注释刑法
全书

ANNOTATED BOOK
OF
CRIMINAL LAW

ANNOTATED BOOK
OF
CRIMINAL LAW

注释刑法全书

陈兴良 刘树德 王芳凯 编

北京大学出版社
PEKING UNIVERSITY PRESS

图书在版编目(CIP)数据

注释刑法全书 / 陈兴良，刘树德，王芳凯编. —北京：北京大学出版社，2022.8
ISBN 978-7-301-33037-1

Ⅰ. ①注… Ⅱ. ①陈… ②刘… ③王… Ⅲ. ①刑法—法律解释—中国 Ⅳ. ①D924.05

中国版本图书馆 CIP 数据核字(2022)第 086274 号

书　　名	注释刑法全书 ZHUSHI XINGFA QUANSHU
著作责任者	陈兴良　刘树德　王芳凯　编
策划编辑	蒋　浩
责任编辑	焦春玲
标准书号	ISBN 978-7-301-33037-1
出版发行	北京大学出版社
地　　址	北京市海淀区成府路 205 号　100871
网　　址	http://www.pup.cn　http://www.yandayuanzhao.com
电子邮箱	编辑部 yandayuanzhao@pup.cn　总编室 zpup@pup.cn
新浪微博	@北京大学出版社　@北大出版社燕大元照法律图书
电　　话	邮购部 010-62752015　发行部 010-62750672　编辑部 010-62117788
印 刷 者	南京爱德印刷有限公司
经 销 者	新华书店
	720 毫米×1020 毫米　16 开本　157.75 印张　5396 千字
	2022 年 8 月第 1 版　2025 年 7 月第 4 次印刷
定　　价	690.00 元

出版资助致谢名单

刘卫东律师团队
北京冠衡律师事务所

梁雅丽律师团队
京都刑辩研究中心（北京京都律师事务所）

王兆峰律师团队
北京周泰律师事务所

王丽、李贵方律师团队
北京德恒律师事务所

张庆方律师
北京汉鼎联合律师事务所

郝春莉律师团队
北京东卫律师事务所

王亚林律师团队
安徽金亚太律师事务所

赵春雨律师团队
盈科全国刑委会

赵运恒律师
北京星来律师事务所

常铮、巩志芳律师团队
北京衡宁律师事务所

郑小宁律师团队
京师全国刑委会

王可律师
北京康达律师事务所

田永伟律师团队
内蒙古蒙益律师事务所

杨俭律师团队
云南睿信律师事务所

编者简介

陈兴良

北京大学博雅讲席教授、博士生导师。

刘树德

最高人民法院审管办副主任，高级法官，刑法学博士。

王芳凯

中国社会科学院大学博士后研究人员，刑法学博士。

平台内容更新说明

现已将《刑法修正案（十二）》及相关的司法解释、司法解释性文件、指导性案例更新补充至本书支持平台燕大法律智库（https://www.angle-online.com）。您可登录该平台或扫描文后二维码，以获取最新的补充内容。

1. 线上更新的刑法修正案包括：

《刑法修正案（十二）》，具体的修正内容包括：第一，强化行贿罪的惩处力度；第二，完善单位行贿罪、单位受贿罪以及对单位行贿罪的刑罚配置；第三，加强惩治民营企业内部人员腐败相关犯罪。

2. 线上更新的司法解释主要包括：

（1）《最高人民法院关于办理人身安全保护令案件适用法律若干问题的规定》（法释〔2022〕17号）；

（2）《最高人民法院、最高人民检察院关于办理危害生产安全刑事案件适用法律若干问题的解释（二）》（法释〔2022〕19号）；

（3）《最高人民法院、最高人民检察院关于办理强奸、猥亵未成年人刑事案件适用法律若干问题的解释》（法释〔2023〕3号）；

（4）《最高人民法院、最高人民检察院关于办理环境污染刑事案件适用法律若干问题的解释》（法释〔2023〕7号）；

（5）《最高人民法院关于审理破坏森林资源刑事案件适用法律若干问题的解释》（法释〔2023〕8号）；

（6）《最高人民法院、最高人民检察院关于办理危害税收征管刑事案件适用法律若干问题的解释》（法释〔2024〕4号）；

（7）《最高人民法院关于办理减刑、假释案件审查财产性判项执行问题的规定》（法释〔2024〕5号）；

（8）《最高人民法院、最高人民检察院关于办理洗钱刑事案件适用法律若干问题的解释》（法释〔2024〕10 号）；

（9）《最高人民法院、最高人民检察院关于办理拒不执行判决、裁定刑事案件适用法律若干问题的解释》（法释〔2024〕13 号）；

（10）《最高人民法院、最高人民检察院关于办理袭警刑事案件适用法律若干问题的解释》（高检发释字〔2025〕1 号）；

（11）《最高人民法院、最高人民检察院关于办理侵犯知识产权刑事案件适用法律若干问题的解释》（法释〔2025〕5 号）；

（12）《最高人民法院、最高人民检察院关于办理破坏黑土地资源刑事案件适用法律若干问题的解释》（法释〔2025〕7 号）；

……

3. 线上更新的司法解释性文件主要包括：

（1）《最高人民法院、最高人民检察院、公安部关于依法惩治招摇撞骗等违法犯罪行为的指导意见》（公通字〔2021〕21 号）；

（2）《最高人民法院关于充分发挥环境资源审判职能作用依法惩处盗采矿产资源犯罪的意见》（法发〔2022〕19 号）；

（3）《最高人民法院、最高人民检察院、公安部、国家文物局关于办理妨害文物管理等刑事案件若干问题的意见》（公通字〔2022〕18 号）；

（4）《最高人民法院、最高人民检察院、教育部关于落实从业禁止制度的意见》（法发〔2022〕32 号）；

（5）《最高人民检察院、公安部关于依法妥善办理轻伤害案件的指导意见》（高检发办字〔2022〕167 号）；

（6）《最高人民法院刑事审判第三庭、最高人民检察院第四检察厅、公安部刑事侦查局关于“断卡”行动中有关法律适用问题的会议纪要》；

（7）《最高人民法院、最高人民检察院、公安部关于依法惩治网络暴力违法犯罪的指导意见》（法发〔2023〕14 号）；

（8）《最高人民法院、最高人民检察院、公安部、司法部关于办理醉酒危险驾驶刑事案件的意见》（高检发办字〔2023〕187 号）；

（9）《最高人民法院、最高人民检察院、公安部关于办理医保骗保刑事案件若干问题的指导意见》（法发〔2024〕6 号）；

（10）《最高人民法院关于全面加强未成年人司法保护及犯罪防治工作的意见》（法发〔2024〕7 号）；

（11）《最高人民法院、最高人民检察院、公安部关于办理跨境电信网络诈骗等刑事案件

适用法律若干问题的意见》;

(12)《最高人民检察院经济犯罪检察厅关于办理财务造假犯罪案件有关问题的解答》;

……

4. 线上更新的指导性案例主要包括:

(1)新增的最高人民法院指导性案例。包括最高人民法院指导案例第 186 号:龚品文等组织、领导、参加黑社会性质组织案(2022 年 11 月 29 日发布);最高人民法院指导案例第 187 号:吴强等敲诈勒索、抢劫、故意伤害案(2022 年 11 月 29 日发布);最高人民法院指导案例第 188 号:史广振等组织、领导、参加黑社会性质组织案(2022 年 11 月 29 日发布);最高人民法院指导性案例第 192 号:李开祥侵犯公民个人信息刑事附带民事公益诉讼案(2022 年 12 月 26 日发布);最高人民法院指导性案例第 193 号:闻巍等侵犯公民个人信息案(2022 年 12 月 26 日发布);最高人民法院指导性案例第 194 号:熊昌恒等侵犯公民个人信息案(2022 年 12 月 26 日发布);最高人民法院指导性案例第 195 号:罗文君、瞿小珍侵犯公民个人信息刑事附带民事公益诉讼案(2022 年 12 月 26 日发布);最高人民法院指导性案例第 212 号:刘某桂非法采矿刑事附带民事公益诉讼案(2023 年 10 月 20 日发布);最高人民法院指导性案例第 213 号:黄某辉、陈某等 8 人非法捕捞水产品刑事附带民事公益诉讼案(2023 年 10 月 20 日发布);最高人民法院指导性案例第 215 号:昆明闽某纸业有限责任公司等污染环境刑事附带民事公益诉讼案(2023 年 10 月 20 日发布);最高人民法院指导性案例第 225 号:江某某正当防卫案(2024 年 5 月 30 日发布);最高人民法院指导性案例第 226 号:陈某某、刘某某故意伤害、虐待案(2024 年 5 月 30 日发布);等等。

(2)新增的最高人民检察院指导性案例。包括最高人民检察院指导性案例第 175 号:张业强等人非法集资案(2023 年 5 月 11 日发布);最高人民检察院指导性案例第 176 号:郭四记、徐维伦等人伪造货币案(2023 年 5 月 11 日发布);最高人民检察院指导性案例第 177 号:孙旭东非法经营案(2023 年 5 月 11 日发布);最高人民检察院指导性案例第 178 号:王某等人故意伤害等犯罪二审抗诉案(2023 年 6 月 25 日发布);最高人民检察院指导性案例第 187 号:沈某某、郑某某贪污案(2023 年 7 月 31 日发布);最高人民检察院指导性案例第 188 号:桑某受贿、国有公司人员滥用职权、利用未公开信息交易案(2023 年 7 月 31 日发布);最高人民检察院指导性案例第 189 号:李某等人挪用公款案(2023 年 7 月 31 日发布);最高人民检察院指导性案例第 190 号:宋某某违规出具金融票证、违法发放贷款、非国家工作人员受贿案(2023 年 7 月 31 日发布);最高人民检察院指导性案例第 192 号:周某某与项某某、李某某著作权权属、侵权纠纷等系列虚假诉讼监督案(2023 年 7 月 27 日发布);最高人民检察院指导性案例第 193 号:梁永平、王正航等十五人侵犯著作权案(2023 年 7 月 27 日发布);最高人民检察院指导性案例第 194 号:上海某公司、许林、陶伟侵犯著作权案(2023 年 7 月 27 日发布);最高人民检察院指导性案例第 195 号:罪犯向某假释监督案(2023 年 10 月 16 日发布);最高人民检察院指导性案例第 196 号:罪犯杨某某假释监督案(2023 年 10 月 16 日发布);最高人民检察院指导性案例第 197 号:罪犯刘某某假释监督案(2023 年 10 月 16 日发布);最高人民检察院指导性案例第 198 号:罪犯邹某某假释监督案(2023 年 10 月 16 日发布);最高人民检察院指导性案例第 199 号:罪犯唐某假释监督案(2023 年 10 月 16 日发布);最高人民检察院指导性案例第 200 号:隋某某利用网络猥亵儿童,强奸,敲诈勒索制作、贩卖、传播淫秽物品牟利案(2024 年 2 月 22 日发布);最高人民检察院指导性案例第 201 号:姚某某等人网络诈骗案(2024 年 2 月 22 日发布);最高人民检察院指导性案例第 202 号:康某某利用网络侵犯公民个人信息案(2024 年 2 月 22 日发布);最高人民检察院指导性案例第 203 号:李某某帮助信息网络犯罪活动案(2024 年 2 月 22 日发布);最高人民检察院指导性案例第 209 号:朱某涉嫌盗窃不批捕复议复核案(2024 年 4 月 23 日发布);最高人民检察院指导性案例第 210 号:杨某涉嫌虚假诉讼不批捕复议案(2024 年 4 月 23 日发布);最高人民检察院指导性案例第 211 号:王某掩饰、隐瞒犯罪所得不批捕复议复核案(2024 年 4 月 23 日发布);最高人民检察院指导性案例第 212 号:茅某组织卖淫不起诉复议复核案(2024 年 4 月 23 日发布);最高人民检察院指导性案例第 219 号:甲皮业有限公司、周某某等欺诈发行债券马某出具证明文件重大失实案(2025 年 1 月 3 日发布);最高人民检察院指导性案例第 220 号:吴某某等人违规披露重要信息案(2025 年 1 月 3 日发布);最高人民检察院指导性案例第 221 号:蒋某某内幕交易案(2025 年 1 月 3 日发布);最高人民检察院指导性案例第 222 号:赵某某等人操纵证券市场案(2025 年 1 月 3 日发布);最高人民检察院指导性案例第 232 号:张某方、李某香故意损毁文物案(2025 年 2 月 28 日发布);等等。

编　者

2025 年 6 月 18 日

编辑说明

目前坊间各种刑法注释书充斥书肆,这些刑法工具书各有特色。在这种背景下,我们编辑本书的初衷是打造一本使用者友好型的刑法工具书,能够兼顾刑事立法、司法实务以及刑法学说三个面向,如实且准确地反映刑法条文在实践和理论视域下的面貌,并成为实务和学说之间沟通的桥梁。

本书的最大特色是大而全:这里的“大”是指篇幅宏大。与同类型的刑法工具书相比,本书内容丰富,卷帙浩繁,可谓刑法立法、司法和案例之集大成者。这里的“全”是指资料齐全。本书收集了各种刑法相关资料,以现行刑法条文为中心线索进行科学编排,形成具有内在逻辑关系的内容体系,便于查找。正是因为具有这些特色,从而使得本书区别于其他刑法工具书。

法条注释是中华法系源远流长的律学传统,在我国历史上的各个时期,律条注释书籍成为律学研究成果的主要载体。从官方到民间的律条注释,各种书籍版本充斥于市。以官方的律条注释而言,《唐律疏议》将律条与注疏合为一体,风靡一时。我国学者在论述《唐律疏议》的意义时指出:“《唐律疏议》最初的编撰目的是为律文提供‘定疏’。全书以律文为经,按照律十二篇的顺序,对五百零二条律文逐条逐句进行诠解和疏释,并设置问答,辨异析疑。但是,由于编撰者在解释律文的同时,还根据战国秦汉魏晋南北朝至隋以来的封建法律理论,叙述其源流,发挥其微义,补充其未周未备,大大丰富了律文的内容;加上它是官修诏颁,具有极大的权威性,史云‘自是断狱者皆引疏分析之’(《旧唐书·刑法志》),疏文实际上享有和律文相同的法律效力。因此,《唐律疏议》的实践结果远远超出了原来的编撰目的,它已不仅是唐律的注释书，而成为与律‘并行’（《唐六典》）的唐代国家法典之一。”①可以说，《唐律疏议》是我国律文注释的先河之作，对后世影响巨大。此后历朝历代都有律文注释的作品问世，这些作品对各个时期的法律适用发挥了巨大的作用。例如明代雷梦麟的《读律琐言》（怀效锋、李俊点校，法律出版社 2000 年版）、清代王明德的《读律佩觿》（何勤华等点校，法律出版社 2001 年版）。我曾经指出：明清时期律学达到高峰，出现了大量律学著作，并且总结出律学分析方法。例如“律眼”和“律母”，实际上是解律的关键词。清代律学家王明德还在《读律佩觿》中提出读律八法，包括扼要、提纲、寻源、互参、知别、衡心、集义、无我，都是解律的经验总结。以语言学方法为主的律学对古代刑律使用的文言文有依赖性。“律母”中的以、准、皆、各、其、及、即、若，“律眼”中的例、杂、但、并、依、从等字，都是语言学中的虚词（副词、介词、助词、语气词、连词、代词）。王明德指出：“律有以、准、皆、各、其、及、即、若八字，各为分注，冠于律首，标曰八字之义，相传谓之律母。”王明德还引用宋儒苏子瞻的话，将八字称为读律之法，指出：“必于八字义，先为会通融贯，而后可与言读法。”②

在世界法律文化中，中华法系的法律注释传统可谓独树一帜，至今对我们都有启示。我在 1997 年曾经出版《刑法疏议》一书。在该书的前言中，我指出：“中国是一个具有悠久的注释法学传统的国度，以《唐律疏议》为代表的、以律条注疏为形式的法学研究成果是中华法律文化传统的主要表现形式。现在，我国不仅法哲学研究基础薄弱，纯正的注释法学的研究同样后劲不足。《刑法疏议》一书力图继承中国法律文化传统，以条文注释及其评解的方法对刑法进行逐编逐章逐节逐条逐款逐项逐句逐词的诠释，揭示条文主旨，阐述条文原意，探寻立法背景，评说立法得失。”③随着此后刑法的修订和司法解释的颁布，刑法学说的发展，尤其是德日刑法教义学的引入，《刑法疏议》的内容很快过时。我虽有心但却无力对该书进行大规模的修订增补，因而成为在我的著作中唯一一部没有再版的作品。这次《注释刑法全书》的出版，在一定程度上弥补了我的遗憾。虽然本书只是一部编撰性的作品，但其以丰富的资料对现行刑法进行全方位的注释，具有较强的实用功能，这是值得肯定的。

在本书中，我们对现行《刑法》采用了逐条注释的方式，在各条的注释内容中设置了【立法解释】【立法解释性文件】【立法沿革】【立法理由】【条文说明】【司法解释】【司法解释性文件】【附属刑法】【指导性案例】【公报案例】和【参考案例】等栏目。此外，我们还以分割线为界，在脚注部分引用了我国目前的刑法教科书和重要期刊论文中的观点，以佐证实务见解或

① 刘俊文点校：《唐律疏议》，法律出版社 1999 年版，第 2—3 页。
② 陈兴良：《法学知识的演进与分化——以社科法学与法教义学为视角》，载《中国法律评论》2021 年第 4 期。
③ 陈兴良：《刑法疏议》，中国人民公安大学出版社 1997 年版，前言，第 5 页。

与实务观点相互映照。

1.【立法解释】和【立法解释性文件】栏目。前者是指全国人民代表大会常务委员会根据《立法法》针对刑法适用问题所作出的法律解释，例如《全国人民代表大会常务委员会关于〈中华人民共和国刑法〉第三十条的解释》《全国人民代表大会常务委员会关于〈中华人民共和国刑法〉第九十三条第二款的解释》《全国人民代表大会常务委员会关于〈中华人民共和国刑法〉第九章渎职罪主体适用问题的解释》等；后者是指全国人民代表大会常务委员会法制工作委员会发布的针对具体刑法适用问题的文件。从效力层级来看，立法解释与刑法具有同等的法律效力，可以在裁判文书中被直接援引，实际上就是刑法本身的不可分割的组成部分，它对于理解刑法条文具有直接参考意义。

2.【立法沿革】栏目。以 1997 年《刑法》为起点，收录了历次刑法修正案的相关条文，方便使用者比照修法前后的条文，从而把握我国刑法的修正方向。每个法律条文都有其前世今生。对于法律的理解不能仅局限于当下的文字语义，还要掌握法律条文的来龙去脉。只有如此，才能深刻地理解刑法条文的微言大义。

3.【立法理由】和【条文说明】栏目。摘录了由全国人大常委会法制工作委员会刑法室王爱立主编的《中华人民共和国刑法条文说明、立法理由及相关规定》中的部分内容。就法律解释方法论而言，立法者解释属于重要的法律解释类型之一。虽然我国不像德国等国那样，在提出立法草案的同时也会附上立法理由及草案条文的相关说明，然而，这并不妨碍我们通过其他途径了解我国立法者创设或修正刑法条文的初衷。在我国目前的立法程序背景下，了解身处立法一线工作者的见解，有助于我们间接地达成这一目的。当然，根据客观解释论的立场，应当以法律文本而不是立法者的意图作为解释客体，但我们认为，立法者的意思对于理解立法含义具有重要的参考价值。

4.【司法解释】和【司法解释性文件】栏目。对于法律见解的统一具有至关重要的作用，前者是指由最高人民法院、最高人民检察院针对刑法适用问题单独或联合作出的司法解释，主要包括“解释”“规定”“批复”“决定”等；后者则指由最高人民法院、最高人民检察院单独、联合或者会同其他部委发布的、政策色彩浓厚或具有办案指导性质的文件，主要包括各类“纪要”“通知”和“意见”等。在我国司法实践中，司法解释以及司法解释性文件在某种意义上就是一种法律渊源，对于定罪量刑具有制约性，是刑事审判的重要依据。因此，司法解释和司法解释性文件是理解我国刑法的重要文本根据。

5.【附属刑法】栏目。附属刑法有狭义与广义之分，虽然我国不存在规定犯罪与刑罚的狭义上的附属刑法，但存在广义上的附属刑法，这就是作为刑法的前置法的各个部门法规定的法律责任条款。前置法在规定民事责任、行政责任之后，还会专门规定“违反本法规定，构成犯罪的，依法追究刑事责任”等指引性条款。这些前置法规范对于刑法的适用和解释具有至关重要的参考价值。刑法作为最后的手段法，只有当前置法无法处理时，才考虑适用刑法。而且，只有根据刑法和前置法之间的关联，才能厘清刑法的边界。为此，本书在较为宽泛的意义设立了【附属刑法】栏目，摘录了相关前置法的法律责任条文。

6.【指导性案例】栏目收录了由最高人民法院、最高人民检察院以指导性案例形式分批发布的案例；【公报案例】栏目汇编了在《最高人民法院公报》上刊登的案例；【参考案例】栏目则选录了由陈兴良、张军和胡云腾主编的《人民法院刑事指导案例裁判要旨通纂》中的案例。虽然公报案例和参考案例不全是最高人民法院作出的裁判或由我国最高司法机关分批公布的、具有指导性的裁判，但是，这些裁判得到了最高人民法院相关部门的认可和点评，在某种程度上也能从中解读出我国最高司法机关的司法观点。

为了使本书与市面上的其他刑法注释书相区别，我们在编辑过程中采用了以下编辑方法：

1. 以分割线为界，正文部分侧重于立法和司法层面，脚注部分则着眼于学说层面。一本好的注释书，必须能够清楚地交代不同的见解及其来源。为了满足这一要求，编者采用立法、司法层面与学说层面遥相呼应的做法，使用者从中可以清楚地看到“立法、司法与学说之间的距离”。

2. 在【立法理由】和【条文说明】栏目中，编者以黑体字的形式标出关键字，使使用者能够快速找到相关内容。事实上，德国大型的刑法教科书或注释书，也是采取类似的做法。

3. 在【立法解释】【立法解释性文件】【司法解释】和【司法解释性文件】栏目，编者提取出各条文的关键字，并以黑体字的形式置于条文之前，使用者可以快速了解该条解释的内容及相关性。此外，在条文的最后，编者还简要标注了解释条文的条号，以方便使用者精确引用。

4. 在【指导性案例】【公报案例】和【参考案例】栏目，编者先列出各案例的裁判要旨或关键字，再收录相关的说理部分，最后标注案例的相关出处。

本书是在我国现有的刑法立法和司法成果的基础上编撰而成，在一定程度上反映了我国在刑事法治建设中所取得的重大进步，并为刑法的司法适用和学术研究提供便利。随着我国刑事法治和刑法学术的不断发展，本书的内容需要经常修订与补充。我们相信，随着我国刑法立法与司法的演进,本书的内容也会与时俱进地进行更新。

本书关于立法方面的资料主要参考了全国人大常委会法制工作委员会刑法室王爱立主编的《中华人民共和国刑法条文说明、立法理由及相关规定》(北京大学出版社 2021 年版)一书。本书司法方面的资料由刘树德提供。本书案例方面的资料,主要参考了陈兴良、张军、胡云腾主编的《人民法院刑事指导案例裁判要旨通纂》(北京大学出版社 2018 年第 2 版)。王芳凯博士承担本书的资料汇总和编排工作,付出了大量心血。为此,对上述为本书编撰提供了帮助的各位人士表示衷心感谢。最后,还要感谢北京大学出版社蒋浩副总编辑的精心策划与各界朋友的大力支持,使本书得以现在的面貌与各位读者见面。

陈兴良

谨识于北京海淀锦秋知春寓所

2022 年 6 月 30 日

凡　例

一、本书内容

针对我国现行刑法，本书分别从立法、司法以及学说三个层面逐条呈现注释内容：

1. **立法层面**。除收录相关立法解释之外，本书还以 1997 年刑法作为时间轴的起始点，结合历年的刑法修正案，如实展现我国刑法自 1997 年以来的变迁过程。本书还收录了由全国人大常委会法制工作委员会刑法室王爱立主编的《中华人民共和国刑法条文说明、立法理由及相关规定》中的立法理由与条文说明，以了解立法者的意图，特别是在立法过程中所要处理的具体问题。

2. **司法层面**。本书以碎片化的处理方式收录了相关的司法解释和司法解释性文件，进而如实呈现我国司法实践的真正面貌。本书还收录了不同类型的相关案例，包括指导性案例、公报案例以及参考案例。

3. **学说层面**。本书引用了我国目前主要刑法教科书和重要期刊论文，以此来佐证或评析实务见解，从而实现学说与实务的对话。

二、本书结构

1. 设置了【单行刑法】【立法解释】【立法解释性文件】【立法沿革】【立法理由】【条文说明】【司法解释】【司法解释性文件】【附属刑法】【指导性案例】【公报案例】以及【参考案例】栏目。

2. 【立法理由】【条文说明】栏目，以黑体字标出关键字，使用者能够快速找到相关内容。

3. 【立法解释】【立法解释性文件】【司法解释】【司法解释性文件】栏目，

提取各条文的关键字,并以黑体字形式置于条文之前,使用者可以快速了解条文的主旨。在条文正文之后,简要标注了该条文在相关法律文件中的条文序号,以方便使用者精确引用。

4.【附属刑法】栏目,列出了其他部门法相关的刑事责任条文,有助于加强刑法和其他部门法之间的衔接。

5.【指导性案例】【公报案例】【参考案例】栏目,分别收录了由最高人民法院、最高人民检察院以指导性案例形式分批发布的案例,在《最高人民法院公报》上刊登的案例,以及由陈兴良、张军和胡云腾主编的《人民法院刑事指导案例裁判要旨通纂》中的相关案例。本书先列出各案例的裁判要旨或关键字,再收录相关的说理内容,最后标注案例的出处。

(1)最高人民法院发布的指导案例。例如,最高人民法院指导案例第4号:王志才故意杀人案(2011年12月20日发布)。

(2)最高人民检察院发布的指导性案例。例如,最高人民检察院指导性案例第42号:齐某强奸、猥亵儿童案(2018年11月9日发布)。

(3)《最高人民法院公报》案例。例如,《最高人民法院公报》2005年第8期 王海生故意伤害案。

(4)参考案例。收入本书的参考案例选自《人民法院刑事指导案例裁判要旨通纂》(陈兴良、张军、胡云腾主编),其中的编号为该书中裁判要旨的编号,含义如下:

编 号	编号含义
NO. 4-232-1	《刑法》分则第四章第232条(故意杀人罪)下第一个裁判要旨
NO. 3-8-225-1	《刑法》分则第三章第八节第225条(非法经营罪)下第一个裁判要旨
NO. 3-5-194(1)-1	《刑法》分则第三章第五节第194条第1款(票据诈骗罪)下第一个裁判要旨
NO. 2-114、115(1)-1-1	《刑法》分则第二章第114条、第115条第1款第一个罪名(放火罪)下第一个裁判要旨

三、案例索引

为方便使用者查询案例,本书附有案例索引。

四、主题词索引

为方便使用者按主题词查询、阅读,本书附有主题词索引。

五、资料更新

为方便文献资料的查阅和及时更新,本书配备了数据库,并实现了手机端访问,由刑法专业人士负责维护并及时更新相关数据。

六、专用信箱

为与广大使用者及时交流互动,本书设置专用信箱(168@ mail. angle-online. com),收集各方意见与建议,并及时反馈。

简 目

总 则

分　则

附　则

详　目

总　则

第一章　刑法的任务、基本原则和适用范围

第二章　犯　罪

第一节　犯罪和刑事责任

总　则

第一章 刑法的任务、基本原则和适用范围

第一条 【立法目的与根据】

为了惩罚犯罪，保护人民，根据宪法，结合我国同犯罪作斗争的具体经验及实际情况，制定本法。

【立法理由】

1979年第五届全国人大第二次会议通过的刑法，是**新中国第一部刑法**。这部刑法对打击犯罪，保护人民，维护社会秩序，维护国家安全，保卫人民民主专政政权和社会主义制度，保障改革开放和社会主义现代化建设的顺利进行，发挥了重要作用。到1997年，这部刑法已经实施了十七年，我国的社会状况、经济生活都发生了很大的变化，随着改革开放的深入发展，特别是在社会主义市场经济的建立和发展中，出现了许多新情况、新问题，需要通过完善刑法加以解决。实际上自1979年刑法实施以来，全国人大常委会根据形势的变化，从1981年开始陆续对刑法作出了一系列修改完善，通过了不少补充规定或决定，解决了实践中遇到的一些问题，但还存在许多新问题需要研究解决，如**证券方面的犯罪、环境污染方面的犯罪、计算机犯罪**等；同时，1979年刑法实施以来，我国社会主义民主法制建设取得了很大进展，制定了一系列经济、行政方面的法律，其中有许多**“依照”“比照”**刑法的有关规定追究刑事责任的规定，这些规定，是在当时尚不具备全面修订刑法的条件下，为解决实践中迫切需要解决的问题而采取的一种办法。但这些规定内容广泛，存在于刑法之外，显得非常分散、零乱，不便于司法机关适用，也不便于群众学习和掌握。因此也有必要对其进行系统研究，加以规定。此外，对刑法原有的规定，由于受立法当时的条件限制，对有些犯罪，如**投机倒把罪、玩忽职守罪、流氓罪**等，规定得比较笼统、原则，实践中不好掌握和适用，需要根据十多年来的司法实践经验全面加以研究，作出具体规定，增强可操作性。为此，全国人大于1997年对1979年刑法进行了修订，作出了全面的修改和完善。此后，为了进一步适应经济社会发展和情况的变化，全国人大常委会还陆续通过了《全国人民代表大会常务委员会关于惩治骗购外汇、逃汇和非法买卖外汇犯罪的决定》和十一个刑法修正案，对刑法不断加以完善。此外，全国人大常委会根据开展法律清理工作的情况，于2009年通过了《全国人民代表大会常务委员会关于修改部分法律的决定》，其中也涉及对刑法个别文字的调整，即为与2004年《宪法修正案》中将原“征用”的规定修改区分为“征收”和“征用”两种不同情形相一致，将《刑法》第三百八十一条、第四百一十条中规定的“征用”修改为“征收、征用”。

【条文说明】

本条是关于立法目的和根据的规定。

刑法和其他法律一样，是建立在一定的社会经济基础之上的上层建筑的一部分，是社会经济基础的反映。根据我国宪法的规定，我国是实行人民民主专政的社会主义国家。因此，本条在有关制定刑法的目的和立法根据的规定中明确体现了我国刑法的本质特征。

本条主要规定了以下两方面的内容：

1. **制定刑法的目的**。制定刑法的目的就是为了“惩罚犯罪，保护人民”。**“惩罚犯罪”**，就是通过刑法，规定什么是犯罪，哪些行为是犯罪，犯什么罪应受到什么样的惩罚方式，对任何触犯刑法规定的犯罪分子，依照刑法的规定追究其刑事责任。为惩罚犯罪提供法律武器，这是制定刑法的目的之一。“保护人民”是制定刑法的根本目的，这里所说的**“保护人民”**，不仅是指保护公民个人的人身权利、民主权利、财产权利等合法权利不受侵犯，也包括代表人民根本利益的国家安全、社会主义政治制度、社会主义经济基础、稳定的社会秩序不遭到破坏。

2. **制定刑法的依据**。制定刑法的依据有两个：

一是**宪法依据**。宪法是国家的根本法,是治国安邦的总章程,是党和人民意志的集中体现。宪法是其他一切法律的制定基础。刑法事关国家、社会和人民安全,事关对犯罪公民的人身权、财产权等的剥夺,必然要以宪法为根本遵循。宪法关于国家维护社会秩序、镇压叛国和其他危害国家安全的犯罪活动,制裁危害社会治安、破坏社会主义经济和其他犯罪的活动,惩办和改造犯罪分子的规定;关于国家的政治、经济的基本制度的规定;关于保护社会主义的公共财产、公民合法的私有财产的规定;关于保护人身权利、民主权利和其他公民基本权利和义务的规定;关于国家尊重和保障人权的规定等,都是制定和修改刑法的依据。宪法序言中所确定的指引中国革命走向胜利并取得社会主义事业成就的马克思列宁主义、毛泽东思想、邓小平理论、"三个代表"重要思想、科学发展观、习近平新时代中国特色社会主义思想,也都是制定和修改我国刑法的指导思想和依据。

二是**我国同犯罪作斗争的具体经验及实际情况**,即实践根据。中华人民共和国成立以来,我国在同各种刑事犯罪的斗争中,曾制定了《惩治反革命条例》《惩治贪污条例》等单行刑事法规,特别是1979年制定了我国第一部刑法,随着实际情况的发展,全国人大常委会又通过了一系列决定和补充规定,对刑法加以修改和补充,以及在其他有关行政法律、经济法律中所作的附属刑法规定。这些法律法规的制定和实施,对加强和巩固人民民主专政政权,保障社会主义事业的顺利进行都发挥了很大的作用,并积累了同犯罪作斗争的大量经验。同时,随着我国改革开放和社会主义市场经济的不断深入进行,国内外敌对势力对我国的渗透、颠覆活动也从未停止。随着经济社会的发展,预防和惩治犯罪方面也出现了一些新的犯罪形式和情况。因此,需要不断总结我国同犯罪作斗争的具体经验,针对实践中出现的新的犯罪,根据我国实际情况,对刑法不断加以完善。这里需要注意的是,根据长期预防和惩治犯罪斗争实践和我国的实际,我国在惩办与宽大相结合的刑事政策基础上,逐步总结经验并确立了**宽严相济的基本刑事政策**,这一刑事政策是我国与犯罪作斗争的实践经验的重要组成部分,符合我国的实际情况,体现了我们在同犯罪作斗争的过程中,对于犯罪与刑罚的规律性认识的不断深化,体现了不断趋于科学化和理性化的犯罪观与刑罚观,这些也都是制定刑法的重要思想来源和依据。1997年修订的刑法**删去了本条中"依照惩办与宽大相结合的政策"的规定**,这一修改较好地处理了法律与政策的关系。同时,相关刑事政策及发展形成的宽严相济刑事政策,是我们实践中应当长期坚持的基本刑事政策。刑法立法工作也应当坚持宽严相济,在确定是否将某种行为规定为犯罪时,要根据各方面意见,进行综合的、全方位的论证,要考察行为的社会危害性、行为的普遍性、刑罚的有效性;要考虑刑罚的正当性、合理性和比例原则;要考虑刑罚负面作用和附随后果,如犯罪标签对行为人未来再社会化的影响等,保持刑罚的最后手段性和替代手段可能性;要考虑立法技术上能否通过解释法律解决、适用上界限能否划清、刑法的打击面、执法成本等。

1997年以来的历次刑法修正案贯彻宽严相济刑事政策,明确将该基本刑事政策作为**立法的重要指导思想**。如关于《刑法修正案(八)(草案)》的说明中提出"进一步落实宽严相济的刑事政策,对刑法作出必要的调整和修改";关于《刑法修正案(九)(草案)》的说明中提出"坚持宽严相济的刑事政策,维护社会公平正义,对社会危害严重的犯罪惩处力度不减,保持高压态势。同时,对一些社会危害较轻或者有从轻情节的犯罪,留下从宽处置的余地和空间";关于《刑法修正案(十一)(草案)》的说明中进一步提出"进一步贯彻宽严相济刑事政策,适应国家治理体系和治理能力现代化的要求,把握犯罪产生、发展和预防惩治的规律,注重社会系统治理和综合施策……对能够通过行政、民事责任和经济社会管理等手段有效解决的矛盾,不作为犯罪处理,防止内部矛盾激化,避免不必要的刑罚扩张"。

第二条　【刑法的任务】

中华人民共和国刑法的任务，是用刑罚同一切犯罪行为作斗争，以保卫国家安全，保卫人民民主专政的政权和社会主义制度，保护国有财产和劳动群众集体所有的财产，保护公民私人所有的财产，保护公民的人身权利、民主权利和其他权利，维护社会秩序、经济秩序，保障社会主义建设事业的顺利进行。

【立法理由】

刑法是国家的基本法律，是规定什么行为是犯罪以及对犯罪行为处以何种刑罚的法律。因此，应当首先在总则中明确规定通过执行这部法律要保护什么，即要明确刑法的任务。刑法的任务为犯罪和刑事责任的规定确定了目标，指导刑事处罚范围的确定和刑罚轻重的设定。**不同的国家性质和刑法任务决定了刑法惩治犯罪的范围和重点**。根据刑法提出的任务，刑法分则才能针对各种犯罪行为作出具体规定，更有效地落实刑法的任务。

【条文说明】

本条是关于制定刑法的任务的规定。

刑法是一个国家的基本法律。刑法的任务与国家的政权性质，与其政治、经济、社会制度，以及历史文化传统、发展阶段、现实国情紧密相关。刑法的任务也是依据宪法规定确定的。宪法所要保护的国家、社会制度，以及公民的基本权利，需要刑法和其他法律共同保障落实。本条关于刑法任务的规定在宪法中都有相应规定。

根据本条规定，**我国刑法的任务**是用刑罚同一切犯罪行为作斗争，以保卫国家安全，保卫人民民主专政的政权和社会主义制度，保护国有财产和劳动群众集体所有的财产，保护公民私人所有的财产，保护公民的人身权利、民主权利和其他权利，维护社会秩序、经济秩序，保障社会主义事业的顺利进行。刑法任务的实现手段是通过运用刑罚同一切犯罪行为作斗争。这是刑法与其他部门法相区别的一个重要特征，即以刑罚这种特殊处罚作为预防和惩治犯罪的手段。**刑罚**是剥夺人身自由、财产等权利的严厉手段，根据我国刑法规定，包括死刑、无期徒刑、有期徒刑、拘役、管制等主刑，以及没收财产、罚金、剥夺政治权利等附加刑。通过刑罚手段惩罚和教育犯罪人、消除其人身危险性和再犯罪能力，进而与犯罪作斗争。同时，其他法律也会在有关资格、职业禁止、行政处罚等方面对违法行为作出规定，其中不少手段也依法适用于犯罪人，因而也是运用法律手段惩处和预防犯罪的重要手段。在此意义上，刑法和其他行政管理法律等，共同起到维护人民利益，维护国家、社会安全和法秩序的重要作用。刑法的具体任务有以下几个方面：

1. **保卫国家安全、保卫人民民主专政的政权和社会主义制度**。我国的国家安全、人民民主专政的政权和社会主义制度，是我国人民经过长期革命斗争取得的，是我国宪法确立的国家政治、经济制度，是我国进行改革开放和社会主义现代化建设的根本保证。《宪法》第二十八条规定："国家维护社会秩序，镇压叛国和其他危害国家安全的犯罪活动，制裁危害社会治安、破坏社会主义经济和其他犯罪的活动，惩办和改造犯罪分子。"《国家安全法》第二条规定："国家安全是指国家政权、主权、统一和领土完整、人民福祉、经济社会可持续发展和国家其他重大利益相对处于没有危险和不受内外威胁的状态，以及保障持续安全状态的能力。"因此，用刑罚方法同一切组织、策划、实施武装叛乱、武装暴乱、颠覆国家政权、推翻社会主义制度，勾结外国危害我国主权、领土完整和安全，组织、策划、实施分裂国家、破坏国家统一等犯罪作斗争，是刑法一项很重要的任务。刑法的打击锋芒，首先指向这类危害最严重的犯罪，这也是符合国家和人民最根本利益的。

2. **保护国有财产和劳动群众集体所有的财产，保护公民私人所有的财产**。国家所有的财产和劳动群众集体所有的财产，作为公共财产，是社会主义的物质基础，是进行社会主义现代化建设的物质保证。根据宪法关于公共财产神圣不可侵犯的规定，刑法保护国有财产和劳动群众集体所有的财产，具有特别重要的意义。公民私人所有的财产，是公民生产、工作、生活所必需的物质条件，同样受国家法律保护。《宪法》第十三条第一、二款规定："公民的合法的私有财产不受侵犯。国家依照法律规定保护公民的私有财产权和继承权。"因此，刑法将侵犯公民私人所有的财产的行为规定为犯罪，并规定了相应的处罚。《刑法》第九十二条规定："本法所称公民私人所有的财产，是指下列财产：(一)公民的合法收入、储蓄、房屋和其他生活资料；(二)依法归个人、家庭所有的生产资料；(三)个体户和私营企业的合法财产；(四)依法归个人所有的股份、股票、债券和其他财产。”另外，《宪法》第十一条规定：“在法律规定范围内的个体经济、私营经济等非公有制经济，是社会主义市场经济的重要组成部分。国家保护个体经济、私营经济等非公有制经济的合法的权利和利益……”《民法典》对法人、非法人组织作为民事主体及其财产作了规定，因此，保护非公有制企业等法人、非法人组织的财产也应当是刑法的一项重要任务。

3. **保护公民的人身权利、民主权利和其他权利**。在我国，人民是国家的主人，我国宪法规定了公民的各项基本权利。人身权利是指公民的生命、健康、人身自由等方面的权利；民主权利是指公民依照法律参加国家管理和政治生活的各项权利；其他权利是指劳动、婚姻自由及老人、儿童不受虐待、遗弃等权利。同侵犯公民人身权利、民主权利的犯罪作斗争，维护公民的合法权益，是刑法的重要任务。

4. **维护社会秩序、经济秩序，保障社会主义建设事业的顺利进行**。我国进行改革开放和社会主义现代化建设，需要稳定的社会秩序和经济秩序，尤其是建立社会主义市场经济，更需要一个良好的经济秩序。因此，维护社会秩序和经济秩序成为刑法的一项重要任务，对于扰乱社会秩序和经济秩序的犯罪，依照刑法予以打击。

从我国刑法立法实践看，刑法与保障社会主义建设事业顺利进行的任务一直相伴相生。特别是伴随着改革开放伟大事业的不断深化，刑法不断发展完善。二十多部单行刑法的制定，1997年修订的刑法，以及十一个刑法修正案，为改革开放和社会主义事业顺利推进打造安全的社会环境，推动和保障金融、财税等各领域改革成果，发挥了重要作用。

第三条　【罪刑法定原则】

法律明文规定为犯罪行为的，依照法律定罪处刑；法律没有明文规定为犯罪行为的，不得定罪处刑。

【立法理由】

罪刑法定原则是现代各国刑法普遍确立的一项基本原则，被誉为现代刑法的“铁则”，很多国家将之规定在宪法中，作为一项宪法原则予以明确。**《公民权利和政治权利国际公约》**等国际条约中也明确规定：任何人的任何行为或不行为，在其发生时依照国家法或国际法均不构成刑事罪者，不得据以认为犯有刑事罪。所加的刑罚也不得重于犯罪时适用的规定。如果在犯罪之后依法规定了应处以较轻的刑罚，犯罪者应予减刑。我国1979年刑法基本也是按照罪刑法定原则制定的，如对于什么是犯罪，以及对各种犯罪和处刑都作了具体规定。但是考虑到作为我国社会主义的第一部刑法，分则规定的犯罪比较少，只有一百零三条，而且犯罪情况很复杂，可能出现一些犯罪行为需要追究而法律又没有规定的情况。因此，为了有利于同犯罪作斗争，**1979年刑法保留了有严格控制的类推制度**，该法第七十九条规定：“本法分则没有明文规定的犯罪，可以比照本法分则最相类似的条文定罪判刑，但是应当报请最高人民法院核准。”因为保留了类推制度，所以1979年刑法未明确规定罪刑法定原则。1997年修订刑法时，1979年刑法已实施十七年，各种新的犯罪已比较充分地暴露出来，在认真总结同犯罪作斗争经验的基础上，在刑法中对各种犯罪作了大量的补充，并对罪状和处刑作了进一步明确、具体的规定。同时考虑到类推制度在过去的十几年中使用得也并不多，因此，**1997年修订刑法时取消了类推制度**，明确规定了罪刑法定原则。同时，在修订刑法过程中也坚决贯彻了这一原则，如在分则罪状的表述上尽可能作出明确具体、可操作的规定，对一些原来规定比较笼统、原则的“口袋罪”，如投机倒把罪、流氓罪等作了分解处理，并取消了这两个罪名等。罪刑法定原则的确立，体现了对现代法治原则和精神的坚守。对此后的刑法立法理念，对刑法在司法实践中的适用、解释，以及司法人员的办案观念都具有重大和深远的影响。

【条文说明】

本条是关于罪刑法定原则的规定。

我国刑法关于**罪刑法定原则**的表述是具有鲜明的特点和针对性的。本条规定：“法律明文规定为犯罪行为的，依照法律定罪处刑；法律没有明文规定为犯罪行为的，不得定罪处刑。”与许多国家规定罪刑法定原则往往注重强调法无明文规定不为罪、法无明文规定不处罚有所不同，这一规定包括两个方面的内容：一方面，**法律规定为犯罪的，要依照刑法的规定定罪处刑**，要求严格执法，既不能不按法律的规定出入人罪，也不能不按法律的规定放纵犯罪。这是根据我国的实际情况作出的规定,强调的是对犯罪的打击和维护社会秩序,保护公民利益;强调的是依照法律规定定罪量刑,而不能法外施刑,定罪量刑要以法律为准绳。① 另一方面,**法律没有规定为犯罪的行为,不得定罪处刑**,即法无规定不可罚。一种行为无论社会危害性多么严重,只要法律没有规定为犯罪的,都不得定罪处刑。两方面相辅相成,共同构成了我国的罪刑法定原则。

实践中需要注意的是,罪刑法定原则是相对封建社会的罪刑擅断而言的。确立这一原则,是现代刑事法律制度的一大进步。实行这一原则需要做到:一是**重法不溯及既往**。这是罪刑法定原则的必然要求,如果刑法可以任意溯及既往,罪刑法定原则就失去了意义。罪刑法定原则允许有利于被告人的溯及既往。我国《刑法》第十二条在修订前后刑法适用问题上规定,原则上按照行为"当时的法律追究刑事责任,但是如果本法不认为是犯罪或者处刑较轻的",适用修订后的刑法。二是**不搞类推**。1997年刑法已经取消了类推制度,但并不意味着实践中都能够严格坚持罪刑法定原则,在具体案件的处理上完全不会发生类似于类推的做法了。因此,贯彻落实罪刑法定原则就必须在进行法律适用、解释的过程中,坚持禁止类推的精神,正确把握类推解释和扩大解释的界限,前者违反罪刑法定原则,后者在法律用语的含义之内并不违反罪刑法定原则。对于确属刑法没有规定的犯罪,即使认为具有很大危害性,也不能用类推的方法援用其他犯罪规定以适用刑法加以追究。对于确有必要作为犯罪行为加以规制的,必须通过修改刑法解决。三是**对各种犯罪的构成条件的规定及设定的处罚必须明确、具体**。罪刑法定原则既是司法适用中必须坚守的原则,在刑事立法过程中也同样需要加以认真贯彻。一方面,罪刑法定原则要求对于罪与刑的设定必须通过立法进行。另一方面,立法对罪与刑的设定必须尽量具体、明确,罪与非罪的界限、此罪与彼罪的界限应当明晰,便于公民根据法律规定,明确哪些行为不可为,明确相关行为的法律后果。如果立法中不能贯彻罪刑法定原则,法律规定本身不清楚、犯罪界限不明,则难以保证司法机关准确适用法律,公正定罪量刑,公民也将无所适从。这些,在根本上都是不符合罪刑法定的要求的。需要注意的是,由于司法实践纷繁复杂,各种犯罪的情况复杂多样,立法毕竟是以抽象的原则性规定描述具体的生活现实,在技术上不可能穷尽实践中各种具体情况,需要留有一定空间,由司法机关根据个案情况,将抽象规定适用于具体案件,这也是刑法中难免有些犯罪规定保留了**兜底项或者"等"字**的原因。总体上看,这样的立法技术和做法并不违反罪刑法定原则,但是确实是贯彻罪刑法定原则的薄弱环节,在适用法律过程中需要特别加以注意。对刑法没有明确列明的行为,按照兜底项或者"等"追究刑事责任,应当与已经列明的行为进行比较,在性质、危害性等方面具有相当性;社会一般人员对于这种相当性具有预测和认知的可能性;必须符合并有助于实现立法设定该罪名的目的即立法的原意;同时,对于该行为作为犯罪追究应当符合比例原则。此外,刑法很多条文规定了"情节严重""后果严重"等犯罪门槛,这是合理划定刑事处罚范围、与行政处罚等相区分的需要,有关司法解释或者规范性文件对此配套了较为具体明确的规定。同时刑法对有关犯罪的处罚也应当是明确的,禁止绝对不定期刑罚。四是**防止法官滥用自由裁量权**。五是**司法解释不能超越法律**。罪刑法定原则,既是刑事立法原则,同时也是刑事司法原则。刑法取消类推,明确规定这个原则,是我国司法人权保障的重大改革和进步,是我国社会主义民主与法制的重大发展,是宪法规定的国家尊重和保障人权这一重要原则的具体实施,归根结底,是全面建设社会主义法治国家题中应有之义和必然要求。

【司法解释性文件】

《准确把握和正确适用依法从严政策》(2010年3月24日公布)

△(**罪刑法定原则;从严惩处**)罪刑法定、罪刑相适应是刑法的基本准绳,办理任何刑事案件包括严重刑事犯罪案件都必须严格遵守。从严惩处不是无限度的,不是越严越好、越重越好,而是有标准、有限度的。这个标准就是罪刑法定和罪刑相适应的刑法基本原则,就是刑法总则和分则中关于量刑情节和具体犯罪定罪量刑的规定,就是有关司法解释关于具体适用法律问题的规定。司法实践中,不能为了从严而突破法律的幅度和

① 劳东燕教授指出,国外立法例一般是从消极层面来界定罪刑法定原则。譬如,《德国刑法典》第一条规定:"行为之处罚,以行为前之法律有明文规定者为限。"参见何赖杰、林钰雄审译:《德国刑法典》,元照出版有限公司2017年版,第2页。但是,中国《刑法》第三条却同时从积极和消极层面来界定罪刑法定原则。就积极层面而言,不能理解为"只要刑法规定为犯罪行为,就应当定罪处刑"。毋宁说,应将其理解为只有刑法规定为犯罪行为,才能依法定罪处刑。主要原因在于,罪刑法定原则只是限制法无明文规定情形下的入罪,并不限制法有明文规定情形下(根据刑法谦抑性)的出罪。参见陈兴良主编:《刑法总论精释》(第3版),人民法院出版社2016年版,第29—30页。

界限，任意或变相加重被告人的刑罚，否则，既不可能实现良好的法律效果，也不可能实现良好的社会效果。

《最高人民检察院司法解释工作规定》（2019年5月5日公布）

△（**司法解释**）司法解释应当主要针对具体的法律条文，并符合立法的目的、原则和原意。（§ 3）

【参考案例】

△行为时的法律已经对行为作出否定性评价，司法解释只是对行为的具体罪状与罪名作出规定的，适用该司法解释不违背罪刑法定原则。

司法解释并不是刑法本身，而只是对刑法的解释。从这个角度而言，对现行司法解释之前的行为，只要是在现行刑法施行之后实施的，就要按照现行司法解释适用刑法。况且在本案中，行为时的法律已经对该行为作出否定性评价，现行司法解释不过是对该行为的具体罪状及所应定罪名作出规定，因此，适用现行的司法解释处理该案并不违背立法目的和罪刑法定的原则。［No. 3-8-225-20　宋宇花非法经营案］

第四条　【法律面前人人平等原则】

对任何人犯罪，在适用法律上一律平等。不允许任何人有超越法律的特权。

【立法理由】

中华人民共和国公民在法律面前人人平等，是我国宪法确定的重要原则，也是刑法的基本原则之一。这一原则**最先规定在刑事诉讼法中**。1979年制定《刑事诉讼法》时从程序法的角度对这一原则作了规定，"对于一切公民，在适用法律上一律平等，在法律面前，不允许有任何特权"。1979年第五届全国人大第二次会议通过了改革开放后的第一批七部法律，当时彭真同志在对这七部法律草案的说明中指出，"在法律面前人人平等，是我们全体人民、全体共产党员和革命干部的口号，是反对任何人搞特权的思想武器"，"对于违法犯罪的人，不管他资格多老，地位多高，功劳多大，都不能加以纵容和包庇，都应该依法制裁"，并将其确定为刑事诉讼法的一条基本原则，从制度上保证了任何公民所享有的平等的诉讼权利。1982年《宪法》第五条第四款规定："任何组织或者个人都不得有超越宪法和法律的特权。"第三十三条第二款规定："中华人民共和国公民在法律面前一律平等。"自此这一原则成为**一条重要的宪法原则**。1997年修订刑法时，考虑要将这一原则规定到刑法中。也有意见认为，这一原则在宪法和刑事诉讼法中已作了规定，刑法也可不再重复规定。经过认真研究认为，虽然宪法、诉讼法中都有规定，但**在实体法中重申这一原则**仍是十分必要的。我国封建历史比较长、法制基础比较薄弱，在一些人的头脑中特权思想严重，在现实生活中能真正做到法律面前人人平等，还有很长的路要走，需要时时重申这一原则。因此王汉斌同志在刑法修订草案的说明中专门作了说明，指出："这个原则宪法已有规定，在刑法中再明确规定是有实际意义的。"为此，增加规定"对任何人犯罪，在适用法律上一律平等。不允许任何人有超越法律的特权"。这是宪法确定的法治原则在刑法中的具体体现，是社会主义法治的必然要求。

【条文说明】

本条是关于法律面前人人平等原则的规定。

法律面前人人平等这一刑法原则有两层含义：一是**要做到刑事司法公正**，即定罪公正、量刑公正、行刑公正。人民法院、人民检察院、公安机关等对任何犯罪的人，不分民族、种族、职业、出身、性别、宗教信仰、教育程度、财产情况、职位高低和功劳大小，都应予以刑事追究，根据法律规定和案件事实予以从宽和从严惩处，不能因案外因素干扰定罪量刑，要公正、平等地适用法律。《人民法院组织法》《人民检察院组织法》《法官法》等法律，对在适用法律上一律平等，不允许任何组织和个人有超越法律的特权也作了明确规定。司法实践中，只有遵守这一原则，严格依法办案，才能维护和实现这一原则。二是**不允许任何人有超越法律的特权**。本条规定具有重要的现实意义。由于封建残余思想、资产阶级腐朽思想的影响，特权思想在一些人中，特别是在少数领导干部中仍有一定市场，以言代法、以权代法的现象仍然存在。党中央提出，平等是社会主义法律的基本属性。绝不允许任何人以任何借口、任何形式以言代法、以权压法、徇私枉法。领导干部都要牢固树立宪法法律至上、法律面前人人平等、权由法定、权依法使等基本法治观念，对各种危害法治、破坏法治、践踏法治的行为要挺身而出、坚决斗争。要牢记法律红线不可逾越、法律底线不可触碰。因此，法律面前人人平等原则，其实质就是反对特权。刑法规定的法律面前人人平等原则，为反对有法不依、执法不严和反对超越法律的任何特权，提供了法律武器。

第五条 【罪责刑相适应原则】
刑罚的轻重，应当与犯罪分子所犯罪行和承担的刑事责任相适应。

【立法理由】

犯罪人所受刑罚应当与其所犯罪行的大小、应当承担的刑事责任的轻重相适应，这是公正适用刑法的必然要求。**1979年刑法**虽未明确规定这一原则，但无论是立法还是司法乃至学理上，都把这一原则作为刑法的基本原则。有许多规定都体现了罪责刑相适应原则，如对犯罪分子决定刑罚的时候，要根据犯罪的事实、犯罪的性质、情节和对社会的危害程度，对共同犯罪、集团犯罪中的主犯、从犯、胁从犯和累犯、教唆犯以及犯罪不同阶段的预备犯、中止犯、未遂犯从重、从轻、减轻、免除处罚的规定，等等。为了进一步体现罪责刑相适应原则，正确适用刑法，防止重罪轻判和轻罪重判现象的发生，更好地保护犯罪人的合法权益，**1997年修订刑法**时对司法实践情况进行了总结，也认真研究了这一问题的学术研究成果，将这一原则作为刑法的基本原则之一，以法定的形式确定下来，规定“刑罚的轻重，应当与犯罪分子所犯罪行和承担的刑事责任相适应”，自此这一原则被称为“罪责刑相适应原则”。规定这一原则也是社会主义法治建设发展的必然要求。1996年《行政处罚法》第四条第二款也规定：“设定和实施行政处罚必须以事实为依据，与违法行为的事实、性质、情节以及社会危害程度相当。”这在法律理论上被称为**比例原则**，一些国家的宪法中规定了该原则。刑法和行政处罚法的上述规定也体现了比例原则的精神。

【条文说明】

本条是关于罪责刑相适应原则的规定。

罪责刑相适应原则是我国刑法的基本原则之一，是社会主义法治的必然要求。我国刑法的**罪责刑相适应原则**，是指对犯罪规定刑罚和对犯罪分子量刑时，应根据其所犯罪行的性质、情节和对社会的危害程度来决定。这一原则的基本要求是罪重的量刑要重，罪轻的量刑要轻，各个法律条文之间对犯罪刑罚的规定要统一平衡，不能罪重的刑罚比罪轻的刑罚轻，也不能罪轻的刑罚比罪重的刑罚重。显而易见，这一原则是要保证刑罚的公平。

本条所确定的原则，既是刑事立法应遵循的原则，也是刑事司法应遵守的原则。**在制定和修改刑法时**，对于性质严重、社会危害性大的犯罪，对犯罪情节特别严重的，都规定了较重的处刑；对于所犯罪行的性质、情节比较轻的，如过失犯罪等，规定的处刑比较轻。也就是说，罪重，规定的刑罚就重；罪轻，规定的刑罚就轻。同时，也要注意的是，刑罚配置还要考虑预防犯罪等一些因素，对社会危害性的判断应当是全面、综合的，如盗窃罪和故意毁坏财物罪，对于被害人造成的财产损失而言，后者并不轻于前者，但刑法对盗窃罪规定了更重刑罚，是考虑到预防犯罪必要性、惩治犯罪需要、社会一般观念对盗窃与故意毁坏财物的危害性评价等各方面因素。**在刑事司法中**也应遵守这个原则，犯多大的罪就应判多重的刑，重罪应重判，轻罪应轻判。对犯罪分子判处的刑罚轻重，应当与其所犯罪行的轻重、罪过大小以及应承担的刑事责任大小相当，不能重罪轻判，判轻了，不利于惩罚犯罪，震慑犯罪分子；也不能轻罪重判，判重了，容易造成犯罪分子对法律和社会的抵触心理，不利于罪犯的改造。因此，必须使罪、责、刑相称，做到重罪重判、轻罪轻判、罚当其罪。

需要注意的是，这一概括比以前罪刑相适应或罪刑相当的表述多了一个“责”字。这就是说，在对一个犯罪行为进行评价、确定刑罚时，不仅要看犯罪的事实、行为性质、所触犯罪名、犯罪手段等情节，还要对行为人在该犯罪中所应承担刑事责任的大小等作出判断，通过综合考量确定相应的刑罚，以实现刑罚的公平，这也是我国刑法理论中认定犯罪和刑罚遵循主客观相统一原则的体现，从而最大限度地发挥刑法预防和惩治犯罪的功能。

第六条　【属地管辖原则】

凡在中华人民共和国领域内犯罪的，除法律有特别规定的以外，都适用本法。

凡在中华人民共和国船舶或者航空器内犯罪的，也适用本法。

犯罪的行为或者结果有一项发生在中华人民共和国领域内的，就认为是在中华人民共和国领域内犯罪。

【立法理由】

刑法作为一部法律，应当明确规定其适用范围。**刑法的适用范围**包括适用的人、适用的地域和适用的时间，也就是规定对什么人、在什么地域、在什么时间适用的问题。本条是对适用地域的规定，即通常所说的**地域管辖原则**，主要是体现国家主权的要求。地域管辖原则是刑法的基本管辖原则，各国刑法基于主权原则一般都规定了地域管辖原则作为刑法主要的、基本的管辖原则。

【条文说明】

本条是关于刑法适用地域范围的规定。

本条共分为三款。

第一款是关于**在中华人民共和国领域内犯罪的，除法律有特别规定的以外，无论是中国公民还是外国人，都适用我国刑法追究其刑事责任的规定**。如《最高人民法院关于审理拐卖妇女案件适用法律有关问题的解释》第二条规定："外国人或者无国籍人拐卖外国妇女到我国境内被查获的，应当根据刑法第六条的规定，适用我国刑法定罪处罚。"

这里所说的"**中华人民共和国领域**"，是指我国国境以内的全部区域，具体包括：一是**领陆**，即国境线以内的陆地及其陆地下的地层；二是**领水**，即内水（内河、内海、内湖以及同外国之间界水的一部分）和领海（我国领海宽度从领海基线量起为十二海里）及其以下的地层；三是领空，即领陆和领水之上的空间。

这里所说的"**法律有特别规定的**"，主要是指《刑法》第十一条关于享有外交特权和豁免权的外国人的刑事责任的特别规定，《刑法》第九十条关于民族自治地方制定的变通或者补充刑法的规定，以及其他法律中作出的特别规定，如香港特别行政区、澳门特别行政区基本法中的有关规定，等等。

第二款是关于**在中华人民共和国船舶或者航空器内犯罪，适用我国刑法的规定**。根据国际法一般原则，挂有本国国旗或者在本国注册登记的船舶、航空器，属于本国领土的延伸，不管其航行或者停放在哪里，对在船舶或者航空器内的犯罪，都适用旗国的法律，即**国际法上的旗国主义**。一些国际法对旗国主义原则作了明确规定，如《联合国打击跨国有组织犯罪公约》第十五条第一款规定，各缔约国在以下情况应具有管辖权：(1)犯罪发生在该缔约国领域内；(2)犯罪发生在犯罪时悬挂该缔约国国旗的船只或已根据该缔约国法律注册的航空器内。又如《联合国反腐败公约》第四十二条第一款规定："各缔约国均应当在下列情况下采取必要的措施，以确立对根据本公约确立的犯罪的管辖权：(一)犯罪发生在该缔约国领域内；(二)犯罪发生在犯罪时悬挂该缔约国国旗的船只上或者已经根据该缔约国法律注册的航空器内。"我国《民用航空法》第六条第一款规定："经中华人民共和国国务院民用航空主管部门依法进行国籍登记的民用航空器，具有中华人民共和国国籍，由国务院民用航空主管部门发给国籍登记证书。"本条所说的"船舶"和"航空器"（包括飞机和其他航空器），既包括军用也包括民用。我国的船舶、航空器，即使航行或停泊在我国领域以外，也仍属我国管辖，在这些船舶、航空器内犯罪的，也应适用我国刑法予以追究。

第三款是关于**犯罪行为和犯罪结果不是同时发生在我国领域内的，如何适用刑法的补充性规定**。犯罪行为和犯罪结果都发生在我国领域内，如何适用我国刑法，本条第一款已作了规定。对于犯罪行为或者犯罪结果，只要有一项是发生在我国领域内的，就认为是在我国领域内犯罪，应当适用我国刑法。一部分行为或者一部分结果发生在我国领域内的，我国刑法也有管辖权。这一款规定是对在我国"领域内"犯罪的进一步明确，更有利于打击犯罪，维护国家主权和国家利益。①

① 王政勋教授指出，未遂犯没有发生法定的犯罪结果，应将行为人设想（的结果）应当发生之地、犯罪人希望的结果发生地认定为结果发生地。另外，由于共同犯罪行为基于行为人意思联络已经结成一个整体，故而，无论是共犯行为地还是正犯行为地，均应认为是犯罪行为地。参见陈兴良主编：《刑法总论精释》（第3版），人民法院出版社2016年版，第73页。

【司法解释】

《最高人民法院关于审理拐卖妇女案件适用法律有关问题的解释》（法释〔2000〕1号，2000年1月25日起施行）

△（**外国人或者无国籍人；拐卖外国妇女；刑法的适用**）外国人或者无国籍人拐卖外国妇女到我国境内被查获的，应当根据刑法第六条的规定，适用我国刑法定罪处罚。（§2）

第七条　【属人管辖原则】

中华人民共和国公民在中华人民共和国领域外犯本法规定之罪的，适用本法，但是按本法规定的最高刑为三年以下有期徒刑的，可以不予追究。

中华人民共和国国家工作人员和军人在中华人民共和国领域外犯本法规定之罪的，适用本法。

【立法理由】

1979年《刑法》第四条规定，我国公民在我国领域外只有犯法律列举的反革命罪、伪造国家货币罪、伪造有价证券罪、贪污罪、受贿罪、泄露国家机密罪、冒充国家工作人员招摇撞骗罪和伪造公文、证件、印章罪的，才适用我国刑法。第五条规定，我国公民在我国领域外犯第四条以外的罪，而按刑法规定的最低刑为三年以上有期徒刑的，也适用本法；但是按照犯罪地的法律不受处罚的除外。原刑法的这一规定，为处理我国公民在我国领域外犯罪问题提供了法律依据。1979年制定刑法时，考虑到在我国领域外的我国公民主要是华侨，由于他们同国内公民所处的环境、受到的教育不同，对国家法律了解不多，因此**对我国公民在我国领域外犯罪适用刑法的范围作了严格限制**。这一规定在当时也是适宜的。但是自改革开放以来，随着国际间经济文化交流的不断加深，我国公民因经商、求学、旅游等因公或者因私出国的人数大大增加，在领域外犯罪的情况也时有发生，我国公民在我国领域外的犯罪出现了许多新情况、新问题。因此，根据这些情况的变化和同犯罪作斗争的实际需要，对原刑法的规定作了修改，**扩大了我国公民在我国领域外犯罪适用我国刑法的范围**。

【条文说明】

本条是关于我国公民在我国领域外犯罪如何适用刑法的规定。

关于本国刑法在领域外的效力问题，各国刑法多有规定。本条规定的是中国公民在中国领域外犯罪适用本法的规定，针对的是中国公民在外犯罪，即通常所说的**属人管辖原则**。属人管辖原则体现了国家主权、公民与国家的关系，以及公民遵守本国法律的义务。

本条共分为两款。

第一款是关于**中华人民共和国公民在中华人民共和国领域外犯罪如何适用我国刑法的一般性规定**。这里所说的**中华人民共和国公民**，是指具有中华人民共和国国籍的人，包括定居在外国而没有取得外国国籍的华侨和临时出国的人员，以及已经取得我国国籍的外国血统的人。根据我国国籍法的规定，我国不承认双重国籍，定居在外国的中国公民，自愿加入或取得外国国籍的，即自动丧失中国国籍，不再属于中国公民。

根据本条规定，我国公民在我国领域外犯刑法分则规定的任何一种罪的，都要适用我国刑法，追究其刑事责任。但是有一种**例外**，就是所犯的罪，按照刑法分则的规定，最高刑为三年以下有期徒刑的，可以不予追究。对于最高刑，应当根据犯罪的情节所应适用的相应法定刑档次的最高刑判断。

第二款是关于**我国国家工作人员和军人在我国领域外犯罪适用我国刑法的规定**。本款是对中华人民共和国公民中的两类人的特别规定。其中所说的**国家工作人员**，是指《刑法》**第九十三条**规定的人员，即国家机关中从事公务的人员，国有公司、企业、事业单位、人民团体中从事公务的人员和国家机关、国有公司、企业、事业单位委派到非国有公司、企业、事业单位、社会团体从事公务的人员，以及其他依照法律从事公务的人员。**军人**包括中国人民解放军、武装警察的军官和士兵等人员。国家工作人员和军人在我国领域外犯本法分则规定之罪的，都适用我国刑法追究刑事责任，没有任何例外。这一规定，体现了对国家工作人员和军人犯罪从严的精神。需要注意的是，我国刑法对我国公民在我国领域外犯罪的属人管辖并**不以双重犯罪为原则**，与本法第八条针对外国人对我国国家和公民犯罪的保护管辖原则不一样，后者要求双重犯罪原则。

【参考案例】

△我国公民在国外犯罪，法定最高刑为三年以下有期徒刑，但犯罪情节严重的，应追究刑事责任。

被告人陈先贵在科威特犯聚众扰乱社会秩序罪，因其不是首要分子，而是积极参加者，依照《刑法》第二百九十条第一款的规定，法定最高刑期为三年以下有期徒刑，根据《刑法》第七条第一款的规定，可以不予追究其刑事责任。但根据本案的具体情况，被告人陈先贵的犯罪行为，不仅使其所在公司的生产经营活动无法正常进行，造成了严重经济损失，而且损坏了我国公司、企业在国外的形象，在国际上产生了恶劣影响，后果严重，仍应依法追究其刑事责任。因此，金堂县人民法院根据被告人陈先贵的犯罪事实与情节，以聚众扰乱社会秩序罪判处其有期徒刑二年；成都市中级人民法院依法维持原判，均是适当的。［No. 6-1-290(1)-1　陈先贵聚众扰乱社会秩序案］

△我国公民在国外犯罪，法定最高刑为三年以上有期徒刑的，无论被告人实际判处的刑罚高于或者低于三年有期徒刑，均应追究刑事责任。

《刑法》第七条第一款但书规定："按本法规定的最高刑为三年以下有期徒刑的，可以不予追究。"这里的最高刑为三年以下有期徒刑是指条文的最高法定刑，即刑法规定的该罪名的最高刑罚为三年以下有期徒刑，而不是指对被告人实际判处的刑罚。也就是说，如果我国公民在我国领域外犯有刑法规定最高法定刑为三年以下有期徒刑罪行的，我国法院可以不再追究其刑事责任；但是，如果其犯有刑法规定最高法定刑为三年以上有期徒刑罪行的，不论其可能被判处何种刑罚，刑期是多长，均须依照我国刑法追究被告人的刑事责任。我国法院在实际追究被告人刑事责任时，应依照《刑法》第六十一条的规定，根据被告人的犯罪事实、犯罪的性质、情节和对于社会的危害程度依法判处，不受必须判处被告人三年以上有期徒刑的限制。对被告人实际判处的刑罚，既可以高于三年有期徒刑，也可以低于三年有期徒刑。［No. 6-1-290(1)-2　陈先贵聚众扰乱社会秩序案］

△我国公民在国外犯罪的，应由被告人离境前的居住地或者户籍所在地的人民法院管辖。

我国公民在我国领域外犯我国刑法规定之罪，应依照我国刑法追究被告人刑事责任的刑事案件，虽然不属于涉外刑事案件，但在审判管辖上，与发生在我国领域内的刑事案件有一定的区别，即不能依照"由犯罪地的人民法院管辖"的原则确定地域管辖。此类案件如何确定地域管辖，刑事诉讼法没有明确规定，但《最高人民法院关于执行〈中华人民共和国刑事诉讼法〉若干问题的解释》(已失效)第十二条规定："中国公民在中华人民共和国领域外的犯罪，由该公民离境前的居住地或者原户籍所在地的人民法院管辖。"据此，本案应由被告人陈先贵离境前的居住地或者原户籍所在地的人民法院管辖。由于被告人陈先贵离境前的居住地和原户籍所在地均在四川省金堂县，且被告人陈先贵所犯聚众扰乱社会秩序罪，依照《刑法》第二百九十条第一款的规定，最高法定刑为三年以下有期徒刑，依照刑事诉讼法有关级别管辖的规定，应由基层人民法院管辖。因此，本案由四川省金堂县人民法院作第一审法院是正确的。［No. 6-1-290(1)-3　陈先贵聚众扰乱社会秩序案］

第八条　【保护管辖原则】

外国人在中华人民共和国领域外对中华人民共和国国家或者公民犯罪，而按本法规定的最低刑为三年以上有期徒刑的，可以适用本法，但是按照犯罪地的法律不受处罚的除外。

【立法理由】

根据国家主权和国家保护原则，规定外国人在中华人民共和国领域外，针对中华人民共和国国家和公民犯罪，如何适用我国刑法是十分必要的。规定这一原则的目的是保护在我国领域外的我国公民或者我国国家利益，对维护国家安全利益，保护我国在国外的公民的合法权利十分重要。这在理论上一般被称为**保护管辖原则**。

【条文说明】

本条是关于**外国人在中华人民共和国领域外犯我国刑法规定之罪，如何适用我国刑法的规定。**

本条所称**外国人**，是指具有外国国籍和无国籍的人。根据本条规定，外国人在我国领域外触犯我国刑法，必须同时具备以下条件才能适用我国刑法：

1. **对中华人民共和国国家或者公民犯罪。**所谓对中华人民共和国国家犯罪，主要是指刑法规定的危害我国国家安全和利益的各种犯罪；所谓对中华人民共和国公民犯罪，主要是指我国刑法规定的侵犯我国公民人身权利、民主权利和其他权利的一些犯罪。这一限制既保护了我国国家与公民的利益，也限制了管辖范围，尊重他国主权。2015 年 12 月 27 日第十二届全国人大常委会第十八次会议通过的《反恐怖主义法》第十一条对恐怖活动犯罪的保护管辖作了专门规定："对在中华人民共和国领域外对中华人民共和国国家、公民或者机构实施的恐怖活动犯罪，或者实施的中华人民共和国缔结、参加的国际条约所规定的恐怖活动犯罪，中华人民共和国行使刑事管辖权，依法追究刑事责任。"这一规定体现了我国对国际恐怖活动的严厉打击和打击恐怖主义活动的国际合作。

2. **按刑法规定的最低刑为三年以上有期徒刑的犯罪**。这是从犯罪的最低法定刑的高低限定是否适用我国刑法。所谓最低刑为三年以上有期徒刑，是指刑法规定的一种罪的最低起刑点是三年以上有期徒刑，如《刑法》第一百一十四条规定的放火罪、决水罪、爆炸罪、投放危险物质罪；第一百五十一条第一款规定的走私武器、弹药罪，走私核材料罪，走私假币罪；第二百三十二条规定的故意杀人罪等，规定的最低起刑点就是三年以上有期徒刑。也就是说，外国人对我国国家或者公民犯较为严重犯罪的，才适用本法。

3. **根据犯罪地的法律，也认为是犯罪的，才能适用我国刑法**。如果犯罪地法律不认为是犯罪，或者规定不予处罚的，尽管符合前两个条件，也不能适用我国刑法。这是通常所说的双重犯罪原则。外国人在国外工作生活，从事有关活动应当遵守当地法律，如果当地不认为是犯罪，甚至是合法的活动，不应按照我国刑法处理。我国《引渡法》第七条第一款也规定了**引渡条件的双重犯罪原则**："外国向中华人民共和国提出的引渡请求必须同时符合下列条件，才能准予引渡：（一）引渡请求所指的行为，依照中华人民共和国法律和请求国法律均构成犯罪；（二）为了提起刑事诉讼而请求引渡的，根据中华人民共和国法律和请求国法律，对于引渡请求所指的犯罪均可判处一年以上有期徒刑或者其他更重的刑罚；为了执行刑罚而请求引渡的，在提出引渡请求时，被请求引渡人尚未服完的刑期至少为六个月。"

上述三个限制条件，是有机统一、缺一不可的。因为犯罪人是外国人，而且是在我国领域外犯罪，如果没有被我国抓获或者引渡回来，也无法适用我国刑法。因此，不能管得太宽，需要有条件限制。同时，符合上述条件，刑法规定的是"**可以适用本法**"，即我国刑法保留管辖权，但不必然追究。因为外国人在外国犯罪，同时符合当地法律属地管辖原则，面临刑事处罚，通常会有刑事管辖冲突，我国是否启动追究，根据案件情况确定。《最高人民法院关于适用〈中华人民共和国刑事诉讼法〉的解释》第十一条规定："外国人在中华人民共和国领域外对中华人民共和国国家或者公民犯罪，根据《中华人民共和国刑法》应当受处罚的，由该外国人登陆地、入境地或者入境后居住地的人民法院管辖，也可以由被害人离境前居住地或者现居住地的人民法院管辖。"

【附属刑法】

《中华人民共和国反恐怖主义法》（2015 年 12 月 27 日通过，2018 年 4 月 27 日修正）

第十一条

对在中华人民共和国领域外对中华人民共和国国家、公民或者机构实施的恐怖活动犯罪，或者实施的中华人民共和国缔结、参加的国际条约所规定的恐怖活动犯罪，中华人民共和国行使刑事管辖权，依法追究刑事责任。

第九条 【普遍管辖原则】

对于中华人民共和国缔结或者参加的国际条约所规定的罪行，中华人民共和国在所承担条约义务的范围内行使刑事管辖权的，适用本法。

【立法理由】

本条规定的管辖原则被称为**普遍管辖原则**，亦称**世界主义原则**，是指对于某些危及全人类安全的国际犯罪，不论犯罪人是何国籍，在何地犯罪，也不论侵犯了何国利益，世界各国对其均具有管辖权，这是为适应**同国际犯罪作斗争**的需要而制定的。1987 年 6 月全国人大常委会通过的《全国人民代表大会常务委员会关于对中华人民共和国缔结或者参加的国际条约所规定的罪行行使刑事管辖权的决定》中规定："对于中华人民共和国缔结或者参加的国际条约所规定的罪行，中华人民共和国在所承担条约义务的范围内,行使刑事管辖权。"这一立法的主要背景是,自20世纪60年代以来,国际恐怖主义活动不断加剧,受到国际社会的严重关注。在有关国际组织的主持下,国际上先后制定了一系列旨在加强国际合作、有效地防止和惩处恐怖主义行为的国际条约。这些条约有:1970年的《关于制止非法劫持航空器的公约》、1971年的《关于制止危害民用航空安全的非法行为的公约》、1973年的《关于防止和惩处侵害应受国际保护人员包括外交代表的罪行的公约》和1979年的《反对劫持人质国际公约》等。我国于1980年加入《关于制止非法劫持航空器的公约》《关于制止危害民用航空安全的非法行为的公约》,于1987年加入《关于防止和惩处侵害应受国际保护人员包括外交代表的罪行的公约》。这些条约均规定,各缔约国应将非法劫持航空器、危害民用航空安全、侵害应受国际保护人员等行为定为国内法上的罪行,予以惩处;有关缔约国应采取必要措施,对这类罪行行使管辖权,而不论罪犯是否为其本国人、罪行是否发生于其国内。这一旨在对危害人类生命财产安全、损害国际关系的罪行确立普遍管辖权的条款,已成为各类反恐怖主义国际条约的基本内容。此外,我国还加入了《禁止酷刑和其他残忍、不人道或有辱人格的待遇或处罚公约》《联合国打击跨国有组织犯罪公约》等条约,这些条约对普遍管辖原则也作了明确规定。我国批准或加入这类条约后,便承担了对犯有条约规定的罪行的罪犯实施管辖的义务。特别是对于在我国境外针对其他国家应受条约保护的对象,犯有条约所规定的罪行之后,进入我国境内的外国人,我国有义务行使刑事管辖权。因此,需要通过立法措施加以处理。由全国人大常委会以立法形式作出决定,明确我国对这类条约规定的罪行的管辖权,表明我国在反对恐怖主义等方面切实履行国际义务的严肃立场;从国际法同国内法的关系看,由全国人大常委会作出这一决定,既能避免今后审批这类条约时在刑事管辖范围方面一事一决的繁复,又可以解决我国承担的国际义务同国内法的有关规定不相衔接的问题,有益于完善我国的社会主义法制。决定既经作出,在刑事管辖方面,就可以适用全国人大常委会批准的这类国际条约。随着我国国际地位的日益提高,对外交往日益频繁,我国缔结和参加了许多有犯罪行为规定的国际条约,且今后还会批准加入一些国际条约。中国作为国际社会负责任的一员,为信守承诺,履行我国承担的国际义务,打击国际犯罪,将普遍管辖原则规定到我国刑法中很有必要,因此**1997年修订刑法**时将前述决定内容作为刑法总则条文确立下来。

同时,我国《反恐怖主义法》第十一条对这一原则在反恐领域刑事案件中的适用作了进一步明确,"对在中华人民共和国领域外对中华人民共和国国家、公民或者机构实施的恐怖活动犯罪,或者实施的中华人民共和国缔结、参加的国际条约所规定的恐怖活动犯罪,中华人民共和国行使刑事管辖权,依法追究刑事责任",与刑法的规定相衔接。

【条文说明】

本条是关于我国刑法普遍管辖原则的规定。

本条所说的**我国缔结或者参加的国际条约所规定的罪行**,是指已经由全国人大常委会批准的我国缔结或者参加的国际条约规定的犯罪,如《关于制止非法劫持航空器的公约》《关于制止危害民用航空安全的非法行为的公约》《防止及惩治灭绝种族罪公约》《联合国海洋法公约》《制止危及海上航行安全非法行为公约》《反对劫持人质国际公约》《联合国禁止非法贩运麻醉药品和精神药物公约》《联合国打击跨国有组织犯罪公约》等,这些国际条约中分别规定了一些国际犯罪,如劫持航空器罪、劫持船只罪、海盗罪、贩毒罪等。凡参加了这些国际条约的国家,就承担了对这些国际犯罪进行追究的义务。犯了上述罪行的人,在任何一个缔约国,根据条约的规定,该缔约国如果不将罪犯引渡给他国,该国就要行使刑事管辖权,依照该国的法律对犯罪人进行追究。

根据本条规定,我国对这类犯罪行使管辖权的对象,主要是指在我国领域外犯了国际条约所规定的罪而进入我国领域内的外国人。我国行使刑事管辖权的条件是:一是**必须是中华人民共和国缔结或者参加的国际条约中所规定的犯罪**,我国对没有缔结或者参加的国际条约中规定的犯罪,不能行使刑事管辖权;二是**必须是在我国所承担条约义务的范围内**。如果我国对条约中的某些规定声明保留,我国对此就不承担义务。我国缔结或者参加的国际条约中,凡是没有声明保留的规定,都属于我国所承担的义务范围。本条所说的刑事管辖权,是指我国司法机关对此类案件有依法行使侦查、起诉和审判的权利。"**适用本法**"是指行使刑事管辖权的,依照我国刑法的规定作为依据追究刑事责任。《最高人民法院关于适用〈中华人民共和国刑事诉讼法〉的解释》第十二条规定:"对中华人民共和国缔结或者参加的国际条约所规定的罪行,中华人民共和国在所承担条约义务的范围内行使刑事管辖权的,由被告人被抓获地、登陆地或者入境地的人民法院管辖。"

第十条 【域外刑事判决的消极承认】

凡在中华人民共和国领域外犯罪，依照本法应当负刑事责任的，虽然经过外国审判，仍然可以依照本法追究，但是在外国已经受过刑罚处罚的，可以免除或者减轻处罚。

【立法理由】

《刑法》第七条规定了我国公民在我国领域外犯罪的属人管辖原则，第八条规定了外国人在我国领域外针对我国公民或者国家犯罪的保护管辖原则，第九条规定了基于国际条约的普遍管辖原则，都是涉及在外国领域犯罪管辖的规定。实践中，相关人员在我国领域外犯罪，如果其他国家依照其当地法律管辖并追究了相关人员的刑事责任，我国依法管辖时，势必涉及对该行为人此前受外国追究的情况如何看待，是否要有所考虑的问题。我国刑法对在我国领域外犯罪，依照我国刑法应当负刑事责任的，有追诉的权利，这是从维护国家司法管辖权的角度规定的。同时考虑到案件处理的实际情况，对在外国已经受过刑罚处罚的，根据具体情况，我国可以放弃追诉权或对其免除或者减轻处罚。

上述规定既维护了我国国家主权和司法主权，又照顾到罪犯利益和实际情况。

【条文说明】

本条是关于犯罪已经外国法院判决如何适用我国刑法的规定。

本条规定有两个方面的含义：

1. **凡在我国领域外犯罪，依照我国刑法应当负刑事责任的，虽然经过外国审判，仍然可以依照我国刑法处理。**这里所说的在我国“领域外犯罪”的，犯罪主体既包括我国公民，也包括外国人或者无国籍人。规定虽经外国审判，但依照我国刑法应当负刑事责任的，仍然可以依照我国刑法追究，是国家主权原则和保护原则在我国刑法中的体现。从这一原则出发，我国可以不受外国审判的约束。但是，应当注意的是，这里使用的是“可以”，而没有用“应当”，因此，对于已经外国审判的，还要不要再依照我国刑法处理，需要根据具体案件的具体情况决定，并不要求对于外国已经审判的犯罪，一律再依照我国刑法处理。

2. **对于经过外国审判的案件，如果需要依照我国刑法处理的，凡是在外国已经受过刑罚处罚的，可以免除或者减轻处罚。**这一规定，主要是考虑到行为人已在外国经过审判，受到了刑罚处罚。在依照我国刑法处理时，应当实事求是地对待，根据具体情况，可以对其免除处罚或者减轻处罚。具体在考虑对其是免除处罚还是减轻处罚以及减轻处罚的程度时，可以从其所犯罪行的性质、在外国被判处刑罚的轻重和实际执行刑罚的长短、按照我国刑法可能判处的刑罚的轻重、行为人经过在外国执行刑罚所得到的惩戒和人身危险性减低的情况、判处刑罚的必要性以及刑罚轻重的适当性等方面综合考量。

第十一条 【外交特权和豁免权】

享有外交特权和豁免权的外国人的刑事责任，通过外交途径解决。

【立法理由】

对享有外交特权和豁免权的人，其刑事责任通过外交途径解决，这是国际上保证国与国之间正常交往的通行做法和必需的条件保障。**外交人员刑事豁免原则**也是一项通行的国际法上的原则。1961年《维也纳外交关系公约》第三十一条中规定，外交代表对接受国之刑事管辖享有豁免；外交代表不因其对接受国管辖所享之豁免而免除其受派遣国之管辖。对此，我国相关法律中也有明确规定。除本条规定外，《刑事诉讼法》第十七条也明确规定：“对于外国人犯罪应当追究刑事责任的，适用本法的规定。对于享有外交特权和豁免权的外国人犯罪应当追究刑事责任的，通过外交途径解决。”《外交特权与豁免条例》第十四条也明确规定：“外交代表享有刑事管辖豁免。外交代表享有民事管辖豁免和行政管辖豁免，但下列各项除外：(一)外交代表以私人身份进行的遗产继承的诉讼；(二)外交代表违反第二十五条第三项规定在中国境内从事公务范围以外的职业或者商业活动的诉讼。外交代表免受强制执行，但对前款所列情况，强制执行对其人身和寓所不构成侵犯的，不在此限。外交代表没有以证人身份作证的义务。”

【条文说明】

本条是关于享有外交特权和豁免权的外国人刑事责任的规定。

本条规定的“**外交特权和豁免权**”，是指一个国家为了保证和便利驻在本国的外交代表、外交代表机关以及外交人员执行职务，而给予他们的一种特殊权利和待遇。这种特殊权利和待遇是各国之间按照平等、相互尊重的原则，根据国际惯例和国际公约、协议相互给予的。如果外国调整我国外交人员的相应待遇，我国也可以根据平等原则相应调整该国驻我国的外交人员的待遇。根据国际公约的精神，全国人大常委会于1986年制定了《外交特权与豁免条例》。

这种**特殊权利和豁免权**包括：人身不可侵犯，办公处、住处和文书档案不可侵犯，免纳关税，不受驻在国的司法管辖，等等。**享有这种外交特权和豁免权的外国人**主要包括：

1. 外国的国家元首、政府首脑、外交部部长。

2. 外国驻本国的外交代表、大使、公使、代办和同级别的人、具有外交官衔的使馆工作人员（一、二、三等秘书，随员，陆海空武官，商务、文化、新闻参赞或专员）以及他们的家属（配偶、未成年子女）等。

3. 执行职务的外交使差。

4. 根据我国同其他国家订立的条约、协定享受若干特权和豁免权的商务代表。

5. 经我国外交部核定享受若干特权和豁免的下列人员：(1)途经或临时留在我国境内的各国驻第三国的外交官；(2)各国派来中国参加会议的代表；(3)各国政府来中国的高级官员；(4)按照《联合国宪章》规定和国际公约享受特权和豁免的其他人员。

6. 总领事、领事、副领事、领事代理人、名誉领事和其他领馆人员。

需要注意的是，上述享有外交特权和豁免权的外国人的刑事责任不适用我国刑法刑事管辖权，并不意味着行为不受惩罚，而是不交付我国法院审判，他们的刑事责任通过**外交途径**解决。一般有下列几种方式：(1)要求派遣国召回；(2)建议派遣国依法处理；(3)对罪行严重的，由我国政府宣布其为“不受欢迎的人”，限期出境。同时，根据有关国际法和我国《外交特权与豁免条例》第二十五条的规定：“享有外交特权与豁免的人员：(一)应当尊重中国的法律、法规；(二)不得干涉中国的内政；(三)不得在中国境内为私人利益从事任何职业或者商业活动；(四)不得将使馆馆舍和使馆工作人员寓所充作与使馆职务不相符合的用途。”

第十二条　【从旧从轻原则】

中华人民共和国成立以后本法施行以前的行为，如果当时的法律不认为是犯罪的，适用当时的法律；如果当时的法律认为是犯罪的，依照本法总则第四章第八节的规定应当追诉的，按照当时的法律追究刑事责任，但是如果本法不认为是犯罪或者处刑较轻的，适用本法。

本法施行以前，依照当时的法律已经作出的生效判决，继续有效。

【立法理由】

刑法在时间上的适用范围，是指刑法的生效和效力终止的时间，即刑法的时间效力。同时，刑法对其公布实施前的行为是否具有溯及既往的效力，也是刑法时间效力需要解决的问题，通常称为刑法的溯及力问题。各国刑法对时间效力都作出了明确规定。我国刑法的时间效力采用**从旧兼从轻原则**，即对犯罪行为原则上应当适用行为时的法律规定，但如果适用新的法律规定对犯罪人更为有利的，则应适用新的法律规定。这一原则体现了法律的公平，也符合**罪刑法定原则**的基本要求。罪刑法定原则要求必须以行为时的法律为依据，去判定行为人的行为是否构成犯罪和应如何追究刑事责任。如果行为时并无法律规范存在，却以行为实施之后的法律作为定罪量刑的依据，则相当于公民在行为时虽无相关规范明示禁止，但行为之合法与否处于不确定状态，不符合现代法治原则。因此一些国家的宪法中明确规定了法律不得溯及既往的原则。随着刑事法治的发展和人权保障的不断加强，一般认为罪刑法定原则也不是一概禁止溯及既往，而是禁止重法溯及既往，即对罪犯有利的溯及既往是允许的，符合保障人权的精神。因此本条按照现代法治原则和罪刑法定的要求，规定了原则上从旧，同时如果从新处罚更轻的就从轻的原则。根据《刑法》第四百五十二条的规定，本法自 1997 年 10 月 1 日起施行。本条规定的就是在本法施行前发生的犯罪行为如何处理的问题。

【条文说明】

本条是关于我国刑法在时间上的适用范围的规定。

本条共分为两款。

第一款是关于**对 1997 年刑法生效以前发生的犯罪行为有无溯及力**的规定。对于中华人民共和国成立以后本法施行以前的行为的处理原则，我国刑法采用的是从旧兼从轻原则，即修订后刑法原则上不溯及既往，但修订后刑法对行为人处罚更轻时例外。具体内容有以下两个方面：(1) 在 1997 年修订刑法生效以后发生的一切犯罪行为，都应当适用 1997 年修订的刑法，1979 年刑法和制定的单行刑事法律对新发生的犯罪不再适用。(2) 1997 年修订的刑法施行后，在民事、经济、行政法律中，关于适用原刑法有关条文追究刑事责任的规定：如果修订的刑法已有具体的罪与刑的规定，原有规定不再适用；如果修订的刑法对原刑法规定的内容没有修改，只是条文序号顺序变了，原规定适用的条文对不上了，应当适用修订后的条文序号；如果在适用中有不明确或者有争议的，可以由全国人大常委会解释；1997 年刑法施行以后，对于其生效前发生的行为，如果原有法律不认为是犯罪，1997 年刑法认为是犯罪的，如有的计算机犯罪、证券犯罪等，应适用原来的法律，按无罪处理，如果原有法律认为是犯罪，1997 年刑法也认为是犯罪，并且“依照本法总则第四章第八节的规定应当追诉的”，应当适用原有法律，但是 1997 年刑法规定的处刑较轻时应当适用新刑法。也就是说，只有在不认为是犯罪或者处刑较轻这两种情况下，新刑法才能溯及既往。其中“**处刑较轻的**”，是指刑法对某种犯罪规定的刑罚即法定刑比修订前刑法规定的法定刑为轻。确定法定刑是否属于较轻时，应当先比较修订前后刑法哪个规定的法定最高刑更轻；如果法定最高刑相同，则比较法定最低刑哪个较轻。如果刑法规定的某一犯罪只有一个法定刑幅度，法定最高刑或者法定最低刑是指该幅度的最高刑或者最低刑；如果刑法规定的某一犯罪有两个以上的法定刑幅度，法定最高刑或者法定最低刑是指具体犯罪行为应当适用的法定刑幅度的最高刑或者最低刑。1997 年 10 月 1 日以后审理 1997 年 9 月 30 日以前发生的刑事案件，如果刑法规定的处刑标准、法定刑与修订刑法前相同的，应当适用修订前的刑法。

需要注意的是，本条规定刑法适用上**从旧兼从轻**是刑法效力范围的一般原则，1997 年刑法修订以后，全国人大常委会还通过多个刑法修正案对刑法作出了一系列修改，对于经**刑法修正案**修改前后的刑法规定的具体适用，也应当按照这个总体原则进行判断。其中《刑法修正案（八）》和《刑法修正案（九）》对刑法修改的内容广泛，既有过去不是犯罪行为增加为犯罪行为的，过去认定为其他犯罪，在刑法修改后规定为专门犯罪的，也有对总则中刑罚制度的修改，还有其他程序性修改等，情况复杂。因此新的刑法修正案出台后，一般也会发布司法解释，对有关可能存在不同认识的犯罪如何适用作出具体规定，如《最高人民法院关于〈中华人民共和国刑法修正案（八）〉时间效力问题的解释》和《最高人民法院关于〈中华人民共和国刑法修正案（九）〉时间效力问题的解释》。(1) **关于以前属于犯罪行为，刑法修改后规定为其他专门罪名的，如何适用刑法的问题**，如考试作弊犯罪。对于 2015 年 10 月 31 日以前组织考试作弊，为他人组织考试作弊提供作弊器材或者其他帮助，以及非法向他人出售或者提供考试试题、答案，根据修正前刑法应当以非法获取国家秘密罪，非法生产、销售间谍专用器材罪或者故意泄露国家秘密罪等追究刑事责任的，适用修正前刑法的有关规定。但是，根据修正后《刑法》第二百八十四条之一的规定处刑较轻的，适用修正后刑法的有关规定。又如虚假诉讼犯罪，对于 2015 年 10 月 31 日以前以捏造的事实提起民事诉讼，妨害司法秩序或者严重侵害他人合法权益，根据修正前刑法应当以伪造公司、企业、事业单位、人民团体印章罪或者妨害作证罪等追究刑事责任的，适用修正前刑法的有关规定。但是，根据修正后《刑法》第三百零七条之一的规定处刑较轻的，适用修正后刑法的有关规定。实施前述行为，非法占有他人财产或者逃避合法债务，根据修正前刑法应当以诈骗罪、职务侵占罪或者贪污罪等追究刑事责任的，适用修正前刑法的有关规定。(2) **对有关程序性规定，适用修正后刑法**，如《刑法修正案（九）》增加的网络侮辱、诽谤的协助提供证据的规定。《最高人民法院关于〈中华人民共和国刑法修正案（九）〉时间效力问题的解释》第四条规定：“对于 2015 年 10 月 31 日以前通过信息网络实施的刑法第二百四十六条第一款规定的侮辱、诽谤行为，被害人向人民法院告诉，但提供证据确有困难的，适用修正后刑法第二百四十六条第三款的规定。”关于《刑法修正案（九）》修改的虐待告诉才处理的条件,《最高人民法院关于〈中华人民共和国刑法修正案(九)〉时间效力问题的解释》第五条规定:“对于2015年10月31日以前实施的刑法第二百六十条第一款规定的虐待行为,被害人没有能力告诉,或者因受到强制、威吓无法告诉的,适用修正后刑法第二百六十条第三款的规定。”(3)**有关量刑制度的修改,如何适用刑法,应按照从旧兼从轻原则确定**。如关于《刑法修正案(九)》增加的贪污、受贿罪终身监禁的适用,《最高人民法院关于〈中华人民共和国刑法修正案(九)〉时间效力问题的解释》第八条规定:“对于2015年10月31日以前实施贪污、受贿行为,罪行极其严重,根据修正前刑法判处死刑缓期执行不能体现罪刑相适应原则,而根据修正后刑法判处死刑缓期执行同时决定在其死刑缓期执行二年期满依法减为无期徒刑后,终身监禁,不得减刑、假释可以罚当其罪的,适用修正后刑法第三百八十三条第四款的规定。根据修正前刑法判处死刑缓期执行足以罚当其罪的,不适用修正后刑法第三百八十三条第四款的规定。”(4)**有关刑罚执行制度的规定**。如《刑法修正案(八)》对无期徒刑实际最低执行刑期作了修改,对此如何适用,《最高人民法院关于〈中华人民共和国刑法修正案(八)〉时间效力问题的解释》第七条规定:“2011年4月30日以前犯罪,被判处无期徒刑的罪犯,减刑以后或者假释前实际执行的刑期,适用修正前刑法第七十八条第二款、第八十一条第一款的规定。”

第二款是关于**对已经按原有法律作出的生效判决如何处理**的规定。对于修正后刑法生效以前,依照原法律已经作出的生效判决,既包括有罪判决,也包括无罪判决,仍然是继续有效的判决,不能因修正后刑法的实施而有所改变。依照当时的法律已经作出的生效判决,继续有效。对于由于特定时代、特定原因的一些犯罪,现在看来危害性有所变化的,可以考虑在刑罚执行过程中予以减刑、假释,或者适用特赦制度,但不能因法律修改后对原来的犯罪重新审判。

理解本条规定,需要注意以下三个方面的问题:

1. **关于追诉时效问题修正前后刑法的适用**。关于本条中“依照本法总则第四章第八节的规定应当追诉的,按照当时的法律追究刑事责任”,仅指对行为人如何定罪量刑按当时的法律,还是包括对追诉时效的确定也按当时的法律,司法实践中长期存在不同观点。1997年刑法关于追诉时效的规定,与1979年刑法相比,对具体追诉期限的规定是一样的,如法定最高刑为不满五年有期徒刑的,经过五年不再追诉,法定最高刑为五年以上不满十年有期徒刑的,经过十年不再追诉等。同时,1979年刑法和1997年刑法都规定了报请最高人民检察院核准追诉的程序,因此对特别严重的犯罪案件虽然已过追诉时效,仍可核准追诉。不同的是,1997年《刑法》第八十八条有关不受追诉期限限制的规定,与1979年刑法相应规定相比,降低了不受追诉期限限制的条件,增加了不受追诉期限限制的情形。关于不受追诉期限时效限制的情形,1979年《刑法》第七十七条规定:“**在人民法院、人民检察院、公安机关采取强制措施以后,逃避侦查或者审判的**,不受追诉期限的限制。”1997年《刑法》第八十八条第一款规定:“**在人民检察院、公安机关、国家安全机关立案侦查或者在人民法院受理案件以后,逃避侦查或者审判的**,不受追诉期限的限制。”1997年刑法将“采取强制措施以后”修改为“立案侦查或者在人民法院受理案件以后”;同时,1997年刑法还增加了不受追诉期限限制的情形,作为第二款:“**被害人在追诉期限内提出控告,人民法院、人民检察院、公安机关应当立案而不予立案的**,不受追诉期限的限制。”因此,与1979年刑法相比,1997年刑法关于不受追诉期限限制的规定重于1979年刑法的规定,对犯罪嫌疑人、被告人更为严厉。因此适用1979年刑法还是1997年刑法关于追诉时效的规定,对一些特定案件是否追诉会有不同结论。应当说,溯及力问题和追诉时效问题二者有内在联系,但属于两个不同的制度。从我国刑法的规定看,**对于追诉时效一直是“从新”的**。1979年《刑法》第九条规定,“如果当时的法律、法令、政策认为是犯罪的,依照本法总则第四章第八节的规定应当追诉的,按照当时的法律、法令、政策追究刑事责任”;1997年《刑法》第十二条第一款沿用了上述表述,规定,“如果当时的法律认为是犯罪的,依照本法总则第四章第八节的规定应当追诉的,按照当时的法律追究刑事责任”。因此,对于1997年刑法生效前实施的行为如何判断时效,刑法的规定是明确的,即适用“本法”(1997年刑法)总则第四章第八节的规定。据此,根据本条规定,对1997年刑法施行以前的犯罪行为,1997年刑法施行后在追诉时效期限内,具有“在人民检察院、公安机关、国家安全机关立案侦查或者在人民法院受理案件以后,逃避侦查或者审判”或者“被害人在追诉期限内提出控告,人民法院、人民检察院、公安机关应当立案而不予立案”情形的,适用1997年《刑法》第八十八条的规定,不受追诉期限的限制。如果1997年刑法施行时,根据1979年刑法有关追诉期限的规定已超过追诉期限的,不宜再根据

1997年刑法的规定追究刑事责任。

2. **对跨越修订刑法施行日期的继续犯罪如何适用法律**。根据《最高人民检察院关于对跨越修订刑法施行日期的继续犯罪、连续犯罪以及其他同种数罪应如何具体适用刑法问题的批复》的规定，对于开始于1997年9月30日以前，继续到1997年10月1日以后终了的继续犯罪，应当适用修订刑法一并进行追诉。对于开始于1997年9月30日以前，连续到1997年10月1日以后的连续犯罪，或者在1997年10月1日前后分别实施同种类数罪，其中罪名、构成要件、情节以及法定刑均没有变化的，应当适用修订刑法，一并进行追诉；罪名、构成要件、情节以及法定刑已经变化的，也应当适用修订刑法，一并进行追诉，但是修订刑法比原刑法所规定的构成要件和情节较为严格，或者法定刑较重的，在提起公诉时应当提出酌情从轻处理的意见。

3. **关于司法解释的适用效力**。这一问题与刑法适用效力紧密联系。本条规定的"当时的法律"和"本法"，是指刑法，但刑法的具体适用，以及情节、数额等标准的具体适用，在我国通常由司法解释确定，因此司法解释的效力问题，与行为的刑法适用具有直接联系。根据2001年12月16日发布的《最高人民法院、最高人民检察院关于适用刑事司法解释时间效力问题的规定》的规定，司法解释自发布或者规定之日起施行，效力适用于法律的施行期间，对于司法解释实施前发生的行为，行为时没有相关司法解释，司法解释施行后尚未处理或者正在处理的案件，依照司法解释的规定办理。行为时已有相关司法解释，依照行为时的司法解释办理，但适用新的司法解释对犯罪嫌疑人、被告人有利的，适用新的司法解释。对于在司法解释施行前已办结的案件，按照当时的法律和司法解释，认定事实和适用法律没有错误的，不再变动。

此外，关于**法律解释的效力**应当区分情况处理。有的法律解释属于**对法律含义的进一步明确**，如《全国人民代表大会常务委员会关于〈中华人民共和国刑法〉第九十三条第二款的解释》，是对《刑法》第九十三条第二款关于"其他依照法律从事公务的人员"规定的进一步明确，并不是对刑法的修改，该解释的效力适用于1997年修订后的刑法。有的法律解释属于**法律制定后出现新的情况，需要准用刑法有关法律依据的**，如全国人大常委会关于刑法有关文物的规定适用于具有科学价值的古脊椎动物化石、古人类化石的解释，则不宜适用于解释实施前发生的行为。

【司法解释】

《最高人民法院关于适用刑法时间效力规定若干问题的解释》(法释〔1997〕5号，1997年9月25日发布)

△(**审判监督程序；行为时的法律**)按照审判监督程序重新审判的案件，适用行为时的法律。(§ 10)

《最高人民检察院关于检察工作中具体适用修订刑法第十二条若干问题的通知》(高检发释字〔1997〕4号，1997年10月6日公布)

△(**从旧从轻原则；撤销案件；不起诉；撤回抗诉**)如果当时的法律(包括1979年刑法，中华人民共和国惩治军人违反职责罪暂行条例，全国人大常委会关于刑事法律的决定、补充规定，民事、经济、行政法律中"依照""比照"刑法有关条款追究刑事责任的法律条文，下同)、司法解释认为是犯罪，修订刑法不认为是犯罪的，依法不再追究刑事责任。已经立案、侦查的，撤销案件；已批准逮捕的，撤销批准逮捕决定，并建议公安机关撤销案件；审查起诉的，作出不起诉决定；已经起诉的，建议人民法院退回案件，予以撤销；已经抗诉的，撤回抗诉。(§ 1)

△(**从旧从轻原则**)如果当时的法律、司法解释认为是犯罪，修订刑法也认为是犯罪的，按从旧兼从轻的原则依法追究刑事责任：

1. 罪名、构成要件、情节以及法定刑没有变化的，适用当时的法律追究刑事责任。

2. 罪名、构成要件、情节以及法定刑已经变化的，根据从轻原则，确定适用当时的法律或者修订刑法追究刑事责任。(§ 2)

△(**从旧从轻原则**)如果当时的法律不认为是犯罪，修订刑法认为是犯罪的，适用当时的法律；但行为连续或者继续到1997年10月1日以后的，对10月1日以后构成犯罪的行为适用修订刑法追究刑事责任。(§ 3)

《最高人民法院关于适用刑法第十二条几个问题的解释》(法释〔1997〕12号，1997年12月31日公布)

△(**处刑较轻**)刑法第十二条规定的"处刑较轻"，是指刑法对某种犯罪规定的刑罚即法定刑比修订前刑法轻。法定刑较轻是指法定最高刑较

轻;如果法定最高刑相同,则指法定最低刑较轻[①]。(§1)

△(**法定最高刑或者最低刑;法定刑幅度**)如果刑法规定的某一犯罪只有一个法定刑幅度,法定最高刑或者最低刑是指该法定刑幅度的最高刑或者最低刑;如果刑法规定的某一犯罪有两个以上的法定刑幅度,法定最高刑或者最低刑是指具体犯罪行为应当适用的法定刑幅度的最高刑或者最低刑。(§2)

△(**从旧;修订前刑法**)一九九七年十月一日以后审理一九九七年九月三十日以前发生的刑事案件,如果刑法规定的定罪处刑标准、法定刑与修订前刑法相同的,应当适用修订前的刑法。(§3)

《最高人民检察院关于对跨越修订刑法施行日期的继续犯罪、连续犯罪以及其他同种数罪应如何具体适用刑法问题的批复》(高检发释字〔1998〕6号,1998年12月2日公布)

△(**跨越新旧法;继续犯罪;连续犯罪;其他同种数罪**)对于开始于1997年9月30日以前,继续或者连续到1997年10月1日以后的行为,以及在1997年10月1日前后分别实施的同种类数罪,如果原刑法和修订刑法都认为是犯罪并且应当追诉,按照下列原则决定如何适用法律:

一、对于开始于1997年9月30日以前,继续到1997年10月1日以后终了的继续犯罪,应当适用修订刑法一并进行追诉。

二、对于开始于1997年9月30日以前,连续到1997年10月1日以后的连续犯罪,或者在1997年10月1日前后分别实施同种类数罪,其中罪名、构成要件、情节以及法定刑均没有变化的,应当适用修订刑法,一并进行追诉;罪名、构成要件、情节以及法定刑已经变化的,也应当适用修订刑法,一并进行追诉,但是修订刑法比原刑法所规定的构成要件和情节较为严格,或者法定刑较重的,在提起公诉时应当提出酌情从轻处理意见。

《最高人民法院、最高人民检察院关于适用刑事司法解释时间效力问题的规定》(高检发释字〔2001〕5号,2001年12月7日发布)

△(**司法解释;时间效力;自发布或者规定之日起施行**)司法解释是最高人民法院对审判工作中具体应用法律问题和最高人民检察院对检察工作中具体应用法律问题所作的具有法律效力的解释,自发布或者规定之日起施行,效力适用于法律的施行期间。(§1)

△(**司法解释施行后;尚未处理或者正在处理的案件**)对于司法解释实施前发生的行为,行为时没有相关司法解释,司法解释施行后尚未处理或者正在处理的案件,依照司法解释的规定办理。(§2)

△(**新、旧司法解释**)对于新的司法解释实施前发生的行为,行为时已有相关司法解释,依照行为时的司法解释办理,但适用新的司法解释对犯罪嫌疑人、被告人有利的,适用新的司法解释。(§3)

△(**既判力**)对于在司法解释施行前已办结的案件,按照当时的法律和司法解释,认定事实和适用法律没有错误的,不再变动。(§4)

【司法解释性文件】

《最高人民法院关于认真学习宣传贯彻修订的〈中华人民共和国刑法〉的通知》(法发〔1997〕3号,1997年3月25日发布)

△(**从旧从轻原则;修订刑法实施前后;审判监督程序**)修订的刑法实施后,各级人民法院必须坚决贯彻执行。对于修订后的刑法实施前发生的行为,10月1日实施后尚未处理或者正在处理的案件,依照修订的刑法第十二条的规定办理;对于修订的刑法实施前,人民法院已审结的案件,实施后人民法院按照审判监督程序重新审理的,适用原审结时的有关法律规定。(§3)

△(**修订刑法实施前;决定、补充规定;司法解释;刑事诉讼法**)修订的刑法实施前,人民法院审判刑事案件仍然应当依照现行刑法和人大常委会修改、补充刑法的有关决定、补充规定及最高人民法院的有关司法解释,并应遵守刑事诉讼法有关程序和期限的规定。(§4)

△(**修订刑法实施后;原作出的司法解释;参照执行;抵触**)修订的刑法实施后,对已明令废止的全国人大常委会有关决定和补充规定,最高人民法院原作出的有关司法解释不再适用。但是如果修订的刑法有关条文实质内容没有变化的,人民法院在刑事审判工作中,在没有新的司法解释前,可参照执行。其他对于与修订的刑法规定相抵触的司法解释,不再适用。(§5)

《最高人民检察院关于〈全国人民代表大会

---

① 王政勋教授指出,只有对可能判处的刑罚即处断刑进行轻重比较,才能得出正确结论。所谓新法法定刑较轻,乃指对某种行为,根据新法所判处的刑罚比根据旧法所判处的刑罚轻。参见陈兴良主编:《刑法总论精释》(第3版),人民法院出版社2016年版,第87—88页。

常务委员会关于《中华人民共和国刑法》第九十三条第二款的解释》的时间效力的批复》（高检发研字〔2000〕15号，2000年6月29日发布）

△（**法律解释；时间效力**）《全国人民代表大会常务委员会关于〈中华人民共和国刑法〉第九十三条第二款的解释》是对刑法第九十三条第二款关于"其他依照法律从事公务的人员"规定的进一步明确，并不是对刑法的修改。因此，该《解释》的效力适用于修订刑法的施行日期，其溯及力适用修订刑法第12条的规定。

《最高人民检察院关于认真贯彻执行〈中华人民共和国刑法修正案（四）〉和〈全国人民代表大会常务委员会关于《中华人民共和国刑法》第九章渎职罪主体适用问题的解释〉的通知》（高检发研字〔2003〕1号，2003年1月14日发布）

△（**法律解释；时间效力**）要准确把握《刑法修正案（四）》和《解释》[①]的时间效力，正确适用法律。《刑法修正案（四）》是对《刑法》有关条文的修改和补充，实践中办理相关案件时，应当依照《刑法》第十二条规定的原则正确适用法律。对于1997年修订刑法施行以后、《刑法修正案（四）》施行以前发生的枉法执行判决、裁定犯罪行为，应当依照《刑法》第三百九十七条的规定追究刑事责任。根据《立法法》第四十七条[②]的规定，法律解释的时间效力与它所解释的法律的时间效力相同。对于在1997年修订刑法施行以后、《解释》施行以前发生的行为，在《解释》施行以后尚未处理或者正在处理的案件，应当依照《解释》的规定办理。对于在《解释》施行前已经办结的案件，不再变动。（§ 3）

《最高人民法院关于九七刑法实施后发生的非法买卖枪支案件，审理时新的司法解释尚未作出，是否可以参照1995年9月20日最高人民法院〈关于办理非法制造、买卖、运输非军用枪支、弹药刑事案件适用法律问题的解释〉的规定审理案件请示的复函》（〔2003〕刑立他字第8号，2003年7月29日发布）

△（**旧司法解释；参照适用**）原审被告人侯磊非法买卖枪支的行为发生在修订后的《刑法》实施以后，而该案审理时《最高人民法院关于审理非法制造、买卖、运输枪支、弹药、爆炸物等刑事案件具体应用法律若干问题的解释》尚未颁布，因此，依照我院法发〔1997〕3号《关于认真学习宣传贯彻修订的〈中华人民共和国刑法〉的通知》的精神，该案应参照1995年9月20日最高人民法院法发〔1995〕20号《关于办理非法制造、买卖、运输非军用枪支、弹药刑事案件适用法律问题的解释》的规定办理。

《最高人民法院研究室关于假释时间效力法律适用问题的答复》（法研〔2011〕97号，2011年7月15日发布）

△（**新旧法选择适用；判断基础；行为实施时**）根据刑法第十二条的规定，应当以行为实施时，而不是审判时，作为新旧法选择适用的判断基础。故《最高人民法院关于适用刑法时间效力规定若干问题的解释》第八条规定的"1997年9月30日以前犯罪，1997年10月1日以后仍在服刑的累犯以及因杀人、爆炸、抢劫、强奸、绑架等暴力性犯罪被判处十年以上有期徒刑、无期徒刑的犯罪分子"，包括1997年9月30日以前犯罪，已被羁押尚未判决的犯罪分子。（§ 1）

【参考案例】

△**《刑法修正案》施行后，应直接援引修改后的刑法条文，而不得援引《刑法修正案》的条文。**

对于通过《刑法修正案》修改后的刑法条文如何援引问题，实践中存在不同的做法：有的援引修订后的1997年《刑法》条文，有的援引《刑法修正案》。《刑法修正案》是对刑法法条进行的修改，一经颁行，被修正后的刑法条文内容即为现行刑法的内容，在裁判时可直接援引修改后的刑法条文。如《最高人民法院、最高人民检察院关于办理非法生产、销售、使用禁止在饲料和动物饮用水中使用的药品等刑事案件具体应用法律若干问题的解释》第二条的"在生产、销售的饲料中添加盐酸克仑特罗等禁止在饲料和动物饮用水中使用的药品，或者销售明知是添加有该类药品的饲料，情节严重的，依照刑法第二百二十五条第（四）项的规定，以非法经营罪追究刑事责任的规定"，就是直接援引修改后的刑法条文。因此，张炯等妨害信用卡管理案也可以直接援引《刑法》第一百七十七条之一第一款第（一）项、第二款，而不需要援引《刑法修正案（五）》第一条第一款第（一）项、第二款。［No. 3-4-177之一(1)-1　张炯等妨害信用卡管理案］

△**审判时司法解释没有确定罪名的，应当根据准确、简明的原则确定罪名。**

全国人民代表大会常务委员会于2005年2月28日通过《刑法修正案（五）》后，最高人民法院、最

① 即《全国人民代表大会常务委员会关于〈中华人民共和国刑法〉第九章渎职罪主体适用问题的解释》。

② 现行《中华人民共和国立法法》第五十条。

高人民检察院至张炯等妨害信用卡管理案判决时没有出台司法解释确定该修正案的有关罪名。本案系上海市首例适用该修正案第一条规定处理的案件,为保证罪名认定的统一性、科学性,从罪名认定准确、简明的原则出发,将《刑法修正案(五)》第一条确定为妨害信用卡管理罪是妥当的,理由是:审判时司法解释没有确定相关罪名的,应根据准确简明的原则确定罪名。[No. 3-4-177 之一(1)-2　张炯等妨害信用卡管理案]

△新的司法解释实施前发生的行为,行为时已有相关司法解释的,应当适用从旧兼从轻原则。

对于侵犯著作权犯罪的法律适用,最高人民法院先后发布了两个司法解释,一个是 1998 年 12 月 17 日发布的《最高人民法院关于审理非法出版物刑事案件具体应用法律若干问题的解释》;另一个是 2004 年 12 月 8 日发布的《最高人民法院、最高人民检察院关于办理侵犯知识产权刑事案件具体应用法律若干问题的解释》。

《最高人民法院关于审理非法出版物刑事案件具体应用法律若干问题的解释》第二条对侵犯著作权罪作的规定为:"以营利为目的,实施刑法第二百一十七条所列侵犯著作权行为之一,个人违法所得数额在五万元以上,单位违法所得数额在二十万元以上的,属于'违法所得数额较大';具有下列情形之一的,属于'有其他严重情节':(一)因侵犯著作权曾经两次以上被追究行政责任或者民事责任,两年内又实施刑法第二百一十七条所列侵犯著作权行为之一的;(二)个人非法经营数额在二十万元以上,单位非法经营数额在一百万元以上的;(三)造成其他严重后果的。以营利为目的,实施刑法第二百一十七条所列侵犯著作权行为之一,个人违法所得数额在二十万元以上,单位违法所得数额在一百万元以上的,属于'违法所得数额巨大';具有下列情形之一的,属于'有其他特别严重情节':(一)个人非法经营数额在一百万元以上,单位非法经营数额在五百万元以上的;(二)造成其他特别严重后果的。"

《最高人民法院、最高人民检察院关于办理侵犯知识产权刑事案件具体应用法律若干问题的解释》第五条第一款对侵犯著作权罪作的规定为:"以营利为目的,实施刑法第二百一十七条所列侵犯著作权行为之一,违法所得数额在三万元以上的,属于'违法所得数额较大';具有下列情形之一的,属于'有其他严重情节',应当以侵犯著作权罪判处三年以下有期徒刑或者拘役,并处或者单处罚金:(一)非法经营数额在五万元以上的;(二)未经著作权人许可,复制发行其文字作品、音乐、电影、电视、录像作品、计算机软件及其他作品,复制品数量合计在一千张(份)以上的;(三)其他严重情节的情形。"第十五条规定:"单位实施刑法第二百一十三条至第二百一十九条规定的行为,按照本解释规定的相应个人犯罪的定罪量刑标准的三倍定罪量刑。"

《最高人民法院、最高人民检察院关于办理侵犯知识产权刑事案件具体应用法律若干问题的解释》颁行后,就应当适用于所有正在审理和尚未审理的侵犯知识产权犯罪案件,即使侵犯知识产权犯罪行为发生在该司法解释施行以前,这是司法解释适用的一般原则。但是,由于之前施行的《最高人民法院关于审理非法出版物刑事案件具体应用法律若干问题的解释》也对《刑法》第二百一十七条规定的侵犯著作权罪的定罪处刑标准作了规定,那么就涉及对于《最高人民法院、最高人民检察院关于办理侵犯知识产权刑事案件具体应用法律若干问题的解释》颁行以前发生但在其颁行以后才处理的侵犯著作权刑事案件,是适用《最高人民法院关于审理非法出版物刑事案件具体应用法律若干问题的解释》还是适用《最高人民法院、最高人民检察院关于办理侵犯知识产权刑事案件具体应用法律若干问题的解释》的问题。对此,《最高人民法院、最高人民检察院关于适用刑事司法解释时间效力问题的规定》第三条规定:"对于新的司法解释实施前发生的行为,行为时已有相关司法解释,依照行为时的司法解释办理,但适用新的司法解释对犯罪嫌疑人、被告人有利的,适用新的司法解释。"据此,对于同一个具体应用法律问题先后有两个司法解释的,应当根据《刑法》第十二条第一款规定的从旧兼从轻原则,选择适用对被告人最有利的司法解释。从以上两个司法解释对于侵犯著作权罪的规定可以看出,按照从旧兼从轻的原则,对于 2004 年 12 月 22 日以前发生的正在审理和尚未审理的侵犯著作权刑事案件,显然应当适用《最高人民法院关于审理非法出版物刑事案件具体应用法律若干问题的解释》。[No. 3-7-217-3　谭慧渊等侵犯著作权案]

△认定犯罪所依据的行政法规发生变更的,适用从旧兼从轻原则。

上诉人于润龙收售黄金的行为发生在 2002 年 8—9 月间,即国务院国发〔2003〕5 号文件发布前,按照当时的法律,构成非法经营罪,但在一审法院审理时,国务院发布了国发〔2003〕5 号文件,取消了中国人民银行关于黄金管理的收售许可审批,导致《刑法》第二百二十五条第(一)项所依据的行政法规——《金银管理条例》发生了变化。由于关于黄金管理的行政法规发生了重大变化,按照新的法规,个人收购、买卖黄金的行为不存在违反国家规定或未经许可经营法律、行政法规规定的专营、专卖物品或其他限制买卖的物品的性质。也就是说,如果国务院国发〔2003〕5号文件发布后,个人收购、买卖黄金的行为,不认为构成非法经营罪,那么该文件下发前,个人收购、买卖黄金的行为,在现在审理时,也不应按犯罪处理。这就是从旧兼从轻原则在本案的适用。依此原则,于润龙无罪。[No. 3-8-225-2　于润龙非法经营案]

△对刑法修订前发生,刑法修订后交付审判的不属于以特别残忍的手段致人重伤造成严重残疾的案件,应当适用修订后的刑法规定,在三年以上十年以下有期徒刑的幅度内量刑。

新旧刑法对故意伤害罪的法定刑规定有所不同:1979年《刑法》第一百三十四条第二款规定,犯故意伤害罪,致人重伤的,处三年以上七年以下有期徒刑;致人死亡的,处七年以上有期徒刑或者无期徒刑。1983年《全国人民代表大会常务委员会关于严惩严重危害社会治安的犯罪分子的决定》对此又作了修改。该决定规定,故意伤害他人身体,致人重伤或者死亡,情节恶劣的,可以在刑法规定的最高刑以上处刑,直至判处死刑。根据该规定,在刑法修订前,对故意伤害致人重伤的行为,如属情节恶劣的,可判处七年以上有期徒刑、无期徒刑直至死刑。修订后的《刑法》第二百三十四条第二款规定:"……致人重伤的,处三年以上十年以下有期徒刑;致人死亡或者以特别残忍手段致人重伤造成严重残疾的,处十年以上有期徒刑、无期徒刑或者死刑……"据此规定,在刑法修订后,对故意伤害致人重伤的行为,除属"以特别残忍手段致人重伤造成严重残疾的"应在十年以上有期徒刑、无期徒刑或者死刑的幅度内确定相应的刑罚外,只能在三到十年有期徒刑的幅度内确定相应的刑罚。

现行《刑法》规定"以特别残忍手段致人重伤造成严重残疾"的,应在十年以上有期徒刑、无期徒刑或者死刑幅度内确定刑罚的情形,应理解为包括手段和结果两个必要条件。也就是说,只有同时具备手段特别残忍,后果系重伤,且达到严重残疾标准这两个要件才能适用该情形,缺一不可。判定是否属于重伤,仍以最高人民法院、最高人民检察院、司法部、公安部1990年7月1日实施的《人体重伤鉴定标准》(现已被由司法部、最高人民法院、最高人民检察院、公安部、国家安全部2013年8月30日联合发布的《人体重伤鉴定标准》所废止)为依据;判定是否属于严重残疾,根据最高人民法院1999年10月27日印发的《全国法院维护农村稳定刑事审判工作座谈会纪要》的精神,在有关司法解释出台前,可统一参照1996年《国家技术监督局职工工伤与职业病致残程度鉴定标准》,将其中的一至六级残疾认定为属于刑法所讲的"严重残疾"。当前审判中的主要问题是如何把握什么是"手段特别残忍"。从审判实践来看,将那些采用锐器、剧烈腐蚀物等毁人容貌、挖人眼睛、割人耳鼻、砍人手足等残损他人身体的行为,认定为"手段特别残忍"应当是合乎立法本意的。值得注意的是,在认定故意伤害手段是否属于特别残忍的问题上,决不能以出现的伤害后果是否特别严重来反推伤害的手段是否残忍,伤害后果严重并不意味着伤害手段就特别残忍。如果只看到伤害后果特别严重,而不另外分析其伤害手段是否属于特别残忍,不加区分地一律认定为"以特别残忍手段致人重伤造成严重残疾"的情形,则必将导致立法关于"手段特别残忍"的要件被虚置,这显然有违立法本意。就扎西达娃等抢劫案而言,行为人故意伤害致人重伤且造成被害人一直处于"植物人"状态,虽伤害后果特别严重,但其伤害手段仅是当头一棍而已,手段不能认定为特别残忍。

综上,夏侯青辉等故意伤害案根据行为时法即《全国人民代表大会常务委员会关于严惩严重危害社会治安的犯罪分子的决定》(现已失效),可在七年以上有期徒刑、无期徒刑直至死刑这一幅度内确定相应的刑罚。但根据审判时法,由于本案并不属于以特别残忍手段致人重伤造成严重残疾的情形,故只能在三年以上十年以下有期徒刑的幅度内确定相应的刑罚。两相比较,后法为轻,应适用现行刑法,在三年以上十年以下有期徒刑的幅度内量刑。[No. 4-234-25　夏侯青辉等故意伤害案]

△没有逃避侦查或者审判,对犯罪行为的追诉应当受到追诉期限的限制,追诉期限应当根据犯罪行为所对应的法定最高刑加以确定。法定最高刑的确定不应计入从轻、减轻、免除处罚或从重处罚情节的考虑,即不应根据实际可能判处的刑期确定法定最高刑。

关于未逃避侦查的行为是否不受追诉期限限制的问题,应当结合1979年《刑法》第七十七条和《最高人民法院关于适用刑法时间效力规定若干问题的解释》第一条的规定进行综合分析。1979年《刑法》第七十七条规定:"在人民法院、人民检察院、公安机关采取强制措施以后,逃避侦查或者审判的,不受追诉期限的限制。"《最高人民法院关于适用刑法时间效力规定若干问题的解释》第一条规定:"对于行为人1997年9月30日以前实施的犯罪行为，在人民检察院、公安机关、国家安全机关立案侦查或者在人民法院受理案件以后，行为人逃避侦查或者审判，超过追诉期限或者被害人在追诉期限内提出控告，人民法院、人民检察院、公安机关应当立案而不予立案，超过追诉期限的，是否追究行为人的刑事责任，适用修订前的刑法第七十七条的规定。”根据上述规定，对于1997年9月30日以前实施的犯罪行为，行为人没有逃避侦查或者审判，侦查机关没有立案侦查，人民法院也没有受理案件，超过追诉期限的，不再追究行为人的刑事责任；被害人即使在追诉期限内提出控告，侦查机关应当立案而不立案，超过追诉期限的，也不再追究行为人的刑事责任。

联系杨伟故意伤害案，侦查机关在1992年案发后仅启动了追究主犯邓建学刑事责任的程序，杨伟在该案中也接受了公安机关的调查，并没有逃避侦查的行为。公安机关在案发后直至2008年4月11日期间未对行为人进行立案处理，因此，对杨伟追究刑事责任应当受到追诉期限的限制。具体应受多长时效期限的限制，应当根据杨伟故意伤害行为对应的法定最高刑确定。

本案发生于1992年，《全国人民代表大会常务委员关于严惩严重危害社会治安的犯罪分子的决定》对致人死亡的故意伤害行为规定了七年以上有期徒刑、无期徒刑、死刑的法定刑，而1997年刑法对致人死亡的故意伤害行为规定了十年以上有期徒刑、无期徒刑、死刑的法定刑。两者规定的法定最高刑均为死刑；但从法定最低刑的比较来看，1997年刑法规定的法定最低刑为十年，1979年刑法与《全国人民代表大会常务委员会关于严惩严重危害社会治安的犯罪分子的决定》规定的法定最低刑为七年，后者轻于前者，按照从旧兼从轻原则，应适用1979年刑法与《全国人民代表大会常务委员会关于严惩严重危害社会治安的犯罪分子的决定》的相关规定。1979年《刑法》第一百三十四条第二款与《全国人民代表大会常务委员会关于严惩严重危害社会治安的犯罪分子的决定》第1条第(二)项规定的三种法定刑是一个量刑幅度内的三个量刑档次。量刑幅度是与刑法规定的具体犯罪危害后果相对应的。《最高人民法院关于人民法院审判严重刑事犯罪案件中具体应用法律的若干问题的答复(三)》(现已废止)第三十九条规定：“刑法第七十六条(1979年《刑法》第七十六条与1997年《刑法》第八十七条的规定相同——笔者注)按照罪与刑相适应的原则，将追诉期限分别规定为长短不同的四档，因此，根据所犯罪行的轻重，应当分别适用刑法规定的不同条款或相应的量刑幅度，按其法定最高刑来计算追诉期限。如果所犯罪行的刑罚，分别规定有几条或几款时，即按其罪行应当适用的条或款的法定最高刑计算；如果是同一条文中，有几个量刑幅度时，即按其罪行应当适用的量刑幅度的法定最高刑计算。”根据这一规定，致人死亡情形的故意伤害行为对应的七年以上有期徒刑、无期徒刑、死刑，是一个量刑幅度中的三个量刑档次，而非三个量刑幅度。

对犯罪行为对应的法定刑的确定不应计入从轻、减轻、免除处罚情节，即不应根据实际可能判处的刑期确定法定最高刑。在确定犯罪行为对应的法定最高刑时，不应计入从轻、减轻、免除处罚或从重处罚情节的考虑。这里有必要论及法定刑和宣告刑的区分。法定刑是根据犯罪性质、危害后果、情节等确定的刑罚。而宣告刑是行为人在接受审判后，人民法院根据其犯罪性质，综合各种从重或者从轻、减轻、免除处罚情节，以法定刑为基准而判定的刑罚。根据刑法的相关规定，追诉时效期限的长短是根据犯罪行为对应的法定最高刑确定的，而不是根据犯罪行为对应的宣告刑确定的。这是因为在对行为人追诉前，不可能确切知道对其应适用的宣告刑，故只能根据其行为的一般情形确定法定最高刑，再根据法定最高刑确定追诉时效。如果以可能对应的宣告刑作为追诉标准，则可能会出现漏诉的情况，最终不利于惩罚犯罪。所以，司法机关对犯罪行为是否追诉应根据犯罪性质、危害后果、情节对应的法定刑幅度进行判断，而不必考虑行为人是否存在从轻、减轻、免除处罚或者从重处罚情节。

关于犯罪行为对应法定最高刑的确定，可以具体参照以下原则：

第一，对于数额犯，应根据犯罪数额对应的刑法条款规定的刑罚幅度确定法定最高刑。

第二，对于情节犯，应根据犯罪情节对应的刑法条款规定的刑罚幅度确定法定最高刑。

第三，对于结果犯，应根据犯罪结果所对应的刑法条款规定的刑罚幅度确定法定最高刑。值得注意的是，《全国人民代表大会常务委员会关于严惩严重危害社会治安的犯罪分子的决定》对故意伤害犯罪判处死刑的情况附加了情节恶劣的限定。对此处“情节恶劣”的理解，直接影响到本案法定最高刑的确定。此处的情节恶劣是从属于“致人死亡”这一犯罪结果的，不是一个独立的法定情节。该类情节原则上只会影响到宣告刑的判定，而不涉及法定刑。基于这一分析，依照《全国人民代表大会常务委员会关于严惩严重危害社会治安的犯罪分子的决定》的相关规定，对致人死亡情形的故意伤害行为，均应按照最高刑死刑确定追诉期限。

第四，对于集团犯罪，由于刑法对一般参与者与首要分子明确规定了不同的量刑幅度，所以应在甄别身份后确定法定最高刑。

第五，对于共同犯罪，确定从犯追诉期限时所适用的法律条款与确定主犯追诉期限所适用的法律条款应当同一。不论从犯的参与程度，即使从犯有从轻、减轻情节，其追诉期限与主犯的追诉期限应当一致，这是共同犯罪追诉的一体性以及保证诉讼程序完整性的要求。

被告人杨伟所实施的故意伤害行为，虽然其行为不是导致被害人死亡的直接原因，且情节较为轻微，但是作为共同犯罪的参与人，既然其参与行为造成了死亡结果，就应按照致人死亡情形的故意伤害行为确定追诉期限，即应按照《全国人民代表大会常务委员会关于严惩严重危害社会治安的犯罪分子的决定》所规定的法定最高刑——死刑确定二十年的追诉期限。[No. 4-234-40　杨伟故意伤害案]

△1997 年刑法生效前犯罪的，根据 1997 年刑法已过追诉期限但按照行为时刑法未过追诉期限的，应当认定为追诉期限已过，不再予以追究。

正确认定本案的追诉期限，关键在于对《刑法》第十二条第一款规定的理解与适用。《刑法》第十二条第一款规定的从旧兼从轻原则，其实质是要求在对被告人追究刑事责任时应采取有利于被告人的原则。这绝不是仅体现在定罪量刑方面，而应体现在决定被告人刑事责任有无、罪行轻重的各个方面，如追诉时效、自首、立功、累犯、减刑、假释等。这一点在《最高人民法院关于适用刑法时间效力规定若干问题的解释》中作了明确规定。因此，对于被告人沈某的行为，应适用 1997 年刑法，其追诉期限是五年，经过五年的，不再追诉。如果认为被告人按当时的法律应定挪用公款罪，相对应的法定最高刑为十五年，追诉期限则为十五年，应当追诉的话，那么，就会出现如下矛盾：一是定罪要定挪用资金罪，量刑只能在三年以下有期徒刑或者拘役的量刑档次和幅度内去考虑，显然追诉期限与《刑法》第八十七条的规定相矛盾；二是与我国刑法在时间效力上体现的有利于被告人的立法精神相悖。[No. 5-272-4　沈某挪用资金案]

△立法解释的效力溯及刑法施行期间。

2000 年出台的《最高人民法院关于审理黑社会性质组织犯罪的案件具体应用法律若干问题的解释》（以下简称《司法解释》）将保护伞规定为黑社会性质组织的四个特征之一，而 2002 年通过的《全国人民代表大会常务委员会关于〈中华人民共和国刑法〉第二百九十四条第一款的解释》（以下简称《立法解释》）取消了这一限定条件。被告人王江的辩护人据此提出，王江团伙缺少保护伞，根据从旧兼从轻的刑法适用原则，王江在该立法解释公布前的行为不构成组织、领导黑社会性质组织罪，进而不应对秦晓凡故意杀死章军的犯罪承担组织、领导责任。

该辩护意见所涉及的主要问题是如何认定立法解释的溯及力。对于该问题，实践中有不同意见。主流观点认为，立法解释的效力应及于法律的整个施行期间，不但适用于解释实施以后的行为，对解释实施前发生的行为而在解释施行后才审理的，也应按照解释办理。笔者赞同主流观点的意见，应适用立法解释对本案进行审理。主要理由有两点：

第一，立法解释是对法律条文含义的阐释，在法律规定本身未发生变化的情况下，法律条文的含义自法律施行之日起即存在。立法解释公布后，除对时间效力有特别规定的以外，应及于被解释的法律的整个施行期间。因此，行为人在刑法施行以后、立法解释公布之前实施的犯罪，凡在立法解释施行后才进行审理的，均应适用该立法解释。

第二，立法解释的效力高于司法解释。被告人王江等人的行为跨越了 2002 年通过的《立法解释》的前后时期，而 2000 年公布的《司法解释》与 2002 年《立法解释》的内容有所不同，后者未将保护伞规定为黑社会性质组织的特征，认定黑社会性质组织的标准宽于前者。在这种情况下，应当根据《立法法》规定的原则处理。《立法法》明确规定，立法解释与法律具有同等效力，立法解释的效力高于司法解释。因此，在二者产生冲突的情况下，应直接适用《立法解释》，不存在按照从旧兼从轻原则的问题。当然，如果后公布的也是司法解释而不是立法解释，则依据《最高人民法院、最高人民检察院关于适用刑事司法解释时间效力问题的规定》，可以按照从旧兼从轻的原则处理。[No. 6-1-294(1)-6　王江等组织、领导、参加黑社会性质组织案]

△对于同一罪名不能交叉援引行为时的旧法与司法解释和裁判时的新法与司法解释，在适用主刑与附加刑时不能分别援引新旧刑法的规定。

陈卫吉敲诈勒索案中，被告人陈卫吉敲诈勒索他人财物 6 万元，按照《刑法修正案（八）》之前的刑法规定与司法解释，属于数额巨大，应判处三年以上有期徒刑，按照《刑法修正案（八）》之后的规定以及《最高人民法院、最高人民检察院关于办理敲诈勒索刑事案件适用法律若干问题的解释》的规定，则属于数额较大，应判处三年以下有期徒刑，并处罚金。在对被告人进行量刑时，不能在根据较轻的新法判处主刑的同时，又根据旧法的规定不并处罚金。

第一，溯及力问题的本质是应选择适用新法还是旧法处理具体刑事案件，对某一具体刑法分则条款所规定的罪名，则不得以有利被告人为借口，交叉适用新旧刑法。对同一个具体的刑事案件，既适用新刑法的某一个条文定罪并科以主刑，同时又选择适用旧刑法中的某些规定对案件量刑，将新旧法律对同一罪名规定的刑罚进行排列组合，从而“杂糅”出量刑结论，是对罪刑法定原则的破坏，实质上是法官造法。

第二，立法者在法条中配置的主刑与附加刑，是经过统筹考虑的。规定主刑和附加刑相结合的处罚方式，目的在于体现处罚轻重与犯罪分子所犯罪行和应承担的刑事责任相适应。随着经济的发展，对敲诈勒索罪犯罪数额定罪量刑的标准更加宽缓，同时，为了从经济上打击敲诈勒索犯罪，剥夺敲诈勒索行为人再犯资本，立法者对敲诈勒索罪增加了罚金刑的规定，这也是罪刑相适应原则的体现。故“主刑+并处或单处罚金”的立法模式构成一个完整的处罚体系。如果仅选择主刑而不附加并处罚金，则会破坏犯罪和刑事责任以及刑罚之间内在对应的平衡关系，使刑法规定的具体罪状的法定刑与具体罪状不相适应，造成立法上的不协调和司法上的不公正。

第三，在同一罪状中主刑和附加刑分别援引新旧刑法的规定处理案件，是对“从旧兼从轻原则”中“从轻”原则的误解。法定刑轻重的比较是主刑和附加刑作为一个整体进行的比较，其轻重程度是经过将主刑和附加刑作为整体进行比较而得出的结论。根据司法实践，判决生效后，主刑必须得到执行，而附加刑则不同，作为附加刑的罚金，在判处实刑的情况下，多数情况下无法执行，因此，也无法得出并处罚金一定重于无并处罚金的结论。［No. 5-274-16　陈卫吉敲诈勒索案］

△《刑法修正案（九）》以及《最高人民法院、最高人民检察院关于办理贪污贿赂刑事案件适用法律若干问题的解释》出台后，行为人的行为根据新的定罪量刑标准处罚较轻的，应当适用从旧兼从轻原则，适用新法。

耿三有受贿案一审判决日期为2015年10月19日，宣判后被告人提出上诉，《刑法修正案（九）》于2015年8月29日公布、同年11月1日起施行，此时本案正在二审审理之中。因此，本案能否适用《刑法修正案（九）》关键在于比较1997年刑法和《刑法修正案（九）》对于贪污受贿犯罪的刑罚哪个更轻，如果《刑法修正案（九）》更轻，则应适用修正案。但是《刑法修正案（九）》只是将贪污贿赂犯罪的定罪量刑标准由以前规定的单纯的数额标准，修改为数额加情节的标准，并将数额划分为“数额较大”“数额巨大”及“数额特别巨大”三个层次，而没有规定“数额较大”“数额巨大”及“数额特别巨大”的具体标准，据此无法确定被告人耿三有受贿犯罪的具体情节和应适用的刑罚，也就无从比较新旧刑法规定的刑罚孰轻孰重。2016年4月18日，《最高人民法院、最高人民检察院关于办理贪污贿赂刑事案件适用法律若干问题的解释》（以下简称《解释》）公布并自该日起施行，进一步将《刑法修正案（九）》规定的“数额较大”“数额巨大”及“数额特别巨大”的标准明确化、具体化。从司法解释本身的性质来看，按照2007年3月9日公布的《最高人民法院关于司法解释工作的规定》第六条的规定，司法解释只能对刑事司法实践活动中具体适用刑事法律问题进行解释，是立法原意内就如何具体应用刑事法律中所产生的问题加以明确化、具体化。所以，司法解释具有依附性特征，即必须严格地依附于所解释的刑法条文之规定，不能创制新的法律，不得对刑法进行修改、补充。因此，它的效力与其所解释的刑法效力同步，也即它的生效时间应与其所解释的刑法生效时间相同。从这个角度理解，《解释》应与《刑法修正案（九）》的效力同步，即《解释》虽于2016年4月18日公布，但其效力可以溯及至2015年11月1日《刑法修正案（九）》施行之日。某一司法解释的适用应先看该解释出台前是否对同一问题有其他解释，如果没有其他解释，该解释是唯一司法解释，则适用该解释。如果在同一问题上先后出台两个解释且内容出现矛盾时，应选择有利于犯罪嫌疑人、被告人的司法解释作为定罪量刑之依据。本案中，被告人耿三有共计受贿人民币75.7815万元，根据1997年刑法的规定，应处以“十年以上有期徒刑或者无期徒刑”，故一审法院判处其有期徒刑十二年并无不当；在二审审理期间，根据修正后的刑法及司法解释的规定，受贿数额20万元以上不满300万元的属于“数额巨大”，应处“三年以上十年以下有期徒刑”。耿三有受贿75.7815万元，属于“数额巨大”，应处“三年以上十年以下有期徒刑”。与旧法相比，修改后的刑法及相关司法解释的处罚明显较轻，这种情况下应遵循从旧兼从轻的刑法适用原则，适用处罚较轻的新标准对被告人定罪量刑，即《刑法修正案（九）》和《解释》对本案均有溯及力。因此，二审法院按照从旧兼从轻的原则将耿三有的刑期改判为有期徒刑五年是符合法律规定的。［No. 8-385-66　耿三有受贿案］

△《刑法修正案（九）》及《最高人民法院、最

高人民检察院关于办理贪污贿赂刑事案件适用法律若干问题的解释》施行后，根据从旧兼从轻原则减轻主刑的同时，可以根据该解释的规定加重罚金刑。

法条作为刑法条文最基础的单位，相对独立并完整，作为条文内部的罪状、法定刑的概念、文字、数字并没有独立的意义。在评价修正后刑法及《最高人民法院、最高人民检察院关于办理贪污贿赂刑事案件适用法律若干问题的解释》（以下简称《解释》）是轻法的同时，已经包含了并处罚金刑这一情形。因而，并处罚金是贪污贿赂犯罪的法定刑构成中不可拆分的一部分，不具有独立的溯及力。主刑、附加刑分别适用新、旧法是对刑法条文完整性的侵害，同时也违背了罪刑法定原则。刑法条文的整体适用也是罪责刑相适应原则的要求。贪污贿赂犯罪属于贪利型犯罪，基于“刑罚应当尽量与犯罪的性质相似”的原则，为了加大对腐败犯罪的经济处罚力度，提高腐败犯罪的经济成本，《刑法修正案（九）》增加了贪污贿赂犯罪的罚金刑规定。自由刑和财产刑的组合共同构成了贪污贿赂犯罪的刑罚体系，共同承担刑罚的惩罚与预防功能。如果仅选择主刑而不附加并处罚金，则会破坏犯罪与刑罚之间、主刑与附加刑之间的内在平衡关系，也会造成对被告人不当的双重从轻处罚，影响刑罚效果。在确定整体适用修正后刑法、对被告人并处罚金的基础上，应当同时适用《解释》第十九条关于罚金幅度的规定。首先，《最高人民法院关于适用财产刑若干问题的规定》（以下简称《规定》）第二条与《解释》第十九条并不是新、旧解释的关系，而是一般性规定与特殊规定的关系。对贪污贿赂犯罪并处罚金是《刑法修正案（九）》在量刑上作出的调整，之前并无相关司法解释，因而根据《规定》第二条和《解释》第十九条具有溯及力。其次，司法解释是对司法工作中具体应用法律问题的解释，具有依附于法律的溯及力。就本案而言，《解释》第一条、第十九条共同构成对《刑法》第三百八十三条第一款第（一）项罪刑关系的解释，既然刑法条文不可以割裂适用，《解释》这两条也不可以分开适用。因而，对本案被告人应当在“十万元以上五十万元以下”的幅度内并处罚金。［No. 8-385-60　李明辉受贿案］

△《刑法修正案（八）》生效之前实施的犯罪，本可以判处死缓但因实际惩罚力度不够而可能被判处死刑立即执行的案件，可以考虑在判处死缓的同时决定限制减刑，不违反禁止溯及既往的原则。

“保留死刑，严格控制和慎重适用死刑”的死刑政策要求，对于不是必须判处死刑立即执行的罪犯，可以判处死刑缓期二年执行，之前的刑法没有规定死缓罪犯的最低执行刑期，社会公众普遍认为死缓罪犯的实际执行刑期过短，影响社会安全，而且与死刑立即执行差别很大。《刑法修正案（八）》首次规定的限制减刑制度延长了因累犯以及犯故意杀人、强奸、抢劫、绑架、放火、爆炸、投放危险物质或者有组织的暴力性犯罪，以及被判处死刑缓期二年执行的犯罪分子的实际执行刑期，有利于减少死刑与死缓之间过分悬殊的差距，能够为宽严相济刑事政策以及严格控制和慎重适用死刑政策的司法贯彻奠定良好的基础。《最高人民法院关于〈中华人民共和国刑法修正案（八）〉时间效力问题的解释》第二条规定：“2011 年 4 月 30 日以前犯罪，判处死刑缓期执行的，适用修正前刑法第五十条的规定。被告人具有累犯情节，或者所犯之罪是故意杀人、强奸、抢劫、绑架、放火、爆炸、投放危险物质或者有组织的暴力性犯罪，罪行极其严重，根据修正前刑法判处死刑缓期执行不能体现罪刑相适应原则，而根据修正后刑法判处死刑缓期执行同时决定限制减刑可以罚当其罪的，适用修正后刑法第五十条第二款的规定。”

最高人民法院在限制减刑的溯及力方面区分不同情形处理的原因在于死缓限制减刑的立法目的。应当强调的是，对判处死刑缓期执行的被告人限制减刑，并不是单纯为了加重死缓刑的严厉性，而是为进一步严格执行死刑政策创造条件，即通过延长部分死缓犯的实际执行期，充分发挥死缓刑的严厉性，改变以往“死刑过重、生刑过轻”的刑罚执行不平衡现象。对死缓犯限制减刑应当以有利于严格执行死刑政策为前提。凡是判处死刑缓期执行不需限制减刑已经符合罪刑相适应原则或者能够实现裁判效果的案件，不应当再限制减刑。只有对于以往本可以判处死刑缓期执行，但因死刑缓期执行的实际执行期过短，惩罚力度不够，进而判处了死刑立即执行的案件，由于有了限制减刑制度，能够有效制裁犯罪，才可以考虑在判处死缓的同时决定限制减刑。因此，本案中，对刘世伟限制减刑并不违背刑法溯及力的规定，且这一处理基于《刑法修正案（八）》关于死缓限制减刑制度的立法目的出发，同时贯彻了严格控制和慎重适用死刑政策，故二审法院予以维持。［No. 4-234-41　刘世伟故意伤害致人死亡案）

第二章　犯　罪

第一节　犯罪和刑事责任

第十三条　【犯罪的概念】

一切危害国家主权、领土完整和安全，分裂国家、颠覆人民民主专政的政权和推翻社会主义制度，破坏社会秩序和经济秩序，侵犯国有财产或者劳动群众集体所有的财产，侵犯公民私人所有的财产，侵犯公民的人身权利、民主权利和其他权利，以及其他危害社会的行为，依照法律应当受刑罚处罚的，都是犯罪，但是情节显著轻微危害不大的，不认为是犯罪。

【立法理由】

作为一部规定犯罪与刑罚的法律,首先需要明确犯罪的概念。刑法对犯罪作出定义,明确揭示了犯罪的本质,有助于准确划清罪与非罪的界限,也有助于正确理解刑法分则关于各种具体犯罪的规定。**1979年《刑法》**第十条规定:"一切危害国家主权和领土完整,危害无产阶级专政制度,破坏社会主义革命和社会主义建设,破坏社会秩序,侵犯全民所有的财产或者劳动群众集体所有的财产,侵犯公民私人所有的合法财产,侵犯公民的人身权利、民主权利和其他权利,以及其他危害社会的行为,依照法律应当受刑罚处罚的,都是犯罪;但是情节显著轻微危害不大的,不认为是犯罪。"

1997年修订刑法时对本条作了以下修改:一是在"危害国家主权、领土完整"后加上了"和安全",从而对国家安全的表述更为准确,也与《刑法》第二条关于刑法任务的有关表述相一致;同时将"危害无产阶级专政制度,破坏社会主义革命和社会主义建设"修改为"分裂国家、颠覆人民民主专政的政权和推翻社会主义制度",以适应经济社会发展和情况的变化,也与刑法分则关于危害国家安全罪的有关表述相协调。二是在"破坏社会秩序"后增加"和经济秩序",以包括刑法分则破坏社会主义市场经济秩序罪等有关内容,使刑法保护范围的表述更为完整和准确。三是将"全民所有的财产"修改为"国有财产",并将"私人所有的合法财产"中的"合法"删去,以适应国有资产管理改革和国有企业改革,以及改革开放以来公民私人财产不断增加的实际情况,用语也更加准确和简练。

【条文说明】

本条是关于犯罪概念的规定。

本条包含两层意思:

1. **规定了哪些行为是犯罪**。根据本条的规定,犯罪必须是同时具备以下特征的行为:

(1)**具有社会危害性**,即行为人通过作为或者不作为,对社会造成一定危害。没有危害社会的行为,不能认为是犯罪。根据本条规定,具有社会危害性的行为包括:危害国家主权、领土完整和安全的行为;分裂国家、颠覆人民民主专政的政权和推翻社会主义制度的行为;破坏社会秩序和经济秩序的行为;侵犯国有财产或者劳动群众集体所有的财产的行为;侵犯公民私人所有的财产的行为;侵犯公民的人身权利、民主权利和其他权利的行为,以及其他危害社会的行为。(2)**具有刑事违法性**,即犯罪行为应当是刑法中禁止的行为。危害社会的行为多种多样,由于各种危害行为违反的社会规范不同,其社会危害程度也不同,不是所有危害社会的行为都是犯罪,刑法规定的危害行为都是比较严重的危害社会的行为。(3)**具有应受刑罚惩罚性**,即犯罪是依照刑法规定应当受到刑罚处罚的行为。违法行为,不一定都构成犯罪,只有依照刑法规定应当受到刑事处罚的行为才是犯罪。危害行为应受刑罚处罚性,是犯罪行为与其他违法行为的基本区别。以上三点是犯罪缺一不可的基本特征。

2. **规定了刑法不认为是犯罪的例外情况**,这是对犯罪概念的重要补充。本条从不认为是犯罪的例外情况说明什么是犯罪,进一步划清了罪与非罪的界限。根据本条规定,"情节显著轻微危害不大的,不认为是犯罪",即行为人的危害行为虽属于刑法规定禁止的行为,但情节显著轻微,其社会危害尚未达到应当受刑罚处罚的程度,法律不认为是犯罪。刑法关于犯罪概念的这一规定,把大量虽然形式上符合刑法所禁止的行为的特征并具有一定社会危害性,但情节明显轻微的行为排除在犯罪之外。有意见认为,我国刑法关于犯罪概念的规定,具有中国特色,表明构成犯罪所需要的严重社会危害性是一个实质判断标准。这样规定,有利于区分不同性质的违法行为,分别采取刑事处罚、行政处罚和其他处理措施,最大限度化解社会矛盾,减少对立面,促进社会和谐。在运用刑法分则关于具体犯罪的构成要件认定犯罪的过程中,特别是在确定罪与非罪的问题上,需要综合考虑本条"但书"的规定。

实际执行中应当注意以下几个方面的问题:

1. 根据本条规定,情节显著轻微危害不大的,不认为是犯罪。这里的"**不认为是犯罪**"规定的是罪与非罪的界限,指的是行为不构成犯罪。另外,《刑法》第三十七条规定,对于犯罪情节轻微不需要判处刑罚的,可以免予刑事处罚。该条规定的**免予处罚的情形**,是指行为依法已经构成了犯罪,只是因犯罪情节轻微不需要判处刑罚,而不予以刑事处罚。免予刑事处罚属于确定有罪,给予行为人的是有罪评价,这与情节显著轻微危害不大,不认为是犯罪,是两种性质不同的情形。实践中,在办理具体案件时,必须严格区分两种不同情况,依法准确作出裁判。

2. 具体如何认定"情节显著轻微危害不大",应当由具体办理案件的司法机关,根据个案的具体情况,对涉案行为的社会危害性程度进行个案把握。在一些特定类型案件中,对于"情节显著轻微危害不大"的具体把握,有的司法解释中也有一些规定。如《最高人民法院、最高人民检察院关于办理非法利用信息网络、帮助信息网络犯罪活动等刑事案件适用法律若干问题的解释》第十五条规定,综合考虑社会危害程度、认罪悔罪态度等情节,认为犯罪情节轻微的,可以不起诉或者免予刑事处罚;情节显著轻微危害不大的,不以犯罪论处。也有司法解释具体明确了"情节显著轻微危害不大"的具体情形,如《最高人民法院关于审理未成年人刑事案件具体应用法律若干问题的解释》第九条第一款规定:"已满十六周岁不满十八周岁的人实施盗窃行为未超过三次,盗窃数额虽已达到'数额较大'标准,但案发后能如实供述全部盗窃事实并积极退赃,且具有下列情形之一的,可以认定为'情节显著轻微危害不大',不认为是犯罪:(一)系又聋又哑的人或者盲人;(二)在共同盗窃中起次要或者辅助作用,或者被胁迫;(三)具有其他轻微情节的。"从总体上看,在司法解释中明确一些认定"情节显著轻微危害不大"的情形是可以的,有助于司法机关在办理案件过程中准确把握和正确实施本条规定。需要注意的是,司法解释对如何把握"情节显著轻微危害不大"作出具体规定的情况不多,因此,对于司法解释没有列明的其他情形,如果综合全案情况,属于"情节显著轻微危害不大"的,**不能因为司法解释没有明确规定就不予认定**。具体如何认定,应当由司法机关根据案件情况进行个案把握。

3. 在实践中,要根据事实,依照法律规定,注意区分违纪和违法,区分**一般违法行为**和犯罪行为。对于不构成犯罪的违法行为,应当依照其他相关法律规定处理,有的需要依法给予**行政处罚**。如《治安管理处罚法》第二条规定:"扰乱公共秩序,妨害公共安全,侵犯人身权利、财产权利,妨害社会管理,具有社会危害性,依照《中华人民共和国刑法》的规定构成犯罪的,依法追究刑事责任;尚不够刑事处罚的,由公安机关依照本法给予治安管理处罚。"

【公报案例】

△(**雇佣他人以本人的真实身份资料伪造居民身份证;但书**)被告人在未能补办遗失居民身份证的情况下,雇佣他人以本人的真实身份资料伪造居民身份证,供自己在日常生活中使用的行为,虽然违反身份证管理的法律规定,但情节显著轻微,危害不大,根据《刑法》第十三条的规定,应认定不构成犯罪。[《最高人民法院公报》2004 年第 12 期　张美华伪造居民身份证案]

第十四条　【故意犯罪】

明知自己的行为会发生危害社会的结果，并且希望或者放任这种结果发生，因而构成犯罪的，是故意犯罪。

故意犯罪，应当负刑事责任。

【立法理由】

摈弃结果责任，确立过错责任，是刑法的重大进步。进一步区分过错类型，根据行为人主观上对危害行为发生危害结果所持的心理状态不同，将过错分为故意与过失，将犯罪分为故意犯罪与过失犯罪，是坚持主客观相统一，实现过罚相当的必然要求。只有准确区别故意犯罪与过失犯罪，才能明确不同犯罪的构成标准，确定相应的刑事责任并配置轻重不同的法定刑，从而实现**罪责刑相适应**。本条对故意犯罪之故意构成，从认识因素、意志因素两个方面作了界定，明确了故意犯罪的认定标准。

【条文说明】

本条是关于故意犯罪的定义及其刑事责任的规定。

本条共分为两款。

第一款是关于**什么是故意犯罪**的规定。根据本条规定，故意犯罪必须同时具备以下两个特征：(1)**行为人对自己的行为会发生危害社会的结果必须是明知的**[①][②]，而且该明知既包括对必然发生危害结果的明知，也包括对可能发生危害结果的明知。[③][④] (2)**行为人的心理必须处于希望或者放任的状态**。"希望"和"放任"反映了行为人对犯罪结果的不同的意志取向。我国刑法理论根据刑法的这一规定，将"故意"分为"直接故意"和"间接故意"。[⑤] "**直接故意**"是指行为人明知自己的行为会发生危害社会的结果，并且希望这种结果发生的心理状态；"**间接故意**"是指行为人明知自己的行为可能会发生危害社会的结果[⑥]而采取漠不关心、听之任之的放任态度。[⑦][⑧] 区别"直接故意"和"间接故意"，对判断行为人的主观恶性大小、其危害行为的社会危害程度和决定适当的量刑都具有重要意义。[⑨] 在通常情况下，行为人的心理状态不同，其行为的社会危害程度不同，对行为人改造的难度也不同，适用刑罚也应有所区别。

第二款是关于**故意犯罪应当负刑事责任**的规

---

① 《刑法》第十四条所规定的故意不是泛指一般的故意，而是指刑法分则中所规定的某种犯罪的故意。是以，对于明知的范围，应当要求行为人"明知自己的行为会发生刑法分则所规定的某种犯罪的危害后果"。参见黎宏：《刑法学总论》(第2版)，法律出版社2016年版，第182页。

② 关于明知内容(包括对客观事实的明知、对阻却违法性事由的认识及违法性认识)的详细讨论，参见黎宏：《刑法学总论》(第2版)，法律出版社2016年版，第182—188页。

③ 相同的学说见解，参见黎宏：《刑法学总论》(第2版)，法律出版社2016年版，第184页。

④ 需要说明的是，所谓的"必然发生"与"可能发生"都是行为人在当时情况下的一种主观判断，因而属于主观认识内容，而非客观事实。参见周光权：《刑法总论》(第4版)，中国人民大学出版社2021年版，第159页。

⑤ 除了直接故意\间接故意的区分之外，学说上对犯罪故意还存在着其他的区分方式，如按照行为人对于事实有无确定认识，可以区分为确定故意和不确定故意(包括概括故意、择一故意及未必故意)；按照行为人产生故意的时间，可以区分为事前故意和事后故意；按照故意的内容，可以区分为侵害故意和危害故意；等等。参见黎宏：《刑法学总论》(第2版)，法律出版社2016年版，第190—191页。另有论者指出，根据行为与责任同在的原理，事前/事后故意基本上属于"文字游戏"，对于认定犯罪没有实际意义。参见周光权：《刑法总论》(第4版)，中国人民大学出版社2021年版，第153页。

⑥ 赵秉志教授指出，间接故意的行为人根据对自身犯罪能力、犯罪对象情况、犯罪工具情况或者犯罪发生的时间、地点、环境等情况的了解，认识到行为导致危害结果发生之时具有或然性、可能性，而不是必然性。参见高铭暄、马克昌主编：《刑法学》(第7版)，北京大学出版社、高等教育出版社2016年版，第110页。

⑦ 我国学者将"间接故意"区分为三种情况：一是行为人追求某一个犯罪目的而放任另一个危害结果的发生；二是行为人为追求一个非犯罪目的而放任某种危害结果的发生；三是在突发性犯罪中，不计后果，放任严重后果发生。参见黎宏：《刑法学总论》(第2版)，法律出版社2016年版，第182页。

⑧ 我国学者指出，要结合证据证明和判断被告人是否具有间接故意，应考虑以下几点：第一，放任必须建立在对结果发生的"盖然性认识"基础之上；第二，行为人必须对结果有过估算——结果估算后，认为即便结果发生自己也可以接受的，就是间接故意；第三，对结果发生采取"无所谓"态度，即毫不在意、漠不关心，但却认可、接受后果，使具体危险转化为具体的实害结果。参见周光权：《刑法总论》(第4版)，中国人民大学出版社2021年版，第157—158页。

⑨ 相同的学说见解，参见黎宏：《刑法学总论》(第2版)，法律出版社2016年版，第190页。

定。“刑事责任”是指犯罪行为人实施刑事法律禁止的行为所应当承担的法律后果。“刑事责任”和“刑罚”是两个不同的概念，二者既有联系又有区别。“**刑事责任**”是犯罪行为人因实施犯罪行为而应当承担的刑法上的法律后果，是刑罚的前提条件，只有对负有刑事责任的人才能适用刑罚；而**刑罚**是承担刑事责任的一种形式和结果，是法院以国家的名义对犯罪人进行惩罚和改造的手段。负有刑事责任的人在某些情况下不一定受到刑罚处罚，比如具有法定可以免除处罚情节的，可以不处以刑罚，即**免予刑事处罚**也是承担刑事责任的一种方式；但受刑罚处罚的人，必须是负有刑事责任的人。根据本条第一款的规定，故意犯罪是实施危害社会行为的人，主观上对其行为会发生危害社会的后果出于故意的心理状态而实施的犯罪。因此，故意犯罪应当负刑事责任。

实际执行中应当注意以下几个方面的问题：

1. **刑法分则**对故意犯罪的表述有多种方式。我国刑法分则规定的绝大多数犯罪是故意犯罪。同时，鉴于一些常见多发的犯罪，如抢劫罪、抢夺罪、盗窃罪、诈骗罪、强奸罪等，犯罪行为人主观上的故意比较明显，人们通常也能够辨识，刑法分则条文对这样的故意犯罪在表述上往往比较精练，并没有明确标明“故意”。此外，刑法分则中对有些犯罪明确规定了“故意”，主要包括：一是有一些犯罪，在行为表现形式和危害后果上是相似的，只是犯罪行为人主观心态不同，有的是故意而为，有的是出于过失，如故意杀人罪和过失致人死亡罪等。为了便于区分此罪与彼罪的界限，刑法明确标明了“故意”和“过失”。二是对有些犯罪，强调主观方面的“故意”因素，如故意毁坏财物罪、故意传播虚假信息罪、故意毁坏尸体罪、故意延误投递邮件罪、故意损毁文物罪等。需要注意的是，根据《刑法》第十五条第二款的规定，过失犯罪，法律有规定的才负刑事责任。据此，**对于没有规定主观方面为故意的犯罪，只要分则条文没有规定主观上可为过失，主观上仍需为“故意”**。

2. 刑法分则中的有关罪名，有的对**犯罪目的**作了专门规定，如第一百五十二条第一款规定的走私淫秽物品罪要求“以牟利或者传播为目的”，第一百七十五条规定的高利转贷罪要求“以转贷牟利为目的”，第一百九十二条规定的集资诈骗罪要求“以非法占有为目的”，等等，这些标明了犯罪目的的犯罪，犯罪目的是构成犯罪的必要条件，不具备所要求的犯罪目的，不能构成此罪。根据刑法理论对“直接故意”和“间接故意”的区分，“直接故意”为希望结果的发生，犯罪目的一般也是犯罪直接故意必然包含的一个内容，如第二百七十五条规定的故意毁坏财物罪是以故意毁坏公私财物为目的，又如抢劫罪、盗窃罪、诈骗罪等，是以非法占有公私财物为目的。这些犯罪虽然没有直接规定犯罪目的，但“故意”的内容已经包含了这一要素。

3. 要注意区分犯罪的故意和**一般生活意义上的故意**。犯罪的故意是有特定内容的，具体表现为行为人对自己实施的危害行为及其结果的认识，以及希望或者放任的态度；而日常生活中的故意则是指行为人有意识地实施某种行为。比如刑法中规定的交通肇事罪，行为人违反交通运输管理法规，可能是故意的，但因行为人对发生交通事故，造成危害结果没有故意，只能是过失。若行为人主观上对危害行为及其结果存在故意，则构成以危险方法危害公共安全罪。

【参考案例】

△主观故意不明确、不坚定，带有假想前提条件的，应当依据犯罪行为的具体表现形式与犯罪后果，确定主观罪过形式。

《刑法》第十四条第一款规定：“明知自己的行为会发生危害社会的结果，并且希望或者放任这种结果发生，因而构成犯罪的，是故意犯罪。”根据行为人对危害结果的发生所持的态度，犯罪故意可分为直接故意和间接故意两种。其中直接故意犯罪中，由于行为人对危害结果的发生持希望的态度，因而在实施犯罪过程中，行为人的活动总是围绕着如何促使危害结果的发生来进行，犯罪目标明确，主观意志坚定。被告人李超虽供称其主观上是要杀死龙慧，并为此准备了水果刀，在行凶时用刀朝龙慧的头部一顿乱刺，因刀柄断裂才停止，但从李超持刀行凶的心态和过程、方式及部位来看，其要杀死龙慧的主观目的不明确，主观意志不坚定，即如龙慧能同意与其和好，就算了，如不肯和好，就采取“自己得不到的，也不让别人得到”的方式，对龙慧出于爱恨交织的心态贯穿李超的整个作案过程，导致李超在持刀行凶时表现出犹豫、反复，且存在一定的节制。李超先是和龙慧会面交谈近四个小时，试图使龙慧同意和好而停止犯罪，在用刀刺龙慧致其头、面部流血坐到地上时，一度停止了行凶，但此时因龙慧说了一句愿意和好的话，李超感到还在被欺骗，才开始又一轮刺杀龙慧。刀柄断裂后，李超没有选择其他方法置龙慧于死地，而是主动打电话报警，并要警察快过来。如李超是在积极追求龙慧死亡结果的发生，从案发当时的客观条件和环境来看，其完全有能力和条件得逞，即使在刀柄断裂的情况下，其也完全有能力和条件设法排除这种困难或阻力，使其犯罪目的得逞。李超在作案的后阶段其主观故意发生了变化,由不确定变成了确定,即表现出确定的伤害故意,对龙慧实施身体上的伤害,先意图用嘴咬龙慧的阴部,后转念用手指挖掉了龙慧的右眼球。所以对李超的行为不能认定为是直接故意杀人。对行为人主观故意不明确、不坚定,带有假想前提条件的,应坚持主客观相统一的原则,不能依行为人所供称的主观故意定罪,而应依据犯罪行为的具体表现形式及犯罪后果结合犯罪主观论罪。因间接故意犯罪在意志因素上对危害结果的发生持放任态度,不存在未遂形态,由于本案中未出现死亡结果的发生,所以对李超的行为也不能认定为间接故意杀人。综上,对李超的行为应认定为故意伤害罪。[No. 4-232-8　李超故意杀人案]

△行为人所认识的事实与实际发生的事实在同一构成要件范围内,打击错误不影响故意的成立。

对于同一犯罪构成要件内的打击错误的情形应该如何处理,刑法理论界存在一定的争议。主要有两种观点:具体符合说与法定符合说。具体符合说认为,在打击错误的情况下,行为人所认识的事实与实际发生的事实具体地相一致时,才成立故意的既遂犯。法定符合说则认为,在打击错误的情况下,行为人所认识的事实与实际发生的事实,只要在犯罪构成范围内是一致的,就成立故意的既遂犯,就不影响对其行为性质的判断及刑事责任的承担。笔者赞同法定符合说,即在同一犯罪构成要件内的打击错误不阻却故意的成立,不能改变行为人的行为性质。

张保泉故意伤害案中,张保泉出于伤害他人的故意,实施了故意伤害的行为,结果误伤并致郑某佳死亡,其行为完全符合故意伤害罪的构成要件,应负故意伤害罪的刑事责任。虽然张保泉由于失误而导致实际侵害对象与其本欲侵害的对象不一致,但由于张保泉主观上具有伤害故意,客观上也实施了故意伤害行为,而且其故意伤害行为也造成了他人死亡的危害后果,二者侵犯的法益和社会危害性相同,二者在刑法规定的故意伤害罪的犯罪构成范围内也是完全一致的,因而其行为构成故意伤害罪,而非过失致人死亡罪。[No. 4-234-52　张保泉故意伤害案]

第十五条　【过失犯罪】

应当预见自己的行为可能发生危害社会的结果,因为疏忽大意而没有预见,或者已经预见而轻信能够避免,以致发生这种结果的,是过失犯罪。

过失犯罪,法律有规定的才负刑事责任。

【立法理由】

过失犯罪中犯罪人的主观恶性比故意犯罪中犯罪人的主观恶性要小,社会危害程度相对也小,刑法分则中只将对社会危害比较大,需要用刑罚手段处罚的过失造成危害结果的行为规定为犯罪。因此需要在总则中明确规定一个原则,即**过失犯罪,法律有规定的才负刑事责任**。

【条文说明】

本条是关于过失犯罪的定义及其刑事责任的规定。

本条共分为两款。

第一款是关于**什么是过失犯罪**的规定。"过失"和"故意"一样,同是行为人主观上对危害行为发生危害结果所持的心理状态。根据本款的规定,过失犯罪分为两大类:第一类是**疏忽大意的过失犯罪**,即行为人应当预见自己的行为可能发生危害社会的结果,因为疏忽大意而没有预见,以致发生了危害社会的结果,构成犯罪的;第二类是**过于自信的过失犯罪**,即行为人已经预见到自己的行为可能发生危害社会的结果而轻信能够避免,以致发生了危害社会的结果,构成犯罪的。本款规定的"**应当预见**"是指行为人对其行为结果具有认识的义务和能力。[①] "应当预见"要求行为人根据具体情况,对自己的行为可能发生危害社会的结果能够作出正确的判断。所谓行为人的具体情况,主要是指行为人的年龄、责任能力、文化程度、知识的广度和深度、职业专长、工作经验、社会

① 我国学者指出,认定成立犯罪过失,行为人对所发生的危害后果必须具有具体的预见。另外,对行为和结果之间的具体因果经过不要求有预见,但对因果关系的重要部分必须具有预见。参见黎宏:《刑法学总论》(第2版),法律出版社2016年版,第196—197页。

经验等。上述情况不同,行为人对其行为可能发生危害社会结果的可认识能力也不同。

疏忽大意的过失有**两个特征**:一是行为人对自己的行为可能发生危害社会的结果具有可认识的能力,即应当预见;二是由于行为人主观上粗心大意,忽略了对行为后果的认真考虑,盲目实施了这种行为,以致发生了危害社会的结果。过于自信的过失也有**两个特征**:一是行为人已经预见到自己的行为可能会发生危害社会的结果;二是由于行为人过高地估计自己的能力,相信自己能够避免这种结果的发生,以致发生了这种危害结果。[①] 不论是疏忽大意的过失还是过于自信的过失,共同特点是行为人都不希望危害社会的结果发生,即**主观上都没有让危害结果发生的意图**。

第二款是关于**过失犯罪,法律有规定的才负刑事责任**的规定。根据本款规定,由于行为人主观上的过失造成危害社会的结果的,不一定都负刑事责任。行为人主观上对危害社会的结果持过失的心理状态,其主观恶性比故意犯罪的行为人的主观恶性要小,因此法律没有将行为人过失造成危害结果的都规定为犯罪,只将**对社会危害比较大,需要用刑罚手段处罚的过失造成危害结果的行为**规定为犯罪。本款的"**法律有规定**"是指刑法分则规定的过失犯罪。

实际执行中应当注意以下几个方面的问题:

1. 在认定和处理疏忽大意的过失犯罪时,应当注意区分**疏忽大意的过失犯罪**,以及**不可抗力和意外事件**,以划清罪与非罪的界限。二者的根本区别是:前者行为人主观上有过失,即行为人由于主观上疏忽大意,对自己的行为可能发生危害社会的结果应当预见而没有预见,以致发生了这种结果;后者是由于客观上不可抗拒、主观上不能预见的原因引起了危害社会的结果,行为人对危害社会的结果主观上没有过失,不负刑事责任。

2. 在认定和处理过失犯罪时,应当注意区分**过于自信的过失犯罪**和**间接故意犯罪**,以划清过失犯罪与故意犯罪的界限。二者的根本区别是:前者行为人虽然对其行为的危害结果已有预见,但其主观上并不具有希望或者放任这种结果发生的心理状态,危害结果的发生,是由于行为人过高地估计了自己的能力,过于相信自己能够避免危害结果的发生。在危害结果发生之前,行为人主观上一直认为这种危害结果不会发生。后者是行为人已经预见到其行为可能会发生危害社会的结果,而对这种危害结果是否发生持漠不关心、听之任之、有意放任的态度。为了达到个人目的,不管危害结果是否发生,仍然去实施这一行为。[②③] 可见间接故意犯罪的行为人的主观恶性要远大于过失犯罪的行为人。主观恶性不同,社会危害程度也不同,对犯罪人改造的难度也不同,对过失犯罪和间接故意犯罪适用的罪名和刑罚也有重大区别。划清过于自信的过失犯罪与间接故意犯罪界限的意义就在于此。司法实践中,对于交通肇事后逃逸并撞伤多人的行为是认定为交通肇事罪,还是以危险方法危害公共安全罪,关键点也在于对行为人主观上系过于自信的过失还是间接故意的认定。

3. 对由于过失造成危害结果的,**法律有规定的才负刑事责任**,法律没有规定为犯罪的,不能对行为人定罪处刑。

【参考案例】

△过失犯罪应当根据违反注意义务的程度确定责任大小和量刑幅度;具有业务能力负有相关业务上注意义务的人的注意义务要重于社会一般人。

曲龙民等过失致人死亡案中,被告人曲龙民、刘峻玮身为房屋出租公司的员工,基于业务上的要求,应对其出租房屋的安全性负责,及时发现和排除安全隐患,其负有避免危害结果发生的注意义务不言而喻;刘颖心身为承租人,其明知所承租的房屋是为公司员工使用,按照常理,亦应对房屋的安全性负责,负有避免危害结果发生的注意义务。此外,基于出租房屋属于曲龙民、刘峻玮的业务行为,其所负的注意义务属于业务上的密切注

---

① 我国学者指出,在过于自信的过失当中,"能够避免"的判断已经取代了"可能发生"的预见,即行为人最终还是认为危害后果不会发生。因此,行为人对危害结果的发生是没有认识的。参见黎宏:《刑法学总论》(第2版),法律出版社2016年版,第192—193页。

② 我国学者指出,犯罪故意与犯罪过失的差别在于:在故意的场合,行为人对行为可能发生会危害社会的结果有所认识;在过失的场合,则是没有认识,而不是对发生结果有较低程度的预见。参见黎宏:《刑法学总论》(第2版),法律出版社2016年版,第196—197页。

③ 我国学者指出,强调故意犯的场合,行为人希望或者放任危害结果发生,而过失犯的场合是行为人不希望或者对危害结果的发生持否定态度的主张,是过度强调意志要素的观点,有将刑法理论过度主观化(有无认识可以客观地判断,但是否希望或者放任则完全听从于行为人的口供)、情绪化的危险。参见黎宏:《刑法学总论》(第2版),法律出版社2016年版,第206页。

意义务,程度高于刘颖心所负的一般程度之注意义务。

判断行为人对某一事项具有注意能力应坚持主客观相统一的原则,既要考虑行为人的年龄、知识、智力发育、工作经验以及所担负的职务、技术熟练程度等因素,又要考虑行为人当时所处的具体环境和条件,将这两方面的情况综合加以考虑,进行科学分析,作出符合行为人实际情况的判断。

本案中,曲龙民、刘峻玮身为房屋出租公司员工,受过对房屋结构、安全性以及燃气设施等方面的专门培训,且其已经知道所出租房屋的燃气热水器的通风存在问题,二人理应具有预见危害后果发生的注意能力。刘颖心作为社会一般人,理应有能力预见燃气热水器排风设施的重要性以及没有排风设施的危险性;另刘峻玮的供述也证明了刘颖心在签订合同时知道热水器没有安装排气管;此外,刘颖心的供述也证明其在主观上已经认识到热水器可能存在安全隐患,只是轻信了中介公司的话,没有进一步采取防范措施。可见,刘颖心在本案中具有预见危害结果发生的注意能力亦无疑问。

综上,本案中,三被告人的行为实质上均是在具有注意能力的前提下违反了注意义务,且造成严重后果,均构成过失致人死亡罪。此外,鉴于曲龙民、刘峻玮属于业务行为,其违反的是业务上的注意义务,程度较高,根据罪责刑相适应原则,判处其有期徒刑五年。刘颖心作为社会一般人,违反一般注意义务,程度较低,判处其有期徒刑三年。[No. 4-233-2　曲龙民等过失致人死亡案]

第十六条　【不可抗力和意外事件】

行为在客观上虽然造成了损害结果,但是不是出于故意或者过失,而是由于不能抗拒或者不能预见的原因所引起的,不是犯罪。

【立法理由】

意外事件是由不以行为人主观意志为转移、行为人无法预料的原因而发生的意外事故。行为人对危害结果的发生既没有故意也没有过失,根据**主客观相统一原则**,行为人的行为不被认为是犯罪。其他各国刑法对此也多有明确规定。**1979 年《刑法》**第十三条规定:"行为在客观上虽然造成了损害结果,但是不是出于故意或者过失,而是由于不能抗拒或者不能预见的原因所引起的,不认为是犯罪。"**1997 年修订刑法**时,基本沿用了之前的规定,只是将之前的"不认为是犯罪"修改为"**不是犯罪**",以使用语更加准确。

【条文说明】

本条是关于不可抗力和意外事件的规定。

根据本条规定,行为虽然造成了损害结果,但系因不能抗拒或者不能预见的原因所引起,不具备主观方面的构成要件,不构成犯罪。**由于不可抗拒的原因而发生了损害结果**,如自然灾害、突发事件及其他行为人无法阻挡的原因引起了损害结果,这在我国刑法理论上称为**不可抗力**。此外,**由于不能预见的原因引起了损害结果**,即根据损害结果发生当时的主客观情况,行为人没有预见,也不可能预见会发生损害结果,这在我国刑法理论上称为**意外事件**。由于这两种情况,行为人在主观上没有故意或过失,对实际发生的损害结果没有罪过,不应当负刑事责任,因此,本条规定,由于不能抗拒或者行为人不能预见的原因造成损害结果的行为,不是犯罪。这样规定充分体现了我国刑法**主客观相统一的原则**。

所谓"**不可抗拒**",是指不以行为人的意志为转移,行为人无法阻挡或控制损害结果的发生。如由于某种机械力量的撞击、自然灾害的阻挡、突发病的影响等行为人意志以外的原因,使其无法避免损害结果的发生。"**不能预见**"是指根据行为人的主观情况和发生损害结果当时的客观情况,行为人不具有能够预见的条件和能力,损害结果的发生完全出乎行为人的意料。

实际执行中应当注意以下问题:在认定不可抗力和意外事件时,应当注意区分其与**疏忽大意的过失**之间的界限。二者的根本区别是:前者是由于客观上不可抗拒、主观上不能预见的原因引起了危害社会的结果,行为人对危害社会的结果主观上没有过失,不负刑事责任;而后者,行为人主观上有过失,即行为人由于主观上疏忽大意,对自己的行为可能发生危害社会的结果应当预见而没有预见,以致造成了危害社会结果的发生。在具体认定时,应当根据行为人的主客观情况和当时的实际情形,结合法律、职业等的要求来判断其有没有预见的可能。

【参考案例】

△不知他人患有心脏病，在争吵过程中推搡并脚踢他人非要害部位，致使他人心脏病发作经抢救无效死亡的，不构成过失致人死亡罪，属于意外事件，不承担刑事责任，但应承担民事赔偿责任。

刘旭过失致人死亡案的行为人刘旭对被害人张立发实施了殴打行为，由此造成了被害人心脏病发作，从而造成被害人死亡，从这个角度来看，行为人的行为与被害人的死亡存在因果关系。但问题在于这个“因果关系”应该如何从刑法意义上加以评价。

首先，刑法意义上的因果关系应该是必然的直接因果关系，即行为与结果之间存在必然的、内在的、合乎规律的引起与被引起的联系，通常只有这种因果关系才能令行为人对其引起的结果负责任。而本案中，造成被害人张立发死亡的直接原因是心脏病，行为人的殴打行为只是引发被害人心脏病的诱因，被害人很可能是由于受到殴打而情绪激动从而引发心脏病造成死亡结果的发生，即行为人的行为与被害人的死亡结果之间还存在被害人情绪激动、心脏病发作等一系列中间环节，而从一般的社会常识来分析，这些中间环节并不是行为人的行为所必然引发的结果，因此，二者之间不存在直接的、必然的因果联系。

其次，我国刑法中的犯罪构成是主客观诸要件的统一，某一行为构成犯罪，除具备行为与结果之间的因果关系外，行为人还必须在主观上具有故意或过失。本案中，行为人的行为与被害人的死亡结果之间虽然存在一定的因果关系，但是，在这二者之间，还存在中间环节，而这些中间环节更多的是一种意外，行为人在实施殴打行为时，既不可能认识到被害人患有严重的心脏病，也不可能预料到自己击打被害人肩部和腿部的行为会造成被害人心脏病发作，行为人在行为当时无法预料到被害人死亡结果的发生，被害人的死亡更多是由于意外因素所致，行为人在主观上既无故意也没有过失，故不应承担过失致人死亡的刑事责任。

虽然行为人的行为在刑法上不构成犯罪，但是从民法角度来看，行为人对被害人进行了殴打，被害人由于受到殴打引起心脏病发作造成死亡，在这个过程中，行为人是有过错的，而且也不存在任何免责事由，因此，行为人对被害人因死亡所造成的经济损失应承担民事赔偿责任。但同时，考虑到被害人死亡的直接原因是其内在的心脏病造成的，行为人的行为只是造成被害人引发心脏病死亡的诱因，因此行为人应根据其在事件中的过错程度承担民事赔偿责任。［No. 4-233-3　刘旭过失致人死亡案］

△私自违规改装车辆高度后，车辆接触他人所接不符合安全高度的电线裸露处而带电，致使乘客触电身亡的，因违规改装车辆的行为与死亡结果之间不存在刑法意义上的因果关系，属于意外事件，不构成犯罪。

穆志祥过失致人死亡案中，被告人穆志祥虽然私自对车辆进行改装，致使车辆高度违反了交通管理法规的规定，但这一行为本身并不能直接引起乘客张木森死亡的后果，不是导致张木森死亡的直接原因。张木森死亡的直接原因是触电，引起触电的直接原因有两个：一是李学明所接照明线路高度不符合安全用电的套户线路对地的距离；二是其所接电线接头处无绝缘措施，使电线接头裸露处漏电。穆志祥的三轮车角铁行李架超高，恰巧又接触不符合安全高度的电线裸露处而带电，正是这两方面因素的偶合才致乘客张木森触电身亡的事故发生。因此，应当说穆志祥的违规行为与张木森死亡的后果没有必然的、直接的内在联系，故其行为与张木森的死亡无刑法上的因果关系。如果案情是因穆志祥私自改装车辆违规超高的行为，造成交通事故，从而导致人员伤亡的，其改装车辆的行为就与死亡后果之间存在因果关系了。

综上，被告人穆志祥私自改装车辆违规超高的行为，虽与被害人张木森触电身亡的结果有一定的联系，但其行为与被害人张木森死亡的后果没有刑法上的因果关系，且主观上也不存在过失。张木森触电身亡系被告人穆志祥不能预见的原因所引起，属于刑法上的意外事件，被告人穆志祥不构成犯罪。［No. 4-233-6　穆志祥过失致人死亡案］

第十七条　【刑事责任年龄】

已满十六周岁的人犯罪，应当负刑事责任。

已满十四周岁不满十六周岁的人，犯故意杀人、故意伤害致人重伤或者死亡、强奸、抢劫、贩卖毒品、放火、爆炸、投放危险物质罪的，应当负刑事责任。

已满十二周岁不满十四周岁的人，犯故意杀人、故意伤害罪，致人死亡或者以特别残忍手段致人重伤造成严重残疾，情节恶劣，经最高人民检察院核准追诉的，应当负刑事责任。

对依照前三款规定追究刑事责任的不满十八周岁的人，应当从轻或者减轻处罚。

因不满十六周岁不予刑事处罚的，责令其父母或者其他监护人加以管教；在必要的时候，依法进行专门矫治教育。

【立法解释性文件】

《全国人民代表大会常务委员会法制工作委员会关于已满十四周岁不满十六周岁的人承担刑事责任范围问题的答复意见》(法工委复字〔2002〕12号，2002年7月24日发布)

△(**八种犯罪;具体犯罪行为**)刑法第十七条第二款规定的八种犯罪,是指具体犯罪行为而不是具体罪名。对于刑法第十七条中规定的"犯故意杀人、故意伤害致人重伤或者死亡",是指只要故意实施了杀人、伤害行为并且造成了致人重伤、死亡后果的,都应负刑事责任。而不是指只有犯故意杀人罪、故意伤害罪的,才负刑事责任,绑架撕票的,不负刑事责任。对司法实践中出现的已满十四周岁不满十六周岁的人绑架人质后杀害被绑架人、拐卖妇女、儿童而故意造成被拐卖妇女、儿童重伤或死亡的行为,依据刑法是应当追究其刑事责任的。

【立法沿革】

《中华人民共和国刑法》(1997年修订,自1997年10月1日起施行)

第十七条

已满十六周岁的人犯罪,应当负刑事责任。

已满十四周岁不满十六周岁的人,犯故意杀人、故意伤害致人重伤或者死亡、强奸、抢劫、贩卖毒品、放火、爆炸、投毒罪的,应当负刑事责任。

已满十四周岁不满十八周岁的人犯罪,应当从轻或者减轻处罚。

因不满十六周岁不予刑事处罚的,责令他的家长或者监护人加以管教;在必要的时候,也可以由政府收容教养。

《中华人民共和国刑法修正案(十一)》(自2021年3月1日起施行)

一、将刑法第十七条修改为:

"已满十六周岁的人犯罪,应当负刑事责任。

"已满十四周岁不满十六周岁的人,犯故意杀人、故意伤害致人重伤或者死亡、强奸、抢劫、贩卖毒品、放火、爆炸、投放危险物质罪的,应当负刑事责任。

"已满十二周岁不满十四周岁的人,犯故意杀人、故意伤害罪,致人死亡或者以特别残忍手段致人重伤造成严重残疾,情节恶劣,经最高人民检察院核准追诉的,应当负刑事责任。

"对依照前三款规定追究刑事责任的不满十八周岁的人,应当从轻或者减轻处罚。

"因不满十六周岁不予刑事处罚的,责令其父母或者其他监护人加以管教;在必要的时候,依法进行专门矫治教育。"

【立法理由】

1. **1979年立法的情况**。1979年刑法对刑事责任年龄作了规定。1979年《刑法》第十四条规定:"已满十六岁的人犯罪,应当负刑事责任。已满十四岁不满十六岁的人,犯杀人、重伤、抢劫、放火、惯窃罪或者其他严重破坏社会秩序罪,应当负刑事责任。已满十四岁不满十八岁的人犯罪,应当从轻或者减轻处罚。因不满十六岁不处罚的,责令他的家长或者监护人加以管教;在必要的时候,也可以由政府收容教养。"

2. **1997年修订刑法的情况**。刑事责任年龄,就是法律规定的应当对自己的犯罪行为负刑事责任的年龄。只有达到法定年龄的人实施了犯罪行为,才能追究其刑事责任。对于没有达到法定年龄的人,即使实施了危害社会的行为,也不负刑事责任。这是各国刑法普遍采用的原则。这主要是考虑到犯罪行为不只是具有社会危害性的行为,同时还是人的有意识的行为,而人们控制、认识自己行为的能力是受到年龄的限制的,只有在人们达到一定年龄,其接受社会教育的程度和社会经验有了一定的积累时,才能具备辨别是非善恶并在行动中自我控制的能力,才能要求其对自己的犯罪行为承担刑事责任。为此,我国1997年刑法总结了中华人民共和国成立以来同犯罪作斗争的经验，充分借鉴了国外刑事立法中一些有益的经验，对刑事责任年龄作了明确规定。

1997年修订刑法时将1979年刑法的有关内容修改后纳入刑法，**主要修改**包括：一是对具体责任年龄的表述作了文字修改，进一步明确各个责任年龄段的年龄为周岁，使其表述更为确切，防止实践中产生歧义。二是进一步明确了已满十四周岁不满十六周岁的人犯哪些罪应当负刑事责任。实践中，对1979年《刑法》第十四条中的"杀人"是否包括过失杀人，"其他严重破坏社会秩序罪"的范围包括哪些，认识不一致，难以保证执法的统一。因此，根据各方面的意见，删去了"其他严重破坏社会秩序罪"的规定，明确规定已满十四周岁不满十六周岁的人，犯"故意杀人、故意伤害致人重伤或者死亡、强奸、抢劫、贩卖毒品、放火、爆炸、投毒罪的"，才应当负刑事责任。这样规定，进一步体现了罪刑法定的基本原则，也便于实践中操作。另外，在列举的具体罪名中，删去了"惯窃罪"，这主要是考虑更突出惩治危害严重的犯罪，体现对未成年人教育为主、惩罚为辅的原则。三是将"因不满十六岁不处罚"修改为"因不满十六周岁不予刑事处罚"，这主要考虑到这部分未成年人只是年龄未达到法定年龄而不予刑事处罚，但其行为性质恶劣，具有社会危害性，虽然没有承担刑事责任，但可能承担其他责任，需要进一步明确处罚的性质。

3. 2020年《刑法修正案(十一)》对本条的修改情况。近年来，低龄未成年人实施严重犯罪的案件时有发生，引发社会广泛关注。对这一问题，大家的共识是应当管起来，这既是矫正犯罪的需要，也是保护受害人正当诉求和利益的需要。但如何去管，是普遍降低刑事责任年龄放到监狱，还是针对未成年人犯罪矫正的特点去完善收容教养制度等，大家还有不同的认识和侧重点。总体上对未成年人，我们坚持**教育、感化、挽救，坚持教育为主、惩罚为辅**，这一方针和原则没有变。对低龄未成年人犯罪，既不能简单地"一关了之"，也不能"一放了之"。经会同有关方面反复研究，综合考量各方面的意见，《刑法修正案(十一)》对本条作了修改：一是在特定情形下，经特别程序，对法定最低刑事责任年龄做个别下调，即增加一款规定：已满十二周岁不满十四周岁的人，犯故意伤人、故意伤害罪，致人死亡或者以特别残忍手段致人重伤造成严重残疾，情节恶劣，经最高人民检察院核准追诉的，应当负刑事责任。二是统筹考虑《刑法》修改和**《预防未成年人犯罪法》**修改相关问题，与《预防未成年人犯罪法》修改做好衔接，将原刑法规定的"在必要的时候，也可以由政府收容教养"修改为"在必要的时候，依法进行专门矫治教育"。三是将"责令他的家长或者监护人加以管教"修改为"责令其父母或者其他监护人加以管教"，这主要是为了与**《民法典》关于监护人的有关规定**做好衔接。四是将"投毒罪"修改为"投放危险物质罪"，这主要是为了与刑法分则有关规定的修改相衔接，全国人大常委会于2001年12月29日通过的《刑法修正案(三)》对《刑法》第一百一十四条、第一百一十五条进行了修改，将"投毒"改为"投放毒害性、放射性、传染病病原体等物质"，本条作了相应修改。

【条文说明】

本条是关于刑事责任年龄的规定。

本条共分为五款。

第一款是关于**实施犯罪行为的人完全负刑事责任的年龄的规定**。根据本款规定，实施犯罪行为的人负刑事责任的年龄是**年满十六周岁**，即凡年满十六周岁的人，实施了刑法规定的任何一种犯罪行为，都应当负刑事责任。这样规定，是从我国的实际情况出发的。在我国，已满十六周岁的人，其体力、智力已发展到一定程度，并有一定的社会知识，已具有分辨是非善恶的能力。因此，应当要求他们对自己的一切犯罪行为负刑事责任。

第二款是关于**相对负刑事责任的年龄的规定**，即已满十四周岁不满十六周岁的行为人不是实施了任何犯罪都负刑事责任。根据本款规定，已满十四周岁不满十六周岁的人，只有实施故意杀人、故意伤害致人重伤或者死亡、强奸、抢劫、贩卖毒品、放火、爆炸、投放危险物质犯罪的，才负刑事责任。这样规定，是充分考虑了他们的智力发育情况。已满十四周岁不满十六周岁的人，一般已有一定的识别能力，但由于年龄尚小，智力发育尚不够完善，缺乏社会知识，还不具有完全识别和控制自己行为的能力，他们负刑事责任的范围，应当受刑事责任能力的限制，不能要求他们对一切犯罪都负刑事责任。因此，我国刑法只规定已满十四周岁不满十六周岁的人犯上述几种社会危害性较大、常见的严重犯罪，才应当负刑事责任。需要注意的是，**这里所规定的八种犯罪，是指具体犯罪行为而不是具体罪名**。"犯故意杀人、故意伤害致人重伤或者死亡"，是指只要故意实施了杀人、伤害行为，并且造成了致人重伤、死亡后果的，都应负刑事责任，而不是指只有犯故意杀人罪、故意伤害罪的，才负刑事责任，绑架撕票的，不负刑事责任。对司法实践中出现的已满十四周岁不满十六周岁的人绑架人质后杀害被绑架人，拐卖妇女、儿童而故意造成被拐卖妇女、儿童重伤或者死亡的行为，应当依据刑法追究其刑事责任。2006年1月11日发布的《最高人民法院关于审理未成年人刑事案件具体应用法律若干问题的解释》第五条规定："已满十四周岁不满十六周岁的人实施刑法第十七条第二款规定以外的行为，如果同时触犯了刑法第十七条第二款规定的，应当依照刑法第十七条第二款的规定确定罪名，定罪处罚。"

第三款是关于**已满十二周岁不满十四周岁的人在特定情形下，经特别程序，应当负刑事责任的特殊规定**。由于家庭、学校、社会等多方面的原因，低龄未成年人严重犯罪案件近年来时有发生，经会同有关方面反复研究，综合考虑各方面的意见，《刑法修正案（十一）》增加了本款规定，即在特定情形下，经特别程序，对法定最低刑事责任年龄做个别下调，而不是普遍降低刑事责任年龄。刑事责任年龄的确定是涉及**刑事政策调整**的大问题，需要根据国家的经济社会发展、未成年人违法犯罪的现实情况、未成年人身心发展变化、未成年人司法政策和历史文化传统等多方面因素进行统筹、评估和研究，需要非常慎重。有的国家确定的刑事责任年龄较低，但这是建立在其**少年司法制度**基础上的，有关年龄实际上是适用少年刑事司法的年龄。

根据本款规定，已满十二周岁不满十四周岁的人，犯故意杀人、故意伤害罪，致人死亡或者以特别残忍手段致人重伤造成严重残疾，情节恶劣，经最高人民检察院核准追诉的，应当负刑事责任。这里的"**犯故意杀人、故意伤害罪，致人死亡或者以特别残忍手段致人重伤造成严重残疾**"，同第二款规定一样，指的也是故意实施了杀人、伤害行为，并且造成了致人死亡或者以特别残忍手段致人重伤造成严重残疾的后果的，都应负刑事责任，而不是指只有犯故意杀人罪、故意伤害罪才负刑事责任，绑架撕票的，不负刑事责任。其中，"**以特别残忍手段**"，同《刑法》第二百三十四条的规定一样，是指故意造成他人严重残疾而采用毁容、挖人眼睛等特别残忍的手段伤害他人的行为。本款中的"**情节恶劣**"需要结合犯罪的动机、手段、危害、造成的后果、悔罪表现等犯罪情节综合进行判断，包括行为人主观恶性很大、有预谋有组织地实施、采用残忍手段、多次实施、致多人死亡或者重伤造成严重残疾、造成恶劣的社会影响等情形。对于行为人主观恶性不大、被害人有明显过错、行为人家属积极给予被害人及其家属赔偿并取得被害人及其家属的谅解等情形的，**最高人民检察院也可以不核准追诉**。其中，最高人民检察院核准是必经程序，这是为了严格限制对这部分人追究刑事责任。实践中，应当由公安机关报请核准追诉，由同级人民检察院受理并层报最高人民检察院审查决定。最高人民检察院决定不予核准追诉的，公安机关应当及时撤销案件，犯罪嫌疑人在押的，应当立即释放，并依照有关法律采取相应措施。

第四款是关于**对未成年人犯罪处罚原则的规定**。根据本款规定，对依照前三款规定追究刑事责任的不满十八周岁的人犯罪，应当从轻或者减轻处罚。根据我国的实际情况，不满十八周岁的人尚属于未成年，未成年人正处在体力、智力发育过程中，虽已具有一定的辨别和控制自己行为的能力，但由于其经历少，社会知识少，成熟程度还不同于成年人，而且未成年人处于成长过程中，具有容易接受教育改造的特点，因此，对未成年人犯罪规定了"应当从轻或者减轻处罚"的原则。这样规定，充分体现了我国对未成年犯实行教育为主、惩罚为辅，重在教育、挽救和改造的方针。

第五款是关于**对因不满十六周岁不予刑事处罚的人如何处理的规定**。根据本款规定，对于实施了危害社会的行为，但因不满十六周岁而没有受刑事处罚的人，不是放任不管，而是要责令其父母或者其他监护人对行为人严加管教；在必要的时候，依法进行专门矫治教育。这样规定是为了维护正常的社会秩序，维护被害人的合法权益，同时也是为了教育行为人，防止其继续危害社会。"**在必要的时候**"，一般是指行为人的父母或者其他监护人确实管教不了，或者违法行为情节严重，造成恶劣的社会影响等情形。这主要是考虑到未成年人违法犯罪情况复杂，有家庭、学校、社会等多方面的原因，需要综合治理。对于有的由于缺少教育、监管等原因，实施扰乱社会秩序的一般危害行为的，由监护人严加管教，可能更有利于回归社会。但对于实施杀人、故意伤害致人重伤或者死亡等严重暴力犯罪，人身危险性大的，应当依法进行专门矫治教育。

关于**专门矫治教育**，2020年12月修订的《预防未成年人犯罪法》第四十五条规定："未成年人实施刑法规定的行为，因不满法定刑事责任年龄不予刑事处罚的，经专门教育指导委员会评估同意，教育行政部门会同公安机关可以决定对其进行专门矫治教育。省级人民政府应当结合本地的实际情况，至少确定一所专门学校按照分校区、分班级等方式设置专门场所，对前款规定的未成年人进行专门矫治教育。前款规定的专门场所实行闭环管理，公安机关、司法行政部门负责未成年人的矫治工作，教育行政部门承担未成年人的教育工作。"这是应对低龄未成年人违法犯罪的重要制度建设。只有不断完善少年犯罪的司法体系,建立适合未成年人犯罪特点的矫治制度、措施等,才能有效预防和矫治未成年犯罪,防范其对社会造成危害。

实际执行中应当注意以下几个方面的问题:

1. 本条关于刑事责任年龄的规定是指**行为人实施犯罪行为时的年龄**,而非审判时的年龄。此外,《刑法》第四十九条第一款规定,犯罪的时候不满十八周岁的人和审判的时候怀孕的妇女,不适用死刑。据此,未成年人不适用死刑的年龄是实施犯罪行为时不满十八周岁,非审判时不满十八周岁。关于"周岁"的认定,根据《最高人民法院关于审理未成年人刑事案件具体应用法律若干问题的解释》第二条的规定,这里规定的"周岁",按照公历的年、月、日计算,从周岁生日的第二天起算。

关于**行为人年龄的确定问题**,根据《最高人民法院关于审理未成年人刑事案件具体应用法律若干问题的解释》第四条的规定,对于没有充分证据证明被告人实施被指控的犯罪时已经达到法定刑事责任年龄且确实无法查明的,**应当推定其没有达到相应法定刑事责任年龄**。相关证据足以证明被告人实施被指控的犯罪时已经达到法定刑事责任年龄,但是无法准确查明被告人具体出生日期的,**应当认定其达到相应法定刑事责任年龄**。此外,根据2000年2月21日发布的《最高人民检察院关于"骨龄鉴定"能否作为确定刑事责任年龄证据使用的批复》的规定,犯罪嫌疑人不讲真实姓名、住址,年龄不明的,可以委托进行**骨龄鉴定或其他科学鉴定**,经审查,鉴定结论能够准确确定犯罪嫌疑人实施犯罪行为时的年龄的,可以作为判断犯罪嫌疑人年龄的证据使用。如果鉴定结论不能准确确定犯罪嫌疑人实施犯罪行为时的年龄,而且鉴定结论又表明犯罪嫌疑人年龄在刑法规定的应负刑事责任年龄上下的,应当依法慎重处理。

2. 关于**未成年人实施转化型抢劫行为的法律适用问题**。根据《刑法》第二百六十九条的规定,犯盗窃、诈骗、抢夺罪,为窝藏赃物、抗拒抓捕或者毁灭罪证而当场使用暴力或者以暴力相威胁的,依照本法第二百六十三条规定的抢劫罪定罪处罚。实践中,本着对未成年人"教育为主,惩罚为辅"的原则,《最高人民法院关于审理未成年人刑事案件具体应用法律若干问题的解释》第十条规定:"已满十四周岁不满十六周岁的人盗窃、诈骗、抢夺他人财物,为窝藏赃物、抗拒抓捕或者毁灭罪证,当场使用暴力,故意伤害致人重伤或者死亡,或者故意杀人的,应当分别以故意伤害罪或者故意杀人罪定罪处罚。已满十六周岁不满十八周岁的人犯盗窃、诈骗、抢夺罪,为窝藏赃物、抗拒抓捕或者毁灭罪证而当场使用暴力或者以暴力相威胁的,应当依照刑法第二百六十九条的规定定罪处罚;情节轻微的,可不以抢劫罪定罪处罚。"

3. 关于**未成年人犯罪后从宽处理的有关规定**。2010年2月8日发布的《最高人民法院关于贯彻宽严相济刑事政策的若干意见》第二十条规定:"对于未成年人犯罪,在具体考虑其实施犯罪的动机和目的、犯罪性质、情节和社会危害程度的同时,还要充分考虑其是否属于初犯,归案后是否悔罪,以及个人成长经历和一贯表现等因素,坚持'教育为主、惩罚为辅'的原则和'教育、感化、挽救'的方针进行处理。对于偶尔盗窃、抢夺、诈骗,数额刚达到较大的标准,案发后能如实交代并积极退赃的,可以认定为情节显著轻微,不作为犯罪处理。对于罪行较轻的,可以依法适当多适用缓刑或者判处管制、单处罚金等非监禁刑;依法可免予刑事处罚的,应当免予刑事处罚。对于犯罪情节严重的未成年人,也应当依照刑法第十七条第三款的规定予以从轻或者减轻处罚。对于已满十四周岁不满十六周岁的未成年犯罪人,一般不判处无期徒刑。"

此外,《最高人民法院关于审理未成年人刑事案件具体应用法律若干问题的解释》针对未成年人刑事案件的审理规定了一些从宽处理的具体规则,如第六条规定:"已满十四周岁不满十六周岁的人偶尔与幼女发生性行为,情节轻微、未造成严重后果的,不认为是犯罪。"第七条规定:"已满十四周岁不满十六周岁的人使用轻微暴力或者威胁,强行索要其他未成年人随身携带的生活、学习用品或者钱财数量不大,且未造成被害人轻微伤以上或者不敢正常到校学习、生活等危害后果的,不认为是犯罪。已满十六周岁不满十八周岁的人具有前款规定情形的,一般也不认为是犯罪。"第十六条对未成年罪犯应当适用缓刑的情形作了规定。第十八条第一款规定,对未成年罪犯的减刑、假释,在掌握标准上可以比照成年罪犯依法适度放宽。

4. **对未成年人刑事案件处理的特殊程序安排**。关于未成年人刑事案件的处理,我国《刑事诉讼法》第五编第一章专门规定了**未成年人刑事案件诉讼程序**。其中,第二百八十二条第一款规定:"对于未成年人涉嫌刑法分则第四章、第五章、第六章规定的犯罪,可能判处一年有期徒刑以下刑罚,符合起诉条件,但有悔罪表现的,人民检察院可以作出**附条件不起诉的决定**……"附条件不起诉的未成年人在考验期内接受监督考察,在考验期内没有应当撤销附条件不起诉决定的情形的，考验期满，人民检察院应当作出不起诉的决定。这是对犯罪的未成年人实行教育、感化、挽救的方针，坚持教育为主、惩罚为辅原则的具体体现。

5. 行为人承担刑事责任，都得经过法定程序。本条是关于应当负刑事责任的年龄的规定，实践中，具体到个案，行为人承担刑事责任，都需要通过刑事诉讼程序，人民检察院提起公诉，人民法院作出有效判决后，行为人才能依法承担刑事责任。其中，本条第三款中规定的“**经最高人民检察院核准追诉的，应当负刑事责任**”，并不是指核准追诉的，就一定追责，还需人民法院根据证据和事实情况等，对案件进行审理，审理后作出有罪判决的，判决生效后，行为人才负刑事责任。

【司法解释】

《最高人民法院关于审理未成年人刑事案件具体应用法律若干问题的解释》（法释〔2006〕1号，2006年1月11日发布）

△（**未成年人刑事案件**）本解释所称未成年人刑事案件，是指被告人实施被指控的犯罪时已满十四周岁不满十八周岁的案件。（§ 1）

△（**周岁**）刑法第十七条规定的“周岁”，按照公历的年、月、日计算，从周岁生日的第二天起算。（§ 2）

△（**未成年人刑事案件；犯罪时的年龄；裁判文书**）审理未成年人刑事案件，应当查明被告人实施被指控的犯罪时的年龄。裁判文书中应当写明被告人出生的年、月、日。（§ 3）

△（**法定刑事责任年龄；无法查明；推定；具体出生日期；认定**）对于没有充分证据证明被告人实施被指控的犯罪时已经达到法定刑事责任年龄且确实无法查明的，应当推定其没有达到相应法定刑事责任年龄。

相关证据足以证明被告人实施被指控的犯罪时已经达到法定刑事责任年龄，但是无法准确查明被告人具体出生日期的，应当认定其达到相应法定刑事责任年龄。（§ 4）

△（**相对刑事责任年龄；刑法第十七条第二款；确定罪名**）已满十四周岁不满十六周岁的人实施刑法第十七条第二款规定以外的行为，如果同时触犯了刑法第十七条第二款规定的，应当依照刑法第十七条第二款的规定确定罪名，定罪处罚。（§ 5）

△（**相对刑事责任年龄；幼女；性行为；不认为是犯罪**）已满十四周岁不满十六周岁的人偶尔与幼女发生性行为，情节轻微、未造成严重后果的，不认为是犯罪。（§ 6）

△（**未成年人；使用轻微暴力；强行索要其他未成年人随身财物；不认为是犯罪**）已满十四周岁不满十六周岁的人使用轻微暴力或者威胁，强行索要其他未成年人随身携带的生活、学习用品或者钱财数量不大，且未造成被害人轻微伤以上或者不敢正常到校学习、生活等危害后果的，不认为是犯罪。

已满十六周岁不满十八周岁的人具有前款规定情形的，一般也不认为是犯罪。（§ 7）

△（**已满十六周岁不满十八周岁的人；寻衅滋事罪**）已满十六周岁不满十八周岁的人出于以大欺小、以强凌弱或者寻求精神刺激，随意殴打其他未成年人、多次对其他未成年人强拿硬要或者任意损毁公私财物，扰乱学校及其他公共场所秩序，情节严重的，以寻衅滋事罪定罪处罚。（§ 8）

△（**已满十六周岁不满十八周岁的人；盗窃罪；情节显著轻微危害不大；盗窃未遂或者中止；盗窃亲属财物；不认为是犯罪**）已满十六周岁不满十八周岁的人实施盗窃行为未超过三次，盗窃数额虽已达到“数额较大”标准，但案发后能如实供述全部盗窃事实并积极退赃，且具有下列情形之一的，可以认定为“情节显著轻微危害不大”，不认为是犯罪：

（一）系又聋又哑的人或者盲人；

（二）在共同盗窃中起次要或者辅助作用，或者被胁迫；

（三）具有其他轻微情节的。

已满十六周岁不满十八周岁的人盗窃未遂或者中止的，可不认为是犯罪。

已满十六周岁不满十八周岁的人盗窃自己家庭或者近亲属财物，或者盗窃其他亲属财物但其他亲属要求不予追究的，可不按犯罪处理。（§ 9）

△（**相对刑事责任年龄；故意伤害罪、故意杀人罪；已满十六周岁不满十八周岁的人；抢劫罪**）已满十四周岁不满十六周岁的人盗窃、诈骗、抢夺他人财物，为窝藏赃物、抗拒抓捕或者毁灭罪证，当场使用暴力，故意伤害致人重伤或者死亡，或者故意杀人的，应当分别以故意伤害罪或者故意杀人罪定罪处罚。①

已满十六周岁不满十八周岁的人犯盗窃、诈

① 系争司法解释以故意伤害罪或者故意杀人罪定罪处罚的原因可能在于，转化型抢劫罪以前行为构成盗窃、诈骗、抢夺罪为前提，而已满14周岁不满16周岁的人不能成为盗窃、诈骗、抢夺罪的主体。既然前提不存在，结论当然也不可能成立。参见黎宏：《刑法学总论》（第2版），法律出版社2016年版，第172页。相应的学说批评，参见陈兴良主编：《刑法各论精释》，人民法院出版社2015年版，第308页；张明楷：《刑法学》（第6版），法律出版社2021年版，第1279—1281页。

骗、抢夺罪,为窝藏赃物、抗拒抓捕或者毁灭罪证而当场使用暴力或者以暴力相威胁的,应当依照刑法第二百六十九条的规定定罪处罚;情节轻微的,可不以抢劫罪定罪处罚。(§ 10)

△(**未成年人罪犯;刑罚**)对未成年罪犯适用刑罚,应当充分考虑是否有利于未成年罪犯的教育和矫正。

对未成年罪犯量刑应当依照刑法第六十一条的规定,并充分考虑未成年人实施犯罪行为的动机和目的、犯罪时的年龄、是否初次犯罪、犯罪后的悔罪表现、个人成长经历和一贯表现等因素。对符合管制、缓刑、单处罚金或者免予刑事处罚适用条件的未成年罪犯,应当依法适用管制、缓刑、单处罚金或者免予刑事处罚。(§ 11)

△(**达到法定刑事责任年龄前后;年满十八周岁前后;不同种犯罪行为;同种犯罪行为;量刑;从轻或者减轻处罚**)行为人在达到法定刑事责任年龄前后均实施了犯罪行为,只能依法追究其达到法定刑事责任年龄后实施的犯罪行为的刑事责任。

行为人在年满十八周岁前后实施了不同种犯罪行为,对其年满十八周岁以前实施的犯罪应当依法从轻或者减轻处罚。行为人在年满十八周岁前后实施了同种犯罪行为,在量刑时应当考虑对年满十八周岁以前实施的犯罪,适当给予从轻或者减轻处罚。(§ 12)

【司法解释性文件】

《最高人民检察院关于"骨龄鉴定"能否作为确定刑事责任年龄证据使用的批复》(高检发研字〔2000〕6号,2000年2月21日发布)

△(**骨龄鉴定;确定刑事责任年龄;证据**)犯罪嫌疑人不讲真实姓名、住址,年龄不明的,可以委托进行骨龄鉴定或其他科学鉴定,经审查,鉴定结论能够准确确定犯罪嫌疑人实施犯罪行为时的年龄的,可以作为判断犯罪嫌疑人年龄的证据使用。如果鉴定结论不能准确确定犯罪嫌疑人实施犯罪行为时的年龄,而且鉴定结论又表明犯罪嫌疑人年龄在刑法规定的应负刑事责任年龄上下的,应当依法慎重处理。

《最高人民检察院关于相对刑事责任年龄的人承担刑事责任范围有关问题的答复》(〔2003〕高检研发第13号,2003年4月18日发布)

△(**相对刑事责任年龄;罪名;绑架后杀害被绑架人;绑架罪**)相对刑事责任年龄的人实施了刑法第十七条第二款规定的行为,应当追究刑事责任的,其罪名应当根据所触犯的刑法分则具体条文认定。对于绑架后杀害被绑架人的,其罪名应认定为绑架罪。(§ 1)

△(**相对刑事责任年龄;转化型抢劫;抢劫罪;情节显著轻微,危害不大**)相对刑事责任年龄的人实施了刑法第二百六十九条规定的行为的,应当依照刑法第二百六十三条的规定,以抢劫罪追究刑事责任。但对情节显著轻微,危害不大的,可根据刑法第十三条的规定,不予追究刑事责任。(§ 2)

《最高人民法院对甘肃省高级人民法院〔2003〕甘行终字第98号请示的答复》(〔2004〕行他字第10号,2004年7月15日发布)

△(**收容教养;完全无刑事责任年龄**)《刑法》第十七条第四款关于"因不满十六周岁不予刑事处罚的……;在必要的时候,可以由政府收容教养"的规定,适用于因不满十四周岁不予刑事处罚的情形。

《最高人民法院关于贯彻宽严相济刑事政策的若干意见》(法发〔2010〕9号,2010年2月8日发布)

△(**未成年人犯罪;教育为主、惩罚为辅;教育、感化、挽救;缓刑或者非监禁刑;从轻或者减轻处罚;无期徒刑**)对于未成年人犯罪,在具体考虑其实施犯罪的动机和目的、犯罪性质、情节和社会危害程度的同时,还要充分考虑其是否属于初犯,归案后是否悔罪,以及个人成长经历和一贯表现等因素,坚持"教育为主、惩罚为辅"的原则和"教育、感化、挽救"的方针进行处理。对于偶尔盗窃、抢夺、诈骗,数额刚达到较大的标准,案发后能如实交代并积极退赃的,可以认定为情节显著轻微,不作为犯罪处理。对于罪行较轻的,可以依法适当多适用缓刑或者判处管制、单处罚金等非监禁刑;依法可免予刑事处罚的,应当免予刑事处罚。对于犯罪情节严重的未成年人,也应当依照刑法第十七条第三款的规定予以从轻或者减轻处罚。对于已满十四周岁不满十六周岁的未成年犯罪人,一般不判处无期徒刑。(§ 20)

《人民检察院办理未成年人刑事案件的规定》(高检发研字〔2013〕7号,2013年12月27日发布)

△(**未成年人刑事案件;教育为主、惩罚为辅;特殊保护**)人民检察院办理未成年人刑事案件,实行教育、感化、挽救的方针,坚持教育为主、惩罚为辅和特殊保护的原则。在严格遵守法律规定的前提下,按照最有利于未成年人和适合未成年人身心特点的方式进行,充分保障未成年人合法权益。(§ 2)

△(**未成年人;不需要判处刑罚或者免除刑**

罚;法定不起诉事由)对于犯罪情节轻微,具有下列情形之一,依照刑法规定不需要判处刑罚或者免除刑罚的未成年犯罪嫌疑人,一般应当依法作出不起诉决定:

(一)被胁迫参与犯罪的;

(二)犯罪预备、中止、未遂的;

(三)在共同犯罪中起次要或者辅助作用的;

(四)系又聋又哑的人或者盲人的;

(五)因防卫过当或者紧急避险过当构成犯罪的;

(六)有自首或者立功表现的;

(七)其他依照刑法规定不需要判处刑罚或者免除刑罚的情形。(§ 26)

△(**未成年人;达成民事赔偿协议;不起诉决定**)对于未成年人实施的轻伤害案件、初次犯罪、过失犯罪、犯罪未遂的案件以及被诱骗或者被教唆实施的犯罪案件等,情节轻微,犯罪嫌疑人确有悔罪表现,当事人双方自愿就民事赔偿达成协议并切实履行或者经被害人同意并提供有效担保,符合刑法第三十七条规定的,人民检察院可以依照刑事诉讼法第一百七十三条①第二款的规定作出不起诉决定,并可以根据案件的不同情况,予以训诫或者责令具结悔过、赔礼道歉、赔偿损失,或者由主管部门予以行政处罚。(§ 27)

△(**未成年人;附条件不起诉决定**)对于犯罪时已满十四周岁不满十八周岁的未成年人,同时符合下列条件的,人民检察院可以作出附条件不起诉决定:

(一)涉嫌刑法分则第四章、第五章、第六章规定的犯罪;

(二)根据具体犯罪事实、情节,可能被判处一年有期徒刑以下刑罚;

(三)犯罪事实清楚,证据确实、充分,符合起诉条件;

(四)具有悔罪表现。(§ 29)

△(**附条件不起诉;考验期**)人民检察院决定附条件不起诉的,应当确定考验期。考验期为六个月以上一年以下,从人民检察院作出附条件不起诉的决定之日起计算。考验期不计入案件审查起诉期限。

考验期的长短应当与未成年犯罪嫌疑人所犯罪行的轻重、主观恶性的大小和人身危险性的大小、一贯表现及帮教条件等相适应,根据未成年犯罪嫌疑人在考验期的表现,可以在法定期限范围内适当缩短或者延长。(§ 40)

△(**未成年人;附条件不起诉;遵守规定**)被附条件不起诉的未成年犯罪嫌疑人,应当遵守下列规定:

(一)遵守法律法规,服从监督;

(二)按照考察机关的规定报告自己的活动情况;

(三)离开所居住的市、县或者迁居,应当报经考察机关批准;

(四)按照考察机关的要求接受矫治和教育。(§ 41)

△(**未成年人;附条件不起诉;矫治和教育**)人民检察院可以要求被附条件不起诉的未成年犯罪嫌疑人接受下列矫治和教育:

(一)完成戒瘾治疗、心理辅导或者其他适当的处遇措施;

(二)向社区或者公益团体提供公益劳动;

(三)不得进入特定场所,与特定的人员会见或者通信,从事特定的活动;

(四)向被害人赔偿损失、赔礼道歉等;

(五)接受相关教育;

(六)遵守其他保护被害人安全以及预防再犯的禁止性规定。(§ 42)

△(**考验期届满;附条件不起诉考察意见书;审查起诉期限之计算**)考验期届满,办案人员应当制作附条件不起诉考察意见书,提出起诉或者不起诉的意见,经部门负责人审核,报请检察长决定。

人民检察院应当在审查起诉期限内作出起诉或者不起诉的决定。

作出附条件不起诉决定的案件,审查起诉期限自人民检察院作出附条件不起诉决定之日起中止计算,自考验期限届满之日起或者人民检察院作出撤销附条件不起诉决定之日起恢复计算。(§ 45)

△(**撤销附条件不起诉的决定;提起公诉**)被附条件不起诉的未成年犯罪嫌疑人,在考验期内有下列情形之一的,人民检察院应当撤销附条件不起诉的决定,提起公诉:

(一)实施新的犯罪的;

(二)发现决定附条件不起诉以前还有其他犯罪需要追诉的;

(三)违反治安管理规定,造成严重后果,或者多次违反治安管理规定的;

(四)违反考察机关有关附条件不起诉的监督管理规定,造成严重后果,或者多次违反考察机关有关附条件不起诉的监督管理规定的。

① 2018年修正后的《中华人民共和国刑事诉讼法》第一百七十七条。

(§ 46)

△(**未成年人刑事案件;未成年人**)本规定所称未成年人刑事案件,是指犯罪嫌疑人、被告人实施涉嫌犯罪行为时已满十四周岁、未满十八周岁的刑事案件,但在有关未成年人诉讼权利和体现对未成年人程序上特殊保护的条文中所称的未成年人,是指在诉讼过程中未满十八周岁的人。犯罪嫌疑人实施涉嫌犯罪行为时未满十八周岁,在诉讼过程中已满十八周岁的,人民检察院可以根据案件的具体情况适用本规定。(§ 79)

△(**实施犯罪行为的年龄**)实施犯罪行为的年龄,一律按公历的年、月、日计算。从周岁生日的第二天起,为已满××周岁。(§ 80)

【参考案例】

△**已满十四周岁不满十六周岁的人绑架并杀害被绑架人的,不构成绑架罪,应以故意杀人罪论处。**

犯罪行为是刑事立法规范的对象,罪名是对犯罪行为本质特征的概括,刑法确定了已满十四周岁不满十六周岁的人应负刑事责任范围的统一标准,但只是犯罪行为本身,而不是具体罪名。《刑法》第十七条第二款中规定的"故意杀人"是泛指的一种犯罪行为,并非特指第二百三十二条故意杀人罪这一具体罪名。《刑法》第二百三十九条规定的绑架并杀害被绑架人行为,实质上是对绑架和故意杀人两个犯罪行为的结合规定,若存在构成犯罪的绑架行为,则对杀害被绑架人的行为定绑架罪,不另行定罪。根据《刑法》第十七条第二款的规定,已满十四周岁不满十六周岁的人虽不对绑架行为负刑事责任,但应对杀害被绑架人的行为负刑事责任。对此年龄段的人以勒索财物为目的的绑架并杀害被绑架人的,应以故意杀人罪追究刑事责任。

胡明散等故意杀人案中,四被告人共谋绑架且主观上均有杀害被绑架人的故意,客观上采取诱骗被害人上车至事前选择的案发现场、共同实施对被害人捆绑、刀刺、石砸、掩埋等手段致被害人死亡,其行为完全符合故意杀人罪的构成要件,对四被告人均应以故意杀人罪追究刑事责任,但应根据各自在共同犯罪中的地位和作用予以处罚。虽然四被告人均为未成年人,但被害人也未成年,基于对未成年人的双重保护的角度出发,一审判决定罪量刑适当,二审应予以维持。[No. 4-232-18 胡时散等故意杀人案]

△**罪行极其严重的未成年被告人如无其他法定从重情节的,一般不应判处无期徒刑。**

一般而言,对罪行极其严重的未成年被告人,除另有法定或酌定从重情节外,不判处无期徒刑是较为适宜的。不过,对于罪行极其严重的未成年犯罪人也并不是一律不能判处无期徒刑。对于那些罪行极其严重,同时又具有一个或多个法定从重处罚情节的未成年犯罪人,法官仍可以根据案件的具体情况,酌情决定是否适用无期徒刑的刑罚。① 就本案而言,被告人索朗扎西、尼玛扎西在共同犯罪中虽起主要作用,且对造成被害人死亡负有共同责任,但与本案第一主犯相比,仍有适用从轻处罚的余地,故二审法院以抢劫罪分别改判被告人索朗扎西、尼玛扎西有期徒刑十五年是适宜的。至于本案第一主犯即故意杀人的实行犯,二审法院考虑到本案毕竟具有多个从重情节,故维持对其的无期徒刑判决也还是可以的。[No. 5-263-32 扎西达娃等抢劫案]

第十七条之一 【刑事责任年龄:老年人犯罪】

已满七十五周岁的人故意犯罪的,可以从轻或者减轻处罚;过失犯罪的,应当从轻或者减轻处罚。

【立法沿革】

《**中华人民共和国刑法修正案(八)**》(自2011年5月1日起施行)

一、在刑法第十七条后增加一条,作为第十七条之一:

"已满七十五周岁的人故意犯罪的,可以从轻或者减轻处罚;过失犯罪的,应当从轻或者减轻处罚。"

【立法理由】

(一)立法相关背景

刑法规定对于特定犯罪主体在处理上适当从

① 相同的学说见解,参见陈兴良主编:《刑法总论精释》(第3版),人民法院出版社2016年版,第394页。

宽,这是各国刑法中的常见制度。如我国1979年刑法和1997年刑法均对未成年人犯罪从宽处理作了规定。1997年《刑法》第十七条规定,对于未成年人犯罪,应当从轻或者减轻处罚。但是,**对于老年人犯罪虽然在司法实践中一般也是适当从宽处理的,刑法中却没有作出直接规定**。长期以来,不少意见提出,对老年人犯罪适当予以从宽处理,符合我国矜老恤幼的司法传统,司法实践中量刑时也是作为酌定情节掌握的,建议对这一传统和实践做法在刑法中作出明确规定。应当说这些意见是有道理的。尊老爱幼是中华民族的传统美德,体现在法律制度上,我国早在西周时期的法律就有关于对老年人犯罪从宽处罚的规定,历经汉、唐、明、清各朝代到民国时期形成了比较完备的制度。随着社会的文明进步,在法律中针对老年人的司法活动作出相应的规定,也是现今许多国家的做法。一些国家和地区在刑法或刑事诉讼法中都对老年人犯罪作了从宽处罚的规定。在司法体制和工作机制改革中,也有积极探索有关老年人犯罪的司法制度,建立对老年人犯罪适当从宽处理的法律机制,明确适用的条件、范围和程序方面的要求。

在就此问题进行研究过程中,司法机关和专家学者以及其他有关方面认为,**增加对老年人犯罪从宽处理的规定,是有认知科学、犯罪学、刑事政策的理论和实践依据的**:一是刑事责任能力是以辨认和控制自己行为的能力为基础的,人到了老年阶段,不仅体能会有自然的衰减,认知能力也会有所下降,行事的方式会有一定的变化,社会适应能力会相对下降,与之相应,刑事责任能力客观上也应当有一个相对降低的过程。因此,老年人对其犯罪行为的刑事责任承担理应与青壮年人有所不同。二是从现代刑罚的目的角度来看,老年犯罪人,除确属难以改造的累犯和惯犯外,一般情况下主观恶性和可能造成的社会危害相对较小,对其处以相对较轻的刑罚,能够做到罪责刑相适应。同时,对老年人适用过重的刑罚,可能会给社会公众造成刑罚严苛的感觉,未必有利于取得其理解和支持,刑罚的一般预防效果也并不理想。三是一般情况下老年人再次实施犯罪的可能性相对较低,人身危险性相对较小。四是按照区别对待和刑罚个别化的要求,也有必要对老年人犯罪从宽处罚,这也是宽严相济刑事政策的应有之义。

在立法机关就《刑法修正案(八)(草案)》广泛征求人大代表、司法部门、社会公众和专家学者意见过程中,各方面对于增加老年人犯罪从宽处理的方案总体赞成,认为对老年人犯罪适当从宽处理,不会影响到社会治安秩序,也有利于体现宽严相济的刑事政策。最终,立法机关在深入调研论证的基础上,通过**《刑法修正案(八)》**,在刑法中增加了有关老年人犯罪从宽处罚的规定。《刑法修正案(八)》有关老年人犯罪从宽处理的规定,除了本条,还有严格死刑适用条件以及放宽缓刑适用条件等规定。

(二)立法时争议的主要问题

对老年人犯罪从宽处理如何规定为好,在立法过程中主要有以下两个焦点问题:一是**予以从宽处罚的老年人的年龄界限问题**。有的委员和专家建议确定为六十岁以上的老年人,也有的建议确定为七十岁、八十岁以上的老年人。经综合各方面意见,并充分考虑老年人的身心特点,我国经济社会发展的实际情况,以及社会公众的接受程度,立法机关通过《刑法修正案(八)》,在刑法中明确规定对七十五周岁以上老年人犯罪的从宽处罚。二是**对老年人犯罪从宽处罚的尺度问题**,即对老年人犯罪一律从宽处罚,还是要有所区别,留有余地。有的意见提出,对老年人犯罪一律从宽不会影响社会的治安秩序。有的委员提出,老年人虽然身体衰弱了,但社会阅历多、生活经验丰富,更应遵纪守法,一律从宽不妥。经对各方意见综合研究,在刑法中对老年人犯罪从宽处罚作了区别规定:故意犯罪的,可以从轻或者减轻处罚;过失犯罪的,应当从轻或者减轻处罚。这样规定,体现了**罪责刑相适应原则**,有利于维护社会治安秩序。对于老年人故意犯罪,考虑到主观恶性较大,从宽的尺度较严,规定"可以"从宽,以留有余地,便于司法机关对一些情节恶劣的案件,根据具体情况不予从宽。对于过失犯罪,则考虑到主观恶性较小,且老年人由于身体机能衰减的原因,预见危害后果和避免危害后果发生的能力也相应减弱,遂规定了较宽的尺度,即应当从宽。

【条文说明】

本条是关于**老年人犯罪从轻或者减轻处罚的规定**。

根据本条规定,对于已满七十五周岁的人故意犯罪的,可以从轻或者减轻处罚;过失犯罪的,应当从轻或者减轻处罚。这里规定的**"故意犯罪"**,根据《刑法》第十四条第一款的规定,是指"明知自己的行为会发生危害社会的结果,并且希望或者放任这种结果发生,因而构成犯罪的"情况。**"可以从轻或者减轻处罚"**,是指要根据老年人犯罪的具体情况,决定是否从轻或者减轻处罚,而不是必须从轻或者减轻处罚。**"过失犯罪"**,根据《刑法》第十五条第一款的规定,是指"应当预见自己的行为可能发生危害社会的结果,因为疏忽大意而没有预见,或者已经预见而轻信能够避免,以致发生这种结果的”情况。“**应当从轻或者减轻处罚**”,是指对于老年人过失犯罪的,必须予以从轻或者减轻处罚。

在实际适用中,司法机关应当注意的是:刑法修改将老年人犯罪从宽处理,由实践中的**酌定量刑情节**在法律中加以明确规定,从而成为**法定量刑情节**。因此,在办理老年人犯罪案件时,应当重视这一量刑情节的适用,体现刑法对老年人从宽处理的精神。同时,刑法对老年人犯罪从宽处理的规定,区分了故意犯罪和过失犯罪,对于故意犯罪的,不是一律从轻或者减轻处罚,而是**应当根据案件的具体情况决定**,当宽则宽,当严则严。

第十八条　【特殊人员的刑事责任能力】

精神病人在不能辨认或者不能控制自己行为的时候造成危害结果，经法定程序鉴定确认的，不负刑事责任，但是应当责令他的家属或者监护人严加看管和医疗；在必要的时候，由政府强制医疗。

间歇性的精神病人在精神正常的时候犯罪，应当负刑事责任。

尚未完全丧失辨认或者控制自己行为能力的精神病人犯罪的，应当负刑事责任，但是可以从轻或者减轻处罚。

醉酒的人犯罪，应当负刑事责任。

【立法理由】

(一)立法相关背景及修改情况

1979年《刑法》第十五条规定:“精神病人在不能辨认或者不能控制自己行为的时候造成危害结果的,不负刑事责任;但是应当责令他的家属或者监护人严加看管和医疗。间歇性的精神病人在精神正常的时候犯罪,应当负刑事责任。醉酒的人犯罪,应当负刑事责任。”刑事责任是犯罪行为人因自己所实施的犯罪行为而应当承担的法律后果。承担刑事责任的前提之一,是行为人具有相应的刑事责任能力。所谓刑事责任能力,是指一个人能够理解自己行为的性质、后果,并且能够控制自己行为的能力。一般来说,影响刑事责任能力的核心因素是心智水平。未成年人因为心智发育尚未完成,因而不具备或者不完全具备刑事责任能力;成年人也可能因为精神疾患等原因,心智水平未发育到正常程度,或者丧失全部或者部分心智能力,因而不具备或者不完全具备刑事责任能力。犯罪是人的意志可以控制的行为,追究犯罪人刑事责任,判处其刑罚,目的是通过刑罚对犯罪人予以应有的惩戒,并防止其再犯罪。如果行为人缺乏正确理解自己行为的性质、后果,或者缺乏控制自己行为的能力,对其进行刑罚处罚既不能起到预防再犯罪的作用,也缺乏刑罚的正当性,而只能是一种非理性的、简单报复性的结果责任。因此,现代刑法均以过错为罪责的基础,摒弃了结果责任。我国刑法也不例外。这也是罪责刑相适应和主客观相统一的必然要求。

1997年修订刑法时对本条作了以下修改:一是增加了“精神病人在不能辨认或者不能控制自己行为的时候造成危害结果”的,必须“经法定程序鉴定确认的”,才不负刑事责任的规定,以减少执行中的随意性,平息各方面的争议;二是增加了“在必要的时候,由政府强制医疗”的规定,以利于维护正常的社会秩序,防止精神病人继续实施危害社会的行为;三是增加了“尚未完全丧失辨认或者控制自己行为能力的精神病人犯罪的”,如何负刑事责任的规定。

(二)立法时争议的主要问题

在本条规定制定和修改过程中,主要有以下几个争议问题:

1. 关于是否需要进一步明确精神病人的范围。在本条规定制定和修改过程中,对这一问题都有过讨论。1979年刑法制定过程中,有意见提出,患痴呆症、夜游症、发高烧神志不清以及病理性醉酒的人,在不能辨认或者不能控制自己行为的时候造成危害结果的,也理应不负刑事责任,建议增加“或者其他病态的人”。多数意见认为,精神病种类繁多,包括慢性精神病,如精神分裂症、渐进性麻痹症、癫痫症等,对刑法上的精神病可以作广义的理解,不必增加过多的具体病名。立法机关最后采纳了多数意见。在1997年修订刑法的过程中,对于本条的规定,有意见提出,“精神病”的规定过于概括,不便于司法实践操作,对病理性醉酒人、痴呆症等,应当明确适用本条关于精神病人的规定。但也有不同意见认为,在实践中,精神病人的范围、类别、轻重程度及其责任能力的关系比较复杂,在立法上很难用简要分类列举的方式表述清楚,医学上对精神疾病的范围、分类可能会随着医疗技术的发展不断修改补充,但法律规定应当保持稳定性,采用广义的"精神病人"的概念更能适应实践中复杂情况的需要。**立法机关最终没有修改本条的这部分内容**。

2. **关于限制刑事责任能力的精神障碍者如何承担刑事责任**。对这一问题,在1997年修订刑法过程中曾有过争议。一种意见认为,因精神障碍,辨认或者控制能力明显减弱的,对其处罚理应轻于正常人,因此,建议规定应当从轻或者减轻处罚。另一种意见认为,未完全丧失辨认或者控制自己行为能力的精神障碍者情况十分复杂,障碍程度重者与无责任能力接近,障碍程度轻者又可能无异于精神正常的人,立法规定应当灵活一些,处理这类案件,除考虑精神障碍程度外,还需结合整个案件情节综合判断。最终通过的条文规定"**可以从轻或者减轻处罚**",以给司法留下足够的裁量空间。

3. **关于第四款醉酒者的刑事责任是否应该单独规定一条**。在1997年修订刑法过程中,有意见提出,醉酒不属于精神病,不应该与精神病人的刑事责任规定在一起,建议将第四款的内容从本条分出去,单独规定一条。应当说,对醉酒的人的刑事责任能力单独作出规定也是可行的。但是,考虑到本条第一款、第二款关于精神病人、间歇性的精神病人刑事责任能力的规定,都涉及相关人员是否不具备或者不完全具备辨认、控制自己行为的能力,而实践中和理论界关于醉酒的人是否应当负刑事责任的讨论,也多是围绕醉酒的人辨认或者控制自己行为的能力是否减弱或者丧失展开的。从国外的研究经验看,对醉酒的人是否减轻刑事责任,是一个争议很大的问题,不仅涉及行为人辨认和控制自己行为的能力,还有诸多其他因素的考量。我国刑法明确醉酒的人应当负刑事责任,也是有着相关考虑的。因此,将有关醉酒的人如何负刑事责任规定在本条中作为一款,而不是单独规定一条,有其立法上的特别考虑和合理性。同时,1979年刑法也是如此规定的,实践中也没有出现什么问题。最终,**立法机关没有采纳独立规定一条的意见**。

【条文说明】

本条是关于精神病人、醉酒的人的刑事责任能力的规定。

本条共分为四款。

第一款是关于**精神病人在什么情况下造成危害结果不负刑事责任,以及对不负刑事责任的精神病人如何处理的规定**。本款包含三层意思:一是精神病人造成危害结果,**不负刑事责任**。但必须经法定程序鉴定确认其危害结果是在行为人不能辨认或者不能控制自己行为的时候发生的,才能依法确定行为人无刑事责任能力。[①] 二是对不负刑事责任的精神病人,**应当责令其家属或者监护人严加看管和医疗,而不能放任不管**。三是在必要的时候,**可由政府强制医疗**。这是在总结实践经验的基础上增加的规定。这一规定不仅有利于维护社会治安秩序,也为实践中对家属或者监护人无能力看管或医疗的精神病人进行强制医疗提供了法律依据。本款规定的"法定程序",是指对精神病人进行鉴定必须符合《刑事诉讼法》《全国人民代表大会常务委员会关于司法鉴定管理问题的决定》等有关法律规定的程序。"**必要的时候**",主要是指精神病人无家属或监护人看管,其家属或监护人无能力看管和医疗,或者家属或监护人的看管不足以防止其继续危害社会的时候。《刑事诉讼法》第五编第五章专门对"依法不负刑事责任的精神病人的**强制医疗程序**"作了规定。该法第三百零二条规定,实施暴力行为,危害公共安全或者严重危害公民人身安全,经法定程序鉴定依法不负刑事责任的精神病人,有继续危害社会可能的,可以予以强制医疗。对不负刑事责任的精神病人的强制医疗应当严格按照刑事诉讼法的规定执行。

第二款是关于**间歇性的精神病人犯罪如何负刑事责任的规定**。根据本款规定,间歇性的精神病人在精神正常的时候犯罪,应当负刑事责任。"**间歇性的精神病人**",是指精神并非经常处于错乱而完全丧失辨认或者控制自己行为的能力的精

① 我国学者指出,认定精神障碍人无刑事责任能力,需同时具备两个标准:其一,生物学标准(也叫医学标准),即从医学上看,行为人是基于精神病理的作用而实施特定危害社会行为的精神病人;其二,心理学标准(也叫法学标准),即从心理学、医学的角度看,患有精神病的行为人的危害行为,不但是由精神病理机制直接引起的,而且由于精神病理的作用,使其行为丧失了辨认或者控制自己触犯刑法行为的能力。参见陈兴良主编:《刑法总论精释》(第3版),人民法院出版社2016年版,第398页;周光权:《刑法总论》(第4版),中国人民大学出版社2021年版,第244页。

神病人。[①] 这种精神病人表现出的特点是精神时而正常，时而不正常。在其精神正常的情况下，具有辨认或者控制自己行为的能力，因此这时候犯罪，应当负刑事责任。间歇性的精神病人造成危害结果，是否处于精神正常的状态，即确认行为人造成危害结果时有无辨认或者控制自己行为的能力，也适用第一款的规定，**须经法定程序鉴定确认**。

第三款是关于**具有限制刑事责任能力的精神病人如何负刑事责任的规定**。根据本款规定，尚未完全丧失辨认或者控制自己行为能力的精神病人造成危害结果的，应当负刑事责任，但是可以从轻或者减轻处罚。本款规定的“**尚未完全丧失辨认或者控制自己行为能力的精神病人**”，主要是指病情尚未达到完全不能辨认或者不能控制自己行为的程度，还有部分辨别是非善恶和控制自己行为能力的精神病人。由于这些精神病人尚未完全丧失辨认或者控制自己行为的能力，即还有部分行为能力和责任能力，因此**应当负刑事责任**。这些人辨认或者控制自己行为的能力虽未完全丧失，但确实有所减弱，属于限制刑事责任能力人，因此，在规定应当负刑事责任的同时，规定了“**可以从轻或者减轻处罚**”。具体是从轻处罚，还是减轻处罚，或者不予从轻、减轻处罚，需要结合案件的具体情况，根据行为人辨认或者控制自己行为的能力减弱的程度确定。

第四款是关于**醉酒的人犯罪应当负刑事责任的规定**。关于醉酒的人的刑事责任能力，情况比较复杂。因为体质的差异，醉酒的程度以及醉酒对行为人辨认或者控制自己行为的能力的影响，具有很大的个体差异。对于醉酒的人是否具备完全的辨认和控制自己行为的能力，存在很大的认识分歧。如很多意见认为，醉酒的人一般情况下并没有丧失辨认和控制自己行为的能力，即便是在严重醉酒状态下，认识能力并不会受到重大影响，可能控制自己行为的能力会较平时正常状态下有所减弱，但未必达到减轻其刑事责任的程度。特别是，醉酒本身是一种不良的行为，即便行为人的认识能力、控制能力有所减弱，也完全是人为的，是行为人醉酒前应当预见的。这种情况下减轻其责任，对于被犯罪行为侵害的受害人不公平。另外，因为其先前自我选择了完全可以避免的不良行为，而要求其对该行为之后发生的危害后果承担责任，法律上完全具备正当根据。同时，对醉酒的人减轻刑事责任，难以防止一些人故意借“耍酒疯”进行犯罪活动，也不利于抵制和反对酗酒的不良行为。基于以上考虑，立法机关在本款中规定：“**醉酒的人犯罪，应当负刑事责任。**”[②]

【公报案例】

△(**因吸毒后产生神志异常**)行为人因吸毒后产生神志异常而实施危害社会的行为，构成犯罪的，依法应当承担刑事责任。[《最高人民法院公报》2007年第7期　彭崧故意杀人案]

【参考案例】

△因吸毒使本人陷入无刑事责任能力状态而犯罪的，不能减轻刑事责任。

由于被告人彭柏松在审查起诉阶段及庭审中均辩称实施持刀捅人的行为系吸食冰毒后产生幻觉所致，而2007年11月13日上海市精神卫生中心出具的《司法鉴定意见书》是以彭柏松在侦查阶段的供述为基础的。为进一步确定彭柏松是否具有刑事责任能力，合议庭成员经询问公诉人，得知公诉人专程赴上海市精神卫生中心进行了咨询，副主任医师王士诘、医师杨晓明作了如下答复：(1)鉴定结论是以当时的鉴定情况为基础的，《司法鉴定意见书》中已经明确“言谈中未见幻觉妄想等精神病性症状”，目前彭柏松的辩解更加说明其具有自我保护能力。(2)吸食海洛因后再吸食冰毒产生幻觉的可能性的确很高，幻觉存在时间因人而异，可能超过三个月(彭柏松在侦查阶段的三个月内，所作的6次有罪供述基本一致)，并且幻觉只能在吸毒后才会产生，毒瘾发作不会产生幻觉。彭柏松因吸食海洛因强制戒毒六个月，此次作案后尿检吗啡类阴性、甲基苯丙胺阳性，说明其确实吸食过冰毒，结合彭柏松在作案前的一些反常现象，其辩解产生

---

① 间歇性精神病，包括精神分裂症、躁狂症、抑郁症、癫痫性精神病、周期精神病、分裂情感性精神病等。参见陈兴良主编：《刑法总论精释》(第3版)，人民法院出版社2016年版，第400页；黎宏：《刑法学总论》(第2版)，法律出版社2016年版，第176页。

② 醉酒主要分为生理性醉酒和病理性醉酒两种情形。由于病理性醉酒一般属于精神病的范畴，因此，《刑法》第十八条第四款通常只限于生理醉酒者的责任能力及其实施危害行为的刑事责任问题。参见陈兴良主编：《刑法总论精释》(第3版)，人民法院出版社2016年版，第407页；黎宏：《刑法学总论》(第2版)，法律出版社2016年版，第177—178页；周光权：《刑法总论》(第4版)，中国人民大学出版社2021年版，第246页。

幻觉存在一定的可能性。但是,即便是产生幻觉,由于吸毒系自陷行为,如同醉酒一样,仍然具有刑事责任能力。因此,吸毒自陷行为不能减轻刑事责任。[No. 4-232-15 彭柏松故意杀人案]

△对犯罪时属于限制刑事责任能力的精神病人,一般不宜适用死刑。

从表象上看,尽管这些人实施的杀人、重伤害、强奸等严重犯罪行为,客观危害性较大,但对其行为起支配作用的,实际上是受紊乱的精神活动制约而有所缺损的意识力和意志力。所以,相对精神正常的人来说,限制刑事责任能力的精神病人的主观恶性较小。故法律规定对限制刑事责任能力的人一般要从轻或减轻处罚。从刑种适用的角度看,司法实践中,对限制刑事责任能力的精神病犯罪人一般不宜适用死刑,尤其是死刑立即执行,这也是刑法人道主义的基本体现。张怡懿等故意杀人案诉讼过程中,一审法院依照《刑事诉讼法》的相关规定,委托上海市精神疾病司法鉴定专家委员会作复核鉴定,结论为张怡懿(轻度)精神发育迟滞,作案行为虽有现实动机,但受智能低下的影响,对作案行为的实质辨认能力不全,应评定为部分(限制)刑事责任能力,被告人张怡懿为摆脱其母亲对其的约束,残忍地杀害了其生母,后果极其严重,但考虑其为限制刑事责任能力人,故对其依法从轻处罚判处无期徒刑是适当的。[No. 4-232-56 张怡懿等故意杀人案]

△对于实施犯罪时属于限制刑事责任能力的精神病人,一般情况下应当予以从轻或减轻处罚。

《刑法》第十八条第三款规定:"尚未完全丧失辨认或者控制自己行为能力的精神病人犯罪的,应当负刑事责任,但是可以从轻或者减轻处罚。"该款是对那些属于限制刑事责任能力的精神病人应当如何处罚的规定。所谓尚未完全丧失辨认或者控制自己行为能力,是指精神病人在实施危害社会的行为时,由于精神障碍,致使其辨认能力减弱,控制能力下降。这种精神病人一般包括以下两类:一是处于早期或部分缓解期的精神病人;二是某些非精神病性精神障碍人。这类精神病人在实施危害社会的行为时,一方面,具有一定的辨认或者控制自己行为的能力,因此应当承担刑事责任;另一方面,其辨认能力或者控制能力又因精神疾病而受到明显削弱,所以在追究刑事责任时可以从轻或减轻处罚。值得注意的是,虽然该款规定的是可以而不是应当从轻或者减轻,但应当理解为在一般情况下都应该予以从轻或者减轻处罚。

被告人阿古敦在潜入邻居家行窃时看到被害人冯延红去而复返,见冯延红在邻居家打电话而误认为其已认出自己,意欲杀人灭口,持刀将冯延红杀害。阿古敦故意杀人的犯罪情节恶劣,后果严重,应予依法惩处。但最高人民法院在复核中发现阿古敦有精神病家族史,遂委托内蒙古自治区精神疾病司法鉴定委员会对阿古敦犯罪时的精神状态进行鉴定。经鉴定,阿古敦犯罪时患有分裂型人格障碍,属限制责任能力人。据此,最高人民法院认为,阿古敦犯罪时具有辨认和控制能力,应当对其所犯罪行承担刑事责任。但鉴于其犯罪时因精神障碍导致辨认能力、控制能力削弱,属于限制刑事责任能力人,根据其犯罪的事实、情节和后果,结合其精神障碍的类别和辨认、控制行为能力的程度,依照《刑法》第十八条第三款的规定,对其可予从轻处罚。遂判决撤销一、二审判决中对被告人阿古敦的量刑部分,以故意杀人罪判处被告人阿古敦无期徒刑,剥夺政治权利终身。[No. 4-232-65 阿古敦故意杀人案]

△因吸毒长期处于精神障碍状态,病情缓解期间再次吸毒陷入精神障碍状态驾驶机动车的,应当认定为限制责任能力。

目前,供临床、科研和鉴定使用的诊断标准《中国精神障碍分类与诊断标准》(第3版)将精神障碍(精神病)分为十大类,其中,第二类是精神活性物质或者非成瘾物质所致的精神障碍。常见的精神活性物质有酒精、鸦片类、大麻类、催眠药、抗焦虑药、兴奋剂、致幻剂和烟草等。反复使用精神活性物质,会引起以精神病性症状为主的精神障碍,如幻觉、妄想、严重的情感障碍,或者明显精神运动性兴奋或者抑制。从医学角度看,上述精神活性物质所致的精神障碍均属于精神病,但在司法精神病鉴定实践中,基于社会利益原则,将之作为特殊精神障碍者区别对待,适用不同的认定标准。因《刑法》第十八条第四款明确规定,醉酒的人犯罪,应当负刑事责任,故实践中认定醉酒者刑事责任能力的标准比较统一。按照酒中毒种类,对普通(急性)醉酒者评定为完全刑事责任能力,对复杂性醉酒者、病理性醉酒者区分情形认定为限制刑事责任能力或者无刑事责任能力。但对于毒品所致精神障碍者的责任认定问题,因刑法未作特别规定,加之理论界对此存在较大争议,实践中评定意见并不统一,同一案件在不同的鉴定机构可能被评定为完全、限制及无责任能力三种等级。

2011年3月17日司法部公布的《精神障碍者刑事责任能力评定指南》(SF/Z JD0104002-2011)规定,对毒品所致精神障碍者,非自愿摄入者按照一般精神障碍者评定其刑事责任能力；对自愿摄入者，暂不宜评定其刑事责任能力，可进行医学诊断并说明其案发时精神状态。笔者认为，在评定毒品所致精神障碍者的刑事责任能力时，应当注意以下两个方面：一是毒品对人体生理和心理的危害性远远大于酒精，因吸毒导致的杀人、抢劫、强奸等恶性犯罪案件屡见不鲜，虽然刑法未明确规定吸毒的人应当负刑事责任，但基于社会利益原则，吸毒的人也应负刑事责任。二是尽管毒品所致精神障碍者属于特殊情形，对吸毒者刑事责任能力的评定也必须坚持医学标准（医学诊断）与法学标准（辨认能力和控制能力）两个要件缺一不可的原则。在这两个评定要件中，医学标准是评定责任能力的基础，不能因为吸毒行为是违法行为，吸毒行为引发的危害后果严重就脱离医学诊断，为求从严惩处而将吸毒者一律评定为完全刑事责任能力。综上，对自愿摄入毒品者进行刑事责任能力评定时，应当以社会利益原则为主要导向，参考相关精神病鉴定意见，在此基础上判断该精神障碍是否影响其实施危害行为时的辨认和控制能力以及影响程度，最终评定其责任能力等级。

叶丹以危险方法危害公共安全案中，相关司法精神病鉴定意见认为，叶丹的表现符合《中国精神障碍分类与诊断标准》（第3版）中"精神活性物质所致精神障碍"的诊断标准，作案时由于存在吸食"麻果"所致幻觉妄想影响，辨认能力受损，但是考虑吸毒属自陷行为，宜从严处理，故评定为完全责任能力。目前其仍处于疾病期，宜积极治疗。笔者认为，上述鉴定意见的结论有待商榷。行为人因饮酒、吸毒等行为使自己一时陷入丧失或者尚未完全丧失责任能力的状态，并在该状态下实施了符合犯罪构成要件特征的行为的，根据刑法规定和原因自由行为理论，应当负刑事责任。然而，这一认定原则并未解决行为人实施自陷行为时已经处于辨认或者控制能力减弱甚至完全丧失情形下刑事责任的认定问题。本案的特殊之处在于被告人叶丹吸毒时恰恰属于此种情形。在案证据显示，叶丹有长达五年的精神病史，经多次强制戒毒和治疗均无效，即便在病情缓解期，辨认和控制能力也较正常人有所削弱，其对毒品的依赖性也高于一般吸毒人员。质言之，其在最后一次吸食毒品之时，其辨认能力和控制能力就异于正常人，即处于限制能力状态。根据原因自由行为理论分析，即使对自陷行为人按照吸食毒品时的责任能力认定其刑事责任能力，叶丹也应被认定为限制责任能力人。［No. 2-114、115(1)-5-14　叶丹以危险方法危害公共安全案］

△对于自陷于精神障碍的行为人，其主观罪过应当根据其自陷于精神障碍时对危害结果的认识与意志状态进行认定。

对行为人实施自陷行为时已经处于辨认或者控制能力减弱甚至完全丧失情形的，既然刑事责任能力应当从自陷行为时的状态进行评定，那么其对自陷后实施的犯罪行为后果所持的意志也应当从自陷行为时的状态进行分析评定，即根据行为人实施原因行为时对危害结果的意识和意志状态进行判断。如果行为人已经认识到一旦自己陷于精神障碍状态，可能会引起危害结果发生的紧迫危险，仍然希望或者放任自己陷于精神障碍状态的，其主观罪过为故意；如果行为人对自己陷入精神障碍状态后引起危害结果发生的危险没有预见，或者虽有预见但轻信可以避免的，那么其主观罪过为过失。当原因行为是吸毒行为时，判断行为人对危害结果是持希望、放任还是反对、否定态度，有必要对行为人是否存在吸毒史进行重点考察。

叶丹以危险方法危害公共安全案中，被告人叶丹多次接受精神病院治疗，其对自己吸食"麻果"后会陷入精神障碍的状态是有充分认识的，对自己在精神障碍状态下行为失控，可能实施放火、持刀乱砍、打人等危害行为亦有一定认识，但因毒瘾难以戒断而多次复吸，而全然不顾可能出现的危害结果。因此，叶丹对其自愿吸食毒品，陷入精神障碍状态下实施的行为应当负故意责任。［No. 2-114、115(1)-5-15　叶丹以危险方法危害公共安全案］

△严重暴力犯罪案件中，被告人患有轻度精神障碍对认识与控制能力影响不大的，可以不从轻处罚。

《刑法》第十八条第三款规定："尚未完全丧失辨认或者控制自己行为能力的精神病人犯罪的，应当负刑事责任，但是可以从轻或者减轻处罚。"笔者认为，对于该条规定应当作如下理解：首先，精神病的种类很多，不可认为所有的精神病人都没有责任能力。虽然患有精神病，但如果尚未完全丧失辨认和控制能力，就表明行为人还具有一定的自由意志，在其行为成立犯罪的情况下，应当承担责任。其次，"尚未完全丧失辨认或者控制自己行为的能力"，表明行为人对自己实施的行为具有一定的辨认和控制能力，只是由于精神病而有所减弱而已。虽然患有精神病，但如果对其实施的行为具有与正常人相同的辨认和控制能力，或者完全不具有辨认控制能力，均不能适用《刑法》第十八条第三款的规定。最后，对责任能力减弱的精神病人犯罪的，只是"可以"从轻或者减轻处罚，而不是"应当"从轻或者减轻处罚。如果所实施的犯罪受到辨认和控制能力减弱的影响,可以根据受到影响程度的大小决定是否从轻或者减轻处罚。精神障碍对行为人行为能力的影响也有大小轻重之分,对于有较大影响的,对行为人应当减轻处罚或者在法定刑幅度内从轻判处刑罚;对于影响较小的,对行为人可以不从轻判处刑罚。刑法并没有规定对限制行为能力人一律从轻处罚,对罪行极其严重且辨认和控制自己行为能力轻微减弱的犯罪人不予从轻处罚,并不违背立法本意。

就杜成军故意杀人案而言,被告人杜成军的精神障碍对其辨认和控制自己行为的能力影响较小。对杜成军这样犯罪动机卑劣,主观恶性和人身危险性极大,犯罪手段特别凶残,犯罪后果特别严重,确属罪行极其严重的重大暴力犯罪分子,依法判处死刑立即执行,充分体现了罪责刑相适应的刑法基本原则,也充分发挥了刑法惩治犯罪、保护人民、维护社会稳定的基本功能。[No. 4-232-95 杜成军故意杀人案]

第十九条 【又聋又哑的人或盲人的刑事责任】

又聋又哑的人或者盲人犯罪,可以从轻、减轻或者免除处罚。

【立法理由】

(一)立法相关背景

又聋又哑的人或者盲人,由于其生理缺陷,在社会生活中,接受教育、了解事物都会受到一定程度的限制和影响,进而辨认事物和控制自己行为的能力通常会较正常人低,对其犯罪如何承担刑事责任有必要作出特殊规定。[①] 这一规定体现了**刑法的人道主义精神**。

(二)立法时争议的主要问题

本条以及前述几条都是关于特殊主体刑事责任的专门规定。对于本条规定的又聋又哑的人以及盲人犯罪,可以从轻、减轻或者免除处罚的规定,立法过程中各方面没有大的不同意见。关于刑事责任能力的其他特殊情况,在1979年刑法制定过程中,还曾经讨论过**缺乏违法性认识的人的刑事责任问题**。对此,在这里一并提出,供研究之用。当时,有意见提出,社会主义法制建设刚刚起步,很多人法律意识淡薄,不了解法律的情况客观存在,对于这些人员犯罪的,有的也应当给予从宽处理,建议在刑法中规定:“对于不知法律而犯罪的,不能免除刑事责任;但是根据情节,可以从轻或者减轻处罚。”但也有反对意见提出,在实际工作中,很难辨别行为人是否确实不知道法律,若规定该内容,容易被一些人借以脱罪,钻法律的空子。实践中在办理具体案件时,如果查明行为人确实不知法律而犯了罪,属于情有可原的情形时,人民法院可以酌情从宽处理。最后,**刑法中没有规定该内容**。

【条文说明】

本条是关于又聋又哑的人或者盲人的刑事责任的规定。

本条包含两层意思:一是**又聋又哑的人或者盲人犯罪,应当负刑事责任**。这是因为又聋又哑的人或者盲人,虽然生理上有视听缺陷,但其智力是正常的,不属于丧失辨认或者控制自己行为能力的情况,不能作为无刑事责任能力人。因此,应当对其造成危害结果的行为负刑事责任。二是**对又聋又哑的人或者盲人犯罪,可以从轻、减轻或者免除处罚**。这是因为,人体感知世界主要靠各种感官,其中听觉、视觉器官对于人类了解客观世界形成认知能力具有不可或缺的重要作用。一般情况下,又聋又哑的人或者盲人由于视听缺陷,特别是在先天缺陷的情况下,在受教育、了解外界世界、参与社会活动、与他人沟通等方面会受到很大限制,进而认知能力或多或少会受到影响。另外,有的造成危害后果的行为,可能与视听缺陷有直接关系,特别是一些过失犯罪的场合。因此,根据又聋又哑的人或者盲人视听缺陷的具体情况,认知能力受到影响的程度,其实施的加害行为与视听缺陷之间的关联程度等,给予又聋又哑的人或者盲人相对从宽的处理,是完全必要的,也是符合罪责刑相适应和主客观相统一的要求的。同时,考虑到实践中案件情况的复杂性,本条将从轻、减轻或者免除处罚规定为“可以”,而不是“应当”。这样,便于司法机关在办理案件时,结合具体案件中行为人所实施犯罪的情节、造成危害结果的严重程度、生理缺陷的具体情况等,准确确定是从轻、减轻还是免除处罚。**“可以”从轻、减轻或者免除处罚**,是指根据行为人的上述具体情况,决定是否从轻、减轻或者免除处罚,不是必须从轻、减轻或者免除处罚。对于手段残忍,情节恶劣,危害

① 相同的学说见解,参见黎宏:《刑法学总论》(第2版),法律出版社2016年版,第179页。

后果严重的，也可以不从轻、减轻或者免除处罚。

对于盲、聋、哑人，我国**刑事诉讼法**也专门作出了特殊的制度安排，以保障其合法权利。具体规定如没有委托辩护人的，有关机关应当通知法律援助机构指派律师为其提供辩护，讯问时应当有通晓聋、哑手势的人参加；认罪认罚的，不需要签署认罪认罚具结书；不适用简易程序和速裁程序；等等。

【参考案例】

△双目矫正视力低于0.05的人，可以认定为刑法所规定的盲人。

苏同强等敲诈勒索案中，吉林市船营区人民政府残疾人联合会的指定医院对被告人苏同强的视力状况进行检查后，确定其两眼矫正视力分别为0.06和0.08，评定为二级低视力残疾人，并发给了残疾人证书。该证书使用的是旧分类标准，所注明的“二级低视力”，根据《中国残疾人实用评定标准》的规定，现在应当归为三级视力残疾，《人体重伤鉴定标准》（现已失效）将其归为低视力二级，但均高于0.05的盲人标准。这证明被告人苏同强在犯罪时的视力状况，按照医学上的标准不属于盲人，自然也不能被认定为《刑法》第十九条所规定的盲人。据苏同强供述，他的视力状况对生活影响很大，但他可以靠近电脑屏幕操作电脑，甚至在电脑上看电影，这也证明他不属于生活意义上完全失去视力的盲人。据此，法院未予认定被告人苏同强系盲人是正确的。［No. 5-274-3　苏同强等敲诈勒索案）

第二十条　【正当防卫】

为了使国家、公共利益、本人或者他人的人身、财产和其他权利免受正在进行的不法侵害，而采取的制止不法侵害的行为，对不法侵害人造成损害的，属于正当防卫，不负刑事责任。

正当防卫明显超过必要限度造成重大损害的，应当负刑事责任，但是应当减轻或者免除处罚。

对正在进行行凶、杀人、抢劫、强奸、绑架以及其他严重危及人身安全的暴力犯罪，采取防卫行为，造成不法侵害人伤亡的，不属于防卫过当，不负刑事责任。

【立法理由】

（一）立法相关背景及修改情况

1979年《刑法》第十七条规定：“为了使公共利益、本人或者他人的人身和其他权利免受正在进行的不法侵害，而采取的正当防卫行为，不负刑事责任。正当防卫超过必要限度造成不应有的危害的，应当负刑事责任；但是应当酌情减轻或者免除处罚。”正当防卫是为保护本人或者他人合法权益不受非法行为侵犯，而针对不法侵害人所采取的自我防卫措施。各国刑法对正当防卫均有规定。正当防卫虽然会造成人身或者财产损害，但它是公民维护自身或者他人人身或者财产权益的正当权利，是一种合法行为，不仅不应当受到刑事追究，还应当予以支持和鼓励。我国1979年刑法为了鼓励公民与犯罪分子作斗争，保护公民的合法权利，对正当防卫不负刑事责任作出了明确规定。

1997年修订刑法时，比较多的意见反映，刑法规定的“正当防卫超过必要限度造成不应有的危害”比较原则，实践中对正当防卫和防卫过当的界限难以把握，执行中随意性较大。比较突出的是，一些司法机关不能够正确认识正当防卫是合法对非法、正义对不正义，是公民合法行使正当权利的行为属性，未能充分考虑普通人在面临不法侵害时往往因为紧张、愤怒、恐惧等情绪的影响，难免在举止、反应等方面与平常状态下有所不同的主客观情况。反映在案件办理中，往往以比较严格的标准看待防卫人实施防卫的时机、方式、程度等，有的甚至予以较多的苛责。特别是在防卫行为造成加害人较严重的损害后果的情况下，对于正当防卫的认定把握过严，甚至唯结果论。这些问题的存在，严重挫伤了公民正当防卫、见义勇为的积极性，出现受犯罪侵害时，被侵害人不知所措，不敢防卫，“坏人扬眉吐气、好人低头受屈”的情况，对此，社会反响强烈。实践中，有的犯罪分子在光天化日之下进行抢劫、伤害等犯罪活动，被害人和在场的公民不敢与犯罪行为作斗争。为了使公民敢于进行正当防卫，制止犯罪行为，需要对正当防卫的规定予以完善，进一步明确正当防卫与防卫过当的界限，并有针对性地提高防卫限度的标准。为此，1997年修订刑法时，针对这一问题，对正当防卫的规定作了**重要修改**：一是增加了什么是正当防卫行为的规定，进一步明确并扩大了正当防卫的内涵，在防卫的对象中明确了财产权利也在正当防卫之列，将防卫的目的进一步具体化，明确规定正当防卫是制止不法侵害的行为属性。二是修改了防卫过当的规定，进一步明确了什么是防卫过当行为，将“超过必要限度”修改为“明显超过必要限度”，将“不应有的危害”修改为“重大损害”，将“酌情”减轻或者免除处罚修改为“应当”减轻或者免除处罚。三是增加了对正在实施的严重危及人身安全的暴力犯罪采取防卫行为不存在防卫过当的规定。这样修改，有利于保护被害人利益，鼓励公民见义勇为，敢于与犯罪作斗争，制止犯罪。

（二）立法时争议的主要问题

在 1997 年修订刑法过程中，关于本条的修改还有以下争议问题：

1. **是否在可实施特殊防卫的情形中增加破门撬锁、暴力侵入住宅的行为**。有意见提出，以破门撬锁、暴力等非法手段侵入他人住宅的，对公民的人身安全和财产安全构成重大而紧迫的威胁，寻求公安警力救助往往来不及，建议增加规定：“对以破门撬锁或者使用暴力方法侵入他人住宅的，采取防卫行为，造成不法侵害人伤亡后果的，不负刑事责任。”对于该方案，在征求意见过程中，很多人表示不赞成，主要考虑是，非法侵入他人住宅的情况非常复杂，行为人的动机、目的各种各样，不加区分地规定特殊防卫权，容易造成对公民权利的不当侵害，产生消极效果，而且非法侵入他人住宅行为在刑法中本身是一个轻罪，不能与行凶、杀人、抢劫等暴力犯罪相提并论，不宜赋予其特殊防卫权。**立法机关最终没有在本条中对这种情形作出规定**。

2. **对防卫失措的是否规定免除处罚或者不作为犯罪论处**。一些学者和部门提出，在实践中，许多不法侵害是突然发生的，防卫人往往是仓促应对，在仓促、紧张的状态下很难准确判断侵害行为的性质和强度，因此不容易周全、慎重地选择相应的防卫手段，建议增加规定，“防卫人因激愤、恐惧或慌乱而防卫过当的，免除处罚”，或者“防护人因激愤、恐惧而超过防卫限度，主观上没有罪过的，不以犯罪论处”。应当说，有关方面对上述问题的考虑是有道理的，但是所提建议涉及的实际上都是正当防卫和防卫过当的准确界定问题。刑法的相关修改就是针对这些问题的，如第二款关于防卫过当的处罚中“免除处罚”的规定，应当是适用于建议提出的情形的。同时，考虑到正当防卫的复杂性，很多情形也难以一一在法律中作出具体的规定。因此，**立法机关最终没有在本条中对上述情形作出专门规定**。

【条文说明】

本条是关于正当防卫的规定。

本条共分为三款。

第一款是关于**什么是正当防卫和正当防卫不负刑事责任的规定**。

这一款规定了两层意思：

1. **什么是正当防卫行为**。根据本款规定，进行正当防卫应当同时具备以下条件：一是**实施防卫行为必须是出于使国家、公共利益、本人或者他人的人身、财产和其他权利**[①]**免受不法侵害的正当目的**[②]**，针对的是不法侵害者及其不法侵害行为**[③④]，维护的是受法律保护的合法权益。为了维

---

① 我国学者指出，由于正当防卫具有私权性、自我保护性，这就决定了正当防卫只适宜保护个人法益。如果行为在侵害国家、社会法益的同时危及到个人法益，公民可以进行正当防卫；反之，与个人法益无关联性的、单纯的国家法益、社会法益不应当属于正当防卫所要保护的范围。参见周光权：《刑法总论》（第 4 版），中国人民大学出版社 2021 年版，第 207 页。

② 关于防卫意识，传统的刑法理论认为，具有防卫意图（包括防卫认识和防卫目的）时，才可能成立正当防卫。参见高铭暄、马克昌主编：《刑法学》（第 7 版），北京大学出版社、高等教育出版社 2016 年版，第 130 页。对此，结果无价值论者认为，主客观相统一是对犯罪行为的要求，而不是对非犯罪行为的要求。既然正当防卫不是犯罪行为，自然不要求主客观相统一，所以不需要主观的正当化要素（防卫意识）。参见张明楷：《刑法学》（第 6 版），法律出版社 2021 年版，第 267 页。同时，另有学者指出，结果无价值论者混淆了主观的故意/过失与主观正当化要素（防卫意识）。正当化行为从规范评价的角度来看，一定是正面的，因此不能仅仅用一般的无罪条件作为正当防卫的成立条件。正当防卫背后的规范不仅仅是容许规范，而且是一种正当化的权利规范，其具有指引国民实施正当行为的功能。因此，正当防卫在满足无罪条件的基础上，还需要具有防卫意识这一正当化要素，才能获得正当化的正面评价。参见周光权：《刑法总论》（第 4 版），中国人民大学出版社 2021 年版，第 211—212 页。

③ 关于不法侵害行为，我国学者指出，既包括了犯罪行为，也包括其他违法行为，是一切违法犯罪活动。不法侵害中的“不法”是就客观上具有侵害法益危险的事实所做的评价。只要属于客观的不法侵害，不管是故意还是过失实施的，亦不论实施者是否达到刑事责任年龄、精神状态是否正常，更无论是以作为形式还是以不作为形式实施的，都可以进行正当防卫。参见黎宏：《刑法学总论》（第 2 版），法律出版社 2016 年版，第 128—130 页；周光权：《刑法总论》（第 4 版），中国人民大学出版社 2021 年版，第 204 页。

④ 当不法侵害所针对的是没有具体受害人的国家、公共利益时，正当防卫的适用范围有其限制。参见黎宏：《刑法学总论》（第 2 版），法律出版社 2016 年版，第 130 页。

护非法利益，或者针对他人的合法行为，或者针对不法侵害人之外的其他无关人员，不能实施正当防卫，如对抢劫财物受到被害人反击、因实施犯罪行为被司法人员依法执行拘留、逮捕、没收财产、与非法行为无关的加害人的亲友等，不能实行正当防卫。[①] 二是**防卫行为所针对的不法侵害必须是正在进行的**[②]，对尚未开始实施或者已经停止或结束侵害行为的不法侵害人，不能实施正当防卫行为。三是**实施防卫行为的直接目的是制止不法侵害**，因此正当防卫行为应当是制止不法侵害的行为，即实行防卫以制止不法侵害行为为限，不法侵害行为被制止后，不能继续实施防卫行为。

2. 实施正当防卫行为，对不法侵害人造成损害的，**不负刑事责任**。由于正当防卫是公民的合法权利，是出于维护合法利益、制止不法侵害的正当目的，是对国家和人民有益的行为。因此本款规定，“正当防卫，不负刑事责任”，以鼓励群众见义勇为，积极同犯罪作斗争。本款规定的“**不法侵害**”，是指非法对受国家法律保护的国家、公民的各种合法权益的违法侵害。“**对不法侵害人造成损害的**”，主要是指对不法侵害人造成人身损害的情况，也包括对其财产等造成损害。

第二款是关于**防卫过当及其刑事责任的规定**。本款规定了三层意思：一是**什么是防卫过当行为**。首先，**“防卫过当”必须是明显地超过必要限度**。所谓“必要限度”，是指为有效制止不法侵害所必需的防卫的强度。“明显超过必要限度”，是指一般人都能够认识到其防卫强度已经明显超过了正当防卫所必需的强度。其次，**要求对不法侵害人造成了重大损害**。“重大损害”，是指由于防卫人明显超过必要限度的防卫行为造成不法侵害人人身伤亡及其他严重损害。这一规定表明，对防卫人的防卫行为是否超过必要限度在认定时要有一定的宽容度，不能简单要求一一对等。即使防卫行为在客观上超过了一定限度，但对加害人的损害尚未达到重大损害程度的，也不以防卫过当追究。二是**防卫过当的行为应当负刑事责任**。由于防卫过当的行为所造成的损害，是因明显超出正当防卫所必需的防卫强度造成的，且属于重大损害，具有一定的社会危害性，因此法律规定，应当负刑事责任。三是**对防卫过当的行为应当减轻或者免除处罚**。防卫过当的行为虽然具有一定的社会危害性，但动机是出于正当防卫，其主观恶性较小，社会危害也小于其他故意犯罪。社会危害程度不同，处罚也应当有所区别。因此，本款规定，对防卫过当的行为，应当减轻或者免除处罚。

第三款是关于对一些严重危及人身安全的暴力犯罪，实施防卫行为不存在防卫过当的规定，即**特殊防卫权**。[③] 为了保护合法权益，鼓励见义勇为，1997 年刑法增加了这一款规定的内容。根据本款规定，对正在进行行凶[④]、杀人、抢劫[⑤]、强奸、绑架及其他严重危及人身安全[⑥]的暴力犯罪[⑦][⑧]，采取防卫行为，造成不法侵害人伤亡的，不负刑事

① 但是，警察依照职务要求执行逮捕行为，但被执行人由于确实不是真犯人而暴力拒捕，将警察打伤，我国学者认为，个人法益是一切价值的源泉，被执行人的行为可以构成紧急避险行为。参见黎宏：《刑法学总论》（第 2 版），法律出版社 2016 年版，第 128 页。

② 不法侵害正在进行，包括侵害行为已经着手实行、正在进行、尚未完毕诸情形。参见周光权：《刑法总论》（第 4 版），中国人民大学出版社 2021 年版，第 210 页。

③ 特殊防卫和普通防卫之间存在一般和特殊的关系，《刑法》第二十条第三款是对第一款、第二款的进一步阐释和特殊说明，属于提示性规定。参见周光权：《刑法总论》（第 4 版），中国人民大学出版社 2021 年版，第 218 页。

④ 考察某一不法侵害行为是否属于刑法意义上的行凶，应结合不法侵害人的行为强度、是否使用器具、打击部位以及不法侵害者的人格等因素综合考虑。参见周光权：《刑法总论》（第 4 版），中国人民大学出版社 2021 年版，第 220 页。

⑤ 抢劫包括转化犯的情形。需要注意的是，《刑法》第二百六十七条第二款规定，携带凶器抢夺的，以抢劫罪论处。但是，行为人只是为实施其他犯罪而携带凶器，并未使用凶器，更未对被害人使用暴力，不属于可行使特殊防卫权的抢劫罪范围。参见周光权：《刑法总论》（第 4 版），中国人民大学出版社 2021 年版，第 220 页。

⑥ 我国学者指出，从一般社会观念和正当防卫的必要性考察，只有人的生命、健康和性的安全遭到严重侵害时，才有必要用造成不法侵害人伤亡的防卫行为予以反击。在个人的行动自由受到限制、名誉受到贬损的情况下采取特殊防卫，不能为一般的社会观念所认同。参见周光权：《刑法总论》（第 4 版），中国人民大学出版社 2021 年版，第 223 页。

⑦ 暴力犯罪，乃指采用武力手段对被害人进行威胁、恫吓、殴打、捆绑，以造成被害人精神恐惧及人身危险，从而达到犯罪目的的行为。暴力行为具有很强的破坏力，在运用上具有突然性、猛烈性、攻击性，对人的心理能够瞬间产生强制性并可能最终导致被害人的生命丧失、健康受损。一般而言，可以从以下几个方面来确定暴力犯罪的程度：一是结合实行行为考虑；二是结合行为的危险性考虑；三是结合犯罪的法定刑幅度考虑。参见周光权：《刑法总论》（第 4 版），中国人民大学出版社 2021 年版，第 222 页。

⑧ 暴力，仅指外观上可见的暴力行为，不包括以暴力相威胁。参见周光权：《刑法总论》（第 4 版），中国人民大学出版社 2021 年版，第 222 页。

责任。① 这样规定主要有两点考虑:一是考虑了社会治安的实际状况。严重暴力犯罪不仅严重破坏社会治安秩序,也严重威胁公民的人身安全。对上述严重的暴力犯罪采取防卫行为作出特殊规定,对鼓励群众勇于同犯罪作斗争、维护社会治安秩序具有重要意义。二是考虑了上述暴力犯罪的特点。这些犯罪都是严重威胁人身安全的,被侵害人面临正在进行的暴力侵害,很难辨认侵害人的目的和侵害的程度,也很难掌握实行防卫行为的强度,如果对此规定得太严,就会束缚被侵害人的手脚,妨碍其与犯罪作斗争的勇气,不利于公民运用法律武器保护自身的合法权益。

实际执行中应当注意以下几个方面的问题:

1. 对涉正当防卫具体案件的办理,应当注意全面准确把握刑法有关正当防卫立法的精神,公平公正依法办案。在具体案件的处理中,要对案件事实进行全面调查,具体问题具体分析,**立足于防卫人防卫时的具体情况**,充分考虑常理常情,综合案件发生的整个过程,依法准确把握正当防卫的起因、时间、对象、意图、限度等条件,充分考虑防卫人面临不法侵害当时的紧迫状态和紧张心理,不能事后求全责备、以强人所难的标准苛责当事人。

2. 认定正当防卫时,应当注意划清正当防卫与**防卫挑拨**的界限。正当防卫是为了维护国家、公共利益、本人或他人的合法权益,被迫实施的制止不法侵害的行为。**防卫挑拨**则是为了加害他人,故意挑逗对方先向自己进行侵害,然后以正当防卫为借口侵害对方。正当防卫与防卫挑拨是有本质区别的,防卫挑拨的行为,不能认定为正当防卫。

3. 认定正当防卫时,要注意对正当防卫与**相互斗殴**进行区分。相互斗殴的双方都没有防卫意图,一般会有一个互相纠缠、冲突逐步升级的过程。需要特别注意的是,双方曾因矛盾引发冲突,一方再次纠缠时,另一方进行反抗,有防卫意图的,也可能成立正当防卫;不能因为行为人事先进行防卫准备,就认定其具有斗殴意图。具体认定时需要综合全案各种情况,判定行为人的行为是否符合正当防卫的构成要件而得出结论。

【司法解释性文件】

《最高人民法院、最高人民检察院、公安部、司法部关于依法办理家庭暴力犯罪案件的意见》(法发〔2015〕4号,2015年3月2日公布)

△(**家庭暴力;正当防卫;防卫过当;"明显超过必要限度"之认定;综合判断**)准确认定对家庭暴力的正当防卫。为了使本人或者他人的人身权利免受不法侵害,对正在进行的家庭暴力采取制止行为,只要符合刑法规定的条件,就应当依法认定为正当防卫,不负刑事责任。防卫行为造成施暴人重伤、死亡,且明显超过必要限度,属于防卫过当,应当负刑事责任,但是应当减轻或者免除处罚。

认定防卫行为是否"明显超过必要限度",应当以足以制止并使防卫人免受家庭暴力不法侵害的需要为标准,根据施暴人正在实施家庭暴力的严重程度、手段的残忍程度,防卫人所处的环境、面临的危险程度、采取的制止暴力的手段、造成施暴人重大损害的程度,以及既往家庭暴力的严重程度等进行综合判断。(§ 19)

《最高人民法院、最高人民检察院、公安部关于依法适用正当防卫制度的指导意见》(法发〔2020〕31号,2020年8月28日发布)

△(**法不能向不法让步**)把握立法精神,严格公正办案。正当防卫是法律赋予公民的权利。要准确理解和把握正当防卫的法律规定和立法精神,对于符合正当防卫成立条件的,坚决依法认定。要切实防止"谁能闹谁有理""谁死伤谁有理"的错误做法,坚决捍卫"法不能向不法让步"的法治精神。(§ 1)

△(**立足防卫人防卫时的具体情境**)立足具体案情,依法准确认定。要立足防卫人防卫时的具体情境,综合考虑案件发生的整体经过,结合一般人在类似情境下的可能反应,依法准确把握防卫的时间、限度等条件。要充分考虑防卫人面临不法侵害时的紧迫状态和紧张心理,防止在事后以正常情况下冷静理性、客观精确的标准去评判防卫人。(§ 2)

△(**法律效果与社会效果的有机统一**)坚持法理情统一,维护公平正义。认定是否构成正当防卫、是否防卫过当以及对防卫过当裁量刑罚时,要注重查明前因后果,分清是非曲直,确保案件处理于法有据、于理应当、于情相容,符合人民群众的公平正义观念,实现法律效果与社会效果的有机统一。(§ 3)

① 我国学者指出,应对"杀人、抢劫、强奸、绑架"等行为的危害程度进行客观、事后的判断。不能认为,只要侵害人的侵害行为构成上述犯罪,防卫人就有特殊防卫权。相较于普通的正当防卫,特殊防卫要求不法侵害有极其紧迫的性质,而且暴力犯罪严重危及防卫人的人身安全。参见周光权:《刑法总论》(第4版),中国人民大学出版社2021年版,第221页。

△(**以防卫为名行不法侵害之实;防卫过当**)准确把握界限,防止不当认定。对于以防卫为名行不法侵害之实的违法犯罪行为,要坚决避免认定为正当防卫或者防卫过当。对于虽具有防卫性质,但防卫行为明显超过必要限度造成重大损害的,应当依法认定为防卫过当。(§ 4)

△(**正当防卫的起因条件;不法侵害**)准确把握正当防卫的起因条件。正当防卫的前提是存在不法侵害。不法侵害既包括侵犯生命、健康权利的行为,也包括侵犯人身自由、公私财产等权利的行为;既包括犯罪行为,也包括违法行为。不应将不法侵害不当限缩为暴力侵害或者犯罪行为。对于非法限制他人人身自由、非法侵入他人住宅等不法侵害,可以实行防卫。不法侵害既包括针对本人的不法侵害,也包括危害国家、公共利益或者针对他人的不法侵害。对于正在进行的拉拽方向盘、殴打司机等妨害安全驾驶、危害公共安全的违法犯罪行为,可以实行防卫。成年人对于未成年人正在实施的针对其他未成年人的不法侵害,应当劝阻、制止;劝阻、制止无效的,可以实行防卫。(§ 5)

△(**正当防卫的时间条件;正在进行的不法侵害;不法侵害仍在进行;不法侵害已经结束**)准确把握正当防卫的时间条件。正当防卫必须是针对正在进行的不法侵害。对于不法侵害已经形成现实、紧迫危险的,应当认定为不法侵害已经开始;对于不法侵害虽然暂时中断或者被暂时制止,但不法侵害人仍有继续实施侵害的现实可能性的,应当认定为不法侵害仍在进行;在财产犯罪中,不法侵害人虽已取得财物,但通过追赶、阻击等措施能够追回财物的,可以视为不法侵害仍在进行;对于不法侵害人确已失去侵害能力或者确已放弃侵害的,应当认定为不法侵害已经结束。对于不法侵害是否已经开始或者结束,应当立足防卫人在防卫时所处情境,按照社会公众的一般认知,依法作出合乎情理的判断,不能苛求防卫人。对于防卫人因为恐慌、紧张等心理,对不法侵害是否已经开始或者结束产生错误认识的,应当根据主客观相统一原则,依法作出妥当处理。(§ 6)

△(**正当防卫的对象条件;不法侵害人;多人共同实施不法侵害;侵害人是无刑事责任能力人或者限制刑事责任能力人;反击**)准确把握正当防卫的对象条件。正当防卫必须针对不法侵害人进行。对于多人共同实施不法侵害的,既可以针对直接实施不法侵害的人进行防卫,也可以针对在现场共同实施不法侵害的人进行防卫。明知侵害人是无刑事责任能力人或者限制刑事责任能力人的,应当尽量使用其他方式避免或者制止侵害;没有其他方式可以避免、制止不法侵害,或者不法侵害严重危及人身安全的,可以进行反击。(§ 7)

△(**正当防卫的意图条件;防卫挑唆**)准确把握正当防卫的意图条件。正当防卫必须是为了使国家、公共利益、本人或者他人的人身、财产和其他权利免受不法侵害。对于故意以语言、行为等挑动对方侵害自己再予以反击的防卫挑拨,不应认定为防卫行为。(§ 8)

△(**防卫行为;相互斗殴;因琐事发生争执;冲突结束后**)准确界分防卫行为与相互斗殴。防卫行为与相互斗殴具有外观上的相似性,准确区分两者要坚持主客观相统一原则,通过综合考量案发起因、对冲突升级是否有过错、是否使用或者准备使用凶器、是否采用明显不相当的暴力、是否纠集他人参与打斗等客观情节,准确判断行为人的主观意图和行为性质。

因琐事发生争执,双方均不能保持克制而引发打斗,对于有过错的一方先动手且手段明显过激,或者一方先动手,在对方努力避免冲突的情况下仍继续侵害的,还击一方的行为一般应当认定为防卫行为。

双方因琐事发生冲突,冲突结束后,一方又实施不法侵害,对方还击,包括使用工具还击的,一般应当认定为防卫行为。不能仅因行为人事先进行防卫准备,就影响对其防卫意图的认定。(§ 9)

△(**滥用防卫权**)防止将滥用防卫权的行为认定为防卫行为。对于显著轻微的不法侵害,行为人在可以辨识的情况下,直接使用足以致人重伤或者死亡的方式进行制止的,不应认定为防卫行为。不法侵害系因行为人的重大过错引发,行为人在可以使用其他手段避免侵害的情况下,仍故意使用足以致人重伤或者死亡的方式还击的,不应认定为防卫行为。(§ 10)

△(**防卫过当;同时具备"明显超过必要限度"和"造成重大损害"**)准确把握防卫过当的认定条件。根据刑法第二十条第二款的规定,认定防卫过当应当同时具备"明显超过必要限度"和"造成重大损害"两个条件,缺一不可。(§ 11)

△(**明显超过必要限度**)准确认定"明显超过必要限度"。防卫是否"明显超过必要限度",应当综合不法侵害的性质、手段、强度、危害程度和防卫的时机、手段、强度、损害后果等情节,考虑双方力量对比,立足防卫人防卫时所处情境,结合社会公众的一般认知作出判断。在判断不法侵害的危害程度时,不仅要考虑已经造成的损害,还要考虑造成进一步损害的紧迫危险性和现实可能性。不应当苛求防卫人必须采取与不法侵害基本相当

的反击方式和强度。通过综合考量，对于防卫行为与不法侵害相差悬殊、明显过激的，应当认定防卫明显超过必要限度。（§12）

△（**造成重大损害**）准确认定“造成重大损害”。“造成重大损害”是指造成不法侵害人重伤、死亡。造成轻伤及以下损害的，不属于重大损害。防卫行为虽然明显超过必要限度但没有造成重大损害的，不应认定为防卫过当。（§13）

△（**防卫过当的刑罚裁量；应当减轻或者免除处罚**）准确把握防卫过当的刑罚裁量。防卫过当应当负刑事责任，但是应当减轻或者免除处罚。要综合考虑案件情况，特别是不法侵害人的过错程度、不法侵害的严重程度以及防卫人面对不法侵害的恐慌、紧张等心理，确保刑罚裁量适当、公正。对于因侵害人实施严重贬损他人人格尊严、严重违反伦理道德的不法侵害，或者多次、长期实施不法侵害所引发的防卫过当行为，在量刑时应当充分考虑，以确保案件处理既经得起法律检验，又符合社会公平正义观念。（§14）

△（**特殊防卫；行凶**）准确理解和把握“行凶”。根据刑法第二十条第三款的规定，下列行为应当认定为“行凶”：（1）使用致命性凶器，严重危及他人人身安全的；（2）未使用凶器或者未使用致命性凶器，但是根据不法侵害的人数、打击部位和力度等情况，确已严重危及他人人身安全的。虽然尚未造成实际损害，但已对人身安全造成严重、紧迫危险的，可以认定为“行凶”。（§15）

△（**特殊防卫；杀人、抢劫、强奸、绑架；具体犯罪行为**）准确理解和把握“杀人、抢劫、强奸、绑架”。刑法第二十条第三款规定的“杀人、抢劫、强奸、绑架”，是指具体犯罪行为而不是具体罪名。在实施不法侵害过程中存在杀人、抢劫、强奸、绑架等严重危及人身安全的暴力犯罪行为的，如以暴力手段抢劫枪支、弹药、爆炸物或者以绑架手段拐卖妇女、儿童的，可以实行特殊防卫。有关行为没有严重危及人身安全的，应当适用一般防卫的法律规定。（§16）

△（**特殊防卫；其他严重危及人身安全的暴力犯罪**）准确理解和把握“其他严重危及人身安全的暴力犯罪”。刑法第二十条第三款规定的“其他严重危及人身安全的暴力犯罪”，应当是与杀人、抢劫、强奸、绑架行为相当，并具有致人重伤或者死亡的紧迫危险和现实可能的暴力犯罪。（§17）

△（**一般防卫与特殊防卫的关系；正当防卫**）准确把握一般防卫与特殊防卫的关系。对于不符合特殊防卫起因条件的防卫行为，致不法侵害人伤亡的，如果没有明显超过必要限度，也应当认定为正当防卫，不负刑事责任。（§18）

△（**正当防卫；侦查取证**）做好侦查取证工作。公安机关在办理涉正当防卫案件时，要依法及时、全面收集与案件相关的各类证据，为案件的依法公正处理奠定事实根基。取证工作要及时，对冲突现场有视听资料、电子数据等证据材料的，应当第一时间调取；对冲突过程的目击证人，要第一时间询问。取证工作要全面，对证明案件事实有价值的各类证据都应当依法及时收集，特别是涉及判断是否属于防卫行为、是正当防卫还是防卫过当以及有关案件前因后果等的证据。（§19）

△（**正当防卫；案件审理**）依法公正处理案件。要全面审查事实证据，认真听取各方意见，高度重视犯罪嫌疑人、被告人及其辩护人提出的正当防卫或者防卫过当的辩解、辩护意见，并及时核查，以准确认定事实、正确适用法律。要及时披露办案进展等工作信息，回应社会关切。对于依法认定为正当防卫的案件，根据刑事诉讼法的规定，及时作出不予立案、撤销案件、不批准逮捕、不起诉的决定或者被告人无罪的判决。对于防卫过当案件，应当依法适用认罪认罚从宽制度；对于犯罪情节轻微，依法不需要判处刑罚或者免除刑罚的，人民检察院可以作出不起诉决定。对于不法侵害人涉嫌犯罪的，应当依法及时追诉。人民法院审理第一审的涉正当防卫案件，社会影响较大或者案情复杂的，由人民陪审员和法官组成合议庭进行审理；社会影响重大的，由人民陪审员和法官组成七人合议庭进行审理。（§20）

△（**正当防卫；法律文书的释法析理**）强化释法析理工作。要围绕案件争议焦点和社会关切，以事实为根据、以法律为准绳，准确、细致地阐明案件处理的依据和理由，强化法律文书的释法析理，有效回应当事人和社会关切，使办案成为全民普法的法治公开课，达到办理一案、教育一片的效果。要尽最大可能做好矛盾化解工作，促进社会和谐稳定。（§21）

【指导性案例】

最高人民法院指导案例第93号：于欢故意伤害案（2018年6月20日发布）

△（**不法侵害**）对正在进行的非法限制他人人身自由的行为，应当认定为《刑法》第二十条第一款规定的“不法侵害”，可以进行正当防卫。

△（**轻微殴打的行为；严重危及人身安全的暴力犯罪**）对非法限制他人人身自由并伴有侮辱、轻微殴打的行为，不应当认定为《刑法》第二十条第三款规定的“严重危及人身安全的暴力犯罪”。

△（**防卫过当；明显超过必要限度造成重大损害**）判断防卫是否过当，应当综合考虑不法侵害的

性质、手段、强度、危害程度,以及防卫行为的性质、时机、手段、强度、所处环境和损害后果等情节。对非法限制他人人身自由并伴有侮辱、轻微殴打,且并不十分紧迫的不法侵害,进行防卫致人死亡重伤的,应当认定为《刑法》第二十条第二款规定的"明显超过必要限度造成重大损害"。

△(**防卫过当;量刑**)防卫过当案件,如系因被害人实施严重贬损他人人格尊严或者亵渎人伦的不法侵害引发的,量刑时对此应予充分考虑,以确保司法裁判既经得起法律检验,也符合社会公平正义观念。

最高人民检察院指导性案例第45号:陈某正当防卫案(2018年12月18日发布)

△(**受到不法侵害;正当防卫**)在被人殴打、人身权利受到不法侵害的情况下,防卫行为虽然造成了重大损害的客观后果,但是防卫措施并未明显超过必要限度的,不属于防卫过当,依法不负刑事责任。

最高人民检察院指导性案例第46号:朱凤山故意伤害(防卫过当)案(2018年12月18日发布)

△(**民间矛盾;故意伤害;防卫过当**)在民间矛盾激化过程中,对正在进行的非法侵入住宅、轻微人身侵害行为,可以进行正当防卫,但防卫行为的强度不具有必要性并致不法侵害人重伤、死亡的,属于明显超过必要限度造成重大损害,应当负刑事责任,但是应当减轻或者免除处罚。

最高人民检察院指导性案例第47号:于海明正当防卫案(2018年12月18日发布)

△(**行凶;正当防卫**)在对于犯罪故意的具体内容虽不确定,但足以严重危及人身安全的暴力侵害行为,应当认定为《刑法》第二十条第三款规定的"行凶"。行凶已经造成严重危及人身安全的紧迫危险,即使没有发生严重的实害后果,也不影响正当防卫的成立。

最高人民检察院指导性案例第48号:侯雨秋正当防卫案(2018年12月18日发布)

△(**聚众斗殴;故意伤害;正当防卫**)单方聚众斗殴的,属于不法侵害,没有斗殴故意的一方可以进行正当防卫。单方持械聚众斗殴,对他人的人身安全造成严重危险的,应当认定为《刑法》第二十条第三款规定的"其他严重危及人身安全的暴力犯罪"。

最高人民法院指导案例第144号:张那木拉正当防卫案(2020年12月29日发布)

△(**行凶;特殊防卫**)对于使用致命性凶器攻击他人要害部位,严重危及他人人身安全的行为,应当认定为刑法第二十条第三款规定的"行凶",可以适用特殊防卫的有关规定。

△(**多人共同实施不法侵害;正当防卫**)对于多人共同实施不法侵害,部分不法侵害人已被制伏,但其他不法侵害人仍在继续实施侵害的,仍然可以进行防卫。

【公报案例】

△(**防卫行为造成不法侵害人死亡**)根据《刑法》第二十条第三款和《民法通则》第一百二十八条的规定,公民对深夜非法闯入住地,暴力伤害其本人和他人者采取防卫行为,造成不法侵害人死亡的,不承担刑事责任和民事赔偿责任。[《最高人民法院公报》2004年第11期 王某艳故意伤害案]

【参考案例】

△**基于斗殴故意实施的反击行为,不能认定为正当防卫。**

根据《刑法》第二十条第一款的规定,正当防卫是指为了国家、公共利益、本人或者他人的人身、财产和其他权利免受正在进行的不法侵害,而采取的制止不法侵害的行为。正当防卫是合法行为,防卫人在实行防卫行为时主观上必须具有正当防卫的目的,即必须是为了国家、公共利益、本人或者他人的人身、财产和其他权利免受正在进行的不法侵害而实施。防卫目的的正当性是确保防卫行为合法性的要件之一。理论上,根据行为人是否具有正当防卫的目的,一般都将防卫挑拨、互相斗殴等情形排除在正当防卫行为之外。所谓互相斗殴,是指双方都有非法侵犯对方的意图而发生的相互侵害行为。由于互相斗殴的双方主观上都有加害对方的故意,都是不法侵害,所以不存在侵害者和防卫者之分。同时,由于双方都不具有正当防卫的目的,因而无论谁先谁后动手,都不能认定为防卫行为。应当指出,在斗殴明确放弃攻击行为逃跑而另一方继续侵害的,或斗殴一方明显加重杀伤强度、使用杀伤性明显升级的武器时,仍可认定另一方可以进行正当防卫。[No. 2-128(1)-2 姜方平非法持有枪支、故意伤害案]

△**男子深夜闯入女性住所实施的暴力及侮辱行为,在具有实施拘禁、强奸、伤害等数个故意犯罪可能性的情况下,虽未实施具体犯罪行为,也应认定为行凶,可以对其实行正当防卫。**

王某艳故意杀人案中,侵害人李光辉等人实行预谋的内容是要把尹小红带下山关两天,孙金刚还欲在尹小红身上留下记号,并夜闯女工宿舍,且孙金刚进屋后即对尹小红进行殴打、撕扯,致尹小红胸部裸露,后又对王某艳殴打、撕扯,致王某艳胸部裸露。孙金刚带尹小红下山到底是强奸、伤害还是绑架、非法拘禁,对王某艳是伤害还是侮辱,在其闯入宿舍后的行为中,并没有明显地表现出来,即其侵害的主观故意还没有通过其客观行为明确地呈现出来,而其进屋后的一系列行为,却又有实现上述多个故意的可能性。在这种情况下,对于李光辉等人的行为性质,不能用一个具体的罪名予以定性,最确切的用词就是"行凶"。[No. 4-232-1 王某艳故意杀人案]

△在暴力行为人为男性、被害人为女性的案件中,在判断正当防卫的必要限度时应当特别考虑性别差异给被害人造成的心理恐慌程度。

王某艳故意杀人案中,对于李光辉等人的侵害行为是否达到足以危及人身安全的程度,应该结合侵害行为暴力程度的严重性、紧迫性和受害人的性别、侵害行为发生的时间、地点、环境等因素综合考虑。首先,从侵害人和被侵害人双方的性别对比来看,孙金刚等人是三名年轻力壮的当地男子,受威胁、侵害的是三名外地打工的年轻女子,而其中只有一名女子敢于防卫,另外两名女子在受到侵害、惊吓的情况下无任何反抗之举,且实际上在高度恐慌的情况下也无任何抵抗之力。这里,我们必须站在女性被侵害人的角度,切身考虑到她们特殊的身体柔弱性,体会到她们面对侵害时的心理恐慌程度。一名年轻女子面对三名年轻男子,如果不寻求其他非正常手段,是绝对没有足够的力量能够对抗侵害的。其次,从侵害行为发生时的具体时空环境来看,当时已是凌晨3点,正是夜深人静,人们睡意正浓之时,饭店的客人和厨师早已熟睡;从现场环境来看,饭店大院里,客人住所离女工宿舍尚远,厨师也住在二楼,房门紧闭。在这种时间和地点,三名女子被围困在空间狭小的宿舍里,实际已经处于孤立无援的境地。正是在双方这种力量对比悬殊以及特殊的时空状态下,李光辉举起长11厘米、宽6.5厘米、重550克的铁锁欲砸王某艳。可能有人认为:李光辉的这一单个侵害行为可能不会危及王某艳的生命安全。但是,我们必须考虑到,这一侵害行为的强度也有可能危及王某艳的生命安全,至少是身体健康。同时,我们必须结合李光辉等人的先行侵害行为的性质、所造成的危急程度和受侵害人的性别以及当时的具体环境,来综合评价李光辉这一单个侵害行为的强度以及给王某艳造成危害的紧迫程度。特别是对于这种紧迫程度,还必须考虑王某艳在深夜被三名破门而入的男子殴打、侮辱后,女性受侵害人心理产生的恐慌程度。综合考虑上述因素,笔者可以判断,王某艳面对这种危急状况,并没有时间和机会选择其他防卫方式,其持刀刺向李光辉,完全系其不得已而为之的本能防卫反应,王某艳对于李光辉的侵害行为可以进行特殊防卫。此时还要求其选择其他的求助方式或依赖、等待外援,过于严格。[No. 4-232-2 王某艳故意杀人案]

△在实施其他犯罪的过程中,因受到严重危及人身安全的暴力犯罪而采取必要的防卫行为的,成立正当防卫。

我国《刑法》第二十条第一款规定:"为了使国家、公共利益、本人或者他人的人身、财产和其他权利免受正在进行的不法侵害,而采取的制止不法侵害行为,对不法侵害人造成损害的,属于正当防卫,不负刑事责任。"这就是刑法确立的正当防卫制度。同时,该条第三款还规定:"对正在进行行凶、杀人、抢劫、强奸、绑架以及其他严重危及人身安全的暴力犯罪,采取防卫行为,造成不法侵害人伤亡的,不属于防卫过当,不负刑事责任。"这就是所谓的特殊防卫或称无限度防卫。行为要构成正当防卫,必须同时满足如下五个条件:一是前提条件,即必须有不法侵害行为发生;二是时间条件,即不法侵害必须正在进行;三是对象条件,即防卫行为必须针对不法侵害者本人实行;四是主观条件,即必须是为了使国家、公共利益、本人或者他人的人身和其他权利免受正在进行的不法侵害;五是限度条件,即防卫不能明显超过必要限度造成重大损害。这五个条件必不可少,共同构成正当防卫的成立要件。

钟长注故意杀人案中,被告人钟长注在实行窝藏犯罪行为过程中,因褚建兴、苏基峰怀疑其向公安局告密而铐其于车上并枪击其腹部,钟长注出于防卫意图,夺枪杀害苏基峰的行为是否构成正当防卫,要看其是否完全符合正当防卫的几个构成要件。争议比较大的是行为人在犯罪行为过程中,是否可能成立正当防卫,换句话说,其是否有正当防卫的权利。比如说,相互斗殴的场合,双方都有对对方实施不法侵害的故意,客观上也相互实施了侵害行为,就不存在成立正当防卫的可能。而为保护非法利益对他人的不法侵害进行还击的行为,如赌徒对抢劫赌场的行为进行还击,造成抢劫犯的伤害;盗窃犯为了护住赃物对抢劫赃物者进行侵害等,行为人主观上不是为了保护合法权益,因而不能认为是为了保护合法权益,而成立正当防卫。那么,本案被告人钟长注在实施窝藏褚建兴、苏基峰等罪犯的过程中,是否可以为了保命而杀害加害人,进行正当防卫呢?钟长注的行为符合正当防卫的成立要件,构成正当防卫。从具体案情分析:

首先,褚建兴、苏基峰对其的不法侵害正在进行。苏基峰因怀疑钟长注举报致使厦门制毒点被警方捣毁,而叫钟长注到他们所坐的宝马车上,其主观上是要报复钟长注,在挟持钟长注到宝马车后,褚建兴、苏基峰两人各持有枪,苏基峰用手铐铐住钟长注,一直持手枪威胁并击伤钟长注,且将钱扔到钟的身上说要给他作金银钱,欲致钟于死地,其行为属不法侵害,且现实存在。表面上看,苏基峰对钟长注的不法侵害行为在击伤钟长注后已经暂时停止,但钟长注仍然被控制在宝马车的特定环境内,且褚建兴、苏基峰两人均有枪,钟长注的生命安全时刻处于危险之中,可以认为不法侵害尚在持续之中,此时钟长注开枪打死苏基峰是适时的。不应当苛求苏基峰持枪正在朝钟长注射击时,钟长注才能抢枪反击实施防卫。

其次,钟长注挣脱手铐,拉开车内一枚催泪弹,在与苏基峰搏斗中抢得一把手枪并朝不法侵害人苏基峰连开三枪,其行为所针对的是正在进行不法侵害的苏基峰,符合正当防卫规定的具体条件。

再次,钟长注被挟持到宝马车后,又被苏基峰用手铐铐住,且其腹部遭到枪击,后钟长注挣脱手铐,可以推断被告人钟长注不仅认识到不法侵害正在进行,且其具有保护自身权利免受正在进行的不法侵害的目的,即具有防卫目的。虽然其防卫行为发生于犯罪过程中,但窝藏罪与加害人的故意伤害行为侵害的是明显不同的两种法益,窝藏罪的实行并不能抹杀其生命健康权利的存在和合法保护。

最后,苏基峰持枪威胁、开枪击中钟的腹部等行为均是严重危及钟长注人身安全的暴力犯罪行为,因此,钟长注的防卫可适用特殊正当防卫的条件,防卫不存在过当问题,亦即钟长注的行为的限度是适当的。[No. 4-232-7　钟长注故意杀人案]

△双方均有侵害意图,一方在对方尚未实施危及其人身安全的行为的情况下实施防卫的,不属于对正在进行的不法侵害所实施的正当防卫,应认定为事先防卫;构成犯罪的,依法追究其刑事责任。

周文友故意杀人案中,第一,本案的双方均有侵害对方的非法意图,因为双方于案发前不仅互相挑衅,而且均准备了作案工具;第二,周文友在对方意图尚未显现,且还未发生危及其人身安全的情况下,即持刀冲上前砍杀对方,事实上属于一种假想防卫和事先防卫的行为。由此可见,周文友的行为不符合正当防卫规定的条件,不能认定为正当防卫。综上所述,被告人周文友主观上有剥夺他人生命的故意,客观上实施了与他人进行斗殴的行为,并且造成他人死亡的危害后果,依法应当承担故意杀人罪的刑事责任。[No. 4-232-31 周文友故意杀人案]

△在受到严重人身侵害时实施特殊防卫行为,造成不法侵害人伤亡,即使行为人自己未受到实际伤害或者伤害较轻的,也不属于防卫过当,应成立正当防卫,不负刑事责任。

特殊防卫的前提必须是严重危及公民人身安全的暴力犯罪。首先,不法侵害行为是针对人身安全的,即危害公民的生命权、健康权、自由权利和性权利,而不是人身之外的财产权利、民主权利等其他合法权益,对其他合法权益的不法侵害行为采取防卫行为的,适用一般防卫的规定。这是特殊防卫区别于一般防卫的一个重要特征。如抢夺犯罪行为,所侵犯的客体是财产权利,对抢夺行为进行的防卫则不应当适用特殊防卫。其次,针对人身安全的不法侵害行为具有暴力性,属于犯罪行为。这与一般防卫的只属"不法"性侵害有明显不同。如行凶、杀人、抢劫、强奸、绑架行为,均属严重犯罪行为。应当指出的是,对杀人、抢劫、强奸、绑架应作广义的理解,它不仅仅指这四种犯罪行为,也包括以此种暴力性行为为手段,而触犯其他罪名的犯罪行为,如以抢劫为手段的抢劫枪支、弹药、爆炸物行为,以绑架为手段的拐卖妇女、儿童行为。此外,针对人的生命、健康采取放火、爆炸、决水等其他暴力方法实施侵害,也是具有暴力性的侵害行为。再次,这种不法侵害行为应当达到一定的严重程度。必须是严重危及人身安全,即这种危害有可能造成人身严重伤害,甚至危及生命。对一些充其量只能造成轻伤害的轻微暴力侵害,则不能适用特殊防卫。因此,对行凶行为要注意区分危害的严重性程度。《刑法》第二十条第三款规定的行凶行为仅指严重危及人身安全的非法伤害行为,如使用凶器暴力行凶,有可能致人重伤的伤害行为。

根据《刑法》第二十条第三款的规定,只要符合以上条件,则防卫人采取的防卫手段、造成的结果法律没有限制,即使造成不法侵害人伤亡的,依法也不属于防卫过当,不负刑事责任。

叶永朝故意杀人案中,被告人叶永朝向王为友追索饭款是合理、合法的行为,王为友吃饭后不但不还欠款,在被合理追索欠款后,还寻衅报复滋事,在本案的起因上负有责任。叶永朝虽准备了尖刀随身携带,但从未主动使用,且其是在王为友等人不甘罢休,还会滋事的情况下,为防身而准备,符合情理,并非准备斗殴。斗殴是一种违法行为,其特征是斗殴参加人互相均有非法伤害的故意,双方均属不法行为。本案中,王为友纠集人员到叶永朝所开的饭店滋事,并持东洋刀向叶永朝左臂、头部砍击两刀,属严重侵害他人人身安全的行凶行为。叶永朝在被砍两刀后,持尖刀反击,其间,向持凳砸自己的郑国伟反击一刀,并在夺过王为友的东洋刀后,停止了反击的防卫行为。这表明叶永朝是被迫进行防卫,其在防卫的时间、对象上均符合法律的规定。

叶永朝在防卫行为开始前和开始防卫后,身受犯罪分子行凶伤害致轻伤,能否认定王为友等人的行为系严重危及人身安全的暴力犯罪?首先,法律并未规定特殊防卫的行为人必须身受重伤、已被抢劫、强奸既遂等才可以进行防卫。因此,叶永朝身受轻伤,只要其受伤情形足以表明对方侵害的严重暴力性质,就符合法律规定。其次,防卫的目的恰恰是使行凶、杀人、抢劫、强奸、绑架等暴力犯罪不能得逞。因此,即使防卫人根本没有受到实际伤害,也不应影响特殊防卫的成立。本案中,王为友等人手持东洋刀,且已砍在防卫人身上,如不对其进行有力的反击,如何制止其犯罪行为?因此,行为人放任甚至不排除希望将对方刺伤、刺死,在适用《刑法》第二十条第三款规定时,不应成为障碍。因为叶永朝在受到严重人身侵害的情况下进行防卫,是法律允许的,具有正义性,虽造成两人死亡的严重后果,但仍符合《刑法》第二十条第三款的规定,故不负刑事责任。一、二审法院的判决、裁定根据从旧兼从轻的原则适用该款规定是正确的。[No. 4-232-43 叶永朝故意杀人案]

△因假想防卫致使被害人死亡的,不构成故意杀人罪;确有过失的,应以过失致人死亡罪论处。

根据《刑法》第十四条的规定,故意犯罪是指行为人明知自己的行为会发生危害社会的结果,并且希望或者放任这种结果发生;而假想防卫则是建立在行为人对其行为性质即其行为不具有社会危害性的错误认识的基础上发生的。假想防卫虽然是故意的行为,但这种故意是建立在对客观事实错误认识基础上的,自以为是在对不法侵害实行正当防卫。行为人不仅没有认识到其行为会发生危害社会的后果,而且认为自己的行为是合法正当的,而犯罪故意则是以行为人明知自己的行为会发生危害社会的后果为前提的。因此,假想防卫的故意只有心理学上的意义,而不是刑法上的犯罪故意。也就是说,假想防卫的行为人,在主观上是为了保护自己的合法权益免遭侵害,其行为在客观上造成的危害是由于认识错误所致,其主观上没有犯罪故意,因此,假想防卫中是不可能存在故意犯罪的。被告人王长友正是在这种错误认识的基础上,自以为是为了保护本人人身或财产的合法权益而实施的所谓的正当防卫,因此,他主观上根本不存在明知其行为会造成危害社会结果的问题,被告人王长友主观上既不存在直接故意,也不存在间接故意。被告人王长友假想防卫行为造成他人无辜死亡的结果,在客观上虽有一定的社会危害性,但不成立故意杀人罪或伤害罪,而仅成立"应当预见自己的行为可能发生危害社会的后果,因为疏忽大意而没有预见,以致发生这种结果的"过失致人死亡罪。因此,一、二审法院变更指控罪名,以过失致人死亡罪对被告人王长友定罪量刑是正确的。[No. 4-233-7 王长友过失致人死亡案]

△被他人抢劫以后,驾车撞击抢劫的犯罪分子致其死亡的,系事后防卫,不成立正当防卫。

根据我国《刑法》第二十条的规定,正当防卫必须同时具备以下五个要件:(1)必须是为了使国家、公共利益,本人或者他人的人身、财产权利和其他权利免受不法侵害而实施的;(2)必须有不法侵害行为发生;(3)必须是正在进行的不法侵害;(4)必须是针对不法侵害者本人实行;(5)不能明显超过必要限度造成重大损害。被告人黄中权的行为不构成正当防卫。理由是:正当防卫的目的是制止不法侵害,避免危害结果发生,因此,不法侵害必须是正在进行的,而不是尚未开始,或者已实施完毕,或者实施者确已自动停止。从刑法理论上讲,在不法侵害行为尚未开始,或者已经结束的情况下,对不法侵害者实行的防卫行为,称为防卫不适时。防卫不适时包括两种不同情况:一种是事前防卫或事前加害,这是在侵害还未开始时,或尚未面临不法侵害的直接威胁时进行的防卫;另一种是事后防卫或事后加害,或迟误防卫,这是在侵害结束之后实行的防卫。防卫不适时不符合正当防卫的时间条件,因而不具备正当防卫的性质,属于非正当防卫,应当承担刑事责任。本案中,被害人姜伟与其同伙在出租车内对黄中权实行了抢劫行为,抢劫既遂后拔下出租车钥匙后逃跑,针对黄中权的不法侵害已告结束,不具有继续或重新对黄中权实行加害行为的现实危险性。被告人在抢劫行为完成后,继续寻找、追踪被告人,并以驾车撞人的手段伤害犯罪人身体的行为构成事后防卫,属于防卫不适时,不成立正当防卫。[No. 4-234-3 黄中权故意伤害案]

△具有社会相当性的自救行为,不以犯罪论处。

自救行为,又称自助行为,是指权利被非法侵害的人,依靠自己的力量,来保全自己的权利或恢复原状的行为。自救行为在民法上一般被视为免除损害赔偿责任的一种情况,在刑法理论上则是被认为排除犯罪性行为的一种情况。但自救行为在我国刑法中并无明确规定。笔者从理论上对自救行为的构成要件作如下探讨:(1)自救行为必须是针对某种对法益造成损害的行为。(2)必须是自身的合法权益受到了不法侵害,这是自救行为成立的客观基础。(3)不法侵害已经结束,这是自救行为成立的时机条件。自救行为作为一种事后救济,必须以不法侵害已经结束为前提。不法侵害尚未发生而"自救"的,属于假想防卫;不法侵害尚在进行中的,多数情况下属于正当防卫,特定情况下也可能成立紧急避险。(4)必须处于特定的紧急情况下,即不能及时请求国家机关公力救济,如果行为人不立即进行自我救助,其权利将明显陷于归于失效,或无法保全,抑或无法得到实质恢复的境地。(5)自救行为应当具有社会相当性。实施的自救行为的手段、方法、程度必须适当。根据法益平衡原则,自救行为的手段、方法、程度必须以不超过必要限度为基准,不应造成自救人与加害人权利明显失衡的状态。因此,自救行为要符合公序良俗、社会公德以及社会主义法制原则,符合法律对于社会秩序的整体要求。被告人黄中权的行为满足了自救行为的部分要件,但是其行为不具有社会相当性,行为的手段、方法、程度不适当。被告人为了挽回200元现金和一台TCL2188手机的财产损失,采取了用机动车撞击犯罪人身体的手段,致使犯罪人死亡,明显超过了必要的限度,造成自救人与犯罪人的权利明显不公的结果,即为了维护较少的财产权益而损害了他人的生命权,不符合法益平衡原则,也有违公序良俗,故不构成自救行为。[No. 4-234-4 黄中权故意伤害案]

△为预防不法侵害而携带防范性工具并使用的,不阻却正当防卫的成立。

被告人李明在与他人发生摩擦后,为防对方报复,返回住所携带刀具防身,这是一种预防措施,是行为人为了防范自己的合法权益遭受不法侵害,在侵害发生之前做防范的准备,预先采取必要的防范措施,其目的也是为了防卫。但这种预防措施并不是针对正在进行的不法侵害,而是可能发生的不法侵害,与刑法所规定的正当防卫的产生条件并不完全一致。被告人只是意识到不法侵害有可能发生,为预防不法侵害的发生,携带防范性工具——管制刀具。而事态的发展则是动态的,可能发生防范效果,也可能不发生,防范效果是否发生取决于行为人是否遭受不法侵害。因此,如果没有不法侵害的发生,被告人的刀也不会派上用场,更不会杀死被害人。而在不法侵害发生时,被告人使用它反击不法侵害,其行为及结果均表明携带刀具的目的是抵御不法侵害,而不是针对和伤害某一特定人。因此,不能因为其携带管制刀具是违法的,就否定其行为的防卫性质。所以,本案被告人为预防不法侵害的发生携带防范性刀具,不能阻却其在遭遇不法侵害时运用该刀具实施的防卫行为成立正当防卫。只要其行为对不法侵害者所造成的损害与其保护的合法权益的价值之间不明显失衡,且防卫的效果又是针对正在进行的不法侵害,就应当认定为正当防卫。当然,也只有在预防措施的效果是针对不法侵害的发生而进行时,方成立正当防卫。在预先采取防范措施的场合,防范的对象一般是不特定的,在有的情况下,其行为是针对不法侵害人发生作用,而在有的情况下,则会损害无辜者的合法权益。因此,如果该行为不是对不法侵害发生了效果,而是造成其他无辜人员的伤亡或者财产损失,也不能成立正当防卫,应依具体情况对该危害行为追究相应的刑事责任。[No. 4-234-7 李明故意伤害案]

△区分正当防卫和互相斗殴的关键在于有无防卫意图。

所谓防卫意图,是指防卫人在实施防卫行为时对其防卫行为以及行为的结果所应具有的心理态度。防卫意图包括防卫认识和防卫目的两方面内容,其中,防卫认识是产生防卫意图的前提,防卫目的是防卫意图的核心。

所谓防卫认识,是指行为人在面临不法侵害时,对与防卫有关的诸多事实因素的认识。一般而言,防卫认识包括以下基本内容:其一,认识到侵害合法权益的不法侵害的存在。行为人只有认识到存在不法侵害,才能产生防卫意图,如果行为人认识到不存在不法侵害而实施所谓的反击行为的,不属于正当防卫,而属于加害行为。至于不法侵害的性质,不要求行为人认识,因为在紧迫的情况下,不法侵害是犯罪行为还是一般违法行为,行为人没有时间也没有义务加以判断。至于不法侵害所侵害的合法权益的性质,行为人也无须确认。因为,根据刑法的规定,无论是国家利益、集体利益,还是本人利益、他人利益,只要是合法权益,任何人都有权加以保护。其二,认识到某种合法权益受到正在进行的不法侵害的危害,并确定不法侵害人。如果行为人明知不法侵害尚未发生或者已经结束,而对侵害者实施加害行为的,表明行为的意图是不正当的,不成立正当防卫;如果行为人明知他人没有实施不法侵害,却对其实施了加害行为,也不能构成正当防卫。

所谓防卫目的,是指行为人在防卫认识的基础上,在防卫动机的促使下,实施防卫行为所希望达到的结果。正当防卫要求必须以保护合法权益,制止不法侵害为目的,这是由正当防卫的法律属性决定的。刑法设立正当防卫的宗旨在于及时有效地制止不法侵害,保护合法权益,并不是以加害不法侵害人为目的。因此,如果行为人在防卫过程中追求危害社会的结果,便失去了防卫的目的,同时也违背了正当防卫的宗旨。防卫目的是确定防卫意图的关键,决定着防卫意图的正当性,如果行为人以加害他人为目的,那么,其主观意图也就是非法的,当然不能成立正当防卫。

互殴行为之所以不能构成正当防卫,正是因为斗殴双方缺乏防卫意图。在互相斗殴中,斗殴双方都具有殴击、伤害对方的故意,双方都以侵害对方为目的,并在此意图支配下积极实施侵害对方的行为,根本不存在正当防卫所要求的防卫意图,因此,斗殴双方的任何一方均不得主张正当防卫的权利。在互殴场合下,可能是一方先动手,另一方后动手,但这并不能改变互殴的法律性质,只要双方都有互相侵害对方的犯罪意图而故意互相侵害,就不能成立正当防卫。当然,如果一方本无侵害对方的故意,完全是由于对方的不法侵害而被迫还手,则不能认定为互殴。此外,如果一方已经退出互殴现场,而另一方仍穷追不舍,并加大了侵害力度,在此情况下,对于退出一方来说,对方的攻击行为就变成一种正在进行的不法侵害,退出一方则有权实行正当防卫。

由于互殴行为和正当防卫行为在其主观构成上有着显著的区别,因此,在司法实践中,判断某一行为属于互殴还是正当防卫,可以从行为人主观上的认识因素和意志因素两方面来进行。从认识因素来说,互殴行为一般多具有预谋性,行为人对互殴的时间、地点、相对人比较明确,有相对具体的计划,往往为之做充分准备,并很可能携带互殴所需凶器等。而正当防卫行为一般多具有突发性,侵害事件突然发生,行为人对该侵害事件发生的时间、地点以及相对人事先往往并不明知,为了保护自己的合法权益,被迫采取措施进行抵御或者反击。从意志因素看,互殴行为具有主动性和不法侵害性,互殴行为人主观上都有侵害对方的故意,在此侵害对方的故意意图支配下,其行为往往表现出明显的主动性,斗殴双方一般会主动采取促使其侵害意图达成的多种措施以使对方遭受侵害,并积极追求或放任对方伤害结果的发生。正当防卫行为则具有被动性和防卫性。在突遭他人不法侵害的情况下,防卫人往往没有选择的余地,只能被动采取措施,加入到事件中。其可能被动防御,也可能主动反击,但不管以何种方式,行为人的主观目的在于制止不法侵害,保护合法权益,行为往往表现出防卫性和一定的节制性。[No. 4-234-8　李明故意伤害案]

△**在互殴过程中,处于弱势的一方使用器械伤害强势的一方,致对方受伤并造成死亡结果的,不构成防卫过当,应以故意伤害罪论处。**

在因互殴致人重伤或者死亡的案件中,行为人往往以防卫过当为由进行辩解,要求减轻或者免除处罚。但根据《刑法》第二十条第二款的规定,防卫过当是指为了使国家、公共利益、本人或者他人的人身、财产和其他权利免受正在进行的不法侵害,而对不法侵害者所实施的明显超过必要限度造成重大损害的行为。也就是说,防卫过当要求行为人的行为具有防卫性和目的的正当性,只是由于行为人在实施防卫过程中针对不法侵害所采取的防卫行为明显超过必要限度,才造成重大的损害。而在互殴中,在主观上,互殴双方均具有侵害他人的故意,在客观上,互殴双方均实施了加害行为。所以,互殴双方的行为均属于不法侵害,一般不成立正当防卫。但是例外的情况是:(1)一方放弃斗殴逃避,另一方不肯罢休,逃避一方有正当防卫的权利;(2)在斗殴过程中,一方行为的性质发生急剧的变化,另一方存在正当防卫的权利。上述两种情况,均是因情况发生变化,互殴转变为一方殴打或攻击另一方。被殴打方已从互殴时的侵害者转变为被侵害者。根据我国《刑法》第二十条的规定,被侵害人为维护合法权益不受侵害而实施的制止不法侵害的行为属于正当防卫。据此,上述两种情况中的被攻击方依法享有正当防卫的权利。被侵害人出于防卫目的而依法实施的制止不法侵害的行为,依法具有正当防卫的性质。

黄德波故意伤害案中,被告人黄德波与被害人朱德军等人因不能冷静处理在市场交易过程中所产生的普通民事纠纷致矛盾升级,发生打斗。双方在主观上均有侵害对方的故意,在客观上亦实施了针对对方的加害行为。虽然被害人朱德军在起因上存在过错,但现有证据证实双方先争吵十余分钟继而打斗,这只是一种互殴行为,并不是单方不法侵害行为。在双方徒手打斗的过程中,被告人先后两次拿起锐器,并最终将被害人朱德军砍伤致死,因此,此伤害行为不具有正当防卫的属性,至于起因上被害人的过错,只能作为对被告人从轻量刑的一个情节而已。

因此,就本案而言,被告人黄德波的行为显然不符合上述两种情况,一审法院依法对被告人黄德波的行为不认定为防卫过当,并以故意伤害罪定罪判刑是正确的。[No. 4-234-13　黄德波故意伤害案]

△对于不能辨认或者不能控制自己行为的精神病人实施的不法侵害,可以实施正当防卫,但不能超过必要限度造成重大损害。①

范尚秀故意伤害案中,由于被害人系不能辨认和控制自己行为性质的精神病人,并且持有木棒、砖头等凶器,对被告人而言,具有较大的人身危险性,被告人在被害人手中仍持有砖头的情况下,使用夺下的木棒进行防卫,从防卫手段上讲,与侵害行为是相适应的,但在被告人已将被害人按倒在地后,被害人对被告人的人身危险性已大大减弱,被告人使用木棒两次击打被害人的要害部位,并导致被害人死亡,则明显超过必要的限度,属于防卫过当。

被告人使用木棒连续击打被害人的要害部位,对造成被害人人身损害的后果,应当是明知的。考虑到被告人与被害人系同胞兄弟,且见被害人未回家后又到现场去寻找,认定被告人故意杀人的理由不充足,故以故意伤害罪对被告人定罪处罚较为适宜。[No. 4-234-21　范尚秀故意伤害案]

△对他人非法侵入住宅的行为,居住权人有权依法实施正当防卫。

被告人赵泉华与王企儿、周钢原本不相识,双方在舞厅因琐事发生争执。人们在社会生活中相互之间产生矛盾、发生摩擦是经常发生的,但王企儿、周钢等人事后多次到赵泉华家,采用踢门等方法,找赵泉华寻衅,均因赵泉华避让而未果,说明被告人赵泉华不想再发生争执,也说明了其根本没有非法伤害对方的主观故意。然而王企儿、周钢却屡屡找赵泉华寻衅。2000 年 1 月 4 日晚,王企儿、周钢再次至赵泉华家,在踢开赵家房门后强行闯入赵家,致赵家房门锁锁舌弯曲,家中凌乱,一些物品被损坏。王企儿、周钢不经住宅主人同意,强行破门闯入他人住宅。侵犯了他人的合法权利,性质当然是一种不法侵害行为。我国《宪法》第三十九条规定,中华人民共和国公民的住宅不受侵犯,禁止非法搜查或者非法侵入公民的住宅。我国《刑法》第二百四十五条规定了非法侵入住宅罪,非法侵入他人住宅的,处三年以下有期徒刑或者拘役。非法侵入他人住宅,表现为未经住宅主人同意,非法强行闯入他人住宅,或者经住宅主人要求其退出仍拒不退出,妨害他人正常生活和居住安全的行为。对非法侵入住宅的行为,住宅主人有权自行采取相应的制止措施,包括依法对非法侵入者实施必要的正当防卫。[No. 4-234-23　赵泉华故意伤害案]

△防卫行为虽然明显超过必要限度,但防卫结果并未造成重大损害的,或者防卫结果客观上虽造成重大损害但防卫措施并未明显超过必要限度的,不属于防卫过当,应认定为正当防卫。

就赵泉华故意伤害案而言,本案被告人赵泉华一人要对付王企儿、周钢两人的不法侵害,其采取的防卫措施,虽较激烈,但还说不上明显超过必要限度,且防卫结果仅造成一人轻伤一人微伤,也没有造成重大损害。因此,赵泉华的防卫行为完全符合《刑法》第二十条第二款关于正当防卫的规定,依法不应对王企儿的轻伤后果承担刑事责任。[No. 4-234-24　赵泉华故意伤害案]

△持足以严重危及他人重大人身安全的凶器、器械伤人的,可以认定为行凶;对正在行凶的人实施正当防卫致其死亡的,属于特殊防卫,依法不承担刑事责任。

对行凶的理解应当遵循上述关于特殊防卫条件的基本认识,即首先行凶必须是一种已着手的暴力侵害行为,其次行凶必须足以严重危及他人的重大人身安全。故行凶不应该是一般的拳脚相加之类的暴力侵害,持械殴打也不一定都是可以实施特殊防卫的行凶。只有持足以严重危及他人的重大人身安全的凶器、器械伤人的行为,才可以认定为行凶。

李小龙等故意伤害案中,被害人一方仗势欺人,滋事生非,自己既不买票,还强拉他人入场看表演。当被告人李从民为息事宁人作出让步,要求被害人等人在原来票价一半的基础上购票看演出时,又首先遭到被害人方的不法侵害。在被告人方进行防卫反击时,被害人一方又找来木棒、钢筋、菜刀等足以严重危及他人重大人身安全的凶器意欲进一步加害被告人方,使被告人方的重大人身安全处于现实的、急迫的、严重的危险之下,应当认定为行凶。此时,被告人李小龙为保护自己及他人的重大人身安全,用钢管座腿击打王永富的头部,符合特殊防卫的条件,虽致王死亡,但依法不负刑事责任。本案其他被告人在防卫反击中,致徐永红轻伤,防卫行为没有明显超过必要限度,且也未造成不法侵害人重大损害,故同样不负刑事责任。二审法院依法宣告本案各被告人无罪

---

①　不同见解指出,对精神病人或儿童完全不可以正当防卫,因为他们对法规范的意义完全不理解。一个精神病人的行为在法规范意义上和自然现象是一样的,没有引起规范保护的意义,故其行为不是不法侵害。因此,法规范保护说才认为不能对其正当防卫,只可以进行紧急避险,对其损害要尽可能地控制在最小限度之内。参见冯军:《刑法教义学的立场与方法》,载梁根林主编:《当代刑法思潮论坛(第二卷):刑法教义与价值判断》,北京大学出版社 2016 年版,第 10 页。

的判决是正确的。[No. 4-234-26　李小龙等故意伤害案]

△在人身安全受到威胁后准备适当的防卫工具,在遭受不法侵害时利用该工具进行反击的,不影响正当防卫的成立。

胡咏平故意伤害案中,首先,行为人在人身安全受到威胁后但尚未受到危害前便准备工具的行为本身并不能说明是为了防卫还是为了斗殴,其目的只能根据相关事实和证据确定,而不能恣意推测。本案中胡咏平始终供称,其准备工具是为了防卫,如果张成兵不叫人打他,他不会主动去打人。事实也表明,胡咏平从同事处得知张成兵扬言在下班后要叫人殴打他后,并未纠集他人准备与张成兵一伙人斗殴,也不知道张成兵会叫多少人,在什么时间、什么地点殴打他,为应对现实的威胁,以防不测,事先准备防卫工具本身不足以表明胡咏平就具有与对方争勇斗狠、打架或斗殴的故意。而且胡咏平确实是在下班路上被张成兵一伙拦住殴打后才反击的,且反击一下就逃离,而未主动出击,也未连续反击。这说明胡咏平准备工具的目的是防卫而不是斗殴。因此,本案现有事实和证据均不能表明胡咏平事先准备工具是为了与张成兵等人斗殴。

其次,公力救济手段毕竟有限,特别是像本案,胡咏平所受到的威胁并非确定且重大,时间、地点又不确定,此种情形公安机关通常多为事后救济,即使其事先向公司领导或公安机关报告,恐也难以得到有效保护。正因如此,为了更加有效地保护公民的生命和财产安全,我国刑法才规定了正当防卫制度。公民既然有正当防卫权,当其人身安全面临威胁时,就应当允许其做必要的防卫准备。本案被告人胡咏平在其人身安全受到威胁后遭到危害前准备防卫工具,并无不当,也不为法律所当然禁止。

最后,在价值取向上,刑法应当弘扬正义,惩恶扬善。胡咏平系从外地来厦门打工,为人一贯忠厚老实,当面临人身安全威胁时,势单力孤,处于弱者的不利地位。张成兵扬言要找人殴打胡咏平,并提前离厂去纠集打手。邱序道、邱海华二人明知打人违法,仍积极充当帮凶,且携带凶器。面对人多势众、气势汹汹的一方的恶意寻衅,事先准备防卫工具,以防不测,是自然的反应,对此不应有过度的苛求与限制。因此,纵使在本案被告人胡咏平准备钢筋条是为了防卫还是为了斗殴难以界定的情况下,也应当作出有利于胡咏平的推定,只有这样,才能符合惩恶扬善的刑法本意。

综上,认定本案被告人胡咏平事先准备工具的目的是防卫而非斗殴,是合乎本案事实与情理的。

应当指出的是,当公民受到人身威胁时,要尽可能向单位领导或公安机关报告,通过组织手段解决矛盾,防范危害。确有必要做防卫准备时,选择的防卫工具、防卫准备方式要适当,要注意防卫准备行为本身不能触犯法律的禁止性规定,如不能非法持有枪支防身,不能采用私设电网等足以危害公共安全的行为防范盗窃、非法入侵,等等。但是否有报告,是否事先准备防卫工具以及准备什么样的防卫工具,均属于另一个问题,不影响防卫性质的认定。[No. 4-234-30　胡咏平故意伤害案]

△对正在进行的尚未达到相当严重程度的不法侵害,采取相应措施予以制止的,不属于事先防卫,应认定为正当防卫;防卫行为明显超过必要限度造成重大损害的,属于防卫过当,应当承担相应的刑事责任。

胡咏平故意伤害案中,被害人邱序道与他人结伙持械堵截胡咏平,其殴打胡咏平两耳光的行为,表明其对胡咏平的不法侵害已经开始并正在进行,虽然该侵害行为还比较轻微,但从当时的情形看,不能证明其会就此罢休而不会施加更为暴力的手段。胡咏平如果不反抗或迅速逃离,不排除可能会遭受更为严重的侵害。胡咏平此时选择进行防卫,是适时的,并不属于事前防卫。抗诉机关认为,邱序道用拳掌殴打胡咏平脸部的行为还不属于不法侵害,只有持凶器殴打或将人打成轻伤以上的行为才属于不法侵害,显然混淆了正当防卫的前提条件和限度条件的区别。正当防卫的限度条件是指基于制止不法侵害的目的,防卫不得明显超过必要限度并造成重大损害。也就是说,只有在判断正当防卫是否明显超过必要限度时,分析不法侵害的程度才有意义,不法侵害的程度只是判断防卫是否适度的一个指标,但绝非能否进行防卫的前提条件。根据刑法的规定,除非对正在进行的行凶、杀人、抢劫、强奸、绑架等严重危及人身安全的暴力犯罪,防卫人可以实施无限度防卫外,对其他正在进行的不法侵害所采取的防卫措施都不得明显超过必要限度并造成重大损害。本案中被告人胡咏平所实施的防卫行为,已造成不法侵害人邱序道重伤,从结果上看属于造成重大损害。胡咏平所遭受的不法侵害,仅是一般的拳掌殴打,并不属于严重危及其人身安全的暴力犯罪,故其不应采取明显超过必要限度的防卫措施。胡咏平在遭到邱序道打两个耳光这一比较轻微的不法侵害的情况下,随即持尖锐的钢筋条捅刺邱序道的前胸,防卫行为明显超过必要限度,且已造成邱序道重伤,依法应认定为防卫过当,承担相应的刑事责任。[No. 4-234-31　胡咏平故意伤害案]

△在互殴过程中,一方将另一方刺伤后经抢救无效死亡的,不属于正当防卫,应以故意伤害致人死亡论处。

苏良才故意伤害案中,被告人苏良才第一次被张阳挺叫出门时,与张阳挺发生争执,被张的同伙尤忠伟踢了一脚。事后苏良才不能冷静处置,而心怀不满,回至宿舍向同学要了一把折叠式水果刀,并张开刀刃藏于裤袋内出门,说明此时苏良才主观上已产生斗殴的故意。在张阳挺的言语挑衅下,苏良才声言"打就打",并在斗殴中持刀刺死帮助其兄斗殴的被害人。苏良才无论在主观方面还是客观方面,都具有对对方进行不法侵害的故意和行为。也就是说,苏良才并非不愿斗殴,退避不予还手,在无路可退的情况下,被迫进行自卫反击,且对方手中并未持有任何凶器。显然,苏良才的行为是为了逞能,目的在于显示自己不惧怕对方,甚至故意侵犯他人的人身权利,是一种有目的的直接故意犯罪行为,主观上具有危害社会的犯罪目的,不具有防卫过当所应具有的防卫性和目的的正当性,不符合正当防卫中防卫过当的本质特征。因此,一、二审法院依法对苏良才的行为不认定为防卫过当,并以故意伤害罪定罪判刑,是正确的。[No. 4-234-33　苏良才故意伤害案]

△互殴停止后,为制止他方突然袭击而采取的防卫行为,属于正当防卫;防卫未明显超过必要限度的,不负刑事责任,亦不承担民事责任。

张建国故意伤害案的发展过程可以分为两个阶段:第一阶段即争执阶段。徐永和酒后因对被告人张建国的一句戏言不满,与张发生争执打斗。此时,双方相互争执,行为性质属于互殴。第二阶段即争执结束后的阶段。经人劝解,徐永和与张建国分开,互殴结束,但徐永和并未善罢甘休,而是抄起两个空酒瓶,将酒瓶磕碎后持碎酒瓶寻衅滋事。徐永和看见张建国从酒楼出来,口中说"扎死你",手则持碎酒瓶向张建国面部扎去。张建国躲闪不及被扎伤左颈、面部,这属于互殴停止后,一方又进行突然袭击的情形。此时,因互殴已经停止,张建国被迫进行防卫,而徐永和属于不法侵害人。面对不法侵害,张建国当然有正当防卫的权利。从实际情况来看,张建国在意识到不法侵害正在发生后,为制止不法侵害,采取了抱住徐永和后腰将徐摔倒的防卫方法。张建国出于防卫目的而实施的制止徐永和不法侵害的行为,具备法律规定的正当防卫的条件,而且防卫手段、强度亦未超过必要的限度。徐永和被自己手持的碎酒瓶扎伤致死是张建国本人意料不到的。

综上,张建国在互殴停止后制止徐永和突然袭击的行为系正当防卫。对防卫行为造成的后果,张建国不负刑事责任,亦不承担民事责任。一审法院的判决及二审法院的裁定均是正确的。[No. 4-234-34　张建国故意伤害案]

△在自家院内搜寻藏匿的不法侵害人时,发生打斗致人死亡,构成正当防卫。

根据《刑法》第二十条第三款的规定,对正在进行行凶、杀人、抢劫、强奸、绑架以及其他严重危及人身安全的暴力犯罪,采取防卫行为,造成不法侵害人伤亡的,不属于防卫过当,不负刑事责任。刑法理论上一般将这种情形称为无过当防卫或特殊防卫。构成无过当防卫,除了在防卫目的、防卫起因、防卫客体、防卫时间等方面要符合正当防卫的一般要求外,还要具备两个条件:一是行为人面临行凶、杀人、抢劫、强奸、绑架以及与前述行为危害程度相当的严重暴力犯罪,行为人的人身安全受到严重威胁,甚至是侵害;二是行为人实施防卫不受防卫限度条件的限制,即使造成不法侵害人伤亡,也不属于防卫过当。结合李英俊故意伤害案的具体情况,笔者认为,被告人李英俊的行为构成无过当防卫。

被害人刘振强躲进玉米地后其实施的不法侵害并未结束。刘振强凌晨持刺刀砍击被告人李英俊家大门,后翻墙进入李家院内划割厨房纱窗,其行为严重威胁李英俊及家人的人身安全,属正在进行的不法侵害。刘振强划割纱窗被李英俊妻子发现后躲入院内的玉米地,虽未继续行凶,但其躲避的目的是准备逃离现场还是伺机行凶,根据现有证据无法查明。同时,在案证据证实刘振强患有精神病,案发时处于精神异常状态,攻击他人的可能性较大。由于该玉米地与李家住房均用围墙围在一个大院落内,且玉米地与住房距离较近,刘振强躲在玉米地内对李家人仍有现实威胁,也可认为是侵害状态的延续,故认为被害人躲入玉米地后不法侵害仍然存在的意见有一定道理。

被告人李英俊在多名村民前来帮助的情况下持械进入玉米地寻找被害人刘振强的行为具有正当性、合理性,不应认定其具有加害故意。面对躲在自家院内玉米地里的持刀男子,由于不能确定其是否再次实施侵害,李英俊有权利保护自身及家人的安全,其进玉米地搜寻持刀人的目的是排除现实危险,携带铁管防身也是人之常情,即使其认识到可能与对方发生打斗,对对方造成伤害,也不影响其目的的正当性。选择等待警察到场处置虽然也是一种处理方式,但在自家院内搜捕潜在侵害人是公民应有的权利,况且案发时为凌晨,光线较暗,刘振强躲过在场人员的监控潜入室内行凶的可能性是客观存在的。因此,李英俊在警察到来之前自行搜捕不法侵害人,既是合法的,也是合理的。

被告人李英俊在玉米地中与被害人刘振强发生打斗，并将刘振强打倒的行为属于无过当防卫。当时在院内的多名证人均证实李英俊进入玉米地后听到铁器撞击声，一定程度上印证了李英俊所供打斗情节。结合李英俊打倒刘振强后立即呼叫他人，其家人积极协助救治的情节看，其在打斗中无明显的杀伤意图，打击手段亦有节制，对其供述应予采信。因此，李英俊在遭到刘振强持刀攻击的情况下持铁管还击并将刘振强打倒的行为，符合《刑法》第二十条第三款规定的无过当防卫的构成要件，系正当防卫。［No. 4-234-50　李英俊故意伤害案］

△防卫人针对众多侵害人中一人进行集中攻击，判断防卫行为是否明显超过必要限度造成重大损害，不仅应将防卫人与个别侵害人的行为及状态进行比较，也应综合双方的全部力量对比进行考量。

在司法实践中，不乏多人对被告人实施不法侵害，而被告人择一侵害人进行集中反击，致人重伤甚至死亡的案例。以一对一的攻击手段、方式和力度来看，可能该特定侵害人并未对防卫人实施较为严重的不法侵害，防卫人对该侵害人的攻击往往超过必要限度造成重大损害，对防卫人行为性质的认定也存在较大的争议。

防卫人集中攻击某一特定侵害人的心理动因，可能是为了显示自己反抗的决心以威慑对方；可能是择一弱者攻击以便于逃跑或削弱对方实力；可能是在慌乱之中来不及判断，只能本能地选择离自己最近、最容易攻击的对象进行反击；也可能是明知自己无法逃脱，但希望对方付出同等的代价。不可否认，在侵害人为多人的情况下，假如防卫人泛泛攻击所有侵害人造成轻微伤，不但无法有效阻止不法侵害，反而可能激起侵害人的怒火，使侵害升级，其效果往往不如集中攻击一人的威慑效果好。

在一对一的情况下，如果侵害人因防卫行为而放弃不法侵害或丧失反抗能力，防卫人再进行攻击，无疑是故意犯罪；而在多人侵害的情况下，即使一名侵害人倒地，其他侵害人继续实施不法侵害，那么防卫人再次攻击该侵害人的性质如何，需要针对具体情况进行判断。笔者认为应当将以下因素纳入考量依据：防卫人能否立即正确地判断侵害人仅是一时摔倒，还是已经丧失反抗能力；侵害人倒地后是否呼喝同伙为其报复；侵害人倒地后，双方力量对比是否因此发生变化；其他侵害人是否继续实施不法侵害，以及进一步攻击行为如何；侵害人摔倒的位置是否影响防卫人逃走或继续实施防卫行为等。

陈炳廷故意伤害案中，被害人吴某某用手殴打陈炳廷，而陈炳廷则使用酒瓶三次砸打被害人的头部。从一对一的情况看，陈炳廷攻击的手段和力度超过了被害人的侵害力度。但是从现场情况看，陈炳廷没有时间停手仔细观察，一时难以判断被害人仅是摔倒还是丧失反抗能力，陈炳廷从狭窄的收银处出来，被害人正好倒在路上，无论陈炳廷逃跑还是继续防卫，都需要经过被害人；对方10名左右同伙并没有离场，对陈炳廷的攻击还在继续，陈炳廷仍处于劣势。因此，陈炳廷对被害人的攻击虽然明显超出必要限度，但从不法侵害整体形势上判断，陈炳廷行为的社会危害性是较小的。［No. 4-234-54　陈炳廷故意伤害案］

△不法侵害已经结束而进行防卫，且防卫行为明显超过必要限度，构成事后防卫。

王大龙故意伤害案中存在现实的不法侵害行为，但不法侵害已经结束。李某等四人对王大龙实施的殴打行为，对于王大龙而言，构成现实的不法侵害，但该不法侵害行为已经结束。综合不法行为的危险程度与主观内容，应当认为被害人李某等人对王大龙的不法侵害行为并未达到严重程度。王大龙所处的客观环境决定其完全可以采取伤人以外的呼救方式获得救济。从双方手段、强度、人员多少以及强弱来看，被告人王大龙处于弱势，但李某等人没有持有工具。从防卫行为所保护的法益性质与防卫行为所造成的损害结果看，李某等人对王大龙进行殴打致王大龙轻微伤，属于一般违法行为，而王大龙持刀重伤李某、丛某，导致王某轻微伤，对比可见，王大龙的行为明显超过了防卫的客观需要，缺乏必要性。［No. 4-234-55　王大龙故意伤害案］

第二十一条　【紧急避险】

为了使国家、公共利益、本人或者他人的人身、财产和其他权利免受正在发生的危险，不得已采取的紧急避险行为，造成损害的，不负刑事责任。

紧急避险超过必要限度造成不应有的损害的，应当负刑事责任，但是应当减轻或者免除处罚。

第一款中关于避免本人危险的规定，不适用于职务上、业务上负有特定责任的人。

【立法理由】

（一）立法相关背景及修改情况

1979 年《刑法》第十八条第一款规定："为了使公共利益、本人或者他人的人身和其他权利免受正在发生的危险，不得已采取的紧急避险行为，不负刑事责任。"第二款规定："紧急避险超过必要限度造成不应有的危害的，应当负刑事责任；但是应当酌情减轻或者免除处罚。"第三款规定："第一款中关于避免本人危险的规定，不适用于职务上、业务上负有特定责任的人。"紧急避险虽然对他人的合法权益造成损害，但从其动机看，是出于保护合法利益，从客观效果看，总体上是有益于社会的。因此，法律规定紧急避险行为不负刑事责任。

1997 年修订刑法时基本沿用了这一条规定的内容，只是在内容上作了**三处调整**：一是在采取紧急避险措施所要保护的权益范围上，增列了"国家"利益、"财产"利益，扩大了避险行为所要保护的合法权益的范围，文字表述上与正当防卫的规定一致。二是在第一款中的"不负刑事责任"前增加"造成损害的"，使条文表述更加准确。三是在对避险过当的处罚规定上，删去了原来条文中的"酌情"二字，进一步明确避险过当的处罚规定的含义。

（二）立法时争议的主要问题

在 1997 年修订刑法过程中，一些专家学者提出，除正当防卫、紧急避险以外，形式上符合犯罪构成，而实质上不具有社会危害性的行为还有一些，建议增加**正当化事由**的规定。有的建议规定："人民警察和其他执法人员依法执行职务，造成人员伤亡的，不负刑事责任。"在征求意见的过程中，有的意见提出，对于人民警察等公务人员执行职务的行为，其他相关法律已有规定。如《人民警察法》第五条规定："人民警察依法执行职务，受法律保护。"《人民警察法》和《人民警察使用警械和武器条例》，对什么情况下可以**使用警械、武器**，使用警械、武器时要遵守什么都有规定，依照这些规定执行即可。有意见还提出，实践中有些执法人员依法履职的意识不强，执法队伍的素质总体上还需进一步提高，一些地方野蛮执法、滥用权力的情况时有发生，刑法中作上述规定需要慎重，应避免被错误理解或者滥用。有的意见还针对实践中发生的个别警察不当使用武器和警械的案例，建议依法规范用警。也有意见提出，执法人员的范围比较广，若只明确规定人民警察，是否会产生其他执法人员的执法活动不受法律保护的误解等。**最终立法机关没有在刑法中对这种情形进行专门规定**。需要说明的是，虽然刑法没有对此作出专门规定，但是国家机关工作人员依法执行职务的行为，受法律保护。因为依法履职而造成他人损害的合法的公务行为，不负刑事责任，是明确的。对此，应当按照有关法律规定处理。当然，如果违反使用警械和武器的规定，造成他人损害的，也应当依照有关规定予以处罚；构成犯罪的，应当依法追究刑事责任。

【条文说明】

本条是关于紧急避险的规定。

紧急避险，是指行为人在遇到某种危险的情况下，为了防止国家、公共利益、本人或者他人的合法权利遭受损害，不得已而采取的侵犯另一个较小的合法权利，以保护较大的合法权利的行为。紧急避险制度和正当防卫制度一样，是一项历史悠久的法律制度，对于刑事法律而言，具有排除行为犯罪性的作用。通常情况下，每个人的合法权益都受到法律同等的保护，任何人都没有"损人利己"的权利。但在紧急状态下，合法权益必然受损时，由于法律保护权益的平等性，如果不得已损害一个较小的利益，可以将损害降到最低，从而实现社会利益最大化的，法律也允许采取相应的"损害"另一个合法利益的措施。紧急避险的核心是紧急，只有在紧急状态下实施才不需要承担刑事责任。由于紧急避险是对于另一个合法权益的损害，因此，相对于正当防卫制度来说，刑法对紧急避险制度规定了更为严格的限制条件，以最大限度地排除对其他人合法权益的损害。

本条共分为三款。

第一款是关于**什么是紧急避险行为及紧急避险行为不负刑事责任的规定**。根据本款规定，采取紧急避险行为应当符合以下条件：（1）**避险的**

目的是使国家、公共利益、本人或者他人的人身、财产和其他权利免受危险。(2)**“危险”正在发生**,使上述合法权益受到威胁。对尚未发生的危险、已经结束的危险以及假想的危险或者推测的危险,都不能采取紧急避险行为。(3)紧急避险行为是为了使更多、更大的合法权益免受正在发生的危险,而不得已采取的损害另一个合法权益的行为。[①] 因此,**紧急避险所造成的损害必须小于避免的损害**。[②] 这是由紧急避险的性质决定的。

关于紧急避险行为的法律后果。由于紧急避险造成的损害必须小于所避免的损害,对社会总体上是有益的,不具有刑法意义上的社会危害性而具有合法性。因此本款规定,“不得已采取的紧急避险行为,造成损害的,**不负刑事责任**”。

第二款是关于**紧急避险超过必要限度造成不应有的损害的,应当负刑事责任和处罚原则的规定**。本款规定了两层意思:一是采取紧急避险行为超过必要限度造成不应有的损害的,应当负刑事责任。本款规定的“**超过必要限度**”,是指紧急避险行为超过了使受到正在发生的危险威胁的合法权益免遭损害所必需的强度而造成了不应有的损害。这里规定的“超过必要限度”和“造成不应有的损害”是一致的。所谓“**不应有的损害**”,是指紧急避险行为造成的损害大于避免的损害。造成不应有的损害的,已经失去紧急避险的意义,具有一定的社会危害性,因此本款规定,紧急避险行为超过必要限度造成不应有的损害的,应当负刑事责任。二是对超过必要限度应当负刑事责任的紧急避险行为,**应当减轻或者免除处罚**。超过必要限度造成不应有的损害的紧急避险行为,虽然具有一定的社会危害性,但其前提是正当的,行为人主观动机是为了使更多、更大的合法权益摆脱危险、免受损害,其社会危害性相对小于单纯为了侵害他人合法权益的犯罪行为。因此,本款规定对紧急避险超过必要限度造成不应有的损害的,应当减轻或者免除处罚,这也是符合罪责刑相适应原则的。

第三款是关于**紧急避险的特殊规定**。根据本款规定,为了避免本人危险而采取的紧急避险行为,不适用于职务上、业务上负有特定责任的人,即对正在发生的危险负有特定职责的人,不能为了使自己避免这种危险而采取紧急避险的行为。所谓“**职务上、业务上负有特定责任**”,是指担任的职务或者从事的业务要求其对一定的危险负有排除的职责,同一定危险作斗争是其职业义务。如消防员不能因为怕火灾对自身造成损害,而拒绝履行灭火职责;负有追捕持枪罪犯职责的公安人员,不能为了自己免受枪击而逃离现场;飞机驾驶员不能因飞机发生故障有坠机危险,而不顾乘客的安危自己逃生;等等。

【参考案例】

△生命受到现实威胁,被迫与他人性交的,属于紧急避险行为,不构成犯罪。

紧急避险行为中行为人因受威胁而为的损害他人利益的行为,与共同犯罪中胁从犯因被胁迫实施的犯罪行为虽有一定的相似性,即行为人均是在受人胁迫的前提下,实施了损害第三人利益的行为,但是,二者的区别还是比较明显的:一是从危险的紧急性来看,紧急避险中的危险是正在发生的危险,后者既可以是正在发生的危险,也可以是将来可能发生的危险。二是从保护的利益来看,紧急避险保护的是合法权益,包括国家、公共利益以及本人或者他人的人身、财产或其他权利,后者既可以是保护合法权益,还可以是保护非法权益,如本人或他人的非法所得、不良隐私、违法犯罪行为等。三是行为人意志自由丧失程度不一致。紧急避险中的行为人在当时的危险状态下,其完全无选择意志的自由,即其实施损害第三人利益的行为是在别无他法可以避免危险时才允许,也就是“不得已”而为之。胁从犯虽然是被胁迫而参加犯罪,但其还是有一定程度的自由意志,其参加犯罪仍然是其自行选择的结果。四是是否承担刑事责任不同。紧急避险未超过必要限度的,不负刑事责任,超过必要限度造成不应有的损害的,应当负刑事责任,但是应当减轻或者免除处罚;胁从犯则均应负刑事责任,只是可以减轻或者免除处罚。可见,基于上述不同,对于紧急避险,从权益衡量原理出发,允许为了保护较大的合法权益而牺牲较小的合法权益,并将之看作是对社会有益的行为;后者基于可期待性原理,对被胁迫参加犯罪的行为人只在量刑上予以适当考虑。

---

① 不得已意味着避险成为唯一的手段与方法时才能允许,也才能构成正当化事由。倘若还有报案、寻求第三人的帮助、逃跑等其他可行的方法足以避免危险,就不是不得已,不能成立紧急避险。参见周光权:《刑法总论》(第4版),中国人民大学出版社2021年版,第226页。

② 关于利益大小的比较,一般而言,人身权利大于财产权利。在人身权中,生命权大于健康权,健康权又大于自由权以及其他权利。在财产权中,以财产价值的大小作为衡量的标准。另外,牺牲他人生命来保全自己生命,通说认为不符合避难的限度条件(但可能成立免责的紧急避难)。参见周光权:《刑法总论》(第4版),中国人民大学出版社2021年版,第227页。

本案中,蒙某某被他人持刀威胁,要求其和瞿某某性交,否则蒙某某、瞿某某会遭受生命危险。蒙某某在二人生命受到紧迫威胁的情况下,在没有其他方法避险的情况下不得已侵犯了瞿某某的性权利,属于为了避免造成较大合法权益的损害而侵犯他人较小合法权益的行为,系紧急避险行为,不构成犯罪。[No. 4-236-3　谭荣财等强奸、抢劫、盗窃案]

第二节　犯罪的预备、未遂和中止

第二十二条　【犯罪预备】
为了犯罪,准备工具、制造条件的,是犯罪预备。
对于预备犯,可以比照既遂犯从轻、减轻处罚或者免除处罚。

【立法理由】

1. **1979 年立法的情况**。1979 年《刑法》第十九条规定:"为了犯罪,准备工具、制造条件的,是犯罪预备。对于预备犯,可以比照既遂犯从轻、减轻处罚或者免除处罚"。犯罪预备是为实施犯罪准备工具、制造条件的行为。刑法上的犯罪预备,作为犯罪尚未完成即行终止的诸情形之一种,行为人行为终止的时间是在着手实施犯罪之前。之所以尚未实际实施相关行为,也作为犯罪予以追究,主要是考虑到预备犯虽没有实际开始实施构成要件行为,但行为人为实施构成要件行为而实施的准备工具、创造条件等实际活动,表明了其具有实施犯罪的主观意图,且积极进行了犯罪准备,其所要侵害的对象客观上存在受到侵害的危险。预备犯主观上准备实施犯罪的意志和预备行为客观上具有的危险性,是其预备行为具有社会危害性的主客观基础。因此,刑法规定对预备犯要追究刑事责任。同时,考虑到预备犯毕竟尚未着手实施构成要件行为,社会危害性相对既遂犯明显较小,刑法对预备犯的处罚,规定可以比照既遂犯从轻、减轻或者免除处罚。

2. **1997 年修订刑法的情况**。1997 年修订刑法时,对该条未作修改。但是在两个方面曾进行过讨论。一是关于犯罪预备的概念。有意见提出,可以将犯罪预备表述为:"为实施犯罪,准备工具或者创造其他便利条件的,是犯罪预备。"这一表述与刑法原有规定没有实质上的差别,不同之处在于,明确为犯罪而准备工具的行为,是为犯罪而创造便利条件的一种形式。立法机关最终未采纳上述意见,仍保留 1979 年刑法中的规定。主要考虑是,刑法原来关于犯罪预备的表述,实施中没有反映存在问题,可以不作修改;"制造"条件比"创造"条件,似乎能够更准确地表达行为人准备犯罪的积极程度。二是关于预备犯的处罚原则。有意见提出,预备犯犯罪情节较轻,社会危害性较小,国外对预备犯以不处罚为原则,处罚为例外,且以刑法明文规定处罚为限。因此,建议修改 1979 年刑法关于处罚预备犯的原则,由"得减主义"变为"必减主义",将"预备犯可以比较既遂犯"修改为"预备犯应当比照既遂犯",以加大从宽的力度。还有的建议,应该根据未遂犯的不同情节采取不同的处罚原则,可修改为"对于预备犯,可以比照既遂犯从轻处罚;情节较轻的,可以免除处罚"。对于上述建议,各方面也有不同意见,认为预备犯本来情节就比较轻,再进一步区分情节较轻的如何处罚,实践中难以操作,也没有必要,建议不作修改。**1997 年刑法最终未对预备犯的处罚原则作出修改**。

【条文说明】

本条是关于犯罪预备的规定。

本条共分为两款。

第一款是关于**犯罪预备定义的规定**。根据本款规定,犯罪预备具有两个主要特征:一是"**为了犯罪**",即行为人主观上具有明确的实施犯罪的目的和意图。这种实施犯罪的目的和意图,表明行为人主观上具有犯罪的故意。行为人为了顺利地进行犯罪,开始实施准备犯罪的活动,其所实施的构成犯罪预备的行为,是为了准备犯罪,这一目的和意图体现的是其主观恶性,形成了对预备犯追究刑事责任的主观依据。二是**为实行犯罪准备工**

具、制造条件。[①] 准备工具、制造条件，是犯罪预备的行为内容，这些客观的行为表现，是为进一步实施犯罪而为，具有一定的社会危害性，形成了对预备犯追究刑事责任的客观依据。“**准备工具**”，是指准备为实施犯罪所用的各种作案工具、器材和其他用品。[②]“准备”包括收集、购买、制造以及非法获取等活动。“工具”在司法实践中有较多表现形式，取决于行为人所预备实施的犯罪行为，一般表现为物品，如用于犯罪的刀具、车辆、器材、设备、仪器、零部件、原材料等。在信息网络时代，还可能为了实施网络相关犯罪，而准备数字工具，如专门用于非法侵入、非法控制计算机信息系统的程序、工具等。“**制造条件**”，是指除准备犯罪工具和其他用品以外的，积极创造有利于实现犯罪目的的各种便利因素的行为，如营造环境、制造机会、犯罪演练等。[③] 准备工具、制造条件，都是着手实施犯罪之前准备犯罪的行为。[④] 实践中要注意犯罪预备与**单纯犯罪意图流露**的区别。行为人为了犯罪“准备工具、制造条件”的，已经实施了与犯罪有关的相应行为，如为了放火而准备汽油、引火物，为了抢劫而进行尾随，为了诈骗而制作虚假证件以便于隐匿真实身份等。这与只是有犯罪意图而无任何外在行为的思想状态有本质差异，也与通过言语、动作等方式声称实施犯罪但实际上并无实施犯罪打算的犯意表达行为性质完全不同。特别需要注意的是，预备犯尚未着手实施犯罪，其所实施的行为由于不是刑法明确规定的具有类型化特征的构成要件的行为，因而在外在特征上往往不具有明显违法的特征，甚至与**一般社会行为**很难区分。比如购买一把菜刀为杀人准备工具，与添置生活用品在行为特征上没有差别，区别两种不同性质行为的依据，是**行为人购买菜刀的目的和意图**，而目的和意图属于主观方面的内容，是否有坚实的凭据可供作出正确判断，事实上存在很大的不确定性和风险。这就要求司法实践中在认定一个行为是否构成犯罪预备时，必须极为谨慎，应严格坚持主客观相统一。行为人实施“准备工具、制造条件”的客观行为，应与其进行犯罪预备的主观意图相一致。如果行为人没有实施犯罪的主观意愿，相关行为就不属于为了犯罪“准备工具、制造条件”；而行为人是否有实施犯罪的主观意愿，不能仅凭其本人承认与否，而要有确切的客观外在证据佐证。同时，行为人“为了犯罪”而进行的活动，应当是为犯罪所需，有利于或者便利犯罪实施的，这是其行为具有社会危害性的客观基础。总体上，就犯罪预备对实现犯罪的作用而言，便利了犯罪实施，具有社会危害性，但其危害性尚未达到直接、紧迫的程度，轻于着手实施犯罪。也正是基于此，在对预备犯处罚的力度上，应充分考虑犯罪预备所处的阶段和特点，体现罪责刑相适应。

第二款是关于**对预备犯处罚原则的规定**。本款包含两层意思：一是对预备犯，**应当追究刑事责任**。二是对预备犯，**可以比照既遂犯从轻、减轻处罚或者免除处罚**。由于预备犯所实施的行为处于犯罪的预备阶段，客观上尚未着手实施刑法规定的犯罪构成要件行为，尚不构成直接、紧迫的危险，其社会危害程度要显著低于既遂犯。因此本款规定，对预备犯可以比照既遂犯从轻、减轻处罚或者免除处罚。对于预备犯有无必要规定“免除处罚”，在1979年立法时曾有争议。有意见认为，没有必要规定对于犯罪预备“免除处罚”：其一，对于危害国家安全的犯罪（反革命犯罪），如果规定了预备犯“免除处罚”，有可能会放纵该类犯罪；其二，对于普通刑事犯罪的预备犯，一般较少诉至人民法院，事实上不会发生由人民法院判决预备犯免予刑事处罚的问题。也有意见认为，有必要规定对于犯罪预备“免除处罚”：其一，预备犯出现在普通刑事案件中的可能性比较大，如果不规定免予处罚，就意味着一律应当依法处罚，这与实际情况和刑事政策不一

---

① 林维教授指出，《刑法》第二十二条第一款中的“为了犯罪”，既包含为了自己的犯罪而实施预备行为，也包括为了他人的犯罪而实施预备行为。参见陈兴良主编：《刑法总论精释》（第3版），人民法院出版社2016年版，第429页。相同的学说见解，参见周光权：《刑法总论》（第4版），中国人民大学出版社2021年版，第280页。

② 学说见解指出，准备工具属于制造条件的一种。由于准备工具是最为常见的预备行为，故而刑法将其予以独立规定。参见陈兴良主编：《刑法总论精释》（第3版），人民法院出版社2016年版，第426页；黎宏：《刑法学总论》（第2版），法律出版社2016年版，第226页。

③ 制造条件包括制造客观条件和制造主观条件：前者包括前往犯罪场所；追踪、守候被害人；诱骗被害人前往犯罪地点等。后者包括产生犯意后与他人商讨犯罪计划；寻找共犯。参见周光权：《刑法总论》（第4版），中国人民大学出版社2021年版，第281页。

④ 由于预备行为是为了实行行为的便利而进行的，因此，预备行为应当与实行行为紧密相连，即同实行行为之间在时间、场所、手段、效果上存在密接性、前后连续发展性。参见陈兴良主编：《刑法总论精释》（第3版），人民法院出版社2016年版，第427页。

致。其二,实践中,对于普通刑事犯罪中的预备犯,一般的不予处罚,只对少数重大刑事犯罪(故意杀人罪等)的预备犯才予以处罚,符合区别对待的政策精神。其三,对于预备犯的处罚应轻于未遂犯,规定"免除处罚"可以体现预备犯与未遂犯的差别。经认真研究,**第二种观点的理由较为充分**,因此1979年《刑法》第十九条第二款规定了对于预备犯可以"免除处罚"。**1997年修订刑法时对该款未作修改**,形成了目前对预备犯处罚的原则。

实践执行中,需要注意以下两个方面的问题:

1. 应当注意划清犯罪预备与**犯罪未遂**的界限。二者的主要区别是:前者发生在行为人着手实施犯罪行为之前;①后者发生在着手实施犯罪行为之后,即行为人已经着手实施犯罪,但因其意志以外的原因而没有得逞。后者的危害性要大于前者。二者危害程度不同,处罚也应不同。注意划清二者的界限,有利于正确适用刑罚,正确处理案件。

2. 认定和追究预备犯的刑事责任应当极为慎重,要坚持**主客观相统一**,体现**宽严相济的刑事政策**。在准确认定构成预备犯的前提下,在具体决定是否判处刑罚、判处何种刑罚以及决定刑期长短、刑罚轻重的时候,应综合考虑所准备实施的犯罪的性质、如果犯罪得逞可能造成的社会危害大小、预备行为实施程度、危险性和危害后果等,做到罚当其罪。

【参考案例】

△情节显著轻微、危害不大的抢劫预备行为,不以犯罪论处。

对预备犯的处理,国外刑事立法的通例是:在总则中不规定预备犯的处罚原则,而仅在分则条文后,对一些重罪的预备犯明文规定需要处罚。反之,未明文规定的,则不处罚。我国《刑法》第二十二条第二款规定:"对于预备犯,可以比照既遂犯从轻、减轻处罚或者免除处罚。"单从这一条文来看,似乎我国对预备犯采取的是均须定罪处罚的原则,至少是定罪免予处罚。其实不然,由于我国《刑法》第十三条在规定犯罪概念时,又同时规定"但是情节显著轻微危害不大的,不认为是犯罪。"因此,司法实践中,对那些情节显著轻微危害不大的预备犯,如一些轻罪的预备犯,不予追究,不仅有依据,而且也是必要的。对预备犯是否定罪,如何量刑,是否从轻处罚,是从轻、减轻处罚还是免除处罚,总的来说,要看其预备行为的社会危害性程度。[No. 5-263-12　黄斌等抢劫(预备)案]

第二十三条　【犯罪未遂】

已经着手实行犯罪,由于犯罪分子意志以外的原因而未得逞的,是犯罪未遂。

对于未遂犯,可以比照既遂犯从轻或者减轻处罚。

【立法理由】

1. **1979年立法情况**。1979年《刑法》第二十条规定:"已经着手实行犯罪,由于犯罪分子意志以外的原因而未得逞的,是犯罪未遂。对于未遂犯,可以比照既遂犯从轻或者减轻处罚。"1979年立法时考虑,犯罪未遂是行为人已经着手实行犯罪,但由于其意志以外的原因而未得逞。犯罪未遂的行为人不仅具有犯罪意图,而且客观上已经开始实施犯罪行为,只是由于其本人意志以外的原因未得逞。因此,未遂犯虽然一般较既遂犯的社会危害性小,但仍然是具有社会危害性的行为,应当追究其刑事责任。

2. **1997年修订刑法的情况**。1997年修订刑法时,对该条未作修改。但是在修订过程中,曾在一些问题上进行过讨论。有意见提出,刑法对于犯罪未遂的规定,应当采取总则概括规定与分则具体规定相结合的方式,为了表述更为准确,可将犯罪未遂中"已经着手实行犯罪"修改为"**已经着手实施刑法分则所规定的犯罪行为**",以区别于犯罪预备;将"未得逞"修改为"**没有完全具备犯罪的构成要件**",以区别于犯罪既遂。同时,应当考虑在该条的规定中,补充对迷信犯、愚昧犯明确不作为犯罪未遂处理的规定。还有的提出,有的经济领域的犯

---

① 虽然刑法没有明文规定犯罪预备是由于意志以外的原因而未能着手,但是,刑法规定了犯罪过程中自动放弃犯罪的,成立犯罪中止。因此,如果行为人自动放弃犯罪预备行为,或者自动不着手实行犯罪,属于犯罪中止;只有由于意志以外的原因而未能着手实行犯罪时,才是犯罪预备。参见黎宏:《刑法学总论》(第2版),法律出版社2016年版,第226—227页;周光权:《刑法总论》(第4版),中国人民大学出版社2021年版,第280页。

罪,其未遂的情况不同于一般刑事犯罪的未遂,主要是有的时候行为人的犯罪目的没有全部实现,特别是财物尚未全部到手时,很难确定其最终获益数额,而这类犯罪往往以犯罪数额作为定罪量刑的标准,这就使得按照刑法规定的对未遂犯比照既遂犯从轻或者减轻处罚,难以确定比照的实际标准。基于这种情况,建议立法在保留未遂犯比照既遂犯处罚的基础上,增加规定"**无法比照的,可以根据案件的具体情况,在犯罪的法定有期徒刑三分之二以下酌情处罚**"等。上述这些讨论都很有道理,对于加深对犯罪未遂的理解和完善很有帮助。但是考虑到这些问题,各方面还存在不同认识,有的需要在司法实践中具体应用法律时结合案件具体情况解决,且1979年刑法有关未遂的原有规定在实施中总体上可行,各方面没有提出大的不同意见,立法机关后经通盘考虑,**1997年刑法沿用了1979年刑法关于犯罪未遂的规定**。

【条文说明】

本条是关于犯罪未遂的规定。

本条共分为两款。

第一款是关于**什么是犯罪未遂的规定**。根据本款规定,犯罪未遂应当同时具有以下特征:

1. **行为人已经着手实行犯罪**。这是同犯罪预备相区别的主要标志,也是判断犯罪过程进行和犯罪停止阶段的重要节点。已经着手实行犯罪,表明行为人已经从犯罪预备阶段进入实行阶段,即行为人从为实施犯罪准备工具、制造条件,进入了实际实施并完成犯罪阶段,其犯罪意图通过着手实行的犯罪行为更为明显地体现出来,并通过实行行为加以实现。一般认为,进入着手实行犯罪阶段,犯罪行为人犯罪行为的主客观方面都有不同于犯罪预备阶段的变化,但也应坚持主客观相统一原则。主观上,行为人的犯罪意图更为明显,引导行为人为实现犯罪目的或者犯罪计划而行动,行为人追求犯罪目的的实现,在行为人主观引导下的客观行为的侵害性由可能变为现实。行为更为明确地指向某种犯罪,客观上,着手实行犯罪表明行为人已经开始犯罪的实行行为,对刑法保护的利益加以实际侵害。由于行为人着手实行的行为,是刑法分则明确的某种具体犯罪的构成要件行为,一般情况下相对于犯罪预备,已不难认定其真正的犯罪目的和行为的具体犯罪属性。但在很多情况下,对于因未遂而停止下来的犯罪行为,单凭行为的外在特征,要准确认定属于何罪,也存在一定的困难,如是强奸未遂还是强制猥亵,有的情况下单凭行为人的外部行为不易区分。对此,仍然应当坚持主客观相统一的原则,结合行为人实施犯罪行为的各种主客观方面的情况,加以具体认定。需要说明的是,行为人的行为属于犯罪预备还是未遂,需要**结合刑法分则关于具体犯罪的构成要件的规定**确定,而不是凭行为人自己主观上的判断。如行为人主观认为其已经着手实行犯罪,但是实际上其所实施的行为尚不属于刑法分则规定的某种具体犯罪构成要件的实行行为,仍处于为便利犯罪而制造条件的阶段,则不成立犯罪未遂。

2. **犯罪未得逞**,即犯罪行为人没有完成刑法分则规定的具体犯罪的犯罪构成要件。① 这是犯罪未遂与犯罪既遂相区别的主要标志。认定犯罪"未得逞"也需要坚持主客观相统一。在客观上,"未得逞"是在犯罪已经停止的状态下,构成某种犯罪所应具备的要件未能齐备。这里不局限于犯罪结果是否实际发生,需要**根据刑法分则关于具体犯罪的构成要件判断**。对于需要发生特定犯罪结果才算犯罪构成要件完全具备的情形,如故意杀人造成被害人死亡的结果,行为人的实行行为即杀人行为虽然完成,但由于其意志以外的原因,被害人未死亡的,成立故意杀人未遂。对于刑法分则中规定的不需要发生特定结果的情形,如构成犯罪的法定的危险状态的出现、法定的行为的完成等,也可能成立犯罪既遂而非未遂。

3. **犯罪未得逞是由于犯罪分子意志以外的原因**。这是犯罪未遂与犯罪中止相区别的主要标志。所谓"犯罪分子意志以外的原因",是指不以犯罪分子的主观意志为转移的一切原因。②

一是**犯罪行为人意志以外的客观原因**。如被害人的反抗、被害人有效的躲避、第三人的阻止、司法机关的拘捕、自然力的障碍、客观情况的变化等。一般来说,这些客观不利因素需要足以阻止行为人继续完成犯罪。有的情况只是对犯罪行为人继续完成犯罪有一定的妨碍和影响,如被害人轻微的反抗、他人善意的劝告、严厉的斥责等,这些因素虽然对犯罪的完成也有一定的影响,但并不具有阻止行为人继续完成犯罪的效果。在这种情况下,如果行为人本可以继续实施犯罪但未继

① 相同的学说见解,参见陈兴良主编:《刑法总论精释》(第3版),人民法院出版社2016年版,第445页。

② 我国学者将"犯罪分子意志以外的原因"区分为三种类型:(1)抑制犯罪结果的原因;(2)抑制犯罪行为的原因;(3)抑制犯罪意志的原因。参见周光权:《刑法总论》(第4版),中国人民大学出版社2021年版,第292页。

续进行犯罪而自己决定放弃犯罪的，应成立**犯罪中止**，不属于犯罪未遂。

二是**行为人本人的原因**。如对自己实施犯罪的能力、经验、方法、手段估计不足，对事实判断错误等。一些情况属于行为人自身的客观原因，比如犯罪技能拙劣、体力不济等。在这些情况下，行为人仍具有犯罪的意志，但由于事实上不具备或者已经丧失了犯罪能力，而不得不停止犯罪行为。还有一些情况属于行为人主观上的认识错误，即犯罪未能完成，是由于行为人主观上对外界客观事实判断错误造成的。比如以下四种情况：其一，**对侵害对象出现认识错误**。如误以为室内有人，为故意杀人向室内开枪。其二，**对使用的工具认识错误**。行为人误将不能完成犯罪的工具当作犯罪工具来使用，如误将白糖当作毒药的，客观上不能完成犯罪。其三，**对因果关系的认识错误**。特定的犯罪结果并未发生，而行为人却误认为已经发生，停止犯罪活动。如实施故意杀人行为，误将他人昏迷视为死亡，停止侵害的。其四，**对客观环境认识错误**。周围环境不足以阻止犯罪的完成，但行为人却误认为存在阻碍而放弃犯罪的。如行为人因害怕溺水而放弃继续追杀被害人的，实际上河流水位极浅，客观上并不存在障碍，该种事实认识错误而导致的未得逞，也成立犯罪未遂。

需要注意的是，实践中还存在一些所谓**迷信犯**、**愚昧犯**的情况，主要表现为行为人基于有悖于科学常识的错误知识，而实施"重大无知"行为，如行为人自信诅咒或祈祷可以杀人、伤害等。在这种情况下，没有发生行为人所希望的危害后果不是因为"犯罪行为"遇到障碍，而是行为人的所谓犯罪行为根本不可能发生危害后果，行为人的行为不属于刑法分则规定的犯罪的构成要件的行为，因而不构成犯罪的未遂。

总体上，犯罪未得逞是违背犯罪分子的意志的。如果是犯罪分子自动放弃继续犯罪，或者自动有效地防止犯罪结果的发生，属于**自动中止**，而不是犯罪未遂。

第二款是**对未遂犯处罚原则的规定**。根据本款规定，对于未遂犯，可以比照既遂犯从轻或者减轻处罚。由于犯罪未遂的结果是犯罪未能得逞，其社会危害性要小于犯罪既遂，因此，规定对未遂犯**可以比照既遂犯从轻或者减轻处罚**。这里规定"可以从轻或者减轻处罚"，是因为在未遂的情况下，往往造成程度不同的危害后果，危害程度不同，处罚也应当不同。规定"可以"从轻或者减轻，是指对于未遂犯，不是一律必须从轻或者减轻处罚，而是应当根据案件的具体情况决定是否从轻或者减轻处罚。

实践中，有些情况较为复杂，对未遂犯的认定存有争议，主要包括以下两种情况：

1. **行为犯是否存在未遂**。刑法分则中规定的有些犯罪的构成要件只规定了行为，无须发生特定的危害结果即可成立犯罪既遂。这些行为犯也分为两类：其一，**只要行为人着手实施刑法分则规定的行为就构成犯罪既遂**，比如《刑法》第二百七十八条规定的煽动暴力抗拒法律实施罪。对于这类犯罪，一般不存在犯罪未遂。其二，**行为人着手实施刑法分则规定的行为，需要将行为实施到一定程度，才构成犯罪既遂**，比如《刑法》第二百九十二条规定的"聚众斗殴罪"，行为人不仅需要聚众，还需要实施斗殴才构成犯罪既遂，因此如果仅完成了部分行为，仍可以构成犯罪未遂。

2. **危险犯是否存在未遂**。刑法分则规定的有些犯罪，只要行为人的行为造成一定的危险状态，虽尚未发生特定的实际结果，犯罪即告完成。有意见认为，对于这种所谓危险犯，只要行为人实施完毕刑法分则规定的特定构成要件行为，犯罪即告既遂，没有成立犯罪未遂的空间。也有意见认为，由于这类犯罪不要求实际发生特定的危害结果，一般情况下，行为人实施刑法分则规定的犯罪行为，其行为造成社会危害的特定危险也就具备了，可以认定犯罪既遂。但是，也不排除在特殊情况下，**虽然行为已经实施完毕，但刑法规定的特定危险状态确实尚未形成的情况，仍可以构成犯罪未遂**。上述争议实际涉及对危险犯的认识和危险是否实际具备的判断标准问题，情况比较复杂。

【指导性案例】

最高人民法院指导案例第62号：王新明合同诈骗案(2016年6月30日发布)

△(**数额犯；犯罪既遂部分；未遂部分；法定刑幅度**)在数额犯中，犯罪既遂部分与未遂部分分别对应不同法定刑幅度的，应当先决定对未遂部分是否减轻处罚，确定未遂部分对应的法定刑幅度，再与既遂部分对应的法定刑幅度进行比较，选择适用处罚较重的法定刑幅度，并酌情从重处罚；二者在同一量刑幅度的，以犯罪既遂酌情从重处罚。

【参考案例】

△并非完全自动放弃的重复侵害行为，既有自动性，又有被迫性；以自动性为主的，应当认定为犯罪中止；以被迫性为主的，应当认定为犯罪未遂。

李官容抢劫、故意杀人案中,虽然被告人最后放弃犯罪并送被害人到医院治疗,但认真分析原因不难发现,被告人的被迫性大于自动性。(1)放弃杀人犯罪的被迫性大于自动性。被害人从汽车后备厢逃出到公路上向路人求救后,被告人驾车追赶被害人,并持水果刀捅刺被害人的腹部,因刀柄折断而未得逞后,被告人才提出送被害人到医院治疗。而被告人在将被害人劝说上车后,又殴打被害人,当车辆行驶到上杭县紫金公园门口时,被告人不是往上杭医院方向行驶,而是往老公路方向行驶,被害人见状后在加油站旁从车上跳下,再次向路人求救。此时已是早晨,路上人多,被害人具有一定的反抗能力,被告人在客观上无法继续实施杀人灭口的行为,只好再次劝说被害人上车并送她到医院。且在被害人上车后,被告人又以不能报警,否则弄死被害人相威胁。可见,被告人主要是基于在当时的时间、地点等客观环境下无法继续实施杀人行为的考虑才被迫无奈停止了犯罪,相比较而言,被告人主观上自动放弃的特征不明显。(2)救治被害人的被迫性大于自动性。被告人将被害人送医救治虽然有一定的自动性,但更多的是被迫性。被告人供称,被害人从后备箱跑到公路上呼救时,已经是白天了,路上也有很多人,当时有三四辆摩托车及一辆中巴车经过,被害人每辆车都拦,其怕有人报警,这时没有办法了,所以送被害人去医院,然后和她协商私了此事,叫她不要报警。到医院后,被告人也是在被害人朋友林文胜的要求和监督下筹集并支付医疗费的。可见,被害人是智斗歹徒,先承诺私了,待其朋友到达确保其人身安全后再报警将被告人抓获归案。被告人之所以将被害人送医救治,不仅客观上不得已,主观上也存在误解,被迫性大于自动性。综上,对本案应当以故意杀人罪(未遂)论处。[No. 4-232-69　李官容抢劫、故意杀人案]

△行为人已经给被害人造成具有致死危险的伤害后,因为被害人及时自救而未实现杀人目的的,属于犯罪未遂。

所谓自动放弃重复侵害行为,是指行为人实施了足以造成既遂危害结果的第一次侵害行为,由于其意志以外的原因而未发生既遂的危害结果,在当时有继续实施重复侵害行为的实际可能时,行为人自动放弃了实施重复侵害行为,因而使既遂的危害结果没有发生的情况。学界比较认同的说法是,自动放弃重复侵害行为符合犯罪中止的所有要件,应将其定性为犯罪中止。构成自动放弃重复侵害行为需具备以下条件:(1)主观方面。行为人出于直接故意对他人实施侵害行为,同时,在自动放弃重复侵害行为中,主观上发生了根本性的变化,行为人仍认识到侵害行为可能发生危害结果,却反对这种结果的发生。(2)客观方面。行为人实施了对目标人的第一次侵害行为,且并没有使预期的危害结果发生。(3)程度方面。在特定的放弃重复侵害行为中,侵害未得逞并不代表未发生任何危害结果,该结果只有在一定程度内才能构成放弃重复侵害行为,否则就超出了这一范畴。如果侵害行为造成被害人重伤,若不采取抢救措施将发生死亡的结果,这种情况下,如行为人及时施救有效避免了被害人死亡结果的发生,则可能构成"自动有效防止犯罪结果发生"型的犯罪中止,但非自动放弃重复侵害行为的中止;如行为人未予施救,但犯罪结果最终也没有发生,则可能构成犯罪未遂。自动放弃重复侵害行为的内涵之一就是由于行为人的放弃而使既遂结果未发生,而在上述情况下,侵害行为足以导致既遂结果的出现,行为人仅仅放弃侵害是不够的,既遂结果仍会发生,这就需要采取积极的防止措施,故此,就不符合自动放弃重复侵害行为的内涵和特征了。

何建达故意杀人、抢劫案中,何建达的行为并不属于自动放弃重复侵害行为的犯罪中止,具体理由如下:首先,从犯罪过程、犯罪手段来看,何建达捅刺被害人头部、颈部多刀,被害人伤势严重,何建达也供述,认为被害人活不了了。何建达在离开现场时的心态,至少是一个放任被害人死亡的心态。其次,从犯罪结果来看,何建达捅刺被害人要害部位多刀,被害人现场失血很多,伤情很重,被害人的得救主要仰赖于自己呼救后,得到及时的救治。因何建达没有采取任何积极救治措施,被害人得救主要是抢救及时,所以,何建达的行为不符合自动放弃重复侵害行为的特征,由于其未采取任何救治措施,亦不能构成犯罪中止。本案因被害人并未死亡,故何建达的行为构成故意杀人罪的未遂。[No. 4-232-88　何建达故意杀人、抢劫案]

第二十四条　【犯罪中止】
在犯罪过程中，自动放弃犯罪或者自动有效地防止犯罪结果发生的，是犯罪中止。
对于中止犯，没有造成损害的，应当免除处罚；造成损害的，应当减轻处罚。

【立法理由】

1. **1979 年立法的情况**。1979 年《刑法》第二十一条规定:“在犯罪过程中,自动中止犯罪或者自动有效地防止犯罪结果发生的,是犯罪中止。对于中止犯,应当免除或者减轻处罚。”犯罪中止,是指犯罪行为人在犯罪过程中,自动放弃犯罪或者自动有效地防止犯罪结果发生。由于行为人在犯罪过程中,自己主动放弃犯罪或者自动有效地防止犯罪结果的发生,不仅客观危害明显较轻,而且充分表明了其主观恶性明显降低,对这种及时回头的行为,有必要规定较轻的处罚。这样,一方面是实现罪责刑相适应的必然要求,另一方面也体现了立法者对犯罪行为人中止犯罪举动的鼓励,从而有利于尽最大可能挽救走上犯罪道路的人,减轻犯罪对社会的危害,减少犯罪的发生。

2. **1997 年修订刑法的情况**。1979 年刑法和 1997 年刑法对犯罪中止的规定,在总体精神上是一致的,即都是考虑到犯罪中止是行为人悔悟的实际表现。由于中止了犯罪,避免了给社会造成严重危害后果,因此有必要对中止犯规定宽大的处理办法,以鼓励行为人悬崖勒马,使其感到即使已经开始实施犯罪,只要及时回头,仍有重新做人的机会,不要一错到底,从而也可以避免造成更大的损失。在具体表述上,对 1979 年《刑法》第二十一条关于中止犯的规定,1997 年刑法作了**两处修改**:(1)将犯罪中止定义中的“自动中止犯罪”修改为“自动放弃犯罪”。这样修改的可取之处是:其一,表述上更准确,因为如果从犯罪人“中止”犯罪的角度,似有中间停止而未终止的含义,实践中确有在犯罪进行中行为人因故暂时停止犯罪,然后再继续完成犯罪的情况。使用自动放弃犯罪,可以更清晰地表明行为人终止犯罪进程,使犯罪不再进行下去的意思,从而也能够准确反映犯罪中止制度立法的本意。其二,避免条文中以“中止”解释“中止”的同义反复之嫌,使文字表述更为严谨。(2)根据罪责刑相适应原则的要求,同时考虑到中止犯的人身危害性的大小,对中止犯的处罚原则作了更加明确、具体的区分,即对中止犯没有造成损害的,应当免除处罚;造成损害的,应当减轻处罚,这样更具操作性。

【条文说明】

本条是关于犯罪中止的规定。

本条共分为两款。

第一款是关于**什么是犯罪中止的规定**。根据本款规定,犯罪中止应当同时具备以下特征:

1. **犯罪中止发生在犯罪过程中**。犯罪中止是故意犯罪发展过程中的一种犯罪形态,它可能发生在犯罪的预备阶段,也可能发生在犯罪的实行阶段。[①] 所谓“**犯罪过程中**”是犯罪既遂之前的整个犯罪过程。犯罪一旦既遂,就不能再成立中止。既遂后的主动弥补损失的行为,也是值得肯定和鼓励的,但都不是犯罪中止,而是犯罪后的悔罪表现。

2. **犯罪中止必须是犯罪行为人自动放弃犯罪或者自动有效地防止犯罪结果的发生**。

所谓“**自动放弃犯罪**”,根据行为人放弃犯罪时犯罪所处的阶段不同,可以分为两种情况:其一,在犯罪尚处于犯罪预备阶段时主动放弃犯罪,即犯罪行为人在为犯罪准备工具、制造条件,尚未着手实施刑法分则规定的具体犯罪的构成要件行为时,主动放弃。其二,犯罪行为人已经着手实施构成要件行为,但犯罪尚未完成之前主动放弃继续犯罪,中止犯罪行为。

认定行为人“自动”放弃犯罪的主观心态,关键在于“自动性”。对此,需要注意以下两点:其一,**从行为人内心对犯罪继续进行的可能性的认知看,其自认为可以继续实施和完成犯罪**。因此,即使行为人所进行的犯罪客观上已经不可能完成,但行为人不了解这一情况,而“主动”放弃继续犯罪。由于行为人是在主观上仍然认为可以完成犯罪的情况下放弃继续犯罪的,其放弃犯罪的“主动性”应当予以认定。例如,行为人去仓库实施盗窃,半路上因内心畏惧中途折返,主动放弃犯罪,虽然事实上当时仓库内货物已经搬离,即使行为人不放弃犯罪也无法实施盗窃,也属于自动放弃犯罪。与此相反,如果犯罪客观上可以完成,但行为人自己主观上误认为犯罪遇到障碍无法完成,因而“被迫”停止继续实施犯罪行为的,由于其停止犯罪缺乏主观上的“主动性”,不属于自动

① 相同的学说见解,参见周光权:《刑法总论》(第 4 版),中国人民大学出版社 2021 年版,第 313 页。

放弃犯罪。以强奸案件为例,行为人遇有被害人经期、怀孕、哀求、轻微反抗等情况,因而产生不安、同情、怜悯等情绪,进而放弃强奸的,由于这些因素客观上并不足以阻止行为人的犯罪意志和活动,行为人放弃犯罪是出于自己的选择,应属于自动放弃犯罪。如果行为人在实施强奸过程中,听到附近有人走过,以为被发现而仓皇逃走,行为人放弃犯罪是以为犯罪将被阻止,应属于被迫而非自动放弃犯罪。其二,**行为人必须出于本人意愿放弃犯罪**。如果行为人不是出于本人意愿,而是在外力强制或主观上被强制的情况下停止犯罪的,不属于犯罪中止。行为人产生放弃犯罪的意愿有多种情况,有的表现为幡然醒悟、认罪悔罪;有的表现为畏惧法律威严,害怕案发受到制裁;有的表现为经亲友劝说、教育,对被害人心生怜悯;等等。总之,行为人是在自由意志的状态下,自愿放弃犯罪的。

本款规定的"**自动有效地防止犯罪结果发生的**",是指犯罪人在已经着手实施犯罪后、犯罪结果发生之前主动放弃继续犯罪,并主动采取积极措施防止了犯罪结果的发生。[①] 如杀人未杀死,但造成被害人重伤,如果这时犯罪人悔悟,在完全有条件把被害人杀死的情况下,主动放弃继续犯罪并将被害人送医院抢救,避免了被害人死亡的结果,犯罪人的上述行为就构成了犯罪中止;如果犯罪人虽然采取了积极措施,但是没有避免被害人死亡的结果,则不能认定为犯罪中止。在**共同犯罪**的情况下,"自动有效地防止犯罪结果发生的"同样是判断行为人犯罪中止的重要依据。具体有以下两种情况:其一,共同犯罪中部分行为人决定中止犯罪后,积极劝说其他人放弃犯罪,其他人经劝说放弃犯罪,且有效防止危害结果发生的,共同犯罪的所有行为人均构成犯罪中止。其二,共同犯罪中部分行为人决定中止犯罪后,积极劝说其他人放弃犯罪未果,但是采取有效措施避免了危害结果发生的,该部分行为人构成犯罪中止。

第二款是关于**对中止犯处罚原则的规定**。根据本款规定,对于中止犯,**没有造成损害的[②],应当免除处罚;造成损害的[③],应当减轻处罚**。这样规定,体现了我国刑法罪责刑相适应原则,有利于鼓励犯罪分子中止犯罪,减少犯罪造成的社会危害。

司法实践中,有些情况下能否认定犯罪中止,情况较为复杂,存在一定的争议:

1. **自动放弃犯罪是为了实施另一种犯罪,对放弃的行为能否认定中止**。例如,出于盗窃的目的入室后,自动放弃盗窃,转而实施强奸;出于故意杀人的目的,在杀人过程中放弃杀人转而实施伤害;等等。有的认为,对于这种情况,当行为人放弃的犯罪与新的犯罪属于不同性质时,行为人的犯意和行为都发生了根本变化,新的犯罪与当场放弃的犯罪之间不具有紧密的联系,可以分开判断,即可以认定放弃的犯罪成立犯罪中止;如果行为人当场放弃的犯罪与新的犯罪属于同一性质,通常不能否定二者之间的连续性,可将前后行为按照一罪论处,不必再讨论前行为是否构成中止的问题。不同意见认为,考虑行为人放弃的犯罪与实施的新的犯罪之间的联系,以决定是否成立中止,这种思路有一定道理,但是对于前后两罪是否属于同一性质,并没有一个明确的标准,不具备可操作性。上述问题情况非常复杂,理论上难以提出一个简单易行的解决方案,只能在实践中结合具体案件的情况,具体认定。

2. **对重复侵害行为如何认定中止**,即行为人实施了侵害行为,因意志以外的原因没有发生危

---

① 按照法兰克公式,所谓"自动放弃",是指"纵使我能,我也不要"。反之,"纵使我要,我也不能",则非属"自动放弃"。参见黎宏:《刑法学总论》(第2版),法律出版社2016年版,第249页。

我国学者指出,认定中止自动性首先要采取限定主观说进行判断(是否基于悔悟、同情)。如果根据限定主观说得出否定性结论时,再根据主观说采取法兰克公式进行判断。如果根据主观说难以得出结论或者结论不具有合理性时,应当参考客观说进行判断。参见张明楷:《刑法学》(第6版),法律出版社2021年版,第471—472页。

另有学者(即"规范主观说")指出,对自动性的判断,行为人的所思所想只是判断的基础或参考资料,规范上必须结合案件事实进一步考察其在作出停止犯罪的决定时,外在事实障碍和行为人内心意志之间的比例关系。参见周光权:《刑法总论》(第4版),中国人民大学出版社2021年版,第316页。

② 我国学者指出,没有造成损害,乃指没有发生任何结果,或者虽有结果但损害较小的情形。参见周光权:《刑法总论》(第4版),中国人民大学出版社2021年版,第325页。

③ 我国学者指出,作为中止犯处罚条件的"损害",并非指行为人实施直接故意犯罪所追求的危害结果,而是此种危害结果之外的其他危害结果。参见黎宏:《刑法学总论》(第2版),法律出版社2016年版,第253页。此外,也有学者强调,不能绝对地将精神损害排除在此处的损害之外,否则不利于全面地保护法益。至于危害公共法益或者国家法益的犯罪,其损害往往要最终还原为具体的物质性损害,行为仅仅停留在抽象危害的场合,难以认定行为造成了损害。参见周光权:《刑法总论》(第4版),中国人民大学出版社2021年版,第325页。

害结果,出于主观意愿放弃继续进行侵害的,能否认定构成犯罪中止。例如,行为人枪杀他人,第一枪未中,在有机会开第二枪的情况下,行为人自己决意放弃杀害他人的计划,放弃开第二枪。对此,需要坚持主客观相统一进行分析。客观上,行为人存在继续实施并完成犯罪的条件,其可以自主控制犯罪进程,不受其他外在因素的影响。因主动放弃并最终未发生危害后果的,符合犯罪中止"自动放弃犯罪"的要件。如果行为人放弃重复侵害未能阻止危害结果发生的,如上述案件中,行为人在开第一枪未击中被害人要害而是将其击伤后,决意放弃继续杀害他人的计划,停止开第二枪,但被害人终因失血过多而死亡的,则不成立犯罪中止。如果行为人放弃重复侵害后,最终危害结果的发生与行为人的先前行为没有必然联系的,仍可以认定构成犯罪中止。如上述案件中,被害人被打伤后,行为人将其送医救治,被害人本无生命危险,伤愈出院前由于医院发生火灾致死的,则行为人仍构成犯罪中止。主观上,认定犯罪中止需要行为人自认为犯罪尚未既遂且主动放弃犯罪。如果行为人基于错误认识,误认为已经犯罪既遂,放弃原先计划的后续重复侵害的,如上述案例中,行为人第一枪击中被害人非要害部位,被害人倒地后,行为人本打算再补一枪,但误以为被害人死亡,遂放弃继续侵害,在这种情形下,**行为人放弃重复侵害是基于错误认识**,不是为了避免危害结果发生的主动放弃,**不构成犯罪中止**。

【参考案例】

△因被害人谎称报案而停止实施犯罪,属于因意志以外的原因而未得逞,构成犯罪未遂,不应认定为犯罪中止。

《刑法》第二十三条第一款规定,已经着手实行犯罪,由于犯罪分子意志以外的原因而未得逞的,是犯罪未遂。第二十四条第一款规定,在犯罪过程中,自动放弃犯罪或者自动有效地防止犯罪结果发生的,是犯罪中止。刑法理论通说以行为人是否自动停止犯罪行为的实施来区分犯罪未遂与犯罪中止。犯罪未遂系行为人由于意志以外的原因而没有得逞,一方面,这种意志以外的原因违背行为人的犯罪本意,行为人并非主动停止犯罪行为;另一方面,这种意志以外的原因足以阻止行为人的犯罪意志,作为一种客观障碍导致行为人无法继续实施犯罪行为,进而避免行为人所追求的犯罪结果出现。相比之下,犯罪中止是指行为人认识到客观上可能继续实施犯罪会既遂,但基于自己的意志决定自愿放弃原来的犯罪意图,不再希望犯罪结果发生。

在刘正波、刘海平强奸案中,被害人接听电话并称已报警,刘海平并未听清被害人的通话内容,故对被害人报案的说法信以为真。在刘海平当时的认识状态下,如果继续实施犯罪,极有可能被警方逮捕,这一客观障碍足以阻止刘海平的犯罪意志。综上所述,刘海平的行为不属于犯罪中止,应认定为犯罪未遂。[No. 4-236-27　刘正波、刘海平强奸案]

△共犯中止的成立,既需主观上切断犯意联络并告知其他犯罪人,还需客观地积极阻止其他共犯的行为以及有效地防止危害结果的发生。

在张玉红等抢劫案中,被告人王飞强因害怕被他人认出,而未着手实施后来具体的抢劫行为,并且其因心中害怕,多次拖延、打发张玉红的犯罪邀请,单从其个体而言,其内心对继续犯罪有消极的心理,甚至从某种意义上讲,其已经不想再参与对周某的抢劫,似乎是主动放弃了犯罪。但是,被告人王飞强与张玉红的预谋、抢劫计划以及实施方案等表明,他们的主观犯意和客观行为已形成一个有机整体,互相产生了依赖、加功,行为具有不可分割的特征,简单说,部分行为之全部责任。行为人王飞强虽然消极地停止了个体的犯罪行为,但其未能切断与张玉红之间抢劫的行为联系,也未能采取积极的行为阻止张玉红等人继续实施犯罪,在知道张玉红取走犯罪工具是为了着手抢劫的前提下,仍放任其取走,没有能够有效地防止危害结果的发生,因而,其行为不构成共同犯罪犯罪中止的有效性要件。行为人王飞强不仅要对自己的行为及结果承担责任,还要对共犯张玉红的行为及结果负责。[No. 5-263-27　张玉红等抢劫案]

△共同犯罪的参与者中途主动退出但未采取任何措施阻止其他共犯继续犯罪的,仍应以犯罪既遂论处,但可依法从轻处罚。

对于共同实行犯,各共犯人之间按照分工,相互利用,相互配合,共同完成犯罪,其责任原理是部分实行之全部责任,故只有当共同犯罪人均中止犯罪,没有发生犯罪结果时,构成整个共同犯罪的中止。对于部分人主动放弃犯罪的,则要根据具体情形认定犯罪停止形态。主要有以下三种情形:第一,如果共同犯罪中的部分人主动放弃犯罪,并有效阻止其他人继续犯罪,或者阻止犯罪结果发生的,主动放弃者属于犯罪中止。此种情形下的其他共犯人,如果系经劝说后自动停止犯罪的,也属于犯罪中止。如果系因客观原因而未能完成犯罪的,则属于犯罪未遂。第二,如果共同犯罪中的部分人主动退出,但没有采取任何措施阻止其他共犯继续犯罪的,对主动退出者仍应当认定为犯罪既遂,如因其提前退出而导致在共同犯罪中所起的作用较小,可依法对退出者从轻处罚。第三,如果部分人在实行过程中主动停止犯罪,且积极采取措施阻止其他人继续犯罪,但最终未能有效阻止犯罪结果发生的,对主动退出者是否认定犯罪中止,存在争议。

教唆犯是促使本来没有犯意的人实施犯罪。教唆者在被教唆者产生犯意之后实施犯罪之前撤回自己的教唆,并劝说被教唆者放弃犯罪,但最终未能阻止被教唆者继续实行犯罪的,教唆犯的停止形态应认定为既遂。如果教唆者撤销教唆后,被教唆者接受教唆者的劝说,最终放弃或者有效防止犯罪结果发生的,则教唆犯和实行犯均构成犯罪中止。如果教唆者撤回教唆后,原有的教唆无法对被教唆者提供心理上的支持,被教唆者的犯罪行为是在新的动机作用下实施的,此种情况下教唆犯仍构成犯罪中止。

帮助犯是指故意帮助他人实行犯罪。这种帮助可以分为物理(有形)帮助和心理(无形)帮助。物理帮助,是指帮助者在他人实行犯罪之前或者实行犯罪过程中给予行为上的帮助,使他人易于实行犯罪或者易于完成犯罪行为。如提供资金、作案工具,传授使用作案工具的方法,提供被害人的住址、电话、作息规律等重要个人信息等。心理帮助,是指帮助者实施的使本有犯意的人强化其犯意的言语激励等行为。帮助犯在提供帮助后,如果主动停止帮助,及时阻止实行犯实施犯罪或者有效防止犯罪结果发生的,可以构成犯罪中止。如果帮助犯在实行犯着手前主动退出犯罪,且已消除其帮助行为与犯罪结果之间的因果关系的,则属于预备阶段的中止。如果帮助犯仅是自行退出,而没有消除已提供的帮助与犯罪结果之间的因果关系的,则属于犯罪既遂。如果帮助犯为消除已提供的帮助付出了诚挚的努力,但仍未能阻止实行犯实施犯罪或者有效防止犯罪结果发生的,虽构成犯罪既遂,但在量刑时对帮助犯为积极阻止犯罪付出的努力应作适当考虑,可以从轻处罚。

在韩江维等抢劫、强奸案中,孙磊在抢劫被害人张某的共同犯罪中不属于实行犯,也不属于教唆犯,而是帮助犯。综观全案,孙磊提供的帮助包括物理帮助和心理帮助。从物理帮助角度分析,韩江维和张立并不认识张某,更不知道其住址,正是孙磊提出了抢劫张某,指认了张某的具体住址,并多次与韩、张二人一起蹲守。如果缺少孙磊的这种帮助,韩江维、张立对张某的抢劫就不可能实施成功。从心理帮助角度分析,孙磊虽然不是起意者,但其参与了预谋,并提出要杀人灭口,这是一种强化共犯犯意的行为,而韩江维和张立也正是按照当初与孙磊的预谋去实施抢劫杀人行为的。孙磊在多次参与蹲守未遇张某后,虽然未再继续参与作案,但显然没有消除其物理帮助和心理帮助的影响。韩江维、张立之所以抢劫张某成功,与孙磊的帮助行为脱不开干系。孙磊要构成犯罪中止,就必须消除其提供的帮助,使其帮助行为与犯罪结果之间断绝因果关系。例如,他可以劝说韩、张二人放弃抢劫张某,或者提前通知张某做好防范准备,或者及时报警使韩、张无法继续实施抢劫张某的行为。但实际情况是,孙磊仅是单纯放弃自己继续犯罪,而未采取措施防止共同犯罪结果的发生,其帮助行为与韩江维、张立后续的抢劫犯罪结果之间具有因果关系,故应认定构成犯罪既遂。[No. 5-263-125　韩江维等抢劫、强奸案]

△预备阶段共同犯罪人单纯放弃个人继续犯罪,未阻止他人实行行为或者有效防止危害结果发生的,不能成立犯罪中止。

共同犯罪从形式上可区分为简单共同犯罪和复杂共同犯罪,二者评判犯罪中止的成立存在不同。简单共同犯罪中,二人以上共同故意实行犯罪,若部分共同实行犯在犯罪过程中自动放弃犯罪,又成功阻止其他共同实行犯放弃犯罪,犯罪过程不再延续的,各共同实行犯均成立犯罪中止;该放弃犯罪者虽未能说服他人,但通过自身努力有效避免危害结果发生的,其依然构成犯罪中止,而对其他未放弃者而言,危害结果的未发生是意志以外因素所致,则构成犯罪未遂;该放弃犯罪者若未能有效劝服其他实行犯,或者未能采取合理、有效措施避免危害结果发生,致使犯罪既遂的,各实行犯均应对危害结果承担刑事责任。复杂共同犯罪中,虽然内部存在分工,各共犯对犯罪过程参与程度不同,但对是否成立犯罪中止的判断,基本原则等同于简单共同犯罪,主要把握放弃犯罪者终止自身行为、对其他共犯是否成功施加影响或有效避免危害结果的发生等几方面内容。对其他非主动放弃犯罪的共犯的犯罪形态的把握,就要看危害结果未发生的状态与其主观心态是否背离,以及共犯是否因其主动放弃犯罪心态下付出的努力。此时,共犯或者成立犯罪中止,或者成立犯罪未遂。若未能有效避免犯罪结果发生的,均构成犯罪既遂。本案中,刘星系复杂共同犯罪中的帮助犯,其虽然放弃继续实施犯罪,但未有效阻止实行犯薛占全放弃继续实施犯罪,也未有效防止犯罪结果的发生,薛占全继续实行并完成抢劫行为,故刘星的行为不构成犯罪中止,应当认定为抢劫既遂。

虽然根据犯罪中止理论的通说,共同犯罪人单纯放弃继续犯罪,未能阻止他人实行行为或有效防止危害结果发生的行为,不成立犯罪中止,其仍具备承担犯罪既遂责任的主客观条件，但毕竟其主观上存在放弃继续犯罪的愿望，客观上未再继续扩大其在共同犯罪中的影响，也未再对危害结果的产生施加作用力，相较未放弃的共同犯罪人而言，其行为的社会危害性较小，个体的主观恶性、人身危险性也较小，所应背负的刑事责任理应有所区别。共同犯罪人即便放弃犯罪的行为不足以成立犯罪中止的，也应根据其在共同犯罪中的实际作用、危害大小并适当考虑其放弃犯罪的意愿及所做努力施以相应刑罚。刘星抢劫案中，刘星仅参与犯罪预备阶段的准备工作，没有参与同案被告人后期实施的犯罪行为，对后期危害结果的发生也持消极态度，客观上其未进一步扩大其个体行为所致恶害，参与共同犯罪程度较浅，在共同犯罪中所起作用相对较小，系从犯。故法院对刘星依法予以减轻处罚，体现了罪责刑相适应的原则。[No. 5-263-144 刘星抢劫案]

第三节 共同犯罪

第二十五条 【共同犯罪】

共同犯罪是指二人以上共同故意犯罪。

二人以上共同过失犯罪，不以共同犯罪论处；应当负刑事责任的，按照他们所犯的罪分别处罚。

【立法理由】

1. **1979 年立法的情况**。共同犯罪是犯罪常见的一种形态。1979 年《刑法》第二十二条规定："共同犯罪是指二人以上共同故意犯罪。二人以上共同过失犯罪，不以共同犯罪论处；应当负刑事责任的，按照他们所犯的罪分别处罚。"根据刑法的规定，共同犯罪是"二人以上共同故意犯罪"，这一规定表明，成立共同犯罪，**必须结合主客观两个方面的因素来考察**。**在客观方面**，各个共同犯罪人都参与了一个特定的犯罪活动，虽然各个共同犯罪行为人所实施的具体行为内容上可能是同一的，也可能基于分工的不同或者协作的需要，在行为的内容上看似不同，但是这些活动彼此联系、相互配合，对危害结果的发生都起到一定的作用，每个共同犯罪人的具体行为与危害结果之间都具有因果关系，因而在性质上属于同一个犯罪活动。比如共同犯盗窃罪，可能几个行为人同时进入他人房屋共同拿取财物后逃离现场，也可能几个行为人分工分别负责"踩点""把风"、开锁、拿取财物、开车接应逃离现场、销赃等。"踩点"者、"把风"者、接应者看似没有直接实施窃取财物的行为，但其各自的行为都是同一个盗窃活动的组成部分，只是犯罪行为人之间的分工不同而已。**在主观方面**，每个共同犯罪人都有共同犯罪的故意，行为人都知道自己不是一个人在犯罪，而是与其他人一起实施某种犯罪，对共同的危害结果的发生都持故意的态度。一般来说，共同犯罪比单个人犯罪对社会造成的危害更大；同时，共同犯罪行为人之间的刑事责任如何确定和承担，与单个人犯罪相比情况更为复杂。因此，法律对共同犯罪专门作出了规定。关于**共同过失犯罪**，我国刑法并不认为是共同犯罪，主要是基于在犯罪概念上主客观相统一的认识。共同的犯罪行为，行为人之间在主观方面需要有共同实施犯罪的意思。过失犯罪行为人主观上并没有希望或者放任危害结果发生的意思，也就不存在共同希望或者放任危害结果发生的空间和可能性。因此，实践中虽然存在二人以上共同过失犯罪的事实情况，有些国家的法律也确认共同过失犯罪的存在，但是实际上所谓共同过失犯罪，从其主客观方面情况看，仅仅是各行为人的过失行为在客观上有联系，主观上并没有共同实施犯罪的意思，因此不能以共同犯罪论处。但是，对这种情况如何确定相关人员的刑事责任，也需要予以明确。因此，本条第二款中规定，"应当负刑事责任的，按照他们所犯的罪分别处罚"。

2. **1997 年修订刑法的情况**。1997 年修订的刑法沿用了 1979 年《刑法》第二十二条的规定。在刑法修订过程中，曾对修改该条第二款的规定进行过讨论。有意见提出，实践中，处理共同过失犯罪案件，如重大责任事故罪等，比处理共同故意犯罪更难，主要原因在于刑法关于共同过失犯罪如何承担责任的规定不切合实际。实际中发生的共同过失案件，多数不能清晰区分每个人的行为，也较难确定其是否应当承担刑事责任和承担多重的刑事责任。对于共同过失案件，需要考虑每个人对危害后果所起的实际作用，在处罚时也需要对不同犯罪人进行比较。有人建议将第二款修改为“二人以上共同过失犯罪,不以共同犯罪论处,应根据他们对造成危害后果所起的实际作用分别处罚”;也有人建议删去本条第二款的规定,交由司法实践处理。由于各方面意见未达成共识,**1997 年修订刑法时对本款未作修改**。

【条文说明】

本条是关于共同犯罪的规定。

本条共分为两款。

第一款是关于**什么是共同犯罪的规定**。根据本款规定,共同犯罪应当具备以下两个特征:第一,**主体数量特征**。共同犯罪的犯罪主体必须是二人以上。第二,**罪质特征**。共同犯罪必须是共同故意犯罪。所谓“**共同故意犯罪**”,应当具备以下三个条件:

1. 主观方面。**数个犯罪人必须有共同犯罪故意**。这里有两层意思:其一,数个犯罪人对自己实施的危害行为都持故意的心理状态,即几个犯罪人都明知自己的行为会发生危害社会的结果,并希望或者有意放任这种结果的发生。其二,数个犯罪人对行为的共同性是明知的,即数个犯罪人都认识到自己和其他行为人在共同进行犯罪活动。这里并不要求犯罪人认识到自己和其他行为人实施的是完全相同的具体活动,只要明知自己正在实施的行为与他人的行为属于共同的犯罪活动即可。[①] 行为人主观上符合以上两方面的情况,构成了犯罪人的共同故意。

2. **几个犯罪人必须有共同的犯罪行为**。所谓共同的犯罪行为,是指各个犯罪人的犯罪行为具有共同的指向性,即犯罪人各自的犯罪行为都是在他们的共同故意支配下,围绕共同的犯罪对象,为实现共同的犯罪目的而实施的。这里各个共同犯罪人的犯罪行为,既可能以分担的方式施行同一犯罪行为,也可能是部分共同犯罪人施行同一犯罪行为,部分共同犯罪行为人根据共同犯罪的目的,实施该犯罪行为以外的其他犯罪行为。总体来看,各个共同犯罪人所实施的犯罪行为都同危害结果具有因果关系,是完成统一犯罪活动的组成部分。

3. **共同犯罪具有共同的犯罪对象**,即共同犯罪人的犯罪行为必须最终指向同一犯罪对象,这是构成共同犯罪必须有共同的犯罪故意和共同的犯罪行为的必然要求。

第二款是关于**二人以上共同过失犯罪,不以共同犯罪论处及对其如何处罚的规定**。这是对共同犯罪概念的重要补充。本款规定了两层意思:

1. **二人以上共同过失犯罪,不以共同犯罪论处**,即二人以上由于过失造成同一危害结果的,不以共同犯罪定罪处刑。这是从另一个角度进一步说明共同犯罪主要是指共同故意犯罪。

2. **二人以上由于过失造成危害结果,应当负刑事责任的,按照他们所犯的罪分别处罚**,即按照行为人各自的罪责分别处罚,而不以共同犯罪论处。这是共同过失犯罪的处罚原则。具体有以下三种情形:其一,**分别定罪且罪名相同**。共同过失行为人,先后或同时出现过失行为,共同造成危害结果发生的,如果违反同一类性质的注意义务,则应以相同的罪名分别惩处。其二,**分别定罪但罪名不同**。共同过失行为人先后或同时出现过失行为,共同造成危害结果发生的,但是由于过失行为人的主体、行为等不同情况,分别违反了不同性质的注意义务,应以不同罪名定罪处罚。比如,国家机关工作人员和国有企业负责人共同负责一项涉外重大资产投资项目,结果失职被骗。对此,国家机关工作人员的严重不负责任,应以玩忽职守罪定罪处罚;国有企业负责人的严重不负责任,应以签订合同失职被骗罪定罪处罚。其三,**发生数个过失行为,能够区分数个过失行为对危害结果具有不同程度的作用的,应根据各个过失行为对结果发生的作用,认定各自的责任,分别处罚**。对结果发生起主要作用的过失行为认定较重的责任,对结果发生起次要作用的过失行为认定较轻的责任。

实践中需要注意以下两个方面的问题:

1. **单位构成共同犯罪的问题**。根据刑法规定,单位也可以构成犯罪主体,那么单位能否适用共同犯罪的规定,即两个以上的单位共同故意实施犯罪的是否构成单位犯罪?对此,在实践中存在争议。一般认为,本条规定的“二人以上”,不仅包括自然人,也包括单位,即单位可以构成共同犯罪。1998 年 8 月 28 日发布的《最高人民法院关于审理骗购外汇、非法买卖外汇刑事案件具体应用法律若干问题的解释》第一条第二款规定,非国有公司、企业或者其他单位,与国有公司、企业或者其他国有单位勾结逃汇的,以逃汇罪的共犯

① 我国学者指出,只要数个犯罪参与人在主观上具有共同行为的意思(即知道自己的行为及后果,也知道有别人在和自己一起行动这种程度的认识),就足够了,不要求各个参与人之间具有相同的犯罪故意,也不要求各个参与人之间一定要有意思联络。换言之,故意犯与过失犯之间,或者过失犯之间也可以成立“共同犯罪”。参见黎宏:《刑法学总论》(第 2 版),法律出版社 2016 年版,第 268、280 页。

处罚。

单位构成共同犯罪，主要有以下两种类型：一是**单位与单位构成共同犯罪**。在这种共同犯罪中，根据单位在犯罪中的地位、作用大小，可以区分单位的主次作用。如2001年1月21日发布的《全国法院审理金融犯罪案件工作座谈会纪要》规定，“两个以上单位以共同故意实施的犯罪，应根据各单位在共同犯罪中的地位、作用大小，确定犯罪单位的主、从犯”。认定犯罪的作用大小，对于合理确定单位的处罚，具有重要意义。二是**单位与自然人构成共同犯罪**。1998年12月29日第九届全国人大常委会第六次会议通过的《全国人民代表大会常务委员会关于惩治骗购外汇、逃汇和非法买卖外汇犯罪的决定》第五条规定：“海关、外汇管理部门以及金融机构、从事对外贸易经营活动的公司、企业或者其他单位的工作人员与骗购外汇或者逃汇的行为人通谋，为其提供购买外汇的有关凭证或者其他便利的，或者明知是伪造、变造的凭证和单据而售汇、付汇的，以共犯论，依照本决定从重处罚。”根据上述规定，如果相关单位工作人员的行为在性质上属于单位行为的，则有可能成立该单位与骗购外汇的行为人的共同犯罪。这种单位与个人成立共同犯罪的情况，根据刑法分则的规定，还可以有很多。如单位与个人共同走私、共同侵犯知识产权，等等。对于这种情况，同样可以根据单位与自然人在共同犯罪中的地位、作用大小，确定应当承担的刑事责任。

2. **对超过共同故意认识范围的犯罪行为，如何认定责任**。一般认为，共同犯罪的性质决定了对于超过共同故意认识范围的犯罪行为，应当由具体实施该超过行为的行为人自己承担责任。共同犯罪的参与人通过相互勾结、联系与配合，共同实施犯罪，整体上对犯罪的目的、后果等有大致了解，并希望或放任这种结果的发生，形成共同犯罪的故意。在客观上，共同犯罪行为受主观故意指引，表现为相互配合、相互联系，构成针对同一目标的整体犯罪活动。尽管参与人实施的行为可能有所不同，但相关行为都对危害结果产生了作用。与之不同的是，超过共同故意认识范围的犯罪行为，只有具体行为人的故意行为直接导致了危害结果，其他参与人对该危害结果缺少主观认识，也就不能成立该共同的犯罪故意，进而也不能就该危害结果追究未参与人的法律责任。但是行为人需要就其行为和主观上所持的犯罪故意承担相应的责任。如甲、乙二人相约共同伤害丙，但实际上甲意图杀害丙，乙不知情。乙将丙抱住让甲殴打，甲却抽刀杀死了丙，乙主观上只有与甲共同伤害丙的故意，没有杀害丙的故意，因而甲、乙之间不存在共同杀人的故意，甲、乙不构成共同故意杀人，甲独立构成故意杀人，乙构成故意伤害。

具体而言，有以下几种情况：一是在共同实施犯罪的过程中，共同犯罪的个别参与人实施了共同故意以外的其他犯罪，**其他参与人对超出共同故意以外的行为不知情，也未共同实施**，则超出共同故意以外的行为，由实施行为人自行负责，其他参与人不就该超出故意内容的行为承担责任。二是在共同实施犯罪的过程中，共同犯罪的个别参与人实施了共同故意以外的其他犯罪，**其他参与人对此知情，并给予适当帮助的**，属于达成新的犯罪故意，共同实施了新的共同犯罪，其他参与人应对新的危害结果承担责任。三是在共同实施犯罪的过程中，共同犯罪的个别参与人实施了共同故意以外的其他犯罪，**其他参与人对此知情，但未给予帮助，也未阻止的**，其他参与人是否对新的危害结果承担责任，实践中有一定的争议。总体上，判断其他参与人的责任，需要结合其对危害结果产生的作用，根据主客观相统一的原则确定。比如其他参与人先前的参与行为对于形成有利于后续犯罪活动的情势具有积极作用，其虽然未参与后续行为，但也未阻止的，或者有证据证明其他参与人的默许、纵容行为对被害人造成心理压力，使被害人产生心理恐惧，客观上促成危害结果发生的，则其也应对新发生的犯罪结果承担责任。四是在共同实施犯罪的过程中，**共同犯罪的个别参与人实施了共同故意以外的过度行为，造成加重结果的，其他参与人是否对加重结果承担责任**，实践中有一定的争议。一般认为，加重结果仍然是由共同犯罪行为引起的，各个行为人实施共同犯罪的行为性质并未改变，其他参与人在主观上对加重结果的发生是能够预见的，因此其应同样对加重结果承担责任。

【司法解释】

《最高人民法院关于审理单位犯罪案件对其直接负责的主管人员和其他直接责任人员是否区分主犯、从犯问题的批复》（法释〔2000〕31号，2000年9月30日发布）

△（**单位犯罪；不区分主、从犯**）在审理单位故意犯罪案件时，对其直接负责的主管人员和其他直接责任人员，可不区分主犯、从犯，按照其在单位犯罪中所起的作用判处刑罚。

【司法解释性文件】

《最高人民法院、最高人民检察院、公安部、司法部关于办理黑恶势力犯罪案件若干问题的指导意见》（法发〔2018〕1号，2018年1月16日公布）

△（**恶势力犯罪集团**）恶势力犯罪集团是符合犯罪集团法定条件的恶势力犯罪组织，其特征表现为：有三名以上的组织成员，有明显的首要分子，重要成员较为固定，组织成员经常纠集在一起，共同故意实施三次以上恶势力惯常实施的犯罪活动或者其他犯罪活动。（§ 15）

【指导性案例】

最高人民检察院指导性案例第 19 号：张某、沈某某等七人抢劫案（2014 年 9 月 10 日发布）

△（**未成年人；共同犯罪；分案起诉**）办理未成年人与成年人共同犯罪案件，一般应当将未成年人与成年人分案起诉，但对于未成年人系犯罪集团的组织者或者其他共同犯罪中的主犯，或者具有其他不宜分案起诉情形的，可以不分案起诉。

△（**未成年人；共同犯罪；综合考虑；从轻或者减轻处罚**）办理未成年人与成年人共同犯罪案件，应当根据未成年人在共同犯罪中的地位、作用，综合考量未成年人实施犯罪行为的动机和目的，犯罪时的年龄，是否属于初犯、偶犯，犯罪后的悔罪表现，个人成长经历和一贯表现等因素，依法从轻或者减轻处罚。

【公报案例】

△（**共同犯罪故意；主客观一致原则**）根据《刑法》第二十五条的规定，共同犯罪是指二人以上共同故意犯罪，各共同犯罪人必须具有共同犯罪的故意。所谓共同犯罪的故意，是指各共同犯罪人通过意思联络，知道自己是和他人配合共同实施犯罪，认识到共同犯罪行为的性质以及该行为所导致的危害社会的结果，并且希望或者放任这种结果的发生。如果行为人并不了解他人真正的犯罪意图，不清楚他人所实施的犯罪行为的性质，而是被他人蒙骗或者出于自己的错误认识，在错误理解犯罪性质的情况下参与他人实施的犯罪，则不能认定该行为人与他人实施了共同犯罪，而应当依据该行为人的犯罪实际情况，按照主客观相一致的原则正确定罪处罚。［《最高人民法院公报》2008 年第 8 期　李彬、袁南京、胡海珍、东辉、燕玉峰、刘钰、刘少荣、刘超绑架案］

【参考案例】

△共同走私普通货物的部分行为人被决定酌定不起诉，法院对其他实施共同行为的被告人应按照各共同行为人可能被判处的罚金数额确定，且各共同行为人实际被判处的罚金数额以偷逃应缴税款的一倍以上五倍以下为限。

犯罪与刑罚是前提与结果的关系，没有犯罪就没有刑罚，也就决定了罪责应当自负。罪责自负原则是刑事司法必须遵守的刑事责任原则之一，指刑事责任只能由犯罪人本人承担，即谁实施犯罪，谁承受刑罚。因为只有让犯罪之人承担刑事责任，才能达到刑罚特殊预防的目的。否则，让无辜之人承担最为严厉的刑事处罚，会将其推向社会对立面。任何人只对自己的不法行为承担责任，而不对他人的不法行为承担责任，该原则对各共同犯罪人同样适用。我国刑法对共同犯罪人处罚的规定初步体现了罪责自负原则的精神：组织、领导整个犯罪集团的首要分子，应当对其组织、领导下的犯罪集团所犯的全部罪行负责；一般主犯不对他人犯罪负责，仅对自己参与或组织、指挥的犯罪负责。因而在共同犯罪中，罪责自负应包括两个层面的含义：一是未实施犯罪的无辜人员不应被追究刑事责任，各共同犯罪行为人均应共同承担犯罪产生的刑事责任；二是各共同犯罪行为人根据其在共同犯罪中的地位、作用，分别承担各自应当承担的刑事责任，不应为其他共同行为人的犯罪行为承担额外责任。共同犯罪系各行为人基于共同故意和共同行为而作为一个整体、形同一人对法益实施侵害，各行为人的行为是共同犯罪结果的总原因，故也应当一体化承担刑事责任。但由于各行为人对结果发生的原因力不同，罪责不等，共同犯罪中各行为人罪责相对分散。商江精密机械有限公司、陈光楠走私普通货物案中，商江公司分别与中联公司、捷驰公司共同实施走私普通货物的犯罪行为，根据罪责自负原则，三家公司应根据共同犯罪中各自行为对犯罪结果作用力的大小，共同分担责任。亦即，各自分担应负的刑事责任份额，而不应由商江公司承担共同犯罪的全部刑事责任。

检察院对中联公司、捷驰公司作出酌定不起诉决定系明确承认该两家单位构成犯罪，与商江公司系走私犯罪共犯的事实。虽最终两家单位实际未受到刑事处罚，但其应当承担的刑事责任和可能判处的刑罚客观存在，且其应当承受的刑事责任和刑事处罚不能转嫁于商江公司，不能因司法机关行使不起诉裁量权不当而加重本案被告单位的刑事责任。依据起诉便宜主义、诉讼经济原则、刑罚个别化及轻刑化等理论，不起诉裁量权的产生及存在有其必要性和合理性。但仅就酌定不起诉而言，犯罪情节轻微、不需要判处刑罚或者免除刑罚系主观判断标准，面对形形色色的个案，每个办案人员都会有不同认识，具有一定的随意性；可以不起诉，故也可以起诉，因而是否起诉具有较大的不确定性；各地检察院对酌定不起诉掌握的松紧程度不同,对宽严相济等刑事政策理解不一,故适用不平衡;滥用不起诉裁量权等人为因素的介入更增加了是否起诉的随意性。这种较大程度不确定性的存在,也决定了被告人刑事责任的幅度不能随着其他共犯是否被起诉而变动,否则不仅将导致判决的无序,无法发挥法律应有的预测指引功能,而且会引发包括当事人在内的社会公众对司法公正的质疑。不能因为中联公司、捷驰公司实际未被追究刑事责任,而置本案被告单位商江公司于不确定和不利状态。在民事侵权领域,《最高人民法院关于审理人身损害赔偿案件适用法律若干问题的解释》第五条规定,赔偿权利人起诉部分共同侵权人的,人民法院应当追加其他共同侵权人作为共同被告。赔偿权利人在诉讼中放弃对部分共同侵权人的诉讼请求的,其他共同侵权人对被放弃诉讼请求的被告应当承担的赔偿份额不承担连带责任。在刑事附带民事诉讼中,《最高人民法院关于执行〈中华人民共和国刑事诉讼法〉若干问题的解释》第八十六条规定(已被《最高人民法院关于适用〈中华人民共和国刑事诉讼法的解释〉》第一百四十三条所替代),即使是没有被追究刑事责任的其他共同侵害人,依法仍是赔偿责任人。犯罪是最为严重的侵权,走私犯罪侵害的是国家对进出境货物、物品的监管制度。检察院代表国家行使求刑权,其实质就是代表国家权利人向犯罪行为人行使权利。当检察院仅免除部分共同犯罪行为人的责任,不追究其刑事责任时,为平衡共同犯罪人之间的利益,体现公平正义,其他共同犯罪人不应再承担检察院免除的该部分责任。也就是说,本案中联公司、捷驰公司在被酌定不起诉时,国家放弃追究其刑事责任,则该部分责任被绝对免除,即被追究刑事责任的其他共犯亦不承担该部分责任。[No. 3-2-153、154-1　商江精密机械有限公司、陈光楠走私普通货物案]

△各共同犯罪人的犯罪故意虽然不完全一致,但相互连接,共同形成某一特定犯罪的主观要件的全部内容的,构成共同犯罪。

作为共同犯罪主观要件的共同犯罪故意,指的是各共同犯罪人通过犯意联络,明知自己与他人配合共同实施犯罪会造成某种危害结果,并且希望或者放任这种危害结果发生的心理态度。可见,各共同犯罪人之间的犯意联络及对行为危害结果的预见是构成共同犯罪故意的实质性内容,而对危害结果的态度却可以有希望或者放任两种不同形式。也就是说,在共同犯罪故意的认定中,并不要求各共同犯罪人的犯罪故意内容完全一致,也并不要求各共同犯罪人分别独自具备某具体犯罪的主观要件的全部内容,如特定目的等,而只以各共同犯罪人的犯意相互连接,共同形成某一具体犯罪的主观要件整体为满足。实际上,各个共同犯罪人由于其地位、角色的不同,他们的犯罪故意内容往往是有所不同的,比如,组织犯的组织故意、实行犯的实行故意、教唆犯的教唆故意、帮助犯的帮助故意,均有其各自不同的特点。对于帮助故意的认定,只要求证明帮助犯明知他人将要实行犯罪,并积极提供帮助、创造便利条件即可,至于有无特定的犯罪目的、犯罪结果是否为其所积极追求,均不影响帮助故意的认定。如妇女帮助男子实施强奸行为,该妇女虽并不具有强奸目的,但仍能成立强奸罪共犯。这一点在我国的立法例及司法解释上也得到了充分的体现,比如《刑法》第一百五十六条关于走私罪共犯的规定、《最高人民法院、最高人民检察院关于办理生产、销售伪劣商品刑事案件具体应用法律若干问题的解释》第九条关于生产、销售伪劣商品犯罪的共犯的规定等。

刘岗等金融凭证诈骗案中,被告人刘岗变造存单、吸引存款并归个人使用具有明显的骗取他人存款的目的,符合金融凭证诈骗罪的主观构成。被告人王小军、庄志德虽然没有个人非法占有他人钱款的目的,但在为刘岗开具小额存单时故意拉长"元"字的第二笔或"万"字的第一笔,为刘岗变造存单留出添加字、数的空间,尤其是庄志德在出具了第一笔添字存单后怕暴露,又和刘岗合谋吊空存单第二联,为刘岗变造存单提供方便。对于这种行为可以帮助刘岗实现非法占有他人存款的后果,二人完全清楚,却仍然予以积极配合。这种行为本身说明,王小军、庄志德具有明显的帮助刘岗实施骗取他人钱款的故意。[No. 3-5-194(2)-1　刘岗等金融凭证诈骗案]

△在共同犯罪过程中,个别行为人实施了超出共同犯罪故意内容的过限行为的,应当根据过限行为的性质对其定罪量刑;其他行为人对此不负刑事责任,应当在共同故意的范围内定罪量刑。

根据我国刑法主客观相统一的原则和共同犯罪的有关理论,每个共同犯罪人承担刑事责任都必须以他对所实施的犯罪行为具备犯罪故意为前提,也必须以其实施的犯罪行为与危害结果具有因果联系为前提。陈卫国等故意杀人本案中,陈卫国当然应当对其杀人行为承担刑事责任,而对于余建华来说,由于其共同犯罪故意并不包括杀害被害人这一由陈卫国实施的过限行为的内容,且余建华对杀害被害人既无事先的故意,也无事中的明知,其所实施的对打行为与陈卫国杀害被害人的行为没有刑法意义上的必然因果关系,因而不能令余建华对陈卫国所实施的杀人行为承担刑事责任。但是,余建华所实施的行为客观上与被害人死亡仍有一定关联,对余建华量刑时应酌情考虑造成被害人死亡后果的情节。[No. 4-232-29 陈卫国等故意杀人案]

△各行为人在同时侵害被害人时,缺乏共同犯意联络,虽然相信会避免结果发生,但最终致使被害人死亡的,不构成共同(间接)故意杀人罪,应分别以过失致人死亡罪论处。

蒋勇等过失致人死亡案中,首先,被告人蒋勇与李刚之间存在相互信赖的关系,其行为与被害人徐维勤死亡之间有承继性的因果关系。蒋勇虽然发现徐维勤的手抓住护栏,但在低速缓慢行驶的过程中,信赖李刚能够稳妥处理徐维勤的纠缠,故而在有条件加速的情况下没有采取过激的行为,仍然保持缓慢的速度行驶,一方面有意识地保护李刚的人身安全,另一方面也不希望徐维勤受到严重的损伤。李刚在掰开徐维勤双手时信赖被告人蒋勇保持低速缓慢行驶的状况能避免危害结果的发生,意识到可能产生的危险性,故也没有采取更为激烈的行为使徐维勤的双手摆脱护栏。但是,蒋勇的驾车行为和李刚扳开徐维勤双手的行为,与徐维勤跌地被碾压致死之间存在承继性的因果关系。也就是说,如果仅有蒋勇的驾车行为或者李刚的掰手行为,一般情况下不可能直接出现被害人徐维勤被碾压致死的结果。正是由于蒋勇、李刚之间存在着互助、互动的关系,从而使他们与徐维勤双手被掰开后身体平衡失去控制造成跌地被碾压致死之间形成共同的承继性的因果关系,进而导致了致人死亡的结果。

其次,蒋勇、李刚虽然各自的行为方式不同,但是他们的罪过形态是相同的。蒋勇看到徐维勤的手抓住护栏而继续驾车行驶,且在有意识的状态下保持低速缓慢行驶,可以判定其已经预见到可能会造成徐维勤人身伤害,但在低速行驶下轻信李刚能够避免危害结果的发生。李刚在车厢内采取扳开徐维勤抓住护栏的双手的行为以摆脱纠缠时,应当说也已经预见到这一行为可能会造成徐维勤身体伤害,但基于蒋勇驾车行驶的速度缓慢,轻信低速行驶过程中掰开徐维勤双手的行为一般也能够避免危害结果的发生。他们在主观上并不希望危害结果的发生,客观上均过于轻信自己和另一方一定的节制性行为可以避免,终因没有采取有效的避免措施而发生了致人死亡的结果,均属于过于自信的过失。

最后,我国《刑法》第二十五条第二款规定:“二人以上共同过失犯罪,不以共同犯罪论处;应当负刑事责任的,按照他们所犯的罪分别处罚。”该条规定实际上承认了共同过失犯罪的合理存在,只不过不以共同犯罪处理而已。共同过失问题在我国司法实践中并不是一个陌生的概念,如《最高人民法院关于审理交通肇事刑事案件具体应用法律若干问题的解释》中就有交通肇事罪的共犯问题的规定,处于监督与被监督关系的重大责任事故类犯罪也普遍存有共同过失。本案实际上是一起比较典型的共同过失犯罪案件,按照我国现行刑法规定,不能以共同犯罪论处,只能对他们分别定罪处罚。

综上,法院根据二被告人各自的过失行为对于被害人死亡结果的责任程度,分别对二人以过失致人死亡罪定罪处罚是恰当的。[No. 4-232-66 蒋勇等过失致人死亡案]

△共同实施犯罪时,其他行为人对个别行为人超出共同故意实施的行为不知情的,不对此承担刑事责任;知情的,除存在有效的制止行为外,应当共同承担刑事责任。

就王兴佰等故意伤害案而言,王兴佰预谋找人教训一下被害人,至于怎么教训,教训到什么程度,并没有特别明确的正面要求;同时,王兴佰事前也没有明确禁止韩涛、王永央等人用什么手段、禁止他们教训被害人达到什么程度的反面要求。所以,从被告人王兴佰的教唆内容看属于盖然性教唆。在这种情形下,虽然王兴佰仅向实行犯韩涛、王永央等提供了铁管,韩涛系用自己所持的尖刀捅刺的被害人,且被害人的死亡在一定程度上也确实超乎王兴佰等人意料,但因其对韩涛的这种行为事前没有明确禁止,所以仍不能判定韩涛的行为属于过限行为,教唆者王兴佰仍应对被害人的死亡承担刑事责任。对于共同实行犯王永央而言,虽然被告人韩涛持刀捅刺被害人系犯罪中韩涛个人的临时起意,但被告人王永央看到了韩涛的这一行为而未予以及时和有效的制止,所以,对于王永央而言,也不能判定韩涛的行为属于实行过限,王永央也应对被害人的死亡结果负责。[No. 4-234-18 王兴佰等故意伤害案]

△缺少犯意联络和协同行为,同时实施犯罪行为的,不构成共同犯罪。

根据《刑法》第二十五条第一款的规定,共同犯罪是指二人以上共同故意犯罪。一般认为,共同犯罪必须具备主观上的共同犯罪故意和客观上的共同犯罪行为两个必要条件。

在司法实践中对共同犯罪故意的认定需要关注以下两个方面内容:一是共同犯罪故意的认识因素和意志因素。二是共同犯罪人之间的犯意联络。共同犯罪的犯意联络是指各行为人关于相互协同实施特定犯罪行为的意思沟通,这种意思沟通可以采用明示或默示的方式进行，其实质上是指各行为人共同实施特定犯罪行为的“合意”。共同犯罪行为人必须对共同犯罪具有故意，但如果各行为人之间欠缺相互协同实施特定犯罪行为的意思沟通，则不构成共同犯罪，只不过是同时犯，作为单独犯只对自己所实施的犯罪行为承担责任。

刘正波、刘海平强奸案中，黄登科提出将刘某乙、刘某甲分别带出去发生性关系，刘正波、刘海平等人均表示同意并分别伙同他人将被害人带出去意图发生性关系。此种情形不能认定刘海平与刘正波之间有共同的强奸故意。虽然刘正波与刘海平均有与被害人发生性关系的意图，但并无证据证实二被告人存在强奸被害人的故意，因而不能推定二被告人存在强奸被害人的故意。刘正波与刘海平系分别伙同他人将被害人带出去后在意图与被害人发生性关系时因遭被害人反抗而产生强奸犯罪故意，可见，被告人的强奸犯罪故意是分别形成的，也是在不同时间形成的。刘海平与刘正波在不同的时间、空间针对不同的侵害对象采取不同的手段、行为方式，并无协同实施强奸犯罪的意思沟通和具体行为。其间，二被告人虽有电话联络，但只是互相询问对方的进展情况，并非进行意思沟通，不能认定双方存在共同强奸犯罪的合意。

共同犯罪的成立还需要各行为人在客观上具有协同行为，各行为人基于意思联络，通过相互协作和配合实施特定的犯罪行为，共同实现预期的犯罪目的，才成立共同犯罪。从犯罪事实的构成要素看，二被告人实施强奸犯罪的时间、地点、侵害对象不同，各自独立形成一个完整的强奸犯罪事实。从共同犯罪必要的协同行为看，二被告人各自实施强奸犯罪，不存在相互联系和配合。各自的强奸行为彼此独立、分开进行，不存在相互利用、补充、分工和配合。

综上，被告人刘正波与刘海平主观上没有共同犯罪故意，客观上没有共同的强奸行为，故不构成共同犯罪，二被告人只对自己所实施的犯罪行为承担责任。［No. 4-236-26　刘正波、刘海平强奸案］

△在共同抢劫犯罪中，行为人虽未实施杀害行为，但其他共同犯罪人致使被害人死亡，并未超出其主观认识范围的，对于致人死亡后果应当承担刑事责任。

在共同抢劫犯罪中，即使部分行为人不希望使用暴力或者仅仅使用暴力相威胁，但对其他共同犯罪人可能使用暴力应当是有预见并予以认可的，这也是抢劫罪与非暴力性财产犯罪的一个重要不同。因此，要求抢劫犯罪的共同犯罪人共同对其他共同犯罪人使用暴力造成的伤亡后果承担责任，并不违背主客观相一致原则。

郭玉林等抢劫案中，郭玉林、王林、李建伏和陈世英四被告人虽然事先预谋约定的是采用尼龙绳捆绑和胶带封嘴的暴力手段进行抢劫，但不能据此排除李建伏、陈世英二被告对郭玉林、王林二被告人持刀行凶造成的被害人死亡后果所应承担的刑事责任。李建伏、陈世英二人被告对于郭玉林、王林二被告人抢劫过程中可能使用的持刀伤害被害人的行为在主观上是有认识并予以认可的。对此，从以下三个方面的事实可以得到充分证明：其一，李、陈二被告人对被告人郭玉林、王林在实施抢劫之前身上携有尖刀是明知的；其二，在实施抢劫的过程中，在对被害人用绳子捆绑、胶条封嘴之后，王林拿出尖刀对被害人进行威胁，李、陈二被告人当时是在场的；其三，李、陈二被告人第一次取财不成返回现场后，已知悉了被害人因逃跑、反抗遭郭玉林、王林加害，既未采取救助措施，也没有放弃继续犯罪的意思表示，而是拿了被害人的身份证再去取财，积极追求犯罪目的的实现，说明其对郭、王二被告人的加害行为是认可的。［No. 5-263-33　郭玉林等抢劫案］

△在共同犯罪中，实行犯实施的行为超出共同犯罪人共同谋议之罪的范围或程度的，属于实行过限行为，其他共同犯罪人对此不承担刑事责任。

在共同犯罪中，共同犯罪人无论是否直接参与实行行为，都应对危害结果共同承担责任，原因在于，其参与实施的组织、教唆、帮助或者实行行为对于整体犯罪结果的发生在客观上具有一定程度的原因力，并具备一定的主观罪过。但是，如果实行犯实施了某种超出共同犯罪人共同谋议之罪范围或程度要求的行为，其他共同犯罪人对其实行过限的行为，既无共同行为，也无共同故意，因此，应由实行过限行为人独立承担实行过限的责任。朱永友抢劫案中，韩、朱二犯共谋盗窃时目标明确，即共同盗窃叶剑夫妇，盗窃过程中又临时产生抢劫的共同犯意，并致一人重伤、一人轻微伤，因此，即使被害人聂丹妮并非本案被告人朱永友所伤，但根据共犯理论，朱仍应对此后果负责。然而，韩滨重伤聂学军的行为，完全缘于其个人临时起意所致，显然超出共同谋议的范围，韩滨对聂学军行凶时，朱永友并不在场，其对此毫不知晓，因此朱永友对韩滨单独实施的上述行为不具有主观上的罪过，不应对此承担责任。一、二审法院认定朱永友致一人重伤、一人轻微伤的结论是正确的。［No. 5-263-50　朱永友抢劫案］

总则　第二章

△在共同犯罪中，超出共同故意而实施的行为，属实行过限；对于过限行为，其他行为人不负刑事责任。

共同故意是构成共同犯罪的必要条件。王国清等抢劫、故意伤害、盗窃案中，被告人王国清、李中保、李德玉共同故意实施盗窃犯罪，李德玉负责望风，王国清、李中保混入购票的人群中行窃，只是分工不同。是否亲自、直接实施盗窃行为，不影响共同盗窃犯罪的成立。三被告人均应对共同盗窃行为负刑事责任。但是，盗窃被发现后，被告人王国清为抗拒抓捕而对抓捕人当场使用暴力，并致一人死亡，二人受伤，没有证据证实在被告人王国清对抓捕人使用暴力之前，三被告人已有被发现后即使用暴力的共同故意；在盗窃行为被发现之后，被告人李中保和李德玉亦没有对抓捕人使用暴力。虽然被告人李中保和李德玉利用王国清的暴力行为暂时逃离现场，但不应对王国清的暴行为承担刑事责任。因此，被告人李中保、李德玉不是抢劫罪的共犯，只对盗窃行为承担刑事责任。[No. 5-263-102　王国清等抢劫、故意伤害、盗窃案]

△发现他人盗窃财物的犯罪行为不加制止，事后收受他人给予好处的，应认定为不作为的盗窃共犯。李晓勇等盗窃案中，刘伟和李征虽然在具体事务上对多出来的邮包不负有什么职责，但作为北京邮政速递局分拣科的员工，他们在工作时对于工作场所内的所有邮包都应承担其力所能及的责任，即使出现的业务问题按照职责划分可能不归他们管，但邮包的安全是整个工作场所内所有员工都应负责的。简言之，因职务要求而产生的防止结果发生的特别义务，不仅可以是职务对行为人具体的工作要求，还可以是职务甚或单位对工作人员一般的概括的要求。这样的推理与普通国民的理解应该是不存在分歧的。行为人对他人的犯罪行为不予阻止、放任不管的行为属于不作为的参与，这就涉及是否成立不作为的共犯问题。如果能够认定不作为的参与者与作为的实行犯之间存在明示或默示的共谋，则可以直接认定该不作为的参与者构成共同犯罪；如果无法认定双方存在共谋，则需要根据不真正不作为犯的成立条件判断行为人的行为是否构成不作为的共同犯罪。具有阻止正犯的犯罪行为、防止结果发生的法律义务的人，在违反该义务，使正犯的实行行为易于实施的时候，就构成不作为的帮助犯。本案中，刘伟和李征在现场目睹了盗窃行为，有义务有能力阻止却未加反对，应当认为是一种默示的共谋，因而可以认定二人构成不作为的盗窃共犯。[No. 5-264-26　李晓勇等盗窃案]

△在实施犯罪前，向他人流露犯罪意图，他人未置可否的，不属于意思联络，不应认定为事前通谋。

在共同犯罪中，无论是事前有无通谋，共犯之间的意思联络是必不可少的，否则，就无法形成共同的犯罪故意。必须强调的是，这种意思联络是相互的和双向的，即在认识因素上，各行为人不仅认识到自己在犯罪，而且认识到其他共犯也在与其一起实施犯罪，同时，还都认识到他们共同的犯罪行为会引起的某种危害结果的发生，正如所谓的知己知彼。在意志因素上，都决意参与共同犯罪，并希望或放任共同的犯罪行为引起某种犯罪后果。如果行为人仅仅认识到自己在实施犯罪，而没有认识到其他犯罪人在配合其实施该犯罪，或者行为人虽然认识到他人在实施犯罪，但自己却未以其行为或语言向其他犯罪人表明自己决意参与该犯罪，那么，二者之间就因缺乏意思联络而未形成共同的犯罪故意，因而不构成共同犯罪。

从冉国成等故意杀人、包庇案的事实来看，冉国成在向冉儒超流露其将报复被害人的念头之时，虽然冉国成所说的"搞"的具体含义不是很明确，但对于被告人冉儒超而言，他应该认识到冉国成的意思是报复被害人。也就是说，案发前，被告人冉国成在向冉儒超流露其要报复被害人的念头之时，尽管其报复方式和内容尚未确定，但被告人冉儒超主观上已经认识到冉国成将对被害人实施某种程度的侵害。在此情形下，不能以冉儒超对此未置可否而推定冉儒超已默许了冉国成对被害人即将实施的报复，进而认定冉国成与冉儒超之间已有通谋，并形成了共同报复被害人何玉均的共同犯罪故意。理由在于：其一，冉儒超未表明自己的态度并不等于其已经同意并支持冉国成报复被害人。因为冉儒超对此事的态度，其内心除了同意和支持以外，还可能是不同意、不支持，或对此尚处于犹豫状态，还没有作出决定。所以，在此情形下，以冉儒超未表明态度的事实来推定其已默许了冉国成的报复念头显然是不恰当的。其二，如前所述，所谓事前通谋，是指各共犯在着手实行犯罪之前，相互之间就其准备实施的犯罪进行沟通、谋划和准备，它是共犯之间双向的意思联络过程和犯罪合意形成过程。而本案的案件事实是冉国成向冉儒超流露犯意，而冉儒超对此未置可否。这表明在报复被害人的问题上，尽管冉国成是在寻求冉儒超的支持，但冉儒超却未将其是否支持的意思反馈给对方。因此，在本案中，事实上只有冉国成对冉儒超单向的犯意流露，而没有冉儒超予以支持的犯意回应。这种单向的犯意流露不能称之为两者之间的沟通，更不能算作是谋划,在两者之间并没有形成共同报复被害人的犯罪合意,故冉国成向冉儒超流露犯意的行为不能称之为事前通谋。[No. 6-2-310-1　冉国成等故意杀人、包庇案]

△**发现他人携带凶器,后又发现该人正在使用该凶器实施犯罪行为的,不能认为存在意思联络,不应认定为事前通谋。**

冉国成等故意杀人、包庇案发当晚,被告人冉国成是为了杀死何玉均而随身携带砍刀,且冉儒超也看见其携带有砍刀,同时,在冉国成作案之时,冉儒超也当即意识到冉国成在行凶杀人。那么,能否以此认定两者之间有事前通谋呢?仍然不能。因为,尽管冉国成当晚带刀的目的是杀人,但在冉儒超问其带刀的意图时,他却对其敷衍搪塞,故不能根据冉儒超看见冉国成带有刀而推断出其知道冉国成带刀的真实意图。从案件事实来看,冉儒超和冉鸿雁也确实不可能从其他渠道得知冉国成将于当晚杀死被害人的犯罪意图。因此,冉儒超仅仅是知道冉国成带有刀而已,其与冉国成之间在主观上并无共同杀人的意思联络,故也不能根据其知道冉国成带有刀的事实认定两者之间存在事前通谋。至于冉国成实施杀人犯罪行为之时,虽然被告人冉儒超也认识到其在犯罪,但其本人只是叫冉鸿雁和罗军"去看一下",而并未参与冉国成的杀人犯罪活动,或以行为或言语对冉国成实施杀人犯罪提供帮助,故两者之间也不存在共同杀死被害人的犯意沟通,更不能认定有事中通谋。因此,冉儒超与冉国成之间既无事前通谋,也无事中通谋,两者之间没有形成共同报复杀人的犯罪故意,冉儒超不构成故意杀人的共犯。[No. 6-2-310-2　冉国成等故意杀人、包庇案]

第二十六条　【主犯】

组织、领导犯罪集团进行犯罪活动的或者在共同犯罪中起主要作用的,是主犯。

三人以上为共同实施犯罪而组成的较为固定的犯罪组织,是犯罪集团。

对组织、领导犯罪集团的首要分子,按照集团所犯的全部罪行处罚。

对于第三款规定以外的主犯,应当按照其所参与的或者组织、指挥的全部犯罪处罚。

【立法理由】

1. **1979 年立法的情况**。1979 年《刑法》第二十三条规定:"组织、领导犯罪集团进行犯罪活动的或者在共同犯罪中起主要作用的,是主犯。对于主犯,除本法分则已有规定的以外,应当从重处罚。"

共同犯罪中的主犯及犯罪集团中的首要分子主观恶性深,对社会危害严重,对他们的处罚原则充分体现了我国刑法罪责刑相适应的原则,有利于严厉打击共同犯罪中的首要分子和主犯。1979 年刑法关于主犯从重处罚的规定,实际上是按照共同犯罪中不同犯罪参与人的地位、作用对共同犯罪人进行分类。根据犯罪分子在共同犯罪中所起的作用对其进行分类,主要有以下理由:一是**这种分类符合我国的历史传统和司法习惯**。从解放区时期起,审判实践中主要就是根据犯罪分子在共同犯罪中所起的作用确定各犯罪分子的刑事责任。二是这样分类**有利于发挥刑事政策的作用,体现对犯罪分子区别对待的政策和原则**,根据犯罪分子在共同犯罪中所起作用的大小,确定刑事责任和惩罚的轻重。三是**犯罪集团相对于一般共同犯罪具有更大的危险性和社会危害性,应当作为刑法惩治的重点**。对犯罪分子分清主次首从,便于分化瓦解犯罪集团。四是区分共犯成员各自的刑事责任,可以根据其社会危害性的大小,分别量刑。基于此,1979 年刑法将共同犯罪区分为主犯、从犯和教唆犯。这里规定的共同犯罪的主犯,主要包括两种人:一是组织、领导犯罪集团进行犯罪活动的首要分子;二是其他在犯罪集团或一般共同犯罪中起主要作用或罪恶重大的人员。由于 1979 年刑法分则中有些条文对主犯专门规定了较重的法定刑,因此在总则部分原则性规定,对主犯除分则另有规定外,从重处罚。这样,对于分则中对主犯有专门规定的,应直接适用分则的规定进行处罚。这些规定有 1979 年《刑法》第九十四条、第九十五条、第九十六条、第九十八条、第一百零二条、第一百一十八条、第一百二十条、第一百二十二条、第一百三十七条、第一百六十条等。

2. **1997 年修订刑法的情况**。1997 年修订刑法时,对本条作了较大修改。主要包括两个方面:

一是**增加了犯罪集团的概念**。1979 年刑法中虽然有犯罪集团的名称,但是没有对犯罪集团的定义予以明确,一定程度上导致理论和实践中的认定困难。为了准确认定犯罪集团,1984 年 6 月发布的《最高人民法院、最高人民检察院、公安部关于当前办理集团犯罪案件中具体应用法律的若干问题的解答》中规定：刑事犯罪集团一般应具备下列基本特征：人数较多（三人以上），重要成员固定或基本固定；经常纠集一起进行一种或数种严重的刑事犯罪活动；有明显的首要分子，有的首要分子是在纠集过程中形成的，有的首要分子在纠集开始时就是组织者和领导者；有预谋地实施犯罪活动；不论作案次数多少，对社会造成的危害或者其具有的危险性都很严重。1997年刑法根据与犯罪集团作斗争的需要，在总结实践经验的基础上，在第二十六条第二款规定：三人以上为共同实施犯罪而组成的较为固定的犯罪组织，是犯罪集团。关于该规定，也有一些其他意见。有的部门建议，在刑法中不必规定犯罪集团，而应规定**有组织犯罪**，将有组织犯罪作为共同犯罪的特殊形式，将黑社会犯罪作为有组织犯罪的特殊形式。这样，在刑法总则中规定了共同犯罪和主犯从重的基础上，进一步规定什么是有组织犯罪和黑社会犯罪；在刑法分则中规定策划、指挥、参加犯罪组织罪以及策划、指挥、参加黑社会性质组织罪，对于一些经常以有组织的形式实施的犯罪，可以在具体条文中规定有组织实施该罪的首要分子加重处罚。在进一步研究中，对于上述意见各方存在不同认识，**立法机关最终未予采纳**。

二是对主犯处罚原则作了重大修改。1979年刑法仅原则规定了主犯从重处罚，但对于不同类型的主犯如何处罚，没有作出规定。1997年修订刑法过程中，明确规定犯罪集团的首要分子要按照集团所犯的全部罪行处罚；其他共同犯罪中的主犯，应当按照其所参与的或者组织、指挥的全部犯罪处罚。这样修改，更符合罪责刑相适应原则的要求，也与以在共同犯罪中的地位、作用大小区分共同犯罪人的分类原则相适应。对这一修改，有意见提出，主犯处罚原则删去了1979年刑法规定的“从重处罚”的规定，从犯的处罚规定为“应当从轻、减轻处罚或者免除处罚”，而不是规定按参与的犯罪处罚。这两类犯罪主体，以哪一个作为处罚的基准，似乎存在不协调。建议保留对犯罪集团的首要分子和其他主犯从重处罚的规定。立法机关经研究认为，对犯罪集团的首要分子按照犯罪集团的全部犯罪处罚，对共同犯罪中的其他主犯按照其所参与或者组织、指挥的全部犯罪处罚，本身就体现了**首恶从严**的精神。同时，如果主犯规定从重处罚，同时从犯规定从宽处罚，这样反而不利于确定主犯和从犯的处罚基准。因此，**最终立法机关对该建议未予采纳**。

此外，1979年刑法施行后，全国人大常委会在一些**单行刑法**中对涉及经济犯罪的共同犯罪的处罚原则作了一定的补充。如1988年1月21日颁布的《全国人民代表大会常务委员会关于惩治走私罪的补充规定》第四条第二款规定，二人以上共同走私的，按照个人走私货物、物品的价额及其在犯罪中的作用，分别处罚。对走私集团的首要分子，按照集团走私货物、物品的总价额处罚；对其他共同走私犯罪中的主犯，情节严重的，按照共同走私货物、物品的总价额处罚。1988年1月21日颁布的《全国人民代表大会常务委员会关于惩治贪污罪贿赂罪的补充规定》第二条第二款规定，二人以上共同贪污的，按照个人所得数额及其在犯罪中的作用，分别处罚。对贪污集团的首要分子，按照集团贪污的总数额处罚；对其他共同贪污犯罪中的主犯，情节严重的，按照共同贪污的总数额处罚。根据上述规定，走私犯罪和贪污贿赂犯罪、犯罪集团的首要分子以及其他情节严重的主犯，都要按照犯罪的总价额定罪处罚。由于1979年刑法在分则中对一些共同犯罪的主犯规定了处罚。这种在某一具体犯罪中单独规定共同犯罪处罚标准的模式，没有在1997年刑法中得以延续。1997年刑法总则中对共同犯罪共犯的处罚原则是统一的处罚原则，**适用于分则所有的罪名**。

【条文说明】

本条是关于主犯、犯罪集团及对犯罪集团首要分子和其他主犯处刑原则的规定。

本条共分为四款。

第一款是关于**什么是主犯的规定**。根据本款规定，主犯包括两种人：一是**组织、领导犯罪集团进行犯罪活动的**，即组织犯罪集团，领导、策划、指挥犯罪集团成员进行犯罪活动的组织者、领导者，可能是一个人，也可能是数个人。二是**在共同犯罪中起主要作用的人**。所谓“起主要作用”的人，是指在共同犯罪中，实际起到出谋划策、组织指挥、积极实施等重要作用，或者对发生危害结果起重要作用的人。①

第二款是关于**犯罪集团定义的规定**。根据本款规定，犯罪集团应当具备三个条件：一是**必须由三人以上组成**；二是**为了共同进行犯罪活动**；三是**有较为固定的组织形式**。所谓“固定”包括参与

---

① 我国学者指出，“在共同犯罪中起主要作用的人”，就是亲自动手实施犯罪构成要件行为，或者在规范上可以看作亲自动手实施了犯罪构成要件的人。参见黎宏：《刑法学总论》（第2版），法律出版社2016年版，第288页。

犯罪的人员的基本固定和犯罪组织形式的基本固定。①

第三款是关于**对组织、领导犯罪集团的首要分子处罚原则的规定**。根据本款规定，对组织、领导犯罪集团的首要分子，**按照集团所犯的全部罪行处罚**，即首要分子要对他所组织、领导的犯罪集团的全部罪行承担刑事责任。所谓"**组织、领导犯罪集团的首要分子**"，是指在犯罪集团进行的犯罪活动中，起组织、领导、策划、指挥作用的主犯。②

第四款是关于**对其他主犯处罚原则的规定**。根据本款规定，对除组织、领导犯罪集团的首要分子以外的其他主犯，**应当按照该主犯在共同犯罪活动中所参与的或者由他组织、指挥的全部罪行处罚**。由于其他主犯有的是在犯罪集团中首要分子的组织、领导下，积极从事犯罪活动或者在犯罪活动中起到重要作用的人员，有的是在一般的共同犯罪或者尚不构成犯罪集团的犯罪团伙中起主要作用的人员，其行为的社会危害性相对于犯罪集团的首要分子来说要小，因此，本条规定了与首要分子有所差别的处罚原则。但是，从**罪责刑相适应原则**的要求看，其精神是一致的，即都是对自己应当负责的行为承担刑事责任，体现了刑法责任自负的基本要求。

实践中需要注意以下两个方面的问题：

1. **在有些共同犯罪中，主犯的犯罪性质决定共同犯罪人的犯罪定性**。比如2000年6月30日发布的《最高人民法院关于审理贪污、职务侵占案件如何认定共同犯罪几个问题的解释》第三条规定，公司、企业或者其他单位中，不具有国家工作人员身份的人与国家工作人员勾结，分别利用各自的职务便利，共同将本单位财物非法占为己有的，按照主犯的犯罪性质定罪。此外，如果该共同犯罪中行为人作用难以区分主从犯的，根据2003年11月13日发布的《全国法院审理经济犯罪案件工作座谈会纪要》的规定，国家工作人员与非国家工作人员勾结共同非法占有单位财物行为，如果根据案件的实际情况，各共同犯罪人在共同犯罪中的地位、作用相当，难以区分主从犯的，可以贪污罪定罪处罚。

2. **关于犯罪集团的首要分子对集团所犯的全部罪行负责**。刑法明确规定，犯罪集团的首要分子对集团所犯的全部罪行负责。这是基于犯罪集团是为了共同犯罪而组织起来的相对固定的犯罪组织，一般来说，犯罪集团的犯罪目标或者犯罪类型带有一定的相对固定特征，如走私犯罪集团、毒品犯罪集团、盗窃犯罪集团等。如果集团成员自己出于独立的犯罪故意实施了犯罪集团性质之外其他不相干的犯罪，客观上与集团犯罪没有关系，主观上也不是集团犯罪的故意，对于该类犯罪，应遵循主客观相统一的原则，由实施该犯罪行为的人自己承担责任，而不应由犯罪集团的首要分子对超出集团犯罪行为的其他犯罪行为负责。

【司法解释】

《最高人民法院关于审理单位犯罪案件对其直接负责的主管人员和其他直接责任人员是否区分主犯、从犯问题的批复》（法释〔2000〕31号，自2000年10月10日起施行）

△**（单位故意犯罪案件；不区分主犯、从犯）**在审理单位故意犯罪案件时，对其直接负责的主管人员和其他直接责任人员，可不区分主犯、从犯，按照其在单位犯罪中所起的作用判处刑罚。

【司法解释性文件】

《最高人民法院关于贯彻宽严相济刑事政策的若干意见》（法发〔2010〕9号，2010年2月8日公布）

△**（恐怖组织犯罪；邪教组织犯罪；黑社会性质组织犯罪；走私、诈骗、贩毒；区别对待；群体性事件）**对于恐怖组织犯罪、邪教组织犯罪、黑社会性质组织犯罪和进行走私、诈骗、贩毒等犯罪活动的犯罪集团，在处理时要分别情况，区别对待：对犯罪组织或集团中的为首组织、指挥、策划者和骨干分子，要依法从严惩处，该判处重刑或死刑的要坚决判处重刑或死刑；对受欺骗、胁迫参加犯罪组织、犯罪集团或只是一般参加者，在犯罪中起次要、辅助作用的从犯，依法应当从轻或减轻处罚，符合缓刑条件的，可以适用缓刑。

对于群体性事件中发生的杀人、放火、抢劫、伤害等犯罪案件，要注意重点打击其中的组织、指挥、策划者和直接实施犯罪行为的积极参与者；对因被煽动、欺骗、裹胁而参加，情节较轻，经教育确有悔改表现的，应当依法从宽处理。（§ 30）

△**（一般共同犯罪案件；区分主、从犯）**对于

① 我国学者指出，"较为固定"乃指，以多次实施犯罪为目的并长期存在。是否较为固定，以是否准备长期存在而定，不以事实上长期存在为必要。参见黎宏：《刑法学总论》（第2版），法律出版社2016年版，第285页。

② 我国学者指出，"组织、领导"当中包含策划、指挥、谋议等并不直接参与犯罪实行的意思在内，因此，中国刑法的相关规定中，同样包含共谋共同正犯的内容。参见黎宏：《刑法学总论》（第2版），法律出版社2016年版，第283页。

一般共同犯罪案件,应当充分考虑各被告人在共同犯罪中的地位和作用,以及在主观恶性和人身危险性方面的不同,根据事实和证据能分清主从犯的,都应当认定主从犯。有多名主犯的,应在主犯中进一步区分出罪行最为严重者。对于多名被告人共同致死一名被害人的案件,要进一步分清各被告人的作用,准确确定各被告人的罪责,以做到区别对待;不能以分不清主次为由,简单地一律判处重刑。(§ 31)

△(**共同犯罪案件;主犯立功;从轻、减轻或者免除处罚**)在共同犯罪案件中,对于主犯或首要分子检举、揭发同案地位、作用较次犯罪分子构成立功的,从轻或者减轻处罚应当从严掌握,如果从轻处罚可能导致全案量刑失衡的,一般不予从轻处罚;如果检举、揭发的是其他犯罪案件中罪行同样严重的犯罪分子,或者协助抓获的是同案中的其他主犯、首要分子的,原则上应予依法从轻或者减轻处罚。对于从犯或犯罪集团中的一般成员立功,特别是协助抓获主犯、首要分子的,应当充分体现政策,依法从轻、减轻或者免除处罚。(§ 33)

《最高人民法院、最高人民检察院、公安部、司法部关于办理黑恶势力犯罪案件若干问题的指导意见》(法发〔2018〕1号,2018年1月16日公布)

△(**恶势力犯罪集团**)恶势力犯罪集团是符合犯罪集团法定条件的恶势力犯罪组织,其特征表现为:有三名以上的组织成员,有明显的首要分子,重要成员较为固定,组织成员经常纠集在一起,共同故意实施三次以上恶势力惯常实施的犯罪活动或者其他犯罪活动。(§ 15)

△(**恶势力犯罪案件;总则;共同犯罪和犯罪集团**)公安机关、人民检察院、人民法院在办理恶势力犯罪案件时,应当依照上述规定,区别于普通刑事案件,充分运用《刑法》总则关于共同犯罪和犯罪集团的规定,依法从严惩处。(§ 16)

【参考案例】

△在全案区分主从犯的情况下,不存在其中部分被告人既不定主犯也不定从犯的余地。

纪礼明等信用卡诈骗案中,公诉机关指控,被告人纪礼明系主犯,陈龙宝、邬慰星、孙中华、王育辉、朱惠芳、王奕、吴长秀等七名被告人系从犯,张建平、程国樑、施枫、童雅芳、钱勤鸣、蒋永光等六名被告人既不认定主犯,也不认定从犯。公诉机关对于张建平等六名被告人既不认定为主犯,也不认定为从犯并不妥当。因为依据我国现行刑法规定,主犯应当按照其所参与的或者组织、指挥的全部犯罪处罚,对于从犯应当从轻、减轻或者免除处罚;同时取消了1979年刑法中对于主犯应当从重处罚的规定;显然,对既不定主犯也不定从犯的被告人处罚的基础、原则与主犯是一致的,即按照所参与的或者组织、指挥的全部犯罪处罚,且不应当从重处罚。因此,在全案区分主从犯的情况下,没有认定为从犯的被告人,实际就是按主犯的规定来处罚。从这个意义上讲,我国刑法中并不存在全案区分主从犯,但其中部分被告人既不定主犯也不定从犯的余地。故根据张建平等六名被告人在共同犯罪中的地位与作用,判决认定张建平、程国樑、童雅芳、钱勤鸣、蒋永光系主犯,施枫系从犯。[No. 3-5-196(1)-3 纪礼明等信用卡诈骗案]

△三人以上为实施犯罪而结成较为固定的犯罪组织的,是犯罪集团。

犯罪集团是指三人以上为实施犯罪而组成的、较为固定的犯罪组织。犯罪集团一般具有以下五个特征:(1)人数较多(三人以上),重要成员固定或基本固定。(2)经常纠集在一起进行一种或数种严重的刑事犯罪活动。(3)有明显的首要分子。有的首要分子是在纠集过程中形成的,有的首要分子在纠集开始时就是组织者和领导者。(4)有预谋地实施犯罪活动。(5)不论作案次数多少,对社会造成的危害或其具有的危险性都很严重。

张君等抢劫、杀人案中,被告人张君为实施抢劫、杀人犯罪活动,从1995年1月至2000年9月,先后纠集被告人秦直碧、全泓燕以及李泽军、陈世清、赵正洪、严若明、李金生、许军、王雨等人,以湖南省常德市、重庆市涪陵区为据点,进行各种犯罪技能训练,有组织、有预谋地大肆进行抢劫、杀人犯罪活动,作案时间长,次数多,犯罪手段残忍,对社会造成的危害特别严重。该组织具有人数较多,主要成员固定,经常纠集在一起进行有预谋的抢劫、杀人犯罪活动,有明显的首要分子,作案次数多,对社会造成的危害特别严重的特征,一、二审法院认定其为抢劫、故意杀人犯罪集团是正确的。在该犯罪集团中,张君在犯罪集团的形成、发展过程中,以及在每次犯罪活动中,均起组织、策划、指挥作用,是该犯罪集团的首要分子。李泽军、陈世清、赵正洪、严若明、秦直碧多次参加犯罪集团的抢劫、杀人犯罪活动,是该犯罪集团的主要成员,李金生、许军、王雨、全泓燕参加了犯罪集团的抢劫、杀人犯罪活动,是该犯罪集团成员。[No. 5-263-71 张君等抢劫、杀人案]

△一般情况下,对集团犯罪案件,应坚持并案审理。

根据最高人民法院、最高人民检察院、公安部

1984年6月15日公布的《最高人民法院、最高人民检察院、公安部印发的〈关于当前办理集团犯罪案件中具体应用法律的若干问题〉的解答》第三条的规定，对集团犯罪案件要坚持全案审判的原则，否则，不仅可能造成定罪不准，量刑失当，而且会造成死无对证，容易漏掉同案成员的罪行，甚至漏掉罪犯。对于确实需要分案审判的，也必须做到统一事实，统一定罪，统一量刑，确保案件的审判质量。张君抢劫、故意杀人犯罪集团的被告人分别居住于湖南、重庆、云南等地，其犯罪地涉及湖南、重庆、湖北、广西、云南等地，根据《刑事诉讼法》[①]第二十五条的规定，上述地区的人民法院均具有管辖权。鉴于湖南、重庆为主要犯罪地和居住地，且主要被告人在两地被抓获、被拘捕、被关押，以及由两地公安机关分别侦查取证，如由一地法院审判，涉及案犯押解、案件移交等诸多工作，耗时费力。为保证案件及时交付审判，便于诉讼，决定全案由重庆市和湖南省两地法院分案审判。同时决定两地在同一时间起诉，同一时间开庭，同一时间宣判，做到事实、定罪、量刑三统一。由于两地公安、检察、法院协调一致，相互配合，密切协作，较好地保证了案件的审判质量。实践证明，这一部署是成功的。当然，这种分案审理是针对特殊案件的特殊办法。一般情况下，对共同犯罪案件、集团犯罪案件，应坚持一案审理。［No. 5-263-72　张君等抢劫、杀人案］

第二十七条　【从犯】
在共同犯罪中起次要或者辅助作用的，是从犯。
对于从犯，应当从轻、减轻处罚或者免除处罚。

【立法理由】

1. **1979年立法情况**。1979年《刑法》第二十四条规定："在共同犯罪中起次要或者辅助作用的，是从犯。对于从犯，应当比照主犯从轻、减轻处罚或者免除处罚。"1979年刑法在共同犯罪分类方面，采取以行为人在共同犯罪中所处地位、所起作用为标准的方式。从共同犯罪中的地位来看，相对于主犯，从犯在共同犯罪中居于次要地位；从在共同犯罪中所起的作用来看，从犯起的是辅助作用。综合起来，在共同犯罪中，从犯所处的地位和所起的作用以及其行为的社会危害性都比主犯小，根据罪责刑相适应原则，其所承担的刑事责任也应当比主犯轻。正是因为从犯不是共同犯罪的主要实施者，其行为也不是造成危害结果的主要原因，因此，对其处罚原则，1979年刑法规定比照主犯从轻、减轻处罚或者免除处罚。

2. **1997年修订刑法的情况**。1997年刑法修订时，对从犯的定义，沿用了1979年刑法的规定。对于从犯的处罚原则作了调整，删去了"比照主犯"的规定，即将从犯处罚原则由"应当比照主犯从轻、减轻处罚或者免除处罚"修改为"应当从轻、减轻处罚或者免除处罚"。主要考虑是，影响共同犯罪人刑事责任大小的因素除了其在共同犯罪中的地位和作用大小，还有各共同犯罪人本身的情节，如自首、立功、累犯等从轻、减轻、免除或者从重处罚等处罚情节。如果主犯具有某种从重、从轻、减轻或者免除处罚的情节而从犯没有这样的情节时，简单比照主犯进行处罚，可能会出现量刑偏差问题。此外，当主犯因为死亡或者逃亡，未能同案审判时，对从犯的处罚就没有可以比照的标准。归根结底，按照刑法罪责刑相适应和罪责自负的要求，从犯虽然在共同犯罪中相对于主犯居于次要和辅助地位，但从犯之所以要承担刑事责任，根本的原因还是在于**其行为自身具有相应的刑事违法性、社会危害性**，应当受到刑罚的惩罚，这是从犯能够独立承担刑事责任的基础。因此，1997年《刑法》第二十七条第二款规定："对于从犯，应当从轻、减轻处罚或者免除处罚。"

【条文说明】

本条是关于从犯及其处刑原则的规定。

本条共分为两款。

第一款是关于**什么是从犯的规定**。根据本款规定，从犯有两种情况：一是**在共同犯罪中起次要作用的**。所谓"起次要"作用，是指在整个共同犯罪活动中，处于从属于主犯的地位，对主犯的犯罪意图表示赞成、附和、服从，听从主犯的领导、指挥，不参与有关犯罪的决策和谋划；在实施具体犯

---

① 2018年10月26日第十三届全国人民代表大会常务委员会第六次会议第三次修正。本节以下除原法律文件中引用修正前的《刑事诉讼法》外，均指向修正后的版本。

罪中,在主犯的组织、指挥下进行某一方面的犯罪活动,情节较轻,对整个犯罪结果的发生只起了次要的作用。[①] 二是**在共同犯罪中起辅助作用的**。这种从犯实际上是帮助犯[②],其特点是不直接参与具体犯罪行为的实施,在共同犯罪活动中,为完成共同犯罪只起了提供物质或者精神帮助的作用。如提供作案工具、为实行犯踩点望风、指示犯罪地点和犯罪对象、消除犯罪障碍等,他们的行为对完成共同犯罪只起了辅助作用。

第二款是关于**对从犯如何处罚的规定**。根据本款规定,对于从犯,应当根据其参与犯罪的性质、情节及其在共同犯罪中所起的作用等具体情况,或者从轻处罚,或者减轻处罚,或者免除处罚。**对从犯应当从轻、减轻处罚或者免除处罚**,是符合我国刑法罪责刑相适应原则的。

实践中需要注意的是,**对犯罪行为人给予精神鼓励的人的法律责任**。对行为人实施犯罪给予精神鼓励的,是否以及如何承担刑事责任,需要根据不同情况进行分析。一是如果犯罪行为人原本没有犯罪意图,因被他人鼓励、怂恿而实施犯罪的,则实施鼓励行为的行为人构成**教唆犯**。二是犯罪行为人在主观上有犯罪意图,对其提供技术上建议或者增强其犯意的行为,事实上促成犯罪结果发生的,则属于精神上的帮助,可以认定构成**帮助犯**,属于从犯。三是如果实施颂扬犯罪行为或者预祝犯罪成功等行为与犯罪行为人造成的后果没有明显的因果关系的,则**不成立帮助犯**。

【参考案例】

△受即将着手实施犯罪的人指使,将相关人员带离现场的,属于为实施犯罪创造便利条件的行为,应当认定为成立共同犯罪,但属于从犯;对于该从犯其后实施的窝藏、包庇或帮助毁灭证据的行为,属于不可罚的事后行为,不能以窝藏、包庇罪或帮助毁灭证据罪追究其刑事责任。

于爱银等故意杀人案中,被告人戴永阳在明知于爱银要杀死其丈夫的情况下,不但不加阻止,反而在事前准备阶段与于爱银一起去田集药店买安眠药,因药店没有安眠药而未买到;事中实施阶段,知道于爱银已经让其丈夫喝下安眠药、准备勒死其丈夫的情况下,又听从于爱银的指使,将于爱银十岁的儿子带离现场,领到屋外三轮车上玩,以免孩子哭闹阻挠或者惊吓孩子,也消除了孩子作为于爱银勒掐其丈夫致死的目击证人的可能,便利了于爱银顺利实施犯罪;事后在被害人死亡后,又隐匿犯罪证据,将作案用的毛巾装到裤兜里带离现场,逃跑途中扔掉。被告人戴永阳的行为属于复杂共同行为,孤立地看不属于杀人客观要件行为,但经过组合后,与于爱银的行为,相互配合、相互协调、相互补充,形成一个整体,整体的行为能够全面满足杀人的行为要件。戴永阳虽没有直接实施杀人行为,但为于爱银犯罪创造了方便条件,帮助于爱银实施杀人犯罪,也具备共同犯罪的客观要件。因此,戴永阳主观上有共同犯罪的故意(直接故意或者间接故意),客观上有共同犯罪的行为(帮助行为),具备共同犯罪的主客观条件,能与于爱银构成故意杀人共同犯罪。

被告人于爱银因离婚不成,主谋杀害丈夫,事前提出用安眠药杀害丈夫,采取下安眠药、用毛巾勒和手掐颈部的方法,直接造成其丈夫死亡的严重后果,在共同犯罪中处于主导和支配地位,起主要作用,是主犯。被告人戴永阳在明知于爱银要害死其丈夫的情况下,在事前准备阶段与其一起去田集药店买安眠药,因药店没有安眠药而未买到;事中实施阶段,又听从于爱银的指使,将于爱银十岁的儿子带离现场,便利了于爱银顺利实施犯罪;事后,又隐匿犯罪证据,将作案用的毛巾装到裤兜里带离现场,逃跑途中扔掉。被告人戴永阳的行为属于辅助行为,在共同犯罪中起辅助作用,应当被认定为从犯,并结合本案案情予以从轻处罚。

戴永阳犯罪后,隐匿或者毁灭、伪造证据的行为,从客观上说,也必然妨害司法机关对他的追捕、审判活动,具有妨害司法机关刑事诉讼活动的性质。但是,犯罪(包括与他人实施共同犯罪)后自行藏匿或者毁灭、伪造证据的行为,实际上是其先行犯罪的自然延伸,二者存在依附从属和阶段性关系,尽管从犯罪阶段来看存在两个犯罪行为,但因属于吸收犯,应当根据重罪吸收轻罪的处理原则,以故意杀人犯罪一罪处理,不宜按数罪处理。

因此,共同犯罪人相互之间也不能成为帮助毁灭证据罪的主体。简言之,行为人之间凡在事前或事中达成共同犯罪的合意(包括事先未通谋的、事中心照不宣的合意),则无论事前、事中或事后的帮助毁灭罪迹的行为,在犯罪性质上都不再

---

① 对于“起次要作用”的认定,须从考量以下几方面的情况:(1)起因;(2)行为人在共同犯罪中所处的地位;(3)行为人在共同犯罪中的实际参与程度;(4)行为人具体罪刑的大小;(5)利益(犯罪所得)的分配程度。参见黎宏:《刑法学总论》(第2版),法律出版社2016年版,第289页。

② 相同的学说见解,参见黎宏:《刑法学总论》(第2版),法律出版社2016年版,第289页。

属于刑法意义的帮助毁灭证据行为，而属于与其先前共同犯罪存在依附从属和阶段性关系的吸收犯。反观之，假如行为人未曾在事前或事中与某一犯罪行为的实行人或其他帮助人达成参与或默许帮助其实施某一共同犯罪的合意，则其事后所实施的湮灭罪迹等行为，理所当然地属于帮助毁灭证据罪。[No. 4－232－30　于爱银等故意杀人案]

第二十八条　【胁从犯】
对于被胁迫参加犯罪的，应当按照他的犯罪情节减轻处罚或者免除处罚。

【立法理由】

1. **1979年立法的情况**。1979年《刑法》第二十五条规定："对于被胁迫、被诱骗参加犯罪的，应当按照他的犯罪情节，比照从犯减轻处罚或者免除处罚。"根据上述规定，1979年刑法中规定的胁从犯包括两种情况：一是指**因被胁迫而跟从他人实施犯罪行为的人**。胁从犯虽然是被胁迫参加犯罪，但其人身并未受到完全强制，只是害怕自身遭遇危险等原因而按照他人要求实施犯罪，相当程度上仍然有选择自己行为的自由，主观上是有罪过的。[1] 因此，应当负刑事责任。同时，考虑到行为人的犯罪行为毕竟是被他人胁迫实施的，规定对其减轻或免除处罚是符合罪责刑相适应原则的。二是**受诱骗实施犯罪的情况**。主要是指因思想糊涂、愚昧无知，受他人蒙蔽欺骗而参加共同犯罪。需要注意的是，根据1979年刑法的规定，受诱骗实施犯罪，主要是行为人因年轻、缺乏经验、辨别是非能力不强等原因，受到他人蛊惑、裹挟，在主观上对于自己行为的犯罪性质没有完全认识清楚的情况。对于行为人完全明白自己是在实施犯罪行为，只是因为受他人的物质、金钱、美色引诱而自愿参加犯罪的，不能认定为胁从犯。关于胁从犯的处罚原则，主要是考虑到胁从犯参加犯罪是被迫或者被诱骗的，主观上不是完全积极自愿，一般情况下在整个犯罪活动中所起的作用相对于主犯较小，相对于从犯也比较小，是共同犯罪人中危险性最小的一种，因此，1979年刑法规定，"应当按照他的犯罪情节，比照从犯减轻处罚或者免除处罚"。

2. **1997年修订刑法的情况**。1997年修订刑法时，对1979年刑法关于胁从犯的规定有两处修改：一是**删去"被诱骗"参加犯罪的情形**。作这一修改的主要原因是，有意见提出，"被诱骗"参加犯罪的规定理论上似乎难以成立，因为如果行为人确实属于被诱骗，则其主观上对于犯罪行为缺乏认识，因而不构成犯罪的故意，不应当作为共同犯罪处理；如果行为人对其行为有认识，意志上也是自由的，其主观上完全是出于故意而实施犯罪，应当根据其在共同犯罪中所起的作用予以处罚。同时，从实践中的情况看，所谓"被诱骗"参加犯罪，往往较难界定。总之，考虑到"被诱骗"与"被胁迫"性质不同，"被引诱"不应属于胁从犯的特征，建议删去"被诱骗"的规定。二是**对于胁从犯的处罚原则直接作出规定，删去了"比照从犯"的规定**。这一修改的主要考虑是，有的意见提出，共同犯罪人刑事责任的大小，除了其在共同犯罪中的地位和作用大小，还涉及各共同犯罪行为人本身的一些情节，比如自首、立功、累犯等从轻、减轻、免除或者从重处罚等处罚原则。一般情况下，比照从犯从宽处理是可以的，但如果从犯具有法定量刑情节而胁从犯没有该种情节的，对胁从犯仍比照从犯减轻处罚或者免除处罚，会出现罪责刑不相适应的情况。这一意见的内在基础在于，胁从犯承担刑事责任的根据是其自身实施的犯罪行为，按照罪责刑相适应和罪责自负的要求，对胁从犯独立规定处罚原则是完全可行和必要的。事实上，从实际情况看，胁从犯在共同犯罪中所起的实际作用、造成的社会危害，并不一定总是比从犯轻。基于以上考虑，1997年修订刑法对胁从犯的处罚原则直接作出规定，即不再比照从犯，而是按照其自身的犯罪情节减轻处罚或者免除处罚。

【条文说明】

本条是关于胁从犯及其处罚原则的规定。

根据本条规定，对于被胁迫参加犯罪的，应当按照他的犯罪情节减轻处罚或者免除处罚。所谓**"被胁迫参加犯罪"**，是指行为人在他人对其施加精神强制，处于恐惧状态下，不敢不参加犯罪。根据本条规定，对胁从犯应当根据他的犯罪情节减轻处罚或者免除处罚。所谓**"应当"**，就是只要认

[1] 相同的学说见解，参见黎宏：《刑法学总论》(第2版)，法律出版社2016年版，第295页。

定其属于胁从犯，就应予以减轻处罚或者免除处罚。所谓**“按照他的犯罪情节”减轻处罚或者免除处罚**，是指在决定具体予以减轻处罚还是免除处罚时，要根据被胁迫犯罪的人参与实施犯罪行为的程度、对危害后果的发生所起的实际作用大小等情况确定。例如，《最高人民法院、最高人民检察院关于办理组织、利用邪教组织破坏法律实施等刑事案件适用法律若干问题的解释》第九条第一款规定：“组织、利用邪教组织破坏国家法律、行政法规实施，符合本解释第四条规定情形，但行为人能够真诚悔罪，明确表示退出邪教组织、不再从事邪教活动的，可以不起诉或者免予刑事处罚。其中，行为人系受蒙蔽、胁迫参加邪教组织的，可以不作为犯罪处理。”

实践中需要注意的是，对胁从犯的认定要**综合考虑各方面的情况**，以判断行为人是否“被胁迫参加犯罪”。具体而言，可以从胁迫的时间、胁迫的程度、胁迫的对象、胁迫的现实紧迫性等方面综合考量。

第二十九条　【教唆犯】

教唆他人犯罪的，应当按照他在共同犯罪中所起的作用处罚。教唆不满十八周岁的人犯罪的，应当从重处罚。

如果被教唆的人没有犯被教唆的罪，对于教唆犯，可以从轻或者减轻处罚。

【立法理由】

1. **1979 年立法的情况**。教唆犯是指唆使他人实施犯罪行为的人。对教唆犯的处罚，各国刑法有不同的规定。有的规定，对教唆犯按照其所教唆的犯罪处罚；有的对教唆犯特别规定一个专门的刑罚幅度。我国 1979 年《刑法》第二十六条规定：“教唆他人犯罪的，应当按照他在共同犯罪中所起的作用处罚。教唆不满十八岁的人犯罪的，应当从重处罚。如果被教唆的人没有犯被教唆的罪，对于教唆犯，可以从轻或者减轻处罚。”根据刑法的规定，我国对教唆犯的处罚原则是根据其在犯罪中所起的实际作用处罚，这样规定体现了罪责刑相适应的刑法基本原则。根据 1979 年刑法的规定，教唆犯主要是指通过威逼、利诱、挑拨、怂恿等方法故意唆使他人犯罪的人。教唆犯具有以下两个方面的特征：一是**在客观上通过教唆行为使被教唆者产生犯罪意图，进而实施犯罪行为**。教唆行为与被教唆者犯罪行为之间具有明显的因果关系。二是**在主观上具有教唆他人实施某种犯罪的故意**，如果只是言行不慎，无意间引起他人的犯罪意图，不构成教唆犯罪。对教唆犯的处罚原则：一是对教唆犯“应当按照他在共同犯罪中所起的作用处罚”。按“所起的作用处罚”不仅可以表现教唆犯在共同犯罪中的作用，而且能够适用主犯和从犯的分类，准确确定教唆犯的责任。二是明确被教唆的人没有犯被教唆的罪的处理原则。曾有意见提出，该种情况相当于犯罪未遂，应按犯罪未遂的处罚原则加以处罚。1979 年刑法后来规定，该种情况“可以从轻或者减轻处罚”，相当于对未遂犯的处罚。三是教唆不满 18 岁的人犯罪，应当从重处罚。未成年人身心发育尚不成熟，社会经验不足，容易听信挑唆走上歧途。利用未成年人身心弱点唆使其犯罪，其主观恶性和客观危害都比较大，为更好地保护青少年，预防唆使利用未成年人犯罪的情况，刑法明确规定对这种教唆犯予以更严厉的惩处。

2. **1997 年修订刑法的情况**。1997 年修订刑法时，关于教唆犯及其处罚的规定沿用了 1979 年刑法的规定，未作实质改动。关于教唆犯及其处罚原则，曾有建议提出，教唆他人犯罪的，**不应当按照其在共同犯罪中的作用处罚，而应当直接按照共同犯罪中的主犯处罚**。这种观点体现了对教唆犯从严处理的精神，应该说一般情况下对教唆犯作为主犯处理是有道理的，也符合我国历史传统上重视对倡首先言的造意者作为首恶从严惩处的习惯。但是，即使是被教唆犯罪，犯罪行为却是犯罪实行行为人自己选择的结果，内因和外因之间，内因是根据，外因是条件，不能一概说教唆犯所起的作用一定比实行犯更大。从实践情况看，教唆犯的教唆行为对于实行犯实施犯罪所起的实际作用确实也不完全一样。因此，对于教唆犯一律按照主犯处罚，有的情况下并不合理。而按照刑法规定，根据其在共同犯罪中所起的作用处罚，更有利于司法实践中实现**刑罚个别化**，体现罪责刑相适应。因此，**1997 年修订刑法时未对教唆犯的处罚原则作出修改**。

【条文说明】

本条是关于教唆犯及其处刑原则的规定。

本条共分为两款。

第一款是关于**对教唆他人犯罪的处罚原则和从重处罚情节的规定**。根据本款规定，对教唆犯，应当按照他在共同犯罪中所起的作用处罚。教唆犯“**在共同犯罪中所起的作用**”是指教唆犯罪的人教唆的方法、手段及教唆的程度对完成共同犯罪所起的作用，即在实行所教唆的犯罪中所起的作用。教唆犯在共同犯罪中起主要作用的，按主犯处罚；起次要作用的，按从犯处罚。另外，出于对未成年人的保护，考虑到未成年人阅历浅，思想尚未成熟，容易被教唆而走上歧途，**教唆未成年人犯罪的行为**具有更大的社会危害性，因此，本款同时明确规定对“教唆不满十八周岁的人犯罪的，应当从重处罚”。实际上对于教唆未成年人犯罪、利用未成年人犯罪的，司法实践中一般也是作为从重处罚的情节处理的。例如2016年4月6日发布的《最高人民法院关于审理毒品犯罪案件适用法律若干问题的解释》第五条规定，非法持有毒品达到《刑法》第三百四十八条或者本解释第二条规定的“数量较大”标准，且利用、教唆未成年人非法持有毒品的，应当认定为《刑法》第三百四十八条规定的“情节严重”。

第二款是关于**被教唆的人没有犯被教唆的罪的，对教唆犯从轻或者减轻处罚的规定**。教唆犯对他人实施教唆行为后，因为种种原因，被教唆的人没有实施其所教唆的犯罪的情况实践中也是比较常见的。在这种情况下，按照罪责刑相适应原则的要求，对教唆者应当给予相对较轻的处理。同时，刑法规定对教唆犯按照其在共同犯罪中所起的作用处罚，在被教唆者没有实施犯罪的情况下，根据教唆者的教唆行为所起的作用以确定对其的处罚，操作上存在一定的困难。因此，对这种情况有必要明确规定处理的原则。根据本款规定，如果被教唆的人没有犯被教唆的罪，对于教唆犯，可以从轻或者减轻处罚。所谓“被教唆的人没有犯被教唆的罪”主要包括以下一些情况：一是教唆犯的教唆对被教唆人没有起到促成犯意、实施犯罪的作用，**被教唆的人既没有实施教唆犯教唆的犯罪，也没有实施其他犯罪**，其教唆行为没有造成直接的犯罪结果；二是**被教唆的人没有犯所教唆的罪，而犯了其他罪**；三是被教唆的人实施了犯罪，但是其本来就独立形成了犯意，**教唆行为没有起到任何促致犯意的作用**。[①] 不论哪一种情况，教唆他人实施犯罪的教唆行为已经实施，教唆者应当承担刑事责任。但是由于被教唆的人没有实施被教唆的罪，教唆犯的教唆行为的社会危害性要小，因此，本款规定对于上述教唆犯，**可以从轻或者减轻处罚**。这里规定“可以”，是因为被教唆的人没有犯被教唆的罪的实际情况复杂，对于教唆犯不能一律从轻或者减轻处罚，应当根据案件的具体情况决定是否从轻或者减轻处罚。

实践中需要注意以下两个方面的问题：

1. **被教唆人实施了教唆内容以外的犯罪，对教唆人该如何定罪处罚**。一般情况下，大致分为两种情况：其一，**如果教唆人的教唆内容特定、明确，被教唆人在特定情况下实施了超过教唆内容范围的行为**，对教唆人和被教唆人应当分别追究刑事责任，即教唆人无须对被教唆人超出教唆内容实施的危害结果负责。比如教唆人教唆他人实施盗窃，而被教唆人入室盗窃时见色起意，却实施了强奸犯罪；再比如，教唆人教唆他人实施故意伤害行为，并明确指示下手别太重，而被教唆人却将受害人打死。对于这些情况，被教唆人超出范围施行犯罪的危害结果不应由教唆人承担责任。其二，**教唆人的教唆内容并没有明确排除特定犯罪对象或者犯罪结果，被教唆人实施的犯罪行为总体上在其教唆的范围内，或者并未明显违背其教唆内容和意图的，或者相应结果属于其所教唆行为可能产生的自然后果的，或者发生的结果不属于无法预料的后果等情形的**，即使实行行为本身与教唆内容略有出入，也应当视为没有超出教唆内容范畴，教唆人和被教唆人必须对被教唆人的实行行为承担共同犯罪的刑事责任。

2. 关于**教唆犯的罪名认定**。教唆犯一般根据其教唆他人实施行为的性质定罪处罚。刑法分则有特殊规定的，依照**分则的规定**定罪。如《刑法》第三百五十三条第一款规定的“引诱、教唆、欺骗他人吸毒罪”，对于教唆他人吸食、注射毒品的，直接按照《刑法》第三百五十三条第一款的规定定罪处罚。此外，关于**教唆他人自杀、自伤**如何认定罪名和追究刑事责任的问题，司法实践中存在不同的做法。对此，一些司法解释作出了相应的规定，可供参考。如《最高人民法院、最高人民检察院关于办理组织、利用邪教组织破坏法律实施等刑事案件适用法律若干问题的解释》第十一条规定：“组织、利用邪教组织，制造、散布迷信邪说，组织、策划、煽动、胁迫、教唆、帮助其成员或者

---

① 我国学者指出，“被教唆人没有犯被教唆的罪”是指，被教唆人已经着手实行犯罪，但由于其意志以外的原因而没有得逞（即教唆未遂），具体包括两种情形：一是被教唆人构成犯罪未遂的情形；二是被教唆人着手实行犯罪后又中止的情形。参见黎宏：《刑法学总论》（第2版），法律出版社2016年版，第297、299页。

他人实施自杀、自伤的,依照刑法第二百三十二条、第二百三十四条的规定,以**故意杀人罪或者故意伤害罪**定罪处罚。”

【参考案例】

△在雇佣犯罪中,雇主没有参与实施实行行为的,属于教唆犯。雇主与被雇佣者共同实施实行行为的,雇主既属于教唆犯,又属于实行犯;量刑时,对雇主与被雇佣者应区别上述情况具体判定,不应一律同罪同罚。

从共同犯罪的地位和作用看,无论雇主是特殊的教唆犯还是教唆犯与实行犯罪兼而有之,雇主均起着主要作用。在雇凶杀人的情况下,一般而言,雇主的罪责大于实行犯,故对雇主与实行犯的量刑应有差别。当然也不能一概而论。

潘永华等故意杀人案被告人潘永华、尹标没有直接实施杀人行为,均被判处死刑立即执行,而真正枪击被害人的被告人郑三欧却被判处死缓,在量刑上似乎有悖传统的执法理念。但纵观全案,被告人潘永华因被害人与其离婚而雇佣他人杀害被害人,既是本案的发起者,又是共同犯罪的纠集者,还是本案的策划者,并以利诱的方法,将自己的犯罪意图灌输给原本没有杀人故意的尹标等人,其主观恶性大,后果严重,又无法定从轻处罚情节,对其应以故意杀人罪,从严惩处。被告人尹标接受杀人雇佣,自己不实行杀人,纠集刚满十八周岁的外甥,为其提供枪支,教其开枪,指使其在楼道内枪击被害人头部,并安排其逃逸,在共同犯罪中起了极其重要的作用,即使其没有直接实施杀人行为,也不能成为对其从轻处罚的理由。郑三欧刚满十八周岁,其受舅舅尹标的教唆、利诱,按照尹的安排,枪杀被害人,到案后交代态度较好,虽然所犯罪行极其严重,但尚不属于判处死刑必须立即执行的罪犯,故对其判处死缓。当然,这也是慎用死刑的体现。[No. 4-232-20　潘永华等故意杀人案]

△以欺骗手段诱使他人产生犯意,并为其创造条件的,属于教唆与帮助行为,与被欺骗者构成共同犯罪。

认定共同犯罪须具有主客观两方面的条件,即各行为人具有共同的犯罪故意和共同的犯罪行为。共同故意意味着各行为人都明知共同犯罪行为的性质、危害结果,并且希望或放任危害结果的发生,也要求各行为人主观上有意思联络,都认识到自己不是孤立地实施犯罪,而是同他人一起共同犯罪。至于各行为人的犯罪动机是否一致,不影响共同犯罪的成立。

焦祥根、焦祥林故意杀人案中,被告人焦祥林和焦祥根的行为符合共同犯罪的主客观条件,应认定为共同犯罪。

从主观方面看,二被告人的杀人动机不同,焦祥根系为了避免被害人承租、占有其家经营的山场而杀人,焦祥林系为了占有被害人的房产而杀人,但二人都具有杀害被害人的犯罪故意,主观上都明知杀人犯罪行为的性质、危害结果,并且都希望危害结果发生。认定二人是否有犯罪故意,关键看二人对杀人行为有无意思联络。从二被告人的供述看,二人对“有人卖山场怎么办”一事多次进行交流,焦祥根向焦祥林明确表示“谁来就干掉谁”,焦祥林未予反对还强化其态度。可以说二人对“谁来买山场就杀谁”的决定已形成共同的意思联络。特别是在焦祥林告诉焦祥根“有个老板要来买山场”后,焦祥根让焦祥林把此人带上山来看看,实际上已经将犯罪对象特定化。二被告人显然已经形成了共同杀人的故意。

从客观方面看,焦祥林虽然没有自己动手实施杀人行为,但其在诱使、刺激焦祥根形成故意杀人犯意后,将被害人骗至山场,并故意与其谈论购买山场之事,使其成为焦祥根杀害的对象,客观上为焦祥根杀害被害人创造了必不可少的条件。在焦祥根实施杀人行为过程中,焦祥林假意劝阻,但没有真正阻止焦祥根杀害被害人,且事后与焦祥根一起掩埋被害人的尸体。可以认定二被告人相互配合,共同实施了故意杀人行为,构成共同犯罪。

在本案中,被告人焦祥根虽因缺乏理性判断而被焦祥林利用,但焦祥根具有完全刑事责任能力,其杀人意图系自行产生,其意志自由未受到焦祥林的限制,杀人也是为了维护自家经营山场的利益,并不属于焦祥林犯罪的工具。因此焦祥林不构成间接正犯。[No. 4-232-72　焦祥根、焦祥林故意杀人案]

△被教唆人实施的行为超出教唆范围的,教唆者对超出部分不负刑事责任;教唆内容较为概括的,只要被教唆人的行为未明显超过必要限度,教唆者均应负相应的刑事责任。

在司法实践中,对于教唆故意范围的认定,主要看教唆者的教唆内容是否明确,即教唆犯对被教唆人的实行行为有无明确要求;或正面明确要求用什么犯罪手段达到什么犯罪后果,如明确要求用棍棒打断被害人的一条腿;或从反面明确禁止实行犯采用什么手段,不得达到什么犯罪结果等,如在伤害中不得使用刀具、不得击打被害人头部、不得将被害人打死等,如果教唆内容明确,则以教唆内容为标准判断实行者的行为是否过限。如果教唆内容不明确,则属于一种盖然的内容,一

般情况下不应认定实行行为过限，除非实行行为显而易见地超出教唆内容。［No. 4-234-17　王兴佰等故意伤害案］

△被雇佣人所实施的行为尚未达到犯罪程度的，对雇佣人应以所教唆之罪的未遂追究其刑事责任。

《刑法》第二十九条第二款规定："如果被教唆的人没有犯被教唆的罪，对于教唆犯，可以从轻或者减轻处罚。"此即是关于教唆未遂的处罚规定。根据此项规定，对教唆未遂的教唆犯一般都要定罪处罚（对于行为人更应定罪处罚，除非根据《刑法》第十三条认为系"情节显著轻微危害不大的，不认为是犯罪"或者根据《刑法》第三十七条认为系"犯罪情节轻微不需要判处刑罚的，可以免予刑事处罚"）。实践中，所谓教唆未遂的情形，既可表现为被教唆人没有实施被教唆之罪，也可以表现为被教唆人虽实施了被教唆的犯罪行为，但由于某种原因未能达到法定的后果而未达到犯罪程度等。此外，如教唆人教唆 A 罪，而被教唆人却实施了 B 罪，也可以视为"没有犯被教唆之罪"。实践中，还有一种常会出现的情况是：教唆人教唆 A 罪的加重形态，而被教唆人却仅实施了 A 罪的基本形态，或者教唆人教唆 A 罪的基本形态，而被教唆人却实施了 A 罪的加重形态。前种情况由于被教唆人的实行行为没有达到教唆、雇佣的要求，教唆、雇佣人仅对已发生的实际后果负责，不按加重形态论处。后种情况被教唆人虽然超出了教唆授意的程度，但被教唆人所犯之罪又确系在教唆人授意下所为，故教唆人仍应对被教唆人实际实行的犯罪后果承担相应的刑事责任。需要指出的是，教唆犯不是罪名，不能定教唆罪，对于教唆犯，应当按照其所教唆的实际内容确定罪名。根据上述规定和理解，对雇佣犯罪中的雇佣者而言，只要其具备了雇佣犯罪的意图，而且实施了雇佣犯罪的行为（不论被雇佣的人有无按其雇佣要求实行雇佣犯罪行为，或实行到何种程度，一般都应按其所雇佣的犯罪罪名，追究其雇佣犯罪的刑事责任），除非其雇佣犯罪情节显著轻微危害不大，可不认为是犯罪，或者是雇佣犯罪情节轻微可不需要判处刑罚。就本案被告人吴学友的雇佣犯罪行为来看，在雇佣对象（未成年人）、雇佣意图和要求（重伤他人）等方面均表现出了较为严重的社会危险性，不属于情节显著轻微危害不大或者情节轻微不需要判处刑罚的情形。故尽管在雇佣犯罪结果上，胡围围等人未能按吴的雇佣要求完成重伤行为，尚未达到构成故意伤害罪的程度，但吴学友雇佣他人犯罪的行为已经成立，应单独以故意伤害罪（未遂）追究其相应的刑事责任。［No. 4-234-27　吴学友故意伤害案］

△被雇佣人超出雇佣范围实施其他犯罪的，雇佣人对此不承担刑事责任。

在雇佣犯罪关系中，如果被雇佣人没有实施被雇佣的犯罪行为，则雇佣人和被雇佣人之间不存在共同犯罪关系，对雇佣人一般应按其所雇佣的犯罪罪名单独追究其雇佣犯罪未遂的刑事责任。相反，在被雇佣者实行了所雇佣的犯罪的情况下，除要求雇佣行为与被雇佣者的实行行为之间具有因果关系外，还要求雇佣人所授意之罪与被雇佣人实行之罪具有同一性。只有在这种情况下，雇佣人和被雇佣人才能就所雇佣之罪的罪名构成共同犯罪。如果被雇佣人在实施雇佣犯罪的过程中又另行实施了雇佣之罪以外的他种犯罪，对此，雇佣人和被雇佣人之间就该过限的行为不存在共同犯罪关系。因为，就该过限的行为而言，双方没有共同故意，被雇佣人单方的过限行为超出了雇佣人的雇佣意图和要求。对此，雇佣人只按其所雇佣的犯罪负刑事责任，"过限行为"则应由被雇佣人个人负责。吴学友故意伤害案中，被告人吴学友只是雇佣胡围围等人实施故意伤害，而胡围围等人在实施伤害行为时又另行对同一对象实施了抢劫行为，此抢劫行为超出了吴学友雇佣的内容范围，与吴的雇佣行为之间没有因果关系。吴学友与胡围围等人之间，在过限的抢劫行为上不成立共同犯罪关系，吴仅对其雇佣的故意伤害行为负刑事责任，至于胡围围等人实行的抢劫过限行为，应根据罪责自负原则由胡围围等人自行负责。因此，一审法院变更公诉机关指控罪名，对被告人吴学友以故意伤害罪定罪处罚是恰当的。［No. 4-234-28　吴学友故意伤害案］

△在被教唆人实施犯罪预备以前，教唆人劝说被教唆人放弃犯罪意图的，在被教唆人实施犯罪预备时，教唆人制止被教唆人实施犯罪预备的，在被教唆人实行犯罪而犯罪结果尚未发生时，教唆人制止被教唆人继续实行犯罪并有效防止犯罪结果发生的，成立犯罪中止；教唆人明知被教唆人又教唆第三人犯所教唆之罪的，在确保被教唆人能及时有效地通知、说服、制止第三人停止犯罪预备或制止第三人实行犯罪并有效防止犯罪结果发生的情况下，才能成立犯罪中止；教唆人虽意图放弃犯罪，并积极实施了一定的补救措施，但未能有效防止犯罪结果发生的，不成立犯罪中止，在量刑时可酌情从轻处罚。

黄土保等故意伤害案中，被告人黄土保同意洪伟负责组织对被害人实施伤害犯罪，应视为教唆行为已实行完毕。其后，洪伟为实施黄土保所雇佣的犯罪，又雇佣了林汉明，林汉明又进而雇佣了其他被告人,并进行了犯罪预备。这显然是一个多层次的雇佣、教唆关系,对此黄土保应当是知情的,这一点可以从洪伟对黄土保提议"找人打被害人一顿"反映出来。此后,被告人黄土保主观上因害怕打人的后果而决定放弃伤害计划,客观上也两次电话通知洪伟放弃伤人行动,并已就先期支付的犯罪佣金作出了清偿债务的处分。从表面上看,黄土保对其直接雇佣、教唆的人,已实施了积极的补救措施,似可成立犯罪中止。伤害行为和结果最终的实际发生,似乎只是由于洪伟的怠于通知所造成。但黄土保作为第一雇佣、教唆人,其对洪伟的再雇佣情况也是知情的,因此,其对其他被雇佣、教唆人亦负有积极采取相应补救措施的责任,至少其要确保中间人洪伟能及时有效地通知、说服、制止其他被雇佣、教唆人彻底放弃犯罪意图,停止犯罪并有效地防止犯罪结果的发生。显然,黄土保未能做到这一点,导致犯罪行为和结果的实际发生。对此黄土保有相应的责任,故不能认定其构成犯罪中止。

本案还有一点值得注意的:在林汉明等人实施完伤害犯罪后,应洪伟的要求,黄土保仍支付了当初答应支付的剩余"犯罪佣金"2万元。这一事后情节对判定被告人的先前行为的性质具有重要的参考意义。

综上,本案被告人黄土保的行为不属于犯罪中止,香洲区人民法院的判决是妥当的。尽管对黄土保的行为不认定为犯罪中止,但考虑到其在被教唆人实施犯罪预备阶段,主观上能主动放弃犯罪故意,客观上能积极实施一定的补救措施,据此,香洲区人民法院决定对其在量刑上予以酌情从轻处罚,也是适宜的。[No.4-234-29 黄土保等故意伤害案]

△实行行为超出教唆范围的,如果实行行为与所教唆之罪属于同一性质的犯罪,教唆者在事前未提出有效防止错误且事后未有效补救的,应视为是对实行行为的认可,不构成实行过限,应对实行行为承担刑事责任。

实行过限,是指实行犯实施了超出共同犯罪故意的行为。如何准确认定实行过限,笔者认为,比较部分行为人的实行行为与原共谋犯罪的性质差异情况是关键。一般而言,如果部分行为人的实行行为与原共谋之犯罪属于同一性质的犯罪,即触犯的罪名相同,则对其中起组织、教唆作用的主犯而言不属于共同犯罪的实行过限,除非原共谋确定的侵害对象非常明确具体。赵纯玉、郭文亮故意伤害案中,被告人郭文亮的行为构成故意伤害,赵纯玉的行为则构成故意伤害致人死亡,与郭文亮触犯同一罪名,致人死亡的结果也在故意伤害罪此罪的幅度内。

根据教唆内容的确定性程度可以分为确定的教唆、未必的教唆、概然的教唆与选择的教唆。其中概然的教唆又分为全概然性教唆与半概然性教唆。全概然性教唆,是指教唆人的教唆毫不明确,不但让教唆人犯什么罪不明确,而且犯罪对象也不明确。这种情况下,只要由于教唆犯的教唆使被教唆人产生了犯意并予以实施,就不违背教唆犯主观意志,都应视为教唆犯教唆的结果,不属于共犯过限,其刑事责任由教唆犯与被教唆人共同承担。半概然性教唆具有相对的确定性,在教唆对象(被教唆人)、教唆内容(所教唆的具体犯罪)、所教唆的行为对象三者中,至少有两者必须是明确的。此种教唆中常出现"收拾一顿""给他点颜色看看""教训教训他"等言语,在不同情境下,不同素质的人听起来,可能会产生严重的歧义。尽管如此,根据具体情境、共犯之间的关系、共犯与被害人的关系、纠纷的性质等,仍可确定一个大致的故意范围。教唆人的罪责范围应包括被教唆人在不确定的故意范围内所造成的一切危害结果。至于对象的多寡、结果的轻重,均不影响共同犯罪行为的认定。因此,在半概然性教唆的情形下,出现实行过限的概率是很小的,除非被教唆人实施了与教唆内容明显不同质的行为等。本案应属于半概然性教唆的情形,二被告人事先预谋时就伤害刘凤起达成的合意为打断其胳膊或腿,但并未就在实施犯罪过程中采取的手段、使用的凶器及控制打击刘凤起身体部位、打击力度、伤害程度等细节进行商议,并未提出防止死亡结果发生的措施。此种情形下,郭文亮应当能够预见赵纯玉实施加害行为时并不能控制其行为的准确性,以确保不击中头部等要害部位,因此致人死亡的后果也是在此不确定的故意范围内的。

如果教唆犯在场,且有条件制止而未制止,应推定为是对实行行为的默许,不成立实行过限。但如果实行行为存在速度过快等其他情形,教唆犯根本没有时间或条件作出反应,此时能否成立实行过限还应一并参考教唆犯事后的态度。如果教唆犯不在场,也应如前所述,在分析其教唆内容的基础上,根据其事后对此实行行为的态度来综合判断是否属于实行过限。本案中,郭文亮不在现场,但从其事后表现来看,其得知赵纯玉实施了击打刘凤起的头部等行为后,并未采取任何补救措施,且先后两次给了赵纯玉共计4万元人民币,这些表明郭文亮对刘凤起受伤的程度和可能造成的危害结果持一定程度的放任态度,也是对赵纯玉实行行为的认可,因此不能认定为实行过限,教唆犯郭文亮应对被害人死亡的结果承担刑事责任。[No.4-234-44 赵纯玉、郭文亮故意伤害案]

第四节　单位犯罪

第三十条　【单位犯罪】

公司、企业、事业单位、机关、团体实施的危害社会的行为，法律规定为单位犯罪的，应当负刑事责任。

【立法解释】

《全国人民代表大会常务委员会关于〈中华人民共和国刑法〉第三十条的解释》(2014 年 4 月 24 日通过)

△(**单位实施;刑法分则和其他法律未规定追究单位的刑事责任;组织、策划、实施该危害社会行为的人**)公司、企业、事业单位、机关、团体等单位实施刑法规定的危害社会的行为,刑法分则和其他法律未规定追究单位的刑事责任的,对组织、策划、实施该危害社会行为的人依法追究刑事责任。

【立法理由】

(一)立法相关背景

1. **1979 年之后至 1997 年刑法修订前的立法情况**。单位犯罪是区别于自然人犯罪的一种特殊犯罪形态,是指以单位为主体的犯罪。① 从国外的立法例看,大陆法系国家刑法典大多都没有规定单位犯罪,这主要是传统上认为犯罪都是人的行为,即使是为了单位的利益或者由单位决策和组织实施的犯罪,也需要由具体的自然人承担相应的刑事责任。按照罪责原则,应当由实施具体犯罪行为的自然人承担刑事责任。我国长期以来也没有在法律中确立单位犯罪制度,**1979 年刑法只规定了自然人犯罪,没有规定单位犯罪**。从 20 世纪 80 年代开始,经济领域出现了一种特殊的犯罪形态,这就是有些单位负责人决定实施某种犯罪行为,其非法利益属于单位所有,并没有分给个人。针对这种情况,1987 年 1 月 22 日第六届全国人大常委会第十九次会议通过《海关法》,明确规定对犯走私罪的企业事业单位、国家机关、社会团体追究刑事责任。1988 年 1 月 21 日发布的《全国人民代表大会常务委员会关于惩治走私罪的补充规定》中也规定了企业事业单位、机关、团体等单位走私的刑事责任。以后又在一些补充规定中陆续规定了一些单位犯罪。

2. **1997 年修订刑法的情况**。1997 年修订刑法时,有意见提出,我国单行刑法已对单位犯走私、行贿、受贿、逃汇等五十多种犯罪作了规定,修订后的刑法应当对此明确规定。也有意见提出,对于单位犯罪如何规定,外国刑法一直未能很好地解决,虽然我国立法已经在多个罪名上规定了单位犯罪,但是实践中单位犯罪的案例较少,我国还缺乏实践的经验,不在修订的刑法中规定为宜。后经认真研究,**1997 年修订刑法时,明确规定了单位犯罪**。

(二)立法时争议的主要问题

1997 年修订刑法时争议的主要问题:

1. 关于**单位犯罪的称谓**,立法时有多种意见。有意见认为,可以明确为“法人犯罪”。主要考虑是,单位不是法律上的概念,含义模糊,不易界定。法人则是法律概念,“法人犯罪”在国际上也通用。对于一些非法人组织犯罪如何定罪处罚的问题,可以通过法律拟制的方法,即规定“非法人组织犯罪,以法人论”的方式解决。大多数意见认为,名称可以确定为“单位犯罪”。因为从我国的情况看,非自然人犯罪的,并非仅限于具有法人资格的单位,还包括大量非法人团体、法人分支机构甚至内设机构,**“法人犯罪”难以涵盖非自然人犯罪的全部情况**。此外,我国颁布的单行刑法采用的名称基本都是单位犯罪,这些单行刑法的规定已经施行了一段时间,取得了一定的社会共识。单位犯罪虽然在一定程度上存在非法律用语、含义不清晰等问题,但也是可以通过司法解释等方法予以明确并解决的。后经认真研究,**1997 年修订刑法时,仍使用“单位犯罪”这一称谓**。

2. 关于**规定单位犯罪的方式**。立法时曾有三种意见:其一,在总则中对单位犯罪作概括性规

---

① 我国学者指出,我国现行刑法分则中所规定的单位犯罪,实际上包括以下两种情形:一是单位集体决定或由单位责任人(即单位代表或机关)决定实施的犯罪;二是单位的一般员工在履行义务的过程中造成重大财产损失或人员伤亡的犯罪。参见黎宏:《刑法学总论》(第 2 版),法律出版社 2016 年版,第 112—113 页。

定，同时考虑分则中涉及单位犯罪的条文很多，不在分则中逐条作出规定。其二，在总则中对单位犯罪作概括性规定，同时在分则中对单位可能触犯的罪名及处罚作出规定。其三，对单位犯罪制定专门法，效仿刑法总则和分则的模式，将单位犯罪的概念、处罚原则等刑罚制度、具体单位犯罪的罪名、罪状、法定刑都作出专门规定。后经认真研究，第一种意见可能会造成法院在实际执行中标准不统一，出现司法适用混乱；第三种意见可能存在立法和司法成本过高的问题。较为合适的是**第二种意见**，不仅有助于实现与总则所规定的自然人犯罪的内容协调一致，而且有利于单位犯罪立法和司法的系统化、成型化，便于法院实际执行。1997年刑法规定的单位犯罪，采取了上述第二种意见的立法方式。

3. 关于**单位犯罪的含义**。在立法时，曾有多种意见。有的意见提出，单位犯罪必须具备两个特征：其一，以单位名义实施，包括代理人的代理行为，但仅限于经单位认可的代理行为；其二，为单位谋取利益或者谋取非法利益。还有的意见提出第三个特征，即经单位决策机构或者负责人员决定。对于单位犯罪的上述特征，有的意见提出，已经规定的单位犯罪中还存在过失犯罪，如因单位决策失误或者监督不力造成危害结果的。对于单位构成过失犯罪的，较难认为是单位主动谋取非法利益，也缺少单位决策机构或者负责人决定的环节，这会使单位犯罪的概念存在不周延的问题。对此，1997年刑法在规定单位犯罪时，**未对单位犯罪特征作出规定，而是增加了"危害社会"的本质属性**，并最终形成表述："公司、企业、事业单位、机关、团体实施的危害社会的行为，法律规定为单位犯罪的，应当负刑事责任。"

4. 关于**国家机关是否构成单位犯罪的主体**，立法时存在争议。有意见提出，国家机关不适合作为单位犯罪的主体，主要理由是：第一，国家机关代表国家行使管理职能，体现国家意志，与犯罪意志天然矛盾。犯罪行为不论是否以机关的名义，都是自然人在犯罪，而不是机关犯罪。第二，行政权、立法权与司法权的性质、行使主体都不相同，由司法机关起诉和审判行政机关，较难操作。第三，尽管国家机关有一定的经费，但经费来自国家拨款。如果犯罪的非法所得应依法予以没收，那么国家机关只能用财政拨款缴纳罚金。实质是国家自我惩罚，最终会影响国家的利益。第四，一旦某一国家机关被定罪，其实施犯罪行为期间制定的制度、规章、条例等效力会受到质疑，容易产生其他连带问题。第五，国外鲜有将国家机关作为犯罪主体的立法例，而且有的甚至在法条中明确排除国家机关作为犯罪主体的可能性。经反复研究，并根据实践中的情况，1997年修订刑法在规定单位犯罪时，**仍将机关规定为单位犯罪的主体之一**。

【条文说明】

本条是关于单位犯罪的规定。

本条包含两层意思：

1. **单位犯罪的主体**包括公司、企业、事业单位、机关、团体。本条规定的"**公司、企业**"包括全民所有制、集体所有制等各种所有制的公司、企业以及其他形式的公司、企业。根据民法典的规定，公司、企业法人主要属于营利法人。《民法典》第七十六条第二款规定，"营利法人"包括有限责任公司、股份有限公司和其他企业法人。《企业法人登记管理条例》第二条规定："具备法人条件的下列企业，应当依照本条例的规定办理企业法人登记：（一）全民所有制企业；（二）集体所有制企业；（三）联营企业；（四）在中华人民共和国境内设立的中外合资经营企业、中外合作经营企业和外资企业；（五）私营企业；（六）依法需要办理企业法人登记的其他企业。"这些依法登记的企业法人，应属于本条规定的"公司、企业"。

关于本条规定的"**事业单位**"。根据《事业单位登记管理暂行条例》第二条的规定，事业单位是指国家为了社会公益目的，由国家机关举办或者其他组织利用国有资产举办的，从事教育、科技、文化、卫生等活动的社会服务组织。事业单位依法举办的营利性经营组织，必须实行独立核算，依照国家有关公司、企业等经营组织的法律、法规登记管理，实质上属于前述的"公司、企业"。

本条规定的"**机关**"是指各级各类国家机关和有关机关。

本条规定的"**团体**"主要是指为了一定宗旨组成进行某种社会活动的合法组织，实践中主要是社会团体、基金会、专业合作社、供销合作社等单位。这里的社会团体，包括根据《民法典》第九十条的规定，依法登记成立，取得社会团体法人资格的团体；依法不需要办理法人登记的，从成立之日起，具有社会团体法人资格的团体。此外，本条中的"团体"还包括农民专业合作组织、农村集体经济组织、城镇农村的合作经济组织、社会服务机构等其他单位。

2. 上述单位实施的危害社会的行为，法律规定为单位犯罪的，应当负刑事责任。这样规定是从单位犯罪的实际情况出发的。自改革开放以来，我国经济不断发展，对外开放力度不断加大，出现了不少违法犯罪的新情况和新问题。这些违法犯罪行为是否存在单位犯罪，情况十分复杂，还需要仔细研究和分析。基于此,刑法对实践中比较突出,社会危害较大,罪与非罪的界限较容易划清的单位危害社会的行为在分则中作了规定。因此,本条规定单位实施的危害社会的行为,法律规定为单位犯罪的,应当负刑事责任。这里的"法律规定",主要是指刑法分则的规定,如果其他有关法律或者相关决定作出了专门规定,也包括相应规定,主要包含**两层意思**:一是根据刑法分则的规定,一些犯罪明确了作为犯罪主体的单位的类型,这些犯罪可以由相应的单位构成,如《刑法》第一百八十八条"违规出具金融票证罪"规定的银行或者其他金融机构。二是追究单位刑事责任,需要法律明确规定。刑法中明确规定单位的刑事责任主要有以下**三种模式**:首先,在一个条文中先以一款规定自然人犯罪的罪状与法定刑,再用一款专门规定单位犯罪,如《刑法》第三百二十六条规定的"倒卖文物罪";其次,在刑法某节最后一条对单位犯本节数个条文的罪作出单位犯罪的专门规定,如《刑法》第二百二十条;最后,在条文罪状中明确规定是单位犯罪,如《刑法》第一百八十五条之一第一款规定的"背信运用受托财产罪"。

此外,司法机关反映,在实际生活中存在公司、企业等单位组织员工实施相关犯罪,而刑法没有对该犯罪规定单位犯罪的情况,比如为单位实施窃电行为等。对于这种情况,按照本条规定不能追究单位的刑事责任,但是否能够追究实施相关犯罪的单位员工的刑事责任,有必要通过法律解释或者其他方式予以明确,以指导和规范司法实践。立法机关经过认真研究认为,刑法主要针对一些涉及经济领域的犯罪规定了单位犯罪。对于**一些传统的侵犯人身财产权利的犯罪**,如杀人、伤害、抢劫、普通的诈骗、盗窃等,刑法分则没有规定单位犯罪。对这些没有规定单位犯罪的,不应当追究单位的刑事责任,但对组织、策划、直接实施这些法律明文规定为犯罪行为的人,应当按照自然人犯罪依法追究刑事责任。对此,2014 年 4 月 24 日第十二届全国人大常委会第八次会议通过的《全国人民代表大会常务委员会关于〈中华人民共和国刑法〉第三十条的解释》规定:"公司、企业、事业单位、机关、团体等单位实施刑法规定的危害社会的行为,刑法分则和其他法律未规定追究单位的刑事责任的,对组织、策划、实施该危害社会行为的人依法追究刑事责任。"

实践中需要注意以下几个方面的问题:

1. **单位的分支机构或者内设机构、部门实施的犯罪行为能否认定为单位犯罪**。实践中单位的分支机构或者内设机构、部门实施犯罪的情况时有发生,对此,司法实践中是否应当作为单位犯罪处理,认识上存在分歧。主要争议点在于,这些分支机构、内设机构、部门没有独立的财产,对其判处罚金实际上不能独立承担;如果按照自然人犯罪处理,犯罪行为的所得并非为个人所有,而是归属单位的分支机构或者内设机构、部门所有,完全由个人承担刑事责任不尽合理,也不能体现罪责刑相适应。总体上看,我国刑法对单位犯罪**没有采用法人犯罪的概念**,就是考虑到单位的外延大于法人。实践中,一些法人的分支机构如商业银行的营业部、营业所,单位的基建办等,具有一定的独立性,能够以自己的名义独立从事一定的经济社会活动,如果其从事了刑法规定的犯罪行为,应当是可以纳入刑法单位犯罪的处罚范围的。同时,将是否具有相对独立的财产、是否独立承担民事责任等法人成立的条件,作为是否能够成立单位犯罪的判断标准,也缺乏刑法上的依据。《全国法院审理金融犯罪案件工作座谈会纪要》中关于单位犯罪的部分,也明确了以单位的分支机构或者内设机构、部门的名义实施犯罪,违法所得亦归分支机构或者内设机构、部门所有的,应认定为单位犯罪。因此,不能因为单位的分支机构或者内设机构、部门没有可供执行罚金的财产,就不将其认定为单位犯罪,而按照个人犯罪处理。

2. **关于以犯罪为目的的专门设立的单位是否成立单位犯罪的问题**。这里包含两种情况:其一,**以实施犯罪活动为主要目的设立公司、企业、事业单位的**。对于该种情况,虽然实际上可以以单位的名义实施犯罪,但实质上是实施共同犯罪。为了避免自然人利用单位作为实施违法犯罪活动的"挡箭牌",一般不认为该种情形属于单位犯罪。其二,**单位设立后,以实施犯罪为主要活动的**。司法实践中,单位设立后以实施犯罪为主要活动,即使偶尔经营部分正常业务,一般也不认定为单位犯罪。有些单位有正规的主营业务,但是在部分业务往来中没有按正常途径操作,或者偶尔实施了不法行为的,还是可以认为构成单位犯罪。1999 年 6 月 25 日发布的《最高人民法院关于审理单位犯罪案件具体应用法律有关问题的解释》第二条规定,个人为进行违法犯罪活动而设立的公司、企业、事业单位实施犯罪的,或者公司、企业、事业单位设立后,以实施犯罪为主要活动的,不以单位犯罪论处。2003 年 10 月 15 日发布的《最高人民法院研究室关于外国公司、企业、事业单位在我国领域内犯罪如何适用法律问题的答复》同样指出,个人为在我国领域内进行违法犯罪活动而设立的外国公司、企业、事业单位实施犯罪的,或者外国公司、企业、事业单位设立后在我国领域内以实施违法犯罪为主要活动的,不以单位犯罪论处。

3. **关于在设立时存在瑕疵的单位是否成立单位犯罪的问题**。一些单位在设立时存在严重瑕疵,实践中较为常见的是无设备、无资金、无营业场所、冒用他人身份虚假登记等设立的"空壳公司"。对存在**严重瑕疵**的单位,实质上并不具备合格的单位设立条件,如不满足法人登记、注册条件等,因其不符合单位成立条件,应直接处罚相关自然人。对于单位设立过程中有**一般性瑕疵**,但尚不影响单位成立的,应承认其可以构成单位犯罪。此外,实践中还存在**尚在筹建阶段的单位**实施犯罪的情况,对于该种情况的处理,实践中也存在争议。有观点认为,筹建机构本身是一个合法存在的组织体,可以对外签署合同、产生债务等,可以作为单位犯罪认定。也有观点认为,没有完成设立程序的筹建机构不能独立成为单位犯罪的主体,其实施的犯罪应归责于负责筹建单位的自然人或者单位。

4. **关于单位实施犯罪后,发生资产重组、分立、合并或者破产等导致原单位不存在的,如何认定单位犯罪**。司法实践中,一些单位实施犯罪后,因发生资产重组、分立、破产等导致原单位不存在。这里的"不存在"包括两种情况:其一,**单位消失**,例如破产、注销登记。对于这种情况,虽然单位已经不存在了,但是单位犯罪的刑事责任并不当然消灭,应根据不同情况处理。如单位破产后,较难追究单位的刑事责任,但是仍应当追究原单位直接负责的主管人员和其他直接责任人员的刑事责任。2002年7月9日发布的《最高人民检察院关于涉嫌犯罪单位被撤销、注销、吊销营业执照或者宣告破产的应如何进行追诉问题的批复》规定,涉嫌犯罪的单位被撤销、注销、吊销营业执照或者宣告破产的,应当根据刑法关于单位犯罪的相关规定,对实施犯罪行为的该单位直接负责的主管人员和其他直接责任人员追究刑事责任,对该单位不再追诉。其二,**产生新单位**,例如资产重组。原单位被新单位取代,但是原单位的刑事责任仍应由原单位承担,以符合罪责自负的精神。在诉讼上可仍将原单位作为被告单位,承受原单位权利义务的单位法定代表人或者负责人作为诉讼代表人,并应在新成立单位中原单位的财产范围内追究刑事责任。2002年7月8日发布的《最高人民法院、最高人民检察院、海关总署关于办理走私刑事案件适用法律若干问题的意见》第十九条规定,单位走私犯罪后,单位发生分立、合并或者其他资产重组等情况的,只要承受该单位权利义务的单位存在,应当追究单位走私犯罪的刑事责任。走私单位发生分立、合并或者其他资产重组后,原单位名称发生更改的,仍以原单位(名称)作为被告单位。承受原单位权利义务的单位法定代表人或者负责人为诉讼代表人。单位走私犯罪后,发生分立、合并或者其他资产重组情形,以及被依法注销、宣告破产等情况的,无论承受该单位权利义务的单位是否存在,均应追究原单位直接负责的主管人员和其他直接责任人员的刑事责任。人民法院对原走私单位判处罚金的,应当将承受原单位权利义务的单位作为被执行人。罚金超出新单位所承受的财产的,可在执行中予以减除。

【司法解释】

《最高人民法院关于审理单位犯罪案件具体应用法律有关问题的解释》(法释〔1999〕14号,自1999年7月3日起施行)

△(**公司、企业、事业单位;独资、私营等公司、企业、事业单位**)刑法第三十条规定的公司、企业、事业单位,既包括国有、集体所有的公司、企业、事业单位,也包括依法设立的合资经营、合作经营企业和具有法人资格的独资、私营等公司、企业、事业单位。① (§1)

△(**为进行违法犯罪活动而设立的公司、企业、事业单位;以实施犯罪为主要活动**)个人为进行违法犯罪活动而设立的公司、企业、事业单位实施犯罪的,或者公司、企业、事业单位设立后,以实施犯罪为主要活动的,不以单位犯罪论处。(§2)

△(**盗用单位名义实施犯罪;自然人犯罪**)盗用单位名义实施犯罪,违法所得由实施犯罪的个人私分的,依照刑法有关自然人犯罪的规定定罪处罚。(§3)

《最高人民检察院关于涉嫌犯罪单位被撤销、注销、吊销营业执照或者宣告破产的应如何进行追诉问题的批复》(高检发释字〔2002〕4号,自2002年7月15日起施行)

△(**涉嫌犯罪单位被撤销、注销、吊销营业执照或者宣告破产**)涉嫌犯罪的单位被撤销、注销、吊销营业执照或者宣告破产的,应当根据刑法关于单位犯罪的相关规定,对实施犯罪行为的该单位直接负责的主管人员和其他直接责任人员追究刑事责任,对该单位不再追诉。

① 我国学者指出,合伙企业是不具有单位资格的私营企业,不能成为单位犯罪的主体。参见黎宏:《刑法学总论》,法律出版社2016年第2版,第114页。

《最高人民法院关于适用〈中华人民共和国刑事诉讼法〉的解释》(法释〔2012〕21 号,自 2013 年 1 月 1 日起施行)

△(**未作为单位犯罪起诉;单位犯罪案件;建议补充起诉**)对应当认定为单位犯罪的案件,人民检察院只作为自然人犯罪起诉的,人民法院应当建议人民检察院对犯罪单位补充起诉。人民检察院仍以自然人犯罪起诉的,人民法院应当依法审理,按照单位犯罪中的直接负责的主管人员或者其他直接责任人员追究刑事责任,并援引刑法分则关于追究单位犯罪中直接负责的主管人员和其他直接责任人员刑事责任的条款。(§ 283)

△(**被告单位被撤销、注销、吊销营业执照或者宣告破产**)审判期间,被告单位被撤销、注销、吊销营业执照或者宣告破产的,对单位犯罪直接负责的主管人员和其他直接责任人员应当继续审理。(§ 286)

△(**被告单位合并、分立**)审判期间,被告单位合并、分立的,应当将原单位列为被告单位,并注明合并、分立情况。对被告单位所判处的罚金以其在新单位的财产及收益为限。(§ 287)

【司法解释性文件】

《最高人民法院研究室关于企业犯罪后被合并应当如何追究刑事责任问题的答复》(1998 年 11 月 18 日公布)

△(**犯罪企业被合并**)人民检察院起诉时该犯罪企业已被合并到一个新企业的,仍应依法追究原犯罪企业及其直接负责的主管人员和其他直接人员的刑事责任。人民法院审判时,对被告单位应列原犯罪企业名称,但注明已被并入新的企业,对被告单位所判处的罚金数额以其并入新的企业的财产及收益为限。

《全国法院审理金融犯罪案件工作座谈会纪要》(法〔2001〕8 号,2001 年 1 月 21 日公布)

△(**单位的分支机构或者内设机构、部门;单位犯罪直接负责的主管人员和其他直接责任人员;未作为单位犯罪起诉;单位犯罪案件;单位共同犯罪**)根据刑法和《最高人民法院关于审理单位犯罪案件具体应用法律有关问题的解释》的规定,以单位名义实施犯罪,违法所得归单位所有的,是单位犯罪。

1. 单位的分支机构或者内设机构、部门实施犯罪行为的处理。以单位的分支机构或者内设机构、部门的名义实施犯罪,违法所得亦归分支机构或者内设机构、部门所有的,应认定为单位犯罪。不能因为单位的分支机构或者内设机构、部门没有可供执行罚金的财产,就不将其认定为单位犯罪,而按照个人犯罪处理。[①]

2. 单位犯罪直接负责的主管人员和其他直接责任人员的认定:直接负责的主管人员,是在单位实施的犯罪中起决定、批准、授意、纵容、指挥等作用的人员,一般是单位的主管负责人,包括法定代表人。其他直接责任人员,是在单位犯罪中具体实施犯罪并起较大作用的人员,既可以是单位的经营管理人员,也可以是单位的职工,包括聘任、雇佣的人员。应当注意的是,在单位犯罪中,对于受单位领导指派或奉命而参与实施了一定犯罪行为的人员,一般不宜作为直接责任人员追究刑事责任。对单位犯罪中的直接负责的主管人员和其他直接责任人员,应根据其在单位犯罪中的地位、作用和犯罪情节,分别处以相应的刑罚,主管人员与直接责任人员,在个案中,不是当然的主、从犯关系,有的案件,主管人员与直接责任人员在实施犯罪行为的主从关系不明显的,可不分主、从犯。但具体案件可以分清主、从犯,且不分清主、从犯,在同一法定刑档次、幅度内量刑无法做到罪刑相适应的,应当分清主、从犯,依法处罚。

3. 对未作为单位犯罪起诉的单位犯罪案件的处理。对于应当认定为单位犯罪的案件,检察机关只作为自然人犯罪案件起诉的,人民法院应及时与检察机关协商,建议检察机关对犯罪单位补充起诉。如检察机关不补充起诉的,人民法院仍应依法审理,对被起诉的自然人根据指控的犯罪事实、证据及庭审查明的事实,依法按单位犯罪中的直接负责的主管人员或者其他直接责任人员追究刑事责任,并应引用刑罚分则关于单位犯罪追究直接负责的主管人员和其他直接责任人员刑事责任的有关条款。

4. 单位共同犯罪的处理。两个以上单位以共同故意实施的犯罪,应根据各单位在共同犯罪中的地位、作用大小,确定犯罪单位的主、从犯。

《最高人民法院研究室关于外国公司、企业、事业单位在我国领域内犯罪如何适用法律问题的答复》(法研〔2003〕153 号,2003 年 10 月 15 日公布)

△(**外国公司、企业、事业单位进行违法犯罪活动而设立外国公司、企业、事业单位;以实施违**

---

① 此种情形中单位所承担的是监督管理责任,即没有监督管理好其下属机构,因而,需要连带地承担刑事责任。参见黎宏:《刑法学总论》(第 2 版),法律出版社 2016 年版,第 114 页。

法犯罪为主要活动)符合我国法人资格条件的外国公司、企业、事业单位,在我国领域内实施危害社会的行为,依照我国《刑法》构成犯罪的,应当依照我国《刑法》关于单位犯罪的规定追究刑事责任。

个人为在我国领域内进行违法犯罪活动而设立的外国公司、企业、事业单位实施犯罪的,或者外国公司、企业、事业单位设立后在我国领域内以实施违法犯罪为主要活动的,不以单位犯罪论处。

《公安部关于村民委员会可否构成单位犯罪主体问题的批复》(公复字〔2007〕1号,2007年3月1日公布)

△**(单位犯罪主体;村民委员会)**根据《刑法》第三十条的规定,单位犯罪主体包括公司、企业、事业单位、机关、团体。按照《村民委员会组织法》第二条的规定,村民委员会是村民自我管理、自我教育、自我服务的基层群众性自治组织,不属于《刑法》第三十条列举的范围。因此,对以村民委员会名义实施犯罪的,不应以单位犯罪论,可以依法追究直接负责的主管人员和其他直接责任人员的刑事责任。

【指导性案例】

最高人民检察院指导性案例第73号:浙江省某县图书馆及赵某、徐某某单位受贿、私分国有资产、贪污案(2020年7月16日发布)

△**(单位犯罪;追加起诉;移送线索)**人民检察院在对职务犯罪案件审查起诉时,如果认为相关单位亦涉嫌犯罪,且单位犯罪事实清楚、证据确实充分,经与监察机关沟通,可以依法对犯罪单位提起公诉。检察机关在审查起诉中发现遗漏同案犯或犯罪事实的,应当及时与监察机关沟通,依法处理。

【参考案例】

△**单位负责人员个人决定,以单位名义实施,没有证据证实犯罪所得归个人占有的,应当认定为单位犯罪。**

朱香海等非法买卖枪支、贪污案中,据从湖南资江机械厂提取的猎枪销售备查登记表、猎枪销售管理登记表、猎枪销售发票等证据证实,被告人朱香海以当阳水产公司的名义购买了166支猎枪;当阳水产公司副经理兼会计郑耀凤证实,出售猎枪的地点为当阳水产公司渔猎用品商店,其对外公开营业,且在卖枪过程中也不止朱香海一个人经手。虽然当阳水产公司没有经营枪支的全部账目,无法证实非法经营枪支的经营所得全部用于单位的经营活动,但当阳水产公司的部分财务账目证实,朱香海曾将28万元的非法经营枪支利润用于为单位职工购房,在没有证据证实朱香海个人占有了非法经营枪支利润的情况下,不能否定朱香海关于经营猎枪是为单位创收、没有牟取个人利益的辩解。因此,朱香海在当阳水产公司已经丧失经营猎枪的资格后,未经集体讨论擅自决定继续经营猎枪的行为,属于单位领导个人决定,以单位名义实施的单位犯罪行为。[No. 2-125(1)-1 朱香海等非法买卖枪支、贪污案]

△**利用单位名义实施犯罪,违法所得由犯罪者个人所有的,不以单位犯罪论处。**

1999年6月25日公布的《最高人民法院关于审理单位犯罪案件具体应用法律有关问题的解释》第三条规定:"盗用单位名义实施犯罪,违法所得由实施犯罪的个人私分的,依照刑法有关自然人犯罪的规定定罪处罚。"该解释第二条还规定:"……公司、企业、事业单位设立后,以实施犯罪为主要活动的,不以单位犯罪论处。"林春华等走私普通货物案被告人用来进行走私的四个公司中,宏威公司是林春华与其妻兄共同注册的有限责任公司,属于《刑法》第三十条所指的公司,但该公司实际由林春华个人出资、控制,走私的决定是林春华基于个人意志作出的,违法所得亦归林个人所有,依解释规定不符合单位犯罪的条件;此外,宏威公司虽不是为走私而设,但1997年以后,该公司就是以进行走私为其主要活动,不能以单位犯罪论处。新泽公司、新立新公司是以虚假资料骗取工商登记的,经安公司则是无工商注册登记的虚构公司,这三个公司不属于《刑法》第三十条所指的公司,故不构成单位犯罪。退一步讲,即使该三公司属于刑法所指的公司,均是林春华为进行走私而专门设立的公司,也不能以单位犯罪论。综上,林春华等利用上述四公司进行走私成品油,且违法所得均归其个人占有、支配,应认定是林春华等个人犯罪,而非单位犯罪。[No. 3-2-153、154-2 林春华等走私普通货物案]

△**以单位名义实施走私犯罪,没有证据证实违法所得被实施犯罪的个人占有或私分的,应当根据有利于被告人的原则,以单位走私犯罪论处。**

王红梅等走私普通货物、虚开增值税专用发票案中,被告人王红梅、王宏斌代表通华公司伙同被告人陈一平以包税的方式签订代理进口合同,自己或通过他人逃避海关监管,走私进口移动电信设备等货物,偷逃应缴税额的行为,属于以通华公司名义实施的走私犯罪,具体表现为:其一,无论是走私锅炉还是走私移动通信设备,都是通华公司与长沙市烟草专卖局、三力公司、澳门爱达利电信公司、摩托罗拉公司、湖南移动局、爱立信公司等单位签订有关委托代理进口合同、外贸合同、内贸合同的。其二,长沙烟草专卖局、三力公司、湖南移动局、重庆电信局所付款项都是通过通华公司的账号进行的，并由通华公司出具了单位的发票。其三，为了保证付款，通华公司申请中国银行湖南省分行、重庆工行等开立了以卖方为受益人的信用证，然后由内贸合同的买方将货款转账至通华公司在开证行开设的账户中，并由开证行直接从通华公司的账上扣划支付合同价款。其四，走私货物的整个运输、储存、提货过程，都是通华公司作为合同的一方委托华湘公司、天龙公司、威润公司等进行的。付给有关单位的款项也是以通华公司的名义支付的。由此可知，整个走私行为的完成自始至终都是以通华公司这一单位的名义来进行、实现的。其五，走私进口案将移动电信设备等货物的行为，是由通华公司总经理王红梅决定、指使、同意实施的，所体现的是通华公司这一单位意志，而非王红梅、王宏斌等行为人个人的意志。通华公司的其他职员均在王红梅的组织、指挥、安排下，进行整个走私过程中的部分行为，如逃避海关监管而进口设备，或者进行一些与走私犯罪相联系的直接或间接的行为，如联系走私设备运输事项，代为付款，直接联系走私入境的人员，向海关人员行贿，等等。显然，这些行为均是以通华公司的名义实施的。根据《最高人民法院关于审理单位犯罪案件具体应用法律有关问题的解释》的规定，对于以单位名义实施的犯罪，具有下列情形之一的，应当认定为个人犯罪：一是单位属于个人为进行违法犯罪活动而设立，二是单位设立后以实施犯罪为主要活动，三是违法所得由实施犯罪的个人私分。

根据通华公司设立、日常经营情况的有关证据证实，通华公司于 1993 年 5 月由湖南银发公司与香港威润科技有限公司分别出资，并依法经过有关部门批准、进行工商登记后成立，具有法人资格。其经营范围为机电、电子、医疗器械等。自成立之初一直到 1997 年 7 月，通华公司租赁了湖南电视机厂的一条生产线包括二百多名工人从事显示器的生产、经营，并出资与富丽华合作经营了一个保龄球馆。由此可见，通华公司属于合法成立的具有法人资格的中外合资经营企业，其设立目的并非个人为了进行违法犯罪活动，其从事长达四年多的合法经营，亦没有以实施违法犯罪活动为其主要活动。因此，认定本案属于单位犯罪还是个人犯罪的关键在于走私犯罪所得是否为被告人王红梅、王宏斌占有或者私分。

从公诉机关提供的证据来看，被告人王红梅作为通华公司的总经理之所以决定走私移动电信设备等货物，是因为至 1996 年，由于通华公司经营不善，严重亏损，已欠银行贷款达 3000 多万元无力偿还。为了偿还债务，加之湖南移动局又想通过包税的方式进口移动电信设备，便决定承接这种本质上属于走私的进口业务。这种主观意图不仅可以从当事人王红梅的口供中看出，而且为本案的客观事实加以证实。从走私犯罪所得的去向看，湖南移动局、重庆移动电信局等单位付给通华公司的款项都进入了通华公司的账户，王红梅、王宏斌等人未直接经手有关单位所付的货款及其代理费。对于有关单位支付给通华公司的款项，除去由王红梅决定支付给卖方的货款，以湖南移动局、重庆电信局等单位名义补交关税及运输、提货、通关、购买虚开的增值税专用发票以及公司运转、向有关人员行贿等各种成本费用外，所得有部分偿还了通华公司在走私犯罪之前就已形成的欠款，有部分缴纳了通华公司应缴的税款，剩下的走私所得没有任何证据证明被王红梅、王宏斌等被告人加以私分而占为己有，因此，根据刑事犯罪事实认定的基本规则，在没有确实、充分的证据证明通华公司走私移动电信设备等货物的违法所得为王红梅、王宏斌等行为人个人私分的情况下，就应作出有利于被告人的事实认定，即王红梅、王宏斌等个人并没有私分通华公司的走私犯罪所得，从而不能认定本案行为是为了王红梅、王宏斌等个人的私利，而应认定是为了通华公司的利益，因而应当认定本案行为属于通华公司单位犯罪，而非王红梅、王宏斌等个人犯罪。故被告人王红梅和王宏斌只分别应承担单位犯罪中直接负责的主管人员和其他直接责任人员的刑事责任。[No. 3-2-153、154-6　王红梅等走私普通货物、虚开增值税专用发票案]

△单位负责人员隐瞒事实真相虚报注册资本，使企业取得公司登记的，应以虚报注册资本罪的单位犯罪论处。

我国《刑法》第三十条规定："公司、企业、事业单位、机关、团体实施的危害社会的行为，法律规定为单位犯罪的，应当负刑事责任。"根据这一规定，以单位名义实施犯罪，违法所得归单位所有的，是单位犯罪。相对于自然人犯罪，单位犯罪的特征在于：(1)犯罪主体是公司、企业、事业单位、机关、团体，包括国有、集体所有公司、企业、事业单位，也包括依法设立的合资经营、合作经营企业和具有法人资格的独资、私营等公司、企业、事业单位，以及国家机关、人民团体、社会团体等；(2)必须是为单位谋取国家法律、行政法规、地方法规所禁止的利益即不正当利益；(3)必须是以单位名义实施的行为，一般是指由单位集体决定或由负责人员依职权决定实施的行为①;(4)法律明文规定为单位犯罪的,单位才可成为犯罪主体。

周云华虚报注册资本案被告人周云华作为华泰公司副董事长兼总经理,在台湾侨资联合开发有限公司为华泰公司注册登记过程中,伙同台湾侨资公司董事长刘嘉泰、总经理刘显麟故意隐瞒事实真相、虚报注册资本,使华泰公司骗取登记,并通过企业年检,其行为系单位犯罪行为。理由如下:第一,被告人周云华隐瞒事实真相、虚报注册资本的目的是欺骗公司登记管理部门,使华泰公司取得登记,并通过企业年检,也就是说,周云华的行为是为华泰公司谋取不正当利益,而非为个人利益。第二,被告人周云华作为华泰公司的总经理,其决定并实施的虚报注册资本的行为,是以华泰公司的名义实施的,代表的是华泰公司的意志。第三,根据《刑法》第一百五十八条的规定,个人犯虚报注册资本罪要求犯罪主体是特殊主体,即行为人必须是申请公司登记的个人。而根据《公司法》的规定,有限责任公司"申请公司登记的人"是由全体股东指定的代表或者共同委托的代理人;股份有限公司"申请公司设立的人"是董事长。本案中,华泰公司是有限责任公司,其申请设立人是台湾侨资公司,而周云华不是出资人,不是股东,也不是股东指定的代表,也就是说,从自然人犯虚报注册资本罪的要求看,周云华不符合特殊主体的要求。综上,周云华作为侨资公司聘用的华泰公司高级管理人员,其虚报注册资本的行为,就是华泰公司的行为。华泰公司虚报注册资本,且数额巨大,其行为构成虚报注册资本罪。本案二审法院认定华泰公司犯虚报注册资本罪是正确的。[No.3-3-158-1　周云华虚报注册资本案]

△不具有法人资格的公司分支机构,若具有相对独立的经营权,可对外发生民事法律关系的,应当认定为单位犯罪的主体。

作为单位犯罪,妨害清算罪只能由单位实施。五金分公司是和城公司下属的不具有法人资格的分支机构,其能否构成单位犯罪的主体呢?答案是肯定的。单位犯罪中的单位,不以法人资格为要件,公司的分支机构,只要具有相对独立的经营权,可以单独对外发生民事法律关系,其行为同样应认定为单位行为,其所实施的犯罪同样应认定为单位犯罪。这一点,在最高人民法院2001年发布的《全国法院审理金融犯罪案件工作座谈会纪要》中予以了明确说明,以单位的分支机构或者内设机构、部门的名义实施犯罪,违法所得亦归分支机构或者内设机构、部门所有的,应认定为单位犯罪。该纪要同时强调指出,不得以单位的分支机构或者内设机构、部门没有可供执行罚金的财产,就不将其认定为单位犯罪,而按照个人犯罪处理。据此,沈卫国等挪用资金、妨害清算案中沈卫国等三被告人作为五金分公司的经理等管理人员,在上级公司决定对分公司进行清理、关闭前后,未经清理小组同意径行以分公司的名义处理、转移分公司的库存及代销物资,且拒绝移交分公司账簿的行为,应当认定为单位行为。[No.3-3-162-1　沈卫国等挪用资金、妨害清算案]

△被告单位被注销后,仍应追究单位有关责任人员的刑事责任。

河南省三星实业公司集资诈骗案中,依照《最高人民法院关于执行〈中华人民共和国刑事诉讼法〉若干问题的解释》(现已失效)第二百一十五条关于人民法院审理单位犯罪案件,被告单位被注销或宣告破产,但单位犯罪直接负责的主管人员和其他直接责任人员应当负刑事责任的,应当继续审理的规定,司法机关应当依法追究对三星公司集资诈骗犯罪行为负有直接责任的主管人员和其他直接责任人员的刑事责任。即单位犯罪案件,因单位被注销或宣告破产,检察机关只起诉指控有关责任人员的,人民法院认为被告人的行为已构成犯罪,且系单位犯罪的责任人员的,应以单位犯罪的有关规定,追究其相应的刑事责任。[No.3-5-192-1　河南省三星实业公司集资诈骗案]

△以单位名义实施犯罪,但违法所得归犯罪者个人所有的,不构成单位犯罪。

关于单位犯罪及其处罚的规定,始见最高人民法院、最高人民检察院于1985年7月18日公布并施行的《关于当前办理经济犯罪案件中具体应用法律的若干问题的解答(试行)》(现已失效)。全国人大常委会于1988年1月21日颁布并施行《关于惩治走私罪的补充规定》(现已失效)、《关于惩治贪污贿赂罪的补充规定》(现已失效)后至1997年刑法施行前,陆续公布、施行的十几个补充规定和决定,对单位犯罪作了较全面的规定。刑法修订前对公司、企业型单位犯罪的规定基本上是以所有制性质作为单位犯罪和个人犯罪的区分标准,即全民所有制或集体所有制的单

---

① 我国学者指出,单位犯罪并不完全是由于单位内某一自然人的某个决定而引起的,而是由于单位固有的管理体制不完善或组织结构中存在某种缺陷而导致的。因此,在判断某一自然人的行为是否是单位自身的行为时,不能仅仅根据该行为是否经过单位负责人的同意或单位集体的同意,在没有经过单位负责人同意的场合,若符合单位业务活动的政策、规定或操作习惯时,也应将该行为视作单位自身的行为。参见黎宏:《刑法学总论》(第2版),法律出版社2016年版,第115—116页。

位存在单位犯罪问题,私营企业构成犯罪的,则按个人犯罪论处[详见《最高人民法院、最高人民检察院关于当前处理企业、事业单位、机关、团体投机倒把犯罪案件的规定》(现已失效)]。1997年《刑法》第三十条规定:“公司、企业、事业单位、机关、团体实施的危害社会的行为,法律规定为单位犯罪的,应当负刑事责任。”这里的公司、企业不再以所有制性质划分,而是泛指一切形式的公司、企业。但无论是原规定还是新规定,对单位犯罪构成要件的掌握是一致的,即单位犯罪必须同时具备两个要件:一是犯罪是以单位名义实施的;二是违法所得归单位所有,此特征是区别单位犯罪与自然人犯罪的关键所在。张贞练虚开增值税专用发票案中,张贞练不论是以停业的湛江市贸易开发公司办理营业执照年检和税务登记证,还是向税务主管部门领购增值税专用发票和虚开增值税专用发票等都是以单位名义实施的,但这些只是表面现象,因为虚开增值税专用发票犯罪的特殊性决定了此类犯罪不以单位名义将难以实施。除此之外,更重要的是张贞练虚开增值税专用发票的违法所得并没有归单位所有,而是绝大部分都被张贞练用于个人经商和挥霍。因此,一、二审法院认定张贞练为自然人犯罪是正确的。[No. 3-6-205-1　张贞练虚开增值税专用发票案]

△受单位领导指派,积极实施为他人虚开增值税专用发票行为的税务机关票管员,应当认定为单位犯罪的直接责任人员。

关于单位故意犯罪直接负责的主管人员以外的其他直接责任人员的认定,一般认为必须具备以下四个条件:(1)必须是单位内部的工作人员。如果实施单位犯罪的自然人不是单位内部的人员,而是单位外部人员,则属于单位和自然人共同犯罪,对自然人不能认定为单位犯罪的直接责任人员。(2)必须参与实施了单位犯罪行为。没有实施犯罪的单位内部人员,不能成为单位犯罪的直接责任人员。(3)必须对所实施的单位故意犯罪是明知的,即明知自己实施的是法律禁止实施的犯罪行为。如果自然人不知道单位实施犯罪的真实情况和自己行为是单位犯罪的重要环节,就不应按照直接责任人员定罪处罚。(4)必须是单位犯罪实行过程中起重要作用的人员,即对单位犯罪的实行和完成,起重要作用的骨干分子和积极分子。司法实践中,对单位犯罪中直接责任人员的认定,应当持慎重态度,既不能因为是单位行为而网开一面甚至放纵,也要注意不能打击面过宽。最高人民法院2001年1月21日印发的《全国法院审理金融犯罪案件工作座谈会纪要》中指出:“其他直接责任人员,是在单位犯罪中具体实施犯罪并起较大作用的人员,既可以是单位的经营管理人员,也可以是单位的职工,包括聘任、雇佣的人员。应当注意的是,在单位犯罪中,对于受单位领导指派或奉命而参与实施了一定犯罪行为的人员,一般不宜作为直接责任人员追究刑事责任。”

吴彩森等虚开增值税专用发票案中,被告人汪祥林在参与西城税务分局虚开增值税专用发票的犯罪过程中,经手开票416份,虚开税款数额184万余元。被告人金从俊未参与西城税务分局虚开增值税专用发票的犯罪活动,在参与磨子潭税务分局虚开增值税专用发票的犯罪过程中,经手开票6份,虚开税款数额6万余元。检察机关、一审法院与二审法院对二被告人行为性质的认定,分歧在于对其犯罪情节认识各异,在能否认定为单位虚开增值税专用发票犯罪的直接责任人员的问题上看法不一。综合全案,被告人汪祥林、金从俊虽然均为税务分局的票管员,受领导指派为他人开具增值税专用发票,但汪祥林多次参与犯罪活动,而且持续时间长,虚开增值税专用发票的份数多、数额巨大,在西城税务分局的犯罪活动中起到了重要作用,应以单位犯罪的直接责任人员追究刑事责任。[No. 3-6-205-3　吴彩森等虚开增值税专用发票案]

△依法成立的一人公司是单位犯罪的适格主体;一人公司所实施的犯罪行为,应当以单位犯罪定罪处罚。

一人公司作为单位犯罪主体具有法律依据,修订后的《公司法》明确赋予了一人公司法人地位。《最高人民法院关于审理单位犯罪案件具体应用法律有关问题的解释》规定,具有法人资格的独资、私营公司、企业可以成为单位犯罪的主体。虽然1997年修订刑法时从立法本意上看一人公司不能成为单位犯罪的主体,一人公司犯罪在司法实务中都是作为自然人犯罪处理的,但从刑法及相关司法解释关于单位犯罪的具体规定看,其字面含义均能够将一人公司涵括进单位犯罪的主体范围之内。随着公司法的修改,一人公司法人地位的确立,就完全有必要承认一人公司的单位犯罪主体资格。刑法作为部门法的保障及最后制裁手段,应当和部门法的立法宗旨及法律精神保持一致,否则就不能发挥刑法应有的功能和作用。既然公司法明确赋予了一人公司的法人地位,刑法应当与之相衔接。

一人公司成为单位犯罪主体符合刑法设立单位犯罪的目的。刑法设立单位犯罪的目的主要有以下几点:第一,贯彻罪责自负原则,对单位本身的犯罪行为进行否定性评价。第二,通过对单位犯罪行为的否定性评价和制裁促使单位在业务中履行应有的注意义务，避免业务中的过失犯罪。同时告诫单位不得为了自身利益故意实施犯罪行为。第三，为了贯彻罪责刑相适应原则。单位犯罪一般发生在经济领域中，单位经济活动的规模较自然人远为庞大，数额也较自然人高。单位犯罪利益归属于单位，如果单位实施的犯罪行为完全按照自然人犯罪定罪量刑则处罚会过于严厉，不能达到罪责刑相适应。第四，为了平衡惩治犯罪与促进经济社会发展这一对矛盾统一体。刑法之所以对单位犯罪设置比自然人犯罪较轻的法定刑或较高的入罪门槛，是考虑到了单位的社会正向功能，考虑到单位从事合法经营管理活动的常态性、从事犯罪活动的偶然性这一特征。对单位犯罪处罚过于严苛，将给单位造成难以承受的负担，导致其社会正向功能的削弱甚至丧失。从上述四个目的看，一人公司同样应当具有单位犯罪的主体资格。

对单位犯罪的解释应当符合时代发展的要求。随着公司法的修改，一人公司法律地位的确立，公司法理论的发展与完善，单位犯罪理论也有必要与时俱进，不断完善。我国单位犯罪理论尤其是单位犯罪的判断标准理论，是以犯罪意志的整体性和利益归属的团体性作为单位犯罪的判断标准，是以公司社团性理论为基础的。随着经济的发展，公司组织结构的变化，组成公司各要素的重要性的重新分配与排序，公司社团性理论及观念也有必要进行调整，这种调整必然影响到单位犯罪的认定。公司的社团性并不绝对等于股东的复数性。一人公司只要严格依照公司法成立并依法经营，就能做到财产独立和意志独立，也即具有独立人格。从公司的运作机制看，投资者与经营者相分离的运作模式决定了公司的股东身份在公司犯罪中不起决定作用，从而决定公司股东的多少对单位犯罪的认定没有决定性作用。以公司股东人数的单复数为标准来认定公司犯罪意志的整体性进而认定构成单位犯罪并不具有科学性。从本质上而言，单位犯罪意志的整体性与其说体现为决策人员的复数性，还不如说是体现为决策权限的法定刑、程序性和决策者身份的独立性。从利益归属的团体性分析，团体性也并不一定体现为股东的复数性。利益归属的团体性的本质不在于享受利益主体的复数性，而在于利益归属主体的独立性，即利益直接而完整地归公司所有，这种利益就是公司的而不是自然人个人的利益，因此一人公司实施犯罪，也具有利益归属的团体性。

从根本上来说，公司能否成为单位犯罪的主体，要从公司是否具有公司所应当具有的最本质特征——公司人格独立来判断，具有独立人格的公司，就可以成为单位犯罪的主体，不具有独立人格的公司，公司相关人员实施的犯罪只能按照自然人犯罪处理。依法成立并严格按照公司法规定从事经营互动的一人公司，具有独立的财产，能够独立的承担责任，具有独立的意志，因而具有独立于股东自然人人格的公司人格能够成为单位犯罪的主体。

并不是所有一人公司都可以成为单位犯罪的主体。从刑法的实质合理性标准考察，只有依法成立，取得法人地位，具有独立人格的一人公司，才有可能成为单位犯罪的主体。[No. 3-6-205-6 上海新客派信息技术有限公司、王志强虚开增值税专用发票案]

△利用欺诈手段，虚报注册资本取得登记的公司，在成立后无任何业务经营及收入，而以该公司的名义进行诈骗活动的，不应认定为单位犯罪。

如果是为了实现违法犯罪而设立公司、企业，之后又以该公司、企业的招牌为幌子实施违法犯罪的，则不以单位犯罪论处，而直接以个人犯罪处理。

陈忠原等虚报注册资本、合同诈骗案中，楚安公司成立之初，被告人陈忠厚就采用欺诈手段，虚报注册资本取得公司登记；楚安公司成立之后，司法会计鉴定报告显示该公司从未有过巨额资金注入，除收取押金、保证金、工程款、建设费、借款等资金来源外，没有任何经营业务收入和其他经营收入，楚安公司的本质属于各自然人主体的被告人实施犯罪的工具和手段，本案各被告人以楚安公司名义所进行的诈骗活动不属于单位犯罪。[No. 3-8-224-8 陈忠厚等虚报注册资本、合同诈骗案]

△犯罪行为体现的是单位意志，即使该单位不具备法人资格，并不影响单位作为犯罪主体的认定。

余飞英等合同诈骗、伪造公司印章案不能将余飞英前后两个行为割裂开来，机械地理解欠条的作用，而应从宏观上把握整个案件。余飞英作为马鞍山分公司的负责人，为了缓解分公司的资金困难，以单位名义骗取被害人的钱财，并向其出具盖有分公司印章的收据，并最终将诈骗所得用于单位的经营管理，完全符合单位犯罪的法律特征。此外，本案中的欠条不具有债权凭证的法律效力，只能起到证明诈骗所得 24 万元最终用于分公司经营管理的作用。因为分公司向余飞英出具的欠条上，加盖的是分公司的财务印章，而不是分公司的公章，分公司的财务部门只是一个内设机构，不具有独立的主体资格，没有民事权利能力，不能作为签订借款合同的民事法律关系主体。余飞英作为分公司的负责人,只是让财务部门给其出具欠条,而不是让分公司出具欠条,可以从侧面证明其没有为自己谋取非法利益的故意。所以,本案定性为单位犯罪更为合理。

我国刑法规定的是单位犯罪,而不是法人犯罪,单位犯罪的主体并不要求一定是法人。《最高人民法院关于审理单位犯罪案件具体应用法律有关问题的解释》第一条规定:"刑法第三十条规定的公司、企业、事业单位,既包括国有、集体所有的公司、企业、事业单位,也包括依法设立的合资经营、合作经营企业和具有法人资格的独资、私营等公司、企业、事业单位。"根据该条规定,单位犯罪的主体,对独资、私营等公司、企业、事业单位,要求具有法人资格,对其他单位,并不要求具有法人资格。本案中,马鞍山分公司是集体非法人机构,具有单位犯罪的主体资格。单位犯罪要求是犯罪行为体现单位的意志,余飞英作为马鞍山分公司的负责人,其行为只能代表分公司的意志,不能代表上海通兴总公司的意志。[No. 3-8-224-9 余飞英等合同诈骗、伪造公司印章案]

第三十一条 【单位犯罪的处罚原则】

单位犯罪的,对单位判处罚金,并对其直接负责的主管人员和其他直接责任人员判处刑罚。本法分则和其他法律另有规定的,依照规定。

【立法理由】

对单位犯罪的处罚,在规定有单位犯罪的国家,一般有两种处罚原则:一是**单罚制原则**,即只处罚对单位犯罪负有责任的自然人,而不处罚单位;二是**双罚制原则**,即既对单位予以处罚,同时又对责任人予以处罚。1997 年修订刑法过程中,在研究规定单位犯罪的处罚问题时,有的部门和专家建议增加对单位犯罪的处罚原则。考虑到单位犯罪的情况比较复杂,社会危害程度差别较大,单罚制对于个别单位犯罪较为合理,建议明确以双罚制为原则,以单罚制为补充。还有的意见提出,应将国家机关和人民团体排除在单位犯罪的主体之外,因为如果对国家机关和人民团体处以罚金,将影响其履行职能,影响对社会的正常管理;针对某些国家机关和人民团体犯罪的情况,只处罚其主管人员和直接责任人员,同样可以达到预防犯罪的目的,建议单独规定国家机关、人民团体实施单位犯罪的,适用单罚制。不同意见认为,国家机关、人民团体犯罪的社会危害性差别较大,对于单位受贿罪、单位行贿罪,双罚制原则可以更全面准确地体现罪责刑相适应原则和对单位的警示作用。经统筹各方面意见,1997 年刑法在本条规定:"单位犯罪的,对单位判处罚金,并对其直接负责的主管人员和其他直接责任人员判处刑罚。本法分则和其他法律另有规定的,依照规定。"

对于单位犯罪的处罚方法,在研究过程中也有一些讨论。有的意见提出,为了有效惩治和防范单位犯罪,除可对单位规定判处罚金之外,还可以仿效国外立法例,增设**适用于单位的一些新刑种**,如限制业务活动范围、吊销营业执照、没收财产、剥夺荣誉称号等。后经统筹考虑,这些建议涉及具体的刑种问题,况且有些措施在一些行政法律法规中已有规定,刑法若再对此规定,不利于司法机关与行政执法部门之间的协调,实践中不便于操作。因此,**1997 年修订刑法时,对单位犯罪的处罚方法仅限于罚金刑一种**。

【条文说明】

本条是关于单位犯罪的处刑原则的规定。

根据本条规定,**对单位犯罪,一般采取双罚制原则**,即单位犯罪的,对单位判处罚金,同时对单位直接负责的主管人员和其他直接责任人员判处刑罚。这是我国刑法对单位犯罪比较普遍适用的处罚原则。本条同时规定,本法分则和其他法律另有规定的,依照规定。这主要是考虑到单位犯罪的情况比较复杂,一律适用双罚制原则,有时刑罚效果未必好,有时候不能准确体现罪责刑相适应原则。因此,本条对单位犯罪除规定一般采取双罚制原则外,还规定了**例外的情况**。为与本条规定相衔接,刑法分则一些罪名规定的单位犯罪,只处罚直接负责的主管人员和其他直接责任人员,而不对单位判处罚金,如《刑法》第一百六十二条规定的"妨害清算罪"。[①]

实践中需要注意的是,对于如何认定单位的直

---

① 其他的例子还包括《刑法》第三百九十六条私分国有资产罪和私分罚没财物罪。我国学者认为,其本质仍是自然人犯罪,不存在被科处单罚制的单位犯罪。参见黎宏:《刑法学总论》(第 2 版),法律出版社 2016 年版,第 124—125 页。

接负责的主管人员的刑事责任,常存在争议。根据本条规定,对于单位犯罪,要追究直接负责的主管人员的刑事责任。一般情况下,**直接负责的主管人员**,主要是指单位中负有相关管理职责,对所实施的单位犯罪行为起策划、授意、批准、同意、指挥、组织、实施等作用的人员,就其身份而言,可能是法定代表人、主要负责人、部门负责人、直接负责相关工作的管理事务的人员等。直接负责的主管人员包含**两个特征**:其一,该类人员是在单位中实际行使管理职权的负责人员;其二,对单位具体犯罪行为负有主管责任。具体认定时要结合其在单位承担的管理职责,不能简单按照职务从上到下排列。如果行为人在单位犯罪中起组织、指挥、决策作用的,例如主持单位领导层集体研究、决定或者依职权个人决定实施单位犯罪的,就属于"**直接负责的主管人员**"。反之,对于由单位其他领导决定、指挥、决策实施单位犯罪、不在其本人职权分工范围之内、本人并不知情的,如果一概认定为单位犯罪的"直接负责的主管人员",追究其刑事责任,不符合罪责自负的刑事追诉原则。此外,如果行为人本身具有法律和职务上的责任,因存在**不作为、失职行为**,造成其确实对单位其他人员实施的犯罪不知情的,不能简单按照职务将其认定为该单位犯罪的"直接负责的主管人员",但是其不作为、失职行为构成相关犯罪的,应当依法追究其法律责任。

【参考案例】

△公司、企业、事业单位设立后,以实施犯罪为主要活动的,应认定为个人犯罪,不以单位犯罪论处。

根据《最高人民法院关于审理单位犯罪案件具体应用法律有关问题的解释》第二条规定,个人为进行违法犯罪活动而设立的公司、企业、事业单位实施犯罪的,或者公司、企业、事业单位设立后,以事实犯罪为主要活动的,不以单位犯罪论处。

刘恺基合同诈骗案中,刘恺基申请成立天陟公司后,该公司并无其他业务,只以本案涉及的投资为主要活动,故对刘恺基以该公司名义实施的上述行为依法应当认定为个人犯罪。[No. 3-8-224-14 刘恺基合同诈骗案]

△单位工作人员受主管人员指使编制虚假财会报表的,属于提供虚假财会报告罪中的直接责任人员。

提供虚假财会报告的客观行为不仅仅是提供行为,同时还内含着一个弄虚作假,制作虚假财会报告的行为,这也是提供虚假财会报告行为的应有之义,没有制假行为,提供虚假财会报告的问题自然无从谈起。所以,在认定提供虚假财会报告罪处罚主体时,需将虚假财会报告的制作和提供两方面的行为主体同时纳入分析、评价的范畴。具体言之,需对提供虚假财会报告罪承担刑事责任的直接负责的主管人员和其他直接责任人员,既包括对公司财务会计报告的真实性、可靠性负有直接责任的公司董事长、董事、总经理、经理、监事,同时还包括直接参与虚假财务会计报告制作的工作人员。前者一般表现为签署、审核财务会计报告的人员和授意、指使编制虚假的或者隐瞒重要事实的财务会计报告的公司负责人,但对制假报假不知情的公司管理人员,工作过失致使虚假财会报告提供出去的,因无主观故意,不应视为直接负责的主管人员;后者一般表现为具体编制或者参与编制虚假的或者隐瞒重要事实的财务会计报告的公司财会人员,因为公司的财会报告通常是由财会人员制作完成的,但不以财会人员为限:首先,凡是参与制作虚假报告的以及为直接编制虚假报告人员提供虚假凭证资料的人员均应视为相关责任人员;其次,是否属于需要追究刑事责任的直接责任人员,取决于该人员在犯罪中的地位和作用,而非是否具有财会人员的身份。基于此,董博等提供虚假财会报告案被告人阎金岱在被告人董博的指使下,明知相关的会计凭证、资料将用于编制虚假的财会报告并向社会公众公布,仍然组织他人制作1999年度虚假的原料入库单、班产记录、产品出库单,为天津广夏公司谎报萃取产品出口收入提供了重要的帮助,为银广夏公司虚假财会报告的最终完成并公之于众起到了关键性的作用,因而将之认定为本案直接责任人员是正确的。[No. 3-8-229(1)(2)-1 董博等提供虚假财会报告案]

第三章 刑 罚

第一节 刑罚的种类

第三十二条 【刑罚的种类】
刑罚分为主刑和附加刑。

【立法理由】

1. **1979年立法的情况**。1979年《刑法》第二十七条规定:"刑罚分为主刑和附加刑。"

2. **1997年修订刑法和历次刑法修正对本条未作修改**。刑罚是在刑法中明确规定的、惩治犯罪的强制方法,强制剥夺犯罪人的人身自由、生命、财产或者其他权利,用以惩罚、矫正或者改造犯罪人,教育和警诫社会上可能犯罪的人,平息、缓和犯罪给被害人以及社会其他成员造成的伤害。刑罚手段具有措施严厉、适用对象特定以及只能由行使国家审判权的人民法院适用等特征。我国的刑罚体系是由主刑和附加刑构成的,主刑包括管制、拘役、有期徒刑、无期徒刑、死刑,以剥夺犯罪人的自由为核心;附加刑包括罚金、剥夺政治权利、没收财产;此外,对于犯罪的外国人,可以独立适用或者附加适用驱逐出境,这是针对外国人单独作出规定的一种附加刑,共有九种。我国刑罚种类轻重有别,相互衔接,种类多样、体系完整,满足惩治犯罪行为的实践要求,有利于适用刑罚时贯彻惩罚和改造相结合、宽严相济刑事政策。

刑罚是惩治和改造犯罪分子的有效手段。不同种类的刑罚相互配合、有主有从、宽严相济,才能够做到罪责刑相适应,进而更好地实现刑罚的目的。人民法院通过审判刑事案件,适用刑罚,惩罚犯罪,保障无罪的人不受刑事追究,保护个人和组织的合法权益,维护国家安全和社会秩序,维护社会公平正义,维护国家法治统一、尊严和权威,保障中国特色社会主义事业建设的顺利进行。

【条文说明】

本条是关于刑罚种类的规定。

根据本条规定,刑罚分为主刑和附加刑。所谓"**主刑**"是对犯罪分子进行惩罚的主要刑种,它只能独立适用,不能相互附加适用。对一个犯罪,只能判处一个主刑,不能同时适用两种以上主刑。我国刑法规定的主刑有五种,分为两大类:自由刑和生命刑。**自由刑**包括管制、拘役、有期徒刑和无期徒刑;**生命刑**,即死刑,包括死刑立即执行和死刑缓期执行,即判处死刑的同时宣告缓期二年执行。"**附加刑**"是补充主刑惩罚罪犯的刑种,它既能附加主刑适用,又可以独立适用,可以同时适用两种以上的附加刑。在刑法条文中,通常是采用判处主刑,并处或者单处附加刑的表述方式。

实践中需要注意的是,对于一个犯罪,只能判处一个主刑,不能同时适用两种以上的主刑,但可以同时适用两种以上的附加刑。

附加刑无论附加适用还是单独适用,均应当以刑法分则条文有明文规定为准,凡未规定可以适用附加刑的,则不能附加或者独立适用附加刑。

第三十三条　【主刑的种类】

主刑的种类如下：

（一）管制；

（二）拘役；

（三）有期徒刑；

（四）无期徒刑；

（五）死刑。

【立法理由】

1. **1979年立法的情况**。1979年《刑法》第二十八条规定："主刑的种类如下：(一)管制；(二)拘役；(三)有期徒刑；(四)无期徒刑；(五)死刑。"

2. **1997年修订刑法和历次刑法修正对本条未作修改**。刑法关于刑罚种类的规定是我国长期同犯罪作斗争的经验总结。犯罪是一种复杂的社会现象,各种犯罪行为不仅在犯罪的性质上有着巨大差别,而且在犯罪的情节上也有所不同。犯罪的复杂性,决定了适用于各种不同犯罪的刑罚方法的多样性。

【条文说明】

本条是关于主刑种类的规定。

本条规定了**五种主刑**,以适应不同的犯罪及同种犯罪的不同情节。

1. **管制**。管制是对犯罪分子不实行关押,但对其自由和权利依照法律规定作出一定的限制,并在社会上开放的环境下实行矫正的一种刑罚方法。对犯罪分子,不需要关押,不剥夺其人身自由,这是管制刑与拘役、徒刑刑罚执行方法的重要区别。

2. **拘役**。拘役是对犯罪分子短期剥夺人身自由,实行就近关押,并进行教育改造的刑罚方法,适用于罪行较轻的犯罪分子。被判处拘役的人,根据情况参加劳动;参加劳动的,酌量发给报酬。

3. **有期徒刑**。有期徒刑是对犯罪分子剥夺一定时期的人身自由,并进行教育改造的刑罚方法。有期徒刑是我国刑罚种类中适用最广泛的一种刑罚,主要内容是剥夺犯罪人一定时期的人身自由,有劳动能力的,应当参加劳动。刑法总则对有期徒刑的上下限等基本内容作出规定,刑法分则根据具体罪名的情况,设置了长短不一的有期徒刑刑期幅度,有利于人民法院量定刑罚时做到罪责刑相适应。

4. **无期徒刑**。无期徒刑是终身剥夺犯罪分子人身自由的刑罚方法,是仅次于死刑的一种严厉的刑罚方法,只适用于严重的犯罪。虽然无期徒刑属于终身剥夺人身自由的刑罚,但我国刑法根据惩罚与教育相结合的原则,在刑罚执行制度中规定了减刑、假释制度,减刑、假释也适用于被判处无期徒刑的罪犯。被判处无期徒刑的罪犯在服刑期间,如果能够认真遵守监规,接受教育改造,确有悔改表现的,或者有立功表现的,依法可以得到减刑。从刑罚执行的实际情况看,大多数被判处无期徒刑的罪犯,在刑罚执行期间都能够积极悔改,被减为有期徒刑,最终刑满释放。

5. **死刑**。死刑是剥夺犯罪分子生命的刑罚方法,是一种最严厉的刑罚,适用于罪行极其严重的犯罪分子。

实践中需要注意的是,刑罚是行为人因实施犯罪应当承担的法律后果。对犯罪人判处刑罚,既是为了惩罚犯罪进而预防和减少犯罪,也是为了对犯罪人进行惩戒和教育,将其教育改造为守法公民。因此,适用刑罚也要考虑刑罚的教育功能,要根据罪犯实施犯罪的事实、性质、情节、社会危害程度,做到罪责刑相适应,体现刑罚个别化。同时,在刑罚执行过程中,要坚持**惩罚与教育相结合的原则**,既依法严格执行刑罚,对犯罪行为人予以应有的惩戒,也要鼓励犯罪人积极改造,顺利回归社会。就刑罚的运用和刑罚的执行而言,刑法总则设置了不同的刑种,规定了附条件不予执行刑罚的**缓刑制度**、实际减少刑罚执行期限的**减刑制度**,以及附条件的提前解除监禁的**假释制度**等,刑法分则根据具体犯罪的情况,设置了具有较大裁量空间的刑罚幅度。这些制度为人民法院准确量定刑罚,监狱等刑罚执行机关依法正确执行刑罚,提供了依据。

第三十四条　【附加刑的种类】

附加刑的种类如下：

（一）罚金；

（二）剥夺政治权利；

（三）没收财产。

附加刑也可以独立适用。

【立法理由】

1. **1979 年立法的情况**。1979 年《刑法》第二十九条规定："附加刑的种类如下：（一）罚金；（二）剥夺政治权利；（三）没收财产。附加刑也可以独立适用。"

2. **1997 年修订刑法和历次刑法修正对本条未作修改**。在刑罚体系中，附加刑与主刑互相配合、结合适用，对惩治轻重不同的各类犯罪、充分发挥刑罚功能和实现刑罚目的具有重要意义。相对于主刑来说，附加刑具有从属性、补充性的特点，也可以独立适用，是刑罚体系的重要组成部分。附加刑体系的完善，对刑罚体系整体功效的发挥具有重要影响。

【条文说明】

本条是关于附加刑的种类及适用的规定。

本条分为两款。

第一款是关于**附加刑种类的规定**。根据本款规定，附加刑有以下几种：

1. **罚金**。罚金是强制犯罪分子向国家缴纳一定数额金钱，对罪犯进行经济制裁的一种刑罚方法。罚金的作用在于通过剥夺犯罪人一定数额的金钱，起到惩罚和教育的作用，并限制其利用资金再次犯罪的能力。因此，罚金刑主要适用于破坏社会主义市场经济秩序的犯罪和其他非法牟利的犯罪。罚金是世界各国较为普遍采用的一种刑罚方法，很多国家罚金适用非常普遍，成为**人身自由刑罚的替代刑种**。

2. **剥夺政治权利**。剥夺政治权利是指依法剥夺犯罪分子一定期限参加国家管理和政治活动的权利的刑罚方法。剥夺政治权利属于资格刑，剥夺的是犯罪分子依照宪法和法律享有的特定参与公共事务管理、公共表达的权利，也就是参加国家管理和政治活动的权利、资格。剥夺政治权利虽然属于不剥夺或者限制罪犯人身自由的一种开放性刑罚方法，但在现代社会，这种刑罚对犯罪的公民的否定性评价和惩罚程度也是很严厉的。因此，剥夺政治权利刑罚主要适用于危害国家安全和其他严重危害社会治安的犯罪分子。

3. **没收财产**。没收财产是指将犯罪分子个人财产的一部分或者全部强行无偿地收归国家所有的一种刑罚方法。没收财产是对罪犯经济上的制裁，与刑法中规定的作为刑事措施的**追缴、没收违法所得和用于犯罪的工具**等，性质不同，应注意区分。作为刑罚方法的没收财产，没收的是犯罪人本人所有的合法财产。一般而言，相对于罚金，没收财产刑更为严厉，主要适用于危害国家安全罪、破坏社会主义市场经济秩序罪、侵犯财产罪及妨害社会管理秩序罪中较严重的犯罪。

第二款是关于**附加刑可以独立适用的规定**。根据本款规定，附加刑一般是随主刑附加适用的，但也可以独立适用。这里规定的"**可以独立适用**"是指依照刑法分则单处附加刑的规定适用，而不是随意适用。

实践中需要注意的是，附加刑主要是配合主刑适用，以更好地做到罪责刑相适应和刑罚个别化，有效发挥刑罚的作用。同时，刑法规定附加刑可以独立适用，主要是考虑到实践中案件情况的复杂性，对于有些情节相对较轻或者有特殊情况的案件，单独适用附加刑可以做到罪责刑相适应的，依法独立适用附加刑更为适宜。这样，附加刑的独立适用，实际上扩大了人民法院在判处刑罚时的选择空间，更有利于实现刑罚目的。因此，附加刑独立适用，一般限于犯罪性质、情节较轻的犯罪。罪行比较严重的犯罪，不独立适用附加刑。另外，刑法分则在有些犯罪的法定刑设定中，对相关附加刑规定了"并处"和"可以并处"，对此应当严格按照刑法的规定执行。就罚金而言，对于刑法规定"**并处罚金**"的，人民法院在判处主刑的同时，应当一并依法判处罚金；对于刑法规定"**可以并处罚金**"的，人民法院应当根据案件具体情况及犯罪分子的财产情况，决定是否并处罚金。

【司法解释】

《最高人民法院关于适用〈中华人民共和国

刑事诉讼法〉的解释》（法释〔2021〕1号，自2021年3月1日起施行）

△（**附加刑；第二审判决**）审理被告人或者其法定代理人、辩护人、近亲属提出上诉的案件，不得对被告人的刑罚作出实质不利的改判，并应当执行下列规定：……（七）原判判处的刑罚不当、应当适用附加刑而没有适用的，不得直接加重刑罚、适用附加刑。原判判处的刑罚畸轻，必须依法改判的，应当在第二审判决、裁定生效后，依照审判监督程序重新审判。（§ 401 Ⅰ）

第三十五条　【驱逐出境】

对于犯罪的外国人，可以独立适用或者附加适用驱逐出境。

【立法理由】

1. **1979年立法的情况**。1979年《刑法》第三十条规定："对于犯罪的外国人，可以独立适用或者附加适用驱逐出境。"

2. **1997年修订刑法和历次刑法修正对本条未作修改**。"驱逐出境"是指对犯罪的外国人强迫其离开中国国（边）境的一种特殊的刑事措施，它只对犯罪的外国人适用，不具有普遍适用的性质。因此，刑法没有把"驱逐出境"列入一般刑种体系中，而作为对犯罪的外国人适用的**特殊刑事措施**作了规定。[①] 驱逐出境是世界上很多国家对犯罪的外国人适用的一种措施。这一规定体现了我国的国家主权以及司法自主权原则。外国人在我国境内犯罪，除对于享有外交特权和豁免权的人依法通过外交途径解决外，一律适用我国刑法，接受我国法律的制裁。人民法院还可以根据维护国家和人民利益的需要，决定是否判处将犯罪的外国人驱逐出境。

【条文说明】

本条是关于对犯罪的外国人适用驱逐出境的规定。

根据本条规定，**对于犯罪的外国人，可以独立适用或者附加适用驱逐出境**。

"**对于犯罪的外国人**"，具有两层含义：一是驱逐出境只适用于外国人，不适用于中国公民；二是刑法上的驱逐出境只适用于犯罪的外国人。在我国境内的外国人，必须遵守我国的法律、法规，不得有侵害我国国家利益和公民利益等违法犯罪行为。如果外国人在我国有犯罪行为的，依照我国《刑法》第六条关于属地原则的规定，除享有外交特权和豁免权的外国人，通过外交途径解决等法律有特别规定的以外，依照我国刑法定罪处罚，这也是我国司法自主权的体现。"**可以独立适用或者附加适用驱逐出境**"，是指对于犯罪的外国人不是一律适用驱逐出境，而是根据其犯罪的性质、情节及犯罪分子本人的情况，结合对外交往的形势和需要综合考虑[②]，可以适用驱逐出境，也可以不适用驱逐出境；可以独立适用驱逐出境，也可以附加适用驱逐出境。[③]

实践中需要注意的是，关于驱逐出境，除刑法中有规定外，我国其他一些法律中也有关于驱逐出境的规定。需要注意的是，虽然相关法律中都使用了"驱逐出境"这一用语，但是其根据、适用对象、法律性质却是不同的。刑法上的驱逐出境是对犯罪的外国人采取的一种**刑事措施**。其他相关法律是将驱逐出境作为一种行政措施规定的。如《出境入境管理法》第八十一条第二款规定，外国人违反本法规定，情节严重，尚不构成犯罪的，公安部可以处驱逐出境。《反间谍法》第三十四条规定，境外人员违反本法的，可以限期离境或者驱逐出境。《境外非政府组织境内活动管理法》第五十条规定，境外人员违反本法规定的，有关机关可以依法限期出境、遣送出境或者驱逐出境。可见，虽然上述法律中规定的驱逐出境在名称上和刑法规定相同，具体内容也都是强制相关外国人离开国（边）境，但就其性质而

---

① 相同的学说见解，参见周光权主编：《刑法总论》（第4版），中国人民大学出版社2021年版，第439页；张明楷：《刑法学》（第6版），法律出版社2021年版，第712页；黎宏：《刑法学总论》（第2版），法律出版社2016年版，第353页。

② 我国学者指出，适用驱逐出境，不仅要考虑犯罪的性质、情节与犯罪人的具体情况，也要考虑中国与其所属国之间的关系以及相关国际形势。参见张明楷：《刑法学》（第6版），法律出版社2021年版，第712页。

③ 独立适用驱逐出境，自判决确定之日起执行；附加适用驱逐出境，从主刑执行完毕之日起执行。参见张明楷：《刑法学》（第6版），法律出版社2021年版，第712页。

言，是一种**行政措施**，适用于行政违法并且情节严重的外国人。

【附属刑法】

《中华人民共和国反间谍法》（2014年11月1日通过）

第三十四条

境外人员违反本法的，可以限期离境或者驱逐出境。

第三十六条　【赔偿经济损失与民事优先原则】

由于犯罪行为而使被害人遭受经济损失的，对犯罪分子除依法给予刑事处罚外，并应根据情况判处赔偿经济损失。

承担民事赔偿责任的犯罪分子，同时被判处罚金，其财产不足以全部支付的，或者被判处没收财产的，应当先承担对被害人的民事赔偿责任。

【立法理由】

1. **1979年立法的情况**。1979年《刑法》第三十一条规定："由于犯罪行为而使被害人遭受经济损失的，对犯罪分子除依法给予刑事处分外，并应根据情况判处赔偿经济损失。"本条规定属于赔偿经济损失的非刑罚处理方法。非刑罚处理方法不具有刑罚的性质和作用，是刑罚的必要补充，对于衔接、协调各种不同性质的处理方法，维护社会主义法制，防范犯罪等，都有重要作用。赔偿经济损失从性质上来说是一种由犯罪行为引起的民事赔偿，有利于保护被害人的合法权益。

2. 1995年2月28日通过的《全国人民代表大会常务委员会关于惩治违反公司法的犯罪的决定》第十三规定："犯本决定规定之罪有违法所得的，应当予以没收。犯本决定规定之罪，被没收违法所得，判处罚金、没收财产，承担民事赔偿责任的，其财产不足以支付时，先承担民事赔偿责任。"这一规定明确了被判处财产刑同时被判处赔偿被害人经济损失的犯罪分子，应当先承担民事赔偿责任的原则，有利于保护被害人的合法权益。

3. **1997年修订刑法时吸收了民事赔偿优先的原则规定**，增加"承担民事赔偿责任的犯罪分子，同时被判处罚金，其财产不足以全部支付的，或者被判处没收财产的，应当先承担对被害人的民事赔偿责任"，作为第二款。

【条文说明】

本条是关于犯罪行为造成经济损失的赔偿的规定。

本条共分为两款。

第一款是关于**因犯罪行为造成被害人经济损失的，应当予以赔偿的规定**。根据本款规定，由于犯罪行为使被害人遭受经济损失的，对犯罪分子除给予刑事处罚外，应当根据情况判处赔偿经济损失。这里规定的"**由于犯罪行为而使被害人遭受经济损失的**"，既包括由于犯罪行为直接侵害被害人的财产而造成的物质损失，如毁坏财物、盗窃、诈骗等直接侵害财产的情形，也包括由于犯罪行为侵害被害人的人身等权利，给被害人造成其他直接的经济上的损失，如伤害行为，不仅使被害人身体健康受到损害，而且使被害人遭受支出医疗费用等经济损失。"**并应根据情况判处赔偿经济损失**"，是指人民法院在对犯罪分子判处刑事处罚的同时，根据犯罪分子的犯罪性质、情节、被害人遭受损失的程度、被告人的经济状况等具体情况，一并判处犯罪分子赔偿被害人遭受的经济损失。

第二款是关于**被判处财产刑，同时被判处赔偿被害人经济损失的犯罪分子，应当先承担民事赔偿责任的规定**。根据本款规定，犯罪分子先承担民事赔偿责任的，有两种情况：一是犯罪行为人被判处罚金，同时被判处赔偿经济损失的，这里既包括判处其他主刑并处罚金，也包括单处罚金。不论是单处罚金还是并处罚金，同时被判处赔偿经济损失，只要犯罪分子的财产不足以全部支付的，就应当先承担民事赔偿责任。二是犯罪行为人被判处没收财产，同时被判处赔偿被害人经济损失的，不论其财产多少，都应当先承担对被害人的民事赔偿责任。这一规定确定了在有被害人的案件中，对判处财产刑的，执行时采用民事优先的原则，以加强对被害人合法权利的保护。

执行本条规定应当注意以下问题：一是在认定"由于犯罪行为而使被害人遭受经济损失的"事实时，应当判断犯罪分子的犯罪行为与被害人遭受经济损失的后果之间是否有**法律上的因果关系**,只有犯罪行为与被害人遭受经济损失之间有因果关系时,才可以判处赔偿经济损失。二是实践中,多数案件中被害人请求赔偿是在刑事诉讼程序进行中提起**刑事附带民事诉讼**。对此,人民法院在同时作出刑事判决和附带民事判决时,应当注意民事赔偿的优先受偿问题;有的案件,人民法院可能先作出刑事判决,后作出附带民事判决,这种情况下,也应当注意安排好民事优先受偿事项。此外,有的案件,被害一方未能在刑事诉讼程序进行中提出附带民事诉讼,而是随后另行提起民事诉讼,在这种情况下,如果民事判决作出时,相关刑事判决中罚金、没收财产尚未执行或者尚未执行完毕的,也应当注意民事损害赔偿优先受偿的问题。

对于被判处没收财产刑的犯罪分子,犯罪分子的合法债务履行与财产刑执行间的关系问题。我国《刑法》第六十条规定,没收财产以前犯罪分子所负担的正当债务,需要以没收的财产偿还的,经债权人请求,应当偿还。其中,**正当债务**,是指犯罪分子在判决生效前所负他人的合法债务。2014年10月30日发布的《最高人民法院关于刑事裁判涉财产部分执行的若干规定》第十三条第一款就没收财产问题作出处理规定:"被执行人在执行中同时承担刑事责任、民事责任,其财产不足以支付的,按照下列顺序执行:(一)人身损害赔偿中的医疗费用;(二)退赔被害人的损失;(三)其他民事债务;(四)罚金;(五)没收财产。"

【司法解释】

《最高人民法院关于行政机关工作人员执行职务致人伤亡构成犯罪的赔偿诉讼程序问题的批复》(法释〔2002〕28号,自2002年8月30日起施行)

△(**刑事附带民事赔偿诉讼;行政赔偿诉讼;国家赔偿法**)行政机关工作人员在执行职务中致人伤、亡已构成犯罪,受害人或其亲属提起刑事附带民事赔偿诉讼的,人民法院对民事赔偿诉讼请求不予受理。但应当告知其可以依据《中华人民共和国国家赔偿法》的有关规定向人民法院提起行政赔偿诉讼。(§ 1)

△(**适用效力;刑事附带民事赔偿**)本批复公布以前发生的此类案件,人民法院已作刑事附带民事赔偿处理,受害人或其亲属再提起行政赔偿诉讼的,人民法院不予受理。(§ 2)

《最高人民法院关于审理未成年人刑事案件具体应用法律若干问题的解释》(法释〔2006〕1号,自2006年1月23日起施行)

△(**刑事附带民事案件;未成年人;量刑情节**)刑事附带民事案件的未成年被告人有个人财产的,应当由本人承担民事赔偿责任,不足部分由监护人予以赔偿,但单位担任监护人的除外。

被告人对被害人物质损失的赔偿情况,可以作为量刑情节予以考虑。(§ 19)

《最高人民法院关于适用〈中华人民共和国刑事诉讼法〉的解释》(法释〔2021〕1号,自2021年3月1日起施行)

△(**刑事附带民事诉讼;精神损失**)被害人因人身权利受到犯罪侵犯或者财物被犯罪分子毁坏而遭受物质损失的,有权在刑事诉讼过程中提起附带民事诉讼;被害人死亡或者丧失行为能力的,其法定代理人、近亲属有权提起附带民事诉讼。

因受到犯罪侵犯,提起附带民事诉讼或者单独提起民事诉讼要求赔偿精神损失的,人民法院一般不予受理。(§ 175)

《最高人民法院关于刑事裁判涉财产部分执行的若干规定》(法释〔2014〕13号,自2014年11月6日起施行)

△(**同时承担刑事责任、民事责任;执行顺序;优先受偿权;其他民事债务;没收财产**)被执行人在执行中同时承担刑事责任、民事责任,其财产不足以支付的,按照下列顺序执行:

(一)人身损害赔偿中的医疗费用;

(二)退赔被害人的损失;

(三)其他民事债务;

(四)罚金;

(五)没收财产。

债权人对执行标的依法享有优先受偿权,其主张优先受偿的,人民法院应当在前款第(一)项规定的医疗费用受偿后,予以支持。(§ 13)

【附属刑法】

《中华人民共和国公司法》(1993年12月29日通过,2018年10月26日第四次修正)

第二百一十四条

公司违反本法规定,应当承担民事赔偿责任和缴纳罚款、罚金的,其财产不足以支付时,先承担民事赔偿责任。

《中华人民共和国证券法》(1998年12月29日通过,2019年12月28日第二次修订)

第二百二十条

违反本法规定,应当承担民事赔偿责任和缴

纳罚款、罚金、违法所得，违法行为人的财产不足以支付的，优先用于承担民事赔偿责任。

第三十七条 【免予刑事处罚与非刑罚性处置措施】

对于犯罪情节轻微不需要判处刑罚的，可以免予刑事处罚，但是可以根据案件的不同情况，予以训诫或者责令具结悔过、赔礼道歉、赔偿损失，或者由主管部门予以行政处罚或者行政处分。

【立法理由】

1. **1979 年立法的情况**。1979 年《刑法》第三十二条规定："对于犯罪情节轻微不需要判处刑罚的，可以免予刑事处分，但可以根据案件的不同情况，予以训诫或者责令具结悔过、赔礼道歉、赔偿损失，或者由主管部门予以行政处分。"刑罚的目的是通过惩罚和教育犯罪分子，以达到预防犯罪的目的。对于犯罪情节轻微的犯罪分子，其犯罪行为对社会的危害不大，根据案件的不同情况，予以训诫或者责令具结悔过、赔礼道歉、赔偿损失，或者由主管部门予以行政处罚或者行政处分，同样可以达到惩戒和教育作用。这样，对情节轻微者依法免予刑事处罚，符合罪责刑相适应原则的精神，体现了宽严相济的刑事政策，避免了短期自由刑可能带来的交叉感染的弊端，节约了有限的司法资源，也更有利于犯罪行为人改过自新，重新融入社会。

2. **1997 年修订刑法**时对本条作了以下修改：一是增加"行政处罚"的规定；二是"但可以根据"调整为"但是可以根据"。考虑到对于行政违法行为情节较轻不予刑事处罚的，可以给予罚款、拘留等行政处罚措施，1997 年修订刑法时对非刑罚性处置措施增加了给予"行政处罚"的规定。

【条文说明】

本条是关于**免予刑事处罚的，给予相应非刑罚性处置措施的规定**。

本条包含两层意思：

1. 对于犯罪情节轻微不需要判处刑罚的犯罪分子，**可以免予刑事处罚**。这里的"犯罪情节轻微"和"不需要判处刑罚"是"可以免予刑事处罚"必须同时具备的两个条件，也就是说，只有在既"犯罪情节轻微"又"不需要判处刑罚"的情况下，对犯罪分子才"可以免予刑事处罚"。"**犯罪情节轻微**"是指已经构成犯罪，但犯罪的性质、情节及危害后果都很轻。"**不需要判处刑罚**"是指犯罪情节轻微，犯罪人认罪、悔罪，从刑罚目的看，对其不判处刑罚也能达到惩戒和教育作用，因而没有判处刑罚的必要。

2. 对"免予刑事处罚"的犯罪分子，可以根据案件的不同情况，**采用非刑罚方法处理**。根据本条规定，可以采用的非刑罚方法包括两种情况：一是**在人民法院判处免予刑事处罚的同时，根据案件的不同情况，对犯罪分子予以训诫或者责令具结悔过、赔礼道歉、赔偿损失**。其中，训诫是对犯罪人当庭进行公开谴责的一种教育方法；责令具结悔过是责令犯罪人用书面方式保证悔改、不再重犯；责令赔礼道歉是责令犯罪人承认错误，向被害人表示歉意的教育方法；对于因被告人的犯罪行为遭受经济损失的被害人，可以责令被告人给予被害人一定的经济赔偿。二是**由人民法院交由主管部门予以行政处罚或者行政处分**。"主管部门"主要是指管辖该案件的公安机关、犯罪分子所在单位或者基层组织。"行政处罚"主要是指行政执法机关依照行政法律、法规的规定，给予被免予刑事处罚的犯罪分子以经济处罚或者限制人身自由的处罚，如罚款、行政拘留等。"行政处分"是指犯罪分子的所在单位或者基层组织，依照规章、制度，对免予刑事处罚的犯罪分子予以行政纪律处分，如开除、记过、警告等。

实践中需要注意以下几个方面的问题：

1. 要注意区分"免予刑事处罚"与刑法中有关"免除处罚"的规定。"**免予刑事处罚**"是一种对情节轻微的犯罪行为的处理制度。"**免除处罚**"是刑法规定的量刑情节，如犯罪以后自首，犯罪又较轻的；自首并且有立功表现的；正当防卫明显超过必要限度的；等等。行为人具有免除处罚情节的，需要由人民法院根据情况依法作出免予刑事处罚的判决。刑法中规定的免除处罚的情节，有的属于"可以"免除处罚，有的属于"应该"免除处罚，具体适用中需要注意。同时，有的案件中，犯罪行为人可能并没有免除处罚的情节，只是犯罪行为本身情节轻微，对此，只要根据案件情况不需要判处刑罚的，也属于依法免予刑事处罚的情形。

2. 本条规定的非刑罚处置性措施的适用，都是以行为人的行为构成犯罪为前提的，即**定罪免刑**。对于犯罪情节显著轻微危害不大的，依照《刑法》第十三条的规定,不认为是犯罪,不应适用上述措施,二者性质是不同的。

3. 关于给予行政处罚或者行政处分的部门。对于情节轻微不需要判处刑罚,依法免予刑事处罚,并应当给予行政处罚或者行政处分的,应由主管部门作出相关决定。**人民法院可以根据案件具体情况提出行政处罚或者行政处分的建议,不得直接作出**。司法机关和其他行政部门之间应当加强沟通和联系,充分发挥刑法、相关法律惩治违法犯罪行为的作用,使得犯罪行为人得到应有的惩罚,并保护被害人的合法权益,使其经济上的损失得到赔偿。

【司法解释】

《最高人民法院关于审理未成年人刑事案件具体应用法律若干问题的解释》(法释〔2006〕1号,自2006年1月23日起施行)

△(**未成年罪犯;免予刑事处罚事由**)未成年罪犯根据其所犯罪行,可能被判处拘役、三年以下有期徒刑,如果悔罪表现好,并具有下列情形之一的,应当依照刑法第三十七条的规定免予刑事处罚:

(一)系又聋又哑的人或者盲人;

(二)防卫过当或者避险过当;

(三)犯罪预备、中止或者未遂;

(四)共同犯罪中从犯、胁从犯;

(五)犯罪后自首或者有立功表现;

(六)其他犯罪情节轻微不需要判处刑罚的。(§ 17)

【司法解释性文件】

《最高人民法院关于贯彻宽严相济刑事政策的若干意见》(法发〔2010〕9号,2010年2月8日发布)

△(**宽严相济刑事政策;免予刑事处罚事由;善后、帮教工作**)被告人的行为已经构成犯罪,但犯罪情节轻微,或者未成年人、在校学生实施的较轻犯罪,或者被告人具有犯罪预备、犯罪中止、从犯、胁从犯、防卫过当、避险过当等情节,依法不需要判处刑罚的,可以免予刑事处罚。对免予刑事处罚的,应当根据刑法第三十七条规定,做好善后、帮教工作或者交由有关部门进行处理,争取更好的社会效果。(§ 15)

【公报案例】

△(**犯罪情节轻微之认定;盗窃犯罪;宽严相济刑事政策**)《刑法》第三十七条规定,对于犯罪情节轻微不需要判处刑罚的,可以免予刑事处罚。在审理盗窃案件中,盗窃数额是判断犯罪情节及社会危害性的重要依据,但不是唯一依据,还应综合考虑案件其他情节及被告人的主观恶性和人身危险性等因素。如果盗窃犯罪的案情特殊,综合判断犯罪情节确属轻微的,即使犯罪数额巨大,也可以免予刑事处罚。

判断某一盗窃犯罪行为是否属于《刑法》第三十七条的"情节轻微",要根据刑法及相关司法解释的规定,综合考虑犯罪手段、犯罪对象、退赃情况及社会反应等情况,客观评价刑罚处罚的必要性。在案件具有特殊的事实、情节等情况下,要切实贯彻落实宽严相济的刑事政策,真正做到正确裁量、罪刑相当。[《最高人民法院公报》2011年第5期　郝卫东盗窃案]

【参考案例】

△**对于实施法定最低刑为三年以上有期徒刑犯罪的未成年人,符合自首、立功或者其他法定条件的,可以判处免予刑事处罚。**

首先,《最高人民法院关于审理未成年人刑事案件具体应用法律若干问题的解释》第十七条的规定并未涵括所有免予刑事处罚的情形,也未禁止对犯法定刑为三年以上有期徒刑之罪的未成年被告人免予刑事处罚。

免予刑事处罚,应当符合《刑法》第三十七条的一般规定,即属于犯罪情节轻微不需要判处刑罚的。《最高人民法院关于审理未成年人刑事案件具体应用法律若干问题的解释》第十七条是就未成年人犯罪问题对《刑法》第三十七条免予刑事处罚条件的具体化,为了充分贯彻教育为主,惩罚为辅的原则,并尽可能地增强审判中的可操作性,避免因自由裁量不当而对部分应免予刑事处罚的未成年被告人判处了刑罚。正因为规定的是应当免予刑事处罚的条件,所以起草时结合司法经验使用了较为严密的文字表述,以确保应当免予刑事处罚的都是犯罪情节轻微的未成年被告人。这样,该条文也就不可能把所有可能免予刑事处罚的情形都涵括进来,因此《最高人民法院关于审理未成年人刑事案件具体应用法律若干问题的解释》第十七条第(六)项还规定了兜底条款,以涵括对于司法实践中出现的其他可免予刑事处罚的情形。

其次,可能被判处拘役,三年以下有期徒刑是指宣告刑而非法定刑,也就是说法定刑为三年徒刑以上时,也存在免予刑事处罚的可能。理由在于:(1)《最高人民法院关于审理未成年人刑事案件具体应用法律若干问题的解释》第十七条明确使用了"可能被判处……"的表述,按照文义解释方法，显然是指宣告刑而不是法定刑；如果是指法定刑，则应当通过文字来直接表明。（2）《最高人民法院关于审理未成年人刑事案件具体应用法律若干问题的解释》第十七条不可能把法定刑为三年以上有期徒刑的犯罪排除在可适用免予刑事处罚的范围之外。因为被告人的犯罪情节是否轻微，虽然主要但并不完全是由法定刑的高低来决定的，对于犯法定刑为三年以上有期徒刑的犯罪，根据具体案情也完全可能属于犯罪情节轻微。同时，《刑法》第三十七条并没有以法定刑作为适用免予刑事处罚的条件，因此《最高人民法院关于审理未成年人刑事案件具体应用法律若干问题的解释》第十七条也不可能僭越立法权来不当缩小免予刑事处罚的适用范围。可见，本案被告人所犯抢劫罪的法定刑虽为有期徒刑三年以上，也可以根据具体案情决定是否适用免予刑事处罚。［No. 5-263-4　李春伟等抢劫案］

△在盗窃自己亲属财物的案件中，考虑到被害人与被告人的亲属关系，被害人强烈要求对被告人从宽处罚，且未造成经济损失等因素，可以免予刑事处罚。

《刑法》第三十七条规定，对于犯罪情节轻微不需要判处刑罚的，可以免予刑事处罚。在审理盗窃案件中，盗窃数额是判断情节及社会危害性的重要依据，但不是唯一依据。还应综合考虑案件其他情节及被告人的主观恶性和人身危险性等因素。如果盗窃犯罪的案情特殊，综合判断犯罪情节，确属轻微的，即使犯罪数额巨大，也可以免予刑事处罚。判断某一盗窃行为是否属于犯罪情节轻微需要综合考虑犯罪手段、犯罪对象、退赃情况及社会反应，客观评价刑罚处罚的必要性。

《最高人民法院关于审理盗窃案件具体应用法律若干问题的解释》①第一条第（四）项之规定，偷拿自己家的财物或者近亲属的财物，一般可不按犯罪处理；对确有追究刑事责任必要的，处罚时也应与在社会上作案的有所区别。郝卫东盗窃案中，被告人与被害人郝喜厚虽不是法定的近亲属，但被告人系被害人的亲侄孙，属五代以内旁系血亲，且被告人从小就和被害人一起生活，二人亲情深厚，在被告人犯罪后，被害人强烈要求法庭对被告人从宽处罚。被告人归案后认罪态度较好，悔罪表现明显，且所盗款项大部分被及时追回，不足部分也由其亲属退赔给了失主。综合考虑本案被告人的犯罪情节、危害后果及其悔罪表现，被告人的犯罪行为应属《刑法》第三十七条规定的犯罪情节轻微不需要判处刑罚的情形，故可对被告人免予刑事处罚。［No. 5-264-56　郝卫东盗窃案］

△醉酒后在道路上挪动车位的行为，符合危险驾驶罪的构成要件，但属于情节显著轻微，可不起诉或免予刑事处罚。

根据《刑法》第一百三十三条之一第一款规定，在道路上醉酒驾驶机动车的，处拘役，并处罚金。根据该规定，危险驾驶罪不以发生具体危害后果为构成要件，理论上属于抽象危险犯，即立法上根据一般人的社会生活经验，将在道路上醉酒驾驶机动车的行为类型化为具有发生危害结果的紧迫（高度）危险。该危险不需要司法上的具体判断，只要行为人实施了在道路上醉酒驾驶机动车的行为，就推定其具有该类型化的紧迫危险，符合危险驾驶罪的客观要件。除非根据一般人的社会生活经验，认为具体案件中的特别情况导致该醉驾行为根本不存在任何危险时，司法上才需要进行判断，但这种例外情形在生活中极其罕见。即便是未醉酒情形下的简单倒车行为，因控制不好车速、车距而与其他车辆发生碰撞，甚至将油门当作刹车猛踩，造成他人重伤、死亡的个案也非常普遍，更不用说醉酒状态下的倒车行为。故以驾驶距离较短、速度较慢为由主张醉酒驾驶没有危险，理由上难以成立。唐浩彬危险驾驶案中，虽然唐浩彬的驾驶目的是将车挪动到几米外的路对面停放，并慢速倒车，但从其行为最终发生与其他车辆碰撞的结果分析，其驾驶能力已受到酒精的严重影响，其醉酒后挪动车辆的行为不仅具有发生危害结果的高度危险，而且已发生了实害结果，符合危险驾驶罪的客观要件。

对于行为人出于符合情理的驾驶目的，在道路上醉酒驾驶机动车的，在定罪处罚时应当深入贯彻宽严相济刑事政策，该从宽的，一定要体现从宽政策。就为挪车而短距离醉驾的案件而言，如果没有发生实际危害结果或者仅发生轻微碰、擦后果的，可以根据具体情节，认定犯罪情节显著轻微，适用“但书”条款，不作为犯罪处理或者作免予刑事处罚处理。如果仅发生轻微的交通事故，致使车辆剐蹭、致人轻微伤等，且行为人认罪、悔罪，积极赔偿被害人损失并取得谅解的，也可以不作为犯罪处理或者作免予刑事处罚处理。如果发生致人轻伤以上的交通事故，一般不宜认为犯罪情节显著轻微，但结合具体案情，行为人的认罪、悔罪表现和赔偿情况，为体现从宽处罚精神，可以

① 系争解释已为《最高人民法院、最高人民检察院关于办理盗窃刑事案件适用法律若干问题的解释》（法释〔2013〕8号）所废止而失效。

对被告人适用缓刑。

本案中,唐浩彬一开始并无醉酒驾驶机动车的主观故意,而是在其女朋友驾车发生事故,妨碍其他车辆通行,民警要求挪车的特殊情况下,才产生醉驾犯意,故其主观恶性明显小于其他主动醉酒驾驶机动车的行为人。从唐浩彬实施的行为看,其发动汽车后并未快速行驶,而是控制车速缓慢倒车,准备将车停放在几米外的道路对面,该行为的危险性明显小于醉酒驾驶机动车高速行驶、长距离行驶的情形。虽然唐浩彬的醉驾行为发生了实际危害结果,但只是轻微的车辆碰撞,且其积极赔偿车主修车费用,具有认罪、悔罪表现。故综合考虑上述情节,对唐浩彬的行为不作为犯罪处理或者作不起诉处理或者定罪免刑处理均符合法律规定。[No. 2-133 之一-5　唐浩彬危险驾驶案]

△醉驾行为人具有多项法定从轻或减轻情节,血液酒精含量低于 160 毫克/100 毫升且具有符合情理的醉驾理由时,应认定为犯罪情节轻微,可免予刑事处罚。

在醉驾型危险驾驶案件中,从行为和行为人的角度出发,可将量刑情节分为两类:在行为方面,主要有以下几种情节:(1)醉驾的时空环境,即时间、路段、距离等。(2)醉驾的机动车车况。(3)是否还有其他违反道路交通安全法的行为。(4)醉驾的后果,即是否发生交通事故以及造成后果的严重程度。

在行为人方面,主要有以下几种情节:(1)醉酒程度,即行为人的血液酒精含量是刚超过认定醉酒驾驶的标准 80 毫克/100 毫升,还是超出很多。(2)犯罪态度。(3)犯罪动机或者对醉驾行为本身的认识。(4)行为人的一贯表现。

上述情形,基本能够准确反映出醉驾行为的社会危害程度以及行为人的人身危险大小,这是决定对行为人从重或者从轻处罚的重要参考因素。就从宽处罚而言,由于危险驾驶罪是《刑法》分则中唯一一个主刑设置为拘役的罪名,其轻罪的罪质特点决定了对行为人从宽处罚时,往往需要在缓刑、免予刑事处罚、不作为犯罪处理三者中权衡,为此就有必要准确区分何种情形属于犯罪情节较轻、犯罪情节轻微、犯罪情节显著轻微。

笔者认为,审判实践中,可以尝试从醉驾行为的社会危害程度和行为人的人身危险性大小入手,以"定性+定量"的方式明确以下区分原则:

一是对于没有发生交通事故,行为人认罪、悔罪,且无其他法定或者酌定从轻、从重处罚情节的,一般可以认定为醉驾情节较轻;对于虽然发生交通事故,但只造成轻微人身伤害或者财产损失,且被告人积极赔偿取得谅解,无其他从重处罚情节的,也可以认定为醉驾情节较轻;对于既有从轻处罚情节又有从重处罚情节的,是否整体上认定为醉驾情节较轻,应当从严掌握。根据《刑法》第七十二条的规定,对醉驾情节较轻的,依法可以适用缓刑。

二是犯罪情节轻微可以免予刑事处罚的,除不低于缓刑的适用条件外,还应当同时具备以下条件:(1)被告人无从重处罚情节,原则上没有发生交通事故,即便发生交通事故,也仅造成轻微财产损失或者轻微人身伤害,且被告人积极赔偿,取得被害人谅解;(2)至少具备一项法定或者酌定从宽处罚情节,如自首、坦白、立功、自动停止醉驾等;(3)醉酒程度一般,血液酒精含量在 160 毫克/100 毫升以下;(4)有符合情理的醉驾理由,如为救治病人而醉驾,在休息较长时间后误以为醒酒而醉驾,为挪动车辆而短距离醉驾等。

三是犯罪情节显著轻微可以不认为是犯罪的,除不低于免予刑事处罚的适用条件外,在"量"上应当更加严格把握,要求同时具备:(1)没有发生交通事故或者仅造成特别轻微财产损失或者人身伤害;(2)血液酒精含量在 100 毫克/100 毫升以下;(3)醉驾的时间和距离极短,根据一般人的经验判断,几乎没有发生交通事故的可能性。

吴晓明危险驾驶案中,被告人吴晓明具备多个法定或者酌定从轻处罚的量刑情节:一是未发生实害后果,社会危害性较小。吴晓明的血液酒精含量为 89. 4 毫克/100 毫升,刚达到醉驾标准,且其醉驾时间在凌晨 1 时许,行驶在非城市主干道,路上车辆行人稀少,相比于醉酒程度高或者在交通繁忙时段和路段的醉驾行为,发生交通事故的风险较低,对道路公共安全造成的威胁很小。二是主观恶性较小。聚会结束后,吴晓明派司机去送同学回家,在此期间突然得知未满周岁的女儿发高烧,情急之下没有选择打车或者乘坐其他交通工具回家,而是选择自己醉驾,其救女心切可以得到社会公众的广泛理解和宽容,亦是人之常情,故其主观恶性与其他持侥幸心理的醉驾行为人相比要小。三是行为人的人身危险性较小。吴晓明具有正当职业,以往表现较好,无犯罪前科,是初犯,且到案后如实供述罪行,庭审中具有认罪、悔罪表现。四是本案不存在从重处罚量刑情节。综合考虑,可以认定吴晓明的醉驾行为属于"犯罪情节轻微"而非"显著轻微"。故依照《刑法》第三十七条的规定,依法对吴晓明宣告有罪,但免予刑事处罚,既深入贯彻了宽严相济刑事政策依法从宽精神,也体现了罪责刑相适应原则。[No. 2-133 之一-6　吴晓明危险驾驶案]

第三十七条之一　【从业禁止】

因利用职业便利实施犯罪，或者实施违背职业要求的特定义务的犯罪被判处刑罚的，人民法院可以根据犯罪情况和预防再犯罪的需要，禁止其自刑罚执行完毕之日或者假释之日起从事相关职业，期限为三年至五年。

被禁止从事相关职业的人违反人民法院依照前款规定作出的决定的，由公安机关依法给予处罚；情节严重的，依照本法第三百一十三条的规定定罪处罚。

其他法律、行政法规对其从事相关职业另有禁止或者限制性规定的，从其规定。

【立法沿革】

《中华人民共和国刑法修正案(九)》(自2015年11月1日起施行)

一、在刑法第三十七条后增加一条,作为第三十七条之一:

“因利用职业便利实施犯罪,或者实施违背职业要求的特定义务的犯罪被判处刑罚的,人民法院可以根据犯罪情况和预防再犯罪的需要,禁止其自刑罚执行完毕之日或者假释之日起从事相关职业,期限为三年至五年。

“被禁止从事相关职业的人违反人民法院依照前款规定作出的决定的,由公安机关依法给予处罚;情节严重的,依照本法第三百一十三条的规定定罪处罚。

“其他法律、行政法规对其从事相关职业另有禁止或者限制性规定的,从其规定。”

【立法理由】

1. 1979年刑法和1997年修订后的刑法对本条都未作规定。

2. 本条规定是2015年**《刑法修正案(九)》**增加的。增加规定禁止从事相关职业的预防性措施,主要考虑是,实践中,有一些犯罪分子利用职业便利实施犯罪,或者实施违背职业要求的特定义务的犯罪,在刑罚执行完毕或者假释之后,如果继续从事原来的职业或者相关的职业,可能会对公共利益或者社会秩序造成一定的危险。如从事食品、药品生产、销售的人,实施了生产、销售有毒、有害食品、假药、劣药犯罪被追究刑事责任的,在刑罚执行完毕或者假释后继续从事食品、药品行业工作,可能利用原来的犯罪经验,再次实施违法犯罪行为,给人民群众的生命、身体健康造成危害,影响人民群众的安全感。为有效预防这些人再次犯同类罪,保护公共利益和社会秩序,针对一些特定职业,对这些人规定一定的“安全期”,禁止其在一定期限内从事相关职业,是有必要的。

【条文说明】

本条是关于禁止从事相关职业的预防性措施的规定。

本条共分为三款。

第一款是关于禁止从事相关职业的预防性措施的适用对象、程序和期限的规定。**禁止从事相关职业的预防性措施**或者称为**从业禁止**,是指人民法院对于实施特定犯罪被判处刑罚的人,依法禁止其在一定期限内从事相关职业以预防其再犯罪的法律措施。这种措施,是刑法从预防再犯罪的角度针对已被定罪判刑的人规定的一种预防性措施,不是新增加的刑罚种类。本款共作了三个方面的规定:

1. 关于**禁止从事相关职业的预防性措施的适用对象**。根据本款规定,禁止从事相关职业的预防性措施,适用于因为利用职业便利实施犯罪,或者实施违背职业要求的特定义务的犯罪,被判处刑罚的罪犯。本款规定的**利用职业便利实施犯罪**,是指利用自己从事该职业所形成的管理、经手、权力、地位等便利条件实施犯罪,如犯罪行为人利用职业便利实施的职务侵占犯罪;从事证券业、银行业、保险业等人员利用职业便利实施的妨害对公司、企业的管理秩序罪和破坏金融管理秩序罪等。本款规定的**实施违背职业要求的特定义务的犯罪**,是指违背一些特定行业、领域有关特定义务的要求,违背职业道德、职业信誉所实施的犯罪。如从事食品行业的人,实施生产、销售不符合安全标准的食品罪,生产、销售有毒、有害食品罪;从事化学品生产、销售、运输或者储存的人,违反有关要求实施环境污染犯罪等;对未成年人、老年人、患病的人、残疾人等负有监护、看护职责的人,虐待被监护、看护的人,犯虐待被监护、看护人罪等。利用职业便利实施犯罪和实施违背职业要求的特定义务的犯罪,两者之间在范围上可能有相互覆盖、相互交叉的地方。本款规定的“**被判处刑罚**”,包括被判处主刑和附加刑。单处罚金或者独立适用剥夺政治权利的,属于本款规定的“被判处刑罚”。对于依照《刑法》第三十七条规定予以定罪,但免予刑事处罚的犯罪分子,**不适用从业禁止的规定**。

2. 关于**禁止从事相关职业的预防性措施的适用程序**。根据本款规定,人民法院可以根据犯罪情况和预防再犯罪的需要,对犯罪行为人决定适用从业禁止。这里规定的"可以",是指对于因利用职业便利实施犯罪或者实施违背职业要求的特定义务的犯罪被判处刑罚的人,不是一律都要予以从业禁止,而是要根据犯罪情况和预防再犯罪的需要,具体决定是否适用从业禁止。"**根据犯罪情况和预防再犯罪的需要**",主要是指根据犯罪的事实、性质、情节、社会危害程度等,以及犯罪分子的主观恶性、再次犯罪的可能性等确定。对于故意实施犯罪主观恶性较大、犯罪情节恶劣、不适用从业禁止可能严重影响人民群众安全感,不利于预防其再次犯罪的,依法适用从业禁止的预防性措施。对于主观恶性较小、犯罪情节较轻、再犯罪可能性较小的,可以不适用从业禁止的预防性措施。**从业禁止应当在判决中同时确定**,从业禁止的具体内容和时间应当体现在裁判中,具有强制性的法律效力,被禁止从事相关职业的人必须遵守。

3. 关于**禁止从事相关职业的期限**。根据本款规定,从业禁止的预防性措施,其起始时间是**自刑罚执行完毕或者假释之日起**。根据刑罚设置从业禁止的立法目的,其效力当然适用于刑罚执行期间。对于被判处有期徒刑、无期徒刑被假释的犯罪分子,从业禁止从假释之日起计算。从业禁止的期限是**三年至五年**。人民法院可以根据犯罪情况和预防再犯罪的需要,在三年至五年之间,酌情确定从业禁止的具体期限。

第二款是关于**违反禁止从事相关职业的预防性措施的法律后果的规定**。为保证禁止从事相关职业的预防性措施的规定在实际执行中能够落实到位,本款从两个方面规定了违反从业禁止决定的法律后果:一是被禁止从事相关职业的人违反人民法院依法作出的从业禁止的决定的,**由公安机关依法给予处罚**。这种情形,主要是针对违反人民法院作出的从业禁止决定,但情节比较轻微,尚不构成犯罪的。二是情节严重的,**依照《刑法》第三百一十三条拒不执行判决、裁定罪的规定定罪处罚**。这里规定的"情节严重",主要是指违反人民法院从业禁止决定,经有关方面劝告、责令改正仍不改正的,因违反从业禁止决定受到行政处罚又违反的,或者违反从业禁止决定且在从业过程中又有违法行为的等情形,具体需要结合行为人违反从业禁止的具体情况,根据《刑法》第三百一十三条拒不执行判决、裁定罪的规定确定。

第三款是关于**其他法律、行政法规对从事相关职业另有禁止或者限制性规定时,如何处理的规定**。据不完全统计,我国现行有二十多部法律和有关法律问题的决定中,对受过刑事处罚的人员规定了从事相关职业的禁止或者限制性规定,包括规定禁止或者限制担任一定公职、禁止或者限制从事特定职业以及禁止或者限制从事特定活动等。刑法之外的这些相关领域的法律、行政法规规定的禁止或者限制从事的相关职业、活动,都属于**行政性的预防性措施**,与本条规定的从业禁止在适用条件、禁止期限等方面存在一定差异。如有的规定从业禁止只适用于特定犯罪,有的规定适用于被判处特定刑罚的人,有的规定禁止或者限制的期限是终身,有的规定了一定的期限。根据本条规定,对于其他法律、行政法规对从事相关职业另有禁止或者限制性规定的,从其规定,即**依照这些法律、行政法规的规定处理**。

实践中需要注意的是,关于作为行政措施的从业禁止与作为刑事措施的从业禁止的衔接问题。我国对于很多违法行为在法律责任上有区分一般行政违法和刑事违法的"二元制"的法制传统。从行政管理的实践看,对于很多发展比较成熟的行业,往往都已经建立了较为严格的资格准入制度,如执业医师、执业药师、金融从业资格,等等。对于违反有关法律、行政法规的行为人,也都在规定给予行政处罚之外,规定了不同程度的限制或者剥夺相关从业资格的措施。因此,《刑法修正案(九)》增加从业禁止性规定,是考虑到在这些法律、行政法规之外,还有一些职业和领域虽然尚未建立规范的资格准入制度,但有的也有根据情况禁止一定期限内从业的必要性。对**这些法律、行政法规尚未规定资格准入制度的职业和领域**,可以由刑法作出规定,并限定在一个合理的期限之内。因此,刑法关于从业禁止的规定,相对于其他专门的法律、行政法规的规定而言,具有**一定的补充性**。对于法律、行政法规已经有相应规定的,直接由主管部门依照相关法律、行政法规作出禁止从业的决定;对于尚无相关法律、行政法规,而又有予以一定期限内禁止从业的必要的,人民法院可以根据被告人犯罪情况和预防再犯罪的需要,依照本条规定作出从业禁止的裁判。因此,这里的从其规定,不仅是指从业禁止的期限依照有关法律、行政法规的规定,也包括给予从业禁止的主体、条件等也应依照有关法律、行政法规的规定,而不是指人民法院可以不受本条规定的三年至五年的期限限制,直接根据有关法律、行政法规规定的期限,给予从业禁止的裁判。

【司法解释】

《最高人民法院关于〈中华人民共和国刑法修正案(九)〉时间效力问题的解释》(法释〔2015〕19号,自2015年11月1日起施行)

△(**时间效力;从业禁止**)对于2015年10月31日以前因利用职业便利实施犯罪,或者实施违背职业要求的特定义务的犯罪的,不适用修正后刑法第三十七条之一第一款的规定。其他法律、行政法规另有规定的,从其规定。(§1)

【附属刑法】

《中华人民共和国会计法》(1985年1月21日通过,2017年11月4日第二次修正)

第四十条

因有提供虚假财务会计报告,做假帐,隐匿或者故意销毁会计凭证、会计帐簿、财务会计报告,贪污,挪用公款,职务侵占等与会计职务有关的违法行为被依法追究刑事责任的人员,不得从事会计工作。

《中华人民共和国慈善法》(2016年3月16日通过)

第十六条

有下列情形之一的,不得担任慈善组织的负责人:

……

(二)因故意犯罪被判处刑罚,自刑罚执行完毕之日起未逾五年的;……

《中华人民共和国公司法》(1993年12月29日通过,2018年10月26日第四次修正)

第一百四十六条

Ⅰ有下列情形之一的,不得担任公司的董事、监事、高级管理人员:

……

(二)因贪污、贿赂、侵占财产、挪用财产或者破坏社会主义市场经济秩序,被判处刑罚,执行期满未逾五年,或者因犯罪被剥夺政治权利,执行期满未逾五年;

……

《中华人民共和国证券法》(1998年12月29日通过,2019年12月28日第二次修订)

第一百八十七条

法律、行政法规规定禁止参与股票交易的人员,违反本法第四十条的规定,直接或者以化名、借他人名义持有、买卖股票或者其他具有股权性质的证券的,责令依法处理非法持有的股票、其他具有股权性质的证券,没收违法所得,并处以买卖证券等值以下的罚款;属于国家工作人员的,还应当依法给予处分。

第二百二十一条

Ⅰ违反法律、行政法规或者国务院证券监督管理机构的有关规定,情节严重的,国务院证券监督管理机构可以对有关责任人员采取证券市场禁入的措施。

Ⅱ前款所称证券市场禁入,是指在一定期限内直至终身不得从事证券业务、证券服务业务,不得担任证券发行人的董事、监事、高级管理人员,或者一定期限内不得在证券交易所、国务院批准的其他全国性证券交易场所交易证券的制度。

《中华人民共和国证券投资基金法》(2003年10月28日通过,2015年4月24日修正)

第一百四十八条

违反法律、行政法规或者国务院证券监督管理机构的有关规定,情节严重的,国务院证券监督管理机构可以对有关责任人员采取证券市场禁入的措施。

《中华人民共和国保险法》(1995年6月30日通过,2015年4月24日第三次修正)

第一百七十七条

违反法律、行政法规的规定,情节严重的,国务院保险监督管理机构可以禁止有关责任人员一定期限直至终身进入保险业 。

《中华人民共和国商业银行法》(1995年5月10日通过,2015年8月29日第二次修正)

第二十七条

有下列情形之一的,不得担任商业银行的董事、高级管理人员:

(一)因犯有贪污、贿赂、侵占财产、挪用财产罪或者破坏社会经济秩序罪,被判处刑罚,或者因犯罪被剥夺政治权利的;

……

第八十九条

Ⅰ商业银行违反本法规定的,国务院银行业监督管理机构可以区别不同情形,取消其直接负责的董事、高级管理人员一定期限直至终身的任职资格,禁止直接负责的董事、高级管理人员和其他直接责任人员一定期限直至终身从事银行业工作。

Ⅱ商业银行的行为尚不构成犯罪的,对直接负责的董事、高级管理人员和其他直接责任人员,给予警告,处五万元以上五十万元以下罚款。

《中华人民共和国银行业监督管理法》(2003年12月27日通过,2006年10月31日修正)

第四十八条

银行业金融机构违反法律、行政法规以及国

家有关银行业监督管理规定的，银行业监督管理机构除依照本法第四十四条至第四十七条规定处罚外，还可以区别不同情形，采取下列措施：

……

（三）取消直接负责的董事、高级管理人员一定期限直至终身的任职资格，禁止直接负责的董事、高级管理人员和其他直接责任人员一定期限直至终身从事银行业工作。

《中华人民共和国对外贸易法》（1994年5月12日通过，2016年11月7日修正）

第六十一条

Ⅰ进出口属于禁止进出口的货物的，或者未经许可擅自进出口属于限制进出口的货物的，由海关依照有关法律、行政法规的规定处理、处罚；构成犯罪的，依法追究刑事责任。

Ⅱ进出口属于禁止进出口的技术的，或者未经许可擅自进出口属于限制进出口的技术的，依照有关法律、行政法规的规定处理、处罚；法律、行政法规没有规定的，由国务院对外贸易主管部门责令改正，没收违法所得，并处违法所得一倍以上五倍以下罚款，没有违法所得或者违法所得不足一万元的，处一万元以上五万元以下罚款；构成犯罪的，依法追究刑事责任。

Ⅲ自前两款规定的行政处罚决定生效之日或者刑事处罚判决生效之日起，国务院对外贸易主管部门或者国务院其他有关部门可以在三年内不受理违法行为人提出的进出口配额或者许可证的申请，或者禁止违法行为人在一年以上三年以下的期限内从事有关货物或者技术的进出口经营活动。

第六十二条

Ⅰ从事属于禁止的国际服务贸易的，或者未经许可擅自从事属于限制的国际服务贸易的，依照有关法律、行政法规的规定处罚；法律、行政法规没有规定的，由国务院对外贸易主管部门责令改正，没收违法所得，并处违法所得一倍以上五倍以下罚款，没有违法所得或者违法所得不足一万元的，处一万元以上五万元以下罚款；构成犯罪的，依法追究刑事责任。

Ⅱ国务院对外贸易主管部门可以禁止违法行为人自前款规定的行政处罚决定生效之日或者刑事处罚判决生效之日起一年以上三年以下的期限内从事有关的国际服务贸易经营活动。

第六十三条

Ⅰ违反本法第三十四条规定，依照有关法律、行政法规的规定处罚；构成犯罪的，依法追究刑事责任。

Ⅱ国务院对外贸易主管部门可以禁止违法行为人自前款规定的行政处罚决定生效之日或者刑事处罚判决生效之日起一年以上三年以下的期限内从事有关的对外贸易经营活动。

《中华人民共和国政府采购法》（2002年6月29日通过，2014年8月31日修正）

第七十八条

采购代理机构在代理政府采购业务中有违法行为的，按照有关法律规定处以罚款，可以在一至三年内禁止其代理政府采购业务，构成犯罪的，依法追究刑事责任。

《中华人民共和国企业破产法》（2006年8月27日通过）

第一百二十五条

Ⅰ企业董事、监事或者高级管理人员违反忠实义务、勤勉义务，致使所在企业破产的，依法承担民事责任。

Ⅱ有前款规定情形的人员，自破产程序终结之日起三年内不得担任任何企业的董事、监事、高级管理人员。

《中华人民共和国企业国有资产法》（2008年10月28日通过）

第七十三条

国有独资企业、国有独资公司、国有资本控股公司的董事、监事、高级管理人员违反本法规定，造成国有资产重大损失，被免职的，自免职之日起五年内不得担任国有独资企业、国有独资公司、国有资本控股公司的董事、监事、高级管理人员；造成国有资产特别重大损失，或者因贪污、贿赂、侵占财产、挪用财产或者破坏社会主义市场经济秩序被判处刑罚的，终身不得担任国有独资企业、国有独资公司、国有资本控股公司的董事、监事、高级管理人员。

第二节　管　制

第三十八条　【管制的期限与管制刑的执行】

管制的期限，为三个月以上二年以下。

判处管制，可以根据犯罪情况，同时禁止犯罪分子在执行期间从事特定活动，进入特定区域、场所，接触特定的人。

对判处管制的犯罪分子，依法实行社区矫正。

违反第二款规定的禁止令的，由公安机关依照《中华人民共和国治安管理处罚法》的规定处罚。

【立法沿革】

《中华人民共和国刑法》(1997 年修订,自 1997 年 10 月 1 日起施行)

第三十八条

管制的期限,为三个月以上二年以下。

被判处管制的犯罪分子,由公安机关执行。

《中华人民共和国刑法修正案(八)》(自 2011 年 5 月 1 日起施行)

二、在刑法第三十八条中增加一款作为第二款:

“判处管制,可以根据犯罪情况,同时禁止犯罪分子在执行期间从事特定活动,进入特定区域、场所,接触特定的人。”

原第二款作为第三款,修改为:

“对判处管制的犯罪分子,依法实行社区矫正。”

增加一款作为第四款:

“违反第二款规定的禁止令的,由公安机关依照《中华人民共和国治安管理处罚法》的规定处罚。”

【立法理由】

(一)立法相关背景及修改情况

1. **1979 年立法的情况**。1979 年《刑法》第三十三条共两款,第一款规定:管制的期限,为三个月以上二年以下;第二款规定:管制由人民法院判决,由公安机关执行。

2. **1997 年修订刑法的情况**。1997 年修订刑法时,将“管制由人民法院判决”的规定修改为“对判处管制的犯罪分子”,主要考虑是,1979 年刑法明确规定管制由人民法院判决,是针对当时的实际情况。在 1979 年刑法颁布之前,在较长一段时期内,实践中,很多情况下管制是由其他有关组织实施的。十一届三中全会以后,法制建设开始起步,1979 年中华人民共和国第一部刑法颁布,其中明确规定管制由人民法院判决。作这样具有明确针对性的规定,有利于体现刑法的严肃性,表明管制作为一种刑罚,应当由审判机关依法判决,而不是其他任何组织或者个人可以随意决定的。到 1997 年修订刑法时,经过近二十年的法制建设,刑事法治基本制度都已经确立,刑法中拟确立罪刑法定原则,此前一年已经完成修订的刑事诉讼法中确立了无罪推定原则,任何刑事判决必须由人民法院作出作为刑事法治的基本要求,已经为社会各方面所熟知,在法律中继续突出强调须经人民法院判决已经没有必要。

3. **2011 年《刑法修正案(八)》对本条的修改情况**。一是规定“对判处管制的犯罪分子,依法实行社区矫正”;二是增加了对被判处管制的犯罪分子可以同时禁止其在执行期间从事特定活动,进入特定区域、场所,接触特定的人的规定;三是进一步明确了被判处管制的犯罪分子在管制期间违反上述禁止令的法律责任。

管制是我国刑法确立的五种刑罚主刑中唯一不剥夺犯罪行为人人身自由的开放性刑种。管制措施在中华人民共和国成立初期,对于维护社会秩序和稳定发挥了重要作用。后来随着经济社会的发展和情况的变化,一方面人口流动加大,另一方面基层组织管理工作相对有所减弱,实践中管制刑的执行存在一定的困难,司法实践中判处管制刑的情况也越来越少。因此,在 1997 年修订刑法时,有的提出要**取消管制刑**。考虑到被判处管制的犯罪行为人可以在社会上从事正常的工作,在劳动和工作中接受教育改造,不致影响其正常家庭生活,刑满后回归社会、适应正常的社会生活也比较容易,同时考虑到对一些犯罪情节较轻、不需要关押的犯罪行为人判处非监禁刑也符合世界刑罚发展的趋势,至于管制刑执行中存在的问题,可以通过改革和完善执行方法解决,因此**保留了**

管制刑。

从近年来司法实践中管制刑实际执行的情况看，存在一些问题。一是人口流动带来的基层管理能力弱化，管制刑在实际执行中难以落到实处的问题仍然没有得到有效解决；二是由于管制刑实际执行难，司法机关很少适用管制刑，使得我国刑法中唯一的非监禁刑没有充分发挥应有的作用。此外，近年来我国在非监禁刑罚执行方面开展了一些探索，自2003年开始，我国在一些地方进行社区矫正试点工作，社区矫正的对象包括被判处管制的犯罪分子，对这部分人通过社区矫正进行管理和教育，实际上也是对在新的社会条件下如何做好管制刑的执行工作所进行的积极和有益的探索。基于管制刑在执行中存在的上述问题和近年来在刑罚执行方面出现的新情况，全国人大常委会根据有关方面的意见，在2011年2月通过的《刑法修正案（八）》中对《刑法》第三十八条关于管制的规定作了上述修改和补充。

2019年12月28日，第十三届全国人大常委会第十五次会议审议通过了《社区矫正法》，该法已于2020年7月1日开始施行。根据《社区矫正法》第二条的规定，对被判处管制的犯罪分子，通过社区矫正进行管理和教育。社区矫正法为在新的社会条件下做好管制刑的执行工作提供了基本规范和遵循。

（二）立法时争议的主要问题

1979年制定刑法时，曾经有意见不赞成设置管制刑，**建议设置“劳役”代替管制**。主要是管制在实践中执行不够严格，存在有的地方不经法院判决就对他人实施管制、有的在管制过程中还进行延期、有的对管制对象限制或者剥夺政治权利等问题。立法机关经研究，考虑到管制是我国刑罚方式上的一项创造，已经长期适用，对于被判处管制的犯罪分子不必关押，可以在原单位劳动或者工作，实行同工同酬，有利于减少社会对立面，充分发挥劳动力价值。同时，通过在刑法中明确管制期限、明确必须经人民法院判决等规定，应该能够解决实践中存在的问题。最后，**1979年刑法保留设置管制刑的方案**，并针对实践中的问题作了完善的规定。

2011年《刑法修正案（八）》在征求意见过程中，对于增加对被判处管制的人“依法实行社区矫正”的规定，有的意见提出，2009年社区矫正才开始在全国范围试行，制度正在探索中，社区矫正专门立法还未出台；基层组织的管理能力比较弱，且公安机关是主要管理力量，对刑法修改问题应予慎重研究。立法机关经研究，考虑到社区矫正工作是对部分罪犯刑罚执行方式的重要改革，试点工作已经取得成效，社会效果也是好的，公安机关作为社会治安管理部门，也应当在社区矫正工作中继续承担相应的管理职责，最后在《刑法修正案（八）》中对依法实行社区矫正作出规定，为社区矫正试点工作提供法律依据。2019年通过的《社区矫正法》总结实践中对包括管制罪犯在内的几类罪犯的社区工作经验，对有关内容作了进一步规定。

【条文说明】

本条是关于管制的期限和管制刑执行的规定。

本条共分为四款。

第一款是关于**管制期限的规定**。根据本款规定，管制的期限，**最高为二年，最低为三个月**。

第二款是关于**对被判处管制的犯罪分子作出禁止令的规定**。根据本款规定，人民法院可以根据犯罪情况，在判处行为人管制的同时，作出禁止其在管制期间从事特定活动，进入特定区域、场所，接触特定的人的禁止令。何为“特定”，法律未作具体规定，是因为实践中情况比较复杂，难以在法律中作出详尽规定，需要人民法院根据每一起案件的具体情况，主要是根据个案中犯罪的性质、情节，行为人犯罪的原因，维护社会秩序、保护被害人免遭再次侵害、预防行为人再次犯罪的需要等情况，在判决时作出具体的禁止性规定。人民法院作出禁止令，可以只涉及一个方面的事项，如只禁止行为人从事特定活动，也可以同时涉及三个方面的事项，即同时禁止其从事特定活动，进入特定区域、场所，接触特定的人，具体根据案件情况和需要确定。法律规定“可以”根据犯罪情况作出禁止令，并非所有案件均要作出禁止令。是否作出禁止令的裁量权赋予人民法院，根据则在于犯罪情况确有需要。

需要注意的是，虽然法律对人民法院的禁止令可以禁止的事项只是作了原则规定，但并不意味着人民法院可以对被判处管制的犯罪分子任意设置禁止令。人民法院作出禁止令，要按照法律规定的原则和精神，从维护社会秩序、保护被害人合法权益、预防再犯罪的需要出发。首先，**是否有必要作出禁止令，需要结合具体案件的情况**，并非所有判处管制的案件均要作出禁止令。其次，**对需要作出禁止令的，禁止令的内容也要符合法律规定**，有利于犯罪分子教育改造和重新回归社会，不得损害其合法权益。2011年发布的《最高人民法院、最高人民检察院、公安部、司法部关于对判处管制、宣告缓刑的犯罪分子适用禁止令有关问题的规定（试行）》对禁止令的具体适用作了规

总则　第三章

定。根据该规定,禁止从事特定活动包括个人为进行违法犯罪活动而设立公司、企业、事业单位或者在设立公司、企业、事业单位后以实施犯罪为主要活动的,禁止设立公司、企业、事业单位;附带民事赔偿义务未履行完毕,违法所得未追缴、退赔到位,或者罚金尚未足额缴纳的,禁止从事高消费活动;等等。禁止进入特定区域、场所包括禁止进入夜总会、酒吧、迪厅、网吧等娱乐场所;未经执行机关批准,禁止进入举办大型群众性活动的场所;等等。禁止接触特定的人包括未经对方同意,禁止接触被害人及其法定代理人、近亲属;未经对方同意,禁止接触证人及其法定代理人、近亲属;等等。

第三款是关于**对被判处管制的犯罪分子,依法实行社区矫正的规定**。刑法原规定,被判处管制的犯罪分子,由公安机关执行。**《刑法修正案(八)》**将该规定修改为依法实行社区矫正。当时作出这一规定的背景情况是:2003 年以来,有关部门在一些地方开展社区矫正试点工作,各方面反映较好,2009 年有关部门又进一步在全国试行社区矫正。社区矫正是将符合法定条件的罪犯置于社区内,由有关机构在相关社会团体、民间组织和社会志愿者的协助下,在判决、裁定或决定确定的期限内,矫正其犯罪心理和行为恶习,促进其顺利回归社会的非监禁的刑事执行活动。《刑法修正案(八)》的这一修改为当时正在进行的社区矫正试点工作提供了法律依据。在积累社区矫正经验的基础上,2019 年 12 月 28 日第十三届全国人大常委会第十五次会议通过了**《社区矫正法》**。《社区矫正法》第二条规定,对被判处管制的犯罪分子,依法实行社区矫正。第八条第一、二款规定,国务院司法行政部门主管全国的社区矫正工作。县级以上地方人民政府司法行政部门主管本行政区域内的社区矫正工作。人民法院、人民检察院、公安部和其他有关部门依照各自职责,依法做好社区矫正工作。社区矫正工作是一项综合性很强的工作,且涉及面广,多个职能部门共同发挥作用,形成合力,才能实现社区矫正的目标和任务。本款的规定为通过社区矫正,对被判处管制的犯罪分子依法实行教育、管理和监督提供了刑事法律依据。

第四款是关于**被判处管制的犯罪分子违反禁止令的法律责任的规定**。为了加强对被判处管制的犯罪分子的监督管理,本条第二款增加了人民法院对被判处管制的犯罪分子,可以禁止其在管制期间从事特定活动,进入特定区域、场所,接触特定的人。对违反禁止令规定的犯罪分子应当如何追究其法律责任,本款作了具体规定,即**由公安机关依照治安管理处罚法的规定予以处罚**。根据《治安管理处罚法》第六十条的规定,被依法执行管制、剥夺政治权利或者在缓刑、暂予监外执行中的罪犯或者被依法采取刑事强制措施的人,有违反法律、行政法规或者国务院有关部门的监督管理规定的行为的,处五日以上十日以下拘留,并处二百元以上五百元以下罚款。

实践中需要注意的是,社区矫正是一项综合性很强的工作,需要各有关部门分工配合,并充分动员社会各方面力量,共同做好工作。虽然《刑法修正案(八)》将刑法原来规定的"由公安机关执行"修改为"依法实行社区矫正",但**这并非意味着公安机关不再承担对被判处管制的犯罪分子的监督管理职责**。在社区矫正工作中,公安机关也承担着重要的职责。如在社区矫正对象失去联系时,公安机关要配合社区矫正机构组织查找;社区矫正对象在社区矫正期间有违反监督管理规定行为的,公安机关要依照治安管理处罚法的规定给予处罚;社区矫正对象殴打、威胁、侮辱、骚扰、报复社区矫正工作人员和其他依法参与社区矫正工作的人员及其近亲属尚不构成犯罪的,公安机关依法给予治安管理处罚。

【司法解释】

《最高人民法院关于适用〈中华人民共和国刑事诉讼法〉的解释》(法释〔2012〕21 号,自 2013 年 1 月 1 日起施行)

△**(上诉不加刑;禁止令;抗诉;上诉)**审理被告人或者其法定代理人、辩护人、近亲属提出上诉的案件,不得加重被告人的刑罚,并应当执行下列规定:

……

(五)原判没有宣告禁止令的,不得增加宣告;原判宣告禁止令的,不得增加内容、延长期限;

……

人民检察院抗诉或者自诉人上诉的案件,不受前款规定的限制。(§ 325)

《最高人民法院关于〈中华人民共和国刑法修正案(八)〉时间效力问题的解释》(法释〔2011〕9 号,自 2011 年 5 月 1 日起施行)

△**(时间效力;禁止令)**对于 2011 年 4 月 30 日以前犯罪,依法应当判处管制或者宣告缓刑的,人民法院根据犯罪情况,认为确有必要同时禁止犯罪分子在管制期间或者缓刑考验期内从事特定活动,进入特定区域、场所,接触特定人的,适用修正后刑法第三十八条第二款或者第七十二条第二款的规定。

犯罪分子在管制期间或者缓刑考验期内,违

反人民法院判决中的禁止令的，适用修正后刑法第三十八条第四款或者第七十七条第二款的规定。（§ 1）

【司法解释性文件】

《最高人民法院、最高人民检察院、公安部、司法部关于对判处管制、宣告缓刑的犯罪分子适用禁止令有关问题的规定（试行）》（法发〔2011〕9号，2011年4月28日公布）

△**（管制；禁止令）**对判处管制、宣告缓刑的犯罪分子，人民法院根据犯罪情况，认为从促进犯罪分子教育矫正、有效维护社会秩序的需要出发，确有必要禁止其在管制执行期间、缓刑考验期限内从事特定活动，进入特定区域、场所，接触特定人的，可以根据刑法第三十八条第二款、第七十二条第二款的规定，同时宣告禁止令。（§ 1）

△**（禁止令之宣告）**人民法院宣告禁止令，应当根据犯罪分子的犯罪原因、犯罪性质、犯罪手段、犯罪后的悔罪表现、个人一贯表现等情况，充分考虑与犯罪分子所犯罪行的关联程度，有针对性地决定禁止其在管制执行期间、缓刑考验期限内"从事特定活动，进入特定区域、场所，接触特定的人"的一项或者几项内容。（§ 2）

△**（禁止从事特定活动）**人民法院可以根据犯罪情况，禁止判处管制、宣告缓刑的犯罪分子在管制执行期间、缓刑考验期限内从事以下一项或者几项活动：

（一）个人为进行违法犯罪活动而设立公司、企业、事业单位或者在设立公司、企业、事业单位后以实施犯罪为主要活动的，禁止设立公司、企业、事业单位；

（二）实施证券犯罪、贷款犯罪、票据犯罪、信用卡犯罪等金融犯罪的，禁止从事证券交易、申领贷款、使用票据或者申领、使用信用卡等金融活动；

（三）利用从事特定生产经营活动实施犯罪的，禁止从事相关生产经营活动；

（四）附带民事赔偿义务未履行完毕，违法所得未追缴、退赔到位，或者罚金尚未足额缴纳的，禁止从事高消费活动；

（五）其他确有必要禁止从事的活动。（§ 3）

△**（禁止进入特定区域、场所）**人民法院可以根据犯罪情况，禁止判处管制、宣告缓刑的犯罪分子在管制执行期间、缓刑考验期限内进入以下一类或者几类区域、场所：

（一）禁止进入夜总会、酒吧、迪厅、网吧等娱乐场所；

（二）未经执行机关批准，禁止进入举办大型群众性活动的场所；

（三）禁止进入中小学校区、幼儿园园区及周边地区，确因本人就学、居住等原因，经执行机关批准的除外；

（四）其他确有必要禁止进入的区域、场所。（§ 4）

△**（禁止接触特定的人）**人民法院可以根据犯罪情况，禁止判处管制、宣告缓刑的犯罪分子在管制执行期间、缓刑考验期限内接触以下一类或者几类人员：

（一）未经对方同意，禁止接触被害人及其法定代理人、近亲属；

（二）未经对方同意，禁止接触证人及其法定代理人、近亲属；

（三）未经对方同意，禁止接触控告人、批评人、举报人及其法定代理人、近亲属；

（四）禁止接触同案犯；

（五）禁止接触其他可能遭受其侵害、滋扰的人或者可能诱发其再次危害社会的人。（§ 5）

△**（禁止令之期限；先行羁押；最短期限之限制；执行期限）**禁止令的期限，既可以与管制执行、缓刑考验的期限相同，也可以短于管制执行、缓刑考验的期限，但判处管制的，禁止令的期限不得少于三个月，宣告缓刑的，禁止令的期限不得少于二个月。

判处管制的犯罪分子在判决执行以前先行羁押以致管制执行的期限少于三个月的，禁止令的期限不受前款规定的最短期限的限制。

禁止令的执行期限，从管制、缓刑执行之日起计算。（§ 6）

△**（提起公诉；移送审查起诉；宣告禁止令的建议）**人民检察院在提起公诉时，对可能判处管制、宣告缓刑的被告人可以提出宣告禁止令的建议。当事人、辩护人、诉讼代理人可以就应否对被告人宣告禁止令提出意见，并说明理由。

公安机关在移送审查起诉时，可以根据犯罪嫌疑人涉嫌犯罪的情况，就应否宣告禁止令及宣告何种禁止令，向人民检察院提出意见。（§ 7）

△**（宣告禁止令；裁判文书；主文）**人民法院对判处管制、宣告缓刑的被告人宣告禁止令的，应当在裁判文书主文部分单独作为一项予以宣告。（§ 8）

△**（执行机构；社区矫正机构）**禁止令由司法行政机关指导管理的社区矫正机构负责执行。（§ 9）

△**（监督机构；人民检察院；通知纠正）**人民检察院对社区矫正机构执行禁止令的活动实行监督。发现有违反法律规定的情况，应当通知社区

矫正机构纠正。(§ 10)

△(**禁止令之违反;尚不属情节严重;治安管理处罚法**)判处管制的犯罪分子违反禁止令,或者被宣告缓刑的犯罪分子违反禁止令尚不属情节严重的,由负责执行禁止令的社区矫正机构所在地的公安机关依照《中华人民共和国治安管理处罚法》第六十条的规定处罚。(§ 11)

△(**违反禁止令;撤销缓刑;情节严重**)被宣告缓刑的犯罪分子违反禁止令,情节严重的,应当撤销缓刑,执行原判刑罚。原作出缓刑裁判的人民法院应当自收到当地社区矫正机构提出的撤销缓刑建议书之日起一个月内依法作出裁定。人民法院撤销缓刑的裁定一经作出,立即生效。

违反禁止令,具有下列情形之一的,应当认定为"情节严重":

(一)三次以上违反禁止令的;

(二)因违反禁止令被治安管理处罚后,再次违反禁止令的;

(三)违反禁止令,发生较为严重危害后果的;

(四)其他情节严重的情形。(§ 12)

△(**减刑;禁止令期限之缩短**)被宣告禁止令的犯罪分子被依法减刑时,禁止令的期限可以相应缩短,由人民法院在减刑裁定中确定新的禁止令期限。(§ 13)

《最高人民法院、最高人民检察院、公安部、司法部关于印发〈中华人民共和国社区矫正法实施办法〉的通知》(司发通〔2020〕59号,2020年6月18日发布)

△(**领导体制和工作机制**)社区矫正工作坚持党的绝对领导,实行党委政府统一领导、司法行政机关组织实施、相关部门密切配合、社会力量广泛参与、检察机关法律监督的领导体制和工作机制。(§ 2)

△(**社区矫正委员会;司法行政机关**)地方人民政府根据需要设立社区矫正委员会,负责统筹协调和指导本行政区域内的社区矫正工作。

司法行政机关向社区矫正委员会报告社区矫正工作开展情况,提请社区矫正委员会协调解决社区矫正工作中的问题。(§ 3)

△(**司法行政机关;职责**)司法行政机关依法履行以下职责:

(一)主管本行政区域内社区矫正工作;

(二)对本行政区域内设置和撤销社区矫正机构提出意见;

(三)拟定社区矫正工作发展规划和管理制度,监督检查社区矫正法律法规和政策的执行情况;

(四)推动社会力量参与社区矫正工作;

(五)指导支持社区矫正机构提高信息化水平;

(六)对在社区矫正工作中作出突出贡献的组织、个人,按照国家有关规定给予表彰、奖励;

(七)协调推进高素质社区矫正工作队伍建设;

(八)其他依法应当履行的职责。(§ 4)

△(**人民法院;职责**)人民法院依法履行以下职责:

(一)拟判处管制、宣告缓刑、决定暂予监外执行的,可以委托社区矫正机构或者有关社会组织对被告人或者罪犯的社会危险性和对所居住社区的影响,进行调查评估,提出意见,供决定社区矫正时参考;

(二)对执行机关报请假释的,审查执行机关移送的罪犯假释后对所居住社区影响的调查评估意见;

(三)核实并确定社区矫正执行地;

(四)对被告人或者罪犯依法判处管制、宣告缓刑、裁定假释、决定暂予监外执行;

(五)对社区矫正对象进行教育,及时通知并送达法律文书;

(六)对符合撤销缓刑、撤销假释或者暂予监外执行收监执行条件的社区矫正对象,作出判决、裁定和决定;

(七)对社区矫正机构提请逮捕的,及时作出是否逮捕的决定;

(八)根据社区矫正机构提出的减刑建议作出裁定;

(九)其他依法应当履行的职责。(§ 5)

△(**人民检察院;职责**)。人民检察院依法履行以下职责:

(一)对社区矫正决定机关、社区矫正机构或者有关社会组织的调查评估活动实行法律监督;

(二)对社区矫正决定机关判处管制、宣告缓刑、裁定假释、决定或者批准暂予监外执行活动实行法律监督;

(三)对社区矫正法律文书及社区矫正对象交付执行活动实行法律监督;

(四)对监督管理、教育帮扶社区矫正对象的活动实行法律监督;

(五)对变更刑事执行、解除矫正和终止矫正的活动实行法律监督;

(六)受理申诉、控告和举报,维护社区矫正对象的合法权益;

(七)按照刑事诉讼法的规定,在对社区矫正

实行法律监督中发现司法工作人员相关职务犯罪,可以立案侦查直接受理的案件;

(八)其他依法应当履行的职责。(§ 6)

△(**公安机关;职责**)公安机关依法履行以下职责:

(一)对看守所留所服刑罪犯拟暂予监外执行的,可以委托开展调查评估;

(二)对看守所留所服刑罪犯拟暂予监外执行的,核实并确定社区矫正执行地;对符合暂予监外执行条件的,批准暂予监外执行;对符合收监执行条件的,作出收监执行的决定;

(三)对看守所留所服刑罪犯批准暂予监外执行的,进行教育,及时通知并送达法律文书;依法将社区矫正对象交付执行;

(四)对社区矫正对象予以治安管理处罚;到场处置经社区矫正机构制止无效,正在实施违反监督管理规定或者违反人民法院禁止令等违法行为的社区矫正对象;协助社区矫正机构处置突发事件;

(五)协助社区矫正机构查找失去联系的社区矫正对象;执行人民法院作出的逮捕决定;被裁定撤销缓刑、撤销假释和被决定收监执行的社区矫正对象逃跑的,予以追捕;

(六)对裁定撤销缓刑、撤销假释,或者对人民法院、公安机关决定暂予监外执行收监的社区矫正对象,送交看守所或者监狱执行;

(七)执行限制社区矫正对象出境的措施;

(八)其他依法应当履行的职责。(§ 7)

△(**监狱管理机关以及监狱;职责**)监狱管理机关以及监狱依法履行以下职责:

(一)对监狱关押罪犯拟提请假释的,应当委托进行调查评估;对监狱关押罪犯拟暂予监外执行的,可以委托进行调查评估;

(二)对监狱关押罪犯拟暂予监外执行的,依法核实并确定社区矫正执行地;对符合暂予监外执行条件的,监狱管理机关作出暂予监外执行决定;

(三)对监狱关押罪犯批准暂予监外执行的,进行教育,及时通知并送达法律文书;依法将社区矫正对象交付执行;

(四)监狱管理机关对暂予监外执行罪犯决定收监执行的,原服刑或者接收其档案的监狱应当立即将罪犯收监执行;

(五)其他依法应当履行的职责。(§ 8)

△(**社区矫正机构;职责**)社区矫正机构是县级以上地方人民政府根据需要设置的,负责社区矫正工作具体实施的执行机关。社区矫正机构依法履行以下职责:

(一)接受委托进行调查评估,提出评估意见;

(二)接收社区矫正对象,核对法律文书、核实身份、办理接收登记,建立档案;

(三)组织入矫和解矫宣告,办理入矫和解矫手续;

(四)建立矫正小组、组织矫正小组开展工作,制定和落实矫正方案;

(五)对社区矫正对象进行监督管理,实施考核奖惩;审批会客、外出、变更执行地等事项;了解掌握社区矫正对象的活动情况和行为表现;组织查找失去联系的社区矫正对象,查找后依情形作出处理;

(六)提出治安管理处罚建议,提出减刑、撤销缓刑、撤销假释、收监执行等变更刑事执行建议,依法提请逮捕;

(七)对社区矫正对象进行教育帮扶,开展法治道德等教育,协调有关方面开展职业技能培训、就业指导,组织公益活动等事项;

(八)向有关机关通报社区矫正对象情况,送达法律文书;

(九)对社区矫正工作人员开展管理、监督、培训,落实职业保障;

(十)其他依法应当履行的职责。

设置和撤销社区矫正机构,由县级以上地方人民政府司法行政部门提出意见,按照规定的权限和程序审批。社区矫正日常工作由县级社区矫正机构具体承担;未设置县级社区矫正机构的,由上一级社区矫正机构具体承担。省、市两级社区矫正机构主要负责监督指导、跨区域执法的组织协调以及与同级社区矫正决定机关对接的案件办理工作。(§ 9)

△(**司法所**)司法所根据社区矫正机构的委托,承担社区矫正相关工作。(§ 10)

△(**信息化建设;社区矫正信息交换平台**)社区矫正机构依法加强信息化建设,运用现代信息技术开展监督管理和教育帮扶。

社区矫正工作相关部门之间依法进行信息共享,人民法院、人民检察院、公安机关、司法行政机关依法建立完善社区矫正信息交换平台,实现业务协同、互联互通,运用现代信息技术及时准确传输交换有关法律文书,根据需要实时查询社区矫正对象交付接收、监督管理、教育帮扶、脱离监管、被治安管理处罚、被采取强制措施、变更刑事执行、办理再犯罪案件等情况,共享社区矫正工作动态信息,提高社区矫正信息化水平。(§ 11)

△(**社区矫正执行地;社区矫正对象的居住地**)对拟适用社区矫正的,社区矫正决定机关应当

核实社区矫正对象的居住地。社区矫正对象在多个地方居住的,可以确定经常居住地为执行地。没有居住地,居住地、经常居住地无法确定或者不适宜执行社区矫正的,应当根据有利于社区矫正对象接受矫正、更好地融入社会的原则,确定社区矫正执行地。被确定为执行地的社区矫正机构应当及时接收。

社区矫正对象的居住地是指其实际居住的县(市、区)。社区矫正对象的经常居住地是指其经常居住的,有固定住所、固定生活来源的县(市、区)。

社区矫正对象应如实提供其居住、户籍等情况,并提供必要的证明材料。(§ 12)

△(**调查评估;社会危险性**)社区矫正决定机关对拟适用社区矫正的被告人、罪犯,需要调查其社会危险性和对所居住社区影响的,可以委托拟确定为执行地的社区矫正机构或者有关社会组织进行调查评估。社区矫正机构或者有关社会组织收到委托文书后应当及时通知执行地县级人民检察院。(§ 13)

△(**调查评估意见;保密**)社区矫正机构、有关社会组织接受委托后,应当对被告人或者罪犯的居所情况、家庭和社会关系、犯罪行为的后果和影响、居住地村(居)民委员会和被害人意见、拟禁止的事项、社会危险性、对所居住社区的影响等情况进行调查了解,形成调查评估意见,与相关材料一起提交委托机关。调查评估时,相关单位、部门、村(居)民委员会等组织、个人应当依法为调查评估提供必要的协助。

社区矫正机构、有关社会组织应当自收到调查评估委托函及所附材料之日起十个工作日内完成调查评估,提交评估意见。对于适用刑事案件速裁程序的,应当在五个工作日内完成调查评估,提交评估意见。评估意见同时抄送执行地县级人民检察院。需要延长调查评估时限的,社区矫正机构、有关社会组织应当与委托机关协商,并在协商确定的期限内完成调查评估。因被告人或者罪犯的姓名、居住地不真实、身份不明等原因,社区矫正机构、有关社会组织无法进行调查评估的,应当及时向委托机关说明情况。社区矫正决定机关对调查评估意见的采信情况,应当在相关法律文书中说明。

对调查评估意见以及调查中涉及的国家秘密、商业秘密、个人隐私等信息,应当保密,不得泄露。(§ 14)

△(**教育;责令按时报到**)社区矫正决定机关应当对社区矫正对象进行教育,书面告知其到执行地县级社区矫正机构报到的时间期限以及逾期报到或者未报到的后果,责令其按时报到。(§ 15)

△(**法律文书送达;送达回执;法律文书不齐全**)社区矫正决定机关应当自判决、裁定或者决定生效之日起五日内通知执行地县级社区矫正机构,并在十日内将判决书、裁定书、决定书、执行通知书等法律文书送达执行地县级社区矫正机构,同时抄送人民检察院。收到法律文书后,社区矫正机构应当在五日内送达回执。

社区矫正对象前来报到时,执行地县级社区矫正机构未收到法律文书或者法律文书不齐全,应当先记录在案,为其办理登记接收手续,并通知社区矫正决定机关在五日内送达或者补齐法律文书。(§ 16)

△(**登记接收手续;被判处管制、宣告缓刑、裁定假释的社区矫正对象;暂予监外执行的社区矫正对象**)被判处管制、宣告缓刑、裁定假释的社区矫正对象到执行地县级社区矫正机构报到时,社区矫正机构应当核对法律文书、核实身份,办理登记接收手续。对社区矫正对象存在因行动不便、自行报到确有困难等特殊情况的,社区矫正机构可以派员到其居住地等场所办理登记接收手续。

暂予监外执行的社区矫正对象,由公安机关、监狱或者看守所依法移送至执行地县级社区矫正机构,办理交付接收手续。罪犯原服刑地与居住地不在同一省、自治区、直辖市,需要回居住地暂予监外执行的,原服刑地的省级以上监狱管理机关或者设区的市一级以上公安机关应当书面通知罪犯居住地的监狱管理机关、公安机关,由其指定一所监狱、看守所接收社区矫正对象档案,负责办理其收监、刑满释放等手续。对看守所留所服刑罪犯暂予监外执行,原服刑地与居住地在同一省、自治区、直辖市的,可以不移交档案。(§ 17)

△(**社区矫正档案;工作档案**)执行地县级社区矫正机构接收社区矫正对象后,应当建立社区矫正档案,包括以下内容:

(一)适用社区矫正的法律文书;

(二)接收、监管审批、奖惩、收监执行、解除矫正、终止矫正等有关社区矫正执行活动的法律文书;

(三)进行社区矫正的工作记录;

(四)社区矫正对象接受社区矫正的其他相关材料。

接受委托对社区矫正对象进行日常管理的司法所应当建立工作档案。(§ 18)

△(**矫正方案;矫正小组**)执行地县级社区矫正机构、受委托的司法所应当为社区矫正对象确定矫正小组,与矫正小组签订矫正责任书,明确矫

正小组成员的责任和义务,负责落实矫正方案。

矫正小组主要开展下列工作:

(一)按照矫正方案,开展个案矫正工作;

(二)督促社区矫正对象遵纪守法,遵守社区矫正规定;

(三)参与对社区矫正对象的考核评议和教育活动;

(四)对社区矫正对象走访谈话,了解其思想、工作和生活情况,及时向社区矫正机构或者司法所报告;

(五)协助对社区矫正对象进行监督管理和教育帮扶;

(六)协助社区矫正机构或者司法所开展其他工作。(§ 19)

△(**入矫宣告**)执行地县级社区矫正机构接收社区矫正对象后,应当组织或者委托司法所组织入矫宣告。

入矫宣告包括以下内容:

(一)判决书、裁定书、决定书、执行通知书等有关法律文书的主要内容;

(二)社区矫正期限;

(三)社区矫正对象应当遵守的规定、被剥夺或者限制行使的权利、被禁止的事项以及违反规定的法律后果;

(四)社区矫正对象依法享有的权利;

(五)矫正小组人员组成及职责;

(六)其他有关事项。

宣告由社区矫正机构或者司法所的工作人员主持,矫正小组成员及其他相关人员到场,按照规定程序进行。宣告后,社区矫正对象应当在书面材料上签字,确认已经了解所宣告的内容。(§ 20)

△(**分类管理**)社区矫正机构应当根据社区矫正对象被判处管制、宣告缓刑、假释和暂予监外执行的不同裁判内容和犯罪类型、矫正阶段、再犯罪风险等情况,进行综合评估,划分不同类别,实施分类管理。

社区矫正机构应当把社区矫正对象的考核结果和奖惩情况作为分类管理的依据。

社区矫正机构对不同类别的社区矫正对象,在矫正措施和方法上应当有所区别,有针对性地开展监督管理和教育帮扶工作。(§ 21)

△(**矫正方案的内容和调整**)执行地县级社区矫正机构、受委托的司法所要根据社区矫正对象的性别、年龄、心理特点、健康状况、犯罪原因、悔罪表现等具体情况,制定矫正方案,有针对性地消除社区矫正对象可能重新犯罪的因素,帮助其成为守法公民。

矫正方案应当包括社区矫正对象基本情况、对社区矫正对象的综合评估结果、对社区矫正对象的心理状态和其他特殊情况的分析、拟采取的监督管理、教育帮扶措施等内容。

矫正方案应当根据分类管理的要求、实施效果以及社区矫正对象的表现等情况,相应调整。(§ 22)

△(**通信联络、信息化核查、实地查访等措施**)执行地县级社区矫正机构、受委托的司法所应当根据社区矫正对象的个人生活、工作及所处社区的实际情况,有针对性地采取通信联络、信息化核查、实地查访等措施,了解掌握社区矫正对象的活动情况和行为表现。(§ 23)

△(**定期报告;保外就医;病情诊断、妊娠检查或者生活不能自理的鉴别**)社区矫正对象应当按照有关规定和社区矫正机构的要求,定期报告遵纪守法、接受监督管理、参加教育学习、公益活动和社会活动等情况。发生居所变化、工作变动、家庭重大变故以及接触对其矫正可能产生不利影响人员等情况时,应当及时报告。被宣告禁止令的社区矫正对象应当定期报告遵守禁止令的情况。

暂予监外执行的社区矫正对象应当每个月报告本人身体情况。保外就医的,应当到省级人民政府指定的医院检查,每三个月向执行地县级社区矫正机构、受委托的司法所提交病情复查情况。执行地县级社区矫正机构根据社区矫正对象的病情及保证人等情况,可以调整报告身体情况和提交复查情况的期限。延长一个月至三个月以下的,报上一级社区矫正机构批准;延长三个月以上的,逐级上报省级社区矫正机构批准。批准延长的,执行地县级社区矫正机构应当及时通报同级人民检察院。

社区矫正机构根据工作需要,可以协调对暂予监外执行的社区矫正对象进行病情诊断、妊娠检查或者生活不能自理的鉴别。(§ 24)

△(**禁止接触;犯罪案件中的被害人、控告人、举报人;同案犯等可能诱发其再犯罪的人**)未经执行地县级社区矫正机构批准,社区矫正对象不得接触其犯罪案件中的被害人、控告人、举报人,不得接触同案犯等可能诱发其再犯罪的人。(§ 25)

△(**未经批准不得离开所居住市、县;外出的正当事由**)社区矫正对象未经批准不得离开所居住市、县。确有正当理由需要离开的,应当经执行地县级社区矫正机构或者受委托的司法所批准。

社区矫正对象外出的正当理由是指就医、就学、参与诉讼、处理家庭或者工作重要事务等。

前款规定的市是指直辖市的城市市区、设区的市的城市市区和县级市的辖区。在设区的同一

市内跨区活动的，不属于离开所居住的市、县。(§ 26)

△(**确需离开所居住的市、县；申请外出时间**)社区矫正对象确需离开所居住的市、县的，一般应当提前三日提交书面申请，并如实提供诊断证明、单位证明、入学证明、法律文书等材料。

申请外出时间在七日内的，经执行地县级社区矫正机构委托，可以由司法所批准，并报执行地县级社区矫正机构备案；超过七日的，由执行地县级社区矫正机构批准。执行地县级社区矫正机构每次批准外出的时间不超过三十日。

因特殊情况确需外出超过三十日的，或者两个月内外出时间累计超过三十日的，应报上一级社区矫正机构审批。上一级社区矫正机构批准社区矫正对象外出的，执行地县级社区矫正机构应当及时通报同级人民检察院。(§ 27)

△(**外出期间；监督管理；在外出期限届满前返回居住地**)在社区矫正对象外出期间，执行地县级社区矫正机构、受委托的司法所应当通过电话通讯、实时视频等方式实施监督管理。

执行地县级社区矫正机构根据需要，可以协商外出目的地社区矫正机构协助监督管理，并要求社区矫正对象在到达和离开时向当地社区矫正机构报告，接受监督管理。外出目的地社区矫正机构在社区矫正对象报告后，可以通过电话通讯、实地查访等方式协助监督管理。

社区矫正对象应在外出期限届满前返回居住地，并向执行地县级社区矫正机构或者司法所报告，办理手续。因特殊原因无法按期返回的，应及时向社区矫正机构或者司法所报告情况。发现社区矫正对象违反外出管理规定的，社区矫正机构应当责令其立即返回，并视情节依法予以处理。(§ 28)

△(**因正常工作和生活需要经常性跨市、县活动；申请**)社区矫正对象确因正常工作和生活需要经常性跨市、县活动的，应当由本人提出书面申请，写明理由、经常性去往市县名称、时间、频次等，同时提供相应证明，由执行地县级社区矫正机构批准，批准一次的有效期为六个月。在批准的期限内，社区矫正对象到批准市、县活动的，可以通过电话、微信等方式报告活动情况。到期后，社区矫正对象仍需要经常性跨市、县活动的，应当重新提出申请。(§ 29)

△(**因工作、居所变化等原因需要变更执行地**)社区矫正对象因工作、居所变化等原因需要变更执行地的，一般应当提前一个月提出书面申请，并提供相应证明材料，由受委托的司法所签署意见后报执行地县级社区矫正机构审批。

执行地县级社区矫正机构收到申请后，应当在五日内书面征求新执行地县级社区矫正机构的意见。新执行地县级社区矫正机构接到征求意见函后，应当在五日内核实有关情况，作出是否同意接收的意见并书面回复。执行地县级社区矫正机构根据回复意见，作出决定。执行地县级社区矫正机构对新执行地县级社区矫正机构的回复意见有异议的，可以报上一级社区矫正机构协调解决。

经审核，执行地县级社区矫正机构不同意变更执行地的，应在决定作出之日起五日内告知社区矫正对象。同意变更执行地的，应对社区矫正对象进行教育，书面告知其到新执行地县级社区矫正机构报到的时间期限以及逾期报到或者未报到的后果，责令其按时报到。(§ 30)

△(**同意变更执行地**)同意变更执行地的，原执行地县级社区矫正机构应当在作出决定之日起五日内，将有关法律文书和档案材料移交新执行地县级社区矫正机构，并将有关法律文书抄送社区矫正决定机关和原执行地县级人民检察院、公安机关。新执行地县级社区矫正机构收到法律文书和档案材料后，在五日内送达回执，并将有关法律文书抄送所在地县级人民检察院、公安机关。

同意变更执行地的，社区矫正对象应当自收到变更执行地决定之日起七日内，到新执行地县级社区矫正机构报到。新执行地县级社区矫正机构应当核实身份、办理登记接收手续。发现社区矫正对象未按规定时间报到的，新执行地县级社区矫正机构应当立即通知原执行地县级社区矫正机构，由原执行地县级社区矫正机构组织查找。未及时办理交付接收，造成社区矫正对象脱管漏管的，原执行地社区矫正机构会同新执行地社区矫正机构妥善处置。

对公安机关、监狱管理机关批准暂予监外执行的社区矫正对象变更执行地的，公安机关、监狱管理机关在收到社区矫正机构送达的法律文书后，应与新执行地同级公安机关、监狱管理机关办理交接。新执行地的公安机关、监狱管理机关应指定一所看守所、监狱接收社区矫正对象档案，负责办理其收监、刑满释放等手续。看守所、监狱在接收档案之日起五日内，应当将有关情况通报新执行地县级社区矫正机构。对公安机关批准暂予监外执行的社区矫正对象在同一省、自治区、直辖市变更执行地的，可以不移交档案。(§ 31)

△(**社区矫正对象考核奖惩制度**)社区矫正机构应当根据有关法律法规、部门规章和其他规范性文件，建立内容全面、程序合理、易于操作的社区矫正对象考核奖惩制度。

社区矫正机构、受委托的司法所应当根据社

区矫正对象认罪悔罪、遵守有关规定、服从监督管理、接受教育等情况,定期对其考核。对于符合表扬条件、具备训诫、警告情形的社区矫正对象,经执行地县级社区矫正机构决定,可以给予其相应奖励或者处罚,作出书面决定。对于涉嫌违反治安管理行为的社区矫正对象,执行地县级社区矫正机构可以向同级公安机关提出建议。社区矫正机构奖励或者处罚的书面决定应当抄送人民检察院。

社区矫正对象的考核结果与奖惩应当书面通知其本人,定期公示,记入档案,做到准确及时、公开公平。社区矫正对象对考核奖惩提出异议的,执行地县级社区矫正机构应当及时处理,并将处理结果告知社区矫正对象。社区矫正对象对处理结果仍有异议的,可以向人民检察院提出。(§ 32)

△(**表扬;减刑建议**)社区矫正对象认罪悔罪、遵守法律法规、服从监督管理、接受教育表现突出的,应当给予表扬。

社区矫正对象接受社区矫正六个月以上并且同时符合下列条件的,执行地县级社区矫正机构可以给予表扬:

(一)服从人民法院判决,认罪悔罪;

(二)遵守法律法规;

(三)遵守关于报告、会客、外出、迁居等规定,服从社区矫正机构的管理;

(四)积极参加教育学习等活动,接受教育矫正的。

社区矫正对象接受社区矫正期间,有见义勇为、抢险救灾等突出表现,或者帮助他人、服务社会等突出事迹的,执行地县级社区矫正机构可以给予表扬。对于符合法定减刑条件的,由执行地县级社区矫正机构依照本办法第四十二条的规定,提出减刑建议。(§ 33)

△(**训诫**)社区矫正对象具有下列情形之一的,执行地县级社区矫正机构应当给予训诫:

(一)不按规定时间报到或者接受社区矫正期间脱离监管,未超过十日的;

(二)违反关于报告、会客、外出、迁居等规定,情节轻微的;

(三)不按规定参加教育学习等活动,经教育仍不改正的;

(四)其他违反监督管理规定,情节轻微的。(§ 34)

△(**警告**)社区矫正对象具有下列情形之一的,执行地县级社区矫正机构应当给予警告:

(一)违反人民法院禁止令,情节轻微的;

(二)不按规定时间报到或者接受社区矫正期间脱离监管,超过十日的;

(三)违反关于报告、会客、外出、迁居等规定,情节较重的;

(四)保外就医的社区矫正对象无正当理由不按时提交病情复查情况,经教育仍不改正的;

(五)受到社区矫正机构两次训诫,仍不改正的;

(六)其他违反监督管理规定,情节较重的。(§ 35)

△(**违反监督管理规定或者人民法院禁止令**)社区矫正对象违反监督管理规定或者人民法院禁止令,依法应予治安管理处罚的,执行地县级社区矫正机构应当及时提请同级公安机关依法给予处罚,并向执行地同级人民检察院抄送治安管理处罚建议书副本,及时通知处理结果。(§ 36)

△(**电子定位装置;监督管理**)电子定位装置是指运用卫星等定位技术,能对社区矫正对象进行定位等监管,并具有防拆、防爆、防水等性能的专门的电子设备,如电子定位腕带等,但不包括手机等设备。

对社区矫正对象采取电子定位装置进行监督管理的,应当告知社区矫正对象监管的期限、要求以及违反监管规定的后果。(§ 37)

△(**社区矫正对象失去联系;查找**)发现社区矫正对象失去联系的,社区矫正机构应当立即组织查找,可以采取通信联络、信息化核查、实地查访等方式查找,查找时要做好记录,固定证据。查找不到的,社区矫正机构应当及时通知公安机关,公安机关应当协助查找。社区矫正机构应当及时将组织查找的情况通报人民检察院。

查找到社区矫正对象后,社区矫正机构应当根据其脱离监管的情形,给予相应处置。虽能查找到社区矫正对象下落但其拒绝接受监督管理的,社区矫正机构应当视情节依法提请公安机关予以治安管理处罚,或者依法提请撤销缓刑、撤销假释、对暂予监外执行的收监执行。(§ 38)

△(**禁止令;协助配合执行;禁止令确定需经批准才能进入的特定区域或者场所**)社区矫正机构根据执行禁止令的需要,可以协调有关的部门、单位、场所、个人协助配合执行禁止令。

对禁止令确定需经批准才能进入的特定区域或者场所,社区矫正对象确需进入的,应当经执行地县级社区矫正机构批准,并通知原审人民法院和执行地县级人民检察院。(§ 39)

△(**违反监督管理规定或者人民法院禁止令等违法情形;撤销缓刑、撤销假释或者暂予监外执行收监执行的法定情形**)发现社区矫正对象有违反监督管理规定或者人民法院禁止令等违法情形

的，执行地县级社区矫正机构应当调查核实情况，收集有关证据材料，提出处理意见。

社区矫正机构发现社区矫正对象有撤销缓刑、撤销假释或者暂予监外执行收监执行的法定情形的，应当组织开展调查取证工作，依法向社区矫正决定机关提出撤销缓刑、撤销假释或者暂予监外执行收监执行建议，并将建议书抄送同级人民检察院。（§ 40）

△（**被依法决定行政拘留、司法拘留、强制隔离戒毒等；因涉嫌犯新罪、发现判决宣告前还有其他罪没有判决被采取强制措施**）社区矫正对象被依法决定行政拘留、司法拘留、强制隔离戒毒等或者因涉嫌犯新罪、发现判决宣告前还有其他罪没有判决被采取强制措施的，决定机关应当自作出决定之日起三日内将有关情况通知执行地县级社区矫正机构和执行地县级人民检察院。（§ 41）

△（**减刑**）社区矫正对象符合法定减刑条件的，由执行地县级社区矫正机构提出减刑建议书并附相关证据材料，报经地（市）社区矫正机构审核同意后，由地（市）社区矫正机构提请执行地的中级人民法院裁定。

依法应由高级人民法院裁定的减刑案件，由执行地县级社区矫正机构提出减刑建议书并附相关证据材料，逐级上报省级社区矫正机构审核同意后，由省级社区矫正机构提请执行地的高级人民法院裁定。

人民法院应当自收到减刑建议书和相关证据材料之日起三十日内依法裁定。

社区矫正机构减刑建议书和人民法院减刑裁定书副本，应当同时抄送社区矫正执行地同级人民检察院、公安机关及罪犯原服刑或者接收其档案的监狱。（§ 42）

△（**教育矫正活动**）社区矫正机构、受委托的司法所应当充分利用地方人民政府及其有关部门提供的教育帮扶场所和有关条件，按照因人施教的原则，有针对性地对社区矫正对象开展教育矫正活动。

社区矫正机构、司法所应当根据社区矫正对象的矫正阶段、犯罪类型、现实表现等实际情况，对其实施分类教育；应当结合社区矫正对象的个体特征、日常表现等具体情况，进行个别教育。

社区矫正机构、司法所根据需要可以采用集中教育、网上培训、实地参观等多种形式开展集体教育；组织社区矫正对象参加法治、道德等方面的教育活动；根据社区矫正对象的心理健康状况，对其开展心理健康教育、实施心理辅导。

社区矫正机构、司法所可以通过公开择优购买服务或者委托社会组织执行项目等方式，对社区矫正对象开展教育活动。（§ 43）

△（**公益活动**）执行地县级社区矫正机构、受委托的司法所按照符合社会公共利益的原则，可以根据社区矫正对象的劳动能力、健康状况等情况，组织社区矫正对象参加公益活动。（§ 44）

△（**临时救助；职业技能培训和就业指导**）执行地县级社区矫正机构、受委托的司法所依法协调有关部门和单位，根据职责分工，对遇到暂时生活困难的社区矫正对象提供临时救助；对就业困难的社区矫正对象提供职业技能培训和就业指导；帮助符合条件的社区矫正对象落实社会保障措施；协助在就学、法律援助等方面遇到困难的社区矫正对象解决问题。（§ 45）

△（**撤销缓刑建议**）社区矫正对象在缓刑考验期内，有下列情形之一的，由执行地同级社区矫正机构提出撤销缓刑建议：

（一）违反禁止令，情节严重的；

（二）无正当理由不按规定时间报到或者接受社区矫正期间脱离监管，超过一个月的；

（三）因违反监督管理规定受到治安管理处罚，仍不改正的；

（四）受到社区矫正机构两次警告，仍不改正的；

（五）其他违反有关法律、行政法规和监督管理规定，情节严重的情形。

社区矫正机构一般向原审人民法院提出撤销缓刑建议。如果原审人民法院与执行地同级社区矫正机构不在同一省、自治区、直辖市的，可以向执行地人民法院提出建议，执行地人民法院作出裁定的，裁定书同时抄送原审人民法院。

社区矫正机构撤销缓刑建议书和人民法院的裁定书副本同时抄送社区矫正执行地同级人民检察院。（§ 46）

△（**撤销假释建议**）社区矫正对象在假释考验期内，有下列情形之一的，由执行地同级社区矫正机构提出撤销假释建议：

（一）无正当理由不按规定时间报到或者接受社区矫正期间脱离监管，超过一个月的；

（二）受到社区矫正机构两次警告，仍不改正的；

（三）其他违反有关法律、行政法规和监督管理规定，尚未构成新的犯罪的。

社区矫正机构一般向原审人民法院提出撤销假释建议。如果原审人民法院与执行地同级社区矫正机构不在同一省、自治区、直辖市的，可以向执行地人民法院提出建议，执行地人民法院作出裁定的，裁定书同时抄送原审人民法院。

社区矫正机构撤销假释的建议书和人民法院

的裁定书副本同时抄送社区矫正执行地同级人民检察院、公安机关、罪犯原服刑或者接收其档案的监狱。(§ 47)

△**(撤销缓刑、撤销假释建议;逮捕)**被提请撤销缓刑、撤销假释的社区矫正对象具备下列情形之一的,社区矫正机构在提出撤销缓刑、撤销假释建议书的同时,提请人民法院决定对其予以逮捕:

(一)可能逃跑的;

(二)具有危害国家安全、公共安全、社会秩序或者他人人身安全现实危险的;

(三)可能对被害人、举报人、控告人或者社区矫正机构工作人员等实施报复行为的;

(四)可能实施新的犯罪的。

社区矫正机构提请人民法院决定逮捕社区矫正对象时,应当提供相应证据,移送人民法院审查决定。

社区矫正机构提请逮捕、人民法院作出是否逮捕决定的法律文书,应当同时抄送执行地县级人民检察院。(§ 48)

△**(暂予监外执行;收监执行建议)**暂予监外执行的社区矫正对象有下列情形之一的,由执行地县级社区矫正机构提出收监执行建议:

(一)不符合暂予监外执行条件的;

(二)未经社区矫正机构批准擅自离开居住的市、县,经警告拒不改正,或者拒不报告行踪,脱离监管的;

(三)因违反监督管理规定受到治安管理处罚,仍不改正的;

(四)受到社区矫正机构两次警告的;

(五)保外就医期间不按规定提交病情复查情况,经警告拒不改正的;

(六)暂予监外执行的情形消失后,刑期未满的;

(七)保证人丧失保证条件或者因不履行义务被取消保证人资格,不能在规定期限内提出新的保证人的;

(八)其他违反有关法律、行政法规和监督管理规定,情节严重的情形。

社区矫正机构一般向执行地社区矫正决定机关提出收监执行建议。如果原社区矫正决定机关与执行地县级社区矫正机构在同一省、自治区、直辖市的,可以向原社区矫正决定机关提出建议。

社区矫正机构的收监执行建议书和决定机关的决定书,应当同时抄送执行地县级人民检察院。(§ 49)

△**(收监执行)**人民法院裁定撤销缓刑、撤销假释或者决定暂予监外执行收监执行的,由执行地县级公安机关本着就近、便利、安全的原则,送交社区矫正对象执行地所属的省、自治区、直辖市管辖范围内的看守所或者监狱执行刑罚。

公安机关决定暂予监外执行收监执行的,由执行地县级公安机关送交存放或者接收罪犯档案的看守所收监执行。

监狱管理机关决定暂予监外执行收监执行的,由存放或者接收罪犯档案的监狱收监执行。(§ 50)

△**(在逃;追捕;追逃依据)**撤销缓刑、撤销假释的裁定和收监执行的决定生效后,社区矫正对象下落不明的,应当认定为在逃。

被裁定撤销缓刑、撤销假释和被决定收监执行的社区矫正对象在逃的,由执行地县级公安机关负责追捕。撤销缓刑、撤销假释裁定书和对暂予监外执行罪犯收监执行决定书,可以作为公安机关追逃依据。(§ 51)

△**(突发事件处置机制;通报)**社区矫正机构应当建立突发事件处置机制,发现社区矫正对象非正常死亡、涉嫌实施犯罪、参与群体性事件的,应当立即与公安机关等有关部门协调联动、妥善处置,并将有关情况及时报告上一级社区矫正机构,同时通报执行地人民检察院。(§ 52)

△**(矫正期限届满;解除矫正手续;解除社区矫正证明书;暂予监外执行;赦免)**社区矫正对象矫正期限届满,且在社区矫正期间没有应当撤销缓刑、撤销假释或者暂予监外执行收监执行情形的,社区矫正机构依法办理解除矫正手续。

社区矫正对象一般应当在社区矫正期满三十日前,作出个人总结,执行地县级社区矫正机构应当根据其在接受社区矫正期间的表现等情况作出书面鉴定,与安置帮教工作部门做好衔接工作。

执行地县级社区矫正机构应当向社区矫正对象发放解除社区矫正证明书,并书面通知社区矫正决定机关,同时抄送执行地县级人民检察院和公安机关。

公安机关、监狱管理机关决定暂予监外执行的社区矫正对象刑期届满的,由看守所、监狱依法为其办理刑满释放手续。

社区矫正对象被赦免的,社区矫正机构应当向社区矫正对象发放解除社区矫正证明书,依法办理解除矫正手续。(§ 53)

△**(解除矫正宣告)**社区矫正对象矫正期满,执行地县级社区矫正机构或者受委托的司法所可以组织解除矫正宣告。

解矫宣告包括以下内容:

(一)宣读对社区矫正对象的鉴定意见;

(二)宣布社区矫正期限届满,依法解除社区矫正；

（三）对判处管制的，宣布执行期满，解除管制；对宣告缓刑的，宣布缓刑考验期满，原判刑罚不再执行；对裁定假释的，宣布考验期满，原判刑罚执行完毕。

宣告由社区矫正机构或者司法所工作人员主持，矫正小组成员及其他相关人员到场，按照规定程序进行。（§ 54）

△（**未成年社区矫正对象**）社区矫正机构、受委托的司法所应当根据未成年社区矫正对象的年龄、心理特点、发育需要、成长经历、犯罪原因、家庭监护教育条件等情况，制定适应未成年人特点的矫正方案，采取有益于其身心健康发展、融入正常社会生活的矫正措施。

社区矫正机构、司法所对未成年社区矫正对象的相关信息应当保密。对未成年社区矫正对象的考核奖惩和宣告不公开进行。对未成年社区矫正对象进行宣告或者处罚时，应通知其监护人到场。

社区矫正机构、司法所应当选任熟悉未成年人身心特点，具有法律、教育、心理等专业知识的人员负责未成年人社区矫正工作，并通过加强培训、管理，提高专业化水平。（§ 55）

△（**社区矫正工作人员的人身安全和职业尊严；干涉社区矫正工作人员执法的行为；不实举报、诬告陷害、侮辱诽谤；社区矫正工作人员的法律责任**）社区矫正工作人员的人身安全和职业尊严受法律保护。

对任何干涉社区矫正工作人员执法的行为，社区矫正工作人员有权拒绝，并按照规定如实记录和报告。对于侵犯社区矫正工作人员权利的行为，社区矫正工作人员有权提出控告。

社区矫正工作人员因依法履行职责遭受不实举报、诬告陷害、侮辱诽谤，致使名誉受到损害的，有关部门或者个人应当及时澄清事实，消除不良影响，并依法追究相关单位或者个人的责任。

对社区矫正工作人员追究法律责任，应当根据其行为的危害程度、造成的后果、以及责任大小予以确定，实事求是，过罚相当。社区矫正工作人员依法履职的，不能仅因社区矫正对象再犯罪而追究其法律责任。（§ 56）

△（**书面纠正意见；无正当理由不予整改或者整改不到位**）有关单位对人民检察院的书面纠正意见在规定的期限内没有回复纠正情况的，人民检察院应当督促回复。经督促被监督单位仍不回复或者没有正当理由不纠正的，人民检察院应当向上一级人民检察院报告。

有关单位对人民检察院的检察建议在规定的期限内经督促无正当理由不予整改或者整改不到位的，检察机关可以将相关情况报告上级人民检察院，通报被建议单位的上级机关、行政主管部门或者行业自律组织等，必要时可以报告同级党委、人大，通报同级政府、纪检监察机关。（§ 57）

△（**“以上”“内”；“以下”“超过”**）本办法所称“以上”“内”，包括本数；“以下”“超过”，不包括本数。（§ 58）

《最高人民法院、最高人民检察院、公安部、司法部关于对因犯罪在大陆受审的台湾居民依法适用缓刑实行社区矫正有关问题的意见》（法发〔2016〕33号，2016年7月26日公布）

△（**台湾居民；管制；社区矫正**）对因犯罪在大陆受审、执行刑罚的台湾居民判处管制、裁定假释、决定或者批准暂予监外执行，实行社区矫正的，可以参照适用本意见的有关规定。（§ 11）

【附属刑法】

《中华人民共和国治安管理处罚法》（2005年8月28日通过，2012年10月26日修正）

第六十条

有下列行为之一的，处五日以上十日以下拘留，并处二百元以上五百元以下罚款：

……

（四）被依法执行管制、剥夺政治权利或者在缓刑、暂予监外执行中的罪犯或者被依法采取刑事强制措施的人，有违反法律、行政法规或者国务院有关部门的监督管理规定的行为。

【指导性案例】

最高人民法院指导案例14号：董某某、宋某某抢劫案（2013年1月31日发布）

△（**未成年人；禁止令**）对判处管制或者宣告缓刑的未成年被告人，可以根据其犯罪的具体情况以及禁止事项与所犯罪行的关联程度，对其适用“禁止令”。对于未成年人因上网诱发犯罪的，可以禁止其在一定期限内进入网吧等特定场所。

第三十九条　【管制犯的义务、劳动报酬】

被判处管制的犯罪分子，在执行期间，应当遵守下列规定：

（一）遵守法律、行政法规，服从监督；

（二）未经执行机关批准，不得行使言论、出版、集会、结社、游行、示威自由的权利；

（三）按照执行机关规定报告自己的活动情况；

（四）遵守执行机关关于会客的规定；

（五）离开所居住的市、县或者迁居，应当报经执行机关批准。

对于被判处管制的犯罪分子，在劳动中应当同工同酬。

【立法理由】

1. **1979 年立法的情况**。1979 年《刑法》第三十四条规定："被判处管制的犯罪分子，在执行期间，必须遵守下列规定：（一）遵守法律、法令，服从群众监督，积极参加集体劳动生产或者工作；（二）向执行机关定期报告自己的活动情况；（三）迁居或者外出必须报经执行机关批准。对于被判处管制的犯罪分子，在劳动中应当同工同酬。"

2. **1997 年修订刑法的情况**。1997 年修订刑法时对本条作了以下修改：一是增加"未经执行机关批准，不得行使言论、出版、集会、结社、游行、示威自由的权利"和"遵守执行机关关于会客的规定"的规定；二是将"遵守法律、法令，服从群众监督，积极参加集体劳动生产或者工作"修改为"遵守法律、行政法规，服从监督"；三是将"迁居或者外出必须报经执行机关批准"修改为"离开所居住的市、县或者迁居，应当报经执行机关批准"。1997 年修订刑法时，为了更好地发挥管制刑的作用，在保留管制刑的同时，针对多年来司法实践中存在的执行管制刑困难的问题，本条对管制刑在制度设计上作了进一步的完善。对于被判处管制的犯罪分子在执行期间必须遵守哪些规定进行修改补充，严格了对被执行管制的犯罪分子的要求，加强了对他们的管理，有利于管制刑的执行，也有利于充分有效地发挥管制刑的作用。同时规定，对被判处管制的犯罪分子，在劳动中应当同工同酬。这样规定，有利于鼓励罪犯积极参加劳动，促进犯罪分子的改造，以更有效地体现管制刑的特点。

【条文说明】

本条是关于对被判处管制的犯罪分子的要求和对参加劳动的被管制的犯罪分子如何支付报酬的规定。

本条分共为两款。

第一款是关于**对被判处管制的犯罪分子的要求的规定**。根据本款规定，被判处管制的犯罪分子，在执行期间，应当遵守下列规定：

1. **遵守法律、行政法规，服从监督**。这一规定要求被判处管制的犯罪分子自觉地遵守宪法、法律和行政法规；对于执行机关对其实行的监督，被判处管制的犯罪分子必须服从。

2. **未经执行机关批准，被管制的犯罪分子不得行使言论、出版、集会、结社、游行、示威自由的权利**。在犯罪分子被管制期间，限制其行使上述权利，有利于加强对他们的监督管理，防止他们以行使自由权利为借口，继续危害社会。

3. **按照执行机关规定报告自己的活动情况**。这样规定主要是为了及时掌握被管制的犯罪分子的动态和情况，防止其失去联系，以更好地教育改造犯罪分子，防止其继续实施违法犯罪行为。

4. **遵守执行机关关于会客的规定**。这样规定有利于防止服刑人受外界的不良影响、干扰，以致再犯罪。

5. **离开所居住的市、县或者迁居，应当报经执行机关批准**。这项规定的意义与第（三）项相同。

第二款是关于**对被判处管制的犯罪分子如何支付劳动报酬的规定**。根据本款规定，对被判处管制的犯罪分子，在劳动中应当同工同酬。

实践中需要注意以下几个方面的问题：

1. **管制刑并非意味着同时剥夺政治权利**，需要剥夺政治权利的，应当依法附加判处。刑法规定，未经执行机关批准，被管制的犯罪分子不得行使相关权利，并不是剥夺其权利。如果罪犯要行使相关权利，程序上需要由执行机关批准。执行机关应当根据其申请行使权利的目的、理由、方式等情况，主要从是否有利于其接受教育改造、是否可能发生违法犯罪等方面进行审查。

2. 被判处管制的犯罪分子，在社区矫正期间，应当遵守社区矫正法规定的监督管理规定，遵守法律、行政法规，履行判决、裁定、暂予监外执行决定等法律文书确定的义务，遵守国务院司法行政部门关于报告、会客、外出、迁居、保外就医等监督管理规定，服从社区矫正机构的管理。

3. 对于被判处管制的犯罪分子，在管制执行期间，实施违法行为的，依照《社区矫正法》第五十九条的规定，由公安机关依照治安管理处罚法的规定给予处罚；具有撤销缓刑、假释或者暂予监外执行收监情形的，应当依法作出处理。我国**《治安管理处罚法》**第六十条规定，被依法执行管制、剥夺政治权利或者在缓刑、暂予监外执行中的罪犯或者被依法采取刑事强制措施的人，有违反法律、行政法规或者国务院有关部门的监督管理规定的行为的，处五日以上十日以下拘留，并处二百元以上五百元以下罚款。

4. 被依法实行社区矫正的管制犯，在实践中，存在**因违反治安管理被治安拘留、违反审判秩序被司法拘留、因吸毒被强制隔离戒毒**等情形，管制刑期如何处理。有意见认为，对被判处管制的罪犯在管制执行期间被依法予以治安拘留的，应当在治安拘留执行期满后继续执行管制，**治安拘留时间不计入管制期限**。笔者考虑，按照管制刑的执行内容，拘留、强制隔离戒毒期间不需要停止执行管制，中止执行没有法律依据，还涉及是否变更人民法院判决等复杂问题。同时，拘留、强制隔离戒毒也能起到监督社区矫正措施执行的作用。因此，**管制刑不需要停止执行**，拘留期满、强制隔离戒毒措施解除后，管制刑尚未期满的，应当继续执行管制。

【司法解释性文件】

《最高人民法院、最高人民检察院、公安部、劳动人事部关于被判处管制、剥夺政治权利和宣告缓刑、假释的犯罪分子能否外出经商等问题的通知》［〔86〕高检会（三）字第2号，1986年11月8日公布］

△（**管制；不能外出经商**）对被判处管制、剥夺政治权利和宣告缓刑、假释的犯罪分子，公安机关和有关单位要依法对其实行经常性的监督改造或考察。被管制、假释的犯罪分子，不能外出经商；被剥夺政治权利和宣告缓刑的犯罪分子，按现行规定，属于允许经商范围之内的，如外出经商，需事先经公安机关允许。（§1）

△（**管制；工商管理部门；批准在常住户口所在地自谋生计；就地从事或承包农副业生产**）犯罪分子在被管制、剥夺政治权利、缓刑、假释期间，若原所在单位确有特殊情况不能安排工作的，在不影响对其实行监督考察的情况下，经工商管理部门批准，可以在常住户口所在地自谋生计；家在农村的，亦可就地从事或承包一些农副业生产。（§2）

△（**管制；国营或集体企事业单位的领导职务**）犯罪分子在被管制、剥夺政治权利、缓刑、假释期间，不能担任国营或集体企事业单位的领导职务。（§3）

《最高人民检察院关于被判处管制、剥夺政治权利和宣告缓刑、假释的犯罪分子能否担任中外合资、合作经营企业领导职务问题的答复》（高检研发〔1991〕4号，1991年9月25日公布）

△（**管制；外出经商；中外合资、合作企业**）最高人民法院、最高人民检察院、公安部、劳动人事部〔86〕高检会（三）字第2号《关于被判处管制、剥夺政治权利和宣告缓刑、假释的犯罪分子能否外出经商等问题的通知》第三条所规定的不能担任领导职务的原则，可适用于中外合资、中外合作企业（包括我方与港、澳、台客商合资、合作企业）。

第四十条　【管制的解除】

被判处管制的犯罪分子，管制期满，执行机关应即向本人和其所在单位或者居住地的群众宣布解除管制。

【立法理由】

1. **1979年立法的情况**。1979年《刑法》第三十五条规定："被判处管制的犯罪分子，管制期满，执行机关应即向本人和有关的群众宣布解除管制。"这是针对管制刑执行工作中存在的问题专门作出的规定，防止随意延长管制时间、侵犯公民合法权利行为的发生。

2. **1997年修订刑法的情况**。1997年修订刑法时，将"有关的群众"修改为"其所在单位或者居住地的群众"。为防止实践中管制期满不及时解除管制，损害被管制人合法权利的现象发生，同时也为了使解除管制的人更好地融入社会，本条规定，管制期满，执行机关应即向本人和其所在单位或者居住地的群众宣布解除管制。

【条文说明】

本条是关于对被判处管制的犯罪分子解除管

制的条件和如何解除管制的规定。

本条规定包含两层意思：

1. 解除管制的前提是**管制期满**，即被判处的管制刑执行完毕。

2. 管制期满，**执行机关应即向本人和其所在单位或者居住地的群众宣布解除管制**。宣布解除应当以让被判处管制的犯罪分子明确知晓和向其所在单位或者居住地的群众明示为标准，可以采取当面宣布、电话、信函等形式。这一规定有利于防止拖延管制期限，损害被解除管制人的合法权利，也有利于及时宣传法制，教育群众，保证法律的正确实施。实践中需要注意的是，刑法规定向本人和所在单位或者居住地的群众宣布，是为了维护管制期满解除管制的人的合法权益，防止因为有关部门不了解管制已经期满的事实而继续限制其相关权利的情况发生。因此，在宣布的时候，应当注意方式方法，避免歧视性做法，以有利于犯罪分子重新回归社会。

第四十一条　【管制刑期的计算和折抵】
管制的刑期，从判决执行之日起计算；判决执行以前先行羁押的，羁押一日折抵刑期二日。

【立法理由】

考虑到被判处管制的犯罪分子也可能存在判决执行前，因为刑事侦查、审查起诉、审判过程中被采取过拘留、逮捕、指定居所监视居住等强制措施而被先行羁押的情况，本条规定了先行羁押期与刑期的折算。先行羁押是实行关押的剥夺人身自由的强制措施，管制则是不实行关押的限制人身自由的刑罚。因此，需要明确如何折抵，以保障被判处管制刑的犯罪分子的合法权利。

【条文说明】

本条是关于如何计算管制的刑期和对先行羁押的时间如何折抵刑期的规定。

根据本条规定，管制的刑期**从判决执行之日起**计算，即从判决开始执行的当日起计算，当日包括在刑期之内；判决执行以前先行羁押的，**羁押一日折抵管制刑期二日**。这里规定的“**先行羁押**”是指判决开始执行以前，针对被判处刑罚的同一行为而实行的关押。

【司法解释】

《最高人民法院关于刑事裁判文书中刑期起止日期如何表述问题的批复》（法释〔2000〕7号，自2000年3月4日起施行）

△（**管制；先行羁押；折抵；裁判文书**）根据刑法第四十一条、第四十四条、第四十七条和《法院刑事诉讼文书样式》（样本）的规定，判处管制、拘役、有期徒刑的，应当在刑事裁判文书中写明刑种、刑期和主刑刑期的起止日期及折抵办法。刑期从判决执行之日起计算。判决执行以前先行羁押的，羁押一日折抵刑期一日（判处管制刑的，羁押一日折抵刑期二日），即自××××年××月××日（羁押之日）起至××××年××月××日止。羁押期间取保候审的，刑期的终止日顺延。

第三节　拘　役

第四十二条　【拘役的期限】
拘役的期限，为一个月以上六个月以下。

【立法理由】

（一）立法相关背景及修改情况

1. **1979年立法的情况**。关于拘役的刑期，1979年《刑法》第三十七条规定：“拘役的期限，为十五日以上六个月以下。”在1979年刑法制定过程中，对拘役的刑期如何确定作过专门讨论。其中对于拘役的最高期限，各方面认识比较一致，认为确定为六个月比较合适，一是与拘役作为最为轻缓的剥夺人身自由的刑罚种类的定位相称；二是与其上之有期徒刑的最低刑期相互衔接。但是，对于拘役的最低期限究竟确定多长，讨论中分歧意见比较大，有分别主张三日、七日、十日、十五日或者一个月的。立法机关经过反复研究，最后将拘役的最低刑期确定为十五日，主要考虑是：一是如果刑期设定时间太短,实际上起不到教育改造的作用,执行中办理法律手续占用时间都不够用,有失刑罚的严肃性,没有实际意义;二是拘役的最低刑期也不能设定过高,因为最低刑期设定过高,最高刑期势必也水涨船高,而从定位看,拘役主要适用于轻微犯罪,总体刑期不能定得过高;三是**治安管理处罚中的拘留,最高可以至十五日**,作为刑罚的拘役,不宜低于治安管理处罚中拘留的期限,如果设定为十五日,刚好与治安管理处罚相衔接,有利于明确区分行政处罚与刑罚。

2. **1997年修订刑法的情况**。1997年修订刑法时,对本条作了进一步的修改:将拘役的期限由"十五日以上六个月以下"修改为"一个月以上六个月以下"。在1997年修订刑法过程中,有的意见提出,拘役作为适用于犯罪的一种刑罚,其期限还不如作为行政性强制教育措施的**劳动教养**①期限长,建议适当延长拘役期限。立法机关对拘役的期限问题作了专门研究,认为拘役的上限六个月较好地与有期徒刑下限相互衔接,是适当的,也符合拘役刑的定位,不宜提高。将拘役的下限十五日适当提高是可行的:一是司法实践中判处十五日拘役的情况极少;二是1996年修改后的《刑事诉讼法》规定的**刑事拘留最长时间可达三十七日**,十五日还不够折抵刑事拘留的羁押日期;三是当时根据《治安管理处罚条例》的规定,治安拘留处罚最高是十五日,一人有两种以上违反治安管理行为的,分别裁决,合并执行,这样就可能出现因违反治安管理被处以拘留的期限比构成犯罪处以拘役还要长的情况。最终,**立法机关将拘役的最低期限提高到一个月**。

(二)立法时争议的主要问题

在刑法制定和修订过程中,一直存在**拘役刑的存废之争**。有的意见提出,短期自由刑弊端很多,认为不应当在刑法中规定拘役刑,主要是,拘役的刑期太短,起不到教育改造罪犯的作用;而短期集中关押,实践中容易导致罪犯间犯罪意识的交叉感染,使本来犯罪情节较轻、主观恶性不大的罪犯反倒加深恶习;拘役虽然时间较短,但毕竟属于刑罚,给罪犯轻易贴上标签后,其很难再重新融入社会,容易断绝其改过自新之路,自暴自弃,走上更加严重的犯罪道路。实际上这种意见甚至可以追溯到20世纪50年代酝酿制定刑法之初,当时就有一些学者对短期自由刑作过较为深入的讨论。

从国外的经验看,短期自由刑的弊端及其改革也一直是刑法和犯罪学者以及刑事实务工作者非常关注的问题。早在1812年,第一次国际刑法及监狱会议就对以劳动或者日监禁替代短期监禁进行过讨论,经过多年争论,人们发现短期自由刑固然有种种弊端,但是从罪责刑相适应原则出发,如果没有短期自由刑,刑罚就出现了断档,对于这一部分罪犯,如果直接适用更长的监禁,刑罚反而更为严苛,如果不加监禁,又明显罚不当罪,难以起到惩戒和教育作用。短期自由刑的弊端,既然是执行中容易交叉感染,就应当研究如何改善其执行,而不是一废了之。事实上国外在短期自由刑的改善方面做过不少有益尝试,如周末监禁、半监禁、业余监禁和家内服刑等。通过这些改革,既可以使罪犯一定程度地被限制或者剥夺人身自由,起到惩戒和教育作用,又可以使其一定程度地保持与家庭和社会的关系,不至于与社会完全隔离,从而更有利于罪犯顺利回归社会。

从我国的实际情况看,关于拘役刑的存废与改革也是将来刑罚制度改革中需要认真研究的问题之一。一方面,我国还处于社会主义初级阶段,基于当前的国情,社会上还存在着相当数量的轻微犯罪,对这些犯罪依法适用拘役刑,有利于体现**宽严相济刑事政策**,也符合罪刑法定和罪责刑相适应原则的要求。另一方面,从实际执行效果看,拘役刑对一些特定犯罪,如过失犯罪、情节较轻的破坏社会管理秩序犯罪等,确实能够起到较好的**教育、改造作用**。简单废除拘役刑,实践中可能会走向两个极端:有的案件中,处以管制、罚金明显罚不当罪,难以为社会各方面所接受;有的案件中,可能会被有意识拔高处以有期徒刑,有失刑罚公正。总之,拘役向下连接着管制这种以限制权利和自由为内容的非监禁刑,向上与较长时间剥夺人身自由的有期徒刑对接,在我国当前刑罚体系中具有独特的不可或缺的地位与作用。

拘役刑的弊端也应当引起重视并通过刑罚执行制度改革加以完善。近年来,在司法体制改革中作为调整刑罚结构的重要举措之一的社区矫正制度得到了较快发展,从2003年开始试点社区矫正,经过十几年的发展,我国于2019年12月正式通过了**《社区矫正法》**。根据《刑法》《刑事诉讼法》和《社区矫正法》的规定,对于被判处拘役、三年以下有期徒刑并符合一定条件的犯罪分子,**可以宣告缓刑**,对其中不满十八周岁的人、怀孕的妇女和已满七十五周岁的人,**应当宣告缓刑**。被宣

① 2013年12月28日,第十二届全国人大常委会第六次会议通过《全国人民代表大会常务委员会关于废止有关劳动教养法律规定的决定》,废止了劳动教养制度。

告缓刑的犯罪分子应当依法实行社区矫正。社区矫正工作坚持监督管理与教育帮扶相结合,专门机关与社会力量相结合,采取分类管理、个别化矫正,有针对性地消除社区矫正对象可能重新犯罪的因素,帮助罪犯顺利回归社会,成为守法公民。实践中司法机关对处以拘役刑的罪犯,如果符合缓刑条件的,可以依法适用缓刑,使其接受社区矫正。

【条文说明】

本条是关于拘役期限的规定。

拘役是一种短期剥夺罪犯的人身自由的刑罚,是我国刑法规定的主刑之一,在我国刑罚体系中轻于有期徒刑,重于管制,适用于**罪行较轻但仍需要短期关押改造的罪犯**。对主观恶性较小的罪犯适用短期自由刑,既体现了刑法罪责刑相适应的原则,也有利于促使罪犯反省悔罪、重新做人、回归社会。作为一种相对轻缓的监禁刑,拘役不仅在期限上较有期徒刑为短,性质上也是完全不同的,与之相应,相关的法律后果也有很大差异。比如,《刑法》第六十五条关于累犯的规定,就是以前、后罪都是被判处有期徒刑为构成累犯的条件的,被判处拘役的罪犯,服刑期满后再犯罪的,不作为累犯处理。因此,实践中对于一些本来应当适用拘役的案件,不能因为判处较短的有期徒刑,实际期限相差不大,就处以有期徒刑。根据本条规定,拘役的期限为**一个月以上六个月以下**,最低期限为一个月,便于与羁押日期相折抵的执行;最高刑期为六个月,与有期徒刑的最低期限六个月相衔接。拘役的期限虽然比管制短,但它属于剥夺人身自由的一种刑罚。在刑法分则中除了过失致人死亡罪没有规定可以适用拘役,绝大多数过失犯罪都可以适用拘役。在这样的条文中,拘役既可以适用于犯罪情节轻微不需要判处有期徒刑的犯罪,也可以适用于本应判处有期徒刑但具有从轻情节的犯罪,或者本应判处管制但具有从重情节的犯罪。拘役作为一种**短期自由刑**,丰富了我国刑罚手段,使我国刑罚体系轻重有序,配套衔接。

第四十三条 【拘役的执行】

被判处拘役的犯罪分子,由公安机关就近执行。

在执行期间,被判处拘役的犯罪分子每月可以回家一天至两天;参加劳动的,可以酌量发给报酬。

【立法理由】

1. **1979 年立法的情况**。1979 年《刑法》第三十八条规定:"被判处拘役的犯罪分子,由公安机关就近执行。在执行期间,被判处拘役的犯罪分子每月可以回家一天至两天;参加劳动的,可以酌量发给报酬。"

2. **1997 年修订刑法的情况**。1997 年修订刑法时保留了这一规定,未作修改。本条规定,由公安机关就近执行,主要是拘役刑期较短,不必再送到作为刑罚执行机关的监狱执行。考虑到被判处拘役的犯罪分子,犯罪情节较轻、主观恶性不大,规定每月可回家一至两天,参加劳动的,可酌量发给劳动报酬,有利于鼓励他们积极参加劳动、接受改造,同时,也体现出拘役刑较有期徒刑轻的特点。

【条文说明】

本条是关于拘役执行的规定。

本条共分为两款。

第一款是关于**拘役由公安机关就近执行的规定**。根据本款规定,拘役由公安机关执行,而不是交给作为刑罚执行机关的监狱执行。**拘役由公安机关执行**,主要是指在公安机关管理的特定场所进行教育和改造。执行拘役期间,罪犯的人身自由处于被剥夺状态,并由执行人员看管,应当遵守相关管理规定。对于剥夺人身自由的监禁刑,各国一般都是由监狱执行的。我国《刑法》第四十六条也规定,被判处有期徒刑、无期徒刑的犯罪分子,在监狱或者其他执行场所执行。刑法之所以规定拘役由公安机关就近执行,主要是考虑到拘役虽然也是剥夺人身自由的一种刑罚,但刑期较短,而且被判处拘役的犯罪分子,有的已在侦查、审查起诉、审判过程中因为被采取刑事强制措施而先期羁押,这样,将先期羁押的时间折抵刑期后,剩余的需要实际执行的刑期更短,如果也交由监狱执行,有关机关之间办理法律交接手续、押解等都需要时间,成本比较高,也不安全。同时,也是考虑到罪责刑相适应的原则,毕竟拘役主要适用于情节较轻的犯罪,其严厉程度相较有期徒刑相对也较轻,执行内容也应以教育改造为主。与之相关的,对判处有期徒刑的罪犯在交付执行时剩余刑期较短的，也是由看守所就近执行的。对此，《刑事诉讼法》第二百六十四条第二款有明确规定，即对被判处有期徒刑的罪犯，在被交付执行刑罚前，剩余刑期在三个月以下的，由看守所代为执行。刑事诉讼法的规定，也是考虑到剩余刑期较短，不同机关办理换押手续、路途押解等成本、风险等因素。因此，对被判处拘役的罪犯，不必送交监狱，而由公安机关就近执行也是妥当的。

这里所说的“**就近执行**”，一般是指由判决时犯罪分子所在的县、市或市辖区的看守所执行。由判决时犯罪分子所在县、市或市辖区的看守所执行，符合就近原则，既可以节约司法资源，也便利其家属探视以及执行中经允许回家一至两天等，从而有利于依法执行刑罚和教育改造罪犯。

关于拘役的执行场所，实践中主要经历了以下两个阶段：1979 年刑法实施期间，公安机关根据法律规定设置了**拘役所**，负责拘役刑的执行。对于一些尚未设立拘役所的地方，规定就近放置于**看守所或者劳改队**执行。2005 年 12 月 27 日发布的《公安部关于做好撤销拘役所有关工作的通知》决定撤销拘役所，对于被判处拘役的罪犯，**统一由看守所执行**。之所以撤销拘役所，统一由看守所执行拘役刑，主要是长期以来各地拘役所设置很不规范，基础设施条件差、安全系数低，影响了拘役刑执行工作的顺利进行。同时，由于被判处拘役罪犯的数量相对较少，单独设置拘役所关押拘役罪犯有限，致使拘役所普遍以关押留所服刑罪犯为主，名不副实。为全面规范对被判处拘役罪犯的刑罚执行工作，公安部决定，撤销拘役所，对于被判处拘役的罪犯，由看守所执行。

第二款是关于**被判处拘役的犯罪分子每月可回家一至两天和酌量发给劳动报酬的规定**。根据本款规定，被判处拘役的犯罪分子，每月回家的天数应当计算在刑期之内。同时，在拘役执行期间，执行机关应注意对犯罪分子进行教育。组织参加生产劳动的，根据他们的劳动表现、技术水平等情况酌量发给报酬，这与被判处管制的犯罪分子在劳动中“同工同酬”的规定是有差别的。

关于拘役罪犯参加生产劳动，国务院 1990 年 3 月 17 日发布的《看守所条例》第三十三条规定，看守所应当对人犯进行法制、道德以及必要的形势和劳动教育。公安部 2013 年 10 月 23 日发布的《看守所留所执行刑罚罪犯管理办法》第八十条规定，看守所应当组织罪犯参加劳动，培养劳动技能，积极创造条件，组织罪犯参加各类职业技术教育培训。第八十二条规定，看守所对于参加劳动的罪犯，可以酌量发给报酬并执行国家有关劳动保护的规定。2017 年公安部负责起草的《看守所法（草案）》向社会公开征求意见，其中第八十三条规定，看守所不得强迫犯罪嫌疑人、被告人从事生产劳动。自愿参加劳动的，应当给予适当的报酬。目前，看守所法已经列入十三届全国人大常委会立法规划。

实践中需要注意的一点是，我国一直坚持对成年罪犯和未成年罪犯实行“**分押分管**”的原则。根据《刑事诉讼法》第二百六十四条第三款和第二百八十条第二款的规定，对未成年犯应当在**未成年犯管教所**执行刑罚，这主要是针对需要在监狱服刑的情形而言。而对被判处拘役的未成年犯，包括交付执行前剩余刑期在三个月以下的未成年犯，**仍应由公安机关在看守所执行**，并应对成年人犯和未成年人犯分别羁押、分别管理。

【司法解释性文件】

《公安部关于对被判处拘役的罪犯在执行期间回家问题的批复》（公复字〔2001〕2 号，2001 年 1 月 31 日公布）

△（**拘役；执行期间回家；综合考虑；外国籍罪犯；回家证明；脱逃罪**）《刑法》第四十三条第二款规定，“在执行期间，被判处拘役的犯罪分子每月可以回家一天至两天”。根据上述规定，是否准许被判处拘役的罪犯回家，应当根据其在服刑期间表现以及准许其回家是否会影响剩余刑期的继续执行等情况综合考虑，由负责执行的拘役所、看守所提出建议，报其所属的县级以上公安机关决定。被判处拘役的外国籍罪犯提出回家申请的，由地方级以上公安机关决定，并由决定机关将有关情况报上级公安机关备案。对于准许回家的，应当发给国家证明，告知其应当按时返回监管场所和不按时返回将要承担的法律责任，并将准许回家的决定送同级人民检察院。被判处拘役的罪犯在决定机关辖区内有固定住处的，可允许其回固定住处，没有固定住处的，可在决定机关为其指定的居所每月与其家人团聚一天至两天。拘役所、看守所根据被判处拘役的罪犯在服刑及回家期间表现，认为不宜继续准许其回家的，应当提出建议，报原决定机关决定。对于被判处拘役的罪犯在回家期间逃跑的，应当按照《刑法》第三百一十六条的规定以脱逃罪追究其刑事责任。

《看守所留所执行刑罚罪犯管理办法》（公安部令第 128 号，2013 年 10 月 23 日公布）

△（**拘役；看守所**）被判处拘役的成年和未成年罪犯，由看守所执行刑罚。（§ 2 Ⅱ）

第四十四条 【拘役的刑期计算与折抵】
拘役的刑期，从判决执行之日起计算；判决执行以前先行羁押的，羁押一日折抵刑期一日。

【立法理由】

1. **1979年立法的情况**。1979年《刑法》第三十九条规定:“拘役的刑期,从判决执行之日起计算;判决以前先行羁押的,羁押一日折抵刑期一日。”

2. **1997年修订刑法的情况**。1997年修订刑法时,在总结立法和司法实践经验的基础上,针对司法实践中存在的争议问题,对本条作了进一步的修改:将“判决以前先行羁押的”修改为“判决执行以前先行羁押的”。这样,对已经判决但尚未交付执行时,犯罪分子被羁押的期限是否可以折抵刑期,在法律上作了明确,以避免争议,统一和规范司法实践中的执行活动,也有利于落实罪刑法定原则,体现刑法的人权保障精神。

【条文说明】

本条是关于拘役的刑期计算与折抵的规定。

本条规定了**拘役执行期限的计算方法**,以及**判决执行以前先行羁押的日期折抵拘役刑期的方法**,这是司法实践中准确适用拘役、确保执法统一的必要条件。根据本条规定,拘役的刑期**从判决执行之日起**计算,即从犯罪分子实际执行拘役开始计算。对于虽已作出拘役判决,但犯罪分子尚未交付公安机关执行的,不能开始计算刑期。

由于在侦查、审查起诉、审判等刑事诉讼过程中可能会对犯罪嫌疑人采取拘留、逮捕等强制措施,如果经过人民法院审判后判决被告人有罪的,势必涉及其先前诉讼过程中被羁押时间如何处理,能否折抵其应当服刑的期限问题。另外,从确定具体刑罚执行的起止日期看,刑罚开始执行的实践未必是判决作出或者判决生效之日,期间可能会有因为手续交接等各种需要,实际开始执行刑罚的时间要晚于判决确定的时间。在判决确定之后等待刑罚执行期间的羁押时间,也需要考虑如何处理。

对先行羁押时间予以刑期折抵,是指将被判刑人在判决执行前被羁押的期间换算为已执行刑期,被判刑人只需继续执行剩余刑期的制度。刑期折抵是各国普遍采用的一项重要的刑罚适用制度,体现了公正、理性、权利保障原则和刑法的人道主义。

关于具体折抵的标准,根据本条规定,拘役刑的折抵标准为“羁押一日折抵刑期一日”。这里说的**先行羁押**,主要是指在刑事诉讼过程中被采取刑事拘留、逮捕强制措施。罪犯在判决执行以前被刑事拘留后关押的,以及被采取逮捕措施的,**羁押一日折抵刑期一日**。此外,需要特别注意的是,其他法律还规定有应当进行刑期折抵的情况:

1. **指定居所监视居住**。《刑事诉讼法》第七十六条规定,指定居所监视居住的期限应当折抵刑期。被判处拘役、有期徒刑的,**监视居住二日折抵刑期一日**。因此,对于被判处拘役的罪犯,如果其在之前的刑事诉讼期间被采取了指定居所监视居住的强制措施,也应当折抵刑期,只是折抵标准为二日折抵一日。

2. **因同一行为已经受过行政拘留处罚的**。《行政处罚法》第三十五条第一款规定,违法行为构成犯罪,人民法院判处拘役或者有期徒刑时,行政机关已经给予当事人行政拘留的,应当依法折抵相应刑期。因此,如果被判处拘役的罪犯在被追究刑事责任之前,其同一违法行为被行政机关作为行政违法行为给予了行政拘留处罚,随后发现构成犯罪,又被依法追究刑事责任的,之前的被行政拘留的时间应当予以折抵刑期。这主要是因为,我国法律对很多违法行为根据情节严重程度区分为一般行政违法行为和犯罪行为,即所谓“**二元的法律责任**”体系。在这种体系之下,行政违法行为与犯罪行为性质是完全不同的。因此,被判处刑罚的犯罪行为是之前被作为行政违法行为给予行政拘留处罚的,属于同一违法行为,如果不予折抵,相当于对同一个行为既作为犯罪定罪量刑,又作为行政违法行为给予行政处罚,混淆了行为的性质和界限,法律适用上属于重复评价,有违法律的公正性。关于折抵的标准,行政处罚法没有明确规定,但规定了“依法折抵相应刑期”,对此,应结合罪犯被判处的刑罚的种类合理确定何为“相应”。考虑到行政拘留是一定时间内完全剥夺行为人人身自由的行政处罚,被行政拘留的日期应按照**拘留一日折抵拘役一日的标准**折抵刑期为宜。

3. **被监察机关留置的**。《监察法》第四十四条第三款规定,被留置人员涉嫌犯罪移送司法机关后,被依法判处管制、拘役和有期徒刑的,留置一日折抵管制二日,折抵拘役、有期徒刑一日。因此,如果被判处拘役的罪犯在之前的监察调查期间被采取过留置措施的,留置的期限应当折抵刑期,**折抵标准为留置一日折抵拘役一日**。

实际执行中应当注意,拘役的期限为一个月以上六个月以下,刑期相对比较短,一般多适用于情节较轻的犯罪和过失犯罪。因此,司法机关在办理该类刑事案件过程中,对于是否采取强制措施、采取何种强制措施,应严格按照刑事诉讼法规定的条件执行,**尽可能避免不必要的羁押措施**。同时应注意:一是根据案件情况,认为可能会判处拘役的,依照刑事诉讼法的规定,就不得采取逮捕的强制措施。二是如果确有必要而依法采取了羁押措施的,应当严格按照刑事诉讼法的规定,**在羁押期间对羁押必要性继续进行审查**,对不适宜继续羁押的,要及时释放或者变更强制措施。总之,对于有可能被判处拘役的犯罪嫌疑人,要综合其是否有再犯罪、妨害刑事诉讼危险等各种情况和因素慎重采取强制措施,既要保障刑事诉讼活动正常进行,又要维护犯罪嫌疑人的合法权益,保障程序公平正义,这也是对司法机关依法公平、公正办案更高的要求。

【司法解释】

《最高人民法院关于刑事裁判文书中刑期起止日期如何表述问题的批复》(法释〔2000〕7号,自2000年3月4日起施行)

△(**拘役;先行羁押;折抵;裁判文书**)根据刑法第四十一条、第四十四条、第四十七条和《法院刑事诉讼文书样式》(样本)的规定,判处管制、拘役、有期徒刑的,应当在刑事裁判文书中写明刑种、刑期和主刑刑期的起止日期及折抵办法。刑期从判决执行之日起计算。判决执行以前先行羁押的,羁押一日折抵刑期一日(判处管制刑的,羁押一日折抵刑期二日),即自××××年××月××日(羁押之日)起至××××年××月××日止。羁押期间取保候审的,刑期的终止日顺延。

第四节 有期徒刑、无期徒刑

第四十五条 【有期徒刑的期限】

有期徒刑的期限,除本法第五十条、第六十九条规定外,为六个月以上十五年以下。

【立法理由】

(一)立法相关背景及修改情况

1. **1979年立法的情况**。1979年《刑法》第四十条规定:"有期徒刑的期限,为六个月以上十五年以下。"与1997年刑法相比,1979年刑法在关于有期徒刑期限的一般规定中,没有对上限的特殊情况作出专门规定,而是在相关刑罚制度中对超过一般规定的最高期限作出了特别规定:一是数罪并罚(1979年《刑法》第六十四条);二是死缓减为有期徒刑(1979年《刑法》第四十六条)。在这两种情况下,有期徒刑的最高刑期可以超过十五年达到二十年。

在1979年刑法制定过程中,有一种意见认为,无期徒刑减为有期徒刑的时候,有期徒刑的上限应当与死缓减为有期徒刑一样,也可以达到二十年。在进一步讨论过程中多数意见认为,无期徒刑减为有期徒刑的刑期是从裁定减刑之日起计算的,减刑之前罪犯已经执行了几年甚至多年无期徒刑,再规定可以减为二十年有期徒刑,刑罚过于严厉。同时,无期徒刑毕竟与死缓在严厉程度上应当有所差别。最终通过的法律将草案中的这个规定删去了。

2. **1997年修订刑法的情况**。1997年修订刑法时,进一步梳理完善了刑法条文体系,为与数罪并罚、死缓减为无期徒刑的特别规定相衔接,在有期徒刑期限的一般规定中增加了特殊情况下有期徒刑的期限在最高期限以上的例外情况,即"除本法第五十条、第六十九条规定外"的表述,使得刑法条文在体系上更为严谨。

关于有期徒刑的刑期设定,在刑法修订研讨过程中,一些学者认为有期徒刑的最高刑期设定为十五年,与无期徒刑之间差距太大,严厉程度不够,建议将有期徒刑最高刑期提高至二十年或者二十五年,将数罪并罚后最高刑期提高至三十年。在进一步的研究中,考虑到刑罚体系是一个有机整体,有期徒刑最高刑期的调整涉及整个刑罚结构的平衡,需要慎重。最终立法机关对有期徒刑的最高刑期未作调整,**沿用了1979年刑法的规定**。

(二)立法时争议的主要问题

提高有期徒刑上限一直是刑法修改过程中反复研究讨论的一个问题。除前文提到的1997年刑法修订过程中的争论外,**2011年《刑法修正案(八)》**制定过程中,围绕刑罚结构调整,还有过是否提高有期徒刑上限的讨论。建议提高有期徒刑上限的意见认为,我国刑罚结构存在“**生刑过轻**”的问题,这样,一是对于严重的犯罪,刑期过短难以体现罪责刑相适应原则,尤其是数罪并罚时,较难以体现与犯罪分子的危害性程度相适应的惩罚力度。二是不利于刑罚一般预防功能的发挥,尤其削弱了对严重经济犯罪的一般预防功能。三是生刑过轻,与无期徒刑、死刑的严厉程度不够衔接。立法机关经过广泛听取意见,慎重研究后决定对有期徒刑的上限不作调整。同时,针对实践中的一些问题,对有期徒刑数罪并罚的最高刑期作出了适当修改,将最高不得超过二十年改为“有期徒刑总和刑期不满三十五年的,最高不能超过二十年,总和刑期在三十五年以上的,最高不能超过二十五年”。主要考虑是,整个刑罚结构应当根据经济社会发展情况、社会治安形势、犯罪的整体情况、刑罚执行的总体效果等科学设定,构成**一个轻重衔接、宽严相济、有机统一的刑罚体系**。有期徒刑在我国刑罚体系中居于重要核心地位,有期徒刑刑期的调整关系到整个刑罚体系的平衡,不仅涉及刑法总则主刑刑期体系,还广泛影响刑法分则各个罪名的刑期设定和刑罚幅度设置,可谓牵一发而动全身。同时,有期徒刑刑期调整不仅是一个理论问题,还涉及减刑、假释等刑罚执行制度的相应调整,关系到正在监狱执行刑罚的罪犯与刑期调整后罪犯的管理等问题,影响重大,需要非常慎重。需要指出的是,衡量刑罚的轻重应当主要看刑罚功能是否得到有效实现,一方面,刑罚设定要能够体现社会公平正义,为社会各方面所认同;另一方面,刑罚实际执行的效果要能够起到预防再犯罪的作用。从这两个方面看,**刑法规定的有期徒刑的刑期总体能够适应实践的需要**,已经为司法机关和社会各方面所熟悉和接受;经过监狱改造的罪犯,绝大多数都能回归社会,重新犯罪率在世界上也是长期保持较低水平,说明刑罚量的投入总体是适当的。因此,在实践中没有大的问题,且缺乏充分根据的情况下,没有必要对有期徒刑的上限作大的调整。至于有的意见反映的,无期徒刑、死刑缓期执行、长刑犯减刑过多,实际执行期限过短等问题,有的地方确实不同程度存在,对此,《刑法修正案(八)》适当延长了其执行期限,有关司法解释也严格了减刑的条件和程序,这些修改完善应当能够满足有效惩治严重犯罪的需要。因此,不较大幅度提高有期徒刑刑期,而是通过司法实践中对限制减刑规定和减刑、假释制度等刑罚执行手段的综合运用,同样可以实现罪责刑相适应。

(三)有关国家和地区的规定

世界各国和地区对于有期徒刑的刑期(上限和下限)规定并不完全相同。有些国家和地区不设置有期徒刑的下限;设置下限的国家和地区,下限的刑期在一个月至六个月之间;有的国家和地区不设上限;有些国家和地区虽然设置了上限,但刑期上限相差较大。

1. 大陆法系有关国家的规定

德国刑法典规定的有期徒刑刑期的下限为一个月,上限与我国当前的立法规定相同,为十五年;日本在2004年对刑法关于有期徒刑的刑期进行了修改,将刑期下限修订为一个月,将有期徒刑的刑期上限从十五年提高到二十年,加重时,有期惩役与监禁上限提高到三十年;法国“有期重惩役”的上限也是三十年。

2. 英美法系有关国家的规定

有期徒刑的下限在英美法系国家和地区一般都未有确定,最低的有几日的,最极端的甚至还有数小时的,但在监禁刑期上限的立法上,美国一般采取定期和不定期两种方式,定期刑适用较轻的犯罪,时长不超过一年,不定期监禁对于数罪采取“同时执行或连续计算”的方式,连续计算的可以对一个被告人判处上百年甚至更长的刑期。英国没有具体上限和下限的规定,只对个罪的刑期有规定,个罪最高刑期为十四年,数罪并罚时,法官可以采取“同时执行或连续计算”的方式决定一个适度的刑期。

3. 其他国家的规定

许多亚欧国家在有期徒刑的刑期规定上也各不相同,如葡萄牙、波兰规定的有期徒刑上限为二十五年;西班牙规定,“长期监牢”的上限为三十年;韩国规定的有期徒刑上限在2010年由十五年上调为三十年,加重处罚时由二十五年调整为五十年;《瑞士刑法典》第三十五条规定,“重惩自由刑”的最高刑期为二十年,“法律另有特别规定时,可延长为终身刑”。

4. 我国港澳台地区的规定

我国香港特区对有期徒刑采取单罪规定最高刑的方式,单罪的有期徒刑上限规定为十四年,下限规定为一个月;我国澳门特区在1997年将刑法典中的“监禁”和“徒刑”合二为一,重新设置了徒刑的期限,最低年限为一个月,一般情形下的刑期最高为二十五年,在例外情况下,最高可达三十年;我国台湾地区规定的有期徒刑的下限为二个月,单罪的有期徒刑上限为十五年,2005年台湾地区“刑法”将数罪并罚时最高二十年期限提高到三十年。

【条文说明】

本条是关于有期徒刑期限的规定。

有期徒刑是剥夺犯罪分子一定期限的人身自由的刑罚，是我国刑法规定的主刑之一。在我国刑法规定的自由刑中，有期徒刑下接拘役刑上承无期徒刑，既可以适用于较轻的犯罪，又可以适用于性质居中的犯罪，还可以适用于性质比较严重的犯罪，其适用的广泛性远高于其他刑罚，在整个刑罚体系中居于**核心重要位置**。

根据本条规定，**有期徒刑的最低期限为六个月**，与拘役相衔接；**最高期限为十五年**。有期徒刑刑期的范围，是保证司法实践中准确适用有期徒刑的必要条件。在刑法分则条文中没有指明有期徒刑上限或者下限的情况下，均应结合本条规定确定适用刑罚的期限。本条规定了**两种除外情形**：一是根据《刑法》第五十条的规定，被判处死刑缓期执行的罪犯，在死缓执行期间，如果确有重大立功表现，二年期满以后，减为二十五年有期徒刑；二是根据《刑法》第六十九条第一款的规定，对犯罪分子实行数罪并罚，除判处死刑和无期徒刑的以外，应当在总和刑期以下、数刑中最高刑期以上，酌情决定执行的刑期，有期徒刑总和刑期不满三十五年的，最高不能超过二十年，总和刑期在三十五年以上的，最高不能超过二十五年。这两条规定的有期徒刑的最高期限，属于有期徒刑一般刑期的例外规定。

刑法总则关于有期徒刑的上下限的规定，是从总体上对有期徒刑这一刑种的设定和规范。根据刑罚具体运用的需要，还应当在刑法分则中根据不同犯罪性质、类型等，具体设定适用于不同罪名的具体刑罚幅度。这也是体现罪刑法定原则，规范刑罚裁量，避免和减少实践中自由裁量权过大，裁判标准不一致等问题，实现罪责刑相适应的必然要求。在刑法分则的条文中，有期徒刑的法定刑幅度主要有：一年以下、一年以上七年以下；二年以下、二年以上五年以下、二年以上七年以下；三年以下、三年以上七年以下、三年以上十年以下；五年以下、五年以上十年以下、五年以上；七年以上十年以下、七年以上；十年以上；十五年。由以上可以看出，我国刑法关于有期徒刑的设定具有很强的可分性，这样，能够使不同的法定刑适用于不同程度社会危害性的犯罪，便于司法机关在办理案件时根据犯罪事实、性质、情节和对于社会的危害程度等具体情况，对罪犯在法定刑幅度内适用适当的有期徒刑，以实现罪责刑相适应。

实践中需要注意的是，我国刑法关于有期徒刑刑期的规定，总体上幅度比较大，赋予了法官较大的**自由裁量权**。这样，有利于法官根据个案的情况，准确裁量刑罚，做到刑罚个别化和罪责刑相适应，但较大的自由裁量权也难免带来实践中一些个案量刑相差悬殊的情况。同时，司法实践中，长期一定程度存在的重定罪、轻量刑的习惯也加剧了这种现象。近年来，为了回应社会各方面对于司法公开、“同案同判”的呼声，人民法院依法进行**量刑规范化改革**，通过司法解释等规范性文件对法官量刑标准作出了细化规定。2020 年 7 月 31 日，《最高人民法院关于统一法律适用加强类案检索的指导意见（试行）》开始实施，作为进一步推进我国量刑程序改革的一部分。这些举措都有利于提高审判质量，体现刑罚均衡和公正，努力实现“同案同判”。另外，需要注意的是，没有一个案件是与其他案件完全相同的，每个案件都有其自身的情况，犯罪行为人的有关情况，案件发生的时间、地点，犯罪的动机、过程、结果以及对社会的影响等，都可能影响对案件刑罚的裁量。相同情况相同对待，不同情况不同对待，也是量刑公平的必然要求。对于具体案件的量刑，既要尽可能做到**类似情况大体均衡**，也要考虑不同情况和差异，依法体现**量刑的个别化**。因此，在量刑规范化过程中，要避免简单套用指标、机械适用规则，导致量刑僵化、有失公正的情况。这对于人民法院量刑工作提出了很高的要求。量刑工作的核心是依法量刑，做到过罚相当，体现罪责刑相适应，对此，必须要充分发挥法官的主观能动性，提高法官准确掌握刑事政策和正确适用法律的能力水平。

总之，在实践中如何满足人民群众对司法公正和司法平等的双重期待，在量刑规范化与量刑合目的性之间做好平衡，需要我们在立法、司法、释法等多方面统筹推进，既要尊重法官的自由裁量权，又要以明确的标准予以规制，避免权力滥用。对于有期徒刑这种幅度跨度大、适用广泛的自由刑，需要深入考察刑法分则不同罪名下法定刑的设定和执行情况，在惩治和教育罪犯方面的实际效果，梳理、研究实践经验和反映出来的问题，结合刑罚结构调整和刑罚执行制度改革，不断完善有期徒刑制度。

第四十六条　【有期徒刑与无期徒刑的执行】
被判处有期徒刑、无期徒刑的犯罪分子，在监狱或者其他执行场所执行；凡有劳动能力的，都应当参加劳动，接受教育和改造。

【立法理由】

(一)立法相关背景及修改情况

1. **1979年立法的情况**。1979年《刑法》第四十一条规定:“被判处有期徒刑、无期徒刑的犯罪分子,在监狱或者其他劳动改造场所执行;凡有劳动能力的,实行劳动改造。”

我国对判处死刑缓期二年执行、无期徒刑、有期徒刑并有劳动能力的罪犯,实行强制劳动和教育,使他们在劳动中改造自己、重新做人的刑罚执行制度。1951年在镇压反革命运动中出现了一大批应判徒刑的犯人。为了解决监狱、看守所拥挤和犯人坐吃闲饭的问题,国家组织犯人从事生产建设劳动,并促使犯人在劳动中得到改造。1954年8月26日中央人民政府政务院颁布的**《劳动改造条例》**①,使这项改造犯人的政策法律化。根据该条例的规定,一切反革命犯和其他刑事犯都应当实行劳动改造。其中,对已判决的犯人应当按照犯罪性质和罪刑轻重,分设监狱,劳动改造管教队给以不同的监管。对没有判决的犯人应当设置看守所给以监管。对少年犯应当设置少年犯管教所进行教育改造。正是基于在当时的历史背景下,被判处有期徒刑、无期徒刑的犯罪分子,存在在监狱、劳动改造管教队、看守所、少年犯管教所多个场所进行劳动改造的可能,1979年刑法才作出了“在监狱或者其他劳动改造场所执行”的规定。

需要说明的是,我国劳动改造虽然产生于特殊的时代背景下,但是劳动改造机关对罪犯在劳动改造过程中始终实行**惩罚与宽大相结合、劳动改造与思想改造相结合**、严格管理与人道主义相结合、区别对待、给出路等政策,坚持“改造第一,生产第二”的工作方针,对罪犯进行系统的政治、文化、技术教育,严禁虐待、肉刑。其根本目的是把绝大多数罪犯改造成拥护社会主义、自食其力、遵纪守法的公民,预防和减少重新违法犯罪。我国劳动改造制度创建以来,取得了举世瞩目的成就。我国劳动改造机关成功地改造了一大批战争罪犯、反革命犯和各种刑事犯罪分子;为社会创造了大量的物质财富,建设了一批工农业生产基地;与公安、检察、审判机关互相配合,互相制约,严格执行刑罚,为维护社会治安秩序、保障法律执行作出了贡献。

2. **1979年之后至1997年刑法修订前的立法情况**。自党的十一届三中全会以来,我国的政治、经济形势发生了巨大变化,罪犯的构成也有了很大变化,监狱改造罪犯工作出现了很多新情况,遇到了很多新问题。1979年刑法制定时,作为当时刑罚执行场所的劳动改造管教队,是中国基层劳改机关,属于监狱类型之一,是以判处有期徒刑且余刑在一年以上,适宜在监外劳动的犯人为关押和改造对象的刑罚执行机构;行政上隶属各省、自治区和直辖市的劳改局。经1979年决定重设司法行政机关和20世纪80年代国务院机构改革后,劳动改造工作逐步转归司法行政部门领导管理,以监狱为主要执行场所的刑罚执行体制不断完善。1990年国务院发布看守所条例,1994年制定监狱法。上述法律、行政法规的出台,使监狱工作进一步纳入规范化、法制化的轨道,推动我国进一步规范刑罚执行机关和刑罚执行场所。另外,随着不断吸收先进做法、总结实践经验,这一时期的刑罚执行目的也由强调劳动改造进入**以改造罪犯、预防和减少犯罪为主的阶段**。

3. **1997年修订刑法的情况**。随着我国刑罚执行体系的建立健全,1990年看守所条例、1994年监狱法的出台,以及1996年刑事诉讼法的修改,刑罚执行机关和刑罚执行场所的不断规范,1997年修订刑法时,对本条作了进一步的修改:一是将“在监狱或者其他劳动改造场所执行”修改为“**在监狱或者其他执行场所执行**”,以与监狱这一刑罚执行机关相对应;二是将“实行劳动改造”修改为“**都应当参加劳动,接受教育和改造**”,更加明确了有期徒刑、无期徒刑刑罚执行内容,准确定位劳动与教育改造的关系,明确劳动的强制性,突出刑罚的目的和功能。

(二)有关国家和地区的规定

有关国家和地区主要存在以下几种徒刑或监禁刑的执行方式:收监不强制劳动、收监并且强制劳动、间歇监禁、社区矫正和社区服务等狱外执行

---

① 该条例后被1990年《看守所条例》、1994年《监狱法》等法律法规部分废止,并于2001年10月6日,由国务院发布的《国务院关于废止2000年底以前发布的部分行政法规的决定》完全废止。

方式,以及徒刑易科等刑罚替代措施。这些执行方式并不是排他适用的,在具体执行时可以根据需要单独或组合适用。

1. 大陆法系有关国家的规定

传统的大陆法系刑法理论在有期徒刑的执行方式上通常采取两种做法:监禁并且强制劳动、只监禁不强制劳动。但随着社会发展和刑罚理论的进步,大陆法系有些国家也开始进行社区矫正等制度的研究,并在一些国家得到了立法上的确认;另外,易科制度也在一些国家的刑法中被确定下来,作为短期自由刑的替代措施。德国和日本的刑法典中都存在两种有期徒刑的刑罚:惩役和监禁。**惩役**一般在禁锢犯罪人的同时还强制劳动;**监禁**则一般不对强制劳动作出要求,只剥夺犯罪人人身自由。在短期自由刑中,**易科制度**在德国和日本都开始探索并得到了适用:即对本来需要执行监禁的罪犯,采取罚金等方式代替,不再进行监禁,这种制度对于克服短期有期徒刑所带来的弊端具有一定的积极意义。

2. 英美法系有关国家的规定

英美法系的有期徒刑制度在执行方式上更加具有多样性。在英美法系有关国家中,传统的监禁以及监禁并劳动的模式仍然存在,并且是有期徒刑的主要执行方式。同时,英美法系还存在许多"社会化"的行刑方式,用来代替监禁刑的**社区矫正和社区服务**,在美国一些州和英国联邦较为常见。除此之外,美国一些州还有一种较为特殊的执行方式,即**间歇监禁**。间歇监禁一般适用于初犯或者罪行较轻的犯罪人,是指罪犯在一定的时间或者周期内在监狱内服刑,除此之外的时间则具有相当的自由。

3. 我国港澳台地区的规定

我国香港特区主要实行英美法系的法律制度,在刑罚执行上与英美法系相似,除传统的监禁刑外,还大量使用社区矫正和社区服务的方式,用来代替短期自由刑的关押。我国澳门特区刑法除对监禁和强制劳动进行了规定外,还对不超过六个月的短期自由刑规定了以罚金代替监禁的执行方式,即所谓的罚金易科。我国台湾地区"刑法"规定的有期徒刑执行除监禁和劳动外,还规定了法定刑为五年以下实际被判处六个月以下有期徒刑的犯罪人可以以罚金易科或者以劳役易科。

【条文说明】

本条是关于有期徒刑和无期徒刑具体执行的规定。

本条包括执行场所和执行内容,即在监狱或者其他执行场所执行,以参加劳动,接受教育和改造为内容。

有期徒刑、无期徒刑是实践中运用**最广泛的刑罚**,适用于**较严重的犯罪**,对这些犯罪分子有必要实行集中关押,在监狱等专门刑罚执行场所执行刑罚。通过参加劳动,改造他们的思想,使他们认罪悔罪,成为守法公民。同时,为了使他们能掌握一技之长,在刑满释放后顺利回归社会,本条规定的教育既包括思想教育、文化教育等,也包括劳动技能和社会适应能力等方面的教育。

根据本条规定,被判处有期徒刑、无期徒刑的犯罪分子,在监狱或者其他执行场所执行。这里所说的"**监狱**",是指被判处有期徒刑、无期徒刑、死刑缓期二年执行的罪犯服刑的场所,是国家的刑罚执行机关。"**其他执行场所**",这里是指看守所、未成年犯管教所。根据监狱法的规定,罪犯在被交付执行刑罚前,剩余刑期在三个月以下的,由看守所代为执行;对未成年犯在未成年犯管教所执行刑罚。

被判处有期徒刑、无期徒刑的犯罪分子,**凡有劳动能力的,都应当参加劳动,接受教育和改造**。该规定的目的是使罪犯在劳动中认识自己的罪行,矫正恶习,并学会和掌握基本的生产知识和职业技能,为刑满释放后的就业谋生创造条件。这里所说的"**有劳动能力的**",是指根据罪犯身体健康状况可以进行劳动。对于年老体迈、有严重疾病,不具有劳动能力的不应再安排其进行劳动。对于参加劳动的罪犯,其劳动时间应当参照国家有关劳动工时的规定执行;在季节性生产等特殊情况下,可以调整劳动时间。罪犯有在法定节日和休息日休息的权利。监狱对参加劳动的罪犯,应当按照有关规定给予报酬并执行国家有关劳动保护的规定。罪犯在劳动中致伤、致残或者死亡的,由监狱参照国家劳动保险的有关规定处理。"**教育**",是指对罪犯进行思想教育、文化教育、职业技术教育。所谓思想教育,是指对罪犯进行法制、道德、形势、政策等内容的教育;所谓文化教育,是指根据罪犯的不同情况,对其进行扫盲教育、初等教育和中等教育等;所谓职业技术教育,是指根据监狱生产和罪犯释放后就业的需要,对罪犯实行职业技术培训,使其掌握一技之长。根据监狱法的规定,教育改造罪犯,要实行因人施教、分类教育、以理服人的原则,采取集体教育与个别教育相结合、狱内教育与社会教育相结合的方法,使罪犯认罪服法,改恶从善,成为守法的公民。

实际执行中司法机关和有关部门应当注意严格遵守交付执行的规定。实践中,一些地方存在被判处有期徒刑、无期徒刑等监禁刑的罪犯未及时依法交付执行的现象，既损害了司法权威，也不利于保障罪犯的合法权益。有的反映，未及时依法交付执行的情形主要有：审前未羁押罪犯“收押难”和“病残孕罪犯送监难”、违法滞留剩余刑期在三个月以上的短期有期徒刑罪犯导致“流转难”等。

根据刑事诉讼法和监狱法的规定，被判处无期徒刑和有期徒刑的罪犯，应当由交付执行的人民法院在判决生效后十日以内将有关的法律文书送达公安机关、监狱或者其他执行机关。对被判处无期徒刑、有期徒刑的罪犯，除剩余刑期在三个月以下的之外，公安机关应当自收到执行通知书、判决书之日起一个月内将该罪犯送交监狱执行刑罚。执行机关应当将罪犯及时收押，并且通知罪犯家属。但是，监狱未收到人民检察院的起诉书副本、人民法院的判决书、执行通知书、结案登记表的，不得收监；上述文件不齐全或者记载有误的，作出生效判决的人民法院应当及时补充齐全或者作出更正；对其中可能导致错误收监的，不予收监。罪犯收监后，监狱应当对其进行身体检查。经检查，对于具有暂予监外执行情形的，监狱可以提出书面意见，报省级以上监狱管理机关批准。

由此可见，对于法院作出生效判决后的送监、收监程序，法律已经有了明确规定，司法解释和有关规范性文件也对此予以了细化。**对于因身体原因导致有可能暂予监外执行的，现有法律也未对该类罪犯的收监作出限制**。监狱等执行机关的工作是刑罚执行中的重要环节，刑罚执行是否合法、到位，直接关系到整个刑事诉讼活动是否顺利完成和刑法目的的实现。因此，相关各级司法机关应高度重视罪犯收监执行工作，严格遵守法律规定的程序和期限，加强沟通配合，确保司法程序各环节的顺利进行。

【司法解释】

《最高人民法院关于审理未成年人刑事案件具体应用法律若干问题的解释》（法释〔2006〕1号，自2006年1月23日起施行）

△（**未成年人；无期徒刑；已满十四周岁不满十六周岁**）未成年人犯罪只有罪行极其严重的，才可以适用无期徒刑。对已满十四周岁不满十六周岁的人犯罪一般不判处无期徒刑。（§ 13）

《最高人民法院关于人民法院办理接收在台湾地区服刑的大陆居民回大陆服刑案件的规定》（法释〔2016〕11号，自2016年5月1日起施行）

△（**接收在台湾地区服刑的大陆居民回大陆服刑；转换；最高刑；减刑刑罚决定**）人民法院应当在立案后一个月内就是否准予接收被判刑人作出裁定，情况复杂、特殊的，可以延长一个月。

人民法院裁定准予接收的，应当依据台湾地区法院判决认定的事实并参考其所定罪名，根据刑法就相同或者最相似犯罪行为规定的法定刑，按照下列原则对台湾地区法院确定的无期徒刑或者有期徒刑予以转换：

（一）原判处刑罚未超过刑法规定的最高刑，包括原判处刑罚低于刑法规定的最低刑的，以原判处刑罚作为转换后的刑罚；

（二）原判处刑罚超过刑法规定的最高刑的，以刑法规定的最高刑作为转换后的刑罚；

（三）转换后的刑罚不附加适用剥夺政治权利。

前款所称的最高刑，如台湾地区法院认定的事实依据刑法应当认定为一个犯罪的，是指刑法对该犯罪规定的最高刑；如应当认定为多个犯罪的，是指刑法对数罪并罚规定的最高刑。

对人民法院立案前，台湾地区有关业务主管部门对被判刑人在服刑期间作出的减轻刑罚决定，人民法院应当一并予以转换，并就最终应当执行的刑罚作出裁定。（§ 5）

△（**实际羁押；折抵转换**）被判刑人被接收回大陆服刑前被实际羁押的期间，应当以一日折抵转换后的刑期一日。（§ 6）

△（**假释或保外就医；同时申请暂予监外执行；一并审查**）被判刑人被接收回大陆前已在台湾地区被假释或保外就医的，或者被判刑人或其法定代理人在申请或者同意回大陆服刑的书面意见中同时申请暂予监外执行的，人民法院应当根据刑法、刑事诉讼法的规定一并审查，并作出是否假释或者暂予监外执行的决定。（§ 7）

△（**裁定；一经送达，立即生效**）人民法院作出裁定后，应当在七日内送达申请机关。裁定一经送达，立即生效。（§ 8）

△（**法律适用**）被判刑人回大陆服刑后，有关减刑、假释、暂予监外执行、赦免等事项，适用刑法、刑事诉讼法及相关司法解释的规定。（§ 9）

△（**一事不再理**）被判刑人回大陆服刑后，对其在台湾地区已被判处刑罚的行为，人民法院不再审理。（§ 10）

第四十七条　【有期徒刑的刑期计算与折抵】

有期徒刑的刑期，从判决执行之日起计算；判决执行以前先行羁押的，羁押一日折抵刑期一日。

【立法理由】

（一）立法相关背景及修改情况

1979 年刑法对本条作了规定，此后未作修改。1979 年《刑法》第四十二条规定："有期徒刑的刑期，从判决执行之日起计算；判决执行以前先行羁押的，羁押一日折抵刑期一日。"有期徒刑作为限制人身自由且适用最广泛的一种刑罚，从我国制定刑法之初便对其刑期的计算与折抵予以明确。根据该条规定，刑期从判决执行之日起计算。这样规定符合实际情况，因为一般在判决确定之后，有关机关和部门之间还需要办理手续交接、罪犯押解、换押等工作，这些都需要一定的时间。至于交付后的具体时限，与 1979 年刑法一起出台的 1979 年刑事诉讼法并没有作明确规定，该法第一百五十六条第一款规定：对于被判处死刑缓期二年执行、无期徒刑、有期徒刑或者拘役的罪犯，应当由交付执行的人民法院将执行通知书、判决书送达监狱或者其他劳动改造场所执行，并且由执行机关通知罪犯家属。规定可供折抵的羁押期限为判决执行之前，对已经判决但尚未交付执行时，犯罪分子被羁押的期限是否可以折抵刑期给予了明确肯定，有利于司法实践中统一执行标准，也体现了我国刑法的人权保障精神。

（二）有关国家和地区的规定

无论是英美法系国家和地区还是大陆法系国家和地区，定罪判刑后，在剥夺自由刑中折减羁押期限，都是通行的做法，但折减方式略有不同。

1. 德日刑法有关规定。2002 年《德国刑法典》第五十一条规定，被判决人因作为诉讼标的行为或曾是诉讼标的行为而被待审拘留或以其他方式被剥夺自由的，其被剥夺自由的期间折抵为自由刑或罚金刑。如果根据被判决人行为后的态度，认为折抵不适当的，法院可命令部分或全部不折抵。前罪所判刑罚在以后的诉讼程序中被其他刑罚取代的，前罪的刑罚折抵后罪的刑罚，但以前罪刑罚已执行或已折抵完毕为限。《日本刑法典》在"刑罚"一章中（第二十一条、第二十三条）也规定，在判决前被先行拘留的天数可以全部或一部分计入本刑。而未被拘留的天数，即使在审判确定后，也不算入刑期。

2. 我国香港特区有关规定。我国香港特区《刑事诉讼程序条例》第 67A（1）条监禁刑罚的计算中，对监禁刑的计算和折抵作了明确规定。其中，对于被判处监禁刑的犯罪分子，在与该罪有关的刑事诉讼过程中，因法庭作出的命令而扣押的期间，须得在监禁刑期中相应减去。但是被判处缓刑、实行教育感化或者被有条件释放的，扣押期限不得折抵上述执行期限。

【条文说明】

本条是关于有期徒刑刑期的计算与折抵的规定。

本条规定了**有期徒刑执行期限的计算方法以及判决执行以前先行羁押的折抵方法**，对确保司法实践中准确适用有期徒刑是非常必要的。

根据本条规定，有期徒刑的刑期，从判决执行之日起计算。这里所说的"**判决执行之日**"，是指罪犯被送交监狱或者其他执行机关开始执行刑罚之日，而不是指判决生效的日期。以判决执行之日作为刑期开始计算之日，同时辅之以先行羁押日期折抵刑期制度，既简便易行，有利于工作衔接和刑期计算，也有利于保障服刑罪犯的合法权益。另外，对于一些在逃的罪犯，虽然刑事判决已经生效，但由于一直未被收监或送交至其他执行机关，刑期应当待其归案交付执行后再开始计算。需要说明的是，无期徒刑没有具体的刑期，因此，应自开始执行之日径自执行即可。但是我国刑法规定有减刑制度，如果被判处无期徒刑的犯罪分子依法减为有期徒刑，减刑之后的有期徒刑的刑期，按照《刑法》第八十条的规定**从裁定减刑之日起计算**。

根据本条规定，判决执行以前先行羁押的，即判决执行之前犯罪分子被采取刑事拘留、逮捕等剥夺人身自由措施的，**羁押一日折抵刑期一日**。刑期折抵，是指将被判刑人在判决执行前已被羁押的期间换算为已执行刑期，被判刑人只需继续执行剩余刑期的制度。先行羁押的几种主要情形，已经在前述拘役刑的计算和折抵中有所涉及，在此不作赘述。本条是关于有期徒刑刑期计算的一般规定，因此，这里规定的"**羁押**"，是指"判决执行以前"所采取的拘留、逮捕、留置等剥夺人身自由的强制措施。除此之外，还有一些特殊情况也会涉及有期徒刑的刑期折抵问题：一是被判处有期徒刑适用缓刑的罪犯违反监督管理规定需要撤销缓刑执行刑罚的，在刑罚执行之前申请撤销缓刑期间有可能会被采取羁押待审的措施。二是被假释的有期徒刑罪犯因为违反假释管理规定需要撤销假释执行剩余刑期的,在申请撤销假释期间可能会被采取羁押待审的措施。三是暂予监外执行的有期徒刑罪犯违反监督管理规定需要收监执行的,有的可能在办理收监执行手续期间被采取羁押措施。因为上述撤销缓刑、假释而临时羁押被限制人身自由的,**不属于本条规定的"先行羁押"**,但也应当按照社区矫正法的规定,在人民法院裁定撤销缓刑、假释并将罪犯送交执行后,对其开始执行以前被羁押的日期,羁押一日折抵刑期一日。

实际执行中应当注意被判处有期徒刑并宣告缓刑的犯罪分子先行羁押期限如何折抵的问题。主要分为以下两种情形:

1. **关于被宣告缓刑的罪犯在判决前的羁押日数是否可以折抵缓刑考验期限的问题**。缓刑是对犯罪分子的一种考验,属于一种暂缓执行刑罚的措施。被宣告缓刑的犯罪分子,在缓刑期限内,如果没有再犯新罪,缓刑期满,原判的刑罚就不再执行。原判刑罚不再执行的,不存在刑期折抵的问题。因此,**判决前的羁押日数不能折抵缓刑考验期限**。

2. **被撤销缓刑的罪犯在判决前的羁押日数是否可以折抵刑期的问题**。如前所述,刑期折抵实际上是将先行羁押对人身自由的剥夺予以考量和计算,并通过折抵所判刑期的一种制度,其目的之一,是体现刑罚的公正和对罪犯人权的保障,这也是罪责刑相适应的要求。基于上述理由,被撤销缓刑的,**先前被羁押的期限予以折抵刑期是妥当的**,也符合刑法的原则和精神。《最高人民法院关于撤销缓刑时罪犯在宣告缓刑前羁押的时间能否折抵刑期问题的批复》中也明确:"根据刑法第七十七条的规定,对被宣告缓刑的犯罪分子撤销缓刑执行原判刑罚的,对其在宣告缓刑前羁押的时间应当折抵刑期。"

第五节　死　刑

第四十八条　【死刑、死缓的适用条件与核准程序】

死刑只适用于罪行极其严重的犯罪分子。对于应当判处死刑的犯罪分子,如果不是必须立即执行的,可以判处死刑同时宣告缓期二年执行。

死刑除依法由最高人民法院判决的以外,都应当报请最高人民法院核准。死刑缓期执行的,可以由高级人民法院判决或者核准。

【立法理由】

(一)立法相关背景及修改情况

1. **1979年立法的情况**。1979年《刑法》第四十三条规定:"死刑只适用于罪大恶极的犯罪分子。对于应当判处死刑的犯罪分子,如果不是必须立即执行的,可以判处死刑同时宣告缓期二年执行,实行劳动改造,以观后效。死刑除依法由最高人民法院判决的以外,都应当报请最高人民法院核准。死刑缓期执行的,可以由高级人民法院判决或者核准。"死刑是剥夺犯罪分子生命的刑罚,是刑法所有刑罚中最严厉的。因此,我国对死刑的一贯政策是严格控制和慎重适用。我国之所以还保留有死刑,是由现阶段我国经济社会发展的情况和打击犯罪的需要决定的。对危害极其严重的犯罪分子,依法判处死刑,有利于维护国家的安全、社会的稳定以及保护公民的权利。死缓制度是我国在长期同犯罪作斗争的实践中建立的,是死刑执行制度的一个创举。在实践中,被判处死缓的罪犯基本上都没有执行死刑,这一制度对于慎重适用死刑,减少实际执行死刑的人数发挥了重要作用。死缓制度体现了少杀、慎杀的政策。为保证死刑的统一正确适用,防止错案的发生,本条规定了严格的死刑复核程序。

2. **1979年之后至1997年刑法修订前的立法情况**。死刑复核是在程序上对死刑适用的一种特殊监督机制。1979年的《刑法》《刑事诉讼法》和《人民法院组织法》都对死刑适用和核准程序作出了明确规定,根据这几部法律的规定,判处死刑的案件由中级人民法院管辖,死刑立即执行的核准权由最高人民法院行使。1979年刑法实施不久,随着社会治安形势日益严峻,全国人大常委会于1980年和1981年分别授权省、自治区、直辖市高级人民法院对杀人、抢劫、强奸、放火和其他严重危害社会治安的现行犯罪分子判处死刑的案件行使核准权。全国人大常委会的授权采用**限时法**的方式,死刑核准权下放的期限到1983年为止。1983年,全国人大常委会进一步修改了《人民法院组织法》,在其中增加规定,对杀人、抢劫、强奸、爆炸以及其他严重危害公共安全和社会治安判处死刑的案件的核准权,**最高人民法院在必要的时候,可授权给省、自治区、直辖市高级人民法院**。1991年至1997年间,最高人民法院又分别授权六省(自治区)高级人民法院对毒品死刑案件行使核准权。1996年和1997年全国人大先后对刑事诉讼法和刑法作了修订,但仍然规定死刑案件的核准权由最高人民法院行使。

3. **1997年修订刑法的情况**。1997年修订刑法时,在总结法律实施情况与司法实践经验的基础上,对本条作了进一步的修改:一是**修改了死刑适用条件,将第一款中"罪大恶极"修改为"罪行极其严重"**。1979年刑法施行后,有意见提出,"罪大恶极"的内涵不容易界定,以此作为死刑适用条件,理论和实践中多有不同认识,理解和执行标准不一,可能会造成司法不统一,建议进一步具体化为"犯罪性质和危害后果特别严重,而且犯罪人的主观恶性特别巨大"。"罪大恶极"和上述建议的精神实际上是相通的,都体现了死刑适用条件应当坚持主客观相统一。1997年刑法将"罪大恶极"修改为"罪行极其严重",用语更为规范,但严格慎重适用死刑和坚持主客观相统一的精神是一致的。因此,对"罪行极其严重"的理解应当坚持主客观相统一,客观上犯罪行为人的犯罪性质和犯罪情节极其严重,主观方面犯罪行为人的恶性也极其严重。二是**删除"实行劳动改造,以观后效"的规定**。这一修改的主要考虑是,有的意见提出,"劳动改造"是刑罚执行的内容,从性质上看,死缓不是一个独立的刑种,对死缓罪犯在缓刑考验期间重点是监督考察,以决定考验期满后的进一步处理,而不是执行刑罚。另外,1997年修订刑法时,根据我国监狱和刑罚执行制度改革的实际情况,使用"劳动改造"的表述不够准确。

(二)立法时争议的主要问题

1. 在1997年修订刑法过程中,有意见提出,以"不是必须立即执行"作为适用死缓的条件,标准不是很明确,实践中在决定死刑立即执行还是死缓时很容易出现问题。建议立法上进一步明确其条件,减少执法的随意性。立法机关经过研究,考虑到实践中具体案件的情况比较复杂,需要办理案件的司法机关按照刑法规定的原则和标准,结合案件的具体情况确定法律适用,法律中难以用一个统一的标准解决所有具体案件中的问题,如果有需要,还可以通过立法解释或者司法解释予以解决,**未采纳上述建议**。

2. 关于死刑核准程序是否修改,在刑法修订过程中也有不同意见。有的建议将1983年修订的《人民法院组织法》第十三条关于最高人民法院在必要时得授权省、自治区、直辖市高级人民法院对部分死刑案件行使核准权的规定吸收到刑法中来;有的认为死刑核准属于程序问题,刑事诉讼法中已有规定,刑法可不作规定;有的认为,死刑复核权下放是针对社会治安形势的权宜之计,从严格控制慎重适用死刑考虑,随着社会治安秩序好转,死刑复核权需要适时收回最高人民法院,因此,下放的规定不应补充进刑法。另外,死刑复核涉及程序,但死刑核准权本身关系到死刑具体适用,性质上也是实体问题,刑法中作出规定是必要的。**立法机关最终保留了死刑由最高人民法院核准的相关规定**。

如前文所述,20世纪80年代,针对当时的特定情况,出于维护社会治安秩序的需要,全国人大常委会曾授权省、自治区、直辖市高级人民法院对部分死刑案件行使核准权,1983年并修改人民法院组织法,规定最高人民法院在必要的时候可将部分死刑案件核准权授权给省、自治区、直辖市高级人民法院。1996年刑事诉讼法修正和1997年刑法修订都保留了原来关于死刑案件由最高人民法院核准的规定。实践中,部分死刑核准权由高级人民法院核准的情况一直持续着。2006年10月31日,第十届全国人大常委会第二十四次会议通过了《全国人民代表大会常务委员会关于修改〈中华人民共和国人民法院组织法〉的决定》,**取消了最高人民法院可以授权高级人民法院核准部分死刑案件的规定**。修改后的《人民法院组织法》于2007年1月1日起生效。至此,才结束了死刑核准权分别由最高人民法院与高级人民法院行使的情况。对部分案件死刑复核权的下放,实际上取消了刑法在死刑适用问题上专门设置的这一特殊监督机制,因为审级的关系,由高级人民法院行使死刑核准权,意味着死刑复核程序与二审程序由同一法院进行,实际上使得死刑复核流于形式。因此,从刑法设立死刑复核制度的立法目的出发,将死刑复核权收回最高人民法院行使是非常必要的,也是社会主义法治日益完备的必然要求和落实宪法人权保障原则的需要。

3. 关于减少死刑罪名和死刑的存废问题。由于死刑的极端严厉性和不可补救性,各国对于死刑适用都非常慎重,联合国也一直致力于推动在全球废止死刑和暂停死刑的执行,目前也有很多国家已经废除了死刑。我国刑法理论界对死刑存废问题一直有着深入的讨论。根据目前经济社会发展阶段和社会治安的实际情况,我国不具备废止死刑的条件。但是,随着近年来治理能力的不断提升和社会治安形势的变化,通过立法和司法严格控制死刑的适用,逐步减少死刑罪名是完全可行的。同时,刑法理论研究的深入和人权保障观念的进步和普及,也使得减少死刑适用、削减死刑罪名逐步得到越来越多的社会支持,“**严格控制和慎重适用死刑**”和“**减少死刑**”的刑事政策得到了较好的贯彻执行。司法上死刑的适用特别是死刑立即执行的适用有了很大幅度的减少,立法上逐步减少死刑罪名也取得了比较明显的进展。1979年刑法共有二十七个死刑罪名,加上违反军职犯罪的十一个罪名,一共是三十八个死刑罪名。1982年到1995年我国陆续制定了二十二个单行刑法(有关决定和补充规定),死刑罪名增至七十一个。1997年修订刑法时,全国人大本着“原则上不减少也不增加”的精神,保留了六十八个死刑罪名,但实际上对死刑有所限制和减少。2011年《刑法修正案(八)》取消了十三个经济性非暴力犯罪的死刑,2015年《刑法修正案(九)》又取消了九个罪名的死刑,刑法中的死刑罪名进一步减少到**四十六个**。目前除贪污罪、受贿罪外,我国刑法对经济性非暴力犯罪基本上不再保留死刑,死刑罪名基本上都直接与国家安全、公共安全、人民生命安全相关。除了减少死刑罪名,还通过严格死缓执行死刑的条件、限制死刑适用对象、取消有的罪名规定的绝对死刑等,对适用死刑作进一步限制。

(三)有关国家和国际条约的规定

限制乃至废除死刑是世界范围内的立法趋势,少数几个发达国家如美国、日本等,虽然仍保留有死刑制度,但是在实际执行上十分慎重,并通过程序设定限制死刑适用。

1. 美国对死刑的有关规定。美国联邦法律规定可能适用死刑的罪行大体分为两类:一是与杀人相关的犯罪,如种族灭绝、一级谋杀、绑架罪中的谋杀、涉及有组织犯罪的谋杀,等等;二是非杀人罪但可能被判处联邦死刑的罪行,主要是间谍罪、叛国罪、贩卖大宗毒品罪以及在涉及有组织犯罪的案件中,企图、授权或者建议杀害任何官员、陪审员或者证人的犯罪(无论是否导致死亡)。在美国保留死刑的州法律中,除已经暂停适用死刑的部分州法律外,其他州关于死刑的规定基本与剥夺他人的生命有关,有一些州还对涉及叛国罪、贩卖毒品罪、劫机罪、造成身体伤害的绑架罪、具有加重因素的抢劫罪以及对被害人在十二岁以下的加重强奸罪等规定了死刑。

美国死刑的存废问题在其国内也很有争议。在美国公众支持保留死刑的声音仍占主导地位的情况下,近年来,无论是死刑的量刑,还是死刑的实际执行数字都呈下降的趋势。其中的影响因素,除美国社会死刑观念的变化、最高法院判决的指导性作用等之外,死刑替代措施,即终身监禁不得假释制度的广泛应用也为废除或限制死刑提供了可操作的途径。

2. 日本对死刑的有关规定。日本法律无论是在罪名范围上,还是在死刑的适用上都十分审慎,采取了严格的限制精神。

现行《日本刑法典》中仅有十二个条文明确规定了死刑,包括内乱罪、诱致外患罪、杀人罪、抢劫致死罪、抢劫强奸致死罪等。在特别法中还有五个条文规定了死刑。此外,日本《少年法》规定,对犯罪时未满十八岁的人,不得判处死刑。从立法上看,除了内乱罪和外患罪外,其他判处死刑的犯罪所侵犯的都涉及生命,要求造成死亡后果。从司法上看,日本在死刑适用问题上是十分慎重的。据日本最高法院2009年至2016年的统计,在八千九百六十九名被认定为有罪的被告人中,仅有二十七人被判处死刑,平均每年不到四人。

日本《刑事诉讼法》规定,执行死刑应在死刑的终审判决下达后六个月以内由法务大臣签发死刑执行令,签发后五日内应当执行死刑。也就是说,在日本,是否执行死刑的权力最终掌握在法务大臣手中。而历届法务大臣又常会以个人的政治信仰和价值选择等来决定是否签字、何时签字,这就导致在司法实践中日本实际执行死刑的比例比判处死刑的比例更低。另外,法律还规定,在死刑终审判决作出后,只要死刑犯提出申诉或者要求赦免,就可进入再审程序,六个月的期间将相应延长,以使被判处死刑的罪犯有充分的权利救济。

根据联合国大会人权理事会第三十届会议上关于五年一度死刑问题的报告,1989年联合国大会通过《公民权利和政治权利国际公约》第二项任择议定书,参与议定书的会员国同意不再以死刑处决其管辖下的任何人。联合国大会连续在2007年、2008年、2009年的三项决议中,促请各国逐步限制死刑的适用,减少可构成死刑的罪名。截至2015年年底,联合国有一百六十多个成员已经废除了死刑或者不再适用死刑。2018年,联合国大会通过了呼吁普遍暂停执行死刑的决议,已有一百二十一个成员通过该决议。

【条文说明】

本条是关于死刑、死缓及其核准程序的规定。

本条共分为两款。

第一款是关于**死刑适用条件的规定**。根据本款规定，死刑只适用于罪行极其严重的犯罪分子。[①] 所谓**"罪行极其严重"**，是指所犯罪行对国家和人民的利益危害特别严重和情节特别恶劣的。根据这一规定，刑法分则在可以适用死刑的条文中作了严格的限制，如对可以判处死刑的，都规定了"对国家和人民危害特别严重、情节特别恶劣的""致人重伤、死亡或者使公私财产遭受重大损失的""造成严重后果的""情节特别严重的""数额特别巨大""国家和人民利益遭受特别重大损失的"等。为了限制适用死刑，本条还规定，对于应当判处死刑的犯罪分子，如果不是必须立即执行的，可以判处死刑同时宣告缓期二年执行，即**死刑缓期二年执行制度**。死刑缓期二年执行并不是一个独立的刑种，而是**死刑的一种执行方式**。判处死刑缓期二年执行的前提同判处死刑立即执行一样，必须是"罪行极其严重"，应当判处死刑的。如果法律对某罪没有规定死刑，或者所犯罪行不该判处死刑，就不能适用"死缓"。判处"死缓"，是根据案件的具体情况和犯罪分子的悔罪表现，可以不立即执行死刑的。这里所说的**"不是必须立即执行"**，是区分死刑立即执行与死刑缓期执行的原则界限。至于什么属于"不是必须立即执行"，法律没有作具体规定。根据司法实践经验，一般是指该罪犯罪行虽然极其严重，但民愤尚不特别大的；犯罪分子投案自首或者有立功表现的；共同犯罪中有多名主犯，其中的首要分子或者罪行最严重的主犯已被判处死刑立即执行，其他主犯不具有立即执行死刑必要的[②]；被害人在犯罪发生前或者发生过程中有明显过错的；等等。[③]

第二款是关于**死刑核准程序的规定**。根据本款规定，**死刑除依法由最高人民法院判决的以外，都应当报请最高人民法院核准**。这对于统一死刑适用标准，严格控制和慎重适用死刑，防止冤假错案的发生，具有重要作用。对于死刑缓期执行的，可以由高级人民法院判决或者核准，即既可以由高级人民法院直接判决后核准，也可以由中级人民法院判决，然后报高级人民法院核准。

【司法解释】

《最高人民法院关于统一行使死刑案件核准权有关问题的决定》（法释〔2006〕12号，自2007年1月1日起施行）

△（**死刑案件核准权**）自2007年1月1日起，最高人民法院根据全国人民代表大会常务委员会有关决定和人民法院组织法原第十三条的规定发布的关于授权高级人民法院和解放军军事法院核准部分死刑案件的通知（见附件），一律予以废止。（§ 1）

△（**死刑核准；最高人民法院**）自2007年1月1日起，死刑除依法由最高人民法院判决的以外，各高级人民法院和解放军军事法院依法判处和裁定的，应当报请最高人民法院核准。（§ 2）

△（**已经核准的死刑立即执行的判决、裁定；签发命令**）2006年12月31日以前，各高级人民法院和解放军军事法院已经核准的死刑立即执行的判决、裁定，依法仍由各高级人民法院、解放军军事法院院长签发执行死刑的命令。（§ 3）

【指导性案例】

最高人民检察院指导性案例第18号：郭明先参加黑社会性质组织、故意杀人、故意伤害案（2014年9月10日发布）

△（**死刑；抗诉**）死刑依法只适用于罪行极其严重的犯罪分子。对故意杀人、故意伤害、绑架、爆炸等涉黑、涉恐、涉暴刑事案件中罪行极其严重，严重危害国家安全和公共安全、严重危害公民生命权，或者严重危害社会秩序的被告人，依法应当判处死刑，人民法院未判处死刑的，人民检察院应当依法提出抗诉。

【参考案例】

△**在危害公共安全罪中，没有造成一人以上死亡或多人重伤后果的，一般可不判处死刑立即执行。**

古计明等投放危险物质案被告人古计明的犯罪行为的危害结果极其严重，致1人重伤，13人轻伤，61人轻微伤。其中两名女性被害人在怀孕期间受照射。此外，核辐射损伤还有远后效应和遗传效应两大显著特点，受害群体历经若干年后一部分人会出现癌症等恶性疾病。案中受害人大部分是未婚未育者，案发后部分被害人体检出现染色体异常，他们的生育能力受到破坏，他们的下

① 我国学者指出，"罪行极其严重"是适用死刑（包括死缓）的必要条件而非充分条件。在实际选择死刑时，还必须另外考虑行为人的主观恶性、人身危险性等在内的其他诸多因素。参见黎宏：《刑法学总论》（第2版），法律出版社2016年版，第344页。

② 另有学者指出，此情形原本就不属于"罪行极其严重"，因而不应当判处死刑（与"不是必须立即执行"的情形无涉）。参见张明楷：《刑法学》（第6版），法律出版社2021年版，第698页

③ 我国学者指出，"不是必须立即执行"应是指犯罪人的人身危险性（再犯罪可能性）有所减少，以及基于刑事政策的理由而不应立即执行的情形。参见张明楷：《刑法学》（第6版），法律出版社2021年版，第647页。

一代出现畸形、智障、白血病的几率远高于常人。他们的生理、心理创伤极大,他们的正常工作、生活受到极大影响。因此,对这种严重危害社会公共安全的犯罪行为应予以严厉的刑罚制裁。

核辐射损伤确有远后效应和遗传效应两大显著特点。对被辐射的群体而言,远后效应和遗传效应必然在某些人身上出现。但对于被辐射的某个人而言,远后效应和遗传效应未必会出现。这既与被照射的剂量有关,也与个体身体差异有关。就现在的医疗水平而言,放射性损伤可以引起致畸、致癌、致突变等远后效应,尚无法对此进行确切评价。

鉴于本案目前尚无人死亡;放射性损伤可以引起致畸、致癌、致突变等远后效应,目前医学科学水平尚无法对此进行确切评价,量刑应留有余地。综上,广东省高级人民法院二审核准广州市中级人民法院以投放危险物质罪判处被告人古计明死刑,缓期二年执行,剥夺政治权利终身的刑事判决是正确的。[No. 2-114、115(1)-4-1　古计明等投放危险物质案]

△非法制造、买卖枪支、弹药罪情节特别严重的,才能适用死刑。

非法制造、买卖枪支、弹药“情节严重”的,是判处十年以上有期徒刑至死刑的前提条件,而要判处死刑,除了数量达到“情节严重”的标准外,还要达到情节特别严重,把握情节特别严重,要根据非法制造、买卖枪支、弹药的数量、犯罪情节、危害后果,被告人的主观恶性、人身危险性,在共同犯罪中的地位、作用以及当地社会治安形势等因素综合考虑。只有对罪行极其严重、社会危害极大,依法应当判处死刑的,才能判处死刑。本案中,应当综合非法制造、买卖枪支、弹药的数量、规模,造成危害后果的严重程度等几方面因素考虑被告人的量刑问题。

吴芝桥非法制造、买卖枪支、弹药案被告人吴芝桥等人非法制造、买卖猎枪、仿六四手枪多达50余支,枪弹约200发,为近年来全国涉枪案件所罕见,远高于“情节严重”的数量标准。需要强调的是,本案核准死刑的枪支数量是50支,并不意味着该数量就是判处死刑的量刑标准,枪支弹药的数量是量刑的重要情节但不是唯一情节,是否判处死刑还需要考虑数量以外的其他严重情节。本案被告人吴芝桥与同案被告人在制售枪支弹药的过程中,形成了相对固定的制售枪支弹药的犯罪团伙,涉案人数达20余人,人数之多、规模之大,在全国并不多见。

从本案来看,非法制造、买卖枪支、弹药行为的危害后果主要体现在两个方面:一是非法制造买卖枪支弹药流入社会对社会造成潜在的威胁。二是行为人非法制造买卖的枪支弹药被用于违法犯罪并已造成严重后果。行为人所制造买卖的枪支弹药可能成为实施暴力犯罪的工具,行为人在非法制造、买卖枪支弹药时,对其行为可能造成枪支、弹药在社会上流散,从而可能引发其他严重后果在主观上应当明知,因此这种相关联的严重后果也要纳入犯罪的危害后果予以评价。本案被告人吴芝桥共出售枪支37支、枪弹110余发,大部分枪支、弹药被社会闲散人员购买,除依法收缴的外,尚有10余支枪、30余发子弹流入社会、下落不明,对社会治安构成潜在的威胁。同时,还查明,他人携带吴芝桥所制造的3支猎枪参与械斗并开枪射击,已经造成3人重伤1人轻伤的严重后果,故其实施的犯罪行为危害后果特别严重。

本案属于共同犯罪,还需要考虑被告人在共同犯罪中所起的作用,本案被告人在2006年的第一阶段,与周鎏弘相比,其作用并不最为突出,但自2007年开始,吴芝桥表现出继续实施犯罪的积极态度和坚决犯意,许利军退出后又主动向周鎏弘提出从周处购买子弹而不再分给周“利润”,并雇佣他人继续制造枪支,又积极联系买家将所制造枪支直接卖给吴洪有、燕子桥,且涉案大部分枪支均系在此阶段制造、出售。综合全案,被告人吴芝桥在共同犯罪中起主要作用,系主犯,且作用大于其他同案被告人。[No. 2-125(1)-3　吴芝桥非法制造、买卖枪支、弹药案]

△故意杀人罪适用死刑,不仅应当根据行为的客观危害性,还应当考察行为人的主观恶性和人身危险性。

适用死刑的基础依据是从被告人的客观方面来进行的同时,还有必要分析被告人主观方面的情况,从而判断被告人的主观恶性和人身危险性程度。这就是适用死刑的调节依据。

1. 出于违法犯罪或其他恶劣动机的故意杀人。在司法实践中,主要有以下六种情形:(1)图财杀人的;(2)为泄愤报复杀人的;(3)因奸情杀人的;(4)实施其他犯罪为毁灭罪证或灭口杀人的;(5)实施其他犯罪时转化杀人的;(6)其他非法动机而杀人的。犯罪动机的卑劣与否,直接反映被告人的主观恶性及人身危险性的大小。本案中,孙习军、王媛在实施抢劫犯罪后,因被被害人认出,为灭口而决意杀人。两被告人为了在非法劫取他人财物后逃避惩罚,竟然选择了用残忍手段结束他人生命的方法,触犯了刑法上处罚最重的两个罪名,足以证明其主观恶性和人身危险性极其严重。

2. 为达到犯罪目的,犯意极其坚决。犯意坚决，一般表现为追求、希望危害结果的发生。它反映被告人对危害结果的一种坚定追求，表明被告人的主观恶性和人身危险性极其严重。在故意杀人案中，即表现为直接故意杀人。直接故意杀人应当与间接故意杀人在量刑上有所区别。直接故意杀人的，一般应适用死刑。[No. 4-232-11　孙习军等故意杀人案]

△在罪行极其严重的共同故意杀人犯罪中，主犯不能一概判处死刑立即执行，而应当根据其在共同犯罪中的地位、作用的不同，体现量刑上的区别。

整个共同犯罪的罪行极其严重，是对共同犯罪中的被告人适用死刑的基础条件。应当根据整个共同犯罪的后果，决定死刑的数量。在共同犯罪中应慎重适用多个死刑。在罪行极其严重的共同犯罪中，对罪量最大的被告人适用死刑，其他被告人根据其等级的罪量相应地适用等级的刑量，同等罪量的被告人适用同等的刑量。

由此，又可以明确三个问题：一是共同犯罪人可以适用死刑的条件是罪行极其严重。如上所述，故意杀人犯罪既遂即为罪行极其严重，就可以适用死刑。二是明确对共同犯罪人适用死刑量刑的依据是共同犯罪的后果。在故意杀人共同犯罪中，共同犯罪的后果既应当包括故意杀人既遂与否及被剥夺生命的人数的多少，还应当包括故意杀人共同犯罪对被害人生命以外的社会关系的损害程度。三是强调不管共同犯罪的后果多么严重，都应当严格控制死刑适用的数量。在同一个案件中，判处两名(含本数)以上被告人死刑的，应慎之又慎。

孙习军等故意杀人案中，孙习军、王媛共同杀害被害人，罪行极其严重，作为一个整体，具有适用死刑的基础条件。根据本案情况，是否要对两被告人均适用死刑立即执行呢？回答是否定的，理由是：两被告人固然有卑劣的杀人动机，杀人手段也残忍，且有分尸、抛尸的恶劣情节，但两被告人毕竟只杀害一人，如果仅从对等数量来考量，“一命抵一命”，还是有其可取因素的。当然，笔者绝不主张“一命抵一命”，只是强调多个被告人共同杀害一人时，“两命、三命抵一命”应有充分的理由，本案不具有这样充分的理由。因而，必须分析两被告人在共同犯罪中的地位、作用。

在本案中，孙习军、王媛两被告人相互推诿，无法确定是谁先提议杀人，但有证据证实两被告人是经协商后决意杀人的，因而，应该认定两被告人有一个临时的谋划。在实施杀人犯罪过程中，两人行为积极，分工明确、配合默契，共同实施杀害行为，对两被告人均应认定为主犯。王媛二审称其为从犯的上诉理由不能成立。

尽管如此，两被告人在共同犯罪中的地位、作用是有明显差别的。首先，能认定是孙习军首先提议抢劫，对此，二被告供述一致。这一认定，实际上在一定程度上证明孙习军在整个犯罪中起主导作用。其次，孙习军和王媛的共同行为导致被害人死亡结果的发生。但还应当看到，孙习军切割颈部的行为是被害人死亡的直接原因，而王媛的配合行为是被害人死亡的间接原因。在某种程度上说，孙习军的行为是被害人死亡的主要原因，王媛的配合行为是被害人死亡的次要原因。再次，孙习军在杀人后又完全断离死者的头颅，抛弃于河中，意欲使人无法确认死者身份。因此，无论从犯罪前的谋划，还是犯罪过程中的行为方式，乃至犯罪后掩盖罪行的程度，两被告人的地位、作用还是有着较为明显的差别的。笔者不认定王媛是共同犯罪中的从犯，但可以认定王媛是一个作用小于孙习军的主犯，属于应当适用死刑，但可不予立即执行的情况。[No. 4-232-12　孙习军等故意杀人案]

△在羁押期间主动供述司法机关尚未掌握的其他罪行，构成自首的，即使其供述的罪行达到极其严重的程度，也可以根据案情不判处死刑立即执行。

闫新华故意杀人、盗窃案中，第一，被告人自首情节的司法价值大。从本案被告人自首的罪行看，两起故意杀人犯罪均发生在 2003 年，案件较长时间未破，公安机关也未能掌握被告人实施犯罪的任何线索。对于第一起故意杀人案，公安机关虽然发现死者尸体及作案现场，但对于死者身份及犯罪嫌疑人等主要案件事实，在被告人主动供述前均未掌握；对于第二起故意杀人案，在被告人供认前，公安机关甚至不知道犯罪发生。可见，正是被告人的主动供述行为，公安机关才得以及时侦破这两起重大犯罪，维护了法律的尊严。本案被告人对故意杀人罪的主动供述所成立的余罪自首，表现出被告人在主观上对其所犯重大罪行的悔罪意识，比犯罪分子作案后被通缉迫于压力而投案的自首具有更大的司法价值。对于这样的自首情节，在量刑方面应予考虑。

第二，有利于贯彻国家刑事政策，实现刑罚目的。对于犯罪，我国一直实行惩办与宽大相结合的刑事政策，强调宽严相济，在法律适用上，力求做到该严则严，当宽则宽。这一刑事政策在惩罚犯罪的基础上注重发挥刑罚预防犯罪的功能，力求防止和减少犯罪，以实现刑罚的目的。考虑到自首情节对本案被告人从轻处罚，不适用死刑立即执行，可能鼓励和引导一些犯罪的人悔过自新，自动投案或主动供认司法机关未掌握的罪行以接受国家惩处,有利于发挥刑事政策威力,分化瓦解犯罪分子,使案件及时得以侦破,有效实现刑罚目的,正是坚持和贯彻上述刑事政策的结果。

综上,本案被告人罪行极其严重,应当判处死刑,但鉴于其自首情节的司法价值大,从落实自首的立法意图和司法效果以及坚持和贯彻国家刑事政策出发,二审法院依法改判其死刑缓期二年执行。[No. 4-232-16　闫新华故意杀人、盗窃案]

△在因双方纠纷引发的故意杀人案中,具有悔罪表现、亲友及时报案并积极赔偿被害方损失的,一般不应判处死刑立即执行。

《全国法院维护农村稳定刑事审判工作座谈会纪要》规定,对于因婚姻家庭、邻里纠纷等民间矛盾激化引发的故意杀人犯罪,适用死刑一定要十分慎重,应当与发生在社会上的严重危害社会治安的其他故意杀人犯罪案件有所区别。这里的民间矛盾,包括但不限于邻里纠纷,也包括那些因为工作、生活等矛盾引起的纠纷;也不限于农村的民间矛盾,城市中发生的民间矛盾也可以适用《全国法院维护农村稳定刑事审判工作座谈会纪要》规定的精神。

具体到张俊杰故意杀人案,不核准张俊杰死刑,主要有以下理由:

1. 案件起因方面。张俊杰在培训期间与施玉军共同商量请老师吃饭,而施玉军在张俊杰对老师说了后又反悔,张俊杰遂与施玉军、蔡文仲发生争执、打斗,致蔡文仲轻伤,被公安机关取保候审。张俊杰多次寻求和解未果。而后,张俊杰因误认为蔡文仲、施玉军二人不放过自己,自己将被追究刑事责任,工作将保不住,而自己尚有正读高中的女儿与没有工作的妻子需要养活,绝望之下,产生了如施玉军不同意调解,即杀死施玉军之念。案发当日,张俊杰携带食品、匕首、菜刀等物到信号工区宿舍,请求施玉军从中调解,遭施拒绝后,决定与施玉军同归于尽。虽然被害人施玉军在本案中无明显过错,但本案毕竟是同事间因琐事纠纷引发的悲剧,发生在同事熟人之间,不属极端危害社会治安的犯罪。

2. 家属报案。如前所述,由于张俊杰作案后拒绝接受公安机关的控制而不能认定其具有自首情节,但保证人李建方在张俊杰妻子兰素萍授意下报警,兰素萍到现场事后亦报警,致使公安机关及时抓获了被告人,并迅速破案。被告人张俊杰家属的及时报案行为,使得公安机关及时破案,节省了司法资源,同时其通知有关人员代为报案及归案后如实供述罪行亦反映出其一定的悔罪心态,故可作为对被告人酌定从轻的情节考虑。

3. 被告人悔罪,被告人家属积极赔偿被害方损失。张俊杰在二审期间提出愿意赔偿被害方的经济损失,以减轻其罪责,其妻子兰素萍在生活极其困难的情况下用其妹妹的房子作抵押借款三万元,连同其母的2万元养老金,一共筹得5.2万元交至二审法院,希望法院能够从轻判处。被告人的民事赔偿虽不能完全补偿被害方的经济损失,但其家属倾其所能积极赔偿的态度,有利于社会的和谐,故可作为对被告人酌定从轻处罚的情节。

综上,本案被告人因为生活琐事一时冲动而实施的杀人行为,与严重危害社会治安的行凶杀人案件的社会危害性不可等同,考虑到家属及时报案及积极赔偿被害方损失等因素,从慎用死刑的基本刑事政策出发,对其不宜判处死刑立即执行。[No. 4-232-22　张俊杰故意杀人案]

△在故意杀人案中,被害人有明显过错或对矛盾激化负有直接责任的,一般不应当判处死刑立即执行。

刘加奎故意杀人案纯属因生产生活、邻里纠纷等民间矛盾激化引发的故意杀人刑事犯罪案件。纵观全案的发展过程,被害人一方在案件起因及矛盾激化发展上有一定过错。被告人刘加奎提出,从事发到对马立未夫妇行凶前,曾多次找工商局和公安局巡警大队反映,要求解决矛盾。在有关部门让各自先治伤,然后再双方协商解决的情况下,被害人马立未再三无理相逼,刘加奎自己妻子的伤得不到治疗还要被逼迫给人家治伤,产生一定的恐惧心理。被告人在11月23日曾向其妻流露过要与马立未同归于尽的想法。被告人行凶杀人后立即自杀(致肝破裂)未遂,归案后认罪态度尚好。

最高人民法院于1999年10月27日公布的《全国法院维护农村稳定刑事审判工作座谈会纪要》中,对故意杀人的处刑问题明确规定,对于被害人一方有明显过错或者对矛盾激化负有直接责任的,一般不应当判处死刑立即执行。本案被告人刘加奎杀人,与被害方苦逼而被告人寻求组织解决未果有直接关系。一审判决认定刘加奎犯故意杀人罪,判处死刑缓期二年执行,并无不当,不是确有错误,检察机关抗诉理由不成立,二审改判不当。因此,最高人民法院在复核该案时,经院审判委员会讨论并作出决定,撤销了湖北省高级人民法院二审判决中对被告人刘加奎的量刑部分,仍以故意杀人罪判处其死刑,缓期二年执行,剥夺政治权利终身。[No. 4-232-53　刘加奎故意杀人案]

△对犯罪时属于限制刑事责任能力的精神病人,一般不宜适用死刑。

从表象上看，尽管行为人实施的杀人、重伤害、强奸等严重犯罪行为，客观危害性较大，但对其行为起支配作用的，实际是受紊乱的精神活动制约而有所缺损的意识力和意志力。所以，相对于精神正常的人来说，限制刑事责任能力的精神病人的主观恶性较小。故法律规定对限制刑事责任能力的人一般要从轻或减轻处罚。从刑种适用的角度看，司法实践中，对限制刑事责任能力的精神病犯罪人一般不宜适用死刑，尤其是死刑立即执行，这也是刑法人道主义的基本体现。张怡懿等故意杀人案诉讼过程中，一审法院依照《刑事诉讼法》的相关规定，委托上海市精神疾病司法鉴定专家委员会作复核鉴定，结论为张怡懿（轻度）精神发育迟滞，作案行为虽有现实动机，但受智能低下的影响，对作案行为的实质辨认能力不全，应评定为部分（限制）刑事责任能力，被告人张怡懿为摆脱其母亲对其的约束，残忍地杀害了其生母，后果极其严重，但考虑其为限制刑事责任能力人，故对其依法从轻处罚判处无期徒刑是适当的。［No. 4-232-56　张怡懿等故意杀人案］

△在醉酒状态下实施故意杀人行为的，一般不应判处死刑立即执行，但单纯的醉酒状态不足以作为酌定从轻处罚情节，是否予以从轻处罚，应结合其他认罪、悔罪等情节予以综合考虑。

被告人侯卫春在案发当天多次与他人饮酒，晚上又主动邀请被害人到其家中饮酒，最终导致行为失控，致被害人死亡。侯卫春系自陷于醉酒状态，在醉酒原因上存在明显过错，应当为其醉酒状态下的杀人行为承担刑事责任。但是考虑到：

第一，侯卫春与被害人平日关系较好，素无矛盾，没有杀害被害人的动机，也就是说，其没有故意醉酒后实施杀人犯罪的预谋，这与为了实施犯罪而故意醉酒的情形在非难程度上具有显著不同。

第二，侯卫春的醉酒与本案的发生之间并非一种必然联系，只是一种偶然联系。在认识因素上，只能认定侯卫春明知其酒后容易滋事，且意志因素上没有希望或者积极追求这种结果尤其是杀人结果的发生，这一点从其酒醒后积极施救并认罪、悔罪的行为可以看出；同时，由于醉酒严重影响了侯卫春的辨认、控制能力，故不能简单地根据其使用菜刀反复砍击被害人要害部位的客观行为来评价其意志因素，进而认为其犯意坚决。就其犯罪故意的认识因素和意志因素而言，侯卫春的主观恶性尚不属极深。

第三，虽然侯卫春在案发前有过多次酒后滋事伤人经历，可认为其具有一定人身危险性，但其此前酒后违法经历多系随意殴打、无故辱骂他人等没有严重后果发生的轻微违法犯罪行为，与多次或连续实施严重刑事犯罪、执意报复社会、危害社会治安和群众安全感的犯罪分子相比，这种人身危险性尚不属极大，不能作为适用死刑立即执行的人身危险性依据。而且，侯卫春的违法犯罪行为多与饮酒存在密切联系，只要剥夺其饮酒条件或使其戒除酗酒恶习，便可有效防止再犯，此亦说明其人身危险性并非极大。

第四，侯卫春在案发次日清晨酒醒后主动将被害人送至当地诊所救治，其施救行为虽未能挽救被害人的生命，但说明其有一定的悔罪表现。侯卫春归案后能够坦白交代，认罪态度较好，具有酌定从轻处罚情节。

第五，侯卫春虽有前科，但所犯前罪较轻。综合考虑侯卫春的罪责严重程度，并结合其醉酒状态下辨认、控制能力较弱的实际情况，其尚不属于必须判处死刑立即执行的对象。［No. 4-232-70　侯卫春故意杀人案］

△共同实施抢劫、故意杀人行为致一人死亡的案件中，应当综合考虑被告人在共同犯罪中的具体作用、主观恶性、人身危险性的大小来确定主犯，不得以无法区分主从为由一律适用死刑，至多只能判处一人死刑。

共同抢劫、故意杀人致一人死亡的案件，主犯的地位、作用看似相当，但根据各人犯罪的具体情节，实际上存在进一步区分罪责大小的必要性和余地。这既是贯彻宽严相济刑事政策的具体要求，也是罪责刑相适应原则的具体体现，不能以分不清主次为由，简单地一律判处死刑。从实践中看，应综合考虑各被告人在共同犯罪中的具体作用及主观恶性、人身危险性等因素来准确确定定罪大小。

首先可以从各被告人在犯罪中的具体行为来分析其地位、作用。在犯罪预备阶段，预谋过程中提起犯意的被告人往往会积极实施犯罪，对共同犯罪有一定的控制力，作用相对突出，起意后积极准备工具、直接参与抢劫杀人行为的整体罪责也可能较大。在犯罪实行阶段，关键看谁的行为对被害人死亡的结果所起的作用相对较大。在犯罪的后续环节，通常有毁灭罪证、分赃等环节，一般参与抛尸、分尸或实施其他毁灭罪证行为的被告人作用较大，分赃多的比分赃少的作用大，负责销赃的被告人作用大。

其次从被告人的主观恶性、人身危险性而言，还应当考察各被告人自身的情况，犯罪前后的表现，成年人与未成年人共同犯罪的，成年人的罪责较大，有累犯、再犯情节的被告人罪责更大。作案后有自首、立功、认罪悔罪、积极赔偿、取得被害人谅解的被告人罪责较小。

龙世成、吴正跃故意杀人、抢劫案是一起二人共同抢劫杀人致一人死亡的案件。在犯罪预备阶段，对于谁是犯意的提出者，根据现有证据无法查明，在犯罪实施阶段，证据表明，龙世成首先持刀捅刺了被害人，为抢劫罪的完成提供了条件，作用大于吴正跃。在犯罪后续阶段，龙世成丢弃、毁灭了大部分罪证、分得赃物较多，可以认为其在该阶段的作用大于吴正跃。综合本案，应认定龙世成的罪责大于吴正跃，本案只造成一人死亡，应只判处一人死刑。［No. 4-232-73 龙世成、吴正跃故意杀人、抢劫案］

△罪行极其严重、手段特别残忍、情节特别恶劣的故意杀人未遂，可不从轻处罚，考虑适用死刑立即执行。

《刑法》第二十三条规定："已经着手实行犯罪，由于犯罪分子意志以外的原因而未得逞的，是犯罪未遂。对于未遂犯，可以比照既遂犯从轻或者减轻处罚。"这种规定的根据在于，以犯罪未遂论处的行为完全符合犯罪构成要件，其社会危害性得到了应受刑法处罚的程度，故应当负刑事责任。同时，以犯罪未遂论处的行为的社会危害性通常小于犯罪既遂，故对未遂犯原则上可以比照既遂犯从轻或减轻处罚。可以而非应当从宽处罚，意味着刑法对未遂犯采取的从宽原则是得减主义而非必减主义，即通常给予从宽处罚，但法官根据案件的具体情况，也可以不予从宽处罚。这一原则也适用于处理犯罪未遂与死刑适用的关系。刑法规定，死刑只适用于罪行极其严重的犯罪分子，一般认为，没有造成被害人死亡的故意杀人未遂情形，因社会危害性小于故意杀人罪既遂，因此一般不判处死刑立即执行。但有原则就有例外，对于犯罪动机极其卑劣、情节特别恶劣、手段特别残忍，致被害人严重伤害、社会影响极坏的案件，也可考虑判处死刑立即执行。

被告人覃玉顺强奸被害人代某后欲杀人灭口，在持刀捅刺时因发现村民赶来而被迫放弃继续实施杀人行为，被害人经及时抢救亦未发生被告人所追求的结果，故被告人的行为属于故意杀人未遂。但从覃玉顺犯罪的具体情况看，存在诸多应予从严惩处的情节。具体包括：(1)覃玉顺持刀捅刺被害人，发现被害人未死后又多次持刀捅刺并扯断被害人小肠，杀人犯意十分坚决，情节十分恶劣，手段十分残忍。(2)被害人虽幸免于死，但伤势十分严重。案发时被害人仅十八岁，身心受到极大摧残。(3)被告人的犯罪行为在当地造成极其恶劣的社会影响，引起了一定程度的恐慌，被害人亲属、当地基层组织和干部群众均强烈要求判处被告人死刑。(4)被告人认罪悔罪态度不好，对强奸被害人以及扯断被害人小肠的情节予以否认。综合主客观情节，被告人覃玉顺故意杀人虽系未遂，但其行为已造成极其严重的后果，主观恶性极深，人身危险性极大，其未遂情节不足以对其从轻处罚，应依法判处死刑。［No. 4-232-75 覃玉顺强奸、故意杀人案］

△在故意伤害致人死亡案件中，如实供述公安机关尚未掌握的其致人死亡的关键情节的，可以酌情从轻处罚，一般不判处死刑立即执行。

杜益忠故意伤害案一审法院对被告人杜益忠适用死刑，主要是从其犯罪行为对被害人人身权利造成特别严重后果角度考虑的，即其在与他人共同实施故意伤害行为过程中造成了被害人死亡的严重后果，且系累犯，人身危险性较高，依法应予从重处罚。二审法院审理后认为，案发后，被告人杜益忠逃匿多年，在杜益忠归案前，公安机关只知道杜益忠参与了此案，并不知致命伤是由杜益忠造成的。被告人杜益忠归案后即供认，被害人大腿上的一刀系其用尖刀捅刺，一审庭审及二审提审时均作稳定供述。据现有证据，可认定参与本案的有四人，即杜益忠、叶建敏、洪波、李曙荣。叶建敏没有归案。已归案并被判刑的洪波、李曙荣供述，洪波持枪威胁在现场人员，李曙荣、杜益忠分别持焊有自来水管共约长50厘米双面刃的尖刀。此节不仅与杜益忠本人的口供相印证，而且与证人朱一成、王大凤等人的证言一致。但是，由于事发突然，又是深夜，在场其他证人均分不清行凶人，除杜益忠本人供认外，没有人指证杜益忠捅人，更没有人指证杜益忠捅刺了被害人的大腿，所有的同案犯及证人均说是叶建敏砍击了被害人身体。根据法医尸体检验报告，被害人大腿上的伤为一刺创，锐器捅伤。叶建敏所持的西瓜刀难以形成，而另一持尖刀的李曙荣是在门口，没有进入现场。故可排除叶建敏、李曙荣造成本案致命伤的形成。综上，杜益忠的供认，对认定致命伤是谁形成的这一关键事实，有重要作用，其归案后如实供述自己犯罪事实的行为，应属于认罪态度好，在一定程度上反映了其悔罪心理及人身危险性降低；况且，在二审期间，杜益忠的亲属积极代为承担了全部附带民事诉讼的赔偿责任，附带民事诉讼原告人表示愿意接受这笔赔偿，并对杜益忠表示了一定的谅解。参照《最高人民法院关于刑事附带民事诉讼范围问题的规定》第四条（现已失效）的规定，对此可作为酌定量刑情节予以考虑。因此，虽然被告人杜益忠所犯罪行极其严重，论罪应对其判处死刑立即执行，但其如实供认公安机关没有掌握的致人死亡的关键情节，且其家属积极赔偿了附带民事诉讼原告人的经济损失,可以酌情从轻处罚,二审法院综合考虑全案情节,改判其死刑缓期二年执行,给予杜益忠改过自新的机会是适当的,正确贯彻了我国宽严相济的刑事政策,体现了法律效果与社会效果的统一。[No.4-234-37　杜益忠故意伤害案]

△死刑案件中,被告人亲属积极赔偿并取得被害方谅解,仅是酌定量刑情节,不应认定为"应当从轻处罚情节"。

《最高人民法院关于贯彻宽严相济刑事政策的若干意见》第二十三条规定:"被告人案发后对被害人积极进行赔偿,并认罪、悔罪的,依法可以作为酌定量刑情节予以考虑。因婚姻家庭等民间纠纷激化引发的犯罪,被害人及其家属对被告人表示谅解的,应当作为酌定量刑情节予以考虑……"被告人认罪悔罪,并通过积极的物质赔偿,弥补犯罪对被害人家属的伤害,对被告人主观恶性的评价有一定影响。被害人家属作为犯罪后果的直接承受者,对犯罪行为有着切肤之痛,其对被告人表示谅解,在一定程度上反映了犯罪社会影响的减弱。通常这种谅解是以被告人积极赔偿、认罪悔罪为前提的,所以在一定程度上反映了被告人人身危险程度的变化。

被告人积极赔偿、认罪悔罪,或被害方谅解,属于犯罪后情节,在一定程度上影响了对被告人主观恶性和人身危险性的评价。因此,在量刑时应当予以充分考虑。但量刑是一个综合衡量的过程,其中犯罪性质和犯罪行为给社会造成的危害程度是决定被告人刑罚的最基本因素,片面夸大积极赔偿或谅解等罪后情节的作用,忽视犯罪性质和犯罪行为本身的社会危害都是不正确的。在司法实践中,在决定被告人最终刑罚时,还需要结合宽严相济刑事政策的要求进行综合评判。因民间纠纷激化引发的犯罪,因发生在特定的当事人之间,其社会危害性与严重危害社会治安的犯罪有区别,在处理时,如果被害方对被告人表示谅解,原则上应从轻处罚,而人民法院还应当加大对此类案件的民事调解工作力度,化解当事人双方的矛盾,促成被害方的谅解。只要赔偿得好,被害方又同意,就可以大胆地从轻,一般都不考虑判处死刑立即执行,这是贯彻宽严相济刑事政策的要求,不属于"以钱买命"。但对严重危害社会治安、严重影响人民群众安全感、犯罪情节特别恶劣、犯罪后果特别严重的案件,以及犯罪分子主观恶性极深、人身危险性极大的案件,即使被告人积极赔偿获得被害方谅解,但论罪应当判处死刑的,还是应当依法判处死刑。要着重考虑犯罪行为的社会危险性以及由此造成的社会影响,对量刑社会效果的评价不能仅局限于赔偿和被害方谅解。

强奸致人死亡是严重危害社会治安的犯罪,与因婚恋、家庭、邻里纠纷等民间矛盾引发的故意杀人、伤害犯罪存在明显区别,这类犯罪针对的对象往往不特定,严重损害人民群众的安全感,属于宽严相济刑事政策中从严惩处的重点对象。

被告人林明龙深夜尾随未成年被害人到其住处,在居民楼楼道上将被害人强奸致死,犯罪性质特别严重,情节特别恶劣,犯罪后果特别严重,并在当地造成了恶劣的社会影响,属于罪行极其严重的犯罪分子,应当依法严惩。对于这类犯罪,不宜像对待民间纠纷引发的案件那样积极主动地进行调解,对于私下达成协议的,要充分考虑被告人是否真诚认罪悔罪,尤其要注意审查协议的过程和内容是否合法,被害方的谅解意愿是否真实,即便认定具有积极赔偿和被害方谅解的情节,考虑从轻时也应当从严把握。本案中,林明龙家属私下找被害人家属进行协商,达成书面谅解协议,根据协议,林明龙家属赔偿45万元,从协议内容看,大部分赔偿款以不判处林明龙死刑立即执行为前提,这种出于获取巨额赔偿款目的而表示的谅解,很难说是真诚的谅解。本案被告人林明龙多次犯罪,不肯改造,主观恶性极深、人身危险性极大,对如此恶劣的犯罪分子,如果仅因被告人家庭有钱就可以从轻处罚,实质上意味着有钱就可以买命,不仅严重破坏法律的平等和公正,而且会损害人民法院的司法权威。[No.4-236-25　林明龙强奸案]

△在抢劫过程中,又实施强奸行为,未造成被害人伤亡等严重后果的,不宜判处死刑。

王志坚抢劫、强奸、盗窃案中,单独就强奸罪来看,此罪是一起普通的强奸犯罪,没有造成被害人伤亡的后果,即使考虑在抢劫过程中实施这一恶劣情节,论罪也不至于适用死刑,从一、二审对所犯强奸罪的量刑也可明确这一点;再单就抢劫罪来看,被告人所犯抢劫罪虽数额巨大,也不至于判处死刑;对此二罪数罪并罚,体现的原则应是限制加重,而不能对所犯情节估堆评价,从而增加刑期甚至提高刑种,否则将违反罪刑相适应的原则。基于此,不能因为被告人王志坚在抢劫过程中实施了一起强奸犯罪而对被告人判处死刑。近年来的司法实践已逐渐将惩治的价值取向偏重人身权利,即是否造成被害人伤亡的后果是能否对被告人适用死刑的重要因素。本案被告人在抢劫过程中暴力行为有所节制,客观上没有造成被害人重伤或死亡的严重后果,人身权利方面的客观危害后果尚未达到极其严重的地步,因此,在处理上要注意严格把握此类案件与主观上不顾忌他人死活，滥用暴力致死、致伤被害人，特别是那些直接采取危及被害人生命的方式进行抢劫的案件，在主观恶性和客观后果等方面的区别。虽然抢劫致人重伤、死亡，与入户或在公共交通工具上抢劫、抢劫银行或者其他金融机构、多次抢劫或者抢劫数额巨大、冒充军警人员抢劫等其他情节均应在十年以上量刑，但在具体量刑时仍应对严重危害人身安全的抢劫犯罪在适当范围内有所侧重，不能片面强调其他加重情节的数量。从社会效果看，这样做有利于引导、分化抢劫犯罪分子，降低抢劫犯罪的暴力程度。如果不问被害人生死，只要其他情节严重，一律核准死刑，则使此类有一定节制的抢劫犯罪与滥用暴力、致人伤亡的严重抢劫犯罪在量刑上无法区别，从而可能助长犯罪分子无节制地实施暴力的现象，难以达到最大限度地保护公民人身权利的目的。[No. 5-263-91 王志坚抢劫、强奸、盗窃案]

△二人或二人以上共同犯罪致一名被害人死亡的案件中，原则上仅能判处一名被告人死刑立即执行。

2010年《最高人民法院关于贯彻宽严相济刑事政策的若干意见》第三十一条规定，“对于多名被告人共同致死一名被害人的案件，要进一步分清各被告人的作用，准确认定各被告人的罪责，以做到区别对待”。最高人民法院原副院长张军在“全国高、中级法院贯彻落实宽严相济刑事政策培训班”上曾明确强调：“对于数人共同致一人死亡的案件即便是按照‘杀人偿命’、‘一命抵一命’的传统朴素观念，原则上也不能对两名甚至两名以上的被告人同时适用死刑。”被告人张红亮与徐小四共同抢劫被害人常东山一人死亡，根据前述处理原则，是否应判处二被告人死刑，关键在于二被告人的地位作用能否区分，而地位作用的区分，必须结合犯意的提起、犯罪的准备、犯罪的实施以及事后表现等方面来具体分析。一、二审法院认为，在砸死被害人的问题上，张红亮、徐小四的地位和作用无法区分，最高人民法院对证据进行了更加细致的甄别和判断，认定徐小四在犯罪实施方面的作用都小于张红亮。因此最高人民法院认定一、二审法院对张红亮的量刑适当，依法核准张红亮死刑，改判徐小四死刑，缓期二年执行。[No. 5-263-108 张红亮等抢劫、盗窃案]

△在罪行极其严重的共同犯罪中，既没有直接实施犯罪行为，对犯罪后果又没有明确犯意的首要分子或者其他主犯，可不适用死刑立即执行。

共同犯罪中死刑的适用，首先，要根据整个共同犯罪的后果决定是否适用死刑，从宏观上考虑罪与刑之间整体的相对称性。整个共同犯罪的罪行极其严重，是对共同犯罪的被告人适用死刑的基础条件。其次，在确定对某一个共同犯罪案件应当适用死刑的前提下，进一步确定对一些罪量最大的被告人适用死刑，并应慎重适用多个死刑。在罪行极其严重的共同犯罪中，对于那些既没有直接实施犯罪，对该后果又没有明确犯意的首要分子或者其他主犯，可不适用死刑立即执行。[No. 6-1-292-8 莫洪德故意杀人案]

△因同案犯在逃而致被告人在共同犯罪中地位、作用不明的，不应判处死刑立即执行。

宋光军、叶红军均明知行李包内藏有毒品海洛因而实施运输行为。但是，在运输毒品行为中，宋光军、叶红军及杨波的地位、作用如何，是本案量刑的关键问题。叶红军供述杨波是毒品的所有人，其与宋光军均受雇于杨波。由于杨波在逃，三人在共同运输毒品中的地位和作用难以查清。宋光军虽是携毒者，但不能因为毒品在谁包里就推定谁的地位更重要、作用更大。判断共犯所处的地位和作用，必须全面分析。据叶红军供述，叶红军是受杨波指令监视宋光军的。从监视与被监视的关系看，叶红军的地位有可能高于宋光军。但这方面的证据不足，仅有叶红军一人的供述。因此，宋光军、叶红军在共同犯罪中的地位与作用，根据现有证据尚不足以认定。在叶红军已被判处死缓且裁判已经生效的情况下，一、二审法院对被告人宋光军判处死刑，立即执行，在两被告人之间很可能出现量刑失衡问题。宋光军虽系累犯，但因其所犯前罪为犯罪未遂，且不属毒品再犯，根据本案的具体情节，对宋光军判处死刑，可不立即执行。据此，最高人民法院改判宋光军死缓，既与本案事实、证据相符合，也与叶红军的量刑相平衡。[No. 6-7-347-28 宋光军运输毒品案]

△家庭成员参与共同犯罪，依法均可判处死刑的，一般不宜对所有家庭成员判处死刑立即执行。

对于一个家庭中有数名成员参与犯罪的死刑适用，已不单纯是法律问题，还涉及政策问题。虽然刑法及司法解释中没有对数名家庭成员共同犯罪，且罪行均极其严重的，对各被告人不宜均判处极刑作出相应的规定，但从法律效果和社会效果的有机统一出发，判处死刑不能不考虑我国社会的传统人情伦理观念，基于人道主义，在司法实践中，对于家庭成员共同犯罪的，可以根据各成员的地位、作用及对社会的危害程度，尽量有所区别，一般情况下不宜全部适用死刑立即执行。练永伟等贩卖毒品案中对共同实施犯罪的练氏兄弟中地位相对较低、作用相对较小的练永伟判处死刑，缓期二年执行，既严惩了犯罪，不会出现轻纵罪犯的不良后果，体现了法律的威严，也容易得到广大群众对于法院判决的理解和支持，有利于达到法院裁判的法律效果和社会效果的有机统一。[No. 6-7-347-29　练永伟等贩卖毒品案]

△为了逃跑将被害人置于危险境地致其死亡的，构成间接故意杀人罪，在量刑时一般不应判处死刑立即执行。

阳双飞等故意杀人、寻衅滋事案中，一审法院考虑到被害人已经死亡的事实，判处被告人阳双飞死刑立即执行。但是，一审法院对阳双飞作出这样的量刑没有全面考虑本案的具体犯罪情节。而二审法院改判阳双飞死缓刑是适当的。我国《刑法》第四十八条第一款规定："死刑只适用于罪行极其严重的犯罪分子。对于应当判处死刑的犯罪分子，如果不是必须立即执行的，可以判处死刑同时宣告缓期二年执行。"从本案具体情节看，当时有许多村民围在桥边，应该说被害人落水后获救的机会是比较大的。但是，由于光线较差等原因，村民不能看见吕振铭在落水后的具体位置，被害人最终因溺水死亡。在阳双飞为了夺路逃走的情况下，其推被害人的直接目的是逃跑，而不是为了杀人，其没有杀人的直接故意，而只有放任被害人落水后可能会出现淹死的间接故意，且这种间接故意较之持刀不计后果地捅刺他人造成死亡的间接故意杀人的主观恶性相对要小得多。因此，从被告人犯故意杀人罪的主观恶性及犯罪手段看，尚不属必须立即执行死刑的罪犯。[No. 6-1-293-10　阳双飞等故意杀人、寻衅滋事案]

第四十九条　【不适用死刑的对象】

犯罪的时候不满十八周岁的人和审判的时候怀孕的妇女，不适用死刑。

审判的时候已满七十五周岁的人，不适用死刑，但以特别残忍手段致人死亡的除外。

【立法沿革】

《中华人民共和国刑法》(1997 年修订，自 1997 年 10 月 1 日起施行)

第四十九条

犯罪的时候不满十八周岁的人和审判的时候怀孕的妇女，不适用死刑。

《中华人民共和国刑法修正案(八)》(自 2011 年 5 月 1 日起施行)

三、在刑法第四十九条中增加一款作为第二款：

"审判的时候已满七十五周岁的人，不适用死刑，但以特别残忍手段致人死亡的除外。"

【立法理由】

(一)立法相关背景及修改情况

1. **1979 年立法的情况**。1979 年《刑法》第四十四条规定："犯罪的时候不满十八岁的人和审判的时候怀孕的妇女，不适用死刑。已满十六岁不满十八岁的，如果所犯罪行特别严重，可以判处死刑缓期二年执行。"这是关于对特定对象限制适用死刑的规定。对于未成年人限制适用死刑，体现了我国对犯罪的未成年人一贯的刑事政策，即实行教育、感化、挽救的方针，坚持教育为主、惩罚为辅的原则。犯罪时未满十八岁的未成年人，考虑到其身心发育尚未完全成熟，辨别是非和控制自己行为的能力相对较弱，同时思想还不固定、可塑性尚大，相对容易接受改造等因素，不应当适用死刑。对于审判时怀孕的妇女，考虑到胎儿是无辜的，从人道主义出发，明确规定对其不适用死刑。

2. **1997 年修订刑法的情况**。1997 年修订刑法时，在总结以往立法与司法实践经验以及法学理论研究成果的基础上，对本条作了进一步的修改：一是将"犯罪的时候不满十八岁的人"修改为"犯罪的时候不满十八周岁的人"；二是删除"已满十六岁不满十八岁的，如果所犯罪行特别严重，可以判处死刑缓期二年执行"的规定。关于修改年龄表述，将"岁"改为"周岁"，是 1997 年刑法的统一修改，表述上也更为严谨和准确，针对实践中存在的"虚岁""周岁"的认识分歧，解决实务问题。关于对未成年犯判处死缓的规定是否应当保留，一直有反对意见认为，死缓在性质上只是死刑执行的一种制度，不是独立刑种，不应单独规定判处死缓；与刑法规定的"不满十八岁的人……不适用死刑"存在逻辑上的矛盾；从国外的情况看，绝大多数保留死刑的国家和地区都规定对未满十八岁的未成年人不适用死刑；1991 年 12 月，全国人大常委会已经批准加入《儿童权利公约》，该公约第三十七条规定，对未满十八岁的人所犯罪行不得判处死刑，我国对这一规定并未提出保留，就应当履行国际公约的要求，对国内法作相应调整。

对此,也有少数主张保留死缓的意见。立法机关最终出于严格限制死刑的立法精神和未成年人一贯刑事政策及与公约一致的考虑,**删除了对未成年人可以判处死缓的规定**。

3. 2011年《刑法修正案(八)》对本条的修改情况。《刑法修正案(八)》在第四十九条增加一款作为第二款:"审判的时候已满七十五周岁的人,不适用死刑,但以特别残忍手段致人死亡的除外。"1997年刑法对未成年人和怀孕的妇女不适用死刑作了规定,对老年人不适用死刑没有作出规定。长期以来,社会公众和专家学者多有对老年人不适用死刑的呼吁。中央司法体制和工作机制改革也要求积极探索有关老年人犯罪的司法制度,建立对老年人犯罪适当从宽处理的法律机制,明确适用的条件、范围和程序。立法机关做了大量调查研究工作:一是查阅了大量历史资料,我国自西周至唐、明、清各朝代及民国时期的法律都有老年人不负刑事责任或者不适用死刑的规定,在我国刑法史上对此已有比较完备的法律机制。二是严格控制、慎重适用死刑,是中华人民共和国成立以来一贯的刑事政策,尤其是近年来,对七十五周岁以上的老年人基本没有适用过死刑,所以对这部分老年人在法律上明确规定不适用死刑,其影响面极小或者基本没有影响,不会对现在的社会治安秩序造成危害。三是对七十五周岁以上的罪行极其严重的老年人,不适用死刑但可以适用无期徒刑,按照修改后的刑法规定,其实际执行期限最少为十五年,对于七十五周岁的人,服刑期满最少也要达到九十周岁,对于老年人来说,惩罚的力度已经足够,刑罚的目的可以实现。四是对老年人不适用死刑是我国已经签署的《公民权利和政治权利国际公约》所倡导的,许多国家和地区的法律也有这样的规定。五是对于极个别以特别残忍手段致人死亡的老年人保留适用死刑,符合罪责刑相适应原则,实现社会公正,也有利于安抚被害人家属,减少社会矛盾。综合考虑以上因素,《刑法修正案(八)》在本条增加第二款规定:审判的时候已满七十五周岁的人,不适用死刑,但以特别残忍手段致人死亡的除外。

(二)立法时争议的主要问题

《刑法修正案(八)》增加限制老年人犯罪死刑适用的规定,在立法过程中曾有过比较大的意见分歧,具体方案也经历了由开始的完全排除死刑适用到最终限制死刑适用的变化。2010年8月23日提请审议的《刑法修正案(八)(草案)》中曾经规定,已满七十五周岁的人,不适用死刑。对此,在征求意见和审议过程中,一些部门、地方以及专家学者表示赞成,有的甚至建议将七十五周岁改为七十周岁。一是与《老年人权益保障法》等相关法律中关于老年人年龄界定保持一致;二是实践中七十周岁以上的人犯应当适用死刑的犯罪极少,对这部分人规定不适用死刑,既不影响对犯罪的打击,又有利于进一步体现人道主义。但也有一些常委委员、部门、地方以及社会公众不赞成完全排除对这部分人的死刑适用,认为判处刑罚要考虑个罪的情况,有的老年人体力、智力、精神状况良好,如果以特别残忍手段致人死亡且社会影响极为恶劣的,不适用死刑难以平息社会矛盾,建议一般从宽处理,特殊情况要有所限制。根据以上情况,立法机关经过研究,为适应司法实践中各种复杂的情况,对老年人犯罪不适用死刑的情形以"但书"的形式进行了一定的限制。

(三)国际条约的规定

从国外的情况看,除很多国家废除死刑外,在保留死刑的国家,大多数都明文规定对十八周岁以下的未成年犯罪人不适用死刑,有的国家规定的排除死刑适用的年龄超过十八周岁,如古巴、保加利亚、匈牙利规定适用死刑的最低年龄为二十周岁。

从有关国际公约和文件看,《公民权利和政治权利国际公约》第六条第五款规定:"对十八岁以下的人所犯的罪,不得判处死刑;对孕妇不得执行死刑。"《儿童权利公约》也有禁止对未成年人适用死刑的专门内容,该公约第三十七(a)条规定,对未满十八岁的人所犯罪行不得判以死刑或无释放可能的无期徒刑。联合国经社理事会1984年通过的《关于保护面对死刑的人的权利的保障措施》第三条也明文规定:对犯罪时未满十八岁的人不得判处死刑,对孕妇或者新生婴儿的母亲不得执行死刑。

【条文说明】

本条是关于限制死刑适用对象的规定。

本条共分为两款。

第一款是关于**对未成年人和怀孕的妇女不适用死刑的规定**。根据本款规定,对下列两种人不能适用死刑:一是**犯罪时不满十八周岁的未成年人**。未成年人由于其生理和心理发育尚未成熟,社会阅历、社会经验也有限,规定对其不适用死刑(包括死刑缓期二年执行),主要是出于对未成年人的保护和刑事责任能力角度的考虑,且也与我国已经批准加入的《儿童权利公约》和已经签署的《公民权利和政治权利国际公约》中的有关规定相一致。**"犯罪时不满十八周岁的"**,是指实施犯罪行为时的年龄,对于犯罪时不满十八周岁但审判时已满十八周岁的,适用本条规定。"不满十八周岁”，是决定不适用死刑的年龄界限，在司法实践中应当一律按公历年、月、日计算实足年龄。自十八岁生日的第二天起，才认为已满十八周岁，在此之前，则为不满十八周岁。二是**对于在审判的时候怀孕的妇女不适用死刑**。这一规定主要是出于人道主义考虑，未出生的胎儿是无辜的，不能因其母亲犯罪而剥夺其出生的权利。所谓“**审判的时候怀孕的妇女**”，是指在人民法院审判的时候被告人是怀孕的妇女，也包括审判前在羁押时已经怀孕的妇女。因此，对于犯罪的怀孕妇女，无论是在被羁押或者受审期间怀孕的，都应视同审判时怀孕的妇女，不能适用死刑。

第二款是关于**对老年人不适用死刑的规定**。本款规定的“**审判的时候已满七十五周岁的人**”，是犯罪行为人作为被告人接受人民法院审判的阶段年满七十五周岁的情况。如果实施犯罪行为时尚不满七十五周岁，到审判阶段年满七十五周岁的，属于本款规定的情况。“**以特别残忍手段致人死亡**”，是指犯罪手段凶残、冷酷，如以肢解、残酷折磨、毁人容貌等特别残忍的手段致使被害人死亡的。① 本款规定的不适用死刑，也包括不适用死刑缓期二年执行。在实际适用本款规定时应当注意，只要被告人在人民法院作出判决前已年满七十五周岁的，就应适用本款规定。

在实际执行中，对犯罪时不满十八周岁的人和审判时怀孕的妇女“不适用死刑”，是指**绝对不适用死刑**。② 也就是说，只要满足法定条件，即使在行为人年满十八周岁或者怀孕的妇女流产、分娩以后也不能执行死刑。《最高人民法院关于对怀孕妇女在羁押期间自然流产审判时是否可以适用死刑问题的批复》明确，怀孕妇女因涉嫌犯罪在羁押期间自然流产后，又因同一事实被起诉、交付审判的，**应当视为“审判的时候怀孕的妇女”**，依法不适用死刑。这也符合立法精神。

另外，实践中也有这样的情况，有的犯了严重罪行的妇女，在羁押期间设法怀孕逃避被判处死刑，还有的犯罪组织专门利用怀孕妇女从事运输毒品等犯罪。上述利用刑法中的人道主义规定逃避严厉制裁的情况确实存在，但刑法的规定是明确的，只要符合本条规定的条件，一律不适用死刑。同时，对于前一种情况，应当严格羁押场所管理，依法追究相关责任人的责任，杜绝这种情况的发生。对于后一种情况，虽然不能适用死刑，但是依法运用刑法现有规定和刑罚手段也能起到严厉惩处严重犯罪的作用，如可以适用无期徒刑、限制减刑和假释等多种刑罚手段对犯罪分子予以惩处。

【司法解释】

《最高人民法院关于对怀孕妇女在羁押期间自然流产审判时是否可以适用死刑问题的批复》（法释〔1998〕18号，自1998年8月13日起施行）

△（**羁押期间自然流产；审判的时候怀孕的妇女；死刑**）怀孕妇女因涉嫌犯罪在羁押期间自然流产后，又因同一事实被起诉、交付审判的，应当视为“审判的时候怀孕的妇女”，依法不适用死刑。

【司法解释性文件】

《最高人民法院研究室关于如何理解“审判的时候怀孕的妇女不适用死刑”问题的电话答复》（1991年3月18日公布）

△（**在羁押期间已是孕妇的被告人；审判的时候怀孕的妇女**）在羁押期间已是孕妇的被告人，无论其怀孕是否属于违反国家计划生育政策，也不论其是否自然流产或者经人工流产以及流产后移送起诉或审判期间的长短，仍应执行我院〔83〕法研字第18号《关于人民法院审判严重刑事犯罪案件中具体应用法律的若干问题的答复》中对第三个问题的答复：“对于这类案件，应当按照刑法第四十四条和刑事诉讼法第一百五十四条③的规定办理，即：人民法院对‘审判的时候怀孕的妇女，不适用死刑’。如果人民法院在审判时发现，在羁押受审时已是孕妇的，仍应依照上述法律规定，不适用死刑。”

【参考案例】

△公安机关待犯罪嫌疑人分娩后再采取强制措施的，应认定为审判时怀孕的妇女。

张怡懿等故意杀人案中，由于公安机关已明知涉案的嫌疑人杨瞖怀孕而不对其采取有关强制

① “以特别残忍手段致人死亡”既包括以特别残忍手段故意杀人，也包括以特别残忍手段实施其他暴力犯罪致人死亡。参见张明楷：《刑法学》（第6版），法律出版社2021年版，第696页。

② 我国学者指出，此规定不宜作为量刑情节，而应作为法定刑的修正。譬如，十七周岁的未成年人故意杀人，对其不能适用死刑，故而《刑法》第二百三十二条的法定刑被修正为“无期徒刑或者十年以上有期徒刑”。适用经过修正的法定刑之后，还应当适用《刑法》第十七条第三款之规定（应当从轻或者减轻处罚）。参见张明楷：《刑法学》（第6版），法律出版社2021年版，第696页。

③ 2018年修正的《中华人民共和国刑事诉讼法》第二百六十二条。

措施,而是待其分娩后再予拘押,使得在表面上看杨礬不再具有依据法律规定原本应当具有的特别保护条件。显然,造成这一情形并非因法律所致,而是由于公安机关基于某种原因未能严格依照《刑事诉讼法》以及公安部的有关规定,及时对杨礬采取相关强制措施所致,由此产生的后果也就当然不应由被告人杨礬来承担。况且,即便对杨礬是在其分娩后才采取强制措施,也不能改变杨礬在分娩前就已被公安机关列为犯罪嫌疑人的事实。从有利于被告人的原则出发,人民法院对本案被告人杨礬视为审判时怀孕的妇女而不适用死刑是正确的。[No. 4-232-55 张怡懿等故意杀人案]

△怀孕妇女羁押期间做人工流产手术后脱逃,之后又被抓获交付审判的,仍然属于审判时怀孕的妇女,依法不适用死刑。

所谓审判时怀孕的妇女,不仅包括审判时正在怀孕的妇女,而且也应包括因犯罪被羁押时已怀孕,但在审判前因某种原因自然或人工流产的妇女,即适用于刑事诉讼的整个过程。也就是说,只要刑事诉讼程序已经启动,尚未结束,对此期间怀孕的妇女,无论基于何种原因,均不适用死刑。韩雅利贩卖毒品、韩镇平窝藏毒品案上诉人韩雅利因涉嫌贩卖毒品犯罪被羁押期间已经怀孕这一事实,不因其随后人工流产以及脱逃八年而改变。一审法院关于韩雅利人工流产脱逃八年之后再次被抓获审判时,怀孕的事实早已不复存在,不属于审判时怀孕的妇女,不适用死刑的条件已经灭失的理解,违背了上述司法解释的精神实质。

本案上诉人韩雅利人工流产后虽然脱逃八年,但审判的仍是其脱逃前贩卖毒品的同一犯罪事实,对其应当依法适用对怀孕妇女排除适用死刑的规定。二审法院改判韩雅利无期徒刑是正确的。[No. 6-7-347-18 韩雅利贩卖毒品、韩镇平窝藏毒品案]

△《刑法》第四十九条第二款中的"以特别残忍手段"杀人是对善良风俗、伦理底线、人类恻隐心的严重侵犯,应当从杀人手段以及行为过程等方面进行认定。

一般手段杀人与以特别残忍手段杀人,两者的相同之处在于侵害了被害人的生命权,两者的区别在于对善良风俗、伦理底线、人类恻隐心的侵犯程度不同。因此,对故意杀人罪中特别残忍手段的理解和认定,应当符合社会民众一般的观念。笔者认为,在具体案件中,对特别残忍手段可以综合以下几个方面理解和认定:(1)杀人手段:使用焚烧、冷冻、油煎、毒蛇猛兽撕咬、分解肢体、剥皮等凶残狠毒方法杀死被害人的。(2)行为过程:犯罪行为持续时间长、次数频繁、折磨被害人的主观故意强。(3)以其他让社会公众普遍难以接受的手段和方式杀害被害人的。

胡金亭故意杀人案中,胡金亭在作案手段上选择的是持刀杀人,而并非其他不常见的凶残狠毒方法;在行为次数上仅捅刺了一刀,并非连续捅刺;在被害人失去反抗能力之后并没有再次捅刺。综上,胡金亭的犯罪手段一般,一审法院认定其作案手段为"特别残忍手段"不当,二审法院认定其作案手段不属于"以特别残忍手段致人死亡",依法不适用死刑是正确的。

以特别残忍手段致人死亡仅仅是"情节特别恶劣"的情形之一,"情节特别恶劣"涵盖范围更广。如果将"以特别残忍手段致人死亡"替换为"情节特别恶劣",无疑扩大了已满七十五周岁老年人适用死刑的限制范围,有违《刑法》第四十九条第二款的立法初衷。

本案中,一审法院在认定"以特别残忍手段致人死亡"时,将胡金亭有预谋、事先准备凶器以及在公开场合行凶等事实情状作为认定"特别残忍手段"的依据,实际混淆了对"特别残忍手段"与"情节特别恶劣"的认定,不当扩大了对老年人犯罪死刑适用的范围,与"有关老年人免除死刑"的立法精神相背离。二审法院认定胡金亭的故意杀人行为不属于"特别残忍手段"是正确的。[No. 4-232-92 胡金亭故意杀人案]

第五十条 【死缓的法律后果】

判处死刑缓期执行的，在死刑缓期执行期间，如果没有故意犯罪，二年期满以后，减为无期徒刑；如果确有重大立功表现，二年期满以后，减为二十五年有期徒刑；如果故意犯罪，情节恶劣的，报请最高人民法院核准后执行死刑；对于故意犯罪未执行死刑的，死刑缓期执行的期间重新计算，并报最高人民法院备案。

对被判处死刑缓期执行的累犯以及因故意杀人、强奸、抢劫、绑架、放火、爆炸、投放危险物质或者有组织的暴力性犯罪被判处死刑缓期执行的犯罪分子，人民法院根据犯罪情节等情况可以同时决定对其限制减刑。

【立法沿革】

《中华人民共和国刑法》(1997年修订，自1997年10月1日起施行)

第五十条

判处死刑缓期执行的，在死刑缓期执行期间，如果没有故意犯罪，二年期满以后，减为无期徒刑；如果确有重大立功表现，二年期满以后，减为十五年以上二十年以下有期徒刑；如果故意犯罪，查证属实的，由最高人民法院核准，执行死刑。

《中华人民共和国刑法修正案(八)》(自2011年5月1日起施行)

四、将刑法第五十条修改为：

"判处死刑缓期执行的，在死刑缓期执行期间，如果没有故意犯罪，二年期满以后，减为无期徒刑；如果确有重大立功表现，二年期满以后，减为二十五年有期徒刑；如果故意犯罪，查证属实的，由最高人民法院核准，执行死刑。

"对被判处死刑缓期执行的累犯以及因故意杀人、强奸、抢劫、绑架、放火、爆炸、投放危险物质或者有组织的暴力性犯罪被判处死刑缓期执行的犯罪分子，人民法院根据犯罪情节等情况可以同时决定对其限制减刑。"

《中华人民共和国刑法修正案(九)》(自2015年11月1日起施行)

二、将刑法第五十条第一款修改为：

"判处死刑缓期执行的，在死刑缓期执行期间，如果没有故意犯罪，二年期满以后，减为无期徒刑；如果确有重大立功表现，二年期满以后，减为二十五年有期徒刑；如果故意犯罪，情节恶劣的，报请最高人民法院核准后执行死刑；对于故意犯罪未执行死刑的，死刑缓期执行的期间重新计算，并报最高人民法院备案。"

【立法理由】

1. **1979年立法的情况**。1979年《刑法》第四十六条规定："判处死刑缓期执行的，在死刑缓期执行期间，如果确有悔改，二年期满以后，减为无期徒刑；如果确有悔改并有立功表现，二年期满以后，减为十五年以上二十年以下有期徒刑；如果抗拒改造情节恶劣、查证属实的，由最高人民法院裁定或者核准，执行死刑。"死刑缓期执行制度是我国死刑制度的一个创造，通过实施这一制度，大大减少了死刑实际执行数量，体现了严格控制和慎重适用死刑的政策。关于1979年刑法的规定，有以下几个方面需要注意：

一是关于死缓考验期。将死缓考验期规定为"二年"，可以有相对较为充足的时间对死缓罪犯进行监督考察。考验时间过短，起不到考察作用，考验时间过长，如果再加上考验期满减为无期徒刑或者有期徒刑的刑期，罪犯实际服刑的刑期过长，不利于鼓励其积极接受教育改造。这里的二年是考验期，不是给予人民法院办理减刑手续的办案时间，二年的考验期是固定的，没有规定延长或者缩短的制度。因此，二年期满符合减刑条件的，人民法院在**裁定减刑时的办案时间**与二年考验期要区分计算，不能因为裁定减刑需要一定时间，而将死缓考验期满后办理减刑手续的时间也作为死缓考验期间。比如，在二年考验期间积极接受教育改造，二年期满依法应当减为无期徒刑的，在办理减刑手续过程中，实施了故意犯罪，也只能按照二年考验期内的表现，先将死缓减为无期徒刑，再将新犯的罪判处相应刑罚，然后依法实行数罪并罚，而不能认为死缓减刑尚未结案，将二年考验期满以后的行为作为是否执行死刑的根据，这样实际上等于变相延长了死缓考验期。虽然办案时间不计入死缓考验期间，人民法院在办理减刑案件时也要及时办理，不应拖延时间。因为，虽然对于被减为无期徒刑的罪犯，办案时间对其服刑刑期没有明显影响，但是对于可能减为有期徒刑的罪犯，根据1979年《刑法》第四十七条"死刑缓期执行减为有期徒刑的刑期，从裁定减刑之日起计算"的规定，死缓二年考验期满至裁定减刑以前的关押时间，不算在减刑以后的刑期以内，裁定减刑案件办理拖延时间过长,会影响到罪犯实际服刑刑期。

二是关于死缓减为何种刑罚。根据本条规定,死缓期满一般应当减为无期徒刑,只有有立功表现的,才可以减为十五年至二十年有期徒刑。这样有利于保持死缓、无期徒刑、有期徒刑之间适度的刑罚阶梯,避免出现有的案件死缓减刑后比无期徒刑还轻,影响罪刑均衡的现象。

三是关于死缓执行死刑规定**由最高人民法院"裁定"或者"核准"**,是针对两种不同情形:如果死缓判决由最高人民法院作出,执行死刑应当由最高人民法院裁定;如果死缓判决由下级法院作出,执行死刑应当由最高人民法院核准。

2. **1997年修订刑法的情况**。1997年修订刑法时,在总结司法实践经验,听取各方面意见的基础上,对本条作了进一步的修改:

一是将死缓减为无期徒刑的条件由"如果确有悔改"修改为"如果没有故意犯罪",使得标准更为客观和可操作。这主要是因为:第一,实践中,多数被判处死缓的罪犯,在改造期间无抗拒改造情节,但可能属于表现平平,因为何为悔罪表现、有无悔罪表现、是否真诚悔罪等,实际上比较难以把握,如果严格按照标准,对这些表现平平的罪犯无论是减刑还是核准死刑似乎都于法无据。第二,死刑是一种最严厉的刑罚,既然已经符合"不是必须立即执行"的条件而宣告死刑缓期执行,罪犯在死缓考验期内的行为表现要作为立即执行死刑的条件,应当极为严格。因此,为进一步贯彻我国**"少杀、慎杀"的刑事政策**,需要进一步严格死缓罪犯执行死刑的条件,也就需要相应放宽死缓罪犯减为无期徒刑的条件。第三,此前已于1996年修正的《刑事诉讼法》,根据各方面意见,在第二百一十条第二款中已经将被判处死缓的罪犯的减刑条件修改为"没有故意犯罪",使得"确有悔改表现"的司法认定更为明确。从法律的一致性协调性考虑,刑法也应作出修改。

二是将减为有期徒刑的情形由"如果确有悔改并有立功表现"修改为"**如果确有重大立功表现**"。主要考虑是:第一,"确有悔改"的表现较难掌握,不利于司法机关的执行;第二,死缓一般减为无期徒刑,减为有期徒刑属于死缓减刑中的特殊情形,条件应该更严格,使其与其他减为无期徒刑的案件在条件上具有更大的差别,以体现刑事政策的区别,也更为科学合理。

三是将执行死刑的条件由"如果抗拒改造情节恶劣、查证属实的"修改为"**如果故意犯罪,查证属实的**"。主要考虑是:第一,有意见认为"抗拒改造情节恶劣"不够明确具体,作为法律标准可操作性不够,实践中难以掌握;第二,死刑具有极端严厉性,是否执行死刑可谓"生死两重天",对于判处死缓的犯罪分子核准执行死刑,条件应当更加严格,即便死缓罪犯在考验期间有一些抗拒管教的表现和言行或者犯有过失犯罪,其中情况往往比较复杂,很多情况下错不至死,一律执行死刑过于严厉,也不符合设置死缓制度的初衷和死刑政策。因此,只要没有故意犯罪,就不宜执行死刑。

四是将"由最高人民法院裁定或者核准"修改为"**由最高人民法院核准**"。主要是根据1996年修订的刑事诉讼法的规定,死刑案件一律由最高人民法院"核准",**不再使用"裁定"的表述**。

3. **2011年《刑法修正案(八)》对本条的修改情况**。一是将减为有期徒刑的期限由"十五年以上二十年以下"修改为"**二十五年有期徒刑**";二是增加一款作为第二款,规定:"对被判处死刑缓期执行的累犯以及因故意杀人、强奸、抢劫、绑架、放火、爆炸、投放危险物质或者有组织的暴力性犯罪被判处死刑缓期执行的犯罪分子,**人民法院根据犯罪情节等情况可以同时决定对其限制减刑**。"

1997年刑法实施以来,社会各方面反映,我国刑罚制度在实际执行中存在对有些被判处死刑缓期执行的犯罪分子实际执行的期限过短的情况。这样就出现了两个问题:一是判处死刑缓期执行的犯罪分子都犯有很严重的罪行,实际执行刑期过短,难以起到惩戒和威慑作用,不利于社会稳定;二是与死刑立即执行之间的差距过大,难以充分体现罪责刑相适应的原则。有必要严格限制对某些判处死刑缓期执行的罪行严重的罪犯的减刑,延长其实际服刑的刑期。为解决上述问题,《刑法修正案(八)》对本条作了上述修改,这是根据中央司法体制和工作机制改革关于落实**宽严相济的刑事政策**,建立严格的死刑缓期执行、无期徒刑执行制度,以及明确死刑缓期执行和无期徒刑减为有期徒刑后罪犯应实际执行的刑期的精神作出的。

4. **2015年《刑法修正案(九)》对本条的修改情况**。将本条第一款中执行死刑的条件和程序修改为"**如果故意犯罪,情节恶劣的,报请最高人民法院核准后执行死刑;对于故意犯罪未执行死刑的,死刑缓期执行的期间重新计算,并报最高人民法院备案**"。

被判处死刑缓期执行的都是罪行极其严重的犯罪分子,一般来讲,在死刑缓期执行期间又故意犯罪的,经查证属实后执行死刑,符合罪责刑相适应的原则。但是,由于刑法关于死刑缓期执行的罪犯执行死刑的条件在规定上偏于刚性,在有的案件中适用起来可能会出现问题。实践中，死刑缓期执行期间故意犯罪的情况比较复杂，有的是受牢头狱霸欺凌、虐待而反抗，殴打他人造成对方轻伤的，也有的故意犯罪情节轻微或者未遂的，如果一律执行死刑，过于严厉，因此增加规定由最高人民法院根据案件情况裁量。考虑到上述情况，《刑法修正案(九)》对死刑缓期执行的罪犯执行死刑的条件也作了修改，进一步提高了故意犯罪执行死刑的门槛，增加了“情节恶劣的”限制。上述修改，也体现了我国保留死刑，严格控制和慎重适用死刑的刑事政策，符合**少杀、慎杀的一贯政策主张**。同时，死缓期间故意犯罪，即使因为尚不属于“情节恶劣”的情况而未核准执行死刑，但再次犯罪的事实表明罪犯仍具有很大的人身危险性，如果只是不核准执行死刑，即使对新犯的罪依法判处刑罚，数罪并罚的结果也是被死缓所吸收，相当于没有相应的惩戒。因此，这次刑法修改根据各方面的建议，增加了**重新计算死缓考验期的制度**。这既是因为有必要对罪犯重新进行考察，也体现了对死缓期间故意犯罪的惩戒。

【条文说明】

本条是关于被判处死刑缓期执行的罪犯减刑或者执行死刑的条件及程序的规定。

本条共分为两款。

“死刑缓期执行”不是独立的刑种，而是死刑的一种执行方式。被判处死刑缓期执行的罪犯存在执行死刑和不再执行死刑两种可能性。为了正确处理判处死刑缓期执行的案件，本条第一款对于被判处死刑缓期执行的罪犯减刑和执行死刑的条件以及程序作了明确规定。

第一款规定，“**判处死刑缓期执行的，在死刑缓期执行期间，如果没有故意犯罪，二年期满以后，减为无期徒刑**”。这里所说的“**故意犯罪**”，依照《刑法》第十四条的规定，是指明知自己的行为会发生危害社会的结果，并且希望或者放任这种结果发生，因而构成犯罪的；不包括过失犯罪。[①] 是否构成“故意犯罪”，具体要看行为人的行为是否符合刑法分则关于个罪犯罪构成的要件的规定。判处死刑缓期执行的，在死刑缓期执行期间，“如果确有重大立功表现的，二年期满以后，减为二十五年有期徒刑”，这里所说的“**重大立功表现**”，是指《刑法》第七十八条所列的重大立功表现之一，即阻止他人重大犯罪活动的；检举监狱内外重大犯罪活动，经查证属实的；有发明创造或者重大技术革新的；在日常生产、生活中舍己救人的；在抗御自然灾害或者排除重大事故中，有突出表现的；对国家和社会有其他重大贡献的。

判处死刑缓期执行的，在死刑缓期执行期间，“**如果故意犯罪，情节恶劣的，报请最高人民法院核准后执行死刑**”。所谓“故意犯罪”，需要经人民法院审判确定。根据刑事诉讼法的有关规定，被判处死刑缓期执行的罪犯，在死刑缓期执行期间故意犯罪的，应当由监狱进行侦查，人民检察院提起公诉，罪犯服刑地的中级人民法院依法审判，所作的判决可以上诉、抗诉。所谓“**情节恶劣**”，需要结合犯罪的动机、手段、危害、造成的后果等犯罪情节，以及罪犯在缓期执行期间的改造、悔罪表现等综合确定。对于故意犯罪、情节恶劣的，在认定构成故意犯罪的判决、裁定发生法律效力后，应当层报最高人民法院核准后执行死刑。[②] 判处死刑缓期执行的，在死刑缓期执行期间，“**对于故意犯罪未执行死刑的，死刑缓期执行的期间重新计算**”。这里所规定的“故意犯罪未执行死刑的”，是指故意犯罪，但不属于情节恶劣，因而不执行死刑的。在这种情况下，死刑缓期执行期间重新计算，自故意犯罪的判决确定之日起计算。[③] 之所以规定重新计算缓期执行期间，是因为罪犯在原缓期执行期间故意犯罪，虽然依法不需要执行死刑，但属于在二年缓期执行期间仍具有明显社会危险的情形，需要重新确定一个缓期执行期间，再根据在新的缓期执行期内的表现，决定是执行死刑、减为无期徒刑还是减为二十五年有期徒刑。为

---

① 李希慧教授指出，刑法对故意犯罪的种类和性质没有限定。换言之，只要犯罪分子在死刑缓期执行期间实施了故意犯罪，不管其实施的是何种故意犯罪，也不论其实施的故意犯罪是既遂状态还是未完成状态的预备、未遂或中止，只要情节恶劣，就要核准执行死刑。参见赵秉志主编：《刑法总论》(第3版)，中国人民大学出版社2016年版，第342页。

② 犯罪分子在死刑缓期执行期间故意犯罪且情节恶劣，应在何时核准执行死刑？对此，学说上存在不同的见解。我国学者认为，死刑缓期执行是判处死刑同时宣告“缓期二年执行”，如果没有等到二年期满后就执行，可能违反死缓的本质。参见张明楷：《刑法学》(第6版)，法律出版社2021年版，第700页。对此，李希慧教授则认为，死缓是给犯罪分子自新机会的刑法制度，如果犯罪分子在死刑缓期执行期间内故意犯罪且情节恶劣，说明其没有珍惜此机会，行为人恶性不改，主观危险性极大。对此种情形，应及时由最高人民法院核准执行死刑，无须等到二年期满后核准执行。参见赵秉志主编：《刑法总论》(第3版)，中国人民大学出版社2016年版，第342页。

③ 我国学者指出，应从故意犯罪之日起重新计算。如果从裁定之日起计算，就会因为裁判经过的时间较长，而对被告人产生明显不利的后果。参见张明楷：《刑法学》(第6版)，法律出版社2021年版，第700页。

保证严格执行法律规定，保证对这类案件的审判质量，发挥最高人民法院的监督作用，本款明确规定，对于故意犯罪未执行死刑的，应当将案件情况报最高人民法院备案。最高人民法院发现法律适用确有错误的，应当依法予以纠正。需要注意的是，本款规定的故意犯罪，**必须发生在死刑缓期执行期间**，如果发生在死刑缓期执行期满后，不适用本款规定，而应当依照《刑法》第六十九条、第七十一条有关数罪并罚的规定处理。故意犯罪发生在死刑缓期执行期间，司法机关在死刑缓期执行期满以后发现犯罪事实的，适用本款规定。

第二款是《刑法修正案（八）》增加的内容。根据本款规定，**对一些罪行严重的犯罪分子，人民法院根据犯罪情节等情况可以同时决定对其限制减刑**。① 这些罪行严重的犯罪分子包括：被判处死刑缓期执行的累犯以及因故意杀人、强奸、抢劫、绑架、放火、爆炸、投放危险物质或者有组织的暴力性犯罪被判处死刑缓期执行的犯罪分子。其中，累犯没有犯罪性质的限制。有组织的暴力性犯罪，不限于本款所列举的几种暴力犯罪，包括有组织地实施故意伤害、破坏交通工具、以危险方法危害公共安全、黑社会性质的组织犯罪等。需要指出的是，上述规定**只是划定了一个可以限制减刑的人员的范围**，并不是上述被判处死刑缓期执行的九类罪犯都要限制减刑，应由人民法院根据其所实施犯罪的具体情况等综合考虑决定。这里的**"同时"**，是指判处死刑缓期执行的同时，不是在死刑缓期执行二年期满以后减刑的"同时"。**"限制减刑"**，是指对犯罪分子虽然可以适用减刑，但其实际执行刑期比其他被判处死刑缓期执行的罪犯减刑后的实际执行刑期更长。根据《刑法》第七十八条的规定，对于判处死刑缓期二年执行，人民法院依照本款规定限制减刑的犯罪分子，缓期执行期满后依法减为无期徒刑的，实际执行的刑期不能少于二十五年，缓期执行期满后依法减为二十五年有期徒刑的，实际执行的刑期不能少于二十年。

【司法解释】

《最高人民法院关于〈中华人民共和国刑法修正案（八）〉时间效力问题的解释》（法释〔2011〕9号，自2011年5月1日起施行）

△（**时间效力；死刑缓期执行；死刑缓期执行同时决定限制减刑**）2011年4月30日以前犯罪，判处死刑缓期执行的，适用修正前刑法第五十条的规定。

被告人具有累犯情节，或者所犯之罪是故意杀人、强奸、抢劫、绑架、放火、爆炸、投放危险物质或者有组织的暴力性犯罪，罪行极其严重，根据修正前刑法判处死刑缓期执行不能体现罪刑相适应原则，而根据修正后刑法判处死刑缓期执行同时决定限制减刑可以罚当其罪的，适用修正后刑法第五十条第二款的规定。（§2）

《最高人民法院关于〈中华人民共和国刑法修正案（九）〉时间效力问题的解释》（法释〔2015〕19号，自2015年11月1日起施行）

△（**时间效力；死刑缓期执行期间；故意犯罪**）对于被判处死刑缓期执行的犯罪分子，在死刑缓期执行期间，且在2015年10月31日以前故意犯罪的，适用修正后刑法第五十条第一款的规定。（§2）

【司法解释性文件】

《最高人民法院关于报送复核被告人在死缓考验期内故意犯罪应当执行死刑案件时应当一并报送原审判处和核准被告人死缓案卷的通知》（法〔2004〕115号，2004年6月15日公布）

△（**死缓考验期限内故意犯罪；一并审查；复核报告**）各高级人民法院在审核下级人民法院报送复核被告人在死缓考验期限内故意犯罪，应当执行死刑案件时，应当对原审判处和核准该被告人死刑缓期二年执行是否正确一并进行审查，并在报送我院的复核报告中写明结论。（§1）

△（**一案一报；报送材料内容**）各高级人民法院报请核准被告人在死缓考验期限内故意犯罪，应当执行死刑的案件，应当一案一报。报送的材料应当包括：报请核准执行死刑的报告，在死缓考验期限内故意犯罪应当执行死刑的综合报告和判决书各十五份；全部诉讼案卷和证据；原审判处和核准被告人死刑缓期二年执行，剥夺政治权利终身的全部诉讼案卷和证据。（§2）

【参考案例】

△对于因民间矛盾引发的故意杀人案件，被告人犯罪手段残忍，且系累犯，论罪应当判处死刑，但被告人亲属主动协助公安机关将其抓捕归案，并积极赔偿的，人民法院根据案件具体情节，

① 由于本款规定的"限制减刑"是根据犯罪人的犯罪性质与再犯罪可能性而非根据执行过程中的表现作出的，因此，"限制减刑"并不是真正意义上的刑罚执行制度，而是量刑制度。参见张明楷：《刑法学》（第6版），法律出版社2021年版，第700—701页。

从尽量化解社会矛盾角度考虑，可以依法判处被告人死刑，缓期二年执行，同时决定限制减刑。

李飞故意杀人案中，系因民间矛盾引发的犯罪；案发后李飞的母亲梁某某在得知李飞杀人后的行踪时，主动、及时到公安机关反映情况，并积极配合公安机关将李飞抓获归案；李飞在公安机关对其进行抓捕时，顺从归案，没有反抗行为，并在归案后始终如实供述自己的犯罪事实，认罪态度好；在本案审理期间，李飞的母亲代为赔偿被害方经济损失；李飞虽系累犯，但此前所犯盗窃罪的情节较轻。综合考虑上述情节，可以对李飞酌情从宽处罚，对其可不判处死刑立即执行。同时，鉴于其故意杀人手段残忍，又系累犯，且被害人亲属不予谅解，故依法判处被告人李飞死刑，缓期二年执行，同时决定对其限制减刑。[No. 4-232-86　李飞故意杀人案]

△适用死刑缓期执行不以具有法定从轻、减轻情节为条件，但具有法定从轻、减轻情节的，一般不应适用死刑立即执行。

在司法实践中，对于具有法定可以从轻、减轻情节的犯罪分子，如果认为罪行极其严重，对其可不予从轻、减轻处罚，仍然应当依法判处其死刑的，在决定是否必须立即执行死刑的时候，应当充分考虑这些法定从轻、减轻处罚情节。因为，自首、立功特别是重大立功表现，在一定程度上表明了犯罪分子有悔罪之意，愿意接受国家法律的制裁，或者以实际行动补偿自己对社会的侵害，其人身危险性也有所减小，通过刑罚改造后复归社会的可能性增大。在对其不予从轻、减轻处罚的情况下，如果仍然判处死刑立即执行，不仅会降低宽严相济刑事政策的社会感召力，而且也不能取得犯罪分子亲属和社会公众的同情。因此，对于具有法定从轻特别是减轻处罚情节的犯罪分子，一般不应适用死刑立即执行。

被告人刘群所犯抢劫罪情节特别恶劣，后果特别严重，依法应当判处死刑。河北省高级人民法院在二审中全面审查案件事实，严格掌握刑事政策，充分考虑被告人刘群有检举揭发他人严重犯罪的重大立功表现和如实供述司法机关尚未掌握的同种犯罪事实等法定和酌定从轻处罚情节，认为被告人刘群可不立即执行死刑，依法以抢劫罪改判被告人刘群死刑，缓期二年执行，是正确和恰当的。[No. 5-263-47　刘群等抢劫、诈骗案]

△被判处死刑缓期二年执行的犯罪分子，在死缓执行期间发现判决宣告前还有其他罪没有判决，经对漏罪判决后，仍决定执行死刑缓期二年执行的，应报请高级人民法院重新核准。

安徽省阜阳市中级人民法院根据《刑法》第七十条的规定，对范昌平作出的（2004）阜刑初字第 87 号刑事判决，虽然与（2003）阜刑初字第 68 号刑事判决结果一致，但是该判决是基于范昌平在死缓执行期间发现漏罪而重新启动的一审程序，是对范昌平全部犯罪行为进行重新评判后所作出的判决，其性质仍为一审判决。故（2004）阜刑初字第 87 号刑事判决必须报请安徽省高级人民法院重新核准后，才能发生法律效力。对于（2004）阜刑初字第 87 号刑事判决，范昌平可以提出上诉，检察机关也可以抗诉。安徽省高级人民法院在复核时，完全可以根据《最高人民法院关于执行〈中华人民共和国刑事诉讼法〉若干问题的解释》（现已失效）第二百七十八条的有关规定，按照案件的具体情形作出予以核准、发回重审或改判的处理决定。[No. 5-263-56　范昌平抢劫、盗窃案]

△被判处死缓的犯罪分子，又因其他原因重新被判处死缓，其死缓执行期间从重新判处死缓的判决确定之日起计算，已经执行的原死缓期间不计算在新的死缓判决的执行期间之内。

安徽省阜阳市中级人民法院根据《刑法》第七十条的规定，基于发现范昌平在死缓执行期间有漏罪而作出（2004）阜刑初字第 87 号刑事判决，该判决通过数罪并罚的方式吸收了（2003）阜刑初字第 68 号刑事判决的内容，因此，（2003）阜刑初字第 68 号刑事判决已经没有独立存在的意义，死缓执行期间也自然要从发生法律效力的判决确定之日起计算。

死刑缓期二年执行中的二年是死缓的执行期间，具有考验罪犯的意义，如果罪犯在二年之内没有故意犯罪，对罪犯就不再执行死刑，因此，死刑缓期二年执行中的二年不属已经执行的刑期，不能予以折抵。据此，对范昌平死刑缓期执行的期间，应从新的死缓判决确定之日起计算，也就是从安徽省高级人民法院（2005）皖刑复字第 63 号刑事裁定宣告或送达范昌平之日起计算，原死缓判决已经执行的期间不应计算在新的死缓执行期间之内。[No. 5-263-57　范昌平抢劫、盗窃案]

△共同犯罪中对判处死刑缓期执行的被告人，可以根据其主观恶性、人身危险性的大小，必要时决定限制减刑。

对判处死刑缓期执行的被告人决定限制减刑应当遵循罪刑法定、罪刑相适应与有利于严格执行死刑政策三项基本原则。

根据《刑法》第五十条第二款的规定，对被判处死刑缓期执行的被告人，仅在三种情形下可以同时决定限制减刑：(1) 累犯；(2) 因实施故意杀人、强奸、抢劫、绑架、放火、爆炸、投放危险物质七种具体犯罪而被判处死刑缓期执行;(3)因实施有组织的暴力性犯罪而被判处死刑缓期执行。对除此三种情形之外判处被告人死刑缓期执行的,一律不得限制减刑。

限制减刑应当仅适用于判处死刑立即执行过重,但判处死刑缓期执行不限制减刑又偏轻的案件。从《刑法》第五十条第二款的规定看,尽管刑法已将死刑缓期执行限制减刑的范围限制于前述三种情形,但因刑法规定是否限制减刑要由人民法院根据"犯罪情节等情况"作出决定,存在一定弹性或者裁量余地,故在司法适用中十分有必要强调遵循罪刑相适应原则。具体而言,对判处死刑缓期执行的被告人决定是否限制减刑,要综合考虑犯罪的性质,犯罪的起因、动机、目的、手段等情节,犯罪的后果,被告人的主观恶性和人身危险性等因素,全面分析量刑情节,严格依法适用,确保实现法律效果与社会效果的有机统一。对于判处死刑缓期执行不需限制减刑,就能做到有效制裁犯罪的案件,绝不应当对被告人限制减刑。工作中遇到是否须限制减刑把握不准的案件,更应注重评估裁判的效果,避免简单适用限制减刑。

从立法目的看,对判处死刑缓期执行的被告人限制减刑,并不是为了单纯加重死刑缓期执行刑的严厉性,而是为进一步严格执行死刑政策创造条件。即通过延长部分死刑缓期执行罪犯的实际执行期,改变以往"死刑过重、生刑过轻"的刑罚执行不平衡现象。如果认为刑法规定死刑缓期执行限制减刑制度只是单纯增强了死刑缓期执行刑的严厉性,而不从立法目的来把握限制减刑的适用条件,就会造成对限制减刑的不当适用甚至滥用,出现死刑未得到控制而生刑又加重了的违背立法目的的现象。因此,在审判工作中对判处死刑缓期执行的被告人限制减刑,必须以有利于严格执行死刑政策为前提。

近年来为严格控制和慎重适用死刑,对于二人或者多人共同犯罪致一人死亡的案件,要进一步区分主犯之间的罪责大小,仅对其中罪责最大的主犯判处死刑立即执行。这种政策把握在2010年《最高人民法院关于贯彻宽严相济刑事政策的若干意见》中有明确规定,即"对于多名被告人共同致死一名被害人的案件,要进一步分清各被告人的作用,准确确定各被告人的罪责,以做到区别对待;不能以分不清主次为由,简单地一律判处重刑"。这里的"重刑"主要是指死刑立即执行。在有些案件中,数名主犯之间罪责差别不大,罪责相对略小的主犯被判处了死刑缓期执行。对这类主犯是否限制减刑,关键看其主观恶性和人身危险性的大小。如果被判处死刑缓期执行的被告人犯罪手段残忍,犯罪性质和情节恶劣,或者是累犯或者有前科,表现出较大的主观恶性和人身危险性的,在符合《刑法》第五十条第二款规定的前提下,可以决定对其限制减刑。这样把握,既体现出严格执行死刑政策,又充分体现了对此类主犯的严惩,实现与判处死刑立即执行主犯之间的量刑平衡。

被告人平建卫一方面在抢劫共同犯罪中行为积极主动,首先动手捅刺被害人,其供述自己一人捅刺了被害人多刀,且系从正面捅刺,是致死被害人的直接责任人之一,罪行极其严重,论罪可以判处死刑立即执行。另一方面平建卫虽罪行极其严重,但系被宋江平纠集参与作案,在作案过程中听从宋江平指挥,一定程度上处于受支配地位,且犯罪时刚满十八周岁,归案后认罪、悔罪态度尚好,从严格执行死刑政策角度出发,尚不属于判处死刑立即执行的情形。抢劫罪是《刑法》第五十条第二款规定的可以限制减刑的七种具体犯罪之一,鉴于前两点理由,且为实现与第一主犯宋江平之间的量刑平衡,对平建卫判处死刑缓期执行,应当同时决定对其限制减刑。

本案发生在2008年,而《刑法修正案(八)》自2011年5月1日起施行,似乎不能依据《刑法修正案(八)》对被告人平建卫限制减刑。但如前所述,死刑缓期执行限制减刑制度是从严格执行死刑政策的角度来适用的。限制减刑的对象是按照修正前刑法应当判处死刑立即执行,但因形势变化、宽严相济刑事政策的进一步贯彻以及死缓制度的完善,依照修正后刑法可不判处死刑立即执行者。相对于判处死刑立即执行而言,对被告人判处死刑缓期执行并限制减刑属于较轻的刑罚。在此种条件下,适用修正后的刑法对被告人有利,也完全符合"从旧兼从轻"的刑法适用原则。正是基于这些理由,《最高人民法院关于〈中华人民共和国刑法修正案(八)〉时间效力问题的解释》第二条第二款规定:"被告人具有累犯情节,或者所犯之罪是故意杀人、强奸、抢劫、绑架、放火、爆炸、投放危险物质或者有组织的暴力性犯罪,罪行极其严重,根据修正前刑法判处死刑缓期执行不能体现罪刑相适应原则,而根据修正后刑法判处死刑缓期执行同时决定限制减刑可以罚当其罪的,适用修正后刑法第五十条第二款的规定。"今后,对于此类案件适用限制减刑的时间效力问题,均应当依照司法解释的该项规定办理。

[No. 5-263-126 宋江平、平建卫抢劫、盗窃案]

△因婚恋矛盾激化引发的故意杀人案件,被告人犯罪手段残忍,但有坦白悔罪、积极赔偿情节

的,可以依法判处死刑缓期二年执行。

被告人王志才的行为已构成故意杀人罪,罪行极其严重,论罪应当判处死刑。鉴于本案系因婚恋纠纷引发,王志才求婚不成,恼怒并起意杀人,归案后坦白悔罪,积极赔偿被害方经济损失,且平时表现较好,故对其判处死刑,可不立即执行。同时考虑到王志才故意杀人手段特别残忍,被害人亲属不予谅解,要求依法从严惩处,为有效化解社会矛盾,依照《刑法》第五十条第二款等规定,判处被告人王志才死刑,缓期二年执行,同时决定对其限制减刑。[No. 4-232-103　王志才故意杀人案]

△被告人在死刑缓期执行期间因有漏罪被起诉,在漏罪审理期间又故意再犯新罪的,应认定属于死刑缓期执行期间故意犯罪。

《刑法》第七十条、第七十一条对漏罪与犯新罪分别确立了"先并后减"及"先减后并"的并罚原则。其原理在于漏罪仅是被告人在判决宣告以前未主动交代全部犯罪事实或者司法机关未全部查清犯罪事实,刑法、刑事诉讼法并不存在强制被告人坦白、认罪的规定,因此对漏罪确立"先并后减"的并罚原则,漏罪与未漏罪情形之间不存在处罚轻重的差异;而犯新罪是被告人在判决宣告以后的羁押期间或者服刑期间,又犯新罪,不但体现出被告人的主观恶性和人身危险性没有消除,而且体现出其对劳动改造的抵制态度,因此有必要区别犯新罪和未犯新罪的处罚轻重,确立"先减后并"的并罚原则具有内在合理性。被告人陈黎明实施故意伤害的犯罪行为发生在其因犯强奸罪第一次被核准判处死刑缓期执行的二年考验期限内,且陈黎明已收到浙江省高级人民法院的判决书,其主观上明知自己实施故意伤害的犯罪行为尚处于死刑缓期执行的二年考验期限内,还故意实施故意伤害犯罪行为,由此不但体现出陈黎明的主观恶性和人身危险性没有消除,而且体现出其对劳动改造和监狱制度的藐视和抵制态度,与未实施故意犯罪情形相比,应当对其从重处罚。

首先,从判决效力分析。2007 年 4 月 24 日,被告人陈黎明因犯有抢劫罪、敲诈勒索罪两项漏罪,被杭州市中级人民法院判处刑罚,并与前罪判处的死刑缓期执行并罚,再次判处陈黎明死刑缓期执行。虽然一审法院作出了新的判决,但就前罪判处陈黎明死刑缓期执行的终审判决已经生效,并没有因为一审法院对漏罪作出新的判决而失效。再者,前罪终审判决由浙江省高级人民法院作出,一审法院的判决在诉讼程序层面也不具备撤销上一级法院已作出的终审判决的效力。换言之,浙江省高级人民法院先前以强奸罪核准对陈黎明判处死刑缓期执行的终审裁定、复核判决书依然有效。基于这一分析,陈黎明所犯前罪的死刑缓期执行期间的起算日期,不应因为一审法院对漏罪作出新判决而发生改变。

其次,从刑事政策分析。刑法对在刑事诉讼过程中基于侥幸心理,有意隐瞒犯罪事实导致漏罪并再次审判因而损耗司法资源的被告人,虽然未确立从重处罚的原则,但至少应当禁止该类事由的发生成为对被告人有利的一个情节。如果在前罪的死刑缓期执行期间被告人因漏罪被起诉而不认定为死刑缓期执行期间,则意味着对犯新罪的罪犯而言,在死刑缓期执行期间发现漏罪被起诉的结果更为有利。这种结果必然会大大激发行为人犯罪后隐瞒犯罪的心理,显然与刑事政策背道而驰。

最高人民法院研究室于 1992 年 8 月 29 日公布的《关于罪犯在死刑缓期执行期间因有漏罪被判决后仍决定死刑缓期执行的是否需要重新核准死缓期间从何时起计算问题的电话答复》(已失效)针对罪犯在死刑缓期执行期间被发现漏罪的情形,规定其死刑缓期执行期间重新计算,本意旨在强调死刑缓期执行期间届满之日必须依据新判决确定之日予以计算,即将罪犯的死缓考验期限延长至漏罪判决的死缓考验期限,而不是缩短或扣减前罪判决的死缓考验期限。这与 2012 年 1 月 18 日最高人民法院公布的《关于罪犯因漏罪、新罪数罪并罚时原减刑裁定应如何处理的意见》规定的罪犯服刑期间被发现漏罪,会导致其此前减刑裁定无效的结果(仅在此后减刑时,对决定减刑的频次、幅度酌情予以考虑)吻合。故依据前述答复的规定,不能推断出罪犯在原死刑缓期执行判决确定之日至新死刑缓期执行判决确定之日这段时间,不属于罪犯的死刑缓期执行期间。对答复的内容要紧密结合刑法总则的相关规定进行理解,不可片面由答复的字面文义推断出罪犯在原死刑缓期执行判决确定之日至新死刑缓期执行判决确定之日这段时间,不属于罪犯的死刑缓期执行期间。[No. 4-234-45　陈黎明故意伤害案]

第五十一条　【死缓的期间及减为有期徒刑的刑期计算】
死刑缓期执行的期间，从判决确定之日起计算。死刑缓期执行减为有期徒刑的刑期，从死刑缓期执行期满之日起计算。

【立法理由】

1. **1979年立法的情况**。1979年《刑法》第四十七条规定:"死刑缓期执行的期间,从判决确定之日起计算。死刑缓期执行减为有期徒刑的刑期,从裁定减刑之日起计算。"刑法对被判处死刑缓期执行的期间和死刑缓期执行减为有期徒刑的刑期起算日期加以明确规定,是为了便于司法实践中具体执行,同时也有利于刑罚的执行更加准确。一是关于**死缓执行期间的起算**。1979年刑法将其规定为"判决确定之日",与管制、拘役、有期徒刑"判决执行之日"的起算时间不同。之间的差别在于,判决确定之后,到罪犯被送到刑罚执行场所实际开始执行刑罚往往有一段时间。就有期徒刑、拘役等刑期确定的刑罚而言,从实际执行之日开始,便于司法机关计算刑期,至于判决确定之后开始执行之前羁押的时间,刑法专门规定了折抵刑期的制度,这样罪犯实际执行的刑期不会因为刑期开始计算的时间较晚而被延长,其本身的合法权益能够得到保障。对于死缓罪犯而言,死刑缓期二年执行实际上是死刑的考验期,二年是一个法定期限,不适用刑期折抵。如果对于死缓罪犯也按照判决执行之日开始计算缓刑考验期,判决确定之后开始执行之前的时间就不好处理了。而且这一时间段要是发生应当执行死刑的情形,如又实施严重故意犯罪的,死缓考验期尚未开始,如何处理就成为问题。因此,刑法规定从判决确定之日起计算死缓考验期间,既能做到无缝衔接,又能将判决后、交付执行前的期间计入死缓执行期间,有利于保障死缓犯的合法权益。二是关于**死缓减为有期徒刑的起算**,规定为"**裁定减刑之日**",则是参考了1979年《刑法》第七十二条无期徒刑减为有期徒刑的规定,为司法机关实际执行确立明确标准。虽然此后根据各方面意见对此修改为死缓期满之日,但1979年刑法的这种规定法理上也是完全有其合理性的。因为死缓在性质上是死刑的一种执行制度,对死缓犯进行考验的判决基础是之前的死刑判决,死缓期满根据表现减为有期徒刑,属于死刑到有期徒刑刑种的变更,这种变更只有在裁定减为有期徒刑的时候才是确定的,也才成为对其执行有期徒刑的根据。至于死缓期满到裁定减为有期徒刑之间的期限,如果认为有必要计入刑期的,也可以考虑采取折抵有期徒刑刑期的做法。

2. **1997年修订刑法的情况**。1997年修订刑法时,为了解决司法实践中出现的问题,对本条作了进一步的修改:将死刑缓期执行减为有期徒刑的刑期计算由"裁定减刑之日起"修改为"**死刑缓期执行期满之日起**"。这主要是因为,从司法实践情况看,执行机关必须在判处死缓的罪犯二年期满之后提出减刑建议书,人民法院经过依法审理后,才能作出减刑的裁定。这样一来,死刑缓期执行减为有期徒刑的裁定日期,要比死刑缓期执行期满之日晚。这段时间既不属于死缓二年的执行期间,也不属于有期徒刑的执行期间。减刑后的刑期从裁定减刑之日起算的规定,实际延长了罪犯的实际服刑刑期。为更好地保护死缓犯的合法权益,体现刑法的人权保障精神,1997年刑法对此作出修改。

【条文说明】

本条是关于死缓执行的期间及死缓减为有期徒刑的刑期计算的规定。

根据本条规定,死刑缓期执行的期间,从判决确定之日起计算。这里所说的"**判决确定之日**",即判决生效之日,而不是指判决执行之日。因此,罪犯在判决生效后尚未送监执行的期限应当计入二年考验期内。但是,对罪犯在判决生效前先行羁押的日期不能折抵在二年考验期内。"**死刑缓期执行减为有期徒刑的**",是指对确有重大立功表现直接减为有期徒刑的,其有期徒刑的刑期从死刑缓期执行期满之日起计算。如果减刑裁定在死刑缓期执行期满以后生效,**死刑缓期执行期满之日至裁定减刑之日之间的时间应计入有期徒刑的刑期内**,但罪犯在死缓判决生效前先行羁押的日期和缓期执行的二年考验期不能计入有期徒刑的刑期内。①

① 我国学者指出,二年考验期的规定,是为了观察犯罪人在这二年内有无悔改表现。如果将先前羁押的时间计算在内,就减少了考验时间、丧失了考验的意义。参见张明楷:《刑法学》(第6版),法律出版社2021年版,第700页;黎宏:《刑法学总论》(第2版),法律出版社2016年版,第346页。

实践中需要注意的是,根据刑法规定,死刑缓期二年执行中的“二年”考验期是确定的,从判决确定之日起计算,**不存在中止、中断或者延长等情况**。按照刑法的规定,死缓罪犯二年考验期满之后减刑的,存在依法减为无期徒刑、有期徒刑两种可能。另外,在死缓考验期间,也有可能因为故意犯罪,情节恶劣而被核准执行死刑,或者未核准执行死刑。本条只规定了死缓期满依法减为有期徒刑的刑期计算,对于死缓期满依法减为无期徒刑的,由于无期徒刑不存在刑期起算问题,无需在立法中明文规定。对于被核准执行死刑的,则依照刑事诉讼法规定的程序执行死刑,不存在刑期计算问题;对于死缓期间故意犯罪,情节恶劣,但是未核准执行死刑的,其死缓考验期依法需要重新计算。

第六节 罚 金

第五十二条 【罚金数额的决定根据】
判处罚金,应当根据犯罪情节决定罚金数额。

【立法理由】

(一)立法相关背景

1979 年《刑法》第四十八条规定:“判处罚金,应当根据犯罪情节决定罚金数额。”1997 年修订刑法时沿用了 1979 年刑法的规定,未作修改。

根据《刑法》第三十四条的规定,罚金是刑法规定的一种附加刑,在性质上属于财产刑,是强制罪犯依照人民法院的判决向国家缴纳一定数量的金钱,以对其犯罪行为在经济上施以制裁。人民法院在判处罚金时,应当明确罚金的数额以便执行。刑法分则条文对于可以判处罚金刑的犯罪的罚金数额,有的规定了具体的数额幅度,有的规定按照违法所得或者涉案金额的一定倍数或者比例判处,有的未对数额或者倍数、比例作出明确规定,只是规定并处或者单处罚金,具体罚金的数额由人民法院在司法实践中根据个案的情况掌握。本条作为总则条款,对罚金数额确定的原则作出规定,既对制定和修改刑法分则有关罚金刑的规定时科学设定罚金刑有指导意义,也对司法机关在适用法律时根据案件情况决定罚金的具体数额有指导作用。

《刑法》第五条规定了罪责刑相适应原则,即刑罚的轻重,应当与犯罪分子所犯罪行和承担的刑事责任相适应。这一原则要求在刑事立法配置刑罚时,对于性质严重、社会危害性大的犯罪,规定较重的刑罚;对于性质、情节比较轻的犯罪,如过失犯罪等,规定较轻的刑罚。这一原则既适用于自由刑的设定,也适用于财产刑的设定。犯罪情节的轻重体现了犯罪分子的主观恶性程度和社会危害程度,根据犯罪情节决定罚金数额,体现了罪刑相适应原则。从刑法分则的规定来看,可以判处罚金的犯罪主要是涉及经济利益、有违法所得的犯罪,对于这些犯罪,在依法没收违法所得及其他涉案财物的同时,再根据犯罪情节判处罚金施以经济上的制裁,体现了**不让犯罪分子在经济上占到便宜的精神**。同时,考虑到一些犯罪特别是有组织犯罪,除依法没收违法所得之外,为了在经济上制裁犯罪活动,消灭其再犯罪的经济基础和再犯罪能力,刑法也设定了相应的罚金刑。在这种情况下,刑法规定依照犯罪情节判处罚金,对于在经济上与犯罪作斗争就有了更重要的意义。

(二)立法时争议的主要问题

1997 年修订刑法时,有的实务部门提出,1979 年刑法对于罚金刑裁量原则的规定过于原则,司法适用中实际操作存在一定困难,同时,司法自由裁量权过大,在有些案件中可能造成决定罚金数额的随意性。因此建议将本条修改为:**判处罚金,应当根据犯罪的性质、情节和犯罪人的实际经济情况,决定罚金数额**。以此为原则再在分则中根据不同犯罪的性质、情节设定罚金数额。还有的意见主张在总则中对罚金数额作一些原则性规定,如罚金的数额不得低于犯罪的违法所得数额,不得低于行政罚款数额,不得高于行政罚款数额的几倍等。后来考虑到罚金刑在实践中适用的范围比较广,情况很复杂,对罚金刑的数额在总则中难以规定得过于具体。如实践中有的经济犯罪涉案金额特别巨大,罪犯在被依法追缴违法所得后再承担罚金刑的经济能力有限,有的甚至连违法所得都难以完全追缴、退赔,如果再对其判处不低于违法所得数额的罚金,事实上远远超过其负担能力,不符合罪责刑相适应原则,也难以得到执行,容易造成“空判”的情况,损害法律的权威。另外,行政罚款与罚金的性质不同,作为行政罚款依据的法律法规的制定、修改与刑法不一定同步，刑法也难以对罚金数额与行政罚款的数额关系提出确定性的要求。考虑到这些因素，如果刑法总则对罚金刑的裁量原则的规定太具体，很多情况下难以适应复杂情况的需要，而过于严格限制司法机关具体适用罚金的自由裁量权，有时会给案件的处理带来困难和不便。经综合考虑各方面意见，**1997年刑法没有对1979年刑法的这一规定作出修改。**

【条文说明】

本条是关于**如何确定罚金数额的规定。**

根据本条规定，决定罚金数额的依据是"犯罪情节"。所谓"**犯罪情节**"，主要是指影响犯罪行为人罪行的危害程度、主观恶性的大小、手段是否恶劣、非法所得的多少、后果是否严重等与犯罪有关的各种情况。同时，犯罪行为人的经济负担能力也需要作为考虑的因素。[①] 如果罚金数额过多，超过了犯罪行为人的实际负担能力，犯罪行为人无法缴纳，这对教育改造犯罪行为人不利，同时由于罚金刑无法得到实际执行，也损害了法律的严肃性；如果罚金数额过少，则会使犯罪行为人感受不到经济惩罚，对犯罪行为人起不到惩戒作用。

刑法分则根据本条规定的原则，结合各有关犯罪的具体情况，对于可以判处罚金的犯罪的罚金数额作出不同规定，有的条文未具体规定罚金数额，只是规定了一定幅度或者倍数、比例。根据本条规定，无论是刑法分则明确规定了罚金刑幅度的，还是没有明确规定罚金刑幅度的，判处罚金刑时都**应当根据犯罪情节决定罚金数额。**

实践中需要注意的是，从近年来几个刑法修正案的情况看，在修改刑法分则有关条文时，在罚金刑幅度的规定方面，有不少条文删去了原来对于罚金具体数额幅度或者倍数、比例的规定，改为原则规定"并处罚金""并处或者单处罚金"。这主要是考虑到实际情况比较复杂，为了适应实践中惩治有关犯罪的需要，便于司法机关在处理各种不同情形的案件时，根据个案的实际情况合理决定罚金数额。对于没有具体的罚金裁量幅度的案件，司法机关在决定判处罚金的数额时，也还是应当按照本条规定的原则，根据犯罪情节审慎地行使自由裁量权，做到罚当其罪，罪责刑相适应。

【司法解释】

《最高人民法院关于适用财产刑若干问题的规定》（法释〔2000〕45号，自2000年12月19日起施行）

△（**"并处"罚金；"可以并处"罚金**）刑法规定"并处"没收财产或者罚金的犯罪，人民法院在对犯罪分子判处主刑的同时，必须依法判处相应的财产刑；刑法规定"可以并处"没收财产或者罚金的犯罪，人民法院应当根据案件具体情况及犯罪分子的财产状况，决定是否适用财产刑。（§1）

△（**罚金数额之确定；最低数额；未成年人犯罪**）人民法院应当根据犯罪情节，如违法所得数额、造成损失的大小等，并综合考虑犯罪分子缴纳罚金的能力，依法判处罚金。刑法没有明确规定罚金数额标准的，罚金的最低数额不能少于一千元。

对未成年人犯罪应当从轻或者减轻判处罚金，但罚金的最低数额不能少于五百元。（§2）

△（**数罪；并罚；总和数额；没收财产**）依法对犯罪分子所犯数罪分别判处罚金的，应当实行并罚，将所判处的罚金数额相加，执行总和数额。[②]

一人犯数罪依法同时并处罚金和没收财产的，应当合并执行；但并处没收全部财产的，只执行没收财产刑。（§3）

△（**单处罚金事由**）犯罪情节较轻，适用单处罚金不致再危害社会并具有下列情形之一的，可以依法单处罚金：

（一）偶犯或者初犯；

（二）自首或者有立功表现的；

（三）犯罪时不满十八周岁的；

（四）犯罪预备、中止或者未遂的；

（五）被胁迫参加犯罪的；

（六）全部退赃并有悔罪表现的；

（七）其他可以依法单处罚金的情形。（§4）

《最高人民法院关于审理未成年人刑事案件具体应用法律若干问题的解释》（法释〔2006〕1号，自2006年1月23日起施行）

△（**未成年罪犯；并处罚金；可以并处罚金；罚**

① 相同的学说见解，参见赵秉志主编：《刑法总论》（第3版），中国人民大学出版社2016年版，第345页。有学者指出，被告人的财产富裕，不能成为增加责任刑的情节，也不能成为增加预防刑的情节；被告人的贫穷，不能成为减少责任刑的情节，但可以成为减少预防刑的情节。参见张明楷：《刑法学》（第6版），法律出版社2021年版，第705页。

② 我国学者指出，其与现行《刑法》第六十九条第三款"数罪中有判处附加刑的，附加刑仍须执行，其中附加刑种类相同的，合并执行，种类不同的，分别执行"的规定相冲突。参见李立众编：《刑法一本通：中华人民共和国刑法总成》（第12版），法律出版社2016年版，第45页。

金数额之确定;代为垫付罚金)对未成年罪犯实施刑法规定的“并处”没收财产或者罚金的犯罪,应当依法判处相应的财产刑;对未成年罪犯实施刑法规定的“可以并处”没收财产或者罚金的犯罪,一般不判处财产刑。①

对未成年罪犯判处罚金刑时,应当依法从轻或者减轻判处,并根据犯罪情节,综合考虑其缴纳罚金的能力,确定罚金数额。但罚金的最低数额不得少于五百元人民币。

对被判处罚金刑的未成年罪犯,其监护人或者其他人自愿代为垫付罚金的,人民法院应当允许。(§ 15)

【司法解释性文件】

《全国法院维护农村稳定刑事审判工作座谈会纪要》(法〔1999〕217 号,1999 年 10 月 27 日公布)

△(**罚金;死刑;无期徒刑;有期徒刑**)凡法律规定并处罚金或者没收财产的,均应当依法并处,被告人的执行能力不能作为是否判处财产刑的依据。确实无法执行或不能执行的,可以依法执行终结或者减免。对法律规定主刑有死刑、无期徒刑和有期徒刑,同时并处没收财产或罚金的,如决定判处死刑,只能并处没收财产;判处无期徒刑的,可以并处没收财产,也可以并处罚金;判处有期徒刑的,只能并处罚金。

△(**罚金数额之确定**)对于法律规定有罚金刑的犯罪,罚金的具体数额应根据犯罪的情节确定。刑法和司法解释有明确规定的,按规定判处;没有规定的,各地可依照法律规定的原则和具体情况,在总结审判经验的基础上统一规定参照执行的数额标准。

△(**自由刑;罚金刑;选择适用**)对自由刑与罚金刑均可选择适用的案件,如盗窃罪,在决定刑罚时,既要避免以罚金刑代替自由刑,又要克服机械执法只判处自由刑的倾向。对于可执行财产刑且罪行又不严重的初犯、偶犯、从犯等,可单处罚金刑。对于应当并处罚金刑的犯罪,如被告人能积极缴纳罚金,认罪态度较好,且判处的罚金数量较大,自由刑可适当从轻,或考虑宣告缓刑。这符合罪刑相适应原则,因为罚金刑也是刑罚。

△(**数罪;罚金刑;没收财产**)被告人犯数罪的,应避免判处罚金刑的同时,判处没收部分财产。对于判处没收全部财产,同时判处罚金刑的,应决定执行没收全部财产,不再执行罚金刑。

第五十三条 【罚金的缴纳、减免】

罚金在判决指定的期限内一次或者分期缴纳。期满不缴纳的,强制缴纳。对于不能全部缴纳罚金的,人民法院在任何时候发现被执行人有可以执行的财产,应当随时追缴。

由于遭遇不能抗拒的灾祸等原因缴纳确实有困难的,经人民法院裁定,可以延期缴纳、酌情减少或者免除。

【立法沿革】

《中华人民共和国刑法》(1997 年修订,自 1997 年 10 月 1 日起施行)

第五十三条

罚金在判决指定的期限内一次或者分期缴纳。期满不缴纳的,强制缴纳。对于不能全部缴纳罚金的,人民法院在任何时候发现被执行人有可以执行的财产,应当随时追缴。如果由于遭遇不能抗拒的灾祸缴纳确实有困难的,可以酌情减少或者免除。

《中华人民共和国刑法修正案(九)》(自 2015 年 11 月 1 日起施行)

三、将刑法第五十三条修改为:

“罚金在判决指定的期限内一次或者分期缴纳。期满不缴纳的,强制缴纳。对于不能全部缴纳罚金的,人民法院在任何时候发现被执行人有可以执行的财产,应当随时追缴。

“由于遭遇不能抗拒的灾祸等原因缴纳确实有困难的,经人民法院裁定,可以延期缴纳、酌情减少或者免除。”

---

① 我国学者指出,对于未成年人犯罪,应尽量不判处罚金;即使必须判处罚金,也应免除罚金的执行。此措施旨在克服罚金刑可能违反刑罚一身专属性的缺陷,同时克服犯罪人因不能缴纳罚金而再次犯罪的现象。参见张明楷:《刑法学》(第 6 版),法律出版社 2021 年版,第 707 页。

【立法理由】

（一）立法相关背景及修改情况

1. 1979年立法的情况。1979年《刑法》第四十九条规定："罚金在判决指定的期限内一次或者分期缴纳。期满不缴纳的，强制缴纳。如果由于遭遇不能抗拒的灾祸缴纳确实有困难的，可以酌情减少或者免除。"这样规定，一是要体现罚金作为法律规定的财产刑的强制力，要求被判处罚金的罪犯必须按期足额缴纳罚金，否则由国家强制缴纳；二是也体现了刑法规定的人道主义，考虑到当事人的实际情况，可以分期缴纳罚金，也可以酌情减少或者免除。

2. 1997年修订刑法的情况。1997年修订刑法时，在总结以往立法与司法实践经验以及法学理论研究的基础上，对本条作了进一步的修改，主要是增加了"**对于不能全部缴纳罚金的，人民法院在任何时候发现被执行人有可以执行的财产，应当随时追缴**"的规定。这样修改是考虑到有的犯罪行为人作案以后或者在刑事诉讼过程中就将财产转移、隐匿，致使判处的罚金无法执行。为了进一步发挥罚金刑的作用，强化对犯罪行为人进行经济制裁的手段，不使犯罪行为人在经济上占便宜，增加了有关规定。这里规定的"**任何时候**"，是指人民法院判决发生法律效力后的任何时间，包括犯罪行为人被执行自由刑期间，也包括自由刑执行完毕刑满释放以后的任何时间。

3. 2015年《刑法修正案（九）》对本条的修改情况。将可以减免罚金的情形由"遭遇不能抗拒的灾祸"修改为"**遭遇不能抗拒的灾祸等原因**"；增加了可以**延期缴纳**的规定；明确由人民法院裁定的程序，将条文由一款调整规定为两款。这样修改，主要是考虑到，司法实践中，一些案件出现罚金执行难，空判率高，影响司法权威的情况。造成罚金空判的原因是多方面的。有的是判决时罚金数额确定得不科学，远远超出犯罪行为人的个人经济能力；有的是罚金执行机制不健全，该执行没有完全执行；也有的是犯罪行为人经济状况发生变化，难以再执行原判决确定的罚金。针对上述情况作了修改补充，在减免罚金之外增加延期缴纳的处理，并适当扩大其适用范围。

（二）立法时争议的主要问题

1997年修订刑法时，有的意见提出，为解决实践中罚金执行难的问题，借鉴外国刑法的有关规定，**增加罚金易服劳役或者劳动**的规定，即规定在指定的期限届满后，犯罪行为人无力或者无法缴纳罚金的，可以易服一定期限的劳役或者劳动。立法机关经研究认为，对于有能力缴纳罚金而不缴纳的，可以依照本条的规定强制缴纳；情节严重，构成刑法规定的拒不执行判决、裁定罪的，还可以依法追究刑事责任。对于因为经济困难等客观原因确实没有能力缴纳罚金的人，易服强制劳动，相当于因为经济原因而加重了其本应当判处的刑罚，不利于体现司法公正，对此，可以待日后其有经济能力时再缴纳。因此，**刑法没有规定罚金易服劳役或者劳动的制度**。

【条文说明】

本条是关于如何缴纳罚金的规定。

本条共分为两款。

第一款是关于**如何缴纳罚金和追缴罚金的规定**。根据本款规定，罚金应当按照判决指定的期限缴纳，可以一次缴纳，也可以分期缴纳。人民法院在判处罚金时，应当同时指定缴纳的期限，并明确是一次缴纳还是分期缴纳。一般说来，罚金数额不多，或者罚金数额虽然较多但缴纳并不困难的，可以限期一次缴纳；罚金数额较多，根据罪犯的经济状况，无力一次缴纳的，可以限定时间分期缴纳。[①] 至于罚金的缴纳期限，应当根据罪犯的经济状况和缴纳的可能性确定。对于罪犯期满不缴纳的，包括未缴纳完毕的，由人民法院强制缴纳。所谓"**强制缴纳**"，是指人民法院采取查封、拍卖罪犯的财产，冻结、扣划存款，扣留、收缴工资或者其他收入等办法，强制罪犯缴纳罚金。对于根据上述规定采取强制缴纳措施仍未能全部缴纳罚金的，人民法院在任何时候发现被执行人有可以执行的财产，包括主刑执行完毕后发现的，应当随时追缴。所谓"**追缴**"，是指人民法院对没有缴纳或者没有全部缴纳罚金的被执行人，在发现其有可供执行的财产时，予以追回上缴国库。这种情况下追缴财产，实际上仍是执行原判决判处的罚金刑。这样规定，可以使那些在人民法院执行罚金刑时采用各种手段转移、隐匿财产，逃避承担罚金刑的罪犯，或者在人民法院执行罚金刑时，一时不能缴纳或者全部缴纳，但事后有了执行能力的罪犯的刑事责任不至于落空。另外，赋予人民法院随时追缴的权力，也增强了罚金刑执行的威

---

① 我国学者指出，少采取一次缴纳，多实行分期缴纳，指定缴纳的期限也相对长一些。即使犯罪人具有一次缴纳的能力，也宜令其分期缴纳。此可以延长罚金刑的效果，克服罚金刑效果差、作用小以及执行难的缺陷。参见张明楷：《刑法学》（第6版），法律出版社2021年版，第707页。

慑力。

第二款是关于**延期缴纳、酌情减少或者免除罚金的规定**。根据本款规定，罪犯由于遭遇不能抗拒的灾祸等原因缴纳罚金确实有困难的，经人民法院裁定，可以延期缴纳、酌情减少或者免除。所谓“**不能抗拒的灾祸等原因**”，就是通常所说的“天灾人祸”，如遭遇火灾、水灾、地震等自然灾害或者罪犯及其家属重病、伤残等，以及其他一些导致缴纳罚金确实有困难的情形。对存在这些情形的，根据本款规定，可以延期缴纳、酌情减少或者免除。需要注意的是，遭遇不能抗拒的灾祸等是延期缴纳或者减免罚金的条件，但并不是凡有上述情况都可以延期缴纳或者减免罚金。只有由于遭遇不可抗拒的灾祸等原因造成缴纳罚金确实有困难的，才可以延期缴纳、酌情减少罚金数额或者免除全部罚金。“**延期缴纳**”，是指期满不能缴纳或者全部缴纳的，给予一定的延长期限缴纳罚金。具体延长多长时间，由人民法院根据罪犯的犯罪情节、经济状况、缴纳困难原因预期消除的时间等因素确定。延期缴纳罚金、酌情减少罚金或者免除罚金，均涉及对原判决的变更，程序上应当严格。根据本款规定，罚金延期缴纳、酌情减少或者免除，**需经人民法院裁定**。根据《最高人民法院关于适用〈中华人民共和国刑事诉讼法〉的解释》的有关规定，被执行人申请延期缴纳、酌情减少或者免除罚金的，应当提交相关证明材料。人民法院应当在收到申请后一个月以内作出裁定。符合法定条件的，应当准许；不符合条件的，驳回申请。

【司法解释】

《最高人民法院关于适用财产刑若干问题的规定》（法释〔2000〕45号，自2000年12月19日起施行）

△（**判决指定的期限**）刑法第五十三条规定的“判决指定的期限”应当在判决书中予以确定；“判决指定的期限”应为从判决发生法律效力第二日起最长不超过三个月。[①]（§ 5）

△（**由于遭遇不能抗拒的灾祸缴纳确实有困难的；“可以酌情减少或者免除”事由；书面申请；裁定**）刑法第五十三条规定的“由于遭遇不能抗拒的灾祸缴纳确实有困难的”，主要是指因遭受火灾、水灾、地震等灾祸而丧失财产；罪犯因重病、伤残等而丧失劳动能力，或者需要罪犯抚养的近亲属患有重病，需支付巨额医药费等，确实没有财产可供执行的情形。

具有刑法第五十三条规定“可以酌情减少或者免除”事由的，由罪犯本人、亲属或者犯罪单位向负责执行的人民法院提出书面申请，并提供相应的证明材料。人民法院审查以后，根据实际情况，裁定减少或者免除应当缴纳的罚金数额。（§ 6）

△（**罚金刑；人民币；计算单位**）罚金刑的数额应当以人民币为计算单位。（§ 8）

△（**财产刑；财产之扣押或冻结**）人民法院认为依法应当判处被告人财产刑的，可以在案件审理过程中，决定扣押或者冻结被告人的财产。（§ 9）

△（**执行法院；异地**）财产刑由第一审人民法院执行。

犯罪分子的财产在异地的，第一审人民法院可以委托财产所在地人民法院代为执行。（§ 10）

△（**强制缴纳；非法处置查封、扣押、冻结的财产罪**）自判决指定的期限届满第二日起，人民法院对于没有法定减免事由不缴纳罚金的，应当强制其缴纳。

对于隐藏、转移、变卖、损毁已被扣押、冻结财产情节严重的，依照刑法第三百一十四条的规定追究刑事责任。（§ 11）

《最高人民法院关于刑事裁判涉财产部分执行的若干规定》（法释〔2014〕13号，自2014年11月6日起施行）

△（**同时承担刑事责任、民事责任；执行顺序；优先受偿权；其他民事债务；罚金**）被执行人在执行中同时承担刑事责任、民事责任，其财产不足以支付的，按照下列顺序执行：

（一）人身损害赔偿中的医疗费用；

（二）退赔被害人的损失；

（三）其他民事债务；

（四）罚金；

（五）没收财产。

债权人对执行标的依法享有优先受偿权，其主张优先受偿的，人民法院应当在前款第（一）项规定的医疗费用受偿后，予以支持。（§ 13）

---

① 我国学者指出，此规定似未考虑罚金刑的缺陷——由于罚金刑的执行具有一时性，犯罪人在罚金缴纳完毕后就不再有受刑的观念，因而惩罚作用降低，以及罚金刑执行难。因此，“判决指定的期限”应当更长。参见张明楷：《刑法学》（第6版），法律出版社2021年版，第706页。

第七节　剥夺政治权利

第五十四条　【剥夺政治权利的内容】
剥夺政治权利是剥夺下列权利：
（一）选举权和被选举权；
（二）言论、出版、集会、结社、游行、示威自由的权利；
（三）担任国家机关职务的权利；
（四）担任国有公司、企业、事业单位和人民团体领导职务的权利。

【立法理由】

（一）立法相关背景及修改情况

1. **1979 年立法的情况**。1979 年《刑法》第五十条规定："剥夺政治权利是剥夺下列权利：（一）选举权和被选举权；（二）宪法第四十五条规定的各种权利；（三）担任国家机关职务的权利；（四）担任企业、事业单位和人民团体领导职务的权利。"根据刑法关于刑罚种类的规定，剥夺政治权利是附加刑，在性质上属于**资格刑**，是依法剥夺罪犯一定期限内参加国家管理和政治活动权利的刑罚，主要适用于危害国家安全和其他严重危害社会治安的罪犯。本条规定明确了剥夺政治权利的具体内容，即剥夺罪犯的哪些权利，便于司法实践具体操作，准确适用刑罚。本条规定的权利主要是宪法和法律规定的参与国家政治活动和政治事务，参与公共管理的权利。剥夺罪犯的这些权利，体现了国家在政治上对其犯罪行为的否定和惩戒。

2. **1997 年修订刑法的情况**。1997 年修订刑法时，在总结以往立法与司法实践经验以及法学理论研究的基础上，对本条作了进一步的修改：

一是**删去了原条文中第（二）项规定的"宪法第四十五条规定的各种权利"**，并明确了其具体内容。这是因为 1982 年《宪法》将 1979 年修正的《宪法》第四十五条修改为"中华人民共和国公民有言论、出版、集会、结社、游行、示威的自由"，修改本条的规定与宪法修改后的条文相衔接。同时，刑法具体规定有关政治权利的内容，也更加明确。

二是在第（四）项中**补充了剥夺担任"国有公司"领导职务的权利**，并将原规定的企业、事业单位明确为国有性质的。1979 年刑法制定之时，我国刚刚开始改革开放，绝大部分企业、事业单位都是全民所有制或者集体所有制的，担任这些单位的领导职务，与担任国家机关职务一样都带有较强的政治上的要求。1997 年修订刑法时，伴随着改革开放的深入，我国的经济体制发生了很大变化，市场主体和社会组织的构成发生了很大变化，企业、事业单位除国有和集体所有的外，还出现了大量个体私营、外商独资、中外合资等非公有制的企业和民办非企业单位。担任这些非公有制企业领导职务，不再需要较高的政治条件。因此，刑法修订**在本条规定的企业、事业单位前增加了"国有"的限定条件**。同时，根据社会主义市场经济体制和国有企业改革与建立现代企业制度的情况，**增加了"国有公司"的规定**。

（二）立法时争议的主要问题

1997 年修订刑法工作中，有的意见提出，《宪法》第三十五条规定了公民的言论、出版、集会、结社、游行、示威的自由，没有规定这六项权利可以被剥夺，刑法规定剥夺公民的上述权利**缺乏宪法依据**，在执行上也存在困难。立法机关经研究认为，尽管上述六项权利是宪法规定的公民的基本权利，但《宪法》第五十一条规定，中华人民共和国公民在行使自由和权利的时候，不得损害国家的、社会的、集体的利益和其他公民的合法的自由和权利。第二十八条规定，国家维护社会秩序，镇压叛国和其他危害国家安全的犯罪活动，制裁危害社会治安、破坏社会主义经济和其他犯罪的活动，惩办和改造犯罪分子。司法机关依法对特定的犯罪分子的六项权利在一定期限内予以剥夺，是有宪法依据的。**1997 年刑法保留了有关剥夺六项权利的规定**。

【条文说明】

本条是关于剥夺政治权利内容的规定。

根据本条规定，剥夺政治权利包括剥夺以下四项权利：一是**选举权和被选举权**。所谓"选举权"，是指宪法和选举法规定的，公民参加选举活动，按照本人的自由意志投票选举人民代表等职务的权利,即参加投票选举的权利;“被选举权”,是指根据宪法和选举法的规定,公民可以被提名为人民代表大会代表等职务的候选人,当选为人民代表等职务的权利。选举权和被选举权是公民的基本政治权利,是公民参与国家管理的必要前提和有效途径,被剥夺政治权利的犯罪行为人当然不能享有此项权利。二是**言论、出版、集会、结社、游行、示威自由的权利**。所谓言论自由,是公民以言语表达意思的自由;出版自由,是指以文字、音像、绘画等形式出版作品,向社会表达思想的自由;结社自由,是指公民为一定宗旨组成某种社会组织的自由;集会自由和游行、示威自由,都是公民表达自己见解和意愿的自由,只是表达的方式不同。这六项自由,是我国宪法规定的公民的基本政治自由,是人民发表意见、参加政治活动和国家管理的自由权利,被依法剥夺政治权利的人不能行使这些自由。三是**担任国家机关职务的权利**。“国家机关”包括国家各级权力机关、行政机关、监察机关、司法机关以及军事机关等。所谓“担任国家机关职务”,是指在上述国家机关中担任领导职务,或者领导职务以外的其他职务,如担任审判人员、检察人员、书记员或者其他行政职务。被剥夺政治权利的人,不能担任这些职务。四是**担任国有公司、企业、事业单位和人民团体领导职务的权利**。根据本条规定,被剥夺政治权利的人可以在国有公司、企业、事业单位和人民团体中继续工作,但是不能担任领导职务。

实践中需要注意的是,**被剥夺政治权利的人担任集体、私营企业和事业单位领导职务的权利**不属于剥夺政治权利的范围,其他法律规定或者人民法院判决的禁止令、职业禁止另有要求的,按其要求执行。

【司法解释性文件】

《全国人民代表大会常务委员会法制工作委员会、最高人民法院、最高人民检察院、公安部、司法部、民政部关于正在服刑的罪犯和被羁押的人的选举权问题的联合通知》(法工委联字〔84〕1号,1984年3月24日公布)

△(**服刑人员;被羁押人员;选举权**)对准予行使选举权利的被羁押的人和正在服刑的罪犯,经选举委员会和执行羁押、监禁的机关共同决定,可以在原户口所在地参加选举,也可以在劳改场所参加选举;可以在流动票箱投票;也可以委托有选举权的亲属或者其他选民代为投票。(§ 5)

《最高人民法院、最高人民检察院、公安部、劳动人事部关于被判处管制、剥夺政治权利和宣告缓刑、假释的犯罪分子能否外出经商等问题的通知》[〔86〕高检会(三)字第2号,1986年11月8日公布]

△(**剥夺政治权利;外出经商;事先经公安机关允许**)对被判处管制、剥夺政治权利和宣告缓刑、假释的犯罪分子,公安机关和有关单位要依法对其实行经常性的监督改造或考察。被管制、假释的犯罪分子,不能外出经商;被剥夺政治权利和宣告缓刑的犯罪分子,按现行规定,属于允许经商范围之内的,如外出经商,需事先经公安机关允许。(§ 1)

△(**剥夺政治权利;工商管理部门;批准在常住户口所在地自谋生计;就地从事或承包农副业生产**)犯罪分子在被管制、剥夺政治权利、缓刑、假释期间,若原所在单位确有特殊情况不能安排工作的,在不影响对其实行监督考察的情况下,经工商管理部门批准,可以在常住户口所在地自谋生计;家在农村的,亦可就地从事或承包一些农副业生产。(§ 2)

△(**剥夺政治权利;国营或集体企事业单位的领导职务**)犯罪分子在被管制、剥夺政治权利、缓刑、假释期间,不能担任国营或集体企事业单位的领导职务。(§ 3)

《最高人民检察院关于被判处管制、剥夺政治权利和宣告缓刑、假释的犯罪分子能否担任中外合资、合作经营企业领导职务问题的答复》(高检研发〔1991〕4号,1991年9月25日公布)

△(**剥夺政治权利;外出经商;中外合资、合作企业**)最高人民法院、最高人民检察院、公安部、劳动人事部〔86〕高检会(三)字第2号《关于被判处管制、剥夺政治权利和宣告缓刑、假释的犯罪分子能否外出经商等问题的通知》第三条所规定的不能担任领导职务的原则,可适用于中外合资、中外合作企业(包括我方与港、澳、台客商合资、合作企业)。

第五十五条　【剥夺政治权利的期限】
剥夺政治权利的期限，除本法第五十七条规定外，为一年以上五年以下。
判处管制附加剥夺政治权利的，剥夺政治权利的期限与管制的期限相等，同时执行。

【立法理由】

（一）立法相关背景及修改情况

1. **1979年立法的情况**。1979年《刑法》第五十一条规定："剥夺政治权利的期限，除本法第五十三条规定外，为一年以上五年以下。判处管制附加剥夺政治权利的，剥夺政治权利的期限与管制的期限相等，同时执行。"剥夺政治权利作为法定的附加刑，应当有明确的期限，才便于执行机关执行。由于剥夺政治权利资格刑的性质和附加刑既可以附加于主刑适用，又可以独立适用的特点，其期限也根据是独立适用还是附加适用，附加于何种主刑适用有所不同。从刑法分则的规定来看，关于剥夺政治权利的条文都没有规定剥夺政治权利的期限，在适用这些规定时，均应结合本条规定确定适用剥夺政治权利刑的幅度。本条第二款还根据管制刑的特点，对同时判处剥夺政治权利的如何执行作出了明确规定。

2. **1997年修订刑法的情况**。1997年修订刑法时，对本条作了进一步的修改，根据刑法修订后刑法条文序号变化的情况，将原条文中的"第五十三条"修改为"第五十七条"。

（二）立法时争议的主要问题

1997年修订刑法工作中，有的意见提出，管制附加剥夺政治权利的情况实践中很少见，**建议删去有关管制附加剥夺政治权利期限计算的规定**。立法机关经研究认为，根据刑法规定，被判处管制的人，也有可能会被附加适用剥夺政治权利，如对一些危害国家安全犯罪设置了管制刑，而根据刑法总则中的规定，犯危害国家安全犯罪的，应当附加剥夺政治权利。如果删除管制附加剥夺政治权利期限与执行的规定，会导致在这种情况下如何适用和执行剥夺政治权利不明确，进而产生刑罚执行的不统一。最后，立法机关经研究，**保留了管制附加剥夺政治权利期限与执行的规定**。

【条文说明】

本条是关于剥夺政治权利期限的规定。

本条共分为两款。

第一款是关于**剥夺政治权利期限的一般性规定**。根据本款规定，除《刑法》第五十七条规定的死刑、无期徒刑以及死刑缓期执行、无期徒刑减为有期徒刑附加剥夺政治权利的期限外，**剥夺政治权利的期限为一年以上五年以下**。这里包括了**单处剥夺政治权利**和**附加剥夺政治权利**两种情况，附加剥夺政治权利的，又包括有期徒刑附加剥夺政治权利和拘役附加剥夺政治权利两种情形。司法实践中，对罪犯判处剥夺政治权利的时候，应当根据犯罪的性质、危害程度以及情节轻重决定剥夺政治权利的期限，尤其是附加剥夺政治权利的刑期，应与所判处的主刑轻重相适应。

第二款是关于**判处管制附加剥夺政治权利的期限规定**。本款规定有两层意思。一是**剥夺政治权利的期限与管制的期限相等**，即在判处管制的同时附加判处剥夺政治权利的，判处管制的期限与判处附加剥夺政治权利的期限长短完全相同。根据《刑法》第三十八条的规定，管制的期限为三个月以上二年以下，管制附加的剥夺政治权利的期限也是三个月以上二年以下。二是**管制与附加的剥夺政治权利同时执行**，是指剥夺政治权利的刑罚不是要等管制期满后再执行，而是应在管制开始时就一同执行，当罪犯管制期满解除管制时，政治权利也同时恢复。

实践中需要注意的是，根据本条第二款的规定，管制附加剥夺政治权利的，两种刑罚期限相同，同时执行。但根据刑法、刑事诉讼法、社区矫正法等法律的有关规定，管制和剥夺政治权利两种刑罚的执行机关不同。**管制由社区矫正机构负责执行，剥夺政治权利由公安机关负责执行**。对于罪犯被判处管制附加剥夺政治权利的，社区矫正机构和公安机关应当加强协调配合，共同做好监督执行工作，确保两种刑罚同时执行到位。

第五十六条　【剥夺政治权利的适用对象】

对于危害国家安全的犯罪分子应当附加剥夺政治权利；对于故意杀人、强奸、放火、爆炸、投毒、抢劫等严重破坏社会秩序的犯罪分子，可以附加剥夺政治权利。

独立适用剥夺政治权利的，依照本法分则的规定。

【立法理由】

（一）立法相关背景及修改情况

1. **1979年立法的情况**。1979年《刑法》第五十二条规定："对于反革命分子应当附加剥夺政治权利；对于严重破坏社会秩序的犯罪分子，在必要的时候，也可以附加剥夺政治权利。"这样规定，是考虑到当时规定的"**反革命分子**"，即1997年刑法规定的危害国家安全的犯罪分子实施危害国家主权、领土完整和安全，分裂国家，颠覆人民民主专政的政权和社会主义制度的行为，其性质决定了对他们除单独适用剥夺政治权利的情况外，不论判处何种主刑，都应当附加剥夺政治权利。对于严重侵犯人身安全、危害公共安全等严重破坏社会秩序的犯罪，必要时，在判处主刑的同时附加剥夺政治权利也是罪责刑相适应原则的要求，有利于充分发挥刑罚的惩罚和教育作用。

2. **1997年修订刑法的情况**。1997年修订刑法时，在总结以往立法与司法实践经验以及法学理论研究的基础上，对本条作了进一步修改：

一是与1997年刑法将"反革命罪"修改为危害国家安全罪相衔接，将"反革命分子"改为"**危害国家安全的犯罪分子**"。

二是将原来规定的"对于严重破坏社会秩序的犯罪分子，在必要的时候，也可以附加剥夺政治权利"修改为"**对于故意杀人、强奸、放火、爆炸、投毒、抢劫等严重破坏社会秩序的犯罪分子，可以附加剥夺政治权利**"。这主要是考虑原来规定的"严重破坏社会秩序的犯罪分子"和"必要的时候"比较笼统，不利于司法机关理解掌握和统一执行。这次修改为"故意杀人、强奸、放火、爆炸、投毒、抢劫等严重破坏社会秩序的犯罪分子"，明确了可以附加剥夺政治权利的犯罪范围。

三是**补充规定了独立适用剥夺政治权利的**，依照本法分则的规定。1979年刑法分则的一些条款就规定了一些犯罪可以独立适用剥夺政治权利，但在刑法总则中缺少相应规定。1997年修订刑法时在总则中补充了有关规定。

（二）立法时争议的主要问题

在1997年修订刑法工作中，对于可以附加剥夺政治权利的犯罪的范围，存在不同认识。有的意见提出，对于可能判处五年或者十年有期徒刑以上刑罚的严重犯罪，都可以附加剥夺政治权利。也有的意见提出，剥夺政治权利不仅是剥夺犯罪分子的有关宪法权利和参加政治活动、公共事务管理的资格，还反映了国家对其政治上强烈的否定性评价，在历史上其适用范围主要限于敌我矛盾的犯罪，对其适用范围还是应当从严掌握，**简单以刑期划分适用范围不尽合适**。立法机关经过研究，对可以附加剥夺政治权利的范围作了明确且较严格的规定。

【条文说明】

本条是关于剥夺政治权利适用对象的规定。

本条共分为两款。

第一款是关于**附加剥夺政治权利适用对象的规定**。根据本款规定，**附加剥夺政治权利的对象**主要是两种人：一是**危害国家安全的犯罪分子**，即实施《刑法》分则第一章所规定的危害国家安全犯罪和刑法分则其他章节中规定的性质上属于危害国家安全犯罪行为的犯罪分子。二是**对于故意杀人、强奸、放火、爆炸、投毒、抢劫等严重破坏社会秩序的犯罪分子**，可以附加剥夺政治权利。根据本款规定，可以附加剥夺政治权利的犯罪主要是上述几种犯罪，但并不局限于所列几种犯罪，其他危害严重的破坏社会秩序的故意犯罪，也可以依法附加剥夺政治权利。[①] 需要注意的是，全国人大常委会于2001年12月29日通过了《刑法修正案（三）》，对《刑法》第一百一十四条、第一百一十五条进行了修改，将"投毒"改为"投放毒害性、放射性、传染病病原体等物质"。因此，对本款规定的"投毒"，应当结合《刑法修正案（三）》的有关规定进行理解。

第二款是关于**独立适用剥夺政治权利的规定**。根据本款规定，独立适用剥夺政治权利的，依

---

① 我国学者指出，对严重的经济犯罪分子、严重的贪污受贿犯罪分子、严重的渎职犯罪分子，也可以附加剥夺政治权利。参见张明楷：《刑法学》（第6版），法律出版社2021年版，第708页。

照刑法分则的规定。[①] 刑法分则规定**独立适用剥夺政治权利的对象**主要有以下几种犯罪：一是危害国家安全罪中的分裂国家罪，煽动分裂国家罪，武装叛乱、暴乱罪，颠覆国家政权罪，煽动颠覆国家政权罪，资助危害国家安全犯罪活动罪，叛逃罪，为境外窃取、刺探、收买、非法提供国家秘密、情报罪。二是危害公共安全罪中的涉恐怖活动的相关犯罪。三是侵犯公民人身权利、民主权利罪中的非法拘禁罪，侮辱罪，诽谤罪，煽动民族仇恨、民族歧视罪，破坏选举罪。四是妨害社会管理秩序罪中的煽动暴力抗拒法律实施罪，招摇撞骗罪，伪造、变造、买卖国家机关公文、证件、印章罪，盗窃、抢夺、毁灭国家机关公文、证件、印章罪，伪造公司、企业、事业单位、人民团体印章罪，伪造、变造、买卖身份证件罪，非法获取国家秘密罪，聚众扰乱社会秩序罪，聚众冲击国家机关罪，组织、领导、参加黑社会性质组织罪，非法集会、游行、示威罪，非法携带武器、管制刀具、爆炸物参加集会、游行、示威罪，破坏集会、游行、示威罪，侮辱国旗、国徽罪。五是危害国防利益罪中的聚众冲击军事禁区罪，聚众扰乱军事管理区秩序罪，冒充军人招摇撞骗罪，伪造、变造、买卖武装部队公文、证件、印章罪，盗窃、抢夺武装部队公文、证件、印章罪。刑法分则条文中没有规定剥夺政治权利的犯罪，不得独立适用剥夺政治权利。

实践中需要注意的是，剥夺政治权利涉及对公民重要宪法权利的剥夺，司法机关在适用这一刑罚，尤其是对法律规定"可以附加剥夺政治权利"的犯罪决定是否附加剥夺政治权利时，既要考虑严厉惩治有关严重犯罪的需要，也要准确审慎掌握刑罚适用的标准。

【司法解释】

《最高人民法院关于对故意伤害、盗窃等严重破坏社会秩序的犯罪分子能否附加剥夺政治权利问题的批复》（法释〔1997〕11号，自1998年1月13日起施行）

△（**严重破坏社会秩序的犯罪分子；剥夺政治权利**）根据刑法第五十六条规定，对于故意杀人、强奸放火、爆炸、投毒、抢劫等严重破坏社会秩序的犯罪分子，可以附加剥夺政治权利。对故意伤害、盗窃等其他严重破坏社会秩序的犯罪，犯罪分子主观恶性较深、犯罪情节恶劣、罪行严重的，也可以依法附加剥夺政治权利。

《最高人民法院关于审理未成年人刑事案件具体应用法律若干问题的解释》（法释〔2006〕1号，自2006年1月23日起施行）

△（**未成年罪犯；剥夺政治权利；从轻判处；被指控犯罪时未成年**）除刑法规定"应当"附加剥夺政治权利外，对未成年罪犯一般不判处附加剥夺政治权利。

如果对未成年罪犯判处附加剥夺政治权利的，应当依法从轻判处。

对实施被指控犯罪时未成年、审判时已成年的罪犯判处附加剥夺政治权利，适用前款的规定。（§ 14）

【参考案例】

△**对外国人，不能判处剥夺政治权利。**

对犯罪的外国人能否判处剥夺政治权利，以往实践中做法不一。我国《刑法》第五十四条规定，剥夺政治权利是剥夺下列权利：(1)选举权和被选举权；(2)言论、出版、集合、结社、游行、示威自由的权利；(3)担任国家机关职务的权利；(4)担任国有公司、企业、事业单位和人民团体领导职务的权利。上述权利是我国公民依法享有的参与国家管理和政治活动的权利，是宪法赋予中国公民的权利，外国籍被告人并不享有，也就不存在剥夺的问题。在方金青惠投毒案中，方金青惠虽然已与中国公民结婚，但并未加入中国国籍，所以，对其不能附加剥夺政治权利。［No. 2-114、115(1)-4-3 方金青惠投毒案］

① 我国学者指出，独立适用，乃指剥夺政治权利与有关主刑相并列供选择适用，一旦选择适用剥夺政治权利，就不能再适用主刑，也不应再附加剥夺政治权利。参见赵秉志主编：《刑法总论》（第3版），中国人民大学出版社2016年版，第346页；张明楷：《刑法学》（第6版），法律出版社2021年版，第707-708页。

第五十七条　【对死刑、无期徒刑罪犯剥夺政治权利的期限】

对于被判处死刑、无期徒刑的犯罪分子，应当剥夺政治权利终身。

在死刑缓期执行减为有期徒刑或者无期徒刑减为有期徒刑的时候，应当把附加剥夺政治权利的期限改为三年以上十年以下。

【立法理由】

（一）立法相关背景

1979年《刑法》第五十三条规定："对于被判处死刑、无期徒刑的犯罪分子，应当剥夺政治权利终身。在死刑缓期执行减为有期徒刑或者无期徒刑减为有期徒刑的时候，应当把附加剥夺政治权利的期限改为三年以上十年以下。"**1997年修订刑法时沿用了1979年刑法的这一规定，未作修改。**

根据《刑法》第四十八条第一款的规定，死刑是剥夺罪犯生命的刑罚，是刑罚体系中最严厉的刑种，只适用于罪行极其严重的犯罪分子。对罪犯判处死刑，体现了国家对其实施的犯罪行为最严厉的惩罚和最严重的否定性评价。无期徒刑是剥夺罪犯终身自由的刑罚，在刑罚体系中是仅次于死刑的重刑。从刑法分则的规定来看，设置无期徒刑的都是社会危害严重、罪犯人身危险性很高的犯罪。特别是国家在立法和司法上严格控制死刑的情况下，适用无期徒刑的，往往是罪行特别严重，对国家利益、社会公共利益危害特别巨大的情形。剥夺政治权利作为一种附加刑，其刑期应当根据犯罪的性质、危害程度以及情节轻重决定，并应与所判处的主刑轻重相适应。对于罪犯判处的主刑是死刑或者无期徒刑的，附加判处剥夺政治权利终身，终身剥夺其与国家公共事务有关的政治权利，同样体现了国家对其犯罪行为最严厉的惩治和最严重的否定性评价。

根据刑法规定，死刑在执行方式上包括死刑立即执行和死刑缓期二年执行。对于被判处死刑缓期二年执行的罪犯，根据《刑法》第五十条第一款的规定，在死刑缓期执行期间，如果没有故意犯罪，二年期满以后，减为无期徒刑；如果确有重大立功表现，二年期满以后，减为二十五年有期徒刑；如果故意犯罪，情节恶劣的，报请最高人民法院核准后执行死刑。按照上述死刑缓期执行减刑的规定，对于有重大立功表现的罪犯，有可能在死缓考验期满后由死刑缓期二年执行减为二十五年有期徒刑，在这种情况下，需要依法对其之前附加剥夺政治权利终身的判决也作出相应的调整。对于判处无期徒刑的罪犯，根据《刑法》第七十八条第一款的规定，在执行期间，如果认真遵守监规，接受教育改造，确有悔改表现的，或者有立功表现的，可以减刑；有重大立功表现之一的，应当减刑。根据《最高人民法院关于办理减刑、假释案件具体应用法律的规定》第八条第一款的规定，被判处无期徒刑的罪犯在刑罚执行期间，符合减刑条件的，执行二年以上，可以减刑。减刑幅度为：确有悔改表现或者有立功表现的，可以减为二十二年有期徒刑；确有悔改表现并有立功表现的，可以减为二十一年以上二十二年以下有期徒刑；有重大立功表现的，可以减为二十年以上二十一年以下有期徒刑；确有悔改表现并有重大立功表现的，可以减为十九年以上二十年以下有期徒刑。因此，对于无期徒刑减为有期徒刑后，其原附加的剥夺政治权利终身也应当相应作出调整，以体现对罪犯悔改表现或者立功表现的激励。本条第二款对死刑缓期二年执行或者无期徒刑减为有期徒刑后附加的剥夺政治权利的减刑幅度作了规定。

（二）立法时争议的主要问题

1997年修订刑法时，有关方面对被判处死刑缓期二年执行、无期徒刑的罪犯减为有期徒刑后，附加的剥夺政治权利刑期减为多少，存在不同意见。有的意见认为，应参照一般犯罪附加剥夺政治权利的规定，减为一年以上五年以下。立法机关经研究认为，这些罪犯都是曾经犯了严重罪行的，本来是被判处附加剥夺政治权利终身，**虽然减刑，还是要与一般犯罪有所区别**。因此，对于死刑缓期二年执行和无期徒刑减为有期徒刑后附加剥夺政治权利的期限，规定为三年以上十年以下，以示区别对待。

【条文说明】

本条是关于被判处死刑、无期徒刑的罪犯如何附加适用剥夺政治权利的规定。

本条共分为两款。

第一款是关于**被判处死刑、无期徒刑的犯罪分子应当剥夺政治权利终身的规定**。根据本款规定，被判处死刑、无期徒刑的罪犯，**从判处死刑、无期徒刑的判决或者裁定发生法律效力之日起**就被终身剥夺政治权利。这里所说的死刑，包括被判处死刑缓期二年执行的情况。根据本款规定，被判处死刑缓期二年执行的犯罪分子，如果在死缓考验期满后被减为无期徒刑的，附加的剥夺政治权利的期限仍为终身。

第二款是关于**死刑缓期执行、无期徒刑减为有期徒刑时附加剥夺政治权利期限的规定**。根据本款规定,原判处死刑缓期执行减为有期徒刑或者无期徒刑减为有期徒刑的,附加剥夺政治权利的期限应由原判终身剥夺改为**三年以上十年以下**。根据《刑法》第五十八条的规定,这种情况下剥夺政治权利的期限,应从罪犯主刑执行完毕之日或者从假释之日起再开始计算;同时,剥夺政治权利的效力也应自然及于其减刑以后确定的主刑执行期间。

第五十八条 【剥夺政治权利的刑期计算、效力与执行】

附加剥夺政治权利的刑期,从徒刑、拘役执行完毕之日或者从假释之日起计算;剥夺政治权利的效力当然施用于主刑执行期间。

被剥夺政治权利的犯罪分子,在执行期间,应当遵守法律、行政法规和国务院公安部门有关监督管理的规定,服从监督;不得行使本法第五十四条规定的各项权利。

【立法理由】

(一)立法相关背景及修改情况

1. **1979年立法的情况**。1979年《刑法》第五十四条规定:“附加剥夺政治权利的刑期,从徒刑、拘役执行完毕之日或者从假释之日起计算;剥夺政治权利的效力当然施用于主刑执行期间。”根据本法的有关规定,死刑、无期徒刑附加剥夺政治权利的期限是终身,管制附加剥夺政治权利的期限与管制刑期相同,这两类附加剥夺政治权利不存在单独计算剥夺政治权利刑期的问题。对于有期徒刑、拘役附加剥夺政治权利的,则存在剥夺政治权利的期限计算以及与主刑刑期的关系问题。本条规定一是为了明确被判处附加剥夺政治权利的刑期的计算,二是为了解决罪犯在执行主刑时是否剥夺政治权利的实际问题。本条对这两个问题作出明确规定,有利于正确执法。

2. **1997年修订刑法的情况**。1997年修订刑法时,在总结以往立法与司法实践经验以及法学理论研究的基础上,对本条作了进一步的修改,增加了第二款关于罪犯在执行剥夺政治权利期间应当遵守的管理规定。这主要是为了使被剥夺政治权利的犯罪分子在剥夺政治权利期间知道自己可以做什么,不能做什么,自觉遵守有关的法律和规定,也便于监督机关对犯罪分子的监督管理。

(二)立法时争议的主要问题

1979年制定刑法时,有关方面对被判处有期徒刑、拘役但没有被附加剥夺政治权利的罪犯,在服刑期间是否有政治权利存在不同意见。有的意见提出,这些罪犯的人身自由都被剥夺了,应当也不能再行使政治权利。他们在监管场所行使政治权利,也不利于监管场所的管理。也有的意见认为,既然法院没有对罪犯判处剥夺政治权利,他们在服刑期间就有政治权利。还有的意见主张对这部分罪犯在服刑期间停止行使部分政治权利。立法机关经研究认为,**对于没有被判处剥夺政治权利的服刑罪犯,不能认为他们在服刑期间也没有政治权利**。但考虑到这一问题比较复杂,在制定刑法时没有作出明确规定。后来全国人大常委会制定的有关选举方面的法律文件对此问题作了明确。

【条文说明】

本条是关于附加剥夺政治权利的刑期如何计算和被剥夺政治权利的罪犯应当遵守的管理规定的规定。

本条共分为两款。

第一款是**对附加剥夺政治权利的刑期如何计算和在主刑执行期间对罪犯是否剥夺政治权利的规定**。根据本款规定,判处有期徒刑、拘役而附加剥夺政治权利的,剥夺政治权利的刑期**从主刑执行完毕之日或者从假释之日起**计算,即从主刑执行完毕刑满释放或者假释开始,再计算附加的剥夺政治权利的刑期。但是,剥夺政治权利的效力则**从主刑执行之日起**开始发生,即在主刑执行期间,也应同时剥夺政治权利。在这种情况下,附加剥夺政治权利的罪犯实际被剥夺政治权利的时间要比判决中确定的剥夺政治权利的期限长,等于罪犯主刑刑期和剥夺政治权利刑期的总和。应当注意的是,被判处有期徒刑、拘役而没有附加剥夺政治权利的罪犯,以及被羁押的犯罪嫌疑人、被告人,在刑罚执行或者羁押期间仍应享有政治权利,依照《全国人民代表大会常务委员会关于县级以下人民代表大会代表直接选举的若干规定》的规定,应准许他们行使选举权。这些人员参加选举,由选举委员会和执行监禁、羁押的机关共同决定,可以在流动票箱投票,或者委托有选举权的亲属或者其他选民代为投票。被判处拘役的人也可以在选举日回原选区参加选举。

第二款是关于**被剥夺政治权利的罪犯应当遵守的有关管理规定的规定**。根据本款规定，被剥夺政治权利的罪犯，在执行期间应当遵守以下规定：一是**遵守法律、行政法规和国务院公安部门有关监督管理的规定，服从监督**。"遵守法律、行政法规"，是指被剥夺政治权利的罪犯在执行期间必须遵守国家法律、行政法规，不得有违法行为。同时，根据《刑事诉讼法》第二百七十条的规定，对于被剥夺政治权利的罪犯，由公安机关执行。因此，被剥夺政治权利的罪犯在执行期间还应遵守公安部门有关监督管理的规定，自觉服从居住地公安机关及公安机关委托的罪犯所在单位或者居住地的基层组织的监管、教育。公安部制定的《公安机关办理刑事案件程序规定》对公安机关对被剥夺政治权利的罪犯监督管理的具体措施作了规定。二是**不得行使《刑法》第五十四条规定的各项权利**。《刑法》第五十四条规定的是应剥夺的政治权利的内容，被剥夺政治权利的罪犯在执行期间当然不能行使。只有在执行期满，罪犯被恢复政治权利以后，才能行使《刑法》第五十四条规定的各项政治权利。被剥夺政治权利的罪犯违反本款规定，如不服从公安机关的监督管理，行使《刑法》第五十四条规定的政治权利的，根据**《治安管理处罚法》**第六十条的规定，可以由公安机关处五日以上十日以下拘留，并处二百元以上五百元以下罚款。情节严重，构成刑法规定的**拒不执行判决、裁定罪**的，还可以依法追究刑事责任。

实践中需要注意的是，根据刑法有关规定，剥夺政治权利是剥夺罪犯参与政治活动和公共事务的有关权利，对被剥夺政治权利的人的人身自由，法律上并没有特别的限制。这与对被判处管制、宣告缓刑、假释的罪犯是不同的。公安机关对被剥夺政治权利的人的监督管理，也主要是监督他们不得行使有关政治权利，与社区矫正机构对社区矫正对象的监管措施不同。实践中公安机关应当正确执行有关监管措施，不应当对被剥夺政治权利的人的人身自由作不当的限制。

第八节　没收财产

第五十九条　【没收财产】

没收财产是没收犯罪分子个人所有财产的一部或者全部。没收全部财产的，应当对犯罪分子个人及其扶养的家属保留必需的生活费用。

在判处没收财产的时候，不得没收属于犯罪分子家属所有或者应有的财产。

【立法理由】

1. **1979年立法的情况**。1979年《刑法》第五十五条规定："没收财产是没收犯罪分子个人所有财产的一部或者全部。在判处没收财产的时候，不得没收属于犯罪分子家属所有或者应有的财产。"

根据《刑法》第三十四条的规定，没收财产是刑法规定的一种附加刑，在性质上属于财产刑，是将犯罪分子个人所有的财产一部或者全部强制无偿地收归国有的刑罚。没收财产是比罚金更严厉的财产刑，对犯罪分子判处没收财产，一方面可以有效发挥财产刑对犯罪尤其是贪利性犯罪所特有的惩戒作用；另一方面也能够有效剥夺和消除犯罪人再犯罪的能力和可能，有利于预防犯罪。本条对没收财产刑没收的财产范围作了规定。同时，为了保护犯罪分子家属的合法权益，体现我国刑法罪责自负，只惩罚犯罪的人，不株连无辜的原则，本条还明确，没收财产时不得没收属于犯罪分子家属所有或者应有的财产。

2. **1997年修订刑法的情况**。1997年修订刑法时，在总结以往立法与司法实践经验以及法学理论研究的基础上，对本条作了进一步的修改，增加了"没收全部财产的，应当对犯罪分子个人及其扶养的家属保留必需的生活费用"的规定。这样修改，主要是为了有利于更好地改造犯罪分子，使之刑满释放后生活有保障，也有利于维护社会的稳定，同时更充分地体现了我国刑法的人道主义精神。

【条文说明】

本条是关于没收财产的规定。

本条共分为两款。

第一款是关于**如何适用没收财产刑的规定**。本款首先明确了刑法规定的没收财产刑的含义，即司法机关依据刑法的有关规定，将犯罪分子个人所有财产的一部或者全部强制无偿地收归国家所有。只有对于刑法分则中明确规定有没收财产刑的犯罪,才能适用这种刑罚。没收财产一般适用于严重的犯罪,如危害国家安全罪,生产、销售伪劣商品罪,破坏金融管理秩序罪,金融诈骗罪,危害税收征管罪,贪污罪,受贿罪,绑架罪等都有关于没收财产的规定。没收财产,只能是没收犯罪分子个人所有财产的一部或者全部。这句话有以下两层含义:一是**没收的只能是属于犯罪分子本人所有的财产**。犯罪分子本人所有的财产,是指属于犯罪分子本人所有的财物及其在与他人共有财产中依法应有的份额。在处理这类案件时,应当依据有关的民事法律界定犯罪分子个人所有的财产,严格划清犯罪分子本人财产与其家属或者他人财产的界限。只有是依法确定为犯罪分子个人所有的财产,才能予以没收。这里的财产包括动产和不动产。二是**对于犯罪分子本人所有的财产是没收一部分还是全部,应当根据犯罪的性质、情节、对社会的危害程度以及案件的具体情况确定**,不论是没收一部分还是全部,都应当对没收的财产名称、数量等在判决中写明,以便于负责执行的机构执行,不能笼统地写没收一部分或者全部。决定没收犯罪分子本人的全部财产时,**应当在没收的财产中给犯罪分子本人以及其所扶养的家属保留必要的生活费用**。这里所说的"其扶养的家属",根据民事法律的有关规定,既包括由其扶养的配偶,也包括由其抚养的子女和由其赡养的老人。

第二款是关于**不得没收属于犯罪分子家属所有或应有的财产的规定**。属于犯罪分子家属的财产,是指属于与犯罪分子共同生活的家庭成员个人所有的财产和在家庭共有财产中应当占有的份额。只要依法确定属于犯罪分子家属所有或者应有的财产,就不能予以没收。要严格执行本款规定,就要求负责执行没收财产刑的机关,在执行没收财产,特别是没收个人全部财产的刑罚时,应当按照有关民事法律和执行规定,对被执行人的家庭财产进行析产,准确区分被执行人本人的财产和其家属所有和应有的财产,在此基础上再进行执行。

在适用没收财产的刑罚时,应当注意以下两点:

1. **必须严格执行刑法分则的有关规定**。刑法分则对于什么性质的犯罪、具备什么样的条件才能适用没收财产的刑罚都作出了明确的规定。司法机关在办理具体案件时,要充分认识没收财产对于从经济上惩罚犯罪的重要意义,必须严格执行法律,凡是刑法分则条文中有没收财产规定的,就应当正确运用这一刑罚手段;凡是刑法分则条文中没有没收财产规定的,也不得随意扩大没收财产的适用范围。

2. **注意区分没收财产同《刑法》第六十四条规定的没收犯罪分子违法所得的财物和供犯罪所用的犯罪分子本人的财物的区别**。《刑法》第六十四条的规定是对犯罪分子违法所得、供犯罪所用的本人财物以及违禁品的强制处理方法,而不是一种刑罚。它适用于一切犯罪,不论犯罪分子犯什么罪,判什么刑,只要犯罪分子违法所得的一切财物和供犯罪所用的本人财物都要追缴或者没收,而本条规定的没收财产则是一种刑罚。

【司法解释】

《最高人民法院关于适用财产刑若干问题的规定》(法释〔2000〕45号,自2000年12月19日起施行)

△(**"并处"没收财产;"可以并处"没收财产**)刑法规定"并处"没收财产或者罚金的犯罪,人民法院在对犯罪分子判处主刑的同时,必须依法判处相应的财产刑;刑法规定"可以并处"没收财产或者罚金的犯罪,人民法院应当根据案件具体情况及犯罪分子的财产状况,决定是否适用财产刑。(§1)

△(**财产刑;财产之扣押或冻结**)人民法院认为依法应当判处被告人财产刑的,可以在案件审理过程中,决定扣押或者冻结被告人的财产。(§9)

△(**执行法院;异地**)财产刑由第一审人民法院执行。

犯罪分子的财产在异地的,第一审人民法院可以委托财产所在地人民法院代为执行。(§10)

《最高人民法院关于审理未成年人刑事案件具体应用法律若干问题的解释》(法释〔2006〕1号,自2006年1月23日起施行)

△(**未成年罪犯;并处没收财产;可以并处没收财产**)对未成年罪犯实施刑法规定的"并处"没收财产或者罚金的犯罪,应当依法判处相应的财产刑;对未成年罪犯实施刑法规定的"可以并处"没收财产或者罚金的犯罪,一般不判处财产刑。(§15Ⅰ)

《最高人民法院关于刑事裁判涉财产部分执行的若干规定》(法释〔2014〕13号,自2014年11月6日起施行)

△(**没收财产;具体财物或者金额**)判处没收部分财产的,应当明确没收的具体财物或者金额。(§6Ⅱ)

△(**没收财产;参照当地居民最低生活费标准;生活必需费用**)判处没收财产的,应当执行刑事裁判生效时被执行人合法所有的财产。

执行没收财产或罚金刑,应当参照被扶养人

住所地政府公布的上年度当地居民最低生活费标准，保留被执行人及其所扶养家属的生活必需费用。（§ 9）

【司法解释性文件】

《全国法院维护农村稳定刑事审判工作座谈会纪要》（法〔1999〕217号，1999年10月27日公布）

△（**没收财产；死刑；无期徒刑**）凡法律规定并处罚金或者没收财产的，均应当依法并处，被告人的执行能力不能作为是否判处财产刑的依据。确实无法执行或不能执行的，可以依法执行终结或者减免。对法律规定主刑有死刑、无期徒刑和有期徒刑，同时并处没收财产或罚金的，如决定判处死刑，只能并处没收财产；判处无期徒刑的，可以并处没收财产，也可以并处罚金；判处有期徒刑的，只能并处罚金。

△（**没收财产；数罪；罚金刑**）被告人犯数罪的，应避免判处罚金刑的同时，判处没收部分财产。对于判处没收全部财产，同时判处罚金刑的，应决定执行没收全部财产，不再执行罚金刑。

第六十条　【正当债务的偿还】

没收财产以前犯罪分子所负的正当债务，需要以没收的财产偿还的，经债权人请求，应当偿还。

【立法理由】

1. **1979年立法的情况**。1979年《刑法》第五十六条规定："查封财产以前犯罪分子所负的正当债务，需要以没收的财产偿还的，经债权人请求，由人民法院裁定。"犯罪分子正当的民事法律行为和正当的经营活动所形成的债权债务关系是受民事法律保护的。没收财产作为一种财产刑，与《刑法》第六十四条规定的没收犯罪所得及其他涉案财产不同，其没收的对象是犯罪分子合法所有的财产。这样就有可能因为国家对犯罪分子判处的没收财产刑，影响到犯罪分子在合法民事活动中形成的债务的履行。没收财产刑中的没收个人全部财产是将犯罪分子个人所有的全部财产强制收归国有，必然影响到其合法债务的履行。为了维护民事法律关系中债权人的合法权益，本条作了上述规定。

2. **1997年修订刑法的情况**。1997年修订刑法时，在总结以往立法与司法实践经验以及法学理论研究的基础上，对本条作了进一步的修改：一是将原条文中的"查封财产以前"修改为"**没收财产以前**"。1979年刑法规定的是"查封财产以前犯罪分子所负的正当债务"。在具体执行时，司法实践中出现了犯罪分子在财产被查封以后又与他人发生正当债务关系的情况，这时形成的债权能否在没收财产前偿还不明确，往往因为犯罪分子的财产已被查封而无法得到偿还，致使债权人合法的民事权益无法得到保护。同时，"查封"只是侦查机关或者人民法院对犯罪分子财产采取的一种强制措施，与作为刑罚的没收财产性质不尽相同，规定在这里也不够准确。因此，1997年修订刑法将"查封财产以前"修改为"没收财产以前"。二是将"由人民法院裁定"改为"**应当偿还**"。这样修改主要是考虑"由人民法院裁定"的规定不够明确。对于没收财产以前犯罪分子所负的正当债务，需要以没收的财产偿还的，只要是经债权人请求，人民法院就应当裁定偿还。修改为"应当偿还"更明确地体现出本条保护债权人合法权益的立法本意。

【条文说明】

本条是关于在没收犯罪分子财产时，如何处理犯罪分子所负的正当债务的规定。

根据本条规定，犯罪分子所负债务是否应当以没收的财产偿还，需要符合四个方面的条件。一是**债务产生时间是在没收财产以前**。根据《最高人民法院关于适用财产刑若干问题的规定》的有关规定，本条规定的"没收财产以前犯罪分子所负的正当债务"，是指犯罪分子在判决生效前所负他人的合法债务。如果犯罪分子所负债务发生在没收财产的判决生效以后，即使属于合法债务，也不能以没收的财产偿还。[①] 二是**债务的性质是犯罪分子所负的正当债务**，即合法债务，如犯罪分子在犯罪前与他人（包括单位）因为合法的租赁、买

① 我国学者指出，"没收财产以前犯罪分子所负的正当债务"仅指犯罪分子在判决生效前所欠他人的合法债务，不包括本次犯罪对被害人形成的赔偿债务。对于后者，可以直接适用《刑法》第三十六条第二款的规定，先对被害人承担民事赔偿责任，后执行罚金或者没收财产。参见张明楷：《刑法学》（第6版），法律出版社2021年版，第711页。

卖、借贷、承包等关系所产生的正当债务。如果不是属于这种正当的债务关系，而是因违法行为所负的债务，如因赌博所欠的赌债、违法高利放贷产生的债务等，不属于正当债务，也就不能以没收的财产偿还。[①] 三是**该债务需要以没收的财产偿还**。对于犯罪分子被判处没收部分财产的，如果犯罪分子还有其他财产可用以偿还债务而不是必须以没收的财产偿还的，不应适用本条规定。四是**债权人提出申请**。债权人应当向人民法院提出申请，申请的时间可以是在审判程序中，也可以是在没收财产刑执行程序中。人民法院接到债权人的申请后，经审查属于正当债务且符合本条规定的，应当予以偿还。

实践中存在有的犯罪分子为逃避财产刑的执行，与他人恶意串通，虚构债权债务关系，以偿还债务为名非法转移财产的情况。对于这类情形，人民法院应当加强对申请偿还的债务的真实性、合法性的审查，发现有关违法犯罪情形的，及时依法处理。

【司法解释】

《最高人民法院关于适用财产刑若干问题的规定》(法释〔2000〕45号，自2000年12月19日起施行)

△(**没收财产以前犯罪分子所负的正当债务**)刑法第六十条规定的"没收财产以前犯罪分子所负的正当债务"，是指犯罪分子在判决生效前所负他人的合法债务。(§ 7)

《最高人民法院关于刑事裁判涉财产部分执行的若干规定》(法释〔2014〕13号，自2014年11月6日起施行)

△(**同时承担刑事责任、民事责任；执行顺序；优先受偿权；其他民事债务；没收财产**)被执行人在执行中同时承担刑事责任、民事责任，其财产不足以支付的，按照下列顺序执行：

(一)人身损害赔偿中的医疗费用；

(二)退赔被害人的损失；

(三)其他民事债务；

(四)罚金；

(五)没收财产。

债权人对执行标的依法享有优先受偿权，其主张优先受偿的，人民法院应当在前款第(一)项规定的医疗费用受偿后，予以支持。(§ 13)

---

① 相同的学说见解，参见赵秉志主编：《刑法总论》(第3版)，中国人民大学出版社2016年版，第349页。

第四章　刑罚的具体运用

第一节　量　刑

第六十一条　【量刑根据】

对于犯罪分子决定刑罚的时候，应当根据犯罪的事实、犯罪的性质、情节和对于社会的危害程度，依照本法的有关规定判处。

【立法理由】

本条是关于量刑的一般原则的规定。所谓量刑，就是量定刑罚。量刑与定罪一样，都是刑事审判活动中最为重要的环节。从时间先后看，**量刑以定罪为前提**，只有在依法认定行为人构成犯罪的基础上，才能够决定量刑。从具体内容看，量刑是依法决定对犯罪分子是否判处刑罚、判处何种刑罚，以及决定刑罚的执行方式等的审判活动。从功能看，量刑是实现刑法任务的重要手段，只有通过对犯罪行为人依法判处刑罚，使其受到相应的刑罚处罚，才能有效发挥刑法的保护功能，体现社会正义，从而实现我国刑法惩罚犯罪、保护人民的根本任务。同时，只有通过正确的量刑，对犯罪行为人处以恰当的刑罚，才能够实现惩罚与教育相结合的刑罚目的，使犯罪行为人既受到应有的惩戒，又受到相应的教育，从而达到预防和减少犯罪的作用。如果只重视定罪，不重视量刑，虽然犯罪事实认定准确，最终量刑未能体现罪责刑相适应，则既可能因当判不判、重罪轻判，而不能实现社会正义，也可能因宁重勿轻、轻罪重判而影响刑罚的公正性，不利于犯罪行为人认罪悔过，自觉接受改造，造成抵触、仇视社会，甚至再次犯罪，也可能使得其他社会成员感觉刑罚过于严苛，对人民法院的判决不能够充分认同。因此，**量刑适当与否，既是衡量刑事裁判质量的重要指标，也关系到刑罚功能的发挥和刑法立法目的的实现**。而准确把握量刑的原则，正确适用刑法关于刑罚裁量的各项规定，是准确量刑的前提和保证，是防止轻罪重判、重罪轻判，刑罚畸轻畸重，量刑失衡的关键。总之，量刑是一项法律性、政策性都很强，非常复杂细致的工作，必须要有严谨的态度和科学的方法，严格遵循法律规定的量刑原则，才能保证合法、正确地将刑罚运用到具体案件中。为了使人民法院公正司法，正确定罪量刑，本条规定了量刑的原则，即人民法院在量刑时，应当综合考虑犯罪行为人的犯罪事实、犯罪性质、情节和对社会的危害程度，坚持以事实为根据、以法律为准绳的原则，严格按照本法的有关规定，准确决定刑罚，做到罚当其罪。这也是罪责刑相适应原则的具体体现和要求。

【条文说明】

本条是关于人民法院对犯罪行为人量刑原则的规定。

根据本条规定，对于犯罪行为人决定刑罚的时候，应当遵循以下原则：

1. 根据犯罪的事实。这里所说的“**犯罪的事实**”，应是广义的犯罪事实，包括与犯罪有关的全部事实。包括：犯罪的主体是否为具有完全刑事责任能力者，以及是否符合特定犯罪对特殊主体的特别要求；犯罪的主观方面，是故意还是过失，以及犯罪的动机、目的等主观要素；犯罪的客观方面，危害社会的行为、手段、危害社会的后果、行为和后果之间的因果关系以及犯罪的时间、地点和方法等。要求量刑根据犯罪的事实，这是我国以事实为根据的基本司法原则的必然要求。犯罪事实既是定罪的事实基础，也是正确量刑的客观事实基础。要正确量刑，首先必须要以实事求是的态度，搞清楚犯罪的事实真相，然后才能在此基础上做到准确确定罪名，进而根据各项具体的犯罪事实，准确衡量其社会危害性和犯罪人本人的人身危险性，并对其量处恰当的刑罚，做到无罪不罚，有罪量罚，重罪重罚，轻罪轻罚，罚当其罪。

2. 根据犯罪的性质。**犯罪的性质**，就是认定行为人的犯罪行为构成什么犯罪，应当确定什么样的罪名。我国刑法分则根据犯罪行为的性质和社会危害程度，分十章对不同性质的犯罪作了规定，在每一章中又根据情况规定了各种不同的罪名，并为各个具体罪名设定了不同的刑罚。因此，只有正确认定犯罪性质，才能准确确定罪名和相应的法定刑幅度，这是准确裁量刑罚的前提。

3. 根据犯罪的情节。"**犯罪的情节**"，是指实施犯罪的有关具体情况，包括犯罪过程、手段等，这也是人民法院决定刑罚轻重的重要依据。一般按照犯罪情节是否在刑法中作了明确规定，可以把量刑情节分为以下两类：

一是**法定情节**，即法律中明确加以规定的从重、从轻、减轻以及免除处罚的情节。刑法在总则中规定了具有某些犯罪情节时应当或者可以从重、从轻、减轻、免除处罚，在分则中规定具体犯罪和法定刑时也针对某些情节规定了从重、从轻、减轻、免除处罚。首先，**法定从轻、减轻、免除处罚情节**，包括应当或者可以从轻、减轻、免除处罚，如总则中规定的犯罪的预备、未遂、中止，正当防卫和紧急避险超过必要限度，未成年人犯罪，已满七十五周岁的老年人犯罪，限制行为能力的精神病人犯罪，坦白、自首、立功，共同犯罪中的从犯、胁从犯等；分则中规定的行贿人在被追诉前主动交待行贿行为；非法种植毒品原植物，在收获前自动铲除的；收买被拐卖的妇女、儿童，对被买儿童没有虐待行为，不阻碍对其进行解救，或者按照被买妇女的意愿，不阻碍其返回原居住地的，等等。其次，**法定从重处罚情节**，包括应当或者可以从重处罚，如总则中规定的累犯，教唆未成年人犯罪；分则中规定的奸淫不满十四周岁的幼女的，猥亵儿童的，组织、强迫未成年人卖淫的，武装掩护走私的，索贿的，等等。对于犯罪行为具有法定情节的，必须依法确定其量刑的轻重。

二是**酌定情节**，即不是法律中明确规定的情节，而是人民法院根据实际情况和审判实践，在量刑时予以考虑的情节。司法实践中，酌定情节主要包括犯罪的动机；犯罪的手段；犯罪时的环境和条件；犯罪的损害结果；犯罪侵害的对象；犯罪分子的个人情况和一贯表现；犯罪分子的认罪态度；等等。首先，**酌定从轻处罚情节**，如犯罪没有造成危害结果或者危害结果较轻的，偶犯、初犯，犯罪分子为老年人、残疾人、孕妇等弱势人员，认罪态度较好，采取积极的措施消除或者减轻由其犯罪所造成的危害结果，等等。其次，**酌定从重处罚情节**，如造成一定危害结果或者危害结果较重的，危害行为持续时间较长的，犯罪方法手段残忍，犯罪人是具有犯罪经验和犯罪技能的人，有犯罪前科，犯罪目的、犯罪动机卑劣的，在重大自然灾害或者预防、控制突发传染病疫情等灾害期间故意犯罪的。

4. 根据犯罪行为对于社会的危害程度。"**对于社会的危害程度**"，是指犯罪行为对法律保护的社会关系损害的程度。对社会的危害程度一般包括两个方面的内容：一是**犯罪行为直接造成的危害结果**；二是犯罪行为虽未直接造成实际的危害结果，**但存在造成实际危害结果的危险性的**，这也是犯罪行为的社会危害性的具体体现。如刑法分则中规定的"足以使火车、汽车、电车、船只、航空器发生倾覆、毁坏危险""足以造成严重食物中毒事故或者其他严重食源性疾病""足以严重危害人体健康"等。根据不同的犯罪对社会的不同危害程度，刑法规定了不同的刑罚或者划分了不同的量刑幅度。

5. 依照本法的有关规定应处。所谓"**本法的有关规定**"，包括定罪量刑依据的刑法分则中的有关规定，也包括刑法总则中的有关规定。根据这些规定，确定对于被告人是否要处以刑罚、处以何种刑罚以及适用刑期的长短、刑罚的执行方式等。在具体适用刑法分则的有关规定时，如果该规定有不同的量刑幅度，应当选择与所犯罪行相应的量刑幅度。在适用总则的有关规定时，要根据犯罪的事实和情节，正确适用从重、从轻、减轻、免除刑罚的有关规定。

量刑是刑事审判的重要环节，对犯罪分子确定刑罚的时候，应当综合考虑犯罪的事实、性质、情节以及对社会的危害程度，依照刑法总则和分则的有关规定，决定判处的刑罚。对于存在特殊情况的应当区别情况予以处理，以体现刑罚的个别化和罪责刑相适应。如《最高人民法院关于审理未成年人刑事案件具体应用法律若干问题的解释》第十一条规定，对未成年罪犯适用刑罚，应当充分考虑是否有利于未成年罪犯的教育和矫正。对未成年罪犯量刑应当依照《刑法》第六十一条的规定，并充分考虑未成年人实施犯罪行为的动机和目的、犯罪时的年龄、是否初次犯罪、犯罪后的悔罪表现、个人成长经历和一贯表现等因素。对符合管制、缓刑、单处罚金或者免予刑事处罚适用条件的未成年罪犯，应当依法适用管制、缓刑、单处罚金或者免予刑事处罚。

实践中需要注意以下两个方面的问题：

1. **关于量刑规范化与刑罚个别化的关系问题**。近年来，司法机关在司法体制改革中对于量刑规范化问题比较重视，实践中也做了较多的探索，取得了一定的成效。量刑规范化改革的初衷，是由于长期以来司法实践中存在的所谓“同案不同判”、量刑轻重相差悬殊的情况比较突出的问题,各方面反应比较强烈,影响人民群众对司法公正的期待。总的来看,量刑不规范的成因是比较复杂的,其中既有长期以来重定罪轻量刑的传统问题,也有法官的业务能力水平、司法实践经验以及对法律的理解存在较大差异的问题,也有个别案件受到各种不正常因素影响的人为原因。因此,探索和寻找一套科学合理的量刑方法,规范法官的自由裁量权,对于实现量刑均衡,增强司法公信力,具有重要的积极意义。同时,也必须看到,量刑本身是一个把法律规定的抽象的规则适用于具体案件的过程,而具体的案件情况非常复杂,可以说不存在完全相同的两个案件。量刑规范化只能是在总结实践经验的基础上,将相对常见和具有一定共性的量刑情节等大体类型化,并根据情况设定相应的基数、参数、系数等,帮助法官在具体案件中做到基本相似的案件,量刑大体均衡,而不可能精准地解决所有量刑问题。因此,要做到每一个案件的量刑都罚当其罪,都体现刑罚个别化,仅靠有限的规范量刑的一些规则和参数等,显然是不现实的。为此,在量刑规范化运用过程中,要防止简单套用公式和规则,而不论结果是否符合司法公正基本要求的机械做法。因为“同案不同判”固然不能体现司法公正,不同案件“一刀切”的判决结果,也不符合司法公正的要求。为此,在具体量刑时需要注意以下问题:一是刑事案件情况复杂,犯罪的事实、性质和情节,以及对社会的危害性千差万别,很难用统一的标准予以衡量,如果设定的量刑标准过于机械,缺乏一定的灵活性和人性化,反而可能导致重罪轻判、轻罪重判的现象发生。二是现代刑罚更强调个别化原则,刑罚裁量不能不考虑犯罪人的具体情况,因此,在量刑时需要充分考虑行为人的个体差异,如行为人所处的社会环境、生理和心理因素。不同的原因产生不同的犯罪,同样的犯罪也可能因为原因不同而适用不同的刑罚,只有这样才能达到刑罚不仅体现预防和惩罚犯罪的目的,也能充分发挥刑罚的教育和矫正罪犯的功能。

2. **关于被害人过错对量刑的影响**。司法实践中,有些案件被害人对犯罪的发生也存在一定的过错,有的被害人的过错还比较明显和重大。因此,对于被害人有过错的案件,在量刑时是否需要加以考虑,是否影响对犯罪行为人量定刑罚,是需要认真研究的一个问题。一般而言,被害人过错对量刑是否有影响,不能一概而论,具体需要根据被害人过错程度予以确定。如果被害人只是**一般过错**,如言行举止不当等,在量刑时,一般不考虑被害人的过错而减轻加害人的责任;如果由于被害人存在**重大过错**而导致犯罪行为发生或者引发侵害结果进一步扩大的,如家庭内伤害案件,被害人长期实施家庭暴力行为等,在量刑时,应当根据被害人过错的具体情况,而适当减轻加害人的责任;如果完全由于被害人的过错而导致加害人的行为,如被害人正在实施性侵行为等,则要考虑加害人是否属于刑法规定的正当防卫行为,以及正当防卫是否超过必要的限度等。

【司法解释】

《最高人民法院关于审理未成年人刑事案件具体应用法律若干问题的解释》(法释〔2006〕1号,自2006年1月23日起施行)

△(**未成年罪犯;量刑**)对未成年罪犯适用刑罚,应当充分考虑是否有利于未成年罪犯的教育和矫正。

对未成年罪犯量刑应当依照刑法第六十一条的规定,并充分考虑未成年人实施犯罪行为的动机和目的、犯罪时的年龄、是否初次犯罪、犯罪后的悔罪表现、个人成长经历和一贯表现等因素。对符合管制、缓刑、单处罚金或者免予刑事处罚适用条件的未成年罪犯,应当依法适用管制、缓刑、单处罚金或者免予刑事处罚。(§ 11)

【司法解释性文件】

《最高人民法院、最高人民检察院关于常见犯罪的量刑指导意见(试行)》(法发〔2021〕21号,2021年6月6日发布)

△(**量刑的指导原则**)

(一)量刑应当以事实为根据,以法律为准绳,根据犯罪的事实、性质、情节和对于社会的危害程度,决定判处的刑罚。

(二)量刑既要考虑被告人所犯罪行的轻重,又要考虑被告人应负刑事责任的大小,做到罪责刑相适应,实现惩罚和预防犯罪的目的。

(三)量刑应当贯彻宽严相济的刑事政策,做到该宽则宽,当严则严,宽严相济,罚当其罪,确保裁判政治效果、法律效果和社会效果的统一。

(四)量刑要客观、全面把握不同时期不同地区的经济社会发展和治安形势的变化,确保刑法任务的实现;对于同一地区同一时期案情相似的案件,所判处的刑罚应当基本均衡。

△(**量刑的基本方法**)量刑时,应当以定性分析为主,定量分析为辅,依次确定量刑起点、基准刑和宣告刑。

(一)量刑步骤

1. 根据基本犯罪构成事实在相应的法定刑幅

度内确定量刑起点。

2. 根据其他影响犯罪构成的犯罪数额、犯罪次数、犯罪后果等犯罪事实，在量刑起点的基础上增加刑罚量确定基准刑。

3. 根据量刑情节调节基准刑，并综合考虑全案情况，依法确定宣告刑。

（二）调节基准刑的方法

1. 具有单个量刑情节的，根据量刑情节的调节比例直接调节基准刑。

2. 具有多个量刑情节的，一般根据各个量刑情节的调节比例，采用同向相加、逆向相减的方法调节基准刑；具有未成年人犯罪、老年人犯罪、限制行为能力的精神病人犯罪、又聋又哑的人或者盲人犯罪，防卫过当、避险过当、犯罪预备、犯罪未遂、犯罪中止，从犯、胁从犯和教唆犯等量刑情节的，先适用该量刑情节对基准刑进行调节，在此基础上，再适用其他量刑情节进行调节。

3. 被告人犯数罪，同时具有适用于个罪的立功、累犯等量刑情节的，先适用该量刑情节调节个罪的基准刑，确定个罪所应判处的刑罚，再依法实行数罪并罚，决定执行的刑罚。

（三）确定宣告刑的方法

1. 量刑情节对基准刑的调节结果在法定刑幅度内，且罪责刑相适应的，可以直接确定为宣告刑；具有应当减轻处罚情节的，应当依法在法定最低刑以下确定宣告刑。

2. 量刑情节对基准刑的调节结果在法定最低刑以下，具有法定减轻处罚情节，且罪责刑相适应的，可以直接确定为宣告刑；只有从轻处罚情节的，可以依法确定法定最低刑为宣告刑；但是根据案件的特殊情况，经最高人民法院核准，也可以在法定刑以下判处刑罚。

3. 量刑情节对基准刑的调节结果在法定最高刑以上的，可以依法确定法定最高刑为宣告刑。

4. 综合考虑全案情况，独任审判员或合议庭可以在20%的幅度内对调节结果进行调整，确定宣告刑。当调节后的结果仍不符合罪责刑相适应原则的，应当提交审判委员会讨论，依法确定宣告刑。

5. 综合全案犯罪事实和量刑情节，依法应当判处无期徒刑以上刑罚、拘役、管制或者单处附加刑、缓刑、免予刑事处罚的，应当依法适用。

（四）判处罚金刑，应当以犯罪情节为根据，并综合考虑被告人缴纳罚金的能力，依法决定罚金数额。

（五）适用缓刑，应当综合考虑被告人的犯罪情节、悔罪表现、再犯罪的危险以及宣告缓刑对所居住社区的影响，依法作出决定。

△（**常见量刑情节的适用；未成年人犯罪；已满七十五周岁的老年人故意犯罪；又聋又哑的人或者盲人犯罪；未遂犯；从犯；自首情节；坦白情节；当庭自愿认罪；立功情节；退赃、退赔；积极赔偿被害人经济损失并取得谅解；达成刑事和解协议；在羁押期间表现好的；认罪认罚；累犯；前科；犯罪对象为未成年人、老年人、残疾人、孕妇等弱势人员；在重大自然灾害、预防、控制突发传染病疫情等灾害期间故意犯罪**）量刑时应当充分考虑各种法定和酌定量刑情节，根据案件的全部犯罪事实以及量刑情节的不同情形，依法确定量刑情节的适用及其调节比例。对黑恶势力犯罪、严重暴力犯罪、毒品犯罪、性侵未成年人犯罪等危害严重的犯罪，在确定从宽的幅度时，应当从严掌握；对犯罪情节较轻的犯罪，应当充分体现从宽。具体确定各个量刑情节的调节比例时，应当综合平衡调节幅度与实际增减刑罚量的关系，确保罪责刑相适应。

（一）对于未成年人犯罪，综合考虑未成年人对犯罪的认知能力、实施犯罪行为的动机和目的、犯罪时的年龄、是否初犯、偶犯、悔罪表现、个人成长经历和一贯表现等情况，应当予以从宽处罚。

1. 已满十二周岁不满十六周岁的未成年人犯罪，减少基准刑的30%—60%；

2. 已满十六周岁不满十八周岁的未成年人犯罪，减少基准刑的10%—50%。

（二）对于已满七十五周岁的老年人故意犯罪，综合考虑犯罪的性质、情节、后果等情况，可以减少基准刑的40%以下；过失犯罪的，减少基准刑的20%—50%。

（三）对于又聋又哑的人或者盲人犯罪，综合考虑犯罪性质、情节、后果以及聋哑人或者盲人犯罪时的控制能力等情况，可以减少基准刑的50%以下；犯罪较轻的，可以减少基准刑的50%以上或者依法免除处罚。

（四）对于未遂犯，综合考虑犯罪行为的实行程度、造成损害的大小、犯罪未得逞的原因等情况，可以比照既遂犯减少基准刑的50%以下。

（五）对于从犯，综合考虑其在共同犯罪中的地位、作用等情况，应当予以从宽处罚，减少基准刑的20%—50%；犯罪较轻的，减少基准刑的50%以上或者依法免除处罚。

（六）对于自首情节，综合考虑自首的动机、时间、方式、罪行轻重、如实供述罪行的程度以及悔罪表现等情况，可以减少基准刑的40%以下；犯罪较轻的，可以减少基准刑的40%以上或者依法免除处罚。恶意利用自首规避法律制裁等不足以从宽处罚的除外。

（七）对于坦白情节，综合考虑如实供述罪行的阶段、程度、罪行轻重以及悔罪表现等情况，确定从宽的幅度。

1. 如实供述自己罪行的，可以减少基准刑的20%以下；

2. 如实供述司法机关尚未掌握的同种较重罪行的，可以减少基准刑的10%—30%；

3. 因如实供述自己罪行，避免特别严重后果发生的，可以减少基准刑的30%—50%。

（八）对于当庭自愿认罪的，根据犯罪的性质、罪行的轻重、认罪程度以及悔罪表现等情况，可以减少基准刑的10%以下。依法认定自首、坦白的除外。

（九）对于立功情节，综合考虑立功的大小、次数、内容、来源、效果以及罪行轻重等情况，确定从宽的幅度。

1. 一般立功的，可以减少基准刑的20%以下；

2. 重大立功的，可以减少基准刑的20%—50%；犯罪较轻的，减少基准刑的50%以上或者依法免除处罚。

（十）对于退赃、退赔的，综合考虑犯罪性质，退赃、退赔行为对损害结果所能弥补的程度，退赃、退赔的数额及主动程度等情况，可以减少基准刑的30%以下；对抢劫等严重危害社会治安犯罪的，应当从严掌握。

（十一）对于积极赔偿被害人经济损失并取得谅解的，综合考虑犯罪性质、赔偿数额、赔偿能力以及认罪悔罪表现等情况，可以减少基准刑的40%以下；积极赔偿但没有取得谅解的，可以减少基准刑的30%以下；尽管没有赔偿，但取得谅解的，可以减少基准刑的20%以下。对抢劫、强奸等严重危害社会治安犯罪的，应当从严掌握。

（十二）对于当事人根据刑事诉讼法第二百八十八条达成刑事和解协议的，综合考虑犯罪性质、赔偿数额、赔礼道歉以及真诚悔罪等情况，可以减少基准刑的50%以下；犯罪较轻的，可以减少基准刑的50%以上或者依法免除处罚。

（十三）对于被告人在羁押期间表现好的，可以减少基准刑的10%以下。

（十四）对于被告人认罪认罚的，综合考虑犯罪的性质、罪行的轻重、认罪认罚的阶段、程度、价值、悔罪表现等情况，可以减少基准刑的30%以下；具有自首、重大坦白、退赃退赔、赔偿谅解、刑事和解等情节的，可以减少基准刑的60%以下，犯罪较轻的，可以减少基准刑的60%以上或者依法免除处罚。认罪认罚与自首、坦白、当庭自愿认罪、退赃退赔、赔偿谅解、刑事和解、羁押期间表现好等量刑情节不作重复评价。

（十五）对于累犯，综合考虑前后罪的性质、刑罚执行完毕或赦免以后至再犯罪时间的长短以及前后罪罪行轻重等情况，应当增加基准刑的10%—40%，一般不少于3个月。

（十六）对于有前科的，综合考虑前科的性质、时间间隔长短、次数、处罚轻重等情况，可以增加基准刑的10%以下。前科犯罪为过失犯罪和未成年人犯罪的除外。

（十七）对于犯罪对象为未成年人、老年人、残疾人、孕妇等弱势人员的，综合考虑犯罪的性质、犯罪的严重程度等情况，可以增加基准刑的20%以下。

（十八）对于在重大自然灾害、预防、控制突发传染病疫情等灾害期间故意犯罪的，根据案件的具体情况，可以增加基准刑的20%以下。

《最高人民检察院关于人民检察院办理认罪认罚案件开展量刑建议工作的指导意见》（2021年12月3日发布）

△**（犯罪嫌疑人认罪认罚；提出量刑建议的原则）**人民检察院对认罪认罚案件提出量刑建议，应当坚持以下原则：

（一）宽严相济。应当根据犯罪的具体情况，综合考虑从重、从轻、减轻或者免除处罚等各种量刑情节提出量刑建议，做到该宽则宽，当严则严，宽严相济，轻重有度。

（二）依法建议。应当根据犯罪的事实、性质、情节和对于社会的危害程度等，依照刑法、刑事诉讼法以及相关司法解释的规定提出量刑建议。

（三）客观公正。应当全面收集、审查有罪、无罪、罪轻、罪重、从宽、从严等证据，依法听取犯罪嫌疑人、被告人、辩护人或者值班律师、被害人及其诉讼代理人的意见，客观公正提出量刑建议。

（四）罪责刑相适应。提出量刑建议既要体现认罪认罚从宽，又要考虑犯罪嫌疑人、被告人所犯罪行的轻重、应负的刑事责任和社会危险性的大小，确保罚当其罪，避免罪责刑失衡。

（五）量刑均衡。涉嫌犯罪的事实、情节基本相同的案件，提出的量刑建议应当保持基本均衡。（§ 2）

△**（自首情节；立功情节；累犯、惯犯以及前科、劣迹等情节）**对于自首情节，应当重点审查投案的主动性、供述的真实性和稳定性等情况。

对于立功情节，应当重点审查揭发罪行的轻重、提供的线索对侦破案件或者协助抓捕其他犯罪嫌疑人所起的作用、被检举揭发的人可能或者已经被判处的刑罚等情况。犯罪嫌疑人提出检举、揭发犯罪立功线索的，应当审查犯罪嫌疑人掌握线索的来源、有无移送侦查机关、侦查机关是否开展调查核实等。

对于累犯、惯犯以及前科、劣迹等情节，应当调取相关的判决、裁定、释放证明等材料，并重点审查前后行为的性质、间隔长短、次数、罪行轻重等情况。（§7）

△（**酌定量刑情节；有关个人品格方面的证据材料**）人民检察院应当根据案件情况对犯罪嫌疑人犯罪手段、犯罪动机、主观恶性、是否和解谅解、是否退赃退赔、有无前科劣迹等酌定量刑情节进行审查，并结合犯罪嫌疑人的家庭状况、成长环境、心理健康情况等进行审查，综合判断。

有关个人品格方面的证据材料不得作为定罪证据，但与犯罪相关的个人品格情况可以作为酌定量刑情节予以综合考虑。（§8）

△（**达成/未能达成调解协议、和解协议从宽处罚的重要考虑因素**）人民检察院办理认罪认罚案件提出量刑建议，应当听取被害人及其诉讼代理人的意见，并将犯罪嫌疑人是否与被害方达成调解协议、和解协议或者赔偿被害方损失，取得被害方谅解，是否自愿承担公益损害修复及赔偿责任等，作为从宽处罚的重要考虑因素。

犯罪嫌疑人自愿认罪并且有赔偿意愿，但被害方拒绝接受赔偿或者赔偿请求明显不合理，未能达成调解或者和解协议的，可以综合考量赔偿情况及全案情节对犯罪嫌疑人予以适当从宽，但罪行极其严重、情节极其恶劣的除外。

必要时，人民检察院可以听取侦查机关、相关行政执法机关、案发地或者居住地基层组织和群众的意见。（§9）

△（**犯罪嫌疑人社会危险性；调查评估意见**）人民检察院应当认真审查侦查机关移送的关于犯罪嫌疑人社会危险性和案件对所居住社区影响的调查评估意见。侦查机关未委托调查评估，人民检察院拟提出判处管制、缓刑量刑建议的，一般应当委托犯罪嫌疑人居住地的社区矫正机构或者有关组织进行调查评估，必要时，也可以自行调查评估。

调查评估意见是人民检察院提出判处管制、缓刑量刑建议的重要参考。人民检察院提起公诉时，已收到调查评估材料的，应当一并移送人民法院，已经委托调查评估但尚未收到调查评估材料的，人民检察院经审查全案情况认为犯罪嫌疑人符合管制、缓刑适用条件的，可以提出判处管制、缓刑的量刑建议，同时将委托文书随案移送人民法院。（§10）

【参考案例】

△**实施极其严重的犯罪后，具有法定和酌定从轻处罚情节的，一般情况下应当考虑从轻处罚；具有特殊情况的，也可以不从轻处罚。**

在王斌余故意杀人案中，王斌余有自首情节，被害方在起因上有一定过错，这两个量刑要因在评价方向上，无论从责任的观点还是预防的观点看，应该说都是有利于被告人王斌余的，因此从量刑因素的评价方向上，主张对王斌余从轻处罚是有理由的。但是，从预防犯罪的角度看，王斌余杀人虽然事出有因，但是，王斌余在讨薪受到委屈后，他的维权手段应适当。王斌余在索要债务过程中，与前来劝阻的同为来自农村的外出务工者发生争执，在被害方打其一耳光后，就拔出随身携带的尖刀刺死四人、重伤一人，其行为性质已经完全超出维权的手段。作为包工头欠钱这种民事债务不是导致债务人甚至不相关的人丧失生命的理由，法律不允许采取极端的方式来索取债务，解决纠纷。在现代债务纠纷频发的背景下，尤其要强调规则意识，依法维权。王斌余不顾其弟劝阻，用刀刺杀四人后，又将闻讯出来劝架的汤晓琴刺成重伤，在其追杀吴新国未果返回现场后，又对已倒在血泊中的被害人进行刺杀，前后共刺杀被害人48刀，将四人当场刺死，反映了其必欲置四名被害人于死地的极端的主观恶性，其人身危险性极大，犯罪后果极其严重，故从一般预防的角度看，不判王斌余死刑是很不当的。

在故意杀人罪中，一般而言，被害方有过错以及被告人具有自首情节对从轻处罚被告人是有决定性意义的，但是在本案中，被告人是在不听劝阻、反复刺杀多名被害人的情况下，造成四人死亡、一人重伤的极其严重的后果，故这两个可以从轻处罚的情节就不具有对被告人从轻处罚的决定性意义。[No. 4-232-19　王斌余故意杀人案]

△**被害人存在重大过错的，可对被告人从轻或者减轻处罚。**

将被害人存有重大过错作为量刑时的重要情节来考虑，是有比较充分的理论基础的。这主要是因为，被害人对危害行为的发生存在过错及其过错程度，直接影响到对犯罪人的主观恶性及其人身危险性的认定，并在一定程度上影响到行为因果关系的进程。犯罪行为的社会危害性是主客观的统一，包括犯罪行为造成的客观危害和行为人本身体现出的主观恶性。量刑应与犯罪的社会危害性相适应的量刑原则，要求刑罚裁量既要与行为造成的客观危害相适应，也要与行为人的人身危险性相适应。在加害型犯罪中，被害人过错的存在对加害人的罪责大小存在一定的影响。而且从刑罚预防以及刑罚个别化原则的要求出发，针对行为人主观恶性及其人身危害性的不同，在量刑时亦应予体现。由于被害人严重过错而引发犯罪的，加害人的罪过显然要轻于被害人没有过错的加害型犯罪，其改造的难易程度显然也是不同的。在存在被害人的犯罪中，如故意伤害罪的场合，或是被害人加害在先，引起他人加害，或是被害人对矛盾激化负有过错，引起他人加害，在上述两种情况下，被害人都是有过错的；被害人的过错一定程度上抵消了行为人的部分责任，使行为人的责任减小。[No. 4-234-1　李尚琴等故意伤害案]

△事前无预谋，在情绪激愤的状况下临时起意犯罪，事后不逃避法律制裁的，人身危险性较小，可以适用缓刑。

我国《刑法》第七十二条规定了缓刑的适用条件，即被判处拘役、三年以下有期徒刑的犯罪分子，根据犯罪分子的犯罪情节和悔罪表现，适用缓刑确实不致再危害社会。其前提性条件是三年以下有期徒刑、拘役这一刑种条件，实质性条件是“不致再危害社会”，实质性条件的判断依据是犯罪情节和悔罪表现。对被告人适用缓刑是否会导致犯罪人再危害社会，实质上是考察犯罪人的再犯可能性，也就是犯罪人的主观恶性有多深。应该说，对犯罪人人身危险性的判断，是考虑能否适用缓刑的关键。

从上述规定可以看出，判断犯罪人的人身危险性，是依据犯罪情节和犯罪人的悔罪表现，这是我国刑法的既有规定。在李尚琴等故意伤害案中，两名被告人在案发前均无前科劣迹，且据群众介绍，都是安分守己的善良公民，本次犯罪，实属因被害人的长期迫害和案发当日的恶意侵害引发。这一点，从二人在犯罪过程中的具体表现也可以看出。李尚琴在儿子遭受伤害后，击打了被害人张铁柱一锤，就没有继续伤害张铁柱，而是领着儿子去医院检查。而被告人李素琴在持铁锤继续击打张铁柱时，击打的部位是腿部、膝盖、胳膊、手部、肩部等非致死部位。在法庭问其为何继续击打张铁柱，为何这样连续性击打时，李素琴回答是因为回忆起张铁柱以往对其实施的种种恶行，在一种充满怨愤和悲伤的情况下不自觉而为。在其头脑清醒后，才意识到事情的严重性，所以立即报警，并等待警察来处理。两名被告人在案发后，均未逃跑，而是自觉地接受警察处理，并对罪行供认不讳。由此可以看出，两名被告人对于犯罪，既无预谋，也无逃避罪责的想法，而是在一种情绪激愤的状况下临时起意伤害他人，并自觉接受法律的处理。两名被告人的这种主观恶性，显然与蓄意伤人、事后逃避法律制裁的犯罪人有着明显的差别。

正因如此，法院最终综合考虑两名被告人犯罪前的表现、犯罪时的具体情节和悔罪表现，以及被害人具有重大过错，被告人李尚琴具有防卫过当情节，被告人李素琴具有自首情节等，认定两名被告人的主观恶性不深，人身危险性较小。所以，本案最终对两名被告人适用缓刑，也是适当的。[No. 4-234-2　李尚琴等故意伤害案]

△同时具有从重处罚情节和从轻、减轻量刑情节的，应当依据全案的性质、情节及行为人的主观恶性等因素，综合考虑后确定刑罚。

在程森园抢劫案中，就被告人程森园的表现而言，被告人作案后一直潜逃在外，并且又犯有新罪被判处拘役，期满释放后投案，虽然不构成累犯，但可以说被告人有一定的主观恶性和社会危害性，应予以从重惩处。被告人程森园在其家属的积极劝说下，作案一年后到当地公安机关投案，如实供述了自己的犯罪事实，并退出赃款，这是一种积极的行为，是认罪、悔罪、要求改过自新的具体体现。在此过程中，其家庭的引导、帮助有很好的作用，以后也将积极对其进行监督、教育、改造。同时也说明被告人因被判处拘役在监所受到了一定的教育和改造。此时如果对被告人程森园再处以较重的刑罚，显然会对被告人今后的改造以及其家庭的帮助作用产生负面影响，也有悖于刑法惩罚之目的。刑罚只是一种手段，教育、改造才是目的。另外，虽然本案被告人对自己的犯罪行为和社会危害已有一定的认识，不再具有社会危害性，但如果处罚过轻或适用缓刑，在社会上又会造成一定的负面影响，使一些犯罪分子有机可乘，钻法律空子。因此给予被告人适当的惩罚，对于教育社会大众，惩戒犯罪分子，帮助其改过自新、重新走上社会是十分必要的。就本案而言，被告人程森园有自首情节，完全符合《刑法》第六十七条的规定，依法可以从轻或减轻处罚，在本案中是从轻还是减轻？这在于法官如何运用自由裁量权，从而真正做到量刑均衡，罚当其罪。故一审法院综合考虑被告人犯罪的具体情节以及犯罪后的各种表现，最后以普通抢劫罪对被告人定罪并适用减轻情节处刑一年并处罚金 3000 元是比较妥当的。[No. 5-264-32　程森园抢劫案]

第六十二条　【从重、从轻处罚】
犯罪分子具有本法规定的从重处罚、从轻处罚情节的，应当在法定刑的限度以内判处刑罚。

【立法理由】

（一）立法相关背景

刑法在总则和分则中明确规定了从重处罚、从轻处罚的情节。对具有从重、从轻处罚情节的犯罪分子在法定刑的幅度内判处刑罚，是因为法律所规定的这些应予从重、从轻处罚的情节反映了犯罪行为的社会危害性和犯罪分子的主观恶性程度。根据不同的犯罪情节以较重或较轻的刑罚予以惩罚和教育，也是罪责刑相适应原则的体现。法律对如何从重、从轻判处刑罚作出明确规定，便于司法实践具体操作。

（二）立法时争议的主要问题

1979 年刑法颁布后，由于经济社会情况的变化，出现了治安形势比较严峻、犯罪率不断升高的情况。为此，国家开展了一系列严厉打击刑事犯罪的斗争。在此期间的刑事立法对量刑制度也做了一些从严的调整。如 1981 年 6 月 10 日第五届全国人大常委会第十九次会议通过的《全国人民代表大会常务委员会关于处理逃跑或者重新犯罪的劳改犯和劳教人员的决定》第三条规定："劳教人员、劳改罪犯对检举人、被害人和有关的司法工作人员以及制止违法犯罪行为的干部、群众行凶报复的，按照其所犯罪行的法律规定，从重或者加重处罚。"上述规定在刑法规定的从重处罚之外，增加了"加重处罚"的规定。按照在全国人大常委会上所作的有关立法的说明，所谓"加重处罚"，不是可以无限制地加重，而是罪加一等，即在法定最高刑以上一格判处。但"一格""一等"的含义并不清楚，也不好掌握，司法实践中存在不同认识。**1997 年修订刑法时，对于单行刑法中所规定的加重处罚情节是否要纳入刑法**，存在不同意见。第一种意见认为，应当规定加重处罚的情节，这样可以严厉打击那些怙恶不悛的犯罪分子，还可以避免为提高某些犯罪的处刑而频繁地修改刑法。第二种意见认为，不应当普遍规定加重处罚情节，因为我国刑法规定的量刑幅度本来就较大，如果再规定加重处罚情节，审判机关的自由裁量权更大，对于需要加重处罚的，可以明确规定为累犯，累犯可以加重处罚。第三种意见反对在刑法中规定加重处罚，认为刑法中设定的法定刑都是有一定量刑幅度的，而量刑幅度的设定已经考虑到了相应犯罪的各种严重情况，足以适应惩处各种犯罪的需要。如果规定加重处罚情节，违背法定刑设置的初衷，可能导致重刑主义，对于实践中需要严厉打击的犯罪行为，可以通过从重处罚予以解决，还可以在分则中增加量刑幅度来达到加重处罚的目的。立法机关经研究，**最终没有在刑法中规定加重处罚**。

【条文说明】

本条是关于犯罪分子具有本法规定的从重、从轻处罚情节的应当如何适用刑罚的规定。

根据本条规定，从重处罚、从轻处罚都应当在法定刑的限度内判处刑罚。

1. 从重处罚。所谓"**从重处罚**"，是指在法定刑幅度内，对犯罪分子适用相对较重的刑种或者处以相对较长的刑期。**我国刑法总则**规定有从重处罚的情节，如教唆不满十八周岁的人犯罪、累犯等。**刑法分则**也规定了从重处罚情节，如奸淫不满十四周岁的幼女；利用、教唆未成年人走私、贩卖、运输、制造毒品或者向未成年人出售毒品；非法拘禁他人或者以其他方法非法剥夺他人人身自由的犯罪中，具有殴打、侮辱情节的；等等。

2. 从轻处罚。所谓"**从轻处罚**"，是指在法定刑的幅度内，对犯罪分子适用相对较轻的刑种或者处以较短的刑期。**我国刑法规定的从轻处罚的情节大多数见之于刑法总则**，如犯罪形态中的预备犯、未遂犯、中止犯，未成年人犯罪，共同犯罪中的从犯、胁从犯，又聋又哑的人或者盲人犯罪，防卫过当、紧急避险超过必要限度的，被教唆的人未犯被教唆的罪的，犯罪后有自首、立功情节的，等等。**刑法分则也有个别条款规定了从轻处罚的情节**，如收买被拐卖的妇女、儿童，对被买儿童没有虐待行为，不阻碍对其进行解救，或者按照被买妇女的意愿，不阻碍其返回原居住地的；行贿人在被追诉前主动交待行贿行为的等。刑法规定的从轻处罚的情节可以分为两类：一类是**应当从轻处罚**；另一类是**可以从轻处罚**。对于刑法规定应当从轻处罚的，人民法院在量刑时应充分考虑该情节，并必须处以相对较轻的刑罚；对于刑法规定可以从轻处罚的情节，人民法院在量刑时也应当充分考虑该情节，并综合全案情况，决定是否予以从轻处罚以及从轻的幅度。如果犯罪分子同时具备从轻、从重处罚情节的，人民法院应当综合全案情况，在罪责刑相适应原则的指导下，处以合理的刑罚。

根据本条规定，对于具有本法规定的从重、从轻处罚情节的，应当对犯罪分子在法定刑的限度以内判处刑罚。所谓“**法定刑的限度以内**”，是指刑法分则针对某种特定的犯罪的特定情节规定的量刑幅度，既包括适用的刑种，也包括该条文具体规定的刑期。人民法院在决定量刑时，应当根据犯罪的事实、情节、社会危害程度以及刑罚的具体量刑幅度，判处相应的刑罚，不得超出法定最低刑和法定最高刑判处。

实践中需要注意以下两个方面的问题：

1. 对于从重处罚应当注意把握以下两点：一是**应当在法定刑幅度内适用相对较重的刑罚**，也就是在犯罪分子所犯罪行应适用的法定刑幅度内相对从重，而不能在法定最高刑之上判处刑罚。如果刑法分则对某罪名规定数个刑罚幅度的，首先要依法确定该犯罪分子应适用的幅度，然后在该幅度内从重。二是**从重处罚并不意味着一律判处该幅度的最高刑罚，而是要根据犯罪分子的具体犯罪行为和情节、危害后果等**，相对于其如果没有该从重情节的情况下应判处的刑罚，适当从重，也就是对于具有从重情节的犯罪分子所判处的刑罚比不具有该从重情节时所应判处的刑罚要相对重些，而不是一律判处法定最高刑或者一律适用较重的刑种、较长的刑期或者一律在法定刑的平均刑期以上判处刑罚。

2. 对于从轻处罚也同样应当注意把握以下两点：一是**应当在法定刑幅度内适用相对较轻的刑罚**，而不能在法定最低刑以下判处刑罚。二是**从轻处罚并不意味着一律判处该幅度的最低刑罚，而是要根据犯罪分子的具体犯罪行为和情况、危害后果等**，相对于其他没有从轻情节的情况下应判处的刑罚，适当从轻。

【参考案例】

△被告人的亲属协助公安机关破获案件的，可以在量刑时将其作为被告人的酌定从轻情节。

在金军抢劫案中，金军虽然不是自动投案自首或在亲属规劝下自首，不具备法律规定的可以从轻、减轻处罚的自首情节，但鉴于被告人亲属举报并协助抓捕行为与一般的社会公众协助抓捕行为有一定的差别，应当予以鼓励，并在量刑时有所体现。因为被告人的亲属基于亲情关系，往往不愿提供有关被告人下落的线索或主动帮助公安、司法机关对被告人进行抓捕，在被告人犯罪后潜逃的案件中，被告人的亲属对于被告人犯罪前的生活、工作状况比较了解，而且出于种种原因，被告人在潜逃后往往也会与其亲属主动进行联络，如果被告人亲属在案发后能够主动与有关机关配合，提供有关被告人可能藏匿的地点和下落的线索，则有利于司法机关及时将被告人抓获，这对于惩处犯罪、遏制重大犯罪发生，维护社会治安、节省司法资源，无疑具有积极意义。被告人亲属配合有关机关抓捕活动的行为动机一般是出于法治意识的增强，当然也有很多亲属出于希望自己的协助抓捕行为能够使被告人在最终获刑时予以体现，给予其从轻判处、改过自新的机会的考虑而实施的，这也是被告人亲属积极提供协助的最大动力所在，尤其是被告人按罪可能被判处死刑的情况。如果在亲属积极提供协助将被告人抓获归案后，仍对被告人判处死刑立即执行，则不利于鼓励亲属的此类有益行为，影响其进行协助的积极性，当然这并不是说只要有亲属协助抓捕对被告人就不应判处极刑，因为这种情况并非法定从轻情节而只是一种酌定情节，如何体现需要根据案件的具体情况在量刑时予以考虑。[No. 5-263-26 金军抢劫案]

△诈骗案件中的被害人过错，不能作为从轻处罚的酌定情节。

被告人的过错不是犯罪行为人实施诈骗的起因，而是被告人实施犯罪所利用的条件。诈骗案件无一例外都是犯罪行为人利用了被害人某些方面的过错诸如贪图利益、盲目轻信等，在揣测、掌握被害人心理后，有针对性地实施诈骗行为骗取财物。因此，被害人的过错在诈骗案件中不能作为对被告人从轻处罚的酌定情节。[No. 5-266-1 余永贵诈骗案]

第六十三条　【减轻处罚】

犯罪分子具有本法规定的减轻处罚情节的，应当在法定刑以下判处刑罚；本法规定有数个量刑幅度的，应当在法定量刑幅度的下一个量刑幅度内判处刑罚。

犯罪分子虽然不具有本法规定的减轻处罚情节，但是根据案件的特殊情况，经最高人民法院核准，也可以在法定刑以下判处刑罚。

【立法沿革】

《中华人民共和国刑法》(1997 年修订，自 1997 年 10 月 1 日起施行)

第六十三条

犯罪分子具有本法规定的减轻处罚情节的，应当在法定刑以下判处刑罚。

犯罪分子虽然不具有本法规定的减轻处罚情节，但是根据案件的特殊情况，经最高人民法院核准，也可以在法定刑以下判处刑罚。

《中华人民共和国刑法修正案(八)》(自 2011 年 5 月 1 日起施行)

五、将刑法第六十三条第一款修改为：

“犯罪分子具有本法规定的减轻处罚情节的，应当在法定刑以下判处刑罚；本法规定有数个量刑幅度的，应当在法定量刑幅度的下一个量刑幅度内判处刑罚。”

【立法理由】

(一)立法相关背景及修改情况

1. 1979 年立法的情况。1979 年《刑法》第五十九条规定：“犯罪分子具有本法规定的减轻处罚情节的，应当在法定刑以下判处刑罚。犯罪分子虽然不具有本法规定的减轻处罚情节，如果根据案件的具体情况，判处法定刑的最低刑还是过重的，经人民法院审判委员会决定，也可以在法定刑以下判处刑罚。”减轻处罚是在法定刑以下判处刑罚，是刑罚裁量中从宽处罚的一种情形，是宽严相济刑事政策的体现，也是量刑均衡化和刑罚个别化的体现，有利于对罪犯的教育矫正，实现刑法预防犯罪的目的。

2. 1997 年修订刑法的情况。1997 年修订刑法时，对第二款规定的**特殊减轻处罚的废止和保留**引起较大的争议。一种意见主张废除这一款的规定，主要理由：一是从司法实践看，这一规定对严格执法冲击很大，严重损害了法律的统一正确实施，许多应当判刑的罪犯，因适用这一规定而被免予刑罚或者宣告缓刑；二是赋予审判人员的自由裁量权太大，容易滋长审判人员徇私枉法的现象，且与刑法确立的罪刑法定原则相违背；三是对于一些特殊情况，如果确实需要在法定刑以下判处刑罚，可以在分则中作出特别规定。另一种意见主张保留这一款的规定，主要理由：一是该规定体现了原则性和灵活性、普遍性和特殊性相结合的原则，既满足了国防、外交、统战、民族、宗教等实际工作的需要，又有利于刑罚个别化的实施，实践中的特殊情况，很难在分则中作出规定；二是罪刑法定原则在有利于被告人的情况下，完全可以有例外，如刑法溯及力就采用从旧兼从轻原则，不能认为这一规定与罪刑法定原则相违背；三是实践中发生滥用刑罚裁量权的现象，是极少数的，不具有普遍性，从程序上加以严格限制，可以防止滥用。

立法机关经研究，**保留了本款规定**，并对本款作了以下修改：一是将“根据案件的具体情况”修改为“根据案件的特殊情况”。因为每个案件都有其具体情况，导致适用时不好掌握，而本款的立法初衷主要是考虑实践中的特殊情况，如涉及政治、外交、国防等情况。二是删去“判处法定刑的最低刑还是过重的”规定。这是因为，认为判处法定刑的最低刑还是过重，缺乏具体的标准，界限也不明确，从而造成各地法院掌握的标准不一、实际执行中随意性较大、执法不严的情况。三是将“经人民法院审判委员会决定”修改为“经最高人民法院核准”。这主要是由于各地法院在实际执行中掌握的标准不一，相互之间量刑差距过大，有的法院把关不严，随意性较大，对于不应当在法定刑以下判处刑罚的，也在法定刑以下判刑，放纵了犯罪分子，造成不良影响。鉴于上述情况，规定由最高人民法院核准，从批准程序上进行严格的限制，并把批准的权限交给最高人民法院，不仅有利于严肃执法，而且也有利于全国执行的标准统一，防止法院滥用自由裁量权。

3. 2011 年《刑法修正案(八)》对本条的修改情况。我国刑法规定的刑罚量刑档次历来较多，在 1997 年刑法中，有一百二十七个罪规定了一个量刑档次，有二百二十四个罪规定了两个量刑档次，有七十七个罪规定了三个量刑档次，有十四个罪规定了四个量刑档次，还有两个罪规定了七个量刑档次。对于犯罪分子具有刑法规定的减轻处罚情节的，如何准确量刑，在实际执行中，存在认识不一致、适用不统一、随意性较大的问题。主要表现在，犯罪分子具有本法规定的减轻处罚情节的，是在法定刑的下一个量刑档次量刑，还是也可以再跨越一个量刑档次量刑直至免除处罚，各地法院掌握的标准不统一，导致类似的案件在量刑上存在较大差异的情况。为了统一量刑标准，准确量刑，《刑法修正案(八)》对本条第一款作了修改，增加规定：**本法规定有数个量刑幅度的，应当在法定量刑幅度的下一个量刑幅度内判处刑罚**。

(二)立法时争议的主要问题

《刑法》第六十三条第二款规定："犯罪分子虽然不具有本法规定的减轻处罚情节，但是根据案件的特殊情况，经最高人民法院核准，也可以在法定刑以下判处刑罚。"2011 年修改刑法时，有关方面提出"修改完善法定刑以下判处刑罚的核准制度"：一是**扩大适用范围，明确适用条件**。有的部门提出，对本款中规定的"特殊情况"，一般认为是涉及国防、外交等极个别情况。从司法实践中核准的案例来看，特殊情况包括被害人有重大过错；犯罪行为轻微，但由于意外、偶然的原因造成严重后果的；初犯、偶犯；犯罪情节一般，社会危害性不大；被害人予以谅解以及其他特殊情况，建议进一步明确法定刑以下判处刑罚的适用条件。二是**下放核准权，提高司法效率**。有的部门提出，诉讼程序规定不全面，执行过程中核准程序过于烦琐，报核时间冗长。实践中，有的案件，从被告人被采取强制措施到最高人民法院核准结案，最长需要近三年，而最短也要半年多。建议适当下放法定刑以下判处刑罚案件的核准权，将基层法院判处的普通刑事案件的核准权交由高级人民法院行使，报最高人民法院备案；中级人民法院、高级人民法院和最高人民法院判处的案件由最高人民法院核准。主要理由：由高级人民法院行使部分核准权，既可以简化核准程序，缩短核准周期，提高司法效率，又可以防止过度下放权力被滥用；而且也有助于高级人民法院加强对下级法院的审判指导和法律适用的统一，提高各级人民法院适用法定刑以下判处刑罚核准制度的积极性。

立法机关经研究认为，《刑法》第六十三条第二款规定的法定刑以下判处刑罚的核准权**暂时不宜下放**，主要理由是：

1. **由最高人民法院行使法定刑以下判处刑罚的核准权符合立法本意**。1979 年《刑法》第五十九条第二款规定："犯罪分子虽然不具有本法规定的减轻处罚情节，如果根据案件的具体情况，判处法定刑的最低刑还是过重的，经人民法院审判委员会决定，也可以在法定刑以下判处刑罚。"在实际执行中，对于哪些情形属于判处法定最低刑还是过重，各地法院掌握的标准不统一，随意性较大，出现了不少问题，社会反响强烈。1997 年修订刑法时，根据各方面意见，对这一规定作出了严格限制，不仅从程序上将原刑法规定的"经人民法院审判委员会决定"修改为"经最高人民法院核准"，而且从范围上限定具有"特殊情况"的案件。"**特殊情况**"主要是指涉及国防、政治、外交等问题的情形，这类案件由最高人民法院行使核准权是妥当的。

2. **严格控制法定刑以下判处刑罚制度的适用符合罪刑法定原则的要求**。罪刑法定是刑法的一项基本原则。《刑法》第三条规定："法律明文规定为犯罪行为的，依照法律定罪处刑……"这一原则无论是对刑事立法还是对刑事司法都具有重要的指导意义。一方面立法机关在规定犯罪和刑罚的时候要清楚、确定，另一方面要求法官要严格依据刑法的规定定罪量刑。我国刑法分则对每个罪名都根据其社会危害性的大小配置了相应的刑罚。为了有利于司法实践中根据个案的不同情况确定刑罚，做到罪责刑相适应，我国刑法设定的刑罚幅度跨度一般都比较大，刑法总则还规定了减轻处罚制度，总体上能够适应处理各种复杂案件的需要。因此，不具有法定减轻处罚情节，处以法定最低刑仍然明显过重，属于"特殊情况"的案件应当严格限定在极小的范围。法定刑以下判处刑罚制度作为罪刑法定原则的补充，在处理特殊案件时，可以取得更好的社会效果，具有积极意义，但必须严格其适用条件和程序。将核准权下放，适用范围扩大，可能会对罪刑法定原则造成冲击，损害刑法的权威性。

3. **个别案件判处法定最低刑仍然明显过重的，可以通过修改刑法分则具体规定实现罪责刑相适应**。从司法实践了解的情况看，如 2007 年、2008 年在法定刑以下判处刑罚的案件比较多的是因被告人触犯《刑法》第一百二十五条第一款规定的非法制造、买卖、运输、邮寄、储存爆炸物罪被判处刑罚，最高人民法院因"生产、生活所需，未造成严重后果"，核准了地方法院在法定刑以下判处刑罚的判决。这类案件之所以比较集中，是因为有关司法解释对这一罪名规定了较严厉的定罪量刑标准，导致这类案件的量刑普遍偏重，一些地方反映，不少案件如果严格按照司法解释的规定，在相应幅度内判处法定最低刑仍然偏重。对此，可以通过修改司法解释，提高定罪量刑的具体标准，如果仍不能体现罪责刑相适应的，还可以修改刑法关于犯罪构成和刑罚幅度的规定。

【条文说明】

本条是关于减轻处罚的规定。

本条共分为两款。

第一款是关于**具有法定减轻处罚情节的如何适用刑罚的规定**。本款规定包含两个方面的内容：

1. **犯罪分子具有本法规定的减轻处罚情节的，应当在法定刑以下判处刑罚**。所谓“**减轻处罚**”，是指在法定最低刑以下判处刑罚。我国刑法规定的减轻处罚的情节有：预备犯、未遂犯、中止犯、从犯、胁从犯，犯罪后自首、立功，未成年人犯罪，等等。刑法规定的减轻处罚的情节包括两类：一类是**应当予以减轻处罚的**；另一类是**可以予以减轻处罚的**。不论哪种情形，都必须先根据犯罪的事实、犯罪的性质、情节和对社会的危害程度，依照本法有关规定确定对犯罪分子应当判处的法定刑。对于具有刑法规定的应当减轻处罚情节的，人民法院在量刑时必须在该法定刑的量刑幅度规定的最低刑以下判处刑罚。对于具有刑法规定的可以予以减轻处罚情节的，人民法院应当综合全案的情况决定是否予以减轻处罚和减轻处罚的幅度。

2. **本法规定有数个量刑幅度的，应当在法定量刑幅度的下一个量刑幅度内判处刑罚**。刑法中的减轻处罚情节往往是以复合形式规定的，如“应当从轻、减轻处罚或者免除处罚”“可以从轻或者减轻处罚”等，因此，人民法院在量刑时首先要综合全案情况，决定对犯罪分子是从轻还是减轻处罚，然后才能根据刑法的有关规定判处适当的刑罚。对于已经确定予以减轻处罚，本法规定有数个量刑幅度的，应当在法定量刑幅度的下一个量刑幅度内判处刑罚，即本法规定此罪有两个以上量刑幅度的，减轻处罚只能在法定量刑幅度紧接着的下一个量刑幅度内判处刑罚，而不能跨越一个量刑幅度去判处刑罚；如果法定量刑幅度已经是最轻的一个量刑幅度，则减轻处罚也只能在此幅度内判处较轻或最轻的刑罚；对于已经确定予以减轻处罚，本法只规定了一个量刑幅度的，则只能在此量刑幅度内判处较轻或最轻的刑罚。

第二款是关于**犯罪分子没有法定减轻处罚的情节，但是根据案件的特殊情况，也可以在法定刑以下判处刑罚的规定**。

本款规定就是为了赋予人民法院在特殊情况下，根据案件的特殊情况作出特殊处理。“**经最高人民法院核准**”，主要是为了防止实践中扩大适用范围或滥用减轻处罚的规定，造成不良的影响和后果。本款规定的“**案件的特殊情况**”，主要是指案件本身的特殊性，如涉及政治、国防、外交等特殊情况。对于有上述特殊情况的案件，虽然犯罪分子不具有本法规定的减轻处罚的情节，但是确有需要的，地方各级人民法院经报最高人民法院核准，也可以在法定刑以下判处刑罚。需要特别注意的是，这是刑法对减轻处罚的特殊规定，实践中在具体适用上应当非常慎重。

减轻处罚在适用中需要注意以下两个方面的问题：

1. **减轻处罚判处的刑罚应当是在本应当适用的量刑幅度的下一个量刑幅度内的刑罚**。也就是说，对犯罪分子适用减轻处罚，应当在其所犯罪行法定量刑幅度基础上降一个档次后在该量刑幅度内判处刑罚。如果已经是最低量刑幅度或者只有一个量刑幅度的，则必须适用该幅度的刑罚，不能适用量刑幅度内没有的刑罚。如故意杀人罪，根据《刑法》第二百三十二条的规定，故意杀人的，处死刑、无期徒刑或者十年以上有期徒刑；情节较轻的，处三年以上十年以下有期徒刑。如果行为人犯罪情节较轻，又具有减轻处罚情节，而没有法定免除处罚情节的，法院在量刑时最低只能判处三年有期徒刑，不能判处比三年有期徒刑更低的徒刑甚至判处管制、拘役。

2. **减轻处罚不是免予刑事处罚**。实践中，对于减轻处罚是否可以一直减至免予刑事处罚存在不同认识。有的认为，可以一直减至免予刑事处罚。笔者认为，减轻处罚与免予刑事处罚性质不同，减轻处罚是人民法院对犯罪分子具体适用刑罚时的量刑情节和量刑方式，是在一定条件下对刑期的缩减。一般情况下，减轻处罚仍然应当判处一定的刑罚。免予刑事处罚是针对犯罪情节轻微的情况，而设立的一种特殊制度，有独立的适用条件。《刑法》第三十七条规定，对于犯罪情节轻微不需要判处刑罚的，可以免予刑事处罚。据此，免予刑事处罚是犯罪情节轻微，不需要判处刑罚的情况。因此，减轻处罚作为量刑情节和量刑制度，只能在法定刑幅度的下一个量刑幅度内判处刑罚。如果已经是最低量刑幅度或者只有一个量刑幅度的，减轻处罚也必须在该幅度内判处刑罚。

当然，根据案件的具体情况，对于犯罪行为人具有刑法规定的免除处罚情节的，综合全案考虑，属于情节轻微的情况，符合《刑法》第三十七条规定的免予刑事处罚条件的，可以直接免予刑事处罚。

【司法解释】

《最高人民法院关于适用刑法时间效力规定若干问题的解释》(法释〔1997〕5号，自1997年10月1日起施行)

△(**时间效力;减轻处罚**)犯罪分子1997年9月30日以前犯罪,不具有法定减轻处罚情节,但是根据案件的具体情况需要在法定刑以下判处刑罚的,适用修订前的刑法第五十九条第二款①的规定。(§ 2)

【司法解释性文件】

《最高人民法院研究室关于如何理解"在法定刑以下判处刑罚"问题的答复》(法研〔2012〕67号,2012年5月30日公布)

△(**在法定刑以下判处刑罚;量刑幅度**)刑法第六十三条第一款规定的"在法定刑以下判处刑罚",是指在法定量刑幅度的最低刑以下判处刑罚。刑法分则中规定的"处十年以上有期徒刑、无期徒刑或者死刑",是一个量刑幅度,而不是"十年以上有期徒刑"、"无期徒刑"和"死刑"三个量刑幅度。

【公报案例】

△(**殴打他人并致人死亡;因果关系;在法定刑以下判处刑罚**)行为人殴打他人并致人死亡,已构成故意伤害罪,但被害人死亡的主要原因是其生前患有严重疾病,行为人的殴打行为不是被害人死亡的主要原因,仅是被害人死亡诱因的,行为人不应对被害人的死亡结果承担全部责任。在这种特殊情况下,如果行为人不具备法定减轻处罚情节,可以适用《刑法》第六十三条第二款的规定,在法定刑以下判处刑罚。[《最高人民法院公报》2007年第1期　杨逸章故意伤害案]

【参考案例】

△所审案件涉及政治、外交、统战、民族、宗教等国家利益的特殊需要,被告人又确实不具备法定减轻处罚情节,对其判处法定最低刑仍过重的,经最高人民法院核准,可以在法定刑以下判处刑罚。

《刑法》(1997年修订)第六十三条第二款规定:"犯罪分子虽然不具有本法规定的减轻处罚情节,但是根据案件的特殊情况,经最高人民法院核准,也可以在法定刑以下判处刑罚。"即对于有特殊情况的案件,犯罪分子不具有刑法所规定的减轻处罚情节,但报经最高人民法院核准,也可以在法定刑以下判处刑罚。这里关键在于何为"特殊情况"。所谓"特殊情况",主要是指案件的处理具有特殊性,一般应是指涉及政治、外交、统战、民族、宗教等国家利益的特殊需要。在这种情况下,被处罚的被告人又确实属于不具有刑法所规定的预备犯、未遂犯、中止犯、从犯、胁从犯、未成年犯、限制责任能力的精神病犯、聋哑犯、盲人犯以及具有自首、立功和防卫过当等法定减轻处罚情节,对其判处法定最低刑还是过重时,才能适用《刑法》第六十三条规定在法定刑以下判处刑罚。[No. 4-234-35　李小平等人故意伤害案]

△不存在法定的减轻处罚情节,但存在对被告人减轻处罚的酌定情节,人民法院可以依法对被告人减轻处罚,并层报最高人民法院核准。

根据《刑法》第二百三十四条的规定,犯故意伤害罪致人死亡的,处十年以上有期徒刑、无期徒刑或者死刑。从本条规定可以看出,在没有法定减轻处罚情节时,犯故意伤害罪致人死亡的,应当在十年以上量刑。但在宋会冬故意伤害案中,被告人宋会冬等实施的伤害行为情节并不严重,一般情况下只能造成被害人的轻伤。被害人死亡的直接原因是心脏病急性发作引起的猝死,被告人的伤害行为只是导致被害人冠心病发作的刺激因素之一,与情绪激动、饮酒等其他因素共同引发被害人心脏病发作。根据法医鉴定,可以得出这样的结论,被告人宋会冬的伤害行为是被害人贾敏死亡的诱因之一,也就是说,宋会冬的伤害行为与被害人的死亡有刑法上的因果关系,这是被告人负刑事责任的必然条件。被告人宋会冬的伤害行为,与被害人情绪激动、饮酒共同引起了心脏病的发作,仅有宋会冬的伤害行为,在一般情况下不会导致被害人死亡,而被害人贾敏患有心脏病是被告人宋会冬在实施伤害行为时不可能预见的,贾敏心源性猝死这一后果的责任全部都由被告人宋会冬承担,显然与其所实施的具体伤害行为不相适应。且被告人宋会冬归案后能够积极赔偿被害人亲属的经济损失,取得了被害人亲属的谅解,认罪态度较好,这些都是在法定刑以下量刑的酌定情节。根据这些酌定情节,对被告人宋会冬在法定刑以下量刑符合刑法罪刑相适应的原则,实现了法律效果和社会效果的有机统一。[No. 4-234-38　宋会冬故意伤害案]

---

①《中华人民共和国刑法》(1979年)

第五十九条

Ⅱ犯罪分子虽然不具有本法规定的减轻处罚情节,如果根据案件的具体情况,判处法定刑的最低刑还是过重的,经人民法院审判委员会决定,也可以在法定刑以下判处刑罚。

△在不具有法定减轻事由时，适用减轻处罚情节原则上不得减至免予刑事处罚。

减轻处罚是在一定条件下对刑期予以一定幅度的缩减，最终处罚结果仍必须判处一定的刑期，与免予刑事处罚在本质上是不同的。然而，由于各地法院对减轻处罚的掌握标准不统一，导致类似的案件在量刑上存在较大的差异。为了统一减轻处罚的量刑标准，准确量刑，《刑法修正案(八)》第五条将《刑法》第六十三条第一款修改为："犯罪分子具有本法规定的减轻处罚情节的，应当在法定刑以下判处刑罚；本法规定有数个量刑幅度的，应当在法定量刑幅度的下一个量刑幅度内判处刑罚。"这一规定明确了刑法规定有数个量刑幅度的，应当在法定量刑幅度的下一个量刑幅度内判处刑罚，而不能跨越量刑幅度判处刑罚。因此，对具有法定减轻处罚情节而在法定刑以下判处刑罚的案件，应当在法定量刑幅度的下一个量刑幅度内判处刑罚，不能减至免予刑事处罚。

具有法定减轻处罚情节的案件比不具有法定减轻处罚情节的案件更有理由在法定刑以下判处刑罚。既然对具有减轻处罚情节的案件在减轻处罚时不能跨越量刑幅度判处刑罚，那么对不具有法定减轻处罚情节的案件在减轻处罚时更应当遵循在法定量刑幅度的下一个量刑幅度内判处刑罚的原则。但是对极个别涉及政治、国防、外交等特殊情况的案件，应当根据具体情况决定减轻刑罚的幅度，不受在法定量刑幅度的下一个量刑幅度内判处刑罚这一原则的限制。

对于法定量刑幅度已是最低量刑幅度的案件适用减轻处罚情节，可以判处刑法分则条文没有规定的不同种的刑罚。1994年2月5日《最高人民法院研究室关于适用刑法第五十九条第二款减轻处罚能否判处刑法分则条文没有规定的刑罚问题的答复》(已失效)作了如下明确答复，"在法定刑以下判处刑罚，包括判处刑法分则条文没有规定的不同种的刑罚"。笔者认为，前述答复中的《刑法》第五十九条第二款是指1979年《刑法》第五十九条第二款，虽然与1997年修订《刑法》第六十三条第二款的具体表述有所不同，但都是针对不具有法定减轻处罚情节的被告人减轻处罚作出的规定，内容一脉相传。因此，在没有规范性文件明确提出相反意见之前，前述答复确立的原则至今依然可以适用。如果与具体罪行对应的法定量刑幅度中最低的法定刑已是最低刑种，即没有再适用减轻处罚的空间的，则可以直接适用《刑法》第三十七条免予刑事处罚的规定，不必以适用减轻处罚情节的方式判处免予刑事处罚。

当案件没有法定免除处罚情节时，原则上不应适用减轻处罚情节，对被告人减至免予刑事处罚。在刘某贪污案中，原审法院根据《刑法》第三百八十三条第一款第(三)项[《刑法修正案(九)》之前]的规定，将"个人贪污数额在五千元以上不满一万元，犯罪后有悔改表现、积极退赃的，可以减轻处罚或者免予刑事处罚"作为"个人贪污数额在五千元以上不满五万元的，处一年以上七年以下有期徒刑"的下一个量刑幅度，对被告人刘某适用减轻处罚情节，直接作出免予刑事处罚的判决不妥。因此，最高人民法院未核准对被告人刘某在法定刑以下判处刑罚的判决。[No. 8-382-36 刘某贪污案]

第六十四条 【追缴违法所得、没收违禁品和供犯罪所用的本人财物】

犯罪分子违法所得的一切财物，应当予以追缴或者责令退赔；对被害人的合法财产，应当及时返还；违禁品和供犯罪所用的本人财物，应当予以没收。没收的财物和罚金，一律上缴国库，不得挪用和自行处理。

【立法理由】

1. **1979年立法的情况**。1979年《刑法》第六十条规定："犯罪分子违法所得的一切财物，应当予以追缴或者责令退赔；违禁品和供犯罪所用的本人财物，应当予以没收。"为了保护公私财产，不让犯罪分子在经济上占便宜，规定对犯罪分子违法所得的一切财物予以追缴或者责令退赔是十分必要的。同时，为保护被害人的合法权益，要求办理案件的司法机关在诉讼过程中，对于犯罪分子通过犯罪所获得的他人的合法财物，在查明情况后应及时返还给被害人，以使被害人的财产利益得到保护。

2. **1997年修订刑法的情况**。1997年修订刑法时，对本条作了以下修改：一是**增加了"对被害人的合法财产，应当及时返还"的规定**。这是因为，原来只规定对犯罪分子违法所得的一切财物，应当予以追缴或者责令退赔，而没有规定对被害人的合法财产应当及时返还。实践中,对于属于被害人合法财产的,有的被司法机关作为犯罪分子的违法所得予以追缴,有的被司法机关长期占用不及时返还给被害人,使被害人的财产受到损失,其合法权益得不到保护。鉴于这种情况,为了加强对被害人合法财产的保护,防止克扣、拖延返还被害人的财物,作了补充规定。二是**增加规定“没收的财物和罚金,一律上缴国库,不得挪用和自行处理”**。这是因为,实践中存在有的司法机关对于罚没财物没有全部上缴国库,而是予以截留、挪用或者自行处理的情况,这不仅影响对涉案财物依法妥善处理,而且容易造成有的司法机关受利益驱动,以罚代刑、执法不严等情况,而且也会导致司法机关之间互相扯皮等现象,鉴于这种情况,刑法对涉案财物一律上缴国库作出了明确规定。

【条文说明】

本条是关于追缴违法所得,没收违禁品和供犯罪所用的本人财物的规定。

本条主要规定了以下几个方面的内容:

1. 犯罪分子违法所得的一切财物,应当予以追缴或者责令退赔。所谓“**违法所得的一切财物**”,是指犯罪分子因实施犯罪活动而取得的全部财物,包括金钱或者物品,如盗窃得到的金钱或者物品、贪污得到的金钱或者物品等。所谓“**追缴**”,是指将犯罪分子的违法所得强制收缴。如在刑事诉讼过程中,对犯罪分子的违法所得进行追查、收缴;对于在办案过程中发现的犯罪分子已转移、隐藏的赃物追查下落,予以收缴。“**责令退赔**”,是指犯罪分子已将违法所得使用、挥霍或者毁坏的,也要责令其按违法所得财物的价值退赔。

2. 对于追缴和退赔的违法所得,如果是属于被害人的合法财产,应当及时返还。这里所说的“**被害人**”,是指遭受犯罪行为侵害的个人和单位。“**合法财产**”,是指依照法律规定属于被害人所有的动产和不动产,如被害人的财物、金钱、房屋等。根据本条规定,对于被害人的合法财产,原物存在的,应当及时返还;原物不存在或者损坏的,应当折价退赔。

3. 对于违禁品和供犯罪所用的本人财物,应当没收。① 所谓“**违禁品**”,是指依照国家规定,公民不得私自留存、使用的物品,如枪支、弹药、毒品以及淫秽物品等。对违禁品,不管属于谁所有,法律规定都应予以没收。“**供犯罪所用的本人财物**”,是指供犯罪分子进行犯罪活动而使用的属于他本人所有的钱款和物品②,如用于走私的运输工具等。如果这些财物不是犯罪分子本人的,而是借用或者擅自使用的他人财物,财物所有人事前不知是供犯罪使用的,应当予以返还。但是,对司法机关作为证据扣押的,需要等到案件审理结束后,再发还给财物所有人。③ 如果通过照片、录像资料能够使原物充分发挥证据作用的,也可以将原物发还财物所有人,只保存照片、录像资料。

4. 对于依法没收的财物和罚金,一律上缴国库,不得私自挪用或者自行处理。这里所说的“**上缴国库**”,是指结案以后,由最后结案的单位统一上缴国家财政,不得挪作他用,如不能用于单位盖办公楼等;也不得随便处理,即不得私自低价变卖或者分给单位职工等。

【司法解释】

《最高人民法院、最高人民检察院关于办理诈骗刑事案件具体应用法律若干问题的解释》(法释〔2011〕7号,自2011年4月8日起施行)

△(**将诈骗财物用于清偿债务或者转让给他人;追缴;善意取得**)行为人已将诈骗财物用于清偿债务或者转让给他人,具有下列情形之一的,应当依法追缴:

(一)对方明知是诈骗财物而收取的;

(二)对方无偿取得诈骗财物的;

(三)对方以明显低于市场的价格取得诈骗

---

① 我国学者指出,虽然《刑法》第六十四条和第五十九条在用语上均使用“没收”一词,但两者之间具有本质上的不同,不容混淆。其中,没收财产,作为刑罚的一种,是没收犯罪人合法所有且没有用于犯罪的财产,这些财产从民法或者行政法的角度来看,在所有权上毫无瑕疵;没收犯罪物品,或者属于行政性强制措施,或者是出于刑事诉讼的需要而实施的,并不具有刑罚的性质。参见黎宏:《刑法学总论》(第2版),法律出版社2016年版,第351—352页。

② “供犯罪所用的本人财物”包括两种类型:一是作为犯罪构成客观要件中不可缺少的要素,如赌博罪中的赌资、伪造公文罪中的虚假公文等;二是供犯罪使用或者意图供犯罪使用之物,如杀人用的毒药等。参见黎宏:《刑法学总论》(第2版),法律出版社2016年版,第352—353页。

③ 我国学者指出,对于不是直接或者专门用作犯罪工具的本人财物,需结合系争财物与犯罪形成的关联程度以及财物的价值与犯罪情节的轻重比较,遵循关联性原则和相当性原则,作出合乎常情常理的认定。其中,关联性原则主要判断系争财物对于犯罪的形成是否具有重大促进作用或者对排除犯罪障碍有重大作用;相当性原则(又称均衡原则)则要求没收财物的范围、价值应当与犯罪的危害性质、危害程度相当。参见黎宏:《刑法学总论》(第2版),法律出版社2016年版,第353页。

财物的;

(四)对方取得诈骗财物系源于非法债务或者违法犯罪活动的。

他人善意取得诈骗财物的,不予追缴。(§ 10)

《最高人民法院关于刑事裁判涉财产部分执行的若干规定》(法释〔2014〕13号,自2014年11月6日起施行)

△(**追缴或者责令退赔;明确金额等相关情况**)判处追缴或者责令退赔的,应当明确追缴或者退赔的金额或财物的名称、数量等相关情况。(§ 6 Ⅲ)

△(**赃款赃物及其收益;投资或者置业;与其他合法财产共同投资或者置业;被害人的损失**)对赃款赃物及其收益,人民法院应当一并追缴。

被执行人将赃款赃物投资或者置业,对因此形成的财产及其收益,人民法院应予追缴。

被执行人将赃款赃物与其他合法财产共同投资或者置业,对因此形成的财产中与赃款赃物对应的份额及其收益,人民法院应予追缴。

对于被害人的损失,应当按照刑事裁判认定的实际损失予以发还或者赔偿。(§ 10)

△(**清偿债务、转让或者设置其他权利负担;追缴;第三人善意取得**)被执行人将刑事裁判认定为赃款赃物的涉案财物用于清偿债务、转让或者设置其他权利负担,具有下列情形之一的,人民法院应予追缴:

(一)第三人明知是涉案财物而接受的;

(二)第三人无偿或者以明显低于市场的价格取得涉案财物的;

(三)第三人通过非法债务清偿或者违法犯罪活动取得涉案财物的;

(四)第三人通过其他恶意方式取得涉案财物的。

第三人善意取得涉案财物的,执行程序中不予追缴。作为原所有人的被害人对该涉案财物主张权利的,人民法院应当告知其通过诉讼程序处理。(§ 11)

《最高人民法院、最高人民检察院关于办理贪污贿赂刑事案件适用法律若干问题的解释》(法释〔2016〕9号,自2016年4月18日起施行)

△(**贪污贿赂;追缴或者责令退赔**)贪污贿赂犯罪分子违法所得的一切财物,应当依照刑法第六十四条的规定予以追缴或者责令退赔,对被害人的合法财产应当及时返还。对尚未追缴到案或者尚未足额退赔的违法所得,应当继续追缴或者责令退赔。(§ 18)

【司法解释性文件】

《最高人民法院、最高人民检察院印发〈关于办理职务犯罪案件认定自首、立功等量刑情节若干问题的意见〉的通知》(法发〔2009〕13号,2009年3月12日公布)

△(**赃款赃物追缴;贪污案件;受贿案件;职务犯罪案件;从轻处罚;酌情从轻处罚**)贪污案件中赃款赃物全部或者大部分追缴的,一般应当考虑从轻处罚。

受贿案件中赃款赃物全部或者大部分追缴的视具体情况可以酌定从轻处罚。

犯罪分子及其亲友主动退赃或者在办案机关追缴赃款赃物过程中积极配合的,在量刑时应当与办案机关查办案件过程中依职权追缴赃款赃物的有所区别。

职务犯罪案件立案后,犯罪分子及其亲友自行挽回的经济损失,司法机关或者犯罪分子所在单位及其上级主管部门挽回的经济损失,或者因客观原因减少的经济损失,不予扣减,但可以作为酌情从轻处罚的情节。(§ 4)

《最高人民法院关于适用刑法第六十四条有关问题的批复》(法〔2013〕229号,2013年10月21日公布)

△(**追缴或者责令退赔;判决主文;发还;附带民事诉讼;民事诉讼**)根据刑法第六十四条和《最高人民法院关于适用〈中华人民共和国刑事诉讼法〉的解释》第一百三十八条、第一百三十九条的规定,被告人非法占有、处置被害人财产的,应当依法予以追缴或者责令退赔。据此,追缴或者责令退赔的具体内容,应当在判决主文中写明;其中,判决前已经发还被害人的财产,应当注明。被害人提起附带民事诉讼,或者另行提起民事诉讼请求返还被非法占有、处置的财产的,人民法院不予受理。

《最高人民法院、最高人民检察院、公安部、司法部关于办理黑恶势力犯罪案件若干问题的指导意见》(法发〔2018〕1号,2018年1月16日公布)

△(**涉案财产;查询、查封、扣押、冻结;代管、托管;估算**)公安机关、人民检察院、人民法院根据黑社会性质组织犯罪案件的诉讼需要,应当依法查询、查封、扣押、冻结全部涉案财产。公安机关侦查期间,要会同工商、税务、国土、住建、审计、人民银行等部门全面调查涉黑组织及其成员的财产状况。

对于不宜查封、扣押、冻结的经营性资产,可以申请当地政府指定有关部门或者委托有关机构代管或者托管。

对黑社会性质组织及其成员聚敛的财产及其孳息、收益的数额，办案单位可以委托专门机构评估；确实无法准确计算的，可以根据有关法律规定及查明的事实、证据合理估算。（§ 26）

△（**依法查封、冻结、扣押的黑社会性质组织涉案财产；追缴、没收**）对于依法查封、冻结、扣押的黑社会性质组织涉案财产，应当全面收集、审查证明其来源、性质、用途、权属及价值大小的有关证据。符合下列情形之一的，应当依法追缴、没收：

（1）组织及其成员通过违法犯罪活动或其他不正当手段聚敛的财产及其孳息、收益；

（2）组织成员通过个人实施违法犯罪活动聚敛的财产及其孳息、收益；

（3）其他单位、组织、个人为支持该组织活动资助或主动提供的财产；

（4）通过合法的生产、经营活动获取的财产或者组织成员个人、家庭合法资产中，实际用于支持该组织活动的部分；

（5）组织成员非法持有的违禁品以及供犯罪所用的本人财物；

（6）其他单位、组织、个人利用黑社会性质组织及其成员的违法犯罪活动获取的财产及其孳息、收益；

（7）其他应当追缴、没收的财产。（§ 27）

△（**违法所得已用于清偿债务或者转让给他人；追缴**）违法所得已用于清偿债务或者转让给他人，具有下列情形之一的，应当依法追缴：

（1）对方明知是通过违法犯罪活动或者其他不正当手段聚敛的财产及其孳息、收益的；

（2）对方无偿或者以明显低于市场价格取得的；

（3）对方是因非法债务或者违法犯罪活动而取得的；

（4）通过其他方式恶意取得的。（§ 28）

△（**追缴、没收其他等值财产**）依法应当追缴、没收的财产无法找到、被他人善意取得、价值灭失或者与其他合法财产混合且不可分割的，可以追缴、没收其他等值财产。（§ 29）

△（**逃匿；死亡；没收其违法所得**）黑社会性质组织犯罪嫌疑人、被告人逃匿，在通缉一年后不能到案，或者犯罪嫌疑人、被告人死亡的，应当依照法定程序没收其违法所得。（§ 30）

△（**返还被害人**）对于依法查封、扣押、冻结的涉案财产，有证据证明确属被害人合法财产，或者确与黑社会性质组织及其违法犯罪活动无关的应予以返还。（§ 31）

《最高人民法院、最高人民检察院、海关总署、公安部、中国海警局关于打击粤港澳海上跨境走私犯罪适用法律若干问题的指导意见》（署缉发〔2021〕141号，2021年12月14日）

△（**运输走私冻品等货物的船舶、车辆；没收**）对用于运输走私冻品等货物的船舶、车辆，按照以下原则处置：

（一）对“三无”船舶，无法提供有效证书的船舶、车辆，依法予以没收、收缴或者移交主管机关依法处置；

（二）对走私犯罪分子自有的船舶、车辆或者假挂靠、长期不作登记、虚假登记等实为走私分子所有的船舶、车辆，作为犯罪工具依法没收；

（三）对所有人明知或者应当知道他人实施走私冻品等犯罪而出租、出借的船舶、车辆，依法予以没收。

具有下列情形之一的，可以认定船舶、车辆出租人、出借人明知或者应当知道他人实施违法犯罪，但有证据证明确属被蒙骗或者有其他相反证据的除外：

（一）出租人、出借人未经有关部门批准，擅自将船舶改装为可运载冻品等货物用的船舶，或者进行伪装的；

（二）出租人、出借人默许实际承运人将船舶改装为可运载冻品等货物用船舶，或者进行伪装的；

（三）因出租、出借船舶、车辆用于走私受过行政处罚，又出租、出借给同一走私人或者同一走私团伙使用的；

（四）出租人、出借人拒不提供真实的实际承运人信息，或者提供虚假的实际承运人信息的；

（五）其他可以认定明知或者应当知道的情形。

是否属于“三无”船舶，按照《“三无”船舶联合认定办法》（署缉发〔2021〕88号印发）规定认定。（§ 3）

【指导性案例】

最高人民检察院指导性案例第74号：李华波贪污案（2020年7月16日发布）

△（**违法所得没收程序；犯罪嫌疑人到案；程序衔接**）对于贪污贿赂等重大职务犯罪案件，犯罪嫌疑人、被告人逃匿，在通缉一年后不能到案，如果有证据证明有犯罪事实，依照刑法规定应当追缴其违法所得及其他涉案财产的，应当依法适用违法所得没收程序办理。违法所得没收裁定生效后，在逃的职务犯罪嫌疑人自动投案或者被抓获，监察机关调查终结移送起诉的，检察机关应当依

总则 第四章

照普通刑事诉讼程序办理,并与原没收裁定程序做好衔接。

【参考案例】

△交易型、投资型、委托理财型受贿行为中,行为人为索取贿赂所支付的对价应从受贿罪数额中扣除,但应作为"供犯罪所用的本人财物"适用《刑法》第六十四条的规定予以没收。

《刑法》第六十四条规定,"违禁品和供犯罪所用的本人财物,应当予以没收"。供犯罪所用的本人财物是指供犯罪分子进行犯罪活动而使用的属于其本人所有的钱款和物品,如用于走私的犯罪工具、赌博用的赌具等。一般认为,供犯罪所用的本人财物包括犯罪工具以及组成犯罪行为之物。近年来,出现了一些新型贿赂犯罪,如有个人投入的"交易型"受贿、"投资型受贿""委托理财型"受贿等,如何认定此类犯罪中的"供犯罪所用的本人财物",对行为人个人投入部分能否予以没收,是当前司法实践中的难题。要准确认定上述问题,首先必须厘清"交易""投资"及"委托理财"的性质并准确认定个人投入数额和受贿犯罪数额。2007年7月8日《最高人民法院、最高人民检察院关于办理受贿刑事案件适用法律若干问题的意见》对此类犯罪的认定作了规定,据此应当明确:

1. 在"交易型"受贿、"投资型"受贿、"委托理财型"受贿犯罪中,"交易""投资""委托理财"只是贿赂双方规避法律制裁的手段,受贿人虽然有个人财产支出,但目的是掩盖权钱交易。即使受贿人收受的贿赂包含一部分合法成本,但对价成本主要是权钱交易的结果,其行为符合受贿犯罪的本质特征。

2. 受贿人象征性支付对价的,即使产生了增值利益,也不是受贿人的善意取得,不符合"善意取得不予追缴原则"。

3. 整体剥夺受贿犯罪全部经济收益,符合当前从严惩治腐败的现实需要。

所以,在"交易型"受贿、"投资型"受贿、"委托理财型"受贿犯罪中,对受贿数额的认定应将受贿人支付的对价扣除,认定的受贿数额应依照《刑法》第六十四条的规定予以没收;但受贿人支付的对价,应按照"供犯罪所用的本人财物"的认定标准,结合具体的个案实际审慎判断,属于"供犯罪所用的本人财物"的,亦应依法没收。在杨德林滥用职权、受贿案中,杨德林将自己的60万元转账至湾田煤业公司,目的是得到其向他人索要的400万元,后因杨德林担心其索要的400万元不能得到,且连投入的60万元也无法收回,湾田煤业公司遂将该60万元以"入股"分红的形式退还给杨德林,并出具承诺书。据此可以认定,杨德林对该60万元系为索取400万元贿赂有明确认识,其将该60万元付诸实施"入股"行为后又积极追求实现索取400万元的犯罪目的;杨德林象征性"入股"的该60万元与其索要400万元的犯罪行为密切相关,并直接为该犯罪行为服务,该60万元系杨德林用于索取贿赂的犯罪工具。故杨德林支付给湾田煤业公司的60万元属于供其犯罪所用的本人财物,依照《刑法》第六十四条的规定,应当予以没收,上缴国库。[No. 8-385-51 杨德林滥用职权、受贿案]

第二节　累　犯

第六十五条　【一般累犯】

被判处有期徒刑以上刑罚的犯罪分子,刑罚执行完毕或者赦免以后,在五年以内再犯应当判处有期徒刑以上刑罚之罪的,是累犯,应当从重处罚,但是过失犯罪和不满十八周岁的人犯罪的除外。

前款规定的期限,对于被假释的犯罪分子,从假释期满之日起计算。

【立法沿革】

《中华人民共和国刑法》(1997年修订,自1997年10月1日起施行)

第六十五条

被判处有期徒刑以上刑罚的犯罪分子,刑罚执行完毕或者赦免以后,在五年以内再犯应当判处有期徒刑以上刑罚之罪的,是累犯,应当从重处罚,但是过失犯罪除外。

前款规定的期限,对于被假释的犯罪分子,从假释期满之日起计算。

《中华人民共和国刑法修正案(八)》(自2011年5月1日起施行)

六、将刑法第六十五条第一款修改为：

“被判处有期徒刑以上刑罚的犯罪分子，刑罚执行完毕或者赦免以后，在五年以内再犯应当判处有期徒刑以上刑罚之罪的，是累犯，应当从重处罚，但是过失犯罪和不满十八周岁的人犯罪的除外。”

【立法理由】

（一）立法相关背景及修改情况

1. **1979年立法的情况**。1979年《刑法》第六十一条规定：“被判处有期徒刑以上刑罚的犯罪分子，刑罚执行完毕或者赦免以后，在三年以内再犯应当判处有期徒刑以上刑罚之罪的，是累犯，应当从重处罚；但是过失犯罪除外。前款规定的期限，对于被假释的犯罪分子，从假释期满之日起计算。”从总体上看，受过刑罚处罚的罪犯经过监狱等刑罚执行机关的教育改造，绝大多数在刑满释放或者赦免后，能够遵守法律法规，从而回归社会，恢复正常的社会生活。但是，也有极少数犯罪行为人在刑满释放以后，因各种原因又重新犯罪。其中有些人员所犯罪行还比较严重，再次犯较严重的犯罪，表明其具有较大的人身危险性，主观恶性也比较深，因此，对其再次实施的犯罪在量定刑罚的时候，有必要加大惩处力度，处以更重的刑罚，以起到足够的惩戒作用和施以更长时间刑罚执行的教育改造。因此，我国刑法规定，对累犯应当从重处罚。对累犯处以更为严厉的处罚，也是世界各国通行的做法。①

2. **1979年之后至1997年刑法修订前的立法情况**。1979年刑法对构成累犯的前后罪的时间间隔作了明确限定，即三年内再犯的属于累犯，超过三年的，便不再以累犯论处。刑法颁布后，随着经济社会情况的变化，治安形势出现比较严峻的情况，罪犯重新犯罪率也在升高，为了维护社会治安秩序，加大对严重危害社会治安秩序的罪犯的惩治力度，1981年6月10日第五届全国人大常委会第十九次会议通过的《全国人民代表大会常务委员会关于处理逃跑或者重新犯罪的劳改犯和劳教人员的决定》第二条第二款规定，劳改犯逃跑后又犯罪的，从重或者加重处罚。刑满释放后又犯罪的，从重处罚。上述规定改变了刑法关于累犯构成条件中前后罪时间间隔的限制，实际上扩大了累犯的适用范围。该决定与刑法规定的累犯时间间隔条件之间的不一致，成为需要研究解决的问题。

3. **1997年修订刑法的情况**。1997年修订刑法时，将构成累犯的前罪和后罪的相隔时间由原来的“三年以内”修改为“五年以内”。这样规定，体现了对累犯在量刑上进一步从严的精神，主要是有的意见反映，累犯的人身危险性和社会危害性较大，实践中“几进宫”的情况也不少见，严重影响社会治安秩序和人民群众的安全感。对此，从总体上看，除对累犯依法从严惩处外，在累犯的构成条件上，对前后罪之间设定一定的时间间隔是必要的。同时，刑法中也针对一些特殊罪名规定了不受前后罪时间间隔限制的特殊累犯，对除特殊累犯之外的其他累犯，没有必要也不作任何时间限制。另外，根据对重新犯罪的调查情况看，在刑满释放后四至五年内再次犯罪占有相当比例，适当延长前罪和后罪的时间间隔，可以起到对累犯从严惩处，更好地发挥刑罚预防功能的作用。

4. **2011年《刑法修正案（八）》对本条的修改情况**。为进一步落实宽严相济的刑事政策，按照教育为主、惩罚为辅的原则，探索处理未成年人犯罪的司法制度。考虑到未成年人身心发育尚未成熟，对犯罪的未成年人更好地体现以教育、挽救为主的方针，以使他们能更好地接受教育矫正，便于他们以后顺利地融入社会，成为服务社会的有用之才，《刑法修正案（八）》增加了有关**未成年人犯罪不构成累犯**的规定。

（二）立法时争议的主要问题

1997年修订刑法时，有的主张扩大一般累犯的适用范围。一是有的建议将在刑罚执行期间，或者在缓刑、假释期间又犯罪的，作为累犯的一种情形。考虑到累犯制度是对已经服刑完毕或者被赦免的人，即过去有前科的人，依法予以相对从严惩处的一种制度，对于在服刑期间又犯罪的，或者在缓刑、假释期间又犯罪的，有的确实应当给予相对更为严厉的惩处，但应当通过数罪并罚、刑罚执行变更等制度解决，而不属于应由累犯制度解决的情况，如果将其作为累犯，实际上是混淆了累犯和其他相关量刑制度的界限。比如，在刑罚执行过程中再犯罪的，依照刑法规定应当按照“**先减后并**”办法，对前罪未执行完毕的刑罚和新罪判处的刑罚实行数罪并罚。“先减后并”本身就体现了从严的精神，而且对后罪判处刑罚时需要按照主客观相统一的原则，考虑行为人的主观恶性和人

① 我国学者指出，对累犯从重处罚，是对行为人所犯的新罪从重处罚，其根据是行为人无视以往刑罚的惩罚而再次犯罪，而非动摇对前罪所判的刑罚，更不是针对前罪判处刑罚。因此，对累犯从重处罚，并不违反禁止双重评价的原则。参见张明楷：《刑法学》（第6版），法律出版社2021年版，第727页。

身危险性,而曾经犯罪且刑罚尚未执行完毕这一情况,如果影响到对行为人主观恶性和人身危险性的判断,在对新罪量定刑罚时,也需要作为量刑情节起到适当予以从重处罚的作用。因此,通过上述处理,没有必要再对其按累犯从重处罚。对于缓刑、假释期间再犯罪的,依法撤销缓刑、假释,并将新犯罪行判处的刑罚与前罪需要执行的刑罚数罪并罚,在处理上与正在执行刑罚的人又犯新罪的情形相同,也不需要作为累犯处理。二是有的建议将刑罚执行期间逃跑后又犯罪作为累犯的一种情形。刑罚执行期间逃跑的,刑法规定了**脱逃罪**,对于逃跑后又犯罪的,可以将行为人所犯的几个罪行与脱逃罪按照数罪并罚原则予以处理,对这种行为已经予以严厉惩处,且这种情况也不属于累犯,没有必要再按累犯处理。

(三)有关国家的规定

世界上多数国家刑法规定了累犯制度,也多都在累犯条件中对前后罪规定了一定的时间间隔,但关于构成累犯的前后两罪之间的时间间隔的具体期限各不相同,有的规定为三年,如韩国等;有的规定为五年,如英国、瑞士、日本、澳大利亚、马来西亚、新加坡、冰岛等;有的规定为八年,如肯尼亚、巴西、印度等;有的规定为十年,如瑞典、埃及、葡萄牙、新西兰、阿根廷等。

【条文说明】

本条是关于累犯的概念以及对累犯如何处罚的规定。

本条共分为两款。

第一款是关于**累犯的概念以及对累犯从重处罚的规定**。一般来说,累犯可以是指符合特定条件的再次犯罪的人,也可以是指需要依法考虑的一种量刑的情节,还可以理解为对特定对象的一种量刑制度。累犯涉及犯罪行为人的刑罚轻重,对累犯的构成条件以及量刑方法,应当由法律作出明确规定。根据本款的规定,**累犯**是指在刑罚执行完毕或者赦免以后,在法定的期限内又犯应当判处刑罚之罪,依法应当予以从重处罚的情况。根据本款规定,构成累犯应当同时具备以下四个条件:

1. **行为人因前罪被判处有期徒刑以上刑罚,其所实施的新罪依法也应当被判处有期徒刑以上刑罚**,即前后罪的刑罚都是有期徒刑以上刑罚。这里的有期徒刑以上刑罚包括被判处有期徒刑、无期徒刑和死刑的情况。需要注意的是,后罪应当判处有期徒刑以上刑罚,是指根据后罪的性质、情节、社会危害程度等,属于应判处有期徒刑以上刑罚的情况,而不是指该罪的法定刑幅度中包含有期徒刑以上的刑罚。因此,如果后罪的法定刑当中规定了有期徒刑,但按照案件的具体情况,对行为人应当判处的刑罚为拘役、管制、单处罚金等的,则不符合作为累犯的条件。①

2. **前罪和后罪的间隔时间不超过五年**。后罪发生的时间必须在前罪的刑罚执行完毕或者赦免以后五年以内,即后罪犯罪行为实施之日至前罪刑罚执行完毕释放之日或者赦免释放之日的时间间隔不满五年。在刑罚执行期间再犯罪的,不适用本款的规定,应当依照本法关于数罪并罚的规定处罚。这里所说的"刑罚执行完毕"是仅指主刑执行完毕,还是也包括罚金、剥夺政治权利等附加刑执行完毕,实践中存在不同的认识。考虑到本条是对被判处有期徒刑以上刑罚的犯罪分子构成累犯的规定,因此**本条所说的"刑罚执行完毕"应是指有期徒刑以上刑罚执行完毕**。② 关于赦免,一般分为特赦和大赦,我国宪法只规定了特赦而没有规定大赦,因此,这里的"赦免以后",应是指特赦以后。

3. **前罪和后罪必须都是故意犯罪**。累犯不包括过失犯罪。前后罪中如果有一个罪是过失犯罪,就不符合累犯的条件。

4. **犯罪分子在犯前罪和后罪时必须都是年满十八周岁以上的人**。如果犯前罪时是不满十八周岁的未成年人,即使犯后罪时年满十八周岁,也不可以将未满十八周岁时所犯的前罪与后罪一起计算,构成累犯。

根据本款规定,**对于累犯应当从重处罚**,即应当在法定刑的幅度内处以更重的刑罚。③ 具体应当在犯罪行为人所犯罪行应适用的法定刑幅度内,适用相对没有累犯情节的情况下更重的刑罚。

---

① 我国学者指出,在判断后罪是否应当判处有期徒刑以上刑罚时,只能撇开过去曾经犯罪的前科事实,纯粹客观地针对本次犯罪事实进行单独的考虑。否则,在社会危害性的评价上会违反禁止双重评价的原则。参见黎宏:《刑法学总论》(第2版),法律出版社2016年版,第374页。

② 相同的学说见解,参见张明楷:《刑法学》(第6版),法律出版社2021年版,第729页;赵秉志主编:《刑法总论》(第3版),中国人民大学出版社2016年版,第364页;黎宏:《刑法学总论》(第2版),法律出版社2016年版,第374页。

③ 我国学者指出,对累犯从重处罚的幅度,应通过考察犯罪人再次犯罪的原因、刑罚执行完毕与再次犯罪的期间长短等因素来加以决定。基于特殊原因而再次犯罪的(如因受害人的严重迫害而故意犯罪,但又不具备阻却违法事由),从重幅度应当控制在极小范围之内。参见张明楷:《刑法学》(第6版),法律出版社2021年版,第733页。

从重处罚不能超越应当适用的刑罚幅度予以加重处罚，也不简单意味着在应当适用的刑罚幅度内一律判处最高刑罚，即“顶格”量刑。具体需要在依法确定行为人如果不属于累犯的情况下，应当适用的量刑幅度和应当判处的刑罚的基础上，进一步量定更为严厉的刑罚，要罚当其罪，体现罪责刑相适应。

第二款是关于**被假释的罪犯，在认定是否构成累犯时，如何计算前后罪时间间隔是否在五年以内的规定**。根据本款规定，对于被假释的犯罪分子，应当**从假释期满之日起**计算第一款规定的五年期限。《刑法》第八十一条第一款规定，被判处有期徒刑的犯罪分子，执行原判刑期二分之一以上，被判处无期徒刑的犯罪分子，实际执行十三年以上，如果认真遵守监规，接受教育改造，确有悔改表现，没有再犯罪的危险的，可以假释。第八十五条规定，对假释的犯罪分子，在假释考验期限内，依法实行社区矫正，如果没有本法第八十六条规定的情形，假释考验期满，就认为原判刑罚已经执行完毕。根据上述规定，假释考验期满就视为刑罚执行完毕，因此，对于被假释的犯罪分子，在认定是否构成累犯时，对其前后罪之间间隔的起算时间，从其假释考验期满起算，也就是说，在假释考验期间再犯罪的不能构成累犯。

实际执行中应当注意以下问题：

1. **如何理解本条规定的“刑罚执行完毕”**。实践中对于这一问题存在不同的认识，有的认为，“刑罚”是指主刑，而不包括附加刑，主刑执行完毕以后五年内再犯罪的，构成累犯。有的认为，“刑罚”不仅包括主刑，也包括附加刑，因为主刑和附加刑是一个统一的刑罚整体，不可割裂。除对“刑罚”是指主刑还是也包括附加刑的问题在认识上存在分歧以外，2015年通过的《刑法修正案（九）》对数罪并罚制度的修改，进一步增加了对上述主刑是仅指有期徒刑以上刑罚还是也包括管制在内的争议。《刑法修正案（九）》在《刑法》第六十九条中增加一款，规定：“数罪中有判处有期徒刑和拘役的，执行有期徒刑。数罪中有判处有期徒刑和管制，或者拘役和管制的，有期徒刑、拘役执行完毕后，管制仍须执行。”这一修改，使得一个罪犯可能会被判处两个主刑，即有期徒刑和管制，那么对于犯罪分子同时被判处有期徒刑和管制的，都是主刑，其刑罚执行完毕的期限应当从有期徒刑执行完毕还是应当从管制执行完毕计算，也出现不同认识。有的认为，被同时判处有期徒刑和管制的，根据《刑法》第六十九条的规定，有期徒刑执行完毕后，管制仍须执行，也就是说，有期徒刑虽然执行完毕，但管制还在执行，并不能认为刑罚已经执行完毕，累犯的起算时间应当从管制执行完毕开始计算。笔者认为，**这里所说的“刑罚执行完毕”，应当是有期徒刑以上刑罚执行完毕**。因为刑法中“刑罚执行完毕”在数个条文中都有规定，在理解其含义时，必须结合刑法的具体规定，分析其本来含义和应有之义，不宜脱离刑法规定的具体制度，简单化地“一刀切”。具体到累犯条件中“刑罚执行完毕”的理解，自然应当根据刑法有关累犯制度的规定，结合累犯制度的立法目的等因素确定其含义。以有期徒刑执行完毕之日为累犯的起算时间的主要理由有：一是根据本条规定，只有判处有期徒刑以上刑罚的犯罪分子才可能构成累犯，也就是说，被判处拘役、管制或者单处罚金、剥夺政治权利等刑罚的，都不能构成累犯，因此，累犯的起算时间不适宜从拘役、管制或者单处罚金、剥夺政治权利等刑罚执行完毕之日开始计算。二是既然本条规定的是被判处有期徒刑以上刑罚的犯罪分子构成累犯，这体现了刑法在累犯构成条件上对前后罪的严重程度作了一定的限制，设置了构成累犯的“门槛”，即不是所有犯罪都作为构成累犯的条件予以考虑，那么刑罚执行完毕也应当是指所犯有期徒刑之罪的刑罚即有期徒刑执行完毕。有期徒刑执行完毕后犯罪分子已经被释放，根据刑法有关规定，被判处管制的，依法实行社区矫正，是在社会上服刑；罚金等附加刑也可以在社会上执行，因此，累犯的起算时间从有期徒刑执行完毕开始计算是适宜的，即使管制或者罚金等附加刑尚未执行完毕，也不影响累犯的起算时间。

2. **因故意犯罪被判处有期徒刑但适用缓刑的罪犯，再犯应判处有期徒刑以上刑罚的故意犯罪的，是否构成累犯**。对这一问题也存在不同认识。有的认为，缓刑考验期满以后五年以内再犯罪的，构成累犯。主要理由是：一是宣告缓刑必须以判处刑罚为前提，被判处缓刑的犯罪分子，如果是被判处有期徒刑以上刑罚的，符合累犯的适用条件；二是从我国刑法的目的上看，规定累犯是为了预防犯罪，对于那些屡教不改，严重危害社会的犯罪分子应当给予严厉的惩处，对于缓刑考验期满后再犯罪的，有必要从重处罚。《刑法》第七十六条规定，对宣告缓刑的犯罪分子，在缓刑考验期限内，依法实行社区矫正，如果没有本法第七十七条规定的情形，缓刑考验期满，原判的刑罚就不再执行。笔者认为，根据这一规定，缓刑属于附条件地不执行刑罚，考验期满原判刑罚不再执行，也就是说，刑罚并没有执行。因此，**被判处缓刑的犯罪分子不能认为已经执行了刑罚**，也就不符合本条规定的“刑罚执行完毕”的条件，**不能构成累犯**。

【司法解释】

《最高人民法院关于适用刑法时间效力规定若干问题的解释》(法释〔1997〕5号,自1997年10月1日起施行)

△**(时间效力;一般累犯)**前罪判处的刑罚已经执行完毕或者赦免,在1997年9月30日以前又犯应当判处有期徒刑以上刑罚之罪,是否构成累犯,适用修订前的刑法第六十一条①的规定;1997年10月1日以后又犯应当判处有期徒刑以上刑罚之罪的,是否构成累犯,适用刑法第六十五条的规定。(§3)

《最高人民法院关于〈中华人民共和国刑法修正案(八)〉时间效力问题的解释》(法释〔2011〕9号,自2011年5月1日起施行)

△**(时间效力;一般累犯)**被判处有期徒刑以上刑罚,刑罚执行完毕或者赦免以后,在2011年4月30日以前再犯应当判处有期徒刑以上刑罚之罪的,是否构成累犯,适用修正前刑法第六十五条的规定;但是,前罪实施时不满十八周岁的,是否构成累犯,适用修正后刑法第六十五条的规定。(§3Ⅰ)

【司法解释性文件】

《最高人民法院印发〈全国部分法院审理毒品犯罪案件工作座谈会纪要〉的通知》(法〔2008〕324号,2008年12月1日公布)

△**(毒品再犯;累犯)**对同时构成累犯和毒品再犯的被告人,应当同时引用刑法关于累犯和毒品再犯的条款从重处罚。

《最高人民法院关于贯彻宽严相济刑事政策的若干意见》(法发〔2010〕9号,2010年2月8日公布)

△**(宽严相济刑事政策;累犯)**要依法从严惩处累犯和毒品再犯。凡是依法构成累犯和毒品再犯的,即使犯罪情节较轻,也要体现从严惩处的精神。尤其是对于前罪为暴力犯罪或被判处重刑的累犯,更要依法从严惩处。(§11)

《全国法院毒品犯罪审判工作座谈会纪要》(法〔2015〕129号,2015年5月18日公布)

△**(累犯;毒品再犯)**累犯、毒品再犯是法定从重处罚情节,即使本次毒品犯罪情节较轻,也要体现从严惩处的精神。尤其对于曾因实施严重暴力犯罪被判刑的累犯、刑满释放后短期内又实施毒品犯罪的再犯,以及在缓刑、假释、暂予监外执行期间又实施毒品犯罪的再犯,应当严格体现从重处罚。

对于因同一毒品犯罪前科同时构成累犯和毒品再犯的被告人,在裁判文书中应当同时引用刑法关于累犯和毒品再犯的条款,但在量刑时不得重复予以从重处罚。② 对于因不同犯罪前科同时构成累犯和毒品再犯的被告人,量刑时的从重处罚幅度一般应大于前述情形。

《最高人民检察院关于认定累犯如何确定刑罚执行完毕以后"五年以内"起始日期的批复》(高检发释字〔2018〕2号,自2018年12月30日起施行)

△**(刑罚执行完毕;刑满释放之日)**刑法第六十五条第一款规定的"刑罚执行完毕",是指刑罚执行到期应予释放之日。认定累犯,确定刑罚执行完毕以后"五年以内"的起始日期,应当从刑满释放之日起计算。

【指导性案例】

最高人民检察院指导性案例第19号:张某、沈某某等七人抢劫案(2014年9月10日发布)

△**(未成年人;累犯)**未成年人犯罪不构成累犯。

【参考案例】

△因故意犯罪被判处有期徒刑缓刑的,在缓刑考验期满五年内又犯应判处有期徒刑以上刑罚之故意犯罪的,不构成累犯。

缓刑是附条件地不执行原判刑罚的制度。缓刑考验期满没有发生法定应当撤销缓刑的情形,原判刑罚即不再执行,而不是已经执行完毕,因此,行为人在缓刑考验期满后故意犯罪的,不构成

---

① 《中华人民共和国刑法》(1979年)

第六十一条

Ⅰ被判处有期徒刑以上刑罚的犯罪分子,刑罚执行完毕或者赦免以后,在三年以内再犯应当判处有期徒刑以上刑罚之罪的,是累犯,应当从重处罚;但是过失犯罪除外。

Ⅱ前款规定的期限,对于被假释的犯罪分子,从假释期满之日起计算。

② 我国学者指出,累犯与毒品再犯之间是一种特殊的法条竞合关系,即累犯是一般规定,毒品犯罪的再犯是特殊规定。但是,累犯属于重法,其限制条件较严、法律效果较重,不仅要从重处罚,而且不得适用缓刑、假释。因此,如果行为人构成累犯的同时也构成毒品犯罪的再犯,考虑择一重法适用,即以累犯处理。参见黎宏:《刑法学总论》(第2版),法律出版社2016年版,第372页。

累犯。[1][No. 2-118、119(1)-1-1 侯飞、谢延海等破坏电力设备、盗窃案]

△被判处有期徒刑以上刑罚的犯罪分子,在刑罚执行完毕五年之内又犯应当判处有期徒刑以上刑罚之罪,但新罪被发现之时,已过追诉时效期限的,不应认定为累犯。

累犯是刑法基于再次犯罪行为及改造需要对犯罪人作出的更为严重的否定评价。它不同于犯罪学上的累犯,不仅仅是一个单纯的身份概念,而是犯罪人与犯罪行为的统一体,其中,犯罪行为更为刑法所关注。因为累犯作为一项量刑制度,是针对需要依法裁量决定刑罚的具体犯罪行为而言的,再犯应当判处有期徒刑以上刑罚之罪,既是构成累犯的基本条件,也是累犯应当从重处罚的法律后果必要的载体。因此,刑法规定的应当判处有期徒刑以上刑罚之罪必须是依法应予追究刑事责任之罪,否则,累犯法律制度将无从适用,从重处罚的规定也将无从落实。被告人南昌洙刑满释放后所实施的第一起盗窃行为,由于已经过了追诉时效,依法不应再追究其刑事责任,不能认定为再犯应当判处有期徒刑以上刑罚之罪;第二起盗窃行为是在刑罚执行完毕五年以后实施的,也不符合累犯的法定期限要件。[No. 5-264-6 南昌洙等盗窃案]

△被判处有期徒刑以上刑罚的犯罪分子,主刑执行完毕而附加罚金刑未执行完毕,五年以内再犯应当判处有期徒刑以上刑罚之罪的,应当认定为累犯。

被告人鄂尔古丽·买买提因犯盗窃罪在主刑执行完毕以后、附加刑未执行以前,又在五年以内犯应当判处有期徒刑以上刑罚之罪。由于行为人主刑执行完毕后,在附加刑执行期间再故意犯罪,其主观恶性大于在附加刑执行完毕以后再犯新罪,如将刑罚执行完毕理解为包括主刑和附加刑,那么对于主刑执行完毕后附加刑执行期间再犯新罪的,应认定为累犯而从重处罚;同时,由于主刑已执行完毕,也不能在主刑上对行为人实行数罪并罚,这显然不符合立法本意。因此,刑罚执行完毕中的刑罚仅指主刑,对被告人鄂尔古丽·买买提应认定为累犯。[No. 5-264-17 买买提盗窃案]

△《刑法》第六十七条规定的"不满十八周岁的人犯罪的除外",指的是行为人犯前罪时不满十八周岁,不适用累犯制度。行为人犯前罪时跨越十八周岁实施同一犯罪行为的,原则上应当认定为不满十八周岁的人犯罪,但十八周岁后实施的行为可以被单独评价为犯罪的,应当认定为已满十八周岁的人犯罪。

《刑法修正案(八)》增设了未成年人犯罪不构成累犯制度,即"不满十八周岁的人犯罪的除外"。此处的"不满十八周岁"指的是犯前罪时不满十八周岁,这种理解可以更彻底地保护未成年人,符合我国刑法一贯对未成年人特殊保护的立法精神和宽严相济的刑事政策。行为人跨越十八周岁实施同一犯罪行为的,应当坚持"以未成年人对待为原则,以成年人对待为例外",一般应当认定为不满十八周岁的人犯罪。如果能够明确区分主次罪行,且主要罪行发生在十八周岁之后的,应当认定为犯罪时已满十八周岁。行为人在十八周岁之后实施的同种犯罪行为能够被单独评价为犯罪的,应当认定为已满十八周岁的人犯罪。在王吕奇盗窃案中,被告人王吕奇跨越十八周岁实施的同种犯罪行为能够互相区分,即在十八周岁前实施了7起盗窃行为,十八周岁后实施了12起盗窃行为,价值人民币17200元,可以单独构成盗窃罪,属于"已满十八周岁的人犯罪"。被告人在前罪刑罚执行完毕后五年之内再犯盗窃罪,构成累犯。[No. 5-264-61 王吕奇盗窃案]

△已执行完毕的刑事判决被再审改判后,刑罚执行应以该再审判决为依据重新认定。行为人在原判决执行完毕后再犯新罪的,应当根据再审判决判断成立累犯还是数罪并罚。

在谢友仁、潘锋盗窃案中,被告人不构成累犯,应实行数罪并罚。其一,谢友仁前次因犯抢劫罪被判处有期徒刑二年,于2011年10月1日刑满释放。但由于谢友仁抢劫案原判决被再审撤销,刑期改判为有期徒刑五年六个月,再审判决作出时间为2013年4月12日,故不能认为抢劫罪的刑罚已经执行完毕,谢友仁在2011年11月、2012年3月犯盗窃罪不符合累犯的构成要件。其二,谢友仁改判的抢劫犯罪应从判决执行之日起计算,即应当从该判决生效、执行之日起计算。判决作出时间是2013年4月12日,刑期应自判决执行之日起计算,五年六个月的刑期尚未执行完毕,原审抢劫罪判决已经执行的刑罚,只能折抵刑期,而不能认为是已经执行完毕,在刑罚未执行完毕之后的盗窃犯罪,显然不能认为是刑罚已经执

① 相同的学说见解,参见赵秉志主编:《刑法总论》(第3版),中国人民大学出版社2016年,第366页;周光权:《刑法总论》(第四版),中国人民大学出版社2021年,第453页。相反的学说见解则认为,从整体解释上看,缓刑考验期满后应视为原判决已经执行完毕,而非原判刑罚没有执行。因此,缓刑考验期满之后五年之内又犯新罪的,构成累犯。参见黎宏:《刑法学总论》(第2版),法律出版社2016年,第375、399页。

行完毕再实施犯罪的累犯。其三，本案不能既承认前次抢劫罪判决的效力又认定谢友仁构成累犯。前次抢劫罪判决认定的事实是谢友仁(冒名谢友礼)系未成年人，如果承认前次抢劫罪判决的效力，就应承认原审抢劫罪判决所认定的事实，就必须承认其是未成年人，而未成年人犯罪依法不构成累犯。如果不承认前次抢劫罪判决的效力，就不能认定其抢劫罪的刑罚在其新犯盗窃罪时就已经执行完毕。所以，无论是否承认前次抢劫罪判决的效力，都无法认定谢友仁构成累犯。[No.5-264-65 谢友仁、潘锋盗窃案]

△一审宣判后上诉期间再犯新罪的，即便判处的刑期已经届满也不能视为刑罚执行完毕，不符合一般累犯的成立条件。

构成一般累犯，要求后罪必须发生在前罪判处的刑罚执行完毕或者赦免以后五年内，周崇敏贩卖毒品案争议的焦点就在于如何理解和认定“刑罚执行完毕”。刑罚执行的内容是判决和裁定，执行的前提条件是裁判发生法律效力，刑罚执行的起点是裁判发生法律效力之时。刑罚执行完毕，既包括有期徒刑实际执行完毕，也包括假释考验期满；被判处缓刑的犯人，在缓刑考验期满后再犯罪的，不构成累犯，系因缓刑考验期满意味着所判处的主刑不再执行，本质上区别于刑罚执行完毕。

要准确区分刑罚执行完毕与羁押期限届满。刑罚是以限制或剥夺犯罪人权益为内容的最严厉的强制性法律制裁方法，羁押是司法机关对犯罪嫌疑人在判决生效前的暂时关押，羁押不是《刑事诉讼法》规定的强制措施，而是因适用拘留、逮捕等剥夺人身自由的强制措施而形成的附带性后果及状态，两者在性质、内容、适用主体与对象等方面各成体系。两者的关联主要体现在“刑期折抵”：对先行羁押的被告人，如经审判被确认有罪，且判处刑罚为管制、拘役、有期徒刑的，则判决生效前羁押的时间相应折抵判决所确定的刑期；如经审判被确认无罪，则属于错误羁押，可依据《国家赔偿法》申请赔偿。如果被逮捕羁押的被告人所羁押的时间已届满第一审人民法院对其判处的刑期期限，因案件进入二审程序或复核程序，一审判决尚未生效的，则人民法院应当对其变更强制措施或者予以释放，但这并不属于刑罚执行完毕。

在本案中，被告人周崇敏于2012年9月26日被江苏省镇江市中级人民法院以贩卖毒品罪判处有期徒刑一年六个月，一审宣判后，该案因同案被告人上诉进入二审程序，故原一审判决未生效，不具有可执行效力；直至2013年11月29日江苏省高级人民法院对该案作出驳回上诉、维持原判的裁定，二审裁定作出并送达之日，一审判决生效。周崇敏在该案诉讼过程中，于2011年6月3日被刑事拘留，一直处于被羁押状态，至2012年12月2日羁押期限届满一年六个月，法院决定对周崇敏取保候审。虽在该时间节点之后原一审判决确定的有期徒刑一年六个月已无实际可执行内容，但不能认为是原判刑罚已执行完毕。因为，在周崇敏被羁押的整个过程中，该案判决未具可执行的条件，而当判决生效进入执行阶段时，所确定的刑期基于法律规定，先前羁押的期间折抵后已无可供执行的余刑。被告人在此期间再犯新罪的，不符合累犯必须是“前罪刑罚执行完毕后”的时间条件，不成立一般累犯。[No.6-7-347-59 周崇敏贩卖毒品案]

第六十六条 【特别累犯】

危害国家安全犯罪、恐怖活动犯罪、黑社会性质的组织犯罪的犯罪分子，在刑罚执行完毕或者赦免以后，在任何时候再犯上述任一类罪的，都以累犯论处。

【立法沿革】

《中华人民共和国刑法》(1997年修订，自1997年10月1日起施行)

第六十六条

危害国家安全的犯罪分子在刑罚执行完毕或者赦免以后，在任何时候再犯危害国家安全罪的，都以累犯论处。

《中华人民共和国刑法修正案(八)》(自2011年5月1日起施行)

七、将刑法第六十六条修改为：

“危害国家安全犯罪、恐怖活动犯罪、黑社会性质的组织犯罪的犯罪分子，在刑罚执行完毕或者赦免以后，在任何时候再犯上述任一类罪的，都以累犯论处。”

【立法理由】

1. **1979年立法的情况**。1979年《刑法》第六十二条规定："刑罚执行完毕或者赦免以后的反革命分子，在任何时候再犯反革命罪的，都以累犯论处。"累犯制度可以分为一般累犯和特殊累犯。一般累犯是指因犯罪被判处刑罚，刑罚执行完毕或者赦免以后，在法定的期限内又犯应当判处刑罚之罪的犯罪分子。特殊累犯不同于一般累犯，是指在刑法中对屡犯同一种或同一类罪的犯罪分子，不作前后罪时间间隔、所判处刑罚种类等的限制，都按照累犯处理的制度。1979 年刑法针对当时的社会情况，并考虑到反革命犯罪的特殊性，对反革命犯罪规定了特殊累犯。

2. **1979 年之后至 1997 年修订刑法前的立法情况**。为了依法从严惩处毒品犯罪，1990 年 12 月 28 日第七届全国人大常委会第十七次会议通过了《全国人民代表大会常务委员会关于禁毒的决定》，其中第十一条第二款规定，因走私、贩卖、运输、制造、非法持有毒品罪被判过刑，又犯本决定规定之罪的，从重处罚。这一规定，在刑法的累犯制度之外，又确立了**毒品犯罪的再犯制度**。

3. **1997 年修订刑法的情况**。1997 年修订刑法时，对本条作了以下修改：一是将"反革命分子"修改为"危害国家安全的犯罪分子"；二是将"反革命罪"修改为"危害国家安全罪"。

4. **2011 年《刑法修正案（八）》对本条的修改情况**。1997 年刑法关于特殊累犯的规定仅限于危害国家安全罪。有关方面提出，恐怖活动犯罪、黑社会性质的组织犯罪社会危害严重，行为人主观恶性往往比较深，为了体现对再犯者从严惩处的精神，预防和减少相应犯罪的发生，有必要将其纳入特殊累犯的范围。全国人大常委会根据有关方面的意见，在刑法中将恐怖活动犯罪、黑社会性质的组织犯罪也纳入了特殊累犯的范围。

【条文说明】

本条是关于危害国家安全犯罪、恐怖活动犯罪、黑社会性质的组织犯罪累犯的特殊规定。

根据本条规定，认定危害国家安全犯罪、恐怖活动犯罪、黑社会性质的组织犯罪的累犯，应当注意以下三个特点：

1. **犯罪分子所犯的前罪和后罪都是危害国家安全犯罪、恐怖活动犯罪、黑社会性质的组织犯罪**。[①] 前罪或者后罪不属于上述犯罪的，不能构成本条规定的特殊累犯。但是，根据本条规定，犯危害国家安全犯罪、恐怖活动犯罪、黑社会性质的组织犯罪的行为人，只要再犯这三类犯罪中的任一类犯罪的，均构成累犯，即前罪和后罪不需要同属一类犯罪，如犯危害国家安全犯罪者，再犯恐怖活动犯罪的，就构成累犯。

2. **不受《刑法》第六十五条第一款关于构成累犯的前罪和后罪都应是"判处有期徒刑以上刑罚"的刑种条件限制**，即前罪只要判处刑罚即可，后罪只要构成犯罪即可。

3. **不受《刑法》第六十五条第一款关于构成累犯应在"刑罚执行完毕或者赦免以后，在五年以内再犯"的时间条件限制**，即危害国家安全犯罪、恐怖活动犯罪、黑社会性质的组织犯罪的犯罪分子，在前罪的刑罚执行完毕或者赦免之后，不论何时再犯危害国家安全犯罪、恐怖活动犯罪、黑社会性质的组织犯罪，都构成累犯，不受五年期限的限制。

实际执行中对于**未成年人是否构成特殊累犯**，在认识上存在分歧。有的认为，未成年人不构成累犯是在一般累犯的条款中规定的，不适用于特殊累犯，未成年人只要实施了危害国家安全犯罪、恐怖活动犯罪、黑社会性质的组织犯罪，在刑罚执行完毕或者赦免以后，在任何时候再犯前述任一类罪的，都要以累犯论处。也有的认为，不能一概而论，对于已满十四周岁不满十六周岁的未成年人不构成特殊累犯，而已满十六周岁不满十八周岁的未成年人构成特殊累犯。**2011 年通过的《刑法修正案（八）》增加了未成年人犯罪不构成累犯的规定**。笔者认为，这一规定主要是考虑到未成年人身心发育尚未成熟，对犯罪的未成年人应更好地体现以教育、挽救为主的方针，使他们能更好地接受教育矫正，便于他们以后顺利融入社会。因此，未成年人不构成累犯属于对未成年人的特别规定，与《刑法》第十七条的规定一脉相承，不仅限于第六十五条，也应当适用于本条关于特殊累犯的规定。同时，从《刑法》第六十五条和第六十六条的关系来看，第六十五条既是一般累犯的规定，也是对累犯制度的一般性和基础性规定；而第六十六条是刑法在确立累犯基本制度的基础上，进一步针对几类特殊犯罪作的专门性规定。《刑法》第六十六条的立法目的在于，针对几类特殊犯罪，考虑到再次犯罪充分表明犯罪分子

---

① 我国学者指出，黑社会性质组织犯罪不限于《刑法》分则第六章第一节中的"组织、领导、参加黑社会性质组织罪""入境发展黑社会组织罪""包庇、纵容黑社会性质组织罪"，而是包括黑社会性质组织所实施的任何罪行。参见赵秉志主编：《刑法总论》（第 3 版），中国人民大学出版社 2016 年版，第 367 页；周光权：《刑法总论》（第 4 版），中国人民大学出版社 2021 年版，第 452 页；黎宏：《刑法学总论》（第 2 版），法律出版社 2016 年版，第 375 页。

主观方面顽固坚持恐怖等立场和难以悔改的态度,给予其更为严厉的惩处。未成年人由于心智发育等方面的情况,具有较强的可塑性,**既然不能构成一般累犯,也不应构成特殊累犯**。另外,刑法关于未成年人不构成累犯的规定,与对特殊累犯中恐怖活动犯罪、黑社会性质的组织犯罪的规定,都是2011年《刑法修正案(八)》中增加的体现宽严相济刑事政策的内容,对此问题立法机关做过专门研究,二者是并行不悖的。

【司法解释】

《最高人民法院关于〈中华人民共和国刑法修正案(八)〉时间效力问题的解释》(法释〔2011〕9号,自2011年5月1日起施行)

△**(时间效力;特别累犯)**曾犯危害国家安全犯罪,刑罚执行完毕或者赦免以后,在2011年4月30日以前再犯危害国家安全犯罪的,是否构成累犯,适用修正前刑法第六十六条的规定。

曾被判处有期徒刑以上刑罚,或者曾犯危害国家安全犯罪、恐怖活动犯罪、黑社会性质的组织犯罪,在2011年5月1日以后再犯罪的,是否构成累犯,适用修正后刑法第六十五条、第六十六条的规定。(§3 Ⅱ、Ⅲ)

第三节　自首和立功

第六十七条　【自首与坦白】

犯罪以后自动投案，如实供述自己的罪行的，是自首。对于自首的犯罪分子，可以从轻或者减轻处罚。其中，犯罪较轻的，可以免除处罚。

被采取强制措施的犯罪嫌疑人、被告人和正在服刑的罪犯，如实供述司法机关还未掌握的本人其他罪行的，以自首论。

犯罪嫌疑人虽不具有前两款规定的自首情节，但是如实供述自己罪行的，可以从轻处罚；因其如实供述自己罪行，避免特别严重后果发生的，可以减轻处罚。

【立法沿革】

《中华人民共和国刑法》(1997年修订,自1997年10月1日起施行)

第六十七条

犯罪以后自动投案,如实供述自己的罪行的,是自首。对于自首的犯罪分子,可以从轻或者减轻处罚。其中,犯罪较轻的,可以免除处罚。

被采取强制措施的犯罪嫌疑人、被告人和正在服刑的罪犯,如实供述司法机关还未掌握的本人其他罪行的,以自首论。

《中华人民共和国刑法修正案(八)》(自2011年5月1日起施行)

八、在刑法第六十七条中增加一款作为第三款:

"犯罪嫌疑人虽不具有前两款规定的自首情节,但是如实供述自己罪行的,可以从轻处罚;因其如实供述自己罪行,避免特别严重后果发生的,可以减轻处罚。"

【立法理由】

1. **1979年立法的情况**。1979年《刑法》第六十三条规定:"犯罪以后自首的,可以从轻处罚。其中,犯罪较轻的,可以减轻或者免除处罚;犯罪较重的,如果有立功表现,也可以减轻或者免除处罚。"鼓励自首和坦白从宽是我国司法实践中长期坚持的刑事政策,为了更好地体现和执行这一政策,对自首的条件及处罚作具体明确的规定十分必要。自首是指犯罪以后自动投案,如实供述自己的罪行的行为。刑法规定自首,目的是通过对自首的犯罪行为人予以宽大处理,鼓励罪犯自动投案,悔过自新,不再继续犯罪;也可以使案件得以及时侦破与审判,节约司法资源,提高诉讼效率。1979年刑法只是直接使用了"自首"这一用语,没有明确界定自首的条件。有的意见提出,实践中对何为自首存在不同认识,造成司法实践中在自首认定上的不一致。为了统一标准,增强操作性,《最高人民法院、最高人民检察院、公安部关于当前处理自首和有关问题具体应用法律的解答》对怎样认定自首、如何看待"送子女或亲友归案"、对自首者如何处罚、如何看待立功、如何执行"坦白从宽"的政策等问题作了解答。

2. **1979年之后至1997年刑法修订前的立法情况**。1982年3月8日第五届全国人大常委会第二十二次会议通过的《全国人民代表大会常务委员会关于严惩严重破坏经济的罪犯的决定》第二条规定:“凡在本决定施行之日以前犯罪,而在一九八二年五月一日以前投案自首,或者已被逮捕而如实地坦白承认全部罪行,并如实地检举其他犯罪人员的犯罪事实的,一律按本决定施行以前的有关法律规定处理。凡在一九八二年五月一日以前对所犯的罪行继续隐瞒拒不投案自首,或者拒不坦白承认本人的全部罪行,亦不检举其他犯罪人员的犯罪事实的,作为继续犯罪,一律按本决定处理。”1988 年 1 月 21 日第六届全国人大常委会第二十四次会议通过的《全国人民代表大会常务委员会关于惩治贪污罪贿赂罪的补充规定》第二条规定,个人贪污数额在二千元以上不满五千元,犯罪后自首、立功或者有悔改表现、积极退赃的,可以减轻处罚,或者免予刑事处罚,由其所在单位或者上级主管机关给予行政处分。上述规定,对自首的处罚作了进一步的补充规定。

3. **1997 年修订刑法的情况**。1997 年修订刑法时对本条主要作了三处修改:一是**明确了自首的定义**。1979 年刑法对自首规定得比较简单,没有明确规定成立自首的条件,实践中对有的情况是否成立自首存在不同认识,造成司法实践中的争议。为了统一标准,便于司法机关具体操作,明确了自首的适用条件。二是**对自首的处罚原则作了更加从宽的规定**。将“犯罪后自首的,可以从轻处罚”修改为“对于自首的犯罪分子,可以从轻或者减轻处罚”,将“犯罪较轻的,可以减轻或者免除处罚”修改为“犯罪较轻的,可以免除处罚”。这样规定,进一步体现了宽严相济的刑事政策,加大了鼓励犯罪行为人主动投案自首,积极悔过自新的力度,有利于促使罪犯自动投案,也为司法机关侦破案件提供了有利条件,节约了司法资源。三是**扩大了自首的适用范围,增加了“以自首论”的规定**。以自首论的规定,扩大了自首的范围,解决了理论界长期争论、司法实践中做法不一的问题,便于司法机关具体操作。对于犯罪行为人来说,即使已经被采取强制措施或者在服刑期间,也还有机会通过如实供述自己尚未为司法机关掌握的其他罪行以成立自首,争取获得宽大处理。这样,罪犯只要愿意悔罪自新,其重新做人的机会和途径永远畅通。

4. **2011 年《刑法修正案(八)》对本条的修改情况**。为进一步体现宽严相济的刑事政策,司法体制和工作机制改革要求提出,完善从重、从轻和减轻处罚情节的法律规定,确保均衡适当量刑。有关部门建议在“自首”以及“以自首论”之外,**将犯罪嫌疑人“如实供述自己罪行”的认罪情况也规定为法定从宽量刑情节**。这种“如实供述自己罪行”的情形就是我们平时常说的“坦白”。“坦白从宽”是我国司法实践中长期坚持的一项刑事政策。对坦白罪行者给予一定程度从宽处理,一直是司法机关量刑时广泛运用的一种酌定情节。有关司法解释也已经明确把认罪作为一种从轻情节,从而使得坦白作为酌定从宽情节的地位在一定程度上得到明确认可。如 1984 年《最高人民法院、最高人民检察院、公安部关于当前处理自首和有关问题具体应用法律的解答》“如何执行‘坦白从宽’的政策”中规定,坦白通常是指犯罪行为已被有关组织或者司法机关发觉、怀疑,而对犯罪分子进行询问、传讯,或者采取强制措施后,犯罪分子如实供认这些罪行的行为。对于罪犯确能坦白其罪行的,依照本条的规定,视坦白程度,可以酌情从宽处理。2003 年 3 月 14 日最高人民法院、最高人民检察院、司法部印发的《关于适用普通程序审理“被告人认罪案件”的若干意见(试行)》和《关于适用简易程序审理公诉案件的若干意见》,2009 年 3 月 12 日发布的《最高人民法院、最高人民检察院关于办理职务犯罪案件认定自首、立功等量刑情节若干问题的意见》,2010 年 12 月 22 日发布的《最高人民法院关于处理自首和立功若干具体问题的意见》等对此都有规定。另外,虽然司法实践中认罪作为一项重要的从宽量刑情节被广泛运用,但由于没有明确的法律规定,被告人认罪作为一种酌定的量刑情节,完全依靠法官的经验,实践中各方面掌握的尺度往往不一致,容易造成量刑的不统一,同时也影响其在鼓励罪犯如实供述罪行方面作用的发挥。为此,《刑法修正案(八)》在自首和以自首论的情况之外,将“如实供述自己罪行”的情形明确规定为法定量刑情节,进一步落实“坦白从宽”的刑事政策,有利于鼓励罪犯如实认罪,分化犯罪,统一量刑尺度。

【条文说明】

本条是关于自首的概念、对自首犯如何处罚以及对如实供述自己罪行的罪犯如何处罚的规定。

本条共分为三款。

第一款是关于**自首的概念及其处罚原则的规定**。根据本款规定,自首必须符合下列条件:

1. 犯罪以后自动投案。所谓“**自动投案**”,是指犯罪分子犯罪以后,犯罪事实未被司法机关发现以前;或者犯罪事实虽被发现,但不知何人所为;或者犯罪事实和犯罪分子均已被发现,但是尚未受到司法机关的传唤、讯问或者尚未采取强制措施之前,主动、直接到司法机关或者所在单位、基层组织等投案,接受审查和追诉的。这里的“**司**

法机关”应指所有的依法负有调查、处理违法犯罪案件相关职责的机关，包括公安机关、国家安全机关、监察机关、人民检察院、人民法院等。需要说明的是，实践中对于法律关于相关司法机关具体职责分工的规定，很多公民并不是很清楚或者认知不是很准确。因此，只要犯罪行为人确实出于主动投案，接受法律处理的目的，到有关机关自首，即使该机关不属于相关案件的法定管辖机关，也不因为这一点而影响其自首的成立。如行为人实施了间谍行为，为自首到公安机关投案，实际上案件应当由国家安全机关管辖；或者其到人民法院自首，而人民法院是审判机关，并不负责案件的侦查。这些机关接到犯罪行为人投案的，应当将其转交相应的负有管辖权的机关处理，这样的情况也不影响其自首的成立。

2. 如实供述自己的罪行。所谓“**如实供述自己的罪行**”，是指犯罪分子投案以后，对于自己所犯的罪行，不管司法机关是否掌握，都必须如实地向司法机关供述，不能有隐瞒。至于有些细节或者情节，犯罪分子记不清楚或者确实无法说清楚的，不能认为是隐瞒。只要基本的犯罪事实和主要情节说清楚就应当认为属于如实供述自己的罪行。如果犯罪分子避重就轻或者供述一部分还保留一部分，企图蒙混过关，就不能认为是如实供述自己的罪行。对于共同犯罪中的犯罪分子不仅应供述自己的犯罪行为，还应供述与其共同实施犯罪的其他共犯的共同犯罪事实；对于犯有数罪的仅如实供述所犯数罪中部分犯罪的，只对如实供述部分犯罪的行为，认定为自首。实践中，有的犯罪嫌疑人自动投案并如实供述自己罪行后又翻供，对这种情况如何认定，《最高人民法院关于处理自首和立功具体应用法律若干问题的解释》第一条规定，犯罪嫌疑人自动投案并如实供述自己的罪行后又翻供的，不能认定为自首；但在一审判决前又能如实供述的，应当认定为自首。

犯罪以后自动投案，如实供述自己的罪行以后，不能逃避司法机关的处理。虽然本条对此没有明确规定，但是自首的性质本身就包含主动投案和自愿接受法律处理的含义。因此，对于自首的犯罪行为人来说，只有自觉接受法律处理，而不是逃避追究，才能说明其确有悔改的诚意。如果投案后如实供述了自己的罪行，后来又逃跑了，逃避司法机关对其的侦查、起诉和审判，说明其自动投案不彻底，不是真正意义上的自首，不能认定为自首。

根据本款规定，对于自首的犯罪分子**可以在法定刑的幅度内从轻或者减轻处罚**。如果是犯罪较轻的，**也可以免除处罚**。具体确定是从轻、减轻还是免除处罚，以及从轻、减轻的幅度，都需要根据案件的具体情况，包括犯罪的事实、性质、情节、对社会的危害程度等，并考虑自首的具体情节、行为人悔罪程度等予以确定。

第二款是关于**以自首论的规定**。根据本款规定，必须同时具备以下条件的，才能以自首论：

1. 以自首论的对象有以下三种人：**已经被司法机关采取强制措施的犯罪嫌疑人、被告人和正在服刑的罪犯**。这里的“**强制措施**”，是指我国刑事诉讼法规定的拘传、拘留、取保候审、监视居住、逮捕。“**正在服刑**”是指已经人民法院判决，正在执行刑罚的罪犯。

2. **如实供述的内容是司法机关还未掌握的本人其他罪行**。这里所说的“**司法机关还未掌握的本人其他罪行**”，是指司法机关根本不知道、还未掌握犯罪嫌疑人、被告人和正在服刑的罪犯的其他罪行，是司法机关正在追查或已经追究的行为人所犯罪行以外的其他犯罪行为。例如，司法机关正在对行为人的盗窃行为进行侦查，该犯罪嫌疑人又如实交代了司法机关尚未掌握的抢劫犯罪行为。对于共同犯罪来说，如果供述司法机关尚未掌握的他人的犯罪，则不属于这种情况，但是如果这种行为符合立功的条件，应当按照刑法关于立功的规定处理。

根据本款规定，只要符合上述条件，应当以自首论，按照本条第一款规定的原则处罚。应当注意的是，实践中，有的被告人自首后，**对自己行为的性质进行辩解**，这种情况不影响自首的成立。

第三款是对不具有前两款规定的“自首”以及“以自首论”的情节，但是如实供述自己罪行的，可以从轻或者减轻处罚的规定。**坦白从宽**是我国一贯的刑事政策，但“如实供述自己罪行”在司法实践中只是作为一种**酌定量刑情节**，在司法实践中适用时存在许多问题，如在侦查阶段的坦白、认罪，有时在审判阶段不被认可，甚至在个别案件中存在被告人因坦白使得司法机关认定了本来不掌握的罪行，而被判处较重的刑罚的情况，被戏称为“坦白从宽，牢底坐穿”。司法实践表明，到案后能够自愿认罪，也表现了犯罪嫌疑人改恶向善的意愿，相对于负隅顽抗，甚至故意编造谎言误导侦查、审判工作的犯罪嫌疑人而言，自愿认罪者也更易于改造，适用较轻的刑罚即可达到刑罚目的。如《最高人民法院关于处理自首和立功若干具体问题的意见》规定，犯罪嫌疑人被亲友采用捆绑等手段送到司法机关，或者在亲友带领侦查人员前来抓捕时无拒捕行为，并如实供认犯罪事实的，虽然不能认定为自动投案，但可以参照法律对自首的有关规定酌情从轻处罚。这一规定，在

《刑法修正案(八)》出台之前,属于酌定从宽情节,根据本款规定,现在这一情形已经属于法定从宽情节。

根据本款规定,以下两种情况属于可以从宽处理的情形,但在从宽处理的幅度上有所不同。一是**对一般的如实供述自己罪行的,可以从轻处罚**;二是**因其如实供述自己罪行,避免特别严重后果发生的,可以减轻处罚**。其中的"如实供述自己罪行"和前两款的精神是一致的,应指自己犯罪的主要事实或者基本事实。"因其如实供述自己罪行,避免特别严重后果发生的",主要是指行为人已经实施了犯罪行为,但犯罪后果还没有发生或者没有全部发生,由于行为人的供述,使得有关方面能够采取措施避免特别严重后果发生的情况。本款规定的从宽处理是"可以"从轻、减轻处罚,对行为人虽然如实供述了自己罪行,但犯罪情节比较恶劣的也可以不从轻、减轻处罚。

实践中需要注意以下几个方面的问题:

1. **关于"自动投案"的具体认定**。除比较典型的自动投案行为以外,实践中还有很多投案的情况比较复杂。为便于司法机关依法适用刑罚,1998年4月6日通过的《最高人民法院关于处理自首和立功具体应用法律若干问题的解释》第一条中对"自动投案"的情形作了解释:一是犯罪嫌疑人因病、伤或者为了减轻犯罪后果,委托他人先代为投案,或者先以信电投案的;二是罪行未被司法机关发觉,仅因形迹可疑被有关组织或者司法机关盘问、教育后,主动交代自己的罪行的;三是犯罪后逃跑,在被通缉、追捕过程中,主动投案的;四是经查实确已准备去投案,或者正在投案途中,被公安机关捕获的,应当视为自动投案;五是并非出于犯罪嫌疑人主动,而是经亲友规劝、陪同投案的;六是公安机关通知犯罪嫌疑人的亲友,或者亲友主动报案后,将犯罪嫌疑人送去投案的,也应当视为自动投案。2010年12月22日发布的《最高人民法院关于处理自首和立功若干具体问题的意见》第一部分对"自动投案"的情形又作了补充:一是犯罪后主动报案,虽未表明自己是作案人,但没有逃离现场,在司法机关询问时交代自己罪行的。二是明知他人报案而在现场等待,抓捕时无拒捕行为,供认犯罪事实的。三是在司法机关未确定犯罪嫌疑人,尚在一般性排查询问时主动交代自己罪行的。四是因特定违法行为被采取行政拘留、司法拘留、强制隔离戒毒等行政、司法强制措施期间,主动向执行机关交代尚未被掌握的犯罪行为。五是罪行未被有关部门、司法机关发觉,仅因形迹可疑被盘问、教育后,主动交代了犯罪事实的,应当视为自动投案,但有关部门、司法机关在其身上、随身携带的物品、驾乘的交通工具等处发现与犯罪有关的物品的,不能认定为自动投案。六是交通肇事后保护现场、抢救伤者,并向公安机关报告的,应认定为自动投案,构成自首的,因上述行为同时系犯罪嫌疑人的法定义务,对其是否从宽、从宽幅度要适当从严掌握;交通肇事逃逸后自动投案,如实供述自己罪行的,应认定为自首,但应依法以较重法定刑为基准,视情决定对其是否从宽处罚以及从宽处罚的幅度。

2. **关于"如实供述自己罪行"的具体认定**。司法实践中,对有些情形是否属于如实供述自己的罪行的认定存在不同认识,为便于司法机关依法适用刑罚,《最高人民法院关于处理自首和立功具体应用法律若干问题的解释》第一条中对如实供述自己的罪行的情形作了解释:一是犯有数罪的犯罪嫌疑人仅如实供述所犯数罪中部分犯罪的,只对如实供述部分犯罪的行为,认定为自首。二是共同犯罪案件中的犯罪嫌疑人,除如实供述自己的罪行,还应当供述所知的同案犯,主犯则应当供述所知其他同案犯的共同犯罪事实,才能认定为自首。三是犯罪嫌疑人自动投案并如实供述自己的罪行后又翻供的,不能认定为自首;但在一审判决前又能如实供述的,应当认定为自首。《最高人民法院关于处理自首和立功若干具体问题的意见》第二部分对如实供述自己的罪行的认定作了补充:一是如实供述自己的罪行,除供述自己的主要犯罪事实外,还应包括姓名、年龄、职业、住址、前科等情况。二是犯罪嫌疑人供述的身份等情况与真实情况虽有差别,但不影响定罪量刑的,应认定为如实供述自己的罪行。犯罪嫌疑人自动投案后隐瞒自己的真实身份等情况,影响对其定罪量刑的,不能认定为如实供述自己的罪行。三是犯罪嫌疑人多次实施同种罪行的,应当综合考虑已交代的犯罪事实与未交代的犯罪事实的危害程度,决定是否认定为如实供述主要犯罪事实。虽然投案后没有交代全部犯罪事实,但如实交代的犯罪情节重于未交代的犯罪情节,或者如实交代的犯罪数额多于未交代的犯罪数额,一般应认定为如实供述自己的主要犯罪事实。无法区分已交代的与未交代的犯罪情节的严重程度,或者已交代的犯罪数额与未交代的犯罪数额相当,一般不认定为如实供述自己的主要犯罪事实。四是犯罪嫌疑人自动投案时虽然没有交代自己的主要犯罪事实,但在司法机关掌握其主要犯罪事实之前主动交代的,应认定为如实供述自己的罪行。

3. **关于"司法机关还未掌握的本人其他罪行"和"不同种罪行"的具体认定**。由于司法实践中对有些问题存在不同认识,《最高人民法院关于处理自首和立功若干具体问题的意见》第三部分对“司法机关还未掌握的本人其他罪行”和“不同种罪行”的认定作了规定：一是犯罪嫌疑人、被告人在被采取强制措施期间，向司法机关主动如实供述本人的其他罪行，该罪行能否认定为司法机关已掌握，应根据不同情形区别对待。如果该罪行已被通缉，一般应以该司法机关是否在通缉令发布范围内作出判断，不在通缉令发布范围内的，应认定为还未掌握，在通缉令发布范围内的，应视为已掌握；如果该罪行已录入全国公安信息网络在逃人员信息数据库，应视为已掌握。如果该罪行未被通缉、也未录入全国公安信息网络在逃人员信息数据库，应以该司法机关是否已实际掌握该罪行为标准。二是犯罪嫌疑人、被告人在被采取强制措施期间如实供述本人其他罪行，该罪行与司法机关已掌握的罪行属同种罪行还是不同种罪行，一般应以罪名区分。虽然如实供述的其他罪行的罪名与司法机关已掌握犯罪的罪名不同，但如实供述的其他犯罪与司法机关已掌握的犯罪属选择性罪名或者在法律、事实上密切关联，如因受贿被采取强制措施后，又交代因受贿为他人谋取利益行为，构成滥用职权罪的，应认定为同种罪行。

【司法解释】

《最高人民法院关于适用刑法时间效力规定若干问题的解释》（法释〔1997〕5号，自1997年10月1日起施行）

△**（时间效力；如实供述）**1997年9月30日以前被采取强制措施的犯罪嫌疑人、被告人或者1997年9月30日以前犯罪，1997年10月1日以后仍在服刑的罪犯，如实供述司法机关还未掌握的本人其他罪行的，适用刑法第六十七条第二款的规定。（§4）

《最高人民法院关于处理自首和立功具体应用法律若干问题的解释》（法释〔1998〕8号，自1998年5月9日起施行）

△**（自首；自动投案；视为自动投案；自动投案后逃跑；如实供述自己的罪行；数罪；共同犯罪；翻供）**根据刑法第六十七条第一款的规定，犯罪以后自动投案，如实供述自己的罪行的，是自首。

（一）自动投案，是指犯罪事实或者犯罪嫌疑人未被司法机关发觉，或者虽被发觉，但犯罪嫌疑人尚未受到讯问、未被采取强制措施时，主动、直接向公安机关、人民检察院或者人民法院投案。

犯罪嫌疑人向其所在单位、城乡基层组织或者其他有关负责人员投案的；犯罪嫌疑人因病、伤或者为了减轻犯罪后果，委托他人先代为投案，或者先以信电投案的；罪行尚未被司法机关发觉，仅因形迹可疑，被有关组织或者司法机关盘问、教育后，主动交代自己的罪行的；犯罪后逃跑，在被通缉、追捕过程中，主动投案的；经查实确已准备去投案，或者正在投案途中，被公安机关捕获的，应当视为自动投案。

并非出于犯罪嫌疑人主动，而是经亲友规劝、陪同投案的；公安机关通知犯罪嫌疑人的亲友，或者亲友主动报案后，将犯罪嫌疑人送去投案的，也应当视为自动投案。

犯罪嫌疑人自动投案后又逃跑的，不能认定为自首。

（二）如实供述自己的罪行，是指犯罪嫌疑人自动投案后，如实交代自己的主要犯罪事实。

犯有数罪的犯罪嫌疑人仅如实供述所犯数罪中部分犯罪的，只对如实供述部分犯罪的行为，认定为自首。

共同犯罪案件中的犯罪嫌疑人，除如实供述自己的罪行，还应当供述所知的同案犯，主犯则应当供述所知其他同案犯的共同犯罪事实，才能认定为自首。

犯罪嫌疑人自动投案并如实供述自己的罪行后又翻供的，不能认定为自首；但在一审判决前又能如实供述的，应当认定为自首。（§1）

△**（以自首论；强制措施；如实供述；不同种罪行）**根据刑法第六十七条第二款的规定，被采取强制措施的犯罪嫌疑人、被告人和已宣判的罪犯，如实供述司法机关尚未掌握的罪行，与司法机关已掌握的或者判决确定的罪行属不同种罪行的，以自首论。（§2）

△**（从轻、减轻或免除处罚）**根据刑法第六十七条第一款的规定，对于自首的犯罪分子，可以从轻或者减轻处罚；对于犯罪较轻的，可以免除处罚。具体确定从轻、减轻还是免除处罚，应当根据犯罪轻重，并考虑自首的具体情节。（§3）

△**（如实供述；同种罪行；酌情从轻处罚）**被采取强制措施的犯罪嫌疑人、被告人和已宣判的罪犯，如实供述司法机关尚未掌握的罪行，与司法机关已掌握的或者判决确定的罪行属同种罪行的，可以酌情从轻处罚；如实供述的同种罪行较重的，一般应当从轻处罚。（§4）

《最高人民法院关于被告人对行为性质的辩解是否影响自首成立问题的批复》（法释〔2004〕2号，自2004年4月1日起施行）

△**（自首；对行为性质的辩解）**根据刑法第六十七条第一款和最高人民法院《关于处理自首和

立功具体应用法律若干问题的解释》第一条的规定，犯罪以后自动投案，如实供述自己的罪行的，是自首。被告人对行为性质的辩解不影响自首的成立。

《最高人民法院关于〈中华人民共和国刑法修正案（八）〉时间效力问题的解释》（法释〔2011〕9号，自2011年5月1日起施行）

△（**时间效力；如实供述**）2011年4月30日以前犯罪，虽不具有自首情节，但是如实供述自己罪行的，适用修正后刑法第六十七条第三款的规定。（§ 4）

【司法解释性文件】

《最高人民法院、最高人民检察院、海关总署关于办理走私刑事案件适用法律若干问题的意见》（法〔2002〕139号，2002年7月8日公布）

△（**单位走私犯罪；单位自首**）在办理单位走私犯罪案件中，对单位集体决定自首的，或者单位直接负责的主管人员自首的，应当认定单位自首。认定单位自首后，如实交代主要犯罪事实的单位负责的其他主管人员和其他直接责任人员，可视为自首，但对拒不交代主要犯罪事实或逃避法律追究的人员，不以自首论。（§ 21）

《最高人民法院、最高人民检察院印发〈关于办理职务犯罪案件认定自首、立功等量刑情节若干问题的意见〉的通知》（法发〔2009〕13号，2009年3月12日公布）

△（**自首；自动投案；如实供述自己的罪行；视为自动投案；以自首论；单位犯罪；证据材料之移交；具体情节**）根据刑法第六十七条第一款的规定，成立自首需同时具备自动投案和如实供述自己的罪行两个要件。犯罪事实或者犯罪分子未被办案机关掌握[①]，或者虽被掌握，但犯罪分子尚未受到调查谈话、讯问，或者未被宣布采取调查措施或者强制措施时，向办案机关投案的，是自动投案。在此期间如实交代自己的主要犯罪事实的，应当认定为自首。

犯罪分子向所在单位等办案机关以外的单位、组织或者有关负责人员投案的，应当视为自动投案。

没有自动投案，在办案机关调查谈话、讯问、采取调查措施或者强制措施期间，犯罪分子如实交代办案机关掌握的线索所针对的事实的，不能认定为自首。

没有自动投案，但具有以下情形之一的，以自首论：（1）犯罪分子如实交代办案机关未掌握的罪行，与办案机关已掌握的罪行属不同种罪行的；（2）办案机关所掌握线索针对的犯罪事实不成立，在此范围外犯罪分子交代同种罪行的。

单位犯罪案件中，单位集体决定或者单位负责人决定而自动投案，如实交代单位犯罪事实的，或者单位直接负责的主管人员自动投案，如实交代单位犯罪事实的，应当认定为单位自首。单位自首的，直接负责的主管人员和直接责任人员未自动投案，但如实交代自己知道的犯罪事实的，可以视为自首；拒不交代自己知道的犯罪事实或者逃避法律追究的，不应当认定为自首。单位没有自首，直接责任人员自动投案并如实交代自己知道的犯罪事实的，对该直接责任人员应当认定为自首。

对于具有自首情节的犯罪分子，办案机关移送案件时应当予以说明并移交相关证据材料。

对于具有自首情节的犯罪分子，应当根据犯罪的事实、性质、情节和对于社会的危害程度，结合自动投案的动机、阶段、客观环境，交代犯罪事实的完整性、稳定性以及悔罪表现等具体情节，依法决定是否从轻、减轻或者免除处罚以及从轻、减轻处罚的幅度。（§ 1）

△（**如实交代犯罪事实；从轻处罚**）犯罪分子依法不成立自首，但如实交代犯罪事实，有下列情形之一的，可以酌情从轻处罚：（1）办案机关掌握部分犯罪事实，犯罪分子交代了同种其他犯罪事实的；（2）办案机关掌握的证据不充分，犯罪分子如实交代有助于收集定案证据的。

犯罪分子如实交代犯罪事实，有下列情形之一的，一般应当从轻处罚：（1）办案机关仅掌握小部分犯罪事实，犯罪分子交代了大部分未被掌握的同种犯罪事实的；（2）如实交代对于定案证据的收集有重要作用的。（§ 3）

《最高人民法院关于贯彻宽严相济刑事政策的若干意见》（法发〔2010〕9号，2010年2月8日公布）

△（**宽严相济刑事政策；自首；从宽处罚；被告人亲属**）对于自首的被告人，除了罪行极其严重、主观恶性极深、人身危险性极大，或者恶意地利用自首规避法律制裁者以外，一般均应当依法从宽

① 我国学者指出，犯罪事实、犯罪分子是否被掌握，犯罪分子是否被采取调查措施或者强制措施，是相对于办案机关而言的。此处的"办案机关"仅限于纪委、监察、公安、检察等法定职能部门。参见王作富主编：《刑法分则实务研究》（第5版），中国方正出版社2013年版，第1587页。

处罚。

对于亲属以不同形式送被告人归案或协助司法机关抓获被告人而认定为自首的，原则上都应当依法从宽处罚；有的虽然不能认定为自首，但考虑到被告人亲属支持司法机关工作，促使被告人到案、认罪、悔罪，在决定对被告人具体处罚时，也应当予以充分考虑。（§17）

《宽严相济在经济犯罪和职务犯罪案件审判中的具体贯彻》（2010年4月7日公布）

△（**自首；量刑情节；具体情节；从轻、减轻或免除处罚；幅度；主动交代犯罪事实；赃款赃物追回**）关于自首、立功等量刑情节的运用。自首、立功是法定的从宽情节。实践中要注意依照《意见》[①]第17条、第18条等规定，结合"两高"《关于办理职务犯罪案件认定自首、立功等量刑情节若干问题的意见》的规定，做好职务犯罪案件审判工作中宽严相济刑事政策与法律规定的有机结合，具体如下：

（1）要严格掌握自首、立功等量刑情节的法定标准和认定程序，确保自首、立功等量刑情节认定的严肃性和规范性的。

（2）对于具有自首情节的犯罪分子，应当根据犯罪事实并结合自动投案的动机、阶段、客观环境，交代犯罪事实的完整性、稳定性以及悔罪表现等具体情节，依法决定是否从轻、减轻或者免除处罚以及从轻、减轻处罚的幅度。

（3）对于具有立功情节的犯罪分子，应当根据犯罪事实并结合立功表现所起作用的大小、所破获案件的罪行轻重、所抓获犯罪嫌疑人可能判处的法定刑以及立功的时机等具体情节，依法决定是否从轻、减轻或者免除处罚以及从轻、减轻处罚的幅度。

（4）对于犯罪分子依法不成立自首，但主动交代犯罪事实的，应当视其主动交代的犯罪事实情况及对证据收集的作用大小，酌情从轻处罚。

（5）赃款赃物追回的，应当注意区分贪污、受贿等不同性质的犯罪以及犯罪分子在追赃中的具体表现，决定是否从轻处罚以及从轻处罚的幅度。（§2Ⅲ）

《最高人民法院印发〈关于处理自首和立功若干具体问题的意见〉的通知》（法发〔2010〕60号，2010年12月22日发布）

△（**自动投案之认定**）《解释》[②]第一条第（一）项规定七种应当视为自动投案的情形，体现了犯罪嫌疑人投案的主动性和自愿性。根据《解释》第一条第（一）项的规定，犯罪嫌疑人具有以下情形之一的，也应当视为自动投案：

1. 犯罪后主动报案，虽未表明自己是作案人，但没有逃离现场，在司法机关询问时交代自己罪行的；

2. 明知他人报案而在现场等待，抓捕时无拒捕行为，供认犯罪事实的；

3. 在司法机关未确定犯罪嫌疑人，尚在一般性排查询问时主动交代自己罪行的；

4. 因特定违法行为被采取劳动教养、行政拘留、司法拘留、强制隔离戒毒等行政、司法强制措施期间，主动向执行机关交代尚未被掌握的犯罪行为的；

5. 其他符合立法本意，应当视为自动投案的情形。

罪行未被有关部门、司法机关发觉，仅因形迹可疑被盘问、教育后，主动交代了犯罪事实的，应当视为自动投案，但有关部门、司法机关在其身上、随身携带的物品、驾乘的交通工具等处发现与犯罪有关的物品的，不能认定为自动投案。

交通肇事后保护现场、抢救伤者，并向公安机关报告的，应认定为自动投案，构成自首的，因上述行为同时系犯罪嫌疑人的法定义务，对其是否从宽、从宽幅度要适当从严掌握。交通肇事逃逸后自动投案，如实供述自己罪行的，应认定为自首，但应依法以较重法定刑为基准，视情决定对其是否从宽处罚以及从宽处罚的幅度。

犯罪嫌疑人被亲友采用捆绑等手段送到司法机关，或者在亲友带领侦查人员前来抓捕时无拒捕行为，并如实供认犯罪事实的，虽然不能认定为自动投案，但可以参照法律对自首的有关规定酌情从轻处罚。（§1）

△（**如实供述自己的罪行**）《解释》第一条第（二）项规定如实供述自己的罪行，除供述自己的主要犯罪事实外，还应包括姓名、年龄、职业、住址、前科等情况。犯罪嫌疑人供述的身份等情况与真实情况虽有差别，但不影响定罪量刑的，应认定为如实供述自己的罪行。犯罪嫌疑人自动投案后隐瞒自己的真实身份等情况，影响对其定罪量

① 即《最高人民法院关于贯彻宽严相济刑事政策的若干意见》（法发〔2010〕9号，2010年2月8日发布）。

② 即《最高人民法院关于处理自首和立功具体应用法律若干问题的解释》（法释〔1998〕8号，自1998年5月9日起施行）。

总则　第四章

刑的，不能认定为如实供述自己的罪行。[1]

犯罪嫌疑人多次实施同种罪行的，应当综合考虑已交代的犯罪事实与未交代的犯罪事实的危害程度，决定是否认定为如实供述主要犯罪事实。虽然投案后没有交代全部犯罪事实，但如实交代的犯罪情节重于未交代的犯罪情节，或者如实交代的犯罪数额多于未交代的犯罪数额，一般应认定为如实供述自己的主要犯罪事实。无法区分已交代的与未交代的犯罪情节的严重程度，或者已交代的犯罪数额与未交代的犯罪数额相当，一般不认定为如实供述自己的主要犯罪事实。

犯罪嫌疑人自动投案时虽然没有交代自己的主要犯罪事实，但在司法机关掌握其主要犯罪事实之前主动交代的，应认定为如实供述自己的罪行。（§ 2）

△（**司法机关还未掌握的本人其他罪行；不同种罪行**）犯罪嫌疑人、被告人在被采取强制措施期间，向司法机关主动如实供述本人的其他罪行，该罪行能否认定为司法机关已掌握，应根据不同情形区别对待。如果该罪行已被通缉，一般应以该司法机关是否在通缉令发布范围内作出判断，不在通缉令发布范围内的，应认定为还未掌握，在通缉令发布范围内的，应视为已掌握；如果该罪行已录入全国公安信息网络在逃人员信息数据库，应视为已掌握。如果该罪行未被通缉、也未录入全国公安信息网络在逃人员信息数据库，应以该司法机关是否已实际掌握该罪行为标准。[2]

犯罪嫌疑人、被告人在被采取强制措施期间如实供述本人其他罪行，该罪行与司法机关已掌握的罪行属同种罪行还是不同种罪行，一般应以罪名区分。[3][4] 虽然如实供述的其他罪行的罪名与司法机关已掌握犯罪的罪名不同，但如实供述的其他犯罪与司法机关已掌握的犯罪属选择性罪名或者在法律、事实上密切关联，如因受贿被采取强制措施后，又交代因受贿为他人谋取利益行为，构成滥用职权罪的，应认定为同种罪行。[5]（§ 3）

△（**自首；证据材料的审查**）人民法院审查的自首证据材料，应当包括被告人投案经过、有罪供述以及能够证明其投案情况的其他材料。投案经过的内容一般应包括被告人投案时间、地点、方式等。证据材料应加盖接受被告人投案的单位的印章，并有接受人员签名。

人民法院审查的立功证据材料，一般应包括被告人检举揭发材料及证明其来源的材料、司法机关的调查核实材料、被检举揭发人的供述等。被检举揭发案件已立案、侦破，被检举揭发人被采取强制措施、公诉或者审判的，还应审查相关的法律文书。证据材料应加盖接收被告人检举揭发材料的单位的印章，并有接收人员签名。

人民法院经审查认为证明被告人自首、立功的材料不规范、不全面的，应当由检察机关、侦查机关予以完善或者提供补充材料。

上述证据材料在被告人被指控的犯罪一、二审审理时已形成的，应当经庭审质证。（§ 7）

△（**自首；从轻、减轻处罚；免除处罚；累犯；共同犯罪**）对具有自首、立功情节的被告人是否从宽处罚、从宽处罚的幅度，应当考虑其犯罪事实、犯罪性质、犯罪情节、危害后果、社会影响、被告人的主观恶性和人身危险性等。自首的还应考虑投案

---

① 我国学者指出，《刑法》第六十七条所规定的如实供述"自己的罪行"，侧重于客观犯罪事实。行为人单纯隐瞒年龄、与犯罪无关的职业或者住址、前科，以及隐瞒故意内容的，不影响自首的成立。参见张明楷：《刑法学》（第 6 版），法律出版社 2021 年版，第 736 页。另有学者认为，自首表示行为人愿意接受国家机关的审判，接受审判的前提是行为人交代自己的犯罪事实以及承担责任的有关情况，而年龄和承担责任有关。因此，隐瞒年龄是不如实交代自己"罪行"的表现，不成立自首。参见黎宏：《刑法学总论》（第 2 版），法律出版社 2016 年版，第 380 页。

② 我国学者指出，判断司法机关是否还未掌握本人的其他罪行，原则上应以犯罪嫌疑人、被告人和正在执行的罪犯的认识为标准。只要犯罪嫌疑人、被告人和正在执行刑罚的罪犯认为司法机关还未掌握本人的其他罪行，而主动向司法机关如实供述本人的其他罪行，就应当认定成立准自首。参见赵秉志主编：《刑法总论》（第 3 版），中国人民大学出版社 2016 年版，第 375 页。

③ 我国学者指出，所谓"其他罪行"，从字面意思上，乃指司法机关已经掌握的犯罪嫌疑人、被告人和正在服刑的罪犯的罪行以外的罪行，包括性质相同的罪行和性质不同的罪行。但是，系争规定却对其进行了限定解释，将其理解为"与司法机关已掌握的或者判决确定的罪行属不同种罪行"。此种限定解释与刑法规定自首制度的宗旨不符，也不利于鼓励犯罪嫌疑人交代余罪。参见黎宏：《刑法学总论》（第 2 版），法律出版社 2016 年版，第 381 页。

④ 我国学者指出，同种/不同种罪行的判断，必须从客观意义上加以理解，不能从犯罪嫌疑人等的主观认识角度来考虑。参见黎宏：《刑法学总论》（第 2 版），法律出版社 2016 年版，第 382 页。

⑤ 我国学者指出，此规定没有考虑到自首制度的实质根据，造成坦白与自首的不协调，扩大"同种罪行"的范围，进而使原本有利于被告人的刑法规定变得限缩。参见张明楷：《刑法学》（第 6 版），法律出版社 2021 年版，第 738 页。

的主动性、供述的及时性和稳定性等。立功的还应考虑检举揭发罪行的轻重、被检举揭发的人可能或者已经被判处的刑罚、提供的线索对侦破案件或者协助抓捕其他犯罪嫌疑人所起作用的大小等。

具有自首或者立功情节的,一般应依法从轻、减轻处罚;犯罪情节较轻的,可以免除处罚。类似情况下,对具有自首情节的被告人的从宽幅度要适当宽于具有立功情节的被告人。虽然具有自首或者立功情节,但犯罪情节特别恶劣、犯罪后果特别严重、被告人主观恶性深、人身危险性大,或者在犯罪前即为规避法律、逃避处罚而准备自首、立功的,可以不从宽处罚。

对于被告人具有自首、立功情节,同时又有累犯、毒品再犯等法定从重处罚情节的,既要考虑自首、立功的具体情节,又要考虑被告人的主观恶性、人身危险性等因素,综合分析判断,确定从宽或者从严处罚。累犯的前罪为非暴力犯罪的,一般可以从宽处罚,前罪为暴力犯罪或者前、后罪为同类犯罪的,可以不从宽处罚。

在共同犯罪案件中,对具有自首、立功情节的被告人的处罚,应注意共同犯罪人以及首要分子、主犯、从犯之间的量刑平衡。犯罪集团的首要分子、共同犯罪的主犯检举揭发或者协助司法机关抓捕同案地位、作用较次的犯罪分子的,从宽处罚与否应当从严掌握,如果从轻处罚可能导致全案量刑失衡的,一般不从轻处罚;如果检举揭发或者协助司法机关抓捕的是其他案件中罪行同样严重的犯罪分子,一般应依法从宽处罚。对于犯罪集团的一般成员、共同犯罪的从犯立功的,特别是协助抓捕首要分子、主犯的,应当充分体现政策,依法从宽处罚。(§ 8)

【附属刑法】

《中华人民共和国反间谍法》(2014年11月1日通过)

第二十七条

Ⅱ实施间谍行为,有自首或者立功表现的,可以从轻、减轻或者免除处罚;有重大立功表现的,给予奖励。

【参考案例】

△被告人对不影响犯罪成立的次要事实先后作不同供述的,不影响自首的成立。

归案后,被告人姜方平在侦查阶段、审查起诉阶段对于案件的事实均作了与指控一致的供述,而在一审庭审中,却辩称,其用刀砍伤郑水良,是因为受到被害人郑水良一家围攻殴打才拔刀还击的。而在此之前,其一直供称是在受到郑水良一人的殴打时就拔刀还击,郑水良家人郑华仙是在其砍伤郑水良后才赶到的。据此,一审法院认定被告人姜方平的行为系翻供,因而不能认定为自首。

但是,姜方平的供述变化并不影响对案件主要事实的认定,也不影响对姜方平行为性质的认定。而所谓翻供,应当是就犯罪构成的主要事实先前作了承认而后进行否认的行为,对不影响犯罪构成的次要事实先后作不同的供述不能认定为翻供。本案中,姜方平砍击郑水良是因郑水良一人殴打姜方平还是郑水良一家殴打姜方平,并不影响对姜方平故意伤害罪事实的认定,姜方平对此作不同供述,是非根本性的,不能认定为翻供。

本案被告人姜方平自归案后到二审庭审结束,对其于2001年7月15日在航埠镇莫家村用菜刀砍伤郑水良的事实,一直没有否认。而这一事实则是确认其行为是否构成故意伤害罪的基本事实、主要事实。不能因其对非重要案件事实的供述有变化就否定其如实供述主要案件事实的实质。[No. 2-128(1)-3　姜方平非法持有枪支、故意伤害案]

△在投案自首以后,被告人对行为性质的辩解,不能视为翻供。

对行为性质的辩解,不能认定为翻供。在现代诉讼注重程序公正的前提下,保护被告人的辩解权,既是各国的普遍做法,也是我国刑事司法工作的重要内容之一。应当认识到,现代诉讼文明中,如实供述与被告人行使辩解权并没有根本的冲突。那种将两者对立起来的认识,乃是认识上的误区。《最高人民法院关于处理自首和立功具体应用法律若干问题的解释》第一条在解释何为"如实供述自己的罪行"时指出:"如实供述自己的罪行,是指犯罪嫌疑人自动投案后,如实交代自己的主要犯罪事实。"这里之所以规定是主要犯罪事实而非行为性质,其原因在于对行为性质乃至对法律的认识是因人而异的,不同的人有不同的理解。无论被告人将其犯罪行为辩解为无罪(认识上的无罪而非事实上的无罪)或将此罪辩为彼罪,还是将其行为辩解为正当防卫、紧急避险等,都属于对行为性质的不同认识和理解,不能因此而轻易地认定其翻供。[No. 2-128(1)-4　姜方平非法持有枪支、故意伤害案]

△单位犯罪以后,单位直接负责的主管人员自动投案,如实供述自己的罪行,单位成立自首。

自首是指犯罪以后自动投案,如实供述自己

的罪行,自首的主体当然就只能是指实施犯罪的主体。根据刑法规定,犯罪的主体既包括自然人,也包括法人等单位。犯罪单位既然可以成为犯罪主体,当然也应当能够成为自首的主体。只不过,如同单位犯罪是单位意志支配下由单位成员实施的一样,单位自首也必须体现单位的意志并由单位成员具体实施。因此,自首作为一项总则性的规定与制度,同样应当适用于犯罪单位。

单位成立自首须满足以下条件:(1)主动投案,即犯罪单位在犯罪之后、归案之前,主动向有关机关投案。由于犯罪单位本身无法投案,因此,犯罪单位主动投案只能由代表单位的自然人进行。(2)主动投案的行为必须出于犯罪单位的意志。所谓单位意志,既可以是经犯罪单位集体研究作出的决定,也可以是由能够代表单位意志的负责人作出的决定。这是单位自首区别于自然人自首的一个重要特征。(3)如实供述罪行。代表犯罪单位主动投案的被委派人或能够代表单位意志的负责人必须对于单位所实施的全部罪行如实交代,而不是仅交代部分罪行或单位犯罪中具体实施犯罪的自然人自身的罪行。此外,如果犯罪单位尚未来得及形成一致意见,能够代表单位意志的负责人在接受有关机关的调查、询问,或者因他罪被采取强制措施后,如实交代司法机关尚未掌握的单位犯罪事实的,也应认定为单位自首。

由于刑法对单位犯罪的刑罚,只设置了单一的不确定的罚金刑作为法定刑,而非像自然人犯罪的刑罚规定有不同的法定刑,因此,对构成自首的犯罪单位,在决定其应处的罚金刑时,不存在在法定刑以下如何减轻处罚的问题,一般可根据案件的具体情节判处较轻的罚金刑。[No. 3-2-153、154-3　陈德福走私普通货物案]

△被告人向公安机关举报同案犯,并如实交代自己参与共同犯罪的事实,无论其基于何种动机,均成立自首。

第一,犯罪分子在举报同案犯时,只要如实供述自己参与共同犯罪的事实,就应当认定为自首。根据《刑法》第六十七条的规定,犯罪以后自动投案和如实供述自己的罪行,是成立一般自首的两个法定标准。《最高人民法院关于处理自首和立功具体应用法律若干问题的解释》规定,自动投案是指犯罪事实或者犯罪嫌疑人未被司法机关发觉,或者虽被发觉,但犯罪嫌疑人尚未受到讯问、未被采取强制措施时,主动、直接向公安机关、人民检察院或者人民法院投案。如实供述自己的罪行是指犯罪嫌疑人主动投案后,如实交代自己的主要犯罪事实。刑法设立自首这一刑罚制度的目的,是充分发挥惩办与宽大相结合政策的感召作用,通过对自动归案的犯罪分子从宽处理,最大限度地分化瓦解犯罪分子。因此,犯罪分子只要是自动归案并如实供述自己罪行的,均应当认定为自首,依法予以从宽处罚。在姚伟林等非法制造注册商标标识案中,被告人姚伟林主动向公安机关举报同案犯,并在举报同案犯的同时,对自己参与共同犯罪的事实如实作了供述,并自愿将自己置于公安机关的控制之下,不仅使这起司法机关尚未掌握的非法制造注册商标标识共同犯罪案件得以破获,也使其他同案犯受到了刑事追诉。由于他是这起犯罪案件的共犯之一,其揭发同案犯的行为不能认定为立功,但他的行为符合自首的自动投案、如实供述自己的罪行这两个基本条件,因此应当认定为自首。

第二,自动投案的动机,不影响自首的成立。行为人自动投案的动机多种多样,有的是真诚悔罪,有的是畏惧惩罚,有的是出于无奈,有的抱着其他想法,甚至有的还想钻法律的空子。投案的动机虽各有不同,但是都不影响自首的成立,只是司法机关在决定对自首者是否从宽处罚以及从宽处罚幅度时考虑的因素。本案被告人姚伟林是由于与被告人刘宗培因印刷等费用发生纠葛后,出于泄私愤的动机,向公安机关举报刘宗培等人的犯罪事实的。但他举报的时候也如实交代了自己参与共同犯罪的事实,符合自首必须具备的自动投案、如实供述自己的罪行的法定条件。其泄私愤的动机,并不影响自首的成立。

第三,只要不是故意隐瞒或者编造事实为自己开脱罪责,犯罪嫌疑人或被告人所作的辩解,就不应当认为是不如实供述自己的罪行,也不应当否定自首的成立。犯罪分子自动投案后,由于处于受刑事追诉的地位,在供述自己的犯罪事实的同时,往往为自己的犯罪行为进行辩解。因此,在认定是否成立自首时,要对投案人的供述内容进行实事求是的分析。只要其交代自己主要犯罪事实的供述经查证是如实的,就应当认定为自首。不能因为在供述中为自己的犯罪行为进行了辩解,就认为不是如实供述,不认定自首。为自己进行辩护,是法律赋予犯罪嫌疑人和被告人的诉讼权利。自动投案的犯罪嫌疑人或被告人在如实供述自己主要犯罪事实的前提下,在犯罪的动机、作用、罪责的大小和有无等问题上为自己所作的辩解,正是在行使依法享有的辩护权利,不影响对其自首的认定。但是,如果投案后采取隐瞒自己罪行、编造虚假事实或者如实供述自己的罪行后又翻供等方式,为自己开脱罪责,企图逃避惩罚的,不能认定为自首。[No. 3-7-215-1　姚伟林等非法制造注册商标标识案]

△被采取强制措施的犯罪嫌疑人，如实供述办案民警所在的公安机关还未掌握，但是其他地区的公安机关已经掌握的本人其他罪行的，也应以自首论。

《刑法》第六十七条第二款规定，被采取强制措施的犯罪嫌疑人、被告人和正在服刑的罪犯，如实供述司法机关还未掌握的本人其他罪行的，以自首论。《最高人民法院关于处理自首和立功具体应用法律若干问题的解释》第二条亦作了相应的规定，这就是司法实践中所说的准自首，亦称特殊自首。其他罪行是指与司法机关已掌握的或者判决确定的罪行不同种的罪行。但是，何为司法机关还未掌握则没有具体的规定。上网追逃不能一概认定公安机关已掌握了逃犯的犯罪事实，网上逃犯仍然具有成立准自首的可能性，具体到王金良故意杀人、非法拘禁案，被告人王金良的行为就构成自首。理由如下：

第一，上网追逃只能说明发布通缉信息的原案发地公安机关已经掌握了犯罪嫌疑人（或称被告人、罪犯）过去的犯罪事实，只要其他地方的公安机关不是有目的地上追逃网站上查询、比对，则该犯罪事实对于这些公安机关来说，仍然是还未掌握的犯罪事实，因为这些犯罪事实是处于可知的状态，并不是已知的状态，从实事求是的角度出发，应当认定逃犯被网上通缉的犯罪事实，其他公安机关还未掌握。

第二，从《在逃人员信息登记表》的相关内容看，多为在逃人员的姓名、性别、出生日期、住址、身份证号码、照片（有的甚至没有照片或照片是十几年前的照片）以及一些明显的体貌特征等，这些个人信息不具有生物学意义上的唯一性，如DNA、指纹等，要确认当前的犯罪嫌疑人为网上逃犯，必须依据犯罪嫌疑人供述的姓名、出生日期、身份证号码等个人信息上网比对查询才行，倘若犯罪嫌疑人拒不供述自己的真实姓名和真实的个人信息，公安机关便无法掌握其过去的犯罪事实。虽然不排除公安机关经过侦查能够查清犯罪嫌疑人的真实身份，但从刑法设立自首制度的目的看，就是要用较低的司法成本查明案情，及时进行刑事追诉。因此，认定逃犯被网上通缉的犯罪事实其他公安机关还未掌握，给逃犯留下准自首的空间，有利于节约司法成本，提高司法效率。

第三，虽然网络设施目前已经普及，但是由于主、客观的各种原因，如责任心不强、个人素质不高、设施故障、有意包庇等，有的办案民警不能做到上网查询、比对，因而就不可能掌握逃犯过去的犯罪事实。很显然，此种情况下如果犯罪嫌疑人不予供述，则司法机关就不可能对网上通缉的犯罪行为予以追究。因此，只要是在办案民警上网查询、比对前如实供述了被网上通缉的犯罪行为，就应当以自首论。实践中就曾遇到过这样的案例，一名被上网通缉的抢劫犯，在逃跑过程中，又因非法持有枪支罪被拘留、逮捕，最后被判处有期徒刑十个月，直到服刑期满，司法机关均未发现其是逃犯，因而，没有对其的抢劫罪予以追诉。后来，铁路警方在例行检查时发现其形迹可疑，经上网查询、比对，才发现了其逃犯的身份，原犯抢劫罪才得以被追诉。这说明，逃犯被网上通缉的犯罪事实并不必然地为所有公安人员掌握。

综上所述，逃犯只要能在办案人员实际知悉其被网上通缉的犯罪事实前如实供述该犯罪事实，就应当以自首论，其具有成立准自首的可能性。[No. 4-232-5　王金良故意杀人、非法拘禁案]

△在犯罪过程中主动投案，但之后又继续实施犯罪行为的，不能认定为自首。

《刑法》第六十七条第一款规定，“犯罪以后自动投案，如实供述自己的罪行的，是自首”。由此可见，依照刑法的规定，自动投案是有时间前提的，即要求在犯罪之后。在李超故意杀人案中，被告人李超在用刀刺龙慧致刀柄断裂住手后，用龙慧的手机拨打了110报警电话。当接到其报警电话赶到经济学院的民警不知其所处的具体位置时，回拨电话问李超，李超将自己的具体位置告诉民警，使民警赶到现场将自己抓获。但李超打电话报警的行为不是在犯罪之后，而是在犯罪过程中，而龙慧身体所受损伤最后主要是因为右眼球被挖掉，也即李超的主要犯罪行为及被害人所遭受的主要损害结果是在李超拨打报警电话后发生的。虽然当前司法实践中对自首的主流价值取向是认定不问主观动机，而是以侦查机关能否及时抓获罪犯，瓦解犯罪，但对类似李超这样在犯罪过程中主动打电话报警的行为甚至实施犯罪前就主动打电话报警的行为，客观上虽然报警行为使公安机关得以及时发现犯罪并抓获犯罪人，仍不能认定为自首。否则，将使行为人在犯罪前或犯罪中就可以为自己创造自首从轻的机会，这既与刑法有关自首的规定不相符合，也与刑法预防打击犯罪的基本价值取向是相悖的。此外，《最高人民法院关于处理自首和立功具体应用法律若干问题的解释》第一条规定，“犯罪嫌疑人自动投案并如实供述自己的罪行后又翻供的，不能认定为自首……”既然投案后又翻供的都不能认定为自首，由此推理出投案后又继续实施犯罪行为的也不应该认定为自首的法理成立。[No. 4-232-9　李超故意杀人案]

△亲友虽然报案，但并未送行为人归案，在警方到达现场后行为人未自愿将自己置于司法机关控制之下的，不成立自首。

在张俊杰故意杀人案中，张俊杰作案后发短信给保证人李建方，李建方打电话向张俊杰确认此事，并表示要报案，张俊杰回答随便，而后李建方与张俊杰妻子兰素萍联系，并在兰授意下报警，兰到达现场，发现确实出事后，亦让同事报警，虽然对他人报警并未反对，且在犯罪现场滞留并未逃离，但是，张俊杰在公安人员到达后，却手持匕首顶住胸部，不让公安人员靠近，表明其拒绝将自己置于公安人员控制之下，故不能认定具有自首情节。

从亲友报案的角度看，根据《最高人民法院关于处理自首和立功具体应用法律若干问题的解释》第一条的规定，公安机关通知犯罪嫌疑人的亲友，或者亲友主动报案后，将犯罪嫌疑人送去投案的，应当视为自动投案。张俊杰的妻子兰素萍虽报案，但并未送张俊杰归案，张俊杰在公安人员到达后，拒绝接受公安机关的控制，不符合司法解释关于将犯罪嫌疑人送去投案这一要件的规定，因此不能认定为自首。[No.4-232-21　张俊杰故意杀人案]

△有证据证明被告人主观上具有投案意愿，客观上具有投案准备，只是因为被公安机关及时抓获而未能投案的，属于经查实确已准备去投案，应视为自动投案；虽有愿意投案的言语表示，但在没有正当理由的情况下无任何准备投案的迹象而被抓获的，不属于准备去投案，不应认定为自动投案。

被告人赵春昌在其犯罪事实已被公安机关发觉后外逃，其亲属应公安机关的要求，规劝赵春昌投案自首，赵同意投案，其亲属遂将赵愿意投案的情况报告警方，并到村口带领公安人员到家中将在家中等候的赵春昌抓获归案。可以看出，在主观上，赵春昌已经明确表示同意投案；客观上，其亲属打电话将赵春昌投案的意愿通知警方并带领警方在家中将其抓获，赵春昌在被抓获时没有抗拒。上述情节均有证据证实，故足以认定被告人赵春昌确已准备去投案，并且赵春昌在归案后如实供认了自己的罪行，其行为符合自首的构成要件。因此，法院认定被告人赵春昌具有自首情节是正确的。[No.4-232-23　赵春昌故意杀人案]

△根据现有证据可以确定行为人与案件之间存在直接、明确、紧密联系的，可以认定行为人属于犯罪嫌疑人，不属于形迹可疑；不能建立起上述联系，而主要是凭经验、直觉认为具有作案可能的，应认定为形迹可疑；行为人在因形迹可疑受到盘问、教育时，主动交代自己所犯罪行的，应当认定为自动投案，成立自首。

在刘兵故意杀人案中，被告人刘兵在菜地藏匿尸体时已被云上村杨家山组村民陈华荣等人发现，其逃离后，陈华荣等人即向公安机关报案。公安机关通过现场勘查、询问证人，获悉作案人抛尸时穿白色横条T恤，抛尸后穿深色夹克逃离。公安人员侦查得知，被害人在一个叫刘兵的人经营的面食馆里打工，食宿均在刘兵家里。根据这些情况，公安人员在贵筑派出所的办公室里同刘兵进行了谈话，谈话后让其回家吃饭。公安机关汇总调查、谈话情况后认为刘兵有作案可能，决定派公安人员到刘兵家里查看是否有作案证据。公安人员到刘兵家后问刘兵案发当晚的衣着情况，刘兵所述与群众报案情况吻合，并说衣物放在洗衣机里未洗。公安人员当场从洗衣机里的衣物中找出了带血迹的白色横条T恤。公安人员就此质问刘兵，刘兵便供认了其作案的经过，并带领公安人员把作案时所穿的鞋、裤子、夹克全部找出。

从本案可以看出，公安机关在到被告人刘兵家之前，通过现场勘查、尸体检验、询问证人等工作已经怀疑系刘兵作案，但尚无客观性证据将其确定为犯罪嫌疑人。当公安人员从刘兵家起获带血迹的白色横条T恤后，刘兵杀害韩某的罪行已经被发觉，即使刘兵不主动交代，公安机关也可通过血迹鉴定等工作进一步收集证据后，将案件侦破。也就是说，被告人刘兵是在面对有力的客观性证据而无法提供合理解释的情况下被迫供认其罪行的，并非因形迹可疑受到盘问时主动交代所犯罪行，故不具备投案的自动性，不能认定为自首。一、二审法院不采纳被告人刘兵的辩护人所提刘兵具有自首情节的辩护意见，是完全正确的。[No.4-232-27　刘兵故意杀人案]

△自动投案后，所供述的内容能够如实反映犯罪的动机、性质、主要情节等，即使存在具体细节与有关证据不一致的情况，也应认为其对主要犯罪事实作了供述，应当认定为自首；对其行为性质进行辩解的，与成立自首的客观条件无关，不影响自首的成立。

在周文友故意杀人案中，周文友归案后，能够供述自己持刀杀死被害人的事实，犯罪的动机也已经讲明，应当认为其对主要犯罪事实作了供述。至于周文友辩解自己的行为属正当防卫不构成犯罪，以及作案的具体细节与有关证据不尽一致，只是对犯罪性质的认识理解和记忆的问题，这与否认犯罪或避重就轻不同，实践中我们也不能苛求被告人的供述与其他证据达到完全一致的程度，甚至不容许出现任何差别，造成自首认定条件过严,使犯罪分子自动投案却不能得到从轻或减轻处罚的结果,这与自首制度设立的目的也是背道而驰的。周文友案发后能主动向公安机关投案,并能够承认自己持刀将被害人杀死的过程,符合自首规定的要件,应依法认定为自首。对于被告人对行为性质的辩解,属于被告人的主观认识问题,与自首成立的客观要件无关,不影响自首的成立。而且被告人的辩护权,是其依法享有的宪法权利和诉讼权利,根据《刑事诉讼法》的规定,在整个刑事诉讼过程中,被告人依法享有辩护权,即对自己的行为是否构成犯罪、构成何种犯罪以及应判处的刑罚轻重等问题提出意见,进行辩解。被告人对行为性质的辩解,正是其依法行使辩护权的体现。在审判过程中,只要被告人不否认其供述的犯罪事实,就不影响自首的成立。因此《最高人民法院关于被告人对行为性质的辩解是否影响自首成立问题的批复》就明确规定,被告人对行为性质的辩解不影响自首的成立。[No. 4-232-32　周文友故意杀人案]

△对于自首的犯罪分子,一般应当从轻或者减轻处罚;犯罪较轻的,一般应当免除处罚。

《刑法》第六十七条规定,犯罪以后自动投案,如实供述自己的罪行的,是自首。对于自首的犯罪分子,可以从轻或者减轻处罚。其中,犯罪较轻的,可以免除处罚。"犯罪以后自动投案",通常是指犯罪事实或者犯罪分子未被司法机关发现,或者虽被发现,但犯罪分子是在尚未受到传讯、未被采取强制措施时自动投案的情形。它既包括犯罪分子自己主动投案,也包括经亲属说服动员,在亲属陪同下投案。对此,司法解释也有明确规定。犯罪分子具备这一法定的从轻处罚的情节,可以从轻或者减轻处罚,有的甚至可以免除处罚。法律没有规定"应当"从轻、减轻、免除处罚,而只是规定了"可以",这就要求司法机关在处理案件时要根据犯罪的情节、后果、投案自首的具体情况等确定是否从轻、减轻、免除处罚。但是,法律规定的可以不能简单地理解为既可以这样,也可以那样,而应理解为一般情况下应当照此办理。在死刑案件中,自首往往是决定杀与不杀的重要因素,务必予以重视,要全面分析、权衡。实践中,有的法院对于死刑案件,认为后果严重,自首仅是可以从轻、减轻的情节,因而一般均不予从轻,这种做法是不对的。

被告人王勇作案后逃往外地,后在其亲属劝说下,在亲属的陪同下投案,并如实供述了自己的犯罪事实,按照有关司法解释的规定,属于投案自首,对其应予从轻处罚。[No. 4-232-40　王勇故意杀人案]

△自动投案后未如实供述所犯罪行的,不成立自首。

在张杰故意杀人案中,被告人杀人后,当到达现场的民警问被告人张杰是谁干的时,被告人承认是他干的,并说"先救人,然后我到派出所投案自首"。根据《最高人民法院关于处理自首和立功具体应用法律若干问题的解释》第一条的有关规定,应属自动投案。但被告人到案后否认故意杀人,辩称:"是被害人到其厨房拿菜刀砍我时,我才夺刀防卫将被害人杀死。"但是,根据现场目击证人汪德洪、胡金凤等人的证言证实,被害人未带凶器,且自始至终未进入被告人张杰家,被害人不可能到被告人家的厨房拿菜刀。因此,被告人张杰关于正当防卫的辩解实属为自己开脱罪责的狡辩,不能认定其如实供述罪行。由于被告人张杰到案后未如实供述杀人过程中的重要事实,不能认定自首。[No. 4-232-44　张杰故意杀人案]

△在公安机关将其作为犯罪嫌疑人进行讯问后交代所犯罪行的,不成立自首。

在梁小红故意杀人案中,云南省高级人民法院和最高人民法院经进一步查证、查明,公安机关根据证人关于梁小红的体貌特征与犯罪嫌疑人的体貌特征一致的证言,特别是在找到梁小红,发现其右面颊部有一条与证人陈述的犯罪嫌疑人相符的疤痕时,即确认梁小红是重要的犯罪嫌疑人,并将其带回派出所。经过教育后,梁小红才开始交代犯罪事实。因此,梁小红是在公安机关将其作为犯罪嫌疑人进行讯问后,才交代罪行,并非在公安机关完全不掌握其犯罪线索的情况下,主动交代罪行。其行为不符合《最高人民法院关于处理自首和立功具体应用法律若干问题的解释》的规定,不能认定为自首。[No. 4-232-48　梁小红故意杀人案]

△为逃避法律制裁而向有关机关报假案的,不属于自动投案,不成立自首。

被告人王洪斌随同他人到公安机关,谎称是被害人玩枪走火致死,其目的是开脱自己,逃避法律制裁。在公安机关作了枪痕、枪支鉴定,证实被害人的枪弹伤不能自己致成后,王洪斌才在第三次供述中承认枪杀被害人的犯罪事实,这更不属于投案后如实供述自己的罪行。鉴于王洪斌系报假案而不是自动投案,且到案后在开始阶段不如实供述自己的罪行,因此,对其不能认定为自首。[No. 4-232-50　王洪斌故意杀人案]

△犯罪嫌疑人的亲友报案后,由于客观原因未将犯罪嫌疑人送去投案,但予以看守并带领司法机关工作人员将其抓获的,或者强制将其送去投案的,应认定为犯罪嫌疑人自动投案。

根据《刑法》第六十七条第一款的规定，自动投案和如实供述自己的罪行，是成立自首的两个必要的法定条件。关于如何认定这里的自动投案，《最高人民法院关于处理自首和立功具体应用法律若干问题的解释》第一条指出，“自动投案，是指犯罪事实或者犯罪嫌疑人未被司法机关发觉，或者虽被发觉，但犯罪嫌疑人尚未受到讯问、未被采取强制措施时，主动、直接向公安机关、人民检察院或者人民法院投案”。同时规定，“并非出于犯罪嫌疑人主动，而是经亲友规劝、陪同投案的；公安机关通知犯罪嫌疑人的亲友，或者亲友主动报案后，将犯罪嫌疑人送去投案的，也应当视为自动投案”。

从《最高人民法院关于处理自首和立功具体应用法律若干问题的解释》规定的“亲友主动报案后，将犯罪嫌疑人送去投案的，也应当视为自动投案”的内容看，凡此种情形视为自动投案的，其条件是：第一，亲友主动报案；第二，亲友将犯罪嫌疑人送去投案。在这里，送去投案的基本含义应当是送去，即要有送的行为。但不能仅以这句话的表面意思对送去一词作狭义的理解，限定为亲友将犯罪嫌疑人亲自送到司法机关的行为，而应当对这一规定从本质意义上作广义的理解。从亲友将犯罪嫌疑人送去投案这一行为的本身看，它的直接作用和效果就是使犯罪嫌疑人犯罪后不与司法机关对抗和逃匿，不至于隐匿于社会继续犯罪，有利于案件的及时侦破和审判。因而将犯罪嫌疑人送去投案的这一规定的本质含义是使行为人实施犯罪行为后能将其有效地置于司法机关的控制之下，并使其承担相应的法律后果。因此，只要犯罪嫌疑人的亲友能将犯罪嫌疑人置于司法机关的有效控制之下的，都应当看作将犯罪嫌疑人送去投案。

张义洋故意杀人案犯罪嫌疑人的亲属主动报案，但在报案后，由于犯罪嫌疑人醉酒后服安定药而熟睡的客观原因，没有将其送去投案，而是予以看护，防止其外逃，并带领公安人员将其抓获。对此同样应当视为自动投案，这是因为：第一，所谓送去投案，其语义本身并不排除亲友强行将犯罪嫌疑人送去投案的情形。第二，从前文亲友规劝、陪同投案的表述可以看出，规劝反映了行为人从不愿投案到愿意投案的意思表示。亲友规劝、陪同投案和亲友送去投案并列，说明二者是有别的。第三，如果犯罪嫌疑人本身完全自愿投案，则无论是其独自投案，还是在亲友陪同、送往下投案，均属于典型的自动投案，没有解释为视为自动投案的必要。第四，本案被告人张义洋醉酒后服用安眠药处于熟睡状态，没有意思和意志能力。虽不能证明其愿意投案，但亦不能证明其反对投案。在此种情况下，其亲属将其控制并引领公安人员将其抓获，并不属于强制送去投案。当然，如果犯罪嫌疑人明确拒绝并强烈反抗投案，且被强制到案后拒不如实供述犯罪事实，则是否构成自动投案乃至自首，就应另当别论了。本案显然不属于这种情形。[No. 4-232-54　张义洋故意杀人案]

△仅有自首的意思表示但并未自动投案的，不成立自首；被告人的亲属有积极规劝行为并主动报案的，可以适当减轻对被告人的处罚。

自动投案和如实交代自己的罪行，是认定自首的两个必备条件。根据《最高人民法院关于处理自首和立功具体应用法律若干问题的解释》中对自动投案的规定，犯罪嫌疑人自动投案包括本人主动投案，在亲友的规劝、陪同下投案或是由亲友送去投案等。自动投案必须要有已实际实施了投案的行为或者经查实确已准备去投案或正在投案途中的事实。如果犯罪嫌疑人仅有投案的意思表示（明示或默示），而无实际的投案行为或者不能证明确已准备去投案，就不能认定为自首。在计永欣故意杀人案中，被告人计永欣案发后逃至其舅家，将其杀人的情况告诉了其舅，其舅劝说计永欣投案自首，计表示同意。后其舅担心计永欣反悔，背着计永欣让计的舅妈向公安机关报案，公安机关遂将计永欣抓获归案。计永欣虽有投案自首的意思表示，但并未直接到公安机关投案，也未委托其亲属代为投案，其亲属报案后也未送其投案，故按照法律规定，计永欣的行为不能认定为自首。根据本案的情况，对被告人虽不认定为自首，但对于被告人的亲属能够积极规劝被告人投案自首，并主动报案，被告人在归案后又能如实供述犯罪事实的情形，人民法院也应当通过审判给予充分的肯定，只有这样才能真正体现政策的感召力，才能争取犯罪分子的亲属，取得更佳的社会效果。故最高人民法院认为检察机关关于原判量刑畸轻的抗诉理由不能成立，二审法院对被告人改判死刑立即执行有欠妥当，决定对被告人计永欣判处死刑，缓期二年执行。[No. 4-232-64　计永欣故意杀人案]

△实施犯罪后具备自首要件，但其亲属不配合抓捕的，不影响自首的成立。

在张东生故意杀人案中，张东生投案后在家人围困、阻挠抓捕的情况下，虽然没有主动劝阻家人，但毕竟没有脱逃，主观上并无逃跑或抗拒抓捕的意思表示，客观上也没有实施配合家人阻挠抓捕的行为，只是态度有些消极，说明被告人当时主观上处于一种较为复杂的内心矛盾斗争之中，就其当时所处情境而言，出现这种想法也是正常的。

从张东生的客观表现分析，当时他身处如此混乱的场面之中，既没有鼓动亲友闹事，更没有趁机逃脱，说明他并没有放弃自动投案的想法，不能因为他没有劝阻言行而否定其已作出的投案表示和行为。因此，这一阶段张东生家属不配合抓捕的行为不影响其自动投案的成立。[No. 4-232-71　张东生故意杀人案]

△自动投案以犯罪嫌疑人具有投案目的为必要，犯罪嫌疑人的亲友并不知道犯罪嫌疑人实施了犯罪行为，出于让其撇清犯罪嫌疑而非接受司法机关处理的目的，主动联系司法机关的，不构成送亲归案情形的自动投案，不应认定为自首。

根据《最高人民法院关于处理自首和立功具体应用法律若干问题的解释》的规定，自动投案是指犯罪事实或犯罪嫌疑人未被司法机关发觉，或虽被发觉，但犯罪嫌疑人尚未受到讯问、未被采取强制措施时，主动、直接向公安机关、人民检察院或人民法院投案。其中同时列举了七种应当视为自动投案的情形，第七种情形是：公安机关通知犯罪嫌疑人的亲友或亲友主动报案后，将犯罪嫌疑人送去投案的，应当视为自动投案。2010 年《最高人民法院关于处理自首和立功若干具体问题的意见》中说明，犯罪嫌疑人被亲友采取捆绑等手段送到司法机关，或在亲友带领侦查人员来抓捕时无拒捕行为，并如实供述犯罪事实的，不能认定为自动投案。

《最高人民法院关于处理自首和立功具体应用法律若干问题的解释》和《最高人民法院关于处理自首和立功若干具体问题的意见》尽管对自动投案采取了较宽的认定标准，但始终要求自动投案具有主动性和自愿性，即行为人是在意志自由的前提下主动地、自愿地将自己置于司法机关的管束、控制下，准备接受司法机关的处理。自动投案对于投案目的有特定要求，即行为人必须明确告知其到司法机关的目的是投案，接受司法机关的处理。如果行为人主动到司法机关的目的是为自己开脱罪责，则不符合自动投案的本质要求，不能认定为自动投案。

被告人吕志明经亲属劝说后，同意亲属联系公安人员，其目的并非要将自己主动交给司法机关处理，而是心存侥幸，试图通过虚构被害人曾自愿与其发生性关系以掩饰自己的犯罪事实，撇清自己的涉案嫌疑。吕志明到案后在口头讯问中仍否认实施犯罪行为，直至次日才被迫供认犯罪，这表明，吕志明不具有将自己主动置于司法机关控制下接受审查处理的投案目的，不具有投案的主动性和自愿性，不属于自动投案，且到案初期拒不供认犯罪事实，不能认定为自首。

《最高人民法院关于处理自首和立功具体应用法律若干问题的解释》中规定了送亲归案的情形，但送亲归案认定为自动投案的重要前提是犯罪嫌疑人的亲友已知道犯罪嫌疑人实施了犯罪行为，仍然主动联系有关机关或人员，目的是将犯罪嫌疑人有效置于司法机关的控制下，使犯罪嫌疑人承担相应的法律后果，如果亲友并不知犯罪嫌疑人实施了犯罪行为，亲友主动联系司法机关的目的并非让犯罪嫌疑人接受司法机关的处理，而是为了撇清犯罪嫌疑，则不应认定为自动投案。吕志明的亲属主动联系公安人员，目的在于让吕到公安机关说明情况，撇清涉案嫌疑，并不具有主动报案的性质。[No. 4-232-76　吕志明故意杀人、强奸、放火案]

△犯罪嫌疑人的亲属主动联系公安机关而嫌疑人未采取反抗和逃避抓捕行为的，应当认定为自动投案；到案后能够如实供述犯罪事实，应认定为自首。

《最高人民法院关于处理自首和立功具体应用法律若干问题的解释》第一条规定，“并非出于犯罪嫌疑人主动，而是经亲友规劝、陪同投案的；公安机关通知犯罪嫌疑人的亲友，或者亲友主动报案后，将犯罪嫌疑人送去投案的，也应当视为自动投案”。不难看出，《最高人民法院关于处理自首和立功具体应用法律若干问题的解释》的自动投案包括了犯罪嫌疑人的亲友主动帮犯罪嫌疑人投案，而不是传统理解的犯罪嫌疑人本人自动或主动投案。换言之，《最高人民法院关于处理自首和立功具体应用法律若干问题的解释》允许犯罪嫌疑人到案时持有相对消极的主观心态，甚至可以带有一定的被迫性，但只要犯罪嫌疑人不反对其亲属的报警及公安机关的抓捕，客观上也没有实施逃避侦查的对抗性行为，就可以视为自动投案。显然《最高人民法院关于处理自首和立功具体应用法律若干问题的解释》的规定更加强调犯罪嫌疑人到案的非对抗性而不是主动性，更强调自首构成要件中的客观行为和实际效果，而不是执着于判断犯罪嫌疑人的主观心态是否积极，这在一定程度上既突破了传统上对于投案自动性的习惯性认识，又保留了投案自动性的合理内涵，确立了可称为非对抗性的认定标准。投案的非对抗性标准充分体现了投案自动性的核心价值，较之投案自动性，对犯罪分子主观方面自主性的要求虽有所降低，但是符合刑罚目的和自然伦理的要求，也有利于提高司法效率、节约司法资源。

被告人袁翌琳将被害人杀死后，通过电话将杀人及准备自杀的情况告诉了自己的亲属，其亲属在得知情况后迅速报警，并在电话中做袁翌琳的思想工作，尽力稳定袁翌琳的情绪。在得知袁翌琳作案的详细地点后，其亲属在电话中告诉袁翌琳，正和公安人员赶往案发现场，但袁翌琳未予回应而自杀。袁翌琳亲属的报警行为为公安机关侦查破案提供了详细的线索，使公安人员能够在案发后及时赶到现场，将自杀的袁翌琳送往医院并予以控制，袁翌琳的被抓获与其亲属的代替投案行为之间有紧密的联系，其亲属的报警行为客观上起到了降低追诉成本，节约司法资源的效果。袁翌琳没有采取反抗和逃避抓捕的行为，被公安机关控制后始终配合公安机关如实供述自己的犯罪事实，认罪悔罪，综合本案情况，符合自首的实际效果、客观行为、主观心态三方面的要件，应当认定自首。［No. 4-232-77　袁翌琳故意杀人案］

△不知自己已经被公安机关控制而向在场人员陈述犯罪事实，不能认定为自动投案，不构成自首。

根据《最高人民法院关于处理自首和立功具体应用法律若干问题的解释》第一条的规定，犯罪嫌疑人在自动投案前所处的状态有两种情形：一是犯罪嫌疑人或犯罪事实尚未被司法机关发觉；二是犯罪嫌疑人或犯罪事实虽已被司法机关发觉，但犯罪嫌疑人尚未受到讯问或被采取强制措施。

第二种情形中规定的讯问应当以是否掌握了足以合理怀疑查问对象实施犯罪的证据为标准，若已掌握则是讯问，若未掌握则只是询问、盘问。而此处的强制措施与刑事诉讼法所规定的强制措施并非同一概念，只要司法机关已对犯罪嫌疑人实施了实际的人身控制，即使不完全符合或未严格履行刑事诉讼法规定的强制措施的条件和程序，也属于已经采取了强制措施，相反犯罪嫌疑人在投案时，只要其还有行为自由决定能力，即使其已经被采取了法律规定的五种强制措施，其投案仍应认定为自动投案。刑事诉讼法规定强制措施，目的在于明确司法机关对公民实施人身控制或限制的条件和程序，避免强制措施的滥用，造成对公民人身权利的侵犯，同时也为审查强制措施的合法性提供判断标准。《最高人民法院关于处理自首和立功具体应用法律若干问题的解释》中规定强制措施意在明确自动投案的前提和时间条件，合理划定自动投案的范围。投案行为是否符合自首制度的立法精神，是否有利于节约司法资源，取决于犯罪嫌疑人的投案行为能否发生或是否发生了其将自身作为犯罪嫌疑人置于公安机关实际控制之下的效果，判断的标准是犯罪嫌疑人实施投案行为之前，其人身活动是否处于自由、自主状态，司法机关是否将其作为犯罪嫌疑对象对其人身予以强制或控制。因此此处的强制措施是指司法机关将犯罪嫌疑人作为嫌疑对象对其人身实施的实际控制。

被告人周元军醒来时，公安机关对其采取的人身控制应当视为已经对其实施了强制措施，其不具备自动投案的客观条件，即使其有投案的意愿和行为，亦不能认定为其系自动投案。［No. 4-232-78　周元军故意杀人案］

△自动投案如实供述罪行后又翻供的，不能认定为自首。

《最高人民法院关于处理自首和立功具体应用法律若干问题的解释》第一条规定，“如实供述自己的罪行，是指犯罪嫌疑人自动投案后，如实交代自己的主要犯罪事实”，“犯罪嫌疑人自动投案并如实供述自己的罪行后又翻供的，不能认定为自首，但在一审判决前又能如实供述的，应当认定为自首”。司法实践中成立自首要求如实供述的主要犯罪事实一般是指对认定行为人的行为性质有决定意义以及对量刑有重大影响的事实，对主要犯罪事实翻供的，不能成立自首。

在李吉林故意杀人案中，如果认可李吉林关于被害人先捅其两刀的供述，则意味着李吉林的行为性质由故意杀人行为转为带有防卫性质的行为，由有预谋的恶性杀人行为转为临时的应急行为，意味着刑法对李吉林的行为性质及主观恶性的评价将发生重大变化。而且，如果其翻供成立，意味着认定被害人在案件发生过程中存在严重过错，对李吉林的刑事责任的大小评价产生重大影响。因此李吉林关于被害人先捅其两刀的供述是对影响其定罪量刑的重要情节的翻供，应当认定为对案件主要犯罪事实的翻供。由于李吉林在侦查阶段后期推翻了其之前已经供述的故意杀人行为事实，且该翻供不合情理，也与在案其他证据相矛盾不具有可信性，在一审判决前仍坚持该翻供，故不能认定为如实交代了主要犯罪事实，从而不能认定其行为构成自首。［No. 4-232-79　李吉林故意杀人案］

△交代司法机关尚未掌握的案发起因构成其他犯罪的，应当认定为自首。

认定余罪自首有两个条件：一是该罪行司法机关尚未掌握，二是该罪行与司法机关已经掌握的属于不同种罪行。根据 2010 年 12 月 22 日《最高人民法院关于处理自首和立功若干具体问题的意见》的规定，虽然如实供述的其他罪行的罪名与司法机关已掌握的犯罪罪名不同，但如实供述的其他犯罪与司法机关已掌握的犯罪属于选择性罪名或者在法律、事实上密切关联，应当认定为同种罪行。

法律上的密切关联是指已掌握的犯罪的构成要件中包含着易于构成其他犯罪的情形,如因受贿被采取强制措施后,又交代受贿为他人谋取利益的行为而构成滥用职权罪。

事实上的密切关联是指已掌握的犯罪与未掌握的犯罪之间存在手段与目的等关系,且易结合发生的情形,如持枪杀人被采取强制措施后,又交代其盗窃或私自制造枪支的行为,交代枪支来源而另行构成的涉枪犯罪应当认定与故意杀人罪属于同种罪行。

在张春亭故意杀人、盗窃案中,在张春亭交代其杀人犯罪事实之前,公安机关根据对其故意杀人犯罪调查取证的情况,了解到张春亭与孙宝军之间有异常债务关系,但并未掌握张春亭杀害孙宝军的起因,特别是张春亭伙同孙宝军盗窃长岭农行金库的事实。张春亭实施的盗窃犯罪与故意杀人犯罪客观上具有一定的关联,盗窃后分赃不均引发的矛盾导致张春亭产生杀害孙宝军的动机。但盗窃罪与故意杀人罪是相对独立的犯罪,盗窃犯罪并不必然导致故意杀人罪的发生。故对张春亭所犯盗窃罪应当认定为自首。

需要指出的是,认定被告人是否构成自首与对其是否从宽处罚这是两个不同层面的问题。对于符合自首构成条件的,应当依法认定。对于罪行极其严重、主观恶性极深、人身危险性极大的犯罪分子,根据《最高人民法院关于处理自首和立功若干具体问题的意见》的规定,即使认定自首也不影响依法严惩,可以不从宽处罚。[No. 4-232-84 张春亭故意杀人、盗窃案]

△如实供述的罪行与司法机关已经掌握的罪行在事实上密切关联的,不构成自首。

《最高人民法院关于处理自首和立功具体应用法律若干问题的解释》第二条规定:"根据刑法第六十七条第二款的规定,被采取强制措施的犯罪嫌疑人、被告人和已宣判的罪犯,如实供述司法机关尚未掌握的罪行,与司法机关已掌握的或者判决确定的罪行属不同种罪行的,以自首论。"刑法理论界和实务界把此处规定的这种自首称为准自首或者余罪自首。2010年《最高人民法院关于处理自首和立功若干具体问题的意见》第三条进一步规定:"犯罪嫌疑人、被告人在被采取强制措施期间如实供述本人其他罪行,该罪行与司法机关已掌握的罪行属同种罪行还是不同种罪行,一般应以罪名区分。虽然如实供述的其他罪行的罪名与司法机关已掌握犯罪的罪名不同,但如实供述的其他犯罪与司法机关已掌握的犯罪属选择性罪名或者在法律、事实上密切关联……应认定为同种罪行。"

在法律上密切关联的犯罪,是指不同犯罪的构成要件有交叉或者不同犯罪之间存在对合(对向)关系、因果关系、目的关系、条件关系等牵连关系。

在事实上密切关联的犯罪,是指不同犯罪之间在犯罪的时间、地点、方法(手段)、对象、结果等客观事实特征方面有密切联系。如某人用炸药报复杀人,其因故意杀人被捕后,主动供述了其购买了较大数量的硝酸铵等原料制造炸药的行为,其行为又构成非法制造爆炸物罪,与司法机关此前掌握的故意杀人罪不是同一罪名,但因其在供述故意杀人犯罪事实时,必须如实供述作为犯罪工具的爆炸物的来源,因而,其所触犯的两个罪名在事实上有紧密关联,其主动供述制造炸药的行为不能认定为自首。

《刑事诉讼法》第一百二十条规定,犯罪嫌疑人对侦查人员的提问,应当如实回答。但是对与本案无关的问题,有拒绝回答的权利。可见,侦查人员的提问,只要与其所实施的犯罪事实有关,如起因、动机、时间、地点、目的、方法(手段)、结果等均是犯罪自然发展过程中的要素,犯罪嫌疑人均有如实回答的义务。如果涉及其中任何一个要素的行为单独构成另一犯罪,就应当认定涉嫌的两个犯罪在法律、事实上有密切关联,作案人均有义务如实交代。质言之,这几个不同的犯罪实质是同一犯罪过程中连续实施、衔接紧密的不同部分,犯罪嫌疑人、被告人在供述司法机关已经掌握的部分时,有义务供述同一犯罪过程中密切关联的其他部分。因此,行为人因涉嫌某一犯罪被抓获后,供述与该涉嫌犯罪在法律、事实上密切关联的其他犯罪是履行如实供述的义务,不应当认定为自首。

被告人汪某供述的故意杀人罪行与公安机关已经掌握的敲诈勒索罪行,既不存在罪名交叉关系,也不存在对合(对向)、因果、目的、条件等密切的法律关系,因此,汪某的故意杀人罪与其所犯的敲诈勒索罪不具有法律上的关联。然而,汪某所犯的两个罪行在事实上存在密切关联。汪某为敲诈勒索而开立账户的身份证如何得来,云某为何将自己的身份证交给汪某,云某本人身在何处等,这些事实都是汪某在交代敲诈勒索犯罪时必须交代的内容。如果其不交代在敲诈勒索前实施的故意杀人罪行,其后所实施的敲诈勒索事实就不完整、不清楚。因此,汪某在特定的时空范围内,连续实施的两个犯罪行为前后衔接、紧密联系,构成一个完整的犯罪过程,故不构成余罪自首。[No. 4-232-85 汪某故意杀人、敲诈勒索案]

△因抢救被害人未来得及自动投案即被抓获，到案后主动如实供述犯罪事实，经查明确具有准备投案的意思表示的，可认定为自首；不具有准备投案意思表示的，在量刑时应考虑积极抢救被害人以及到案后如实供述等情节，酌情从宽处理。

认定准备投案，应当具有可供查实的投案的准备行为，或者具有准备投案的意思表示。在李满英过失致人死亡案中，被告人在送被害人到医院抢救后，应该说是有时间和条件先行电话投案或委托他人投案的，但其没有实施任何投案的准备行为，也没有向任何人表示过准备投案。因此，仅凭其辩称有准备投案的内心意愿，尚不足以认定其准备投案，故本案不能认定被告人有自首情节。由于本案被告人具有为减轻犯罪后果积极抢救受害人以及到案后如实供述的行为，故在量刑时应当酌情予以考虑。此外，应当注意的是，刑法并没有明文规定交通肇事案件排除自首的适用，刑法总则中关于自首的规定当然适用于刑法分则的所有罪名，包括交通肇事罪。交通肇事案件中不仅存在自首，且自首的认定条件是同一的。只不过根据现行刑法的规定，交通肇事后自首、交通肇事逃逸后自首、交通逃逸致人死亡后自首，适用的法定刑幅度有所区别而已。至于在非公共交通管理范围内发生的车辆肇事案件，无论确定适用何种罪名，同样也存在自首问题。［No. 4-233-5　李满英过失致人死亡案］

△实施犯罪行为后，经他人规劝表示同意自首且未逃走，归案后能如实供述罪行的，应当认定为自首。

《刑法》第六十七条第一款规定："犯罪以后自动投案，如实供述自己的罪行的，是自首……"从该条文可以看出，构成自首应当具备两个要件：一是自动投案；二是如实供述自己的罪行。自动投案是自首成立的首要要件。《最高人民法院关于处理自首和立功具体应用法律若干问题的解释》规定了自动投案和视为自动投案两种情形。其中第一条规定，"自动投案，是指犯罪事实或者犯罪嫌疑人未被司法机关发觉，或者虽被发觉，但犯罪嫌疑人尚未受到讯问、未被采取强制措施时，主动、直接向公安机关、人民检察院或者人民法院投案"。还规定，"犯罪嫌疑人向其所在单位、城乡基层组织或者其他有关负责人员投案的……经查实确已准备去投案，或者正在投案途中，被公安机关捕获的，应当视为自动投案"。根据上述规定，自动投案包含以下内容：(1)投案时间发生在犯罪之后，犯罪人尚未归案之前；(2)必须是基于犯罪分子本人的意志而归案；(3)必须向有关机关或者个人承认自己实施了特定犯罪；(4)必须将自己置于有关机关或个人的控制之下；(5)必须有为本人的行为承担法律责任的意愿。

被告人毕素东在作案后，回到工作单位，向单位负责人承认其实施了故意伤害本案被害人的行为，具备了向能够负责向司法机关转报案件的个人，承认自己实施了特定犯罪的条件。尽管被告人实施犯罪行为时，现场有多名目击证人，且公安机关根据目击证人的证言，已经查清了犯罪人，但此时尚未将其捕获，其符合自动投案的时间条件。而且，本案被告人毕素东经他人规劝，表示要投案自首，无论出于真心悔罪，还是慑于法律的威严，自动归案是其本人意志的体现。此后，本案被告人毕素东没有逃走，直至被公安人员捕获，其没有逃脱监控的行为。上述行为也反映了本案被告人毕素东有为本人的行为承担法律责任的意愿。因此，本案被告人毕素东的行为符合《最高人民法院关于处理自首和立功具体应用法律若干问题的解释》第一条规定的视为自动投案的要件。同时，本案被告人毕素东在自动投案后，如实供述了其犯罪的故意和实施的行为，交代了自己用砖头故意伤害被害人的主要犯罪事实，应当视为自首。［No. 4-234-5　毕素东故意伤害案］

△因犯他罪被采取强制措施期间，经 DNA 比对成为本案犯罪嫌疑人后，虽如实供述罪行，但缺乏自首的其他必要条件的，不能认定为自首。

仅有如实供述行为不足以认定为自首，还要看被告人是不是存在自动投案的行为，或者被告人虽未自动投案，但其供述的是不是司法机关尚未掌握的罪行。在武荣庆故意伤害案中，是公安机关通过 DNA 数据滚动比对将武荣庆确定为本案重大犯罪嫌疑人的，即司法机关已经掌握了该罪行，武荣庆在随后的换押途中才供述了该罪行，这就排除了适用关于如实供述司法机关尚未掌握的罪行的情况。

本案被告人武荣庆到案后虽能如实供述自己的罪行，但该供述是在其已经被确定为本案重大犯罪嫌疑人，被采取强制措施并受到讯问时作出的，既不满足自动投案的条件，也不是如实供述尚未被司法机关掌握的罪行，故不能认定为自首。［No. 4-234-11　武荣庆故意伤害案］

△在犯罪过程中报警，但报警内容未涉及本人的犯罪行为，案发后滞留现场等候警方处理，并在警方讯问时如实供述主要犯罪事实的，成立自首。

被告人陈国策滞留作案现场等候警方处理的行为，具有自动性，应当视为自动投案。《最高人民法院关于处理自首和立功具体应用法律若干问题的解释》第一条规定，"自动投案，是指犯罪事

总则
第四章

实或者犯罪嫌疑人未被司法机关发觉,或者虽被发觉,但犯罪嫌疑人尚未受到讯问、未被采取强制措施时,主动、直接向公安机关、人民检察院或者人民法院投案”。虽然陈国策的行为不是司法解释规定的典型、常见的“自动投案”情形,但刑法设立自首制度的目的就是鼓励犯罪人自动投案和如实供述,以达到利用较低的司法成本查明案情,及时进行刑事追诉的目的。由于本案的报警电话是被告人陈国策自己打的,应当知道警察会很快赶到现场,其完全有条件在实施故意伤害犯罪行为以后、警察到来之前离开现场。案发后、警察赶来之前,同案人唐洪、孟清松、刘大春三人已顺利离开现场的事实,说明陈国策案发后留在犯罪现场并非来不及离开;陈国策仅有手部被被害人持刀砍致轻微伤,亦不影响其离开现场。因此,陈国策关于其案发后留在现场是为等候警察前来处理的辩解理由应予采信。而本案的被告人和其他同案人均为外地人,案发现场又在闹市,纠纷双方素不相识,如果没有陈国策的自动到案和如实供述,本案的侦破和证据的收集难度必然增加。从该角度考量,认定陈国策有投案自首情节并予以体现政策,符合刑法关于自首制度的立法宗旨,也可以取得良好的社会效果。因此,对于案发过程中,无论是被告人本人报警或由他人报警,也不论报警内容是否涉及被告人的犯罪行为,只要有证据证实被告人案发后滞留现场是出于等候警方处理之目的,即可认定被告人到案具有自动性,视为自动投案。

被告人陈国策在被警方带到医院治疗期间,如实供述了本人及同案人的主要犯罪事实,符合如实供述罪行的条件。虽然被告人陈国策在见到警方后没有立即供述自己的犯罪事实,而是警方通过一定的调查行为,认为陈国策有重大犯罪嫌疑对其进行审查后,陈国策才承认自己的犯罪事实,但由于陈国策在互殴过程中受伤,在疗伤成为首要任务的情况下,不应苛求陈国策没有立即向警方交代自己的犯罪事实。只要在警方询问(或者讯问)过程中,如实供述本人及同案人的主要犯罪事实的,应当认定为“如实供述自己的罪行”。[No. 4-234-19 陈国策故意伤害案]

△以目击证人身份被不知情的司法工作人员带回询问,且不主动如实供述罪行的,不能认定为自动投案。

分析乌斯曼江等故意伤害案的案情,被告人乌斯曼江的行为不具备自首的成立条件。一是被告人乌斯曼江不是自动投案。案发后,因两位目击证人离开现场,公安人员是在不明真相的情况下将被告人乌斯曼江作为“目击证人”带回公安机关询问的,并非其主动投案。被告人乌斯曼江也没有将伤害被害人艾山江的行为如实向公安机关讲明,而是在公安机关掌握了两位目击证人的证言和被害人的死亡原因之后才供述的。此外,没有证据证明案发后被告人乌斯曼江对艾山江采取了抢救措施,也没有证据证明乌斯曼江有打电话报警的行为,因此,其行为不具有“投案”的性质。二是被告人乌斯曼江没有如实供述:被告人乌斯曼江在第一、第二次询问中没有如实供述基本犯罪事实,其供述基本犯罪事实是在公安机关认定其为犯罪嫌疑人之后,而且其在供述中明显想推卸责任,因此,根据法律规定,被告人乌斯曼江的行为不构成自首。[No. 4-234-22 乌斯曼江等故意伤害案]

△自诉案件的被告人到案后如实陈述事实、未逃避审查和裁判的,成立自首。

在江某故意伤害案中,江某的行为能否认定为自首,关键在于其到公安机关报案的行为,能否认定为自动投案。《最高人民法院关于处理自首和立功具体应用法律若干问题的解释》第一条规定,“自动投案,是指犯罪事实或者犯罪嫌疑人未被司法机关发觉,或者虽被发觉,但犯罪嫌疑人尚未受到讯问、未被采取强制措施时,主动、直接向公安机关、人民检察院或者人民法院投案”。其核心是行为人实施犯罪行为后自动将自己置于司法机关的控制之下,并承担相应的法律后果。如果江某到案后故意隐瞒了对自己不利的事实,则其仅是放火案的报案人,当然不能认定为自动投案。但是,在故意伤害案中,江某属于被告人。在江某到公安机关如实陈述案件事实之前,其故意伤害的犯罪事实并没有被司法机关所掌握,到案后亦没有隐瞒对自己不利的行为,也没有在认识到自己的行为构成犯罪后改变供述,或者逃避审查和裁判。至于江某没有认识到自己的故意伤害行为构成犯罪,属于对案件事实性质的认识错误,只要其没有逃避审查和裁判,不影响自首的成立。因此,江某在到公安机关陈述案件事实时,既是放火案的报案人,又是故意伤害案的投案人。与正当防卫致人死伤后自己到司法机关投案,如实陈述案件过程并无两样。故对江某的行为应当认定为自首。[No. 4-234-32 江某故意伤害案]

△实施犯罪行为后,明知他人已经报案而自愿留在现场配合抓捕并接受讯问、如实供述自己罪行的,应当认定为自首。

关于现场待捕能否认定为自首的问题,2010年《最高人民法院关于处理自首和立功若干具体问题的意见》明确规定,“明知他人报案而在现场等待,抓捕时无拒捕行为,供认犯罪事实的”应当视为自动投案。根据该意见的规定，并非所有留在现场等待抓捕的行为都成立现场待捕型自首，还应具备以下四个条件。

1. 现场待捕的非被动性。在熊华君故意伤害案中，当另一名保安送被害人去医院抢救，现场仅有熊华君与两名同事的情况下，熊华君始终没有试图离开，显示出将自己置于司法机关控制下的自愿性和候捕的自动性。

2. 明知他人已经报案。包括行为人听见、看见或明确被告知已有人报案和依照一般常识判断，案发后现场应当有人报案的情形。本案发生于中午1时许，现场共五人，熊华君捅伤被害人后，在场一名保安先去了离案发现场最近的办公楼，根据当时情况，熊华君应推断出此保安向有关机关报案的可能性。

3. 被抓捕时行为的服从性。在公安人员到场后主动承认犯罪行为，表现为基于本人意志，自愿置身于司法控制之下。犯罪嫌疑人对于公安人员到现场的抓捕在行为上应表现为顺从配合，这种顺从配合不仅要表现在被抓捕时，还应表现为在此后的押解过程中。本案中，熊华君面对最先来到现场的铁四院公安处民警时，就承认自己的犯罪行为，并按其要求前往铁四院公安处的办公室，随后又被闻讯赶来的杨园街派出所民警押解带回派出所。在整个抓捕、押解过程中，熊华君不抗拒不脱逃，按照公安人员的要求顺利到达羁押场所。

4. 供认犯罪事实的彻底性。犯罪嫌疑人应如实供述自身罪行，对犯罪事实供认不讳，这是自首"如实供述"条件的要求。犯罪嫌疑人对自己行为性质的辩解不应被视为对如实供述自身罪行行为的否定。熊华君归案后如实供述了案件的发生经过，在法庭上对自己的犯罪事实也供认不讳。

综上所述，被告人熊华君理应知道他人已经报案而自愿在现场等待，配合公安机关的抓捕，并如实供认罪行，应认定为自首。[No. 4-234-39　熊华君故意伤害案]

△被采取强制措施的犯罪嫌疑人、被告人和正在服刑的罪犯，如实供述司法机关还未有一定的客观线索，没有证据合理怀疑的本人其他罪行的，应当认定为自首。

所谓余罪自首，又称准自首，根据我国《刑法》第六十七条第二款的规定，是指被采取强制措施的犯罪嫌疑人、被告人和正在服刑的罪犯，如实供述司法机关还未掌握的本人其他罪行的情形。1998年《最高人民法院关于处理自首和立功具体应用法律若干问题的解释》对余罪自首作了进一步解释：被采取强制措施的犯罪嫌疑人、被告人和已宣判的罪犯，如实供述司法机关尚未掌握的罪行，与司法机关已掌握的或者判决确定的罪行属不同种罪行的，以自首论。

根据以上立法和司法解释的规定，成立余罪自首要求主体所如实交代的罪行，必须是司法机关尚未掌握的，如已经为司法机关所掌握则不能构成余罪自首。如何理解尚未掌握？在司法实践中不无争议，需要具体分析。这里的尚未掌握，一般是指司法机关还未有一定的客观线索、证据合理怀疑被采取强制措施的犯罪嫌疑人、被告人和正在服刑的罪犯还犯有其他罪行。同时，这里的尚未掌握的司法机关也不能简单理解，即不仅仅是指正在侦查、起诉、审判的司法机关，也包括其他的司法机关。具体而言，如果犯罪嫌疑人、被告人的所犯余罪尚未被查明、通缉，或者虽已被通缉，但通缉资料不全面，内容不明确，现行犯罪的侦查、起诉和审判的司法机关并不掌握或者很难、几乎不可能通过比对查证等方式在当时掌握该犯罪嫌疑人的所犯余罪的，则此时的司法机关仅指直接办案机关；如果在犯罪嫌疑人、被告人所犯前罪已被通缉，对现行犯罪的侦查、起诉和审判的司法机关可以通过通缉资料掌握该犯罪嫌疑人、被告人所犯前罪的情况下，此时的司法机关应当包括通缉令覆盖范围内的所有司法机关。比如，一个犯罪分子杀人以后逃跑，公安机关发布通缉令，通缉期间该犯罪分子因盗窃被抓获，抓获后交代了杀人的事情，这种情况就不能认定是余罪自首。因为这种情况下的犯罪事实一般在侦查、起诉、审判阶段都能够得到查实，所以这里指的"尚未掌握"的司法机关不能理解为其交代事实的那个司法机关没有掌握，也包括其他司法机关尚未掌握。但是，如果犯罪嫌疑人或被告人先行实施的犯罪行为虽已被其他司法机关掌握，但因地处偏僻、路途遥远或通讯不便等原因，客观上使现行羁押犯罪嫌疑人、被告人的司法机关在对现行犯罪的侦查、起诉和审判过程中，难以了解到或发现该先行发生的犯罪事实的，可以将该先行实施的犯罪视为司法机关尚未掌握的罪行，这时的司法机关其实是指直接办案的司法机关。因此，这里司法机关的外延应当根据具体案情具体分析，不能简单化作一致界定。

由于余罪自首缺乏构成一般自首要求的主动投案条件，故对于余罪自首中的司法机关尚未掌握这一要件须从严把握，防止有些负案在逃的犯罪分子因现行犯罪被抓获时故意隐瞒身份，在讯问过程中再交代真实身份，从而获取自首从宽处罚、规避法律的行为。当然，对于那些符合余罪自首法定条件的犯罪分子，应当及时兑现政策，在量刑时作为从宽情节予以考虑。[No. 4-236-4　何

总则　第四章

荣华强奸、盗窃案]

△**经传唤如实供认犯罪事实的,不成立自首。**

《刑法》第六十七条第一款规定,“犯罪以后自动投案,如实供述自己的罪行的,是自首”。根据这一规定,成立自首必须同时具备两个条件:一是行为人犯罪后自动投案,二是行为人如实供述自己的罪行。本案被告人庄保金被侦查机关传唤后交代了自己所犯罪行,具备了如实供述自己的罪行这一条件,其是否也具备了自动投案这一条件呢?

关于自动投案,《最高人民法院关于处理自首和立功具体应用法律若干问题的解释》第一条规定,“……罪行未被司法机关发觉,仅因形迹可疑被有关组织或者司法机关盘问、教育后,主动交代自己的罪行的……应当视为自动投案”。按照这一规定,在庄保金抢劫案中,庄保金是否因形迹可疑受到公安人员盘问,成为其是否构成自首的一项重要条件,即如果庄保金是因形迹可疑受到公安人员盘问,如实供述了自己的罪行,应认定其自首;如果庄保金是被作为犯罪嫌疑人被侦查机关讯问,供认了犯罪事实的,就不应认定其自首。

形迹可疑,是指特定人的举动、神态不正常,使人产生疑问。这种疑问是臆测性的心理判断,它的产生没有也不需要凭借一定的事实依据,是一种仅凭常理、常情判断而产生的怀疑。犯罪嫌疑,是指侦查人员凭借一定的事实根据或者他人提供的线索,认为特定人有作案嫌疑。这种嫌疑是逻辑判断的结果,它的产生必须以一定的客观事实为根据,是一种有客观根据的怀疑。

在本案中,侦查人员已了解到庄保金有作案时间,且庄保金在该时间内的表现反常,在公安机关开展侦破工作后表现也明显反常,据此确定庄保金有重大作案嫌疑,故对其依法传唤。因此,庄保金是公安机关在侦破案件中确认的犯罪嫌疑人,而不是公安人员因偶然原因接触到的形迹可疑人。一审法院认定庄保金的行为构成自首不当,二审法院的认定是正确的。[No. 5-263-6 庄保金抢劫案]

△**犯罪以后不是以投案为目的而是为了解案情而到公安机关的,不能认定为自首。**

根据《刑法》第六十七条第一款的规定,犯罪以后自动投案,如实供述自己的罪行的,是自首,并可以从轻、减轻或者免除处罚。《最高人民法院关于处理自首和立功具体应用法律若干问题的解释》第一条规定,“如实供述自己的罪行,是指犯罪嫌疑人自动投案后,如实交代自己的主要犯罪事实”。在明案华抢劫案中,在明安华到湖北省竹溪县公安局之前,竹溪县公安局已收到了某市公安局的协查通报,已掌握了其犯罪事实,如果明安华到竹溪县公安局后说明是来投案的,因其随后如实供述了自己的主要犯罪事实,应当认定为自首。然而,明安华到公安机关的目的并不是投案,而是了解被害人是否死亡。竹溪县公安局将明安华抓获后,虽然明安华如实供述了自己的主要犯罪事实,因其欠缺自动投案这一条件,故不能认定为自首。[No. 5-263-30 明安华抢劫案]

△**虽如实供述犯罪行为,但在此后审理中又对主要犯罪事实予以否认的,不应认定为自首。**

被告人王林因形迹可疑被公安机关盘问,如实供述公安机关尚未发觉的杀人抢劫事实,但之后又否认其有持刀加害被害人的行为。否认主要犯罪事实的,可认定翻供,对案情细节的否认以及合理辩解均不得视为翻供。在抢劫罪中,行为人实施持刀伤害被害人行为的这一事实应当认定为主要犯罪事实。因为,抢劫罪侵犯的是双重客体,持刀伤害致使被害人死亡不仅是作为一个重要的量刑情节而存在的,同时,也是构成抢劫罪的一个不可或缺的暴力要件,对于定罪量刑均具有十分重要的意义,与犯罪事实的细节不可同日而语。被告人王林对该节事实矢口否认,并将其推卸给他人,避重就轻,理当认定为翻供,故判决关于被告人不构成自首的认定是正确的。[No. 5-263-34 郭玉林等抢劫案]

△**自动投案后,没有如实供述同案犯的,不属于如实供述自己的罪行,不能认定为自首。**

在共同犯罪案件中,行为人在共同犯罪中所处的地位、所起的作用和参与犯罪的程度不同,成立自首所要求的如实供述自己的罪行的范围也是不同的。共同实行犯成立自首,不仅要求其在自动投案后,如实供述自己直接实施的犯罪行为,还应如实供述与其共同实施犯罪的其他实行犯。否则,这种供述就是不彻底的、不如实的,因而不构成自首。具体到杜祖斌等抢劫案,被告人杜祖斌、周起才共同策划并共同实施了抢劫犯罪,如果被告人杜祖斌自动投案后如实供述自己的罪行,必然要交代与其一起策划、实施抢劫犯罪的同案犯周起才。但被告人杜祖斌在自动投案后,在供述主要犯罪事实过程中,包庇周起才,谎称同案犯是一东北青年,故意给公安机关抓获同案犯制造障碍,转移公安机关的视线。因此,这种行为不属于如实供述自己的罪行,杜祖斌的行为不能认定为自首。[No. 5-263-40 杜祖斌等抢劫案]

△**作案后打电话向公安机关报案,并等候公安人员将其抓获归案的,应当认定为自动投案。**

被告人杜祖斌在作案后并没有隐匿或者逃跑,而是在公安机关并不掌握其犯罪事实的情况下,打电话报告公安机关,并等候公安人员将其抓获。这种行为符合《最高人民法院关于处理自首和立功具体应用法律若干问题的解释》第一条关于自动投案的规定,应当认定为自动投案。

虽然自动投案不是法定的从轻处罚情节,但能从一定程度上反映出杜祖斌的悔罪表现,也给公安机关侦破案件提供了便利,在量刑时可以酌情予以考虑。[No. 5-263-41　杜祖斌等抢劫案]

△犯有数罪的犯罪分子归案后,既有主动供述同种犯罪的坦白情节,又有主动供述不同种犯罪的自首情节,还有检举揭发他人犯罪线索经查证属重大立功表现的,可予以从轻处罚。

被告人刘群因第二次抢劫犯罪归案以后,在公安机关尚未掌握其他罪行的情况下,主动供述了第一次抢劫的犯罪事实和诈骗的犯罪事实,检举揭发宋仝成拐卖妇女的犯罪线索,经查证属实,宋仝成被判处无期徒刑。根据《最高人民法院关于处理自首和立功具体应用法律若干问题的解释》的有关规定,被告人刘群主动供述了第一次抢劫的犯罪事实因与第二次抢劫属同种罪,应属主动坦白;主动供述司法机关未掌握的诈骗的犯罪事实,应属自首;检举揭发他人拐卖妇女的犯罪线索,经查证属实并被判处无期徒刑,构成重大立功表现。被告人刘群揭发宋仝成拐卖妇女犯罪行为,查证属实,宋仝成被判处无期徒刑,按照《最高人民法院关于处理自首和立功具体应用法律若干问题的解释》的规定构成重大立功表现。在裁量刑罚时,对其所犯诈骗罪,因自首并有重大立功表现,依法应当减轻处罚;对其所犯抢劫罪,由于抢劫数额巨大,情节恶劣,后果严重,虽然有重大立功表现,也可以不予减轻处罚,但在量刑上还是要体现政策,适当予以从轻考虑。[No. 5-263-46　刘群等抢劫、诈骗案]

△一人犯数罪但只对其中一罪自首的,自首从轻的效力仅及于自首之罪。

被告人王国清除犯有抢劫罪外,还以非法占有为目的,多次秘密窃取他人财物,数额较大,其行为已构成盗窃罪;其持刀故意伤害他人身体,还构成故意伤害罪,应依法对被告人王国清实行数罪并罚。由于王国清所犯故意伤害罪是在其被抓获后、司法机关尚未掌握的情况下主动供述的,根据《刑法》第六十七条第二款的规定,应以自首论,并可以从轻或者减轻处罚。根据《最高人民法院关于处理自首和立功具体应用法律若干问题的解释》第一条的规定,犯有数罪的犯罪嫌疑人仅如实供述所犯数罪中部分犯罪的,只对如实供述部分犯罪的行为,认定为自首,故只能对其所犯故意伤害罪从轻处罚。一、二审法院以故意伤害罪判处被告人王国清无期徒刑,已经体现了自首从轻的原则。由于被告人王国清所犯抢劫罪,罪行极其严重,依法必须判处死刑。在数罪并罚后,其所犯故意伤害罪被判处无期徒刑已被所犯抢劫罪被判处死刑所吸收,故在决定执行刑罚时,只能按照数罪并罚的原则决定执行死刑,被告人王国清的辩护人提出的"一审在数罪并罚后决定执行刑罚时没有体现从轻处罚"的辩护意见,不能成立。[No. 5-263-101　王国清等抢劫、故意伤害、盗窃案]

△因形迹可疑受到盘问,公安人员当场搜查出与犯罪有关的物品,足以认定其有实施犯罪的嫌疑,因而被迫供述自己的犯罪事实的,不应认定为自首。

根据1998年《最高人民法院关于处理自首和立功具体应用法律若干问题的解释》第一条的规定,罪行未被司法机关发觉,仅因形迹可疑被有关组织或司法机关盘问、教育后主动交代自己的罪行的,应当视为投案自首。司法实践中存在的难点在于如何区分形迹可疑与犯罪嫌疑,如果行为人交代犯罪时已被认定具有犯罪嫌疑,则不成立形迹可疑型自首。所谓形迹可疑是指行为人的举动、神态不正常,使人产生疑问,这种疑问只是臆断性的心理疑问,没有也不需要一定的事实根据。而犯罪嫌疑则是侦查人员凭借一定的事实根据认定特定人有作案嫌疑。区分二者的关键在于,司法机关是否掌握了行为人犯罪的一定证据或线索,行为人当时不如实交代,能否自圆其说并作出合理的解释。

具体到张某等抢劫、盗窃案,公安人员设卡排查时虽掌握犯罪嫌疑人为三人,但对其盘问的原因是深夜携带行李,形迹可疑,缺少具体证据,尚不足以与刚发生的抢劫犯罪产生客观联系。随后公安人员在李某身上搜出一部来路不明的手机且无法说出号码,手机系赃物属于犯罪证据,且张某右手缠有纱布并滴血,三人均不能作出合理解释,此时公安人员已对其产生了合理的怀疑,三人已具有犯罪嫌疑。此时张某才交代犯罪事实,属于在证据面前被迫作出的无奈之举,公安人员完全能对手机来源进行进一步调查,属于被动交代,尚不构成自首。[No. 5-263-118　张某等抢劫、盗窃案]

△侦查机关尚未掌握一定的证据或线索足以合理怀疑行为人,将其与具体案件之间建立直接、明确、紧密的联系的,属于形迹可疑的情形;仅因形迹可疑被盘问、教育后,主动交代了犯罪事实的,应当视为自动投案,成立自首。

自首的成立必须同时具备自动投案和如实供述罪行两个要件,《最高人民法院关于处理自首和立功具体应用法律若干问题的解释》将"罪行未被司法机关发觉,仅因形迹可疑被有关组织或司法机关盘问、教育后,主动交代自己的罪行"的情形规定为"应当视为自动投案",《最高人民法院关于处理自首和立功若干具体问题的意见》又进一步明确规定:"罪行未被有关部门、司法机关发觉,仅因形迹可疑被盘问、教育后,主动交代了犯罪事实的,应当视为自动投案,但有关部门、司法机关在其身上、随身携带的物品、驾乘的交通工具等处发现与犯罪有关的物品的,不能认定为自动投案。"可见,判断行为人是属于形迹可疑还是具有犯罪嫌疑,关键在于司法机关是否掌握客观证据并据此合理怀疑行为人实施某种犯罪,能否在行为人与具体案件之间建立直接、明确、紧密的联系。

在审判实践中,形迹可疑有两种较为常见的情形。一种情形是司法机关尚未掌握行为人犯罪的任何线索、证据而是根据行为人当时的举动、神色异常而判断行为人可能存在违法犯罪行为。另一种常见的情形是,某一具体案件发生后,司法机关掌握了一定线索或证据,明确了侦查方向,圈定了排查范围,在调查或排查过程中发现行为人表现异常,但尚不足以通过现有证据确定其为犯罪嫌疑人。此种情形可以将行为人同具体案件联系起来,但这种联系尚不足以将行为人锁定为犯罪嫌疑人,行为人主动供述罪行成立自首。如果侦查人员从行为人身上或住处查获赃物、作案工具等客观性证据,或者现场有证人直接指认行为人系作案人,由于已有一定证据指向行为人,其具有较其他排查对象更高的作案嫌疑,便成为犯罪嫌疑人,而不仅仅是形迹可疑。对于侦查机关来说,案件的侦查程度已经可以对行为人采取强制措施。能够在行为人与具体案件之间建立起直接、明确、紧密联系的,行为人属于犯罪嫌疑人。

在刘长华抢劫案中,由于被害人刘小兰系卖淫女,因惧怕卖淫行为暴露而在被刘长华抢劫后不敢报警,其朋友马卫在追赶刘长华的过程中见巡逻民警将刘长华截停亦未上前指认刘长华。巡逻民警是因为刘长华深夜被他人追赶,认为其形迹可疑而将其截停的,当时刘长华的抢劫罪行尚未被公安机关掌握。虽然民警在刘长华身上查获了手电筒、手套、水果刀等工具,但这些物品也可以作为正常生活用品予以解释,仅凭这些物品难以将刘长华与具体的抢劫案件之间建立直接、明确、紧密的联系。没有刘长华本人的主动如实供述并带领侦查人员寻找刘小兰配合调查,此案是无法侦破的,故其归案具有自动性,应当认定为自首。[No. 5-263-119　刘长华抢劫案]

△自动投案符合法律及司法解释关于自首条件规定的,应当成立自首,其是否成立自首不受投案动机的影响。

自首的立法精神主要是为瓦解分化犯罪分子,提高刑事案件的办案效率,节约司法成本,从犯罪分子投案及供述行为的客观结果考虑,只要有利于司法机关查明有关事实并顺利进行审判,就可认定为自动投案,因此,投案后又逃跑的,不应认定为自首。至于犯罪分子出于何种动机,对于认定自动投案及自首并不起决定作用。因此,犯罪分子在被采取强制措施前,主动到有关单位反映案件事实,没有隐瞒自己在其中的作用,没有逃避可能的刑事处理,不论其反映案件事实的真实目的如何,均应认定为自动投案。

在董保卫等盗窃、收购赃物案中,董曙光因为只分得少部分赃款,又听说举报能领取奖金,遂到被盗单位举报,但在举报的同时,并没有隐瞒自己在犯罪过程中的作用,如实交代了有关案件事实经过,也没有逃避可能的司法审查。尽管其投案的动机是为获取有关奖赏,尽管其辩称主观上不明确知道是共同盗窃,但其举报并接受审查的行为,在客观上造成了协助公安机关破获此案的结果,提高了破案效率,节约了司法成本,这完全符合自首的有关立法精神。因此,应认定其行为为主动投案。[No. 5-264-1　董保卫等盗窃、收购赃物案]

△如实交代其主要犯罪行为的客观事实,仅否认主观内容,例如主观罪过或对行为性质的认识等,仍应认定为如实供述,不影响自首的成立。

如实供述的核心内容是客观事实而非主观心理。故合法辩解和不如实供述的区别就在于,不承认或推翻有罪供述的内容是主观认识还是客观事实。如果行为人不否认或基本不否认犯罪行为的客观事实方面,能如实交代行为的客观方面,而仅否认主观内容方面,不论是否认其主观犯罪故意,还是否认其客观行为的犯罪性质,均属于辩解,不影响自首的成立。但需注意的是,在共同犯罪中,犯罪故意的串通,即共谋本身不仅是一种主观心理态度,而且是一种客观行为,属于应如实交代的客观事实,辩解中对主观故意的否定不包含对共谋行为及内容的否定,如果犯罪分子不如实交代共谋的过程及内容,就不能认为是作了如实供述,也就不应认定为自首。

在董保卫等盗窃、收购赃物案中,董曙光仅否定了其具有明知共同盗窃的主观故意,但对整个盗窃过程及其在盗窃过程中的行为并未隐瞒,此种行为是其正常行使辩护权的表现,仍属于如实供述自己的罪行。被告人董曙光对犯罪行为性质

总则　第四章

的辩解，依据《最高人民法院关于处理自首和立功具体应用法律若干问题的解释》的有关规定，不影响自首的成立。[No.5-264-2　董保卫等盗窃、收购赃物案]

△被公安机关传唤到案后，如实供述自己的犯罪行为的，应当认定为自首。

首先，传唤不属于强制措施。被传唤后归案符合《最高人民法院关于处理自首和立功具体应用法律若干问题的解释》第一条规定的"未受到讯问、未被采取强制措施时"的时间范围。传唤和拘传不同，传唤是使用传票通知犯罪嫌疑人在指定的时间自行到指定的地点接受讯问的诉讼行为，它强调被传唤人到案的自觉性，且传唤不得使用械具。而拘传则是强制犯罪嫌疑人依法到案接受讯问的一种强制措施。通常情况下，拘传适用于经过依法传唤，无正当理由拒不到案的犯罪嫌疑人。可见，传唤与拘传有着本质的不同，法律并未将传唤包括在强制措施之内。

其次，经传唤归案的犯罪嫌疑人具有归案的自动性和主动性。犯罪嫌疑人经传唤后，自主选择的余地还是很大的，其可以选择归案，也可拒不到案甚至逃离，而其能主动归案，就表明其有认罪悔改、接受惩罚的主观目的，即具有归案的自动性和主动性。[No.5-264-3　王春明盗窃案]

△准备投案，但由于客观原因，未能及时将自己置于司法机关控制之下，后被抓获的，应当认定为自动投案。

认定自动投案，投案的方式并非要求犯罪嫌疑人的投案行为必须将自己直接置于司法机关控制之下，只要有证据证明投案人具有投案的意思表示，并有投案的具体行为，均应认定为自动投案。[No.5-264-7　薛佩军等盗窃案]

△犯罪后向被害人承认作案，并部分补偿被害人，但没有接受司法机关处理意愿的，不能认定为自首。

行为人向被害人承认作案，目的只是希望私了，使被害人不报案。其主观上并不愿意被被害人送到司法机关从而接受审查和裁判，自然不能以自动投案论处，不能认定为自首。

在周建龙盗窃案中，周建龙向被害人承认自己的盗窃事实、向被害人书写借条及还款保证书，后归还部分赃款的这一行为，不能说明其主观上愿意接受因被害人告诉引致的司法处理，而是反映出其存在不愿意接受国家审查和裁判，想与被害人私了的心态，因此，周建龙的行为缺乏自愿接受国家审查和裁判的自首本质特征，不能认定为自首，虽然不能认定为自首，但要注意到，周建龙向被害人退还部分赃款的行为，说明其有悔改心理，这可以成为定罪后影响量刑的情节，即从轻处罚的情节。但是，这一行为，对于确认周建龙的行为是否构成自首，没有独立的条件意义。考虑到周建龙在犯罪后向被害人投案，并以劳动所得给被害人部分补偿并得到了被害人的谅解，经侦查机关传唤后如实供述自己的罪行等行为，虽然不构成自首，毕竟反映了行为人的悔罪态度和主观恶性的降低，对侦破案件事实上起到了帮助作用，理应得到从宽处罚。[No.5-264-48　周建龙盗窃案]

△主动供述的犯罪事实与公安机关所掌握的犯罪事实属于同种罪行的，不应认定为自首。

《刑法》第六十七条第二款规定："被采取强制措施的犯罪嫌疑人、被告人和正在服刑的罪犯，如实供述司法机关还未掌握的本人其他罪行的，以自首论。"这在理论上一般被称为余罪自首或准自首。《最高人民法院关于处理自首和立功具体应用法律若干问题的解释》第二条进一步规定："被采取强制措施的犯罪嫌疑人、被告人和已宣判的罪犯，如实供述司法机关尚未掌握的罪行，与司法机关已掌握的或判决确定的罪行属不同种罪行的，以自首论。"此解释关于余罪自首的规定可以被理解为，被采取强制措施的犯罪嫌疑人、被告人和已宣判的罪犯，如实供述司法机关尚未掌握的其他罪行，与司法机关已掌握的罪刑或判决确定的罪行构成不同罪名的，成立自首，与司法机关已掌握的罪刑或判决确定的罪行构成相同罪名的，不成立自首。应当注意的是，此处同种罪行的判断标准，在司法实践中原则上以罪名为区分，此外，2010年《最高人民法院关于处理自首和立功若干具体问题的意见》第三条第二款规定，"虽然如实供述的其他罪行的罪名与司法机关已掌握的罪名不同，但如实供述的其他犯罪与司法机关已掌握的犯罪属选择性罪名或者在法律、事实上密切关联……应认定为同种罪行"。

在蒋文正爆炸、敲诈勒索案中，蒋文正归案时，公安机关已掌握其为敲诈勒索实施爆炸的罪行。从犯罪构成看，该行为构成爆炸罪、敲诈勒索罪两个罪名。但理论和实践上都认为这种情形属于牵连犯，牵连犯属于实质的数罪。在蒋文正归案时，公安机关已掌握了蒋文正涉嫌的这两个罪名，其归案后所供述的另两起敲诈勒索与公安机关已掌握的部分罪行都构成敲诈勒索罪，属于同种数罪，不能认定为自首。[No.5-274-12　蒋文正爆炸、敲诈勒索案]

△自动投案后，未如实供述自己的犯罪事实，直到其被采取强制措施后才如实供述自己的犯罪事实的，不成立自首。

对于密文涛等聚众斗殴案而言，被告人李勇刚虽主动到公安机关投案，但其在尚未受到讯问、未被采取强制措施时并未如实供述自己持械斗殴的犯罪事实，而是在被采取强制措施以后才如实供述了犯罪事实，因而不符合投案自首的时间要求，不构成投案自首。其在被采取取保候审强制措施以后虽如实供述了自己的犯罪事实，但该犯罪事实同案犯已作供述并已经被公安机关所掌握，故亦不能以自首论。至于《最高人民法院关于处理自首和立功具体应用法律若干问题的解释》第一条关于“犯罪嫌疑人自动投案并如实供述自己的罪行后又翻供的”“但在一审宣判前又能如实供述的，应当认定为自首”的规定，其有严格的适用条件，针对犯罪嫌疑人自动投案并如实供述自己的罪行即已经构成投案自首的条件下又翻供的情形而适用。而对于本案，被告人李勇刚的行为尚未构成投案自首，谈不上又翻供，因而该规定对本案并不适用，公诉机关及一审法院依据该规定认为被告人李勇刚的行为不构成投案自首是正确的。［No. 6-1-292-9　密文涛等聚众斗殴案］

△犯罪后在逃跑过程中与属于国家司法工作人员的亲友联系，亲友劝其自首，行为人未明确表示，亲友也未将其送去投案的，不成立自首。

在杨安等故意伤害案中，任建武打电话给其亲属，在其亲友劝其自首时，任建武仅表示回来再说，虽没有拒绝，但回来再说并不能代表其有明确投案的意思，至多只能证明其将来有自动投案的可能。但自动投案不是以不能确定的可能性为条件，且根据当时的客观条件，任建武可以选择到附近的公安机关自首，或者利用通讯手段先行投案。实际情况也证明，公安机关在抓获任建武时，任正与其他各被告人在一起，并无回来的意思，即使按照上述规定，由于任建武的亲属并未将其送去投案，任建武的行为也不能视为自动投案，不能认定为自首。［No. 6-1-293-13　杨安等故意伤害案］

△自动投案后又逃跑的，不构成自首。

成立自首需具备三个条件：一是自动投案，二是如实交代自己的罪行，三是接受审查和裁判。对自首的犯罪分子来说，拒不接受审查和裁判，实际上表明其没有认罪、悔罪的诚意，不符合刑法设立自首制度的初衷。因此，《最高人民法院关于处理自首和立功具体应用法律若干问题的解释》在对自动投案的具体情形作出界定后，又明确规定犯罪嫌疑人自动投案后又逃跑的，不能认定为自首。被告人魏荣香犯罪后，自动投案，如实供述了其故意杀人的犯罪行为，说明其有认罪、悔罪、接受裁判的意愿，但其在关押期间又伙同王招贵脱逃，改变了认罪、悔罪和接受裁判的意愿，司法机关已无法对其进行审查和裁判，依法不能认定为自首。［No. 6-2-316(1)-3　魏荣香等故意杀人、抢劫、脱逃、窝藏案］

△仅因形迹可疑，被公安机关盘问即交代罪行的，应当认定为自首。

犯罪事实尚未被司法机关发觉和主动交代自己的犯罪事实是构成这种自动投案的两个基本要件，只要符合这两个要件就应当视为自动投案。从杨永保等走私毒品案来看，杨永保、陈兴助在机场接受的是例行安全检查，其携带毒品的罪行尚未被公安机关发觉，仅因形迹可疑受到盘问，即如实交代了体内藏毒的罪行。这种情形符合司法解释的相关规定，因而应当视为自动投案。又由于杨永保、陈兴助所交代的罪行属如实供述，因而构成自首。《刑法》第六十七条第一款规定：“犯罪以后自动投案，如实供述自己的罪行的，是自首。对于自首的犯罪分子，可以从轻或者减轻处罚。其中，犯罪较轻的，可以免除处罚。”基于上述理由，最高人民法院认定杨定保、陈兴助如实供述自己走私毒品犯罪事实的行为构成自首，依法分别以走私毒品罪判处死刑，缓期二年执行。［No. 6-7-347-10　杨永保等走私毒品案］

△被告人归案后，在协助公安人员抓捕在逃毒犯的过程中，在公安人员对归案被告人失去控制的情况下，被告人自动投案的，成立自首。

刑法和司法解释关于自首的规定，并未对投案予以时间上的限制。已经被通缉的犯罪嫌疑人可以实施投案行为，已经被抓获的犯罪嫌疑人脱逃后也可实施投案行为，已经被采取强制措施的犯罪嫌疑人如果主动交代司法机关尚未掌握的不同种罪行，也可以投案自首论处。因此，实践中不论是侦查人员让犯罪嫌疑人去协助抓获其他犯罪嫌疑人，还是该犯罪嫌疑人脱逃，只要其能够再到司法机关投案，就应认定其具有投案行为，如果能够如实供述所犯罪行，就应认定其具有投案自首情节。因此，一审判决和二审裁定认定被告人刘育明的行为构成投案自首是正确的。［No. 6-7-347-24　梁国雄等贩卖毒品案］

△罪行尚未被司法机关发觉，但已被所在单位发觉，在有关组织对其盘问、教育后，交代了部分犯罪事实的，不成立自首。

《刑法》第六十七条规定了两种自首：一是一般自首，即犯罪后自动投案，如实供述自己的罪行。成立一般自首须同时具备两个条件：犯罪以后自动投案和如实供述自己的罪行。二是特殊自首，即被采取强制措施的犯罪嫌疑人、被告人或者正在服刑的罪犯，如实供述司法机关还未掌握的本人其他罪行。被告人李平显然不属于特殊自首。被告人李平是否具备一般自首的成立条件呢？被告人李平犯罪后逃跑，在司法机关未发现其贪污、挪用公款的犯罪事实以前，又主动回到单位，被其公司经理等人抓住，不能视为自动投案。且在此前，公司经查账发现短款70万元，已掌握了其贪污、挪用公款的部分犯罪事实。在这种情况下，被告人李平在所在单位被盘问、教育后，只交代贪污公款110余万元。根据《最高人民法院关于处理自首和立功具体应用法律若干问题的解释》第一条的规定，李平的行为不属于自动投案。此外，被告人李平始终未交代贪污300余万元的事实，直到检察机关侦查终结，李平在确凿的证据面前才不得不承认全部犯罪事实。同时，直到一审审结前，李平仍未交代贪污犯罪的同案犯。因此，李平的行为不符合刑法规定的自首的成立条件，一、二审法院认定李平的行为构成自首不当，最高人民法院依法予以改判，是正确的。[No. 8-382-17　李平贪污、挪用公款案]

△职务犯罪行为人在纪律监察部门采取明确的调查措施前投案的，构成自动投案；同时如实供述自己的罪行的，应当认定为自首。

自动投案和如实供述自己的罪行是构成自首的实质要件，职务犯罪中的自首认定同样应具备这两个实质要件。但是在职务犯罪侦查中，一般有纪律监察的前置性调查程序，因此必须对这种前置性的调查程序予以实事求是的认定，以准确界定职务犯罪案件中自首的成立标准。根据《最高人民法院、最高人民检察院关于办理职务犯罪案件认定自首、立功等量刑情节若干问题的意见》的规定，没有自动投案，在办案机关调查谈话、讯问、采取调查措施或强制措施期间，犯罪分子如实交代办案机关掌握的线索所针对的事实的，不能认定为自首。对于自动投案，前述规定，犯罪事实或犯罪分子尚未被办案机关掌握或虽被掌握，但犯罪分子尚未收到调查谈话、讯问，或未被宣布采取调查措施或强制措施，向办案机关投案的，是自动投案。此处的办案机关包括纪检机关及刑事侦查机关等法定职能部门，如果犯罪分子在其犯罪事实未被司法机关掌握之前，向所在单位等办案机关以外的单位、组织或有关负责人员投案的，应当视为自动投案。

在吴江、李晓光挪用公款案中，农业银行园区支行在业务检查中发现一笔外汇贴现手续资料不齐，被告人在法定职能部门尚未介入的情况下，承认自己的挪用公款行为，此时尚未被采取调查措施或强制措施，反映出其投案的主动性和自愿性，表明其自愿将自身置于国家控制下，接受法律制裁，符合自动投案的要件特征，自动投案后，其主动供述自己制作虚假外汇贴现业务资料和参与挪用部分公款的犯罪事实，应当认定具备自首情节。[No. 8-384-8　吴江、李晓光挪用公款案]

△职务犯罪案件中办案机关掌握的线索，不限于直接查证犯罪事实的线索，还包括与查证犯罪事实有关联的线索；被告人交代的事实与办案机关所掌握的线索针对的事实属于同种罪行，不成立自首。

职务犯罪案件中办案机关掌握的线索，不限于直接查证犯罪事实的线索，还包括与查证犯罪事实有关联的线索。

既然办案机关掌握的线索是认定职务犯罪自首的重要标准，那么如何准确理解和把握办案机关掌握的线索范围，就成为职务犯罪自首认定最关键的问题之一。线索本身是一个中性概念，线索不等于犯罪事实本身，有时甚至不能起到直接查证犯罪事实的作用。在刑事案件中，线索大致可以分为两种类型：一种是能够直接查证犯罪事实的线索；另一种是不能直接查证犯罪事实，但与查证犯罪事实有关联的线索。如果办案机关掌握了第一类线索，就应视为掌握了一定的犯罪事实，犯罪分子在被据此调查谈话时交代犯罪事实的，不能认定为自首。后一种情况下，根据《最高人民法院、最高人民检察院关于办理职务犯罪案件认定自首、立功等量刑情节若干问题的意见》的精神，这种情形同样不能认定为自首。根据此类线索虽不能直接认定犯罪事实，但此类线索具有指向犯罪事实的作用。办案机关掌握此类线索后，能够研判行为人可能涉嫌的犯罪性质和类型。一般而言，办案机关找行为人调查谈话具有一定的针对性，行为人由此交代犯罪事实的，应当认定属于此线索针对的事实，不能认定为自首。

在刘某、妙某挪用公款案中，被告人姚某所在的集团公司纪委掌握了小金库所涉个人存折曾经转账23万元用于购买国债的线索，并未掌握姚某挪用公款的事实。该转账行为在何种背景下发生、具体是为谁购买国债等问题均不清楚，完全有可能是单位集体决定以某个人名义购买国债以增加小金库收益。因此，转账23万元用于购买国债的线索并不必然反映犯罪事实，该线索仅属于与犯罪事实具有一定关联性的线索。姚某在被调查谈话期间交代了其受被告人刘某指使挪用公款为刘某个人购买国债的事实，该犯罪事实在办案机关掌握线索的范围内，故不能认定为自首。同时，办案机关只掌握了小金库所涉个人存折转账23万元的一条线索，虽然姚某交代了三次挪用公款购买国债的事实，但鉴于其交代的事实与办案机关掌握的线索所针对的事实属于同种罪行，根据

《最高人民法院、最高人民检察院关于办理职务犯罪案件认定自首、立功等量刑情节若干问题的意见》的规定，仍不成立自首。[No. 8-384-18 刘某、姚某挪用公款案]

△明知办案机关掌握了其犯罪事实，由于翻然悔悟、迫于压力或者其他原因，自行主动到办案机关投案的，不论其基于何种动机，均属于自动投案；办案机关在掌握了犯罪事实或线索的情况下，直接找到涉案人员调查谈话，即使其如实交代犯罪事实，因缺乏自动投案这一要件，也不成立自首。

由于职务犯罪案件往往是由纪检部门先调查，再由检察机关介入，故也需注意检察机关介入对认定自首的影响。一方面，行为人在纪检部门办案时主动投案，只要没有抗拒或翻供行为，不论如何被移送至检察机关，均不影响自首的成立。具体又包括两种情形：一是行为人自动到纪检部门投案后，纪检部门将其送至检察机关或者通知检察机关到纪检部门接人。这种情况下，检察机关的介入对自首的成立没有影响。但是，如果行为人知道检察机关介入后逃跑或者抗拒移送的，则其投案自动性不能成立。二是行为人自动到纪检部门投案后，纪检部门让其回家等候处理，后检察机关介入，无论是检察机关到其住所将其带走，还是通过打电话通知其到检察机关接受处理，均不影响自首的成立，但有逃跑或者抗拒行为的除外。另一方面，行为人在纪检部门办案时没有主动投案，而只是被动归案后如实供述的，在这一阶段不成立自首。但在检察机关介入阶段是否成立自首，要视具体情况而定。如果是纪检部门将其送至检察机关或者通知检察机关到纪检部门接人的，因其归案缺乏自动性，不成立自首。如果纪检部门调查、谈话后让其回去等候处理，检察机关介入后直接到其住所将其带走的，也不成立自首。

在刘某、妙某挪用公款案中，被告人刘某在未接到办案机关任何调查、谈话通知的情况下，主动到集团公司纪委投案，属于自动投案，且投案后如实供述了犯罪事实，符合自首的两个条件。检察机关在介入后到刘某单位将刘某带走归案，刘某没有逃跑或者抗拒，所以应当认定具有自首情节。被告人姚某是在集团公司纪委已掌握一定线索的情况下找其调查谈话时如实交代了犯罪事实，根据《最高人民法院、最高人民检察院关于办理职务犯罪案件认定自首、立功等量刑情节若干问题的意见》的相关规定，在公司纪委调查谈话阶段不能成立自首。后纪检部门让其回去等候处理，检察机关介入后直接到其单位将其带至检察机关，因此，在检察机关介入阶段也不具有归案的主动性，故不能认定为自首。值得注意的是，姚某在纪检部门只掌握了一条线索的情况下，如实交代了三项事实，属于前述意见中所说的办案机关仅掌握小部分犯罪事实，犯罪分子交代了大部分未被掌握的同种犯罪事实、如实交代对于定案证据的收集有重要作用的情形，一般应当从轻处罚，故对姚某量刑时应当从轻处罚。同时，法院综合考虑二被告人犯罪的具体情节，且姚某系从犯，故对二被告人均作了依法减轻处罚，并宣告缓刑的处理。[No. 8-384-19 刘某、姚某挪用公款案]

△醉酒驾驶导致交通事故后，经他人报警后留在现场等候，积极配合警方处理事故，主动供述饮酒事实的，应当认定为自首，可以从轻处罚。

实践中，醉酒驾驶案件中自动投案的情形与其他刑事案件中的常见情形有一定区别。通常情况下，"自动投案"是被告人在其犯罪事实或者其本人未被司法机关发觉，或者虽被发觉但尚未受到讯问、未被采取强制措施时，主动、直接向司法机关或者所在单位等投案，或者经亲友规劝陪同投案、送其投案。由于醉驾案件一般在公安机关交通管理部门例行检查时案发，或者在发生交通事故后因当事人、群众报警而案发，故被告人主动、直接到司法机关投案自首的情形极少。对于公安机关例行检查的，即使犯罪嫌疑人在被公安人员询问、呼气酒精检查之前主动交代醉酒驾驶的，也不构成自首。因为在此种情形下，虽然犯罪嫌疑人的交代具有一定的主动性，但其归案具有被动性，即使其不主动交代，公安人员通过检查也能发现其醉驾的犯罪事实，故应当认定为坦白。对于报警后案发的，具体区分为两种情况：一种情况是发生交通事故后，犯罪嫌疑人主动报警，这属于典型的自动投案。另一种情况是他人报警。对于他人报警的，犯罪嫌疑人在明知他人报警的情况下，仍自愿留在现场等候警方处理，即"能逃而不逃"，且无拒捕行为的，才能视为自动投案。如果犯罪嫌疑人根本不知道他人已经报警而留在现场，或者在得知他人报警后欲逃离现场，但因对方当事人控制或者群众围堵而被动留在现场的，则不能认定为自动投案。犯罪嫌疑人得知他人报警后逃离现场，事后迫于压力又主动到公安机关交代犯罪事实的，可以认定为自动投案。被告人黄建忠在得知对方当事人报警后，在人身未受到控制情况下选择了不逃离现场，自愿留在现场等候警方处理，属于典型的"能逃而不逃"情形，应当认定为"自动投案"。

所谓主要犯罪事实，是指对认定犯罪嫌疑人的行为性质有决定意义的事实、情节（即基本犯罪构成事实）以及对量刑有重大影响的事实、情节

（即重大量刑事实）。对于醉驾型危险驾驶案件，基本构成要件事实包括：在驾车之前是否饮酒；是否驾车上路行驶；驾驶何种车型。其中，是否饮酒是最基本的构成事实，不管犯罪嫌疑人是在见到公安人员后主动交代饮酒事实，还是在公安人员根据其精神状态怀疑其饮酒并对其进行讯问时承认饮酒事实，均属于如实供述自己的罪行。如果犯罪嫌疑人虽然承认饮酒的事实，但不配合甚至采取暴力手段抗拒对其进行呼气酒精含量测试或者血样收集的，不能成立"如实供述自己的罪行"。还有的犯罪嫌疑人在交通肇事后逃逸，待血液中酒精含量极低或者检不出酒精含量后才投案，并否认醉酒驾驶，只承认自己是肇事者，亦不属于"如实供述自己的罪行"。被告人黄建忠在公安人员到来后，主动交代其在驾车前饮酒的事实，并配合公安人员对其进行呼气酒精含量测试和抽取血样，应当认定其如实供述自己的罪行。［No. 2-133 之一-9　黄建忠危险驾驶案］

△内幕交易案件中，行为人在主动向证券稽查部门反映情况并提供自己的联系方式，自愿等候有关部门处理的，应认定为自动投案。

在内幕交易案件中，由于系先由证券监管部门调查，故行为人一般先向证券监管部门投案，如果行为人预留联系方式，并在预留地址自愿等候有关部门处理的，比照《最高人民法院关于处理自首和立功若干具体问题的意见》第一条中关于"明知他人报案而在现场等待"的规定，应当认定行为人系主动投案。行为人在自愿等候有关部门处理的过程中，被公安抓获到案不影响自动投案的认定。原因在于内幕交易犯罪往往由证券监管部门先行调查，监管部门依照调查结论作出行政处罚或者移送司法机关处理。行为人在等候处理过程中一般也无法确知调查进展情况，更无从知晓案件是否移送到公安机关。在行为人无法准确了解何时需要向公安机关投案的情况下，不能因部门之间的协调程序影响对行为人自动投案的认定。从自首的立法价值分析，立法者设置自首制度的目的在于减少司法机关的追诉负担和司法成本、有效实现刑罚预防犯罪的功能。如果行为人能向司法机关自动投案如实供述，将大大提高司法机关侦破案件的效率。行为人在公安机关介入之前即主动向有关部门主动投案，并在家中等候处理，证券监管部门依照行为人供述的内容进行调查、取证，必然减轻司法机关调查、取证的负担，也必定节约司法成本。因此，从这一角度分析，行为人向证券监管部门主动投案已实现自首制度中主动投案的立法价值。

被告人杨治山主动找到证券监管部门反映自己的涉案情况，预留了自己的联系方式和住所地址，并在上述地址等候有关部门处理，后经公安机关上门传唤到案，依法可以视为主动投案。［No. 3-4-180（1）-12　杨治山内幕交易案］

△内幕交易案件中，行为人关于其购买股票主要是基于自身专业知识判断的辩解属于性质辩解而非事实辩解，不影响对自首的认定。

内幕交易犯罪是一种典型的行政犯，由于证券期货违法犯罪所涉专业性较强，人民法院通常是在参考证券监管部门出具的相关认定意见的基础上认定犯罪事实。然而，证券监管部门的认定意见本身不属于内幕交易犯罪本身的事实和情节，行为人对该认定意见进行辩解或者持不同看法，不影响对其如实供述罪行的认定。行为人只要如实供述了其获悉内幕信息、从事了相关股票交易的事实，就基本可以认定其如实供述了主要罪行。内幕交易犯罪相关司法解释明确规定了对获悉内幕信息和购买股票行为之间因果联系的认定规则，行为人对这种因果联系的辩解，在本质上属于一种性质辩解，而并非事实辩解。故即使行为人作出其购买股票主要是基于专业判断的辩解，只要其如实供述犯罪事实，也不影响对其如实供述罪行的认定。

在杨治山内幕交易案中，杨治山在证券稽查阶段，说明自己系相关上市公司独立董事等身份，也交代了其知晓涉案上市公司资产重组的信息，并主动交代了其通过第三人账户购买涉案股票1499万余元的事实。后在公安机关侦查阶段，到案后亦如实供述了主要犯罪事实，故依法可以认定杨治山具有自首情节。杨治山关于其购买股票主要是基于自身专业知识判断的辩解，属于对其行为性质的辩解，不影响对自首情节的认定。［No. 3-4-180（1）-13　杨治山内幕交易案］

△如实供述自己的罪行不仅要求行为人如实供述客观行为，还要求如实供述犯罪时的主观心态。行为人对于主观心态的辩解是否影响如实供述的成立，应当根据其是否改变或否定依照在案证据认定的案件事实为标准。

"如实供述"，顾名思义，是指实事求是地、客观地供述犯罪事实。如实供述自己的罪行，要求行为人真实、完整地交代自己的主要犯罪事实。具体包括三层含义：其一，行为人供述的内容应当是犯罪事实。其二，行为人供述的内容应当是本人的犯罪事实，即是由行为人自己实施，并由其自己承担刑事责任的罪行（共同犯罪中还包括其知道的共同犯罪人的犯罪事实）。其三，行为人供述的内容应当是主要犯罪事实。如果行为人只交代自己次要的犯罪事实而回避主要犯罪事实，则不

总则　第四章

能认定为“如实供述”。司法实践中,“如实供述”的认定是一个非常复杂的问题。如对行为人将故意杀人辩解为过失致人死亡的情形,因为罪过的形式和内容有巨大反差(将故意辩解为过失),一般认定行为人没有如实供述主要犯罪事实没有争议。但在行为人承认其罪过形式是故意,辩称只是伤害故意,而没有杀人故意的情况下,对这种将重罪故意辩解为轻罪故意的情形,是否认定为如实供述主要犯罪事实存在一定分歧。

虽然《最高人民法院关于处理自首和立功若干具体问题的意见》以“真实情况”来解释“如实”,但“真实情况”的表述仍然过于模糊。对此,笔者认为,“如实供述”的认定虽然是刑事实体法要研究的问题,但犯罪事实的认定和定罪量刑必须依靠《刑事诉讼法》解决,脱离案件证据和程序规范,对“如实供述”的认定就会陷入纯理论探讨的泥沼。因此,“如实供述”的判断应当以根据在案证据查明的案件事实为认定标准。限于人的认识能力、认识水平以及客观实际,绝对的犯罪客观真实是无法复原的,但依照法定程序,通过在案证据“重现”的犯罪事实,就应当视为案件事实。

具体到对行为人主观心态的认定上,笔者认为,应当按照主客观相统一原则把握行为人是否“如实供述”犯罪主观心态,即以行为人对主观心态的辩解是否改变或者否定依照在案证据认定的案件事实为标准:如果行为人的辩解具有合理的根据,能够成立,或者不能被在案证据排除的,就属于没有改变或者否定案件事实,不影响“如实供述”的成立;反之,则影响“如实供述”的成立。对于上述将重罪故意辩解为轻罪故意的情形,可以通过这个标准来分析行为人对主观心态的辩解是否影响“如实供述”的成立:根据行为人和被害人的关系(是否有矛盾,矛盾大小)、行为人作案时的行为表现(是否扬言杀人,是否追杀)、被害人的创口部位(要害部位还是非要害部位)、创口数量(多处创口还是一处创口)、行为人作案后的态度(是否有抢救被害人的行为)等在案证据证实的情节,若在案证据足以认定行为人实施的是重罪故意行为,则行为人的辩解不能成立,不能认定其构成自首;反之,若在案证据不能认定行为人实施了重罪故意行为,或者不能排除其有实施轻罪故意行为可能的,则应当认定行为人的辩解成立,认定其构成自首。

被告人冯维达自动投案后供述的犯罪事实有以下变化:其首次供述不承认驾车转弯是为了追赶被害人,在整个侦查阶段否认两次撞击被害人的摩托车,且至二审庭审均否认有撞击被害人摩托车的主观故意,辩称撞击前踩了刹车但没刹住,是不小心撞到了摩托车。但同案被告人周峰的供述、多名目击证人的证言及监控录像均证实,冯维达在看到二被害人后即驾车追赶,两次撞击被害人驾乘的摩托车;交通事故勘查笔录亦证实,冯维达作案时所驾凯迪拉克轿车的制动痕迹开始于撞击点(说明撞击前没有刹车),而技术验证报告证实,该辆凯迪拉克轿车的制动性能正常,证明冯维达所提“撞击前踩了刹车但没刹住”的辩解不能成立。上述在案证据足以证明冯维达是故意撞击被害人的摩托车,其是精神和智力正常的成年人,对驾驶轿车高速撞击两轮摩托车可能造成被害人死亡这一结果是明知的,至少有放任被害人死亡的故意。因此,冯维达一直否认有故意杀人的主观心态与庭审查明的案件事实不符,其对主观心态的辩解(将故意辩解为过失)已经达到了否定案件事实的程度,属于未如实供述自己的主要犯罪事实,二审认定其不能构成自首是正确的。[No. 4-232-97　冯维达、周峰故意杀人案]

△自动投案包括确已准备去投案,行为人必须为投案进行了安排或筹划,才能认定存在准备去投案。

《最高人民法院关于处理自首和立功具体应用法律若干问题的解释》第一条对自动投案作了扩大化解释。根据该条规定,经查实确已准备去投案,或者正在投案途中,被公安机关捕获的,也应当视为自动投案。

“准备去投案”需要一定的行为予以体现。在该情形中,行为人虽然尚未实施直接的、实际的投案行为,但并不意味着行为人不实施任何行为。“准备去投案”不仅是一种心理活动,行为人还必须为投案进行了“安排或筹划”。而“安排或筹划”必须通过行为人实施一定的行为得以体现,因为抽象的心理活动不仅没有法律意义,在客观上也无法查实。只有具体的、现实的行为才能够成为“准备去投案”的证据,如正在实施了解投案对象或者场所路线、为投案准备交通工具等行为时被抓获,这些情况一经查实,即可认定为“准备去投案”。

犯罪嫌疑人确曾为投案实施了一定的准备行为,但是准备的时间与被抓获的时间间隔较长,行为人犹豫不决,迟迟不实施实质的投案行为,甚至在准备投案之后反悔。笔者认为,这种情况不能认定为“确已准备去投案”。因为《最高人民法院关于处理自首和立功具体应用法律若干问题的解释》将“确已准备去投案”规定为“自动投案”的一种情形,主要是考虑到可能存在犯罪嫌疑人确实已经实施了投案的准备行为,但尚未直接投案时就被抓获的情况,即只是因为准备投案的行为与抓捕行为之间存在巧合,导致犯罪嫌疑人未能按照自己的设想完成投案行为。在该情况下,归案并不违背犯罪嫌疑人的真实意愿。质言之,“确已准备去投案”具备自动投案内在要求的主动性。相反,如果犯罪嫌疑人在准备投案之后犹豫不决,迟迟不实施投案行为,表明其心理上尚未准备好自动投案,甚至在心理上发生变化,由最初的自愿投案变成不愿投案,从而失去了自动投案的主动性。因此,在司法实践中有必要严格区分“确曾准备”与“确已准备”。从时间进程分析,“确曾准备”阻断了投案的自动性,因而不能认定为自动投案。

在赵新正故意杀人案中,赵新正及其辩护人认为赵新正准备去投案的最重要的依据是2009年12月3日晚6时许公安机关抓获赵新正时,从赵新正身上提取到的一份其被抓获前两日书写的投案自首情况说明。从有利于被告人的原则出发,从被告人身上提取到这类材料一般不仅可以认定被告人在归案前曾流露出投案自首的意图,而且这种意思表示并未停留在心理活动,而是以一种现实有形的、以文字的书面形式表达出来的,如果没有相反证据证明该意图的虚假性,一般宜认定属于“确已准备去投案”的情形。然而,从具体个案出发,赵新正的行为不能认定为“确已准备去投案”。

首先,证人徐德仓(赵新正的朋友)的证言证实赵新正没有自首的意愿。而且从赵新正身上提取的投案自首情况说明的落款时间是2009年12月1日,但其在12月3日被抓获前仍在实施转移财产的行为。由此表明,即使赵新正在书写该自首材料时确曾有投案的意图,但其投案的自动性也已经因其随后的行为而中断。

其次,陕西省渭南市公安局高新区分局的侦查人员李进荣和孙亚莉出具的情况说明证实,赵新正没有主动投案的意愿。2009年12月3日凌晨3时至4时许,孙亚莉在看管赵新正的妻子时,赵新正给其妻子打电话,孙亚莉和李进荣多次敦促赵新正投案,而赵新正谎称自己在外地,两三天后回渭南自首,随后便将手机关机。赵新正对此情节一直供认,并在庭审中供称是为了拖延时间,因为还有转让财产之事没有处理完,不想让公安人员知道其行踪。上述证据证实,赵新正在书写投案自首情况说明之后的两天时间,不但未实施任何准备投案的行为,相反,在公安人员多次敦促下,还隐瞒真相,并争取时间转移财产。由此,足以证明其被抓获时没有投案自首的意图。[No. 4-232-91　赵新正故意杀人案]

△犯罪后主动报警投案,等待抓捕期间又实施犯罪的,不认定为自首。

主动报警表示投案,等待抓捕期间又实施犯罪的,大致包括以下四种情形。前三种情形,理论界和实务界已达成共识,均认为不构成自首,关键是第四种情形是否构成自首,还存在一定的争议。

第一种情形,后罪与所自首之罪属于同一罪行的不同阶段的,不能认定为自首。这种情形,所自首之罪没有结束,其投案的行为或者意思表示充其量是其对先前罪行的事先通告,而不能认定是自动投案的表现,不能认定为自首。

第二种情形,后罪与所自首之罪属于同种罪行的,不能认定为自首。根据《最高人民法院关于处理自首和立功具体应用法律若干问题的解释》的规定,被采取强制措施的犯罪嫌疑人、被告人和已宣判的罪犯,如实供述司法机关尚未掌握的罪行,与司法机关已掌握的或者判决确定的罪行属同种罪行的,可以酌情从轻处罚,但不以自首论。这一规定表明,同种数罪的自首异于异种数罪的自首。同理,在又犯新罪的情况下,犯罪嫌疑人被公安机关抓获可能与其之前的投案无关,那么其之前的投案并如实供述罪行只能看作供述同种余罪。

第三种情形,后罪与所自首之罪虽然属于不同罪名,但两罪之间存在密切关联的,不能认定为自首。根据《最高人民法院关于处理自首和立功若干具体问题的意见》第三条的规定,是否属于同种罪行,一般应以罪名区分,但如实供述的犯罪与司法机关已经掌握的犯罪属选择性罪名或者在法律、事实上密切关联,仍应认定为同种罪行。如犯罪嫌疑人实施强奸后报警,在等候抓捕过程中又杀死被害人的;或者犯罪嫌疑人在投案途中威胁证人,又构成妨害作证罪的,虽然前罪、后罪并非同种罪行,但两罪之间在事实、法律上密切关联,其投案行为也不能认定为自首。

第四种情形,后罪与所自首之罪不属同种罪行,且两罪在事实上、法律上无密切关联。

笔者认为,对于第四种情形能否认定成立自首,主要应当从时间条件上进行认定。自动投案的时间性要求意味着犯罪嫌疑人一旦实施了投案的行为,就不能继续实施犯罪。如果犯罪嫌疑人在其打电话表示投案后,还继续实施犯罪,表明其主观上并未彻底放弃和终止继续犯罪的意图,缺乏自愿将自己置于司法机关的控制之下接受审查和裁判的主观意愿,不属于自动投案,不具备自首的本质特征,不构成自首。

在李国仁故意杀人案中,李国仁在打电话报警后,仍持刀砍击来人头部,表明其在主观上没有放弃继续犯罪的念头,客观上也造成了抓捕民警轻伤的危害后果,其行为是之前故意杀人犯罪的继续,故其打电话投案的行为不能认定为自动投案。

一般认为,自首的本质是犯罪嫌疑人在犯罪后能够主动将自己交付国家追诉,具有主动性和自愿性。《最高人民法院关于处理自首和立功具体应用法律若干问题的解释》和《最高人民法院关于处理自首和立功若干具体问题的意见》对自动投案的规定也体现了这一要求。如前述意见规定,对犯罪嫌疑人被亲友采用捆绑等手段送到司法机关的不认定自首,就在于其投案不符合犯罪嫌疑人的意愿;而对于明知他人报案而在现场等待,抓捕时无拒捕行为的认定为自首,就在于其投案符合犯罪嫌疑人的意愿。因此,在实践中,认定犯罪嫌疑人是否属于自动投案,不仅要看其是否有投案的意思表示和行为,还要看其投案行为是否符合其真实意愿。对于投案符合犯罪嫌疑人真实意愿的,即使其没有明确的投案行为,但其行为符合《最高人民法院关于处理自首和立功具体应用法律若干问题的解释》《最高人民法院关于处理自首和立功若干具体问题的意见》的规定情形,也应当认定其属于自动投案,构成自首;相反,投案不符合犯罪嫌疑人的真实意愿,即使其实施了投案的行为,也不能认定为自首。

需要注意的是,认定犯罪嫌疑人是否具有投案的主动性、自愿性,要结合其在等待抓捕期间的具体行为来判断和认定。本案中,被告人李国仁在打电话报警后躲在自家门后,实施了持刀砍民警的行为,尽管其主观上错误地将抓捕民警误以为是被害人的亲属,但即使来人是被害人的亲属,也存在两种可能:如果被害人的亲属是配合公安人员实施抓捕的,被告人的行为仍然属于抗拒抓捕,不构成自首;如果被害人的亲属前来是为了实施报复,被告人也只有在其权利遭受正在进行的不法侵害时才能实施防卫。而李国仁却是在还没有看清来人是谁的情况下就实施了持刀砍击行为,表明其行为不具有防卫性质,主观上没有束手就擒的意愿,其电话报警后又实施与报警所涉之罪系同种罪行或者存在密切关联的罪行,表明其不具备自动投案的主动性和自愿性,不构成自首。

[No. 4-232-93 李国仁故意杀人案]

△共同犯罪案件中,犯罪嫌疑人在其他同案犯供述后被迫如实供述,且未供述主要犯罪事实的,不成立自首。

在喻春等故意杀人案中,喻威是否如实供述主要犯罪事实,可以从以下几个方面进行分析:

1. 从所交代事实对定罪量刑的影响认定被告人是否如实供述主要犯罪事实。

犯罪事实既包括定罪事实,也包括量刑事实。对于犯罪事实是否属于主要犯罪事实的认定,除了要看该犯罪事实是否属于犯罪构成事实,还要看该犯罪事实是否对量刑产生重要影响。在涉自首认定的案件中,主要犯罪事实的认定事关犯罪嫌疑人、被告人是否具有自首的认定,因此有必要探讨。《最高人民法院关于处理自首和立功若干具体问题的意见》第二条规定:“犯罪嫌疑人多次实施同种罪行的,应当综合考虑已交代的犯罪事实与未交代的犯罪事实的危害程度,决定是否认定为如实供述主要犯罪事实。虽然投案后没有交代全部犯罪事实,但如实交代的犯罪情节重于未交代的犯罪情节,或者如实交代的犯罪数额多于未交代的犯罪数额,一般应认定为如实供述自己的主要犯罪事实。”参考这一规定,笔者认为,一般应当根据犯罪嫌疑人、被告人所供述的犯罪事实对定罪量刑的影响程度,区分出主要犯罪事实和次要犯罪事实。如果无法区分犯罪嫌疑人、被告人已交代的犯罪事实与未交代的犯罪事实的主次,或者未交代的犯罪事实对定罪量刑的影响明显大于已交代的犯罪事实,则不应认定犯罪嫌疑人、被告人如实供述了主要犯罪事实。本案中,在确认被害人桑山的刀伤并非被告人余自兵所砍的前提下,意味着被告人喻春、喻威必定有一人砍到过被害人。而砍到过被害人的犯罪事实对量刑的影响明显大于准备砍击或者实施砍击但未砍到的犯罪事实。因此,喻威仅交代其拽住被害人的脖子让余自兵砍,虽持刀准备砍击但未砍到的行为,不能认定其如实供述了主要犯罪事实。

2. 从交代同案犯关联事实的程度分析被告人是否如实供述主要犯罪事实。认定共同犯罪人的自首,关键在于准确把握共同犯罪人“自己的罪行”的范围。《最高人民法院关于处理自首和立功具体应用法律若干问题的解释》第一条规定,“共同犯罪案件中的犯罪嫌疑人,除如实供述自己的罪行,还应当供述所知的同案犯,主犯则应当供述所知其他同案的共同犯罪事实,才能认定为自首”。即共同犯罪人自首时,除了交代自己所犯的罪行外,还需交代其所知的同案犯实施的共同犯罪事实。各种共同犯罪人自首时所供述的罪行范围,与其在共同犯罪中所起的作用和具体分工是相适应的,这是由共同犯罪的特性与自首的性质决定的。

本案能够排除三被告人以外其他人作案,且喻威自始参加行凶全过程,是积极组织、参与本次殴斗的成员,喻威应当能够证明喻春是否行凶。喻威既不供述自己对桑山实施过砍击行为,也不供述其父对桑山实施过砍击行为,而只是一口咬定其没有看到,并把相关罪责都推到余自兵身上。这种行为实质上是为了侧面反驳起诉书对其父亲的指控。虽然中国历来具有"亲亲相隐"的传统,修改后的《刑事诉讼法》也明确规定父母、配偶、子女具有强制到庭的豁免权,但这些传统和法律规定,仅表明不能因为犯罪嫌疑人、被告人不交代其亲属犯罪事实或者不到庭指证其亲属犯罪事实,就对其从重处罚,而不意味着不交代其亲属犯罪事实或者不到庭指证其亲属犯罪事实还能具备法定从宽处罚的条件。据此,笔者认为,喻威没有供述同案犯的主要犯罪事实。

3. 从如实供述的时间节点分析被告人是否如实供述主要犯罪事实。刑法设立自首的初衷在于,鼓励犯罪嫌疑人或者被告人(限于准自首情形)认罪、悔罪,真正将自己主动交付于司法机关监管。从"如实供述自己罪行"的相关规定看,的确没有对如实供述的时间节点进行明确规定,然而,如实供述的时间节点能够体现出供述者是否具有将其主动交付于司法机关监管的意愿。换言之,如果犯罪嫌疑人如实供述的时间节点是在其他同案犯已作相关供述之后,其是被迫作出如实供述的,那么其在实质上就不具有主动将自己交付于司法机关监管的意愿,不符合自首制度设立的初衷,故不能认定构成自首。本案中,喻威一到案即供述了其和其父参与了与被害人桑山殴斗的犯罪事实,但是没有供述其纠集余自兵参与殴斗的犯罪事实。直到余自兵到案后交代了其受喻威纠集才参与殴斗的犯罪事实,喻威才供述了自己纠集余自兵的行为。可见,喻威在纠集余自兵的问题上避重就轻,且将造成被害人桑山死亡的砍击行为推卸给余自兵,反映出其具有逃避法律追究的主观心态,不符合自首的设立精神,故对此情形下的如实供述,一般不能认定为如实供述了主要犯罪事实。综上,上海市第二中级人民法院认定被告人喻威不具有自首情节是正确的,对其判罚体现了罪责刑相适应原则。[No. 4-232-96 喻春等故意杀人案]

△被采取强制措施期间,所供述的不同余罪已为司法机关掌握的,不成立自首。

对于在被采取强制措施期间,如实供述司法机关尚未掌握的本人其他罪行的情况,理论界一般称为余罪自首。对于余罪自首的认定,应当从以下三个方面进行审查:

第一,必须是如实供述余罪。《最高人民法院关于处理自首和立功若干具体问题的意见》规定,如实供述自己的罪行,"除供述自己的主要犯罪事实外,还应包括姓名、年龄、职业、住址、前科等情况"。该规定要求行为人不仅要供述所犯余罪罪行,还要交代其真实身份。对于隐瞒自己的真实身份等情况,影响对其定罪量刑的,不能认定为如实供述自己的罪行。被告人孟令廷因故意伤害被公安机关刑事拘留,在羁押期间不仅主动向公安机关交代了自己故意杀人的罪行,还如实供述了自己的真实身份,即之前是冒用其弟"孟令敏"的姓名等身份情况,其真实身份是孟令廷。

第二,所供余罪必须是本人的其他罪行,与所犯新罪不属于选择性罪名或者不存在事实、法律上的关联。《最高人民法院关于处理自首和立功具体应用法律若干问题的解释》第二条规定,"被采取强制措施的犯罪嫌疑人、被告人和已宣判的罪犯,如实供述司法机关尚未掌握的罪行,与司法机关已掌握的或者判决确定的罪行属不同种罪行的,以自首论"。《最高人民法院关于处理自首和立功若干具体问题的意见》对"不同种罪行"的认定又作了进一步规定:"犯罪嫌疑人、被告人在被采取强制措施期间如实供述本人其他罪行,该罪行与司法机关已掌握的罪行属同种罪行还是不同种罪行,一般应以罪名区分。虽然如实供述的其他罪行的罪名与司法机关已掌握犯罪的罪名不同,但如实供述的其他犯罪与司法机关已掌握的犯罪属选择性罪名或者在法律、事实上密切关联……应认定为同种罪行。"虽然孟令廷如实供述的故意杀人犯罪与司法机关已掌握的故意伤害犯罪,犯罪事实均系孟令廷因与被害人产生矛盾后,持菜刀砍击被害人,但两者分属不同罪名,且不存在法律或事实上的关联,属于不同种罪行。

第三,所供述余罪必须为司法机关所掌握。对何为"司法机关还未掌握的本人其他罪行",《最高人民法院关于处理自首和立功若干具体问题的意见》规定,"犯罪嫌疑人、被告人在被采取强制措施期间,向司法机关主动如实供述本人的其他罪行,该罪行能否认定为司法机关已掌握,应根据不同情形区别对待。如果该罪行已被通缉,一般应以该司法机关是否在通缉令发布范围内作出判断,不在通缉令发布范围内的,应当认定为还未掌握,在通缉令发布范围内的,应视为已掌握;如果该罪行已录入全国公安信息网络在逃人员信息数据库,应视为已掌握。如果该罪行未被通缉、也未录入全国公安信息网络在逃人员信息数据库,应以该司法机关是否已实际掌握该罪行为标准"。需要指出的是,该条意见针对的是行为人身份信息明确的情形。如果行为人潜逃期间或者因新罪到案后为掩盖漏罪或者前科,长期使用化名或者自报虚假身份,即便该行为人被公安机关上网通缉,该余罪亦难以为司法机关所掌握。因此,不能简单以"是否在司法机关通缉令发布范围内”或“该罪行是否录入全国公安信息网络在逃人员信息数据库”作为司法机关是否掌握的标准,而应本着实事求是、具体情况具体分析的态度审查判断,不宜搞“一刀切”。认定司机机关是否掌握余罪罪行,既不能把握得过窄,影响行为人交代余罪的积极性,又不能放得过宽,导致行为人借助余罪自首减轻罪责。对于行为人采用化名的情形,司法审判中应当综合审查在案证据,结合公安机关的侦查惯例等情况,具体分析司法机关有无掌握其余罪的条件与可能,对于行为人外逃后长期使用化名,司法机关对其真实身份的查证又无其他任何线索的,如果行为人因实施其他犯罪到案后如实交代真实身份信息及所犯余罪,可以认定构成余罪自首。如果司法机关有明确、清晰的查证身份线索,不宜认定行为人对余罪构成自首。

就孟令廷故意杀人、故意伤害案而言,首先,根据公安机关出具的《在逃人员登记/撤销表》及协查通报,被告人孟令廷因故意杀人逃跑后,公安机关于 1997 年 10 月 7 日向各地公安机关、看守所等发布了抓捕孟令廷的协查通报;于 2002 年 4 月 1 日又在全国范围内对孟令廷上网追逃。虽然孟令廷在廊坊市公安局看守所羁押期间,如实供述了自己的杀人罪行,但公安机关具备了解和掌握其所犯余罪的客观条件和正规途径。其次,孟令廷使用“孟令敏”的化名已有数年,并以“孟令敏”的身份信息伪造了身份证。公安机关在孟令廷主动交代前,并不掌握其真实身份信息,但孟令廷所持有的第一、二代身份证,均系伪造且被公安机关起获,其冒充他人身份信息的情况已露出破绽。同时,孟令廷冒充的是其弟“孟令敏”的身份信息,根据公安机关侦查惯例,公安人员按照正常的工作程序,在调取“孟令敏”的户籍材料,查证行为人与“孟令敏”身份关系的活动中,亦能了解孟令廷的真实身份及所犯余罪罪行。由此可见,孟令廷使用“孟令敏”的化名,对公安机关掌握其余罪罪行并不构成实质障碍。故孟令廷在廊坊市公安局看守所羁押期间,如实供述自己真实身份及杀人罪行的行为不符合“如实供述司法机关还未掌握的本人其他罪行”的规定,不应认定为自首。[No. 4-234-51　孟令廷故意杀人、故意伤害案]

△强制猥亵妇女罪与猥亵儿童罪为同种罪行,因强制猥亵妇女罪而被采取强制措施的犯罪嫌疑人到案后如实供述司法机关尚未掌握的猥亵儿童罪的犯罪事实,不成立自首。①

《最高人民法院关于处理自首和立功具体应用法律若干问题的解释》第二条规定,“被采取强制措施的犯罪嫌疑人、被告人和已宣判的罪犯,如实供述司法机关尚未掌握的罪行,与司法机关已掌握的或者判决确定的罪行属不同种罪行的,以自首论”。第四条规定:“被采取强制措施的犯罪嫌疑人、被告人和已宣判的罪犯,如实供述司法机关尚未掌握的罪行,与司法机关已掌握的或者判决确定的罪行属同种罪行的,可以酌情从轻处罚;如实供述的同种罪行较重的,一般应当从轻处罚。”实践中对哪些罪行属于同种罪行,存在不同认识。根据 2010 年《最高人民法院关于处理自首和立功若干具体问题的意见》的规定,“同种罪行”包括三种情况:罪名相同的罪行、属于同一选择性罪名的罪行以及法律或者事实上密切关联的罪行。

强制猥亵妇女罪与猥亵儿童罪罪名不同,也不属于选择性罪名,但是两种犯罪在法律上、事实上均具有密切关联,可以视为同种罪行。具体理由是:第一,强制猥亵妇女罪与猥亵儿童罪在法律上具有密切关联。强制猥亵妇女罪与猥亵儿童罪在客观方面均包含违背被害人意志,采用抠摸、搂抱、手淫、鸡奸等淫秽下流手段进行猥亵等行为。构成猥亵儿童罪虽然不要求行为人采用暴力、胁迫手段,但实践中对陌生儿童进行猥亵时往往也会采取一定的暴力、胁迫手段。从主观方面看,两罪均有满足不正常性欲的动机,行为人受性欲驱动对女性被害人实施猥亵时,往往对被害人是否属于幼女不加以区分,只要能满足其性欲即可。第二,强制猥亵妇女罪与猥亵儿童罪在事实上具有密切关联。在某些猥亵犯罪中行为人基于满足特殊性需求,犯罪易于得逞等考虑,随机选择某一年龄段的陌生被害人作案,其对被害人的年龄只有大致的判断。对于行为人而言,先后对两名十几岁的年幼女性实施猥亵,其犯罪手段以及犯罪目的是没有差别的,即使因被害人不满或者超过 14 周岁而分别构成强制猥亵妇女罪、猥亵儿童罪,仍然是两起性质基本相同的事实。

被告人杜周兵在近五年的时间里,在同一地区多次采取路边拦截、跟随被害人进入其住处等方式,使用暴力、胁迫手段对多名妇女、儿童强行抚摸胸部、阴部等部位实施猥亵。杜周兵选择的作案目标,基本都是年龄较小、反抗能力较弱的女性,至于被害人是否属于幼女,并不影响其实施犯

① 虽然《刑法修正案(九)》已经将“强制猥亵妇女罪”修改为“强制猥亵罪”,但由于该判决发生在《刑法修正案(九)》生效之前,此处仍然保留判决所使用的罪名。

罪计划。杜周兵所犯强制猥亵妇女罪和猥亵儿童罪在实施的时间、地点、对象及手段上具有连贯性和一致性,属于在法律、事实上有密切关联的同种罪行,故人民法院认定杜周兵对猥亵儿童罪不构成自首是正确的。[No. 4-237-2　杜周兵强奸、强制猥亵妇女、猥亵儿童案]

△公安机关确定犯罪嫌疑人并以其他名义通知其到案后,如实供述犯罪事实的,不成立自动投案。

自首构成的条件有两项:一是要自动投案;二是要如实供述犯罪事实。自动投案分为两种类型:第一种是典型的自动投案,实践中又称"亲投";第二种是视为自动投案的情形,实践中常称为"代投""陪投""托投""送投"等十二种情形。典型的自动投案,是指《最高人民法院关于处理自首和立功具体应用法律若干问题的解释》第一条规定的"犯罪事实或者犯罪嫌疑人未被司法机关发觉,或者虽被发觉,但犯罪嫌疑人尚未受到讯问、未被采取强制措施时,主动、直接向公安机关、人民检察院或者人民法院投案"。典型的自动投案应当具备以下三个条件:一是时间上,行为人的归案时间必须符合法律规定;二是主观上,行为人的归案必须具有主动性、自愿性;三是客观上,行为人的归案必须是直接归案,而不是间接归案。

从时间条件分析,徐凤的行为符合典型自动投案的时间特征。徐凤抢劫案发生后,被害人葛兰芬已报案,公安人员在犯罪现场调取到了被告人徐凤的唾液样品,从而将其确定为犯罪嫌疑人,因此,徐凤到案时,显然不符合"亲投"中"犯罪未被发觉或者犯罪嫌疑人未被发觉"的前两种情形。但徐凤到案时,并未受到讯问,也未被采取强制措施,在接到公安机关让其接受尿检的通知时,其完全可以拒绝前往或者选择潜逃,因此,徐凤的行为符合典型自动投案的时间特征。

从主观条件分析,徐凤的行为不具有典型自动投案的主动性和自愿性。主动性、自愿性是自动投案的本质特征。实践中,对犯罪嫌疑人是否具有投案的主动性和自愿性,需要根据其客观行为与外在表现综合分析认定。通常情况下,客观行为与主观意愿是相统一的,犯罪嫌疑人主动自愿认罪的主观意愿会促使其主动到案;同样,主动到案的客观行为也可以反映出犯罪嫌疑人认罪悔罪、自愿接受法律惩罚的主观意愿。本案中,徐凤之所以去公安机关,并非因其主观上有认罪、悔罪的意愿,而是公安机关在掌握一定证据后,将其确定为犯罪嫌疑人,并以吸毒人员需要定期尿检为名通知其到公安机关接受检测的。吸毒人员定期接受尿检,是公安机关管理吸毒人员的一项重要措施,具有一定的强制性。徐凤接到通知后到达公安机关接受尿检前,并不知晓其犯罪事实已经暴露,其自行前往公安机关的目的是接受尿检,并非是因犯罪后萌生了悔罪心理,也没有接受法律惩罚的意愿。因此,徐凤前往公安机关的行为没有体现出其主观上有投案的主动性和自愿性。

从客观条件分析,徐凤的行为不具备典型自动投案的直接性。投案的直接性分三层含义:一是指行为人到案的目的就是要向司法机关认罪,而非试图打探案情或者麻痹司法机关以消除怀疑等;二是指行为人前往到案的直接对象就是公安机关、人民检察院、人民法院这三个机关,以此区别于行为人向其所在单位、城乡基层组织或者其他有关负责人员投案的情况;三是指行为人前往到案的行为必须是自己亲自、直接所为,而非是委托他人或间接所为,以区别于"送投""代投"等多种"视为自动投案"的情形。本案中,徐凤接到尿检通知后去公安机关,其目的都是接受尿检,而非向公安机关认罪,故其到案目的不具备直接性。

徐凤的行为不属于"视为自动投案"的十二种情形。根据《最高人民法院关于处理自首和立功具体应用法律若干问题的解释》第一条和《最高人民法院关于处理自首和立功若干具体问题的意见》第一条第一款的规定,视为自动投案的情形共有十二种,其中七种出自《最高人民法院关于处理自首和立功具体应用法律若干问题的解释》,一种出自后者。徐凤的行为显然不属于《最高人民法院关于处理自首和立功具体应用法律若干问题的解释》所涉七种情形中的任何一种情形,也不属于《最高人民法院关于处理自首和立功若干具体问题的意见》的第一、二种情形。以下仅就徐凤的行为是否符合前述意见的第三、四、五种情形进行分析。

《最高人民法院关于处理自首和立功若干具体问题的意见》规定的第三种情形要求犯罪嫌疑人主动交代罪行的行为必须发生在"司法机关未确定犯罪嫌疑人"时,而徐凤在其交代罪行前早已被公安机关锁定为犯罪嫌疑人,因此徐凤的行为不符合前述意见规定的第三种情形。

前述意见规定的第四种情形是因特定违法行为被采取劳动教养、行政拘留、司法拘留、强制隔离戒毒等行政、司法强制措施期间,主动向执行机关交代尚未被掌握的犯罪行为的。本案中,被害人葛兰芬苏醒后即报案,并向公安机关陈述了犯罪嫌疑人的外貌、年龄等,公安机关又从现场提取到留有徐凤唾液的餐巾纸,现场除了徐凤和葛兰芬的痕迹,无第三人参与作案的痕迹,公安机关遂将徐凤锁定为犯罪嫌疑人,并为了防止打草惊蛇

总则　第四章

而以吸毒人员需定期尿检为名通知徐凤到案。很显然,公安机关在给徐凤发出通知时,已经掌握了徐凤的基本犯罪事实。尽管徐凤到案后即供述主要犯罪事实,但因这些犯罪事实之前已被公安机关所掌握,故不符合前述意见规定的第四种情形。

前述意见规定的第五种情形是兜底情形。在实践中,对于兜底条款如何理解或把握,一直是一个难题。根据同类解释的规则,兜底条款作为在同一法律条文中的规定,其规定的行为的价值、特征与该条中其他条款规定的具体行为具有"相当性",即具有"本质一致性、行为相似性、功效等同性":一是兜底条款规定行为的本质特征应当与同条中其他条款明确列举行为的本质特征具有一致性;二是兜底条款规定行为的具体情节与同条中其他条款明确列举行为的具体情节具有相似性;三是兜底条款规定行为对社会产生的效应应当与同条中其他条款明确列举的行为的效应具有相当性。刑法设立自首制度的初衷有两个:一是鼓励犯罪人认罪悔罪,充分实现刑法对罪犯的惩罚与教育目的;二是节约司法资源,提高司法效率,尽可能地降低办案成本,从而实现刑法经济原则。基于这一立法原意,实践中要认定行为属于前述意见规定的第五种投案情形必须符合以下三个条件:一是行为必须具备自动投案的主动性和自愿性;二是行为与典型的自动投案及《最高人民法院关于处理自首和立功具体应用法律若干问题的解释》《最高人民法院关于处理自首和立功若干具体问题的意见》明确列举的前十一种视为自动投案的行为在具体情节上具有相似性;三是认定行为为自动投案与认定典型的自动投案或者将前十一种情形视为自动投案对实现立法初衷的意义相当。

本案中,徐凤并非出于投案的主动、自愿性,其如实供述犯罪,也是在其人身自由被公安机关实际控制的前提下作出的,因此其行为在主动性和自愿性上与典型的自动投案和前十一种视为自动投案的行为相比较,不具备"一致性";其到案后如实供述的情节,与典型的自动投案和前十一种视为自动投案的行为相比较,不具有"相似性";徐凤归案前,公安机关已经展开了一定深度的侦查,取得了犯罪嫌疑人留在现场的唾液样本,进行了DNA鉴定,并与吸毒人员DNA样本数据库进行了比对,确定了徐凤系犯罪嫌疑人,因此,徐凤的如实供述并没有为司法机关降低成本,与典型的自动投案和前十一种视为自动投案相比较,在对实现立法初衷的意义上不具有相当性。综合上述三点,徐凤的归案行为,既不属于十一种明确视为投案的情形,也不属于兜底条文中规定的"其他应当视为自动投案"的情形。[No. 5-263-132 徐凤抢劫案]

△被告人在一审庭审时对主要犯罪事实翻供的,不属于如实供述。

《最高人民法院关于处理自首和立功具体应用法律若干问题的解释》第一条规定,"如实供述自己的罪行,是指犯罪嫌疑人自动投案后,如实交代自己的主要犯罪事实……犯罪嫌疑人自动投案并如实供述自己的罪行后又翻供的,不能认定为自首,但在一审判决前又能如实供述的,应当认定为自首"。要正确理解上述规定,必须把握好以下三个概念:一是何为主要犯罪事实;二是何为翻供;三是翻供发生在什么阶段才会影响自首的成立。

一般而言,主要犯罪事实是指对犯罪嫌疑人行为性质的认定有决定意义的事实、情节(定罪事实)以及对量刑有重大影响的事实、情节(重大量刑事实)。实践中,对是否属于如实交代定罪事实的争议不大,但对是否属于如实交代重大量刑事实却屡有争议。其中,重大量刑事实主要是指对犯罪嫌疑人应适用的法定刑档次是否升格或降格具有重大影响的事实、情节,以及在总体危害程度上比其他部分事实、情节更大的事实、情节,即应区分已如实供述与未如实供述部分的严重程度。重大量刑事实既包括对犯罪嫌疑人加重或从重处罚的事实、情节,如犯罪嫌疑人持枪抢劫了财物后主动投案,交代系采用威胁的方法从被害人手中劫取了财物,未交代持枪抢劫的情节,因法律规定持枪抢劫系决定抢劫罪法定刑档次升格的情节,故该种情况下不能认定犯罪嫌疑人交代了重大量刑事实;也包括对犯罪嫌疑人减轻或从轻处罚的事实、情节,如防卫挑拨的情况,犯罪嫌疑人预谋杀死被害人,故意挑逗被害人对自己实施侵害行为,借机将被害人杀死,事后称自己系防卫过当,该种情况下犯罪嫌疑人隐瞒了其故意杀人的犯罪事实,而虚假供述防卫过当这一从轻情节,也属未如实交代重大量刑事实。被告人徐凤给被害人葛兰芬食用的蛋挞中是否预先投放过安眠药,是认定其随后取财行为构成抢劫罪还是盗窃罪的关键定罪事实。因此,其是否如实交代该部分事实,涉及是否认定其"如实交代自己的主要犯罪事实"。

从《最高人民法院关于处理自首和立功具体应用法律若干问题的解释》第一条的字面含义分析,本项所指的翻供,仅指用虚假的事实供述推翻先前真实的事实供述这一种情形(以下所讨论的翻供也仅针对此种情形的展开)。构成该种情形的翻供,须具备以下三个条件:(1)先前的供述为真。如果先前为虚假供述,那么后来的翻供无论

总则　第四章

真假，均不能构成自首。应注意的是，须以生效判决认定的事实来判断先前供述是否属实（如果再审改判的，则以再审后生效判决认定的事实为准）。(2)后面的供述为假。无论后面供述是无罪、罪轻的供述，还是有罪、罪重的供述，只要前面是真，后面为假，则均应认定为本情形的翻供。(3)翻供的内容须涉及主要犯罪事实，即指涉及定罪或重大量刑情节的事实等。概括起来可表述为："先前为真，后面为假，内容为主要犯罪事实。"符合上述三个条件的翻供，即可成立本条规定的翻供，对这种行为人，即使其有自动投案，也不能认定为自首。就本案而言，是否预先在被害人葛兰芬食用的蛋挞中投放过安眠药是本案的定罪事实。被告人徐凤最初供述了上述事实，但在一审庭审时翻供，而二审法院结合本案的其他证据，认定了该事实的存在（前述已对此简析）。据此，可以判定，徐凤最初承认投放过安眠药的供述是真，一审庭审时否认投放过安眠药的供述是假，该部分的供述是主要定罪事实。综上，徐凤在一审庭审时的供述属于对《最高人民法院关于处理自首和立功具体应用法律若干问题的解释》第一条的翻供。

影响自首成立的翻供时间必须是在第一次如实供述后至一审判决前的阶段。根据《最高人民法院关于处理自首和立功具体应用法律若干问题的解释》第一条的规定，法律对如实供述的时间作了两个节点规定：一是自动投案后作出过如实供述的时间节点，一般为第一次讯问时。除非因时间所限，第一次讯问未能完成对所有犯罪事实的讯问。这就需要认真审查第一次讯问笔录记载的时间与行为人到案时间的间隔。只有这样，才能体现节约司法资源的宗旨和降低行为人人身危险性的目的，实现自首制度的价值。二是如实供述后又翻供的时间节点为一审判决前。此处包含三层意思：第一层意思是，一审判决前的如实供述纳入是否如实供述的评价，一审判决后的供述不再纳入自首制度中如实供述的评价，但仍可以作为对其认罪态度的评价。第二层意思是，到案后即如实供述，一审判决前任何阶段翻供，只要在一审判决前又恢复如实供述的，仍可认定为自首制度中的如实供述。第三层意思是，一审判决前还未重新如实供述的，先前的如实供述以及此后的供述均不再认定为如实供述。本案被告人徐凤归案后，在侦查、起诉阶段一直如实供述主要犯罪事实，但在一审庭审时，对在被害人葛兰芬食用的蛋挞中是否预先投放过安眠药这一定罪事实翻供，且在一审判决前未恢复如实供述，故不应认定为自首。[No. 5-263-133　徐凤抢劫案]

△因一般违法行为而被采取强制措施期间，主动供述与违法行为性质相同的犯罪行为的，不视为自动投案，不成立自首。

2010年《最高人民法院关于处理自首和立功若干具体问题的意见》第一条规定增加了五类应当视为自动投案的情形，其中包括"因特定违法行为被采取劳动教养、行政拘留、司法拘留、强制隔离戒毒等行政、司法强制措施期间，主动向执行机关交代尚未被掌握的犯罪行为的"情形。其中，"因特定违法行为"中的特定行为不应是犯罪行为的组成部分。犯罪嫌疑人自动投案的本质特征是主动性和自愿性。如果因为被当场抓获后，犯罪嫌疑人如实供述的均是被抓获时发现的违法行为的其他组成部分，那么整个犯罪行为都因被抓获而牵连，不应分开评价为部分主动到案，部分被动到案，而应整体认定为被动到案。被动到案的行为即使仅是一个违法行为，那么由该违法行为牵连或衍生出来的同种违法犯罪行为亦无法被认定为主动投案。在王冬丘盗窃案中，王冬岳等人被当场抓获时的违法行为并非《最高人民法院关于处理自首和立功若干具体问题的意见》第一条第四类所指的"特定违法行为"，其已经是犯罪行为的组成部分，不具有自动投案的客观条件。[No. 5-264-66　王冬岳盗窃案]

△明知他人报案而留在现场等待，无拒捕行为且如实供述犯罪事实，但客观上不具备逃走条件的，不能认定为自动投案。

《最高人民法院关于处理自首和立功具体应用法律若干问题的解释》第一条规定了七种应当视为自动投案的情形。2010年《最高人民法院关于处理自首和立功若干具体问题的意见》第一条规定："《解释》第一条第(一)项规定七种应当视为自动投案的情形，体现了犯罪嫌疑人投案的主动性和自愿性……"《最高人民法院关于处理自首和立功若干具体问题的意见》在《最高人民法院关于处理自首和立功具体应用法律若干问题的解释》的基础上，增加了五类应当视为自动投案的情形，其中包括"明知他人报案而在现场等待，抓捕时无拒捕行为，供认犯罪事实的"情形。

笔者认为，对于《最高人民法院关于处理自首和立功若干具体问题的意见》规定的"明知他人报案而在现场等待，抓捕时无拒捕行为，供认犯罪事实的"情形，要结合自首的本质特征进行认定。"明知他人报案而在现场等待"成立自首必须是犯罪嫌疑人能逃而不逃。犯罪嫌疑人投案的主动性和自愿性是自动投案的本质特征。因某些客观原因所致，犯罪嫌疑人只能留在现场的情形，无法体现其主动性和自愿性，不能认定为自动投案。"能逃而不逃"应当依据客观条件进行认定。自首的成立本身受制于客观条件。因此，对客观上不具备逃走条件的犯罪嫌疑人，即使存在投案的主动性、自愿性，也不应认定为自首。

在尚娟盗窃案中，原审被告人尚娟在明知他人报警之后，一直留在现场等待民警。此时，尚娟的犯罪行为已经败露，尽管其没有实施逃走的行为，也没有受到人身强制，但是饭店经理安排张丹一直陪同其留在饭店的员工宿舍内等待民警，就是防止其逃走。因此，尚娟只能待在现场，客观上不具备逃走的条件，不是"能逃而不逃"，不应认定为自动投案。[No. 5-264-69　尚娟盗窃案]

△自动投案必须发生在犯罪嫌疑人被办案机关控制之前，犯罪嫌疑人脱离侦查管控后又自行到案的，不成立自动投案。

基于行文简洁的考虑，下文将办案机关根据确切犯罪事实或者线索对犯罪嫌疑人实施强制性约束、讯问并告知犯罪嫌疑人必须接受调查的行为，称为"侦查管控"。

"侦查管控"具有确定性、针对性。"侦查管控"要求办案机关根据具体的案件线索，对犯罪嫌疑人及其所犯罪行有比较具体的认识：一方面，办案机关控制犯罪嫌疑人，系确定犯罪嫌疑人的基本情况后对其进行控制，此时办案人员基本了解案件事实，知晓嫌疑人的自然情况，控制行为具有确定性、针对性；另一方面，办案机关对嫌疑人涉嫌的罪名、罪行的性质有比较具体的认识，并向犯罪嫌疑人明确告知因涉嫌何种罪名必须接受办案机关调查。只有把握"侦查管控"的确定性和针对性，才能将在"侦查管控"之后的投案与在接受一般性排查询问时或者仅因形迹可疑被盘问时交代罪行的"视为自动投案"的情形区分开来。

"侦查管控"具有强制性、义务性。"侦查管控"系办案机关将嫌疑人置于实际约束、控制范围之内，进行调查、讯问、宣布采取调查措施或者强制措施，具有一定的强制性。"侦查管控"包含但不限于《刑事诉讼法》规定的五种强制措施。只要办案机关采取合法手段对犯罪嫌疑人进行一定的约束，进行调查、讯问，并向犯罪嫌疑人告知涉嫌犯罪，即可认为犯罪嫌疑人被办案机关"侦查管控"。此外，犯罪嫌疑人被办案机关控制后，有义务如实回答办案人员的提问，配合办案人员调查案件情况并保障刑事诉讼程序的顺利进行。只有把握"侦查管控"的强制性和义务性，才能够将"侦查管控"与电话传唤、犯罪嫌疑人被发觉但没有接受讯问或者被采取强制措施等情况区分开来。区分的关键在于犯罪嫌疑人在被电话传唤或者仅被办案机关发觉时，尚处于自由状态。

法律之所以规定自首，旨在鼓励犯罪分子认罪、悔罪，降低社会危险性，节约司法成本并提高司法效率。犯罪嫌疑人在被办案机关控制之前自动投案并如实供述自己的罪行，体现了其认罪、悔罪的态度，降低了社会危险性，同时，也降低了办案机关发现案件线索、进行侦查、实施抓捕的成本，提高了案件侦破的效率。犯罪嫌疑人被办案机关控制后，虽然也可以通过如实供述来表达自己的悔罪态度，但主动性与自动投案不可同日而语，办案机关侦破案件的司法成本已被消耗，不存在节约司法成本、提高司法效率的可能性。杨金凤、赵琪等诈骗案犯罪嫌疑人经公安机关允许脱离控制，而后又按公安机关的指令自行到案的行为，对其被办案机关控制前的认罪、悔罪态度和司法成本的节约无任何影响，犯罪嫌疑人脱离"侦查管控"后又自行到案的行为，系被办案机关控制后应当履行的义务，不属于自首范畴内的自动投案。

被告人赵琪的行为不成立自首。第一，本案中，侦查机关接到明确的举报——北京百佳联合企业管理中心楼内有人进行电话诈骗，而后在该公司的楼内查获了所有正在实施诈骗的工作人员，赵琪即为其中之一，且为公司的副总经理，办案机关的"侦查管控"行为具有确定性、针对性。第二，办案人员当面明确告知赵琪涉嫌犯诈骗罪必须接受调查。此时，办案机关对赵琪的控制行为具有强制性，赵琪有义务如实回答办案人员的提问，配合办案人员调查案件情况并保障刑事诉讼程序的顺利进行。第三，赵琪经办案人员同意，前往幼儿园接孩子回家后又回案发地点接受调查，虽然从表面上看具有自动投案的形式，但该行为发生在赵琪被办案机关控制之后，不符合自首中的"自动投案"的时间特征。[No. 5-266-31　杨金凤、赵琪等诈骗案]

△行政主管部门与公安机关联合执法的案件中，行政执法机关发现违法行为并进行调查后，被告人再主动到公安机关投案的，不属于自动投案，不应认定为自首。

依照最高人民法院、《最高人民检察院关于办理职务犯罪案件认定自首、立功等量刑情节若干问题的意见》和《最高人民法院关于处理自首和立功若干具体问题的意见》等相关司法解释性文件的规定，行政执法移送案件的自动投案主要有三种情形：(1)在犯罪事实和犯罪嫌疑人未被发现或者犯罪事实已被发觉，犯罪嫌疑人尚未被发觉以前，向公安机关、检察院、法院等司法机关投案，或者向相关行政执法部门投案，都可以认定为自动投案。(2)犯罪事实和犯罪嫌疑人均已被发觉,但犯罪嫌疑人尚未受到办案机关调查谈话或者被宣布调查措施以前,向公安机关、检察院、法院等司法机关投案,或者向相关行政执法部门投案,也可以认定为自动投案。(3)犯罪事实和犯罪嫌疑人均已在行政执法检查过程中被发觉,并已受到行政执法部门的调查,再到公安机关等司法机关投案的,不能视为自动投案。对于第三种情形的认定,要准确把握以下两点理由:一是从立法目的来看,犯罪嫌疑人在行政执法检查过程中被发觉犯罪事实,并受到办案机关调查后再到司法机关投案,表明犯罪嫌疑人此时投案的主动性不够明显;同时,在办案机关掌握了相关犯罪事实,并向公安机关移送案件后,犯罪嫌疑人此时投案客观上也不能满足及时侦破案件的政策理由。二是根据《最高人民法院关于处理自首和立功若干具体问题的意见》的精神,办案机关在掌握相关线索进行行政执法检查后,犯罪嫌疑人主动交代自己的罪行,不能视为自动投案。同时,根据《最高人民法院、最高人民检察院关于办理职务犯罪案件认定自首、立功等量刑情节若干问题的意见》的精神,犯罪嫌疑人在办案机关调查之前未自动投案,后到司法机关投案的,即便如实交代办案机关掌握的线索所针对的事实的,也不能认定为自首。因此,行政执法机关发现违法行为并进行调查后,被告人再主动到公安机关投案的行为,不属于自动投案。[No. 6-6-338-5　台州市黄岩恒光金属加工有限公司、周正友污染环境案]

△吸毒人员自愿投案隔离戒毒,但仅交代其吸毒的违法事实,而未交代贩卖毒品的犯罪事实的,不成立自首。

从实践情况看,自首中的如实供述应当具备四个要素:一是犯罪分子主动交代,如果是被动交代则仅构成坦白。二是犯罪分子交代主要犯罪事实,也就是足以证明其行为构成犯罪的基本事实,如果交代的是违反道德或者一般违法行为的事实,则不属于如实供述。三是犯罪分子交代的必须是自己的犯罪事实,也就是自己所实施的且由自己承担刑事责任的事实,如果交代的是他人的犯罪事实则可能属于检举揭发。四是所交代的犯罪事实必须客观真实,符合主客观相统一的认知结果,但并不要求所有的细节均准确一致。值得强调的是,根据相关批复的规定,对行为性质的辩解不属于不如实供述罪行。

在康文清贩卖毒品案中,康文清归案后仅交代其吸毒的一般违法事实,而未交代其贩卖毒品的犯罪事实,其贩卖毒品的事实是公安机关经过他人检举、揭发而掌握的。可见,康文清对其贩卖毒品的事实进行了隐瞒,属于故意不如实交代罪行,有保全自己、逃避惩罚的意图,没有将自己主动交付法律制裁的自愿性。因此,康文清到公安机关接受强制隔离戒毒并揭发他人违法事实,进而导致公安机关查获到其贩卖毒品事实的行为,不属于刑法意义上的如实供述,不能构成自首。[No. 6-7-347-52　康文清贩卖毒品案]

△侦查人员对犯罪嫌疑人进行盘查过程中发现可疑物品时,行为人主动交代非法持有毒品的事实,不构成自动投案。

《最高人民法院关于处理自首和立功具体应用法律若干问题的解释》第一条规定,“罪行未被司法机关发觉,仅因形迹可疑被有关组织或者司法机关盘问、教育后,主动交代自己的罪行的……应当视为自动投案”。从侦查人员的角度看,在“形迹可疑”的语境下,侦查人员还没有掌握任何可疑物品,即尚未掌握任何被怀疑者犯罪的证据或者线索,因而只能对被怀疑者进行盘问、教育,而无权对其采取进一步的侦查措施。从被怀疑者的角度看,此时他不能被作为刑事侦查程序意义上的犯罪嫌疑人。这个时候,如果被怀疑对象主动交代了自己尚未被司法机关发觉的罪行,应当视为自动投案。但是,如果被怀疑者的罪证已经被侦查人员所掌握,或者侦查人员凭借一定的事实、证据以及工作经验或者他人提供的线索,对特定对象产生了某种具体的、有针对性的怀疑,从而可以将嫌疑人与某种具体犯罪行为相联系,则该嫌疑对象已经成为刑事侦查程序意义上的犯罪嫌疑人。此时犯罪嫌疑人交代犯罪事实的,不属于《最高人民法院关于处理自首和立功具体应用法律若干问题的解释》规定的“罪行尚未被司法机关发觉”,不能认定为自动投案。在杨文博非法持有毒品案中,侦查人员在对被告人杨文博进行盘查而尚未发现其随身携带的挎包内藏有可疑物品时,杨文博只是个“形迹可疑”的人;但是当侦查人员对杨文博的车辆进行检查后发现其挎包内有4包白色可疑晶体,并决定将其带至公安机关接受调查时,杨文博不再是《最高人民法院关于处理自首和立功具体应用法律若干问题的解释》所称的“仅因形迹可疑”而被盘问、教育的人,而是一个犯罪嫌疑人,即侦查人员已经掌握了被怀疑者实施犯罪的证据或者线索。在毒品犯罪案件中,作为物证的毒品是指控犯罪的最有力、最直接的证据。非法持有毒品犯罪案件尤其如此,只要毒品被查获,就应当认定行为人的罪行已经被司法机关发觉。因此,在毒品犯罪案件中,毒品已经被查获,处于公安机关控制之下的犯罪嫌疑人即失去了自动投案的机会。基于这种思路,《最高人民法院关于处理自首和立功若干具体问题的意见》明确规定:“有关部门、司法机关在其身上、随身携带的物品、驾乘的交通工具等处发现与犯罪有关的物品的,不能认定为自动投案。”[No. 6-7-348-6　杨文博非法持有毒品案]

△非法持有毒品者主动上交毒品的,不宜认定为未遂,可以认定为自首。

持有型犯罪在犯罪形态方面的特点是一经持有即达成既遂,即行为人实施持有行为、犯罪进入实行阶段后,持有状态即形成,持有犯罪便已达成既遂形态,不可能再向另外一种停止形态,即犯罪中止形态逆向转化,其持有行为是否发生实际的危害结果,不影响持有犯罪既遂的成立。在持有犯罪行为实施时,因不存在明显的行为终了与犯罪既遂之间的时间间隔,故不具备形成犯罪中止的时间条件;同理,持有行为实施后也不太可能再出现未遂等未完成形态。若对该问题作进一步探讨,持有型犯罪在预备阶段可能因行为人自动停止,不再着手实施犯罪,从而构成预备阶段的犯罪中止,如行为人为了实施非法持有毒品犯罪购买保险柜、包装袋、电子秤等物品后,在接取毒品前主动放弃犯罪,不再着手实施持有毒品行为。在周某非法持有毒品案中,周某主动上交所藏毒品时,其非法持有毒品已有一定的时间,非法持有毒品犯罪已构成既遂,不宜认定构成犯罪中止,应当以自首论处。[No. 6-7-348-7　周某非法持有毒品案]

第六十八条　【立功】

犯罪分子有揭发他人犯罪行为,查证属实的,或者提供重要线索,从而得以侦破其他案件等立功表现的,可以从轻或者减轻处罚;有重大立功表现的,可以减轻或者免除处罚。

【立法沿革】

《中华人民共和国刑法》(1997 年修订,自 1997 年 10 月 1 日起施行)

第六十八条

犯罪分子有揭发他人犯罪行为,查证属实的,或者提供重要线索,从而得以侦破其他案件等立功表现的,可以从轻或者减轻处罚;有重大立功表现的,可以减轻或者免除处罚。

犯罪后自首又有重大立功表现的,应当减轻或者免除处罚。

《中华人民共和国刑法修正案(八)》(自 2011 年 5 月 1 日起施行)

九、删去刑法第六十八条第二款。

【立法理由】

1. **1979 年立法的情况**。1979 年《刑法》第六十三条规定:“犯罪以后自首的,可以从轻处罚。其中,犯罪较轻的,可以减轻或者免除处罚;犯罪较重的,如果有立功表现,也可以减轻或者免除处罚。”上述规定表明,**1979 年刑法没有对立功作出独立和完整的规定**,只是间接涉及立功的内容,即立功的规定依附于自首制度之中,是作为犯罪较重的人自首以后,要得到减轻或者免除处罚的附加条件。虽然 1979 年刑法没有专门规定立功制度,但是立功是司法实践中比较常见的情况,立功行为无疑有利于司法机关侦破案件,节约司法资源,对于立功的罪犯给予从宽的处理,符合刑事政策的精神。同时,由于法律对于立功没有进一步的具体规定,司法实践中对何为立功及对有立功情节的罪犯如何处罚等一系列问题,难免在认识上产生争议。为解决这些问题,1984 年《最高人民法院、最高人民检察院、公安部关于当前处理自首和有关问题具体应用法律的解答》“如何看待立功”部分规定,立功通常是指犯罪分子揭发检举其他犯罪分子的重大罪行得到证实的,或者提供重要线索、证据,从而得以侦破其他重大案件的,或者协助司法机关缉捕其他罪犯的。检举揭发其他犯罪分子较多的一般罪行,或者犯罪线索,经查属实的,也应视为立功表现。上述规定总结司法实践经验,对于立功制度的逐步建立和完善具有积极作用。

2. **1979 年之后至 1997 年刑法修订前的立法情况**。1990 年 12 月 28 日第七届全国人大常委会第十七次会议通过的《全国人民代表大会常务委员会关于禁毒的决定》第十四条规定:“犯本决定规定之罪,有检举、揭发其他毒品犯罪立功表现的,可以从轻、减轻处罚或者免除处罚。”1993 年 2 月 22 日第七届全国人大常委会第三十次会议通过的《国家安全法》第二十四条规定:“犯间谍罪自首或者有立功表现的,可以从轻、减轻或者免除处罚;有重大立功表现的,给予奖励。”实践证明,对于犯罪分子虽没有自首情形,但有立功表现的,也有必要从轻、减轻或免除处罚。上述规定,为立功制度的建立和完善奠定了实践基础。

3. **1997年修订刑法的情况**。1997年修订刑法时，在总结多年司法实践经验的基础上，为鼓励犯罪行为人主动检举、揭发他人犯罪事实，协助司法机关办理案件，改过自新，将功折罪，建立了立功制度。在刑法中对什么是立功、立功的表现形式以及如何处罚作出明确规定，便于司法机关具体操作。同时，对一般立功表现和重大立功表现规定了不同的处罚原则，这样规定，不仅有利于鼓励犯罪行为人立大功，争取更宽大的处理，也有利于更有力地打击各类犯罪。

4. **2011年《刑法修正案（八）》对本条的修改情况**。1997年《刑法》第六十八条第二款规定："犯罪后自首又有重大立功表现的，应当减轻或者免除处罚。"这一规定的目的是鼓励犯罪分子积极自首、争立大功，从贯彻宽严相济刑事政策的角度来看是正确的，在实践中本款的规定也确实发挥了鼓励自首、立功和有效打击各类犯罪的作用。但是，这一规定在司法实践执行中也出现了一些问题，主要是这一规定过于刚性，即只要有自首并且重大立功的情节，就必须依法给予减轻或者免除处罚的宽大处理，不利于在一些情节极其严重的案件中做到罪责刑相适应。比如刑法中有部分犯罪的最高一档刑罚为"处十年以上有期徒刑或者无期徒刑""处十年以上有期徒刑、无期徒刑或者死刑"，对于有些案件中，犯罪行为人虽然有自首和重大立功情节，但是从其犯罪事实、性质、情节和社会危害性来看，予以从轻处罚更为适当，予以减轻处罚则过于宽缓，明显罚不当罪，不符合罪责刑相适应的原则要求。在这种情况下，由于其具有应当减轻处罚情节，原本判处死刑或者无期徒刑较为适当的，只能减轻处罚之后判处十年以下有期徒刑，使得判决偏离了罪责刑相适应的基本原则，特别是在共同犯罪案件中出现同一案件中不同犯罪行为人刑罚过于悬殊的现象。有的地方反映，在共同杀人案件中，同为杀人主犯的数人中有人自首并有带领司法机关抓捕同案犯的重大立功情节，在其他主犯被判处死刑或者无期徒刑的情况下，具备自首又有重大立功情节的主犯只被判处九年有期徒刑，与其他主犯的刑罚相比太轻。有鉴于此，《刑法修正案（八）》在广泛征求意见的基础上，经慎重研究，**删去第二款的规定**。

在《刑法修正案（八）》起草和审议过程中，也有意见建议保留原规定并作适当修改，以利于鼓励立大功，分化、瓦解犯罪分子，从而节省司法资源。经研究，1997年《刑法》第六十七条和第六十八条第一款已经对自首和立功的从轻处罚作出了相应的规定。第六十七条第一款规定，"对于自首的犯罪分子，可以从轻或者减轻处罚。其中，犯罪较轻的，可以免除处罚"；第六十八条第一款规定，犯罪分子有立功表现的，"可以从轻或者减轻处罚；有重大立功表现的，可以减轻或者免除处罚"。以上两条规定足以满足处理不同情形案件的需要，发挥鼓励自首、立功和分化犯罪分子、打击犯罪的作用，因此**删去第六十八条第二款的规定不会影响对自首、立功犯罪分子的从轻处理**。

【条文说明】

本条是关于犯罪分子有立功表现应当从宽处理的规定。

根据本条规定，作为量刑情节的立功，其主体是在案件侦查、审查起诉和庭审阶段的犯罪分子，其中庭审阶段包括一审庭审阶段和二审庭审阶段。

立功有以下常见表现形式：一是**犯罪分子有揭发他人犯罪行为，查证属实的**。"**犯罪分子有揭发他人犯罪行为**"，是指犯罪分子归案以后，主动揭发其他人的犯罪行为，包括共同犯罪案件中的犯罪分子揭发同案犯共同犯罪以外的其他犯罪。揭发他人的犯罪行为，必须经过查证属实。"**查证属实**"，是指必须经过司法机关查证以后，证明犯罪分子揭发的情况确实属实。如果经过查证，犯罪分子揭发的情况不属实或者不属于犯罪行为，那么也不认为犯罪分子有立功表现。二是**提供重要线索，从而得以侦破其他案件的**。所谓"**提供重要线索**"，是指犯罪分子向司法机关提供未被司法机关掌握的重要犯罪线索，如证明犯罪行为的重要事实或提供有关证人等。这种提供必须是犯罪分子自身掌握的，是实事求是的，不能是编造的线索。"**从而得以侦破其他案件**"，是指司法机关根据犯罪分子提供的线索，查清了犯罪事实，侦破了其他案件。

除上述两种立功表现形式外，实践中，有的犯罪分子还有其他有利于国家和社会的突出表现，如**阻止他人犯罪活动、协助司法机关抓捕其他犯罪分子（包括同案犯）等**，也属于本条规定的立功。

根据本条规定，对于有立功表现的犯罪分子，**可以从轻或者减轻处罚**；对于有重大立功表现的，**可以减轻或者免除处罚**。所谓"**重大立功表现**"，是相对于一般立功表现而言的，主要是指犯罪分子检举、揭发他人的重大犯罪行为，如揭发了一个犯罪集团或犯罪团伙，或者因其提供了犯罪的重要线索，才使一个重大犯罪案件得以侦破；阻止他人重大犯罪活动；协助司法机关抓捕其他重大犯罪分子（包括同案犯）；对国家和社会有其他重大贡献的；等等。一般而言，犯罪分子检举、揭发的他人犯罪，提供侦破其他案件的重要线索，阻止他人的犯罪活动，或者协助司法机关抓捕的其他犯罪嫌疑人，犯罪嫌疑人、被告人依法可能被判处无期徒刑以上刑罚的，应当认定为有重大立功表现。

实践中需要注意以下两个方面的问题：

1. **关于“立功表现”的认定**。为了便于司法机关正确适用法律，《最高人民法院关于处理自首和立功具体应用法律若干问题的解释》第五条对“**犯罪分子有揭发他人犯罪行为**”的情形作了规定：共同犯罪案件中的犯罪分子揭发同案犯共同犯罪以外的其他犯罪，经查证属实；提供侦破其他案件的重要线索，经查证属实；阻止他人犯罪活动；协助司法机关抓捕其他犯罪嫌疑人（包括同案犯）；具有其他有利于国家和社会的突出表现的，应当认定为有立功表现。

另外，实践中在认定立功方面还有一些突出问题。一是有的犯罪嫌疑人为了立功以求得从宽处理，以金钱收买他人犯罪线索、贿赂他人获得犯罪线索等不正当手段“立功”，有的地方甚至形成所谓“**线索黑市**”。这些行为严重影响司法公正，损害司法权威，为此，《最高人民法院关于处理自首和立功若干具体问题的意见》第四部分对**立功线索来源的认定**作了规定：（1）犯罪分子通过贿买、暴力、胁迫等非法手段，或者被羁押后与律师、亲友会见过程中违反监管规定，获取他人犯罪线索并“检举揭发”的，不能认定为有立功表现。（2）犯罪分子将本人以往查办犯罪职务活动中掌握的，或者从负有查办犯罪、监管职责的国家工作人员处获取的他人犯罪线索予以检举揭发的，不能认定为有立功表现。（3）犯罪分子亲友为使犯罪分子“立功”，向司法机关提供他人犯罪线索、协助抓捕犯罪嫌疑人的，不能认定为犯罪分子有立功表现。二是司法实践中对于如何认定“协助抓捕其他犯罪嫌疑人”往往存在不同认识，为此，《最高人民法院关于处理自首和立功若干具体问题的意见》第五部分对“**协助抓捕其他犯罪嫌疑人**”的认定作了规定：按照司法机关的安排，以打电话、发信息等方式将其他犯罪嫌疑人（包括同案犯）约至指定地点的；按照司法机关的安排，当场指认、辨认其他犯罪嫌疑人（包括同案犯）的；带领侦查人员抓获其他犯罪嫌疑人（包括同案犯）的；提供司法机关尚未掌握的其他案件犯罪嫌疑人的联络方式、藏匿地址的；等等。

2. 在司法实践中应当注意，对于具有立功情节的犯罪分子，应当结合案件的性质、危害后果、犯罪分子的人身危险性等因素综合考虑，依法决定是否对其从轻、减轻或者免除处罚以及从轻、减轻处罚的幅度。对于**自首后又有重大立功表现的犯罪分子**，刑法虽然删除了应当减轻或者免除处罚的规定，但是考虑到这类犯罪分子的立功行为客观上有利于打击犯罪，主观上有的也具有明显的悔罪意识，人身危险性有所降低，**原则上还是可以结合案件具体情况减轻或者免除处罚**。

【司法解释】

《最高人民法院关于适用刑法时间效力规定若干问题的解释》（法释〔1997〕5号，自1997年10月1日起施行）

△（**时间效力；立功**）1997年9月30日以前犯罪的犯罪分子，有揭发他人犯罪行为，或者提供重要线索，从而得以侦破其他案件等立功表现的，适用刑法第六十八条的规定。（§ 5）

《最高人民法院关于处理自首和立功具体应用法律若干问题的解释》（法释〔1998〕8号，自1998年5月9日起施行）

△（**立功表现**）根据刑法第六十八条第一款的规定，犯罪分子到案后[①]有检举、揭发他人犯罪行为，包括共同犯罪案件中的犯罪分子揭发同案犯共同犯罪以外的其他犯罪，经查证属实；提供侦破其他案件的重要线索，经查证属实；阻止他人犯罪活动；协助司法机关抓捕其他犯罪嫌疑人（包括同案犯）；具有其他有利于国家和社会的突出表现的[②]，应当认定为有立功表现。（§ 5）

△（**共同犯罪；揭发同案犯共同犯罪事实；酌情从轻处罚**）共同犯罪案件的犯罪分子到案后，揭发同案犯共同犯罪事实的，可以酌情予以从轻处罚。（§ 6）

△（**重大立功表现；重大犯罪；重大案件；重大犯罪嫌疑人；无期徒刑以上刑罚；较大影响**）根据刑法第六十八条第一款的规定，犯罪分子有检举、

---

① 我国学者指出，将立功限定为到案后的表现，是对行为人不利的限制解释，也是不利于保障人权的解释。另外，《最高人民法院、最高人民检察院印发〈关于办理职务犯罪案件认定自首、立功等量刑情节若干问题的意见〉的通知》（法发〔2009〕13号）并未要求“到案后”。参见张明楷：《刑法学》（第6版），法律出版社2021年版，第740页。

② 我国学者指出，按照同类解释规则，既然《刑法》第六十八条所列举的两种立功表现（揭发他人犯罪行为、提供重要线索）是有利于查获犯罪的举止，即使进行扩大解释，立功也只能限于与预防、查获、制裁犯罪有关的举止。参见张明楷：《刑法学》（第6版），法律出版社2021年版，第741页。

揭发他人重大犯罪行为，经查证属实；提供侦破其他重大案件的重要线索，经查证属实；阻止他人重大犯罪活动；协助司法机关抓捕其他重大犯罪嫌疑人（包括同案犯）；对国家和社会有其他重大贡献等表现的，应当认定为有重大立功表现。

前款所称"重大犯罪"、"重大案件"、"重大犯罪嫌疑人"的标准，一般是指犯罪嫌疑人、被告人可能被判处无期徒刑以上刑罚或者案件在本省、自治区、直辖市或者全国范围内有较大影响等情形。（§ 7）

《最高人民法院关于〈中华人民共和国刑法修正案（八）〉时间效力问题的解释》（法释〔2011〕9号，自2011年5月1日起施行）

△（**时间效力；自首又有重大立功表现**）2011年4月30日以前犯罪，犯罪后自首又有重大立功表现的，适用修正前刑法第六十八条第二款的规定。（§ 5）

【司法解释性文件】

《最高人民法院印发〈全国部分法院审理毒品犯罪案件工作座谈会纪要〉的通知》（法〔2008〕324号，2008年12月1日公布）

△（**毒品案件；立功；共同犯罪；立功线索来源；贿买他人犯罪信息**）共同犯罪中同案犯的基本情况，包括同案犯姓名、住址、体貌特征、联络方式等信息，属于被告人应当供述的范围。公安机关根据被告人供述抓获同案犯的，不应认定其有立功表现。[1] 被告人在公安机关抓获同案犯过程中确实起到协助作用的，例如，经被告人现场指认、辨认抓获了同案犯；被告人带领公安人员抓获了同案犯；被告人提供了不为有关机关掌握或者有关机关按照正常工作程序无法掌握的同案犯藏匿的线索，有关机关据此抓获了同案犯[2]；被告人交代了与同案犯的联系方式，又按要求与对方联络，积极协助公安机关抓获了同案犯等，属于协助司法机关抓获同案犯，应认定为立功。

关于立功从宽处罚的把握，应以功是否足以抵罪为标准。在毒品共同犯罪案件中，毒枭、毒品犯罪集团首要分子、共同犯罪的主犯、职业毒犯、毒品惯犯等，由于掌握同案犯、从犯、马仔的犯罪情况和个人信息，被抓获后往往能协助抓捕同案犯，获得立功或者重大立功。对其是否从宽处罚以及从宽幅度的大小，应当主要看功是否足以抵罪，即应结合被告人罪行的严重程度、立功大小综合考虑。要充分注意毒品共同犯罪人以及上、下家之间的量刑平衡。对于毒枭等严重毒品犯罪分子立功的，从轻或者减轻处罚应当从严掌握。如果其罪行极其严重，只有一般立功表现，功不足以抵罪的，可不予从轻处罚；如果其检举、揭发的是其他犯罪案件中罪行同样严重的犯罪分子，或者协助抓获的是同案中的其他首要分子、主犯，功足以抵罪的，原则上可以从轻或者减轻处罚；如果协助抓获的只是同案中的从犯或者马仔，功不足以抵罪，或者从轻处罚后全案处刑明显失衡的，不予从轻处罚。相反，对于从犯、马仔立功，特别是协助抓获毒枭、首要分子、主犯的，应当从轻处罚，直至依法减轻或者免除处罚。

被告人亲属为了使被告人得到从轻处罚，检举、揭发他人犯罪或者协助司法机关抓捕其他犯罪人的，不能视为被告人立功。同监犯将本人或者他人尚未被司法机关掌握的犯罪事实告知被告人，由被告人检举揭发的，如经查证属实，虽可认定被告人立功，但是否从宽处罚、从宽幅度大小，应与通常的立功有所区别。通过非法手段或者非法途径获取他人犯罪信息，如从国家工作人员处贿买他人犯罪信息，通过律师、看守人员等非法途径获取他人犯罪信息，由被告人检举揭发的，不能认定为立功，也不能作为酌情从轻处罚情节。（§ 7）

《最高人民法院、最高人民检察院印发〈关于办理职务犯罪案件认定自首、立功等量刑情节若干问题的意见〉的通知》（法发〔2009〕13号，2009年3月12日公布）

△（**职务犯罪；立功；据以立功的线索、材料来源；重大立功表现；从轻、减轻或者免除处罚**）立功必须是犯罪分子本人实施的行为。为使犯罪分子得到从轻处理，犯罪分子的亲友直接向有关机关揭发他人犯罪行为，提供侦破其他案件的重要线索，或者协助司法机关抓捕其他犯罪嫌疑人的，不

---

[1] 我国学者指出，此规定过于绝对化。毒品犯罪不同于贿赂犯罪。在毒品犯罪案件中，倘若行为人提供了贩卖毒品的上家的姓名、住址、体貌特征、联络方式等信息，就属于立功；但是，在贿赂案件中，如果要成立如实供述自己的罪行，行为人除了交代自己实施了行贿行为外，还需交代向谁行贿（此种情形属于自首与立功的竞合，只能择一适用）。参见张明楷：《刑法学》（第6版），法律出版社2021年版，第742页。

[2] 我国学者指出，从立功制度的意义来看，认定协助司法机关抓捕同案犯是否构成立功的时候，应考虑其在司法机关抓捕同案犯过程中，是否确实起到了协助作用，包括是否提供了重要线索此一情形，而不宜以抓获同案犯为标准。参见黎宏：《刑法学总论》（第2版），法律出版社2016年版，第387页。

应当认定为犯罪分子的立功表现。

据以立功的他人罪行材料应当指明具体犯罪事实;据以立功的线索或者协助行为对于侦破案件或者抓捕犯罪嫌疑人要有实际作用。犯罪分子揭发他人犯罪行为时没有指明具体犯罪事实的;揭发的犯罪事实与查实的犯罪事实不具有关联性的;提供的线索或者协助行为对于其他案件的侦破或者其他犯罪嫌疑人的抓捕不具有实际作用的,不能认定为立功表现。

犯罪分子揭发他人犯罪行为,提供侦破其他案件重要线索的,必须经查证属实,才能认定为立功。审查是否构成立功,不仅要审查办案机关的说明材料,还要审查有关事实和证据以及与案件定性处罚相关的法律文书,如立案决定书、逮捕决定书、侦查终结报告、起诉意见书、起诉书或者判决书等。

据以立功的线索、材料来源有下列情形之一的,不能认定为立功:(1)本人通过非法手段或者非法途径获取的;(2)本人因原担任的查禁犯罪等职务获取的;(3)他人违反监管规定向犯罪分子提供的;(4)负有查禁犯罪活动职责的国家机关工作人员或者其他国家工作人员利用职务便利提供的。

犯罪分子检举、揭发的他人犯罪,提供侦破其他案件的重要线索,阻止他人的犯罪活动,或者协助司法机关抓捕的其他犯罪嫌疑人,犯罪嫌疑人、被告人依法可能被判处无期徒刑以上刑罚的,应当认定为有重大立功表现。其中,可能被判处无期徒刑以上刑罚,是指根据犯罪行为的事实、情节可能判处无期徒刑以上刑罚。案件已经判决的,以实际判处的刑罚为准。但是,根据犯罪行为的事实、情节应当判处无期徒刑以上刑罚,因被判刑人有法定情节经依法从轻、减轻处罚后判处有期徒刑的,应当认定为重大立功。

对于具有立功情节的犯罪分子,应当根据犯罪的事实、性质、情节和对于社会的危害程度,结合立功表现所起作用的大小、所破获案件的罪行轻重、所抓获犯罪嫌疑人可能判处的法定刑以及立功的时机等具体情节,依法决定是否从轻、减轻或者免除处罚以及从轻、减轻处罚的幅度。(§ 2)

《最高人民法院关于贯彻宽严相济刑事政策的若干意见》(法发〔2010〕9号,2010年2月8日公布)

△(**宽严相济刑事政策;立功;从宽处罚**)对于被告人检举揭发他人犯罪构成立功的,一般均应当依法从宽处罚。对于犯罪情节不是十分恶劣,犯罪后果不是十分严重的被告人立功的,从宽处罚的幅度应当更大。(§ 18)

《最高人民法院印发〈关于处理自首和立功若干具体问题的意见〉的通知》(法发〔2010〕60号,2010年12月22日公布)

△(**立功线索来源;立功表现**)犯罪分子通过贿买、暴力、胁迫等非法手段,或者被羁押后与律师、亲友会见过程中违反监管规定,获取他人犯罪线索并"检举揭发"的,不能认定为有立功表现。

犯罪分子将本人以往查办犯罪职务活动中掌握的,或者从负有查办犯罪、监管职责的国家工作人员处获取的他人犯罪线索予以检举揭发的,不能认定为有立功表现。

犯罪分子亲友为使犯罪分子"立功",向司法机关提供他人犯罪线索、协助抓捕犯罪嫌疑人的,不能认定为犯罪分子有立功表现。(§ 4)

△(**协助抓捕其他犯罪嫌疑人**)犯罪分子具有下列行为之一,使司法机关抓获其他犯罪嫌疑人的,属于《解释》第五条规定的"协助司法机关抓捕其他犯罪嫌疑人":

1. 按照司法机关的安排,以打电话、发信息等方式将其他犯罪嫌疑人(包括同案犯)约至指定地点的;

2. 按照司法机关的安排,当场指认、辨认其他犯罪嫌疑人(包括同案犯)的;

3. 带领侦查人员抓获其他犯罪嫌疑人(包括同案犯)的;

4. 提供司法机关尚未掌握的其他案件犯罪嫌疑人的联络方式、藏匿地址的,等等。

犯罪分子提供同案犯姓名、住址、体貌特征等基本情况,或者提供犯罪前、犯罪中掌握、使用的同案犯联络方式、藏匿地址,司法机关据此抓捕同案犯的,不能认定为协助司法机关抓捕同案犯。(§ 5)

△(**立功线索之查证程序**)被告人在一、二审审理期间检举揭发他人犯罪行为或者提供侦破其他案件的重要线索,人民法院经审查认为该线索内容具体、指向明确的,应及时移交有关人民检察院或者公安机关依法处理。

侦查机关出具材料,表明在三个月内还不能查证并抓获被检举揭发的人,或者不能查实的,人民法院审理案件可不再等待查证结果。

被告人检举揭发他人犯罪行为或者提供侦破其他案件的重要线索经查证不属实,又重复提供同一线索,且没有提出新的证据材料的,可以不再查证。

根据被告人检举揭发破获的他人犯罪案件,如果已有审判结果,应当依据判决确认的事实认定是否查证属实；如果被检举揭发的他人犯罪案件尚未进入审判程序，可以依据侦查机关提供的书面查证情况认定是否查证属实。检举揭发的线索经查确有犯罪发生，或者确定了犯罪嫌疑人，可能构成重大立功，只是未能将犯罪嫌疑人抓获归案的，对可能判处死刑的被告人一般要留有余地，对其他被告人原则上应酌情从轻处罚。

被告人检举揭发或者协助抓获的人的行为构成犯罪，但因法定事由不追究刑事责任、不起诉、终止审理的，不影响对被告人立功表现的认定；被告人检举揭发或者协助抓获的人的行为应判处无期徒刑以上刑罚，但因具有法定、酌定从宽情节，宣告刑为有期徒刑或者更轻刑罚的，不影响对被告人重大立功表现的认定。（§ 6）

△（**立功；证据材料的审查**）人民法院审查的自首证据材料，应当包括被告人投案经过、有罪供述以及能够证明其投案情况的其他材料。投案经过的内容一般应包括被告人投案时间、地点、方式等。证据材料应加盖接受被告人投案的单位的印章，并有接受人员签名。

人民法院审查的立功证据材料，一般应包括被告人检举揭发材料及证明其来源的材料、司法机关的调查核实材料、被检举揭发人的供述等。被检举揭发案件已立案、侦破，被检举揭发人被采取强制措施、公诉或者审判的，还应审查相关的法律文书。证据材料应加盖接收被告人检举揭发材料的单位的印章，并有接收人员签名。

人民法院经审查认为证明被告人自首、立功的材料不规范、不全面的，应当由检察机关、侦查机关予以完善或者提供补充材料。

上述证据材料在被告人被指控的犯罪一、二审审理时已形成的，应当经庭审质证。（§ 7）

△（**立功；从轻、减轻处罚；免除处罚；累犯；共同犯罪**）对具有自首、立功情节的被告人是否从宽处罚、从宽处罚的幅度，应当考虑其犯罪事实、犯罪性质、犯罪情节、危害后果、社会影响、被告人的主观恶性和人身危险性等。自首的还应考虑投案的主动性、供述的及时性和稳定性等。立功的还应考虑检举揭发罪行的轻重、被检举揭发的人可能或者已经被判处的刑罚、提供的线索对侦破案件或者协助抓捕其他犯罪嫌疑人所起作用的大小等。

具有自首或者立功情节的，一般应依法从轻、减轻处罚；犯罪情节较轻的，可以免除处罚。类似情况下，对具有自首情节的被告人的从宽幅度要适当宽于具有立功情节的被告人。

虽然具有自首或者立功情节，但犯罪情节特别恶劣、犯罪后果特别严重、被告人主观恶性深、人身危险性大，或者在犯罪前即为规避法律、逃避处罚而准备自首、立功的，可以不从宽处罚。

对于被告人具有自首、立功情节，同时又有累犯、毒品再犯等法定从重处罚情节的，既要考虑自首、立功的具体情节，又要考虑被告人的主观恶性、人身危险性等因素，综合分析判断，确定从宽或者从严处罚。累犯的前罪为非暴力犯罪的，一般可以从宽处罚，前罪为暴力犯罪或者前、后罪为同类犯罪的，可以不从宽处罚。

在共同犯罪案件中，对具有自首、立功情节的被告人的处罚，应注意共同犯罪人以及首要分子、主犯、从犯之间的量刑平衡。犯罪集团的首要分子、共同犯罪的主犯检举揭发或者协助司法机关抓捕同案地位、作用较次的犯罪分子的，从宽处罚与否应当从严掌握，如果从轻处罚可能导致全案量刑失衡的，一般不从轻处罚；如果检举揭发或者协助司法机关抓捕的是其他案件中罪行同样严重的犯罪分子，一般应依法从宽处罚。对于犯罪集团的一般成员、共同犯罪的从犯立功的，特别是协助抓捕首要分子、主犯的，应当充分体现政策，依法从宽处罚。（§ 8）

【附属刑法】

《中华人民共和国反间谍法》（2014 年 11 月 1 日通过）

第二十七条

Ⅱ实施间谍行为，有自首或者立功表现的，可以从轻、减轻或者免除处罚；有重大立功表现的，给予奖励。

【参考案例】

△向侦查机关提供侦破其他案件的重要线索经查证属实的，应认定具有立功表现；在其他案件侦破后提供该案件的线索或证据，则不应认定为具有立功表现，但可以酌情从轻处罚。

《刑法》第六十八条第一款规定了立功制度。《最高人民法院关于处理自首和立功具体应用法律若干问题的解释》第五条对于立功的情形作了具体化规定，共有五种：（1）犯罪分子到案后有检举、揭发他人犯罪行为，包括共同犯罪案件中的犯罪分子揭发同案犯共同犯罪以外的其他犯罪，经查证属实；（2）提供侦破其他案件的重要线索，经查证属实；（3）阻止他人犯罪活动；（4）协助司法机关抓捕其他犯罪嫌疑人（包括同案犯）；（5）具有其他有利于国家和社会的突出表现的，应当认定为有立功表现。评价犯罪分子的行为是否属于立功，一方面，要从实效性角度，考察其行为是否对国家和社会有较大贡献；另一方面，还要从法定性角度，考察其行为是否符合法律关于立功的规定。

《最高人民法院关于处理自首和立功具体应用法律若干问题的解释》第五条规定的检举、揭发他人犯罪行为、提供侦破其他案件的重要线索均应发生在司法机关侦破被检举、揭发的案件之前，一旦案件侦破后，再向司法机关提供该案相关犯罪活动信息的，由于该信息对案件的侦破并不具有实质意义，将不再属于提供侦破其他案件的重要线索。在刑事诉讼过程中，案件的侦破与审判在证据标准上有一定区别，侦破案件的证据标准强调的是"有证据证明"，而审判案件证据标准强调的是确实、充分，形成完整的证据链条，排除合理怀疑，2012年修订后的《公安机关办理刑事案件程序规定》中明确了，破案应当具备下列条件：(1)犯罪事实已有证据证明；(2)有证据证明犯罪事实是犯罪嫌疑人实施的；(3)犯罪嫌疑人或主要犯罪嫌疑人已经归案。

在石敬伟偷税、贪污案中，甲乙二人在实施毒品犯罪时，均已被公安机关当场抓获，携带的毒品亦被缴获，公安机关已经掌握了二人犯罪的重要证据，并对其采取了强制措施，符合案件侦破的标准，该案已经侦破。石敬伟在案件侦破以后才向监管人员提供乙的串供字条，客观上对公安机关进一步侦查甲乙贩卖毒品案件得以顺利进行有所帮助，但公安机关并非因此而侦破案件，因此，石敬伟不符合检举、揭发他人犯罪行为，经查证属实或提供侦破其他案件的重要线索，经查证属实的时机条件。石敬伟提供的串供证据虽然包含一定的证明信息，但价值仅在于进一步印证司法机关已掌握的犯罪事实，因此不属于向司法机关提供侦破其他案件的犯罪线索。

在司法实践中，案件虽然侦破，但并不必然导致被告人被定罪，其间侦查机关还需要搜集、固定大量证据。在把握立功政策上，不能只重视案件是否因此侦破，而忽视案件最终认定情况。对于已经侦破或犯罪嫌疑人已被抓获的案件，如果行为人检举或提供的线索对于司法机关进一步搜索证据、对案件的起诉和审判起到至关重要的协助作用，可以以"具有其他有利于国家和社会的突出表现"的情形来认定立功。本案被告人石敬伟向监管人员提供他人串供字条的行为，虽然是有利于国家和社会的行为，但并未达到"突出表现"的程度，因而不能认定为"具有其他有利于国家和社会的突出表现"的情形。当然，鉴于其有利于社会，可以酌情从轻处罚。[No. 3-6-201-3　石敬伟偷税、贪污案]

△如实供述其所参与的对合型犯罪中对方的犯罪行为，属于如实供述自己罪行的内容，不构成立功。

对合型犯罪又称为对合犯，是指某一犯罪的实施或完成必须基于行为双方的对应行为，双方互为特定犯罪构成的必要构成条件。对合型犯罪分为三种情形：一是双方的罪名与法定刑相同，如重婚罪；二是双方的罪名和法定刑都不相同，如行贿罪与受贿罪；三是只处罚一方的行为，如贩卖淫秽物品牟利罪，只处罚贩卖者不处罚购买者。

根据《最高人民法院关于处理自首和立功具体应用法律若干问题的解释》第五条对《刑法》第六十八条所规定的立功作了进一步的解释：犯罪分子到案后有检举、揭发他人犯罪行为，包括共同犯罪案件中的犯罪分子揭发同案犯共同犯罪以外的其他犯罪，经查证属实；提供侦破其他案件的重要线索，经查证属实；阻止他人犯罪活动；协助司法机关抓捕其他犯罪嫌疑人(包括同案犯)；具有其他有利于国家和社会的突出表现的，应当认定为有立功表现。其中检举、揭发他人犯罪行为或提供侦破其他案件的重要线索均要求犯罪分子交代的内容独立于其本人实施的犯罪，法律着重强调了他人犯罪行为、其他案件。

在对合型犯罪中，参与双方的行为均系对方行为成立的必要条件，一方交代了自己的犯罪事实必然包含了对方的犯罪事实，同样，交代对方的犯罪事实也必然包含了自己的犯罪事实。这种相互包含的必然性决定了犯罪分子的供述必然属于与自己实施的犯罪相关的问题，换言之，交代的对方行为不属于"他人的犯罪行为"或"其他案件的重要线索"。

根据《刑事诉讼法》第一百二十条的规定，犯罪嫌疑人对侦查人员的提问应当如实回答。在对合型犯罪中，参与犯罪的一方如实供述自己的犯罪行为系其法定义务，由于对合型犯罪的特殊性，其供述必然包含了另一方的犯罪行为。反之，一方若不想供述另一方的犯罪行为，就至少必须隐瞒自身的部分犯罪事实，因而违反了如实供述的法定义务。

在杨彦玲故意杀人案中，被告人杨彦玲购买铊与唐明才出售铊互为必要条件。唐明才通过互联网面向社会不特定公众出售铊，危害了公共安全，其行为触犯了非法买卖危险物质罪，杨彦玲购买铊的行为则是杀害其丈夫的预备行为，虽然未触犯相同罪名，但在行为性质上，购买行为与出售行为仍相互依存，具有对合性。杨彦玲交代了购买铊的经过以及汇款的银行，并辨认汇款凭条的内容，这些供述确实揭发了唐明才涉嫌犯非法买卖危险物质罪的事实和线索，但同时这些内容也属于杨彦玲自己实施故意杀人罪预备的一部分，并非单独的立功情节。

本案关于重金属铊的来源、汇款对象、联络方式、汇款银行等均属于杨彦玲实施故意杀人犯罪预备过程中发生的事实，也是证明杨彦玲杀死白建平、白航的关键证据，均属于杨彦玲应当交代的内容，系其法定义务，而非与本案事实无关的提供立功线索的行为。[No. 4-232-80　杨彦玲故意杀人案]

△劝说、陪同同案犯自首的，属于具有其他有利于国家和社会的突出表现，可以认定为具有立功情节。

《最高人民法院关于处理自首和立功具体应用法律若干问题的解释》第五条规定："根据刑法第六十八条第一款的规定，犯罪分子到案后有检举、揭发他人犯罪行为，包括共同犯罪案件中的犯罪分子揭发同案犯共同犯罪以外的其他犯罪，经查证属实；提供侦破其他案件的重要线索，经查证属实；阻止他人犯罪活动；协助司法机关抓捕其他犯罪嫌疑人（包括同案犯）；具有其他有利于国家和社会的突出表现的，应当认定为有立功表现。"该规定具有一般性和兜底性的特征，概括了立功的本质，说明立功是有利于国家和社会的突出表现，意在涵盖司法解释没有穷尽的立功表现情形。

在霍海龙等虚开用于抵扣税款发票案中，被告人霍海龙劝说陪同同案犯自首的行为未包括在前四种立功情形中，但属于具有其他有利于国家和社会的突出表现，可以认定为属于刑法上的立功。

刑法设立立功制度，并对有立功表现的行为人基于从轻甚至减轻的刑罚优遇，实质根据有二：一是从法律上说，行为人在犯罪后揭发他人犯罪行为，或者提供重要线索，从而得以侦破其他案件，表明行为人对犯罪行为价值的否定，因而其再犯可能性有所减小，利用刑罚对其进行个别预防的需要减弱。二是从政策上说，对揭发他人犯罪行为，或者提供重要线索等行为，给予刑罚上的从轻处罚，有利于鼓励行为人犯罪后揭发他人犯罪、阻止他人犯罪、协助司法机关抓获其他犯罪嫌疑人等，有利于预防新的犯罪或司法机关及时发现、侦破已发生的犯罪案件。

在本案中，被告人劝、说陪同同案犯自首的行为，体现了行为人对自己行为的认罪悔罪态度，其人身危险性减小了，且该行为具有社会有益性，有利于司法机关及时发现、侦破犯罪案件，刑法规范的效力也得到了确证。因此，从立法本意而言，劝说、陪同同案犯自首的行为应认定为立功表现。[No. 3-6-205-5　霍海龙等虚开用于抵扣税款发票案]

△检举他人较轻罪行，审查中又发现检举人重大罪行的，检举行为不构成重大立功，可以考虑作为酌定量刑情节。

被告人谢茂强归案后，检举了蔡维在农贸市场持刀砍伤付××和刘金根强奸尧××的犯罪事实，经公安机关查证属实。其中，蔡维在此之前已因涉嫌寻衅滋事罪被公安机关抓获，现已由检察院以寻衅滋事罪向法院起诉。从指控的事实看，蔡维的犯罪行为只能被判处有期徒刑，因此，谢茂强检举蔡维的行为亦就只能认定为一般立功。而刘金根被抓获后，除供述强奸尧××的事实外，又坦白自己另有强迫交易、交通肇事、收购赃物的行为，公安机关认为刘金根的其他犯罪行为涉嫌黑社会性质犯罪，正在侦查之中。从上述情况看，刘金根被立案侦查的涉嫌犯罪事实多于谢茂强检举的事实，其涉嫌的全部犯罪事实如查证属实，可能会被判处较重的刑罚，但并不能由此而认定谢茂强的行为属于重大立功。《刑法》第六十八条规定，犯罪分子有揭发他人犯罪行为，经查证属实的，或者提供重要线索，从而得以侦破其他犯罪案件的应当认定为立功。《最高人民法院关于处理自首和立功具体应用法律若干问题的解释》第七条规定，犯罪分子有检举、揭发他人重大犯罪行为，经查证属实；提供侦破其他重大案件的重要线索，经查证属实的，应当认定为重大立功。上述法律和司法解释，对区分立功和重大立功作出了明确的规定。本案中，谢茂强归案后检举了刘金根强奸尧××的事实，属于揭发他人犯罪的行为，并经公安机关查证属实，符合刑法关于立功的规定，可认定为立功。但谢茂强没有检举刘金根的其他重大犯罪或提供有关线索。谢茂强在检举刘金根的强奸犯罪时，并不知道刘金根还有其他犯罪行为，故其检举的内容仅限于强奸一罪。公安人员在对刘金根强奸犯罪进行审查时，刘金根主动交代了其他重大犯罪，属刘金根归案后的坦白行为。公安机关最终查实的刘金根犯罪事实中，除强奸尧××与谢茂强的检举有关，其余均与谢茂强的检举无关，故不能因为谢茂强检举了刘金根强奸尧××，公安机关在查证过程中又发现了刘金根有其他重大罪行，并可能被判处较重刑罚，就认为刘金根的其他重大犯罪被侦破亦与谢茂强的检举有关，从而认定谢茂强的检举属于重大立功。对这种被告人仅检举他人较轻犯罪，审查中又发现被检举人有重大罪行的情况，只能根据被告人的检举内容、查证情况及被检举犯罪可能被判处的刑罚来认定被告人的行为构成一般立功还是重大立功。

需要说明的是,如果被告人仅检举他人一罪,侦查机关据此深挖又发现其他重大犯罪,虽然发现的重大犯罪并非被告人检举而不能认定为被告人有重大立功表现,但考虑到其毕竟对侦查机关发现其他重大犯罪有一定的作用,因此,也可考虑作为酌定情节在量刑时予以考虑。[No. 4-236-15　谢茂强等强奸、奸淫幼女案]

△被告人亲属向司法机关提供他人犯罪线索、协助抓捕其他犯罪嫌疑人,不得认定为具有立功表现,但在具备一定条件时,可以酌情从轻处罚。

刑法设立立功制度的目的在于,提高司法机关的办案效率、分化瓦解犯罪,以及通过立功减轻刑罚促使犯罪分子悔罪。从提高司法机关的办案效率这一目的而言,无论是被告人本人还是其亲属的协助行为都应得到鼓励和支持,但如果将被告人亲属的行为认定为被告人本人的立功,则无法实现促使犯罪分子真心悔过并改过自新的目的。为将上述两个立法目的有效结合起来,应当认为,被告人亲属代为立功的行为,不应认定为立功,但在具备一定条件时,可以酌情对被告人从轻处罚。

在宽严相济刑事政策下,国家鼓励犯罪分子以多种有益于国家、社会的方式积极立功,争取宽大处理。同时,在结合司法实践经验的基础上,为避免或减少不正当立功形式的出现,实现立功制度的公正性,严格限制立功的成立要件,更加注重立功的正当性和亲力性。在此情况下,被告人亲属代为立功的,因被告人未亲自实施立功行为,认定其立功缺乏正当依据,不能认定被告人立功成为应有之义。基于此,2009年《最高人民法院、最高人民检察院关于办理职务犯罪案件认定自首、立功等量刑情节若干问题的意见》中明确规定,立功必须由犯罪分子本人实施,亲友代为实施的,不应认定为犯罪分子的立功表现。同时对立功线索来源作出限制性规定,明确以非法手段或非法途径获取的以及因职务获取的等均不能认定为立功。其后,2010年12月22日《最高人民法院关于处理自首和立功若干具体问题的意见》明确规定,犯罪分子亲友为使犯罪分子"立功",向司法机关提供他人犯罪线索、协助抓捕犯罪嫌疑人的,不能认定为犯罪分子有立功表现。可见无论立功形式如何,其主体就是犯罪分子,而非他人。

在被告人亲属代为立功的情况下,对被告人从轻处罚须具有以下条件:(1)被告人亲属的立功结果是基于被告人提供的线索或相关信息;(2)被告人及其亲属获取线索来源及亲属在代为立功过程中,不能通过非法手段或有违法行为。如此,在亲属代为立功过程中,要求被告人必须在某种程度亲自参与,这是对其从轻处罚的前提,代为立功的整个过程具备合法性是对被告人从轻处罚的法定条件。

结合冯绍龙等强奸案,被告人于明的父亲根据于明提供的在逃犯的藏匿地点,经多方打听和跟踪,最终确定了在逃犯的确切地点,从而协助公安机关将其抓获归案。于明只提供了在逃犯可能的藏匿地点,其提供的地点并不具体、明确,对公安机关直接抓捕在逃犯不具有实际意义,无法构成立功。其父根据该线索进一步努力,锁定了在逃犯的藏匿地点,并协助公安机关将在逃犯抓获,于明及其父亲的行为客观上节省了司法资源,并对国家、社会是有益的,应当得到鼓励和支持,因此虽无法认定于明立功,但可对其酌情从轻处罚。[No. 4-236-28　冯绍龙等强奸案]

△犯罪嫌疑人与其亲属将同案犯抓获后扭送至有关机关投案的,应当认定为立功。

根据《最高人民法院关于处理自首和立功具体应用法律若干问题的解释》的规定,协助司法机关抓捕其他犯罪嫌疑人是立功。在司法实践中,协助司法机关抓捕同案犯通常表现为:为司法机关指明同案犯住址、藏匿处所或告知车牌号,使司法机关得以抓获同案犯的;帮助司法机关稳住同案犯或引诱同案犯见面,由司法机关实施抓捕的;向司法机关提供同案犯的电话号码、QQ号码,使司法机关得以抓获同案犯的;等等。在有些紧急情况下,如果坐等司法机关实施抓捕,往往会丧失使犯罪嫌疑人归案的最好时机。事实上,当事人及其家属将同案犯抓捕后扭送至司法机关的行为,既达到了捕获犯罪分子的法律效果,同时又节约了司法资源,完全符合立功制度的立法意旨,相对于协助司法机关抓捕犯罪分子的行为,更应该为法律所认可。被告人杨占娟通过电话将同案犯王其川约出,见面后与其父一起将王其川抓获并扭送至公安机关,这种行为认定为立功无疑是符合法律精神的。[No. 4-239-6　杨占娟等绑架案]

△掩饰、隐瞒犯罪所得、犯罪所得收益罪的犯罪嫌疑人,在供述中揭发所得或所得收益来源的犯罪人具体犯罪行为的,应当认定为揭发他人犯罪行为,成立立功。

对于窝藏、包庇罪等连累犯而言,只要求行为人主观上明知系犯罪的人、犯罪分子或犯罪所得及其产生的收益即可,即属于一种概括性的明知,不需要对基本犯的具体犯罪行为有明确的认识。掩饰、隐瞒犯罪所得、犯罪所得收益罪、帮助犯罪分子逃避处罚罪等属于此类连累犯。这类连累犯的犯罪构成并不能涵摄基本犯的具体犯罪行为,其并无如实供述基本犯的具体犯罪行为的义务。因此,对于这类连累犯而言,揭发基本犯的具体犯罪行为就超出了其如实供述的范围,属于揭发他人犯罪行为,应当认定为立功。在吴灵玉等抢劫、盗窃、窝藏案中,同海潮系窝藏犯,其只需如实供述明知吴灵玉等人系犯罪人即可,至于吴灵玉等人所犯何罪,则在所不论,其揭发吴灵玉等人的具体抢劫犯罪行为超出了如实供述的范围,系揭发他人犯罪行为,应当认定为立功。[No. 5-263-1　吴灵玉等抢劫、盗窃、窝藏案]

△对公安机关抓捕同案犯确实起到协助作用的,无论协助方法的形式如何,均应认定为具有立功表现。

对于协助抓获同案犯的行为是否认定为立功表现,关键在于行为人在公安机关抓获同案犯的过程中是否确实起到了协助作用。这种协助作用包括经被告人当场指认、辨认同案犯而抓获的,带领公安人员前往抓获的,以及提供不为司法机关掌握或司法机关按正常工作程序无法掌握的同案犯的藏匿地点而抓获的,等等。只要行为人的行为对于司法机关抓获同案犯起到了协助作用,就应当认定行为人具有立功表现。结合陆骅等抢劫案分析,被告人陆骅到案后带领公安人员至石国伟家抓捕石国伟,已经表明陆骅向公安机关提供了石国伟的可能藏匿地点等基本情况,对公安机关抓获石国伟已经起到了一定的协助作用,同时,据石国伟归案后的供述,其系接到陆骅劝说其自首的电话后至公安机关自首的。因此,陆骅劝说石国伟自首的行为与石国伟的自动投案之间存在因果关系。这种劝说自首行为也成为协助司法机关抓捕同案犯的具体表现,在同案犯石国伟据此归案后,应当认定陆骅在使同案人石国伟到案的问题上确实起到了协助作用。至于石国伟的行为是否成立自首则是另一层面评判的问题,不影响对陆骅具有立功表现的认定。[No. 5-263-53　陆骅等抢劫案]

△重大立功认定标准中的可能被判处无期徒刑以上刑罚,应理解为排除罪后情节而可能判处无期徒刑以上的宣告刑。

对可能被判处无期徒刑以上刑罚的理解,应理解为排除罪后情节而可能判处无期徒刑以上的宣告刑,不能一概以法定刑幅度内含有无期徒刑就认为是可能判处无期徒刑。这里的罪后情节,主要是指行为人实施犯罪以后的能够影响量刑的情节,如自首、立功等。比如说,被检举、揭发人仅入户抢劫一次,无其他从重、加重情节,虽然其法定刑幅度为十年以上有期徒刑、无期徒刑或者死刑,但通常情况下,被检举、揭发人判处十年左右有期徒刑就行了,不可能被判处无期徒刑以上刑罚,此时就不存在认定检举、揭发人具有重大立功表现的空间。再有,被检举、揭发的犯罪嫌疑人本可能判处无期徒刑,但因其到案后有立功表现或被查明是少年犯,而被减轻判处十四年有期徒刑,此种情况并不影响认定检举、揭发人具有重大立功表现。

从周应才等抢劫、掩饰、隐藏犯罪所得案来看,左明生、张磊所协助抓获的同案犯,均在没有自首、立功等罪后情节、因素的情况下,被判处十五年有期徒刑以下刑罚,不能认定为"可能被判处无期徒刑以上刑罚"。据此,两名被告人的行为难以认定为重大立功,仅构成一般立功。[No. 5-263-87　周应才等抢劫、掩饰、隐瞒犯罪所得案]

△供述并协助抓获轻罪同案犯,该同案犯后被查明犯有重罪,可能被判处无期徒刑以上刑罚的,不能认定为重大立功,可认定为一般立功。

被告人张令在自己因盗窃被抓获的情况下,既没有供述自己的抢劫事实,也没有揭发樊业勇的抢劫事实,可见其主观上并不希望他们犯下的抢劫事实被司法机关发现,其对司法机关抓获樊业勇之后所查证的犯罪事实结果在内心意志上是持反对态度的。

在协助抓捕型立功中,认定是否属于《最高人民法院关于处理自首和立功具体应用法律若干问题的解释》中的重大犯罪嫌疑人应当有一定的时间要求,即应当以实施协助抓捕行为时犯罪分子所揭发的犯罪事实或者侦查机关所掌握的犯罪事实为依据。犯罪分子协助抓捕其他犯罪嫌疑人时,根据犯罪分子揭发的犯罪事实或者侦查机关已经掌握的犯罪事实可能判处无期徒刑以上刑罚的,应认定该犯罪分子为重大犯罪嫌疑人;根据当时犯罪分子揭发的犯罪事实或者司法机关已经掌握的犯罪事实虽然尚不能明确能否判处无期徒刑以上刑罚,但根据已经掌握的犯罪线索,通过继续侦查所查证的犯罪事实,确定可能判处无期徒刑以上刑罚的,也可以认定为重大犯罪嫌疑人;但是,如果根据当时犯罪分子揭发的犯罪事实或者侦查机关已经掌握的犯罪事实不能确定为重大犯罪嫌疑人,而是根据抓捕之后查明的其他犯罪事实才确定其为重大犯罪嫌疑人的,不属于《最高人民法院关于处理自首和立功具体应用法律若干问题的解释》第7条中的重大犯罪嫌疑人。

综上,对本案被告人张令的协助抓捕行为宜认定构成一般立功,而非重大立功。[No. 5-263-88　张令等抢劫、盗窃案]

△自首时不仅交代了同案犯的罪行和基本信息,而且提供了司法机关无法通过正常工作程序

掌握的同案犯的线索，司法机关通过该线索抓获同案犯，则其行为对司法机关起到了必要的协助作用，应当认定为立功。

胡国栋抢劫案所涉问题的关键，在于如何区分共同犯罪中被告人的自首与立功，实质是如何理解和认定共同犯罪案件被告人自首时所应当供述的同案犯信息的范围问题，换言之，共同犯罪的被告人自首时交代同案犯信息，在何种条件下可以认定为立功。

《最高人民法院关于处理自首和立功具体应用法律若干问题的解释》第一条规定，共同犯罪案件中的犯罪嫌疑人，除如实供述自己的罪行，还应当供述所知的同案犯，主犯则应当供述所知其他同案的共同犯罪事实，才能认定为自首。如此规定，是由于共同犯罪的整体性特征，共同犯罪被告人如果不交代同案犯的犯罪事实就没有完整供述自己的罪行，则谈不上如实供述和自首。所谓供述同案犯，是指供述同案犯的姓名、住址、联系方式等身份情况和在共同犯罪中的具体表现、地位和作用。这些内容往往会对司法机关抓捕同案犯起到协助作用，因此会导致自首的成立和立功的认定发生一定程度的竞合。该解释第五条规定，协助司法机关抓捕其他犯罪嫌疑人（包括同案犯）的，应当认定为具有立功表现，此处的关键在于如何准确界定协助的内容。

2008 年 12 月 1 日最高人民法院印发的《全国部分法院审理毒品犯罪案件工作座谈会纪要》中提出，共同犯罪中同案犯的基本情况，包括同案犯的姓名、住址、体貌特征、联系方式等信息，属于被告人应当供述的范围，公安机关据此抓获同案犯的，不应认定为有立功表现。2010 年 12 月 22 日《最高人民法院关于处理自首和立功若干具体问题的意见》第五条中对协助抓捕其他犯罪嫌疑人的认定作了规定，具体包括：(1)按照司法机关的安排，以打电话、发信息等方式将其他犯罪嫌疑人(包括同案犯)约至指定地点的；(2)按照司法机关的安排，当场指认、辨认其他犯罪嫌疑人（包括同案犯）的；(3)带领侦查人员抓获其他犯罪嫌疑人（包括同案犯）的；(4)提供司法机关尚未掌握的其他案件犯罪嫌疑人的联络方式、藏匿地址的，等等。

根据上述规定，对于司法机关根据被告人自首时交代的情况抓获同案犯的，能否认定其有立功表现应区分具体情形具体分析。被告人自首时交代了同案犯的罪行和基本信息，又提供了司法机关无法通过正常工作程序掌握的有关同案犯的线索，而司法机关正是通过该线索将同案犯抓获归案的，那么，不论被告人是否带领公安机关前往现场抓捕，都应认定其行为对司法机关抓获同案犯起到了必要的协助作用，构成立功。

在本案中，被告人胡国栋在向公安机关自首其犯抢劫罪的事实时，供述了参与作案的绰号“平头”（不知真名）的同案犯，并揭发“平头”也被关押在同一看守所的事实，在公安机关的组织下对照片进行了混合辨认，指认了同案犯“平头”。公安人员正是借此线索掌握了王焱参与抢劫的事实。该线索是公安机关通过正常工作程序无法掌握的，因此胡国栋的行为应当认定为立功。[No. 5-263-120　胡国栋抢劫案]

△提供同案犯的信息，但并未对公安机关抓捕同案犯起到协助作用的，不能认定为立功。

我国刑法所确立的立功制度和对立功从宽处罚的原则，具有重大的意义。一方面，可以激励犯罪分子悔过自新，重新做人，使其能以较为积极的态度协助司法机关工作，提高司法机关办案的效率，节省司法资源；另一方面，可以有效地瓦解犯罪势力，促使其他犯罪分子主动归案，减少因犯罪分子留在社会上而对社会构成的潜在威胁。司法实践中，对已到案的犯罪分子协助司法机关抓捕其他犯罪嫌疑人，构成立功的，要把握三个条件：一是确实有协助抓捕的必要；二是客观上有协助司法机关抓捕其他犯罪嫌疑人的具体行为；三是协助行为对抓捕其他犯罪嫌疑人确实起到了作用。犯罪分子到案后如实交代同案犯的基本信息情况的，属于如实交代基本犯罪事实的范畴，不能认定为立功。审查判断协助抓捕行为是否构成立功，关键是审查该协助行为对司法机关的逮捕是否确实起到了作用，如带领公安人员抓捕其他犯罪嫌疑人，并当场指认，就属于起到了协助作用，应认定为立功。

在刘伟等抢劫案中，现有证据显示，谢辉、刘伟被抓获后分别交代了伙同姬义抢劫杀害董宝玲的犯罪事实，并交代了姬义的基本信息等属于坦白交代基本犯罪事实，仅表明其二人认罪态度好，不属于立功的范畴。有争议的是，公安人员为确保顺利抓捕姬义，而押解刘伟到河北省廊坊市，但刘伟却说不出姬义的具体房间号，公安人员找到当地派出所民警配合而将姬义抓获。由此可见，刘伟对抓获姬义没有起到实质性的作用，不属于协助司法机关抓捕同案犯。[No. 5-263-121　刘伟等抢劫案]

△协助公安机关抓捕同案犯并进行指认的，应当认定为立功。

我国刑法规定立功制度，并将其作为法定从宽处罚情节，有利于实现刑罚预防犯罪、惩罚犯罪的目的，有利于节约司法资源，也有利于实现刑罚

总则　第四章

的教育目的。《最高人民法院关于处理自首和立功具体应用法律若干问题的解释》自 1998 年 5 月 9 日起施行,《最高人民法院关于处理自首和立功若干具体问题的意见》于 2010 年 12 月 22 日公布。这两个规定逐步明确了立功的构成条件和对量刑的具体影响,将实际存在的各种立功情形具体化、规范化,进一步统一了对于立功的认识和量刑的把握,有力地指导了审判实践。

协助公安机关抓获同案犯是常见的立功情形。《最高人民法院关于处理自首和立功若干具体问题的意见》第五条规定,协助司法机关抓捕其他犯罪嫌疑人(包括同案犯),应当认定为有立功表现。第五条第一款进一步明确了协助司法机关抓捕其他犯罪嫌疑人的情形:(1)按照司法机关的安排,以打电话、发信息等方式将其他犯罪嫌疑人(包括同案犯)约至指定地点的;(2)按照司法机关的安排,当场指认、辨认其他犯罪嫌疑人(包括同案犯)的;(3)带领侦查人员抓获其他犯罪嫌疑人(包括同案犯)的;(4)提供司法机关尚未掌握的其他案件犯罪嫌疑人的联络方式、藏匿地址的,等等。同时第二款规定了不属于"协助司法机关抓捕其他犯罪嫌疑人"的情形,即犯罪分子提供同案犯的姓名、住址、体貌特征等基本情况或提供犯罪前、犯罪中掌握、使用的同案犯联络方式、藏匿地址,司法机关据此抓捕同案犯的。

王奕发、刘演平敲诈勒索案属于典型的立功案例,被告人刘演平归案后经公安机关法制教育,交代了同案犯王奕发的联系电话,表示愿意配合公安机关抓捕王奕发,并按照公安机关的安排打电话联系上王奕发,假意约定去百盛茶餐厅商量再次作案,之后,公安机关在刘演平的指认下抓获了王奕发。由于被告人刘演平的配合、协助行为,使司法机关更容易抓获其他同案犯,有效降低了抓捕成本,有利于及时惩治犯罪,成立立功。[No. 5-274-13　王奕发、刘演平敲诈勒索案]

△诉讼期间的立功表现,在刑罚执行期间被查证属实的,可以不撤销原判重新审判,由所在服刑单位直接提请减刑。

在刑事诉讼中,人民法院认定被告人的犯罪事实及涉及被告人定罪量刑的其他情节,是依据公诉机关及被告人及其辩护人提供的证据确定的。在严庭杰非法经营、卢海棠赌博、伪造国家机关证件案一、二审诉讼中,严庭杰尚没有证据证明其具有立功表现,尽管其有检举、揭发行为,但是否属实,尚待进一步查证属实。根据《刑法》第七十八条第一款的规定,被判处管制、拘役、有期徒刑、无期徒刑的犯罪分子,在执行期间,如果认真遵守监规,接受教育改造,确有悔罪表现的,或者有立功表现的,可以减刑;有重大立功表现的,应当减刑;《最高人民法院关于办理减刑、假释案件具体应用法律若干问题的规定》(已失效)第三条第(二)项规定,检举、揭发监狱内外活动,或者提供重要的破案线索,经查证属实的,应认定为有立功表现。《福建省高级人民法院关于办理减刑、假释案件有关问题的实施意见》第五条第(二)项、福建省司法厅、福建省检察院、福建省高级人民法院联合发布的《罪犯百分制考核和奖惩规定》第二十七条均规定罪犯在服刑期间有揭发、检举监内外犯罪分子的犯罪活动,经查证属实应当予以记功并及时依法提请减刑或假释。以上规定是指在服刑期间的检举揭发,具有立功表现行为如何减刑的问题,法条并没有直接规定侦查阶段中的检举、揭发行为,被告人已转至监狱的应如何处理。

综上,在刑事诉讼终审时,尚无证据证明被告人具有立功表现,终审后被告人在服刑期间立功表现被证实的,建议由所在服刑单位直接发动提请减刑程序。[No. 6-1-303(2)-3　严庭杰非法经营、卢海棠赌博、伪造国家机关证件案]

△为公安机关提供线索,协助公安机关抓获同案犯的,应当认定为立功。

最高人民法院认定被告人梁延兵协助公安机关抓获同案犯构成重大立功主要基于以下几点理由:(1)梁延兵向公安机关提供了同案犯陈光虎可能藏匿的地点为其姐姐的租住房;(2)该藏匿处事先不为公安机关所掌握,如梁延兵不供述公安机关也无从掌握;(3)公安机关正是根据梁延兵提供的线索抓获了同案犯陈光虎;(4)陈光虎被依法判处死刑,缓期二年执行,为罪行重大的犯罪分子。公安人员根据梁延兵提供的线索抓获了同案犯陈光虎,说明其提供的线索真实、清晰、可靠,无疑应当属于协助司法机关抓获同案犯。由于同案被告人陈光虎被抓获后被判处死刑,缓期二年执行,属重大罪犯,故最高人民法院认为,梁延兵协助公安机关抓获陈光虎的行为属构成重大立功表现。[No. 6-7-347-17　梁延兵等贩卖、运输毒品案]

△已归案的犯罪分子协助公安机关抓捕其他犯罪人的,无论其协助行为所起作用大小,均应认定为立功。

已归案的犯罪分子协助公安机关抓捕其他犯罪嫌疑人,构成立功的条件有两个:(1)客观上有无协助公安机关抓捕其他犯罪嫌疑人的行为;(2)协助行为对抓捕其他犯罪嫌疑人是否起到了作用。至于协助行为对于抓捕其他犯罪嫌疑人所起作用的大小,司法解释并未规定,也未要求。也就是说,对于已归案的犯罪分子协助抓获其他犯罪嫌疑人的,只要协助行为对抓捕其他犯罪嫌疑人确实起到了作用,无论所起作用大小,都应认定为立功。换言之,协助行为对抓捕其他犯罪嫌疑人所起作用的大小,并不影响立功的成立。

在陈佳嵘等贩卖、运输毒品案中,被告人赵新文归案前,公安机关虽然对其采取了电话监控措施,但这种监控措施力度有限,不足以防止赵新文脱离监控而逃匿。一旦赵新文察觉或怀疑陈佳嵘被公安机关抓获,其完全可能逃匿,从而脱离监控,增加抓捕难度。正是出于这种考虑,公安机关才在陈佳嵘归案后,让其给赵新文打电话"报平安"和向其提出再购买毒品。事实上,陈佳嵘的行为对于稳住赵新文、防止其逃匿以及对公安机关顺利实施抓捕均起到了一定的积极作用。因此,陈佳嵘配合公安机关给赵新文打电话"报平安"及提出再向其购买毒品的行为,实质上是一种协助抓捕行为,而且该协助行为对于抓捕赵新文客观上起到了一定的积极作用,符合协助抓捕型立功的条件,应当认定为立功。赵新文因所犯罪行被判处死刑,属于重大犯罪嫌疑人,故应认定陈佳嵘的协助行为构成重大立功。在刑罚适用上,虽然陈佳嵘贩卖、运输的毒品数量大,且系毒品罪再犯,论罪应当判处死刑立即执行,但考虑到陈佳嵘有重大立功的法定从轻处罚情节,对其判处死刑,可不立即执行。[No. 6-7-347-19 陈佳嵘等贩卖、运输毒品案]

△被告人归案后及时提供毒品同案犯的住处和活动情况,使公安机关查缴大量毒品从而防止了毒品重大危害的,应当认定为立功。

被告人刘育明虽协助司法机关抓捕毒品买主黄国柱,但因黄国柱的狡猾而摆脱了公安人员的控制,未能将黄国柱抓获归案,因此,不能认定刘育明具有协助司法机关抓捕其他犯罪嫌疑人的立功表现,同时,因黄国柱与其是同案犯,也不属于提供侦破其他案件重要线索的立功。但是,刘育明及时提供黄国柱的住址和活动情况,使得公安人员从黄国柱的住处查获已被黄国雄控制的2710克海洛因和4900克咖啡因,使已经卖出的毒品全部被追回,防止了这部分毒品流入社会后危害人类,刘育明的行为符合《最高人民法院关于处理自首和立功具体应用法律若干问题的解释》第七条关于"犯罪分子对国家和社会有其他重大贡献等表现的,应当认定为有重大立功表现"的规定,一、二审法院认定其具有重大立功情节是正确的。[No. 6-7-347-25 梁国雄等贩卖毒品案]

△公诉机关未认定被告人具有自首、立功情节的,人民法院可以直接认定。

量刑情节的事实与定罪事实的证明标准和程序应当是有所不同的,对被告人定罪事实的认定,应贯彻严格证明标准,而对被告人量刑情节事实的认定,可实行优势证明标准。程序上,因对自首和立功的认定,属于对被告人有利情节的认定,为避免诉讼资源的浪费和审限的拖延,在侦查机关出具了经查证属实的证明材料后,人民法院可直接自由裁量。[No. 6-7-347-26 梁国雄等贩卖毒品案]

△被告人亲属代为立功的,不构成刑法上的立功,但可以作为酌定从轻情节在量刑时适当予以考虑。

被告人亲友的代为立功是不能认定为被告人立功的,因为根据刑法的规定,构成刑法意义上的立功是有主体条件限定的,即只有犯罪分子包括被采取强制措施的犯罪嫌疑人、被告人和正在服刑的罪犯才存在刑法意义上的立功。因此,对完全与犯罪分子无关、纯粹由犯罪分子亲友实施的立功行为,不能认定为犯罪分子的立功表现。当然,亲友代为立功作为一种对社会有益的行为,应当给予一定的鼓励和奖励,考虑到被告人亲友系出于帮助被告人减轻罪责的动机才代为立功的,虽然不能认定为被告人有立功表现作为法定从轻情节,但将亲友代为立功作为酌定从轻情节在量刑时适当予以考虑,是符合我国刑事政策精神的。

被告人田嫣、孔昊到案后,二被告人的亲属为使审判机关在裁判时对被告人从宽处理,向公安机关提供他人犯罪线索,使得公安机关抓获其他犯罪嫌疑人,破获重大案件,该事实已经查证属实,应当属于被告人亲属代为立功。因为不是被告人田嫣、孔昊本人的立功行为,故不能认定为立功,可以作为酌定情节在量刑时予以考虑。

二审法院根据二被告人犯罪的具体情况,充分考虑了其亲友代为立功的情节,鉴于田嫣所犯罪行极其严重,孔昊已经从轻处罚,对这一情节没有予以从轻也是可以的。需要指出的是,为有利于打击社会危害严重的毒品犯罪,维护社会安定,对犯罪分子亲友代为立功的行为,司法机关在没有据之对犯罪分子从轻量刑的情况下,应当根据相关规定对实施立功行为的人员予以一定奖励,以保护人民群众检举、揭发犯罪,同犯罪现象作斗争的积极性。[No. 6-7-347-30 田嫣等贩卖毒品案]

△提供线索协助查获大量案外毒品的,即使无法查明毒品持有人,仍应认定为具有重大立功表现。

现行《刑法》第六十八条规定:"犯罪分子有揭发他人犯罪行为,查证属实的,或者提供重要线索,从而得以侦破其他案件等立功表现的,可以从轻处罚或者减轻处罚;有重大立功表现的,可以减轻或者免除处罚。”从这一规定出发,理论界和实务部门有观点认为,立功仅限于《刑法》第六十八条规定的两种情形:(1)揭发他人的犯罪行为;(2)提供其他案件的重要线索。但也有观点认为,除《刑法》第六十八条列举的两种立功表现外,下列情形也应视为立功:(1)协助司法机关缉捕其他罪犯;(2)犯罪人遇有其他在押犯自杀、脱逃或者其他严重破坏监规行为,及时向看守人员报告;(3)遇有自然灾害、意外事故奋不顾身加以排除等。鉴于存在上述争议,1998年5月9日出台的《最高人民法院关于处理自首和立功具体应用法律若干问题的解释》第五条规定:“根据刑法第六十八条第一款的规定,犯罪分子到案后有检举、揭发他人犯罪行为,包括共同犯罪案件中的犯罪分子揭发同案犯共同犯罪以外的其他犯罪,经查证属实;提供侦破其他案件的重要线索,经查证属实;阻止他人犯罪活动;协助司法机关抓捕其他犯罪嫌疑人(包括同案犯);具有其他有利于国家和社会的突出表现的,应当认定为有立功表现。”《最高人民法院关于处理自首和立功具体应用法律若干问题的解释》第五条不但将阻止他人犯罪活动列入立功表现,而且将其他有利于国家和社会的突出表现增加为兜底项,大大拓宽了实践中立功表现的范围。

立功制度是我国一项重要的刑罚制度,其实质是基于宽严相济刑事政策,从惩办与宽大相结合的角度出发,鼓励犯罪分子改恶从善,同时提高司法机关破案率,节约司法资源。准确理解和把握立功制度的政策精神,依法适用刑法和相关司法解释关于立功的规定,对于分化、瓦解犯罪分子,及时侦破案件,有效打击犯罪,具有十分重要的意义。在司法实践中,既要防止把不构成立功的行为认定为立功,又要避免把构成立功的行为不认定为立功。要做到这一点,必须明确把握立功的成立要件。

立功的成立要件主要包括以下几个方面:一是立功的主体是实施了犯罪行为的犯罪人本人,其他任何人都不能取代;二是在时间上具有特定性,立功是犯罪人实施犯罪行为后的行为;三是立功的内容必须是真实有效的;四是立功必须具备实质要件,即对国家和社会的有益性,且该有益性应当是突出的,而不是任何有益于国家和社会的行为均能构成立功。基于上述分析,不难得出如下结论:立功主要表现为协助查获案件、抓获犯罪人、阻止他人犯罪,但并不限于查获案件、抓获犯罪嫌疑人和阻止他人犯罪,而是包括其他有利于国家和社会的突出表现。

关于有利于国家和社会的突出表现的认定,需要从两个方面分析:一是从行为性质上看,是有利于国家和社会的;二是从行为的程度上看,是突出表现,而不是一般的表现。虽然行为不属于《最高人民法院关于处理自首和立功具体应用法律若干问题的解释》第五条规定的前四种立功情形,但只要是属于有利于国家和社会的突出表现,就可以认定为《最高人民法院关于处理自首和立功具体应用法律若干问题的解释》第五条规定的第五种立功情形。这类情形的立功行为既可以是与刑事案件有关的行为,也可以是与刑事案件无关的行为。

就魏光强等走私运输毒品案而言,被告人魏光强实施了走私、运输毒品犯罪行为,在犯罪后提供线索并协助公安机关查获了9643克毒品。贩卖运输如此巨大数量的毒品完全可能被判处无期徒刑以上的刑罚,魏光强协助公安机关能够有效防止如此数量之大的毒品流入社会,从源头上阻止了该批毒品的实际控制人继续实施以该批毒品为对象的犯罪的可能性。魏光强的行为应当认定构成重大立功。[No. 6-7-347-40　魏光强等走私运输毒品案]

△检举、揭发同案犯的共同犯罪事实的,不构成立功。

李平贪污、挪用公款案二审期间,李平检举、揭发了其所在单位会计宁加干与其共同贪污的犯罪事实。这一情节虽经检察机关查证属实,但因其自己就是宁加干贪污犯罪的同案犯,根据《最高人民法院关于处理自首和立功具体应用法律若干问题的解释》第五条的规定,犯罪分子到案后有检举、揭发他人犯罪行为构成立功的,不包括同案犯的共同犯罪行为。李平若在一开始就如实供述自己的全部犯罪事实,则必然如实交代其与宁加干共同贪污的犯罪事实,显然这不属于立功。当然,李平在二审期间予以供述,坦白交代,一般可作为酌定从轻情节予以考虑。[No. 8-382-18　李平贪污、挪用公款案]

△被告人除提供同案犯的情况外,还协助侦查机关抓捕同案犯的,应当认定为有立功表现;该同案犯若属于重大嫌疑人,即可能判处无期徒刑以上刑罚或案件在本省、自治区、直辖市或全国范围内有较大影响的,应当认定为有重大立功表现。

立功制度是我国刑事法律中独具特色的法律制度,其设立宗旨在于分化、瓦解犯罪分子,通过犯罪分子的立功行为侦破案件,惩罚犯罪,本质上属于一种功利性的刑罚制度。《刑事诉讼法》第一百二十条要求犯罪嫌疑人履行如实回答侦查人员提问的义务。在共同犯罪案件中,同案犯的基本情况,属于犯罪嫌疑人应如实回答的内容,犯罪嫌疑人提供同案犯的基本情况,仅仅是履行了应当承担的法律义务,而不是协助抓捕同案犯,不能认定为协助司法机关抓捕同案犯,不构成立功。但如果犯罪分子根据司法机关的安排,采取各种有效方法将其他同案犯所处位置予以明确,从而使侦查机关抓获同案犯的,该行为则超出了被告人应当如实供述的内容,应当认定为协助抓捕其他犯罪嫌疑人的立功表现。基于犯罪行为的复杂性、多样性,法律规范不可能穷尽所有协助抓捕同案犯的行为类型,需要审判人员在审判实践中针对个案情况予以认定。在吴江、李晓光挪用公款案中,被告人李晓光不仅如实供述了同案犯的基本情况,而且在接受讯问时,通过电话指引侦查人员到吴江住处将其抓获,与其本人带领侦查人员抓获吴江的行为性质和效果无异。尽管李晓光本人未亲自到场,但其行为与带领侦查人员抓获其他同案犯具有实质性的等同性,符合立功制度的价值取向和刑法设立该制度的立法本意。

对于重大立功的认定,《最高人民法院关于处理自首和立功案件具体应用法律若干问题的解释》提出了明确的标准,协助司法机关抓捕其他重大犯罪嫌疑人的,应认定为有重大立功表现。所谓重大嫌疑人,一般是指犯罪嫌疑人、被告人可能被判处无期徒刑以上刑罚,或案件在本省、自治区、直辖市或全国范围内有较大影响的情形。本案中李晓光协助侦查机关抓获了同案犯吴江,吴江挪用公款达970万余元,数额巨大且不退还,法定刑为十年以上有期徒刑或无期徒刑,且其最终也被判处无期徒刑,属于“重大犯罪嫌疑人”,因此李晓光的行为应认定为重大立功表现。[No. 8-384-9 吴江、李晓光挪用公款案]

△区分一般立功与重大立功,应以被检举、揭发人的犯罪行为是否能被判处无期徒刑以上刑罚为标准。

根据现行《刑法》第六十八条之规定,我国刑法中的立功可分为一般立功和重大立功两种。属于一般立功的,可以从轻或减轻处罚,有重大立功表现的,却可以减轻或免除处罚。而区分一般立功和重大立功的重要标准,则是被检举揭发的重大犯罪行为,提供侦破其他重大案件的重要线索,经查证属实或者协助司法机关抓捕其他重大犯罪嫌疑人等依该犯罪嫌疑人、被告人所犯之罪行,可能被判处无期徒刑以上刑罚等,是重大立功。在被检举、揭发的犯罪事实发生于刑法修改之前,依原刑法被检举人可能判处无期徒刑以上刑罚;依现行刑法只能处以有期徒刑时,对检举、揭发他人犯罪行为的被告人是一般立功还是重大立功,应适用被检举、揭发的犯罪嫌疑人、被告人所适用的刑法。因为,立功的大小,主要取决于被检举、揭发的犯罪嫌疑人、被告人依应适用的刑法可能受到刑罚惩罚的轻重程度。据此,被告人黄立军检举他人贪污犯罪,依从旧兼从轻的刑法适用原则,应适用现行刑法,而根据现行刑法的规定,被检举的贪污犯罪被告人只能被判处有期徒刑,故被告人黄立军仅构成一般立功。[No. 8-385-25 黄立军受贿案]

△阻止他人犯罪,虽然他人因未达到刑事责任年龄而未被追究刑事责任,仍应认定为具有立功表现。

《刑法》第六十八条第一款规定了立功制度,1998年《最高人民法院关于处理自首和立功具体应用法律若干问题的解释》第五条规定,阻止他人犯罪活动的,应当认定为有立功表现。

对于阻止他人犯罪活动的理解,《最高人民法院关于处理自首和立功具体应用法律若干问题的解释》表述为他人犯罪活动而非他人犯罪,表明此处的犯罪活动不等于实际的犯罪。2010年《最高人民法院关于处理自首和立功若干具体问题的意见》第六条第五款规定,“被告人检举揭发或者协助抓获的人的行为构成犯罪,但因法定事由不追究刑事责任、不起诉、终止审理的,不影响对被告人立功表现的认定”。这里的构成犯罪,应从形式上理解,是指行为具有社会危害性,具备了某种犯罪构成的客观要件,至于该行为因主体不具备刑事责任能力而不追究刑事责任或因情节显著轻微、已过追诉时效、被赦免、被告人死亡等原因而不立案、撤销案件、不起诉、终止审理或宣告无罪的,不影响立功的认定。《最高人民法院关于处理自首和立功若干具体问题的意见》深入贯彻了宽严相济刑事政策的精神,认定立功的条件更为宽泛,对犯罪分子将功折罪、回归社会的努力进一步予以了肯定。

《最高人民法院关于处理自首和立功若干具体问题的意见》第六条虽只规定了检举揭发或协助抓获立功,但司法实践中可以参照该规定,对阻止他人犯罪活动立功进行认定。阻止他人犯罪活动与检举揭发他人犯罪行为、协助司法机关抓捕其他犯罪嫌疑人是并列的应认定为立功的情形,且《最高人民法院关于处理自首和立功若干具体问题的意见》本身对他人犯罪活动的表述即体现了与《最高人民法院关于处理自身和立功具体应用法律若干问题的解释》一致的立法取向。从功利主义的角度考虑,比起事后检举揭发犯罪的行为,当场阻止他人犯罪可以更及时有效地阻止法益受到侵害,具有更大的价值。既然事后检举揭发犯罪成立立功的条件已更宽泛,阻止他人犯罪活动也应予以进一步鼓励和保护。从刑罚目的上考虑,当场阻止犯罪在很多情形下要承担较大的风险,体现了行为人较积极的悔罪态度。参照《最高人民法院关于处理自首和立功若干具体问题的意见》对检举、揭发及协助抓获立功的规定,在符合立法意图的前提下,更加积极地肯定此行为,有助于行为人改造思想、消除犯罪意愿,更好地实现刑罚的特殊预防目的。

因此,"阻止他人犯罪活动"中的"犯罪活动",应当理解为具有社会危害性、具有某种犯罪构成客观要件的外在表现形式的行为。行为人的阻止行为应达到"止"的效果,使他人的犯罪活动停止,或在特定时空内不再继续,法益受侵犯的状态或结果及时得到控制或消除。在司法实践中,行为人虽积极阻拦他人犯罪,但因势单力薄或意外事件而未产生犯罪活动客观上停止的实际效果,则不能认定为立功。但此情形反映了其悔罪态度,表明其人身危险性、再犯可能性降低,在实际量刑中可将其作为从轻处罚的酌定情节,以体现国家和社会对这种积极行为的肯定及鼓励,从而更好地贯彻宽严相济刑事政策。就沈同贵受贿案而言,被告人沈同贵发现阿某正在盗窃他人钱包予以制止,虽然司法机关未追究阿某的刑事责任,但阿某的行为侵害了被害人的财产利益,具有社会危害性,且客观上符合盗窃罪客观要件的外在表现形式,应认定沈同贵阻止他人犯罪活动,有立功情节。[No. 8-385-33　沈同贵受贿案]

△故意隐瞒参与共同犯罪的事实而指认同案犯的行为,不构成立功。

《刑法》第六十八条并未对构成立功时间条件进行限定,根据《最高人民法院关于处理自首和立功具体应用法律若干问题的解释》第五条的规定,"犯罪分子到案后有检举、揭发他人犯罪行为……应当认定为有立功表现",由此可见,司法解释采取了限制解释的立场,只有"到案后"才可能构成立功。被告人李虎协助司法机关抓捕同案犯时,司法机关尚未掌握其涉案证据,李虎有完全的人身自由。故李虎协助司法机关抓捕同案犯的行为并非在"到案后"实施,其行为不构成立功。

立功制度蕴含的功利主义价值取向更为突出,其基本出发点就在于,通过对立功的犯罪分子在量刑时从宽处罚,鼓励犯罪分子检举、揭发他人犯罪,协助司法机关侦破案件,抓获其他犯罪嫌疑人,或者做出其他对社会有贡献的行为。换言之,立功是一种"将功赎罪"的刑罚奖励制度。为了克服追求功利主义可能带来的负面影响,对可构成立功的范围(主要限于与查缉犯罪相关)及时间条件予以限制,以体现公正价值,确有必要性。特别是从司法实践来看,因《最高人民法院关于处理自首和立功具体应用法律若干问题的解释》将"其他有利于国家和社会的突出表现"也视为立功,如果不将立功限定为"到案后",则立功的范围漫无边际、认定上流于随意,将给犯罪分子逃避法律制裁以可乘之机,有损法律的权威和公正。"到案后"一般情况下意味着犯罪分子的人身自由已受到一定程度的控制,犯罪分子将功赎罪的主观愿望才明晰化,也能防止立功制度的滥用。因此,《最高人民法院关于处理自首和立功具体应用法律若干问题的解释》将立功的起始时间明确为"到案后"是科学的。"到案后"一般应理解为犯罪分子在被有关机关或个人控制之下或者其自愿置于有关机关或个人的控制之下。当然,对"到案后"也不能机械地理解为司法机关为办案之目的而控制犯罪分子之后,还可以包括其他有关机关、单位等发现犯罪分子有违法犯罪嫌疑而接触、控制犯罪分子之后。实践中,犯罪分子主动到有关机关投案交代自己的罪行并揭发他人犯罪,只是由于种种原因公安司法机关对其犯罪行为未予及时立案的,也不影响对其立功情节的认定。

被告人李虎在第一次接受询问时,公安机关虽然有条件对李虎进行约束、控制,但因未发现其有犯罪嫌疑而在客观上没有对李虎采取强制措施,而是让其自行离开,李虎故意隐瞒涉案事实,也没有任何投案的意愿。因此,李虎在接受公安机关第一次询问时,不属于"到案"。李虎故意隐瞒自己指使李善东等人殴打被害人的犯罪事实,有逃避法律追究的意图;其后以"证人"身份协助司法机关对同案犯李善东进行指认,也未体现任何"将功赎罪"的意愿。因此,严格来讲,即使被告人李虎指认同案犯的行为对司法机关抓捕同案犯起到一定协助作用,也不能认定是发生在"到案后"。法院对其协助抓捕行为不认定为立功是正确的。[No. 4-234-49　李虎、李善东等故意伤害案]

△公安机关根据被告人供述抓获同案犯,不认定为有立功情节。

在毒品犯罪中,走私、贩卖、运输、制造行为往往形成多人协同、上下家衔接作案的非法产业网络、链条,其成员经常还涉及其他犯罪行为。其中,犯罪团伙、犯罪集团的首要分子、共同犯罪的主犯、职业毒贩、毒品再犯等,往往掌握同案犯等涉案人员的个人信息和犯罪情况,其供述他人罪行的动机错综复杂,是否构成立功情节要特别慎重把握。审判实践中,应当注意以下几点:第一,

总则　第四章

审查被告人自身是否参与其供述的罪行，甄别其供述的是共同犯罪的事实还是他人的犯罪行为，或者同案犯共同犯罪抑或关联犯罪以外的其他犯罪。第二，审查检举的罪行是否查证属实。第三，审查供述线索来源是否合法。根据《最高人民法院关于处理自首和立功若干具体问题的意见》第四条第一款的规定，犯罪分子通过贿买、暴力、胁迫等非法手段获取他人犯罪线索并检举揭发的，不能认定为有立功表现。刑法设立立功制度的本意是要求被告人检举时具有真诚悔悟、弃恶从善的积极心态，而非利用非法手段获取线索后和司法机关讨价还价，换取从宽处罚。从胡俊波走私、贩卖、运输毒品，走私武器、弹药案看，胡俊波供述"二唐""偷走"自己的枪支，"二唐"所持有的枪支来源于胡俊波和"二唐"的共同运输枪支犯罪行为，与胡俊波所犯之罪紧密关联。虽然胡俊波如实供述的这一罪行暂未被查清和指控，基于"不告不理"的诉讼原则，本案二审法院对该起犯罪事实未予审理查明。但很明显胡俊波如实供述的罪行与司法机关已掌握的其先后实施的一系列走私、贩卖、运输毒品，走私武器、弹药犯罪，在法律、事实上密切关联，应当认定为同种罪行。换言之，胡俊波在供述其犯罪事实的过程中，理应如实供述同案犯及涉案毒品和枪支的去向。胡俊波检举揭发"二唐"与重庆"3·19案"有关，经查不属实。胡俊波并未揭发同案犯在共同犯罪以及关联犯罪之外的其他犯罪线索，故其揭发行为不构成立功。胡俊波在一审被判处死刑之后才交代"二唐"的犯罪线索，体现出其具有避重就轻的主观心态，且无真诚悔罪、弃恶从善的积极表现，认定其立功与立法本意不符。[No. 6-7-347-47　胡俊波走私、贩卖、运输毒品，走私武器、弹药案]

△被告人如实供述并协助公安机关抓获毒品犯罪上、下家的，应当认定为有立功表现。

在毒品犯罪案件中，司法机关根据被告人的供述和通过被告人的协助抓捕毒品犯罪上、下家，是打击毒品犯罪活动中特有而常见的侦破案件手段。被告人协助延伸侦查的行为，有助于司法机关打击毒品犯罪产业窝点、链条，反映出被告人具有真诚悔罪的心态。这种行为应当构成立功。在具体案件中，要特别注意区分被告人供述其本人实施的犯罪涉及的上、下家和供述上、下家实施其他犯罪两种情形。如果被告人供述的上、下家罪行，经审查，与被告人所犯之罪并无关联，则属于检举他人犯罪行为的立功表现。如果仅如实供述上、下家涉案人员个人信息和涉及胡俊波走私、贩卖、运输毒品，走私武器、弹药案的犯罪情况，而没有协助抓获的行为，不属于立功表现。毒品犯罪上、下家所处毒品产业链条地位、作用不同，相互之间没有实施同一毒品罪行的共同故意，具体实施的罪行也不尽相同，各自的罪名（如有的主体可能构成走私制毒物品罪、非法买卖制毒物品罪等）和法定刑都可能不同，不构成共同犯罪。被告人到案后供述上、下家的犯罪行为，从字面理解似乎属于"检举、揭发'他人'犯罪行为"。但是，被告人及其上、下家所实施的罪行客观上相互关联，具有对合关系，即共同促进毒品犯罪行为的完成，缺少一方的犯罪行为，其他方的犯罪行为就无法实施或者完成。对任何一个环节的行为人而言，其罪行的实施或者完成，以其上、下家对应行为的实施和完成为必要条件，其所实施或者完成的罪行必然涉及上、下家的犯罪行为，检举上、下家的犯罪行为，也就不超出其如实供述的犯罪事实范围，因此，仅有供述行为并不构成立功情节。只有被告人协助司法机关抓获上、下家时，才能依法认定为立功。

被告人胡俊波到案后，供述其欲将毒品运往湖北省武汉市贩卖。公安人员押解胡俊波前往武汉市，由胡俊波打电话联系下家约定交易，在武汉市临江饭店抓获前来接取毒品的胡环香。普洱市中级人民法院经审理认为，胡俊波协助公安机关抓获胡环香的行为构成立功。[No. 6-7-347-48　胡俊波走私、贩卖、运输毒品，走私武器、弹药案]

△检举揭发他人违法行为线索，公安机关根据线索查获为其本人实施的犯罪行为的，不构成立功。

《最高人民法院关于处理自首和立功具体应用法律若干问题的解释》第五条将立功的时间明确为"到案后"。但是，何为"到案后"的时间点，理论界有"狭义说"和"广义说"两种观点。"狭义说"认为，立功开始的时间点应当为到案时点，即司法机关及其工作人员因办案之目的而接触、约束犯罪嫌疑人的时点；"广义说"则认为，立功开始的时间点包括司法机关在内的所有国家机关、党群组织、所在工作单位等因主动或者被动发现违法犯罪线索而主动或者被动接触、约束犯罪嫌疑人，使之处于司法、行政机关的控制之下的时点，即包括犯罪嫌疑人进入或者可能即将进入刑事诉讼的时点。

广义的"到案说"更符合现实的客观情况，有助于鼓励犯罪分子在被任何单位发觉违法并约束其人身时及时检举、揭发他人犯罪行为，更符合设立立功制度的初衷。《最高人民法院关于处理自首和立功若干具体问题的意见》规定，因特定的违法行为被采取劳动教养、行政拘留、司法拘留、强制隔离戒毒等行政、司法强制措施期间，主动向执行机关交代尚未被掌握的犯罪行为应当视为自动投案。这说明相关司法解释将“因被采取强制隔离戒毒等行政强制措施”情形亦等同为“处于行政司法机关的控制之下”的情形。

在康文清贩卖毒品案中，康文清在告发他人吸毒行为时，系其主动到龙海市公安局禁毒大队交代自己吸食毒品氯胺酮的违法行为，并自愿到漳州市强制隔离戒毒所戒毒，此时康文清已被公安机关控制、约束。虽然康文清没有供述自己的贩毒犯罪事实，且在其告发他人吸毒之后公安机关才对康文清涉嫌贩卖毒品立案侦查，但不宜简单因这一时间差就否认是“到案后”，其自觉将自己交付公安机关和强制隔离戒毒所约束的行为应当认定为“到案”行为。

检举揭发他人违法线索，公安机关根据该线索进而查获为其本人实施犯罪行为的情形，不具有立功的实际作用，因此不构成立功。

(1)康文清检举揭发的是他人的违法行为，不具有立功的前提要件。根据《最高人民法院关于处理自首和立功具体应用法律若干问题的解释》的规定，检举揭发的对象必须是依照刑法规定构成犯罪的事实。康文清举报“智辉”、康聪鑫、“永国”“细尾”有吸食毒品的违法行为，并带领龙海市公安局禁毒大队人员到“智辉”家附近踩点，为公安人员抓获吸毒人员陈智辉起到积极作用，但陈智辉等人吸毒行为属于一般违法行为，尚未构成刑法意义上的犯罪行为，故康文清的检举、揭发不具有立功的前提要件。

(2)提供他人违法线索，导致公安机关进而查获为其本人实施的犯罪行为的，不具有立功的实际作用。按照《最高人民法院关于处理自首和立功具体应用法律若干问题的解释》第五条的规定，犯罪分子到案后提供侦破其他案件的重要线索，经查证属实的，应当认定为有立功表现。《最高人民法院关于处理自首和立功若干具体问题的意见》规定，据以立功的线索或者协助行为对于侦破案件或者抓捕犯罪嫌疑人要有实际作用。本案的特殊之处在于，康文清没有直接交代自己的贩毒行为，而是因为揭发他人的违法行为，进而促使司法机关获得侦破其贩毒案件的线索。表面上看，若没有康文清所提供的线索，公安机关就难以及时发现康文清本人的贩毒事实，由此而论，康文清的检举行为在客观上具有一定的价值。然而，仔细分析之下，其检举、揭发行为并无实际作用。由于查获的犯罪事实是检举人“自己”的犯罪行为，不属于“他人”的犯罪行为，即没有为司法机关侦破其他案件提供实际线索，故康文清的检举、揭发行为不完全具备立功的构成要素。

综上，被告人康文清虽然符合立功的时间要件，但并不具备立功的其他构成要素，不应认定为立功。[No. 6-7-347-53　康文清贩卖毒品案]

第四节　数罪并罚

第六十九条　【判决宣告前一人犯数罪的并罚】

判决宣告以前一人犯数罪的，除判处死刑和无期徒刑的以外，应当在总和刑期以下、数刑中最高刑期以上，酌情决定执行的刑期，但是管制最高不能超过三年，拘役最高不能超过一年，有期徒刑总和刑期不满三十五年的，最高不能超过二十年，总和刑期在三十五年以上的，最高不能超过二十五年。

数罪中有判处有期徒刑和拘役的，执行有期徒刑。数罪中有判处有期徒刑和管制，或者拘役和管制的，有期徒刑、拘役执行完毕后，管制仍须执行。

数罪中有判处附加刑的，附加刑仍须执行，其中附加刑种类相同的，合并执行，种类不同的，分别执行。

【立法沿革】

《中华人民共和国刑法》(1997年修订，自1997年10月1日起施行)

第六十九条

判决宣告以前一人犯数罪的，除判处死刑和无期徒刑的以外，应当在总和刑期以下、数刑中最高刑期以上，酌情决定执行的刑期，但是管制最高不能超过三年，拘役最高不能超过一年，有期徒刑最高不能超过二十年。

如果数罪中有判处附加刑的，附加刑仍须执行。

《中华人民共和国刑法修正案(八)》(自2011年5月1日起施行)

十、将刑法第六十九条修改为：

"判决宣告以前一人犯数罪的，除判处死刑和无期徒刑的以外，应当在总和刑期以下、数刑中最高刑期以上，酌情决定执行的刑期，但是管制最高不能超过三年，拘役最高不能超过一年，有期徒刑总和刑期不满三十五年的，最高不能超过二十年，总和刑期在三十五年以上的，最高不能超过二十五年。

"数罪中有判处附加刑的，附加刑仍须执行，其中附加刑种类相同的，合并执行，种类不同的，分别执行。"

《中华人民共和国刑法修正案(九)》(自2015年11月1日起施行)

四、在刑法第六十九条中增加一款作为第二款："数罪中有判处有期徒刑和拘役的，执行有期徒刑。数罪中有判处有期徒刑和管制，或者拘役和管制的，有期徒刑、拘役执行完毕后，管制仍须执行。"

原第二款作为第三款。

【立法理由】

1. **1979年立法的情况**。1979年《刑法》第六十四条规定："判决宣告以前一人犯数罪的，除判处死刑和无期徒刑的以外，应当在总和刑期以下、数刑中最高刑期以上，酌情决定执行的刑期；但是管制最高不能超过三年，拘役最高不能超过一年，有期徒刑最高不能超过二十年。如果数罪中有判处附加刑的，附加刑仍须执行。"刑法分则对各个罪名的法定刑的设定是以一人犯一罪为标准规定的。实践中，一人犯数罪的情况经常发生，在这种情况下，就需要解决对其所犯数罪如何定罪量刑，并最终决定如何执行刑罚。因此，数罪并罚，是指对一人犯数罪分别定罪量刑，并根据法律规定的原则和方法，合并各罪刑罚，决定应当执行的刑罚的量刑制度。我国刑法中的数罪并罚，主要是解决判决宣告以前一人犯了两种或者两种以上不同的罪应当如何决定执行刑罚的问题。从世界各国刑事立法关于数罪并罚制度的规定看，对于一人犯数罪的，数罪并罚的原则主要有以下几种：一是**并科原则**，又称合并原则、相加原则，是指对数罪分别宣告刑罚，然后对各罪的刑罚相加，以该相加之和作为应执行的刑罚。并科原则基于有罪必罚的认识，优点在于能够直观地对行为人所犯全部罪行作出评价，但简单并科可能造成刑期完全超出行为人自然年龄而失去实际意义的情况。如实践中有的国家采用并科原则，对罪犯判处的监禁刑达数百年甚至更长。另外，有的刑种之间也存在无法并科的情况。二是**吸收原则**，是指对数罪分别宣告刑罚，然后选择其中最重的刑罚作为最后执行的刑罚，其余较轻的刑罚被最重的刑罚所吸收，不再执行。三是**限制加重原则**，是指对数罪分别宣告刑罚，然后在分别宣告的数罪中最高刑期以上数刑的总和刑期或者一定限度以下，决定应当执行的刑罚。四是**混合原则**，又称折中原则、综合原则，是指对数罪不是单一地采用并科、吸收、限制加重原则，而是区分数罪中各罪判决的不同情况，分别适用并科原则、吸收原则或者限制加重原则。**我国刑法对数罪并罚采用了混合原则**。数罪并罚制度在我国刑罚体系中具有重要的地位，是针对一个人犯数罪的处罚，符合罪责刑相适应原则的要求，有利于实现刑罚的目的。

2. **1997年修订刑法的情况**。1997年修订刑法时，基本沿用1979年刑法原来的规定，只是作了标点符号的调整，即将"但是"之前的分号修改为逗号。

3. **2011年《刑法修正案(八)》对本条的修改情况**。

一是**将第一款中"有期徒刑最高不能超过二十年"修改为"有期徒刑总和刑期不满三十五年的，最高不能超过二十年，总和刑期在三十五年以上的，最高不能超过二十五年"**。《刑法修正案(八)》对本条的修改是落实**宽严相济的刑事政策**，从调整刑罚结构，贯彻罪责刑相适应原则的角度作出的。无论是1979年刑法还是1997年刑法都规定，有期徒刑数罪并罚最高不能超过二十年，从执行中的情况来看，这一规定总体上可以适应司法实践的需要，能够达到惩罚、教育和改造犯罪分子的目的。但是，该规定在司法实践中也出现了一些问题，集中表现为，如果一个犯罪分子犯多个严重犯罪，多个罪名均被判处较长期限的有期徒刑，总和刑期无论多长，数罪并罚之后实际执行的刑期只能为二十年，在有的案件中显得过短，不能体现罪责刑相适应原则。比如，某黑社会性质组织主犯犯多起故意伤害罪、敲诈勒索罪和抢劫罪，多起故意伤害罪属于同种数罪只能从重判处有期徒刑十四年，多起敲诈勒索罪被判处有期徒刑十四年，抢劫罪被判处有期徒刑十四年，数罪并罚总和刑期达到四十二年，依照原来的规定，数罪并罚对该犯罪分子最长只能执行二十年有期徒刑。对于这类罪行严重且有数罪在身的犯罪分子，执行刑罚期限过短，难以起到惩戒作用和实现刑罚目的。对此，有关方面和部分全国人大代表建议延长数罪并罚有期徒刑的执行上限，加大对罪行严重犯罪分子的处罚力度。根据各方面的意见，《刑法修正案(八)》对本条作出修改，将一人犯数罪，总和刑期在三十五年以上的，数罪并罚执行有期徒刑的上限延长至二十五年，对于总和刑期不满三十五年的，数罪并罚执行有期徒刑的上限仍然为二十年。

在《刑法修正案（八）》的起草和审议过程中，有意见建议删去有期徒刑“总和刑期在三十五年以上”的限制，直接将有期徒刑数罪并罚的上限提高至二十五年；还有的建议进一步提高至三十年、三十五年甚至更长。考虑到一般情况下，数罪并罚有期徒刑的上限规定为二十年，可以满足惩罚犯罪分子的要求，从司法统计数据分析，执行十年以上有期徒刑的犯罪分子在刑罚执行完毕之后再犯罪的比率很低，可以认为已经达到了适用刑罚的目的。如果统一将有期徒刑数罪并罚的期限延长至二十五年，涉及面会很大，将会有很大一部分根据原规定执行二十年以下有期徒刑的犯罪分子的执行期限延长至二十年以上，在执行较短期限有期徒刑足以实现刑罚目的的情况下，延长刑罚期限将会产生适用刑罚过度的问题，不利于犯罪人回归社会，也会加大监管机构的执行压力和行刑成本。基于上述考虑，《刑法修正案（八）》对于为数不多罪行严重的、有期徒刑总和刑期在三十五年以上（含三十五年）的犯罪分子，数罪并罚执行刑期的上限延长至二十五年，对于总和刑期不满三十五年的，数罪并罚的上限维持不变。这样，既能更好地体现罪责刑相适应原则，也防止了不必要的较大面积地延长刑期的情况发生。

二是**在第二款增加了“附加刑种类相同的，合并执行，种类不同的，分别执行”的规定**。1979年刑法只规定“如果数罪中有判处附加刑的，附加刑仍须执行”，但是对于判处多个相同种类的附加刑是完全并科还是有的也适用限制加重原则，以及如何执行多个不同种类的附加刑未作规定，司法实践中执行情况也不统一。1997年修订刑法时，有关方面建议对附加刑的并罚规则作出规定。有的提出，对罚金采用限制加重原则，主要是要发挥罚金刑的惩罚作用，一方面要考虑犯罪的性质、情节等，另一方面也要适当考虑犯罪行为人的经济状况。如果对罚金刑数罪并罚的上限不作任何限制，只是简单相加，有的情况下可能对有的罪犯过于严苛。因为财产状况不同，相应的刑罚承受能力和对刑罚严厉程度的感知也不一样，采用限制加重原则相对比较公平，既可以在经济上给予犯罪行为人有力打击，也不至于使有的犯罪行为人无力缴纳，造成“空判”的情况，影响司法权威和法律的严肃性。对剥夺政治权利的并罚，有的建议采用吸收原则，这是因为剥夺政治权利多为附加适用，其效力当然适用于主刑执行期间，前后相加，实际剥夺政治权利的时间还是比较长的，因此，如果采用吸收原则，将主刑执行完毕以后剥夺政治权利的时间限定在一定期限以内，更有利于对罪犯的教育改造。对没收财产的数罪并罚，有的建议采用并科原则，因为没收的财产往往是实物，分别具有不同的性质、状态、价值和用途，没有相互替代吸收的可能，只能按并科原则没收。但对此也有不同意见。立法机关考虑到当时理论和实践中对附加刑并罚规则认识分歧比较大，附加刑之间的并罚情况又比较复杂，单纯采用并科、吸收或者限制加重原则难以取得共识，因此，对附加刑的并罚规则未作规定。2011年制定《刑法修正案（八）》时，有关方面再次提出明确实践中判处多个附加刑如何并罚的问题。为了解决上述问题，《刑法修正案（八）》明确规定，判处多个附加刑的，其中附加刑种类相同的，合并执行，种类不同的，分别执行。这样规定，实际上是在原来规定的“仍须执行”的基础上进一步明确了**并科处理的精神**。主要是考虑到罚金、剥夺政治权利和没收财产等附加刑种类不同，功能各异，采用吸收的办法，不利于各自功能的发挥。同时，各类附加刑的严厉程度相对于主刑较低，简单并科总体上也还是符合罪责刑相适应原则的要求的。另外，附加刑种类多，采用不同并罚原则，情况会较为复杂，采用并科原则简单而便于操作。

4. 2015年《刑法修正案（九）》对本条的修改情况。增加一款，作为第二款，规定：“数罪中有判处有期徒刑和拘役的，执行有期徒刑。数罪中有判处有期徒刑和管制，或者拘役和管制的，有期徒刑、拘役执行完毕后，管制仍须执行。”同时，将原第二款调整为第三款。《刑法》原第六十九条对一人犯数罪被判处死刑、无期徒刑和判处死刑、无期徒刑外同种主刑（有期徒刑、拘役、管制），以及同种或者不同种附加刑的数罪并罚如何处理的问题作出了明确规定。其中，死刑吸收无期徒刑和其他主刑；无期徒刑吸收有期徒刑、拘役、管制；被判处多个有期徒刑的，被判处多个拘役的，被判处多个管制的，实行限制加重原则；被判处同种或者不同种附加刑的，则实行并科原则。但对于数罪中被判处有期徒刑和拘役、有期徒刑和管制、拘役和管制或者有期徒刑、拘役和管制的情况，数罪并罚如何处理，刑法没有明确。实践中，对于这些情况如何处理，各方面有不同的认识，实际做法也不统一。有期徒刑和拘役刑都属于自由刑，关于有期徒刑与拘役刑数罪并罚的问题，在《刑法修正案（九）》制定过程中，主要有三种观点：**第一种观点主张采取并科原则**，即在执行完有期徒刑之后再执行拘役，或者在执行完拘役之后再执行有期徒刑。这种做法在实际操作中会遇到一些困难。根据《刑事诉讼法》（2012年修正）第二百五十三条第二款的规定，对被判处有期徒刑的罪犯，由公安机关依法将该罪犯送交监狱执行刑罚。其中在被交付执行刑罚前，剩余刑期在三个月以下的，由看守所代为执行。对被判处拘役的罪犯，由公安机关执行。2005年以前，公安机关在专门设置的拘役所执行拘役。但由于拘役所设置不规范，基础条件差、安全系数低，且一段时间以来被判处拘役的罪犯数量较少，单独设置拘役所难以形成关押规模，公安部于2005年12月27日发布了《关于做好撤销拘役所有关工作的通知》，决定撤销拘役所，对于被判处拘役的罪犯，由看守所执行。在这种情况下，对于因犯数罪被同时判处有期徒刑和拘役的，如果实行并科原则，会产生以下问题：一是如何确定拘役和有期徒刑的执行顺序，这会涉及判决执行以前先行羁押的时间是用来折抵拘役还是用来折抵有期徒刑的问题，也会涉及如何计算有期徒刑剩余刑期等问题。二是在一些案件中，对被同时判处有期徒刑和拘役的罪犯，需要由监狱等刑罚执行机关执行剩余刑期超过三个月的有期徒刑，还要由公安机关执行拘役，实践中还可能出现服刑监狱与执行拘役的看守所之间路途遥远，或者拘役刑期较短，扣除交付执行和在途时间后，变更完执行场所刑期已所剩无几等情况，既浪费资源，又无法达到理想效果。**第二种观点认为，可以采取限制加重原则**，将拘役折抵为有期徒刑，再决定应当执行的刑罚。刑法对判决执行以前先行羁押的时间折抵拘役或者有期徒刑有明确规定。根据本法第四十四条的规定，先行羁押一日折抵拘役刑期一日。根据本法第四十七条的规定，先行羁押一日折抵有期徒刑刑期一日。参照上述折抵比率，拘役和有期徒刑可以一日折抵一日。这种意见看似有一定根据，但是拘役与有期徒刑毕竟是性质不同的两种刑罚，在监管强度和罪犯服刑期间的待遇上，二者也存在区别。根据《刑法》第四十三条第二款的规定，被判处拘役的犯罪分子每月可以回家一天至两天；参加劳动的，可以酌量发放报酬。因此，将拘役折抵为有期徒刑，涉及将严厉程度较低的刑种变更为严厉程度更高的刑种，加大了对罪犯的处理力度，其合理性和正当性不足。在这种情况下，对有期徒刑和拘役无论采取何种折抵方式，都难以照顾周延，折抵的比率也难以确定，各方面也有不同的看法。**第三种观点认为**，鉴于拘役与有期徒刑属于不同性质的自由刑，并科在执行中存在困难，折抵又难以提出适当的方案，**建议采取吸收原则**，由重的有期徒刑吸收轻的拘役，这样规定更为科学，也便于执行。经研究，考虑到根据罪责刑相适应原则，依法被判处拘役的都是情节较轻、社会危害性相对较小的犯罪，**在因犯数罪被同时判处有期徒刑、拘役的情况下，采取吸收原则**，只执行有期徒刑，可以实现判处拘役时所期待的惩戒效果和刑罚目的，同时也可以较好地处理执行环节的衔接问题，节约司法资源。基于此，本条第二款规定，数罪中有判处有期徒刑和拘役的，执行有期徒刑。

关于有期徒刑与管制、拘役与管制数罪并罚的问题，在《刑法修正案（九）》制定过程中，各方面也有不同意见。有的意见认为，应当与有期徒刑和拘役的并罚一样，采取吸收原则，由有期徒刑或者拘役吸收管制；有的意见认为，应当采取并科原则，明确在执行完有期徒刑或者拘役后，再继续执行管制。经反复研究认为，管制是限制人身自由同时又设置了有针对性的教育改造措施的刑罚，与有期徒刑、拘役在性质上有根本差异，其特殊的教育改造效果也难以通过其他途径实现。如果采取吸收原则不再执行管制，不利于对罪犯的教育改造。同时，根据《刑法》第三十八条第一款和第六十九条第一款的规定，管制的刑期较长，为三个月以上二年以下；判处数个管制并罚的，最高可达三年。根据《刑法》第四十五条、第四十二条和第六十九条第一款的规定，有期徒刑的起刑点仅为六个月，拘役的期限仅为一个月以上六个月以下，被判处数个拘役的，拘役最高也只是一年。如果采用吸收原则，在一些案件中，就要由刑期几个月的有期徒刑或者拘役吸收最高刑期可达三年的管制，在理论和逻辑上很难说得通。基于以上考虑，**《刑法修正案（九）》对有期徒刑与管制、拘役与管制的并罚采取了并科原则**，明确数罪中有判处有期徒刑和管制或者拘役和管制的，有期徒刑、拘役执行完毕后，管制仍须执行。

【条文说明】

本条是关于数罪并罚一般原则的规定。

本条共分为三款。

第一款是关于**判决宣告以前一人犯数罪的应当如何决定执行刑罚的一般性规定**。本款规定主要包含以下两个方面的内容：

1. **对数罪中有一罪被判处死刑、无期徒刑的，数罪并罚采用吸收原则**。对于犯罪分子犯有数罪的，应对各罪分别作出判决，而不能“估堆”判处刑罚。在对犯罪分子的各罪判处的刑罚中，有死刑或者无期徒刑的，由于死刑是以剥夺生命为内容的最严厉的刑罚，而无期徒刑属于终身剥夺自由的刑罚，这两种刑罚的特殊性决定了在适用本款规定的并罚原则时，实际上死刑和无期徒刑会吸收其他主刑，即在有死刑的数罪中实际执行死刑；在没有判处死刑而有无期徒刑和其他主刑的数罪中实际执行无期徒刑。也就是说:(1)数罪中无论判处几个死刑或者最重刑为死刑时,只执行一个死刑,不再执行其他无期徒刑、有期徒刑、拘役或者管制。(2)数罪中无论判处几个无期徒刑或者最重刑为无期徒刑时,只执行一个无期徒刑,不再执行其他无期徒刑、有期徒刑、拘役或者管制。

2. **对数罪判处数个有期徒刑,或者数个拘役,或者数个管制的,数罪并罚采用限制加重原则**。根据本款规定,对于判决宣告之前一人犯有两种或者两种以上不同的罪,总的处罚原则是:在总和刑期以下,数刑中最高刑期以上酌情决定执行的刑期。有期徒刑、拘役、管制都是有期限的,数罪并罚时的限制加重,其限制主要体现在以下三个方面:(1)**受总和刑期的限制**。“总和刑期”,是指将犯罪分子所犯的各个不同的罪,分别依照刑法规定确定刑期后相加得出的刑期总数。根据本款规定,必须在总和刑期以下决定执行的刑期,也就是说,执行的刑期不能超过总和刑期。(2)**受数罪中最高刑期的限制**。根据本款规定,必须在数罪中最高刑期以上决定执行的刑期,也就是说,不能低于数罪中判处的最高刑期。“数刑中最高刑期”,是指对数个犯罪确定的刑期中最长的刑期。对于被告人犯有数罪的,人民法院在量刑时,应当先就数罪中的每一种犯罪分别量刑,然后再把各罪判处的刑罚相加,计算出总和刑期,最后在数罪中的最高刑期以上数罪总和刑期以下决定执行的刑罚。如被告人在判决宣告之前犯有强奸罪和抢劫罪,强奸罪判处有期徒刑十年,抢劫罪判处有期徒刑八年,这两种罪中最高刑期为强奸罪所判处的十年,总和刑期为十八年,人民法院应当在十年以上十八年以下决定应执行的刑期。(3)**受本款确定的相应刑种最高刑期的限制**。一是根据本款规定,**管制最高不能超过三年**。需要注意的是,根据《刑法》第三十八条第一款的规定,管制的最高刑期为二年,该最高刑期是对于一罪而言的,根据本款关于管制的数罪并罚的最高刑期的规定,对于数个罪都被判处管制的,不论管制的总和刑期为多少年,决定执行的管制刑期最高不能超过三年。二是根据本款规定,**拘役最高不能超过一年**。需要注意的是,《刑法》第四十二条规定,拘役的最高刑期为六个月,该最高刑期是对于一罪而言的,根据本款关于拘役的数罪并罚的最高刑期的规定,对于数个罪都被判处拘役的,不论拘役的总和刑期为多少年,决定执行的拘役刑期不能超过一年。三是根据本款规定,**有期徒刑总和刑期不满三十五年的,最高不能超过二十年,总和刑期在三十五年以上的,最高不能超过二十五年**。需要注意的是,《刑法》第四十五条规定,有期徒刑的最高刑期为十五年,该最高刑期是对于一罪而言的,根据本款关于有期徒刑的数罪并罚的最高刑期的规定,对于数个罪都被判处有期徒刑的,将每个犯罪判处的有期徒刑刑期相加计算得出总和刑期,对于总和刑期不满三十五年的,数罪并罚的期限不能超过二十年,即在数刑中最高刑以上二十年以下决定执行的刑期。对于总和刑期等于或者超过三十五年的,数罪并罚的期限最高不能超过二十五年,即在数刑中最高刑以上二十五年以下决定执行的刑期。

第二款是关于**被判处有期徒刑、拘役、管制不同种刑罚如何并罚的规定**。本款包含以下两个方面的内容:第一,**对数罪中有判处有期徒刑和拘役的,数罪并罚采用吸收原则**。根据本款规定,数罪中有判处有期徒刑和拘役的,执行有期徒刑,拘役不再执行,实际上相当于有期徒刑吸收了拘役。也就是说,对于一人因犯数罪被判处有期徒刑和拘役的,只执行有期徒刑,拘役因被吸收而不再执行。第二,**数罪中有判处有期徒刑和管制,或者拘役和管制的,数罪并罚采用并科原则,即有期徒刑、拘役执行完毕后,管制仍须执行**,也就是说,管制刑不能被有期徒刑、拘役所吸收。对于数罪中同时被判处有期徒刑、拘役和管制的,执行有期徒刑,拘役不再执行,但管制仍须执行,也就是说,对该罪犯在执行有期徒刑后,再执行管制。

第三款是关于**数罪中有判处附加刑的,附加刑如何执行的规定**。根据本款规定,在数罪中有一个罪判处附加刑,或者数罪都判处附加刑,**附加刑种类相同的,合并之后一并执行,种类不同的,同时或者依次分别执行**。“合并执行”,是指对于种类相同的多个附加刑,期限或者数额相加之后一并执行,比如同时判处多个罚金刑的,罚金数额相加之后一并执行,同时判处多个剥夺政治权利的,将数个剥夺政治权利的期限相加执行。需要注意的是,相同种类的多个附加刑并不适用限制加重原则。

在适用数罪并罚原则时,应当注意以下两点:

1. 根据本条第二款的规定,数罪中有判处有期徒刑和拘役的,执行有期徒刑,拘役不再执行,在拘役被有期徒刑吸收时,该罪的罚金、剥夺政治权利等附加刑则不能被吸收,附加刑应当按照本条第三款的规定,种类相同的,合并执行,种类不同的,分别执行。

2. 对被判处剥夺政治权利的合并执行问题。根据本条规定,附加刑种类相同的,合并执行。实践中主要有两种情况:一是被判处数个一定期限的剥夺政治权利的,剥夺政治权利的期限相加,然后一并执行相加后的剥夺政治权利的期限，执行的期限不受《刑法》第五十五条第一款规定的五年期限的限制。这是因为《刑法》第五十五条第一款规定的剥夺政治权利的期限是一个罪判处的期限，对于数罪的应当按照本条规定执行，不受这一期限的限制。二是被判处数个剥夺政治权利的，其中只要有一个剥夺政治权利终身的，只执行一个剥夺政治权利终身。这是因为如果罪犯被判处剥夺政治权利终身，其在任何时期都将无法行使权利，因此，即使罪犯被判处数个剥夺政治权利，也只能执行一个剥夺政治权利终身。

【司法解释】

《最高人民法院关于适用财产刑若干问题的规定》(法释〔2000〕45号，自2000年12月19日起施行)

△(**数罪并罚；总和数额；没收财产**)依法对犯罪分子所犯数罪分别判处罚金的，应当实行并罚，将所判处的罚金数额相加，执行总和数额。[①]

一人犯数罪依法同时并处罚金和没收财产的，应当合并执行；但并处没收全部财产的，只执行没收财产刑。(§ 3)

《最高人民法院关于〈中华人民共和国刑法修正案(八)〉时间效力问题的解释》(法释〔2011〕9号，自2011年5月1日起施行)

△(**时间效力；数罪并罚**)2011年4月30日以前一人犯数罪，应当数罪并罚的，适用修正前刑法第六十九条的规定；2011年4月30日前后一人犯数罪，其中一罪发生在2011年5月1日以后的，适用修正后刑法第六十九条的规定。(§ 6)

《最高人民法院关于〈中华人民共和国刑法修正案(九)〉时间效力问题的解释》(法释〔2015〕19号，自2015年11月1日起施行)

△(**时间效力；数罪并罚**)对于2015年10月31日以前一人犯数罪，数罪中有判处有期徒刑和拘役，有期徒刑和管制，或者拘役和管制，予以数罪并罚的，适用修正后刑法第六十九条第二款的规定。(§ 3)

【参考案例】

△在执行死刑前交代司法机关尚未掌握的其伙同他人共同犯罪事实的，应暂停死刑执行，对新罪作出判决，然后按数罪并罚的规定决定执行的刑罚。

在苗振经抢劫案中，被告人苗振经在核准死刑的判决送达以后，如实供述司法机关尚未掌握的抢劫等犯罪事实，并揭发了同伙参与抢劫的犯罪事实，其供述和揭发行为虽在核准死刑的裁定生效之后，但根据《最高人民法院关于处理自首和立功具体应用法律若干问题的解释》第五条、第六条的规定，共同犯罪案件的犯罪分子到案后，揭发同案犯共同犯罪事实的，不属于立功。故本案不属于核准死刑的人民法院经审查确认罪犯揭发重大犯罪事实或者有其他重大立功表现属实的，可以视具体情况，予以改判的案件。此外，也不属于核准死刑的人民法院确认原判决确实有错误的，应当依法予以改判的案件。本案虽然作出了新的判决，但新的判决只是针对原判的漏罪，即新发现的犯罪事实，而非改变原判决认定的犯罪事实及定罪量刑，因此不能适用审判监督程序。本案中，被告人苗振经在阜阳市中级人民法院向其送达安徽省高级人民法院核准死刑的裁定后，又供述了司法机关尚未掌握的其伙同他人共同抢劫的犯罪事实，属于在刑罚执行完毕以前又发现被判刑的犯罪分子在判决宣告以前还有其他罪没有判决的情况，应当对新发现的罪作出判决，把前后两个判决所判处的刑罚，依照《刑法》第六十九条的规定，决定执行的刑罚。［No. 5-263-39　苗振经抢劫案］

△犯有数罪，在具有法定从轻或者减轻处罚的情节时，应当先考虑这些情节，对各罪依法从轻或者减轻处罚，然后再按照数罪并罚的原则，决定执行的刑罚。

对于像被告人林世元这样犯有数罪，但具有法定从轻或者减轻处罚情节的，如何从轻或者减轻处罚？法律对此没有明确规定，在司法实践中一般有两种做法：一是对数罪中各罪分别定罪量刑，按照数罪并罚原则首先确定决定执行的刑罚，再考虑立功情节，对决定执行的刑罚予以从轻或者减轻处罚；另一种方法是对数罪分别量刑时，先考虑立功情节，对个罪依法从轻或者减轻处罚，然后再按照数罪并罚的原则，决定执行的刑罚。从立法原则看，第二种做法更符合《刑法》第六十二条、第六十三条的规定，实践中亦便于操作。因为从轻处罚，是指在法定刑幅度内选择判处比没有该情节时相对较轻的刑种或较短的刑期；减轻处罚，是指在法定刑以下处以刑罚。

① 我国学者指出，其与《刑法》第六十九条第三款“数罪中有判处附加刑的，附加刑仍须执行，其中附加刑种类相同的，合并执行，种类不同的，分别执行”的规定相冲突。参见李立众主编：《刑法一本通：中华人民共和国刑法总成》(第12版)，法律出版社2016年版，第45页。

如果按第一种做法,人民法院对数罪决定执行刑罚后,再考虑从轻或者减轻处罚,是根据被告人所犯哪一罪名的法定刑幅度无法确定,也无法审查对每一个罪的量刑是否适当。因此,第一种做法是不可取的,实际上也无法操作。适用第二种做法,可参考数罪并罚原则,如数罪中有判处无期徒刑、死刑的,可只对无期徒刑、死刑依法予以从轻或者减轻处罚,这样也就达到了对被告人予以从轻或者减轻处罚的目的;如数罪均为有期徒刑以下刑罚的,可只对主要的一两个罪予以从轻或者减轻处罚,同样可以明显缩短总和刑期。在决定执行的刑罚时,达到从轻或者减轻处罚的目的就可以了,不必一定对所有数罪均分别予以从轻或者减轻处罚。另外,一般情况下,如果决定对被告人予以减轻处罚,在对数罪中的个罪分别量刑时,应只能减轻,而不能对有的罪减轻,有的则从轻。据此,被告人林世元犯有受贿罪和玩忽职守罪,一审法院对林世元以受贿罪,判处死刑,剥夺政治权利终身,并处没收财产 5 万元;以玩忽职守罪,判处有期徒刑十年。二审期间,被告人林世元检举揭发原中共綦江县委书记张开科受贿 31 万余元的犯罪线索,经查证属实,依照《刑法》第六十八条第一款的规定,其行为构成重大立功,可以减轻或者免除处罚。但由于其所犯罪行极其严重,故二审法院对其所犯受贿罪只予以从轻处罚,改判死刑缓期二年执行;对其所犯玩忽职守罪则既未予减轻处罚,也未予从轻处罚。[No. 9-397-2-1　林世元等受贿、玩忽职守案]

△被告人在判处有期徒刑缓刑考验期内犯危险驾驶罪的,前罪的有期徒刑与危险驾驶罪的拘役应当并科,先执行有期徒刑再执行拘役。

由于缓刑的适用条件之一是犯罪分子被判处拘役或三年以下有期徒刑,而危险驾驶罪的主刑是拘役,这就涉及前罪被判处有期徒刑时,如何对不同刑种的主刑并罚的问题。对于有期徒刑与拘役如何并罚,刑法及相关司法解释均未规定明确、具体的原则,实践中做法不一。笔者认为,应当并科,分别执行,按照从重到轻的顺序,先执行有期徒刑,再执行拘役。

第一,数罪并罚时将拘役折抵为有期徒刑的做法缺乏法律根据。根据《刑法》第四十四条、第四十七条的规定,被判处拘役、有期徒刑,判决执行以前先行羁押的,羁押一日折抵刑期一日。但该规定是针对犯罪分子在判决执行前已经先行羁押的情况,为充分保护犯罪分子权益,在不得不折抵的前提下经权衡而作出的刑期折抵规定,而数罪并罚情形不属于必须折抵的情形,因此,不能由《刑法》第四十四条、第四十七条的规定得出在数罪并罚过程中有期徒刑与拘役之间可进行同值换算的结论。

第二,拘役与有期徒刑之间不宜相互折抵。虽然拘役与有期徒刑在执行上有相似之处,即均实行关押,剥夺犯罪分子的自由,并予以劳动改造,从而具有一定的折抵换算基础。然而,拘役与有期徒刑在服刑处遇、执行场所、法律后果等方面依然区别明显,故不宜进行相互折抵。1984 年 9 月 17 日公布的《最高人民法院研究室关于对拘役犯在缓刑期间发现其隐瞒余罪判处有期徒刑应如何执行问题的电话答复》(已失效)中强调,不能“将有限制的剥夺人身自由的刑罚拘役一日,换算为完全剥夺人身自由的刑罚有期徒刑一日”。

第三,有期徒刑不宜吸收拘役。吸收原则仅适用于两种以上刑罚不能同时或者不能相继执行的情形,如死刑与其他主刑并罚、无期徒刑与有期徒刑并罚的情况。当两种以上刑罚能够同时或相继执行时,如采用吸收原则,有轻纵犯罪之虞。因此,拘役与有期徒刑并罚时不宜采用吸收原则。

第四,拘役与有期徒刑之间应当按照先重后轻的顺序分别执行。这样的执行顺序,使刑罚的严厉性呈梯度递减,犯罪分子的处遇逐步趋好,其因重罪而受重罚,因轻罪而受轻罚的体验明显,有利于对犯罪分子的教育改造。

虽然笔者赞成分别执行的做法,但并不代表这一做法就不存在问题。如犯罪分子前罪被判处有期徒刑,当其再犯被判处有期徒刑之罪时,刑法规定并罚时采取对犯罪分子有利的限制加重原则,而当其再犯被判处刑罚相对较轻的拘役之罪时,却要并科执行,逻辑上似有矛盾,客观上可能加重对犯罪分子的惩罚。因此,对于不同种自由刑如何并罚的问题,须司法解释予以明确或者立法予以完善。[No. 2-133 之一-12　吴升旭危险驾驶案]

△单位工作人员在以单位名义实施犯罪的同时又以个人名义实施相同罪名的犯罪,构成异种数罪,应当实行数罪并罚。

被告人李洋、仲昆维实施单位犯罪时,还实施了个人走私国家禁止进出口的货物犯罪,虽然这两种犯罪罪名相同,但二者的犯罪构成具有本质上的不同,显然属于两种犯罪。因此,这种情况应属于异种数罪,应当适用《刑法》第六十九条的规定实行数罪并罚。

(1)犯罪主体不同。在实施单位犯罪时,李洋等以单位“青岛龙鑫泰公司”名义租船订舱,收货人姓名均标注“SONGGO”;而实施个人犯罪时,李洋等以个人名义租船订舱,收货人姓名分别标注为“KYUNG SUNG1”“DONG-IL”等。

(2)主观方面不同。在实施走私国家禁止进出口的货物单位犯罪时,上诉人李洋等体现的是青岛龙鑫泰公司的单位意志,执行的是单位赋予的职责,追求的是为单位获得最大利益;而在实施个人走私国家禁止进出口的货物犯罪时,李洋等体现的是自己的意志,追求的是个人利益最大化。

(3)客观方面不同。根据李洋与上诉人吕磊的商定,在走私木炭时获取的利润,七成归单位,三成归李洋个人。因此,李洋每次实施完单位犯罪后,均与单位结算,将“海运费”打给青岛龙鑫泰公司出纳吕蓓蓓,并分配非法所得。而在实施个人犯罪时,则不将非法所得与单位挂钩,只与仲昆维等人私分。[No. 3-2-151(3)-2　青岛龙鑫泰国际货运有限公司等走私国家禁止进出口的货物案]

第七十条　【判决宣告后刑罚执行完毕前发现漏罪的并罚】

判决宣告以后,刑罚执行完毕以前,发现被判刑的犯罪分子在判决宣告以前还有其他罪没有判决的,应当对新发现的罪作出判决,把前后两个判决所判处的刑罚,依照本法第六十九条的规定,决定执行的刑罚。已经执行的刑期,应当计算在新判决决定的刑期以内。

【立法理由】

1. **1979 年立法的情况**。1979 年《刑法》第六十五条规定:“判决宣告以后,刑罚还没有执行完毕以前,发现被判刑的犯罪分子在判决宣告以前还有其他罪没有判决的,应当对新发现的罪作出判决,把前后两个判决所判处的刑罚,依照本法第六十四条的规定,决定执行的刑罚。已经执行的刑期,应当计算在新判决决定的刑期以内。”该条规定了判决宣告以后,刑罚执行完毕以前,发现有漏罪如何进行数罪并罚的问题。数罪并罚制度是刑法的重要制度,合理的数罪并罚制度,既要有利于实现刑罚惩治犯罪的目的,也要体现刑罚的合理性和人道主义理念。我国刑法根据不同情况,将数罪并罚的处理分为**三种情形**:一是判决宣告以前一人犯数罪的并罚,这是数罪并罚的一般情况,按照《刑法》第六十九条规定予以处理。二是判决宣告以后刑罚执行完毕以前发现漏罪的并罚,按照本条规定的“先并后减”的方法予以处理。三是判决宣告以后刑罚执行完毕以前又犯新罪的并罚,按照《刑法》第七十一条规定的“先减后并”的方法予以处理。

2. **1997 年修订刑法的情况**。1997 年修订刑法时基本沿用了 1979 年刑法原来的规定,只是作了文字修改:一是将“刑罚还没有执行完毕以前”修改为“刑罚执行完毕以前”,在意思的表达上更为准确,便于理解并避免歧义。二是对条文序号作了相应调整,将“依照本法第六十四条的规定”修改为“依法本法第六十九条的规定”。

【条文说明】

本条是关于**判决宣告以后,刑罚执行完毕以前,发现被判刑的犯罪分子在判决宣告之前还有其他罪没有判决的,应当如何数罪并罚的规定**。

根据本条规定,在判决宣告以后,刑罚执行完毕以前,发现有漏罪没有判决的,应当对新发现的罪作出判决,再把前后两个或几个判决所判处的刑罚相加,按照本法第六十九条规定的数罪并罚原则,决定应执行的刑罚,然后再减去罪犯已经执行的刑期,剩余的刑期就是罪犯应当继续执行的刑期。

本条中所说的“**其他罪**”,是指漏罪。**漏罪发现的时间**,必须是在判决宣告以后,刑罚执行完毕以前,即犯罪分子在服刑期间。发现的漏罪必须是司法机关判决宣告之前已经发生的,并且是依法应当判处刑罚而没有判处的其他罪,不是判决以后新犯的罪。这里所说的“**发现**”,是指通过司法机关侦查、他人揭发或犯罪分子自首等途径发现犯罪分子还有其他罪行。所说的“**两个判决所判处的刑罚**”,是指已经交付执行的判决确定的执行刑期和对犯罪分子在原判决宣告之前的漏罪所判处的刑期。“**已经执行的刑期,应当计算在新判决决定的刑期以内**”,是指重新判决决定执行的刑期应当包括犯罪分子已经执行的刑期。比如,甲犯盗窃罪被判处十三年有期徒刑,在刑罚执行八年后发现还有漏罪被判处十年有期徒刑,那么前后罪并罚时,根据“先并后减”的方法,在总和刑期以下即二十三年以下,数罪中最高刑期以上即十三年以上,再根据总和刑期不满三十五年的,最高不能超过二十年的规定,应当在十三年以上二十年以下确定需要执行的刑期，假定决定执行的刑期为十八年，之后再减去八年已经执行的刑期，还需要执行的刑期为十年。

在适用数罪并罚时，需要注意的是：

1. **刑罚执行完毕以前，罪犯因漏罪或者又犯新罪数罪并罚时，其在执行原判决确定的刑罚过程中如果有过减刑的情况，相关减刑裁定应如何处理的问题**。2012 年 1 月 18 日发布的《最高人民法院关于罪犯因漏罪、新罪数罪并罚时原减刑裁定应如何处理的意见》规定，罪犯被裁定减刑后，因被发现漏罪或者又犯新罪而依法进行数罪并罚时，经减刑裁定减去的刑期不计入已经执行的刑期。在此后对因漏罪数罪并罚的罪犯依法减刑，决定减刑的频次、幅度时，应当对其原经减刑裁定减去的刑期酌情考虑。这样规定，实际上就是对此前执行期间的减刑裁定的效力未予直接承认，主要理由是，此前执行的判决因为发现漏罪而需要与漏罪作出的判决按照数罪并罚的规定重新决定执行的刑罚，之前判决执行期间的减刑裁定针对的判决已经不存在了，相关减刑裁定也无法直接认定为有效。对此，**实践中存在不同的认识**。有的认为，被减刑裁定减去的刑期如果不计入已经执行的刑期，仅靠法官在今后刑罚执行中酌情考虑是无法弥补的，这对罪犯来说过于严苛，特别是判处长刑的案件，在长期服刑过程中可能已经数次减刑，都不予承认，罪犯实际服刑期限会很长，对罪犯不公平，也不利于对其的教育改造。针对这方面的复杂情况，自 2017 年 1 月 1 日起施行的《最高人民法院关于办理减刑、假释案件具体应用法律的规定》第三十四条规定："罪犯被裁定减刑后，刑罚执行期间因发现漏罪而数罪并罚的，原减刑裁定自动失效。如漏罪系罪犯主动交代的，对其原减去的刑期，由执行机关报请有管辖权的人民法院重新作出减刑裁定，予以确认；如漏罪系有关机关发现或者他人检举揭发的，由执行机关报请有管辖权的人民法院，在原减刑裁定减去的刑期总和之内，酌情重新裁定。"第三十五条规定："被判处死刑缓期执行的罪犯，在死刑缓期执行期内被发现漏罪，依据刑法第七十条规定数罪并罚，决定执行死刑缓期执行的，死刑缓期执行期间自新判决确定之日起计算，已经执行的死刑缓期执行期间计入新判决的死刑缓期执行期间内，但漏罪被判处死刑缓期执行的除外。"第三十六条规定："被判处死刑缓期执行的罪犯，在死刑缓期执行期满后被发现漏罪，依据刑法第七十条规定数罪并罚，决定执行死刑缓期执行的，交付执行时对罪犯实际执行无期徒刑，死缓考验期不再执行，但漏罪被判处死刑缓期执行的除外。在无期徒刑减为有期徒刑时，前罪死刑缓期执行减为无期徒刑之日起至新判决生效之日止已经实际执行的刑期，应当计算在减刑裁定决定执行的刑期以内。原减刑裁定减去的刑期依照本规定第三十四条处理。"第三十七条规定："被判处无期徒刑的罪犯在减为有期徒刑后因发现漏罪，依据刑法第七十条规定数罪并罚，决定执行无期徒刑的，前罪无期徒刑生效之日起至新判决生效之日止已经实际执行的刑期，应当在新判决的无期徒刑减为有期徒刑时，在减刑裁定决定执行的刑期内扣减。无期徒刑罪犯减为有期徒刑后因发现漏罪判处三年有期徒刑以下刑罚，数罪并罚决定执行无期徒刑的，在新判决生效后执行一年以上，符合减刑条件的，可以减为有期徒刑，减刑幅度依照本规定第八条、第九条的规定执行。原减刑裁定减去的刑期依照本规定第三十四条处理。"

2. **对于第一审人民法院的判决宣告以后，因被告人提出上诉或者检察院提出抗诉，判决尚未发生法律效力的，如果第二审人民法院在审理期间，发现原审被告人在第一审判决宣告以前还有漏罪没有判决的，应当如何处理的问题**。对于这种情况，第二审人民法院一般应当裁定撤销原判，发回原审人民法院重新审判，原审人民法院重新审判时，由于上诉或抗诉期间，判决没有生效，不属于判决宣告以后的情形，不能适用本条规定的先并后减的方法，**应当依照《刑法》第六十九条规定的数罪并罚原则处理**。

【司法解释性文件】

《最高人民法院关于判决宣告后又发现被判刑的犯罪分子的同种漏罪是否实行数罪并罚问题的批复》（法复〔1993〕3 号，1993 年 4 月 16 日公布）

△（**判决宣告后发现漏罪；同种漏罪；数罪并罚**）人民法院的判决宣告并已发生法律效力以后，刑罚还没有执行完毕以前，发现被判刑的犯罪分子在判决宣告以前还有其他罪没有判决的，不论新发现的罪与原判决的罪是否属于同种罪，都应当依照刑法第六十五条的规定①实行数罪并罚。但如果在第一审人民法院的判决宣告以后，被告人提出上诉或者人民检察院提出抗诉，判决尚未发生法律效力的，第二审人民法院在审理期间，发现原审被告人在第一审判决宣告以前还有同种漏

① 即现行《中华人民共和国刑法》第七十条。

罪没有判决的,第二审人民法院应当依照刑事诉讼法第一百三十六条①第(三)项的规定,裁定撤销原判,发回原审人民法院重新审判,第一审人民法院重新审判时,不适用刑法关于数罪并罚的规定。

《最高人民法院关于罪犯因漏罪、新罪数罪并罚时原减刑裁定应如何处理的意见》(法〔2012〕44 号,2012 年 1 月 18 日公布)

△**(裁定减刑;发现漏罪;已经执行的刑期)**罪犯被裁定减刑后,因被发现漏罪或者又犯新罪而依法进行数罪并罚时,经减刑裁定减去的刑期不计入已经执行的刑期。②

在此后对因漏罪数罪并罚的罪犯依法减刑,决定减刑的频次、幅度时,应当对其原经减刑裁定减去的刑期酌予考虑。

【参考案例】

△**刑罚执行期间发现漏罪,判决作出时原判刑罚已经执行完毕的应当适用漏罪数罪并罚规则,而不应对漏罪进行单独追诉。**

《刑法》第七十条规定:"判决宣告以后,刑罚执行完毕以前,发现被判刑的犯罪分子在判决宣告以前还有其他罪没有判决的,应当对新发现的罪作出判决,把前后两个判决所判处的刑罚,依照本法第六十九条的规定,决定执行的刑罚。已经执行的刑期,应当计算在新判决决定的刑期以内。"对于该条的理解,需要把握两个关键点:一是发现漏罪的时间节点要求,二是对发现漏罪的"发现"含义的理解。漏罪数罪并罚要求发现漏罪的时间节点必须是在前罪"判决宣告以后,刑罚执行完毕以前",在此期间发现漏罪的应当适用数罪并罚,否则可能单独就漏罪进行追诉。漏罪数罪并罚中,发现漏罪的主体通常是侦查机关,自诉案件中也可以是人民法院。"发现"有相应的程序性要求,且需达到一定证明程度。只有通过一定调查,掌握相关证据证明相关犯罪事实系服刑犯实施的,才达到"发现"漏罪的程度要求。"发现"不同于"定罪"。由于"发现"漏罪只是刑事追诉的初步阶段,尚需通过进一步侦查,并经起诉、审判后,才能对前罪服刑犯、漏罪被告人进行定罪处罚。因此,"发现"仅仅意味着明确或者锁定了犯罪嫌疑人。

沈青鼠、王威盗窃案存在四个时间节点:一是沈青鼠服刑期满时间。二是本案立案时间。三是将沈青鼠、王威押解回上海市金山区审查时间。四是本案审理时间。在上述四个时间节点中,根据上述对发现漏罪含义的理解,第三个时间节点比较符合发现漏罪的标准与要求,因为此时公安机关不仅已经立案,且已经有被害人陈述、被告人供述及相应技术侦查证据等相应证据,已基本可以认定被告人沈青鼠、王威实施了本案盗窃行为,即明确沈青鼠、王威为犯罪嫌疑人。同时,由于该时间节点在沈青鼠前判执行期间,故符合漏罪数罪并罚的时间节点要求,故对于沈青鼠也应当依法适用漏罪数罪并罚。[No. 5-264-79 沈青鼠、王威盗窃案]

△**刑罚执行期间发现漏罪,判决作出时原判刑罚已经执行完毕的,应当适用漏罪数罪并罚规则,而不应对漏罪进行单独追诉。**

从立法原意看,发现漏罪是指通过司法机关侦查、他人揭发或犯罪分子自首等途径发现犯罪分子还有其他罪行。一般情形下应当以刑事立案时间为发现时间。公安机关进行刑事立案时,一般已初步掌握了犯罪嫌疑人的基本情况,但是有些案件因其复杂性和特殊性,缺少明确的犯罪嫌疑人。在这种情形下,应当以公安机关通过侦查等方式明确犯罪嫌疑人的时间为发现时间。一是确立了发现漏罪实行数罪并罚法律规定的基本前提,二是确立了发现漏罪时间作为前罪原判刑罚执行的界点,即发现漏罪之前为前罪原判刑罚已执行的刑期,发现漏罪之后为前罪原判刑罚未执行的刑期。因此,发现漏罪之后所羁押的时间应在数罪并罚所确定的刑罚期间中予以折抵。

根据《刑法》第七十条的规定,发现漏罪的时间范围仅明确要求"判决宣告以后,刑罚执行完毕以前",除此之外并没有其他任何适用时间上的限制,也没有其他限制性规定。因此,不能因诉讼过程的长短、宣判时间的不同而产生不同的适用结果。否则,就会使《刑法》第七十条的适用处于不确定状态,使数罪并罚制度增加了新的适用条件限制,进而导致数罪并罚的适用因漏罪侦查进程、宣判时间的长短差异而产生错乱。[No. 5-264-80 王云盗窃案]

① 2018 年修正后的《中华人民共和国刑事诉讼法》第二百三十六条。

② 我国学者指出,对犯罪分子减刑后,又发现犯罪分子还有其他犯罪未判决的,应先将原判刑期与后罪所判刑期按限制加重原则并罚,然后减去已执行刑期与减刑刑期,从而确定犯罪分子还须服刑期限。参见周光权:《刑法总论》(第 4 版),中国人民大学出版社 2021 年版,第 470 页。类似的批评见解,参见黎宏:《刑法学总论》(第 2 版),法律出版社 2016 年版,第 396 页。

第七十一条　【判决宣告后刑罚执行完毕前又犯新罪的并罚】

判决宣告以后，刑罚执行完毕以前，被判刑的犯罪分子又犯罪的，应当对新犯的罪作出判决，把前罪没有执行的刑罚和后罪所判处的刑罚，依照本法第六十九条的规定，决定执行的刑罚。

【立法理由】

1. **1979 年立法的情况**。1979 年《刑法》第六十六条规定："判决宣告以后，刑罚还没有执行完毕以前，被判刑的犯罪分子又犯罪的，应当对新犯的罪作出判决，把前罪没有执行的刑罚和后罪所判处的刑罚，依照本法第六十四条的规定，决定执行的刑罚。"明确罪犯在刑罚执行期间又犯新罪，如何适用数罪并罚原则十分必要，根据本条规定，采用"先减后并"方法，即对新犯的罪作出判决，把前罪没有执行的刑罚和后罪所判处的刑罚，按照数罪并罚的原则决定执行的刑罚。

2. **1997 年修订刑法的情况**。1997 年修订刑法时基本沿用了 1979 年刑法原来的规定，只是对文字作了调整：一是将"刑罚还没有执行完毕以前"修改为"刑罚执行完毕以前"，在意思的表达上更为准确，避免歧义。二是对条文序号作了相应调整，将"依照本法第六十四条的规定"修改为"依法本法第六十九条的规定"。

【条文说明】

本条是关于**犯罪分子在刑罚执行的过程中又犯新罪的，应当如何数罪并罚的规定**。

根据本条规定，**犯罪分子又犯新罪的时间**，必须是在判决宣告以后，刑罚执行完毕之前，即在刑罚执行期间。"**被判刑的犯罪分子又犯罪的**"，是指被判刑的犯罪分子在刑罚执行期间又犯依照刑法应当受到刑罚处罚的新罪。根据本条规定，犯罪分子在刑罚执行期间又犯新罪的，应当先对犯罪分子所犯的新罪作出判决，再将新罪判处的刑期与前罪未执行的刑期相加，依照本法第六十九条的规定，决定应执行的刑罚。"**没有执行的刑罚**"，也就是原判刑罚没有执行完的剩余部分，如原判决对犯罪分子确定的刑罚是十年有期徒刑，对新犯的罪作出判决时，原判决已经执行了五年，没有执行完的刑罚就是五年有期徒刑。刑罚尚未执行完毕，在服刑期间又犯新罪，说明行为人未能积极接受教育改造，人身危险性比较大，相比在刑罚执行完毕以前发现漏罪没有判决的情况，应当给予更为严厉的惩戒。因此，本条对在服刑中的罪犯又犯新罪实行数罪并罚规定了**"先减后并"的并罚原则**，体现了对这类犯罪情形从严打击的精神。比如，甲犯盗窃罪被判处十三年有期徒刑，在刑罚执行八年后又犯故意伤害罪被判处十年有期徒刑，那么前后两罪并罚时，根据"先减后并"的方法，先以原来的判决刑期减去已经执行的刑期，剩余刑期五年，再将剩余五年刑期与新犯的故意伤害罪的刑期按照《刑法》第六十九条的规定实行数罪并罚。这样，在总和刑期十五年以下，数罪中最高刑期十年以上，即十年至十五年之间确定应当执行的刑期。一般来说，适用"先减后并"的方法比适用"先并后减"的方法执行结果更重：一是先前已经实际执行的刑期不计算在新判决确定的刑期以内，其将来实际执行的最低刑期会提高。一般情况下，在刑罚执行期间，犯罪分子所犯新罪的时间距离原判决确定的刑罚执行的时间越远，数罪并罚实际执行的最低刑期可能就越高。二是实际执行的最高刑期限度，可能超过数罪并罚法定最高刑期的限制。一般情况下，在新罪所判处的刑期与原判决尚未执行完毕的剩余刑期之和长于数罪并罚法定最高刑期的情况下，实际执行的最高刑期长于数罪并罚法定最高刑期。

实践中需要注意以下两个方面的问题：

1. **本条所说的"刑罚执行完毕"，应当是指主刑执行完毕，而不包括罚金、剥夺政治权利等附加刑**。关于这个问题，实践中存在不同认识。有一种观点认为，《刑法》第三十二条规定的刑罚包括主刑和附加刑，因此这里的刑罚应作同样理解。这种理解是不正确的，虽然一般来说法律中用语的含义应保持一致，但在具体确定用语含义时，还是要结合用语的各种背景情况，包括所在条文、涉及的具体制度等，确定其最符合立法本意的含义，简单套用一个解释模式适用于所有的规定，有时可能会出现矛盾或者不合情理的解释结果。根据《刑法》第七十条、第七十一条的规定，判决宣告以后，刑罚执行完毕以前，发现犯罪分子有漏罪或者又犯新罪的，依照《刑法》第六十九条的规定决定执行的刑罚。而《刑法》第六十九条主要是针对主刑规定了实行数罪并罚的具体方法，包括吸收、限制加重等；对于附加刑，则是在该条第三款另行规定的，实际上实行的是简单并科。就数罪并罚制度的本质来说，实际上是协调数个罪的判决之间的关系，以最终决定要执行的刑罚，即对各罪的宣告刑按照数罪并罚规则处理之后确定执行的刑罚。如果将"刑罚执行完毕以前"理解为包括附加刑,实际上就是针对主刑已经执行完毕,而附加刑尚未执行完毕的情况,在这种情况下,对于主刑而言,已经执行完毕,无从与新罪判决的主刑数罪并罚,对于附加刑而言,只需继续执行,不存在需要数罪并罚的必要。因此这里的"刑罚执行完毕以前",结合语言环境和数罪并罚制度本意,应指主刑执行完毕以前,否则是没有实际意义的。

2. 根据2017年1月1日施行的《最高人民法院关于办理减刑、假释案件具体应用法律的规定》第三十三条的规定,**罪犯被裁定减刑后,刑罚执行期间因故意犯罪而数罪并罚时,经减刑裁定减去的刑期不计入已经执行的刑期。**原判死刑缓期执行减为无期徒刑、有期徒刑,或者无期徒刑减为有期徒刑的裁定继续有效。

【司法解释】

《最高人民法院关于在执行附加刑剥夺政治权利期间犯新罪应如何处理的批复》(法释〔2009〕10号,自2009年6月10日起施行)

△(**执行附加刑剥夺政治权利期间;犯新罪**)对判处有期徒刑并处剥夺政治权利的罪犯,主刑已执行完毕,在执行附加刑剥夺政治权利期间又犯新罪,如果所犯新罪无须附加剥夺政治权利的,依照刑法第七十一条的规定数罪并罚。(§1)

△(**执行附加刑剥夺政治权利期间;犯新罪;停止计算**)前罪尚未执行完毕的附加刑剥夺政治权利的刑期从新罪的主刑有期徒刑执行之日起停止计算,并依照刑法第五十八条规定从新罪的主刑有期徒刑执行完毕之日或者假释之日起继续计算;附加刑剥夺政治权利的效力施用于新罪的主刑执行期间。(§2)

△(**执行附加刑剥夺政治权利期间;犯新罪;新罪也剥夺政治权利**)对判处有期徒刑的罪犯,主刑已执行完毕,在执行附加刑剥夺政治权利期间又犯新罪,如果所犯新罪也剥夺政治权利的,依照刑法第五十五条、第五十七条、第七十一条的规定并罚。(§3)

【司法解释性文件】

《最高人民法院关于罪犯因漏罪、新罪数罪并罚时原减刑裁定应如何处理的意见》(法〔2012〕44号,2012年1月18日公布)

△(**裁定减刑;犯新罪;已经执行的刑期**)罪犯被裁定减刑后,因被发现漏罪或者又犯新罪而依法进行数罪并罚时,经减刑裁定减去的刑期不计入已经执行的刑期。

在此后对因漏罪数罪并罚的罪犯依法减刑,决定减刑的频次、幅度时,应当对其原经减刑裁定减去的刑期酌予考虑。

【参考案例】

△在保外就医期间又犯新罪的,前罪未执行的刑期应以罪犯重新犯罪之日起计算。

从罪犯的人身危险性而言,以犯罪之日为界点更为科学。作为监外执行的方式之一,保外就医是以罪犯本身没有社会危险性为前提的,是对没有社会危险性的患严重疾病的罪犯的一种特殊待遇。被批准保外就医的罪犯重新犯罪表明其具有严重的社会危害性和人身危险性,丧失了继续保外就医的法定资格条件,不应再享有监外执行的优待。

从刑罚执行的目的看,以犯罪之日为界点更为合理。在吴孔成盗窃案中,只有在罪犯重新犯罪之日起即停止计算前罪已执行刑期,才能充分体现立法严惩的精神,起到威慑、遏制犯罪的效果。

从相关法律规定的正确理解和把握而言,以犯罪之日作为基准是准确的。《罪犯保外就医执行办法》(已失效)规定,保外就医罪犯未经公安机关批准擅自外出期间不计入执行刑期。举轻以明重,当某个相对较轻的行为导致一定的法律评价时,一个相对严重的行为也至少导致这一法律后果的产生。监外再次犯罪远比擅自外出的性质更为严重,当然自犯罪之日后的期间也不应计入执行刑期。

从法律效果与社会效果看,以犯罪之日为界点是适当的。法律施行意在鼓励民众遵守法律,违法时自觉接受制裁,营造良好的社会秩序。由于保外就医是监外执行方式,罪犯实际上获得行动的自由,再犯罪后可能因逃避抓捕等原因,无法立即收监。有的甚至可能持续数年,流散社会威胁社会稳定和安全。以抓获之日、采取强制措施之日、新罪判决之日等为基准计算未执行的刑罚会导致负面引导——越晚案发、越晚被抓获、越晚被判决,所迟延的时间均被计入前罪执行的期间,从而引导或鼓励罪犯在再犯新罪时竭力逃脱国家机关的抓捕,加剧罪犯的抗拒心理,不利于社会稳定与和谐。而且,发现被告人犯罪或抓获、采取强制措施的时间,会随不同案件的情况而有差异,如以上述时点起算未执行刑期,会产生同类情况实际处理不同的结果,有悖于司法公正。[No. 5-264-9 吴孔成盗窃案]

△对于犯罪分子在主刑执行完毕之后,附加罚金刑未执行完毕以前又犯新罪的,应当根据刑法规定,将前罪没有执行的罚金刑与后罪所判处

的刑罚进行并罚。

罚金是人民法院判处犯罪分子向国家缴纳一定数额金钱的刑罚方法,属于财产刑的一种。根据《最高人民法院关于适用财产刑若干问题的规定》第五条的规定,罚金应在判决生效以后的三个月内执行完毕。但由于罚金的执行受到犯罪分子本人的经济情况、缴纳罚金的主观态度以及人民法院执行的力度等方面的影响,在司法解释规定的期限内,罚金刑未能执行的情况是客观存在的。只要罚金刑未执行,从数罪并罚、前罪刑罚执行情况的角度看,就不能视为刑罚执行完毕。

根据《刑法》第五十三条的规定,罚金的执行有以下五种方式:(1)一次缴纳;(2)分期缴纳;(3)强制缴纳;(4)随时追缴;(5)减免缴纳。

《最高人民法院关于适用财产刑若干问题的规定》第五条规定的罚金刑应当在判决发生法律效力后三个月内执行完毕,仅是指上述执行方式中一次缴纳和分期缴纳完毕这两种方式。

根据《刑法》第五十三条的规定,对于判决以后,罚金没有执行完毕的,只要犯罪分子不具备由于遭遇不能抗拒的灾祸缴纳确实有困难的可依法减免这一条件的,人民法院在任何时候发现被执行人有可以被执行的财产,都应当随时追缴。

虽然附加刑既可以独立适用,也可以附加适用,但附加刑是从刑,是补充、增强主刑适用效果的刑罚种类。由附加刑的属性所决定,数罪中被判处的附加刑既不能被主刑吸收,不同种附加刑之间一般也不能相互吸收,否则会使刑法对某种犯罪专门规定附加刑的意义丧失。同理,因不同种刑罚之间无可比性,附加刑与主刑之间,不同种附加刑之间也不能采用限制加重原则合并处罚。

数罪并罚制度中的刑罚包括主刑和附加刑,只要行为人所犯的后罪是在前罪被判处的刑罚,包括主刑和附加刑执行完毕之前的,在对后罪作出判决时,均应适用数罪并罚制度;只有行为人所犯的后罪是在前罪被判处的所有刑罚,包括主刑和附加刑都执行完毕之后,对后罪判决时才不适用数罪并罚制度。被告人鄂尔古丽·买买提在原判有期徒刑执行完毕以后,附加罚金刑未执行以前,又犯新罪,对其未执行的罚金,应当在对新罪作出判决时予以并罚。[No. 5-264-18　买买提盗窃案]

△前罪主刑执行完毕后,附加刑尚未执行完毕前,又犯新罪,符合累犯成立条件的,应构成累犯;前罪尚未执行完毕的附加刑,应与新罪判处的刑罚依照刑法有关规定实行数罪并罚,并应以行为人因再次犯罪被羁押之日作为前罪附加剥夺政治权利刑执行中止的起算日。

根据立法本意以及《刑法》总则第六十五条、第七十一条规定的内容,可以确定《刑法》总则第六十五条所指的刑罚执行完毕应理解为主刑执行完毕,第七十一条所指的刑罚执行完毕应理解为主刑和附加刑均执行完毕,之所以对《刑法》总则第六十五条中作上述理解,理由有三:一是如果将该条中刑罚执行完毕理解为既包括主刑又包括附加刑,则将给审判实践中累犯的认定带来很大的困难,由于剥夺政治权利、罚金等均为附加刑刑种,而目前因为犯罪分子缺乏支付能力,罚金刑普遍存在难以执行的问题,这就意味着在罚金刑执行之前,犯罪分子在主刑执行完毕后再次实施犯罪均不能认定为累犯,这必将使累犯的时效期限突破五年,且难以实际操作,也与我国刑法设定累犯制度的立法本意背道而驰;二是"刑罚"一词在该条行文中先后出现三次,内容分别为有期徒刑以上刑罚和刑罚执行完毕,从保持整条文字表述的一致性,该条中的"刑罚"一词是特指有期徒刑以上的主刑;三是《刑法》总则第六十五条第二款关于被假释的犯罪分子构成累犯的规定恰恰印证了上述观点,我国刑法中关于假释期限的规定均是针对主刑刑期设定的,故对于被假释的犯罪分子,法律明确规定累犯的期限从假释期满之日起计算,而不包括附加刑执行期满。综上,对被告人秋立新适用累犯条款符合立法本意和法律规定。

此外,应注意的是,新罪无论是否判处了同种附加刑,前罪判处的未执行完毕的附加刑均应与新罪判处的刑罚实行数罪并罚,即在新罪判处的主刑执行完毕后,继续执行前罪未执行完毕的附加刑。这主要是因为,《刑法》第六十九条关于数罪并罚的规定既包括主刑也包括附加刑,而《刑法》第七十一条中关于"刑罚执行完毕前"的表述包括主刑和附加刑均执行完毕前,再犯新罪,均应实行数罪并罚,这虽然与《刑法》第六十五条的规定存在一定程度的竞合,但二者之间规定的内容并不矛盾,对于犯罪分子适用累犯的规定并不影响对于未执行完毕的附加刑与新罪实行数罪并罚。

就附加刑的执行中止起算日而言,在被告人因犯新罪被侦查机关羁押前,其原判附加剥夺政治权利刑由其居住地的公安机关执行,不因被告人又犯新罪而中断,而被告人从因犯新罪被侦查机关羁押之日起,由犯罪地的公安机关对其进行羁押,而被告人居住地的公安机关丧失了对其继续执行附加剥夺政治权利刑的可能,原判未执行完毕的剥夺政治权利刑因为被告人被羁押而中止。故应以犯罪分子因再次犯罪被羁押之日作为前罪附加剥夺政治权利刑执行中止的起算日。

[No.5-264-30　秋立新盗窃案]

△前罪主刑执行完毕或假释后，附加刑剥夺政治权利执行期间，重新犯罪的，执行数罪并罚时，前罪未执行完毕的剥夺政治权利的刑期在因重新犯罪被羁押时中止。

在对后罪进行判决时，被告人被判处有期徒刑的，有期徒刑主刑刑期的计算从判决生效之日起计算，但被告人被实际羁押的时间折抵刑期，因此在计算刑期的起止日期时均是将被羁押之日作为刑期的起算日期，也就是说后罪主刑的起算日期实际上为重新犯罪的被羁押时间。在后罪被判处附加剥夺政治权利的情况下，根据《刑法》第五十八条第一款的规定，剥夺政治权利的效力当然适用于主刑执行期间，那么后罪主刑即有期徒刑的执行期间被告人的政治权利同样被剥夺。如果不中止对前罪的附加刑剥夺政治权利的执行，由于在数罪并罚时，是将后罪所附加的剥夺政治权利与前罪未执行完毕的剥夺政治权利实行限制加重原则，理论上就会出现剥夺政治权利的重复执行或者说剥夺政治权利期限的重合，将导致被告人剥夺政治权利实际刑期的缩短。这显然不符合立法本意，有违公正。至于不同意见所提剥夺政治权利执行中止于法无据的问题，司法解释虽尚未对此作出明确的规定，但是，在司法中应当对此进行合乎目的性的解释，如服刑期间罪犯脱逃的，法律亦未明确规定执行中止，但中止执行是不言自明的。

如果不中止执行前罪附加刑剥夺政治权利，将使得后罪的一、二审仅仅因为在判决时前罪尚未执行的剥夺政治权利的刑期的不同而作出不同的判决。

将羁押之日作为中止日期与剥夺政治权利的执行特点相适应。当被告人因重新犯罪被羁押后，被强制性地改变了处所，在后罪不需要附加剥夺政治权利的情况下，将此后的时间作为中止时间，在被羁押至中止执行这段时间内，前罪剥夺政治权利的执行机关无法继续执行。而如果将在羁押之前的日期如重新犯罪的时间作为中止时间，在被告人重新犯罪至被羁押的这段时间内，将会放任被告人在剥夺政治权利期间对其政治权利的行使。而且，实践中对大部分案件而言，执行机关也无法及时掌握被告人重新犯罪的时间，将重新犯罪的时间作为中止时间不具有可行性。

同时，将羁押之日作为中止时间也符合主刑刑期的计算方式。除无期徒刑与死刑缓期执行以外，主刑起算日期实际上为重新犯罪的被羁押时间，如果将此后的时间如拘留时间、逮捕时间、宣判时间或生效时间作为中止时间，在后罪附加判处剥夺政治权利的情况下，只要被羁押时前罪附加刑剥夺政治权利尚未执行完毕，就会存在前后罪剥夺政治权利期限重合的问题。而且，如果将宣判时间作为中止时间，就可能出现焦军盗窃案一审与二审仅仅因为尚未执行完毕的剥夺政治权利的刑期的不同而判决不同的情况；如果将生效时间作为中止时间，很显然，一审判决时无从知道是否将经过二审程序或二审何时宣判，也就无从计算尚未执行完毕的剥夺政治权利的刑期。[No.5-264-49　焦军盗窃案]

△暂予监外执行期满后发现暂予监外执行期间再犯新罪的，不再进行数罪并罚。

准确理解暂予监外执行的性质，对于田友兵敲诈勒索案的处理具有重要意义。笔者认为，暂予监外执行的性质，可以从以下两个层面理解：

第一，暂予监外执行是一种特殊的刑罚执行方式。一般认为，“监外执行是指对符合法定条件的罪犯因某种特殊情况而暂予变更刑罚执行场所、刑罚执行方式的一种行刑制度”。监外执行就是在监狱外对罪犯执行刑罚的一种特别执行方法。暂予监外执行制度是指由于某种特殊情况的出现，通过一定的程序，将人民法院所判处的监禁刑的实刑改变为非监禁的刑罚执行方法，而且罪犯的刑期不因执行场所、执行方式的变更而中断，依然连续计算。可见，暂予监外执行是监禁刑执行的一种变通方式，其实质仍然是对罪犯监禁刑的执行过程，这与缓刑考验期有本质的区别。

第二，与缓刑、假释制度不同，暂予监外执行不是对服刑人员的一项鼓励性措施，而是监狱机关对不适宜继续关押在监狱中的服刑人员采取的一项体现人道主义精神的刑罚变通执行方式。按照我国《刑事诉讼法》第二百六十五条的规定，被判处有期徒刑或者拘役的罪犯，如有严重疾病需要保外就医、怀孕或者正在哺乳自己婴儿的妇女，可以暂予监外执行；对被判处有期徒刑、拘役，生活不能自理，适用暂予监外执行不致危害社会的罪犯，也可以暂予监外执行。因此，暂予监外执行的撤销条件与缓刑、假释是不同的。暂予监外执行的结束事由仅在于暂予监外执行适用的前提条件消失。

暂予监外执行虽然改变了服刑场所，但本质上仍是刑罚的一种执行方式。1990 年 3 月 30 日公布的《最高人民法院关于监外执行的罪犯重新犯罪的时间是否计入服刑期问题的答复》(已失效)指出，“被准予监外执行之日起至犯新罪后新判决执行前这段时间，应视为所服前罪判决的刑期”。只要暂予监外执行没有终止，暂予监外执行期就应计入刑罚执行期，不管是否发现暂予监外执行期间罪犯是否犯新罪。就本案而言，2008 年

3月6日,被告人田友兵犯聚众斗殴罪的暂予监外执行期届满,其刑罚执行完毕,也就是说,田友兵已完全承担了其前罪而产生的刑事责任。

《刑法》第七十一条不仅要求罪犯又犯新罪,更重要的是要求罪犯又犯新罪的时间、发现罪犯又犯新罪的时间,均在前罪的刑罚执行完毕之前。就本案而言,虽然田友兵在刑罚执行完毕之前又犯新罪,但在新罪判决时,前罪已经执行完毕,没有可以并罚的余刑。因此,对本案被告人实行并罚并不符合《刑法》第七十一条的立法本意。[No. 5-274-17　田友兵敲诈勒索案]

△前罪主刑执行完毕后执行附加刑剥夺政治权利期间再犯新罪的,应依照刑法规定实行数罪并罚。

《刑法》第六十五条关于累犯的规定与第七十一条关于新罪数罪并罚的规定中的"刑罚执行完毕"的内涵有所不同。《最高人民法院关于在执行附加刑剥夺政治权利期间犯新罪应如何处理的批复》(法释〔2009〕10号)第一条规定:"对判处有期徒刑并处剥夺政治权利的罪犯,主刑已执行完毕,在执行附加刑剥夺政治权利期间又犯新罪,如果所犯新罪无须剥夺政治权利的,依照刑法第七十一条的规定数罪并罚。"而在《刑法》第六十五条关于累犯的规定中,根据《最高人民法院研究室关于如何理解刑法第六十一条中刑罚执行完毕问题的答复》(已失效,法研〔1995〕16号)的规定,"刑罚执行完毕"指的则是主刑执行完毕。被告人刘林在故意伤害罪被判处有期徒刑并处剥夺政治权利,主刑执行完毕在剥夺政治权利期间再犯新罪的,一方面,应当根据《刑法》第七十一条的规定进行数罪并罚;另一方面,构成累犯,在对新罪进行量刑时应当从重处罚。[No. 6-1-303(1)-5　刘林等人赌博案]

△服刑人员在监外执行期间再犯新罪的,前罪剩余刑期应以其被采取强制措施之日为节点进行计算。

被告人在监外执行期间因犯新罪而被采取强制措施的,新罪强制措施采取之日,即为前罪监外执行中止之时。暂予监外执行制度具有明显的临时性特征,随时可能因法定情形的出现而中止。决定或批准对罪犯适用暂予监外执行之后,并不意味着其之后都会在监狱外服刑,而是当出现法律规定的情形时,相关机关应当及时改变监外执行的方式,将罪犯收监从而恢复为监禁执行的行刑方式。一旦被告人被有权机关决定收监,则其暂予监外执行期间显然中止。在沙学民容留他人吸毒案中,社区矫正机构即无锡市北塘区司法局应在被告人因犯新罪被抓获之日依法向北塘区人民法院提出对被告人沙学民进行收监执行的建议书,但北塘区司法局没有及时向北塘区人民法院提出收监建议。这种不利后果应由被告人自己承担,也就是说,其在被公安机关抓获后继续履行的接受社区矫正的时间不计入其刑期。暂予监外执行期间的中止不等于刑期计算的中止,被告人在暂予监外执行期间因出现法定情形,如被保外就医的被告人疾病治愈,则有权机构应作出收监决定,被告人被收监后在监狱内继续服刑,即虽然暂予监外执行中止,但是刑期却是连续计算的。但是,如果被告人是因为犯新罪而被中止前罪的暂予监外执行期间,应以被告人犯新罪被抓获并被采取强制措施之日为界点,中断前罪刑期的计算。[No. 6-7-354-2　沙学民容留他人吸毒案]

第五节　缓　刑

第七十二条　【缓刑的适用条件、禁止令与附加刑的执行】

对于被判处拘役、三年以下有期徒刑的犯罪分子，同时符合下列条件的，可以宣告缓刑，对其中不满十八周岁的人、怀孕的妇女和已满七十五周岁的人，应当宣告缓刑：

（一）犯罪情节较轻；

（二）有悔罪表现；

（三）没有再犯罪的危险；

（四）宣告缓刑对所居住社区没有重大不良影响。

宣告缓刑，可以根据犯罪情况，同时禁止犯罪分子在缓刑考验期限内从事特定活动，进入特定区域、场所，接触特定的人。

被宣告缓刑的犯罪分子，如果被判处附加刑，附加刑仍须执行。

【立法沿革】

《中华人民共和国刑法》（1997年修订，自1997年10月1日起施行）

第七十二条

对于被判处拘役、三年以下有期徒刑的犯罪分子，根据犯罪分子的犯罪情节和悔罪表现，适用缓刑确实不致再危害社会的，可以宣告缓刑。

被宣告缓刑的犯罪分子，如果被判处附加刑，附加刑仍须执行。

《中华人民共和国刑法修正案（八）》（自2011年5月1日起施行）

十一、将刑法第七十二条修改为：

"对于被判处拘役、三年以下有期徒刑的犯罪分子，同时符合下列条件的，可以宣告缓刑，对其中不满十八周岁的人、怀孕的妇女和已满七十五周岁的人，应当宣告缓刑：

"（一）犯罪情节较轻；

"（二）有悔罪表现；

"（三）没有再犯罪的危险；

"（四）宣告缓刑对所居住社区没有重大不良影响。

"宣告缓刑，可以根据犯罪情况，同时禁止犯罪分子在缓刑考验期限内从事特定活动，进入特定区域、场所，接触特定的人。

"被宣告缓刑的犯罪分子，如果被判处附加刑，附加刑仍须执行。"

【立法理由】

（一）立法相关背景及修改情况

1. **1979年立法的情况**。1979年《刑法》第六十七条规定："对于被判处拘役、三年以下有期徒刑的犯罪分子，根据犯罪分子的犯罪情节和悔罪表现，认为适用缓刑确实不致再危害社会的，可以宣告缓刑。被宣告缓刑的犯罪分子，如果被判处附加刑，附加刑仍须执行。"

2. **1997年修订刑法的情况**。1997年修订刑法时，将"认为适用缓刑确实不致再危害社会的"修改为**"适用缓刑确实不致再危害社会的"**，这一修改主要是文字性修改，对于缓刑的适用条件没有实质性影响，主要是使语言表述更为简练。

3. **2011年《刑法修正案（八）》对本条的修改情况**。一是对本条第一款适用缓刑的条件作了修改，将"根据犯罪分子的犯罪情节和悔罪表现，适用缓刑确实不致再危害社会的"修改为同时符合"犯罪情节较轻""有悔罪表现""没有再犯罪的危险""宣告缓刑对所居住社区没有重大不良影响"四项条件。二是明确对于符合缓刑条件的不满十八周岁的人、怀孕的妇女和已满七十五周岁的人，应当宣告缓刑。三是增加规定对宣告缓刑的犯罪分子，人民法院可以根据犯罪情况同时对其在缓刑考验期限内的行为作出限制，禁止其"从事特定活动，进入特定区域、场所，接触特定的人"。《刑法修正案（八）》的修改主要是落实**宽严相济的刑事政策**，根据司法实践需要，完善非监禁刑适用，进一步体现我国刑法的人道主义和社会文明进步。适用缓刑对于感化、挽救和改造犯罪人、化解社会矛盾等具有重要积极意义。在《刑法修正案（八）（草案）》研究起草过程中，各方面反映，从多年的实践情况看，缓刑制度设计总体上是好的，但是这项制度在执行中也出现了一些问题，主要是：原条文规定的"适用缓刑确实不致再危害社会"的条件，从实践执行来看过于笼统、抽象，何为"确实不致再危害社会"不易判断和执行，在个别地方，由于担心被告人适用缓刑之后可能出现其他违法犯罪行为危害社会，法官不愿、不敢适用缓刑，导致缓刑适用率相对较低；有些被宣告缓刑的犯罪分子，由于在缓刑考验期限内对其缺乏有效的监督和管理，出现了缓而不管的现象，没有发挥好缓刑制度教育和改造犯罪分子的作用，妨碍了缓刑制度积极作用的发挥。针对这些问题，有关方面提出，应当进一步明确缓刑适用条件，以利于操作。对此，《刑法修正案（八）》对该条作出修改，列明了适用缓刑的四项具体条件，对于同时符合这些条件的犯罪分子可以适用缓刑。考虑到不满十八周岁的人、怀孕的妇女和已满七十五周岁的人的特殊情况，从加强对未成年人、未出生婴儿保护的角度，基于人道主义对老年人从宽处理的角度，增加规定，对于符合缓刑条件的上述三类主体应当宣告缓刑。同时考虑到扩大缓刑适用，应当完善和加强缓刑对于教育、改造罪犯，预防再犯罪的实效和功能，对此《刑法修正案（八）》增加规定，对宣告缓刑的犯罪分子，人民法院可以根据犯罪情况，在判决的同时禁止其"从事特定活动，进入特定区域、场所，接触特定的人"。这样规定，既有利于发挥缓刑的作用，也是缓刑适用个别化的有益尝试。

（二）立法时争议的主要问题

在《刑法修正案（八）》起草和审议过程中，有的意见认为，本条规定的"没有再犯罪的危险"主观性太强。立法机关经研究认为，适用缓刑的基本要求是犯罪人不再具有社会危害性，对于犯罪人是否仍具有社会危害性，并没有绝对客观的、确定性的判断标准，只能交由法官根据个案情况判断。**法官应根据案件和犯罪人的具体情况，综合各方面因素考虑**，如果认为犯罪人的人身危险性低，不具有再犯罪的动机或者可能性，即可以认为"没有再犯罪的危险"。还有意见认为，"宣告缓刑对所居住社区没有重大不良影响"可能会使法官的决定受社区意见影响，从而影响到缓刑的适用。立法机关研究认为，这一规定是立足于我国经济社会发展的现实情况，从有利于对犯罪分子的监管和改造，有利于社区广大居民能够安居乐业的角度作出的。因此，**在适用缓刑制度时，既要考虑被告人的个人情况，又要考虑适用缓刑对社会的影响，否则就不能达到适用缓刑的目的和社会效果**。当然，可能对社会造成的不良影响必须是重大的才能成为不适用缓刑的条件，如果只是一般的影响则不影响缓刑的适用。

【条文说明】

本条是关于**缓刑的对象、条件以及宣告缓刑可以同时附加禁止令的规定**。

缓刑，是一种刑事执行制度，而不是一种刑罚。缓刑，是指对罪行较轻的罪犯，在其符合法定条件的情况下，可以在一定的期间内不予关押，暂缓其刑罚的执行，以促进其悔过自新的一种刑事执行制度。实行缓刑制度，可以弥补短期自由刑的不足，避免恶性较轻的罪犯在监狱"交叉感染"其他恶习；对缓刑犯不予关押，使其个人、家庭维持基本生活状态，不受影响，从而有利于改造罪犯，也有利于社会的稳定。我国近代"缓刑"制度初见于《大清新刑律》，此后的《中华民国暂行新刑律》《中华民国刑法》等均规定了缓刑制度。中华人民共和国成立后，借鉴中外立法的经验，结合实际情况，建立了自己的缓刑制度，中华人民共和国成立初期的一些刑事法规和司法文件已有关于缓刑的规定和解释，并在司法实践中广泛运用，如1950年中央人民政府司法部发布的《关于假释、缓刑、剥夺公权等问题的解释》中规定：缓刑一般适用于对社会危害较小的，且依据具体情况又暂不执行为宜的徒刑犯。1953年12月26日发布的《最高人民法院关于缓刑问题的复函》中指出，"缓刑适用于对社会危害性不大，处刑较轻并因其他具体情况以暂不执行为宜的被告，即于判决罪刑时同时宣告缓刑若干时期"。这些实践都为我国确立系统的缓刑制度打下了良好的基础。

本条共分为三款。

第一款是关于**适用缓刑的对象和条件的规定**。根据本款规定，适用缓刑的前提有两个：一是**适用缓刑的对象，必须是被判处拘役、三年以下有期徒刑的特定的犯罪分子**。二是**同时符合犯罪情节较轻、有悔罪表现、没有再犯罪的危险、宣告缓刑对所居住社区没有重大不良影响四项条件**。是否可以适用缓刑的关键是看适用缓刑的犯罪分子是否具有社会危害性，只有不予关押不会危害社会的，才能适用缓刑。如果犯罪分子有可能危害社会，即使是被判处拘役、三年以下有期徒刑，也不能适用缓刑。是否具有社会危害性，应当根据犯罪分子的犯罪情节、悔罪表现、有无再犯罪的危险以及宣告缓刑是否会对所居住社区造成重大不良影响四个条件综合加以判断。"**犯罪情节较轻**"，是指犯罪人的行为性质不严重、犯罪情节不恶劣，如果犯罪情节恶劣、性质严重，则不能适用缓刑；"**有悔罪表现**"，是指犯罪人对于其犯罪行为能够认识到错误，真诚悔悟并有悔改的意愿和行为，同时积极向被害人道歉、赔偿被害人的损失、获取被害人的谅解等；"**没有再犯罪的危险**"，是指对犯罪人适用缓刑，其不会再次犯罪，如果犯罪人有可能再次侵害被害人，或者是由于生活条件、环境的影响而可能再次犯罪，比如犯罪人为常习犯等，则不能对其适用缓刑；“**宣告缓刑对所居住社区没有重大不良影响**”，是指对犯罪人适用缓刑不会对其所居住社区的安全、秩序和稳定带来重大不良影响，这种影响必须是重大的、现实的，具体情形由法官根据个案情况来判断。**适用缓刑的两个前提必须同时具备，缺一不可**。如果根据案件的具体情况和罪犯的表现，不关押不足以教育改造罪犯和预防犯罪，就不能适用缓刑；或者罪犯虽然不再具有社会危害性，但判刑较重，超过三年有期徒刑的，也不能适用缓刑。

对于一般主体，符合适用缓刑条件的，法律规定可以适用缓刑，从而赋予法官一定的自由裁量权，法官依据案件情况决定宣告缓刑，也可以不适用缓刑。但是，根据修改后的规定，**对于符合上述适用缓刑条件的不满十八周岁的人、怀孕的妇女和已满七十五周岁的人，法律规定应当宣告缓刑**，即只要符合适用缓刑条件的，就应当适用缓刑。需要指出的是，这三类主体适用缓刑也必须是被判处拘役、三年以下有期徒刑，同时符合犯罪情节较轻、有悔罪表现、没有再犯罪的危险、宣告缓刑对所居住社区没有重大不良影响四项条件，如果不符合上述条件，也不能宣告缓刑。

第二款是关于**对宣告缓刑的犯罪分子，可以根据犯罪情况附加禁止令的规定**。为了维护社会稳定，保护被害人、证人人身安全，同时为了帮助适用缓刑的犯罪分子改过自新，防止其再次犯罪，法律规定法官可以用禁止令的方式，对于被宣告缓刑的犯罪分子有针对性地在缓刑考验期限内进行一定的约束。禁止令的内容应体现在判决中，具有强制性的法律效力，犯罪分子必须遵守。“根据犯罪情况”，主要是指根据犯罪分子的犯罪情节、生活环境、是否有不良癖好等确定禁止令的内容。禁止令限定的“特定活动”“特定区域、场所”“特定的人”应当与原犯罪有关联，防止引发被宣告缓刑的犯罪分子再次犯罪，或者是为了确保犯罪分子遵守非监禁刑所要求的相关义务。总之，**禁止令的内容应当有正当理由或者是基于合理推断，而不能随意规定**。比如，“特定活动”是与原犯罪行为相关联的活动；“特定的人”是原犯罪行为的被害人及其近亲属、特定的证人等；“特定区域、场所”是原犯罪的区域、场所以及与原犯罪场所相类似的场所、区域等。本款为选择性适用规定，由法官决定在宣告缓刑的同时是否有必要规定禁止令，如果法官认为没有必要则可以不作规定。

第三款是关于**被宣告缓刑的犯罪分子，如果被判处附加刑，附加刑仍须执行的规定**。根据本款规定，缓刑的效力不及于附加刑，无论缓刑是否撤销，也不论是何种附加刑，附加刑都不能免除执行。

实践中需要注意的是，缓刑不同于**死刑缓期执行**。二者虽然都是有条件地不执行原判刑罚，都不是独立的刑种，但在适用对象、执行方法、考验期限和法律后果方面存在**本质区别**：一是缓刑适用于被判处拘役或者三年以下有期徒刑的犯罪人；死缓适用于应当判处死刑但不是必须立即执行的犯罪人。二是对于宣告缓刑的犯罪人不予关押；对于宣告死缓的犯罪人必须予以监禁，并强迫劳动改造，以观后效。三是缓刑的考验期限，依所判处的刑种与刑期不同而有不同的法定期限；死缓的考验期限为二年。四是缓刑的后果，要么原判刑罚不再执行，要么执行原判刑罚乃至数罪并罚；死缓的后果根据情况既可能减为无期徒刑或有期徒刑，也可能执行死刑。

缓刑与对军人的“**战时缓刑**”具有区别。《刑法》第四百四十九条规定：“在战时，对被判处三年以下有期徒刑没有现实危险宣告缓刑的犯罪军人，允许其戴罪立功，确有立功表现时，可以撤销原判刑罚，不以犯罪论处。”可以看出，战时缓刑虽然属于一种特殊缓刑，但实际上是刑事责任消灭的一种特殊方式。缓刑与战时缓刑在适用的时间、适用的对象、适用的条件、考验的内容、法律后果等方面存在相当明显的区别。

【司法解释】

《最高人民法院关于审理未成年人刑事案件具体应用法律若干问题的解释》（法释〔2006〕1号，自2006年1月23日起施行）

△（**未成年罪犯；宣告缓刑**）对未成年罪犯符合刑法第七十二条第一款规定的，可以宣告缓刑。如果同时具有下列情形之一，对其适用缓刑确实不致再危害社会的，应当宣告缓刑：

（一）初次犯罪；

（二）积极退赃或赔偿被害人经济损失；

（三）具备监护、帮教条件。（§ 16）

《最高人民法院、最高人民检察院关于办理侵犯知识产权刑事案件具体应用法律若干问题的解释（二）》（法释〔2007〕6号，自2007年4月5日起施行）

△（**缓刑**）侵犯知识产权犯罪，符合刑法规定的缓刑条件的，依法适用缓刑。有下列情形之一的，一般不适用缓刑：

（一）因侵犯知识产权被刑事处罚或者行政处罚后，再次侵犯知识产权构成犯罪的；

（二）不具有悔罪表现的；

（三）拒不交出违法所得的；

（四）其他不宜适用缓刑的情形。（§ 3）

《最高人民法院关于〈中华人民共和国刑法修正案（八）〉时间效力问题的解释》（法释〔2011〕9号，自2011年5月1日起施行）

△（**时间效力；缓刑；禁止令**）对于2011年4月30日以前犯罪，依法应当判处管制或者宣告缓刑的，人民法院根据犯罪情况，认为确有必要同时禁止犯罪分子在管制期间或者缓刑考验期内从事特定活动，进入特定区域、场所，接触特定人的，适用修正后刑法第三十八条第二款或者第七十二条第二款的规定。（§ 1 Ⅰ）

【司法解释性文件】

《最高人民检察院法律政策研究室关于对数罪并罚决定执行刑期为三年以下有期徒刑的犯罪分子能否适用缓刑问题的复函》（〔1998〕高检研发第16号，1998年9月17日公布）

△（**缓刑之适用条件；数罪并罚**）根据刑法第七十二条的规定，可以适用缓刑的对象是被判处拘役、三年以下有期徒刑的犯罪分子；条件是根据犯罪分子的犯罪情节和悔罪表现，适用缓刑确实不致再危害社会。对于判决宣告以前犯数罪的犯罪分子，只要判决执行的刑罚为拘役、三年以下有期徒刑，且符合根据犯罪分子的犯罪情节和悔罪表现，适用缓刑确实不致再危害社会的案件，依法可以适用缓刑。

《宽严相济在经济犯罪和职务犯罪案件审判中的具体贯彻》（2010年4月7日公布）

△（**宽严相济刑事政策；缓刑**）关于缓刑等非监禁刑的适用。在依照《意见》第14条、第15条、第16条规定适用缓刑等非监禁刑时，应当充分考虑到当前职务犯罪案件缓刑等非监禁刑适用比例偏高的实际情况，以及职务犯罪案件适用非监禁刑所需要的社会民意基础和过多适用非监禁刑可能带来的社会负面影响。贪污、受贿犯罪分子具有下列情形之一的，一般不得适用缓刑：致使国家、集体和人民利益遭受重大损失或者影响恶劣的；不退赃或者退赃不积极，无悔罪表现的；犯罪动机、手段等情节恶劣，或者将赃款用于非法经营、走私、赌博、行贿等违法犯罪活动的；属于共同犯罪中情节严重的主犯，或者犯有数罪的；曾因职务、经济违法犯罪行为受过行政处分或者刑事处罚的；犯罪涉及的财物属于救灾、抢险、防汛、防疫、优抚、扶贫、移民、救济、捐助、社会保险、教育、征地、拆迁等专项款项和物资的。渎职犯罪分子具有下列情形之一的，一般不适用缓刑：（1）依法减轻处罚后判处三年有期徒刑以下刑罚的；（2）渎职犯罪造成特别恶劣影响的；（3）渎职行为同时构成其他犯罪，以渎职犯罪一罪处理或者实行数罪并罚的。（§2 Ⅳ）

《最高人民法院、最高人民检察院、公安部、司法部关于对判处管制、宣告缓刑的犯罪分子适用禁止令有关问题的规定（试行）》（法发〔2011〕9号，2011年5月1日起施行）

△（**宣告缓刑；禁止令**）对判处管制、宣告缓刑的犯罪分子，人民法院根据犯罪情况，认为从促进犯罪分子教育矫正、有效维护社会秩序的需要出发，确有必要禁止其在管制执行期间、缓刑考验期限内从事特定活动，进入特定区域、场所，接触特定人的，可以根据刑法第三十八条第二款、第七十二条第二款的规定，同时宣告禁止令。（§ 1）

△（**禁止令之宣告**）人民法院宣告禁止令，应当根据犯罪分子的犯罪原因、犯罪性质、犯罪手段、犯罪后的悔罪表现、个人一贯表现等情况，充分考虑与犯罪分子所犯罪行的关联程度，有针对性地决定禁止其在管制执行期间、缓刑考验期限内“从事特定活动，进入特定区域、场所，接触特定的人”的一项或者几项内容。（§ 2）

△（**禁止从事特定活动**）人民法院可以根据犯罪情况，禁止判处管制、宣告缓刑的犯罪分子在管制执行期间、缓刑考验期限内从事以下一项或者几项活动：

（一）个人为进行违法犯罪活动而设立公司、企业、事业单位或者在设立公司、企业、事业单位后以实施犯罪为主要活动的，禁止设立公司、企业、事业单位；

（二）实施证券犯罪、贷款犯罪、票据犯罪、信用卡犯罪等金融犯罪的，禁止从事证券交易、申领贷款、使用票据或者申领、使用信用卡等金融活动；

（三）利用从事特定生产经营活动实施犯罪的，禁止从事相关生产经营活动；

（四）附带民事赔偿义务未履行完毕，违法所得未追缴、退赔到位，或者罚金尚未足额缴纳的，禁止从事高消费活动；

（五）其他确有必要禁止从事的活动。（§ 3）

△（**禁止进入特定区域、场所**）人民法院可以根据犯罪情况，禁止判处管制、宣告缓刑的犯罪分子在管制执行期间、缓刑考验期限内进入以下一类或者几类区域、场所：

（一）禁止进入夜总会、酒吧、迪厅、网吧等娱乐场所；

（二）未经执行机关批准，禁止进入举办大型群众性活动的场所；

(三)禁止进入中小学校区、幼儿园园区及周边地区,确因本人就学、居住等原因,经执行机关批准的除外;

(四)其他确有必要禁止进入的区域、场所。(§ 4)

△(**禁止接触特定的人**)人民法院可以根据犯罪情况,禁止判处管制、宣告缓刑的犯罪分子在管制执行期间、缓刑考验期限内接触以下一类或者几类人员:

(一)未经对方同意,禁止接触被害人及其法定代理人、近亲属;

(二)未经对方同意,禁止接触证人及其法定代理人、近亲属;

(三)未经对方同意,禁止接触控告人、批评人、举报人及其法定代理人、近亲属;

(四)禁止接触同案犯;

(五)禁止接触其他可能遭受其侵害、滋扰的人或者可能诱发其再次危害社会的人。(§ 5)

△(**禁止令之期限;最短期限之限制;执行期限**)禁止令的期限,既可以与管制执行、缓刑考验的期限相同,也可以短于管制执行、缓刑考验的期限,但判处管制的,禁止令的期限不得少于三个月,宣告缓刑的,禁止令的期限不得少于二个月。

判处管制的犯罪分子在判决执行以前先行羁押以致管制执行的期限少于三个月的,禁止令的期限不受前款规定的最短期限的限制。

禁止令的执行期限,从管制、缓刑执行之日起计算。(§ 6)

△(**提起公诉;移送审查起诉;宣告禁止令的建议**)人民检察院在提起公诉时,对可能判处管制、宣告缓刑的被告人可以提出宣告禁止令的建议。当事人、辩护人、诉讼代理人可以就应否对被告人宣告禁止令提出意见,并说明理由。

公安机关在移送审查起诉时,可以根据犯罪嫌疑人涉嫌犯罪的情况,就应否宣告禁止令及宣告何种禁止令,向人民检察院提出意见。(§ 7)

△(**宣告禁止令;裁判文书;主文**)人民法院对判处管制、宣告缓刑的被告人宣告禁止令的,应当在裁判文书主文部分单独作为一项予以宣告。(§ 8)

△(**执行机构;社区矫正机构**)禁止令由司法行政机关指导管理的社区矫正机构负责执行。(§ 9)

△(**监督机构;人民检察院;通知纠正**)人民检察院对社区矫正机构执行禁止令的活动实行监督。发现有违反法律规定的情况,应当通知社区矫正机构纠正。(§ 10)

△(**禁止令之违反;情节严重;治安管理处罚法**)判处管制的犯罪分子违反禁止令,或者被宣告缓刑的犯罪分子违反禁止令尚不属情节严重的,由负责执行禁止令的社区矫正机构所在地的公安机关依照《中华人民共和国治安管理处罚法》第六十条的规定处罚。(§ 11)

△(**违反禁止令;撤销缓刑;情节严重**)被宣告缓刑的犯罪分子违反禁止令,情节严重的,应当撤销缓刑,执行原判刑罚。原作出缓刑裁判的人民法院应当自收到当地社区矫正机构提出的撤销缓刑建议书之日起一个月内依法作出裁定。人民法院撤销缓刑的裁定一经作出,立即生效。

违反禁止令,具有下列情形之一的,应当认定为"情节严重":

(一)三次以上违反禁止令的;

(二)因违反禁止令被治安管理处罚后,再次违反禁止令的;

(三)违反禁止令,发生较为严重危害后果的;

(四)其他情节严重的情形。(§ 12)

△(**减刑;禁止令期限之缩短**)被宣告禁止令的犯罪分子被依法减刑时,禁止令的期限可以相应缩短,由人民法院在减刑裁定中确定新的禁止令期限。(§ 13)

《最高人民法院印发〈关于进一步加强危害生产安全刑事案件审判工作的意见〉的通知》(法发〔2011〕20号,2011年12月30日公布)

△(**生产安全犯罪;缓刑;区别对待**)对于危害后果较轻,在责任事故中不负主要责任,符合法律有关缓刑适用条件的,可以依法适用缓刑,但应注意根据案件具体情况,区别对待,严格控制,避免适用不当造成的负面影响。(§ 17)

△(**缓刑**)对于具有下列情形的被告人,原则上不适用缓刑:

(一)具有本意见第14条、第15条①所规定的情形的;

---

① 《最高人民法院印发〈关于进一步加强危害生产安全刑事案件审判工作的意见〉的通知》(法发〔2011〕20号,2011年12月30日公布)

第十四条

造成《关于办理危害矿山生产安全刑事案件具体应用法律若干问题的解释》第四条规定的"重大伤亡事故或者其他严重后果",同时具有下列情形之一的,也可以认定为刑法第一百三十四条、第一百三十五条规定的"情节特别恶劣":

(一)非法、违法生产的;(转下页)

（二）数罪并罚的。（§ 18）

△（**宣告缓刑；禁止令；与安全生产有关的特定活动**）宣告缓刑，可以根据犯罪情况，同时禁止犯罪分子在缓刑考验期限内从事与安全生产有关的特定活动。（§ 19）

《最高人民法院、最高人民检察院印发〈关于办理职务犯罪案件严格适用缓刑、免予刑事处罚若干问题的意见〉的通知》（法发〔2012〕17号，2012年8月8日发布）

△（**职务犯罪；缓刑**）严格掌握职务犯罪案件缓刑、免予刑事处罚的适用。职务犯罪案件的刑罚适用直接关系反腐败工作的实际效果。人民法院、人民检察院要深刻认识职务犯罪的严重社会危害性，正确贯彻宽严相济刑事政策，充分发挥刑罚的惩治和预防功能。要在全面把握犯罪事实和量刑情节的基础上严格依照刑法规定的条件适用缓刑、免予刑事处罚，既要考虑从宽情节，又要考虑从严情节；既要做到刑罚与犯罪相当，又要做到刑罚执行方式与犯罪相当，切实避免缓刑、免予刑事处罚不当适用造成的消极影响。（§ 1）

△（**职务犯罪分子；不适用缓刑**）具有下列情形之一的职务犯罪分子，一般不适用缓刑或者免予刑事处罚：

（一）不如实供述罪行的；

（二）不予退缴赃款赃物或者将赃款赃物用于非法活动的；

（三）属于共同犯罪中情节严重的主犯的；

（四）犯有数个职务犯罪依法实行并罚或者以一罪处理的；

（五）曾因职务违纪违法行为受过行政处分的；

（六）犯罪涉及的财物属于救灾、抢险、防汛、优抚、扶贫、移民、救济、防疫等特定款物的；

（七）受贿犯罪中具有索贿情节的；

（八）渎职犯罪中徇私舞弊情节或者滥用职权情节恶劣的；

（九）其他不应适用缓刑、免予刑事处罚的情形。（§ 2）

△（**贪污、受贿；缓刑；免予刑事处罚；挪用公款**）不具有本意见第二条规定的情形，全部退缴赃款赃物，依法判处三年有期徒刑以下刑罚，符合刑法规定的缓刑适用条件的贪污、受贿犯罪分子，可以适用缓刑；符合刑法第三百八十三条第一款第（三）项的规定，依法不需要判处刑罚的，可以免予刑事处罚。

不具有本意见第二条所列情形，挪用公款进行营利活动或者超过三个月未还构成犯罪，一审宣判前已将公款归还，依法判处三年有期徒刑以下刑罚，符合刑法规定的缓刑适用条件的，可以适用缓刑；在案发前已归还，情节轻微，不需要判处刑罚的，可以免予刑事处罚。（§ 3）

△（**量刑意见；情节恶劣、社会反映强烈的职务犯罪案件；不适用缓刑**）人民法院审理职务犯罪案件时应当注意听取检察机关、被告人、辩护人提出的量刑意见，分析影响性案件案发前后的社会反映，必要时可以征求案件查办等机关的意见。

总则　第四章

（接上页）

（二）无基本劳动安全设施或未向生产、作业人员提供必要的劳动防护用品，生产、作业人员劳动安全无保障的；

（三）曾因安全生产设施或者安全生产条件不符合国家规定，被监督管理部门处罚或责令改正，一年内再次违规生产致使发生重大生产安全事故的；

（四）关闭、故意破坏必要安全警示设备的；

（五）已发现事故隐患，未采取有效措施，导致发生重大事故的；

（六）事故发生后不积极抢救人员，或者毁灭、伪造、隐藏影响事故调查的证据，或者转移财产逃避责任的；

（七）其他特别恶劣的情节。

第十五条

相关犯罪中，具有以下情形之一的，依法从重处罚：

（一）国家工作人员违反规定投资入股生产经营企业，构成危害生产安全犯罪的；

（二）贪污贿赂行为与事故发生存在关联性的；

（三）国家工作人员的职务犯罪与事故存在直接因果关系的；

（四）以行贿方式逃避安全生产监督管理，或者非法、违法生产、作业的；

（五）生产安全事故发生后，负有报告职责的国家工作人员不报或者谎报事故情况，贻误事故抢救，尚未构成不报、谎报安全事故罪的；

（六）事故发生后，采取转移、藏匿、毁灭遇难人员尸体，或者毁灭、伪造、隐藏影响事故调查的证据，或者转移财产，逃避责任的；

（七）曾因安全生产设施或者安全生产条件不符合国家规定，被监督管理部门处罚或责令改正，一年内再次违规生产致使发生重大生产安全事故的。

对于情节恶劣、社会反映强烈的职务犯罪案件，不得适用缓刑、免予刑事处罚。（§4）

△（**量刑建议；检察委员会；审判委员会**）对于具有本意见第二条规定的情形之一，但根据全案事实和量刑情节，检察机关认为确有必要适用缓刑或者免予刑事处罚并据此提出量刑建议的，应经检察委员会讨论决定；审理法院认为确有必要适用缓刑或者免予刑事处罚的，应经审判委员会讨论决定。（§5）

《最高人民法院、最高人民检察院、公安部、司法部关于对因犯罪在大陆受审的台湾居民依法适用缓刑实行社区矫正有关问题的意见》（法发〔2016〕33号，2017年1月1日起施行）

△（**台湾居民；宣告缓刑**）对因犯罪被判处拘役、三年以下有期徒刑的台湾居民，如果其犯罪情节较轻、有悔罪表现、没有再犯罪的危险且宣告缓刑对所居住社区没有重大不良影响的，人民法院可以宣告缓刑，对其中不满十八周岁的人、怀孕的妇女和已满七十五周岁的人，应当宣告缓刑。（§1）

△（**建议宣告缓刑；无犯罪记录证明等相关材料**）人民检察院建议对被告人宣告缓刑的，应当说明依据和理由。

被告人及其法定代理人、辩护人提出宣告缓刑的请求，应当说明理由，必要时需提交经过台湾地区公证机关公证的被告人在台湾地区无犯罪记录证明等相关材料。（§2）

△（**调查评估；涉台社区矫正专门机构；县级司法行政机关**）公安机关、人民检察院、人民法院需要委托司法行政机关调查评估宣告缓刑对社区影响的，可以委托犯罪嫌疑人、被告人在大陆居住地的县级司法行政机关，也可以委托适合协助社区矫正的下列单位或者人员所在地的县级司法行政机关：

（一）犯罪嫌疑人、被告人在大陆的工作单位或者就读学校；

（二）台湾同胞投资企业协会、台湾同胞投资企业；

（三）其他愿意且有能力协助社区矫正的单位或者人员。

已经建立涉台社区矫正专门机构的地方，可以委托该机构所在地的县级司法行政机关调查评估。

根据前两款规定仍无法确定接受委托的调查评估机关的，可以委托办理案件的公安机关、人民检察院、人民法院所在地的县级司法行政机关。（§3）

△（**调查评估报告；十个工作日；协助提供有关资料**）司法行政机关收到委托后，一般应当在十个工作日内向委托机关提交调查评估报告；对提交调查评估报告的时间另有规定的，从其规定。

司法行政机关开展调查评估，可以请当地台湾同胞投资企业协会、台湾同胞投资企业以及犯罪嫌疑人、被告人在大陆的监护人、亲友等协助提供有关材料。（§4）

△（**宣告缓刑；书面告知；送达；抄送**）人民法院对被告人宣告缓刑时，应当核实其居住地或者本意见第三条规定的有关单位、人员所在地，书面告知被告人应当自判决、裁定生效后十日内到社区矫正执行地的县级司法行政机关报到，以及逾期报到的法律后果。

缓刑判决、裁定生效后，人民法院应当在十日内将判决书、裁定书、执行通知书等法律文书送达社区矫正执行地的县级司法行政机关，同时抄送该地县级人民检察院和公安机关。（§5）

△（**海峡两岸共同打击犯罪及司法互助协议；移交执行**）对于符合条件的缓刑犯，可以依据《海峡两岸共同打击犯罪及司法互助协议》，移交台湾地区执行。（§10）

【公报案例】

△（**未成年犯罪；适用缓刑的量刑参考标准**）未成年人犯罪案件的审理方式与成年人犯罪案件不同，应根据实际情况适用《刑事诉讼法》"未成年人刑事案件诉讼程序"专章中的相关规定，结合心理疏导、法律援助等方式，对犯罪的未成年人进行教育、感化和挽救，做到教育为主、惩罚为辅。同时通过加强社会调查，了解其个人成长经历、案外犯罪原因、羁押表现情况以及监护落实情况和社区矫治意见等，作为是否适用缓刑的量刑参考依据。[《最高人民法院公报》2016年第8期　李某某盗窃案]

【参考案例】

△醉驾型危险驾驶案件中，被告人系初犯、偶犯，未曾因酒后驾驶受过行政处罚或刑事追究的，虽发生交通事故，但后果并不严重的，可以适用缓刑。

危险驾驶罪的犯罪情节较轻，不以是否发生交通事故为划分标准。对于虽然发生交通事故，但事故后果并不严重，且被告人积极赔偿、认罪、悔罪的，综合考虑全案情节，仍可以认定为犯罪情节较轻，对被告人依法可以宣告缓刑。

醉驾入刑后，每年全国有数万人因醉酒驾驶机动车而成为犯罪分子。这些人绝大部分是遵纪守法、没有前科劣迹的普通公民,年龄主要集中在二十岁至四十五岁,高中以下文化程度者居多,大部分有稳定工作,是家庭主要收入来源。对这部分人动用刑罚虽然能够获得一定的威慑效果,但同时也会对社会产生一定的负面影响。这部分人不仅在羁押服刑期间容易被"交叉感染",刑满释放后可能成为无业人员,增加家庭和社会负担,还有可能变成社会不稳定、不和谐因素,甚至走向社会的对立面。因此,在危险驾驶案件中,一定要贯彻落实好宽严相济刑事政策,不能把醉驾的社会危害过于放大而片面强调从严惩处。缓刑是我国从宽处理法律制度的关键组成部分,是贯彻宽严相济刑事政策的重要体现。缓刑的适用对象是被判处拘役、三年以下有期徒刑的犯罪分子,这表明被判处缓刑的犯罪分子所犯罪行并不十分严重,情节也不恶劣,故法院在考虑对犯罪分子是否适用缓刑时,要特别注重考虑其有无再犯罪的可能性,重点分析通过缓刑能否实现对其教育改造的刑罚目的。具体到醉驾型危险驾驶案件,只要被告人系初犯、偶犯,没有曾因酒后驾驶受过行政处罚或者刑事追究,且符合法律规定的其他条件时,就有适用缓刑的余地。不过,为达到有效遏制、预防醉驾犯罪的目的,对缓刑的适用也不能失之过宽。对具有发生交通事故、肇事后逃逸、严重超速超载、无证驾驶、逃避或者阻碍公安机关依法检查等从重处罚情节的被告人,适用缓刑时应当从严掌握,一般不适用缓刑。

在魏海涛危险驾驶案中,虽然发生了交通事故,但魏海涛的汽车被公交车追尾时处于停止状态,且案发时间是在凌晨5时,路上车少人稀,事故双方均未受到较大财产损失和人身伤害,也未殃及他人,社会危害性较小。魏海涛在驾车之前已休息约4小时属于"隔夜醉驾",尽管该情节不能成为其"出罪"的理由,但反映出其醉酒驾驶的意愿并不强烈,其之所以醉驾与其对自己体内酒精尚未完全代谢、仍处于醉酒状态的认识不够存在重大关系。同时,魏海涛在发现雾大能见度较低时,为防止发生交通事故而主动停车,体现出其具有防范交通事故危险的主观意愿;魏海涛案发后如实供述自己的罪行,积极赔偿另一方经济损失并取得谅解。综合上述情节,魏海涛犯罪情节较轻,主观恶性较小,有悔罪表现,没有再犯危险,对其宣告缓刑对所居住社区没有重大不良影响,依法可以适用《刑法》第七十二条第一款的规定,对其宣告缓刑。[No. 2-133之一-7 魏海涛危险驾驶案]

△在对被判处管制和宣告缓刑的犯罪分子适用禁止令时,应当综合考虑犯罪分子的犯罪事实、性质、情节、对社会危害的程度以及犯罪分子的个人情况、认罪悔罪表现。适用禁止令必须具有必要性,在具体案件中,应从促进罪犯教育矫正、有效维护秩序两方面进行衡量。禁止令的内容应当具有针对性,不能片面依据所犯罪行的客观危害大小决定是否适用,还应与行为人行为所需禁止的情形相适应。禁止令的内容应当具有现实可行性且不得重复禁止,应当考虑维护犯罪分子的基本生活条件。

《刑法》第七十二条第二款规定:"宣告缓刑,可以根据犯罪情况,同时禁止犯罪分子在缓刑考验期限内从事特定活动,进入特定区域、场所,接触特定的人。"其中"犯罪情况"是人民法院适用禁止令的主要考虑因素,包括犯罪分子的犯罪事实、性质、情节、对社会危害的程度及犯罪分子的个人情况、认罪悔罪表现等。另外,结合"犯罪情况",对犯罪分子适用禁止令还必须达到"必要"的程度。禁止令在性质上虽然是对管制和缓刑执行方式的完善,不是一种新的刑罚,但其适用毕竟对犯罪人的行为进行了限制,增加了犯罪人的负担,为维护犯罪人的合法权益,防止禁止令的滥用,对犯罪分子适用禁止令必须具有必要性。"必要性"是一个抽象的概念,结合增设禁止令的目的,在具体案件中,应从促进罪犯教育矫正、有效维护社会秩序两方面进行衡量。

何斌勇强制猥亵妇女案系强制猥亵妇女案,属于侵害公民人身权利的犯罪类型,社会危害性大,性质严重。考虑到被告人曾多次纠缠被害人,并与被害人发生争执,且被告人正处于生理发育期,对两性关系好奇程度比较高,自制力弱,如果不对被告人的行为进行限制,就很有可能对被害人造成潜在的威胁,进而扰乱社会治安秩序。另外,被告人文化程度较低,其在明知他人报警的情况下仍在现场等待,不思悔改,说明被告人对自己行为的法律性质及社会危害性认识不到位,在这种情况下适用缓刑难以保证被告人以后不会再犯同样的罪行。因此,对本案被告人适用禁止令有助于确保缓刑效果的实现,符合刑事禁止令促进罪犯教育矫正、有效维护社会秩序的目的,具有必要性。

禁止令的形式包括禁止缓刑犯、管制犯从事特定活动、进入特定区域、场所以及接触特定的人,简称"三禁止"。在具体案件中,对犯罪人适用何种禁止以及适用特定禁止的程度和范围是重要问题。

刑事禁止令的内容首先应具有针对性。也就是说,法官在适用刑事禁止令时应充分考虑与所犯罪行的关联程度,有针对性地宣告,不能片面依据其所犯罪行的客观危害大小决定是否适用禁止令,同时,还应与行为人行为所需禁止的情形相适应。其次,禁止令的内容应该具有现实可行性,否则适用禁止令就流于形式。再次,不得重复禁止。对法律法规已明确规定禁止的内容,再通过禁止令予以禁止就没有必要。最后,禁止令的内容应考虑维护犯罪分子的基本生活条件。具体到本案,被告人实施强制猥亵行为属于临时起意,被害人刘×属于刑法学关于犯罪对象的分类中"特定的人",犯罪场所系被害人刘×经常活动的场所。综合考虑法庭认定的犯罪事实、情节以及被告人的自身情况,与被告人何斌勇所犯罪行关联密切的主要是"特定人"和"特定场所"两个方面,具体就是被害人刘×以及刘×经常活动的场所或者区域。综上,与被告人所需要禁止的情形相适应,法院有针对性地作出禁止被告人何斌勇接触本案被害人刘×,禁止进入被害人刘×工作单位和居住处的判决。[No. 4-237-1　何斌勇强制猥亵妇女案]

第七十三条　【缓刑考验期限】

拘役的缓刑考验期限为原判刑期以上一年以下,但是不能少于二个月。

有期徒刑的缓刑考验期限为原判刑期以上五年以下,但是不能少于一年。

缓刑考验期限,从判决确定之日起计算。

【立法理由】

(一)立法相关背景及修改情况

1. **1979 年立法的情况**。1979 年《刑法》第六十八条规定:"拘役的缓刑考验期限为原判刑期以上一年以下,但是不能少于一个月。有期徒刑的缓刑考验期限为原判刑期以上五年以下,但是不能少于一年。缓刑考验期限,从判决确定之日起计算。"

2. **1997 年修订刑法的情况**。1997 年修订刑法时对本条作了修改,将拘役的缓刑考验期限由"一个月"修改为"二个月"。这样修改主要是考虑一个月的缓刑考验期限太短,为了维护刑罚适用的严肃性,将拘役的缓刑考验期限的下限提高至二个月。

对缓刑犯的考验制度是缓刑制度的核心组成部分。缓刑的考验必须要有一定的期限,即要规定最高期限和最低期限两个限制,考验期限过长会影响犯罪分子改造的积极性,过短不能起到教育改造和考验的作用,同时考验期限的设定也要与原判刑期相适应,判处拘役和判处有期徒刑的情况有所不同,因此缓刑考验期限也应当有所区别。只有在这个期限届满之前遵守了特定的条件,才能宣告缓刑的结束。必要的考验期可以给受刑人相对确定的威慑感,促进其自行约束。规定明确的期限,也便于司法实践中具体操作。

(二)有关国家的规定

对缓刑期限的规定,各国和地区立法例不尽相同,可分为如下三种:一是**法定主义**,缓刑期限由法律明文规定,法官无裁量权;二是**裁定主义**,缓刑期限法无明文规定,尽由法官裁量确定;三是**相对主义或称折中主义**,法律对缓刑期限规定一定的范围,在此范围内,法官有相对裁量权。我国刑法的规定基本属于第三种。

【条文说明】

本条是关于缓刑考验期限的规定。

缓刑考验期限是指人民法院在宣告缓刑时,依照法律的规定并结合案件的具体情况,对犯罪分子暂缓执行原判刑罚,放在社会上进行考察的期限。决定缓刑考验期限,应当根据犯罪分子犯罪的情节、悔罪的表现以及判处的刑期,在法律规定的幅度内决定犯罪分子的考验期限。在缓刑考验期限内对犯罪分子的人身危险性进行考察,如果没有《刑法》第七十七条规定情形的,就不再执行原判刑罚。

本条共分为三款。

第一款规定了**被判处拘役的犯罪分子的缓刑考验期限为原判刑期以上一年以下,但不能少于二个月**。根据《刑法》第四十二条的规定,拘役的期限为一个月以上六个月以下,数罪并罚不能超过一年。即使犯罪分子被判处一个月的拘役,拘役的缓刑考验期限也不能少于二个月;如果实行数罪并罚,犯罪分子被判处一年的拘役,缓刑的考验期限可以确定为一年。

第二款规定了**对被判处有期徒刑的犯罪分子的缓刑考验期限为原判刑期以上五年以下,但是不能少于一年**。根据《刑法》第四十五条的规定,有期徒刑的期限,一般为六个月以上十五年以下。对于犯罪分子被判处一年以下有期徒刑的,缓刑考验期限也不能少于一年;犯罪分子被判处五年以上有期徒刑的,缓刑考验期限也不能超过五年。

第三款规定了**缓刑考验期限,应当从判决确**

定之日起计算。所谓**判决确定之日**,即判决发生法律效力之日。如果提出上诉或抗诉,则应从终审判决确定之日起计算。**判决确定以前先行羁押的日期不能折抵缓刑考验期限**,因为缓刑期间并未执行刑罚。如果撤销缓刑,执行原判刑罚的,则之前的羁押日期可以折抵刑期。

实际执行中应当注意以下问题:人民法院应当在本条规定的法定期限内酌情裁量考验期限的长短,缓刑考验期可以等于原判刑期,也可以高于原判刑期,但不能低于原判刑期。考验期限过长或过短,都不能充分有效地发挥缓刑制度的作用。考验期限过长,会给犯罪人造成不必要的精神压力,不利于其改过自新;考验期限过短,难以考察犯罪人是否得到改造,也有失刑罚的严肃性。

【司法解释性文件】

《最高人民法院、最高人民检察院、公安部、司法部关于对因犯罪在大陆受审的台湾居民依法适用缓刑实行社区矫正有关问题的意见》(法发〔2016〕33号,2017年1月1日起施行)

△(**宣告缓刑;台湾居民;不准出境决定书;边控手续;缓刑考验期**)对被告人宣告缓刑的,人民法院应当及时作出不准出境决定书,同时依照有关规定办理边控手续。

实施边控的期限为缓刑考验期。(§ 6)

【参考案例】

△缓刑考验期间不同于刑罚执行期间,缓刑考验期内再犯新罪,应撤销缓刑,对前罪与后罪所判处的刑罚进行数罪并罚,决定执行的刑期。

缓刑是附条件的不执行,缓刑考验不属于刑罚执行,缓刑考验期间不同于刑罚执行期间。因此,缓刑考验期内犯新罪或发现后罪实行数罪并罚的,应当适用《刑法》第七十七条的规定,而非《刑法》第七十一条的规定。《刑法》第七十七条第一款规定:"被宣告缓刑的犯罪分子,在缓刑考验期限内犯新罪或者发现判决宣告以前还有其他罪没有判决的,应当撤销缓刑,对新犯的罪或者新发现的罪作出判决,把前罪和后罪所判处的刑罚,依照本法第六十九条的规定,决定执行的刑罚。"在代海业盗窃案中,一审法院错误适用了《刑法》第七十一条的规定,因而其所决定执行的刑期不当。[No. 5-264-54　代海业盗窃案]

第七十四条　【不适用缓刑的对象】

对于累犯和犯罪集团的首要分子,不适用缓刑。

【立法沿革】

《中华人民共和国刑法》(1997年修订,自1997年10月1日起施行)

第七十四条

对于累犯,不适用缓刑。

《中华人民共和国刑法修正案(八)》(自2011年5月1日起施行)

十二、将刑法第七十四条修改为:

"对于累犯和犯罪集团的首要分子,不适用缓刑。"

【立法理由】

1. **1979年立法的情况**。1979年《刑法》第六十九条规定:"对于反革命犯和累犯,不适用缓刑。"

2. **1997年修订刑法的情况**。1997年修订刑法时,删去了"反革命犯"不适用缓刑的规定。1997年刑法将"反革命罪"修改为"危害国家安全犯罪",关于是否规定危害国家安全的犯罪分子不能适用缓刑,有意见认为,一方面,1979年刑法将危害国家安全的犯罪排除在适用缓刑的对象范围之外,与当时的社会形势和国内外政治状况有关,随着我国社会主义建设事业的发展,国内形势和国际环境趋于好转,将所有危害国家安全的犯罪分子排除在适用缓刑的对象范围之外已经没有必要;另一方面,罪刑较轻和不予关押不致再危害社会是适用缓刑的两个根本性条件,其中,决定罪刑轻重的因素除犯罪性质外,还存在其他因素,不能因危害国家安全罪的犯罪性质而认定其一定不符合缓刑条件。最终,立法机关采纳了上述意见,**删除了危害国家安全的犯罪分子不能适用缓刑的规定**。

3. **2011年《刑法修正案(八)》对本条的修改情况**。增加了关于犯罪集团的首要分子不适用缓刑的规定。为进一步落实宽严相济的刑事政策,考虑到犯罪集团的首要分子在犯罪集团中起组织、领导作用,对社会危害严重,主观恶性极大,需要依法予以严惩。因此,《刑法修正案(八)》增加了这一规定,体现了对犯罪集团首要分子从严惩处的精神。本条规定与《刑法》第七十二条关于缓刑适用条件的规定相衔接，**明确了适用和不适用缓刑的两种情况**，完善了我国刑法有关缓刑条件的法律制度。

【条文说明】

本条是关于**累犯、犯罪集团的首要分子不适用缓刑的规定**。

累犯的概念在《刑法》第六十五条已经阐述过，由于累犯主观恶性大，具有屡教不改的特点，对社会危害性很大，如果不关押执行，而适用缓刑，会有再次危害社会的危险性。因此，本条规定，对于累犯不适用缓刑，体现了对累犯从严管理、从重打击的精神。但是累犯可以在狱中好好改造，认真悔过，如果表现良好，还可以获得减刑等。

本条规定的"**犯罪集团**"，是指《刑法》第二十六条第二款规定的，三人以上为共同实施犯罪而组成的较为固定的犯罪组织。"**犯罪集团的首要分子**"，是指在犯罪集团进行犯罪活动中起组织、领导作用的主要犯罪分子。犯罪集团的首要分子在犯罪集团中起组织、领导作用，这类犯罪集团经常多次犯罪，有些犯罪行为性质恶劣，对社会危害严重，犯罪集团的首要分子主观恶性大，需要依法予以严惩，如果构成犯罪，即便被判处三年以下有期徒刑，也不能适用缓刑。

实际执行中应当注意，根据本条规定，对于《刑法》第六十五条规定的一般累犯和第六十六条规定的特殊累犯，都不能适用缓刑。2011年《刑法修正案（八）》对**特殊累犯的对象范围**作了扩大，由"危害国家安全的犯罪分子"扩大到"危害国家安全犯罪、恐怖活动犯罪、黑社会性质的组织犯罪的犯罪分子"，所以不适用缓刑的累犯范围实际上有所扩大。

第七十五条　【缓刑犯应遵守的规定】

被宣告缓刑的犯罪分子，应当遵守下列规定：

（一）遵守法律、行政法规，服从监督；

（二）按照考察机关的规定报告自己的活动情况；

（三）遵守考察机关关于会客的规定；

（四）离开所居住的市、县或者迁居，应当报经考察机关批准。

【立法理由】

（一）立法相关背景及修改情况

由于**1979年刑法没有对缓刑犯监督考察内容作出明确规定**，所以在实践中如何对缓刑犯进行监督和管理，往往无章可循、流于形式，这样不利于宣告缓刑的犯罪分子接受监督考察，也不便于公安机关开展监督工作，在一定程度上影响了对缓刑犯的监管效果。为了纠正这种偏差，当时不得不通过司法解释和行政规章的形式加以规范。例如，1989年8月颁布了《最高人民法院、最高人民检察院、公安部、司法部关于依法加强对管制、剥夺政治权利、缓刑、假释和暂予监外执行罪犯监督考察工作的通知》，规定被宣告缓刑的罪犯，如外出经商，需事先经县级公安机关允许。未经执行机关或执行单位批准，不得组织、发动和参加公民组织的集会、游行、示威活动。确因医病、探亲等特殊情况需要离开所在地域到本县、市以外地方的，必须经过县级公安机关批准；离开居住地到本县、市内其他地方的，由具体负责监督考察的执行单位批准。1995年2月公安部颁布的《公安机关对被管制、剥夺政治权利、缓刑、假释、保外就医罪犯的监督管理规定》第十七条也明确规定："公安机关应当向被宣告缓刑或者假释的罪犯宣布必须遵守下列规定：（一）遵守国家法律、法规和公安部制定的有关规定；（二）定期向执行机关报告自己的活动情况；（三）迁居或者离开所居住区域必须经公安机关批准；（四）附加剥夺政治权利的缓刑、假释罪犯必须遵守本规定第十二条的规定；（五）遵守公安机关制定的具体监督管理措施。"

1997年修订刑法时，在总结司法实践经验的基础上，明确规定了犯罪分子在缓刑考验期内应当遵守的行为规则，这不仅使犯罪分子有章可循，而且也使公安机关对犯罪分子的管理、考察有了具体的法律依据，从而进一步完善了我国的缓刑制度。

（二）立法时争议的主要问题

在1997年修订刑法的过程中，一些部门和地方提出，为了加强对宣告缓刑的犯罪分子进行有效的监督管理，建议设立**缓刑保证金制度**，即人民法院对宣告缓刑的犯罪分子，应当责令其交纳保证金。保证金交人民法院指定的银行。被宣告缓刑的犯罪分子，在考验期限内，违反法律、行政法规和国务院、公安部门有关缓刑的监督管理规定的，没收保证金；情节严重的，应当撤销缓刑，收监执行原判刑罚。犯罪分子没有违反监督管理规定的,缓刑考验期满,应当退还保证金,主要理由是:一是实践中对判处缓刑的犯罪分子缺乏监督管理手段,不利于缓刑犯的教育改造,群众对此也很有意见,增设缓刑保证金制度,可以加强司法机关对缓刑犯的考察监督;二是一些地方法院曾试行缓刑保证金制度,取得了良好的效果;三是在法律中规定财产保证的方法在我国已有先例,如刑事诉讼法中规定,对取保候审的可以用财产保证的方法;四是为防止实践中滥用缓刑保证金制度,可以在法律中严格规定缓刑保证金的数量、保管、上缴、返还等制度,如规定缓刑保证金交到由人民法院指定的银行专户。

考虑到缓刑保证金制度的构建涉及诸多问题,同时立法已对缓刑犯的行为规则、监督考察机关以及缓刑的撤销作了更加明确的规定,因此,**立法机关没有采纳这一建议**。

(三)有关国家的规定

英美国家宣告缓刑,一般由专门的缓刑监督官实行监督,之后大陆法系国家广泛采用。有的国家对考察办法规定得非常具体,如对需要指导的被缓刑人,法院在考验期间可以指示其遵守关于居所、教育或工作等事项,定期向法院或其他机关报告,不许与可能引诱犯罪的特定之人交往,不许持有、携带或保管可能导致犯罪的特定之物。

【条文说明】

本条是关于被宣告缓刑的犯罪分子,在缓刑考验期限内应当遵守的规定。

根据本条规定,被宣告缓刑的犯罪分子,应当遵守下列规定:

1. **遵守法律、行政法规,服从监督**,是指遵守国家法律、国务院行政法规等规范性文件,自觉服从社区矫正机构、所在单位以及基层组织的监督考察。"遵守法律、行政法规",是每个公民都应当履行的法律义务,无论是否在缓刑考验期间,缓刑对象都应当自觉遵守法律、行政法规,这是预防其再次违法犯罪的有效途径,也是监督其是否改过自新的重要标准。这样规定也与社区矫正法等有关法律规定的要求相一致。

2. **按照考察机关的规定报告自己的活动情况**,是指按照社区矫正机构的规定,定期或不定期地报告自己的活动情况,如报告自己的思想、改造和遵纪守法的情况等。这样规定主要是为了及时了解、掌握缓刑对象的现实情况,以便更好地为其提供教育帮扶。

3. **遵守考察机关关于会客的规定**,是指遵守社区矫正机构向其宣布的有关会客的要求和规定。规定缓刑对象应当遵守会客的监督管理规定,主要是为了防止其受外界的不良影响、干扰,以致继续犯罪或重新违法犯罪。

4. **离开所居住的市、县或者迁居,应当报经考察机关批准**。结合本法和社区矫正法的相关规定,缓刑对象未经批准不得擅自离开所居住的市、县或者迁居,因故需要离开的应当履行必要的请假、变更手续。《社区矫正法》第二十七条规定:"社区矫正对象离开所居住的市、县或者迁居,应当报经社区矫正机构批准。社区矫正机构对于有正当理由的,应当批准;对于因正常工作和生活需要经常性跨市、县活动的,可以根据情况,简化批准程序和方式。因社区矫正对象迁居等原因需要变更执行地的,社区矫正机构应当按照有关规定作出变更决定。社区矫正机构作出变更决定后,应当通知社区矫正决定机关和变更后的社区矫正机构,并将有关法律文书抄送变更后的社区矫正机构。变更后的社区矫正机构应当将法律文书转送所在地的人民检察院、公安机关。"

实际执行中应当注意以下问题:刑法对包含缓刑犯在内的社区矫正对象的报告、会客、外出、迁居等监督管理措施作了规定,但总体比较原则。2019年12月28日第十三届全国人大常委会第十五次会议审议通过了《社区矫正法》。社区矫正是贯彻**宽严相济刑事政策**,推进国家治理体系和治理能力现代化的一项重要制度,是立足于我国国情和长期刑事司法实践经验的基础上,借鉴吸收其他国家有益做法,逐步发展起来的具有中国特色的非监禁的刑事执行制度。社区矫正法明确社区矫正机构负责社区矫正工作的具体实施,社区矫正机构特别是基层社区矫正机构对社区矫正对象直接负有监督管理和教育帮扶的职责,社区矫正对象应当自觉服从管理。实践中,作为社区矫正对象重要组成部分的缓刑犯,不仅要遵守刑法关于监督考察的规定,同时也要遵守社区矫正法的规定。相较于刑法,社区矫正法的规定更为具体、详细,但两者规定的精神和基本要求是一致的,执行机关和缓刑对象应将两部法律的规定和要求结合起来理解和适用。

【司法解释性文件】

《最高人民法院、最高人民检察院、公安部、劳动人事部关于被判处管制、剥夺政治权利和宣告缓刑、假释的犯罪分子能否外出经商等问题的通知》([86]高检会(三)字第2号,1986年11月8日公布)

△(**缓刑;外出经商;事先经公安机关允许**)对被判处管制、剥夺政治权利和宣告缓刑、假释的

犯罪分子,公安机关和有关单位要依法对其实行经常性的监督改造或考察。被管制、假释的犯罪分子,不能外出经商;被剥夺政治权利和宣告缓刑的犯罪分子,按现行规定,属于允许经商范围之内的,如外出经商,需事先经公安机关允许。(§1)

△(**缓刑;工商管理部门;批准在常住户口所在地自谋生计;就地从事或承包农副业生产**)犯罪分子在被管制、剥夺政治权利、缓刑、假释期间,若原所在单位确有特殊情况不能安排工作的,在不影响对其实行监督考察的情况下,经工商管理部门批准,可以在常住户口所在地自谋生计;家在农村的,亦可就地从事或承包一些农副业生产。(§2)

△(**缓刑;国营或集体企事业单位的领导职务**)犯罪分子在被管制、剥夺政治权利、缓刑、假释期间,不能担任国营或集体企事业单位的领导职务。(§3)

《最高人民检察院关于被判处管制、剥夺政治权利和宣告缓刑、假释的犯罪分子能否担任中外合资合作经营企业领导职务问题的答复》(高检研发〔1991〕4号,1991年9月25日公布)

△(**缓刑;外出经商;中外合资、合作企业**)最高人民法院、最高人民检察院、公安部、劳动人事部〔86〕高检会(三)字第2号《关于被判处管制、剥夺政治权利和宣告缓刑、假释的犯罪分子能否外出经商等问题的通知》第三条所规定的不能担任领导职务的原则,可适用于中外合资、中外合作企业(包括我方与港、澳、台客商合资、合作企业)。

第七十六条　【社区矫正与缓刑考验合格的处理】

对宣告缓刑的犯罪分子,在缓刑考验期限内,依法实行社区矫正,如果没有本法第七十七条规定的情形,缓刑考验期满,原判的刑罚就不再执行,并公开予以宣告。

【立法沿革】

《中华人民共和国刑法》(1997年修订,自1997年10月1日起施行)

第七十六条

被宣告缓刑的犯罪分子,在缓刑考验期限内,由公安机关考察,所在单位或者基层组织予以配合,如果没有本法第七十七条规定的情形,缓刑考验期满,原判的刑罚就不再执行,并公开予以宣告。

《中华人民共和国刑法修正案(八)》(自2011年5月1日起施行)

十三、将刑法第七十六条修改为:

"对宣告缓刑的犯罪分子,在缓刑考验期限内,依法实行社区矫正,如果没有本法第七十七条规定的情形,缓刑考验期满,原判的刑罚就不再执行,并公开予以宣告。"

【立法理由】

(一)立法相关背景及修改情况

1. **1979年立法的情况**。1979年《刑法》第七十条规定:"被宣告缓刑的犯罪分子,在缓刑考验期限内,由公安机关交所在单位或者基层组织予以考察,如果没有再犯新罪,缓刑考验期满,原判的刑罚就不再执行;如果再犯新罪,撤销缓刑,把前罪和后罪所判处的刑罚,依照本法第六十四条的规定,决定执行的刑罚。"

2. **1997年修订刑法的情况**。1997年刑法将本条修改为:"被宣告缓刑的犯罪分子,在缓刑考验期限内,由公安机关考察,所在单位或者基层组织予以配合,如果没有本法第七十七条规定的情形,缓刑考验期满,原判的刑罚就不再执行,并公开予以宣告。"与1979年刑法相比,1997年刑法将"由公安机关交所在单位或者基层组织予以考察"修改为"由公安机关考察,所在单位或者基层组织予以配合"。这样修改,主要考虑是随着社会的发展,我国传统的计划经济体制逐渐被市场经济体制所取代,缓刑犯所在单位或者基层组织特别是农村基层组织的职能发生了很大变化,已经不能像以前那样通过某些措施对村民或居民施以较强的约束和影响力,故从一定意义上说,1979年刑法确立的由缓刑犯所在单位或者基层组织予以考察的条件日益丧失;此外,实践案例也显示,缓刑犯所在的某些单位或者基层组织基于某种原因常常疏于对缓刑犯的考察和监督,而根据刑法规定,公安机关不是考察机关,对缓刑犯无权考察和监管,由此造成对缓刑犯监督考察的规定形同虚设,导致缓刑犯的放任自流。据此,1997年刑法明确规定由公安机关考察,所在单位或者基层组织予以配合。同时,将"如果再犯新罪,撤销缓刑,把前罪和后罪所判处的刑罚,依照本法第六十四条的规定,决定执行的刑罚"移至第七十七条中规定,并作了修改。

3. **2011年《刑法修正案(八)》对本条的修改**

情况。将原来规定的"由公安机关考察"修改为"依法实行社区矫正"。《刑法修正案(八)》的这一修改主要是考虑到社区矫正试点工作的实际情况,并与当时正在起草中的社区矫正法相衔接。2003年开始,有关部门在一些地方开展社区矫正试点工作,各方面反应较好,2009年有关部门又进一步在全国试行社区矫正。2019年12月28日,第十三届全国人大常委会第十五次会议通过了《社区矫正法》,自2020年7月1日起施行。社区矫正是在开放的环境下,采用社会化的方式,充分发挥社会力量的作用,对判处管制、宣告缓刑、假释或者暂予监外执行的社区矫正对象,进行必要的监督管理和教育帮扶,帮助和促进其顺利回归社会的一项刑事执行制度。对符合条件的罪犯依法实行社区矫正,促使其在社会化开放环境下顺利回归社会,有利于减少监狱羁押,避免交叉感染,节约行刑成本,是法治文明和进步的体现;也有利于化解消极因素,缓和社会矛盾,预防和减少犯罪,维护社会和谐稳定,提高社会治理体系和治理能力现代化水平。根据本条和社区矫正法的规定,社区矫正的适用对象包括被适用缓刑的犯罪分子。因此,本条的规定为通过社区矫正,对被适用缓刑的犯罪分子依法实行教育帮扶、管理监督提供了必要的法律依据。

(二)有关国家的规定

关于缓刑期满的法律效果,国际上主要有两种处理方式,一种是**附条件有罪判决主义**,另一种是**附条件特赦主义**。前者指缓刑期间如果没有发生特殊事由,缓刑期满即免除原判刑罚的执行,但有罪判决依然存在;后者至缓刑期满后,不仅原判刑罚不再执行,并且原来的有罪判决也失去效力,如同未受过有罪判决一样。现代多数国家均采用后一种方式,以鼓励犯罪人彻底改过自新。如意大利刑法规定为"其罪消灭",瑞士刑法规定为"注销刑法登记簿上之判决"。根据我国刑法,一般认为,**缓刑期满,原判决虽然免予执行,但之前的有罪判决仍然有效。**

【条文说明】

本条是关于对被宣告缓刑的犯罪分子实行社区矫正,以及缓刑考验期满应如何处理的规定。

本条主要有两层意思:

1. **对于被宣告缓刑的犯罪分子,在缓刑考验期限内依法实行社区矫正。**

缓刑是对符合条件的犯罪分子在一定期限内暂不关押、予以考察的刑罚执行制度。作为一种非监禁的刑罚执行方式,缓刑充分体现了宽严相济的刑事政策,对于教育改造犯罪情节相对较轻的犯罪分子,鼓励其回归社会,最大限度地化消极因素为积极因素,促进社会和谐,具有重要意义。缓刑要取得好的社会效果,一个很重要的方面在于对处于缓刑考验期的犯罪分子予以有效地监督、管理和教育改造,而不是一放了之。近年来,社区矫正执行中,由社区矫正组织对被判处缓刑的犯罪分子进行监督和管理,是新的社会条件下探索改进缓刑犯罪分子监督管理工作的有益尝试,实际上加强了对这部分犯罪分子的管理和教育改造的力度,这也为进一步扩大缓刑适用范围创造了条件。自2020年7月1日起施行的《社区矫正法》是关于社区矫正的基础性法律,该法总结实践经验、坚持问题导向,构建了社区矫正制度的总体框架,为社区矫正工作提供了法律依据和支持。从具体内容看,社区矫正法明确了社区矫正工作的目标和原则,对社区矫正机构设置、工作程序等作了原则规定,明确了监督管理和教育帮扶具体措施,对未成年人社区矫正作了专章规定。对于缓刑犯适用社区矫正,应当严格依照社区矫正法的规定进行。需要注意的是,刑法关于缓刑考察机关的修改,并不是简单地将考察机关由一个部门更换为另一个部门。虽然《刑法修正案(八)》将刑法原来规定的"由公安机关考察"修改为"依法实行社区矫正",但这并非意味着公安机关不再承担对被适用缓刑的犯罪分子的监督管理职责。社区矫正是一项综合性很强的工作,仅靠社区矫正机构或者司法行政部门是不够的,要注重发挥各相关部门的合力作用。《社区矫正法》第八条第二款规定,人民法院、人民检察院、公安机关和其他有关部门依照各自职责,依法做好社区矫正工作。具体而言,人民法院需要把好社区矫正的入口关,做好对社区矫正对象的教育工作,确保社区矫正对象自觉接受监管;公安机关要依法为社区矫正工作提供警务保障;人民检察院要依法对社区矫正工作实行法律监督。因此,在社区矫正工作中,公安机关依旧承担着重要的监督管理职责。

2. **规定了缓刑考验期正常结束的情形,即被宣告缓刑的犯罪分子如果没有《刑法》第七十七条规定的情形,缓刑考验期满,原判的刑罚就不再执行,并公开予以宣告。**适用缓刑的罪犯在缓刑考验期内如果没有发生《刑法》第七十七条规定的情形,表明其在考验期间的教育改造取得了成效,人身危险性得以消除,原判刑罚就不需要再执行。对此,有关方面应当向犯罪分子及其所在单位、居住地的居委会、村委会公开予以宣告。同时,《刑法》第七十七条规定了**缓刑考验期被撤销的两种情形**:一是被宣告缓刑的犯罪分子,在缓刑考验期限内犯新罪或者发现判决宣告以前还有其他罪没有判决的,应当撤销缓刑,对新犯的罪或者新发现的罪作出判决,把前罪和后罪所判处的刑罚,依照本法第六十九条的规定,决定执行的刑罚。二是被宣告缓刑的犯罪分子,在缓刑考验期限内,违反法律、行政法规或者国务院有关部门关于缓刑的监督管理规定,或者违反人民法院判决中的禁止令,情节严重的,应当撤销缓刑,执行原判刑罚。如果适用缓刑的罪犯在缓刑考验期内发生《刑法》第七十七条规定的情形,表明其人身危险性没有得到消除,不宜继续适用缓刑,需要依法撤销缓刑判决,根据具体情况依法处理。

【司法解释性文件】

《最高人民法院、最高人民检察院、公安部、司法部关于对因犯罪在大陆受审的台湾居民依法适用缓刑实行社区矫正有关问题的意见》(法发〔2016〕33号,2017年1月1日起施行)

△(**宣告缓刑;台湾居民;不准出境决定书;边控手续;缓刑考验期**)对被告人宣告缓刑的,人民法院应当及时作出不准出境决定书,同时依照有关规定办理边控手续。

实施边控的期限为缓刑考验期。(§6)

△(**台湾居民;社区矫正;司法行政机关**)对缓刑犯的社区矫正,由其在大陆居住地的司法行政机关负责指导管理、组织实施;在大陆没有居住地的,由本意见第三条①规定的有关司法行政机关负责。(§7)

△(**社区矫正小组**)为缓刑犯确定的社区矫正小组可以吸收下列人员参与:

(一)当地台湾同胞投资企业协会、台湾同胞投资企业的代表;

(二)在大陆居住或者工作的台湾同胞;

(三)缓刑犯在大陆的亲友;

(四)其他愿意且有能力参与社区矫正工作的人员。(§8)

△(**社区矫正;台湾同胞投资企业协会、台湾同胞投资企业**)根据社区矫正需要,司法行政机关可以会同相关部门,协调台湾同胞投资企业协会、台湾同胞投资企业等,为缓刑犯提供工作岗位、技能培训等帮助。(§9)

第七十七条　【缓刑的撤销】

被宣告缓刑的犯罪分子,在缓刑考验期限内犯新罪或者发现判决宣告以前还有其他罪没有判决的,应当撤销缓刑,对新犯的罪或者新发现的罪作出判决,把前罪和后罪所判处的刑罚,依照本法第六十九条的规定,决定执行的刑罚。

被宣告缓刑的犯罪分子,在缓刑考验期限内,违反法律、行政法规或者国务院有关部门关于缓刑的监督管理规定,或者违反人民法院判决中的禁止令,情节严重的,应当撤销缓刑,执行原判刑罚。

【立法沿革】

《中华人民共和国刑法》(1997年修订,自1997年10月1日起施行)

第七十七条

被宣告缓刑的犯罪分子,在缓刑考验期限内犯新罪或者发现判决宣告以前还有其他罪没有判决的,应当撤销缓刑,对新犯的罪或者新发现的罪作出判决,把前罪和后罪所判处的刑罚,依照本法

---

① 《最高人民法院、最高人民检察院、公安部、司法部关于对因犯罪在大陆受审的台湾居民依法适用缓刑实行社区矫正有关问题的意见》(法发〔2016〕33号,2017年1月1日起施行)

第三条

Ⅰ公安机关、人民检察院、人民法院需要委托司法行政机关调查评估宣告缓刑对社区影响的,可以委托犯罪嫌疑人、被告人在大陆居住地的县级司法行政机关,也可以委托适合协助社区矫正的下列单位或者人员所在地的县级司法行政机关:

(一)犯罪嫌疑人、被告人在大陆的工作单位或者就读学校;

(二)台湾同胞投资企业协会、台湾同胞投资企业;

(三)其他愿意且有能力协助社区矫正的单位或者人员。

Ⅱ已经建立涉台社区矫正专门机构的地方,可以委托该机构所在地的县级司法行政机关调查评估。

Ⅲ根据前两款规定仍无法确定接受委托的调查评估机关的,可以委托办理案件的公安机关、人民检察院、人民法院所在地的县级司法行政机关。

第六十九条的规定，决定执行的刑罚。

被宣告缓刑的犯罪分子，在缓刑考验期限内，违反法律、行政法规或者国务院公安部门有关缓刑的监督管理规定，情节严重的，应当撤销缓刑，执行原判刑罚。

《中华人民共和国刑法修正案（八）》（自2011年5月1日起施行）

十四、将刑法第七十七条第二款修改为：

"被宣告缓刑的犯罪分子，在缓刑考验期限内，违反法律、行政法规或者国务院有关部门关于缓刑的监督管理规定，或者违反人民法院判决中的禁止令，情节严重的，应当撤销缓刑，执行原判刑罚。"

【立法理由】

（一）立法相关背景及修改情况

1. **1979年立法的情况**。1979年《刑法》第七十条规定："被宣告缓刑的犯罪分子，在缓刑考验期限内，由公安机关交所在单位或者基层组织予以考察，如果没有再犯新罪，缓刑考验期满，原判的刑罚就不再执行；如果再犯新罪，撤销缓刑，把前罪和后罪所判处的刑罚，依照本法第六十四条的规定，决定执行的刑罚。"

2. **1997年修订刑法的情况**。依照1979年《刑法》第七十条的规定，被宣告缓刑的犯罪分子只有在缓刑考验期内再犯新罪时，才撤销缓刑。这种规定显然是不全面的。在实践中常常会遇到如下情况：一是在缓刑考验期限内，发现被宣告缓刑的犯罪分子在缓刑宣告以前还有其他罪没有判决；二是在缓刑考验期限内，犯罪分子实施严重违法行为但没有达到犯罪的程度。对于这两种情况，按照1979年刑法都不能撤销缓刑，但这在一定程度上会宽纵犯罪分子，不利于缓刑制度在改造犯罪分子中应有功效的发挥，从而有违缓刑制度设立的初衷。对此，1997年修订刑法增设并细化了撤销缓刑的情形，将撤销缓刑的原因，由原来的"再犯新罪"扩展到**犯新罪、发现漏罪和严重违法三种情况**。

3. **2011年《刑法修正案（八）》对本条第二款的修改情况**。一是将"国务院公安部门有关缓刑的监督管理规定"修改为"国务院有关部门关于缓刑的监督管理规定"；二是在撤销缓刑的情形中增加了"违反人民法院判决中的禁止令"的规定。前一处修改是因为《刑法修正案（八）》已经将《刑法》第七十六条关于缓刑"由公安机关考察"修改为"依法实行社区矫正"。这样，"国务院公安部门有关缓刑的监督管理规定"也需要作相应修改。后一处修改是因为《刑法修正案（八）》对《刑法》第七十二条作了修改，增加规定人民法院对于宣告缓刑的犯罪分子，可以作出禁止令，禁止其在缓刑考验期限内"从事特定活动，进入特定区域、场所，接触特定的人"。为了与之衔接，需要对违反人民法院判决中禁止令的法律后果作出相应规定。

（二）立法时争议的主要问题

在刑法修订过程中，有部门提出刑法规定的适用缓刑的条件是"不致再危害社会"，因此，只要缓刑犯在缓刑考验期内实施一般违法行为即意味着违背了该条件，就应该撤销缓刑，而且国外也不乏将不遵守考验期内应该遵守的事项作为撤销缓刑条件的立法例。因此，有必要将撤销缓刑的条件进一步扩大到一切违法行为。立法机关考虑到被判处缓刑的犯罪分子所犯之罪一般都是轻罪，社会危害性并不大，**将撤销缓刑的条件扩大到一切违法行为，失之过严，不利于缓刑犯的教育和改造，最终没有采纳这一建议**。

（三）有关国家的规定

各国立法对缓刑的撤销多有规定，一般都将缓刑期间再犯新罪作为撤销的原因之一。但不同国家对于再犯新罪的要求有所不同，有的限于故意犯罪，如瑞士刑法；有的限于同种犯罪，如波兰刑法、意大利刑法；有的要求再犯重于前罪之新罪，如苏联刑法。

【条文说明】

本条是关于撤销缓刑的规定。

本条共分为两款。

第一款是关于**犯罪分子在缓刑考验期间再犯新罪或者发现漏罪的如何处理的规定**。

缓刑犯在考验期间再犯新罪，表明其具有较大的人身危险性，不符合"没有再犯罪危险"的条件，不宜继续适用缓刑。缓刑犯在考验期间发现漏罪，也表明之前判决时对其人身危险性等的判断根据不全面，且需要对其漏罪作出判决后与前罪实行数罪并罚，因此也需要撤销缓刑。根据本款规定，只要被宣告缓刑的犯罪分子在缓刑考验期限内犯新罪或者发现判决宣告以前还有其他罪没有判决的，就应当撤销缓刑，然后对新犯的罪和发现的漏罪作出判决，依照《刑法》第六十九条数罪并罚的规定，决定执行的刑罚。根据《刑法》第七十三条第三款的规定，缓刑考验期限从判决确定之日起计算。所谓判决确定之日就是指判决生效之日。这里所说的**在考验期限内又犯新罪**，是指缓刑犯在缓刑考验期限内又实施了新的犯罪行为。所说的发现判决宣告以前还有其他罪没有判决的，是指对犯罪分子宣告缓刑后，发现有漏罪没有判决的情况。缓刑犯在缓刑考验期限内犯新罪，说明犯罪分子仍然具有较高的人身危险性，不再符合《刑法》第七十二条规定的适用缓刑的条件，因此应当撤销缓刑。**缓刑犯在缓刑考验期内被发现存在漏罪情形**，说明在对犯罪分子适用缓刑时，关于悔罪表现、人身危险性等的判断根据不全面，因此应当撤销缓刑。关于如何处理新罪、漏罪与原来被判处缓刑犯罪的并罚问题，由于缓刑是附条件的不执行刑罚，**缓刑犯并未实际执行刑罚**，因此，可以依照《刑法》第六十九条的规定处理，即"除判处死刑和无期徒刑的以外，应当在总和刑期以下、数刑中最高刑期以上，酌情决定执行的刑期，但是管制最高不能超过三年，拘役最高不能超过一年，有期徒刑总和刑期不满三十五年的，最高不能超过二十年，总和刑期在三十五年以上的，最高不能超过二十五年。数罪中有判处有期徒刑和拘役的，执行有期徒刑。数罪中有判处有期徒刑和管制，或者拘役和管制的，有期徒刑、拘役执行完毕后，管制仍须执行。数罪中有判处附加刑的，附加刑仍须执行，其中附加刑种类相同的，合并执行，种类不同的，分别执行"。

第二款是关于**缓刑考验期间因违反有关监管规定，撤销缓刑的规定**。根据本款规定，被判处缓刑的犯罪分子，在缓刑考验期限内违反法律、行政法规或者国务院有关部门关于缓刑的监督管理规定，或者违反人民法院判决中的禁止令，情节严重但还未构成犯罪的，也应当撤销缓刑，收监执行原判刑罚。这一规定促使犯罪分子遵纪守法、接受改造，也解决了实践中对于大错不犯、小错不断的缓刑犯如何处理的法律依据问题。

实践中需要注意的是，除本条规定外，社区矫正法也对撤销缓刑的条件、程序等作了规定，实践中需要结合适用。如《社区矫正法》第二十三条规定，社区矫正对象在社区矫正期间应当遵守法律、行政法规，履行判决、裁定、暂予监外执行决定等法律文书确定的义务，遵守国务院司法行政部门关于报告、会客、外出、迁居、保外就医等监督管理规定，服从社区矫正机构的管理。对于缓刑对象违反上述规定的，可能存在符合撤销缓刑的情形。此外，《社区矫正法》第六章专门对撤销缓刑等的条件作了较为详细的规定。

【司法解释】

《最高人民法院关于适用刑法时间效力规定若干问题的解释》（法释〔1997〕5号，自1997年10月1日起施行）

△（**时间效力；撤销缓刑**）1997年9月30日以前犯罪被宣告缓刑的犯罪分子，在1997年10月1日以后的缓刑考验期间又犯新罪、被发现漏罪或者违反法律、行政法规或者国务院公安部门有关缓刑的监督管理规定，情节严重的，适用刑法第七十七条的规定，撤销缓刑。（§6）

《最高人民法院关于撤销缓刑时罪犯在宣告缓刑前羁押的时间能否折抵刑期问题的批复》（法释〔2002〕11号，自2002年4月18日起施行）

△（**撤销缓刑；宣告缓刑前羁押的时间；折抵刑期**）根据刑法第七十七条的规定，对被宣告缓刑的犯罪分子撤销缓刑执行原判刑罚的，对其在宣告缓刑前羁押的时间应当折抵刑期。

《最高人民法院关于适用〈中华人民共和国刑事诉讼法〉的解释》（法释〔2021〕1号，自2021年3月1日起施行）

△（**撤销缓刑**）罪犯在缓刑、假释考验期限内犯新罪或者被发现在判决宣告前还有其他罪没有判决，应当撤销缓刑、假释的，由审判新罪的人民法院撤销原判决、裁定宣告的缓刑、假释，并书面通知原审人民法院和执行机关。（§542）

△（**撤销缓刑的情形；撤销缓刑的裁定**）人民法院收到社区矫正机构的撤销缓刑建议书后，经审查，确认罪犯在缓刑考验期限内具有下列情形之一的，应当作出撤销缓刑的裁定：（一）违反禁止令，情节严重的；（二）无正当理由不按规定时间报到或者接受社区矫正期间脱离监管，超过一个月的；（三）因违反监督管理规定受到治安管理处罚，仍不改正的；（四）受到执行机关二次警告，仍不改正的；（五）违反法律、行政法规和监督管理规定，情节严重的其他情形。（§543 Ⅰ）

△（**撤销缓刑建议；提请逮捕**）被提请撤销缓刑、假释的罪犯可能逃跑或者可能发生社会危险，社区矫正机构在提出撤销缓刑、假释建议的同时，提请人民法院决定对其予以逮捕的，人民法院应当在四十八小时以内作出是否逮捕的决定。决定逮捕的，由公安机关执行。逮捕后的羁押期限不得超过三十日。（§544）

△（**撤销缓刑裁定；立即生效；折抵刑期**）人民法院应当在收到社区矫正机构的撤销缓刑、假释建议书后三十日以内作出裁定。撤销缓刑、假释的裁定一经作出，立即生效。

人民法院应当将撤销缓刑、假释裁定书送达社区矫正机构和公安机关，并抄送人民检察院，由公安机关将罪犯送交执行。执行以前被逮捕的，羁押一日折抵刑期一日。（§545）

《最高人民法院关于〈中华人民共和国刑法修正案（八）〉时间效力问题的解释》（法释〔2011〕

9号,自2011年5月1日起施行)

△(**时间效力;禁止令;撤销缓刑**)犯罪分子在管制期间或者缓刑考验期内,违反人民法院判决中的禁止令的,适用修正后刑法第三十八条第四款或者第七十七条第二款的规定。(§1 Ⅱ)

【司法解释性文件】

《中央社会治安综合治理委员会办公室、最高人民法院、最高人民检察院、公安部、司法部关于加强和规范监外执行工作的意见》(高检会〔2009〕3号,2009年6月25日公布)

△(**撤销缓刑建议**)被宣告缓刑、假释的罪犯在缓刑、假释考验期间有下列情形之一的,由与原裁判人民法院同级的执行地公安机关提出撤销缓刑、假释的建议:

(1)人民法院、监狱、看守所已书面告知罪犯应当按时到执行地公安机关报到,罪犯未在规定的时间内报到,脱离监管三个月以上的;

(2)未经执行地公安机关批准擅自离开所居住的市、县或者迁居,脱离监管三个月以上的;

(3)未按照执行地公安机关的规定报告自己的活动情况或者不遵守执行机关关于会客等规定,经过三次教育仍然拒不改正的;

(4)有其他违反法律、行政法规或者国务院公安部门有关缓刑、假释的监督管理规定行为,情节严重的。(§15)

【参考案例】

△缓刑判决生效前再犯新罪的,应撤销缓刑后数罪并罚。

缓刑制度能否充分发挥其功能,实现其价值,在很大程度上取决于整个运作机制之成败,其中关键在于是否正确把握缓刑适用的实质条件。缓刑适用的实质条件是缓刑适用的标准,是指据以判断对行为人不实际执行刑罚也不至于再危害社会或再犯罪的条件。行为人没有再犯罪的危险是宣告缓刑所期待的重要目标宗旨。判定“没有再犯罪的危险”所解决的问题实质是再犯预测问题,即行为人没有再犯罪的动机或可能性。再犯预测不能主观臆断,应当依据客观事实进行综合论证,即应当综合案件的各种情况和行为人的主客观因素,作一个整体性的观察与评价。行为人在原审判决尚未生效时又犯危险驾驶罪,说明其并未从前罪的刑罚中汲取教训,对法律心存藐视,不符合适用缓刑的条件。缓刑作为一种刑罚执行方式,当然具有刑罚的威慑和教育功能。缓刑虽然是“附条件地不执行原判刑罚”,但是行为人已经被实际追诉和被宣告了刑罚,被宣告的刑罚是否能够免除执行并不能当即最终确定。缓刑的适用如同给行为人戴上一个“紧箍咒”,促使其自我约束和良好改造,避免收监执行成为现实。然而本案行为人在缓刑判决尚未生效时又犯新罪,足以说明初判缓刑已失去威慑和教育功能,应予以撤销以资补救。

《刑法》第七十七条规定了撤销缓刑的两个要件:一是时间要件,即缓刑考验期内或者判决宣告之前;二是事实要件,即新罪、漏罪或者有情节严重但尚不构成犯罪的违法行为。对于缓刑判决宣告后生效前又犯新罪的,适用哪条法律规定,在刑法上找不到直接依据。因为本案的情况虽然符合《刑法》第七十七条规定的事实要件,但与时间要件并不吻合。笔者认为,应当参照《刑法》第七十七条的规定作出撤销缓刑的判决。理由主要是:包武伟危险驾驶案情形符合撤销缓刑的实质要件。事实要件和时间要件相比较,事实要件是实质要件,是撤销缓刑的根本理由。虽然《刑法》第七十七条规定的时间要件没有明确包括本案的情况,缓刑判决仍然应当撤销。在这种情形下,只有参照适用《刑法》第七十七条是比较科学的。需要明确的是,参照适用完全不同于传统刑法中的类推。类推指的是法条没有明文规定为犯罪,但行为具有社会危害性,因而比照最相类似的刑法条文确定行为构成犯罪。而参照适用《刑法》第七十七条指的是缓刑判决必须撤销,但又找不到撤销的直接条文依据。其前提是行为人的几个行为均构成犯罪且均需要判处刑罚。因此,适用《刑法》第七十七条的规定撤销缓刑,符合适用法律的正当性原则。[No. 2-133之一-18　包武伟危险驾驶案]

第六节　减　刑

第七十八条　【减刑的适用条件与限度】

被判处管制、拘役、有期徒刑、无期徒刑的犯罪分子，在执行期间，如果认真遵守监规，接受教育改造，确有悔改表现的，或者有立功表现的，可以减刑；有下列重大立功表现之一的，应当减刑：

（一）阻止他人重大犯罪活动的；

（二）检举监狱内外重大犯罪活动，经查证属实的；

（三）有发明创造或者重大技术革新的；

（四）在日常生产、生活中舍己救人的；

（五）在抗御自然灾害或者排除重大事故中，有突出表现的；

（六）对国家和社会有其他重大贡献的。

减刑以后实际执行的刑期不能少于下列期限：

（一）判处管制、拘役、有期徒刑的，不能少于原判刑期的二分之一；

（二）判处无期徒刑的，不能少于十三年；

（三）人民法院依照本法第五十条第二款规定限制减刑的死刑缓期执行的犯罪分子，缓期执行期满后依法减为无期徒刑的，不能少于二十五年，缓期执行期满后依法减为二十五年有期徒刑的，不能少于二十年。

【立法沿革】

《中华人民共和国刑法》(1997年修订,1997年10月1日施行)

第七十八条

被判处管制、拘役、有期徒刑、无期徒刑的犯罪分子,在执行期间,如果认真遵守监规,接受教育改造,确有悔改表现的,或者有立功表现的,可以减刑;有下列重大立功表现之一的,应当减刑:

(一)阻止他人重大犯罪活动的;

(二)检举监狱内外重大犯罪活动,经查证属实的;

(三)有发明创造或者重大技术革新的;

(四)在日常生产、生活中舍己救人的;

(五)在抗御自然灾害或者排除重大事故中,有突出表现的;

(六)对国家和社会有其他重大贡献的。

减刑以后实际执行的刑期,判处管制、拘役、有期徒刑的,不能少于原判刑期的二分之一;判处无期徒刑的,不能少于十年。

《中华人民共和国刑法修正案(八)》(自2011年5月1日起施行)

十五、将刑法第七十八条第二款修改为:

“减刑以后实际执行的刑期不能少于下列期限:

(一)判处管制、拘役、有期徒刑的,不能少于原判刑期的二分之一;

(二)判处无期徒刑的,不能少于十三年;

(三)人民法院依照本法第五十条第二款规定限制减刑的死刑缓期执行的犯罪分子,缓期执行期满后依法减为无期徒刑的,不能少于二十五年,缓期执行期满后依法减为二十五年有期徒刑的,不能少于二十年。”

【立法理由】

(一)立法相关背景及修改情况

1. 1979年立法的情况。刑罚目的包括一般预防与特殊预防,刑罚的执行则侧重于特殊预防,减刑制度是犯罪人人身危险性变化和罪责刑相适应原则在刑罚执行中的具体体现,也是惩办与宽大相结合政策在刑罚执行中的具体运用。人民法院的裁判生效之后,刑罚并非固定不变,在刑罚执行过程中,犯罪人的人身危险性会随着执行情况发生变化,如果犯罪人积极改过,认真遵守监规、接受教育改造,确有悔改表现或者有立功表现,说明其人身危险性不断降低,在这种情况下,就可以对原判的刑罚进行调整,适当缩短刑罚执行期限,以体现刑罚与犯罪人人身危险性的动态适应;同时,减刑制度也有利于激励犯罪人积极改造,早日重返社会。为了规范减刑适用,1979年《刑法》第七十一条规定:“被判处管制、拘役、有期徒刑、无期徒刑的犯罪分子,在执行期间,如果确有悔改或者立功表现,可以减刑。但是经过一次或者几次减刑以后实际执行的刑期,判处管制、拘役、有期徒刑的,不能少于原判刑期的二分之一;判处无期徒刑的,不能少于十年。”

2. **1997 年修订刑法的情况**。一是将可以减刑的条件进一步具体化。根据 1979 年刑法的规定,减刑适用的实质条件是确有悔改或者立功表现。而 1997 年刑法将其修改为“认真遵守监规,接受教育改造,确有悔改表现的,或者有立功表现的”。这一修改在把握减刑的适用标准上作了进一步的明确,有助于统一法律的执行,正确地适用减刑。二是增加了有重大立功表现的,应当减刑的规定,并对重大立功的情形作了明确规定。1979 年刑法规定的可以减刑的条件之一是具有立功表现,但对于立功的程度并没有作详细的界定。为了更好地贯彻行刑个别化的刑罚原则,鼓励罪犯服刑改造,1994 年颁布的《监狱法》将立功分为一般立功和重大立功,并根据立功程度的不同将减刑分为可减和必减两大类。1994 年《监狱法》第二十九条规定:“被判处无期徒刑、有期徒刑的罪犯,在服刑期间确有悔改或者立功表现的,根据监狱考核的结果,可以减刑。有下列重大立功表现之一的,应当减刑:(一)阻止他人重大犯罪活动的;(二)检举监狱内外重大犯罪活动,经查证属实的;(三)有发明创造或者重大技术革新的;(四)在日常生产、生活中舍己救人的;(五)在抗御自然灾害或者排除重大事故中,有突出表现的;(六)对国家和社会有其他重大贡献的。”为了司法实践中准确地把握重大立功的标准,并与监狱法的有关规定相协调,考虑到上述立法经验以及实践中对罪犯区分立功程度而收到的良好的改造效果,立法机关最终吸收了监狱法中关于重大立功表现的规定。三是删去原条文中的“经过一次或者几次减刑”的规定,这属于文字性修改,使条文更为精练。

3. **2011 年《刑法修正案(八)》对本条的修改情况**。主要是将被判处无期徒刑的犯罪分子的最低实际执行刑期由十年提高到十三年。本条和《刑法》第五十条一起明确了对被判处死刑缓期执行的累犯以及因故意杀人、强奸、抢劫、绑架、放火、爆炸、投放危险物质或者有组织的暴力性犯罪被判处死刑缓期执行,人民法院决定对其限制减刑的犯罪分子应当实际执行的刑期。上述修改是根据司法体制和工作机制改革关于调整刑罚结构,建立严格的死刑缓期执行、无期徒刑执行制度以及明确死刑缓期执行和无期徒刑减为有期徒刑后罪犯应实际执行的最低刑期的精神作出的。这一点在第五十条解读中已经阐明,不再赘述。这一修改使我国的刑罚结构更为合理,更加完善,符合罪责刑相适应原则。

(二)立法时争议的主要问题

1997 年修订刑法时,有意见提出规定“对同一犯罪分子只能减刑一次并依照法定程序进行减刑”。对此,一些专家明确提出,减刑是监狱奖励罪犯的手段,规定“对同一犯罪分子只能减刑一次”不利于鼓励犯罪人认真改造和服刑,减刑的次数虽多,但每次减刑的幅度小,有利于罪犯改造。最终,**法律没有对减刑的次数作出限制**。

【条文说明】

本条是关于减刑条件以及减刑后实际应执行刑期的规定。

本条共分为两款。

第一款是关于减刑对象和条件的规定。

1. **减刑的对象是被判处管制、拘役、有期徒刑、无期徒刑的犯罪分子**,也就是说,被判处这类刑罚的犯罪分子,在执行刑罚期间只要符合减刑条件的都可能成为减刑的对象。这一规定有利于犯罪分子认罪服法,接受改造。

2. 减刑的条件分为两类:**第一类是有悔改或者立功表现可以减刑的**。“遵守监规,接受教育改造,确有悔改表现的”,是指在服刑期间积极参加政治、文化、技术学习,积极参加生产劳动,完成或者超额完成生产任务,认罪服法等。自 2017 年 1 月 1 日起施行的《最高人民法院关于办理减刑、假释案件具体应用法律的规定》第三条规定,“确有悔改表现”是指同时具备以下条件:认罪悔罪;遵守法律法规及监规,接受教育改造;积极参加思想、文化、职业技术教育;积极参加劳动,努力完成劳动任务。对职务犯罪、破坏金融管理秩序和金融诈骗犯罪、组织(领导、参加、包庇、纵容)黑社会性质组织犯罪等罪犯,不积极退赃、协助追缴赃款赃物、赔偿损失,或者服刑期间利用个人影响力和社会关系等不正当手段意图获得减刑、假释的,不认定其“确有悔改表现”。罪犯在刑罚执行期间的申诉权利应当依法保护,对其正当申诉不能不加分析地认为是不认罪悔罪。该解释第四条规定:“具有下列情形之一的,可以认定为有‘立功表现’:(一)阻止他人实施犯罪活动的;(二)检举、揭发监狱内外犯罪活动,或者提供重要的破案线索,经查证属实的;(三)协助司法机关抓捕其他犯罪嫌疑人的;(四)在生产、科研中进行技术革新,成绩突出的;(五)在抗御自然灾害或者排除重大事故中,表现积极的;(六)对国家和社会有其他较大贡献的。第(四)项、第(六)项中的技术革新或者其他较大贡献应当由罪犯在刑罚执行期间独立或者为主完成,并经省级主管部门确认。”犯罪分子在刑罚执行期间符合上述减刑条件的,就可以减刑。**第二类是属于重大立功表现应当减刑的**。根据本条第一款的规定,有下列重大立功表现之一的,应当予以减刑:(1)阻止他人重大犯罪活动的;(2)检举监狱内外重大犯罪活动,经查证属实的;(3)有发明创造或者重大技术革新的;(4)在日常生产、生活中舍己救人的;(5)在抗御自然灾害或者排除重大事故中,有突出表现的;(6)对国家和社会有其他重大贡献的。此外,根据《最高人民法院关于办理减刑、假释案件具体应用法律的规定》第五条的规定,协助司法机关抓捕其他重大犯罪嫌疑人的,也应当认定为有“重大立功表现”。上述第(3)项中的发明创造或者重大技术革新应当是罪犯在刑罚执行期间独立或者为主完成并经国家主管部门确认的发明专利,且不包括实用新型专利和外观设计专利;第(6)项中的其他重大贡献应当由罪犯在刑罚执行期间独立或者为主完成,并经国家主管部门确认。

第二款是关于**减刑后实际执行刑期的具体规定**。本款规定包括三个方面的内容:

1. **判处管制、拘役、有期徒刑的,最低实际执行刑期不能少于原判刑期的二分之一**。

2. **判处无期徒刑的,最低实际执行刑期不能少于十三年**。《刑法修正案(八)》对无期徒刑减刑后最低实际执行的刑期作了修改,由十年提高到十三年。这样修改的原因:一是判处无期徒刑的罪犯属严重犯罪的罪犯,根据罪责刑相适应原则,可以适当将最低执行期限提高到十三年。二是《刑法修正案(八)》对《刑法》第六十九条作了修改,对数罪并罚后总和刑期在三十五年以上的,执行的刑期最高可达二十五年,其减刑后实际执行的刑期就要超过十年。本款第(二)项如果不作修改,将会出现被判处无期徒刑的犯罪分子的实际执行刑期比被判处有期徒刑的犯罪分子的实际执行刑期短的情况。从罪责刑相适应原则以及维护刑罚结构合理性的角度,有必要提高被判处无期徒刑的犯罪分子的最低实际执行刑期。

3. **人民法院依照《刑法》第五十条第二款规定限制减刑的死刑缓期执行的犯罪分子,缓期执行期满后依法减为无期徒刑的,最低实际执行刑期不能少于二十五年,缓期执行期满后依法减为二十五年有期徒刑的,最低实际执行刑期不能少于二十年**。结合《刑法修正案(八)》对《刑法》第五十条的修改,这部分人是指被判处死刑缓期执行并被限制减刑的累犯以及实施故意杀人、强奸、抢劫、绑架、放火、爆炸、投放危险物质或者有组织的暴力性犯罪的罪犯。本款规定是《刑法修正案(八)》增加的内容。在研究过程中,有的意见提出,1997年刑法对死刑缓期执行罪犯减刑后的最低实际执行刑期未作规定,在实际执行中,死缓罪犯平均执行的刑期与无期徒刑罪犯平均执行的刑期相差无几,建议明确被判处死刑缓期执行的罪犯的最低实际执行刑期。经反复慎重研究,根据宽严相济刑事政策的要求,延长死缓罪犯被减刑后的实际执行刑期,应主要针对被判处死刑缓期执行并被限制减刑的累犯以及实施故意杀人、强奸、抢劫、绑架、放火、爆炸、投放危险物质或者有组织的暴力性犯罪的罪犯,不宜普遍提高死缓期满后被减刑的罪犯的刑罚执行期限。因此,对其他死缓罪犯被减刑后的最低实际执行刑期未作规定。

应当特别指出的是,本条第二款规定的减刑后实际执行的刑期,是实际执行的最低刑期,即不能少于这个刑期,而不是只要执行了这些刑期,就释放犯罪分子。对犯罪分子的实际执行刑期,应在遵循本款规定的基础上,根据犯罪分子接受教育改造等具体情况确定。《最高人民法院关于办理减刑、假释案件具体应用法律的规定》对减刑起始时间、间隔时间、减刑幅度等作了进一步具体规定。

实际执行中应当注意以下问题:减刑的法律效果体现在减轻实际执行的刑罚,所减去的刑期,无须再予执行。这与“**改判**”存在原则区别,减刑不影响原判的效力,并未使原判决失效,而判决之后的改判,是发现原来的裁判在事实认定或法律适用上确有错误,由人民法院重新裁判,改判是对原判决的修正,使原判决失去效力。而判决确定之后的减刑,是在肯定原来判决结果的基础上进行的,对原判决不发生更改问题。

【司法解释】

《最高人民法院关于审理未成年人刑事案件具体应用法律若干问题的解释》(法释〔2006〕1号,自2006年1月23日起施行)

△(**未成年罪犯;减刑;确有悔改表现;未成年罪犯在服刑期间已经成年**)对未成年罪犯的减刑、假释,在掌握标准上可以比照成年罪犯依法适度放宽。

未成年罪犯能认罪服法,遵守监规,积极参加学习、劳动的,即可视为“确有悔改表现”予以减刑,其减刑的幅度可以适当放宽,间隔的时间可以相应缩短。符合刑法第八十一条第一款规定的,可以假释。

未成年罪犯在服刑期间已经成年的,对其减刑、假释可以适用上述规定。(§18)

《最高人民法院关于办理减刑、假释案件具体应用法律的补充规定》(法释〔2019〕6号,自2019年6月1日起施行)

△(**拒不认罪;不履行或者不全部履行生效裁判中财产性判项;不予减刑**)对拒不认罪悔罪的,或者确有履行能力而不履行或者不全部履行生效裁判中财产性判项的,不予假释,一般不予减刑。(§1)

△(**被判处十年以上有期徒刑;被判处不满十年有期徒刑;减刑的起始时间和间隔时间**)被判处十年以上有期徒刑,符合减刑条件的,执行三年以上方可减刑;被判处不满十年有期徒刑,符合减刑条件的,执行二年以上方可减刑。

确有悔改表现或者有立功表现的,一次减刑不超过六个月有期徒刑;确有悔改表现并有立功表现的,一次减刑不超过九个月有期徒刑;有重大立功表现的,一次减刑不超过一年有期徒刑。

被判处十年以上有期徒刑的,两次减刑之间应当间隔二年以上;被判处不满十年有期徒刑的,两次减刑之间应当间隔一年六个月以上。(§2)

△(**被判处无期徒刑;减刑的起始时间和间隔时间**)被判处无期徒刑,符合减刑条件的,执行四年以上方可减刑。

确有悔改表现或者有立功表现的,可以减为二十三年有期徒刑;确有悔改表现并有立功表现的,可以减为二十二年以上二十三年以下有期徒刑;有重大立功表现的,可以减为二十一年以上二十二年以下有期徒刑。

无期徒刑减为有期徒刑后再减刑时,减刑幅度比照本规定第二条的规定执行。两次减刑之间应当间隔二年以上。(§3)

△(**被判处死刑缓期执行;减刑的起始时间和间隔时间**)被判处死刑缓期执行的,减为无期徒刑后,符合减刑条件的,执行四年以上方可减刑。

确有悔改表现或者有立功表现的,可以减为二十五年有期徒刑;确有悔改表现并有立功表现的,可以减为二十四年六个月以上二十五年以下有期徒刑;有重大立功表现的,可以减为二十四年以上二十四年六个月以下有期徒刑。

减为有期徒刑后再减刑时,减刑幅度比照本规定第二条的规定执行。两次减刑之间应当间隔二年以上。(§4)

△(**重大立功表现**)罪犯有重大立功表现的,减刑时可以不受上述起始时间和间隔时间的限制。(§5)

△(**贪污贿赂罪犯;假释**)对本规定所指贪污贿赂罪犯适用假释时,应当从严掌握。(§6)

△(**适用效力**)本规定自2019年6月1日起施行。此前发布的司法解释与本规定不一致的,以本规定为准。(§7)

《最高人民法院关于〈中华人民共和国刑法修正案(八)〉时间效力问题的解释》(法释〔2011〕9号,自2011年5月1日起施行)

△(**时间效力;减刑**)2011年4月30日以前犯罪,被判处无期徒刑的罪犯,减刑以后或者假释前实际执行的刑期,适用修正前刑法第七十八条第二款、第八十一条第一款的规定。(§7)

《最高人民法院关于办理减刑、假释案件具体应用法律的规定》(法释〔2016〕23号,自2017年1月1日起施行)

△(**减刑;宽严相济刑事政策**)减刑、假释是激励罪犯改造的刑罚制度,减刑、假释的适用应当贯彻宽严相济刑事政策,最大限度地发挥刑罚的功能,实现刑罚的目的。(§1)

△(**可以减刑;综合考虑**)对于罪犯符合刑法第七十八条第一款规定"可以减刑"条件的案件,在办理时应当综合考察罪犯犯罪的性质和具体情节、社会危害程度、原判刑罚及生效裁判中财产性判项的履行情况、交付执行后的一贯表现等因素。(§2)

△(**确有悔改表现;不积极退赃、协助追缴赃款赃物、赔偿损失;在刑罚执行期间的申诉权利**)"确有悔改表现"是指同时具备以下条件:

(一)认罪悔罪;

(二)遵守法律法规及监规,接受教育改造;

(三)积极参加思想、文化、职业技术教育;

(四)积极参加劳动,努力完成劳动任务。

对职务犯罪、破坏金融管理秩序和金融诈骗犯罪、组织(领导、参加、包庇、纵容)黑社会性质组织犯罪等罪犯,不积极退赃、协助追缴赃款赃物、赔偿损失,或者服刑期间利用个人影响力和社会关系等不正当手段意图获得减刑、假释的,不认定其"确有悔改表现"。

罪犯在刑罚执行期间的申诉权利应当依法保护,对其正当申诉不能不加分析地认为是不认罪悔罪。(§3)

△(**立功表现**)具有下列情形之一的,可以认定为有"立功表现":

(一)阻止他人实施犯罪活动的;

(二)检举、揭发监狱内外犯罪活动,或者提供重要的破案线索,经查证属实的;

(三)协助司法机关抓捕其他犯罪嫌疑人的;

(四)在生产、科研中进行技术革新,成绩突出的;

（五）在抗御自然灾害或者排除重大事故中，表现积极的；

（六）对国家和社会有其他较大贡献的。

第（四）项、第（六）项中的技术革新或者其他较大贡献应当由罪犯在刑罚执行期间独立或者为主完成，并经省级主管部门确认。（§4）

△（**重大立功表现**）具有下列情形之一的，应当认定为有“重大立功表现”：

（一）阻止他人实施重大犯罪活动的；

（二）检举监狱内外重大犯罪活动，经查证属实的；

（三）协助司法机关抓捕其他重大犯罪嫌疑人的；

（四）有发明创造或者重大技术革新的；

（五）在日常生产、生活中舍己救人的；

（六）在抗御自然灾害或者排除重大事故中，有突出表现的；

（七）对国家和社会有其他重大贡献的。

第（四）项中的发明创造或者重大技术革新应当是罪犯在刑罚执行期间独立或者为主完成并经国家主管部门确认的发明专利，且不包括实用新型专利和外观设计专利；第（七）项中的其他重大贡献应当由罪犯在刑罚执行期间独立或者为主完成，并经国家主管部门确认。（§5）

△（**有期徒刑；减刑起始时间；减刑幅度；减刑间隔时间；重大立功**）被判处有期徒刑的罪犯减刑起始时间为：不满五年有期徒刑的，应当执行一年以上方可减刑；五年以上不满十年有期徒刑的，应当执行一年六个月以上方可减刑；十年以上有期徒刑的，应当执行二年以上方可减刑。有期徒刑减刑的起始时间自判决执行之日起计算。

确有悔改表现或者有立功表现的，一次减刑不超过九个月有期徒刑；确有悔改表现并有立功表现的，一次减刑不超过一年有期徒刑；有重大立功表现的，一次减刑不超过一年六个月有期徒刑；确有悔改表现并有重大立功表现的，一次减刑不超过二年有期徒刑。

被判处不满十年有期徒刑的罪犯，两次减刑间隔时间不得少于一年；被判处十年以上有期徒刑的罪犯，两次减刑间隔时间不得少于一年六个月。减刑间隔时间不得低于上次减刑减去的刑期。

罪犯有重大立功表现的，可以不受上述减刑起始时间和间隔时间的限制。（§6）

△（**职务犯罪等特定犯罪类型；累犯；十年以上有期徒刑；减刑起始时间；减刑幅度；减刑间隔时间；重大立功**）对符合减刑条件的职务犯罪罪犯，破坏金融管理秩序和金融诈骗犯罪罪犯，组织、领导、参加、包庇、纵容黑社会性质组织犯罪罪犯，危害国家安全犯罪罪犯，恐怖活动犯罪罪犯，毒品犯罪集团的首要分子及毒品再犯，累犯，确有履行能力而不履行或者不全部履行生效裁判中财产性判项的罪犯，被判处十年以下有期徒刑的，执行二年以上方可减刑，减刑幅度应当比照本规定第六条从严掌握，一次减刑不超过一年有期徒刑，两次减刑之间应当间隔一年以上。

对被判处十年以上有期徒刑的前款罪犯，以及因故意杀人、强奸、抢劫、绑架、放火、爆炸、投放危险物质或者有组织的暴力性犯罪被判处十年以上有期徒刑的罪犯，数罪并罚且其中两罪以上被判处十年以上有期徒刑的罪犯，执行二年以上方可减刑，减刑幅度应当比照本规定第六条从严掌握，一次减刑不超过一年有期徒刑，两次减刑之间应当间隔一年六个月以上。

罪犯有重大立功表现的，可以不受上述减刑起始时间和间隔时间的限制。（§7）

△（**无期徒刑；减刑起始时间；减刑幅度；减刑间隔时间；重大立功**）被判处无期徒刑的罪犯在刑罚执行期间，符合减刑条件的，执行二年以上，可以减刑。减刑幅度为：确有悔改表现或者有立功表现的，可以减为二十二年有期徒刑；确有悔改表现并有立功表现的，可以减为二十一年以上二十二年以下有期徒刑；有重大立功表现的，可以减为二十年以上二十一年以下有期徒刑；确有悔改表现并有重大立功表现的，可以减为十九年以上二十年以下有期徒刑。无期徒刑罪犯减为有期徒刑后再减刑时，减刑幅度依照本规定第六条的规定执行。两次减刑间隔时间不得少于二年。

罪犯有重大立功表现的，可以不受上述减刑起始时间和间隔时间的限制。（§8）

△（**职务犯罪等特定犯罪类型；无期徒刑；减刑起始时间；减刑幅度；减刑间隔时间；重大立功**）对被判处无期徒刑的职务犯罪罪犯，破坏金融管理秩序和金融诈骗犯罪罪犯，组织、领导、参加、包庇、纵容黑社会性质组织犯罪罪犯，危害国家安全犯罪罪犯，恐怖活动犯罪罪犯，毒品犯罪集团的首要分子及毒品再犯，累犯以及因故意杀人、强奸、抢劫、绑架、放火、爆炸、投放危险物质或者有组织的暴力性犯罪的罪犯，确有履行能力而不履行或者不全部履行生效裁判中财产性判项的罪犯，数罪并罚被判处无期徒刑的罪犯，符合减刑条件的，执行三年以上方可减刑，减刑幅度应当比照本规定第八条从严掌握，减刑后的刑期最低不得少于二十年有期徒刑；减为有期徒刑后再减刑时，减刑幅度比照本规定第六条从严掌握，一次不超过一年有期徒刑，两次减刑之间应当间隔二年以上。

罪犯有重大立功表现的,可以不受上述减刑起始时间和间隔时间的限制。(§ 9)

△(**死刑缓期执行;减刑起始时间;减刑幅度;减刑间隔时间**)被判处死刑缓期执行的罪犯减为无期徒刑后,符合减刑条件的,执行三年以上方可减刑。减刑幅度为:确有悔改表现或者有立功表现的,可以减为二十五年有期徒刑;确有悔改表现并有立功表现的,可以减为二十四年以上二十五年以下有期徒刑;有重大立功表现的,可以减为二十三年以上二十四年以下有期徒刑;确有悔改表现并有重大立功表现的,可以减为二十二年以上二十三年以下有期徒刑。

被判处死刑缓期执行的罪犯减为有期徒刑后再减刑时,比照本规定第八条的规定办理。(§ 10)

△(**职务犯罪等特定犯罪类型;死刑缓期执行;减刑起始时间;减刑幅度;减刑间隔时间;重大立功**)对被判处死刑缓期执行的职务犯罪罪犯,破坏金融管理秩序和金融诈骗犯罪罪犯,组织、领导、参加、包庇、纵容黑社会性质组织犯罪罪犯,危害国家安全犯罪罪犯,恐怖活动犯罪罪犯,毒品犯罪集团的首要分子及毒品再犯,累犯以及因故意杀人、强奸、抢劫、绑架、放火、爆炸、投放危险物质或者有组织的暴力性犯罪的罪犯,确有履行能力而不履行或者不全部履行生效裁判中财产性判项的罪犯,数罪并罚被判处死刑缓期执行的罪犯,减为无期徒刑后,符合减刑条件的,执行三年以上方可减刑,一般减为二十五年有期徒刑,有立功表现或者重大立功表现的,可以比照本规定第十条减为二十三年以上二十五年以下有期徒刑;减为有期徒刑后再减刑时,减刑幅度比照本规定第六条从严掌握,一次不超过一年有期徒刑,两次减刑之间应当间隔二年以上。(§ 11)

△(**死刑缓期执行;实际执行的刑期;抗拒改造**)被判处死刑缓期执行的罪犯经过一次或者几次减刑后,其实际执行的刑期不得少于十五年,死刑缓期执行期间不包括在内。

死刑缓期执行罪犯在缓期执行期间不服从监管、抗拒改造,尚未构成犯罪的,在减为无期徒刑后再减刑时应当适当从严。(§ 12)

△(**被限制减刑的死刑缓期执行罪犯;减为无期徒刑后再减刑**)被限制减刑的死刑缓期执行罪犯,减为无期徒刑后,符合减刑条件的,执行五年以上方可减刑。减刑间隔时间和减刑幅度依照本规定第十一条的规定执行。(§ 13)

△(**被限制减刑的死刑缓期执行罪犯;减为有期徒刑后再减刑;重大立功**)被限制减刑的死刑缓期执行罪犯,减为有期徒刑后再减刑时,一次减刑不超过六个月有期徒刑,两次减刑间隔时间不得少于二年。有重大立功表现的,间隔时间可以适当缩短,但一次减刑不超过一年有期徒刑。(§ 14)

△(**被判处终身监禁的罪犯**)对被判处终身监禁的罪犯,在死刑缓期执行期满依法减为无期徒刑的裁定中,应当明确终身监禁,不得再减刑或者假释。(§ 15)

△(**管制、拘役以及判决生效后剩余刑期不满二年有期徒刑;减刑;实际执行的刑期**)被判处管制、拘役的罪犯,以及判决生效后剩余刑期不满二年有期徒刑的罪犯,符合减刑条件的,可以酌情减刑,减刑起始时间可以适当缩短,但实际执行的刑期不得少于原判刑期的二分之一。(§ 16)

△(**有期徒刑;死刑缓期执行、无期徒刑;减刑;附加剥夺政治权利的期限**)被判处有期徒刑罪犯减刑时,对附加剥夺政治权利的期限可以酌减。酌减后剥夺政治权利的期限,不得少于一年。

被判处死刑缓期执行、无期徒刑的罪犯减为有期徒刑时,应当将附加剥夺政治权利的期限减为七年以上十年以下,经过一次或者几次减刑后,最终剥夺政治权利的期限不得少于三年。(§ 17)

△(**拘役或者三年以下有期徒刑;宣告缓刑;不适用减刑;重大立功;缓刑考验期**)被判处拘役或者三年以下有期徒刑,并宣告缓刑的罪犯,一般不适用减刑。

前款规定的罪犯在缓刑考验期内有重大立功表现的,可以参照刑法第七十八条的规定予以减刑,同时应当依法缩减其缓刑考验期。缩减后,拘役的缓刑考验期限不得少于二个月,有期徒刑的缓刑考验期限不得少于一年。(§ 18)

△(**未成年罪犯;确有悔改表现;减刑幅度;减刑起始时间;间隔时间**)对在报请减刑前的服刑期间不满十八周岁,且所犯罪行不属于刑法第八十一条第二款规定情形的罪犯,认罪悔罪,遵守法律法规及监规,积极参加学习、劳动,应当视为确有悔改表现。

对上述罪犯减刑时,减刑幅度可以适当放宽,或者减刑起始时间、间隔时间可以适当缩短,但放宽的幅度和缩短的时间不得超过本规定中相应幅度、时间的三分之一。(§ 19)

△(**老年罪犯;患严重疾病罪犯;身体残疾罪犯;减刑;认罪悔罪的实际表现;减刑幅度;减刑起始时间;间隔时间**)老年罪犯、患严重疾病罪犯或者身体残疾罪犯减刑时,应当主要考察其认罪悔罪的实际表现。

对基本丧失劳动能力,生活难以自理的上述罪犯减刑时,减刑幅度可以适当放宽,或者减刑起

始时间、间隔时间可以适当缩短,但放宽的幅度和缩短的时间不得超过本规定中相应幅度、时间的三分之一。(§ 20)

△(**刑罚执行期间又犯新罪;不予减刑时间**)被判处有期徒刑、无期徒刑的罪犯在刑罚执行期间又故意犯罪,新罪被判处有期徒刑的,自新罪判决确定之日起三年内不予减刑;新罪被判处无期徒刑的,自新罪判决确定之日起四年内不予减刑。

罪犯在死刑缓期执行期间又故意犯罪,未被执行死刑的,死刑缓期执行的期间重新计算,减为无期徒刑后,五年内不予减刑。

被判处死刑缓期执行罪犯减刑后,在刑罚执行期间又故意犯罪的,依照第一款规定处理。(§ 21)

△(**刑罚执行期间故意犯新罪;数罪并罚**)罪犯被裁定减刑后,刑罚执行期间因故意犯罪而数罪并罚时,经减刑裁定减去的刑期不计入已经执行的刑期。原判死刑缓期执行减为无期徒刑、有期徒刑,或者无期徒刑减为有期徒刑的裁定继续有效。(§ 33)

△(**刑罚执行期间发现漏罪;数罪并罚**)罪犯被裁定减刑后,刑罚执行期间因发现漏罪而数罪并罚的,原减刑裁定自动失效。如漏罪系罪犯主动交代的,对其原减去的刑期,由执行机关报请有管辖权的人民法院重新作出减刑裁定,予以确认;如漏罪系有关机关发现或者他人检举揭发的,由执行机关报请有管辖权的人民法院,在原减刑裁定减去的刑期总和之内,酌情重新裁定。(§ 34)

△(**死刑缓期执行;死刑缓期执行期内发现漏罪;数罪并罚**)被判处死刑缓期执行的罪犯,在死刑缓期执行期内被发现漏罪,依据刑法第七十条规定数罪并罚,决定执行死刑缓期执行的,死刑缓期执行期间自新判决确定之日起计算,已经执行的死刑缓期执行期间计入新判决的死刑缓期执行期间内,但漏罪被判处死刑缓期执行的除外。(§35)

△(**死刑缓期执行;死刑缓期执行期满后发现漏罪;数罪并罚;无期徒刑减为有期徒刑;减刑裁定决定执行的刑期**)被判处死刑缓期执行的罪犯,在死刑缓期执行期满后被发现漏罪,依据刑法第七十条规定数罪并罚,决定执行死刑缓期执行的,交付执行时对罪犯实际执行无期徒刑,死缓考验期不再执行,但漏罪被判处死刑缓期执行的除外。

在无期徒刑减为有期徒刑时,前罪死刑缓期执行减为无期徒刑之日起至新判决生效之日止已经实际执行的刑期,应当计算在减刑裁定决定执行的刑期以内。

原减刑裁定减去的刑期依照本规定第三十四条处理。(§ 36)

△(**无期徒刑减为有期徒刑后发现漏罪;数罪并罚;减刑裁定决定执行的刑期**)被判处无期徒刑的罪犯在减为有期徒刑后因发现漏罪,依据刑法第七十条规定数罪并罚,决定执行无期徒刑的,前罪无期徒刑生效之日起至新判决生效之日止已经实际执行的刑期,应当在新判决的无期徒刑减为有期徒刑时,在减刑裁定决定执行的刑期内扣减。

无期徒刑罪犯减为有期徒刑后因发现漏罪判处三年有期徒刑以下刑罚,数罪并罚决定执行无期徒刑的,在新判决生效后执行一年以上,符合减刑条件的,可以减为有期徒刑,减刑幅度依照本规定第八条、第九条的规定执行。

原减刑裁定减去的刑期依照本规定第三十四条处理。(§ 37)

△(**财产性判项执行、履行情况;减刑;协助执行**)人民法院作出的刑事判决、裁定发生法律效力后,在依照刑事诉讼法第二百五十三条①、第二百五十四条②的规定将罪犯交付执行刑罚时,如果生效裁判中有财产性判项,人民法院应当将反映财产性判项执行、履行情况的有关材料一并随案移送刑罚执行机关。罪犯在服刑期间本人履行或者其亲属代为履行生效裁判中财产性判项的,应当及时向刑罚执行机关报告。刑罚执行机关报请减刑时应随案移送以上材料。

人民法院办理减刑、假释案件时,可以向原一审人民法院核实罪犯履行财产性判项的情况。原一审人民法院应当出具相关证明。

刑罚执行期间,负责办理减刑、假释案件的人民法院可以协助原一审人民法院执行生效裁判中的财产性判项。(§ 38)

△(**老年罪犯;患严重疾病罪犯;身体残疾罪犯;重新诊断、鉴定**)本规定所称"老年罪犯",是指报请减刑、假释时年满六十五周岁的罪犯。

本规定所称"患严重疾病罪犯",是指因患有重病,久治不愈,而不能正常生活、学习、劳动的罪犯。

本规定所称"身体残疾罪犯",是指因身体有肢体或者器官残缺、功能不全或者丧失功能,而基本丧失生活、学习、劳动能力的罪犯,但是罪犯犯

① 2018 年修正后的《中华人民共和国刑事诉讼法》第二百六十四条。
② 2018 年修正后的《中华人民共和国刑事诉讼法》第二百六十五条。

罪后自伤致残的除外。

对刑罚执行机关提供的证明罪犯患有严重疾病或者有身体残疾的证明文件，人民法院应当审查，必要时可以委托有关单位重新诊断、鉴定。（§ 39）

△（**判决执行之日；减刑间隔时间**）本规定所称"判决执行之日"，是指罪犯实际送交刑罚执行机关之日。

本规定所称"减刑间隔时间"，是指前一次减刑裁定送达之日起至本次减刑报请之日止的期间。（§ 40）

△（**财产性判项**）本规定所称"财产性判项"是指判决罪犯承担的附带民事赔偿义务判项，以及追缴、责令退赔、罚金、没收财产等判项。（§ 41）

【司法解释性文件】

《最高人民法院关于贯彻宽严相济刑事政策的若干意见》（法发〔2010〕9 号，2010 年 2 月 8 日公布）

△（**宽严相济刑事政策；减刑**）对于危害国家安全犯罪、故意危害公共安全犯罪、严重暴力犯罪、涉众型经济犯罪等严重犯罪；恐怖组织犯罪、邪教组织犯罪、黑恶势力犯罪等有组织犯罪的领导者、组织者和骨干分子；毒品犯罪再犯的严重犯罪者；确有执行能力而拒不依法积极主动缴付财产执行财产刑或确有履行能力而不积极主动履行附带民事赔偿责任的，在依法减刑、假释时，应当从严掌握。对累犯减刑时，应当从严掌握。拒不交代真实身份或对减刑、假释材料弄虚作假，不符合减刑、假释条件的，不得减刑、假释。

对于因犯故意杀人、爆炸、抢劫、强奸、绑架等暴力犯罪，致人死亡或严重残疾而被判处死刑缓期二年执行或无期徒刑的罪犯，要严格控制减刑的频度和每次减刑的幅度，要保证其相对较长的实际服刑期限，维护公平正义，确保改造效果。

对于未成年犯、老年犯、残疾罪犯、过失犯、中止犯、胁从犯、积极主动缴付财产执行财产刑或履行民事赔偿责任的罪犯、因防卫过当或避险过当而判处徒刑的罪犯以及其他主观恶性不深、人身危险性不大的罪犯，在依法减刑、假释时，应当根据悔改表现予以从宽掌握。对认罪服法，遵守监规，积极参加学习、劳动，确有悔改表现的，依法予以减刑，减刑的幅度可以适当放宽，间隔的时间可以相应缩短。符合刑法第八十一条第一款规定的假释条件的，应当依法多适用假释。（§ 34）

《最高人民法院研究室关于罪犯在刑罚执行期间的发明创造能否按照重大立功表现作为对其漏罪审判时的量刑情节问题的答复》（法研〔2011〕79 号，2011 年 6 月 14 日公布）

△（**服刑期间；发明创造；立功或者重大立功；减刑**）罪犯在服刑期间的发明创造构成立功或者重大立功的，可以作为依法减刑的条件予以考虑，但不能作为追诉漏罪的法定量刑情节考虑。

《最高人民法院印发〈关于进一步加强危害生产安全刑事案件审判工作的意见〉的通知》（法发〔2011〕20 号，2011 年 12 月 30 日公布）

△（**减刑；生产安全犯罪**）办理与危害生产安全犯罪相关的减刑、假释案件，要严格执行刑法、刑事诉讼法和有关司法解释规定。是否决定减刑、假释，既要看罪犯服刑期间的悔改表现，还要充分考虑原判认定的犯罪事实、性质、情节、社会危害程度等情况。（§ 20）

《最高人民检察院、中国残疾人联合会关于在检察工作中切实维护残疾人合法权益的意见》（高检会〔2015〕11 号，2015 年 11 月 30 日公布）

△（**残疾罪犯；减刑；反复犯罪**）对残疾罪犯开展减刑、假释、暂予监外执行检察工作，可以依法适当从宽掌握，但是，反复故意实施犯罪的残疾罪犯除外。（§ 14 Ⅱ）

《最高人民法院、最高人民检察院、公安部、司法部关于印发〈中华人民共和国社区矫正法实施办法〉的通知》（司发通〔2020〕59 号，2020 年 6 月 18 日公布）

△（**表扬；减刑建议**）社区矫正对象认罪悔罪、遵守法律法规、服从监督管理、接受教育表现突出的，应当给予表扬。

社区矫正对象接受社区矫正六个月以上并且同时符合下列条件的，执行地县级社区矫正机构可以给予表扬：

（一）服从人民法院判决，认罪悔罪；

（二）遵守法律法规；

（三）遵守关于报告、会客、外出、迁居等规定，服从社区矫正机构的管理；

（四）积极参加教育学习等活动，接受教育矫正的。

社区矫正对象接受社区矫正期间，有见义勇为、抢险救灾等突出表现，或者帮助他人、服务社会等突出事迹的，执行地县级社区矫正机构可以给予表扬。对于符合法定减刑条件的，由执行地县级社区矫正机构依照本办法第四十二条的规定，提出减刑建议。（§ 33）

△（**减刑**）社区矫正对象符合法定减刑条件的，由执行地县级社区矫正机构提出减刑建议书

并附相关证据材料，报经地（市）社区矫正机构审核同意后，由地（市）社区矫正机构提请执行地的中级人民法院裁定。

依法应由高级人民法院裁定的减刑案件，由执行地县级社区矫正机构提出减刑建议书并附相关证据材料，逐级上报省级社区矫正机构审核同意后，由省级社区矫正机构提请执行地的高级人民法院裁定。

人民法院应当自收到减刑建议书和相关证据材料之日起三十日内依法裁定。

社区矫正机构减刑建议书和人民法院减刑裁定书副本，应当同时抄送社区矫正执行地同级人民检察院、公安机关及罪犯原服刑或者接收其档案的监狱。（§ 42）

《最高人民法院、最高人民检察院、公安部、司法部关于加强减刑、假释案件实质化审理的意见》（法发〔2021〕31 号，2021 年 12 月 1 日发布）

△（**不认定罪犯确有悔改表现；罪犯服刑期间改造表现的考核材料；计分考核材料；自书材料；罪犯违反监规纪律行为**）严格审查罪犯服刑期间改造表现的考核材料。对于罪犯的计分考核材料，应当认真审查考核分数的来源及其合理性等，如果存在考核分数与考核期不对应、加扣分与奖惩不对应、奖惩缺少相应事实和依据等情况，应当要求刑罚执行机关在规定期限内作出说明或者补充。对于在规定期限内不能作出合理解释的考核材料，不作为认定罪犯确有悔改表现的依据。

对于罪犯的认罪悔罪书、自我鉴定等自书材料，要结合罪犯的文化程度认真进行审查，对于无特殊原因非本人书写或者自书材料内容虚假的，不认定罪犯确有悔改表现。

对于罪犯存在违反监规纪律行为的，应当根据行为性质、情节等具体情况，综合分析判断罪犯的改造表现。罪犯服刑期间因违反监规纪律被处以警告、记过或者禁闭处罚的，可以根据案件具体情况，认定罪犯是否确有悔改表现。（§ 5）

△（**罪犯立功、重大立功的证据材料；检举、揭发监狱内外犯罪活动；技术革新、发明创造；阻止他人实施犯罪活动；较大贡献；重大贡献**）严格审查罪犯立功、重大立功的证据材料，准确把握认定条件。对于检举、揭发监狱内外犯罪活动，或者提供重要破案线索的，应当注重审查线索的来源。对于揭发线索来源存疑的，应当进一步核查，如果查明线索系通过贿买、暴力、威胁或者违反监规等非法手段获取的，不认定罪犯具有立功或者重大立功表现。

对于技术革新、发明创造，应当注重审查罪犯是否具备该技术革新、发明创造的专业能力和条件，对于罪犯明显不具备相应专业能力及条件、不能说明技术革新或者发明创造原理及过程的，不认定罪犯具有立功或者重大立功表现。

对于阻止他人实施犯罪活动，协助司法机关抓捕其他犯罪嫌疑人，在日常生产、生活中舍己救人，在抗御自然灾害或者排除重大事故中有积极或者突出表现的，除应当审查有关部门出具的证明材料外，还应当注重审查能够证明上述行为的其他证据材料，对于罪犯明显不具备实施上述行为能力和条件的，不认定罪犯具有立功或者重大立功表现。

严格把握“较大贡献”或者“重大贡献”的认定条件。该“较大贡献”或者“重大贡献”，是指对国家、社会具有积极影响，而非仅对个别人员、单位有贡献和帮助。对于罪犯在警示教育活动中现身说法的，不认定罪犯具有立功或者重大立功表现。（§ 6）

△（**罪犯履行财产性判项的能力；不认定罪犯确有悔改表现**）严格审查罪犯履行财产性判项的能力。罪犯未履行或者未全部履行财产性判项，具有下列情形之一的，不认定罪犯确有悔改表现：

（1）拒不交代赃款、赃物去向；

（2）隐瞒、藏匿、转移财产；

（3）有可供履行的财产拒不履行。

对于前款罪犯，无特殊原因狱内消费明显超出规定额度标准的，一般不认定罪犯确有悔改表现。（§ 7）

△（**罪犯身份信息、患有严重疾病或者身体有残疾的证据材料**）严格审查罪犯身份信息、患有严重疾病或者身体有残疾的证据材料。对于上述证据材料有疑问的，可以委托有关单位重新调查、诊断、鉴定。对原判适用《中华人民共和国刑事诉讼法》第一百六十条第二款规定判处刑罚的罪犯，在刑罚执行期间不真心悔罪，仍不讲真实姓名、住址，且无法调查核实清楚的，除具有重大立功表现等特殊情形外，一律不予减刑、假释。（§ 9）

△（**罪犯减刑后的实际服刑刑期**）严格把握罪犯减刑后的实际服刑刑期。正确理解法律和司法解释规定的最低服刑期限，严格控制减刑起始时间、间隔时间及减刑幅度，并根据罪犯前期减刑情况和效果，对其后续减刑予以总体掌握。死刑缓期执行、无期徒刑罪犯减为有期徒刑后再减刑时，在减刑间隔时间及减刑幅度上，应当从严把握。（§ 10）

【指导性案例】

最高人民检察院指导性案例第 70 号：宣告缓

刑罪犯蔡某等12人减刑监督案(2020年2月28日发布)

△(**缓刑罪犯减刑**)对于判处拘役或者三年以下有期徒刑并宣告缓刑的罪犯,在缓刑考验期内确有悔改表现或者有一般立功表现,一般不适用减刑。在缓刑考验期内有重大立功表现的,可以参照《刑法》第七十八条的规定予以减刑。人民法院对宣告缓刑罪犯裁定减刑适用法律错误的,人民检察院应当依法提出纠正意见。人民法院裁定维持原减刑裁定的,人民检察院应当继续予以监督。

第七十九条　【减刑程序】

对于犯罪分子的减刑,由执行机关向中级以上人民法院提出减刑建议书。人民法院应当组成合议庭进行审理,对确有悔改或者立功事实的,裁定予以减刑。非经法定程序不得减刑。

【立法理由】

1979年刑法没有规定减刑的程序,为了维护人民法院判决的严肃性,保证减刑工作的质量,发挥减刑制度的积极作用,1994年《**监狱法**》以及一些司法解释都对减刑的具体程序作了规定,其中《监狱法》第三十条规定:"减刑建议由监狱向人民法院提出,人民法院应当自收到减刑建议书之日起一个月内予以审核裁定;案情复杂或者情况特殊的,可以延长一个月。减刑裁定的副本应当抄送人民检察院。"1994年通过的《最高人民法院关于审理刑事案件程序的具体规定》第二百四十三条规定:"减刑、假释案件按下列情形分别处理:(一)对于被判处死刑缓期二年执行和无期徒刑的罪犯的减刑、假释,应当由罪犯所在监狱、劳动改造机关提出意见,经司法厅(局)审核同意,报请当地高级人民法院裁定。(二)对于被判处有期徒刑的(包括减为有期徒刑)的罪犯的减刑、假释,由罪犯所在的监狱、劳动改造机关提出意见,报请当地中级人民法院裁定。(三)对于被判处拘役的罪犯的减刑,由拘役场所提出意见,经当地县级公安机关审查同意后,报请当地基层人民法院裁定。(四)对于被判处管制的罪犯的减刑,由执行管制的公安派出所提出意见,经当地县级公安机关审查同意后,报请当地基层人民法院裁定。(五)被宣告缓刑的罪犯,在缓刑考验期限内确有立功表现,需要予以减刑,并相应缩减缓刑考验期限的,应当由公安派出所会同负责考察罪犯的所在单位或者基层组织提出书面意见,经当地县级公安机关审查同意后,报请当地人民法院裁定。对被判处有期徒刑宣告缓刑的罪犯的减刑,由中级人民法院裁定;对被判处拘役宣告缓刑的罪犯的减刑,由基层人民法院裁定。(六)对于被判处有期徒刑一年以下,或者余刑在一年以下,由看守所监管的罪犯的减刑、假释,由罪犯所在的看守所提出意见,经当地县级公安机关审查同意后,分别报请当地中级或者基层人民法院裁定。"在**1997年修订刑法**过程中,考虑到以往的立法经验以及司法实践的需要,立法机关吸收了监狱法和司法解释中关于减刑程序的合理成分,**在刑法中明确规定了减刑的程序**。

【条文说明】

本条是关于减刑程序的规定。

为使司法机关在办理减刑案件时有章可循,有法可依,减刑程序更加规范,刑法专门就减刑应当遵循的程序作出了规定。规定**减刑建议必须由执行机关向中级以上人民法院提出,人民法院必须组成合议庭进行审理**,主要是考虑到实践中存在执行机关和人民法院对提请和裁定减刑案件把关不严,也有的由于受到社会不正之风的影响,对不符合减刑条件的人予以减刑,在社会上造成不良影响的情况,除从法律上和实践中加强管理外,有必要从程序上加以规范。

根据本条规定,对于符合减刑条件的犯罪分子,应当由执行机关向其所在地的中级以上人民法院提交减刑建议书。**减刑建议书**是执行机关制作的,建议人民法院予以减刑的正式书面文件,也是人民法院启动减刑程序的依据,没有执行机关的减刑建议书,人民法院不能受理减刑案件,也不能制作减刑裁定书。这里的"**执行机关**"是指依法执行相关刑罚的机关,如公安机关和监狱。

人民法院收到执行机关的减刑建议书后,应当组成合议庭对减刑案件进行审理。审理的内容主要是执行机关申报的程序是否合法、手续是否完备和根据执行机关申报的材料,审查罪犯是否有悔改表现或者立功表现的事实等。《最高人民法院关于减刑、假释案件审理程序的规定》第六条规定:"……下列减刑、假释案件,**应当开庭审理**:(一)因罪犯有重大立功表现报请减刑的;(二)报请减刑的起始时间、间隔时间或者减刑幅度不符合司法解释一般规定的;(三)公示期间收到不同意见的;(四)人民检察院有异议的;(五)被报请减刑、假释罪犯系职务犯罪罪犯,组织(领导、参加、包庇、纵容)黑社会性质组织犯罪罪犯,破坏金融管理秩序和金融诈骗犯罪罪犯及其他在社会上有重大影响或社会关注度高的;(六)人民法院认为其他应当开庭审理的。"经过审理,合议庭认为犯罪分子确有悔改或者立功事实,符合减刑法定条件的,应当裁定减刑;认为没有悔改或者立功事实的或者不符合法定减刑条件的,不予减刑。

对于可以减刑的,应当制作裁定书,裁定书应当送达提出减刑建议书的执行机关。不经过上述法定的减刑程序,不得减刑。

实践中需要注意以下两点:一是**减刑不同于改判**。改判是指原判决有错误,撤销原判决而重新作出判决;改判的结果多种多样。减刑并不改变原判决,而是在肯定原判决的基础上,基于法定原因将原判决的刑罚予以减轻。二是**关于减刑后的刑期计算方法**,因原判刑罚的种类不同而有所区别:对于原判刑罚为管制、拘役、有期徒刑的,减刑后的刑期应从原判决执行之日起计算;原判刑期已经执行的部分时间,应计算到减刑后的刑期以内。对于无期徒刑减为有期徒刑的,有期徒刑的刑期从裁定减刑之日起计算;已经执行的刑期以及判决宣告以前先行羁押的日期,不计算在裁定减刑后的有期徒刑的刑期以内。对于无期徒刑减为有期徒刑以后再次减刑的,其刑期的计算,则应按照有期徒刑减刑的方法计算。对于曾被依法适用减刑,后因原判决有误,经再审后改判的,原来的减刑所减刑期,应从改判后的刑期中扣除。

【司法解释】

《最高人民法院关于适用〈中华人民共和国刑事诉讼法〉的解释》(法释〔2021〕1号,自2021年3月1日起施行)

△(**死刑缓期执行;减刑;另行审判**)被判处死刑缓期执行的罪犯,在死刑缓期执行期间,没有故意犯罪的,死刑缓期执行期满后,应当裁定减刑;死刑缓期执行期满后,尚未裁定减刑前又犯罪的,应当在依法减刑后,对其所犯新罪另行审判。(§ 533)

△(**减刑;死刑缓期执行;无期徒刑;拘役;管制;减刑建议书**)对减刑、假释案件,应当按照下列情形分别处理:

(一)对被判处死刑缓期执行的罪犯的减刑,由罪犯服刑地的高级人民法院在收到同级监狱管理机关审核同意的减刑建议书后一个月以内作出裁定;

(二)对被判处无期徒刑的罪犯的减刑、假释,由罪犯服刑地的高级人民法院在收到同级监狱管理机关审核同意的减刑、假释建议书后一个月以内作出裁定,案情复杂或者情况特殊的,可以延长一个月;

(三)对被判处有期徒刑和被减为有期徒刑的罪犯的减刑、假释,由罪犯服刑地的中级人民法院在收到执行机关提出的减刑、假释建议书后一个月以内作出裁定,案情复杂或者情况特殊的,可以延长一个月;

(四)对被判处管制、拘役的罪犯的减刑,由罪犯服刑地的中级人民法院在收到同级执行机关审核同意的减刑建议书后一个月以内作出裁定。

对社区矫正对象的减刑,由社区矫正执行地的中级以上人民法院在收到社区矫正机构减刑建议书后三十日以内作出裁定。(§ 534)

△(**减刑;移送材料;补送**)受理减刑、假释案件,应当审查执行机关移送的材料是否包括下列内容:

(一)减刑、假释建议书;

(二)原审法院的裁判文书、执行通知书、历次减刑裁定书的复制件;

(三)证明罪犯确有悔改、立功或者重大立功表现具体事实的书面材料;

(四)罪犯评审鉴定表、奖惩审批表等;

(五)罪犯假释后对所居住社区影响的调查评估报告;

(六)刑事裁判涉财产部分、附带民事裁判的执行、履行情况;

(七)根据案件情况需要移送的其他材料。

人民检察院对报请减刑、假释案件提出意见的,执行机关应当一并移送受理减刑、假释案件的人民法院。

经审查,材料不全的,应当通知提请减刑、假释的执行机关在三日以内补送;逾期未补送的,不予立案。(§ 535)

△(**有悔改表现**)审理减刑、假释案件,对罪犯积极履行刑事裁判涉财产部分、附带民事裁判确定的义务的,可以认定有悔改表现,在减刑、假释时从宽掌握;对确有履行能力而不履行或者不全部履行的,在减刑、假释时从严掌握。(§ 536)

△(**减刑;公示**)审理减刑、假释案件,应当在立案后五日以内对下列事项予以公示:

(一)罪犯的姓名、年龄等个人基本情况;

(二)原判认定的罪名和刑期;

(三)罪犯历次减刑情况;

(四)执行机关的减刑、假释建议和依据。

公示应当写明公示期限和提出意见的方式。(§ 537)

△(**减刑;书面审理;开庭审理**)审理减刑、假释案件,应当组成合议庭,可以采用书面审理的方式,但下列案件应当开庭审理:

(一)因罪犯有重大立功表现提请减刑的;

(二)提请减刑的起始时间、间隔时间或者减刑幅度不符合一般规定的;

(三)被提请减刑、假释罪犯系职务犯罪罪犯,组织、领导、参加、包庇、纵容黑社会性质组织罪犯,破坏金融管理秩序罪犯或者金融诈骗罪犯的;

(四)社会影响重大或者社会关注度高的;

(五)公示期间收到不同意见的;

(六)人民检察院提出异议的;

(七)有必要开庭审理的其他案件。(§ 538)

△(**减刑裁定**)人民法院作出减刑、假释裁定后,应当在七日以内送达提请减刑、假释的执行机关、同级人民检察院以及罪犯本人。人民检察院认为减刑、假释裁定不当,在法定期限内提出书面纠正意见的,人民法院应当在收到意见后另行组成合议庭审理,并在一个月以内作出裁定。

对假释的罪犯,适用本解释第五百一十九条的有关规定,依法实行社区矫正。(§ 539)

△(**提请撤回减刑建议**)减刑、假释裁定作出前,执行机关书面提请撤回减刑、假释建议的,人民法院可以决定是否准许。(§ 540)

△(**已经生效的减刑、假释裁定确有错误;审理**)人民法院发现本院已经生效的减刑、假释裁定确有错误的,应当另行组成合议庭审理;发现下级人民法院已经生效的减刑、假释裁定确有错误的,可以指令下级人民法院另行组成合议庭审理,也可以自行组成合议庭审理。(§ 541)

《最高人民法院关于办理减刑、假释案件具体应用法律的规定》(法释〔2016〕23号,自2017年1月1日起施行)

△(**审判监督程序;原减刑裁定;原判决已经实际执行的刑期**)人民法院按照审判监督程序重新审理的案件,裁定维持原判决、裁定的,原减刑、假释裁定继续有效。

再审裁判改变原判决、裁定的,原减刑、假释裁定自动失效,执行机关应当及时报请有管辖权的人民法院重新作出是否减刑、假释的裁定。重新作出减刑裁定时,不受本规定有关减刑起始时间、间隔时间和减刑幅度的限制。重新裁定时应综合考虑各方面因素,减刑幅度不得超过原裁定减去的刑期总和。

再审改判为死刑缓期执行或者无期徒刑的,在新判决减为有期徒刑之时,原判决已经实际执行的刑期一并扣减。

再审裁判宣告无罪的,原减刑、假释裁定自动失效。(§ 32)

【司法解释性文件】

《最高人民法院关于刘文占减刑一案的答复》(〔2006〕刑监他字第7号,2007年8月11日公布)

△(**无期徒刑减刑后发现漏罪;实际执行刑期;扣除**)罪犯刘文占犯盗窃罪被判处无期徒刑,减为有期徒刑十八年之后,发现其在判决宣告之前犯有强奸罪、抢劫罪。沧州市中级人民法院作出新的判决,对刘文占以强奸罪、抢劫罪分别定罪量刑,数罪并罚,决定对罪犯刘文占执行无期徒刑是正确的。

现监狱报请为罪犯刘文占减刑,你院在计算刑期时,应将罪犯刘文占第一次减为有期徒刑十八年之后至漏罪判决之间已经执行的刑期予以扣除。

《人民检察院办理减刑、假释案件规定》(高检发监字〔2014〕8号,2014年8月1日公布)

△(**减刑的提请、审理、裁定等;法律监督;人民检察院**)人民检察院依法对减刑、假释案件的提请、审理、裁定等活动是否合法实行法律监督。(§ 2)

△(**减刑;提请活动;审理、裁定活动;监督;派员出席法庭;报告**)人民检察院办理减刑、假释案件,应当按照下列情形分别处理:

(一)对减刑、假释案件提请活动的监督,由对执行机关承担检察职责的人民检察院负责;

(二)对减刑、假释案件审理、裁定活动的监督,由人民法院的同级人民检察院负责;同级人民检察院对执行机关不承担检察职责的,可以根据需要指定对执行机关承担检察职责的人民检察院派员出席法庭;下级人民检察院发现减刑、假释裁定不当的,应当及时向作出减刑、假释裁定的人民法院的同级人民检察院报告。(§ 3)

△(**统一案件管理;办案责任制**)人民检察院办理减刑、假释案件,依照规定实行统一案件管理和办案责任制。(§ 4)

△(**及时审查**)人民检察院收到执行机关移送的下列减刑、假释案件材料后,应当及时进行审查:

(一)执行机关拟提请减刑、假释意见;

(二)终审法院裁判文书、执行通知书、历次减刑裁定书；

（三）罪犯确有悔改表现、立功表现或者重大立功表现的证明材料；

（四）罪犯评审鉴定表、奖惩审批表；

（五）其他应当审查的案件材料。（§ 5 Ⅰ）

△（**应当调查核实**）具有下列情形之一的，人民检察院应当进行调查核实：

（一）拟提请减刑、假释罪犯系职务犯罪罪犯，破坏金融管理秩序和金融诈骗犯罪罪犯，黑社会性质组织犯罪罪犯，严重暴力恐怖犯罪罪犯，或者其他在社会上有重大影响、社会关注度高的罪犯；

（二）因罪犯有立功表现或者重大立功表现拟提请减刑的；

（三）拟提请减刑、假释罪犯的减刑幅度大、假释考验期长、起始时间早、间隔时间短或者实际执行刑期短的；

（四）拟提请减刑、假释罪犯的考核计分高、专项奖励多或者鉴定材料、奖惩记录有疑点的；

（五）收到控告、举报的；

（六）其他应当进行调查核实的。（§ 6）

△（**调查核实内容**）人民检察院可以采取调阅复制有关材料、重新组织诊断鉴别、进行文证鉴定、召开座谈会、个别询问等方式，对下列情况进行调查核实：

（一）拟提请减刑、假释罪犯在服刑期间的表现情况；

（二）拟提请减刑、假释罪犯的财产刑执行、附带民事裁判履行、退赃退赔等情况；

（三）拟提请减刑罪犯的立功表现、重大立功表现是否属实，发明创造、技术革新是否系罪犯在服刑期间独立完成并经有关主管机关确认；

（四）拟提请假释罪犯的身体状况、性格特征、假释后生活来源和监管条件等影响再犯罪的因素；

（五）其他应当进行调查核实的情况。（§ 7）

△（**派员列席执行机关提请减刑评审会议；发表意见**）人民检察院可以派员列席执行机关提请减刑、假释评审会议，了解案件有关情况，根据需要发表意见。（§ 8）

△（**建议执行机关提请减刑**）人民检察院发现罪犯符合减刑、假释条件，但是执行机关未提请减刑、假释的，可以建议执行机关提请减刑、假释。（§ 9）

△（**逐案审查；书面意见；审查期限**）人民检察院收到执行机关抄送的减刑、假释建议书副本后，应当逐案进行审查，可以向人民法院提出书面意见。发现减刑、假释建议不当或者提请减刑、假释违反法定程序的，应当在收到建议书副本后十日以内，依法向审理减刑、假释案件的人民法院提出书面意见，同时将检察意见书副本抄送执行机关。案情复杂或者情况特殊的，可以延长十日。（§ 10）

△（**开庭审理；应当指派检察人员出席法庭**）人民法院开庭审理减刑、假释案件的，人民检察院应当指派检察人员出席法庭，发表检察意见，并对法庭审理活动是否合法进行监督。（§ 11）

△（**出席法庭；检察官职务**）出席法庭的检察人员不得少于二人，其中至少一人具有检察官职务。（§ 12）

△（**庭审前准备工作**）检察人员应当在庭审前做好下列准备工作：

（一）全面熟悉案情，掌握证据情况，拟定法庭调查提纲和出庭意见；

（二）对执行机关提请减刑、假释有异议的案件，应当收集相关证据，可以建议人民法院通知相关证人出庭作证。（§ 13）

△（**宣读减刑建议书；检察意见**）庭审开始后，在执行机关代表宣读减刑、假释建议书并说明理由之后，检察人员应当发表检察意见。（§ 14）

△（**出示证据；申请证人出庭作证；向被提请减刑、假释的罪犯及证人提问；发表意见**）庭审过程中，检察人员对执行机关提请减刑、假释有疑问的，经审判长许可，可以出示证据，申请证人出庭作证，要求执行机关代表出示证据或者作出说明，向被提请减刑、假释的罪犯及证人提问并发表意见。（§ 15）

△（**总结性意见**）法庭调查结束时，在被提请减刑、假释罪犯作最后陈述之前，经审判长许可，检察人员可以发表总结性意见。（§ 16）

△（**补充鉴定或重新鉴定；通知新证人出庭；建议休庭**）庭审过程中，检察人员认为需要进一步调查核实案件事实、证据，需要补充鉴定或者重新鉴定，或者需要通知新的证人到庭的，应当建议休庭。（§ 17）

△（**纠正意见**）检察人员发现法庭审理活动违反法律规定的，应当在庭审后及时向本院检察长报告，依法向人民法院提出纠正意见。（§ 18）

△（**减刑裁定书副本；审查内容**）人民检察院收到人民法院减刑、假释裁定书副本后，应当及时审查下列内容：

（一）人民法院对罪犯裁定予以减刑、假释，以及起始时间、间隔时间、实际执行刑期、减刑幅度或者假释考验期是否符合有关规定；

（二）人民法院对罪犯裁定不予减刑、假释是否符合有关规定；

（三）人民法院审理、裁定减刑、假释的程序是否合法；

（四）按照有关规定应当开庭审理的减刑、假释案件，人民法院是否开庭审理；

（五）人民法院减刑、假释裁定书是否依法送达执行并向社会公布。（§ 19）

△（**书面纠正意见**）人民检察院经审查认为人民法院减刑、假释裁定不当的，应当在收到裁定书副本后二十日以内，依法向作出减刑、假释裁定的人民法院提出书面纠正意见。（§ 20）

△（**监督；纠正意见；重组合议庭审理**）人民检察院对人民法院减刑、假释裁定提出纠正意见的，应当监督人民法院在收到纠正意见后一个月以内重新组成合议庭进行审理并作出最终裁定。（§ 21）

△（**确有错误；书面纠正意见；审判监督程序；另组合议庭重新审理**）人民检察院发现人民法院已经生效的减刑、假释裁定确有错误的，应当向人民法院提出书面纠正意见，提请人民法院按照审判监督程序依法另行组成合议庭重新审理并作出裁定。（§ 22）

△（**涉嫌违法；纠正违法意见；纪律处分；刑事责任**）人民检察院收到控告、举报或者发现司法工作人员在办理减刑、假释案件中涉嫌违法的，应当依法进行调查，并根据情况，向有关单位提出纠正违法意见，建议更换办案人，或者建议予以纪律处分；构成犯罪的，依法追究刑事责任。（§ 23）

△（**职务犯罪；减刑；备案审查**）人民检察院办理职务犯罪罪犯减刑、假释案件，按照有关规定实行备案审查。（§ 24）

《最高人民法院、最高人民检察院、公安部、司法部关于加强减刑、假释案件实质化审理的意见》（法发〔2021〕31 号，2021 年 12 月 1 日发布）

△（**庭审实质化**）充分发挥庭审功能。人民法院开庭审理减刑、假释案件，应当围绕罪犯实际服刑表现、财产性判项执行履行情况等，认真进行法庭调查。人民检察院应当派员出庭履行职务，并充分发表意见。人民法院对于有疑问的证据材料，要重点进行核查，必要时可以要求有关机关或者罪犯本人作出说明，有效发挥庭审在查明事实、公正裁判中的作用。（§ 11）

△（**证人出庭作证制度**）健全证人出庭作证制度。人民法院审理减刑、假释案件，应当通知罪犯的管教干警、同监室罪犯、公示期间提出异议的人员以及其他了解情况的人员出庭作证。开庭审理前，刑罚执行机关应当提供前述证人名单，人民法院根据需要从名单中确定相应数量的证人出庭作证。证人到庭后，应当对其进行详细询问，全面了解被报请减刑、假释罪犯的改造表现等情况。（§ 12）

△（**庭外调查核实权**）有效行使庭外调查核实权。人民法院、人民检察院对于刑罚执行机关提供的罪犯确有悔改表现、立功表现等证据材料存有疑问的，根据案件具体情况，可以采取讯问罪犯、询问证人、调取相关材料、与监所人民警察座谈、听取派驻监所检察人员意见等方式，在庭外对相关证据材料进行调查核实。（§ 13）

△（**审判组织的职能作用**）强化审判组织的职能作用。人民法院审理减刑、假释案件，合议庭成员应当对罪犯是否符合减刑或者假释条件、减刑幅度是否适当、财产性判项是否执行履行等情况，充分发表意见。对于重大、疑难、复杂的减刑、假释案件，合议庭必要时可以提请院长决定提交审判委员会讨论，但提请前应当先经专业法官会议研究。（§ 14）

△（**财产性判项执行衔接机制**）完善财产性判项执行衔接机制。人民法院刑事审判部门作出具有财产性判项内容的刑事裁判后，应当及时按照规定移送负责执行的部门执行。刑罚执行机关对罪犯报请减刑、假释时，可以向负责执行财产性判项的人民法院调取罪犯财产性判项执行情况的有关材料，负责执行的人民法院应当予以配合。刑罚执行机关提交的关于罪犯财产性判项执行情况的材料，可以作为人民法院认定罪犯财产性判项执行情况和判断罪犯是否具有履行能力的依据。（§ 15）

△（**减刑、假释信息化建设及运用水平**）提高信息化运用水平。人民法院、人民检察院、刑罚执行机关要进一步提升减刑、假释信息化建设及运用水平，充分利用减刑、假释信息化协同办案平台、执行信息平台及大数据平台等，采用远程视频开庭等方式，不断完善案件办理机制。同时，加强对减刑、假释信息化协同办案平台和减刑、假释、暂予监外执行信息网的升级改造，不断拓展信息化运用的深度和广度，为提升减刑、假释案件办理质效和加强权力运行制约监督提供科技支撑。（§ 16）

第八十条　【无期徒刑减刑的刑期计算】
无期徒刑减为有期徒刑的刑期，从裁定减刑之日起计算。

【立法理由】

无期徒刑是自由刑中最严厉的刑罚方法,主要表现在剥夺犯罪人终身人身自由。不过,由于法律同时规定了减刑、假释、赦免等制度,事实上被判处无期徒刑的犯罪人很少有终身服刑的,因此就涉及无期徒刑的减刑问题。刑法对被判处无期徒刑的罪犯裁定减刑的起算日期加以明确规定,是为了便于司法实践中具体执行,同时也使刑罚的执行更加准确。

【条文说明】

本条是关于无期徒刑减为有期徒刑的刑期从何时起计算的规定。

根据本条规定,**被判处无期徒刑的犯罪分子,裁定减为有期徒刑,其有期徒刑的服刑日期,应当从人民法院裁定减刑之日起计算**。裁定减刑之日,即减刑裁定发生法律效力之日。由于无期徒刑是剥夺终身自由,故裁定减刑前罪犯已经执行的刑期以及判决宣告以前先行羁押的日期,不得计算在裁定减刑后的有期徒刑的刑期以内。根据刑法规定,无期徒刑是剥夺犯罪分子终身自由的刑罚方法,是仅次于死刑的一种严厉的刑罚方法。如果没有减刑,无期徒刑的本意就是要终身进行监禁。如果将无期徒刑的罪犯减为有期徒刑,已经是对罪犯的宽大处理和奖励,之前执行的刑期自然不能再用来折抵有期徒刑的刑期。对于无期徒刑减为有期徒刑以后再次减刑的,其刑期的计算,则应按照有期徒刑减刑的方法计算。

实际执行中应当注意以下问题:根据《刑法》第五十七条的规定,对于被判处死刑、无期徒刑的犯罪分子,应当剥夺政治权利终身。在死刑缓期执行减为有期徒刑或者无期徒刑减为有期徒刑的时候,应当把附加剥夺政治权利的期限改为三年以上十年以下。

第七节　假　释

第八十一条　【假释的适用条件】
被判处有期徒刑的犯罪分子，执行原判刑期二分之一以上，被判处无期徒刑的犯罪分子，实际执行十三年以上，如果认真遵守监规，接受教育改造，确有悔改表现，没有再犯罪的危险的，可以假释。如果有特殊情况，经最高人民法院核准，可以不受上述执行刑期的限制。
对累犯以及因故意杀人、强奸、抢劫、绑架、放火、爆炸、投放危险物质或者有组织的暴力性犯罪被判处十年以上有期徒刑、无期徒刑的犯罪分子，不得假释。
对犯罪分子决定假释时，应当考虑其假释后对所居住社区的影响。

【立法沿革】

《中华人民共和国刑法》(1997年修订,自1997年10月1日起施行)

第八十一条

被判处有期徒刑的犯罪分子,执行原判刑期二分之一以上,被判处无期徒刑的犯罪分子,实际执行十年以上,如果认真遵守监规,接受教育改造,确有悔改表现,假释后不致再危害社会的,可以假释。如果有特殊情况,经最高人民法院核准,可以不受上述执行刑期的限制。

对累犯以及因杀人、爆炸、抢劫、强奸、绑架等暴力性犯罪被判处十年以上有期徒刑、无期徒刑的犯罪分子,不得假释。

《中华人民共和国刑法修正案(八)》(自2011年5月1日起施行)

十六、将刑法第八十一条修改为:

“被判处有期徒刑的犯罪分子,执行原判刑期二分之一以上,被判处无期徒刑的犯罪分子,实际执行十三年以上,如果认真遵守监规,接受教育改造,确有悔改表现,没有再犯罪的危险的,可以假释。如果有特殊情况,经最高人民法院核准,可以不受上述执行刑期的限制。

“对累犯以及因故意杀人、强奸、抢劫、绑架、放火、爆炸、投放危险物质或者有组织的暴力性犯罪被判处十年以上有期徒刑、无期徒刑的犯罪分子,不得假释。

“对犯罪分子决定假释时,应当考虑其假释后对所居住社区的影响。”

【立法理由】

(一)立法相关背景及修改情况

1. 1979 年立法的情况。1979 年《刑法》第七十三条规定:“被判处有期徒刑的犯罪分子,执行原判刑期二分之一以上,被判处无期徒刑的犯罪分子,实际执行十年以上,如果确有悔改表现,不致再危害社会,可以假释。如果有特殊情节,可以不受上述执行刑期的限制。”根据这一规定,假释的条件有三个:一是只适用于被判处有期徒刑和无期徒刑的犯罪分子;二是必须已经执行一部分刑罚;三是确有悔改表现,不致再危害社会。

2. 1997 年修订刑法的情况。1997 年修订刑法时对本条作了修改,将“如果确有悔改表现,不致再危害社会,可以假释”的假释条件修改为“如果认真遵守监规,接受教育改造,确有悔改表现,假释后不致再危害社会的,可以假释”,将“如果有特殊情节,可以不受上述执行刑期的限制”修改为“如果有特殊情况,经最高人民法院核准,可以不受上述执行刑期的限制”。增加第二款规定:“对累犯以及因杀人、爆炸、抢劫、强奸、绑架等暴力性犯罪被判处十年以上有期徒刑、无期徒刑的犯罪分子,不得假释。”这样修改,主要是进一步完善、严格了假释的条件。

3. 2011 年《刑法修正案(八)》对本条的修改情况。将被判处无期徒刑的犯罪分子假释前实际执行的刑期由十年以上提高到十三年以上。此外,还完善了假释的条件,进一步明确了对犯罪分子决定假释时,应当考虑其假释后对所居住社区的影响,修改了不得假释的人的范围。这些修改与对《刑法》第五十条、第七十八条的修改,都是根据深化司法体制和工作机制改革的要求,落实宽严相济刑事政策、调整刑罚结构的具体体现和落实。其中对犯罪分子决定假释时,应当考虑其假释后对所居住社区的影响的规定,是司法实践经验的总结。

(二)立法时争议的主要问题

在 1997 年修订刑法过程中,有意见提出,对于无期徒刑的罪犯不能适用假释。对此,多数意见认为,假释的实质条件是罪犯确有悔改表现,没有再犯罪的危险,因此,不论是被判处有期徒刑还是被判处无期徒刑的罪犯,只要具备这一条件,在刑罚执行一定时间之后,都可以予以假释。但为了体现罪责刑相适应原则,可考虑对无期徒刑犯假释,适当延长其假释所必需的实际执行的刑期。最终,**立法机关没有采纳对于无期徒刑的罪犯不能适用假释的意见**。

在《刑法修正案(八)》研究起草过程中,有观点建议删去“不得假释”的规定,认为对这部分人应规定可以假释,给这些人以出路,能够更好地实现刑罚目的。而且假释制度设有考验期,对假释期间违反规定的,随时可以撤销假释,收监执行,这样对罪犯的监督更为有效。也有观点认为,对累犯和因严重暴力性犯罪被判处十年以上有期徒刑、无期徒刑的犯罪分子不得假释的规定,可不作修改。因为,目前我国假释适用率偏低,危险性相对较低的一般刑事犯,尚且大多未能适用假释,如果将假释面一下扩得很大,可能会产生负面影响。即使在假释适用率达到百分之七十左右的美国,严重暴力性犯罪分子也很少予以假释。建议待假释制度在我国进一步发展成熟后,再适当扩大适用面为妥。立法机关经过反复研究论证,**最终对“不得假释”的规定未作修改**。

(三)有关国家的规定

关于假释的条件,各国立法例有以下几种规定:第一种,以监禁刑罚执行一定时期为假释的要件,即只要罪犯已执行一定刑期之后,均可以获得假释。第二种,能否假释取决于罪犯在服刑期间的表现。这种做法符合刑罚个别化原则,多数国家采用此种方式。第三种,假释取决于罪犯在服刑期间的表现,同时附加罪犯同意假释的条件。如原联邦德国刑法规定,罪犯已执行刑期三分之二,且有悔罪表现,经其同意可以予以假释。**我国刑法基本上属于上述第二种方式**。

【条文说明】

本条是关于假释的对象和条件的规定。

所谓**假释**,是指对于被判处有期徒刑、无期徒刑的犯罪分子,在执行期间确有悔改表现不致再危害社会的,执行一定的刑期后,附条件地将其提前释放的一种制度。它对于教育改造罪犯,鼓励犯罪分子认罪服法,充分发挥刑罚的教育、改造功能起到了积极的作用。实践证明,这也是一项行之有效的制度。

假释制度同缓刑制度都是近现代刑罚制度的重大改革。一般认为**假释的优点**体现在:一是判处长时间有期徒刑的罪犯,易自暴自弃,甚至产生“监狱型人格”;而假释制度,可给予他们提前出狱的希望,引导其改恶从善。二是刑罚目的之一是改造罪犯,执行一定期限的监禁刑罚后,如果犯人人身危险性显著降低,有改过自新之意,刑罚就没有继续执行的必要。三是通过假释可以减轻监狱的压力，节约财政资金。历史上，美国 1869 年《假释法》第一次将假释制度纳入法律。此后，各国纷纷规定了假释制度。中国最早规定假释制度的法律是 1911 年的《大清新刑律》。中华人民共和国成立后，1954 年 9 月颁布的《劳动改造条例》将假释作为一种刑罚执行制度，对表现较好的在押罪犯的刑事奖励措施而加以明确具体的规定。

本条共分为三款。

第一款是关于适用假释的条件的规定。根据本款规定，假释必须符合以下条件：

1. **适用假释的对象有三种人**：一是被判处有期徒刑的犯罪分子；二是被判处无期徒刑的犯罪分子；三是原判死刑缓期执行，被依法减刑的犯罪分子。

2. **对于被假释的犯罪分子，必须实际执行一定的刑期**。被判处有期徒刑的犯罪分子，实际执行原判刑期二分之一以上；被判处无期徒刑的犯罪分子，实际执行原判刑期十三年以上。这样规定主要是为了维护法律的严肃性，保证被判刑的犯罪分子得到必要的改造。同时也只有对被判刑的人实际执行一定的刑期，经过一段时间的改造，执行机关和司法机关才能据此判断其是否会再危害社会。

《刑法修正案（八）》将无期徒刑犯假释的前提条件“实际执行十年以上”修改为“实际执行十三年以上”，是因为有期徒刑的最高刑期在特定情况下可达到二十五年，该刑期的罪犯假释所要求的实际执行刑期为二分之一以上，即十二年半以上；无期徒刑犯假释所要求的实际执行刑期应高于有期徒刑犯，故将实际执行刑期由十年以上改为十三年以上，以保持二者的平衡。

有关假释前的实际执行刑期还有**一个例外规定**，即“**如果有特殊情况，经最高人民法院核准，可以不受上述执行刑期的限制**”。据此，对实际服刑不足法律规定期限的犯罪分子需要予以假释的，必须报请最高人民法院核准；不经最高人民法院核准，任何法院都无权批准假释。这样可以防止有的司法机关执法不严，滥用假释情况的发生。所谓特殊情况，主要是指涉及政治或者外交等从国家整体利益考虑的情况。自 2017 年 1 月 1 日起施行的《最高人民法院关于办理减刑、假释案件具体应用法律的规定》第二十四条也对这里所说的特殊情况作了明确，即“**有国家政治、国防、外交等方面特殊需要的情况**”。遇有这类特殊情况，即使实际服刑不足本款规定的期限，经过最高人民法院核准后，也可以假释。

3. **必须认真遵守监规，接受教育改造，确有悔改表现，没有再犯罪的危险**。所谓确有悔改表现，没有再犯罪的危险，是指犯罪分子在刑罚执行期间遵守监规，接受教育改造，并通过教育、改造和学习，对自己所犯罪行有较深刻的认识，并以实际行动痛改前非，改恶从善，释放后不会重操旧业或从事违法犯罪活动。根据《最高人民法院关于办理减刑、假释案件具体应用法律的规定》第二十二条的规定，办理假释案件，认定“没有再犯罪的危险”，除符合《刑法》第八十一条规定的情形外，还应当根据犯罪的具体情节、原判刑罚情况，在刑罚执行中的一贯表现，罪犯的年龄、身体状况、性格特征，假释后生活来源以及监管条件等因素综合考虑。应当注意的是，对罪犯在刑罚执行期间提出申诉的，要依法保护其申诉权利。对罪犯申诉应当具体情况具体分析，不应一概认为是没有悔改，不认罪服法。

在一般情况下，**上述三个条件必须同时具备，缺一不可**。对于同时具备上述条件的，依据本款规定，可以假释。

第二款是关于不得假释的情形的规定。关于不得假释的规定主要包括两个方面的内容：一是**累犯不得假释**，因为累犯主观恶性较深、再犯的可能性较大；二是**严重犯罪不得假释**。关于严重犯罪的范围，《刑法修正案（八）》对原规定的范围作了修改。原规定为：“因杀人、爆炸、抢劫、强奸、绑架等暴力性犯罪被判处十年以上有期徒刑、无期徒刑的犯罪分子，不得假释。”《刑法修正案（八）》修改为：“故意杀人、强奸、抢劫、绑架、放火、爆炸、投放危险物质或者有组织的暴力性犯罪被判处十年以上有期徒刑、无期徒刑的犯罪分子，不得假释。”和原规定相比，增加了投放危险物质以及有组织的暴力性犯罪的犯罪分子不得假释。其中**有组织的暴力性犯罪**是指有组织地进行黑社会性质犯罪、恐怖活动犯罪等暴力性犯罪的情形。需要指出的是，对不得假释的犯罪分子，本款规定必须是被判处十年以上有期徒刑或者无期徒刑的犯罪分子。因为这类犯罪分子罪行严重，主观恶性深，社会危害性大，所以对于这类犯罪分子不适用假释。

第三款是关于**对犯罪分子决定假释时，应当考虑其假释后对所居住社区的影响的规定**。如前所述，假释制度有助于减少长期监禁刑对罪犯回归社会造成的不利影响。一般来说，被假释的犯罪分子大多会回到原来所居住的社区，会对原来的社区造成一定的影响，如果犯罪分子假释后对所居住社区的影响不好，势必影响其融入社会，甚至会诱发新的犯罪，不利于社会的稳定与安宁。因此，《刑法修正案（八）》增加规定，对犯罪分子决定假释时，应当考虑其假释后对所居住社区的影响。

实际执行中应当注意以下问题：根据《最高人民法院关于办理减刑、假释案件具体应用法律的规定》第二十八条的规定，罪犯减刑后又假释的，间隔时间不得少于一年；对一次减去一年以上有期徒刑后，决定假释的，间隔时间不得少于一年六个月。罪犯减刑后余刑不足二年，决定假释的，可以适当缩短间隔时间。

【司法解释】

《最高人民法院关于适用刑法时间效力规定若干问题的解释》（法释〔1997〕5号，自1997年10月1日起施行）

△（**时间效力；需要不受执行刑期限制假释；最高人民法院**）1997年9月30日以前犯罪，1997年10月1日以后仍在服刑的犯罪分子，因特殊情况，需要不受执行刑期限制假释的，适用刑法第八十一条第一款的规定，报经最高人民法院核准。（§7）

△（**时间效力；累犯；暴力性犯罪；假释**）1997年9月30日以前犯罪，1997年10月1日以后仍在服刑的累犯以及因杀人、爆炸、抢劫、强奸、绑架等暴力性犯罪被判处十年以上有期徒刑、无期徒刑的犯罪分子，适用修订前的刑法第七十三条的规定[①]，可以假释。（§8）

《最高人民法院关于审理未成年人刑事案件具体应用法律若干问题的解释》（法释〔2006〕1号，自2006年1月23日起施行）

△（**未成年罪犯；假释；确有悔改表现；未成年罪犯在服刑期间已经成年**）对未成年罪犯的减刑、假释，在掌握标准上可以比照成年罪犯依法适度放宽。

未成年罪犯能认罪服法，遵守监规，积极参加学习、劳动的，即可视为"确有悔改表现"予以减刑，其减刑的幅度可以适当放宽，间隔的时间可以相应缩短。符合刑法第八十一条第一款规定的，可以假释。

未成年罪犯在服刑期间已经成年的，对其减刑、假释可以适用上述规定。（§18）

《最高人民法院关于〈中华人民共和国刑法修正案（八）〉时间效力问题的解释》（法释〔2011〕9号，自2011年5月1日起施行）

△（**时间效力；无期徒刑；假释前实际执行的刑期**）2011年4月30日以前犯罪，被判处无期徒刑的罪犯，减刑以后或者假释前实际执行的刑期，适用修正前刑法第七十八条第二款、第八十一条第一款的规定。（§7）

△（**时间效力；累犯；暴力性犯罪；假释**）2011年4月30日以前犯罪，因具有累犯情节或者系故意杀人、强奸、抢劫、绑架、放火、爆炸、投放危险物质或者有组织的暴力性犯罪并被判处十年以上有期徒刑、无期徒刑的犯罪分子，2011年5月1日以后仍在服刑的，能否假释，适用修正前刑法第八十一条第二款的规定；2011年4月30日以前犯罪，因其他暴力性犯罪被判处十年以上有期徒刑、无期徒刑的犯罪分子，2011年5月1日以后仍在服刑的，能否假释，适用修正后刑法第八十一条第二款、第三款的规定。（§8）

《最高人民法院关于办理减刑、假释案件具体应用法律的规定》（法释〔2016〕23号，自2017年1月1日起施行）

△（**假释；宽严相济刑事政策**）减刑、假释是激励罪犯改造的刑罚制度，减刑、假释的适用应当贯彻宽严相济刑事政策，最大限度地发挥刑罚的功能，实现刑罚的目的。（§1）

△（**假释；没有再犯罪的危险；综合考虑**）办理假释案件，认定"没有再犯罪的危险"，除符合刑法第八十一条规定的情形外，还应当根据犯罪的具体情节、原判刑罚情况，在刑罚执行中的一贯表现，罪犯的年龄、身体状况、性格特征，假释后生活来源以及监管条件等因素综合考虑。（§22）

△（**假释；实际执行刑期；先行羁押；折抵；有期徒刑；无期徒刑；死刑缓期执行**）被判处有期徒刑的罪犯假释时，执行原判刑期二分之一的时间，应当从判决执行之日起计算，判决执行以前先行羁押的，羁押一日折抵刑期一日。

被判处无期徒刑的罪犯假释时，刑法中关于实际执行刑期不得少于十三年的时间，应当从判决生效之日起计算。判决生效以前先行羁押的时间不予折抵。

被判处死刑缓期执行的罪犯减为无期徒刑或者有期徒刑后，实际执行十五年以上，方可假释，该实际执行时间应当从死刑缓期执行期满之日起

---

① 《中华人民共和国刑法》（1979年）

第七十三条

被判处有期徒刑的犯罪分子，执行原判刑期二分之一以上，被判处无期徒刑的犯罪分子，实际执行十年以上，如果确有悔改表现，不致再危害社会，可以假释。如果有特殊情节，可以不受上述执行刑期的限制。

计算。死刑缓期执行期间不包括在内,判决确定以前先行羁押的时间不予折抵。(§ 23)

△(**特殊情况**)刑法第八十一条第一款规定的"特殊情况",是指有国家政治、国防、外交等方面特殊需要的情况。(§ 24)

△(**累犯;暴力性犯罪;不得假释**)对累犯以及因故意杀人、强奸、抢劫、绑架、放火、爆炸、投放危险物质或者有组织的暴力性犯罪被判处十年以上有期徒刑、无期徒刑的罪犯,不得假释。

因前款情形和犯罪被判处死刑缓期执行的罪犯,被减为无期徒刑、有期徒刑后,也不得假释。(§ 25)

△(**假释;从宽;优先适用假释**)对下列罪犯适用假释时可以依法从宽掌握:

(一)过失犯罪的罪犯、中止犯罪的罪犯、被胁迫参加犯罪的罪犯;

(二)因防卫过当或者紧急避险过当而被判处有期徒刑以上刑罚的罪犯;

(三)犯罪时未满十八周岁的罪犯;

(四)基本丧失劳动能力、生活难以自理,假释后生活确有着落的老年罪犯、患严重疾病罪犯或者身体残疾罪犯;

(五)服刑期间改造表现特别突出的罪犯;

(六)具有其他可以从宽假释情形的罪犯。

罪犯既符合法定减刑条件,又符合法定假释条件的,可以优先适用假释。(§ 26)

△(**财产性判项;不履行或者不全部履行;不予假释**)对于生效裁判中有财产性判项,罪犯确有履行能力而不履行或者不全部履行的,不予假释。(§ 27)

△(**减刑后又假释;间隔时间;减刑后余刑不足二年**)罪犯减刑后又假释的,间隔时间不得少于一年;对一次减去一年以上有期徒刑后,决定假释的,间隔时间不得少于一年六个月。

罪犯减刑后余刑不足二年,决定假释的,可以适当缩短间隔时间。(§ 28)

△(**年满八十周岁;身患疾病或者生活难以自理;没有再犯罪危险;优先适用假释;从宽处理**)年满八十周岁、身患疾病或者生活难以自理、没有再犯罪危险的罪犯,既符合减刑条件,又符合假释条件的,优先适用假释;不符合假释条件的,参照本规定第二十条有关的规定[①]从宽处理。(§ 31)

△(**财产性判项执行、履行情况;假释;协助执行**)人民法院作出的刑事判决、裁定发生法律效力后,在依照刑事诉讼法第二百五十三条[②]、第二百五十四条[③]的规定将罪犯交付执行刑罚时,如果生效裁判中有财产性判项,人民法院应当将反映财产性判项执行、履行情况的有关材料一并随案移送刑罚执行机关。罪犯在服刑期间本人履行或者其亲属代为履行生效裁判中财产性判项的,应当及时向刑罚执行机关报告。刑罚执行机关报请减刑时应随案移送以上材料。

人民法院办理减刑、假释案件时,可以向原一审人民法院核实罪犯履行财产性判项的情况。原一审人民法院应当出具相关证明。

刑罚执行期间,负责办理减刑、假释案件的人民法院可以协助原一审人民法院执行生效裁判中的财产性判项。(§ 38)

△(**老年罪犯;患严重疾病罪犯;身体残疾罪犯;重新诊断、鉴定**)本规定所称"老年罪犯",是指报请减刑、假释时年满六十五周岁的罪犯。

本规定所称"患严重疾病罪犯",是指因患有重病,久治不愈,而不能正常生活、学习、劳动的罪犯。

本规定所称"身体残疾罪犯",是指因身体有肢体或者器官残缺、功能不全或者丧失功能,而基本丧失生活、学习、劳动能力的罪犯,但是罪犯犯罪后自伤致残的除外。

对刑罚执行机关提供的证明罪犯患有严重疾病或者有身体残疾的证明文件,人民法院应当审查,必要时可以委托有关单位重新诊断、鉴定。(§ 39)

△(**判决执行之日**)本规定所称"判决执行之日",是指罪犯实际送交刑罚执行机关之日。(§ 40 Ⅰ)

△(**财产性判项**)本规定所称"财产性判项"是指判决罪犯承担的附带民事赔偿义务判项,以及追缴、责令退赔、罚金、没收财产等判项。(§ 41)

---

① 《最高人民法院关于办理减刑、假释案件具体应用法律的规定》(法释〔2016〕23 号,自 2017 年 1 月 1 日起施行)第二十条

Ⅰ老年罪犯、患严重疾病罪犯或者身体残疾罪犯减刑时,应当主要考察其认罪悔罪的实际表现。

Ⅱ对基本丧失劳动能力,生活难以自理的上述罪犯减刑时,减刑幅度可以适当放宽,或者减刑起始时间、间隔时间可以适当缩短,但放宽的幅度和缩短的时间不得超过本规定中相应幅度、时间的三分之一。

② 2018 年修正后的《中华人民共和国刑事诉讼法》第二百六十四条。

③ 2018 年修正后的《中华人民共和国刑事诉讼法》第二百六十五条。

【司法解释性文件】

《最高人民法院关于贯彻宽严相济刑事政策的若干意见》(法发〔2010〕9号,2010年2月8日公布)

△(**宽严相济刑事政策;假释**)对于危害国家安全犯罪、故意危害公共安全犯罪、严重暴力犯罪、涉众型经济犯罪等严重犯罪;恐怖组织犯罪、邪教组织犯罪、黑恶势力犯罪等有组织犯罪的领导者、组织者和骨干分子;毒品犯罪再犯的严重犯罪者;确有执行能力而拒不依法积极主动缴付财产执行财产刑或确有履行能力而不积极主动履行附带民事赔偿责任的,在依法减刑、假释时,应当从严掌握。对累犯减刑时,应当从严掌握。拒不交代真实身份或对减刑、假释材料弄虚作假,不符合减刑、假释条件的,不得减刑、假释。

对于因犯故意杀人、爆炸、抢劫、强奸、绑架等暴力犯罪,致人死亡或严重残疾而被判处死刑缓期二年执行或无期徒刑的罪犯,要严格控制减刑的频度和每次减刑的幅度,要保证其相对较长的实际服刑期限,维护公平正义,确保改造效果。

对于未成年犯、老年犯、残疾罪犯、过失犯、中止犯、胁从犯、积极主动缴付财产执行财产刑或履行民事赔偿责任的罪犯、因防卫过当或避险过当而判处徒刑的罪犯以及其他主观恶性不深、人身危险性不大的罪犯,在依法减刑、假释时,应当根据悔改表现予以从宽掌握。对认罪服法,遵守监规,积极参加学习、劳动,确有悔改表现的,依法予以减刑,减刑的幅度可以适当放宽,间隔的时间可以相应缩短。符合刑法第八十一条第一款规定的假释条件的,应当依法多适用假释。(§ 34)

《最高人民法院研究室关于假释时间效力法律适用问题的答复》(法研〔2011〕97号,2011年7月15日公布)

△(**暴力性犯罪**)经《中华人民共和国刑法修正案(八)》修正前刑法第八十一条第二款规定的"暴力性犯罪",不仅包括杀人、爆炸、抢劫、强奸、绑架五种,也包括故意伤害等其他暴力性犯罪。(§ 2)

《最高人民法院印发〈关于进一步加强危害生产安全刑事案件审判工作的意见〉的通知》(法发〔2011〕20号,2011年12月30日公布)

△(**假释;生产安全犯罪**)办理与危害生产安全犯罪相关的减刑、假释案件,要严格执行刑法、刑事诉讼法和有关司法解释规定。是否决定减刑、假释,既要看罪犯服刑期间的悔改表现,还要充分考虑原判认定的犯罪事实、性质、情节、社会危害程度等情况。(§ 20)

《最高人民检察院、中国残疾人联合会关于在检察工作中切实维护残疾人合法权益的意见》(高检会〔2015〕11号,2015年11月30日公布)

△(**残疾罪犯;假释;反复犯罪**)对残疾罪犯开展减刑、假释、暂予监外执行检察工作,可以依法适当从宽掌握,但是,反复故意实施犯罪的残疾罪犯除外。(§ 14 Ⅱ)

《最高人民法院、最高人民检察院、公安部、司法部关于加强减刑、假释案件实质化审理的意见》(法发〔2021〕31号,2021年12月1日发布)

△(**不认定罪犯确有悔改表现;罪犯服刑期间改造表现的考核材料;计分考核材料;自书材料;罪犯违反监规纪律行为**)严格审查罪犯服刑期间改造表现的考核材料。对于罪犯的计分考核材料,应当认真审查考核分数的来源及其合理性等,如果存在考核分数与考核期不对应、加扣分与奖惩不对应、奖惩缺少相应事实和依据等情况,应当要求刑罚执行机关在规定期限内作出说明或者补充。对于在规定期限内不能作出合理解释的考核材料,不作为认定罪犯确有悔改表现的依据。

对于罪犯的认罪悔罪书、自我鉴定等自书材料,要结合罪犯的文化程度认真进行审查,对于无特殊原因非本人书写或者自书材料内容虚假的,不认定罪犯确有悔改表现。

对于罪犯存在违反监规纪律行为的,应当根据行为性质、情节等具体情况,综合分析判断罪犯的改造表现。罪犯服刑期间因违反监规纪律被处以警告、记过或者禁闭处罚的,可以根据案件具体情况,认定罪犯是否确有悔改表现。(§ 5)

△(**罪犯履行财产性判项的能力;不认定罪犯确有悔改表现**)严格审查罪犯履行财产性判项的能力。罪犯未履行或者未全部履行财产性判项,具有下列情形之一的,不认定罪犯确有悔改表现:

(1)拒不交代赃款、赃物去向;

(2)隐瞒、藏匿、转移财产;

(3)有可供履行的财产拒不履行。

对于前款罪犯,无特殊原因狱内消费明显超出规定额度标准的,一般不认定罪犯确有悔改表现。(§ 7)

△(**再犯罪危险;综合判断**)严格审查反映罪犯是否有再犯罪危险的材料。对于报请假释的罪犯,应当认真审查刑罚执行机关提供的反映罪犯服刑期间现实表现和生理、心理状况的材料,并认真审查司法行政机关或者有关社会组织出具的罪犯假释后对所居住社区影响的材料,同时结合罪犯犯罪的性质、具体情节、社会危害程度、原判刑罚及生效裁判中财产性判项的履行情况等,综合

判断罪犯假释后是否具有再犯罪危险性。(§ 8)

△(**罪犯身份信息、患有严重疾病或者身体有残疾的证据材料**)严格审查罪犯身份信息、患有严重疾病或者身体有残疾的证据材料。对于上述证据材料有疑问的,可以委托有关单位重新调查、诊断、鉴定。对原判适用《中华人民共和国刑事诉讼法》第一百六十条第二款规定判处刑罚的罪犯,在刑罚执行期间不真心悔罪,仍不讲真实姓名、住址,且无法调查核实清楚的,除具有重大立功表现等特殊情形外,一律不予减刑、假释。(§ 9)

【指导性案例】

最高人民检察院指导性案例第71号:罪犯康某假释监督案(2020年2月28日发布)

△(**未成年罪犯;假释适用;帮教**)人民检察院办理未成年罪犯减刑、假释监督案件,应当比照成年罪犯依法适当从宽把握假释条件。对既符合法定减刑条件又符合法定假释条件的,可以建议刑罚执行机关优先适用假释。审查未成年罪犯是否符合假释条件时,应当结合犯罪的具体情节、原判刑罚情况、刑罚执行中的表现、家庭帮教能力和条件等因素综合认定。

【参考案例】

△在假释考验期间直至期满后连续犯罪的,应当撤销假释,实行数罪并罚。

假释是对服刑期间表现较好的罪犯附条件地提前释放。所谓"附条件"主要表现之一就是在裁定假释的同时,对被假释的罪犯依法设定假释考验期限。被假释的犯罪分子在假释考验期内必须严格遵守有关法律、行政法规以及公安部门有关假释的监督管理规定,服从公安机关的监督。如果被假释的犯罪分子在假释考验期内没有违反法律、行政法规以及公安部门有关假释的监督管理规定,就认为原判刑罚已经执行完毕。反之,就应当对其撤销假释,收监执行原判未执行完毕的刑罚。其中,如果被假释的犯罪分子在假释考验期内又犯新罪的,则应当撤销假释,对其新犯的罪作出判决并与前罪的余刑实行并罚。这是假释考验制度的基本内涵和原则。司法实践中,由于受各种条件的限制和影响,假释监督有时不能真正到位,以致出现假释监督考察机关对假释考验期间内罪犯的违法违规行为乃至犯罪活动和线索不能及时发现和掌握,甚至在假释考验期间又犯新罪的罪犯直至假释期满后才被抓获归案的情况。对此是否应当撤销假释,1985年《最高人民法院关于人民法院审判严重刑事犯罪案件中具体应用法律的若干问题的答复(三)》(已失效)第三十六条规定,"对于被假释的犯罪分子,如果在假释考验期满后,才发现该罪犯在假释考验期限内又犯新罪,对尚未超过追诉时效期限的,也应当依照刑法第七十五条的有关规定,撤销假释,把前罪没有执行的刑罚和后罪所判处的刑罚,按照刑法第六十四条的规定,决定执行的刑罚。"该条仅是对期满后发现罪犯在假释考验期限内又犯新罪的情况作了规定,而对罪犯假释考验期间直至期满后连续实施新的犯罪行为的,是否撤销假释,并未进一步明确。如被告人丁立军在假释考验期间持续强奸妇女,又犯有抢劫、盗窃罪,假释期满两年后才被抓获,其间,被告人一直不断地实施新的犯罪。对此有人认为,此种情形应当视为刑罚已执行完毕,对假释考验期间又犯新罪这一情况,可以作为对被告人从重处罚的情节。笔者认为这种做法不符合假释制度的立法本意。如前所述,假释是附条件的提前释放,罪犯在考验期内必须严格遵守《刑法》第八十四条的规定,否则就得按《刑法》第八十六条的规定撤销假释,以保证假释制度的严肃性。刑法的本意是不论行为人的犯罪行为连续与否,也不论其犯罪行为是在何时被发现,只要有一项罪行是在假释考验期内实施且依法未超过追诉时效,就应当依法撤销其假释,实行并罚。所以,尽管被告人丁立军的大部分犯罪行为是在假释考验期满后实施的,也不能因为在考验期内被告人实施的犯罪没有被及时发现这一客观原因,从而对其不予撤销假释。相反,应当基于被告人是在假释考验期内就已开始犯新罪这一事实,根据《刑法》第八十六条对假释考验期间又犯新罪的处理原则,对被告人丁立军撤销假释,按照《刑法》第七十一条的规定实行并罚。从另一角度讲,被告人丁立军的犯罪行为一直处于连续状态,作为连续犯,对其进行处罚时,从整体上考虑被告人的社会危害性较为适当,不宜再分假释期满前后两个阶段分别处罚。因此,本案的一审和死刑复核程序中对被告人撤销假释,将新罪与前罪并罚是正确的。[No. 4-236-12　丁立军强奸、抢劫、盗窃案]

△在假释考验期间直至期满连续犯罪的,其假释期满所犯的部分罪行不再认定为累犯。

根据《刑法》第六十五条第一款的规定,累犯是指"被判处有期徒刑以上刑罚的犯罪分子,刑罚执行完毕或者赦免以后,在五年以内再犯应当判处有期徒刑以上刑罚之罪的"。同时,该条第二款又规定,所谓刑罚执行完毕,对于被假释的犯罪分子,从假释期满之日起计算。在丁立军强奸、抢劫、盗窃案中,被告人丁立军在假释考验期满前后又犯新罪,乍一看,其连续犯罪中的一部分罪行是在假释考验期满后所犯,似乎可以构成累犯。但本案的特殊性在于,丁立军的连续犯罪中又有一部分罪行是在假释考验期内所犯,对此又应首先依法撤销假释。如前所述,假释是附条件的提前释放,犯罪分子因犯新罪被撤销假释后,其前罪的余刑仍须执行,而不是前罪的刑罚已经执行完毕。因此,其连续犯罪缺乏构成累犯的前提条件。丁立军的犯罪行为一直处于连续状态,作为连续犯,对其进行处罚时,从整体上考虑其社会危害性应较为妥当,也不宜分为假释期满前后两个阶段再按两个同种罪分别定罪量刑。同时,按照《刑法》第七十一条的规定,对其新犯之罪按先减后并的方式进行并罚,这已体现了从重处罚的精神,无须再按累犯对待。如果对其假释期满后的一部分罪行再认定为累犯,则不可避免地同刑法关于假释、数罪并罚等规定发生冲突,并给法律适用造成不必要的困难。[No. 4-236-13 丁立军强奸、抢劫、盗窃案]

第八十二条 【假释程序】

对于犯罪分子的假释,依照本法第七十九条规定的程序进行。非经法定程序不得假释。

【立法理由】

1979 年刑法没有关于假释程序的规定,1994 年《**监狱法**》第三十二条规定:“被判处无期徒刑、有期徒刑的罪犯,符合法律规定的假释条件的,由监狱根据考核结果向人民法院提出假释建议,人民法院应当自收到假释建议书之日起一个月内予以审核裁定;案情复杂**或者**情况特殊的,可以延长一个月。假释裁定的副本应当抄送人民检察院。”为了维护假释工作的严肃性,保证假释工作的质量,发挥假释制度的积极作用,**1997 年修订刑法时增加了假释程序的内容**,这样有利于实践中正确掌握假释制度的适用。

【条文说明】

本条是关于假释程序的规定。

对于犯罪分子的假释,必须依照法律规定的程序进行,非经法定程序不得假释。根据本条规定,假释的程序依照《刑法》第七十九条规定的减刑程序进行。《刑法》第七十九条规定:“对于犯罪分子的减刑,由执行机关向中级以上人民法院提出减刑建议书。人民法院应当组成合议庭进行审理,对确有悔改或者立功事实的,裁定予以减刑。非经法定程序不得减刑。”据此,对于犯罪分子的假释,**应当由执行机关向中级以上人民法院提出假释建议书,中级以上人民法院应当组成合议庭审理假释案件**。人民法院应当依照《刑法》第八十一条的规定对犯罪分子是否符合假释条件进行审查,即审查被判处有期徒刑的犯罪分子,是否已经实际执行原判刑罚二分之一以上刑期;被判处无期徒刑的犯罪分子,是否已经实际执行十三年以上刑期,更重要的是,应审查罪犯在狱中是否认真遵守监规,接受教育改造,确有悔改表现,假释后有没有再犯罪危险。经过审理,人民法院认为符合假释条件的,应当作出假释的裁定。对于不符合假释条件的,不予假释。

对于决定假释的,应当制作裁定书,裁定书应当送达提出假释建议的执行机关。不经过上述法定的假释程序,不得假释。

【司法解释】

《最高人民法院关于适用〈中华人民共和国刑事诉讼法〉的解释》(法释〔2021〕1 号,自 2021 年 3 月 1 日起施行)

△(**假释;死刑缓期执行;无期徒刑;拘役;管制;减刑建议书**)对减刑、假释案件,应当按照下列情形分别处理:

(一)对被判处死刑缓期执行的罪犯的减刑,由罪犯服刑地的高级人民法院在收到同级监狱管理机关审核同意的减刑建议书后一个月以内作出裁定;

(二)对被判处无期徒刑的罪犯的减刑、假释,由罪犯服刑地的高级人民法院在收到同级监狱管理机关审核同意的减刑、假释建议书后一个月以内作出裁定,案情复杂或者情况特殊的,可以延长一个月;

(三)对被判处有期徒刑和被减为有期徒刑的罪犯的减刑、假释,由罪犯服刑地的中级人民法院在收到执行机关提出的减刑、假释建议书后一个月以内作出裁定,案情复杂或者情况特殊的,可以延长一个月;

(四)对被判处管制、拘役的罪犯的减刑,由罪犯服刑地的中级人民法院在收到同级执行机关审核同意的减刑建议书后一个月以内作出裁定。

对社区矫正对象的减刑,由社区矫正执行地的中级以上人民法院在收到社区矫正机构减刑建

议书后三十日以内作出裁定。(§ 534)

△(**假释;移送材料;补送**)受理减刑、假释案件,应当审查执行机关移送的材料是否包括下列内容:

(一)减刑、假释建议书;

(二)原审法院的裁判文书、执行通知书、历次减刑裁定书的复制件;

(三)证明罪犯确有悔改、立功或者重大立功表现具体事实的书面材料;

(四)罪犯评审鉴定表、奖惩审批表等;

(五)罪犯假释后对所居住社区影响的调查评估报告;

(六)刑事裁判涉财产部分、附带民事裁判的执行、履行情况;

(七)根据案件情况需要移送的其他材料。

人民检察院对报请减刑、假释案件提出意见的,执行机关应当一并移送受理减刑、假释案件的人民法院。

经审查,材料不全的,应当通知提请减刑、假释的执行机关在三日以内补送;逾期未补送的,不予立案。(§ 535)

△(**有悔改表现**)审理减刑、假释案件,对罪犯积极履行刑事裁判涉财产部分、附带民事裁判确定的义务的,可以认定有悔改表现,在减刑、假释时从宽掌握;对确有履行能力而不履行或者不全部履行的,在减刑、假释时从严掌握。(§ 536)

△(**假释;公示**)审理减刑、假释案件,应当在立案后五日以内对下列事项予以公示:

(一)罪犯的姓名、年龄等个人基本情况;

(二)原判认定的罪名和刑期;

(三)罪犯历次减刑情况;

(四)执行机关的减刑、假释建议和依据。

公示应当写明公示期限和提出意见的方式。(§ 537)

△(**假释;书面审理;开庭审理**)审理减刑、假释案件,应当组成合议庭,可以采用书面审理的方式,但下列案件应当开庭审理:

(一)因罪犯有重大立功表现提请减刑的;

(二)提请减刑的起始时间、间隔时间或者减刑幅度不符合一般规定的;

(三)被提请减刑、假释罪犯系职务犯罪罪犯,组织、领导、参加、包庇、纵容黑社会性质组织罪犯,破坏金融管理秩序罪犯或者金融诈骗罪犯的;

(四)社会影响重大或者社会关注度高的;

(五)公示期间收到不同意见的;

(六)人民检察院提出异议的;

(七)有必要开庭审理的其他案件。(§ 538)

△(**假释裁定;社区矫正**)人民法院作出减刑、假释裁定后,应当在七日以内送达提请减刑、假释的执行机关、同级人民检察院以及罪犯本人。人民检察院认为减刑、假释裁定不当,在法定期限内提出书面纠正意见的,人民法院应当在收到意见后另行组成合议庭审理,并在一个月以内作出裁定。

对假释的罪犯,适用本解释第五百一十九条的有关规定,依法实行社区矫正。(§ 539)

△(**提请撤回假释建议**)减刑、假释裁定作出前,执行机关书面提请撤回减刑、假释建议的,人民法院可以决定是否准许。(§ 540)

△(**已经生效的减刑、假释裁定确有错误;审理**)人民法院发现本院已经生效的减刑、假释裁定确有错误的,应当另行组成合议庭审理;发现下级人民法院已经生效的减刑、假释裁定确有错误的,可以指令下级人民法院另行组成合议庭审理,也可以自行组成合议庭审理。(§ 541)

《最高人民法院关于办理减刑、假释案件具体应用法律的规定》(法释〔2016〕23号,自2017年1月1日起施行)

△(**审判监督程序;原假释裁定;原判决已经实际执行的刑期**)人民法院按照审判监督程序重新审理的案件,裁定维持原判决、裁定的,原减刑、假释裁定继续有效。

再审裁判改变原判决、裁定的,原减刑、假释裁定自动失效,执行机关应当及时报请有管辖权的人民法院重新作出是否减刑、假释的裁定。重新作出减刑裁定时,不受本规定有关减刑起始时间、间隔时间和减刑幅度的限制。重新裁定时应综合考虑各方面因素,减刑幅度不得超过原裁定减去的刑期总和。

再审改判为死刑缓期执行或者无期徒刑的,在新判决减为有期徒刑之时,原判决已经实际执行的刑期一并扣减。

再审裁判宣告无罪的,原减刑、假释裁定自动失效。(§ 32)

【司法解释性文件】

《人民检察院办理减刑、假释案件规定》(高检发监字〔2014〕8号,2014年8月1日公布)

△(**假释的提请、审理、裁定等;法律监督;人民检察院**)人民检察院依法对减刑、假释案件的提请、审理、裁定等活动是否合法实行法律监督。(§ 2)

△(**假释;提请活动;审理、裁定活动;监督;派员出席法庭;报告**)人民检察院办理减刑、假释案

总则 第四章

件,应当按照下列情形分别处理:

(一)对减刑、假释案件提请活动的监督,由对执行机关承担检察职责的人民检察院负责;

(二)对减刑、假释案件审理、裁定活动的监督,由人民法院的同级人民检察院负责;同级人民检察院对执行机关不承担检察职责的,可以根据需要指定对执行机关承担检察职责的人民检察院派员出席法庭;下级人民检察院发现减刑、假释裁定不当的,应当及时向作出减刑、假释裁定的人民法院的同级人民检察院报告。(§ 3)

△(**统一案件管理;办案责任制**)人民检察院办理减刑、假释案件,依照规定实行统一案件管理和办案责任制。(§ 4)

△(**及时审查;调查评估报告**)人民检察院收到执行机关移送的下列减刑、假释案件材料后,应当及时进行审查:

(一)执行机关拟提请减刑、假释意见;

(二)终审法院裁判文书、执行通知书、历次减刑裁定书;

(三)罪犯确有悔改表现、立功表现或者重大立功表现的证明材料;

(四)罪犯评审鉴定表、奖惩审批表;

(五)其他应当审查的案件材料。

对拟提请假释案件,还应当审查社区矫正机构或者基层组织关于罪犯假释后对所居住社区影响的调查评估报告。(§ 5)

△(**应当调查核实**)具有下列情形之一的,人民检察院应当进行调查核实:

(一)拟提请减刑、假释罪犯系职务犯罪罪犯,破坏金融管理秩序和金融诈骗犯罪罪犯,黑社会性质组织犯罪罪犯,严重暴力恐怖犯罪罪犯,或者其他在社会上有重大影响、社会关注度高的罪犯;

(二)因罪犯有立功表现或者重大立功表现拟提请减刑的;

(三)拟提请减刑、假释罪犯的减刑幅度大、假释考验期长、起始时间早、间隔时间短或者实际执行刑期短的;

(四)拟提请减刑、假释罪犯的考核计分高、专项奖励多或者鉴定材料、奖惩记录有疑点的;

(五)收到控告、举报的;

(六)其他应当进行调查核实的。(§ 6)

△(**调查核实内容**)人民检察院可以采取调阅复制有关材料、重新组织诊断鉴别、进行文证鉴定、召开座谈会、个别询问等方式,对下列情况进行调查核实:

(一)拟提请减刑、假释罪犯在服刑期间的表现情况;

(二)拟提请减刑、假释罪犯的财产刑执行、附带民事裁判履行、退赃退赔等情况;

(三)拟提请减刑罪犯的立功表现、重大立功表现是否属实,发明创造、技术革新是否系罪犯在服刑期间独立完成并经有关主管机关确认;

(四)拟提请假释罪犯的身体状况、性格特征、假释后生活来源和监管条件等影响再犯罪的因素;

(五)其他应当进行调查核实的情况。(§ 7)

△(**派员列席执行机关提请假释评审会议;发表意见**)人民检察院可以派员列席执行机关提请减刑、假释评审会议,了解案件有关情况,根据需要发表意见。(§ 8)

△(**建议执行机关提请假释**)人民检察院发现罪犯符合减刑、假释条件,但是执行机关未提请减刑、假释的,可以建议执行机关提请减刑、假释。(§ 9)

△(**逐案审查;书面意见;审查期限**)人民检察院收到执行机关抄送的减刑、假释建议书副本后,应当逐案进行审查,可以向人民法院提出书面意见。发现减刑、假释建议不当或者提请减刑、假释违反法定程序的,应当在收到建议书副本后十日以内,依法向审理减刑、假释案件的人民法院提出书面意见,同时将检察意见书副本抄送执行机关。案情复杂或者情况特殊的,可以延长十日。(§ 10)

△(**开庭审理;应当指派检察人员出席法庭**)人民法院开庭审理减刑、假释案件的,人民检察院应当指派检察人员出席法庭,发表检察意见,并对法庭审理活动是否合法进行监督。(§ 11)

△(**出席法庭;检察官职务及人数**)出席法庭的检察人员不得少于二人,其中至少一人具有检察官职务。(§ 12)

△(**庭审前准备工作**)检察人员应当在庭审前做好下列准备工作:

(一)全面熟悉案情,掌握证据情况,拟定法庭调查提纲和出庭意见;

(二)对执行机关提请减刑、假释有异议的案件,应当收集相关证据,可以建议人民法院通知相关证人出庭作证。(§ 13)

△(**宣读减刑建议书;检察意见**)庭审开始后,在执行机关代表宣读减刑、假释建议书并说明理由之后,检察人员应当发表检察意见。(§ 14)

△(**出示证据;申请证人出庭作证;向被提请减刑、假释的罪犯及证人提问;发表意见**)庭审过程中,检察人员对执行机关提请减刑、假释有疑问的,经审判长许可,可以出示证据,申请证人出庭作证,要求执行机关代表出示证据或者作出说明,向被提请减刑、假释的罪犯及证人提问并发表意

见。(§ 15)

△(**总结性意见**)法庭调查结束时,在被提请减刑、假释罪犯作最后陈述之前,经审判长许可,检察人员可以发表总结性意见。(§ 16)

△(**补充鉴定或重新鉴定;通知新证人出庭;建议休庭**)庭审过程中,检察人员认为需要进一步调查核实案件事实、证据,需要补充鉴定或者重新鉴定,或者需要通知新的证人到庭的,应当建议休庭。(§ 17)

△(**纠正意见**)检察人员发现法庭审理活动违反法律规定的,应当在庭审后及时向本院检察长报告,依法向人民法院提出纠正意见。(§ 18)

△(**假释裁定书副本;审查内容**)人民检察院收到人民法院减刑、假释裁定书副本后,应当及时审查下列内容:

(一)人民法院对罪犯裁定予以减刑、假释,以及起始时间、间隔时间、实际执行刑期、减刑幅度或者假释考验期是否符合有关规定;

(二)人民法院对罪犯裁定不予减刑、假释是否符合有关规定;

(三)人民法院审理、裁定减刑、假释的程序是否合法;

(四)按照有关规定应当开庭审理的减刑、假释案件,人民法院是否开庭审理;

(五)人民法院减刑、假释裁定书是否依法送达执行并向社会公布。(§ 19)

△(**书面纠正意见**)人民检察院经审查认为人民法院减刑、假释裁定不当的,应当在收到裁定书副本后二十日以内,依法向作出减刑、假释裁定的人民法院提出书面纠正意见。(§ 20)

△(**监督;纠正意见;重组合议庭审理**)人民检察院对人民法院减刑、假释裁定提出纠正意见的,应当监督人民法院在收到纠正意见后一个月以内重新组成合议庭进行审理并作出最终裁定。(§ 21)

△(**确有错误;书面纠正意见;审判监督程序;另组合议庭重新审理**)人民检察院发现人民法院已经生效的减刑、假释裁定确有错误的,应当向人民法院提出书面纠正意见,提请人民法院按照审判监督程序依法另行组成合议庭重新审理并作出裁定。(§ 22)

△(**涉嫌违法;纠正违法意见;纪律处分;刑事责任**)人民检察院收到控告、举报或者发现司法工作人员在办理减刑、假释案件中涉嫌违法的,应当依法进行调查,并根据情况,向有关单位提出纠正违法意见,建议更换办案人,或者建议予以纪律处分;构成犯罪的,依法追究刑事责任。(§ 23)

△(**职务犯罪;减刑;备案审查**)人民检察院办理职务犯罪罪犯减刑、假释案件,按照有关规定实行备案审查。(§ 24)

第八十三条　【假释考验期限与计算】

有期徒刑的假释考验期限,为没有执行完毕的刑期;无期徒刑的假释考验期限为十年。

假释考验期限,从假释之日起计算。

【立法理由】

(一)立法相关背景

1979年《刑法》第七十四条规定:"有期徒刑的假释考验期限,为没有执行完毕的刑期;无期徒刑的假释考验期限,为十年。假释考验期限,从假释之日起计算。"假释考验期限,是指对被假释的犯罪分子继续监督改造进行考验的期限,也可以说是对被假释的犯罪分子保持继续执行刑罚可能性的期限。假释是附条件地提前释放罪犯,仍具有收监执行的可能,因此需有一个适当的考验期限以促使罪犯真正成为守法的公民,适应正常的社会生活。假释不是免刑,只是剩余刑期暂不执行,最终是否执行,取决于假释犯的现实表现。因此,各国法律对假释的考验期限都有规定,以促使罪犯悔过自新。本条对假释的考验期限以及起算方法作出了明确规定,有利于实践中对假释的准确适用。

(二)有关国家的规定

对假释考验期限,多数国家均规定,处有期徒刑的,以尚未执行完毕的余刑为其假释期限;处无期徒刑的,因无法计算尚未执行的余刑,一般以十年为其期限。但也有的国家对假释期限作了一些限制性规定,如意大利规定假释期限最长不得超过三年,巴西规定不得超过二年。

【条文说明】

本条是关于假释考验期限及其计算的规定。

本条共分为两款。

第一款是关于假释考验期限的规定。根据本款规定,假释考验期限分为以下两类:一是**有期徒刑的假释考验期限为没有执行完毕的刑期**,也就是说被判处有期徒刑的犯罪分子的假释考验期限为没有执行完毕的刑罚期限或者剩余刑罚的期限。二是**无期徒刑的考验期限为十年**，即不论被判处无期徒刑的犯罪分子实际执行刑罚多少年，其假释考验期限都应从人民法院裁定其假释之日起计算，一律为十年。

第二款是关于假释考验期限计算的规定。根据本款规定，**考验期限从人民法院依法裁定假释之日起计算**。

需要注意的是，本条第一款规定的无期徒刑的假释考验期限为十年，是指无期徒刑没有减刑而直接适用假释的情况；**对于原判无期徒刑，后减为有期徒刑的假释考验期限，应为减刑以后没有执行完毕的刑期**。

第八十四条　【假释犯应遵守的规定】

被宣告假释的犯罪分子，应当遵守下列规定：

（一）遵守法律、行政法规，服从监督；

（二）按照监督机关的规定报告自己的活动情况；

（三）遵守监督机关关于会客的规定；

（四）离开所居住的市、县或者迁居，应当报经监督机关批准。

【立法理由】

（一）立法相关背景及修改情况

1979年刑法没有对假释犯监督考察内容的明确规定。为加强对假释犯的监督和管理，1989年发布了《最高人民法院、最高人民检察院、公安部、司法部关于依法加强对管制、剥夺政治权利、缓刑、假释和暂予监外执行罪犯监督考察工作的通知》，1995年发布了《公安机关对被管制、剥夺政治权利、缓刑、假释、保外就医罪犯的监督管理规定》，这些规范性文件对假释犯在假释期间应该遵守的行为规则作了较为详细的规定。考虑到以前的立法经验以及实践中对假释犯的监管效果，**1997年修订刑法**时，吸收了上述通知和规定的基本内容，从而进一步完善了我国的假释制度。本条规定不仅是对于假释的犯罪分子在考验期限内应遵守的行为规范的规定，也是假释监督机关实施监督的法律依据。

（二）有关国家和地区的规定

假释犯一般都经历了较长时间的监狱生活，重返社会后，会有一个适应阶段，对其给予一定的**监督管束**，巩固改造成果是必要的。各国和地区对被假释者，有的附保护观察，由保护观察机关予以监督、辅导帮助；有的专门制定必须遵守的事项，予以一定的限制。

【条文说明】

本条是关于**被假释的犯罪分子在假释考验期限内应当遵守规定的规定**。

被宣告假释的犯罪分子在假释考验期限内，应当遵守下列规定：

1. **遵守法律、行政法规，服从监督**。“遵守法律、行政法规”，是每个公民都应当履行的法律义务，无论是否在假释考验期间，假释对象都应当自觉遵守法律、行政法规，这也是预防其再次违法犯罪的有效途径，也是监督其是否改过自新的重要标准。这样规定也与社区矫正法等有关法律规定的要求是一致的。

2. **按照监督机关的规定报告自己的活动情况**。这是指按照社区矫正机构的要求，定期或不定期地报告自己在假释期间的活动情况，如报告自己的工作情况和遵纪守法情况等。这样规定主要是为了及时了解、掌握假释对象的现实情况，以便更好地为其提供教育帮扶。

3. **遵守监督机关关于会客的规定**。这是指遵守监督机关向其宣布的有关会客的要求和规定，结合本法和社区矫正法的相关规定，主要是要遵守社区矫正机构向其宣布的有关会客的要求和规定。规定社区矫正对象应当遵守会客的监督管理规定，主要是为了防止其受外界的不良影响、干扰，以致继续犯罪或重新违法犯罪。

4. **离开所居住的市、县或者迁居，应当报经监督机关批准**。结合本法和社区矫正法的相关规定，假释对象未经批准不得擅自离开所居住的市、县或者迁居，因故需要离开的应当履行必要的请假、变更手续。《社区矫正法》第二十七条规定：“社区矫正对象离开所居住的市、县或者迁居，应当报经社区矫正机构批准。社区矫正机构对于有正当理由的，应当批准；对于因正常工作和生活需要经常性跨市、县活动的，可以根据情况，简化批准程序和方式。因社区矫正对象迁居等原因需要变更执行地的，社区矫正机构应当按照有关规定作出变更决定。社区矫正机构作出变更决定后，应当通知社区矫正决定机关和变更后的社区矫正机构，并将有关法律文书抄送变更后的社区矫正机构。变更后的社区矫正机构应当将法律文书转送所在地的人民检察院、公安机关。”

需要注意的是，刑法对包含假释犯在内的社区矫正对象的报告、会客、外出、迁居等监督管理措施作了规定，但总体比较原则。2019 年 12 月 28 日，第十三届全国人大常委会第十五次会议审议通过了《社区矫正法》。社区矫正是贯彻宽严相济刑事政策、推进国家治理体系和治理能力现代化的一项重要制度，是立足我国国情和刑事司法实践经验的基础上，借鉴吸收其他国家有益做法，逐步发展起来的中国特色的非监禁的刑事执行制度。《社区矫正法》明确社区矫正机构负责社区矫正工作的具体实施，社区矫正机构特别是基层社区矫正机构对社区矫正对象直接负有监督管理和教育帮扶的职责，社区矫正对象应当自觉服从其管理。实践中，作为社区矫正对象重要组成部分的假释犯，不仅要遵守刑法关于监督考察的规定，同时也要遵守社区矫正法的规定。相较于刑法，社区矫正法的规定更为具体、详细，但两者规定的精神和基本要求是一致的。执行机关和假释对象应将两部法律的规定和要求结合起来理解和适用。

第八十五条　【社区矫正与假释考验期满的处理】

对假释的犯罪分子，在假释考验期限内，依法实行社区矫正，如果没有本法第八十六条规定的情形，假释考验期满，就认为原判刑罚已经执行完毕，并公开予以宣告。

【立法沿革】

《中华人民共和国刑法》（1997 年修订，自 1997 年 10 月 1 日起施行）

第八十五条

被假释的犯罪分子，在假释考验期限内，由公安机关予以监督，如果没有本法第八十六条规定的情形，假释考验期满，就认为原判刑罚已经执行完毕，并公开予以宣告。

《中华人民共和国刑法修正案（八）》（自 2011 年 5 月 1 日起施行）

十七、将刑法第八十五条修改为：

“对假释的犯罪分子，在假释考验期限内，依法实行社区矫正，如果没有本法第八十六条规定的情形，假释考验期满，就认为原判刑罚已经执行完毕，并公开予以宣告。”

【立法理由】

1. **1979 年立法的情况**。对假释犯的考验制度是假释制度的重要内容。假释考验有一定的期限，只有在这个期限届满之前遵守了特定的条件，才能宣告假释的结束。因此，1979 年《刑法》第七十五条规定：“被假释的犯罪分子，在假释考验期限内，由公安机关予以监督，如果没有再犯新罪，就认为原判刑罚已经执行完毕；如果再犯新罪，撤销假释，把前罪没有执行的刑罚和后罪所判处的刑罚，依照本法第六十四条的规定，决定执行的刑罚。”

2. **1997 年修订刑法的情况**。1997 年修订刑法时对本条作了修改：一是将假释考验期满的条件由“如果没有再犯新罪”修改为“如果没有本法第八十六条规定的情形，假释考验期满”。二是将原来规定的“如果再犯新罪，撤销假释，把前罪没有执行的刑罚和后罪所判处的刑罚，依照本法第六十四条的规定，决定执行的刑罚”，修改后单独作为第八十六条第一款。这一修改主要是文字性修改，通过指引性表述使得条文更为精练。三是增加假释考验期满“公开予以宣告”的内容。这主要是考虑到原判刑罚被认为已经执行完毕后，被假释者便属于刑罚执行完毕的人员，其在假释考验期间所受的各种限制应当解除，公开予以宣告，让群众知情，对于保障被假释者的正当权利是有益且必要的。

3. **2011 年《刑法修正案（八）》对本条的修改情况**。将该条原规定的对被假释的犯罪分子，在假释考验期限内，“由公安机关予以监督”修改为“依法实行社区矫正”。这一修改主要是考虑到当时正在开展社区矫正试点工作的实际情况，并与当时正在起草中的社区矫正法相衔接。2019 年 12 月 28 日，第十三届全国人大常委会第十五次会议通过了《社区矫正法》，自 2020 年 7 月 1 日起施行。社区矫正是在开放的环境下，采用社会化的方式，充分发挥社会力量的作用，对判处管制、宣告缓刑、假释或者暂予监外执行的社区矫正对象，进行必要的监督管理和教育帮扶，帮助和促进其顺利回归社会的一项刑事执行制度。对符合条件的罪犯依法实行社区矫正，促使其在社会化开放环境下顺利回归社会，有利于减少监狱羁押，避免交叉感染，节约行刑成本，是法治文明和进步的体现；也有利于化解消极因素，缓和社会矛盾，预防和减少犯罪，维护社会和谐稳定，推进社会治理体系和治理能力现代化。根据本条和社区矫正法的规定，社区矫正的适用对象包括假释的犯罪分子。因此，本条的规定为通过社区矫正，对被适用假释的犯罪分子依法实行教育帮扶、监督管理提供了必要的法律依据。

【条文说明】

本条是关于**对假释的犯罪分子实行社区矫正以及假释考验期满如何处理的规定**。

本条主要规定了两层意思。

1. **被假释的犯罪分子，在假释考验期限内，依法实行社区矫正**。2003 年以来，有关部门在一些地方开展社区矫正试点工作，各方面反响较好，2009 年有关部门又进一步在全国试行社区矫正。社区矫正是将符合法定条件的罪犯置于社区内，由专门的国家机关在相关社会团体、民间组织和社会志愿者的协助下，在判决、裁定或决定确定的期限内，矫正其犯罪心理和行为恶习，促进其顺利回归社会的刑事执行活动。本条的规定为通过社区矫正，对被假释的犯罪分子依法实行教育、管理和监督提供了必要的法律依据。2019 年 12 月 28 日，第十三届全国人大常委会第十五次会议通过了《社区矫正法》，自 2020 年 7 月 1 日起施行。对于假释犯的监督考察，应当结合社区矫正法的具体内容开展。社区矫正机构应当按照《刑法》第八十四条和有关部门关于假释的监督管理规定，认真履行社区矫正职责，加强对被假释犯罪分子的监督管理和教育改造，督促他们在考验期间改恶从善，重新做人。

2. **规定了假释考验期满的处理**。《刑法》第八十六条规定了**撤销假释的具体情形**："被假释的犯罪分子，在假释考验期限内犯新罪，应当撤销假释，依照本法第七十一条的规定实行数罪并罚。在假释考验期限内，发现被假释的犯罪分子在判决宣告以前还有其他罪没有判决的，应当撤销假释，依照本法第七十条的规定实行数罪并罚。被假释的犯罪分子，在假释考验期限内，有违反法律、行政法规或者国务院有关部门关于假释的监督管理规定的行为，尚未构成新的犯罪的，应当依照法定程序撤销假释，收监执行未执行完毕的刑罚。"如果在假释考验期限内，被假释的犯罪分子没有《刑法》第八十六条规定的情形，即**犯罪分子在假释考验期限内没有再犯新罪，没有发现在判决宣告前还有漏罪没有判决，没有严重的违法行为，假释考验期满的，就认为犯罪分子的原判刑罚已经执行完毕**。同时，有关方面应当向犯罪分子和当地群众、组织或其所在单位公开予以宣告假释期满、执行完毕。这里的"执行完毕"与缓刑期满原判刑罚"不再执行"，其法律效果是不同的，被假释的犯罪分子在假释期满以后，如果五年以内再犯应当判处有期徒刑以上刑罚之罪的，**仍能构成累犯**；而被宣告缓刑的犯罪分子，在缓刑期满以后五年以内再犯应当判处有期徒刑以上刑罚之罪的，则不能构成累犯，因为缓刑期满，原判刑罚并没有实际执行，不构成累犯的条件。

需要注意的是，2011 年《刑法修正案（八）》关于假释监督机关的修改，并不是简单地将监督机关由一个部门更换为另一个部门。社区矫正是一项综合性很强的工作，需要各有关部门分工配合，并充分动员社会各方面力量，共同做好工作。虽然《刑法修正案（八）》将刑法原来规定的"由公安机关予以监督"修改为"依法实行社区矫正"，但这并不意味着公安机关不再承担对被假释的犯罪分子的监督管理职责。根据社区矫正法的规定，在社区矫正工作中，公安机关承担着为社区矫正机构开展社会矫正活动提供警务保障的重要职责。

【司法解释性文件】

《最高人民法院、最高人民检察院、公安部、司法部关于印发〈中华人民共和国社区矫正法实施办法〉的通知》（司发通〔2020〕59 号，2020 年 6 月 18 日公布）

△（**违反监督管理规定或者人民法院禁止令等违法情形；撤销缓刑、撤销假释或者暂予监外执行收监执行的法定情形**）发现社区矫正对象有违反监督管理规定或者人民法院禁止令等违法情形的，执行地县级社区矫正机构应当调查核实情况，收集有关证据材料，提出处理意见。

社区矫正机构发现社区矫正对象有撤销缓刑、撤销假释或者暂予监外执行收监执行的法定情形的，应当组织开展调查取证工作，依法向社区矫正决定机关提出撤销缓刑、撤销假释或者暂予监外执行收监执行建议，并将建议书抄送同级人民检察院。（§ 40）

△（**被依法决定行政拘留、司法拘留、强制隔离戒毒等；因涉嫌犯新罪、发现判决宣告前还有其他罪没有判决被采取强制措施**）社区矫正对象被依法决定行政拘留、司法拘留、强制隔离戒毒等或者因涉嫌犯新罪、发现判决宣告前还有其他罪没有判决被采取强制措施的，决定机关应当自作出决定之日起三日内将有关情况通知执行地县级社区矫正机构和执行地县级人民检察院。（§ 41）

△(**矫正期限届满;解除矫正手续;解除社区矫正证明书;暂予监外执行;赦免**)社区矫正对象矫正期限届满,且在社区矫正期间没有应当撤销缓刑、撤销假释或者暂予监外执行收监执行情形的,社区矫正机构依法办理解除矫正手续。

社区矫正对象一般应当在社区矫正期满三十日前,作出个人总结,执行地县级社区矫正机构应当根据其在接受社区矫正期间的表现等情况作出书面鉴定,与安置帮教工作部门做好衔接工作。

执行地县级社区矫正机构应当向社区矫正对象发放解除社区矫正证明书,并书面通知社区矫正决定机关,同时抄送执行地县级人民检察院和公安机关。

公安机关、监狱管理机关决定暂予监外执行的社区矫正对象刑期届满的,由看守所、监狱依法为其办理刑满释放手续。

社区矫正对象被赦免的,社区矫正机构应当向社区矫正对象发放解除社区矫正证明书,依法办理解除矫正手续。(§ 53)

△(**解除矫正宣告**)社区矫正对象矫正期满,执行地县级社区矫正机构或者受委托的司法所可以组织解除矫正宣告。

解矫宣告包括以下内容:

(一)宣读对社区矫正对象的鉴定意见;

(二)宣布社区矫正期限届满,依法解除社区矫正;

(三)对判处管制的,宣布执行期满,解除管制;对宣告缓刑的,宣布缓刑考验期满,原判刑罚不再执行;对裁定假释的,宣布考验期满,原判刑罚执行完毕。

宣告由社区矫正机构或者司法所工作人员主持,矫正小组成员及其他相关人员到场,按照规定程序进行。(§ 54)

《最高人民法院、最高人民检察院、公安部、司法部关于对因犯罪在大陆受审的台湾居民依法适用缓刑实行社区矫正有关问题的意见》(法发〔2016〕33号,2016年7月26日公布)

△(**台湾居民;假释;社区矫正**)对因犯罪在大陆受审、执行刑罚的台湾居民判处管制、裁定假释、决定或者批准暂予监外执行,实行社区矫正的,可以参照适用本意见的有关规定。(§ 11)

第八十六条　【假释的撤销】

被假释的犯罪分子,在假释考验期限内犯新罪,应当撤销假释,依照本法第七十一条的规定实行数罪并罚。

在假释考验期限内,发现被假释的犯罪分子在判决宣告以前还有其他罪没有判决的,应当撤销假释,依照本法第七十条的规定实行数罪并罚。

被假释的犯罪分子,在假释考验期限内,有违反法律、行政法规或者国务院有关部门关于假释的监督管理规定的行为,尚未构成新的犯罪的,应当依照法定程序撤销假释,收监执行未执行完毕的刑罚。

【立法沿革】

《中华人民共和国刑法》(1997年修订,自1997年10月1日起施行)

第八十六条

被假释的犯罪分子,在假释考验期限内犯新罪,应当撤销假释,依照本法第七十一条的规定实行数罪并罚。

在假释考验期限内,发现被假释的犯罪分子在判决宣告以前还有其他罪没有判决的,应当撤销假释,依照本法第七十条的规定实行数罪并罚。

被假释的犯罪分子,在假释考验期限内,有违反法律、行政法规或者国务院公安部门有关假释的监督管理规定的行为,尚未构成新的犯罪的,应当依照法定程序撤销假释,收监执行未执行完毕的刑罚。

《中华人民共和国刑法修正案(八)》(自2011年5月1日起施行)

十八、将刑法第八十六条第三款修改为:

"被假释的犯罪分子,在假释考验期限内,有违反法律、行政法规或者国务院有关部门关于假释的监督管理规定的行为,尚未构成新的犯罪的,应当依照法定程序撤销假释,收监执行未执行完毕的刑罚。"

【立法理由】

(一)立法相关背景及修改情况

1. **1979年立法的情况**。1979年《刑法》第七十五条规定:"被假释的犯罪分子,在假释考验期限内，由公安机关予以监督，如果没有再犯新罪，就认为原判刑罚已经执行完毕；如果再犯新罪，撤销假释，把前罪没有执行的刑罚和后罪所判处的刑罚，依照本法第六十四条的规定，决定执行的刑罚。”

2. **1997年修订刑法的情况**。依照我国1979年《刑法》第七十五条的规定，被宣告假释的犯罪分子只有在假释考验期内再犯新罪时，才撤销假释。这种规定显然是不全面的。在实践中常常会遇到如下情况：一是在假释考验期限内，发现被宣告假释的犯罪分子在假释宣告以前还有其他罪没有判决；二是在假释考验期限内，犯罪分子实施严重违法行为但没有达到犯罪的程度。对这两种情况，按照1979年刑法都不能撤销假释，但这在一定程度上会宽纵犯罪分子，不利于假释制度在改造犯罪分子中应有功效的发挥，从而有违假释制度设立的初衷。1994年《监狱法》第三十三条第二款规定：“被假释的罪犯由公安机关予以监督。被假释的罪犯，在假释期间有违反法律、行政法规和国务院公安部门有关假释的监督管理规定的行为，尚未构成新的犯罪的，公安机关可以向人民法院提出撤销假释的建议，人民法院应当自收到撤销假释建议书之日起一个月内予以审核裁定。人民法院裁定撤销假释的，由公安机关将罪犯送交监狱收监。”1994年监狱法的规定一定程度上弥补了1979年刑法的规定。因此，1997年刑法修订过程中，立法机关考虑到司法实践的需要，将监狱法上述规定的基本精神吸纳到刑法中，以完善撤销假释的规定。1997年刑法增设并细化了撤销假释的情形，将撤销假释的原因，**由原来的“再犯新罪”扩展到犯新罪、发现漏罪和严重违法三种情况**。

3. **2011年《刑法修正案(八)》对本条第三款的修改情况**。将“国务院公安部门有关假释的监督管理规定”修改为“国务院有关部门关于假释的监督管理规定”，作出这一修改是因为《刑法修正案(八)》对《刑法》第八十五条关于假释执行方式的规定作了修改，将原规定的“被假释的犯罪分子，在假释考验期限内，由公安机关予以监督”修改为“对假释的犯罪分子，在假释考验期限内，依法实行社区矫正”。根据这一修改，本款相应地将原条文中的“国务院公安部门”修改为“国务院有关部门”。

(二)立法时争议的主要问题

1997年刑法修订过程中，有意见提出，对于因在假释考验期限内违反法律、行政法规或者国务院公安部门有关假释的监督管理规定撤销假释的，**建议增加情节严重的限定，将“情节严重”作为撤销假释不可缺少的条件**。但是也有意见提出，假释犯所犯之罪一般比缓刑犯重，社会危害性较大，本着区别对待的原则，理应作出与缓刑犯不同的规定，而且国外也不乏将不遵守考验期内应该遵守的事项都作为撤销假释的条件的立法例。**最终法律没有规定“情节严重”**，这就意味着，罪犯在假释考验期限内违反了法律、行政法规或者国务院有关部门关于假释的监督管理规定的，一般是需要撤销假释的。但是，如果被假释的犯罪分子违反法律、行政法规或者国务院有关部门规章中与假释监管相关的规定情节确实比较轻微的，不宜一律撤销假释。

(三)有关国家和地区的规定

罪犯在假释期间，出现特定的事由时，需撤销其假释，对此各国和地区立法都有规定，但以何种事由为撤销的条件，则标准不一。一般以在假释期间再犯新罪作为撤销假释的条件。但所犯新罪之性质，各国和地区规定又有所不同，有的限于故意犯罪；有的限于同种犯罪；有的为处罚金以上之罪；有的为处徒刑以上之罪；有的对新罪性质无任何限制。不少国家和地区还将在假释期间违反应遵守事项或逃避保护观察作为撤销的条件。还有的以在假释期间发现漏罪作为撤销的条件。

【条文说明】

本条是关于撤销假释的规定。

本条共分为三款。

第一款是关于**在假释考验期间犯新罪如何处理的规定**。根据本款规定，对在假释考验期间犯新罪的犯罪分子，应当撤销其假释，依照《刑法》第七十一条确定的先减后并原则实行并罚，也就是将前罪没有执行完的刑罚和后罪新判处的刑罚依照《刑法》第六十九条的规定确定应当执行的刑期。

第二款是关于**假释考验期间发现漏罪如何处理的规定**。根据本款规定，在假释考验期限内，如果发现被假释的犯罪分子在判决宣告以前还有其他罪没有判决的，应当撤销假释，依照《刑法》第七十条先并后减的原则实行数罪并罚，即将前后两罪的判决依照《刑法》第六十九条的规定确定刑罚，扣除已执行完的刑期后，剩余刑期为仍需执行的刑期。

第三款是关于**有违反法律、行政法规或者国务院有关部门关于假释的监督管理规定的行为如何处理的规定**。根据本款规定，在假释考验期限内，犯罪分子实施了违反法律、行政法规或者国务院有关部门关于假释的监督管理规定的行为，但尚未构成新的犯罪的，有关部门应当依法定程序对其撤销假释，并收监执行其未执行完毕的刑罚。需要注意的是，犯罪分子违反的规定应当是**法律、行政法规或者国务院有关部门规章中与假释监管相关的规定**。一般的违法行为不应成为撤销假释的条件。根据2017年1月1日起施行的《最高人民法院关于办理减刑、假释案件具体应用法律的规定》第二十九条的规定，罪犯在假释考验期内违反法律、行政法规或者国务院有关部门关于假释的监督管理规定的，作出假释裁定的人民法院，应当在收到报请机关或者检察机关的撤销假释建议书后及时审查，作出是否撤销假释的裁定，并送达报请机关，同时抄送人民检察院、公安机关和原刑罚执行机关。罪犯在逃的，撤销假释裁定书可以作为对罪犯进行追捕的依据。

需要注意的是，根据上述司法解释第三十条的规定，**依照《刑法》第八十六条规定被撤销假释的罪犯，一般不得再假释**。但依照该条第二款被撤销假释的罪犯，如果对漏罪曾作如实供述但原判未予认定，或者漏罪系其自首，符合假释条件的，可以再假释。被撤销假释的罪犯，收监后符合减刑条件的，可以减刑，但减刑起始时间自收监之日起计算。

除本条的规定外，刑事诉讼法、社区矫正法也对撤销假释的条件、撤销假释的程序等作了规定，实践中需要结合适用。如《社区矫正法》第二十三条规定："社区矫正对象在社区矫正期间应当遵守法律、行政法规，履行判决、裁定、暂予监外执行决定等法律文书确定的义务，遵守国务院司法行政部门关于报告、会客、外出、迁居、保外就医等监督管理规定，服从社区矫正机构的管理。"假释对象违反上述规定的，可能存在符合撤销假释的情形。此外，社区矫正法第六章专门对撤销假释的条件、程序等作了较为详细的规定。

【司法解释】

《最高人民法院关于适用刑法时间效力规定若干问题的解释》（法释〔1997〕5号，自1997年10月1日起施行）

△**（时间效力；撤销假释）**1997年9月30日以前被假释的犯罪分子，在1997年10月1日以后的假释考验期内，又犯新罪、被发现漏罪或者违反法律、行政法规或者国务院公安部门有关假释的监督管理规定的，适用刑法第八十六条的规定，撤销假释。（§ 9）

《最高人民法院关于办理减刑、假释案件具体应用法律的规定》（法释〔2016〕23号，自2017年1月1日起施行）

△**（撤销假释决定；罪犯在逃；追捕）**罪犯在假释考验期内违反法律、行政法规或者国务院有关部门关于假释的监督管理规定的，作出假释裁定的人民法院，应当在收到报请机关或者检察机关撤销假释建议书后及时审查，作出是否撤销假释的裁定，并送达报请机关，同时抄送人民检察院、公安机关和原刑罚执行机关。

罪犯在逃的，撤销假释裁定书可以作为对罪犯进行追捕的依据。（§ 29）

△**（撤销假释；如实供述；自首；假释；减刑）**依照刑法第八十六条规定被撤销假释的罪犯，一般不得再假释。但依照该条第二款被撤销假释的罪犯，如果罪犯对漏罪曾作如实供述但原判未予认定，或者漏罪系其自首，符合假释条件的，可以再假释。

被撤销假释的罪犯，收监后符合减刑条件的，可以减刑，但减刑起始时间自收监之日起计算。（§ 30）

《最高人民法院关于适用〈中华人民共和国刑事诉讼法〉的解释》（法释〔2021〕1号，自2021年3月1日起施行）

△**（撤销假释）**罪犯在缓刑、假释考验期限内犯新罪或者被发现在判决宣告前还有其他罪没有判决，应当撤销缓刑、假释的，由审判新罪的人民法院撤销原判决、裁定宣告的缓刑、假释，并书面通知原审人民法院和执行机关。（§ 542）

△**（撤销假释建议；提请逮捕）**被提请撤销缓刑、假释的罪犯可能逃跑或者可能发生社会危险，社区矫正机构在提出撤销缓刑、假释建议的同时，提请人民法院决定对其予以逮捕的，人民法院应当在四十八小时以内作出是否逮捕的决定。决定逮捕的，由公安机关执行。逮捕后的羁押期限不得超过三十日。（§ 544）

△**（撤销假释裁定；立即生效；折抵刑期）**人民法院应当在收到社区矫正机构的撤销缓刑、假释建议书后三十日以内作出裁定。撤销缓刑、假释的裁定一经作出，立即生效。

人民法院应当将撤销缓刑、假释裁定书送达社区矫正机构和公安机关，并抄送人民检察院，由公安机关将罪犯送交执行。执行以前被逮捕的，羁押一日折抵刑期一日。（§ 545）

【司法解释性文件】

《中央社会治安综合治理委员会办公室、最高人民法院、最高人民检察院、公安部、司法部关于加强和规范监外执行工作的意见》（高检会〔2009〕3号，2009年6月25日公布）

△**（撤销假释建议）**被宣告缓刑、假释的罪犯

在缓刑、假释考验期间有下列情形之一的,由与原裁判人民法院同级的执行地公安机关提出撤销缓刑、假释的建议:

(1)人民法院、监狱、看守所已书面告知罪犯应当按时到执行地公安机关报到,罪犯未在规定的时间内报到,脱离监管三个月以上的;

(2)未经执行地公安机关批准擅自离开所居住的市、县或者迁居,脱离监管三个月以上的;

(3)未按照执行地公安机关的规定报告自己的活动情况或者不遵守执行机关关于会客等规定,经过三次教育仍然拒不改正的;

(4)有其他违反法律、行政法规或者国务院公安部门有关缓刑、假释的监督管理规定行为,情节严重的。(§ 15)

《最高人民法院、最高人民检察院、公安部、司法部关于印发〈关于监狱办理刑事案件有关问题的规定〉的通知》(司发通〔2014〕80 号,2014 年 8 月 11 日公布)

△(**撤销假释;逮捕;羁押**)罪犯在监狱内犯罪,假释期间被发现的,由审判新罪的人民法院撤销假释,并书面通知原裁定假释的人民法院和社区矫正机构。撤销假释的决定作出前,根据案件情况需要逮捕的,由人民检察院或者人民法院批准或者决定逮捕,公安机关执行逮捕,并将被逮捕人送监狱所在地看守所羁押,同时通知社区矫正机构。

刑满释放后被发现,需要逮捕的,由监狱提请人民检察院审查批准逮捕,公安机关执行逮捕后,将被逮捕人送监狱所在地看守所羁押。(§ 3)

【参考案例】

△假释期间再犯新罪的,经减刑裁定减去的刑期不计入已经执行的刑期内。

2012 年 1 月 18 日发布的《最高人民法院关于罪犯因漏罪、新罪数罪并罚时原减刑裁定应如何处理的意见》中规定:“罪犯被裁定减刑后,因被发现漏罪或者又犯新罪而依法进行数罪并罚时,经减刑裁定减去的刑期不计入已经执行的刑期。”罪犯在被裁定减刑后又犯新罪,表明罪犯的人身危险性和社会危害性尚存,先前服刑改造和减刑奖励并未取得预期效果,因而在数罪并罚时撤销先前的减刑裁定不管是在刑罚理论角度还是在具体的司法实践角度均无不妥。假释是一种刑罚的执行方式,只有在假释期间遵守法定的义务,假释期限届满后,剩余的刑期才不予执行,假释在性质上是一种附条件的不执行。假释期间的时间范围应该视为原判刑罚的执行期间。在朱林森等盗窃案中,朱林森尚在假释期间,假释期限尚未到期,因此假释期间的时间范围应该视为原判刑罚的执行期间。按照最高人民法院的规定,在刑罚的执行期间又犯新罪的,应当数罪并罚,而且经减刑裁定减去的刑期不计入已经执行的刑期。[No. 5-264-76　朱林森等盗窃案]

第八节　时　效

第八十七条　【追诉期限】

犯罪经过下列期限不再追诉:

(一)法定最高刑为不满五年有期徒刑的,经过五年;

(二)法定最高刑为五年以上不满十年有期徒刑的,经过十年;

(三)法定最高刑为十年以上有期徒刑的,经过十五年;

(四)法定最高刑为无期徒刑、死刑的,经过二十年。如果二十年以后认为必须追诉的,须报请最高人民检察院核准。

【立法理由】

追诉时效,是指刑法规定的、对犯罪人追究刑事责任的有效期限。在追诉时效内,司法机关应当追究犯罪人的刑事责任,超过追诉时效,司法机关一般就不再追究其刑事责任,除非法律另有特别规定。各国刑法一般都规定追诉时效,我国刑法也规定了追诉时效。另外,有的国家还规定行刑时效,即判处的刑罚因故未能在法定期限内执行的,不再执行。明确规定追诉时效,为司法机关正确执法提供了法律依据,**对于依法惩治犯罪、教育改造罪犯,维护社会的安定和稳定具有重要的意义**,具体表现在:

1. 能够使一些企图逃避刑罚处罚的犯罪分子,在没有超过追诉时效期限内及时受到刑事制裁。

2. 对已经超过追诉时效规定期限的犯罪分

子不再追究刑事责任,体现了我国惩罚与教育相结合的刑罚目的,有利于促使罪犯改过自新,重新回归社会。犯罪人在实施犯罪后,较长时间内没有再犯罪,说明其通过自我改造,已有改恶从善的表现,人身危险性已在一定程度上减弱,达到了适用刑罚所要达到的预防犯罪的目的,不致再危害社会,在这种情况下,追究其刑事责任就失去了实际意义。

3. 从案件追究的角度看,规定追诉时效有利于督促司法机关及时办理案件,自诉人在法定期限内及时提起自诉,防止案件无限期拖延。同时,陈年旧案往往证据损毁灭失,难以查清,给侦查、起诉和审判工作带来困难,对符合条件的案件,规定不再追诉,也有利于司法机关集中资源和精力办理当前案件,提高办案效率,有效地发挥司法机关的作用。

4. 从社会关系修复的角度看,时过境迁,一定时间以后被犯罪所侵害的社会关系趋于稳定,被害人的感情逐渐平复,犯罪人有了新的社会生活和社会关系,这种情况下,如果对符合条件的案件采取不再追诉的对策,可能更有利于化解社会矛盾,使已改过自新的罪犯放下包袱,安心生活和工作,促进社会和谐。如果在案件已经经过较长时间,追究必要性已经不大的情况下,仍严格予以追诉,反而可能导致社会矛盾再次爆发,破坏已经恢复的社会平静,总体上并不一定有利于社会秩序安定。

【条文说明】

本条是关于犯罪追诉期限的规定。

“追诉时效”,是指依照法律规定对犯罪分子追究刑事责任的有效期限。在法定的追诉期限内,司法机关有权依法追究犯罪分子的刑事责任;超过法定追诉期限,不应再追究犯罪分子的刑事责任。根据刑法关于追诉时效制度的规定,《刑事诉讼法》第十六条对已过追诉时效案件的处理程序也作出了规定,犯罪已过追诉期限的,不追究刑事责任,已经追究的,应当撤销案件,或者不起诉,或者终止审理,或者宣告无罪。

本条针对不同的犯罪行为分别规定了四种不同的追诉期限:

1. **法定最高刑为不满五年有期徒刑的,经过五年**。就是说刑法对犯罪分子所犯罪行规定的刑罚,最高不超过五年有期徒刑的,如果犯罪人在五年之内没有被追究刑事责任的,不再追究。《刑法修正案(八)》增加了危险驾驶罪,《刑法修正案(九)》增加了使用虚假身份证件、盗用身份证件罪,以及代替考试罪等较轻犯罪,这类犯罪的最高刑为拘役。本条规定的法定最高刑为不满五年有期徒刑,最高刑为拘役的,应当理解为最高刑为不满五年有期徒刑的,适用该项规定的五年追诉期限。

2. **法定最高刑为五年以上不满十年有期徒刑的,经过十年**。根据《刑法》第九十九条的规定,“以上”包括本数。因此,法定最高刑为五年有期徒刑的,适用十年追诉期限。

3. **法定最高刑为十年以上有期徒刑的,经过十五年**。同样,根据《刑法》第九十九条的规定,“以上”包括本数,因此,最高刑为十年有期徒刑的,也按照十五年的追诉期处理。

4. **法定最高刑为无期徒刑、死刑的,经过二十年。如果二十年以后认为必须追诉的,须报请最高人民检察院核准**。也就是说,虽然经过二十年,但由于案件后果特别严重、情节特别恶劣、社会影响特别重大等特殊原因,不追究刑事责任严重违反公平正义,严重影响国家安全、重大社会公共利益,必须予以追究的,经最高人民检察院核准同意,可以不受追诉期限的限制。这就是通常所说的核准追诉。这一制度规定对于弥补特殊情形下追诉期限规定的缺陷具有重要意义。一方面坚持追诉时效制度的基本定位,另一方面为实践留有余地,由最高人民检察院根据案件情况、社会影响等因素决定是否核准,能最大限度地发挥刑法惩处犯罪、平衡维护公平正义与保持社会关系平稳的关系。2012 年《最高人民检察院关于办理核准追诉案件若干问题的规定》、2019 年《人民检察院刑事诉讼规则》等对核准追诉的条件和程序作了具体规定,涉嫌犯罪的行为应当适用的法定量刑幅度的最高刑为无期徒刑或者死刑的,涉嫌犯罪的性质、情节和后果特别严重,虽然已过二十年追诉期限,但社会危害性和影响依然存在,不追诉会严重影响社会稳定或者产生其他严重后果,而必须追诉的,最高人民检察院依法核准追诉,并对有关报请核准的具体程序作了规定。实践中最高人民检察院公布了一些核准追诉的指导案例。近些年来,随着 DNA 检测和信息系统建设等技术手段应用于刑侦领域,一些二十年以前发生的重大案件不断被破获,对此一方面应当依照刑法追诉期限的规定精神处理,另一方面必须追诉的应当报请核准,进一步发挥好核准追诉制度的作用和意义。

实践中需要注意以下两个方面的问题:

1. 在**确定追究时效的法定最高刑**时,需注意以下两个问题:(1)法定最高刑不是指罪犯应判决的具体刑期,而是指根据犯罪分子的犯罪性质和法定情节,与其所犯罪行相对应的刑法分则条文规定的处刑档次中的最高刑。(2)法定最高刑也不是指某种性质犯罪全部刑罚的最高刑,而是指某种性质犯罪中与该犯罪情况基本相适应的某一档处罚的最高刑。即对犯罪分子应在该档量刑幅度内处刑的档次最高刑。例如,犯故意杀人罪,法定最高刑有两档:一档的最高刑是死刑;而情节较轻的另一档,最高刑为十年有期徒刑。在确定追诉时效期限时,应首先根据犯罪情节确定行为人应当适用的量刑幅度是"死刑、无期徒刑或者十年以上有期徒刑",还是"三年以上十年以下有期徒刑",然后确定其追诉时效期限是二十年,还是十五年。

2. **关于追诉时效计算截止点**。《刑法》第八十七条根据犯罪轻重规定了不再追诉的具体期限。对何为追诉、追诉期限的计算以何时间点截止没有明确规定。理论上对于追诉期限截止点的理解也不一致。多数观点认为,追诉是指进入刑事诉讼程序,即立案侦查是追诉期限的截止点;也有国家如日本,其刑事诉讼法将提起公诉作为追诉时效计算的截止点;还有国家如德国和我国,一些法院在审判实践中将法院立案审查或者审理作为截止点。上述对追诉和追诉期限计算截止点的不同理解,对一些即将到追诉期限案件的处理会有不同结论。应当说,**刑法追诉时效制度中的"追诉",应是指国家追究犯罪人刑事责任的活动**。根据刑事诉讼法的有关规定,立案侦查、审查起诉和审判是刑事诉讼活动的不同阶段,人民法院、人民检察院和公安机关在进行刑事诉讼活动中分工负责,互相配合,互相制约,**立案侦查**是追诉活动的一部分,在刑法规定的追诉时效期限以内立案侦查表明国家已经开始行使对犯罪人的追诉权,依法不应当再计算追诉时效期限。如果立案侦查、审查起诉期间继续计算追诉时效期限,如何实现刑法惩罚犯罪、保护人民的目的,如何保证办案质量,与刑事诉讼法规定的办案期限是否协调等都需要进一步研究。但是,将立案侦查作为追诉时效期限计算的终止点,也还有一些问题需要进一步研究。如侦查机关立案后,不采取实质措施追究犯罪,久拖不办,犯罪嫌疑人又没有逃避侦查的,这种情况下无论经过多长时间都要追究刑事责任,是否符合追诉时效制度的目的等,也都还需要进一步研究。

【司法解释性文件】

《最高人民法院、最高人民检察院关于不再追诉去台人员在中华人民共和国成立前的犯罪行为的公告》(1988年3月14日公布)

△(**中华人民共和国成立前;去台人员;追诉时效**)对去台人员在中华人民共和国成立前在大陆犯有罪行的,根据《中华人民共和国刑法》第七十六条[①]关于对犯罪追诉时效的规定的精神,决定对其当时所犯罪行不再追诉。

《最高人民法院、最高人民检察院关于不再追诉去台人员在中华人民共和国成立后当地人民政权建立前的犯罪行为的公告》[〔89〕高检会(研)字第12号,1989年9月7日公布]

△(**去台人员;犯罪地地方人民政权建立前;历史罪行;不再追诉**)对去台人员在中华人民共和国成立后、犯罪地地方人民政权建立前所犯历史罪行,不再追诉。(§1)

△(**去台人员;犯罪地地方人民政权建立前;追诉期限;报请最高人民检察院核准追诉**)去台人员在中华人民共和国成立后、犯罪地地方人民政权建立前犯有罪行,并连续或继续到当地人民政权建立后的,追诉期限从犯罪行为终了之日起计算。凡符合《中华人民共和国刑法》第七十六条[②]规定的,不再追诉。其中法定最高刑为无期徒刑、死刑的,经过二十年,不再追诉。如果认为必须追诉的,由最高人民检察院核准。(§2)

△(**去海外其他地方的人员;犯罪地地方人民政权建立前;追诉**)对于去海外其他地方的人员在中华人民共和国成立前,或者在中华人民共和国成立后、犯罪地地方人民政权建立前所犯的罪行,分别按照最高人民法院、最高人民检察院《关于不再追诉去台人员在中华人民共和国成立前的犯罪行为的公告》精神和本公告第一条第二条的规定办理。(§3)

《最高人民检察院关于办理核准追诉案件若干问题的规定》(2012年8月21日公布)

△(**严格依法;从严控制**)办理核准追诉案件应当严格依法、从严控制。(§2)

△(**无期徒刑;死刑;二十年追诉期限;报请最高人民检察院核准追诉**)法定最高刑为无期徒刑、死刑的犯罪,已过二十年追诉期限的,不再追诉。如果认为必须追诉的,须报请最高人民检察院核准。(§3)

△(**报请最高人民检察院核准追诉;强制措施;逮捕;侦查;公诉**)须报请最高人民检察院核准

① 即现行《中华人民共和国刑法》第八十七条。
② 即现行《中华人民共和国刑法》第八十七条。

追诉的案件在核准之前，侦查机关可以依法对犯罪嫌疑人采取强制措施。

侦查机关报请核准追诉并提请逮捕犯罪嫌疑人，人民检察院经审查认为必须追诉而且符合法定逮捕条件的，可以依法批准逮捕，同时要求侦查机关在报请核准追诉期间不停止对案件的侦查。

未经最高人民检察院核准，不得对案件提起公诉。（§ 4）

△（**报请核准追诉之条件**）报请核准追诉的案件应当同时符合下列条件：

（一）有证据证明存在犯罪事实，且犯罪事实是犯罪嫌疑人实施的；

（二）涉嫌犯罪的行为应当适用的法定量刑幅度的最高刑为无期徒刑或者死刑的；

（三）涉嫌犯罪的性质、情节和后果特别严重，虽然已过二十年追诉期限，但社会危害性和影响依然存在，不追诉会严重影响社会稳定或者产生其他严重后果，而必须追诉的；

（四）犯罪嫌疑人能够及时到案接受追诉的。（§ 5）

△（**报请核准追诉；同级人民检察院受理；层报**）侦查机关报请核准追诉的案件，由同级人民检察院受理并层报最高人民检察院审查决定。（§ 6）

△（**侦查羁押期限届满；变更强制措施；延长侦查羁押期限**）对已经批准逮捕的案件，侦查羁押期限届满不能做出是否核准追诉决定的，应当依法对犯罪嫌疑人变更强制措施或者延长侦查羁押期限。（§ 10）

△（**最高人民检察院核准追诉；监督侦查机关；调查取证；监督纠正；立即释放**）最高人民检察院决定核准追诉的案件，最初受理案件的人民检察院应当监督侦查机关及时开展侦查取证。

最高人民检察院决定不予核准追诉，侦查机关未及时撤销案件的，同级人民检察院应当予以监督纠正。犯罪嫌疑人在押的，应当立即释放。（§ 11）

△（**人民检察院直接立案侦查**）人民检察院直接立案侦查的案件报请最高人民检察院核准追诉的，参照本规定办理。（§ 12）

【指导性案例】

最高人民检察院指导性案例第 20 号：马世龙（抢劫）核准追诉案（2015 年 7 月 3 日发布）

△（**严重危害社会治安的犯罪；二十年追诉期限；追诉**）故意杀人、抢劫、强奸、绑架、爆炸等严重危害社会治安的犯罪，经过二十年追诉期限，仍然严重影响人民群众安全感，被害方、案发地群众、基层组织等强烈要求追究犯罪嫌疑人刑事责任，不追诉可能影响社会稳定或者产生其他严重后果的，对犯罪嫌疑人应当追诉。

最高人民检察院指导性案例第 21 号：丁国山等（故意伤害）核准追诉案（2015 年 7 月 3 日发布）

△（**积极逃避侦查；二十年追诉期限；追诉**）涉嫌犯罪情节恶劣、后果严重，并且犯罪后积极逃避侦查，经过二十年追诉期限，犯罪嫌疑人没有明显悔罪表现，也未通过赔礼道歉、赔偿损失等获得被害方谅解，犯罪造成的社会影响没有消失，不追诉可能影响社会稳定或者产生其他严重后果的，对犯罪嫌疑人应当追诉。

最高人民检察院指导性案例第 22 号：杨菊云（故意杀人）不核准追诉案（2015 年 7 月 3 日发布）

△（**因婚姻家庭等民间矛盾激化引发的犯罪；二十年追诉期限；追诉**）因婚姻家庭等民间矛盾激化引发的犯罪，经过二十年追诉期限，犯罪嫌疑人没有再犯罪危险性，被害人及其家属对犯罪嫌疑人表示谅解，不追诉有利于化解社会矛盾、恢复正常社会秩序，同时不会影响社会稳定或者产生其他严重后果的，对犯罪嫌疑人可以不再追诉。

△（**核准追诉；逮捕**）须报请最高人民检察院核准追诉的案件，侦查机关在核准之前可以依法对犯罪嫌疑人采取强制措施。侦查机关报请核准追诉并提请逮捕犯罪嫌疑人，人民检察院经审查认为必须追诉而且符合法定逮捕条件的，可以依法批准逮捕。

最高人民检察院指导性案例第 23 号：蔡金星、陈国辉等（抢劫）不核准追诉案（2015 年 7 月 3 日发布）

△（**已过二十年追诉期限；追诉**）涉嫌犯罪已过二十年追诉期限，犯罪嫌疑人没有再犯罪危险性，并且通过赔礼道歉、赔偿损失等方式积极消除犯罪影响，被害方对犯罪嫌疑人表示谅解，犯罪破坏的社会秩序明显恢复，不追诉不会影响社会稳定或者产生其他严重后果的，对犯罪嫌疑人可以不再追诉。

△（**强制措施；逃避侦查或者审判；追诉期限；追诉**）1997 年 9 月 30 日以前实施的共同犯罪，已被司法机关采取强制措施的犯罪嫌疑人逃避侦查或者审判的，不受追诉期限限制。司法机关在追诉期限内未发现或者未采取强制措施的犯罪嫌疑人，应当受追诉期限限制；涉嫌犯罪应当适用的法定量刑幅度的最高刑为无期徒刑、死刑，犯罪行为发生二十年以后认为必须追诉的，须报请最高人民检察院核准。

第八十八条 【不受追诉时效限制的情形】

在人民检察院、公安机关、国家安全机关立案侦查或者在人民法院受理案件以后，逃避侦查或者审判的，不受追诉期限的限制。

被害人在追诉期限内提出控告，人民法院、人民检察院、公安机关应当立案而不予立案的，不受追诉期限的限制。

【立法理由】

人民检察院、公安机关、国家安全机关立案侦查或者在人民法院受理案件的时候，说明对犯罪行为已开始追究，在此时，犯罪时效已停止计算。为了防止犯罪分子利用时效的规定，钻法律空子，以逃避应受到的制裁，本条作了上述规定。同时，考虑到被害人在追诉期限内向司法机关提出控告时，在个别情况下，人民法院、人民检察院或者公安机关对于被害人提出的控告没有立案查处、追究犯罪分子的刑事责任，放纵了犯罪分子。为了保证有罪必究，同时也避免因为司法机关的失误或错误而给被害人造成损失，及时有效地保护被害人的合法权益，为解决百姓告状难提供法律依据，本条增加规定了被害人在追诉期限内提出控告，人民法院、人民检察院、公安机关应当立案而不予立案的，不受追诉期限的限制。具体修改及其理由如下：

1. **增加“国家安全机关”**。1979年制定刑法时，还未设立国家安全机关。为了能更好地防范和制止危害国家安全的犯罪活动，1983年9月2日第六届全国人大常委会通过的《全国人民代表大会常务委员会关于国家安全机关行使公安机关的侦查、拘留、预审和执行逮捕的职权的决定》规定：“第六届全国人民代表大会第一次会议决定设立的国家安全机关，承担原由公安机关主管的间谍、特务案件的侦查工作，是国家公安机关的性质，因而国家安全机关可以行使宪法和法律规定的公安机关的侦查、拘留、预审和执行逮捕的职权。”1997年修订刑法时，根据这一精神和工作实际需要，增加了国家安全机关的规定。

2. **将在人民法院、人民检察院、公安机关“采取强制措施以后”修改为“立案侦查或者在人民法院受理案件以后”**。原规定的“采取强制措施以后”范围太窄，限制过于严格，不利于打击犯罪和维护法律的严肃性。人民检察院、公安机关、国家安全机关立案侦查或者人民法院受理案件行为本身，就已经表明国家有关司法机关依法启动了对犯罪的追诉活动，刑事追诉时效制度所要起到的督促国家有关司法机关尽早启动刑事追诉活动的目的已经实现。既然有关司法机关是在追诉时效期限内启动的追诉活动，该活动自然属于合法有效的职权活动。如果因为犯罪分子逃避侦查或审判，使司法机关侦查或者审判活动不能继续进行，显然不能因此而使时效期限继续计算进而达到所谓期满，影响司法机关同犯罪活动作斗争，这样也不符合追诉时效制度的本意。

3. **增加第二款，规定“被害人在追诉期限内提出控告，人民法院、人民检察院、公安机关应当立案而不予立案的，不受追诉期限的限制”**。被害人在追诉期限内向司法机关提出控告，司法机关在审查核实的基础上予以立案查处，能够依法保护被害人的合法权益。但是司法实践中一些地方也有个别情况，人民法院、人民检察院或者公安机关对于被害人提出的控告没有及时立案查处，追究犯罪分子的刑事责任，使得被害人的合法权益不能得到及时保障，放纵了犯罪分子，造成不良的社会影响。1996年修正刑事诉讼法时，针对实践中一些被害人告状无门的实际情况，专门规定了对司法机关不予追究的案件，被害人可以提起自诉的制度；1997年修订刑法时也基于这一考虑增加了被害人告状无门时不受追诉时效限制的规定，是对司法权不规范运行的补救，目的是进一步维护被害人权益，进一步体现刑法保护人民、打击犯罪的根本目的。

【条文说明】

本条是关于不受追诉时效限制的特别规定。

本条共分为两款。

第一款是关于**人民检察院、公安机关、国家安全机关立案侦查或者在人民法院受理案件以后，逃避侦查或者审判的，不受追诉时效的限制的规定**。1979年刑法规定的是“**采取强制措施以后**”。一般认为，采取强制措施以后，既适用于已经执行强制措施后逃避侦查或者审判的，也适用于人民法院、人民检察院、公安机关决定（批准）采取强制措施后，由于犯罪分子逃避而无法执行，以及犯罪分子在逃，经决定（批准）逮捕并发布通缉令后拒不到案的情况。这里修改为“**立案侦查或者在人民法院受理案件以后**”。“立案侦查”以后，是指人民检察院、公安机关、国家安全机关依照刑事诉讼法的规定,按照自己的管辖范围,对发现犯罪事实或者犯罪嫌疑人的案件予以立案,进行侦查,收集、调取犯罪嫌疑人有罪或无罪、罪轻或罪重的证据材料之日起。需要注意的是,刑事诉讼法规定,发现犯罪事实或者犯罪嫌疑人的,应当立案侦查。立案侦查包括"因事立案"和"因人立案",当然也有人和事均发现后立案。本条规定了"立案侦查"以后,逃避侦查的,不受追诉期限的限制。如何理解这里的"立案侦查",是指在程序上有"立案"就可以,还是要求对犯罪嫌疑人"因人立案",并要求采取了一定的侦查措施活动?"因事立案"后,办案机关没有采取实质侦查活动的,犯罪嫌疑人也未逃跑的,是不是也不受追诉期限的限制?对于这些问题,存在不同观点。一种意见认为,这里的"立案侦查"没有限定因人立案还是因事立案,侧重点在于"立案",只要立案就可以,既包括"因人立案",也包括"因事立案",这样理解与刑事诉讼法的规定一致。另一种意见认为,"立案侦查"是指因人立案,仅有犯罪事实而立案,没有采取实质侦查活动,并没有确定犯罪嫌疑人的,不属于这里的"立案侦查",否则就会导致案件事实一旦被发现,即使完全不知道犯罪嫌疑人是谁,也不适用追诉时效制度,会导致追诉时效制度事实上被架空。还有意见认为,"立案侦查"是指侦查机关已经发现犯罪事实和犯罪嫌疑人,并且针对犯罪嫌疑人展开了侦查活动,对于单纯"因事立案"或者"因人立案"后未采取任何侦查措施的,追诉时效应当继续计算。对此,需要结合追诉时效制度目的和各类复杂案件的情况进一步研究。

"受理案件以后",是指人民法院依照刑事诉讼法关于审判管辖的规定,接受人民检察院提起公诉或被害人自诉案件之日起。

关于"**逃避侦查或者审判**"的理解,有不同观点。一种观点认为,"逃避侦查或者审判",应限于积极的、明显的,致使侦查、审判工作无法进行的逃避行为,主要是指积极逃跑、畏罪潜逃或者藏匿。主观上应当知道自己可能已经被发现涉嫌犯罪、可能被列为犯罪嫌疑人,具有逃避侦查的故意。如果对逃避作过于宽泛的理解,追诉时效制度会丧失应有的意义。另一种观点认为,"逃避侦查或者审判"除积极逃跑或者藏匿以外,还包括虽然犯罪嫌疑人没有离开相关地方,但是通过实施毁灭犯罪证据、到案后不如实供述等妨碍侦查或者审判的行为,也包括主观上不是出于逃避侦查或者审判,而是因为工作生活的需要而变更住所、单位等,客观上对侦查、审判造成妨碍的,甚至还有认为应当包括没有主动投案,只是消极不到案的情况。根据刑法的规定和追诉时效制度的立法目的,以及关于不受追诉时效期限限制的条件设定本身所要解决的问题,**"逃避侦查或者审判"主要是指以逃避、隐藏的方法逃避刑事追究,不应包括消极不到案等情况**。犯罪嫌疑人在人民检察院、公安机关和国家安全机关立案侦查或者被告人在人民法院受理案件以后,如果其从拘留所、看守所逃跑,从自家潜逃、隐藏起来或者采用其他方法逃避侦查或者审判的,在任何时候将其追捕归案后,都可以进行追诉,不再受《刑法》第八十七条规定的追诉时效期限的限制。

第二款是关于**被害人在追诉期限内提出控告,人民法院、人民检察院、公安机关应当立案而不予立案的,不受追诉时效期限的限制的规定**。"被害人"是指遭受犯罪行为侵害的自然人和单位。"控告"是指被害人对侵犯本人、本单位合法权益的犯罪行为向司法机关告诉,要求追究侵害人的法律责任的行为。关于应当立案的理解,根据《刑事诉讼法》第一百一十条、第一百一十二条和第一百一十三条的规定,被害人对侵犯其人身、财产权利的犯罪事实或者犯罪嫌疑人,有权向公安机关、人民检察院或者人民法院报案或者控告。公安机关、人民检察院或者人民法院对于报案、控告、举报和自首的材料,应当按照管辖范围,迅速进行审查,认为有犯罪事实需要追究刑事责任的时候,应当立案;认为没有犯罪事实,或者犯罪事实显著轻微,不需要追究刑事责任的时候,不予立案,并且将不立案的原因通知控告人。人民检察院认为公安机关对应当立案侦查的案件而不立案侦查的,或者被害人认为公安机关对应当立案侦查的案件而不立案侦查,向人民检察院提出的,人民检察院应当要求公安机关说明不立案的理由。人民检察院认为公安机关不立案理由不能成立的,应当通知公安机关立案,公安机关接到通知后应当立案。对于自诉案件,被害人有权向人民法院直接起诉。因此,"**应当立案**"是指符合《刑事诉讼法》第一百一十二条规定的"有犯罪事实需要追究刑事责任"的立案条件,应当立案侦查的。"**不予立案**"是指对符合立案条件的,不属于《刑事诉讼法》第一百一十二条规定的"没有犯罪事实,或者犯罪事实显著轻微,不需要追究刑事责任"不予立案的情况,但人民法院、人民检察院、公安机关却未予立案。"不予立案"包括**立案后又撤销案件的情况**。根据本款规定,只要被害人在追诉期限内提出控告的,遇有该立案而不予立案的情况,对犯罪分子的追诉就不受《刑法》第八十七条规定的追诉期限的限制。

实践中需要注意以下几个方面的问题:

1. **不能简单地理解为只要人民检察院、公安机关、国家安全机关对案件进行立案,或者人民法院对案件予以受理后,就可不受追诉时效的限制。**上述机关对案件进行立案或受理后,犯罪嫌疑人或被告人必须具有"逃避侦查或者审判"的行为。如果没有逃避侦查和审判的行为,而是有的司法机关立案或受理后,因某些原因又未继续采取侦查或追究措施,以致超过追诉期限的,不应适用本条规定。另外,本条规定"立案侦查"和"受理案件"是指在追诉时效的期限内,对于已过了追诉时效才开始的立案侦查和审判活动,不适用本条规定,而应分别采取撤销案件、不起诉或者宣告无罪的方法处理,不再追究刑事责任。对于其中法定最高刑为无期徒刑、死刑的,如果认为确实需要追诉的,应当报请最高人民检察院核准后再行追诉。

2. 本条规定在"人民检察院、公安机关、国家安全机关"立案侦查以后,逃避侦查的,不受追诉期限的限制,**没有明确规定军事犯罪的军队保卫部门的侦查活动。**1993 年 12 月 29 日全国人大常委会通过的《全国人民代表大会常务委员会关于中国人民解放军保卫部门对军队内部发生的刑事案件行使公安机关的侦查、拘留、预审和执行逮捕的职权的决定》规定:"中国人民解放军保卫部门承担军队内部发生的刑事案件的侦查工作,同公安机关对刑事案件的侦查工作性质是相同的,因此,军队保卫部门对军队内部发生的刑事案件,可以行使宪法和法律规定的公安机关的侦查、拘留、预审和执行逮捕的职权。"《刑事诉讼法》第三百零八条第一款规定:"军队保卫部门对军队内部发生的刑事案件行使侦查权。"因此,**对于军队保卫部门立案侦查以后,逃避侦查或者审判的,也是应当适用本条规定的。**此外,关于海警立案侦查权,2018 年 6 月 22 日全国人大常委会通过的《全国人民代表大会常务委员会关于中国海警局行使海上维权执法职权的决定》规定,中国海警局履行海上维权执法职责,包括执行打击海上违法犯罪活动、维护海上治安和安全保卫,中国海警局执行打击海上违法犯罪活动、维护海上治安和安全保卫等任务,行使法律规定的公安机关相应执法职权。《刑事诉讼法》第三百零八条第二款规定,"中国海警局履行海上维权执法职责,对海上发生的刑事案件行使侦查权"。因此,对于**海警部门立案侦查以后,逃避侦查的,也应适用本条追诉时效规定。**

3. **关于共同犯罪追诉时效的确定。**共同犯罪案件中,主犯作案后逃跑,从犯未逃跑,侦查机关针对主犯立案后没有发现未逃跑的人参与案件,如果主犯不受追诉时效期限限制,从犯是否应当一并不受追诉期限限制,即共同犯罪案件是一体确定追诉时效,还是可以分别计算追诉时效。一种意见认为,共同犯罪案件应当一体确定追诉时效,共同犯罪人之间的追诉时效判断应当一致,保证案件公正审判。另一种意见认为,共同犯罪中,犯罪是共同的,责任是分别的,对是否"逃避侦查和审判"、是否经过追诉时效的判断应当是个别判断,这样处理符合罪责自负的原则。2015 年最高人民检察院发布的有关追诉时效的指导案例(检例第 23 号)则持**对共犯人追诉时效个别认定**的立场,其裁判要旨指出,1997 年 9 月 30 日以前实施的共同犯罪,已被司法机关采取强制措施的犯罪嫌疑人逃避侦查或者审判的,不受追诉期限限制。司法机关在追诉期限内未发现或者未采取强制措施的犯罪嫌疑人,应当受追诉期限限制。另外,需要注意的是,**在确定共同犯罪的具体追诉期限时,按照主犯的法定刑确定,**如共同犯罪主犯的最高法定刑是无期徒刑、死刑的,追诉期限为二十年,那么全体共同犯罪人的追诉期限均应当确定为二十年。

【司法解释】

《最高人民法院关于适用刑法时间效力规定若干问题的解释》(法释〔1997〕5 号,自 1997 年 10 月 1 日起施行)

△(**时间效力;不受追诉期限限制的情形**)对于行为人 1997 年 9 月 30 日以前实施的犯罪行为,在人民检察院、公安机关、国家安全机关立案侦查或者在人民法院受理案件以后,行为人逃避侦查或者审判,超过追诉期限或者被害人在追诉期限内提出控告,人民法院、人民检察院、公安机关应当立案而不予立案,超过追诉期限的,是否追究行为人的刑事责任,适用修订前的刑法第七十七条①的规定。(§ 1)

---

① 《中华人民共和国刑法》(1979 年)
第七十七条
在人民法院、人民检察院、公安机关采取强制措施以后,逃避侦查或者审判的,不受追诉期限的限制。

第八十九条 【追诉期限的计算】

追诉期限从犯罪之日起计算；犯罪行为有连续或者继续状态的，从犯罪行为终了之日起计算。

在追诉期限以内又犯罪的，前罪追诉的期限从犯后罪之日起计算。

【立法理由】

时效的起算，意在为追诉期限的计算确定一个明确的、可以具体操作的时间标准。法定的追诉期限从何时起算，直接关系到行使追诉权的实际有效期间，是追诉时效制度的重要内容之一。对此，有的国家规定从实施犯罪之日起计算，有的国家规定从犯罪完成之日起计算，还有的规定从行为终了之日起计算。本条规定源自1979年《刑法》第七十八条，针对犯罪的不同状态规定了不同的起算方法，1997年修订刑法时沿用了1979年刑法的规定。

【条文说明】

本条是关于追诉期限从何时起开始计算的规定。

本条共分为两款。

本条规定的追诉期限有两种起算情况：

1. **一般情况下追诉期限的起算时间是从犯罪之日起计算。**“犯罪之日”是指犯罪行为完成或停止之日。如运输毒品，在路途上用了三天，应以第三天将毒品运到，转交他人起开始计算运输毒品犯罪的追诉期限。对于以危害结果作为构成要件的犯罪，如一些过失犯罪如玩忽职守罪，结果发生之日为犯罪完成之日，自该日起算。在共同犯罪的场合，一般从所有共犯人中的最终的行为终了之日起，计算对所有共犯人的追诉期限。

2. **特殊情况下追诉期限的起算时间**，有三种情形：

(1)**犯罪行为处于连续状态的，从犯罪行为终了之日起计算。**即犯罪人连续实施同一罪名的犯罪，时效期限从其最后一个犯罪行为施行完毕时开始计算。“连续状态”是指犯罪人在一定时期，以一个故意连续实施数个独立的犯罪行为触犯同一罪名。如某罪犯多次在汽车上扒窃，其连续扒窃行为即是盗窃罪的“连续”状态。

(2)**犯罪行为处于继续状态的，从犯罪行为终了之日起计算。**即犯罪人的犯罪行为在一定时间处于持续状态的，时效期限自这种持续状态停止的时候起开始计算。“继续状态”也就是持续状态，是指犯罪人实施的同一犯罪行为在一定时间内处于接连不断的状态，不法行为与不法状态同时继续。如非法拘禁他人，在被害人脱离拘禁以前，该犯罪就一直属于继续状态。对于脱逃罪、重婚罪等，是否只要犯罪处于继续状态，都属于在时效以内，对此，司法实践中持肯定态度。如《最高人民法院研究室关于重婚案件的被告人长期外逃法院能否中止审理和是否受追诉时效限制问题的电话答复》对此持肯定态度。

(3)**在追诉期限内又犯罪的，前一犯罪的追诉期限从后罪的犯罪行为完成或停止之日起计算。**这里的前罪和后罪并未限定为同一种罪名，只要构成犯罪即可。只要再犯新罪，前罪开始计算的时效期限就归于无效，而从犯后罪之日起计算。这样规定是考虑到行为人犯罪后追诉时效尚未过去又再次犯罪，说明其人身危险性较大，经过一段时间以后，本人并没有悔过和完成自我改造重新回归社会，因此，如果不中断其追诉时效的计算，从性质上不符合设置时效制度的目的，为此，刑法规定前罪的追诉时效从犯后罪之日起重新计算。如果被告人此前犯有多个罪的，多个罪的追诉期限都属于“前罪”，都应该重新计算，而不是各个前罪依照后一个罪的完成之日重新计算，换句话说，前罪不是前一个罪，而是之前的罪。

【司法解释】

《最高人民检察院关于对跨越修订刑法施行日期的继续犯罪、连续犯罪以及其他同种数罪应如何具体适用刑法问题的批复》(高检发释字〔1998〕6号，1998年12月2日公布)

△(**跨越新旧法；继续犯罪；连续犯罪；其他同种数罪**)对于开始于1997年9月30日以前，继续或者连续到1997年10月1日以后的行为，以及在1997年10月1日前后分别实施的同种类数罪，如果原刑法和修订刑法都认为是犯罪并且应当追诉，按照下列原则决定如何适用法律：

一、对于开始于1997年9月30日以前，继续到1997年10月1日以后终了的继续犯罪，应当适用修订刑法一并进行追诉。

二、对于开始于1997年9月30日以前，连续到1997年10月1日以后的连续犯罪，或者在1997年10月1日前后分别实施的同种类数罪，其中罪名、构成要件、情节以及法定刑均没有变

总则 第四章

化的，应当适用修订刑法，一并进行追诉；罪名、构成要件、情节以及法定刑已经变化的，也应当适用修订刑法，一并进行追诉，但是修订刑法比原刑法所规定的构成要件和情节较为严格，或者法定刑较重的，在提起公诉时应当提出酌情从轻处理意见。

《最高人民法院关于挪用公款犯罪如何计算追诉期限问题的批复》（法释〔2003〕16号，自2003年10月10日起施行）

△（**追诉期限之计算；挪用公款犯罪**）根据刑法第八十九条、第三百八十四条的规定，挪用公款归个人使用，进行非法活动的，或者挪用公款数额较大、进行营利活动的，犯罪的追诉期限从挪用行为实施完毕之日起计算；挪用公款数额较大、超过三个月未还的，犯罪的追诉期限从挪用公款罪成立之日起计算。挪用公款行为有连续状态的，犯罪的追诉期限应当从最后一次挪用行为实施完毕之日或者犯罪成立之日起计算。

【司法解释性文件】

《最高人民法院关于被告人林少钦受贿请示一案的答复》（〔2016〕最高法刑他5934号，2017年2月13日公布）

△（**追诉时效之认定；立案侦查**）追诉时效是依照法律规定对犯罪分子追究刑事责任的期限，在追诉时效期限内，司法机关应当依法追究犯罪分子刑事责任。对于法院正在审理的贪污贿赂案件，应当依据司法机关立案侦查时的法律规定认定追诉时效。依据立案侦查时的法律规定未过时效，且已经进入诉讼程序的案件，在新的法律规定生效后应当继续审理。

【参考案例】

△所犯之罪已过法定追诉期限，且不存在延长追诉期限的法定事由，而后又犯新罪且被司法机关立案侦查的，不属于追诉时效中断的情形，不能重新计算前罪的追诉期限。

在南昌洙等盗窃案中，被告人南昌洙伙同南昌男于1998年3月盗窃他人耕牛，价值人民币2500元，被告人南昌洙的该起盗窃犯罪行为的追诉时效应为五年，而被告人南昌洙直至2003年8月才被立案侦查，在此之前，没有发生在司法机关立案侦查以后逃避侦查以及被害人对其提出控告但司法机关不予立案等可导致追诉期限延长的法定事由，因此，就被告人南昌洙该起盗窃行为而言，明显已过追诉期限。首先，被告人南昌洙两次盗窃行为不属追诉时效中断的情形。被告人南昌洙在1998年3月所实施的盗窃犯罪，在2003年3月追诉期限即已届满，此后所犯新罪，已经不属于《刑法》规定的“在追诉期限以内又犯罪”的情形，不能因此再重新计算前罪的追诉期限。其次，被告人南昌洙两次盗窃行为不属连续犯。连续犯是指基于同一或者概括的犯罪故意，连续实施数个独立的犯罪行为，触犯同一罪名的情形。连续犯中，行为人在开始实施第一个犯罪行为时，即有连续实施数个犯罪行为的犯罪意图，或者是为完成一个预定的犯罪计划，或者是为实现一个总的目标，或者是预见到了总的犯罪结果。这是连续犯与同种数罪的主要区别所在。被告人南昌洙前后两个盗窃行为虽均独立构成盗窃罪，但该两个行为时间间隔在五年以上，很难认定其在实施前次盗窃犯罪时，对五年之后再次实施的盗窃犯罪已经具有主观上的连续故意，因此，不应将其实施的两次盗窃行为作为连续犯罪，不能以犯后罪为由重新起算其前罪的追诉期限。被告人南昌洙于1998年3月伙同他人实施的盗窃行为已过追诉期限，依法不应追究其该起盗窃行为的刑事责任。［No. 5-264-5 南昌洙等盗窃案］

第五章　其他规定

第九十条　【民族自治地方对本法的变通或补充规定】

民族自治地方不能全部适用本法规定的，可以由自治区或者省的人民代表大会根据当地民族的政治、经济、文化的特点和本法规定的基本原则，制定变通或者补充的规定，报请全国人民代表大会常务委员会批准施行。

【立法理由】

（一）立法相关背景及修改情况

1. **1979年立法的情况**。1979年《刑法》第八十条规定："民族自治地方不能全部适用本法规定的，可以由自治区或者省的国家权力机关根据当地民族的政治、经济、文化的特点和本法规定的基本原则，制定变通或者补充的规定，报请全国人民代表大会常务委员会批准施行。"这一规定主要是考虑到我国是一个统一的多民族国家，各民族自治地方的少数民族在长期的历史发展过程中形成了一些特殊的风俗习惯、传统。因此，本条对民族自治地方不能全部适用本法规定的，规定可制定变通或补充规定。

2. **1997年修订刑法的情况**。民族自治地方是在国家统一领导下，在少数民族聚居的地方，依照宪法和法律设立的实行民族区域自治的地方，包括自治区、自治州、自治县。在1997年修订刑法的过程中，基本沿用了1979年《刑法》第八十条关于民族自治地方可以制定变通或者补充规定的规定，只是对制定变通或者补充规定的主体的表述，作了一些修改，即将原规定的"自治区或者省的国家权力机关"修改为"**自治区或者省的人民代表大会**"。这样修改，更为明确具体，便于实践中准确掌握刑法的规定。

（二）立法时争议的主要问题

在1997年刑法修订过程中，对于是不是还有必要继续保留民族自治地方可以制定变通或者补充规定，存在不同认识。有的意见认为，没有必要在刑法中对该条作出规定，主要理由是，刑法作为国家的基本法律，应该统一适用于全国，平等适用于全体公民。我国是统一的多民族国家，各民族自治地方都是中华人民共和国不可分割的部分，刑法原则上适用于各个民族地区，这是国家体制的必然要求。从必要性来看，1979年制定刑法时，考虑到一些民族自治地方的特殊情况，在刑法中作出了这样的特殊安排。经过新中国成立以来数十年的建设和发展，少数民族地方的经济社会发展取得了前所未有的成就，有条件执行刑法的统一要求而不必保留变通规定。主张保留刑法关于少数民族地方制定变通规定的意见认为，我国是一个统一的多民族国家，各个民族由于经济、社会、历史等原因，政治、经济、文化上的发展是不平衡的，有的少数民族长期保有自己传统的文化和风俗习惯，有的在婚姻家庭方面带有自己明显的特点。基于上述多种因素，1979年刑法规定了民族自治地方不能全部适用本法规定的，可以由自治区或者省的国家权力机关根据当地民族的政治、经济、文化的特点和本法规定的基本原则，制定变通或者补充的规定，报请全国人大常委会批准施行。虽然从实际情况看，1979年刑法施行以来，**民族自治地方很少有这方面的立法实践**，但是这一规定充分体现了原则性和灵活性相结合，继续予以保留有利于保持法律的延续性，对于体现宪法原则和我国的民族政策是有实际意义的。最后，**在1997年刑法中，继续保留了1979年刑法的这一规定**。

【条文说明】

本条是关于民族自治地方在不能全部适用本法规定的情况下，可以制定变通或者补充规定的规定。

本条所说的"**民族自治地方**"，是指在我国领域内少数民族聚居的地方，根据当地的实际情况，依照宪法和法律建立的民族自治县、自治州或者自治区。"**不能全部适用本法规定**"是指根据民族自治地方的少数民族群众在长期的历史发展过程中所形成的一些风俗习惯、传统的特殊性而不能完全适用刑法的有关规定。"**根据当地民族的政治、经济、文化的特点**"是指根据民族自治地方的少数民族在政治、经济、文化方面的特殊性。**“制定变通或者补充的规定”**是指民族自治区或省一级的人民代表大会根据当地民族的政治、经济、文化的特点和本法规定的基本原则，对刑法的有关规定作一些变通或者补充的规定。

根据本条规定，对刑法制定变通或者补充的规定，必须符合以下条件：

1. 制定变通或者补充的规定，**必须根据刑法规定的基本原则**，即刑法对犯罪及其刑罚规定的原则。制定变通或者补充规定的依据，是由于少数民族特点不能全部适用刑法的，而不是由于其他原因。

2. 制定变通或者补充的规定，**应由自治区或者省一级的人民代表大会制定，并报全国人大常委会批准后方可执行**，其他任何机关都无权制定或批准变通、补充的规定。

3. 制定变通或者补充的规定，既要考虑当地民族的政治、经济、文化的特点，还要考虑当地政治、经济、文化的进步和发展。

需要注意的是，我国是统一的多民族国家，基于少数民族聚居地方经济文化特点的现实情况，国家在一些地方实行民族区域自治。考虑到有的少数民族可能因为长期历史形成的习惯和传统，完全执行刑法的有些规定可能存在一定的困难，刑法中专门规定了可以依法作出变通和补充规定的制度。但是，必须明确的是，刑法作为国家基本法律，原则上必须保证其在全国范围内统一施行，这是我国作为单一制国家的必然要求。同时，刑法作为规定犯罪与刑罚的法律，其所确立的规则，都是基本的行为规范，所禁止的行为，都是具有严重社会危害性的犯罪行为。因此，对于刑法的规定，公民基本上都应当能够理解和执行。这也是本条之所以规定，不能全部执行本法规定时，根据本法规定的原则，可以制定变通或者补充规定的主要考虑，即变通或者补充规定不能与刑法的原则精神相抵触，不能在“大是大非”问题上出现不一致。为此，在实践中需要注意以下问题：

1. 关于变通和补充规定。就变通和补充的内容而言，变通和补充的目的是处理及协调好刑法规定统一适用这一原则问题，与更好适应民族自治地方特殊情况这一灵活性问题之间的关系，因此，**变通和补充内容应该考虑民族区域自治地方的政治、经济、文化等实际情况及刑法与民族习惯的冲突等问题**。不同民族、不同区域的法律变通的需求不一样，甚至是相同民族在不同区域其变通情况也不一定一样，所以说，其变通的内容主要是针对本地区本民族的实际情况来定。就变通或者补充规定的效力范围而言，仅适用于本民族自治区域内，不得适用于该区域之外的地方。至于在本民族区域内是否都要按照变通或者补充的规定执行，也需要根据具体情况，由自治区或者省人民代表大会在制定具体规定时确定。

2. 民族自治地方的司法机关在具体案件处理当中，**也要注意正确处理少数民族习惯和刑法具体适用的关系问题**。从我国的实际情况看，民族习惯在少数民族地区的生活和社会交往以及纠纷解决中仍然有一定的影响力，这些习惯对于刑法的具体适用也会带来一些影响，在具体案件处理中，需要妥善处理好刑法适用与民族习惯之间的关系。如在婚姻家庭领域，重婚、早婚、抢婚、公房制等，与刑法规定的重婚罪、强奸罪、暴力干涉婚姻自由罪等的适用问题；在有的民族习俗中还存在除魔驱鬼的习惯，一些被认为是带来灾难或招致疾病的人的财物会被毁坏，甚至这些人会被殴打，这些行为与故意毁损公司财物罪、故意伤害罪等的适用问题。上述问题表明，即使是在没有制定变通或者补充规定的领域，刑法在少数民族地区实施过程中，也可能面临与当地风俗习惯的不一致问题，特别是相关风俗习惯的长期存在，可能会对当地少数民族群众关于某些行为的社会危害性的大小和应予谴责性的强烈程度的认识带来影响。对此，需要司法机关在对具体案件处理时注意把握好法律和政策。

第九十一条　【公共财产】

本法所称公共财产，是指下列财产：

（一）国有财产；

（二）劳动群众集体所有的财产；

（三）用于扶贫和其他公益事业的社会捐助或者专项基金的财产。

在国家机关、国有公司、企业、集体企业和人民团体管理、使用或者运输中的私人财产，以公共财产论。

【立法理由】

（一）立法相关背景及修改情况

1. **1979年立法的情况**。1979年《刑法》第八十一条规定："本法所说的公共财产是指下列财产：（一）全民所有的财产；（二）劳动群众集体所有的财产。在国家、人民公社、合作社、合营企业和人民团体管理、使用或者运输中的私人财产，以公共财产论。"

保护公共财产是刑法的重要任务之一，刑法分则中有些犯罪就是针对特殊主体侵害公共财产而设立的，对于这些犯罪而言，犯罪行为侵害的对象是否属于公共财产，对其定罪、量刑具有重要意义，因此，有必要对公共财产的含义和范围予以明确。

2. **1997年修订刑法的情况**。本条规定是1997年修订刑法时根据1979年《刑法》第八十一条修改而来，将其中的"全民所有的财产"修改为"国有财产"；增加了第（三）项，即"用于扶贫和其他公益事业的社会捐助或者专项基金的财产"也属于公共财产的规定。此外，还重新界定了"以公共财产论"的财产的范围。这些修改是为了适应我国经济、社会发展的实际情况作出的，有利于对公共财产的保护以及刑法任务的实现。

一是将"在国家、人民公社、合作社、合营企业"修改为"在国家机关、国有公司、企业、集体企业"。1979年刑法实施以来，随着改革开放的不断深化，我国经济、社会发展出现了很大变化，在经济和社会生活中相关财产的管理、经营主体已经有很大不同，需要适应这种变化作出相应调整。如人民公社已经不存在了；原来的合作社、合营企业，多已经按照建立现代企业制度的要求作了公司化、企业化改制，改制后股权属于集体所有的，使用集体企业可以涵盖，因此作了上述修改。

二是将"用于扶贫和其他公益事业的社会捐助或者专项基金的财产"列入公共财产范畴。随着社会公益事业的不断发展，各种社会捐助和基金越来越多，这些财产来源、用途带有明显的社会公益性质，应当作为公共财产予以保护。从实践中的情况看，侵害这部分财产的行为也日渐增多，在处理相关案件时，各方面对于这些财产的归属等问题时常出现认识分歧，有必要在刑法中明确规定这部分财产属于公共财产。

（二）"公共财产"含义的演变

中华人民共和国历史上"公共财产"的范围也一直经历着变迁。社会主义公共财产最先出现于对"敌人财产"和"官僚资本"的没收。直到《中国人民政治协商会议共同纲领》时，对"公共财产"的理解仍限定为"国家的财产"，如《中国人民政治协商会议共同纲领》第三条规定"保护国家的公共财产和合作社的财产，保护工人、农民、小资产阶级和民族资产阶级的经济利益及其私有财产"，将"国家的公共财产"与"合作社的财产"并立。

【条文说明】

本条是关于公共财产具体范围的规定。

本条共分为两款。

第一款对公共财产的范围和种类作了明确。本条规定的公共财产，包括以下三种情况：

1. **国有财产**，即国家所有的财产。主要包括国家机关、国有公司、企业、国有事业单位、人民团体中的属于国家所有的财产。国有财产的范围十分广泛，根据我国《宪法》和有关法律的规定，国有财产主要有：（1）国家机关及所属事业单位的财产；（2）军队财产，如军事设施等；（3）全民所有制企业；（4）国家所有的公共设施、文物古迹等；（5）国家在国外的财产；（6）国家对非国有单位的投资以及债权等其他财产权等。

2. **劳动群众集体所有的财产**。主要包括集体所有制的公司、企业、事业单位、经济组织中的财产。在经济活动中，公民多人合伙经营积累的财产，属于合伙人共有，不属于集体所有的财产。《民法典》第二百六十一条第一款规定，农民集体所有的不动产和动产，属于本集体成员集体所有；第二百六十三条规定，城镇集体所有的不动产和动产，依照法律、行政法规的规定由本集体享有占有、使用、收益和处分的权利。关于集体所有的财

总则　第五章

产的范围，根据《民法典》第二百六十条的规定，包括：(1)法律规定属于集体所有的土地和森林、山岭、草原、荒地、滩涂；(2)集体所有的建筑物、生产设施、农田水利设施；(3)集体所有的教育、科学、文化、卫生、体育等设施；(4)集体所有的其他不动产和动产。根据《民法典》第二百六十二条的规定，对于集体所有的土地和森林、山岭、草原、荒地、滩涂等，属于村农民集体所有的，由村集体经济组织或者村民委员会依法代表集体行使所有权；分别属于村内两个以上农民集体所有的，由村内各该集体经济组织或者村民小组依法代表集体行使所有权；属于乡镇农民集体所有的，由乡镇集体经济组织代表集体行使所有权。根据《民法典》第二百六十五条的规定，集体所有的财产受法律保护，禁止任何组织或者个人侵占、哄抢、私分、破坏。

3. **用于扶贫和其他公益事业的社会捐助或者专项基金的财产**。“**公益事业**”主要是指服务于社会公益的非营利性事项。根据《公益事业捐赠法》第三条的规定，“公益事业”是指非营利的下列事项：(1)救助灾害、救济贫困、扶助残疾人等困难的社会群体和个人的活动；(2)教育、科学、文化、卫生、体育事业；(3)环境保护、社会公共设施建设；(4)促进社会发展和进步的其他社会公共和福利事业。“**社会捐助**”是指个人、组织或单位向社会公益事业以及向贫困地区所捐赠、赞助的款物。“**专项基金**”是指专门用于上述公益事业的各种基金。

第二款规定了**在国家机关、国有公司、企业、集体企业和人民团体管理、使用、运输中的私人财产，以公共财产对待，按公共财产予以保护**。因为这部分财产虽然属于私人所有，但当交由国家机关、国有公司、企业、集体企业和人民团体管理、使用、运输时，上述单位就有义务保护该财产，如果丢失、损毁，需要依法承担赔偿责任。对这些财产进行侵害，其法律后果就相当于对公共财产造成了损害。因此，法律规定这些财产以公共财产论。

实践中需要注意以下两个方面的问题：

1. **对于国有财产和个人财产混同的情况要做好区分**，特别是涉及与国有企业改制相关的问题时，既有国有资产被侵吞、侵占的情况，也有改制过程中因各种复杂情况造成的权属界限不明晰、制度不规范等情况，需要结合案件的具体情况，根据法律和有关政策规定，妥善处理。

2. **对于本条第二款规定中的“管理、使用或者运输”应作实质理解**，特别是对“管理”的理解不能与“占有”简单等同，只要事实上处于支配或管有状态即可。

第九十二条 【公民私人所有的财产】

本法所称公民私人所有的财产，是指下列财产：

（一）公民的合法收入、储蓄、房屋和其他生活资料；

（二）依法归个人、家庭所有的生产资料；

（三）个体户和私营企业的合法财产；

（四）依法归个人所有的股份、股票、债券和其他财产。

【立法理由】

1. **1979 年立法的情况**。1979 年《刑法》第八十二条规定：“本法所说的公民私人所有的合法财产是指下列财产：(一)公民的合法收入、储蓄、房屋和其他生活资料；(二)依法归个人、家庭所有或者使用的自留地、自留畜、自留树等生产资料。”保护公民私人所有的财产是刑法的重要任务之一，为了加强对公民私人所有的财产的保护，刑法分则中规定了很多侵害公民私人财产的罪名。因此，明确界定公民私人所有的财产的范围，对于正确认定罪与非罪、此罪与彼罪，准确量定刑罚，均具有重要意义。为此，1979 年制定刑法时，专门以一条对公民私人所有的财产的范围作出了明确规定。

2. **1997 年修订刑法的情况**。1997 年修订刑法时，根据改革开放以来我国经济社会发展和情况的变化，对 1979 年刑法关于公民私人所有的财产的规定作了修改完善，以进一步加强对公民私人财产的保护。

一是增加了第(三)项“个体户和私营企业的合法财产”。主要是改革开放以来随着社会主义市场经济的逐步确立和发展，市场主体趋于多元化，城乡从事个体经营的个体工商户、农村承包经营户，以及各类私营企业得到了很大发展，在经济生活中发挥着越来越重要的作用，刑法相应增加关于保护个体户和私营企业合法财产的有针对性的规定，有利于加强对公民财产的保护。

二是增加了第(四)项“依法归个人所有的股份、股票、债券和其他财产”。主要是随着社会主义市场经济的发展,以股份制为代表的现代企业制度逐步建立并不断发展完善,各类有限责任公司、股份有限公司成为企业的主要组织形式;与之相适应,服务于社会主义市场经济的资本市场也获得了很大发展,公民投融资渠道更加畅通,拥有的股票、债券等金融资产和其他各种权益性资产不断增加,刑法有必要适应公民私人所有的财产在结构上的变化,相应增加关于保护这类资产的针对性规定。

三是将条文中“公民私人所有的合法财产”修改为“公民私人所有的财产”,将“依法归个人、家庭所有或者使用的自留地、自留畜、自留树等生产资料”修改为“依法归个人、家庭所有的生产资料”。前一处修改主要是使得表述更为准确;后一处修改主要是随着改革开放不断深化,1979 年刑法制定时生产资料主要归国家和集体所有的情况有了很大变化,公民家庭和私人拥有的生产资料的种类、数量等都有了很大发展。特别是农村经济体制改革改变了原来“三级所有,队为基础”的集体单一经营模式,转为以家庭联产承包责任制为基础的家庭和集体统分结合的双层经营体制,农民家庭成为生产经营主体,拥有生产所需的各种生产资料,而不再是仅保留自留地、自留畜、自留树的情况,刑法的规定也需要作出相应的调整。

【条文说明】

本条是关于公民私人所有的财产具体范围的规定。

本条规定的公民私人所有的合法财产,包括以下四种情况:

1. **公民的合法收入、储蓄、房屋和其他生活资料**。“**合法收入**”是指公民个人的工资收入、劳动所得、资产性收入以及其他各种依法取得的收入,如接受继承、馈赠而获得的财产等。“**储蓄**”是指公民将其合法的收入存入银行、信用社及其所得的利息。“房屋”是指公民私人所有的住宅。“**其他生活资料**”主要是指公民的各种生活用品,如家具、交通工具、图书资料等。上述生活资料的获得必须符合法律的规定,非法占有的生活资料不受法律保护,如贪污受贿得到的钱财,法律不但不予保护,而且应当没收。

2. **依法归个人、家庭所有的生产资料**。包括各种劳动工具和劳动对象,如拖拉机、插秧机等机器设备,耕种的庄稼,用于耕种的牲畜,饲养的家禽、家畜,自己种植的林木以及其他用于生产的原料等生产资料。

3. **个体户和私营企业的合法财产**。个体户包括个体工商户和农村承包经营户。民法典保留了原《民法通则》第二十六条、第二十七条的规定,延续了个体工商户和农村承包经营户的分类。《民法典》第五十四条规定:“自然人从事工商业经营,经依法登记,为个体工商户。个体工商户可以起字号。”第五十五条规定:“农村集体经济组织的成员,依法取得农村土地承包经营权,从事家庭承包经营的,为农村承包经营户。”第五十六条规定:“个体工商户的债务,个人经营的,以个人财产承担;家庭经营的,以家庭财产承担;无法区分的,以家庭财产承担。农村承包经营户的债务,以从事农村土地承包经营的农户财产承担;事实上由农户部分成员经营的,以该部分成员的财产承担。”总之,个体户是以个人或家庭为生产单位的,其合法财产属于该个人或者家庭所有。根据有关法律、行政法规,私营企业主要包括四类:(1)独资企业,是指一个自然人独家投资经营的企业。(2)合伙企业,根据《合伙企业法》第二条规定,是指自然人、法人和其他组织依法在中国境内设立的普通合伙企业和有限合伙企业。普通合伙企业由普通合伙人组成,合伙人对合伙企业债务承担无限连带责任。有限合伙企业由普通合伙人和有限合伙人组成,普通合伙人对合伙企业债务承担无限连带责任,有限合伙人以其认缴的出资额为限对合伙企业债务承担责任。(3)有限责任公司,是指若干个投资者以其出资额对公司负责,公司以其全部资产对公司债务承担责任的公司。(4)股份有限公司,是指依法由若干个人出资认股,公司以其全部资产对公司债务承担责任的企业。

4. **依法归个人所有的股份、股票、债券和其他财产**。“个人所有的股份”,是指公民个人出资认购的股份。公民个人出资认购的股份,属于个人所有的财产。“股票”,是指股份有限公司依法发行的表明股东权利的有价证券。“债券”,是指国家或企业依法发行的,约定到期时向持券人还本付息的有价证券,分为公债券、金融债券和企业债券。公债券是指国家发行的债券,国库券就是一种公债券。金融债券是指由金融机构直接发行的债券。企业债券即由企业发行的债券。“个人所有的股票、债券”,是指由公民个人购买的依法向社会公开发行的股票和债券。公民个人合法购买或通过继承、馈赠等合法获取的股票、债券,也属于公民私人所有的财产。

第九十三条　【国家工作人员】

本法所称国家工作人员，是指国家机关中从事公务的人员。

国有公司、企业、事业单位、人民团体中从事公务的人员和国家机关、国有公司、企业、事业单位委派到非国有公司、企业、事业单位、社会团体从事公务的人员，以及其他依照法律从事公务的人员，以国家工作人员论。

【立法解释】

《全国人民代表大会常务委员会关于〈中华人民共和国刑法〉第九十三条第二款的解释》[2000年4月29日通过，该解释已经被《全国人民代表大会常务委员会关于修改部分法律的决定》(2009年8月27日通过)修改]

△(**其他依照法律从事公务的人员；村民委员会等村基层组织人员**)村民委员会等村基层组织人员协助人民政府从事下列行政管理工作，属于刑法第九十三条第二款规定的“其他依照法律从事公务的人员”：

(一)救灾、抢险、防汛、优抚、扶贫、移民、救济款物的管理；

(二)社会捐助公益事业款物的管理；

(三)国有土地的经营和管理；

(四)土地征收、征用补偿费用的管理；

(五)代征、代缴税款；

(六)有关计划生育、户籍、征兵工作；

(七)协助人民政府从事的其他行政管理工作。

村民委员会等村基层组织人员从事前款规定的公务，利用职务上的便利，非法占有公共财物、挪用公款、索取他人财物或者非法收受他人财物，构成犯罪的，适用刑法第三百八十二条和第三百八十三条贪污罪、第三百八十四条挪用公款罪、第三百八十五条和第三百八十六条受贿罪的规定。

【立法理由】

(一)立法相关背景及修改情况

1. 1979年立法的情况。1979年《刑法》第八十三条规定：“本法所说的国家工作人员是指一切国家机关、企业、事业单位和其他依照法律从事公务的人员。”国家工作人员依法负有管理国家和社会公共事务的职权，应当严格依法履职，恪尽职守，维护国家利益、社会公共利益、公民法人其他组织的合法权益，不得利用职权谋取私利，侵犯他人合法权益。为此，1979年刑法在分则中对与国家工作人员有关的犯罪作了很多规定，总体上看，体现了对国家工作人员这一特殊犯罪主体从严管理和惩处的精神。为了正确适用刑法，准确定罪量刑，1979年刑法在总则中对于国家工作人员的含义和范围予以了明确界定。

2. 1997年修订刑法的情况。1997年修订刑法时，根据经济社会情况的变化，在总结司法实践经验的基础上，对1979年刑法有关国家工作人员的规定作了进一步修改完善，主要是根据政企分开的原则，对国家工作人员区分层次作了规定，增加了“国有公司、企业、事业单位、人民团体中从事公务的人员和国家机关、国有公司、企业、事业单位委派到非国有公司、企业、事业单位、社会团体从事公务的人员，以及其他依照法律从事公务的人员，以国家工作人员论”的规定。

考虑到在司法实践中对村基层组织人员协助基层人民政府从事相关公共事务管理工作是否属于依法从事公务有不同的认识，为有利于司法机关正确适用法律，依法惩治村委会等村基层组织人员利用职务便利非法占有公共财物、挪用公款、索取他人财物或者非法收受他人财物的犯罪，2000年4月29日第九届全国人大常委会第十五次会议通过了《全国人民代表大会常务委员会关于〈中华人民共和国刑法〉第九十三条第二款的解释》，将村民委员会等村基层组织协助人民政府从事救灾、抢险、防汛、优抚、扶贫、移民、救济款物的管理，社会捐助公益事业款物的管理，国有土地的经营和管理，土地征用补偿费用的管理，代征、代缴税款，有关计划生育、户籍、征兵工作等七项行政管理工作的，解释为属于“依照法律从事公务的人员”。

2009年8月27日第十一届全国人大常委会第十次会议通过《全国人民代表大会常务委员会关于修改部分法律的决定》，其中将相关法律中有关土地“征用”的表述，统一修改为“征收、征用”，该解释中的“征用”也被修改为“征收、征用”。

(二)立法时争议的主要问题

关于国家工作人员的范围问题，司法实践中长时间以来一直有不同认识。1997年修订刑法时，有的主张缩小范围，只限于国家机关工作人员，这样符合政企分开和国家干部人事制度的改革方向；有的主张不宜作大的变动，认为我国是以公有制为基础的社会主义国家，实践中许多贪污受贿案件发生在国有单位，将国有企业、事业单位工作人员列为国家工作人员，有利于保护国有资产。当时经反复研究，考虑到随着改革的深入，现有的国有公司、企业、事业单位的人事管理制度虽然发生了根本变化，即依法享有独立自主的人事管理权，但国家为了加强对国有资产的管理，政府对国有企业、事业单位也进行必要的管理，这种管理主要表现为直接任命干部到国有公司、企业、事业单位中担任职务，行使管理职权，因此，这部分人员应视为国家工作人员。另外，随着经济体制改革的不断深化，国有单位与非国有单位共同参股经营的一些混合所有制企业、实体也越来越多，很多国有单位会委派工作人员到这些非国有的企业、实体中代表国有单位担任一定职务，履行相应职责，这些人员相当于国有单位的工作人员，也应当视为国家工作人员。同时，在我国依照法律从事国家管理事务的人员，除国家机关工作人员之外，还有在工会、青年团、妇联等人民团体中工作的人员。还有一些组织或者机构，虽不属于国家机关序列，但依照法律成立或者依照法律从事特定领域公共事务的管理工作，对这些组织或者机构中从事公务的人员，也应当按照其所实际承担的职责，作为国家工作人员对待。为此，**本条第二款专门对上述这些在国家机关以外的，事实上从事各种公共事务管理性质的公务的人员，明确“以国家工作人员论”**。“以国家工作人员论”的人员，从国家政治体制改革的长远发展看，政企分开以后，本身不应属于国家工作人员，但从目前的实际情况出发，这样规定有利于防止国家利益遭受重大损失，有利于惩罚犯罪。

【条文说明】

本条是关于国家工作人员范围的规定。

本条共分为两款。

第一款是关于**国家机关工作人员的定义规定**。本条规定的“**国家机关**”，是指国家的权力机关、行政机关、监察机关、司法机关以及军事机关。国家机关是依据宪法和法律设立的，依法承担一定的国家和社会公共事务的管理职责和权力的组织。一般而言，国家机关的性质是比较容易确定的，但由于我国目前正在进行政治、经济体制的改革，改革中出现的一些特殊情况需要加以特别注意，比如目前有些机关在编制上属于事业编制而不是行政编制，如中国证券监督管理委员会，虽然其编制属于国有事业单位，但实际上行使了国家机关的职责，依照法律对全国证券市场进行统一监管，并具有行政处罚权。有的国家机关内部既包括一部分行政编制，又含有一部分事业编制，而且各地的具体做法也不尽相同，1997年修订刑法前后，有的地方的房地产管理局、技术监督局、工商所等整建制的属于事业编制，有的地方的原国家商检部门改为商检中心等。对于这些组织是否属于国家机关，实践中存在不同认识。国家机关的设立和对国家机关中工作人员的编制管理是性质不同的两个问题，因此只要是依法设立的行使一定国家管理职权的组织就是国家机关，至于组织人事部门在编制上对其是按照行政编制还是事业编制进行管理，并不影响刑法上将其作为国家机关，从严要求，以体现权责一致。“从事公务的人员”，是指在上述国家机关中行使一定管理职权、履行一定职务的人员。在上述国家机关中从事劳务性工作的人员，如司机、门卫、炊事员、清洁工等勤杂人员以及部队战士等，不属于国家工作人员范畴。

第二款是**“以国家工作人员论”的规定**。主要包括三个方面：一是**在国有公司、企业、事业单位、人民团体中从事公务的人员**。这里规定的“从事公务的人员”，是指在国有公司、企业等单位中具有经营、管理职责或履行一定管理职务的人员，在国有公司、企业等上述单位中不具有管理职责的一般工人、临时工等其他劳务人员，不属本条规定的从事公务的人员。二是**国家机关、国有公司、企业、事业单位委派到非国有公司、企业、事业单位、社会团体从事公务的人员**。“委派”主要是指在一些具有国有资产成分的中外合资企业、合作企业、股份制企业当中，国有公司、企业或其他有关国有单位为了行使对所参与的国有资产的管理权而派驻的管理人员。这里也包括有的国家机关、国有事业单位委派一些人员到非国有事业单位、社会团体中从事公务的人员。三是**其他依照法律从事公务的人员**，这些人虽不是上述单位的人员，却是依照法律规定从事国家事务工作的人员。

在认定国家机关工作人员身份的问题上，实践中存在不同认识。一种观点可称为“**身份论**”，即只有依照法定程序任命，具有国家工作人员身份的人才属于国家机关工作人员；另一种观点可称为“**职责论**”，这种观点认为，一般情况下国家工作人员是指上述具有正式国家工作人员身份的人，但是在特殊情况下，一些虽不具有正式国家工作人员身份的人员，如果因临时委托、授权等法律上的原因而实际上依法承担了国家事务的管理职责的，在其依法履行该职责时，应作为国家工作人员看待，如果有贪污贿赂、渎职等犯罪行为的，应依法追究相应的刑事责任。显然，**“职责论”更符合刑法的立法本意，也更符合我国目前的实际情况**。因此，对于那些虽不具有正式的国家工作人员身份,但因委托等法定原因实际享有国家工作人员的管理职权的人员,应当以国家工作人员论。例如,协助人民政府从事行政管理事务的村民委员会等村基层组织人员等,只要实际负有国家管理职责,在依法履行相应的职责的过程中有受贿、非法占有公共财物等行为,均应以国家工作人员论,构成犯罪的,依法追究相应的刑事责任。根据《全国人民代表大会常务委员会关于〈中华人民共和国刑法〉第九十三条第二款的解释》的规定,村民委员会等村基层组织人员协助人民政府从事下列行政管理工作时,属于《刑法》第九十三条第二款规定的"其他依照法律从事公务的人员":(1)救灾、抢险、防汛、优抚、扶贫、移民、救济款物的管理;(2)社会捐助公益事业的款物的管理;(3)国有土地的经营和管理;(4)土地征收、征用补偿费用的管理;(5)代征、代缴税款;(6)有关计划生育、户籍、征兵工作;(7)协助人民政府从事的其他行政管理工作。同时规定,村民委员会等村基层组织人员从事前述的公务,利用职务上的便利,非法占有公共财物、挪用公款、索取他人财物或者非法收受他人财物,构成犯罪的,适用《刑法》第三百八十二条和第三百八十三条贪污罪、第三百八十四条挪用公款罪、第三百八十五条和第三百八十六条受贿罪的规定。

《全国人民代表大会常务委员会关于〈中华人民共和国刑法〉第九章渎职罪主体适用问题的解释》规定:"在依照法律、法规规定行使国家行政管理职权的组织中从事公务的人员,或者在受国家机关委托代表国家机关行使职权的组织中从事公务的人员,或者虽未列入国家机关人员编制但在国家机关中从事公务的人员,在代表国家机关行使职权时,有渎职行为,构成犯罪的,依照刑法关于渎职罪的规定追究刑事责任。"这也体现了"依职责定责任"的立法精神。"依照法律、法规"是指其从事公务的根据,来源于相关法律法规。由于有相关法律、法规的授权规定,这些组织本身就是依法从事特定领域公共管理事务的机构,在其中依法履职的工作人员,就应当作为"**其他依照法律从事公务的人员**"。比如各级疾控中心不属于行政机关,但传染病防治法对疾控中心依法开展相关工作作了明确规定,疾控中心就相应具有了法律所赋予的特定公共事务管理职权,其工作人员在依法履行这些公共事务管理职权的过程中,就属于本条规定的"其他依照法律从事公务的人员"。《传染病防治法》第七条第一款规定:"各级疾病预防控制机构承担传染病监测、预测、流行病学调查、疫情报告以及其他预防、控制工作。"《传染病防治法》第十八条第一款进一步规定:"各级疾病预防控制机构在传染病预防控制中履行下列职责:(一)实施传染病预防控制规划、计划和方案;(二)收集、分析和报告传染病监测信息,预测传染病的发生、流行趋势;(三)开展对传染病疫情和突发公共卫生事件的流行病学调查、现场处理及其效果评价;(四)开展传染病实验室检测、诊断、病原学鉴定;(五)实施免疫规划,负责预防性生物制品的使用管理;(六)开展健康教育、咨询,普及传染病防治知识;(七)指导、培训下级疾病预防控制机构及其工作人员开展传染病监测工作;(八)开展传染病防治应用性研究和卫生评价,提供技术咨询。"上述职责有的就涉及对相关人员、事项采取相应措施的职权,如第(三)项中对传染病疫情和突发公共卫生事件的流行病学调查、现场处理。如果疾控中心履行相关职责的人员在从事公务过程中有渎职、侵吞公共财物、索取收受贿赂等行为的,就要按照国家工作人员的相关犯罪规定处理。

【司法解释】

《最高人民法院关于在国有资本控股、参股的股份有限公司中从事管理工作的人员利用职务便利非法占有本公司财物如何定罪问题的批复》(法释〔2001〕17号,自2001年5月26日起施行)

△(**国有资本控股、参股的股份有限公司;从事管理工作的人员;职务侵占罪**)在国有资本控股、参股的股份有限公司中从事管理工作的人员,除受国家机关、国有公司、企业、事业单位委派从事公务的以外,不属于国家工作人员。对其利用职务上的便利,将本单位财物非法占为已有,数额较大的,应当依照《刑法》第二百七十一条第一款的规定,以职务侵占罪定罪处罚。

《最高人民法院关于如何认定国有控股、参股股份有限公司中的国有公司、企业人员的解释》(法释〔2005〕10号,自2005年8月11日起施行)

△(**国有控股、参股的股份有限公司;国有公司、企业人员;委派;从事公务**)为准确认定《刑法》分则第三章第三节中的国有公司、企业人员,现对国有控股、参股的股份有限公司中的国有公司、企业人员解释如下:国有公司、企业委派到国有控股、参股公司从事公务的人员,以国有公司、企业人员论。

【司法解释性文件】

《最高人民检察院对〈关于中国证监会主体认定的请示〉的答复函》(高检发法字〔2000〕7号,2000年4月30日公布)

△(**中国证券监督管理委员会;事业单位;国家机关工作人员**)中国证券监督管理委员会为国务院直属事业单位,是全国证券期货市场的主管部门。其主要职责是统一管理证券期货市场,按规定对证券期货监管机构实行垂直领导,所以,它是具有行政职责的事业单位。据此,北京证券监督管理委员会干部应视同为国家机关工作人员。

《最高人民检察院关于镇财政所所长是否适用国家机关工作人员的批复》(高检发研字〔2000〕9号,2000年5月4日公布)

△(**镇财政所;国家机关工作人员**)对于属行政执法事业单位的镇财政所中按国家机关在编干部管理的工作人员,在履行政府行政公务活动中,滥用职权或玩忽职守构成犯罪的,应以国家机关工作人员论。

《最高人民检察院关于贯彻执行全国人民代表大会常务委员会〈关于《中华人民共和国刑法》第九十三条第二款的解释〉的通知》(高检发研字〔2000〕12号,2000年6月5日公布)

△(**村基层组织人员**)各级检察机关在依法查处村民委员会等村基层组织人员涉嫌贪污、受贿、挪用公款犯罪案件过程中,要注意维护农村社会的稳定,注重办案的法律效果与社会效果的统一。对疑难、复杂、社会影响大的案件,下级检察机关要及时向上级检察机关请示。上级检察机关要认真及时研究,加强指导,以准确适用法律,保证办案质量。(§ 4)

《最高人民法院研究室关于国家工作人员在农村合作基金会兼职从事管理工作如何认定身份问题的答复》[法(研)明传〔2000〕12号,2000年6月29日公布]

△(**农村合作基金会;一般从业人员;委派;国家工作人员**)国家工作人员自行到农村合作基金会兼职从事管理工作的,因其兼职工作与国家工作人员身份无关,应认定为农村合作基金会一般从业人员;国家机关、国有公司、企业、事业单位委派到农村合作基金会兼职从事管理工作的人员,以国家工作人员论。

《最高人民检察院关于〈全国人民代表大会常务委员会关于《中华人民共和国刑法》第九十三条第二款的解释〉的时间效力的批复》(高检发研字〔2000〕15号,2000年6月29日公布)

△(**其他依照法律从事公务的人员;法律解释;时间效力;溯及力**)《全国人民代表大会常务委员会关于〈中华人民共和国刑法〉第九十三条第二款的解释》是对刑法第九十三条第二款关于"其他依照法律从事公务的人员"规定的进一步明确,并不是对刑法的修改。因此,该《解释》的效力适用于修订刑法的施行日期,其溯及力适用修订刑法第12条的规定。

《最高人民检察院对〈关于中国保险监督管理委员会主体认定的请示〉的答复函》(高检发法字〔2000〕17号,2000年10月8日公布)

△(**中国保险监督管理委员会;国家机关工作人员**)对于中国保险监督管理委员会可参照对国家机关的办法进行管理。据此,中国保险监督管理委员会干部应视同国家机关工作人员。

《最高人民检察院关于佛教协会工作人员能否构成受贿罪或者公司、企业人员受贿罪主体问题的答复》(〔2003〕高检研发第2号,2003年1月13日公布)

△(**佛教协会工作人员**)佛教协会属于社会团体,其工作人员除符合刑法第九十三条第二款的规定属于受委托从事公务的人员外,既不属于国家工作人员,也不属于公司、企业人员。根据刑法的规定,对非受委托从事公务的佛教协会的工作人员利用职务之便收受他人财物,为他人谋取利益的行为,不能按受贿罪或者公司、企业人员受贿罪追究刑事责任。

《全国法院审理经济犯罪案件工作座谈会纪要》(法发〔2003〕167号,2003年11月13日发布)

△(**国家机关工作人员**)刑法中所称的国家机关工作人员,是指在国家机关中从事公务的人员,包括在各级国家权力机关、行政机关、司法机关和军事机关中从事公务的人员。

根据有关立法解释的规定,在依照法律、法规规定行使国家行政管理职权的组织中从事公务的人员,或者在受国家机关委托代表国家行使职权的组织中从事公务的人员,或者虽未列入国家机关人员编制但在国家机关中从事公务的人员,视为国家机关工作人员。在乡(镇)以上中国共产党机关、人民政协机关中从事公务的人员,司法实践中也应当视为国家机关工作人员。

△(**国家机关、国有公司、企业、事业单位;委派;从事公务;国家工作人员;国有公司、企业改制;监督、管理职权**)所谓委派,即委任、派遣,其形式多种多样,如任命、指派、提名、批准等。不论被委派的人身份如何,只要是接受国家机关、国有公司、企业、事业单位委派,代表国家机关、国有公司、企业、事业单位在非国有公司、企业、事业单位、社会团体中从事组织、领导、监督、管理等工作,都可以认定为国家机关、国有公司、企业、事业单位委派到非国有公司、企业、事业单位、社会团

体从事公务的人员。如国家机关、国有公司、企业、事业单位委派在国有控股或者参股的股份有限公司从事组织、领导、监督、管理等工作的人员，应当以国家工作人员论。国有公司、企业改制为股份有限公司后，原国有公司、企业的工作人员和股份有限公司新任命的人员中，除代表国有投资主体行使监督、管理职权的人外，不以国家工作人员论。

△（**其他依照法律从事公务的人员；在特定条件下行使国家管理职能；依照法律规定从事公务**）刑法第九十三条第二款规定的"其他依照法律从事公务的人员"应当具有两个特征：一是在特定条件下行使国家管理职能；二是依照法律规定从事公务。具体包括：

（1）依法履行职责的各级人民代表大会代表；

（2）依法履行审判职责的人民陪审员；

（3）协助乡镇人民政府、街道办事处从事行政管理工作的村民委员会、居民委员会等农村和城市基层组织人员；

（4）其他由法律授权从事公务的人员。

△（**从事公务**）从事公务，是指代表国家机关、国有公司、企业、事业单位、人民团体等履行组织、领导、监督、管理等职责。公务主要表现为与职权相联系的公共事务以及监督、管理国有财产的职务活动。如国家机关工作人员依法履行职责，国有公司的董事、经理、监事、会计、出纳人员等管理、监督国有财产等活动，属于从事公务。那些不具备职权内容的劳务活动、技术服务工作，如售货员、售票员等所从事的工作，一般不认为是公务。

《最高人民检察院法律政策研究室关于集体性质的乡镇卫生院院长利用职务之便收受他人财物的行为如何适用法律问题的答复》（〔2003〕高检研发第9号，2003年4月2日公布）

△（**乡镇政府或者主管行政机关任命的乡镇卫生院院长；其他依照法律从事公务的人员；受贿罪**）经过乡镇政府或者主管行政机关任命的乡镇卫生院院长，在依法从事本区域卫生工作的管理与业务技术指导，承担医疗预防保健服务工作等公务活动时，属于刑法第九十三条第二款规定的其他依照法律从事公务的人员。对其利用职务上的便利，索取他人财物的，或者非法收受他人财物，为他人谋取利益的，应当依照刑法第三百八十五条、第三百八十六条的规定，以受贿罪追究刑事责任。

《最高人民检察院法律政策研究室关于国家机关、国有公司、企业委派到非国有公司、企业从事公务但尚未依照规定程序获取该单位职务的人员是否适用刑法第九十三条第二款问题的答复》（〔2004〕高检研发第17号，2004年11月3日公布）

△（**委派；从事公务；尚未依照规定程序获取该单位职务；职务犯罪；以国家工作人员论**）对于国家机关、国有公司、企业委派到非国有公司、企业从事公务但尚未依照规定程序获取该单位职务的人员，涉嫌职务犯罪的，可以依照刑法第九十三条第二款关于"国家机关、国有公司、企业委派到非国有公司、企业、事业单位、社会团体从事公务的人员"，"以国家工作人员论"的规定追究刑事责任。

第九十四条　【司法工作人员】
本法所称司法工作人员，是指有侦查、检察、审判、监管职责的工作人员。

【立法理由】

1. **1979年立法的情况。**1979年《刑法》第八十四条规定："本法所说的司法工作人员是指有侦讯、检察、审判、监管人犯职务的人员。"司法工作人员承担国家的侦查、检察、审判、监管等职责。司法工作人员的职务犯罪破坏司法公正、损害司法权威，往往会给公共财产、国家和人民利益造成重大损失。因此，惩处司法工作人员的职务犯罪一直是我国刑法规定的重要内容。是否属于刑法所称的司法工作人员对于定罪量刑等都有重要影响。实践中对于如何理解司法工作人员也存在着不同认识，因此需要明确其概念。

2. **1997年修订刑法的情况。**1997年修订刑法时主要有两处修改：一是将其中的"侦讯"修改为"侦查"。主要是因为实践中讯问犯罪嫌疑人是侦查活动的一部分内容，使用"侦查"可以包括讯问犯罪嫌疑人，表述更为全面和准确。二是删去了"监管人犯"中的"人犯"二字，在表述上更为科学严谨。

【条文说明】

本条是关于司法工作人员的概念的规定。

根据本条规定，**司法工作人员**主要包括以下四种人员：

1. **担任侦查职责的人员**。主要是指公安机关、国家安全机关依照刑事诉讼法规定的管辖分工，对犯罪嫌疑人的犯罪行为进行侦查的人员。另外，根据刑事诉讼法的规定，还有一些机构也承担特定刑事案件的侦查职责，对此需要注意：一是《刑事诉讼法》第十九条第二款规定："人民检察院在对诉讼活动实行法律监督中发现的司法工作人员利用职权实施的非法拘禁、刑讯逼供、非法搜查等侵犯公民权利、损害司法公正的犯罪，可以由人民检察院立案侦查。对于公安机关管辖的国家机关工作人员利用职权实施的重大犯罪案件，需要由人民检察院直接受理的时候，经省级以上人民检察院决定，可以由人民检察院立案侦查。"根据以上规定，人民检察院依照刑事诉讼法规定直接侦查的案件中，承担相应侦查工作的人员，也属于本条规定的有侦查职责的工作人员。二是根据《刑事诉讼法》第三百零八条的规定，军队保卫部门对军队内部发生的刑事案件行使侦查权；中国海警局履行海上维权执法职责，对海上发生的刑事案件行使侦查权；罪犯在监狱内犯罪的案件由监狱进行侦查。因此，上述机构中的人员在承办相关刑事案件中，也属于有侦查职责的工作人员。

2. **担任检察职责的人员**。主要是指检察机关担任批准逮捕、审查起诉、出庭支持公诉、法律监督工作职责的人员。

3. **担任审判职责的人员**。主要是指在人民法院担任与审判工作有关的职务的人员，包括正副院长、正副庭长、审判委员会委员、审判员，以及其他依法负有审判辅助职责的法官助理、书记员等人员。

4. **担任监管职责的人员**。主要是指在公安机关、国家安全机关以及司法行政部门所属的有关羁押场所（监狱、看守所等）中担任监管犯罪嫌疑人、被告人、罪犯职责的人员。

实践中需要注意以下两个方面的问题：

1. 本条关于"司法工作人员"的概念不同于一般所说的**司法机关工作人员**的概念。不是所有在公安机关、国家安全机关、人民检察院、人民法院以及看守所、监狱等监管机关工作的人员都属于司法工作人员，只有担负本条规定的四种职责之一的，才能被认定为"司法工作人员"。

2. 本条所说的具有侦查、检察、审判、监管职责的人员不是只限于直接做上述工作的人员，在公安机关、国家安全机关、人民检察院、人民法院以及看守所、监狱等监管机关中**负责侦查、检察、审判、监管工作的领导人员**，也都属于司法工作人员。

第九十五条　【重伤】

本法所称重伤，是指有下列情形之一的伤害：

（一）使人肢体残废或者毁人容貌的；

（二）使人丧失听觉、视觉或者其他器官机能的；

（三）其他对于人身健康有重大伤害的。

【立法理由】

故意伤害、过失致人重伤等伤害他人身体的犯罪，是实践中比较常见多发的犯罪。此外，还有很多其他犯罪如放火、交通肇事、安全生产事故等，也会造成他人身体伤害的结果。在这些犯罪中，伤害结果有的是区分罪与非罪的重要标准，有的是量刑的重要根据。一般来说，伤害的程度与行为的社会危害性大小直接相关，因此，刑法上经常以造成的人体伤害是重伤还是轻伤，来区分危害程度的高低，重伤、轻伤的认定对于定罪量刑具有重要影响。本法很多条文有关于"致人重伤"等的规定，因此，需要明确其含义。

【条文说明】

本条是关于重伤概念的规定。

本条规定了属于"**重伤**"的三种情况：

1. **使人肢体残废或者毁人容貌的**。"**肢体残废**"是指由各种致伤因素致使肢体缺失，或者肢体虽然完整但已丧失功能。例如，二肢以上离断或者缺失（上肢腕关节以上、下肢踝关节以上），二肢六大关节功能完全丧失，四肢任一大关节强直畸形或者功能丧失50%以上，膝关节挛缩畸形屈曲30°以上，一足离断或者缺失50%以上，足跟离断或者缺失50%以上，一足第一趾及其相连的跖骨离断或者缺失，双手离断、缺失或者功能完全丧失,手功能丧失累计达一手功能36%等。“**毁人容貌**”是指毁损他人面容,致使面容显著变形、丑陋或者功能障碍。根据有关规定,面部瘢痕畸形,并有以下六项中四项者,属于重度容貌毁损:(1)眉毛缺失;(2)双睑外翻或者缺失;(3)外耳缺失;(4)鼻缺失;(5)上、下唇外翻或者小口畸形;(6)颈颏粘连。具有以下六项中三项者,属于中度容貌毁损:(1)眉毛部分缺失;(2)眼睑外翻或者部分缺失;(3)耳廓部分缺失;(4)鼻翼部分缺失;(5)唇外翻或者小口畸形;(6)颈部瘢痕畸形。具有中度畸形六项中二项者,属于轻度容貌毁损。

2. **使人丧失听觉、视觉或者其他器官机能的**。“**丧失听觉**”是指损伤后,一耳听力障碍(≥91 dB HL);一耳听力障碍(≥81 dB HL),另一耳听力障碍(≥41 dB HL);一耳听力障碍(≥81 dB HL),伴同侧前庭平衡功能障碍;双耳听力障碍(≥61 dB HL);双侧前庭平衡功能丧失,睁眼行走困难,不能并足站立等。“**丧失视觉**”,是指损伤后,一眼盲目3级;双眼盲目4级等。**丧失“其他器官机能”**是指丧失听觉、视觉之外的其他器官的功能或者功能严重障碍。例如,女性两侧乳房损伤丧失哺乳能力;肾损伤并发肾性高血压、肾功能严重障碍等。

3. **其他对于人身健康有重大伤害的**。这种情况主要是指上述几种重伤之外的,在受伤当时危及生命或者在损伤过程中能够引起威胁生命的并发症,以及其他严重影响人体健康的损伤。例如,开放性颅脑损伤,心脏损伤,胸部大血管损伤,胃、肠、胆道系统穿孔、破裂,烧、烫伤后出现休克等。

需要注意的是,关于“重伤”的概念和范围,2013年8月30日最高人民法院、最高人民检察院、公安部、国家安全部、司法部发布了《**人体损伤程度鉴定标准**》,自2014年1月1日起施行,该标准对人体损伤程度鉴定的原则、方法、内容和等级划分作了详细的规定,将重伤分为重伤一级和重伤二级,分别针对不同情况,制定了具体的认定标准。办理关于重伤的刑事案件,应以本条和该文件作为衡量是否构成重伤的具体标准。最高人民法院、最高人民检察院、公安部、国家安全部、司法部2016年4月18日颁布、2017年1月1日施行的《**人体损伤致残程度分级**》明确规定了人体损伤致残程度分级的原则、方法、内容和等级划分。该规定将人体损伤致残程度划分为十个等级,从一级(人体致残率100%)到十级(人体致残率10%),每级致残率相差10%。

在办理刑事案件中,应注意对于有多处损伤的,其中必须有一处符合重伤鉴定标准的规定才能构成重伤,而不能简单以多处轻伤相加,作为重伤看待。

第九十六条　【违反国家规定】

本法所称违反国家规定,是指违反全国人民代表大会及其常务委员会制定的法律和决定,国务院制定的行政法规、规定的行政措施、发布的决定和命令。

【立法理由】

1997年刑法根据我国社会主义法治建设取得重要成就的实际情况,确立了**罪刑法定原则**。刑法作为规定犯罪与刑罚的法律,在关于什么样的行为构成犯罪,应当处以何种刑罚的问题上,必须尽可能规定得明确具体,避免歧义和不同认识,这是罪刑法定原则的必然要求。在罪刑法定原则的指导下,1997年刑法分则很多罪名的规定相比1979年刑法更为明确具体,更具可操作性,但是也有不少罪名的规定限于相关事项的复杂性和立法技术的局限性,需要在犯罪的具体构成条件等方面结合其他相关的法律法规等的规定,具体确定是否违法,是否构成犯罪。同时,考虑到罪与非罪的认定涉及公民的人身自由和财产,必须慎重,刑法在这类需要结合相关法律法规认定的罪名设定中,尽可能采取了比较严格的限制条件,将可作为认定根据的相关规定限定在“国家规定”的范围内,以避免将效力等级较低的其他规范性文件作为根据,导致随意性。同时,为解决司法实践中可能出现的对“国家规定”的范围认识不一致,导致司法适用随意性较大的问题,1997年修订刑法时,根据宪法的有关规定,对“国家规定”这一概念作了统一、明确的规定,有利于维护法律的严肃性,也有利于司法实践的具体操作。

【条文说明】

本条是关于违反国家规定的解释性规定。

根据本条规定,“**违反国家规定**”主要包括两个方面:

1. **违反全国人大及其常委会制定的法律和决定**,包括由全国人大通过的法律(如宪法及其他基本法律),由全国人大常委会通过的法律、决定以及对现行法律的修改和补充的规定。宪法规定,立法权必须由全国人大及其常委会行使,法律是全国人民的意志表现,所以只有代表全体人民的最高国家权力机关才可以制定法律。

2. **违反国务院制定的行政法规、规定的行政措施、发布的决定和命令**。宪法规定,国务院是最高国家权力机关的执行机关,是最高国家行政机关,可以根据宪法和法律,制定行政法规,规定行政措施,发布决定和命令。这里需要注意的是,实践中除由国务院直接制定行政法规、规定行政措施、发布决定和命令以外,还有一些**国务院发布的规范性文件**,是由国务院有关部委制定,经国务院批准后以国务院名义发布的。对于这些规范性文件的层级是属于国务院还是属于部委,存在不同认识。多数意见认为,由国务院批准发布是实践中长期存在的一种规范性文件制定和发布方式,虽然其制定主体是国务院部委,但是发布主体是国务院,而且从发布程序看,国务院在批准之前,一般会征求其他部委和各有关方面的意见,将其作为国务院的发布规范性文件的行为,是符合实际的。这样的规范性文件也不是很多,作为刑法规定的"国家规定",是严格审慎的,总体上也是符合罪刑法定原则的要求的。

需要注意的是,本条仅限于全国人大及其常委会制定的法律和决定,国务院制定的行政法规、规定的行政措施、发布的决定和命令。**各级地方人大及其常委会制定的地方性法规以及国务院各部委制定的规章、发布的决定和命令都不属于刑法所指的国家规定**。

【司法解释性文件】

《最高人民法院关于准确理解和适用刑法中"国家规定"的有关问题的通知》(法发〔2011〕155号,2011年4月8日公布)

△(**国家规定;国务院规定的行政措施;以国务院办公厅名义制发的文件**)根据刑法第九十六条的规定,刑法中的"国家规定"是指,全国人民代表大会及其常务委员会制定的法律和决定,国务院制定的行政法规、规定的行政措施、发布的决定和命令。其中,"国务院规定的行政措施"应当由国务院决定,通常以行政法规或者国务院制发文件的形式加以规定。以国务院办公厅名义制发的文件,符合以下条件的,亦应视为刑法中的"国家规定":

(1)有明确的法律依据或者同相关行政法规不相抵触;

(2)经国务院常务会议讨论通过或者经国务院批准;

(3)在国务院公报上公开发布。(§ 1)

△(**违反国家规定之认定;地方性法规、部门规章;法律适用问题;逐级请示**)各级人民法院在刑事审判工作中,对有关案件所涉及的"违反国家规定"的认定,要依照相关法律、行政法规及司法解释的规定准确把握。对于规定不明确的,要按照本通知的要求审慎认定。对于违反地方性法规、部门规章的行为,不得认定为"违反国家规定"。对被告人的行为是否"违反国家规定"存在争议的,应当作为法律适用问题,逐级向最高人民法院请示。(§ 2)

△(**非法经营罪;其它严重扰乱市场秩序的非法经营行为;法律适用问题;逐级请示**)各级人民法院审理非法经营犯罪案件,要依法严格把握刑法第二百二十五条第(四)的适用范围。对被告人的行为是否属于刑法第二百二十五条第(四)规定的"其它严重扰乱市场秩序的非法经营行为",有关司法解释未作明确规定的,应当作为法律适用问题,逐级向最高人民法院请示。(§ 3)

第九十七条 【首要分子】

本法所称首要分子,是指在犯罪集团或者聚众犯罪中起组织、策划、指挥作用的犯罪分子。

【立法理由】

刑法中多个条文涉及首要分子问题。总则第二十六条第三款有关于首要分子的规定,分则也有很多条文涉及首要分子的定罪量刑问题,其中有些属于集团犯罪的情形,如第一百零三条第一款分裂国家罪,第一百零四条武装叛乱、暴乱罪;有些属于聚众犯罪的情形,如第二百六十八条聚众哄抢罪、第二百九十条第一款聚众扰乱社会秩序罪,等等。在这些情况下是否属于首要分子,对于定罪量刑具有比较大的影响,因此需要对首要分子的概念、特征等加以明确。

【条文说明】

本条是关于首要分子的概念的规定。

根据本条规定,本法所说的**首要分子**主要包括两类：

1. **在犯罪集团中起组织、策划、指挥作用的犯罪分子**。“**组织**”，主要是指将其他犯罪人纠集在一起。“**策划**”，主要是指为犯罪活动如何实施拟订办法、方案。“**指挥**”，是指在犯罪的各个阶段指使、命令其他犯罪人去实施犯罪行为等。

“**犯罪集团**”是指三人以上为共同实施犯罪而组成的较为固定的犯罪组织。主要具有以下特征：(1)人数在三人以上，主要成员固定或基本固定。(2)经常纠集在一起共同进行一种或数种犯罪活动。(3)有明显的首要分子。有的首要分子是在纠集过程中形成的，有的首要分子则在纠集开始时就是组织者和领导者。(4)有预谋地实施犯罪活动。(5)不论作案次数多少，对社会造成很严重的危害或其具有很大的危险性。

2. **在聚众犯罪中起组织、策划、指挥作用的犯罪分子**。“**聚众犯罪**”，是指纠集多人共同实施的犯罪活动，如聚众斗殴、聚众哄抢公私财物的犯罪等。“聚众犯罪”与“犯罪集团”不同，是为进行犯罪而将众人聚集起来，不具有较固定的犯罪组织和成员。

由于首要分子在犯罪集团或者聚众犯罪中起组织、策划、指挥作用，罪恶比较严重，因此，刑法分则对首要分子规定的处刑都比较重。

需要注意的是，对首要分子的认定要结合实际案件中所起的具体作用，特别是对于犯罪集团的首要分子的认定，组织、策划的人在犯罪中起到重要的谋划、指挥作用，但并未实际参与犯罪行为的，并不影响对于首要分子的认定。

第九十八条　【告诉才处理】

本法所称告诉才处理，是指被害人告诉才处理。如果被害人因受强制、威吓无法告诉的，人民检察院和被害人的近亲属也可以告诉。

【立法理由】

本条所涉及的犯罪属于理论上所说的**亲告罪**，是以告诉权人的告诉为追诉条件的犯罪。一般来说，产生犯罪事实后，国家发动刑罚权，对犯罪分子进行控告或者起诉是其法定职责。立法允许亲告罪的存在，实际上是在特定条件具备的情况下，对国家刑罚权的一种限制，因此应当控制在一定的范围内。从具体的条文来看，我国刑法规定的亲告罪都是一些比较轻微的犯罪，社会危害性较小，对社会秩序的破坏不大，由被害人自行决定是否起诉，既不会损害社会整体利益，也给当事各方提供了通过和解等方式处理问题的空间，和**刑法谦抑性**的要求也是相符合的。刑法分则有多个条文是告诉才处理的犯罪，对于这些犯罪哪些人有权提起刑事诉讼，以追究被告人的刑事责任，没有必要在各个分则条文中一一规定，因此本条对告诉才处理的概念和适用作了规定。

【条文说明】

本条是关于告诉才处理的概念及如何适用的规定。

根据办理刑事案件实际的需要，刑法规定了一些告诉才处理的犯罪。根据刑法分则的规定，主要包括第二百四十六条**侮辱、诽谤罪**，第二百五十七条**暴力干涉婚姻自由罪**，第二百六十条**虐待罪**，第二百七十条**侵占罪**等。由于对犯罪行为的刑事追究或对行为人的处理往往涉及被害人的利益，所以法律允许被害人权衡利弊，作出是否提起刑事诉讼的决定。“**告诉才处理**”，是指只有被害人提出控告，要求对犯罪人追究刑事责任时，司法机关才能受理，如果有权进行告诉的人不告诉，司法机关不能主动追诉犯罪。

根据本条规定，有权进行告诉的有三种人：

1. **告诉才处理的刑事案件的被害人**。

2. **人民检察院在被害人因受强制、威吓而无法告诉的情况下可以告诉**。“受强制”是指被害人受到暴力的控制或者阻碍，如被捆绑、拘禁等。“威吓”是指被害人受到威胁、恐吓，不敢向人民法院提出控告。

3. **被害人的近亲属在被害人因受强制、威吓而无法告诉的情况下也可以告诉**。“被害人的近亲属”是指被害人的父母、子女、配偶、同胞兄弟姊妹。

需要注意的是，2015年8月29日第十二届全国人大常委会第十六次会议通过的《刑法修正案(九)》对《刑法》第二百六十条原第三款作了修改，将该条中“告诉的才处理”的规定修改为“告诉的才处理，但被害人没有能力告诉，或者因受到强制、威吓无法告诉的除外”。

第九十九条 【以上、以下、以内】
本法所称以上、以下、以内，包括本数。

【立法理由】

刑法是关于犯罪和刑罚的法律规范，涉及公民的人身权利和自由，其术语的含义应当尽量明确。对“以上”“以下”“以内”的不同理解，不仅可能决定一个人是否构成犯罪，对于判处何种程度的刑罚也可能具有决定性意义。因此，有必要对这些概念的准确含义予以明确，以利于司法实践中对刑法条文的准确理解与适用。**1997年修订刑法**时对于上述规定包括本数未作修改，只是对文字表述作了完善，使得法律规定更为严谨和准确。

【条文说明】

本条是关于刑法所称的“以上、以下、以内”的概念如何理解的规定。

根据本条规定，**刑法所称的“以上”“以下”“以内”都包括本数**。如规定对某种犯罪行为判处三年以下有期徒刑，判处的最高刑可以是三年。

第一百条 【前科报告义务】
依法受过刑事处罚的人，在入伍、就业的时候，应当如实向有关单位报告自己曾受过刑事处罚，不得隐瞒。
犯罪的时候不满十八周岁被判处五年有期徒刑以下刑罚的人，免除前款规定的报告义务。

【立法沿革】

《中华人民共和国刑法》(1997年修订，自1997年10月1日起施行)

第一百条

依法受过刑事处罚的人，在入伍、就业的时候，应当如实向有关单位报告自己曾受过刑事处罚，不得隐瞒。

《中华人民共和国刑法修正案(八)》(自2011年5月1日起施行)

十九、在刑法第一百条中增加一款作为第二款：

“犯罪的时候不满十八周岁被判处五年有期徒刑以下刑罚的人，免除前款规定的报告义务。”

【立法理由】

本条规定的是前科报告制度，1997年修订刑法时增加了本条第一款的规定。实践中，一些受过刑事处罚的人，由于接收他们入伍、就业的部队、单位没有清楚地掌握这些被录用人员在刑事方面曾受过处罚的情况，不能对他们进行有效的教育、监督，以至于对其中主观恶性仍然很深的分子不能有效地进行防范，给接收他们的部队、单位以及社会造成了不可挽回的损失，因此，**1997年修订刑法时增加了本条第一款的规定**。

《刑法修正案(八)》对本条进行了修改，增加一款作为第二款，规定：犯罪的时候不满十八周岁被判处五年有期徒刑以下刑罚的人，免除前款规定的报告义务。本条的修改是立法机关根据全国人大代表的建议和有关部门的意见，为了贯彻**宽严相济的刑事政策**，从对未成年罪犯从宽处理的角度作出的，这样规定充分体现了我国对未成年犯实行教育为主，惩罚为辅，重在教育、挽救和改造的方针。未成年人处在体力、智力发育过程中，虽已具有一定的辨别和控制自己行为的能力，但由于其社会阅历浅，社会经验不足，身心发育尚不成熟，因此对于未成年时的犯罪记录与成年后的犯罪记录应当区别对待。对于未成年时有较轻犯罪记录的人，如果要求他们在入伍、就业时如实报告自己曾受刑事处罚的情况，可能会对他们的发展带来负面影响，不利于其顺利回归社会。同时，根据刑法规定，一般判处五年有期徒刑以下刑罚的犯罪情节相对较轻，尚不属于危害特别严重的犯罪行为，未成年人通常是由于缺乏自控能力、一时冲动或者是受其他不良因素影响犯这些罪，一般主观恶性不大，易于接受教育改造。因此，刑法对此作出修改，免除了犯罪的时候不满十八周岁被判处五年有期徒刑以下刑罚的人的前科报告义务。

在《刑法修正案(八)》的起草和审议过程中，有意见提出，当前未成年人犯罪呈上升趋势，且犯罪低龄化的趋势突出，一味地采取轻刑态度不利于发挥刑法预防犯罪的作用。立法机关研究认为,未成年人犯罪率高是当前社会面临的一个现实问题,造成这种现象的原因也是多方面的,**预防未成年人犯罪不能只是加重惩罚,而应从教育和社会环境治理着手,消除可能对未成年人造成不良影响的因素**。对于未成年时有较轻犯罪记录的人,免除其前科报告义务有利于他们摆脱犯罪记录的影响,防止被"标签"化,有利于他们重新回归社会。

【条文说明】

本条是关于**前科报告义务**的规定。

本条共分为两款。

第一款是关于前科报告义务的一般规定,主要有两个方面的内容:

1. **依法受过刑事处罚的人,应当如实向有关单位报告自己曾受过刑事处罚,不得隐瞒**。"**依法受过刑事处罚的人**",是指依照我国的刑事法律,行为人的行为构成犯罪,并经人民法院判处刑罚。经人民法院判处刑罚,包括被人民法院依法判处刑法规定的各种主刑和附加刑。例如,某犯罪分子被人民法院判处有期徒刑一年,宣告缓刑一年,在缓刑考验期内遵守刑法的有关规定,缓刑考验期满,原判的刑罚不再执行,这种情况也属于依法受过刑事处罚。如果某行为人虽曾受到司法机关的追诉,但其行为符合刑法规定的**不需要判处刑罚或者免除刑罚**的情况,因而人民法院决定免予刑罚处罚的,则不属于"受过刑事处罚的人"。同样,如果检察机关对上述情况依照刑事诉讼法的规定决定不予起诉的,也不在"受过刑事处罚"之列。

2. **如实报告仅限于在入伍、就业的时候**。"**入伍**"是指加入中国人民解放军或者中国人民武装警察部队。"**就业**"包括参加任何种类的工作,如进入国家机关,各种公司、企业、事业单位,各种团体等。"**向有关单位报告**",是指向自己参加工作的单位报告。法律这样规定,是为了便于用人单位掌握本单位职工的情况,便于安置工作以及对该有关人员开展帮助和教育。

第二款是对不满十八周岁的未成年人免除报告义务的规定,有两个条件:一是**被免除前科报告义务的主体是犯罪时不满十八周岁的人**,既包括入伍、就业时未满十八周岁的未成年人,也包括入伍、就业时已满十八周岁的成年人,只要其犯罪时不满十八周岁,就构成适用本款规定的条件之一;二是**被判处五年有期徒刑以下刑罚**,既包括被判处五年以下有期徒刑的情形,也包括被判处拘役、管制、单处附加刑的情形,以及适用缓刑的情形。需要注意的是,以上两个条件需同时具备才能适用本款的规定,犯罪时不满十八周岁的人如果被判处超过五年有期徒刑的刑罚(不包括五年有期徒刑)的,则不适用本款的规定。

实践中需要注意以下几个方面的问题:

1. 本款的规定只是免除了犯罪的时候不满十八周岁、被判处五年有期徒刑以下刑罚的人的前科报告义务,这些人在入伍和就业时,**征兵部门和招录单位依照招录的有关规定仍然可以对其进行考察**。

2. 这些被免除前科报告义务的人,**司法机关仍会保留其犯罪记录**,但会对这些记录予以封存。

3. 2012 年修正后的刑事诉讼法明确规定了**未成年人犯罪记录封存制度**。《刑事诉讼法》第二百八十六条规定:"犯罪的时候不满十八周岁,被判处五年有期徒刑以下刑罚的,应当对相关犯罪记录予以封存。犯罪记录被封存的,不得向任何单位和个人提供,但司法机关为办案需要或者有关单位根据国家规定进行查询的除外。依法进行查询的单位,应当对被封存的犯罪记录的情况予以保密。"

【司法解释性文件】

《最高人民法院、最高人民检察院、公安部、国家安全部、司法部印发〈关于建立犯罪人员犯罪记录制度的意见〉的通知》(法发〔2012〕10 号,2012 年 5 月 10 日公布)

△(**犯罪人员犯罪记录制度;刑事政策**)建立犯罪人员犯罪记录制度,对犯罪人员信息进行合理登记和有效管理,既有助于国家有关部门充分掌握与运用犯罪人员信息,适时制定和调整刑事政策及其他公共政策,改进和完善相关法律法规,有效防控犯罪,维护社会秩序,也有助于保障有犯罪记录的人的合法权利,帮助其顺利回归社会。

近年来,我国犯罪人员犯罪记录工作取得较大进展,有关部门为建立犯罪人员犯罪记录制度进行了积极探索。认真总结并推广其中的有益做法,在全国范围内开展犯罪人员信息的登记和管理工作,逐步建立和完善犯罪记录制度,对司法工作服务大局,促进社会矛盾化解,推进社会管理机制创新,具有重要意义。

建立犯罪人员犯罪记录制度,开展有关犯罪记录的工作,要按照深入贯彻落实科学发展观和构建社会主义和谐社会的总体要求,在司法体制和工作机制改革的总体框架内,全面落实宽严相济刑事政策,促进社会和谐稳定,推动经济社会健康发展。要立足国情,充分考虑现阶段我国经济社会发展的状况和人民群众的思想观念,注意与现有法律法规和其他制度的衔接。要充分认识我国的犯罪记录制度以及有关工作尚处于起步阶段这一现状,抓住重点,逐步推进,确保此项工作能够稳妥、有序开展,为进一步完善我国犯罪记录制度,健全犯罪记录工作机制创造条件。(§ 1)

△(**犯罪人员信息库**)为加强对犯罪人员信息的有效管理,依托政法机关现有网络和资源,由公安机关、国家安全机关、人民检察院、司法行政机关分别建立有关记录信息库,并实现互联互通,待条件成熟后建立全国统一的犯罪信息库。

犯罪人员信息登记机关录入的信息应当包括以下内容:犯罪人员的基本情况、检察机关(自诉人)和审判机关的名称、判决书编号、判决确定日期、罪名、所判处刑罚以及刑罚执行情况等。(§ 2 Ⅰ)

△(**犯罪人员信息通报机制**)人民法院应当及时将生效的刑事裁判文书以及其他有关信息通报犯罪人员信息登记机关。

监狱、看守所应当及时将《刑满释放人员通知书》寄送被释放人员户籍所在地犯罪人员信息登记机关。

县级司法行政机关应当及时将《社区服刑人员矫正期满通知书》寄送被解除矫正人员户籍所在地犯罪人员信息登记机关。

国家机关基于办案需要,向犯罪人员信息登记机关查询有关犯罪信息,有关机关应当予以配合。(§ 2 Ⅱ)

△(**犯罪人员信息查询机制**)公安机关、国家安全机关、人民检察院和司法行政机关分别负责受理、审核和处理有关犯罪记录的查询申请。

上述机关在向社会提供犯罪信息查询服务时,应当严格依照法律法规关于升学、入伍、就业等资格、条件的规定进行。

辩护律师为依法履行辩护职责,要求查询本案犯罪嫌疑人、被告人的犯罪记录的,应当允许,涉及未成年人的犯罪记录被执法机关依法封存的除外。(§ 2 Ⅲ)

△(**未成年人犯罪记录封存制度**)为深入贯彻落实党和国家对违法犯罪未成年人的"教育、感化、挽救"方针和"教育为主、惩罚为辅"原则,切实帮助失足青少年回归社会,根据刑事诉讼法的有关规定,结合我国未成年人保护工作的实际,建立未成年人轻罪犯罪记录封存制度,对于犯罪时不满十八周岁,被判处五年有期徒刑以下刑罚的未成年人的犯罪记录,应当予以封存。犯罪记录被封存后,不得向任何单位和个人提供,但司法机关为办案需要或者有关单位根据国家规定进行查询的除外。依法进行查询的单位,应当对被封存的犯罪记录的情况予以保密。

执法机关对未成年人的犯罪记录可以作为工作记录予以保存。(§ 2 Ⅳ)

△(**违反规定处理犯罪人员信息的责任**)负责提供犯罪人员信息的部门及其工作人员应当及时、准确地向犯罪人员信息登记机关提供有关信息。不按规定提供信息,或者故意提供虚假、伪造信息,情节严重或者造成严重后果的,应当依法追究相关人员的责任。

负责登记和管理犯罪人员信息的部门及其工作人员应当认真登记、妥善管理犯罪人员信息。不按规定登记犯罪人员信息、提供查询服务,或者违反规定泄露犯罪人员信息,情节严重或者造成严重后果的,应当依法追究相关人员的责任。

使用犯罪人员信息的单位和个人应当按照查询目的使用有关信息并对犯罪人员信息予以保密。不按规定使用犯罪人员信息,情节严重或者造成严重后果的,应当依法追究相关人员的责任。(§ 2 Ⅴ)

△(**犯罪记录制度;系统工程;协调配合**)犯罪记录制度是我国一项崭新的法律制度,在建立和实施过程中不可避免地会遇到各种各样的问题和困难,有关部门要高度重视,精心组织,认真实施,并结合自身工作的性质和特点,研究制定具体实施办法或实施细则,循序渐进,在实践中不断健全、完善,确保取得实效。

犯罪记录制度的建立是一个系统工程,各有关部门要加强协调,互相配合,处理好在工作起步以及推进中可能遇到的各种问题。要充分利用政法网以及各部门现有的网络基础设施,逐步实现犯罪人员信息的网上录入、查询和文件流转,实现犯罪人员信息的共享。要处理好犯罪人员信息与被劳动教养、治安管理处罚、不起诉人员信息以及其他信息库之间的关系。要及时总结,适时调整工作思路和方法,保障犯罪记录工作的顺利展开,推动我国犯罪记录制度的发展与完善。(§ 3)

《人民检察院办理未成年人刑事案件的规定》(高检发研字〔2013〕7号,2013年12月27日公布)

△(**未成年人;犯罪记录封存;二审案件;通知**)犯罪的时候不满十八周岁,被判处五年有期徒刑以下刑罚的,人民检察院应当在收到人民法院

生效判决后，对犯罪记录予以封存。[①]

对于二审案件，上级人民检察院封存犯罪记录时，应当通知下级人民检察院对相关犯罪记录予以封存。（§ 62）

△**（专门的未成年人犯罪档案库；保管制度）**人民检察院应当将拟封存的未成年人犯罪记录、卷宗等相关材料装订成册，加密保存，不予公开，并建立专门的未成年人犯罪档案库，执行严格的保管制度。（§ 63）

△**（封存的犯罪记录；犯罪记录的证明；查询犯罪记录；书面申请）**除司法机关为办案需要或者有关单位根据国家规定进行查询的以外，人民检察院不得向任何单位和个人提供封存的犯罪记录，并不得提供未成年人有犯罪记录的证明。

司法机关或者有关单位需要查询犯罪记录的，应当向封存犯罪记录的人民检察院提出书面申请，人民检察院应当在七日以内作出是否许可的决定。（§ 64）

△**（未成年人；犯罪记录；解除封存）**对被封存犯罪记录的未成年人，符合下列条件之一的，应当对其犯罪记录解除封存：

（一）实施新的犯罪，且新罪与封存记录之罪数罪并罚后被决定执行五年有期徒刑以上刑罚的；

（二）发现漏罪，且漏罪与封存记录之罪数罪并罚后被决定执行五年有期徒刑以上刑罚的。（§ 65）

△**（未成年犯罪嫌疑人；不起诉决定；封存）**人民检察院对未成年犯罪嫌疑人作出不起诉决定后，应当对相关记录予以封存。具体程序参照本规定第六十二条至第六十五条规定办理。（§ 66）

第一百零一条　【总则的适用】
本法总则适用于其他有刑罚规定的法律，但是其他法律有特别规定的除外。

【立法理由】

刑法总则是关于犯罪、刑事责任和刑罚的一般原理、原则的规范体系，这些规范是认定犯罪、确定刑事责任和适用刑罚所必须遵守的共同规则。刑法分则是关于具体犯罪和具体法定刑的规范体系，这些规范明确了对各类、各种具体犯罪定罪量刑的标准。**总则指导分则，分则是总则所确定的原理、原则的具体体现，二者相辅相成。**只有分则关于具体犯罪和刑罚的规定，很难准确地认定犯罪，分则的规定和总则的规定相结合才能完整地确定一个犯罪的刑事责任、准确适用刑罚。其他有刑罚规定的法律，由于不是专门的或者完整的刑法立法，在立法模式上通常只规定具体犯罪的罪状和法定刑，不会作出相对综合的总则性的规定，因此，适用其他有刑罚规定的法律，也应当结合本法关于总则的规定，从而正确认定犯罪，准确量定刑罚。当然，也不能排除在特定的条件下、在一定的范围内，在其他法律中作出与刑法总则的原理、原则等不一致的个别的总则性规定，以适应特定情况下打击犯罪的需要。

需要注意的是，刑法上述关于总则与其他有刑罚规定的法律的关系规定，主要是明确刑法总则的指导性地位，以保证刑法总则规定的罪刑法定、罪责刑相适应等基本原则，以及刑法的效力范围、刑事责任年龄、刑罚种类和量刑制度等刑法基本制度得到有效贯彻执行，保证国家刑事法制的统一。1997 年刑法修订以后至今，我国刑法立法模式发生了很大的变化，本条上述规定虽然没有大的文字变化，但是面临的情况实际上已经完全不同了。1979 年刑法施行以后，全国人大常委会根据经济社会情况的变化和治安形势恶化的实际情况，陆续通过了二十多个决定和补充规定，这些决定和补充规定作为“有刑罚规定的法律”，对刑法作出了比较大的补充、修改。另外，1981 年 6 月 10 日第五届全国人大常委会第十九次会议通过，自 1982 年 1 月 1 日起施行的《惩治军人违反职责罪暂行条例》，是专门针对军人违反职责的犯罪的法律规定。在 1979 年刑法施行期间，不少其他经济的、行政的，甚至民事的法律中，也规定了一些关于犯罪与刑罚的

① 《中华人民共和国刑事诉讼法》（2018 年修正）
第二百八十六条
Ⅰ犯罪的时候不满十八周岁，被判处五年有期徒刑以下刑罚的，应当对相关犯罪记录予以封存。
Ⅱ犯罪记录被封存的，不得向任何单位和个人提供，但司法机关为办案需要或者有关单位根据国家规定进行查询的除外。依法进行查询的单位，应当对被封存的犯罪记录的情况予以保密。

条款,其中有的规定对刑法的规定作出了补充。基于这种刑法立法模式,虽然本条关于刑法总则指导地位的规定明确了总则对于其他有刑罚规定的法律的效力,但从实际效果看,相关特别刑法的规定难免会出现与刑法总则的规定不完全一致的情况。这些情况的存在,不仅给司法实践中法律适用带来困难,而且也影响到国家刑事法制的统一和刑法基本原则和制度的全面贯彻落实。

1997年刑法施行以后,立法机关根据我国社会主义法治建设取得巨大成就的实际情况,逐步探索形成了比较成熟的**以刑法修正案的方式修改补充刑法的立法模式**,这一方式有效地解决了刑法的稳定性与适应性的关系,也有效地保证了刑法基本原则和重要刑事法律制度的全面贯彻实施,使本条关于刑法总则"适用于其他有刑罚规定的法律"的规定真正落到实处。

【条文说明】

本条是关于刑法总则的规定适用于其他有刑罚规定的法律的规定。

本条包括两个方面的内容:

1. **本法总则适用于其他有刑罚规定的法律**。主要是指刑法总则规定的原则对于其他有定罪处刑规定的法律也适用,在依照其他法律规定对犯罪人判处刑罚时,也要依照刑法总则的规定。

"其他有刑罚规定的法律",是指除刑法以外的其他有定罪处刑规定的法律,理论上包括全国人大常委会通过的对刑法所作的决定或者补充规定,以及其他法律中对刑法补充规定的犯罪行为及其刑罚的规定。如上所述,1997年刑法施行以来,"其他有刑罚规定的法律"已经比较少见。比较典型的是1998年12月29日第九届全国人大常委会第六次会议通过的《全国人民代表大会常务委员会关于惩治骗购外汇、逃汇和非法买卖外汇犯罪的决定》,这是1997年刑法修订以后全国人大常委会第一次对刑法作修改补充。由于当时还没有就以修正案的方式修改刑法达成共识,仍旧按照1979年刑法施行期间的做法,通过单行决定的方式对刑法作出了修改和补充。该决定属于典型的在刑法之外"有刑罚规定的法律"。另外,2014年11月1日第十二届全国人大常委会第十一次会议通过的《反间谍法》是另外一种比较特别的情况。该法虽然没有直接规定罪名和刑罚,但是对于有特定情节的间谍行为的处理,作出了明确的规定,而该规定与刑法总则的相应规定有所不同。一是《反间谍法》第二十七条第二款规定:"实施间谍行为,有自首或者立功表现的,可以从轻、减轻或者免除处罚;有重大立功表现的,给予奖励。"这一规定与《刑法》第六十七条、第六十八条关于自首、立功的规定相比,从宽的幅度更大。二是《反间谍法》第二十八条规定:"在境外受胁迫或者受诱骗参加敌对组织、间谍组织,从事危害中华人民共和国国家安全的活动,及时向中华人民共和国驻外机构如实说明情况,或者入境后直接或者通过所在单位及时向国家安全机关、公安机关如实说明情况,并有悔改表现的,可以不予追究。"这一规定相比刑法总则的规定,增加了被诱骗实施犯罪的情形;可以不予追究的处理,也体现了更大力度的从宽政策。此外,2020年6月30日第十三届全国人大常委会第二十次会议通过的《香港特别行政区维护国家安全法》对危害国家安全的四类犯罪行为及其处罚作了规定,可以作为"其他有刑罚规定的法律"。

2. **其他法律有特别规定的除外**。这是指在其他有刑罚规定的法律中,对于涉及刑法总则的有关问题又作出了特殊规定,即在一定范围、一定限度内对刑法总则的有关规定不再适用,而依照该法律的特别规定执行。

分　则

第一章　危害国家安全罪[①]

第一百零二条　【背叛国家罪】

勾结外国，危害中华人民共和国的主权、领土完整和安全的，处无期徒刑或者十年以上有期徒刑。

与境外机构、组织、个人相勾结，犯前款罪的，依照前款的规定处罚。

【立法理由】

1. **1979年立法的情况**。背叛国家罪作为一种传统的危害国家安全的犯罪，很多国家刑法都有规定，我国1979年刑法对此也有规定。1979年《刑法》第九十一条规定："勾结外国，阴谋危害祖国的主权、领土完整和安全的，处无期徒刑或者十年以上有期徒刑。"

2. **1997年修订刑法的情况**。1997年修订刑法时对本条作了以下修改：(1)对本罪的罪状作了完善，**删去"阴谋"二字**。1979年《刑法》第九十一条规定的阴谋，实际上既包括策划、准备阶段，也包括行为人实际实施背叛国家的行为。但由于这种表述在实践中容易产生歧义，使人误解为该罪只限于策划、准备阶段的行为。将"阴谋"二字删去，能够使条文的含义更加明确。(2)在危害对象上，**将"祖国"改为"中华人民共和国"**，使关于侵犯对象的规定更加准确、具体。这里规定的背叛国家的行为，直接危害的是中华人民共和国的国家主权、领土完整和安全。(3)**增加一款关于与境外机构、组织、个人相勾结，实施危害中华人民共和国的主权、领土完整和安全的，依照第一款的规定处罚的规定**。增加这一款规定：一是与1993年通过的国家安全法的相关规定相衔接。该法第二十三条规定，境外机构、组织、个人实施或者指使、资助他人实施，或者境内组织、个人与境外机构、组织、个人相勾结实施危害中华人民共和国国家安全的行为，构成犯罪的，依法追究刑事责任。为此，本条第二款作出相应衔接性规定。二是根据实践中的情况，进一步完善勾结外部势力危害国家安全的犯罪构成，严密刑事法网。根据本条规定，构成背叛国家罪的要件之一是"勾结外国"，从以往的司法实践看，外国政府、政党、政治集团往往选择一些民间组织或者个人等代理人，以避免直接从事相关活动。为适应国际斗争的变化，根据维护国家安全的需要，本条作了新增规定。

【条文说明】

本条是关于背叛国家罪及其处罚的规定。

背叛国家罪，是指中国公民勾结外国，或者与境外机构、组织、个人相勾结，危害中华人民共和国的主权、领土完整和安全的行为。

本条共分为两款。

第一款是对**背叛国家罪及其处罚**的规定。根据本款规定，背叛国家罪具有以下特征：

1. 构成本罪的犯罪主体必须是**具有中华人民共和国国籍的公民**，即中国公民。

2. 行为人在客观上必须**实施了勾结外国，危害国家主权、领土完整和安全的行为**。这里所说的"**勾结外国**"，是指行为人通过各种方式与外国政府、政党、政治集团以及他们的代表人物联络，进行组织、策划危害国家安全行为等活动。这里的"外国"应作广义理解，主要是指具有独立主权的国家，但也可以包括其他虽未被广泛承认但以国家名义活动的实体，以及某些国家联盟性质的国际组织。"**危害中华人民共和国的主权、领土完整和安全**"，是指行为人勾结外国的直接目的和实施的行为，必须是危害了中华人民共和国的国家

分则　第一章

① 《中华人民共和国公司法》(1993年12月29日通过，2018年10月26日第四次修正)

第二百一十三条

利用公司名义从事危害国家安全、社会公共利益的严重违法行为的，吊销营业执照。

第二百一十五条

违反本法规定，构成犯罪的，依法追究刑事责任。

主权、领土完整和安全。勾结外国是危害国家主权、领土完整和安全的手段，危害国家主权、领土完整和安全是勾结外国的直接目的，这两个行为必须同时具备，才能构成本罪。根据本条的规定，背叛国家罪的构成，并不要求造成危害国家主权、领土完整和安全的实际后果，**只要实施了勾结外国，危害国家主权、领土完整和安全的行为，即构成本罪**。无论是在暗中策划、信电往来秘密接触的阴谋阶段，还是已经将形成的计划付诸实施，都不影响构成本罪。

根据本款规定，行为人实施勾结外国，危害中华人民共和国的主权、领土完整和安全的行为，处无期徒刑或者十年以上有期徒刑。同时，根据本法第一百一十三条的规定，构成本罪，对国家和人民危害特别严重、情节特别恶劣的，可以判处死刑；构成本罪的，还可以并处没收财产。依照《刑法》第五十六条规定，犯危害国家安全罪的，应当附加剥夺政治权利。

第二款明确规定，**与境外机构、组织、个人相勾结，实施危害中华人民共和国的主权、领土完整和安全的犯罪行为的，依照第一款的规定处罚**。这里所说的“**境外机构、组织**”，是指中华人民共和国边境以外的国家或者地区的机构、组织，也包括其在中华人民共和国境内设立的分支（代表）机构和分支组织等。“**境外个人**”，是指中华人民共和国边境以外的人员；同时，在中华人民共和国境内的外国公民、无国籍人，也属于境外人员。**“与境外机构、组织、个人相勾结”实施本条第一款规定的行为**，主要是指通过与境外机构、组织、个人相互勾结，共同策划或者进行危害中华人民共和国的主权、领土完整和安全的活动；接受外国或者境外机构、组织、人员资助或者指使，进行危害中华人民共和国的主权、领土完整和安全的活动；与外国或者境外机构、组织、人员建立联系，取得支持、帮助，进行危害中华人民共和国的主权、领土完整和安全的活动等情况。根据各国的司法实践，背叛国家行为往往要通过一些组织、个人进行，外国政府的活动也往往在一些民间组织及个人身份的掩护下进行。本款的规定充分考虑了维护国家安全的需要以及国际上政治斗争的特点。

根据本款规定，行为人与境外机构、组织、个人相勾结，实施危害中华人民共和国的主权、领土完整和安全的行为，依照第一款的规定处罚，即处无期徒刑或者十年以上有期徒刑。同时，根据本法第一百一十三条的规定，对国家和人民危害特别严重、情节特别恶劣的，可以判处死刑，还可以并处没收财产。依照《刑法》第五十六条规定，犯危害国家安全罪的，应当附加剥夺政治权利。

需要注意的是，本章规定的**其他危害国家安全犯罪**，如间谍罪，为境外窃取、刺探、收买、非法提供国家秘密情报罪等，也存在与境外势力勾结的情况，也对国家安全造成危害。因此，区分本罪与其他危害国家安全犯罪的关键在于本罪在性质属于**直接从根本上危害国家的主权和领土完整，从而危害到国家的安全**；从行为表现上看，往往是通过与外国通谋，出卖国家领土和主权，勾结外国反动势力，对我国发动侵略战争，掠夺我国领土，破坏我国领土完整等。这些行为直接危害我国的国家主权和领土完整，体现的是对国家安全的根本的、整体的危害，直接威胁到国家的外部安全，因而也有的国家称之为**外患或者诱致外患犯罪**。至于那些具体危害到国家安全某一方面的犯罪行为，则属于本章规定的其他相关危害国家安全犯罪，如危害国家政权和社会主义制度的行为，触犯的是《刑法》第一百零五条颠覆国家政权罪、煽动颠覆国家政权罪。

这里的“勾结”，是指与外国或者境外的机构、组织、个人进行公开的或者秘密的联系，以共同谋划，表现方式多种多样，可以是主动投靠，建立联系，也可以是国外的机构、组织、个人与国内的机构、组织、个人进行策划、帮助或提供资助；可以是直接接触，也可以是信件往来，应当结合其客观行为与主观目的进行认定。

这里的“危害”并不要求已经着手实施行为，或者造成实际发生国家主权、领土完整和安全的损害结果。只要行为人就危害中华人民共和国的主权、领土完整和安全进行谋议、策划，就构成犯罪的既遂。

【附属刑法】

《中华人民共和国国家安全法》（2015年7月1日通过）

第十三条

Ⅱ任何个人和组织违反本法和有关法律，不履行维护国家安全义务或者从事危害国家安全活动的，依法追究法律责任。

分则　第一章

第一百零三条 【分裂国家罪】【煽动分裂国家罪】

组织、策划、实施分裂国家、破坏国家统一的，对首要分子或者罪行重大的，处无期徒刑或者十年以上有期徒刑；对积极参加的，处三年以上十年以下有期徒刑；对其他参加的，处三年以下有期徒刑、拘役、管制或者剥夺政治权利。

煽动分裂国家、破坏国家统一的，处五年以下有期徒刑、拘役、管制或者剥夺政治权利；首要分子或者罪行重大的，处五年以上有期徒刑。

【立法理由】

1. **1979年立法的情况**。分裂国家罪作为危害国家领土完整、破坏国家统一的犯罪，在1979年刑法中已有规定。1979年《刑法》第九十二条规定："阴谋颠覆政府、分裂国家的，处无期徒刑或者十年以上有期徒刑。"上述规定将颠覆政府和分裂国家两种不同性质的犯罪予以并列。

2. **1997年修订刑法的情况**。1979年刑法施行以后，随着我国改革开放政策的实行，国际交往日益频繁，我国国家安全面临着新的国际、国内形势，危害国家安全的犯罪行为也呈现出新的特点。一方面，颠覆政府和国家政权的行为仍然是危害国家安全的严重犯罪；另一方面，分裂国家、破坏国家统一的犯罪行为特别是边疆部分地区的分裂活动日益猖獗，维护国家统一和民族团结的任务比过去任何时候都更艰巨。针对这些情况，1997年修订刑法时本条主要作了以下修改、补充：一是**将颠覆政府与分裂国家的犯罪行为分开予以规定，并将分裂国家罪排在仅次于背叛国家罪之后**，将分裂国家、破坏国家统一的行为具体规定为：组织、策划、实施分裂国家、破坏国家统一。这样规定，更加具体、明确，既便于适用，也有利于震慑犯罪。二是**将罪状中的"阴谋"一词去掉**，明确本罪不只限于策划、准备阶段的行为。三是**将1979年《刑法》第一百零二条宣传煽动罪的内容纳入本条**，将罪状表述为煽动分裂国家、破坏国家统一的，并对煽动分裂国家、破坏国家统一的犯罪行为单独规定了处罚。四是**根据犯罪分子参与犯罪活动的情节及所起的作用，规定了不同的处罚**，即分为"首要分子或者罪行重大的""积极参加的"和"其他参加的"三个层次，以突出打击重点，分化犯罪分子；使对犯罪分子的处罚更加明确、具体；对不同的犯罪分子给予不同的处罚，也体现了罪责刑相适应的原则。

【条文说明】

本条是关于分裂国家罪和煽动分裂国家罪及其处罚的规定。

本条共分为两款。

第一款是对**分裂国家罪及其处罚**的规定。根据本款规定，构成本罪必须具备以下两个条件：

1. 构成本罪的主体是**一般主体**，即任何人都可以构成本罪的犯罪主体。本罪处罚的是"首要分子或者罪行重大的""积极参加的"和"其他参加的"犯罪分子。其中，"**首要分子**"的范围在刑法总则中已作了明确的界定。"**罪行重大**"是指虽不是首要分子，但在犯罪活动中起了十分恶劣的作用或者直接参与实施主要犯罪活动的骨干分子；"**积极参加的**"，是指那些主动参加犯罪集团并多次参与犯罪活动的；"**其他参加的**"，即指一般参加者。分裂国家、破坏国家统一是一种严重的危害国家安全犯罪，往往靠个人难以达到目的，一般要组成一定的集团进行长期的犯罪活动。而且中国是一个多民族的国家，犯罪分子往往利用并激化民族矛盾，挑起事端，较其他犯罪更具有欺骗性和危险性，所以这种犯罪有可能会因某一突发性事件或者在一些特定的社会环境下，出现聚众犯罪的情况。对此，本款根据犯罪分子参与犯罪的情节及其所起的作用，对"首要分子或者罪行重大的""积极参加的"和"其他参加的"分别规定了处刑。应当注意的是，在严厉打击分裂国家、破坏国家统一的犯罪活动的同时，对这种有可能参加人数较多的聚众犯罪，要把那些受欺骗蒙蔽、不明真相的群众与犯罪分子区别开来。

2. 必须实施了分裂国家、破坏国家统一的行为。这里所说的"**分裂国家、破坏国家统一**"，是指以各种手段和方式，企图将我国领土的一部分分离出去，另立政府，制造割据局面和分裂我国统一的多民族国家，破坏民族团结，制造民族分裂等行为。所谓"**组织**"，是指分裂国家的犯罪集团和分裂活动的组织人所进行的纠集行为，行为人在组织过程中的手段具有多样性，包括招募、雇佣、强迫、威胁、勾引、收买等，既包括将本来就具有分裂国家倾向的人员纠合起来，也包括采用各种手段聚集人员实施分裂国家活动；所谓"**策划**"，是指对分裂国家、破坏国家统一的活动进行谋划的行为，如制定实施分裂国家的犯罪行动计划、方案，确定参加犯罪活动的人员名单和具体实施步骤等；所谓"**实施**"，就是实际着手实施分裂国家、破坏国家统一的行为，既包括组织、策划者将其策划的内容付诸实施，也包括组织、策划者以外的其他人在组织、策划者的组织、指挥下参与实施分裂国家、破坏国家统一的活动。

根据本款规定，对组织、策划、实施分裂国家、破坏国家统一的，对首要分子或者罪行重大的，处无期徒刑或者十年以上有期徒刑；根据本法第一百一十三条的规定，对国家和人民危害特别严重、情节特别恶劣的，可以判处死刑。对积极参加的，处三年以上十年以下有期徒刑；对其他参加的，处三年以下有期徒刑、拘役、管制或者剥夺政治权利。

第二款是对**煽动分裂国家罪及其处罚**的规定。[1][2] 这里所说的"**煽动**"，是指以语言、文字、图像等方式对他人进行鼓动、宣传，意图使他人相信其所煽动的内容，进而使他人去实施所煽动的行为，客观行为表现为对不特定人或者多数人实施的，使其产生分裂国家的犯罪意思，或者刺激、助长、坚定已经产生的分裂国家的犯罪意思的行为，实践中应当注意与**分裂国家罪的教唆行为**之间的区别。[3] 根据本款规定，行为人实施了煽动分裂国家、破坏国家统一的行为，并不以被煽动者实施分裂国家行为，即具体地着手组织、策划、实施分裂国家、破坏国家统一的行为为必要，即构成犯罪，处五年以下有期徒刑、拘役、管制或者剥夺政治权利；对首要分子或者罪行重大的，处五年以上有期徒刑。根据本法第一百一十三条的规定，构成本罪，还可以并处没收财产。

【司法解释】

《最高人民法院关于审理非法出版物刑事案件具体应用法律若干问题的解释》（法释〔1998〕30号，自1998年12月23日起施行）

△（**出版物；煽动分裂国家罪**）明知出版物中载有煽动分裂国家、破坏国家统一或者煽动颠覆国家政权、推翻社会主义制度的内容，而予以出版、印刷、复制、发行、传播的，依照刑法第一百零三条第二款或者第一百零五条第二款的规定，以煽动分裂国家罪或者煽动颠覆国家政权罪定罪处罚。（§1）

《最高人民法院、最高人民检察院关于办理妨害预防、控制突发传染病疫情等灾害的刑事案件具体应用法律若干问题的解释》（法释〔2003〕8号，自2003年5月15日起施行）

△（**突发传染病疫情等灾害；煽动分裂国家罪**）利用突发传染病疫情等灾害，制造、传播谣言，煽动分裂国家、破坏国家统一，或者煽动颠覆国家政权、推翻社会主义制度的，依照刑法第一百零三条第二款、第一百零五条第二款的规定，以煽动分裂国家罪或者煽动颠覆国家政权罪定罪处罚。（§10 Ⅱ）

△（**自首、立功等悔罪表现**）人民法院、人民检察院办理有关妨害预防、控制突发传染病疫情等灾害的刑事案件，对于有自首、立功等悔罪表现的，依法从轻、减轻、免除处罚或者依法作出不起诉决定。（§17）

【司法解释性文件】

《最高人民法院、最高人民检察院、公安部、司法部关于依法惩治妨害新型冠状病毒感染肺炎疫情防控违法犯罪的意见》（法发〔2020〕7号，2020年2月6日发布）

△（**肺炎疫情防控；编造、故意传播虚假信息罪；寻衅滋事罪；煽动分裂国家罪；煽动颠覆国家政权罪；拒不履行信息网络安全管理义务罪**）依法严惩造谣传谣犯罪。编造虚假的疫情信息，在信息网络或者其他媒体上传播，或者明知是虚假疫情信息，故意在信息网络或者其他媒体上传播，严重扰乱社会秩序的，依照刑法第二百九十一条之一第二款的规定，以编造、故意传播虚假信息罪定罪处罚。

编造虚假信息，或者明知是编造的虚假信息，在信息网络上散布，或者组织、指使人员在信息网络上散布，起哄闹事，造成公共秩序严重混乱的，依照刑法第二百九十三条第一款第四项的规定，以寻衅滋事罪定罪处罚。

① 我国学者指出，煽动必须公开进行，并针对不特定或者多数人实施，否则就只能论以分裂国家罪的教唆犯。参见黎宏：《刑法学各论》（第2版），法律出版社2016年版，第8页。

② 考虑到言论自由所具有的宪法价值，如果行为人出于正当目的而就公共事务发表言论，不得以本罪论处。参见周光权：《刑法各论》（第4版），中国人民大学出版社2021年版，第608页。

③ 李希慧教授认为，煽动的对象既可以是不特定的人或者多数人，也可以是特定的人。将煽动的对象限制在不特定的人或多数人的范围，在法律上没有根据。参见高铭暄、马克昌主编：《刑法学》（第7版），北京大学出版社、高等教育出版社2016年版，第322页。另有学者指出，煽动内容必须能够为不特定或者多数人所知悉。参见张明楷：《刑法学》（第6版），法律出版社2021年版，第871页。另有论者认为，只有当煽动行为具有明显的、紧迫的危险时，才属于刑法上的煽动行为。参见周光权：《刑法各论》（第4版），中国人民大学出版社2021年版，第608页。

利用新型冠状病毒感染肺炎疫情，制造、传播谣言，煽动分裂国家、破坏国家统一，或者煽动颠覆国家政权、推翻社会主义制度的，依照刑法第一百零三条第二款、第一百零五条第二款的规定，以煽动分裂国家罪或者煽动颠覆国家政权罪定罪处罚。

网络服务提供者不履行法律、行政法规规定的信息网络安全管理义务，经监管部门责令采取改正措施而拒不改正，致使虚假疫情信息或者其他违法信息大量传播的，依照刑法第二百八十六条之一的规定，以拒不履行信息网络安全管理义务罪定罪处罚。

对虚假疫情信息案件，要依法、精准、恰当处置。对恶意编造虚假疫情信息，制造社会恐慌，挑动社会情绪，扰乱公共秩序，特别是恶意攻击党和政府，借机煽动颠覆国家政权、推翻社会主义制度的，要依法严惩。对于因轻信而传播虚假信息，危害不大的，不以犯罪论处。（§ 2Ⅵ）

△（**治安管理处罚；从重情节**）依法严惩妨害疫情防控的违法行为。实施上述（一）至（九）规定的行为，不构成犯罪的，由公安机关根据治安管理处罚法有关虚构事实扰乱公共秩序，扰乱单位秩序、公共场所秩序、寻衅滋事，拒不执行紧急状态下的决定、命令，阻碍执行职务，冲闯警戒带、警戒区，殴打他人，故意伤害，侮辱他人，诈骗，在铁路沿线非法挖掘坑穴、采石取沙，盗窃、损毁路面公共设施，损毁铁路设施设备，故意损毁财物、哄抢公私财物等规定，予以治安管理处罚，或者由有关部门予以其他行政处罚。

对于在疫情防控期间实施有关违法犯罪的，要作为从重情节予以考量，依法体现从严的政策要求，有力惩治震慑违法犯罪，维护法律权威，维护社会秩序，维护人民群众生命安全和身体健康。（§ 2Ⅹ）

【附属刑法】

《全国人民代表大会常务委员会关于维护互联网安全的决定》（2000年12月28日通过，2009年8月27日修正）

二、为了维护国家安全和社会稳定，对有下列行为之一，构成犯罪的，依照刑法有关规定追究刑事责任：

（一）利用互联网造谣、诽谤或者发表、传播其他有害信息，煽动颠覆国家政权、推翻社会主义制度，或者煽动分裂国家、破坏国家统一；

……

《中华人民共和国国家安全法》（2015年7月1日通过）

第十三条

Ⅱ任何个人和组织违反本法和有关法律，不履行维护国家安全义务或者从事危害国家安全活动的，依法追究法律责任。

第一百零四条　【武装叛乱、暴乱罪】

组织、策划、实施武装叛乱或者武装暴乱的，对首要分子或者罪行重大的，处无期徒刑或者十年以上有期徒刑；对积极参加的，处三年以上十年以下有期徒刑；对其他参加的，处三年以下有期徒刑、拘役、管制或者剥夺政治权利。

策动、胁迫、勾引、收买国家机关工作人员、武装部队人员、人民警察、民兵进行武装叛乱或者武装暴乱的，依照前款的规定从重处罚。

【立法理由】

1. **1979年立法的情况**。1979年《刑法》第九十三条规定："策动、勾引、收买国家工作人员、武装部队、人民警察、民兵投敌叛变或者叛乱的，处无期徒刑或者十年以上有期徒刑。"1979年《刑法》第九十五条规定："持械聚众叛乱的首要分子或者其他罪恶重大的，处无期徒刑或者十年以上有期徒刑；其他积极参加的，处三年以上十年以下有期徒刑。"

2. **1997年修订刑法的情况**。本条是将1979年《刑法》第九十三条策动叛乱罪和第九十五条持械聚众叛乱罪修改合并而来的。将1979年《刑法》第九十三条、第九十五条的规定合并为一条，将1979年《刑法》第九十三条规定的策动、勾引、收买国家工作人员、武装部队、人民警察、民兵进行武装叛乱或者武装暴乱的内容作为本条的第二款，并规定了从重处罚的原则。根据情况的变化和实际斗争的需要，将"投敌叛变或者叛乱""持械聚众叛乱"的犯罪行为修改为"武装叛乱或者武装暴乱"。此外，还对组织、策划、实施武装叛乱或者武装暴乱的行为单独作了具体规定。

【条文说明】

本条是关于武装叛乱、暴乱罪及其处罚的规定。

本条共分为两款。

第一款是对**武装叛乱、暴乱罪及其处罚**的规定。**武装叛乱**，是指采取武装对抗的形式，以投靠境外组织或境外敌对势力为背景，或者意图投靠境外组织或境外敌对势力，反叛国家和政府的行为。**武装暴乱**，是指采取武装的形式，与国家和政府进行对抗或者烧杀抢掠等集体暴行的行为。[①] 根据本款规定，武装叛乱、暴乱罪具有以下特征：

1. 构成犯罪的主体是**一般主体**，即达到刑事责任年龄，具有刑事责任能力，实施了武装叛乱、暴乱行为的一切自然人都是本罪的犯罪主体。实践中多为我国公民，但不排除外国人、无国籍人犯本罪的可能性。

2. 必须实施了“**组织、策划、实施**”的具体行为。其中，本条规定的“组织、策划、实施”的基本含义与本法第一百零三条的规定是一致的，故不再赘述。[②]

3. 必须具有“武装”性质。所谓“**武装**”，是指叛乱者或者暴乱者在实施犯罪行为时，装备了各种具有杀伤力的武器，携带或使用了各种军用、警用武器装备，民用枪械，刀，矛，棍棒，炸药，雷管，手榴弹等武器，与国家和政府进行对抗。只要是叛乱、暴乱分子持有上述武器即可，持有武器的多少均不影响本罪的成立。如果行为人没有携带或使用武器，只是使用**一般性的暴力**，如扔石块等，则不能构成武装叛乱、暴乱罪。武装叛乱行为与武装暴乱行为的主要区别在于行为人是否有境外组织或者境外敌对势力的背景。如果行为人的目的是投靠境外组织或境外敌对势力，或者与之相勾结，与国家和政府进行武装对抗的，就是**武装叛乱**；如果行为人没有上述意图和目的，只是直接与国家和政府进行武装对抗的，则是**武装暴乱**。当然，在武装暴乱的犯罪过程中，犯罪分子可能也会与境外的一些敌对势力相勾结，但其叛乱活动主要是针对政府；而武装叛乱，犯罪分子的主要目的是投靠、勾结境外组织或境外敌对势力。

根据本款规定，组织、策划、实施武装叛乱或武装暴乱的，对其首要分子或者罪行重大的，处无期徒刑或者十年以上有期徒刑；根据《刑法》第一百一十三条的规定，对国家和人民危害特别严重、情节特别恶劣的，可以判处死刑。对积极参加的，处三年以上十年以下有期徒刑；对其他参加的，处三年以下有期徒刑、拘役、管制或者剥夺政治权利。

第二款是对**策动、胁迫、勾引、收买国家机关工作人员、武装部队人员、人民警察、民兵进行武装叛乱或者武装暴乱**的处罚规定。[③] 这里所说的“**策动**”，是指策划鼓动他人进行某项活动的行为，具体是指通过进行叛乱、暴乱的宣传、鼓动而使之产生背叛意图，参加武装叛乱或者暴乱活动；“**胁迫**”，是指以暴力或者其他手段威胁、强迫他人实施某种行为，具体是指以实施暴力侵害、揭露隐私或者对家庭成员实施侵害行为等手段，使得国家机关工作人员、武装警察部队、人民警察、民兵等不敢反抗，被迫进行武装叛乱、暴乱；“**勾引**”，是指以名利、地位、职务或者女色等各种利益对上述人员进行引诱，使之服从其领导、控制，为其所用，进而进行武装叛乱、暴乱犯罪的行为；“**收买**”，是指以金钱、财物或者其他物质利益诱使上述人员为其所用，进行武装叛乱、暴乱的行为。“**国家机关工作人员**”，是指在国家立法机关、行政机关、监察机关、司法机关、军事机关从事公务的人员，国家机关工作人员是国家政权机构的组成人员，发动他们进行武装叛乱、暴乱，对国家政权的危害更为直接和严重。同时，上述人员或掌握国家秘密，或拥有武器装备，一旦进行叛乱、暴乱，其破坏能力非一般犯罪主体可比，将严重危及国家安全。故本款将策动、胁迫、勾引、收买等武装叛乱、暴乱罪的预备行为纳入该罪的规制范围，体现对此种行为严厉处罚的精神。

根据本款的规定，策动、胁迫、勾引、收买国家机关工作人员、武装部队人员、人民警察、民兵进行武装叛乱或者武装暴乱的，依照第一款的规定，从重处罚。

① 相同的学说见解，参见黎宏：《刑法学各论》（第2版），法律出版社2016年版，第11页；周光权：《刑法各论》（第4版），中国人民大学出版社2021年版，第609页；高铭暄、马克昌主编：《刑法学》（第7版），北京大学出版社、高等教育出版社2016年版，第323页。

② 我国学者指出，本罪中的“组织、策划”不仅包括负责组织武装叛乱、武装暴乱成员，领导、指挥他人进行武装叛乱、武装暴乱的行为，还包括策划、胁迫、勾引、收买他人进行武装叛乱、武装暴乱的行为。参见张明楷：《刑法学》（第5版），法律出版社2021年版，第872页。

③ 我国学者指出，《刑法》第一百零四条第二款并未规定独立罪名，只是将策动、胁迫、勾引、收买特定人员进行武装叛乱或者暴乱的行为规定为从重处罚的情节。参见张明楷：《刑法学》（第6版），法律出版社2021年版，第872页。

【附属刑法】

《中华人民共和国国家安全法》(2015 年 7 月 1 日通过)

第十三条

Ⅱ任何个人和组织违反本法和有关法律,不履行维护国家安全义务或者从事危害国家安全活动的,依法追究法律责任。

第一百零五条　【颠覆国家政权罪】【煽动颠覆国家政权罪】

组织、策划、实施颠覆国家政权、推翻社会主义制度的,对首要分子或者罪行重大的,处无期徒刑或者十年以上有期徒刑;对积极参加的,处三年以上十年以下有期徒刑;对其他参加的,处三年以下有期徒刑、拘役、管制或者剥夺政治权利。

以造谣、诽谤或者其他方式煽动颠覆国家政权、推翻社会主义制度的,处五年以下有期徒刑、拘役、管制或者剥夺政治权利;首要分子或者罪行重大的,处五年以上有期徒刑。

【立法理由】

1. **1979 年立法的情况**。1979 年《刑法》第九十二条规定:"阴谋颠覆政府、分裂国家的,处无期徒刑或者十年以上有期徒刑。"这一规定主要是针对新中国成立以来的一定时期内,国内外敌对势力内外勾结,图谋颠覆新生政权,推翻我国人民民主专政的社会主义制度的实际情况。

2. **1997 年修订刑法的情况**。1997 年修订刑法时对本条作了以下修改:一是将分裂国家的行为从 1979 年《刑法》第九十二条规定中分离出去,单独在第一百零三条作了规定,从而使本条规定只限于颠覆国家政权、推翻社会主义制度的犯罪。修改后的条文将 1979 年刑法规定的"颠覆政府"修改为"颠覆国家政权、推翻社会主义制度",实质上融入了 1979 年《刑法》第九十条关于反革命罪定义规定的内容,从而对这一犯罪行为规定得更加具体、明确,便于实际操作。二是删去了"阴谋"二字,将颠覆国家政权的行为细化为组织、策划、实施颠覆国家政权的具体行为。三是改"政府"为"国家政权",并增加规定了"推翻社会主义制度"的内容,同 1993 年通过的国家安全法的规定相衔接,明确将"推翻社会主义制度"的内容作为危害国家安全的行为。四是根据犯罪的不同情节,对首要分子、罪行重大的、积极参加的和一般参加的分别规定了刑罚。这样规定,更能体现罪责刑相适应的原则,便于实际操作。五是将 1979 年《刑法》第一百零二条宣传煽动罪的内容纳入本条。

【条文说明】

本条是关于颠覆国家政权、煽动颠覆国家政权罪及其处罚的规定。

本条共分为两款。

第一款是对**颠覆国家政权罪**的处罚规定。[①] 根据本款规定,颠覆国家政权罪,是指行为人组织、策划、实施颠覆国家政权、推翻社会主义制度的行为。其中,"**组织、策划、实施**"与前两条规定的"组织、策划、实施"的含义是一致的,这里不再赘述。本条规定的"**颠覆国家政权、推翻社会主义制度**",是指以除武装暴动外的各种非法手段推翻国家政权,改变人民民主专政的政权性质和社会主义制度的行为。[②] 我国宪法明确规定,中华人民共和国是工人阶级领导的、以工农联盟为基础的人民民主专政的社会主义国家。社会主义制度是国家的根本制度,所以说,任何企图以各种手段颠覆国家政权、推翻社会主义制度的行为,都是对我国国家安全的严重危害,必须受到我国法律的严厉制裁。应当注意的是,"颠覆国家政权"在手段上通常有使用暴力手段的情况,《刑法》第一百零四条明确规定了武装叛乱、暴乱罪,并规定了更重的刑罚。对于以武装暴乱形式颠覆国家政权的,应当适用武装叛乱、暴乱罪。本款所规定的是指**以非武装暴乱方式颠覆国家政权的行为**。这里的"**国家政权**"包括中央政权和地方政权机关,具

---

① 颠覆国家政权罪是最为典型的政治犯,因为任何国家的刑法都只能对最终失败的颠覆现政权行为加以惩处。参见周光权:《刑法各论》(第 4 版),中国人民大学出版社 2021 年版,第 610 页。

② 我国学者指出,颠覆、推翻的手段,既可以是暴力形式,也可以是和平演变之类的非暴力形式。参见黎宏:《刑法学各论》(第 2 版),法律出版社 2016 年版,第 11 页;周光权:《刑法各论》(第 4 版),中国人民大学出版社 2021 年版,第 610 页;高铭暄、马克昌主编:《刑法学》(第 7 版),北京大学出版社、高等教育出版社 2016 年版,第 324 页。

体包括我国各级权力机关、行政机关、司法机关、军事机关等。

根据本款规定，颠覆国家政权罪的构成不要求有颠覆国家政权、推翻社会主义制度的实际危害结果的发生，只要行为人进行了组织、策划、实施颠覆国家政权、推翻社会主义制度的行为，即构成本罪，对首要分子或者罪行重大的，处无期徒刑或者十年以上有期徒刑；对积极参加的，处三年以上十年以下有期徒刑；对其他参加的，处三年以下有期徒刑、拘役、管制或者剥夺政治权利。

第二款是对**煽动颠覆国家政权罪**的处罚规定。[①] 这里所说的"**煽动**"，是指以造谣、诽谤或者其他方式[②]诱惑、鼓动群众颠覆国家政权和社会主义制度的行为。"**造谣**"主要是指出于颠覆国家政权和社会主义制度之目的，制造并散布各种谣言，以混淆视听，迷惑群众。"**诽谤**"主要是指捏造事实并予以散布，诋毁、攻击国家政权和社会主义制度，如利用文化传媒煽动颠覆国家政权，在公共场所书写、张贴含有颠覆国家政权、推翻社会主义制度内容的传单、大小字报或投寄煽动信件，以诗歌、漫画等形式进行宣传煽动，组织、参加相关组织，进行煽动、呼喊活动等。根据本款规定，构成本罪的，行为人在主观上必须具有颠覆国家政权、推翻社会主义制度的故意。本款对煽动颠覆国家政权罪规定了两档刑罚，只要行为人实施了以造谣、诽谤或者其他方式煽动颠覆国家政权、推翻社会主义制度行为的，就构成本罪，处五年以下有期徒刑、拘役、管制或者剥夺政治权利；对首要分子或者罪行重大的，处五年以上有期徒刑。

根据《刑法》第一百一十三条的规定，构成本罪，还可以并处没收财产。

【司法解释】

《最高人民法院关于审理非法出版物刑事案件具体应用法律若干问题的解释》（法释〔1998〕30号，自1998年12月23日起施行）

△（**出版物；煽动颠覆国家政权罪**）明知出版物中载有煽动分裂国家、破坏国家统一或者煽动颠覆国家政权、推翻社会主义制度的内容，而予以出版、印刷、复制、发行、传播的，依照刑法第一百零三条第二款或者第一百零五条第二款的规定，以煽动分裂国家罪或者煽动颠覆国家政权罪定罪处罚。（§ 1）

《最高人民法院、最高人民检察院关于办理妨害预防、控制突发传染病疫情等灾害的刑事案件具体应用法律若干问题的解释》（法释〔2003〕8号，自2003年5月15日起施行）

△（**突发传染病疫情等灾害；煽动颠覆国家政权罪**）利用突发传染病疫情等灾害，制造、传播谣言，煽动分裂国家、破坏国家统一，或者煽动颠覆国家政权、推翻社会主义制度的，依照刑法第一百零三条第二款、第一百零五条第二款的规定，以煽动分裂国家罪或者煽动颠覆国家政权罪定罪处罚。（§ 10 Ⅱ）

△（**自首、立功等悔罪表现**）人民法院、人民检察院办理有关妨害预防、控制突发传染病疫情等灾害的刑事案件，对于有自首、立功等悔罪表现的，依法从轻、减轻、免除处罚或者依法作出不起诉决定。（§ 17）

【司法解释性文件】

《最高人民法院、最高人民检察院、公安部、司法部关于依法惩治妨害新型冠状病毒感染肺炎疫情防控违法犯罪的意见》（法发〔2020〕7号，2020年2月6日发布）

△（**肺炎疫情防控；编造、故意传播虚假信息罪；寻衅滋事罪；煽动分裂国家罪；煽动颠覆国家政权罪；拒不履行信息网络安全管理义务罪**）依法严惩造谣传谣犯罪。编造虚假的疫情信息，在信息网络或者其他媒体上传播，或者明知是虚假疫情信息，故意在信息网络或者其他媒体上传播，严重扰乱社会秩序的，依照刑法第二百九十一条之一第二款的规定，以编造、故意传播虚假信息罪定罪处罚。

编造虚假信息，或者明知是编造的虚假信息，在信息网络上散布，或者组织、指使人员在信息网络上散布，起哄闹事，造成公共秩序严重混乱的，依照刑法第二百九十三条第一款第四项的规定，以寻衅滋事罪定罪处罚。

利用新型冠状病毒感染肺炎疫情，制造、传播谣言，煽动分裂国家、破坏国家统一，或者煽动颠

① 我国学者指出，造谣、诽谤或者其他方式的行为必须是公然实施的，否则就只能构成颠覆国家政权罪的教唆犯。参见黎宏：《刑法学各论》（第2版），法律出版社2016年版，第11页。

② 我国学者指出，肆意夸大、渲染我国社会中存在的问题，许诺将来的政权和制度比现在好，以引起人们对现实政权和社会主义制度的不满等行为，属于本罪中的"其他方式"。参见黎宏：《刑法学各论》（第2版），法律出版社2016年版，第11页；高铭暄、马克昌主编：《刑法学》（第7版），北京大学出版社、高等教育出版社2016年版，第325页。

覆国家政权、推翻社会主义制度的,依照刑法第一百零三条第二款、第一百零五条第二款的规定,以煽动分裂国家罪或者煽动颠覆国家政权罪定罪处罚。

网络服务提供者不履行法律、行政法规规定的信息网络安全管理义务,经监管部门责令采取改正措施而拒不改正,致使虚假疫情信息或者其他违法信息大量传播的,依照刑法第二百八十六条之一的规定,以拒不履行信息网络安全管理义务罪定罪处罚。

对虚假疫情信息案件,要依法、精准、恰当处置。对恶意编造虚假疫情信息,制造社会恐慌,挑动社会情绪,扰乱公共秩序,特别是恶意攻击党和政府,借机煽动颠覆国家政权、推翻社会主义制度的,要依法严惩。对于因轻信而传播虚假信息,危害不大的,不以犯罪论处。(§ 2Ⅵ)

△(**治安管理处罚;从重情节**)依法严惩妨害疫情防控的违法行为。实施上述(一)至(九)规定的行为,不构成犯罪的,由公安机关根据治安管理处罚法有关虚构事实扰乱公共秩序,扰乱单位秩序、公共场所秩序、寻衅滋事,拒不执行紧急状态下的决定、命令,阻碍执行职务,冲闯警戒带、警戒区,殴打他人,故意伤害,侮辱他人,诈骗,在铁路沿线非法挖掘坑穴、采石取沙,盗窃、损毁路面公共设施,损毁铁路设施设备,故意损毁财物、哄抢公私财物等规定,予以治安管理处罚,或者由有关部门予以其他行政处罚。

对于在疫情防控期间实施有关违法犯罪的,要作为从重情节予以考量,依法体现从严的政策要求,有力惩治震慑违法犯罪,维护法律权威,维护社会秩序,维护人民群众生命安全和身体健康。(§ 2Ⅹ)

【附属刑法】

《全国人民代表大会常务委员会关于维护互联网安全的决定》(2000年12月28日通过,2009年8月27日修正)

二、为了维护国家安全和社会稳定,对有下列行为之一,构成犯罪的,依照刑法有关规定追究刑事责任:

(一)利用互联网造谣、诽谤或者发表、传播其他有害信息,煽动颠覆国家政权、推翻社会主义制度,或者煽动分裂国家、破坏国家统一;

……

《中华人民共和国国家安全法》(2015年7月1日通过)

第十三条

Ⅱ任何个人和组织违反本法和有关法律,不履行维护国家安全义务或者从事危害国家安全活动的,依法追究法律责任。

【参考案例】

△通过互联网攻击我国政治制度,宣传煽动颠覆国家政权,并组织、策划成立反动党派的,不构成煽动颠覆国家政权罪,应以颠覆国家政权罪论处。

在黄金秋颠覆国家政权案中,被告人黄金秋主观上具有颠覆国家政权、推翻社会主义制度的目的,这一点没有争议,关键是其客观行为的性质。经法院审理查明,被告人黄金秋于2003年1月,在境外"博讯"新闻网站上以"清水君"之名组织、策划成立所谓"中华爱国民主党",并在互联网上发表由其亲自制定的《中华爱国民主党党章(征求意见稿)》,该"党章"在总则中确定:"中华爱国民主党"的短、中、长期目标是"意志坚决地反对和揭露××独裁集团的黑暗势力和垄断制度""深刻批判和反思独裁集团祸国殃民的罪行"、最终"建立大中华民主联盟"。并在"博讯"新闻网上发表由其撰写的《颠覆无罪、民主有理》《珍惜经济成就,共建伟大中华——CPDP中华爱国民主党成立宣言》等大量文章,攻击我国的政治制度是"独裁政权",提出"三权分立,双重首长制",建立"强大的政治替代组织"及"爱民"根据地,最终实现"大中华民主联盟"的政治目标。另外,被告人黄金秋在互联网上还发布了《中华爱国民主党入党申请书》,招募了多名"预备党员",发表了《爱国民主工作指南》《我们的爱国民主行动纲领》《关于建立地方机构深化组织工作的通知》等大量文章,具体指导如何开展"中华爱国民主党"工作的方法,唆使他们成立"中华爱国民主党"支部,发展"党员",扩大组织,散发传单,以达到其颠覆国家政权、推翻社会主义制度的目的。2003年8月,被告人黄金秋归国后先后在昆明、绵竹、连云港等地上网发表文章或发放印有"中华爱国民主党"创办人"清水君"的名片,宣传"中华爱国民主党"的"思想",为颠覆国家政权积极进行组织活动。从被告人实施的客观行为看,既有组织、策划、实施颠覆国家政权的行为,也有发表文章煽动颠覆国家政权的行为,两种行为交织在一起,同时触犯了颠覆国家政权罪和煽动颠覆国家政权罪。根据刑法中想象竞合犯的理论,从一重罪处断,故对被告人黄金秋应以颠覆国家政权罪论处。[No.1-105(1)-1　黄金秋颠覆国家政权案]

第一百零六条　【与境外勾结的从重处罚规定】

与境外机构、组织、个人相勾结，实施本章第一百零三条、第一百零四条、第一百零五条规定之罪的，依照各该条的规定从重处罚。

【立法理由】

本条是**1997年修订刑法**时增加的规定。与境外的机构、组织、个人相勾结，实施危害国家安全的犯罪，是犯罪分子在实施这类犯罪时经常采用的一种犯罪方式。一方面，境外的敌对势力为“西化”“分化”我国，在境内寻找其代言人，与境内不法分子相勾结，进行危害我国国家安全的犯罪活动；另一方面，我国国内的犯罪分子在实施危害国家安全的犯罪活动中，往往也与境外的机构、组织、个人相勾结，以取得他们的帮助。为了更有力地维护国家安全，打击危害国家安全的犯罪活动，1997年修订刑法时增加了本条规定。

【条文说明】

本条是对与境外机构、组织、个人相勾结，进行危害国家安全犯罪的，予以从重处罚的规定。

近些年来，境外一些敌对势力为达到“西化”“分化”我国的目的，以各种手段、方式对我国进行渗透、干扰，与境内不法分子相勾结，进行危害我国国家安全的犯罪活动。而我国国内的犯罪分子在进行危害国家安全的犯罪活动中，也往往与境外机构、组织、个人相勾结，取得他们的援助、资助等。这是多种危害国家安全犯罪的一个重要特点。为了更有力地维护国家安全，打击危害国家安全的犯罪，刑法特别作了关于与境外机构、组织、个人相勾结实施分裂国家罪，煽动分裂国家罪，武装叛乱、暴乱罪，颠覆国家政权罪，煽动颠覆国家政权罪应从重处罚的规定。这几种犯罪都是对我国国家安全危害最为严重、危险性最大的犯罪。本条规定的**“相勾结”**，是指境内的犯罪分子与境外机构、组织、个人通过各种途径联络，共同策划、密谋，以实施本章第一百零三条、第一百零四条、第一百零五条规定的有关危害国家安全的犯罪行为。①

根据本条规定，境内人员与境外机构、组织、个人相勾结，实施本章第一百零三条、第一百零四条、第一百零五条规定之罪的，对其依照上述有关条文规定的刑罚从重处罚。

第一百零七条　【资助危害国家安全犯罪活动罪】

境内外机构、组织或者个人资助实施本章第一百零二条、第一百零三条、第一百零四条、第一百零五条规定之罪的，对直接责任人员，处五年以下有期徒刑、拘役、管制或者剥夺政治权利；情节严重的，处五年以上有期徒刑。

【立法沿革】

《中华人民共和国刑法》（1997年修订，自1997年10月1日起施行）

第一百零七条

境内外机构、组织或者个人资助境内组织或者个人实施本章第一百零二条、第一百零三条、第一百零四条、第一百零五条规定之罪的，对直接责任人员，处五年以下有期徒刑、拘役、管制或者剥夺政治权利；情节严重的，处五年以上有期徒刑。

《中华人民共和国刑法修正案（八）》（自2011年5月1日起施行）

二十、将刑法第一百零七条修改为：

“境内外机构、组织或者个人资助实施本章第一百零二条、第一百零三条、第一百零四条、第一百零五条规定之罪的，对直接责任人员，处五年以下有期徒刑、拘役、管制或者剥夺政治权利；情节严重的，处五年以上有期徒刑。”

【立法理由】

1. **1997年修订刑法的情况**。本条是1997年修订刑法时增加的规定，1997年《刑法》第一百零七条规定：“境内外机构、组织或者个人资助境内组织或者个人实施本章第一百零二条、第一百零三条、第一百零四条、第一百零五条规定之罪的，

① 我国学者基于定罪量刑协调之考量指出，本条所规定的“与境外机构、组织、个人相勾结”包括勾结外国的情形。因此，勾结外国分裂国家者，以分裂国家罪从重处罚。参见张明楷：《刑法学》（第6版），法律出版社2021年版，第871页。

对直接责任人员，处五年以下有期徒刑、拘役、管制或者剥夺政治权利；情节严重的，处五年以上有期徒刑。”需要说明的是，资助危害国家安全犯罪活动罪，本质上是相关危害国家安全犯罪活动的帮助行为，可以作为相关危害国家安全犯罪的共犯处理。1997 年修订刑法时，之所以增加本条，对资助危害国家安全活动罪作出专门规定，主要是有的意见提出，改革开放以来，随着对外交往日益增多，境外各种势力对我国的渗透、颠覆、分裂活动也日益严重，比较突出的是，境外各种势力通过各种方法、名义，向境内人员提供经费、物资、器材、设备等，支持其进行分裂国家、颠覆政权等各种危害国家安全的活动，严重威胁我国的国家安全和利益。为此，建议将资助实施危害国家安全犯罪的行为单独规定为犯罪，这样既有利于明确罪与非罪的界限，也有利于警示相关人员。立法机关经研究，在刑法中增加了对资助境内机构、组织或者个人实施几类严重危害国家安全犯罪的专门规定。

2. **2011 年《刑法修正案(八)》对本条的修改情况**。删去了 1997 年《刑法》第一百零七条关于资助对象限于“境内组织或者个人”的规定。作出这一修改的主要考虑是，有关方面提出，1997 年刑法规定本罪时，资助实施危害国家安全犯罪的，主要是境外资助境内，也有一些是境内资助的情况，但被资助者一般都是境内的组织或者个人。1997 年刑法实施以来，随着改革开放的不断深化，我国的经济、社会情况发生了很大变化，境内外敌对势力相互勾结危害我国家安全的情况也出现了新的特点，其中一个变化是境内组织个人资助境外人员实施危害我国国家安全犯罪的情况多了起来，有的涉案金额还比较大，危害严重，建议对于资助实施危害国家安全犯罪的，不再限于资助境内，无论资助境内还是境外实施危害国家安全犯罪的，都能够依照本条予以惩处。立法机关经过研究，采纳了这一建议。根据修改后的规定，**被资助者不再限于境内组织或者个人**，资助境外组织或者个人实施危害中华人民共和国国家安全相关犯罪的行为，同样可依据本条规定定罪处罚。这一修改，完善了刑法关于资助危害国家安全犯罪活动罪的规定，为在日趋复杂的国际环境下打击这类犯罪提供了法律依据。

【条文说明】

本条是关于资助危害国家安全犯罪活动罪及其处罚的规定。[①]

根据本条规定，任何机构、组织或者个人资助实施本条所规定的危害中华人民共和国国家安全犯罪活动的，都将适用本条定罪量刑。“**境内外机构、组织或者个人**”，包括境内外一切机构、组织和个人。这里所说的“**资助**”，是指明知他人进行危害国家安全的犯罪活动，而向其提供金钱、物资、通信器材、交通工具等，使犯罪分子得到物质上的帮助。[②] 如果境内外机构、组织或者个人没有提供物质上的帮助，仅是在精神、宣传舆论等方面给予帮助、支持，则不能适用本条，而应适用其他危害国家安全犯罪的规定处理。[③]

本条将资助行为限定于资助实施本章第一百零二条规定的背叛国家罪，第一百零三条规定的分裂国家罪和煽动分裂国家罪，第一百零四条规定的武装叛乱、暴乱罪，第一百零五条规定的颠覆国家政权罪和煽动颠覆国家政权罪的范围。之所以这样规定，主要是因为这几种犯罪对国家安全最具威胁性，同时，也是根据维护国家安全的实际需要。

根据本条规定，犯本条规定之罪的，对直接责任人员，处五年以下有期徒刑、拘役、管制或者剥夺政治权利；**情节严重的**，即具有多次资助、资助多人，或者资助金额巨大，或者被资助者的行为造成严重后果等情形的，处五年以上有期徒刑。**直接责任人员**包括资助行为的决策人以及实际实施的人员。如果资助属个人行为，行为人即为直接责任人员。根据《刑法》第一百一十三条的规定，对犯本罪的，还可以并处没收财产。

【附属刑法】

《中华人民共和国国家安全法》(2015 年 7 月 1 日通过)

---

① 我国学者指出，资助在实际上属于危害国家安全犯罪的帮助犯。刑法为了对这种形式的帮助予以强调并严厉处罚，将其独立出来作为一种单独犯罪加以规定。参见黎宏：《刑法学各论》(第 2 版)，法律出版社 2016 年版，第 12 页。另有学者指出，本罪的范围既包括特定共同犯罪中的部分帮助行为，又包括不成立共同犯罪的资助行为。但是，对于构成共同犯罪的组织、策划、实行、煽动、教唆行为，应以其他相应犯罪论处。参见张明楷：《刑法学》(第 6 版)，法律出版社 2021 年版，第873 页。

② 我国学者指出，资助方式没有限制，资助的时间也没有限定。在犯罪组织或个人实施特定犯罪之前、之中、之后进行资助，均成立本罪。参见张明楷：《刑法学》(第 6 版)，法律出版社 2021 年版，第 873 页；黎宏：《刑法学各论》(第 2 版)，法律出版社 2016 年版，第 11—12 页；高铭暄、马克昌主编：《刑法学》(第 7 版)，北京大学出版社、高等教育出版社 2016 年版，第 325 页。

③ 相同的学说见解，参见黎宏：《刑法学各论》(第 2 版)，法律出版社 2016 年版，第 11 页；周光权：《刑法各论》(第 4 版)，中国人民大学出版社 2021 年版，第 611 页；赵秉志、李希慧主编：《刑法各论》(第 3 版)，中国人民大学出版社 2016 年版，第 22 页。

第十三条

Ⅱ任何个人和组织违反本法和有关法律，不履行维护国家安全义务或者从事危害国家安全活动的[1]，依法追究法律责任。

第一百零八条　【投敌叛变罪】

投敌叛变的，处三年以上十年以下有期徒刑；情节严重或者带领武装部队人员、人民警察、民兵投敌叛变的，处十年以上有期徒刑或者无期徒刑。

【立法理由】

1. **1979 年立法的情况**。1979 年《刑法》第九十四条规定："投敌叛变的，处三年以上十年以下有期徒刑；情节严重的或者率众投敌叛变的，处十年以上有期徒刑或者无期徒刑。率领武装部队、人民警察、民兵投敌叛变的，处无期徒刑或者十年以上有期徒刑。"投敌叛变行为，是背叛国家，投靠敌方，危害国家安全的犯罪。这种犯罪行为一方面增加了敌对势力的力量，提高了敌方声势；另一方面削弱了我方力量，动摇了我方人心。无论是我国刑法，还是外国刑法，对这类犯罪行为都予以严厉惩处。

2. **1997 年修订刑法的情况**。本条是 1997 年修订刑法时以 1979 年《刑法》第九十四条为基础进行整合后作出的规定。1997 年刑法修订时作了以下修改：一是**将 1979 年《刑法》第九十四条第二款的行为合并到第一款中**，这样修改，使得投敌叛变和率领军警人员投敌叛变成为基本犯和情节加重犯的关系，逻辑上更为严谨；二是**删去率众投敌叛变的规定**，不再将其和情节严重并列规定，因为率众投敌叛变本身属于情节严重的一种情形，二者并列规定在立法技术上不够合理，将其作为"情节严重"的一种情形，更为严谨且不影响对行为人从严惩处。

【条文说明】

本条是关于投敌叛变罪及其处罚的规定。

根据本条规定，无论行为人出于何种目的或动机，实施投敌叛变行为的，即构成本罪。这里所说的"**投敌叛变**"，是指背叛国家，投靠敌国、敌方，出卖国家和人民利益的变节行为，包括投入敌人营垒，为敌人效力，被敌人俘虏后投降敌人进行危害国家安全的行为等。[2] 其中，所谓"**敌**"是广义的，既包括在交战状态下公开宣布的敌国、敌方等敌人，也包括其他公然敌视中华人民共和国的政权和制度的敌对营垒。**本条没有区分平时与战时**，在战时"敌"的概念非常明确，只要与我国正式交战的即是"敌"，也就是说，行为人只要是投奔或者投靠敌方的，就构成本罪；但在和平时期，特别是在目前世界处于相对和平、稳定、发展的时期，我国的对外交往十分广泛，所以在确定"敌"时应非常慎重。

本条对投敌叛变罪规定了两档刑罚，对构成本罪的一般投敌叛变行为，处三年以上十年以下有期徒刑；对情节严重或者带领武装部队人员、人民警察、民兵投敌叛变的，处十年以上有期徒刑或者无期徒刑，根据本法第一百一十三条的规定，对国家和人民危害特别严重、情节特别恶劣的，**可以判处死刑**。构成本罪，还可以并处没收财产。这里所说的"**情节严重**"，主要是指带领众人投敌叛变的手段特别恶劣，给国家和人民利益造成严重损失或者造成恶劣的政治影响等情况。"**带领武装部队人员、人民警察、民兵投敌叛变的**"，是指带领成建制的武装部队，如一个班、一个排或者更多的部队、武警投敌叛变，或者是带领人数较多的武装部队人员、人民警察、民兵投敌叛变的行为。武装部队、人民警察、民兵是国家的武装力量和专政机关，负有巩固国防、抵抗侵略、保卫祖国、保卫人民的和平劳动的职责，带领这些人员投敌叛变比

---

[1] 《中华人民共和国国家安全法》(2015 年 7 月 1 日通过)

第七十七条

Ⅱ任何个人和组织不得有危害国家安全的行为，不得向危害国家安全的个人或者组织提供任何资助或者协助。

[2] 刘志伟教授认为，叛变并非一种不同于投敌的独立行为，投敌即意味着叛变。行为人在投敌叛变之后不需要进行危害国家安全的活动就可以构成本罪。参见赵秉志、李希慧主编：《刑法各论》(第 3 版)，中国人民大学出版社 2016 年版，第 23 页。另有学者指出，投敌叛变罪本身就包括了其他危害国家安全的活动。因此，如果投奔敌人营垒或屈膝投降之后，没有进行危害国家安全活动，一般难以认定为投敌"叛变"。参见张明楷：《刑法学》(第 6 版)，法律出版社 2021 年版，第 874 页；黎宏：《刑法学各论》(第 2 版)，法律出版社 2016 年版，第 12 页；高铭暄、马克昌主编：《刑法学》(第 7 版)，北京大学出版社、高等教育出版社 2016 年版，第 326 页。

带领其他人员投敌叛变，对国家安全和社会稳定具有更大的危害性，故必须予以严惩。

第一百零九条　【叛逃罪】

国家机关工作人员在履行公务期间，擅离岗位，叛逃境外或者在境外叛逃的，处五年以下有期徒刑、拘役、管制或者剥夺政治权利；情节严重的，处五年以上十年以下有期徒刑。

掌握国家秘密的国家工作人员叛逃境外或者在境外叛逃的，依照前款的规定从重处罚。

【立法沿革】

《中华人民共和国刑法》（1997年修订，自1997年10月1日起施行）

第一百零九条

国家机关工作人员在履行公务期间，擅离岗位，叛逃境外或者在境外叛逃，危害中华人民共和国国家安全的，处五年以下有期徒刑、拘役、管制或者剥夺政治权利；情节严重的，处五年以上十年以下有期徒刑。

掌握国家秘密的国家工作人员犯前款罪的，依照前款的规定从重处罚。

《中华人民共和国刑法修正案（八）》（自2011年5月1日起施行）

二十一、将刑法第一百零九条修改为：

"国家机关工作人员在履行公务期间，擅离岗位，叛逃境外或者在境外叛逃的，处五年以下有期徒刑、拘役、管制或者剥夺政治权利；情节严重的，处五年以上十年以下有期徒刑。

"掌握国家秘密的国家工作人员叛逃境外或者在境外叛逃的，依照前款的规定从重处罚。"

【立法理由】

1. **1997年修订刑法的情况**。1997年修订刑法时对1979年《刑法》第九十四条原来的规定作了分解，针对实践中一些公务人员叛逃境外或者在境外叛逃，但又不属于"投敌叛变"的行为单独规定为叛逃罪，相应配置了较投敌叛变为低的法定刑，并设置了两个量刑幅度，同时，对掌握国家秘密的国家工作人员叛逃的，规定予以从重处罚。

2. **2011年《刑法修正案（八）》对本条的修改情况**。根据维护国家安全，打击犯罪的需要，第十一届全国人大常委会第十九次会议通过的《刑法修正案（八）》对1997年《刑法》第一百零九条的规定作了两处修改：第一，**删去了原规定中关于国家机关工作人员叛逃，需危害中华人民共和国国家安全才构成犯罪的规定**。[①] 之所以作上述修改，是因为国家机关工作人员在履行公务期间，擅离岗位，叛逃境外或者在境外叛逃的行为，本身就已构成对国家安全的危害，不需要再规定危害国家安全的条件。另外，如在叛逃后危害国家安全的，可能构成本章的其他犯罪，难以界定本罪与本章其他犯罪的界限。第二，**对于掌握国家秘密的国家工作人员构成叛逃罪的条件作了修改，删去了在履行公务期间擅离岗位的限定条件**，即掌握国家秘密的国家工作人员无论何时，在何种情况下叛逃都构成本罪，从而加大了对这一犯罪的打击力度。

【条文说明】

本条是关于叛逃罪及其处罚的规定。

本条共分为两款。

第一款是关于**国家机关工作人员叛逃罪及其处罚**的规定。根据本款规定，构成本罪的，必须具备以下两个条件：

1. 构成本罪的主体是特殊主体，为**国家机关工作人员**，即在国家权力机关、行政机关、监察机关、司法机关以及军事机关中从事公务的人员。

2. 必须是在履行公务期间，擅离岗位，叛逃境外或者在境外叛逃的。这里所说的"**履行公务期间**"，主要是指在职的国家机关工作人员在执行公务期间，如国家机关代表团在外访问期间、我国驻外使领馆的外交人员以及国家派驻国外执行任务的人员履行职务期间等。国家机关工作人员离职在境外学习，或者到境外探亲访友的，则不属于本款规定中的"履行公务期间"。"**擅离岗位**"，是指违反规定私自离开岗位的行为。"**叛逃境外**"，是指同境外的相关机构、组织联络，由境内逃离到境外的行为；"**在境外叛逃的**"，是指国家机关工作人员在境外履行公务期间擅自不归国，投靠境外的有关机构、组织，或者

① 我国学者指出，"危害中华人民共和国国家安全"此一构成要件要素的删除，意味着本罪已经由具体危险犯修正为抽象危险犯。参见张明楷：《刑法学》（第6版），法律出版社2021年版，第874页。

分则　第一章

直接投奔国外的有关机构、组织，背叛国家的行为。根据本款的规定，构成本罪的，处五年以下有期徒刑、拘役、管制或者剥夺政治权利；情节严重的，处五年以上十年以下有期徒刑。根据《刑法》第一百一十三条的规定，构成本罪，还可以并处没收财产。

第二款是关于**掌握国家秘密的国家工作人员犯叛逃罪**如何处罚的规定。根据保守国家秘密法的规定，“**国家秘密**”，是指关系国家安全和利益，依照法定程序确定，在一定时间内只限一定范围的人员知悉的事项。以下涉及国家安全和利益的事项，泄露后可能损害国家在政治、经济、国防、外交等领域的安全和利益的，应当确定为国家秘密：(1)国家事务重大决策中的秘密事项；(2)国防建设和武装力量活动中的秘密事项；(3)外交和外事活动中的秘密事项以及对外承担保密义务的秘密事项；(4)国民经济和社会发展中的秘密事项；(5)科学技术中的秘密事项；(6)维护国家安全活动和追查刑事犯罪中的秘密事项；(7)经国家保密行政管理部门确定的其他秘密事项。政党的秘密事项中符合上述规定的，属于国家秘密。“**掌握国家秘密**”应当是指由于职务关系、工作关系而知悉国家秘密或者本人就是专兼职保密工作人员而保管、知悉国家秘密的情形。如果是采用非法手段如窃取、利诱等而知悉国家秘密的，不属于“掌握国家秘密”国家工作人员的范围，对其行为可以依照其他有关规定处理。

第二款规定较第一款有以下几点不同：

1. 犯罪主体范围更大，为**国家工作人员**。随着现代经济的发展，国家秘密占很大比重的是科技、经济领域的秘密，而掌握这一部分国家秘密的人员，不一定全都是国家机关工作人员。如果这些人中有人叛逃境外或在境外叛逃，同样会给国家安全造成严重的危害。而根据《刑法》第九十三条的规定，国家工作人员除国家机关工作人员之外，还包括“国有公司、企业、事业单位、人民团体中从事公务的人员和国家机关、国有公司、企业、事业单位委派到非国有公司、企业、事业单位、社会团体从事公务的人员，以及其他依照法律从事公务的人员”。

2. 客观行为与第一款规定比较，**没有在“履行公务期间，擅离岗位”的限制条件**。[①] 这样规定，主要是由于掌握国家秘密的国家工作人员，一旦叛逃，将有可能对国家安全造成更大的危害，因此，对这些人员叛逃，没有规定时间等情形的限制。

3. 量刑上从重处罚。掌握国家秘密的国家工作人员叛逃境外或者在境外叛逃对国家安全具有更大的危害性，因此，第二款规定，对上述人员叛逃境外或者在境外叛逃的，**依照第一款的规定从重处罚**。根据第一款的规定，情节一般的，最高可被处以五年有期徒刑，而情节严重的，则面临最高十年有期徒刑的刑罚。

【附属刑法】

《中华人民共和国驻外外交人员法》(2009年10月31日通过)

第三十三条

驻外外交人员有下列行为之一的，依法给予相应的处分；构成犯罪的，依法追究刑事责任：

……

(二)擅自脱离驻外外交机构的；

……

第一百一十条 【间谍罪】

有下列间谍行为之一，危害国家安全的，处十年以上有期徒刑或者无期徒刑；情节较轻的，处三年以上十年以下有期徒刑：

(一)参加间谍组织或者接受间谍组织及其代理人的任务的；

(二)为敌人指示轰击目标的。

【立法理由】

1. **1979年立法的情况**。1979年《刑法》第九十七条规定：“进行下列间谍或者资敌行为之一的，处十年以上有期徒刑或者无期徒刑；情节较轻的，处三年以上十年以下有期徒刑：(一)为敌人窃取、刺探、提供情报的；(二)供给敌人武器军火或者其他军用物资的；(三)参加特务、间谍组织或者接受敌人派遣任务的。”间谍罪是比较常见的危害国家安全的犯罪，对于间谍犯罪，世界各国刑法都有规定。

2. **1997年修订刑法的情况**。1997年修订刑

① 相同的学说见解，参见黎宏：《刑法学各论》(第2版)，法律出版社2016年版，第13页。

法时主要作了以下修改：一是将资敌行为和为境外机构、组织、人员窃取、刺探国家秘密的行为分别在第一百一十二条资敌罪和第一百一十一条为境外窃取、刺探、收买、非法提供国家秘密、情报罪单独作了规定，从而使本条规定仅限于间谍罪，使得对间谍行为的界定更加明确、具体，有利于打击间谍犯罪，维护国家安全。二是不再使用"特务"定义，而将其包容于"间谍"概念中。将1979年《刑法》第九十七条第（三）项规定的"参加特务、间谍组织或者接受敌人派遣任务的"修改为"参加间谍组织或者接受间谍组织及其代理人的任务的"。三是将1979年《刑法》第一百条反革命破坏罪中为敌人指示轰击目标的行为纳入本条，将其作为间谍行为在此作出规定。

【条文说明】

本条是关于间谍罪及其处罚的规定。

根据本条规定，间谍行为主要包括以下三种行为：

1. 参加间谍组织。**间谍组织**，一般是指一国建立的旨在收集他国政治、经济、文化等各方面的国家秘密或者情报或者收集他国情报、对敌国进行颠覆、破坏作为其主要任务的组织。**参加间谍组织**，就是通过一定的程序和手续正式加入境外的间谍组织而成为其中的一员。只要是正式参加间谍组织，就构成本罪，不以接受间谍组织任务，实施具体的危害行为为成立的要求。

2. 接受间谍组织及其代理人的任务的。"**接受间谍组织及其代理人的任务**"，是指受间谍组织或者其成员的命令、派遣、指使、委托、资助，进行危害中华人民共和国国家安全活动的行为。其中，**间谍组织的"代理人"**，是指受间谍组织委托、指派或者授意，下达间谍组织的任务指令的人，他们虽不属于间谍组织，但接受间谍组织的指使、委托、组织从事危害我国国家安全的行为。只要是接受间谍组织及其代理人的任务，无论是否已经参加间谍组织成为间谍组织成员，均不影响间谍罪的成立。①

3. 为敌人指示轰击目标的。这里所说的"**敌人**"，主要是指战时与我方交战的敌对国或敌方，也包括平时采用轰击方式袭击我国领土的敌国、敌方。"**指示**"，包括用各种手段向敌人明示所要轰击的目标，如发电报、写信、点火堆、放信号弹、报告目标的地理方位数据等，以使敌人能够准确地打击我方目标。"**轰击**"，包括各类武器轰炸、炮击、爆炸以及导弹袭击等。只要是实施了为敌人指示轰击目标的行为，无论是否参加了间谍组织或者接受间谍组织及其代理人的任务，均不影响间谍罪的成立。

《反间谍法》第三十八条对间谍行为的含义作了明确规定。根据该条规定，间谍行为是指下列行为：（1）间谍组织及其代理人实施或者指使、资助他人实施，或者境内外机构、组织、个人与其相勾结实施的危害中华人民共和国国家安全的活动；（2）参加间谍组织或者接受间谍组织及其代理人的任务的；（3）间谍组织及其代理人以外的其他境外机构、组织、个人实施或者指使、资助他人实施，或者境内机构、组织、个人与其相勾结实施的窃取、刺探、收买或者非法提供国家秘密或者情报，或者策动、引诱、收买国家工作人员叛变的活动；（4）为敌人指示攻击目标的；（5）进行其他间谍活动的。上述间谍行为的定义，是正确认定刑法中间谍罪的重要根据，但是需要特别注意的是，上述间谍行为的定义，是**从国家防范和制止间谍行为的角度**作的规定，相关行为都可以构成犯罪，但是具体属于刑法中规定的哪一个罪名，还需要依据刑法的规定，结合具体案件的情况确定。如其中第（3）项规定的，间谍组织及其代理人以外的其他境外机构、组织、个人实施或者指使、资助他人实施，或者境内机构、组织、个人与其相勾结实施的"窃取、刺探、收买或者非法提供国家秘密或者情报"的行为，在《刑法》第一百一十一条中作了专门的规定；"策动、引诱、收买国家工作人员叛变的活动"，根据情况，可以分别适用《刑法》第一百零四条策动、胁迫、勾引、收买国家机关工作人员、武装部队人员、人民警察、民兵进行武装叛乱或者暴乱的规定处理，或者以《刑法》第一百零八条投敌叛变罪、第一百零九条叛逃罪的教唆犯、帮助犯处理。

根据本条规定，对犯间谍罪，危害国家安全的，处十年以上有期徒刑或者无期徒刑；情节较轻的，即尚未对国家安全造成严重危害的，处三年以上十年以下有期徒刑。同时，根据本法第一百一十三条的规定，构成本罪，对国家和人民危害特别严重、情节特别恶劣的，可以判处死刑。构成本罪，还可以并处没收财产。

需要注意的是，为了有利于防范和打击间谍

---

① 李希慧教授认为，对于间谍组织的代理人，应作广义的理解：既包括间谍组织授权布置任务之人，也包括没有得到间谍组织授权而临时布置任务的间谍组织成员。参见高铭暄、马克昌主编：《刑法学》（第7版），北京大学出版社、高等教育出版社2016年版，第328页。

分则　第一章

行为，反间谍法还对追究间谍行为的法律责任作了特别规定。《反间谍法》第二十七条第二款规定："实施间谍行为，有自首或者立功表现的，可以从轻、减轻或者免除处罚；有重大立功表现的，给予奖励。"第二十八条规定："在境外受胁迫或者受诱骗参加敌对组织、间谍组织，从事危害中华人民共和国国家安全的活动，及时向中华人民共和国驻外机构如实说明情况，或者入境后直接或者通过所在单位及时向国家安全机关、公安机关如实说明情况，并有悔改表现的，可以不予追究。"

【附属刑法】

《中华人民共和国反间谍法》（2014年11月1日通过）

第六条

境外机构、组织、个人实施或者指使、资助他人实施的，或者境内机构、组织、个人与境外机构、组织、个人相勾结实施的危害中华人民共和国国家安全的间谍行为[①]，都必须受到法律追究。

第二十七条

Ⅰ境外机构、组织、个人实施或者指使、资助他人实施，或者境内机构、组织、个人与境外机构、组织、个人相勾结实施间谍行为，构成犯罪的，依法追究刑事责任。

Ⅱ实施间谍行为，有自首或者立功表现的，可以从轻、减轻或者免除处罚；有重大立功表现的，给予奖励。

第二十八条

在境外受胁迫或者受诱骗参加敌对组织、间谍组织，从事危害中华人民共和国国家安全的活动，及时向中华人民共和国驻外机构如实说明情况，或者入境后直接或者通过所在单位及时向国家安全机关、公安机关如实说明情况，并有悔改表现的，可以不予追究。

第一百一十一条　【为境外窃取、刺探、收买、非法提供国家秘密、情报罪】

为境外的机构、组织、人员窃取、刺探、收买、非法提供国家秘密或者情报的，处五年以上十年以下有期徒刑；情节特别严重的，处十年以上有期徒刑或者无期徒刑；情节较轻的，处五年以下有期徒刑、拘役、管制或者剥夺政治权利。

【立法理由】

1979年《刑法》第九十七条关于间谍罪的规定中规定了"为敌人窃取、刺探、提供情报的"情形。为了适应打击这种犯罪的需要，1988年全国人大常委会制定了《全国人民代表大会常务委员会关于惩治泄露国家秘密犯罪的补充规定》，对1979年《刑法》第九十七条的规定作了修改，规定"为境外的机构、组织、人员窃取、刺探、收买、非法提供国家秘密的，处五年以上十年以下有期徒刑；情节较轻的，处五年以下有期徒刑、拘役或者剥夺政治权利；情节特别严重的，处十年以上有期徒刑、无期徒刑或者死刑，并处剥夺政治权利"。**1997年修订刑法**时将上述内容纳入了刑法，并将其单独规定为一条。主要是考虑到，为境外机构、组织、人员窃取、刺探、收买、非法提供国家秘密或者情报的，不都是间谍所为，而境外获取国家秘密或者情报者也不都是间谍组织或者间谍个人，一律冠以间谍罪不够准确；另外，有的案件中，为境外窃取、刺探、收买、非法提供国家秘密、情报的行为有充分证据证明，但要查明境外组织人员是否为间谍机构的成员或者是其代理人，则存在较大困难。因此，**单独对为境外窃取、刺探收买、非法**

分则　第一章

---

① 《中华人民共和国反间谍法》（2014年11月1日通过）

第三十八条

本法所称间谍行为，是指下列行为：

（一）间谍组织及其代理人实施或者指使、资助他人实施，或者境内外机构、组织、个人与其相勾结实施的危害中华人民共和国国家安全的活动；

（二）参加间谍组织或者接受间谍组织及其代理人的任务的；

（三）间谍组织及其代理人以外的其他境外机构、组织、个人实施或者指使、资助他人实施，或者境内机构、组织、个人与其相勾结实施的窃取、刺探、收买或者非法提供国家秘密或者情报，或者策动、引诱、收买国家工作人员叛变的活动；

（四）为敌人指示攻击目标的；

（五）进行其他间谍活动的。

提供国家秘密、情报的行为作出规定，有利于司法实践中正确适用刑法，准确认定犯罪。还有，1997年刑法在条文的修改补充上，主要是根据这类犯罪的实际情况和打击犯罪的需要**增加了“窃取、刺探、收买、非法提供情报”的行为**。这主要是考虑到有些情报虽未列为国家秘密，但也关系到国家安全和利益，为境外窃取、刺探、收买、非法提供情报的行为也应当予以惩处。

【条文说明】

本条是关于为境外窃取、刺探、收买、非法提供国家秘密、情报罪及其处罚的规定。

根据本条规定，构成本罪的，必须符合以下几个条件：(1)构成本罪的主体是一般主体，即无论其是中国公民还是非中国公民，都可能构成本罪。(2)必须是为境外的机构、组织和人员实施本条规定的犯罪行为。(3)必须是采取了窃取、刺探、收买、非法提供的方法。(4)行为人实施的犯罪对象只限于“国家秘密”或“情报”。

“**境外的机构**”，是指中华人民共和国边境以外的国家和地区的机构。如外国和地区政府、军队以及其他由官方设置的机构等，也包括外国官方机构驻我国境内的代表机构、办事机构等。“**境外的组织**”，主要是指中华人民共和国边境以外的国家和地区的政党、社会团体，以及相关国际组织等，也包括企业等经济组织以及宣传组织。“**境外的人员**”，主要是指在我国边境外居住的人员，在我国境内的外国公民、无国籍人也属于“境外的人员”。[①] “**窃取**”，是指行为人采用各种秘密手段，如盗窃、偷拍、偷录等取得国家秘密或情报的行为；“**刺探**”，是指行为人通过各种途径和手段非法探知国家秘密或情报的行为；“**收买**”，是指行为人以给予财物或者其他物质性利益的方法非法得到国家秘密或情报的行为；“**非法提供**”，是指国家秘密或情报的持有人，将自己知悉、管理、持有的国家秘密或情报非法出售、交付、告知其他不应知悉该秘密或情报的境外机构、组织、人员的行为。

“**国家秘密**”，是指关系国家安全和利益，依照法定程序确定，在一定时间内只限于一定范围的人员知悉的事项。[②] 根据《保守国家秘密法》的规定，国家秘密分为绝密、机密和秘密三级。而这里所说的“**情报**”，是指除国家秘密以外的关系国家安全和利益、尚未公开或者依照有关规定不应公开的事项。应当注意的是，对于情报的范围，法律并未作出具体规定，在司法实践中要根据具体案件作具体分析，从严掌握。一是不能把所有未公开的内部情况，都列入“情报”范围，以免扩大打击面；二是要注意与正常的信息情报交流区别开来。

根据本条的规定，为境外窃取、刺探、收买、非法提供国家秘密或者情报，对国家安全和利益造成严重损害的，构成本条规定的犯罪，处五年以上十年以下有期徒刑；情节特别严重的，即为境外窃取、刺探、收买、非法提供国家秘密或者情报，对国家安全和利益造成特别严重损害的，处十年以上有期徒刑或者无期徒刑；为境外窃取、刺探、收买、非法提供国家秘密或者情报情节较轻的，处五年以下有期徒刑、拘役、管制或者剥夺政治权利。同时，根据《刑法》第一百一十三条的规定，构成本罪，对国家和人民危害特别严重、情节特别恶劣的，可以判处死刑。构成本罪，还可以并处没收财产。

实践中应当注意以下两点：一是行为人知道或者应当知道没有标明密级的事项关系国家安全和利益，而为境外窃取、刺探、收买、非法提供的，依照本条的规定定罪处罚；二是通过互联网将国家秘密或者情报非法发送给境外的机构、组织、个人的，依照本条的规定定罪处罚。而因渎职行为将国家秘密通过互联网传送，因而造成泄露，情节严重的，依照《刑法》第三百九十八条的规定定罪处罚。

【司法解释】

《最高人民法院关于审理为境外窃取、刺探、收买、非法提供国家秘密、情报案件具体应用法律若干问题的解释》（法释〔2001〕4号，自2001年1月22日起施行）

△**（国家秘密；情报；为境外窃取、刺探、收买、非法提供情报罪）**刑法第一百一十一条规定的“国家秘密”，是指《中华人民共和国保守国家秘密法》第二条、第八条以及《中华人民共和国保守国家秘密法实施办法》第四条确定的事项。

刑法第一百一十一条规定的“情报”，是指关系国家安全和利益、尚未公开或者依照有关规定不应公开的事项。

对为境外机构、组织、人员窃取、刺探、收买、

[①] 境外机构、组织与个人是否与我国为敌，对本罪的成立不生任何影响。参见高铭暄、马克昌主编：《刑法学》（第7版），北京大学出版社、高等教育出版社2016年版，第329页。

[②] 政党的秘密事项符合国家秘密事项条件的，也属于国家秘密。参见张明楷：《刑法学》（第6版），法律出版社2021年版，第876页。

非法提供国家秘密之外的情报的行为，以为境外窃取、刺探、收买、非法提供情报罪定罪处罚。(§1)

△(**情节特别严重；对国家和人民危害特别严重、情节特别恶劣；死刑**)为境外窃取、刺探、收买、非法提供国家秘密或者情报，具有下列情形之一的，属于"情节特别严重"，处十年以上有期徒刑、无期徒刑，可以并处没收财产：

(一)为境外窃取、刺探、收买、非法提供绝密级国家秘密的；

(二)为境外窃取、刺探、收买、非法提供三项以上机密级国家秘密的；

(三)为境外窃取、刺探、收买、非法提供国家秘密或者情报，对国家安全和利益造成其他特别严重损害的。

实施前款行为，对国家和人民危害特别严重、情节特别恶劣的，可以判处死刑，并处没收财产。(§2)

△(**为境外窃取、刺探、收买、非法提供国家秘密或者情报**)为境外窃取、刺探、收买、非法提供国家秘密或者情报，具有下列情形之一的，处五年以上十年以下有期徒刑，可以并处没收财产：

(一)为境外窃取、刺探、收买、非法提供机密级国家秘密的；

(二)为境外窃取、刺探、收买、非法提供三项以上秘密级国家秘密的；

(三)为境外窃取、刺探、收买、非法提供国家秘密或者情报，对国家安全和利益造成其他严重损害的。(§3)

△(**情节较轻**)为境外窃取、刺探、收买、非法提供秘密级国家秘密或者情报，属于"情节较轻"，处五年以下有期徒刑、拘役、管制或者剥夺政治权利，可以并处没收财产。(§4)

△(**没有标明密级的事项；为境外窃取、刺探、收买、非法提供国家秘密罪**)行为人知道或者应当知道①没有标明密级的事项关系国家安全和利益，而为境外窃取、刺探、收买、非法提供的，依照刑法第一百一十一条的规定以为境外窃取、刺探、收买、非法提供国家秘密罪定罪处罚。(§5)

△(**通过互联网**)通过互联网将国家秘密或者情报非法发送给境外的机构、组织、个人的，依照刑法第一百一十一条的规定定罪处罚；将国家秘密通过互联网予以发布，情节严重的，依照刑法第三百九十八条的规定定罪处罚。(§6)

△(**鉴定**)审理为境外窃取、刺探、收买、非法提供国家秘密案件，需要对有关事项是否属于国家秘密以及属于何种密级进行鉴定的，由国家保密工作部门或者省、自治区、直辖市保密工作部门鉴定。(§7)

【司法解释性文件】

《最高人民法院、国家保密局关于执行〈关于审理为境外窃取、刺探、收买、非法提供国家秘密、情报案件具体应用法律若干问题的解释〉有关问题的通知》(法发〔2001〕117号，2001年8月22日公布)

△(**鉴定**)人民法院审理为境外窃取、刺探、收买、非法提供情报案件，需要对有关事项是否属于情报进行鉴定的，由国家保密工作部门或者省、自治区、直辖市保密工作部门鉴定。

【附属刑法】

《全国人民代表大会常务委员会关于维护互联网安全的决定》(2000年12月28日通过，2009年8月27日修正)

二、为了维护国家安全和社会稳定，对有下列行为之一，构成犯罪的，依照刑法有关规定追究刑事责任：

……

(二)通过互联网窃取、泄露国家秘密、情报或者军事秘密；

……

《中华人民共和国国家安全法》(2015年7月1日通过)

第十三条

Ⅱ任何个人和组织违反本法和有关法律，不履行维护国家安全义务或者从事危害国家安全活动的②，依法追究法律责任。

---

① 我国学者指出，应将此处的"应当知道"理解为根据事实推定行为人知道。参见张明楷：《刑法学》(第6版)，法律出版社2021年版，第876页。

② 《中华人民共和国国家安全法》(2015年7月1日通过)

第七十七条

Ⅰ公民和组织应当履行下列维护国家安全的义务：

……

(六)保守所知悉的国家秘密；

……

分则　第一章

《中华人民共和国反间谍法》(2014年11月1日通过)

第三十一条

泄露有关反间谍工作的国家秘密的[①],由国家安全机关处十五日以下行政拘留;构成犯罪的,依法追究刑事责任。

《中华人民共和国保守国家秘密法》(1988年9月5日通过,2010年4月29日修订)

第四十八条

Ⅰ违反本法规定,有下列行为之一的,依法给予处分;构成犯罪的,依法追究刑事责任[②]:

---

① 《中华人民共和国反间谍法》(2014年11月1日通过)

第二十三条

任何公民和组织都应当保守所知悉的有关反间谍工作的国家秘密。

第二十四条

任何个人和组织都不得非法持有属于国家秘密的文件、资料和其他物品。

② 《中华人民共和国保守国家秘密法》(1988年9月5日通过,2010年4月29日修订)

第二条

国家秘密是关系国家安全和利益,依照法定程序确定,在一定时间内只限一定范围的人员知悉的事项。

第三条

Ⅰ国家秘密受法律保护。

Ⅱ一切国家机关、武装力量、政党、社会团体、企业事业单位和公民都有保守国家秘密的义务。

Ⅲ任何危害国家秘密安全的行为,都必须受到法律追究。

第九条

Ⅰ下列涉及国家安全和利益的事项,泄露后可能损害国家在政治、经济、国防、外交等领域的安全和利益的,应当确定为国家秘密:

(一)国家事务重大决策中的秘密事项;

(二)国防建设和武装力量活动中的秘密事项;

(三)外交和外事活动中的秘密事项以及对外承担保密义务的秘密事项;

(四)国民经济和社会发展中的秘密事项;

(五)科学技术中的秘密事项;

(六)维护国家安全活动和追查刑事犯罪中的秘密事项;

(七)经国家保密行政管理部门确定的其他秘密事项。

Ⅱ政党的秘密事项中符合前款规定的,属于国家秘密。

第十条

Ⅰ国家秘密的密级分为绝密、机密、秘密三级。

Ⅱ绝密级国家秘密是最重要的国家秘密,泄露会使国家安全和利益遭受特别严重的损害;机密级国家秘密是重要的国家秘密,泄露会使国家安全和利益遭受严重的损害;秘密级国家秘密是一般的国家秘密,泄露会使国家安全和利益遭受损害。

第十一条

Ⅰ国家秘密及其密级的具体范围,由国家保密行政管理部门分别会同外交、公安、国家安全和其他中央有关机关规定。

Ⅱ军事方面的国家秘密及其密级的具体范围,由中央军事委员会规定。

Ⅲ国家秘密及其密级的具体范围的规定,应当在有关范围内公布,并根据情况变化及时调整。

第二十一条

Ⅰ国家秘密载体的制作、收发、传递、使用、复制、保存、维修和销毁,应当符合国家保密规定。

Ⅱ绝密级国家秘密载体应当在符合国家保密标准的设施、设备中保存,并指定专人管理;未经原定密机关、单位或者其上级机关批准,不得复制和摘抄;收发、传递和外出携带,应当指定人员负责,并采取必要的安全措施。

第二十四条

机关、单位应当加强对涉密信息系统的管理,任何组织和个人不得有下列行为:

(一)将涉密计算机、涉密存储设备接入互联网及其他公共信息网络;

(二)在未采取防护措施的情况下,在涉密信息系统与互联网及其他公共信息网络之间进行信息交换;

(三)使用非涉密计算机、非涉密存储设备存储、处理国家秘密信息;

(四)擅自卸载、修改涉密信息系统的安全技术程序、管理程序;

(五)将未经安全技术处理的退出使用的涉密计算机、涉密存储设备赠送、出售、丢弃或者改作其他用途。(转下页)

（一）非法获取、持有国家秘密载体的；

（二）买卖、转送或者私自销毁国家秘密载体的；

（三）通过普通邮政、快递等无保密措施的渠道传递国家秘密载体的；

（四）邮寄、托运国家秘密载体出境，或者未经有关主管部门批准，携带、传递国家秘密载体出境的；

（五）非法复制、记录、存储国家秘密的；

（六）在私人交往和通信中涉及国家秘密的；

（七）在互联网及其他公共信息网络或者未采取保密措施的有线和无线通信中传递国家秘密的；

（八）将涉密计算机、涉密存储设备接入互联网及其他公共信息网络的；

（九）在未采取防护措施的情况下，在涉密信息系统与互联网及其他公共信息网络之间进行信息交换的；

（十）使用非涉密计算机、非涉密存储设备存储、处理国家秘密信息的；

（十一）擅自卸载、修改涉密信息系统的安全技术程序、管理程序的；

（十二）将未经安全技术处理的退出使用的涉密计算机、涉密存储设备赠送、出售、丢弃或者改作其他用途的。

Ⅱ有前款行为尚不构成犯罪，且不适用处分的人员，由保密行政管理部门督促其所在机关、单位予以处理。

《中华人民共和国测绘法》（1992年12月28日通过，2017年4月27日第二次修订）

第十四条

Ⅰ卫星导航定位基准站的建设和运行维护应当符合国家标准和要求，不得危害国家安全。

Ⅱ卫星导航定位基准站的建设和运行维护单位应当建立数据安全保障制度，并遵守保密法律、行政法规的规定。

Ⅲ县级以上人民政府测绘地理信息主管部门应当会同本级人民政府其他有关部门，加强对卫星导航定位基准站建设和运行维护的规范和指导。

第五十一条

违反本法规定，外国的组织或者个人未经批准，或者未与中华人民共和国有关部门、单位合作，擅自从事测绘活动的，责令停止违法行为，没收违法所得、测绘成果和测绘工具，并处十万元以上五十万元以下的罚款；情节严重的，并处五十万元以上一百万元以下的罚款，限期出境或者驱逐出境；构成犯罪的，依法追究刑事责任。

第五十二条

违反本法规定，未经批准擅自建立相对独立的平面坐标系统，或者采用不符合国家标准的基础地理信息数据建立地理信息系统的，给予警告，责令改正，可以并处五十万元以下的罚款；对直接负责的主管人员和其他直接责任人员，依法给予处分。

第六十五条

Ⅱ违反本法规定，获取、持有、提供、利用属于国家秘密的地理信息的，给予警告，责令停止违法行为，没收违法所得，可以并处违法所得二倍以下的罚款；对直接负责的主管人员和其他直接责任人员，依法给予处分；造成损失的，依法承担赔偿责任；构成犯罪的，依法追究刑事责任。

【参考案例】

△涉案国家秘密获取的难易程度不影响为境外刺探国家秘密罪的认定。

国家秘密是指关系国家的安全和利益，依法定程序确定，在一定时间内只限一定范围的人员知悉的事项，包括国防建设和武装力量活动中的秘密事项。国家秘密一旦被泄露，可能会使国家安全和利益遭受损失。因此，为境外窃取、刺探、收买、非法提供国家秘密、情报罪系行为犯，而非结果犯。从量刑情节看，行为人的行为危害程度并不取决于国家秘密的保密程度和获取难易程度，而是取决于鉴定得出的国家秘密的数量、级别以及对国家安全和利益造成的损害后果。在林旭亮为境外刺探国家秘密案中，虽然被告人并未使用专业的间谍器材或者高科技手段便探听和获取

（接上页）

第二十五条

机关、单位应当加强对国家秘密载体的管理，任何组织和个人不得有下列行为：

（一）非法获取、持有国家秘密载体；

（二）买卖、转送或者私自销毁国家秘密载体；

（三）通过普通邮政、快递等无保密措施的渠道传递国家秘密载体；

（四）邮寄、托运国家秘密载体出境；

（五）未经有关主管部门批准，携带、传递国家秘密载体出境。

了相关军事秘密，且涉案单位也可能存在保密性上的疏漏欠缺，但上述情形并不能用来衡量其行为的社会危害性及情节严重程度，更不能成为其无罪或者罪轻的抗辩理由。[No. 2-111-1 林旭亮为境外刺探国家秘密案]

第一百一十二条 【资敌罪】

战时供给敌人武器装备、军用物资资敌的，处十年以上有期徒刑或者无期徒刑；情节较轻的，处三年以上十年以下有期徒刑。

【立法理由】

1. **1979年立法的情况**。1979年《刑法》第九十七条规定："进行下列间谍或者资敌行为之一的，处十年以上有期徒刑或者无期徒刑；情节较轻的，处三年以上十年以下有期徒刑：(一)为敌人窃取、刺探、提供情报的；(二)供给敌人武器军火或者其他军用物资的；(三)参加特务、间谍组织或者接受敌人派遣任务的。"其中第(二)项就是关于资敌的规定。

2. **1997年修订刑法的情况**。1997年修订刑法时，在1979年《刑法》第九十七条第(二)项的基础上，经修改完善形成了本条。本条规定将1979年《刑法》第九十七条第(二)项"供给敌人武器军火或者其他军用物资的"修改后单列为一条，并**将本罪限定于战时**。这主要是考虑在平时很难界定"敌"的概念，根据实际情况，资敌的行为主要集中于战时；对于平时有违反出口管制规定，向境外提供武器装备、军用物资的行为，构成犯罪的，可以根据情况按照**走私武器弹药等犯罪规定**处理。

【条文说明】

本条是关于资敌罪及其处罚的规定。

根据本条规定，构成本罪的，必须具备以下几个条件：一是**任何人都可以构成本罪的主体**。二是**必须是在"战时"**。所谓"**战时**"，是指国家宣布进入战争状态、部队接受作战任务或者遭受敌人突然袭击时。根据我国宪法的规定，宣布进入战争状态是全国人民代表大会的职权，在全国人民代表大会闭会期间，如果遇到国家遭受武装侵犯或者必须履行国际间共同防止侵略的条约的情况，由全国人大常委会决定战争状态的宣布。当国家遭受外国突然袭击，来不及由国家的权力机关宣布进入战争状态，自遭受突然袭击时起，国家就自然进入战争状态。三是**必须具有供给敌人武器装备、军用物资的行为**。这里所说的"**供给**"，是指非法向敌人提供，包括非法出售或者无偿提供。"**武器装备**"，主要是指各种武器、弹药、坦克车、飞机、舰艇、军用通信设备等；"**军用物资**"，主要是指武器装备以外的其他军用物品，如医疗用品、军服、军被等。

根据本条规定，构成本条规定犯罪的，处十年以上有期徒刑或者无期徒刑；情节较轻的，即没有使国家安全和利益遭受重大损失的，处三年以上十年以下有期徒刑。同时，根据《刑法》第一百一十三条的规定，构成本罪，对国家和人民危害特别严重、情节特别恶劣的，可以判处死刑。构成本罪，还可以并处没收财产。

第一百一十三条 【本章之罪死刑、没收财产的适用】

本章上述危害国家安全罪行中，除第一百零三条第二款、第一百零五条、第一百零七条、第一百零九条外，对国家和人民危害特别严重、情节特别恶劣的，可以判处死刑。

犯本章之罪的，可以并处没收财产。

【立法理由】

本条的内容**1979年《刑法》**第一百零三条、第一百零四条已有规定。1979年《刑法》第一百零三条规定："本章上述反革命罪行中，除第九十八条、第九十九条、第一百零二条外，对国家和人民危害特别严重、情节特别恶劣的，可以判处死刑。"第一百零四条规定："犯本章之罪的，可以并处没收财产。"**1997年刑法修订时**，将这两条合并为一条，同时，根据惩治危害国家安全犯罪的需要和罪刑法定的原则，对适用死刑的犯罪作了个别调整。

【条文说明】

本条是关于对犯危害国家安全罪适用死刑及没收财产的刑罚的规定。

本条共分为两款。

第一款是关于**犯危害国家安全罪适用死刑**的规定。危害国家安全的犯罪，是对国家危害最严重的犯罪，是刑法首要打击的犯罪。本款对本章所规定的危害国家安全的犯罪，集中规定了最高刑可以判处死刑。根据本款规定，**下列对国家和人民危害特别严重、情节特别恶劣的危害国家安全的犯罪，最高刑可以判处死刑**：(1)第一百零二条规定的背叛国家罪；(2)第一百零三条第一款规定的分裂国家罪；(3)第一百零四条规定的武装叛乱、暴乱罪；(4)第一百零八条规定的投敌叛变罪；(5)第一百一十条规定的间谍罪；(6)第一百一十一条规定的为境外窃取、刺探、收买、非法提供国家秘密、情报罪；(7)第一百一十二条规定的资敌罪。根据本款规定，**危害国家安全罪不适用死刑的有**：(1)第一百零三条第二款规定的煽动分裂国家罪；(2)第一百零五条规定的颠覆国家政权罪和煽动颠覆国家政权罪；(3)第一百零七条规定的资助危害国家安全犯罪活动罪；(4)第一百零九条规定的叛逃罪。其中**颠覆国家政权罪**之所以未规定死刑，主要是考虑到对于以武装暴乱形式颠覆国家政权的行为，应按照武装暴乱罪处罚，该条已有死刑规定，颠覆国家政权罪所规定的主要是以非暴力形式进行的犯罪行为。

第二款是对**犯危害国家安全罪适用没收财产**的规定。没收财产，是指没收犯罪分子个人所有财产的一部分或全部。本款规定，对犯有危害国家安全罪的，可以并处没收财产。这就是说，对犯有危害国家安全罪的犯罪分子，除依法判处主刑外，根据其罪行和财产状况，可以并处没收财产。因此，本款规定的没收财产是作为**附加刑**的，不能独立适用。应当注意的是，本款在规定没收财产时，使用的是“可以”，而不是“应当”，也就是说，在人民法院审理危害国家安全的犯罪案件时，应当根据案件的具体情况运用法律，对有必要判处没收财产的犯罪分子，可以并处没收财产，而不是一律并处没收财产。

第二章　危害公共安全罪[①]

第一百一十四条　【放火罪】【决水罪】【爆炸罪】【投放危险物质罪】【以危险方法危害公共安全罪】

放火、决水、爆炸以及投放毒害性、放射性、传染病病原体等物质或者以其他危险方法危害公共安全，尚未造成严重后果的，处三年以上十年以下有期徒刑。

【立法沿革】

《中华人民共和国刑法》（1997 年修订，自 1997 年 10 月 1 日起施行）

第一百一十四条

放火、决水、爆炸、投毒或者以其他危险方法破坏工厂、矿场、油田、港口、河流、水源、仓库、住宅、森林、农场、谷场、牧场、重要管道、公共建筑物或者其他公私财产，危害公共安全，尚未造成严重后果的，处三年以上十年以下有期徒刑。

《中华人民共和国刑法修正案（三）》（自 2001 年 12 月 29 日起施行）

一、将刑法第一百一十四条修改为：

"放火、决水、爆炸以及投放毒害性、放射性、传染病病原体等物质或者以其他危险方法危害公共安全，尚未造成严重后果的，处三年以上十年以下有期徒刑。"

【立法理由】

1. **1979 年立法的情况**。放火、决水、爆炸等以危险方法危害公共安全的犯罪是危害公共安全罪中危害非常严重的犯罪，也是历史比较久远的犯罪，世界各国刑法都有类似规定，属于典型的违背伦理道德的自然犯。1979 年《刑法》第一百零五条规定："放火、决水、爆炸或者以其他危险方法破坏工厂、矿场、油田、港口、河流、水源、仓库、住宅、森林、农场、谷场、牧场、重要管道、公共建筑物或者其他公私财产，危害公共安全，尚未造成严重后果的，处三年以上十年以下有期徒刑。"本条和 1979 年《刑法》第一百零六条关于造成结果的危害公共安全犯罪的规定共同构成了完整的以危险方法危害公共安全的犯罪。

2. **1997 年修订刑法的情况**。1997 年刑法修订时基本延续了 1979 年刑法的规定，并**增加"投毒"的行为方式**。

3. **2001 年《刑法修正案（三）》对本条的修改情况**。我国政府一贯反对各种形式的恐怖组织和恐怖犯罪活动，一向积极参与国际间的各种反恐怖组织和反恐怖犯罪活动的斗争，并为此作出了应有和不懈的努力。2001 年 10 月 27 日全国人大常委会决定我国加入《制止恐怖主义爆炸的国际公约》，再一次表明我国坚决反对任何形式的恐怖犯罪活动的一贯立场。与此同时，为了适应我国国内的反恐怖犯罪活动斗争的需要，结合国际、国内的恐怖犯罪活动的发展趋势及其特点，对刑法作适当修改，使刑法成为打击各种恐

① 危害公共安全罪中的"公共"所指为何，刑法理论上存在不特定说、多数人说、不特定且多数人说、不特定或者多数人说四种观点。其中，张明楷教授认为，公共安全中的"公共"，乃指不特定或者多数人。前者指犯罪行为可能侵犯的对象和可能造成的结果事先无法确定，行为人对此既无法具体预料也难以预测，行为造成的危险或者侵害结果可能随时扩大或增加；后者则指行为使较多人（即便是特定的多数人）的生命、健康受到威胁。参见张明楷：《刑法学》（第 6 版），法律出版社 2021 年版，第 878—879 页。类似见解，参见周光权：《刑法各论》（第 4 版），中国人民大学出版社 2021 年版，第 175 页。

也有学者进一步补充，危害公共安全罪所保护的法益系针对该种犯罪的客观属性而言。换言之，即便犯罪行为未造成不特定或者多数人的生命、健康或者公共财产的严重损害，但从实施该行为的环境和条件来看，完全有可能造成严重后果，即符合危害公共安全罪的客观属性。参见黎宏：《刑法学各论》（第 2 版），法律出版社 2016 年版，第 18 页。

劳东燕教授主张对"多数"作扩张的理解，即包括现实的多数与潜在的多数或者可能的多数。虽然此观点与前述见解并无本质上的差异，但劳东燕教授认为，不宜使用"不特定"的概念，以免徒增解释上的模糊与困惑。参见陈兴良主编：《刑法各论精释》，人民法院出版社 2015 年版，第 653—654 页。

怖犯罪活动的有力武器，也成为刑事立法的一个重要课题和迫切的任务。2001 年通过的《刑法修正案（三）》对 1997 年刑法关于本条的规定主要进行了两处修改：一是根据打击恐怖活动犯罪的需要，为使本条的规定更加明确，**将“投毒”修改为“投放毒害性、放射性、传染病病原体等物质”**；二是**删去了关于“工厂、矿场、油田、港口、河流、水源、仓库、住宅、森林、农场、谷场、牧场、重要管道、公共建筑物或者其他公私财产”的规定**。这样修改主要是考虑到在刑法条文中列举犯罪的破坏对象虽然有利于指导司法实践，但随着形势的发展，危害公共安全的犯罪所指向的对象也不断在发生着变化，而且在法律中对其一一列举可能会挂一漏万。修改后的规定，不仅仍然包括原条文所规定的犯罪对象范围，还包括其他随着形势发展，需要由刑法保护的各种对象。

【条文说明】

本条是关于放火罪、决水罪、爆炸罪、投放危险物质罪、以危险方法危害公共安全罪及其处罚的规定。

本条列举了在危害公共安全的犯罪中最常见、最具危险性的四种犯罪手段，即放火、决水、爆炸和投放毒害性、放射性、传染病病原体等物质。但以放火、爆炸等方法进行的犯罪，并不都是危害公共安全罪，只有以这几种危险方法用于危害不特定的多数人的生命、健康以及重大财产的安全时，才能构成本罪。**“放火”**，是指故意纵火焚烧公私财物，严重危害公共安全的行为；[①][②]**“决水”**，是指故意破坏堤防、大坝、防水、排水设施，制造水患危害公共安全的行为；**“爆炸”**，是指故意引起爆炸物爆炸，危害公共安全的行为；[③]**“投放毒害性、放射性、传染病病原体等物质”**，是指向公共饮用水源、食品或者公共场所、设施投放能够致人死亡或者严重危害人体健康的上述几种物质的行为。这里的**“毒害性”物质**，是指能对人或者动物产生毒害的有毒物质，包括化学性毒物、生物性毒物和微生物类毒物等；**“放射性”物质**，是指具有危害人体健康的放射性的物质，国家一直对这些极具危险性的物质实行严格的管理；**“传染病病原体”**，是指能在人体或动物体内生长、繁殖，通过空气、饮食、接触等方式传播，能对人体健康造成危害的传染病菌种和毒种。根据我国传染病防治法的相关规定，传染病分为甲、乙、丙三类，**甲类传染病**是指鼠疫、霍乱；**乙类传染病**是指传染性非典型肺炎、艾滋病、病毒性肝炎、脊髓灰质炎、人感染高致病性禽流感、麻疹、流行性出血热、狂犬病、流行性乙型脑炎、登革热、炭疽、细菌性和阿米巴性痢疾、肺结核、伤寒和副伤寒、流行性脑脊髓膜炎、百日咳、白喉、新生儿破伤风、猩红热、布鲁氏菌病、淋病、梅毒、钩端螺旋体病、血吸虫病、疟疾；**丙类传染病**是指流行性感冒、流行性腮腺炎、风疹、急性出血性结膜炎、麻风病、流行性和地方性斑疹伤寒、黑热病、包虫病、丝虫病，除霍乱、细菌性和阿米巴性痢疾、伤寒和副伤寒以外的感染性腹泻病。其中，对乙类传染病中传染性非典型肺炎、炭疽中的肺炭疽和人感染高致病性禽流感，可以采取传染病防治法所称甲类传染病的预防、控制措施。其他乙类传染病和突发原因不明的传染病需要采取传染病防治法所称甲类传染病的预防、控制措施的，由国务院卫生行政部门及时报经国务院批准后予以公布、实施。省、自治区、直辖市人民政府对本行政区域内常见、多发的其他地方性传染病，可以根据情况决定按照乙类或者丙类传染病管理并予以公布，报国务院卫生行政部门备案。**“其他危险方法”**，是指除放火、决水、爆炸以及投放毒害性、放射性、传染病病原体等物质以外的其他任何足以造成不特定的多数人的伤

---

① 使对象物燃烧的行为是否属于放火行为，关键在于其是否危害公共安全。燃烧他人财物不足以危害公共安全，只能构成故意毁坏财物罪；燃烧自己财物不足以危害公共安全，不构成犯罪。参见张明楷：《刑法学》（第 6 版），法律出版社 2021 年版，第 884 页。

② 刑法理论上认为存在不作为形式的放火，但也有学者认为，先行行为导致失火，不加扑救的，就是放火。参见黎宏：《刑法学各论》（第 2 版），法律出版社 2016 年版，第 19 页。

③ 我国学者指出，若行为人采用爆炸方法引起火灾或者水患，因而危害到公共安全的，应认定为放火罪或者决水罪；但是，如果爆炸行为本身（即使不发生火灾、水患）也足以危害公共安全，宜认定为包括的一罪，从一重罪处罚。参见张明楷：《刑法学》（第 5 版），法律出版社 2021 年版，第 888 页。陈家林教授指出，如果采用爆炸的方法引发水灾或者火灾，但爆炸行为本身也足以危害公共安全时，应认定为想象竞合犯，从一重罪处罚。参见赵秉志、李希慧主编：《刑法各论》（第 3 版），中国人民大学出版社 2016 年版，第 37 页。

亡或者公私财产重大损失的行为[1][2][3]，如2020年发布的《最高人民法院、最高人民检察院、公安部、司法部关于依法惩治妨害新型冠状病毒感染肺炎疫情防控违法犯罪的意见》中将**故意传播新型冠状病毒感染肺炎病原体，危害公共安全的行为**，认定为以危险方法危害公共安全罪。

根据本条规定，构成本罪的主体是一般主体；行为人主观上必须是故意；本条处罚的是，以放火、决水、爆炸以及投放毒害性、放射性、传染病病原体等物质或者以其他危险方法危害公共安全犯罪中，尚未造成严重后果的犯罪行为。所谓"**尚未造成严重后果**"，是指行为人实施了本条所列的危害公共安全的行为，但尚未造成他人重伤、死亡或者公私财产重大损失等情况。[4][5]若行为人的行为造成了严重后果的发生，则不能适用本条的规定，而应依照第一百一十五条的规定处刑。根据本条规定，构成本条规定之罪的，处三年以上十年以下有期徒刑。

实践中需要注意以下两个方面的问题：

1. 本条是把多个罪名规定在同一个条文中，形式上是选择性罪名，但实质上是**并列罪名**，不能作为选择性罪名适用。

2. 本条与《刑法》第一百一十五条共同构成以危险方法危害公共安全的罪名。对于实施了放火、决水、爆炸等危险行为，尚未造成严重后果的，依照本条处罚；致人重伤、死亡或者使公私财产遭受重大损失的，依照《刑法》第一百一十五条的规定定罪处罚。

对于"**其他危险方法**"，不是指任何具有危害公共安全可能性的方法，而是在危险程度上与放火、决水、爆炸、投放危险物质等行为的危险性具有相当或者超过上述行为危险性的方法。行为客观上必须对不特定多数人的生命、健康或者重大公私财产安全产生了威胁，具有发生危险后果的现实可能性。没有这种现实可能性，就不能认定为"其他危险方法"。本条规定之罪的法定最低刑是三年有期徒刑，是比较严重的犯罪，执行中应注意不宜泛化，甚至将其作为一个**口袋罪**适用，对一些予以治安管理处罚即可的行为追究刑事责任，违背罪责刑相适应的刑法基本原则。

司法解释中有不少适用以危险方法危害公共安全定罪的细化规定，执行中也应注意把握好罪与非罪的界限，如：2003年《最高人民法院、最高人民检察院关于办理妨害预防、控制突发传染病疫情等灾害的刑事案件具体应用法律若干问题的解释》第一条规定了故意传播突发传染病病原体，危害公共安全的行为；2009年《最高人民法院关于印发醉酒驾车犯罪法律适用问题指导意见及相关典型案例的通知》规定，行为人明知酒后驾车违法、醉酒驾车会危害公共安全的行为；2013年《关于公安机关处置信访活动中违法犯罪行为适用法律的指导意见》规定了为制造社会影响、发泄不满情绪、实现个人诉求，驾驶机动车在公共场所

---

① 我国学者指出，一方面，"以其他危险方法"仅限于与放火、决水、爆炸、投放危险物质相当的方法，而非泛指任何具有危害公共安全性质的方法；另一方面，"以其他危险方法"只是《刑法》第一百一十四条、第一百一十五条的"兜底"规定，而非《刑法》分则第二章的"兜底"规定。参见张明楷：《刑法学》（第6版），法律出版社2021年版，第891页；周光权：《刑法各论》（第4版），中国人民大学出版社2021年版，第185页；赵秉志、李希慧主编：《刑法各论》（第3版），中国人民大学出版社2016年版，第40页；高铭暄、马克昌主编：《刑法学》（第7版），北京大学出版社、高等教育出版社2016年版，第336—337页；陈兴良主编：《刑法各论精释》，人民法院出版社2015年版，第647—648页。另有学者指出，如果行为人使用的方法，不足以一次就能危害不特定或者多数人的生命、健康或者造成重大公私财产的损失，而是数次实施才造成数个危害结果的话，就不能构成以危险方法危害公共安全罪。参见黎宏：《刑法学各论》（第2版），法律出版社2016年版，第23页。

② 我国学者指出，若采用放火、爆炸、决水或者投放危险物质的行为方式，却无法构成放火罪、爆炸罪、决水罪或者投放危险物质罪的行为，自然也不可能成立以危险方法危害公共安全罪。另外，单纯造成多数人心理恐慌或者其他轻微后果，并不足以造成《刑法》第一百一十四条、第一百一十五条第一款所规定的具体公共危险或者侵害结果，同样也不成立以危险方法危害公共安全罪。参见张明楷：《刑法学》（第6版），法律出版社2021年版，第892页。

③ 劳东燕教授指出，不能将危害公共安全的判断等同于对"其他危险方法"的认定，也不能从结果的严重性来反推行为的危险性。参见陈兴良主编：《刑法各论精释》，人民法院出版社2015年版，第681页。

④ "尚未造成严重后果"属于表面的构成要件要素，《刑法》第一百一十四条及第一百一十五条第一款之间不存在相互排斥的关系。从实体法的角度而言，表面的构成要件要素不是成立犯罪必须具备的要素；从诉讼法的角度来看，表面的构成要件要素是不需要证明的要素。参见张明楷：《刑法学》（第6版），法律出版社2021年版，第886页；陈兴良主编：《刑法各论精释》，人民法院出版社2015年版，第662—663页。

⑤ 只要放火、爆炸等危害公共安全的行为没有造成严重伤亡的实害结果，就只能适用《刑法》第一百一十四条（不再适用《刑法》总则第二十三条关于未遂犯的规定），而不是适用《刑法》第一百一十五条第一款（同时适用《刑法》总则第二十三条关于未遂犯的规定）。参见张明楷：《刑法学》（第6版），法律出版社2021年版，第885页；陈兴良主编：《刑法各论精释》，人民法院出版社2015年版，第689—690页。

任意冲撞,危害公共安全的行为;2020 年《最高人民法院、最高人民检察院、公安部、司法部关于依法惩治妨害新型冠状病毒感染肺炎疫情防控违法犯罪的意见》规定了故意传播新型冠状病毒感染肺炎病原体,危害公共安全的行为;2020 年《最高人民法院、最高人民检察院、公安部关于办理涉窨井盖相关刑事案件的指导意见》规定了盗窃、破坏人员密集往来的非机动车道、人行道以及车站、码头、公园、广场、学校、商业中心、厂区、社区、院落等生产生活、人员聚集场所的窨井盖,足以危害公共安全的行为。如果某种行为符合其他犯罪的犯罪构成,以其他犯罪论处符合罪刑相适应原则,应尽量认定为其他犯罪,不宜认定为以危险方法危害公共安全罪。

【司法解释】

《最高人民法院、最高人民检察院关于办理妨害预防、控制突发传染病疫情等灾害的刑事案件具体应用法律若干问题的解释》(法释〔2003〕8 号,自 2003 年 5 月 15 日起施行)

△(**突发传染病病原体;以危险方法危害公共安全罪**)故意传播突发传染病病原体,危害公共安全的,依照刑法第一百一十四条、第一百一十五条第一款的规定,按照以危险方法危害公共安全罪定罪处罚。(§ 1 Ⅰ)

△(**自首、立功**)人民法院、人民检察院办理有关妨害预防、控制突发传染病疫情等灾害的刑事案件,对于有自首、立功等悔罪表现的,依法从轻、减轻、免除处罚或者依法作出不起诉决定。(§ 17)

△(**突发传染病疫情等灾害**)本解释所称"突发传染病疫情等灾害",是指突然发生,造成或者可能造成社会公众健康严重损害的重大传染病疫情、群体性不明原因疾病以及其他严重影响公众健康的灾害。(§ 18)

《最高人民法院、最高人民检察院关于办理环境污染刑事案件适用法律若干问题的解释》(法释〔2016〕29 号,自 2017 年 1 月 1 日起施行)

△(**想象竞合犯或牵连犯;污染环境罪;非法处置进口的固体废物罪**)违反国家规定,排放、倾倒、处置含有毒害性、放射性、传染病病原体等物质的污染物,同时构成污染环境罪、非法处置进口的固体废物罪、投放危险物质罪等犯罪的,依照处罚较重的规定定罪处罚。(§ 8)

《最高人民法院、最高人民检察院关于办理组织、利用邪教组织破坏法律实施等刑事案件适用法律若干问题的解释》(法释〔2017〕3 号,自 2017 年 2 月 1 日起施行)

△(**邪教组织人员;自焚、自爆;放火罪;爆炸罪;以危险方法危害公共安全罪**)邪教组织人员以自焚、自爆或者其他危险方法危害公共安全的,依照刑法第一百一十四条、第一百一十五条的规定,以放火罪、爆炸罪、以危险方法危害公共安全罪[①]等定罪处罚。(§ 12)

【司法解释性文件】

《公安部关于印发新修订〈关于公安机关处置信访活动中违法犯罪行为适用法律的指导意见〉的通知》(公通字〔2013〕25 号,2013 年 7 月 19 日公布)

△(**信访活动;驾驶机动车在公共场所任意冲闯;以危险方法危害公共安全罪**)为制造社会影响、发泄不满情绪、实现个人诉求,驾驶机动车在公共场所任意冲闯,危害公共安全,符合《刑法》第一百一十四条、第一百一十五条第一款规定的,以以危险方法危害公共安全罪追究刑事责任。

△(**信访活动;放火罪、爆炸罪、以危险方法危害公共安全罪**)采取放火、爆炸或者以其他危险方法自伤、自残、自杀,危害公共安全,符合《刑法》第一百一十四条和第一百一十五条第一款规定的,以放火罪、爆炸罪、以危险方法危害公共安全罪追究刑事责任。

《最高人民法院关于依法妥善审理高空抛物、坠物案件的意见》(法发〔2019〕25 号,2019 年 10 月 21 日发布)

△(**高空抛物、坠物行为;社会危害性**)充分认识高空抛物、坠物行为的社会危害性。高空抛物、坠物行为损害人民群众人身、财产安全,极易造成人身伤亡和财产损失,引发社会矛盾纠纷。人民法院要高度重视高空抛物、坠物行为的现实危害,深刻认识运用刑罚手段惩治情节和后果严重的高空抛物、坠物行为的必要性和重要性,依法惩治此类犯罪行为,有效防范、坚决遏制此类行为发生。(§ 4)

---

① 劳东燕教授指出,在适用系争司法解释时,仍应从是否危害公共安全与是否成立"其他危险方法"两个方面进行理解与限定。一般的自焚、自爆或者传播传染病等行为,如果并未危及公共安全,或者虽然危及公共安全但并不具有导致多数人重伤、死亡的现实可能性,不宜认定为构成以危险方法危害公共安全罪。参见陈兴良主编:《刑法各论精释》,人民法院出版社 2015 年版,第 660—661 页。

△(**高空抛物犯罪；以危险方法危害公共安全罪；故意伤害罪；故意杀人罪**)准确认定高空抛物犯罪。对于高空抛物行为，应当根据行为人的动机、抛物场所、抛掷物的情况以及造成的后果等因素，全面考量行为的社会危害程度，准确判断行为性质，正确适用罪名，准确裁量刑罚。

故意从高空抛弃物品，尚未造成严重后果，但足以危害公共安全的，依照刑法第一百一十四条规定的以危险方法危害公共安全罪定罪处罚；致人重伤、死亡或者使公私财产遭受重大损失的，依照刑法第一百一十五条第一款的规定处罚。为伤害、杀害特定人员实施上述行为的，依照故意伤害罪、故意杀人罪定罪处罚。(§ 5)

△(**高空抛物犯罪；从重处罚；不得适用缓刑**)依法从重惩治高空抛物犯罪。具有下列情形之一的，应当从重处罚，一般不得适用缓刑：(1)多次实施的；(2)经劝阻仍继续实施的；(3)受过刑事处罚或者行政处罚后又实施的；(4)在人员密集场所实施的；(5)其他情节严重的情形。(§ 6)

《最高人民法院、最高人民检察院、公安部关于办理涉窨井盖相关刑事案件的指导意见》(高检发〔2020〕3号，2020年3月16日发布)

△(**窨井盖；以危险方法危害公共安全罪；过失以危险方法危害公共安全罪**)盗窃、破坏人员密集往来的非机动车道、人行道以及车站、码头、公园、广场、学校、商业中心、厂区、社区、院落等生产生活、人员聚集场所的窨井盖，足以危害公共安全，尚未造成严重后果的，依照刑法第一百一十四条的规定，以以危险方法危害公共安全罪定罪处罚；致人重伤、死亡或者使公私财产遭受重大损失的，依照刑法第一百一十五条第一款的规定处罚。(§ 2Ⅰ)

△(**窨井盖**)本意见所称的“窨井盖”，包括城市、城乡结合部和乡村等地的窨井盖以及其他井盖。(§ 12)

《最高人民法院、最高人民检察院、公安部、司法部关于依法惩治妨害新型冠状病毒感染肺炎疫情防控违法犯罪的意见》(法发〔2020〕7号，2020年2月6日发布)

△(**肺炎疫情防控；以危险方法危害公共安全罪；妨害传染病防治罪；妨害公务罪**)依法严惩抗拒疫情防控措施犯罪。故意传播新型冠状病毒感染肺炎病原体，具有下列情形之一，危害公共安全的，依照刑法第一百一十四条、第一百一十五条第一款的规定，以以危险方法危害公共安全罪定罪处罚：

1. 已经确诊的新型冠状病毒感染肺炎病人、病原携带者，拒绝隔离治疗或者隔离期未满擅自脱离隔离治疗，并进入公共场所或者公共交通工具的；

2. 新型冠状病毒感染肺炎疑似病人拒绝隔离治疗或者隔离期未满擅自脱离隔离治疗，并进入公共场所或者公共交通工具，造成新型冠状病毒传播的。

其他拒绝执行卫生防疫机构依照传染病防治法提出的防控措施，引起新型冠状病毒传播或者有传播严重危险的，依照刑法第三百三十条的规定，以妨害传染病防治罪定罪处罚。

以暴力、威胁方法阻碍国家机关工作人员(含在依照法律、法规规定行使国家有关疫情防控行政管理职权的组织中从事公务的人员，在受国家机关委托代表国家机关行使疫情防控职权的组织中从事公务的人员，虽未列入国家机关人员编制但在国家机关中从事疫情防控公务的人员)依法履行为防控疫情而采取的防疫、检疫、强制隔离、隔离治疗等措施的，依照刑法第二百七十七条第一款、第三款的规定，以妨害公务罪定罪处罚。暴力袭击正在依法执行职务的人民警察的，以妨害公务罪定罪，从重处罚。(§ 2Ⅰ)

△(**治安管理处罚；从重情节**)依法严惩妨害疫情防控的违法行为。实施上述(一)至(九)规定的行为，不构成犯罪的，由公安机关根据治安管理处罚法有关虚构事实扰乱公共秩序，扰乱单位秩序、公共场所秩序、寻衅滋事，拒不执行紧急状态下的决定、命令，阻碍执行职务，冲闯警戒带、警戒区，殴打他人，故意伤害，侮辱他人，诈骗，在铁路沿线非法挖掘坑穴、采石取沙，盗窃、损毁路面公共设施，损毁铁路设施设备，故意损毁财物、哄抢公私财物等规定，予以治安管理处罚，或者由有关部门予以其他行政处罚。

对于在疫情防控期间实施有关违法犯罪的，要作为从重情节予以考量，依法体现从严的政策要求，有力惩治震慑违法犯罪，维护法律权威，维护社会秩序，维护人民群众生命安全和身体健康。(§ 2Ⅹ)

《最高人民法院、最高人民检察院、公安部、工业和信息化部、住房和城乡建设部、交通运输部、应急管理部、国家铁路局、中国民用航空局、国家邮政局关于依法惩治涉枪支、弹药、爆炸物、易燃易爆危险物品犯罪的意见》(法发〔2021〕35号，2021年12月28日发布)

△(**水路、铁路、航空易燃易爆危险物品运输生产作业活动；以危险方法危害公共安全罪**)在水

路、铁路、航空易燃易爆危险物品运输生产作业活动中违反有关安全管理的规定，有下列情形之一，明知存在重大事故隐患而不排除，足以危害公共安全的，依照刑法第一百一十四条的规定，以危险方法危害公共安全罪定罪处罚；致人重伤、死亡或者使公私财产遭受重大损失的，依照刑法第一百一十五条第一款的规定处罚：

(1)未经依法批准或者许可，擅自从事易燃易爆危险物品运输的；

(2)委托无资质企业或者个人承运易燃易爆危险物品的；

(3)在托运的普通货物中夹带易燃易爆危险物品的；

(4)将易燃易爆危险物品谎报或者匿报为普通货物托运的；

(5)其他在水路、铁路、航空易燃易爆危险物品运输活动中违反有关安全管理规定的情形。(§ 8Ⅰ)

△(**夹带易燃易爆危险物品；谎报为普通物品交寄**)通过邮件、快件夹带易燃易爆危险物品，或者将易燃易爆危险物品谎报为普通物品交寄，符合本意见第5条至第8条规定的，依照各该条的规定定罪处罚。(§ 9)

【附属刑法】

《中华人民共和国人民防空法》(1996年10月29日通过，2009年8月27日修正)

第五十条

违反本法规定，故意损坏人民防空设施或者在人民防空工程内生产、储存爆炸、剧毒、易燃、放射性等危险品，尚不构成犯罪的，依照治安管理处罚法的有关规定处罚；构成犯罪的，依法追究刑事责任。

《中华人民共和国水法》(1988年1月21日通过，2016年7月2日第二次修正)

第七十二条

有下列行为之一，构成犯罪的，依照刑法的有关规定追究刑事责任；尚不够刑事处罚，且防洪法未作规定的，由县级以上地方人民政府水行政主管部门或者流域管理机构依据职权，责令停止违法行为，采取补救措施，处一万元以上五万元以下的罚款；违反治安管理处罚法的，由公安机关依法给予治安管理处罚；给他人造成损失的，依法承担赔偿责任：

(一)侵占、毁坏水工程及堤防、护岸等有关设施，毁坏防汛、水文监测、水文地质监测设施的；

(二)在水工程保护范围内，从事影响水工程运行和危害水工程安全的爆破、打井、采石、取土等活动的。

《中华人民共和国石油天然气管道保护法》(2010年6月25日通过)

第五十二条

违反本法第二十九条、第三十条、第三十二条或者第三十三条第一款的规定①，实施危害管道安全行为的，由县级以上地方人民政府主管管道保护工作的部门责令停止违法行为；情节较重的，对单位处一万元以上十万元以下的罚款，对个人处二百元以上二千元以下的罚款；对违法修建的建筑物、构筑物或者其他设施限期拆除；逾期未拆除的，由县级以上地方人民政府主管管道保护工作的部门组织拆除，所需费用由违法行为人承担。

第五十三条

未经依法批准，进行本法第三十三条第二款

① 《中华人民共和国石油天然气管道保护法》(2010年6月25日通过)

第二十九条

禁止在本法第五十八条第一项所列管道附属设施的上方架设电力线路、通信线路或者在储气库构造区域范围内进行工程挖掘、工程钻探、采矿。

第三十条

在管道线路中心线两侧各五米地域范围内，禁止下列危害管道安全的行为：

(一)种植乔木、灌木、藤类、芦苇、竹子或者其他根系深达管道埋设部位可能损坏管道防腐层的深根植物；

(二)取土、采石、用火、堆放重物、排放腐蚀性物质、使用机械工具进行挖掘施工；

(三)挖塘、修渠、修晒场、修建水产养殖场、建温室、建家畜棚圈、建房以及修建其他建筑物、构筑物。

第三十二条

在穿越河流的管道线路中心线两侧各五百米地域范围内，禁止抛锚、拖锚、挖砂、挖泥、采石、水下爆破。但是，在保障管道安全的条件下，为防洪和航道通畅而进行的养护疏浚作业除外。

第三十三条

Ⅰ在管道专用隧道中心线两侧各一千米地域范围内，除本条第二款规定的情形外，禁止采石、采矿、爆破。

或者第三十五条规定[①]的施工作业的，由县级以上地方人民政府主管管道保护工作的部门责令停止违法行为；情节较重的，处一万元以上五万元以下的罚款；对违法修建的危害管道安全的建筑物、构筑物或者其他设施限期拆除；逾期未拆除的，由县级以上地方人民政府主管管道保护工作的部门组织拆除，所需费用由违法行为人承担。

第五十四条

违反本法规定，有下列行为之一的，由县级以上地方人民政府主管管道保护工作的部门责令改正；情节严重的，处二百元以上一千元以下的罚款：

（一）擅自开启、关闭管道阀门的；

（二）移动、毁损、涂改管道标志的；

（三）在埋地管道上方巡查便道上行驶重型车辆的；

（四）在地面管道线路、架空管道线路和管桥上行走或者放置重物的；

（五）阻碍依法进行的管道建设的。

第五十五条

违反本法规定，实施危害管道安全的行为，给管道企业造成损害的，依法承担民事责任。

第五十七条

违反本法规定，构成犯罪的，依法追究刑事责任。

《中华人民共和国公路法》（1997年7月3日通过，2017年11月4日第五次修正）

第八十一条

违反本法第五十六条规定[②]，在公路建筑控制区内修建建筑物、地面构筑物或者擅自埋设管线、电缆等设施的，由交通主管部门责令限期拆除，并可以处五万元以下的罚款。逾期不拆除的，由交通主管部门拆除，有关费用由建筑者、构筑者承担。

第八十四条

违反本法有关规定，构成犯罪的，依法追究刑事责任。

《中华人民共和国港口法》（2003年6月28日通过，2018年12月29日第三次修正）

第五十六条

未经依法批准在港口进行可能危及港口安全的采掘、爆破等活动的，向港口水域倾倒泥土、砂石的，由港口行政管理部门责令停止违法行为，限期消除因此造成的安全隐患；逾期不消除的，强制消除，因此发生的费用由违法行为人承担；处五千元以上五万元以下罚款；依照有关水上交通安全的法律、行政法规的规定由海事管理机构处罚的，依照其规定；构成犯罪的，依法追究刑事责任。

《中华人民共和国水土保持法》（1991年6月29日通过，2010年12月25日修订）

第四十八条

违反本法规定，在崩塌、滑坡危险区或者泥石流易发区从事取土、挖砂、采石等可能造成水土流失的活动的，由县级以上地方人民政府水行政主

---

① 《中华人民共和国石油天然气管道保护法》（2010年6月25日通过）

第三十三条

Ⅱ在前款规定的地域范围内，因修建铁路、公路、水利工程等公共工程，确需实施采石、爆破作业的，应当经管道所在地县级人民政府主管管道保护工作的部门批准，并采取必要的安全防护措施，方可实施。

第三十五条

Ⅰ进行下列施工作业，施工单位应当向管道所在地县级人民政府主管管道保护工作的部门提出申请：

（一）穿跨越管道的施工作业；

（二）在管道线路中心线两侧各五米至五十米和本法第五十八条第一项所列管道附属设施周边一百米地域范围内，新建、改建、扩建铁路、公路、河渠，架设电力线路，埋设地下电缆、光缆，设置安全接地体、避雷接地体；

（三）在管道线路中心线两侧各二百米和本法第五十八条第一项所列管道附属设施周边五百米地域范围内，进行爆破、地震法勘探或者工程挖掘、工程钻探、采矿。

Ⅱ县级人民政府主管管道保护工作的部门接到申请后，应当组织施工单位与管道企业协商确定施工作业方案，并签订安全防护协议；协商不成的，主管管道保护工作的部门应当组织进行安全评审，作出是否批准作业的决定。

② 《中华人民共和国公路法》（1997年7月3日通过，2017年11月4日第五次修正）

第五十六条

Ⅰ除公路防护、养护需要的以外，禁止在公路两侧的建筑控制区内修建建筑物和地面构筑物；需要在建筑控制区内埋设管线、电缆等设施的，应当事先经县级以上地方人民政府交通主管部门批准。

Ⅱ前款规定的建筑控制区的范围，由县级以上地方人民政府按照保障公路运行安全和节约用地的原则，依照国务院的规定划定。

Ⅲ建筑控制区范围经县级以上地方人民政府依照前款规定划定后，由县级以上地方人民政府交通主管部门设置标桩、界桩。任何单位和个人不得损坏、擅自挪动该标桩、界桩。

管部门责令停止违法行为，没收违法所得，对个人处一千元以上一万元以下的罚款，对单位处二万元以上二十万元以下的罚款。

第五十八条

违反本法规定，造成水土流失危害的，依法承担民事责任；构成违反治安管理行为的，由公安机关依法给予治安管理处罚；构成犯罪的，依法追究刑事责任。

《中华人民共和国防洪法》（1997 年 8 月 29 日通过，2016 年 7 月 2 日第三次修正）

第六十条

违反本法规定，破坏、侵占、毁损堤防、水闸、护岸、抽水站、排水渠系等防洪工程和水文、通信设施以及防汛备用的器材、物料的，责令停止违法行为，采取补救措施，可以处五万元以下的罚款；造成损坏的，依法承担民事责任；应当给予治安管理处罚的，依照治安管理处罚法的规定处罚；构成犯罪的，依法追究刑事责任。

【参考案例】

△意图放火烧毁特定财物，但客观上危及公共安全且行为人主观上对危害公共安全的后果持放任态度的，以放火罪论处。①

毁坏财物的方式是多种多样的，当然也包括纵火。以放火等危险方法实施的危害公共安全的行为，往往会造成数额较大的公私财物的损失。但是，放火罪和故意毁坏财物罪毕竟是有别的。放火罪属于危害公共安全的犯罪，侵犯的客体是公共安全；而故意毁坏财物罪属于侵犯财产的犯罪，侵犯的客体是公私财产。放火罪和故意毁坏财物罪的区别之一，就在于行为人的放火行为客观上是否足以危及公共安全。也就是说，如果行为人实施的放火行为，本身没有危害公共安全，也不可能危及公共安全，就只能属于故意毁坏财物的行为；反之，如果该行为已危害或者足以危及公共安全，就只能构成放火罪。判断行为人的放火行为，是否足以危及公共安全，就要结合放火的地点以及放火时周围的具体环境等因素来分析。在王新生等放火案中，教唆他人放火的被告人王新生、实施放火的被告人赵红钦，他们实行共同放火行为的地点是车站，放火时周围停有十多辆其他汽车，车站邻近是家属楼、加油站等，且两被告人对此是明知的。两被告人的共同放火行为，客观上足以危及公共安全，主观上明知放火行为会危及公共安全，但为实现骗取保险金的目的，仍放任这种危险的发生，符合放火罪的主客观构成要件，已构成放火罪。［No. 2-114、115(1)-1-1　王新生等放火案］

△受害人具有明显过错的，可对被告人从轻处罚。

在于光平爆炸案中，案被告人于光平的犯罪行为造成了三人死亡、二人重伤、五人轻伤、一人轻微伤的严重后果，论罪应判处其死刑。但是，本案亦有从轻处罚的情节：首先，被害方有明显过错。本案系因民事纠纷引起，被告人家属做了赔礼道歉、找人调解等工作，但被害方仍不满足，又不通过正当渠道解决纠纷，而是提出过分的要求，并组织亲友几十人闯入被告人家中叫骂、掷石块，使矛盾激化，在案件的起因上负有一定的责任；其次，手榴弹是在于光平和张洪春争抢中爆炸的，有一定的偶然性，可以据此减轻于光平的罪责。②［No. 2-114、115(1)-3-2　于光平爆炸案］

△设置引爆装置，公开扬言制造爆炸，尚未实施引爆行为的，应以爆炸罪（预备）论处。③

首先，就犯罪客体而言，爆炸罪侵犯的客体是公共安全，即不特定多数人的生命、健康或者重大公私财产的安全。在胡国东爆炸案中，被告人虽然在自家房屋内安放足以引起爆炸的装置，但被告人的房子系砖木结构的旧民居，坐落村中，前后左右均有民宅。一旦发生爆炸，客观上必然会危害不特定多数人的生命、健康或者重大公私财产的安全。因此，被告人的行为已经对公共安全构成了现实威胁。

其次，就犯罪的主观方面而言，爆炸罪在主观方面为故意犯罪，包括直接故意和间接故意，即行为人明知其行为会引起爆炸，危害不特定多数人的生命、健康或者重大公私财产的安全，并且希望或者放任这种危害结果的发生。案发时，被告人

---

① 我国学者指出，如果行为人放火时对他人死亡、重伤结果持故意心态的，宜认定为放火罪与故意杀人罪、故意伤害罪的想象竞合，从一重罪处罚。参见张明楷：《刑法学》（第 6 版），法律出版社 2021 年版，第 884 页。

② 我国学者指出，本案属于“（被害人）参与并且强化危险行为”之类型，被害人一方故意地引起、刺激、强化了损害后果的发生，应由被害人一方对损害后果承担责任，不应将多人死伤的严重后果归属于被告人。对被告人的行为，仅以《刑法》第一百二十八条第一款之私藏弹药罪论处即可。参见冯军：《刑法问题的规范理解》，北京大学出版社 2009 年版，第 87 页。

③ 劳东燕教授指出，既然《刑法》第一百一十四条的实质未遂犯是以既遂的形式出现的，那么刑法总则中关于未遂犯、中止犯的规定对之仍有适用之余地。换言之，在危险出现之后，如果该危险尚未达到紧迫状态，或者尚未具体化，则行为人的行为仍然存在成立未遂或者中止的空间。参见陈兴良主编：《刑法各论精释》，人民法院出版社 2015 年版，第 690 页。

的具体行为和语言都很明确地证明其具有“将房子炸了,和父母同归于尽”的犯罪意图,被告人在此后的多次供述中也证实了这一点。虽然其犯罪动机是出于对父母的怨恨和对生活的无望,但动机并不影响本罪的成立。

最后,就犯罪的客观方面而言,爆炸罪的客观方面表现为行为人具有引发爆炸物或者其他方法制造爆炸的行为。不论使用何种爆炸物,也不论采取什么方式或者在什么地方,只要爆炸行为足以危害公共安全,即构成爆炸罪。根据生活常识,本案被告人应当明知液化气罐在高温下会有爆炸危险,却仍然将液化气罐从厨房搬到客厅,并在周围浇上汽油,积极实施了这一行为。此时,即使被告人未实施点火行为,也已经产生了很大的危险。虽然被告人没有积极实施点火行为,也没有发生爆炸的实际危害后果,但并不影响犯罪的成立,只是影响犯罪的停止形态。

犯罪预备、犯罪未遂、犯罪中止虽然都属于犯罪的未完成形态,即犯罪行为都没有实现既遂,但三者之间具有一定的区别:首先,就犯罪预备与犯罪未遂而言,虽然二者都是因为行为人意志以外的因素而被迫停止犯罪行为,但二者主要的区别在于客观上是否着手实施犯罪行为。其次,就犯罪预备与犯罪中止而言,虽然在犯罪预备阶段也可以存在犯罪中止,但犯罪预备与预备阶段的犯罪中止最主要的区别在于二者停止犯罪的原因不同——前者是基于行为人意志以外的因素被迫停止,后者是基于行为人的意志自动放弃犯罪。

就本案而言,首先,被告人的行为不构成犯罪未遂。犯罪未遂的成立前提是行为人已经着手实施犯罪行为。刑法理论通说认为,“着手”的判断应以行为是否开始实施刑法分则某一具体犯罪的客观构成要件为标准。因此,爆炸罪中的着手认定应以行为人是否开始实施爆炸行为为标准。但本案被告人虽然实施了拔掉液化气罐皮管、将汽油浇在地面上等一系列行为,但其最终没有实施开阀点火这一关键性的行为,其实施的一系列行为只是为实施爆炸做准备、创造有利条件,对公共安全还只是一种间接危险。因此,被告人并没有“着手”实施爆炸行为,不符合犯罪未遂的没有构成要件。其次,被告人的行为不属于犯罪中止。如前所述,虽然在犯罪的预备阶段也可能出现犯罪中止,但犯罪中止与犯罪预备最主要的区别就在于行为人停止犯罪的原因不同。在本案中,被告人虽然在警察赶到之前有充分的时间和条件实施爆炸这一着手行为,但是一直也没有自动放弃犯罪;因此,其行为不符合犯罪中止的主观性要件。被告人最终还是被赶到现场的公安干警控制,可见,其犯罪行为的停止最后还是基于被告人自己意志以外的因素而造成的。因此,被告人的行为完全符合犯罪预备的特征。[No. 2-114、115(1)-3-3　胡国东爆炸案]

△投毒致人死亡,没有危及公共安全的,不构成投放危险物质罪,应以故意杀人罪论处。

投放危险物质罪与以投毒为手段的故意杀人罪在手段、后果上相类似,在司法实践中二者容易混淆。投放危险物质罪与故意杀人罪分属不同的犯罪种类,区别二者主要是看犯罪客体与主观故意的内容。

从犯罪客体上看,作为危害公共安全罪的一种,投放危险物质罪侵犯的是公共安全,也就是不特定多数人的生命、健康或者重大公私财产的安全;而故意杀人罪属于侵犯公民人身权利的犯罪,其侵犯的客体是公民的人身权利,即特定公民的人身权利。简而言之,投放危险物质罪指向不特定多数人,而故意杀人罪以特定的人为对象。从主观故意的内容上看,投放危险物质罪的主体须具有危害公共安全即不特定多数人的生命、健康或者重大公私财产安全的故意,而故意杀人罪的主体则须具有剥夺特定人生命的故意。在实践中,当某人投放毒物的目的在于剥夺特定人的生命而不是危及公共安全时,其行为应认定为故意杀人罪。在方金青惠投毒案中,方金青惠主观上是想致特定人——简梅芳死亡;方金青惠数次投放毒鼠药均是在简梅芳家中,而非公共场所;毒鼠药投在被害人简梅芳所用的食具、茶具和药煲内,而非公共所用的器具内。尽管实际上有多人误食、误饮了方金青惠投有鼠药的食物、饮品,但这些被害人并非方金青惠追求杀害的不特定对象,故方金青惠采用投毒的手段非法剥夺他人生命的行为构成故意杀人罪。[No. 2-114、115(1)-4-2　方金青惠投毒案]

△主观上不具有放任危害公共安全的故意,即使客观上存在危害公共安全的现实危险性的,也不能认定为以危险方法危害公共安全罪。

对于以危险方法危害公共安全罪的认定,关键在于两点:一是犯罪行为在客观上须具有危害公共安全的现实危险性,即行为在客观上须对不特定的多数人的生命、健康或者重大公私财产的安全产生了威胁,具有发生危险后果的现实可能性,而且该危险方法在危险程度上还必须具备与放火、投放危险物质、爆炸和决水等危险行为相当或者超过上述行为的危险性方法。二是主观上必须为故意,即行为人主观上对于自己实施其他危险方法造成危害公共安全的后果存在希望或者放任的态度。在康兆永等危险物品肇事案中,被告人违规运输危险品的行为,尽管一旦发生泄漏事故,就具有高度的毒害危险性,与放火、爆炸、决水和投放危险物质等行为的危险性相当甚至要超过上述行为的危险性,而且客观上也造成了对社会公共安全的严重危害;但是被告人在违规运输时,主观上显然并不希望借液氯泄漏这种高度危险的方法来危害不特定多数人的生命、健康或者重大公私财产。同时,在液氯泄漏后,虽然两名被告人没有实施堵漏控制措施,客观上他们也没有能力进行堵漏控制,但是毕竟他们打电话报警求助,是希望借助官方的力量来排除液氯泄漏造成的危害性。因此,不能因为他们在发生事故后逃离现场、不参与抢险,就推定他们主观上具有放任危害公共安全后果发生的意志。本案之所以不成立以危险方法危害公共安全罪,除了行为人主观方面以外,主要在于行为人未实施以危险方法危害公共安全的实行行为。“超载”“逃离现场”等都不是刑法分则规定的该罪的实行行为,因而不构成以危险方法危害公共安全罪。司法机关最终没有确定二被告人构成以危险方法危害公共安全罪,是符合主客观相一致的定罪原则的。[No. 2-114、115(1)-5-1　康兆永等危险物品肇事案]

△实质上具有导致不特定或者多数人重伤、死亡的现实可能性的方法,应当认定为以危险方法危害公共安全罪的其他危险方法。

我国《刑法》第一百一十四条、第一百一十五条未对以危险方法危害公共安全罪的罪状作出明确规定,如何判定此罪中“其他危险方法”的范围,有时成为困扰司法实践的疑难问题。从刑法规定看,“其他危险方法”是与“放火、决水、爆炸”等并列的行为方式,同属一个法条。适用同一档法定刑。所以,基于罪责刑相适应原则,对“其他危险方法”应参照放火罪、爆炸罪等罪的可罚性来理解,即在危险性上应当与放火、爆炸等行为具有可罚的相当性。既然《刑法》第一百一十五条已明确规定了第一百一十四条中所规定行为发展后的结果是“致人重伤、死亡”;那么,作为可以将危险直接转化为犯罪结果的具体危险犯,这里的“其他危险方法”,在性质上就必须能够导致不特定或者多数人重伤、死亡的结果,即实质上应当具有致不特定或者多数人重伤、死亡的现实可能性。因此,从贯彻罪刑法定原则的角度来看,“其他危险方法”应排除仅能导致轻伤的危险方法。[No. 2-114、115(1)-5-3　李跃等人以危险方法危害公共安全案]

△行为造成高概率危险的,应以以危险方法危害公共安全罪论处。

现代风险社会使很多危害行为都凸现出危害公共安全的性质,但是司法实践不可能将所有危害公共安全的行为在《刑法》分则第二章没有明文规定的情况下,均按以危险方法危害公共安全罪认定和处罚。具有可罚性的危险应当是一种被筛选后的高概率危险,即具有高度盖然性的危险。所谓高度盖然性,是指危险已被现实化,客观存在且有确定的指向对象,如果允许其继续发展,就会导致法益损害。[No. 2-114、115(1)-5-4　李跃等人以危险方法危害公共安全案]

△在认定具体危险犯时,应当以事后查明的、行为时所存在的各种客观事实为基础,以行为时为标准,从一般人的立场出发,判断是否存在具体危险。①

在对具体危险进行主观判断,即在解决“应以什么样的事实作为危险判断的基础”“由谁来判断”“在什么时刻进行判断”这三个关键性问题时,目前刑法理论和审判实践宜采“客观说”,即应当以事后查明的、行为时所存在的各种客观事实为基础,以行为时为标准,从一般人的立场出发来判断。具体而言,如果就事后查明的、行为时所存在的情况以及以一般人的观念来看,如果行为人的行为在侵犯特定对象安全的同时,发生危及不特定或多数人安全的可能性极大,即具有上述的高度盖然性时,就可以以危险方法危害公共安全罪论处;反之,如果该行为完全没有危及不特定或多数人安全的可能或者可能性极小时,就不能认定为以危险方法危害公共安全罪。[No. 2-114、115(1)-5-5　李跃等人以危险方法危害公共安全案]

△以骗取被害人财物为目的,在城市交通干道及高速公路上,故意制造交通事故的,构成以危险方法危害公共安全罪与诈骗罪的牵连犯,应以以危险方法危害公共安全罪论处。

在袁鸣晓等以危险方法危害公共安全案中,被告人的行为同时触犯了诈骗罪和以危险方法危害公共安全罪。其一,被告人袁某等的主观目的是诈骗被害人的财物,侵犯了被害人的财物所有权;在客观方面表现为故意制造交通事故,使被害人承担事故全责,并使被害人自愿向被告人交付

---

① 劳东燕教授持相同的见解,在是否存在具体危险的问题上,应采取一般人的标准,立足于行为人当时的具体情况,客观地判断行为所造成的危险在客观上是否已经处于逼近实现的阶段或者状态。参见陈兴良主编:《刑法各论精释》,人民法院出版社 2015 年版,第 663 页。

分则　第二章

钱款,其行为符合诈骗罪的犯罪构成要件。其二,袁某、吴某二人单独或者共同驾车在本市主干路及高速路上故意制造道路交通事故的行为,亦符合以危险方法危害公共安全罪的特征。以危险方法危害公共安全罪所侵犯的客体是不特定多数人的生命、健康或者重大公私财产的安全,客观方面表现为以放火、决水、爆炸、投放危险物质及以其他危险方法危害公共安全的行为。所谓其他危险方法,是指与放火、决水、爆炸、投放危险物质的危险性相当、足以危害公共安全的其他方法。这些危险方法一经实施就可能危及不特定多数人的生命、健康或者重大公私财产的安全。此罪在主观方面既可以由直接故意构成,也可以由间接故意构成。行为所造成的危害结果是否超出行为人的预料和控制,不影响犯罪的成立。袁某、吴某在十五个月的时间内共发生将近 200 起道路交通事故,该频率绝非正常。二人均系驾龄长、驾驶经验丰富者,但是在如此短的时间内发生上百起交通事故,且均系对方负全责,足以认定二人对相关道路交通事故的发生具有故意追求的心理状态,对其行为危害公共安全的结果持放任的态度,构成以危险方法危害公共安全罪的间接故意犯罪。由于城市主干道路或者高速公路具有车流量大、行车速度快以及行人多等特点,一旦在某路段出现突发性事件,极有可能在短时间内造成重大交通事故。因此,两名被告人的行为符合以危险方法危害公共安全罪的犯罪构成要件。

本案被告人制造交通事故的犯罪方法与诈取钱财目的之间存在牵连关系。我国 1979 年刑法以及现行刑法对牵连犯的概念和处罚均未作明文规定,但理论上和司法实践中一般均对其加以认可和适用。牵连犯是指行为人以实施某一犯罪为目的,而其犯罪方法或者结果行为触犯其他罪名的犯罪。具体来说,行为人的目的仅为犯某一罪,实施的方法或者结果行为却另外触犯了其他不同罪名,其方法行为与目的行为,原因行为与结果行为之间具有牵连关系。数个独立犯罪之间存在牵连关系,这种犯罪现象就是牵连犯。本案被告人袁某等的主观目的是诈骗被害人的财物,采用的方法是碰撞被害人以车辆以造成被害人承担全责的交通事故,进而通过向被害人索赔来达到诈取被害人钱财的犯罪目的,其犯罪方法与目的之间存在牵连关系。被告人在城市主干道及高速路驾驶机动车,采用突然变速冲撞前车的做法,很可能使正常快速行驶的被害人车辆因突然受到撞击或者紧急避让而失去控制,进而危及其他不特定多数人的人身、财产安全,即危害了公共安全。因此,被告人的行为同时触犯了诈骗罪与以危险方法危害公共安全罪,构成牵连犯。

本案被告人构成以危险方法危害公共安全罪。目前的刑法理论以及司法实践认为,牵连犯虽然实际上构成了数罪,但因其追求的目的只有一个,同追求几个目的的数罪比较起来,社会危害性比较小。因此,对牵连犯原则上不适用数罪并罚,而是择一重罪处罚;最后认定的罪名也只有一个,因而成为裁判上的一罪。本案中,被告人袁某等的行为构成牵连犯,应择一重罪处罚。关于其行为所构成的诈骗罪与以危险方法危害公共安全罪的处罚孰轻孰重,按照当时相关的法律规定:个人诈骗公私财物不满 10 万元,应当处三年以上十年以下有期徒刑,并处罚金;以危险方法危害公共安全,尚未造成严重后果的,处三年以上十年以下有期徒刑。在量刑上,两罪区别不大,但是危害公共安全犯罪的社会危害性明显重于侵犯财产犯罪。因此,本案认定被告人构成以危险方法危害公共安全罪。[No. 2-114、115(1)-5-6　袁鸣晓等以危险方法危害公共安全案]

△在相对封闭的场所内驾车撞人,导致多人受伤的损害结果,应认定为以危险方法危害公共安全罪。

危害公共安全罪设立的目的在于将生命、健康等个人法益抽象为社会利益并加以保护,故危害公共安全罪最突出的特点是其"社会性"。对于以危险方法危害公共安全罪的犯罪对象"不特定多数人"的含义,应当从其"社会性"的特点出发进行理解。以危险方法危害公共安全罪保护的是公众的生命、健康,而"公众"与"社会性"均要求重视量的"多数"。换言之,"多数"是"公共"概念的核心。"不特定"也意味着随时有向"多数"发展的现实可能性,会使社会多数成员遭受危害或者侵害。在司法实践中,一般有两种情形会被认定为行为侵害了"不特定多数人",从而构成危害公共安全犯罪:第一种情形是,行为针对的对象是不特定的,且行为人事先也没有预料到具体的危害后果;第二种情形是,行为人针对的对象是相对特定的,但实际造成的后果是行为人没有预料的、不能控制的。侵害"不特定多数人",并不是说行为人没有特定的侵犯对象或者目标,而是说行为人主观上有一定的侵害对象,对损害的可能范围也有一定的预判,但对最终造成或者可能造成的危害后果难以控制,从而危害了特定人之外的人身或者财产安全。在郑小教以危险方法危害公共安全案中,被告人郑小教意图驾驶小汽车撞向拆迁人员。虽然现场的拆迁人员是相对特定的,但是一方面,现场拆迁人员本身就人数众多;另一方面,除了拆迁人员外,现场还有郑小教的邻居和亲属。因此,用小汽车撞人时,郑小教是很难控制具体的侵害对象以及所造成的侵害后果的。事实证明,郑小教的行为导致了多名拆迁人员及郑小教母亲受伤的后果。因此,郑小教的行为虽然针对的是相对特定的对象,但是对于最终侵害的对象及造成的后果均无法控制和预料,应当认定其侵犯的对象是"不特定多数人"。

"公共安全"的词义应解释为不特定多数人的生命、健康或者公私财产的安全。公共安全包括信息安全、食品安全、公共卫生安全等,是一个抽象的概念。虽然在公共场所更容易发生侵犯公共安全的案件,但是公共安全不等同于公共场所的安全。另外,公共安全的核心在于"多数",而不在于是封闭的场所还是开放的公共场所,即使是在相对封闭的场所发生了多数人的损害后果,也有可能属于侵犯公共安全的行为。本案中,首先,案发现场的道路并非被告人家庭所有或者单独使用,而只是由于特殊的地理位置导致被告人家庭使用的频率较高,但这并不能排斥他人行走或者使用,故案发现场并不属于封闭的场所;其次,即使案发现场属于封闭的场所,但由于郑小教驾车冲撞的行为危害到"不特定多数人"的健康、生命安全,其行为就具有了危害公共安全的性质。[No. 2-114、115(1)-5-16　郑小教以危险方法危害公共安全案]

△驾驶机动车在城市道路上故意制造碰撞事故借以勒索钱财的"碰瓷"行为,通常不具有与放火、爆炸等危险方法相当的危险扩散性与广泛的杀伤力、破坏性,不足以严重危及不特定多数人的人身财产安全,不应以以危险方法危害公共安全罪论处。如果特定案件中,行为人选择的作案时间、方式或者地点必然给公共安全带来严重危险的,则该行为应当被认定为危害公共安全的行为。

鉴于以危险方法危害公共安全罪是一种较为严重的犯罪,在具体案件中认定行为是否适用"以其他危险方法危害公共安全"的兜底规定时,应当从严把握,以防止以危险方法危害公共安全罪被滥用。从立法原意和经验法则把握,作为同一条文中的犯罪行为,"其他危险方法"应当与放火、决水、爆炸和投放危险物质行为在客观危害程度方面具有相当性,具体应从手段的相当性与危险结果的相当性两个方面进行把握。

所谓手段的相当性,是指作案手段在性质上与放火、决水、爆炸和投放危险物质具有可比性。放火、决水、爆炸和投放危险物质属于攻击性很强、危害性很大的行为,严重危及不特定多数人的人身、财产安全,一旦实施,即具有广泛的杀伤力和破坏性。如果一种行为虽然造成严重后果,但是客观上根本不具有严重危及不特定多数人的人身、财产安全的可能,就不具有与放火、决水、爆炸和投放危险物质的可比性,不能认定为"其他危险方法"。例如,偷盗路面井盖虽然可能会威胁不特定多数人的生命健康和财产安全,但一般情况下,危害后果的范围、程度有限,而且一旦发生一次损害,就容易被其他人发现与防范。因此,偷盗井盖带来的危险不具有扩散性和广泛的杀伤力、破坏性,与放火、决水、爆炸和投放危险物质等能够造成不特定多数人重大伤亡或者财产损失的本质特征存在明显差别。即使在个别情况下,偷盗井盖的行为确实造成人员伤亡,也可考虑以破坏交通设施罪或者(间接)故意伤害罪处理,而不应首先考虑适用以危险方法危害公共安全罪。

所谓危险结果的相当性,是指行为的实施足以使不特定多数人的人身或者财产安全遭受重大损害,即一般情况下,如果没有意外因素的阻止或者极其偶然因素的干扰,就会导致不特定多数人的人身或者财产损失。例如,行为人向人群中投掷一颗炸弹,该炸弹被投出后意外落入下水道中(路面井盖被盗走),结果仅导致两人轻微伤。在该案中,投掷炸弹具有使不特定多数人的人身或者财产安全遭受重大损害的高度危险,而未造成实际严重损害结果系受到极其偶然因素的干扰,该行为仍构成以危险方法危害公共安全罪。如果即使没有意外因素的阻止或者极其偶然因素的干扰,行为一般也不会导致不特定多数人的人身或者财产损失,则该行为所采取的方法就不构成《刑法》第一百一十四条规定的"其他危险方法"。

对于"碰瓷"者而言,驾车冲撞他人车辆也是一种危险行为,行为人通常在选取作案路段、行驶速度、"碰瓷"方式等方面都会有一定节制。实践中,大量"碰瓷"者是利用道路混乱、机动车起步阶段以及违规变道行驶等条件,在车流量小、行人稀少的路面或者道路进出口等路段,故意慢速行车,与被害车辆发生碰撞,继而要求对方赔偿。与放火、爆炸等危险方法相比,上述"碰瓷"行为所造成的危险不具有扩散性和广泛的杀伤力、破坏性,不足以严重危及不特定多数人的人身财产安全,实际造成车毁人亡等严重损害后果的也不多见。对这类行为,一般不能以以危险方法危害公共安全罪论处。

关于是否足以严重危害公共安全的问题,这属于对危险发生的一种可能性判断,应当以认识和判断力处于正常、平均水平的人的一般标准来判断。在时间、路段、路况、车速、"碰瓷"方式等诸多因素中,具备哪几项或者达到什么程度才可以认定"碰瓷"具有足以造成严重后果的高度危险,往往是见仁见智。例如,在高速公路上"碰瓷",一般来说对公共安全有较高危险;但如果当时是夜间,通行车辆较少,碰撞发生后,行为人或者被害人及时设置路障标识,或者采取防范措施,则该"碰瓷"行为就不足以严重危害公共安全。因此,对于是否严重危害公共安全的问题,必须综合考虑"碰瓷"发生时的各种情形,谨慎判断。

在刘飞抢劫案中,被告人刘飞等人选择的"碰瓷"方式是驾驶小汽车撞击正在倒车的货车的尾部。经查,货车倒车速度及刘飞驾车故意追尾的车速均不高,刘飞所驾小汽车的保险杠和前车灯损坏,被撞货车也只是轻度受损,加上案发时系深夜,途经车辆不多,因此刘飞驾车"碰瓷"的行为尚不足以使被撞车辆失去控制、倾覆,或者造成其他危及公共安全的重大事故,不应认定为以危险方法危害公共安全罪中的"其他危险方法"。[No. 5-263-130 刘飞抢劫案]

第一百一十五条 【放火罪】【决水罪】【爆炸罪】【投放危险物质罪】【以危险方法危害公共安全罪】【失火罪】【过失决水罪】【过失爆炸罪】【过失投放危险物质罪】【过失以危险方法危害公共安全罪】

放火、决水、爆炸以及投放毒害性、放射性、传染病病原体等物质或者以其他危险方法致人重伤、死亡或者使公私财产遭受重大损失的,处十年以上有期徒刑、无期徒刑或者死刑。

过失犯前款罪的,处三年以上七年以下有期徒刑;情节较轻的,处三年以下有期徒刑或者拘役。

【立法沿革】

《中华人民共和国刑法》(1997年修订,自1997年10月1日起施行)

第一百一十五条

放火、决水、爆炸、投毒或者以其他危险方法致人重伤、死亡或者使公私财产遭受重大损失的,处十年以上有期徒刑、无期徒刑或者死刑。

过失犯前款罪的,处三年以上七年以下有期徒刑;情节较轻的,处三年以下有期徒刑或者拘役。

《中华人民共和国刑法修正案(三)》(自2001年12月29日起施行)

二、将刑法第一百一十五条第一款修改为:

"放火、决水、爆炸以及投放毒害性、放射性、传染病病原体等物质或者以其他危险方法致人重伤、死亡或者使公私财产遭受重大损失的,处十年以上有期徒刑、无期徒刑或者死刑。"

【立法理由】

1. **1979年立法的情况**。1979年《刑法》第一百零六条规定:"放火、决水、爆炸、投毒或者以其他危险方法致人重伤、死亡或者使公私财产遭受重大损失的,处十年以上有期徒刑、无期徒刑或者死刑。过失犯前款罪的,处七年以下有期徒刑或者拘役。"本条和1979年《刑法》第一百零五条共同构成了完整的以危险方法危害公共安全的犯罪。

2. **1997年修订刑法的情况**。1997年刑法修订时作了修改,增加了"情节较轻的,处三年以下有期徒刑或者拘役"这一量刑档次,规定"过失犯前款罪的,处三年以上七年以下有期徒刑;情节较轻的,处三年以下有期徒刑或者拘役"。

3. **2001年《刑法修正案(三)》对本条的修改情况**。2001年12月29日第九届全国人大常委会第二十五次会议通过了《刑法修正案(三)》,对1997年刑法关于本条的规定进行了一处修改:为使本条的规定更加明确,将"投毒"修改为"投放毒害性、放射性、传染病病原体等物质"。本条对放火、决水等以危险方法危害公共安全并且造成了严重后果的,以及过失实施上述犯罪的行为如何处罚作了规定。与没有造成严重后果的放火、决水等以危险方法危害公共安全的犯罪相比,本条规定了更重的法定刑,这是符合罪责刑相适应的刑法基本原则的。另外,鉴于这类犯罪造成了严重后果,具有严重的社会危害性,还需要追究相应的过失犯罪的刑事责任。根据《刑法》第十五条中"过失犯罪,法律有规定的才负刑事责任"的精神,也需要在具体的分则条文中作出明确规定。

【条文说明】

本条是关于放火罪、决水罪、爆炸罪、投放危险物质罪、以其他危险方法危害公共安全罪以及失火罪、过失决水罪、过失爆炸罪、过失投放危险物质罪、过失以危险方法危害公共安全罪及其处罚的规定。

本条共分为两款。

第一款是对**放火、决水、爆炸以及投放毒害**

性、放射性、传染病病原体等物质或者以其他危险方法致人重伤、死亡或者使公私财产遭受重大损失的处罚规定。其中本条所规定的“放火”“决水”“爆炸”和“投放毒害性、放射性、传染病病原体等物质”与第一百一十四条的规定是一致的，前面已有论述，这里不再赘述。本款规定的是对放火、决水、爆炸以及投放毒害性、放射性、传染病病原体等物质或者以其他危险方法危害公共安全罪，造成严重后果的犯罪行为的处刑。与第一百一十四条规定的“尚未造成严重后果”的处刑是相对应的。这里所说的“**造成严重后果**”，就是本款规定的“致人重伤、死亡或者使公私财产遭受重大损失”的结果。[①][②]根据本款规定，对造成上述危害后果的，处十年以上有期徒刑、无期徒刑或者死刑。

第二款是关于**失火罪、过失决水罪、过失爆炸罪、过失投放危险物质罪、过失以危险方法危害公共安全罪及其处罚**的规定。其中，“**过失犯前款罪的**”，是指由于行为人主观上的过失而引起的火灾、决水、爆炸以及投放毒害性、放射性、传染病病原体等物质，造成致人重伤、死亡或者使公私财产遭受重大损失的严重后果，危害公共安全的行为。根据本款规定，上述过失行为只有造成了严重后果，才构成犯罪。根据《最高人民检察院、公安部关于公安机关管辖的刑事案件立案追诉标准的规定(一)》的规定，过失引起火灾，涉嫌下列情形的，按照失火罪立案追诉：(1)造成死亡一人以上，或者重伤三人以上的；(2)造成公共财产或者他人财产直接经济损失五十万元以上的；(3)造成十户以上家庭的房屋以及其他基本生活资料烧毁的；(4)造成森林火灾，过火有林地面积二公顷以上，或者过火疏林地、灌木林地、未成林地、苗圃地面积四公顷以上的；(5)其他造成严重后果的情形。

根据本款的规定，由于过失行为构成本款所规定的犯罪的，处三年以上七年以下有期徒刑；情节较轻的，处三年以下有期徒刑或者拘役。

【司法解释】

《最高人民法院、最高人民检察院关于办理妨害预防、控制突发传染病疫情等灾害的刑事案件具体应用法律若干问题的解释》(法释〔2003〕8号，自2003年5月15日起施行)

△(**突发传染病病原体；以危险方法危害公共安全罪；过失以危险方法危害公共安全罪**)故意传播突发传染病病原体，危害公共安全的，依照刑法第一百一十四条、第一百一十五条第一款的规定，按照以危险方法危害公共安全罪定罪处罚。

患有突发传染病或者疑似突发传染病而拒绝接受检疫、强制隔离或者治疗，过失造成传染病传播，情节严重，危害公共安全的，依照刑法第一百一十五条第二款的规定，按照过失以危险方法危害公共安全罪定罪处罚。(§ 1)

△(**自首、立功**)人民法院、人民检察院办理有关妨害预防、控制突发传染病疫情等灾害的刑事案件，对于有自首、立功等悔罪表现的，依法从轻、减轻、免除处罚或者依法作出不起诉决定。(§ 17)

△(**突发传染病疫情等灾害**)本解释所称“突发传染病疫情等灾害”，是指突然发生，造成或者可能造成社会公众健康严重损害的重大传染病疫情、群体性不明原因疾病以及其他严重影响公众健康的灾害。(§ 18)

《最高人民法院、最高人民检察院关于办理组织、利用邪教组织破坏法律实施等刑事案件适用法律若干问题的解释》(法释〔2017〕3号，自2017

---

① 我国学者指出，《刑法》第一百一十五条第一款所规定之放火罪，既可能是典型的结果加重犯情形，也可能是普通的结果犯情形。前者乃指对具体的公共危险具有故意，对发生的伤亡实害结果仅具有过失；后者则指对造成不特定或者多数人的伤亡实害结果具有故意。参见张明楷：《刑法学》(第6版)，法律出版社2021年版，第885页。林维教授则认为，张明楷教授的见解会导致行为人对于危害结果的故意无足轻重。但过失以危险方法危害公共安全罪完全是以对严重危害后果的过失作为标准。因此，两者的标准会产生矛盾，可能会不正当地扩大以危险方法危害公共安全罪的使用范围。参见陈兴良主编：《刑法各论精释》，人民法院出版社2015年版，第756页。

② 单纯的财产安全是否属于公共安全，学说上尚存在争议。其中，肯定论者认为，法条使用的是“或者”一词，“重伤”与“死亡”之间用的是顿号，这表明重伤、死亡或者使公私财产遭受重大损失，是“三选一”的关系；只要将范围限定在公众的重大财产，就不会出现罪刑不协调的现象。并且，本罪的成立还取决于行为方式，即必须采取“危险方法”。参见曲新久：《论刑法中的“公共安全”》，载《人民检察》2010年第9期，第20—21页。否定论者则认为，如果单纯的财产安全属于公共安全，势必无法处理以危险方法危害公共安全罪与故意毁坏财物罪之间的关系，也难以理解为何在侵犯财产安全的具体危险出现时，刑法就要提前介入进行保护。因此，本罪的“使公私财产遭受重大损失”应限缩解释为：在使公私财产遭受重大损失的同时，还存在致人重伤、死亡的现实可能性。此外，劳东燕教授反对，将“公众生活的平稳与安宁”纳入公共安全的范畴，否则无法与《刑法》分则第六章妨害社会管理秩序罪所保护的法益相区分。参见陈兴良主编：《刑法各论精释》，人民法院出版社2015年版，第656—657页；张明楷：《刑法学》(第6版)，法律出版社2021年版，第880—881页。

年2月1日起施行)

△(**邪教组织人员;自焚、自爆;放火罪;爆炸罪;以危险方法危害公共安全罪**)邪教组织人员以自焚、自爆或者其他危险方法危害公共安全的,依照刑法第一百一十四条、第一百一十五条的规定,以放火罪、爆炸罪、以危险方法危害公共安全罪等定罪处罚。(§ 12)

【司法解释性文件】

《国家林业局、公安部关于森林和陆生野生动物刑事案件管辖及立案标准》(林安字〔2001〕156号,2001年5月9日发布)

△(**放火罪;立案标准;重大案件;特别重大案件**)凡故意放火造成森林或者其他林木火灾的都应当立案;过火有林地面积2公顷以上为重大案件;过火有林地面积10公顷以上,或者致人重伤、死亡的,为特别重大案件。

△(**失火罪;立案标准;重大案件;特别重大案件**)失火造成森林火灾,过火有林地面积2公顷以上,或者致人重伤、死亡的应当立案;过火有林地面积为10公顷以上,或者致人死亡、重伤5人以上的为重大案件;过火有林地面积为50公顷以上,或者死亡2人以上的,为特别重大案件。

《最高人民检察院、公安部关于公安机关管辖的刑事案件立案追诉标准的规定(一)》(公通字〔2008〕36号,2008年6月25日公布)

△(**失火罪;立案追诉标准**)过失引起火灾,涉嫌下列情形之一的,应予立案追诉:

(一)造成死亡一人以上,或者重伤三人以上的;

(二)造成公共财产或者他人财产直接经济损失五十万元以上的;

(三)造成十户以上家庭的房屋以及其他基本生活资料烧毁的;

(四)造成森林火灾,过火有林地面积二公顷以上,或者过火疏林地、灌木林地、未成林地、苗圃地面积四公顷以上的;

(五)其他造成严重后果的情形。

本条和本规定第十五条规定的"有林地"、"疏林地"、"灌木林地"、"未成林地"、"苗圃地",按照国家林业主管部门的有关规定确定。(§ 1)

《最高人民法院关于印发醉酒驾车犯罪法律适用问题指导意见及相关典型案例的通知》(法发〔2009〕47号,2009年9月11日公布)

△(**醉酒驾车;危害公共安全的故意;以危险方法危害公共安全罪**)刑法规定,醉酒的人犯罪,应当负刑事责任。行为人明知酒后驾车违法、醉酒驾车会危害公共安全,却无视法律醉酒驾车,特别是在肇事后继续驾车冲撞,造成重大伤亡,说明行为人主观上对持续发生的危害结果持放任态度,具有危害公共安全的故意。对此类醉酒驾车造成重大伤亡的,应依法以以危险方法危害公共安全罪定罪。(§ 1)

△(**间接故意;直接故意;宽严相济刑事政策**)根据刑法第一百一十五条第一款的规定,醉酒驾车,放任危害结果发生,造成重大伤亡事故,构成以危险方法危害公共安全罪的,应处以十年以上有期徒刑、无期徒刑或者死刑。具体决定对被告人的刑罚时,要综合考虑此类犯罪的性质、被告人的犯罪情节、危害后果及其主观恶性、人身危险性。一般情况下,醉酒驾车构成本罪的,行为人在主观上并不希望、也不追求危害结果的发生,属于间接故意犯罪,行为的主观恶性与以制造事端为目的而恶意驾车撞人并造成重大伤亡后果的直接故意犯罪有所不同,因此,在决定刑罚时,也应当有所区别。此外,醉酒状态下驾车,行为人的辨认和控制能力实际有所减弱,量刑时也应酌情考虑。

被告人黎景全和被告人孙伟铭醉酒驾车犯罪案件,依法没有适用死刑,而是分别判处无期徒刑,主要考虑到二被告人均系间接故意犯罪,与直接故意犯罪相比,主观恶性不是很深,人身危险性不是很大;犯罪时驾驶车辆的控制能力有所减弱;归案后认罪、悔罪态度较好,积极赔偿被害方的经济损失,一定程度上获得了被害方的谅解。广东省高级人民法院和四川省高级人民法院的终审裁判对二被告人的量刑是适当的。(§ 2)

△(**典型案例;统一法律适用机制**)为依法严肃处理醉酒驾车犯罪案件,遏制酒后和醉酒驾车对公共安全造成的严重危害,警示、教育潜在违规驾驶人员,今后,对醉酒驾车,放任危害结果的发生,造成重大伤亡的,一律按照本意见规定,并参照附发的典型案例,依法以以危险方法危害公共安全罪定罪量刑。

为维护生效裁判的既判力,稳定社会关系,对于此前已经处理过的将特定情形的醉酒驾车认定为交通肇事罪的案件,应维持终审裁判,不再变动。(§ 3)

《公安部关于印发新修订〈关于公安机关处置信访活动中违法犯罪行为适用法律的指导意见〉的通知》(公通字〔2013〕25号,2013年7月19日公布)

△(**信访活动;驾驶机动车在公共场所任意冲闯;以危险方法危害公共安全罪**)为制造社会影响、发泄不满情绪、实现个人诉求,驾驶机动车在公共场所任意冲闯,危害公共安全,符合《刑法》第一百一十四条、第一百一十五条第一款规定的,

以以危险方法危害公共安全罪追究刑事责任。

△(**信访活动;放火罪、爆炸罪、以危险方法危害公共安全罪**)采取放火、爆炸或者以其他危险方法自伤、自残、自杀,危害公共安全,符合《刑法》第一百一十四条和第一百一十五条第一款规定的,以放火罪、爆炸罪、以危险方法危害公共安全罪追究刑事责任。

《最高人民法院、最高人民检察院、公安部、司法部、生态环境部关于办理环境污染刑事案件有关问题座谈会纪要》(2019年2月20日公布)

△(**投放危险物质罪;污染环境罪**)会议强调,目前我国一些地方环境违法犯罪活动高发多发,刑事处罚威慑力不强的问题仍然突出,现阶段在办理环境污染犯罪案件时必须坚决贯彻落实中央领导同志关于重典治理污染的指示精神,把刑法和《环境解释》[①]的规定用足用好,形成对环境污染违法犯罪的强大震慑。

会议认为,司法实践中对环境污染行为适用投放危险物质罪追究刑事责任时,应当重点审查判断行为人的主观恶性、污染行为恶劣程度、污染物的毒害性危险性、污染持续时间、污染结果是否可逆、是否对公共安全造成现实、具体、明确的危险或者危害等各方面因素。对于行为人明知其排放、倾倒、处置的污染物含有毒害性、放射性、传染病病原体等危险物质,仍实施环境污染行为放任其危害公共安全,造成重大人员伤亡、重大公私财产损失等严重后果,以污染环境罪论处明显不足以罚当其罪的,可以按投放危险物质罪定罪量刑。实践中,此类情形主要是向饮用水水源保护区,饮用水供水单位取水口和出水口,南水北调水库、干渠、涵洞等配套工程,重要渔业水体以及自然保护区核心区等特殊保护区域,排放、倾倒、处置毒害性极强的污染物,危害公共安全并造成严重后果的情形。

《最高人民法院关于依法妥善审理高空抛物、坠物案件的意见》(法发〔2019〕25号,2019年10月21日发布)

△(**高空抛物、坠物行为;社会危害性**)充分认识高空抛物、坠物行为的社会危害性。高空抛物、坠物行为损害人民群众人身、财产安全,极易造成人身伤亡和财产损失,引发社会矛盾纠纷。人民法院要高度重视高空抛物、坠物行为的现实危害,深刻认识运用刑罚手段惩治情节和后果严重的高空抛物、坠物行为的必要性和重要性,依法惩治此类犯罪行为,有效防范、坚决遏制此类行为发生。(§4)

△(**高空抛物犯罪;以危险方法危害公共安全罪;故意伤害罪;故意杀人罪**)准确认定高空抛物犯罪。对于高空抛物行为,应当根据行为人的动机、抛物场所、抛掷物的情况以及造成的后果等因素,全面考量行为的社会危害程度,准确判断行为性质,正确适用罪名,准确裁量刑罚。

故意从高空抛弃物品,尚未造成严重后果,但足以危害公共安全的,依照刑法第一百一十四条规定的以危险方法危害公共安全罪定罪处罚;致人重伤、死亡或者使公私财产遭受重大损失的,依照刑法第一百一十五条第一款的规定处罚。为伤害、杀害特定人员实施上述行为的,依照故意伤害罪、故意杀人罪定罪处罚。(§5)

△(**高空抛物犯罪;从重处罚;不得适用缓刑**)依法从重惩治高空抛物犯罪。具有下列情形之一的,应当从重处罚,一般不得适用缓刑:(1)多次实施的;(2)经劝阻仍继续实施的;(3)受过刑事处罚或者行政处罚后又实施的;(4)在人员密集场所实施的;(5)其他情节严重的情形。(§6)

《最高人民法院、最高人民检察院、公安部关于办理涉窨井盖相关刑事案件的指导意见》(高检发〔2020〕3号,2020年3月16日发布)

△(**窨井盖;以危险方法危害公共安全罪;过失以危险方法危害公共安全罪**)盗窃、破坏人员密集往来的非机动车道、人行道以及车站、码头、公园、广场、学校、商业中心、厂区、社区、院落等生产生活、人员聚集场所的窨井盖,足以危害公共安全,尚未造成严重后果的,依照刑法第一百一十四条的规定,以以危险方法危害公共安全罪定罪处罚;致人重伤、死亡或者使公私财产遭受重大损失的,依照刑法第一百一十五条第一款的规定处罚。

过失致人重伤、死亡或者使公私财产遭受重大损失的,依照刑法第一百一十五条第二款的规定,以过失以危险方法危害公共安全罪定罪处罚。(§2)

△(**窨井盖**)本意见所称的"窨井盖",包括城市、城乡结合部和乡村等地的窨井盖以及其他井盖。(§12)

① 即《最高人民法院、最高人民检察院关于办理环境污染刑事案件适用法律若干问题的解释》(法释〔2016〕29号,自2017年1月1日起施行)。

《最高人民法院、最高人民检察院、公安部、司法部关于依法惩治妨害新型冠状病毒感染肺炎疫情防控违法犯罪的意见》（法发〔2020〕7号，2020年2月6日发布）

△（**肺炎疫情防控；以危险方法危害公共安全罪；妨害传染病防治罪；妨害公务罪**）依法严惩抗拒疫情防控措施犯罪。故意传播新型冠状病毒感染肺炎病原体，具有下列情形之一，危害公共安全的，依照刑法第一百一十四条、第一百一十五条第一款的规定，以以危险方法危害公共安全罪定罪处罚：

1. 已经确诊的新型冠状病毒感染肺炎病人、病原携带者，拒绝隔离治疗或者隔离期未满擅自脱离隔离治疗，并进入公共场所或者公共交通工具的；

2. 新型冠状病毒感染肺炎疑似病人拒绝隔离治疗或者隔离期未满擅自脱离隔离治疗，并进入公共场所或者公共交通工具，造成新型冠状病毒传播的。

其他拒绝执行卫生防疫机构依照传染病防治法提出的防控措施，引起新型冠状病毒传播或者有传播严重危险的，依照刑法第三百三十条的规定，以妨害传染病防治罪定罪处罚。

以暴力、威胁方法阻碍国家机关工作人员（含在依照法律、法规规定行使国家有关疫情防控行政管理职权的组织中从事公务的人员，在受国家机关委托代表国家机关行使疫情防控职权的组织中从事公务的人员，虽未列入国家机关人员编制但在国家机关中从事疫情防控公务的人员）依法履行为防控疫情而采取的防疫、检疫、强制隔离、隔离治疗等措施的，依照刑法第二百七十七条第一款、第三款的规定，以妨害公务罪定罪处罚。暴力袭击正在依法执行职务的人民警察的，以妨害公务罪定罪，从重处罚。（§2Ⅰ）

△（**治安管理处罚；从重情节**）依法严惩妨害疫情防控的违法行为。实施上述（一）至（九）规定的行为，不构成犯罪的，由公安机关根据治安管理处罚法有关虚构事实扰乱公共秩序，扰乱单位秩序、公共场所秩序、寻衅滋事，拒不执行紧急状态下的决定、命令，阻碍执行职务，冲闯警戒带、警戒区，殴打他人，故意伤害，侮辱他人，诈骗，在铁路沿线非法挖掘坑穴、采石取沙，盗窃、损毁路面公共设施，损毁铁路设施设备，故意损毁财物、哄抢公私财物等规定，予以治安管理处罚，或者由有关部门予以其他行政处罚。

对于在疫情防控期间实施有关违法犯罪的，要作为从重情节予以考量，依法体现从严的政策要求，有力惩治震慑违法犯罪，维护法律权威，维护社会秩序，维护人民群众生命安全和身体健康。（§2Ⅹ）

《最高人民法院、最高人民检察院、公安部、工业和信息化部、住房和城乡建设部、交通运输部、应急管理部、国家铁路局、中国民用航空局、国家邮政局关于依法惩治涉枪支、弹药、爆炸物、易燃易爆危险物品犯罪的意见》（法发〔2021〕35号，2021年12月28日发布）

△（**水路、铁路、航空易燃易爆危险物品运输生产作业活动；以危险方法危害公共安全罪**）在水路、铁路、航空易燃易爆危险物品运输生产作业活动中违反有关安全管理的规定，有下列情形之一，明知存在重大事故隐患而不排除，足以危害公共安全的，依照刑法第一百一十四条的规定，以危险方法危害公共安全罪定罪处罚；致人重伤、死亡或者使公私财产遭受重大损失的，依照刑法第一百一十五条第一款的规定处罚：

（1）未经依法批准或者许可，擅自从事易燃易爆危险物品运输的；

（2）委托无资质企业或者个人承运易燃易爆危险物品的；

（3）在托运的普通货物中夹带易燃易爆危险物品的；

（4）将易燃易爆危险物品谎报或者匿报为普通货物托运的；

（5）其他在水路、铁路、航空易燃易爆危险物品运输活动中违反有关安全管理规定的情形。（§8Ⅰ）

△（**夹带易燃易爆危险物品；谎报为普通物品交寄**）通过邮件、快件夹带易燃易爆危险物品，或者将易燃易爆危险物品谎报为普通物品交寄，符合本意见第5条至第8条规定的，依照各该条的规定定罪处罚。（§9）

【附属刑法】

《中华人民共和国人民防空法》（1996年10月29日通过，2009年8月27日修正）

第五十条

违反本法规定，故意损坏人民防空设施或者在人民防空工程内生产、储存爆炸、剧毒、易燃、放射性等危险品，尚不构成犯罪的，依照治安管理处罚法的有关规定处罚；构成犯罪的，依法追究刑事责任。

《中华人民共和国港口法》（2003年6月28日通过，2018年12月29日第三次修正）

第五十六条

未经依法批准在港口进行可能危及港口安全

的采掘、爆破等活动的，向港口水域倾倒泥土、砂石的，由港口行政管理部门责令停止违法行为，限期消除因此造成的安全隐患；逾期不消除的，强制消除，因此发生的费用由违法行为人承担；处五千元以上五万元以下罚款；依照有关水上交通安全的法律、行政法规的规定由海事管理机构处罚的，依照其规定；构成犯罪的，依法追究刑事责任。

《中华人民共和国水法》（1988 年 1 月 21 日通过，2016 年 7 月 2 日第二次修正）

第七十二条

有下列行为之一，构成犯罪的，依照刑法的有关规定追究刑事责任；尚不够刑事处罚，且防洪法未作规定的，由县级以上地方人民政府水行政主管部门或者流域管理机构依据职权，责令停止违法行为，采取补救措施，处一万元以上五万元以下的罚款；违反治安管理处罚法的，由公安机关依法给予治安管理处罚；给他人造成损失的，依法承担赔偿责任：

（一）侵占、毁坏水工程及堤防、护岸等有关设施，毁坏防汛、水文监测、水文地质监测设施的；

（二）在水工程保护范围内，从事影响水工程运行和危害水工程安全的爆破、打井、采石、取土等活动的。

《中华人民共和国水土保持法》（1991 年 6 月 29 日通过，2010 年 12 月 25 日修订）

第四十八条

违反本法规定，在崩塌、滑坡危险区或者泥石流易发区从事取土、挖砂、采石等可能造成水土流失的活动的，由县级以上地方人民政府水行政主管部门责令停止违法行为，没收违法所得，对个人处一千元以上一万元以下的罚款，对单位处二万元以上二十万元以下的罚款。

第五十八条

违反本法规定，造成水土流失危害的，依法承担民事责任；构成违反治安管理行为的，由公安机关依法给予治安管理处罚；构成犯罪的，依法追究刑事责任。

《中华人民共和国防洪法》（1997 年 8 月 29 日通过，2016 年 7 月 2 日第三次修正）

第六十条

违反本法规定，破坏、侵占、毁损堤防、水闸、护岸、抽水站、排水渠系等防洪工程和水文、通信设施以及防汛备用的器材、物料的，责令停止违法行为，采取补救措施，可以处五万元以下的罚款；造成损坏的，依法承担民事责任；应当给予治安管理处罚的，依照治安管理处罚法的规定处罚；构成犯罪的，依法追究刑事责任。

【公报案例】

△**（药品生产；销售假冒的药用辅料；以危险方法危害公共安全罪）**行为人明知会发生危害他人身体健康的后果，但基于非法牟利的目的，放任这种结果的发生，向药品生产企业销售假冒的药用辅料以用于生产药品，致使药品投入市场后发生致人重伤、死亡的严重后果，其行为构成以危险方法危害公共安全罪。① ［《最高人民法院公报》2009 年第 1 期　王桂平以危险方法危害公共安全、销售伪劣产品、虚报注册资本案］

【参考案例】

△**放火造成自己的财产损失以及自己的人身损害的，不属于放火罪加重构成要件中的致人重伤、死亡或者使公私财产遭受重大损失。**

根据《刑法》第一百一十四条和第一百一十五条第一款的规定，放火罪有两种不同形态，分别适用不同的法定刑幅度：一是尚未造成严重后果的，处三年以上十年以下有期徒刑；二是已致人重伤、死亡或者使公私财产遭受重大损失的，处十年以上有期徒刑、无期徒刑或者死刑。这就是刑法理论上通常讲的放火罪的危险犯与实害犯，二者的区别就在于放火行为有无造成严重的后果。未造成严重后果的是危险犯，已造成严重后果的是实害犯。这里所谓的"是否造成严重后果"，一般是指对公共安全即不特定多数人的人身安全或公私财产是否已造成实际的损害，且损害是否达到严重的程度。如放火烧毁自己的财产，虽经济损失巨大，但没有造成其他公私财产损失的，或者放火已将自己或同伙烧死，但没有造成其他公民死亡或重伤的，都不属于本罪所要求的严重后果。［No. 2-114、115(1)-1-2　王新生等放火案］

△**介入因素并非异常，而且对结果的作用力较小的，不能断绝行为与结果之间的因果关系。**

从陈美娟投放危险物质案的具体案情看，医

① 劳东燕教授指出，以危险方法危害公共安全罪中的"其他危险方法"，不仅要求行为在客观上具有导致多数人重伤或者死亡的可能性与高度盖然性，还要求行为与结果之间在因果关系上满足直接性的要求，且行为所蕴含的危险一旦现实化为侵害结果，便具有迅速蔓延与不可控制的特性。但在王桂平以危险方法危害公共安全、销售伪劣产品、虚报注册资本案中，以二甘醇冒充药用丙二醇进行销售的行为，并不具备此特性。因此，可以使用间接正犯的理论来说明该行为的定性，进而认定该行为构成生产、销售假药罪。参见陈兴良主编：《刑法各论精释》，人民法院出版社 2015 年版，第 679—680 页。

院在抢救被害人陆兰英过程中存在的诊治失误这一介入因素,并不足以切断被告人的投毒行为与被害人死亡结果之间的因果关系。在刑法理论上,一般认为,在因果关系发展进程中,如果介入了第三者的行为、被害人的行为或特殊自然事实等其他因素,则应当考察介入情况的异常性大小、对结果发生的作用力大小、行为人的行为导致结果发生的可能性大小等情形,进而判断前行为与结果之间是否存在因果关系。其中,如果介入情况并非异常、对结果发生的作用力较小、行为人的行为本身具有导致结果发生的较大可能性的,则应当肯定前行为与结果之间存在刑法上的因果关系;反之,则应当认为前行为与结果之间不存在刑法上的因果关系,或者说因果关系已经断绝。据此分析,应当认为,在本案中,尽管有医院诊治失误这一介入因素,但被告人的投毒行为与被害人的死亡结果之间仍存在刑法上的因果关系。主要理由是:首先,被害人因被告人投毒行为所诱发的糖尿病高渗性昏迷低钾血症是一种较为罕见的疾病,这种疾病通常都是基于某种外在诱因而引发,一旦患病,往往就很难正确诊断。这说明,医院在抢救被害人的过程中,出现诊治失误,是较难避免的。其次,在本案中,被告人共投放了半针筒甲胺磷农药,投放剂量不大,而且是向数条丝瓜中分别注射的。被害人在食用有毒丝瓜后,并未出现非常强烈的中毒症状,这就加大了医院准确诊断其病因的难度。最后,本案被害人中毒后,对其进行施救的是当地的镇医院。由于该医院的医疗条件和医疗水平有限,在遇有这样的罕见病症时,容易出现诊治失误。综上可见,本案被告人的投毒行为与被害人的死亡结果之间出现医院诊治失误这一介入情况并非异常,该介入情况对死亡结果发生的作用力较小,被告人本身的投毒行为具有导致被害人死亡的较大可能性。因此,仍然应当认定被告人的投毒行为与被害人的死亡结果之间存在刑法上的因果关系。[No. 2-114、115(1)-4-4　陈美娟投放危险物质案]

△以杀害特定人为目的的投放危险物质行为,客观上危害公共安全,主观上对不特定多数人的伤亡后果持放任的态度,应以投放危险物质罪论处。

在司法实践中,对一些以杀害特定少数人为目的而实施投放危险物质行为案件的定性常常会产生争议,陈美娟投放危险物质案即是如此。对这类案件的定性,关键在于要对下述事实形成准确判断:行为人所实施的投放危险物质的行为,是否同时具有威胁或危害到其他不特定多数人生命、健康或者财产安全,即危害公共安全的危险性质。具体而言,如果行为人所实施的投放危险物质的行为,除了可能造成其意图杀害的特定少数人死亡的结果外,还可能威胁或危害到其他不特定多数人的生命、健康或者公私财产安全,且行为人对此又有认识,则说明行为人在积极追求特定少数人死亡结果发生的同时,还存在放任危害公共安全结果发生的心态,此时,行为人的行为属于(间接故意)投放危险物质罪与(直接故意)故意杀人罪的想象竞合犯,依照想象竞合犯之"从一重处断"原则,应当对其以投放危险物质罪论处;反之,如果行为人的投放危险物质行为在客观上并不具有威胁或危害到其他不特定多数人的生命、健康或者公私财产安全的性质,或者虽具有这种性质,但行为人对此没有认识,则其行为不符合投放危险物质罪的犯罪构成,应当认定其构成故意杀人罪。[No. 2-114、115(1)-4-5　陈美娟投放危险物质案]

△客观上具有一定的现实依据时,才能认定行为人主观上自信其行为不会造成危害后果。

根据《刑法》第十五条的规定,过于自信的过失是指行为人对危害结果有一定的预见,但轻信可以避免,以致发生危害社会结果的心理态度。行为人在对危害结果有认识的情况下,仍坚持实施其行为,是因为其"轻信可以避免"发生危害社会的结果。但是,这种"轻信"绝不是毫无根据地主观臆想,而应是行为人依据一定的条件相信自己可以避免危害社会结果的发生。换言之,过于自信过失的行为人主观上自信危害结果不会发生,其认识应有一定的现实依据,这样才能证明行为人有"自信"的合理性,才能对"轻信"产生的结果负过失责任。在于光平爆炸案中,于光平对手榴弹可能爆炸的危险性是有认识的,但他没打算采取避免手榴弹爆炸的措施,反而拧开后盖,使手榴弹处于待引爆的危险状态,并冲入人群,以手榴弹相威胁,以致发生爆炸的危害结果。因此,不能证明于光平"自信"可避免该危害结果,其心理态度不属于过于自信的过失心态。[No. 2-114、115(1)-3-1　于光平爆炸案]

△醉酒驾车连续冲撞致多人伤亡的,应当以以危险方法危害公共安全罪论处。

醉酒驾车连续冲撞致多人伤亡的,应当以以危险方法危害公共安全罪论处,原因有以下三点:

第一,要严格按照主客观相统一的定罪原则来认定醉酒驾车肇事行为的性质。醉酒驾车肇事客观上表现为醉酒驾车,造成他人伤亡或者重大财产损失,危害了公共交通安全,这同时符合交通肇事罪和以危险方法危害公共安全罪的特征,故从客观方面很难进行区分。对此类行为的准确定罪,更为重要的是分析行为人肇事时的主观心态。如果是故意,则以以危险方法危害公共安全罪定罪;如果是过失,则以交通肇事罪定罪。实践中,醉酒驾车的行为人往往不希望也不积极追求伤亡结果的发生,其罪过形式系间接故意还是过于自信的过失,较难把握。一般而言,应结合行为人是否具有驾驶能力、是否正常行驶、行驶速度快慢、所驾车辆的车况如何、路况和道路能见度如何、案发地点车辆及行人数量、肇事后的表现,以及行为人关于主观心态的供述等方面,进行综合分析认定。在不同的个案中,行为人对醉酒驾车造成的危害结果所持的心态也各不相同,故不能认为行为人主观上对危害结果的发生一概是故意或过失,进而将其行为一律认定为以危险方法危害公共安全罪或交通肇事罪。

第二,要从立法目的的角度正确理解交通肇事罪与以危险方法危害公共安全罪条文之间的关系。虽然《刑法》第一百三十三条规定的交通肇事罪和《刑法》第一百一十四条、第一百一十五条规定的以危险方法危害公共安全罪都属于《刑法》分则第二章规定的危害公共安全犯罪,但"以其他危险方法危害公共安全"行为是对"放火、决水、爆炸以及投放毒害性、放射性、传染病病原体等物质"等行为的兜底,而不是对整个《刑法》分则第二章所规定的所有犯罪行为的兜底。从立法目的的角度看,并不能得出《刑法》第一百一十四条和第一百一十五条完全适用于醉酒驾车犯罪行为的结论。也就是说,在司法实践中,不能将这两个条款无限制地扩大适用于所有醉酒驾车犯罪。从刑法规定的角度看,构成以危险方法危害公共安全罪的行为,是指那些与"放火、决水、爆炸以及投放毒害性、放射性、传染病病原体等物质"具有同等严重破坏性的危害公共安全的行为,而不是泛指所有危害公共安全的行为。一般情况下,醉酒驾车肇事和采用放火、决水、爆炸等危险方法危害公共安全的行为在危害公共安全的性质上有差异,不能把醉酒驾车肇事行为简单地一律认定为以危险方法危害公共安全罪。醉酒驾车肇事行为在何种情况下与放火、决水、爆炸等危害公共安全的行为在性质上相当,要在具体案件中根据行为的时间、地点、方式、环境等情况来具体分析判断,不能单纯以危害后果来判断醉酒驾车肇事行为是否构成以危险方法危害公共安全罪。

第三,要重视把握量刑平衡与准确定罪之间的关系。由于刑法没有将醉酒驾车行为本身规定为犯罪,对于醉酒驾车造成人员伤亡的犯罪,如果一律按照以危险方法危害公共安全罪处罚,则会出现这样的现象:醉酒驾车未肇事的,或者虽然肇事但未造成人员伤亡或重大财产损失的,不能定罪;而醉酒驾车造成人员伤亡的,哪怕只造成一人重伤,根据《刑法》第一百一十五条第一款的规定,至少都要判处十年有期徒刑。显然,后一种情形的处罚明显过重,有违罪刑均衡原则。同时,行为人在醉酒驾车肇事后,继续驾车撞击车辆或行人,造成严重后果的,其主观上对危害结果的发生明显持放任态度,具有危害公共安全的故意。如果按照交通肇事罪处理,一般情况下,对上述行为最多只能判处七年有期徒刑,处罚明显偏轻,不仅罪刑不相适应,而且也起不到有效的警示和预防作用,不足以遏制日趋严重的醉酒驾车犯罪现象。[No. 2-114、115(1)-5-7 孙伟铭以危险方法危害公共安全案]

△行为人为实施放火行为而向被害人房屋内泼洒汽油,引起屋内的被害人使用照明设备进而引发火灾的行为,其行为与火灾发生之间存在刑法上的因果关系,构成放火罪。

刑法上的因果关系是指危害行为与危害结果之间引起与被引起的合乎规律的联系。在认定因果关系时应当注意以下几点:(1)因果关系研究的是行为与结果之间的引起与被引起的关系,而不是对行为与结果本身的研究。(2)因果关系是一种客观联系,并且是一种特定条件下的客观联系,不能离开客观条件来认定因果关系。(3)一个危害结果完全可能由数个危害行为造成,在认定某种行为造成了某一危害结果时,不能轻易否认该危害结果可能同时由其他行为造成。(4)在行为人的行为介入其他因素时,要根据具体情况综合判断行为人的行为与结果之间的关系,具体应当考察四个方面的因素:一是行为人的行为导致结果发生的可能性大小;二是介入因素的异常性大小;三是介入因素对结果发生作用的大小;四是介入因素是否属于行为人的管辖范围。当被告人实施行为后,被害人行为又介入其中,从而导致结果的发生时,应根据案件具体情况判断被害人实施的行为是否具有通常性。如果被告人实施的行为,导致被害人不得不或者在通常情况下会实施介入行为,则该介入行为对被告人的行为与结果之间的因果关系没有影响;如果被害人的介入行为属于通常情况下不会实施的行为,即异常行为,该行为对结果又起到决定性作用,则不能将结果归责于被告人的行为。

在杨某某、杜某某放火案中,应当肯定二被告人的行为与本案危害结果之间存在刑法上的因果关系的结论。具体理由如下:(1)被害人开启警用手电电击功能的行为虽系偶然介入因素,但却是由被告人先前切断电源行为引起的通常行为。

分则 第二章

(2)被害人打开警用手电电击功能的行为没有中断被告人泼洒汽油行为与着火结果之间的因果关系。应当说,从刑法的意义上看,着火的结果仍是因被告人泼洒汽油的行为所造成的,只是由于被害人的举动,着火结果的实际发生时间早于被告人所预想的发生时间,但这丝毫不改变被告人泼洒汽油的行为对着火结果的原因力。被害人使用手电电击功能的介入行为对二被告人的行为与结果之间的因果关系没有影响。如果被害人打开警用手电的行为在被告人的犯罪设计之中,那么被告人放火的实行行为在泼洒完汽油后就全部完成了,着火的结果当然要全部归责于被告人。但是,本案被害人打开警用手电显然是被告人犯罪计划之外的一个事实因素,而被害人的行为本身不仅是毫无危险性的行为,而且是因为听到有人敲碎自家窗户,看见有棍子之类的东西伸进来,感受到了威胁所作出的自然反应,并最终合乎逻辑地引燃大火。可以说,被害人使用手电电击功能的行为让被告人省却了自己点火的这一步,从被告人一方来看,整个犯罪进程没有发生根本性的变化,本案的结果应全部归责于被告人。(3)即使没有被害人的照明行为,被告人已经着手实施的放火行为依然会继续,直到危害结果发生。被告人在被害人的照明行为之前,已经实施了一系列作为放火行为组成部分的行为,特别是携带打火机并泼洒汽油。被告人之所以最终未使用打火机点燃汽油,既不是出于被告人主观上的原因,也不是由于意志以外的原因使其无法使用打火机,而是因为被害人照明行为的介入,偶然地成了被告人点燃汽油的替代行为,此时被告人使用打火机点燃汽油已经变得没有必要。(4)被害人照明行为致使危害结果的发生符合被告人犯罪意志的内容。综上,应当认为被告人的行为与火灾发生之间存在刑法上的因果关系,构成放火罪。[No. 2-114、115(1)-1-3　杨某某、杜某某放火案]

△行为人为逃避法律制裁而暴力抗法,在神志清醒、控制力正常的状态下实施危害公共安全的行为,在量刑上应当重于因醉酒引起的以危险方法危害公共安全的行为。

若仅从案件定性和犯罪后果上分析,田军祥等以危险方法危害公共安全、妨害公务案,与黎景全醉驾案、孙伟铭醉驾案和张明宝醉驾案确实均有一定相似之处。然而,随着刑法理论与实践的发展,确定罪刑关系越发重视和强调客观危害与主观恶性的统一。根据罪责刑相适应原则以及刑罚个别化原则,法官在对被告人裁量刑罚时,既要充分考虑其危害行为的性质和后果的严重程度,又要充分考虑被告人的个人经历、犯罪原因以及其他具体情况。只有这样,才能准确认定被告人的主观恶性和人身危险性的大小,进而通过主客观两个方面的考察,判处轻重相适应的刑罚,实现刑罚的个别公正。

认为判处田军祥死刑立即执行量刑失衡的观点,症结在于比较不同案件的量刑时,只关注犯罪性质和后果的相似性,而忽视了案件中不同的量刑情节。量刑情节既包括刑法中规定的各类法定情节,也包括刑法未明确规定的犯罪动机、起因、手段、故意程度等酌定情节。量刑情节的轻重与刑罚裁量的宽严呈正比关系,被告人的量刑情节对于最终的宣告刑具有决定性影响。因此,综合分析和把握案中的各项量刑情节是准确裁量刑罚的关键所在。本案与前述黎景全醉驾案等三起案件在犯罪情节、行为人主观恶性与人身危险性等方面均存在显著差异,具体如下:

首先,从案件起因上看,前述三起案件是因醉酒驾车而引发,而本案的起因则是暴力抗法。田军祥在伙同他人实施妨害公务犯罪后,为逃避法律制裁,继而又以危险方法危害公共安全,这一情节能够充分反映出田军祥对于国家法律和公共安全利益的藐视,其主观恶性与前述醉驾案件存在明显区别。其次,田军祥这种为抗法而实施犯罪的行为所造成的社会影响更为恶劣,对社会秩序和人民群众安全感的破坏明显大于前述醉酒驾车案件。最后,与前述三起案件中行为人因醉酒而导致控制力减弱的情形不同,田军祥犯罪时神志清醒、控制力正常,其对自己行为的性质和后果均有清楚的认识。因此,虽然本案与前述醉驾案件均属于间接故意犯罪,但在行为人的认识因素和意志因素等方面存在明显差异。此外,田军祥在公安人员已经表明身份并向其示意停车接受检查的情况下,无视对方安危,驾驶大型工程车辆连续撞击警车。此行为充分表明,田军祥的人身危险性均大于前述三起案件行为人的人身危险性。

因此,田军祥所犯以危险方法危害公共安全罪的性质、情节和后果均特别严重,罪行极其严重,本案一审、二审法院均依法判处其死刑立即执行,定罪正确,量刑适当。[No. 2-114、115(1)-5-8　田军祥等以危险方法危害公共安全、妨害公务案]

△醉酒驾车肇事后,继续驾车行驶以致再次肇事,造成更为严重的后果,且行为人主观上对他人伤亡的危害后果持放任态度的,应当认定为以危险方法危害公共安全罪。

司法实践中,认定行为人的主观罪过是一个非常复杂的问题。其中,对过于自信的过失和间接故意二者之间的区分尤为困难。醉酒驾车肇事行为人的主观罪过形式到底是放任危害结果的间接故意还是过于自信的过失,在判断标准上具有一定的模糊性,难以对其进行准确认定。一般情况下,醉酒驾车肇事,大致具有以下三种情形:第一种情形是醉酒驾车肇事后,行为人立即停止行驶,只发生了一次碰撞;第二种情形是醉酒驾车肇事后,行为人为避免造成其他危害后果而采取紧急制动措施,但因惊慌失措,发生二次碰撞;第三种情形是醉酒驾车肇事后,行为人继续驾车行驶,以致再次肇事,发生了二次碰撞,造成更为严重的后果。在第一种情形下,对于行为人对危害结果的发生持希望或者放任态度的认定,在证据上要从严把握,除非有确实、充分的证据,否则一般情况下都是认定行为人对危害结果持过失态度,进而对其以交通肇事罪论处。第二种情形与第三种情形都发生了二次碰撞,但这两种情形下的行为人对危害结果的主观意志是迥然不同的。在第二种情形下,行为人是为了避免发生危害结果才做出相应行为的,对危害结果持绝对否定态度,只是因为惊慌失措,导致没有控制危害结果的发生,故其主观罪过形式为过失。在第三种情形下,行为人醉酒驾车发生一次碰撞后,完全能够认识到其醉酒驾驶行为具有高度的危险性,极有可能再次发生安全事故,危及他人的生命安全,但其对此全然不顾,仍然继续驾车行驶,以致再次冲撞车辆或行人,造成更为严重的后果。这种情形明显反映出行为人不计醉酒驾车所造成的后果,对他人伤亡的危害结果持放任态度,主观上具有危害公共安全的间接故意,应当构成以危险方法危害公共安全罪。

就黎景全以危险方法危害公共安全案而言,笔者赞同认为被告人黎景全的行为构成以危险方法危害公共安全罪的意见。黎景全酒后驾车冲撞的行为,大致可以分为两个阶段:在第一个阶段,黎景全在驾车行驶过程中,先是蹭倒骑摩托车的梁锡全,随即下车查看,见未造成严重后果,便再次上车发动引擎,继续快速前行;后又从后面撞倒同向行驶且以正常速度骑自行车的李洁霞、陈柏宇母子,致陈柏宇轻伤,随即踩下刹车。从黎景全撞上梁锡全后下车查看,以及撞上李洁霞母子后立即采取制动措施的行为来看,其在事故发生时虽然处于严重醉酒状态,但仍有一定的辨认和控制能力,并不希望或者放任危害结果的发生,对碰撞持过失心态,且此时造成的后果均不严重。因此,黎景全在这一阶段的行为仅属于一般的交通肇事行为。在第二个阶段,黎景全撞倒李洁霞母子后,多名群众见其已经刹车,便上前劝阻、包围车辆。此时,黎景全所驾驶车辆的车窗是打开的,黎景全处于非封闭的环境中,具备感知、认识周围环境和人员的条件。从事后勘查发现,主要是右后车轮碾压被害人的情况来看,黎景全撞人时正在掉头转弯,这说明其对外界事物仍有认识,知道自己被众人围堵并急于离开现场,对自己的行为仍具备一定的辨认和控制能力。黎景全出于逃离现场的动机,不顾站在车旁群众的生命安危,锁闭车门、打转方向、加大油门继续行驶,导致未及躲避的李洁霞和在车旁劝其停止驾驶的梁锡全被车撞倒死亡。此时,黎景全对可能发生致人死亡的结果持放任心态,其主观罪过形式已转化为间接故意。综上,笔者认为,黎景全作案时对外界情况和事物具有认知能力,主观上具有放任危害结果发生的故意,客观上实施了危害公共安全的行为,其行为构成以危险方法危害公共安全罪。[No. 2-114、115(1)-5-9　黎景全以危险方法危害公共安全案]

△行为人为逃避酒驾检查驾车,冲撞警察与他人,同时符合妨害公务罪、故意伤害罪与以危险方法危害公共安全罪,应当以以危险方法危害公共安全罪定罪处罚。

在任寒青以危险方法危害公共安全案中,现有证据不能证实被告人任寒青有杀害执勤警察张之宇的直接故意。任寒青在驾车冲撞时,并没有非法剥夺张之宇生命的言语表示。任寒青到案后供称:其看见有警察盘查就掉转车头,听到后面有人喊“停下来”,便猛踩油门拼命向前开,逆行并闯了好几个红灯;途中,其突然看见有个警察趴在引擎盖上,不知道该警察怎么上去的,就猛踩一脚急刹车;该警察摔下车后,其没有下车,直接开车逃走了。根据任寒青的上述供述,其在行驶过程中并无杀害执勤警察张之宇的直接故意。任寒青虽然实施了用车辆撞击张之宇的行为,且明知张之宇趴在引擎盖上,仍继续行驶 1.9 公里(途中车速曾高达 108.63 公里/小时),最后突然紧急刹车,将张之宇甩至车道上,但这些行为尚不足以造成张之宇必然死亡的结果。因此,现有证据难以证实任寒青在主观上具有杀人的直接故意。

任寒青实施的行为危及不特定多数人的人身、财产安全,而非特定对象的人身、财产安全。本案发生在上海市商业中心城区静安区的延安中路、延安西路等繁华路段。虽然从实际发生的危害结果上看,任寒青驾车冲撞的对象是具体的人和物,但对这些对象的选择具有随机性,其并非被任寒青所刻意针对。当时在案发路段执行检查任务的人员,除了张之宇外,还有交警牟某、严某以及潘某等三名交通协管员,只不过任寒青在试图倒车逃避检查时,其车辆离张之宇最近;如果其倒车时离其他交警或者协警更近,受到伤害的可能就是其他人。同样,无论是谁行驶在任寒青车后,均可能在其倒车时被撞损车头。此外,任寒青驾车闯红灯的行为致华山路南北向行驶的多辆汽车紧急刹车,严重威胁到这些车辆及车上驾驶员和乘客的安全。因此,任寒青酒后驾车超速、逆向行驶等行为,对其途经路段的不特定对象,包括车辆、行人、交警和公私财产均构成了现实的威胁。

任寒青实施的行为具有与放火、决水、爆炸以及投放危险物质等行为相当的危险性。汽车是危险性较大的交通工具,为降低这种危险性,驾驶者必须严格遵守交通运输管理法规的规定,做到谨慎驾驶,而在道路上违章驾驶无疑会增加这种危险转化为现实危害结果的可能性。一般的违反道路交通安全法规的驾驶行为虽然会对公共安全造成一定威胁,但其危险程度小于放火、决水、爆炸以及投放危险物质等行为,因此不构成以危险方法危害公共安全罪。只有当驾驶行为具有与放火、决水、爆炸以及投放危险物质等行为相当的危险,且行为人明知其行为可能会导致该类危险的发生时,才构成以危险方法危害公共安全罪。本案中,任寒青醉酒驾车,驾驶能力受到酒精影响,该行为本身就是高度危险的驾驶行为。不仅如此,任寒青还实施了超速行驶、逆向行驶、闯红灯等多个严重违章行为,其行为的危险性已达到与放火、决水、爆炸以及投放危险物质等行为相当的程度。同时,任寒青驾车冲撞交警、车辆和隔离栏,属于故意伤害、故意毁损公私财物的行为,在性质上可作一次法律评价,涵括在以危险方法危害公共安全罪这一罪名之中。

任寒青实施的一系列行为所造成的后果未超出公共安全的范围。根据《刑法》第一百一十五条的规定,以危险方法危害公共安全罪的严重后果包括致人重伤、死亡或者公私财产遭受重大损失。本案中,任寒青的违规驾驶行为致被害人张之宇健康受损,致被害人李某某的汽车及道路隔离栏受损,这些危害结果均在公共安全范围之内。

任寒青对危害后果的发生持放任心态。行为人在为了追求某种目的而实施一定行为时,明知该行为可能会发生某种危害后果,但仍然放任该危害后果的发生,是一种典型的间接故意。本案中,任寒青明确供述:其因驾驶前饮酒,故在看到有交警正在检查过往车辆时,便为逃避检查而掉转车头;其在倒车时感觉撞到了什么东西,可能是别人车辆、路墩或者隔离栏,并听到后面有人在喊停车,但其只知道要逃跑,故猛踩油门拼命往前开;其在发现有警察趴在引擎盖上后,便急刹车将警察甩下,直接开车逃走。该供述反映出任寒青明知其驾驶的车辆发生了碰撞事故,但为了逃避处罚,仍不管不顾地继续违章行驶;并且,在明知趴在其汽车引擎盖上的警察面临高度危险的情况下,仍不顾该警察生命安全,急刹车将其甩下车后逃逸。这些情节足以表明,任寒青对其驾驶行为所可能导致的危害后果在意志上持放任态度,属于间接故意的罪过形式。[No. 2-114、115(1)-5-10　任寒青以危险方法危害公共安全案]

△对危害公共安全犯罪中不特定多数人的判断,不以行为人的主观认识为准,只要客观上行为在一定条件下形成了对不特定公众人身或财产安全的重大威胁,就应当认定其构成危害公共安全犯罪。

不特定多数人,是指不特定并且多数的人,它排斥“特定的多数人”“特定的少数人”“不特定的少数人”等情形。“不特定”是一种客观的判断,它包含两个方面的内容:一是犯罪对象的不确定性,二是危害后果的不确定性。在司法实践中,被认定为危害公共安全犯罪的行为通常有两种情形:一种情形是,行为所针对的对象是不特定的,并且行为人事先也没预料到相应的危害后果,即危害后果也是不特定的;另一种情形是,行为所针对的对象是特定的,但实际造成的后果却是行为人没有预料、不能控制的。从危害公共安全犯罪的这两种情形来分析,不特定多数人中的“不特定”,是相对于其他犯罪对象的“特定”而言的;而“多数”则是相对于其他犯罪只能危害到个别少数对象而言的。侵害不特定多数人,并不是说行为人没有特定的侵犯对象或者目标。实施危害公共安全犯罪的行为人,虽然其在某一特定阶段可能指向特定的目标,但行为最终造成或者可能造成的危害后果是行为人难以控制的,即该行为可能会危害到原特定目标之外的人身或者财产安全。因此,不能将危害公共安全犯罪中的不特定多数人理解为没有特定的侵犯对象或者目标。具体而言,在判断行为人的行为是否危害到不特定多数人时,不能仅以行为人的主观认识为标准,而应当采取客观主义的立场,即犯罪行为一经实施,不论行为人主观上是否针对特定的对象,只要该行为在一定条件下造成了众多人员伤亡或者公私财产的广泛损失,或者形成对公众人身或财产安全的重大威胁,就应当认定其构成相应的危害公共安全犯罪。

在黄世华以危险方法危害公共安全案中,被告人黄世华醉酒驾车并追尾被害人沈建国的出租车后,为逃避处罚而驾车逃逸。在黄世华路口遇红灯停车后,沈建国赶上黄世华的汽车并拦在车前与其理论,但黄世华不顾沈建国的人身安危,强行启动汽车,将沈建国顶在引擎盖上高速行驶。此时,沈建国对于黄世华来说是特定的行为对象,黄世华将特定对象顶在引擎盖上高速行驶,至少有放任该特定对象伤亡的故意;因此,此行为符合故意伤害罪或者故意杀人罪的构成特征。但结合案发的时空环境来看,黄世华系白天在车流、人流密集的城市主干道醉酒驾车,将沈建国顶在车辆引擎盖上高速行驶,其主观目的虽然是想摆脱沈建国,但客观上对该路段不特定多数人的生命、健康和财产安全构成了重大威胁,且其行为不仅导致沈建国被撞身亡,还造成了被撞车辆内多人死伤以及重大财产损失。黄世华虽然看似针对沈建国这一特定对象实施犯罪行为,但其在实施针对特定对象的犯罪过程中,无视不特定多数人的生命、健康和财产安全,并实际造成了不特定多数人的伤亡以及重大财产损失。因此,黄世华之前针对特定对象的行为和之后造成不特定对象伤亡的行为应当从整体上评价为一个法律行为,以以危险方法危害公共安全罪一罪论处。[No. 2-114、115(1)-5-11　黄世华以危险方法危害公共安全案]

△醉酒驾车造成严重后果的,构成以危险方法危害公共安全罪,犯罪性质极其恶劣的可以适用死刑。

一般而言,行为人醉酒驾车构成以危险方法危害公共安全罪的,犯罪情节往往比较恶劣,犯罪后果严重,社会危害性大,但因此类犯罪一般系间接故意犯罪,行为人主观上不希望也不追求危害结果发生,与以制造事端为目的而恶意驾车撞人并造成重大伤亡后果的直接故意犯罪相比,行为人的主观恶性和人身危险性相对较小。因此,综合考察醉酒驾车犯罪行为人的主观恶性、人身危险性及犯罪行为的社会危害性可知,其一般不属于"罪行极其严重的犯罪分子",从严格控制和慎重适用死刑的角度出发,一般不适用死刑。2009年9月11日公布的《最高人民法院关于醉酒驾车犯罪法律适用问题的意见》(以下简称《意见》)所配发的两起醉驾典型案例的处理(四川孙伟铭案、广东黎景全案)都体现了这一原则。但是,这一原则的适用在实践中必须保留例外。在具体案件中,深入贯彻宽严相济刑事政策要求必须结合犯罪的具体情况,实行区别对待,做到罚当其罪,实现刑罚的个别化。对醉酒驾车构成以危险方法危害公共安全罪的案件,如果造成的后果特别严重,行为人的主观恶性很深、人身危险性极大的,也可以依法适用死刑。

在黄世华以危险方法危害公共安全案中,被告人黄世华醉酒驾车、造成三人死亡、三人受伤的严重后果,与《意见》公布的孙伟铭案和黎景全案造成的后果严重程度大致相当,基于孙伟铭和黎景全均最终被改判为无期徒刑的结果,有意见认为不宜判处黄世华死刑。但综合比较来看,本案被告人的犯罪性质更为恶劣,社会危害性更大。黄世华醉酒驾车追尾沈建国驾驶的出租车后,为逃避处罚,不顾同车人的劝阻,在城市主干道驾车高速逃逸,且在明知沈建国在其车前阻拦的情况下,将沈建国顶在其车引擎盖上高速行驶约1公里并冲撞其他车辆,造成沈建国被撞身亡,以及被撞车辆内的二人被烧死、三人受伤的严重结果。黄世华有持枪杀人的暴力犯罪前科,其归案后对其犯罪事实避重就轻,认罪态度差,而孙伟铭和黎景全均无前科劣迹,归案后认罪、悔罪,故黄世华的主观恶性更深、人身危险性更大。黄世华也没有赔偿被害方,不能取得被害方的谅解,未能通过积极赔偿来缓和其犯罪行为所带来的社会矛盾,不具有酌定从宽处罚情节,故对黄世华的量刑不能机械参照孙伟铭案和黎景全案的判决结果。综合上述情节,本案以以危险方法危害公共安全罪判处黄世华死刑是妥当的。值得注意的是,本案的裁判结果并不是对《意见》的突破,而恰恰是根据《意见》精神,结合本案具体情况所作出的裁判。实践中,对于醉酒驾车构成以危险方法危害公共安全罪的案件,应当将死刑的适用限制在极少数情形。[No. 2-114、115(1)-5-12　黄世华以危险方法危害公共安全案]

△对于醉酒驾车构成以危险方法危害公共安全罪的,在量刑上应当综合考虑醉驾行为造成的危害后果、行为人的主观恶性,注意把握民事赔偿与量刑的关系、法律效果与社会效果的统一,贯彻宽严相济的刑事政策。

最高人民法院于2009年9月出台了《关于醉酒驾车犯罪法律适用问题的意见》(以下简称《意见》),并公布了两起醉酒驾车犯罪典型案例。根据《意见》的相关要求,行为人明知酒后驾车违法、醉酒驾车会危害公共安全,却仍然无视法律醉酒驾车,特别是在肇事后继续驾车冲撞,造成重大伤亡,说明行为人主观上对持续发生的危害结果持放任态度,具有危害公共安全的故意。对此类醉酒驾车造成重大伤亡的,依法应当以以危险方法危害公共安全罪定罪。在此类案件中,决定对被告人的刑罚时,要综合考虑此类犯罪的性质、被告人的犯罪情节、危害后果、主观恶性及其人身危险性等因素。具体来说,司法机关在定罪量刑时应当着重考虑以下四个方面:

一是醉驾行为造成的危害后果。《意见》虽规定了醉酒驾车放任危害结果的发生,造成重大伤亡的,以以危险方法危害公共安全罪定罪处罚,但未对重大伤亡的认定标准予以明确。尽管如此,从《意见》配发的典型案例、交通肇事犯罪相关司法解释的规定来分析,我们仍可以对重大伤亡的认定标准形成一个大致的认识。笔者认为，可以将以危险方法危害公共安全犯罪（醉驾）造成的重大伤亡大体分为以下三档：第一档是死亡一人或者重伤三人以上，负事故全部或者主要责任的，一般可以判处十年以上有期徒刑；第二档是死亡二人以上或者重伤五人以上，负事故全部或者主要责任的，一般可以判处十五年以上有期徒刑或者无期徒刑；第三档是死亡三人以上，负事故全部或者主要责任的，一般可以判处无期徒刑或者死刑。在孙福成以危险方法危害公共安全案中，被告人孙福成醉酒驾车致一人死亡、一人轻伤，故对其量刑应大致在十年以上有期徒刑的幅度内。

二是行为人的主观恶性。一般情况下，行为人醉酒驾车构成以危险方法危害公共安全罪的，其主观上也并不希望、追求危害结果的发生，故属于间接故意犯罪，与以制造事端为目的而恶意驾车撞人并造成重大伤亡的直接故意犯罪相比，此类行为人的主观恶性相对较小。因此，在适用刑罚时，应当将此类犯罪与直接故意犯罪加以区别。行为人犯罪时的辨认和控制能力状况，一定程度上可以体现行为人的主观恶性和人身危险程度。行为人在醉酒状态下驾车，辨认和控制能力实际上都有所减弱，正因为如此，一方在醉酒后所实施的一些行为，更容易获取另一方的谅解。虽然根据《刑法》第十八条第四款的规定，醉酒的人犯罪应当负刑事责任，但从其主观恶性来考虑，一般可以酌情从宽处罚。但是，如果行为人具有无证驾驶，超速驾驶，逃避、阻碍公安机关执法检查或者曾因酒驾被处罚等情形的，说明行为人对他人生命健康安全漠不关心，认罪、悔罪态度较差，可以对其酌情从重处罚。本案中，孙福成血液酒精含量高达 272.6 毫克/100 毫升，表明其驾车前大量饮酒，醉酒程度极高，在此种状态下驾车的风险极大，但其置这种高度危险性于不顾，执意酒后驾驶，且在第一次冲撞之后又连续发生 4 次冲撞，直至撞到路边墙面才被迫停住，体现出其主观恶性很深，故不宜对其在起点刑上判处刑罚。

三是要注意把握民事赔偿与量刑的关系。根据《刑法》第三十六条第一款的规定，犯罪分子应当赔偿其犯罪行为致使被害人遭受的经济损失。由此规范层面分析，醉酒驾车犯罪行为人依法向被害方作出赔偿是其法定义务，行为人履行赔偿义务，不应影响对其刑事责任的追究。然而，在实践层面，即使刑法有明文规定，但是否对被害方作出赔偿也在很大程度上依赖于行为人的意志抉择。因此，行为人积极赔偿被害方经济损失的，可以体现出行为人认罪、悔罪的诚意，缓和了社会矛盾，也在一定程度上减轻了其犯罪行为所造成的社会危害，故量刑时可以酌情从轻处罚。本案中，孙福成的亲属对事故造成的经济损失已全部代为赔偿，被害人田正福、田鑫的亲属以及被害人陈学会、朱佩林也出具书面材料表示谅解，请求对孙福成从宽处罚。据此，司法机关对孙福成可在法定量刑幅度内从轻处罚。

四是要注意把握法律效果与社会效果的统一。醉酒驾车犯罪严重威胁公共安全，社会关注度高，要使裁判获得人民群众的认同，适度考虑民意是有必要的。由于民意具有多面性，因此司法裁判既要尊重民意，也要注意甄别个案反映出的民意的真实性；既要注意对新媒体形势下个别媒体发声替代民意这一情况的甄别，也要注重对舆论的引导，警惕舆论的盲动性，避免被媒体牵着鼻子走。针对本案社会关注度较高的情况，一审法院在判决前主要以以下四种方式广泛了解了民意：一是在公安机关的配合下，拟定调查提纲并释明法律规定，到案发地段附近的社区了解居民对本案的看法；二是到被告人的工作单位了解情况，听取单位对案件处理的意见；三是借助电视台对庭审进行全程录播，扬州政府网亦对该案进行网上同步直播；四是邀请部分人大代表旁听庭审。从上述渠道所反馈的民意看，多数人尽管要求对被告人孙福成从严惩处，但对其案发后的悔罪表现亦予以认可，建议给其重新做人的机会；另外，部分人大代表也明确表示十至十一年的量刑建议较为合理。［No. 2-114、115(1)-5-13　孙福成以危险方法危害公共安全案］

△食品销售人员未尽妥善保管义务，致使所销售的食品中混入有毒有害物质的，成立过失以危险方法危害公共安全罪。

在许小渠过失以危险方法危害公共安全案中，被告人许小渠所保管的亚硝酸盐属于剧毒物质，食入 0.2～0.5 克即可引起中毒甚至死亡。许小渠作为一名长期从事预包装和散装食品销售的人员，经常从事用亚硝酸盐调配硝卤水的工作，对亚硝酸盐的危害性应当是明知的。根据相关法律法规的规定，妥善保管是许小渠应尽的法定义务。同时，亚硝酸盐在外观上与食盐、白糖相似，容易造成混淆，而许小渠所销售的食品中恰恰有散装白糖。根据许小渠的认知能力和经营情况，特别是基于其因保管危险物品和监督店内人员所产生的义务，其应当预见却没有预见到将亚硝酸盐放在食品销售区可能造成与白糖混淆的危险，最终导致亚硝酸盐被当作白糖对外销售，产生了危害后果。因此，许小渠对自己行为的危害性应当是能够预见的，该行为不属于意外事件，其主观罪过形式应为过失。

过失投放危险物质罪，要求被告人有过失投放危险物质的行为，即行为人主动实施了一定的行为，使危险物质混入食物中，进而导致他人进食后中毒，产生危害后果。例如，行为人在日常生活中将农药与饮用水放在一起，做饭时误将农药当作水，造成多人中毒伤亡的后果。本案被告人只是在调配硝卤水的过程中拿出亚硝酸盐后，没有及时将这种危险物质放回和保管好，其在客观上并没有实施投放的行为，而是其他店员在不知情的情况下将亚硝酸盐混入白糖中进行出售。因此，投放的行为并非许小渠所实施，其不能构成过失投放危险物质罪。

过失致人死亡罪侵犯的客体是公民个人的生命健康，危害的对象具有特定性。本案被告人的未妥善保管行为发生在食品销售流通领域，其食品向不特定的公众进行销售，一旦将危险物质混入食品中，就会对社会公共安全造成威胁。这种威胁针对不特定多数人，而非特定的个人，故不能构成过失致人死亡罪。

许小渠对危害结果的发生在主观上具有过失，客观上实施了对亚硝酸盐未尽到妥善保管义务，将其遗留在食品销售区域的行为。许小渠的未妥善保管行为发生在食品销售流通领域，对社会公共安全造成了潜在的和现实的威胁，该行为构成以危险方法危害公共安全罪中的“其他危险方法”。该行为危害到不特定多数人的生命健康，并最终导致一死一轻微伤的严重后果，符合过失以危险方法危害公共安全罪的构成要件。[No. 2-115(2)-5-1　许小渠过失以危险方法危害公共安全案]

第一百一十六条　【破坏交通工具罪】

破坏火车、汽车、电车、船只、航空器，足以使火车、汽车、电车、船只、航空器发生倾覆、毁坏危险，尚未造成严重后果的，处三年以上十年以下有期徒刑。

【立法理由】

1. **1979 年立法的情况**。1979 年《刑法》第一百零七条规定：“破坏火车、汽车、电车、船只、飞机，足以使火车、汽车、电车、船只、飞机发生倾覆、毁坏危险，尚未造成严重后果的，处三年以上十年以下有期徒刑。”交通运输是国计民生的动脉，交通运输的阻滞、中断，将直接损害国家经济建设和人民群众的生产、生活。火车、汽车、电车、船只、飞机是现代交通运输的重要组成部分，现代社会正是通过火车、汽车、电车、船只、飞机等交通工具实现旅客、货物的空间转移，确保其安全，是刑法的重要任务之一。如果破坏交通运输工具，必然会造成不特定人的伤亡和公私财物的损失，或者致其处于不安全的危险状态。由于这种犯罪所具有的严重的社会危害性，本条规定只要足以使火车、汽车、电车、船只、航空器发生倾覆、毁坏危险就构成犯罪。

2. **1997 年修订刑法的情况**。1997 年刑法修订时作了修改，在犯罪对象上稍作调整，将“飞机”修改为“航空器”。

【条文说明】

本条是关于破坏交通工具罪及其处罚的规定。

破坏交通工具罪，是指故意破坏火车、汽车、电车、船只、航空器，足以使火车、汽车、电车、船只、航空器发生倾覆、毁坏危险，尚未造成严重后果或者造成严重后果，危害公共安全的行为。本条与《刑法》第一百一十九条共同构成对破坏交通工具的行为的处罚。根据本条规定，构成本罪必须符合以下条件：

1. 行为人主观上必须具有**破坏的故意**。

2. 破坏行为必须是针对**火车、汽车**[①]**、电车、船只、航空器这五种特定的交通工具**。随着社会发展和科学技术的进步，新型交通工具不断出现，如高速铁路、地铁以及无人驾驶的公共汽车等，这些交通工具不仅要耗费大量的资金生产或购置，而且承担着大量的客运、货运任务，对它们进行破坏会造成旅客的重大伤亡和财产的重大损失，对社会公共安全具有极大的危险性和危害性。对于**破坏这**

① 陈家林教授及林亚刚教授指出，将从事客货运输业务的大型拖拉机解释为汽车，仍在“汽车”此一法律用语可能的词义范围之内，没有超过一般国民的预测可能性，属于扩大解释，而非法律所禁止的类推。参见赵秉志、李希慧主编：《刑法各论》(第 3 版)，中国人民大学出版社 2016 年版，第 41 页；高铭暄、马克昌主编：《刑法学》(第 7 版)，北京大学出版社、高等教育出版社 2016 年版，第 338 页。

些新型的交通工具的行为，也可以认定为破坏交通工具罪。这里所规定的“航空器”，包括飞机等飞行工具。这里所说的“**破坏**”，是指以各种手段和方法破坏交通工具，危害公共安全的行为。[①]

3. 破坏行为必须**足以使这几种交通工具发生倾覆、毁坏的危险**。这里所说的“**倾覆**”，是指火车出轨、颠覆，汽车、电车翻车，船只翻沉，航空器坠毁等情况；“**毁坏**”，是指上述交通工具由于遭到人为破坏而不能正常行驶，危及运载的人、物品及交通工具自身的安全。“**足以使火车、汽车、电车、船只、航空器发生倾覆、毁坏危险**”，是指该种破坏行为有造成火车、汽车、电车、船只、航空器的倾覆、毁坏的现实可能性和威胁。[②] 应当注意的是，在实践中如何判断某种破坏行为是否已达到“现实可能性和威胁”的程度，主要应从以下几个方面来判定：(1) **交通工具是否在使用过程中**。这不仅包括正在行驶和飞行期间，也包括使用过程中的待用期间。如果破坏的是尚未交付使用或者正在修理的交通工具，一般不会危及公共安全，故不构成本罪。(2) **破坏的是不是交通工具的关键部位**。如果行为人破坏的是交通工具的次要部位，如破坏的是交通工具的座椅、卫生设备或者其他不影响安全行驶的辅助设备等，则不足以使火车、汽车、电车、船只、航空器发生倾覆、毁坏危险，故同样不能构成本罪。(3) **破坏交通工具所采用的破坏方法**。行为人所采用的破坏方法应达到足以使交通运输工具发生倾覆、毁坏危险的，才构成本罪。

4. 破坏行为必须是**尚未造成严重后果的**。“**尚未造成严重后果的**”，是指该种破坏交通工具的行为，没有造成任何危害后果或者只造成了轻微的危害后果。根据本条规定，对这种没有造成严重后果的破坏交通工具的行为，处三年以上十年以下有期徒刑。

只要行为人实施完毕破坏公共交通工具的行为，足以导致发生交通工具倾覆的危险，即构成本罪的**既遂**，并不要求出现实际的严重后果。对于造成人员伤亡、财产损失等严重后果的，应当依照《刑法》第一百一十九条的规定，处十年以上有期徒刑、无期徒刑或者死刑。

【附属刑法】

《中华人民共和国铁路法》(1990 年 9 月 7 日通过，2015 年 4 月 24 日第二次修正)

第六十一条

故意损毁、移动铁路行车信号装置或者在铁路线路上放置足以使列车倾覆的障碍物的，依照刑法有关规定追究刑事责任。

第六十二条

盗窃铁路线路上行车设施的零件、部件或者铁路线路上的器材，危及行车安全的，依照刑法有关规定追究刑事责任。

《中华人民共和国民用航空法》(1995 年 10 月 30 日通过，2021 年 4 月 29 日第六次修正)

第一百九十五条

故意在使用中的民用航空器上放置危险品或者唆使他人放置危险品，足以毁坏该民用航空器，危及飞行安全的，依照刑法有关规定追究刑事责任。

第一百一十七条　【破坏交通设施罪】

破坏轨道、桥梁、隧道、公路、机场、航道、灯塔、标志或者进行其他破坏活动，足以使火车、汽车、电车、船只、航空器发生倾覆、毁坏危险，尚未造成严重后果的，处三年以上十年以下有期徒刑。

【立法理由】

1. **1979 年立法的情况**。1979 年《刑法》第一百零八条规定：“破坏轨道、桥梁、隧道、公路、机场、航道、灯塔、标志或者进行其他破坏活动，足以使火车、汽车、电车、船只、飞机发生倾覆、毁坏危险，尚未造成严重后果的，处三年以上十年以下有期徒刑。”轨道、桥梁、隧道、公路、机场、航道等交通设施和火车、汽车、电车、船只、飞机一样，是现

分则　第二章

---

① 破坏行为，通常是指对火车、汽车、电车、船只、航空器等交通工具的整体或者重要部件的破坏；不影响交通运输安全的行为，并不包括在内。参见张明楷：《刑法学》(第 6 版)，法律出版社 2021 年版，第 894 页；黎宏：《刑法学各论》(第 2 版)，法律出版社 2016 年版，第 27—28 页。

② 时延安教授指出，只有破坏行为达到一定的程度，即造成交通工具关键部位损坏时，此种危险状态才会形成。故而，在破坏行为着手后至此种危险状态形成之间，往往会存在一定的时间历程。因此，本罪存在成立未遂的可能性。参见谢望原、赫兴旺主编：《刑法分论》(第 3 版)，中国人民大学出版社 2016 年版，第 36 页。

代社会交通运输的重要组成部分，也是现代社会的重要基础设施，对其破坏同样可能危及不特定多数人的生命、财产安全。本条采用了**危险犯**的立法模式，只要实施了破坏轨道、桥梁、隧道、公路、机场、航道、灯塔、标志或者进行其他破坏活动，足以使火车、汽车、电车、船只、飞机发生倾覆、毁坏危险的，就构成犯罪。

2. **1997年修订刑法的情况**。1997年刑法修订时对本条作了修改，在犯罪对象上稍作调整，将"飞机"修改为"航空器"。

【条文说明】

本条是关于破坏交通设施罪及其处罚的规定。

根据本条规定，**破坏交通设施罪**，是指破坏轨道、桥梁、隧道、公路①、机场②、航道、灯塔、标志或者进行其他破坏活动，足以使火车、汽车、电车、船只、航空器发生倾覆、毁坏危险，尚未造成严重后果的行为。构成本罪必须同时符合以下条件：

1. 行为人主观上必须具有**破坏的故意**。

2. 破坏行为必须是针对**涉及交通安全的设施**。如果破坏的是与交通安全无关的设施，不影响车辆行驶、船只航行、航空器飞行安全，则不构成本罪。③ 这里所说的"**其他破坏活动**"，是指破坏上述列举以外的其他交通设施和虽然没有直接破坏上述交通设施，但却足以使火车、汽车、电车、船只、航空器发生倾覆、毁坏危险的行为，如乱发指示信号，干扰无线电通信、导航，在铁轨上放置障碍物等。应当强调的是，这里所说的"**破坏**"，不仅包括使交通设施遭受有形的损坏，也包括对交通设施正常功能的损害，如发出无线电干扰信号，使正常行驶中的交通工具与指挥、导航系统不能联系，致使该交通工具处于极大风险之中的行为等。④

3. 破坏行为必须是**足以使火车、汽车、电车、船只、航空器发生倾覆、毁坏危险**。这里所说的"**足以**"，是指行为人对交通设施的破坏程度，已达到可以使交通工具发生倾覆或者毁坏的现实可能性和威胁。⑤ 如果其破坏交通设施的程度不会造成这种现实危险的，则不构成本罪。主要应从以下几个方面来判定：(1)犯罪对象是**正在使用中的直接关系交通运输安全的交通设施**，不是正在建设中或者正在修理且未交付使用的交通设施或者已废弃不用的交通设施；(2)从**破坏的手段、部位等**进行分析，对于破坏交通设施的重要部位会危及交通工具的行驶安全，足以造成交通工具的倾覆、毁坏危险的应当认定为本罪，如果行为人破坏的只是交通设施的附属部分，如破坏的是火车道旁的沙石，这些行为与交通运输安全没有直接联系，不足以使交通工具发生倾覆、毁坏危险的，不构成本罪。

4. 破坏行为必须是"**尚未造成严重后果的**"。本条处罚的是"尚未造成严重后果"的破坏交通设施的犯罪。对于已造成严重后果的破坏交通设施的犯罪，适用《刑法》第一百一十九条的规定处罚。

根据本条规定，对故意破坏交通设施，尚未造成严重后果的，处三年以上十年以下有期徒刑。

【司法解释性文件】

《最高人民法院、最高人民检察院、公安部关于办理涉窨井盖相关刑事案件的指导意见》（高检发〔2020〕3号，2020年3月16日发布）

△（**窨井盖；破坏交通设施罪；过失损坏交通设施罪**）盗窃、破坏正在使用中的社会机动车通行道路上的窨井盖，足以使汽车、电车发生倾覆、毁坏危险，尚未造成严重后果的，依照刑法第一百一十七条的规定，以破坏交通设施罪定罪处罚；造成严重后果的，依照刑法第一百一十九条第一款的规定处罚。（§1 Ⅰ）

△（**窨井盖**）本意见所称的"窨井盖"，包括城市、城乡结合部和乡村等地的窨井盖以及其他井盖。（§12）

《最高人民法院、最高人民检察院、公安部、司

① 我国学者指出，凡是可供汽车（包括大型拖拉机）、电车通过的道路，均应认定为"公路"。参见黎宏：《刑法学各论》（第2版），法律出版社2016年版，第29页。

② 破坏民用机场，成立本罪；破坏军用机场，成立破坏军事设施罪。参见张明楷：《刑法学》（第6版），法律出版社2021年版，第896页。

③ 相同的学说见解，参见张明楷：《刑法学》（第6版），法律出版社2021年版，第896页；周光权：《刑法各论》（第4版），中国人民大学出版社2021年版，第188页。

④ 我国学者指出，破坏行为既包括使交通设施本身遭受毁损的行为，也包括使交通设施丧失应有性能的行为。参见张明楷：《刑法学》（第6版），法律出版社2021年版，第896页；黎宏：《刑法学各论》（第2版），法律出版社2016年版，第28页；陈兴良主编：《刑法各论精释》，人民法院出版社2015年版，第675页。

⑤ 我国学者指出，本罪在危险的判定上，其具体危险程度要比放火等危险犯的危险程度高，属于科学意义上的危险，而非一般人感觉上的危险。参见黎宏：《刑法学各论》（第2版），法律出版社2016年版，第29页。

法部关于依法惩治妨害新型冠状病毒感染肺炎疫情防控违法犯罪的意见》(法发〔2020〕7号,2020年2月6日发布)

△(**肺炎疫情防控;破坏交通设施罪**)依法严惩破坏交通设施犯罪。在疫情防控期间,破坏轨道、桥梁、隧道、公路、机场、航道、灯塔、标志或者进行其他破坏活动,足以使火车、汽车、电车、船只、航空器发生倾覆、毁坏危险的,依照刑法第一百一十七条、第一百一十九条第一款的规定,以破坏交通设施罪定罪处罚。

办理破坏交通设施案件,要区分具体情况,依法审慎处理。对于为了防止疫情蔓延,未经批准擅自封路阻碍交通,未造成严重后果的,一般不以犯罪论处,由主管部门予以纠正。(§2Ⅷ)

△(**治安管理处罚;从重情节**)依法严惩妨害疫情防控的违法行为。实施上述(一)至(九)规定的行为,不构成犯罪的,由公安机关根据治安管理处罚法有关虚构事实扰乱公共秩序,扰乱单位秩序、公共场所秩序、寻衅滋事,拒不执行紧急状态下的决定、命令,阻碍执行职务,冲闯警戒带、警戒区,殴打他人,故意伤害,侮辱他人,诈骗,在铁路沿线非法挖掘坑穴、采石取沙,盗窃、损毁路面公共设施,损毁铁路设施设备,故意损毁财物、哄抢公私财物等规定,予以治安管理处罚,或者由有关部门予以其他行政处罚。

对于在疫情防控期间实施有关违法犯罪的,要作为从重情节予以考量,依法体现从严的政策要求,有力惩治震慑违法犯罪,维护法律权威,维护社会秩序,维护人民群众生命安全和身体健康。(§2Ⅹ)

【附属刑法】

《中华人民共和国铁路法》(1990年9月7日通过,2015年4月24日第二次修正)

第六十二条

盗窃铁路线路上行车设施的零件、部件或者铁路线路上的器材,危及行车安全的,依照刑法有关规定追究刑事责任。

《中华人民共和国公路法》(1997年7月3日通过,2017年11月4日第五次修正)

第七十六条

有下列违法行为之一的,由交通主管部门责令停止违法行为,可以处三万元以下的罚款:

(一)违反本法第四十四条第一款规定①,擅自占用、挖掘公路的;

(二)违反本法第四十五条规定②,未经同意或者未按照公路工程技术标准的要求修建桥梁、渡槽或者架设、埋设管线、电缆等设施的;

(三)违反本法第四十七条规定③,从事危及公路安全的作业的;

(四)违反本法第四十八条规定④,铁轮车、履带车和其他可能损害路面的机具擅自在公路上行驶的;

---

① 《中华人民共和国公路法》(1997年7月3日通过,2017年11月4日第五次修正)

第四十四条

Ⅰ任何单位和个人不得擅自占用、挖掘公路。

② 《中华人民共和国公路法》(1997年7月3日通过,2017年11月4日第五次修正)

第四十五条

跨越、穿越公路修建桥梁、渡槽或者架设、埋设管线等设施的,以及在公路用地范围内架设、埋设管线、电缆等设施的,应当事先经有关交通主管部门同意,影响交通安全的,还须征得有关公安机关的同意;所修建、架设或者埋设的设施应当符合公路工程技术标准的要求。对公路造成损坏的,应当按照损坏程度给予补偿。

③ 《中华人民共和国公路法》(1997年7月3日通过,2017年11月4日第五次修正)

第四十七条

Ⅰ在大中型公路桥梁和渡口周围二百米、公路隧道上方和洞口外一百米范围内,以及在公路两侧一定距离内,不得挖砂、采石、取土、倾倒废弃物,不得进行爆破作业及其他危及公路、公路桥梁、公路隧道、公路渡口安全的活动。

Ⅱ在前款范围内因抢险、防汛需要修筑堤坝、压缩或者拓宽河床的,应当事先报经省、自治区、直辖市人民政府交通主管部门会同水行政主管部门批准,并采取有效的保护有关的公路、公路桥梁、公路隧道、公路渡口安全的措施。

④ 《中华人民共和国公路法》(1997年7月3日通过,2017年11月4日第五次修正)

第四十八条

Ⅰ铁轮车、履带车和其他可能损害公路路面的机具,不得在公路上行驶。

Ⅱ农业机械因当地田间作业需要在公路上短距离行驶或者军用车辆执行任务需要在公路上行驶的,可以不受前款限制,但是应当采取安全保护措施。对公路造成损坏的,应当按照损坏程度给予补偿。

（五）违反本法第五十条规定①，车辆超限使用汽车渡船或者在公路上擅自超限行驶的；

（六）违反本法第五十二条、第五十六条规定②，损坏、移动、涂改公路附属设施或者损坏、挪动建筑控制区的标桩、界桩，可能危及公路安全的。

第七十七条

违反本法第四十六条的规定③，造成公路路面损坏、污染或者影响公路畅通的，或者违反本法第五十一条规定④，将公路作为试车场地的，由交通主管部门责令停止违法行为，可以处五千元以下的罚款。

第八十四条

违反本法有关规定，构成犯罪的，依法追究刑事责任。

《中华人民共和国民用航空法》（1995 年 10 月 30 日通过，2021 年 4 月 29 日第六次修正）

第一百九十七条

盗窃或者故意损毁、移动使用中的航行设施，危及飞行安全，足以使民用航空器发生坠落、毁坏危险的，依照刑法有关规定追究刑事责任。

【参考案例】

△因合法行为使某种合法权益处于危险状态的，行为人负有采取积极救助措施以消除该危险状态的作为义务；若不履行这一义务的，可构成不作为犯罪。

刑法上的不作为，是指行为人应当履行某种特定的法律义务且有能力履行而不去履行。构成不作为犯必须以行为人负有特定的义务为前提，即负有作为义务。实践中，行为人的作为义务主要来自于三个方面：一是法律明文规定的义务；二是职务上或者业务上所要求必须承担的义务；三是行为人因先行行为所引起的义务。所谓因先行行为所引起的义务，是指行为人先前实施的行为使某种合法权益处于危险状态时，该行为人即负有采取有效措施以积极防止危害结果发生的义务。在王仁兴破坏交通设施案中，被告人王仁兴解开航标船钢缆绳的行为即是先行行为。该先行行为在消除其自身危险的同时，也造成了对交通安全设施的破坏，从而使其他船舶的航行处于危险状态。此时，该先行行为就导致被告人王仁兴在其正当权益得以保全的情况下，负有采取积极救济措施以消除危险状态的作为义务。

行为人因实施紧急避险行为而造成交通设施被损坏的，在紧急避险结束后，有义务采取积极的救济措施以消除危险；行为人能够履行该义务而不履行的，可构成不作为的破坏交通设施罪。

---

① 《中华人民共和国公路法》（1997 年 7 月 3 日通过，2017 年 11 月 4 日第五次修正）

第五十条

Ⅰ超过公路、公路桥梁、公路隧道或者汽车渡船的限载、限高、限宽、限长标准的车辆，不得在有限定标准的公路、公路桥梁上或者公路隧道内行驶，不得使用汽车渡船。超过公路或者公路桥梁限载标准确需行驶的，必须经县级以上地方人民政府交通主管部门批准，并按要求采取有效的防护措施；运载不可解体的超限物品的，应当按照指定的时间、路线、时速行驶，并悬挂明显标志。

Ⅱ运输单位不能按照前款规定采取防护措施的，由交通主管部门帮助其采取防护措施，所需费用由运输单位承担。

② 《中华人民共和国公路法》（1997 年 7 月 3 日通过，2017 年 11 月 4 日第五次修正）

第五十二条

Ⅰ任何单位和个人不得损坏、擅自移动、涂改公路附属设施。

Ⅱ前款公路附属设施，是指为保护、养护公路和保障公路安全畅通所设置的公路防护、排水、养护、管理、服务、交通安全、渡运、监控、通信、收费等设施、设备以及专用建筑物、构筑物等。

第五十六条

Ⅰ除公路防护、养护需要的以外，禁止在公路两侧的建筑控制区内修建建筑物和地面构筑物；需要在建筑控制区内埋设管线、电缆等设施的，应当事先经县级以上地方人民政府交通主管部门批准。

Ⅱ前款规定的建筑控制区的范围，由县级以上地方人民政府按照保障公路运行安全和节约用地的原则，依照国务院的规定划定。

Ⅲ建筑控制区范围经县级以上地方人民政府依照前款规定划定后，由县级以上地方人民政府交通主管部门设置标桩、界桩。任何单位和个人不得损坏、擅自挪动该标桩、界桩。

③ 《中华人民共和国公路法》（1997 年 7 月 3 日通过，2017 年 11 月 4 日第五次修正）

第四十六条

任何单位和个人不得在公路上及公路用地范围内摆摊设点、堆放物品、倾倒垃圾、设置障碍、挖沟引水、利用公路边沟排放污物或者进行其他损坏、污染公路和影响公路畅通的活动。

④ 《中华人民共和国公路法》（1997 年 7 月 3 日通过，2017 年 11 月 4 日第五次修正）

第五十一条

机动车制造厂和其他单位不得将公路作为检验机动车制动性能的试车场地。

[No. 2-117、119(1)-1　王仁兴破坏交通设施案]

△盗窃正在使用中的关键交通设施，危及交通运输安全的，应以破坏交通设施罪论处。

道路交通标志是用图形、颜色、符号或文字，向交通参与者传递特定的信息，用以指示、导向、警告、控制和限定某种交通行为的一种交通管理设施，一般设在路旁或悬挂在道路的上方，使交通参与者获得正确的道路交通信息，从而达到交通安全的目的。

在王廷明破坏交通设施案中，被告人王廷明盗窃正在使用中的限重、限速、十字路口标志牌，虽然其犯罪动机是为了非法占有交通设施，但其主观上对破坏交通设施持放任态度，客观上亦破坏了关系到交通运输安全的交通管理设施，故应当认定该行为属于刑法上的破坏交通设施行为。

从破坏交通设施罪的法律规定看，本罪属于行为犯，并不要求发生危险的结果。该危险应当被理解为使交通工具发生倾覆、毁坏的现实可能性，这种可能性自行为人实施破坏行为时即存在；因此，只要破坏行为是针对正在使用中的交通设施整体或重要部件，就可以认定该行为造成了危险状态。本案被告人王廷明盗窃正在使用中的限重、限速、十字路口标志牌，且其中部分标志牌位于车流量较大的国道上；这些标志牌的缺失，使得交通参与者不能获得正确的道路交通信息，在应当限重、限速的路段而可能未限重、限速，在通过十字路口时也可能未采取减速、避让措施，一旦遇到紧急状况，就有可能发生危害不特定人生命财产安全的交通事故，即这种行为使得相关区域的交通安全处于一种危险状态。因此，可以认定被告人王廷明的行为存在使汽车发生倾覆、毁坏的现实危险性。

综上，本案被告人王廷明盗窃正在使用中的限重、限速、十字路口标志牌，虽然其犯罪动机是为了非法占有交通设施，但其主观上对破坏交通设施持放任态度，客观上不仅侵犯了财产关系，而且破坏了关系到交通运输安全的道路交通标志，使得相关区域的交通安全处于一种危险状态，严重危害了交通运输的安全，故对其应以破坏交通设施罪定罪处罚。[No. 5-264-51　王廷明破坏交通设施案]

△铁路运输领域破坏交通设施罪的入罪标准是足以使火车发生倾覆、毁坏的危险；而"严重后果"的认定应当从火车倾覆、人员伤亡、重大的直接经济损失以及行车中断时长等方面分别考量。

根据《刑法》第一百一十七条的规定，破坏交通设施罪是具体危险犯，只要破坏行为足以使火车发生倾覆、毁坏的危险，即可成立破坏交通设施罪。构成本罪的"危险"的判断标准和作为量刑情节的"后果"的判断标准，既有关联，又有不同。火车等交通工具足以发生倾覆或毁坏，是"危险"的唯一判断标准，行车中断等因素显然不在此列；而作为量刑情节的"后果"，既包括危险结果，又包括实害结果。这里所说的"实害结果"，是指破坏交通设施行为对公共安全法益造成的现实侵害事实，包括火车等交通工具的倾覆、毁坏及其中人员的伤亡、财产的损毁，行车中断对铁路运营安全和运营秩序的危害、对旅客公共安全感的影响等。尽管火车实际倾覆的危害性很大，应当认定为严重后果，但这并不是本罪法定刑升格的唯一标准。从我国刑法分则的规定来看，严重后果通常是致人重伤、死亡或使公私财产遭受重大损失以及使其他重大法益遭受严重损害，故对于铁路运输领域破坏交通设施罪中"严重后果"的认定也应参照这一标准。在公共安全法益受到侵害的前提下，司法机关应综合考量较长的中断行车时间、重大的直接经济损失以及人员伤亡等方面来认定严重后果。[No. 2-117、119(1)-2　陈勇破坏交通设施案]

第一百一十八条　【破坏电力设备罪】【破坏易燃易爆设备罪】

破坏电力、燃气或者其他易燃易爆设备，危害公共安全，尚未造成严重后果的，处三年以上十年以下有期徒刑。

【立法理由】

1. **1979 年立法的情况。**1979 年《刑法》第一百零九条规定："破坏电力、煤气或者其他易燃易爆设备，危害公共安全，尚未造成严重后果的，处三年以上十年以下有期徒刑。"本条规定的是以电力、燃气或者其他易燃易爆设备为侵害对象的犯罪，电力、燃气或者其他易燃易爆设备不仅和人们的生产、生活密不可分，而且本身都具有很高的危险性，容易造成群死群伤事故的发生。对于故意破坏的，即使尚未造成严重的危害后果，也应当依法追究刑事责任。

2. **1997 年修订刑法的情况。**1997 年刑法修订时对本条作了修改，将"煤气"修改为"燃气"。

【条文说明】

本条是关于破坏电力设备罪、破坏易燃易爆设备罪及其处罚的规定。

根据本条规定，**破坏电力设备罪和破坏易燃易爆设备罪**，是指破坏电力、燃气或者其他易燃易爆等设备，危害公共安全的行为。构成本罪必须同时具备以下几个条件：

1. 行为人主观上必须具有**破坏的故意**。

2. 行为人必须实施了**破坏电力、燃气或者其他易燃易爆设备的行为**。其中，**"电力"设备**是指用来发电和供电的公用设备[①]，如发电厂、供电站、高压输电线路等。[②] 需要注意的是，这里的电力设备，包括处于运行、应急等使用中的电力设备；已经通电使用，只是由于枯水季节或电力不足等原因暂停使用的电力设备；已经交付使用但尚未通电的电力设备。不包括尚未安装完毕，或者已经安装完毕但尚未交付使用的电力设备。**"燃气"设备**是指生产、贮存、输送各种燃气的设备，如煤气管道、煤气罐、天然气管道等。**"其他易燃易爆设备"**，是指除燃气设备以外的生产、贮存和输送易燃易爆物品的设备，如石油管道、汽车加油站、火药及易燃易爆的化学物品的生产、贮存、运输设备等。这里的犯罪对象是易燃易爆设备，而不是易燃易爆物品。对违反易燃易爆危险物品管理规定而造成火灾、爆炸等严重后果的，不构成本罪，应以《刑法》第一百三十六条**危险物品肇事罪**定罪处罚。

3. 破坏易燃易爆设备的行为，**必须危害了公共安全**。如果上述破坏行为仅局限在一些特定的范围，没有危及公共安全，则不应按本罪处罚。情节严重的，可依法以其他犯罪处罚。

根据本条的规定，本条处罚的是"尚未造成严重后果的"破坏电力、燃气或者其他易燃易爆设备，危害公共安全的行为。对于这种行为，处三年以上十年以下有期徒刑。对于造成严重后果的破坏电力设备、易燃易爆设备的犯罪，则应依照其他有关条款的规定处罚。

【司法解释】

《最高人民法院、最高人民检察院关于办理盗窃油气、破坏油气设备等刑事案件具体应用法律若干问题的解释》（法释〔2007〕3号，自2007年1月19日起施行）

△（**盗窃油气；破坏易燃易爆设备罪**）在实施盗窃油气等行为过程中，采用切割、打孔、撬砸、拆卸、开关等手段破坏正在使用的油气设备的，属于刑法第一百一十八条规定的"破坏燃气或者其他易燃易爆设备"的行为；危害公共安全，尚未造成严重后果的，依照刑法第一百一十八条的规定定罪处罚。（§1）

△（**想象竞合犯；盗窃罪**）盗窃油气同时构成盗窃罪和破坏易燃易爆设备罪的，依照刑法处罚较重的规定定罪处罚。（§4）

△（**油气；油气设备**）本解释所称的"油气"，是指石油、天然气。其中，石油包括原油、成品油；天然气包括煤层气。

本解释所称"油气设备"，是指用于石油、天然气生产、储存、运输等易燃易爆设备。（§8）

《最高人民法院关于审理破坏电力设备刑事案件具体应用法律若干问题的解释》（法释〔2007〕15号，自2007年8月21日起施行）

△（**盗窃电力设备；想象竞合犯；盗窃罪**）盗窃电力设备，危害公共安全，但不构成盗窃罪的，以破坏电力设备罪定罪处罚；同时构成盗窃罪和破坏电力设备罪的，依照刑法处罚较重的规定定罪处罚。（§3Ⅰ）

△（**电力设备**）本解释所称电力设备，是指处于运行、应急等使用中的电力设备；已经通电使用，只是由于枯水季节或电力不足等原因暂停使用的电力设备；已经交付使用但尚未通电的电力设备。不包括尚未安装完毕，或者已经安装完毕但尚未交付使用的电力设备。（§4Ⅰ）

《最高人民法院、最高人民检察院关于办理盗窃刑事案件适用法律若干问题的解释》（法释〔2013〕8号，自2013年4月4日起施行）

△（**想象竞合犯；盗窃罪**）盗窃公私财物并造成财物损毁的，按照下列规定处理：

（一）采用破坏性手段盗窃公私财物，造成其他财物损毁的，以盗窃罪从重处罚；同时构成盗窃罪和其他犯罪的，择一重罪从重处罚；

（二）实施盗窃犯罪后，为掩盖罪行或者报复等，故意毁坏其他财物构成犯罪的，以盗窃罪和构成的其他犯罪数罪并罚；

① 我国学者指出，除了各种发电设备、供电设备，电力设备还包括输变电设备。参见张明楷：《刑法学》（第6版），法律出版社2021年版，第897页；赵秉志、李希慧主编：《刑法各论》（第3版），中国人民大学出版社2016年版，第44页。

② 尚未安装完毕或者已经安装完毕但尚未交付使用的电力设备，不属于正在使用中的电力设备。已经交付使用但尚未通电或暂停使用的电力设备，属于电力设备。参见张明楷：《刑法学》（第6版），法律出版社2021年版，第897页；赵秉志、李希慧主编：《刑法各论》（第3版），中国人民大学出版社2016年版，第44页。

（三）盗窃行为未构成犯罪，但损毁财物构成其他犯罪的，以其他犯罪定罪处罚。（§ 11）

【司法解释性文件】

《最高人民法院、最高人民检察院、公安部关于办理盗窃油气、破坏油气设备等刑事案件适用法律若干问题的意见》（法发〔2018〕18 号，2018 年 9 月 28 日公布）

△（**盗窃油气；破坏油气设备；危害公共安全**）在实施盗窃油气等行为过程中，破坏正在使用的油气设备，具有下列情形之一的，应当认定为刑法第一百一十八条规定的"危害公共安全"：

（一）采用切割、打孔、撬砸、拆卸手段的，但是明显未危害公共安全的除外；

（二）采用开、关等手段，足以引发火灾、爆炸等危险的。（§1）

△（**盗窃油气；破坏油气设备；主犯；共同犯罪**）在共同盗窃油气、破坏油气设备等犯罪中，实际控制、为主出资或者组织、策划、纠集、雇佣、指使他人参与犯罪的，应当依法认定为主犯；对于其他人员，在共同犯罪中起主要作用的，也应当依法认定为主犯。

在输油输气管道投入使用前擅自安装阀门，在管道投入使用后将该阀门提供给他人盗窃油气的，以盗窃罪、破坏易燃易爆设备罪等有关犯罪的共同犯罪论处。（§3）

△（**专门性问题**）对于油气的质量、标准等专门性问题，综合油气企业提供的证据材料、犯罪嫌疑人、被告人及其辩护人所提辩解、辩护意见等认定；难以确定的，依据司法鉴定机构出具的鉴定意见或者国务院公安部门指定的机构出具的报告，结合其他证据认定。

油气企业提供的证据材料，应当有工作人员签名和企业公章。（§7）

【附属刑法】

《中华人民共和国电力法》（1995 年 12 月 28 日通过，2018 年 12 月 29 日第三次修正）

第七十二条

盗窃电力设施或者以其他方法破坏电力设施[①]，危害公共安全的，依照刑法有关规定追究刑事责任。

《中华人民共和国石油天然气管道保护法》（2010 年 6 月 25 日通过）

第五十一条

采用移动、切割、打孔、砸撬、拆卸等手段损坏管道或者盗窃、哄抢管道输送、泄漏、排放的石油、天然气，尚不构成犯罪的，依法给予治安管理处罚。

第五十五条

违反本法规定，实施危害管道安全的行为，给管道企业造成损害的，依法承担民事责任。

第五十七条

违反本法规定，构成犯罪的，依法追究刑事责任。

【参考案例】

△以非法占有为目的盗剪正在使用中的电缆，系一行为触犯两罪名，属于想象竞合犯，应当择一重罪处罚。

在冯留民破坏电力设备、盗窃案中，被告人冯留民伙同他人盗剪正在使用中的光铝线，其行为同时触犯了《刑法》第一百一十八条规定的破坏

---

① 《中华人民共和国电力法》（1995 年 12 月 28 日通过，2018 年 12 月 29 日第三次修正）

第四条

Ⅰ电力设施受国家保护。

Ⅱ禁止任何单位和个人危害电力设施安全或者非法侵占、使用电能。

第五十二条

Ⅰ任何单位和个人不得危害发电设施、变电设施和电力线路设施及其有关辅助设施。

Ⅱ在电力设施周围进行爆破及其他可能危及电力设施安全的作业的，应当按照国务院有关电力设施保护的规定，经批准并采取确保电力设施安全的措施后，方可进行作业。

第五十三条

Ⅰ电力管理部门应当按照国务院有关电力设施保护的规定，对电力设施保护区设立标志。

Ⅱ任何单位和个人不得在依法划定的电力设施保护区内修建可能危及电力设施安全的建筑物、构筑物，不得种植可能危及电力设施安全的植物，不得堆放可能危及电力设施安全的物品。

Ⅲ在依法划定电力设施保护区前已经种植的植物妨碍电力设施安全的，应当修剪或者砍伐。

第五十四条

任何单位和个人需要在依法划定的电力设施保护区内进行可能危及电力设施安全的作业时，应当经电力管理部门批准并采取安全措施后，方可进行作业。

第五十五条

电力设施与公用工程、绿化工程和其他工程在新建、改建或者扩建中相互妨碍时，有关单位应当按照国家有关规定协商，达成协议后方可施工。

电力设备罪和《刑法》第二百六十四条规定的盗窃罪,产生了破坏电力设备罪与盗窃罪的想象竞合问题。根据刑法理论,对想象竞合犯的处断原则是"择一重罪处罚",即应当结合犯罪的具体情节来考虑应该在哪一个量刑幅度内对其量刑,进而确定哪一罪为"重罪",从而明确选择哪一罪名来对其行为进行定性。[No. 2-118、119(1)-1-2 冯留民破坏电力设备、盗窃案]

△想象竞合犯涉及的两个罪名的法定刑相同的,应当通过比较两种犯罪的社会危害性及犯罪行为本身的性质来确定罪名的轻重。

根据《刑法》第一百一十八条和第一百一十九条第一款的规定,构成破坏电力设备罪不要求犯罪数额,行为人只要实施了危害公共安全的破坏电力设备行为,即便没有造成严重后果,也应当依法追究刑事责任,处以三年以上十年以下有期徒刑;造成严重后果的,处以十年以上有期徒刑、无期徒刑或者死刑。与之不同的是,构成盗窃罪,一般是以一定的数额为要件的。以北京地区为例,盗窃数额在1千元以上不满1万元的,属于"数额较大";盗窃数额在1万元以上不满6万元的,属于"数额巨大";盗窃数额在6万元以上的,属于"数额特别巨大"。因此,在这种情况下,行为人如果偷盗电力设备的数额在不满1万元,则依破坏电力设备罪追究其刑事责任是比较重的;而如果偷盗电力设备的数额在6万元以上,同时又没有造成严重危害公共安全后果的,则依照盗窃罪来追究被告人的刑事责任是比较重的。但是,如果偷盗电力设备的数额在1万元以上不满6万元,则相对应的两个罪名的法定刑是一样的,都是三至十年有期徒刑,此时究竟应该如何"择一重罪处罚"呢?

对此,一种观点认为,在主刑相同的情况下,应当比较附加刑的轻重,而依照盗窃罪定罪处罚还要并处罚金,因此盗窃罪相对更重;另一种观点认为,通过比较两种犯罪的社会危害性及犯罪行为本身的性质来确定罪名的轻重。笔者认为,第二种观点比较妥当。破坏电力设备罪属于危害公共安全的犯罪,其所侵犯的犯罪客体不仅包括财产权,而且涵盖不特定多数人的人身、财产权利,其罪责无疑更重,故依照罪责刑相适应原则,即便量刑相当,也应该以破坏电力设备罪追究其刑事责任;而且,破坏电力设备罪是行为犯,不论犯罪数额多少、是否出现危害结果,都应当依法追究其刑事责任。因此,刑法对于破坏电力设备行为的制裁一般要比对于盗窃行为的制裁更为严厉。除非能够证明盗割电线的行为没有对公共安全造成危害,否则当破坏电力设备罪与盗窃罪发生竞合时,如果相对应的法定刑幅度相当,还是应当以破坏电力设备罪依法追究其刑事责任。

在冯留民破坏电力设备、盗窃案中,被告人冯留民在明知被盗剪的光铝线是正在使用中的电力设备,仍然以非法占有为目的而将该光铝线剪断并销赃,尽管其主观上对于光铝线本身持非法占有的直接故意,但是其对于因盗剪行为对社会公共安全所造成的危害是持间接故意的。在犯罪客体方面,累计6.7公里的正在使用中的光铝线被盗,给当地居民的生产生活安全所带来的危害绝对不仅仅是价值2万余元的光铝线能够衡量的。因此,在冯留民的行为同时符合破坏电力设备罪与盗窃罪的犯罪构成,且量刑幅度均为三至十年有期徒刑时,从准确评价其行为社会危害的角度出发,依照破坏电力设备罪对其定罪处罚无疑是比较合适的。[No. 2-118、119(1)-1-3 冯留民破坏电力设备、盗窃案]

第一百一十九条 【破坏交通工具罪】【破坏交通设施罪】【破坏电力设备罪】【破坏易燃易爆设备罪】【过失损坏交通工具罪】【过失损坏交通设施罪】【过失损坏电力设备罪】【过失损坏易燃易爆设备罪】

破坏交通工具、交通设施、电力设备、燃气设备、易燃易爆设备,造成严重后果的,处十年以上有期徒刑、无期徒刑或者死刑。

过失犯前款罪的,处三年以上七年以下有期徒刑;情节较轻的,处三年以下有期徒刑或者拘役。

【立法理由】

1. **1979年立法的情况**。1979年《刑法》第一百一十条规定:"破坏交通工具、交通设备、电力煤气设备、易燃易爆设备造成严重后果的,处十年以上有期徒刑、无期徒刑或者死刑。过失犯前款罪的,处七年以下有期徒刑或者拘役。"交通工具、交通设施、电力设备、燃气设备、易燃易爆设备是现代社会重要的基础设施,是人们社会生活不可缺少的重要组成部分,因此刑法针对交通工具、交通设施、电力设备、燃气设备、易燃易爆设备实施的危害公共安全的犯罪行为采取了危险犯的立法模式,只要具有发生危害结果的危险就构成犯罪。本条对于实施上述犯罪并造成了严重后果的情形规定了较重的法定刑。此外,鉴于这类犯罪造成了严重后果,具有严重的社会危害性,还需要追究相应的过失犯罪的刑事责任。

2. **1997年修订刑法的情况**。1997年刑法修订时基本延续了1979年刑法的规定,并作了个别文字调整,将"煤气"修改为"燃气";并将过失犯罪的处罚修改为"处三年以上七年以下有期徒刑;情节较轻的,处三年以下有期徒刑或者拘役"。

【条文说明】

本条是关于破坏交通工具罪、破坏交通设施罪、破坏电力设备罪、破坏易燃易爆设备罪以及过失损坏交通工具罪、过失损坏交通设施罪、过失损坏电力设备罪、过失损坏易燃易爆设备罪及其处罚的规定。

本条共分为两款。

第一款是对**破坏交通工具、交通设施、电力、燃气或者其他易燃易爆设备造成严重后果**的处罚规定。《刑法》第一百一十六条破坏交通工具罪、第一百一十七条破坏交通设施罪、第一百一十八条破坏电力设备罪和破坏易燃易爆设备罪规定的处罚,都是对上述破坏行为尚未造成严重后果的情况下的刑罚。而本款对这几条规定的犯罪行为造成严重后果的,规定了更为严厉的处罚。这里所说的"**造成严重后果的**",主要是指犯罪分子实施上述几种犯罪行为,导致了火车、汽车、电车、船只、航空器倾覆、毁坏的结果发生或者电厂、供电设备失火、天然气管道爆炸,发生重大火灾等,造成了人员的死亡或者造成公私财产的重大毁损,从而危害公共安全的行为。根据本款的规定,对实施第一百一十六条规定的破坏交通工具罪、第一百一十七条规定的破坏交通设施罪、第一百一十八条规定的破坏电力设备罪和破坏易燃易爆设备罪,造成严重后果的,处十年以上有期徒刑、无期徒刑或者死刑。本款所规定的"交通工具",是指第一百一十六条所规定的火车、汽车、电车、船只、航空器;"交通设施",是指第一百一十七条规定的轨道、桥梁、隧道、公路、机场、航道、灯塔、标志等;"电力设备""燃气设备"和"易燃易爆设备",与本法第一百一十八条规定的范围是一致的,因在前面已有解释,这里不再赘述。

第二款是关于**过失损坏交通工具罪、过失损坏交通设施罪、过失损坏电力设备罪、过失损坏易燃易爆设备罪**的规定。这里所说的"**过失犯前款罪**",是指由于行为人主观上疏忽大意或者轻信能够避免的过失而损坏交通工具、交通设施、电力设备、燃气设备、易燃易爆设备造成严重后果、危害公共安全的行为。根据本款规定,构成过失损坏交通工具罪、过失损坏交通设施罪、过失损坏电力设备罪、过失损坏易燃易爆设备罪必须同时具备以下条件:

1. 行为人在主观上是**过失**,而不是故意。如果行为人故意实施破坏行为,则应按第一款的规定处罚,不能适用本款。

2. 行为人的过失行为**只有实际造成了严重后果的,才能构成犯罪,适用本款规定**。根据本款规定,过失损坏交通工具,损坏交通设施,损坏电力、燃气设备或者其他易燃易爆设备,造成严重后果的,处三年以上七年以下有期徒刑;情节较轻的,处三年以下有期徒刑或者拘役。对于何为"造成严重后果",可以根据各种因素综合认定。比如,有盗窃油气、破坏油气设备的行为,造成人员死亡或者多人重伤、轻伤的,造成井喷或者重大环境污染事故的,造成直接经济损失数额巨大,或者造成其他严重后果的。再如,破坏电力设备造成人员死亡或者多人重伤、轻伤的,造成长时间断电致使生产、生活受到严重影响的,造成直接经济损失数额巨大的,以及造成其他危害公共安全严重后果的。

如果本条所规定的犯罪行为同时构成其他犯罪的,属于刑法中的**竞合情形**,应当按照从重原则处罚。比如,盗窃油气等同时构成盗窃罪和破坏易燃易爆设备罪的,依照刑法处罚较重的规定定罪处罚;同时构成盗窃罪和破坏电力设备罪的,依照刑法处罚较重的规定定罪处罚。

【司法解释】

《最高人民法院、最高人民检察院关于办理盗窃油气、破坏油气设备等刑事案件具体应用法律若干问题的解释》(法释〔2007〕3号,自2007年1月19日起施行)

△(**破坏易燃易爆设备罪;造成严重后果**)实

施本解释第一条①规定的行为，具有下列情形之一的，属于刑法第一百一十九条第一款规定的“造成严重后果”，依照刑法第一百一十九条第一款的规定定罪处罚：

（一）造成一人以上死亡、三人以上重伤或者十人以上轻伤的；

（二）造成井喷或者重大环境污染事故的；

（三）造成直接经济损失数额在五十万元以上的；

（四）造成其他严重后果的。（§ 2）

△**（想象竞合犯；盗窃罪）**盗窃油气同时构成盗窃罪和破坏易燃易爆设备罪的，依照刑法处罚较重的规定定罪处罚。（§ 4）

△**（油气；油气设备）**本解释所称的“油气”，是指石油、天然气。其中，石油包括原油、成品油；天然气包括煤层气。

本解释所称“油气设备”，是指用于石油、天然气生产、储存、运输等易燃易爆设备。（§ 8）

《最高人民法院关于审理破坏电力设备刑事案件具体应用法律若干问题的解释》（法释〔2007〕15号，自2007年8月21日起施行）

△**（破坏电力设备罪；造成严重后果）**破坏电力设备，具有下列情形之一的，属于刑法第一百一十九条第一款规定的“造成严重后果”，以破坏电力设备罪判处十年以上有期徒刑、无期徒刑或者死刑：

（一）造成一人以上死亡、三人以上重伤或者十人以上轻伤的；

（二）造成一万以上用户电力供应中断六小时以上，致使生产、生活受到严重影响的；

（三）造成直接经济损失一百万元以上的；

（四）造成其他危害公共安全严重后果的。（§ 1）

△**（过失损坏电力设备罪）**过失损坏电力设备，造成本解释第一条规定的严重后果的，依照刑法第一百一十九条第二款的规定，以过失损坏电力设备罪判处三年以上七年以下有期徒刑；情节较轻的，处三年以下有期徒刑或者拘役。（§ 2）

△**（盗窃电力设备；想象竞合犯；盗窃罪）**盗窃电力设备，危害公共安全，但不构成盗窃罪的，以破坏电力设备罪定罪处罚；同时构成盗窃罪和破坏电力设备罪的，依照刑法处罚较重的规定定罪处罚。（§ 3 Ⅰ）

△**（电力设备；直接经济损失的计算范围）**本解释所称电力设备，是指处于运行、应急等使用中的电力设备；已经通电使用，只是由于枯水季节或电力不足等原因暂停使用的电力设备；已经交付使用但尚未通电的电力设备。不包括尚未安装完毕，或者已经安装完毕但尚未交付使用的电力设备。

本解释中直接经济损失的计算范围，包括电量损失金额，被毁损设备材料的购置、更换、修复费用，以及因停电给用户造成的直接经济损失等。（§ 4）

《最高人民法院、最高人民检察院关于办理盗窃刑事案件适用法律若干问题的解释》（法释〔2013〕8号，自2013年4月4日起施行）

△**（想象竞合犯；盗窃罪）**盗窃公私财物并造成财物损毁的，按照下列规定处理：

（一）采用破坏性手段盗窃公私财物，造成其他财物损毁的，以盗窃罪从重处罚；同时构成盗窃罪和其他犯罪的，择一重罪从重处罚；

（二）实施盗窃犯罪后，为掩盖罪行或者报复等，故意毁坏其他财物构成犯罪的，以盗窃罪和构成的其他犯罪数罪并罚；

（三）盗窃行为未构成犯罪，但损毁财物构成其他犯罪的，以其他犯罪定罪处罚。（§ 11）

【司法解释性文件】

《最高人民法院、最高人民检察院、公安部关于办理盗窃油气、破坏油气设备等刑事案件适用法律若干问题的意见》（法发〔2018〕18号，2018年9月28日公布）

△**（直接经济损失；认定）**《最高人民法院、最高人民检察院关于办理盗窃油气、破坏油气设备等刑事案件具体应用法律若干问题的解释》第二条第三项规定的“直接经济损失”包括因实施盗窃油气等行为直接造成的油气损失以及采取抢修堵漏等措施所产生的费用。

对于直接经济损失数额，综合油气企业提供的证据材料、犯罪嫌疑人、被告人及其辩护人所提

① 《最高人民法院、最高人民检察院关于办理盗窃油气、破坏油气设备等刑事案件具体应用法律若干问题的解释》（法释〔2007〕3号，自2007年1月19日起施行）

第一条

在实施盗窃油气等行为过程中，采用切割、打孔、撬砸、拆卸、开关等手段破坏正在使用的油气设备的，属于刑法第一百一十八条规定的“破坏燃气或者其他易燃易爆设备”的行为；危害公共安全，尚未造成严重后果的，依照刑法第一百一十八条的规定定罪处罚。

辩解、辩护意见等认定；难以确定的，依据价格认证机构出具的报告，结合其他证据认定。

油气企业提供的证据材料，应当有工作人员签名和企业公章。（§6）

△（**专门性问题**）对于油气的质量、标准等专门性问题，综合油气企业提供的证据材料、犯罪嫌疑人、被告人及其辩护人所提辩解、辩护意见等认定；难以确定的，依据司法鉴定机构出具的鉴定意见或者国务院公安部门指定的机构出具的报告，结合其他证据认定。

油气企业提供的证据材料，应当有工作人员签名和企业公章。（§7）

《最高人民法院、最高人民检察院、公安部关于办理涉窨井盖相关刑事案件的指导意见》（高检发〔2020〕3号，2020年3月16日发布）

△（**窨井盖；破坏交通设施罪；过失损坏交通设施罪**）盗窃、破坏正在使用中的社会机动车通行道路上的窨井盖，足以使汽车、电车发生倾覆、毁坏危险，尚未造成严重后果的，依照刑法第一百一十七条的规定，以破坏交通设施罪定罪处罚；造成严重后果的，依照刑法第一百一十九条第一款的规定处罚。

过失造成严重后果的，依照刑法第一百一十九条第二款的规定，以过失损坏交通设施罪定罪处罚。（§1）

△（**窨井盖**）本意见所称的"窨井盖"，包括城市、城乡结合部和乡村等地的窨井盖以及其他井盖。（§12）

《最高人民法院、最高人民检察院、公安部、司法部关于依法惩治妨害新型冠状病毒感染肺炎疫情防控违法犯罪的意见》（法发〔2020〕7号，2020年2月6日发布）

△（**肺炎疫情防控；破坏交通设施罪**）依法严惩破坏交通设施犯罪。在疫情防控期间，破坏轨道、桥梁、隧道、公路、机场、航道、灯塔、标志或者进行其他破坏活动，足以使火车、汽车、电车、船只、航空器发生倾覆、毁坏危险的，依照刑法第一百一十七条、第一百一十九条第一款的规定，以破坏交通设施罪定罪处罚。

办理破坏交通设施案件，要区分具体情况，依法审慎处理。对于为了防止疫情蔓延，未经批准擅自封路阻碍交通，未造成严重后果的，一般不以犯罪论处，由主管部门予以纠正。（§2Ⅷ）

△（**治安管理处罚；从重情节**）依法严惩妨害疫情防控的违法行为。实施上述（一）至（九）规定的行为，不构成犯罪的，由公安机关根据治安管理处罚法有关虚构事实扰乱公共秩序，扰乱单位秩序、公共场所秩序、寻衅滋事，拒不执行紧急状态下的决定、命令，阻碍执行职务，冲闯警戒带、警戒区，殴打他人，故意伤害，侮辱他人，诈骗，在铁路沿线非法挖掘坑穴、采石取沙，盗窃、损毁路面公共设施，损毁铁路设施设备，故意损毁财物、哄抢公私财物等规定，予以治安管理处罚，或者由有关部门予以其他行政处罚。

对于在疫情防控期间实施有关违法犯罪的，要作为从重情节予以考量，依法体现从严的政策要求，有力惩治震慑违法犯罪，维护法律权威，维护社会秩序，维护人民群众生命安全和身体健康。（§2Ⅹ）

【附属刑法】

《中华人民共和国铁路法》（1990年9月7日通过，2015年4月24日第二次修正）

第六十一条

故意损毁、移动铁路行车信号装置或者在铁路线路上放置足以使列车倾覆的障碍物的，依照刑法有关规定追究刑事责任。

第六十二条

盗窃铁路线路上行车设施的零件、部件或者铁路线路上的器材，危及行车安全的，依照刑法有关规定追究刑事责任。

《中华人民共和国民用航空法》（1995年10月30日通过，2021年4月29日第六次修正）

第一百九十五条

故意在使用中的民用航空器上放置危险品或者唆使他人放置危险品，足以毁坏该民用航空器，危及飞行安全的，依照刑法有关规定追究刑事责任。

第一百九十七条

盗窃或者故意损毁、移动使用中的航行设施，危及飞行安全，足以使民用航空器发生坠落、毁坏危险的，依照刑法有关规定追究刑事责任。

第一百二十条　【组织、领导、参加恐怖组织罪】

组织、领导恐怖活动组织的，处十年以上有期徒刑或者无期徒刑，并处没收财产；积极参加的，处三年以上十年以下有期徒刑，并处罚金；其他参加的，处三年以下有期徒刑、拘役、管制或者剥夺政治权利，可以并处罚金。

犯前款罪并实施杀人、爆炸、绑架等犯罪的，依照数罪并罚的规定处罚。

【立法沿革】

《中华人民共和国刑法》(1997年修订，自1997年10月1日起施行)

第一百二十条

组织、领导和积极参加恐怖活动组织的，处三年以上十年以下有期徒刑；其他参加的，处三年以下有期徒刑、拘役或者管制。

犯前款罪并实施杀人、爆炸、绑架等犯罪的，依照数罪并罚的规定处罚。

《中华人民共和国刑法修正案(三)》(自2001年12月29日起施行)

三、将刑法第一百二十条第一款修改为：

"组织、领导恐怖活动组织的，处十年以上有期徒刑或者无期徒刑；积极参加的，处三年以上十年以下有期徒刑；其他参加的，处三年以下有期徒刑、拘役、管制或者剥夺政治权利。"

《中华人民共和国刑法修正案(九)》(自2015年11月1日起施行)

五、将刑法第一百二十条修改为：

"组织、领导恐怖活动组织的，处十年以上有期徒刑或者无期徒刑，并处没收财产；积极参加的，处三年以上十年以下有期徒刑，并处罚金；其他参加的，处三年以下有期徒刑、拘役、管制或者剥夺政治权利，可以并处罚金。

"犯前款罪并实施杀人、爆炸、绑架等犯罪的，依照数罪并罚的规定处罚。"

【立法理由】

1. **1997年修订刑法的情况**。组织、领导、参加恐怖活动组织进行恐怖活动的犯罪具有极大的社会危害性，对于社会稳定、公民人身财产的安全都有极大的破坏力。为此，1997年刑法增加规定了组织、领导、参加恐怖组织罪，并规定了相应的刑罚。

2. **2001年《刑法修正案(三)》对本条的修改情况**。将"组织""领导"恐怖活动组织犯罪的法定刑由"三年以上十年以下有期徒刑"**提高为"十年以上有期徒刑或者无期徒刑"**。2001年，美国"9·11"事件爆发后，世界各国更加认识到恐怖主义犯罪的反人类性质和极端危害，并将其视为国际社会的共同敌人。同时就世界各国的情况来看，随着社会经济的发展和现代科学技术的广泛运用，恐怖犯罪活动无论在发案数量和规模上，还是在破坏程度和影响范围上，都有愈演愈烈之势，恐怖犯罪活动已经成为危害全人类的严重犯罪。在这种情况下，要求刑法适应形势需要，提高对上述犯罪的法定刑的呼声逐渐高涨，希望通过加大惩罚力度，增强对这类犯罪的惩治和威慑作用。因此，《刑法修正案(三)》对本条作了修改，提高了组织、领导恐怖组织犯罪的法定刑。

3. **2015年《刑法修正案(九)》对本条的修改情况**。对组织、领导恐怖活动组织的，增加规定"并处没收财产"；对积极参加的，增加规定"并处罚金"；对其他参加的，增加规定"可以并处罚金"。一段时期以来，受国外恐怖主义的不断渗透和我国恐怖主义、分裂主义和极端主义"三股势力"活动日益猖獗的影响，我国恐怖主义犯罪多发频发，破坏程度和影响范围空前扩大，已经成为严重危害我国经济、社会稳定和人民群众生命财产安全的最严重犯罪之一。基于这种严峻形势，有关部门、地方、专家学者和社会公众希望进一步完善恐怖主义犯罪的规定，**在已提高刑法规定的法定刑的基础上，再增加财产刑的规定**，以剥夺这类犯罪分子的可用于再犯罪的经济能力，加强对这类犯罪的惩治和预防。为此，《刑法修正案(九)》再次对本条作出修改，对组织、领导、参加恐怖活动组织犯罪都增加规定了财产刑。在《刑法修正案(九)》起草前后，有的意见提出增加**单独的恐怖活动罪**。考虑到此前已经有关于组织、领导、积极参加恐怖活动组织的规定，其中也规定了实施杀人、爆炸、绑架等犯罪的，依照数罪并罚的规定处罚，增加规定单独的恐怖活动罪，如何设置刑罚，是否增加死刑等都需要再进一步考虑。另外，恐怖活动犯罪本身在实践中表现出来的具体行为比较多样，侵犯的客体也比较复杂，刑法总则、分则都有相应规定，惩治恐怖活动犯罪需要统筹刑法相关规定，形成合力。当前的立法模式是根据恐怖活动犯罪的具体表现形式，分别作出有针对性的刑罚规定并根据实践需要及时完善，这样规定覆盖面广,惩处力度大,且更有针对性,也便于在处置这类犯罪时,根据形势和需要,灵活地选择适用。

【条文说明】

本条是关于组织、领导、参加恐怖组织罪及其处罚的规定。

本条共分为两款。

第一款是关于**组织、领导、参加恐怖组织罪及其处罚**的规定。这里所说的“**组织**”,是指鼓动、召集若干人建立或者安排为从事某一特定活动的比较稳定的组织或者集团。“**领导**”,是指在某一组织或者集团中起指挥、决定作用。“**积极参加的**”,是指对参与恐怖活动态度积极,并起主要作用的成员。“**其他参加的**”,主要是指恐怖组织中的一般成员。根据反恐怖主义法的规定,**恐怖主义**,是指通过暴力、破坏、恐吓等手段,制造社会恐慌、危害公共安全、侵犯人身财产,或者胁迫国家机关、国际组织,以实现其政治、意识形态等目的的主张和行为。**恐怖活动**,是指恐怖主义性质的下列行为:(1)组织、策划、准备实施、实施造成或者意图造成人员伤亡、重大财产损失、公共设施损坏、社会秩序混乱等严重社会危害的活动的;(2)宣扬恐怖主义,煽动实施恐怖活动,或者非法持有宣扬恐怖主义的物品,强制他人在公共场所穿戴宣扬恐怖主义的服饰、标志的;(3)组织、领导、参加恐怖活动组织的;(4)为恐怖活动组织、恐怖活动人员、实施恐怖活动或者恐怖活动培训提供信息、资金、物资、劳务、技术、场所等支持、协助、便利的;(5)其他恐怖活动。**恐怖活动组织**是指三人以上为实施恐怖活动而组成的犯罪组织。恐怖活动组织一般具备以下特征:(1)成员必须是三人以上,这是恐怖活动组织在人数上的最低限制。实践中,恐怖活动组织的规模大小不一,有的几人,有的几十人,有的甚至成百上千人,在具体把握上,对于其中成员数量达到三人以上的,即可认定为恐怖活动组织。(2)恐怖活动组织必须具有特定的目的,一般带有政治、意识形态等性质,不具有这方面的目的,仅是为实施普通犯罪而结合起来的犯罪集团,与恐怖活动组织是有明显区别的。(3)恐怖活动组织属于犯罪组织,既包括为实施恐怖活动而组成的较为固定的犯罪集团,也包括组织形态相对松散,人员不太固定的犯罪团伙。根据反恐怖主义法的规定,对恐怖活动组织有**两种认定渠道**:一是由国家反恐怖主义工作领导机构认定,二是由人民法院在刑事诉讼中依法认定。

根据《最高人民法院、最高人民检察院、公安部、司法部关于办理恐怖活动和极端主义犯罪案件适用法律若干问题的意见》的有关规定,具有下列情形之一的,应当认定为本条规定的“**组织、领导恐怖活动组织**”,以组织、领导恐怖组织罪定罪处罚:(1)发起、建立恐怖活动组织的;(2)恐怖活动组织成立后,对组织及其日常运行负责决策、指挥、管理的;(3)恐怖活动组织成立后,组织、策划、指挥该组织成员进行恐怖活动的;(4)其他组织、领导恐怖活动组织的情形。具有下列情形之一的,应当认定为本条规定的“**积极参加**”,以参加恐怖组织罪定罪处罚:(1)纠集他人共同参加恐怖活动组织的;(2)多次参加恐怖活动组织的;(3)曾因参加恐怖活动组织、实施恐怖活动被追究刑事责任或者二年内受过行政处罚,又参加恐怖活动组织的;(4)在恐怖活动组织中实施恐怖活动且作用突出的;(5)在恐怖活动组织中积极协助组织、领导者实施组织、领导行为的;(6)其他积极参加恐怖活动组织的情形。参加恐怖活动组织,但不具有前两款规定情形的,应当认定为本条规定的“**其他参加**”,以参加恐怖组织罪定罪处罚。

根据本款规定,对组织、领导、积极参加和参加恐怖活动组织的,除判处主刑外,还要区别情形判处**财产刑**。具体而言:对组织、领导恐怖活动组织的,处十年以上有期徒刑或者无期徒刑,并处没收财产;对积极参加的,处三年以上十年以下有期徒刑,并处罚金;对其他参加的,处三年以下有期徒刑、拘役、管制或者剥夺政治权利,可以并处罚金。

第二款是关于**参加恐怖活动组织又实施恐怖活动**的处罚规定。恐怖主义犯罪是极其严重的犯罪,因此,刑法将有组织、领导、积极参加或者参加恐怖活动组织行为之一的,即规定为犯罪,将刑法的防线提前,不等到有其他更严重危害行为时才作犯罪处理。但对犯罪分子而言,组织、领导、参加恐怖活动组织只是手段不是目的。他们的目的是要借助其组织实施暴力恐怖行为,因而往往同时又实施了具体的恐怖活动。对于在组织、领导或者参加恐怖活动组织后又借助其组织实施其他犯罪行为的情况如何处理,本款作了明确规定。根据本款规定,犯组织、领导、参加恐怖组织罪同时又实施了杀人、爆炸、绑架等犯罪的,依照**数罪并罚**的规定处罚。根据实际情况和国际反恐怖主义工作的经验,本款列举的“杀人、爆炸、绑架”三种犯罪,是恐怖活动组织经常实施的几种犯罪活动。这些犯罪活动都是严重危害人身安全、公共安全的严重刑事犯罪,必须予以严惩。对于恐怖活动组织实施的**这三种犯罪以外的其他犯罪**,如劫持航空器、以危险方法危害公共安全等其他犯罪的,根据本款规定,也要依照数罪并罚的规定处罚。即以本罪与所犯其他暴力性犯罪,分别定罪量刑,然后依照本法第六十九条的规定,决定应执行的刑罚。

需要注意的是:第一,本罪是**选择性罪名**,行为人只要实施了组织、领导、积极参加或者参加恐怖活动组织行为之一的,便构成本罪。行为人实施本条第一款规定的两个或者两个以上的行为,比如既组织又领导恐怖组织的,也只成立一罪,不实行数罪并罚。第二,关于本罪的**财产刑的适用**问题。对犯本罪的,除判处主刑外,还要区别情形判处不同财产刑。对其中组织、领导恐怖活动组织的,**并处没收财产**;对积极参加的,**并处罚金**;对参加的,**可以并处罚金**。

实践中根据本条规定认定犯罪时,还应当注意以下几点:

1. 对于恐怖活动犯罪,要注意做好案件侦办、证据固定等工作,用好用足刑法相关规定,不放纵犯罪。既要注意适用本条中有关数罪并罚的规定,对具体的恐怖活动犯罪行为,注意根据情况分别适用刑法有关杀人、爆炸、绑架等规定;也要考虑《刑法》第五十条有关"限制减刑"的规定、第六十六条有关"特殊累犯"的规定。对于组织、领导恐怖活动组织,符合刑法总则有关犯罪集团的规定的,对组织、领导犯罪集团的首要分子,按照集团所犯的全部罪行处罚。

2. 掌握好罪与非罪的界限。本罪的主观方面是故意,一般具有借助恐怖活动组织实施恐怖活动的目的。实践中,对于参加恐怖活动组织而言,**行为人必须明知是恐怖活动组织而自愿参加的,才能构成本罪**。对于那些因不明真相,因受蒙蔽、欺骗而参加恐怖活动组织,一经发现即脱离关系,实际上也没有参与实施恐怖活动的,不能认定为犯罪。

3. 掌握好本罪与**组织、领导、参加黑社会性质组织罪**的界限。本法第二百九十四条规定了组织、领导、参加黑社会性质组织罪,并明确了黑社会性质组织应当同时具备的特征。这两种犯罪在客观方面的行为方式上非常相近,在人员构成、犯罪方式、活动形式等方面也很相似。但两者的区别也是明显的:一是类罪名不同。组织、领导、参加恐怖组织罪是危害公共安全的犯罪,而组织、领导、参加黑社会性质组织罪是破坏社会管理秩序的犯罪。二是犯罪组织的性质不同。恐怖活动组织具有较浓的政治色彩,而黑社会性质组织更多的是为了追求非法经济利益,主要构成对经济、社会生活秩序的严重破坏。

4. 对恐怖活动组织和人员的认定与救济。根据反恐怖主义法与本法的规定,恐怖活动组织的认定包括行政认定与司法认定。**行政认定**是由国家反恐怖主义工作领导机构认定,**司法认定**是由人民法院在刑事诉讼中依法认定。根据刑事诉讼法的规定,有管辖权的中级以上人民法院在审判刑事案件的过程中,可以依法认定恐怖活动组织和人员。在具体的恐怖活动案件中可能两种认定方式并存。对于被认定为恐怖活动组织和人员不服的,应当按照各自的规定申请救济,其中根据反恐怖主义法认定的恐怖活动组织和人员,被认定的恐怖活动组织和人员对认定不服的,可以通过国家反恐怖主义工作领导机构的办事机构申请复核。

【司法解释性文件】

《最高人民法院关于充分发挥审判职能作用切实维护公共安全的若干意见》(法发〔2015〕12号,2015年9月16日公布)

△(**暴力恐怖犯罪活动;区别对待**)依法严惩暴力恐怖犯罪活动。暴力恐怖犯罪严重危害广大人民群众的生命财产安全,严重危害社会和谐稳定。对暴力恐怖犯罪活动,要坚持严打方针不动摇,对首要分子、骨干成员、罪行重大者,该判处重刑乃至死刑的应当依法判处;要立足打早打小打苗头,对已经构成犯罪的一律依法追究刑事责任,对因被及时发现、采取预防措施而没有造成实际损害的暴恐分子,只要符合犯罪构成条件的,该依法重判的也要依法重判;要注意区别对待,对自动投案、检举揭发,特别是主动交代、协助抓捕幕后指使的,要体现政策依法从宽处理。要通过依法裁判,树立法治威严,坚决打掉暴恐分子的嚣张气焰,有效维护人民权益和社会安宁。

《最高人民法院、最高人民检察院、公安部、司法部关于办理恐怖活动和极端主义犯罪案件适用法律若干问题的意见》(高检会〔2018〕1号,2018年3月16日公布)

△(**组织、领导恐怖活动组织;积极参加;其他参加;数罪并罚**)具有下列情形之一的,应当认定为刑法第一百二十条规定的"组织、领导恐怖活动组织",以组织、领导恐怖组织罪定罪处罚:

1. 发起、建立恐怖活动组织的;

2. 恐怖活动组织成立后,对组织及其日常运行负责决策、指挥、管理的;

3. 恐怖活动组织成立后,组织、策划、指挥该组织成员进行恐怖活动的;

4. 其他组织、领导恐怖活动组织的情形。

具有下列情形之一的，应当认定为刑法第一百二十条规定的“积极参加”，以参加恐怖组织罪定罪处罚：

1. 纠集他人共同参加恐怖活动组织的；

2. 多次参加恐怖活动组织的；

3. 曾因参加恐怖活动组织、实施恐怖活动被追究刑事责任或者二年内受过行政处罚，又参加恐怖活动组织的；

4. 在恐怖活动组织中实施恐怖活动且作用突出的；

5. 在恐怖活动组织中积极协助组织、领导者实施组织、领导行为的；

6. 其他积极参加恐怖活动组织的情形。

参加恐怖活动组织，但不具有前两款规定情形的，应当认定为刑法第一百二十条规定的“其他参加”，以参加恐怖组织罪定罪处罚。

犯刑法第一百二十条规定的犯罪，又实施杀人、放火、爆炸、绑架、抢劫等犯罪的，依照数罪并罚的规定定罪处罚。

△(**竞合**)犯刑法第一百二十条规定的犯罪，同时构成刑法第一百二十条之一至之六规定的犯罪的，依照处罚较重的规定定罪处罚。

犯《刑法》第一百二十条之一至之六规定的犯罪，同时构成其他犯罪的，依照处罚较重的规定定罪处罚。

△(**恐怖主义、极端主义；恐怖活动；恐怖活动组织**)恐怖主义、极端主义，恐怖活动，恐怖活动组织，根据《中华人民共和国反恐怖主义法》等法律法规认定。

△(**恐怖活动组织和恐怖活动人员；认定；公告**)国家反恐怖主义工作领导机构对恐怖活动组织和恐怖活动人员作出认定并予以公告的，人民法院可以在办案中根据公告直接认定。国家反恐怖主义工作领导机构没有公告的，人民法院应当严格依照《中华人民共和国反恐怖主义法》有关恐怖活动组织和恐怖活动人员的定义认定，必要时，可以商地市级以上公安机关出具意见作为参考。

【附属刑法】

《中华人民共和国反恐怖主义法》(2015年12月27日通过，2018年4月27日修正)

第七十九条

组织、策划、准备实施、实施恐怖活动，宣扬恐怖主义，煽动实施恐怖活动，非法持有宣扬恐怖主义的物品，强制他人在公共场所穿戴宣扬恐怖主义的服饰、标志，组织、领导、参加恐怖活动组织，为恐怖活动组织、恐怖活动人员、实施恐怖活动或者恐怖活动培训提供帮助的，依法追究刑事责任。

第一百二十条之一　【帮助恐怖活动罪】

资助恐怖活动组织、实施恐怖活动的个人的，或者资助恐怖活动培训的，处五年以下有期徒刑、拘役、管制或者剥夺政治权利，并处罚金；情节严重的，处五年以上有期徒刑，并处罚金或者没收财产。

为恐怖活动组织、实施恐怖活动或者恐怖活动培训招募、运送人员的，依照前款的规定处罚。

单位犯前两款罪的，对单位判处罚金，并对其直接负责的主管人员和其他直接责任人员，依照第一款的规定处罚。

【立法沿革】

《中华人民共和国刑法修正案(三)》(自2001年12月29日起施行)

四、刑法第一百二十条后增加一条，作为第一百二十条之一：

“资助恐怖活动组织或者实施恐怖活动的个人的，处五年以下有期徒刑、拘役、管制或者剥夺政治权利，并处罚金；情节严重的，处五年以上有期徒刑，并处罚金或者没收财产。

“单位犯前款罪的，对单位判处罚金，并对其直接负责的主管人员和其他直接责任人员，依照前款的规定处罚。”

《中华人民共和国刑法修正案(九)》(自2015年11月1日起施行)

六、将刑法第一百二十条之一修改为：

“资助恐怖活动组织、实施恐怖活动的个人的，或者资助恐怖活动培训的，处五年以下有期徒刑、拘役、管制或者剥夺政治权利，并处罚金；情节严重的，处五年以上有期徒刑，并处罚金或者没收财产。

"为恐怖活动组织、实施恐怖活动或者恐怖活动培训招募、运送人员的，依照前款的规定处罚。

"单位犯前两款罪的，对单位判处罚金，并对其直接负责的主管人员和其他直接责任人员，依照第一款的规定处罚。"

【立法理由】

1. **2001年《刑法修正案（三）》立法的情况**。为了打击恐怖犯罪活动，切断恐怖活动组织生存的经济来源，将资助恐怖活动组织或者实施恐怖活动的个人的行为规定为犯罪，予以惩处，已成为同恐怖犯罪活动作斗争的一个重要环节。为此，联合国安理会于2001年9月29日通过了第1373号决议，要求各国将为恐怖活动提供或者筹集资金的行为规定为犯罪，即通常所说的**反恐怖主义融资犯罪化**。我国立法机关及时地通过《刑法修正案（三）》，在刑法中增加了对资助恐怖活动组织或者实施恐怖活动的个人的犯罪及其处罚的规定。反恐怖主义融资的犯罪化既是反恐怖主义的需要，也是反洗钱工作的重要内容。

2. **2015年《刑法修正案（九）》对本条的修改情况**。《刑法修正案（九）》的修改，是为适应当时恐怖活动犯罪出现的新情况而作出的有针对性的规定。资助恐怖活动培训与资助恐怖活动组织、实施恐怖活动的个人都属于恐怖主义行为，具有同等程度的危害。从反恐怖主义斗争的形势看，恐怖活动培训及对其资助的行为越来越猖獗，需要予以严厉惩处。为此，《刑法修正案（九）》对第一款作了修改，将**资助恐怖活动培训的行为**明确纳入犯罪。同时，在司法实践中，资助恐怖活动组织、实施恐怖活动或者恐怖活动培训的形式很多，除在资金、物质上提供支持外，还有一些人虽然没有出钱出物，但提供了**招募、运送人员等服务**。这种情况，实质上也属于帮助恐怖活动的行为。针对这种形势，根据有关方面的意见，增加了第二款的规定，对这类行为如何处罚予以明确。

【条文说明】

本条是关于帮助恐怖活动罪及其处罚的规定。

本条共分为三款。

第一款是关于**资助恐怖活动组织、实施恐怖活动的个人以及资助恐怖活动培训的犯罪及其处罚**的规定。[①] 构成本罪必须符合以下条件：一是主观上必须是**故意**，即犯罪分子明知对方是恐怖活动组织、实施恐怖活动的个人或者恐怖活动培训而予以资助。不知道对方是恐怖活动组织、实施恐怖活动的个人或者恐怖活动培训，而是由于受欺骗而为其提供资助的，不构成本罪。这是区分罪与非罪的重要界限。二是必须**实施了相应的资助行为**，即实施了为恐怖活动组织、实施恐怖活动的个人或者恐怖活动培训筹集、提供经费、物资或者提供场所以及其他物质便利的行为。提供资助的犯罪动机是多种多样的，但不同动机不影响本罪的构成。三是资助的对象必须是恐怖活动组织、实施恐怖活动的个人或者恐怖活动培训。其中的"**恐怖活动组织**"，是指《刑法》第一百二十条和《反恐怖主义法》第三条规定的恐怖活动组织，既包括在我国境内的恐怖活动组织，也包括在境外其他国家或者地区的恐怖活动组织；既包括由官方名单确认的恐怖活动组织，也包括未经官方名单确认，但符合其实质特征的恐怖活动组织。"**实施恐怖活动的个人**"，包括预谋实施、准备实施和实际实施恐怖活动的个人；既包括在我国境内实施恐怖活动的个人，也包括在其他国家和地区实施恐怖活动的个人；既包括我国公民，也包括外国人和无国籍人。"**恐怖活动培训**"，既包括为实施恐怖活动而进行的培训活动，也包括去参加或者接受恐怖活动培训的行为；既包括在我国境内开展的恐怖活动培训，也包括在我国境外开展的恐怖活动培训。根据本款的规定，只要实施了资助恐怖活动组织、实施恐怖活动的个人，或者资助恐怖活动培训的，就构成犯罪，处五年以下有期徒刑、拘役、管制或者剥夺政治权利，并处罚金；情节严重的，处五年以上有期徒刑，并处罚金或者没收财产。实践中，对于有多次资助、持续资助、提供大量资金资助等情形的，可以认定为本款规定的"**情节严重**"。

第二款是关于**为恐怖活动组织、实施恐怖活动或者恐怖活动培训招募、运送人员的犯罪及其处罚**的规定。这里所规定的"**招募**"，是指通过所谓"合法"或者非法途径，面向特定或者不特定的群体募集人员的行为。"**运送**"，是指用各种交通

① 本罪属于帮助犯的正犯化，本罪之成立不以恐怖活动组织或者人员实施具体的恐怖活动犯罪为前提。只要行为人所提供的资助为恐怖活动组织或者个人所接受，即告本罪之既遂。参见张明楷：《刑法学》（第6版），法律出版社2021年版，第903页；黎宏：《刑法学各论》（第2版），法律出版社2016年版，第37—38页；高铭暄、马克昌主编：《刑法学》（第7版），北京大学出版社、高等教育出版社2016年版，第343页。

工具运输人员。这些行为,在本质上也属于资助行为。根据本款规定,只要为恐怖活动组织、实施恐怖活动或者恐怖活动培训招募、运送人员的,就构成犯罪,依照本条第一款的规定处罚,即处以五年以下有期徒刑、拘役、管制或者剥夺政治权利,并处罚金;情节严重的,处五年以上有期徒刑,并处罚金或者没收财产。实践中,对于有多次招募、运送人员,招募、运送人员众多等情形的,可以认定为本款规定的"**情节严重**"。实践中需要注意的是:本罪在主观上必须是**故意**,即犯罪分子知道或者应当知道对方是恐怖活动组织、实施恐怖活动或者恐怖活动培训而为其招募、运送人员。对于不明真相,或者因上当受骗而为其提供招募、运送服务的,不构成本条规定的犯罪。

根据《最高人民法院、最高人民检察院、公安部、司法部关于办理恐怖活动和极端主义犯罪案件适用法律若干问题的意见》的有关规定,具有下列情形之一的,依照本条规定,以**帮助恐怖活动罪**定罪处罚:(1)以募捐、变卖房产、转移资金等方式为恐怖活动组织、实施恐怖活动的个人、恐怖活动培训筹集、提供经费,或者提供器材、设备、交通工具、武器装备等物资,或者提供其他物质便利的;(2)以宣传、招收、介绍、输送等方式为恐怖活动组织、实施恐怖活动、恐怖活动培训招募人员的;(3)以帮助非法出入境,或者为非法出入境提供中介服务、中转运送、停留住宿、伪造身份证明材料等便利,或者充当向导、帮助探查偷越国(边)境路线等方式,为恐怖活动组织、实施恐怖活动、恐怖活动培训运送人员的;(4)其他资助恐怖活动组织、实施恐怖活动的个人、恐怖活动培训,或者为恐怖活动组织、实施恐怖活动、恐怖活动培训招募、运送人员的情形。

第三款是关于**单位犯资助恐怖活动组织、实施恐怖活动的个人或者恐怖活动培训,以及为恐怖活动组织、实施恐怖活动或者恐怖活动培训招募、运送人员的犯罪及其处罚**的规定。根据本款规定,单位犯本条规定之罪的,对单位判处罚金,并对其直接负责的主管人员和其他直接责任人员,处五年以下有期徒刑、拘役、管制或者剥夺政治权利,并处罚金;情节严重的,处五年以上有期徒刑,并处罚金或者没收财产。

另外,根据《反恐怖主义法》第八十条的规定,实施本条规定的行为,**情节轻微,尚不构成犯罪的**,由公安机关处十日以上十五日以下拘留,可以并处一万元以下罚款。

在实践中适用本条应当注意以下几点:

1. 要注意本罪与**参加恐怖活动组织、实施恐怖活动犯罪**的区别。构成本罪的主观故意只是资助恐怖活动组织、实施恐怖活动的个人和恐怖活动培训,而不是作为恐怖活动组织的成员负责有关筹集资金、物资的活动,也不是直接资助恐怖活动组织或者个人所实施的恐怖犯罪活动,其主观故意与被资助对象的犯罪故意是不一致的。如果行为人与恐怖活动组织或者实施恐怖活动的个人通谋,为其提供物资、资金、帐号、证明,或者为其提供运输、保管或者其他方便的,属于共同犯罪,根据刑法总则关于共同犯罪的有关规定进行惩处。

2. **资助只能是以有形的物质性利益进行帮助**,即只能是提供经费、活动场所、训练基地、各种宣传通讯设备、设施等,如果行为人不是提供物质上的帮助,仅是在精神上、舆论宣传等方面给予支持帮助,不能认定为本款规定的资助行为。①

3. 要注意本罪的罪名被确定为帮助恐怖活动罪,但具体的构成行为应该严格按照刑法本条的规定具体确定,要注意和**共同犯罪中的帮助犯**相区分。本条是在《刑法修正案(三)》中增加的资助恐怖活动组织或者实施恐怖活动的个人的基础上,根据实践需要,增加了资助恐怖活动培训,以及为恐怖活动组织、实施恐怖活动或者恐怖活动培训招募、运送人员的情形,并非所有的帮助犯都要按照本罪追究。

【司法解释】

《最高人民法院关于审理洗钱等刑事案件具体应用法律若干问题的解释》(法释〔2009〕15号,自2009年11月11日起施行)

△(**资助;实施恐怖活动的个人**)刑法第一百二十条之一规定的"资助",是指为恐怖活动组织或者实施恐怖活动的个人筹集、提供经费、物资或者提供场所以及其他物质便利的行为。

刑法第一百二十条之一规定的"实施恐怖活动的个人",包括预谋实施、准备实施和实际实施恐怖活动的个人。(§5)

《最高人民法院、最高人民检察院关于办理非法从事资金支付结算业务、非法买卖外汇刑事案件适用法律若干问题的解释》(法释〔2019〕1号,

① 相同的学说见解,参见张明楷:《刑法学》(第6版),法律出版社2021年版,第902页;黎宏:《刑法学各论》(第2版),法律出版社2016年版,第37页;赵秉志、李希慧主编:《刑法各论》(第3版),中国人民大学出版社2016年版,第51页;高铭暄、马克昌主编:《刑法学》(第7版),北京大学出版社、高等教育出版社2016年版,第343页。

自2019年2月1日起施行)

△(**想象竞合;非法经营罪;帮助恐怖活动罪;洗钱罪**)非法从事资金支付结算业务或者非法买卖外汇,构成非法经营罪,同时又构成刑法第一百二十条之一规定的帮助恐怖活动罪或者第一百九十一条规定的洗钱罪的,依照处罚较重的规定定罪处罚。(§5)

【司法解释性文件】

《最高人民法院、最高人民检察院、公安部、司法部关于办理恐怖活动和极端主义犯罪案件适用法律若干问题的意见》(高检会〔2018〕1号,2018年3月16日公布)

△(**帮助恐怖活动;实施恐怖活动的个人;主观故意;洗钱罪;共同犯罪**)具有下列情形之一的,依照刑法第一百二十条之一的规定,以帮助恐怖活动罪定罪处罚:

1.以募捐、变卖房产、转移资金等方式为恐怖活动组织、实施恐怖活动的个人、恐怖活动培训筹集、提供经费,或者提供器材、设备、交通工具、武器装备等物资,或者提供其他物质便利的;

2.以宣传、招收、介绍、输送等方式为恐怖活动组织、实施恐怖活动、恐怖活动培训招募人员的;

3.以帮助非法出入境,或者为非法出入境提供中介服务、中转运送、停留住宿、伪造身份证明材料等便利,或者充当向导、帮助探查偷越国(边)境路线等方式,为恐怖活动组织、实施恐怖活动、恐怖活动培训运送人员的;

4.其他资助恐怖活动组织、实施恐怖活动的个人、恐怖活动培训,或者为恐怖活动组织、实施恐怖活动、恐怖活动培训招募、运送人员的情形。

实施恐怖活动的个人,包括已经实施恐怖活动的个人,也包括准备实施、正在实施恐怖活动的个人。包括在我国领域内实施恐怖活动的个人,也包括在我国领域外实施恐怖活动的个人。包括我国公民,也包括外国公民和无国籍人。

帮助恐怖活动罪的主观故意,应当根据案件具体情况,结合行为人的具体行为、认知能力、一贯表现和职业等综合认定。

明知是恐怖活动犯罪所得及其产生的收益,为掩饰、隐瞒其来源和性质,而提供资金账户,协助将财产转换为现金、金融票据、有价证券,通过转账或者其他结算方式协助资金转移,协助将资金汇往境外的,以洗钱罪定罪处罚。事先通谋的,以相关恐怖活动犯罪的共同犯罪论处。

△(**竞合**)犯刑法第一百二十条规定的犯罪,同时构成刑法第一百二十条之一至之六规定的犯罪的,依照处罚较重的规定定罪处罚。

犯刑法第一百二十条之一至之六规定的犯罪,同时构成其他犯罪的,依照处罚较重的规定定罪处罚。

△(**恐怖主义、极端主义;恐怖活动;恐怖活动组织**)恐怖主义、极端主义,恐怖活动,恐怖活动组织,根据《中华人民共和国反恐怖主义法》等法律法规认定。

△(**恐怖活动组织和恐怖活动人员;认定;公告**)国家反恐怖主义工作领导机构对恐怖活动组织和恐怖活动人员作出认定并予以公告的,人民法院可以在办案中根据公告直接认定。国家反恐怖主义工作领导机构没有公告的,人民法院应当严格依照《中华人民共和国反恐怖主义法》有关恐怖活动组织和恐怖活动人员的定义认定,必要时,可以商地市级以上公安机关出具意见作为参考。

《最高人民检察院、公安部关于公安机关管辖的刑事案件立案追诉标准的规定(二)》(公通字〔2022〕12号,2022年4月6日公布)

△(**帮助恐怖活动罪;立案追诉标准**)资助恐怖活动组织、实施恐怖活动的个人的,或者资助恐怖活动培训的,应予立案追诉。(§1)

【附属刑法】

《中华人民共和国反恐怖主义法》(2015年12月27日通过,2018年4月27日修正)

第七十九条

组织、策划、准备实施、实施恐怖活动,宣扬恐怖主义,煽动实施恐怖活动,非法持有宣扬恐怖主义的物品,强制他人在公共场所穿戴宣扬恐怖主义的服饰、标志,组织、领导、参加恐怖活动组织,为恐怖活动组织、恐怖活动人员、实施恐怖活动或者恐怖活动培训提供帮助的,依法追究刑事责任。

第一百二十条之二　【准备实施恐怖活动罪】

有下列情形之一的，处五年以下有期徒刑、拘役、管制或者剥夺政治权利，并处罚金；情节严重的，处五年以上有期徒刑，并处罚金或者没收财产：

（一）为实施恐怖活动准备凶器、危险物品或者其他工具的；

（二）组织恐怖活动培训或者积极参加恐怖活动培训的；

（三）为实施恐怖活动与境外恐怖活动组织或者人员联络的；

（四）为实施恐怖活动进行策划或者其他准备的。

有前款行为，同时构成其他犯罪的，依照处罚较重的规定定罪处罚。

【立法沿革】

《中华人民共和国刑法修正案(九)》(自2015年11月1日起施行)

七、在刑法第一百二十条之一后增加五条，作为第一百二十条之二……：

“第一百二十条之二　有下列情形之一的，处五年以下有期徒刑、拘役、管制或者剥夺政治权利，并处罚金；情节严重的，处五年以上有期徒刑，并处罚金或者没收财产：

“(一)为实施恐怖活动准备凶器、危险物品或者其他工具的；

“(二)组织恐怖活动培训或者积极参加恐怖活动培训的；

“(三)为实施恐怖活动与境外恐怖活动组织或者人员联络的；

“(四)为实施恐怖活动进行策划或者其他准备的。

“有前款行为，同时构成其他犯罪的，依照处罚较重的规定定罪处罚。

“……”

【立法理由】

恐怖主义是人类的共同敌人，是全世界面临的共同危险。我国旗帜鲜明地反对一切形式的恐怖主义，依法取缔恐怖活动组织，对任何组织、策划、实施恐怖活动，宣扬恐怖主义，煽动、教唆实施恐怖活动，组织、领导、参加恐怖活动组织，为恐怖活动组织或者人员提供任何形式的帮助的，都依法追究法律责任。加强反恐怖主义工作，必须坚持综合施策，标本兼治，实行防范为主、惩防结合和先发制敌、保持主动的原则。恐怖主义活动的一个重要特点是，恐怖事件一旦发生，往往会给国家和公共安全、社会稳定、公民人身财产安全造成极大的破坏，引起严重的社会恐慌甚至社会秩序混乱。因此，在暴力恐怖活动发生后再进行应对处置，消除其造成的破坏和恐慌，国家和社会所投入的人力、物力等资源往往比提前做好安全防范、情报信息工作，提前发现并将恐怖活动消灭在萌芽之前要大得多。近些年来，暴力恐怖犯罪出现了一些新情况、新特点，比如，实践中出现的“独狼式”恐怖活动人员，或者临时结伙准备实施恐怖活动的团伙，**由于没有明确的组织形式，因此很难认定为恐怖活动组织**。对于他们为实施恐怖活动而进行的预备、培训、与境外恐怖活动组织联络、进行策划等准备工作，很难按照组织、领导、参加恐怖组织罪进行处理。同时，**由于他们还没有实施具体的恐怖活动，也很难按照某个具体犯罪的预备行为予以处罚**，即使已经准备实施具体的恐怖活动，按照预备犯的规定予以处罚，处罚力度也偏轻。恐怖活动分子往往主观恶性极大，从发挥刑法防卫社会的功能，有利于有效惩罚、威慑和预防，保护社会不受犯罪侵害这一刑事政策出发，有必要贯彻“**打小打早**”的原则，根据罪责刑相适应的原则，适当调整刑法有关犯罪的规定，将恐怖活动人员在实施具体的暴力恐怖袭击之前所进行的与实施恐怖活动有密切关联的准备、培训、勾连、策划等行为直接入罪，予以严厉的刑事处罚，而不是等到恐怖活动分子在实施暴力恐怖活动，造成特别严重的社会危害之后才予以严惩。据此，《刑法修正案(九)》总结同恐怖主义作斗争的经验，并借鉴国际公约和外国的一些规定，将为实施恐怖主义所进行的预备、联络、培训、策划等准备行为单独规定为犯罪。

【条文说明】

本条是关于准备实施恐怖活动罪及其处罚的规定。

本条共分为两款。

第一款是关于**准备实施恐怖活动罪及其处罚**

的规定。[①] 本款规定了以下几种准备实施恐怖活动的犯罪行为：

1. **为实施恐怖活动准备凶器、危险物品或者其他工具的**。这一行为的前提是“为实施恐怖活动”。[②] 这里规定的“**凶器**”，是指用来实施犯罪行为，能够对人身健康、生命等造成危险的枪支等武器、刀具、棍棒、爆炸物等物品。这里所说的“**危险物品**”，是指具有燃烧性、爆炸性、腐蚀性、毒害性、放射性等特性，能够引起人身伤亡，或者造成公共利益和人民群众重大财产损害的物品，比如剧毒物品、放射性物品和其他易燃易爆物品等。“**其他工具**”是指能够为恐怖活动犯罪提供便利，或者有利于提高实施暴力恐怖活动能力的物品，比如汽车等交通工具、手机等通信工具、地图、指南针等。[③]

2. **组织恐怖活动培训或者积极参加恐怖活动培训的**。恐怖活动培训可以使恐怖活动人员形成更顽固的恐怖主义思想，熟练掌握残忍的恐怖活动技能，并在培训过程中加强恐怖活动人员之间的联系而促使他们协同配合进行恐怖活动，具有极大的社会危害性。为此，《上海合作组织反恐怖主义公约》等相关国际公约明确要求将组织恐怖活动培训或者积极参加恐怖活动培训的行为规定为犯罪。一些国家也直接对这种组织培训或者接受培训的行为规定了刑事责任。比如，法国刑法规定了“**赴恐怖训练营受训罪**”，对公民或者常驻居民赴境外参加、接受恐怖主义训练的，予以刑事惩处。这里所说的“**恐怖活动培训**”，在内容上，既可以是传授、灌输恐怖主义思想、主张，使恐怖活动人员形成更顽固的思想，也可以是进行心理、体能训练或者传授、训练制造工具、武器、炸弹等方面的犯罪技能和方法，还可以是进行恐怖活动的实战训练等。在**具体的组织方式**上，包括当面讲授、开办培训班、组建训练营、开办论坛、组织收听观看含有恐怖主义内容的音视频材料、在网上注册成员建立共同的交流指导平台等。

3. **为实施恐怖活动与境外恐怖活动组织或者人员联络的**。近些年，国际恐怖主义日益猖獗，境内恐怖活动组织、人员与境外恐怖活动组织、人员之间相互勾连的情形日益严重。联络的目的，有的是为了参加境外的恐怖活动组织，有的是为了出境参加所谓“圣战”、接受培训，有的是为了寻求支持、支援或者帮助，有的是要求对方提供情报信息，有的是为了协同发动恐怖袭击以制造更大的恐慌和影响等。进行联络的方式也多种多样，包括直接见面、写信、打电话、发电子邮件等。只要是为实施恐怖活动而与境外恐怖活动组织或者人员联络的，都要依照本款规定追究刑事责任。

4. **为实施恐怖活动进行策划或者其他准备的**。这里的“**策划**”，是指制定恐怖活动计划，选择实施恐怖活动的目标、地点、时间，分配恐怖活动任务等行为。“**其他准备**”是关于准备实施恐怖活动犯罪的兜底性规定，指上述规定的四种准备行为之外的其他为实施恐怖活动而进行的准备活动。[④]

根据《最高人民法院、最高人民检察院、公安部、司法部关于办理恐怖活动和极端主义犯罪案件适用法律若干问题的意见》的有关规定，具有下列情形之一的，依照本条的规定，以**准备实施恐怖活动罪**定罪处罚：(1) 为实施恐怖活动制造、购买、储存、运输凶器，易燃易爆、易制爆品，腐蚀性、放射性、传染性、毒害性物品等危险物品，或者其他工具的；(2) 以当面传授、开办培训班、组建训练营、开办论坛、组织收听收看音频视频资料等方式，或者利用网站、网页、论坛、博客、微博客、网盘、即时通信、通讯群组、聊天室等网络平台、网络应用服务组织恐怖活动培训的，或者积极参加恐怖活动心理体能培训，传授、学习犯罪技能方法或者进行恐怖活动训练的；(3) 为实施恐怖活动，通过拨打电话、发送短信、电子邮件等方式，或者利用网站、网页、论坛、博客、微博客、网盘、即时通信、通讯群组、聊天室等网络平台、网络应用服务与境外恐怖活动组织、人员联络的；(4) 为实施恐怖活动出入境或者组织、策划、煽动、拉拢他人出入境的；(5) 为实施恐怖活动进行策划或者其他准备的情形。

根据本款的规定，对于有上述情形之一的，处五年以下有期徒刑、拘役、管制或者剥夺政治权利，并处罚金；情节严重的，处五年以上有期徒刑，

---

① 本罪属于预备犯的既遂化。为了实施本罪而实施的准备行为(可谓独立预备罪的预备行为)，如果具有危害公共安全的抽象危险，也可能适用《刑法》总则第二十二条关于从属预备犯之规定。参见张明楷：《刑法学》(第6版)，法律出版社2021年版，第904页；周光权：《刑法各论》(第4版)，中国人民大学出版社2021年版，第198页。

② 本罪之成立，仅要求行为人具有将要实施恐怖活动的一般性目的即可，不要求行为人在行为时已经具备实施特定恐怖活动的具体目的。参见张明楷：《刑法学》(第6版)，法律出版社2021年版，第904页。

③ 本罪的“其他物品”，乃指危险性与上述凶器及危险物品相当的其他物品。参见赵秉志、李希慧主编：《刑法各论》(第3版)，中国人民大学出版社2016年版，第52页。

④ 相同的学说见解，参见张明楷：《刑法学》(第6版)，法律出版社2021年版，第904页。

并处罚金或者没收财产。这里所说的“**情节严重**”，是指准备凶器、危险品数量巨大，培训人员数量众多，与境外恐怖活动组织频繁联络，策划袭击可能造成重大人员伤亡以及重大目标破坏等情形。在司法实践中，可由司法机关根据案件的具体情节予以认定，必要的时候也可以通过制定相关的司法解释作出具体的规定。

第二款是关于**实施本条第一款规定的犯罪同时构成其他犯罪如何处理**的规定。犯罪分子实施本条第一款规定的犯罪行为，也可能同时触犯刑法的其他规定，构成刑法规定的其他犯罪。比如，行为人为了准备实施恐怖活动犯罪而制造，买卖，运输，储存枪支、弹药、爆炸物或者危险物质；在培训过程中煽动被培训对象实施分裂国家、颠覆国家政权的犯罪；传授制枪制爆技术或者传授其他犯罪方法；在进行策划以及其他准备过程中以窃取、刺探、收买等方式非法获取国家秘密、情报等。对于这些犯罪行为，如果与本款规定的犯罪行为出现了**竞合**的情形，**应当依照处罚较重的规定定罪处罚**。

需要注意的是，本条为适应与日益猖獗的恐怖主义犯罪活动作斗争的需要，将刑法惩治的防线提前，将以往按照法律规定属于犯罪预备阶段的一些行为规定为独立的犯罪，司法机关要把握好本条规定的精神，用好法律武器，对这些行为总体上从严惩治。与此同时，也要注意把握好法律和政策的界限，处理好**惩治极少数与教育挽救大多数的关系**。特别是在受恐怖主义、极端主义思想影响较深的地区，还是要综合运用多种手段做好反恐和去极端化工作，不能单纯依靠刑事手段进行打击。对于受蒙蔽、裹挟参与了一些涉恐活动，但情节显著轻微危害不大的，可以依法不认定为犯罪。

此外，适用中要注意把握此罪与彼罪的界限。本条主要针对**“独狼式”暴恐等组织程度较低的恐怖活动犯罪**所增加的规定，要准确界定是组织程度较低还是属于大的恐怖活动组织犯罪的一个环节或准备阶段，两者虽然在表现形式上有相似之处，但严重程度明显不同，对于后者，符合《刑法》第一百二十条规定的，应该按照组织、领导、参加恐怖组织罪的规定依法追究刑事责任。实践中要避免因为查证不深入等原因轻纵了犯罪。

【司法解释性文件】

《最高人民法院、最高人民检察院、公安部、司法部关于办理恐怖活动和极端主义犯罪案件适用法律若干问题的意见》（高检会〔2018〕1 号，2018 年 3 月 16 日公布）

△（**准备实施恐怖活动**）具有下列情形之一的，依照刑法第一百二十条之二的规定，以准备实施恐怖活动罪定罪处罚：

1. 为实施恐怖活动制造、购买、储存、运输凶器，易燃易爆、易制爆品，腐蚀性、放射性、传染性、毒害性物品等危险物品，或者其他工具的；

2. 以当面传授、开办培训班、组建训练营、开办论坛、组织收听收看音频视频资料等方式，或者利用网站、网页、论坛、博客、微博客、网盘、即时通信、通讯群组、聊天室等网络平台、网络应用服务组织恐怖活动培训的，或者积极参加恐怖活动心理体能培训，传授、学习犯罪技能方法或者进行恐怖活动训练的；

3. 为实施恐怖活动，通过拨打电话、发送短信、电子邮件等方式，或者利用网站、网页、论坛、博客、微博客、网盘、即时通信、通讯群组、聊天室等网络平台、网络应用服务与境外恐怖活动组织、人员联络的；

4. 为实施恐怖活动出入境或者组织、策划、煽动、拉拢他人出入境的；

5. 为实施恐怖活动进行策划或者其他准备的情形。

△（**竞合**）犯刑法第一百二十条规定的犯罪，同时构成刑法第一百二十条之一至之六规定的犯罪的，依照处罚较重的规定定罪处罚。

犯刑法第一百二十条之一至之六规定的犯罪，同时构成其他犯罪的，依照处罚较重的规定定罪处罚。

△（**恐怖主义、极端主义；恐怖活动；恐怖活动组织**）恐怖主义、极端主义，恐怖活动，恐怖活动组织，根据《中华人民共和国反恐怖主义法》等法律法规认定。

△（**恐怖活动组织和恐怖活动人员；认定；公告**）国家反恐怖主义工作领导机构对恐怖活动组织和恐怖活动人员作出认定并予以公告的，人民法院可以在办案中根据公告直接认定。国家反恐怖主义工作领导机构没有公告的，人民法院应当严格依照《中华人民共和国反恐怖主义法》有关恐怖活动组织和恐怖活动人员的定义认定，必要时，可以商地市级以上公安机关出具意见作为参考。

【附属刑法】

《中华人民共和国反恐怖主义法》（2015 年 12 月 27 日通过，2018 年 4 月 27 日修正）

第七十九条

组织、策划、准备实施、实施恐怖活动，宣扬恐怖主义，煽动实施恐怖活动，非法持有宣扬恐怖主义的物品，强制他人在公共场所穿戴宣扬恐怖主义的服饰、标志，组织、领导、参加恐怖活动组织，为恐怖活动组织、恐怖活动人员、实施恐怖活动或者恐怖活动培训提供帮助的，依法追究刑事责任。

第一百二十条之三　【宣扬恐怖主义、极端主义、煽动实施恐怖活动罪】

以制作、散发宣扬恐怖主义、极端主义的图书、音频视频资料或者其他物品，或者通过讲授、发布信息等方式宣扬恐怖主义、极端主义的，或者煽动实施恐怖活动的，处五年以下有期徒刑、拘役、管制或者剥夺政治权利，并处罚金；情节严重的，处五年以上有期徒刑，并处罚金或者没收财产。

【立法沿革】

《中华人民共和国刑法修正案(九)》(自2015年11月1日起施行)

七、在刑法第一百二十条之一后增加五条，作为……第一百二十条之三……：

"……

"第一百二十条之三　以制作、散发宣扬恐怖主义、极端主义的图书、音频视频资料或者其他物品，或者通过讲授、发布信息等方式宣扬恐怖主义、极端主义的，或者煽动实施恐怖活动的，处五年以下有期徒刑、拘役、管制或者剥夺政治权利，并处罚金；情节严重的，处五年以上有期徒刑，并处罚金或者没收财产。

"……"

【立法理由】

恐怖主义、极端主义的观念、主张和意识形态，是恐怖活动、极端主义行为的思想基础，也是其滋生的土壤和得以蔓延的催化剂。恐怖活动组织和恐怖活动人员除直接通过暴力恐怖事件制造社会恐慌，对国家、社会施加压力外，还通过各种方式大肆宣扬恐怖主义、极端主义，煽动实施恐怖活动，实现其对他人思想的影响、异化和控制，从而培植恐怖主义、极端主义的新生力量，扩大恐怖主义、极端主义的影响，并极力蛊惑社会公众，争取得到支持和同情，具有十分严重的社会危害。目前，在国际范围内已经形成共识，即不仅暴力恐怖活动是严重的犯罪行为，宣扬恐怖主义、极端主义，煽动实施恐怖活动，为他人实施恐怖活动、极端主义行为制造"犯意"的行为，同样也是严重的犯罪行为，也应当受到严厉的惩罚。为此，《上海合作组织反恐怖主义公约》等国际公约明确要求将这些宣扬、煽动行为规定为刑事犯罪。一些国家也对通过非法讲经等活动宣扬、鼓动恐怖主义、极端主义，煽动恐怖主义的行为规定了刑事责任，以阻止恐怖主义、极端主义思想的传播。比如，俄罗斯刑法专门针对公开鼓动实施极端主义活动规定了刑事责任，并针对利用新闻媒体、通过互联网宣扬极端主义的，规定了更重的处罚。法国规定了煽动恐怖主义罪，并规定在互联网上美化和教唆恐怖主义行为的从重处罚。英国修订法律，对于通过音像制品、互联网等方式传播极端思想和招募、资助极端主义犯罪的，降低了入罪门槛。

在我国境内，我国的恐怖活动犯罪有其特殊的"生态环境"，表现为"**境外有种子、境内有土壤、网上有市场**"。恐怖主义、分裂主义和极端主义"三股势力"以各种方式散布恐怖主义、极端主义思想，境外恐怖活动组织也不断向我国境内渗透，进行宣传煽动，影响和控制信教群众，扶植境内民族分裂、宗教极端和暴力恐怖活动分子。在我国部分地区发生的暴力恐怖犯罪案件中，恐怖活动人员几乎都是受过恐怖主义、极端主义思想"洗脑"的人员。即使是"独狼式""自杀式"的恐怖袭击人员，很多也是在通过各种渠道获取的暴力恐怖音频视频的煽惑下完成"自教育"和"洗脑"的。实践证明，**切断恐怖主义、极端主义传播的渠道，防止个人接触到恐怖主义、极端主义思想**，从根源上防范恐怖主义、极端主义活动的发生，在反恐怖主义工作中居于十分重要的地位。《刑法修正案(九)》通过前，对于这类行为，有些是根据其宣扬、煽动的具体内容，构成**煽动分裂国家罪，煽动民族仇恨、民族歧视罪**的，依照刑法有关规定予以定罪处罚。但实践中也存在一些问题：一是这类犯罪行为通常在宣扬、煽动中夹杂了煽动分裂国家，煽动民族仇恨、民族歧视的内容，但对于仅仅宣扬恐怖主义、极端主义思想的行为，对于其煽动内容在表面上并不针对具体的某个民族的行为，实践中对如何适用法律存在不同认识，在适用法律上出现一些困难。二是适用煽动分裂国家罪，煽动民族仇恨、民族歧视罪追究刑事责任，没有对其宣扬、煽动恐怖主义、极端主义的行为性质直接作出评价，难以充分发挥刑罚的威慑力和警示作用。考虑到以上情况，为有利于更有针对性和准确地打击宣扬、煽动恐怖主义、极端主义的犯罪行为，《刑法修正案（九）》明确规定了宣扬恐怖主义、极端主义，煽动恐怖活动的犯罪。

【条文说明】

本条是关于宣扬恐怖主义、极端主义，煽动实施恐怖活动罪及其处罚的规定。

本条规定的"**宣扬**"，是指以各种方式散布、传播恐怖主义、极端主义观念、思想和主张的行为。本条规定的"**恐怖主义**"的含义，与第一百二十条中阐释的相同。本条规定的"**极端主义**"，根据《反恐怖主义法》第四条第二款的规定，是指以歪曲宗教教义或者其他方法煽动仇恨、煽动歧视、鼓吹暴力等主张和行为。本条规定的"**煽动**"，是指以各种方式对他人进行要求、鼓动、怂恿，意图使他人产生犯意，去实施所煽动的行为。煽动的具体内容，主要是煽动实施暴力恐怖活动，包括煽动参加恐怖活动组织，也包括煽动资助或者以其他方式帮助暴力恐怖活动。对于煽动类的犯罪来说，只要行为人实施了煽动行为就构成犯罪，被煽动人是否接受煽动而实施恐怖活动犯罪，不影响犯罪的构成。

本条主要包括两类犯罪：一是宣扬恐怖主义、极端主义的，二是煽动实施恐怖活动的。

本条规定的一类犯罪是**宣扬恐怖主义、极端主义的犯罪**。主要包括：

1. **制作、散发宣扬恐怖主义、极端主义的图书、音频视频资料或者其他物品**。这里所说的"**制作**"，是指编写、出版、印刷、复制载有恐怖主义、极端主义思想内容的图书、音频视频资料或者其他物品的行为。"**散发**"，是指通过发行，当面散发，以邮寄、手机短信、电子邮件等方式发送，或者通过网络、微信等即时通讯工具、聊天软件、移动存储介质公开发帖、转载、传输，以使他人接触到恐怖主义、极端主义信息的行为。散发的目标可以是明确、具体的，也可以是针对不特定的多数人的。"**图书、音频视频资料或者其他物品**"，包括图书、报纸、期刊、音像制品、电子出版物，载有恐怖主义、极端主义思想内容的传单、图片、标语等，在手机、移动存储介质、电子阅读器、网络上展示的图片、文稿、音频、视频、音像制品，以及带有恐怖主义、极端主义的标记、符号、文字、图像的服饰、纪念品、生活用品等。需要注意的是，制作、散发恐怖主义、极端主义的图书、音频视频资料或者其他物品的行为，是宣扬恐怖主义、极端主义活动的重要环节，因此，即使只实施了**制作、寄递、出售等行为**，也应当依照本条规定定罪处罚。比如，工厂明知所制作、印刷的是宣扬恐怖主义、极端主义的图书、音频视频资料而制作的，寄递企业明知道是宣扬恐怖主义、极端主义的图书、音频视频资料而寄递的，书店明知道是宣扬恐怖主义、极端主义的图书、音频视频资料而出售的，也属于宣扬恐怖主义、极端主义的行为。

2. **讲授、发布信息等方式**。这里所说的"**讲授**"，是指为宣扬对象讲解、传授恐怖主义、极端主义的思想、观念、主张的。讲授的对象，可以是明确的一人或者数人，也可以是一定范围内的不特定的人，比如，在广场上针对围观的人群进行讲解。①"**发布信息**"，则是面向特定个人或者不特定个人，通过手机短信、电子邮件等方式宣扬恐怖主义、极端主义，也可以是在网络平台上发布相关信息，使特定人或者不特定人看到这些信息的行为。

3. **其他方式**。本条在列举宣扬恐怖主义、极端主义的具体方式中使用了"等方式"的表述。在本条中列举宣扬的具体方式，主要是为了对司法执法活动提供指导，同时也向社会警示宣扬恐怖主义、极端主义在实践中常见的方式，发挥刑法对社会行为的引导和教育作用。这里所规定的"**等方式**"，意思是说宣扬恐怖主义、极端主义的方式不限于本条所列举的情形。例如在私人场合或者秘密场合，在亲戚朋友之间，或者通过投寄信件、利用不开放的网络论坛或者聊天室等进行的煽动行为，也属于本条规定的犯罪，应当依法追究其刑事责任。

本条规定的另一类犯罪是**煽动实施恐怖活动的犯罪**，对具体行为方式本条未作限定，在煽动的时间、场合、方式等方面和宣扬恐怖主义、极端主义的犯罪有一定重合。比如，近些年来，我国部分地区利用地下讲经点煽动实施恐怖活动的情况比较严重，甚至有相当一部分未成年人进入这些秘密的地下讲经点，接受恐怖主义、极端主义的灌输、洗脑，成为"独狼式"的恐怖活动人员。宣扬恐怖主义、极端主义犯罪和煽动实施恐怖活动犯罪的区别主要在于前者重在**思想上的洗脑**，煽动则侧重于**具体实施恐怖活动行为**。

根据《最高人民法院、最高人民检察院、公安部、司法部关于办理恐怖活动和极端主义犯罪案件适用法律若干问题的意见》的有关规定，实施下列行为之一，宣扬恐怖主义、极端主义或者煽动实施恐怖活动的，依照本条的规定，以**宣扬恐怖主义、极端主义，煽动实施恐怖活动罪**定罪处罚：

① 相同的学说见解，参见赵秉志、李希慧主编：《刑法各论》（第3版），中国人民大学出版社2016年版，第53页。

(1)编写、出版、印刷、复制、发行、散发、播放载有宣扬恐怖主义、极端主义内容的图书、报刊、文稿、图片或者音频视频资料的;(2)设计、生产、制作、销售、租赁、运输、托运、寄递、散发、展示带有宣扬恐怖主义、极端主义内容的标识、标志、服饰、旗帜、徽章、器物、纪念品等物品的;(3)利用网站、网页、论坛、博客、微博客、网盘、即时通信、通讯群组、聊天室等网络平台、网络应用服务等登载、张贴、复制、发送、播放、演示载有恐怖主义、极端主义内容的图书、报刊、文稿、图片或者音频视频资料的;(4)网站、网页、论坛、博客、微博客、网盘、即时通信、通讯群组、聊天室等网络平台、网络应用服务的建立、开办、经营、管理者,明知他人利用网络平台、网络应用服务散布、宣扬恐怖主义、极端主义内容,经相关行政主管部门处罚后仍允许或者放任他人发布的;(5)利用教经、讲经、解经、学经、婚礼、葬礼、纪念、聚会和文体活动等宣扬恐怖主义、极端主义,煽动实施恐怖活动的;(6)其他宣扬恐怖主义、极端主义,煽动实施恐怖活动的行为。

根据本条规定,宣扬恐怖主义、极端主义,或者煽动实施恐怖活动的,处五年以下有期徒刑、拘役、管制或者剥夺政治权利,并处罚金;情节严重的,处五年以上有期徒刑,并处罚金或者没收财产。在实践中,对于是否属于"**情节严重**",可以根据制作、散布的图书、音像制品等物品的数量,讲授、发布信息的次数和数量,宣扬、煽动的内容、场所和对象范围,以及引起恐怖活动发生的现实危险程度等因素综合进行衡量。比如,制作、散发宣扬恐怖主义、极端主义的图书、音频视频资料数量特别巨大的,散布范围广大或者造成广泛影响的,接受讲授和信息的人员数量巨大的,在公共场所、人员密集场所公然散布图书、音频视频资料或者讲授、发布信息的,造成他人实施恐怖活动、极端主义行为的等,可以认定为情节严重的行为。

另外,根据《反恐怖主义法》第八十条的规定,实施本条规定的行为,**情节轻微,尚不构成犯罪的**,由公安机关处十日以上十五日以下拘留,可以并处一万元以下罚款。

需要注意的是,本罪名属于**选择性罪名**。从司法实践情况看,宣扬恐怖主义、极端主义和煽动实施恐怖活动往往交织在一起。有些犯罪分子在宣扬恐怖主义、极端主义的同时,也会煽动被宣传对象去实施恐怖活动。因此,在适用本条规定时,任何人无论是同时实施了宣扬恐怖主义、极端主义和煽动实施恐怖活动的行为,还是仅仅实施了宣扬恐怖主义、极端主义或者煽动实施恐怖活动行为中的某一种行为,都构成本罪,应当依法追究刑事责任。

【司法解释性文件】

《最高人民法院、最高人民检察院、公安部、司法部关于办理恐怖活动和极端主义犯罪案件适用法律若干问题的意见》(高检会〔2018〕1号,2018年3月16日公布)

△(**宣扬恐怖主义、极端主义、煽动实施恐怖活动**)实施下列行为之一,宣扬恐怖主义、极端主义或者煽动实施恐怖活动的,依照刑法第一百二十条之三的规定,以宣扬恐怖主义、极端主义、煽动实施恐怖活动罪定罪处罚:

1. 编写、出版、印刷、复制、发行、散发、播放载有宣扬恐怖主义、极端主义内容的图书、报刊、文稿、图片或者音频视频资料的;

2. 设计、生产、制作、销售、租赁、运输、托运、寄递、散发、展示带有宣扬恐怖主义、极端主义内容的标识、标志、服饰、旗帜、徽章、器物、纪念品等物品的;

3. 利用网站、网页、论坛、博客、微博客、网盘、即时通信、通讯群组、聊天室等网络平台、网络应用服务等登载、张贴、复制、发送、播放、演示载有恐怖主义、极端主义内容的图书、报刊、文稿、图片或者音频视频资料的;

4. 网站、网页、论坛、博客、微博客、网盘、即时通信、通讯群组,聊天室等网络平台、网络应用服务的建立、开办、经营、管理者,明知他人利用网络平台、网络应用服务散布、宣扬恐怖主义、极端主义内容,经相关行政主管部门处罚后仍允许或者放任他人发布的;

5. 利用教经、讲经、解经、学经、婚礼、葬礼、纪念、聚会和文体活动等宣扬恐怖主义、极端主义、煽动实施恐怖活动的;

6. 其他宣扬恐怖主义、极端主义、煽动实施恐怖活动的行为。

△(**竞合**)犯刑法第一百二十条规定的犯罪,同时构成刑法第一百二十条之一至之六规定的犯罪的,依照处罚较重的规定定罪处罚。

犯刑法第一百二十条之一至之六规定的犯罪,同时构成其他犯罪的,依照处罚较重的规定定罪处罚。

△(**恐怖主义、极端主义;恐怖活动;恐怖活动组织**)恐怖主义、极端主义,恐怖活动,恐怖活动组织,根据《中华人民共和国反恐怖主义法》等法律法规认定。

△(**宣扬恐怖主义、极端主义的图书、音频视频资料,服饰、标志或者其他物品;认定**)宣扬恐怖主义、极端主义的图书、音频视频资料,服饰、标志或者其他物品的认定,应当根据《中华人民共和国

反恐怖主义法》有关恐怖主义、极端主义的规定，从其记载的内容、外观特征等分析判断。公安机关应当对涉案物品全面审查并逐一标注或者摘录，提出审读意见，与扣押、移交物品清单及涉案物品原件一并移送人民检察院审查。人民检察院、人民法院可以结合在案证据、案件情况、办案经验等综合审查判断。

【附属刑法】

《中华人民共和国反恐怖主义法》（2015年12月27日通过，2018年4月27日修正）

第七十九条

组织、策划、准备实施、实施恐怖活动，宣扬恐怖主义，煽动实施恐怖活动，非法持有宣扬恐怖主义的物品，强制他人在公共场所穿戴宣扬恐怖主义的服饰、标志，组织、领导、参加恐怖活动组织，为恐怖活动组织、恐怖活动人员、实施恐怖活动或者恐怖活动培训提供帮助的，依法追究刑事责任。

第一百二十条之四　【利用极端主义破坏法律实施罪】

利用极端主义煽动、胁迫群众破坏国家法律确立的婚姻、司法、教育、社会管理等制度实施的，处三年以下有期徒刑、拘役或者管制，并处罚金；情节严重的，处三年以上七年以下有期徒刑，并处罚金；情节特别严重的，处七年以上有期徒刑，并处罚金或者没收财产。

【立法沿革】

《中华人民共和国刑法修正案（九）》（自2015年11月1日起施行）

七、在刑法第一百二十条之一后增加五条，作为……第一百二十条之四……：

“……

“第一百二十条之四　利用极端主义煽动、胁迫群众破坏国家法律确立的婚姻、司法、教育、社会管理等制度实施的，处三年以下有期徒刑、拘役或者管制，并处罚金；情节严重的，处三年以上七年以下有期徒刑，并处罚金；情节特别严重的，处七年以上有期徒刑，并处罚金或者没收财产。

“……”

【立法理由】

极端主义是通过歪曲宗教教义或者其他方法煽动仇恨、煽动歧视、鼓吹暴力，是恐怖主义的思想基础。极端主义的危害是多方面的。很多人受极端主义的蛊惑和驱使，最终变成了恐怖活动分子。还有些人虽然没有从事恐怖活动，但也被极端主义利用，实施了其他危害社会的行为。这些行为本身不像爆炸、杀人等暴力恐怖活动造成非常严重的死伤、财产损失以及社会治安的恶化，但也会造成不同宗教、民族、群体之间的敌视和对抗，在人们心中引起恐慌甚至恐惧，进而会破坏国家的社会管理秩序，对人们的正常生活甚至国家安全、政权稳定造成很大的危害。很多国家通过立法禁止各种利用极端主义干扰人们正常生活、扰乱社会管理秩序的行为，对这类行为规定了相应的处罚。可以说，禁止利用极端主义干预国家管理，干涉教育、政治等世俗生活，在世界范围内已经形成重要的趋势，是世界各国与恐怖主义、极端主义斗争的一个重要领域。

以极端主义为思想基础，以分裂主义为目的，以暴力恐怖袭击为表现形式，是我国当前恐怖主义的重要特征。近些年来，除极端主义引发的恐怖活动外，在我国一些地区也出现了不少利用极端主义干扰他人正常生产、生活，破坏国家对社会的管理，破坏法律制度实施的行为。为了维护国家安全和社会稳定，维护人民群众的正常生产、生活，**《刑法修正案（九）》**在刑法中增加一条，将利用极端主义煽动、胁迫群众破坏国家法律确立的婚姻、司法、教育、社会管理等制度实施的行为单独规定为犯罪。

在刑法修正案审议前后，有意见提出修改《刑法》第二百五十一条**非法剥夺公民宗教信仰自由罪**，认为实践中剥夺公民宗教自由的主要不是国家机关工作人员，该条规定的主体范围偏窄。刑法修正案最终系统修改完善了**涉恐犯罪**的相关规定，涵盖了侵害公民宗教信仰自由的犯罪，更为具体、更有针对性，在内涵上也较通常理解的破坏、剥夺公民宗教信仰自由更为丰富。包括本条规定的利用极端主义破坏法律实施罪，第一百二十条之五强制穿戴宣扬恐怖主义、极端主义服饰、标志罪，第一百二十条之六非法持有宣扬恐怖主义、极端主义物品罪等。

【条文说明】

本条是关于利用极端主义破坏法律实施罪及其处罚的规定。

构成本条规定的犯罪，需要符合以下几个方面的条件：

1. 本罪的行为方式，表现为**利用极端主义煽动、胁迫群众**。只有利用极端主义实施本条规定的煽动、胁迫行为的，才构成本罪。这里规定的"**极端主义**"的含义，与第一百二十条之三中阐释的相同，经常表现为对其他文化、宗教、观念、族群等的完全歧视和排斥。在日常生活中，极端主义的具体形态多种多样，有的打着宗教的旗号，歪曲宗教教义，强制他人信仰宗教或者不信仰宗教，歧视信仰其他宗教或者不信仰宗教的人，破坏宪法规定的宗教信仰自由制度的实施。也有的披着民族传统、风俗习惯的外衣，打着"保护民族文化"的招牌，煽动仇恨与其民族、风俗习惯不同的群体，主张民族隔离，煽动抗拒现有法律秩序等。这里所说的"**煽动**"，是指利用极端主义，以各种方式对他人进行要求、鼓动、怂恿，意图使他人产生犯意，去实施所煽动的行为。实践中，这种煽动经常表现为无中生有，编造不存在的事情，或者通过造谣、诽谤对事实进行严重歪曲，或者通过对被煽动对象的情绪进行挑动，使被煽动者丧失对事实的正常感受和判断能力，丧失对自己行为的理性控制，从而去从事违法犯罪行为，达到破坏国家法律制度实施的目的。这里所说的"**胁迫**"，是指通过暴力、威胁或者以给被胁迫人或者其亲属等造成人身、心理、经济等方面的损害为要挟，对他人形成心理强制，迫使其从事胁迫者希望其实施的特定行为。胁迫的方式可以是通过暴力手段，也可以是通过言语威胁或者对被胁迫者的利益进行限制、剥夺等方式。实践中，还出现以关爱朋友、亲情等为借口，或者以孤立、排斥等方法施加压力的情况。虽然被胁迫者仍然具有一定的意志自由，能够理解自己的行为是违法行为，主观上也不愿意实施这些行为，但由于受到精神的强制而处于恐惧状态之下，因而不得已按照胁迫者的要求行事。煽动和胁迫的内容也多种多样。

2. 本罪中煽动、胁迫的目的，是**破坏国家法律制度的实施**。国家法律确立的婚姻、司法、教育、社会管理等方面的制度，涉及社会的基本生活，是国家对社会进行管理的基本形式和内容。我国宪法和法律保障公民的宗教信仰自由，保障各民族平等、团结共同发展和共同繁荣，尊重各民族的风俗习惯，并为保障这些权利制定了相应的法律制度。尊重宗教信仰自由和民族风俗习惯，与遵守国家法律制度本身是一致的。但很多极端主义分子歪曲宗教教义或者民族风俗习惯，假借宗教信仰或者民族风俗习惯等煽动歧视、煽动仇恨，崇尚、鼓吹、挑动暴力，本身就与宗教信仰自由和民族风俗习惯背道而驰，是对国家相关法律制度的破坏。虽然他们在进行煽动、胁迫时经常打着维护宗教教义或者民族风俗习惯的旗号，但其背后的真实目的是煽动、胁迫人们对政府管理活动的抵制甚至对抗，蛊惑人们不遵守国家法律确立的婚姻、司法、教育、社会管理等制度，制造国家对社会管理的真空，引起社会秩序的混乱。

近些年来，在我国一些地区，出现了**各种形式的利用极端主义煽动、胁迫群众破坏国家法律制度实施**的情形。比如，煽动、胁迫群众按照宗教仪式举行婚礼或者离婚，不到政府机关进行婚姻登记，对已办理婚姻登记的撕毁结婚证等；煽动、胁迫群众以民族、宗教等名义干扰司法或者阻碍司法工作人员依法执行职务；煽动、胁迫群众出现纠纷不依照法律途径处理，甚至出现命案也通过私下谈判进行私了；煽动、胁迫群众不让孩子到学校读书，不接受义务教育，而是参加所谓的"读经班"，阻挠、破坏国家的教育制度实施；煽动、胁迫群众拒绝使用身份证、户口簿等国家法定证件以及人民币，甚至煽动、胁迫他人损毁身份证、户口簿等国家法定证件以及人民币；煽动、胁迫群众改变信仰；煽动、胁迫群众驱赶其他民族或者有其他信仰的人离开居住地；煽动、胁迫群众违反法律规定，干涉他人日常的生活方式、生产经营和人际交往等。这些行为都属于破坏国家法律制度实施的行为。

3. 本罪的直接危害，是**破坏国家法律规定的管理制度，使国家法律确定的婚姻、司法、教育、社会管理等制度得不到有效实施**。[①] 同时，本罪的危害还在于，这一行为还会使被煽动、胁迫的特定对象产生认知混乱或者恐惧心理，损害其个人的合法权益，进而危及公共利益、社会安全和秩序。本罪不以被煽动、胁迫者实施破坏国家法律制度的具体行为为必要条件，只要行为人实施了煽动、胁迫的行为，就已经构成本罪。

根据《最高人民法院、最高人民检察院、公安部、司法部关于办理恐怖活动和极端主义犯罪案件适用法律若干问题的意见》的有关规定，利用极

① 陈家林教授指出，破坏法律实施，既包括积极的暴力抗拒行为，也包括消极的不遵守、不履行法定义务的行为。参见赵秉志、李希慧主编：《刑法各论》（第3版），中国人民大学出版社2016年版，第54页。

分则　第二章

端主义，实施下列行为之一的，依照本条的规定，以**利用极端主义破坏法律实施罪**定罪处罚：(1)煽动、胁迫群众以宗教仪式取代结婚、离婚登记，或者干涉婚姻自由的；(2)煽动、胁迫群众破坏国家法律确立的司法制度实施的；(3)煽动、胁迫群众干涉未成年人接受义务教育，或者破坏学校教育制度、国家教育考试制度等国家法律规定的教育制度的；(4)煽动、胁迫群众抵制人民政府依法管理，或者阻碍国家机关工作人员依法执行职务的；(5)煽动、胁迫群众损毁居民身份证、居民户口簿等国家法定证件以及人民币的；(6)煽动、胁迫群众驱赶其他民族、有其他信仰的人员离开居住地，或者干涉他人生活和生产经营的；(7)其他煽动、胁迫群众破坏国家法律制度实施的行为。

根据本条规定，利用极端主义煽动、胁迫群众破坏国家法律确立的婚姻、司法、教育、社会管理等制度实施的，处三年以下有期徒刑、拘役或者管制，并处罚金；情节严重的，处三年以上七年以下有期徒刑，并处罚金；情节特别严重的，处七年以上有期徒刑，并处罚金或者没收财产。对于"**情节严重**"和"**情节特别严重**"，可以根据其煽动、胁迫行为所使用的手段、涉及的人员多少和区域大小、造成的危害程度和影响等各方面因素综合考虑，分别适用不同的刑罚。必要的时候，也可以由有关部门制定司法解释，进一步作出具体的规定。

另外，根据《反恐怖主义法》第八十一条的规定，实施本条规定的行为，情节轻微，尚不构成犯罪的，由公安机关处五日以上十五日以下拘留，可以并处一万元以下罚款。

实践中需要注意以下几个方面的问题：

1. **"利用极端主义"是构成本罪的一个要件**。对于煽动、胁迫他人破坏国家法律制度实施但没有利用极端主义的，应当根据具体情况分别处理。对于组织、利用会道门、邪教组织或者利用迷信破坏国家法律、行政法规实施，构成犯罪的，依照本法第三百条的规定定罪处罚。有些人由于思想狭隘或者愚昧等原因，对宗教教义、民族风俗习惯产生不正确的理解，并进而破坏国家法律制度实施的，如果构成犯罪，可以按照刑法的其他规定定罪处罚。不构成犯罪的，依法予以行政处罚或者进行批评、教育。

2. 在处理这类犯罪时，**应当正确区分敌我矛盾和人民内部矛盾**，处理好依法打击和分化瓦解的关系，在依法严厉打击少数极端分子的同时，对受裹挟、蒙蔽的一般群众，应当最大限度地进行区分，进行团结和教育。

3. 要注意罪与非罪的界限。本条规定的是煽动、胁迫"群众"破坏国家相关制度实施而不是煽动他人。对于家长出于极端主义考虑干涉未成年子女接受义务教育，或者干涉子女婚姻自由的一般不宜按照本条规定的煽动、胁迫破坏国家制度的犯罪追究，必要时可以根据反恐怖主义法的规定予以**行政处罚**。

【司法解释性文件】

《最高人民法院、最高人民检察院、公安部、司法部关于办理恐怖活动和极端主义犯罪案件适用法律若干问题的意见》(高检会〔2018〕1号，2018年3月16日公布)

△(**利用极端主义破坏法律实施**)利用极端主义，实施下列行为之一的，依照刑法第一百二十条之四的规定，以利用极端主义破坏法律实施罪定罪处罚：

1. 煽动、胁迫群众以宗教仪式取代结婚、离婚登记，或者干涉婚姻自由的；
2. 煽动、胁迫群众破坏国家法律确立的司法制度实施的；
3. 煽动、胁迫群众干涉未成年人接受义务教育，或者破坏学校教育制度、国家教育考试制度等国家法律规定的教育制度的；
4. 煽动、胁迫群众抵制人民政府依法管理，或者阻碍国家机关工作人员依法执行职务的；
5. 煽动、胁迫群众损毁居民身份证、居民户口簿等国家法定证件以及人民币的；
6. 煽动、胁迫群众驱赶其他民族、有其他信仰的人员离开居住地，或者干涉他人生活和生产经营的；
7. 其他煽动、胁迫群众破坏国家法律制度实施的行为。

△(**竞合**)犯刑法第一百二十条规定的犯罪，同时构成刑法第一百二十条之一至之六规定的犯罪的，依照处罚较重的规定定罪处罚。

犯刑法第一百二十条之一至之六规定的犯罪，同时构成其他犯罪的，依照处罚较重的规定定罪处罚。

△(**恐怖主义、极端主义；恐怖活动；恐怖活动组织**)恐怖主义、极端主义，恐怖活动，恐怖活动组织，根据《中华人民共和国反恐怖主义法》等法律法规认定。

第一百二十条之五　【强制穿戴宣扬恐怖主义、极端主义服饰、标志罪】

以暴力、胁迫等方式强制他人在公共场所穿着、佩戴宣扬恐怖主义、极端主义服饰、标志的，处三年以下有期徒刑、拘役或者管制，并处罚金。

【立法沿革】

《中华人民共和国刑法修正案(九)》(自2015年11月1日起施行)

七、在刑法第一百二十条之一后增加五条,作为……第一百二十条之五……:

"……

"第一百二十条之五　以暴力、胁迫等方式强制他人在公共场所穿着、佩戴宣扬恐怖主义、极端主义服饰、标志的,处三年以下有期徒刑、拘役或者管制,并处罚金。

"……"

【立法理由】

近些年来,国际恐怖主义、极端主义活动日渐猖獗,给世界上许多国家和人民带来重大的人员伤亡和财产损失,甚至造成社会动荡。在这一背景下,我国的暴力恐怖事件也呈多发频发态势,**对国家安全、政治稳定、经济社会发展、民族团结和公民生命安全构成严重威胁**。一段时期以来,在我国一些地方,恐怖主义、极端主义思潮传播和蔓延的问题比较严重,并通过各种形式加以表现。一个突出的现象就是有些人在公共场所穿着、佩戴宣扬恐怖主义、极端主义服饰、标志,给社会带来了不良影响。穿着、佩戴这些服饰、标志,并不代表我国民族的传统,在宗教经典中也没有要求,而是国际上一些恐怖主义、极端主义势力为彰显其恐怖主义、极端主义思想而提出的。我国一些地方出现穿戴这种服饰、标志的原因,是恐怖主义、极端主义势力利用人民群众的朴素情感,散布穿着这类服饰、采用这种标志可以用来区别是否属于虔诚的教众,以此强化民族差异和宗教仪式感,煽动狂热情绪,渗透恐怖主义和极端主义思想。在一些地方,甚至出现恐怖主义、极端主义势力以暴力、胁迫等方式强制他人穿着、佩戴宣扬恐怖主义、极端主义的服饰、标志,干扰群众的宗教信仰自由,营造恐怖主义、极端主义氛围的现象。被胁迫、蛊惑而穿着、佩戴宣扬恐怖主义、极端主义服饰、标志的群众往往因此而无法参加正常的工作以及其他文化、体育活动,给生产、生活带来极大不便,并对其精神带来极大的压抑。这种现象的存在,形成一种不正常的社会氛围,扰乱了正常的社会秩序,给有效清除恐怖主义、极端主义思想观念,防范和打击恐怖主义、极端主义犯罪带来了障碍。

根据有关资料,从世界范围看,一些国家,如荷兰、丹麦、瑞典在法律中对此都有明确的禁止性规定;法国、西班牙、比利时、意大利发布了禁止在公共场合穿着极端主义服饰的禁令。由此可见,穿着、佩戴宣扬恐怖主义、极端主义服饰、标志本身就具有一定的社会危害性,被世界上许多国家所禁止。特别是实践中表现突出的,一些恐怖主义、极端主义分子以暴力、胁迫等方式强制他人穿着、佩戴宣扬恐怖主义、极端主义服饰、标志的行为,社会危害性尤为严重。这种行为,**不仅在社会上营造了恐怖主义、极端主义氛围,还直接侵犯了被害人的人身权利和正常的宗教信仰自由**,必须予以严厉惩治,以防止其扩散、蔓延,维护人民群众的合法权利。考虑到上述情况,根据加强反恐怖主义、去极端化工作和维护社会秩序的需要,**《刑法修正案(九)》**增加规定了以暴力、胁迫等方式强制他人在公共场所穿着、佩戴宣扬恐怖主义、极端主义服饰、标志的犯罪。我国一些地方已经就禁止在公共场所穿戴有关宣扬恐怖主义、极端主义的服饰、标志制定了地方性法规,规定了有关行政管理和处罚措施。如乌鲁木齐市人大常委会制定的《乌鲁木齐市公共场所禁止穿戴蒙面罩袍的规定》等。

【条文说明】

本条是关于强制穿戴宣扬恐怖主义、极端主义服饰、标志罪及其处罚的规定。

本条规定的犯罪主体为**一般主体**,即任何强制他人在公共场所穿着、佩戴宣扬恐怖主义、极端主义服饰、标志的人。犯罪侵害的客体是**多重客体**,既在社会范围内渗透恐怖主义、极端主义思想,又侵犯被害人的人身权利、民主权利,同时也妨害社会管理秩序。犯罪的主观要件为**故意**,对强制他人在公共场所穿着、佩戴宣扬恐怖主义、极端主义服饰、标志的行为和结果都是明知并且希望结果的发生。

本条所说的"**暴力**",是指以殴打、捆绑、伤害他人身体的方法，使被害人不能抗拒。① **“胁迫”**，是指对被害人施以威胁、恐吓，进行精神上的强制，迫使被害人就范，不敢抗拒，包括以杀害被害人、加害被害人的亲属相威胁，威胁要对被害人、被害人的亲属施以暴力，以披露被害人的隐私相威胁，利用职权、教养关系、从属关系或者被害人孤立无援的环境迫使被害人服从等。② 除暴力、胁迫手段以外，通过采用**对被害人产生肉体强制或者精神强制的其他手段**，强制他人在公共场所穿着、佩戴宣扬恐怖主义、极端主义服饰、标志的，也构成本罪。如限制被害人的人身自由，利用被害人的宗教信仰施加精神强制，强迫被害人长时间暴露在高温或者严寒中，负有监护责任的人对被监护人不给饭吃、不给衣穿等。这里的**“公共场所”**包括群众进行公开活动的场所，如商店、影剧院、体育场、街道等；也包括各类单位，如机关、团体、事业单位的办公场所，企业生产经营场所，医院，学校，幼儿园等；还包括公共交通工具，如火车、轮船、长途客运汽车、公共电车、汽车、民用航空器等。③

本条规定的**“宣扬恐怖主义、极端主义服饰、标志”**，指的是穿着、佩戴的服饰、标志包含了恐怖主义、极端主义的符号、旗帜、徽记、文字、口号、标语、图形或者带有恐怖主义、极端主义的色彩，容易使人联想到恐怖主义、极端主义。实践中比较普遍的是穿着模仿恐怖活动组织统一着装的衣物，穿着印有恐怖主义、极端主义符号、旗帜等标志的衣物，佩戴恐怖活动组织标志或者恐怖主义、极端主义标志等。具体哪些服饰、标志属于“宣扬恐怖主义、极端主义服饰、标志”，可由有关主管部门根据国际、国内反恐、去极端化斗争实际认定和掌握。从实践情况看，恐怖主义、极端主义势力通过强制他人在公共场所穿着、佩戴宣扬恐怖主义、极端主义服饰、标志等手段，在社会上强化了人们的身份差别意识，用异类的标志或者身份符号，刻意地制造出隔膜和距离感，以达到其渲染恐怖主义、极端主义氛围甚至宣扬恐怖主义、极端主义的目的，社会危害是很大的。

根据《最高人民法院、最高人民检察院、公安部、司法部关于办理恐怖活动和极端主义犯罪案件适用法律若干问题的意见》的有关规定，具有下列情形之一的，依照本条规定，以**强制穿戴宣扬恐怖主义、极端主义服饰、标志罪**定罪处罚：（1）以暴力、胁迫等方式强制他人在公共场所穿着、佩戴宣扬恐怖主义、极端主义服饰的；（2）以暴力、胁迫等方式强制他人在公共场所穿着、佩戴含有恐怖主义、极端主义的文字、符号、图形、口号、徽章的服饰、标志的；（3）其他强制他人穿戴宣扬恐怖主义、极端主义服饰、标志的情形。

根据本条规定，对以暴力、胁迫等方式强制他人在公共场所穿着、佩戴宣扬恐怖主义、极端主义服饰、标志的，应当视情节的轻重，处以三年以下有期徒刑、拘役或者管制，并处罚金。

另外，根据《反恐怖主义法》第八十条的规定，实施本条规定的行为，**情节轻微，尚不构成犯罪的**，由公安机关处十日以上十五日以下拘留，可以并处一万元以下罚款。

需要注意的是，本条规定追究刑事责任的是以暴力、胁迫等方式强制他人在公共场所穿着、佩戴宣扬恐怖主义、极端主义服饰、标志的行为人。对于受裹挟、蒙蔽，或者受极端主义思想的影响，在公共场所穿着、佩戴宣扬恐怖主义、极端主义服饰、标志的群众，应当加强教育、劝阻，促进他们转变思想观念，通过多种途径做好去极端化工作，并可以根据有关地方性法规等禁止其在公共场所穿着、佩戴有关服饰、标志。

【司法解释性文件】

《最高人民法院、最高人民检察院、公安部、司法部关于办理恐怖活动和极端主义犯罪案件适用法律若干问题的意见》（高检会〔2018〕1 号，2018 年 3 月 16 日公布）

△（**强制穿戴宣扬恐怖主义、极端主义服饰、标志**）具有下列情形之一的，依照刑法第一百二十条之五的规定，以强制穿戴宣扬恐怖主义、极端主义服饰、标志罪定罪处罚：

1. 以暴力、胁迫等方式强制他人在公共场所穿着、佩戴宣扬恐怖主义、极端主义服饰的；

① 我国学者指出，本罪之“暴力”乃指最广义的暴力，包括不法行使有形力的一切情况，其对象不仅可以是人（对人暴力），也可以是物（对物暴力）。参见张明楷：《刑法学》（第 6 版），法律出版社 2021 年版，第 906 页。另有学者指出，本罪的“暴力”是广义的暴力，即不法对他人使用有形力，其要求针对被害人的身体实施。参见周光权：《刑法各论》（第 4 版），中国人民大学出版社 2021 年版，第 200 页。

② 学说见解认为，本罪之“胁迫”乃指广义的胁迫，即以使他人产生恐惧心理为目的，以恶害相通告的行为。参见张明楷：《刑法学》（第 6 版），法律出版社 2021 年版，第 906 页。

③ 我国学者指出，“公共场所”乃指不特定人或者多数人可以自由出入的场所。参见张明楷：《刑法学》（第 6 版），法律出版社 2021 年版，第 907 页。强制他人穿着、佩戴宣扬恐怖主义、极端主义服饰、标准在网络空间出现、展示，不构成本罪。参见周光权：《刑法各论》（第 4 版），中国人民大学出版社 2021 年版，第 200 页。

2. 以暴力、胁迫等方式强制他人在公共场所穿着、佩戴含有恐怖主义、极端主义的文字、符号、图形、口号、徽章的服饰、标志的；

3. 其他强制他人穿戴宣扬恐怖主义、极端主义服饰、标志的情形。

△(**竞合**)犯刑法第一百二十条规定的犯罪，同时构成刑法第一百二十条之一至之六规定的犯罪的，依照处罚较重的规定定罪处罚。

犯刑法第一百二十条之一至之六规定的犯罪，同时构成其他犯罪的，依照处罚较重的规定定罪处罚。

△(**恐怖主义、极端主义；恐怖活动；恐怖活动组织**)恐怖主义、极端主义，恐怖活动，恐怖活动组织，根据《中华人民共和国反恐怖主义法》等法律法规认定。

【附属刑法】

《中华人民共和国反恐怖主义法》(2015年12月27日通过，2018年4月27日修正)

第七十九条

组织、策划、准备实施、实施恐怖活动，宣扬恐怖主义，煽动实施恐怖活动，非法持有宣扬恐怖主义的物品，强制他人在公共场所穿戴宣扬恐怖主义的服饰、标志，组织、领导、参加恐怖活动组织，为恐怖活动组织、恐怖活动人员、实施恐怖活动或者恐怖活动培训提供帮助的，依法追究刑事责任。

第一百二十条之六　【非法持有宣扬恐怖主义、极端主义物品罪】

明知是宣扬恐怖主义、极端主义的图书、音频视频资料或者其他物品而非法持有，情节严重的，处三年以下有期徒刑、拘役或者管制，并处或者单处罚金。

【立法沿革】

《中华人民共和国刑法修正案(九)》(自2015年11月1日起施行)

七、在刑法第一百二十条之一后增加五条，作为……第一百二十条之六：

“……

“第一百二十条之六　明知是宣扬恐怖主义、极端主义的图书、音频视频资料或者其他物品而非法持有，情节严重的，处三年以下有期徒刑、拘役或者管制，并处或者单处罚金。”

【立法理由】

恐怖主义、极端主义的观念、主张和意识形态，是恐怖活动、极端主义行为的思想基础，也是其滋生的土壤和得以蔓延的催化剂。为更有针对性和准确地惩治宣扬、煽动恐怖主义、极端主义的犯罪行为，《刑法修正案(九)》明确规定了宣扬恐怖主义、极端主义，煽动恐怖活动的刑事责任。从近年来打击处理宣扬恐怖主义、极端主义违法犯罪行为的情况看，有两个特点比较突出：一是**宣扬恐怖主义、极端主义的图书、音频视频资料或者其他物品的危害性极大**。实践中发现，随着互联网及微博、微信等各类即时通讯工具、聊天软件以及移动存储介质的普及应用，境内外恐怖主义、分裂主义和极端主义“三股势力”越来越多地通过制作语言通俗、内容生动的音频视频以及图书等其他资料，传播恐怖主义、极端主义思想，煽动暴力恐怖活动。近年来破获的大量恐怖案件中，恐怖分子大多曾收听、观看、阅读过恐怖活动组织发布的恐怖主义、极端主义音频视频、图书等资料，受蛊惑、蒙骗，被恐怖主义、极端主义思想“洗脑”，从而逐步成为极端主义狂热分子，进而发展成为实施暴力恐怖活动的恐怖主义犯罪分子。恐怖主义、极端主义宣传品的传播、蔓延，已经成为我国恐怖袭击多发的重要诱因。比如，2013年6月在某地发生的暴恐案件中，十余名暴徒受暴恐音视频的煽动影响，袭击了当地派出所、旅社、特巡警中队、建筑工地、镇政府、工商所及商店，共造成各族干部群众二十余人死亡、多人受伤。2013年8月某暴恐案件中的涉案人员，在观看外来流动人员手机中携带的暴恐音视频后，受到蛊惑，进而在短时间内结成团伙，实施暴恐犯罪。2014年5月某暴恐案件中，数名犯罪嫌疑人长期参与非法宗教活动，收听收看暴恐音视频，于2013年年底就已经形成了暴恐团伙。2014年10月北京金水桥暴恐案的组织者及同案的妻子也是受暴恐音视频的影响，接受恐怖主义、极端主义思想，筹集恐怖袭击经费，抛下年幼的儿女，前往北京实施恐怖袭击。大量的案例说明，恐怖主义、极端主义宣传品的危害巨大，绝不能任由其大量存在和传播。二是**实践中，经常发现有些人非法持有大量的宣扬恐怖主义、极端主义的图书、音频视频资料或者其他物品，但难以查明这些人是否存在制作、散发的行为**。虽然这些人存在通过转发、散布等方式宣扬恐怖主义、极端主义的可能性很大，但有时难以

分则　第二章

收集相关证据，这些人也可能是准备转发、散布但尚未开始实施。这种非法持有的状态，随时都有可能转化成散发、传播等行为。如果对这类行为不予以惩治，就难以遏制宣扬恐怖主义、极端主义，煽动实施恐怖活动的犯罪势头。考虑到上述情况，根据各方面的意见，**《刑法修正案（九）》**增加规定了非法持有宣扬恐怖主义、极端主义物品的犯罪及刑事责任。

【条文说明】

本条是关于非法持有宣扬恐怖主义、极端主义物品罪及其处罚的规定。

根据本条规定，**非法持有宣扬恐怖主义、极端主义物品罪**，是指明知是宣扬恐怖主义、极端主义的图书、音频视频资料或者其他物品而非法持有，情节严重的行为。本罪在主观上要求是**故意**，即行为人明知是宣扬恐怖主义、极端主义的图书、音频视频资料或者其他物品而非法持有的，才能构成本罪。这里所说的“**明知**”，是指知道或者应当知道。实践中，行为人有可能会辩解其“不明知”所持有物品的性质和内容。在这种情况下，不能仅听行为人本人的辩解，对是否“明知”的认定，应当结合案件的具体情况和有关证据材料进行全面分析。要坚持重证据、重调查研究，以行为人实施的客观行为为基础，结合其一贯表现、具体行为、手段、事后态度，以及年龄、认知和受教育程度，所从事的职业，所生活的环境，所接触的人群等综合作出判断。比如，对曾因实施暴力恐怖活动、极端主义违法犯罪行为受过行政、刑事处罚的，或者被责令改正后又实施的，应当认定为明知。有其他共同犯罪嫌疑人、被告人或者其他知情人供认、指证，虽然行为人不承认其主观上“明知”，但又不能作出合理解释的，依据其行为本身和认知程度，足以认定其确实知道或者应当知道的，应当认定为明知。但是，结合行为人的认知程度和客观条件，如果确实属于不明知所持有物品为宣扬恐怖主义、极端主义图书、音频视频资料等物品的，不能认定为本罪。比如，捡拾到保存有宣扬恐怖主义、极端主义音频视频资料的手机、U 盘或者其他存储介质的；维修电脑的人员为修理电脑而暂时保管他人送修的存有宣扬恐怖主义、极端主义音频视频资料，而事先未被告知，待公安机关查办案件时才发现的等。对于不属于明知而持有宣扬恐怖主义、极端主义的图书、音频视频资料等其他物品的，一旦发现后，就应当立即予以销毁、删除，个人无法销毁、删除的，应当将含有恐怖主义、极端主义的图书、音频视频资料或者其他物品交给公安机关或者基层组织，请求帮助销毁、删除。对此问题，《最高人民法院、最高人民检察院、公安部、司法部关于办理恐怖活动和极端主义犯罪案件适用法律若干问题的意见》作了一些具体规定。

本罪在客观上要求**行为人有非法持有的行为**。这里所规定的“**持有**”，是指行为人对恐怖主义、极端主义宣传品处于占有、支配、控制的一种状态。不仅随身携带可以认定为持有，在其住所、驾驶的运输工具上发现的恐怖主义、极端主义宣传品也可以认定为持有。持有型犯罪以行为人持有特定物品或者财产的不法状态为基本的构成要素。我国刑法设置的持有型犯罪有巨额财产来源不明罪，非法持有毒品罪，非法持有、私藏枪支、弹药罪，持有假币罪，非法持有国家绝密、机密文件、资料、物品罪，非法持有毒品原植物种子、幼苗罪等。在持有型犯罪中，有的持有物本身不具有危害性，如巨额财产、绝密、机密文件等；有的本身就是违禁品，如毒品，枪支，弹药，毒品原植物种子、幼苗等。无论是否为违禁品，构成犯罪的前提都是非法持有。实践中有一些合法持有的情形，如查办案件的人民警察查封、扣押宣扬恐怖主义、极端主义的图书、音频视频资料等物品因而持有的，研究反恐怖主义问题的专家学者为进行学术研究而持有少量恐怖主义、极端主义宣传品的，则不能认定为犯罪。

从实践情况看，**宣扬恐怖主义、极端主义的图书、音频视频资料和其他物品**主要包含了两类内容：一是含有恐怖主义、极端主义的思想、观念和主张，煽动以暴力手段危害他人生命和公私财产安全、破坏法律实施等内容的。二是含有传授制造、使用炸药、爆炸装置、枪支、管制刀具、危险物品实施暴力恐怖犯罪的方法、技能等内容的。这些宣传品在形式上和内容上均表现多样。比如，有的宣扬参加暴力恐怖活动的，流血就能洗刷罪过，可以带自己和亲友上天堂，杀死一人胜做十年功，可以直接上天堂，在天堂中有仙女相伴等。有的利用地理环境相对闭塞地区的一些信教民众对外部正确信息了解甚少，辨别意识不强，借助区域经济差异、社会竞争压力等社会问题，对国家民族政策大肆诋毁，破坏民族关系。有的通过编造谣言或者炒作个别案例，将社会成员划分为不同群体，刻意制造不同信仰者、不同民族之间的隔阂和对立，煽动仇恨、歧视，争取民众对暴恐分子的同情。有的表面上是宣传宗教教义，但在内容上对宗教教义进行歪曲，或者在其中夹杂恐怖主义、极端主义的内容，诱骗一些对宗教教义知之甚少的群众将一些错误观点奉为经典，造成思想混乱，为暴恐活动披上“宗教”的合法外衣。本条中规定的“**其他物品**”，是指除图书、音频视频资料外的其他恐怖主义、极端主义宣传品，如含有宣扬恐怖主义、极端主义内容的文稿、图片、存储介质、电子阅读器等。实践中，在网络存储空间内储存宣扬恐怖主义、极端主义的资料的，本质上与存储在个人电脑、手机、移动硬盘中没有区别，且更容易造成大面积传播，情节严重的，也构成本罪。对涉案物品因涉及专门知识或者语言文字等内容难以鉴别的，可商请有关主管部门提供鉴别意见。

根据《最高人民法院、最高人民检察院、公安部、司法部关于办理恐怖活动和极端主义犯罪案件适用法律若干问题的意见》的有关规定，明知是载有宣扬恐怖主义、极端主义内容的图书、报刊、文稿、图片、音频视频资料、服饰、标志或者其他物品而非法持有，达到下列数量标准之一的，依照刑法本条规定，以**非法持有宣扬恐怖主义、极端主义物品罪**定罪处罚：(1)图书、刊物二十册以上，或者电子图书、刊物五册以上的；(2)报纸一百份(张)以上，或者电子报纸二十份(张)以上的；(3)文稿、图片一百篇(张)以上，或者电子文稿、图片二十篇(张)以上，或者电子文档五十万字符以上的；(4)录音带、录像带等音像制品二十个以上，或者电子音频视频资料五个以上，或者电子音频视频资料二十分钟以上的；(5)服饰、标志二十件以上的。非法持有宣扬恐怖主义、极端主义的物品，虽未达到前款规定的数量标准，但具有多次持有，持有多类物品，造成严重后果或者恶劣社会影响，曾因实施恐怖活动、极端主义违法犯罪被追究刑事责任或者二年内受过行政处罚等情形之一的，也可以定罪处罚。

根据本条规定，明知是宣扬恐怖主义、极端主义的图书、音频视频资料或者其他物品而非法持有的行为，只有达到情节严重的，才构成犯罪。① 对于是否属于“**情节严重**”，可以根据所持有的恐怖主义、极端主义宣传品的数量多少，所包含的内容的严重程度，曾经因类似行为受到处罚的情况，以及其事后的态度等因素作出认定。对于因为好奇或者思想认识不清楚，非法持有少量的恐怖主义、极端主义宣传品，没有其他的恐怖主义、极端主义违法行为，经发现后及时销毁、删除的，不作为犯罪追究。

另外，根据《反恐怖主义法》第八十条的规定，实施本条规定的行为，**情节轻微，尚不构成犯罪的**，由公安机关处十日以上十五日以下拘留，可以并处一万元以下罚款。

需要注意的是，本罪作为持有型犯罪，是一项**补充性罪名**，目的是严密法网，防止放纵犯罪分子。在实践中，对于被查获的非法持有恐怖主义、极端主义宣传品的人，应当尽力调查其犯罪事实，如果经查证是为通过散发、讲授等方式宣扬恐怖主义、极端主义，煽动实施恐怖活动而非法持有的，是为利用极端主义煽动群众破坏国家法律制度实施而非法持有的，应当依照《刑法》第一百二十条之三、第一百二十条之四的规定定罪处罚。

【司法解释性文件】

《最高人民法院、最高人民检察院、公安部、司法部关于办理恐怖活动和极端主义犯罪案件适用法律若干问题的意见》(高检会〔2018〕1号，2018年3月16日公布)

△(**非法持有宣扬恐怖主义、极端主义物品；数量累计计算；折算；明知；综合审查判断**)明知是载有宣扬恐怖主义、极端主义内容的图书、报刊、文稿、图片、音频视频资料、服饰、标志或者其他物品而非法持有，达到下列数量标准之一的，依照刑法第一百二十条之六的规定，以非法持有宣扬恐怖主义、极端主义物品罪定罪处罚：

1. 图书、刊物二十册以上，或者电子图书、刊物五册以上的；

2. 报纸一百份(张)以上，或者电子报纸二十份(张)以上的；

3. 文稿、图片一百篇(张)以上，或者电子文稿、图片二十篇(张)以上，或者电子文档五十万字符以上的；

4. 录音带、录像带等音像制品二十个以上，或者电子音频视频资料五个以上，或者电子音频视频资料二十分钟以上的；

5. 服饰、标志二十件以上的。

非法持有宣扬恐怖主义、极端主义的物品，虽未达到前款规定的数量标准，但具有多次持有，持有多类物品，造成严重后果或者恶劣社会影响，曾因实施恐怖活动、极端主义违法犯罪被追究刑事责任或者二年内受过行政处罚等情形之一的，也可以定罪处罚。

① 我国学者指出，和持有假币罪等其他持有型犯罪不一样的是，假币等违禁品本身就具有侵害或者威胁刑法所保护的某种法益的属性(譬如，枪支、弹药本身就是凶器，假币本身就可以破坏国家的金融秩序)，但“宣扬恐怖主义、极端主义的图书、音频视频资料或者其他物品”并不具有上述违禁品的性质，其只能通过对他人的思想、观念产生影响，然后通过受影响的他人而危害法益。因此，现行法规定，成立本罪，必须要有“情节严重”的要求。参见黎宏：《刑法学各论》(第2版)，法律出版社2016年版，第41页。

多次非法持有宣扬恐怖主义、极端主义的物品，未经处理的，数量应当累计计算。非法持有宣扬恐怖主义、极端主义的物品，涉及不同种类或者形式的，可以根据本条规定的不同数量标准的相应比例折算后累计计算。

非法持有宣扬恐怖主义、极端主义物品罪主观故意中的“明知”，应当根据案件具体情况，以行为人实施的客观行为为基础，结合其一贯表现，具体行为、程度、手段、事后态度，以及年龄、认知和受教育程度、所从事的职业等综合审查判断。

具有下列情形之一，行为人不能做出合理解释的，可以认定其“明知”，但有证据证明确属被蒙骗的除外：

1. 曾因实施恐怖活动、极端主义违法犯罪被追究刑事责任，或者二年内受过行政处罚，或者被责令改正后又实施的；

2. 在执法人员检查时，有逃跑、丢弃携带物品或者逃避、抗拒检查等行为，在其携带、藏匿或者丢弃的物品中查获宣扬恐怖主义、极端主义的物品的；

3. 采用伪装、隐匿、暗语、手势、代号等隐蔽方式制作、散发、持有宣扬恐怖主义、极端主义的物品的；

4. 以虚假身份、地址或者其他虚假方式办理托运，寄递手续，在托运、寄递的物品中查获宣扬恐怖主义、极端主义的物品的；

5. 有其他证据足以证明行为人应当知道的情形。

△(**竞合**)犯刑法第一百二十条规定的犯罪，同时构成刑法第一百二十条之一至之六规定的犯罪的，依照处罚较重的规定定罪处罚。

犯刑法第一百二十条之一至之六规定的犯罪，同时构成其他犯罪的，依照处罚较重的规定定罪处罚。

△(**恐怖主义、极端主义；恐怖活动；恐怖活动组织**)恐怖主义、极端主义，恐怖活动，恐怖活动组织，根据《中华人民共和国反恐怖主义法》等法律法规认定。

【附属刑法】

《中华人民共和国反恐怖主义法》(2015年12月27日通过，2018年4月27日修正)

第七十九条

组织、策划、准备实施、实施恐怖活动，宣扬恐怖主义，煽动实施恐怖活动，非法持有宣扬恐怖主义的物品，强制他人在公共场所穿戴宣扬恐怖主义的服饰、标志，组织、领导、参加恐怖活动组织，为恐怖活动组织、恐怖活动人员、实施恐怖活动或者恐怖活动培训提供帮助的，依法追究刑事责任。

第一百二十一条　【劫持航空器罪】

以暴力、胁迫或者其他方法劫持航空器的，处十年以上有期徒刑或者无期徒刑；致人重伤、死亡或者使航空器遭受严重破坏的，处死刑。

【立法理由】

(一)立法相关背景及修改情况

1. **1979年立法的情况**。根据1979年《刑法》第一百条的规定，以反革命为目的，劫持飞机的，处无期徒刑或者十年以上有期徒刑；情节较轻的，处三年以上十年以下有期徒刑；劫持飞机，对国家和人民危害特别严重，情节特别恶劣的，可以判处死刑。基于当时特定的立法背景，该规定是作为**反革命破坏罪**规定的。实践表明，一方面，该规定确实对劫持飞机的犯罪分子起到威慑惩治的作用；另一方面，这一规定也难以适应社会发展和国际形势的变化和需求。首先，将劫机行为规定在反革命破坏罪中，且以反革命为目的，与上述公约中排除政治犯罪的原则不相符合，这对将该类犯罪依据普遍管辖原则进行追诉、引渡罪犯等活动造成障碍，与我国在这方面应当承担的义务不相吻合，也使得我国在处理涉外劫机案件时处于被动地位。其次，司法实践中定罪量刑的困难。从司法实践看，劫持航空器的情况较为复杂，有的是以反革命为目的，具有政治色彩；有的并非以反革命为目的，是普通的刑事案件，很难以该罪论处，可能会造成司法实践对不是以反革命为目的的案件类推定罪。随着社会的发展，这一问题在实践中越发突出。

2. **1979年之后至1997年刑法修订前的立法情况**。随着我国民用航空事业的迅猛发展，在一段时间内，国内一些不法分子劫持民航飞机出逃境外的情况时有发生，严重地危害了公共安全，但其行为目的并不都是要颠覆人民民主专政、推翻社会主义制度，难以适用反革命劫机罪。为有效地打击这种犯罪，保护旅客的生命财产安全，加强国际间反劫机犯罪的合作，1992年12月28日，第七届全国人大常委会第二十九次会议通过了**《全国人民代表大会常务委员会关于惩治劫持航空器犯罪分子的决定》**，在1979年刑法的基础上增设了**劫持航空器罪**，将1979年刑法有关规定修改为："以暴力、胁迫或者其他方法劫持航空器的，处十年以上有期徒刑或者无期徒刑；致人重伤、死亡或者使航空器遭受严重破坏或者情节特别严重的，处死刑；情节较轻的，处五年以上十年以下有期徒刑。"

1992年12月22日，第七届全国人大常委会第二十九次会议上作出关于《全国人民代表大会常务委员会关于惩治劫持航空器、船舰犯罪的补充规定（草案）》的说明，提到补充规定制定的背景主要是20世纪60年代初以来，国际上以暴力劫持民航飞机和破坏民航设施的事件频繁发生。为制止这类恐怖活动，保卫国际民航安全，有关国家于1963年签订了**《关于在航空器内的犯罪和其他某些行为的公约》**，随后又于1970年和1971年先后签订了**《关于制止非法劫持航空器的公约》《关于制止危害民用航空安全的非法行为的公约》**，这些公约对保障民航飞机设施的安全具有积极意义。我国已正式加入这三个国际公约，仅对其中个别条款声明保留。

关于制定补充规定的必要性：劫持航空器是一种严重的国际恐怖犯罪活动，对旅客的生命、财产的安全和公共安全危害极大。因此，《关于制止非法劫持航空器的公约》要求各缔约国承诺对非法劫持航空器的罪行给予严厉惩罚，并且规定，对非法劫持航空器的罪行，起飞地国家和实际降落地国家都有刑事管辖权，还指出这一罪行应当作为缔约国之间一种可引渡的罪行。如不将劫机犯引渡，应当无例外地将此案提交司法当局起诉。司法当局应当按照本国法律以严重性质的罪行案件交付审判。我国刑法虽有对劫机罪的规定，但尚不完善。按照1979年《刑法》第一百条第（三）项的规定，劫机行为都是以反革命罪论处的。实践中对有些劫机行为以此定性有问题，尤其是对外国人劫持外国航空器到我国的，或者外国人劫持我国航空器的，在定罪量刑时，难以直接适用刑法。因此，对我国刑法加以补充是完全必要的。

在起草规定时，研究了有关国际公约，参考了国外关于劫持航空器的处刑规定。鉴于劫持航空器是一种严重危害公共安全的犯罪行为，应当依法严厉惩治，无论劫持者出于何种目的，实际上都将危及航空器和旅客安全，只要实施了这种劫持行为，就应当构成犯罪，而不以其目的如何作为犯罪构成条件。因此，在补充规定中规定"以暴力、胁迫或者其他方法劫持航空器的"即构成犯罪，起刑点为十年，并规定对"致人重伤、死亡或者使航空器遭受严重破坏以及造成其他严重后果的，处以死刑"。另外，考虑到劫持船舰也具有同样的危害性，因此，在第二款中规定："以暴力、胁迫或者其他方法劫持船舰的，依照前款规定处罚。"

补充规定明确对飞机与航空器的概念使用问题，提出**我国刑法的有关条款中使用的是"飞机"，没有"航空器"的概念**；而国际公约中使用的是"航空器"，二者不尽一致。经查，英语飞机为AIR PLANE，航空器为AIRCRAFT；两个概念含义不同，航空器是指在空间航行的多种航空工具，其中包括飞机在内。考虑到这个补充规定与国际公约的衔接和国内立法今后的发展趋势，草案中以使用"航空器"的概念为宜。

3. **1997年修订刑法的情况**。1997年修订刑法时将《全国人民代表大会常务委员会关于惩治劫持航空器犯罪分子的决定》中的内容纳入了刑法，在危害公共安全罪一章中专条规定了劫持航空器罪，并在此基础上作了二处修改：一是**删去了"情节特别严重的"规定**。对于判处死刑的法定情节，只限定在"致人重伤、死亡或者使航空器遭受严重破坏"这三种情况。这样修改主要是考虑在劫机犯罪中"情节特别严重"集中地表现于这三种情况，明确规定，有利于执行中正确执法，也更加符合罪刑法定的原则。二是**删去了"情节较轻的"规定**。这主要是考虑到劫持飞机的行为一经实施，就对机上每一个人的生命构成严重威胁，其社会危害性极大，必须给予严厉打击。同时也考虑到此罪与刑法规定的其他犯罪在处刑上应保持平衡。

（二）国际条约的规定

劫持航空器罪是一种严重的国际恐怖犯罪活动。自20世纪60年代初以来，国际上暴力劫持民航飞机的事件频繁发生。**为了制止这类恐怖犯罪活动，保卫国际民用航空安全**，各国前后签订了一系列有关制止劫持航空器的公约。包括：1963年在日本东京签订的《关于航空器内的犯罪和其他某些行为的公约》；1970年在海牙签订的《关于制止非法劫持航空器的公约》；1971年在蒙特利尔签订的《关于制止危害民用航空器的非法行为的公约》。公约要求各缔约国承诺对劫持航空器的犯罪行为给予严厉惩罚，并且规定：对非法劫持民用航空器的罪行，起飞地国家和实际降落地国家都有刑事管辖权。此外，还规定：劫机是一种可引渡的罪行，如不将劫机犯引渡，则不论其罪行是否发生在其境内，均应将此案提交其主管当局以便起诉，该当局应按照本国法律，以对待任何性质严重的普通刑事案件的同样方式作出判决,惩治犯罪。世界上许多加入上述公约的国家,为适应公约要求,一般都根据公约精神修改补充了自己的国内法,把劫持民用航空器犯罪及其刑事管辖权的要求转化为本国的刑事法律。我国自 1978 年起,先后加入上述三个公约。

【条文说明】

本条是关于劫持航空器罪及其处罚的规定。

根据本条规定,行为人构成本罪必须是实施了**以暴力、威胁或者其他方法劫持**[①]**航空器的行为**。这里所说的"**暴力**",主要是指犯罪分子使用强暴手段,如杀害、殴打等方法劫持航空器的行为。[②]"**胁迫**",主要是指犯罪分子以爆炸飞机、枪杀旅客等手段要挟、强迫机组人员服从其劫持航空器的命令的行为。[③]"**其他方法**",是指犯罪分子使用除暴力、威胁方法以外的方法劫持航空器的行为。如航空器的驾驶人员,利用驾驶航空器的便利条件,违反规定直接驾机非法出逃境外、危害公众安全的行为。本罪侵犯的对象是**使用中的航空器**。这里规定的"**航空器**",是指各种运送旅客和运输物资的空中运输工具。[④]《关于在航空器内的犯罪和其他某些行为的公约》《关于制止非法劫持航空器的公约》中规定的都是在飞行中的航空器。所谓在飞行中是指航空器在装载结束,机舱外部各门均已关闭时起,直到打开任一机门以便卸载时为止的任何时间;而如果飞机是强迫降落的,则在主管当局接管该航空器及其所载人员和财产以前。《关于制止危害民用航空安全的非法行为的公约》扩大了罪行的范围,它不仅包括在飞行中,而且包括在使用中的航空器内所犯的罪行。而所谓**使用中**是指从地面人员或机组对某一特定飞行器开始进行飞行前准备起,直到降落后 24 小时止。因此,我们不能狭义地把本罪的侵犯对象理解为飞行中的航空器。

根据本条的规定,对以暴力、胁迫或者其他方法劫持航空器的犯罪的处刑分为两档,即一般情况下,处十年以上有期徒刑或者无期徒刑;**致人重伤、死亡或者使航空器遭受严重破坏的,处死刑**,这一情况主要是指犯罪分子在劫持航空器的过程中,造成旅客或者机组人员重伤、死亡或者使航空器上的重要设施、设备遭受严重破坏等[⑤],对这些行为,都将处以死刑。

实践中需要注意以下几个方面的问题:

1. 对于航空器的理解。根据航空服务的目的不同,航空器可分为国家航空器和民用航空器。**国家航空器**的概念最早于 1919 年《关于管理空中航行的公约》中正式出现。该公约第三十条规定:"下列为国家航空器:(a)军用航空器。(b)专为国家目的服务的航空器,如邮政、海关、警用航空器。除此之外任何其他航空器都应当被认定为是私人航空器。除军用、海关和警用航空器外,所有国家航空器均应视为私人航空器,并应遵守本公约的所有规定。"该公约第三十一条还进一步解释了军用航空器的定义:"具体来讲,每架由服役人员指挥的航空器,均应视为军用航空器。"这里使用的是"**私人航空器**"(private aircraft)的概念,而不是"民用航空器"(civil aircraft)。确定航空器是不是国家航空器的决定因素是有关航空器是否受雇于国家服务部门。1919 年《关于管理空中航行的公约》不仅给国家航空器和私人航空器下了定义,还清晰地确定了两者定义的边界。1944 年《国际民用航空公约》第三条规定:"(a)本公约只

① 劫持包括两种情况:一是劫夺航空器;二是控制航空器的航行。参见周光权:《刑法各论》(第 4 版),中国人民大学出版社 2021 年版,第 202 页;谢望原、赫兴旺主编:《刑法分论》(第 3 版),中国人民大学出版社 2016 年版,第 45 页。

② 我国学者指出,本罪的暴力,应限于最狭义的暴力。行为人对机组成员等人不法行使有形力,并达到足以抑制其反抗的程度,才属于本罪之暴力。参见张明楷:《刑法学》(第 6 版),法律出版社 2021 年版,第 909 页;赵秉志、李希慧主编:《刑法各论》(第 3 版),中国人民大学出版社 2016 年版,第 57 页。

③ 我国学者指出,本罪的胁迫,应限于最狭义的胁迫,而不包括轻微暴力、胁迫的情形(本罪的法定刑很重)。参见张明楷:《刑法学》(第 6 版),法律出版社 2021 年版,第 909 页。

④ 作为本罪对象的航空器,必须是使用中或者飞行中的航空器;并且,航空器既可以是民用航空器,也可以是国家航空器(用于军事、海关、警察部门的航空器)。另外,无人驾驶的航空器也能成为本罪对象。参见张明楷:《刑法学》(第 6 版),法律出版社 2021 年版,第 909 页;赵秉志、李希慧主编:《刑法各论》(第 3 版),中国人民大学出版社 2016 年版,第 57 页;谢望原、赫兴旺主编:《刑法分论》(第 3 版),中国人民大学出版社 2016 年版,第 45 页。林亚刚教授则认为,国际公约(《东京公约》第一条、《海牙公约》第三条等)规定,劫持航空器的犯罪仅指对民用航空器的劫持,不包括国家航空器。因此,本罪的航空器专指民用航空器。劫持国家航空器,虽然同样具有严重的社会危害性,但不构成本罪。参见高铭暄、马克昌主编:《刑法学》(第 7 版),北京大学出版社、高等教育出版社 2016 年版,第 345 页。

⑤ "致人重伤、死亡"还包括劫持行为导致其他人员(如地面人员)重伤、死亡的情形。参见张明楷:《刑法学》(第 6 版),法律出版社 2021 年版,第 910 页。

适用于民用航空器,不适用于国家航空器。(b)用于军事、海关和警察的航空器,应视为国家航空器。"这里开始出现"**民用航空器**"的概念,这一概念在随后的航空法律文书中继续使用。此外,与1919年《关于管理空中航行的公约》不同,《国际民用航空公约》对于军用航空器这一特定类型没有给出明确的定义,而军用航空器往往是受到特别规则管制的一类。对于劫持航空器罪是否包括国家航空器,我国刑法学界有不同认识:一种观点认为,从国际公约和我国承担的义务来看,本罪中的航空器仅指民用航空器;另一种观点认为,本罪侵犯的对象是航空器,至于是民用的,还是供军事、海关等使用,均不影响本罪的成立。从刑法规定看,**我国刑法并没有对航空器作出任何限制**;劫持用于军事、海关、警察等领域的航空器的犯罪行为也可能发生,依法应予以惩治。

2. 关于管辖权。《刑法》第九条规定:"对于中华人民共和国缔结或者参加的国际条约所规定的罪行,中华人民共和国在所承担条约义务的范围内行使刑事管辖权的,适用本法。"我国作为相关公约的缔约国,对劫持航空器的犯罪行为,不论航空器是哪国的,不论犯罪行为人是哪国的或无国籍,也不论犯罪行为发生在何地,**我国都可以行使刑事管辖权**。

3. 关于本条规定中的"死刑"的理解。本条规定的刑罚中的"**死刑**",包括死刑立即执行和死刑缓期二年执行。对于有本条规定的犯罪行为,但不是必须立即执行的,可以依法判处死刑缓期二年执行。

【附属刑法】

《中华人民共和国民用航空法》(1995年10月30日通过,2021年4月29日第六次修正)

第一百九十一条

以暴力、胁迫或者其他方法劫持航空器的,依照刑法有关规定追究刑事责任。

第一百二十二条　【劫持船只、汽车罪】

以暴力、胁迫或者其他方法劫持船只、汽车的,处五年以上十年以下有期徒刑;造成严重后果的,处十年以上有期徒刑或者无期徒刑。

【立法理由】

1. **1979年立法的情况**。船只、汽车都是大型的现代化交通工具,与公共安全紧密相连,与劫持航空器犯罪一样,这种非常严重的危害公共安全的犯罪必须严惩。1979年《刑法》只是规定如果行为人以反革命为目的而劫持船只、汽车的,依照1979年《刑法》第一百条规定的**反革命破坏罪**定罪量刑。一方面,由于反革命罪要求行为人主观上具有反革命的目的,如果不具备这种目的劫持船只、汽车的,就不能按这种犯罪定罪处罚;另一方面,适用该罪名也会以"政治犯不引渡"为由而使我国在国际私法协助中处于弱势地位,显然这一规定已经不能适应现实需求,所以,出于调整反革命罪、完善立法的需要,全面修订刑法的工作启动后,劫持船只、汽车作为犯罪行为被写在相应的条文中。早在1988年的三个刑法修改稿本中,劫持船只和汽车的行为是与劫持飞机相并列而规定的。此后劫持航空器的行为作为一种独立的犯罪写进了刑法修改稿本,对劫持船只、汽车犯罪行为未有体现。

2. **1997年修订刑法的情况**。本条是对1979年《刑法》第一百条反革命破坏罪第(三)项内容的修改。1979年《刑法》第一百条第(三)项将"劫持船舰、飞机、火车、电车、汽车的"规定为反革命破坏罪。反革命罪修改为危害国家安全罪后,将这一内容分别规定在危害公共安全罪一章中。1997年修订刑法时,在对修订草案征求意见的过程中,一些地方提出,应当在修订草案第一百二十条劫持航空器的犯罪规定之后增加规定"劫持船舶、火车、汽车或者其他机动公共交通工具的犯罪"。本条根据实际情况,**删去了劫持"火车"的规定**。主要是考虑实践中,由于火车是沿铁轨行驶,劫持一列火车的现实可能性较低。经过研究和论证,最终在1997年3月14日第八届全国人大第五次会议通过的《刑法(修订草案)》第一百二十二条增写了劫持船只、汽车罪。

【条文说明】

本条是关于劫持船只、汽车罪及其处罚的规定。

劫持船只、汽车罪,是指以暴力、胁迫或者其他方法劫持船只、汽车,危害公共安全的行为。其中"**以暴力、胁迫或者其他方法**"规定的含义与第一百二十一条规定的劫持航空器罪中的"以暴力、胁迫或者其他方法"的基本含义是一致的。"**暴**

力”可以理解为对船只、汽车的驾驶、操作人员实施打击或身体强制，使其不能反抗、不敢反抗或无力反抗，从而使船只、汽车按照行为人的意志行驶或者行为人自己控制船只、汽车；“**胁迫**”是指对船只、汽车的驾驶、操作人员等以事实伤害、杀害等暴力手段相威胁，对其实施精神强制，使其恐惧不敢反抗的手段；“**其他方法**”是暴力、胁迫以外的，与此相当的犯罪方法，如用药物麻醉、致昏等。本条所说的“**船只**”，是指各种运送旅客或者物资的水上运输工具；“**汽车**”主要是指公共汽车、电车等机动车辆，包括内燃机、柴油机、电机等机械为动力的车辆。

根据本条规定，只要行为人实施了以暴力、胁迫或者其他方法劫持船只、汽车的，即构成本罪，处五年以上十年以下有期徒刑；造成严重后果的，即造成人员伤亡或者使国家和人民的财产遭受重大损失的，处十年以上有期徒刑或者无期徒刑。需要指出的是，**本条规定的劫持船只、汽车行为的目的不是为了抢劫或者实施海盗行为**，对于以抢劫为目的劫持船只、汽车的，应当依照**抢劫罪**的规定定罪处罚。本条规定的劫持船只、汽车的目的与第一百二十一条规定的劫持航空器的目的是基本一致的，主要是为了逃避法律追究，让船只、汽车开往其指定的地点，或者以劫持车船作为要挟手段，让政府答应其提出的某项条件等。①

需要注意的是，如果仅有对船只、汽车的驾驶、操作人员等使用暴力、胁迫或者其他方法的行为，无非法劫夺、控制船只、汽车的行为，**不是“劫持”**。另外，所谓“劫持”，应是非法的，因执行公务、紧急避险等情况而强行控制船只、汽车的，不是劫持。劫持的对象，必须是**正在使用中的船只、汽车**，包括正在行驶和停放码头、车站等停机待用、准备随时执行运输任务的船只、汽车。至于船只、汽车是否正在行驶中，本条没有明文规定，如果行为人在船只、汽车停机、待用时，以暴力、胁迫或者其他方法强制驾驶、操作人员等上船、上车而进行劫持的，也应按本罪处理。

【参考案例】

△杀人后出于逃跑的目的而劫持汽车的，不成立抢劫罪，应认定为劫持汽车罪。

《最高人民法院关于审理抢劫、抢夺刑事案件适用法律若干问题的意见》（以下简称《意见》）第六条之所以将为实施抢劫或其他犯罪而劫车的行为定性为抢劫罪，主要是基于行为人以暴力或者胁迫的方法劫取机动车辆的行为并不是出于法律意义上的“使用”目的，而是将其作为实施犯罪的工具非法占有，一般用后即予抛弃，基本上不存在返还的情形，本质上具有非法占有的目的，客观上侵犯了他人的人身、财产权利，符合抢劫罪的特征。虽然《意见》第六条没有像《最高人民法院、最高人民检察院关于办理盗窃刑事案件适用法律若干问题的解释》第十条那样明确表述“非法占有车辆，或者将车辆遗弃导致丢失”的前提条件，但《意见》是针对抢劫罪、抢夺罪所制定的，而“非法占有目的”是这两罪的主观构成要件内容，所以即使《意见》没有明确表述该主观构成要件，也并不意味着该情形下构成抢劫罪无须具备“非法占有目的”这一主观构成要件。据此，《意见》将两种劫车情形均定性为抢劫罪的根本原因在于，在这两种情形下，行为人对所劫车辆在本质上都具有非法占有的目的；如果行为人对所劫车辆没有非法占有的目的，则不能认定其构成抢劫罪。

首先，《意见》第六条是针对劫取机动车辆当作犯罪工具或者逃跑工具使用的行为如何定性所作出的专门规定。从时间顺序看，劫车行为在前，实施其他犯罪行为在后，劫车的目的是实施抢劫或者其他犯罪活动。在陈志故意杀人、劫持汽车案中，陈志是杀人犯罪在前，劫车行为在后，其劫车目的是逃跑，而不是为了实施其他犯罪活动。其次，非为实施犯罪而劫车逃跑的，一般仅是将所劫车辆作为逃跑工具使用。通常情况下，行为人胁迫驾车人按照其指使的线路行驶，或者虽然自己直接驾驶所劫车辆，但并不将原驾车人赶下车辆，在到达目的地后就弃车而去，故行为人往往不具有非法占有所劫车辆的主观目的。本案中，陈志在实施杀人行为后，持刀胁迫车主驾车带其逃离现场，既没有非法占有汽车的目的，也未实际占有该车辆；因此，其对汽车实施的行为属于劫持，而非劫取。《意见》第六条中所规定的情形是为实施其他犯罪而劫取机动车辆，而非劫持机动车辆，因此陈志的行为不符合《意见》第六条规定的情形，不构成抢劫罪。

具体到本案，被告人陈志的劫车行为构成劫持汽车罪，而非抢劫罪，理由如下：

首先，被告人劫持的车辆符合劫持汽车罪的对象特征。劫持汽车罪的犯罪对象是汽车，但通

① 我国学者指出，使用暴力、胁迫方法迫使小型出租车开往某地，一般不应认定为本罪（行为人不付出租车费用，可认定为抢劫罪）。但是，使用暴力、胁迫方法逼使出租车司机横冲直撞，或者劫持后直接驾驶出租车横冲直撞，应认定为劫持汽车罪。参见张明楷：《刑法学》（第5版），法律出版社2016年版，第709页。

常情况下应当限定为出租车以外的汽车。这样限定的理由在于,出租车本身具有开放性,任何人都有权利乘坐,无论行为人持何种主观态度(搭乘或者劫持),就乘坐这一行为而言,都是合法的;而且出租车原则上应当按照乘客的要求行驶,他人要求出租车司机行驶到任何地点都不违法,故一般情况下出租车不能成为劫持汽车罪的犯罪对象。但是,如果行为人使用暴力、胁迫等方法迫使出租车司机驾车在道路上横冲直撞,或者强行亲自驾驶出租车的,也可以构成劫持汽车罪。原因在于,此种行为已经明显超出了搭乘出租车的行为模式,改变了出租车的合法用途,且危及公共安全,故应当认定其属于劫持汽车的行为。本案中,被告人陈志劫持的是私家车,符合劫持汽车罪的对象特征。

其次,被告人采取暴力、胁迫方法劫持汽车的行为危及公共安全。劫持汽车罪要求行为人故意使用暴力、胁迫等方法劫持汽车,行为人在明知驾驶员不同意其搭乘的情况下,仍对驾驶员实施暴力、胁迫等行为,从而非法控制汽车。只要行为人实施了劫持汽车的行为,并足以对公共安全造成威胁,即可构成本罪。如果行为人认为驾驶员同意其搭乘汽车,也未实施暴力、胁迫行为,且驾驶员未有反抗行为,则不应认定其为劫持。如果行为人将驾驶员赶走,自行驾驶汽车离开,且非法占有汽车或者造成车辆失踪的,则可以认定行为人具有非法占有汽车的故意。因为在这种情况下,驾驶员已失去对汽车的控制,行为人的主观意图已经不只是暂时的劫持,而是对汽车的非法占有,故应当认定其为抢劫罪。本案中,被告人陈志持刀闯入车内,胁迫车主开车送其离开现场,并在高速公路上违章行驶,已经危及公共安全,符合劫持汽车罪的客观特征。[No. 2-122-1　陈志故意杀人、劫持汽车案]

第一百二十三条　【暴力危及飞行安全罪】

对飞行中的航空器上的人员使用暴力,危及飞行安全,尚未造成严重后果的,处五年以下有期徒刑或者拘役;造成严重后果的,处五年以上有期徒刑。

【立法理由】

(一)立法相关背景

本条规定系以 1995 年《民用航空法》第一百九十二条的规定为基础修订而来的。航空器作为现代化的交通工具,在飞行时能否正常运行,直接危及到所载乘客的安全,航空器一旦失控,就会给人的生命、财产造成不可估量的损失。考虑到对飞行中的航空器内的人员使用暴力,将会对航空器的安全构成极大威胁;同时,我国参加的保证民用航空器安全的国际公约中也规定,应将在飞行中航空器上使用暴力的行为在国内法中规定为犯罪。根据全国人大常委会通过的 **1995 年《民用航空法》**第一百九十二条的规定,对飞行中的民用航空器上的人员使用暴力,危及飞行安全,尚未造成严重后果的,依照刑法有关规定追究刑事责任。1997 年修订刑法时将上述规定纳入刑法中,并单独规定了刑罚。在刑法修订过程中,本罪首次出现在 1997 年 2 月 17 日的修订草案(修改稿)第一百二十三条中,该条对《民用航空法》的规定作了两处修改:一是删除了《民用航空法》规定中"航空器"的"民用"二字;二是对这种行为规定了独立的法定刑。该修订草案的这一写法最终为 **1997 年《刑法》**所采用。

(二)国际条约的规定

暴力危及飞行安全罪是一种非常严重的国际犯罪。早在 1971 年 9 月 8 日,国际民航组织法律委员会通过的《关于制止危害民用航空安全的非法行为的公约》就明确规定:任何人如果非法和故意对飞行中的航空器内的人从事暴力活动,危及该航空器的安全的,即构成犯罪。这一规定不仅扩大了 1970 年《关于制止非法劫持航空器的公约》中有关空中劫持的罪行范围,更为重要的是**将暴力侵袭航空人员,危及飞行安全的行为规定为国际犯罪**。这表明了国际社会对此种犯罪行为的高度重视,显然对维护国际民航飞行安全具有十分重要的意义。我国自 1978 年起陆续加入了国际上保证民用航空安全的三个国际公约:《关于在航空器内的犯罪和其他某些行为的公约》《关于制止非法劫持航空器的公约》和《关于制止危害民用航空安全的非法行为的公约》。而且,为适应国际上联合反劫机斗争的需要,于 1992 年通过了《关于惩治劫持航空器犯罪分子的决定》。在 1979 年刑法规定的基础上,增设了暴力危及飞行安全罪,完善了刑法中有关劫机犯罪的规定。

【条文说明】

本条是关于暴力危及飞行安全罪及其处罚的

规定。

1. 根据本条规定，构成本罪的主体是**一般主体**，即任何在飞行中的航空器上的人员都可以构成本罪的主体。

2. 构成本罪还必须具有以下条件：（1）**必须使用暴力**。即对飞行中航空器上的人员使用暴力，如使用凶器行凶或者斗殴等。这里所说的**使用暴力**，较劫持航空器罪的范围要宽，包括对飞行中的航空器上的人员脚踢、使用凶器行凶，以及乘客之间、乘客与机组人员之间的暴力事件。[①]（2）**危及飞行安全**。[②] 在飞行中的航空器上，任何使用暴力的情况都会危及飞行安全，但本罪在处刑上区分了两种情况，一是尚未造成严重后果的；二是造成严重后果的。其中，"**尚未造成严重后果的**"，是指使用暴力对飞行安全没有造成直接的危害后果。"**造成严重后果的**"，主要是指因行为人在航空器中使用暴力的行为，致使航空器不能正常航行，以致迫降、坠毁等。

3. 本条规定的航空器仅限于**"飞行中"的航空器**。何为"飞行中"，《关于制止危害民用航空安全的非法行为的公约》第二条规定："航空器从装载完毕、机舱外部各门均已关闭时起，直至打开任一机舱门以便卸载时为止，应被认为是在飞行中；航空器强迫降落时，在主管当局接管对该航空器及其所载人员和财产的责任前，应被认为仍在飞行中。"对于不在"飞行中"的航空器及相关人员使用暴力的，构成犯罪的，可以根据故意伤害、毁损财物等相关犯罪依法追究刑事责任。

根据本条规定，对暴力危及飞行安全罪，尚未造成严重后果的，处五年以下有期徒刑或者拘役；造成严重后果的，处五年以上有期徒刑。

需要注意的是，是否处于"**飞行中**"是确定罪与非罪的关键，根据《关于在航空器内的犯罪和其他某些行为的公约》《关于制止非法劫持航空器的公约》中规定的飞行中的航空器是指航空器在装载结束，机舱外部各门均已关闭时起，直到打开任一机门以便卸载时为止的任何时间；而如果飞机是强迫降落的，则在主管当局接管该航空器及其所载人员和财产以前。《关于制止危害民用航空安全的非法行为的公约》扩大了罪行的范围，它不仅包括在飞行中，而且包括在使用中的航空器内所犯的罪行。而所谓使用中是指从地面人员或机组对某一特定飞行器开始进行飞行前准备起，直到降落后二十四小时止。实践中应严格把握是否为飞行中的状态，如果是对处于待飞行状态航空器上的人员使用暴力，原则上不适用本条，"待飞行"应以实质的飞行状态判断，如经停，航行前检测、维修，航空管制待飞等均应属于"**待飞行**"。对于不在"飞行中"的航空器及相关人员使用暴力的，构成犯罪的，可以根据**故意伤害、毁损财物等相关犯罪**依法追究刑事责任，如在飞机上、候机厅、安检处等殴打安检人员、飞机乘务人员、其他旅客等造成人身伤害的以故意伤害罪追究刑事责任。毁坏机场设备或飞机上的设备等情形可以故意毁坏财物罪追究刑事责任。

【附属刑法】

《中华人民共和国民用航空法》（1995 年 10 月 30 日通过，2021 年 4 月 29 日第六次修正）

第一百九十二条

对飞行中的民用航空器上的人员使用暴力，危及飞行安全的，依照刑法有关规定追究刑事责任。

---

① 我国学者指出，本罪之暴力乃指广义之暴力，即不法对人行使有形力的一切行为。参见张明楷：《刑法学》（第 6 版），法律出版社 2021 年版，第 910 页。另有学者指出，本罪中的暴力，其程度只能是轻伤，而不包括致人重伤和死亡。否则，会造成罪刑失衡。参见周光权：《刑法各论》（第 4 版），中国人民大学出版社 2021 年版，第 204 页；赵秉志、李希慧主编：《刑法各论》（第 3 版），中国人民大学出版社 2016 年版，第 59 页。

② 本罪属于具体危险犯，要求犯罪行为对飞行安全构成了威胁。参见张明楷：《刑法学》（第 6 版），法律出版社 2021 年版，第 910 页。

第一百二十四条　【破坏广播电视设施、公用电信设施罪】【过失损坏广播电视设施、公用电信设施罪】

破坏广播电视设施、公用电信设施，危害公共安全的，处三年以上七年以下有期徒刑；造成严重后果的，处七年以上有期徒刑。

过失犯前款罪的，处三年以上七年以下有期徒刑；情节较轻的，处三年以下有期徒刑或者拘役。

【立法理由】

（一）立法相关背景及修改情况

在我国刑事立法上，历来就十分重视对破坏广播、电信设施犯罪的规定。1979年《刑法》第一百一十一条规定："破坏广播电台、电报、电话或者其他通讯设备，危害公共安全的，处七年以下有期徒刑或者拘役。造成严重后果的，处七年以上有期徒刑。过失犯前款罪的，处七年以下有期徒刑或者拘役。"1997年《刑法》修订，根据各种公用电信设施日新月异的发展形势，对1979年《刑法》第一百一十一条进行了完善，**将"广播电台、电报、电话或者其他通讯设备"修改为"广播电视设施、公用电信设施"**。修改后的表述，法律用语更加准确，更能体现广播电视、公用电信事业发展变化的需要，同时也有利于司法实践。

对于本罪的法定刑设置以及单位是否可以构成本罪的问题，在刑法修订过程中也进行过一些研究。有部门和地方认为，破坏广播电台、电视台、公用电信设施的犯罪危害极大，建议对"造成严重后果"的情形，最高刑可提高到无期徒刑或者死刑。关于单位主体问题，有部门提出，目前在实践中对广播电视设施破坏最严重的大多是单位而不是个人，建议立法增设"单位犯前款罪的，对单位判处罚金，并对其直接负责的主管人员和其他直接责任人员，依照前二款的规定处罚"的规定。但这些建议最后都没有被采纳。

（二）有关国家的规定

各种广播电视设施、公用电信设施则是保障信息传递的重要工具，因此，目前世界上许多国家都把破坏传播、通信设备的行为规定为犯罪，以保护**各种电信设备保障信息的正常传递**。但是，对破坏传播、通讯设备行为的规定却不尽相同。有的国家把破坏、传播通信设备的行为作为轻罪予以处罚。如《瑞士刑法典》规定，故意阻止、干扰、危害公共交通事业，尤其铁路、邮政、电信事业，或者故意阻止、干扰或危害用水、电灯、动力热能之设备或机件者，处轻微役。又如《巴西刑法典》规定，中断或者扰乱电报、无线电报或电话的业务，或者阻止或妨害其恢复业务的，处一年至三年拘役并科一千克至五千克鲁赛罗罚金。而有的国家则把破坏传播通信设备的行为作为重罪予以处罚。

【条文说明】

本条是关于破坏广播电视设施、公用电信设施罪和过失损坏广播电视设施、公用电信设施罪及其处罚的规定。

本条规定的是以广播电视设施、公用电信设施为侵害对象的危害公共安全犯罪，1979年刑法就有规定，1997年刑法修订时作了个别文字调整。广播电视设施、公用电信设施是关系到国家经济建设和人民生活的重要基础设施，破坏广播、电视、公用电信设施会严重危及通信方面的公共安全，严重影响人民群众的生产、生活，往往会造成巨大的直接和间接经济损失。此外，鉴于此类犯罪所具有的严重的社会危害性，还应当追究其过失犯罪的刑事责任。

本条共分为两款。

第一款是**故意破坏广播电视设施、公用电信设施犯罪**的规定。这里所说的"**广播设施**"，包括发射无线电广播信号的发射台站等。"**电视设施**"，主要是指传播新闻信息的电视发射台、转播台等。**公用电信设施**主要包括：(1)通信线路类：包括光(电)缆、电力电缆等；交接箱、分(配)线盒等；管道、槽道、人井(手孔)；电杆、拉线、吊线、挂钩等支撑加固和保护装置；标石、标志标牌、井盖等附属配套设施。(2)通信设备类：包括基站、中继站、微波站、直放站、室内分布系统、无线局域网(WLAN)系统、有线接入设备、公用电话终端等。(3)其他配套设备类：包括通信铁塔、收发信天(馈)线；公用电话亭；用于维系通信设备正常运转的通信机房、空调、蓄电池、开关电源、不间断电源(UPS)、太阳能电池板、油机、变压器、接地铜排、消防设备、安防设备、动力环境设备等附属配套设施。(4)电信主管部门认定的其他电信设施。如国家电信部门的无线电发报设施、设备，包括发射机、天线等；还有电话交换局、交换站以及国家有关重要部门的电话交换台、无线电通信网络，如在航空、航海交通工具及交通设施中使用的无线电通信、导航设施等。总之，电信设施，既包括各种机器设备，也包括其组成部分的线路等。应当注意的是，那些不可能影响公共安全的通信服务设备，如城市大街上的公用电话亭、一般的民用家庭电话等，**不属于本条规定的“公用电信设施”的范围**。如其被破坏，可按**故意毁坏财物罪**处理。根据本款的规定，行为人破坏广播电视设施、公用电信设施的行为，只有达到“危害公共安全”的程度，才能构成本罪。本款对破坏广播电视设施、公用电信设施的犯罪行为规定了两档刑罚，危害公共安全的，处三年以上七年以下有期徒刑或者拘役；造成严重后果的，处七年以上有期徒刑。**“造成严重后果的”**，是指由于行为人破坏广播电视设施、公用电信设施的行为，致使广播电视传播或者公用通信中断，不能及时排除险情或者疏散群众，因而导致人员伤亡或者使公私财产遭受重大损失等情况。

对“危害公共安全”和“严重后果”的理解，2004年8月《最高人民法院关于审理破坏公用电信设施刑事案件具体应用法律若干问题的解释》第一条规定：“采用截断通信线路、损毁通信设备或者删除、修改、增加电信网计算机信息系统中存储、处理或者传输的数据和应用程序等手段，故意破坏正在使用的公用电信设施，具有下列情形之一的，属于刑法第一百二十四条规定的‘**危害公共安全**’，依照刑法第一百二十四条第一款规定，以**破坏公用电信设施罪**处三年以上七年以下有期徒刑：（一）造成火警、匪警、医疗急救、交通事故报警、救灾、抢险、防汛等通信中断或者严重障碍，并因此贻误救助、救治、救灾、抢险等，致使人员死亡一人、重伤三人以上或者造成财产损失三十万元以上的；（二）造成二千以上不满一万用户通信中断一小时以上，或者一万以上用户通信中断不满一小时的；（三）在一个本地网范围内，网间通信全阻、关口局至某一局向全部中断或网间某一业务全部中断不满二小时或者直接影响范围不满五万（用户×小时）的；（四）造成网间通信严重障碍，一日内累计二小时以上不满十二小时的；（五）其他危害公共安全的情形。”

对于“严重后果”的理解，《最高人民法院关于审理破坏公用电信设施刑事案件具体应用法律若干问题的解释》第二条规定：“实施本解释第一条规定的行为，具有下列情形之一的，属于刑法第一百二十四条第一款规定的‘**严重后果**’，以**破坏公用电信设施罪**处七年以上有期徒刑：（一）造成火警、匪警、医疗急救、交通事故报警、救灾、抢险、防汛等通信中断或者严重障碍，并因此贻误救助、救治、救灾、抢险等，致使人员死亡二人以上、重伤六人以上或者造成财产损失六十万元以上的；（二）造成一万以上用户通信中断一小时以上的；（三）在一个本地网范围内，网间通信全阻、关口局至某一局向全部中断或网间某一业务全部中断二小时以上或者直接影响范围五万（用户×小时）以上的；（四）造成网间通信严重障碍，一日内累计十二小时以上的；（五）造成其他严重后果的。”

第二款是关于**过失损坏广播电视设施、公用电信设施罪及其处罚**的规定。所谓**“过失犯前款罪的”**，是指由于行为人主观上的疏忽大意或者过于轻信等过失，造成广播电视设施、公用电信设施被损坏，危害公共安全的行为。[①] 根据本款规定，构成过失损坏广播电视设施、公用电信设施罪的，处三年以上七年以下有期徒刑；情节较轻的，即广播电视设施、公用电信设施被损坏的程度不太严重，对公共安全危害不大的等行为，处三年以下有期徒刑或者拘役。

【司法解释】

《最高人民法院关于审理破坏公用电信设施刑事案件具体应用法律若干问题的解释》（法释〔2004〕21号，自2005年1月11日起施行）

△（**破坏公用电信设施罪；危害公共安全**）采用截断通信线路、损毁通信设备或者删除、修改、增加电信网计算机信息系统中存储、处理或者传输的数据和应用程序等手段，故意破坏正在使用的公用电信设施，具有下列情形之一的，属于刑法第一百二十四条规定的“危害公共安全”，依照刑法第一百二十四条第一款规定，以破坏公用电信设施罪处三年以上七年以下有期徒刑[②]：

（一）造成火警、匪警、医疗急救、交通事故报警、救灾、抢险、防汛等通信中断或者严重障碍，并因此贻误救助、救治、救灾、抢险等，致使人员死亡一人、重伤三人以上或者造成财产损失三十万元以上的；

（二）造成二千以上不满一万用户通信中断

① 尽管《刑法》第一百二十四条第一款的规定包括破坏广播电视、公用电信设施危害公共安全（尚未造成严重后果）与造成严重后果两者，但同条第二款仅包括过失犯前款中造成严重后果的犯罪。因为过失行为只有造成结果，才能成立犯罪。参见张明楷：《刑法学》（第6版），法律出版社2021年版，第900页；赵秉志、李希慧主编：《刑法各论》（第3版），中国人民大学出版社2016年版，第49页。

② 我国学者指出，本罪属于具体危险犯，不以造成侵害结果为要件。因此，该司法解释将破坏公用电信设施罪解释为侵害犯的做法，值得进一步推敲。参见张明楷：《刑法学》（第6版），法律出版社2021年版，第899页。

一小时以上,或者一万以上用户通信中断不满一小时的;

(三)在一个本地网范围内,网间通信全阻、关口局至某一局向全部中断或网间某一业务全部中断不满二小时或者直接影响范围不满五万(用户×小时)的;

(四)造成网间通信严重障碍,一日内累计二小时以上不满十二小时的;

(五)其他危害公共安全的情形。(§1)

△(**破坏公用电信设施罪;严重后果**)实施本解释第一条规定的行为,具有下列情形之一的,属于刑法第一百二十四条第一款规定的“严重后果”,以破坏公用电信设施罪处七年以上有期徒刑:

(一)造成火警、匪警、医疗急救、交通事故报警、救灾、抢险、防汛等通信中断或者严重障碍,并因此贻误救助、救治、救灾、抢险等,致使人员死亡二人以上、重伤六人以上或者造成财产损失六十万元以上的;

(二)造成一万以上用户通信中断一小时以上的;

(三)在一个本地网范围内,网间通信全阻、关口局至某一局向全部中断或网间某一业务全部中断二小时以上或者直接影响范围五万(用户×小时)以上的;

(四)造成网间通信严重障碍,一日内累计十二小时以上的;

(五)造成其他严重后果的。(§2)

△(**盗窃公用电信设施;想象竞合犯;盗窃罪**)盗窃公用电信设施价值数额不大,但是构成危害公共安全犯罪的,依照刑法第一百二十四条的规定定罪处罚;盗窃公用电信设施同时构成盗窃罪和破坏公用电信设施罪的,依照处罚较重的规定定罪处罚。(§3Ⅱ)

△(**共犯**)指使、组织、教唆他人实施本解释规定的故意犯罪行为的,按照共犯定罪处罚。(§4)

△(**公用电信设施的范围、用户数、通信中断和严重障碍的标准和时间长度**)本解释中规定的公用电信设施的范围、用户数、通信中断和严重障碍的标准和时间长度,依据国家电信行业主管部门的有关规定确定。(§5)

《最高人民法院关于审理破坏广播电视设施等刑事案件具体应用法律若干问题的解释》(法释〔2011〕13号,自2011年6月13日起施行)

△(**破坏广播电视设施罪**)采取拆卸、毁坏设备,剪割缆线,删除、修改、增加广播电视设备系统中存储、处理、传输的数据和应用程序,非法占用频率等手段,破坏正在使用的广播电视设施,具有下列情形之一的,依照刑法第一百二十四条第一款的规定,以破坏广播电视设施罪处三年以上七年以下有期徒刑:

(一)造成救灾、抢险、防汛和灾害预警等重大公共信息无法发布的;

(二)造成县级、地市(设区的市)级广播电视台中直接关系节目播出的设施无法使用,信号无法播出的;

(三)造成省级以上广播电视传输网内的设施无法使用,地市(设区的市)级广播电视传输网内的设施无法使用三小时以上,县级广播电视传输网内的设施无法使用十二小时以上,信号无法传输的;

(四)其他危害公共安全的情形。(§1)

△(**破坏广播电视设施罪;造成严重后果**)实施本解释第一条规定的行为,具有下列情形之一的,应当认定为刑法第一百二十四条第一款规定的“造成严重后果”,以破坏广播电视设施罪处七年以上有期徒刑:

(一)造成救灾、抢险、防汛和灾害预警等重大公共信息无法发布,因此贻误排除险情或者疏导群众,致使一人以上死亡、三人以上重伤或者财产损失五十万元以上,或者引起严重社会恐慌、社会秩序混乱的;

(二)造成省级以上广播电视台中直接关系节目播出的设施无法使用,信号无法播出的;

(三)造成省级以上广播电视传输网内的设施无法使用三小时以上,地市(设区的市)级广播电视传输网内的设施无法使用十二小时以上,县级广播电视传输网内的设施无法使用四十八小时以上,信号无法传输的;

(四)造成其他严重后果的。(§2)

△(**过失损坏广播电视设施罪;酌情从宽处罚事由**)过失损坏正在使用的广播电视设施,造成本解释第二条规定的严重后果的,依照刑法第一百二十四条第二款的规定,以过失损坏广播电视设施罪处三年以上七年以下有期徒刑;情节较轻的,处三年以下有期徒刑或者拘役。

过失损坏广播电视设施构成犯罪,但能主动向有关部门报告,积极赔偿损失或者修复被损坏设施的,可以酌情从宽处罚。(§3)

△(**建设、施工单位的管理人员、施工人员;破坏广播电视设施罪;过失损坏广播电视设施罪**)建设、施工单位的管理人员、施工人员,在建设、施工过程中,违反广播电视设施保护规定,故意或者过失损毁正在使用的广播电视设施,构成犯罪的,以破坏广播电视设施罪或者过失损坏广播电视设施罪定罪处罚。其定罪量刑标准适用本解释第一至

三条的规定。（§ 4）

△（**想象竞合犯；盗窃罪**）盗窃正在使用的广播电视设施，尚未构成盗窃罪，但具有本解释第一条、第二条规定情形的，以破坏广播电视设施罪定罪处罚；同时构成盗窃罪和破坏广播电视设施罪的，依照处罚较重的规定定罪处罚。（§ 5）

△（**想象竞合犯；煽动分裂国家罪；煽动颠覆国家政权罪；煽动民族仇恨、民族歧视罪**）实施破坏广播电视设施犯罪，并利用广播电视设施实施煽动分裂国家、煽动颠覆国家政权、煽动民族仇恨、民族歧视或者宣扬邪教等行为，同时构成其他犯罪的，依照处罚较重的规定定罪处罚。（§ 7）

△（**广播电视台中直接关系节目播出的设施、广播电视传输网内的设施**）本解释所称广播电视台中直接关系节目播出的设施、广播电视传输网内的设施，参照国家广播电视行政主管部门和其他相关部门的有关规定确定。（§ 8）

《最高人民法院、最高人民检察院关于办理盗窃刑事案件适用法律若干问题的解释》（法释〔2013〕8号，自2013年4月4日起施行）

△（**想象竞合犯；盗窃罪**）盗窃公私财物并造成财物损毁的，按照下列规定处理：

（一）采用破坏性手段盗窃公私财物，造成其他财物损毁的，以盗窃罪从重处罚；同时构成盗窃罪和其他犯罪的，择一重罪从重处罚；

（二）实施盗窃犯罪后，为掩盖罪行或者报复等，故意毁坏其他财物构成犯罪的，以盗窃罪和构成的其他犯罪数罪并罚；

（三）盗窃行为未构成犯罪，但损毁财物构成其他犯罪的，以其他犯罪定罪处罚。（§ 11）

【司法解释性文件】

《最高人民法院、最高人民检察院、公安部、国家安全部关于依法办理非法生产销售使用"伪基站"设备案件的意见》（公通字〔2014〕13号，2014年3月14日公布）

△（**"伪基站"设备；想象竞合犯；虚假广告罪；非法获取公民个人信息罪；破坏计算机信息系统罪；扰乱无线电通讯管理秩序罪；诈骗罪**）非法使用"伪基站"设备干扰公用电信网络信号，危害公共安全的，依照《刑法》第一百二十四条第一款的规定，以破坏公用电信设施罪追究刑事责任；同时构成虚假广告罪、非法获取公民个人信息罪、破坏计算机信息系统罪、扰乱无线电通讯管理秩序罪的，依照处罚较重的规定追究刑事责任。

除法律、司法解释另有规定外，利用"伪基站"设备实施诈骗等其他犯罪行为，同时构成破坏公用电信设施罪的，依照处罚较重的规定追究刑事责任。

△（**"伪基站"设备；共同犯罪**）明知他人实施非法生产、销售"伪基站"设备，或者非法使用"伪基站"设备干扰公用电信网络信号等犯罪，为其提供资金、场所、技术、设备等帮助的，以共同犯罪论处。

《最高人民法院、最高人民检察院、工业和信息化部、公安部关于印发〈公用电信设施损坏经济损失计算方法〉的通知》（工信部联电管〔2014〕372号，2014年8月28日公布）

△（**规范目的**）保障公用电信设施安全稳定运行，规范公用电信设施损坏经济损失计算，制定本方法。（§ 1）

△（**适用范围**）中华人民共和国境内由于盗窃、破坏等因素造成公用电信设施损坏所带来的经济损失，根据本方法计算。（§ 2）

△（**公用电信设施**）本方法中公用电信设施主要包括：

（一）通信线路类：包括光（电）缆、电力电缆等；交接箱、分（配）线盒等；管道、槽道、人井（手孔）；电杆、拉线、吊线、挂钩等支撑加固和保护装置；标石、标志标牌、井盖等附属配套设施。

（二）通信设备类：包括基站、中继站、微波站、直放站、室内分布系统、无线局域网（WLAN）系统、有线接入设备、公用电话终端等。

（三）其他配套设备类：包括通信铁塔、收发信天（馈）线；公用电话亭；用于维系通信设备正常运转的通信机房、空调、蓄电池、开关电源、不间断电源（UPS）、太阳能电池板、油机、变压器、接地铜排、消防设备、安防设备、动力环境设备等附属配套设施。

（四）电信主管部门认定的其他电信设施。（§ 3）

△（**公用电信设施损坏经济损失；公用电信设施修复损失；阻断通信业务损失；阻断通信其他损失**）公用电信设施损坏经济损失，主要包括公用电信设施修复损失、阻断通信业务损失和阻断通信其他损失。

公用电信设施修复损失，是指公用电信设施损坏后临时抢修、正式恢复所需各种修复费用总和，包括人工费、机具使用费、仪表使用费、调遣费、赔补费、更换设施设备费用等。

阻断通信业务损失，是指公用电信设施损坏造成通信中断所带来的业务损失的总和，包括干线光传送网阻断通信损失、城域/本地光传送网阻断通信损失和接入网阻断通信损失。

阻断通信其他损失，是指公用电信设施损坏造成通信中断所带来的除通信业务损失以外的其他损失的总和，包括基础电信企业依法向电信用

户支付的赔偿费用等损失。(§ 4)

△(**公用电信设施修复损失计算**)公用电信设施损坏后临时抢修、正式修复所需费用按照《关于发布〈通信建设工程概算、预算编制办法及相关定额〉的通知》(工信部规〔2008〕75号)核实确定。

公用电信设施损坏后通过设置应急通信设备、使用备份设备或迂回路由等方式临时抢修产生的费用,可由当地通信管理局确定。(§ 5)

△(**阻断通信业务损失计算**)阻断通信业务损失=阻断通信时间×单位时间通信业务价值。

阻断通信时间,是指自该类业务通信阻断发生时始,至该类业务修复后经测试验证后通信可用时止的时间长度。

单位时间通信业务价值,是指阻断通信时间段前三十天对应时段内的平均业务量与业务单价的乘积。

各类业务单价可在该类业务标价和套餐折合最低价之间取值,具体由当地通信管理局根据当地实际情况确定。

(一)干线光传送网阻断通信损失

干线光传送网,按照阻断通信的使用带宽进行计算,即:

干线光传送网阻断通信损失=阻断通信时间(分钟)×前三十天对应时段内平均使用带宽(Mbps)×单位带宽价格(元/Mbps/分钟)。

单位带宽价格按基础电信企业向当地通信管理局资费备案的互联网100Mbps专线接入(当地静态路由接入方式)价格的百分之一计算。

(二)城域/本地光传送网阻断通信损失

城域/本地光传送网阻断通信损失参照干线光传送网阻断通信损失计算。

(三)接入网阻断通信损失

接入网可明确区分不同业务类型,应分别计算该网络内不同业务实际阻断通信时间内的损失,并将不同业务类型损失进行叠加。

接入网阻断通信损失包括固定和移动语音业务损失、固定数据业务损失、移动数据业务损失、固定和移动专线出租电路损失、短信业务损失和增值电信业务损失。

固定和移动语音业务损失包括国际长途、国内长途和本地通话三类业务损失,每类业务损失计算公式为:固定和移动语音业务损失=前三十天对应时段内平均通话时长(分钟)×单价(元/分钟)。

固定数据业务损失计算公式为:固定数据业务损失=阻断通信时间(分钟)×月均固定数据业务资费/当月分钟数(元/分钟)。

移动数据业务损失计算公式为:移动数据业务损失=前三十天对应时段内平均数据流量(MB/秒)×阻断时长(秒)×单价(元/MB)。

固定和移动专线出租电路损失根据基础电信企业和党、政、军机关、事业单位、企业等签订的专线电路租用合同相关条款进行计算。

短信业务损失计算公式为:短信业务阻断损失=前三十天对应时段内平均短信量(条)×单价(元/条)。

增值电信业务损失可由当地通信管理局确定。(§ 6)

△(**专用电信设施损坏经济损失计算**)专用电信设施损坏经济损失计算可参照本方法执行。(§ 7)

△(**各省、自治区、直辖市通信管理局**)各省、自治区、直辖市通信管理局可根据本规定,结合具体情况制定适合本行政区域内的公用电信设施损坏经济损失计算方法。(§ 8)

△(**解释机关**)本方法由工业和信息化部负责解释。(§ 9)

△(**实施时间**)本规定自印发之日起实施。(§ 10)

【参考案例】

△非法使用伪基站设备干扰公用电信网络信号,危害公共安全的,成立破坏公用电信设施罪。

所谓"伪基站",是指由发射器、电脑、天线、测频手机等组成的未取得电信进网许可和无线电发射设备型号核准的非法无线电通信设备。它能够搜取以其为中心一定半径范围内的手机卡信息,并任意冒用他人手机号码,甚至是冒用银行、通信运营商等官方号码强行向手机用户发送短信,在使用过程中会非法占用公众移动通信频率,局部阻断公众移动通信网络信号,同时窃取公众手机号码及IMSI号码。实践中,非法生产、销售、使用"伪基站"设备实施违法犯罪活动较为常见。不法分子使用"伪基站"设备,非法获取手机用户信息,强行向不特定的手机用户发送垃圾短信,破坏正常的通讯秩序,影响公民日常生活,对公共安全造成了一定危害。为有效遏制此类犯罪蔓延,2014年3月14日,《最高人民法院、最高人民检察院、公安部、国家安全部关于依法办理非法生产销售使用"伪基站"设备案件的意见》(以下简称《意见》)出台,加大了对"伪基站"违法犯罪的打击力度。在郝林喜、黄国祥破坏公用电信设施案中,被告人郝林喜、黄国祥的行为构成破坏公用电信设施罪,理由如下:

分则　第二章

首先，郝林喜、黄国祥对非法使用"伪基站"可能对周围手机用户造成的影响是明知的。

其次，郝林喜、黄国祥的行为造成了较为严重的危害后果，足以危及公共安全。根据《最高人民法院关于审理破坏公用电信设施刑事案件具体应用法律若干问题的解释》第一条的规定，采用截断通信线路、损毁通信设备或者删除、修改、增加电信网计算机信息系统中存储、处理或者传输的数据和应用程序等手段，故意破坏正在使用的公用电信设施，造成1万以上用户通信中断不满1小时的，属于《刑法》第一百二十四条规定的"危害公共安全"，以破坏公用电信设施罪定罪处罚。据统计，在本案中，仅两天时间内，二被告人使用"伪基站"发送促销短信就造成周边用户通讯中断达14万人次，已达到上述司法解释规定的"危害公共安全"的认定标准。因此，郝林喜、黄国祥的行为完全符合破坏公用电信设施罪的构成要件。

郝林喜、黄国祥为特卖会做广告宣传，向不特定的公众发布广告短信，不仅干扰了无线电通讯的正常秩序，还破坏了公用电信设施，危害了公共安全，构成破坏公用电信设施罪与扰乱无线电通讯管理秩序罪的想象竞合犯。根据想象竞合犯重法优于轻法的处断原则，郝林喜、黄国祥的行为应当以破坏公用电信设施罪定罪处罚。对此问题，《意见》作了明确规定："非法使用'伪基站'设备干扰公用电信网络信号，危害公共安全的，依照《刑法》第一百二十四条第一款的规定，以破坏公用电信设施罪追究刑事责任；同时构成……扰乱无线电通讯管理秩序罪的，依照处罚较重的规定追究刑事责任。"破坏公用电信设施罪的法定刑明显重于扰乱无线电通讯管理秩序罪，因此只要行为人非法使用"伪基站"的行为达到破坏公用电信设施罪的定罪标准，就应当依照破坏公用电信设施罪追究刑事责任。同时值得注意的是，破坏公用电信设施罪作为危害公共安全的犯罪，对危害结果有量的要求，如果受垃圾短信影响的人数、通话中断时间达不到上述司法解释规定的数量标准，则不构成破坏公用电信设施罪；符合扰乱无线电通讯管理秩序罪构成要件的，以扰乱无线电通讯管理秩序罪追究刑事责任。[No. 2-124(1)-1　郝林喜、黄国祥破坏公用电信设施案]

第一百二十五条　【非法制造、买卖、运输、邮寄、储存枪支、弹药、爆炸物罪】【非法制造、买卖、运输、储存危险物质罪】

非法制造、买卖、运输、邮寄、储存枪支、弹药、爆炸物的，处三年以上十年以下有期徒刑；情节严重的，处十年以上有期徒刑、无期徒刑或者死刑。

非法制造、买卖、运输、储存毒害性、放射性、传染病病原体等物质，危害公共安全的，依照前款的规定处罚。

单位犯前两款罪的，对单位判处罚金，并对其直接负责的主管人员和其他直接责任人员，依照第一款的规定处罚。

【立法沿革】

《中华人民共和国刑法》(1997年修订，自1997年10月1日起施行)

第一百二十五条

非法制造、买卖、运输、邮寄、储存枪支、弹药、爆炸物的，处三年以上十年以下有期徒刑；情节严重的，处十年以上有期徒刑、无期徒刑或者死刑。

非法买卖、运输核材料的，依照前款的规定处罚。

单位犯前两款罪的，对单位判处罚金，并对其直接负责的主管人员和其他直接责任人员，依照第一款的规定处罚。

《中华人民共和国刑法修正案(三)》(自2001年12月29日起施行)

五、将刑法第一百二十五条第二款修改为：

"非法制造、买卖、运输、储存毒害性、放射性、传染病病原体等物质，危害公共安全的，依照前款的规定处罚。"

【立法理由】

枪支、弹药、爆炸物等的管理直接关系到维护社会治安秩序和公共安全，世界大多数国家都实行严格管制。我国对枪支、弹药、爆炸物等的持有、使用也规定了严格的管制措施，这对于**维护社会治安秩序、保障人民群众的生命财产安全**具有重要意义。同时，我国正处于社会转型期，枪支、弹药、爆炸物等的管理制度也在不断根据形势的发展进行相应的调整,与此相适应,我国相关的刑法规定也经过了多次修改。1983 年全国人大常委会通过的《全国人民代表大会常务委员会关于严惩严重危害社会治安的犯罪分子的决定》对上述规定作了修改,主要是提高了法定刑,在犯罪对象的规定上增加了爆炸物。1996 年 7 月,全国人大常委会制定的《枪支管理法》中,对非法制造、买卖、运输枪支、弹药的行为,规定了单位犯罪,即:"单位有前款行为的,对单位判处罚金,并对其直接负责的主管人员和其他直接责任人员依照刑法第一百一十二条的规定追究刑事责任。"1997 年《刑法》第一百二十五条在全国人大常委会通过的《全国人民代表大会常务委员会关于严惩严重危害社会治安的犯罪分子的决定》和《枪支管理法》的基础上,进一步扩大了单位犯罪的范围。

1. **1979 年立法的情况**。1979 年《刑法》第一百一十二条规定:"非法制造、买卖、运输枪支、弹药的,或者盗窃、抢夺国家机关、军警人员、民兵的枪支、弹药的,处七年以下有期徒刑;情节严重的,处七年以上有期徒刑或者无期徒刑。"

2. **1979 年之后至 1997 年刑法修订前的立法情况**。1983 年 9 月 2 日第六届全国人大常委会第二次会议通过的《全国人民代表大会常务委员会关于严惩严重危害社会治安的犯罪分子的决定》规定:"一、对下列严重危害社会治安的犯罪分子,可以在刑法规定的最高刑以上处刑,直至判处死刑:……4. 非法制造、买卖、运输或者盗窃、抢夺枪支、弹药、爆炸物,情节特别严重的,或者造成严重后果的……"该规定**将最高刑罚提高至死刑,在犯罪对象中增加了"爆炸物"**。

3. **1997 年修订刑法的情况**。1997 年《刑法》第一百二十五条规定:"非法制造、买卖、运输、邮寄、储存枪支、弹药、爆炸物的,处三年以上十年以下有期徒刑;情节严重的,处十年以上有期徒刑、无期徒刑或者死刑。非法买卖、运输核材料的,依照前款的规定处罚。单位犯前两款罪的,对单位判处罚金,并对其直接负责的主管人员和其他直接责任人员,依照第一款的规定处罚。"

与 1979 年刑法相比,1997 年刑法的规定作了如下的补充和修改:

一是**补充了"邮寄""储存"等行为手段**。在刑法修订起草过程中,有部门提出,实践中违法犯罪分子利用邮政渠道邮寄枪支、弹药、爆炸物案件增多,已发生多起邮件爆炸,邮车失火,邮政职工和用户被炸死、炸伤的案件,建议在刑法中增加邮寄。运输与邮寄的区别主要是运输的方式上的区别,一个通过交通工具,另一个通过邮政系统,一般情况下,"运输"较"邮寄"的数量要多一些。

二是**增加了对非法买卖、运输核材料的犯罪的处罚**。这主要是针对实际中出现的新情况而增加的。核材料是一种对人体健康乃至生命具有严重危害的物质,世界各国对此都给予严格的管理和控制。一旦失控,将对公共安全造成极大的危害,因此,修改刑法时,对此作了补充规定,同时规定了严厉的刑罚。

三是**增加了对单位犯罪的处罚**。一段时期以来,有些单位不顾国家人民的利益,为追求所谓的经济效益,不择手段。针对这种情况,本条增加了这一规定。应当说明的是,1996 年 7 月通过的《枪支管理法》中,已对非法制造、买卖、运输枪支、弹药的犯罪规定了单位犯罪:"单位有前款行为的,对单位判处罚金,并对其直接负责的主管人员和其他直接责任人员依照刑法第一百一十二条的规定追究刑事责任。"1997 年刑法保留了这一内容,并扩大单位犯罪的范围,即将非法制造、买卖、运输、邮寄、储存爆炸物,非法邮寄、储存枪支、弹药、爆炸物,以及非法买卖、运输核材料的犯罪,都增加规定了单位犯罪。这里的"单位"与总则中规定的单位犯罪的范围是一致的。

四是**提高了处刑**。将法定最低刑六个月有期徒刑修改为三年。这主要是根据这种犯罪的严重性作出的修改。

4. **2001 年《刑法修正案(三)》对本条的修改情况**。根据实际情况,对《刑法》一百二十五条第二款增加了适用情形,**将"非法买卖、运输核材料的"规定修改为"非法制造、买卖、运输、储存毒害性、放射性、传染病病原体等物质,危害公共安全的"**。

【条文说明】

本条是关于非法制造、买卖、运输、邮寄、储存枪支、弹药、爆炸物罪和非法制造、买卖、运输、储存危险物质罪及其处罚的规定。

本条共分为三款。

第一款是对**非法制造、买卖、运输、邮寄、储存枪支、弹药、爆炸物的犯罪及其处罚**的规定。这里所说的"**非法**",既包括违反法律、法规,也包括违反国家有关部门发布的规章、通告等规范性文件。其中,"**制造**",是指以各种方法生产枪支、弹药、爆炸物的行为,包括变造、装配;"**买卖**",是指行为人购买或者出售枪支、弹药、爆炸物的行为；[①][②]**“运输”**，是指通过各种交通工具移送枪支、弹药、爆炸物的行为；**“邮寄”**，是指通过邮局、快递等将枪支、弹药、爆炸物寄往目的地的行为；**“储存”**，包括明知是他人非法制造、买卖、运输、邮寄的枪支、弹药、爆炸物而为其存放的行为，也包括自己储存的情况。应当注意的是，这里所说的“运输”与“邮寄”的主要区别是运输的方式不同，一个通过交通工具，另一个通过邮政、快递系统，“运输”一般较“邮寄”的数量要多。

本款规定的**“枪支”**，根据枪支管理法的规定，是指以火药或者压缩气体等为动力，利用管状器具发射金属弹丸或者其他物质，足以致人伤亡或者丧失知觉的各种枪支。包括军用的手枪、步枪、冲锋枪、机枪以及射击运动用的各种枪支，还有各种民用的狩猎用枪等。[③] **“弹药”**，是指上述枪支所使用的子弹、火药等。“爆炸物”，是指具有爆破性并对人体造成杀伤的物品，如手榴弹、炸药以及雷管、爆破筒、地雷等。根据本款规定，2001 年 5 月 15 日发布了《最高人民法院关于审理非法制造、买卖、运输枪支、弹药、爆炸物等刑事案件具体应用法律若干问题的解释》，2009 年 11 月 16 日公布了《最高人民法院关于修改〈最高人民法院关于审理非法制造、买卖、运输枪支、弹药、爆炸物等刑事案件具体应用法律若干问题的解释〉的决定》，对该解释进行了修改，在执法中应当按照修改后的司法解释执行。

第二款是对**非法制造、买卖、运输、储存毒害性、放射性、传染病病原体等物质，危害公共安全犯罪**的处罚规定。这里所说的**“毒害性、放射性、传染病病原体等物质”**，第一百一十四条中已有论述，不再赘述。根据本款规定，非法制造、买卖、运输、储存毒害性、放射性、传染病病原体等物质，只有是危害公共安全的，才构成犯罪。[④]

根据本条规定，非法制造、买卖、运输、邮寄、储存枪支、弹药、爆炸物的，以及非法制造、买卖、运输、储存毒害性、放射性、传染病病原体等物质，危害公共安全的，处三年以上十年以下有期徒刑；情节严重的，处十年以上有期徒刑、无期徒刑或者死刑。

第三款是关于**单位犯前两款罪的处罚规定**。单位犯前两款罪的，对单位判处罚金，并对其直接负责的主管人员和其他直接责任人员，依照第一款的规定处罚，即一般情形处三年以上十年以下有期徒刑；情节严重的，处十年以上有期徒刑、无期徒刑或者死刑。

【司法解释】

《最高人民法院、最高人民检察院关于办理非法制造、买卖、运输、储存毒鼠强等禁用剧毒化学品刑事案件具体应用法律若干问题的解释》（法释〔2003〕14 号，自 2003 年 10 月 1 日起施行）

△（**毒鼠强等禁用剧毒化学品；非法制造、买卖、运输、储存危险物质罪**）非法制造、买卖、运输、储存毒鼠强等禁用剧毒化学品，危害公共安全，具有下列情形之一的，依照刑法第一百二十五条的规定，以非法制造、买卖、运输、储存危险物质罪，处三年以上十年以下有期徒刑：

（一）非法制造、买卖、运输、储存原粉、原液、制剂 50 克以上，或者饵料 2 千克以上的；

（二）在非法制造、买卖、运输、储存过程中致人重伤、死亡或者造成公私财产损失 10 万元以上的。（§ 1）

△（**毒鼠强等禁用剧毒化学品；非法制造、买卖、运输、储存危险物质罪；情节严重**）非法制造、买卖、运输、储存毒鼠强等禁用剧毒化学品，具有下列情形之一的，属于刑法第一百二十五条规定的“情节严重”，处十年以上有期徒刑、无期徒刑或者死刑：

（一）非法制造、买卖、运输、储存原粉、原液、制剂 500 克以上，或者饵料 20 千克以上的；

（二）在非法制造、买卖、运输、储存过程中致 3 人以上重伤、死亡，或者造成公私财产损失 20 万元以上的；

（三）非法制造、买卖、运输、储存原粉、原药、制剂 50 克以上不满 500 克，或者饵料 2 千克以上不满 20 千克，并具有其他严重情节的。（§ 2）

△（**单位犯罪**）单位非法制造、买卖、运输、储存毒鼠强等禁用剧毒化学品的，依照本解释第一

---

① 以枪支换枪支、以弹药换弹药或者以枪支换弹药的行为，是否构成非法买卖枪支、弹药罪，取决于行为是否增加了公共危险。一般而言，上述各种交换行为都会增加公共危险，只有当交换对象的性能与数量完全相同时，才可能认为没有增加公共危险。参见张明楷：《刑法学》（第 6 版），法律出版社 2021 年版，第 912 页。

② 买方因购买枪支而得到随枪附赠子弹的行为，构成非法买卖弹药罪。参见黎宏：《刑法学各论》（第 2 版），法律出版社 2016 年版，第 46 页。

③ 我国学者指出，枪支、弹药包括民用枪支、弹药。但是，私自制作土枪出售或者将体育运动用枪改装成火药枪，情节显著轻微危害不大，不构成犯罪。参见周光权：《刑法各论》（第 4 版），中国人民大学出版社 2021 年版，第 205 页。

④ 本罪属于具体危险犯。参见张明楷：《刑法学》（第 6 版），法律出版社 2021 年版，第 914 页。

条、第二条规定的定罪量刑标准执行。(§ 3)

△(**“但书”不作为犯罪处理;从轻、减轻或者免除处罚事由**)本解释施行以前,确因生产、生活需要而非法制造、买卖、运输、储存毒鼠强等禁用剧毒化学品饵料自用,没有造成严重社会危害的,可以依照刑法第十三条的规定,不作为犯罪处理。

本解释施行以后,确因生产、生活需要而非法制造、买卖、运输、储存毒鼠强等禁用剧毒化学品饵料自用,构成犯罪,但没有造成严重社会危害,经教育确有悔改表现的,可以依法从轻、减轻或者免除处罚。(§ 5)

△(**毒鼠强等禁用剧毒化学品**)本解释所称“毒鼠强等禁用剧毒化学品”,是指国家明令禁止的毒鼠强、氟乙酰胺、氟乙酸钠、毒鼠硅、甘氟。[①](§ 6)

《最高人民法院关于审理非法制造、买卖、运输枪支、弹药、爆炸物等刑事案件具体应用法律若干问题的解释》(法释〔2009〕18号,自2010年1月1日起施行)

△(**非法制造、买卖、运输、邮寄、储存枪支、弹药、爆炸物罪;共犯**)个人或者单位非法制造、买卖、运输、邮寄、储存枪支、弹药、爆炸物,具有下列情形之一的,依照刑法第一百二十五条第一款的规定,以非法制造、买卖、运输、邮寄、储存枪支、弹药、爆炸物罪定罪处罚:

(一)非法制造、买卖、运输、邮寄、储存军用枪支一支以上的;

(二)非法制造、买卖、运输、邮寄、储存以火药为动力发射枪弹的非军用枪支一支以上或者以压缩气体等为动力的其他非军用枪支二支以上的;

(三)非法制造、买卖、运输、邮寄、储存军用子弹十发以上、气枪铅弹五百发以上或者其他非军用子弹一百发以上的;

(四)非法制造、买卖、运输、邮寄、储存手榴弹一枚以上的;

(五)非法制造、买卖、运输、邮寄、储存爆炸装置的;

(六)非法制造、买卖、运输、邮寄、储存炸药、发射药、黑火药一千克以上或者烟火药三千克以上、雷管三十枚以上或者导火索、导爆索三十米以上的;

(七)具有生产爆炸物品资格的单位不按照规定的品种制造,或者具有销售、使用爆炸物品资格的单位超过限额买卖炸药、发射药、黑火药十千克以上或者烟火药三十千克以上、雷管三百枚以上或者导火索、导爆索三百米以上的;

(八)多次非法制造、买卖、运输、邮寄、储存弹药、爆炸物的;

(九)虽未达到上述最低数量标准,但具有造成严重后果等其他恶劣情节的。

介绍买卖枪支、弹药、爆炸物的,以买卖枪支、弹药、爆炸物罪的共犯论处。(§ 1)

△(**非法制造、买卖、运输、邮寄、储存枪支、弹药、爆炸物罪;情节严重**)非法制造、买卖、运输、邮寄、储存枪支、弹药、爆炸物,具有下列情形之一的,属于刑法第一百二十五条第一款规定的“情节严重”:

(一)非法制造、买卖、运输、邮寄、储存枪支、弹药、爆炸物的数量达到本解释第一条第(一)、(二)、(三)、(六)、(七)项规定的最低数量标准五倍以上的;

(二)非法制造、买卖、运输、邮寄、储存手榴弹三枚以上的;

(三)非法制造、买卖、运输、邮寄、储存爆炸装置,危害严重的;

(四)达到本解释第一条规定的最低数量标准,并具有造成严重后果等其他恶劣情节的。(§ 2)

△(**枪支数量之计算**)非法制造、买卖、运输、邮寄、储存、盗窃、抢夺、持有、私藏、携带成套枪支散件的,以相应数量的枪支计;非成套枪支散件以每三十件为一成套枪支散件计。(§ 7)

△(**非法储存**)刑法第一百二十五条第一款规定的“非法储存”,是指明知是他人非法制造、买卖、运输、邮寄的枪支、弹药而为其存放的行为,

分则 第二章

① 我国学者指出,非法制造、买卖、运输、储存危险物质罪并不限于系争规定中所明文列举的五类禁用剧毒化学品。列入《剧毒化学品目录》(2002年版)的限用化学品(如液氯等),虽非国家禁用化学品,但其属于剧毒化学品且被列入《剧毒化学品目录》,就属于严格监管的对象。因此,可以判定其具有明显的“毒害性”,不容许任意买卖。参见周光权:《刑法各论》(第4版),中国人民大学出版社2021年版,第207—208页。

或者非法存放爆炸物的行为。[①]（§8 Ⅰ）

△（**从轻处罚、免除刑罚事由；情节严重；量刑**）因筑路、建房、打井、整修宅基地和土地等正常生产、生活需要，以及因从事合法的生产经营活动而非法制造、买卖、运输、邮寄、储存爆炸物，数量达到本解释第一条规定标准，没有造成严重社会危害，并确有悔改表现的，可依法从轻处罚；情节轻微的，可以免除处罚。

具有前款情形，数量虽达到本解释第二条规定标准的，也可以不认定为刑法第一百二十五条第一款规定的“情节严重”。

在公共场所、居民区等人员集中区域非法制造、买卖、运输、邮寄、储存爆炸物，或者因非法制造、买卖、运输、邮寄、储存爆炸物三年内受到两次以上行政处罚又实施上述行为，数量达到本解释规定标准的，不适用前两款量刑的规定。（§9）

△（**非法制造、买卖、运输、邮寄、储存其他弹药、爆炸物品等**）实施非法制造、买卖、运输、邮寄、储存、盗窃、抢夺、持有、私藏其他弹药、爆炸物品等行为，参照本解释有关条文规定的定罪量刑标准处罚。（§10）

《最高人民法院、最高人民检察院关于涉以压缩气体为动力的枪支、气枪铅弹刑事案件定罪量刑问题的批复》（法释〔2018〕8号，自2018年3月30日起施行）

△（**以压缩气体为动力且枪口比动能较低的枪支；考量情节；综合评估**）对于非法制造、买卖、运输、邮寄、储存、持有、私藏、走私以压缩气体为动力且枪口比动能较低的枪支的行为，在决定是否追究刑事责任以及如何裁量刑罚时，不仅应当考虑涉案枪支的数量，而且应当充分考虑涉案枪支的外观、材质、发射物、购买场所和渠道、价格、用途、致伤力大小、是否易于通过改制提升致伤力，以及行为人的主观认知、动机目的、一贯表现、违法所得、是否规避调查等情节，综合评估社会危害性，坚持主客观相统一，确保罪责刑相适应。（§1）

△（**气枪铅弹；考量情节；综合评估**）对于非法制造、买卖、运输、邮寄、储存、持有、私藏、走私气枪铅弹的行为，在决定是否追究刑事责任以及如何裁量刑罚时，应当综合考虑气枪铅弹的数量、用途以及行为人的动机目的、一贯表现、违法所得、是否规避调查等情节，综合评估社会危害性，确保罪责刑相适应。（§2）

【司法解释性文件】

《公安部关于对彩弹枪按照枪支进行管理的通知》（公治〔2002〕82号，2002年6月7日公布）

△（**彩弹枪**）彩弹枪的结构符合《中华人民共和国枪支管理法》第四十六条有关枪支定义规定的要件，且其发射彩弹时枪口动能平均值达到93焦耳，已超过国家军用标准规定的对人体致伤动能的标准（78焦耳）。各地要按照《中华人民共和国枪支管理法》的有关规定对彩弹枪进行管理，以维护社会治安秩序，保障公共安全。

《最高人民法院关于处理涉枪、涉爆申诉案件有关问题的通知》（法〔2003〕8号，2003年1月15日公布）

△（**审判监督程序**）《解释》[②]公布后，人民法院经审理并已作出生效裁判的非法制造、买卖、运输枪支、弹药、爆炸物等刑事案件，当事人依法提出申诉，经审查认为生效裁判不符合《通知》[③]规定的，人民法院可以根据案件的具体情况，按照审判监督程序重新审理，并依照《通知》规定的精神予以改判。

《最高人民法院关于九七刑法实施后发生的非法买卖枪支案件，审理时新的司法解释尚未作出，是否可以参照1995年9月20日最高人民法院〈关于办理非法制造、买卖、运输非军用枪支、弹药刑事案件适用法律问题的解释〉的规定审理案件请示的复函》（〔2003〕刑立他字第8号，2003年

---

① 我国学者指出，此规定虽然对区分储存行为与持有行为具有意义，但会使储存行为的范围过于狭小。就此而言，非法储存大量枪支、弹药的行为仅成立非法持有、私藏枪支、弹药罪。但由于该罪的法定刑较轻，地方司法机关会倾向将系争行为认定为以危险方法危害公共安全罪。并且，依照系争规定，“非法存放爆炸物的行为”构成非法储存爆炸物罪，并不要求行为人明知是他人非法制造、买卖、运输的爆炸物而为其存放。在非法储存大量枪支、弹药的情形，额外要求严格的明知要件，也需要一个有力的理由来对此差别处理加以说明。因此，与非法制造、买卖、运输没有直接关联，但保存、控制大量枪支、弹药的行为，也应认定为非法储存枪支、弹药罪，而非非法持有、私藏枪支、弹药罪。就此而言，《刑法》第一百二十八条第一款属于普通法条，第一百二十五条第一款是特别法条。参见张明楷：《刑法学》（第6版），法律出版社2021年版，第913、917页；黎宏：《刑法学各论》（第2版），法律出版社2016年版，第51—52页。

② 本规定中的《解释》乃指《最高人民法院关于审理非法制造、买卖、运输枪支、弹药、爆炸物等刑事案件具体应用法律若干问题的解释》（法释〔2001〕15号）。

③ 本规定中的《通知》乃指《最高人民法院对执行〈关于审理非法制造、买卖、运输枪支、弹药、爆炸物等刑事案件具体应用法律若干问题的解释〉有关问题的通知》（法释〔2001〕129号），该通知已失效。

7月29日公布)

△(**司法解释效力;参照**)原审被告人侯磊非法买卖枪支的行为发生在修订后的《刑法》实施以后,而该案审理时《最高人民法院关于审理非法制造、买卖、运输枪支、弹药、爆炸物等刑事案件具体应用法律若干问题的解释》尚未颁布,因此,依照我院法发〔1997〕3号《关于认真学习宣传贯彻修订的〈中华人民共和国刑法〉的通知》的精神,该案应参照1995年9月20日最高人民法院法发〔1995〕20号《关于办理非法制造、买卖、运输非军用枪支、弹药刑事案件适用法律问题的解释》的规定办理。

《最高人民检察院法律政策研究室关于非法制造、买卖、运输、储存以火药为动力发射弹药的大口径武器的行为如何适用法律问题的答复》(〔2004〕高检研发第18号,2004年11月3日公布)

△(**以火药为动力发射弹药的大口径武器;非法制造、买卖、运输、储存枪支罪**)对于非法制造、买卖、运输、储存以火药为动力发射弹药的大口径武器的行为,应当依照刑法第一百二十五条第一款的规定,以非法制造、买卖、运输、储存枪支罪追究刑事责任。

《公安部关于涉弩违法犯罪行为的处理及性能鉴定问题的批复》(公复字〔2006〕2号,2006年5月25日公布)

△(**弩;登记收缴**)弩是一种具有一定杀伤能力的运动器材,但其结构和性能不符合《中华人民共和国枪支管理法》对枪支的定义,不属于枪支范畴。因此,不能按照《最高人民法院关于审理非法制造、买卖、运输枪支、弹药、爆炸物等刑事案件具体应用法律若干问题的解释》(法释〔2001〕15号)追究刑事责任,仍应按照《公安部、国家工商行政管理局关于加强弩管理的通知》(公治〔1999〕1646号)的规定,对非法制造、销售、运输、持有弩的登记收缴,消除社会治安隐患。

《公安部关于对以气体等为动力发射金属弹丸或者其他物质的仿真枪认定问题的批复》(公复字〔2006〕5号,2006年10月11日公布)

△(**仿真枪;杀伤力**)依据《中华人民共和国枪支管理法》第四十六条的规定,利用气瓶、弹簧、电机等形成压缩气体为动力、发射金属弹丸或者其他物质并具有杀伤力的"仿真枪",具备制式气枪的本质特征,应认定为枪支,并按气枪进行管制处理。对非法制造、买卖、运输、储存、邮寄、持有、携带和走私此类枪支的,应当依照《中华人民共和国枪支管理法》、《中华人民共和国刑法》、《中华人民共和国治安管理处罚法》的有关规定,追究当事人的法律责任。对不具有杀伤力但符合仿真枪认定规定的,应认定为仿真枪;对非法制造、销售此类仿真枪的,应当依照《中华人民共和国枪支管理法》的有关规定,予以处罚。

《最高人民法院、公安部关于公安机关管辖的刑事案件立案追诉标准的规定(一)》(公通字〔2008〕36号,2008年6月25日公布)

△(**非法制造、买卖、运输、储存危险物质罪;立案追诉标准**)非法制造、买卖、运输、储存毒害性、放射性、传染病病原体等物质,危害公共安全,涉嫌下列情形之一的,应予立案追诉:

(一)造成人员重伤或者死亡的;

(二)造成直接经济损失十万元以上的;

(三)非法制造、买卖、运输、储存毒鼠强、氟乙酰胺、氟乙酰钠、毒鼠硅、甘氟原粉、原液、制剂五十克以上,或者饵料二千克以上的;

(四)造成急性中毒、放射性疾病或者造成传染病流行、暴发的;

(五)造成严重环境污染的;

(六)造成毒害性、放射性、传染病病原体等危险物质丢失、被盗、被抢或者被他人利用进行违法犯罪活动的;

(七)其他危害公共安全的情形。(§2)

《公安部关于对空包弹管理有关问题的批复》(公复字〔2011〕3号,2011年9月22日公布)

△(**空包弹;枪支管理;射钉弹、发令弹**)空包弹是一种能够被枪支击发的无弹头特种枪弹。鉴于空包弹易被犯罪分子改制成枪弹,并且发射时其枪口冲击波在一定距离内,仍能够对人员造成伤害。因此,应当依据《中华人民共和国枪支管理法》将空包弹纳入枪支弹药管理范畴。其中,对中国人民解放军、武装警察部队需要配备使用的各类空包弹,纳入军队、武警部队装备枪支弹药管理范畴予以管理;对公务用枪配备单位需要使用的各类空包弹,纳入公务用枪管理范畴予以管理;对民用枪支配置、影视制作等单位需要配置使用的各类空包弹,纳入民用枪支弹药管理范畴予以管理。

对于射钉弹、发令弹的口径与制式枪支口径相同的,应当作为民用枪支弹药进行管理;口径与制式枪支口径不同的,对制造企业应当作为民用爆炸物品使用单位进行管理,其销售、购买应当实行实名登记管理。

《最高人民法院、最高人民检察院、公安部、国家安全监管总局关于依法加强对涉嫌犯罪的非法生产经营烟花爆竹行为刑事责任追究的通知》

（安监总管三〔2012〕116号，2012年9月6日公布）

△（**烟花爆竹；黑火药、烟火药；非法制造、买卖、运输、邮寄、储存爆炸物罪**）非法生产、经营烟花爆竹及相关行为涉及非法制造、买卖、运输、邮寄、储存黑火药、烟火药，构成非法制造、买卖、运输、邮寄、储存爆炸物罪的，应当依照刑法第一百二十五条的规定定罪处罚；非法生产、经营烟花爆竹及相关行为涉及生产、销售伪劣产品或不符合安全标准产品，构成生产、销售伪劣产品罪或生产、销售不符合安全标准产品罪的，应当依照刑法第一百四十条、第一百四十六条的规定定罪处罚；非法生产、经营烟花爆竹及相关行为构成非法经营罪的，应当依照刑法第二百二十五条的规定定罪处罚。上述非法生产经营烟花爆竹行为的定罪量刑和立案追诉标准，分别按照《最高人民法院关于审理非法制造、买卖、运输枪支、弹药、爆炸物等刑事案件具体应用法律若干问题的解释》（法释〔2009〕18号）、《最高人民法院、最高人民检察院关于办理生产、销售伪劣商品刑事案件具体应用法律若干问题的解释》（法释〔2001〕10号）、《最高人民检察院、公安部关于公安机关管辖的刑事案件立案追诉标准的规定（一）》（公通字〔2008〕36号）、《最高人民检察院、公安部关于公安机关管辖的刑事案件立案追诉标准的规定（二）》（公通字〔2010〕23号）等有关规定执行。

《最高人民法院、最高人民检察院、公安部、工业和信息化部、住房和城乡建设部、交通运输部、应急管理部、国家铁路局、中国民用航空局、国家邮政局关于依法惩治涉枪支、弹药、爆炸物、易燃易爆危险物品犯罪的意见》（法发〔2021〕35号，2021年12月28日发布）

△（**数罪并罚**）非法制造、买卖、运输、邮寄、储存、盗窃、抢夺、抢劫、持有、私藏、走私枪支、弹药、爆炸物，并利用该枪支、弹药、爆炸物实施故意杀人、故意伤害、抢劫、绑架等犯罪的，依照数罪并罚的规定处罚。（§ 4）

△（**利用信息网络；利用寄递渠道；从严追究**）利用信息网络非法买卖枪支、弹药、爆炸物、易燃易爆危险物品，或者利用寄递渠道非法运输枪支、弹药、爆炸物、易燃易爆危险物品，依法构成犯罪的，从严追究刑事责任。（§ 12）

△（**因正常生产、生活需要；因从事合法的生产经营活动；从轻处罚**）确因正常生产、生活需要，以及因从事合法的生产经营活动而非法生产、储存、使用、经营、运输易燃易爆危险物品，依法构成犯罪，没有造成严重社会危害，并确有悔改表现的，可以从轻处罚。（§ 13）

△（**主动上交；从轻处罚；自首；立功表现**）将非法枪支、弹药、爆炸物主动上交公安机关，或者将未经依法批准或者许可生产、储存、使用、经营、运输的易燃易爆危险物品主动上交行政执法机关处置的，可以从轻处罚；未造成实际危害后果，犯罪情节轻微不需要判处刑罚的，可以依法不起诉或者免予刑事处罚；成立自首的，可以依法从轻、减轻或者免除处罚。

有揭发他人涉枪支、弹药、爆炸物、易燃易爆危险物品犯罪行为，查证属实的，或者提供重要线索，从而得以侦破其他涉枪支、弹药、爆炸物、易燃易爆危险物品案件等立功表现的，可以依法从轻或者减轻处罚；有重大立功表现的，可以依法减轻或者免除处罚。（§ 14）

【附属刑法】

《中华人民共和国枪支管理法》（1996年7月5日通过，2015年4月24日第二次修正）

第三十九条

Ⅰ违反本法规定，未经许可制造、买卖或者运输枪支的①，依照刑法有关规定追究刑事责任。

Ⅱ单位有前款行为的，对单位判处罚金，并对其直接负责的主管人员和其他直接责任人员依照刑法有关规定追究刑事责任。

第四十二条

违反本法规定，运输枪支未使用安全可靠的运输设备、不设专人押运、枪支弹药未分开运输或者运输途中停留住宿不报告公安机关，情节严重的，依照刑法有关规定追究刑事责任；未构成犯罪

① 《中华人民共和国枪支管理法》（1996年7月5日通过，2015年4月24日第二次修正）

第三条

Ⅰ国家严格管制枪支。禁止任何单位或者个人违反法律规定持有、制造（包括变造、装配）、买卖、运输、出租、出借枪支。

Ⅱ国家严厉惩处违反枪支管理的违法犯罪行为。任何单位和个人对违反枪支管理的行为有检举的义务。国家对检举人给予保护，对检举违反枪支管理犯罪活动有功的人员，给予奖励。

第四十六条

本法所称枪支，是指以火药或者压缩气体等为动力，利用管状器具发射金属弹丸或者其他物质，足以致人伤亡或者丧失知觉的各种枪支。

的，由公安机关对直接责任人员处十五日以下拘留。

第四十四条

Ⅰ违反本法规定，有下列行为之一的，由公安机关对个人或者单位负有直接责任的主管人员和其他直接责任人员处警告或者十五日以下拘留；构成犯罪的，依法追究刑事责任：

（一）未按照规定的技术标准制造民用枪支的；

……

Ⅱ有前款第（一）项至第（三）项所列行为的，没收其枪支，可以并处五千元以下罚款；有前款第（五）项所列行为的，由公安机关、工商行政管理部门按照各自职责范围没收其仿真枪，可以并处制造、销售金额五倍以下的罚款，情节严重的，由工商行政管理部门吊销营业执照。

《中华人民共和国安全生产法》（2002年6月29日通过，2021年6月10日第三次修正）

第一百条

未经依法批准，擅自生产、经营、运输、储存、使用危险物品或者处置废弃危险物品的，依照有关危险物品安全管理的法律、行政法规的规定予以处罚；构成犯罪的，依照刑法有关规定追究刑事责任。

【指导性案例】

最高人民法院指导案例第13号：王召成等非法买卖、储存危险物质案（2013年1月31日发布）

△（**毒害性物质**）国家严格监督管理的氰化钠等剧毒化学品，易致人中毒或者死亡，对人体、环境具有极大的毒害性和危险性，属于刑法第一百二十五条第二款规定的“毒害性”物质。

△（**“非法买卖”毒害性物质**）“非法买卖”毒害性物质，是指违反法律和国家主管部门规定，未经有关主管部门批准许可，擅自购买或者出售毒害性物质的行为，并不需要兼有买进和卖出的行为。

【公报案例】

△（**非法买卖爆炸物罪；确因生活所需；社会危害；法定刑以下判处刑罚**）被告人非法买卖炸药的行为，已构成非法买卖爆炸物罪，但鉴于其确因生活所需非法买卖炸药，没有造成严重社会危害，经教育确有悔改表现的，可以在法定刑以下判处刑罚。［《最高人民法院公报》2005年第5期查从余、黄保根非法买卖爆炸物案］

【参考案例】

△非法制造、买卖、运输、邮寄、储存枪支、弹药、爆炸物罪中的爆炸物，包括炸药、发射药、黑火药、烟火药、雷管、导火索、导爆索等，但烟花爆竹等娱乐用品不应认定为爆炸物。

关于爆炸物的范围问题，法律及司法解释对此尚无明确规定。按照通常理解，一般将其分为军用爆炸物和民用爆炸物两类，前者包括地雷、炸弹、手榴弹等，后者包括炸药和雷管等。根据《民用爆炸物品管理条例》（已失效）的规定，民用爆炸物主要分为三类：一是爆破器材，包括各种炸药、雷管、爆破器等；二是黑火药、民用信号弹、烟花爆竹等；三是公安部门认为需要管理的其他爆炸物品。可见，民用爆炸物的范围相当广泛，其爆破、杀伤力亦大小不同。《刑法》第一百二十五条规定的“爆炸物”，一般认为其爆破、杀伤力应较大，故烟花爆竹等娱乐用品不宜包括在其中。结合上述条例及《最高人民法院关于审理非法制造、买卖、运输枪支、弹药、爆炸物等刑事案件具体应用法律若干问题的解释》的规定，实践中一般认为，爆炸物应包括炸药、发射药、黑火药、烟火药、雷管、导火索、导爆索等。在税启忠非法制造爆炸物案中，被告人税启忠犯罪的对象是黑火药，属于民用爆炸物，其爆破、杀伤力亦较大，符合非法制造爆炸物的对象范围。［No. 2-125(2)-4 税启忠非法制造爆炸物案］

△民情风俗中涉及爆炸物的生产使用，且未造成严重社会危害的，可以认定为确因生产、生活所需而非法制造、买卖、运输枪支、弹药、爆炸物，应当依法免除处罚或从轻处罚。

在税启忠非法制造爆炸物案中，当地农村办丧事放“铁铳子”是一种习俗，且源远流长，即使这种习俗属于陋习，对其予以破除也必须经过漫长的过程。法律规定应考虑民情风俗。被告人税启忠作为当地农村中从事殡葬服务的人员，在丧事中用黑火药放“铁铳子”已成为其一份职业，其之所以生产黑火药也是为了自己能在当地村民办丧事时使用。从被告人税启忠的犯罪动机和目的来看，其主观恶性相对于其他非法制造爆炸物的行为人要小得多。被告人税启忠非法制造爆炸物属于“确因生产、生活所需”，故对其量刑应该与其他非法制造爆炸物的行为人有所区别。［No. 2-125(1)-5 税启忠非法制造爆炸物案］

△非法买卖枪支弹药罪不以牟利目的为成立要件，行为人出于收藏目的而购买枪支弹药的行为，应以非法买卖枪支、弹药罪定罪处罚。

刑法分则在规定涉枪犯罪时使用“买卖”一词，而没有使用“贩卖”“倒卖”等用语，显然是刻意与后者作出区分，故将“买卖”理解为买进或者卖出的行为，既是对立法本意的尊重，也符合从严打击涉枪犯罪的立法精神。对刑法分则规定非法买卖违禁品犯罪时使用的“买卖”一词的含义，司法机关应作相对统一的理解和把握，实施非法购买或者出售枪支、弹药行为之一的，均属于非法买卖枪支、弹药行为。

涉枪犯罪属于严重危害公共安全的犯罪，不是经济犯罪，要求构成此类犯罪具有牟利目的也不具有犯罪构成上的正当性。我国历来严格控制枪支、弹药的流转，禁止个人买卖、持有枪支、弹药。非法买卖的行为人对获取枪支、弹药具有较强的主动性，往往根据其需要而通过非法渠道购买。这种非法交易既刺激了枪支、弹药的非法流转，也使其持有规模随意扩大，一旦枪支、弹药因被盗等原因流入社会，后果将不堪设想，对公共安全将造成极大的潜在风险，故必须依法以非法买卖枪支、弹药罪对其予以惩处。在王挺等走私武器、弹药，非法买卖枪支、弹药，非法持有枪支、弹药案中，被告人薛风非法购买各类枪支8支，另非法持有各类枪支6支、弹药3万余发。如果不是非法购买，其不可能持有数量巨大、种类多样的枪支、弹药。刑法规定非法买卖枪支、弹药罪，是基于此类行为对公共安全造成的抽象危险，并不要求造成实际损害，因此不能因为行为未造成实际损害，且不具有牟利目的，就转而认定其为较轻罪名。此类犯罪蕴藏的巨大潜在危害，必须被给予充分的刑法评价。考虑到薛风等人买枪的目的不是实施违法犯罪活动或转卖牟利，客观上枪弹也没有流入社会用于其他违法犯罪活动，其行为的危害性相对较小，因此在量刑时可以比照司法解释的有关规定适当从宽。据此，二审法院在法定量刑幅度内对薛风等人从宽处罚。[No. 2-125(1)-6　王挺等走私武器、弹药，非法买卖枪支、弹药，非法持有枪支、弹药案]

△发生在1997年10月1日以前的非法买卖枪支行为，应适用1979年刑法和1995年《最高人民法院关于办理非法制造、买卖、运输非军用枪支、弹药刑事案件适用法律问题的解释》(已失效)。

在张玉良、方俊强非法买卖枪支案中，现有证据可以认定被告人张玉良、方俊强非法买卖枪支的行为发生在1997年前后，但无法确认该行为发生于1997年10月1日之前还是之后。鉴于1997年刑法对非法买卖枪支罪设置的法定刑重于1979年刑法，根据刑法从旧兼从轻原则，应当适用1979年刑法和1995年《最高人民法院关于办理非法制造、买卖、运输非军用枪支、弹药刑事案件适用法律问题的解释》(已失效，以下简称《解释》)。比较而言，1979年刑法和1997年刑法对非法买卖枪支罪构成要件的规定并无大的变化，但1997年刑法对该罪设定的法定刑更重；同时，2001年《最高人民法院关于审理非法制造、买卖、运输枪支、弹药、爆炸物等刑事案件具体应用法律若干问题的解释》(已被修改)比《解释》规定的定量因素有所减少，犯罪构成要件由“制造非军用枪支1支或者买卖、运输2支以上”变成“非法制造、买卖、运输、邮寄、储存以火药为动力发射枪弹的非军用枪支一支以上或者以压缩气体等为动力的其他非军用枪支二支以上”，对买卖、运输以火药为动力发射枪弹的非军用枪支的行为规定的入罪门槛降低，刑罚整体上更加严厉。

依照1979年刑法及《解释》，非法买卖非军用枪支的行为构成非法买卖枪支罪，客观上须买卖非军用枪支2支以上，或虽未达到该最低数量标准，但同时“具有其他情形”。这里所谓的“其他情形”，通常是指买卖枪支的行为造成了严重后果，即他人利用所买卖的枪支实施了犯罪行为。

本案中，虽然被告人张玉良、方俊强出售的枪支仅有1支，但购买该枪的范杰明利用该枪杀害五人并致三人重伤，无疑属于“其他情形”。在非法买卖枪支罪的客观构成要件中，在行为人仅出售1支枪支的情况下，不具有“其他情形”的，不构成犯罪。“其他情形”是犯罪成立条件，但属于客观超过要素。出售枪支的行为人对作为“其他情形”的严重后果无须存在故意或过失，其出售枪支的行为与购买枪支者利用该枪支实施犯罪行为所造成的严重后果之间也不要求存在刑法上的因果关系。本案中，范杰明购买枪支十六年后使用该枪支实施严重犯罪，该后果仅仅是被告人张玉良、方俊强非法买卖枪支行为构成犯罪的要件中的客观超过要素，二被告人主观上对该后果无须具有故意或者过失，客观上其行为与该后果也不存在刑法上的因果关系。简言之，范杰明使用该枪支实施的后续犯罪行为，仅仅是对二被告人发动刑罚权的一个客观条件。有意见认为，范杰明购买枪支后，时隔十六年才使用该枪支实施后续犯罪，据此追究张玉良、方俊强出售枪支行为的刑事责任，可能有违社会公众对公正的认知观念，但该问题与犯罪成立与否无关，而是涉及追诉时效问题。[No. 2-125(1)-7　张玉良、方俊强非法买卖枪支案]

△非法买卖枪支罪的追诉时效应从犯罪行为完成之日起计算。

基于立法原意及追诉时效制度的设立目的考虑,追诉时效应从犯罪行为完成之日起计算。首先,从法律用语来看,虽然前文采用"犯罪之日"的措辞,但后文明确指向"犯罪行为终了",即犯罪行为有连续状态的,也不排除可能以某种结果作为构成要件,对此种情形,追诉期限应当自犯罪行为终了之日起计算。其次,追诉时效消灭是行为的法律后果,行为的性质并不会因为时间的流逝而发生变化,只是人们基于自然法的观念认为,行为人实施犯罪行为后一直遵纪守法,对其进行处罚已无必要;所以,从各国立法例来看,追诉时效从来不是绝对的制度,某些特别严重的犯罪不存在追诉时效。最后,从犯罪行为完成之日起计算追诉时效,符合追诉时效制度设立的目的。关于时效制度的设立目的,理论上有多种观点,具体如下:"推测改善说"认为,既然行为人在犯罪后长时间没有再犯罪,则可认为其已经改过自新,没有处刑与行刑的必要;"证据湮灭说"认为,犯罪证据因时间流逝而消灭,难以达到正确处理案件的目的;"准受刑说"认为,行为人犯罪后虽然没有受到刑事追究,但因长时期的逃避和恐惧所造成的痛苦也等同于执行刑罚;还有观点认为,随着时间流逝,社会对犯罪的规范感情已经得到缓和,无须再进行现实处罚。笔者认为,追诉时效制度关注的是犯罪行为,考虑的是行为人在该次犯罪之后遵纪守法的表现,所以对于追诉时效的计算而言,有意义的仅仅是行为人在犯罪后的表现,至于犯罪结果何时出现,并不影响诉讼时效的起算。

对非法买卖枪支罪而言,该罪的客观行为仅指行为人买卖枪支的交易行为,该交易行为宣告完成,则追诉时效开始计算。在张玉良、方俊强非法买卖枪支案中,如前所述,司法解释有关非法买卖枪支罪所规定的"其他情形"仅仅属于客观超过要素,与行为人的主观心态无关,也非行为人的可控状态,该要素虽然是犯罪成立条件之一,但与追诉时效的计算无关。本案中,被告人张玉良、方俊强的行为已经构成非法买卖枪支罪,应在七年以下有期徒刑的法定刑幅度内量刑。但从二被告人的犯罪行为完成之日起计算追诉时效,该案的追诉时效应为十年,因现已超出追诉时效期限,故不应追究二被告人的刑事责任。[No. 2-125(1)-8　张玉良、方俊强非法买卖枪支案]

△《刑法》第一百二十五条第二款规定的毒害性物质不限于国家明令禁止的有毒物质,也包括其他国家剧毒化学品名录中的、毒害性足以危害公共安全的物质。

《最高人民法院、最高人民检察院关于办理非法制造、买卖、运输、储存毒鼠强等禁用剧毒化学品刑事案件具体应用法律若干问题的解释》(以下简称《解释》)明确了毒鼠强等五种禁用剧毒化学品系毒害性物质,但这并不意味着《刑法》第一百二十五条第二款中的毒害性物质仅限于《解释》列举的5种禁用剧毒化学品。毒害性物质包括化学性毒害物质、生物性毒害物质、微生物类毒害物质,并不完全等同于"国家明令禁止的"物质。有些物质,虽然国家没有明令禁止,但是如果加以买卖,其毒害性也足以危害公共安全,应属于"毒害性物质"。在剧毒化学品目录中,还存在大量和"毒鼠强、氟乙酰胺、氟乙酸钠、毒鼠硅、甘氟"处于同一限制级别或者高于该限制级别,且毒害性更大的剧毒化学品。如果将《刑法》第一百二十五条第二款规定的毒害性物质仅限定在《解释》列举的5种剧毒杀鼠剂,那么买卖、运输在毒害性上、限制级别上高于或者等于这5种杀鼠剂的剧毒化学品的行为就难以通过刑法进行调整,这显然不符合立法原意。另外,我国禁止生产、流通、使用《斯德哥尔摩公约》要求禁止的21种有机污染物。如果从是否禁止生产、流通、使用的角度确定毒害性物质的范围,那么该国际公约要求禁止生产、流通、使用的21种有机污染物也当然属于毒害性物质。因此,从国家明令禁止这一角度认定涉案物品是否属于毒害性物质值得商榷。

从文义角度解释,毒害性物质是指有严重毒害的物质。氰化钠属于剧毒物质,人只要与之一接触,马上就会死亡,可见其毒性极高。氰化钠系国家严格监督管理的剧毒化学品,易致人中毒或者死亡,对人体、环境具有相当大的毒害性和极度危险性,极易对环境和人体的生命健康造成重大威胁。从体系角度解释,同一部刑法中的同一固定名词应当作统一理解。《刑法》第一百二十五条第二款、第一百四十四条、第一百一十五条第一款、第一百二十七条、第二百九十一条之一第一款都使用了"毒害性"物质或者"有毒、有害"的非食品原料的表述。司法实践中,除了对第一百二十五条第二款中的"毒害性"物质的理解存在争议外,司法机关对于其他条文中的"毒害性"物质或者"有毒、有害"的非食品原料应当包括剧毒化学品目录中的化学品并无争议。因此,从体系角度解释,《刑法》第一百二十五条第二款中的"毒害性"物质包括氰化钠等剧毒化学品目录中的化学品。[No. 2-125(2)-1　王召成等非法买卖、储存危险物质案]

△只要存在买入或卖出危险物质的行为之一,即可构成买卖危险物质罪。

分则　第二章

第一，买卖毒害性等危险物质的社会危害，主要是体现在买进或者卖出危险物质对公共安全构成的危险。对该类行为是否定罪，关键在于行为是否足以危及公共安全，而不在于毒害性物质买进后，行为人有无卖出意图或者卖出行为。

第二，“买卖”既可以是名词，表示买进再卖出的商业经营活动，又可以是并列表示“买”和“卖”两个行为的词，以表示单一的买进或者卖出行为，这一点与“毒害性物质”等固定名词的用法不同。因立法背景、立法技术等多方面的原因，“买卖”在具体罪名中的含义可能存在一定的区别，对其理解不能过于绝对化。如诱骗投资者买卖证券、期货合约罪中的“买卖”，其含义包括投资者单一的买进行为或者卖出行为，而不要求必须是买进再卖出的经营活动。因此，对刑法中“买卖”一词的理解不应囿于兼具买进和卖出的行为。

第三，买进或者卖出氰化钠等危险物质的过程中，都可能发生严重的环境污染事件或者人身伤亡后果，如果水源受到污染，甚至会诱发大面积的人民群众中毒伤亡后果。特别是在缺乏相关资质、管理经验或者防范措施的情况下，如果遇到台风、暴雨等意外天气或者在运输途中发生交通事故，则这种危害公共安全的可能性会大大增加。因此，单一的买进或者卖出行为均可能危害公共安全，以致符合非法买卖危险物质罪的客体特征。［No. 2-125(2)-2　王召成等非法买卖、储存危险物质案］

△《刑法》第一百二十五条第二款规定的“毒害性”物质不仅包括禁用剧毒化学品，也包括纳入危险化学品名录的，易致人中毒或死亡，对人体、环境具有极大毒害性与危险性的剧毒化学品。

氰化钠虽不属于禁用剧毒化学品，但系列入危险化学品名录中严格监督管理的限用的剧毒化学品，易致人中毒或者死亡，对人体、环境具有极大的毒害性和极度危险性，极易对环境和人体的生命健康造成重大威胁和危害，属于《刑法》第一百二十五条第二款规定的“毒害性”物质。［No. 2-125(2)-3　王召成等非法买卖、储存危险物质案］

△“非法买卖”毒害性物质，是指违反法律和国家主管部门规定，未经有关主管部门批准许可，擅自购买或者出售毒害性物质的行为，并不需要兼有买进和卖出的行为。

“非法买卖”毒害性物质，是指违反法律和国家主管部门规定，未经有关主管部门批准许可，擅自购买或者出售毒害性物质的行为，并不需要兼有买进和卖出的行为。在王召成等非法买卖、储存危险物质案中，被告人王召成等人不具备购买、储存氰化钠的资格和条件，违反国家有关监管规定，非法买卖、储存大量剧毒化学品，逃避有关主管部门的安全监督管理，破坏危险化学品管理秩序，已对人民群众的生命、健康和财产安全造成现实威胁，足以危害公共安全，故王召成等人的行为已构成非法买卖、储存危险物质罪。［No. 2-125(2)-4　王召成等非法买卖、储存危险物质案］

第一百二十六条　【违规制造、销售枪支罪】

依法被指定、确定的枪支制造企业、销售企业，违反枪支管理规定，有下列行为之一的，对单位判处罚金，并对其直接负责的主管人员和其他直接责任人员，处五年以下有期徒刑；情节严重的，处五年以上十年以下有期徒刑；情节特别严重的，处十年以上有期徒刑或者无期徒刑：

（一）以非法销售为目的，超过限额或者不按照规定的品种制造、配售枪支的；

（二）以非法销售为目的，制造无号、重号、假号的枪支的；

（三）非法销售枪支或者在境内销售为出口制造的枪支的。

【立法理由】

1. **1979年立法的情况。**1979年《刑法》第一百一十二条规定：“非法制造、买卖、运输枪支、弹药的，或者盗窃、抢夺国家机关、军警人员、民兵的枪支、弹药的，处七年以下有期徒刑；情节严重的，处七年以上有期徒刑或者无期徒刑。”

2. **1979年之后至1997年刑法修订前的立法情况。**1996年第八届全国人大常委会第二十次会议通过了《枪支管理法》，该法第四十条规定：“依法被指定、确定的枪支制造企业、销售企业，违反本法规定，有下列行为之一的，对单位判处罚金，并对其直接负责的主管人员和其他直接责任人员依照刑法第一百一十二条的规定追究刑事责任；公安机关可以责令其停业整顿或者吊销其枪支制造许可证件、枪支配售许可证件：（一）超过限额或者不按照规定的品种制造、配售枪支的；（二）制造无号、重号、假号的枪支的；（三）私自销售枪支或者在境内销售为出口制造的枪支的。”这里的《刑法》第一百一十二条就是前述1979年《刑法》的规定。1997年修订刑法时，将以上规定修改完善后纳入刑法。

【条文说明】

本条是关于违规制造、销售枪支罪及其处罚的规定。

根据本条的规定，构成本罪的主体只能是**单位，即依法被指定、确定的枪支制造企业、销售企业**。枪支是涉及国家安全、公共安全的特殊物品，国家对枪支的制造、销售等实行严格的管制。《枪支管理法》第十三条明确规定：“国家对枪支的制造、配售实行特别许可制度。未经许可，任何单位或者个人不得制造、买卖枪支。”只有经国家专门指定或确定的企业才能从事枪支的制造或销售。这里所说的“**依法**”，是指枪支管理法和有关部门依据枪支管理法制定的有关规定。所谓“**被指定、确定的枪支制造企业**”，是指根据枪支管理法由国家和有关部门指定、确定的允许制造枪支的企业。根据《枪支管理法》第十四条、第十五条的规定，公务用枪，即部队、警察、民兵以及其他特殊部门所装备的各种军用、警用等公务使用枪支，由国家指定的企业制造；民用枪支，即猎枪、麻醉注射枪、射击运动枪等其他非军用枪支的制造企业，由国务院有关主管部门提出，由国务院公安部门确定。同时，制造民用枪支的企业，由国务院公安部门核发民用枪支制造许可证件，有效期三年，期满需要继续制造民用枪支的，应当重新申请领取许可证件。

本条规定的犯罪行为主要包括三种情形：

1. **以非法销售为目的，超过限额或者不按规定的品种制造、配售枪支的**。其中，“**以非法销售为目的**”，是指其生产活动、经营活动是以非法出售枪支获得非法利润为目的。这里的“**超过限额**”**制造、配售枪支的**，是指枪支制造企业、销售企业超过国家有关主管部门下达的生产或配售枪支的数量指标或者任务，而擅自制造、配售枪支的行为。根据《枪支管理法》及有关主管部门的规定，制造、销售枪支的企业，每年的生产任务、销售总数都由各级公安部门及其他有关主管部门统一下达任务指标。“**不按照规定的品种**”**制造、配售枪支的**，是指生产枪支的企业没有按照国家规定的技术标准生产枪支或者配售枪支的企业不按照国家规定的配售枪支的品种、型号去配售枪支。例如，《枪支管理法》第十六条规定：“国家对制造、配售民用枪支的数量，实行限额管理。制造民用枪支的年度限额，由国务院林业、体育等有关主管部门、省级人民政府公安机关提出，由国务院公安部门确定并统一编制民用枪支序号，下达到民用枪支制造企业。配售民用枪支的年度限额，由国务院林业、体育等有关主管部门、省级人民政府公安机关提出，由国务院公安部门确定并下达到民用枪支配售企业。”第十七条规定：“制造民用枪支的企业不得超过限额制造民用枪支，所制造的民用枪支必须全部交由指定的民用枪支配售企业配售，不得自行销售。配售民用枪支的企业应当在配售限额内，配售指定的企业制造的民用枪支。”第十八条规定：“制造民用枪支的企业，必须严格按照国家规定的技术标准制造民用枪支，不得改变民用枪支的性能和结构……”如果枪支制造企业、销售企业在制造、销售民用枪支时，违反枪支管理法上述规定的，就属于这里的“超过限额或者不按照规定的品种制造、配售枪支”。

2. **以非法销售为目的，制造无号、重号、假号的枪支的**。所谓“**制造无号、重号、假号的枪支**”，是指生产枪支的企业，为了逃避检查，规避法律，在生产枪支过程中有意制造一批没有编号或者重复编号或者虚假编号的枪支，用以非法销售牟利的行为。根据《枪支管理法》第十八条的规定，公安部门对生产的民用枪支必须在生产前确定并统一编制枪支的序号，下达到制造民用枪支的企业。生产企业必须在民用枪支指定的部位铸印制造厂的厂名、枪种代码和公安部门统一编制的枪支序号。如果制造无号、重号或者假号的枪支，就可以逃避有关主管机关的检查，而达到非法牟利的目的。

3. **非法销售枪支或者在境内销售为出口制造的枪支的**。这里所说的“**非法销售枪支**”，是指违反枪支管理的规定，销售枪支的行为。根据《枪支管理法》第十九条规定，配售民用枪支，必须核对配购证件，严格按照配购证件载明的品种、型号和数量配售；配售弹药，必须核对持枪证件。这里“非法销售枪支”既包括根本没有配售许可资格的销售行为，如私自销售等，也包括没有枪支制造资格的企业制造后销售枪支或者从该企业进货后销售枪支的行为。“**在境内销售为出口制造的枪支**”，是指生产、销售出口枪支的企业将为出口制造的枪支，在境内销售牟利，包括出口退货后转内销，以出口为名生产后内销以及在完成出口任务后，将剩余的枪支非法在境内销售牟利等。根据本条规定和2009年《最高人民法院关于审理非法制造、买卖、运输枪支、弹药、爆炸物等刑事案件具体应用法律若干问题的解释》第三条的规定，依法被指定、确定的枪支制造企业、销售企业有下列行为之一，即违规制造枪支五支以上的，违规销售枪支两支以上的，或者虽未达到上述最低数量标准，但具有造成严重后果等其他恶劣情节的，对单位判处罚金，并对直接负责的主管人员和其他直接责任人员，处五年以下有期徒刑；情节严重的，即违规制造枪支二十支以上的，违规销售枪支十支以上的，或者违规制造枪支五支以上，违规销售枪支两支以上，并具有造成严重后果等其他恶劣情节的，处五年以上十年以下有期徒刑；情节特别严重的，即违规制造枪支五十支以上的，违规销售枪支三十支以上的，或者违规制造枪支二十支以上，违规销售枪支十支以上，并具有造成严重后果等其他恶劣情节的，处十年以上有期徒刑或者无期徒刑。该解释第七条同时规定，成套枪支散件，以相应数量的枪支计；非成套枪支散件以每三十件为一成套枪支散件计。

根据本条规定，构成本罪的，对单位判处罚金，并对其直接负责的主管人员和其他直接责任人员，处五年以下有期徒刑；情节严重的，处五年以上十年以下有期徒刑；情节特别严重的，处十年以上有期徒刑或者无期徒刑。

需要注意的是，本条规定的是违反枪支管理规定，违规制造、销售枪支的犯罪。《枪支管理法》第二条规定："中华人民共和国境内的枪支管理，适用本法。对中国人民解放军、中国人民武装警察部队和民兵装备枪支的管理，国务院、中央军事委员会另有规定的，适用有关规定。"《枪支管理法》第十三条规定："国家对枪支的制造、配售实行特别许可制度。未经许可，任何单位或者个人不得制造、买卖枪支。"对于军用枪支的制造、配售也同样适用。因此，**依法被指定、确定从事军用枪支的制造企业、销售企业**，如果存在本条规定的违规制造、销售枪支的行为，也应依照本条规定定罪处罚。如果被依法指定、确定从事非军用枪支的制造、销售企业，违规制造、销售军用枪支的，同样依法适用本条规定定罪处罚。

【司法解释】

《最高人民法院关于审理非法制造、买卖、运输枪支、弹药、爆炸物等刑事案件具体应用法律若干问题的解释》（法释〔2009〕18号，自2010年1月1日起施行）

△（**违规制造、销售枪支罪；情节严重；情节特别严重**）依法被指定或者确定的枪支制造、销售企业，实施刑法第一百二十六条规定的行为，具有下列情形之一的，以违规制造、销售枪支罪定罪处罚：

（一）违规制造枪支五支以上的；

（二）违规销售枪支二支以上的；

（三）虽未达到上述最低数量标准，但具有造成严重后果等其他恶劣情节的。

具有下列情形之一的，属于刑法第一百二十六条规定的"情节严重"：

（一）违规制造枪支二十支以上的；

（二）违规销售枪支十支以上的；

（三）达到本条第一款规定的最低数量标准，并具有造成严重后果等其他恶劣情节的。

具有下列情形之一的，属于刑法第一百二十六条规定的"情节特别严重"：

（一）违规制造枪支五十支以上的；

（二）违规销售枪支三十支以上的；

（三）达到本条第二款规定的最低数量标准，并具有造成严重后果等其他恶劣情节的。（§ 3）

【司法解释性文件】

《最高人民检察院、公安部关于公安机关管辖的刑事案件立案追诉标准的规定（一）》（公通字〔2008〕36号，2008年6月25日公布）

△（**违规制造、销售枪支罪；立案追诉标准；枪支数量之计算**）依法被指定、确定的枪支制造企业、销售企业，违反枪支管理规定，以非法销售为目的，超过限额或者不按照规定的品种制造、配售枪支，或者以非法销售为目的，制造无号、重号、假号的枪支，或者非法销售枪支或者在境内销售为出口制造的枪支，涉嫌下列情形之一的，应予立案追诉：

（一）违规制造枪支五支以上的；

（二）违规销售枪支二支以上的；

（三）虽未达到上述数量标准，但具有造成严重后果等其他恶劣情节的。

本条和本规定第四条、第七条规定的"枪支"，包括枪支散件。成套枪支散件，以相应数量的枪支计；非成套枪支散件，以每三十件为一成套枪支散件计。（§ 3）

【附属刑法】

《中华人民共和国枪支管理法》（1996年7月5日通过，2015年4月24日第二次修正）

第四十条

依法被指定、确定的枪支制造企业、销售企业，违反本法规定，有下列行为之一的，对单位判处罚金，并对其直接负责的主管人员和其他直接责任人员依照刑法有关规定追究刑事责任；公安机关可以责令其停业整顿或者吊销其枪支制造许可证件、枪支配售许可证件：

（一）超过限额或者不按照规定的品种制造、配售枪支的；

（二）制造无号、重号、假号的枪支的；

（三）私自销售枪支或者在境内销售为出口制造的枪支的。

第一百二十七条　【盗窃、抢夺枪支、弹药、爆炸物、危险物质罪】【抢劫枪支、弹药、爆炸物、危险物质罪】

盗窃、抢夺枪支、弹药、爆炸物的，或者盗窃、抢夺毒害性、放射性、传染病病原体等物质，危害公共安全的，处三年以上十年以下有期徒刑；情节严重的，处十年以上有期徒刑、无期徒刑或者死刑。

抢劫枪支、弹药、爆炸物的，或者抢劫毒害性、放射性、传染病病原体等物质，危害公共安全的，或者盗窃、抢夺国家机关、军警人员、民兵的枪支、弹药、爆炸物的，处十年以上有期徒刑、无期徒刑或者死刑。

【立法沿革】

《中华人民共和国刑法》（1997年修订，自1997年10月1日起施行）

第一百二十七条

盗窃、抢夺枪支、弹药、爆炸物的，处三年以上十年以下有期徒刑；情节严重的，处十年以上有期徒刑、无期徒刑或者死刑。

抢劫枪支、弹药、爆炸物或者盗窃、抢夺国家机关、军警人员、民兵的枪支、弹药、爆炸物的，处十年以上有期徒刑、无期徒刑或者死刑。

《中华人民共和国刑法修正案（三）》（自2001年12月29日起施行）

六、将刑法第一百二十七条修改为：

“盗窃、抢夺枪支、弹药、爆炸物的，或者盗窃、抢夺毒害性、放射性、传染病病原体等物质，危害公共安全的，处三年以上十年以下有期徒刑；情节严重的，处十年以上有期徒刑、无期徒刑或者死刑。

“抢劫枪支、弹药、爆炸物的，或者抢劫毒害性、放射性、传染病病原体等物质，危害公共安全的，或者盗窃、抢夺国家机关、军警人员、民兵的枪支、弹药、爆炸物的，处十年以上有期徒刑、无期徒刑或者死刑。”

【立法理由】

1. **1979年立法的情况**。1979年《刑法》第一百一十二条规定：“非法制造、买卖、运输枪支、弹药的，或者盗窃、抢夺国家机关、军警人员、民兵的枪支、弹药的，处七年以下有期徒刑；情节严重的，处七年以上有期徒刑或者无期徒刑。”这里规定了五种犯罪，分别是非法制造枪支、弹药罪，非法买卖枪支、弹药罪，非法运输枪支、弹药罪，盗窃枪支、弹药罪和抢夺枪支、弹药罪。立法时考虑，这些行为的危害程度不相上下，而且犯罪行为人可能同时实施其中的几种行为，无须按数罪并罚原则处理，因此就集合在一个条文中规定。该条规定的枪支、弹药，是指军用的手枪、步枪、冲锋枪、机枪、射击用的各种枪支，狩猎用的有膛线枪、散弹枪、火药枪，麻醉动物用的注射枪，能发射金属弹丸的气枪，上述枪支所使用的弹药及手榴弹、炮弹、炸弹等。此外，1979年《刑法》第一百条第（五）项也有相应的规定，即以反革命为目的，制造、抢夺、盗窃枪支、弹药的，处无期徒刑或者十年以上有期徒刑；情节较轻的，处三年以上十年以下有期徒刑。

2. **1979年之后至1997年刑法修订前的立法情况**。1983年第六届全国人大常委会第二次会议通过的**《全国人民代表大会常务委员会关于严惩严重危害社会治安的犯罪分子的决定》**第一条对非法制造、买卖、运输或者盗窃、抢夺枪支、弹药、爆炸物，情节特别严重的，或者造成严重后果的增加了**死刑**的规定。

3. **1997年修订刑法的情况**。1997年修订刑法时对本条作了以下修改：一是**将盗窃、抢夺枪支、弹药、爆炸物罪单独规定，并调整了该罪的法定刑**。1979年刑法和《全国人民代表大会常务委员会关于严惩严重危害社会治安的犯罪分子的决定》对该罪大致设置了三档刑罚，即情节较轻的，处七年以下有期徒刑；情节严重的，处七年以上有期徒刑和无期徒刑；情节特别严重或者造成严重后果的，可以判处死刑。1997年刑法修订时，对危害公共安全罪的法定刑设置予以综合平衡，对该罪设置了两档刑罚，即处三年以上十年以下有期徒刑；情节严重的，处十年以上有期徒刑、无期徒刑或者死刑。二是**增设了抢劫枪支、弹药、爆炸物罪**。在1997年刑法修订过程中，有部门提出，应当在刑法中增设抢劫枪支、弹药、爆炸物罪。同时,考虑到抢劫枪支、弹药、爆炸物的行为的危害程度一般要大于盗窃和抢夺行为,有必要予以单独规定;盗窃、抢夺国家机关、军警人员、民兵的枪支、弹药、爆炸物的行为的社会危害性又大于盗窃、抢夺其他枪支、弹药、爆炸物,对这种犯罪有必要规定更重的处罚。1997年刑法修订后,对抢劫枪支、弹药、爆炸物,以及盗窃、抢夺国家机关、军警人员、民兵的枪支、弹药、爆炸物的,规定处十年以上有期徒刑、无期徒刑或者死刑。

4. **2001年《刑法修正案(三)》对本条的修改情况**。为了适应打击恐怖活动犯罪的需要,《刑法修正案(三)》对刑法相关条文作了进一步修改,也包括对本条规定的修改。一是在本条第一款增加了"盗窃、抢夺毒害性、放射性、传染病病原体等物质,危害公共安全的"规定;二是在本条第二款增加了"抢劫毒害性、放射性、传染病病原体等物质,危害公共安全的"规定。主要考虑是,毒害性、放射性、传染病病原体等物质,具有巨大的危害能力,一旦落入犯罪行为人之手,后果不堪设想。从目前看,除非法制造以外,以盗窃、抢夺、抢劫手段获取这些物质也是犯罪行为人特别是恐怖分子的惯常途径,有必要对这种可能涉及恐怖主义活动犯罪的行为予以惩治。因此,通过修改,**将毒害性、放射性、传染病病原体等"危险物质"增加规定为本条的犯罪对象**。

【条文说明】

本条是关于盗窃、抢夺枪支、弹药、爆炸物、危险物质罪和抢劫枪支、弹药、爆炸物、危险物质罪及其处罚的规定。

本条共分为两款。

第一款是对**盗窃、抢夺枪支、弹药、爆炸物或者盗窃、抢夺毒害性、放射性、传染病病原体等物质的犯罪及其处罚**的规定。[①] **盗窃枪支、弹药、爆炸物、危险物质**,是指秘密窃取枪支、弹药、爆炸物或者毒害性、放射性、传染病病原体等危险物质的犯罪行为;**抢夺枪支、弹药、爆炸物、危险物质**,是指乘人不备,公开夺取枪支、弹药、爆炸物或者毒害性、放射性、传染病病原体等危险物质的行为。根据本款的规定,只要行为人实施了盗窃、抢夺枪支、弹药、爆炸物的行为或者毒害性、放射性、传染病病原体等危险物质危害公共安全的,就构成犯罪,处三年以上十年以下有期徒刑;对情节严重的,即盗窃、抢夺枪支、弹药、爆炸物或者毒害性、放射性、传染病病原体等物质数量较大、手段恶劣或者造成严重后果的等,处十年以上有期徒刑、无期徒刑或者死刑。这里所说的"**枪支、弹药、爆炸物**"和"**毒害性、放射性、传染病病原体等物质**"的含义、范围与本法第一百二十五条的规定是一致的。《最高人民法院关于审理非法制造、买卖、运输枪支、弹药、爆炸物等刑事案件具体应用法律若干问题的解释》第四条对本条的规定作了进一步细化:"盗窃、抢夺枪支、弹药、爆炸物,具有下列情形之一的,依照刑法第一百二十七条第一款的规定,以**盗窃、抢夺枪支、弹药、爆炸物罪**定罪处罚:(一)盗窃、抢夺以火药为动力的发射枪弹非军用枪支一支以上或者以压缩气体等为动力的其他非军用枪支二支以上的;(二)盗窃、抢夺军用子弹十发以上、气枪铅弹五百发以上或者其他非军用子弹一百发以上的;(三)盗窃、抢夺爆炸装置的;(四)盗窃、抢夺炸药、发射药、黑火药一千克以上或者烟火药三千克以上、雷管三十枚以上或者导火索、导爆索三十米以上的;(五)虽未达到上述最低数量标准,但具有造成严重后果等其他恶劣情节的。具有下列情形之一的,属于刑法第一百二十七条第一款规定的'情节严重':(一)盗窃、抢夺枪支、弹药、爆炸物的数量达到本条第一款规定的最低数量标准五倍以上的;(二)盗窃、抢夺军用枪支的;(三)盗窃、抢夺手榴弹的;(四)盗窃、抢夺爆炸装置,危害严重的;(五)达到本条第一款规定的最低数量标准,并具有造成严重后果等其他恶劣情节的。"

第二款是对**抢劫枪支、弹药、爆炸物或者抢劫毒害性、放射性、传染病病原体等物质**[②]**,危害公共安全或者盗窃、抢夺国家机关、军警人员、民兵的枪支、弹药、爆炸物的犯罪及其处罚**的规定。盗窃、抢夺国家机关、军警人员、民兵的枪支、弹药、爆炸物的行为,具有更大的社会危害性,因此单独规定了更重的处罚。这里规定的"**抢劫**",是指以暴力或者以暴力相威胁劫取枪支、弹药、爆炸物或者毒害性、放射性、传染病病原体等物质的行为。这里的"**国家机关**",是指依法允许装备、使用枪支的国家机关,如公安机关、国家安全机关、人民检察院、人民法院、监狱、海关等;

① 盗窃、抢夺枪支、弹药、爆炸物,属于抽象危险犯;盗窃、抢夺危险物质,属于具体危险犯,需要根据危险物质的种类、盗窃与抢夺的行为方式等判断行为是否发生了具体的公共危险。参见张明楷:《刑法学》(第6版),法律出版社2021年版,第915页。

② 抢劫枪支、弹药、爆炸物,属于抽象危险犯;抢劫危险物质,属于具体危险犯。参见张明楷:《刑法学》(第6版),法律出版社2021年版,第916页。

“**军警人员**”，是指军队、武警部队及人民警察中的人员；“**民兵**”，是指依照有关法律规定组成的不脱离生产的群众武装组织成员。根据本款的规定，抢劫枪支、弹药、爆炸物或者抢劫毒害性、放射性、传染病病原体等物质，危害公共安全或者盗窃、抢夺国家机关、军警人员、民兵的枪支、弹药、爆炸物的，处十年以上有期徒刑、无期徒刑或者死刑。

需要注意的是，根据2018年中共中央印发的《深化党和国家机构改革方案》的精神，军队、武装警察部队等进行了相应的改革，如**消防部队经过改革已不再属于武装警察部队**。实践中应根据从旧兼从轻的精神，准确把握本条规定的“军警人员”的范围。

【司法解释】

《最高人民法院关于审理非法制造、买卖、运输枪支、弹药、爆炸物等刑事案件具体应用法律若干问题的解释》（法释〔2009〕18号，自2010年1月1日起施行）

△（**盗窃、抢夺枪支、弹药、爆炸物罪；情节严重**）盗窃、抢夺枪支、弹药、爆炸物，具有下列情形之一的，依照刑法第一百二十七条第一款的规定，以盗窃、抢夺枪支、弹药、爆炸物罪定罪处罚：

（一）盗窃、抢夺以火药为动力的发射枪弹非军用枪支一支以上或者以压缩气体等为动力的其他非军用枪支二支以上的；

（二）盗窃、抢夺军用子弹十发以上、气枪铅弹五百发以上或者其他非军用子弹一百发以上的；

（三）盗窃、抢夺爆炸装置的；

（四）盗窃、抢夺炸药、发射药、黑火药一千克以上或者烟火药三千克以上、雷管三十枚以上或者导火索、导爆索三十米以上的；

（五）虽未达到上述最低数量标准，但具有造成严重后果等其他恶劣情节的。

具有下列情形之一的，属于刑法第一百二十七条第一款规定的“情节严重”：

（一）盗窃、抢夺枪支、弹药、爆炸物的数量达到本条第一款规定的最低数量标准五倍以上的；

（二）盗窃、抢夺军用枪支的；

（三）盗窃、抢夺手榴弹的；

（四）盗窃、抢夺爆炸装置，危害严重的；

（五）达到本条第一款规定的最低数量标准，并具有造成严重后果等其他恶劣情节的。（§ 4）

△（**枪支数量之计算**）非法制造、买卖、运输、邮寄、储存、盗窃、抢夺、持有、私藏、携带成套枪支散件的，以相应数量的枪支计；非成套枪支散件以每三十件为一成套枪支散件计。（§ 7）

△（**盗窃、抢夺其他弹药、爆炸物品等**）实施非法制造、买卖、运输、邮寄、储存、盗窃、抢夺、持有、私藏其他弹药、爆炸物品等行为，参照本解释有关条文规定的定罪量刑标准处罚。（§ 10）

【司法解释性文件】

《最高人民法院、最高人民检察院、公安部、工业和信息化部、住房和城乡建设部、交通运输部、应急管理部、国家铁路局、中国民用航空局、国家邮政局关于依法惩治涉枪支、弹药、爆炸物、易燃易爆危险物品犯罪的意见》（法发〔2021〕35号，2021年12月28日发布）

△（**数罪并罚**）非法制造、买卖、运输、邮寄、储存、盗窃、抢夺、抢劫、持有、私藏、走私枪支、弹药、爆炸物，并利用该枪支、弹药、爆炸物实施故意杀人、故意伤害、抢劫、绑架等犯罪的，依照数罪并罚的规定处罚。（§ 4）

△（**主动上交；从轻处罚；自首；立功表现**）将非法枪支、弹药、爆炸物主动上交公安机关，或者将未经依法批准或者许可生产、储存、使用、经营、运输的易燃易爆危险物品主动上交行政执法机关处置的，可以从轻处罚；未造成实际危害后果，犯罪情节轻微不需要判处刑罚的，可以依法不起诉或者免予刑事处罚；成立自首的，可以依法从轻、减轻或者免除处罚。

有揭发他人涉枪支、弹药、爆炸物、易燃易爆危险物品犯罪行为，查证属实的，或者提供重要线索，从而得以侦破其他涉枪支、弹药、爆炸物、易燃易爆危险物品案件等立功表现的，可以依法从轻或者减轻处罚；有重大立功表现的，可以依法减轻或者免除处罚。（§ 14）

【附属刑法】

《中华人民共和国军事设施保护法》（1990年2月23日通过，2021年6月10日修订）

第六十三条

有下列行为之一，构成犯罪的，依法追究刑事责任：

……

（三）盗窃、抢夺、抢劫军事设施的装备、物资、器材的；

……

【参考案例】

△利用保管本单位弹药的职务之便，将本人保管的弹药据为己有后予以出卖的，不构成非法

分则　第二章

买卖弹药罪,应以盗窃弹药罪论处。

在张君等抢劫、杀人案中,被告人杨明军利用职务之便,将其保管的长江水运股份有限公司公安科的455发六四式手枪子弹提供给张君。检察院起诉认定杨明军的行为构成非法买卖弹药罪,法院的一审判决和二审裁定则认定杨明军的行为构成盗窃弹药罪。法院的裁判是正确的。非法买卖弹药罪,是指违反法律规定,私自购买或者出售弹药的行为;盗窃弹药罪,是指秘密窃取弹药的行为。两罪侵犯的客体均是社会的公共安全,犯罪对象均是弹药,在主观方面均是故意,但二者在犯罪主体和客观方面均有区别。非法买卖弹药罪的主体,既包括个人,也包括单位;而盗窃弹药罪的主体为一般主体,单位不构成该罪。非法买卖弹药罪在客观方面,表现为非法买卖,这是指没有法律上的依据,也未经国家有关主管部门的许可,私自购买或者出售弹药的行为;而盗窃弹药罪在客观方面表现为实施了秘密窃取的行为。杨明军利用保管本单位弹药的职务之便,将其保管的弹药据为己有的行为,即通常所说的监守自盗,符合盗窃弹药罪的基本特征,应认定为盗窃弹药罪;至于他将盗窃后的弹药如何处分,是据为己有,还是送与他人或非法出售,并不影响本罪的构成,只是量刑时考虑的情节。[No. 5-263-76　张君等抢劫、杀人案]

第一百二十八条　【非法持有、私藏枪支、弹药罪】【非法出租、出借枪支罪】

违反枪支管理规定,非法持有、私藏枪支、弹药的,处三年以下有期徒刑、拘役或者管制;情节严重的,处三年以上七年以下有期徒刑。

依法配备公务用枪的人员,非法出租、出借枪支的,依照前款的规定处罚。

依法配置枪支的人员,非法出租、出借枪支,造成严重后果的,依照第一款的规定处罚。

单位犯第二款、第三款罪的,对单位判处罚金,并对其直接负责的主管人员和其他直接责任人员,依照第一款的规定处罚。

【立法理由】

1. **1979年立法的情况**。因历史原因,曾有不少的枪支、弹药散失在群众中;也存在有的干部、转业军人过去在革命战争时期佩戴枪支的,后来在工作调动时出于种种原因未交出的情况。但是,随着私藏枪支、弹药的行为具有越来越大的社会危害性,我国对枪支、弹药的管理逐步严格。1951年,经政务院批准,公安部公布施行了《枪支管理暂行办法》,对步枪、马枪、手枪等各式枪支及其弹药实行严格管理,不容许任何人私自隐藏,非经政府许可任何人不得持有。1958年,经国务院批准,国家体委、公安部公布施行《射击运动枪支弹药管理使用暂行规定》,其中规定"私人不准购买枪支和弹药","私人不准保存枪支和弹药",这里的枪支包括**小口径步枪、手枪,大口径运动步枪,射击运动用的军用步枪和手枪,射击运动用的猎枪等**。1965年公布施行《林业部、公安部、国家体委关于狩猎使用小口径步枪管理问题的几项规定》,其中规定"**狩猎用的小口径步枪**,为各狩猎生产单位公有或集体所有,不准个人私有";在非生产季节,也"不准个人存放"。1973年《农林部、卫生部、公安部关于注射枪管理规定的通知》规定,"**注射枪**只准用于狩猎生产、野生动物饲养和畜牧业等部门狩猎动物、锯茸、取麝香、防、治动物疾病和科学研究","任何个人不准私有,并严禁私自转借、赠送或者交换"。在此基础上,需要对**私藏枪支、弹药**行为设置相应的刑事责任。1979年《刑法》第一百六十三条规定:"违反枪支管理规定,私藏枪支、弹药,拒不交出的,处二年以下有期徒刑或者拘役。"

2. **1979年之后至1997年刑法修订前的立法情况**。1981年,经国务院批准,公布实施《公安部关于执行〈中华人民共和国枪支管理办法〉有关事项的通知》,对非军事系统的各种枪支的管理作了新的统一规定。针对实践中出现的新情况,1996年第八届全国人大常委会第二十次会议通过了《枪支管理法》,该法第四十三条对1979年刑法规定作了补充。该条规定:"违反枪支管理规定,出租、出借公务用枪的,比照刑法第一百八十七条的规定处罚。单位有前款行为的,对其直接负责的主管人员和其他直接责任人员依照前款规定处罚。配置民用枪支的单位,违反枪支管理规定,出租、出借枪支,造成严重后果或者有其他严重情节的,对其直接负责的主管人员和其他直接责任人员比照刑法第一百八十七条的规定处罚。配置民用枪支的个人,违反枪支管理规定,出租、出借枪支，造成严重后果的，比照刑法第一百六十三条的规定处罚。违反枪支管理规定，出租、出借枪支，情节轻微未构成犯罪的，由公安机关对个人或者单位负有直接责任的主管人员和其他直接责任人员处十五日以下拘留，可以并处五千元以下罚款；对出租、出借的枪支，应当予以没收。”根据枪支管理法该条的规定，出租、出借公务用枪要按照 1979 年《刑法》第一百八十七条关于**玩忽职守的规定**处罚。

3. **1997 年修订刑法的情况**。1997 年修订刑法时，基本上吸收了《枪支管理法》的内容并增加了非法持有枪支的犯罪。

【条文说明】

本条是关于非法持有、私藏枪支、弹药罪和非法出租、出借枪支罪及其处罚的规定。

本条共分为四款。

第一款是关于**非法持有、私藏枪支、弹药罪**的处罚规定。本款规定的“**违反枪支管理规定**”，是指枪支管理法及国家有关主管部门对枪支、弹药管理等方面作的规定。如枪支管理法中对哪些部门、哪些单位、哪些人员可以配备、使用枪支，都作了明确规定。“**非法持有**”，是指不符合配备、配置枪支、弹药条件的人员，违反枪支管理法律、法规的规定，擅自持有枪支、弹药的行为。“**私藏**”，是指依法配备、配置枪支、弹药的人员，在配备、配置枪支、弹药的条件消失后，违反枪支管理法律、法规的规定，私自藏匿所配备、配置的枪支、弹药且拒不交出的行为。[①][②]根据本款规定和《最高人民法院关于审理非法制造、买卖、运输枪支、弹药、爆炸物等刑事案件具体应用法律若干问题的解释》第五条的规定，违反枪支管理规定，非法持有、私藏军用枪支一支的；非法持有、私藏以火药为动力发射枪弹的非军用枪支一支或者以压缩气体等为动力的其他非军用枪支两支以上的；非法持有、私藏军用子弹二十发以上，气枪铅弹一千发以上或者其他非军用子弹二百发以上的；非法持有、私藏手榴弹一枚以上的；或者非法持有、私藏的弹药造成人员伤亡、财产损失的，构成犯罪，处三年以下有期徒刑、拘役或者管制；情节严重的，即非法持有、私藏军用枪支两支以上的；非法持有、私藏以火药为动力发射枪弹的非军用枪支两支以上或者以压缩气体等为动力的其他非军用枪支五支以上的；非法持有、私藏军用子弹一百发以上，气枪铅弹五千发以上或者其他非军用子弹一千发以上的；非法持有、私藏手榴弹三枚以上的；非法持有、私藏枪支达到构成犯罪的最低数量标准，并具有造成严重后果等其他恶劣情节的，处三年以上七年以下有期徒刑。

第二款是关于**配备公务用枪的人员非法出租、出借枪支罪**的处罚规定。这里所说的“**依法配备公务用枪的人员**”，一般是指公安机关、国家安全机关、监狱的人民警察，人民法院、人民检察院的司法警察，以及海关的缉私人员，在依法履行职责时确有必要使用枪支的人员，还有国家重要的军工、金融、仓储、科研等单位的专职守护、押运人员在执行守护、押运任务时确有必要使用枪支的人员。这里所说的“**依法配备**”，主要是指根据枪支管理法规定的审批权配备。1996 年《枪支管理法》第七条第一款规定：“配备公务用枪，由国务院公安部门统一审批。”考虑到国务院公安部门可以利用信息化手段，对公务用枪配备、领取、交还、使用等环节进行动态监管，对公务用枪购置实行统一渠道订购，依法查纠超范围、超标准配枪行为，因此，2015 年 4 月 24 日第十二届全国人大常委会第十四次会议通过《全国人民代表大会常务委员会关于修改〈中华人民共和国港口法〉等七部法律的决定》，修改了《枪支管理法》第七条第一款的规定，将其修改为“配备公务用枪，由国务院公安部门或者省级人民政府公安机关审批”，**将除公安部机关及所属部门外的配备公务用枪审批权下放到省级人民政府公安机关**。这里所说的“**公务用枪**”，是指各种军用枪支，如手枪、冲锋枪、机枪等。“**非法出租**”，是指以牟利为目的，将配备给自己的枪支租给他人的行为；[③]“**非法出**

分则　第二章

① 我国学者指出，“非法持有”与“私藏”之间的区别，并无实际意义。行为人所非法持有的枪支、弹药的来源没有限制。参见张明楷：《刑法学》（第 6 版），法律出版社 2021 年版，第 916 页。

② 我国学者指出，只有在根据证据尚不能将其行为认定为非法制造、买卖、运输、盗窃、抢夺、抢劫枪支、弹药而持有、私藏的场合，才能认定其行为构成本罪；否则，应以相应的犯罪论处，不构成本罪。参见黎宏：《刑法学各论》（第 2 版），法律出版社 2016 年版，第 51 页。

③ 如果行为人永久性且有偿地将枪支转让给他人，则构成非法买卖枪支罪。参见张明楷：《刑法学》（第 6 版），法律出版社 2021 年版，第 918 页；黎宏：《刑法学各论》（第 2 版），法律出版社 2016 年版，第 52 页。

借”，是指擅自将配备给自己的枪支借给他人的行为。[①][②]根据本款的规定，行为人在主观上对出租、出借的行为是明知的。有的是为牟利，有的是供他人娱乐，但若明知他人使用枪支进行犯罪活动仍出租、出借的，则应定为共犯，不能适用本款定罪处刑。根据本款规定，构成犯罪的，处三年以下有期徒刑、拘役或者管制；情节严重的，处三年以上七年以下有期徒刑。

第三款是关于**依法配置枪支的人员，非法出租、出借枪支罪**的处罚规定。本款与第二款在犯罪行为的表述和处刑上是一致的，但在犯罪构成上有两点不同：一是**这里所说的“枪支”，是指民用枪支**，如猎枪、麻醉注射枪、射击运动枪等。对于配置上述民用枪支的范围，枪支管理法已作了明确规定。二是**构成本款之罪的，必须是造成严重后果的非法出租、出借行为**，如使用人利用该枪支打伤、打死人等情况。[③] 也就是说，如果非法出租、出借民用枪支的行为没有造成严重后果的，则应按有关规定处理，不构成犯罪。根据本款规定，构成犯罪的，处三年以下有期徒刑、拘役或者管制；情节严重的，处三年以上七年以下有期徒刑。

第四款是关于**单位非法出租、出借枪支罪**的处罚规定。这里的单位为依法配备、配置公务用枪的单位和依法配备、配置民用枪支的单位。单位犯非法出租、出借枪支罪，是指单位作为犯罪主体实施的非法出租、出借枪支的犯罪行为。单位构成犯罪的，对单位判处罚金，相关责任人员根据情节轻重，处三年以下有期徒刑、拘役或者管制；情节严重的，处三年以上七年以下有期徒刑。

需要注意的是，《枪支管理法》第二十二条规定：“禁止制造、销售仿真枪。”随着我国枪支、弹药管理逐步严格，仿真枪成为行政执法的重点。然而，“天津大妈”非法持有枪支案等一些社会公众较为关切的刑事案件暴露出一些涉及枪支案件的处理存在**违背罪责刑相适应原则**的问题。对此有的全国人大代表提出，我国对枪支实行严格的管制制度是合适和必要的，也赞同对**仿真枪**从严管理，但是建议规范和提高仿真枪的入刑标准。

司法实践中产生上述问题的主要原因在于**如何认定刑法上的“枪支”**。关于枪支的定义，《枪支管理法》第四十六条有明确规定，即“以火药或者压缩气体等为动力，利用管状器具发射金属弹丸或者其他物质，足以致人伤亡或者丧失知觉的各种枪支”。有的仿真枪不仅与枪支外形相似，而且也具有一定杀伤力，符合《枪支管理法》规定的“足以致人伤亡或者丧失知觉”的条件。但是《枪支管理法》并未规定更明确的认定标准，特别是对于“足以致人伤亡或者丧失知觉”的条件，缺乏参考依据。实践中，公安机关颁布的规范性文件对“足以致人伤亡或者丧失知觉”的条件作了补充。2008 年公安部《枪支致伤力的法庭科学鉴定判据》规定，“未造成人员伤亡的非制式枪支致伤力判据为枪口比动能 $e_0 \geq 1.8J/cm2$”；2010 年《公安机关涉案枪支弹药性能鉴定工作规定》进一步认定，“对不能发射制式弹药的非制式枪支，按照《枪支致伤力的法庭科学鉴定判据》（GA/T 718-2007）的规定，当所发射弹丸的枪口比动能大于等于 1.8 焦耳/平方厘米时，一律认定为枪支”。基于此，行政执法对枪支的认定标准简化为：**发射弹丸的枪口比动能大于等于 1.8 焦耳/平方厘米的就是枪支**。而根据行政执法上对“枪支”的认定标准直接认定构成刑法上的“枪支”，则可能出现刑法关于“枪支”犯罪的适用范围扩大、打击面过大等问题。

考虑到涉枪案件的情况非常复杂，在追究法律责任特别是刑事责任方面需要非常慎重，以确保罪责刑相适应，避免出现与社会公众认识严重背离的情况，影响司法的公信力。针对实践中出现的问题，有的学者提出，公安部制定的 1.8 焦耳/平方厘米的标准，达不到《枪支管理法》第四十六条规定的“足以致人伤亡或者丧失知觉”的程度，建议公安机关修改关于“枪支”的认定标准，提高处罚门槛。也有的建议提出，可以通过最高人民法院、最高人民检察院颁布司法解释或者规范性文件的方式，对涉及“枪支”的刑事案件作出规范性指引。2018 年《最高人民法院、最高人民检察院关于涉以压缩气体为动力的枪支、气枪铅弹刑事案件定罪量刑问题的批复》规定了处理以压缩气体为动力的枪支、气枪铅弹刑事案件的具体要求：一是**对于非法制造、买卖、运输、邮寄、**

① 如果非法将公务用枪赠予他人，则该行为可以被评价为永久性且无偿地提供给他人使用的行为，应认定为非法出借枪支。参见张明楷：《刑法学》（第 6 版），法律出版社 2021 年版，第 918 页；黎宏：《刑法学各论》（第 2 版），法律出版社 2016 年版，第 52 页。

② 我国学者指出，非法出租、出借的对方（他人），应是没有配备公务用枪资格的人员或者单位。参见张明楷：《刑法学》（第 6 版），法律出版社 2021 年版，第 918 页。

③ 我国学者指出，本罪之“造成严重后果”宜理解为客观的超过要素，只要行为人具有认识的可能性即可。参见张明楷：《刑法学》（第 6 版），法律出版社 2021 年版，第 918 页。另外，对客观超过要素的批评，参见周光权：《刑法总论》（第 4 版），中国人民大学出版社 2021 年版，第 270—271 页。

储存、持有、私藏、走私以压缩气体为动力且枪口比动能较低的枪支的行为，在决定是否追究刑事责任以及如何裁量刑罚时，不仅应当考虑涉案枪支的数量，而且应当充分考虑涉案枪支的外观、材质、发射物、购买场所和渠道、价格、用途、致伤力大小、是否易于通过改制提升致伤力，以及行为人的主观认知、动机目的、一贯表现、违法所得、是否规避调查等情节，综合评估社会危害性，坚持主客观相统一，确保罪责刑相适应。二是**对于非法制造、买卖、运输、邮寄、储存、持有、私藏、走私气枪铅弹的行为**，在决定是否追究刑事责任以及如何裁量刑罚时，应当综合考虑气枪铅弹的数量、用途以及行为人的动机目的、一贯表现、违法所得、是否规避调查等情节，综合评估社会危害性，确保罪责刑相适应。

【司法解释】

《最高人民检察院关于将公务用枪用作借债质押的行为如何适用法律问题的批复》（高检发释字〔1998〕4号，1998年11月3日公布）

△（**将公务用枪用作借债质押物；非法出借枪支罪；非法持有枪支罪**）依法配备公务用枪的人员，违反法律规定，将公务用枪用作借债质押物，使枪支处于非依法持枪人的控制、使用之下，严重危害公共安全，是刑法第一百二十八条第二款所规定的非法出借枪支行为的一种形式，应以非法出借枪支罪追究刑事责任；对接受枪支质押的人员，构成犯罪的，根据刑法第一百二十八条第一款的规定，应以非法持有枪支罪追究其刑事责任。

《最高人民法院关于审理非法制造、买卖、运输枪支、弹药、爆炸物等刑事案件具体应用法律若干问题的解释》（法释〔2009〕18号，自2010年1月1日起施行）

△（**非法持有、私藏枪支、弹药罪；情节严重**）具有下列情形之一的，依照刑法第一百二十八条第一款的规定，以非法持有、私藏枪支、弹药罪定罪处罚：

（一）非法持有、私藏军用枪支一支的；

（二）非法持有、私藏以火药为动力发射枪弹的非军用枪支一支或者以压缩气体等为动力的其他非军用枪支二支以上的；

（三）非法持有、私藏军用子弹二十发以上，气枪铅弹一千发以上或者其他非军用子弹二百发以上的；

（四）非法持有、私藏手榴弹一枚以上的；

（五）非法持有、私藏的弹药造成人员伤亡、财产损失的。

具有下列情形之一的，属于刑法第一百二十八条第一款规定的"情节严重"：

（一）非法持有、私藏军用枪支二支以上的；

（二）非法持有、私藏以火药为动力发射枪弹的非军用枪支二支以上或者以压缩气体等为动力的其他非军用枪支五支以上的；

（三）非法持有、私藏军用子弹一百发以上，气枪铅弹五千发以上或者其他非军用子弹一千发以上的；

（四）非法持有、私藏手榴弹三枚以上的；

（五）达到本条第一款规定的最低数量标准，并具有造成严重后果等其他恶劣情节的。（§5）

△（**枪支数量之计算**）非法制造、买卖、运输、邮寄、储存、盗窃、抢夺、持有、私藏、携带成套枪支散件的，以相应数量的枪支计；非成套枪支散件以每三十件为一成套枪支散件计。（§7）

△（**非法持有私藏**）刑法第一百二十八条第一款规定的"非法持有"，是指不符合配备、配置枪支、弹药条件的人员，违反枪支管理法律、法规的规定，擅自持有枪支、弹药的行为。

刑法第一百二十八条第一款规定的"私藏"，是指依法配备、配置枪支、弹药的人员，在配备、配置枪支、弹药的条件消除后，违反枪支管理法律、法规的规定，私自藏匿所配备、配置的枪支、弹药且拒不交出的行为。（§8Ⅱ、Ⅲ）

△（**非法持有、私藏其他弹药、爆炸物品等**）实施非法制造、买卖、运输、邮寄、储存、盗窃、抢夺、持有、私藏其他弹药、爆炸物品等行为，参照本解释有关条文规定的定罪量刑标准处罚。（§10）

《最高人民法院、最高人民检察院关于涉以压缩气体为动力的枪支、气枪铅弹刑事案件定罪量刑问题的批复》（法释〔2018〕8号，自2018年3月30日起施行）

△（**以压缩气体为动力且枪口比动能较低的枪支；考量情节；综合评估**）对于非法制造、买卖、运输、邮寄、储存、持有、私藏、走私以压缩气体为动力且枪口比动能较低的枪支的行为，在决定是否追究刑事责任以及如何裁量刑罚时，不仅应当考虑涉案枪支的数量，而且应当充分考虑涉案枪支的外观、材质、发射物、购买场所和渠道、价格、用途、致伤力大小、是否易于通过改制提升致伤力，以及行为人的主观认知、动机目的、一贯表现、违法所得、是否规避调查等情节，综合评估社会危害性，坚持主客观相统一，确保罪责刑相适应。（§1）

△（**气枪铅弹；考量情节；综合评估**）对于非法制造、买卖、运输、邮寄、储存、持有、私藏、走私

气枪铅弹的行为,在决定是否追究刑事责任以及如何裁量刑罚时,应当综合考虑气枪铅弹的数量、用途以及行为人的动机目的、一贯表现、违法所得、是否规避调查等情节,综合评估社会危害性,确保罪责刑相适应。(§2)

【司法解释性文件】

《最高人民检察院、公安部关于公安机关管辖的刑事案件立案追诉标准的规定(一)》(公通字〔2008〕36号,2008年6月25日公布)

△(**非法持有、私藏枪支、弹药罪;立案追诉标准;非法持有;私藏**)违反枪支管理规定,非法持有、私藏枪支、弹药,涉嫌下列情形之一的,应予立案追诉:

(一)非法持有、私藏军用枪支一支以上的;

(二)非法持有、私藏以火药为动力发射枪弹的非军用枪支一支以上,或者以压缩气体等为动力的其他非军用枪支二支以上的;

(三)非法持有、私藏军用子弹二十发以上、气枪铅弹一千发以上或者其他非军用子弹二百发以上的;

(四)非法持有、私藏手榴弹、炸弹、地雷、手雷等具有杀伤性弹药一枚以上的;

(五)非法持有、私藏的弹药造成人员伤亡、财产损失的。

本条规定的"非法持有",是指不符合配备、配置枪支、弹药条件的人员,擅自持有枪支、弹药的行为;"私藏",是指依法配备、配置枪支、弹药的人员,在配备、配置枪支、弹药的条件消除后,私自藏匿所配备、配置的枪支、弹药且拒不交出的行为。(§4)

△(**非法出租、出借枪支罪;立案追诉标准**)依法配备公务用枪的人员或单位,非法将枪支出租、出借给未取得公务用枪配备资格的人员或单位,或者将公务用枪用作借债质押物的,应予立案追诉。

依法配备公务用枪的人员或单位,非法将枪支出租、出借给具有公务用枪配备资格的人员或单位,以及依法配置民用枪支的人员或单位,非法出租、出借民用枪支,涉嫌下列情形之一的,应予立案追诉:

(一)造成人员轻伤以上伤亡事故的;

(二)造成枪支丢失、被盗、被抢的;

(三)枪支被他人利用进行违法犯罪活动的;

(四)其他造成严重后果的情形。(§5)

【附属刑法】

《中华人民共和国枪支管理法》(1996年7月5日通过,2015年4月24日第二次修正)

第四十一条

违反本法规定,非法持有、私藏枪支的,非法运输、携带枪支入境、出境的,依照刑法有关规定追究刑事责任。

第四十三条

Ⅰ违反枪支管理规定,出租、出借公务用枪的,依照刑法有关规定处罚。

Ⅱ单位有前款行为的,对其直接负责的主管人员和其他直接责任人员依照前款规定处罚。

Ⅲ配置民用枪支的单位,违反枪支管理规定,出租、出借枪支,造成严重后果或者有其他严重情节的,对其直接负责的主管人员和其他直接责任人员依照刑法有关规定处罚。

Ⅳ配置民用枪支的个人,违反枪支管理规定,出租、出借枪支,造成严重后果的,依照刑法有关规定处罚。

Ⅴ违反枪支管理规定,出租、出借枪支,情节轻微未构成犯罪的,由公安机关对个人或者单位负有直接责任的主管人员和其他直接责任人员处十五日以下拘留,可以并处五千元以下罚款;对出租、出借的枪支,应当予以没收。

第四十四条

Ⅰ违反本法规定,有下列行为之一的,由公安机关对个人或者单位负有直接责任的主管人员和其他直接责任人员处警告或者十五日以下拘留;构成犯罪的,依法追究刑事责任:

……

(三)不上缴报废枪支的;

……

Ⅱ有前款第(一)项至第(三)项所列行为的,没收其枪支,可以并处五千元以下罚款;有前款第(五)项所列行为的,由公安机关、工商行政管理部门按照各自职责范围没收其仿真枪,可以并处制造、销售金额五倍以下的罚款,情节严重的,由工商行政管理部门吊销营业执照。

《中华人民共和国野生动物保护法》(1988年11月8日通过,2018年10月26日第三次修正)

第四十六条

Ⅱ违反本法第二十三条第二款规定[①],未取

① 《中华人民共和国野生动物保护法》(1988年11月8日通过,2018年10月26日第三次修正)
第二十三条
Ⅱ持枪猎捕的,应当依法取得公安机关核发的持枪证。

得持枪证持枪猎捕野生动物,构成违反治安管理行为的,由公安机关依法给予治安管理处罚;构成犯罪的,依法追究刑事责任。

【参考案例】

△事前并没有配备、配置枪支资格而擅自持有枪支的,不构成私藏枪支罪,应以非法持有枪支罪论处。

在《刑法》第一百二十八条规定中,非法持有枪支与私藏枪支是选择罪名,两种罪名既有相同点又有区别。相同之处是:(1)两者都是违反枪支管理法律、法规的行为;(2)行为人都是没有资格配备、配置枪支的人员;(3)行为人都持有枪支。但两者之间的区别也是明显的,主要是主体资格不同。根据《最高人民法院关于审理非法制造、买卖、运输枪支、弹药、爆炸物等刑事案件具体应用法律若干问题的解释》第八条第二款和第三款的规定,非法持有枪支是指不符合配备、配置枪支条件的人员,违反枪支管理法律、法规的规定,擅自持有枪支的行为;私藏枪支是指依法配备、配置枪支的人员,在配备、配置枪支的条件消除后,违反枪支管理法律、法规的规定,私自藏匿所配备、配置的枪支且拒不交出的行为。可见,私藏枪支罪的主体是特殊主体,即行为人先前具有配备、配置枪支的资格,而非法持有枪支罪的主体是一般主体。两者的区别还在于,根据相关司法解释的精神,私自藏匿枪支者如果事后能主动交出或经教育后即主动交出的,一般不定罪;而非法持有枪支者无论是否主动交出均构成犯罪。[No. 2-128(1)-1　姜方平非法持有枪支、故意伤害案]

△在需要合法使用枪支、弹药的任务完成后,其配备枪支、弹药的条件并不自动消除,未主动交出枪支、弹药的,不构成私藏枪支、弹药罪。

根据《最高人民法院关于审理非法制造、买卖、运输枪支、弹药、爆炸物等刑事案件具体应用法律若干问题的解释》第八条第三款的规定,私藏是指依法配备、配置枪支、弹药的人员在配备、配置枪支、弹药的条件消除后,违反枪支、弹药管理法律、法规的规定,私自藏匿所配备、配置的枪支、弹药且拒不交出的行为。根据该司法解释,私藏枪支、弹药罪必须具备以下四个特征:第一个是依法配备、配置枪支、弹药的人员配备、配置枪支、弹药的条件消除;第二个特征是违反了有关枪支、弹药管理的规定;第三个特征是私自藏匿;第四个特征是拒不交出。在郭继东私藏枪支弹药案中,郭继东在家中存放弹药的行为违反了枪支、弹药管理规定,其本人也承认;但其认为自己不是私自藏匿且拒不交出,且其配备枪支、弹药的条件并未消除。

本案争议的焦点是郭继东配备枪支、弹药的条件是否消除。

对于本案,司法机关应当根据《枪支管理法》等法律、法规的规定来理解并认定郭继东配备、配置枪支的条件是否消除。《枪支管理法》第二十六条第1款规定:"配备公务用枪的人员不再符合持枪条件时,由所在单位收回枪支和持枪证件。"《公安机关公务用枪管理使用规定》(已失效)第十七条规定了佩带、使用枪支的人民警察应当具备的条件,第二十条、第二十一条规定了收回持枪证件和枪支的条件。根据上述规定,配备枪支条件的消除,应当是指出现法律、法规规定的情形,经相关部门审查,取消其配枪资格,收回其持枪证件。因此,以执行完具体任务或工作调动时即为配备、配置枪支条件消除之时的理解是不可取的。《枪支管理法》第二十三条第一款和第二款规定:"配备、配置枪支的单位和个人必须妥善保管枪支,确保枪支安全……对交由个人使用的枪支,必须建立严格的枪支登记、交接、检查、保养等管理制度,使用完毕,及时收回。"上述规定说明,枪支使用完毕并及时交回是在依法配备、配置枪支期间,枪支使用规定不涉及配备、配置枪支条件消除的问题;将枪支使用过程中的管理规定理解为配备、配置枪支条件的消除,不符合法律、法规的精神。简而言之,若将用后及时交回作为条件消除来理解的话,那么按照枪支使用管理的规定,执行任务结束后将枪支交回,即为配备、配置枪支条件消除,而再接受任务时需要重新具备配备、配置枪支的条件,这种理解显然不符合法律、法规的规定。[No. 2-128(1)-5　郭继东私藏枪支、弹药案]

△私自藏匿枪支、弹药,因暂未找到而未能及时交出,但已向有关部门和人员作出说明、汇报,且不存在拒不交出情形的,不以私藏枪支、弹药罪论处。

关于私藏枪支、弹药罪,《刑法》第一百二十八条第一款的罪状为空白罪状,对构成本罪的主体、主观方面及客观方面的要件均未作出具体规定,而且较之于1979年《刑法》,还删去了"拒不交出"这一规定。究竟应当如何理解私藏枪支、弹药罪?私藏枪支、弹药与非法持有枪支、弹药的区别何在?《最高人民法院关于审理非法制造、买卖、运输枪支、弹药、爆炸物等刑事案件具体应用法律若干问题的解释》(以下简称《解释》)对上述问题作出了规定,一方面,明确了非法持有与私藏行为的区别在于主体身份的不同;另一方面,对私藏枪支罪的构成要件作了详细的解释。《解释》第八条第3款规定:"'私藏'是指依法配备、配置枪支、弹药的人员,在配备、配置枪支、弹药的条件消除后,违反枪支管理法律、法规的规定,私自藏匿所配备、配置的枪支、弹药且拒不交出的行为。”在姜杰受贿案中，被告人姜杰家中的确存有子弹161发，且系私自夹带获取，其客观上存在私自藏匿子弹的行为。但被告人姜杰在治爆缉枪行动开始后，即在家中查找该子弹，准备在规定期限内交出，只是因暂未找到而未及时交出，且将该情况向分管治爆缉枪行动的领导及清浦区政法委有关领导如实作了汇报，说明被告人具有归还先前所藏匿子弹的主观意思；之所以暂未归还，是因为一时未能找到，不存在拒不交出的情形，故法院对公诉机关关于被告人犯有私藏弹药罪的指控不予支持是正确的。[No. 8-385-7　姜杰受贿案]

△情节加重犯与缓刑适用条件中的“犯罪情节较轻”并不冲突，可以根据案情适用缓刑。

认定缓刑适用条件中的“犯罪情节较轻”与作为情节加重犯的“情节严重”，在评价目的、参照标准和评价内容等方面有所不同。情节加重犯中的“情节严重”，是与该罪的基本构成相比较而言的，即以某个犯罪的基本构成特征作为参照，来认定某个犯罪行为在具备该罪基本构成特征的基础上，是否还具有更加严重的情节，从而决定对被告人是否适用加重法定刑，本质上属于量刑层面的问题；一般情况下，与刑罚的执行方式（即应判处实刑还是缓刑）关联不大。作为缓刑适用条件的“犯罪情节较轻”，是一种能够综合反映犯罪分子所犯罪行的社会危害程度和主观恶性大小，并影响到刑罚执行方式的条件，是在确定行为人已构成犯罪并应判处刑罚和确定具体刑种、刑度的基础上，对刑罚执行方式的评价；因此，其有别于刑法分则规定的加重量刑情节。评价犯罪分子是否符合缓刑适用条件的“犯罪情节较轻”，要综合评价犯罪分子的主观和客观方面，既要考虑刑法分则或者有关司法解释规定的量刑情节，又要在评价犯罪行为本身情节轻重的基础上，考察个案中是否还存在支撑对其选择较为轻缓的刑罚执行方式的特殊事实依据和理由。对量刑情节的判断，要严格限定在法律和个案事实的框架内；而是否选择缓刑的刑罚执行方式，还要考虑一般公众的认知和刑事政策。认定缓刑适用条件的“犯罪情节较轻”所考虑的因素通常比认定情节加重犯所考虑的因素更为广泛，不能认为情节加重犯就必然是一种具有严重社会危害性的犯罪行为，就必然不符合缓刑适用条件。特别是在非法持有枪支犯罪中，认定非法持有枪支犯罪是否“情节严重”，对照有关司法解释的列举式规定，标准十分清晰，对于应当判处实刑的案件来说，如何量刑不存在争议；但如果要判断对行为人应当判处实刑还是缓刑，只考虑有关司法解释列举的枪支性能和数量这些客观情节，显然是比较片面的。虽然通常来说，具备加重情节的非法持有枪支犯罪，相对于只符合基本构成要件的犯罪，对公共安全的潜在危害更加严重，在是否适用缓刑时要更加慎重把握，但不排除在一些特殊个案中，存在其他可以被考虑为“犯罪情节较轻”的因素。

在谭永艮非法持有枪支案中，被告人谭永艮非法持有以火药为动力发射枪弹的非军用枪支2支，依照《最高人民法院关于审理非法制造、买卖、运输枪支、弹药、爆炸物等刑事案件具体应用法律若干问题的解释》第五条第二款的规定，无疑属于非法持有枪支“情节严重”。但是，谭永艮又具有如下法定、酌定从宽处罚情节：(1)谭永艮在公安机关调查时主动上交枪支，后经公安机关通知而主动到案，如实供述罪行，构成自首，依法可从轻、减轻处罚。(2)谭永艮是为了看护山场而先后从同村村民处借来2支土枪，保管时间已分别持续二十多年和十多年，枪支来源清楚，用途也很明确。谭永艮担心自己去敬老院生活后，枪支放在家中不安全，便将其转交给村民王建来保管，且其中一支“土枪”本来也属于王建来所有，由此反映出该枪支不会流入社会，客观危害相对较小。(3)从犯罪主体来看，谭永艮非法持有土枪主要是因为法制意识淡薄，且审判时年事已高，身患多种疾病，长年生活在敬老院中，没有再犯罪的危险，宣告缓刑对所居住社区没有重大不良影响。因此，二审法院依法改判并宣告缓刑是正确的。[No. 2-128(1)-7　谭永艮非法持有枪支案]

△本应按照连续犯作一罪处理的数个犯罪行为，由于侦查、起诉、审判阶段的割裂而被分别立案起诉，且某些行为已经审理并执行完毕，而另外某些行为刚进入审理阶段时，法院应对这些犯罪行为实行数罪并罚，但在量刑中应进行合理调整。

在包云、刘阳明非法持有枪支案中，被告人包云两次非法持有枪支的行为具有同一的犯罪故意，属于数个相同的独立犯罪行为，且该数个行为具有时间上的连续性，触犯了同一罪名，属于连续犯，应作一罪处理。持有枪支的数量仅对犯罪情节有影响，直接影响量刑幅度。但是，考虑到本案的实际情况，由于侦查、起诉、审判阶段的割裂，数个犯罪行为被分别立案起诉，且后罪进入审理阶段时，前罪所涉案件已经结案生效并实际执行完毕，审判实践中已经不具备将前后两罪合并审理并作一罪处理的条件，故二审法院在考虑量刑适应性问题后，仅对刑期进行了调整，而没有对事实认定和法律适用进行改判。[No. 2-128(1)-8　包云、刘阳明非法持有枪支案]

第一百二十九条　【丢失枪支不报罪】

依法配备公务用枪的人员，丢失枪支不及时报告，造成严重后果的，处三年以下有期徒刑或者拘役。

【立法理由】

根据1996年《枪支管理法》第四十四条第(四)项的规定,枪支被盗、被抢或者丢失,不及时报告的,由公安机关对个人或者单位负有直接责任的主管人员和其他直接责任人员处警告或者十五日以下拘留;构成犯罪的,依法追究刑事责任。本条对依法追究刑事责任的条件作了具体界定,即规定:依法配备公务用枪的人员,丢失枪支不及时报告,造成严重后果的构成犯罪。**1997年修订刑法**时,曾对本条是否应配置管制刑有过讨论。有意见提出,如果规定可以单处管制,与其行为所造成的危害不相适应,建议不配置管制刑。后经研究,该条**未设置管制刑**。

【条文说明】

本条是关于丢失枪支不报罪及其处罚的规定。

根据本条的规定,构成本罪的主体是**特殊主体**,即"依法配备公务用枪的人员"。这里所说的"**依法配备公务用枪的人员**"的范围与本法第一百二十八条规定的依法配备公务用枪的人员的范围是一致的,即公安机关、国家安全机关、监狱的人民警察,人民法院、人民检察院的司法警察,以及海关的缉私人员,在依法履行职责时确有必要使用枪支的人员,以及国家重要的军工、金融、仓储、科研等单位的专职守护、押运人员在执行守护、押运任务时确有必要使用枪支的人员。构成本罪的行为人必须具有丢失枪支不及时报告的行为。这里所说的"**枪支**",即指依法配备、配置的公务用枪,不包括民用枪支。"**丢失枪支**",主要是指依法配备公务用枪的人员的枪支被盗、被抢或者遗失等情况。[①] 现实中丢失枪支的情况很复杂,有的行为人有过错,有的行为人没有过错,但无论枪支如何丢失,都构成犯罪的前提条件。为了划清罪与非罪的界限,本条规定,构成本罪必须具备以下两个条件:一是**丢枪后"不及时报告"**。即行为人丢失枪支后未及时向本单位或者有关部门报告。如果行为人及时、如实报告自己丢失枪支的情况,则不能适用本条的规定。二是**丢失枪支的行为造成了严重后果**。[②] 所谓"造成严重后果",是指枪支丢失后被实施犯罪的行为人用于犯罪活动等情况。[③④]如2002年《最高人民法院关于加强人民法院司法警察使用枪支管理工作的通知》第一条规定:"……人民法院在职司法警察是人民法院惟一具备公务用枪使用资格的人员……"第五条规定:"对违反规定使用枪支造成枪支丢失、被盗、被抢,滥用枪支致人重伤、死亡以及造成其他后果的,必须严格按照《中华人民共和国枪支管理法》和其他有关使用枪支管理法律法规,追究主管负责人和直接责任人的责任。"这里的法律责任就包括本条规定的刑事责任。

根据本条规定,构成丢失枪支不报犯罪的,处三年以下有期徒刑或者拘役。

需要注意的是,关于本条规定的立案追诉标准,《最高人民检察院、公安部关于公安机关管辖的刑事案件立案追诉标准的规定(一)》第六条规定:"依法配备公务用枪的人员,丢失枪支不及时报告,涉嫌下列情形之一的,应予立案追诉:(一)丢失的枪支被他人使用造成人员轻伤以上伤亡事故的;(二)丢失的枪支被他人利用进行违法犯罪活动的;(三)其他造成严重后果的情形。"

【司法解释性文件】

《最高人民检察院、公安部关于公安机关管辖的刑事案件立案追诉标准的规定(一)》(公通字〔2008〕36号,2008年6月25日公布)

△(**丢失枪支不报罪;立案追诉标准**)依法配备公务用枪的人员,丢失枪支不及时报告,涉嫌下

① 相同的学说见解,参见王作富主编:《刑法》(第6版),中国人民大学出版社2016年版,第269页。

② 我国学者指出,和造成严重后果之间有因果关系的是"丢失枪支"的行为,而不是"不及时报告"的行为。因此,本罪不要求"造成严重后果"和"不及时报告"之间存在刑法上的因果关系。参见黎宏:《刑法学各论》(第2版),法律出版社2016年版,第53页。

③ 我国学者指出,本罪之"严重后果",应当包括直接危害后果与间接危害后果。参见张明楷:《刑法学》(第6版),法律出版社2021年版,第918页。

④ 我国学者指出,本罪的严重后果并非客观处罚条件,而是构成要件客观方面的要素,但不要求行为人对此有所认识。参见周光权:《刑法各论》(第4版),中国人民大学出版社2021年版,第213页。

列情形之一的，应予立案追诉：

（一）丢失的枪支被他人使用造成人员轻伤以上伤亡事故的；

（二）丢失的枪支被他人利用进行违法犯罪活动的；

（三）其他造成严重后果的情形。（§ 6）

【附属刑法】

《中华人民共和国枪支管理法》（1996 年 7 月 5 日通过，2015 年 4 月 24 日第二次修正）

第四十四条

违反本法规定，有下列行为之一的，由公安机关对个人或者单位负有直接责任的主管人员和其他直接责任人员处警告或者十五日以下拘留；构成犯罪的，依法追究刑事责任：

……

（四）枪支被盗、被抢或者丢失，不及时报告的；

……

有前款第（一）项至第（三）项所列行为的，没收其枪支，可以并处五千元以下罚款；有前款第（五）项所列行为的，由公安机关、工商行政管理部门按照各自职责范围没收其仿真枪，可以并处制造、销售金额五倍以下的罚款，情节严重的，由工商行政管理部门吊销营业执照。

第一百三十条　【非法携带枪支、弹药、管制刀具、危险物品危及公共安全罪】

非法携带枪支、弹药、管制刀具或者爆炸性、易燃性、放射性、毒害性、腐蚀性物品，进入公共场所或者公共交通工具，危及公共安全，情节严重的，处三年以下有期徒刑、拘役或者管制。

【立法理由】

1997 年修订刑法前，对于携带武器、管制刀具或者危险物品进入公共交通工具、公共场所的，铁路法、民用航空法等已经规定了严格的管制措施。例如，1990 年第七届全国人大常委会第十五次会议通过的《铁路法》第六十条第二款规定："携带炸药、雷管或者非法携带枪支子弹、管制刀具进站上车的，比照刑法第一百六十三条的规定追究刑事责任。"1995 年第八届全国人大常委会第十六次会议通过的《民用航空法》第一百九十三条规定："违反本法规定，隐匿携带炸药、雷管或者其他危险品乘坐民用航空器，或者以非危险品品名托运危险品，尚未造成严重后果的，比照刑法第一百六十三条的规定追究刑事责任……企业事业单位犯前款罪的，判处罚金，并对直接负责的主管人员和其他直接责任人员依照前款规定追究刑事责任。隐匿携带枪支子弹、管制刀具乘坐民用航空器的，**比照刑法第一百六十三条的规定追究刑事责任**。"上述规定的"比照刑法第一百六十三条的规定追究刑事责任"是指按照 1979 年《刑法》第一百六十三条规定的，违反枪支管理规定，私藏枪支、弹药，拒不交出的，处二年以下有期徒刑或者拘役的刑罚追究刑事责任。**1997 年修订刑法时**，将上述法律有关规定的内容纳入了本法并作了必要的修改，**将携带的对象明确为"枪支、弹药、管制刀具或者爆炸性、易燃性、放射性、毒害性、腐蚀性物品"，并将场所限制在"公共场所或者公共交通工具"**，这样规定既可以控制打击面，也有利于确保公共安全。

【条文说明】

本条是关于非法携带枪支、弹药、管制刀具、危险物品危及公共安全罪及其处罚的规定。

根据本条规定，构成本罪的，必须具备以下几个条件：

1. 行为人具有**非法携带枪支、弹药、管制刀具或者其他危险物品，进入公共场所或进入公共交通工具的行为**。[①] 这里所说的"枪支、弹药"及"爆炸性、易燃性、放射性、毒害性、腐蚀性物品"

① 关于"携带"，学说上的一个重要讨论点在于，行为人进入公共场所或者公共交通工具后，取出枪支、弹药、管制刀具或者危险物品，进而携带的行为，能否该当本罪。我国学者指出，应进行区分处理。就携带枪支、弹药而言，讨论意义不大（可以认定为非法持有枪支、弹药罪）；但对于管制刀具等危险物品，其倾向于否定的回答。因为本罪之行为必须表现为将管制刀具等危险物品带入公共场所或者公共交通工具。不过，如果行为增加了公共危险，如行为人发现他人遗留下来的管制刀具后，将该刀具从第一节车厢携带至第二节车厢（车厢上有其他乘客），则可以适用本罪。参见张明楷：《刑法学》（第 6 版），法律出版社 2021 年版，第 921 页。

的含义与范围与本章其他条文所规定的内容是一致的。本条规定的“**管制刀具**”，是指国家依法进行管制，只能由特定人员持有、使用，禁止私自生产、买卖、持有的刀具，如匕首、三棱刮刀、弹簧刀以及类似的单刃刀、双刃刀和三棱尖刀等。管制刀具的具体认定，由有关部门具体规定。2007年公安部制定的《管制刀具认定标准》，对匕首、三棱刮刀、弹簧刀等规定了认定标准，同时规定，少数民族使用的藏刀、腰刀、靴刀、马刀等刀具的管制范围认定标准，由少数民族自治区（自治州、自治县）人民政府公安机关参照该标准制定。2011年《公安部关于海关缉私部门认定管制刀具问题的批复》规定：“同意海关缉私部门对海关监管区内查获的管制刀具进行认定，由隶属海关缉私分局以上缉私部门依据公安部制定的《管制刀具认定标准》（公通字〔2007〕2号）组织实施。对难以做出准确认定或有争议的，由上一级海关缉私部门会同当地公安机关治安管理部门认定。对送检认定和收缴的管制刀具，由隶属海关缉私分局以上缉私部门登记造册，妥善保管，适时集中销毁。”本条规定的“**公共场所**”主要是指大众进行公开活动的场所，如商店、影剧院、体育场、街道等。“**公共交通工具**”，是指火车、轮船、长途客运汽车、公共电车、汽车、民用航空器、城市轨道交通等。

2. **必须危及公共安全，且是情节严重的行为，才能构成本罪。**① 一般而言，非法携带枪支、弹药、管制刀具或者其他危险物品进入公共场所或者公共交通工具，行为本身就危及公共安全，使广大公民及国家财产处于危险之中，但根据本条规定，只有上述行为达到情节严重的程度，才能构成本罪。根据《最高人民法院关于审理非法制造、买卖、运输枪支、弹药、爆炸物等刑事案件具体应用法律若干问题的解释》第六条的规定，非法携带枪支、弹药、爆炸物进入公共场所或者公共交通工具，危及公共安全，具有下列情形之一的，属于“**情节严重**”：（1）携带枪支或者手榴弹的；（2）携带爆炸装置的；（3）携带炸药、发射药、黑火药五百克以上或者烟火药一千克以上、雷管二十枚以上或者导火索、导爆索二十米以上的；（4）携带的弹药、爆炸物在公共场所或者公共交通工具上发生爆炸或者燃烧，尚未造成严重后果的；（5）具有其他严重情节的。此外，行为人非法携带上述第（3）项规定的爆炸物进入公共场所或者公共交通工具，虽未达到上述数量标准，但拒不交出的，依照本条的规定定罪处罚；携带的数量达到最低数量标准，能够主动、全部交出的，可不以犯罪论处。

根据本条的规定，构成非法携带枪支、弹药、管制刀具、危险物品危及公共安全犯罪的，处三年以下有期徒刑、拘役或者管制。②

实践中，对于本罪的适用需要特别注意罪与非罪的界限。对于虽具有非法携带枪支、弹药、管制刀具或者爆炸性、易燃性、放射性、毒害性、腐蚀性物品的行为，进入公共场所或者公共交通工具的，但是尚未达到危及公共安全，情节严重的程度的，不宜定罪处罚，应适用**行政管理和行政处罚的方式**处理。此外，由于相关法律法规或者规范性文件尚不能对所有的管制刀具、危险物品作详尽列举，对于实践中出现的法规和规范性文件以外的刀具和物品，认为需要按照管制刀具、危险物品管控的，宜先适用行政管理和行政处罚的方式处理，不能一进入公共场所或者公共交通工具，就追究刑事责任。

【司法解释】

《最高人民法院关于审理非法制造、买卖、运输枪支、弹药、爆炸物等刑事案件具体应用法律若干问题的解释》（法释〔2009〕18号，自2010年1月1日起施行）

△（**情节严重**）非法携带枪支、弹药、爆炸物进入公共场所或者公共交通工具，危及公共安全，具有下列情形之一的，属于刑法第一百三十条规定的“情节严重”：

（一）携带枪支或者手榴弹的；

（二）携带爆炸装置的；

（三）携带炸药、发射药、黑火药五百克以上或者烟火药一千克以上、雷管二十枚以上或者导火索、导爆索二十米以上的；

（四）携带的弹药、爆炸物在公共场所或者公

① 本罪属于具体危险犯，需要根据携带物品的种类、数量、杀伤力强弱，公共场所与公共交通工具的特点，携带的方式、方法、次数，已经形成的危险状态等判断携带行为是否危及公共安全。参见张明楷：《刑法学》（第6版），法律出版社2021年版，第920页。

② 值得注意的是，非法携带枪支、弹药、管制刀具、危险物品危及公共安全的行为，其社会危害性要高于单纯的携带枪支、弹药行为，但法条对后者所规定的法定刑却高于前者。因此，有论者认为，尽管《刑法》第一百二十八条第一款和《刑法》第一百三十条之间属于法律竞合的关系，但在特别法规定的法定刑低于普通法所规定的法定刑时，应适用“重法优于轻法”的原则加以处理。参见黎宏：《刑法学各论》（第2版），法律出版社2016年版，第55—56页。

共交通工具上发生爆炸或者燃烧,尚未造成严重后果的;

(五)具有其他严重情节的。

行为人非法携带本条第一款第(三)项规定的爆炸物进入公共场所或者公共交通工具,虽未达到上述数量标准,但拒不交出的,依照刑法第一百三十条的规定定罪处罚;携带的数量达到最低数量标准,能够主动、全部交出的,可不以犯罪论处。(§ 6)

△(**枪支数量之计算**)非法制造、买卖、运输、邮寄、储存、盗窃、抢夺、持有、私藏、携带成套枪支散件的,以相应数量的枪支计;非成套枪支散件以每三十件为一成套枪支散件计。(§ 7)

【司法解释性文件】

《公安部关于对少数民族人员佩带刀具乘坐火车如何处理问题的批复》(公复字〔2001〕6号,2001年4月28日公布)

△(**少数民族人员;管制刀具;没收**)根据国务院批准、公安部发布的《对部分刀具实行管制的暂行规定》[〔83〕公发(治)31号]的规定,管制刀具是指匕首、三棱刀(包括机械加工用的三棱刮刀)、带有自锁装置的弹簧刀(跳刀)以及其他相类似的单刃、双刃、三棱尖刀。任何人不得非法制造、销售、携带和私自保存管制刀具。少数民族人员只能在民族自治地区佩带、销售和使用藏刀、腰刀、靴刀等民族刀具;在非民族自治地区,只要少数民族人员所携带的刀具属于管制刀具范围,公安机关就应当严格按照相应规定予以管理。凡公安工作中涉及的此类有关少数民族的政策、法律规定,各级公安机关应当积极采取多种形式广泛宣传,特别是要加大在车站等人员稠密的公共场所及公共交通工具上的宣传力度。

少数民族人员违反《中华人民共和国铁路法》和《铁路运输安全保护条例》携带管制刀具进入车站、乘坐火车的,由公安机关依法予以没收,但在本少数民族自治地区携带具有特别纪念意义或者比较珍贵的民族刀具进入车站的,可以由携带人交其亲友带回或者交由车站派出所暂时保存并出具相应手续,携带人返回时领回;对不服从管理,构成违反治安管理行为的,依法予以治安处罚;构成犯罪的,依法追究其刑事责任。

《最高人民检察院、公安部关于公安机关管辖的刑事案件立案追诉标准的规定(一)》(公通字〔2008〕36号,2008年6月25日公布)

△(**非法携带枪支、弹药、管制刀具、危险物品危及公共安全罪;立案追诉标准**)非法携带枪支、弹药、管制刀具或者爆炸性、易燃性、放射性、毒害性、腐蚀性物品,进入公共场所或者公共交通工具,危及公共安全,涉嫌下列情形之一的,应予立案追诉:

(一)携带枪支一支以上或者手榴弹、炸弹、地雷、手雷等具有杀伤性弹药一枚以上的;

(二)携带爆炸装置一套以上的;

(三)携带炸药、发射药、黑火药五百克以上或者烟火药一千克以上、雷管二十枚以上或者导火索、导爆索二十米以上,或者虽未达到上述数量标准,但拒不交出的;

(四)携带的弹药、爆炸物在公共场所或者公共交通工具上发生爆炸或者燃烧,尚未造成严重后果的;

(五)携带管制刀具二十把以上,或者虽未达到上述数量标准,但拒不交出,或者用来进行违法活动尚未构成其他犯罪的;

(六)携带的爆炸性、易燃性、放射性、毒害性、腐蚀性物品在公共场所或者公共交通工具上发生泄漏、遗洒,尚未造成严重后果的;

(七)其他情节严重的情形。(§ 7)

《公安部关于将陶瓷类刀具纳入管制刀具管理问题的批复》(公复字〔2010〕1号,2010年4月7日公布)

△(**陶瓷类刀具;管制刀具**)陶瓷类刀具具有超高硬度、超高耐磨、刃口锋利等特点,其技术特性已达到或超过了部分金属刀具的性能,对符合《管制刀具认定标准》(公通字〔2007〕2号)规定的刀具类型、刀刃长度和刀尖角度等条件的陶瓷类刀具,应当作为管制刀具管理。

《最高人民法院、最高人民检察院、公安部、司法部、国家卫生和计划生育委员会等印发〈关于依法惩处涉医违法犯罪维护正常医疗秩序的意见〉的通知》(法发〔2014〕5号,2014年4月22日公布)

△(**医疗机构;非法携带枪支、弹药、管制刀具、危险物品危及公共安全罪**)非法携带枪支、弹药、管制器具或者爆炸性、放射性、毒害性、腐蚀性物品进入医疗机构的,依照治安管理处罚法第三十条、第三十二条的规定处罚;危及公共安全情节严重,构成非法携带枪支、弹药、管制刀具、危险物品危及公共安全罪的,依照刑法的有关规定定罪处罚。

《最高人民法院、最高人民检察院、公安部、工业和信息化部、住房和城乡建设部、交通运输部、应急管理部、国家铁路局、中国民用航空局、国家

邮政局关于依法惩治涉枪支、弹药、爆炸物、易燃易爆危险物品犯罪的意见》（法发〔2021〕35号，2021年12月28日发布）

△（**非法携带易燃易爆危险物品；非法携带危险物品危及公共安全罪**）非法携带易燃易爆危险物品进入水路、铁路、航空公共交通工具或者有关公共场所，危及公共安全，情节严重的，依照刑法第一百三十条的规定，以非法携带危险物品危及公共安全罪定罪处罚。（§ 8 Ⅱ）

△（**夹带易燃易爆危险物品；谎报为普通物品交寄**）通过邮件、快件夹带易燃易爆危险物品，或者将易燃易爆危险物品谎报为普通物品交寄，符合本意见第5条至第8条规定的，依照各该条的规定定罪处罚。（§ 9）

【附属刑法】

《中华人民共和国枪支管理法》（1996年7月5日通过，2015年4月24日第二次修正）

第四十四条

Ⅰ违反本法规定[①]，有下列行为之一的，由公安机关对个人或者单位负有直接责任的主管人员和其他直接责任人员处警告或者十五日以下拘留；构成犯罪的，依法追究刑事责任：

……

（二）在禁止携带枪支的区域、场所携带枪支的；

……

Ⅱ有前款第（一）项至第（三）项所列行为的，没收其枪支，可以并处五千元以下罚款；有前款第（五）项所列行为的，由公安机关、工商行政管理部门按照各自职责范围没收其仿真枪，可以并处制造、销售金额五倍以下的罚款，情节严重的，由工商行政管理部门吊销营业执照。

《中华人民共和国铁路法》（1990年9月7日通过，2015年4月24日第二次修正）

第六十条

Ⅰ违反本法规定，携带危险品进站上车或者以非危险品品名托运危险品，导致发生重大事故的，依照刑法有关规定追究刑事责任。企业事业单位、国家机关、社会团体犯本款罪的，处以罚金，对其主管人员和直接责任人员依法追究刑事责任。

Ⅱ携带炸药、雷管或者非法携带枪支子弹、管制刀具进站上车的，依照刑法有关规定追究刑事责任。

《中华人民共和国消防法》（1998年4月29日通过，2021年4月29日第二次修正）

第六十二条

有下列行为之一的，依照《中华人民共和国治安管理处罚法》的规定处罚：

……

（二）非法携带易燃易爆危险品进入公共场所或者乘坐公共交通工具的；

……

第七十二条

违反本法规定，构成犯罪的，依法追究刑事责任。

《中华人民共和国民用航空法》（1995年10月30日通过，2021年4月29日第六次修正）

第一百九十三条

Ⅰ违反本法规定，隐匿携带炸药、雷管或者其他危险品乘坐民用航空器，或者以非危险品品名托运危险品的，依照刑法有关规定追究刑事责任。

Ⅱ企业事业单位犯前款罪的，判处罚金，并对直接负责的主管人员和其他直接责任人员依照前款规定追究刑事责任。

Ⅲ隐匿携带枪支子弹、管制刀具乘坐民用航空器的，依照刑法有关规定追究刑事责任。

第一百九十五条

故意在使用中的民用航空器上放置危险品或者唆使他人放置危险品，足以毁坏该民用航空器，危及飞行安全的，依照刑法有关规定追究刑事责任。

① 《中华人民共和国枪支管理法》（1996年7月5日通过，2015年4月24日第二次修正）

第二十五条

配备、配置枪支的单位和个人必须遵守下列规定：

（一）携带枪支必须同时携带持枪证件，未携带持枪证件的，由公安机关扣留枪支；

（二）不得在禁止携带枪支的区域、场所携带枪支；

（三）枪支被盗、被抢或者丢失的，立即报告公安机关。

第一百三十一条　【重大飞行事故罪】

航空人员违反规章制度，致使发生重大飞行事故，造成严重后果的，处三年以下有期徒刑或者拘役；造成飞机坠毁或者人员死亡的，处三年以上七年以下有期徒刑。

【立法理由】

1. **1979年之后至1997年刑法修订前的立法情况**。改革开放以后，我国经济快速发展，人民生活水平不断提高，航空器已经成为国内、国际交往、工作、旅行、载货的重要交通工具。航空器作为交通工具具有一定的特殊性，保障飞行安全，不仅取决于飞机的性能，航空器的操作、机场、地面设施和空中交通管制等多种因素及相互配合也是十分重要的。为了保障飞行安全，1995年10月30日通过的《民用航空法》对于民用航空器、航空人员、机场的使用、飞行安全保障等作了规定，其中，第一百九十九条规定："航空人员玩忽职守，或者违反规章制度，导致发生重大飞行事故，造成严重后果的，**分别依照、比照刑法第一百八十七条或者第一百一十四条的规定追究刑事责任**。"1979年《刑法》第一百八十七条规定："国家工作人员由于玩忽职守，致使公共财产、国家和人民利益遭受重大损失的，处五年以下有期徒刑或者拘役。"第一百一十四条规定："工厂、矿山、林场、建筑企业或者其他企业、事业单位的职工，由于不服管理、违反规章制度，或者强令工人违章冒险作业，因而发生重大伤亡事故，造成严重后果的，处三年以下有期徒刑或者拘役；情节特别恶劣的，处三年以上七年以下有期徒刑。"

2. **1997年修订刑法的情况**。1997年修订刑法时，考虑到航空运输业是一个特殊的行业，民用航空活动直接关系到不特定多数人的生命、健康以及公私财产的安全，航空人员的责任十分重要，如果某一环节出现问题，可能直接威胁飞行安全，导致发生重大飞行事故，造成人员伤亡，为了保障飞行安全，将《民用航空法》第一百九十九条规定的航空人员的责任事故犯罪行为纳入刑法，**作为单独的犯罪**规定了刑罚。

【条文说明】

本条是关于重大飞行事故罪及其处罚的规定。

根据本条规定，构成本罪必须符合以下条件：

1. 构成本罪的主体必须是"**航空人员**"。[①]非航空人员不能构成本罪的犯罪主体。这里所说的"**航空人员**"，根据《民用航空法》第三十九条的规定，是指从事民用航空活动的空勤人员和地面人员。其中，空勤人员包括驾驶员、飞行机械人员、乘务员；地面人员包括民用航空器维修人员、空中交通管制员、飞行签派员和航空电台通信员。[②]

2. 行为人必须**实施了违反规章制度的行为，致使发生重大飞行事故**。这里所说的"**违反规章制度**"，是指违反了对民用航空器的维修、操作管理、空域管理、运输管理及安全飞行管理等方面的规章制度，如民用航空器不按照空中交通管制单位指定的航路和飞行高度飞行；民用航空器机组人员的飞行时间、执勤时间大大超过国务院民用航空主管部门规定的时限；民用航空器维护人员不按照规定维修、检修航空器等。"**重大飞行事故**"，是指在航空器飞行过程中发生的航空器严重毁坏、破损，或者造成人身伤亡的事件等。

3. **必须造成严重后果**，这是构成本罪的必要条件。这里所说的"**造成严重后果**"，是指造成人员重伤或者航空器严重损坏以及承运的货物毁坏等重大损失的情形。

本条规定了两档刑罚，第一档刑罚，构成本罪的，处三年以下有期徒刑或者拘役；第二档刑罚，造成飞机坠毁或者人员死亡的，处三年以上七年以下有期徒刑。这里所说的"**造成飞机坠毁或者人员死亡**"，是指造成飞机坠落、机毁人亡，或者飞机虽未坠毁，但由于重大飞行事故造成人员死亡的情形。

实践中需要注意以下两个方面的问题：

1. 实践中，飞行事故发生的原因很多，往往并非单一原因造成的，也就是说飞行事故的发生不仅仅是因为航空人员违反规章制度，还有其他诸如恶劣天气、机械故障、航空管理疏忽等原因，

---

① 陈家林教授指出，非航空人员违反航空运输管理法规，因而发生重大飞行事故，致人重伤、死亡或者使公私财产遭受重大损失，又不构成其他犯罪的，按交通肇事罪论处。参见赵秉志、李希慧主编：《刑法各论》（第3版），中国人民大学出版社2016年版，第68页。

② 相同的学说见解，参见周光权：《刑法各论》（第3版），中国人民大学出版社2016年版，第186页。

因此,本条规定的发生重大飞行事故必须是由航空人员违反规章制度的行为引起的,即**违反规章制度与重大飞行事故之间存在因果关系**,如果重大飞行事故不是由行为人违反规章制度的行为引起的,而是由暴雨、雷电等自然原因引起的,则不构成本罪。

2. 本罪与**重大责任事故罪**的区别。两者都是过失犯罪,且都是实施了违反有关安全管理规定的行为,并且都以发生重大事故,造成严重后果作为构成犯罪的必要条件。但两者也有区别:一是犯罪主体不同。本罪的犯罪主体是航空人员;而重大责任事故罪的犯罪主体是从事生产、作业的人员。二是发生的场所不同,本罪发生在航空器的飞行过程中;而重大责任事故罪则发生在生产、作业过程中。

【附属刑法】

《中华人民共和国民用航空法》(1995 年 10 月 30 日通过,2021 年 4 月 29 日第六次修正)

第一百九十九条

航空人员玩忽职守,或者违反规章制度,导致发生重大飞行事故,造成严重后果的,依照刑法有关规定追究刑事责任。

第一百三十二条　【铁路运营安全事故罪】

铁路职工违反规章制度,致使发生铁路运营安全事故,造成严重后果的,处三年以下有期徒刑或者拘役;造成特别严重后果的,处三年以上七年以下有期徒刑。

【立法理由】

1. **1979 年之后至 1997 年刑法修订前的立法情况**。铁路是国民经济的大动脉,是我国交通运输的重要组成部分。它不仅对发展工农业生产和满足人民日常生活的需要有积极作用,而且对沟通城乡联系,加强内地和沿海地区的经济合作,巩固我国国防都有十分重要的作用。但当时铁路运输仍然比较落后,铁路发展的速度远远不能满足日益增长的社会需求,乘车难、运货难的状况十分突出,一些铁路职工法制观念淡薄,对维护铁路运输生产秩序、保障铁路运输安全的重要性认识不足,有的甚至严重不负责任,违反规章制度,致使发生铁路运营事故,造成人员伤亡、财产损失,引起十分恶劣的社会影响,妨碍铁路运输事业的发展。为此,1990 年 9 月 7 日通过的《铁路法》对铁路运输、铁路建设、铁路安全与保护等作了规定,其中第七十一条规定:"铁路职工玩忽职守、违反规章制度造成铁路运营事故的,滥用职权、利用办理运输业务之便谋取私利的,给予行政处分;情节严重、构成犯罪的,依照刑法有关规定追究刑事责任。"

2. **1997 年修订刑法的情况**。1997 年修订刑法时,考虑到铁路运输对国民经济和人民生活起着举足轻重的作用,一旦发生铁路运营事故,后果极为严重,铁路职工的工作直接关系着铁路运营的安全,铁路职工正确履行职责是其职业的基本要求,为了保障铁路运营的安全,将 1990 年《铁路法》第七十一条规定的铁路职工责任事故犯罪行为纳入刑法,并**作为单独的犯罪**规定了刑罚。

【条文说明】

本条是关于铁路运营安全事故罪及其处罚的规定。

根据本条规定,构成本罪,必须符合以下条件:

1. 构成本罪的主体必须是"**铁路职工**"。非铁路职工不构成本罪。① 所谓"**铁路职工**",是指从事铁路管理、运输、维修等工作的人员,既包括工人,也包括管理人员。根据《铁路法》第二条的规定,铁路,包括国家铁路、地方铁路、专用铁路和铁路专用线。其中专用铁路是指由企业或者其他单位管理,专为本企业或者本单位内部提供运输服务的铁路;铁路专用线是指由企业或者其他单位管理的与国家铁路或者其他铁路线路接轨的岔线。实践中,有的大型工矿企业有自备的专用铁路和铁路专用线,既有自己的机车、自备车辆,又有自己的调度员、机车乘务员等。因此,铁路职工既包括铁路企业及其所属单位的工作人员,也包括使用专用铁路和铁路专用线的企业中从事铁路

---

① 陈家林教授指出,非铁路职工违反铁路运输管理法规,因而发生重大铁路运营安全事故,致人重伤、死亡或者使公私财产遭受重大损失,又不构成其他犯罪的,按交通肇事罪论处。参见赵秉志、李希慧主编:《刑法各论》(第 3 版),中国人民大学出版社 2016 年版,第 68 页。

运营的相关工作人员。

2. **行为人实施了违反规章制度的行为，致使发生铁路运营安全事故**。这里所说的“**违反规章制度**”，是指违反法律、行政法规或者有关主管部门制定、颁布的保证铁路运输安全的各种规章和制度，包括交通法规、技术操作规程、运输管理工作制度等。如违反操作规程冒险作业，不按时发出火车进出站信号、发错信号、错扳道岔、不按规定放下道口栏杆、值班时睡觉等。“**铁路运营安全事故**”，是指铁路在运输过程中发生的火车倾覆、出轨、撞车等造成人员伤亡、机车毁坏以及致使公私财产遭受重大损失的严重事件。这里规定的“铁路运营安全事故”**不包括列车晚点，不能正点发车或者到达等非安全事故**。

3. **由于行为人的行为，造成了严重后果**。这是构成本罪的必要条件，即铁路职工不仅要实施违反规章制度的行为，而且还要发生铁路运营安全事故，造成严重后果的，才构成本罪。这里所说的“**造成严重后果的**”，是指造成人员伤亡和公私财产遭受重大损失等结果。根据《最高人民法院、最高人民检察院关于办理危害生产安全刑事案件适用法律若干问题的解释》第六条的规定，具有下列情形之一的，应当认定为“造成严重后果”：(1)造成死亡一人以上，或者重伤三人以上的；(2)造成直接经济损失一百万元以上的；(3)其他造成严重后果或者重大安全事故的情形。

本条规定了两档刑罚，第一档刑罚，构成本罪的，处三年以下有期徒刑或者拘役；第二档刑罚，造成特别严重后果的，处三年以上七年以下有期徒刑。这里所说的“**造成特别严重后果的**”，是指造成多人伤亡或者使公私财产遭受特别重大损失等情形。根据《最高人民法院、最高人民检察院关于办理危害生产安全刑事案件适用法律若干问题的解释》第七条的规定，具有下列情形之一，处三年以上七年以下有期徒刑：(1)造成死亡三人以上或者重伤十人以上，负事故主要责任的；(2)造成直接经济损失五百万元以上，负事故主要责任的；(3)其他造成特别严重后果、情节特别恶劣或者后果特别严重的情形。需要注意的是，铁路运输涉及人员较多，既有直接参与铁路安全运营的人员，如行车指挥调度人员、车站作业人员、设备操作人员、列车乘务员等，也有与保障铁路运营安全直接相关的人员，如铁道线路工、桥梁工、隧道工、钢轨探伤工、道口工、路基工、供电安装维护工、铁路信号工、车辆维修工、乘务检车员、货车列检员等，还有为铁路提供后勤保障的人员，如从事环保生活、医疗卫生、餐饮服务等人员。铁路运输涉及人员多，线路长，运输车站多。铁路发生运营安全事故后，可能会涉及每个作业环节和人员，直接或者间接涉及的人员会很多，在追究刑事责任时，要全面、具体地分析情况，正确把握每个相关责任人员与铁路事故发生之间的因果关系，以及对发生事故所起的作用大小，分清主要责任和次要责任，重点追究直接相关责任人员，对于不相关人员或者关联度较小人员不应予以处罚。

【司法解释】

《最高人民法院、最高人民检察院关于办理危害生产安全刑事案件适用法律若干问题的解释》（法释〔2015〕22号，自2015年12月16日起施行）

△（**造成严重后果**）实施刑法第一百三十二条、第一百三十四条第一款、第一百三十五条、第一百三十五条之一、第一百三十六条、第一百三十九条规定的行为，因而发生安全事故，具有下列情形之一的，应当认定为“造成严重后果”或者“发生重大伤亡事故或者造成其他严重后果”，对相关责任人员，处三年以下有期徒刑或者拘役：

（一）造成死亡一人以上，或者重伤三人以上的；

（二）造成直接经济损失一百万元以上的；

（三）其他造成严重后果或者重大安全事故的情形。（§ 6 Ⅰ）

△（**造成特别严重后果**）实施刑法第一百三十二条、第一百三十四条第一款、第一百三十五条、第一百三十五条之一、第一百三十六条、第一百三十九条规定的行为，因而发生安全事故，具有下列情形之一的，对相关责任人员，处三年以上七年以下有期徒刑：

（一）造成死亡三人以上或者重伤十人以上，负事故主要责任的；

（二）造成直接经济损失五百万元以上，负事故主要责任的；

（三）其他造成特别严重后果、情节特别恶劣或者后果特别严重的情形。（§ 7 Ⅰ）

△（**从重处罚事由；数罪并罚；行贿罪**）实施刑法第一百三十二条、第一百三十四条至第一百三十九条之一规定的犯罪行为，具有下列情形之一的，从重处罚：

（一）未依法取得安全许可证件或者安全许可证件过期、被暂扣、吊销、注销后从事生产经营活动的；

（二）关闭、破坏必要的安全监控和报警设备的；

（三）已经发现事故隐患，经有关部门或者个人提出后，仍不采取措施的；

（四）一年内曾因危害生产安全违法犯罪活

动受过行政处罚或者刑事处罚的;

(五)采取弄虚作假、行贿等手段,故意逃避、阻挠负有安全监督管理职责的部门实施监督检查的;

(六)安全事故发生后转移财产意图逃避承担责任的;

(七)其他从重处罚的情形。

实施前款第五项规定的行为,同时构成刑法第三百八十九条规定的犯罪的,依照数罪并罚的规定处罚。(§ 12)

△(**酌情从轻处罚事由**)实施刑法第一百三十二条、第一百三十四条至第一百三十九条之一规定的犯罪行为,在安全事故发生后积极组织、参与事故抢救,或者积极配合调查、主动赔偿损失的,可以酌情从轻处罚。(§ 13)

△(**国家工作人员;数罪并罚;贪污、受贿犯罪**)国家工作人员违反规定投资入股生产经营,构成本解释规定的有关犯罪的,或者国家工作人员的贪污、受贿犯罪行为与安全事故发生存在关联性的,从重处罚;同时构成贪污、受贿犯罪和危害生产安全犯罪的,依照数罪并罚的规定处罚。(§ 14)

△(**缓刑;从业禁止**)对于实施危害生产安全犯罪适用缓刑的犯罪分子,可以根据犯罪情况,禁止其在缓刑考验期限内从事与安全生产相关联的特定活动;对于被判处刑罚的犯罪分子,可以根据犯罪情况和预防再犯罪的需要,禁止其自刑罚执行完毕之日或者假释之日起三年至五年内从事与安全生产相关的职业。(§ 16)

【附属刑法】

《中华人民共和国铁路法》(1990 年 9 月 7 日通过,2015 年 4 月 24 日第二次修正)

第七十一条

铁路职工玩忽职守、违反规章制度造成铁路运营事故的,滥用职权、利用办理运输业务之便谋取私利的,给予行政处分;情节严重、构成犯罪的,依照刑法有关规定追究刑事责任。

第一百三十三条　【交通肇事罪】

违反交通运输管理法规,因而发生重大事故,致人重伤、死亡或者使公私财产遭受重大损失的,处三年以下有期徒刑或者拘役;交通运输肇事后逃逸或者有其他特别恶劣情节的,处三年以上七年以下有期徒刑;因逃逸致人死亡的,处七年以上有期徒刑。

【立法理由】

1. **1979 年立法的情况**。交通肇事罪是一种危害公共安全,具有严重社会危害性的犯罪。1979 年《刑法》第一百一十三条规定:"从事交通运输的人员违反规章制度,因而发生重大事故,致人重伤、死亡或者使公私财产遭受重大损失的,处三年以下有期徒刑或者拘役;情节特别恶劣的,处三年以上七年以下有期徒刑。非交通运输人员犯前款罪的,依照前款规定处罚。"当时规定的交通肇事罪包括道路交通运输、铁路交通运输、水上交通运输、民用航空运输中一切因交通肇事构成犯罪的行为。从实践情况看,适用最多的是道路交通发生事故的案件,还有少数是铁路运输和航运中发生交通肇事的案件。实践中也有非交通运输人员肇事被追究刑事责任的情况,如无驾驶执照的人员驾驶机动车造成人员伤亡和重大财产损失等。

2. **1997 年修订刑法的情况**。随着我国经济的持续快速发展以及人民群众收入水平的不断提高,越来越多的家庭具备购买汽车的能力,汽车的保有量不断上升,道路交通安全形势十分严峻,道路交通事故特别是群死群伤的重特大交通事故数量逐年上升,给国家财产和人民群众的生命、财产带来严重损害。1997 年修订刑法时,有关方面提出,实践中交通肇事后逃逸或者造成多人重伤、死亡等情节恶劣的交通事故频发,后果相当严重,必须予以严厉惩处。司法实践中,有的地方将这种情况按故意杀人罪追究刑事责任。为了遏制实践中恶性交通肇事案件频发的情况,1997 年刑法对本条作了以下修改补充:一是**提高了刑期**,由原来法定刑最高七年修改为十五年,同时将原条文规定的两档刑罚改为三档刑罚。二是将犯罪情节具体化,**对交通肇事后逃逸及逃逸致人死亡的刑罚作了特别规定**。这样规定主要考虑到这类行为情节较为恶劣,主观恶性较大,但其行为与故意杀人罪还是有区别的,为了严格执法,严厉惩治这类犯罪行为,对这两种情况单独规定了刑罚。三是**将犯罪主体规定为一般主体**,删去了第一款中"从事交通运输的人员"和第二款关于非交通运输人员犯交通肇事罪,依照交通肇事罪处罚的规定,实际上是将第二款的内容合并到第一款中。

【条文说明】

本条是关于交通肇事罪及其处罚的规定。

根据本条规定，构成本罪的，必须符合以下条件：

1. 本条规定的犯罪主体为**一般主体**，任何人只要从事机动车船驾驶的，均可成为本罪的主体。本罪的主体既包括车辆、船舶的驾驶员、车长、船长等，也包括对上述交通运输的正常、安全运行负有职责的其他有关人员。对于没有合法证件、手续而从事交通运输的人员，如无证驾驶车辆、船舶人员，也属于本罪的犯罪主体。由于《刑法》第一百三十一条、第一百三十二条已对**航空人员、铁路职工**违反规章制度，致使发生重大飞行事故、铁路运营安全事故作了专门的规定，所以本条不再包括上述两种人员。

2. 行为人主观上是**出于过失**。如果行为人故意造成交通事故的发生则应按其他有关条款定罪量刑，不能适用本条。如行为人利用交通工具故意杀人、故意伤害他人的，则应当适用刑法有关故意杀人罪、故意伤害罪的规定定罪处罚。

3. 行为人必须**实施了违反交通运输管理法规的行为**。这里所说的"**违反交通运输管理法规**"，是指违反国家有关交通运输管理方面的法律、法规。"**交通运输管理法规**"，包括道路交通安全法、海上交通安全法、道路交通安全法实施条例、内河交通安全管理条例、渔港水域交通安全管理条例、铁路道口管理暂行规定以及其他有关道路、海运、船运等方面的法律法规。如道路交通安全法对机动车、非机动车的通行规则作了规定；海上交通安全法对在沿海水域航行、停泊和作业的船舶等的通行、安全保障作了规定；内河交通安全管理条例对在内河通航水域从事航行、停泊和作业以及与内河交通安全有关的活动作了规定；渔港水域交通安全管理条例对渔港和渔港水域航行、停泊、作业的船舶等通行作了规定；铁路道口管理暂行规定对道路与铁路相关的道口、人行过道、平过道的设置、安全通行、管理等作了规定。

4. **行为人的行为只有造成了重大事故，致人重伤、死亡或者使公私财产遭受重大损失的，才能构成本罪**。这是区分交通肇事罪与**一般交通事故**的主要标准，如果行为人违反有关交通法规的过失行为未造成上述危害后果的，就不构成犯罪，而应按交通事故由有关主管部门处理。根据《最高人民法院关于审理交通肇事刑事案件具体应用法律若干问题的解释》第二条的规定，交通肇事具有下列情形之一的，处三年以下有期徒刑或者拘役：(1)死亡一人或者重伤三人以上，负事故全部或者主要责任的；(2)死亡三人以上，负事故同等责任的；(3)造成公共财产或者他人财产直接损失，负事故全部或者主要责任，无能力赔偿数额在三十万元以上的。交通肇事致一人以上重伤，负事故全部或者主要责任，并具有下列情形之一的，以交通肇事罪定罪处罚：(1)酒后、吸食毒品后驾驶机动车辆的；(2)无驾驶资格驾驶机动车辆的；(3)明知是安全装置不全或者安全机件失灵的机动车辆而驾驶的；(4)明知是无牌证或者已报废的机动车辆而驾驶的；(5)严重超载驾驶的；(6)为逃避法律追究逃离事故现场的。

本条规定了三档刑罚，第一档刑罚，构成本罪的，处三年以下有期徒刑或者拘役。第二档刑罚，对交通运输肇事后逃逸或者有其他特别恶劣情节的，处三年以上七年以下有期徒刑。本条所规定的"**交通运输肇事后逃逸**"，是指行为人交通肇事构成犯罪，在发生交通事故后，为逃避法律追究而逃跑的行为。行为人交通肇事未造成严重后果而逃逸的，不属于本条所规定的情况，可作为行政处罚的从重情节考虑。这里所说的"**有其他特别恶劣情节**"，根据上述解释第四条的规定，是指：(1)死亡二人以上或者重伤五人以上，负事故全部或者主要责任的；(2)死亡六人以上，负事故同等责任的；(3)造成公共财产或者他人财产直接损失，负事故全部或者主要责任，无能力赔偿数额在六十万元以上的。第三档刑罚，对因逃逸致人死亡的，处七年以上有期徒刑。这里所说的"**因逃逸致人死亡**"，是指行为人在交通肇事后为逃避法律追究而逃跑，致使被害人因得不到救助而死亡的情形。

实践中需要注意以下几个方面的问题：

1. 由于发生重大交通事故的原因是多方面的，**实践中需要注意分清造成事故的原因以及各自的责任**，正确定罪量刑。对于完全由于行为人违反交通运输管理法规造成重大交通事故，构成犯罪的，应当依照本罪予以处罚；对于完全由被害人自己的故意如常见的"碰瓷"等造成重大交通事故的，则应由被害人负完全责任，不应当追究行为人的责任；对于行为人与被害人双方均有过错而引发的重大交通事故，则应查清双方责任的主次以及责任大小，各自承担相应的责任。考虑到交通肇事犯罪的社会危害性主要体现在伤亡人数、财产损失等危害后果以及是否逃逸等方面，对需要追究行为人刑事责任的，量刑时应当根据交通事故被害人的伤亡人数、被害人受伤的程度，或者财产损失的数额等危害后果以及逃逸等情节确定适用的刑罚。

2. **驾驶非机动车发生交通事故是否构成本罪**。非机动车，根据《道路交通安全法》第一百一十九条的规定，是指以人力或者畜力驱动，上道路行驶的交通工具，以及虽有动力装置驱动但设计最高时速、空车质量、外形尺寸符合有关国家标准的残疾人机动轮椅车、电动自行车等交通工具。实践中对于驾驶非机动车肇事是否构成交通肇事罪存在不同认识，有的认为，本罪的犯罪主体没有限制，驾驶非机动车从事交通运输，发生重大交通事故的，也应当构成本罪；而有的则认为，交通肇事罪本质上是危害公共安全的犯罪，驾驶非机动车肇事的，不足以危及不特定多数人的生命、健康和财产安全，不构成本罪。笔者认为，**不能一概而论**，如果驾驶非机动车不具有危害公共安全的性质，如在行人稀少、没有车辆来往的道路上违章骑自行车等，则不能以本罪论处，如果符合《刑法》第二百三十三条规定的过失致人死亡的，可以依照过失致人死亡罪定罪处罚。实践中由于非机动车的种类很多，包括自行车、马车、残疾人机动轮椅车、电动自行车等，有的非机动车的速度并不低于机动车，如果行为人驾驶非机动车具有危害公共安全的性质，如在人员密集的场所驾驶非机动车，或者驾驶速度较快的电动自行车等，构成犯罪的，应当依照本条的规定处罚。

3. 交通肇事后逃逸犯罪行为与**故意杀人、故意伤害犯罪**的界限。根据《最高人民法院关于审理交通肇事刑事案件具体应用法律若干问题的解释》第六条的规定，关于交通肇事后逃逸的需要注意，行为人在交通肇事后为逃避法律追究，将被害人带离事故现场后隐藏或者遗弃，致使被害人无法得到救助而死亡或者严重残疾的，应当分别依照刑法第二百三十二条、第二百三十四条第二款的规定，以故意杀人罪或者故意伤害罪定罪处罚。

【司法解释】

《最高人民法院关于审理交通肇事刑事案件具体应用法律若干问题的解释》（法释〔2000〕33号，自2000年11月21日起施行）

△**（从事交通运输人员；非交通运输人员；交通肇事罪）**从事交通运输人员或者非交通运输人员[①]，违反交通运输管理法规发生重大交通事故，在分清事故责任的基础上，对于构成犯罪的，依照刑法第一百三十三条的规定定罪处罚。（§1）

△**（交通肇事罪）**交通肇事具有下列情形之一的，处三年以下有期徒刑或者拘役[②]：

（一）死亡一人或者重伤三人以上，负事故全部或者主要责任的；

（二）死亡三人以上，负事故同等责任的[③]；

（三）造成公共财产或者他人财产直接损失，负事故全部或者主要责任，无能力赔偿数额在三十万元以上的。[④]

交通肇事致一人以上重伤，负事故全部或者主要责任，并具有下列情形之一的，以交通肇事罪定罪处罚[⑤]：

（一）酒后、吸食毒品后驾驶机动车辆的[⑥]；

（二）无驾驶资格驾驶机动车辆的；

（三）明知是安全装置不全或者安全机件失灵的机动车辆而驾驶的；

---

① 林维教授指出，此一区分既不科学也不必要。因为本罪的行为主体并不局限于直接从事交通行为的人员，也包括在交通过程中，同交通安全相关的人员，尤其是指那些保障交通安全的人员。参见陈兴良主编：《刑法各论精释》，人民法院出版社2015年版，第741页。

② 需要注意的是，道路交通管理法的目的与刑法目的存在明显区别，不能直接将公安交通管理部门所出具的交通事故责任认定书作为交通肇事罪的认定依据。参见黎宏：《刑法学各论》（第2版），法律出版社2016年版，第60页；陈兴良主编：《刑法各论精释》，人民法院出版社2015年版，第751—752页。

③ 我国学者指出，本解释中的"同等责任"乃指加害方与受害方之间的责任分配；而公安交通部门根据《道路交通事故处理程序规定》所作出的"同等责任"，还包括数个加害人之间的责任分配在内，不可将两者混同。参见黎宏：《刑法学各论》（第2版），法律出版社2016年版，第61页。

④ 我国学者指出，系争规定违反了功能责任主义，值得商榷，不能纯粹从法益的角度，而应从行为人对法规范的态度来理解责任。不能光看行为人有无能力赔偿，而是要判断行为人是否真诚悔罪和积极赔偿。参见梁根林主编：《刑法体系与犯罪构造》，北京大学出版社2016年版，第174页。其他的批评，参见陈兴良主编：《刑法各论精释》，人民法院出版社2015年版，第754—755页。另有学者指出，该司法解释的规定有其合理性，其体现了被害人（而不是犯罪人）所主导的刑事政策，有利于被害人财产的保护。参见欧阳本祺：《刑事政策视野下的刑法教义学》，北京大学出版社2016年版，第287—288页。

⑤ 林维教授指出，本解释第二条第二款中所规定的六种情形主要是针对机动车辆驾驶行为而规定的。基于责任分配原则或者风险分担的精神，交通肇事罪的定罪标准应当在交通领域中保持平衡一致。因此，系争规定应在处理道路交通安全事故以外的交通安全事故中，参照适用。参见陈兴良主编：《刑法各论精释》，人民法院出版社2015年版，第744—745页。

⑥ 我国学者指出，虽然系争司法解释未明确使用"原因自由行为"概念，但其精神实质和原因自由行为的法理相符，具有合理性。参见周光权：《刑法总论》（第4版），中国人民大学出版社2021年版，第247页。

(四)明知是无牌证或者已报废的机动车辆而驾驶的;

(五)严重超载驾驶的;

(六)为逃避法律追究逃离事故现场的。①(§ 2)

△(**交通运输肇事后逃逸**)"交通运输肇事后逃逸",是指行为人具有本解释第二条第一款规定和第二款第(一)至(五)项规定的情形之一,在发生交通事故后,为逃避法律追究而逃跑的行为。(§ 3)

△(**有其他特别恶劣情节**)交通肇事具有下列情形之一的,属于"有其他特别恶劣情节",处三年以上七年以下有期徒刑:

(一)死亡二人以上或者重伤五人以上,负事故全部或者主要责任的;

(二)死亡六人以上,负事故同等责任的;

(三)造成公共财产或者他人财产直接损失,负事故全部或者主要责任,无能力赔偿数额在六十万元以上的。(§ 4)

△(**因逃逸致人死亡;指使肇事人逃逸;共犯**)"因逃逸致人死亡",是指行为人在交通肇事后为逃避法律追究而逃跑,致使被害人②因得不到救助而死亡的情形。③　交通肇事后,单位主管人员、机动车辆所有人、承包人或者乘车人指使肇事人逃逸,致使被害人因得不到救助而死亡的,以交通肇事罪的共犯论处。④(§ 5)

---

① 林维教授指出,在此情形中,必须先脱离逃逸行为,独立评价行为人的肇事责任是否负事故全部或者主要责任,然后叠加逃逸行为,才能构成本罪。参见陈兴良主编:《刑法各论精释》,人民法院出版社 2015 年版,第 753 页。另外,无法再适用"交通肇事后逃逸"的法定刑,否则会形成重复评价。参见张明楷:《刑法学》(第 6 版),法律出版社 2021 年版,第 924 页。

② 林维教授指出,所谓的"被害人"是指逃逸前交通肇事行为所侵害的被害人。因逃逸行为而引起的后续交通肇事行为所侵犯的被害人,并不包括在内。参见陈兴良主编:《刑法各论精释》,人民法院出版社 2015 年版,第 772 页。

③ 对于"因逃逸致人死亡",通说赞同司法解释中的观点,但学说上也存在着不同见解。其中,我国学者指出,将逃逸的动机限定为逃避法律追究明显不当。从期待可能性的观点来看,犯罪后为逃避法律追究而逃跑,对于犯罪人而言,可谓"人之常情"。正因为如此,刑法才会创设自首作为法定的从宽处罚情节。并且,如果将"逃逸"解释为为逃避法律追究而逃跑是合理的话,那么,刑法也应该一贯地将逃逸规定为杀人、放火、抢劫等罪法定刑升格的情节。就此而论,逃逸是指逃避救助被害人的义务。只要行为人在交通肇事后不救助被害人,就可以认定为逃逸。参见张明楷:《刑法学》(第 6 版),法律出版社 2021 年版,第 926 页。

另有学者在部分认同张明楷教授批评见解的同时,也对张明楷教授的解释提出了一些质疑,特别是在罪刑法定原则上。具体而言,仅仅不予救助但是不离开现场、仍在原地的行为,难以被容纳进"逃逸"的口语文义范围。将此种行为解释为"逃逸",有违罪刑法定原则。进而,将交通肇事罪的刑罚设置与《刑法》第二百三十五条过失致人重伤罪、第二百三十三条过失致人死亡罪、第一百三十一条重大飞行事故罪以及第一百三十二条铁路运营安全事故罪对比得知,交通肇事罪是现代社会中一种非常特殊的过失犯罪,现行法的规定及司法解释都对交通肇事罪的惩罚表现出非比寻常的宽容(在其他犯罪中,出现"死亡"结果,会导致在三年以上量刑;而犯交通肇事罪者,即便出现死亡结果,也是在三年以下量刑)。因为随着汽车时代的到来,立法者推定每一个交通肇事者也是悲剧中受很多偶然因素左右而被卷入事故的被害人,而非假定驾驶者(几乎是每一个公民)都是对法规范漠视或不以为意的人性恶者。但当交通肇事者逃逸时,行为人就丧失了立法者眼中的"受害者"形象,不配再得到此种惩罚上的"优惠"。因此,肇事后逃逸者的法定刑升格为三年以上七年以下有期徒刑,因逃逸致人死亡者的法定刑则飙升到七年以上有期徒刑。就此而论,漠视风险社会中的连带救助责任,进而脱离了立法者预设的"带有被害人性质的特殊行为人"的框架,其表现形式既可以为不救助那些被害人,也可以是为逃避法律追究承担自己的法律责任。因此,只要行为人实施了履行抢救义务或承担肇事责任中的任何一个行为,就应认定其不符合"逃逸"的要求。参见车浩:《车浩的刑法题》,北京大学出版社 2016 年版,第 7—10 页。类似见解,参见周光权:《刑法各论》(第 4 版),中国人民大学出版社 2021 年版,第 218 页。

④ 肯定见解认为,指使者与肇事者具有共同的犯罪故意,应共同对此一后果承担责任。不过,也有学者认为肯定见解值得商榷,特别是"因逃逸致人死亡"的定位。若将其解释为结果加重犯、结合犯或不作为的杀人犯,要么出现理论上的扞格,要么与其法定刑不均衡。另外,指使司机逃逸并不意味着指使者对被害人的死亡持间接故意,指使者完全可能对被害人的死亡只有过失的心理态度。并且,"因逃逸致人死亡"属于交通肇事罪的一种加重情节,若将指使司机逃逸因而导致被害人死亡的行为认定为交通肇事罪的共犯,则缺乏基本犯这一前提条件。对此,学说上有论者提供了两种路径。一是,将交通肇事后逃逸视作一个独立的罪名,则逃逸致人死亡就是结果加重犯;从而,基本犯(交通肇事后逃逸)仍然为故意犯,指使他人逃逸者则为教唆犯。二是,认定指使者的行为成立窝藏罪(正犯)或者遗弃罪(教唆犯)。参见张明楷:《刑法学》(第 6 版),法律出版社 2021 年版,第 928—930 页。

林亚刚教授则指出,将"因逃逸致人死亡"理解为客观处罚条件比较妥当,其仅涉及行为人"逃逸"行为的直接后果。只要"因逃逸"而造成"致人死亡"结果的,就符合法律规定的客观处罚条件。至于其心理作用对致人死亡是过失抑或是故意,只对适用本款时的刑罚轻重有所影响,与能否适用本规定无涉。参见高铭暄、马克昌主编:《刑法学》(第 7 版),北京大学出版社、高等教育出版社 2016 年版,第 357—358 页。(转下页)

△(**移置性逃逸;故意杀人罪;故意伤害罪**)行为人在交通肇事后为逃避法律追究,将被害人带离事故现场后隐藏或者遗弃,致使被害人无法得到救助而死亡或者严重残疾的,应当分别依照刑法第二百三十二条、第二百三十四条第二款的规定,以故意杀人罪或者故意伤害罪定罪处罚。① (§ 6)

△(**指使、强令他人违章驾驶;交通肇事罪**)单位主管人员②、机动车辆所有人或者机动车辆承包人指使、强令他人违章驾驶造成重大交通事故,具有本解释第二条规定情形之一的,以交通肇事罪定罪处罚。③ (§ 7)

△(**公共交通管理的范围**)在实行公共交通管理的范围内④发生重大交通事故的,依照刑法第一百三十三条和本解释的有关规定办理。

在公共交通管理的范围外,驾驶机动车辆或者使用其他交通工具致人伤亡或者致使公共财产或者他人财产遭受重大损失,构成犯罪的,分别依照刑法第一百三十四条、第一百三十五条、第二百三十三条等规定定罪处罚。(§ 8)

△(**起点数额标准**)各省、自治区、直辖市高级人民法院可以根据本地实际情况,在三十万元至六十万元、六十万元至一百万元的幅度内,确定本地区执行本解释第二条第一款第(三)项、第四条第(三)项的起点数额标准,并报最高人民法院备案。(§ 9)

【司法解释性文件】

《最高人民检察院关于印发部分罪案〈审查逮捕证据参考标准(试行)〉的通知》(高检侦监发〔2003〕107号,2003年11月27日公布)

△(**交通肇事罪;证据审查**)交通肇事罪,是指触犯《刑法》第133条的规定,违反交通运输管理法规,因而发生重大事故,致人重伤、死亡或者造成公私财产遭受重大损失的行为。其他以交通肇事罪定罪处罚的有:

(1)交通肇事后,单位主管人员、机动车辆所有人、承包人或者乘车人指使肇事人逃逸,致使被害人因得不到救助而死亡的;

(2)单位主管人员、机动车辆所有人或者机动车辆承包人指使、强令他人违章驾驶造成重大交通事故的。

对提请批捕的交通肇事案件,应当注意从以下几个方面审查证据:

(一)有证据证明发生了交通肇事犯罪事实。

重点审查:

1. 生效的交通事故认定责任书、现场照片、现场勘查笔录、肇事车辆检验报告等证明发生触犯交通运输管理法规,因而发生重大事故的行为的证据。

2. 被害人伤情照片、伤情鉴定、尸体检验报告、损失财产照片及估价证明等证明交通肇事行为造成了如下严重后果之一的证据:死亡1人或者重伤3人以上,负事故全部或者主要责任的;死亡3人以上,负事故同等责任的;造成公共财产或者他人财产直接损失,负事故全部或者主要责任,无能力赔偿数额在30万元以上的;对事故负全部责任或者主要责任的,造成重伤1人以上,情节恶劣,后果严重的;致1人以上重伤,负事故全部或者主要责任,情节严重的。

3. 证明在交通肇事后逃逸的证据。

4. 证明交通肇事的行为出于过失的证据。

5. 证明交通肇事犯罪事实发生的被害人陈

(接上页)

林维教授则指出,在指使行为已经构成交通肇事罪之人逃逸并且没有出现任何加重结果的场合,姑且可以认定其构成窝藏罪;但是,在出现逃逸致人死亡的场合,应考虑逃逸指使者的心理,结合逃逸者所构成的犯罪,来判定指使者行为的性质(成立过失致人死亡罪的间接正犯或故意杀人罪的教唆犯)。但无论如何,指使行为都不能使其成为交通肇事罪的行为主体。参见陈兴良主编:《刑法各论精释》,人民法院出版社2015年版,第747—748页。

① 林维教授指出,(不真正不作为犯)等价性的判断不完全依赖于是否带离事故现场后隐藏或遗弃,必须实质性地判断行为人对被害人生命是否实施了排他性的支配和保证。参见陈兴良主编:《刑法各论精释》,人民法院出版社2015年版,第780—781页。

② 林维教授指出,在单位主管人员对交通安全确实具有安全保证义务的情形中,可以直接按照监督过失的原则加以处理,而无须援引本条。因此,本规定所谓的"单位主管人员",乃指对交通安全不具有直接保证责任,但对驾驶者或者驾驶行为仍可能产生制约、支配影响之人。参见陈兴良主编:《刑法各论精释》,人民法院出版社2015年版,第746页。

③ 林维教授指出,该司法解释局限于单位主管人员、机动车辆所有人或者机动车辆承包人三种特殊地位者的路径,在立场上过于保守。其认为,凡是能够产生同上述特殊地位者相同的、对驾驶人员守法心态抑制的支配者,如家属等,只要其指使行为达到一定程度,在特定情况下均可能构成本罪的间接正犯。参见陈兴良主编:《刑法各论精释》,人民法院出版社2015年版,第746页。

④ 交通运输管理领域并不限于机动车辆的道路交通运输(或者说公路运输)领域,而应无例外地包括水上交通、铁路、航空运输等领域。参见陈兴良主编:《刑法各论精释》,人民法院出版社2015年版,第744页。

述、证人证言、同案犯和犯罪嫌疑人供述等。

（二）有证据证明交通肇事犯罪事实系犯罪嫌疑人实施的。

重点审查：

1. 交通事故发生后，现场抓获犯罪嫌疑人的证据。

2. 显示犯罪嫌疑人实施交通肇事犯罪的视听资料。

3. 被害人的指认。

4. 同案犯罪嫌疑人的供述。

5. 犯罪嫌疑人的供认。

6. 证人证言。

7. 交通肇事后具有逃逸情节的证据材料。

8. 证明犯罪嫌疑人所驾车辆为肇事车辆的技术鉴定结论及性能检测报告。

9. 其他能够证明犯罪嫌疑人实施交通肇事犯罪的证据。

（三）证明犯罪嫌疑人实施交通肇事犯罪行为的证据已有查证属实的。

重点审查：

1. 现场抓获犯罪嫌疑人的，现场照片、现场勘查笔录、交通事故认定责任书等证据。

2. 能够排除合理怀疑的视听资料。

3. 其他证据能够印证的被害人的指认。

4. 其他据能够印证的犯罪嫌疑人的供述。

5. 能够相互印证的证人证言。

6. 能够与其他证据相互印证的证人证言。

7. 其他查证属实的证明犯罪嫌疑人实施交通肇事犯罪的证据。

《最高人民法院关于印发醉酒驾车犯罪法律适用问题指导意见及相关典型案例的通知》（法发〔2009〕47 号，2009 年 9 月 11 日公布）

△（**醉酒驾车；交通肇事罪；既判力**）为维护生效裁判的既判力，稳定社会关系，对于此前已经处理过的将特定情形的醉酒驾车认定为交通肇事罪的案件，应维持终审裁判，不再变动。

《最高人民法院印发〈关于处理自首和立功若干具体问题的意见〉的通知》（法发〔2010〕60 号，2010 年 12 月 22 日公布）

△（**自首；从宽处罚**）交通肇事后保护现场、抢救伤者，并向公安机关报告的，应认定为自动投案，构成自首的[①]，因上述行为同时系犯罪嫌疑人的法定义务，对其是否从宽、从宽幅度要适当从严掌握。交通肇事逃逸后自动投案，如实供述自己罪行的，应认定为自首，但应依法以较重法定刑为基准，视情决定对其是否从宽处罚以及从宽处罚的幅度。

《最高人民法院研究室关于交通肇事刑事案件附带民事赔偿范围问题的答复》（法研〔2014〕30 号，2014 年 2 月 24 日公布）

△（**刑事附带民事诉讼；死亡赔偿金、残疾赔偿金**）根据刑事诉讼法第九十九条[②]、第一百零一条[③]和《最高人民法院关于适用〈中华人民共和国刑事诉讼法〉的解释》第一百五十五条的规定，交通肇事刑事案件的附带民事诉讼当事人未能就民事赔偿问题达成调解、和解协议的，无论附带民事诉讼被告人是否投保机动车第三者强制责任保险，均可将死亡赔偿金、残疾赔偿金纳入判决赔偿的范围。

《最高人民法院、最高人民检察院关于常见犯罪的量刑指导意见（试行）》（法发〔2021〕21 号，2021 年 6 月 6 日发布）

△（**交通肇事罪；量刑**）

1. 构成交通肇事罪的，根据下列情形在相应的幅度内确定量刑起点：

（1）致人重伤、死亡或者使公私财产遭受重大损失的，在二年以下有期徒刑、拘役幅度内确定量刑起点。

（2）交通运输肇事后逃逸或者有其他特别恶劣情节的，在三年至五年有期徒刑幅度内确定量刑起点。

（3）因逃逸致一人死亡的，在七年至十年有期徒刑幅度内确定量刑起点。

2. 在量刑起点的基础上，根据事故责任、致人重伤、死亡的人数或者财产损失的数额以及逃逸等其他影响犯罪构成的犯罪事实增加刑罚量，确定基准刑。

3. 构成交通肇事罪的，综合考虑事故责任、危害后果、赔偿谅解等犯罪事实、量刑情节，以及被告人的主观恶性、人身危险性、认罪悔罪表现等因素，决定缓刑的适用。

【附属刑法】

《中华人民共和国道路交通安全法》（2003 年 10 月 28 日通过，2021 年 4 月 29 日第三次修正）

① 我国学者指出，肇事后的自动投案仅符合自首的自动投案条件，构成自首还须如实供述自己的罪行等条件。参见陈兴良主编：《刑法各论精释》，人民法院出版社 2015 年版，第 770 页。

② 2018 年修正后的《中华人民共和国刑事诉讼法》第一百零一条。

③ 2018 年修正后的《中华人民共和国刑事诉讼法》第一百零三条。

第九十一条

Ⅰ饮酒后驾驶机动车的，处暂扣六个月机动车驾驶证，并处一千元以上二千元以下罚款。因饮酒后驾驶机动车被处罚，再次饮酒后驾驶机动车的，处十日以下拘留，并处一千元以上二千元以下罚款，吊销机动车驾驶证。

Ⅱ醉酒驾驶机动车的，由公安机关交通管理部门约束至酒醒，吊销机动车驾驶证，依法追究刑事责任；五年内不得重新取得机动车驾驶证。

Ⅲ饮酒后驾驶营运机动车的，处十五日拘留，并处五千元罚款，吊销机动车驾驶证，五年内不得重新取得机动车驾驶证。

Ⅳ醉酒驾驶营运机动车的，由公安机关交通管理部门约束至酒醒，吊销机动车驾驶证，依法追究刑事责任；十年内不得重新取得机动车驾驶证，重新取得机动车驾驶证后，不得驾驶营运机动车。

Ⅴ饮酒后或者醉酒驾驶机动车发生重大交通事故，构成犯罪的，依法追究刑事责任，并由公安机关交通管理部门吊销机动车驾驶证，终生不得重新取得机动车驾驶证。

第一百零一条

Ⅰ违反道路交通安全法律、法规的规定，发生重大交通事故，构成犯罪的，依法追究刑事责任，并由公安机关交通管理部门吊销机动车驾驶证。

Ⅱ造成交通事故后逃逸的，由公安机关交通管理部门吊销机动车驾驶证，且终生不得重新取得机动车驾驶证。

【指导性案例】

最高人民检察院指导性案例第97号：夏某某等人重大责任事故案（2021年1月20日发布）

△（**重大责任事故罪；交通肇事罪；捕后引导侦查；审判监督**）内河运输中发生的船舶交通事故，相关责任人员可能同时涉嫌交通肇事罪和重大责任事故罪，要根据运输活动是否具有营运性质以及相关人员的具体职责和行为，准确适用罪名。重大责任事故往往涉案人员较多，因果关系复杂，要准确认定涉案单位投资人、管理人员及相关国家工作人员等涉案人员的刑事责任。

【参考案例】

△违章行为与重大事故之间没有因果关系的，不构成交通肇事罪。①

根据《最高人民法院关于审理交通肇事刑事案件具体应用法律若干问题的解释》第二条第一款第（一）项的规定，交通肇事致死亡一人或者重伤三人以上，负事故全部或者主要责任的，处三年以下有期徒刑或者拘役。在陈全安交通肇事案中，发生了造成一人死亡、一人受伤、车辆一定程度损坏的重大交通事故，交警部门认定被告人陈全安负事故主要责任。从表面看，陈全安的行为，符合上述司法解释的规定，似乎可认定其行为构成交通肇事罪。但按照犯罪构成理论来分析，则得不出这样的结论。

《刑法》第一百三十三条规定"违反交通运输管理法规，因而发生重大事故，致人重伤、死亡或者使公私财产遭受重大损失的"，构成交通肇事罪。运用犯罪构成理论分析，交通肇事罪的客观要件为：（1）行为人实施了违反交通运输管理法规的行为；（2）发生了致人重伤、死亡或者使公私财产遭受重大损失的事故；（3）行为人违反交通运输管理法规的行为与所发生的重大事故之间有因果关系。本案被告人陈全安有发生交通事故后逃逸的违反交通运输管理法规的行为，交警部门亦据此认定陈全安负事故主要责任。但交通事故发生在前，陈全安的逃逸行为发生在后，本案事故发生的主要原因是被害人张伯海酒后驾驶、没有与前车保持足以采取紧急制动措施的安全距离等，陈全安的逃逸行为并非引发本案交通事故的原因。因此，陈全安的行为不具备交通肇事罪的犯罪构成，不构成交通肇事罪。［No. 2-133-1 陈全安交通肇事案］

△交通肇事后，主观上基于逃避法律追究的目的而逃跑的，应当认定为肇事后逃逸。

逃逸是指行为人主观上基于逃避法律追究的目的而逃跑。交通肇事后的逃逸行为绝不是单纯客观的离开肇事现场的行为，它之所以成为法定加重事由，其根本理由在于逃逸行为会造成行为人在肇事后应当承担的对伤者和财产的法定抢救义务未能被及时有效地履行，以及事故责任认定的困难，使肇事责任的归结无法落实。

在钱竹平交通肇事案中，被告人钱竹平交通肇事后，因过于自信导致对后果认识错误，离开事故现场，致使被害人未能得到及时救助而死亡；但其主观上没有逃避法律追究的故意，故其行为不属于交通肇事后的逃逸行为。［No. 2-133-2 钱竹平交通肇事案］

△交通肇事逃逸情形下的逃避法律追究，是指逃避抢救义务和逃避责任追究。

① 交通肇事的结果必须由违反规范保护目的的行为所引起。参见张明楷：《刑法学》（第6版），法律出版社2021年版，第923页。

从行为人的动机考察,逃避抢救义务和其后逃避责任追究是逃逸者的两个根本动机。所谓逃避抢救义务的动机,是指不予保护现场、进行救护、迅速报案等;所谓逃避责任追究的动机,是指从根本上希望自己的肇事行为不被发现,从而逃脱责任追究,而不包括在肇事者和肇事行为清楚的前提下试图混淆责任认定、避免责任追究的情形。在一般情况下,逃逸者同时具有逃避抢救义务和肇事责任归结的动机;但特殊情况下,可能存在不逃避抢救义务而尽可能逃避肇事责任归结这种单一动机的情况。例如,行为人驾车将被害人撞成重伤后,将被害人送至医院,随后乘机逃走。在这种情况下,仍应认定行为人的行为为交通肇事后逃逸。[No. 2-133-3　钱竹平交通肇事案]

△交通肇事逃离现场后,立即投案的,不以肇事后逃逸论处。

在交通肇事案件中,《最高人民法院关于审理交通肇事刑事案件具体应用法律若干问题的解释》第3条明确规定,“逃逸”是指“为逃避法律追究而逃跑的行为”,故肇事人离开肇事现场后是否立即投案,能够反映出肇事人是否具有接受法律追究的主观态度。如果肇事人立即投案,则说明肇事人“离开现场”与“主动投案”两个行为之间具有密切且不可分割的连续性,这反映出肇事人在主观上具有接受法律追究的意向,客观上也已经开始实施接受法律追究的行为,不应认定其为逃逸;如果肇事人逃离现场后没有立即投案,而是经过一段时间后投案,则说明肇事人的“逃离”与“投案”分属两个独立的行为,这种事后投案不能成为否定其肇事后逃逸的理由,应认定为逃逸。至于是立即投案还是事后投案,应当根据投案路途远近、投案时间间隔长短等案件当时的客观情况,结合日常生活经验来认定。

在孙贤玉交通肇事案中,交通事故发生在通信发达、交通便捷的上海市。孙贤玉于下午四点多离开现场后,有充裕的时间投案,且投案路途也很近,可他没有立即投案,而是整整过了一天,才在亲属的劝说陪同下于第二天下午到公安机关投案自首,这说明其当时离开现场的目的并不是其所称的“为了躲避被害人一方的殴打”,而是为了逃避法律追究。因此,孙贤玉投案自首时,其交通肇事后逃逸的事实已经成立,不能因后来的自首而否认他当时的逃逸事实。[No. 2-133-4　孙贤玉交通肇事案]

△对交通工具的营运安全负有管理职责的人员,指使或强令交通工具的直接经营人违章驾驶,造成重大交通事故的,以交通肇事罪论处。

船舶所有人属于对船舶营运安全负有管理职责的人员。根据《内河交通安全管理条例》,无论船舶的所有人是否亲自、直接经营交通运输业,都应当对其船舶的营运安全负责。船舶的所有人不履行或者不正确履行自己的职责,指使或者强令船舱的经营人违章驾驶,造成重大交通事故的,应当以交通肇事罪定罪处罚。[No. 2-133-5　梁应金等交通肇事案]

△交通肇事后为逃避法律追究,将被害人带离事故现场后隐藏,致使被害人因无法得到救助而死亡的,不构成交通肇事罪,应以故意杀人罪论处。

在韩正连故意杀人案中,被告人韩正连交通肇事将被害人撞伤后,有义务送被害人去医院抢救,但为逃避法律追究,将被害人带离事故现场隐藏。韩正连主观上具有放任被害人死亡的犯罪故意,客观上导致了被害人因无法得到救助而死亡的结果,符合《最高人民法院关于审理交通肇事刑事案件具体应用法律若干问题的解释》第六条的规定,其行为已构成不作为的故意杀人罪,法院以故意杀人罪对其定罪处罚是正确的。[No. 2-133-6　韩正连故意杀人案]

△交通肇事案件的被害人伤情严重,即便及时送往医院也不能避免死亡,或者交通肇事行为发生时被害人已经死亡,即使肇事者逃逸,仍属于交通肇事后逃逸,不能认定为交通肇事后因逃逸致人死亡。

《刑法》第一百三十三条规定:“违反交通运输管理法规,因而发生重大事故,致人重伤、死亡或者使公私财产遭受重大损失的,处三年以下有期徒刑或者拘役;交通运输肇事后逃逸或者有其他特别恶劣情节的,处三年以上七年以下有期徒刑;因逃逸致人死亡的,处七年以上有期徒刑。”交通肇事的行为人在肇事后负有保护现场、抢救伤者、积极报案并接受交警部门处理的义务,但现实中一些肇事者为了逃避法律责任而选择逃逸,致使现场被破坏,伤者得不到及时救治甚至因此而死亡,故刑法将“肇事后逃逸”以及“因逃逸致人死亡”作为交通肇事基本犯的加重情节,在立法上规定了较重的法定刑。

《最高人民法院关于审理交通肇事刑事案件具体应用法律若干问题的解释》第五条第一款进一步规定:“‘因逃逸致人死亡’,是指行为人在交通肇事后为逃避法律追究而逃跑,致使被害人因得不到救助而死亡的情形。”这一规定明确了“因逃逸致人死亡”的主客观条件,即被告人逃逸的目的是“逃避法律追究”,同时客观上造成“被害人因得不到救助而死亡”的结果。因此,认定“因逃逸致人死亡”,应从以下三个步骤入手:(1)行为人构成交通肇事罪的基本犯;(2)肇事者出于逃避法律追究的目的而逃逸;(3)肇事者的逃逸行为与被害人的死亡结果之间具有刑法意义上的因果关系,即被害人如果得到及时救治,则可以避免死亡的后果,但由于肇事者逃逸,被害人得不到及时救助,导致死亡结果的发生。这是区分"因逃逸致人死亡"成立与否的关键。因此,要着重考察救助行为能否阻止死亡结果的发生。如果从被害人的伤情看,即便及时送往医院也不能避免被害人死亡的,或者交通肇事行为发生时被害人已经死亡的,即使肇事者逃逸,也仍然属于"肇事后逃逸",而不能认定为"因逃逸致人死亡"。同时,需要指出的是,上述司法解释中的"救助",并没有特定的指向,既可以是来自肇事者的救助,也可以是来自他人的救助。及时的"救助"是确定逃逸与死亡之间是否存在刑法上的因果关系的一个中介。在冯广山交通肇事逃逸案中,被告人连续肇事后弃车逃逸,没有对被害人实施救助,构成交通肇事及肇事后逃逸。虽然事发时正是傍晚交通高峰期,肇事地点又位于人流较多的居民区,被害人林嵩遇害后即被群众及闻讯赶来的巡警送往医院抢救,但其仍因伤势过重抢救无效而死亡。因此,导致被害人死亡的直接原因是肇事者的肇事行为,而非其逃逸行为,肇事者不构成"因逃逸致人死亡"。[No. 2-133-7 冯广山交通肇事逃逸案]

△交通肇事后,为逃避法律追究而逃逸的,应当认定为交通肇事后逃逸。

所谓"交通运输肇事后逃逸",根据《最高人民法院关于审理交通肇事刑事案件具体应用法律若干问题的解释》第三条的规定,是指行为人在发生交通事故后,为逃避法律追究而逃跑的行为。交通运输肇事后逃逸是行为人逃避法律追究和逃跑的有机结合,二者的有机统一即构成交通肇事罪,这也是刑法主客观相一致原则的体现。具体来说,主观上,行为人逃跑的目的是逃避法律追究;客观上,行为人在发生交通肇事后实施了逃跑的行为。但是在实践中,行为人在发生交通肇事后逃离现场的目的多种多样,有的是怕受害方或者其他围观群众对其进行报复、殴打;有的是惧怕现场惨状;有的是为了报警;有的是为了把伤者送往医院;有的是为了逃避法律追究。可见,同样是逃离现场,行为人的目的不同,其外在表现也截然相反。

逃跑行为与逃离现场的行为,看似交叉,但并不完全相同,不能把二者等同视之。现实生活中,逃离现场的行为很多,但并非都是刑法意义上的逃逸。还需要说明的是,肇事者对被害人的救助行为,是其对自己肇事行为的事后补救措施,也是其在肇事后的应尽义务;肇事者在实施该行为时,也离开了现场,但它对于及时抢救被害人、尽快处理事故起着积极的推动作用,也为法律所倡导,故对该行为不但不应加重处理,量刑时还应酌情予以从轻处罚。总之,只有当逃离现场后既不抢救伤者,也不及时接受法律处理的,才是逃跑行为,才构成交通运输肇事后逃逸;行为人只有实施了该行为,才能在量刑时予以加重处罚。[No. 2-133-8 李金宝交通肇事案]

△交通肇事弃车逃离现场后,主动报警并不逃避法律追究的,不能认定为交通肇事后逃逸。

在司法实践中,交通肇事后的逃逸行为往往导致被害人无法得到及时救助,进而造成损失的扩大,其后果不堪设想。责任人的逃逸,造成受害人损失无法得到赔偿,往往使受害人的生活陷入困境而加重了受害人的痛苦,其行为具有严重的社会危害性;同时,由于交通运输肇事本身的特点,在行为人逃逸后,案件查处难度往往会增大。因此,交通肇事后逃逸行为的社会危害性远远大于普通的交通肇事犯罪行为,属于刑法确定的加重打击情节。在李金宝交通肇事案中,被告人李金宝在肇事后即弃车离开现场,打122电话报警。其积极报警的行为属于对被害人的救助,有助于减少被害人损失。李金宝肇事后,虽然离开了现场,但其是为了主动报警以救助被害人。李金宝报警后,害怕被害人家人报复而未返回现场,直接到长葛市公安局交通警察大队门口意欲投案;再次拨打122电话后,被告知警察已出警并让其在门外等候。因此,其行为不属于逃避责任的情况,不会造成被害人损失无法得到赔偿,社会危害性远远小于交通运输肇事后逃逸的社会危害性,故不应属于刑法加重打击的对象。[No. 2-133-9 李金宝交通肇事案]

△在居民住宅小区内驾驶机动车肇事的,因事故并非发生在公共交通道路上,其肇事行为不构成交通肇事罪;肇事行为造成他人重伤或者死亡的,应以过失伤害罪或者过失致人死亡罪论处。

交通肇事罪在客观方面表现为违反交通运输管理法规,因而发生重大交通事故,致人重伤、死亡或者使公私财产遭受重大损失。"违反交通运输管理法规",是指违反国家有关交通运输管理的法律、法规和国家有关主管部门制定的交通运输安全的规章等。《道路交通管理条例》(已失效)第二条明确规定:"本条例所称的道路,是指公路、城市街道和胡同(里巷),以及公共广场、公共停车场等供车辆、行人通行的地方。"《道路交通事故处理办法》(已失效)第二条规定:"本办法所称道路交通事故(以下简称交通事故),是指车辆驾驶人员、行人、乘车人以及其他在道路上进行与交通有关活动的人员，因违反《中华人民共和国道路交通管理条例》和其他道路交通管理法规、规章的行为（以下简称违章行为），过失造成人身伤亡或者财产损失的事故。”根据该办法第四十八条第（一）项的规定，该办法中的“道路”是指《道路交通管理条例》第二条所称的道路。

《道路交通安全法》第二条规定：“中华人民共和国境内的车辆驾驶人、行人、乘车人以及与道路交通活动有关的单位和个人，都应当遵守本法。”该法第一百一十九条第（一）项又明确规定，该法中的“道路”，是指公路、城市道路和虽在单位管辖范围但允许社会机动车通行的地方，包括广场、公共停车场等用于公众通行的场所。

在宋良虎等故意杀人案中，虽然被告人实施危害行为时，《道路交通安全法》尚未生效，不能适用；但是，《道路交通安全法》所体现的原则与《道路交通事故处理办法》（已失效）和《道路交通管理条例》（已失效）是一致的，即道路交通管理法规的适用对象是与道路交通活动有关的单位和个人；对“道路”的定义也仅限于公路、城市道路和广场、公共停车场等用于公众通行，包括允许社会机动车通行的地方，而在道路以外的其他地点发生的活动不属于道路交通管理法规调整的范围。

本案被告人宋良虎驾驶松花江牌微型车，在天通苑小区内由南向北行驶时，将横过道路的行人吴培英撞伤。根据北京市昌平区市政管理委员会和北京市公路局昌平分局路政大队出具的证明证实，天通苑小区内的道路不属于公路、城市道路；同时，小区内用于居民通行的道路，也不属于用于社会公众通行的场所和社会机动车通行的地方。因此，本案被告人宋良虎驾车将被害人撞伤的行为，不属于违反交通运输管理法规的行为，不构成刑法所规定的交通肇事罪。［No. 2-133-10　宋良虎等故意杀人案］

△在住宅小区内驾驶机动车致人受伤的，不构成交通肇事罪，但将生命处于危险状态的被害人遗弃的，构成故意杀人罪。

在宋良虎等故意杀人案中，首先，在客观上，被告人宋良虎已经具备了故意杀人罪的行为要件。根据刑法理论，犯罪行为主要表现为作为和不作为两种基本形式。不作为是指行为人有义务实施特定的行为，但是没有实施，从而造成了危害结果的发生。构成刑法上的不作为必须以具有作为义务为前提，这种作为义务，既可以来自法律的规定，也可以来自职务和业务上的要求，还可以来自自己的先行行为。所谓来自自己的先行行为，是指自己先前的某个行为使他人的人身安全处于一种严重的危险状态，则自己就有义务消除这种危险状态，使他人恢复安全；如果不履行这种义务，致使他人的生命、健康遭受严重危害，就构成刑法上的不作为。

本案被告人宋良虎本人的过失行为，使受害者生命陷于危险状态，其有义务采取有效措施来排除这种危险，如将受害者送往医院抢救治疗，这种义务来自他自己的先行行为。然而，本案被告人不但没有救助伤者，将被害人送往医院，履行应当作为的义务，反而欺骗被害人亲属，将被害人抛弃在郊区一工厂门外，延误被害人的治疗，导致了被害人死亡结果的发生，构成刑法上的不作为，符合故意杀人罪的行为要件。

其次，在主观方面，被告人宋良虎应当明知因自己的过失致被害人重伤后若不及时救助，伤者就有死亡的可能。然而，宋良虎非但不救助伤者，反而将伤者抛弃在远离肇事地点的一工厂门外，使被害人难以及时得到救治，因而造成被害人死亡结果的发生。宋良虎虽不是追求被害人死亡结果的发生，但对被害人的死亡持放任的态度，从而符合故意杀人罪的主观要件，构成间接故意杀人犯罪。

被告人殷海军对宋良虎因过失使被害人生命陷于危险状态的行为，原本不应负刑事责任，但其目击宋良虎造成被害人危险状态后，与宋良虎商议并达成了将被害人遗弃的一致意见，对被害人死亡结果的发生同样持放任的态度；在主观上与宋良虎有放任被害人死亡的共同故意，并在客观上实施了将被害人移至一工厂门外的抛弃行为，导致了被害人死亡结果的发生，符合间接故意杀人罪的构成要件，与宋良虎构成共同故意犯罪。［No. 2-133-11　宋良虎等故意杀人案］

△介入因素对危害结果的发生有一定作用的，可以在一定程度上酌情减轻被告人的刑事责任。

在现实生活中，某一危害结果往往并不是单纯地由一个原因所致。在行为人的在先行为之后，可能会有他人的行为介入，包括第三人的行为或被害人个人的行为等。这时，他人的行为往往会对在先行为人的责任产生一定影响。一般来说，一个有完全责任能力的行为人，在非常清楚其正在做什么，并在没有遭受强制、胁迫或认识错误的情况下所实施的新的介入行为，如果不能中断先前行为与特定结果之间的因果链，则一般会减轻先前行为人对后来结果的刑事责任。

在宋良虎等故意杀人案中，被告人在撞伤被害人后，将生命处于危险状态的被害人弃置于一工厂门外,其行为是造成被害人死亡结果的一个关键性因素,两被告人的行为与被害人的死亡结果之间存在着因果关系。但是,在被害人被弃置且派出所民警接到报警赶到后,被害人的丈夫和民警并没有及时将被害人送往医院救治,因为被害人丈夫要求回家取钱后,再将被害人送到医院。救治时间再次延误了两个小时,致被害人因创伤性失血性休克合并颅脑损伤而死亡,这种第三人的不作为是导致结果发生的介入因素。尽管该介入因素不能中断原有的因果链,但是根据当时的条件,如果被害人家属与民警将被害人及时送至医院救治,就有可能挽救被害人的生命,减轻危害后果,故介入因素对结果的发生也起了一定作用。因而,介入因素可以在一定程度上酌减被告人的刑事责任。[No. 2-133-12　宋良虎等故意杀人案]

△交通肇事后没有立即逃离现场,但将被害人送医院救治后,为了逃避法律责任而逃逸的,属于交通肇事后逃逸,应以交通肇事罪论处,但一般应当酌情从轻处罚。

在李心德交通肇事案中,被告人的行为已经构成交通肇事罪,且其行为构成逃逸。首先,被告人李心德违反交通运输管理法规,发生了重大交通事故,致使一人死亡,并负事故全部责任,构成交通肇事罪毫无异议。其次,《最高人民法院关于审理交通肇事刑事案件具体应用法律若干问题的解释》第三条将交通肇事后逃逸界定为"为逃避法律追究而逃跑",这里所指的"逃跑"没有时间和场所的限定,不能仅理解为逃离事故现场。实践中,交通肇事后的"逃逸"情节复杂多样。例如本案中,肇事者李心德在事发后并未逃离现场,而是积极救治伤者,从表面上看似乎肇事者并未打算一跑了之。因此,在交通肇事案件中,肇事后是否逃逸是事关定罪量刑的关键情节,必须予以正确无误地认定,才能实现罚当其罪。要正确认定是否构成逃逸,应按照主客观相统一的原则,综合考察肇事者逃跑时的主观心态及客观情形,关键考察是否"为逃避法律追究而逃跑"。本案中,李心德供述自己将伤者送到医院抢救后,因见伤者伤势严重,担心承担相应的法律责任而决定逃跑,在主观上其符合"为逃避法律追究而逃跑"的要件;在客观方面,李心德逃跑近两个月的时间,既符合逃逸的客观要件,又进一步印证了其逃避法律追究的主观目的。因此,本案中虽然李心德在肇事后未逃离现场,且积极主动救治伤者,但仍应认定为逃逸。

根据本案具体情况,法院对被告人李心德适用缓刑是适当的。被告人李心德的行为依法被认定为交通肇事后逃逸,应判处三年以上七年以下有期徒刑。虽然本案无法定的减轻、从轻处罚情节,但存在以下酌定从轻处罚情节:一是案发后被告人主动送受害人去医院,并支付了医疗费400元,在整个施救过程中比较积极,其主观恶性相对较小;二是交通肇事罪属于典型的过失犯罪,在司法实践中适用缓刑较多。因此,对被告人李心德适用缓刑,既对其违法犯罪行为进行了依法惩处,又适当照顾了被告人、受害人双方家庭的实际情况,能够实现法律效果与社会效果的有机统一。[No. 2-133-13　李心德交通肇事案]

△交通肇事后指使他人冒名顶替的,应以妨害作证罪定罪处罚,并与交通肇事罪实行数罪并罚。

根据《道路交通安全法》第七十条第一款的规定,发生交通事故后,肇事者必须立即停车,保护现场,抢救伤者和财产,报警并听候处理,这些是肇事者的法定义务。肇事者在肇事后逃逸的行为意味着其不履行上述法定义务,从本质上说,交通肇事后的逃逸行为是不作为,是行为人对应该履行且能够履行的法定义务的不履行;而以贿买方式指使他人冒名顶替的行为是一种积极的作为,且与抢救伤者和财产的关联性不大,故不用将其性质等同于刑法意义上的逃逸行为,不能作为交通肇事罪的量刑情节加以认定。

妨害作证罪,是指以暴力、威胁、贿买等方式阻止证人作证或指使他人作伪证。该罪所保护的法益是司法活动的客观公正性。在俞耀交通肇事案中,被告人俞耀以贿买方式指使他人顶罪、作伪证的行为,妨害司法活动的公正性,符合妨害作证的构成要件。

根据罪刑法定原则,本案被告人俞耀为了逃避法律追究所实施的逃离现场的行为,应依据《最高人民法院关于审理交通肇事刑事案件具体应用法律若干问题的解释》第三条的规定,认定为交通肇事中的"逃逸";以贿买方式指使他人顶罪、作伪证的行为,应依据《刑法》第三百零七条第一款的规定,认定为妨害作证罪。因此,法院以交通肇事罪与妨害作证罪两罪并罚追究被告人俞耀的刑事责任是正确的。[No. 2-133-14　俞耀交通肇事案]

△交通肇事后报警并留在现场等候处理,向警方如实交代犯罪事实的,应当认定为自首。

罪刑法定原则要求对行为人定罪处罚要以刑法的明确规定为依据,刑法没有明确规定的,不得定罪处刑;认定自首、立功等法定量刑情节也必须以法律的明文规定作为依据。根据《刑法》第一百零一条的规定,刑法总则适用于刑法分则,除非刑法分则有特殊规定。因此,《刑法》总则关于自首的规定完全适用于《刑法》分则第一百三十三条的交通肇事罪。

虽然《道路交通安全法》第七十条第一款明确规定,肇事后停车报警、抢救伤员和财产、保护现场是肇事者的法定义务,但这些并不能成为刑法上自首的阻却事由,更不能因为多数肇事者履行法定义务而否认其成立自首。履行法定义务与自首并非等同关系,行为人虽然保护现场、抢救伤者并报警,但并不承认自己是肇事者即不如实供述自己的罪行,纵然其履行了法定义务,也不符合自首的条件。

就交通肇事者而言,对其量刑,其一,要考虑其交通肇事本身的危害程度;其二,要考虑肇事者是否履行《道路交通安全法》规定的法定义务,在接受处理时是否如实供述等。肇事者的事后行为如果符合了自首的一般规定,说明其人身危险性有所减轻,就应对其予以正面评价,认定为具有自首情节。只有将履行了法定义务与不履行法定义务的情况区别对待,才能体现罪刑相适应原则;如此还能确立良好的价值导向,鼓励肇事者事后积极施救,积极配合有关机关的处理,从而有效地防止危害后果的进一步扩大,节约司法成本。

《最高人民法院关于处理自首和立功若干具体问题的意见》中也明确规定,交通肇事后保护现场、抢救伤者,并向公安机关报告的,应认定为自动投案;到案后如实供述自己犯罪行为的,应认定为自首,只是在量刑时应当考虑到上述行为同时系犯罪嫌疑人的法定义务,对其是否从宽、从宽幅度要适当从严掌握。

在谭继伟交通肇事案中,被告人谭继伟在交通肇事后没有逃逸,而是留在现场立即拨打120急救电话及122交通事故报警电话,保护现场,抢救伤者和财产,主动向公安机关报案,并如实供述自己的罪行。因此,其行为符合自首的成立条件,应依法认定为自首。[No. 2-133-15 谭继伟交通肇事案]

△在交通肇事后自首,且事后通过亲属积极赔偿被害人,取得被害人谅解的,一般应从宽处罚。

《最高人民法院关于贯彻宽严相济刑事政策的若干意见》进一步规定,对自首的被告人,除了罪行极其严重、主观恶性极深、人身危险性极大,或者恶意地利用自首规避法律制裁者,一般应当依法从宽处罚。被告人案发后对被害人积极进行赔偿,并认罪、悔罪的,依法可以作为酌定量刑情节予以考虑;犯罪情节轻微,取得被害人谅解的,可以依法从宽处理。

在谭继伟交通肇事案中,被告人谭继伟在驾驶过程中,违反道路交通管理法律法规,造成致一人死亡的重大交通事故,负事故主要责任,其行为已构成交通肇事罪。二审法院经审理认定,被告人在交通肇事后积极施救并接受处理的行为构成自首。二审过程中,谭继伟的亲属与被害人亲属达成和解协议,赔偿了被害人经济损失,取得了被害人亲属的谅解;谭继伟在庭审过程中认罪态度好,并真诚悔罪。综合本案的犯罪性质、情节、危害后果,行为人的主观恶性、人身危险性以及犯罪后的悔罪表现,根据宽严相济的刑事政策,法院对其应予从宽处理。[No. 2-133-16 谭继伟交通肇事案]

△交通肇事后逃逸,后又自动投案,如实供述罪行的,构成自首,但应以交通肇事后逃逸的法定刑为基准,视情况决定对其是否从宽处罚以及从宽处罚的幅度。

交通肇事后逃逸和投案自首是两种主观故意支配下实施的两个独立行为,应分别进行法律评价。逃逸是行为人为逃避法律追究而实施的逃跑行为,自首是行为人出于本人意愿自动投案、如实供述罪行的行为,两者相互独立,互不影响。不能因为行为人肇事后逃逸而否定其事后投案自首,也不能因为其事后自首而推翻对其先前逃逸行为的认定。对于自动投案如实供述罪行的交通肇事逃逸者适用自首,有利于鼓励肇事者主动投案、悔过自新,同时有利于在最短时间内查清事实、分清责任、及时赔偿被害方,使案件得以及时侦破、审结,节约司法资源。

基于此,《最高人民法院关于处理自首和立功若干具体问题的意见》规定,交通肇事逃逸后自动投案,如实供述自己罪行的,应当认定为自首,但应依法以较重法定性为基准,视情况决定对其是否从宽处罚以及从宽处罚的幅度。

在王友彬交通肇事案中,被告人王友彬交通肇事后逃逸,后又主动到交警部门接受调查处理,如实供述其交通肇事罪行,应认定为自首。需要指出的是,王友彬否认肇事后逃逸,不影响成立自首。根据《最高人民法院关于被告人对行为性质的辩解是否影响自首成立问题的批复》的要求,被告人对行为性质的辩解不影响自首的成立。王友彬归案后对自己交通肇事始终供认,只是对离开医院的目的、性质进行辩解,仍属如实供述自己的罪行,不影响其成立自首。[No. 2-133-17 王友彬交通肇事案]

△在公共交通管理的范围外,驾驶机动车辆或者其他交通工具致人伤亡或者致使公共财产遭受重大损失的,不构成交通肇事罪;发生在生产、作业过程中的,以重大责任事故罪论处;并非发生在生产、作业过程中的,以过失致人死亡罪论处。

在李卫东过失致人死亡案中，首先，本案若以交通肇事罪定性，无疑是1979年刑法类推制度的再现。刑法（1997年修订）较之于1979年刑法的重要进步，就是类推制度的废除。《道路交通安全法》第七十七条规定："车辆在道路以外通行时发生的事故，公安机关交通管理部门接到报案的，参照本法有关规定办理。"由于案发地点是施工现场而非已经开通的公路，故而进行事故责任认定时，可以参照道路交通安全法进行处理，但道路交通安全法并非特别刑法，且该条款并未参照刑法进行定罪量刑，故不必比照交通肇事罪进行定罪量刑。

其次，《刑法》第一百三十四条第一款规定的重大责任事故罪，其发生的范围限于生产作业过程中。本案发生在李卫东完工后的回家途中，并非生产作业过程中不服管理、违反规章制度，且事故的发生主要是由于李卫东的疏忽大意，故不应以重大责任事故罪追究李卫东的刑事责任。

最后，李卫东的行为符合过失致人死亡罪的构成要件，应以过失致人死亡罪定罪处罚。本案事发地点在未开通使用的高速路上，在严格意义上，它不属于交通肇事所要求的道路范畴。因此，在这种路上发生的驾车过失致人死亡不能作交通肇事处理。

综上，法院认定被告人李卫东的行为构成过失致人死亡罪是正确的。[No. 2-134(1)-1　李卫东过失致人死亡案]

△驾驶交通工具在非公共交通范围内致人死亡，构成过失犯罪的，应以过失致人死亡罪论处；该行为同时又符合重大责任事故罪或者重大劳动安全事故罪的构成要件的，应按照特别法条优于普通法条的适用原则，以重大责任事故罪或者重大劳动安全事故罪论处。

一般而言，机关、企事业单位、厂矿、学校、封闭的住宅小区等内部道路均不属于公共交通管理范围。在上述区域道路上因使用交通工具致人伤亡，在排除行为人出于主观故意以及不能构成过失以危险方法危害公共安全罪的情况下，如构成过失犯罪，需要定罪处罚的，不能按交通肇事罪处理。原则上讲，一般应首先考虑以过失致人死亡罪追究刑事责任，如该行为同时又符合重大责任事故罪或重大劳动安全事故罪的构成要件，则应按特别法条优于普通法条的适用原则，以重大责任事故罪或重大劳动安全事故罪等罪名追究其刑事责任。具体地说，其一，在工厂、矿山、林场、建筑企业或者其他企业、事业单位内部交通范围内，该单位职工使用交通工具违章生产作业的，因而发生重大伤亡事故或者造成其他严重后果，应以重大责任事故罪追究刑事责任；如该职工使用交通工具但并非从事单位的生产作业，虽造成重大伤亡事故或者造成其他严重后果的，仍应以过失致人死亡罪追究刑事责任。其二，在工厂、矿山、林场、建筑企业或者其他企业、事业单位内部交通范围内，该单位用于生产、运输的交通工具不符合国家劳动安全规定，经有关部门或人员提出后，仍不采取措施，因而发生重大伤亡事故或者造成其他严重后果的，应以重大劳动安全事故罪追究相关责任人的刑事责任；如不符合上述情况，虽因使用交通工具造成重大伤亡事故或者造成其他严重后果，仍应以过失致人死亡罪追究行为人的刑事责任。在李满英过失致人死亡案中，被告人李满英无证驾驶无牌号摩托车，在华北石油天津物资转运站大院内这一非公共交通管理范围内行驶时，将正在散步的张岳琴撞死，其性质不属于交通肇事罪，但符合过失致人死亡罪的构成要件，以过失致人死亡罪追究其刑事责任是正确的。[No. 4-233-4　李满英过失致人死亡案]

△交通肇事后及时抢救伤者、保护现场、报告公安机关并等候处理的，后因无经济能力治疗被害人而逃跑的，不构成交通肇事后逃逸。

交通肇事逃逸所逃避的法律义务首先应当是对被害人的救助义务，其次是配合侦查的义务，最后是弥补被害人损失的义务。在陶明华交通肇事案中，被告人陶明华发生交通肇事后，及时向公安机关报案，等候公安机关处理，接受了讯问，如实供述了犯罪事实，已经履行完毕了《道路交通安全法》第七十条第一款规定的保护现场义务以及报告公安机关并听候处理的义务。公安机关经调查讯问，未对被告人陶明华采取任何强制措施，在其人身和行为未被依法限制的情况下，应当视为其仍然有权利离开公安机关的监控而去向其他地方，因此其后来回到原籍地的行为，不足以导致其明显违反接受刑罚惩罚的义务。陶明华在事故发生后及时将被害人送往医院治疗，并支付了5000元治疗费，后来逃回原籍地系因无经济能力为被害人继续治疗，而不是有能力继续救助而不予救助，表明其已经履行了及时抢救伤者的义务。陶明华发生交通肇事后，是在已经充分履行了法定强制性义务的情况下回到原籍地的，与交通肇事后放任死伤或财产损失于不顾，逃避公安侦查和追捕而逃离事故现场的行为有着本质区别，其社会危害性明显较小，不属于刑法意义上的逃避法律追究，不应当认定为肇事后逃逸。[No. 2-133-18　陶明华交通肇事案]

△交通肇事后履行了保护现场、抢救伤者与迅速报案等法定义务后，为逃避法律责任而潜逃

的,不构成交通肇事后逃逸。

肇事人在肇事后有保护现场、抢救伤者和财产、迅速报案的法定义务。刑法禁止交通肇事后逃逸的主要目的,是最大限度保护被害人的利益,维护交通管理秩序。在张宪国交通肇事案中,被告人在交通肇事中受伤,第二天便去交警队讲明情况,协助交警部门作出责任认定。被告人其后基于某些原因不配合后续刑事诉讼的行为,属于犯罪后潜逃,不构成肇事后逃逸。[No. 2-133-19　张宪国交通肇事案]

△交通肇事逃逸行为不限于在事故现场实施,为逃避法律追究而从医院逃离的行为也应当认定为交通肇事后逃逸。

交通肇事后逃逸,是指发生交通事故后,肇事者不履行保护现场、积极抢救、迅速报案等义务而逃跑的行为。根据《最高人民法院关于审理交通肇事刑事案件具体应用法律若干问题的解释》第三条的规定,认定逃逸,行为人主观上必须具有“为逃避法律追究”的目的;客观上实施了逃跑行为,且这里的逃跑不应限定为仅从事故现场逃跑。因此,只要是在交通肇事后为逃避法律追究而逃离的行为,都应当认定为交通肇事后逃逸。

将逃逸行为的实施地仅限定在事故现场值得商榷。一是法律、法规及相关规范性文件均未对逃逸的时间和地点作限制规定。如果仅将逃逸行为的实施地限定在事故现场,那么性质同样恶劣的逃避法律追究的行为就得不到有效规制,势必会影响此类犯罪的惩处力度,也与相关立法精神不符。二是在司法实践中,肇事者往往在事故现场无法逃离,如肇事者自己受伤或者被卡在车内、遭被害人亲属围堵或者公安人员及时赶到现场等;但在调查取证或者医院治疗期间,肇事者往往借对其人身约束相对放松的机会而逃离。因此,对事后逃逸行为有必要与事故现场逃逸行为一样予以打击。将交通肇事逃逸场所限制理解为事故现场,是机械套用公安部的《道路交通事故处理程序规定》,忽略了《刑法》第一百三十三条及《最高人民法院关于审理交通肇事刑事案件具体应用法律若干问题的解释》所体现的立法和政策精神。

对于交通肇事后的逃离行为,也不能一概认定为交通肇事逃逸。实践中,在交通事故发生后,肇事者在事故现场遭到被害人亲属等围攻、被害人亲属等由于悲愤情绪对肇事者实施殴打报复的情形并不少见。这种在事故现场肇事者因害怕被殴打报复而暂时躲避,或者在将被害人送到医院抢救后,因害怕被殴打报复而暂时躲避,事后又主动归案的,不应认定为交通肇事逃逸。对于在事故现场,肇事者因害怕遭到被害人亲属等的殴打而逃离现场所涉及的主观认定,必须从严,必须限定在被害人亲属等可能及时赶到事故现场的情形。在该情形下,肇事者逃离现场一般不会严重影响到对被害人的抢救治疗,更何况肇事者事后又主动归案,表明其并未有逃避相关法律责任的主观心理和客观表现。如果肇事者明知被害人亲属等不可能及时赶到现场,则表明肇事者并非因害怕遭到殴打而逃离现场,其对被害人的生死具有置之不理的心理,因此其逃离事故现场的行为应当认定为交通肇事逃逸。对于肇事者将被害人送到医院抢救的情形,肇事者因害怕家属殴打报复,暂时躲避,事后又主动归案的,表明肇事者已履行了抢救义务,客观上又未逃避法律责任,亦不能认定其为交通肇事逃逸。

在刘本露交通肇事案中,被告人刘本露的行为构成交通肇事罪毋庸置疑,但其在交通肇事后逃逸的行为能否体现出其在主观上具有逃避法律追究的故意,需要结合具体案情以及有关附随情况来综合认定。基于以下四个方面的分析,笔者认为,刘本露在交通肇事后,主观上具有逃避法律追究的故意:(1)刘本露不具备现场逃离的条件,其自己在事故中也受伤;(2)刘本露离开时未受到任何束缚,并非因害怕殴打、报复一类的原因而暂时躲避;(3)刘本露未承担任何救助、赔付义务,对被害人不闻不问即逃离;(4)刘本露在医院时未向询问情况的公安人员如实交代事故经过,即逃离前已经暴露有逃避法律追究的客观行为表现。[No. 2-133-20　刘本露交通肇事案]

△交通肇事后在被害人住院期间离开案发地,未影响对被害人的及时救助、未妨碍警方对事故的调查处理,也没有导致事故损失扩大的,不成立肇事后逃逸。

根据《最高人民法院关于审理交通肇事刑事案件具体应用法律若干问题的解释》第三条的规定,“交通运输肇事后逃逸”,是指发生交通事故后,行为人具有该解释第二条第一款和第二款第(一)至(五)项规定的情形之一,为逃避法律追究而逃跑的行为。交通肇事后逃逸的行为往往造成被害人不能得到及时救治,经济损失无法得到赔偿,同时严重影响民警对案件的查处,因此具有很大的社会危害性。正因如此,1997年刑法在修改时增加了对交通肇事后逃逸行为加重处罚的规定。这一立法的目的主要体现在两点:一是为了及时抢救伤者,防止事故损失的扩大;二是查清事故责任,便于事故处理及法律责任的追究。

构成“交通运输肇事后逃逸”应当同时具备以下三个条件:(1)行为必须齐备交通肇事罪的基本犯罪构成要件,这是认定“交通运输肇事后逃逸”情节的基础条件;(2)行为人主观上具有“逃避法律追究”的目的,这是认定“交通运输肇事后逃逸”的主观条件;(3)行为人客观上有逃离的行为,且逃离行为可能影响到对被害人的救助,导致事故损失的扩大,妨害民警对事故的查处。如果行为人的“逃离”没有影响其对道路交通安全法规定的法定义务的履行,则不应认定其“逃离”行为构成“交通运输肇事后逃逸”的情节,从而其不应承担交通肇事罪的加重刑罚。

在龚某交通肇事案中,被告人龚某案发后留在现场,积极配合交通警察查处,且及时救助受伤人员,已经履行了道路交通安全法规定的肇事者必须履行的法定义务。龚某离开案发地的行为,客观上没有影响到案发时对被害人的及时救助,没有导致事故损失的扩大。龚某离开案发地的时间是在交通警察已经对事故现场勘查后,被害人在医院治疗的期间。在此期间,事故的危害结果处于待定状态,龚某的法律责任也处于待定状态,公安机关也未对其采取任何强制措施。更为主要的是,龚某在得知被害人医治无效死亡后,主动向公安机关投案,接受处罚。由此可见,龚某的行为并没有妨害民警对事故的查处。综上,被告人龚某的行为不符合“交通运输肇事后逃逸”情节的认定条件,不能认定为“交通运输肇事后逃逸”。[No. 2-133-21 龚某交通肇事案]

△交通肇事致一人重伤,负事故全部责任,其肇事后逃逸的行为应当作为加重处罚的情节。

肇事后的逃逸行为违反了《道路交通安全法》第七十条第一款规定的在肇事后保护现场、抢救伤员、等候处理的法定义务,是对他人生命与健康的漠视,使被害人得不到及时救助、生命健康受到威胁、经济损失无法弥补,同时还增加公安机关侦破案件的难度,增加司法资源的消耗,故法律对这种行为应当给予否定评价,具体可分为两个层次:一是逃逸作为构成交通肇事罪的入罪条件。《最高人民法院关于审理交通肇事刑事案件具体应用法律若干问题的解释》第二条第二款规定“交通肇事致一人以上重伤,负事故全部或者主要责任,并具有下列情形之一的,以交通肇事罪定罪处罚”,其所列情形中第(六)项是“为逃避法律追究逃离事故现场的”。显然,在交通肇事致人重伤的情形下,如果不具备《最高人民法院关于审理交通肇事刑事案件具体应用法律若干问题的解释》第二条第二款前五项的情形,则行为人的逃逸行为应当作为定罪情节使用。二是逃逸作为交通肇事罪的加重处罚情节。根据《刑法》第一百三十三条的规定,交通运输肇事后逃逸或者有其他特别恶劣情节的,处三年以上七年以下有期徒刑;因逃逸致人死亡的,处七年以上有期徒刑。该条为交通肇事罪设定了三个法定刑幅度,行为人在已构成基本犯的前提下,如另有逃逸情节,则可依法升档量刑。

逃逸情节作为入罪条件,又可分为两种情形:第一,逃逸作为事故责任认定的依据。交通肇事罪的认定以分清事故责任为基础,要求行为人承担同等以上(包括同等、主要或者全部)责任,如仅承担次要责任或者无责任,就不构成交通肇事罪。此外,逃逸行为与责任认定密切相关。根据《道路交通安全法实施条例》第九十二条第一款的规定,发生交通事故后当事人逃逸的,逃逸的当事人承担全部责任,但有证据证明对方当事人也有过错的,可以减轻责任。根据《最高人民法院关于审理交通肇事刑事案件具体应用法律若干问题的解释》第二条第一款的规定,行为人被认定承担同等以上责任,或者造成的人员伤亡情况或财产损失情况达到该款规定标准的,构成交通肇事罪。第二,逃逸行为与其他条件结合作为入罪条件。《最高人民法院关于审理交通肇事刑事案件具体应用法律若干问题的解释》第二条第二款规定了交通肇事致人重伤构成犯罪的情形。在此情况下,逃逸与致一人以上重伤,负事故全部或者主要责任相结合,均为本罪的入罪条件。根据《最高人民法院关于审理交通肇事刑事案件具体应用法律若干问题的解释》第二条第二款的规定,认定犯罪时,如在责任认定环节已经考虑了逃逸情节,则只能根据该款规定的前五种情节判断行为人是否构成犯罪,不能依据该款第(六)项“为逃避法律追究逃离事故现场的”来认定行为人构成交通肇事罪,否则就是对逃逸行为的重复评价。同理,根据禁止重复评价原则,在上述两种情形下,逃逸行为都不能再作为加重处罚情节使用。根据《刑法》第一百三十三条的规定,逃逸行为作为加重处罚情节的条件,是行为人逃逸之前的肇事行为从损害后果和应负的责任上看,已构成交通肇事罪的基本犯;在此基础上,行为人又有逃逸行为,该逃逸行为才可作为其加重处罚情节。《最高人民法院关于审理交通肇事刑事案件具体应用法律若干问题的解释》第三条对此种情形作了专门界定。

在马国旺交通肇事案中,被告人马国旺有多个违反交通运输管理法规的行为,如无证驾驶、违章停车、肇事后逃逸,但结合案情看,无证驾驶和逃逸本身并不直接导致交通事故的发生,其责任认定的主要依据是马国旺的车辆尾部挤占道路通行,致使被害人刘大喜骑摩托车撞到该车辆右侧后部,造成刘大喜重伤。因此,司法机关在认定马国旺是否负有事故责任时,主要考虑的是其违章停车行为，而其逃逸行为并未作为认定依据。马国旺无证驾驶机动车，且违章停车，致一人重伤，负事故的全部责任，根据《最高人民法院关于审理交通肇事刑事案件具体应用法律若干问题的解释》第二条第二款第（二）项的规定，已构成交通肇事罪的基本犯。在此基础上，马国旺又有逃逸情节，故应当将逃逸作为加重处罚情节对待，对马国旺在三年以上七年以下有期徒刑范围内量刑。［No. 2-133-22　马国旺交通肇事案］

△允许社会车辆通行的校园道路属于道路交通安全法意义上的道路，违反交通运输管理法规，在校园道路内醉驾，导致重大交通事故的，应成立交通肇事罪。

从相关法律文件对"道路"规定的内容分析，"道路"的范围呈扩大趋势。《最高人民法院关于审理交通肇事刑事案件具体应用法律若干问题的解释》第八条第一款将"道路"明确为实行公共交通管理的范围，将机关、企事业单位、校园、厂矿等单位内部管辖的路段排除在"道路"的范围之外。但实践中，不少企事业单位、校园、厂矿的厂区、园区不断扩大，且系开放式管理，社会车辆、行人经常借道通行，在该路段发生人车相撞的事故越来越多，当事人常报警要求交通管理部门出警认定事故责任，以便于事故的后续处理。但是，受《道路交通管理条例》（已失效）的限制，在这些路段驾驶交通工具发生的事故不能认定为交通事故，相关保险公司也不愿意承担赔付责任，致使肇事者和受害者的权益均难以得到有效保障。因此，《道路交通管理条例》第二条关于"道路"的规定越来越不符合实践中不断出现的新情况。有鉴于此，自2004年起施行的《道路交通安全法》修改了"道路"的含义，扩大了公共交通管理的范围，将"道路"的范围明确为"公路、城市道路和虽在单位管辖范围但允许社会机动车通行的地方，包括广场、公共停车场等用于公众通行的场所"。这样，就把单位管辖范围内允许社会车辆通行的路段纳入了"道路"的范围，以更好地维护这些路段的交通秩序，保护肇事者和受害者的合法权益。

李启铭交通肇事案肇事地点位于河北大学新校区生活区，属于典型的单位管辖范围。该生活区虽设有围墙、大门，相对封闭，但系开放式园区，具有比较完善的社会服务功能，社会车辆只需登记车号就可以进出生活区南门，门口也设有限速5公里的交通标志，说明河北大学对其新校区生活区的路段是按照"道路"进行管理的。因此，该生活区内的道路属于《道路交通安全法》规定的"虽在单位管辖范围但允许社会机动车通行的地方"。被告人李启铭违反交通运输管理法规，在校园道路醉驾并发生重大交通事故，致一人死亡、一人轻伤，负事故全部责任，其行为构成交通肇事罪。［No. 2-133-23　李启铭交通肇事案］

△醉酒驾驶仅发生一次碰撞，并为避免危害后果采取了一定的措施，主观上仅对事故后果持过于自信的过失的，应认定为交通肇事罪。

根据刑法理论界和实务界的通说观点，对醉酒驾驶导致交通事故行为的罪过形式，应当根据"主观支配客观，客观反映主观"的原理，结合案件具体情况进行认定。具体而言，应当结合行为人是否具有驾驶资质、是否正常行驶、行驶速度、车况路况、能见度、案发地点车辆及行人多少、肇事后的表现以及行为人关于主观心态的供述、相关证人的证言等情况，进行综合认定。

在杜军交通肇事案中，认定被告人杜军在主观上没有放任危害结果发生的间接故意，其对三死一伤的后果系过于自信的过失，主要是基于以下三点理由：（1）杜军为避免危害后果发生采取了一定的措施。杜军饮酒后并未立即开车，而是休息数小时后才开车，表明其已经认识到酒后开车对公共安全有较大的危险，并为避免发生这种危险而采取了一定的措施。虽然这项措施客观上没有完全消除醉酒状态，但反映出行为人主观上既不希望也不放任危害后果发生的心态。（2）当杜军意识到其驾驶的汽车撞人后，立即采取了制动措施，并下车查看情况，发现确实撞到人后立即报警，表明其并非不顾危害结果的发生，而是对危害后果的发生持反对、否定的态度。（3）杜军的行车速度比较正常，从现场刹车印迹分析，肇事时车速为68～71公里/小时，不属于超速行驶，这表明杜军不具有因醉酒后过于兴奋而超速驾车，放任危害后果发生的故意。

《最高人民法院关于印发醉酒驾车犯罪法律适用问题指导意见及相关典型案例的通知》规定："行为人明知酒后驾车违法、醉酒驾车会危害公共安全，却无视法律醉酒驾车，特别是在肇事后继续驾车冲撞，造成重大伤亡，说明行为人主观上对持续发生的危害结果持放任态度，具有危害公共安全的故意。对此类醉酒驾车造成重大伤亡的，应依法以以危险方法危害公共安全罪定罪。"从上述规定的精神分析，发生二次或者二次以上冲撞的，行为人对其行为造成的后果持放任态度的可能性大（在惊慌失措情形下为避免后果发生二次碰撞的除外），上述规定倾向认定这种情况为以危险方法危害公共安全罪；而仅发生一次冲撞、造成严重后果的，行为人对其造成的后果持反对、否定的可能性大，故上述规定倾向认定其为交通肇事罪。

需要说明的是，无论是仅发生一次冲撞行为

还是有二次或者二次以上冲撞行为,都只是体现行为人对危害后果所持意志状态的一个方面,不能将此作为划分交通肇事罪与以危险方法危害公共安全罪的唯一标准。仅发生一次冲撞行为的情形,并不能绝对排除构成以危险方法危害公共安全罪的可能。具有以下情形之一,确有证据证实行为人明知酒后驾车可能发生交通事故,仍执意驾车,导致一次冲撞发生重大伤亡的,仍然可能依法构成以危险方法危害公共安全罪:(1)曾有酒后驾车交通肇事经历的;(2)在车辆密集的繁华地段故意实施超速50%以上驾驶、违反交通信号灯驾驶、逆向行驶等严重威胁道路交通安全的行为的;(3)驾车前遭到他人竭力劝阻,仍执意醉驾的。这些情节在一定程度上反映出行为人对危害后果可能持放任心态。[No. 2-133-24　杜军交通肇事案]

△吸毒后驾驶机动车交通肇事造成特别严重后果的,属于《刑法》第一百三十三条意义上的"其他特别恶劣情节"。

对于吸食毒品后驾驶机动车发生重大交通事故的行为,应当结合具体案情进行定性分析。张超泽交通肇事案争议的焦点在于,被告人张超泽的行为是构成交通肇事罪还是以危险方法危害公共安全罪。笔者认为,根据本案的事实和证据,并结合相关刑法理论和司法实践,张超泽对交通事故的发生在意志状态上系反对、否定态度,即罪过形式为过失,其行为构成交通肇事罪。

第一,在认识因素方面,张超泽仅认识到交通事故有发生的可能性而非高度盖然性。过于自信的过失有以下三种情况:一是过高估计自己的能力;二是不当地估计了现实存在的客观条件对避免危害结果的作用;三是误以为结果发生的可能性很小,因而可以避免发生。因个体对毒品的耐受力存在较大差异,分析毒驾者对发生交通事故可能性的认识程度时,既要考察一般人的认知和感受,又要具体考察行为人的认知和感受,即需要结合行为人的吸毒史、吸食毒品的种类、吸毒后的不良反应、驾驶经验以及当时的路况等因素进行综合判断。在张超泽交通肇事案中,现有证据证实张超泽只有两三次吸食氯胺酮的经历,其仅有一次供述称知道吸毒后会失去知觉和自我控制,其余供述均称"没想到会造成这么严重的后果",说明其对自己吸毒后的不良反应认识尚浅,只是模糊、隐约认识到吸毒后驾驶可能会有危险,但过于相信自己的驾驶技术,误以为发生这种危险的可能性较小,即便发生事故,充其量也只是车辆刮擦的小事故。此外,从常理分析,如果张超泽明知其吸毒后会失去知觉,为何还会驾车去接怀孕的女友,将自己和女友陷入高度危险的境地?这种不符合情理的做法也反证其供述是可信的。因此,张超泽对毒驾发生交通事故的认知程度符合过于自信的过失的认识情况。

第二,在意志因素方面,张超泽对交通事故的发生持反对态度。就毒驾者而言,判断其对危害后果的发生持何种态度,需要综合分析其在何种状态下吸毒,吸毒距驾驶的间隔时间,是否采取避免措施,在驾驶途中是否具有超速、逆向行驶、闯红灯等其他违反道路交通安全法的驾驶行为,肇事后是积极救援还是逃匿等情节。本案中,张超泽系毒品初吸者,对毒品的依赖性一般,并非处于毒瘾发作期为了吸毒而不管不顾肇事危险的情况。张超泽较短的吸毒经历让其误以为发生交通事故的可能性很小,故其未采取避免措施,其在驾驶途中发生严重意识障碍导致行为失控在其意料之外;同时也无证据显示其还实施了其他违反道路交通安全法的驾驶行为。张超泽驾车冲撞行人和车辆的碰撞点有四处,但这些碰撞是一次性连续冲撞形成的,并非其意识到第一次冲撞之后为逃离现场而不管不顾继续冲撞的结果。此外,张超泽在事故发生后也未逃离。综上,可认定张超泽对危害结果的发生持否定态度。

吸毒后驾驶机动车交通肇事,造成特别严重后果的,属于《刑法》第一百三十三条规定的"其他特别恶劣情节"。

《刑法》第一百三十三条对交通肇事罪规定了三个不同的量刑幅度,其中交通运输肇事后逃逸或者有其他特别恶劣情节的,处三年以上七年以下有期徒刑。《最高人民法院关于审理交通肇事刑事案件具体应用法律若干问题的解释》第四条对"其他特别恶劣情节"列举了三种情形:一是死亡二人以上或者重伤五人以上,负事故全部或者主要责任的;二是死亡六人以上,负事故同等责任的;三是造成公共财产或者他人财产直接损失,负事故全部或者主要责任,无能力赔偿数额在60万元以上的。本案中,被告人张超泽吸毒后在繁华路段驾车冲撞多车、多人,造成了一人死亡、五人轻伤、七人轻微伤的严重后果,社会影响恶劣,但并不在《最高人民法院关于审理交通肇事刑事案件具体应用法律若干问题的解释》第四条规定的上述三种情形之列。在此情况下,能否认定张超泽的行为属于"有其他特别恶劣情节",存在一定争议。笔者认为,对"其他特别恶劣情节"的把握,要采取原则性与灵活性相统一的原则。

第一,从《最高人民法院关于审理交通肇事刑事案件具体应用法律若干问题的解释》第四条的规定看,该条并未绝对排除该条规定之外的其他情形属于“其他特别恶劣情节”。《最高人民法院关于审理交通肇事刑事案件具体应用法律若干问题的解释》第四条规定“交通肇事具有下列情形之一的,属于‘有其他特别恶劣情节’”。这种列举式的表述方式相对灵活,对于符合《最高人民法院关于审理交通肇事刑事案件具体应用法律若干问题的解释》列举的三种情形之一的,应当认定为“有其他特别恶劣情节”;而对其他情形是否属于“有其他特别恶劣情节”,《最高人民法院关于审理交通肇事刑事案件具体应用法律若干问题的解释》则未作出排除性或者禁止性的规定。因此,判断其他情形是否属于“有其他特别恶劣情节”,可以依照刑法和《最高人民法院关于审理交通肇事刑事案件具体应用法律若干问题的解释》第四条规定的精神,结合具体案情作出判断。

第二,从《最高人民法院关于审理交通肇事刑事案件具体应用法律若干问题的解释》第二条规定的精神看,应当将吸毒后驾驶致多人死伤的行为认定为“有其他特别恶劣情节”。《最高人民法院关于审理交通肇事刑事案件具体应用法律若干问题的解释》第二条第一款规定,致一人死亡或者三人以上重伤,负事故全部或者主要责任的,构成交通肇事罪。同时,该条第二款规定,交通肇事致一人以上重伤,负事故全部或者主要责任,并具有该款列举的六种情形之一的,亦构成交通肇事罪。其中,第(一)项即是“酒后、吸食毒品后驾驶机动车辆的”,说明《最高人民法院关于审理交通肇事刑事案件具体应用法律若干问题的解释》第二条第二款第(一)项,在交通肇事罪的入罪标准上,区分了一般情形和毒驾等特殊情形。根据这一规定精神,量刑也应区分不同情形,确定从严处罚的尺度。一般情况下,死亡二人以上或者重伤五人以上,负事故全部或者主要责任的,属于“有其他特别恶劣情节”;那么,对于具有毒驾情节的,可比照该项规定适当降低致人伤亡的程度。如果毒驾肇事致一人以上死亡、多人受伤的,就可以考虑认定其为“有其他特别恶劣情节”。本案中,张超泽交通肇事致一人死亡、五人轻伤、七人轻微伤,后果特别严重,结合其吸毒后驾车的情节,可以认定其为“有其他特别恶劣情节”,应在三年以上七年以下有期徒刑幅度内判处刑罚。鉴于本案社会影响恶劣,一审法院顶格判处张超泽有期徒刑七年,准确贯彻了宽严相济刑事政策依法从严的精神。[No. 2-133-26　张超泽交通肇事案]

△二次碰撞事故中,第一次肇事者的逃逸行为与被害人被二次碰撞死亡结果间的因果关系,一般不因二次碰撞因素的介入而中断。

二次碰撞交通事故的客观过程为:第一次碰撞→行为人逃逸→被害人无法离开或停留在现场→第二次碰撞→被害人死亡。因此,逃逸行为与死亡结果间介入了两个因素,需要分析其因果关系是否存在被切断或影响(原因力大小变更)的可能。

(1)被害人行为介入对因果关系的影响。一般而言,被害人的介入因素存在几种情形:①被害人不得不或者几乎必然(通常)实施介入因素;②行为人导致被害人介入异常行为,但结合被害人的心理、精神因素,该介入可视为有通常性;③被害人的行为对结果作用轻微;④被害人的介入有异常性。理论上认为,只有第四种情形下被害人介入因素才阻断行为人的行为与结果间的因果关系。在邵大平交通肇事案中,从邵大平车辆左后视镜掉落、前挡风玻璃左下角破裂、左前门撞凹、现场遗留左后视镜等碰撞痕迹,可知第一次碰撞显非轻微碰撞,事发后被害人在原地呼叫路人帮忙的行为,也不具有异常性,无法得出其存在刻意停留的结论。另外,两次碰撞的间隔非常短,被害人的介入因素不能阻断邵大平逃逸行为与被害人死亡结果间的因果关系。

(2)第二次碰撞行为介入对因果关系的影响。第二次碰撞行为属第三人介入的问题,其是否阻断第一次行为的因果关系需考量以下因素:①逃逸行为导致结果发生的危险性大小;②介入因素异常性大小;③介入因素对结果发生的作用大小;④介入因素是否处于逃逸行为的可控范围。本案案发地点为车流量大的国道,案发时间为足以影响视线的夜间,被害人被邵大平碰撞后仍停留在国道上,因此邵大平的逃逸行为对后续碰撞具有较大的危险和原因力。经认定,两次碰撞对死亡负同等责任,故不能认为后续碰撞具有异常性。如果邵大平将被害人挪动到安全位置或采取安全措施,则有避免后续碰撞的可能,但其却径行离开。综合考量,后续碰撞不能阻断或影响邵大平逃逸行为与被害人死亡结果间的因果关系。[No. 2-133-27　邵大平交通肇事案]

△二次碰撞事故中,行为人的逃逸行为应认定为交通肇事因逃逸致人死亡,而非不作为的故意杀人。

在二次碰撞事故中,认定行为人的逃逸行为构成不作为的故意杀人罪应当慎重。其一,从法律规定的层面来看,刑法针对“因逃逸致人死亡”已作出明确规定,《最高人民法院关于审理交通肇事刑事案件具体应用法律若干问题的解释》第六条也仅规定了“移置性逃逸”以故意杀人罪论处,如果一律认定“因逃逸致人死亡”为不作为故意杀人,则会直接导致“因逃逸致人死亡”规定的虚置。其二,“因逃逸致人死亡”的处理结果较故意杀人罪差距明显,从刑罚设置上看,二者的基本模式应有不同。那么,如何在二次碰撞事故中对逃逸行为进行准确认定呢?笔者认为,不作为行为与结果之间的关系,至少应达到相当的程度。例如,对溺水者负有救助义务的人不作为,其行为与死亡结果之间就具有相当因果关系,即被害人死亡的概率非常高,生还具有异常性。然而,在二次碰撞事故中,尽管介入了第三人的行为(第二次碰撞),但此因素发生的可能性却远不及溺水案中被害人死亡的概率高。因此,不对第三人的行为进行评价,仅从形式上认定行为是否构成不作为犯罪是不恰当的。

在“移置性逃逸”中,移置致被害人死亡的风险升高,相当于拿走溺水者唯一求生的木板,等价于故意杀人。同理,在二次碰撞事故中,也应重点考量被害人因何种原因处于危险状态、被害人所处的危险程度、被害人对逃逸者的依赖程度、逃逸者履行义务的难易程度、逃逸者不履行义务对结果的原因力、将结果仅归责于逃逸是否合适等因素,综合判断逃逸行为与故意杀人间是否具有等价性。一般而言,与作为等价的逃逸行为,第二次事故的发生应具有较大的必然性。实践中,事故责任认定具有一定的参考意义(当然,需分析认定理由)。如经认定,第二次碰撞肇事者不负责任,则第二次事故发生具有较大的必然性,逃逸行为对被害人死亡结果具有等价于作为的原因力;如第二次碰撞的第三人负有较大的过错,即第二次事故的发生具有一定的偶然性,也很难将逃逸行为与再次碰撞致被害人死亡的原因力作同等考量,应认定为“因逃逸致人死亡”。在邵大平交通肇事案中,经事故责任认定,第一、二次碰撞对被害人的死亡负同等责任,第二次碰撞存有较大过错,但也未达到阻断第一次行为与被害人死亡结果的因果关系的地步。因此,邵大平的行为应属犯罪,并应被认定为交通肇事“因逃逸致人死亡”。[No. 2-133-28　邵大平交通肇事案]

△交通肇事罪与以危险方法危害公共安全罪的区别在于主观方面。判断行为人的主观罪过是故意还是过失,应重点考察事故是否属于一次性撞击、行为人是否采取紧急制动措施和行为人是否在繁华人多路段高速或高速逆向行驶等关键因素,还要结合行为人是否明知车辆状况,特别是刹车情况、行为人的驾驶技能和经验、醉驾的程度、行驶的速度、违反交通规则的严重程度,甚至驾驶时的情绪等辅助性因素进行综合判定。

《最高人民法院关于印发醉酒驾车犯罪法律适用问题指导意见及相关典型案例的通知》规定:“行为人明知酒后驾车违法、醉酒驾车会危害公共安全,却无视法律醉酒驾车,特别是在肇事后继续驾车冲撞,造成重大伤亡,说明行为人主观上对持续发生的危害结果持放任态度,具有危害公共安全的故意。对此类醉酒驾车造成重大伤亡的,应依法以以危险方法危害公共安全罪定罪。”一般认为,《最高人民法院关于印发醉酒驾车犯罪法律适用问题的意见指导意见及相关典型案例的通知》的上述规定,提出了认定醉酒驾车肇事在何种情形下构成以危险方法危害公共安全罪的标准。醉酒驾车肇事,仅发生一次性冲撞的,一般不构成以危险方法危害公共安全罪;肇事后继续冲撞,造成重大伤亡的,可以认定为以危险方法危害公共安全罪。这种意见有一定的合理性,因为行为人在发生第一次事故后,为了逃避法律制裁或者因害怕而逃跑,虽然行为人可能不希望再次发生交通事故,但是为了逃跑已经管不了这么多了,表现的是一种放任的态度,构成间接故意。二次冲撞在本质上已经属于一种新的、独立的犯罪行为,虽然源发于交通肇事行为,但是,只是形式上具有关联性,在本质上已经不能为交通肇事罪所涵盖,应定性为以危险方法危害公共安全罪。此外,在仅有一次性撞击的情况下,要慎重认定行为人构成以危险方法危害公共安全罪。在绝大多数交通肇事案件中,行为人对实害结果都是持排斥态度的,因为如果发生事故,行为人本身就是第一个受害人。醉酒驾驶机动车发生交通事故其实是一种概率性事件,并非必然发生,通常情况下,是因为行为人盲目相信自己的驾驶技术,轻信能够避免危害结果的发生,主观上表现为过于自信的过失,因此在醉酒驾车一次性撞击造成重大人员伤亡的情况下,一般对其定交通肇事罪为宜。

在发生交通事故后,正常人的反应应该是采取紧急制动措施,使车辆尽快停下。这一行为能够直观地反映行为人在事故发生时对该事故所持的态度:如果行为人采取了紧急制动措施,无论其出于本能还是意志控制,都表明其对该事故感到意外或排斥,是一种过失心态,构成交通肇事罪;如果行为人根本未采取紧急制动措施,除行为人醉酒程度已达到完全失去控制能力的情况外,均表明行为人已克服本能反应,对危害结果是一种“管不了那么多了”的心态,意志因素表现为放任甚至是希望,属于间接故意或直接故意,构成以危险方法危害公共安全罪。

只有造成了与放火、爆炸等相当的具体公共危险,才能成立以危险方法危害公共安全罪。在繁华人多等路段高速或高速逆行,对公众的生命财产安全造成极大威胁，其产生的公共危险与放火、爆炸等行为产生的公共危险相当，即使没有造成危害结果，也应按照《刑法》第一百一十四条的规定，以以危险方法危害公共安全罪定罪处罚。根据“举轻以明重”的原理，在繁华人多等路段高速或高速逆向行驶，造成了重大人员伤亡，则应该按照《刑法》第一百一十五条第一款之规定，以以危险方法危害公共安全罪定罪处罚。

在温明志、李正平交通肇事案中，四死一重伤的严重后果是一次性撞击造成的，温明志在事故发生后没有继续驾车冲撞，而是采取了紧急制动措施，并在滑行20米后停下。这表明温明志在危害结果持续蔓延的时候，积极采取防止危害结果继续扩大的措施，尽可能减轻损害的程度，而不是积极追求或放任危害后果的发生，只是他过分相信自己的技术，轻信能够避免事故发生，属于过于自信的过失。案发时为凌晨两点钟，正常来讲，路上行人和车辆较少，与繁华人多的路段相比，该路段发生重大交通事故的概率相对较少。只是本案存在特殊情况，八名菜农正巧在案发路段等候车辆，并最终发生交通事故。结合案发时的时间和环境状况，可以推断被告人温明志并没有希望或放任公共危险发生的意志表现。综合上述客观因素，笔者认为，温明志主观上对无证、酒后驾车导致被害人死伤等危害后果的发生是轻信能够避免，且对危害后果持反对、否定态度，不是积极追求或放任发生。只是由于他过高地估计了这些主客观条件，才导致了本案危害后果的发生，其对危害后果的发生属于过于自信的过失，应以交通肇事罪定罪处罚。［No. 2-133-29　温明志、李正平交通肇事案］

△交通肇事后被告人虽然报警并积极救治伤员，但在协助调查时隐瞒真相安排他人顶包的行为，构成交通肇事后逃逸。

刑法关于肇事逃逸之规定所试图保护的法益，是事故被害人得到及时救治以免因耽搁致伤致死的权益和相关机关对事故进行顺利调查和处理，以划分落实责任、平复纠纷的正常工作秩序。从对《刑法》第一百三十三条内容的理解应当以此法益保护为出发点，只要侵害了该法益的行为都可以涵盖相关的罪名和量刑情节。因此，交通肇事罪中的“逃逸”，是指逃避法律追究，即以任何作为或不作为的方式，试图规避应当承担的法律责任的行为。其立法原因上的外延显然比逃跑要更加广阔，将肇事后虽留在现场但安排他人顶包的行为界定为“逃逸”的类型之一，契合社会生活事实，具有生活经验上的合理性。［No. 2-133-30　黄文鑫交通肇事案］

第一百三十三条之一　【危险驾驶罪】

在道路上驾驶机动车，有下列情形之一的，处拘役，并处罚金：

（一）追逐竞驶，情节恶劣的；

（二）醉酒驾驶机动车的；

（三）从事校车业务或者旅客运输，严重超过额定乘员载客，或者严重超过规定时速行驶的；

（四）违反危险化学品安全管理规定运输危险化学品，危及公共安全的。

机动车所有人、管理人对前款第三项、第四项行为负有直接责任的，依照前款的规定处罚。

有前两款行为，同时构成其他犯罪的，依照处罚较重的规定定罪处罚。

【立法沿革】

《中华人民共和国刑法修正案（八）》（自2011年5月1日起施行）

二十二、在刑法第一百三十三条后增加一条，作为第一百三十三条之一：

“在道路上驾驶机动车追逐竞驶，情节恶劣的，或者在道路上醉酒驾驶机动车的，处拘役，并处罚金。

“有前款行为，同时构成其他犯罪的，依照处罚较重的规定定罪处罚。”

《中华人民共和国刑法修正案（九）》（自2015年11月1日起施行）

八、将刑法第一百三十三条之一修改为：

“在道路上驾驶机动车，有下列情形之一的，处拘役，并处罚金：

“（一）追逐竞驶，情节恶劣的；

“（二）醉酒驾驶机动车的；

“（三）从事校车业务或者旅客运输，严重超过额定乘员载客，或者严重超过规定时速行驶的；

“（四）违反危险化学品安全管理规定运输危险化学品，危及公共安全的。

“机动车所有人、管理人对前款第三项、第四项行为负有直接责任的，依照前款的规定处罚。

"有前两款行为,同时构成其他犯罪的,依照处罚较重的规定定罪处罚。"

【立法理由】

(一)立法相关背景及修改情况

1. 2011年《刑法修正案(八)》增加了本条规定。随着经济的发展和人民生活水平的提高,汽车逐渐成为重要的代步工具,汽车的保有量逐年提高,相伴而生的是违法驾驶行为及其所致的交通事故频发。一段时期以来,飙车和醉酒驾车行为较为突出,因其具有高度的危险性,极易造成恶性事故,从而引起了社会的广泛关注。2010年4月第十一届全国人大常委会第十四次会议审议的《国务院关于贯彻实施道路交通安全法加强道路交通安全工作情况的报告》中提出,研究在刑法中增设"危险驾驶机动车罪"。《刑法修正案(八)》在征求意见过程中,对于是否在刑法中增加危险驾驶罪,主要有两种不同意见。

一种意见**赞成规定危险驾驶罪**,主要理由如下:(1)增加危险驾驶罪可以加大对危险驾驶行为的打击力度,增加威慑力。现行法律对酒后驾车、醉酒驾车等危险驾驶行为处罚过轻,酒后驾车的违法成本过低,虽然全国部署的酒驾集中整治收到了较好的成效,但整治毕竟是短时期的、间歇性的,不可能持续不断,只有上升到更严厉的刑罚层面,才能从根本上起到震慑和预防作用。(2)危险驾驶行为足以对公共安全造成严重威胁,应当单独规定为犯罪。驾驶机动车是一种高风险的交通活动,"醉酒驾车""飙车"等危险驾驶行为极大地提高了这种风险,是对公众的生命和健康权的极大漠视,其本身就是一种危害公共安全的危险行为,具有严重的社会危害性,不应等到危害后果发生后才追究刑事责任。(3)增加危险驾驶罪可以解决目前对危险驾驶行为处罚上存在的"同案不同罚""同事不同判"的问题,从法律上统一尺度,有利于维护法制统一。(4)很多国家和地区都将危险驾驶行为规定为犯罪,如德国、美国、加拿大、英国、日本、新加坡、印度等国家以及我国香港特区,都把酒后驾车规定为犯罪。

另一种意见**不赞成规定危险驾驶罪**,主要理由如下:(1)现有法律规定已经足以满足执法需要,没有必要增加危险驾驶罪。现有的道路交通安全法、刑法,以及最高法院印发的醉酒驾车犯罪法律适用问题的指导意见等,基本上能够解决交通肇事、醉酒驾车等行为的处罚问题。从罪名上看,有交通肇事罪,也有以其他危险方法危害公共安全罪,从区分故意和过失来看,是过失的就按交通肇事罪来处理,是故意的就按以危险方法危害公共安全罪来处理,不存在刑法方面的空白。实践中存在的"同事不同判"的问题可以通过加强执法指导,出台相关司法解释来解决。(2)增设危险驾驶罪只能短期起到威慑作用,长期来看警示效果有限。当前存在一种倾向,即出现问题,首先想到的就是通过修改刑法来解决问题,这与我们对刑法期望过高或者与传统的观念有关,增设"危险驾驶罪"后可能在短期内危险驾驶行为会急剧减少,但刑法的威力到底有多大,这是个永远也无法证实的问题。(3)增加危险驾驶罪不符合刑法的谦抑性。刑法的谦抑性要求,刑法应当是调整社会关系的最后手段,在对某一行为进行调整时,只有在其他制裁措施如民事的、行政的等手段不能有效地调整该行为时,才考虑动用刑法,不能动辄要求修改刑法,增设罪名,而且国外立法经验不足以成为增加危险驾驶罪的理由。一些国家与我国的刑法体系是不同的,尽管有的国家将危险驾驶入罪,但它是划在轻罪之下,并非我国刑法意义之"罪"。(4)不应用简单修改刑法的方式"回应民意"。近年来危险驾驶机动车已成为社会公众话题,无论是普通群众、社会舆论,还是公检法实务界以及法学界,对此都十分关注。但应当注意到,公众对这个问题的看法,通过舆论炒作,更多是揉进了社会贫富差距的问题,以及民众仇富甚至仇官的心态。对于舆论与民意,立法机关固然不能忽视,但也不能完全迎合,唯民意是从,应有充分、客观的认识,不应通过入罪来迎合舆论。(5)增设危险驾驶罪会增加大量司法支出,成本与收益难以平衡。增设危险驾驶罪需要通盘考虑设置新罪的成本和收益,我国每年醉酒驾车的人有十万以上,如将其规定为犯罪,我国的司法人员、司法设施(法庭、看守所、监狱等)是否能承受,监狱、看守所是否会人满为患,国家财政需要为此付出多大的代价等,都需要予以考虑。经综合各方面的意见,为保障道路交通安全,2011年2月25日第十一届全国人大常委会第十九次会议通过的**《刑法修正案(八)》将追逐竞驶、醉酒驾车这两种危险驾驶行为规定为犯罪**。

2. 2015年《刑法修正案(九)》对本条的修改情况。《刑法修正案(八)》关于危险驾驶罪的规定实施以来,越来越多的人接受了"开车不喝酒,喝酒不开车"的文明理念,取得了良好的社会效果。一些全国人大代表、法律专家和有关方面提出,除追逐竞驶、醉酒驾车的危险驾驶行为外,还有几种严重影响道路交通安全的顽疾难以根治:一是从事校车业务或者旅客运输,关系较多人的生命财产安全,也是近年来交通事故频发多发的重灾区,一旦发生事故,即是群死群伤,后果不堪设想。实践中,有的从事校车业务或者旅客运输的人员,为了追求利润,无视额定乘员数量或者规定时速,任意超员、超速,发生了大量触目惊心的事故。对这类行为,应当加强管理,加大处罚力度,防止惨案的发生。二是有的运输公司在运输危险化学品过程中严重违反有关管理规定。据当时统计,国内80%的危险化学品需要通过高速公路运输,每年全国通过公路运输的危险化学品达三千五百多个品种、约二十亿吨。几个连接国内主要城市的高速公路均承担运输危险化学品的任务。虽然危险化学品运输安全事故占比不高,但损害结果严重,个案致死率达33%,比普通事故的个案致死率高十几个百分点。危险化学品运输安全事故危害大,爆炸瞬间就能覆盖整个事故现场,有关人员往往根本来不及逃生。同时,基于危险化学品的危险特性,一旦发生事故,还易导致土壤、水源等环境污染,带来次生危害。因此,对于这类事故,必须严格防范。这几种情形,严重危及道路交通安全,社会各方面反响强烈。建议总结《刑法修正案(八)》危险驾驶罪的立法经验,将这些危险驾驶行为写入刑法。根据实践中交通安全事故的种类、危害性等情况,在深入调查研究,听取各方面意见和反复论证的基础上,**《刑法修正案(九)》**对危险驾驶罪作了以下修改:一是将从事校车业务或者旅客运输,严重超过额定乘员载客,或者严重超过规定时速行驶的行为规定为犯罪;二是将违反危险化学品安全管理规定运输危险化学品,危及公共安全的行为规定为犯罪;三是明确机动车所有人、管理人对这两类危险驾驶行为负有直接责任的,依照危险驾驶罪的规定追究其刑事责任;四是将原第二款中的"前款"修改为"前两款",即明确了行为人或者机动车所有人、管理人有这两类危险驾驶行为,同时又构成其他犯罪的,依照处罚较重的规定定罪处罚。

(二)立法时争议的主要问题

在《刑法修正案(九)》的立法过程中,有一些常委会组成人员和社会有关方面建议"**毒驾**"入刑,将吸食、注射毒品后在道路上驾驶机动车的行为纳入危险驾驶罪。对此问题,有关方面多次进行了研究论证,各方面一致认为,从严格禁毒、维护公共安全角度考虑,对吸食、注射毒品后驾驶机动车,危害公共安全的行为依法惩治是必要的。有的部门、专家提出,目前列入国家管制的精神药品和麻醉药品有二百余种,吸食、注射哪些毒品应该入刑,尚需研究;同时目前只能对几种常见毒品做到快速检测,还有一些执法环节的技术问题需要解决,需要进一步完善执法手段,提高可执行性,以保证严格执法、公正执法。经反复研究,考虑到目前有关方面对"毒驾"入刑的认识尚不一致,对于"毒驾"入刑罪与非罪的界限、可执行性等问题还需深入研究,目前对吸食、注射毒品后驾驶机动车的,可依法采取注销机动车驾驶证、强制隔离戒毒等措施,对"毒驾"造成严重后果的,还可以根据案件的具体情况追究其交通肇事、以危险方法危害公共安全的刑事责任。因此,**《刑法修正案(九)》未将"毒驾"纳入危险驾驶罪的规定**,拟对"毒驾"入刑的问题继续深入研究。

(三)有关国家和地区的规定

为了解有关国家和地区法律对危险驾驶行为追究刑事责任的规定情况,笔者查阅了德国、英国、加拿大、日本、西班牙等国家和我国香港、澳门、台湾地区的刑法或道路交通法律、法规的规定,规定有危险驾驶罪的国家和地区,其对危险驾驶行为"危险程度"的要求、行为方式的描述、犯罪主观方面、犯罪主体的范围等方面的规定各不相同。

1. 关于**危险驾驶行为达到何种程度的"危险"方构成犯罪**,主要有以下三种类型:(1)将危险驾驶罪规定为单纯的行为犯,只要行为人实施了法律规定的某种危险驾驶行为,即构成犯罪,对其行为本身是否确实具有危及他人或者公共安全的现实危险性,不作判断,如英国刑法规定,受酒精、毒品影响或酒精含量超标而驾驶或企图驾驶或在静止车辆中掌管车辆的,构成犯罪。(2)对危险驾驶行为的危险性有一定的要求,不仅要有相应的危险驾驶行为,而且该行为本身确实具有危及他人或者公共安全的现实危险性的,才构成犯罪,如《泰国刑法典》第二百三十二条、第二百三十三条规定,危险驾驶"足以危害他人""足以危害乘客"的,构成犯罪。(3)对危险驾驶行为同时设定行为犯和危险犯,并通常对行为犯的处罚较轻,对危险犯的处罚较重(德国、西班牙、匈牙利、加拿大,以及我国台湾、澳门地区)。

2. 关于**危险驾驶行为的规定**。各国和地区规定的危险驾驶行为主要有以下几类:(1)饮酒、服用药物后危险驾驶的。采用列举方式的国家和地区,多对服用酒精性饮料、毒品、麻醉品、精神药品及类似物品后使驾驶能力受损而驾驶机动车辆的行为作了规定(德国、葡萄牙、西班牙等大部分国家和地区)。(2)身体缺陷或疲劳驾驶。因身体或精神缺陷或过度疲劳,而不具备安全驾驶之条件者驾驶车辆的(德国及我国澳门地区)。(3)无驾驶资格而驾驶(我国香港地区、芬兰等)。(4)超速行驶(我国香港地区)。(5)驾驶不合格交通工具危及乘客安全(泰国)。(6)严重违章驾驶,危及他人生命、健康或重大财产安全,主要包括:错误超车或在超车时错误驾驶;在人行横道上错误驾驶;刹车或停车时未保持交通安全所必需的距离等(德国)。

3. 关于**危险驾驶犯罪的主观方面的规定**。大部分国家和地区把该罪规定为故意犯罪,但德国、葡萄牙等明确规定过失危险驾驶和酒后驾驶的也要处罚,并且根据行为人对行为和危险状态的不同心态区分为故意危险驾驶且故意造成危险、故意危险驾驶但过失造成危险、过失危险驾驶且过失造成危险、故意酒后驾车、过失酒后驾车等不同情形。

4. 关于**危险驾驶罪犯罪主体的规定**。大部分国家和地区规定的危险驾驶罪的犯罪主体,仅限于实施了危险驾驶行为的驾驶者本人。但也有的处罚明知驾驶员处于酒醉的状态下而向其提供车辆者、明知司机即将驾车而向其提供酒类者或劝酒者、明知司机饮酒而要求其驾驶者或搭乘者(日本)。

5. 关于**对危险驾驶罪的刑罚规定**。有关国家和地区对于危险驾驶罪在具体行为方式、危险程度、与交通肇事罪的关系等方面的规定均有所不同,因此在处罚上也存在较大差异。归纳为三种情况:(1)对单纯危险驾驶行为的处罚一般较轻。如《德国刑法典》规定,故意或过失酒后驾驶没有造成危险的,处一年以下自由刑或罚金。《芬兰刑法典》规定,酒后驾驶和无证驾驶的,处以罚金或六个月以下的监禁。(2)对具有一定程度现实危险性的危险驾驶行为的处罚,较单纯危险驾驶行为更重。如《德国刑法典》规定,故意危险驾驶而危及他人生命、健康和重大财产的,处五年以下自由刑或罚金(没有造成危险的,处一年以下自由刑或罚金)。《匈牙利刑法典》规定,违反公路交通规则,从而使他人的生命、身体面临紧迫的危险的,处三年以下监禁。(3)对因危险驾驶而发生致人死伤等实际危害后果的,设定了较为严厉的刑罚。如《匈牙利刑法典》规定,酒后驾驶造成他人身体伤害的,处三年以下监禁;造成他人终身残疾、健康的严重损害或者大规模的灾难的,处五年以下监禁;造成人员死亡后果的,处二年至八年的监禁;造成一人以上死亡的后果或者有人员死亡的大规模灾难的,处五年至十年监禁。日本刑法典规定,危险驾驶致人伤害的,处十五年以下惩役;致人死亡的,处一年以上有期惩役(最高二十年)。

【条文说明】

本条是关于危险驾驶罪及其处罚的规定。

本条共分为三款。

第一款是关于**危险驾驶罪及其处罚**的规定。

本款规定的犯罪主体为**一般主体**,即任何在道路上行驶的机动车的驾驶人。本罪侵害的是**双重客体**,主要是道路交通秩序,同时也威胁到不特定多数人的生命、财产安全。行为人在主观上应当为故意,尽管犯罪人在主观上并没有追求交通事故、人员伤亡等后果的发生,但是对于危险驾驶的行为是明知或者放任发生的。

构成危险驾驶罪的前提是**在道路上驾驶机动车**。本款规定的"**道路**",根据《道路交通安全法》第一百一十九条的规定,是指公路、城市道路和虽在单位管辖范围但允许社会机动车通行的地方,包括广场、公共停车场等用于公众通行的场所。根据《公路法》第二条、第六条的规定,**公路**包括公路桥梁、公路隧道和公路渡口,公路按其在公路路网中的地位分为国道、省道、县道和乡道。根据《城市道路管理条例》第二条的规定,**城市道路**,是指城市供车辆、行人通行的,具备一定技术条件的道路、桥梁及其附属设施。本款规定的"**机动车**",根据《道路交通安全法》第一百一十九条的规定,是指以动力装置驱动或者牵引,上道路行驶的供人员乘用或者用于运送物品以及进行工程专项作业的轮式车辆。机动车包括汽车、挂车、无轨电车、摩托车、三轮摩托车、农用运输车、农用拖拉机以及轮式专用机械车等,不包括在轨道上运行的车辆,如有轨电车。

根据本款规定,构成危险驾驶罪的行为有以下四种:

1. **"追逐竞驶,情节恶劣的"**。这里规定的"追逐竞驶",就是平常所说的"飙车",是指在道路上,以在较短的时间内通过某条道路为目标或者以同行的其他车辆为竞争目标,追逐行驶。具体情形包括在道路上进行汽车驾驶"计时赛",或者若干车辆在同时行进中互相追赶等,既包括超过限定时速的追逐竞驶,也包括未超过限定时速的追逐竞驶。根据本款规定,在道路上追逐竞驶,情节恶劣的才构成犯罪。判断是否"情节恶劣",应结合追逐竞驶所在的道路、时段、人员流量,追逐竞驶造成的危害程度以及危害后果等方面进行认定。①

① 我国学者指出,情节恶劣是对处罚范围的限制,而非衡量危险现实化与否的具体标准。规定情节恶劣,并不意味着追逐竞驶型危险驾驶行为属于具体危险犯。参见周光权:《刑法各论》(第4版),中国人民大学出版社2021年版,第221页。

2. “**醉酒驾驶机动车的**”。《道路交通安全法》第九十一条规定了饮酒和醉酒两种情形。根据国家质量监督检验检疫总局、国家标准化管理委员会 2011 年 1 月 27 日发布的《车辆驾驶人员血液、呼气酒精含量阈值与检验》(GB 19522-2010)的规定,**饮酒后驾车**是指车辆驾驶人员血液中的酒精含量大于或者等于 20mg/100mL,小于 80mg/100mL 的驾驶行为;**醉酒后驾车**是指车辆驾驶人员血液中的酒精含量大于或者等于 80mg/100mL 的驾驶行为。实践中,执法部门也依据这一标准来判断酒后驾车和醉酒驾车两种行为。

醉酒驾驶机动车的行为不一定造成交通事故、人员伤亡的严重后果,只要行为人血液中的酒精含量大于或者等于 80mg/100mL,即构成危险驾驶的行为。① 根据《最高人民法院、最高人民检察院、公安部关于办理醉酒驾驶机动车刑事案件适用法律若干问题的意见》第二条的规定,醉酒驾驶机动车,有下列情形之一的应当从重处罚:造成交通事故且负事故全部或者主要责任,或者造成交通事故后逃逸,尚未构成其他犯罪的;血液酒精含量达到 200mg/100mL 以上的;在高速公路、城市快速路上醉酒驾驶的;驾驶载有乘客的营运机动车的;有严重超员、超载或者超速驾驶,无驾驶资格驾驶机动车,使用伪造或者变造的机动车牌证等严重违反道路交通安全法的行为的;逃避公安机关依法检查,或者拒绝、阻碍公安机关依法检查尚未构成其他犯罪的;曾因酒后驾驶机动车受过行政处罚或者刑事追究的;其他可以从重处罚的情形。

3. “**从事校车业务或者旅客运输,严重超过额定乘员载客,或者严重超过规定时速行驶的**”。这里所规定的“**校车**”,主要是指依照国家规定取得使用许可,用于接送接受义务教育的学生上下学的七座以上的载客汽车。依照国务院颁布的《校车安全管理条例》的有关规定,从事校车业务应当取得许可。学校或者校车服务提供者申请取得校车使用许可,应当向县级或者设区的市级人民政府教育行政部门提交书面申请和证明其符合该条例第十四条规定条件的材料。教育行政部门应当自收到申请材料之日起三个工作日内,分别送同级公安机关交通管理部门、交通运输部门征求意见,公安机关交通管理部门和交通运输部门应当在三个工作日内回复意见。教育行政部门应当自收到回复意见之日起五个工作日内提出审查意见,报本级人民政府。本级人民政府决定批准的,由公安机关交通管理部门发给校车标牌,并在机动车行驶证上签注校车类型和核载人数;不予批准的,书面说明理由。校车标牌应当载明本车的号牌号码、车辆的所有人、驾驶人、行驶线路、开行时间、停靠站点以及校车标牌发牌单位、有效期等事项。禁止使用未取得校车标牌的车辆提供校车服务。

从事旅客运输的车辆,主要是指从事旅客运输的营运机动车。根据《道路交通管理机动车类型》(GA 802-2019)的规定,机动车按结构可以分为载客汽车、载货汽车、专项作业车等类型;按使用性质分为营运、非营运和运送学生。营运机动车是指个人或者单位以获取利润为目的而使用的机动车,具体包括公路客运、旅游客运、公交客运、出租客运、租赁以及教练车等,实践中问题比较突出的是公路客运、旅游客运中的危险驾驶问题。根据国务院《道路运输条例》和有关规定,从事旅客运输的驾驶人员需要具备一定的资质,由有关部门颁发准驾证明;客运经营者应当持道路运输经营许可证依法向工商行政管理机关办理有关登记手续;客运车辆不得超过核定的载客人数,但按照规定免票的儿童除外,在载客人数已满的情况下,按照规定免票的儿童不得超过核定载客人数的 10%等。

《道路交通安全法》第四十九条规定,机动车载人不得超过核定的人数;第四十二条规定,机动车上道路行驶,不得超过限速标志标明的最高时速。从事校车业务的机动车和旅客运输车辆严重超员、超速的危害性很大。超员会导致车辆超出其载质量,增加行车的不稳定性,引发爆胎、偏驶、制动失灵、转向失控等危险。超速行驶会降低驾驶人的判断能力,使反应距离和制动距离延长。这两种做法,都容易造成群死群伤的重特大交通事故,且会加大事故的伤亡后果。这里所规定的“严重”超员、超速的具体界限,需要由有关部门通过制定衔接性规定加以明确。只要从事校车业务的机动车和旅客运输车辆严重超员、超速的,无

① 陈家林教授指出,司法实践往往以血液酒精含量是否大于或者等于 80mg/100mL 作为判断是否醉酒驾驶的唯一认定标准。通说亦认为,醉酒驾驶型危险驾驶罪是抽象危险犯,只要行为人血液中的酒精含量达到上述标准,即构成本罪,不需要司法人员具体判断醉酒行为是否具有公共危险。参见赵秉志、李希慧主编:《刑法各论》(第 3 版),中国人民大学出版社 2016 年版,第 73 页。另有学者指出,危险驾驶罪中的“醉酒”必须基于刑法的立场而非行政取缔的观点进行解释。除了参考行政法规中的数量指标外,还必须结合行为人醉驾当时的具体事实加以综合判断。参见黎宏:《刑法学各论》(第 2 版),法律出版社 2016 年版,第 63 页。

论是否造成严重后果，都应当追究危险驾驶罪的刑事责任。

4. **“违反危险化学品安全管理规定运输危险化学品，危及公共安全的”**。根据国务院发布的《危险化学品安全管理条例》的规定，危险化学品是指具有毒害、腐蚀、爆炸、燃烧、助燃等性质，对人体、设施、环境具有危害的剧毒化学品和其他化学品。从事危险化学品道路运输的，应当取得危险货物道路运输许可，并向工商行政管理部门办理登记手续。危险化学品道路运输企业应当配备专职安全管理人员。驾驶人员、装卸管理人员、押运人员应当经交通运输主管部门考核合格，取得从业资格。运输危险化学品，应当根据危险化学品的危险特性采取相应的安全防护措施，并配备必要的防护用品和应急救援器材。用于运输危险化学品的槽罐以及其他容器应当封口严密，能够防止危险化学品在运输过程中因温度、湿度或者压力的变化发生渗漏、洒漏；槽罐以及其他容器的溢流和泄压装置应当设置准确、起闭灵活。运输危险化学品的驾驶人员、装卸管理人员、押运人员应当了解所运输的危险化学品的危险特性及其包装物、容器的使用要求和出现危险情况时的应急处置方法。通过道路运输危险化学品的，托运人应当委托依法取得危险货物道路运输许可的企业承运，应当按照运输车辆的核定载质量装载危险化学品，不得超载。危险化学品运输车辆应当符合国家标准要求的安全技术条件，并按照国家有关规定定期进行安全技术检验，应当悬挂或者喷涂符合国家标准要求的警示标志。通过道路运输危险化学品的，应当配备押运人员，并保证所运输的危险化学品处于押运人员的监控之下。运输危险化学品途中因住宿或者发生影响正常运输的情况，需要较长时间停车的，驾驶人员、押运人员应当采取相应的安全防范措施；运输剧毒化学品或者易制爆危险化学品的，还应当向当地公安机关报告。未经公安机关批准，运输危险化学品的车辆不得进入危险化学品运输车辆限制通行的区域。危险化学品运输车辆限制通行的区域由县级人民政府公安机关划定，并设置明显的标志。根据本款规定，违反上述规定，危及公共安全的，应当依法追究刑事责任，尚未危及公共安全的，也应当依法予以行政处罚。这里所规定的**“危及公共安全的”**，是划分罪与非罪的重要界限。在实践中，对于是否危及公共安全，应当结合运输的危险化学品的性质、品种及数量，运输的时间、路线，违反安全管理规定的具体内容及严重程度，一旦发生事故可能造成的损害后果等综合作出判断。

根据本款规定，构成犯罪的，处拘役，并处罚金。

第二款是关于**机动车所有人、管理人对危险驾驶行为承担刑事责任**的规定。

一般情况下，危险驾驶罪的行为主体为机动车的驾驶人。但是，从实践情况看，对于从事校车业务或者旅客运输，严重超过额定乘员载客，或者严重超过规定时速行驶的，违反危险化学品安全管理规定运输危险化学品，危及公共安全的，有时**机动车的所有人、管理人**也会成为共同的犯罪主体。比如，学校、校车服务提供者或者从事旅客运输的企业、车辆所有人、实际管理人强令、指使或者放任车辆驾驶人超过额定乘员载客或者严重超过规定时速行驶的；危险化学品运输企业、车辆所有人、实际管理人要求或者放任车辆驾驶人违反危险化学品安全管理规定运输危险化学品，危及公共安全的。这些情况，实际上是很多危险驾驶行为发生的直接原因，性质是很恶劣的，应当依法予以惩治，从源头上防范危险驾驶行为的发生。根据本款规定，机动车所有人、管理人对从事校车业务或者旅客运输的车辆驾驶人严重超过额定乘员载客，或者严重超过规定时速行驶负有直接责任的，对运输危险化学品的车辆驾驶人违反危险化学品安全管理规定运输危险化学品，危及公共安全负有直接责任的，依照本条第一款关于危险驾驶罪的规定追究刑事责任，即处拘役、并处罚金。

第三款是关于**有危险驾驶行为，同时又构成其他犯罪如何适用法律**的规定。根据本条规定，犯危险驾驶罪的，处拘役，并处罚金。**本条是刑法中第一个最高刑为拘役的犯罪**。根据本款规定，具有第一款、第二款规定的上述竞合情形的，应当依照处罚较重的规定定罪处罚。这里主要涉及如何处理好本条规定的犯罪与交通肇事罪等其他罪名的关系。如果行为人有第一款规定的危险驾驶行为，造成人员伤亡或者公私财产重大损失，符合《刑法》第一百三十三条交通肇事罪构成要件或者构成其他犯罪的，根据本款规定的原则，应当依照《刑法》第一百三十三条的规定以交通肇事罪定罪处罚①，或者依照刑法其他有关规定定罪处

① 我国学者指出，此时的交通肇事罪属于结果加重犯。参见张明楷：《刑法学》（第 6 版），法律出版社 2021 年版，第 933 页。林维教授则认为，结果加重犯通常仅仅会导致量刑的增加，而不会改变基本罪名的框架，因此，认定为想象竞合犯，更为妥当。参见陈兴良主编：《刑法各论精释》，人民法院出版社 2015 年版，第 754 页。

罚，而行为人危险驾驶的行为，将会被作为处罚的量刑情节予以考虑。①②

实践中需要注意以下几个方面的问题：

1. 危险驾驶罪与**刑法总则相关规定**的关系。根据《刑法》第十三条的规定，情节显著轻微危害不大的，不认为是犯罪；第三十七条规定，对于犯罪情节轻微不需要判处刑罚的，可以免予刑事处罚。本条规定的危险驾驶罪总体上是可以适用刑法总则的规定予以相应的从宽处理的。但考虑到本条在修改时，配套修改了道路交通安全法，取消了后者对醉驾行为予以拘留处罚的精神，一定时期内，对上述从宽情形应当严格掌握。根据《最高人民法院关于常见犯罪的量刑指导意见（二）（试行）》的规定，对于醉酒驾驶机动车的被告人，应当综合考虑被告人的醉酒程度、机动车类型、车辆行驶道路、行车速度、是否造成实际损害以及认罪悔罪等情况，准确定罪量刑。对于情节显著轻微危害不大的，不予定罪处罚；犯罪情节轻微不需要判处刑罚的，可以免予刑事处罚。

2. 实践中，有的从事校车业务的车辆并未取得许可，有的从事旅客运输的车辆不具备营运资格，还有一些未取得客运道路运输经营许可非法从事旅客运输的车辆，甚至还有货车违反规定载人、拖拉机载人的；有的从业人员并不具备相关资质，如有的校车驾驶员就是由幼儿园的管理人员担任的，有的客运车辆驾驶员并不具备相应的驾驶资格。但是，**未取得许可或者不具备相关资质，不影响本罪刑事责任的认定**，只要是从事了校车业务或者旅客运输，严重超过额定乘员载客，或者严重超过规定时速行驶的，都应当依照本条规定追究刑事责任。

3. 关于**醉酒驾驶超标电动自行车是否构成危险驾驶罪**，根据《道路交通安全法》第一百一十九条的规定，符合国家标准的电动自行车属于非机动车，醉酒驾驶符合标准的电动自行车不能构成危险驾驶罪，但醉酒驾驶超标电动自行车是否构成危险驾驶罪，实践中存在不同认识，一种意见认为，醉酒驾驶超标电动自行车应当按照危险驾驶罪处罚，主要理由如下：目前，电动自行车已成为人民群众重要的日常交通工具，有的超标电动自行车已经达到摩托车的速度，与摩托车没有什么区别，应当属于机动车，醉酒驾驶这类车辆上道路行驶带来的危险性与醉驾机动车没有区别，符合危险驾驶罪的立法精神。另一种意见认为，不宜将醉酒驾驶超标电动自行车按照危险驾驶罪处罚，主要理由如下：电动自行车的技术性规范是针对生产、经营活动而设定的标准，对于超标电动自行车是否属于机动车，并无明确规定，因此，不能认定超标电动自行车属于刑法意义上的机动车。自 2019 年 4 月 15 日起《电动自行车安全技术规范》强制性国家标准实施，该规范进一步规范了电动车的生产经营活动。但由于对电动自行车长期缺乏有效规范，大量超标自行车仍然继续上路行驶，有关方面在认定时应当慎重，综合考虑电动自行车对群众生活的影响，电动自行车发展不规范的深层次原因，道路的状况以及行为人醉驾电动自行车行为可能造成的危害程度等因素。

【司法解释性文件】

《最高人民法院、最高人民检察院、公安部关于办理醉酒驾驶机动车刑事案件适用法律若干问题的意见》（法发〔2013〕15 号，2013 年 12 月 18 日公布）

△（**危险驾驶罪；道路；机动车**）在道路上驾驶机动车，血液酒精含量达到 80 毫克/100 毫升以上的，属于醉酒驾驶机动车，依照刑法第一百三十三条之一第一款的规定，以危险驾驶罪定罪处罚。

前款规定的“道路”“机动车”，适用道路交通安全法的有关规定。

△（**醉酒驾驶机动车**）醉酒驾驶机动车，具有下列情形之一的，依照刑法第一百三十三条之一第一款的规定，从重处罚：

（一）造成交通事故且负事故全部或者主要责任，或者造成交通事故后逃逸，尚未构成其他犯罪的；

（二）血液酒精含量达到 200 毫克/100 毫升以上的；

（三）在高速公路、城市快速路上驾驶的；

① 我国学者指出，根据立法精神与从一重罪处罚的基本原则，对轻罪中的特定行为依照某一重罪处罚时，如果重罪没有附加刑而轻罪有附加刑，在判处重罪的主刑的同时，应当判处轻罪的附加刑。因此，对危险驾驶罪构成交通肇事罪、以危险方法危害公共安全罪，在科处《刑法》第一百三十三条、第一百一十四条或者第一百一十五条规定的主刑的同时，应当根据《刑法》第一百三十三条之一并处罚金。参见张明楷：《刑法学》（第 6 版），法律出版社 2021 年版，第 734 页。

② 我国学者指出，如果肯认危险驾驶罪属于抽象危险犯，那么危险驾驶罪的成立就会比较早。从理论上来说，危险驾驶行为实施后，并不马上发生死伤结果，因此，就有成立数罪（并罚）的可能性。参见周光权：《刑法各论》（第 4 版），中国人民大学出版社 2021 年版，第 222 页。

（四）驾驶载有乘客的营运机动车的；

（五）有严重超员、超载或者超速驾驶，无驾驶资格驾驶机动车，使用伪造或者变造的机动车牌证等严重违反道路交通安全法的行为的；

（六）逃避公安机关依法检查，或者拒绝、阻碍公安机关依法检查尚未构成其他犯罪的；

（七）曾因酒后驾驶机动车受过行政处罚或者刑事追究的；

（八）其他可以从重处罚的情形。

△（**数罪并罚；妨害公务罪**）醉酒驾驶机动车，以暴力、威胁方法阻碍公安机关依法检查，又构成妨害公务罪等其他犯罪的，依照数罪并罚的规定处罚。

△（**罚金数额之确定**）对醉酒驾驶机动车的被告人判处罚金，应当根据被告人的醉酒程度、是否造成实际损害、认罪悔罪态度等情况，确定与主刑相适应的罚金数额。

△（**证据固定与收集；呼气；抽取血样**）公安机关在查处醉酒驾驶机动车的犯罪嫌疑人时，对查获经过、呼气酒精含量检验和抽取血样过程应当制作记录；有条件的，应当拍照、录音或者录像；有证人的，应当收集证人证言。

△（**血液酒精含量；醉酒之认定**）血液酒精含量检验鉴定意见是认定犯罪嫌疑人是否醉酒的依据。犯罪嫌疑人经呼气酒精含量检验达到本意见第一条规定的醉酒标准，在抽取血样之前脱逃的，可以以呼气酒精含量检验结果作为认定其醉酒的依据。

犯罪嫌疑人在公安机关依法检查时，为逃避法律追究，在呼气酒精含量检验或者抽取血样前又饮酒，经检验其血液酒精含量达到本意见第一条规定的醉酒标准的，应当认定为醉酒。①

△（**诉讼权利之保障；强制措施**）办理醉酒驾驶机动车刑事案件，应当严格执行刑事诉讼法的有关规定，切实保障犯罪嫌疑人、被告人的诉讼权利，在法定诉讼期限内及时侦查、起诉、审判。

对醉酒驾驶机动车的犯罪嫌疑人、被告人，根据案件情况，可以拘留或者取保候审。对符合取保候审条件，但犯罪嫌疑人、被告人不能提出保证人，也不交纳保证金的，可以监视居住。对违反取保候审、监视居住规定的犯罪嫌疑人、被告人，情节严重的，可以予以逮捕。

《最高人民法院、最高人民检察院关于常见犯罪的量刑指导意见（试行）》（法发〔2021〕21号，2021年6月6日发布）

△（**危险驾驶罪；量刑**）

1. 构成危险驾驶罪的，依法在一个月至六个月拘役幅度内确定宣告刑。

2. 构成危险驾驶罪的，根据危险驾驶行为、实际损害后果等犯罪情节，综合考虑被告人缴纳罚金的能力，决定罚金数额。

3. 构成危险驾驶罪的，综合考虑危险驾驶行为、危害后果等犯罪事实、量刑情节，以及被告人主观恶性、人身危险性、认罪悔罪表现等因素，决定缓刑的适用。

《最高人民法院、最高人民检察院、公安部、工业和信息化部、住房和城乡建设部、交通运输部、应急管理部、国家铁路局、中国民用航空局、国家邮政局关于依法惩治涉枪支、弹药、爆炸物、易燃易爆危险物品犯罪的意见》（法发〔2021〕35号，2021年12月28日发布）

△（**擅自从事易燃易爆危险物品道路运输活动；危险驾驶罪；竞合**）违反危险化学品安全管理规定，未经依法批准或者许可擅自从事易燃易爆危险物品道路运输活动，或者实施其他违反危险化学品安全管理规定通过道路运输易燃易爆危险物品的行为，危及公共安全的，依照刑法第一百三十三条之一第一款第四项的规定，以危险驾驶罪定罪处罚。

实施前两款行为，同时构成刑法第一百三十条规定之罪等其他犯罪的，依照处罚较重的规定定罪处罚；导致发生重大伤亡事故或者其他严重后果，符合刑法第一百三十四条、第一百三十五条、第一百三十六条等规定的，依照各该条的规定定罪从重处罚。（§ 5Ⅰ、Ⅲ）

△（**夹带易燃易爆危险物品；谎报为普通物品交寄**）通过邮件、快件夹带易燃易爆危险物品，或者将易燃易爆危险物品谎报为普通物品交寄，符合本意见第5条至第8条规定的，依照各该条的规定定罪处罚。（§ 9）

【附属刑法】

《中华人民共和国道路交通安全法》（2003年10月28日通过，2021年4月29日第三次修正）

① 就本条规定而言，我国学者指出，虽然前一规定大体上具有合理性，但后一规定并不符合事实存疑时有利于被告的原则。参见张明楷：《刑法学》（第6版），法律出版社2021年版，第931页。

第九十一条

Ⅰ饮酒后驾驶机动车的，处暂扣六个月机动车驾驶证，并处一千元以上二千元以下罚款。因饮酒后驾驶机动车被处罚，再次饮酒后驾驶机动车的，处十日以下拘留，并处一千元以上二千元以下罚款，吊销机动车驾驶证。

Ⅱ醉酒驾驶机动车的，由公安机关交通管理部门约束至酒醒，吊销机动车驾驶证，依法追究刑事责任；五年内不得重新取得机动车驾驶证。

Ⅲ饮酒后驾驶营运机动车的，处十五日拘留，并处五千元罚款，吊销机动车驾驶证，五年内不得重新取得机动车驾驶证。

Ⅳ醉酒驾驶营运机动车的，由公安机关交通管理部门约束至酒醒，吊销机动车驾驶证，依法追究刑事责任；十年内不得重新取得机动车驾驶证，重新取得机动车驾驶证后，不得驾驶营运机动车。

Ⅴ饮酒后或者醉酒驾驶机动车发生重大交通事故，构成犯罪的，依法追究刑事责任，并由公安机关交通管理部门吊销机动车驾驶证，终生不得重新取得机动车驾驶证。

【指导性案例】

最高人民法院指导案例第32号：张某某、金某危险驾驶案(2014年12月18日发布)

△(**追逐竞驶**)机动车驾驶人员出于竞技、追求刺激、斗气或者其他动机，在道路上曲折穿行、快速追赶行驶的，属于《中华人民共和国刑法》第一百三十三条之一规定的“追逐竞驶”。

△(**情节恶劣**)追逐竞驶虽未造成人员伤亡或财产损失，但综合考虑超过限速、闯红灯、强行超车、抗拒交通执法等严重违反道路交通安全法的行为，足以威胁他人生命、财产安全的，属于危险驾驶罪中“情节恶劣”的情形。

【参考案例】

△教练明知学员醉酒而放任其驾驶教练车的，成立危险驾驶罪。

在杨飞、高永贵危险驾驶案中，涉案车辆系教练车，涉案人员系驾校的学员和教练。《道路交通安全法实施条例》第二十条第二款明确规定：“在道路上学习机动车驾驶技能应当使用教练车，在教练员随车指导下进行，与教学无关的人员不得乘坐教练车。”故教练车系专用于机动车驾驶教学所用的车辆，学员应在教练员的随车指导下进行驾驶训练。学员作为尚未取得驾驶资格的人，因其身份的特殊性决定了其本身对车辆并不具有完全的掌控能力。学员在驾驶教练车的过程中，教练员必须在教练车上通过语言或行为来指导、辅助学员驾驶。由此可见，教练车的控制权实际更多地掌握在教练员手上，这也使得教练车的驾驶主体出现了复合性。不仅在主驾驶位实际驾车的学员系驾驶主体，而且指导学员驾车并对教练车具有实际控制权的教练员也是驾驶主体。

根据《道路交通安全法实施条例》第二十条第二款的明确规定，学员在正常的学习驾车过程中，因交通违法或造成交通事故产生的行政责任或民事责任，由教练承担。这是立法对学员驾车技术并未达到独立驾车水平的一种必要免责考量，只要学员不是违反指导而故意为之，那么就可以得到法定范围内的免责。该条款的另一重要立法目的，是通过加重教练的责任来充分保障教练车的安全行驶。

综上，对教练车具有实际控制权并对其安全行驶负有直接责任的教练，可以成为危险驾驶罪的犯罪主体。教练有义务在教学过程中对学员的违规驾驶行为及时地纠正和制止。对教练车具有实际掌控能力并对安全驾驶负有保障义务的教练，明知学员酒后驾车而不予以制止，属于以不作为方式实施的危险驾驶行为，与醉酒驾驶的学员成立危险驾驶罪的共犯。[No. 2-133之一-1 杨飞、高永贵危险驾驶案]

△《刑法》第一百三十三条之一危险驾驶罪中的“道路”不限于《最高人民法院、公安部关于处理道路交通事故案件有关问题的通知》(已失效)中所规定的“《中华人民共和国公路管理条例》规定的，经公路主管部门验收认定的城间、城乡间、乡间能行驶汽车的公共道路(包括国道、省道、县道和乡道)”，也包括农村中具有一定规模和较强公共性的农村道路。

随着“汽车社会”的到来，危险驾驶行为的发生率直线上升，这一现象带来的潜在危险和现实危害迫使立法者对危险驾驶行为的社会危害性重新作出评价。《刑法修正案(八)》将危险驾驶行为纳入刑法调整范围。危险驾驶罪的直接法益是交通安全，危害的是不特定多数人的生命、健康或者重大公私财产的安全。危险驾驶罪以一定危险状态的产生作为构成犯罪的基本要件，属于危险犯，无论是否实际发生了损害后果，都可以构成本罪。惟其如此，立法将危险驾驶行为限定为发生在“道路”这一特定空间场域的行为，其保护的不仅是特定事故的受损害方(在发生交通事故的情况下)，而且包括不特定多数人的生命、健康或者重大公私财产的安全。

在明确这一立法意图的基础上，笔者认为，对危险驾驶罪中“道路”的理解，应重点把握驾驶行为发生地是否具有公共性，只要具有公共性，就应当认定为“道路”。随着经济的发展,农村的一些道路出现了明显的公路化演变,行驶的机动车数量大量增多,机动车在农村道路上发生的交通事故也大幅增加。因此,将农村中具有一定规模和较强公共性的农村道路纳入“道路”范畴,不仅符合立法的价值取向,而且也顺应司法实践发展的需要。

谢忠德危险驾驶案发生在北京市顺义区仁和镇河南村西口处,为了慎重起见,北京市公安局顺义分局交通支队在经过实地调查后,为此地的公共性出具了相关证明:“谢忠德危险驾驶案发地为空旷地,可以通行社会车辆,根据《道路交通安全法》第一百一十九条第(一)项的规定,符合道路范畴。”因此,将被告人谢忠德在此地发生的醉驾行为定性为危险驾驶罪,是符合立法规定的。[No. 2-133 之一-2　谢忠德危险驾驶案]

△允许不特定的社会车辆自由通行的小区道路属于道路交通安全法意义上的道路,在小区道路内醉酒驾驶成立危险驾驶罪。

对道路的认定,关键在于对道路公共性的理解。所谓“公共性”,其最本质的特征在于对象的不特定性。无论单位对其管辖范围内的路段、停车场采取的管理方式是收费还是免费,车辆进出是否需要登记,只要允许不特定的社会车辆自由通行,就属于道路;如果仅允许与管辖单位、人员存在业务往来、亲友关系等特定事由的来访者的车辆通行,则不属于允许社会车辆通行。就小区而言,如果来访车辆经业主同意后可停放的,因其进出小区的条件建立在来访者与受访业主的亲友关系之上,故对象相对特定,范围相对较小,此种管理方式下的小区不具有公共性,不属于允许社会车辆通行的地方。若社会车辆只要登记车牌号或者交纳一定费用,即可进出小区、在小区内停放,则其通行条件并无特定的人身依附关系,对象不特定,范围面向社会大众,在该管理模式下的小区道路、停车场与公共道路、停车场无异,属于允许社会车辆通行的地方。特别是有的地方公共停车场车位有限,为充分利用社会资源,当地政府出台政策鼓励企事业单位、小区将内部停车场面向公众,实行错时收费停车,社会车辆在单位管辖区域内通行的情况越来越普遍。如果不将这些停车场认定为道路,将不利于保障这些地方的交通安全。

在廖开田危险驾驶案中,在案证据证实,案发地龙江半岛花园物业服务中心与开发商签订的合同约定的是非封闭式管理,实际执行的也是开放式管理,小区非住户车辆可以自由出入小区、在小区内停放,因此该小区道路具有公共性,属于《道路交通安全法》第一百一十九条第(一)项规定的“道路”。被告人廖开田在该小区内醉酒驾驶机动车,属于在道路上醉酒驾驶,其行为构成危险驾驶罪。[No. 2-133 之一-3　廖开田危险驾驶案]

△超标电动自行车虽然符合摩托车的技术条件,但不宜认定为机动车,醉酒驾驶超标电动自行车不成立危险驾驶罪。

从《机动车运行安全技术条件》(GB7258—2012)设置的权利义务和效力等实质要件判断,强制性国家标准与部门规章并无实质差异;但从其制定与发布的程序、体系结构、名称内容等形式要件判断,其不属于部门规章,只是接近于行政规范性文件的文件。因此,国家标准对人民法院审理案件有一定的参考价值,但不具有法律规范意义上的约束力。只有行政法规或者部门规章明确规定超标电动自行车属于机动车之后,人民法院才能据此认定超标电动自行车属于法律意义上的机动车。在此之前,不应片面地以超标电动自行车符合《机动车运行安全技术条件》(GB7258—2012)的规定,或者以《道路交通安全法》未排除超标电动自行车属于机动车为由,认定醉酒驾驶超标电动自行车或者驾驶超标电动自行车追逐竞驶情节恶劣的行为构成危险驾驶罪。这种认定,属于不合理的扩大解释,违反了罪刑法定原则,在实践层面还会造成行政执法的困境。

将超标电动自行车作为机动车进行规定和管理存在较多困难。一是当前尚不具备将超标电动自行车规定为机动车的现实条件。《电动摩托车和电动轻便摩托车通用技术条件(GB/T 24158—2009)》关于最大设计车速为 20～50 公里/小时的,属于电动轻便摩托车的规定,遭到电动自行车生产厂商和消费者的抵制。超标车的性质仍需留待电动自行车国标修订完善时予以明确。二是将超标电动自行车作为机动车进行管理难度较大,且超标电动自行车在机动车道上行驶存在较大安全隐患。

公众普遍认为超标电动自行车不属于机动车,此类醉酒驾驶或者追逐竞驶的行为人往往不具有相关违法性认识。从该罪防范社会危险的罪质特征考虑,判断行为人是否认识到其驾驶的车辆属于法律意义上的机动车,需要根据一般人的生活经验、认识水平和理解能力进行综合评价。如前所述,国家既未对超标电动自行车的法律属性作出明确规定,又未对其按照机动车进行管理,在此情况下要求普通公众认识到超标电动自行车属于机动车,既不现实,也不妥当,甚至有些强人所难。

将醉驾超标电动自行车等行为以危险驾驶罪

定罪处罚,打击面过大,社会效果不好。由于大部分电动自行车都存在超标现象,如果将醉酒驾驶超标电动自行车等行为一律作为犯罪处理,将会大大扩大刑法的打击面。这样的效果并不好,毕竟驾驶电动自行车的绝大多数行为人都是没有前科劣迹的普通公民,一旦被贴上"犯罪人"的标签,对其工作、生活和家庭影响较大,甚至会出现影响社会稳定的不和谐因素。从这个角度考虑,对醉酒驾驶超标电动自行车等行为也不宜作为犯罪处理。行为人驾驶超标电动自行车超速行驶的(超过15公里/小时),可以对其处以警告、罚款或者扣留车辆等行政处罚;如果发生轻微交通事故,可以通过民事赔偿予以补救;如果发生重大交通事故,符合交通肇事罪构成要件的,可以依法处理。

一些地方醉酒驾驶超标电动自行车的现象较为严重,发生多起交通事故,也确实需要高度重视超标电动自行车存在的安全隐患。必要时,可以考虑将其中一部分符合摩托车技术条件的超标电动自行车作为机动车进行管理。但在有关部门明确将超标电动自行车纳入机动车产品目录进行规范之前,公安、司法机关不宜因醉酒驾驶超标电动自行车的行为对道路交通安全构成较大威胁,就将其认定为犯罪。综上考虑,类似本案情形,作无罪处理更为妥当。[No. 2-133之一-4　林某危险驾驶案]

△在危险驾驶罪中将无证驾驶与使用伪造号牌作为量刑情节考虑时,行为人因此所受的行政拘留期间可以折抵刑期。

危险驾驶罪属于行政犯,是违反道路交通安全法,且被刑法规定为犯罪的行为。行为人在实施醉酒驾驶、追逐竞驶等犯罪行为的同时,常常伴随着其他违反道路交通安全法且应受行政处罚的行为,如严重超速驾驶、违反交通信号灯、无证驾驶等。因此,在实践中往往需要处理危险驾驶罪刑罚与行政处罚之间的关系,即行为人因其他违反道路交通安全法的行为受到拘留、罚款等行政处罚的,能否折抵其因危险驾驶行为被判处的拘役、罚金等刑罚。《最高人民法院研究室关于行政拘留日期折抵刑期问题的电话答复》(已失效)明确规定,如果被告人被判处刑罚的犯罪行为和以前受行政拘留处分的行为系同一行为,被拘留的日期应予折抵刑期。该答复对"同一行为"进行了具体解释:"既可以是判决认定同一性质的全部犯罪行为,也可以是同一性质的部分犯罪行为。只要是以前受行政拘留处分的行为,后又作为犯罪事实的全部或者一部分加以认定,其行政拘留的日期即应予折抵刑期。"《行政处罚法》第二十八条明确规定:"违法行为构成犯罪,人民法院判处拘役或者有期徒刑时,行政机关已经给予当事人行政拘留的,应当依法折抵相应刑期。违法行为构成犯罪,人民法院判处罚金时,行政机关已经给予当事人罚款的,应当折抵相应罚金。"该规定体现了"一事不二罚"的原则。结合上述答复内容,这一原则的基础在于"同一行为",即被告人被行政拘留的行为与其被判处刑罚的行为是同一行为,或者说是该犯罪行为的全部或者一部分。但对何为"同一行为",实践中存在不同认识。

在徐光明危险驾驶案中,笔者认为,徐光明无证驾驶、使用伪造的机动车号牌等行为与醉驾行为均以驾驶行为为基础,系"同一行为",可以作为危险驾驶罪的量刑情节,其被行政拘留的二十日应当折抵危险驾驶罪的刑期。具体分析如下:

第一,行为人在道路上醉酒驾驶机动车的行为与其他违反道路交通安全法的行政违法行为均基于同一个驾驶行为的,在客观上属于"同一行为",是醉酒驾驶犯罪事实的一部分。对于依附于驾驶行为的行政违法行为,行为人在实施这些行为的同时也在实施醉驾行为,故行政违法行为在物理状态上与醉驾犯罪行为是"同一行为",不宜将二者区分为两种性质的行为并分别作出法律评价。

第二,在法律评价上,其他违反道路交通安全法的行为加大了醉驾行为的危险性,不宜单独评价为行政违法行为,而应当作为危险驾驶罪的从重处罚情节,一并进行刑事责任上的评价。行为人因这些行为被先行行政拘留、罚款的,可以折抵其犯危险驾驶罪被判处的拘役刑期和罚金。《最高人民法院、最高人民检察院、公安部关于办理醉酒驾驶机动车刑事案件适用法律若干问题的意见》规定的从重处罚情节中,就包括"有严重超员、超载或者超速驾驶,无驾驶资格驾驶机动车,使用伪造或者变造的机动车牌证等严重违反道路交通安全法的行为"。从《最高人民法院、最高人民检察院、公安部关于办理醉酒驾驶机动车刑事案件适用法律若干问题的意见》的规定分析,违反道路交通安全法的行为可以作为从重处罚情节。

本案审理的时间在《最高人民法院、最高人民检察院、公安部关于办理醉酒驾驶机动车刑事案件适用法律若干问题的意见》出台之前。一审判决书对被告人徐光明无证驾驶、使用伪造的机动车号牌的行为是否作为量刑情节予以考虑,写得不够明确,只是在事实认定部分表述了这一情节,在判决主文部分直接表述为"判决执行以前先行羁押的,羁押一日折抵刑期一日",但在"本院认为"说理部分并未专门对此进行评价。笔者认为,处理此类案件妥当的做法是,在裁判文书事实部分认定,被告人实施的是其他违反道路交通安全法的行为,同时在"本院认为"说理部分对这些行为作出相应说明,如被告人某某醉酒驾驶情节恶劣,可以酌情从重处罚,因行政机关已对被告人予以行政拘留或者罚款,依法应当折抵相应刑期或者罚金等,之后再在判决主文部分具体表述如何折抵刑期。[No. 2-133之一-16 徐光明危险驾驶案]

△醉酒驾驶仅致本人受伤的,仍然成立危险驾驶罪,但本人伤害结果不宜作为从重处罚情节。

危险驾驶罪系抽象危险犯,刑法并未以发生实际危害后果作为该罪的构成要件。对于抽象危险犯,行为人只要实施了刑法所类型化的危险行为,即该行为只要具有发生危害结果的高度危险,就达到了纳入刑法评价的严重程度。故通常情况下,只要行为人在道路上醉酒驾驶机动车,就可认定其对道路交通安全和他人人身财产安全构成一种紧迫危险的状态,即符合醉驾型危险驾驶罪的构成特征。

在醉驾型危险驾驶案件中,交通事故这一后果往往只是作为衡量醉酒程度的指标之一。一般而言,发生交通事故比未发生交通事故体现的醉酒程度要更为严重,从而可以在法定刑幅度内从重处罚。当然,血液酒精含量高的,因个体差异也未必发生交通事故,故还应当结合具体案情对交通事故这一后果所带来的量刑影响进行综合评定。危险驾驶行为入刑主要因其侵害了公共安全,即侵害了不特定多数人的人身、财产安全。危险驾驶仅造成本人死亡的,失去了刑法评价的意义;危险驾驶仅造成本人伤害或者财产损失的,也宜将这一后果视为行为人为自己犯罪行为付出的代价,而不宜作为从重处罚情节。

以杨某危险驾驶案为例,杨某在城市道路上醉酒驾驶摩托车,其血液酒精含量已高达224.06毫克/100毫升,醉酒程度严重;其倒地自伤的结果也说明其驾驶能力受到酒精的严重影响,其驾驶行为具有高度的危险性。考虑到本案没有发生致他人受伤、公私财产损失的交通事故,杨某的犯罪情节较轻,故可以对其从轻处罚。这样处理,既以本案具体情节为基础,又适当考虑了被告人自伤的情况,对宽严相济程度的把握更为妥当。[No. 2-133之一-17 杨某危险驾驶案]

△醉驾型危险驾驶案件中,应当综合考虑醉酒驾驶对他人人身财产和公共安全所造成的危险程度以及行为人的人身危险性和主观恶性大小进行量刑。

从刑法关于危险驾驶罪的规定分析,只要行为符合醉酒驾驶的行为特征,即被认为具有危险性。这种危险是法律拟制的危险,而非现实的、具体的危险,理论上称之为抽象危险。醉酒驾驶对他人人身财产和公共安全造成的危险程度是本罪处罚的依据。考察危险程度的主要参考要素有:(1)行为人是否造成现实的危害,即是否发生交通事故及事故的严重程度,具体包括财产损失和人员受伤情况。(2)行为人案发时的驾驶能力如何,主要以血液酒精含量为判断标准。《车辆驾驶人员血液、呼气酒精含量阈值与检验》(GB 19522—2010)根据一般人体质,规定驾驶人血液酒精含量大于或者等于80毫克/100毫升的,属于醉酒后驾驶。如果行为人血液酒精含量远远超过该标准,就应当认定其醉酒程度较高,驾驶能力受到较大影响,危险程度也较大,应当对其从重处罚。如果行为人血液酒精含量刚超过醉驾标准,且未发生交通事故,说明酒精对其驾驶能力的影响不大,现实危险性相对较小,可以对其酌情从轻处罚。判断驾驶能力的另一个参考因素是行为人有无驾驶资格,即是否属于无证驾驶或者是否与准驾车型不符。如果行为人系无证驾驶,即认定其不具备驾驶能力,即使其实际掌握一定的驾驶技能,从严控风险的角度,原则上也应视其为不具备驾驶能力。特别是汽车、货车、客车等对驾驶技术要求较高的机动车,如行为人系无证驾驶,一般可以考虑对其从重处罚。对于驾驶的车型系对驾驶技术要求相对较低的摩托车,且没有发生交通事故的,可以根据案情适当考虑,不予从重处罚。(3)行为人是否实施了严重违反道路交通安全法的其他行为。判断是否为严重违反道路交通安全法行为的标准,是该违章行为是否对道路交通安全构成现实的严重威胁。(4)醉驾行为严重威胁到不特定多数人的生命安全,一旦发生交通事故,后果会特别严重。

行为人的主观恶性与人身危险性可以从以下三个方面来判断:(1)实施醉驾行为前的表现,如是否曾因酒后驾驶受过行政处罚或者刑事处罚;是否有多次严重违反道路交通安全法的行为;是否不顾他人劝阻坚持醉驾;是否故意遮挡、污损或者不按照规定安装号牌,或者明知是伪造、变造或者其他机动车号牌而使用;等等。(2)被查获时的表现,如是配合公安机关依法执行检查,还是实施了当场饮酒、锁车门不下车、抵制呼气酒精含量检测或者抗拒抽血检验等不配合检查,甚至冲卡逃避检查、暴力抗拒检查的行为;发生交通事故的,是否积极救援伤者,主动打电话报警,或者明知他人报警而在现场等候警方处理;等等。(3)归案后的认罪悔罪态度,如是否如实供述罪行,当庭表示认罪；是否积极赔偿被害人的经济损失，取得被害人的谅解；等等。

在罗代智危险驾驶案中，被告人罗代智具有多项从重处罚情节。一是发生了实际的危害后果。罗代智驾驶的汽车与被害人苏耿利的电动车发生碰撞，致苏耿利倒地受轻微伤。二是醉酒程度较高。其血液酒精含量为193.2毫克/100毫升，远远超过80毫克/100毫升的醉驾标准。三是在肇事后试图逃避法律追究。交通事故发生后，罗代智下车稍作查看，随即驾车逃逸，而未对被害人进行救助。四是案发后罗代智试图让下属顶罪，在公安机关对其第一次讯问时拒不承认酒后驾车及肇事的事实，企图逃避处罚。五是本案社会影响恶劣。罗代智身为警察知法犯法，醉酒驾驶警车，在市区繁华路段发生交通事故后驾车逃逸，引起现场多名群众围观，社会影响恶劣。同时，罗代智也有可以酌情从轻处罚的情节。罗代智在庭审中如实供述犯罪事实，悔罪态度较好，且在一审法院主持下与被害人达成民事赔偿调解协议，支付苏耿利赔偿款人民币3500元，取得苏耿利的谅解，故对其可以酌情从轻处罚。综合考虑以上从重、从轻处罚情节，一审法院对被告人罗代智判处拘役五个月，并处罚金人民币5000元，量刑适当，体现了宽严相济刑事政策的精神。［No.2-133之一-8　罗代智危险驾驶案］

△危险驾驶致本人重伤，不构成交通肇事罪，应以危险驾驶罪定罪处罚。

自损行为是指行为人侵害自己法益的行为，这种行为原则上没有违法性，因为在不危及国家、公共安全的前提下，自然人有权在不侵害他人权益的前提下处分自己的权益（对生命权的处分除外）。我国刑法及司法解释中以人的伤亡作为定罪量刑条件的，一般不包含对本人造成的伤亡。例如，《刑法》第二百三十三条规定的"过失致人死亡的"，此处的"人"显然不包括本人。再如，对于故意伤害罪、过失致人重伤罪，刑法更是直接将其明确规定为"故意伤害他人身体"和"过失伤害他人致人重伤"。例外的情形是，如果这种自损行为同时侵害他人的权益，危及国家或公共安全，则应当依法定罪处罚，如军人战时自伤、在自己身上绑上炸弹并在公共场所实施爆炸等。

《最高人民法院关于审理交通肇事刑事案件具体应用法律若干问题的解释》第二条第一款第（一）项规定，交通肇事罪的定罪条件之一为"死亡一人或者重伤三人以上，负事故全部或者主要责任的"。很显然，此处的"死亡一人"不包括本人，因为如果本人已死亡，再规定其行为构成犯罪，既无法律上的必要，也没有实际意义。从刑法的体系解释来看，同一法条或者关联法条中相同文字的内涵与外延应当是一致的。既然"死亡一人"的"人"不包括本人，那么"重伤三人"的"人"也不应包括本人。同理，该法条第二款中的酒后驾驶"致一人以上重伤"中的"人"也不应当包括本人。

在郑帮巧危险驾驶案中，被告人郑帮巧醉驾致本人重伤的结果，不应作为交通肇事罪的构成要件进行评价，但其在道路上醉酒驾驶机动车的行为本身已齐备危险驾驶罪的构成要件，依法应当予以惩处。根据《最高人民法院、最高人民检察院、公安部关于办理醉酒驾驶机动车刑事案件适用法律若干问题的意见》的规定，对造成交通事故且负事故全部或者主要责任的醉驾行为，应从重处罚。郑帮巧醉酒驾驶无牌照的二轮摩托车，搭载他人并发生交通事故致他人轻伤，本应适用从重处罚原则，但鉴于郑帮巧刚刚成年不久，又因其醉驾行为受了重伤，给其家庭已添加重大负担，如果再施以严厉的刑罚，有违刑罚人道、谦抑之精神，故对其酌情从宽处罚，判处缓刑更为妥当。［No.2-133之一-10　郑帮巧危险驾驶案］

△醉酒驾驶后以暴力抗拒检查的，应当以危险驾驶罪与妨害公务罪数罪并罚。

《刑法》（2011年修正）第一百三十三条之一规定："在道路上驾驶机动车追逐竞驶，情节恶劣的，或者在道路上醉酒驾驶机动车的，处拘役，并处罚金。有前款行为，同时构成其他犯罪的，依照处罚较重的规定定罪处罚。"笔者认为，只有当被告人实施的危险驾驶行为符合危险驾驶罪构成要件的同时，又符合"其他犯罪"构成要件的，才属于"同时构成其他犯罪"的情形。在于岗危险驾驶、妨害公务案中，于岗在醉酒后仅出于驾驶机动车的目的在道路上驾驶汽车，没有发生重大事故，该行为仅符合危险驾驶罪的构成要件，不符合其他犯罪的构成要件，故不能适用上述规定。

醉酒驾驶并抗拒检查的行为在刑法上应当评价为两个独立的行为，而非一个行为。通常情况下，行为人实施的行为是单一行为还是数个行为，是决定从一重处还是数罪并罚的根据。笔者认为，判断某行为是否属于单一行为，主要考察该行为的客观事实情状是否具有一致性特征，同时兼顾对行为动机的考察，而行为动机只能作为参考因素而非决定因素。通常认为，符合构成要件的各个自然行为至少在其主要部分互相重合时，才能认定是一个行为。本案中，于岗的行为不具有单一行为的一致性特征。于岗的醉酒驾驶行为和抗拒检查行为相继发生，其下车后抗拒检查时醉酒驾驶行为已经终结，相互间不存在任何重合。

同时,于岗醉酒驾驶和抗拒检查的行为系出于不同的犯罪动机。于岗在道路上醉酒驾驶汽车,只是为了实现其从甲地到乙地的交通运输目的;而其抗拒公安机关执法人员检查,则是因为害怕醉驾行为受到处罚,而采取积极对抗的方式逃避法律追究。两者的动机明显不同。可见,于岗醉酒驾驶行为和抗拒检查行为虽然有一定关联,但在性质上是相互独立的两个行为,并非单一行为。

本案中,于岗明知在道路上醉酒驾驶机动车具有危险性,仍在醉酒状态下驾驶汽车在城市高速路上行驶,置公共安全于不顾,其行为构成危险驾驶罪。此后于岗弃车逃跑,被民警抓获并带至检查站依法检查时,其推搡、拉扯民警,阻碍检查,并将民警打成轻微伤,这一系列举动已经超出危险驾驶罪的行为范畴,属于妨害公务罪中阻碍国家机关工作人员依法执行职务的行为,扰乱了国家管理秩序。于岗在不同故意的支配下,先后实施了两个不同行为,分别符合危险驾驶罪和妨害公务罪的构成特征,应当按照数罪并罚的原则予以处罚。[No. 2-133 之一-11　于岗危险驾驶、妨害公务案]

△追逐竞驶情节恶劣,应当根据行为对道路交通安全造成的危险程度进行认定。

对“追逐竞驶”的认定,应当坚持主客观相统一原则,结合行为人的主观心态和客观行为来综合判断。就主观方面而言,虽然刑法未将行为人的动机和目的作为该罪的构成要件,但“追逐竞驶”的行为特征决定了实践中行为人多出于竞技、寻求刺激、挑衅泄愤等动机,或者基于赌博牟利等目的,而在道路上驾驶机动车追逐竞驶,故对行为人动机和目的的考察有助于对其行为性质的判断。就客观行为而言,行为人通常表现为以一辆或者多辆机动车为追逐目标,同时伴有超速行驶、连续违反交通信号灯、曲折变道超车等违章驾驶行为。

在张纪伟、金鑫危险驾驶案中,被告人张纪伟、金鑫为寻求刺激,相约在城市道路上比拼车技,并实施了超速行驶、违反交通信号灯、曲折变道超车等行为,符合《刑法》第一百三十三条之一第一款第(一)项规定的“追逐竞驶”的主客观特征。该结论的具体理由如下:一是张纪伟、金鑫到案后,均交代了其为寻求刺激而开快车比拼车技的作案动机。二是道路监控视频、测速鉴定意见等证据证实,张纪伟、金鑫均驾驶依法不具有上牌资格的大功率摩托车,在城市主干道严重超速行驶,且相互超越、反复并线、“逢车必超”,并伴有多次闯红灯等违章行为,具有“你追我赶”、竞相行驶的行为特征,符合“追逐竞驶”的客观要件。

既然危险驾驶罪保护的法益是道路交通安全,那么对追逐竞驶型危险驾驶行为“情节恶劣”的认定,就应当重点考察追逐竞驶行为对交通安全造成的危险程度。笔者认为,追逐竞驶的“情节恶劣”具体表现为以下五种情形:(1)追逐竞驶行为造成交通事故,尚不构成交通肇事罪等其他犯罪的。虽然追逐竞驶属于情节犯,不以发生人员伤亡、财产损失等具体后果为要件,但交通事故的发生说明该追逐竞驶行为已经从刑法拟制的抽象危险转化为现实危害结果,自然应当认定其为情节恶劣。(2)伴有多项违反道路交通安全法的行为。追逐竞驶行为本身具有高度危险性,如果行为人还实施了其他违反道路交通安全法的驾驶行为,会进一步提升该行为的危险程度。常见的情形包括:驾驶改装、拼装的机动车,违规超车,严重超速行驶,违反交通信号以及实施其他违反道路安全通行规定的行为。(3)追逐竞驶主观恶性较大的。例如,曾因追逐竞驶受过行政处罚或者刑事追究的,多人多次追逐竞驶的,酒后、吸食毒品后追逐竞驶的,无驾驶资格驾驶机动车的。(4)在特殊时段、路段追逐竞驶,或者驾驶特殊车型追逐竞驶的,如交通高峰期在城市繁华路段追逐竞驶,造成交通堵塞或者引起公共恐慌的。(5)驾驶载有乘客的营运机动车追逐竞驶的。

本案中,被告人张纪伟、金鑫在道路上驾驶机动车追逐竞驶,具有以下情节:一是驾驶的机动车系无牌、套牌的大功率改装摩托车;二是高速驾驶,在多处路段超速50%以上;三是具有多次闯红灯、曲折变道穿插前车的违章驾驶行为;四是驾驶路段为市区主干道,沿途有多处学校、公交地铁站点、居民小区等人员密集区域,且事发于周五晚上,车流、人流密集;五是在民警设卡拦截盘查时驾车高速逃离。综合上述情节,可以认定二被告人追逐竞驶行为对道路交通安全造成了紧迫的危险,属于《刑法》第一百三十三条之一第一款第(一)项规定的“情节恶劣”。[No. 2-133 之一-13　张纪伟、金鑫危险驾驶案]

△行为人出于竞技、追求刺激、斗气或其他动机,在道路上曲折穿行、快速追赶行驶,虽未造成人员伤亡,但综合考虑限速、闯红灯、强行超车、抗拒交通执法等严重违反道路交通安全法的行为,足以威胁他人生命、财产安全的,属于危险驾驶情节恶劣的情形。

在张纪伟、金鑫危险驾驶案中,被告人的行为是否属于“情节恶劣”,应从其追逐竞驶行为的具体表现、危害程度、造成的危害后果等方面,综合分析其对道路交通秩序,不特定多人生命、财产安全的威胁程度。本案中,二被告人的追逐竞驶行为,虽未造成人员伤亡和财产损失,但从以下五个方面分析,其属于危险驾驶罪中的“情节恶劣”:第一,从驾驶的车辆看,二被告人驾驶的系无牌和套牌的大功率改装摩托车;第二,从行驶速度看,二被告人总体驾驶速度很快,多处路段超速达50%以上;第三,从驾驶方式看,二被告人反复并线、穿插前车,多次闯红灯行驶;第四,从对待执法的态度看,二被告人在民警盘查时驾车逃离;第五,从行驶路段看,二被告人途经的杨高路、张杨路、南浦大桥、复兴东路隧道等均系城市主干道,沿途还有多处学校、公交和地铁站点、居民小区、大型超市等,交通流量较大,行驶距离较长,在高速驾驶的刺激心态下和躲避民警盘查的紧张心态下,极易引发重大恶性交通事故。上述行为,给公共交通安全造成一定危险,足以威胁他人生命、财产安全,故可以认定二被告人追逐竞驶的行为属于危险驾驶罪中的“情节恶劣”。[No. 2-133 之一-14　张纪伟、金鑫危险驾驶案]

△**追逐竞驶造成交通事故尚不构成交通肇事罪,行为人主观上对事故结果持过于自信的态度,追逐竞驶行为客观上尚未达到与放火、决水等行为相当的危险程度的,应认定为危险驾驶罪。**

危险驾驶罪是抽象危险犯,只要行为人实施了刑法规定的危险驾驶行为,即认为其行为对交通安全造成了社会一般人均能认识到的危险。因此,行为人在实施危险驾驶行为时,一般都明知存在潜在的危险(但不明知必然发生)。正因为如此,就危险驾驶行为本身而言,行为人都是持故意的意志。然而,值得注意的是,行为人对危险驾驶行为持希望或者放任的意志,并不意味着行为人对危险驾驶行为造成的危害结果也持希望或者放任的意志。作为一个理性的人,通常不会拿自己的生命安全去冒险,除非有值得其去冒险的动机或者理由。因此,行为人虽然明知其追逐竞驶行为存在潜在的危险,但轻信自己的驾驶能力,认为该危险不会转化为现实危害。从这个意义上说,危险驾驶罪的行为人对发生交通事故的意志与交通肇事罪的行为人一样。以危险方法危害公共安全罪要求行为人不但明知其实施的危险行为存在潜在的危险,而且希望或者放任这种潜在的危险向现实损害转化。实践中,以以危险方法危害公共安全罪定罪处罚的追逐竞驶的行为人,在多数情况下也不希望潜在的危险向现实危害转化,只不过为达到某种目的、出于某种动机而最终放任危害后果的发生。例如,行为人出于泄愤目的,在道路上追逐竞驶特定车辆,即便在追逐过程中碰撞上其他正常行驶的车辆,但为实现追赶特定车辆的目的,仍不顾其对道路交通安全造成的现实危害而继续追逐竞驶,从而导致更为严重的交通事故发生。这种即是典型的构成以危险方法危害公共安全罪的情形。反观彭建伟危险驾驶案,被告人彭建伟在驾驶途中因与侯墨宣驾驶的宝来汽车发生别挡,出于争强好胜的斗气心理,临时起意追逐对方车辆,碰撞上停放在路边的其他车辆后即停止驾驶行为,并下车持砖头砸坏宝来汽车的前挡风玻璃,由此体现出其主观上并不希望或者放任其危险驾驶行为对他人人身财产安全造成损害,因此不符合以危险方法危害公共安全罪的主观构成特征。

追逐竞驶行为构成以危险方法危害公共安全罪的,要求该行为具有与放火、决水、爆炸、投放危险物质等行为相当的危险程度。所谓相当的危险程度,既可以体现在与该行为对不特定多数人的人身财产安全所带来的潜在危险相当,也可以体现在与所造成的现实危害后果相当。行为人实施追逐竞驶行为,仅发生轻微交通事故(尚未达到构成交通肇事罪的严重事故),侵害对象、范围有限的,说明该行为尚未达到严重危害公共安全的程度,行为人对其驾驶的车辆仍有一定的控制性,故认定其为危险驾驶罪更为妥当。本案中,彭建伟在车流量相对不大的城镇道路上与他人追逐竞驶,导致双方车辆共同撞上路边停放的其他车辆,故该事故仅是一般的交通事故,其危险驾驶行为尚不具有与放火、决水、爆炸及投放危险物质相当的危险程度,因此不符合以危险方法危害公共安全罪的客观特征。[No. 2-133 之一-15　彭建伟危险驾驶案]

第一百三十三条之二 【妨害安全驾驶罪】

对行驶中的公共交通工具的驾驶人员使用暴力或者抢控驾驶操纵装置，干扰公共交通工具正常行驶，危及公共安全的，处一年以下有期徒刑、拘役或者管制，并处或者单处罚金。

前款规定的驾驶人员在行驶的公共交通工具上擅离职守，与他人互殴或者殴打他人，危及公共安全的，依照前款的规定处罚。

有前两款行为，同时构成其他犯罪的，依照处罚较重的规定定罪处罚。

【立法沿革】

《中华人民共和国刑法修正案(十一)》(自2021年3月1日起施行)

二、在刑法第一百三十三条之一后增加一条，作为第一百三十三条之二：

"对行驶中的公共交通工具的驾驶人员使用暴力或者抢控驾驶操纵装置，干扰公共交通工具正常行驶，危及公共安全的，处一年以下有期徒刑、拘役或者管制，并处或者单处罚金。

"前款规定的驾驶人员在行驶的公共交通工具上擅离职守，与他人互殴或者殴打他人，危及公共安全的，依照前款的规定处罚。

"有前两款行为，同时构成其他犯罪的，依照处罚较重的规定定罪处罚。"

【立法理由】

2020年**《刑法修正案(十一)》**增加了本条规定。近年来，全国各地发生了多起因乘客侵扰司机的驾驶行为而造成的危及公共安全的事件，有的甚至造成了严重的后果，引起了社会各界的高度关注，如2018年10月28日，重庆市一辆公交车在行驶中因乘客与司机激烈争执互殴致使车辆失控，撞上一辆正常行驶的小轿车后坠江，导致数人死亡的严重后果。殴打司机、抢夺控制方向盘或者乘客与司机互殴等干扰安全驾驶的行为，具有相当的社会危险性，我国法律对这类行为的惩处，是有一些追究法律责任规定的。如道路交通安全法对行人、乘车人、非机动车驾驶人违反道路交通安全法律、法规关于道路通行规定的行为的处罚作了规定。根据《治安管理处罚法》第二十三条的规定，扰乱公共汽车、电车、火车、船舶、航空器或者其他公共交通工具上的秩序的，处警告或者二百元以下罚款；情节较重的，处五日以上十日以下拘留，可以并处五百元以下罚款。对于妨害安全驾驶行为中有的引发严重后果，给人民群众生命财产安全造成严重威胁，严重危害公共交通安全的，实践中主要以以危险方法危害公共安全罪、故意伤害罪、寻衅滋事罪、交通肇事罪等追究刑事责任。2018年11月司法大数据专题报告《公交车司乘冲突引发刑事案件分析》指出，2016年1月1日至2018年10月31日，全国各级人民法院一审审结的公交车司乘冲突刑事案件共223件，判处的罪名，以危险方法危害公共安全罪占比39.01%、故意伤害罪占比30.04%、寻衅滋事罪占比10.31%、交通肇事罪占比3.59%；判处的刑罚，90.57%为有期徒刑，其中一年以下有期徒刑占8.42%、一年至三年有期徒刑占38.95%、三年至五年有期徒刑占47.37%、五年至十年有期徒刑占4.21%、十年以上有期徒刑占1.05%。针对近年来实践中出现的新情况、新问题，为有效惩治妨害公共交通工具安全驾驶违法犯罪行为，维护公共交通安全秩序，保护人民群众生命财产安全，2019年1月8日发布的**《最高人民法院、最高人民检察院、公安部关于依法惩治妨害公共交通工具安全驾驶违法犯罪行为的指导意见》**进一步明确了法律适用。根据该意见第一条的规定，乘客在公共交通工具行驶过程中，抢夺方向盘、变速杆等操纵装置，殴打、拉拽驾驶人员，或者有其他妨害安全驾驶行为，危害公共安全，或者驾驶人员在公共交通工具行驶过程中，与乘客发生纷争后违规操作或者擅自职守，与乘客厮打、互殴，危害公共安全，上述行为，尚未造成严重后果的，依照《刑法》第一百一十四条的规定，以以危险方法危害公共安全罪定罪处罚；致人重伤、死亡或者使公私财产遭受重大损失的，依照《刑法》第一百一十五条第一款的规定，以危险方法危害公共安全罪定罪处罚。

在《刑法修正案(十一)》研究起草阶段，有关部门提出，实践中将在公交车上发生的纠纷，尚未造成严重后果的行为以以危险方法危害公共安全罪定罪处罚过于宽泛，无法精确反映此犯罪行为的特点，同时，实践中以以危险方法危害公共安全罪定罪处罚也存在一些问题：一是**在公交车上发生的纷争与放火、决水、爆炸、投放危险物质等四类行为性质不同**。《刑法》第一百一十四条规定以其他危险方法危害公共安全的应当是与放火、决水、爆炸、投放危险物质性质相当的危害公共安全行为，司乘人员在公交车上发生的纷争，虽然存在危害公共安全的可能性，即危害不特定多数人的生命、健康或重大公私财产安全，但由于该罪规定的危害公共安全的表述过于抽象,标准也比较模糊,实践中需要进一步对危险性的程度进行判断。而在公交车上发生纷争的起因多是由于坐过站、车费缴纳等鸡毛蒜皮的琐事,导致乘客或者对司机拳脚相加或者强行拖拽方向盘,实际上乘客的目的大多是要求停车或解决车费问题,并没有直接想要危害公共安全。虽然由于车辆行驶在公共道路上,乘客的不当行为很有可能会导致车辆失控,进而危害到不特定人的生命、健康,可能发生危害后果,但仅以可能发生的危害后果来判断公交车上发生纷争的司乘人员构成以危险方法危害公共安全罪,实际上混淆了结果危险性与方法危险性的判断方法,也与放火、决水、爆炸、投放危险物质这四类行为性质相差较大。二是**在公交车上发生的纷争较容易制止,不具有危害公共安全的高度危险性**。在公交车上还有其他乘客、售票员、安保员,行为人实施一些不当的行为时,其他人员可以马上出手制止,从而能够有效阻止事态的进一步恶化。另外,司机也肩负着安全驾驶的职责,在遇到乘客无理取闹甚至出手相向时,也会采取一些紧急措施,如采取紧急制动措施停车等,来避免损害结果的发生,公交车上乘客的一些危险举措可以及时得到其他人员和司机的有效控制,并不具有导致危害公共安全的高度危险性。三是**以危险方法危害公共安全罪,法定刑过高**。《刑法》第一百一十四条规定的以危险方法危害公共安全罪起刑点为三年有期徒刑,在公交车上发生的司乘人员之间的纠纷,有的只是发生车辆剐蹭,并未造成严重后果,判处三年以上有期徒刑,处刑过重,不符合宽严相济刑事政策的要求。考虑到在行驶的公交车上发生的妨害安全驾驶的行为一般情节较轻,不具有危害公共安全的现实危险性,为体现刑法罪刑相适应的原则,2020 年 6 月提请全国人大常委会审议的《刑法修正案(十一)(草案)》增加规定:"对行驶中的公共交通工具的驾驶人员使用暴力或者抢夺驾驶操纵装置,干扰公共交通工具正常行驶,危及公共安全的,处一年以下有期徒刑、拘役或者管制,并处或者单处罚金。前款规定的驾驶人员与他人互殴,危及公共安全的,依照前款的规定处罚。有前两款行为,致人伤亡或者造成其他严重后果,同时构成其他犯罪的,依照处罚较重的规定定罪处罚。"

在《刑法修正案(十一)(草案)》征求意见过程中,对本条规定的两个问题存在较大争议:

1. **是否有必要单设妨害安全驾驶的犯罪**。有意见提出,建议删去本条规定。主要理由:一是本条所规定的内容完全可以采用物理手段解决,如在公交车驾驶席旁边安装物理护栏,将驾驶员与乘客隔开,就很容易解决这个问题,没有必要采用刑法手段。二是这类行为一般都不具有危及公共安全的现实危险性,可不增加新罪名,如果发生严重后果的,可以适用《刑法》第一百一十四条、第一百一十五条以以危险方法危害公共安全罪定罪处罚。赞成增加本条规定的认为,这一规定既惩罚暴力侵害驾驶人员的行为,也惩治驾驶人员擅离职守,不采取有效安全措施,与他人发生肢体冲突等行为,能够准确评价这类违法犯罪行为,起到威慑作用。建议进一步予以完善,草案仅限定为两类行为,实践中,对驾驶员实施胁迫、辱骂以及捂眼睛、喷洒辣椒水,或用物品遮挡驾驶员视线等其他手段破坏、干扰安全驾驶行为,也会影响公共安全工具的正常行驶,应当增加相关情形。

2. **是否有必要增加驾驶人员的犯罪**。有意见提出,建议删去第二款规定。主要理由如下:一是该规定妨碍驾驶人员行使正当防卫权。这一规定在实践中可能导致驾驶人员只能选择躲避,大大限缩了驾驶人员进行有效的正当防卫的空间,影响驾驶人员履行职责的积极性。二是该规定容易引起歧义。驾驶人员在驾驶交通工具的过程中,如果遭受暴力袭击或者被抢夺驾驶操纵装置时,驾驶人员是否能够反击,如果进行反击的话,是否属于互殴,如果驾驶员只能忍受而不能进行反击的话,可能使公共交通安全处于更加危险的境地。三是从已经发生的案例来看,驾驶人员与乘客互殴的情况极少发生,没有必要作出规定。

立法机关经与有关方面共同认真研究,进行相关数据分析。2018 年 11 月司法大数据专题报告《公交车司乘冲突引发刑事案件分析》指出,2016 年 1 月 1 日至 2018 年 10 月 31 日,全国各级人民法院一审审结的公交车司乘冲突 223 件刑事案件中,被告人身份为乘客的占 69.96%,被告人身份为司机的占 22.87%。司机和乘客冲突纠纷起因多为车费、上下车地点等小事,占比近六成;近四成案件有人员伤亡的情况,其中死亡人数占伤亡人数的 19.61%;行为人的违法犯罪行为主要有攻击司机(占 54.72%)、抢夺车辆操纵装置(占 27.36%)、持刀威胁司机(占 2.83%)、盗窃司机财物(占 2.83%)、与司机口角(占 1.89%)等;约有 88.79%的案件发生在车辆运营过程中,面对纠纷,有的司机选择避让或防御,有的司机采取主动还手或攻击乘客,有的乘客出面制止,有的报警等;纠纷结果导致有的公交车撞击道旁静物(占 33.96%)、未造成重大不良后果(占 19.81%)、司机受伤(占 11.32%)、乘客受伤(占 11.32%)、公交车撞击行驶车辆或行人(占 8.49%)、车辆剧烈摇晃等危险运行状态(占 7.55%)、财物损失(占

2.83%)；司机在纠纷中的举动，避让或防御(占27.36%)、仅停车(占19.81%)、与乘客口角(占15.09%)、主动或还手攻击乘客(占10.38%)、报警(占7.55%)等。由于没有明确的法律依据，司法实践中各地对此类行为处罚不同，有的只是对当事人进行批评教育，有的则是处以行政拘留，有的以以危险方法危害公共安全罪追究刑事责任，造成相同行为处罚轻重不统一。根据各方面的意见和实践情况，考虑到行驶中的公共交通工具安全关乎乘客的生命健康利益，对道路运输的安全性有着极大的影响，妨害公共交通工具安全驾驶行为具有一定的危险性，极易诱发重大交通事故，造成重大人身伤亡和财产损失，威胁公共安全，为维护人民群众的"出行安全"，惩治妨害公共交通工具安全驾驶行为，积极回应社会关切，有必要将妨害安全驾驶的行为单独规定为犯罪。同时，考虑到司机在公交车上负有安全驾驶的职责，如果司机在驾驶公交车行驶过程中，不顾整车人的安全，擅离职守，与乘客进行互殴、厮打，极易导致车辆失控，发生交通事故，造成人员伤亡和财产损失，对这种行为也有必要予以惩处。2020年12月26日第十三届全国人大常委会第二十四次会议通过的《刑法修正案(十一)》增加了本条规定。这样规定一方面警示规范乘客，乘坐公共交通工具应当自觉遵守有关规定，尊重驾驶人员，对驾驶人员使用暴力或者抢控驾驶操纵装置，将会受到法律惩处；另一方面也对驾驶人员的驾驶行为进行警示规范，要求驾驶人员以安全驾驶为先，不能擅离职守，让乘客和驾驶人员树立法律红线，营造安全有序、宽容和谐的空间，减少公共交通安全事故。同时，根据各方面的意见对草案作了以下修改：一是将"抢夺驾驶操纵装置"修改为"抢控驾驶操纵装置"。这样规定主要是考虑到，《刑法》第二百六十七条规定了抢夺罪，该条的"抢夺"行为，是指乘人不备，出其不意，将他人的财物占为己有。而本条规定的抢夺驾驶操纵装置行为，并不是要把这个操作装置变为自己的财产，其主观意图是要争抢或者控制方向盘，使用"抢夺"容易引起误解，修改为"抢控"，表述更准确。二是增加了"在行驶的公共交通工具上擅离职守"的规定。这样规定，主要是考虑到驾驶人员在对车辆采取安全措施后，有权行使正当防卫行为。三是根据实践情况，将"与他人互殴"修改为"与他人互殴或者殴打他人"。四是删去了"致人伤亡或者造成其他严重后果"。

【条文说明】

本条是关于妨害安全驾驶罪及其处罚的规定。

本条共分为三款。

第一款是关于**对行驶中的公共交通工具的驾驶人员使用暴力或者抢控驾驶操纵装置，危及安全驾驶的犯罪及其处罚**的规定。构成本款规定的犯罪应当具备以下条件：

1. 犯罪的主体主要是**公共交通工具上的乘客等人员**。在公共交通工具行驶过程中，与驾驶员发生冲突的一般都是乘客，个别情况下，车辆上的售票员或者安保员也有可能会与驾驶员发生冲突。

2. **行为发生在行驶的公共交通工具上**。这里所说的"**公共交通工具**"，主要是指公共汽车、公路客运车，大、中型出租车等车辆。司乘人员冲突事件大多发生在上述这几类公共交通工具上。此外，公共交通工具还有从事空中运输的飞机，铁路运输的火车、地铁、轻轨，水路运输的客运轮船、摆渡船、快艇等。

3. **行为人实施了对驾驶人员使用暴力或者抢控驾驶操纵装置的行为**。这里所说的对"**驾驶人员使用暴力或者抢控驾驶操纵装置**"，主要是指行为人对公共交通工具的驾驶人员实施殴打、推搡拉拽等暴力行为，或者实施抢夺控制方向盘、变速杆等驾驶操纵装置的行为。"**驾驶操纵装置**"，主要是指供驾驶人员控制车辆行驶的装置，包括方向盘、离合器踏板、加速踏板、制动踏板、变速杆、驻车制动手柄等。本款所说的"抢控驾驶操作装置"并不需要行为人实际控制驾驶操作装置，只要实施了争抢行为即可。

4. **行为人的行为干扰公共交通工具的正常行驶，危及公共安全**，这是划分罪与非罪的重要界限。这样规定主要是考虑到此类行为主要是危害公共安全的犯罪，其危害性主要体现在危及公共交通工具上不特定多数人的人身和财产安全，以及道路和周边环境中不特定多数人的人身和财产安全。这里所说的"**干扰公共交通工具正常行驶，危及公共安全的**"，主要是指行为人的行为足以导致公共交通工具不能安全行驶，车辆失控，随时可能发生乘客、道路上的行人、车辆伤亡或者财产损失的现实危险。如果行为人只是辱骂、轻微拉扯驾驶员或者轻微争抢方向盘，并没有影响车辆的正常行驶，不宜作为犯罪处理，但违反治安管理处罚法规定的，应当依法予以治安处罚。

根据本款规定，构成犯罪的，处一年以下有期徒刑、拘役或者管制，并处或者单处罚金。

第二款是关于**驾驶人员擅离职守，与他人互殴或者殴打他人，危及安全驾驶的犯罪及其处罚**的规定。构成本款规定的犯罪，应当符合以下特征：

1. 犯罪的主体是**公共交通工具的驾驶人员**。

2. **行为发生在行驶的公共交通工具上**，这是构成本款规定犯罪的前提条件。关于公共交通工具在第一款已经叙述，这里不再赘述。

3. **行为人实施了擅离职守，与他人互殴或者殴打他人的行为**。这里所说的"**擅离职守**"，主要是指驾驶人员未采取任何安全措施控制车辆，擅自离开驾驶位置，或者双手离开方向盘等。"**与他人互殴或者殴打他人**"，是指驾驶人员与乘客等进行互相殴打，或者驾驶人员殴打乘客等行为。

4. **行为人的行为危及公共安全**，这是划分罪与非罪的重要界限。这里所说的"**危及公共安全的**"，主要是指行为人的行为足以导致公共交通工具不能安全行驶，车辆失控，随时可能发生乘客、道路上的行人、车辆伤亡或者财产损失的现实危险。如果行为人只是辱骂或者轻微拉扯乘客等，并没有影响车辆的正常行驶，不宜作为犯罪处理，但违反治安管理处罚法规定的，应当依法予以治安处罚。

构成本款规定的犯罪，依照前款的规定处罚，即处一年以下有期徒刑、拘役或者管制，并处或者单处罚金。

第三款是关于**实施本条规定的犯罪同时构成其他犯罪如何处理**的规定。行为人实施本条第一款、第二款规定的犯罪行为，也可能同时触犯刑法的其他规定，构成刑法规定的其他犯罪，如果与本条规定的犯罪行为出现了竞合的情形，**应当依照处罚较重的规定定罪处罚**。这里主要涉及如何处理好本条规定的犯罪与故意伤害罪、故意杀人罪、以危险方法危害公共安全罪等其他罪名的关系。如果行为人有第一款、第二款规定的妨害安全驾驶的犯罪行为，造成人员伤亡、公私财产重大损失或者车辆倾覆等，符合《刑法》第一百三十三条交通肇事罪、第二百三十四条故意伤害罪、第二百三十二条故意杀人罪、第一百一十五条以危险方法危害公共安全罪、第二百七十五条故意毁坏财物罪构成要件或者构成其他犯罪的，根据本款的规定，采取从一重罪处罚的原则，即依照处罚较重的规定定罪处罚，由于本条规定的刑罚较轻，一般情况下，应当依照交通肇事罪、故意伤害罪、故意杀人罪、以危险方法危害公共安全罪、故意毁坏财物罪等定罪处罚，而行为人妨害公共交通工具安全驾驶的行为，将会作为处罚的量刑情节予以考虑。这里需要注意的是，本条第三款规定的"同时构成其他犯罪"中的其他犯罪，应当是与妨害公共交通工具安全驾驶行为直接相关的罪名，如果行为人实施了本款的犯罪行为，在行驶中的公共交通工具上又实施其他与妨害公共交通工具安全驾驶行为不相关的犯罪行为，如行为人明显具有伤害、杀人的恶意殴打、杀害司机或乘客，或者盗窃、抢劫乘客财物、强制猥亵乘客等行为，应当根据情况适用故意伤害罪、故意杀人罪、盗窃罪、抢劫罪、强制猥亵罪与本罪实行**数罪并罚**。

实践中需要注意以下几个方面的问题：

1. 把握好妨害安全驾驶的犯罪与**以危险方法危害公共安全罪**的界限。两罪虽然都是危害公共安全的犯罪，但两罪的行为性质不同，《刑法》第一百一十四条规定以其他危险方法危害公共安全的应当是与放火、决水、爆炸、投放危险物质性质相同的危害公共安全行为，而妨害公共交通工具安全驾驶虽然存在危害公共安全的可能性，但一般情况下不具有现实的危险性，实践中乘客与司机往往因琐事发生口角争执，进而动手，多数乘客主观恶性并不大，只是因一时冲动殴打司机，抢夺方向盘，并非故意要将公交车置于危险境地，且多数并未造成危害后果，有的虽然造成一定危害后果，但后果也不严重，如发生车辆剐蹭。为体现宽严相济刑事政策和刑法罪刑相适应原则，避免适用以危险方法危害公共安全罪而导致刑罚过重，《刑法修正案（十一）》增加了妨害安全驾驶的犯罪，实践中对于在行驶中的公共交通工具上发生的因司乘纠纷而引发的互殴、厮打等妨害安全驾驶行为**一般不宜再适用《刑法》第一百一十四条规定的以危险方法危害公共安全罪**。对于个别情况下，行为人妨害公共交通工具安全驾驶行为，判处一年有期徒刑明显偏轻，符合《刑法》第一百一十四条规定的，可以按照以危险方法危害公共安全罪追究。

2. 把握好妨害公共交通安全行驶的犯罪与**正当防卫、紧急避险**的界限。根据《最高人民法院、最高人民检察院、公安部关于依法惩治妨害公共交通工具安全驾驶违法犯罪行为的指导意见》的规定，对正在进行的妨害安全驾驶的违法犯罪行为，乘客等人员有权采取措施予以制止，制止行为造成违法犯罪行为人损害，符合法定条件的，应当认定为正当防卫。正在驾驶公共交通工具的驾驶人员遭到妨害安全驾驶行为侵害时，为避免公共交通工具倾覆或者人员伤亡等危害后果发生，采取紧急制动或者躲避措施，造成公共交通工具、交通设施损坏或者人身损害，符合法定条件的，应当认定为紧急避险。实践中需要注意的是，驾驶人员有权采取措施对乘客妨害安全驾驶的行为予以制止，但首先必须要保障车辆行驶的安全，也就是说驾驶人员必须首先采取制动措施，让车辆停止在安全地带，才可以采取措施制止乘客的违法行为,不能在车辆行驶的过程中对乘客进行殴打。

3. 在适用本条时要注意把握罪与非罪的界限。对于妨害安全驾驶的犯罪,其行为不仅要干扰公共交通工具正常行驶,而且还要达到危及公共安全的后果,**对于情节轻微、危害不大的行为,不宜按照犯罪处理**,《最高人民法院、最高人民检察院、公安部关于依法惩治妨害公共交通工具安全驾驶违法犯罪行为的指导意见》对此也有规定,即在办理案件过程中,人民法院、人民检察院和公安机关要综合考虑公共交通工具行驶速度、通行路段情况、载客情况、妨害安全驾驶行为的严重程度及对公共交通安全的危害大小、行为人认罪悔罪表现等因素,全面准确评判,充分彰显强化保障公共交通安全的价值导向。

第一百三十四条　【重大责任事故罪】【强令、组织他人违章冒险作业罪】

在生产、作业中违反有关安全管理的规定,因而发生重大伤亡事故或者造成其他严重后果的,处三年以下有期徒刑或者拘役;情节特别恶劣的,处三年以上七年以下有期徒刑。

强令他人违章冒险作业,或者明知存在重大事故隐患而不排除,仍冒险组织作业,因而发生重大伤亡事故或者造成其他严重后果的,处五年以下有期徒刑或者拘役;情节特别恶劣的,处五年以上有期徒刑。

【立法沿革】

《中华人民共和国刑法》(1997年修订,自1997年10月1日起施行)

第一百三十四条

工厂、矿山、林场、建筑企业或者其他企业、事业单位的职工,由于不服管理、违反规章制度,或者强令工人违章冒险作业,因而发生重大伤亡事故或者造成其他严重后果的,处三年以下有期徒刑或者拘役;情节特别恶劣的,处三年以上七年以下有期徒刑。

《中华人民共和国刑法修正案(六)》(自2006年6月29日起施行)

一、将刑法第一百三十四条修改为:

"在生产、作业中违反有关安全管理的规定,因而发生重大伤亡事故或者造成其他严重后果的,处三年以下有期徒刑或者拘役;情节特别恶劣的,处三年以上七年以下有期徒刑。

"强令他人违章冒险作业,因而发生重大伤亡事故或者造成其他严重后果的,处五年以下有期徒刑或者拘役;情节特别恶劣的,处五年以上有期徒刑。"

《中华人民共和国刑法修正案(十一)》(自2021年3月1日起施行)

三、将刑法第一百三十四条第二款修改为:

"强令他人违章冒险作业,或者明知存在重大事故隐患而不排除,仍冒险组织作业,因而发生重大伤亡事故或者造成其他严重后果的,处五年以下有期徒刑或者拘役;情节特别恶劣的,处五年以上有期徒刑。"

【立法理由】

重大责任事故罪是刑法中比较常见的危害公共安全的犯罪,1979年刑法就有规定,**1997年修订刑法**时基本延续了原来的规定。随着经济和社会的发展,由于整个经济领域生产范围的扩大和生产规模的增长,重大责任事故罪出现了一些新的问题。一是原刑法规定的犯罪主体范围较窄,不适应经营主体日益多元化的情况。[①] 除1997年刑法规定的工厂、矿山、林场、建筑企业或者其他企业、事业单位的职工等特殊主体外,一些个体生产经营单位和个人,甚至违法生产经营的单位和个人,如包工头、无证矿主等在生产、作业中违反安全管理规定,不顾工人生命安全,违章生产、作业,导致重大责任事故的情况时有发生。二是一些生产、经营单位或者个人,为了追求经济利益,不顾法律的制约,采取各种手段强令生产、作业人员违章冒险作业,因而发生重大责任事故,给人民群众生命健康和国家、集体、个人财产造成重大损失,群众反应非常强烈。这种强令工人违章冒险作业的行为,比一般的违章生产、作业行为的性质更为恶劣,危害更为严重,原刑法的有关规定已经不能满足打击犯罪、遏制犯罪的需要,有必要进行修改。为此,2006年通过的**《刑法修正案(六)》**对原规定作了两个方面的修改:一是**将犯罪主体从**

① 关于重大责任事故罪行为主体范围的演变历程,参见陈兴良主编:《刑法各论精释》,人民法院出版社2015年版,第693—701页。

原来的企业、事业单位的职工扩大到从事生产、作业的所有人员；二是**增加了强令他人违章冒险作业罪**，将强令他人违章冒险作业与一般的违章生产、作业分开，作为第二款单独规定，**并将其刑罚从最高七年有期徒刑提高到十五年有期徒刑**。

近年来在安全生产形势取得好转的同时，一些重特大安全生产事故仍然时有发生，给国家和人民群众的生命、财产安全带来难以挽回的特别重大损失，教训深刻，对安全生产综合治理提出了更高要求。2015 年 8 月 12 日，天津市滨海新区天津港瑞海公司的危险品仓库发生火灾爆炸事故，造成一百六十五人遇难、八人失踪、七百九十八人受伤，三百零四幢建筑物、一万二千四百二十八辆汽车、七千五百三十三个集装箱受损。2015 年 8 月全国人大常委会对《刑法修正案（九）》进行三次审议期间，有的常委会组成人员提出，鉴于天津港爆炸事件的重大损害和惨痛教训，建议提高《刑法》第一百三十六条危险物品肇事罪等安全生产事故犯罪的刑罚，更为有效预防和惩治重特大安全生产犯罪。当时，法律委员会对此问题进行了认真研究，认为："危险物品肇事罪是刑法危害公共安全罪一章规定的责任事故类犯罪之一，这类犯罪还涉及很多同类条款，其量刑幅度基本都是相同的，提高这一犯罪的刑罚需同时考虑其他条款，在具体刑罚的设置上也需要根据司法实践情况，在充分听取相关部门意见的基础上作出评估。对这一问题，需要进一步深入调查研究，可在今后修改刑法时统筹考虑。"近年来又发生了一些重特大事故，特别是 2019 年 3 月 21 日发生了江苏响水天嘉宜化工有限公司"3・21"特别重大爆炸事故，事故造成七十八人死亡、七十六人重伤。国务院调查组认定，江苏响水天嘉宜化工有限公司"3・21"特别重大爆炸事故是一起长期违法贮存硝化危险废物导致自燃进而引发爆炸的特别重大事故，企业明知存在重大隐患，甚至在原国家安全监管总局对企业检查中责令整改的十三项安全隐患问题未整改的情况下，在企业负责人因违法、违规堆放处置危险废物被处以行政处罚、刑事处罚的情况下，对重大隐患仍不落实责任、有效整改，继续冒险组织作业，酿成惨剧。有关方面提出，目前刑法有关责任事故类的犯罪最高刑一般只有七年，不足以预防惩治安全生产事故犯罪，当前一些重大安全生产事故一旦发生都是群死群伤，后果特别严重，建议进一步提高安全生产犯罪的刑罚，加大预防惩治。根据各方面意见，**《刑法修正案（十一）》**在《刑法》第一百三十四条第二款中**增加了"明知存在重大隐患而不排除，仍冒险组织作业"，造成严重后果的犯罪**。这一规定的主要考虑有：一是传统安全生产事故犯罪为过失犯罪，过失犯罪的刑罚配置一般要轻于故意犯罪，普遍提高过失犯罪的刑罚还需要慎重。上述新增的规定区分情况，主要对那些特别轻率、鲁莽冒险作业，情节特别恶劣，发生的后果特别严重的情况加重刑罚，只针对主观上鲁莽、客观上又造成特大损害的责任事故类犯罪。二是如果全部提高分则第二章中安全生产事故类犯罪的刑罚，将涉及较多条文，包括第一百三十四条至第一百三十九条，共七条，修改七条在立法技术上需要进一步扩大《刑法修正案（十一）》的容量，因此仅修改第一百三十四条第二款。原第二款规定的是强令违章冒险作业罪，《刑法修正案（六）》已经将其刑罚修改为最高十五年有期徒刑，在其中增加组织冒险作业犯罪的情形，在第一百三十五条至第一百三十九条规定的犯罪中，如果出现明知有重大隐患而不排除，仍冒险组织作业的情况，也可适用这一新增加的规定。

【条文说明】

本条是关于重大责任事故罪，强令、组织他人违章冒险作业罪及其处罚的规定。

本条共分为两款。

第一款是关于**重大责任事故罪及其处罚**的规定。根据本款的规定，认定重大责任事故罪应当注意以下几个方面的问题：

1. 本罪的主体是**在各类生产经营活动中从事生产、作业及其指挥管理的人员**，既包括 1997 年刑法规定的工厂、矿山、林场、建筑企业或者其他企业、事业单位的职工，也包括其他生产、经营单位的人员、个体经营户、群众合作经营组织的生产、管理人员，甚至违法经营单位、无照经营单位的生产、作业及其指挥管理人员等。[①] 只要在生产、作业中违反有关安全管理的规定，造成不特定人员伤亡或者公私财产重大损害的，无论其生产、作业性质，均可以构成该罪。

2. 本罪在客观方面表现为**在生产、作业中**[②]

---

① 名义上是企业管理人员，但未实际参与企业经营管理活动之人（企业挂名），非属重大责任事故罪的行为主体。参见陈兴良主编：《刑法各论精释》，人民法院出版社 2015 年版，第 700 页。

② 陈兴良教授指出，此处的"生产、作业"并不仅仅是一个空间与时间的概念，而是一个行为性质的决定性因素。换言之，行为与生产、作业之间必须具有直接关联，即必须是因为生产、作业的需要而实施的行为，如果超出了生产、作业的需要而实施的违反规章制度行为，与本罪无关。参见陈兴良主编：《刑法各论精释》，人民法院出版社 2015 年版，第 703 页。

违反有关安全管理的规定,因而发生重大伤亡事故或者造成严重后果。(1)**行为人违反了有关安全管理的规定**。这里所说的"有关安全管理的规定",既包括国家制定的关于安全管理的法律、法规,比如安全生产法等,也包括行业或者管理部门制定的关于安全生产、作业的规章制度、操作章程等。[①] 违反安全管理规定的行为往往具有不同的形式。普通职工主要表现为不服管理、不听指挥、不遵守操作规程和工艺设计要求或者盲目蛮干、擅离岗位等。生产管理人员主要表现为违背客观规律在现场盲目指挥,或者作出不符合安全生产、作业要求的工作安排等。(2)**行为人违反有关安全管理规定的行为引起了重大伤亡事故,造成严重后果**。本条规定了"重大伤亡"和"严重后果"两个标准,但只要具备其一便构成犯罪。其中,造成其他严重后果,是指除重大伤亡事故以外的其他后果,包括重大财产损失[②]等。关于重大伤亡或者"其他严重后果"的认定标准,由于生产领域、地域、时间等情况的不同,一般由相关领域的管理规定作出规定。司法实践中,司法机关可以根据犯罪的具体情节、造成的后果、社会影响等综合认定。

3. 在主观方面本罪表现为**过失**。[③] 这种过失,是指对造成的重大人身伤亡或者其他严重后果由于疏忽大意没有预见,或者虽然预见但轻信可以避免而没有采取相应的措施。而对违反安全管理规定本身,则既可以是过失,也可以是故意,这对认定本罪没有影响,但在量刑时可以作为一个情节予以考虑。如果行为人对危害结果出于故意的心理状态,则不构成本罪,应当按照其他相应的犯罪定罪处罚。实践中,有些企业、事业单位或者群众合作经营组织、个体经营户招用从业人员,不经技术培训,也不进行必要的安全教育,直接安排其从事生产、作业,使职工在不了解安全管理规定的情况下违反安全管理规定,因而发生重大责任事故,对于生产、作业人员不宜认定为犯罪,但对发生事故的单位和经营组织、经营户的直接责任人员,则应当按照本罪定罪处罚。

根据本款的规定,在生产、作业中违反有关安全管理的规定,因而发生重大伤亡事故或者造成其他严重后果的,处三年以下有期徒刑或者拘役。根据《最高人民法院、最高人民检察院关于办理危害生产安全刑事案件适用法律若干问题的解释》第六条的规定,实施本款规定的行为,因而发生安全事故,具有下列情形之一的,应当认定为"**发生重大伤亡事故或者造成其他严重后果**",对相关责任人员,处三年以下有期徒刑或者拘役:(1)造成死亡一人以上,或者重伤三人以上的;(2)造成直接经济损失一百万元以上的;(3)其他造成严重后果或者重大安全事故的情形。情节特别恶劣的,处三年以上七年以下有期徒刑。这里规定的"**情节特别恶劣**",是指造成伤亡人数特别多,造成直接经济损失特别大,或者其他违反安全管理规定非常恶劣的情况。比如,经常违反规章制度,屡教不改;明知没有安全保证,不听劝阻;发生过事故不引以为戒,继续蛮干;违章行为特别恶劣,如已因违反规章制度受到批评教育或行政处罚而不改正,再次违反安全管理规定,造成重大事故等。根据上述司法解释的规定,实施本款规定的行为,因而发生安全事故,具有下列情形之一的,对相关责任人员,处三年以上七年以下有期徒刑:(1)造成死亡三人以上或者重伤十人以上,负事故主要责任的;(2)造成直接经济损失五百万元以上,负事故主要责任的;(3)其他造成特别严重后果、情节特别恶劣或者后果特别严重的情形。

第二款是关于**强令、组织他人违章冒险作业罪及其处罚**的规定。

1. **强令违章冒险作业罪**。这种情况,主要是

① 除了上述两类规定外,林亚刚教授认为,虽无法律法规等明文规定,却反映了生产、科研、设计、施工中安全操作的客观规律和要求,在实践中为职工所公认的行之有效的操作习惯与惯例等,同样属于安全管理规定。参见高铭暄、马克昌主编:《刑法学》(第7版),北京大学出版社、高等教育出版社2016年版,第360页;陈兴良主编:《刑法各论精释》,人民法院出版社2015年版,第703—704页。

② 司法实践一般将经济损失分为直接经济损失与间接经济损失。参见陈兴良主编:《刑法各论精释》,人民法院出版社2015年版,第705页。

③ 关于本罪的主观构成要件要素,陈兴良教授细分为疏忽过失、轻信过失以及监督过失和管理过失三类。对于疏忽过失,由于重大责任事故罪属于业务过失,因而其所要求的应当是特别注意义务。并且,应当根据行为人的实际状况来认定其是否具有预见可能性(主观说、个人标准说);对于轻信过失,重大责任事故罪的避免能力主要应当根据行为人的主观状况加以确定;关于监督过失和管理过失,两者之间的区别是相对的,将二者进行区分,并不具有理论上的意义。参见陈兴良主编:《刑法各论精释》,人民法院出版社2015年版,第713—716页。

指那些负有生产、作业指挥和管理职责的人员[1]，为了获取高额利润，明知存在安全生产隐患，或者为了获得高额利润，采取违反安全管理规定的行为，在生产、作业人员拒绝的情况下，利用职权或者其他强制手段强令工人违章冒险作业，因而发生重大伤亡事故或者造成其他严重后果的。这种情况，首先表现在工人不愿听从生产、作业指挥管理人员违章冒险作业的命令，其次是生产、作业指挥管理人员利用自己的职权或者其他手段强迫命令工人在违章的情况下冒险作业，即强迫工人服从其错误的指挥，而工人不得不违章作业。这种"强令"，不一定表现在恶劣的态度、强硬的语言或者行动，**只要是利用组织、指挥、管理职权，能够对工人产生精神强制，使其不敢违抗命令，不得不违章冒险作业的，均构成"强令"**。[2] 根据本款的规定，对于强令他人违章冒险作业，因而发生重大伤亡事故或者造成严重后果的，处五年以下有期徒刑或者拘役；情节特别恶劣的，处五年以上有期徒刑。这里所说的"情节特别恶劣"，比如，用恶劣手段强令工人违章冒险作业等。根据《最高人民法院、最高人民检察院关于办理危害生产安全刑事案件适用法律若干问题的解释》第六条、第七条的规定，强令违章冒险作业，因而发生安全事故，具有下列情形的，应当认定为"**发生重大伤亡事故或者造成其他严重后果**"，对相关责任人员，处五年以下有期徒刑或者拘役：(1)造成死亡一人以上，或者重伤三人以上的；(2)造成直接经济损失一百万元以上的；(3)其他造成严重后果或者重大安全事故的情形。有下列情形的，应当认定为"**情节特别恶劣**"，处五年以上有期徒刑：(1)造成死亡三人以上或者重伤十人以上，负事故主要责任的；(2)造成直接经济损失五百万元以上，负事故主要责任的；(3)其他造成特别严重后果、情节特别恶劣或者后果特别严重的情形。

2. **组织他人违章冒险作业罪**。《刑法修正案(十一)》在本条第二款中增加规定了"明知存在重大事故隐患而不排除，仍冒险组织作业"的情形。理解该规定，需要注意以下问题：

一是关于**重大事故隐患**。本款规定的"重大事故隐患"具有相应的标准，应当按照法律、行政法规或者安全生产监督管理部门发布的有关国家、行业标准确定。根据安全生产法和中共中央、国务院关于推进安全生产领域改革发展的意见，原国家安监总局于2017年最早发布了《煤矿重大生产安全事故隐患判定标准》，其后分别制定发布了金属、非金属矿山、化工和危险化学品生产经营单位、烟花爆竹生产经营单位、工贸行业重大生产安全事故隐患判定标准。此外，还有公安部制定的《重大火灾隐患判定方法》，水利部制定的《水利工程生产安全重大事故隐患判定标准(试行)》，交通运输部制定的《危险货物港口作业重大事故隐患判定指南》等。《安全生产法》第一百一十三条第二款规定："国务院安全生产监督管理部门和其他负有安全生产监督管理职责的部门应当根据各自的职责分工，制定相关行业、领域重大事故隐患的判定标准。"需要注意的是，重大事故隐患判断标准中的情形也比较复杂，既包括可能直接导致、引发重大事故发生的直接重大隐患，也有属于管理培训制度、项目建设规范等方面的间接隐患，比如厂房安全距离设置不符合要求，主要负责人、安全生产管理人员未依法经考核合格，作业人数超过标准人数等，尚不足以直接导致事故的发生。因此，实践中在适用本款规定判处更重刑罚时也应当考虑重大隐患的不同情况。

二是**要求"明知"存在重大事故隐患而不排除**。对事故隐患的存在主观上具有明知，虽然对危害结果的发生不是积极追求的故意，但在对重大隐患的认识上是明知的，主观上存在一种鲁莽、轻率心态，即意欲完全凭借侥幸或者为了生产作业而不管不问的心态。"**不排除**"是指对重大隐患不采取有效措施予以排除危险。根据《安全生产法》第三十八条、第四十三条、第六十七条等的规定，生产经营单位应当建立健全生产安全事故隐患排查治理制度，采取技术、管理措施，及时发现并消除事故隐患；生产经营单位的安全生产管理人员应当根据本单位的生产经营特点，对安全生产状况进行经常性检查，对检查中发现的安全问题，应当立即处理，不能处理的，应当及时报告本单位有关负责人，有关负责人应当及时处理；负有安全生产监督管理职责的部门依法对存在重大事故隐患的生产经营单位作出停产停业、停止施工、停止使用相关设施或者设备的决定，生产经营单位应当依法执行，及时消除事故隐患。立法过程中曾表述为"拒不排除"，有意见提出，这一表

[1] 陈兴良教授指出，强令违章冒险作业罪的行为主体仅限于，生产、作业的管理人员，以及对生产、作业负有管理职责的实际控制人或者投资人，但不包括直接从事生产、作业的人员。参见陈兴良主编：《刑法各论精释》，人民法院出版社2015年版，第719页。

[2] 相同的学说见解，参见高铭暄、马克昌主编：《刑法学》(第7版)，北京大学出版社、高等教育出版社2016年版，第362页；陈兴良主编：《刑法各论精释》，人民法院出版社2015年版，第719页。

述可能暗含需经安全生产监督管理部门等检查指出后，拒不执行监管指令的“不排除”，会造成适用面太窄，**因此删去了“拒”字**。

三是**仍然冒险组织作业**。这是本罪的客观行为。即在明知具有重大事故隐患未排除的情况下，仍然组织冒险作业。如已发现事故苗头，仍然不听劝阻、一意孤行，拒不采纳工人和技术人员的意见，导致事故发生的；通过恶劣手段掩盖安全生产隐患，蒙骗工人作业，在出现险情的情况下仍然继续生产、作业或者指挥工人生产、作业的等。组织冒险作业的主体是**冒险作业的组织者、指挥者**，对一般的从事、参与冒险作业的不适用本款规定。根据本款规定，犯组织他人违章冒险作业罪，发生重大伤亡事故或者造成其他严重后果的，处五年以下有期徒刑或者拘役；情节特别恶劣的，处五年以上有期徒刑。有关具体标准由司法解释规定或者司法实践把握。

实践中需要注意以下几个方面的问题：

1. **关于本条规定犯罪主体的问题**。与《刑法》第一百三十五条、第一百三十五条之一、第一百三十七条、第一百三十八条、第一百三十九条等安全事故犯罪明确规定了犯罪主体，如直接负责的主管人员和其他直接责任人员、直接责任人员等不同，**本条规定没有明确规定犯罪主体**。既可以是单位直接责任人员，也可以是个人、个体经营者等。在单位实施重大责任事故罪，强令、组织他人违章冒险作业罪的情况下，根据有关法律解释的规定，对企业负责人等直接责任人员可依法追究刑事责任。根据《全国人民代表大会常务委员会关于〈中华人民共和国刑法〉第三十条的解释》的规定，公司、企业、事业单位、机关、团体等单位实施刑法规定的危害社会的行为，刑法分则和其他法律未规定追究单位的刑事责任的，对组织、策划、实施该危害社会行为的人依法追究刑事责任。因此由单位实施的有关安全生产事故犯罪，可以依法追究负有直接责任的企业负责人的刑事责任。另外，根据《最高人民法院、最高人民检察院关于办理危害生产安全刑事案件适用法律若干问题的解释》的规定，**本条第一款规定的犯罪主体**，包括对生产、作业负有组织、指挥或者管理职责的负责人、管理人员、实际控制人、投资人等人员，以及直接从事生产、作业的人员。**第二款规定的犯罪主体**，包括对生产、作业负有组织、指挥或者管理职责的负责人、管理人员、实际控制人、投资人等人员。根据安全生产法的规定，安全生产实行企业等生产经营单位主体责任制，生产经营单位的主要负责人对本单位的安全生产工作全面负责。实践中，企业负责人对安全生产事故发生负有直接责任的，适用本条规定处罚。

2. 在认定重大责任事故罪时，应当注意区分重大责任事故和自然事故的界限。所谓**自然事故**，是指不以人的意志为转移的自然原因造成的事故，如雷电、暴风雨造成电路故障而引起的人员伤亡或经济损失。如果无人违章，纯属自然事故，不构成犯罪。① 此外，也应当区分重大责任事故罪与技术事故的界限。所谓**技术事故**，是指由于技术手段或者设备条件所限而无法避免的人员伤亡或经济损失。比如在生产和科学实验中，总会因为科技水平和设备条件的限制，不可避免地出现一些事故，造成一些损失，这不是犯罪问题，但是，如果凭借现有的科技和设备条件，经过努力本来可以避免事故发生，由于疏忽大意或者过于自信未能避免的，则可能构成重大责任事故罪。

3. 注意处理好相关规定适用情形。一是《刑法修正案（十一）》在本条中增加组织他人违章冒险作业罪，与强令违章冒险作业罪的关系。二者的区别主要在于是否具有“强令”行为，对于企业负责人、管理人员利用组织、指挥、管理职权，强制他人违章作业的，或者采取威逼、胁迫、恐吓等手段，强制他人违章作业的情形，应当认定为构成强令违章冒险作业罪。二是组织他人违章冒险作业罪与**重大劳动安全事故罪、危险物品肇事罪、工程重大安全事故罪等其他安全生产犯罪**的关系。《刑法修正案（十一）》增加组织他人违章冒险作业罪的一个主要考虑是加大对安全生产领域造成重大事故、情节特别严重的加重处罚，但是没有提高各个罪的刑罚，在这些各个罪涉及的具体领域，如工程建设领域、危险物品生产经营领域等，如果符合明知有重大隐患而不排除，仍组织冒险作业情况的，可适用本款规定，判处更重刑罚。

【司法解释】

《最高人民法院关于审理交通肇事刑事案件具体应用法律若干问题的解释》（法释〔2000〕33号，自2000年11月21日起施行）

△**（公共交通管理的范围；重大责任事故罪）**在公共交通管理的范围外，驾驶机动车辆或者使用其他交通工具致人伤亡或者致使公共财产或者

① 陈兴良教授指出，责任事故与自然事故之间的区隔，主要从以下两个方面进行考察：（1）是否存在违反有关安全管理规定的行为；（2）是否存在主观过失。参见陈兴良主编：《刑法各论精释》，人民法院出版社2015年版，第717页。

分则　第二章

他人财产遭受重大损失，构成犯罪的，分别依照刑法第一百三十四条、第一百三十五条、第二百三十三条等规定定罪处罚。（§ 8 Ⅱ）

《最高人民法院、最高人民检察院关于办理危害生产安全刑事案件适用法律若干问题的解释》（法释〔2015〕22号，自2015年12月16日起施行）

△（**重大责任事故罪；犯罪主体**）刑法第一百三十四条第一款规定的犯罪主体，包括对生产、作业负有组织、指挥或者管理职责的负责人、管理人员、实际控制人、投资人等人员，以及直接从事生产、作业的人员。（§ 1）

△（**强令违章冒险作业罪；犯罪主体**）刑法第一百三十四条第二款规定的犯罪主体，包括对生产、作业负有组织、指挥或者管理职责的负责人、管理人员、实际控制人、投资人等人员。（§ 2）

△（**强令他人违章冒险作业**）明知存在事故隐患、继续作业存在危险，仍然违反有关安全管理的规定，实施下列行为之一的，应当认定为刑法第一百三十四条第二款规定的"强令他人违章冒险作业"：

（一）利用组织、指挥、管理职权，强制他人违章作业的；

（二）采取威逼、胁迫、恐吓等手段，强制他人违章作业的；

（三）故意掩盖事故隐患，组织他人违章作业的；

（四）其他强令他人违章作业的行为。（§ 5）

△（**发生重大伤亡事故或者造成其他严重后果；重大责任事故罪；强令他人违章冒险作业**）实施刑法第一百三十二条、第一百三十四条第一款、第一百三十五条、第一百三十五条之一、第一百三十六条、第一百三十九条规定的行为，因而发生安全事故，具有下列情形之一的，应当认定为"造成严重后果"或者"发生重大伤亡事故或者造成其他严重后果"，对相关责任人员，处三年以下有期徒刑或者拘役：

（一）造成死亡一人以上，或者重伤三人以上的；

（二）造成直接经济损失一百万元以上的；

（三）其他造成严重后果或者重大安全事故的情形。

实施刑法第一百三十四条第二款规定的行为，因而发生安全事故，具有本条第一款规定情形的，应当认定为"发生重大伤亡事故或者造成其他严重后果"，对相关责任人员，处五年以下有期徒刑或者拘役。（§ 6 Ⅰ、Ⅱ）

△（**情节特别恶劣；重大责任事故罪；强令他人违章冒险作业**）实施刑法第一百三十二条、第一百三十四条第一款、第一百三十五条、第一百三十五条之一、第一百三十六条、第一百三十九条规定的行为，因而发生安全事故，具有下列情形之一的，对相关责任人员，处三年以上七年以下有期徒刑：

（一）造成死亡三人以上或者重伤十人以上，负事故主要责任的；

（二）造成直接经济损失五百万元以上，负事故主要责任的；

（三）其他造成特别严重后果、情节特别恶劣或者后果特别严重的情形。

实施刑法第一百三十四条第二款规定的行为，因而发生安全事故，具有本条第一款规定情形的，对相关责任人员，处五年以上有期徒刑。（§ 7 Ⅰ、Ⅱ）

△（**从重处罚事由；数罪并罚；行贿罪**）实施刑法第一百三十二条、第一百三十四条至第一百三十九条之一规定的犯罪行为，具有下列情形之一的，从重处罚：

（一）未依法取得安全许可证件或者安全许可证件过期、被暂扣、吊销、注销后从事生产经营活动的；

（二）关闭、破坏必要的安全监控和报警设备的；

（三）已经发现事故隐患，经有关部门或者个人提出后，仍不采取措施的；

（四）一年内曾因危害生产安全违法犯罪活动受过行政处罚或者刑事处罚的；

（五）采取弄虚作假、行贿等手段，故意逃避、阻挠负有安全监督管理职责的部门实施监督检查的；

（六）安全事故发生后转移财产意图逃避承担责任的；

（七）其他从重处罚的情形。

实施前款第五项规定的行为，同时构成刑法第三百八十九条规定的犯罪的，依照数罪并罚的规定处罚。（§ 12）

△（**酌情从轻处罚事由**）实施刑法第一百三十二条、第一百三十四条至第一百三十九条之一规定的犯罪行为，在安全事故发生后积极组织、参与事故抢救，或者积极配合调查、主动赔偿损失的，可以酌情从轻处罚。（§ 13）

△（**国家工作人员；数罪并罚；贪污、受贿犯罪**）国家工作人员违反规定投资入股生产经营，构成本解释规定的有关犯罪的，或者国家工作人员的贪污、受贿犯罪行为与安全事故发生存在关联

性的，从重处罚；同时构成贪污、受贿犯罪和危害生产安全犯罪的，依照数罪并罚的规定处罚。（§ 14）

△（**缓刑；从业禁止**）对于实施危害生产安全犯罪适用缓刑的犯罪分子，可以根据犯罪情况，禁止其在缓刑考验期限内从事与安全生产相关联的特定活动；对于被判处刑罚的犯罪分子，可以根据犯罪情况和预防再犯罪的需要，禁止其自刑罚执行完毕之日或者假释之日起三年至五年内从事与安全生产相关的职业。（§ 16）

【司法解释性文件】

《最高人民检察院、公安部关于公安机关管辖的刑事案件立案追诉标准的规定（一）》（公通字〔2008〕36号，2008年6月25日公布）

△（**重大责任事故罪；立案追诉标准**）在生产、作业中违反有关安全管理的规定，涉嫌下列情形之一的，应予立案追诉：

（一）造成死亡一人以上，或者重伤三人以上；

（二）造成直接经济损失五十万元以上的；

（三）发生矿山生产安全事故，造成直接经济损失一百万元以上的；

（四）其他造成严重后果的情形。（§ 8）

△（**强令违章冒险作业罪；立案追诉标准**）强令他人违章冒险作业，涉嫌下列情形之一的，应予立案追诉：

（一）造成死亡一人以上，或者重伤三人以上；

（二）造成直接经济损失五十万元以上的；

（三）发生矿山生产安全事故，造成直接经济损失一百万元以上的；

（四）其他造成严重后果的情形。（§ 9）

《最高人民法院印发〈关于进一步加强危害生产安全刑事案件审判工作的意见〉的通知》（法发〔2011〕20号，2011年12月30日公布）

△（**从严惩处**）严格依法，从严惩处。对严重危害生产安全犯罪，尤其是相关职务犯罪，必须始终坚持严格依法、从严惩处。对于人民群众广泛关注、社会反映强烈的案件要及时审结，回应人民群众关切，维护社会和谐稳定。

△（**区分责任**）区分责任，均衡量刑。危害生产安全犯罪，往往涉案人员较多，犯罪主体复杂，既包括直接从事生产、作业的人员，也包括对生产、作业负有组织、指挥或者管理职责的负责人、管理人员、实际控制人、投资人等，有的还涉及国家机关工作人员渎职犯罪。对相关责任人的处理，要根据事故原因、危害后果、主体职责、过错大小等因素，综合考虑全案，正确划分责任，做到罪责刑相适应。

△（**罪刑平等；裁判效果**）主体平等，确保公正。审理危害生产安全刑事案件，对于所有责任主体，都必须严格落实法律面前人人平等的刑法原则，确保刑罚适用公正，确保裁判效果良好。

△（**责任之认定根据**）审理危害生产安全刑事案件，政府或相关职能部门依法对事故原因、损失大小、责任划分作出的调查认定，经庭审质证后，结合其他证据，可作为责任认定的依据。

△（**违反有关安全管理规定之认定根据**）认定相关人员是否违反有关安全管理规定，应当根据相关法律、行政法规，参照地方性法规、规章及国家标准、行业标准，必要时可参考公认的惯例和生产经营单位制定的安全生产规章制度、操作规程。

△（**多个原因行为；主要原因；次要原因；主要责任；次要责任**）多个原因行为导致生产安全事故发生的，在区分直接原因与间接原因的同时，应当根据原因行为在引发事故中所具作用的大小，分清主要原因与次要原因，确认主要责任和次要责任，合理确定罪责。

一般情况下，对生产、作业负有组织、指挥或者管理职责的负责人、管理人员、实际控制人、投资人，违反有关安全生产管理规定，对重大生产安全事故的发生起决定性、关键性作用的，应当承担主要责任。

对于直接从事生产、作业的人员违反安全管理规定，发生重大生产安全事故的，要综合考虑行为人的从业资格、从业时间、接受安全生产教育培训情况、现场条件、是否受到他人强令作业、生产经营单位执行安全生产规章制度的情况等因素认定责任，不能将直接责任简单等同于主要责任。

对于负有安全生产管理、监督职责的工作人员，应根据其岗位职责、履职依据、履职时间等，综合考察工作职责、监管条件、履职能力、履职情况等，合理确定罪责。

△（**以其他危险方法危害公共安全罪；违章违规的故意；对危害后果发生的故意**）严格把握危害生产安全犯罪与以其他危险方法危害公共安全罪的界限，不应将生产经营中违章违规的故意不加区别地视为对危害后果发生的故意。

△（**数罪并罚；行贿罪；破坏环境资源保护犯罪**）以行贿方式逃避安全生产监督管理，或者非法、违法生产、作业，导致发生重大生产安全事故，构成数罪的，依照数罪并罚的规定处罚。

违反安全生产管理规定，非法采矿、破坏性采矿或排放、倾倒、处置有害物质严重污染环境，造成重大伤亡事故或者其他严重后果，同时构成危害生产安全犯罪和破坏环境资源保护犯罪的，依照数罪并罚的规定处罚。

△（**宽严相济刑事政策；综合考虑因素；法律效果和社会效果**）审理危害生产安全刑事案件，应综合考虑生产安全事故所造成的伤亡人数、经济损失、环境污染、社会影响、事故原因与被告人职责的关联程度、被告人主观过错大小、事故发生后被告人的施救表现、履行赔偿责任情况等，正确适用刑罚，确保裁判法律效果和社会效果相统一。

△（**情节特别恶劣**）造成《关于办理危害矿山生产安全刑事案件具体应用法律若干问题的解释》第四条规定的"重大伤亡事故或者其他严重后果"，同时具有下列情形之一的，也可以认定为刑法第一百三十四条、第一百三十五条规定的"情节特别恶劣"：

（一）非法、违法生产的；

（二）无基本劳动安全设施或未向生产、作业人员提供必要的劳动防护用品，生产、作业人员劳动安全无保障的；

（三）曾因安全生产设施或者安全生产条件不符合国家规定，被监督管理部门处罚或责令改正，一年内再次违规生产致使发生重大生产安全事故的；

（四）关闭、故意破坏必要安全警示设备的；

（五）已发现事故隐患，未采取有效措施，导致发生重大事故的；

（六）事故发生后不积极抢救人员，或者毁灭、伪造、隐藏影响事故调查的证据，或者转移财产逃避责任的；

（七）其他特别恶劣的情节。

△（**从重处罚事由**）相关犯罪中，具有以下情形之一的，依法从重处罚：

（一）国家工作人员违反规定投资入股生产经营企业，构成危害生产安全犯罪的；

（二）贪污贿赂行为与事故发生存在关联性的；

（三）国家工作人员的职务犯罪与事故存在直接因果关系的；

（四）以行贿方式逃避安全生产监督管理，或者非法、违法生产、作业的；

（五）生产安全事故发生后，负有报告职责的国家工作人员不报或者谎报事故情况，贻误事故抢救，尚未构成不报、谎报安全事故罪的；

（六）事故发生后，采取转移、藏匿、毁灭遇难人员尸体，或者毁灭、伪造、隐藏影响事故调查的证据，或者转移财产，逃避责任的；

（七）曾因安全生产设施或者安全生产条件不符合国家规定，被监督管理部门处罚或责令改正，一年内再次违规生产致使发生重大生产安全事故的。

△（**从宽处罚事由**）对于事故发生后，积极施救，努力挽回事故损失，有效避免损失扩大；积极配合调查，赔偿受害人损失的，可依法从宽处罚。

△（**缓刑**）对于危害后果较轻，在责任事故中不负主要责任，符合法律有关缓刑适用条件的，可以依法适用缓刑，但应注意根据案件具体情况，区别对待，严格控制，避免适用不当造成的负面影响。

△（**不适用缓刑**）对于具有下列情形的被告人，原则上不适用缓刑：

（一）具有本意见第14条、第15条所规定的情形的；

（二）数罪并罚的。

△（**缓刑考验期**）宣告缓刑，可以根据犯罪情况，同时禁止犯罪分子在缓刑考验期限内从事与安全生产有关的特定活动。

△（**减刑；假释**）办理与危害生产安全犯罪相关的减刑、假释案件，要严格执行刑法、刑事诉讼法和有关司法解释规定。是否决定减刑、假释，既要看罪犯服刑期间的悔改表现，还要充分考虑原判认定的犯罪事实、性质、情节、社会危害程度等情况。

《最高人民法院关于充分发挥审判职能作用切实维护公共安全的若干意见》（法发〔2015〕12号，2015年9月16日公布）

△（**从严惩治；负责人、管理人、实际控制人、投资人**）准确把握打击重点。结合当前形势并针对犯罪原因，既要重点惩治发生在危险化学品、民爆器材、烟花爆竹、电梯、煤矿、非煤矿山、油气运送管道、建筑施工、消防、粉尘涉爆等重点行业领域企业，以及港口、码头、人员密集场所等重点部位的危害安全生产犯罪，更要从严惩治发生在这些犯罪背后的国家机关工作人员贪污贿赂和渎职犯罪。既要依法追究直接造成损害的从事生产、作业的责任人员，更要依法从严惩治对生产、作业负有组织、指挥或者管理职责的负责人、管理人、实际控制人、投资人。既要加大对各类安全生产犯罪的惩治力度，更要从严惩治因安全生产条件不符合国家规定被处罚而又违规生产，关闭或者故意破坏安全警示设备，事故发生后不积极抢救人员或者毁灭、伪造、隐藏影响事故调查证据，通过行贿非法获取相关生产经营资质等情节的危害安全生产的犯罪。

△（**连带责任；民事赔偿优先；先予执行**）依法妥善审理与重大责任事故有关的赔偿案件。对

当事人因重大责任事故遭受人身、财产损失而提起诉讼要求赔偿的，应当依法及时受理，保障当事人诉权。对两人以上实施危及他人人身、财产安全的行为，其中一人或者数人的行为造成他人损害，能够确定具体责任人的，由责任人承担赔偿责任，不能确定具体责任人的，由行为人承担连带责任。被告人因重大责任事故既承担刑事、行政责任，又承担民事责任的，其财产应当优先承担民事责任。原告因重大责任事故遭受损失而无法及时履行赡养、抚养等义务，申请先予执行的，应当依法支持。

《最高人民法院关于依法妥善审理高空抛物、坠物案件的意见》（法发〔2019〕25号，2019年10月21日发布）

△**（高空抛物、坠物行为；社会危害性）**充分认识高空抛物、坠物行为的社会危害性。高空抛物、坠物行为损害人民群众人身、财产安全，极易造成人身伤亡和财产损失，引发社会矛盾纠纷。人民法院要高度重视高空抛物、坠物行为的现实危害，深刻认识运用刑罚手段惩治情节和后果严重的高空抛物、坠物行为的必要性和重要性，依法惩治此类犯罪行为，有效防范、坚决遏制此类行为发生。（§4）

△**（高空坠物犯罪；过失致人死亡罪；过失致人重伤罪；重大责任事故罪）**准确认定高空坠物犯罪。过失导致物品从高空坠落，致人死亡、重伤，符合刑法第二百三十三条、第二百三十五条规定的，依照过失致人死亡罪、过失致人重伤罪定罪处罚。在生产、作业中违反有关安全管理规定，从高空坠落物品，发生重大伤亡事故或者造成其他严重后果的，依照刑法第一百三十四条第一款的规定，以重大责任事故罪定罪处罚。（§7）

《最高人民法院、最高人民检察院、公安部关于办理涉窨井盖相关刑事案件的指导意见》（高检发〔2020〕3号，2020年3月16日发布）

△**（窨井盖；重大责任事故罪）**在生产、作业中违反有关安全管理的规定，擅自移动窨井盖或者未做好安全防护措施等，发生重大伤亡事故或者造成其他严重后果的，依照刑法第一百三十四条第一款的规定，以重大责任事故罪定罪处罚。（§5Ⅰ）

△**（窨井盖）**本意见所称的“窨井盖”，包括城市、城乡结合部和乡村等地的窨井盖以及其他井盖。（§12）

【附属刑法】

《中华人民共和国劳动法》（1994年7月5日通过，2018年12月29日第二次修正）

第九十三条

用人单位强令劳动者违章冒险作业，发生重大伤亡事故，造成严重后果的，对责任人员依法追究刑事责任。

《中华人民共和国劳动合同法》（2007年6月29日通过，2012年12月28日修正）

第八十八条

用人单位有下列情形之一的，依法给予行政处罚；构成犯罪的，依法追究刑事责任；给劳动者造成损害的，应当承担赔偿责任：

……

（二）违章指挥或者强令冒险作业危及劳动者人身安全的；

……

《中华人民共和国突发事件应对法》（2007年8月30日通过）

第六十四条

Ⅰ有关单位有下列情形之一的，由所在地履行统一领导职责的人民政府责令停产停业，暂扣或者吊销许可证或者营业执照，并处五万元以上二十万元以下的罚款；构成违反治安管理行为的，由公安机关依法给予处罚：

（一）未按规定采取预防措施，导致发生严重突发事件的；

（二）未及时消除已发现的可能引发突发事件的隐患，导致发生严重突发事件的；

（三）未做好应急设备、设施日常维护、检测工作，导致发生严重突发事件或者突发事件危害扩大的；

（四）突发事件发生后，不及时组织开展应急救援工作，造成严重后果的。

Ⅱ前款规定的行为，其他法律、行政法规规定由人民政府有关部门依法决定处罚的，从其规定。

第六十八条

违反本法规定，构成犯罪的，依法追究刑事责任。

《中华人民共和国建筑法》（1997年11月1日通过，2019年4月23日第二次修正）

第七十一条

Ⅱ建筑施工企业的管理人员违章指挥、强令职工冒险作业，因而发生重大伤亡事故或者造成其他严重后果的，依法追究刑事责任。

《中华人民共和国电力法》（1995年12月28日通过，2018年12月29日第三次修正）

第七十四条

Ⅰ电力企业职工违反规章制度、违章调度或

者不服从调度指令，造成重大事故的，依照刑法有关规定追究刑事责任。

Ⅱ电力企业职工故意延误电力设施抢修或者抢险救灾供电，造成严重后果的，依照刑法有关规定追究刑事责任。

《中华人民共和国煤炭法》（1996 年 8 月 29 日通过，2016 年 11 月 7 日第四次修正）

第五十八条

违反本法第二十四条的规定①，擅自开采保安煤柱或者采用危及相邻煤矿生产安全的危险方法进行采矿作业的，由劳动行政主管部门会同煤炭管理部门责令停止作业；由煤炭管理部门没收违法所得，并处违法所得一倍以上五倍以下的罚款；构成犯罪的，由司法机关依法追究刑事责任；造成损失的，依法承担赔偿责任。

第六十四条

煤矿企业的管理人员违章指挥、强令职工冒险作业，发生重大伤亡事故的，依照刑法有关规定追究刑事责任。

第六十五条

煤矿企业的管理人员对煤矿事故隐患不采取措施予以消除，发生重大伤亡事故的，依照刑法有关规定追究刑事责任。

第六十六条

煤炭管理部门和有关部门的工作人员玩忽职守、徇私舞弊、滥用职权的，依法给予行政处分；构成犯罪的，由司法机关依法追究刑事责任。

《中华人民共和国港口法》（2003 年 6 月 28 日通过，2018 年 12 月 29 日第三次修正）

第五十二条

港口经营人违反本法第三十二条②关于安全生产的规定的，由港口行政管理部门或者其他依法负有安全生产监督管理职责的部门依法给予处罚；情节严重的，由港口行政管理部门吊销港口经营许可证，并对其主要负责人依法给予处分；构成犯罪的，依法追究刑事责任。

《中华人民共和国农业机械化促进法》（2004 年 6 月 25 日通过，2018 年 10 月 26 日修正）

第三十一条

农业机械驾驶、操作人员违反国家规定的安全操作规程，违章作业的，责令改正，依照有关法律、行政法规的规定予以处罚；构成犯罪的，依法追究刑事责任。

《中华人民共和国石油天然气管道保护法》（2010 年 6 月 25 日通过）

第五十条

Ⅰ管道企业有下列行为之一的，由县级以上地方人民政府主管管道保护工作的部门责令限期改正；逾期不改正的，处二万元以上十万元以下的罚款；对直接负责的主管人员和其他直接责任人员给予处分：

（一）未依照本法规定对管道进行巡护、检测和维修的；

（二）对不符合安全使用条件的管道未及时更新、改造或者停止使用的；

（三）未依照本法规定设置、修复或者更新有关管道标志的；

（四）未依照本法规定将管道竣工测量图报人民政府主管管道保护工作的部门备案的；

（五）未制定本企业管道事故应急预案，或者未将本企业管道事故应急预案报人民政府主管管道保护工作的部门备案的；

（六）发生管道事故，未采取有效措施消除或者减轻事故危害的；

（七）未对停止运行、封存、报废的管道采取必要的安全防护措施的。

Ⅱ管道企业违反本法规定的行为同时违反建设工程质量管理、安全生产、消防等其他法律的，依照其他法律的规定处罚。

Ⅲ管道企业给他人合法权益造成损害的，依法承担民事责任。

---

① 《中华人民共和国煤炭法》（1996 年 8 月 29 日通过，2016 年 11 月 7 日第四次修正）

第二十四条

Ⅰ煤炭生产应当依法在批准的开采范围内进行，不得超越批准的开采范围越界、越层开采。

Ⅱ采矿作业不得擅自开采保安煤柱，不得采用可能危及相邻煤矿生产安全的决水、爆破、贯通巷道等危险方法。

② 《中华人民共和国港口法》（2003 年 6 月 28 日通过，2018 年 12 月 24 日第三次修正）

第三十二条

Ⅰ港口经营人必须依照《中华人民共和国安全生产法》等有关法律、法规和国务院交通主管部门有关港口安全作业规则的规定，加强安全生产管理，建立健全安全生产责任制等规章制度，完善安全生产条件，采取保障安全生产的有效措施，确保安全生产。

Ⅱ港口经营人应当依法制定本单位的危险货物事故应急预案、重大生产安全事故的旅客紧急疏散和救援预案以及预防自然灾害预案，保障组织实施。

第五十七条

违反本法规定,构成犯罪的,依法追究刑事责任。

《中华人民共和国矿山安全法》(1992年11月7日通过,2009年8月27日修正)

第四十六条

矿山企业主管人员违章指挥、强令工人冒险作业,因而发生重大伤亡事故的,依照刑法有关规定追究刑事责任。

第四十七条

矿山企业主管人员对矿山事故隐患不采取措施,因而发生重大伤亡事故的,依照刑法有关规定追究刑事责任。

《中华人民共和国特种设备安全法》(2013年6月29日通过)

第八十条

违反本法规定,电梯制造单位有下列情形之一的,责令限期改正;逾期未改正的,处一万元以上十万元以下罚款:

(一)未按照安全技术规范的要求对电梯进行校验、调试的;

(二)对电梯的安全运行情况进行跟踪调查和了解时,发现存在严重事故隐患,未及时告知电梯使用单位并向负责特种设备安全监督管理的部门报告的。

第八十四条

违反本法规定,特种设备使用单位有下列行为之一的,责令停止使用有关特种设备,处三万元以上三十万元以下罚款:

(一)使用未取得许可生产,未经检验或者检验不合格的特种设备,或者国家明令淘汰、已经报废的特种设备的;

(二)特种设备出现故障或者发生异常情况,未对其进行全面检查、消除事故隐患,继续使用的;

(三)特种设备存在严重事故隐患,无改造、修理价值,或者达到安全技术规范规定的其他报废条件,未依法履行报废义务,并办理使用登记证书注销手续的。

第八十五条

Ⅰ违反本法规定,移动式压力容器、气瓶充装单位有下列行为之一的,责令改正,处二万元以上二十万元以下罚款;情节严重的,吊销充装许可证:

(一)未按照规定实施充装前后的检查、记录制度的;

(二)对不符合安全技术规范要求的移动式压力容器和气瓶进行充装的。

Ⅱ违反本法规定,未经许可,擅自从事移动式压力容器或者气瓶充装活动的,予以取缔,没收违法充装的气瓶,处十万元以上五十万元以下罚款;有违法所得的,没收违法所得。

第八十七条

违反本法规定,电梯、客运索道、大型游乐设施的运营使用单位有下列情形之一的,责令限期改正;逾期未改正的,责令停止使用有关特种设备或者停产停业整顿,处二万元以上十万元以下罚款:

(一)未设置特种设备安全管理机构或者配备专职的特种设备安全管理人员的;

(二)客运索道、大型游乐设施每日投入使用前,未进行试运行和例行安全检查,未对安全附件和安全保护装置进行检查确认的;

(三)未将电梯、客运索道、大型游乐设施的安全使用说明、安全注意事项和警示标志置于易于为乘客注意的显著位置的。

第九十二条

违反本法规定,特种设备安全管理人员、检测人员和作业人员不履行岗位职责,违反操作规程和有关安全规章制度,造成事故的,吊销相关人员的资格。

第九十三条

Ⅰ违反本法规定,特种设备检验、检测机构及其检验、检测人员有下列行为之一的,责令改正,对机构处五万元以上二十万元以下罚款,对直接负责的主管人员和其他直接责任人员处五千元以上五万元以下罚款;情节严重的,吊销机构资质和有关人员的资格:

(一)未经核准或者超出核准范围、使用未取得相应资格的人员从事检验、检测的;

(二)未按照安全技术规范的要求进行检验、检测的;

……

(四)发现特种设备存在严重事故隐患,未及时告知相关单位,并立即向负责特种设备安全监督管理的部门报告的;

……

Ⅱ违反本法规定,特种设备检验、检测机构的检验、检测人员同时在两个以上检验、检测机构中执业的,处五千元以上五万元以下罚款;情节严重的,吊销其资格。

第九十五条

Ⅰ违反本法规定,特种设备生产、经营、使用单位或者检验、检测机构拒不接受负责特种设备安全监督管理的部门依法实施的监督检查的,责令限期改正;逾期未改正的,责令停产停业整顿,处二万元以上二十万元以下罚款。

Ⅱ特种设备生产、经营、使用单位擅自动用、调换、转移、损毁被查封、扣押的特种设备或者其主要部件的，责令改正，处五万元以上二十万元以下罚款；情节严重的，吊销生产许可证，注销特种设备使用登记证书。

第九十八条

违反本法规定，构成违反治安管理行为的，依法给予治安管理处罚；构成犯罪的，依法追究刑事责任。

《中华人民共和国消防法》(1998年4月29日通过，2021年4月29日第二次修正)

第五十八条

Ⅰ违反本法规定，有下列行为之一的，由住房和城乡建设主管部门、消防救援机构按照各自职权责令停止施工、停止使用或者停产停业，并处三万元以上三十万元以下罚款：

(一)依法应当进行消防设计审查的建设工程，未经依法审查或者审查不合格，擅自施工的；

(二)依法应当进行消防验收的建设工程，未经消防验收或者消防验收不合格，擅自投入使用的；

(三)本法第十三条规定的其他建设工程验收后经依法抽查不合格，不停止使用的；

(四)公众聚集场所未经消防救援机构许可，擅自投入使用、营业的，或者经核查发现场所使用、营业情况与承诺内容不符的。

Ⅱ核查发现公众聚集场所使用、营业情况与承诺内容不符，经责令限期改正，逾期不整改或者整改后仍达不到要求的，依法撤销相应许可。

Ⅲ建设单位未依照本法规定在验收后报住房和城乡建设主管部门备案的，由住房和城乡建设主管部门责令改正，处五千元以下罚款。

第六十一条

Ⅰ生产、储存、经营易燃易爆危险品的场所与居住场所设置在同一建筑物内，或者未与居住场所保持安全距离的，责令停产停业，并处五千元以上五万元以下罚款。

Ⅱ生产、储存、经营其他物品的场所与居住场所设置在同一建筑物内，不符合消防技术标准的，依照前款规定处罚。

第六十三条

违反本法规定，有下列行为之一的，处警告或者五百元以下罚款；情节严重的，处五日以下拘留：

(一)违反消防安全规定进入生产、储存易燃易爆危险品场所的；

(二)违反规定使用明火作业或者在具有火灾、爆炸危险的场所吸烟、使用明火的。

第六十四条

违反本法规定，有下列行为之一，尚不构成犯罪的，处十日以上十五日以下拘留，可以并处五百元以下罚款；情节较轻的，处警告或者五百元以下罚款：

(一)指使或者强令他人违反消防安全规定，冒险作业的；

(二)过失引起火灾的；

(三)在火灾发生后阻拦报警，或者负有报告职责的人员不及时报警的；

(四)扰乱火灾现场秩序，或者拒不执行火灾现场指挥员指挥，影响灭火救援的；

(五)故意破坏或者伪造火灾现场的；

(六)擅自拆封或者使用被消防救援机构查封的场所、部位的。

第七十二条

违反本法规定，构成犯罪的，依法追究刑事责任。

《中华人民共和国安全生产法》(2002年6月29日通过，2021年6月10日第三次修正)

第九十三条

Ⅰ生产经营单位的决策机构、主要负责人或者个人经营的投资人不依照本法规定保证安全生产所必需的资金投入，致使生产经营单位不具备安全生产条件的，责令限期改正，提供必需的资金；逾期未改正的，责令生产经营单位停产停业整顿。

Ⅱ有前款违法行为，导致发生生产安全事故的，对生产经营单位的主要负责人给予撤职处分，对个人经营的投资人处二万元以上二十万元以下的罚款；构成犯罪的，依照刑法有关规定追究刑事责任。

第九十四条

Ⅰ生产经营单位的主要负责人未履行本法规定的安全生产管理职责的，责令限期改正，处二万元以上五万元以下的罚款；逾期未改正的，处五万元以上十万元以下的罚款，责令生产经营单位停产停业整顿。

Ⅱ生产经营单位的主要负责人有前款违法行为，导致发生生产安全事故的，给予撤职处分；构成犯罪的，依照刑法有关规定追究刑事责任。

Ⅲ生产经营单位的主要负责人依照前款规定受刑事处罚或者撤职处分的，自刑罚执行完毕或者受处分之日起，五年内不得担任任何生产经营单位的主要负责人；对重大、特别重大生产安全事故负有责任的，终身不得担任本行业生产经营单位的主要负责人。

第九十六条

生产经营单位的其他负责人和安全生产管理

人员未履行本法规定的安全生产管理职责的，责令限期改正，处一万元以上三万元以下的罚款；导致发生生产安全事故的，暂停或者吊销其与安全生产有关的资格，并处上一年年收入百分之二十以上百分之五十以下的罚款；构成犯罪的，依照刑法有关规定追究刑事责任。

第九十八条

生产经营单位有下列行为之一的，责令停止建设或者停产停业整顿，限期改正，并处十万元以上五十万元以下的罚款，对其直接负责的主管人员和其他直接责任人员处二万元以上五万元以下的罚款；逾期未改正的，处五十万元以上一百万元以下的罚款，对其直接负责的主管人员和其他直接责任人员处五万元以上十万元以下的罚款；构成犯罪的，依照刑法有关规定追究刑事责任：

（一）未按照规定对矿山、金属冶炼建设项目或者用于生产、储存、装卸危险物品的建设项目进行安全评价的；

（二）矿山、金属冶炼建设项目或者用于生产、储存、装卸危险物品的建设项目没有安全设施设计或者安全设施设计未按照规定报经有关部门审查同意的；

（三）矿山、金属冶炼建设项目或者用于生产、储存、装卸危险物品的建设项目的施工单位未按照批准的安全设施设计施工的；

（四）矿山、金属冶炼建设项目或者用于生产、储存、装卸危险物品的建设项目竣工投入生产或者使用前，安全设施未经验收合格的。

第九十九条

生产经营单位有下列行为之一的，责令限期改正，处五万元以下的罚款；逾期未改正的，处五万元以上二十万元以下的罚款，对其直接负责的主管人员和其他直接责任人员处一万元以上二万元以下的罚款；情节严重的，责令停产停业整顿；构成犯罪的，依照刑法有关规定追究刑事责任

（一）未在有较大危险因素的生产经营场所和有关设施、设备上设置明显的安全警示标志的；

（二）安全设备的安装、使用、检测、改造和报废不符合国家标准或者行业标准的；

（三）未对安全设备进行经常性维护、保养和定期检测的；

（四）关闭、破坏直接关系生产安全的监控、报警、防护、救生设备、设施，或者篡改、隐瞒、销毁其相关数据、信息的；

（五）未为从业人员提供符合国家标准或者行业标准的劳动防护用品的；

（六）危险物品的容器、运输工具，以及涉及人身安全、危险性较大的海洋石油开采特种设备和矿山井下特种设备未经具有专业资质的机构检测、检验合格，取得安全使用证或者安全标志，投入使用的；

（七）使用应当淘汰的危及生产安全的工艺、设备的；

（八）餐饮等行业的生产经营单位使用燃气未安装可燃气体报警装置的。

第一百零一条

生产经营单位有下列行为之一的，责令限期改正，处十万元以下的罚款；逾期未改正的，责令停产停业整顿，并处十万元以上二十万元以下的罚款，对其直接负责的主管人员和其他直接责任人员处二万元以上五万元以下的罚款；构成犯罪的，依照刑法有关规定追究刑事责任：

（一）生产、经营、运输、储存、使用危险物品或者处置废弃危险物品，未建立专门安全管理制度、未采取可靠的安全措施的；

（二）对重大危险源未登记建档，未进行定期检测、评估、监控，未制定应急预案，或者未告知应急措施的；

（三）进行爆破、吊装、动火、临时用电以及国务院应急管理部门会同国务院有关部门规定的其他危险作业，未安排专门人员进行现场安全管理的；

（四）未建立安全风险分级管控制度或者未按照安全风险分级采取相应管控措施的；

（五）未建立事故隐患排查治理制度，或者重大事故隐患排查治理情况未按照规定报告的。

第一百零二条

生产经营单位未采取措施消除事故隐患的，责令立即消除或者限期消除，处五万元以下的罚款；生产经营单位拒不执行的，责令停产停业整顿，对其直接负责的主管人员和其他直接责任人员处五万元以上十万元以下的罚款；构成犯罪的，依照刑法有关规定追究刑事责任。

第一百零三条

Ⅰ生产经营单位将生产经营项目、场所、设备发包或者出租给不具备安全生产条件或者相应资质的单位或者个人的，责令限期改正，没收违法所得；违法所得十万元以上的，并处违法所得二倍以上五倍以下的罚款；没有违法所得或者违法所得不足十万元的，单处或者并处十万元以上二十万元以下的罚款；对其直接负责的主管人员和其他直接责任人员处一万元以上二万元以下的罚款；导致发生生产安全事故给他人造成损害的，与承包方、承租方承担连带赔偿责任。

Ⅱ生产经营单位未与承包单位、承租单位签订专门的安全生产管理协议或者未在承包合同、

租赁合同中明确各自的安全生产管理职责，或者未对承包单位、承租单位的安全生产统一协调、管理的，责令限期改正，处五万元以下的罚款，对其直接负责的主管人员和其他直接责任人员处一万元以下的罚款；逾期未改正的，责令停产停业整顿。

Ⅲ矿山、金属冶炼建设项目和用于生产、储存、装卸危险物品的建设项目的施工单位未按照规定对施工项目进行安全管理的，责令限期改正，处十万元以下的罚款，对其直接负责的主管人员和其他直接责任人员处二万元以下的罚款；逾期未改正的，责令停产停业整顿。以上施工单位倒卖、出租、出借、挂靠或者以其他形式非法转让施工资质的，责令停产停业整顿，吊销资质证书，没收违法所得；违法所得十万元以上的，并处违法所得二倍以上五倍以下的罚款，没有违法所得或者违法所得不足十万元的，单处或者并处十万元以上二十万元以下的罚款；对其直接负责的主管人员和其他直接责任人员处五万元以上十万元以下的罚款；构成犯罪的，依照刑法有关规定追究刑事责任。

第一百零五条

生产经营单位有下列行为之一的，责令限期改正，处五万元以下的罚款，对其直接负责的主管人员和其他直接责任人员处一万元以下的罚款；逾期未改正的，责令停产停业整顿；构成犯罪的，依照刑法有关规定追究刑事责任：

（一）生产、经营、储存、使用危险物品的车间、商店、仓库与员工宿舍在同一座建筑内，或者与员工宿舍的距离不符合安全要求的；

（二）生产经营场所和员工宿舍未设有符合紧急疏散需要、标志明显、保持畅通的出口、疏散通道，或者占用、锁闭、封堵生产经营场所或者员工宿舍出口、疏散通道的。

第一百零七条

生产经营单位的从业人员不落实岗位安全责任，不服从管理，违反安全生产规章制度或者操作规程的，由生产经营单位给予批评教育，依照有关规章制度给予处分；构成犯罪的，依照刑法有关规定追究刑事责任。

第一百零八条

违反本法规定，生产经营单位拒绝、阻碍负有安全生产监督管理职责的部门依法实施监督检查的，责令改正；拒不改正的，处二万元以上二十万元以下的罚款；对其直接负责的主管人员和其他直接责任人员处一万元以上二万元以下的罚款；构成犯罪的，依照刑法有关规定追究刑事责任。

【指导性案例】

最高人民检察院指导性案例第94号：余某某等人重大劳动安全事故重大责任事故案（2021年1月20日发布）

△（**重大劳动安全事故罪；重大责任事故罪；关联案件办理；追诉漏罪漏犯；检察建议**）办理危害生产安全刑事案件，要根据案发原因及涉案人员的职责和行为，准确适用重大责任事故罪和重大劳动安全事故罪。要全面审查案件事实证据，依法追诉漏罪漏犯，准确认定责任主体和相关人员责任，并及时移交职务违法犯罪线索。针对事故中暴露出的相关单位安全管理漏洞和监管问题，要及时制发检察建议，督促落实整改。

最高人民检察院指导性案例第97号：夏某某等人重大责任事故案（2021年1月20日发布）

△（**重大责任事故罪；交通肇事罪；捕后引导侦查；审判监督**）内河运输中发生的船舶交通事故，相关责任人员可能同时涉嫌交通肇事罪和重大责任事故罪，要根据运输活动是否具有营运性质以及相关人员的具体职责和行为，准确适用罪名。重大责任事故往往涉案人员较多，因果关系复杂，要准确认定涉案单位投资人、管理人员及相关国家工作人员等涉案人员的刑事责任。

第一百三十四条之一　【危险作业罪】

在生产、作业中违反有关安全管理的规定，有下列情形之一，具有发生重大伤亡事故或者其他严重后果的现实危险的，处一年以下有期徒刑、拘役或者管制：

（一）关闭、破坏直接关系生产安全的监控、报警、防护、救生设备、设施，或者篡改、隐瞒、销毁其相关数据、信息的；

（二）因存在重大事故隐患被依法责令停产停业、停止施工、停止使用有关设备、设施、场所或者立即采取排除危险的整改措施，而拒不执行的；

（三）涉及安全生产的事项未经依法批准或者许可，擅自从事矿山开采、金属冶炼、建筑施工，以及危险物品生产、经营、储存等高度危险的生产作业活动的。

【立法沿革】

《中华人民共和国刑法修正案（十一）》（自2021年3月1日起施行）

四、在刑法第一百三十四条后增加一条，作为第一百三十四条之一：

“在生产、作业中违反有关安全管理的规定，有下列情形之一，具有发生重大伤亡事故或者其他严重后果的现实危险的，处一年以下有期徒刑、拘役或者管制：

“（一）关闭、破坏直接关系生产安全的监控、报警、防护、救生设备、设施，或者篡改、隐瞒、销毁其相关数据、信息的；

“（二）因存在重大事故隐患被依法责令停产停业、停止施工、停止使用有关设备、设施、场所或者立即采取排除危险的整改措施，而拒不执行的；

“（三）涉及安全生产的事项未经依法批准或者许可，擅自从事矿山开采、金属冶炼、建筑施工，以及危险物品生产、经营、储存等高度危险的生产作业活动的。”

【立法理由】

安全生产事关人民群众生命财产安全，事关改革开放、经济发展和社会稳定大局。近年来安全生产形势总体平稳，但重特大事故仍时有发生，还处于易发多发期，特别是重特大事故尚未得到有效遏制，给国家和人民生命财产造成特别重大损失。安全生产治理工作是一项系统性、综合性治理工作，法治在其中发挥着重要作用。2014年全国人大常委会修改了安全生产法，进一步加强了对安全生产各方面的监管和责任落实。我国刑法高度重视安全生产违法犯罪的惩治，全国人大常委会对安全生产犯罪规定多次作出修改完善。特别是《刑法修正案（六）》修改补充了重大责任事故罪，强令违章冒险作业罪，重大劳动安全事故罪，大型群众性活动重大安全事故罪，不报、谎报安全事故罪等。经过上述修改补充，我国刑法有关安全生产犯罪惩治的行为范围的规定已经较为完善了。既有一般性的重大责任事故罪等概括性罪名，也有危险物品肇事罪、工程重大安全事故罪等具体安全生产领域的专门罪名。由于安全生产事故类犯罪为过失犯罪，所以构成这些犯罪都要求造成重大伤亡事故或者其他严重后果。近年来，一些重特大事故如天津港瑞海公司危险品爆炸事故案、江苏响水天嘉宜化工有限公司“3·21”特别重大爆炸事故案等，使人们认识到等到发生事故后再治理为时已晚。有关方面提出，对一些虽尚未发生严重后果，但具有导致重大事故发生现实危险的重大隐患行为，刑法也应当提前介入，预防惩治这类犯罪。2016年《中共中央、国务院关于推进安全生产领域改革发展的意见》中提出，“研究修改刑法有关条款，将生产经营过程中极易导致重大生产安全事故的违法行为列入刑法调整的范围”。根据各方面意见和实践情况，**《刑法修正案（十一）》**增加了本条规定。本罪在立法过程中总体上注意把握以下方面：一是入罪范围上严格限定条件，将那些只是由于救援及时或者其他完全侥幸、纯粹客观原因才避免重大伤亡事故或者其他严重后果发生，但甚至已经出现一些小事故、重大事故前兆而极易导致重大事故发生的情形纳入刑事制裁范围。因此，构成本罪，首先要求“具有发生重大伤亡事故或者其他严重后果的现实危险”。二是对重大危险作业行为明确列举。总结司法实践经验，将其中最为严重的情形分项列举，这样处理也是考虑到企业生产经营的实际情况，在强化企业安全生产主体责任、保障安全生产的同时，避免给企业的生产经营造成过度负担和对正常生产经营的不当干扰。对一般违反安全生产管理的情况不作为犯罪处理。三是构成本罪不要求造成实际危害结果，属于较轻的犯罪，刑罚设置为一年以下有期徒刑、拘役或者管制。

【条文说明】

本条是关于危险作业罪及其处罚的规定。

本条列举的三项行为是实践中多发易发的重大安全生产违法违规情形。

1. 第(一)项“**关闭、破坏直接关系生产安全的监控、报警、防护、救生设备、设施,或者篡改、隐瞒、销毁其相关数据、信息的**”。该项针对的是生产、作业中已经发现危险如瓦斯超标,但故意关闭、破坏报警、监控设备,或者修改设备阈值,破坏检测设备正常工作条件,使有关监控、监测设备不能正常工作,而继续冒险作业,逃避监管。如2009年河南平顶山新华四矿瓦斯爆炸事故,行为人故意将瓦斯监测仪探头放到窗户通风处,将报警仪电线剪断。关闭、破坏设备、设施或者篡改、隐瞒、销毁相关数据、信息的行为是“故意”的,但对结果不是希望或者追求结果,否则可能构成其他犯罪如以危险方法危害公共安全罪等。关闭、破坏的“设备、设施”属于“直接关系生产安全的”设备、设施,这是限定条件。**直接关系生产安全**是指设备、设施的功能直接检测安全环境数据,关闭、破坏后可能直接导致事故发生,具有重大危险。关闭、破坏与安全生产事故发生不具有直接性因果关系的设备、设施的,不能认定为本项犯罪。立法过程中有意见提出,将应当配置而没有配置直接关系生产安全的监控、报警、防护、救生设备、设施,或者配置不合格的上述设备、设施的情形也增加规定为犯罪,如故意不安装切断阀、防静电装置、防爆,通风系统和装置,未建立瓦斯抽采系统等,或者为了降低企业成本,在安全生产设备设施投入中偷工减料或者故意使用不合格产品等。考虑到实践中这类情况比较复杂,安全生产标准和要求较为全面、严格,有的不安装行为并非具有直接导致重大危害结果的危险性,且涉及企业安全生产的投入,因此未作专门规定。对这类情况是否构成危险作业犯罪,需要结合实践情况慎重把握。

2. 第(二)项“**因存在重大事故隐患被依法责令停产停业、停止施工、停止使用有关设备、设施、场所或者立即采取排除危险的整改措施,而拒不执行的**”。这是本条危险作业犯罪的**核心条款**。第(一)项和第(三)项规定的行为都是具体的、明确的,入罪情形是清晰和限定的,这两项情况在实践中发生,但还不是重大隐患入刑想要解决的主体性问题。立法过程中如果采用“其他违反有关安全管理规定行为,可能直接导致重大事故发生的”这种兜底项,不好判断,范围可能过大。但同时如果没有兜底条款,可能无法适应安全生产各方面违法违规的复杂情况。因此,本项规定在违反安全生产管理规定的行为范围上是开放的,可以涵盖安全生产领域各类违反规定的行为,同时本条在标准条件上又是极为严格的:第一,存在重大事故隐患;第二,经监管部门责令整改;第三,拒不整改。这一构成犯罪的条件是递进的。本项规定实际上要求附加行政部门前置处罚的规定,给予监管部门强有力刑法手段的同时,促使监管部门履职到位。这样既控制了处罚范围,又适应了实践情况和加强安全生产监管的实际需要。

(1)**存在重大事故隐患**。重大事故隐患具有明确的国家标准、行业标准。《安全生产法》第一百一十三条规定:“国务院安全生产监督管理部门和其他负有安全生产监督管理职责的部门应当根据各自的职责分工,制定相关行业、领域重大事故隐患的判定标准。”目前主要安全生产领域如煤矿,金属、非金属矿山,化工和危险化学品,烟花爆竹,工贸行业,火灾隐患,水利工程,危险货物港口作业等领域,都制定了重大隐患判断标准。从具体规定看,重大隐患判断标准中的内容涵盖的范围和要求较多,有的是重大危险行为,可能直接导致危害后果发生,如瓦斯超标作业;也有一些内容属于管理培训制度、项目建设规范等方面的隐患,尚不足以直接导致事故的发生,因此,仅存在重大事故隐患还不足以纳入刑事处罚,本条规定还需经执法部门依法责令停产停业、停止施工、停止使用相关设施设备或者责令采取整改措施,拒不执行的,同时要求具备发生严重后果的现实危险的才纳入刑法。

(2)**被依法责令整改,而拒不执行**。本条规定时强调因存在重大事故隐患被“依法”责令停产停业等措施,之所以强调依法,是指监管部门必须依照安全生产法律法规等规定,依法责令,不能超越职权、随意采取责令停产停业等措施,停产停业等决定通常是企业安全生产出现高度危险时才会作出的,对于没有执法依据的责令停产停业拒不执行的,不构成本条规定的犯罪。责令整改包括两种情况:一是**被执法部门依法责令停产停业、停止施工、停止使用有关设备、设施、场所**。《安全生产法》第六十七条规定,执法部门对存在重大事故隐患的,依法作出停产停业等决定,企业拒不执行,有发生生产安全事故的现实危险的,可以采取通知有关单位停止供电、停止供应民用爆炸物品等措施,强制生产经营单位履行决定。这种情况下冒险作业极易发生事故,例如2013年吉林八宝煤矿瓦斯爆炸事故。行为人不执行停产停业、禁止人员下井决定,多次擅自违规安排人员施工,造成后续重大事故发生。二是**不采取排除危险的整**

改措施。监管部门虽未责令停产停业，但对采取排除危险的整改措施、期限等作出明确规定，企业拒不执行，发生生产安全事故危险的情况，例如江苏响水天嘉宜化工有限公司"3·21"特别重大爆炸事故案。原国家安全监管总局对江苏响水天嘉宜化工有限公司检查中责令整改的十三项安全隐患问题，企业未整改。因违法违规堆放处置危险废物被行政处罚后，企业仍不落实责任有效整改。

3. 第(三)项涉及**安全生产的事项未经依法批准或者许可，擅自从事矿山开采、金属冶炼、建筑施工，以及危险物品生产、经营、储存等高度危险的生产作业活动的**。本项规定的是安全生产的事项未经批准擅自生产经营的，即通常所说的"黑矿山""黑加油站"等。《安全生产法》第六十条规定："负有安全生产监督管理职责的部门依照有关法律、法规的规定，对涉及安全生产的事项需要审查批准(包括批准、核准、许可、注册、认证、颁发证照等，下同)或者验收的，必须严格依照有关法律、法规和国家标准或者行业标准规定的安全生产条件和程序进行审查；不符合有关法律、法规和国家标准或者行业标准规定的安全生产条件的，不得批准或者验收通过。对未依法取得批准或者验收合格的单位擅自从事有关活动的，负责行政审批的部门发现或者接到举报后应当立即予以取缔，并依法予以处理。对已经依法取得批准的单位，负责行政审批的部门发现其不再具备安全生产条件的，应当撤销原批准。"同时根据矿山安全法、危险化学品安全管理条例等法律法规的规定，从事矿山开采、金属冶炼、建筑施工、危险物品等行业生产经营，应当依法取得有关安全生产事项的批准。本项规定的行业是具有高度危险性的安全生产领域，在安全监管方面实行严格的批准或者许可制度。没有经过安全生产批准或者许可的，一般来说，安全生产条件不符合法定要求，极易导致重大事故发生。如矿山开采，需要建立一系列矿山安全规程和行业技术规范，未经审查的私自煤矿等开采行为，具有重大安全隐患，必须严加监管和追究法律责任。需要注意的是，本项规定的未经安全生产批准的领域要求是高度危险的生产作业活动，一般的安全生产行业、领域有关事项未经安全监管部门批准的，不构成本罪。第(三)项中列举的行业包括矿山开采、金属冶炼、建筑施工和危险物品生产等，需要注意的是建筑施工领域情况复杂，范围不能把握过宽，**对于农村建房等施工领域，未取得有关安全生产事项批准的，不宜作为本罪处理**。

关于本罪门槛的规定及其准确表述是一个重要问题。在立法过程中曾反复研究，目的是控制好处罚范围，将那种特别危险、极易导致结果发生的重大隐患行为列入犯罪，而不能将一般的、数量众多的其他违反安全生产管理规定的行为纳入刑事制裁，毕竟本罪不要求发生现实危害结果。本条没有使用"情节严重"，而是使用了"**现实危险**"的概念，这在刑法其他条文中是没有的，采用这一概念的目的是准确表述行为的性质和危险性。《安全生产法》第六十七条中使用了这一概念，"生产经营单位拒不执行，有发生生产安全事故的现实危险的，在保证安全的前提下，经本部门主要负责人批准，负有安全生产监督管理职责的部门可以采取通知有关单位停止供电、停止供应民用爆炸物品等措施，强制生产经营单位履行决定"，在安全生产工作实践中对"现实危险"也有相应的判断标准。"**现实危险**"主要是指，已经出现了重大险情，或者出现了"冒顶""渗漏"等"小事故"，虽然最终没有发生重大伤亡事故或者其他严重后果，但没有发生，有的是因为被及时制止了，有的是因为开展了有效救援，有的完全是因为偶然性的客观原因，对这"千钧一发"的危险才能认定为现实危险。具体判断标准将来还需要在进一步总结司法实践经验的基础上，在案件中把握或者出台有关司法解释等作出进一步明确。立法规定的这一要件为司法适用在总体上明确了方向，防止将这类过失危险犯罪的范围过于扩大，防止对企业正常生产经营的不当重大影响。

实践中需要注意以下几个方面的问题：

1. 妥善把握好犯罪界限和范围。认定本罪时应当严格按照本条规定的条件认定。注意把握好不能因为企业存在重大事故隐患就予以刑事处罚，**还要看重大安全隐患的具体情况，是否经责令整改而拒不执行，是否属于具有"现实危险"的行为等进行综合判断**。

2. 在适用本条第(一)项、第(三)项的规定时，注意区分与其他犯罪的界限和罪数适用。特别是第(三)项的有关行为，可能同时构成**非法采矿罪，非法运输、储存危险物质罪等其他犯罪**，应当根据案件具体情况从一重罪处罚或者数罪并罚。

3. 符合本条规定的行为，如果发生了安全事故，达到重大责任事故罪等罪的定罪量刑标准时，适用**重大责任事故罪等相关犯罪**处罚，不适用本条规定。如果发生的后果是小事故，尚不够重大责任事故罪等罪的定罪量刑的标准，如重伤人数、经济损失数额没有达到标准，但同时具有造成更大事故的现实危险，符合本条规定的，仍应适用本条规定处罚。

【司法解释性文件】

《最高人民法院、最高人民检察院、公安部、工业和信息化部、住房和城乡建设部、交通运输部、应急管理部、国家铁路局、中国民用航空局、国家邮政局关于依法惩治涉枪支、弹药、爆炸物、易燃易爆危险物品犯罪的意见》（法发〔2021〕35号，2021年12月28日发布）

△（**易燃易爆危险物品生产、经营、储存；危险作业罪；竞合**）在易燃易爆危险物品生产、经营、储存等高度危险的生产作业活动中违反有关安全管理的规定，有下列情形之一，具有发生重大伤亡事故或者其他严重后果的现实危险的，依照刑法第一百三十四条之一第三项的规定，以危险作业罪定罪处罚：

（1）委托无资质企业或者个人储存易燃易爆危险物品的；

（2）在储存的普通货物中夹带易燃易爆危险物品的；

（3）将易燃易爆危险物品谎报或者匿报为普通货物申报、储存的；

（4）其他涉及安全生产的事项未经依法批准或者许可，擅自从事易燃易爆危险物品生产、经营、储存等活动的情形。

实施前两款行为，同时构成刑法第一百三十条规定之罪等其他犯罪的，依照处罚较重的规定定罪处罚；导致发生重大伤亡事故或者其他严重后果，符合刑法第一百三十四条、第一百三十五条、第一百三十六条等规定的，依照各该条的规定定罪从重处罚。（§ 5Ⅱ、Ⅲ）

△（**夹带易燃易爆危险物品；谎报为普通物品交寄**）通过邮件、快件夹带易燃易爆危险物品，或者将易燃易爆危险物品谎报为普通物品交寄，符合本意见第5条至第8条规定的，依照各该条的规定定罪处罚。（§ 9）

【附属刑法】

《中华人民共和国安全生产法》（2002年6月29日通过，2021年6月10日第三次修正）

第九十八条

生产经营单位有下列行为之一的，责令停止建设或者停产停业整顿，限期改正，并处十万元以上五十万元以下的罚款，对其直接负责的主管人员和其他直接责任人员处二万元以上五万元以下的罚款；逾期未改正的，处五十万元以上一百万元以下的罚款，对其直接负责的主管人员和其他直接责任人员处五万元以上十万元以下的罚款；构成犯罪的，依照刑法有关规定追究刑事责任：

（一）未按照规定对矿山、金属冶炼建设项目或者用于生产、储存、装卸危险物品的建设项目进行安全评价的；

（二）矿山、金属冶炼建设项目或者用于生产、储存、装卸危险物品的建设项目没有安全设施设计或者安全设施设计未按照规定报经有关部门审查同意的；

（三）矿山、金属冶炼建设项目或者用于生产、储存、装卸危险物品的建设项目的施工单位未按照批准的安全设施设计施工的；

（四）矿山、金属冶炼建设项目或者用于生产、储存、装卸危险物品的建设项目竣工投入生产或者使用前，安全设施未经验收合格的。

第九十九条

生产经营单位有下列行为之一的，责令限期改正，处五万元以下的罚款；逾期未改正的，处五万元以上二十万元以下的罚款，对其直接负责的主管人员和其他直接责任人员处一万元以上二万元以下的罚款；情节严重的，责令停产停业整顿；构成犯罪的，依照刑法有关规定追究刑事责任

（一）未在有较大危险因素的生产经营场所和有关设施、设备上设置明显的安全警示标志的；

（二）安全设备的安装、使用、检测、改造和报废不符合国家标准或者行业标准的；

（三）未对安全设备进行经常性维护、保养和定期检测的；

（四）关闭、破坏直接关系生产安全的监控、报警、防护、救生设备、设施，或者篡改、隐瞒、销毁其相关数据、信息的；

（五）未为从业人员提供符合国家标准或者行业标准的劳动防护用品的；

（六）危险物品的容器、运输工具，以及涉及人身安全、危险性较大的海洋石油开采特种设备和矿山井下特种设备未经具有专业资质的机构检测、检验合格，取得安全使用证或者安全标志，投入使用的；

（七）使用应当淘汰的危及生产安全的工艺、设备的；

（八）餐饮等行业的生产经营单位使用燃气未安装可燃气体报警装置的。

第一百三十五条　【重大劳动安全事故罪】

安全生产设施或者安全生产条件不符合国家规定，因而发生重大伤亡事故或者造成其他严重后果的，对直接负责的主管人员和其他直接责任人员，处三年以下有期徒刑或者拘役；情节特别恶劣的，处三年以上七年以下有期徒刑。

【立法沿革】

《中华人民共和国刑法》(1997年修订,自1997年10月1日起施行)

第一百三十五条

工厂、矿山、林场、建筑企业或者其他企业、事业单位的劳动安全设施不符合国家规定,经有关部门或者单位职工提出后,对事故隐患仍不采取措施,因而发生重大伤亡事故或者造成其他严重后果的,对直接责任人员,处三年以下有期徒刑或者拘役;情节特别恶劣的,处三年以上七年以下有期徒刑。

《中华人民共和国刑法修正案(六)》(自2006年6月29日起施行)

二、将刑法第一百三十五条修改为:

"安全生产设施或者安全生产条件不符合国家规定,因而发生重大伤亡事故或者造成其他严重后果的,对直接负责的主管人员和其他直接责任人员,处三年以下有期徒刑或者拘役;情节特别恶劣的,处三年以上七年以下有期徒刑。"

【立法理由】

1. 1997年修订刑法的情况。1997年《刑法》第一百三十五条规定:"工厂、矿山、林场、建筑企业或者其他企业、事业单位的劳动安全设施不符合国家规定,经有关部门或者单位职工提出后,对事故隐患仍不采取措施,因而发生重大伤亡事故或者造成其他严重后果的,对直接责任人员,处三年以下有期徒刑或者拘役;情节特别恶劣的,处三年以上七年以下有期徒刑。"本条是1997年修订刑法新增加的规定。我国历来特别注重保护劳动者的人身安全和合法权益,立法机关和安全生产主管部门先后制定和颁布了一系列保护劳动者安全和健康的法律法规。1994年7月5日第八届全国人大常委会第八次会议通过的《劳动法》,对劳动者的合法权益和侵害劳动者权益的法律责任作了规定。其中,第五十三条第一款规定:"劳动安全卫生设施必须符合国家规定的标准。"第五十四条规定:"用人单位必须为劳动者提供符合国家规定的劳动安全卫生条件和必要的劳动防护用品……"特别是第九十二条明确规定:"用人单位的劳动安全设施和劳动卫生条件不符合国家规定或者未向劳动者提供必要的劳动防护用品和劳动保护设施的,由劳动行政部门或者有关部门责令改正,可以处以罚款;情节严重的,提请县级以上人民政府决定责令停产整顿;对事故隐患不采取措施,致使发生重大事故,造成劳动者生命和财产损失的,对责任人员比照刑法第一百八十七条的规定追究刑事责任。"我国立法机关出于完备刑事法律条文的考虑,并结合司法实践的需要,1997年修订刑法时将上述规定纳入刑法之中。

2. 2006年《刑法修正案(六)》对本条的修改情况。我国1997年《刑法》第一百三十五条规定了本罪之后,随着社会经济情况的变化,刑法的规定在实践中遇到以下问题:一是犯罪主体范围较窄,仅限于企业、事业单位,现实中大量存在的个体经营户、无照生产经营单位没有被包括进去;二是将"单位的劳动安全设施不符合国家规定,经有关部门或者单位职工提出后,对事故隐患仍不采取措施"作为构成犯罪的前提条件,执行起来较为困难;三是有些生产经营单位无视劳动者生命健康,不仅劳动安全设施有问题,而且连最基本的劳动保护用品都不提供,使从业人员身体受到严重伤害,极易发生重大伤亡事故,而劳动防护用品又很难归入"劳动安全设施";四是条文虽然规定追究"直接责任人员"的刑事责任,但是由于范围不明确,在实践中对直接责任人员在认定上常存在分歧意见。为更好保障劳动生产部门的财产和劳动者的生命安全及适应形势发展的需要,**2006年《刑法修正案(六)》**对1997年《刑法》第一百三十五条主要作了以下修改:第一,修改了关于主体的规定。将犯罪主体从原来的企业、事业单位扩大到所有从事生产、经营的自然人、法人及非法人实体。第二,将"不符合国家规定"的对象范围从"安全生产设施"扩大到"安全生产条件"。第三,删去了关于"经有关部门或者单位职工提出后,对事故隐患仍不采取措施"的规定。第四,考虑到安全生产设施、安全生产条件不符合国家规定一般都是单位行为,修正案将原条文中"直接责任人员"修改规定为"直接负责的主管人员和其他直接责任人员",使应对重大伤亡事故负责的责任人员的范围更加明确。

【条文说明】

本条是关于重大劳动安全事故罪及其处罚的规定。

重大劳动安全事故罪侵犯**劳动者的生命、健康和重大公私财产安全**。在社会主义现代化建设中,劳动者作为生产力中的决定因素,对经济、社会的发展起着非常重要的作用。我国政府部门历来坚持"安全第一"的生产方针,重视生产安全。《刑法修正案(六)》对本条进行修改完善后,2014年修正的《安全生产法》、2018年修正的《劳动法》、2019年修正的《建筑法》等法律法规,从用人单位、主管部门等多个方面对劳动安全予以规范和保护。近年来,煤矿、高压、易燃易爆等事故频发,要充分发挥刑法作用,切实保护劳动者的生命、健康和公私财产安全。根据本条规定,构成重大劳动安全事故罪应当具备以下条件:

1. 本罪规定的刑罚适用对象是"**直接负责的主管人员和其他直接责任人员**"。根据《最高人民法院、最高人民检察院关于办理危害生产安全刑事案件适用法律若干问题的解释》第三条的规定,"**直接负责的主管人员和其他直接责任人员**"包括对安全生产设施或者安全生产条件不符合国家规定负有直接责任的生产经营单位负责人、实际控制人、投资人,以及其他对安全生产设施或者安全生产条件负有管理、维护职责的人员等。需要说明的是,和大部分安全事故类犯罪一样,本条规定的适用对象限定在"直接负责"的主管人员和"其他直接责任"人员。所谓**"直接负责"的主管人员**,是指在单位实施的犯罪中起了决定、批准、授意、纵容、指挥等作用的主管人员;所谓**"其他直接责任"人员**,是指在直接负责的主管人员之外其他具体实施犯罪的人员。

2. 构成重大劳动安全事故罪需要"**安全生产设施或者安全生产条件不符合国家规定**"。"**安全生产设施**",主要是指为了防止和消除在生产过程中的伤亡事故,防止生产设备遭到破坏,用以保障劳动者安全的技术设备、设施和各种用品。主要包括:一是**防护装置**,即用屏护方法使人体与生产中危险部分相隔离的装置;二是**保险装置**,即能自动消除生产中由于设备故障和部件损害而引起的人身事故危险的装置;三是**信号装置**,即应用信号警告、预防危险的装置;四是**危险牌示和识别标志**,即危险告示标志和借助醒目颜色或者图形判断是否安全的标志。本条规定的"**安全生产条件**",主要是指劳动生产者在进行劳动生产时所处的环境条件及用于保护劳动者安全生产作业的安全防护措施、安全防护用品等。特别是从事某种特殊或者危险工作的劳动生产,如从事某种有毒、高空作业等,都必须配备相应的、符合国家有关生产安全标准的防毒设备和高空安全防护用具;又如用于防毒、绝缘、防火、避雷、防暴、通风等用品和措施,确保劳动者在一个安全的劳动条件或者具备安全防护措施的条件下进行劳动生产。另外,《安全生产法》第二十六条规定:"生产经营单位采用新工艺、新技术、新材料或者使用新设备,必须了解、掌握其安全技术特性,采取有效的安全防护措施,并对从业人员进行专门的安全生产教育和培训。"第二十八条规定,生产经营单位新建、改建、扩建工程项目的安全设施,必须与主体工程同时设计、同时施工、同时投入生产和使用。由此可见,**生产经营过程中的安全防护设施、安全教育培训、安全措施保障等尤其是这些组合形成的安全生产环境**,在符合条件的情况下也可以纳入"安全生产条件"的范畴。

本条规定的"**不符合国家规定**",主要是指用于劳动生产的安全生产设施或者安全生产条件,不符合国家的有关安全标准或者有关安全要求的规定。包括:全国人大及其常委会在安全生产方面颁布实施的法律和决定,国务院在安全生产方面颁布实施的行政法规、行政措施以及发布的决定和命令等。实践中,有的生产经营单位新建、改建、扩建工程的安全设施未依法经有关部门审查批准,擅自投入生产或使用;有的生产经营单位不按照国家有关法律、法规的规定为工人提供必要的劳动保护用品;有的生产经营单位由于不具备安全生产条件或者存在重大事故隐患,被行政执法机关责令停产、停业或者取缔、关闭后,仍强行生产经营等,均属于"不符合国家规定"的情形。另外,为了确保劳动生产的安全,国家对劳动生产设施采取国家统一的安全技术标准认定,并对生产设施、设备的安全使用期限都有严格的规定。劳动生产部门应当使用具有国家有关部门经过技术标准认定的生产设施和设备,严禁使用不符合技术标准的或者超过使用期限而应当报废的生产设施和设备。实践中,有的生产经营单位擅自使用不符合国家规定的安全设施、设备或者使用超过安全使用期限的生产设施、设备,也属于"不符合国家规定"的情形。再者,对劳动生产条件的安全,有关法律、法规也都有明确的规定,特别是从事有毒有害或者危险作业的行业。如《安全生产法》第三十四条规定,生产经营单位使用的危险物品的容器、运输工具,以及涉及人身安全、危险性较大的海洋石油开采特种设备和矿山井下特种设备,必须按照国家有关规定,由专业生产单位生产,并经具有专业资质的检测、检验机构检测、检验合格,取得安全使用证或者安全标志,方可投入使用。第三十五条规定,国家对严重危及生产安全的工艺、设备实行淘汰制度,具体目录由国务院安全生产监督管理部门会同国务院有关部门制定并公布。生产经营单位不得使用应当淘汰的危及生产安全的工艺、设备。实践中,有些生产经营单位不按规定给工人配备必要的安全防护用品和设备都是不符合国家规定的。

3. 构成重大劳动安全事故罪要**"发生重大伤亡事故或者造成其他严重后果"**。根据《最高人民法院、最高人民检察院关于办理危害生产安全刑事案件适用法律若干问题的解释》的有关规定,**"重大伤亡事故"**是指造成死亡一人以上,或者重伤三人以上的情形。**"造成其他严重后果的"**,是指造成直接经济损失一百万元以上或者其他严重后果的情况,如造成国家有关的重要工程、生产计划不能如期完工的严重后果等。

此外,根据上述司法解释的规定,本条规定的**"情节特别恶劣"**,是指造成死亡三人以上或者重伤十人以上,负事故主要责任的;或者造成直接经济损失五百万元以上,负事故主要责任的;或者其他造成特别严重后果、情节特别恶劣或者后果特别严重的情形,如经有关部门多次要求整改而拒不执行,曾发生过劳动安全事故仍不重视劳动安全设施造成严重后果的,事故发生后未采取积极措施阻止危害结果扩大蔓延造成严重后果的或者事故发生后为逃避责任而故意破坏现场、毁灭证据等。

根据本条规定,构成犯罪的,对直接负责的主管人员和其他直接责任人员,处三年以下有期徒刑或者拘役;情节特别恶劣的,处三年以上七年以下有期徒刑。对单位犯罪的处罚,《刑法》第三十一条规定:"单位犯罪的,对单位判处罚金,并对其直接负责的主管人员和其他直接责任人员判处刑罚。本法分则和其他法律另有规定的,依照规定。"据此,对单位犯罪的处罚是以双罚制为原则,单罚制为例外。**本条没有规定罚金刑**,主要是考虑以下两点:一是发生安全事故的单位应立即整改使安全生产设施、安全生产条件达到国家规定,以及对安全事故伤亡人员进行治疗、赔偿,因此在处罚上只追究"直接负责的主管人员和其他直接责任人员"的刑事责任。二是此类犯罪主要是过失犯罪,不属于贪利性犯罪。包括安全生产法在内的大量法律法规,已经对安全生产事故类犯罪中的单位主体和直接责任人员规定了具体的罚款等经济处罚措施。

需要注意的是,本罪和第一百三十四条**重大责任事故罪**有明显区别。《刑法》第一百三十四条、第一百三十五条都是涉及违反安全生产规定的犯罪,两者都有重大事故的发生,且行为人对重大事故的发生通常都是一种过失的心理状态。但两者有明显区别,主要体现为:(1)**刑罚适用对象不同**。本条规定的重大劳动安全事故罪适用的主体主要是对安全生产设施和安全生产条件不符合规定负有"直接责任"的主管和其他人员;而第一百三十四条重大责任事故罪适用的主体则主要是对生产、作业过程负有"领导或管理责任"的相关人员,以及直接违规从事生产、作业的人员。(2)**客观方面的行为方式不同**。本条规定的重大劳动安全事故罪具体表现为不提供安全生产设施、对劳动安全隐患不采取整改措施或者提供的安全生产条件不符合国家规定等;而第一百三十四条重大责任事故罪主要表现在主管领导指示或者工人自行违反安全管理规定生产作业、强令他人违章冒险作业等。需要注意的是,由于安全生产设施或者安全生产条件不符合国家规定本身就属于违反安全管理规定的内容,对于在生产、作业中安全生产设施或者安全生产条件不符合国家规定,因而发生重大事故,造成严重后果的,**存在重大劳动安全事故罪与重大责任事故罪竞合的情形**,对符合本条规定情形的行为人应当适用本罪定罪处罚。

【司法解释】

《最高人民法院关于审理交通肇事刑事案件具体应用法律若干问题的解释》(法释〔2000〕33号,自2000年11月21日起施行)

△**(公共交通管理的范围;重大劳动事故罪)**在公共交通管理的范围外,驾驶机动车辆或者使用其他交通工具致人伤亡或者致使公共财产或者他人财产遭受重大损失,构成犯罪的,分别依照刑法第一百三十四条、第一百三十五条、第二百三十三条等规定定罪处罚。(§8Ⅱ)

《最高人民法院、最高人民检察院关于办理危害生产安全刑事案件适用法律若干问题的解释》(法释〔2015〕22号,自2015年12月16日起施行)

△**(直接负责的主管人员和其他直接责任人员)**刑法第一百三十五条规定的"直接负责的主管人员和其他直接责任人员",是指对安全生产设施或者安全生产条件不符合国家规定负有直接责任的生产经营单位负责人、管理人员、实际控制人、投资人,以及其他对安全生产设施或者安全生产条件负有管理、维护职责的人员。(§3)

△**(发生重大伤亡事故或者造成其他严重后果)**实施刑法第一百三十二条、第一百三十四条第

一款、第一百三十五条、第一百三十五条之一、第一百三十六条、第一百三十九条规定的行为，因而发生安全事故，具有下列情形之一的，应当认定为“造成严重后果”或者“发生重大伤亡事故或者造成其他严重后果”，对相关责任人员，处三年以下有期徒刑或者拘役：

（一）造成死亡一人以上，或者重伤三人以上的；

（二）造成直接经济损失一百万元以上的；

（三）其他造成严重后果或者重大安全事故的情形。（§ 6 Ⅰ）

△（**情节特别恶劣**）实施刑法第一百三十二条、第一百三十四条第一款、第一百三十五条、第一百三十五条之一、第一百三十六条、第一百三十九条规定的行为，因而发生安全事故，具有下列情形之一的，对相关责任人员，处三年以上七年以下有期徒刑：

（一）造成死亡三人以上或者重伤十人以上，负事故主要责任的；

（二）造成直接经济损失五百万元以上，负事故主要责任的；

（三）其他造成特别严重后果、情节特别恶劣或者后果特别严重的情形。（§ 7 Ⅰ）

△（**从重处罚事由；数罪并罚；行贿罪**）实施刑法第一百三十二条、第一百三十四条至第一百三十九条之一规定的犯罪行为，具有下列情形之一的，从重处罚：

（一）未依法取得安全许可证件或者安全许可证件过期、被暂扣、吊销、注销后从事生产经营活动的；

（二）关闭、破坏必要的安全监控和报警设备的；

（三）已经发现事故隐患，经有关部门或者个人提出后，仍不采取措施的；

（四）一年内曾因危害生产安全违法犯罪活动受过行政处罚或者刑事处罚的；

（五）采取弄虚作假、行贿等手段，故意逃避、阻挠负有安全监督管理职责的部门实施监督检查的；

（六）安全事故发生后转移财产意图逃避承担责任的；

（七）其他从重处罚的情形。

实施前款第五项规定的行为，同时构成刑法第三百八十九条规定的犯罪的，依照数罪并罚的规定处罚。（§ 12）

△（**酌情从轻处罚事由**）实施刑法第一百三十二条、第一百三十四条至第一百三十九条之一规定的犯罪行为，在安全事故发生后积极组织、参与事故抢救，或者积极配合调查、主动赔偿损失的，可以酌情从轻处罚。（§ 13）

△（**国家工作人员；数罪并罚；贪污、受贿犯罪**）国家工作人员违反规定投资入股生产经营，构成本解释规定的有关犯罪的，或者国家工作人员的贪污、受贿犯罪行为与安全事故发生存在关联性的，从重处罚；同时构成贪污、受贿犯罪和危害生产安全犯罪的，依照数罪并罚的规定处罚。（§ 14）

△（**缓刑；从业禁止**）对于实施危害生产安全犯罪适用缓刑的犯罪分子，可以根据犯罪情况，禁止其在缓刑考验期限内从事与安全生产相关联的特定活动；对于被判处刑罚的犯罪分子，可以根据犯罪情况和预防再犯罪的需要，禁止其自刑罚执行完毕之日或者假释之日起三年至五年内从事与安全生产相关的职业。（§ 16）

【司法解释性文件】

《最高人民检察院、公安部关于公安机关管辖的刑事案件立案追诉标准的规定（一）》（公通字〔2008〕36号，2008年6月25日公布）

△（**重大劳动安全事故罪；立案追诉标准**）安全生产设施或者安全生产条件不符合国家规定，涉嫌下列情形之一的，应予立案追诉：

（一）造成死亡一人以上，或者重伤三人以上；

（二）造成直接经济损失五十万元以上的；

（三）发生矿山生产安全事故，造成直接经济损失一百万元以上的；

（四）其他造成严重后果的情形。（§ 10）

《最高人民法院研究室关于被告人阮某重大劳动安全事故案有关法律适用问题的答复》（法研〔2009〕228号，2009年12月25日公布）

△（**职业病危害预防设施；重大劳动安全事故罪**）用人单位违反职业病防治法的规定，职业病危害预防设施不符合国家规定，因而发生重大伤亡事故或者造成其他严重后果的，对直接负责的主管人员和其他直接责任人员，可以依照刑法第一百三十五条的规定，以重大劳动安全事故罪定罪处罚。

【附属刑法】

《中华人民共和国劳动法》（1994年7月5日通过，2018年12月29日第二次修正）

第九十二条

用人单位的劳动安全设施和劳动卫生条件不符合国家规定或者未向劳动者提供必要的劳动防护用品和劳动保护设施的，由劳动行政部门或者有关部门责令改正，可以处以罚款；情节严重的，提请县级以上人民政府决定责令停产整顿；对事故隐患不采取措施，致使发生重大事故，造成劳动者生命和财产损失的，对责任人员依照刑法有关规定追究刑事责任。

《中华人民共和国劳动合同法》（2007年6月29日通过，2012年12月28日修正）

第八十八条

用人单位有下列情形之一的，依法给予行政处罚；构成犯罪的，依法追究刑事责任；给劳动者造成损害的，应当承担赔偿责任：

……

（四）劳动条件恶劣、环境污染严重，给劳动者身心健康造成严重损害的。

《中华人民共和国突发事件应对法》（2007年8月30日通过）

第六十四条

Ⅰ有关单位有下列情形之一的，由所在地履行统一领导职责的人民政府责令停产停业，暂扣或者吊销许可证或者营业执照，并处五万元以上二十万元以下的罚款；构成违反治安管理行为的，由公安机关依法给予处罚：

（一）未按规定采取预防措施，导致发生严重突发事件的；

（二）未及时消除已发现的可能引发突发事件的隐患，导致发生严重突发事件的；

（三）未做好应急设备、设施日常维护、检测工作，导致发生严重突发事件或者突发事件危害扩大的；

（四）突发事件发生后，不及时组织开展应急救援工作，造成严重后果的。

Ⅱ前款规定的行为，其他法律、行政法规规定由人民政府有关部门依法决定处罚的，从其规定。

第六十八条

违反本法规定，构成犯罪的，依法追究刑事责任。

《中华人民共和国煤炭法》（1996年8月29日通过，2016年11月7日第四次修正）

第六十五条

煤矿企业的管理人员对煤矿事故隐患不采取措施予以消除，发生重大伤亡事故的，依照刑法有关规定追究刑事责任。

《中华人民共和国港口法》（2003年6月28日通过，2018年12月29日第三次修正）

第五十二条

港口经营人违反本法第三十二条[①]关于安全生产的规定的，由港口行政管理部门或者其他依法负有安全生产监督管理职责的部门依法给予处罚；情节严重的，由港口行政管理部门吊销港口经营许可证，并对其主要负责人依法给予处分；构成犯罪的，依法追究刑事责任。

《中华人民共和国矿山安全法》（1992年11月7日通过，2009年8月27日修正）

第四十七条

矿山企业主管人员对矿山事故隐患不采取措施，因而发生重大伤亡事故的，依照刑法有关规定追究刑事责任。

《中华人民共和国石油天然气管道保护法》（2010年6月25日通过）

第五十条

Ⅰ管道企业有下列行为之一的，由县级以上地方人民政府主管管道保护工作的部门责令限期改正；逾期不改正的，处二万元以上十万元以下的罚款；对直接负责的主管人员和其他直接责任人员给予处分：

（一）未依照本法规定对管道进行巡护、检测和维修的；

（二）对不符合安全使用条件的管道未及时更新、改造或者停止使用的；

（三）未依照本法规定设置、修复或者更新有关管道标志的；

（四）未依照本法规定将管道竣工测量图报人民政府主管管道保护工作的部门备案的；

（五）未制定本企业管道事故应急预案，或者未将本企业管道事故应急预案报人民政府主管管道保护工作的部门备案的；

（六）发生管道事故，未采取有效措施消除或者减轻事故危害的；

---

① 《中华人民共和国港口法》（2003年6月28日通过，2018年12月29日第三次修正）

第三十二条

Ⅰ港口经营人必须依照《中华人民共和国安全生产法》等有关法律、法规和国务院交通主管部门有关港口安全作业规则的规定，加强安全生产管理，建立健全安全生产责任制等规章制度，完善安全生产条件，采取保障安全生产的有效措施，确保安全生产。

Ⅱ港口经营人应当依法制定本单位的危险货物事故应急预案、重大生产安全事故的旅客紧急疏散和救援预案以及预防自然灾害预案，保障组织实施。

（七）未对停止运行、封存、报废的管道采取必要的安全防护措施的。

Ⅱ管道企业违反本法规定的行为同时违反建设工程质量管理、安全生产、消防等其他法律的，依照其他法律的规定处罚。

Ⅲ管道企业给他人合法权益造成损害的，依法承担民事责任。

第五十七条

违反本法规定，构成犯罪的，依法追究刑事责任。

《中华人民共和国职业病防治法》（2001 年 10 月 27 日通过，2018 年 12 月 29 日第四次修正）

第七十八条

用人单位违反本法规定，造成重大职业病危害事故或者其他严重后果，构成犯罪的，对直接负责的主管人员和其他直接责任人员，依法追究刑事责任。

《中华人民共和国特种设备安全法》（2013 年 6 月 29 日通过）

第八十六条

违反本法规定，特种设备生产、经营、使用单位有下列情形之一的，责令限期改正；逾期未改正的，责令停止使用有关特种设备或者停产停业整顿，处一万元以上五万元以下罚款：

（一）未配备具有相应资格的特种设备安全管理人员、检测人员和作业人员的；

（二）使用未取得相应资格的人员从事特种设备安全管理、检测和作业的；

（三）未对特种设备安全管理人员、检测人员和作业人员进行安全教育和技能培训的。

第九十八条

违反本法规定，构成违反治安管理行为的，依法给予治安管理处罚；构成犯罪的，依法追究刑事责任。

《中华人民共和国安全生产法》（2002 年 6 月 29 日通过，2021 年 6 月 10 日第三次修正）

第九十三条

Ⅰ生产经营单位的决策机构、主要负责人或者个人经营的投资人不依照本法规定保证安全生产所必需的资金投入，致使生产经营单位不具备安全生产条件的，责令限期改正，提供必需的资金；逾期未改正的，责令生产经营单位停产停业整顿。

Ⅱ有前款违法行为，导致发生生产安全事故的，对生产经营单位的主要负责人给予撤职处分，对个人经营的投资人处二万元以上二十万元以下的罚款；构成犯罪的，依照刑法有关规定追究刑事责任。

第九十四条

Ⅰ生产经营单位的主要负责人未履行本法规定的安全生产管理职责的，责令限期改正，处二万元以上五万元以下的罚款；逾期未改正的，处五万元以上十万元以下的罚款，责令生产经营单位停产停业整顿。

Ⅱ生产经营单位的主要负责人有前款违法行为，导致发生生产安全事故的，给予撤职处分；构成犯罪的，依照刑法有关规定追究刑事责任。

Ⅲ生产经营单位的主要负责人依照前款规定受刑事处罚或者撤职处分的，自刑罚执行完毕或者受处分之日起，五年内不得担任任何生产经营单位的主要负责人；对重大、特别重大生产安全事故负有责任的，终身不得担任本行业生产经营单位的主要负责人。

第九十六条

生产经营单位的其他负责人和安全生产管理人员未履行本法规定的安全生产管理职责的，责令限期改正，处一万元以上三万元以下的罚款；导致发生生产安全事故的，暂停或者吊销其与安全生产有关的资格，并处上一年年收入百分之二十以上百分之五十以下的罚款；构成犯罪的，依照刑法有关规定追究刑事责任。

第九十八条

生产经营单位有下列行为之一的，责令停止建设或者停产停业整顿，限期改正，并处十万元以上五十万元以下的罚款，对其直接负责的主管人员和其他直接责任人员处二万元以上五万元以下的罚款；逾期未改正的，处五十万元以上一百万元以下的罚款，对其直接负责的主管人员和其他直接责任人员处五万元以上十万元以下的罚款；构成犯罪的，依照刑法有关规定追究刑事责任：

（一）未按照规定对矿山、金属冶炼建设项目或者用于生产、储存、装卸危险物品的建设项目进行安全评价的；

（二）矿山、金属冶炼建设项目或者用于生产、储存、装卸危险物品的建设项目没有安全设施设计或者安全设施设计未按照规定报经有关部门审查同意的；

（三）矿山、金属冶炼建设项目或者用于生产、储存、装卸危险物品的建设项目的施工单位未按照批准的安全设施设计施工的；

（四）矿山、金属冶炼建设项目或者用于生产、储存、装卸危险物品的建设项目竣工投入生产或者使用前，安全设施未经验收合格的。

第九十九条

生产经营单位有下列行为之一的，责令限期

改正,处五万元以下的罚款;逾期未改正的,处五万元以上二十万元以下的罚款,对其直接负责的主管人员和其他直接责任人员处一万元以上二万元以下的罚款;情节严重的,责令停产停业整顿;构成犯罪的,依照刑法有关规定追究刑事责任

(一)未在有较大危险因素的生产经营场所和有关设施、设备上设置明显的安全警示标志的;

(二)安全设备的安装、使用、检测、改造和报废不符合国家标准或者行业标准的;

(三)未对安全设备进行经常性维护、保养和定期检测的;

(四)关闭、破坏直接关系生产安全的监控、报警、防护、救生设备、设施,或者篡改、隐瞒、销毁其相关数据、信息的;

(五)未为从业人员提供符合国家标准或者行业标准的劳动防护用品的;

(六)危险物品的容器、运输工具,以及涉及人身安全、危险性较大的海洋石油开采特种设备和矿山井下特种设备未经具有专业资质的机构检测、检验合格,取得安全使用证或者安全标志,投入使用的;

(七)使用应当淘汰的危及生产安全的工艺、设备的;

(八)餐饮等行业的生产经营单位使用燃气未安装可燃气体报警装置的。

第一百零一条

生产经营单位有下列行为之一的,责令限期改正,处十万元以下的罚款;逾期未改正的,责令停产停业整顿,并处十万元以上二十万元以下的罚款,对其直接负责的主管人员和其他直接责任人员处二万元以上五万元以下的罚款;构成犯罪的,依照刑法有关规定追究刑事责任:

(一)生产、经营、运输、储存、使用危险物品或者处置废弃危险物品,未建立专门安全管理制度、未采取可靠的安全措施的;

(二)对重大危险源未登记建档,未进行定期检测、评估、监控,未制定应急预案,或者未告知应急措施的;

(三)进行爆破、吊装、动火、临时用电以及国务院应急管理部门会同国务院有关部门规定的其他危险作业,未安排专门人员进行现场安全管理的;

(四)未建立安全风险分级管控制度或者未按照安全风险分级采取相应管控措施的;

(五)未建立事故隐患排查治理制度,或者重大事故隐患排查治理情况未按照规定报告的。

第一百零二条

生产经营单位未采取措施消除事故隐患的,责令立即消除或者限期消除,处五万元以下的罚款;生产经营单位拒不执行的,责令停产停业整顿,对其直接负责的主管人员和其他直接责任人员处五万元以上十万元以下的罚款;构成犯罪的,依照刑法有关规定追究刑事责任。

第一百零三条

Ⅰ生产经营单位将生产经营项目、场所、设备发包或者出租给不具备安全生产条件或者相应资质的单位或者个人的,责令限期改正,没收违法所得;违法所得十万元以上的,并处违法所得二倍以上五倍以下的罚款;没有违法所得或者违法所得不足十万元的,单处或者并处十万元以上二十万元以下的罚款;对其直接负责的主管人员和其他直接责任人员处一万元以上二万元以下的罚款;导致发生生产安全事故给他人造成损害的,与承包方、承租方承担连带赔偿责任。

Ⅱ生产经营单位未与承包单位、承租单位签订专门的安全生产管理协议或者未在承包合同、租赁合同中明确各自的安全生产管理职责,或者未对承包单位、承租单位的安全生产统一协调、管理的,责令限期改正,处五万元以下的罚款,对其直接负责的主管人员和其他直接责任人员处一万元以下的罚款;逾期未改正的,责令停产停业整顿。

Ⅲ矿山、金属冶炼建设项目和用于生产、储存、装卸危险物品的建设项目的施工单位未按照规定对施工项目进行安全管理的,责令限期改正,处十万元以下的罚款,对其直接负责的主管人员和其他直接责任人员处二万元以下的罚款;逾期未改正的,责令停产停业整顿。以上施工单位倒卖、出租、出借、挂靠或者以其他形式非法转让施工资质的,责令停产停业整顿,吊销资质证书,没收违法所得;违法所得十万元以上的,并处违法所得二倍以上五倍以下的罚款,没有违法所得或者违法所得不足十万元的,单处或者并处十万元以上二十万元以下的罚款;对其直接负责的主管人员和其他直接责任人员处五万元以上十万元以下的罚款;构成犯罪的,依照刑法有关规定追究刑事责任。

第一百零五条

生产经营单位有下列行为之一的,责令限期改正,处五万元以下的罚款,对其直接负责的主管人员和其他直接责任人员处一万元以下的罚款;逾期未改正的,责令停产停业整顿;构成犯罪的,依照刑法有关规定追究刑事责任:

(一)生产、经营、储存、使用危险物品的车间、商店、仓库与员工宿舍在同一座建筑内,或者与员工宿舍的距离不符合安全要求的;

（二）生产经营场所和员工宿舍未设有符合紧急疏散需要、标志明显、保持畅通的出口、疏散通道，或者占用、锁闭、封堵生产经营场所或者员工宿舍出口、疏散通道的。

【指导性案例】

最高人民检察院指导性案例第94号：余某某等人重大劳动安全事故重大责任事故案（2021年1月20日发布）

△（**重大劳动安全事故罪；重大责任事故罪；关联案件办理；追诉漏罪漏犯；检察建议**）办理危害生产安全刑事案件，要根据案发原因及涉案人员的职责和行为，准确适用重大责任事故罪和重大劳动安全事故罪。要全面审查案件事实证据，依法追诉漏罪漏犯，准确认定责任主体和相关人员责任，并及时移交职务违法犯罪线索。针对事故中暴露出的相关单位安全管理漏洞和监管问题，要及时制发检察建议，督促落实整改。

第一百三十五条之一　【大型群众性活动重大安全事故罪】
举办大型群众性活动违反安全管理规定，因而发生重大伤亡事故或者造成其他严重后果的，对直接负责的主管人员和其他直接责任人员，处三年以下有期徒刑或者拘役；情节特别恶劣的，处三年以上七年以下有期徒刑。

【立法沿革】

《中华人民共和国刑法修正案（六）》（自2006年6月29日起施行）

三、在刑法第一百三十五条后增加一条，作为第一百三十五条之一：

"举办大型群众性活动违反安全管理规定，因而发生重大伤亡事故或者造成其他严重后果的，对直接负责的主管人员和其他直接责任人员，处三年以下有期徒刑或者拘役；情节特别恶劣的，处三年以上七年以下有期徒刑。"

【立法理由】

2006年《刑法修正案（六）》增加了本条规定。1997年刑法没有规定针对举办大型活动造成严重后果的犯罪。随着国家经济发展和人民生活水平的逐步提高，各类群众性文化体育活动日益广泛开展，但由于一些主办方人员缺乏法律意识和安全意识，不遵守有关的管理规定，或者安全监督不规范、不到位，致使一些地方的大型群众性活动中发生了重特大安全事故，给人民群众的生命和财产造成重大损失。为维护社会稳定，保障人民群众的生命和财产安全，2006年《刑法修正案（六）》对这一犯罪行为作了具体规定，对举办大型群众性活动违反安全管理规定，因而发生重大伤亡事故或者造成其他严重后果的行为，明确规定要追究刑事责任。

【条文说明】

本条是关于大型群众性活动重大安全事故罪及其处罚的规定。

根据本条规定，构成这一犯罪需要符合以下几个条件：

1. 本罪主体是**特殊主体**，包括**大型群众性活动举办单位及相关人员**。需要注意的是，我国大型群众性活动的安全管理实行承办者负责、政府监管的原则，县级以上人民政府公安机关负责大型群众性活动的安全管理工作，县级以上人民政府其他有关主管部门按照各自的职责，负责大型群众性活动的其他安全工作。实践中，我国许多大型集会、体育赛事、文艺演出等群众性活动是由地方政府主办或者政府部门协调举办的，但承办者才是大型群众性活动的实际组织者，根据国务院2007年8月29日颁布的《大型群众性活动安全管理条例》有关规定，承办者对其承办活动的安全负责，承办者的主要负责人为大型群众性活动的安全责任人。对负有安全监管职责的有关主管部门的工作人员在履行大型群众性活动安全管理职责中，有滥用职权、玩忽职守、徇私舞弊行为，构成犯罪的，应当依据**刑法第九章渎职罪**的相关规定追究刑事责任。

2. 行为人主观上是**过失**。即行为人对自己违反有关安全管理规定举办大型群众性活动的行为，可能发生的危害社会的结果，因为疏忽大意而没有预见，或者已经预见而轻信能够避免，以致发生这种结果。

3. **行为人客观上实施了违反安全管理规定，举办大型群众性活动的行为**。大型活动的举办，其特点是在一定时期和有限的空间内，人员众多，身份复杂，物资汇聚，极易发生重大伤亡事故。针对这一特点，为预防和减少事故的发生，确保人民群众的生命和财产安全，我国法律、法规对举办大型群众性活动规定了明确的条件。《大型群众性活动安全管理条例》对大型群众性活动有关人员的安全责任和安全管理要求作了明确规定。根据该规定，大型群众性活动的预计参加人数在一千人以上五千人以下的，由活动所在地县级人民政府公安机关实施安全许可；预计参加人数在五千人以上的，由活动所在地设区的市级人民政府公安机关或者直辖市人民政府公安机关实施安全许可；跨省、自治区、直辖市举办大型群众性活动的，由国务院公安部门实施安全许可。举办大型群众性活动，承办者应当制订大型群众性活动安全工作方案。根据本条的规定，构成这一犯罪的客观行为要同时具备两个条件：一是**"违反安全管理规定"**。这里的"安全管理规定"是广义的，不仅包括举办大型群众性活动应当具备的各种安全防范设施，还包括举办大型群众性活动涉及的人员管理的各种安全规定。如存在参加者人数大大超出场地人员的核定容量，没有迅速疏散人员的应急预案等严重安全隐患，不符合举办大型群众性活动的安全要求，可能危及参加者人身财产安全等情况。二是**举办的是"大型群众性活动"**。"大型群众性活动"，一般是指法人或者其他组织面向社会公众举办的每场次预计参加人数达到一千人以上的各种群众活动，如体育比赛活动，演唱会、音乐会等文艺演出活动，展览、展销活动等。

4. **举办大型群众性活动违反安全管理规定的行为导致了"发生重大伤亡事故或者造成其他严重后果"的危害结果的发生**。这是区分罪与非罪的重要界限，且举办大型群众性活动违反安全管理规定的行为与发生重大伤亡事故或者造成其他严重后果之间要有直接因果关系。根据《最高人民法院、最高人民检察院关于办理危害生产安全刑事案件适用法律若干问题的解释》的有关规定，举办大型群众性活动违反安全管理规定，涉嫌下列情形之一的，应当认定为**"发生重大伤亡事故或者造成其他严重后果"**：(1)造成死亡一人以上，或者重伤三人以上的；(2)造成直接经济损失一百万元以上的；(3)其他造成严重后果或者重大安全事故的情形。具有下列情形之一的，应当视为**"情节特别恶劣"**：(1)造成死亡三人以上或者重伤十人以上，负事故主要责任的；(2)造成直接经济损失五百万元以上，负事故主要责任的；(3)其他造成特别严重后果、情节特别恶劣或者后果特别严重的情形。

法律对构成本条规定之罪的直接负责的主管人员和其他直接人员，规定了两档刑罚：发生重大伤亡事故或者造成其他严重后果的，处三年以下有期徒刑或者拘役；情节特别恶劣的，处三年以上七年以下有期徒刑。这主要是考虑到刑法关于过失犯罪的量刑平衡问题。我国刑法大多数条款对过失罪的处刑规定的最高刑都为七年有期徒刑。

实际执行中应当注意本罪的适用主体问题。本条规定的犯罪属于**单位犯罪**，这里的"单位"既包括法人组织，也包括非法人组织；既包括国家机关，也包括非国家机关性质的公司和企事业单位。因此，在适用本罪时要注意以下几种情形：一是承办者是国家机关尤其是政府部门的，因违反安全管理规定举办大型群众性活动导致发生重大伤亡事故或其他严重后果的，对安全事故直接负责的主管人员及其他直接责任人员也应当适用本罪。二是承办者虽然是普通的公司、企事业单位，但是有国家工作人员违反规定投资入股甚至生产经营的，对依法应当承担本条规定法律责任的国家工作人员，可考虑从重处罚。三是承办者对其承办活动的安全负责，承办者的主要负责人为大型群众性活动的安全责任人。活动的其他参与者，如主办方、协办方、赞助商等不实际承担安全事务的，不适用本条规定。对负有安全监管职责的有关主管部门的工作人员在履行大型群众性活动安全管理职责中，有滥用职权、玩忽职守、徇私舞弊行为，构成犯罪的，应当依据刑法第九章的相关规定追究刑事责任。

【司法解释】

《最高人民法院、最高人民检察院关于办理危害生产安全刑事案件适用法律若干问题的解释》（法释〔2015〕22号，自2015年12月16日起施行）

△**（发生重大伤亡事故或者造成其他严重后果）**实施刑法第一百三十二条、第一百三十四条第一款、第一百三十五条、第一百三十五条之一、第一百三十六条、第一百三十九条规定的行为，因而发生安全事故，具有下列情形之一的，应当认定为"造成严重后果"或者"发生重大伤亡事故或者造成其他严重后果"，对相关责任人员，处三年以下有期徒刑或者拘役：

（一）造成死亡一人以上，或者重伤三人以上的；

（二）造成直接经济损失一百万元以上的；

（三）其他造成严重后果或者重大安全事故的情形。（§6Ⅰ）

△**（情节特别恶劣）**实施刑法第一百三十二条、第一百三十四条第一款、第一百三十五条、第一百三十五条之一、第一百三十六条、第一百三十

九条规定的行为，因而发生安全事故，具有下列情形之一的，对相关责任人员，处三年以上七年以下有期徒刑：

（一）造成死亡三人以上或者重伤十人以上，负事故主要责任的；

（二）造成直接经济损失五百万元以上，负事故主要责任的；

（三）其他造成特别严重后果、情节特别恶劣或者后果特别严重的情形。（§ 7 Ⅰ）

△（**从重处罚事由；数罪并罚；行贿罪**）实施刑法第一百三十二条、第一百三十四条至第一百三十九条之一规定的犯罪行为，具有下列情形之一的，从重处罚：

（一）未依法取得安全许可证件或者安全许可证件过期、被暂扣、吊销、注销后从事生产经营活动的；

（二）关闭、破坏必要的安全监控和报警设备的；

（三）已经发现事故隐患，经有关部门或者个人提出后，仍不采取措施的；

（四）一年内曾因危害生产安全违法犯罪活动受过行政处罚或者刑事处罚的；

（五）采取弄虚作假、行贿等手段，故意逃避、阻挠负有安全监督管理职责的部门实施监督检查的；

（六）安全事故发生后转移财产意图逃避承担责任的；

（七）其他从重处罚的情形。

实施前款第五项规定的行为，同时构成刑法第三百八十九条规定的犯罪的，依照数罪并罚的规定处罚。（§ 12）

△（**酌情从轻处罚事由**）实施刑法第一百三十二条、第一百三十四条至第一百三十九条之一规定的犯罪行为，在安全事故发生后积极组织、参与事故抢救，或者积极配合调查、主动赔偿损失的，可以酌情从轻处罚。（§ 13）

△（**国家工作人员；数罪并罚；贪污、受贿犯罪**）国家工作人员违反规定投资入股生产经营，构成本解释规定的有关犯罪的，或者国家工作人员的贪污、受贿犯罪行为与安全事故发生存在关联性的，从重处罚；同时构成贪污、受贿犯罪和危害生产安全犯罪的，依照数罪并罚的规定处罚。（§ 14）

△（**缓刑；从业禁止**）对于实施危害生产安全犯罪适用缓刑的犯罪分子，可以根据犯罪情况，禁止其在缓刑考验期限内从事与安全生产相关联的特定活动；对于被判处刑罚的犯罪分子，可以根据犯罪情况和预防再犯罪的需要，禁止其自刑罚执行完毕之日或者假释之日起三年至五年内从事与安全生产相关的职业。（§ 16）

【司法解释性文件】

《最高人民检察院、公安部关于公安机关管辖的刑事案件立案追诉标准的规定（一）》（公通字〔2008〕36号，2008年6月25日公布）

△（**大型群众性活动重大安全事故罪；立案追诉标准**）举办大型群众性活动违反安全管理规定，涉嫌下列情形之一的，应予立案追诉：

（一）造成死亡一人以上，或者重伤三人以上；

（二）造成直接经济损失五十万元以上的；

（三）其他造成严重后果的情形。（§ 11）

【附属刑法】

《中华人民共和国治安管理处罚法》（2005年8月28日通过，2012年10月26日修正）

第二条

扰乱公共秩序，妨害公共安全，侵犯人身权利、财产权利，妨害社会管理，具有社会危害性，依照《中华人民共和国刑法》的规定构成犯罪的，依法追究刑事责任；尚不够刑事处罚的，由公安机关依照本法给予治安管理处罚。

第二十四条

Ⅰ有下列行为之一，扰乱文化、体育等大型群众性活动秩序的，处警告或者二百元以下罚款；情节严重的，处五日以上十日以下拘留，可以并处五百元以下罚款：

（一）强行进入场内的；

（二）违反规定，在场内燃放烟花爆竹或者其他物品的；

（三）展示侮辱性标语、条幅等物品的；

（四）围攻裁判员、运动员或者其他工作人员的；

（五）向场内投掷杂物，不听制止的；

（六）扰乱大型群众性活动秩序的其他行为。

Ⅱ因扰乱体育比赛秩序被处以拘留处罚的，可以同时责令其十二个月内不得进入体育场馆观看同类比赛；违反规定进入体育场馆的，强行带离现场。

《中华人民共和国突发事件应对法》（2007年8月30日通过）

第六十四条

Ⅰ有关单位有下列情形之一的，由所在地履行统一领导职责的人民政府责令停产停业，暂扣或者吊销许可证或者营业执照，并处五万元以上二十万元以下的罚款；构成违反治安管理行为的，由公安机关依法给予处罚：

（一）未按规定采取预防措施，导致发生严重突发事件的；

（二）未及时消除已发现的可能引发突发事件的隐患，导致发生严重突发事件的；

（三）未做好应急设备、设施日常维护、检测工作，导致发生严重突发事件或者突发事件危害扩大的；

（四）突发事件发生后，不及时组织开展应急救援工作，造成严重后果的。

Ⅱ前款规定的行为，其他法律、行政法规规定由人民政府有关部门依法决定处罚的，从其规定。

第六十八条

违反本法规定，构成犯罪的，依法追究刑事责任。

第一百三十六条　【危险物品肇事罪】

违反爆炸性、易燃性、放射性、毒害性、腐蚀性物品的管理规定，在生产、储存、运输、使用中发生重大事故，造成严重后果的，处三年以下有期徒刑或者拘役；后果特别严重的，处三年以上七年以下有期徒刑。

【立法理由】

1979年《刑法》第一百一十五条规定："违反爆炸性、易燃性、放射性、毒害性、腐蚀性物品的管理规定，在生产、储存、运输、使用中发生重大事故，造成严重后果的，处三年以下有期徒刑或者拘役；后果特别严重的，处三年以上七年以下有期徒刑。"我国一向非常重视对危险物品的管理，颁布了一系列的危险物品管理规定。同时，我国刑事立法也非常重视对危险物品犯罪的惩处。在1957年《刑法（草案）》第二十二稿中就规定"违反邮政法规、交通运输法规，蒙混寄运或者秘密携带有爆炸性、易燃性、侵蚀性的物品的"构成犯罪。只是当时将其规定在妨碍管理秩序罪一章中。后来考虑到危险物品本身的高度危险性，一旦发生事故，后果是极为严重的，危害的不仅仅是社会管理秩序，更主要的是公共安全。因此，1963年《刑法（草案）》第三十三稿将其调整至危害公共安全罪一章中。在讨论第三十三稿时，有意见认为本条规定的情况不仅在邮政寄运、交通运输中可以遇到，在生产、储存、使用中也会遇到；违章行为不仅包括"蒙混寄运"或者"秘密携带"，还包括乱堆乱放、封存不严、擅离岗位等；危险物品的范围，按照性质分类，不仅包括列举的几类，还应该增加"放射性""毒害性"，这些危险物品本身从物理、化学特性上看具有很大的危险性，在一定条件下能引起燃烧、爆炸和导致人体中毒、灼伤、死亡等事故的发生，很可能造成巨大的人身财产损失；量刑幅度也应该规定两档以上刑罚等。基于上述一系列考虑，对本条作了补充完善，在1979年《刑法》第一百一十五条作了规定。

【条文说明】

本条是关于危险物品肇事罪及其处罚的规定。

1. 构成本条规定的危险物品肇事罪的主体为从事生产、储存、运输、使用危险物品的工作人员。由于他们在工作中负有遵守、执行危险物品管理规定的职责，如果违规并发生重大事故，造成严重后果的，当然要依法追究刑事责任。

2. 行为人在主观上是出于过失。若行为人是故意制造爆炸等事故的，则不适用本条定罪处刑，而应适用其他有关条款定罪处罚，如《刑法》第一百一十四条规定的危害公共安全犯罪等。

3. 本罪在客观方面为实施了违反爆炸性、易燃性、放射性、毒害性、腐蚀性物品的管理规定的行为。根据《安全生产法》第一百一十二条的规定，该法规定的危险物品，是指易燃易爆物品、危险化学品、放射性物品等能够危及人身安全和财产安全的物品。与本条规定的爆炸性、易燃性、放射性、毒害性、腐蚀性物品在范围上大致相同，构成危险物品肇事罪首先是违反了有关上述危险物品的相关管理规定。这里的危险物品包括：（1）"爆炸性"物品，是指多种具有爆炸性能的物品，如各种炸药、雷管、非电导爆系统、起爆药和爆破剂以及黑火药、烟火剂、信号弹和烟花爆竹等；（2）"易燃性"物品，是指汽油、煤油、酒精、丙酮、香蕉水以及各种很容易燃烧的化学物品和液剂；（3）"放射性"物品，是指铀、镭以及其他各种具有放射性能，并对人体或牲畜能够造成严重损害的物品；（4）"毒害性"物品，是指如氰化钾等其他各种对人体或牲畜能够造成严重毒害的物品；（5）"腐蚀性"物品，是指硫酸、盐酸等能够严重毁坏其他物品以及人身的物品。这些物品本身具有很大的危险性,国家有关主管部门为保证这些物品的安全生产、储存、运输、使用,都有严格的管理规定,以确保人身和财产安全,防止危害公共安全。在正常情况下,只要严格遵守国家有关部门制定的各种规定,是可以避免发生危险事故的。

本条规定的违反危险物品“管理规定”,是指行为人必须有违反国家有关部门颁布实施的危险物品管理规定的行为。为了保障安全生产、储存、运输、使用本条规定的危险物品,不仅我国安全生产法作了规定,要求有关主管部门依照有关法律、法规的规定和国家标准或者行业标准审批并实施监督管理;国家有关部门也陆续颁发了一系列危险物品管理规定,如《危险化学品安全管理条例》《道路危险货物运输管理规定》等,对危险物品的种类、范围以及生产、储存、运输、使用的具体管理办法都作了明确而具体的规定。在判定行为人是否构成本罪时,必须严格按照该行为是否明确违反了有关危险物品的管理规定来判断。这些安全管理规定涵盖了危险物品生产、储存、运输、使用的各个环节。包括以下具体情形:在生产方面,通常表现为不按规定要求设置相应的通风、防火、防爆、防毒、监测、报警、防潮、避雷、防静电、隔离操作等安全设施;在储存方面,如不按规定设专人管理,不设置相应的防爆、泄压、防火、防雷、灭火、防晒、调温、消除静电、防护围堤等安全设施;在运输方面,如违反有关规定,将客货混装,不按规定分运、分卸、不限速行驶,货物的容器和包装不符合安全规定,押运员擅离职守等;在使用方面不按规定的剂量、范围、方法使用或者不采取必要的防护措施等。行为人只有在生产、储存、运输、使用危险物品的过程中,违反危险物品的管理规定,才能构成本罪。如果行为人在其他场合发生与危险物品有关的重大事故,如已经到达目的地的烟花爆竹货运司机,携带少量烟花爆竹回家途中发生意外导致爆炸发生重大事故的,可能构成过失致人死亡罪、过失致人重伤罪或者危害公共安全等犯罪,但一般不按照本罪处理。

4. 根据本条规定,行为人违反危险物品管理规定的行为必须“发生重大事故,造成严重后果的”,才构成犯罪,即必须因违反危险物品管理规定而发生重大事故,造成严重后果,这是构成本罪的结果条件。其中,根据《最高人民法院、最高人民检察院关于办理危害生产安全刑事案件适用法律若干问题的解释》,发生重大事故,“造成严重后果的”,是指:(1)造成死亡一人以上,或者重伤三人以上的;(2)造成直接经济损失一百万元以上的;(3)其他造成严重后果或者重大安全事故的情形。对相关责任人员,处三年以下有期徒刑或者拘役。“后果特别严重的”,是指:(1)造成死亡三人以上或者重伤十人以上,负事故主要责任的;(2)造成直接经济损失五百万元以上,负事故主要责任的;(3)其他造成特别严重后果、情节特别恶劣或者后果特别严重的情形。对相关责任人员,处三年以上七年以下有期徒刑。其中,未依法取得安全许可证件或者安全许可证件过期、被暂扣、吊销、注销后从事生产经营活动的,依法从重处罚。

实践中需要注意以下几个方面的问题:

1. 罪与非罪的区别。危险物品肇事罪与自然事故、技术事故的区别。自然事故是指由于行为人不能预见或不能抗拒的自然条件的变化而导致的事故;技术事故是指由于技术条件和设备条件未达到应有水平和性能而造成的事故。如果在生产、储存、运输、使用危险物品过程中发生的重大事故不是由于行为人的违章违规行为所引起的,而是由于自然原因或者技术原因引起的,则属于自然事故或技术事故。如因暴雨或山洪导致库房倒塌,致使毒害性、腐蚀性物品扩散造成环境污染、财产损失等严重后果的,如果储存条件和设施等合法合规,事故是由因不可抗力的自然原因造成的,那么就属于自然事故,一般不构成犯罪。但是,在安全事故发生后,负有报告职责的人员不报或者谎报事故情况,贻误事故抢救,情节严重的,可能构成不报、谎报安全事故罪。

2. 危险物品肇事罪与《刑法》第一百二十五条规定的非法制造、买卖、运输、邮寄、储存枪支、弹药、爆炸物罪和非法制造、买卖、运输、储存危险物质罪的区别。《刑法》第一百二十五条第一款和第二款规定:“非法制造、买卖、运输、邮寄、储存枪支、弹药、爆炸物的,处三年以上十年以下有期徒刑;情节严重的,处十年以上有期徒刑、无期徒刑或者死刑。非法制造、买卖、运输、储存毒害性、放射性、传染病病原体等物质,危害公共安全的,依照前款的规定处罚。”危险物品肇事罪与《刑法》第一百二十五条规定的非法制造、买卖、运输、邮寄、储存枪支、弹药、爆炸物罪和非法制造、买卖、运输、储存危险物质罪的主要区别为:一是主观方面不同。前者是过失犯罪;后者是故意犯罪。二是构成犯罪的要求不同。前者要求必须发生重大事故并造成严重后果,是结果犯;后者则不要求发生实际的危害结果。三是犯罪对象不完全相同。本条规定的是危险物品,具体包括爆炸性、易燃性、放射性、毒害性、腐蚀性物品等物品;第一百二十五条第一款规定的是枪支、弹药、爆炸物,第二款规定的是毒害性、放射性、传染病病原体等物质。①

3. 本罪与重大责任事故罪的关系。根据《刑法》第一百三十四条第一款的规定，在生产、作业中违反有关安全管理的规定，因而发生重大伤亡事故或者造成其他严重后果的，构成重大责任事故罪。该条中的“违反有关安全管理的规定”可以包括违反危险物品管理规定在内的所有有关安全生产的规章制度。鉴于本条属于重大责任事故犯罪的特殊规定，在生产中违反危险物品管理规定，因而发生重大事故，造成严重后果的，应当适用本罪定罪处罚。

【司法解释】

《最高人民法院、最高人民检察院关于办理危害生产安全刑事案件适用法律若干问题的解释》（法释〔2015〕22号，自2015年12月16日起施行）

△**（造成严重后果）**实施刑法第一百三十二条、第一百三十四条第一款、第一百三十五条、第一百三十五条之一、第一百三十六条、第一百三十九条规定的行为，因而发生安全事故，具有下列情形之一的，应当认定为“造成严重后果”或者“发生重大伤亡事故或者造成其他严重后果”，对相关责任人员，处三年以下有期徒刑或者拘役：

（一）造成死亡一人以上，或者重伤三人以上的；

（二）造成直接经济损失一百万元以上的；

（三）其他造成严重后果或者重大安全事故的情形。（§6 Ⅰ）

△**（后果特别严重）**实施刑法第一百三十二条、第一百三十四条第一款、第一百三十五条、第一百三十五条之一、第一百三十六条、第一百三十九条规定的行为，因而发生安全事故，具有下列情形之一的，对相关责任人员，处三年以上七年以下有期徒刑：

（一）造成死亡三人以上或者重伤十人以上，负事故主要责任的；

（二）造成直接经济损失五百万元以上，负事故主要责任的；

（三）其他造成特别严重后果、情节特别恶劣或者后果特别严重的情形。（§7 Ⅰ）

△**（从重处罚事由；数罪并罚；行贿罪）**实施刑法第一百三十二条、第一百三十四条至第一百三十九条之一规定的犯罪行为，具有下列情形之一的，从重处罚：

（一）未依法取得安全许可证件或者安全许可证件过期、被暂扣、吊销、注销后从事生产经营活动的；

（二）关闭、破坏必要的安全监控和报警设备的；

（三）已经发现事故隐患，经有关部门或者个人提出后，仍不采取措施的；

（四）一年内曾因危害生产安全违法犯罪活动受过行政处罚或者刑事处罚的；

（五）采取弄虚作假、行贿等手段，故意逃避、阻挠负有安全监督管理职责的部门实施监督检查的；

（六）安全事故发生后转移财产意图逃避承担责任的；

（七）其他从重处罚的情形。

实施前款第五项规定的行为，同时构成刑法第三百八十九条规定的犯罪的，依照数罪并罚的规定处罚。（§12）

△**（酌情从轻处罚事由）**实施刑法第一百三十二条、第一百三十四条至第一百三十九条之一规定的犯罪行为，在安全事故发生后积极组织、参与事故抢救，或者积极配合调查、主动赔偿损失的，可以酌情从轻处罚。（§13）

△**（国家工作人员；数罪并罚；贪污、受贿犯罪）**国家工作人员违反规定投资入股生产经营，构成本解释规定的有关犯罪的，或者国家工作人员的贪污、受贿犯罪行为与安全事故发生存在关联性的，从重处罚；同时构成贪污、受贿犯罪和危害生产安全犯罪的，依照数罪并罚的规定处罚。（§14）

△**（缓刑；从业禁止）**对于实施危害生产安全犯罪适用缓刑的犯罪分子，可以根据犯罪情况，禁止其在缓刑考验期限内从事与安全生产相关联的特定活动；对于被判处刑罚的犯罪分子，可以根据犯罪情况和预防再犯罪的需要，禁止其自刑罚执行完毕之日或者假释之日起三年至五年内从事与安全生产相关的职业。（§16）

【司法解释性文件】

《最高人民检察院、公安部关于公安机关管辖的刑事案件立案追诉标准的规定（一）》（公通字

① 学说见解指出，和非法制造、买卖、运输、储存危险物质罪不同的是，危险物品肇事罪是因违反危险物品管理规定而造成的，其应当是在正常的生产作业活动中的行为。因此，本罪中所运输的危险物品属于合法生产或者制造的物品。参见黎宏：《刑法学各论》（第2版），法律出版社2016年版，第71页。

〔2008〕36 号，2008 年 6 月 25 日公布）

△（**危险物品肇事罪；立案追诉标准**）违反爆炸性、易燃性、放射性、毒害性、腐蚀性物品的管理规定，在生产、储存、运输、使用中发生重大事故，涉嫌下列情形之一的，应予立案追诉：

（一）造成死亡一人以上，或者重伤三人以上；

（二）造成直接经济损失五十万元以上的；

（三）其他造成严重后果的情形。（§ 12）

《最高人民法院、最高人民检察院、公安部、工业和信息化部、住房和城乡建设部、交通运输部、应急管理部、国家铁路局、中国民用航空局、国家邮政局关于依法惩治涉枪支、弹药、爆炸物、易燃易爆危险物品犯罪的意见》（法发〔2021〕35 号，2021 年 12 月 28 日发布）

△（**易燃易爆危险物品生产、储存、运输、使用；危险物品肇事罪**）在易燃易爆危险物品生产、储存、运输、使用中违反有关安全管理的规定，实施本意见第 5 条前两款规定以外的其他行为，导致发生重大事故，造成严重后果，符合刑法第一百三十六条等规定的，以危险物品肇事罪等罪名定罪处罚。（§ 6）

△（**危险物品肇事罪；从重处罚；不报、谎报安全事故罪；数罪并罚**）实施刑法第一百三十六条规定等行为，向负有安全生产监督管理职责的部门不报、谎报或者迟报相关情况的，从重处罚；同时构成刑法第一百三十九条之一规定之罪的，依照数罪并罚的规定处罚。（§ 7）

△（**夹带易燃易爆危险物品；谎报为普通物品交寄**）通过邮件、快件夹带易燃易爆危险物品，或者将易燃易爆危险物品谎报为普通物品交寄，符合本意见第 5 条至第 8 条规定的，依照各该条的规定定罪处罚。（§ 9）

【附属刑法】

《中华人民共和国铁路法》（1990 年 9 月 7 日通过，2015 年 4 月 24 日第二次修正）

第六十条

Ⅰ违反本法规定，携带危险品进站上车或者以非危险品品名托运危险品，导致发生重大事故的，依照刑法有关规定追究刑事责任。企业事业单位、国家机关、社会团体犯本款罪的，处以罚金，对其主管人员和直接责任人员依法追究刑事责任。

Ⅱ携带炸药、雷管或者非法携带枪支子弹、管制刀具进站上车的，依照刑法有关规定追究刑事责任。

《中华人民共和国民用航空法》（1995 年 10 月 30 日通过，2021 年 4 月 29 日第六次修正）

第一百九十四条

Ⅰ公共航空运输企业违反本法第一百零一条的规定运输危险品的，由国务院民用航空主管部门没收违法所得，可以并处违法所得一倍以下的罚款。

Ⅱ公共航空运输企业有前款行为，导致发生重大事故的，没收违法所得，判处罚金；并对直接负责的主管人员和其他直接责任人员依照刑法有关规定追究刑事责任。

《中华人民共和国安全生产法》（2002 年 6 月 29 日通过，2021 年 6 月 10 日第三次修正）

第一百条

未经依法批准，擅自生产、经营、运输、储存、使用危险物品或者处置废弃危险物品的，依照有关危险物品安全管理的法律、行政法规的规定予以处罚；构成犯罪的，依照刑法有关规定追究刑事责任。

第一百零一条

生产经营单位有下列行为之一的，责令限期改正，处十万元以下的罚款；逾期未改正的，责令停产停业整顿，并处十万元以上二十万元以下的罚款，对其直接负责的主管人员和其他直接责任人员处二万元以上五万元以下的罚款；构成犯罪的，依照刑法有关规定追究刑事责任：

（一）生产、经营、运输、储存、使用危险物品或者处置废弃危险物品，未建立专门安全管理制度、未采取可靠的安全措施的；

（二）对重大危险源未登记建档，未进行定期检测、评估、监控，未制定应急预案，或者未告知应急措施的；

（三）进行爆破、吊装、动火、临时用电以及国务院应急管理部门会同国务院有关部门规定的其他危险作业，未安排专门人员进行现场安全管理的；

（四）未建立安全风险分级管控制度或者未按照安全风险分级采取相应管控措施的；

（五）未建立事故隐患排查治理制度，或者重大事故隐患排查治理情况未按照规定报告的。

【公报案例】

△（**危险物品肇事罪；具有安全隐患的机动车；超载运输；剧毒化学品**）有危险货物运输从业资格的人员，明知使用具有安全隐患的机动车超载运输剧毒化学品，有可能引发危害公共安全的事故，却轻信能够避免，以致这种事故发生并造成严重后果的，构成《刑法》第一百三十六条规定的

危险物品肇事罪。[《最高人民法院公报》2006年第8期　康兆永、王刚危险物品肇事案]

△(**剧毒化学品运输工作;抢救、协助抢救等义务**)从事剧毒化学品运输工作的专业人员,在发生交通事故致使剧毒化学品泄漏后,有义务利用随车配备的应急处理器材和防护用品抢救对方车辆上的受伤人员,有义务在现场附近设置警戒区域,有义务及时报警并在报警时主动说明危险物品的特征、可能发生的危害,以及需要采取何种救助工具与救助方式才能防止、减轻以至消除危害,有义务在现场等待抢险人员的到来,利用自己对剧毒危险化学品的专业知识以及对运输车辆构造的了解,协助抢险人员处置突发事故。从事剧毒化学品运输工作的专业人员不履行这些义务,应当对由此造成的特别严重后果承担责任。[《最高人民法院公报》2006年第8期　康兆永、王刚危险物品肇事案]

【参考案例】

△**违反国家关于危险物品运输安全的规定,因而发生交通事故,导致危险物品泄漏,造成重大人员伤亡和财产损失的,应以危险物品肇事罪论处。**

根据《刑法》第一百三十六条规定,危险物品肇事罪是指违反爆炸性、易燃性、放射性、毒害性、腐蚀性物品的管理规定,在生产、储存、运输、使用中发生重大事故,造成严重后果的行为。在康兆永等危险物品肇事案中,二名被告人是负责运输危险品液氯的驾驶员和押运员。二人严重违反《道路交通安全法》、1993年《道路危险货物运输管理规定》(已失效)、2002年《危险化学品安全管理条例》等规定,导致在危险品运输过程中发生交通事故。该事故造成的后果是由于液氯泄漏导致的人员中毒、财物被腐蚀,该危害后果不能为交通运输肇事行为所造成的危害后果所包容。在适用法律时,该案的危害后果是由交通运输过程中的肇事行为所致,因而刑法中交通肇事罪与危险物品肇事罪这两个法条都可以对二人的行为进行适用。本案若适用交通肇事罪,对象则限于被撞车辆的司机。事后查明,该司机仅受轻微皮外伤,导致死亡的原因是吸入氯气中毒。交通肇事罪的危害结果应当仅限于与交通肇事这一物理外力所造成的损害有直接因果关系的身体损伤(在此暂不讨论公私财产的损失),死亡司机因单纯肇事行为导致的轻微伤并不构成交通肇事罪成立的结果要件。因此,本案中二被告并未成立交通肇事罪,而只应以危险物品肇事罪论处。[No. 2-114、115(1)-5-2　康兆永等危险物品肇事案]

△**对危险物品的装卸负有管理职责的人员,违反有关管理规定,因而发生重大事故的,应以危险物品肇事罪论处。**

朱平书等危险物品肇事案是危险物品肇事事故系列案件的其中之一。作为事故直接肇事者的两名驾驶员、押运员,因犯危险物品肇事罪被判处有期徒刑六年六个月;对事故车辆及人员负实际管理责任的山东省济宁市远达石化有限公司经理马建国,因犯危险物品肇事罪,被判处有期徒刑六年;而本案被告人则是负责销售、审批液氯工作的部门经理和公司副总经理。危险物品肇事罪是我国刑法危害公共安全罪中的罪名之一,其立法本意就是规范危险物品的管理秩序,保护公共安全。从整个事故的发生原因看,驾驶员、押运员超载驾驶危险品运输车辆,最终酿成重大事故,其承担责任是应无别议的。但是,作为对危险物品负有直接管理责任的人也应当依法承担管理者责任,因为他们的管理责任涉及危险品的各个环节。本案中,如果生产企业负责审批液氯销售的经理严格把关,如果负责事故车辆管理的经理能够尽到车辆安全维护义务,那么本案事故的发生完全可以避免。正因为管理者的责任对于危险物品的管理具有重要意义,且事关广大人民群众生命财产的安全,因此决不能忽视管理者对于危险物品肇事的法律责任。法院最终根据刑法相关规定,认定管理者构成危险物品肇事罪是正确的。[No. 2-136-1　朱平书等危险物品肇事案]

第一百三十七条　【工程重大安全事故罪】

建设单位、设计单位、施工单位、工程监理单位违反国家规定,降低工程质量标准,造成重大安全事故的,对直接责任人员,处五年以下有期徒刑或者拘役,并处罚金;后果特别严重的,处五年以上十年以下有期徒刑,并处罚金。

【立法理由】

本条是**1997年修订刑法**时增加的规定。随着我国的经济建设的迅速发展,工程建设项目越来越多,特别是实施危旧房改造工程以后,一批批新的住宅小区落成。与此同时,一些不法分子乘机牟取暴利,置人民生命、财产安全于不顾,在建设过程中,偷工减料、降低工程质量标准或者使用不合格的建筑材料,导致楼房倒塌、桥梁断裂、铁路塌陷等重大安全事故屡屡发生,使人民的生命安全和公私财产遭受重大损失,严重地危害了公共安全。由于之前的刑法并未对此作出规定,在实践中往往只能对主管人员和直接责任人员予以行政处罚,对单位予以罚款了事。这不仅不利于规范建筑市场提高工程质量,也有失法律的权威。鉴于此,1997 年修订刑法时**增设了工程重大安全事故罪**,依法惩处违反国家规定,降低工程质量标准,造成工程重大安全事故发生,危害公共安全的行为。

【条文说明】

本条是关于工程重大安全事故罪及其处罚的规定。

根据本条规定,构成本罪必须具备以下条件:

1. 构成本罪的主体是**单位**,即**建设单位、设计单位、施工单位及工程监理单位**。工程建设是一项对质量要求相当严格的工作,要求设计科学、施工认真、建筑材料合格等,任何一个环节出差错都可能给国家、集体和个人带来严重后果。并且由于这类事故往往是人为原因导致,要求建设单位、设计单位、施工单位及工程监理单位遵守国家规定的质量标准,不仅是对建筑行业的基本要求,也是维护社会公共安全的应有之义。根据建筑法及相关规定,“**建设单位**”,是具有开发、建设、经营工程项目的权利或资格的单位;“**设计单位**”,是指专门承担勘察设计任务的勘察设计单位以及其他承担勘察设计任务的勘察设计单位;“**施工单位**”,是指从事土木建筑、线路管道、设备安装和建筑装饰装修等工程新建、扩建、改建活动的建筑业企业,其中包括工程施工总承包企业、施工承包企业;“**工程监理单位**”是指对建筑工程专门进行监督管理,以保证质量、安全的单位。“**直接责任人员**”,一般是指对建筑工程质量安全负有直接责任的人员,包括对是否降低工程质量标准有权作出决定的有关领导人员,建设单位的建设人员,设计单位的设计人员,施工单位的施工人员,监理单位的监理人员等。对直接责任人员范围的掌握,应本着直接因果关系的原则,合理确定。

2. 本罪在客观方面表现为**违反国家规定、降低工程质量标准、造成重大安全事故的行为**。“**违反国家规定**”是指违反国家有关建筑工程质量监督管理方面的法律法规,包括《安全生产法》《建筑法》《建设工程质量管理条例》《建设工程安全生产管理条例》等。“**降低工程质量标准**”,是指建设单位、设计单位、施工单位和工程监理单位违反国家规定,以低于国家规定的质量标准进行工程的建设、设计、施工、监理的行为。主要体现为:(1)建设单位违反规定,要求设计单位或施工单位压缩工程造价、增加建房层数、降低工程标准、提供不合规格质量的建筑材料、建筑构件、配件和设备强迫施工单位使用,造成工程质量下降的行为;(2)设计单位不按建筑工程质量标准、技术规范以及建设单位的特别质量要求对工程进行设计,造成工程质量下降的行为;(3)施工单位在施工中偷工减料,擅自使用不合规格的建筑材料、建筑构件、配件和设备,或者不按照设计图纸或者施工技术标准施工,造成工程质量下降的行为;(4)工程监理单位不认真履行监理职责,对有损工程质量的设计和施工行为不监督、不指出、不制止、不提出规范和整改措施的行为等。

3. **构成犯罪需要造成重大安全事故**。“**重大安全事故**”是指该建筑工程在建设中以及交付使用后,由于达不到质量标准或者存在严重问题,导致建筑工程坍塌、机械设备损毁、安全设施失当,造成人员伤亡或重大经济损失的事故。根据《最高人民法院、最高人民检察院关于办理危害生产安全刑事案件适用法律若干问题的解释》的相关规定,具有下列情形之一的,应当认定为“**重大安全事故**”:(1)造成死亡一人以上,或者重伤三人以上的;(2)造成直接经济损失一百万元以上的;(3)其他造成严重后果或者重大安全事故的情形。具有下列情形之一的,应当认定为“**造成严重后果**”:(1)造成死亡三人以上或者重伤十人以上,负事故主要责任的;(2)造成直接经济损失五百万元以上,负事故主要责任的;(3)其他造成特别严重后果、情节特别恶劣或者后果特别严重的情形。

根据本条规定,建设单位、设计单位、施工单位、工程监理单位违反国家规定,降低工程质量标准,造成重大安全事故的,对直接责任人员,处五年以下有期徒刑或者拘役,并处罚金;后果特别严重的,处五年以上十年以下有期徒刑,并处罚金。

实际执行中应当注意**无法定工程资格、无相关工程资质、非法设立的单位**能否成为本罪的犯罪主体问题。

根据《建筑法》和《建设工程质量管理条例》的规定,建设单位必须领取施工许可证与开工报告;设计单位应当依法取得相应等级的资质证书,并在其资质等级许可范围内承揽工程;施工单位应当依法取得相应等级的资质证书,并在其资质等级许可的范围内承揽工程；工程监理单位应当依法取得相应等级的资质证书，并在其资质等级许可的范围内承担工程监理业务。对未取得法定工程资格，而从事相关工程的建设、设计、施工、监理的单位能否认定为本罪犯罪主体的问题，本条仅从形式上规定了工程重大安全事故罪的单位主体，并未对此类单位的法定工程资格作出规定。**有无法定工程资格，并不妨碍相关单位成为本罪的犯罪主体**。虽然这些单位系非法成立，但是只要它们是以建设、设计、施工、监理的身份作用于工程建设，无论它们名义上是否具有相应称呼、法律上是否具有相应资质，都可以成为本罪的犯罪主体。当然，如果不具有单位属性的，纯粹是个人或多数人集体建设、设计、施工、监理工程的，降低工程质量标准而造成重大安全事故的，不能构成本罪，可依其他相关罪名追究责任人的刑事责任。

【司法解释】

《最高人民法院、最高人民检察院关于办理危害生产安全刑事案件适用法律若干问题的解释》(法释〔2015〕22号，自2015年12月16日起施行)

△(**造成重大安全事故**)实施刑法第一百三十二条、第一百三十四条第一款、第一百三十五条、第一百三十五条之一、第一百三十六条、第一百三十九条规定的行为，因而发生安全事故，具有下列情形之一的，应当认定为"造成严重后果"或者"发生重大伤亡事故或者造成其他严重后果"，对相关责任人员，处三年以下有期徒刑或者拘役：

(一)造成死亡一人以上，或者重伤三人以上的；

(二)造成直接经济损失一百万元以上的；

(三)其他造成严重后果或者重大安全事故的情形。

实施刑法第一百三十七条规定的行为，因而发生安全事故，具有本条第一款规定情形的，应当认定为"造成重大安全事故"，对直接责任人员，处五年以下有期徒刑或者拘役，并处罚金。(§ 6 Ⅰ、Ⅲ)

△(**后果特别严重**)实施刑法第一百三十二条、第一百三十四条第一款、第一百三十五条、第一百三十五条之一、第一百三十六条、第一百三十九条规定的行为，因而发生安全事故，具有下列情形之一的，对相关责任人员，处三年以上七年以下有期徒刑：

(一)造成死亡三人以上或者重伤十人以上，负事故主要责任的；

(二)造成直接经济损失五百万元以上，负事故主要责任的；

(三)其他造成特别严重后果、情节特别恶劣或者后果特别严重的情形。

实施刑法第一百三十七条规定的行为，因而发生安全事故，具有本条第一款规定情形的，对直接责任人员，处五年以上十年以下有期徒刑，并处罚金。(§ 7 Ⅰ、Ⅲ)

△(**从重处罚事由；数罪并罚；行贿罪**)实施刑法第一百三十二条、第一百三十四条至第一百三十九条之一规定的犯罪行为，具有下列情形之一的，从重处罚：

(一)未依法取得安全许可证件或者安全许可证件过期、被暂扣、吊销、注销后从事生产经营活动的；

(二)关闭、破坏必要的安全监控和报警设备的；

(三)已经发现事故隐患，经有关部门或者个人提出后，仍不采取措施的；

(四)一年内曾因危害生产安全违法犯罪活动受过行政处罚或者刑事处罚的；

(五)采取弄虚作假、行贿等手段，故意逃避、阻挠负有安全监督管理职责的部门实施监督检查的；

(六)安全事故发生后转移财产意图逃避承担责任的；

(七)其他从重处罚的情形。

实施前款第五项规定的行为，同时构成刑法第三百八十九条规定的犯罪的，依照数罪并罚的规定处罚。(§ 12)

△(**酌情从轻处罚事由**)实施刑法第一百三十二条、第一百三十四条至第一百三十九条之一规定的犯罪行为，在安全事故发生后积极组织、参与事故抢救，或者积极配合调查、主动赔偿损失的，可以酌情从轻处罚。(§ 13)

△(**国家工作人员；数罪并罚；贪污、受贿犯罪**)国家工作人员违反规定投资入股生产经营，构成本解释规定的有关犯罪的，或者国家工作人员的贪污、受贿犯罪行为与安全事故发生存在关联性的，从重处罚；同时构成贪污、受贿犯罪和危害生产安全犯罪的，依照数罪并罚的规定处罚。(§ 14)

△(**缓刑；从业禁止**)对于实施危害生产安全犯罪适用缓刑的犯罪分子，可以根据犯罪情况，禁止其在缓刑考验期限内从事与安全生产相关联的特定活动；对于被判处刑罚的犯罪分子，可以根据犯罪情况和预防再犯罪的需要，禁止其自刑罚执行完毕之日或者假释之日起三年至五年内从事与安全生产相关的职业。(§ 16)

【司法解释性文件】

《最高人民检察院、公安部关于公安机关管辖的刑事案件立案追诉标准的规定(一)》(公通字〔2008〕36号,2008年6月25日公布)

△(**工程重大安全事故罪;立案追诉标准**)建设单位、设计单位、施工单位、工程监理单位违反国家规定,降低工程质量标准,涉嫌下列情形之一的,应予立案追诉:

(一)造成死亡一人以上,或者重伤三人以上;

(二)造成直接经济损失五十万元以上的;

(三)其他造成严重后果的情形。(§ 13)

《最高人民法院、最高人民检察院、公安部关于办理涉窨井盖相关刑事案件的指导意见》(高检发〔2020〕3号,2020年3月16日发布)

△(**窨井盖;工程重大安全事故罪**)窨井盖建设、设计、施工、工程监理单位违反国家规定,降低工程质量标准,造成重大安全事故的,依照刑法第一百三十七条的规定,以工程重大安全事故罪定罪处罚。(§ 5Ⅱ)

△(**窨井盖**)本意见所称的"窨井盖",包括城市、城乡结合部和乡村等地的窨井盖以及其他井盖。(§ 12)

【附属刑法】

《中华人民共和国建筑法》(1997年11月1日通过,2019年4月23日第二次修正)

第六十九条

Ⅰ工程监理单位与建设单位或者建筑施工企业串通,弄虚作假、降低工程质量的,责令改正,处以罚款,降低资质等级或者吊销资质证书;有违法所得的,予以没收;造成损失的,承担连带赔偿责任;构成犯罪的,依法追究刑事责任。

Ⅱ工程监理单位转让监理业务的,责令改正,没收违法所得,可以责令停业整顿,降低资质等级;情节严重的,吊销资质证书。

第七十条

违反本法规定,涉及建筑主体或者承重结构变动的装修工程擅自施工的,责令改正,处以罚款;造成损失的,承担赔偿责任;构成犯罪的,依法追究刑事责任。

第七十一条

Ⅰ建筑施工企业违反本法规定,对建筑安全事故隐患不采取措施予以消除的,责令改正,可以处以罚款;情节严重的,责令停业整顿,降低资质等级或者吊销资质证书;构成犯罪的,依法追究刑事责任。

第七十二条

建设单位违反本法规定,要求建筑设计单位或者建筑施工企业违反建筑工程质量、安全标准,降低工程质量的,责令改正,可以处以罚款;构成犯罪的,依法追究刑事责任。

第七十三条

建筑设计单位不按照建筑工程质量、安全标准进行设计的,责令改正,处以罚款;造成工程质量事故的,责令停业整顿,降低资质等级或者吊销资质证书,没收违法所得,并处罚款;造成损失的,承担赔偿责任;构成犯罪的,依法追究刑事责任。

第七十四条

建筑施工企业在施工中偷工减料的,使用不合格的建筑材料、建筑构配件和设备的,或者有其他不按照工程设计图纸或者施工技术标准施工的行为的,责令改正,处以罚款;情节严重的,责令停业整顿,降低资质等级或者吊销资质证书;造成建筑工程质量不符合规定的质量标准的,负责返工、修理,并赔偿因此造成的损失;构成犯罪的,依法追究刑事责任。

《中华人民共和国老年人权益保障法》(1996年8月29日通过,2018年12月29日第三次修正)

第八十二条

涉及老年人的工程不符合国家规定的标准或者无障碍设施所有人、管理人未尽到维护和管理职责的,由有关主管部门责令改正;造成损害的,依法承担民事责任;对有关单位、个人依法给予行政处罚;构成犯罪的,依法追究刑事责任。

《中华人民共和国防震减灾法》(1997年12月29日通过,2008年12月27日修订)

第八十五条

违反本法规定,未按照要求增建抗干扰设施或者新建地震监测设施的,由国务院地震工作主管部门或者县级以上地方人民政府负责管理地震工作的部门或者机构责令限期改正;逾期不改正的,处二万元以上二十万元以下的罚款;造成损失的,依法承担赔偿责任。

第八十七条

未依法进行地震安全性评价,或者未按照地震安全性评价报告所确定的抗震设防要求进行抗震设防的,由国务院地震工作主管部门或者县级以上地方人民政府负责管理地震工作的部门或者机构责令限期改正;逾期不改正的,处三万元以上三十万元以下的罚款。

第九十一条

违反本法规定,构成犯罪的,依法追究刑事

责任。

《中华人民共和国石油天然气管道保护法》(2010年6月25日通过)

第五十条

Ⅰ管道企业有下列行为之一的,由县级以上地方人民政府主管管道保护工作的部门责令限期改正;逾期不改正的,处二万元以上十万元以下的罚款;对直接负责的主管人员和其他直接责任人员给予处分:

(一)未依照本法规定对管道进行巡护、检测和维修的;

(二)对不符合安全使用条件的管道未及时更新、改造或者停止使用的;

(三)未依照本法规定设置、修复或者更新有关管道标志的;

(四)未依照本法规定将管道竣工测量图报人民政府主管管道保护工作的部门备案的;

(五)未制定本企业管道事故应急预案,或者未将本企业管道事故应急预案报人民政府主管管道保护工作的部门备案的;

(六)发生管道事故,未采取有效措施消除或者减轻事故危害的;

(七)未对停止运行、封存、报废的管道采取必要的安全防护措施的。

Ⅱ管道企业违反本法规定的行为同时违反建设工程质量管理、安全生产、消防等其他法律的,依照其他法律的规定处罚。

Ⅲ管道企业给他人合法权益造成损害的,依法承担民事责任。

第五十七条

违反本法规定,构成犯罪的,依法追究刑事责任。

《中华人民共和国消防法》(1998年4月29日通过,2021年4月29日第二次修正)

第五十九条

违反本法规定,有下列行为之一的,由住房和城乡建设主管部门责令改正或者停止施工,并处一万元以上十万元以下罚款:

(一)建设单位要求建筑设计单位或者建筑施工企业降低消防技术标准设计、施工的;

(二)建筑设计单位不按照消防技术标准强制性要求进行消防设计的;

(三)建筑施工企业不按照消防设计文件和消防技术标准施工,降低消防施工质量的;

(四)工程监理单位与建设单位或者建筑施工企业串通,弄虚作假,降低消防施工质量的。

第七十二条

违反本法规定,构成犯罪的,依法追究刑事责任。

第一百三十八条　【教育设施重大安全事故罪】

明知校舍或者教育教学设施有危险,而不采取措施或者不及时报告,致使发生重大伤亡事故的,对直接责任人员,处三年以下有期徒刑或者拘役;后果特别严重的,处三年以上七年以下有期徒刑。

【立法理由】

本条是**1997年修订刑法**时增加的规定。校舍和教育教学设施是否安全,直接关系到师生的生命、健康安全。校方应当加强对校舍的管理和安全检查,发现有危险的要及时维修、拆除,同时,各级政府和教育主管部门也有责任督促安全管理工作。为保障师生的生命安全,防止重大伤亡事故的发生,1995年通过的《教育法》第七十三条规定:“明知校舍或者教育教学设施有危险,而不采取措施,造成人员伤亡或者重大财产损失的,对直接负责的主管人员和其他直接责任人员,依法追究刑事责任。”1997年修订刑法时将上述内容吸收进来,并规定了相应的法定刑。

【条文说明】

本条是关于教育设施重大安全事故罪及其处罚的规定。

根据本条规定,构成本罪必须具备以下条件:

1. 构成本罪的主体主要是**对学校校舍及其他教育教学设施的安全负有责任的学校领导和学校上级机关、有关房管部门的主管人员**;特殊情况下,也可能包括**未经允许擅自使用有危险性的校舍或者教育教学设施的一般教师**。

2. 本罪在主观方面表现为**过失**,可以是疏忽大意的过失,也可以是过于自信的过失。这里所说的“**过失**”,是指行为人对其所造成的危害结果的心理状态而言,即行为人明知校舍或者教育教学设施有危险,但未预料到会因此立即产生严重后果,或者轻信能够避免,以致发生了重大安全事故。

3. 本罪在客观方面表现为**明知校舍或者教育教学设施具有危险而仍不采取措施或者不及时报告,致使发生重大事故的行为**。教育是社会主义现代化建设的基础,而校舍和教育教学设施则是进行教育的最基本条件。本罪严重危害学校等教育教学机构的正常活动秩序和师生员工的人身安全。如果校舍、教育教学设施不符合安全标准,一旦发生教育教学设施重大安全事故,不仅会造成不特定师生员工的重伤、死亡和国家财产的重大损失,而且还会扰乱正常的教学秩序,造成恶劣的社会影响。因此,对校舍、教育教学设施负有安全责任的主管人员和直接责任人员必须正确履行职责,维护教学活动的正常进行和师生员工的人身安全。

(1)"**校舍**",主要是指各类学校及其他教育机构的教室、教学楼、行政办公室、宿舍、图书阅览室等;"**教育教学设施**",是指用于教育教学的各类设施、设备,如实验室及实验设备、体育活动场地及器械等。"**明知校舍或者教育教学设施有危险**",一般是指知道校舍或者教育教学设施有倒塌或者发生人身伤害的危险。

"**明知校舍或者教育教学设施有危险,而不采取措施或者不及时报告**",是指行为人明知道校舍或者教育教学设施有倒塌或者发生人身伤害事故的危险、隐患,不履行自己应当履行的职责,采取有效的措施或者向有关主管部门、上级领导报告,以防止事故发生的行为。在现实生活中,校舍及教育教学设施发生重大伤亡事故的原因很多,现有的校舍及教育教学设施,有的已十分陈旧,但由于资金有限,非主观愿望就可以改变现状,立法时充分考虑到这一实际情况,明确规定本罪打击的重点是那些负有领导责任的人员,对学校的危房及存在危险的教育教学设施,漠不关心,发现问题不及时采取防范措施,自己不能解决时,也不向上级领导及有关主管机关及时报告的行为。

(2)这里的"**不采取措施**",通常包括三种情形:一是行为人明知校舍或者教育教学设施有危险,却对危险视而不见,不采取任何措施排除危险;二是虽然对危险有能力采取行动也采取了一定行动,但是措施并没有落到实处,敷衍了事,不足以消除危险;三是措施并非有效措施,无法消除既存的危险,即对于行为人主观上误认为自己已采取了有效的措施足以防止重大伤亡事故发生,而客观上采取的措施不足以有效地防止重大伤亡事故发生的情况,仍属于"不采取措施"的行为,存在着以教育设施重大安全事故罪论处的可能性。"不采取措施"的具体表现方式多种多样,如各级人民政府中分管教育的领导和教育行政部门的领导对学校的危房情况漠不关心,应当投入危房改造维修资金但不及时投入,或者虽然知道危房情况,不及时组织、协调各方面的力量进行维修、改造;学校校长和分管教育教学设施的副校长对校舍或教育教学设施的情况不过问,不进行检查,发现了问题也不及时采取防范措施,对已经确定为危房的校舍仍然使用,对有严重隐患的,不安排人员进行加固处理,对有危险的教学设备、仪器、器械不及时更换;有关维修人员不履行自己的职责,不对校舍等进行正常检查、维修或者对应该立即维修的校舍、教育教学设施故意拖延时间不立即采取维修措施;等等。

"**不及时报告**",是指行为人在没有能力排除危险的情况下,不及时向当地人民政府、教育行政部门或学校领导报告校舍、教育教学设施存在的危险,以致延误了上级单位采取措施的时机,致使发生重大伤亡事故。行为人能够采取措施而不采取、不能采取措施而又不及时报告,是本罪在客观方面的两种行为表现,行为人只需具备其中之一,就可构成本罪。关于报告的及时性,要视实践中的具体情形而定。通常来讲,如果上级主管部门在接到行为人的报告之后,有能力立即采取措施却未及时排除危险,造成重大伤亡事故的,一般以本罪追究上级主管部门相关责任人员的刑事责任;如果行为人在不能排除危险的情况下,虽然向上级报告了危险情况,但不及时,以致延误上级单位采取相关措施的时机,导致发生重大伤亡事故,则行为人的相关行为依然构成本罪。

(3)**必须导致重大伤亡事故的发生**。这里的"**重大伤亡事故**",根据《最高人民法院、最高人民检察院关于办理危害生产安全刑事案件适用法律若干问题的解释》的相关规定,一般是指造成死亡一人以上,或者重伤三人以上的。"**后果特别严重**",是指:造成死亡三人以上或者重伤十人以上,负事故主要责任的;具有造成死亡一人以上,或者重伤三人以上的情形,同时造成直接经济损失五百万元以上并负事故主要责任的,或者同时造成恶劣社会影响的。

根据本条规定,构成犯罪的,处三年以下有期徒刑或者拘役;后果特别严重的,即造成人员伤亡众多,国家财产遭受特别重大损失,社会影响极为恶劣的情形,处三年以上七年以下有期徒刑。

【司法解释】

《最高人民法院、最高人民检察院关于办理危害生产安全刑事案件适用法律若干问题的解释》(法释

〔2015〕22号,自2015年12月16日起施行)

△(**发生重大伤亡事故**)实施刑法第一百三十二条、第一百三十四条第一款、第一百三十五条、第一百三十五条之一、第一百三十六条、第一百三十九条规定的行为,因而发生安全事故,具有下列情形之一的,应当认定为"造成严重后果"或者"发生重大伤亡事故或者造成其他严重后果",对相关责任人员,处三年以下有期徒刑或者拘役:

(一)造成死亡一人以上,或者重伤三人以上的;

(二)造成直接经济损失一百万元以上的;

(三)其他造成严重后果或者重大安全事故的情形。

实施刑法第一百三十八条规定的行为,因而发生安全事故,具有本条第一款第一项规定情形的,应当认定为"发生重大伤亡事故",对直接责任人员,处三年以下有期徒刑或者拘役。(§6 Ⅰ,Ⅳ)

△(**后果特别严重**)实施刑法第一百三十二条、第一百三十四条第一款、第一百三十五条、第一百三十五条之一、第一百三十六条、第一百三十九条规定的行为,因而发生安全事故,具有下列情形之一的,对相关责任人员,处三年以上七年以下有期徒刑:

(一)造成死亡三人以上或者重伤十人以上,负事故主要责任的;

(二)造成直接经济损失五百万元以上,负事故主要责任的;

(三)其他造成特别严重后果、情节特别恶劣或者后果特别严重的情形。

实施刑法第一百三十八条规定的行为,因而发生安全事故,具有下列情形之一的,对直接责任人员,处三年以上七年以下有期徒刑:

(一)造成死亡三人以上或者重伤十人以上,负事故主要责任的;

(二)具有本解释第六条第一款第一项规定情形,同时造成直接经济损失五百万元以上并负事故主要责任的,或者同时造成恶劣社会影响的。(§7 Ⅰ、Ⅳ)

△(**从重处罚事由;数罪并罚;行贿罪**)实施刑法第一百三十二条、第一百三十四条至第一百三十九条之一规定的犯罪行为,具有下列情形之一的,从重处罚:

(一)未依法取得安全许可证件或者安全许可证件过期、被暂扣、吊销、注销后从事生产经营活动的;

(二)关闭、破坏必要的安全监控和报警设备的;

(三)已经发现事故隐患,经有关部门或者个人提出后,仍不采取措施的;

(四)一年内曾因危害生产安全违法犯罪活动受过行政处罚或者刑事处罚的;

(五)采取弄虚作假、行贿等手段,故意逃避、阻挠负有安全监督管理职责的部门实施监督检查的;

(六)安全事故发生后转移财产意图逃避承担责任的;

(七)其他从重处罚的情形。

实施前款第五项规定的行为,同时构成刑法第三百八十九条规定的犯罪的,依照数罪并罚的规定处罚。(§12)

△(**酌情从轻处罚事由**)实施刑法第一百三十二条、第一百三十四条至第一百三十九条之一规定的犯罪行为,在安全事故发生后积极组织、参与事故抢救,或者积极配合调查、主动赔偿损失的,可以酌情从轻处罚。(§13)

△(**国家工作人员;数罪并罚;贪污、受贿犯罪**)国家工作人员违反规定投资入股生产经营,构成本解释规定的有关犯罪的,或者国家工作人员的贪污、受贿犯罪行为与安全事故发生存在关联性的,从重处罚;同时构成贪污、受贿犯罪和危害生产安全犯罪的,依照数罪并罚的规定处罚。(§14)

△(**缓刑;从业禁止**)对于实施危害生产安全犯罪适用缓刑的犯罪分子,可以根据犯罪情况,禁止其在缓刑考验期限内从事与安全生产相关联的特定活动;对于被判处刑罚的犯罪分子,可以根据犯罪情况和预防再犯罪的需要,禁止其自刑罚执行完毕之日或者假释之日起三年至五年内从事与安全生产相关的职业。(§16)

【司法解释性文件】

《最高人民检察院、公安部关于公安机关管辖的刑事案件立案追诉标准的规定(一)》(公通字〔2008〕36号,2008年6月25日公布)

△(**教育设施重大安全事故罪;立案追诉标准**)明知校舍或者教育教学设施有危险,而不采取措施或者不及时报告,涉嫌下列情形之一的,应予立案追诉:

(一)造成死亡一人以上、重伤三人以上或者轻伤十人以上的;

(二)其他致使发生重大伤亡事故的情形。(§14)

【附属刑法】

《中华人民共和国义务教育法》(1986年4月12日通过,2018年12月29日第二次修正)

第五十二条

县级以上地方人民政府有下列情形之一的,由上级人民政府责令限期改正;情节严重的,对直接负责的主管人员和其他直接责任人员依法给予行政处分：

(一)未按照国家有关规定制定、调整学校的设置规划的；

(二)学校建设不符合国家规定的办学标准、选址要求和建设标准的；

(三)未定期对学校校舍安全进行检查，并及时维修、改造的；

(四)未依照本法规定均衡安排义务教育经费的。

第六十条

违反本法规定，构成犯罪的，依法追究刑事责任。

《中华人民共和国教育法》(1995 年 3 月 18 日通过，2021 年 4 月 29 日第三次修正)

第七十三条

明知校舍或者教育教学设施有危险，而不采取措施，造成人员伤亡或者重大财产损失的，对直接负责的主管人员和其他直接责任人员，依法追究刑事责任。

【公报案例】

△(**幼儿教育单位的负责人；接送幼儿的专用车辆；未采取必要的检修措施；教育设施重大安全事故罪**)幼儿教育单位的负责人明知本单位接送幼儿的专用车辆有安全隐患，不符合行车要求，而不采取必要的检修措施，仍让他人使用该车接送幼儿，以至在车辆发生故障后，驾驶人员违规操作引起车辆失火，使被接送的幼儿多人伤亡，该负责人的行为构成刑法第一百三十八条规定的教育设施重大安全事故罪。[《最高人民法院公报》2005 年第 1 期　高知先、乔永杰过失致人死亡案]

第一百三十九条　【消防责任事故罪】

违反消防管理法规，经消防监督机构通知采取改正措施而拒绝执行，造成严重后果的，对直接责任人员，处三年以下有期徒刑或者拘役；后果特别严重的，处三年以上七年以下有期徒刑。

【立法理由】

本条是**1997 年修订刑法**时增加的规定。我国对消防工程历来十分重视，新中国成立以来，陆续颁布了一系列消防方面的文件、法规。早在 1952 年 3 月 4 日，国务院就发布了中央关于严防森林火灾的指示，并随后成立了专门消防组织。1957 年 11 月，全国人大常委会原则批准国务院公布的《消防监督条例》，第一次以法规的形式对消防工作进行了规定。1984 年 5 月 11 日，第六届全国人大常委会第五次会议批准国务院公布《消防条例》，其中第三十条中明确规定，违反本条例规定，造成火灾的，对有关责任人员依法追究刑事责任。随着我国城市建设的迅猛发展，防止重大火灾的发生，保护人民群众的生命和公私财产安全的问题日益突出和重要。由于违反消防管理法规，造成重大火灾，使公民生命和公私财产遭受不应有的损失的事故时有发生，1997 年修订刑法时，结合消防条例等法律法规文件的相关规定，**增设了消防责任事故罪**，这对于加强消防管理、防止重大火灾事故发生，保障社会公共安全，具有非常重要的意义。

【条文说明】

本条是关于消防责任事故罪及其处罚的规定。

根据本条规定，构成本罪必须具备以下条件：

1. 本罪主体是**一般主体**，主要是**负有防火安全职责的单位负责人员、主管人员或者其他直接责任人员**。

2. 本罪在主观方面表现为**过失**，可以是疏忽大意的过失，也可以是过于自信的过失。这里所说的“**过失**”，是指行为人对其所造成的危害结果的心理状态而言。行为人主观上并不希望火灾事故发生，但就其违反消防管理法规，经消防机构通知采取改正措施而拒绝执行而言，则是存在主观故意的。行为人明知违反了消防管理法规，但未想到会因此立即产生严重后果，或者轻信能够避免，以致发生了严重后果。

3. 本罪在客观方面表现为**违反消防管理法规，经消防监督机构通知采取改正措施而拒绝执行，造成严重后果的**。

本罪严重侵犯国家的消防监督检查制度和公共安全。消防工作涉及各行各业，关系国计民生和社会安定。我国对消防工作实行严格的监督管理，专门制定了《消防法》及与之相配套的《火灾事故调查规定》《消防监督检查规定》《机关、团体、企业、事业单位消防安全管理规定》等规章制度。具体来说：

(1)“**违反消防管理法规**”,是指违反国家有关消防方面的法律、法规以及有关主管部门为保障消防安全所作的规定,如《消防法》《烟草行业消防安全管理规定》等。根据上述法律法规,违反消防管理法规的行为包括:不执行国务院有关主管部门关于建筑设计防火规范的规定;不经允许在森林、草原野外用火;不按规定,在非安全地点新建生产、储存和装卸易燃易爆化学物品的工厂、仓库和专用车站、码头;人员集中的公共场所、安全出口、疏散通道无法保证畅通无阻;没有建立用火用电与易燃易爆物品的管理制度以及加强值班和巡逻的制度;应当配置消防器材、设备、设施而没有配置等。

(2)“**消防监督机构**”,根据消防法的有关规定,国务院应急管理部门对全国的消防工作实施监督管理。县级以上地方人民政府应急管理部门对本行政区域内的消防工作实施监督管理,并由本级人民政府消防救援机构负责实施。县级以上地方人民政府应急管理部门对本行政区域内的消防工作实施监督管理,并由本级人民政府消防救援机构负责实施。军事设施的消防工作,由其主管单位监督管理,消防救援机构协助;矿井地下部分、核电厂、海上石油天然气设施的消防工作,由其主管单位监督管理。县级以上人民政府其他有关部门在各自的职责范围内做好消防工作。法律、行政法规对森林、草原的消防工作另有规定的,从其规定。

我国综合性消防救援队伍由应急管理部管理,是由公安消防部队(武警消防部队)、武警森林部队退出现役,成建制划归应急管理部后组建成立。省、市、县级分别设消防救援总队、支队、大队,城市和乡镇根据需要按标准设立消防救援站;森林消防总队以下单位保持原建制。

(3)关于“**经消防监督机构通知采取改正措施而拒绝执行**”,一是根据《消防法》第四条的规定,我国消防监督管理工作由国务院和县级以上地方人民政府应急管理部门负责,并由本级人民政府消防救援机构负责实施。消防救援机构应当对机关、团体、企业、事业等单位遵守消防法律、法规的情况依法进行监督检查,在消防监督检查中发现火灾隐患的,应及时向被检查的单位或居民以及上级主管部门发出《火险隐患整改通知书》,被通知单位的防火负责人或公民,应当采取有效措施,消除火灾隐患,并将整改的情况及时告诉消防监督机构。不及时消除隐患可能严重威胁公共安全的,消防救援机构应当依照规定对危险部位或者场所采取临时查封措施。二是行为人经消防监督机构通知采取改正措施而拒绝执行,既包括对火险隐患视而不见、不实施改正措施,也包括未按照要求采取改正措施或者其采取的改正措施不到位,不足以消除火险隐患。如果行为人有违反消防管理法规的行为,但是没有接到过消防监督机构关于采取改正措施的通知,即使造成严重后果,也不宜以本罪论处。

(4)**必须造成严重后果**。根据《最高人民法院、最高人民检察院关于办理危害生产安全刑事案件适用法律若干问题的解释》的规定,这里所说的“**造成严重后果**”,包括以下几种情形:造成死亡一人以上,或者重伤三人以上的;造成直接经济损失一百万元以上的;其他造成严重后果或者重大安全事故的情形。“**后果特别严重**”,包括以下几种情形:造成死亡三人以上或者重伤十人以上,负事故主要责任的;造成直接经济损失五百万元以上,负事故主要责任的;其他造成特别严重后果、情节特别恶劣或者后果特别严重的情形。

根据本条规定,犯本罪,对直接责任人员,处三年以下有期徒刑或者拘役;后果特别严重的,处三年以上七年以下有期徒刑。

实际执行中应当注意本罪与**玩忽职守罪**的关系。一方面,由于本罪涉及消防监督管理职责,根据《最高人民法院、最高人民检察院关于办理危害生产安全刑事案件适用法律若干问题的解释》的相关规定,国家机关工作人员在履行安全监督管理职责时滥用职权、玩忽职守,致使公共财产、国家和人民利益遭受重大损失的,依照《刑法》第三百九十七条规定,以滥用职权罪、玩忽职守罪定罪处罚。公司、企业、事业单位的工作人员在依法或者受委托行使安全监督管理职责时滥用职权或者玩忽职守,构成犯罪的,适用刑法关于渎职罪的规定追究刑事责任。因此,本条对消防监督机构积极正确履职也提出了相应要求。另一方面,如果事故单位的负责人或直接责任人员是国家机关工作人员,违反消防管理法规,经消防监督机构通知采取改正措施而拒绝执行,致使发生火灾事故,造成严重后果的,则属于**法条竞合**,同时触犯本条和《刑法》第三百九十七条的规定,**一般应择一重罪处罚**。

【司法解释】

《最高人民法院、最高人民检察院关于办理危害生产安全刑事案件适用法律若干问题的解释》(法释〔2015〕22号,自2015年12月16日起施行)

△(**造成严重后果**)实施刑法第一百三十二条、第一百三十四条第一款、第一百三十五条、第一百三十五条之一、第一百三十六条、第一百三十九条规定的行为,因而发生安全事故,具有下列情

形之一的，应当认定为“造成严重后果”或者“发生重大伤亡事故或者造成其他严重后果”，对相关责任人员，处三年以下有期徒刑或者拘役：

（一）造成死亡一人以上，或者重伤三人以上的；

（二）造成直接经济损失一百万元以上的；

（三）其他造成严重后果或者重大安全事故的情形。（§ 6 Ⅰ）

△（**后果特别严重**）实施刑法第一百三十二条、第一百三十四条第一款、第一百三十五条、第一百三十五条之一、第一百三十六条、第一百三十九条规定的行为，因而发生安全事故，具有下列情形之一的，对相关责任人员，处三年以上七年以下有期徒刑：

（一）造成死亡三人以上或者重伤十人以上，负事故主要责任的；

（二）造成直接经济损失五百万元以上，负事故主要责任的；

（三）其他造成特别严重后果、情节特别恶劣或者后果特别严重的情形。（§ 7 Ⅰ）

△（**从重处罚事由；数罪并罚；行贿罪**）实施刑法第一百三十二条、第一百三十四条至第一百三十九条之一规定的犯罪行为，具有下列情形之一的，从重处罚：

（一）未依法取得安全许可证件或者安全许可证件过期、被暂扣、吊销、注销后从事生产经营活动的；

（二）关闭、破坏必要的安全监控和报警设备的；

（三）已经发现事故隐患，经有关部门或者个人提出后，仍不采取措施的；

（四）一年内曾因危害生产安全违法犯罪活动受过行政处罚或者刑事处罚的；

（五）采取弄虚作假、行贿等手段，故意逃避、阻挠负有安全监督管理职责的部门实施监督检查的；

（六）安全事故发生后转移财产意图逃避承担责任的；

（七）其他从重处罚的情形。

实施前款第五项规定的行为，同时构成刑法第三百八十九条规定的犯罪的，依照数罪并罚的规定处罚。（§ 12）

△（**酌情从轻处罚事由**）实施刑法第一百三十二条、第一百三十四条至第一百三十九条之一规定的犯罪行为，在安全事故发生后积极组织、参与事故抢救，或者积极配合调查、主动赔偿损失的，可以酌情从轻处罚。（§ 13）

△（**国家工作人员；数罪并罚；贪污、受贿犯罪**）国家工作人员违反规定投资入股生产经营，构成本解释规定的有关犯罪的，或者国家工作人员的贪污、受贿犯罪行为与安全事故发生存在关联性的，从重处罚；同时构成贪污、受贿犯罪和危害生产安全犯罪的，依照数罪并罚的规定处罚。（§ 14）

△（**缓刑；从业禁止**）对于实施危害生产安全犯罪适用缓刑的犯罪分子，可以根据犯罪情况，禁止其在缓刑考验期限内从事与安全生产相关联的特定活动；对于被判处刑罚的犯罪分子，可以根据犯罪情况和预防再犯罪的需要，禁止其自刑罚执行完毕之日或者假释之日起三年至五年内从事与安全生产相关的职业。（§ 16）

【司法解释性文件】

《最高人民检察院、公安部关于公安机关管辖的刑事案件立案追诉标准的规定（一）》（公通字〔2008〕36号，2008年6月25日公布）

△（**消防责任事故罪；立案追诉标准**）违反消防管理法规，经消防监督机构通知采取改正措施而拒绝执行，涉嫌下列情形之一的，应予立案追诉：

（一）造成死亡一人以上，或者重伤三人以上；

（二）造成直接经济损失五十万元以上的；

（三）造成森林火灾，过火有林地面积二公顷以上，或者过火疏林地、灌木林地、未成林地、苗圃地面积四公顷以上的；

（四）其他造成严重后果的情形。（§ 15）

【附属刑法】

《中华人民共和国消防法》（1998年4月29日通过，2021年4月29日第二次修正）

第六十五条

Ⅱ人员密集场所使用不合格的消防产品或者国家明令淘汰的消防产品的，责令限期改正；逾期不改正的，处五千元以上五万元以下罚款，并对其直接负责的主管人员和其他直接责任人员处五百元以上二千元以下罚款；情节严重的，责令停产停业。

第六十六条

电器产品、燃气用具的安装、使用及其线路、管路的设计、敷设、维护保养、检测不符合消防技术标准和管理规定的，责令限期改正；逾期不改正的，责令停止使用，可以并处一千元以上五千元以下罚款。

第六十七条

机关、团体、企业、事业等单位违反本法第十六条、第十七条、第十八条、第二十一条第二款规定的,责令限期改正;逾期不改正的,对其直接负责的主管人员和其他直接责任人员依法给予处分或者给予警告处罚。

第七十二条

违反本法规定,构成犯罪的,依法追究刑事责任。

【参考案例】

△违反消防法规,经消防监督机构通知采取改正措施而拒绝执行,致火灾发生、扩大、蔓延的,即使事后确定行为人对于火灾事故的发生仅负有间接责任,也可以认定为直接责任人员,应以消防责任事故罪论处。

重大责任事故发生后,如何认定《刑法》第一百三十九条规定的直接责任人员是消防责任事故罪认定的关键。消防责任事故罪中的直接责任人员与火灾事故责任认定中的直接责任人员并非完全一致。前者对后者负直接责任,后者虽然在火灾事故中认定行为人负有间接责任,但只要能认定行为人的确实施了违反消防法规的行为而拒绝改正,并且火灾的发生、扩大、蔓延与行为人的违规行为之间具有因果关系,就可以认定行为人属于消防责任事故罪中的直接责任人员。

从刑法关于直接责任人员的认定来看,确定消防责任事故罪中的直接责任人员应当具备两个基本条件。其一,直接责任人员必须是对"违反消防管理法规,经消防监督机构通知采取改正措施而拒绝执行"行为起主要作用的人员;具体地说,就是对消防违规行为起决定、批准、授意、纵容、指挥等作用的人员,一般是实施消防违规行为的主管负责人,包括在具体实施过程中起较大作用的人员。上述人员既可以是单位的经营管理人员,也可以是单位的职工,包括聘任、雇佣的人员。应当注意的是,受负责人指派或命令而参与实施了一定行为的人员,一般不宜作为直接责任人员来追究刑事责任。因此,具备这一条件的前提必须是在实施违规行为过程中掌有实际领导权限。其二,在直接责任人员决定、批准、授意、纵容、指挥下所实施的消防违规行为必须造成严重后果。也就是说,消防违规行为和危害后果之间有直接因果关系。这两个条件缺一不可。如果某人不是实施消防违规行为的负责人,其就算不上是责任人员;如果负责人的消防违规行为和严重后果没有直接因果关系,该负责人就不可能对犯罪负有直接责任。因此,根据上述两个条件,在具体案件中直接负责的人员既可能是一人,也可能是多人,王华伟消防责任事故案即是后一种情形。[No. 2-139-1　王华伟消防责任事故案]

第一百三十九条之一　【不报、谎报安全事故罪】

在安全事故发生后,负有报告职责的人员不报或者谎报事故情况,贻误事故抢救,情节严重的,处三年以下有期徒刑或者拘役;情节特别严重的,处三年以上七年以下有期徒刑。

【立法沿革】

《中华人民共和国刑法修正案(六)》(自2006年6月29日起施行)

四、在刑法第一百三十九条后增加一条,作为第一百三十九条之一:

"在安全事故发生后,负有报告职责的人员不报或者谎报事故情况,贻误事故抢救,情节严重的,处三年以下有期徒刑或者拘役;情节特别严重的,处三年以上七年以下有期徒刑。"

【立法理由】

1979年刑法和1997年修订后的刑法对本条都未作规定。**2006年《刑法修正案(六)》**增加了本条规定。一段时期以来,安全生产事故频频发生,一些生产经营单位无视国家法律,无视政府监管,无视劳动者的生命安全,违反有关安全管理的规定进行生产、作业,有的根本不具备基本的安全生产条件、安全生产设施,导致安全生产事故屡屡发生。更有甚者,一些事故单位的负责人和对安全事故负有监督管理职责的人员,在事故发生后,出于个人私利的考虑,弄虚作假、隐瞒不报或者谎报事故情况,延误了抢险救援的时机,使得本来可以避免的人员伤亡、财产损失未能幸免,造成损失进一步扩大。为了严惩这种无视生命的行为,2006年6月29日第十届全国人大常委会第二十二次会议通过的《刑法修正案(六)》对这一犯罪行为作了具体规定,对负有报告职责的人员不报或者谎报事故情况,贻误事故抢救,情节严重的行为,明确规定要追究刑事责任。

【条文说明】

本条是关于不报、谎报安全事故罪及其处罚的规定。

根据本条规定，构成本罪必须具备以下条件：

1. 本条规定的犯罪主体是**对安全事故的发生负有报告职责的人员**。这里的“**安全事故**”是指环境污染、水灾、矿难、大型群众性活动中发生的重大伤亡事故等各种安全事故。[①]“**负有报告职责的人员**”，是指负有组织、指挥或者管理职责的负责人、管理人员、实际控制人、投资人，以及其他负有报告职责的人员，包括生产经营单位的主要负责人、负有安全生产监督管理职责部门的主要负责人员和有关地方人民政府的直接责任人员、直接造成安全事故的责任人员等。

2. 本罪在主观方面表现为**故意**，即明知安全事故发生而不报、迟报、谎报事故情况的情形，对安全事故造成的人身伤亡和财产损失，则可能出于过失。

3. 本罪在客观方面表现为**安全事故发生后，负有报告职责的人员不报或者谎报事故情况，贻误事故抢救，情节严重的情形**。本罪严重破坏安全事故监管制度，危害公共安全。在客观方面应当注意以下方面：

(1)**行为人实施了不报或者谎报的行为**。“**不报**”，是指行为人不按照规定及时报告。实践中，有的行为人一开始隐瞒了事故真实情况，被发现后不得已再报告，这种情况应视为不报。“**谎报**”，是指行为人虽然将发生了安全事故这件事按照规定向有关部门作了报告，但对事故的真实情况如人员伤亡、财产损失、事故原因等作了虚假的描述或隐瞒了某些情况，作避重就轻的描述。

(2)**行为人不报或者谎报事故情况的行为，导致贻误事故抢救，且情节严重才构成犯罪**，这是罪与非罪的界限。“**贻误事故抢救**”包括贻误对受伤人员的救治，也包括贻误对财产的抢救。根据《最高人民法院、最高人民检察院关于办理危害生产安全刑事案件适用法律若干问题的解释》，具有下列情形之一的，应当认定为“**情节严重**”：①导致事故后果扩大，增加死亡一人以上，或者增加重伤三人以上，或者增加直接经济损失一百万元以上的。②实施下列行为之一，致使不能及时有效开展事故抢救的：一是决定不报、迟报、谎报事故情况或者指使、串通有关人员不报、迟报、谎报事故情况的；二是在事故抢救期间擅离职守或者逃匿的；三是伪造、破坏事故现场，或者转移、藏匿、毁灭遇难人员尸体，或者转移、藏匿受伤人员的；四是毁灭、伪造、隐匿与事故有关的图纸、记录、计算机数据等资料以及其他证据的。③其他情节严重的情形。具有下列情形之一的，应当认定为“**情节特别严重**”：①导致事故后果扩大，增加死亡三人以上，或者增加重伤十人以上，或者增加直接经济损失五百万元以上的。②采用暴力、胁迫、命令等方式阻止他人报告事故情况，导致事故后果扩大的。③其他情节特别严重的情形。需要注意的是，在安全事故发生后，与负有报告职责的人员串通，不报或者谎报事故情况，贻误事故抢救，情节严重的，依照本法的规定，以共犯论处。[②]

本条作为重大责任事故类犯罪的最后一条，根据《最高人民法院、最高人民检察院关于办理危害生产安全刑事案件适用法律若干问题的解释》的规定，实施《刑法》第一百三十四条至第一百三十九条之一规定的犯罪行为，具有下列情形之一的，**从重处罚**：未依法取得安全许可证件或者安全许可证件过期、被暂扣、吊销、注销后从事生产经营活动的；关闭、破坏必要的安全监控和报警设备的；已经发现事故隐患，经有关部门或者个人提出后，仍不采取措施的；一年内曾因危害生产安全违法犯罪活动受过行政处罚或者刑事处罚的；采取弄虚作假、行贿等手段，故意逃避、阻挠负有安全监督管理职责的部门实施监督检查的；安全事故发生后转移财产意图逃避承担责任的；其他从重处罚的情形。实施《刑法》第一百三十四条至第

---

① 我国学者指出，“安全事故”是指《刑法》第一百三十一条、第一百三十二条以及第一百三十四条至第一百三十九条所规定的交通事故。发生交通事故后不报或者谎报情况，贻误事故抢救的行为，则应直接认定为逃逸，不再适用《刑法》第一百三十九条之一。参见张明楷：《刑法学》(第6版)，法律出版社2021年版，第941页。亦有学者指出，丢失枪支不报罪、交通肇事罪、教育设施重大安全事故罪已经将不报告或者逃逸作为构成犯罪或者法定刑升格的条件之一，因此，其与本罪无涉。参见周光权：《刑法各论》(第4版)，中国人民大学出版社2021年版，第235页。时延安教授及王作富教授则主张，本罪中的“安全事故”，不限于《刑法》分则第二章中的某一安全事故，而包括该章中的各种安全事故。参见谢望原、赫兴旺主编：《刑法分论》(第3版)，中国人民大学出版社2016年版，第63页；王作富主编：《刑法》(第6版)，中国人民大学出版社2016年版，第279页。

② 我国学者指出，只有在结果可能加重或者扩大的情况下，不报或者谎报行为才可能成立本罪。在安全事故发生后，虽然负有报告职责的人员没有报告，但是他人已经及时报告，则负有报告职责的人员的不报告行为不成立本罪(也不成立本罪的未遂犯)。因为，负有报告职责的人员的不报告行为，不可能贻误事故抢救。参见张明楷：《刑法学》(第6版)，法律出版社2021年版，第941页。

一百三十九条之一规定的犯罪行为，在安全事故发生后积极组织、参与事故抢救，或者积极配合调查、主动赔偿损失的，**可以酌情从轻处罚**。

根据本条规定，构成本罪的，处三年以下有期徒刑或者拘役；情节特别严重的，处三年以上七年以下有期徒刑。

实践中应当注意把握**不报、谎报行为与安全事故损失扩大的因果关系**，本条主要是针对由于行为人不报或者谎报的行为导致贻误了事故抢救的最佳时机，造成事故损失进一步扩大的情况。

另外，要注意本罪与**玩忽职守罪**的区别，负有安全生产监督管理职责的部门的检查人员不报、谎报、迟报安全事故的，有可能同时构成本罪和玩忽职守罪，在实践中应当注意区分具体的犯罪情节。

【司法解释】

《最高人民法院、最高人民检察院关于办理危害生产安全刑事案件适用法律若干问题的解释》（法释〔2015〕22号，自2015年12月16日起施行）

△**（负有报告职责的人员）**刑法第一百三十九条之一规定的"负有报告职责的人员"，是指负有组织、指挥或者管理职责的负责人、管理人员、实际控制人、投资人，以及其他负有报告职责的人员。（§4）

△**（情节严重；情节特别严重）**在安全事故发生后，负有报告职责的人员不报或者谎报事故情况，贻误事故抢救，具有下列情形之一的，应当认定为刑法第一百三十九条之一规定的"情节严重"：

（一）导致事故后果扩大，增加死亡一人以上，或者增加重伤三人以上，或者增加直接经济损失一百万元以上的；

（二）实施下列行为之一，致使不能及时有效开展事故抢救的：

1. 决定不报、迟报、谎报事故情况或者指使、串通有关人员不报、迟报、谎报事故情况的；

2. 在事故抢救期间擅离职守或者逃匿的；

3. 伪造、破坏事故现场，或者转移、藏匿、毁灭遇难人员尸体，或者转移、藏匿受伤人员的；

4. 毁灭、伪造、隐匿与事故有关的图纸、记录、计算机数据等资料以及其他证据的；

（三）其他情节严重的情形。

具有下列情形之一的，应当认定为刑法第一百三十九条之一规定的"情节特别严重"：

（一）导致事故后果扩大，增加死亡三人以上，或者增加重伤十人以上，或者增加直接经济损失五百万元以上的；

（二）采用暴力、胁迫、命令等方式阻止他人报告事故情况，导致事故后果扩大的；

（三）其他情节特别严重的情形。（§8）

△**（共犯）**在安全事故发生后，与负有报告职责的人员串通，不报或者谎报事故情况，贻误事故抢救，情节严重的，依照刑法第一百三十九条之一的规定，以共犯论处。（§9）

△**（从重处罚事由；数罪并罚；行贿罪）**实施刑法第一百三十二条、第一百三十四条至第一百三十九条之一规定的犯罪行为，具有下列情形之一的，从重处罚：

（一）未依法取得安全许可证件或者安全许可证件过期、被暂扣、吊销、注销后从事生产经营活动的；

（二）关闭、破坏必要的安全监控和报警设备的；

（三）已经发现事故隐患，经有关部门或者个人提出后，仍不采取措施的；

（四）一年内曾因危害生产安全违法犯罪活动受过行政处罚或者刑事处罚的；

（五）采取弄虚作假、行贿等手段，故意逃避、阻挠负有安全监督管理职责的部门实施监督检查的；

（六）安全事故发生后转移财产意图逃避承担责任的；

（七）其他从重处罚的情形。

实施前款第五项规定的行为，同时构成刑法第三百八十九条规定的犯罪的，依照数罪并罚的规定处罚。（§12）

△**（酌情从轻处罚事由）**实施刑法第一百三十二条、第一百三十四条至第一百三十九条之一规定的犯罪行为，在安全事故发生后积极组织、参与事故抢救，或者积极配合调查、主动赔偿损失的，可以酌情从轻处罚。（§13）

△**（国家工作人员；数罪并罚；贪污、受贿犯罪）**国家工作人员违反规定投资入股生产经营，构成本解释规定的有关犯罪的，或者国家工作人员的贪污、受贿犯罪行为与安全事故发生存在关联性的，从重处罚；同时构成贪污、受贿犯罪和危害生产安全犯罪的，依照数罪并罚的规定处罚。（§14）

△**（缓刑；从业禁止）**对于实施危害生产安全犯罪适用缓刑的犯罪分子，可以根据犯罪情况，禁止其在缓刑考验期限内从事与安全生产相关联的特定活动；对于被判处刑罚的犯罪分子，可以根据犯罪情况和预防再犯罪的需要，禁止其自刑罚执行完毕之日或者假释之日起三年至五年内从事与

安全生产相关的职业。(§ 16)

【司法解释性文件】

《最高人民法院印发〈关于进一步加强危害生产安全刑事案件审判工作的意见〉的通知》(法发〔2011〕20号,2011年12月30日公布)

△(**数罪并罚;职务犯罪**)安全事故发生后,负有报告职责的国家工作人员不报或者谎报事故情况,贻误事故抢救,情节严重,构成不报、谎报安全事故罪,同时构成职务犯罪或其他危害生产安全犯罪的,依照数罪并罚的规定处罚。

《最高人民检察院、公安部关于公安机关管辖的刑事案件立案追诉标准的规定(一)的补充规定》(公通字〔2017〕12号,2017年4月27日公布)

△(**不报、谎报安全事故罪;立案追诉标准**)在《最高人民检察院、公安部关于公安机关管辖的刑事案件立案追诉标准的规定(一)》[以下简称《立案追诉标准(一)》]第15条后增加一条,作为第15条之一:[不报、谎报安全事故案(刑法第139条之一)]在安全事故发生后,负有报告职责的人员不报或者谎报事故情况,贻误事故抢救,涉嫌下列情形之一的,应予立案追诉:

(一)导致事故后果扩大,增加死亡1人以上,或者增加重伤3人以上,或者增加直接经济损失100万元以上的;

(二)实施下列行为之一,致使不能及时有效开展事故抢救的:

1. 决定不报、迟报、谎报事故情况或者指使、串通有关人员不报、迟报、谎报事故情况的;

2. 在事故抢救期间擅离职守或者逃匿的;

3. 伪造、破坏事故现场,或者转移、藏匿、毁灭遇难人员尸体,或者转移、藏匿受伤人员的;

4. 毁灭、伪造、隐匿与事故有关的图纸、记录、计算机数据等资料以及其他证据的;

(三)其他不报、谎报安全事故情节严重的情形。

本条规定的"负有报告职责的人员",是指负有组织、指挥或者管理职责的负责人、管理人员、实际控制人、投资人,以及其他负有报告职责的人员。

《最高人民法院、最高人民检察院、公安部、工业和信息化部、住房和城乡建设部、交通运输部、应急管理部、国家铁路局、中国民用航空局、国家邮政局关于依法惩治涉枪支、弹药、爆炸物、易燃易爆危险物品犯罪的意见》(法发〔2021〕35号,2021年12月28日发布)

△(**危险物品肇事罪;从重处罚;不报、谎报安全事故罪;数罪并罚**)实施刑法第一百三十六条规定等行为,向负有安全生产监督管理职责的部门不报、谎报或者迟报相关情况的,从重处罚;同时构成刑法第一百三十九条之一规定之罪的,依照数罪并罚的规定处罚。(§ 7)

△(**夹带易燃易爆危险物品;谎报为普通物品交寄**)通过邮件、快件夹带易燃易爆危险物品,或者将易燃易爆危险物品谎报为普通物品交寄,符合本意见第5条至第8条规定的,依照各该条的规定定罪处罚。(§ 9)

【附属刑法】

《中华人民共和国防震减灾法》(1997年12月29日通过,2008年12月27日修订)

第八十九条

地震灾区的县级以上地方人民政府迟报、谎报、瞒报地震震情、灾情等信息的,由上级人民政府责令改正;对直接负责的主管人员和其他直接责任人员,依法给予处分。

第九十一条

违反本法规定,构成犯罪的,依法追究刑事责任。

《中华人民共和国食品安全法》(2009年2月28日通过,2021年4月29日第二次修正)

第一百二十八条

违反本法规定,事故单位在发生食品安全事故后未进行处置、报告的,由有关主管部门按照各自职责分工责令改正,给予警告;隐匿、伪造、毁灭有关证据的,责令停产停业,没收违法所得,并处十万元以上五十万元以下罚款;造成严重后果的,吊销许可证。

第一百四十九条

违反本法规定,构成犯罪的,依法追究刑事责任。

《中华人民共和国消防法》(1998年4月29日通过,2021年4月29日第二次修正)

第六十二条

有下列行为之一的,依照《中华人民共和国治安管理处罚法》的规定处罚:

……

(三)谎报火警的;

……

第七十二条

违反本法规定,构成犯罪的,依法追究刑事责任。

《中华人民共和国安全生产法》(2002年6月29日通过,2021年6月10日第三次修正)

第一百一十条

Ⅰ生产经营单位的主要负责人在本单位发生生产安全事故时，不立即组织抢救或者在事故调查处理期间擅离职守或者逃匿的，给予降级、撤职的处分，并由应急管理部门处上一年年收入百分之六十至百分之一百的罚款；对逃匿的处十五日以下拘留；构成犯罪的，依照刑法有关规定追究刑事责任。

Ⅱ生产经营单位的主要负责人对生产安全事故隐瞒不报、谎报或者迟报的，依照前款规定处罚。

第一百一十一条

有关地方人民政府、负有安全生产监督管理职责的部门，对生产安全事故隐瞒不报、谎报或者迟报的，对直接负责的主管人员和其他直接责任人员依法给予处分；构成犯罪的，依照刑法有关规定追究刑事责任。

【指导性案例】

最高人民检察院指导性案例第96号：黄某某等人重大责任事故、谎报安全事故案（2021年1月20日发布）

△**（谎报安全事故罪；引导侦查取证；污染处置；化解社会矛盾）**检察机关要充分运用行政执法和刑事司法衔接工作机制，通过积极履职，加强对线索移送和立案的法律监督。认定谎报安全事故罪，要重点审查谎报行为与贻误事故抢救结果之间的因果关系。对同时构成重大责任事故罪和谎报安全事故罪的，应当数罪并罚。应注重督促涉事单位或有关部门及时赔偿被害人损失，有效化解社会矛盾。安全生产事故涉及生态环境污染等公益损害的，刑事检察部门要和公益诉讼检察部门加强协作配合，督促协同行政监管部门，统筹运用法律、行政、经济等手段严格落实企业主体责任，修复受损公益，防控安全风险。

第三章　破坏社会主义市场经济秩序罪

第一节　生产、销售伪劣商品罪

第一百四十条　【生产、销售伪劣产品罪】
生产者、销售者在产品中掺杂、掺假，以假充真，以次充好或者以不合格产品冒充合格产品，销售金额五万元以上不满二十万元的，处二年以下有期徒刑或者拘役，并处或者单处销售金额百分之五十以上二倍以下罚金；销售金额二十万元以上不满五十万元的，处二年以上七年以下有期徒刑，并处销售金额百分之五十以上二倍以下罚金；销售金额五十万元以上不满二百万元的，处七年以上有期徒刑，并处销售金额百分之五十以上二倍以下罚金；销售金额二百万元以上的，处十五年有期徒刑或者无期徒刑，并处销售金额百分之五十以上二倍以下罚金或者没收财产。

【立法理由】

1. **1979年之后至1997年刑法修订前的立法情况**。生产、销售伪劣产品，不仅损害广大消费者的切身权益，还严重破坏社会主义市场经济秩序，影响对外开放。我国政府一向重视产品质量问题，不断提高产品质量，切实保护广大用户和消费者的合法权益，国家先后颁布了一系列有关法律、法规，如1993年2月22日第七届全国人大常委会第三十次会议通过的《**产品质量法**》以及全国人大常委会、国务院及其有关部门所制定的针对特定产品生产、销售的一系列法律、法规和条例。关于伪劣商品的犯罪，1979年刑法没有专门规定，实践中是以**投机倒把罪**处理的。为了严厉打击这种犯罪，1993年第八届全国人大常委会第二次会议审议通过了《**全国人民代表大会常务委员会关于惩治生产、销售伪劣商品犯罪的决定**》，将生产、销售伪劣商品行为从投机倒把罪中分离出来，单独规定了刑罚。该决定第一条规定："生产者、销售者在产品中掺杂、掺假，以假充真，以次充好或者以不合格产品冒充合格产品，违法所得数额二万元以上不满十万元的，处二年以下有期徒刑或者拘役，可以并处罚金，情节较轻的，可以给予行政处罚；违法所得数额十万元以上不满三十万元的，处二年以上七年以下有期徒刑，并处罚金；违法所得数额三十万元以上不满一百万元的，处七年以上有期徒刑，并处罚金或者没收财产；违法所得数额一百万元以上的，处十五年有期徒刑或者无期徒刑，并处没收财产。"该决定第十二条规定，罚金的数额为违法所得的一倍以上五倍以下。

2. **1997年修订刑法的情况**。1997年修订刑法时，将上述决定中生产、销售伪劣商品犯罪行为纳入到刑法中，主要修改是**将原"违法所得"修改为"销售金额"**。这样修改，主要是考虑在执行中，各方面对"违法所得"有不同的认识，还涉及"违法所得"是否要减除"成本"的认识问题。修改为"销售金额"，比较好理解，有利于统一认识、严格执法。将"违法所得"修改为"销售金额"后，根据这一变化，将处刑数额也作了相应调整，如将"二万元"的起刑数额修改为"五万元"；将罚金数额调整为销售金额的百分之五十以上二倍以下等。

【条文说明】

本条是关于生产、销售伪劣产品罪及其处罚的规定。

根据本条规定，构成生产、销售伪劣产品罪必须具备以下几个条件：

1. 生产者、销售者的主观方面是**故意**，如果行为人在主观上不是故意的，不知所售产品是次品，而当作正品出售了，应承担民事责任，不能作为犯罪处理。

2. 生产者、销售者在客观上实施了"**在产品**

中掺杂、掺假,以假充真,以次充好或者以不合格产品冒充合格产品”等行为。“**生产者**”,既包括产品的制造者,也包括产品的加工者;“**销售者**”,包括批量生产者、零散销售者以及生产后的直接销售者;“**产品**”,是指经过加工、制作、用于销售的商品,包括工业用品、农业用品以及生活用品。“**掺杂、掺假**”,是指在产品中掺入杂质或者异物,致使产品质量不符合国家法律、法规或者产品明示质量标准规定的质量要求,降低、失去其应有使用性能的行为。“**以假充真**”,是指以不具有某种使用性能的产品冒充具有该种使用性能的产品的行为。“**以次充好**”,是指以低等级、低档次产品冒充高等级、高档次产品,或者以残次、废旧零配件组合、拼装后冒充正品或者新产品的行为。“**不合格产品**”,是指不符合产品质量法规定的质量要求的产品。

3. 生产者、销售者在产品中掺杂、掺假,以假充真,以次充好或者以不合格产品冒充合格产品,**销售金额必须达到五万元以上**,才构成犯罪,如果销售金额不足五万元的,不构成犯罪。

4. 生产、销售伪劣产品的犯罪主体是**生产者、销售者**,消费者不能构成本罪的主体。

本条对于生产、销售伪劣产品罪的处罚,根据其销售金额的不同,分为四个档次,并对犯罪者在适用自由刑的同时,也注重财产刑的适用。本条所说的“**销售金额**”,是指生产者、销售者出售伪劣产品后所得和应得的全部违法收入。多次实施生产、销售伪劣产品行为,未经处理的,伪劣产品的销售金额累计计算。根据本条规定,**销售金额五万元以上不满二十万元的**,处二年以下有期徒刑或者拘役,并处或者单处销售金额百分之五十以上二倍以下罚金;**销售金额二十万元以上不满五十万元的**,处二年以上七年以下有期徒刑,并处销售金额百分之五十以上二倍以下罚金;**销售金额五十万元以上不满二百万元的**,处七年以上有期徒刑,并处销售金额百分之五十以上二倍以下罚金;**销售金额二百万元以上的**,处十五年有期徒刑或者无期徒刑,并处销售金额百分之五十以上二倍以下罚金或者没收财产。

实践中需要注意以下几个方面的问题:

1. 关于立案追诉标准问题。根据《最高人民检察院、公安部关于公安机关管辖的刑事案件立案追诉标准的规定(一)》第十六条的规定,生产者、销售者在产品中掺杂、掺假,以假充真,以次充好或者以不合格产品冒充合格产品,涉嫌下列情形之一的,**应予立案追诉**:(1)伪劣产品销售金额五万元以上的;(2)伪劣产品尚未销售,货值金额十五万元以上的;(3)伪劣产品销售金额不满五万元,但将已销售金额乘以三倍后,与尚未销售的伪劣产品货值金额合计十五万元以上的。其中,“**销售金额**”,包括生产者、销售者出售伪劣产品后所得和应得的全部违法收入。“**货值金额**”,以违法生产、销售的伪劣产品的标价计算;没有标价的,按照同类合格产品的市场中间价格计算。货值金额难以确定的,按照《扣押、追缴、没收物品估价管理办法》的规定,委托估价机构进行确定。但是,对于伪劣产品尚未销售的,货值金额达到销售金额三倍以上或者销售金额未达到五万元,但与未销售货值金额合计达到十五万元以上的,以本罪**未遂**进行处罚。

2. 关于伪劣产品的认定问题。在生产、销售伪劣产品中,有的纯属伪劣产品,有的则只是侵犯知识产权的非伪劣产品。对“以假充真”“以次充好”“以不合格产品冒充合格产品”的认定,直接影响对被告人的定罪量刑,《最高人民法院关于审理生产、销售伪劣商品刑事案件有关鉴定问题的通知》规定,上述情形难以确定的,**由公诉机关委托法律、行政法规规定的产品质量检验机构进行鉴定**。

3. 关于罪数问题。《最高人民法院、最高人民检察院关于办理生产、销售伪劣商品刑事案件具体应用法律若干问题的解释》对本罪的共犯、数罪并罚问题进行了规定,如:知道或者应当知道他人实施生产、销售伪劣商品犯罪,而为其提供贷款、资金、帐号、发票、证明、许可证件,或者提供生产、经营场所或者运输、仓储、保管、邮寄等便利条件,或者提供制假生产技术的,以**生产、销售伪劣商品犯罪的共犯**论处;实施生产、销售伪劣商品犯罪,同时构成侵犯知识产权、非法经营等其他犯罪的,**依照处罚较重的规定定罪处罚**;实施《刑法》第一百四十条至第一百四十八条规定的犯罪,又以暴力、威胁方法抗拒查处,构成其他犯罪的,依照**数罪并罚**的规定处罚。此外,**国家机关工作人员**参与生产、销售伪劣商品犯罪的,从重处罚。

4. 关于本罪与本节其他罪名的关系问题。本罪是本节的**一般性罪名**,在生产、销售伪劣产品构成本罪,又构成本节其他罪名的情形下,**一般应按照特殊罪名定罪处罚**。如果生产、销售伪劣商品罪处罚较重,应依照生产、销售伪劣商品罪定罪处罚。

【司法解释】

《最高人民法院、最高人民检察院关于办理生产、销售伪劣商品刑事案件具体应用法律若干问题的解释》(法释〔2001〕10号,自2001年4月10

日起施行)

△(**在产品中掺杂、掺假;以假充真;以次充好;不合格产品;鉴定**)刑法第一百四十条规定的"在产品中掺杂、掺假",是指在产品中掺入杂质或者异物,致使产品质量不符合国家法律、法规或者产品明示质量标准规定的质量要求①,降低、失去应有使用性能的行为。

刑法第一百四十条规定的"以假充真",是指以不具有某种使用性能的产品冒充具有该种使用性能的产品的行为。

刑法第一百四十条规定的"以次充好",是指以低等级、低档次产品冒充高等级、高档次产品,或者以残次、废旧零配件组合、拼装后冒充正品或者新产品的行为。

刑法第一百四十条规定的"不合格产品",是指不符合《中华人民共和国产品质量法》第二十六条第二款规定②的质量要求的产品。

对本条规定的上述行为难以确定的,应当委托法律、行政法规规定的产品质量检验机构进行鉴定。(§1)

△(**销售金额;伪劣产品尚未销售;未遂;货值金额之确定;累计计算**)刑法第一百四十条、第一百四十九条规定的"销售金额",是指生产者、销售者出售伪劣产品后所得和应得的全部违法收入。

伪劣产品尚未销售,货值金额达到刑法第一百四十条规定的销售金额三倍以上的,以生产、销售伪劣产品罪(未遂)定罪处罚。③

货值金额以违法生产、销售的伪劣产品的标价计算;没有标价的,按照同类合格产品的市场中间价格计算。货值金额难以确定的,按照国家计划委员会、最高人民法院、最高人民检察院、公安部1997年4月22日联合发布的《扣押、追缴、没收物品估价管理办法》的规定,委托指定的估价机构确定。

多次实施生产、销售伪劣产品行为,未经处理的,伪劣产品的销售金额或者货值金额累计计算。(§2)

△(**生产、销售伪劣商品犯罪的共犯**)知道或者应当知道他人实施生产、销售伪劣商品犯罪,而为其提供贷款、资金、账号、发票、证明、许可证件,或者提供生产、经营场所或者运输、仓储、保管、邮寄等便利条件,或者提供制假生产技术的,以生产、销售伪劣商品犯罪的共犯④论处。(§9)

△(**想象竞合;侵犯知识产权犯罪;非法经营罪**)实施生产、销售伪劣商品犯罪,同时构成侵犯知识产权、非法经营等其他犯罪的,依照处罚较重的规定定罪处罚。(§10)

△(**数罪并罚;妨害公务罪**)实施刑法第一百四十条至第一百四十八条规定的犯罪,又以暴力、威胁方法抗拒查处,构成其他犯罪的,依照数罪并罚的规定处罚。(§11)

△(**国家机关工作人员;从重处罚**)国家机关工作人员参与生产、销售伪劣商品犯罪的,从重处

---

① 我国学者指出,"致使产品质量不符合国家法律、法规或者产品明示质量标准规定的质量要求"此一要素,并不必要。一方面,经过掺杂、掺假处理的产品,即便其仍然符合质量标准,但也属于在产品中掺杂掺假;另一方面,由于一些产品(如原材料)具有特殊性,对掺杂、掺假的认定也需要考虑到买卖双方的合同内容。参见张明楷:《刑法学》(第6版),法律出版社2021年版,第945页。

② 《中华人民共和国产品质量法》(1993年2月22日通过,2018年12月29日第三次修正)

第二十六条:

Ⅱ产品质量应当符合下列要求:

(一)不存在危及人身、财产安全的不合理的危险,有保障人体健康和人身、财产安全的国家标准、行业标准的,应当符合该标准;

(二)具备产品应当具备的使用性能,但是,对产品存在使用性能的瑕疵作出说明的除外;

(三)符合在产品或者其包装上注明采用的产品标准,符合以产品说明、实物样品等方式表明的质量状况。

③ 李希慧教授指出,生产、销售伪劣产品罪存在未遂犯,且不以货值金额达到5万元的三倍以上作为未遂犯的条件。参见赵秉志、李希慧主编:《刑法各论》(第3版),中国人民大学出版社2016年版,第85页。

另有学者从法益保护以及销售金额的立法目的来切入。就前者来说,仅生产或者仅购入伪劣产品的行为,还没有使伪劣产品进入市场,既没有破坏市场竞争秩序,也没有损害消费者的合法权益。虽然本罪的罪名为"生产、销售伪劣产品罪",但从《刑法》第一百四十条对构成要件的描述来看,其并不包括单纯生产的行为。换言之,只有销售了伪劣产品的生产者,才能成立本罪;就后者而言,《刑法》第一百四十条之所以规定销售金额,是为了明确处罚条件、限制处罚范围。如果立法者认为,即便行为人的销售金额在5万元以下,也具有法益侵害性及刑事需罚性的话,那么立法者会降低销售金额标准。总而言之,购入并储存伪劣产品的行为,并不是构成要件中的销售行为。系争司法解释的观点,有违反罪刑法定原则之嫌。参见张明楷:《刑法学》(第6版),法律出版社2021年版,第946页。

④ 我国学者指出,此种情形可以认定为事先通谋型的共同犯罪。参见黎宏:《刑法学各论》(第2版),法律出版社2016年版,第81页。

罚。(§ 12)

《最高人民法院、最高人民检察院关于办理妨害预防、控制突发传染病疫情等灾害的刑事案件具体应用法律若干问题的解释》(法释〔2003〕8号,自2003年5月15日起施行)

△(**预防、控制突发传染病疫情;伪劣的防治、防护产品;生产、销售伪劣产品罪;从重处罚**)在预防、控制突发传染病疫情等灾害期间,生产、销售伪劣的防治、防护产品、物资,或者生产、销售用于防治传染病的假药、劣药,构成犯罪的,分别依照刑法第一百四十条、第一百四十一条、第一百四十二条的规定,以生产、销售伪劣产品罪,生产、销售假药罪或者生产、销售劣药罪定罪,依法从重处罚。(§ 2)

△(**自首、立功**)人民法院、人民检察院办理有关妨害预防、控制突发传染病疫情等灾害的刑事案件,对于有自首、立功等悔罪表现的,依法从轻、减轻、免除处罚或者依法作出不起诉决定。(§ 17)

《最高人民法院、最高人民检察院关于办理非法生产、销售烟草专卖品等刑事案件具体应用法律若干问题的解释》(法释〔2010〕7号,自2010年3月26日起施行)

△(**伪劣烟草专卖品;生产、销售伪劣产品罪**)生产、销售伪劣卷烟、雪茄烟等烟草专卖品,销售金额在五万元以上的,依照刑法第一百四十条的规定,以生产、销售伪劣产品罪定罪处罚。(§ 1 I)

△(**伪劣烟草专卖品尚未销售;未遂;既未遂并存;酌情从重处罚事由;未销售货值金额之计算**)伪劣卷烟、雪茄烟等烟草专卖品尚未销售,货值金额达到刑法第一百四十条规定的销售金额定罪起点数额标准的三倍以上的,或者销售金额未达到五万元,但与未销售货值金额合计达到十五万元以上的,以生产、销售伪劣产品罪(未遂)定罪处罚。

销售金额和未销售货值金额分别达到不同的法定刑幅度或者均达到同一法定刑幅度的,在处罚较重的法定刑幅度内酌情从重处罚。

查获的未销售的伪劣卷烟、雪茄烟,能够查清销售价格的,按照实际销售价格计算。无法查清实际销售价格,有品牌的,按照该品牌卷烟、雪茄烟的查获地省级烟草专卖行政主管部门出具的零售价格计算;无品牌的,按照查获地省级烟草专卖行政主管部门出具的上年度卷烟平均零售价格计算。[①](§ 2)

△(**想象竞合;侵犯知识产权犯罪;非法经营罪**)行为人实施非法生产、销售烟草专卖品犯罪,同时构成生产、销售伪劣产品罪、侵犯知识产权犯罪、非法经营罪的,依照处罚较重的规定定罪处罚。(§ 5)

△(**共犯**)明知他人实施本解释第一条所列犯罪,而为其提供贷款、资金、账号、发票、证明、许可证件,或者提供生产、经营场所、设备、运输、仓储、保管、邮寄、代理进出口等便利条件,或者提供生产技术、卷烟配方的,应当按照共犯追究刑事责任。(§ 6)

△(**鉴定**)办理非法生产、销售烟草专卖品等刑事案件,需要对伪劣烟草专卖品鉴定的,应当委托国务院产品质量监督管理部门和省、自治区、直辖市人民政府产品质量监督管理部门指定的烟草质量检测机构进行。(§ 7)

△(**烟草专卖品**)本解释所称"烟草专卖品",是指卷烟、雪茄烟、烟丝、复烤烟叶、烟叶、卷烟纸、滤嘴棒、烟用丝束、烟草专用机械。(§ 9 I)

《最高人民法院、最高人民检察院关于办理危害食品安全刑事案件适用法律若干问题的解释》(法释〔2021〕24号,自2022年1月1日起施行)

△(**竞合;生产、销售不符合安全标准的食品罪;生产、销售有毒、有害食品罪;生产、销售伪劣产品罪;妨害动植物防疫、检疫罪等**)生产、销售不符合食品安全标准的食品,有毒、有害食品,符合刑法第一百四十三条、第一百四十四条规定的,以生产、销售不符合安全标准的食品罪或者生产、销售有毒、有害食品罪定罪处罚。同时构成其他犯罪的,依照处罚较重的规定定罪处罚。

生产、销售不符合食品安全标准的食品,无证据证明足以造成严重食物中毒事故或者其他严重食源性疾病,不构成生产、销售不符合安全标准的食品罪,但构成生产、销售伪劣产品罪,妨害动植物防疫、检疫罪等其他犯罪的,依照该其他犯罪定罪处罚。(§ 13)

△(**不符合食品安全标准的食品添加剂等;生产、销售伪劣产品罪;超过保质期的食品原料;超过保质期的食品;回收食品;竞合**)生产、销售不符合食品安全标准的食品添加剂,用于食品的包装材料、容器、洗涤剂、消毒剂,或者用于食品生产经营的工具、设备等,符合刑法第一百四十条规定

① 我国学者指出,适用此规定,可能会产生未遂犯与既遂犯的处罚轻重倒置的问题。因为伪劣烟草的实际销售价格在实践中通常远远低于相同品牌、相同等级烟草的零售价格。销售伪劣烟草犯罪未遂的数额,应当以同类品牌型号的伪劣烟草在黑市上的实际销售价格的中间价格为准加以计算。参见黎宏:《刑法学各论》(第2版),法律出版社2016年版,第81页。

的，以生产、销售伪劣产品罪定罪处罚。

生产、销售用超过保质期的食品原料、超过保质期的食品、回收食品作为原料的食品，或者以更改生产日期、保质期、改换包装等方式销售超过保质期的食品、回收食品，适用前款的规定定罪处罚。

实施前两款行为，同时构成生产、销售不符合安全标准的食品罪，生产、销售不符合安全标准的产品罪等其他犯罪的，依照处罚较重的规定定罪处罚。（§ 15）

△（**畜禽屠宰；生产、销售有毒、有害食品罪；生产、销售不符合安全标准的食品罪；生产、销售伪劣产品罪**）在畜禽屠宰相关环节，对畜禽使用食品动物中禁止使用的药品及其他化合物等有毒、有害的非食品原料，依照刑法第一百四十四条的规定以生产、销售有毒、有害食品罪定罪处罚；对畜禽注水或者注入其他物质，足以造成严重食物中毒事故或者其他严重食源性疾病的，依照刑法第一百四十三条的规定以生产、销售不符合安全标准的食品罪定罪处罚；虽不足以造成严重食物中毒事故或者其他严重食源性疾病，但符合刑法第一百四十条规定的，以生产、销售伪劣产品罪定罪处罚。（§ 17Ⅱ）

△（**非法经营；竞合**）实施本解释规定的非法经营行为，同时构成生产、销售伪劣产品罪，生产、销售不符合安全标准的食品罪，生产、销售有毒、有害食品罪，生产、销售伪劣农药、兽药罪等其他犯罪的，依照处罚较重的规定定罪处罚。（§ 18Ⅱ）

△（**保健食品或者其他食品；虚假广告罪；诈骗罪；竞合**）违反国家规定，利用广告对保健食品或者其他食品作虚假宣传，符合刑法第二百二十二条规定的，以虚假广告罪定罪处罚；以非法占有为目的，利用销售保健食品或者其他食品诈骗财物，符合刑法第二百六十六条规定的，以诈骗罪定罪处罚。同时构成生产、销售伪劣产品罪等其他犯罪的，依照处罚较重的规定定罪处罚。（§ 19）

△（**禁止令；行政处罚**）对实施本解释规定之犯罪的犯罪分子，应当依照刑法规定的条件，严格适用缓刑、免予刑事处罚。对于依法适用缓刑的，可以根据犯罪情况，同时宣告禁止令。

对于被不起诉或者免予刑事处罚的行为人，需要给予行政处罚、政务处分或者其他处分的，依法移送有关主管机关处理。（§ 22）

△（**单位犯罪**）单位实施本解释规定的犯罪的，对单位判处罚金，并对直接负责的主管人员和其他直接责任人员，依照本解释规定的定罪量刑标准处罚。（§ 23）

【司法解释性文件】

《最高人民法院关于审理生产、销售伪劣商品刑事案件有关鉴定问题的通知》（法〔2001〕70号，2001年5月21日公布）

△（**鉴定**）对于提起公诉的生产、销售伪劣产品、假冒商标、非法经营等严重破坏社会主义市场经济秩序的犯罪案件，所涉生产、销售的产品是否属于“以假充真”、“以次充好”、“以不合格产品冒充合格产品”难以确定的，应当根据《解释》[①]第一条第五款的规定，由公诉机关委托法律、行政法规规定的产品质量检验机构进行鉴定。

△（**竞合；生产、销售假药罪；生产、销售不符合安全标准的食品罪；侵犯知识产权犯罪；非法经营罪**）经鉴定确系伪劣商品，被告人的行为既构成生产、销售伪劣产品罪，又构成生产、销售假药罪或者生产、销售不符合卫生标准的食品罪[②]，或者同时构成侵犯知识产权、非法经营等其他犯罪的，根据刑法第一百四十九条第二款和《解释》[③]第十条的规定，应当依照处罚较重的规定定罪处罚。

《最高人民法院、最高人民检察院、公安部、国家烟草专卖局关于印发〈关于办理假冒伪劣烟草制品等刑事案件适用法律问题座谈会纪要〉的通知》（商检会〔2003〕4号，2003年12月23日公布）

△（**生产伪劣烟草制品尚未销售或者尚未完全销售；未遂**）根据刑法第一百四十条的规定，生产、销售伪劣烟草制品，销售金额在五万元以上的，构成生产、销售伪劣产品罪。

根据《最高人民法院、最高人民检察院关于办理生产、销售伪劣商品刑事案件具体应用法律若干问题的解释》的有关规定，销售金额是指生产者、销售者出售伪劣烟草制品后所得和应得的全部违法收入。伪劣烟草制品尚未销售，货值金额达到刑法第一百四十条规定的销售金额三倍（十五万元）以上的，以生产、销售伪劣产品罪（未遂）定罪处罚。货值金额以违法生产、销售的伪劣产

① 即《最高人民法院、最高人民检察院关于办理生产、销售伪劣商品刑事案件具体应用法律若干问题的解释》（法释〔2001〕10号）。

② 《刑法修正案（八）》已将“生产、销售不符合卫生标准的食品罪”修正为“生产、销售不符合安全标准的食品罪”。

③ 即《最高人民法院、最高人民检察院关于办理生产、销售伪劣商品刑事案件具体应用法律若干问题的解释》（法释〔2001〕10号）。

品的标价计算；没有标价的，按照同类合格产品的市场中间价格计算。货值金额难以确定的，按照国家计划委员会、最高人民法院、最高人民检察院、公安部1997年4月22日联合发布的《扣押、追缴、没收物品估价管理办法》的规定，委托指定的估价机构确定。

伪劣烟草制品尚未销售，货值金额分别达到十五万元以上不满二十万元、二十万元以上不满五十万元、五十万元以上不满二百万元、二百万元以上的，分别依照刑法第一百四十条规定的各量刑档次定罪处罚。

伪劣烟草制品的销售金额不满五万元，但与尚未销售的伪劣烟草制品的货值金额合计达到十五万元以上的，以生产、销售伪劣产品罪（未遂）定罪处罚。

生产伪劣烟草制品尚未销售，无法计算货值金额，有下列情形之一的，以生产、销售伪劣产品罪（未遂）定罪处罚：

1. 生产伪劣烟用烟丝数量在1000公斤以上的；

2. 生产伪劣烟用烟叶数量在1500公斤以上的。

△（**非法生产、拼装、销售烟草专用机械行为；生产、销售伪劣产品罪**）非法生产、拼装、销售烟草专用机械行为，依照刑法第一百四十条的规定，以生产、销售伪劣产品罪追究刑事责任。

△（**共犯；立功表现；重大立功表现**）知道或者应当知道他人实施本《纪要》第一条至第三条规定的犯罪行为，仍实施下列行为之一的，应认定为共犯，依法追究刑事责任：

1. 直接参与生产、销售假冒伪劣烟草制品或者销售假冒烟用注册商标的烟草制品或者直接参与非法经营烟草制品并在其中起主要作用的；

2. 提供房屋、场地、设备、车辆、贷款、资金、账号、发票、证明、技术等设施和条件，用于帮助生产、销售、储存、运输假冒伪劣烟草制品、非法经营烟草制品的；

3. 运输假冒伪劣烟草制品的。

上述人员中有检举他人犯罪经查证属实，或者提供重要线索，有立功表现的，可以从轻或减轻处罚；有重大立功表现的，可以减轻或者免除处罚。

△（**国家机关工作人员；从重处罚**）根据《最高人民法院、最高人民检察院关于办理生产、销售伪劣商品刑事案件具体应用法律若干问题的解释》的规定，国家机关工作人员参与实施本《纪要》第一条至第三条规定的犯罪行为的，从重处罚。

△（**想象竞合；销售假冒注册商标的商品罪；非法经营罪**）行为人的犯罪行为同时构成生产、销售伪劣产品罪、销售假冒注册商标的商品罪、非法经营罪等罪的，依照处罚较重的规定定罪处罚。

△（**烟草制品；卷烟**）本纪要所称烟草制品指卷烟、雪茄烟、烟丝、复烤烟叶、烟叶、卷烟纸、滤嘴棒、烟用丝束。

本纪要所称卷烟包括散支烟和成品烟。

《最高人民检察院、公安部关于公安机关管辖的刑事案件立案追诉标准的规定（一）》（公通字〔2008〕36号，2008年6月25日公布）

△（**立案追诉标准；生产、销售伪劣产品罪；掺杂、掺假；以假充真；以次充好；不合格产品；销售金额；货值金额**）生产者、销售者在产品中掺杂、掺假，以假充真，以次充好或者以不合格产品冒充合格产品，涉嫌下列情形之一的，应予立案追诉：

（一）伪劣产品销售金额五万元以上的；

（二）伪劣产品尚未销售，货值金额十五万元以上的；

（三）伪劣产品销售金额不满五万元，但将已销售金额乘以三倍后，与尚未销售的伪劣产品货值金额合计十五万元以上的。

本条规定的“掺杂、掺假”，是指在产品中掺入杂质或者异物，致使产品质量不符合国家法律、法规或者产品明示质量标准规定的质量要求，降低、失去应有使用性能的行为；“以假充真”，是指以不具有某种使用性能的产品冒充具有该种使用性能的产品的行为；“以次充好”，是指以低等级、低档次产品冒充高等级、高档次产品，或者以残次、废旧零配件组合、拼装后冒充正品或者新产品的行为；“不合格产品”，是指不符合《中华人民共和国产品质量法》规定的质量要求的产品。

对本条规定的上述行为难以确定的，应当委托法律、行政法规规定的产品质量检验机构进行鉴定。本条规定的“销售金额”，是指生产者、销售者出售伪劣产品后所得和应得的全部违法收入；“货值金额”，以违法生产、销售的伪劣产品的标价计算；没有标价的，按照同类合格产品的市场中间价格计算。货值金额难以确定的，按照《扣押、追缴、没收物品估价管理办法》的规定，委托估价机构进行确定。（§ 16）

《最高人民法院、最高人民检察院、公安部、国家安全监管总局关于依法加强对涉嫌犯罪的非法生产经营烟花爆竹行为刑事责任追究的通知》（安监总管三〔2012〕116号，2012年9月6日公布）

△（**非法生产、经营烟花爆竹；生产、销售伪劣产品罪**）非法生产、经营烟花爆竹及相关行为涉及非法制造、买卖、运输、邮寄、储存黑火药、烟火

药,构成非法制造、买卖、运输、邮寄、储存爆炸物罪的,应当依照刑法第一百二十五条的规定定罪处罚;非法生产、经营烟花爆竹及相关行为涉及生产、销售伪劣产品或不符合安全标准产品,构成生产、销售伪劣产品罪或生产、销售不符合安全标准产品罪的,应当依照刑法第一百四十条、第一百四十六条的规定定罪处罚;非法生产、经营烟花爆竹及相关行为构成非法经营罪的,应当依照刑法第二百二十五条的规定定罪处罚。上述非法生产经营烟花爆竹行为的定罪量刑和立案追诉标准,分别按照《最高人民法院关于审理非法制造、买卖、运输枪支、弹药、爆炸物等刑事案件具体应用法律若干问题的解释》(法释〔2009〕18 号)、《最高人民法院、最高人民检察院关于办理生产、销售伪劣商品刑事案件具体应用法律若干问题的解释》(法释〔2001〕10 号)、《最高人民检察院、公安部关于公安机关管辖的刑事案件立案追诉标准的规定(一)》(公通字〔2008〕36 号)、《最高人民检察院、公安部关于公安机关管辖的刑事案件立案追诉标准的规定(二)》(公通字〔2010〕23 号)等有关规定执行。

《最高人民检察院法律政策研究室对〈关于具有药品经营资质的企业通过非法渠道从私人手中购进药品后销售的如何适用法律问题的请示〉的答复》(高检研〔2015〕19 号,2015 年 10 月 26 日公布)

△(**具有药品经营资质的企业;通过非法渠道;购销药品;销售假药罪;销售劣药罪;销售伪劣产品罪;行政处罚**)司法机关应当根据《中华人民共和国药品管理法》的有关规定,对具有药品经营资质的企业通过非法渠道从私人手中购销的药品的性质进行认定,区分不同情况,分别定性处理:

一是对于经认定属于假药、劣药,且达到“两高”《关于办理危害药品安全刑事案件适用法律若干问题的解释》(以下称《药品解释》)规定的销售假药罪、销售劣药罪的定罪量刑标准的,应当以销售假药罪、销售劣药罪依法追究刑事责任。

二是对于经认定属于劣药,但尚未达到《药品解释》规定的销售劣药罪的定罪量刑标准的,可以依据刑法第一百四十九条、第一百四十条的规定,以销售伪劣产品罪追究刑事责任。

三是对于无法认定属于假药、劣药的,可以由药品监督管理部门依照《中华人民共和国药品管理法》的规定给予行政处罚,不宜以非法经营罪追究刑事责任。

《最高人民法院、最高人民检察院、公安部、司法部关于依法惩治妨害新型冠状病毒感染肺炎疫情防控违法犯罪的意见》(法发〔2020〕7 号,2020 年 2 月 6 日发布)

△(**肺炎疫情防控;生产、销售伪劣产品罪;生产、销售假药罪;生产、销售劣药罪;生产、销售不符合标准的医用器材罪**)依法严惩制假售假犯罪。在疫情防控期间,生产、销售伪劣的防治、防护产品、物资,或者生产、销售用于防治新型冠状病毒感染肺炎的假药、劣药,符合刑法第一百四十条、第一百四十一条、第一百四十二条规定的,以生产、销售伪劣产品罪,生产、销售假药罪或者生产、销售劣药罪定罪处罚。

在疫情防控期间,生产不符合保障人体健康的国家标准、行业标准的医用口罩、护目镜、防护服等医用器材,或者销售明知是不符合标准的医用器材,足以严重危害人体健康的,依照刑法第一百四十五条的规定,以生产、销售不符合标准的医用器材罪定罪处罚。(§ 2 Ⅲ)

△(**治安管理处罚;从重情节**)依法严惩妨害疫情防控的违法行为。实施上述(一)至(九)规定的行为,不构成犯罪的,由公安机关根据治安管理处罚法有关虚构事实扰乱公共秩序,扰乱单位秩序、公共场所秩序、寻衅滋事,拒不执行紧急状态下的决定、命令,阻碍执行职务,冲闯警戒带、警戒区,殴打他人,故意伤害,侮辱他人,诈骗,在铁路沿线非法挖掘坑穴、采石取沙,盗窃、损毁路面公共设施,损毁铁路设施设备,故意损毁财物、哄抢公私财物等规定,予以治安管理处罚,或者由有关部门予以其他行政处罚。

对于在疫情防控期间实施有关违法犯罪的,要作为从重情节予以考量,依法体现从严的政策要求,有力惩治震慑违法犯罪,维护法律权威,维护社会秩序,维护人民群众生命安全和身体健康。(§ 2 Ⅹ)

《最高人民法院关于进一步加强涉种子刑事审判工作的指导意见》(法〔2022〕66 号,2022 年 3 月 2 日公布)

△(**种子制假售假犯罪;生产、销售伪劣种子罪;生产、销售伪劣产品罪;假冒注册商标罪**)准确适用法律,依法严惩种子制假售假犯罪。对销售明知是假的或者失去使用效能的种子,或者生产者、销售者以不合格的种子冒充合格的种子,使生产遭受较大损失的,依照刑法第一百四十七条的规定以生产、销售伪劣种子罪定罪处罚。

对实施生产、销售伪劣种子行为,因无法认定使生产遭受较大损失等原因,不构成生产、销售伪劣种子罪,但是销售金额在五万元以上的,依照刑法第一百四十条的规定以生产、销售伪劣产品罪定罪处罚。同时构成假冒注册商标罪等其他犯罪的，依照处罚较重的规定定罪处罚。（§3）

△**（宽严相济的刑事政策）**贯彻落实宽严相济的刑事政策，确保裁判效果。实施涉种子犯罪，具有下列情形之一的，应当酌情从重处罚：针对稻、小麦、玉米、棉花、大豆等主要农作物种子实施的，曾因涉种子犯罪受过刑事处罚的，二年内曾因涉种子违法行为受过行政处罚的，其他应当酌情从重处罚的情形。

对受雇佣或者受委托参与种子生产、繁殖的，要综合考虑社会危害程度、在共同犯罪中的地位作用、认罪悔罪表现等情节，准确适用刑罚。犯罪情节轻微的，可以依法免予刑事处罚；情节显著轻微危害不大的，不以犯罪论处。（§6）

△**（鉴定；伪劣种子）**依法解决鉴定难问题，准确认定伪劣种子。对是否属于假的、失去使用效能的或者不合格的种子，或者使生产遭受的损失难以确定的，可以依据具有法定资质的种子质量检验机构出具的鉴定意见、检验报告，农业农村、林业和草原主管部门出具的书面意见，农业农村主管部门所属的种子管理机构组织出具的田间现场鉴定书等，结合其他证据作出认定。（§7）

【附属刑法】

《中华人民共和国消费者权益保护法》（1993年10月31日通过，2013年10月25日第二次修正）

第五十六条

Ⅰ经营者有下列情形之一，除承担相应的民事责任外，其他有关法律、法规对处罚机关和处罚方式有规定的，依照法律、法规的规定执行；法律、法规未作规定的，由工商行政管理部门或者其他有关行政部门责令改正，可以根据情节单处或者并处警告、没收违法所得、处以违法所得一倍以上十倍以下的罚款，没有违法所得的，处以五十万元以下的罚款；情节严重的，责令停业整顿、吊销营业执照：

（一）提供的商品或者服务不符合保障人身、财产安全要求的；

（二）在商品中掺杂、掺假，以假充真，以次充好，或者以不合格商品冒充合格商品的；

（三）生产国家明令淘汰的商品或者销售失效、变质的商品的；

（四）伪造商品的产地，伪造或者冒用他人的厂名、厂址，篡改生产日期，伪造或者冒用认证标志等质量标志的；

（五）销售的商品应当检验、检疫而未检验、检疫或者伪造检验、检疫结果的；

（六）对商品或者服务作虚假或者引人误解的宣传的；

（七）拒绝或者拖延有关行政部门责令对缺陷商品或者服务采取停止销售、警示、召回、无害化处理、销毁、停止生产或者服务等措施的；

（八）对消费者提出的修理、重作、更换、退货、补足商品数量、退还货款和服务费用或者赔偿损失的要求，故意拖延或者无理拒绝的；

（九）侵害消费者人格尊严、侵犯消费者人身自由或者侵害消费者个人信息依法得到保护的权利的；

（十）法律、法规规定的对损害消费者权益应当予以处罚的其他情形。

Ⅱ经营者有前款规定情形的，除依照法律、法规规定予以处罚外，处罚机关应当记入信用档案，向社会公布。

第五十七条

经营者违反本法规定提供商品或者服务，侵害消费者合法权益，构成犯罪的，依法追究刑事责任。

《中华人民共和国全民所有制工业企业法》（1988年4月13日通过，2009年8月27日修正）

第六十条

Ⅰ企业因生产、销售质量不合格的产品，给用户和消费者造成财产、人身损害的，应当承担赔偿责任；构成犯罪的，对直接责任人员依法追究刑事责任。

Ⅱ产品质量不符合经济合同约定的条件的，应当承担违约责任。

《中华人民共和国煤炭法》（1996年8月29日通过，2016年11月7日第四次修正）

第五十九条

违反本法第四十三条的规定[①]，在煤炭产品中掺杂、掺假，以次充好的，责令停止销售，没收违法所得，并处违法所得一倍以上五倍以下的罚款；构成犯罪的，由司法机关依法追究刑事责任。

① 《中华人民共和国煤炭法》（1996年8月29日通过，2016年11月7日第四次修正）

第四十三条

Ⅰ煤矿企业和煤炭经营企业供应用户的煤炭质量应当符合国家标准或者行业标准，质级相符，质价相符。用户对煤炭质量有特殊要求的，由供需双方在煤炭购销合同中约定。

Ⅱ煤矿企业和煤炭经营企业不得在煤炭中掺杂、掺假，以次充好。

《中华人民共和国农业机械化促进法》(2004年6月25日通过,2018年10月26日修正)

第三十条

违反本法第十五条规定的①,依照产品质量法的有关规定予以处罚;构成犯罪的,依法追究刑事责任。

《中华人民共和国产品质量法》(1993年2月22日通过,2018年12月29日第三次修正)

第五十条

在产品中掺杂、掺假,以假充真,以次充好,或者以不合格产品冒充合格产品的②,责令停止生产、销售,没收违法生产、销售的产品,并处违法生产、销售产品货值金额百分之五十以上三倍以下的罚款;有违法所得的,并处没收违法所得;情节严重的,吊销营业执照;构成犯罪的,依法追究刑事责任。

第五十二条

销售失效、变质的产品的,责令停止销售,没收违法销售的产品,并处违法销售产品货值金额二倍以下的罚款;有违法所得的,并处没收违法所得;情节严重的,吊销营业执照;构成犯罪的,依法追究刑事责任。

第六十一条

知道或者应当知道属于本法规定禁止生产、销售的产品而为其提供运输、保管、仓储等便利条件的,或者为以假充真的产品提供制假生产技术的,没收全部运输、保管、仓储或者提供制假生产技术的收入,并处违法收入百分之五十以上三倍以下的罚款;构成犯罪的,依法追究刑事责任。

《中华人民共和国大气污染防治法》(1987年9月5日通过,2018年10月26日第二次修正)

第一百零九条

Ⅰ违反本生态法规定,生产超过污染物排放标准的机动车、非道路移动机械的,由省级以上人民政府环境主管部门责令改正,没收违法所得,并处货值金额一倍以上三倍以下的罚款,没收销毁无法达到污染物排放标准的机动车、非道路移动机械;拒不改正的,责令停产整治,并由国务院机动车生产主管部门责令停止生产该车型。

Ⅱ违反本法规定,机动车、非道路移动机械生产企业对发动机、污染控制装置弄虚作假、以次充好,冒充排放检验合格产品出厂销售的,由省级以上人民政府生态环境主管部门责令停产整治,没收违法所得,并处货值金额一倍以上三倍以下的罚款,没收销毁无法达到污染物排放标准的机动车、非道路移动机械,并由国务院机动车生产主管部门责令停止生产该车型。

第一百二十七条

违反本法规定,构成犯罪的,依法追究刑事责任。

《中华人民共和国节约能源法》(1997年11月1日通过,2018年10月26日第二次修正)

第六十九条

生产、进口、销售国家明令淘汰的用能产品、设备的,使用伪造的节能产品认证标志或者冒用节能产品认证标志的,依照《中华人民共和国产品质量法》的规定处罚。

第八十五条

违反本法规定,构成犯罪的,依法追究刑事责任。

《中华人民共和国农产品质量安全法》(2006年4月29日通过,2018年10月26日修正)

第四十七条

农产品生产企业、农民专业合作经济组织未建立或者未按照规定保存农产品生产记录的,或者伪造农产品生产记录的,责令限期改正;逾期不改正的,可以处二千元以下罚款。

第五十一条

---

① 《中华人民共和国农业机械化促进法》(2004年6月25日通过,2018年10月26日修正)

第十五条

Ⅰ列入依法必须经过认证的产品目录的农业机械产品,未经认证并标注认证标志,禁止出厂、销售和进口。

Ⅱ禁止生产、销售不符合国家技术规范强制性要求的农业机械产品。

Ⅲ禁止利用残次零配件和报废机具的部件拼装农业机械产品。

② 《中华人民共和国产品质量法》(1993年2月22日通过,2018年12月29日第三次修正)

第三十二条

生产者生产产品,不得掺杂、掺假,不得以假充真、以次充好,不得以不合格产品冒充合格产品。

第三十九条

销售者销售产品,不得掺杂、掺假,不得以假充真、以次充好,不得以不合格产品冒充合格产品。

违反本法第三十二条规定①,冒用农产品质量标志的,责令改正,没收违法所得,并处二千元以上二万元以下罚款。

第五十三条

违反本法规定,构成犯罪的,依法追究刑事责任。

《中华人民共和国旅游法》(2013年4月25日通过,2018年10月26日第二次修正)

第九十七条

旅行社违反本法规定,有下列行为之一的,由旅游主管部门或者有关部门责令改正,没收违法所得,并处五千元以上五万元以下罚款;违法所得五万元以上的,并处违法所得一倍以上五倍以下罚款;情节严重的,责令停业整顿或者吊销旅行社业务经营许可证;对直接负责的主管人员和其他直接责任人员,处二千元以上二万元以下罚款:

……

(二)向不合格的供应商订购产品和服务的;

……

第一百一十条

违反本法规定,构成犯罪的,依法追究刑事责任。

《中华人民共和国畜牧法》(2005年12月29日通过,2015年4月24日修正)

第六十五条

销售种畜禽有本法第三十条第一项至第四项违法行为之一的②,由县级以上人民政府畜牧兽医行政主管部门或者工商行政管理部门责令停止销售,没收违法销售的畜禽和违法所得;违法所得在五万元以上的,并处违法所得一倍以上五倍以下罚款;没有违法所得或者违法所得不足五万元的,并处五千元以上五万元以下罚款;情节严重的,并处吊销种畜禽生产经营许可证或者营业执照。

第七十一条

违反本法规定,构成犯罪的,依法追究刑事责任。

【指导性案例】

最高人民检察院指导性案例第12号:柳立国等人生产、销售有毒、有害食品,生产、销售伪劣产品案(2014年2月20日发布)

△**(地沟油;生产、销售有毒、有害食品罪;生产、销售伪劣产品罪)**明知对方是食用油经销者,仍将用餐厨废弃油(俗称"地沟油")加工而成的劣质油脂销售给对方,导致劣质油脂流入食用油市场供人食用的,构成生产、销售有毒、有害食品罪;明知油脂经销者向饲料生产企业和药品生产企业等单位销售豆油等食用油,仍将用餐厨废弃油加工而成的劣质油脂销售给对方,导致劣质油脂流向饲料生产企业和药品生产企业等单位的,构成生产、销售伪劣产品罪。

最高人民检察院指导性案例第85号:刘远鹏涉嫌生产、销售"伪劣产品"(不起诉)案(2020年12月14日发布)

△**(民营企业;创新产品;强制标准;听证;不起诉)**检察机关办理涉企案件,应当注意保护企业创新发展。对涉及创新的争议案件,可以通过听证方式开展审查。对专业性问题,应当加强与行业主管部门沟通,充分听取行业意见和专家意见,促进完善相关行业领域标准。

【参考案例】

△**为他人加工伪劣产品的,应以生产、销售伪劣产品罪论处。**

根据《刑法》第一百四十条的规定,生产伪劣产品行为的具体表现形式有四种,即在产品中掺杂、掺假,以假充真,以次充好,以不合格产品冒充

① 《中华人民共和国农产品质量安全法》(2006年4月29日通过,2018年10月26日修正)

第三十二条

Ⅰ销售的农产品必须符合农产品质量安全标准,生产者可以申请使用无公害农产品标志。农产品质量符合国家规定的有关优质农产品标准的,生产者可以申请使用相应的农产品质量标志。

Ⅱ禁止冒用前款规定的农产品质量标志。

② 《中华人民共和国畜牧法》(2005年12月29日通过,2015年4月24日修正)

第三十条

销售种畜禽,不得有下列行为:

(一)以其他畜禽品种、配套系冒充所销售的种畜禽品种、配套系;

(二)以低代别种畜禽冒充高代别种畜禽;

(三)以不符合种用标准的畜禽冒充种畜禽;

(四)销售未经批准进口的种畜禽;

……

合格产品。其中,根据《最高人民法院、最高人民检察院关于办理生产、销售伪劣商品刑事案件具体应用法律若干问题的解释》第一条第一款的规定,掺杂、掺假,指的是在产品中掺入杂质或者异物,致使产品质量不符合国家法律、法规或者产品明示质量标准规定的质量要求,降低、失去应有使用性能的行为。可见,半假半真是掺杂、掺假行为的基本特征。根据韩俊杰等生产伪劣产品案查明的事实,被告人韩俊杰在为崔建标、于水等人加工棉花的过程中,应崔建标、于水等人的要求,从他人处借得一台打麦机,专门用于加工回收棉,并在籽棉中掺入回收棉,共计加工劣质棉163.445吨,价值170余万元。在具体的加工生产过程中,三被告人尽管各自分工不同,但构成了生产伪劣产品的整体行为是没有疑问的;至于为他人加工,还是为自己加工,并不影响其行为的生产伪劣产品性质的认定。[No.3-1-140-1　韩俊杰等生产伪劣产品案]

△仅有伪劣产品的加工行为,尚未销售,伪劣产品货值金额达到15万元以上的,以生产、销售伪劣产品罪(未遂)论处。

从《刑法》第一百四十条的罪状表述来看,生产、销售伪劣产品罪属于选择性罪名。选择性罪名既可概括使用,也可分解拆开使用,这一点已为我们所熟知。因此,从理论上说,本罪的具体罪名应有三个,即生产伪劣产品罪,销售伪劣产品罪,以及生产、销售伪劣产品罪。行为人只生产伪劣产品的,构成生产伪劣产品罪;只销售伪劣产品的,构成销售伪劣产品罪;既生产又销售伪劣产品的,构成生产、销售伪劣产品罪,不实行数罪并罚。但是,根据本罪的立法规定,单纯的生产伪劣产品罪是无从成立的。因为如果生产者只是生产了伪劣产品,而并没有推向市场,就谈不上销售金额较大,不符合本罪的客观要件。只有当生产者生产了伪劣产品,同时又推向市场时,才可能销售金额较大。然而在这种情况下,行为人已经不是单纯地生产伪劣产品,而是既生产又销售了伪劣产品。《最高人民法院、最高人民检察院关于办理生产、销售伪劣商品刑事案件具体应用法律若干问题的解释》正是基于这一考虑,规定生产伪劣产品尚未销售的,以生产、销售伪劣产品罪(未遂)定罪处罚。[No.3-1-140-2　韩俊杰等生产伪劣产品案]

△伪劣产品尚未销售,货值金额达到15万元以上的,应以生产、销售伪劣产品罪(未遂)论处。

《最高人民法院、最高人民检察院关于办理生产、销售伪劣商品刑事案件具体应用法律若干问题的解释》考虑到伪劣产品尚未销售,社会危害性小于已销售出去的社会危害性,在第二条第二款规定:"伪劣产品尚未销售,货值金额达到刑法第一百四十条规定的销售金额三倍以上的,以生产、销售伪劣产品罪(未遂)定罪处罚。"据此,该解释对尚未销售行为的认定,不仅从行为犯罪形态的质上作出了明确规定,而且从销售金额的量上进行了规范,为司法实践中解决类似问题提供了明确的标准和依据。[No.3-1-140-3　陈建明等销售伪劣产品案]

△生产、销售不具有生产者、销售者所许诺的使用性能的产品的,应以生产、销售伪劣产品罪论处。

所谓伪劣产品,是指产品质量没有达到国家产品质量标准的产品。《国务院办公厅转发国家技术监督局关于严厉惩处经销伪劣商品责任者意见的通知》明确规定,下列产品为伪劣产品:失效、变质的;危及安全和人身健康的;所标明的指标与实际不符的;冒用优质或认证标志和伪造许可证标志的;掺杂使假、以假充真或以旧充新的;国家有关法律、法规明令禁止生产、销售的;无检验合格证或无有关单位允许销售证明的;未用中文标明商品名称、生产者和产地(重要工业品未标明厂址)的;限时使用而未标明失效时间的;实施生产(制造)许可证管理而未标明许可证编号和有效期的;按有关规定应用中文标明规格、等级、主要技术指标或成分、含量等而未标明的;高档耐用消费品无中文使用说明的;属处理品(含次品、等外品)而未在商品或包装的显著部位标明"处理品"字样的;剧毒、易燃、易爆等危险品未标明有关标志和使用说明的。凡属上述情形之一的产品,都是伪劣产品。[No.3-1-140-4　王洪成生产、销售伪劣产品案]

△伪劣产品尚未销售,没有标价的,按照同类合格产品的市场中间价格计算;有标价的,货值金额以违法生产、销售的伪劣产品的标价计算。

司法实践中,伪劣产品在还未卖出之前,由于其本身无价值的属性,因而不具备普通商品的价值与价格。一般来说,我们可以根据已经销售出去的伪劣产品的价格或洽谈价,或同类合格产品的市场中间价来确定其伪劣产品的销售金额。《最高人民法院、最高人民检察院关于办理生产、销售伪劣商品刑事案件具体应用法律若干问题的解释》第二条第三款规定,货值金额以违法生产、销售的伪劣产品的标价计算;没有标价的,按照同类合格产品的市场中间价格计算。在官松志、张寒林、张海芬销售伪劣产品案中,原审法院在没有证据证明本案涉及的假冒伪劣卷烟有确定的标价的情况下,将涉案的假冒伪劣卷烟视为没有标价,并按照同类合格产品的市场中间价计算被告人的销售金额,此举并无不当。[No. 3-1-140-5 官松志、张寒林、张海芬销售伪劣产品案]

第一百四十一条　【生产、销售、提供假药罪】

生产、销售假药的,处三年以下有期徒刑或者拘役,并处罚金;对人体健康造成严重危害或者有其他严重情节的,处三年以上十年以下有期徒刑,并处罚金;致人死亡或者有其他特别严重情节的,处十年以上有期徒刑、无期徒刑或者死刑,并处罚金或者没收财产。

药品使用单位的人员明知是假药而提供给他人使用的,依照前款的规定处罚。

【立法沿革】

《中华人民共和国刑法》(1997 年修订,自 1997 年 10 月 1 日起施行)

第一百四十一条

生产、销售假药,足以严重危害人体健康的,处三年以下有期徒刑或者拘役,并处或者单处销售金额百分之五十以上二倍以下罚金;对人体健康造成严重危害的,处三年以上十年以下有期徒刑,并处销售金额百分之五十以上二倍以下罚金;致人死亡或者对人体健康造成特别严重危害的,处十年以上有期徒刑、无期徒刑或者死刑,并处销售金额百分之五十以上二倍以下罚金或者没收财产。

本条所称假药,是指依照《中华人民共和国药品管理法》的规定属于假药和按假药处理的药品、非药品。

《中华人民共和国刑法修正案(八)》(自 2011 年 5 月 1 日起施行)

二十三、将刑法第一百四十一条第一款修改为:

"生产、销售假药的,处三年以下有期徒刑或者拘役,并处罚金;对人体健康造成严重危害或者有其他严重情节的,处三年以上十年以下有期徒刑,并处罚金;致人死亡或者有其他特别严重情节的,处十年以上有期徒刑、无期徒刑或者死刑,并处罚金或者没收财产。"

《中华人民共和国刑法修正案(十一)》(自 2021 年 3 月 1 日起施行)

五、将刑法第一百四十一条修改为:

"生产、销售假药的,处三年以下有期徒刑或者拘役,并处罚金;对人体健康造成严重危害或者有其他严重情节的,处三年以上十年以下有期徒刑,并处罚金;致人死亡或者有其他特别严重情节的,处十年以上有期徒刑、无期徒刑或者死刑,并处罚金或者没收财产。

"药品使用单位的人员明知是假药而提供给他人使用的,依照前款的规定处罚。"

【立法理由】

(一)立法相关背景及修改情况

1. **1979 年立法的情况**。1979 年《刑法》第一百六十四条规定:"以营利为目的,制造、贩卖假药危害人民健康的,处二年以下有期徒刑、拘役或者管制,可以并处或者单处罚金;造成严重后果的,处二年以上七年以下有期徒刑,可以并处罚金。"药品安全直接关系到人民群众生命安全和身体健康,国家历来重视对药品生产、销售的监督和管理。生产、销售假药犯罪危害严重,为加强民生保护,1979 年刑法对生产、销售假药罪作出处罚规定,放在 1979 年《刑法》分则第六章**妨害社会管理秩序罪**中,维护人民群众用药安全。

2. **1979 年之后至 1997 年刑法修订前的立法情况**。随着我国市场经济的建设发展,一些犯罪分子受到生产、销售假药暴利的诱惑,将生产、销售假药视为发财的捷径。在一定时期内,此类犯罪数量日益增多,社会危害严重,损害人民群众身体健康和用药安全。立法机关通过法律和决定对实践中出现的生产、销售假药行为进行惩治。一是 1984 年 9 月 20 日第六届全国人大常委会第七次会议通过的**《药品管理法》**,是我国第一部比较完备、比较系统的有关药品管理方面的专门法律。根据该法第三十三条的规定,禁止生产、销售假药。该法第五十条规定了生产、销售假药行为的行政处罚。对生产、销售假药的,没收假药和违法所得,处以罚款,并可以责令该单位停产、停业整顿或者吊销《药品生产企业许可证》《药品经营企业许可证》《制剂许可证》。对于构成犯罪的,依照刑法有关规定追究生产、销售假药行为的刑事责任。二是在总结司法实践经验基础上,1993 年 7 月 2 日第八届全国人大常委会第二次会议通过的**《全国人民代表大会常务委员会关于惩治生产、销售伪劣商品犯罪的决定》**对 1979 年《刑法》第一百六十四条作了修改,删除"以营利为目的"

的入刑条件；完善刑罚结构，将“二年以下有期徒刑”“二年以上七年以下有期徒刑”，提高为“三年以下有期徒刑”“三年以上十年以下”，并增加“处十年以上有期徒刑、无期徒刑或者死刑”这一档刑罚；增加单位犯罪进行处罚的规定，完善生产、销售假药的犯罪，以加大对生产、销售假药犯罪行为的惩处力度。该决定第二条第一款规定：“生产、销售假药，足以危害人体健康的，处三年以下有期徒刑或者拘役，并处罚金；对人体健康造成严重危害的，处三年以上十年以下有期徒刑，并处罚金；致人死亡或者对人体健康造成其他特别严重危害的，处十年以上有期徒刑、无期徒刑或者死刑，并处罚金或者没收财产。”该决定第二条第三款规定，假药是指依照药品管理法的规定属于假药和按假药处理的药品、非药品。

3. **1997年修订刑法的情况**。1997年修订刑法时，对1993年《全国人民代表大会常务委员会关于惩治生产、销售伪劣商品犯罪的决定》中生产、销售假药犯罪的规定作了修改，将“足以危害人体健康”修改为“足以严重危害人体健康”，并增加了单处罚金的规定。

4. **2011年《刑法修正案（八）》对本条的修改情况**。为加强对民生的保护，《刑法修正案（八）》对生产、销售假药犯罪的处刑作了修改，加大了对这类犯罪的惩处力度。《刑法修正案（八）》对本条的修改共有三处：一是降低了本罪的入罪门槛。根据原规定，生产、销售假药“足以严重危害人体健康”的才构成犯罪，在修改后的规定中，本罪为行为犯，只要实施生产、销售假药的行为就构成犯罪。这样修改是考虑到药品的主要功能是治疗疾病，保护人体健康，生产、销售假药的行为已经构成对人体健康的威胁。二是在加重处罚的情节中增加了关于有其他严重情节和特别严重情节的规定，主要是考虑到除对人体健康造成严重危害和致人死亡的情节外，司法实践中还存在其他严重情节和特别严重情节，如生产、销售假药数量巨大，对人体健康具有严重的潜在危害等，也需予以严惩。三是删除了罚金刑中关于数额的具体规定，既解决了在实践中假药销售金额难以认定的问题，也避免了与2001年修订的《药品管理法》第七十四条关于生产、销售假药处违法生产、销售药品货值金额二倍以上五倍以下的罚款规定的不协调，有利于实践中根据案件具体情况决定需要判处的罚金数额。此外，考虑到生产、销售假药的行为危险性较大，一些全国人大常委会委员和相关部门提出，对这种犯罪单独判处罚金，不足以发挥刑法的惩戒作用，《刑法修正案（八）》采纳了上述意见，删除了本条中单处罚金的规定。

5. **2020年《刑法修正案（十一）》对本条的修改情况**。一是**删除原条文第二款“本条所称假药，是指依照《中华人民共和国药品管理法》的规定属于假药和按假药处理的药品、非药品”的规定**。2019年修订的药品管理法对假劣药的范围进行了调整，缩小了假药定义范围，删除按照假药论处情形。为与药品管理法做好衔接，同时考虑到行政法律修改频繁的具体情况，2020年修改刑法时删除该款规定。对于假药，还应依照药品管理法的相关规定作出认定。二是**增加药品使用单位的人员明知是假药而提供他人使用，依照生产、销售假药罪处罚的规定**。对于药品使用单位使用假劣药的行为，根据2019年修订的《药品管理法》第一百一十九条的规定，按照销售假药、劣药的规定处罚。2014年《最高人民法院、最高人民检察院关于办理危害药品安全刑事案件适用法律若干问题的解释》第六条第二款规定：“医疗机构、医疗机构工作人员明知是假药、劣药而有偿提供给他人使用，或者为出售而购买、储存的行为，应当认定为刑法第一百四十一条、第一百四十二条规定的‘销售’。”为明确对此类行为的惩治，《刑法修正案（十一）》对此类行为进行了明确。有的意见反映，实践中也存在捐赠、义诊等活动中将假劣药无偿提供给他人使用的情形。对于此类情形，也应适用此款规定，**并不限于药品使用单位的人员以有偿为目的提供给他人使用的情形**。

（二）立法时争议的主要问题

1. **关于假药的认定法律依据问题**。有的意见提出，删除假药依照药品管理法认定的规定，会产生假药认定有行政处罚、刑事处罚两种不同认定标准的认识误解，建议保留原第二款规定。也有的意见认为，刑法上关于认定依据指引到具体法律的规定不多，限于《刑法》第一百八十六条违法发放贷款罪关系人的范围、《刑法》第二百一十九条侵犯商业秘密犯罪商业秘密的认定、《刑法》第三百三十条甲类传染病的范围等。考虑到《刑法修正案（十一）》删去了《刑法》第二百一十九条第三款依照反不正当竞争法确定商业秘密定义的具体指引性规定，且行政法律、法规根据实践需要对有关规定修改完善较为频繁，其中有的法律法规对具体问题定性作出实质的修改。为技术上考虑和与有关法律做好衔接，可以不在刑法规定依照相关法律确定具体问题。**关于假药的范围，实践中可以继续依照药品管理法的具体规定确定**。

2. **关于未经批准生产、销售药品问题**。有意见提出，实践中存在黑作坊、黑窝点等未取得药品生产许可证，不具有生产资质却生产药品的情形，严重损害人民群众用药安全，危害人民群众生命安全、身体健康。依照2015年修正的《药品管理法》第四十八条第三款第(二)项的规定,“依照本法必须批准而未经批准生产、进口,或者依照本法必须检验而未经检验即销售的”,属于“按假药论处”的情形,可依照本罪进行定罪量刑。2019年药品管理法对假药进行重新界定,删除“按假药论处”,将对此类行为不再“按假药论处”,不再直接适用本罪。建议增加未经批准生产或者销售上述产品,依照本罪处罚的规定。也有意见提出,对药品的管理,2019年修订的药品管理法对假劣药的界定回归到按药品的功效来设计。如按上述意见,对未经批准生产、销售药品,直接适用本罪,实际上还是将此类行为按生产、销售假药论处,与相关法律的修法精神不一致。经反复研究,将此类情形放在**妨害药品管理秩序犯罪**中作出规定。

【条文说明】

本条是关于生产、销售、提供假药罪及其处罚的规定。

本条共分为两款。

第一款是对生产、销售假药罪的构成要件及其处罚的规定。根据本款规定,生产、销售假药罪有以下构成要件:

1. 本罪不仅侵害了**正常的药品生产、销售监管秩序**,而且危及**不特定多数人的生命健康**。

2. 本罪的主体可以是**自然人**,也可以是**单位**。根据《刑法》第一百五十条的规定,单位犯本罪的,对单位判处罚金,并对其直接负责的主管人员和其他直接责任人员,依照该条的规定处罚。

3. 行为人在主观上只能是**故意**。

4. 行为人必须实施了生产、销售假药的行为。[①] 根据《药品管理法》第二条的规定,**药品**,是指用于预防、治疗、诊断人的疾病,有目的地调节人的生理机能并规定有适应症或者功能主治、用法和用量的物质,包括中药、化学药和生物制品等。根据《药品管理法》第九十八条的规定,有下列情形之一的,为**假药**:(1)药品所含成分与国家药品标准规定的成分不符;(2)以非药品冒充药品或者以他种药品冒充此种药品;(3)变质的药品;(4)药品所标明的适应症或者功能主治超出规定范围。在办理生产、销售假药罪案件中,应当依照《药品管理法》来认定假药。根据《最高人民法院、最高人民检察院关于办理危害药品安全刑事案件适用法律若干问题的解释》第六条的规定,以生产、销售假药、劣药为目的,实施下列行为之一的,应当认定为本款规定的“**生产**”:(1)合成、精制、提取、储存、加工炮制药品原料的行为;(2)将药品原料、辅料、包装材料制成成品过程中,进行配料、混合、制剂、储存、包装的行为;(3)印制包装材料、标签、说明书的行为。

根据本款规定,只要实施了生产、销售假药的行为,即构成犯罪,**并不要求一定要有实际的危害结果发生**。鉴于生产、销售假药罪的极大危害性,**刑法把对人体健康已造成严重危害后果,作为一个加重处罚的情节**。本条规定中的“**其他严重情节**”和“**其他特别严重情节**”主要应当根据行为人生产、销售假药的数量、被害人的人数以及其他严重危害人体健康的情节进行认定。

根据本款规定,对生产、销售假药的犯罪行为,分为三档刑罚。第一档刑罚,**生产、销售假药的**,处三年以下有期徒刑或者拘役,并处罚金。第二档刑罚,**对人体健康造成严重危害或者有其他严重情节的**,处三年以上十年以下有期徒刑,并处罚金。根据《最高人民法院、最高人民检察院关于办理危害药品安全刑事案件适用法律若干问题的解释》第二条的规定,生产、销售假药,具有下列情形之一的,应当认定为“**对人体健康造成严重危害**”:(1)造成轻伤或者重伤的;(2)造成轻度残疾或者中度残疾的;(3)造成器官组织损伤导致一般功能障碍或者严重功能障碍的;(4)其他对人体健康造成严重危害的情形。根据《最高人民法院、最高人民检察院关于办理危害药品安全刑事案件适用法律若干问题的解释》第三条的规定,具有下列情形之一的,应当认定为“**其他严重情节**”:(1)造成较大突发公共卫生事件的;(2)生产、销售金额二十万元以上不满五十万元的;(3)生产、销售金额十万元以上不满二十万元,并具有“对人体健康造成严重危害”情形之一的;(4)根据生产、销售的时间、数量、假药种类等,应当认定为情节严重的。第三档刑罚,**致人死亡或者有其他特别严重情节的**,处十年以上有期徒刑、无期徒刑或者死刑,并处罚金或者没收财产。根据《最高人民法院、最高人民检察院关于办理危害药品安全刑事案件适用法律若干问题的解释》第四条的规定,生产、销售假药,具有下列情形之一

① 生产、销售假药罪中的“假药”都限于用于人体的药品和非药品。生产、销售假农药、假兽药,不构成本罪。另外,部分药品本不能用于人体,但行为人将其假冒为药品用于满足人体治疗目的,也属于本罪中的药品。参见张明楷:《刑法学》(第6版),法律出版社2021年版,第949页;黎宏:《刑法学各论》(第2版),法律出版社2016年版,第82页;周光权:《刑法各论》(第4版),中国人民大学出版社2021年版,第242页。

的，应当认定为“**其他特别严重情节**”：(1)致人重度残疾的；(2)造成三人以上重伤、中度残疾或者器官组织损伤导致严重功能障碍的；(3)造成五人以上轻度残疾或者器官组织损伤导致一般功能障碍的；(4)造成十人以上轻伤的；(5)造成重大、特别重大突发公共卫生事件的；(6)生产、销售金额五十万元以上的；(7)生产、销售金额二十万元以上不满五十万元，并具有“对人体健康造成严重危害”规定情形之一的；(8)根据生产、销售的时间、数量、假药种类等，应当认定为情节特别严重的。

关于本罪与其他相关罪名的关系等适用问题。《最高人民法院、最高人民检察院关于办理危害药品安全刑事案件适用法律若干问题的解释》对以下问题作了专门规定：第一，明知他人生产、销售假药、劣药，而有下列情形之一的，**以共同犯罪论处**：(1)提供资金、贷款、帐号、发票、证明、许可证件的；(2)提供生产、经营场所、设备或者运输、储存、保管、邮寄、网络销售渠道等便利条件的；(3)提供生产技术或者原料、辅料、包装材料、标签、说明书的；(4)提供广告宣传等帮助行为的。第二，**依照处罚较重的规定定罪处罚的情形**：(1)实施生产、销售假药、劣药犯罪，同时又构成生产、销售伪劣产品罪，以危险方法危害公共安全罪等犯罪的；(2)实施生产、销售假药、劣药犯罪，同时构成生产、销售伪劣产品，侵犯知识产权，非法经营，非法行医，非法采供血等犯罪的。第三，广告主、广告经营者、广告发布者违反国家规定，利用广告对药品作虚假宣传，情节严重的，依照《刑法》第二百二十二条的规定以**虚假广告罪**定罪处罚。

第二款是关于**药品使用单位的人员明知是假药而提供给他人使用**进行处罚的规定。医院、疾病预防控制中心、防疫站、乡镇卫生院等药品使用单位的人员具有药品专业知识，在日常工作中承担治疗疾患、疾病预防控制、卫生防疫等特殊职责，从事药品购进、储存、调配以及应用等活动，有的还直接面对人民群众，负有救死扶伤等特定义务。这些单位的人员明知是假药而有偿销售、无偿提供给他人使用的行为，严重损害人民群众生命和身体健康，影响职业公信，社会危害严重。《**药品管理法**》第一百一十九条规定：“药品使用单位使用假药、劣药的，按照销售假药、零售劣药的规定处罚……”为与药品管理法做好衔接，《刑法修正案（十一）》增加了本款规定，将对生产销售假药、劣药的处罚，**延伸到使用环节**。医疗机构等药品使单位使用假药、劣药，明确按生产、销售假药、劣药追究刑事责任。

实践中需要注意以下两个方面的问题：

1. **关于生产、销售假药、劣药行为的行政处罚与刑事责任衔接问题**。《刑法修正案（八）》修改入刑条件，删除“足以严重危害人体健康的”入刑条件，生产、销售假药行为即构成犯罪。根据《食品药品行政执法与刑事司法衔接工作办法》的规定，在查办药品违法案件过程中，发现涉嫌犯罪，依法需要追究刑事责任的，及时将案件移送公安机关。

2. **关于销售少量根据民间传统配方私自加工的药品或者销售少量未经批准进口的国外、境外药品**的行为。依照《最高人民法院、最高人民检察院关于办理危害药品安全刑事案件适用法律若干问题的解释》的规定，上述行为没有造成他人伤害后果或者延误诊治，情节显著轻微危害不大的，不认为是犯罪。

【司法解释】

《最高人民法院、最高人民检察院关于办理生产、销售伪劣商品刑事案件具体应用法律若干问题的解释》（法释〔2001〕10号，自2001年4月10日起施行）

△(**对人体健康造成严重危害**)生产、销售的假药被使用后，造成轻伤、重伤或者其他严重后果的，应认定为“对人体健康造成严重危害”。(§ 3 Ⅱ)

△(**生产、销售伪劣商品犯罪的共犯**)知道或者应当知道他人实施生产、销售伪劣商品犯罪，而为其提供贷款、资金、账号、发票、证明、许可证件，或者提供生产、经营场所或者运输、仓储、保管、邮寄等便利条件，或者提供制假生产技术的，以生产、销售伪劣商品犯罪的共犯论处。(§ 9)

△(**想象竞合；侵犯知识产权犯罪；非法经营罪**)实施生产、销售伪劣商品犯罪，同时构成侵犯知识产权、非法经营等其他犯罪的，依照处罚较重的规定定罪处罚。(§ 10)

△(**数罪并罚；妨害公务罪**)实施刑法第一百四十条至第一百四十八条规定的犯罪，又以暴力、威胁方法抗拒查处，构成其他犯罪的，依照数罪并罚的规定处罚。(§ 11)

△(**国家机关工作人员；从重处罚**)国家机关工作人员参与生产、销售伪劣商品犯罪的，从重处罚。(§ 12)

《最高人民法院、最高人民检察院关于办理妨害预防、控制突发传染病疫情等灾害的刑事案件具体应用法律若干问题的解释》（法释〔2003〕8号，自2003年5月15日起施行）

△(**预防、控制突发传染病疫情;用于防治传染病的假药;生产、销售假药罪;从重处罚**)在预防、控制突发传染病疫情等灾害期间,生产、销售伪劣的防治、防护产品、物资,或者生产、销售用于防治传染病的假药、劣药,构成犯罪的,分别依照刑法第一百四十条、第一百四十一条、第一百四十二条的规定,以生产、销售伪劣产品罪,生产、销售假药罪或者生产、销售劣药罪定罪,依法从重处罚。(§ 2)

△(**自首、立功**)人民法院、人民检察院办理有关妨害预防、控制突发传染病疫情等灾害的刑事案件,对于有自首、立功等悔罪表现的,依法从轻、减轻、免除处罚或者依法作出不起诉决定。(§ 17)

《最高人民法院、最高人民检察院关于办理危害药品安全刑事案件适用法律若干问题的解释》(高检发释字〔2022〕1号,自2022年3月6日起施行)

△(**酌情从重**)生产、销售、提供假药,具有下列情形之一的,应当酌情从重处罚:

(一)涉案药品以孕产妇、儿童或者危重病人为主要使用对象的;

(二)涉案药品属于麻醉药品、精神药品、医疗用毒性药品、放射性药品、生物制品,或者以药品类易制毒化学品冒充其他药品的;

(三)涉案药品属于注射剂药品、急救药品的;

(四)涉案药品系用于应对自然灾害、事故灾难、公共卫生事件、社会安全事件等突发事件的;

(五)药品使用单位及其工作人员生产、销售假药的;

(六)其他应当酌情从重处罚的情形。(§1)

△(**对人体健康造成严重危害**)生产、销售、提供假药,具有下列情形之一的,应当认定为刑法第一百四十一条规定的"对人体健康造成严重危害":

(一)造成轻伤或者重伤的;

(二)造成轻度残疾或者中度残疾的;

(三)造成器官组织损伤导致一般功能障碍或者严重功能障碍的;

(四)其他对人体健康造成严重危害的情形。(§2)

△(**其他严重情节**)生产、销售、提供假药,具有下列情形之一的,应当认定为刑法第一百四十一条规定的"其他严重情节":

(一)引发较大突发公共卫生事件的;

(二)生产、销售、提供假药的金额二十万元以上不满五十万元的;

(三)生产、销售、提供假药的金额十万元以上不满二十万元,并具有本解释第一条规定情形之一的;

(四)根据生产、销售、提供的时间、数量、假药种类、对人体健康危害程度等,应当认定为情节严重的。(§3)

△(**其他特别严重情节**)生产、销售、提供假药,具有下列情形之一的,应当认定为刑法第一百四十一条规定的"其他特别严重情节":

(一)致人重度残疾以上的;

(二)造成三人以上重伤、中度残疾或者器官组织损伤导致严重功能障碍的;

(三)造成五人以上轻度残疾或者器官组织损伤导致一般功能障碍的;

(四)造成十人以上轻伤的;

(五)引发重大、特别重大突发公共卫生事件的;

(六)生产、销售、提供假药的金额五十万元以上的;

(七)生产、销售、提供假药的金额二十万元以上不满五十万元,并具有本解释第一条规定情形之一的;

(八)根据生产、销售、提供的时间、数量、假药种类、对人体健康危害程度等,应当认定为情节特别严重的。(§4)

△(**生产;销售;提供**)以生产、销售、提供假药、劣药为目的,合成、精制、提取、储存、加工炮制药品原料,或者在将药品原料、辅料、包装材料制成成品过程中,进行配料、混合、制剂、储存、包装的,应当认定为刑法第一百四十一条、第一百四十二条规定的"生产"。

药品使用单位及其工作人员明知是假药、劣药而有偿提供给他人使用的,应当认定为刑法第一百四十一条、第一百四十二条规定的"销售";无偿提供给他人使用的,应当认定为刑法第一百四十一条、第一百四十二条规定的"提供"。(§6)

△(**共同犯罪**)明知他人实施危害药品安全犯罪,而有下列情形之一的,以共同犯罪论处:

(一)提供资金、贷款、账号、发票、证明、许可证件的;

(二)提供生产、经营场所、设备或者运输、储存、保管、邮寄、销售渠道等便利条件的;

(三)提供生产技术或者原料、辅料、包装材料、标签、说明书的;

(四)提供虚假药物非临床研究报告、药物临床试验报告及相关材料的;

(五)提供广告宣传的；

(六)提供其他帮助的。(§9)

△(**主观故意的认定**)办理生产、销售、提供假药、生产、销售、提供劣药、妨害药品管理等刑事案件,应当结合行为人的从业经历、认知能力、药品质量、进货渠道和价格、销售渠道和价格以及生产、销售方式等事实综合判断认定行为人的主观故意。

具有下列情形之一的,可以认定行为人有实施相关犯罪的主观故意,但有证据证明确实不具有故意的除外:

(一)药品价格明显异于市场价格的；

(二)向不具有资质的生产者、销售者购买药品,且不能提供合法有效的来历证明的;(三)逃避、抗拒监督检查的；

(四)转移、隐匿、销毁涉案药品、进销货记录的；

(五)曾因实施危害药品安全违法犯罪行为受过处罚,又实施同类行为的；

(六)其他足以认定行为人主观故意的情形。(§10)

△(**危害药品安全刑事案件;生产、销售伪劣产品罪**)以提供给他人生产、销售、提供药品为目的,违反国家规定,生产、销售不符合药用要求的原料、辅料,符合刑法第一百四十条规定的,以生产、销售伪劣产品罪从重处罚;同时构成其他犯罪的,依照处罚较重的规定定罪处罚。(§11)

△(**罚金**)对于犯生产、销售、提供假药罪、生产、销售、提供劣药罪、妨害药品管理罪的,应当结合被告人的犯罪数额、违法所得,综合考虑被告人缴纳罚金的能力,依法判处罚金。罚金一般应当在生产、销售、提供的药品金额二倍以上;共同犯罪的,对各共同犯罪人合计判处的罚金一般应当在生产、销售、提供的药品金额二倍以上。(§15)

△(**职业禁止**)对于犯生产、销售、提供假药罪、生产、销售、提供劣药罪、妨害药品管理罪的,应当依照刑法规定的条件,严格缓刑、免予刑事处罚的适用。对于被判处刑罚的,可以根据犯罪情况和预防再犯罪的需要,依法宣告职业禁止或者禁止令。《中华人民共和国药品管理法》等法律、行政法规另有规定的,从其规定。

对于被不起诉或者免予刑事处罚的行为人,需要给予行政处罚、政务处分或者其他处分的,依法移送有关主管机关处理。(§16)

△(**单位犯罪**)单位犯生产、销售、提供假药罪、生产、销售、提供劣药罪、妨害药品管理罪的,对单位判处罚金,并对直接负责的主管人员和其他直接责任人员,依照本解释规定的自然人犯罪的定罪量刑标准处罚。

单位犯罪的,对被告单位及其直接负责的主管人员、其他直接责任人员合计判处的罚金一般应当在生产、销售、提供的药品金额二倍以上。(§17)

△(**民间传统配方**)根据民间传统配方私自加工药品或者销售上述药品,数量不大,且未造成他人伤害后果或者延误诊治的,或者不以营利为目的实施带有自救、互助性质的生产、进口、销售药品的行为,不应当认定为犯罪。

对于是否属于民间传统配方难以确定的,根据地市级以上药品监督管理部门或者有关部门出具的认定意见,结合其他证据作出认定。(§18)

△(**假药、劣药的认定**)刑法第一百四十一条、第一百四十二条规定的"假药""劣药",依照《中华人民共和国药品管理法》的规定认定。

对于《中华人民共和国药品管理法》第九十八条第二款第二项、第四项及第三款第三项至第六项规定的假药、劣药,能够根据现场查获的原料、包装,结合犯罪嫌疑人、被告人供述等证据材料作出判断的,可以由地市级以上药品监督管理部门出具认定意见。对于依据《中华人民共和国药品管理法》第九十八条第二款、第三款的其他规定认定假药、劣药,或者是否属于第九十八条第二款第二项、第三款第六项规定的假药、劣药存在争议的,应当由省级以上药品监督管理部门设置或者确定的药品检验机构进行检验,出具质量检验结论。司法机关根据认定意见、检验结论,结合其他证据作出认定。(§19)

△(**生产、提供和销售药品的金额计算**)对于生产、提供药品的金额,以药品的货值金额计算;销售药品的金额,以所得和可得的全部违法收入计算。(§20)

【司法解释性文件】

《最高人民法院关于审理生产、销售伪劣商品刑事案件有关鉴定问题的通知》(法〔2001〕70号,2001年5月21日公布)

△(**鉴定**)根据《解释》①第三条和第四条的规定,人民法院受理的生产、销售假药犯罪案件和生产、销售不符合卫生标准的食品犯罪案件,均需有

① 即《最高人民法院、最高人民检察院关于办理生产、销售伪劣商品刑事案件具体应用法律若干问题的解释》(法释〔2001〕10号)。

"省级以上药品监督管理部门设置或者确定的药品检验机构"和"省级以上卫生行政部门确定的机构"出具的鉴定结论。

△(**想象竞合;生产、销售伪劣产品罪**)经鉴定确系伪劣商品,被告人的行为既构成生产、销售伪劣产品罪,又构成生产、销售假药罪或者生产、销售不符合卫生标准的食品罪,或者同时构成侵犯知识产权、非法经营等其他犯罪的,根据刑法第一百四十九条第二款和《解释》①第十条的规定,应当依照处罚较重的规定定罪处罚。

《最高人民法院关于充分发挥审判职能作用切实维护公共安全的若干意见》(法发〔2015〕12号,2015年9月16日公布)

△(**非监禁刑;追缴违法犯罪所得;财产刑**)依法惩治危害食品药品安全犯罪。食品药品安全形势不容乐观,重大、恶性食品药品安全犯罪案件时有发生,党中央高度关注,人民群众反映强烈。要以"零容忍"的态度,坚持最严厉的处罚、最严肃的问责,依法严惩生产、销售有毒、有害食品、不符合卫生标准的食品,以及生产、销售假药、劣药等犯罪。要充分认识此类犯罪的严重社会危害,严格缓刑、免刑等非监禁刑的适用。要采取有效措施依法追缴违法犯罪所得,充分适用财产刑,坚决让犯罪分子在经济上无利可图、得不偿失。要依法适用禁止令,有效防范犯罪分子再次危害社会。

《最高人民检察院法律政策研究室对〈关于具有药品经营资质的企业通过非法渠道从私人手中购进药品后销售的如何适用法律问题的请示〉的答复》(高检研〔2015〕19号,2015年10月26日公布)

△(**具有药品经营资质的企业;通过非法渠道;购销药品;销售假药罪;销售伪劣产品罪;行政处罚**)司法机关应当根据《中华人民共和国药品管理法》的有关规定,对具有药品经营资质的企业通过非法渠道从私人手中购销的药品的性质进行认定,区分不同情况,分别定性处理:一是对于经认定属于假药、劣药,且达到"两高"《关于办理危害药品安全刑事案件适用法律若干问题的解释》(以下称《药品解释》)规定的销售假药罪、销售劣药罪的定罪量刑标准的,应当以销售假药罪、销售劣药罪依法追究刑事责任。二是对于经认定属于劣药,但尚未达到《药品解释》规定的销售劣药罪的定罪量刑标准的,可以依据刑法第一百四十九条、第一百四十条的规定,以销售伪劣产品罪追究刑事责任。三是对于无法认定属于假药、劣药的,可以由药品监督管理部门依照《中华人民共和国药品管理法》的规定给予行政处罚,不宜以非法经营罪追究刑事责任。

《最高人民检察院、公安部关于公安机关管辖的刑事案件立案追诉标准的规定(一)的补充规定》(公通字〔2017〕12号,2017年4月27日公布)

△(**生产、销售假药罪;立案追诉标准;生产;销售;假药**)将《立案追诉标准(一)》第17条修改为:[生产、销售假药案(刑法第141条)]生产、销售假药的,应予立案追诉。但销售少量根据民间传统配方私自加工的药品,或者销售少量未经批准进口的国外、境外药品,没有造成他人伤害后果或者延误诊治,情节显著轻微危害不大的除外。

以生产、销售假药为目的,具有下列情形之一的,属于本条规定的"生产":

(一)合成、精制、提取、储存、加工炮制药品原料的;

(二)将药品原料、辅料、包装材料制成成品过程中,进行配料、混合、制剂、储存、包装的;

(三)印制包装材料、标签、说明书的。

医疗机构、医疗机构工作人员明知是假药而有偿提供给他人使用,或者为出售而购买、储存的,属于本条规定的"销售"。

本条规定的"假药",是指依照《中华人民共和国药品管理法》的规定属于假药和按假药处理的药品、非药品。是否属于假药难以确定的,可以根据地市级以上药品监督管理部门出具的认定意见等相关材料进行认定。必要时,可以委托省级以上药品监督管理部门设置或者确定的药品检验机构进行检验。

《最高人民法院、最高人民检察院、公安部、司法部关于依法惩治妨害新型冠状病毒感染肺炎疫情防控违法犯罪的意见》(法发〔2020〕7号,2020年2月6日发布)

△(**肺炎疫情防控;生产、销售伪劣产品罪;生产、销售假药罪;生产、销售劣药罪;生产、销售不符合标准的医用器材罪**)依法严惩制假售假犯罪。在疫情防控期间,生产、销售伪劣的防治、防护产品、物资,或者生产、销售用于防治新型冠状病毒感染肺炎的假药、劣药,符合刑法第一百四十条、第一百四十一条、第一百四十二条规定的,以生

① 即《最高人民法院、最高人民检察院关于办理生产、销售伪劣商品刑事案件具体应用法律若干问题的解释》(法释〔2001〕10号)。

产、销售伪劣产品罪,生产、销售假药罪或者生产、销售劣药罪定罪处罚。

在疫情防控期间,生产不符合保障人体健康的国家标准、行业标准的医用口罩、护目镜、防护服等医用器材,或者销售明知是不符合标准的医用器材,足以严重危害人体健康的,依照刑法第一百四十五条的规定,以生产、销售不符合标准的医用器材罪定罪处罚。(§2Ⅲ)

△(**治安管理处罚;从重情节**)依法严惩妨害疫情防控的违法行为。实施上述(一)至(九)规定的行为,不构成犯罪的,由公安机关根据治安管理处罚法有关虚构事实扰乱公共秩序,扰乱单位秩序、公共场所秩序、寻衅滋事,拒不执行紧急状态下的决定、命令,阻碍执行职务,冲闯警戒带、警戒区,殴打他人,故意伤害,侮辱他人,诈骗,在铁路沿线非法挖掘坑穴、采石取沙,盗窃、损毁路面公共设施,损毁铁路设施设备,故意损毁财物、哄抢公私财物等规定,予以治安管理处罚,或者由有关部门予以其他行政处罚。

对于在疫情防控期间实施有关违法犯罪的,要作为从重情节予以考量,依法体现从严的政策要求,有力惩治震慑违法犯罪,维护法律权威,维护社会秩序,维护人民群众生命安全和身体健康。(§2X)

【附属刑法】

《中华人民共和国疫苗管理法》(2019年6月29日通过)

第七十九条

违反本法规定,构成犯罪的,依法从重追究刑事责任。

第八十条

Ⅰ生产、销售的疫苗属于假药的,由省级以上人民政府药品监督管理部门没收违法所得和违法生产、销售的疫苗以及专门用于违法生产疫苗的原料、辅料、包装材料、设备等物品,责令停产停业整顿,吊销药品注册证书,直至吊销药品生产许可证等,并处违法生产、销售疫苗货值金额十五倍以上五十倍以下的罚款,货值金额不足五十万元的,按五十万元计算。

Ⅲ生产、销售的疫苗属于假药,或者生产、销售的疫苗属于劣药且情节严重的,由省级以上人民政府药品监督管理部门对法定代表人、主要负责人、直接负责的主管人员和关键岗位人员以及其他责任人员,没收违法行为发生期间自本单位所获收入,并处所获收入一倍以上十倍以下的罚款,终身禁止从事药品生产经营活动,由公安机关处五日以上十五日以下拘留。

《中华人民共和国药品管理法》(1984年9月20日通过,2019年8月26日第二次修订)

第一百一十六条

生产、销售假药的,没收违法生产、销售的药品和违法所得,责令停产停业整顿,吊销药品批准证明文件,并处违法生产、销售的药品货值金额十五倍以上三十倍以下的罚款;货值金额不足十万元的,按十万元计算;情节严重的,吊销药品生产许可证、药品经营许可证或者医疗机构制剂许可证,十年内不受理其相应申请;药品上市许可持有人为境外企业的,十年内禁止其药品进口。

第一百一十八条

Ⅰ生产、销售假药,或者生产、销售劣药且情节严重的,对法定代表人、主要负责人、直接负责的主管人员和其他责任人员,没收违法行为发生期间自本单位所获收入,并处所获收入百分之三十以上三倍以下的罚款,终身禁止从事药品生产经营活动,并可以由公安机关处五日以上十五日以下的拘留。

Ⅱ对生产者专门用于生产假药、劣药的原料、辅料、包装材料、生产设备予以没收。

第一百一十九条

药品使用单位使用假药、劣药的,按照销售假药、零售劣药的规定处罚;情节严重的,法定代表人、主要负责人、直接负责的主管人员和其他责任人员有医疗卫生人员执业证书的,还应当吊销执业证书。

第一百二十条

知道或者应当知道属于假药、劣药或者本法第一百二十四条第一款第一项至第五项规定的药品,而为其提供储存、运输等便利条件的,没收全部储存、运输收入,并处违法收入一倍以上五倍以下的罚款;情节严重的,并处违法收入五倍以上十五倍以下的罚款;违法收入不足五万元的,按五万元计算。

第一百二十一条

对假药、劣药的处罚决定,应当依法载明药品检验机构的质量检验结论。

第一百一十四条

违反本法规定,构成犯罪的,依法追究刑事责任。

【公报案例】

△(**主观故意之判断;被告人供述**)《刑法》第一百四十一条规定了生产、销售假药罪。行为人主观上有无生产、销售假药的故意,是认定生产、销售假药罪成立与否的主观要件,在审理时,被告人供述是重要但不是唯一的依据。对于行为人主

观故意的判断,可以根据涉案药品交易的销售渠道是否正规、销售价格是否合理、药品包装是否完整、药品本身是否存在明显瑕疵,结合行为人的职业、文化程度等因素,进行全面分析。[《最高人民法院公报》2010年第12期　申东兰生产、销售假药,赵玉侠等销售假药案]

【参考案例】

△以他种药品冒充此种药品而生产、销售的,应以生产、销售假药罪论处。

生产、销售假药罪,是指违反药品管理法规,生产、销售假药,足以严重危害人体健康的行为。根据《药品管理法》第四十八条的规定,典型的假药有两种:一种是药品所含成分的名称与国家药品标准或者省、自治区、直辖市药品标准规定不符合;另一种是以非药品冒充药品或者以他种药品冒充此种药品。穿心莲片与三金片从成分、效用以及国家药品的标准规定均不符,属于假药的第二种情况,即以彼药品冒充此药品,这是认定生产、销售假药罪的基本依据。[No. 3-1-141-1　熊漓斌等生产、销售假药案]

△具有执业资格的医生在诊疗过程中,出于医治患者的目的,根据民间验方、偏方制成药物用于诊疗小范围患者的,不构成生产、销售假药罪。

生产、销售假药罪被规定在《刑法》破坏社会主义市场经济秩序罪一章,从立法意旨出发,该章中所涉及的生产和销售都应属于市场行为,即这种行为应该是一种以市场流通为基础,以实现利润为目标,建立在一定供求关系上的经济活动。因为只有处于一定市场经济秩序之中的经济行为,才可能违反正常市场经济活动的基本规则,构成对公平竞争、公平交易、诚实守信的市场经济秩序的侵害。生产、销售假药系以低廉的成本获取高额的利润,或者破坏真药厂商的信誉,危害消费者的权益。在孟方超医疗事故案中,孟广超在自己的诊所里按照自己的配方把一些中药配制成胶囊出售给特定的患者治病,虽然这些胶囊也生产并销售给了患者,但毕竟只是在一个非常小的特定范围内针对前来就诊的个别患者进行的,开出药品是用于诊疗,不是单纯的向社会公开销售行为,其生产、销售的数量、规模和范围都远未达到进入药品市场流通领域的程度,还不足以破坏社会主义市场经济秩序,因此,其行为尚不属于生产、销售假药罪中的生产、销售行为。

被告人是在某医专学医期间从一位教授那里获得此药方的,这种获取途径本身就会使他对该药方的作用产生一定的内心确认,而被告人在此后的行医过程中,亦曾将该药方用于临床,未见不良反应,使其对该药方的疗效更加深信不疑。在给被害人用药的过程中,被告人也是在第二次用药见效后遂加大剂量,才导致被害人中毒死亡的。综观全案,被告人虽然是在未按有关规定获得批准的情况下生产、销售该药的,但其主观上并不认为其生产、销售的是假药,且始终坚信该药不会对被害人造成伤害。在处理此类应用民间药方、偏方治病致人伤亡的案件时,对于被告人的主观心态的认定,应当严格把握。法律不强人所难,在有证据表明被告人确实存在合理相信民间药方、偏方的疗效情况下,要充分考虑到被告人对民间验方、偏方过于信任和依赖的心理,一般不应认定被告人存在生产、销售假药的主观故意。[No. 6-5-335-1　孟广超医疗事故案]

△行为人为出售而购进假药但尚未销售的,应认定为销售假药罪既遂。

销售假药罪是指明知是假药而进行销售的行为。我国《刑法修正案(八)》对该罪表述上取消了"足以严重危害人体健康"的内容,也就是说销售假药不以发生实质的危害结果或危险状态为既遂的标准,只要完成销售行为即构成既遂,因此属于行为犯。行为人实施某种行为,自然有其目的或者预期的结果,但对于行为犯来说立法并未将其目的的实现和预期结果的现实化作为犯罪既遂的条件,这并不是说行为犯就没有对法益的侵害或者侵害可能,而是说立法重视某一行为对法益的侵害,将其处罚提前,或者某一行为本身就已经侵害了某种特定的法益,而使得刑法可以直接对其加以处罚,而无需等到现实的实害实现。行为犯是以法定的犯罪行为的完成作为既遂的标志,而行为完成与否的判断,还应以对法益的侵害是否实现为标准,而这种法益侵害的实现具有一定的过程性,并非着手即能完成。在这个过程中,完全可能因为意志以外的因素而被阻碍,被迫停止,因此行为犯当然可能具有未遂形态。笔者认为,行为犯的过程进行程度是指行为从着手进行到现实侵害合法权益有一个发展过程,如果行为已现实侵害了合法权益,就认为达到了相应的程度,可认为基本构成要件行为已经完成,反之则为犯罪未遂。具体到销售假药罪,其侵害的法益是国家的药品管理制度和人民群众的生命、健康权利,这属于复杂客体。其犯罪既遂的标准为只要行为实际侵害了一种法益,即认定为犯罪既遂。只要行为使国家的药品管理制度或人民群众的生命、健康权利两者其一的法益受到实际侵害,就应构成本罪的既遂。销售假药罪不仅包括出售行为,还包括以出售为目的低价购买或制作假药的行为,后一种行为可以单独对国家的药品管理制度造成

实际损害，因此可以单独成立销售假药罪的既遂。［No. 3-1-141-2　卢继高、鲁仲平、吴树忠非法经营、销售假药案］

第一百四十二条　【生产、销售、提供劣药罪】

生产、销售劣药，对人体健康造成严重危害的，处三年以上十年以下有期徒刑，并处罚金；后果特别严重的，处十年以上有期徒刑或者无期徒刑，并处罚金或者没收财产。

药品使用单位的人员明知是劣药而提供给他人使用的，依照前款的规定处罚。

【立法沿革】

《中华人民共和国刑法》(1997年修订，自1997年10月1日起施行)

第一百四十二条

生产、销售劣药，对人体健康造成严重危害的，处三年以上十年以下有期徒刑，并处销售金额百分之五十以上二倍以下罚金；后果特别严重的，处十年以上有期徒刑或者无期徒刑，并处销售金额百分之五十以上二倍以下罚金或者没收财产。

本条所称劣药，是指依照《中华人民共和国药品管理法》的规定属于劣药的药品。

《中华人民共和国刑法修正案(十一)》(自2021年3月1日起施行)

六、将刑法第一百四十二条修改为：

"生产、销售劣药，对人体健康造成严重危害的，处三年以上十年以下有期徒刑，并处罚金；后果特别严重的，处十年以上有期徒刑或者无期徒刑，并处罚金或者没收财产。

"药品使用单位的人员明知是劣药而提供给他人使用的，依照前款的规定处罚。"

【立法理由】

(一)立法相关背景及修改情况

1. 1979年之后至1997年刑法修订前的立法情况。药品直接关系到人民群众生命安全和身体健康，特别是与患者的生命紧密联系。1979年《刑法》第一百六十四条规定了制造、贩卖假药罪，该条规定在实践中发挥了较大作用。对于生产、销售劣药行为，在实践中有的按制造、销售假药罪处理，有的则按一般违法行为处理。1984年《药品管理法》第五十一条第二款虽将生产、销售劣药，危害人民健康，造成严重后果的行为规定比照《刑法》第一百六十四条规定追究刑事责任。1993年7月2日第八届全国人大常委会第二次会议通过的《全国人民代表大会常务委员会关于惩治生产、销售伪劣商品犯罪的决定》补充规定了生产、销售劣药罪。

2. 1997年修订刑法的情况。1997年修订刑法时，在吸收全国人大常委会通过的《全国人民代表大会常务委员会关于惩治生产、销售伪劣商品犯罪的决定》内容的基础上明确了生产、销售劣药罪，单独规定为一条，将决定中"违法所得"修改为"销售金额"，同时明确规定了罚金的具体幅度和量刑标准，加强药品管理，惩处生产、销售假药、劣药行为，保护人民的生命健康安全。

3. 2020年《刑法修正案(十一)》对本条的修改情况。一是**删除原条文第二款中"本条所称劣药，是指依照《中华人民共和国药品管理法》的规定属于劣药的药品"的规定。**2019年修订的药品管理法对假药、劣药的范围进行了调整，删除按照劣药论处情形。为与药品管理法做好衔接，同时考虑到行政法律修改频繁情况，2020年修改刑法时删除该款规定。对于劣药，应依照药品管理法相关规定作出认定。二是**增加药品使用单位的人员明知是劣药而提供他人使用，依照生产、销售劣药罪处罚的规定。**对于药品使用单位使用假药、劣药的行为，根据2019年修订的《药品管理法》第一百一十九条的规定，按照销售假药、劣药的规定处罚。《最高人民法院、最高人民检察院关于办理危害药品安全刑事案件适用法律若干问题的解释》第六条第二款规定："医疗机构、医疗机构工作人员明知是假药、劣药而有偿提供给他人使用，或者为出售而购买、储存的行为，应当认定为刑法第一百四十一条、第一百四十二条规定的'销售'。"为明确对此类行为的惩治，《刑法修正案(十一)》对此类行为进行了明确。有的意见反映，实践中也存在捐赠、义诊等活动中将假药、劣药无偿提供给他人使用的情形。对于此类情形，也适用此款规定，并不限于药品使用单位的人员以有偿为目的提供给他人使用。

(二)立法时争议的主要问题

关于劣药的认定法律依据问题。有的意见提出，删除劣药依照药品管理法认定的规定，会产生劣药认定有行政处罚认定标准、刑事处罚认定标准两个不同标准的认识误解，建议保留原第二款规定。也有的意见认为,刑法上关于认定依据指引到具体法律的规定不多,限于《刑法》第一百八十六条违法发放贷款罪关系人的范围、《刑法》第二百一十九条侵犯商业秘密犯罪商业秘密的认定,《刑法》第三百三十条甲类传染病的范围等。考虑到《刑法修正案(十一)》删去了《刑法》第二百一十九条第三款依照反不正当竞争法确定商业秘密定义的具体指引性规定,也体现了类似的修改思路,尤其是行政法律、法规根据实践需要对有关规定修改完善较为频繁,其中有的法律法规对具体问题定性作出实质性的修改。为技术上考虑并与有关法律做好衔接,可以不在刑法规定依照相关法律确定此类定义问题。**关于劣药的范围,可以继续依照药品管理法的具体规定确定。**

【条文说明】

本条是关于生产、销售、提供劣药罪及其处罚的规定。

本条共分为两款。

第一款是对生产、销售劣药罪的构成要件及其处罚的规定。根据本款规定,生产、销售劣药罪有以下构成要件:

1. 行为人在主观上只能是**故意**。

2. 行为人必须有**生产、销售劣药的行为**。本条规定的药品,仅限于人用药品,不包括兽用药品。所谓"**劣药**",根据《药品管理法》第九十八条第三款的规定,有下列情形之一的,为劣药:(1)药品成分的含量不符合国家药品标准;(2)被污染的药品;(3)未标明或者更改有效期的药品;(4)未注明或者更改产品批号的药品;(5)超过有效期的药品;(6)擅自添加防腐剂和辅料的药品;(7)其他不符合药品标准规定,影响药品质量的药品。

3. 生产、销售劣药,必须要有**对人体健康造成严重危害的后果**,才构成犯罪,这也是生产、销售劣药罪与生产、销售假药罪在犯罪构成上最大的不同。生产、销售假药,只要实施了生产、销售假药的行为,不必有危害人体健康的结果发生,就构成犯罪;而生产、销售劣药,必须对人体造成严重危害的才能构成犯罪。①

生产、销售劣药的犯罪行为,分为两档刑罚。第一档刑罚,生产、销售劣药,**对人体健康造成严重危害的**,处三年以上十年以下有期徒刑,并处罚金。根据司法实践,"对人体健康造成严重危害",是指生产、销售的劣药被使用后,造成轻伤、重伤或者其他严重后果的。根据《最高人民法院、最高人民检察院关于办理危害药品安全刑事案件适用法律若干问题的解释》第五条的规定,生产、销售劣药,具有下列情形之一的,应当认定为"**对人体健康造成严重危害**":(1)造成轻伤或者重伤的;(2)造成轻度残疾或者中度残疾的;(3)造成器官组织损伤导致一般功能障碍或者严重功能障碍的;(4)其他对人体健康造成严重危害的情形。第二档刑罚,**后果特别严重的**,处十年以上有期徒刑或者无期徒刑,并处罚金或者没收财产。"后果特别严重",主要是指致人死亡或者对人体健康造成特别严重危害的情况。根据《最高人民法院、最高人民检察院关于办理危害药品安全刑事案件适用法律若干问题的解释》第五条第二款的规定,生产、销售劣药,致人死亡,或者具有下列情形之一的,应当认定为"**后果特别严重**":(1)致人重度残疾的;(2)造成三人以上重伤、中度残疾或者器官组织损伤导致严重功能障碍的;(3)造成五人以上轻度残疾或者器官组织损伤导致一般功能障碍的;(4)造成十人以上轻伤的;(5)造成重大、特别重大突发公共卫生事件的。

第二款是对药品使用单位的人员明知是劣药而提供给他人使用的,依照第一款的规定处罚的规定。

需要注意的是,生产、销售劣药罪与其他罪的区别在于:

1. 生产、销售劣药罪与**利用迷信手段骗取财物**的区别:二者除犯罪主体不同外,在客观方面,生产、销售劣药罪有生产、销售劣药行为,而利用迷信手段,把根本不具备药品效能和外观、包装的物品当成是药品进行诈骗钱财,其所利用的不是人们认为药品可以治病的科学心理,而是利用人们的愚昧、迷信心理,有可能构成诈骗罪。

2. 生产、销售劣药罪与**生产、销售伪劣产品罪**的区别:如果生产、销售劣药行为同时触犯了两种罪名,根据《刑法》第一百四十九条的规定,应按处刑较重的罪处罚;如果生产、销售劣药没有对人体造成严重危害的后果,而销售金额在五万元以上,则不构成生产、销售劣药罪,而应以生产、销售伪劣产品罪处罚。

---

① 我国学者指出,由于劣药一般比假药的危害小,故而生产、销售劣药对人体健康造成严重危害的,才成立犯罪。参见张明楷:《刑法学》(第6版),法律出版社2021年版,第951页。

【司法解释】

《最高人民法院、最高人民检察院关于办理生产、销售伪劣商品刑事案件具体应用法律若干问题的解释》(法释〔2001〕10 号,自 2001 年 4 月 10 日起施行)

△(**生产、销售伪劣商品犯罪的共犯**)知道或者应当知道他人实施生产、销售伪劣商品犯罪,而为其提供贷款、资金、账号、发票、证明、许可证件,或者提供生产、经营场所或者运输、仓储、保管、邮寄等便利条件,或者提供制假生产技术的,以生产、销售伪劣商品犯罪的共犯论处。(§ 9)

△(**想象竞合;侵犯知识产权犯罪;非法经营罪**)实施生产、销售伪劣商品犯罪,同时构成侵犯知识产权、非法经营等其他犯罪的,依照处罚较重的规定定罪处罚。(§ 10)

△(**数罪并罚;妨害公务罪**)实施刑法第一百四十条至第一百四十八条规定的犯罪,又以暴力、威胁方法抗拒查处,构成其他犯罪的,依照数罪并罚的规定处罚。(§ 11)

△(**国家机关工作人员;从重处罚**)国家机关工作人员参与生产、销售伪劣商品犯罪的,从重处罚。(§ 12)

《最高人民法院、最高人民检察院关于办理妨害预防、控制突发传染病疫情等灾害的刑事案件具体应用法律若干问题的解释》(法释〔2003〕8 号,自 2003 年 5 月 15 日起施行)

△(**预防、控制突发传染病疫情;用于防治传染病的假药;生产、销售假药罪;从重处罚**)在预防、控制突发传染病疫情等灾害期间,生产、销售伪劣的防治、防护产品、物资,或者生产、销售用于防治传染病的假药、劣药,构成犯罪的,分别依照刑法第一百四十条、第一百四十一条、第一百四十二条的规定,以生产、销售伪劣产品罪,生产、销售假药罪或者生产、销售劣药罪定罪,依法从重处罚。(§ 2)

△(**自首、立功**)人民法院、人民检察院办理有关妨害预防、控制突发传染病疫情等灾害的刑事案件,对于有自首、立功等悔罪表现的,依法从轻、减轻、免除处罚或者依法作出不起诉决定。(§ 17)

《最高人民法院、最高人民检察院关于办理危害药品安全刑事案件适用法律若干问题的解释》(高检发释字〔2022〕1 号,自 2022 年 3 月 6 日起施行)

△(**酌情从重处罚;对人体健康造成严重危害;后果特别严重**)生产、销售、提供劣药,具有本解释第一条规定情形之一的,应当酌情从重处罚。

生产、销售、提供劣药,具有本解释第二条规定情形之一的,应当认定为刑法第一百四十二条规定的“对人体健康造成严重危害”。

生产、销售、提供劣药,致人死亡,或者具有本解释第四条第一项至第五项规定情形之一的,应当认定为刑法第一百四十二条规定的“后果特别严重”。(§5)

△(**生产;销售;提供**)以生产、销售、提供假药、劣药为目的,合成、精制、提取、储存、加工炮制药品原料,或者在将药品原料、辅料、包装材料制成成品过程中,进行配料、混合、制剂、储存、包装的,应当认定为刑法第一百四十一条、第一百四十二条规定的“生产”。

药品使用单位及其工作人员明知是假药、劣药而有偿提供给他人使用的,应当认定为刑法第一百四十一条、第一百四十二条规定的“销售”;无偿提供给他人使用的,应当认定为刑法第一百四十一条、第一百四十二条规定的“提供”。(§6)

△(**共同犯罪**)明知他人实施危害药品安全犯罪,而有下列情形之一的,以共同犯罪论处:

(一)提供资金、贷款、账号、发票、证明、许可证件的;

(二)提供生产、经营场所、设备或者运输、储存、保管、邮寄、销售渠道等便利条件的;

(三)提供生产技术或者原料、辅料、包装材料、标签、说明书的;

(四)提供虚假药物非临床研究报告、药物临床试验报告及相关材料的;

(五)提供广告宣传的;

(六)提供其他帮助的。(§9)

△(**主观故意的认定**)办理生产、销售、提供假药、生产、销售、提供劣药、妨害药品管理等刑事案件,应当结合行为人的从业经历、认知能力、药品质量、进货渠道和价格、销售渠道和价格以及生产、销售方式等事实综合判断认定行为人的主观故意。具有下列情形之一的,可以认定行为人有实施相关犯罪的主观故意,但有证据证明确实不具有故意的除外:

(一)药品价格明显异于市场价格的;

(二)向不具有资质的生产者、销售者购买药品,且不能提供合法有效的来历证明的;

(三)逃避、抗拒监督检查的;

(四)转移、隐匿、销毁涉案药品、进销货记录的;

(五)曾因实施危害药品安全违法犯罪行为受过处罚,又实施同类行为的;

(六)其他足以认定行为人主观故意的情形。

(§10)

△(**危害药品安全刑事案件;生产、销售伪劣产品罪**)以提供给他人生产、销售、提供药品为目的,违反国家规定,生产、销售不符合药用要求的原料、辅料,符合刑法第一百四十条规定的,以生产、销售伪劣产品罪从重处罚;同时构成其他犯罪的,依照处罚较重的规定定罪处罚。(§11)

△(**罚金**)对于犯生产、销售、提供假药罪、生产、销售、提供劣药罪、妨害药品管理罪的,应当结合被告人的犯罪数额、违法所得,综合考虑被告人缴纳罚金的能力,依法判处罚金。罚金一般应当在生产、销售、提供的药品金额二倍以上;共同犯罪的,对各共同犯罪人合计判处的罚金一般应当在生产、销售、提供的药品金额二倍以上。(§15)

△(**职业禁止**)对于犯生产、销售、提供假药罪、生产、销售、提供劣药罪、妨害药品管理罪的,应当依照刑法规定的条件,严格缓刑、免予刑事处罚的适用。对于被判处刑罚的,可以根据犯罪情况和预防再犯罪的需要,依法宣告职业禁止或者禁止令。《中华人民共和国药品管理法》等法律、行政法规另有规定的,从其规定。

对于被不起诉或者免予刑事处罚的行为人,需要给予行政处罚、政务处分或者其他处分的,依法移送有关主管机关处理。(§16)

△(**单位犯罪**)单位犯生产、销售、提供假药罪、生产、销售、提供劣药罪、妨害药品管理罪的,对单位判处罚金,并对直接负责的主管人员和其他直接责任人员,依照本解释规定的自然人犯罪的定罪量刑标准处罚。

单位犯罪的,对被告单位及其直接负责的主管人员、其他直接责任人员合计判处的罚金一般应当在生产、销售、提供的药品金额二倍以上。(§17)

△(**民间传统配方**)根据民间传统配方私自加工药品或者销售上述药品,数量不大,且未造成他人伤害后果或者延误诊治的,或者不以营利为目的实施带有自救、互助性质的生产、进口、销售药品的行为,不应当认定为犯罪。

对于是否属于民间传统配方难以确定的,根据地市级以上药品监督管理部门或者有关部门出具的认定意见,结合其他证据作出认定。(§18)

△(**假药、劣药的认定**)刑法第一百四十一条、第一百四十二条规定的"假药""劣药",依照《中华人民共和国药品管理法》的规定认定。

对于《中华人民共和国药品管理法》第九十八条第二款第二项、第四项及第三款第三项至第六项规定的假药、劣药,能够根据现场查获的原料、包装,结合犯罪嫌疑人、被告人供述等证据材料作出判断的,可以由地市级以上药品监督管理部门出具认定意见。对于依据《中华人民共和国药品管理法》第九十八条第二款、第三款的其他规定认定假药、劣药,或者是否属于第九十八条第二款第二项、第三款第六项规定的假药、劣药存在争议的,应当由省级以上药品监督管理部门设置或者确定的药品检验机构进行检验,出具质量检验结论。司法机关根据认定意见、检验结论,结合其他证据作出认定。(§19)

△(**生产、提供和销售药品的金额计算**)对于生产、提供药品的金额,以药品的货值金额计算;销售药品的金额,以所得和可得的全部违法收入计算。(§20)

【司法解释性文件】

《最高人民检察院、公安部关于公安机关管辖的刑事案件立案追诉标准的规定(一)》(公通字〔2008〕36号,2008年6月25日公布)

△(**生产、销售劣药罪;立案追诉标准;劣药**)生产(包括配制)、销售劣药,涉嫌下列情形之一的,应予立案追诉:

(一)造成人员轻伤、重伤或者死亡的;

(二)其他对人体健康造成严重危害的情形。

本条规定的"劣药",是指依照《中华人民共和国药品管理法》的规定,药品成份的含量不符合国家药品标准的药品和按劣药论处的药品。(§ 18)

《最高人民法院关于充分发挥审判职能作用切实维护公共安全的若干意见》(法发〔2015〕12号,2015年9月16日公布)

△(**非监禁刑;追缴违法犯罪所得;财产刑**)依法惩治危害食品药品安全犯罪。食品药品安全形势不容乐观,重大、恶性食品药品安全犯罪案件时有发生,党中央高度关注,人民群众反映强烈。要以"零容忍"的态度,坚持最严厉的处罚、最严肃的问责,依法严惩生产、销售有毒、有害食品、不符合卫生标准的食品,以及生产、销售假药、劣药等犯罪。要充分认识此类犯罪的严重社会危害,严格缓刑、免刑等非监禁刑的适用。要采取有效措施依法追缴违法犯罪所得,充分适用财产刑,坚决让犯罪分子在经济上无利可图、得不偿失。要依法适用禁止令,有效防范犯罪分子再次危害社会。

《最高人民检察院法律政策研究室对〈关于具有药品经营资质的企业通过非法渠道从私人手中购进药品后销售的如何适用法律问题的请示〉的答复》(高检研〔2015〕19号,2015年10月26日

公布）

△（**具有药品经营资质的企业；通过非法渠道；购销药品；销售劣药罪；销售伪劣产品罪；行政处罚**）司法机关应当根据《中华人民共和国药品管理法》的有关规定，对具有药品经营资质的企业通过非法渠道从私人手中购销的药品的性质进行认定，区分不同情况，分别定性处理：一是对于经认定属于假药、劣药，且达到“两高”《关于办理危害药品安全刑事案件适用法律若干问题的解释》（以下称《药品解释》）规定的销售假药罪、销售劣药罪的定罪量刑标准的，应当以销售假药罪、销售劣药罪依法追究刑事责任。二是对于经认定属于劣药，但尚未达到《药品解释》规定的销售劣药罪的定罪量刑标准的，可以依据刑法第一百四十九条、第一百四十条的规定，以销售伪劣产品罪追究刑事责任。三是对于无法认定属于假药、劣药的，可以由药品监督管理部门依照《中华人民共和国药品管理法》的规定给予行政处罚，不宜以非法经营罪追究刑事责任。

《最高人民法院、最高人民检察院、公安部、司法部关于依法惩治妨害新型冠状病毒感染肺炎疫情防控违法犯罪的意见》（法发〔2020〕7 号，2020 年 2 月 6 日发布）

△（**肺炎疫情防控；生产、销售伪劣产品罪；生产、销售假药罪；生产、销售劣药罪；生产、销售不符合标准的医用器材罪**）依法严惩制假售假犯罪。在疫情防控期间，生产、销售伪劣的防治、防护产品、物资，或者生产、销售用于防治新型冠状病毒感染肺炎的假药、劣药，符合刑法第一百四十条、第一百四十一条、第一百四十二条规定的，以生产、销售伪劣产品罪，生产、销售假药罪或者生产、销售劣药罪定罪处罚。

在疫情防控期间，生产不符合保障人体健康的国家标准、行业标准的医用口罩、护目镜、防护服等医用器材，或者销售明知是不符合标准的医用器材，足以严重危害人体健康的，依照刑法第一百四十五条的规定，以生产、销售不符合标准的医用器材罪定罪处罚。（§ 2 Ⅲ）

△（**治安管理处罚；从重情节**）依法严惩妨害疫情防控的违法行为。实施上述（一）至（九）规定的行为，不构成犯罪的，由公安机关根据治安管理处罚法有关虚构事实扰乱公共秩序，扰乱单位秩序、公共场所秩序、寻衅滋事，拒不执行紧急状态下的决定、命令，阻碍执行职务，冲闯警戒带、警戒区，殴打他人，故意伤害，侮辱他人，诈骗，在铁路沿线非法挖掘坑穴、采石取沙，盗窃、损毁路面公共设施，损毁铁路设施设备，故意损毁财物、哄抢公私财物等规定，予以治安管理处罚，或者由有关部门予以其他行政处罚。

对于在疫情防控期间实施有关违法犯罪的，要作为从重情节予以考量，依法体现从严的政策要求，有力惩治震慑违法犯罪，维护法律权威，维护社会秩序，维护人民群众生命安全和身体健康。（§ 2 Ⅹ）

【附属刑法】

《中华人民共和国疫苗管理法》（2019 年 6 月 29 日通过）

第七十九条

违反本法规定，构成犯罪的，依法从重追究刑事责任。

第八十条

Ⅱ生产、销售的疫苗属于劣药的，由省级以上人民政府药品监督管理部门没收违法所得和违法生产、销售的疫苗以及专门用于违法生产疫苗的原料、辅料、包装材料、设备等物品，责令停产停业整顿，并处违法生产、销售疫苗货值金额十倍以上三十倍以下的罚款，货值金额不足五十万元的，按五十万元计算；情节严重的，吊销药品注册证书，直至吊销药品生产许可证等。

Ⅲ生产、销售的疫苗属于假药，或者生产、销售的疫苗属于劣药且情节严重的，由省级以上人民政府药品监督管理部门对法定代表人、主要负责人、直接负责的主管人员和关键岗位人员以及其他责任人员，没收违法行为发生期间自本单位所获收入，并处所获收入一倍以上十倍以下的罚款，终身禁止从事药品生产经营活动，由公安机关处五日以上十五日以下拘留。

《中华人民共和国药品管理法》（1984 年 9 月 20 日通过，2019 年 8 月 26 日第二次修订）

第一百一十七条

Ⅰ生产、销售劣药的，没收违法生产、销售的药品和违法所得，并处违法生产、销售的药品货值金额十倍以上二十倍以下的罚款；违法生产、批发的药品货值金额不足十万元的，按十万元计算，违法零售的药品货值金额不足一万元的，按一万元计算；情节严重的，责令停产停业整顿直至吊销药品批准证明文件、药品生产许可证、药品经营许可证或者医疗机构制剂许可证。

Ⅱ生产、销售的中药饮片不符合药品标准，尚不影响安全性、有效性的，责令限期改正，给予警告；可以处十万元以上五十万元以下的罚款。

第一百一十八条

Ⅰ生产、销售假药，或者生产、销售劣药且情节严重的，对法定代表人、主要负责人、直接负责的主管人员和其他责任人员，没收违法行为发生期间自本单位所获收入，并处所获收入百分之三十以上三倍以下的罚款，终身禁止从事药品生产经营活动，并可以由公安机关处五日以上十五日以下的拘留。

Ⅱ对生产者专门用于生产假药、劣药的原料、辅料、包装材料、生产设备予以没收。

第一百一十九条

药品使用单位使用假药、劣药的，按照销售假药、零售劣药的规定处罚；情节严重的，法定代表人、主要负责人、直接负责的主管人员和其他责任人员有医疗卫生人员执业证书的，还应当吊销执业证书。

第一百二十条

知道或者应当知道属于假药、劣药或者本法第一百二十四条第一款第一项至第五项规定的药品，而为其提供储存、运输等便利条件的，没收全部储存、运输收入，并处违法收入一倍以上五倍以下的罚款；情节严重的，并处违法收入五倍以上十五倍以下的罚款；违法收入不足五万元的，按五万元计算。

第一百二十一条

对假药、劣药的处罚决定，应当依法载明药品检验机构的质量检验结论。

第一百一十四条

违反本法规定，构成犯罪的，依法追究刑事责任。

第一百四十二条之一　【妨害药品管理罪】

违反药品管理法规，有下列情形之一，足以严重危害人体健康的，处三年以下有期徒刑或者拘役，并处或者单处罚金；对人体健康造成严重危害或者有其他严重情节的，处三年以上七年以下有期徒刑，并处罚金：

（一）生产、销售国务院药品监督管理部门禁止使用的药品的；

（二）未取得药品相关批准证明文件生产、进口药品或者明知是上述药品而销售的；

（三）药品申请注册中提供虚假的证明、数据、资料、样品或者采取其他欺骗手段的；

（四）编造生产、检验记录的。

有前款行为，同时又构成本法第一百四十一条、第一百四十二条规定之罪或者其他犯罪的，依照处罚较重的规定定罪处罚。

【立法沿革】

《中华人民共和国刑法修正案（十一）》（自2021年3月1日起施行）

七、在刑法第一百四十二条后增加一条，作为第一百四十二条之一：

“违反药品管理法规，有下列情形之一，足以严重危害人体健康的，处三年以下有期徒刑或者拘役，并处或者单处罚金；对人体健康造成严重危害或者有其他严重情节的，处三年以上七年以下有期徒刑，并处罚金：

“（一）生产、销售国务院药品监督管理部门禁止使用的药品的；

“（二）未取得药品相关批准证明文件生产、进口药品或者明知是上述药品而销售的；

“（三）药品申请注册中提供虚假的证明、数据、资料、样品或者采取其他欺骗手段的；

“（四）编造生产、检验记录的。

“有前款行为，同时又构成本法第一百四十一条、第一百四十二条规定之罪或者其他犯罪的，依照处罚较重的规定定罪处罚。”

【立法理由】

（一）立法相关背景

2020年《刑法修正案（十一）》增加了本条规定。药品关系人民群众生命健康，要加强药品安全监管，用最严谨的标准、最严格的监管、最严厉的处罚、最严肃的问责，保障人民群众用药安全。药品作为特殊物品，既要保障药品具有功效，同时要严格依照《药品生产质量管理规范》进行生产，依照《药品经营质量管理规范》进行经营，以确保药品生产质量。对于违反药品管理法律法规的行为，本条增加了违反药品管理法规，应当追究刑事责任的具体情形。对于增加的具体情形，2019年修订药品管理法时，主要按照药品功效，重新调整假药、劣药范围，不再保留按假药、劣药论处的概念。将原来的假药、劣药和按假药、劣药论处所列的十五种情形分三种情况处理：一是列为假药，共四种；二是列为劣药，共七种；三是将违反药品管理秩序的行为单独规定，相应规定法律责任。本条将按假药论处中“生产、销售国务院药品监督管理部门禁止使用的药品的”“未取得药品批准证明文件生产、进口药品或者明知是上述药品而销售的”等严重违反药品监管秩序的行为纳入规制范围。关于药品申请注册中提供虚假的证明、数据、资料、样品或者采取其他欺骗手段,获得或者意图获得药品批准证明文件的行为,欺骗药品监督管理部门,损害药品监管秩序,影响其他申请单位权益,在违反药品监管秩序犯罪中增加提供虚假证明文件的行为。生产、检验记录是药品生产管理的基础性资料,建立完整准确的药品生产、检验记录,真实地反映企业生产全过程的实际情况,有利于药品生产单位加强对药品生产质量的控制,也有利于药品监督管理部门对药品生产质量实施监督。编造生产、检验记录的行为,不能反映药品真实生产过程,不利于对药品生产质量的监督管理,《刑法修正案(十一)》将此类行为作为违反药品监管秩序犯罪行为的一种情形加以规定。

(二)立法时争议的主要问题

1. **关于是否增加妨害药品管理秩序的犯罪**。有的意见提出妨害药品管理秩序的行为主要是违反行政管理秩序,给予行政处罚就可以,不一定要追究刑事责任。如果生产、销售的药品、非药品属于假药、劣药的,可以适用《刑法》第一百四十一条、一百四十二条规定。如果不属于假药、劣药,但不符合相关质量标准,达到一定数额的,可能构成《刑法》第一百四十条生产、销售伪劣产品罪。对于其他违规生产的药品,质量合格或者虽然质量不合格,但不属于伪劣产品的,不一定追究刑事责任。有的提出,药品是经过临床和非临床的反复实验,又经过药品质量、稳定性及临床疗效和不良反应的检验。既要保证药品的实际疗效,又需要对影响药品质量的所有要素进行严格管控,确保持续稳定地生产出符合预定用途和注册要求的药品。对于违反药品管理秩序的行为,应规定相应刑事责任,以确保药品质量,保证人民群众用药安全。

2. **关于“足以严重危害人体健康”入刑标准问题**。有的意见提出,“足以严重危害人体健康”不易判断,影响司法适用,也可能会造成打击面过大,建议在“足以严重危害人体健康”后增加“情节严重”的入罪条件。有的意见提出,这些行为在相关行政法律法规中已经进行了处罚规定,应设置合理入刑标准,以区分行政违法与刑事违法界限。

3. **关于具体情形的完善**。有的意见建议,参照 2019 年修订的《药品管理法》第一百二十四条规定,增加“使用未经审评审批的原料药生产药品的”“未经批准在药品生产过程中进行重大变更”“依照本法应当检验而未经检验即销售药品”等具体情形;“在药品申请注册中提供虚假的证明、数据、资料、样品或者采取其他欺骗手段,取得药品注册的”行为,司法解释已有规定,可以按**提供虚假证明文件罪**处罚。有的意见提出,国家进行行政审批事项改革,对事先审批的事项,可以加强事中事后监管解决。

【条文说明】

本条是关于妨害药品管理罪及其处罚的规定。

本条共分为两款。

第一款是违反药品管理秩序的行为及其处罚的规定。根据本款规定,违反药品管理秩序的犯罪行为,有以下构成要件:

1. 行为人在主观上只能是**故意**。

2. 本罪的犯罪主体包括**单位和个人**。依照《刑法》第一百五十条的规定,单位犯本罪的,可以对单位判处罚金,并对其直接负责的主管人员和其他直接责任人员,依照本罪定罪处罚。

3. 行为人有违反药品管理法规的行为。这里所说的“**药品管理法规**”,是指违反国家有关药品监督管理方面的法律、法规,如药品管理法、中医药法、药品管理法实施条例以及其他有关药品监管方面的法律、法规。

根据本款规定,构成本罪的行为有以下四种:

1. **“生产、销售国务院药品监督管理部门禁止使用的药品的”**。这里的“**禁止使用的药品**”,包括根据《药品管理法》第八十三条的规定,属于疗效不确切、不良反应大或者因其他原因危害人体健康的情形,被依法注销药品注册证书,禁止使用的药品。由于科学技术发展水平的局限和人类对自身认识的不足,人们对一些药品的疗效、作用机制等的认识可能是不全面的,有时甚至是错误的,一些经过严格审批投入临床使用的药品也可能会对人们的身体健康造成损害。发现药品生产、使用中存在的问题并采取相应的改正措施,对于保证药品使用的安全有效、保证人体健康和生命安全,是非常有必要的。对国务院药品监督管理部门禁止使用的药品,药品生产企业、批发单位等应当严格遵守禁止规定,不得生产、销售和使用。如果继续生产、销售和使用这类药品,应按照《药品管理法》第一百二十四条的规定,给予行政处罚。符合本条规定的入刑条件的,依法追究刑事责任。

2. **“未取得药品相关批准证明文件生产、进**

口药品或者明知是上述药品而销售的”。根据《药品管理法》第二十四条、第四十一条的规定，从事药品生产、经营活动，应当取得药品生产、经营许可证。在中国境内上市的药品，应当经国务院药品监管部门批准，取得药品注册证书；医疗机构配制制剂，根据《药品管理法》第七十四条、《中医药法》第三十二条的规定，应当取得医疗机构制剂许可证、制剂批准文号；进口药品，根据《药品管理法实施条例》第三十五条、《药品进口管理办法》第五条的规定，必须取得国务院药品监督管理部门核发的《进口药品注册证》（或者《医药产品注册证》），或者《进口药品批件》后，方可进口。未得到上述药品相关批准证明文件，生产、进口药品的行为及销售上述药品的行为，既不能保证所生产、进口的物品具有药品预防、治疗、诊断疾病的功能，有可能延误病情诊治，损害人民群众身体健康、生命安全，又严重违反药品监督管理秩序，造成药品监管市场秩序混乱，可以根据《药品管理法》第一百二十四条的规定，给予行政处罚。符合本条规定的入刑条件的，依法追究刑事责任。

对于本项行为，应当根据具体情况，区分不同情形依法处理。《药品管理法》第一百二十一条规定，关于对假药、劣药的处罚决定，应当依法载明药品检验机构的质量检验结论的规定。如果依照药品管理法的规定属于假药、劣药的，可以适用生产、销售假药、劣药罪。如果不属于的，则不适用生产、销售假药、劣药罪。对“足以严重危害人体健康”的认定，可以通过相关司法解释作类型化处理，有的可以直接界定为“足以严重危害人体健康”。

3.“**药品申请注册中提供虚假的证明、数据、资料、样品或者采取其他欺骗手段的**”。药品注册申请，是指药品注册申请人依照法定程序和相关要求提出药物临床试验、药品上市许可、再注册等申请以及补充申请的行为。依照《药品管理法》第二十四条的规定，申请药品注册，应当提供真实、充分、可靠的数据、资料和样品。这里的数据、资料和样品，包括药物临床试验、药品上市许可、再注册等申请以及补充申请的数据、资料和样品。对于在药品申请注册中提供虚假的证明、数据、资料、样品或者采取其他欺骗手段的，可以按照《药品管理法》第一百二十三条的规定，给予行政处罚。符合本条规定的入刑条件的，依法追究刑事责任。

4.“**编造生产、检验记录的**”。生产、检验记录涉及药品生产管理、质量管理的实施过程的重要记载，有利于实现生产过程的可追溯，是实现药品按照国家药品标准和经药品监督管理部门核准的生产工艺进行生产，实现药品质量可控的重要手段。依照《药品管理法》第四十四条的规定，生产、检验记录应当完整准确，不得编造。对于编造生产、检验记录的行为，可以按照《药品管理法》第一百二十四条的规定，给予行政处罚。符合本条规定的入刑条件的，依法追究刑事责任。

根据本款规定，违反药品管理法规的犯罪行为，有两个量刑档次。第一档刑罚，违反药品管理法规，**足以严重危害人体健康的**，处三年以下有期徒刑或者拘役，并处或者单处罚金；第二档刑罚，**对人体健康造成严重危害或者有其他严重情节的**，处三年以上七年以下有期徒刑，并处罚金。“足以严重危害人体健康”“对人体健康造成严重危害”“其他严重情节”的认定，可由司法机关在总结经验的基础上，通过制定相关的司法解释作出具体的规定。

第二款是构成妨害药品监管秩序的犯罪，又构成刑法其他犯罪，如何适用法律的规定。根据本款规定，具有上述竞合情形的，应当依照处罚较重的规定定罪处罚。这里主要涉及的是如何处理好本条规定的犯罪与《刑法》第一百四十一条生产、销售、提供假药罪，第一百四十二条生产、销售、提供劣药罪等其他罪名的关系。如果违反药品管理法规的行为，生产、销售的药品为假药、劣药，符合生产、销售假药、劣药罪构成要件或者生产、销售伪劣产品，侵犯知识产权，非法经营，非法行医，非法采供血等其他犯罪的，根据本款规定的原则，应当依照**生产、销售假药、劣药的规定**定罪处罚，或者依照**生产、销售伪劣商品罪，侵犯知识产权犯罪，非法经营罪等本法其他有关规定**定罪处罚。

【司法解释】

《最高人民法院、最高人民检察院关于办理危害药品安全刑事案件适用法律若干问题的解释》（高检发释字〔2022〕1号，自2022年3月6日起施行）

△（**足以严重危害人体健康**）实施妨害药品管理的行为，具有下列情形之一的，应当认定为刑法第一百四十二条之一规定的“足以严重危害人体健康”：

（一）生产、销售国务院药品监督管理部门禁止使用的药品，综合生产、销售的时间、数量、禁止使用原因等情节，认为具有严重危害人体健康的现实危险的；

（二）未取得药品相关批准证明文件生产药品或者明知是上述药品而销售，涉案药品属于本解释第一条第一项至第三项规定情形的；

（三）未取得药品相关批准证明文件生产药品或者明知是上述药品而销售，涉案药品的适应症、功能主治或者成分不明的；

（四）未取得药品相关批准证明文件生产药品或者明知是上述药品而销售，涉案药品没有国家药品标准，且无核准的药品质量标准，但检出化学药成分的；

（五）未取得药品相关批准证明文件进口药品或者明知是上述药品而销售，涉案药品在境外也未合法上市的；

（六）在药物非临床研究或者药物临床试验过程中故意使用虚假试验用药品，或者瞒报与药物临床试验用药品相关的严重不良事件的；

（七）故意损毁原始药物非临床研究数据或者药物临床试验数据，或者编造受试动物信息、受试者信息、主要试验过程记录、研究数据、检测数据等药物非临床研究数据或者药物临床试验数据，影响药品的安全性、有效性和质量可控性的；

（八）编造生产、检验记录，影响药品的安全性、有效性和质量可控性的；

（九）其他足以严重危害人体健康的情形。

对于涉案药品是否在境外合法上市，应当根据境外药品监督管理部门或者权利人的证明等证据，结合犯罪嫌疑人、被告人及其辩护人提供的证据材料综合审查，依法作出认定。对于“足以严重危害人体健康”难以确定的，根据地市级以上药品监督管理部门出具的认定意见，结合其他证据作出认定。（§7）

△**（对人体健康造成严重危害；竞合）**实施妨害药品管理的行为，具有本解释第二条规定情形之一的，应当认定为刑法第一百四十二条之一规定的“对人体健康造成严重危害”。实施妨害药品管理的行为，足以严重危害人体健康，并具有下列情形之一的，应当认定为刑法第一百四十二条之一规定的“有其他严重情节”：

（一）生产、销售国务院药品监督管理部门禁止使用的药品，生产、销售的金额五十万元以上的；

（二）未取得药品相关批准证明文件生产、进口药品或者明知是上述药品而销售，生产、销售的金额五十万元以上的；

（三）药品申请注册中提供虚假的证明、数据、资料、样品或者采取其他欺骗手段，造成严重后果的；

（四）编造生产、检验记录，造成严重后果的；

（五）造成恶劣社会影响或者具有其他严重情节的情形。

实施刑法第一百四十二条之一规定的行为，同时又构成生产、销售、提供假药罪、生产、销售、提供劣药罪或者其他犯罪的，依照处罚较重的规定定罪处罚。（§8）

△**（共同犯罪）**明知他人实施危害药品安全犯罪，而有下列情形之一的，以共同犯罪论处：

（一）提供资金、贷款、账号、发票、证明、许可证件的；

（二）提供生产、经营场所、设备或者运输、储存、保管、邮寄、销售渠道等便利条件的；

（三）提供生产技术或者原料、辅料、包装材料、标签、说明书的；

（四）提供虚假药物非临床研究报告、药物临床试验报告及相关材料的；

（五）提供广告宣传的；

（六）提供其他帮助的。（§9）

△**（主观故意的认定）**办理生产、销售、提供假药、生产、销售、提供劣药、妨害药品管理等刑事案件，应当结合行为人的从业经历、认知能力、药品质量、进货渠道和价格、销售渠道和价格以及生产、销售方式等事实综合判断认定行为人的主观故意。具有下列情形之一的，可以认定行为人有实施相关犯罪的主观故意，但有证据证明确实不具有故意的除外：

（一）药品价格明显异于市场价格的；

（二）向不具有资质的生产者、销售者购买药品，且不能提供合法有效的来历证明的；

（三）逃避、抗拒监督检查的；

（四）转移、隐匿、销毁涉案药品、进销货记录的；

（五）曾因实施危害药品安全违法犯罪行为受过处罚，又实施同类行为的；

（六）其他足以认定行为人主观故意的情形。（§ 10）

△**（危害药品安全刑事案件；生产、销售伪劣产品罪）**以提供给他人生产、销售、提供药品为目的，违反国家规定，生产、销售不符合药用要求的原料、辅料，符合刑法第一百四十条规定的，以生产、销售伪劣产品罪从重处罚；同时构成其他犯罪的，依照处罚较重的规定定罪处罚。（§11）

△**（罚金）**对于犯生产、销售、提供假药罪、生产、销售、提供劣药罪、妨害药品管理罪的，应当结合被告人的犯罪数额、违法所得，综合考虑被告人缴纳罚金的能力，依法判处罚金。罚金一般应当在生产、销售、提供的药品金额二倍以上；共同犯罪的，对各共同犯罪人合计判处的罚金一般应当在生产、销售、提供的药品金额二倍以上。（§ 15）

△**（职业禁止）**对于犯生产、销售、提供假药罪、生产、销售、提供劣药罪、妨害药品管理罪的，

应当依照刑法规定的条件,严格缓刑、免予刑事处罚的适用。对于被判处刑罚的,可以根据犯罪情况和预防再犯罪的需要,依法宣告职业禁止或者禁止令。《中华人民共和国药品管理法》等法律、行政法规另有规定的,从其规定。

对于被不起诉或者免予刑事处罚的行为人,需要给予行政处罚、政务处分或者其他处分的,依法移送有关主管机关处理。(§16)

△(**单位犯罪**)单位犯生产、销售、提供假药罪、生产、销售、提供劣药罪、妨害药品管理罪的,对单位判处罚金,并对直接负责的主管人员和其他直接责任人员,依照本解释规定的自然人犯罪的定罪量刑标准处罚。

单位犯罪的,对被告单位及其直接负责的主管人员、其他直接责任人员合计判处的罚金一般应当在生产、销售、提供的药品金额二倍以上。(§17)

△(**民间传统配方**)根据民间传统配方私自加工药品或者销售上述药品,数量不大,且未造成他人伤害后果或者延误诊治的,或者不以营利为目的实施带有自救、互助性质的生产、进口、销售药品的行为,不应当认定为犯罪。

对于是否属于民间传统配方难以确定的,根据地市级以上药品监督管理部门或者有关部门出具的认定意见,结合其他证据作出认定。(§18)

△(**生产、提供和销售药品的金额计算**)对于生产、提供药品的金额,以药品的货值金额计算;销售药品的金额,以所得和可得的全部违法收入计算。(§20)

【附属刑法】

《中华人民共和国药品管理法》(1984年9月20日通过,2019年8月26日第二次修订)

第一百一十五条

未取得药品生产许可证、药品经营许可证或者医疗机构制剂许可证生产、销售药品的,责令关闭,没收违法生产、销售的药品和违法所得,并处违法生产、销售的药品(包括已售出和未售出的药品,下同)货值金额十五倍以上三十倍以下的罚款;货值金额不足十万元的,按十万元计算。

第一百二十三条

提供虚假的证明、数据、资料、样品或者采取其他手段骗取临床试验许可、药品生产许可、药品经营许可、医疗机构制剂许可或者药品注册等许可的,撤销相关许可,十年内不受理其相应申请,并处五十万元以上五百万元以下的罚款;情节严重的,对法定代表人、主要负责人、直接负责的主管人员和其他责任人员,处二万元以上二十万元以下的罚款,十年内禁止从事药品生产经营活动,并可以由公安机关处五日以上十五日以下的拘留。

第一百二十四条

Ⅰ违反本法规定,有下列行为之一的,没收违法生产、进口、销售的药品和违法所得以及专门用于违法生产的原料、辅料、包装材料和生产设备,责令停产停业整顿,并处违法生产、进口、销售的药品货值金额十五倍以上三十倍以下的罚款;货值金额不足十万元的,按十万元计算;情节严重的,吊销药品批准证明文件直至吊销药品生产许可证、药品经营许可证或者医疗机构制剂许可证,对法定代表人、主要负责人、直接负责的主管人员和其他责任人员,没收违法行为发生期间自本单位所获收入,并处所获收入百分之三十以上三倍以下的罚款,十年直至终身禁止从事药品生产经营活动,并可以由公安机关处五日以上十五日以下的拘留:

(一)未取得药品批准证明文件生产、进口药品;

(二)使用采取欺骗手段取得的药品批准证明文件生产、进口药品;

(三)使用未经审评审批的原料药生产药品;

(四)应当检验而未经检验即销售药品;

(五)生产、销售国务院药品监督管理部门禁止使用的药品;

(六)编造生产、检验记录;

(七)未经批准在药品生产过程中进行重大变更。

Ⅱ销售前款第一项至第三项规定的药品,或者药品使用单位使用前款第一项至第五项规定的药品的,依照前款规定处罚;情节严重的,药品使用单位的法定代表人、主要负责人、直接负责的主管人员和其他责任人员有医疗卫生人员执业证书的,还应当吊销执业证书。

Ⅲ未经批准进口少量境外已合法上市的药品,情节较轻的,可以依法减轻或者免予处罚。

第一百二十五条

违反本法规定,有下列行为之一的,没收违法生产、销售的药品和违法所得以及包装材料、容器,责令停产停业整顿,并处五十万元以上五百万元以下的罚款;情节严重的,吊销药品批准证明文件、药品生产许可证、药品经营许可证,对法定代表人、主要负责人、直接负责的主管人员和其他责任人员处二万元以上二十万元以下的罚款,十年直至终身禁止从事药品生产经营活动:

(一)未经批准开展药物临床试验;

(二)使用未经审评的直接接触药品的包装

材料或者容器生产药品，或者销售该类药品；

（三）使用未经核准的标签、说明书。

第一百一十四条

违反本法规定，构成犯罪的，依法追究刑事责任。

第一百四十三条　【生产、销售不符合安全标准的食品罪】

生产、销售不符合食品安全标准的食品，足以造成严重食物中毒事故或者其他严重食源性疾病的，处三年以下有期徒刑或者拘役，并处罚金；对人体健康造成严重危害或者有其他严重情节的，处三年以上七年以下有期徒刑，并处罚金；后果特别严重的，处七年以上有期徒刑或者无期徒刑，并处罚金或者没收财产。

【立法沿革】

《中华人民共和国刑法》（1997年修订，自1997年10月1日起施行）

第一百四十三条

生产、销售不符合卫生标准的食品，足以造成严重食物中毒事故或者其他严重食源性疾患的，处三年以下有期徒刑或者拘役，并处或者单处销售金额百分之五十以上二倍以下罚金；对人体健康造成严重危害的，处三年以上七年以下有期徒刑，并处销售金额百分之五十以上二倍以下罚金；后果特别严重的，处七年以上有期徒刑或者无期徒刑，并处销售金额百分之五十以上二倍以下罚金或者没收财产。

《中华人民共和国刑法修正案（八）》（自2011年5月1日起施行）

二十四、将刑法第一百四十三条修改为：

"生产、销售不符合食品安全标准的食品，足以造成严重食物中毒事故或者其他严重食源性疾病的，处三年以下有期徒刑或者拘役，并处罚金；对人体健康造成严重危害或者有其他严重情节的，处三年以上七年以下有期徒刑，并处罚金；后果特别严重的，处七年以上有期徒刑或者无期徒刑，并处罚金或者没收财产。"

【立法理由】

1. **1979年之后至1997年刑法修订前的立法情况**。1979年刑法对食品安全方面的犯罪没有作出具体规定。食品安全和人们的日常生活密切相关，生产、销售不符合食品安全标准的食品会造成食物中毒事故或者其他食源性疾病，损害人民群众的身体健康。随着人们对食品安全问题的关注，为了适应打击这种犯罪的实际需要，1993年7月2日第八届全国人大常委会第二次会议通过的《全国人民代表大会常务委员会关于惩治生产、销售伪劣商品犯罪的决定》第三条第一款规定："生产、销售不符合卫生标准的食品，造成严重食物中毒事故或者其他严重食源性疾患，对人体健康造成严重危害的，处七年以下有期徒刑，并处罚金；后果特别严重的，处七年以上有期徒刑或者无期徒刑，并处罚金或者没收财产。"

2. **1997年修订刑法的情况**。1997年修订刑法时，将上述规定修改后纳入刑法。该条罪的制定对保证食品安全，保障人民群众身体健康，发挥了积极作用，我国食品安全的总体状况得到改善。但是，食品安全问题仍然比较突出，食品安全事故时有发生。为了更好地保证食品安全，对现行食品安全制度加以补充、完善，2009年2月通过了《食品安全法》，于2015年进行全面修订，于2018年修正。一些全国人大代表、有关部门和社会公众提出，全国人大常委会已经通过了食品安全法，刑法应与食品安全法的有关规定相衔接，并且还应根据近年来食品安全违法犯罪方面出现的新情况，对刑法有关规定进行修改完善，以适应打击犯罪的需要。

3. **2011年《刑法修正案（八）》对本条的修改情况**。第一，与食品安全法的修改相衔接，将"卫生标准"修改为"食品安全标准"，将"食源性疾患"改为"食源性疾病"。第二，在第二档刑罚中，增加了"其他严重情节"的构成条件，以适应打击犯罪的需要。第三，取消了单处罚金刑，加强了对犯罪的打击力度。第四，为解决实际执行中，有些犯罪的销售金额难以认定的问题，将具体罚金数额，即销售金额百分之五十以上二倍以下罚金的规定改为不再具体规定罚金数额。

【条文说明】

本条是关于生产、销售不符合安全标准的食品罪及其处罚的规定。

根据本条规定，生产、销售不符合安全标准的食品罪必须具备以下几个构成要件：

1. 行为人在主观上是**故意**，即故意生产、销售不符合食品安全标准的食品。

2. 行为人有**生产、销售不符合食品安全标准的食品的行为**。这里的“**食品**”，是指各种供人食用或者饮用的成品和原料以及按照传统既是食品又是药品的物品，但是不包括以治疗为目的的物品。根据食品安全法的规定，食品安全标准是强制执行的标准，食品安全标准，应当以保障公众身体健康为宗旨，做到科学合理、安全可靠。食品安全包括下列内容：(1)食品、食品添加剂、食品相关产品中的致病性微生物，农药残留、兽药残留、生物毒素、重金属等污染物质以及其他危害人体健康物质的限量规定；(2)食品添加剂的品种、使用范围、用量；(3)专供婴幼儿和其他特定人群的主辅食品的营养成分要求；(4)对与卫生、营养等食品安全要求有关的标签、标志、说明书的要求；(5)食品生产经营过程的卫生要求；(6)与食品安全有关的质量要求；(7)与食品安全有关的食品检验方法与规程；(8)其他需要制定为食品安全标准的内容。根据食品安全法的规定，食品安全标准有食品安全国家标准、食品安全地方标准和企业标准。关于**食品安全国家标准**，应当依据食品安全风险评估结果并充分考虑食用农产品安全风险评估结果，参照相关的国际标准和国际食品安全风险评估结果，并将食品安全国家标准草案向社会公布，广泛听取食品生产经营者、消费者、有关部门等方面的意见后确定；关于**食品安全地方标准**，对地方特色食品，没有食品安全国家标准的，省、自治区、直辖市人民政府卫生行政部门可以制定并公布食品安全地方标准，报国务院卫生行政部门备案。食品安全国家标准制定后，该地方标准即行废止；关于**企业标准**，国家鼓励食品生产企业制定严于食品安全国家标准或者地方标准的企业标准，在本企业适用，并报省、自治区、直辖市人民政府卫生行政部门备案。“**不符合食品安全标准的食品**”，根据食品安全法的规定，主要是指：(1)用非食品原料生产的食品或者添加食品添加剂以外的化学物质和其他可能危害人体健康物质的食品，或者用回收食品作为原料生产的食品；(2)致病性微生物，农药残留、兽药残留、生物毒素、重金属等污染物质以及其他危害人体健康的物质含量超过食品安全标准限量的食品、食品添加剂、食品相关产品；(3)用超过保质期的食品原料、食品添加剂生产的食品、食品添加剂；(4)超范围、超限量使用食品添加剂的食品；(5)营养成分不符合食品安全标准的专供婴幼儿和其他特定人群的主辅食品；(6)腐败变质、油脂酸败、霉变生虫、污秽不洁、混有异物、掺假掺杂或者感官性状异常的食品、食品添加剂；(7)病死、毒死或者死因不明的禽、畜、兽、水产动物肉类及其制品；(8)未按规定进行检疫或者检疫不合格的肉类，或者未经检验或者检验不合格的肉类制品；(9)被包装材料、容器、运输工具等污染的食品、食品添加剂；(10)标注虚假生产日期、保质期或者超过保质期的食品、食品添加剂；(11)无标签的预包装食品、食品添加剂；(12)国家为防病等特殊需要明令禁止生产经营的食品；(13)其他不符合法律、法规或者食品安全标准的食品、食品添加剂、食品相关产品。

3. 生产、销售不符合安全标准的食品，**足以造成严重食物中毒事故或者其他食源性疾病**。根据食品安全法的规定，“**食物中毒**”，是指食用了被有毒有害物质污染的食品或者食用了含有毒有害物质的食品后出现的急性、亚急性疾病。“**食源性疾病**”，是指食品中致病因素进入人体引起的感染性、中毒性等疾病，包括食物中毒。根据《最高人民法院、最高人民检察院关于办理生产、销售伪劣商品刑事案件具体应用法律若干问题的解释》第四条第一款的规定，经省级以上卫生行政部门确定的机构鉴定，食品中含有可能导致严重食物中毒事故或者其他严重食源性疾患的超标准的有害细菌或者其他污染物的，应认定为“**足以造成严重食物中毒事故或者其他严重食源性疾患**”。

对生产、销售不符合食品安全标准的食品罪的处罚，根据其危害的不同，分为三档刑罚：第一档刑罚，**足以造成严重食物中毒事故或者其他严重食源性疾病的**，处三年以下有期徒刑或者拘役，并处罚金。第二档刑罚，**对人体健康造成严重危害或者有其他严重情节的**，处三年以上七年以下有期徒刑，并处罚金。这里的“对人体健康造成严重危害”，是指对人体器官造成严重损伤以及其他严重损害人体健康的情节。“其他严重情节”，是指具有大量生产、销售不符合食品安全标准的食品等情节。第三档刑罚，**后果特别严重的**，处七年以上有期徒刑或者无期徒刑，并处罚金或者没收财产。这里的“后果特别严重”，一般是指生产、销售不符合食品安全标准的食品被食用后，致人死亡、严重残疾、多人重伤或者造成其他特别严重后果的。

实践中需要注意以下几个方面的问题：

1. **关于足以造成严重食物中毒事故或者其他严重食源性疾病的认定**。《最高人民法院、最高人民检察院关于办理危害食品安全刑事案件适用法律若干问题的解释》第一条规定：“生产、销售不符合食品安全标准的食品，具有下列情形之一的，应当认定为刑法第一百四十三条规定的‘足以造成严重食物中毒事故或者其他严重食源性疾病'：(一)含有严重超出标准限量的致病性微生物、农药残留、兽药残留、生物毒素、重金属等污染物质以及其他严重危害人体健康的物质的；(二)属于病死、死因不明或者检验检疫不合格的畜、禽、兽、水产动物肉类及其制品的；(三)属于国家为防控疾病等特殊需要明令禁止生产、销售的；(四)特殊医学用途配方食品、专供婴幼儿的主辅食品营养成分严重不符合食品安全标准的；(五)其他足以造成严重食物中毒事故或者严重食源性疾病的情形。"实践中难以确定的，司法机关可以根据检验报告并结合专家意见等相关材料进行认定。必要时，人民法院可以依法通知有关专家出庭作出说明。

2. **关于滥用食品添加剂、农药、兽药的问题**。在食品加工、销售、运输、贮存等过程中，违反食品安全标准，超限量或超范围滥用食品添加剂，足以造成严重食物中毒事故或者其他严重食源性疾病，依照本罪定罪处罚。在食用农产品种植、养殖、销售、运输、贮存等过程中，违反食品安全标准，超限量或者超范围滥用添加剂、农药、兽药等，足以造成严重食物中毒或者其他严重食源性疾病的，依照本罪定罪处罚。

3. 对于生产、销售不符合食品安全标准的食品，**无证据证明足以造成严重食物中毒事故或者其他严重食源性疾病**，不构成本罪，但是销售金额在五万元以上，构成生产、销售伪劣产品罪犯罪的，依照**生产、销售伪劣商品罪**定罪处罚。

【司法解释】

《最高人民法院、最高人民检察院关于办理生产、销售伪劣商品刑事案件具体应用法律若干问题的解释》(法释〔2001〕10号，自2001年4月10日起施行)

△(**足以造成严重食物中毒事故或者其他严重食源性疾患；对人体健康造成严重危害；后果特别严重**)经省级以上卫生行政部门确定的机构鉴定，食品中含有可能导致严重食物中毒事故或者其他严重食源性疾患的超标准的有害细菌或者其他污染物的，应认定为刑法第一百四十三条规定的"足以造成严重食物中毒事故或者其他严重食源性疾患"①。

生产、销售不符合卫生标准的食品被食用后，造成轻伤、重伤或者其他严重后果的，应认定为"对人体健康造成严重危害"。

生产、销售不符合卫生标准的食品被食用后，致人死亡、严重残疾、三人以上重伤、十人以上轻伤或者造成其他特别严重后果的，应认定为"后果特别严重"。(§ 4)

△(**生产、销售伪劣商品犯罪的共犯**)知道或者应当知道他人实施生产、销售伪劣商品犯罪，而为其提供贷款、资金、账号、发票、证明、许可证件，或者提供生产、经营场所或者运输、仓储、保管、邮寄等便利条件，或者提供制假生产技术的，以生产、销售伪劣商品犯罪的共犯论处。(§ 9)

△(**想象竞合；侵犯知识产权犯罪；非法经营罪**)实施生产、销售伪劣商品犯罪，同时构成侵犯知识产权、非法经营等其他犯罪的，依照处罚较重的规定定罪处罚。(§ 10)

△(**数罪并罚；妨害公务罪**)实施刑法第一百四十条至第一百四十八条规定的犯罪，又以暴力、威胁方法抗拒查处，构成其他犯罪的，依照数罪并罚的规定处罚。(§ 11)

△(**国家机关工作人员；从重处罚**)国家机关工作人员参与生产、销售伪劣商品犯罪的，从重处罚。(§ 12)

《最高人民法院关于审理走私、非法经营、非法使用兴奋剂刑事案件适用法律若干问题的解释》(法释〔2019〕16号，自2020年1月1日起施行)

△(**生产、销售含有兴奋剂目录所列物质的食品；生产、销售不符合安全标准的食品罪；生产、销售有毒、有害食品罪**)生产、销售含有兴奋剂目录所列物质的食品，符合刑法第一百四十三条、第一百四十四条规定的，以生产、销售不符合安全标准的食品罪、生产、销售有毒、有害食品罪定罪处罚。(§ 5)

△(**"兴奋剂""兴奋剂目录所列物质""体育运动""国内、国际重大体育竞赛"等专门性问题；认定意见**)对于是否属于本解释规定的"兴奋剂""兴奋剂目录所列物质""体育运动""国内、国际重大体育竞赛"等专门性问题，应当依据《中华人民共和国体育法》《反兴奋剂条例》等法律法规，结合国务院体育主管部门出具的认定意见等证据材料作出认定。(§ 8)

《最高人民法院、最高人民检察院关于办理危害食品安全刑事案件适用法律若干问题的解释》(法释〔2021〕24号，自2022年1月1日起施行)

△(**足以造成严重食物中毒事故或者其他严**

① 《刑法修正案(八)》已将"食源性疾患"改为"食源性疾病"。

重食源性疾病)生产、销售不符合食品安全标准的食品,具有下列情形之一的,应当认定为刑法第一百四十三条规定的“足以造成严重食物中毒事故或者其他严重食源性疾病”:

(一)含有严重超出标准限量的致病性微生物、农药残留、兽药残留、生物毒素、重金属等污染物质以及其他严重危害人体健康的物质的;

(二)属于病死、死因不明或者检验检疫不合格的畜、禽、兽、水产动物肉类及其制品的;

(三)属于国家为防控疾病等特殊需要明令禁止生产、销售的;

(四)特殊医学用途配方食品、专供婴幼儿的主辅食品营养成分严重不符合食品安全标准的;

(五)其他足以造成严重食物中毒事故或者严重食源性疾病的情形。(§ 1)

△**(对人体健康造成严重危害)**生产、销售不符合食品安全标准的食品,具有下列情形之一的,应当认定为刑法第一百四十三条规定的“对人体健康造成严重危害”:

(一)造成轻伤以上伤害的;

(二)造成轻度残疾或者中度残疾的;

(三)造成器官组织损伤导致一般功能障碍或者严重功能障碍的;

(四)造成十人以上严重食物中毒或者其他严重食源性疾病的;

(五)其他对人体健康造成严重危害的情形。(§ 2)

△**(其他严重情节)**生产、销售不符合食品安全标准的食品,具有下列情形之一的,应当认定为刑法第一百四十三条规定的“其他严重情节”:

(一)生产、销售金额二十万元以上的;

(二)生产、销售金额十万元以上不满二十万元,不符合食品安全标准的食品数量较大或者生产、销售持续时间六个月以上的;

(三)生产、销售金额十万元以上不满二十万元,属于特殊医学用途配方食品、专供婴幼儿的主辅食品的;

(四)生产、销售金额十万元以上不满二十万元,且在中小学校园、托幼机构、养老机构及周边面向未成年人、老年人销售的;

(五)生产、销售金额十万元以上不满二十万元,曾因危害食品安全犯罪受过刑事处罚或者二年内因危害食品安全违法行为受过行政处罚的;

(六)其他情节严重的情形。(§ 3)

△**(后果特别严重)**生产、销售不符合食品安全标准的食品,具有下列情形之一的,应当认定为刑法第一百四十三条规定的“后果特别严重”:

(一)致人死亡的;

(二)造成重度残疾以上的;

(三)造成三人以上重伤、中度残疾或者器官组织损伤导致严重功能障碍的;

(四)造成十人以上轻伤、五人以上轻度残疾或者器官组织损伤导致一般功能障碍的;

(五)造成三十人以上严重食物中毒或者其他严重食源性疾病的;

(六)其他特别严重的后果。(§ 4)

△**(超限量或者超范围滥用食品添加剂;超限量或者超范围滥用添加剂、农药、兽药等)**在食品生产、销售、运输、贮存等过程中,违反食品安全标准,超限量或者超范围滥用食品添加剂,足以造成严重食物中毒事故或者其他严重食源性疾病的,依照刑法第一百四十三条的规定以生产、销售不符合安全标准的食品罪定罪处罚。

在食用农产品种植、养殖、销售、运输、贮存等过程中,违反食品安全标准,超限量或者超范围滥用添加剂、农药、兽药等,足以造成严重食物中毒事故或者其他严重食源性疾病的,适用前款的规定定罪处罚。(§ 5)

△**(使用不符合食品安全标准的食品包装材料等)**在食品生产、销售、运输、贮存等过程中,使用不符合食品安全标准的食品包装材料、容器、洗涤剂、消毒剂,或者用于食品生产经营的工具、设备等,造成食品被污染,符合刑法第一百四十三条、第一百四十四条规定的,以生产、销售不符合安全标准的食品罪或者生产、销售有毒、有害食品罪定罪处罚。(§ 12)

△**(竞合;生产、销售不符合安全标准的食品罪;生产、销售有毒、有害食品罪;生产、销售伪劣产品罪;妨害动植物防疫、检疫罪等)**生产、销售不符合食品安全标准的食品,有毒、有害食品,符合刑法第一百四十三条、第一百四十四条规定的,以生产、销售不符合安全标准的食品罪或者生产、销售有毒、有害食品罪定罪处罚。同时构成其他犯罪的,依照处罚较重的规定定罪处罚。

生产、销售不符合食品安全标准的食品,无证据证明足以造成严重食物中毒事故或者其他严重食源性疾病,不构成生产、销售不符合安全标准的食品罪,但构成生产、销售伪劣产品罪,妨害动植物防疫、检疫罪等其他犯罪的,依照该其他犯罪定罪处罚。(§ 13)

△**(共犯;生产、销售不符合安全标准的食品罪;生产、销售有毒、有害食品罪)**明知他人生产、销售不符合食品安全标准的食品,有毒、有害食品,具有下列情形之一的,以生产、销售不符合安全标准的食品罪或者生产、销售有毒、有害食品罪的共犯论处:

（一）提供资金、贷款、账号、发票、证明、许可证件的；

（二）提供生产、经营场所或者运输、贮存、保管、邮寄、销售渠道等便利条件的；

（三）提供生产技术或者食品原料、食品添加剂、食品相关产品或者有毒、有害的非食品原料的；

（四）提供广告宣传的；

（五）提供其他帮助行为的。（§ 14）

△（**不符合食品安全标准的食品添加剂等；生产、销售伪劣产品罪；超过保质期的食品原料；超过保质期的食品；回收食品；竞合**）生产、销售不符合食品安全标准的食品添加剂，用于食品的包装材料、容器、洗涤剂、消毒剂，或者用于食品生产经营的工具、设备等，符合刑法第一百四十条规定的，以生产、销售伪劣产品罪定罪处罚。

生产、销售用超过保质期的食品原料、超过保质期的食品、回收食品作为原料的食品，或者以更改生产日期、保质期、改换包装等方式销售超过保质期的食品、回收食品，适用前款的规定定罪处罚。

实施前两款行为，同时构成生产、销售不符合安全标准的食品罪，生产、销售不符合安全标准的产品罪等其他犯罪的，依照处罚较重的规定定罪处罚。（§ 15）

△（**畜禽屠宰；生产、销售有毒、有害食品罪；生产、销售不符合安全标准的食品罪；生产、销售伪劣产品罪**）在畜禽屠宰相关环节，对畜禽使用食品动物中禁止使用的药品及其他化合物等有毒、有害的非食品原料，依照刑法第一百四十四条的规定以生产、销售有毒、有害食品罪定罪处罚；对畜禽注水或者注入其他物质，足以造成严重食物中毒事故或者其他严重食源性疾病的，依照刑法第一百四十三条的规定以生产、销售不符合安全标准的食品罪定罪处罚；虽不足以造成严重食物中毒事故或者其他严重食源性疾病，但符合刑法第一百四十条规定的，以生产、销售伪劣产品罪定罪处罚。（§ 17 Ⅱ）

△（**非法经营；竞合**）实施本解释规定的非法经营行为，同时构成生产、销售伪劣产品罪，生产、销售不符合安全标准的食品罪，生产、销售有毒、有害食品罪，生产、销售伪劣农药、兽药罪等其他犯罪的，依照处罚较重的规定定罪处罚。（§ 18 Ⅱ）

△（**罚金**）犯生产、销售不符合安全标准的食品罪，生产、销售有毒、有害食品罪，一般应当依法判处生产、销售金额二倍以上的罚金。

共同犯罪的，对各共同犯罪人合计判处的罚金一般应当在生产、销售金额的二倍以上。（§ 21）

△（**禁止令；行政处罚**）对实施本解释规定之犯罪的犯罪分子，应当依照刑法规定的条件，严格适用缓刑、免予刑事处罚。对于依法适用缓刑的，可以根据犯罪情况，同时宣告禁止令。

对于被不起诉或者免予刑事处罚的行为人，需要给予行政处罚、政务处分或者其他处分的，依法移送有关主管机关处理。（§ 22）

△（**单位犯罪**）单位实施本解释规定的犯罪的，对单位判处罚金，并对直接负责的主管人员和其他直接责任人员，依照本解释规定的定罪量刑标准处罚。（§ 23）

△（**专门性问题；认定；书面意见**）“足以造成严重食物中毒事故或者其他严重食源性疾病”“有毒、有害的非食品原料”等专门性问题难以确定的，司法机关可以依据鉴定意见、检验报告、地市级以上相关行政主管部门组织出具的书面意见，结合其他证据作出认定。必要时，专门性问题由省级以上相关行政主管部门组织出具书面意见。（§ 24）

△（**二年内**）本解释所称“二年内”，以第一次违法行为受到行政处罚的生效之日与又实施相应行为之日的时间间隔计算确定。（§ 25）

【司法解释性文件】

《最高人民法院关于审理生产、销售伪劣商品刑事案件有关鉴定问题的通知》（法〔2001〕70号，2001年5月21日公布）

△（**鉴定**）根据《解释》[1]第三条和第四条的规定，人民法院受理的生产、销售假药犯罪案件和生产、销售不符合卫生标准[2]的食品犯罪案件，均需有“省级以上药品监督管理部门设置或者确定的药品检验机构”和“省级以上卫生行政部门确定的机构”出具的鉴定结论。（§ 2）

△（**竞合；生产、销售伪劣产品罪**）经鉴定确系伪劣商品，被告人的行为既构成生产、销售伪劣产品罪，又构成生产、销售假药罪或者生产、销售不符合卫生标准的食品罪，或者同时构成侵犯知

① 即《最高人民法院、最高人民检察院关于办理生产、销售伪劣商品刑事案件具体应用法律若干问题的解释》（法释〔2001〕10号）。

② 《刑法修正案（八）》已将“生产、销售不符合卫生标准的食品罪”修正为“生产、销售不符合安全标准的食品罪”。

识产权、非法经营等其他犯罪的，根据刑法第一百四十九条第二款和《解释》[①]第十条的规定，应当依照处罚较重的规定定罪处罚。(§3)

《最高人民检察院、公安部关于公安机关管辖的刑事案件立案追诉标准的规定(一)的补充规定》(公通字〔2017〕12号，2017年4月27日公布)

△**(生产、销售不符合食品安全标准的食品罪；立案追诉标准)**将《立案追诉标准(一)》第19条修改为：[生产、销售不符合安全标准的食品案(刑法第143条)]生产、销售不符合食品安全标准[②]的食品，涉嫌下列情形之一的，应予立案追诉：

(一)食品含有严重超出标准限量的致病性微生物、农药残留、兽药残留、重金属、污染物质以及其他危害人体健康的物质的；

(二)属于病死、死因不明或者检验检疫不合格的畜、禽、兽、水产动物及其肉类、肉类制品的；

(三)属于国家为防控疾病等特殊需要明令禁止生产、销售的食品的；

(四)婴幼儿食品中生长发育所需营养成分严重不符合食品安全标准的；

(五)其他足以造成严重食物中毒事故或者严重食源性疾病的情形。

在食品加工、销售、运输、贮存等过程中，违反食品安全标准，超限量或者超范围滥用食品添加剂，足以造成严重食物中毒事故或者其他严重食源性疾病的，应予立案追诉。

在食用农产品种植、养殖、销售、运输、贮存等过程中，违反食品安全标准，超限量或者超范围滥用添加剂、农药、兽药等，足以造成严重食物中毒事故或者其他严重食源性疾病的，应予立案追诉。

《最高人民法院、最高人民检察院、公安部关于依法严惩"地沟油"犯罪活动的通知》(公通字〔2012〕1号，2012年1月9日公布)

△**(地沟油；销售不符合安全标准的食品罪)**虽无法查明"食用油"是否系利用"地沟油"生产、加工，但犯罪嫌疑人、被告人明知该"食用油"来源可疑而予以销售的，应分别情形处理：经鉴定，检出有毒、有害成分的，依照刑法第144条销售有毒、有害食品罪的规定追究刑事责任；属于不符合安全标准的食品的，依照刑法第143条销售不符合安全标准的食品罪追究刑事责任；属于以假充真、以次充好、以不合格产品冒充合格产品或者假冒注册商标，构成犯罪的，依照刑法第140条销售伪劣产品罪或者第213条假冒注册商标罪、第214条销售假冒注册商标的商品罪追究刑事责任。

《最高人民法院关于充分发挥审判职能作用切实维护公共安全的若干意见》(法发〔2015〕12号，2015年9月16日公布)

△**(非监禁刑；追缴违法犯罪所得；财产刑)**依法惩治危害食品药品安全犯罪。食品药品安全形势不容乐观，重大、恶性食品药品安全犯罪案件时有发生，党中央高度关注，人民群众反映强烈。要以"零容忍"的态度，坚持最严厉的处罚、最严肃的问责，依法严惩生产、销售有毒、有害食品、不符合卫生标准的食品，以及生产、销售假药、劣药等犯罪。要充分认识此类犯罪的严重社会危害，严格缓刑、免刑等非监禁刑的适用。要采取有效措施依法追缴违法犯罪所得，充分适用财产刑，坚决让犯罪分子在经济上无利可图、得不偿失。要依法适用禁止令，有效防范犯罪分子再次危害社会。

【附属刑法】

《中华人民共和国农产品质量安全法》(2006年4月29日通过，2018年10月26日修正)

第四十九条

有本法第三十三条第四项规定情形[③]，使用的保鲜剂、防腐剂、添加剂等材料不符合国家有关强制性的技术规范的，责令停止销售，对被污染的农产品进行无害化处理，对不能进行无害化处理的予以监督销毁；没收违法所得，并处二千元以上二万元以下罚款。

---

① 即《最高人民法院、最高人民检察院关于办理生产、销售伪劣商品刑事案件具体应用法律若干问题的解释》(法释〔2001〕10号)。

② 《刑法修正案(八)》已将"生产、销售不符合卫生标准的食品罪"修正为"生产、销售不符合安全标准的食品罪"。

③ 《中华人民共和国农产品质量安全法》(2006年4月29日通过，2018年10月26日修正)

第三十三条

有下列情形之一的农产品，不得销售：

……

(四)使用的保鲜剂、防腐剂、添加剂等材料不符合国家有关强制性的技术规范的；

……

第五十条

Ⅰ农产品生产企业、农民专业合作经济组织销售的农产品有本法第三十三条第一项至第三项或者第五项所列情形之一的[①],责令停止销售,追回已经销售的农产品,对违法销售的农产品进行无害化处理或者予以监督销毁;没收违法所得,并处二千元以上二万元以下罚款。

Ⅱ农产品销售企业销售的农产品有前款所列情形的,依照前款规定处理、处罚。

Ⅲ农产品批发市场中销售的农产品有第一款所列情形的,对违法销售的农产品依照第一款规定处理,对农产品销售者依照第一款规定处罚。

Ⅳ农产品批发市场违反本法第三十七条第一款规定的[②],责令改正,处二千元以上二万元以下罚款。

第五十三条

违反本法规定,构成犯罪的,依法追究刑事责任。

《中华人民共和国消费者权益保护法》(1993年10月31日通过,2013年10月25日第二次修正)

第五十六条

Ⅰ经营者有下列情形之一,除承担相应的民事责任外,其他有关法律、法规对处罚机关和处罚方式有规定的,依照法律、法规的规定执行;法律、法规未作规定的,由工商行政管理部门或者其他有关行政部门责令改正,可以根据情节单处或者并处警告、没收违法所得、处以违法所得一倍以上十倍以下的罚款,没有违法所得的,处以五十万元以下的罚款;情节严重的,责令停业整顿、吊销营业执照:

(一)提供的商品或者服务不符合保障人身、财产安全要求的;

(二)在商品中掺杂、掺假,以假充真,以次充好,或者以不合格商品冒充合格商品的;

(三)生产国家明令淘汰的商品或者销售失效、变质的商品的;

……

Ⅱ经营者有前款规定情形的,除依照法律、法规规定予以处罚外,处罚机关应当记入信用档案,向社会公布。

第五十七条

经营者违反本法规定提供商品或者服务,侵害消费者合法权益,构成犯罪的,依法追究刑事责任。

《中华人民共和国畜牧法》(2005年12月29日通过,2015年4月24日修正)

第六十九条

销售不符合国家技术规范的强制性要求的畜禽的,由县级以上地方人民政府畜牧兽医行政主管部门或者工商行政管理部门责令停止违法行为,没收违法销售的畜禽和违法所得,并处违法所得一倍以上三倍以下罚款;情节严重的,由工商行政管理部门并处吊销营业执照。

第七十一条

违反本法规定,构成犯罪的,依法追究刑事责任。

《中华人民共和国食品安全法》(2009年2月28日通过,2021年4月29日第二次修正)

第一百二十四条

Ⅰ违反本法规定,有下列情形之一,尚不构成犯罪的,由县级以上人民政府食品安全监督管理部门没收违法所得和违法生产经营的食品、食品添加剂,并可以没收用于违法生产经营的工具、设备、原料等物品;违法生产经营的食品、食品添加剂货值金额不足一万元的,并处五万元以上十万元以下罚款;货值金额一万元以上的,并处货值金额十倍以上二十倍以下罚款;情节严重的,吊销许可证:

(一)生产经营致病性微生物,农药残留、兽药残留、生物毒素、重金属等污染物质以及其他危害人体健康的物质含量超过食品安全标准限量的

---

① 《中华人民共和国农产品质量安全法》(2006年4月29日通过,2018年10月26日修正)

第三十三条

有下列情形之一的农产品,不得销售:

(一)含有国家禁止使用的农药、兽药或者其他化学物质的;

(二)农药、兽药等化学物质残留或者含有的重金属等有毒有害物质不符合农产品质量安全标准的;

(三)含有的致病性寄生虫、微生物或者生物毒素不符合农产品质量安全标准的;

……

(五)其他不符合农产品质量安全标准的。

② 《中华人民共和国农产品质量安全法》(2006年4月29日通过,2018年10月26日修正)

第三十七条

Ⅰ农产品批发市场应当设立或者委托农产品质量安全检测机构,对进场销售的农产品质量安全状况进行抽查检测;发现不符合农产品质量安全标准的,应当要求销售者立即停止销售,并向农业行政主管部门报告。

食品、食品添加剂；

（二）用超过保质期的食品原料、食品添加剂生产食品、食品添加剂，或者经营上述食品、食品添加剂；

（三）生产经营超范围、超限量使用食品添加剂的食品；

（四）生产经营腐败变质、油脂酸败、霉变生虫、污秽不洁、混有异物、掺假掺杂或者感官性状异常的食品、食品添加剂；

（五）生产经营标注虚假生产日期、保质期或者超过保质期的食品、食品添加剂；

（六）生产经营未按规定注册的保健食品、特殊医学用途配方食品、婴幼儿配方乳粉，或者未按注册的产品配方、生产工艺等技术要求组织生产；

（七）以分装方式生产婴幼儿配方乳粉，或者同一企业以同一配方生产不同品牌的婴幼儿配方乳粉；

（八）利用新的食品原料生产食品，或者生产食品添加剂新品种，未通过安全性评估；

（九）食品生产经营者在食品安全监督管理部门责令其召回或者停止经营后，仍拒不召回或者停止经营。

Ⅱ除前款和本法第一百二十三条、第一百二十五条规定的情形外，生产经营不符合法律、法规或者食品安全标准的食品、食品添加剂的，依照前款规定给予处罚。

Ⅲ生产食品相关产品新品种，未通过安全性评估，或者生产不符合食品安全标准的食品相关产品的，由县级以上人民政府食品安全监督管理部门依照第一款规定给予处罚。

第一百二十五条

Ⅰ违反本法规定，有下列情形之一的，由县级以上人民政府食品安全监督管理部门没收违法所得和违法生产经营的食品、食品添加剂，并可以没收用于违法生产经营的工具、设备、原料等物品；违法生产经营的食品、食品添加剂货值金额不足一万元的，并处五千元以上五万元以下罚款；货值金额一万元以上的，并处货值金额五倍以上十倍以下罚款；情节严重的，责令停产停业，直至吊销许可证：

（一）生产经营被包装材料、容器、运输工具等污染的食品、食品添加剂；

（二）生产经营无标签的预包装食品、食品添加剂或者标签、说明书不符合本法规定的食品、食品添加剂；

（三）生产经营转基因食品未按规定进行标示；

（四）食品生产经营者采购或者使用不符合食品安全标准的食品原料、食品添加剂、食品相关产品。

Ⅱ生产经营的食品、食品添加剂的标签、说明书存在瑕疵但不影响食品安全且不会对消费者造成误导的，由县级以上人民政府食品安全监督管理部门责令改正；拒不改正的，处二千元以下罚款。

第一百二十六条

Ⅰ违反本法规定，有下列情形之一的，由县级以上人民政府食品安全监督管理部门责令改正，给予警告；拒不改正的，处五千元以上五万元以下罚款；情节严重的，责令停产停业，直至吊销许可证：

（一）食品、食品添加剂生产者未按规定对采购的食品原料和生产的食品、食品添加剂进行检验；

（二）食品生产经营企业未按规定建立食品安全管理制度，或者未按规定配备或者培训、考核食品安全管理人员；

（三）食品、食品添加剂生产经营者进货时未查验许可证和相关证明文件，或者未按规定建立并遵守进货查验记录、出厂检验记录和销售记录制度；

（四）食品生产经营企业未制定食品安全事故处置方案；

（五）餐具、饮具和盛放直接入口食品的容器，使用前未经洗净、消毒或者清洗消毒不合格，或者餐饮服务设施、设备未按规定定期维护、清洗、校验；

（六）食品生产经营者安排未取得健康证明或者患有国务院卫生行政部门规定的有碍食品安全疾病的人员从事接触直接入口食品的工作；

（七）食品经营者未按规定要求销售食品；

（八）保健食品生产企业未按规定向食品安全监督管理部门备案，或者未按备案的产品配方、生产工艺等技术要求组织生产；

（九）婴幼儿配方食品生产企业未将食品原料、食品添加剂、产品配方、标签等向食品安全监督管理部门备案；

（十）特殊食品生产企业未按规定建立生产质量管理体系并有效运行，或者未定期提交自查报告；

（十一）食品生产经营者未定期对食品安全状况进行检查评价，或者生产经营条件发生变化，未按规定处理；

（十二）学校、托幼机构、养老机构、建筑工地等集中用餐单位未按规定履行食品安全管理责任；

（十三）食品生产企业、餐饮服务提供者未按规定制定、实施生产经营过程控制要求。

Ⅱ餐具、饮具集中消毒服务单位违反本法规定用水，使用洗涤剂、消毒剂，或者出厂的餐具、饮具未按规定检验合格并随附消毒合格证明，或者未按规定在独立包装上标注相关内容的，由县级以上人民政府卫生行政部门依照前款规定给予处罚。

Ⅲ食品相关产品生产者未按规定对生产的食品相关产品进行检验的，由县级以上人民政府食品安全监督管理部门依照第一款规定给予处罚。

Ⅳ食用农产品销售者违反本法第六十五条规定的，由县级以上人民政府食品安全监督管理部门依照第一款规定给予处罚。

第一百三十六条

食品经营者履行了本法规定的进货查验等义务，有充分证据证明其不知道所采购的食品不符合食品安全标准，并能如实说明其进货来源的，可以免予处罚，但应当依法没收其不符合食品安全标准的食品；造成人身、财产或者其他损害的，依法承担赔偿责任。

第一百四十八条

Ⅰ消费者因不符合食品安全标准的食品受到损害的，可以向经营者要求赔偿损失，也可以向生产者要求赔偿损失。接到消费者赔偿要求的生产经营者，应当实行首负责任制，先行赔付，不得推诿；属于生产者责任的，经营者赔偿后有权向生产者追偿；属于经营者责任的，生产者赔偿后有权向经营者追偿。

Ⅱ生产不符合食品安全标准的食品或者经营明知是不符合食品安全标准的食品，消费者除要求赔偿损失外，还可以向生产者或者经营者要求支付价款十倍或者损失三倍的赔偿金；增加赔偿的金额不足一千元的，为一千元。但是，食品的标签、说明书存在不影响食品安全且不会对消费者造成误导的瑕疵的除外。

第一百四十九条

违反本法规定，构成犯罪的，依法追究刑事责任。

第一百四十四条　【生产、销售有毒、有害食品罪】

在生产、销售的食品中掺入有毒、有害的非食品原料的，或者销售明知掺有有毒、有害的非食品原料的食品的，处五年以下有期徒刑，并处罚金；对人体健康造成严重危害或者有其他严重情节的，处五年以上十年以下有期徒刑，并处罚金；致人死亡或者有其他特别严重情节的，依照本法第一百四十一条的规定处罚。

【立法沿革】

《中华人民共和国刑法》（1997年修订，自1997年10月1日起施行）

第一百四十四条

在生产、销售的食品中掺入有毒、有害的非食品原料的，或者销售明知掺有有毒、有害的非食品原料的食品的，处五年以下有期徒刑或者拘役，并处或者单处销售金额百分之五十以上二倍以下罚金；造成严重食物中毒事故或者其他严重食源性疾患，对人体健康造成严重危害的，处五年以上十年以下有期徒刑，并处销售金额百分之五十以上二倍以下罚金；致人死亡或者对人体健康造成特别严重危害的，依照本法第一百四十一条的规定处罚。

《中华人民共和国刑法修正案（八）》（自2011年5月1日起施行）

二十五、将刑法第一百四十四条修改为：

“在生产、销售的食品中掺入有毒、有害的非食品原料的，或者销售明知掺有有毒、有害的非食品原料的食品的，处五年以下有期徒刑，并处罚金；对人体健康造成严重危害或者有其他严重情节的，处五年以上十年以下有期徒刑，并处罚金；致人死亡或者有其他特别严重情节的，依照本法第一百四十一条的规定处罚。”

【立法理由】

1. 1979年之后至1997年刑法修订前的立法情况。1979年刑法对生产、销售有毒、有害食品罪没有作出具体规定。为了适应打击这种犯罪的实际需要，1993年7月2日第八届全国人大常委会第二次会议通过的《全国人民代表大会常务委员会关于惩治生产、销售伪劣商品犯罪的决定》对生产、销售有毒、有害食品的犯罪作了补充规定。该决定第三条第二款规定：“在生产、销售的食品中掺入有毒、有害的非食品原料的，处五年以下有期徒刑或者拘役，可以并处或者单处罚金；造成严重食物中毒事故或者其他严重食源性疾患，

分则　第三章

对人体健康造成严重危害的，处五年以上十年以下有期徒刑，并处罚金；致人死亡或者对人体健康造成其他特别严重危害的，处十年以上有期徒刑、无期徒刑或者死刑，并处罚金或者没收财产。"

2. **1997年修订刑法的情况**。1997年修订刑法时，将上述规定修改后纳入刑法。1997年《刑法》第一百四十四条规定："在生产、销售的食品中掺入有毒、有害的非食品原料的，或者销售明知掺有有毒、有害的非食品原料的食品的，处五年以下有期徒刑或者拘役，并处或者单处销售金额百分之五十以上二倍以下罚金；造成严重食物中毒事故或者其他严重食源性疾患，对人体健康造成严重危害的，处五年以上十年以下有期徒刑，并处销售金额百分之五十以上二倍以下罚金；致人死亡或者对人体健康造成特别严重危害的，依照本法第一百四十一条的规定处罚。"之后，一些全国人大代表、有关部门和社会公众提出，全国人大常委会通过了食品安全法，刑法应与食品安全法的有关规定相衔接，有的规定还应针对近年来食品安全违法犯罪方面出现的新情况作相应调整。针对这些情况，对刑法有关规定进行修改完善，以适应打击犯罪的需要。

3. **2011年《刑法修正案(八)》对本条的修改情况**。第一，取消了单处罚金刑和拘役刑，加强了对犯罪的打击力度。第二，为应对犯罪的复杂情况，根据打击犯罪的需要，将第二档刑处刑情节"造成严重食物中毒事故或者其他严重食源性疾患，对人体健康造成严重危害"修改为"对人体健康造成严重危害或者有其他严重情节"，将第三档刑处刑情节"致人死亡或者对人体健康造成特别严重危害"修改为"致人死亡或者有其他特别严重情节"。第三，为解决在适用罚金刑中，有的犯罪的销售金额难以认定的问题，将具体罚金数额，即销售金额百分之五十以上二倍以下罚金的规定改为不再具体规定罚金数额。

【条文说明】

本条是关于生产、销售有毒、有害食品罪及其处罚的规定。

根据本条规定，生产、销售有毒、有害食品罪必须具备以下几个构成要件：

1. 行为人在主观方面是**故意犯罪**，即故意往食品中掺入有毒、有害非食品原料或者明知是有毒、有害食品而销售的行为。

2. 行为人在客观上实施了**在生产、销售的食品中掺入有毒、有害的非食品原料或者明知是掺有有毒、有害的非食品原料的食品而销售的行为**，至于销售后有无具体危害后果的发生并不影响本罪的成立。所谓"**有毒、有害的非食品原料**"，是指对人体具有生理毒性，食用后会引起不良反应，损害机体健康的不能食用的原料①，如制酒时加入工业酒精，在饮料中加入国家严禁使用的非食用色素等。如果掺入的是食品原料，由于污染、腐败变质而具有了毒害性，不构成本罪。《最高人民法院、最高人民检察院关于办理危害食品安全刑事案件适用法律若干问题的解释》第九条规定："下列物质应当认定为刑法第一百四十四条规定的'有毒、有害的非食品原料'：(一)因危害人体健康，被法律、法规禁止在食品生产经营活动中添加、使用的物质；(二)因危害人体健康，被国务院有关部门列入《食品中可能违法添加的非食用物质名单》《保健食品中可能非法添加的物质名单》和国务院有关部门公告的禁用农药、《食品动物中禁止使用的药品及其他化合物清单》等名单上的物质；(三)其他有毒、有害的物质。"

对生产、销售有毒、有害的食品罪的处罚，根据危害程度的不同，分为三档刑罚：第一档刑罚，**在生产、销售的食品中掺入有毒、有害的非食品原料的，或者销售明知掺有有毒、有害的非食品原料的食品的**，处五年以下有期徒刑，并处罚金。第二档刑罚，**对人体健康造成严重危害或者有其他严重情节的**，处五年以上十年以下有期徒刑，并处罚金。"对人体健康造成严重危害"，是指对人体器官造成严重损伤以及其他严重损害人体健康的情节。"其他严重情节"，是指具有大量生产、销售有毒、有害食品等情节。第三档刑罚，**致人死亡或者有其他特别严重情节的**，依照《刑法》第一百四十一条生产、销售、提供假药罪的规定处罚，即处十年以上有期徒刑、无期徒刑或者死刑。"致人死亡或者有其他特别严重情节"，是指生产、销售的有毒、有害食品被食用后，造成他人死亡或者致使多人严重残疾，以及具有生产、销售特别大量有毒、有害食品情节的。

实践中需要注意以下两个方面的问题：

1. 在实际执行中，应当注意生产、销售有毒、有害食品罪与其他罪的区别：一是与**生产、销售不符合安全标准的食品罪**的区别。生产、销售不符合安全标准的食品罪在食品中掺入的原料也可能有毒有害，但其本身是食品原料，其毒害性是由于

① 我国学者指出，对"有毒、有害的非食品原料"应当具体判断。即使原料本身无害，但掺入某种食品中会使食品有毒、有害，也属于"有毒、有害的非食品原料"。参见张明楷：《刑法学》(第6版)，法律出版社2021年版，第954页。

食品原料污染或者腐败变质所引起的;而生产、销售有毒、有害食品罪中,往食品中掺入的则是有毒、有害的非食品原料。[①] 二是与**故意投放危险物质罪**的区别。投放危险物质罪的目的是造成不特定多数人死亡或伤亡;而生产、销售有毒、有害食品罪的目的则是获取非法利润,行为人对在食品中掺入有毒、有害非食品原料虽然是明知的,但并不追求致人伤亡的危害结果的发生。[②] 三是与**过失投放危险物质罪**的区别。主要在于主观心理状态不同。过失投放危险物质罪不是故意在食品中掺入有毒害性的非食品原料,而是疏忽大意或者过于自信造成的;而生产、销售有毒、有害食品罪则是故意在食品中掺入有毒害性的非食品原料。

2. **关于职业禁止**。《刑法修正案(九)》增加《刑法》第三十七条之一职业禁止规定。对于因利用职业便利实施犯罪,或者实施违背职业要求的特定义务的犯罪被判处刑罚的,人民法院可以根据犯罪情况和预防再犯罪的需要,禁止其自刑罚执行完毕之日或者假释之日起从事相关职业,期限为三年至五年。其他法律、行政法规对其从事相关职业另有禁止或者限制性规定的,从其规定。《食品安全法》第一百三十五条第二款规定:"因食品安全犯罪被判处有期徒刑以上刑罚的,终身不得从事食品生产经营管理工作,也不得担任食品生产经营企业食品安全管理人员。"食品安全监督管理工作中应注意是否存在因食品安全犯罪被禁止从业的罪犯从事食品行业工作的情况。对于食品安全犯罪被判处其他刑罚的,可以依照《刑法》第三十七条之一的规定,禁止其自刑罚执行完毕之日或者假释之日起从事食品行业,期限为三年至五年。

【司法解释】

《最高人民法院、最高人民检察院关于办理生产、销售伪劣商品刑事案件具体应用法律若干问题的解释》(法释〔2001〕10 号,自 2001 年 4 月 10 日起施行)

△(**对人体健康造成严重危害**)生产、销售的有毒、有害食品被食用后,造成轻伤、重伤或者其他严重后果的,应认定为刑法第一百四十四条规定的"对人体健康造成严重危害"。(§ 5Ⅰ)

△(**生产、销售伪劣商品犯罪的共犯**)知道或者应当知道他人实施生产、销售伪劣商品犯罪,而为其提供贷款、资金、账号、发票、证明、许可证件,或者提供生产、经营场所或者运输、仓储、保管、邮寄等便利条件,或者提供制假生产技术的,以生产、销售伪劣商品犯罪的共犯论处。(§ 9)

△(**想象竞合;侵犯知识产权犯罪;非法经营罪**)实施生产、销售伪劣商品犯罪,同时构成侵犯知识产权、非法经营等其他犯罪的,依照处罚较重的规定定罪处罚。(§ 10)

△(**数罪并罚;妨害公务罪**)实施刑法第一百四十条至第一百四十八条规定的犯罪,又以暴力、威胁方法抗拒查处,构成其他犯罪的,依照数罪并罚的规定处罚。(§ 11)

△(**国家机关工作人员;从重处罚**)国家机关工作人员参与生产、销售伪劣商品犯罪的,从重处罚。(§ 12)

《最高人民法院、最高人民检察院关于办理非法生产、销售、使用禁止在饲料和动物饮用水中使用的药品等刑事案件具体应用法律若干问题的解释》(法释〔2002〕26 号,自 2002 年 8 月 23 日起施行)

△(**盐酸克仑特罗;生产、销售有毒、有害食品罪**)使用盐酸克仑特罗等禁止在饲料和动物饮用水中使用的药品或者含有该类药品的饲料养殖供人食用的动物,或者销售明知是使用该类药品或者含有该类药品的饲料养殖的供人食用的动物的,依照刑法第一百四十四条的规定,以生产、销售有毒、有害食品罪追究刑事责任。(§ 3)

△(**盐酸克仑特罗;提供屠宰等加工服务;销售动物制品;生产、销售有毒、有害食品罪**)明知是使用盐酸克仑特罗等禁止在饲料和动物饮用水中使用的药品或者含有该类药品的饲料养殖的供人食用的动物,而提供屠宰等加工服务,或者销售其

① 我国学者指出,由于有毒、有害食品必然足以造成严重食物中毒事故或者其他严重的食源性疾病,就此而言,本罪与生产、销售不符合安全标准的食品罪是特别与一般的关系。成立本罪的行为,也必然符合生产、销售不符合安全标准的食品罪。参见张明楷:《刑法学》(第 6 版),法律出版社 2021 年版,第 955—956 页。

② 相同的学说见解,参见周光权:《刑法各论》(第 4 版),中国人民大学出版社 2021 年版,第 248 页。我国学者指出,两者的区别在于,生产、销售有毒、有害食品罪是抽象危险犯,投放危险物质罪则是具体危险犯。两者之间并非对立关系,存在成立想象竞合犯的可能性。参见张明楷:《刑法学》(第 6 版),法律出版社 2021 年版,第 956 页。另有学者指出,生产、销售有毒、有害食品罪与投放危险物质罪具有相似的一面,二者之间存在特别法与一般法的关系。两者的区别主要在于,是否发生在生产、经营活动中,并与之产生关系。如果出现确实难以区分的场合,可以按照特别法优于一般法的原则加以处理。参见黎宏:《刑法学各论》(第 2 版),法律出版社 2016 年版,第 89 页。

制品的,依照刑法第一百四十四条的规定,以生产、销售有毒、有害食品罪追究刑事责任。(§ 4)

△(**想象竞合**)实施本解释规定的行为,同时触犯刑法规定的两种以上犯罪的,依照处罚较重的规定追究刑事责任。(§ 5)

△(**禁止在饲料和动物饮用水中使用的药品**)禁止在饲料和动物饮用水中使用的药品,依照国家有关部门公告的禁止在饲料和动物饮用水中使用的药物品种目录确定。(§ 6)

《最高人民法院关于审理走私、非法经营、非法使用兴奋剂刑事案件适用法律若干问题的解释》(法释〔2019〕16号,自2020年1月1日起施行)

△(**生产、销售含有兴奋剂目录所列物质的食品;生产、销售不符合安全标准的食品罪;生产、销售有毒、有害食品罪**)生产、销售含有兴奋剂目录所列物质的食品,符合刑法第一百四十三条、第一百四十四条规定的,以生产、销售不符合安全标准的食品罪、生产、销售有毒、有害食品罪定罪处罚。(§ 5)

△(**"兴奋剂""兴奋剂目录所列物质""体育运动""国内、国际重大体育竞赛"等专门性问题;认定意见**)对于是否属于本解释规定的"兴奋剂""兴奋剂目录所列物质""体育运动""国内、国际重大体育竞赛"等专门性问题,应当依据《中华人民共和国体育法》《反兴奋剂条例》等法律法规,结合国务院体育主管部门出具的认定意见等证据材料作出认定。(§ 8)

《最高人民法院、最高人民检察院关于办理危害食品安全刑事案件适用法律若干问题的解释》(法释〔2021〕24号,自2022年1月1日起施行)

△(**对人体健康造成严重危害**)生产、销售有毒、有害食品,具有本解释第二条规定情形之一的,应当认定为刑法第一百四十四条规定的"对人体健康造成严重危害"。(§ 6)

△(**其他严重情节**)生产、销售有毒、有害食品,具有下列情形之一的,应当认定为刑法第一百四十四条规定的"其他严重情节":

(一)生产、销售金额二十万元以上不满五十万元的;

(二)生产、销售金额十万元以上不满二十万元,有毒、有害食品数量较大或者生产、销售持续时间六个月以上的;

(三)生产、销售金额十万元以上不满二十万元,属于特殊医学用途配方食品、专供婴幼儿的主辅食品的;

(四)生产、销售金额十万元以上不满二十万元,且在中小学校园、托幼机构、养老机构及周边面向未成年人、老年人销售的;

(五)生产、销售金额十万元以上不满二十万元,曾因危害食品安全犯罪受过刑事处罚或者二年内因危害食品安全违法行为受过行政处罚的;

(六)有毒、有害的非食品原料毒害性强或者含量高的;

(七)其他情节严重的情形。(§ 7)

△(**其他特别严重情节**)生产、销售有毒、有害食品,生产、销售金额五十万元以上,或者具有本解释第四条第二项至第六项规定的情形之一的,应当认定为刑法第一百四十四条规定的"其他特别严重情节"。(§ 8)

△(**有毒、有害的非食品原料**)下列物质应当认定为刑法第一百四十四条规定的"有毒、有害的非食品原料":

(一)因危害人体健康,被法律、法规禁止在食品生产经营活动中添加、使用的物质;

(二)因危害人体健康,被国务院有关部门列入《食品中可能违法添加的非食用物质名单》《保健食品中可能非法添加的物质名单》和国务院有关部门公告的禁用农药、《食品动物中禁止使用的药品及其他化合物清单》等名单上的物质;

(三)其他有毒、有害的物质。(§ 9)

△(**明知**)刑法第一百四十四条规定的"明知",应当综合行为人的认知能力、食品质量、进货或者销售的渠道及价格等主、客观因素进行认定。

具有下列情形之一的,可以认定为刑法第一百四十四条规定的"明知",但存在相反证据并经查证属实的除外:

(一)长期从事相关食品、食用农产品生产、种植、养殖、销售、运输、贮存行业,不依法履行保障食品安全义务的;

(二)没有合法有效的购货凭证,且不能提供或者拒不提供销售的相关食品来源的;

(三)以明显低于市场价格进货或者销售且无合理原因的;

(四)在有关部门发出禁令或者食品安全预警的情况下继续销售的;

(五)因实施危害食品安全行为受过行政处罚或者刑事处罚,又实施同种行为的;

(六)其他足以认定行为人明知的情形。(§ 10)

△(**掺入/使用有毒、有害的非食品原料;食用农产品;保健食品**)在食品生产、销售、运输、贮存等过程中,掺入有毒、有害的非食品原料,或者使用有毒、有害的非食品原料生产食品的,依照刑法第一百四十四条的规定以生产、销售有毒、有害食品罪定罪处罚。

在食用农产品种植、养殖、销售、运输、贮存等过程中,使用禁用农药、食品动物中禁止使用的药品及其他化合物等有毒、有害的非食品原料，适用前款的规定定罪处罚。

在保健食品或者其他食品中非法添加国家禁用药物等有毒、有害的非食品原料的，适用第一款的规定定罪处罚。（§ 11）

△（**使用不符合食品安全标准的食品包装材料等**）在食品生产、销售、运输、贮存等过程中，使用不符合食品安全标准的食品包装材料、容器、洗涤剂、消毒剂，或者用于食品生产经营的工具、设备等，造成食品被污染，符合刑法第一百四十三条、第一百四十四条规定的，以生产、销售不符合安全标准的食品罪或者生产、销售有毒、有害食品罪定罪处罚。（§ 12）

△（**竞合；生产、销售不符合安全标准的食品罪；生产、销售有毒、有害食品罪；生产、销售伪劣产品罪；妨害动植物防疫、检疫罪等**）生产、销售不符合食品安全标准的食品，有毒、有害食品，符合刑法第一百四十三条、第一百四十四条规定的，以生产、销售不符合安全标准的食品罪或者生产、销售有毒、有害食品罪定罪处罚。同时构成其他犯罪的，依照处罚较重的规定定罪处罚。

生产、销售不符合食品安全标准的食品，无证据证明足以造成严重食物中毒事故或者其他严重食源性疾病，不构成生产、销售不符合安全标准的食品罪，但构成生产、销售伪劣产品罪，妨害动植物防疫、检疫罪等其他犯罪的，依照该其他犯罪定罪处罚。（§ 13）

△（**共犯；生产、销售不符合安全标准的食品罪；生产、销售有毒、有害食品罪**）明知他人生产、销售不符合食品安全标准的食品，有毒、有害食品，具有下列情形之一的，以生产、销售不符合安全标准的食品罪或者生产、销售有毒、有害食品罪的共犯论处：

（一）提供资金、贷款、账号、发票、证明、许可证件的；

（二）提供生产、经营场所或者运输、贮存、保管、邮寄、销售渠道等便利条件的；

（三）提供生产技术或者食品原料、食品添加剂、食品相关产品或者有毒、有害的非食品原料的；

（四）提供广告宣传的；

（五）提供其他帮助行为的。（§ 14）

△（**不符合食品安全标准的食品添加剂等；生产、销售伪劣产品罪；超过保质期的食品原料；超过保质期的食品；回收食品；竞合**）生产、销售不符合食品安全标准的食品添加剂，用于食品的包装材料、容器、洗涤剂、消毒剂，或者用于食品生产经营的工具、设备等，符合刑法第一百四十条规定的，以生产、销售伪劣产品罪定罪处罚。

生产、销售用超过保质期的食品原料、超过保质期的食品、回收食品作为原料的食品，或者以更改生产日期、保质期、改换包装等方式销售超过保质期的食品、回收食品，适用前款的规定定罪处罚。

实施前两款行为，同时构成生产、销售不符合安全标准的食品罪，生产、销售不符合安全标准的产品罪等其他犯罪的，依照处罚较重的规定定罪处罚。（§ 15）

△（**畜禽屠宰；生产、销售有毒、有害食品罪；生产、销售不符合安全标准的食品罪；生产、销售伪劣产品罪**）在畜禽屠宰相关环节，对畜禽使用食品动物中禁止使用的药品及其他化合物等有毒、有害的非食品原料，依照刑法第一百四十四条的规定以生产、销售有毒、有害食品罪定罪处罚；对畜禽注水或者注入其他物质，足以造成严重食物中毒事故或者其他严重食源性疾病的，依照刑法第一百四十三条的规定以生产、销售不符合安全标准的食品罪定罪处罚；虽不足以造成严重食物中毒事故或者其他严重食源性疾病，但符合刑法第一百四十条规定的，以生产、销售伪劣产品罪定罪处罚。（§ 17 Ⅱ）

△（**非法经营；竞合**）实施本解释规定的非法经营行为，同时构成生产、销售伪劣产品罪，生产、销售不符合安全标准的食品罪，生产、销售有毒、有害食品罪，生产、销售伪劣农药、兽药罪等其他犯罪的，依照处罚较重的规定定罪处罚。（§ 18 Ⅱ）

△（**罚金**）犯生产、销售不符合安全标准的食品罪，生产、销售有毒、有害食品罪，一般应当依法判处生产、销售金额二倍以上的罚金。

共同犯罪的，对各共同犯罪人合计判处的罚金一般应当在生产、销售金额的二倍以上。（§ 21）

△（**禁止令；行政处罚**）对实施本解释规定之犯罪的犯罪分子，应当依照刑法规定的条件，严格适用缓刑、免予刑事处罚。对于依法适用缓刑的，可以根据犯罪情况，同时宣告禁止令。

对于被不起诉或者免予刑事处罚的行为人，需要给予行政处罚、政务处分或者其他处分的，依法移送有关主管机关处理。（§ 22）

△（**单位犯罪**）单位实施本解释规定的犯罪的，对单位判处罚金，并对直接负责的主管人员和其他直接责任人员，依照本解释规定的定罪量刑标准处罚。（§ 23）

△（**专门性问题；认定；书面意见**）“足以造成严重食物中毒事故或者其他严重食源性疾病”“有毒、有害的非食品原料”等专门性问题难以确定的，司法机关可以依据鉴定意见、检验报告、地市级以上相关行政主管部门组织出具的书面意见，结合其他证据作出认定。必要时，专门性问题

由省级以上相关行政主管部门组织出具书面意见。(§ 24)

△(**二年内**)本解释所称"二年内",以第一次违法行为受到行政处罚的生效之日与又实施相应行为之日的时间间隔计算确定。(§ 25)

【司法解释性文件】

《最高人民检察院、公安部关于公安机关管辖的刑事案件立案追诉标准的规定(一)的补充规定》(公通字〔2017〕12号,2017年4月27日公布)

△(**生产、销售有毒、有害食品罪;立案追诉标准;食品加工、销售、运输、贮存;食用农产品种植、养殖、销售、运输、贮存;保健食品;有毒、有害的非食品原料**)将《立案追诉标准(一)》第20条修改为:[生产、销售有毒、有害食品案(刑法第144条)]在生产、销售的食品中掺入有毒、有害的非食品原料的,或者销售明知掺有有毒、有害的非食品原料的食品的,应予立案追诉。

在食品加工、销售、运输、贮存等过程中,掺入有毒、有害的非食品原料,或者使用有毒、有害的非食品原料加工食品的,应予立案追诉。

在食用农产品种植、养殖、销售、运输、贮存等过程中,使用禁用农药、兽药等禁用物质或者其他有毒、有害物质的,应予立案追诉。

在保健食品或者其他食品中非法添加国家禁用药物等有毒、有害物质的,应予立案追诉。

下列物质应当认定为本条规定的"有毒、有害的非食品原料":

(一)法律、法规禁止在食品生产经营活动中添加、使用的物质;

(二)国务院有关部门公布的《食品中可能违法添加的非食用物质名单》《保健食品中可能非法添加的物质名单》中所列物质;

(三)国务院有关部门公告禁止使用的农药、兽药以及其他有毒、有害物质;

(四)其他危害人体健康的物质。(§ 20)

《最高人民法院、最高人民检察院、公安部关于依法严惩"地沟油"犯罪活动的通知》(公通字〔2012〕1号,2012年1月9日公布)

△(**地沟油;生产有毒、有害食品罪**)对于利用"地沟油"生产"食用油"的,依照刑法第144条生产有毒、有害食品罪的规定追究刑事责任。

△(**地沟油;明知之认定**)明知是利用"地沟油"生产的"食用油"而予以销售的,依照刑法第144条销售有毒、有害食品罪的规定追究刑事责任。认定是否"明知",应当结合犯罪嫌疑人、被告人的认知能力,犯罪嫌疑人、被告人及其同案人的供述和辩解,证人证言,产品质量,进货渠道及进货价格、销售渠道及销售价格等主、客观因素予以综合判断。

△(**地沟油;销售有毒、有害食品罪**)对于利用"地沟油"生产的"食用油",已经销售出去没有实物,但是有证据证明系已被查实生产、销售有毒、有害食品犯罪事实的上线提供的,依照刑法第144条销售有毒、有害食品罪的规定追究刑事责任。

△(**明知"食用油"来源可疑;销售有毒、有害食品罪**)虽无法查明"食用油"是否系利用"地沟油"生产、加工,但犯罪嫌疑人、被告人明知该"食用油"来源可疑而予以销售的,应分别情形处理:经鉴定,检出有毒、有害成分的,依照刑法第144条销售有毒、有害食品罪的规定追究刑事责任;属于不符合安全标准的食品的,依照刑法第143条销售不符合安全标准的食品罪追究刑事责任;属于以假充真、以次充好、以不合格产品冒充合格产品或者假冒注册商标,构成犯罪的,依照刑法第140条销售伪劣产品罪或者第213条假冒注册商标罪、第214条销售假冒注册商标的商品罪追究刑事责任。

△(**共犯**)知道或应当知道他人实施以上第(一)、(二)、(三)款犯罪行为,而为其掏捞、加工、贩运"地沟油",或者提供贷款、资金、账号、发票、证明、许可证件,或者提供技术、生产、经营场所、运输、仓储、保管等便利条件的,依照本条第(一)、(二)、(三)款犯罪的共犯论处。

△(**行政部门**)对违反有关规定,掏捞、加工、贩运"地沟油",没有证据证明用于生产"食用油"的,交由行政部门处理。

△(**宽严相济刑事政策;自首;立功;从犯;缓刑;免予刑事处罚;禁止令**)在对"地沟油"犯罪定罪量刑时,要充分考虑犯罪数额、犯罪分子主观恶性及其犯罪手段、犯罪行为对人民群众生命安全和身体健康的危害、对市场经济秩序的破坏程度、恶劣影响等。对于具有累犯、前科、共同犯罪的主犯、集团犯罪的首要分子等情节,以及犯罪数额巨大、情节恶劣、危害严重,群众反映强烈,给国家和人民利益造成重大损失的犯罪分子,依法严惩,罪当判处死刑的,要坚决依法判处死刑。对在同一条生产销售链上的犯罪分子,要在法定刑幅度内体现严惩源头犯罪的精神,确保生产环节与销售环节量刑的整体平衡。对于明知是"地沟油"而非法销售的公司、企业,要依法从严追究有关单位和直接责任人员的责任。对于具有自首、立功、从犯等法定情节的犯罪分子,可以依法从宽处理。要严格把握适用缓刑、免予刑事处罚的条件。对依法必须适用缓刑的,一般同时宣告禁止令,禁止其在缓刑考验期内从事与食品生产、销售等有关

的活动。

《最高人民法院关于充分发挥审判职能作用切实维护公共安全的若干意见》（法发〔2015〕12号，2015年9月16日公布）

△（**非监禁刑；追缴违法犯罪所得；财产刑**）

依法惩治危害食品药品安全犯罪。食品药品安全形势不容乐观，重大、恶性食品药品安全犯罪案件时有发生，党中央高度关注，人民群众反映强烈。要以“零容忍”的态度，坚持最严厉的处罚、最严肃的问责，依法严惩生产、销售有毒、有害食品、不符合卫生标准的食品，以及生产、销售假药、劣药等犯罪。要充分认识此类犯罪的严重社会危害，严格缓刑、免刑等非监禁刑的适用。要采取有效措施依法追缴违法犯罪所得，充分适用财产刑，坚决让犯罪分子在经济上无利可图、得不偿失。要依法适用禁止令，有效防范犯罪分子再次危害社会。

【附属刑法】

《中华人民共和国农产品质量安全法》（2006年4月29日通过，2018年10月26日修正）

第四十九条

有本法第三十三条第四项规定情形[①]，使用的保鲜剂、防腐剂、添加剂等材料不符合国家有关强制性的技术规范的，责令停止销售，对被污染的农产品进行无害化处理，对不能进行无害化处理的予以监督销毁；没收违法所得，并处二千元以上二万元以下罚款。

第五十条

Ⅰ农产品生产企业、农民专业合作经济组织销售的农产品有本法第三十三条第一项至第三项或者第五项所列情形之一的[②]，责令停止销售，追回已经销售的农产品，对违法销售的农产品进行无害化处理或者予以监督销毁；没收违法所得，并处二千元以上二万元以下罚款。

Ⅱ农产品销售企业销售的农产品有前款所列情形的，依照前款规定处理、处罚。

Ⅲ农产品批发市场中销售的农产品有第一款所列情形的，对违法销售的农产品依照第一款规定处理，对农产品销售者依照第一款规定处罚。

Ⅳ农产品批发市场违反本法第三十七条第一款规定的[③]，责令改正，处二千元以上二万元以下罚款。

第五十三条

违反本法规定，构成犯罪的，依法追究刑事责任。

《中华人民共和国食品安全法》（2009年2月28日通过，2021年4月29日第二次修正）

第一百二十三条

Ⅰ违反本法规定，有下列情形之一，尚不构成犯罪的，由县级以上人民政府食品安全监督管理部门没收违法所得和违法生产经营的食品，并可以没收用于违法生产经营的工具、设备、原料等物品；违法生产经营的食品货值金额不足一万元的，并处十万元以上十五万元以下罚款；货值金额一万元以上的，并处货值金额十五倍以上三十倍以下罚款；情节严重的，吊销许可证，并可以由公安机关对其直接负责的主管人员和其他直接责任人员处五日以上十五日以下拘留：

（一）用非食品原料生产食品、在食品中添加食品添加剂以外的化学物质和其他可能危害人体健康的物质，或者用回收食品作为原料生产食品，

---

① 《中华人民共和国农产品质量安全法》（2006年4月29日通过，2018年10月26日修正）

第三十三条

有下列情形之一的农产品，不得销售：

……

（四）使用的保鲜剂、防腐剂、添加剂等材料不符合国家有关强制性的技术规范的；

……

② 《中华人民共和国农产品质量安全法》（2006年4月29日通过，2018年10月26日修正）

第三十三条

有下列情形之一的农产品，不得销售：

（一）含有国家禁止使用的农药、兽药或者其他化学物质的；

（二）农药、兽药等化学物质残留或者含有的重金属等有毒有害物质不符合农产品质量安全标准的；

（三）含有的致病性寄生虫、微生物或者生物毒素不符合农产品质量安全标准的；

……

（五）其他不符合农产品质量安全标准的。

③ 《中华人民共和国农产品质量安全法》（2006年4月29日通过，2018年10月26日修正）

第三十七条

Ⅰ农产品批发市场应当设立或者委托农产品质量安全检测机构，对进场销售的农产品质量安全状况进行抽查检测；发现不符合农产品质量安全标准的，应当要求销售者立即停止销售，并向农业行政主管部门报告。

或者经营上述食品；

（二）生产经营营养成分不符合食品安全标准的专供婴幼儿和其他特定人群的主辅食品；

（三）经营病死、毒死或者死因不明的禽、畜、兽、水产动物肉类，或者生产经营其制品；

（四）经营未按规定进行检疫或者检疫不合格的肉类，或者生产经营未经检验或者检验不合格的肉类制品；

（五）生产经营国家为防病等特殊需要明令禁止生产经营的食品；

（六）生产经营添加药品的食品。

Ⅱ明知从事前款规定的违法行为，仍为其提供生产经营场所或者其他条件的，由县级以上人民政府食品安全监督管理部门责令停止违法行为，没收违法所得，并处十万元以上二十万元以下罚款；使消费者的合法权益受到损害的，应当与食品生产经营者承担连带责任。

Ⅲ违法使用剧毒、高毒农药的，除依照有关法律、法规规定给予处罚外，可以由公安机关依照第一款规定给予拘留。

第一百四十九条

违反本法规定，构成犯罪的，依法追究刑事责任。

【指导性案例】

最高人民检察院指导性案例第12号：柳立国等人生产、销售有毒、有害食品，生产、销售伪劣产品案（2014年2月20日发布）

△（**生产、销售、有害食品罪；生产、销售伪劣产品罪**）明知对方是食用油经销者，仍将用餐厨废弃油（俗称"地沟油"）加工而成的劣质油脂销售给对方，导致劣质油脂流入食用油市场供人食用的，构成生产、销售有毒、有害食品罪；明知油脂经销者向饲料生产企业和药品生产企业等单位销售豆油等食用油，仍将用餐厨废弃油加工而成的劣质油脂销售给对方，导致劣质油脂流向饲料生产企业和药品生产企业等单位的，构成生产、销售伪劣产品罪。

最高人民检察院指导性案例第13号：徐孝伦等人生产、销售有害食品案（2014年2月20日发布）

△（**生产、销售有害食品罪**）在食品加工过程中，使用有毒、有害的非食品原料加工食品并出售的，应当认定为生产、销售有毒、有害食品罪；明知是他人使用有毒、有害的非食品原料加工出的食品仍然购买并出售的，应当认定为销售有毒、有害食品罪。

最高人民检察院指导性案例第14号：孙建亮等人生产、销售有毒、有害食品案（2014年2月20日发布）

△（**生产、销售有毒、有害食品罪；共犯**）明知盐酸克伦特罗（俗称"瘦肉精"）是国家禁止在饲料和动物饮用水中使用的药品，而用以养殖供人食用的动物并出售的，应当认定为生产、销售有毒、有害食品罪。明知盐酸克伦特罗是国家禁止在饲料和动物饮用水中使用的药品，而买卖和代买盐酸克伦特罗片，供他人用以养殖供人食用的动物的，应当认定为生产、销售有毒、有害食品罪的共犯。

最高人民检察院指导性案例第15号：胡林贵等人生产、销售有毒、有害食品，行贿；骆梅、刘康素销售伪劣产品；朱伟全、曾伟中生产、销售伪劣产品；黎达文等人受贿，食品监管渎职案（2014年2月20日发布）

△（**数罪并罚；行贿罪**）实施生产、销售有毒、有害食品犯罪，为逃避查处向负有食品安全监管职责的国家工作人员行贿的，应当以生产、销售有毒、有害食品罪和行贿罪实行数罪并罚。

最高人民法院指导案例第70号：北京阳光一佰生物技术开发有限公司、习文有等生产、销售有毒、有害食品案（2016年12月28日发布）

△（**有毒、有害的非食品原料**）行为人在食品生产经营中添加的虽然不是国务院有关部门公布的《食品中可能违法添加的非食用物质名单》和《保健食品中可能非法添加的物质名单》中的物质，但如果该物质与上述名单中所列物质具有同等属性，并且根据检验报告和专家意见等相关材料能够确定该物质对人体具有同等危害的，应当认定为《刑法》第一百四十四条规定的"有毒、有害的非食品原料"。

【参考案例】

△以工业原料冒充食品予以销售致人死亡的，应以生产、销售有毒、有害食品罪论处。

生产、销售有毒、有害食品罪是指在生产、销售的食品中掺入有毒、有害的非食品原料或者销售明知是掺有有毒、有害的非食品原料的食品的行为。本罪不仅侵犯国家对食品安全的管理制度，同时也危害广大消费者的生命、健康安全。依照1995年《食品卫生法》（现已失效）的规定，严禁生产、经营下列食品：（1）腐败变质、油脂酸败、霉变、生虫、污秽不洁、混有异物或者其他感官形状异常，可能对人体健康有害；（2）含有毒、有害物质或者被有毒、有害物质污染，可能对人体健康有害的；（3）含有致病的寄生虫、微生物的，或者微生物毒素含量超过国家限定标准的；（4）未经兽医卫生检验或者检验不合格的肉类及其制品；

(5)病死、毒死或者死因不明的禽、畜、兽、水产动物及其制品;(6)容器包装污秽不洁、严重破损或者运输工具不洁造成污染的;(7)掺杂、掺假、伪造,影响营养、卫生的;(8)用非食品原料加工的,加入非食品用化学物质的或者将非食品当作食品的;(9)超过保质期限的;(10)为防病等特殊需要,国务院卫生行政部门或者省、自治区、直辖市人民政府专门规定禁止出售的;(11)含有未经国务院卫生行政部门批准使用的添加剂的或者农药残留超过国家规定容许量的;(12)其他不符合食品卫生标准和卫生要求的。由此可见,立法者在设置生产、销售不符合卫生标准的食品罪和生产、销售有毒、有害食品罪两个罪名时,不是简单地将有毒、有害的食品视为不符合卫生标准的食品,而是考虑到有毒、有害的食品会比不符合卫生标准的食品给消费者造成更为严重的人身健康和生命安全的危害,因此有必要规定更高的法定刑(前者的最高法定刑为七年以上有期徒刑或者无期徒刑,后者的最高法定刑为十年以上有期徒刑、无期徒刑或者死刑)。

在处理生产、销售有毒、有害食品造成严重危害后果的案件时,应着重分析行为人的主观目的并以此确定罪名。若行为人销售有毒、有害食品的主观目的是牟利,但同时又放任严重危害后果发生,则应定生产、销售有毒、有害食品罪;若行为人出于各种动机,如造成当地治安混乱,人心恐慌,主观目的就是追求严重危害后果的发生,则应定以危险方法危害公共安全罪。

生产、销售不符合卫生标准的食品罪,是指生产者、销售者明知生产、销售的食品不符合卫生标准而进行生产、销售,足以造成严重食物中毒或者严重食源性疾患的行为。该罪与生产、销售有毒、有害食品罪在犯罪客体要件、犯罪主体要件、犯罪主观要件都存在相同之处,但是两者在以下方面也有着明显的区别:(1)犯罪对象方面。前者是不符合卫生标准的食品(详见前述,但不能再包括含有有毒、有害的非食品原料的食品)。其中,食品,是指通过人体消化系统,可被人体消化、吸收,能满足人体生理需求和营养需要的一切物品,既包括一般食物,也包括食物添加剂、调味品、色素、保鲜剂,还包括油脂和饮料等。后者是有毒、有害的非食品原料和含有有毒、有害的非食品原料的食品。有毒、有害的非食品原料是指对人体具有生理危害性的,食用后会引起不良反应,损害机体健康的不能食用的原料,例如,用工业酒精兑制白酒、用不能饮用的污水兑制酱油、将石灰水掺进牛奶中,等等。若掺入的是食品原料,只是因污染、腐败变质或者过量而具有了危害性,则不能构成本罪。至于非食品原料是否有毒、有害,要经过有关机构鉴定确定。(2)犯罪结果方面。前者是危险犯,即需有足以造成严重食物中毒事故或者其他严重食源性疾患的危险结果作为构成犯罪的条件。其中,严重食物中毒是指细菌性、化学性、真菌性和有毒动植物等引起的严重暴发性中毒;严重食源性疾患是指以食物为感染源而导致的严重疾病,如痢疾、肝炎等。后者不要求特定犯罪结果的发生。(3)犯罪主观方面。前者在主观上对生产、销售不符合卫生标准的食品的行为持直接故意,但是对该行为将造成的严重后果,则既可能持放任的态度,也可能是过失的心理。后者在主观上只是对掺入、生产、销售行为持直接故意,至于对行为结果的主观态度则没有限制。[No. 3-1-144-1　林烈群、何华平等销售有害食品案]

△销售以有毒物质饲养的肉类致多人中毒的,应以生产、销售有毒食品罪论处。

俞亚春明知"瘦肉精"是国家明令禁止使用的饲料添加剂,仍将"瘦肉精"掺入饲料喂养肉猪,并将其中34头销售给他人,从而导致众多消费者食用猪肉后中毒,其行为已构成生产、销售有毒食品罪。应指出的是,《刑法》第一百四十四条规定的生产、销售有毒、有害食品罪是选择性罪名,并且属于行为加对象性选择适用罪名。审判实践中,对这种选择性罪名的适用,不仅要考虑被告人所实施的具体行为,还要考虑被告人所实施行为的具体对象。对于被告人没有实施的行为、侵害行为没有指向的对象,不应适用为罪名。在俞亚春生产、销售有毒、有害食品案中,被告人俞亚春生产、销售含有"瘦肉精"的食品,属于有毒食品,相应地只能适用生产、销售有毒食品罪,而不应适用"生产、销售有毒、有害食品罪"的罪名。[No. 3-1-144-2　俞亚春生产、销售有毒、有害食品案]

△生产、销售的有毒食品被食用后,导致多人中毒,但未造成身体伤害的,不应认定为生产、销售有毒、有害食品罪的对人体健康造成严重危害,不能依照《刑法》第一百四十一条的规定处罚。

根据《最高人民法院、最高人民检察院关于办理生产、销售伪劣商品刑事案件具体应用法律若干问题的解释》第五条的规定:"生产、销售的有毒、有害食品被食用后,造成轻伤、重伤或者其他严重后果的,应认定为刑法第一百四十四条规定的'对人体健康造成严重危害'。生产、销售的有毒、有害食品被食用后,致人严重残疾、三人以上重伤、十人以上轻伤或者造成其他特别严重后果的,应认定为'对人体健康造成特别严重危害'。"被告人俞亚春生产、销售有毒食品行为致使170

多名消费者出现不同程度的头痛、头昏、肌肉抽搐、呼吸急促、呕吐等中毒症状，通过简单治疗后都已很快康复，其行为尚未对人体健康造成轻伤或者留下后遗症等严重危害。[No. 3-1-144-3　俞亚春生产、销售有毒、有害食品案]

△生产、销售有毒、有害食品罪与以危险方法危害公共安全罪之间存在法条竞合关系，根据特别法优于普通法的原则，应以生产、销售有毒、有害食品罪论处。

生产、销售有毒、有害食品罪的行为方式是在生产、销售的食品中掺入有毒、有害的非食品原料，如果有毒有害的非食品原料掺入的对象不是食品，或者销售的是有毒有害的非食品原料本身，则应认定为以危险方法危害公共安全罪。如三鹿奶粉案件的主犯明知三聚氰胺是化工产品，不能食用，一旦食用必然会危害人体健康和生命安全，仍以三聚氰胺和麦芽糊精为原料，研制出三聚氰胺的混合物。此行为是直接生产、销售有毒有害的非食品原料，不属于《食品安全法》所规定的食品或食品原料，且没有在食品中掺入、投放的过程，因而不能认定为生产、销售有毒、有害食品罪。由于该行为完全符合以危险方法危害公共安全，可以适用一般法条认定为以危险方法危害公共安全罪。[No. 3-1-144-4　王岳超等生产销售有毒、有害食品案]

△在生产、销售的食品中故意掺入有毒、有害的非食品原料，应以生产、销售有毒、有害食品罪论处。

在司法实践中，区分生产、销售有毒、有害食品罪与生产、销售不符合卫生标准的食品罪[《刑法修正案(八)》颁布前罪名]的关键主要在于两点：一是毒源不同。前者毒害来自于食品中的非食品原料的毒性，而后者的毒害来源于食品原料本身。非食品原料或受到污染而有毒性，或本身含有毒性，由于毒害量大(超过国家有关标准)而对人体有害。食品原料的毒性则主要是受到污染或变质腐败等造成的。二是掺入的方式不同。前者的毒害是故意掺入，是行为人的积极作用，后者的毒害是由生产、销售中受到污染或变质引起的，是行为人的不作为。如果没有故意掺入行为，尽管食品受到有毒、有害非食品原料的污染，也不能认定为生产、销售有毒、有害食品罪。[No. 3-1-144-5　王岳超等生产销售有毒、有害食品案]

△对于被吊销营业执照的单位犯罪，公诉机关虽未追究单位的刑事责任，仍然可以追究直接负责的主管人员和其他直接责任人员的刑事责任。

王岳超等生产销售有毒、有害食品案并没有将犯罪单位列为被告并进行处罚，原因是该公司在追诉前受到工商局的行政处罚被吊销营业执照，根据2002年7月9日公布的《最高人民检察院关于涉嫌犯罪单位被撤销、注销、吊销营业执照或者宣告破产的应如何进行追诉问题的批复》的规定，“涉嫌犯罪的单位被撤销、注销、吊销营业执照或者宣告破产的，应当根据刑法关于单位犯罪的相关规定，对实施犯罪行为的该单位直接负责的主管人员和其他直接责任人员追究刑事责任，对该单位不再追诉”。需要提出的是，我国刑法对于单位犯罪采用了双罚制。对单位判处罚金是其承担刑事责任的形式之一，对相关责任人员判处刑罚是单位承担刑事责任的形式之二。单位本身并不具有意识和意志，单位犯罪是由具体的自然人组成的单位决策机构按照单位决策程序共同决定，或者由单位的主要负责人以单位的名义作出决定。相关责任人受到刑罚并非基于自然人犯罪或自然人与单位共同犯罪，而是自然人作为单位犯罪过错责任的承担者，代单位承担其本身无法承担的只具有人身性质的刑事责任。因此，在目前的立法框架下，对于被吊销营业执照等的犯罪单位，可以追究直接负责的主管人员和其他直接责任人员的刑事责任。[No. 3-1-144-6　王岳超等生产销售有毒、有害食品案]

△明知食品中含有国家明文禁止生产销售和使用的药物成分而销售的，构成销售有毒、有害食品罪。

在杨涛销售有毒、有害食品案中，被告人销售的8类减肥保健食品中均含有西布曲明、酚酞等药物成分，这些药物是否属于有毒、有害食品是本案定性的关键。西布曲明、酚酞均系用于人体治疗的药品，根据2009年《食品安全法》第五十条的规定，生产经营的食品中不得添加药品。根据《食品安全法》第五十一条的规定，声称具有特定保健功能的食品不得对人体产生急性、亚急性或慢性危害。由于食品与药品不同，消费者无需遵照医嘱，可以随意服用，因此即使暂时没有重伤、死亡等病例的出现，仍不能排除对人体造成慢性危害的巨大风险。故只要在食品中添加了药物成分，无论添加的药物剂量是否超标或国家是否对该药物发布禁令，一律应当以有毒、有害食品论处。[No. 3-1-144-8　杨涛销售有毒、有害食品案]

△明知地沟油流向食用市场而生产销售的，应认定为生产、销售有毒、有害食品罪；明知地沟油将流向非食用市场而生产、销售的，应认定为生产、销售伪劣产品罪。

地沟油并非不能生产和利用，但利用地沟油生产的成品油只能销售给化工企业作为化工原料使用,不能用作饲料加工或食用油食用。从柳立国的油品销售对象分析,柳立国在生产劣质成品油时对于油品的最终流向持一种概括的间接故意,即主观上对成品油流向食用市场和非食用市场持放任态度。将劣质成品油销往食用市场和非食用市场的社会危害性和侵害的法益均是不同的,故将劣质成品油销售给饲料、药品等经营户等最终流入非食用市场以及虽然销售给食用油经营户但有相反证据证实最终流入非食用油市场,应当认定为生产销售伪劣产品罪。生产、销售有毒、有害食品罪以及生产、销售伪劣产品罪系选择性罪名,可以参照毒品犯罪罪名确定和数量认定的原则,按照行为人实施的所有犯罪行为的性质并列确定罪名,数量不重复计算。[No. 3-1-144-9　柳立国等生产有毒、有害食品,生产、销售伪劣产品案]

△利用含有淋巴的花油、含有伤肉的膘肉碎、"肚下塌"等肉制品加工废弃物生产、加工的"食用油",即便检测报告中未检测出有毒、有害成分,仍应当视为"新型地沟油"。

《刑法》第一百四十四条规定的"掺入"的行为不仅限于指向产品本身,还可能针对产品的原料、半成品等,甚至还可以指向食品添加剂本身,即在食品添加剂内掺入有毒、有害物质。而所谓"有毒、有害的非食品原料",是指对人体具有生理毒性,食用后会引起不良反应,损害机体健康的不能食用的原料。完全摘除淋巴结的花油虽可食用,但其中含有的淋巴应当属于有毒、有害的非食品原料。张联新利用含有淋巴的花油、含有伤肉的膘肉碎、"肚下塌"等猪肉加工废弃物生产、加工食用油,应当认定为掺入有毒、有害非食品原料。[No. 3-1-144-10　张联新、郑荷芹生产、销售有毒、有害食品,李阿明、何金友生产有毒、有害食品,王一超等销售有毒、有害食品案]

△明知他人生产加工地沟油供人使用仍然向其提供生猪屠宰废弃物作为原料的,与生产者成立生产、销售有毒、有害食品罪的共犯,生猪屠宰行为的合法性不影响共犯的认定。

摘除花油中的正常淋巴的确不是生猪屠宰企业的义务,李阿明作为浙江诚远食品有限公司副产品销售负责人如将含有淋巴的花油、膘肉碎、"肚下塌"进行销毁、掩埋等无害化处理,即使不摘除花油中的正常淋巴,无人会否认生猪屠宰行为的合法性,其行为亦不构成犯罪。然而,其明知张联新生产猪油供人食用仍向张联新提供这些原料,其行为就发生了质的变化,即使正常淋巴结不属于生猪屠宰企业的摘除范围,也不影响李阿明共犯地位的认定。对此,2013 年出台的《最高人民法院、最高人民检察院关于办理危害食品安全刑事案件适用法律若干问题的解释》明确规定,明知他人生产、销售有毒、有害食品,提供生产技术或者食品原料、食品添加剂、食品相关产品的,以生产、销售有毒、有害食品罪的共犯论处。[No. 3-1-144-11　张联新、郑荷芹生产、销售有毒、有害食品,李阿明、何金友生产有毒、有害食品,王一超等销售有毒、有害食品案]

第一百四十五条　【生产、销售不符合标准的医用器材罪】

生产不符合保障人体健康的国家标准、行业标准的医疗器械、医用卫生材料,或者销售明知是不符合保障人体健康的国家标准、行业标准的医疗器械、医用卫生材料,足以严重危害人体健康的,处三年以下有期徒刑或者拘役,并处销售金额百分之五十以上二倍以下罚金;对人体健康造成严重危害的,处三年以上十年以下有期徒刑,并处销售金额百分之五十以上二倍以下罚金;后果特别严重的,处十年以上有期徒刑或者无期徒刑,并处销售金额百分之五十以上二倍以下罚金或者没收财产。

【立法沿革】

《中华人民共和国刑法》(1997 年修订,自 1997 年 10 月 1 日起施行)

第一百四十五条

生产不符合保障人体健康的国家标准、行业标准的医疗器械、医用卫生材料,或者销售明知是不符合保障人体健康的国家标准、行业标准的医疗器械、医用卫生材料,对人体健康造成严重危害的,处五年以下有期徒刑,并处销售金额百分之五十以上二倍以下罚金;后果特别严重的,处五年以上十年以下有期徒刑,并处销售金额百分之五十以上二倍以下罚金,其中情节特别恶劣的,处十年以上有期徒刑或者无期徒刑,并处销售金额百分之五十以上二倍以下罚金或者没收财产。

《中华人民共和国刑法修正案(四)》(自 2002 年 12 月 28 日起施行)

一、将刑法第一百四十五条修改为：

"生产不符合保障人体健康的国家标准、行业标准的医疗器械、医用卫生材料，或者销售明知是不符合保障人体健康的国家标准、行业标准的医疗器械、医用卫生材料，足以严重危害人体健康的，处三年以下有期徒刑或者拘役，并处销售金额百分之五十以上二倍以下罚金；对人体健康造成严重危害的，处三年以上十年以下有期徒刑，并处销售金额百分之五十以上二倍以下罚金；后果特别严重的，处十年以上有期徒刑或者无期徒刑，并处销售金额百分之五十以上二倍以下罚金或者没收财产。"

【立法理由】

1. **1979年之后至1997年刑法修订前的立法情况**。1979年刑法对生产、销售不符合标准的医用器材罪没作规定。根据打击伪劣商品犯罪的实际需要，1993年7月2日第八届全国人大常委会第二次会议通过的《全国人民代表大会常务委员会关于惩治生产、销售伪劣商品犯罪的决定》对刑法作了补充。该决定第四条规定："生产不符合保障人体健康的国家标准、行业标准的医疗器械、医用卫生材料，或者销售明知是不符合保障人体健康的国家标准、行业标准的医疗器械、医用卫生材料，对人体健康造成严重危害的，处五年以下有期徒刑，并处罚金；后果特别严重的，处五年以上十年以下有期徒刑，并处罚金，其中情节特别恶劣的，处十年以上有期徒刑或者无期徒刑，并处罚金或者没收财产。"

2. **1997年修订刑法的情况**。1997年修订刑法时将上述规定经修改后纳入刑法。1997年《刑法》第一百四十五条规定："生产不符合保障人体健康的国家标准、行业标准的医疗器械、医用卫生材料，或者销售明知是不符合保障人体健康的国家标准、行业标准的医疗器械、医用卫生材料，对人体健康造成严重危害的，处五年以下有期徒刑，并处销售金额百分之五十以上二倍以下罚金；后果特别严重的，处五年以上十年以下有期徒刑，并处销售金额百分之五十以上二倍以下罚金，其中情节特别恶劣的，处十年以上有期徒刑或者无期徒刑，并处销售金额百分之五十以上二倍以下罚金或者没收财产。"

3. **2002年《刑法修正案(四)》对本条的修改情况**。一是放宽了定罪的标准。原条文规定生产、销售不符合国家标准、行业标准的医用器材，对人体健康造成严重危害的，才能构成本罪；本条修改为生产、销售不符合国家标准、行业标准的医用器材，足以严重危害人体健康的，就可构成犯罪，即并不一定要造成严重危害人体健康的实际后果，**只要存在足以严重危害人体健康的实际危险就可以构成本罪**。这样修改主要是考虑到医疗器械、医用卫生材料与广大人民群众的生命健康密切相关，生产、销售不符合国家标准、行业标准的医疗器械、医用卫生材料的行为，不仅破坏了经济秩序，而且危害了公共安全，因而这种行为只要足以危害不特定多数人的健康，其社会危害性就很大，应当追究刑事责任。二是**对于"对人体健康造成严重危害"的犯罪行为加重了处罚**。根据1997年《刑法》第一百四十五条的规定，有这种犯罪行为，对人体造成严重危害的，最高可以判处五年有期徒刑；根据《刑法修正案(四)》的修改，对人体造成严重危害的，最高可以判处十年有期徒刑。

【条文说明】

本条是关于生产、销售不符合标准的医用器材罪及其处罚的规定。

根据本条的规定，生产、销售不符合标准的医用器材罪有以下构成要件：

1. 行为人在主观上是**故意**的。国家对于医疗器械、医用卫生材料的生产单位有严格的审批程序，还制定了严格的国家标准、行业标准，产品不符合标准的，不准出厂。作为生产者，对于所生产的医疗器械、医用卫生材料是否达到国家标准、行业标准是十分清楚的，如果生产不符合标准的医疗器材，其主观故意是明显的。作为销售者，本条规定是在明知是不符合标准的医疗器械、医用卫生材料的情况下销售的，才构成本罪，这种情况销售者当然在主观上是故意的。如果销售者不知道是不符合标准的医疗器械、医用卫生材料而销售的，不构成本罪。

2. **生产者在客观上具有生产不符合保障人体健康的国家标准、行业标准的医疗器械、医用卫生材料的行为，销售者在客观上具有明知是不符合保障人体健康的国家标准、行业标准的医疗器械、医用卫生材料而予以销售的行为**。这里规定的"**国家标准、行业标准**"，主要是指国家卫生主管部门或者医疗器械、医用卫生材料生产行业制定的旨在保障人们使用安全的有关质量与卫生标准。根据《最高人民法院、最高人民检察院关于办理生产、销售伪劣商品刑事案件具体应用法律若干问题的解释》的规定，没有国家标准、行业标准的医疗器械，其**注册产品标准**可视为"保障人体健康的行业标准"。"**医疗器械**"，是指用于人体疾病诊断、治疗、预防，调节人体生理功能或者替代人体器官的仪器、设备、材料、植入物和相关物品，如注射器、心脏起搏器、超声波诊断仪等。“**医用卫生材料**”，是指用于诊断、治疗、预防人的疾病，调节人的生理功能的辅助材料，如医用纱布、药棉等。

3. 生产、销售不符合标准的医疗器械、医用卫生材料，只要**足以严重危害人体健康**，就构成犯罪。

对生产不符合保障人体健康的国家标准、行业标准的医疗器械、医用卫生材料，或者销售明知是不符合保障人体健康的国家标准、行业标准的医疗器械、医用卫生材料的处罚，根据危害程度的不同，分为三档刑罚。第一档刑罚，**足以严重危害人体健康的**，处三年以下有期徒刑或者拘役，并处销售金额百分之五十以上二倍以下罚金。《最高人民检察院、公安部关于公安机关管辖的刑事案件立案追诉标准的规定（一）》第二十一条第一款规定：“生产不符合保障人体健康的国家标准、行业标准的医疗器械、医用卫生材料，或者销售明知是不符合保障人体健康的国家标准、行业标准的医疗器械、医用卫生材料，涉嫌下列情形之一的，应予立案追诉：（一）进入人体的医疗器械的材料中含有超过标准的有毒有害物质的；（二）进入人体的医疗器械的有效性指标不符合标准要求，导致治疗、替代、调节、补偿功能部分或者全部丧失，可能造成贻误诊治或者人体严重损伤的；（三）用于诊断、监护、治疗的有源医疗器械的安全指标不符合强制性标准要求，可能对人体构成伤害或者潜在危害的；（四）用于诊断、监护、治疗的有源医疗器械的主要性能指标不合格，可能造成贻误诊治或者人体严重损伤的；（五）未经批准，擅自增加功能或者适用范围，可能造成贻误诊治或者人体严重损伤的；（六）其他足以严重危害人体健康或者对人体健康造成严重危害的情形。”第二档刑罚，**对人体健康造成严重危害的**，处三年以上十年以下有期徒刑，并处销售金额百分之五十以上二倍以下罚金。根据《最高人民法院、最高人民检察院关于办理生产、销售伪劣商品刑事案件具体应用法律若干问题的解释》第六条第一款的规定，生产、销售不符合标准的医疗器械、医用卫生材料，致人轻伤或者其他严重后果的，应认定为“**对人体健康造成严重危害**”。第三档刑罚，**后果特别严重的**，处十年以上有期徒刑或者无期徒刑，并处销售金额百分之五十以上二倍以下罚金或者没收财产。根据《最高人民法院、最高人民检察院关于办理生产、销售伪劣商品刑事案件具体应用法律若干问题的解释》第六条第二款的规定，生产、销售不符合标准的医疗器械、医用卫生材料，造成感染病毒性肝炎等难以治愈的疾病、一人以上重伤、三人以上轻伤或者其他严重后果的，应认定为“**后果特别严重**”。

需要注意的是，按照《最高人民检察院、公安部关于公安机关管辖的刑事案件立案追诉标准的规定（一）》第二十一条、《最高人民法院、最高人民检察院关于办理妨害预防、控制突发传染病疫情等灾害的刑事案件具体应用法律若干问题的解释》第三条的规定，将医疗机构或者个人知道或者应当知道是不符合保障人体健康的国家标准、行业标准的医疗器械、医用卫生材料而购买并有偿使用的认定为“**销售**”，以本罪定罪处罚。

【司法解释】

《最高人民法院、最高人民检察院关于办理生产、销售伪劣商品刑事案件具体应用法律若干问题的解释》（法释〔2001〕10号，自2001年4月10日起施行）

△（**对人体健康造成严重危害；后果特别严重；情节特别恶劣；医疗机构；保障人体健康的行业标准**）生产、销售不符合标准的医疗器械、医用卫生材料，致人轻伤或者其他严重后果的，应认定为刑法第一百四十五条规定的“对人体健康造成严重危害”。

生产、销售不符合标准的医疗器械、医用卫生材料，造成感染病毒性肝炎等难以治愈的疾病、一人以上重伤、三人以上轻伤或者其他严重后果的，应认定为“后果特别严重”。

生产、销售不符合标准的医疗器械、医用卫生材料，致人死亡、严重残疾、感染艾滋病、三人以上重伤、十人以上轻伤或者造成其他特别严重后果的，应认定为“情节特别恶劣”。

医疗机构或者个人，知道或者应当知道[①]是不符合保障人体健康的国家标准、行业标准的医疗器械、医用卫生材料而购买、使用，对人体健康造成严重危害的，以销售不符合标准的医用器材

① 本罪只能由故意构成，成立本罪的共犯也必须具有故意。但是，“应当知道”并不意味着“明知”。故而，系争解释中的“应当知道”宜理解为“推定行为人知道”。参见张明楷：《刑法学》（第6版），法律出版社2021年版，第957页。

罪定罪处罚。①

没有国家标准、行业标准的医疗器械,注册产品标准可视为"保障人体健康的行业标准"。(§ 6)

△(**生产、销售伪劣商品犯罪的共犯**)知道或者应当知道他人实施生产、销售伪劣商品犯罪,而为其提供贷款、资金、账号、发票、证明、许可证件,或者提供生产、经营场所或者运输、仓储、保管、邮寄等便利条件,或者提供制假生产技术的,以生产、销售伪劣商品犯罪的共犯论处。(§ 9)

△(**想象竞合;侵犯知识产权犯罪;非法经营罪**)实施生产、销售伪劣商品犯罪,同时构成侵犯知识产权、非法经营等其他犯罪的,依照处罚较重的规定定罪处罚。(§ 10)

△(**数罪并罚;妨害公务罪**)实施刑法第一百四十条至第一百四十八条规定的犯罪,又以暴力、威胁方法抗拒查处,构成其他犯罪的,依照数罪并罚的规定处罚。(§ 11)

△(**国家机关工作人员;从重处罚**)国家机关工作人员参与生产、销售伪劣商品犯罪的,从重处罚。(§ 12)

《最高人民法院、最高人民检察院关于办理妨害预防、控制突发传染病疫情等灾害的刑事案件具体应用法律若干问题的解释》(法释〔2003〕8号,自2003年5月15日起施行)

△(**预防、控制突发传染病疫情;用于防治传染病的不符合保障人体健康的国家标准、行业标准的医疗器械、医用卫生材料;生产、销售不符合标准的医用器材罪;从重处罚;医疗机构**)在预防、控制突发传染病疫情等灾害期间,生产用于防治传染病的不符合保障人体健康的国家标准、行业标准的医疗器械、医用卫生材料,或者销售明知是用于防治传染病的不符合保障人体健康的国家标准、行业标准的医疗器械、医用卫生材料,不具有防护、救治功能,足以严重危害人体健康的,依照刑法第一百四十五条的规定,以生产、销售不符合标准的医用器材罪定罪,依法从重处罚。

医疗机构或者个人,知道或者应当知道系前款规定的不符合保障人体健康的国家标准、行业标准的医疗器械、医用卫生材料而购买并有偿使用的,以销售不符合标准的医用器材罪定罪,依法从重处罚。(§ 3)

【司法解释性文件】

《最高人民检察院、公安部关于公安机关管辖的刑事案件立案追诉标准的规定(一)》(公通字〔2008〕36号,自2008年6月25日起施行)

△(**生产、销售不符合标准的医用器材罪;立案追诉标准;销售**)生产不符合保障人体健康的国家标准、行业标准的医疗器械、医用卫生材料,或者销售明知是不符合保障人体健康的国家标准、行业标准的医疗器械、医用卫生材料,涉嫌下列情形之一的,应予立案追诉:

(一)进入人体的医疗器械的材料中含有超过标准的有毒有害物质的;

(二)进入人体的医疗器械的有效性指标不符合标准要求,导致治疗、替代、调节、补偿功能部分或者全部丧失,可能造成贻误诊治或者人体严重损伤的;

(三)用于诊断、监护、治疗的有源医疗器械的安全指标不合符强制性标准要求,可能对人体构成伤害或者潜在危害的;

(四)用于诊断、监护、治疗的有源医疗器械的主要性能指标不合格,可能造成贻误诊治或者人体严重损伤的;

(五)未经批准,擅自增加功能或者适用范围,可能造成贻误诊治或者人体严重损伤的;

(六)其他足以严重危害人体健康或者对人体健康造成严重危害的情形。

医疗机构或者个人知道或者应当知道是不符合保障人体健康的国家标准、行业标准的医疗器械、医用卫生材料而购买并有偿使用的,视为本条规定的"销售"。(§ 21)

《最高人民法院、最高人民检察院、公安部、司法部关于依法惩治妨害新型冠状病毒感染肺炎疫情防控违法犯罪的意见》(法发〔2020〕7号,2020年2月6日发布)

△(**肺炎疫情防控;生产、销售伪劣产品罪;生产、销售假药罪;生产、销售劣药罪;生产、销售不符合标准的医用器材罪**)依法严惩制假售假犯罪。

① 我国学者指出,从条文的明文规定来看,《刑法》第一百四十五条仅处罚销售不符合标准的医用器材的行为,故而,将购买不符合标准的医用器材的行为认定为销售行为,并不妥当。退万步而言,本解释并未注意区分有偿/无偿使用的情形。将医疗机构或个人的使用行为一概地认定为本罪,也不妥当。譬如,购买不符合标准的医用器材后供自己使用或者无偿提供给他人使用,不可能属于销售行为。再退万万步而言,即便是有偿使用医疗器材的情形,也不必然属于销售医疗器材。因为如果医疗机构所收取的只是服务费用,而不是医疗器材的对价,自然不能将提供行为评价为销售。参见张明楷:《刑法学》(第6版),法律出版社2021年版,第957—958页。

在疫情防控期间，生产、销售伪劣的防治、防护产品、物资，或者生产、销售用于防治新型冠状病毒感染肺炎的假药、劣药，符合刑法第一百四十条、第一百四十一条、第一百四十二条规定的，以生产、销售伪劣产品罪，生产、销售假药罪或者生产、销售劣药罪定罪处罚。

在疫情防控期间，生产不符合保障人体健康的国家标准、行业标准的医用口罩、护目镜、防护服等医用器材，或者销售明知是不符合标准的医用器材，足以严重危害人体健康的，依照刑法第一百四十五条的规定，以生产、销售不符合标准的医用器材罪定罪处罚。（§ 2 Ⅲ）

△（**治安管理处罚；从重情节**）依法严惩妨害疫情防控的违法行为。实施上述（一）至（九）规定的行为，不构成犯罪的，由公安机关根据治安管理处罚法有关虚构事实扰乱公共秩序，扰乱单位秩序、公共场所秩序、寻衅滋事，拒不执行紧急状态下的决定、命令，阻碍执行职务，冲闯警戒带、警戒区，殴打他人，故意伤害，侮辱他人，诈骗，在铁路沿线非法挖掘坑穴、采石取沙，盗窃、损毁路面公共设施，损毁铁路设施设备，故意损毁财物、哄抢公私财物等规定，予以治安管理处罚，或者由有关部门予以其他行政处罚。

对于在疫情防控期间实施有关违法犯罪的，要作为从重情节予以考量，依法体现从严的政策要求，有力惩治震慑违法犯罪，维护法律权威，维护社会秩序，维护人民群众生命安全和身体健康。（§ 2 Ⅹ）

第一百四十六条　【生产、销售不符合安全标准的产品罪】

生产不符合保障人身、财产安全的国家标准、行业标准的电器、压力容器、易燃易爆产品或者其他不符合保障人身、财产安全的国家标准、行业标准的产品，或者销售明知是以上不符合保障人身、财产安全的国家标准、行业标准的产品，造成严重后果的，处五年以下有期徒刑，并处销售金额百分之五十以上二倍以下罚金；后果特别严重的，处五年以上有期徒刑，并处销售金额百分之五十以上二倍以下罚金。

【立法理由】

1. **1979 年之后至 1997 年刑法修订前的立法情况**。1979 年刑法对生产、销售不符合安全标准的产品罪没有规定。为了严厉打击生产、销售不符合保障人体健康和人身、财产安全的伪劣产品的行为，1993 年 7 月 2 日第八届全国人大常委会第二次会议通过的《全国人民代表大会常务委员会关于惩治生产、销售伪劣商品犯罪的决定》对此作了补充规定，该决定第五条规定："生产不符合保障人身、财产安全的国家标准、行业标准的电器、压力容器、易燃易爆产品或者其他不符合保障人身、财产安全的国家标准、行业标准的产品，或者销售明知是以上不符合保障人身、财产安全的国家标准、行业标准的产品，造成严重后果的，处五年以下有期徒刑或者拘役，并处罚金；后果特别严重的，处五年以上有期徒刑，并处罚金。"

2. **1997 年修订刑法的情况**。1997 年修订刑法时，将上述规定纳入刑法。1997 年《刑法》第一百四十六条规定："生产不符合保障人身、财产安全的国家标准、行业标准的电器、压力容器、易燃易爆产品或者其他不符合保障人身、财产安全的国家标准、行业标准的产品，或者销售明知是以上不符合保障人身、财产安全的国家标准、行业标准的产品，造成严重后果的，处五年以下有期徒刑，并处销售金额百分之五十以上二倍以下罚金；后果特别严重的，处五年以上有期徒刑，并处销售金额百分之五十以上二倍以下罚金。"

【条文说明】

本条是关于生产、销售不符合安全标准的产品罪及其处罚的规定。

根据本条规定，生产、销售不符合安全标准的产品罪有以下构成要件：

1. 行为人在主观方面是**故意**的。由于电器、压力容器、易燃易爆产品使用危险性大，破坏性强，一旦发生爆炸、漏电、燃烧等，会给人的生命、健康和财产造成很大损失，因此，国家对电器、压力容器、易燃易爆产品规定了严格的国家标准和行业标准，不符合标准的，不准出厂。作为生产者，对所生产的电器、压力容器、易燃易爆产品没有达到保障人身、财产安全的国家标准、行业标准是十分清楚的，但仍然生产，其行为故意显而易见。作为销售者，在明知是不符合安全标准的电器、压力容器、易燃易爆产品的情况下而销售，也具备故意心理状态。如果销售者不知是不符合安全标准的产品而销售，不构成此罪。

2. **生产者在客观上有生产不符合保障人身、财产安全的国家标准、行业标准的电器、压力容器、易燃易爆产品或者其他不符合保障人身、财产安全的国家标准、行业标准的产品的行为；销售者有销售明知是以上不符合保障人身、财产安全的国家标准、行业标准的产品的行为。**“**电器**”，包括家用电器，如电视机、电冰箱、电热器、微波炉等各种电力器材等；“**压力容器**”，是指锅炉、氧气瓶、煤气罐、压力锅等高压容器；“**易燃易爆产品**”，是指烟花爆竹、雷管、民用炸药等容易燃烧爆炸的产品。

3. 生产、销售不符合安全标准的电器、压力容器、易燃易爆产品或者其他不符合保障人身、财产安全的国家标准、行业标准的产品，**造成严重后果的**，才构成犯罪，这也是划分罪与非罪的重要界限。如果没有造成严重后果，不构成此罪。2008年《最高人民检察院、公安部关于公安机关管辖的刑事案件立案追诉标准的规定（一）》第二十二条规定：“生产不符合保障人身、财产安全的国家标准、行业标准的电器、压力容器、易燃易爆或者其他不符合保障人身、财产安全的国家标准、行业标准的产品，或者销售明知是以上不符合保障人身、财产安全的国家标准、行业标准的产品，涉嫌下列情形之一的，应予立案追诉：（一）造成人员重伤或者死亡的；（二）造成直接经济损失十万元以上的；（三）其他造成严重后果的情形。”

对生产不符合保障人身、财产安全的国家标准、行业标准的电器、压力容器、易燃易爆产品或者其他不符合保障人身、财产安全的国家标准、行业标准的产品，或者销售明知是以上不符合保障人身、财产安全的国家标准、行业标准的产品的处罚，规定了两档刑罚。第一档刑罚，**造成严重后果的**，处五年以下有期徒刑，并处销售金额百分之五十以上二倍以下罚金；第二档刑罚，**后果特别严重的**，处五年以上有期徒刑，并处销售金额百分之五十以上二倍以下罚金。

实践中需要注意以下两个方面的问题：

1. 应当注意区分生产、销售不符合安全标准的产品罪与其他罪的不同。（1）本罪与**爆炸罪、放火罪**的区别：本罪的目的是非法牟利，没有致人伤亡或造成财产损失的犯罪目的，而爆炸罪、放火罪则是通过制造爆炸、放火等方式以求直接达到致人伤亡或造成财产损失的目的。（2）本罪与**生产、销售伪劣产品罪**的界限：生产、销售不符合安全标准的电器、压力容器、易燃易爆产品的行为，同时触犯两个罪名的，按处刑较重的罪处罚。如果生产、销售不符合安全标准的电器、压力容器、易燃易爆产品的行为没有造成严重后果，不构成本罪，但销售金额在五万元以上的，应按生产、销售伪劣产品罪处罚。

2. 本罪中的产品包括**安全设备**。2015年《最高人民法院、最高人民检察院关于办理危害生产安全刑事案件适用法律若干问题的解释》第十一条规定：“生产不符合保障人身、财产安全的国家标准、行业标准的安全设备，或者明知安全设备不符合保障人身、财产安全的国家标准、行业标准而进行销售，致使发生安全事故，造成严重后果的，依照刑法第一百四十六条的规定，以生产、销售不符合安全标准的产品罪定罪处罚。”

【司法解释】

《最高人民法院、最高人民检察院关于办理生产、销售伪劣商品刑事案件具体应用法律若干问题的解释》（法释〔2001〕10号，自2001年4月10日起施行）

△（**生产、销售伪劣商品犯罪的共犯**）知道或者应当知道他人实施生产、销售伪劣商品犯罪，而为其提供贷款、资金、账号、发票、证明、许可证件，或者提供生产、经营场所或者运输、仓储、保管、邮寄等便利条件，或者提供制假生产技术的，以生产、销售伪劣商品犯罪的共犯论处。（§9）

△（**想象竞合；侵犯知识产权犯罪；非法经营罪**）实施生产、销售伪劣商品犯罪，同时构成侵犯知识产权、非法经营等其他犯罪的，依照处罚较重的规定定罪处罚。（§10）

△（**数罪并罚；妨害公务罪**）实施刑法第一百四十条至第一百四十八条规定的犯罪，又以暴力、威胁方法抗拒查处，构成其他犯罪的，依照数罪并罚的规定处罚。（§11）

△（**国家机关工作人员；从重处罚**）国家机关工作人员参与生产、销售伪劣商品犯罪的，从重处罚。（§12）

《最高人民法院、最高人民检察院关于办理危害生产安全刑事案件适用法律若干问题的解释》（法释〔2015〕22号，自2015年12月16日起施行）

△（**生产安全；生产、销售不符合安全标准的产品罪**）生产不符合保障人身、财产安全的国家标准、行业标准的安全设备，或者明知安全设备不符合保障人身、财产安全的国家标准、行业标准而进行销售，致使发生安全事故，造成严重后果的，依照刑法第一百四十六条的规定，以生产、销售不符合安全标准的产品罪定罪处罚。（§11）

【司法解释性文件】

《最高人民检察院、公安部关于公安机关管辖的刑事案件立案追诉标准的规定（一）》（公通字

〔2008〕36号,自2008年6月25日起施行)

△(**生产、销售不符合安全标准的产品罪;立案追诉标准**)生产不符合保障人身、财产安全的国家标准、行业标准的电器、压力容器、易燃易爆或者其他不符合保障人身、财产安全的国家标准、行业标准的产品,或者销售明知是以上不符合保障人身、财产安全的国家标准、行业标准的产品,涉嫌下列情形之一的,应予立案追诉:

(一)造成人员重伤或者死亡的;

(二)造成直接经济损失十万元以上的;

(三)其他造成严重后果的情形。(§ 22)

《最高人民法院、最高人民检察院、公安部关于办理涉窨井盖相关刑事案件的指导意见》(高检发〔2020〕3号,2020年3月16日发布)

△(**窨井盖;生产、销售不符合安全标准的产品罪**)生产不符合保障人身、财产安全的国家标准、行业标准的窨井盖,或者销售明知是不符合保障人身、财产安全的国家标准、行业标准的窨井盖,造成严重后果的,依照刑法第一百四十六条的规定,以生产、销售不符合安全标准的产品罪定罪处罚。(§ 6)

△(**窨井盖**)本意见所称的"窨井盖",包括城市、城乡结合部和乡村等地的窨井盖以及其他井盖。(§ 12)

【附属刑法】

《中华人民共和国消费者权益保护法》(1993年10月31日通过,2013年10月25日第二次修正)

第五十六条

Ⅰ经营者有下列情形之一,除承担相应的民事责任外,其他有关法律、法规对处罚机关和处罚方式有规定的,依照法律、法规的规定执行;法律、法规未作规定的,由工商行政管理部门或者其他有关行政部门责令改正,可以根据情节单处或者并处警告、没收违法所得、处以违法所得一倍以上十倍以下的罚款,没有违法所得的,处以五十万元以下的罚款;情节严重的,责令停业整顿、吊销营业执照:

(一)提供的商品或者服务不符合保障人身、财产安全要求的;

……

Ⅱ经营者有前款规定情形的,除依照法律、法规规定予以处罚外,处罚机关应当记入信用档案,向社会公布。

第五十七条

经营者违反本法规定提供商品或者服务,侵害消费者合法权益,构成犯罪的,依法追究刑事责任。

《中华人民共和国清洁生产促进法》(2002年6月29日通过,2012年2月29日修正)

第三十八条

违反本法第二十四条第二款规定[①],生产、销售有毒、有害物质超过国家标准的建筑和装修材料的,依照产品质量法和有关民事、刑事法律的规定,追究行政、民事、刑事法律责任。

《中华人民共和国农业机械化促进法》(2004年6月25日通过,2018年10月26日修正)

第三十条

违反本法第十五条规定的[②],依照产品质量法的有关规定予以处罚;构成犯罪的,依法追究刑事责任。

《中华人民共和国产品质量法》(1993年2月22日通过,2018年12月29日第三次修正)

第四十九条

生产、销售不符合保障人体健康和人身、财产安全的国家标准、行业标准的产品的[③],责令停止生产、销售,没收违法生产、销售的产品,并处违法生产、销售产品(包括已售出和未售出的产品,下同)货值金额等值以上三倍以下的罚款;有违法所

---

① 《中华人民共和国清洁生产促进法》(2002年6月29日通过,2012年2月29日修正)
第二十四条
Ⅰ建筑工程应当采用节能、节水等有利于环境与资源保护的建筑设计方案、建筑和装修材料、建筑构配件及设备。
Ⅱ建筑和装修材料必须符合国家标准。禁止生产、销售和使用有毒、有害物质超过国家标准的建筑和装修材料。

② 《中华人民共和国农业机械化促进法》(2004年6月25日通过,2018年10月26日修正)
第十五条
Ⅰ列入依法必须经过认证的产品目录的农业机械产品,未经认证并标注认证标志,禁止出厂、销售和进口。
Ⅱ禁止生产、销售不符合国家技术规范强制性要求的农业机械产品。
Ⅲ禁止利用残次零配件和报废机具的部件拼装农业机械产品。

③ 《中华人民共和国产品质量法》(1993年2月22日通过,2018年12月29日第三次修正)
第十三条
Ⅰ可能危及人体健康和人身、财产安全的工业产品,必须符合保障人体健康和人身、财产安全的国家标准、行业标准;未制定国家标准、行业标准的,必须符合保障人体健康和人身、财产安全的要求。
Ⅱ禁止生产、销售不符合保障人体健康和人身、财产安全的标准和要求的工业产品。具体管理办法由国务院规定。

得的,并处没收违法所得;情节严重的,吊销营业执照;构成犯罪的,依法追究刑事责任。

《中华人民共和国计量法》(1985年9月6日通过,2018年10月26日第五次修正)

第二十八条

违反本法规定,制造、修理、销售的计量器具不合格,造成人身伤亡或者重大财产损失的,依照刑法有关规定,对个人或者单位直接责任人员追究刑事责任。

《中华人民共和国标准化法》(1988年12月29日通过,2017年11月4日修订)

第三十七条

生产、销售、进口产品或者提供服务不符合强制性标准的,依照《中华人民共和国产品质量法》、《中华人民共和国进出口商品检验法》、《中华人民共和国消费者权益保护法》等法律、行政法规的规定查处,记入信用记录,并依照有关法律、行政法规的规定予以公示;构成犯罪的,依法追究刑事责任。

《中华人民共和国特种设备安全法》(2013年6月29日通过)

第八十二条

Ⅰ违反本法规定,特种设备经营单位有下列行为之一的,责令停止经营,没收违法经营的特种设备,处三万元以上三十万元以下罚款;有违法所得的,没收违法所得:

(一)销售、出租未取得许可生产,未经检验或者检验不合格的特种设备的;

(二)销售、出租国家明令淘汰、已经报废的特种设备,或者未按照安全技术规范的要求进行维护保养的特种设备的。

Ⅱ违反本法规定,特种设备销售单位未建立检查验收和销售记录制度,或者进口特种设备未履行提前告知义务的,责令改正,处一万元以上十万元以下罚款。

Ⅲ特种设备生产单位销售、交付未经检验或者检验不合格的特种设备的,依照本条第一款规定处罚;情节严重的,吊销生产许可证。

第九十八条

违反本法规定,构成违反治安管理行为的,依法给予治安管理处罚;构成犯罪的,依法追究刑事责任。

《中华人民共和国密码法》(2019年10月26日通过)

第三十六条

违反本法第二十六条规定,销售或者提供未经检测认证或者检测认证不合格的商用密码产品,或者提供未经认证或者认证不合格的商用密码服务的,由市场监督管理部门会同密码管理部门责令改正或者停止违法行为,给予警告,没收违法产品和违法所得;违法所得十万元以上的,可以并处违法所得一倍以上三倍以下罚款;没有违法所得或者违法所得不足十万元的,可以并处三万元以上十万元以下罚款。

第四十一条

违反本法规定,构成犯罪的,依法追究刑事责任;给他人造成损害的,依法承担民事责任。

《中华人民共和国消防法》(1998年4月29日通过,2021年4月29日第二次修正)

第六十五条

Ⅰ违反本法规定,生产、销售不合格的消防产品或者国家明令淘汰的消防产品的,由产品质量监督部门或者工商行政管理部门依照《中华人民共和国产品质量法》的规定从重处罚。

第七十二条

违反本法规定,构成犯罪的,依法追究刑事责任。

《中华人民共和国道路交通安全法》(2003年10月28日通过,2021年4月29日第三次修正)

第一百零三条

Ⅰ国家机动车产品主管部门未按照机动车国家安全技术标准严格审查,许可不合格机动车型投入生产的,对负有责任的主管人员和其他直接责任人员给予降级或者撤职的行政处分。

Ⅱ机动车生产企业经国家机动车产品主管部门许可生产的机动车型,不执行机动车国家安全技术标准或者不严格进行机动车成品质量检验,致使质量不合格的机动车出厂销售的,由质量技术监督部门依照《中华人民共和国产品质量法》的有关规定给予处罚。

Ⅲ擅自生产、销售未经国家机动车产品主管部门许可生产的机动车型的,没收非法生产、销售的机动车成品及配件,可以并处非法产品价值三倍以上五倍以下罚款;有营业执照的,由工商行政管理部门吊销营业执照,没有营业执照的,予以查封。

Ⅳ生产、销售拼装的机动车或者生产、销售擅自改装的机动车的,依照本条第三款的规定处罚。

Ⅴ有本条第二款、第三款、第四款所列违法行为,生产或者销售不符合机动车国家安全技术标准的机动车,构成犯罪的,依法追究刑事责任。

【参考案例】

△生产、销售不符合安全标准的建筑材料,造

成建筑毁损，致使人员伤亡的，以生产、销售不符合安全标准的产品罪论处，不构成生产、销售伪劣产品罪。

从犯罪构成来看，依照《刑法》第一百四十六条的规定，生产、销售不符合安全标准的产品罪是指生产不符合保障人身、财产安全的国家标准、行业标准的电器、压力容器、易燃易爆产品或者其他不符合保障人身、财产安全的国家标准、行业标准的产品，或者销售明知是以上不符合保障人身、财产安全的国家标准、行业标准的产品，造成严重后果的行为；依照《刑法》第一百四十条的规定，生产、销售伪劣产品罪是指生产者、销售者在产品中掺杂、掺假，以假充真，以次充好或者以不合格产品冒充合格产品，销售金额在5万元以上的行为。两罪在犯罪构成上有以下相同和不同之处：(1)主观上均为故意，但故意的内容不同。在生产、销售不符合安全标准的产品罪中，要求行为人即生产者、销售者明知其所生产、销售的产品是保障人身、财产安全的产品，且没有达到国家标准、行业标准；在生产、销售伪劣产品罪中，只要求行为人明知所生产、销售的产品是不符合产品质量标准的产品。在刘泽均等生产、销售不符合安全标准的产品案中，刘泽均等人在承揽虹桥主拱钢管加工、供货业务中，明知钢管构件专用于虹桥主体部分，涉及行人生命、财产安全，却不按照国家标准、行业标准加工生产；明知主拱钢管没有合格证、质量保证书却销往需方；在得知产品质量不合格时，竟串通起来弄虚作假，使产品用于虹桥主体，给虹桥工程留下严重质量隐患，所以，刘泽均等人在主观上的犯罪故意是显而易见的，具备了生产、销售不符合安全标准的产品罪的主观构成要件。(2)犯罪对象虽然都是伪劣产品，但从刑法的意义上讲两者却有所不同，生产、销售不符合安全标准的产品罪的犯罪对象是不符合保障人身、财产安全的国家标准、行业标准的伪劣产品。生产、销售伪劣产品罪的犯罪对象则不涉及人身、财产安全。《刑法》第一百四十六条列举了三种犯罪对象，显然没有穷尽，实际上从立法技术的角度考虑，也不可能将犯罪对象都一一列举出来，所以该条文规定了“其他不符合保障人身、财产安全的国家标准、行业标准的产品”，囊括该罪的犯罪对象。被告人刘泽均、胡开明、王远凯和被告单位技术服务部生产、销售的大桥主拱钢管，并不是普通的产品，而是用于虹桥主体，涉及人身、财产安全的产品，其不符合特定的安全标准，造成严重后果，构成犯罪的，应依照《刑法》第一百四十六条的规定定罪处罚。(3)客观上均实施了生产、销售伪劣产品的行为，但定罪的标准和依据不同：构成生产、销售不符合安全标准的产品罪，不仅要求行为人有生产、销售不符合保障人身、财产安全的国家标准、行业标准的产品的行为，而且还必须造成严重后果；而生产、销售伪劣产品罪则不要求造成严重后果，只要生产、销售伪劣产品的金额达到5万元以上，就可以构成犯罪；如果生产、销售不符合安全标准的产品，没有造成严重后果，但销售金额在5万元以上的，根据《刑法》第一百四十九条第一款的规定，应按生产、销售伪劣产品罪定罪处罚。[No. 3-1-146-1 刘泽均等生产、销售不符合安全标准的产品案]

第一百四十七条 【生产、销售伪劣农药、兽药、化肥、种子罪】

生产假农药、假兽药、假化肥，销售明知是假的或者失去使用效能的农药、兽药、化肥、种子，或者生产者、销售者以不合格的农药、兽药、化肥、种子冒充合格的农药、兽药、化肥、种子，使生产遭受较大损失的，处三年以下有期徒刑或者拘役，并处或者单处销售金额百分之五十以上二倍以下罚金；使生产遭受重大损失的，处三年以上七年以下有期徒刑，并处销售金额百分之五十以上二倍以下罚金；使生产遭受特别重大损失的，处七年以上有期徒刑或者无期徒刑，并处销售金额百分之五十以上二倍以下罚金或者没收财产。

【立法理由】

1. 1979年之后至1997年刑法修订前的立法情况。1979年刑法对生产、销售伪劣农用生产资料罪未作规定。为了严厉打击生产、销售伪劣农药、兽药、化肥、种子等坑农、害农等犯罪行为，1993年7月2日第八届全国人大常委会第二次会议通过的《全国人民代表大会常务委员会关于惩治生产、销售伪劣商品犯罪的决定》对此作了补充规定。该决定第六条规定：“生产假农药、假兽药、假化肥，销售明知是假的或者是失去使用效能的农药、兽药、化肥、种子，或者生产者、销售者以不合格的农药、兽药、化肥、种子冒充合格的农药、兽药、化肥、种子,使生产遭受较大损失的,处三年以下有期徒刑或者拘役,可以并处或者单处罚金;使生产遭受重大损失的,处三年以上七年以下有期徒刑,并处罚金;使生产遭受特别重大损失的,处七年以上有期徒刑或者无期徒刑,并处罚金或者没收财产。"

2. **1997 年修订刑法的情况**。1997 年修订刑法时将上述规定修改后纳入刑法,对罚金刑的数额作了具体规定,规定处销售金额百分之五十以上二倍以下罚金。1997 年《刑法》第一百四十七条规定:"生产假农药、假兽药、假化肥,销售明知是假的或者失去使用效能的农药、兽药、化肥、种子,或者生产者、销售者以不合格的农药、兽药、化肥、种子冒充合格的农药、兽药、化肥、种子,使生产遭受较大损失的,处三年以下有期徒刑或者拘役,并处或者单处销售金额百分之五十以上二倍以下罚金;使生产遭受重大损失的,处三年以上七年以下有期徒刑,并处销售金额百分之五十以上二倍以下罚金;使生产遭受特别重大损失的,处七年以上有期徒刑或者无期徒刑,并处销售金额百分之五十以上二倍以下罚金或者没收财产。"

【条文说明】

本条是关于生产、销售伪劣农药、兽药、化肥、种子罪及其处罚的规定。

根据本条规定,生产、销售伪劣农药、兽药、化肥、种子罪有以下几个构成要件:

1. 行为人在主观上是**故意**的。无论是生产假农药、假兽药、假化肥,还是销售明知是假的或者失去使用效能的农药、兽药、化肥、种子,或是生产者、销售者以不合格的农用生产资料冒充合格的农用生产资料生产、销售的,其行为的故意是十分清楚的,生产者、销售者对生产、销售对象的性质是明知的,目的都是为了非法牟利。

2. 行为人在客观上必须实施了下列行为之一:(1)**生产假农药、假兽药、假化肥**。所谓"**假农药、假兽药、假化肥**",是指所含的成分与国家标准、行业标准不相符合或者以非农药、非化肥、非兽药冒充农药、化肥、兽药。(2)**销售明知是假的或者失去使用效能的农药、兽药、化肥、种子**。所谓"**失去使用效能的农药、兽药、化肥、种子**",是指因为过期、受潮、腐烂、变质等原因失去了原有功效和使用效能,丧失了使用价值的农药、兽药、化肥、种子。(3)**生产者、销售者以不合格的农药、兽药、化肥、种子冒充合格的农药、兽药、化肥、种子**。所谓"**不合格**",是指不具备应当具备的使用性能或者没有达到应当达到的质量标准。

3. 生产、销售上述伪劣农用生产资料,**使生产遭受较大损失的**,才构成本罪,这也是区分罪与非罪的主要界限。由于上述各项生产资料的功效、作用不同,可能造成的损害也不一样,一般来说,"**使生产遭受较大损失**",实践中一般是指造成比较严重的或者比较大范围的粮食减产、较多的牲畜患病或死亡等。《最高人民检察院、公安部关于公安机关管辖的刑事案件立案追诉标准的规定(一)》第二十三条规定:"生产假农药、假兽药、假化肥,销售明知是假的或者失去使用效能的农药、兽药、化肥、种子,或者生产者、销售者以不合格的农药、兽药、化肥、种子冒充合格的农药、兽药、化肥、种子,涉嫌下列情形之一的,应予立案追诉:(一)使生产遭受损失二万元以上的;(二)其他使生产遭受较大损失的情形。"

对生产、销售伪劣农药、兽药、化肥、种子行为的处罚,本罪规定有三档刑罚:**使生产遭受较大损失的**,处三年以下有期徒刑或者拘役,并处或者单处销售金额百分之五十以上二倍以下罚金;**使生产遭受重大损失的**,处三年以上七年以下有期徒刑,并处销售金额百分之五十以上二倍以下罚金;**使生产遭受特别重大损失的**,处七年以上有期徒刑或者无期徒刑,并处销售金额百分之五十以上二倍以下罚金或者没收财产。2001 年《最高人民法院、最高人民检察院关于办理生产、销售伪劣商品刑事案件具体应用法律若干问题的解释》第七条规定:"刑法第一百四十七条规定的生产、销售伪劣农药、兽药、化肥、种子罪中'**使生产遭受较大损失**',一般以二万元为起点;'**重大损失**',一般以十万元为起点;'**特别重大损失**',一般以五十万元为起点。"

在实际执行中应当注意区分生产、销售伪劣农药、兽药、化肥、种子罪与其他罪的区别。

1. 与**破坏生产经营罪**的区别:本罪的目的是非法牟利,采取的方式是生产、销售伪劣农药、兽药、化肥和种子;而破坏生产经营罪则是由于泄愤报复或者其他个人目的,采取的方式是毁坏机器设备、残害耕畜或其他方法。

2. 与**生产、销售伪劣产品罪**的区别:生产、销售伪劣农药、兽药、化肥、种子的行为,如果同时触犯两个罪名,**按处刑较重的罪处罚**。如果实施以上行为,未使生产遭受较大损失,但销售金额在五万元以上的,按生产、销售伪劣产品罪定罪处罚。

【司法解释性文件】

《最高人民检察院、公安部关于公安机关管辖的刑事案件立案追诉标准的规定(一)》(公通字〔2008〕36 号,自 2008 年 6 月 25 日起施行)

△(**生产、销售伪劣农药、兽药、化肥、种子罪;**

立案追诉标准)生产假农药、假兽药、假化肥,销售明知是假的或者失去使用效能的农药、兽药、化肥、种子,或者生产者、销售者以不合格的农药、兽药、化肥、种子冒充合格的农药、兽药、化肥、种子,涉嫌下列情形之一的,应予立案追诉:

(一)使生产遭受损失二万元以上的;

(二)其他使生产遭受较大损失的情形。(§23)

《最高人民法院关于进一步加强涉种子刑事审判工作的指导意见》(法〔2022〕66号,2022年3月2日公布)

△(**种子制假售假犯罪;生产、销售伪劣种子罪;生产、销售伪劣产品罪;假冒注册商标罪**)准确适用法律,依法严惩种子制假售假犯罪。对销售明知是假的或者失去使用效能的种子,或者生产者、销售者以不合格的种子冒充合格的种子,使生产遭受较大损失的,依照刑法第一百四十七条的规定以生产、销售伪劣种子罪定罪处罚。

对实施生产、销售伪劣种子行为,因无法认定使生产遭受较大损失等原因,不构成生产、销售伪劣种子罪,但是销售金额在五万元以上的,依照刑法第一百四十条的规定以生产、销售伪劣产品罪定罪处罚。同时构成假冒注册商标罪等其他犯罪的,依照处罚较重的规定定罪处罚。(§3)

△(**宽严相济的刑事政策**)贯彻落实宽严相济的刑事政策,确保裁判效果。实施涉种子犯罪,具有下列情形之一的,应当酌情从重处罚:针对稻、小麦、玉米、棉花、大豆等主要农作物种子实施的,曾因涉种子犯罪受过刑事处罚的,二年内曾因涉种子违法行为受过行政处罚的,其他应当酌情从重处罚的情形。

对受雇佣或者受委托参与种子生产、繁殖的,要综合考虑社会危害程度、在共同犯罪中的地位作用、认罪悔罪表现等情节,准确适用刑罚。犯罪情节轻微的,可以依法免予刑事处罚;情节显著轻微危害不大的,不以犯罪论处。(§6)

△(**鉴定;伪劣种子**)依法解决鉴定难问题,准确认定伪劣种子。对是否属于假的、失去使用效能的或者不合格的种子,或者使生产遭受的损失难以确定的,可以依据具有法定资质的种子质量检验机构出具的鉴定意见、检验报告,农业农村、林业和草原主管部门出具的书面意见,农业农村主管部门所属的种子管理机构组织出具的田间现场鉴定书等,结合其他证据作出认定。(§7)

【附属刑法】

《中华人民共和国种子法》(2000年7月8日通过,2021年12月24日第三次修正)

第七十四条

Ⅰ违反本法第四十八条规定,生产经营假种子的,由县级以上人民政府农业农村、林业草原主管部门责令停止生产经营,没收违法所得和种子,吊销种子生产经营许可证;违法生产经营的货值金额不足二万元的,并处二万元以上二十万元以下罚款;货值金额二万元以上的,并处货值金额十倍以上二十倍以下罚款。

Ⅱ因生产经营假种子犯罪被判处有期徒刑以上刑罚的,种子企业或者其他单位的法定代表人、直接负责的主管人员自刑罚执行完毕之日起五年内不得担任种子企业的法定代表人、高级管理人员。

第七十五条

Ⅰ违反本法第四十八条规定,生产经营劣种子的,由县级以上人民政府农业农村、林业草原主管部门责令停止生产经营,没收违法所得和种子;违法生产经营的货值金额不足二万元的,并处一万元以上十万元以下罚款;货值金额二万元以上的,并处货值金额五倍以上十倍以下罚款;情节严重的,吊销种子生产经营许可证。

Ⅱ因生产经营劣种子犯罪被判处有期徒刑以上刑罚的,种子企业或者其他单位的法定代表人、直接负责的主管人员自刑罚执行完毕之日起五年内不得担任种子企业的法定代表人、高级管理人员。

第八十三条

违反本法第十七条规定,种子企业有造假行为的,由省级以上人民政府农业农村、林业草原主管部门处一百万元以上五百万元以下罚款;不得再依照本法第十七条的规定申请品种审定;给种子使用者和其他种子生产经营者造成损失的,依法承担赔偿责任。

第八十九条

违反本法规定,构成犯罪的,依法追究刑事责任。

【指导性案例】

最高人民检察院指性导案例第61号:王敏生产、销售伪劣种子案(2019年12月20日发布)

△(**生产、销售伪劣种子罪;假种子;农业生产损失认定**)以同一科属的此品种种子冒充彼品种种子,属于刑法上的"假种子"。行为人对假种子进行小包装分装销售,使农业生产遭受较大损失的,应当以生产、销售伪劣种子罪追究刑事责任。

最高人民检察院指导性案例第62号:南京百分百公司等生产、销售伪劣农药案(2019年12月20日发布)

△（生产、销售伪劣农药罪；借证生产农药）未取得农药登记证的企业或者个人，借用他人农药登记证、生产许可证、质量标准证等许可证明文件生产、销售农药，使生产遭受较大损失的，以生产、销售伪劣农药罪追究刑事责任。

△（田间试验；损失金额）对于使用伪劣农药造成的农业生产损失，可采取田间试验的方法确定受损原因，并以农作物绝收折损面积、受害地区前三年该类农作物的平均亩产量和平均销售价格为基准，综合计算认定损失金额。

【参考案例】

△以此种品种的种子冒充其他品种种子的，应以生产、销售伪劣种子罪论处。

所谓生产、销售伪劣种子罪，是指生产者、销售者违反种子管理法规，生产、销售假种子、劣种子，使生产遭受较大损失的行为。本罪的犯罪对象是假种子和劣种子。关于假种子和劣种子的认定，《种子法》第四十九条明确规定："下列种子为假种子：（一）以非种子冒充种子或者以此种品种种子冒充其他品种种子的；（二）种子种类、品种与标签标注的内容不符或者没有标签的。下列种子为劣种子：（一）质量低于国家规定标准的；（二）质量低于标签标注指标的；（三）带有国家规定的检疫性有害生物的。"在李云平销售伪劣种子案中，被告人李云平将自己培育的6万余公斤玉米种冒充鲁单50号玉米种进行销售，无疑属于"以此种品种种子冒充其他品种种子"的销售假种子的行为。［No. 3-1-147-1　李云平销售伪劣种子案］

第一百四十八条　【生产、销售不符合卫生标准的化妆品罪】
生产不符合卫生标准的化妆品，或者销售明知是不符合卫生标准的化妆品，造成严重后果的，处三年以下有期徒刑或者拘役，并处或者单处销售金额百分之五十以上二倍以下罚金。

【立法理由】

1. **1979年之后至1997年刑法修订前的立法情况**。1979年刑法对生产、销售伪劣化妆品罪没作规定。1993年7月2日第八届全国人大常委会第二次会议通过的《全国人民代表大会常务委员会关于惩治生产、销售伪劣商品犯罪的决定》对此作了补充规定。该决定第七条规定："生产不符合卫生标准的化妆品，或者销售明知是不符合卫生标准的化妆品，造成严重后果的，处三年以下有期徒刑或者拘役，可以并处或者单处罚金。"

2. **1997年修订刑法的情况**。1997年修订刑法时，将上述规定修改后纳入刑法。在本条中对本罪罚金刑的数额作了具体规定，并将该决定第十二条规定的罚金数额"为违法所得的一倍以上五倍以下"修改为"销售金额百分之五十以上二倍以下"。

【条文说明】

本条是关于生产、销售不符合卫生标准的化妆品罪及其处罚的规定。

根据本条规定，生产、销售不符合卫生标准的化妆品罪有以下几个构成要件：

1. 行为人在主观上有犯罪的**故意**。鉴于化妆品在人们生活中的地位愈来愈重要，国家制定了《化妆品卫生标准》，详细规定了化妆品的各项卫生标准，不符合卫生标准的化妆品不准出厂。生产者对所生产的化妆品不符合卫生标准，应当是十分清楚的，在这种情况下，仍然进行生产，无疑是故意。销售者对明知是不符合卫生标准的化妆品仍然予以销售，其行为的故意也十分清楚。

2. 行为人在客观上具有**生产不符合卫生标准的化妆品**，或者**销售明知是不符合卫生标准的化妆品的行为**。这里的"**化妆品**"，是指以涂擦、喷洒或者其他类似的方法散布于人体表面的任何部位（皮肤、毛发、指甲、口唇等），以达到清洁、消除不良气味、护肤、美容和装饰作用的日用化学工业品，如护发素、洗发水、护肤霜、美容霜等日用化妆品，也包括染发剂、祛斑霜、脱毛剂等特殊用途的化妆品。"**不符合卫生标准**"，是指不符合国家制定的各种化妆品的强制性标准。

3. 生产、销售不符合卫生标准的化妆品，**必须造成严重后果**，才构成本罪。如果生产、销售不符合卫生标准的化妆品，使用以后没有任何效果，根本不起作用，或者没有造成严重后果的，不构成本罪。在司法实践中，"**严重后果**"一般是指：（1）致人毁容，或者严重皮肤损伤的；（2）生产、销售不符合卫生标准的化妆品，数量大的；（3）虽然没有致人毁容，但受害人数多、受害地域广，在社会上造成恶劣影响的；（4）导致其他严重后果，如受害人精神失常、自杀等。《最高人民检察院、公安部关于公安机关管辖的刑事案件立案追诉标准的规定(一)》第二十四条规定:“生产不符合卫生标准的化妆品,或者销售明知是不符合卫生标准的化妆品,涉嫌下列情形之一的,应予立案追诉:(一)造成他人容貌毁损或者皮肤严重损伤的;(二)造成他人器官组织损伤导致严重功能障碍的;(三)致使他人精神失常或者自杀、自残造成重伤、死亡的;(四)其他造成严重后果的情形。”

在实际执行中,应当注意区分本罪与**生产、销售伪劣产品罪**的区别,正确适用法律。生产、销售不符合卫生标准的化妆品,如果没有造成严重后果,但销售金额在五万元以上的,虽不构成本罪,但仍构成生产、销售伪劣产品罪。如果生产、销售不符合卫生标准的化妆品,同时触犯两种罪名,则应按处刑较重的罪处罚。

【司法解释】

《最高人民法院、最高人民检察院关于办理生产、销售伪劣商品刑事案件具体应用法律若干问题的解释》(法释〔2001〕10号,自2001年4月10日起施行)

△(**生产、销售伪劣商品犯罪的共犯**)知道或者应当知道他人实施生产、销售伪劣商品犯罪,而为其提供贷款、资金、账号、发票、证明、许可证件,或者提供生产、经营场所或者运输、仓储、保管、邮寄等便利条件,或者提供制假生产技术的,以生产、销售伪劣商品犯罪的共犯论处。(§ 9)

△(**想象竞合;侵犯知识产权犯罪;非法经营罪**)实施生产、销售伪劣商品犯罪,同时构成侵犯知识产权、非法经营等其他犯罪的,依照处罚较重的规定定罪处罚。(§ 10)

△(**数罪并罚;妨害公务罪**)实施刑法第一百四十条至第一百四十八条规定的犯罪,又以暴力、威胁方法抗拒查处,构成其他犯罪的,依照数罪并罚的规定处罚。(§ 11)

△(**国家机关工作人员;从重处罚**)国家机关工作人员参与生产、销售伪劣商品犯罪的,从重处罚。(§ 12)

【司法解释性文件】

《最高人民检察院、公安部关于公安机关管辖的刑事案件立案追诉标准的规定(一)》(公通字〔2008〕36号,自2008年6月25日起施行)

△(**生产、销售不符合卫生标准的化妆品罪;立案追诉标准**)生产不符合卫生标准的化妆品,或者销售明知是不符合卫生标准的化妆品,涉嫌下列情形之一的,应予立案追诉:

(一)造成他人容貌毁损或者皮肤严重损伤的;

(二)造成他人器官组织损伤导致严重功能障碍的;

(三)致使他人精神失常或者自杀、自残造成重伤、死亡的;

(四)其他造成严重后果的情形。(§ 24)

第一百四十九条 【生产、销售伪劣产品的犯罪的其他情形及其处罚的规定】

生产、销售本节第一百四十一条至第一百四十八条所列产品,不构成各该条规定的犯罪,但是销售金额在五万元以上的,依照本节第一百四十条的规定定罪处罚。

生产、销售本节第一百四十一条至第一百四十八条所列产品,构成各该条规定的犯罪,同时又构成本节第一百四十条规定之罪的,依照处罚较重的规定定罪处罚。

【立法理由】

1. **1979年之后至1997年刑法修订前的立法情况**。1979年刑法对本条未作规定。1993年7月2日第八届全国人大常委会第二次会议通过的《全国人民代表大会常务委员会关于惩治生产、销售伪劣商品犯罪的决定》对此作了补充规定。该决定第八条第一款规定:“生产、销售本决定第二条至第七条所列产品,不构成各该条规定的犯罪,但是违法所得数额在二万元以上的,依照本决定第一条的规定处罚。”第八条第二款规定:“生产、销售本决定第二条至第七条所列产品,构成各该条规定的犯罪,同时又构成本决定第一条规定的犯罪的,依照处刑较重的规定处罚。”

2. **1997年修订刑法的情况**。1997年修订刑法时,将上述规定修改后纳入刑法。在本条中对本罪罚金刑的数额作了具体规定,并将该决定第八条规定的数额标准由“违法所得数额在二万以上的”调整为“销售金额在五万以上的”。1997年《刑法》第一百四十九条规定:“生产、销售本节第一百四十一条至第一百四十八条所列产品,不构成各该条规定的犯罪,但是销售金额在五万元以上的,依照本节第一百四十条的规定定罪处罚。生产、销售本节第一百四十一条至第四十八条所列产品,构成各该条规定的犯罪,同时又构成本节第一百四十条规定之罪的,依照处罚较重的规定定罪处罚。"《刑法》第一百四十一条至第一百四十八条规定了八种具体的生产、销售伪劣商品的犯罪,这些犯罪的构成以具备一定的危害后果为条件,对于销售金额的多少没有要求。实践中还存在虽没达到上述八种具体犯罪的危害后果,但销售金额较大的,如何定罪量刑,需要予以明确。本条第二款对于如何处理本节规定中的法条竞合问题作了规定,这有利于确保司法机关统一执法。

【条文说明】

本条是关于生产、销售伪劣产品的犯罪的其他情形及其处罚的规定。

本条共分为两款。

第一款是关于**对生产、销售特殊伪劣产品行为,不构成有特殊规定的各有关犯罪,而销售金额在五万元以上的,如何正确适用法律的规定**。除《刑法》第一百四十条对生产、销售伪劣产品罪作了一般规定外,为了对群众反映强烈的一些生产、销售直接危害人民生命健康和严重影响生产安全的特定的假冒伪劣产品犯罪行为进行严厉打击,法律又对生产、销售一些特定伪劣产品专门规定了罪名,构成这些生产、销售特殊伪劣产品犯罪的要件又各有不同。有的要以"对人体健康造成严重危害"为犯罪构成要件,有的则要求"造成严重后果",还有的以"使生产遭受较大损失"为必要条件。这样在有些情况下,如果生产、销售了某些特定伪劣产品,销售金额已在五万元以上,但由于构成这些犯罪所必需的"严重后果"还没有发生或者难以确定,则难以定罪。为了不影响对于这些犯罪行为的打击,根据本款规定,对于"生产、销售本法第一百四十一条至第一百四十八条所列产品,不构成各该条规定的犯罪,但是销售金额在五万元以上的,依照本法第一百四十条的规定定罪处罚",即可按生产、销售伪劣产品罪追究刑事责任。①

第二款是**对生产、销售特殊伪劣产品行为,如果同时触犯了两个罪名,如何正确适用法律的规定**。生产、销售假药、劣药,不符合安全标准的食品,有毒、有害食品,不符合标准的医疗器械、医用卫生材料,不符合安全标准的电器、压力容器、易燃易爆产品,伪劣农药、兽药、化肥、种子,不符合卫生标准的化妆品等行为,有的时候不仅构成了刑法规定的生产、销售特定伪劣产品的犯罪,如果销售金额在五万元以上,同时也构成了一般的生产、销售伪劣产品罪,对于这种情况本款采取了从一重罪处罚的原则,即依照处刑较重的规定定罪处罚。②

【司法解释】

《最高人民法院、最高人民检察院关于办理生产、销售伪劣商品刑事案件具体应用法律若干问题的解释》(法释〔2001〕10号,自2001年4月10日起施行)

△(**销售金额;伪劣产品尚未销售;未遂;货值金额之确定;累计计算**)刑法第一百四十条、第一百四十九条规定的"销售金额",是指生产者、销售者出售伪劣产品后所得和应得的全部违法收入。

伪劣产品尚未销售,货值金额达到刑法第一百四十条规定的销售金额三倍以上的,以生产、销售伪劣产品罪(未遂)定罪处罚。

货值金额以违法生产、销售的伪劣产品的标价计算;没有标价的,按照同类合格产品的市场中间价格计算。货值金额难以确定的,按照国家计划委员会、最高人民法院、最高人民检察院、公安部1997年4月22日联合发布的《扣押、追缴、没收物品估价管理办法》的规定,委托指定的估价机构确定。

多次实施生产、销售伪劣产品行为,未经处理的,伪劣产品的销售金额或者货值金额累计计算。(§2)

【司法解释性文件】

《最高人民法院关于审理生产、销售伪劣商品刑事案件有关鉴定问题的通知》(法〔2001〕70号,

---

① 需要注意的是,由于《刑法》第一百四十一条之生产、销售假药罪与第一百四十四条之生产、销售有毒、有害食品罪,属于抽象危险犯,不要求发生具体危险,更遑论发生侵害结果。因此,前开两罪难以因为没有发生具体危险或侵害结果,而适用《刑法》第一百四十条之生产、销售伪劣产品罪。参见张明楷:《刑法学》(第6版),法律出版社2021年版,第959页。

② 我国学者指出,《刑法》第一百四十条与第一百四十一条至第一百四十八条之间的关系不是一般与特别的关系,而是相互补充关系或者想象竞合关系。参见张明楷:《刑法学》(第6版),法律出版社2021年版,第960页。另有学者指出,《刑法》第一百四十条与第一百四十一条至第一百四十八条之间存在法条竞合关系。参见周光权:《刑法各论》(第4版),中国人民大学出版社2021年版,第242页。

自2001年5月21日起施行)

△(**竞合;生产、销售伪劣产品罪;生产、销售假药罪;生产、销售不符合安全标准的食品罪;侵犯知识产权犯罪;非法经营罪**)经鉴定确系伪劣商品,被告人的行为既构成生产、销售伪劣产品罪,又构成生产、销售假药罪或者生产、销售不符合卫生标准的食品罪,或者同时构成侵犯知识产权、非法经营等其他犯罪的,根据刑法第一百四十九条第二款和《解释》[①]第十条的规定,应当依照处罚较重的规定定罪处罚。(§ 3)

第一百五十条 【单位犯本节之罪的处罚规定】

单位犯本节第一百四十条至第一百四十八条规定之罪的,对单位判处罚金,并对其直接负责的主管人员和其他直接责任人员,依照各该条的规定处罚。

【立法理由】

1. **1979年之后至1997年刑法修订前的立法情况**。1979年刑法对本条未作规定。1993年7月2日第八届全国人大常委会第二次会议通过的《全国人民代表大会常务委员会关于惩治生产、销售伪劣商品犯罪的决定》对此作了补充规定。该决定第九条第一款规定:“企业事业单位犯本决定第二条至第七条罪的,对单位判处罚金,并对直接负责的主管人员和其他直接责任人员依照各该条的规定追究刑事责任。”第九条第二款规定:“企业事业单位犯本决定第一条罪的,对单位判处罚金,情节恶劣的,并对直接负责的主管人员和其他直接责任人员依照本决定第一条的规定追究刑事责任。”

2. **1997年修订刑法的情况**。1997年修订刑法时,将上述规定修改后纳入刑法。1997年《刑法》第一百五十条规定:“单位犯本节第一百四十条至第一百四十八条规定之罪的,对单位判处罚金,并对其直接负责的主管人员和其他直接责任人员,依照各该条的规定处罚。”关于单位犯罪的处罚原则,《刑法》第三十一条作了规定,“单位犯罪的,对单位判处罚金,并对其直接负责的主管人员和其他直接责任人员判处刑罚”。这就是**双罚制原则**。但是考虑到单位犯罪的多样性、复杂性,《刑法》第三十一条又规定“本法分则和其他法律另有规定的,依照规定”。在刑法分则中,对于单位犯罪的处罚方式有多种,有对单位判处罚金,对直接负责的主管人员和其他直接责任人员依照对个人犯罪的规定处罚,还有对单位犯罪只处罚直接负责的主管人员和其他直接责任人员,对单位不判处罚金的,如《刑法》第一百六十一条公司向股东和社会公众提供虚假财务报告罪的处罚规定等。本条进一步明确了单位犯罪的处罚规定。

【条文说明】

本条是关于单位实施相关犯罪的处罚规定。

根据本条规定,单位如果犯《刑法》第一百四十条至第一百四十八条规定的生产、销售伪劣产品罪,生产、销售、提供假药罪,生产、销售、提供劣药罪,生产、销售不符合安全标准的食品罪,生产、销售有毒、有害食品罪,生产、销售不符合标准的医用器材罪,生产、销售不符合安全标准的产品罪,生产、销售伪劣农药、兽药、化肥、种子罪,生产、销售不符合卫生标准的化妆品罪的,**对单位判处罚金,并对其直接负责的主管人员和其他直接责任人员,依照各该条对于个人犯罪的规定处罚**。

① 即《最高人民法院、最高人民检察院关于办理生产、销售伪劣商品刑事案件具体应用法律若干问题的解释》(法释〔2001〕10号)。

第二节　走私罪[①]

第一百五十一条　【走私武器、弹药罪】【走私核材料罪】【走私假币罪】【走私文物罪】【走私贵重金属罪】【走私珍贵动物、珍贵动物制品罪】【走私国家禁止进出口的货物、物品罪】

走私武器、弹药、核材料或者伪造的货币的，处七年以上有期徒刑，并处罚金或者没收财产；情节特别严重的，处无期徒刑，并处没收财产；情节较轻的，处三年以上七年以下有期徒刑，并处罚金。

走私国家禁止出口的文物、黄金、白银和其他贵重金属或者国家禁止进出口的珍贵动物及其制品的，处五年以上十年以下有期徒刑，并处罚金；情节特别严重的，处十年以上有期徒刑或者无期徒刑，并处没收财产；情节较轻的，处五年以下有期徒刑，并处罚金。

走私珍稀植物及其制品等国家禁止进出口的其他货物、物品的，处五年以下有期徒刑或者拘役，并处或者单处罚金；情节严重的，处五年以上有期徒刑，并处罚金。

单位犯本条规定之罪的，对单位判处罚金，并对其直接负责的主管人员和其他直接责任人员，依照本条各款的规定处罚。

【立法沿革】

《中华人民共和国刑法》(1997年修订，自1997年10月1日起施行)

第一百五十一条

走私武器、弹药、核材料或者伪造的货币的，处七年以上有期徒刑，并处罚金或者没收财产；情节较轻的，处三年以上七年以下有期徒刑，并处罚金。

走私国家禁止出口的文物、黄金、白银和其他贵重金属或者国家禁止进出口的珍贵动物及其制品的，处五年以上有期徒刑，并处罚金；情节较轻的，处五年以下有期徒刑，并处罚金。

走私国家禁止进出口的珍稀植物及其制品的，处五年以下有期徒刑，并处或者单处罚金；情节严重的，处五年以上有期徒刑，并处罚金。

犯第一款、第二款罪，情节特别严重的，处无期徒刑或者死刑，并处没收财产。

单位犯本条规定之罪的，对单位判处罚金，并对其直接负责的主管人员和其他直接责任人员，依照本条各款的规定处罚。

《中华人民共和国刑法修正案(七)》(自2009年2月28日起施行)

一、将刑法第一百五十一条第三款修改为：

"走私珍稀植物及其制品等国家禁止进出口的其他货物、物品的，处五年以下有期徒刑或者拘役，并处或者单处罚金；情节严重的，处五年以上有期徒刑，并处罚金。"

《中华人民共和国刑法修正案(八)》(自2011年5月1日起施行)

二十六、将刑法第一百五十一条修改为：

"走私武器、弹药、核材料或者伪造的货币的，处七年以上有期徒刑，并处罚金或者没收财产；情节特别严重的，处无期徒刑或者死刑，并处没收财产；情节较轻的，处三年以上七年以下有期徒刑，并处罚金。

"走私国家禁止出口的文物、黄金、白银和其他贵重金属或者国家禁止进出口的珍贵动物及其制品的，处五年以上十年以下有期徒刑，并处罚金；情节特别严重的，处十年以上有期徒刑或者无期徒刑，并处没收财产；情节较轻的，处五年以下有期徒刑，并处罚金。

"走私珍稀植物及其制品等国家禁止进出口的其他货物、物品的，处五年以下有期徒刑或者拘役，并处或者单处罚金；情节严重的，处五年以上

① 《最高人民法院关于审理骗购外汇、非法买卖外汇刑事案件具体应用法律若干问题的解释》(法释〔1998〕20号，自1998年9月1日起施行)

第一条

I 以进行走私、逃汇、洗钱、骗税等犯罪活动为目的，使用虚假、无效的凭证、商业单据或者采取其他手段向外汇指定银行骗购外汇的，应当分别按照刑法分则第三章第二节、第一百九十条、第一百九十一条和第二百零四条等规定定罪处罚。

有期徒刑，并处罚金。

"单位犯本条规定之罪的，对单位判处罚金，并对其直接负责的主管人员和其他直接责任人员，依照本条各款的规定处罚。"

《中华人民共和国刑法修正案（九）》（自2015年11月1日起施行）

九、将刑法第一百五十一条第一款修改为：

"走私武器、弹药、核材料或者伪造的货币的，处七年以上有期徒刑，并处罚金或者没收财产；情节特别严重的，处无期徒刑，并处没收财产；情节较轻的，处三年以上七年以下有期徒刑，并处罚金。"

【立法理由】

走私犯罪直接侵犯国家的外贸监管制度，严重影响国家的关税征收、资金积累，冲击国内市场，具有很大的社会危害性。世界各国刑法都有关于走私罪的规定。

1. **1979年立法的情况**。1979年刑法对走私犯罪作了规定，涉及四条。1979年《刑法》第一百一十六条规定了走私罪："违反海关法规，进行走私，情节严重的，除按照海关法规没收走私物品并且可以罚款外，处三年以下有期徒刑或者拘役，可以并处没收财产。"第一百一十八条规定了走私罪的加重处罚情形："以走私、投机倒把为常业的，走私、投机倒把数额巨大的或者走私、投机倒把集团的首要分子，处三年以上十年以下有期徒刑，可以并处没收财产。"第一百一十九条规定了国家工作人员走私从重处罚："国家工作人员利用职务上的便利，犯走私、投机倒把罪的，从重处罚。"第一百七十三条规定了走私盗用文物罪："违反保护文物法规，盗运珍贵文物出口的，处三年以上十年以下有期徒刑，可以并处罚金；情节严重的，处十年以上有期徒刑或者无期徒刑，可以并处没收财产。"

2. **1979年之后至1997年刑法修订前的立法情况**。党的十一届三中全会开启了我国对外开放的步伐，在我国不断扩大开放的同时，走私犯罪也呈现上升的趋势。在个别地方特别是沿海地区，走私活动猖獗，甚至一些国家机关、干部也参与其中。这一犯罪活动极大地破坏了海关监管制度，造成大量关税流失，严重影响国内产业发展，影响改革开放推进。因此，1982年3月8日第五届全国人大常委会第二十二次会议通过的《全国人民代表大会常务委员会关于严惩严重破坏经济的罪犯的决定》，加重了走私盗运文物罪刑罚；1988年1月21日第六届全国人大常委会第二十四次会议通过的《全国人民代表大会常务委员会关于惩治走私罪的补充规定》对走私罪作了修改补充，增加了特殊对象走私犯罪，包括走私武器、弹药或者伪造的货币犯罪，走私国家禁止出口的文物、珍贵动物及其制品、黄金、白银或者其他贵重金属犯罪；增加了企业事业单位、机关、团体走私犯罪如何处罚的规定；1995年6月30日第八届全国人大常委会第十四次会议通过的《全国人民代表大会常务委员会关于惩治破坏金融秩序犯罪的决定》进一步明确，走私伪造的货币的，依照《全国人民代表大会常务委员会关于惩治走私罪的补充规定》的有关规定处罚。上述有关单行刑法的规定，规定了单位犯罪的刑事责任，为1997年刑法总则中有关单位犯罪的规定积累了经验。

3. **1997年修订刑法的情况**。1997年《刑法》第一百五十一条中，以具体列举的方式对走私国家禁止进出口货物、物品的犯罪作了专门规定，包括走私武器、弹药罪；走私核材料罪；走私假币罪；走私文物罪；走私贵重金属罪；走私珍贵动物、珍贵动物制品罪；走私珍稀植物、珍稀植物制品罪。其中走私珍稀植物、珍稀植物制品罪是之前单行刑法中没有规定、修订时增加的。

4. 2005年12月29日第十届全国人大常委会第十九次会议通过的**《全国人民代表大会常务委员会关于〈中华人民共和国刑法〉有关文物的规定适用于具有科学价值的古脊椎动物化石、古人类化石的解释》**规定，走私具有科学价值的古脊椎动物化石、古人类化石的适用本条走私文物罪的规定。

5. **2009年《刑法修正案（七）》对本条的修改情况**。1997年刑法实施后，有关部门提出，除了刑法所具体列举的禁止进出口的货物、物品外，国家还根据维护国家安全和社会公共利益的需要，规定了其他一些禁止进出口的货物、物品，如禁止进口来自疫区的动植物及其制品、禁止出口古植物化石等。对走私这类国家明令禁止进出口的货物、物品的，应直接认定为犯罪，不应也无法同走私普通货物、物品一样，按其偷逃关税的数额定罪量刑。为适应惩治这类危害较大的走私行为的需要，2009年2月28日第十一届全国人大常委会第七次会议通过的《刑法修正案（七）》对《刑法》第一百五十一条第三款的规定作了适当修改，增加走私"国家禁止进出口的其他货物、物品"的犯罪及刑事责任的规定。

6. **2011年《刑法修正案（八）》对本条的修改情况**。2009年中央关于深化司法体制和工作机制改革要求进一步落实宽严相济的刑事政策，完善死刑法律规定，适当减少死刑罪名，调整死刑与无期徒刑、有期徒刑之间的结构关系。各有关方面反复研究，一致认为我国的刑罚结构总体上能够适应当前惩治犯罪、教育改造罪犯、预防和减少犯罪的需要。但在实际执行中也存在死刑偏重、生刑偏轻等问题,需要通过修改刑法适当调整。一是刑法规定的死刑罪名较多,共六十八个,从司法实践看,有些罪名较少适用或基本从未适用过,可以适当减少。二是根据我国现阶段经济社会发展实际,适当取消一些经济性非暴力犯罪的死刑,不会给我国社会稳定大局和治安形势带来负面影响。针对上述情况,2011年2月25日第十一届全国人大常委会第十九次会议通过的《刑法修正案(八)》**取消了近年来较少适用或基本未适用过的十三个经济性非暴力犯罪的死刑**。具体是:走私文物罪,走私贵重金属罪,走私珍贵动物、珍贵动物制品罪,走私普通货物、物品罪,票据诈骗罪,金融凭证诈骗罪,信用证诈骗罪,虚开增值税专用发票、用于骗取出口退税、抵扣税款发票罪,伪造、出售伪造的增值税专用发票罪,盗窃罪,传授犯罪方法罪,盗掘古文化遗址、古墓葬罪,盗掘古人类化石、古脊椎动物化石罪。以上取消的十三个死刑罪名,占死刑罪名总数的19.1%。

根据《刑法修正案(八)》的规定,本条作了两处修改:第一,**取消走私文物罪,走私贵重金属罪,走私珍贵动物、珍贵动物制品罪的死刑**。第二,对走私文物罪,走私贵重金属罪,走私珍贵动物、珍贵动物制品罪取消死刑后相应调整了这类犯罪的处刑,将原"五年以上有期徒刑"的规定修改为"五年以上十年以下有期徒刑",将原"无期徒刑"的规定修改为"十年以上有期徒刑或者无期徒刑"。

7. 2015年《刑法修正案(九)》对本条的修改情况。党的十八届三中全会提出,"逐步减少适用死刑罪名"。2014年中央关于深化司法体制和社会体制改革的任务中也要求,完善死刑法律规定,逐步减少适用死刑罪名。为了落实上述要求,经广泛征求有关方面的意见,反复研究论证,慎重评估,考虑到这类犯罪,近年来很少适用过死刑,最高处以无期徒刑也可以适应打击这类犯罪的实际需要,并做到罪刑相适应,因此,2015年8月29日第十二届全国人大常委会第十六次会议通过的《刑法修正案(九)》对本条作了修改,**取消了走私武器、弹药罪,走私核材料罪和走私假币罪的死刑**。这些罪名在实践中都很少适用死刑,取消后最高还可以判处无期徒刑。取消走私武器、弹药罪的死刑后,如在实践中出现大规模走私武器、弹药,情节特别严重的情况,符合《刑法》第一百二十五条关于**非法制造、买卖、运输、邮寄、储存枪支、弹药、爆炸物罪**的规定的,可以按这一规定追究刑事责任。

【条文说明】

本条是关于走私武器、弹药罪,走私核材料罪,走私假币罪,走私文物罪,走私贵重金属罪,走私珍贵动物、珍贵动物制品罪,走私国家禁止进出口的货物、物品罪及其处罚的规定。

本条共分为四款。

第一款是关于走私武器、弹药罪,走私核材料罪,走私假币罪及其处罚的规定。本款主要规定了两个方面的内容。第一,明确了第一类走私物品的具体内容,即走私武器、弹药、核材料或者伪造的货币。其中"**武器、弹药**",是指各种军用武器、弹药和爆炸物以及其他类似军用武器、弹药和爆炸物等。"武器、弹药"的种类,参照《海关进出口税则》及《禁止进出境物品表》的有关规定确定。"**核材料**",是指铀、钚等可以发生原子核变或聚合反应的放射性材料。[①] 2017年9月1日第十二届全国人大常委会第二十九次会议通过的《核安全法》第二条作了具体规定,"**核材料**,是指:(一)铀-235材料及其制品;(二)铀-233材料及其制品;(三)钚-239材料及其制品;(四)法律、行政法规规定的其他需要管制的核材料"。"**伪造的货币**",是指伪造可在国内市场流通或者兑换的人民币、境外货币。[②] 2014年8月12日发布的《最高人民法院、最高人民检察院关于办理走私刑事案件适用法律若干问题的解释》第七条规定:"刑法第一百五十一条第一款规定的'货币',包括正在流通的人民币和境外货币。伪造的境外货币数额,折合成人民币计算。"伪造不流通或者并不存在的人民币,如伪造三十元面值人民币的,不属于伪造的"货币"。本款规定的第二个方面的内容,就是对走私上述物品的犯罪行为的处罚规定。根据本款的规定,对于走私武器、弹药、核材料或者伪造的货币的行为,根据情节轻重规定了三档刑罚:

第一档刑罚,**走私武器、弹药、核材料或者伪造的货币的**,处七年以上有期徒刑,并处罚金或者没收财产。《最高人民法院、最高人民检察院关于

① 核武器虽由核材料制成,但与核材料有所不同,所以,走私核武器不属于走私核材料罪的实行行为。参见周光权:《刑法各论》(第4版),中国人民大学出版社2021年版,第255页。

② 我国学者指出,伪造与变造行为的性质和危害性并不相同,所以,变造的货币不能等同于伪造的货币。参见周光权:《刑法各论》(第4版),中国人民大学出版社2021年版,第255页。另有学者指出,变造的货币,广义而言也是伪造的货币,能够成为本罪的处罚对象。参见黎宏:《刑法学各论》(第2版),法律出版社2016年版,第95页。

办理走私刑事案件适用法律若干问题的解释》第一条第二款规定："具有下列情形之一的，依照刑法第一百五十一条第一款的规定处七年以上有期徒刑，并处罚金或者没收财产：（一）走私以火药为动力发射枪弹的枪支一支，或者以压缩气体等非火药为动力发射枪弹的枪支五支以上不满十支的；（二）走私第一款第二项规定的弹药，数量在该项规定的最高数量以上不满最高数量五倍的；（三）走私各种口径在六十毫米以下常规炮弹、手榴弹或者枪榴弹等分别或者合计达到五枚以上不满十枚，或者各种口径超过六十毫米以上常规炮弹合计不满五枚的；（四）达到第一款第一、二、四项规定的数量标准，且属于犯罪集团的首要分子，使用特种车辆从事走私活动，或者走私的武器、弹药被用于实施犯罪等情形的。"第六条第二款规定，走私伪造的货币"具有下列情形之一的，依照刑法第一百五十一条第一款的规定处七年以上有期徒刑，并处罚金或者没收财产：（一）走私数额在二万元以上不满二十万元，或者数量在二千张（枚）以上不满二万张（枚）的；（二）走私数额或者数量达到第一款规定的标准，且具有走私的伪造货币流入市场等情节的"。

第二档刑罚，**情节特别严重的**，处无期徒刑，并处没收财产。《最高人民法院、最高人民检察院关于办理走私刑事案件适用法律若干问题的解释》第一条第三款规定："具有下列情形之一的，应当认定为刑法第一百五十一条第一款规定的'**情节特别严重**'：（一）走私第二款第一项规定的枪支，数量超过该项规定的数量标准的；（二）走私第一款第二项规定的弹药，数量在该项规定的最高数量标准五倍以上的；（三）走私第二款第三项规定的弹药，数量超过该项规定的数量标准，或者走私具有巨大杀伤力的非常规炮弹一枚以上的；（四）达到第二款第一项至第三项规定的数量标准，且属于犯罪集团的首要分子，使用特种车辆从事走私活动，或者走私的武器、弹药被用于实施犯罪等情形的。"第六条第三款规定，走私伪造的货币"具有下列情形之一的，应当认定为刑法第一百五十一条第一款规定的'**情节特别严重**'：（一）走私数额在二十万元以上，或者数量在二万张（枚）以上的；（二）走私数额或者数量达到第二款第一项规定的标准，且属于犯罪集团的首要分子，使用特种车辆从事走私活动，或者走私的伪造货币流入市场等情形的"。

第三档刑罚，**情节较轻的**，处三年以上七年以下有期徒刑，并处罚金。《最高人民法院、最高人民检察院关于办理走私刑事案件适用法律若干问题的解释》第一条第一款规定："走私武器、弹药，具有下列情形之一的，可以认定为刑法第一百五十一条第一款规定的'**情节较轻**'：（一）走私以压缩气体等非火药为动力发射枪弹的枪支二支以上不满五支的；（二）走私气枪铅弹五百发以上不满二千五百发，或者其他子弹十发以上不满五十发的；（三）未达到上述数量标准，但属于犯罪集团的首要分子，使用特种车辆从事走私活动，或者走私的武器、弹药被用于实施犯罪等情形的；（四）走私各种口径在六十毫米以下常规炮弹、手榴弹或者枪榴弹等分别或者合计不满五枚的。"第三条规定："走私枪支散件，构成犯罪的，依照刑法第一百五十一条第一款的规定，以走私武器罪定罪处罚。成套枪支散件以相应数量的枪支计，非成套枪支散件以每三十件为一套枪支散件计。"第四条规定："走私各种弹药的弹头、弹壳，构成犯罪的，依照刑法第一百五十一条第一款的规定，以走私弹药罪定罪处罚。具体的定罪量刑标准，按照本解释第一条规定的数量标准的五倍执行……弹头、弹壳是否属于前款规定的'报废或者无法组装并使用'或者'废物'，由国家有关技术部门进行鉴定。"第六条第一款规定："走私伪造的货币，数额在二千元以上不满二万元，或者数量在二百张（枚）以上不满二千张（枚）的，可以认定为刑法第一百五十一条第一款规定的'**情节较轻**'。"

第二款是关于走私文物罪，走私贵重金属罪，走私珍贵动物、珍贵动物制品罪及其处罚的规定。本款主要规定了两个方面的内容。第一，规定了第二类走私物品的具体内容。即走私国家禁止出口的文物[①]、黄金、白银和其他贵重金属[②]或者国家禁止进出口的珍贵动物及其制品。其中"**国家禁止出口的文物**"，是指国家馆藏一、二、三级文物及其他国家禁止出口的文物。《文物保护法》第六十条规定："国有文物、非国有文物中的珍贵文物和国家规定禁止出境的其他文物，不得出境；但是依照本法规定出境展览或者因特殊需要经国务院批准出境的除外。"2005年12月29日第十届全

① 行为人走私文物出境后，将其私自赠送或出售给外国人，只构成本罪，非法向外国人出售、赠送珍贵文物罪为本罪所吸收。参见周光权：《刑法各论》（第4版），中国人民大学出版社2021年版，第256页。

② 本罪的处罚范围仅限于将文物或者贵重金属从境内走私至境外的行为。如果行为人将文物或者贵重金属从境外走私至境内，成立走私普通货物、物品罪。参见张明楷：《刑法学》（第6版），法律出版社2021年版，第963页；黎宏：《刑法学各论》（第2版），法律出版社2016年版，第96—97页；周光权：《刑法各论》（第4版），中国人民大学出版社2021年版，第257页。

国人大常委会第十九次会议通过的《全国人民代表大会常务委员会关于〈中华人民共和国刑法〉有关文物的规定适用于具有科学价值的古脊椎动物化石、古人类化石的解释》规定:“刑法有关文物的规定,适用于具有科学价值的古脊椎动物化石、古人类化石。”因此,走私**古脊椎动物化石、古人类化石**的依照走私文物处理。**“珍贵动物”**,是指列入《国家重点保护野生动物名录》中的国家一、二级保护野生动物和列入《濒危野生动植物种国际贸易公约》附录一、附录二中的野生动物以及驯养繁殖的上述物种。主要有大熊猫、金丝猴、白唇鹿、扬子鳄、丹顶鹤、白鹤、天鹅、野骆驼等。**珍贵动物的“制品”**,是指珍贵野生动物的皮、毛、骨等制成品。本条中珍贵动物的范围与《刑法》第三百四十一条有关野生动物犯罪中的“国家重点保护的珍贵、濒危野生动物”的范围应当是一样的。**“其他贵重金属”**,是指铂、铱、锇、钛等金属以及国家规定禁止出口的其他贵重金属。第二,对走私上述物品的犯罪行为的处罚规定。根据本款规定,对于走私国家禁止出口的文物、黄金、白银和其他贵重金属或者国家禁止进出口的珍贵动物及其制品的行为,根据情节轻重规定了三档刑罚:

第一档刑罚,对于**走私国家禁止出口的文物、黄金、白银和其他贵重金属或者国家禁止进出口的珍贵动物及其制品的**,处五年以上十年以下有期徒刑,并处罚金。《最高人民法院、最高人民检察院关于办理走私刑事案件适用法律若干问题的解释》第九条第二款规定:“具有下列情形之一的,依照刑法第一百五十一条第二款的规定处五年以上十年以下有期徒刑,并处罚金:(一)走私国家一、二级保护动物达到本解释附表中(一)规定的数量标准的;(二)走私珍贵动物制品数额在二十万元以上不满一百万元的;(三)走私国家一、二级保护动物未达到本解释附表中(一)规定的数量标准,但具有造成该珍贵动物死亡或者无法追回等情节的。”

第二档刑罚,**情节特别严重的**,处十年以上有期徒刑或者无期徒刑,并处没收财产。《最高人民法院、最高人民检察院关于办理走私刑事案件适用法律若干问题的解释》第九条第三款规定:“具有下列情形之一的,应当认定为刑法第一百五十一条第二款规定的‘**情节特别严重**’:(一)走私国家一、二级保护动物达到本解释附表中(二)规定的数量标准的;(二)走私珍贵动物制品数额在一百万元以上的;(三)走私国家一、二级保护动物达到本解释附表中(一)规定的数量标准,且属于犯罪集团的首要分子,使用特种车辆从事走私活动,或者造成该珍贵动物死亡、无法追回等情形的。”第十条规定:“刑法第一百五十一条第二款规定的‘珍贵动物’,包括列入《国家重点保护野生动物名录》中的国家一、二级保护野生动物,《濒危野生动植物种国际贸易公约》附录Ⅰ、附录Ⅱ中的野生动物,以及驯养繁殖的上述动物。走私本解释附表中未规定的珍贵动物的,参照附表中规定的同属或者同科动物的数量标准执行。走私本解释附表中未规定珍贵动物的制品的,按照《最高人民法院、最高人民检察院、国家林业局、公安部、海关总署关于破坏野生动物资源刑事案件中涉及的CITES附录Ⅰ和附录Ⅱ所列陆生野生动物制品价值核定问题的通知》(林濒发〔2012〕239号)的有关规定核定价值。”

第三档刑罚,**情节较轻的**,处五年以下有期徒刑,并处罚金。《最高人民法院、最高人民检察院关于办理走私刑事案件适用法律若干问题的解释》第九条第一款规定:“走私国家一、二级保护动物未达到本解释附表中(一)规定的数量标准,或者走私珍贵动物制品数额不满二十万元的,可以认定为刑法第一百五十一条第二款规定的‘**情节较轻**’。”

需要说明的是,**有关走私文物犯罪定罪量刑标准**,《最高人民法院、最高人民检察院关于办理走私刑事案件适用法律若干问题的解释》第八条的规定与《最高人民法院、最高人民检察院关于办理妨害文物管理等刑事案件适用法律若干问题的解释》的规定**不完全一致**。《最高人民法院、最高人民检察院关于办理妨害文物管理等刑事案件适用法律若干问题的解释》第一条第二、三款规定:“走私国家禁止出口的二级文物的,应当依照刑法第一百五十一条第二款的规定,以走私文物罪处五年以上十年以下有期徒刑,并处罚金;走私国家禁止出口的一级文物的,应当认定为刑法第一百五十一条第二款规定的‘情节特别严重’;走私国家禁止出口的三级文物的,应当认定为刑法第一百五十一条第二款规定的‘情节较轻’。走私国家禁止出口的文物,无法确定文物等级,或者按照文物等级定罪量刑明显过轻或者过重的,可以按照走私的文物价值定罪量刑。走私的文物价值在二十万元以上不满一百万元的,应当依照刑法第一百五十一条第二款的规定,以走私文物罪处五年以上十年以下有期徒刑,并处罚金;文物价值在一百万元以上的,应当认定为刑法第一百五十一条第二款规定的‘情节特别严重’;文物价值在五万元以上不满二十万元的,应当认定为刑法第一百五十一条第二款规定的‘情节较轻’。”

第三款是关于走私国家禁止进出口的货物、

物品罪及其处罚的规定。本款规定了两个方面的内容。

第一,规定了第三类走私的物品和范围。即走私珍稀植物及其制品等国家禁止进出口的其他货物、物品。其中规定的**"珍稀植物及其制品"**,根据《最高人民法院、最高人民检察院关于办理走私刑事案件适用法律若干问题的解释》第十二条第一款的规定:"刑法第一百五十一条第三款规定的**'珍稀植物'**,包括列入《国家重点保护野生植物名录》《国家重点保护野生药材物种名录》《国家珍贵树种名录》中的国家一、二级保护野生植物、国家重点保护的野生药材、珍贵树木,《濒危野生动植物种国际贸易公约》附录Ⅰ、附录Ⅱ中的野生植物,以及人工培育的上述植物。"**珍稀植物的"制品"**,是指用珍稀植物制成的药材、木材、标本、器具等制成品。**"其他国家禁止进出口的货物、物品"**,是指本条所列货物、物品以外的,被列入国家禁止进出口物品目录或者法律规定禁止进出口的货物、物品,如来自疫区的动植物及其制品、古植物化石等。2019年11月18日公布的**《最高人民法院关于审理走私、非法经营、非法使用兴奋剂刑事案件适用法律若干问题的解释》**第一条第一款规定:"运动员、运动员辅助人员走私兴奋剂目录所列物质,或者其他人员以在体育竞赛中非法使用为目的走私兴奋剂目录所列物质,涉案物质属于国家禁止进出口的货物、物品,具有下列情形之一的,应当依照刑法第一百五十一条第三款的规定,以走私国家禁止进出口的货物、物品罪定罪处罚:(一)一年内曾因走私被给予两次以上行政处罚后又走私的;(二)用于或者准备用于未成年人运动员、残疾人运动员的;(三)用于或者准备用于国内、国际重大体育竞赛的;(四)其他造成严重恶劣社会影响的情形。"

第二,对走私上述物品的犯罪行为的处罚规定。其中,对于走私珍稀植物、珍稀植物制品罪等国家禁止进出口的其他货物、物品犯罪,本款规定了两档刑罚:第一档刑罚,**对走私珍稀植物及其制品等国家禁止进出口的其他货物、物品的**,处五年以下有期徒刑或者拘役,并处或者单处罚金。根据《最高人民法院、最高人民检察院关于办理走私刑事案件适用法律若干问题的解释》第十一条第一款的规定,包括以下情形:"(一)走私国家一级保护野生植物五株以上不满二十五株,国家二级保护野生植物十株以上不满五十株,或者珍稀植物、珍稀植物制品数额在二十万元以上不满一百万元的;(二)走私重点保护古生物化石或者未命名的古生物化石不满十件,或者一般保护古生物化石十件以上不满五十件的;(三)走私禁止进出口的有毒物质一吨以上不满五吨,或者数额在二万元以上不满十万元的;(四)走私来自境外疫区的动植物及其产品五吨以上不满二十五吨,或者数额在五万元以上不满二十五万元的;(五)走私木炭、硅砂等妨害环境、资源保护的货物、物品十吨以上不满五十吨,或者数额在十万元以上不满五十万元的;(六)走私旧机动车、切割车、旧机电产品或者其他禁止进出口的货物、物品二十吨以上不满一百吨,或者数额在二十万元以上不满一百万元的;(七)数量或者数额未达到本款第一项至第六项规定的标准,但属于犯罪集团的首要分子,使用特种车辆从事走私活动,造成环境严重污染,或者引起甲类传染病传播、重大动植物疫情等情形的。"第二档刑罚,**情节严重的**,处五年以上有期徒刑,并处罚金。根据《最高人民法院、最高人民检察院关于办理走私刑事案件适用法律若干问题的解释》第十一条第二款的规定,包括下列情形:"(一)走私数量或者数额超过前款第一项至第六项规定的标准的;(二)达到前款第一项至第六项规定的标准,且属于犯罪集团的首要分子,使用特种车辆从事走私活动,造成环境严重污染,或者引起甲类传染病传播、重大动植物疫情等情形的。"

第四款是对单位走私国家禁止进出口物品罪的处罚规定。依照本款的规定,单位犯本条规定之罪的,**对单位判处罚金,并对直接负责的主管人员和其他直接责任人员依照本条各款的规定处罚**。

实践中需要注意以下两个方面的问题:

1. 犯本条所列走私国家禁止进出口物品罪,行为人主观上必须具有**犯罪故意**,客观上必须有**逃避海关监管,非法运输、携带、邮寄国家禁止进出口的物品进出口的行为**。由于本条所列物品有的是违禁品,有的是国家严禁出口的物品,对走私本条所列物品犯罪的条件,在数量上一般没有限制,凡是走私本条所列物品,原则上都构成犯罪。在实际执行中应当注意区分罪与非罪的界限,如行为人不知其所携带出境的文物是国家禁止出口的文物的,且如实申报没有逃避海关监管,即使其运输、携带或者邮寄的属于禁止出口的文物,也不应作为犯罪处理。

2. **关于走私限制进出口货物、物品犯罪问题**。根据《最高人民法院、最高人民检察院关于办理走私刑事案件适用法律若干问题的解释》第二十一条的规定:"未经许可进出口国家限制进出口的货物、物品,构成犯罪的,应当依照刑法第一百五十一条、第一百五十二条的规定,以走私国家禁止进出口的货物、物品罪等罪名定罪处罚;偷逃应缴税额,同时又构成走私普通货物、物品罪的,依照处罚较重的规定定罪处罚。取得许可,但超过许可数量进出口国家限制进出口的货物、物品,构成犯罪的,依照刑法第一百五十三条的规定,以走私普通货物、物品罪定罪处罚。租用、借用或者使用购买的他人许可证,进出口国家限制进出口的货物、物品的,适用本条第一款的规定定罪处罚。”

另外,对于违反2020年10月17日第十三届全国人大常委会第二十二次会议通过的**《出口管制法》**的规定,出口国家禁止出口的管制物项,包括出口禁止出口的相关货物、技术、服务或者相关技术资料等数据,构成犯罪的,依照本条各款相关规定处罚。

【司法解释】

《最高人民法院、最高人民检察院关于办理走私刑事案件适用法律若干问题的解释》(法释〔2014〕10号,自2014年9月10日起施行)

△(**走私武器、弹药罪;量刑档次;情节较轻;情节特别严重;其他武器、弹药**)走私武器、弹药,具有下列情形之一的,可以认定为刑法第一百五十一条第一款规定的“情节较轻”:

(一)走私以压缩气体等非火药为动力发射枪弹的枪支二支以上不满五支的;

(二)走私气枪铅弹五百发以上不满二千五百发,或者其他子弹十发以上不满五十发的;

(三)未达到上述数量标准,但属于犯罪集团的首要分子,使用特种车辆从事走私活动,或者走私的武器、弹药被用于实施犯罪等情形的;

(四)走私各种口径在六十毫米以下常规炮弹、手榴弹或者枪榴弹等分别或者合计不满五枚的。

具有下列情形之一的,依照刑法第一百五十一条第一款的规定处七年以上有期徒刑,并处罚金或者没收财产:

(一)走私以火药为动力发射枪弹的枪支一支,或者以压缩气体等非火药为动力发射枪弹的枪支五支以上不满十支的;

(二)走私第一款第二项规定的弹药,数量在该项规定的最高数量以上不满最高数量五倍的;

(三)走私各种口径在六十毫米以下常规炮弹、手榴弹或者枪榴弹等分别或者合计达到五枚以上不满十枚,或者各种口径超过六十毫米以上常规炮弹合计不满五枚的;

(四)达到第一款第一、二、四项规定的数量标准,且属于犯罪集团的首要分子,使用特种车辆从事走私活动,或者走私的武器、弹药被用于实施犯罪等情形的。

具有下列情形之一的,应当认定为刑法第一百五十一条第一款规定的“情节特别严重”:

(一)走私第二款第一项规定的枪支,数量超过该项规定的数量标准的;

(二)走私第一款第二项规定的弹药,数量在该项规定的最高数量标准五倍以上的;

(三)走私第二款第三项规定的弹药,数量超过该项规定的数量标准,或者走私具有巨大杀伤力的非常规炮弹一枚以上的;

(四)达到第二款第一项至第三项规定的数量标准,且属于犯罪集团的首要分子,使用特种车辆从事走私活动,或者走私的武器、弹药被用于实施犯罪等情形的。

走私其他武器、弹药,构成犯罪的,参照本条各款规定的标准处罚。(§ 1)

△(**武器、弹药的种类**)刑法第一百五十一条第一款规定的“武器、弹药”的种类,参照《中华人民共和国进口税则》及《中华人民共和国禁止进出境物品表》的有关规定确定。(§ 2)

△(**枪支散件;成套枪支散件;非成套枪支散件**)走私枪支散件,构成犯罪的,依照刑法第一百五十一条第一款的规定,以走私武器罪定罪处罚。成套枪支散件以相应数量的枪支计,非成套枪支散件以每三十件为一套枪支散件计。(§ 3)

△(**走私弹药罪;数量标准;五倍**)走私各种弹药的弹头、弹壳,构成犯罪的,依照刑法第一百五十一条第一款的规定,以走私弹药罪定罪处罚。具体的定罪量刑标准,按照本解释第一条规定的数量标准的五倍执行。(§4 Ⅰ)

△(**国家禁止或者限制进出口的仿真枪、管制刀具;走私国家禁止进出口的货物、物品罪;鉴定为枪支;走私武器罪;从轻处罚;免予刑事处罚**)走私国家禁止或者限制进出口的仿真枪、管制刀具,构成犯罪的,依照刑法第一百五十一条第三款的规定,以走私国家禁止进出口的货物、物品罪定罪处罚。具体的定罪量刑标准,适用本解释第十一条第一款第六、七项和第二款的规定。

走私的仿真枪经鉴定为枪支,构成犯罪的,依照刑法第一百五十一条第一款的规定,以走私武器罪定罪处罚。不以牟利或者从事违法犯罪活动为目的,且无其他严重情节的,可以依法从轻处

罚;情节轻微不需要判处刑罚的,可以免予刑事处罚。[①](§ 5)

△(**走私假币罪;量刑档次;情节较轻;情节特别严重**)走私伪造的货币,数额在二千元以上不满二万元,或者数量在二百张(枚)以上不满二千张(枚)的,可以认定为刑法第一百五十一条第一款规定的"情节较轻"。

具有下列情形之一的,依照刑法第一百五十一条第一款的规定处七年以上有期徒刑,并处罚金或者没收财产:

(一)走私数额在二万元以上不满二十万元,或者数量在二千张(枚)以上不满二万张(枚)的;

(二)走私数额或者数量达到第一款规定的标准,且具有走私的伪造货币流入市场等情节的。

具有下列情形之一的,应当认定为刑法第一百五十一条第一款规定的"情节特别严重":

(一)走私数额在二十万元以上,或者数量在二万张(枚)以上的;

(二)走私数额或者数量达到第二款第一项规定的标准,且属于犯罪集团的首要分子,使用特种车辆从事走私活动,或者走私的伪造货币流入市场等情形的。(§ 6)

△(**货币**)刑法第一百五十一条第一款规定的"货币",包括正在流通的人民币和境外货币。伪造的境外货币数额,折合成人民币计算。(§ 7)

△(**走私文物罪;量刑档次;情节较轻;情节特别严重**)走私国家禁止出口的三级文物二件以下的,可以认定为刑法第一百五十一条第二款规定的"情节较轻"。

具有下列情形之一的,依照刑法第一百五十一条第二款的规定处五年以上十年以下有期徒刑,并处罚金:

(一)走私国家禁止出口的二级文物不满三件,或者三级文物三件以上不满九件的;

(二)走私国家禁止出口的三级文物不满三件,且具有造成文物严重毁损或者无法追回等情节的。

具有下列情形之一的,应当认定为刑法第一百五十一条第二款规定的"情节特别严重":

(一)走私国家禁止出口的一级文物一件以上,或者二级文物三件以上,或者三级文物九件以上的;

(二)走私国家禁止出口的文物达到第二款第一项规定的数量标准,且属于犯罪集团的首要分子,使用特种车辆从事走私活动,或者造成文物严重毁损、无法追回等情形的。(§ 8)

△(**走私珍贵动物、珍贵动物制品罪;量刑档次;情节较轻;情节特别严重;免予刑事处罚;情节显著轻微**)走私国家一、二级保护动物未达到本解释附表中(一)规定的数量标准,或者走私珍贵动物制品数额不满二十万元的,可以认定为刑法第一百五十一条第二款规定的"情节较轻"。

具有下列情形之一的,依照刑法第一百五十一条第二款的规定处五年以上十年以下有期徒刑,并处罚金:

(一)走私国家一、二级保护动物达到本解释附表中(一)规定的数量标准的;

(二)走私珍贵动物制品数额在二十万元以上不满一百万元的;

(三)走私国家一、二级保护动物未达到本解释附表中(一)规定的数量标准,但具有造成该珍贵动物死亡或者无法追回等情节的。

具有下列情形之一的,应当认定为刑法第一百五十一条第二款规定的"情节特别严重":

(一)走私国家一、二级保护动物达到本解释附表中(二)规定的数量标准的;

(二)走私珍贵动物制品数额在一百万元以上的;

(三)走私国家一、二级保护动物达到本解释附表中(一)规定的数量标准,且属于犯罪集团的首要分子,使用特种车辆从事走私活动,或者造成该珍贵动物死亡、无法追回等情形的。

不以牟利为目的,为留作纪念而走私珍贵动物制品进境,数额不满十万元的,可以免予刑事处罚;情节显著轻微的,不作为犯罪处理。(§ 9)

△(**珍贵动物;解释附表中未规定的珍贵动物;解释附表中未规定珍贵动物的制品**)刑法第一百五十一条第二款规定的"珍贵动物",包括列入《国家重点保护野生动物名录》中的国家一、二级保护野生动物,《濒危野生动植物种国际贸易公约》附录Ⅰ、附录Ⅱ中的野生动物,以及驯养繁殖的上述动物。

走私本解释附表中未规定的珍贵动物的,参照附表中规定的同属或者同科动物的数量标准执行。

走私本解释附表中未规定珍贵动物的制品的,按照《最高人民法院、最高人民检察院、国家林

① 我国学者指出,由于一般人对仿真枪的理解并不相同,如果行为人认为自己走私的仿真枪不具有枪支的功能,就缺乏走私枪支的故意,即便事后鉴定为枪支,也只能认定为走私国家禁止进出口的货物、物品罪。参见张明楷:《刑法学》(第5版),法律出版社2016年版,第749页。

业局、公安部、海关总署关于破坏野生动物资源刑事案件中涉及的CITES附录Ⅰ和附录Ⅱ所列陆生野生动物制品价值核定问题的通知》(林濒发〔2012〕239号)的有关规定核定价值。(§ 10)

△(**走私国家禁止进出口的货物、物品罪;量刑档次;情节严重**)走私国家禁止进出口的货物、物品,具有下列情形之一的,依照刑法第一百五十一条第三款的规定处五年以下有期徒刑或者拘役,并处或者单处罚金:

(一)走私国家一级保护野生植物五株以上不满二十五株,国家二级保护野生植物十株以上不满五十株,或者珍稀植物、珍稀植物制品数额在二十万元以上不满一百万元的;

(二)走私重点保护古生物化石或者未命名的古生物化石不满十件,或者一般保护古生物化石十件以上不满五十件的;

(三)走私禁止进出口的有毒物质一吨以上不满五吨,或者数额在二万元以上不满十万元的;

(四)走私来自境外疫区的动植物及其产品五吨以上不满二十五吨,或者数额在五万元以上不满二十五万元的;

(五)走私木炭、硅砂等妨害环境、资源保护的货物、物品十吨以上不满五十吨,或者数额在十万元以上不满五十万元的;

(六)走私旧机动车、切割车、旧机电产品或者其他禁止进出口的货物、物品二十吨以上不满一百吨,或者数额在二十万元以上不满一百万元的;

(七)数量或者数额未达到本款第一项至第六项规定的标准,但属于犯罪集团的首要分子,使用特种车辆从事走私活动,造成环境严重污染,或者引起甲类传染病传播、重大动植物疫情等情形的。

具有下列情形之一的,应当认定为刑法第一百五十一条第三款规定的“情节严重”:

(一)走私数量或者数额超过前款第一项至第六项规定的标准的;

(二)达到前款第一项至第六项规定的标准,且属于犯罪集团的首要分子,使用特种车辆从事走私活动,造成环境严重污染,或者引起甲类传染病传播、重大动植物疫情等情形的。(§ 11)

△(**珍稀植物;古生物化石;具有科学价值的古脊椎动物化石、古人类化石**)刑法第一百五十一条第三款规定的“珍稀植物”,包括列入《国家重点保护野生植物名录》《国家重点保护野生药材物种名录》《国家珍贵树种名录》中的国家一、二级保护野生植物、国家重点保护的野生药材、珍贵树木,《濒危野生动植物种国际贸易公约》附录Ⅰ、附录Ⅱ中的野生植物,以及人工培育的上述植物。

本解释规定的“古生物化石”,按照《古生物化石保护条例》的规定予以认定。走私具有科学价值的古脊椎动物化石、古人类化石,构成犯罪的,依照刑法第一百五十一条第二款的规定,以走私文物罪定罪处罚。(§ 12)

△(**走私国家禁止进出口的货物、物品罪;想象竞合;走私普通货物、物品罪;租用、借用或者使用购买的他人许可证**)未经许可进出口国家限制进出口的货物、物品,构成犯罪的,应当依照刑法第一百五十一条、第一百五十二条的规定,以走私国家禁止进出口的货物、物品罪等罪名定罪处罚;偷逃应缴税额,同时又构成走私普通货物、物品罪的,依照处罚较重的规定定罪处罚。

租用、借用或者使用购买的他人许可证,进出口国家限制进出口的货物、物品的①,适用本条第一款的规定定罪处罚。(§ 21 Ⅰ、Ⅲ)

△(**实际走私的货物、物品;数罪并罚**)在走私的货物、物品中藏匿刑法第一百五十一条、第一百五十二条、第三百四十七条、第三百五十条规定的货物、物品,构成犯罪的,以实际走私的货物、物品定罪处罚;构成数罪的,实行数罪并罚。②(§ 22)

△(**犯罪既遂**)实施走私犯罪,具有下列情形之一的,应当认定为犯罪既遂:

(一)在海关监管现场被查获的;

(二)以虚假申报方式走私,申报行为实施完毕的;

(三)以保税货物或者特定减税、免税进口的货物、物品为对象走私,在境内销售的,或者申请核销行为实施完毕的。(§ 23)

---

① 我国学者指出,将限制进出口的货物、物品直接等同于禁止进出口的货物、物品,不无类推解释之疑,值得进一步研究。参见张明楷:《刑法学》(第6版),法律出版社2021年版,第964页。

② 我国学者指出,在走私犯罪中,中国刑法整体上是以行为人所侵犯的犯罪对象为标准来规定一罪与数罪,因此,如果行为人在一次走私行为中走私不同货物、物品,以数罪并罚加以处理,并无不可。参见黎宏:《刑法学各论》(第2版),法律出版社2016年版,第105页;张明楷:《刑法学》(第6版),法律出版社2021年版,第967页。另有学者指出,走私的同一批次货物中,既有武器、弹药,又有珍贵文物、淫秽物品或者普通物品,由于行为人只有一个走私行为,自应成立想象竞合犯,从一重罪处断。参见周光权:《刑法各论》(第4版),中国人民大学出版社2021年版,第254页。

△(**单位犯罪**)单位犯刑法第一百五十一条、第一百五十二条规定之罪,依照本解释规定的标准定罪处罚。(§ 24 Ⅰ)

《最高人民法院、最高人民检察院关于办理妨害文物管理等刑事案件适用法律若干问题的解释》(法释〔2015〕23号,自2016年1月1日起施行)

△(**国家禁止出口的文物;走私文物罪;量刑档次;情节特别严重;情节较轻;无法确定文物等级;走私的文物价值**)刑法第一百五十一条规定的"国家禁止出口的文物",依照《中华人民共和国文物保护法》规定的"国家禁止出境的文物"的范围认定。

走私国家禁止出口的二级文物的,应当依照刑法第一百五十一条第二款的规定,以走私文物罪处五年以上十年以下有期徒刑,并处罚金;走私国家禁止出口的一级文物的,应当认定为刑法第一百五十一条第二款规定的"情节特别严重";走私国家禁止出口的三级文物的,应当认定为刑法第一百五十一条第二款规定的"情节较轻"。

走私国家禁止出口的文物,无法确定文物等级,或者按照文物等级定罪量刑明显过轻或者过重的,可以按照走私的文物价值定罪量刑。走私的文物价值在二十万元以上不满一百万元的,应当依照刑法第一百五十一条第二款的规定,以走私文物罪处五年以上十年以下有期徒刑,并处罚金;文物价值在一百万元以上的,应当认定为刑法第一百五十一条第二款规定的"情节特别严重";文物价值在五万元以上不满二十万元的,应当认定为刑法第一百五十一条第二款规定的"情节较轻"。(§ 1)

△(**单位犯罪**)单位实施走私文物、倒卖文物等行为,构成犯罪的,依照本解释规定的相应自然人犯罪的定罪量刑标准,对直接负责的主管人员和其他直接责任人员定罪处罚,并对单位判处罚金。(§11 Ⅰ)

△(**走私不可移动文物整体;量刑情节**)针对不可移动文物整体实施走私、盗窃、倒卖等行为的,根据所属不可移动文物的等级,依照本解释第一条、第二条、第六条的规定定罪量刑:

(一)尚未被确定为文物保护单位的不可移动文物,适用一般文物的定罪量刑标准;

(二)市、县级文物保护单位,适用三级文物的定罪量刑标准;

(三)全国重点文物保护单位、省级文物保护单位,适用二级以上文物的定罪量刑标准。

针对不可移动文物中的建筑构件、壁画、雕塑、石刻等实施走私、盗窃、倒卖等行为的,根据建筑构件、壁画、雕塑、石刻等文物本身的等级或者价值,依照本解释第一条、第二条、第六条的规定定罪量刑。建筑构件、壁画、雕塑、石刻等所属不可移动文物的等级,应当作为量刑情节予以考虑。(§ 12)

△(**不同等级的文物;五件同级文物**)案件涉及不同等级的文物的,按照高级别文物的量刑幅度量刑;有多件同级文物的,五件同级文物视为一件高一级文物,但是价值明显不相当的除外。(§ 13)

△(**文物价值之认定;根据涉案文物的有效价格证明;根据销赃数额认定;结合鉴定意见、报告认定**)依照文物价值定罪量刑的,根据涉案文物的有效价格证明认定文物价值;无有效价格证明,或者根据价格证明认定明显不合理的,根据销赃数额认定,或者结合本解释第十五条规定的鉴定意见、报告认定。(§ 14)

△(**鉴定意见**)在行为人实施有关行为前,文物行政部门已对涉案文物及其等级作出认定的,可以直接对有关案件事实作出认定。

对案件涉及的有关文物鉴定、价值认定等专门性问题难以确定的,由司法鉴定机构出具鉴定意见,或者由国务院文物行政部门指定的机构出具报告。其中,对于文物价值,也可以由有关价格认证机构作出价格认证并出具报告。(§ 15)

△(**犯罪情节轻微;不起诉或者免予刑事处罚**)实施本解释第一条、第二条、第六条至第九条规定的行为,虽已达到应当追究刑事责任的标准,但行为人系初犯,积极退回或者协助追回文物,未造成文物损毁,并确有悔罪表现的,可以认定为犯罪情节轻微,不起诉或者免予刑事处罚。(§ 16 Ⅰ)

△(**走私具有科学价值的古脊椎动物化石、古人类化石**)走私、盗窃、损毁、倒卖、盗掘或者非法转让具有科学价值的古脊椎动物化石、古人类化石的,依照刑法和本解释的有关规定定罪量刑。(§ 17)

《最高人民法院、最高人民检察院关于涉以压缩气体为动力的枪支、气枪铅弹刑事案件定罪量刑问题的批复》(法释〔2018〕8号,自2018年3月30日起施行)

△(**以压缩气体为动力且枪口比动能较低的枪支;考量情节;综合评估**)对于非法制造、买卖、运输、邮寄、储存、持有、私藏、走私以压缩气体为动力且枪口比动能较低的枪支的行为,在决定是否追究刑事责任以及如何裁量刑罚时,不仅应当考虑涉案枪支的数量,而且应当充分考虑涉案枪支的外观、材质、发射物、购买场所和渠道、价格、用途、致伤力大小、是否易于通过改制提升致伤力,以及行为人的主观认知、动机目的、一贯表现、

违法所得、是否规避调查等情节，综合评估社会危害性，坚持主客观相统一，确保罪责刑相适应。（§1）

△（**气枪铅弹；考量情节；综合评估**）对于非法制造、买卖、运输、邮寄、储存、持有、私藏、走私气枪铅弹的行为，在决定是否追究刑事责任以及如何裁量刑罚时，应当综合考虑气枪铅弹的数量、用途以及行为人的动机目的、一贯表现、违法所得、是否规避调查等情节，综合评估社会危害性，确保罪责刑相适应。（§2）

《最高人民法院关于审理走私、非法经营、非法使用兴奋剂刑事案件适用法律若干问题的解释》（法释〔2019〕16号，自2020年1月1日起施行）

△（**走私兴奋剂目录所列物质行为；走私国家禁止进出口的货物、物品罪；走私普通货物、物品罪**）运动员、运动员辅助人员走私兴奋剂目录所列物质，或者其他人员以在体育竞赛中非法使用为目的走私兴奋剂目录所列物质，涉案物质属于国家禁止进出口的货物、物品，具有下列情形之一的，应当依照刑法第一百五十一条第三款的规定，以走私国家禁止进出口的货物、物品罪定罪处罚：

（一）一年内曾因走私被给予二次以上行政处罚后又走私的；

（二）用于或者准备用于未成年人运动员、残疾人运动员的；

（三）用于或者准备用于国内、国际重大体育竞赛的；

（四）其他造成严重恶劣社会影响的情形。

实施前款规定的行为，涉案物质不属于国家禁止进出口的货物、物品，但偷逃应缴税额一万元以上或者一年内曾因走私被给予二次以上行政处罚后又走私的，应当依照刑法第一百五十三条的规定，以走私普通货物、物品罪定罪处罚。

对于本条第一款、第二款规定以外的走私兴奋剂目录所列物质行为，适用《最高人民法院、最高人民检察院关于办理走私刑事案件适用法律若干问题的解释》（法释〔2014〕10号）规定的定罪量刑标准。（§1）

△（**兴奋剂；毒品、制毒物品**）实施本解释规定的行为，涉案物质属于毒品、制毒物品等，构成有关犯罪的，依照相应犯罪定罪处罚。（§7）

△（**“兴奋剂”“兴奋剂目录所列物质”“体育运动”“国内、国际重大体育竞赛”等专门性问题；认定意见**）对于是否属于本解释规定的“兴奋剂”“兴奋剂目录所列物质”“体育运动”“国内、国际重大体育竞赛”等专门性问题，应当依据《中华人民共和国体育法》《反兴奋剂条例》等法律法规，结合国务院体育主管部门出具的认定意见等证据材料作出认定。（§8）

《最高人民法院、最高人民检察院关于办理破坏野生动物资源刑事案件适用法律若干问题的解释》（法释〔2022〕12号，自2022年4月9日起施行）

△（**走私国家禁止进出口的珍贵动物及其制品**）具有下列情形之一的，应当认定为刑法第一百五十一条第二款规定的走私国家禁止进出口的珍贵动物及其制品：

（一）未经批准擅自进出口列入经国家濒危物种进出口管理机构公布的《濒危野生动植物种国际贸易公约》附录一、附录二的野生动物及其制品；

（二）未经批准擅自出口列入《国家重点保护野生动物名录》的野生动物及其制品。（§1）

△（**走私珍贵动物、珍贵动物制品罪；情节特别严重；情节较轻；从重处罚；不起诉或者免予刑事处罚；不作为犯罪处理**）走私国家禁止进出口的珍贵动物及其制品，价值二十万元以上不满二百万元的，应当依照刑法第一百五十一条第二款的规定，以走私珍贵动物、珍贵动物制品罪处五年以上十年以下有期徒刑，并处罚金；价值二百万元以上的，应当认定为“情节特别严重”，处十年以上有期徒刑或者无期徒刑，并处没收财产；价值二万元以上不满二十万元的，应当认定为“情节较轻”，处五年以下有期徒刑，并处罚金。

实施前款规定的行为，具有下列情形之一的，从重处罚：

（一）属于犯罪集团的首要分子的；

（二）为逃避监管，使用特种交通工具实施的；

（三）二年内曾因破坏野生动物资源受过行政处罚的。

实施第一款规定的行为，不具有第二款规定的情形，且未造成动物死亡或者动物、动物制品无法追回，行为人全部退赃退赔，确有悔罪表现的，按照下列规定处理：

（一）珍贵动物及其制品价值二百万元以上的，可以处五年以上十年以下有期徒刑，并处罚金；

（二）珍贵动物及其制品价值二十万元以上不满二百万元的，可以认定为“情节较轻”，处五年以下有期徒刑，并处罚金；

（三）珍贵动物及其制品价值二万元以上不满二十万元的，可以认定为犯罪情节轻微，不起诉

或者免予刑事处罚；情节显著轻微危害不大的，不作为犯罪处理。（§2）

△（**涉案动物及其制品的价值；核算**）对于涉案动物及其制品的价值，应当根据下列方法确定：

（一）对于国家禁止进出口的珍贵动物及其制品、国家重点保护的珍贵、濒危野生动物及其制品的价值，根据国务院野生动物保护主管部门制定的评估标准和方法核算；

（二）对于有重要生态、科学、社会价值的陆生野生动物、地方重点保护野生动物、其他野生动物及其制品的价值，根据销赃数额认定；无销赃数额、销赃数额难以查证或者根据销赃数额认定明显偏低的，根据市场价格核算，必要时，也可以参照相关评估标准和方法核算。（§15）

△（**涉案动物及其制品的价值；鉴定**）根据本解释第十五条规定难以确定涉案动物及其制品价值的，依据司法鉴定机构出具的鉴定意见，或者下列机构出具的报告，结合其他证据作出认定：

（一）价格认证机构出具的报告；

（二）国务院野生动物保护主管部门、国家濒危物种进出口管理机构或者海关总署等指定的机构出具的报告；

（三）地、市级以上人民政府野生动物保护主管部门、国家濒危物种进出口管理机构的派出机构或者直属海关等出具的报告。（§16）

△（**涉案动物的种属类别等专门性问题；认定意见**）对于涉案动物的种属类别、是否系人工繁育，非法捕捞、狩猎的工具、方法，以及对野生动物资源的损害程度等专门性问题，可以由野生动物保护主管部门、侦查机关依据现场勘验、检查笔录等出具认定意见；难以确定的，依据司法鉴定机构出具的鉴定意见、本解释第十六条所列机构出具的报告，被告人及其辩护人提供的证据材料，结合其他证据材料综合审查，依法作出认定。（§17）

△（**单位犯罪**）餐饮公司、渔业公司等单位实施破坏野生动物资源犯罪的，依照本解释规定的相应自然人犯罪的定罪量刑标准，对直接负责的主管人员和其他直接责任人员定罪处罚，并对单位判处罚金。（§18）

【司法解释性文件】

《国家林业局、公安部关于森林和陆生野生动物刑事案件管辖及立案标准》（林安字〔2001〕156号，2001年5月9日公布）

△（**走私珍稀植物、珍稀植物制品罪；立案标准；重大案件；特别重大案件**）走私国家禁止进出口的珍稀植物、珍稀植物制品的应当立案；走私珍稀植物2株以上、珍稀植物制品价值在2万元以上的，为重大案件；走私珍稀植物10株以上、珍稀植物制品价值在10万元以上的，为特别重大案件。

△（**走私珍贵动物、珍贵动物制品罪；立案标准；重大案件；特别重大案件**）走私国家重点保护和《濒危野生动植物种国际贸易公约》附录一、附录二的陆生野生动物及其制品的应当立案；走私国家重点保护的陆生野生动物重大案件和特别重大案件按附表的标准执行。

走私国家重点保护和《濒危野生动植物种国际贸易公约》附录一、附录二的陆生野生动物制品价值10万元以上的，应当立为重大案件；走私国家重点保护和《濒危野生动植物种国际贸易公约》附录一、附录二的陆生野生动物制品价值20万元以上的，应当立为特别重大案件。

《最高人民法院、最高人民检察院、海关总署关于办理走私刑事案件适用法律若干问题的意见》（法〔2002〕139号，2002年7月8日公布）

△（**主观故意之认定；明知**）行为人明知自己的行为违反国家法律法规，逃避海关监管，偷逃进出境货物、物品的应缴税额，或者逃避国家有关进出境的禁止性管理，并且希望或者放任危害结果发生的，应认定为具有走私的主观故意。

走私主观故意中的"明知"是指行为人知道或者应当知道所从事的行为是走私行为。具有下列情形之一的，可以认定为"明知"，但有证据证明确属被蒙骗的除外：

（一）逃避海关监管，运输、携带、邮寄国家禁止进出境的货物、物品的；

（二）用特制的设备或者运输工具走私货物、物品的；

（三）未经海关同意，在非设关的码头、海（河）岸、陆路边境等地点，运输（驳载）、收购或者贩卖非法进出境货物、物品的；

（四）提供虚假的合同、发票、证明等商业单证委托他人办理通关手续的；

（五）以明显低于货物正常进（出）口的应缴税额委托他人代理进（出）口业务的；

（六）曾因同一种走私行为受过刑事处罚或者行政处罚的；

（七）其他有证据证明的情形。（§5）

△（**走私的具体对象不明确；根据实际的走私对象；受蒙骗；认识错误；从轻处罚**）走私犯罪嫌疑人主观上具有走私犯罪故意，但对其走私的具体对象不明确的，不影响走私犯罪构成，应当根据实

际的走私对象定罪处罚。[①] 但是，确有证据证明行为人因受蒙骗而对走私对象发生认识错误的，可以从轻处罚。（§ 6）

△（**伪报价格；实际成交价格之认定**）走私犯罪案件中的伪报价格行为，是指犯罪嫌疑人、被告人在进出口货物、物品时，向海关申报进口或者出口的货物、物品的价格低于或者高于进出口货物的实际成交价格。

对实际成交价格的认定，在无法提取真、伪两套合同、发票等单证的情况下，可以根据犯罪嫌疑人、被告人的付汇渠道、资金流向、会计账册、境内外收发货人的真实交易方式，以及其他能够证明进出口货物实际成交价格的证据材料综合认定。（§ 11）

△（**出售走私货物；增值税专用发票；非法开具增值税专用发票；走私偷逃应缴税额；扣除**）走私犯罪嫌疑人为出售走私货物而开具增值税专用发票并缴纳增值税，是其走私行为既遂后在流通领域获违法所得的一种手段，属于非法开具增值税专用发票。对走私犯罪嫌疑人因出售走私货物而实际缴纳走私货物增值税的，在核定走私货物偷逃应缴税额时，不应当将其已缴纳的增值税额从其走私偷逃应缴税额中扣除。（§ 12）

△（**单位走私犯罪；诉讼代表人之确定；拘传；先行追究；直接负责的主管人员或者直接责任人员；追缴、没收**）单位走私犯罪案件的诉讼代表人，应当是单位的法定代表人或者主要负责人。单位的法定代表人或者主要负责人被依法追究刑事责任或者因其他原因无法参与刑事诉讼的，人民检察院应当另行确定被告单位的其他负责人作为诉讼代表人参加诉讼。

接到出庭通知的被告单位的诉讼代表人应当出庭应诉。拒不出庭的，人民法院在必要的时候，可以拘传到庭。

对直接负责的主管人员和其他直接责任人员均无法归案的单位走私犯罪案件，只要单位走私犯罪的事实清楚、证据确实充分，且能够确定诉讼代表人代表单位参与刑事诉讼活动的，可以先行追究该单位的刑事责任。

被告单位没有合适人选作为诉讼代表人出庭的，因不具备追究该单位刑事责任的诉讼条件，可按照单位犯罪的条款先行追究单位犯罪中直接负责的主管人员或者其他直接责任人员的刑事责任。人民法院在对单位犯罪中直接负责的主管人员或者直接责任人员进行判决时，对于扣押、冻结的走私货物、物品、违法所得以及属于犯罪单位所有的走私犯罪工具，应当一并判决予以追缴、没收。（§ 17）

△（**单位走私犯罪；直接负责的主管人员和直接责任人员之认定**）具备下列特征的，可以认定为单位走私犯罪：（1）以单位的名义实施走私犯罪，即由单位集体研究决定，或者由单位的负责人或者被授权的其他人员决定、同意；（2）为单位谋取不正当利益或者违法所得大部分归单位所有。

依照《最高人民法院关于审理单位犯罪案件具体应用法律有关问题的解释》第二条的规定，个人为进行违法犯罪活动而设立的公司、企业、事业单位实施犯罪的，或者个人设立公司、企业、事业单位后，以实施犯罪为主要活动的，不以单位犯罪论处。单位是否以实施犯罪为主要活动，应根据单位实施走私行为的次数、频度、持续时间、单位进行合法经营的状况等因素综合考虑认定。

根据单位人员在单位走私犯罪活动中所发挥的不同作用，对其直接负责的主管人员和其他直接责任人员，可以确定为一人或者数人。对于受单位领导指派而积极参与实施走私犯罪行为的人员，如果其行为在走私犯罪的主要环节起重要作用的，可以认定为单位犯罪的直接责任人员。（§ 18）

△（**单位走私犯罪；单位分立、合并或者其他资产重组；单位被依法注销、宣告破产；被执行人；减除**）单位走私犯罪后，单位发生分立、合并或者其他资产重组等情况的，只要承受该单位权利义务的单位存在，应当追究单位走私犯罪的刑事责任。走私单位发生分立、合并或者其他资产重组后，原单位名称发生更改的，仍以原单位（名称）

---

① 我国学者指出，此做法违反了责任主义原则。行为人误以为自己走私的是普通货物，但客观上走私了武器，也只能认定为走私普通货物罪。但是，若行为人客观上走私了武器，却误以为是走私弹药，由于属于同一犯罪构成内的错误，不影响走私武器罪（既遂）的成立。参见张明楷：《刑法学》（第 6 版），法律出版社 2021 年版，第 961 页。

类似的学说见解指出，在行为人对于其所走私的对象发生认识错误的情形下，如果实际走私的对象和误认的对象体现完全相同的社会危害性，也可以说行为人具有犯罪的故意；如果行为人具有犯轻罪的故意，但却造成了重罪的结果，或者行为人具有犯重罪的故意，但是却造成了轻罪的结果，都应当严格按照犯罪故意的成立条件来分析该行为成立何罪，而不能根据行为人的故意内容或者仅根据行为结果来认定犯罪。参见黎宏：《刑法学各论》（第 2 版），法律出版社 2016 年版，第 105—107 页。

作为被告单位。承受原单位权利义务的单位法定代表人或者负责人为诉讼代表人。

单位走私犯罪后，发生分立、合并或者其他资产重组情形，以及被依法注销、宣告破产等情况的，无论承受该单位权利义务的单位是否存在，均应追究原单位直接负责的主管人员和其他直接责任人员的刑事责任。

人民法院对原走私单位判处罚金的，应当将承受原单位权利义务的单位作为被执行人。罚金超出新单位所承受的财产的，可在执行中予以减除。（§ 19）

△（**单位走私犯罪；自首**）在办理单位走私犯罪案件中，对单位集体决定自首的，或者单位直接负责的主管人员自首的，应当认定单位自首。认定单位自首后，如实交代主要犯罪事实的单位负责的其他主管人员和其他直接责任人员，可视为自首，但对拒不交代主要犯罪事实或逃避法律追究的人员，不以自首论。（§ 21）

△（**共同走私犯罪案件；罚金刑**）审理共同走私犯罪案件时，对各共同犯罪人判处罚金的总额应掌握在共同走私行为偷逃应缴税额的一倍以上五倍以下。（§ 22）

△（**走私货物、物品、走私违法所得；走私犯罪工具；追缴；没收；查扣、冻结；先行变卖、拍卖**）在办理走私犯罪案件过程中，对发现的走私货物、物品、走私违法所得以及属于走私犯罪分子所有的犯罪工具，走私犯罪侦查机关应当及时追缴，依法予以查扣、冻结。在移送审查起诉时应当将扣押物品文件清单、冻结存款证明文件等材料随案移送，对于扣押的危险品或者鲜活、易腐、易失效、易贬值等不宜长期保存的货物、物品，已经依法先行变卖、拍卖的，应当随案移送变卖、拍卖物品清单以及原物的照片或者录像资料；人民检察院在提起公诉时应当将上述扣押物品文件清单、冻结存款证明和变卖、拍卖物品清单一并移送；人民法院在判决走私罪案件时，应当对随案清单、证明文件中载明的款、物审查确认并依法判决予以追缴、没收；海关根据人民法院的判决和海关法的有关规定予以处理，上缴中央国库。（§ 23）

△（**无法扣押；不便扣押；走私违法所得；追缴**）在办理走私普通货物、物品犯罪案件中，对于走私货物、物品因流入国内市场或者投入使用，致使走私货物、物品无法扣押或者不便扣押的，应当按照走私货物、物品的进出口完税价格认定违法所得予以追缴；走私货物、物品实际销售价格高于进出口完税价格的，应当按照实际销售价格认定违法所得予以追缴。（§ 24）

《最高人民法院关于严格执行有关走私案件涉案财物处理规定的通知》（法〔2006〕114号，2006年4月30日公布）

△（**赃款赃物之处理**）关于刑事案件赃款赃物的处理问题，相关法律、司法解释已经规定得很明确。《海关法》第九十二条规定，“海关依法扣留的货物、物品、运输工具，在人民法院判决或者海关处罚决定作出之前，不得处理”；“人民法院判决没收或者海关决定没收的走私货物、物品、违法所得、走私运输工具、特制设备，由海关依法统一处理，所得价款和海关决定处以的罚款，全部上缴中央国库。”《最高人民法院、最高人民检察院、海关总署关于办理走私刑事案件适用法律若干问题的意见》第二十三条规定，“人民法院在判决走私罪案件时，应当对随案清单、证明文件中载明的款、物审查确认并依法判决予以追缴、没收；海关根据人民法院的判决和海关法的有关规定予以处理，上缴中央国库。”

《宽严相济在经济犯罪和职务犯罪案件审判中的具体贯彻》（2010年4月7日公布）

△（**宽严相济；走私犯罪**）根据《意见》第25条规定的宽严“相济”要求，应当区分犯罪行为的具体情形区别对待。以走私犯罪为例，对海上偷运走私、绕关走私等未向海关报关的走私与价格瞒骗走私，走私特殊物品与走私普通货物、物品在具体量刑时都应当有所区别；对进口走私象牙等珍贵动物制品犯罪在量刑时应当酌情考虑出口国家的法律规定以及行为人的主观认识因素。

《最高人民法院、最高人民检察院、公安部、司法部关于依法惩治非法野生动物交易犯罪的指导意见》（公通字〔2020〕19号，2020年12月18日发布）

△（**走私珍贵动物、珍贵动物制品罪**）走私国家禁止进出口的珍贵动物及其制品，符合刑法第一百五十一条第二款规定的，以走私珍贵动物、珍贵动物制品罪定罪处罚。（§ 2 Ⅲ）

△（**数量、数额累计计算**）二次以上实施本意见第一条至第三条规定的行为构成犯罪，依法应当追诉的，或者二年内二次以上实施本意见第一条至第三条规定的行为未经处理的，数量、数额累计计算。（§ 4）

△（**共同犯罪**）明知他人实施非法野生动物交易行为，有下列情形之一的，以共同犯罪论处：

（一）提供贷款、资金、账号、车辆、设备、技术、许可证件的；

（二）提供生产、经营场所或者运输、仓储、保管、快递、邮寄、网络信息交互等便利条件或者其他服务的；

（三）提供广告宣传等帮助行为的。（§5）

△**（涉案野生动物及其制品价值；核算）**对涉案野生动物及其制品价值，可以根据国务院野生动物保护主管部门制定的价值评估标准和方法核算。对野生动物制品，根据实际情况予以核算，但核算总额不能超过该种野生动物的整体价值。具有特殊利用价值或者导致动物死亡的主要部分，核算方法不明确的，其价值标准最高可以按照该种动物整体价值标准的80%予以折算，其他部分价值标准最高可以按整体价值标准的20%予以折算，但是按照上述方法核算的价值明显不当的，应当根据实际情况妥当予以核算。核算价值低于实际交易价格的，以实际交易价格认定。

根据前款规定难以确定涉案野生动物及其制品价值的，依据下列机构出具的报告，结合其他证据作出认定：

（一）价格认证机构出具的报告；

（二）国务院野生动物保护主管部门、国家濒危物种进出口管理机构、海关总署等指定的机构出具的报告；

（三）地、市级以上人民政府野生动物保护主管部门、国家濒危物种进出口管理机构的派出机构、直属海关等出具的报告。（§6）

△**（认定意见；鉴定意见；报告）**对野生动物及其制品种属类别，非法捕捞、狩猎的工具、方法，以及对野生动物资源的损害程度、食用涉案野生动物对人体健康的危害程度等专门性问题，可以由野生动物保护主管部门、侦查机关或者有专门知识的人依据现场勘验、检查笔录等出具认定意见。难以确定的，依据司法鉴定机构出具的鉴定意见，或者本意见第六条第二款所列机构出具的报告，结合其他证据作出认定。（§7）

△**（证据使用；不易保管的涉案野生动物及其制品；移交处置）**办理非法野生动物交易案件中，行政执法部门依法收集的物证、书证、视听资料、电子数据等证据材料，在刑事诉讼中可以作为证据使用。

对不易保管的涉案野生动物及其制品，在做好拍摄、提取检材或者制作足以反映原物形态特征或者内容的照片、录像等取证工作后，可以移交野生动物保护主管部门及其指定的机构依法处置。对存在或者可能存在疫病的野生动物及其制品，应立即通知野生动物保护主管部门依法处置。（§8）

△**（综合评估；罪责刑相适应）**实施本意见规定的行为，在认定是否构成犯罪以及裁量刑罚时，应当考虑涉案动物是否系人工繁育、物种的濒危程度、野外存活状况、人工繁育情况、是否列入国务院野生动物保护主管部门制定的人工繁育国家重点保护野生动物名录，以及行为手段、对野生动物资源的损害程度、食用涉案野生动物对人体健康的危害程度等情节，综合评估社会危害性，确保罪责刑相适应。相关定罪量刑标准明显不适宜的，可以根据案件的事实、情节和社会危害程度，依法作出妥当处理。（§9）

《最高人民法院、最高人民检察院、海关总署、公安部、中国海警局关于打击粤港澳海上跨境走私犯罪适用法律若干问题的指导意见》（署缉发〔2021〕141号，2021年12月14日）

△**（走私来自境外疫区/非疫区的冻品）**非设关地走私进口未取得国家检验检疫准入证书的冻品，应认定为国家禁止进口的货物，构成犯罪的，按走私国家禁止进出口的货物罪定罪处罚。其中，对走私来自境外疫区的冻品，依据《最高人民法院、最高人民检察院关于办理走私刑事案件适用法律若干问题的解释》（法释〔2014〕10号，以下简称《解释》）第十一条第一款第四项和第二款规定定罪处罚。对走私来自境外非疫区的冻品，或者无法查明是否来自境外疫区的冻品，依据《解释》第十一条第一款第六项和第二款规定定罪处罚。（§1）

《最高人民检察院、公安部关于公安机关管辖的刑事案件立案追诉标准的规定（二）》（公通字〔2022〕12号，2022年4月6日公布）

△**（走私假币罪；立案追诉标准）**走私伪造的货币，涉嫌下列情形之一的，应予立案追诉：

（一）总面额在二千元以上或者币量在二百张（枚）以上的；

（二）总面额在一千元以上或者币量在一百张（枚）以上，二年内因走私假币受过行政处罚，又走私假币的；

（三）其他走私假币应予追究刑事责任的情形。（§2）

【附属刑法】

《中华人民共和国档案法》（1987年9月5日通过，2020年6月20日修订）

第五十条

违反本法规定，擅自运送、邮寄、携带或者通过互联网传输禁止出境的档案或者其复制件出境的，由海关或者有关部门予以没收、阻断传输，并对单位处一万元以上十万元以下的罚款，对个人处五百元以上五千元以下的罚款；并将没收、阻断传输的档案或者其复制件移交档案主管部门。

第五十一条

违反本法规定，构成犯罪的，依法追究刑事责任；造成财产损失或者其他损害的，依法承担民事责任。

《中华人民共和国枪支管理法》（1996年7月5日通过，2015年4月24日第二次修正）

第四十一条

违反本法规定，非法持有、私藏枪支的，非法运输、携带枪支入境、出境的，依照刑法有关规定追究刑事责任。

《中华人民共和国对外贸易法》（1994年5月12日通过，2016年11月7日修正）

第六十一条

Ⅰ进出口属于禁止进出口的货物的，或者未经许可擅自进出口属于限制进出口的货物的，由海关依照有关法律、行政法规的规定处理、处罚；构成犯罪的，依法追究刑事责任。

《中华人民共和国文物保护法》（1982年11月19日通过，2017年11月4日第五次修正）

第六十四条

违反本法规定，有下列行为之一，构成犯罪的，依法追究刑事责任[①]：

……

（六）走私文物的；

……

《中华人民共和国野生动物保护法》（1988年11月8日通过，2018年10月26日第三次修正）

第三十五条

Ⅰ中华人民共和国缔结或者参加的国际公约禁止或者限制贸易的野生动物或者其制品名录，由国家濒危物种进出口管理机构制定、调整并公布。

Ⅱ进出口列入前款名录的野生动物或者其制品的，出口国家重点保护野生动物或者其制品的，应当经国务院野生动物保护主管部门或者国务院批准，并取得国家濒危物种进出口管理机构核发的允许进出口证明书。海关依法实施进出境检疫，凭允许进出口证明书、检疫证明按照规定办理通关手续。

Ⅲ涉及科学技术保密的野生动物物种的出口，按照国务院有关规定办理。

Ⅳ列入本条第一款名录的野生动物，经国务院野生动物保护主管部门核准，在本法适用范围内可以按照国家重点保护的野生动物管理。

第五十二条

违反本法第三十五条规定，进出口野生动物或者其制品的，由海关、公安机关、海洋执法部门依照法律、行政法规和国家有关规定处罚；构成犯罪的，依法追究刑事责任。

《中华人民共和国大气污染防治法》（1987年9月5日通过，2018年10月26日第二次修正）

第一百零一条

违反本法规定，生产、进口、销售或者使用国家综合性产业政策目录中禁止的设备和产品，采用国家综合性产业政策目录中禁止的工艺，或者将淘汰的设备和产品转让给他人使用的，由县级以上人民政府经济综合主管部门、海关按照职责责令改正，没收违法所得，并处货值金额一倍以上三倍以下的罚款；拒不改正的，报经有批准权的人民政府批准，责令停业、关闭。进口行为构成走私的，由海关依法予以处罚。

第一百零四条

违反本法规定，有下列行为之一的，由海关责令改正，没收原材料、产品和违法所得，并处货值金额一倍以上三倍以下的罚款；构成走私的，由海关依法予以处罚：

（一）进口不符合质量标准的煤炭、石油焦的；

（二）进口挥发性有机物含量不符合质量标准或者要求的原材料和产品的；

---

① 《中华人民共和国文物保护法》（1982年11月19日通过，2017年11月4日第五次修正）

第二条

Ⅰ在中华人民共和国境内，下列文物受国家保护：

（一）具有历史、艺术、科学价值的古文化遗址、古墓葬、古建筑、石窟寺和石刻、壁画；

（二）与重大历史事件、革命运动或者著名人物有关的以及具有重要纪念意义、教育意义或者史料价值的近代现代重要史迹、实物、代表性建筑；

（三）历史上各时代珍贵的艺术品、工艺美术品；

（四）历史上各时代重要的文献资料以及具有历史、艺术、科学价值的手稿和图书资料等；

（五）反映历史上各时代、各民族社会制度、社会生产、社会生活的代表性实物。

Ⅱ文物认定的标准和办法由国务院文物行政部门制定，并报国务院批准。

Ⅲ具有科学价值的古脊椎动物化石和古人类化石同文物一样受国家保护。

(三)进口不符合标准的机动车船和非道路移动机械用燃料、发动机油、氮氧化物还原剂、燃料和润滑油添加剂以及其他添加剂的。

第一百一十条

Ⅰ违反本法规定,进口、销售超过污染物排放标准的机动车、非道路移动机械的,由县级以上人民政府市场监督管理部门、海关按照职责没收违法所得,并处货值金额一倍以上三倍以下的罚款,没收销毁无法达到污染物排放标准的机动车、非道路移动机械;进口行为构成走私的,由海关依法予以处罚。

Ⅱ违反本法规定,销售的机动车、非道路移动机械不符合污染物排放标准的,销售者应当负责修理、更换、退货;给购买者造成损失的,销售者应当赔偿损失。

第一百二十七条

违反本法规定,构成犯罪的,依法追究刑事责任。

《中华人民共和国放射性污染防治法》(2003年6月28日通过)

第五十八条

向中华人民共和国境内输入放射性废物和被放射性污染的物品,或者经中华人民共和国境内转移放射性废物和被放射性污染的物品的,由海关责令退运该放射性废物和被放射性污染的物品,并处五十万元以上一百万元以下罚款;构成犯罪的,依法追究刑事责任。

《中华人民共和国出口管制法》(2020年10月17日通过)

第四十三条

Ⅰ违反本法有关出口管制管理规定,危害国家安全和利益的,除依照本法规定处罚外,还应当依照有关法律、行政法规的规定进行处理和处罚。

Ⅱ违反本法规定,出口国家禁止出口的管制物项或者未经许可出口管制物项的,依法追究刑事责任。

《中华人民共和国种子法》(2000年7月8日通过,2021年12月24日第三次修正)

第七十八条

违反本法第五十七条、第五十九条、第六十条规定,有下列行为之一的,由县级以上人民政府农业农村、林业草原主管部门责令改正,没收违法所得和种子;违法生产经营的货值金额不足一万元的,并处三千元以上三万元以下罚款;货值金额一万元以上的,并处货值金额三倍以上五倍以下罚款;情节严重的,吊销种子生产经营许可证:

(一)未经许可进出口种子的;

(二)为境外制种的种子在境内销售的;

(三)从境外引进农作物或者林木种子进行引种试验的收获物作为种子在境内销售的;

(四)进出口假、劣种子或者属于国家规定不得进出口的种子的。

第八十九条

违反本法规定,构成犯罪的,依法追究刑事责任。

《中华人民共和国海关法》(1987年1月22日通过,2021年4月29日第六次修正)

第八十二条

Ⅰ违反本法及有关法律、行政法规,逃避海关监管,偷逃应纳税款、逃避国家有关进出境的禁止性或者限制性管理,有下列情形之一的,是走私行为:

(一)运输、携带、邮寄国家禁止或者限制进出境货物、物品或者依法应当缴纳税款的货物、物品进出境的;

(二)未经海关许可并且未缴纳应纳税款、交验有关许可证件,擅自将保税货物、特定减免税货物以及其他海关监管货物、物品、进境的境外运输工具,在境内销售的;

(三)有逃避海关监管,构成走私的其他行为的。

Ⅱ有前款所列行为之一,尚不构成犯罪的,由海关没收走私货物、物品及违法所得,可以并处罚款;专门或者多次用于掩护走私的货物、物品,专门或者多次用于走私的运输工具,予以没收,藏匿走私货物、物品的特制设备,责令拆毁或者没收。

Ⅲ有第一款所列行为之一,构成犯罪的,依法追究刑事责任。

第九十一条

违反本法规定进出口侵犯中华人民共和国法律、行政法规保护的知识产权的货物的,由海关依法没收侵权货物,并处以罚款;构成犯罪的,依法追究刑事责任。

《中华人民共和国进出口商品检验法》(1989年2月21日通过,2021年4月29日第五次修正)

第三十三条

进口或者出口属于掺杂掺假、以假充真、以次充好的商品或者以不合格进出口商品冒充合格进出口商品的,由商检机构责令停止进口或者出口,没收违法所得,并处货值金额百分之五十以上三倍以下的罚款;构成犯罪的,依法追究刑事责任。

【参考案例】

△走私古脊椎动物、古人类化石以外的其他

古生物化石的，不构成走私文物罪。

根据我国有关法律的规定，并不是所有古生物化石都适用刑法有关文物的规定。古生物化石包括植物化石、非脊椎动物化石、脊椎动物化石和古人类化石以及生物活动所形成的遗迹化石。虽然古生物化石都受国家保护，但不同的古生物化石受保护的程度不尽相同，根据《文物保护法》的规定，具有科学价值的古脊椎动物化石和古人类化石受到同文物一样程度的保护，至于其他的古生物化石，根据《国土资源部关于加强古生物化石保护的通知》(1999 年 4 月 9 日国土资源部公布，已失效)和《古生物化石管理办法》(2002 年 7 月 29 日国土资源部公布，已失效)的有关规定，则比照矿产资源进行保护，因此，走私古生物化石的行为能否构成走私文物罪，关键要看古生物化石的种类。依据《中华人民共和国文物保护法》的规定，只有走私古脊椎动物化石或古人类化石才能以走私文物罪定罪处罚，而走私其他古生物化石，即便这些古生物化石可能更为珍贵，科学研究价值可能更高，也不能以走私文物罪定罪处罚。[No. 3-2-151(2)-1-1　蓑口义则走私文物案]

△主观上具有走私的故意，但对走私的具体对象认识不明确的，应以实际的走私对象定罪处罚，确有证据证明受蒙骗的，可以从轻处罚。

行为人对走私的具体对象认识不明确，是指行为人具有走私的主观故意，但没有证据证明其对所查获的走私货物、物品的性质达到明知的认识程度。2002 年 7 月 8 日《最高人民法院、最高人民检察院、海关总署关于办理走私刑事案件适用法律若干问题的意见》第五条第一款对于走私主观故意的认定采纳了推定的方法。该条第一款规定："行为人明知自己的行为违反国家法律法规，逃避海关监管，偷逃进出境货物、物品的应缴税额，或者逃避国家有关进出境的禁止性管理，并且希望或者放任危害结果发生的，应认定为具有走私的主观故意。"据此，如果行为人明知其行为违反了相关法律法规，明知其行为是逃避海关监管、偷逃税款或逃避禁止性管理的行为，而仍决意实施，并对由此造成的危害后果持希望或放任的态度，就推定其主观上具有走私的故意。

《最高人民法院、最高人民检察院、海关总署关于办理走私刑事案件适用法律若干问题的意见》第六条规定："走私犯罪嫌疑人主观上具有走私犯罪故意，但对其走私的具体对象不明确的，不影响走私犯罪构成，应当根据实际的走私对象定罪处罚。但是，确有证据证明行为人因受蒙骗而对走私对象发生认识错误的，可以从轻处罚。"具体到岑张耀等走私珍贵动物、马忠明非法收购珍贵野生动物、赵应明等非法运输珍贵野生动物案，相关证据足以认定被告人岑张耀、吴峥、张浩、钱文斌、俞仲权、朱前卫主观上具有走私的犯罪故意，又有鉴定报告证实他们走私的确系国家二级重点保护动物猎隼，能够认定各被告人的行为构成走私珍贵动物罪。虽然有的被告人称他们不知道走私对象——鸟就是国家明令禁止出口的二级重点保护动物猎隼，但因各被告人已认识到走私对象是鸟、信鸽、鹰等一类动物，因此他们对走私对象有一个模糊的认识范围，而实际走私对象猎隼并没有超出各被告人的这个认识范围，无论走私对象是不是猎隼都不会影响各被告人实施走私行为的意志，各被告人对走私猎隼在主观上持容忍态度，故对走私的具体对象认识不明确，并不影响对他们以走私珍贵动物罪定罪处罚。当然，其中被告人朱前卫经查确实在主观上存在部分受蒙骗而对走私对象发生错误认识的情节，依法对其可以从轻处罚。[No. 3-2-151(2)-3-1　岑张耀等走私珍贵动物、马忠明非法收购珍贵野生动物、赵应明等非法运输珍贵野生动物案]

△年代久远、与人类活动无关的古脊椎动物化石，不能认定为刑法所规定的文物；走私该古脊椎动物化石，不构成走私文物罪，应以走私国家禁止出口的物品罪论处。

2005 年《全国人民代表大会常务委员会关于〈中华人民共和国刑法〉有关文物的规定适用于具有科学价值的古脊椎动物化石、古人类化石的解释》规定："刑法有关文物的规定，适用于具有科学价值的古脊椎动物化石、古人类化石。"《古人类化石和古脊椎动物化石保护管理办法》(2006 年 8 月 7 日文化部公布)第二条规定："本办法所称古人类化石和古脊椎动物化石，指古猿化石、古人类化石及其与人类活动有关的第四纪古脊椎动物化石。"可见，《古人类化石和古脊椎动物化石保护管理办法》对"古脊椎动物化石"作了限制性解释，即其并非指所有古脊椎动物化石。《古人类化石和古脊椎动物化石保护管理办法》根据文物的一般意义即"与人类活动密切相关"的基本属性进行解释，把作为"文物"保护的化石限定在与人类活动有关的第四纪古脊椎动物化石。《古人类化石和古脊椎动物化石保护管理办法》是根据《文物保护法》，专门针对古人类化石和古脊椎动物化石而出台的部门规章，因此，在行政违法前提的认定上应以《古人类化石和古脊椎动物化石保护管理办法》的规定为准。确定了这一前提，《全国人民代表大会常务委员会关于〈中华人民共和国刑法〉有关文物的规定适用于具有科学价值的古脊椎动物化石、古人类化石的解释》中的"古脊椎动物化石"也应进行限制性解释，即仅指“与人类活动有关的第四纪古脊椎动物化石”，对于时间久远而与人类活动无关的古脊椎动物化石，不适用国家有关文物管理保护的规定。与人类活动有关的第四纪约开始于248万年前，而朱丽清走私国家禁止出口的物品案所涉化石是距今6700万年至2.3亿年前期间的白垩纪鸟类化石，显然距离第四纪时间久远，与人类活动无关。所以，本案所涉化石不属于《刑法》规定的“文物”，不能适用走私文物罪的相关条款定罪处罚。

根据《国土资源部关于加强古生物化石保护的通知》(1999年4月9日国土资源部公布，已失效)的规定，古生物化石是人类史前地质历史时期赋存于地层中的生物遗体和活动遗迹，包括植物、无脊椎动物等化石及其遗迹化石。古生物化石是重要的地质遗迹，它有别于文物，是我国宝贵的、不可再生的自然遗产，具有极高的科学研究价值。凡在中华人民共和国境内及管辖海域发现的古生物化石都属国家所有，国土资源部对全国古生物化石实行统一监督管理。未经许可，禁止任何单位和个人私自发掘、销售、出境重要古生物化石。确因科学研究等特殊情况，需要对重要古生物化石进行发掘和国际合作需要出境的，必须制订挖掘计划及出境名单和数量，送经国土资源部审核批准后方可出境。《古生物化石管理办法》(2002年7月29日国土资源部公布，已失效)对此作了重申规定。以上相关规定表明，白垩纪古脊椎鸟类化石属于国家禁止出口的管制物品。《刑法修正案(七)》将《刑法》第一百五十一条第三款修改为：“走私珍稀植物及其制品等国家禁止进出口的其他货物、物品的，处五年以下有期徒刑或者拘役，并处或者单处罚金；情节严重的，处五年以上有期徒刑，并处罚金。”在没有对走私化石行为规定独立罪名的情况下，本案所涉化石经鉴定为珍稀古生物化石，为国家禁止出口的物品，故应适用《刑法修正案(七)》该条款对朱丽清的行为定罪处罚。[No.3-2-151(3)-1　朱丽清走私国家禁止出口的物品案]

△气枪铅弹属于走私弹药罪中的弹药，走私气枪铅弹的行为成立走私弹药罪。

2000年9月26日公布的《最高人民法院关于审理走私刑事案件具体应用法律若干问题的解释》(已失效)，将弹药分为军用子弹和非军用子弹两类。走私军用子弹100发以上、非军用子弹1000发以上即可认定“情节特别严重”。但是，《最高人民法院关于审理走私刑事案件具体应用法律若干问题的解释》既没有对军用子弹和非军用子弹作出明确界定，也没有对常见的军用子弹和非军用子弹予以列举，仅在第一条第七款作了提示性规定，即：“刑法第一百五十一条第一款规定的‘武器、弹药’的种类，参照《中华人民共和国海关进口税则》及《中华人民共和国禁止进出境物品表》的有关规定确定。”《海关进口税则》列举的弹药种类中没有气枪铅弹，《禁止进出境物品表》仅在第一条“禁止进境物品”中将“各种武器、仿真武器、弹药及爆炸物品”列为第(一)项，也没有明确弹药的种类。因此，难以根据现有法律规定直接判断气枪铅弹是否属于“弹药”。

对刑法概念进行解释，文义解释是最基础的方法。文义解释的基本原则有三个：一是在刑法用语的核心含义以内；二是不超过国民预测的可能性；三是具有处罚必要性。弹药的核心含义有三个：第一，在功能上具有杀伤力；第二，在结构上包括弹头、弹壳、火药、炸药或者其他装填物；第三，可以借助武器或其他运载工具发射至目标区域。气枪铅弹无疑具有杀伤力，在结构上有弹头，尾部有部分弹壳，可以借助气枪等武器发射至目标区域，但是没有火药、炸药或者其他装填物，它与很多非军用子弹特别是一些运动用弹具有一定的类似性，将其认定为非军用子弹并不会超出国民预测的可能性。且我国海关对于各类枪支弹药的走私行为都是严厉禁止的，走私气枪铅弹的行为对我国的进出口贸易制度和弹药的监管秩序造成了侵害，从法益保护的角度，对此类行为予以刑事处罚具有必要性。

将气枪铅弹认定为走私弹药罪的犯罪对象，与最高人民法院出台的相关司法解释规定的含义相符。如2009年11月16日公布的《最高人民法院关于审理非法制造、买卖、运输枪支、弹药、爆炸物等刑事案件具体应用法律若干问题的解释》明确将气枪铅弹作为非军用子弹的一种予以列举。尽管《最高人民法院关于审理走私刑事案件具体应用法律若干问题的解释》对走私弹药罪中的“弹药”没有作出类似的列举式规定，但从体系解释用语一致性的角度考虑，《最高人民法院关于审理非法制造、买卖、运输枪支、弹药、爆炸物等刑事案件具体应用法律若干问题的解释》的规定无疑具有参考价值。2014年8月12日公布的《最高人民法院、最高人民检察院关于办理走私刑事案件适用法律若干问题的解释》第一条取消了军用枪支和非军用枪支的区分，对弹药也未区分军用弹药和非军用弹药。从该规定看，气枪铅弹属于走私弹药罪中的“弹药”。[No.3-2-151(1)-1　戴永光走私弹药、非法持有枪支案]

△走私气枪铅弹的行为，不能仅根据铅弹数量量刑，行为社会危害小、行为人人身危险性较低的，应当按照“情节较轻”进行处罚。

戴永光出于个人兴趣爱好走私气枪铅弹，走私物品案值低，未造成严重后果，对戴永光应当按照《刑法》第一百五十一条关于"情节较轻"的规定，在三年以上七年以下的法定刑幅度内量刑。

首先，刑罚轻重必须与犯罪危害程度相适应，这是罪责刑相适应原则的基本内在要求。如前所述，气枪铅弹虽然借助气枪等武器可发射至目标区域，具有一定杀伤力，但没有火药、炸药等装填物，因此杀伤力有限。从立法精神分析，走私武器、弹药罪虽然侵犯的直接客体是国家的进出口贸易制度和国家对武器、弹药的监管秩序，但本质上是国家出于对公共安全的考虑以及履行国际公约的需要而禁止武器、弹药的流通。无论走私"气枪铅弹"还是"其他非军用子弹"都侵犯了法益，但是气枪铅弹危害程度显著小于一般的非军用子弹，那么，走私"气枪铅弹"对法益的侵害程度，自然也小于走私同样数量的一般非军用子弹。因此，将两者在量刑标准上区别对待，符合罪责刑相适应原则。

其次，走私气枪铅弹的量刑标准有别于一般的走私非军用子弹，是保持刑法解释协调性的需要。笔者将走私弹药罪与其他以弹药为犯罪对象的犯罪进行对比。根据《刑法》第一百二十五条的规定，犯非法制造、买卖、运输、邮寄、储存弹药罪，情节严重的，法定刑为十年以上有期徒刑、无期徒刑或者死刑；依照《最高人民法院关于审理非法制造、买卖、运输枪支、弹药、爆炸物等刑事案件具体应用法律若干问题的解释》的规定，非法制造、买卖、运输、邮寄、储存军用子弹 50 发、一般非军用子弹 500 发、气枪铅弹 2500 发，方能达到情节严重的标准。《最高人民法院关于审理非法制造、买卖、运输枪支、弹药、爆炸物等刑事案件具体应用法律若干问题的解释》明确将气枪铅弹作为非军用子弹的一种予以列举，但是定罪量刑的数量要求是军用子弹的五十倍、一般非军用子弹的五倍。盗窃、抢夺弹药罪量刑标准也体现了类似精神，均按照气枪铅弹是一般非军用子弹数量的五倍标准予以把握。走私弹药罪与非法制造、买卖、运输、邮寄、储存弹药罪以及盗窃、抢夺弹药罪等罪的犯罪对象性质相同，即均属"弹药"，虽整体危害程度有别，但就各罪名本身来说，都存在因"弹药"种类不同而量刑有所区别的问题。《最高人民法院关于审理走私刑事案件具体应用法律若干问题的解释》（已失效）出台于 2000 年，《最高人民法院关于审理非法制造、买卖、运输枪支、弹药、爆炸物等刑事案件具体应用法律若干问题的解释》出台于 2009 年，《最高人民法院关于审理非法制造、买卖、运输枪支、弹药、爆炸物等刑事案件具体应用法律若干问题的解释》对"气枪铅弹"与其他非军用子弹进行差异化评价，相对于《最高人民法院关于审理走私刑事案件具体应用法律若干问题的解释》更能体现罪责刑相适应原则。根据实质解释的立场，遵循体系解释的方法，笔者认为，《最高人民法院关于审理非法制造、买卖、运输枪支、弹药、爆炸物等刑事案件具体应用法律若干问题的解释》确立的气枪铅弹在量刑的数量要求上五倍于一般非军用子弹的量刑标准，可以作为走私气枪铅弹类犯罪案件量刑的参考。

根据 2014 年 8 月 12 日出台的《最高人民法院、最高人民检察院关于办理走私刑事案件适用法律若干问题的解释》第一条第（二）项的规定，"走私气枪铅弹五百发以上不满二千五百发，或者其他子弹十发以上不满五十发的"可以认定为《刑法》第一百五十一条第一款规定的"情节较轻"。被告人戴永光走私 1625 发气枪铅弹，符合《最高人民法院、最高人民检察院关于办理走私刑事案件适用法律若干问题的解释》规定的"情节较轻"的量刑标准。

此外，就走私弹药罪而言，"弹药"的种类和数量固然能够直接反映出走私行为的社会危害程度，但它不是唯一的判断标准。司法实践中，除了"弹药"的种类和数量，还要综合考虑行为人作案动机、主观恶性、作案手段、走私物品案值大小、用途、是否流向社会及造成实际危害结果等诸多因素，量刑上做到区别对待。本案中，戴永光出于个人兴趣动机而走私气枪铅弹，并非为了实施其他犯罪，其主观恶性和人身危险性相对较小；从走私物品案值来看，戴永光走私的气枪铅弹案值不足千元，案值较小，虽然其中一部分气枪铅弹已经被消耗掉，但仅仅是练枪玩耍时所用，未造成任何其他严重后果。综合来看，法院依法认定戴永光所犯走私弹药罪属"情节较轻"，对其判处有期徒刑四年，并处罚金人民币 20000 元，量刑是适当的。

[No. 3-2-151(1)-2　戴永光走私弹药、非法持有枪支案]

第一百五十二条　【走私淫秽物品罪】【走私废物罪】

以牟利或者传播为目的，走私淫秽的影片、录像带、录音带、图片、书刊或者其他淫秽物品的，处三年以上十年以下有期徒刑，并处罚金；情节严重的，处十年以上有期徒刑或者无期徒刑，并处罚金或者没收财产；情节较轻的，处三年以下有期徒刑、拘役或者管制，并处罚金。

逃避海关监管将境外固体废物、液态废物和气态废物运输进境，情节严重的，处五年以下有期徒刑，并处或者单处罚金；情节特别严重的，处五年以上有期徒刑，并处罚金。

单位犯前两款罪的，对单位判处罚金，并对其直接负责的主管人员和其他直接责任人员，依照前两款的规定处罚。

【立法沿革】

《中华人民共和国刑法》(1997年修订，自1997年10月1日起施行)

第一百五十二条

以牟利或者传播为目的，走私淫秽的影片、录像带、录音带、图片、书刊或者其他淫秽物品的，处三年以上十年以下有期徒刑，并处罚金；情节严重的，处十年以上有期徒刑或者无期徒刑，并处罚金或者没收财产；情节较轻的，处三年以下有期徒刑、拘役或者管制，并处罚金。

单位犯前款罪的，对单位判处罚金，并对其直接负责的主管人员和其他直接责任人员，依照前款的规定处罚。

《中华人民共和国刑法修正案(四)》(自2002年12月28日起施行)

二、在第一百五十二条中增加一款作为第二款：

“逃避海关监管将境外固体废物、液态废物和气态废物运输进境，情节严重的，处五年以下有期徒刑，并处或者单处罚金；情节特别严重的，处五年以上有期徒刑，并处罚金。”

原第二款作为第三款，修改为：

“单位犯前两款罪的，对单位判处罚金，并对其直接负责的主管人员和其他直接责任人员，依照前两款的规定处罚。”

【立法理由】

1979年刑法制定以后，随着改革开放事业的推进，在取得巨大发展的同时，经济社会治理领域也出现了一些新情况、新问题。按照一手抓改革、开放、搞活，一手抓打击经济犯罪的精神，根据经济体制改革和对外开放过程中在经济犯罪方面出现的新情况、新问题，在总结审判实践经验的基础上，1988年《全国人民代表大会常务委员会关于惩治走私罪的补充规定》第三条对走私淫秽物品罪作了规定。主要是考虑到走私淫秽物品对社会危害很大，严重毒化社会风气，腐蚀人们的思想，危害社会治安。为了加强社会主义精神文明建设，抵制资产阶级腐朽思想的侵蚀，维护社会治安，各方面强烈要求予以严厉打击，因此规定走私淫秽物品情节严重的，最高刑罚可以判处无期徒刑。**1990年《全国人民代表大会常务委员会关于惩治走私、制作、贩卖、传播淫秽物品的犯罪分子的决定》**第一条对本条规定作了重申，规定：“以牟利或者传播为目的，走私淫秽物品的，依照关于惩治走私罪的补充规定处罚。不是为了牟利、传播，携带、邮寄少量淫秽物品进出境的，依照海关法的有关规定处罚。”1997年修订刑法时吸收了该决定的规定。

1997年刑法关于本条原来仅规定走私淫秽物品罪一方面的内容。走私犯罪活动，会随着形势的变化和经济需求呈现新的犯罪形式，有些犯罪分子为了牟取不法利益，从境外收取好处后，将一些境外的固体废物等垃圾废品，逃避海关监管运输进境。这种犯罪，不仅给我国环境造成污染和破坏，也破坏了海关的监管制度。因此，1997年《刑法》第一百五十五条第(三)项规定，逃避海关监管将境外固体废物运输进境的，以走私罪论处，依照《刑法》走私罪一节的有关规定处罚。《刑法》第三百三十九条第三款规定：“以原料利用为名，进口不能用作原料的固体废物的，依照本法第一百五十五条的规定定罪处罚。”

2002年《刑法修正案(四)》对本条作了修改，增加了一款，规定了走私废物罪。有的部门提出，除《刑法》第一百五十一条、第一百五十二条明确规定走私几类违禁品的处罚以外，刑法对走私罪是按照行为人偷逃应缴税额的多少规定刑罚的。由于对走私固体废物无法计算应缴税额，司法机关对本罪在量刑上存在一定困难，建议对这种行为单独规定刑罚。同时考虑到走私液态废物和气态废物，也应适用走私固体废物的规定，因此在《刑法》第一百五十二条中增加一款作为第二款：“逃避海关监管将境外固体废物、液态废物和气态废物运输进境，情节严重的，处五年以下有期徒刑，并处或者单处罚金；情节特别严重的，处五年以上有期徒刑，并处罚金。”相应删去《刑法》第一百五十五条第（三）项，同时将《刑法》第三百三十九条第三款的规定修改为：“以原料利用为名，进口不能用作原料的固体废物、液态废物和气态废物的，依照本法第一百五十二条第二款、第三款的规定定罪处罚”。

【条文说明】

本条是关于走私淫秽物品罪、走私废物罪及其处罚的规定。

本条共分为三款。

第一款规定，走私淫秽物品罪有以下几个构成要件：

1. 行为人在主观上有**犯罪故意**，即以牟利或者传播为目的，这是构成本罪的一个必备条件。**以牟利为目的**，是指行为人走私淫秽物品是为了出卖、出租或者通过其他方式牟取非法利益；**以传播为目的**，是指行为人走私淫秽物品是为了在社会上传播、扩散。不具有上述目的的不应认定为本罪，如果行为人携带少量的淫秽物品入境，目的是为了自己使用的，则不应按走私淫秽物品罪论处。①

2. 行为人在客观上有**逃避海关监管，运输、携带、邮寄淫秽物品的行为**。根据《刑法》第三百六十七条规定：“本法所称**淫秽物品**，是指具体描绘性行为或者露骨宣扬色情的诲淫性的书刊、影片、录像带、录音带、图片及其他淫秽物品。有关人体生理、医学知识的科学著作不是淫秽物品。包含有色情内容的有艺术价值的文学、艺术作品不视为淫秽物品。”

3. 本罪的犯罪主体为一般主体，**单位或者自然人**都可以成为本罪的犯罪主体。

对于走私淫秽物品罪的处罚，本款规定，**以牟利或者传播为目的，走私淫秽物品的**，处三年以上十年以下有期徒刑，并处罚金；**情节严重的**，处十年以上有期徒刑或者无期徒刑，并处罚金或者没收财产；**情节较轻的**，处三年以下有期徒刑、拘役或者管制，并处罚金。实践中办理走私淫秽物品的案件，涉及具体的数额标准，可以参照2014年《最高人民法院、最高人民检察院关于办理走私刑事案件适用法律若干问题的解释》中关于“情节较轻”“情节严重”等内容办理。《最高人民法院、最高人民检察院关于办理走私刑事案件适用法律若干问题的解释》第十三条规定：“以牟利或者传播为目的，走私淫秽物品，达到下列数量之一的，可以认定为刑法第一百五十二条第一款规定的‘**情节较轻**’：（一）走私淫秽录像带、影碟五十盘（张）以上不满一百盘（张）的；（二）走私淫秽录音带、音碟一百盘（张）以上不满二百盘（张）的；（三）走私淫秽扑克、书刊、画册一百副（册）以上不满二百副（册）的；（四）走私淫秽照片、画片五百张以上不满一千张的；（五）走私其他淫秽物品相当于上述数量的。走私淫秽物品在前款规定的最高数量以上不满最高数量五倍的，依照刑法第一百五十二条第一款的规定处三年以上十年以下有期徒刑，并处罚金。走私淫秽物品在第一款规定的最高数量五倍以上，或者在第一款规定的最高数量以上不满五倍，但属于犯罪集团的首要分子，使用特种车辆从事走私活动等情形的，应当认定为刑法第一百五十二条第一款规定的‘**情节严重**’。”

第二款是2002年12月28日第九届全国人大常委会第三十一次会议通过的《刑法修正案（四）》新增加和修改的内容，即将1997年《刑法》第一百五十五条第（三）项“逃避海关监管将境外固体废物运输进境的”内容移到本款，并根据海关法的规定和实践中的具体情况，增加了将液态废物和气态废物运输进境的规定。1997年《刑法》第一百五十五条第（三）项没有单独规定刑罚，而是规定**以走私罪论处**，依照刑法关于走私罪的有关规定处罚。由于《刑法》关于走私罪一章，除第一百五十一条、第一百五十二条明确规定走私几类违禁品的处罚以外，对走私罪是按照行为人偷逃应缴税额的多少规定刑罚的，而在司法实践中，对有些走私固体废物的行为无法计算应缴税额，因此，司法机关对本罪在量刑上存在一定的困难。该次修改，对逃避海关监管将境外固体废物、液态废物和气态废物运输进境的行为**规定为犯罪并单独规定了两档刑罚**。本款所说的“**固体废物**”，是指国家禁止进口的固体废物和国家限制进口的可用作原料的固体废物。2017年我国发布《禁止洋垃圾入境推进固体废物进口管理制度改革实施方案》，明确提出“分批分类调整进口固体废物管理目录”，逐步有序减少固体废物进口种类和数量。国家限制进口的可用作原料的固体废物，按照《限制进口类可用作原料的固体废物目录》执行，2019年，国家调整公布了新的《限制进口类可用作原料的固体废物目录》，废钢铁、铜废碎料、铝废碎料等被列入。本款所说的“**液态废物**”，是指区别于固

① 相同的学说见解，参见黎宏：《刑法学各论》（第2版），法律出版社2016年版，第99页；高铭暄、马克昌主编：《刑法学》（第7版），北京大学出版社、高等教育出版社2016年版，第380页。

体废物的液体形态的废物，是有一定的体积但没有一定的形状、可以流动的物质。“**气态废物**”，是指放置在容器中的气体形态的废物。我国对于境外固体废物、液态废物和气态废物入境有严格的限制和批准程序，近年来，国内一些单位或者个人见利忘义，以各种方式逃避海关监管，向海关隐瞒、掩饰，擅自将境外固体废物、液态废物和气态废物偷运入境。对于这种危害国家和人民利益的走私行为，给予严厉打击是完全必要的。

根据本款规定，走私固体废物、液态废物、气态废物，**情节严重的**，处五年以下有期徒刑，并处或者单处罚金；**情节特别严重的**，处五年以上有期徒刑，并处罚金。《最高人民法院、最高人民检察院关于办理走私刑事案件适用法律若干问题的解释》第十四条规定：“走私国家禁止进口的废物或者国家限制进口的可用作原料的废物，具有下列情形之一的，应当认定为刑法第一百五十二条第二款规定的‘**情节严重**’：(一)走私国家禁止进口的危险性固体废物、液态废物分别或者合计达到一吨以上不满五吨的；(二)走私国家禁止进口的非危险性固体废物、液态废物分别或者合计达到五吨以上不满二十五吨的；(三)走私国家限制进口的可用作原料的固体废物、液态废物分别或者合计达到二十吨以上不满一百吨的；(四)未达到上述数量标准，但属于犯罪集团的首要分子，使用特种车辆从事走私活动，或者造成环境严重污染等情形的。具有下列情形之一的，应当认定为刑法第一百五十二条第二款规定的‘**情节特别严重**’：(一)走私数量超过前款规定的标准的；(二)达到前款规定的标准，且属于犯罪集团的首要分子，使用特种车辆从事走私活动，或者造成环境严重污染等情形的；(三)未达到前款规定的标准，但造成环境严重污染且后果特别严重的。走私置于容器中的气态废物，构成犯罪的，参照前两款规定的标准处罚。”

第三款是对单位犯走私淫秽物品罪、走私废物罪的处罚规定。本款也由《刑法修正案(四)》作了修改，虽只是文字修改，但修改后的内容却有了实质的变化。原来只规定对单位犯走私淫秽物品罪的处罚，现在增加了对单位犯走私废物罪的处罚。对单位犯上述罪行的，采用**双罚制原则**。对单位判处罚金，并对其直接负责的主管人员和其他直接责任人员，依照前两款的规定处罚。

本罪在实际执行中要注意正确把握罪与非罪的界限。是否“**以牟利或者传播为目的**”，是区分罪与非罪的界限，判断是否具有牟利或者传播的目的，不能只凭行为人的口供或者辩解，要具体情况具体分析，根据各种证据，加以分析判断。[①] 如果行为人走私大量淫秽物品，显然超出了自用的范围，就可以认定是以牟利或者传播为目的，至于“牟利”或者“传播”的目的是否实现，并不影响本罪的成立。[②]

【司法解释】

《最高人民法院、最高人民检察院关于办理走私刑事案件适用法律若干问题的解释》（法释〔2014〕10号，自2014年9月10日起施行）

△(**报废或者无法组装并使用的弹头、弹壳；走私废物罪；鉴定**)走私报废或者无法组装并使用的各种弹药的弹头、弹壳，构成犯罪的，依照刑法第一百五十三条的规定，以走私普通货物、物品罪定罪处罚；属于废物的，依照刑法第一百五十二条第二款的规定，以走私废物罪定罪处罚。

弹头、弹壳是否属于前款规定的“报废或者无法组装并使用”或者“废物”，由国家有关技术部门进行鉴定。(§4 Ⅱ、Ⅲ)

△(**走私淫秽物品罪；情节较轻；情节严重**)以牟利或者传播为目的，走私淫秽物品，达到下列数量之一的，可以认定为刑法第一百五十二条第一款规定的“情节较轻”：

(一)走私淫秽录像带、影碟五十盘(张)以上不满一百盘(张)的；

(二)走私淫秽录音带、音碟一百盘(张)以上不满二百盘(张)的；

(三)走私淫秽扑克、书刊、画册一百副(册)以上不满二百副(册)的；

(四)走私淫秽照片、画片五百张以上不满一千张的；

(五)走私其他淫秽物品相当于上述数量的。

走私淫秽物品在前款规定的最高数量以上不满最高数量五倍的，依照刑法第一百五十二条第一款的规定处三年以上十年以下有期徒刑，并处罚金。

① 行为人是否具有牟利或者传播的目的，应主要通过走私淫秽物品的种类、数量、次数等进行判断。参见张明楷：《刑法学》(第6版)，法律出版社2021年版，第964页；周光权：《刑法各论》(第4版)，中国人民大学出版社2021年版，第259页。

② 相同的学说见解，参见黎宏：《刑法学各论》(第2版)，法律出版社2016年版，第99页；周光权：《刑法各论》(第4版)，中国人民大学出版社2021年版，第259页。

走私淫秽物品在第一款规定的最高数量五倍以上,或者在第一款规定的最高数量以上不满五倍,但属于犯罪集团的首要分子,使用特种车辆从事走私活动等情形的,应当认定为刑法第一百五十二条第一款规定的“情节严重”。(§ 13)

△(**走私废物罪;情节严重;情节特别严重;置于容器中的气态废物**)走私国家禁止进口的废物或者国家限制进口的可用作原料的废物,具有下列情形之一的,应当认定为刑法第一百五十二条第二款规定的“情节严重”:

(一)走私国家禁止进口的危险性固体废物、液态废物分别或者合计达到一吨以上不满五吨的;

(二)走私国家禁止进口的非危险性固体废物、液态废物分别或者合计达到五吨以上不满二十五吨的;

(三)走私国家限制进口的可用作原料的固体废物、液态废物分别或者合计达到二十吨以上不满一百吨的;

(四)未达到上述数量标准,但属于犯罪集团的首要分子,使用特种车辆从事走私活动,或者造成环境严重污染等情形的。

具有下列情形之一的,应当认定为刑法第一百五十二条第二款规定的“情节特别严重”:

(一)走私数量超过前款规定的标准的;

(二)达到前款规定的标准,且属于犯罪集团的首要分子,使用特种车辆从事走私活动,或者造成环境严重污染等情形的;

(三)未达到前款规定的标准,但造成环境严重污染且后果特别严重的。

走私置于容器中的气态废物,构成犯罪的,参照前两款规定的标准处罚。(§ 14)

△(**国家限制进口的可用作原料的废物;具体种类**)国家限制进口的可用作原料的废物的具体种类,参照国家有关部门的规定确定。(§ 15)

△(**走私废物罪;想象竞合;走私普通货物、物品罪;租用、借用或者使用购买的他人许可证**)未经许可进出口国家限制进出口的货物、物品,构成犯罪的,应当依照刑法第一百五十一条、第一百五十二条的规定,以走私国家禁止进出口的货物、物品罪等罪名定罪处罚;偷逃应缴税额,同时又构成走私普通货物、物品罪的,依照处罚较重的规定定罪处罚。①

租用、借用或者使用购买的他人许可证,进出口国家限制进出口的货物、物品的,适用本条第一款的规定定罪处罚。(§ 21 Ⅰ、Ⅲ)

△(**实际走私的货物、物品;数罪并罚**)在走私的货物、物品中藏匿刑法第一百五十一条、第一百五十二条、第三百四十七条、第三百五十条规定的货物、物品,构成犯罪的,以实际走私的货物、物品定罪处罚;构成数罪的,实行数罪并罚。(§ 22)

△(**犯罪既遂**)实施走私犯罪,具有下列情形之一的,应当认定为犯罪既遂:

(一)在海关监管现场被查获的;

(二)以虚假申报方式走私,申报行为实施完毕的;

(三)以保税货物或者特定减税、免税进口的货物、物品为对象走私,在境内销售的,或者申请核销行为实施完毕的。(§ 23)

△(**单位犯罪**)单位犯刑法第一百五十一条、第一百五十二条规定之罪,依照本解释规定的标准定罪处罚。(§ 24 Ⅰ)

【司法解释性文件】

《最高人民法院、最高人民检察院、海关总署关于办理走私刑事案件适用法律若干问题的意见》(法〔2002〕139 号,2002 年 7 月 8 日公布)

△(**主观故意之认定;明知**)行为人明知自己的行为违反国家法律法规,逃避海关监管,偷逃进出境货物、物品的应缴税额,或者逃避国家有关进出境的禁止性管理,并且希望或者放任危害结果发生的,应认定为具有走私的主观故意。

走私主观故意中的“明知”是指行为人知道或者应当知道所从事的行为是走私行为。具有下列情形之一的,可以认定为“明知”,但有证据证明确属被蒙骗的除外:

(一)逃避海关监管,运输、携带、邮寄国家禁止进出境的货物、物品的;

(二)用特制的设备或者运输工具走私货物、物品的;

(三)未经海关同意,在非设关的码头、海(河)岸、陆路边境等地点,运输(驳载)、收购或者贩卖非法进出境货物、物品的;

(四)提供虚假的合同、发票、证明等商业单证委托他人办理通关手续的;

(五)以明显低于货物正常进(出)口的应缴税额委托他人代理进(出)口业务的;

(六)曾因同一种走私行为受过刑事处罚或者行政处罚的;

① 我国学者指出,系争规定并不是关于特别法条适用原则的规定,而是关于想象竞合的规定。参见张明楷:《刑法学》(第 6 版),法律出版社 2021 年版,第 965 页。

(七)其他有证据证明的情形。(§ 5)

△(**走私故意;走私的具体对象不明确;认识错误;从轻处罚**)走私犯罪嫌疑人主观上具有走私犯罪故意,但对其走私的具体对象不明确的,不影响走私犯罪构成,应当根据实际的走私对象定罪处罚。但是,确有证据证明行为人因受蒙骗而对走私对象发生认识错误的,可以从轻处罚。(§ 6)

△(**单位走私犯罪;诉讼代表人之确定;拘传;先行追究;直接负责的主管人员或者直接责任人员;追缴、没收**)单位走私犯罪案件的诉讼代表人,应当是单位的法定代表人或者主要负责人。单位的法定代表人或者主要负责人被依法追究刑事责任或者因其他原因无法参与刑事诉讼的,人民检察院应当另行确定被告单位的其他负责人作为诉讼代表人参加诉讼。

接到出庭通知的被告单位的诉讼代表人应当出庭应诉。拒不出庭的,人民法院在必要的时候,可以拘传到庭。

对直接负责的主管人员和其他直接责任人员均无法归案的单位走私犯罪案件,只要单位走私犯罪的事实清楚、证据确实充分,且能够确定诉讼代表人代表单位参与刑事诉讼活动的,可以先行追究该单位的刑事责任。

被告单位没有合适人选作为诉讼代表人出庭的,因不具备追究该单位刑事责任的诉讼条件,可按照单位犯罪的条款先行追究单位犯罪中直接负责的主管人员或者其他直接责任人员的刑事责任。人民法院在对单位犯罪中直接负责的主管人员或者直接责任人员进行判决时,对于扣押、冻结的走私货物、物品、违法所得以及属于犯罪单位所有的走私犯罪工具,应当一并判决予以追缴、没收。(§ 17)

△(**单位走私犯罪;直接负责的主管人员和直接责任人员之认定**)具备下列特征的,可以认定为单位走私犯罪:(1)以单位的名义实施走私犯罪,即由单位集体研究决定,或者由单位的负责人或者被授权的其他人员决定、同意;(2)为单位谋取不正当利益或者违法所得大部分归单位所有。

依照《最高人民法院关于审理单位犯罪案件具体应用法律有关问题的解释》第二条的规定,个人为进行违法犯罪活动而设立的公司、企业、事业单位实施犯罪的,或者个人设立公司、企业、事业单位后,以实施犯罪为主要活动的,不以单位犯罪论处。单位是否以实施犯罪为主要活动,应根据单位实施走私行为的次数、频度、持续时间、单位进行合法经营的状况等因素综合考虑认定。

根据单位人员在单位走私犯罪活动中所发挥的不同作用,对其直接负责的主管人员和其他直接责任人员,可以确定为一人或者数人。对于受单位领导指派而积极参与实施走私犯罪行为的人员,如果其行为在走私犯罪的主要环节起重要作用的,可以认定为单位犯罪的直接责任人员。(§ 18)

△(**单位走私犯罪;单位分立、合并或者其他资产重组;单位被依法注销、宣告破产;被执行人;减除**)单位走私犯罪后,单位发生分立、合并或者其他资产重组等情况的,只要承受该单位权利义务的单位存在,应当追究单位走私犯罪的刑事责任。走私单位发生分立、合并或者其他资产重组后,原单位名称发生更改的,仍以原单位(名称)作为被告单位。承受原单位权利义务的单位法定代表人或者负责人为诉讼代表人。

单位走私犯罪后,发生分立、合并或者其他资产重组情形,以及被依法注销、宣告破产等情况的,无论承受该单位权利义务的单位是否存在,均应追究原单位直接负责的主管人员和其他直接责任人员的刑事责任。

人民法院对原走私单位判处罚金的,应当将承受原单位权利义务的单位作为被执行人。罚金超出新单位所承受的财产的,可在执行中予以减除。(§ 19)

△(**单位走私犯罪;自首**)在办理单位走私犯罪案件中,对单位集体决定自首的,或者单位直接负责的主管人员自首的,应当认定单位自首。认定单位自首后,如实交代主要犯罪事实的单位负责的其他主管人员和其他直接责任人员,可视为自首,但对拒不交代主要犯罪事实或逃避法律追究的人员,不以自首论。(§ 21)

△(**共同走私犯罪案件;罚金刑**)审理共同走私犯罪案件时,对各共同犯罪人判处罚金的总额应掌握在共同走私行为偷逃应缴税额的一倍以上五倍以下。(§ 22)

△(**走私货物、物品、走私违法所得;走私犯罪工具;追缴;没收;查扣、冻结;先行变卖、拍卖**)在办理走私犯罪案件过程中,对发现的走私货物、物品、走私违法所得以及属于走私犯罪分子所有的犯罪工具,走私犯罪侦查机关应当及时追缴,依法予以查扣、冻结。在移送审查起诉时应当将扣押物品文件清单、冻结存款证明文件等材料随案移送,对于扣押的危险品或者鲜活、易腐、易失效、易贬值等不宜长期保存的货物、物品,已经依法先行变卖、拍卖的,应当随案移送变卖、拍卖物品清单以及原物的照片或者录像资料;人民检察院在提起公诉时应当将上述扣押物品文件清单、冻结存

款证明和变卖、拍卖物品清单一并移送；人民法院在判决走私罪案件时，应当对随案清单、证明文件中载明的款、物审查确认并依法判决予以追缴、没收；海关根据人民法院的判决和海关法的有关规定予以处理，上缴中央国库。（§ 23）

△（**无法扣押；不便扣押；走私违法所得；追缴**）在办理走私普通货物、物品犯罪案件中，对于走私货物、物品因流入国内市场或者投入使用，致使走私货物、物品无法扣押或者不便扣押的，应当按照走私货物、物品的进出口完税价格认定违法所得予以追缴；走私货物、物品实际销售价格高于进出口完税价格的，应当按照实际销售价格认定违法所得予以追缴。（§ 24）

《最高人民法院关于严格执行有关走私案件涉案财物处理规定的通知》（法〔2006〕114 号，2006 年 4 月 30 日公布）

△（**赃款赃物之处理**）关于刑事案件赃款赃物的处理问题，相关法律、司法解释已经规定的很明确。《海关法》第九十二条规定，"海关依法扣留的货物、物品、运输工具，在人民法院判决或者海关处罚决定作出之前，不得处理"；"人民法院判决没收或者海关决定没收的走私货物、物品、违法所得、走私运输工具、特制设备，由海关依法统一处理，所得价款和海关决定处以的罚款，全部上缴中央国库。"《最高人民法院、最高人民检察院、海关总署关于办理走私刑事案件适用法律若干问题的意见》第二十三条规定，"人民法院在判决走私罪案件时，应当对随案清单、证明文件中载明的款、物审查确认并依法判决予以追缴、没收；海关根据人民法院的判决和海关法的有关规定予以处理，上缴中央国库。"

《最高人民检察院、公安部关于公安机关管辖的刑事案件立案追诉标准的规定（一）》（公通字〔2008〕36 号，2008 年 6 月 25 日公布）

△（**走私淫秽物品罪；立案追诉标准**）以牟利或者传播为目的，走私淫秽的影片、录像带、录音带、图片、书刊或者其他通过文字、声音、形象等形式表现淫秽内容的影碟、音碟、电子出版物等物品，涉嫌下列情形之一的，应予立案追诉：

（一）走私淫秽录像带、影碟五十盘（张）以上的；

（二）走私淫秽录音带、音碟一百盘（张）以上的；

（三）走私淫秽扑克、书刊、画册一百副（册）以上的；

（四）走私淫秽照片、画片五百张以上的；

（五）走私其他淫秽物品相当于上述数量的；

（六）走私淫秽物品数量虽未达到本条第（一）项至第（四）项规定标准，但分别达到其中两项以上标准的百分之五十以上的。（§ 25）

《宽严相济在经济犯罪和职务犯罪案件审判中的具体贯彻》（2010 年 4 月 7 日公布）

△（**宽严相济；走私犯罪；酌定情节**）根据《意见》第 25 条规定的宽严"相济"要求，应当区分犯罪行为的具体情形区别对待。以走私犯罪为例，对海上偷运走私、绕关走私等未向海关报关的走私与价格瞒骗走私，走私特殊物品与走私普通货物、物品在具体量刑时都应当有所区别；对进口走私象牙等珍贵动物制品犯罪在量刑时应当酌情考虑出口国家的法律规定以及行为人的主观认识因素。

【附属刑法】

《中华人民共和国固体废物污染环境防治法》（1995 年 10 月 30 日通过，2020 年 4 月 29 日第二次修订）

第一百一十五条

Ⅰ 违反本法规定，将中华人民共和国境外的固体废物输入境内的，由海关责令退运该固体废物，处五十万元以上五百万元以下的罚款。

Ⅱ 承运人对前款规定的固体废物的退运、处置，与进口者承担连带责任。

第一百一十六条

违反本法规定，经中华人民共和国过境转移危险废物的，由海关责令退运该危险废物，处五十万元以上五百万元以下的罚款。

第一百二十三条

违反本法规定，构成违反治安管理行为的，由公安机关依法给予治安管理处罚；构成犯罪的，依法追究刑事责任；造成人身、财产损害的，依法承担民事责任。

【公报案例】

△（**走私故意；主客观相统一原则；量刑情节**）在走私犯罪案件中，应当根据案情综合判断行为人对夹藏物品是否具有走私的故意。行为人不具有走私的概括故意，对于走私物品中还夹藏有其他不同种类走私物品确实不明知的，不能适用相关规范性文件中"根据实际的走私对象定罪处罚"的规定进行数罪并罚，而应当根据主客观相统一原则，以行为人主观认知的走私对象性质加以定罪处罚。对于客观上走私了夹藏的其他物品的，可作为行为人所构成特定走私犯罪的量刑情节予以评价，以体现罪责刑相适应原则。［《最高

人民法院公报》2014年第5期　应志敏、陆毅走私废物、走私普通货物案]

【参考案例】

△**走私废物中混有普通货物的，行为人主观上明确知道所走私废物的性质，但因受蒙骗而对混入的普通物品无认识的，应认为其主观上仅存在走私废物的故意，根据其主观上认识的货物、物品性质定罪处罚。**

在概括故意犯罪中，发生行为人预见或应当预见范围内的各种犯罪后果均不违背其意志，故可以根据实际发生的后果定罪处罚。如果行为人基于概括故意实施走私犯罪，虽不明知所走私物品的具体种类，但因走私这些物品均不违背其意志，故仍应当根据实际走私的物品性质定罪处罚。行为人在走私的普通货物、物品中藏匿刑法规定的特殊货物、物品的，以实际走私的货物、物品定罪处罚；构成数罪的，应予并罚。行为人受他人雇用实施走私犯罪，且知道走私货物、物品的性质，但因受蒙骗而不知走私的货物、物品中混有其他特殊货物、物品的，应当根据其主观上认识的走私货物、物品的性质来定罪处罚。这种情形下，一方面，行为人并非基于概括故意实施走私犯罪，而是知道所走私货物、物品的具体性质；另一方面，行为人并未直接在走私的货物、物品中藏匿某种特殊货物、物品，所查获的特殊货物、物品系他人藏匿，行为人并不知情。这种情况理论上称为抽象的事实认识错误，应当根据行为人主观认识的犯罪对象的性质定罪处罚。如果根据实际查获的货物、物品定罪处罚，则违背了主客观相统一的定罪原则，属于客观归罪。

在程瑞洁走私废物案中，被告人程瑞洁等人的行为属于上述第三种情形，应当认定只构成走私废物罪一罪。主要理由在于，据现有证据可以认定程瑞洁等主观上仅具有走私废物罪的犯罪故意，而不是基于概括性故意实施走私犯罪。因此，对本案不适用《最高人民法院、最高人民检察院、海关总署关于办理走私刑事案件适用法律若干问题的意见》第六条和《最高人民法院关于审理走私刑事案件具体应用法律若干问题的解释(二)》(已失效)第五条的规定。根据主客观相统一的定罪原则，程瑞洁等被告人的行为只构成走私废物罪，而不构成走私普通货物罪。对于在走私的废旧电器中混有全新电器这一事实，量刑时可以作为一个量刑情节酌情予以从重处罚。[No. 3-2-152(2)-1　程瑞洁走私废物案]

△**走私废物行为中，对夹藏的普通货物缺少明知，不应按照实际走私的对象处罚，应认定成立走私废物一罪。**

2002年公布的《最高人民法院、最高人民检察院、海关总署关于办理走私刑事案件适用法律若干问题的意见》第六条规定："走私犯罪嫌疑人主观上具有走私犯罪故意，但对其走私的具体对象不明确的，不影响走私犯罪构成，应当根据实际的走私对象定罪处罚……"2006年出台的《最高人民法院关于审理走私刑事案件具体应用法律若干问题的解释(二)》(已失效)对此作了进一步明确，在第五条中规定："对在走私的普通货物、物品或者废物中藏匿刑法第一百五十一条、第一百五十二条、第三百四十七条、第三百五十条规定的货物、物品，构成犯罪的，以实际走私的货物、物品定罪处罚；构成数罪的，实行数罪并罚。"从字面上分析，《最高人民法院、最高人民检察院、海关总署关于办理走私刑事案件适用法律若干问题的意见》和《最高人民法院关于审理走私刑事案件具体应用法律若干问题的解释(二)》似乎明确了这样一个原则，即在具体案件中如果出现走私犯罪嫌疑人的主观认识与具体走私对象不同的情形，一律"以实际走私的货物、物品定罪处罚；构成数罪的，实行数罪并罚"。《最高人民法院、最高人民检察院、海关总署关于办理走私刑事案件适用法律若干问题的意见》公布后，特别是《最高人民法院关于审理走私刑事案件具体应用法律若干问题的解释(二)》出台后，不少法院在办理走私犯罪案件时基本上是按照这一原则处理的。

然而从定罪原理分析，对于主观认识与实际犯罪对象不同的情形，一律以实际犯罪对象定罪，违背了主客观相统一原则，也与《刑法》第十四条关于故意犯罪的规定不符。笔者认为，《最高人民法院、最高人民检察院、海关总署关于办理走私刑事案件适用法律若干问题的意见》《最高人民法院关于审理走私刑事案件具体应用法律若干问题的解释(二)》所确定的"以实际走私的货物、物品定罪处罚"仅适用于有走私的概括故意的犯罪情形：一是意识上，行为人没有走私具体对象的意思；二是意志上，行为人对实际走私对象不反对，有没有都无所谓。如果行为人对走私犯罪对象的认识非常明确，并在此基础上形成了确定的故意，并对其他走私对象明确反对，即如最终在走私货物中发现其他走私物品，也不能适用该规定。如果认真分析《最高人民法院关于审理走私刑事案件具体应用法律若干问题的解释(二)》第五条中"藏匿"这一用词，就不难发现，起草者有意通过"藏匿"这一表述将本条的行为进行限定。与"夹带”不同,“藏匿”必须是一种有意识的隐藏行为,行为人主观上必须在隐藏之时对所隐藏之物具有或者应当具有一定的认识,即对所隐藏之物主观上明知。如果对走私的普通货物、物品或者废物中查出的其他走私对象不明知,则不能适用《最高人民法院关于审理走私刑事案件具体应用法律若干问题的解释(二)》第五条的规定;同理,也不能适用《最高人民法院、最高人民检察院、海关总署关于办理走私刑事案件适用法律若干问题的意见》第六条的规定。

不具有走私的概括故意,对走私对象中夹带的其他货物确实不明知的,根据主客观相统一原则,就夹带的货物部分不应认定行为人构成走私犯罪。当代刑法的主流认识既反对主观归罪,也反对客观归罪,绝大多数国家的司法实践都明确将主客观相统一原则作为定罪的基本原则。根据主客观相统一原则,认定行为人构成犯罪,除了要求行为人客观上实施了具有严重社会危害的行为,还要求行为人主观上对所实施的危害行为具有一定的罪过。无论是故意的罪过,还是过失的罪过,根据《刑法》第十四条、第十五条的规定,必须体现的一个共性就是行为人对所实施的危害行为具有一定认识或者应当具有一定认识。如果这个前提不存在,行为人就不存在故意、过失的罪过,根据主客观相统一原则,也就不构成犯罪。

走私犯罪是故意犯罪,走私行为人必须对走私对象具有故意的罪过,行为人主观上必须知道或者应当知道其跨境运输或者携带货物是逃避海关监管的行为。在概括的故意走私犯罪中,行为人虽然不确定具体的走私对象,但对所走私的整体对象有一个概括性的认识,即都属于逃避海关监管的对象范围,如果在其走私的对象中发现其他物品,也不违背其意志;在非概括的故意犯罪中,行为人主观上必须知道或者应当知道其跨境运输或者携带具体物品是逃避海关监管的行为。如果在其走私的对象中发现其他物品,则违背其意志。

应志敏、陆毅走私废物、走私普通货物案在案证据证实,应志敏、陆毅主观上具有走私二手废旧电子产品入境的明确故意,亦即二被告人主观上明确知道其帮助走私的对象是废旧电子产品,二被告人自始至终都不知道也无法知道走私的货物中含有其他普通货物,即在案证据无法证实二被告人对走私对象中含有普通货物主观上具有放任态度,由此证实二被告人不具有走私的概括故意。在确定应志敏、陆毅缺乏走私普通货物主观故意的前提下,仅凭其走私的废旧电子产品中混有普通货物,认定应志敏、陆毅构成走私普通货物罪与走私废物罪两个罪名,显然属于客观归罪。

值得说明的是,作为本案所涉物品货主,其主观罪过不同于二被告人,其主观上明知废旧电子产品中夹藏有普通货物,客观上实施了将普通货物藏匿于废旧电子产品中的行为,按照主客观相统一原则,应当以走私废物罪与走私普通货物罪数罪并罚。而应志敏、陆毅并非货主,在案证据无法证实二被告人与货主具有共谋的故意,故二被告人不应对走私的废物中所夹带的普通货物承担相应的刑事责任。虽然应志敏、陆毅主观上不明知废物中夹带有普通货物,其行为不再另行构成走私普通货物罪,但是二被告人实施走私的行为客观上使 20 余吨的普通货物顺利入境,这种关联后果虽然不影响罪质,但完全置之不予评价,与没有此种关联后果的情形不予区别,也不合理。据此,笔者认为,可以将本案夹带的普通货物作为走私废物罪的量刑情节,酌情从重处罚,以体现罪责刑相适应原则。[No. 3-2-152(2)-2 应志敏、陆毅走私废物、走私普通货物案]

第一百五十三条　【走私普通货物、物品罪】

走私本法第一百五十一条、第一百五十二条、第三百四十七条规定以外的货物、物品的，根据情节轻重，分别依照下列规定处罚：

（一）走私货物、物品偷逃应缴税额较大或者一年内曾因走私被给予二次行政处罚后又走私的，处三年以下有期徒刑或者拘役，并处偷逃应缴税额一倍以上五倍以下罚金。

（二）走私货物、物品偷逃应缴税额巨大或者有其他严重情节的，处三年以上十年以下有期徒刑，并处偷逃应缴税额一倍以上五倍以下罚金。

（三）走私货物、物品偷逃应缴税额特别巨大或者有其他特别严重情节的，处十年以上有期徒刑或者无期徒刑，并处偷逃应缴税额一倍以上五倍以下罚金或者没收财产。

单位犯前款罪的，对单位判处罚金，并对其直接负责的主管人员和其他直接责任人员，处三年以下有期徒刑或者拘役；情节严重的，处三年以上十年以下有期徒刑；情节特别严重的，处十年以上有期徒刑。

对多次走私未经处理的，按照累计走私货物、物品的偷逃应缴税额处罚。

【立法沿革】

《中华人民共和国刑法》（1997年修订，自1997年10月1日起施行）

第一百五十三条

走私本法第一百五十一条、第一百五十二条、第三百四十七条规定以外的货物、物品的，根据情节轻重，分别依照下列规定处罚：

（一）走私货物、物品偷逃应缴税额在五十万元以上的，处十年以上有期徒刑或者无期徒刑，并处偷逃应缴税额一倍以上五倍以下罚金或者没收财产；情节特别严重的，依照本法第一百五十一条第四款的规定处罚。

（二）走私货物、物品偷逃应缴税额在十五万元以上不满五十万元的，处三年以上十年以下有期徒刑，并处偷逃应缴税额一倍以上五倍以下罚金；情节特别严重的，处十年以上有期徒刑或者无期徒刑，并处偷逃应缴税额一倍以上五倍以下罚金或者没收财产。

（三）走私货物、物品偷逃应缴税额在五万元以上不满十五万元的，处三年以下有期徒刑或者拘役，并处偷逃应缴税额一倍以上五倍以下罚金。

单位犯前款罪的，对单位判处罚金，并对其直接负责的主管人员和其他直接责任人员，处三年以下有期徒刑或者拘役；情节严重的，处三年以上十年以下有期徒刑；情节特别严重的，处十年以上有期徒刑。

对多次走私未经处理的，按照累计走私货物、物品的偷逃应缴税额处罚。

《中华人民共和国刑法修正案（八）》（自2011年5月1日起施行）

二十七、将刑法第一百五十三条修改为：

"走私本法第一百五十一条、第一百五十二条、第三百四十七条规定以外的货物、物品的，根据情节轻重，分别依照下列规定处罚：

"（一）走私货物、物品偷逃应缴税额较大或者一年内曾因走私被给予二次行政处罚后又走私的，处三年以下有期徒刑或者拘役，并处偷逃应缴税额一倍以上五倍以下罚金。

"（二）走私货物、物品偷逃应缴税额巨大或者有其他严重情节的，处三年以上十年以下有期徒刑，并处偷逃应缴税额一倍以上五倍以下罚金。

"（三）走私货物、物品偷逃应缴税额特别巨大或者有其他特别严重情节的，处十年以上有期徒刑或者无期徒刑，并处偷逃应缴税额一倍以上五倍以下罚金或者没收财产。"

【立法理由】

1979年刑法规定了走私罪，但对走私违禁品和走私普通货物、物品没有区分。为了严厉打击走私犯罪，便于执法，1988年1月21日第六届全国人大常委会第二十四次会议通过的《全国人民代表大会常务委员会关于惩治走私罪的补充规定》将走私违禁品与走私普通货物、物品分别作了规定，对走私所列举的违禁品以外的普通货物、物品的，按照走私物品的价额定罪量刑。其中第四条第一款规定："走私本规定第一条至第三条规定以外的货物、物品的，根据情节轻重，分别依照下列规定处罚：(1)走私货物、物品价额在50万元以上的，处10年以上有期徒刑或者无期徒刑，并处罚金或者没收财产；情节特别严重的，处死刑，并处没收财产。(2)走私货物、物品价额在15万元以上不满50万元的，处7年以上有期徒刑，并处罚金或者没收财产；情节特别严重的，处无期徒刑，并处没收财产。(3)走私货物、物品价额在5

万元以上不满 15 万元的,处 3 年以上 10 年以下有期徒刑,并处罚金。(4)走私货物、物品价额在 2 万元以上不满 5 万元的,处 3 年以下有期徒刑,并处罚金;情节较轻的,或者价额不满 2 万元的,由海关没收走私货物、物品和违法所得,可以并处罚款。”**1997 年修订刑法**时,考虑到走私的主要目的是偷逃关税,按照偷逃关税的数额定罪量刑更为适宜,将该条修改后纳入刑法。一是将走私货物、物品“价额”修改为“偷逃应缴税额”;二是规定罚金判处标准为偷逃应缴税额一倍以上五倍以下;三是删去了上述第(4)项“价额在 2 万元以上不满 5 万元”的刑事责任规定。

2011 年《刑法修正案(八)》对本条作了四处修改:第一,根据中央深化司法体制和工作机制改革中关于落实宽严相济刑事政策,适当减少死刑罪名的精神,**取消了走私普通货物、物品罪的死刑规定**。第二,针对实践中出现的“蚂蚁搬家”式的走私行为,无法予以追究刑事责任的情况,将一年内曾因走私被给予二次行政处罚后又走私的行为规定为犯罪。近年来,有的部门和一些全国人大代表的议案、建议提出,在我国一些地区,**小额多次走私**的情况严重,由于行为人有意将每次偷逃应缴税额控制在五万元以下,海关查获后只能予以行政处罚。行为人屡罚屡犯,从主观恶性和社会危害性的程度上看,应当以犯罪处理,才能起到惩戒作用,有效维护海关监管秩序。因此,本款进行了相应修改。第三,根据司法实践的经验和打击犯罪的需要,将“偷逃应缴税额在五万元以上不满十五万元”改为“**偷逃应缴税额较大**”,将“偷逃应缴税额在十五万元以上不满五十万元”改为“**偷逃应缴税额巨大或者有其他严重情节**”,将“偷逃应缴税额在五十万元以上”改为“**偷逃应缴税额特别巨大或者有其他特别严重情节**”。第四,调整处罚顺序,**从由重到轻改为由轻到重**;并整合刑罚档次,将五档刑罚改为三档刑罚。

【条文说明】

本条是关于走私普通货物、物品罪及其处罚的规定。

本条共分为三款。

第一款是对走私普通货物、物品罪的处罚规定。构成本罪必须具备以下要件:

1. 行为人主观方面是**故意犯罪**,通常都具有逃避海关监管、偷逃关税的目的。

2. 行为人在客观上具有**逃避海关监管,走私普通货物、物品,偷逃应缴税额,应当追究刑事责任的行为**。《刑法》第一百五十一条规定了对走私武器、弹药、核材料、伪造的货币、国家禁止出口的文物、黄金、白银和其他贵重金属、国家禁止进出口的珍贵动物及其制品、国家禁止进出口的珍稀植物及其制品等国家禁止进出口的其他货物、物品的刑事处罚。《刑法》第一百五十二条规定了走私淫秽物品的刑事处罚。《刑法》第三百四十七条规定了走私、贩卖、运输、制造毒品罪的刑事处罚。本款规定的“**本法第一百五十一条、第一百五十二条、第三百四十七条规定以外的货物、物品**”①,实践中主要包括两类②:一类是国家对其进口或者出口实行配额或者许可证管理的货物、物品。例如,烟、酒、贵重中药材及其成药、汽车、摩托车等。另一类是应纳税货物、物品。例如,玻璃制品、造纸材料、塑料等进口货物和钨矿砂及精矿、淡水鱼、虾、海蜇等出口物品。本条之所以要把走私一般货物、物品同走私国家禁止进出口物品、走私淫秽物品以及走私毒品分开来规定,是因为走私物品的种类不同,其社会危害性也不同,在处罚上也应有所区别。《刑法》第一百五十一条、第一百五十二条和第三百四十七条所列物品,都是国家禁止进出口的物品,走私这类物品,对社会的危害性大,往往难以用物品的价额或者偷逃应缴税额来计算。因此,对于走私国家禁止进出口的物品和淫秽物品的处罚,都没有规定价额或者数额标准。但走私普通货物、物品,其危害程度主要是根据偷逃应缴税额的大小来决定的,这里的“**应缴税额**”,是指进出口货物、物品应当缴纳的进出口关税和进口环节、海关代征代扣的其他税款,偷逃应缴税额越大,危害性也就越大。考虑到普通货物、物品的进出口税率是不一样的,走私相同价额不同种类的货物、物品,由于国家规定的税率不同,可能偷逃的关税和给国家造成的损失也

---

① 此构成要件要属于表面的构成要件要素,作用在于区分不同的走私犯罪。就此而言,《刑法》第一百五十三条是走私罪的普通法条,其他有关走私罪的规定则属于特别法条。故而,不构成其他走私犯罪的走私行为,都可能构成走私普通货物、物品罪。另外,由于本罪的最高档法定刑高于《刑法》第一百五十一条第三款与第一百五十二条的法定刑。在此情形下,应当认定为想象竞合,从一重罪处罚。参见张明楷:《刑法学》(第 6 版),法律出版社 2021 年版,第 965 页。

② 我国学者指出,本罪的普通货物、物品不再包括国家禁止进出口的其他货物、物品。参见周光权:《刑法各论》(第 4 版),中国人民大学出版社 2021 年版,第 262 页。但另有学者主张,走私普通货物、物品罪中的“普通货物、物品”还应包括《刑法》第一百五十一条、第一百五十二条和第三百四十七条所列物品之外的其他国家禁止进出口的货物、物品。参见黎宏:《刑法学各论》(第 2 版),法律出版社 2016 年版,第 101 页。

不同。因此，本条将定罪处罚的标准规定为“应缴税额”。

对于走私普通货物、物品的处罚，本款根据偷逃应缴税的大小规定了三档刑罚：第一档刑罚，**走私货物、物品偷逃应缴税额较大或者一年内曾因走私被给予二次行政处罚后又走私的**，处三年以下有期徒刑或者拘役，并处偷逃应缴税额一倍以上五倍以下罚金。《最高人民法院、最高人民检察院关于办理走私刑事案件适用法律若干问题的解释》第十八条规定：“刑法第一百五十三条规定的‘应缴税额’，包括进出口货物、物品应当缴纳的进出口关税和进口环节海关代征税的税额。应缴税额以走私行为实施时的税则、税率、汇率和完税价格计算；多次走私的，以每次走私行为实施时的税则、税率、汇率和完税价格逐票计算；走私行为实施时间不能确定的，以案发时的税则、税率、汇率和完税价格计算。”根据上述司法解释的规定，“**偷逃应缴税额较大**”是指偷逃应缴税额在十万元以上不满五十万元。第二档刑罚，**走私货物、物品偷逃应缴税额巨大或者有其他严重情节的**，处三年以上十年以下有期徒刑，并处偷逃应缴税额一倍以上五倍以下罚金。偷逃应缴税额在五十万元以上不满二百五十万元的，应当认定为“**偷逃应缴税额巨大**”。第三档刑罚，**走私货物、物品偷逃应缴税额特别巨大或者有其他特别严重情节的**，处十年以上有期徒刑或者无期徒刑，并处偷逃应缴税额一倍以上五倍以下罚金或者没收财产。偷逃应缴税额在二百五十万元以上的，应当认定为“**偷逃应缴税额特别巨大**”。根据上述司法解释的规定，走私普通货物、物品，具有下列情形之一，偷逃应缴税额在三十万元以上不满五十万元的，应当认定为第二档刑罚中规定的“**其他严重情节**”；偷逃应缴税额在一百五十万元以上不满二百五十万元的，应当认定为第三档刑罚中规定的“**其他特别严重情节**”：(1)犯罪集团的首要分子；(2)使用特种车辆从事走私活动的；(3)为实施走私犯罪，向国家机关工作人员行贿的；(4)教唆、利用未成年人、孕妇等特殊人群走私的；(5)聚众阻挠缉私的。

第二款是对**单位犯走私普通货物、物品罪**的处罚规定。单位走私普通货物、物品的，根据本款规定对单位判处罚金，并对其直接负责的主管人员和直接责任人员，处三年以下有期徒刑或者拘役；情节严重的，处三年以上十年以下有期徒刑；情节特别严重的，处十年以上有期徒刑。上述司法解释对单位犯罪规定了**不同于自然人的定罪量刑标准**：“单位犯走私普通货物、物品罪，偷逃应缴税额在二十万元以上不满一百万元的，应当依照刑法第一百五十三条第二款的规定，对单位判处罚金，并对其直接负责的主管人员和其他直接责任人员，处三年以下有期徒刑或者拘役；偷逃应缴税额在一百万元以上不满五百万元的，应当认定为‘**情节严重**’；偷逃应缴税额在五百万元以上的，应当认定为‘**情节特别严重**’。”

第三款是对多次走私未经处理的如何处罚的规定。“**多次走私未经处理**”，是指走私未受到行政执法机关或者司法机关处理的，如果其走私行为受到某一机关处理过，不管是行政处罚还是刑事处罚，就不属于未经处理之列。根据本款规定，对多次走私未经处理的，按照累计走私货物、物品的偷逃应缴税额处罚。

实践中需要注意以下两个方面的问题：

1. 在执法中，应注意**在走私本条规定的货物、物品同时，走私《刑法》第一百五十一条、第一百五十二条、第三百四十七条、第三百五十条规定的物品**的正确处理问题。《最高人民法院、最高人民检察院关于办理走私刑事案件适用法律若干问题的解释》第二十二条规定：“在走私的货物、物品中藏匿刑法第一百五十一条、第一百五十二条、第三百四十七条、第三百五十条规定的货物、物品，构成犯罪的，以实际走私的货物、物品定罪处罚，构成数罪的，实行数罪并罚。”

2. 关于**定罪量刑标准计算时适用行为时税率还是审判时税率，即税率发生变化时如何适用的问题**。这一问题实践中有不同认识。《最高人民法院、最高人民检察院关于办理走私刑事案件适用法律若干问题的解释》第十八条第一款规定：“刑法第一百五十三条规定的‘应缴税额’，包括进出口货物、物品应当缴纳的进出口关税和进口环节海关代征税的税额。应缴税额以走私行为实施时的税则、税率、汇率和完税价格计算；多次走私的，以每次走私行为实施时的税则、税率、汇率和完税价格逐票计算；走私行为实施时间不能确定的，以案发时的税则、税率、汇率和完税价格计算。”

【司法解释】

《最高人民法院、最高人民检察院关于办理走私刑事案件适用法律若干问题的解释》（法释〔2014〕10号，自2014年9月10日起施行）

△(**报废或者无法组装并使用的各种弹药的弹头、弹壳；走私普通货物、物品罪；鉴定**)走私报废或者无法组装并使用的各种弹药的弹头、弹壳，构成犯罪的，依照刑法第一百五十三条的规定，以走私普通货物、物品罪定罪处罚；属于废物的，依照刑法第一百五十二条第二款的规定，以走私废

物罪定罪处罚。

弹头、弹壳是否属于前款规定的“报废或者无法组装并使用”或者“废物”，由国家有关技术部门进行鉴定。(§ 4 Ⅱ、Ⅲ)

△(**走私普通货物、物品罪；偷逃应缴税额较大；偷逃应缴税额巨大；偷逃应缴税额特别巨大；其他严重情节；其他特别严重情节**)走私普通货物、物品，偷逃应缴税额在十万元以上不满五十万元的，应当认定为刑法第一百五十三条第一款规定的“偷逃应缴税额较大”；偷逃应缴税额在五十万元以上不满二百五十万元的，应当认定为“偷逃应缴税额巨大”；偷逃应缴税额在二百五十万元以上的，应当认定为“偷逃应缴税额特别巨大”。

走私普通货物、物品，具有下列情形之一，偷逃应缴税额在三十万元以上不满五十万元的，应当认定为刑法第一百五十三条第一款规定的“其他严重情节”；偷逃应缴税额在一百五十万元以上不满二百五十万元的，应当认定为“其他特别严重情节”：

(一)犯罪集团的首要分子；

(二)使用特种车辆从事走私活动的；

(三)为实施走私犯罪，向国家机关工作人员行贿的；

(四)教唆、利用未成年人、孕妇等特殊人群走私的；

(五)聚众阻挠缉私的。(§ 16)

△(**“一年内”；“被给予二次行政处罚”的走私行为；“又走私”行为**)刑法第一百五十三条第一款规定的“一年内曾因走私被给予二次行政处罚后又走私”中的“一年内”，以因走私第一次受到行政处罚的生效之日与“又走私”行为实施之日的时间间隔计算确定；“被给予二次行政处罚”的走私行为，包括走私普通货物、物品以及其他货物、物品；“又走私”行为仅指走私普通货物、物品。[①] (§ 17)

△(**应缴税额之计算；多次走私；走私行为实施时间不能确定；多次走私未经处理**)刑法第一百五十三条规定的“应缴税额”，包括进出口货物、物品应当缴纳的进出口关税和进口环节海关代征税的税额。应缴税额以走私行为实施时的税则、税率、汇率和完税价格计算；多次走私的，以每次走私行为实施时的税则、税率、汇率和完税价格逐票计算；走私行为实施时间不能确定的，以案发时的税则、税率、汇率和完税价格计算。

刑法第一百五十三条第三款规定的“多次走私未经处理”，包括未经行政处理和刑事处理。(§ 18)

△(**走私国家禁止进出口的货物、物品罪；竞合；走私普通货物、物品罪；超过许可数量；租用、借用或者使用购买的他人许可证**)未经许可进出口国家限制进出口的货物、物品，构成犯罪的，应当依照刑法第一百五十一条、第一百五十二条的规定，以走私国家禁止进出口的货物、物品罪等罪名定罪处罚；偷逃应缴税额，同时又构成走私普通货物、物品罪的，依照处罚较重的规定定罪处罚。

取得许可，但超过许可数量进出口国家限制进出口的货物、物品，构成犯罪的，依照刑法第一百五十三条的规定，以走私普通货物、物品罪定罪处罚。

租用、借用或者使用购买的他人许可证，进出口国家限制进出口的货物、物品的，适用本条第一款的规定定罪处罚。(§ 21)

△(**实际走私的货物、物品；数罪并罚**)在走私的货物、物品中藏匿刑法第一百五十一条、第一百五十二条、第三百四十七条、第三百五十条规定的货物、物品，构成犯罪的，以实际走私的货物、物品定罪处罚；构成数罪的，实行数罪并罚。(§ 22)

△(**犯罪既遂**)实施走私犯罪，具有下列情形之一的，应当认定为犯罪既遂：

(一)在海关监管现场被查获的；

(二)以虚假申报方式走私，申报行为实施完毕的；

(三)以保税货物或者特定减税、免税进口的货物、物品为对象走私，在境内销售的，或者申请核销行为实施完毕的。(§ 23)

△(**单位犯罪；走私普通货物、物品罪；量刑档次；情节严重；情节特别严重**)单位犯走私普通货物、物品罪，偷逃应缴税额在二十万元以上不满一百万元的，应当依照刑法第一百五十三条第二款的规定，对单位判处罚金，并对其直接负责的主管人员和其他直接责任人员，处三年以下有期徒刑或者拘役；偷逃应缴税额在一百万元以上不满五百万元的，应当认定为“情节严重”；偷逃应缴税额在五百万元以上的，应当认定为“情节特别严重”。(§ 24 Ⅱ)

《最高人民法院关于审理走私、非法经营、非法使用兴奋剂刑事案件适用法律若干问题的解释》(法释〔2019〕16号，自2020年1月1日起

① 我国学者指出，因走私小额自用商品二次受到行政处罚后，又走私小额自用商品，不宜认定为走私普通货物、物品罪。参见张明楷：《刑法学》(第6版)，法律出版社2021年版，第966页。

施行)

△(**走私兴奋剂目录所列物质行为;走私国家禁止进出口的货物、物品罪;走私普通货物、物品罪**)运动员、运动员辅助人员走私兴奋剂目录所列物质,或者其他人员以在体育竞赛中非法使用为目的走私兴奋剂目录所列物质,涉案物质属于国家禁止进出口的货物、物品,具有下列情形之一的,应当依照刑法第一百五十一条第三款的规定,以走私国家禁止进出口的货物、物品罪定罪处罚:(一)一年内曾因走私被给予二次以上行政处罚后又走私的;(二)用于或者准备用于未成年人运动员、残疾人运动员的;(三)用于或者准备用于国内、国际重大体育竞赛的;(四)其他造成严重恶劣社会影响的情形。

实施前款规定的行为,涉案物质不属于国家禁止进出口的货物、物品,但偷逃应缴税额一万元以上或者一年内曾因走私被给予二次以上行政处罚后又走私的,应当依照刑法第一百五十三条的规定,以走私普通货物、物品罪定罪处罚。

对于本条第一款、第二款规定以外的走私兴奋剂目录所列物质行为,适用《最高人民法院、最高人民检察院关于办理走私刑事案件适用法律若干问题的解释》(法释〔2014〕10号)规定的定罪量刑标准。(§ 1)

△(**兴奋剂;毒品、制毒物品**)实施本解释规定的行为,涉案物质属于毒品、制毒物品等,构成有关犯罪的,依照相应犯罪定罪处罚。(§ 7)

△(**"兴奋剂""兴奋剂目录所列物质""体育运动""国内、国际重大体育竞赛"等专门性问题;认定意见**)对于是否属于本解释规定的"兴奋剂""兴奋剂目录所列物质""体育运动""国内、国际重大体育竞赛"等专门性问题,应当依据《中华人民共和国体育法》《反兴奋剂条例》等法律法规,结合国务院体育主管部门出具的认定意见等证据材料作出认定。(§ 8)

【司法解释性文件】

《最高人民法院、最高人民检察院、海关总署关于办理走私刑事案件适用法律若干问题的意见》(法〔2002〕139号,2002年7月8日公布)

△(**主观故意之认定;明知**)行为人明知自己的行为违反国家法律法规,逃避海关监管,偷逃进出境货物、物品的应缴税额,或者逃避国家有关进出境的禁止性管理,并且希望或者放任危害结果发生的,应认定为具有走私的主观故意。

走私主观故意中的"明知"是指行为人知道或者应当知道所从事的行为是走私行为。具有下列情形之一的,可以认定为"明知",但有证据证明确属被蒙骗的除外:

(一)逃避海关监管,运输、携带、邮寄国家禁止进出境的货物、物品的;

(二)用特制的设备或者运输工具走私货物、物品的;

(三)未经海关同意,在非设关的码头、海(河)岸、陆路边境等地点,运输(驳载)、收购或者贩卖非法进出境货物、物品的;

(四)提供虚假的合同、发票、证明等商业单证委托他人办理通关手续的;

(五)以明显低于货物正常进(出)口的应缴税额委托他人代理进(出)口业务的;

(六)曾因同一种走私行为受过刑事处罚或者行政处罚的;

(七)其他有证据证明的情形。(§ 5)

△(**走私的具体对象不明确;根据实际的走私对象;受蒙骗;认识错误;从轻处罚**)走私犯罪嫌疑人主观上具有走私犯罪故意,但对其走私的具体对象不明确的,不影响走私犯罪构成,应当根据实际的走私对象定罪处罚。但是,确有证据证明行为人因受蒙骗而对走私对象发生认识错误的,可以从轻处罚。(§ 6)

△(**旧汽车、切割车等货物、物品;走私普通货物、物品罪**)走私刑法第一百五十一条、第一百五十二条、第三百四十七条、第三百五十条规定的货物、物品以外的,已被国家明令禁止进出口的货物、物品,例如旧汽车、切割车、侵犯知识产权的货物、来自疫区的动植物及其产品等,应当依照刑法第一百五十三条的规定,以走私普通货物、物品罪追究刑事责任。(§ 8)

△(**加工贸易登记手册、特定减免税批文等涉税单证;走私普通货物、物品罪**)加工贸易登记手册、特定减免税批文等涉税单证是海关根据国家法律法规以及有关政策性规定,给予特定企业用于保税货物经营管理和减免税优惠待遇的凭证。利用购买的加工贸易登记手册、特定减免税批文等涉税单证进口货物,实质是将一般贸易货物伪报为加工贸易保税货物或者特定减免税货物进口,以达到偷逃应缴税款的目的,应当适用刑法第一百五十三条以走私普通货物、物品罪定罪处罚。如果行为人与走私分子通谋出售上述涉税单证,或者在出卖批文后又以提供印章、向海关伪报保税货物、特定减免税货物等方式帮助买方办理进口通关手续的,对卖方依照刑法第一百五十六条以走私罪共犯定罪处罚。买卖上述涉税单证情节严重尚未进口货物的,依照刑法第二百八十条的规定定罪处罚。(§ 9)

△(**加工贸易活动;骗取海关核销;走私普通**

货物、物品罪；不可抗力）在加工贸易经营活动中，以假出口、假结转或者利用虚假单证等方式骗取海关核销，致使保税货物、物品脱离海关监管，造成国家税款流失，情节严重的，依照刑法第一百五十三条的规定，以走私普通货物、物品罪追究刑事责任。但有证据证明因不可抗力原因导致保税货物脱离海关监管，经营人无法办理正常手续而骗取海关核销的，不认定为走私犯罪。（§ 10）

△（**伪报价格；实际成交价格之认定**）走私犯罪案件中的伪报价格行为，是指犯罪嫌疑人、被告人在进出口货物、物品时，向海关申报进口或者出口的货物、物品的价格低于或者高于进出口货物的实际成交价格。

对实际成交价格的认定，在无法提取真、伪两套合同、发票等单证的情况下，可以根据犯罪嫌疑人、被告人的付汇渠道、资金流向、会计账册、境内外收发货人的真实交易方式，以及其他能够证明进出口货物实际成交价格的证据材料综合认定。（§ 11）

△（**出售走私货物；增值税专用发票；非法开具增值税专用发票；走私偷逃应缴税额；扣除**）走私犯罪嫌疑人为出售走私货物而开具增值税专用发票并缴纳增值税，是其走私行为既遂后在流通领域获违法所得的一种手段，属于非法开具增值税专用发票。对走私犯罪嫌疑人因出售走私货物而实际缴纳走私货物增值税的，在核定走私货物偷逃应缴税额时，不应当将其已缴纳的增值税额从其走私偷逃应缴税额中扣除。（§ 12）

△（**单位走私犯罪；诉讼代表人之确定；拘传；先行追究；直接负责的主管人员或者直接责任人员；追缴、没收**）单位走私犯罪案件的诉讼代表人，应当是单位的法定代表人或者主要负责人。单位的法定代表人或者主要负责人被依法追究刑事责任或者因其他原因无法参与刑事诉讼的，人民检察院应当另行确定被告单位的其他负责人作为诉讼代表人参加诉讼。

接到出庭通知的被告单位的诉讼代表人应当出庭应诉。拒不出庭的，人民法院在必要的时候，可以拘传到庭。

对直接负责的主管人员和其他直接责任人员均无法归案的单位走私犯罪案件，只要单位走私犯罪的事实清楚、证据确实充分，且能够确定诉讼代表人代表单位参与刑事诉讼活动的，可以先行追究该单位的刑事责任。

被告单位没有合适人选作为诉讼代表人出庭的，因不具备追究该单位刑事责任的诉讼条件，可按照单位犯罪的条款先行追究单位犯罪中直接负责的主管人员或者其他直接责任人员的刑事责任。人民法院在对单位犯罪中直接负责的主管人员或者直接责任人员进行判决时，对于扣押、冻结的走私货物、物品、违法所得以及属于犯罪单位所有的走私犯罪工具，应当一并判决予以追缴、没收。（§ 17）

△（**单位走私犯罪；直接负责的主管人员和直接责任人员之认定**）具备下列特征的，可以认定为单位走私犯罪：(1)以单位的名义实施走私犯罪，即由单位集体研究决定，或者由单位的负责人或者被授权的其他人员决定、同意；(2)为单位谋取不正当利益或者违法所得大部分归单位所有。

依照《最高人民法院关于审理单位犯罪案件具体应用法律有关问题的解释》第二条的规定，个人为进行违法犯罪活动而设立的公司、企业、事业单位实施犯罪的，或者个人设立公司、企业、事业单位后，以实施犯罪为主要活动的，不以单位犯罪论处。单位是否以实施犯罪为主要活动，应根据单位实施走私行为的次数、频度、持续时间、单位进行合法经营的状况等因素综合考虑认定。

根据单位人员在单位走私犯罪活动中所发挥的不同作用，对其直接负责的主管人员和其他直接责任人员，可以确定为一人或者数人。对于受单位领导指派而积极参与实施走私犯罪行为的人员，如果其行为在走私犯罪的主要环节起重要作用的，可以认定为单位犯罪的直接责任人员。（§ 18）

△（**单位走私犯罪；单位分立、合并或者其他资产重组；单位被依法注销、宣告破产；被执行人；减除**）单位走私犯罪后，单位发生分立、合并或者其他资产重组等情况的，只要承受该单位权利义务的单位存在，应当追究单位走私犯罪的刑事责任。走私单位发生分立、合并或者其他资产重组后，原单位名称发生更改的，仍以原单位（名称）作为被告单位。承受原单位权利义务的单位法定代表人或者负责人为诉讼代表人。

单位走私犯罪后，发生分立、合并或者其他资产重组情形，以及被依法注销、宣告破产等情况的，无论承受该单位权利义务的单位是否存在，均应追究原单位直接负责的主管人员和其他直接责任人员的刑事责任。

人民法院对原走私单位判处罚金的，应当将承受原单位权利义务的单位作为被执行人。罚金超出新单位所承受的财产的，可在执行中予以减除。（§ 19）

△（**单位与个人共同走私普通货物、物品**）单位和个人（不包括单位直接负责的主管人员和其他直接责任人员）共同走私的，单位和个人均应对

共同走私所偷逃应缴税额负责。

对单位和个人共同走私偷逃应缴税额为5万元以上不满25万元的，应当根据其在案件中所起的作用，区分不同情况做出处理。单位起主要作用的，对单位和个人均不追究刑事责任，由海关予以行政处理；个人起主要作用的，对个人依照刑法有关规定追究刑事责任，对单位由海关予以行政处理。无法认定单位或个人起主要作用的，对个人和单位分别按个人犯罪和单位犯罪的标准处理。

单位和个人共同走私偷逃应缴税额超过25万元且能区分主、从犯的，应当按照刑法关于主、从犯的有关规定，对从犯从轻、减轻处罚或者免除处罚。（§ 20）

△（**单位走私犯罪；自首**）在办理单位走私犯罪案件中，对单位集体决定自首的，或者单位直接负责的主管人员自首的，应当认定单位自首。认定单位自首后，如实交代主要犯罪事实的单位负责的其他主管人员和其他直接责任人员，可视为自首，但对拒不交代主要犯罪事实或逃避法律追究的人员，不以自首论。（§ 21）

△（**共同走私犯罪案件；罚金刑**）审理共同走私犯罪案件时，对各共同犯罪人判处罚金的总额应掌握在共同走私行为偷逃应缴税额的一倍以上五倍以下。（§ 22）

△（**走私货物、物品、走私违法所得；走私犯罪工具；追缴；没收；查扣、冻结；先行变卖、拍卖**）在办理走私犯罪案件过程中，对发现的走私货物、物品、走私违法所得以及属于走私犯罪分子所有的犯罪工具，走私犯罪侦查机关应当及时追缴，依法予以查扣、冻结。在移送审查起诉时应当将扣押物品文件清单、冻结存款证明文件等材料随案移送，对于扣押的危险品或者鲜活、易腐、易失效、易贬值等不宜长期保存的货物、物品，已经依法先行变卖、拍卖的，应当随案移送变卖、拍卖物品清单以及原物的照片或者录像资料；人民检察院在提起公诉时应当将上述扣押物品文件清单、冻结存款证明和变卖、拍卖物品清单一并移送；人民法院在判决走私罪案件时，应当对随案清单、证明文件中载明的款、物审查确认并依法判决予以追缴、没收；海关根据人民法院的判决和海关法的有关规定予以处理，上缴中央国库。（§ 23）

△（**无法扣押；不便扣押；走私违法所得；追缴**）在办理走私普通货物、物品犯罪案件中，对于走私货物、物品因流入国内市场或者投入使用，致使走私货物、物品无法扣押或者不便扣押的，应当按照走私货物、物品的进出口完税价格认定违法所得予以追缴；走私货物、物品实际销售价格高于进出口完税价格的，应当按照实际销售价格认定违法所得予以追缴。（§ 24）

《最高人民法院关于严格执行有关走私案件涉案财物处理规定的通知》（法〔2006〕114号，2006年4月30日公布）

△（**赃款赃物之处理**）关于刑事案件赃款赃物的处理问题，相关法律、司法解释已经规定的很明确。《海关法》第九十二条规定，"海关依法扣留的货物、物品、运输工具，在人民法院判决或者海关处罚决定作出之前，不得处理"；"人民法院判决没收或者海关决定没收的走私货物、物品、违法所得、走私运输工具、特制设备，由海关依法统一处理，所得价款和海关决定处以的罚款，全部上缴中央国库。"《最高人民法院、最高人民检察院、海关总署关于办理走私刑事案件适用法律若干问题的意见》第二十三条规定，"人民法院在判决走私罪案件时，应当对随案清单、证明文件中载明的款、物审查确认并依法判决予以追缴、没收；海关根据人民法院的判决和海关法的有关规定予以处理，上缴中央国库。"

《宽严相济在经济犯罪和职务犯罪案件审判中的具体贯彻》（2010年4月7日公布）

△（**宽严相济；走私犯罪**）根据《意见》第25条规定的宽严"相济"要求，应当区分犯罪行为的具体情形区别对待。以走私犯罪为例，对海上偷运走私、绕关走私等未向海关报关的走私与价格瞒骗走私，走私特殊物品与走私普通货物、物品在具体量刑时都应当有所区别；对进口走私象牙等珍贵动物制品犯罪在量刑时应当酌情考虑出口国家的法律规定以及行为人的主观认识因素。

《最高人民法院关于审理走私犯罪案件适用法律有关问题的通知》（法〔2011〕163号，2011年4月26日公布）

△（**刑法修正；司法解释；参照适用**）《刑法修正案（八）》取消了走私普通货物、物品罪定罪量刑的数额标准，《刑法修正案（八）》施行后，新的司法解释出台前，各地人民法院在审理走私普通货物、物品犯罪案件时，可参照适用修正前的刑法及《最高人民法院关于审理走私刑事案件具体应

用法律若干问题的解释》①(法释〔2000〕30号)规定的数额标准。(§1)

△(**具体的定罪量刑标准；一年内曾因走私被给予二次行政处罚后又走私**)对于一年内曾因走私被给予二次行政处罚后又走私需要追究刑事责任的，具体的定罪量刑标准可由各地人民法院结合案件具体情况和本地实际确定。各地人民法院要依法审慎稳妥把握好案件的法律适用和政策适用，争取社会效果和法律效果的统一。(§2)

【附属刑法】

《中华人民共和国对外贸易法》(1994年5月12日通过，2016年11月7日修正)

第六十三条

Ⅰ违反本法第三十四条规定②，依照有关法律、行政法规的规定处罚；构成犯罪的，依法追究刑事责任。

Ⅱ国务院对外贸易主管部门可以禁止违法行为人自前款规定的行政处罚决定生效之日或者刑事处罚判决生效之日起一年以上三年以下的期限内从事有关的对外贸易经营活动。

《中华人民共和国铁路法》(1990年9月7日通过，2015年4月24日第二次修正)

第七十条

铁路职工利用职务之便走私的，或者与其他人员勾结走私的，依照刑法有关规定追究刑事责任。

《中华人民共和国烟草专卖法》(1991年6月29日通过，2015年4月24日第三次修正)

第三十七条

Ⅰ走私烟草专卖品，构成走私罪的，依照刑法有关规定追究刑事责任；走私烟草专卖品，数额不大，不构成走私罪的，由海关没收走私货物、物品和违法所得，可以并处罚款。

Ⅱ烟草专卖行政主管部门和烟草公司工作人员利用职务上的便利犯前款罪的，依法从重处罚。

《中华人民共和国公益事业捐赠法》(1999年6月28日通过)

第三十条

在捐赠活动中，有下列行为之一的，依照法律、法规的有关规定予以处罚；构成犯罪的，依法追究刑事责任：

……

(三)进行走私活动的；

(四)未经海关许可并且未补缴应缴税额，擅自将减税、免税进口的捐赠物资在境内销售、转让或者移作他用的。

【参考案例】

△在代理转口贸易中不如实报关，未造成实际损失的，不构成走私普通货物罪。

在宋世璋走私普通货物案中，宋世璋在报关过程中低报货物价值的行为属于进口货物后又出口至境外使用，实际并未产生进口税赋，未对国家税收造成实际损失，且如按一般贸易货物进口、出口时，海关亦无任何退税方面的规定。本案中，宋世璋代理管道公司向劳雷公司购买货物，用于管道公司在苏丹援建石油管道工程建设项目，在代理转口贸易过程中，与劳雷公司约定货运时间为1998年3月23日前，此后，劳雷公司因故将交货时间推迟至4月上旬，但该货物要求1998年5月10日前运抵苏丹，为此，宋世璋以办理转口手续时间紧、资金不足为由，低报货物价值，不如实报关，其主观意图是将暂行进口的货物复运出境，及时交货，其行为手段虽违反了海关监管规定，但依海关有关规定，其缴纳的税款不产生退税，现有证据亦不能证实其违法行为可获取非法利益，且未对国家税收造成实际损失。因此，宋世璋的违法行为不属走私行为，不构成走私普通货物罪。[No. 3-2-153、154-4　宋世璋走私普通货物案]

△未经海关许可且未补缴应缴税额，擅自将进料加工的保税货物在境内销售牟利的，应以走私普通货物罪论处。

首先，根据《海关法》等规定，擅自在境内销售进料加工的保税货物属于走私行为。我国《海关法》第八十二条第(二)项明确规定，未经海关许可并且未缴纳应纳税款、交验有关许可证件，擅自将保税货物、特定减免税货物以及其他海关监管货

① 系争解释已为《最高人民法院、最高人民检察院关于办理走私刑事案件适用法律若干问题的解释》(法释〔2014〕10号)所废止而失效。

② 《中华人民共和国对外贸易法》(1994年5月12日通过，2016年11月7日修正)

第三十四条

在对外贸易活动中，不得有下列行为：

……

(三)走私；

……

物、物品、进境的境外运输工具，在境内销售的行为，属于走私行为的具体表现之一，并于第一百条对保税货物作出了专门解释，保税货物是指经海关批准未办理纳税手续进境，在境内储存、加工、装配后复运出境的货物。结合原对外经济贸易合作部于1995年公布的《关于对加工贸易进口料件试行银行保证金台账制度期间外经贸部门审批管理实施细则》第二条关于加工贸易是指在国内注册的各类企业的进料加工、来料加工的规定，作为加工贸易的形式之一的进料加工，将其保税货物在境内擅自销售的行为属于走私行为，应无疑问。

其次，擅自在境内销售进料加工保税货物具有与销售来料加工保税货物同样的社会危害性。进料加工是指我国有关经营单位用外汇购买部分或全部原料、材料、辅料、元器件、零部件、配套件和包装物料，加工为成品或半成品再销往国外的贸易方式；来料加工是由国外厂商提供原材料、辅助材料及包装材料等，委托我方企业加工成品，国外厂商负责销售，我方按合同收取加工费的贸易方式。可见，进料加工和来料加工是有区别的，不能简单地将进料加工等同为来料加工，其中，进料的所有权属于境内单位，而来料则属于境（国）外单位。同时，作为加工贸易的两种具体形式，笔者应当注意到两者实质上的共同之处，“两头在外”，实行保税；未经许可并补缴税额，不得将进料、来料加工的保税货物在境内销售。擅自在境内销售进料加工的保税货物，不仅侵害国家的海关监管制度，给国家关税造成损失，而且还将因为竞争的不公平，严重扰乱我国的市场经济秩序。这一点，与擅自在境内销售来料加工保税货物的行为是完全相同的。

最后，对擅自在境内销售进料加工保税货物的行为以走私普通货物、物品罪处理，具有司法解释依据。2000年公布的《最高人民法院关于审理走私刑事案件具体应用法律若干问题的解释》（已失效）第七条关于保税货物的解释中，采取了与《海关法》规定完全一致的意见：《刑法》第一百五十四条规定的“保税货物”是指经海关批准，未办理纳税手续进境，在境内储存、加工、装配后应予复运出境的货物。保税货物包括通过加工贸易、补偿贸易等方式进口的货物以及在保税仓库、保税工厂、保税区或者免税商店内等储存、加工、寄售的货物。于同年公布的《最高人民检察院关于擅自销售进料加工保税货物的行为法律适用问题的解释》，则规定得更为明确：经海关批准进口的进料加工的货物属于保税货物。未经海关许可并且未补缴应缴税额，擅自将批准进口的进料加工的原材料、零件、制成品、设备等保税货物，在境内销售牟利，偷逃应缴税额在5万元以上的，依照《刑法》第一百五十四条、第一百五十三条的规定，以走私普通货物、物品罪追究刑事责任。

综上，《刑法》第一百五十四条第（一）项规定虽未明确保税货物是否包括进料加工的保税货物，但根据境内擅自销售进料加工的保税货物的行为性质、社会危害及相关司法解释，偷逃税款达到法定数额的，仍可以走私普通货物罪定罪处罚。［No. 3-2-153、154-5　上海华源伊龙实业发展公司等走私普通货物案］

△走私犯罪行为完成后，以该走私货物让他人虚开增值税专用发票以抵扣税款的，应以走私罪和虚开增值税专用发票罪实行数罪并罚。

牵连犯罪，作为一种以实施某一犯罪为目的，但方法行为或者出现的结果行为又触犯了其他罪名的犯罪形态，其构成必须同时具备以下条件：其一，必须实施了两个以上的独立犯罪行为，即必须存在两个以上的危害行为，且每一行为都符合了某一犯罪的基本构成从而都已独立构成了犯罪。其二，实施的数行为之间在主观上必须是出于一个犯罪目的，即虽然存在两个以上的犯罪行为，但其目的则只有一个，即在为了实施某一犯罪的过程中，所采取的方法或者所出现的结果又触犯了其他罪名，构成了其他犯罪。其三，实施的数行为之间在客观上必须存在着牵连关系。认定数个行为之间是否存在牵连关系，应当坚持主观方面和客观方面的有机统一。只有在主观上是为了实施一个犯罪目的而实施的，且在客观上存在着不可分离的、内在必然的手段与目的、原因与结果的关系的数个行为，才可以认定其间存在着牵连关系。换句话说，在一个犯罪目的支配下，行为人所要实施的犯罪即目的犯罪与所采取的方法行为触犯的犯罪之间存在着手段与目的的关系，或者所实施的犯罪即原因犯罪与所出现的结果行为触犯的犯罪之间存在着原因与结果的关系时，才可以认定其间存在牵连关系。其四，必须触犯不同的罪名，即数个行为分别具备数个不同性质犯罪的构成条件。以上四个条件，缺一即不可能构成牵连犯罪。

具体到王红梅等走私普通货物、虚开增值税专用发票案中的走私移动电信设备等货物进口的行为，与该行为完成后再实施的虚开增值税专用发票的行为，两者虽然属于独立的犯罪行为，并且具备两个完全不同性质犯罪即走私普通货物罪与虚开增值税专用发票罪的构成条件，但两者并不是为了一个犯罪目的，前者是为了将移动电信设备等货物逃避海关监管进口，从而偷逃应缴税款的走私目的，后者则是为了抵扣税款的目的，且虚开增值税专用发票的行为发生在走私移动电信设备等货物的行为完成后，后者既不是前者所必须采取的方法行为，两者之间从而并不存在手段与目的的关系，也不是前者所必然出现的结果行为，走私货物行为完成后根本不会由于为了走私货物这一犯罪目的而再出现虚开增值税专用发票行为这一结果行为，两者之间因而也不存在原因与结果的关系。本案的走私移动电信设备等货物的行为与该行为完成之后再出于抵扣税款的目的实施的虚开增值税专用发票的行为之间，根本不存在构成牵连犯罪所必须具有的牵连关系，因此，对于被告人王红梅应当以走私普通货物罪和虚开增值税专用发票罪并罚。［No. 3-2-153、154-7　王红梅等走私普通货物、虚开增值税专用发票案］

△通过互联网进行海外代购，故意违反海关法规，逃避海关监管，运输、携带、邮寄普通货物、物品进出国（边）境，偷逃应缴税额较大的，构成走私普通货物、物品罪。

依据2002年公布的《最高人民法院、最高人民检察院、海关总署关于办理走私刑事案件适用法律若干问题的意见》第五条，行为人明知自己的行为违反国家法律法规，逃避海关监管，偷逃进出境货物、物品的应缴税额，或者逃避国家有关进出境的禁止性管理，并且希望或者放任危害结果发生的，应认定为具有走私的主观故意。在叶春业走私普通货物案中，叶春业供述他和新西兰籍华人胥某事先商定由他负责将奶粉偷运入境，故认定叶春业主观上的“明知”故意并无异议。实践中行为人对是否“明知”往往有两种辩解：一是辩称不知法，不知道需要缴税；二是辩称商品为自用，没有牟利之目的。针对第一种辩解，可以从行为人的长期行为、涉案商品的性质和数量、逃税金额等方面作具体分析，只要作为人应当知道具有申报纳税义务而未申报便可推定具有“明知”故意。合法的海外代购行为与走私行为最关键的区分就在于进口时是否向海关依法如实申报。针对第二种辩解，因本罪不以牟利目的为构成要件，因此，自用物品超过免税额度而未申报的，也可能构成走私犯罪。

修订前的《刑法》第一百五十三条将本罪量刑与逃税金额直接挂钩。《刑法修正案（八）》取消了偷逃应缴税额的具体数额标准，代之以数额较大、数额巨大、数额特别巨大的原则表述。为了指导具体案件的审理，2011年4月26日公布的《最高人民法院关于审理走私犯罪案件适用法律有关问题的通知》，规定在新的司法解释出台前，各地人民法院在审理走私普通货物、物品犯罪案件时，可参照适用1997年《刑法》及《最高人民法院关于审理走私案件具体应用法律若干问题的解释》规定的数额标准。本案中叶春业的逃税金额逾155万元，应适用十年以上有期徒刑或者无期徒刑的量刑幅度，但叶春业在共同犯罪中系协助货主走私货物入境的从犯，依法应予减轻处罚，且叶春业归案后能如实供述主要犯罪事实，依法可从轻处罚。一审判决判处叶春业有期徒刑七年，罚金90万元量刑比较适当。［No. 3-2-153、154-8　叶春业走私普通货物案］

△临时反补贴措施保证金属于临时性特别关税，应计入走私犯罪偷逃的应缴税额。临时反倾销措施保证金属于临时性行政措施，不属于关税，不计入偷逃税额。

根据《反倾销条例》第二十八条第一款的规定，临时反倾销措施包括征收临时反倾销税与要求提供保证金、保函或其他形式的担保两种，前者在性质上属于临时性特别关税，后者仅属于临时性的行政措施，性质上不属于关税。根据《反补贴条例》第二十九条第二款的规定，临时反补贴措施的保证金、保函是临时反补贴税的形式，性质上是临时反补贴税，属于临时性的特别关税。

临时反补贴措施的保证金由国务院关税税则委员会决定，而临时反倾销措施的保证金则由商务部决定。从决定主体看，两者的性质也存在差别。

虽然临时反倾销措施的保证金在终裁后被追诉征收为反倾销税，但在刑法上认定犯罪应严格遵循不溯及既往的原则，偷逃该部分金额不应溯及为犯罪。［No. 3-2-153、154-9　佳鑫投资有限公司、刘光明等走私普通货物案］

△明知远洋渔业项目已经过期，仍违反海关规定冒用其他船舶的远洋自捕水产品免税资格，逃避海关监管，走私进口货物，构成走私普通货物罪。

2000年海关总署、农业部（已撤销）联合制定的《远洋渔业企业运回自捕水产品不征税的暂行管理办法》明确规定：“我国远洋渔业企业在公海或按照有关协议规定，在国外海域捕获并运回国内销售的自捕水产品（及其加工制品），视同国内产品不征收进口关税和进口环节增值税”；“远洋渔业企业必须经农业部批准，获得‘农业部远洋渔业企业资格证书’方能享受国家上述政策”。远洋渔业企业享受运回自捕水产品不征税政策的必要条件之一是捕捞水产品的渔船必须经农业部远洋项目批准。在舟山市某远洋渔业有限公司、李某某走私普通货物案中，被告单位舟山某公司使用的“烟鱼608”船经农业部2008年度第三批远洋渔业项目确认，有效期至2009年3月31日，案发时段已经过期，故其自捕水产品属于普通货物，入境不再享受不征税政策，应适用原产地规则照章征收进口关税和进口环节增值税。该公司办理报关手续时,故意填报该公司已获得农业部2009年度第二批远洋渔业项目确认的"舟东远822船""新世纪五十三号船",属于逃避海关监管的伪报行为,具有走私普通货物的主观故意,在客观上侵害了海关监管程序,构成走私普通货物罪。[No.3-2-153、154-10　舟山市某远洋渔业有限公司、李某某走私普通货物案]

第一百五十四条　【走私普通货物、物品罪】

下列走私行为，根据本节规定构成犯罪的，依照本法第一百五十三条的规定定罪处罚：

（一）未经海关许可并且未补缴应缴税额，擅自将批准进口的来料加工、来件装配、补偿贸易的原材料、零件、制成品、设备等保税货物，在境内销售牟利的；

（二）未经海关许可并且未补缴应缴税额，擅自将特定减税、免税进口的货物、物品，在境内销售牟利的。

【立法理由】

1988年《全国人民代表大会常务委员会关于惩治走私罪的补充规定》对走私保税货物和特定减免税货物的犯罪作了规定,其中第六条规定:"下列走私行为,根据本规定构成犯罪的,依照第四条、第五条的规定处罚:(1)未经海关许可并且未补缴关税,擅自将批准进口的来料加工、来件装配、补偿贸易的原材料、零件、制成品、设备等保税货物,在境内销售牟利的。(2)假借捐赠名义进口货物、物品的,或者未经海关许可并且未补缴关税,擅自将捐赠进口的货物、物品或者其他特定减税、免税进口的货物、物品,在境内销售牟利的。前款所列走私行为,走私数额较小,不构成犯罪的,由海关没收走私货物、物品和违法所得,可以并处罚款。"**1997年修订刑法**时,将上述规定修改后纳入刑法,主要修改是将定罪处罚的标准"关税"修改为"应缴税额",并删去了**关于假借捐赠走私的规定**,主要是我国对捐赠物品已规定要纳税,其已不属于特定减免税的范围。

【条文说明】

本条是关于走私保税货物和特定减免税货物犯罪及其处罚的规定。

根据第(一)项的规定,"未经海关许可并且未补缴应缴税额,擅自将批准进口的来料加工、来件装配、补偿贸易的原材料、零件、制成品、设备等保税货物,在境内销售牟利"的行为,是走私行为。依照本法第一百五十三条走私普通货物、物品罪定罪处罚,定罪量刑标准也应当适用该罪标准。本条规定的"**保税货物**",根据《海关法》第一百条的规定,是指经海关批准未办理纳税手续进境,在境内储存、加工、装配后复运出境的货物。保税货物包括通过加工贸易、补偿贸易等方式进口的货物,以及在保税仓库、保税工厂、保税区或者免税商店等储存、加工、寄售的货物。保税货物进境时未交纳关税,如从境外进口原料、部件,在境内加工制成成品后,复运出境,海关按实际加工出口的数量免征进口税。这部分料件,有的所有权属于境外,有的虽经我方买入,但目的不是为了消费,而是为了加工成成品在境外销售,以赚取外汇收入。如果对这部分料件入境时征收关税,出境时再退税,难免手续繁杂,不利于开展对外贸易。为了保证保税货物能复运出境,国家规定由海关对其储存、加工、装配过程进行监管。进口多少料件,出口多少成品,不允许采取隐瞒、欺骗的方法擅自在境内销售。如果情况发生变化,需要转入国内市场销售的,必须经过海关批准并补缴应缴税额。

第(二)项所列的走私行为是"未经海关许可并且未补缴应缴税额,擅自将特定减税、免税进口的货物、物品,在境内销售牟利的",《海关法》第五十七条规定:"特定地区、特定企业或者有特定用途的进出口货物,可以减征或者免征关税。特定减税或者免税的范围和办法由国务院规定。依照前款规定减征或者免征关税进口的货物,只能用于特定地区、特定企业或者特定用途,未经海关核准并补缴关税,不得移作他用。"因此本项所说的"**特定减税、免税进口的货物、物品**",主要是指:经济特区等特定地区进口的货物;三资企业进口的货物;为特定用途进口的货物,以及《海关法》第五十六条、第五十八条规定的其他减征、免征关税的其他货物、物品、临时减征或者免征关税货物、物品。根据本条规定,个人或者单位如果有上述行为且该行为构成犯罪,应分别依照本法第一百五十三条的规定定罪处罚。

需要注意的是,本条第(一)(二)项规定的"**销售牟利**",是指行为人主观上为了牟取非法利益而擅自销售海关监管的保税货物、特定减免税货物。该种行为是否构成犯罪，应当根据偷逃的应缴税额是否达到《刑法》第一百五十三条及相关司法解释规定的数额标准予以认定。实际获利与否或者获利多少并不影响对其定罪。

【司法解释】

《最高人民检察院关于擅自销售进料加工保税货物的行为法律适用问题的解释》（高检发释字〔2000〕3 号，自 2000 年 10 月 16 日起施行）

△（**保税货物；擅自销售进料加工保税货物；走私普通货物、物品罪**）保税货物是指经海关批准未办理纳税手续进境，在境内储存、加工、装配后复运出境的货物。经海关批准进口的进料加工的货物属于保税货物。未经海关许可并且未补缴应缴税额，擅自将批准进口的进料加工的原材料、零件、制成品、设备等保税货物，在境内销售牟利，偷逃应缴税额在五万元以上的，依照刑法第一百五十四条、第一百五十三条的规定，以走私普通货物、物品罪追究刑事责任。

《最高人民法院、最高人民检察院关于办理走私刑事案件适用法律若干问题的解释》（法释〔2014〕10 号，自 2014 年 9 月 10 日起施行）

△（**保税货物**）刑法第一百五十四条规定的“保税货物”，是指经海关批准，未办理纳税手续进境，在境内储存、加工、装配后应予复运出境的货物，包括通过加工贸易、补偿贸易等方式进口的货物，以及在保税仓库、保税工厂、保税区或者免税商店内等储存、加工、寄售的货物。（§ 19）

【司法解释性文件】

《最高人民法院、最高人民检察院、海关总署关于办理走私刑事案件适用法律若干问题的意见》（法〔2002〕139 号，2002 年 7 月 8 日公布）

△（**主观故意之认定；明知**）行为人明知自己的行为违反国家法律法规，逃避海关监管，偷逃进出境货物、物品的应缴税额，或者逃避国家有关进出境的禁止性管理，并且希望或者放任危害结果发生的，应认定为具有走私的主观故意。

走私主观故意中的“明知”是指行为人知道或者应当知道所从事的行为是走私行为。具有下列情形之一的，可以认定为“明知”，但有证据证明确属被蒙骗的除外：

（一）逃避海关监管，运输、携带、邮寄国家禁止进出境的货物、物品的；

（二）用特制的设备或者运输工具走私货物、物品的；

（三）未经海关同意，在非设关的码头、海（河）岸、陆路边境等地点，运输（驳载）、收购或者贩卖非法进出境货物、物品的；

（四）提供虚假的合同、发票、证明等商业单证委托他人办理通关手续的；

（五）以明显低于货物正常进（出）口的应缴税额委托他人代理进（出）口业务的；

（六）曾因同一种走私行为受过刑事处罚或者行政处罚的；

（七）其他有证据证明的情形。（§ 5）

△（**走私的具体对象不明确；根据实际的走私对象；受蒙骗；认识错误；从轻处罚**）走私犯罪嫌疑人主观上具有走私犯罪故意，但对其走私的具体对象不明确的，不影响走私犯罪构成，应当根据实际的走私对象定罪处罚。但是，确有证据证明行为人因受蒙骗而对走私对象发生认识错误的，可以从轻处罚。（§ 6）

△（**伪报价格；实际成交价格之认定**）走私犯罪案件中的伪报价格行为，是指犯罪嫌疑人、被告人在进出口货物、物品时，向海关申报进口或者出口的货物、物品的价格低于或者高于进出口货物的实际成交价格。

对实际成交价格的认定，在无法提取真、伪两套合同、发票等单证的情况下，可以根据犯罪嫌疑人、被告人的付汇渠道、资金流向、会计账册、境内外收发货人的真实交易方式，以及其他能够证明进出口货物实际成交价格的证据材料综合认定。（§ 11）

△（**出售走私货物；增值税专用发票；非法开具增值税专用发票；走私偷逃应缴税额；扣除**）走私犯罪嫌疑人为出售走私货物而开具增值税专用发票并缴纳增值税，是其走私行为既遂后在流通领域获违法所得的一种手段，属于非法开具增值税专用发票。对走私犯罪嫌疑人因出售走私货物而实际缴纳走私货物增值税的，在核定走私货物偷逃应缴税额时，不应当将其已缴纳的增值税额从其走私偷逃应缴税额中扣除。（§ 12）

△（**销售牟利；实际获利**）刑法第一百五十四条第（一）、（二）项规定的“销售牟利”，是指行为人主观上为了牟取非法利益而擅自销售海关监管的保税货物、特定减免税货物。该种行为是否构成犯罪，应当根据偷逃的应缴税额是否达到刑法第一百五十三条及相关司法解释规定的数额标准予以认定。实际获利与否或者获利多少并不影响其定罪。（§ 13）

△（**单位走私犯罪；诉讼代表人之确定；拘传；先行追究；直接负责的主管人员或者直接责任人员；追缴、没收**）单位走私犯罪案件的诉讼代表人，

应当是单位的法定代表人或者主要负责人。单位的法定代表人或者主要负责人被依法追究刑事责任或者因其他原因无法参与刑事诉讼的,人民检察院应当另行确定被告单位的其他负责人作为诉讼代表人参加诉讼。

接到出庭通知的被告单位的诉讼代表人应当出庭应诉。拒不出庭的,人民法院在必要的时候,可以拘传到庭。

对直接负责的主管人员和其他直接责任人员均无法归案的单位走私犯罪案件,只要单位走私犯罪的事实清楚、证据确实充分,且能够确定诉讼代表人代表单位参与刑事诉讼活动的,可以先行追究该单位的刑事责任。

被告单位没有合适人选作为诉讼代表人出庭的,因不具备追究该单位刑事责任的诉讼条件,可按照单位犯罪的条款先行追究单位犯罪中直接负责的主管人员或者其他直接责任人员的刑事责任。人民法院在对单位犯罪中直接负责的主管人员或者直接责任人员进行判决时,对于扣押、冻结的走私货物、物品、违法所得以及属于犯罪单位所有的走私犯罪工具,应当一并判决予以追缴、没收。(§ 17)

△(**单位走私犯罪;直接负责的主管人员和直接责任人员之认定**)具备下列特征的,可以认定为单位走私犯罪:(1)以单位的名义实施走私犯罪,即由单位集体研究决定,或者由单位的负责人或者被授权的其他人员决定、同意;(2)为单位谋取不正当利益或者违法所得大部分归单位所有。

依照《最高人民法院关于审理单位犯罪案件具体应用法律有关问题的解释》第二条的规定,个人为进行违法犯罪活动而设立的公司、企业、事业单位实施犯罪的,或者个人设立公司、企业、事业单位后,以实施犯罪为主要活动的,不以单位犯罪论处。单位是否以实施犯罪为主要活动,应根据单位实施走私行为的次数、频度、持续时间、单位进行合法经营的状况等因素综合考虑认定。

根据单位人员在单位走私犯罪活动中所发挥的不同作用,对其直接负责的主管人员和其他直接责任人员,可以确定为一人或者数人。对于受单位领导指派而积极参与实施走私犯罪行为的人员,如果其行为在走私犯罪的主要环节起重要作用的,可以认定为单位犯罪的直接责任人员。(§ 18)

△(**单位走私犯罪;单位分立、合并或者其他资产重组;单位被依法注销、宣告破产;被执行人;减除**)单位走私犯罪后,单位发生分立、合并或者其他资产重组等情况的,只要承受该单位权利义务的单位存在,应当追究单位走私犯罪的刑事责任。走私单位发生分立、合并或者其他资产重组后,原单位名称发生更改的,仍以原单位(名称)作为被告单位。承受原单位权利义务的单位法定代表人或者负责人为诉讼代表人。

单位走私犯罪后,发生分立、合并或者其他资产重组情形,以及被依法注销、宣告破产等情况的,无论承受该单位权利义务的单位是否存在,均应追究原单位直接负责的主管人员和其他直接责任人员的刑事责任。

人民法院对原走私单位判处罚金的,应当将承受原单位权利义务的单位作为被执行人。罚金超出新单位所承受的财产的,可在执行中予以减除。(§ 19)

△(**单位走私犯罪;自首**)在办理单位走私犯罪案件中,对单位集体决定自首的,或者单位直接负责的主管人员自首的,应当认定单位自首。认定单位自首后,如实交代主要犯罪事实的单位负责的其他主管人员和其他直接责任人员,可视为自首,但对拒不交代主要犯罪事实或逃避法律追究的人员,不以自首论。(§ 21)

△(**共同走私犯罪案件;罚金刑**)审理共同走私犯罪案件时,对各共同犯罪人判处罚金的总额应掌握在共同走私行为偷逃应缴税额的一倍以上五倍以下。(§ 22)

△(**走私货物、物品、走私违法所得;走私犯罪工具;追缴;没收;查扣、冻结;先行变卖、拍卖**)在办理走私犯罪案件过程中,对发现的走私货物、物品、走私违法所得以及属于走私犯罪分子所有的犯罪工具,走私犯罪侦查机关应当及时追缴,依法予以查扣、冻结。在移送审查起诉时应当将扣押物品文件清单、冻结存款证明文件等材料随案移送,对于扣押的危险品或者鲜活、易腐、易失效、易贬值等不宜长期保存的货物、物品,已经依法先行变卖、拍卖的,应当随案移送变卖、拍卖物品清单以及原物的照片或者录像资料;人民检察院在提起公诉时应当将上述扣押物品文件清单、冻结存款证明和变卖、拍卖物品清单一并移送;人民法院在判决走私罪案件时,应当对随案清单、证明文件中载明的款、物审查确认并依法判决予以追缴、没收;海关根据人民法院的判决和海关法的有关规定予以处理,上缴中央国库。(§ 23)

△(**无法扣押;不便扣押;走私违法所得;追缴**)在办理走私普通货物、物品犯罪案件中,对于走私货物、物品因流入国内市场或者投入使用,致使走私货物、物品无法扣押或者不便扣押的,应当按照走私货物、物品的进出口完税价格认定违法所得予以追缴;走私货物、物品实际销售价格高于

进出口完税价格的，应当按照实际销售价格认定违法所得予以追缴。(§ 24)

《最高人民法院关于严格执行有关走私案件涉案财物处理规定的通知》(法〔2006〕114 号，2006 年 4 月 30 日公布)

△(**赃款赃物之处理**)关于刑事案件赃款赃物的处理问题，相关法律、司法解释已经规定的很明确。《海关法》第九十二条规定，“海关依法扣留的货物、物品、运输工具，在人民法院判决或者海关处罚决定作出之前，不得处理”；“人民法院判决没收或者海关决定没收的走私货物、物品、违法所得、走私运输工具、特制设备，由海关依法统一处理，所得价款和海关决定处以的罚款，全部上缴中央国库。”《最高人民法院、最高人民检察院、海关总署关于办理走私刑事案件适用法律若干问题的意见》第二十三条规定，“人民法院在判决走私罪案件时，应当对随案清单、证明文件中载明的款、物审查确认并依法判决予以追缴、没收；海关根据人民法院的判决和海关法的有关规定予以处理，上缴中央国库。”

《宽严相济在经济犯罪和职务犯罪案件审判中的具体贯彻》(2010 年 4 月 7 日公布)

△(**宽严相济；走私犯罪；酌定情节**)根据《意见》第 25 条规定的宽严“相济”要求，应当区分犯罪行为的具体情形区别对待。以走私犯罪为例，对海上偷运走私、绕关走私等未向海关报关的走私与价格瞒骗走私，走私特殊物品与走私普通货物、物品在具体量刑时都应当有所区别；对进口走私象牙等珍贵动物制品犯罪在量刑时应当酌情考虑出口国家的法律规定以及行为人的主观认识因素。

第一百五十五条　【以走私罪论处的情形】

下列行为，以走私罪论处，依照本节的有关规定处罚：

(一)直接向走私人非法收购国家禁止进口物品的，或者直接向走私人非法收购走私进口的其他货物、物品，数额较大的；

(二)在内海、领海、界河、界湖运输、收购、贩卖国家禁止进出口物品的，或者运输、收购、贩卖国家限制进出口货物、物品，数额较大，没有合法证明的。

【立法沿革】

《中华人民共和国刑法》(1997 年修订，自 1997 年 10 月 1 日起施行)

第一百五十五条

下列行为，以走私罪论处，依照本节的有关规定处罚：

(一)直接向走私人非法收购国家禁止进口物品的，或者直接向走私人非法收购走私进口的其他货物、物品，数额较大的；

(二)在内海、领海运输、收购、贩卖国家禁止进出口物品的，或者运输、收购、贩卖国家限制进出口货物、物品，数额较大，没有合法证明的；

(三)逃避海关监管将境外固体废物运输进境的。

《中华人民共和国刑法修正案(四)》(自 2002 年 12 月 28 日起施行)

三、将刑法第一百五十五条修改为：

“下列行为，以走私罪论处，依照本节的有关规定处罚：

“(一)直接向走私人非法收购国家禁止进口物品的，或者直接向走私人非法收购走私进口的其他货物、物品，数额较大的；

“(二)在内海、领海、界河、界湖运输、收购、贩卖国家禁止进出口物品的，或者运输、收购、贩卖国家限制进出口货物、物品，数额较大，没有合法证明的。”

【立法理由】

1. **1997 年修订刑法的情况**。1988 年《全国人民代表大会常务委员会关于惩治走私罪的补充规定》第七条规定：“下列行为，以走私罪论处，依照本规定的有关规定处罚：(1)直接向走私人非法收购国家禁止进口物品的，或者直接向走私人非法收购走私进口的其他货物、物品，数额较大的。(2)在内海、领海运输、收购、贩卖国家禁止进出口物品的，或者运输、收购、贩卖国家限制进出口货物、物品，数额较大，没有合法证明的。前款所列走私行为，走私数额较小，不构成犯罪的，由海关没收走私货物、物品和违法所得，可以并处罚款。”1995 年 10 月 30 日第八届全国人大常委会第十六次会议通过的《固体废物污染环境防治法》第六十六条规定：“违反本法规定，将中国境外的固体废物进境倾倒、堆放、处置,或者未经国务院有关主管部门许可擅自进口固体废物用作原料的,由海关责令退运该固体废物,可以并处十万元以上一百万元以下的罚款。逃避海关监管,构成走私罪的,依法追究刑事责任。以原料利用为名,进口不能用作原料的固体废物的,依照前款规定处罚。"1997 年修订刑法时,将上述规定修改后纳入刑法。规定"以走私罪论处",是因为这些行为有的不具有典型的走私罪特征。如直接向走私人收购走私物品,或者在内海、领海运输、收购、贩卖国家禁止进出口或者限制进出口的物品的行为。这些行为虽不存在逃避海关监管的行为且都发生在我国境内,但正是由于这些行为为走私入境的货物提供了销售和进入国内市场的渠道,为走私出口的货物提供了货源,成为走私罪的一个重要环节,通常是走私犯罪的帮助犯,或者整个走私犯罪链条中的一环。为了严厉打击走私犯罪,刑法把这些行为作为准走私罪予以打击,所以本条规定对这些行为"以走私罪论处"。

2. 2002 年《刑法修正案(四)》对本条的修改情况。1997 年《刑法》第一百五十五条规定:"下列行为,以走私罪论处,依照本节的有关规定处罚:(一)直接向走私人非法收购国家禁止进口物品的,或者直接向走私人非法收购走私进口的其他货物、物品,数额较大的;(二)在内海、领海运输、收购、贩卖国家禁止进出口物品的,或者运输、收购、贩卖国家限制进出口货物、物品,数额较大,没有合法证明的;(三)逃避海关监管将境外固体废物运输进境的。"针对当时在界河、界湖运输、收购、贩卖国家禁止进出口或者限制进出口货物、物品的犯罪较为严重的情况,2000 年修正《海关法》时,对按走私行为论处的条款进行了补充、完善。《刑法修正案(四)》根据《海关法》的规定作了相应的修改。《刑法修正案(四)》对此作了如下修改:删去了第(三)项规定,将此项内容放在《刑法》第一百五十二条中作为第二款加以规定,对逃避海关监管将境外固体废物、液态废物和气态废物运输进境,情节严重的行为均规定追究刑事责任;增加了在界河、界湖运输、收购、贩卖国家禁止进出口或者限制进出口货物、物品的犯罪行为。

【条文说明】

本条是关于对直接向走私人非法收购走私进口的货物、物品以及在内海、领海、界河、界湖运输、收购、贩卖国家禁止进出口或者限制进出口货物、物品的行为以走私罪论处的规定。

第(一)项所列行为,要以走私罪论处必须符合以下两个条件:

1. 行为人在境内必须直接向走私人非法收购国家禁止进口或者走私进口的其他货物、物品,即所谓的"第一手交易"。如果不是直接向走私分子收购走私进境的货物、物品,而是经过第二手、第三手甚至更多的收购环节后收购的,即使收购人明知是走私货物、物品,也不能以走私罪论处。

2. 直接向走私人非法收购武器、弹药、核材料或者伪造的货币和淫秽物品等禁止进口物品的,没有规定数额的限制,定罪量刑标准依照《最高人民法院、最高人民检察院关于办理走私刑事案件适用法律若干问题的解释》的规定确定;**但收购走私进口的其他货物、物品,必须达到数额较大,才能构成犯罪。**根据《刑法》第一百五十三条和上述司法解释的规定,个人收购走私货物、物品偷逃应缴税额在十万元以上的,即为"数额较大"。

第(二)项所列行为,要以走私罪论处必须符合以下两个条件:

1. 行为人必须在内海、领海、界河、界湖运输、收购、贩卖国家禁止进出口物品或者国家限制进出口的货物、物品。"内海",是指我国领海基线以内,包括海港、领海、海峡、直基线与海岸之间的海域,还包括内河的入海口水域,它属于我国内水的范围。**"领海"**,是指邻接我国陆地领土和内水的一带海域。我国的领海宽度从领海基线量起为十二海里。这里所说的**"界河"**,是指我国与另一国家之间的分界河流。**"界湖"**,是指我国与另一国家之间的分界湖泊。界河和界湖都是可航水域。如果行为人不是在内海、领海、界河、界湖,而是在内地运输、收购、贩卖国家禁止进出口的货物、物品或者国家限制进出口的货物、物品,不能以走私罪论处。

2. 在内海、领海、界河、界湖运输、收购、贩卖国家限制进出口的货物、物品,必须达到数额较大,没有合法证明的,才能构成犯罪。本项所称**"国家限制进出口的货物、物品"**,是指国家对进口或者出口实行配额或者许可证管理的货物、物品,其他一般应纳税物品不包括在内。本条所说的**"合法证明"**,是指有关主管部门颁发的进出口货物、物品许可证、准运证等能证明其来源、用途合法的证明文件。只有数额达到较大,又无合法证明的,才能以走私罪论处。

根据本条规定,直接向走私人非法收购走私进口的货物、物品,在内海、领海、界河、界湖运输、收购、贩卖国家禁止进出口的物品,或者没有合法证明,在内海、领海、界河、界湖运输、收购、贩卖国家限制进出口的货物、物品，构成犯罪的，应当**按照走私货物、物品的种类**，分别依照《刑法》第一百五十一条、第一百五十二条、第一百五十三条、第三百四十七条、第三百五十条等走私罪相关条文的规定定罪处罚。

【司法解释】

《最高人民法院、最高人民检察院关于办理走私刑事案件适用法律若干问题的解释》（法释〔2014〕10号，自2014年9月10日起施行）

△（**以走私罪论处；内海；入海口水域**）直接向走私人非法收购走私进口的货物、物品，在内海、领海、界河、界湖运输、收购、贩卖国家禁止进出口的物品，或者没有合法证明，在内海、领海、界河、界湖运输、收购、贩卖国家限制进出口的货物、物品，构成犯罪的，应当按照走私货物、物品的种类，分别依照刑法第一百五十一条、第一百五十二条、第一百五十三条、第三百四十七条、第三百五十条的规定定罪处罚。

刑法第一百五十五条第二项规定的"内海"，包括内河的入海口水域。（§ 20）

【司法解释性文件】

《最高人民法院、最高人民检察院、海关总署关于办理走私刑事案件适用法律若干问题的意见》（法〔2002〕139号，2002年7月8日公布）

△（**海上走私犯罪；运输人；事先通谋；集资走私；使用特殊的走私运输工具；其他参与人员**）对刑法第一百五十五条第（二）项规定的实施海上走私犯罪行为的运输人、收购人或者贩卖人应当追究刑事责任。对运输人，一般追究运输工具的负责人或者主要责任人的刑事责任，但对于事先通谋的、集资走私的、或者使用特殊的走私运输工具从事走私犯罪活动的，可以追究其他参与人员的刑事责任。（§ 14）

【附属刑法】

《中华人民共和国海关法》（1987年1月22日通过，2021年4月29日第六次修正）

第八十三条

有下列行为之一的，按走私行为论处，依照本法第八十二条的规定处罚：

（一）直接向走私人非法收购走私进口的货物、物品的；

（二）在内海、领海、界河、界湖，船舶及所载人员运输、收购、贩卖国家禁止或者限制进出境的货物、物品，或者运输、收购、贩卖依法应当缴纳税款的货物，没有合法证明的。

《中华人民共和国证券法》（1998年12月29日通过，2019年12月28日第二次修订）

第一百八十一条

Ⅰ发行人在其公告的证券发行文件中隐瞒重要事实或者编造重大虚假内容，尚未发行证券的，处以二百万元以上二千万元以下的罚款；已经发行证券的，处以非法所募资金金额百分之十以上一倍以下的罚款。对直接负责的主管人员和其他直接责任人员，处以一百万元以上一千万元以下的罚款。

Ⅱ发行人的控股股东、实际控制人组织、指使从事前款违法行为的，没收违法所得，并处以违法所得百分之十以上一倍以下的罚款；没有违法所得或者违法所得不足二千万元的，处以二百万元以上二千万元以下的罚款。对直接负责的主管人员和其他直接责任人员，处以一百万元以上一千万元以下的罚款。

第二百一十九条

违反本法规定，构成犯罪的，依法追究刑事责任。

第一百五十六条　【走私罪共犯】

与走私罪犯通谋，为其提供贷款、资金、帐号、发票、证明，或者为其提供运输、保管、邮寄或者其他方便的，以走私罪的共犯论处。

【立法理由】

1988年《全国人民代表大会常务委员会关于惩治走私罪的补充规定》第八条规定："与走私罪犯通谋，为其提供贷款、资金、帐号、发票、证明，或者为其提供运输、保管、邮寄或者其他方便的，以走私罪的共犯论处。"**1997年修订刑法**时，将上述规定纳入了刑法。虽然根据刑法有关共同犯罪的规定，本条行为应当按照共同犯罪处理，但本条还是对这种情形作了专门规定，强调严厉打击，这主要是考虑到当时我国一些地区走私活动猖獗，走私犯罪屡屡得逞与一些单位或者个人在他们走私前、走私中提供方便条件有直接关系。为了更有利于打击走私犯罪活动,从各个环节消除走私犯罪活动的条件,增加了本条规定。

【条文说明】

本条是关于走私罪共犯的规定。

本条规定了以走私罪的共犯论处的几种情形。本条规定的以走私罪论处的行为应当具备以下条件:

1. 行为人在主观上有犯罪故意,**"与走私罪犯通谋"**,是指行为人有犯罪故意的外在表现形式,主要是指事前、事中与走私罪犯共同商议,制订走私计划以及进行走私分工等活动。2002年《最高人民法院、最高人民检察院、海关总署关于办理走私刑事案件适用法律若干问题的意见》第十五条第二款规定:"通谋是指犯罪行为人之间事先或者事中形成的共同的走私故意。下列情形可以认定为**通谋**:(一)对明知他人从事走私活动而同意为其提供贷款、资金、账号、发票、证明、海关单证,提供运输、保管、邮寄或者其他方便的;(二)多次为同一走私犯罪分子的走私行为提供前项帮助的。"

2. 行为人在客观上有为走私罪犯"**提供贷款、资金、帐号、发票、证明,或者为其提供运输、保管、邮寄或者其他方便**"等行为。**提供"贷款、资金"**,是指金融机构或者其他单位的工作人员,提供贷款、资金给走私分子从事犯罪活动;**提供"帐号"**,是指将本人或者单位在银行或者金融机构中设立的帐号提供给走私分子,供其在走私中使用;**提供"发票"**,是指为走私分子提供可作为记帐、纳税、报销等凭据的写有售出商品名称、数量、价格、金额、日期等内容的发货票或者空白发票等;**提供"证明"**,是指非法为走私分子提供运输、收购、贩卖走私货物、物品所需要的有关证明,如进出口许可证、商检证明等;**提供"运输"方便**,是指为犯罪分子运输走私货物、物品提供各种运输工具;**提供"保管"方便**,是指为犯罪分子存放走私货物、物品提供存放仓库、场所或者代为储存、保管等便利;**提供"邮寄"方便**,是指海关、邮电工作人员明知他人邮寄的物品是国家禁止进出口的物品,或者是超过国家规定的进出境限额的物品而准予邮寄的行为;**"其他方便"**,是指除上述所列情形以外的其他各种帮助,如为犯罪分子传递重要信息等。这些行为都是当时实践中帮助走私行为的有针对性规定。

根据本条规定,行为人如果与走私罪犯通谋,为其提供贷款、资金、帐号、发票、证明,或者为其提供运输、保管、邮寄或者其他方便的,**以走私罪的共犯论处**。量刑依照刑法总则有关共同犯罪的规定处理。

【司法解释性文件】

《最高人民法院、最高人民检察院、海关总署关于办理走私刑事案件适用法律若干问题的意见》(法〔2002〕139号,2002年7月8日公布)

△**(通谋)**通谋是指犯罪行为人之间事先或者事中形成的共同的走私故意。下列情形可以认定为通谋:

(一)对明知他人从事走私活动而同意为其提供贷款、资金、账号、发票、证明、海关单证,提供运输、保管、邮寄或者其他方便的;

(二)多次为同一走私犯罪分子的走私行为提供前项帮助的。(§15)

【附属刑法】

《中华人民共和国海关法》(1987年1月22日通过,2021年4月29日第六次修正)

第八十四条

伪造、变造、买卖海关单证,与走私人通谋为走私人提供贷款、资金、帐号、发票、证明、海关单证,与走私人通谋为走私人提供运输、保管、邮寄或者其他方便,构成犯罪的,依法追究刑事责任;尚不构成犯罪的,由海关没收违法所得,并处罚款。

第一百五十七条　【对武装掩护走私和以暴力、威胁方法抗拒缉私犯罪的处罚】

武装掩护走私的,依照本法第一百五十一条第一款的规定从重处罚。

以暴力、威胁方法抗拒缉私的,以走私罪和本法第二百七十七条规定的阻碍国家机关工作人员依法执行职务罪,依照数罪并罚的规定处罚。

【立法沿革】

《中华人民共和国刑法》(1997年修订,自1997年10月1日起施行)

第一百五十七条

武装掩护走私的,依照本法第一百五十一条第一款、第四款的规定从重处罚。

以暴力、威胁方法抗拒缉私的，以走私罪和本法第二百七十七条规定的阻碍国家机关工作人员依法执行职务罪，依照数罪并罚的规定处罚。

《中华人民共和国刑法修正案(八)》(自2011年5月1日起施行)

二十八、将刑法第一百五十七条第一款修改为：

“武装掩护走私的，依照本法第一百五十一条第一款的规定从重处罚。”

【立法理由】

1. **1997年修订刑法的情况**。在实践中，有的犯罪分子在走私时以武装进行掩护，这种武装走私的犯罪行为给缉私带来了威胁，更具有危险性和危害性。犯罪分子武装掩护走私或者以暴力、威胁方法抗拒缉私的行为必然会对国家缉私人员的人身安全构成严重威胁，增加查禁走私的危险程度，最终会破坏我国的经济发展秩序。这是走私犯罪活动中最为嚣张的犯罪，必须予以严惩。为了严厉打击武装掩护走私行为，1988年1月21日第六届全国人大常委会第二十四次会议通过的《全国人民代表大会常务委员会关于惩治走私罪的补充规定》第十条规定：“武装掩护走私的，依照本规定第一条的规定从重处罚。以暴力、威胁方法抗拒缉私的，以走私罪和刑法第一百五十七条规定的阻碍国家工作人员依法执行职务罪，依照数罪并罚的规定处罚。”1997年修订刑法时，将上述规定纳入了刑法，在第一百五十七条规定：“武装掩护走私的，依照本法第一百五十一条第一款、第四款的规定从重处罚。以暴力、威胁方法抗拒缉私的，以走私罪和本法第二百七十七条规定的阻碍国家机关工作人员依法执行职务罪，依照数罪并罚的规定处罚。”也就是说，对于武装掩护走私的，可以根据《刑法》第一百五十一条第四款的规定，对“犯第一款、第二款罪，情节特别严重的，处无期徒刑或者死刑，并处没收财产”。

2. **2011年《刑法修正案(八)》对本条的修改情况**。根据社会、经济情况的变化，《刑法修正案(八)》对《刑法》第一百五十一条进行了修改：一是删除原第四款的规定，取消了走私文物罪，走私贵重金属罪，走私珍贵动物、珍贵动物制品罪等走私犯罪的死刑；二是在第一款中增加了“情节特别严重的，处无期徒刑或者死刑，并处没收财产”的规定。由于《刑法修正案(八)》删除了原第一百五十一条第四款，1997年《刑法》第一百五十七条第一款中“依照本法第一百五十一条第一款、第四款的规定从重处罚”的规定也就不再适用，《刑法修正案(八)》因此作了相应修改，删除了“依照本法第一百五十一条第一款、第四款的规定从重处罚”中的“第四款”。

2015年8月29日第十二届全国人大常委会第十六次会议通过的《刑法修正案(九)》对《刑法》第一百五十一条第一款作了进一步修改，取消了走私武器、弹药罪、走私核材料罪和走私伪造货币罪的死刑。武装掩护走私行为，除构成故意杀人、运输枪支、弹药、爆炸物等其他犯罪外，一般不再适用死刑。

【条文说明】

本条是对武装掩护走私和以暴力、威胁方法抗拒缉私犯罪处罚的规定。

本条共分为两款。

第一款是关于武装掩护走私处罚的规定。**“武装掩护走私”**，是指行为人携带武器用以保护走私活动的行为。[①] 在实践中，有的犯罪分子在遇到缉私检查时，公然持武器进行抵抗，有的没有用武器进行抵抗或者没有来得及用武器进行抵抗，便被捕获。只要犯罪分子携带武器武装掩护，无论是否使用武器，都不影响本条的适用。[②] 武装掩护走私，是最严重的走私行为之一，社会危害性极大，所以本款规定，对武装掩护走私的，依照本法第一百五十一条第一款的规定从重处罚。[③]《刑法》第一百五十一条第一款将量刑幅度分为三个档次：走私武器、弹药、核材料或者伪造的货币的，处七年以上有期徒刑，并处罚金或者没收财产；情节特别严重的，处无期徒刑，并处没收财产；情节较轻的，处三年以上七年以下有期徒刑，并处

① 武装掩护是暴力、威胁方法中的一种特殊情况，既然立法者明确将武装掩护单独列举，就意味着其从暴力、威胁方法中脱离出来。参见黎宏：《刑法学各论》(第2版)，法律出版社2016年版，第107页。

② 相同的学说见解，参见黎宏：《刑法学各论》(第2版)，法律出版社2016年版，第107页；周光权：《刑法各论》(第4版)，中国人民大学出版社2021年版，第263页；高铭暄、马克昌主编：《刑法学》(第7版)，北京大学出版社、高等教育出版社2016年版，第383页。

③ 武装掩护走私并非独立的罪名，而是以某种特殊手段实施的各种犯罪的概称，是各种走私犯罪的一种从重处罚情节。参见黎宏：《刑法学各论》(第2版)，法律出版社2016年版，第107页。

罚金。本款所说的**从重处罚**，是指根据情节轻重，在相应的量刑档次内从重，而不是在该档的量刑幅度以外从重。另外，应当注意的是，刑法对武装掩护走私有特别规定的，根据特别规定处罚。比如，对于**武装掩护走私、贩卖、运输、制造毒品**的，应当根据《刑法》第三百四十七条第二款的规定，处十五年有期徒刑、无期徒刑或者死刑，并处没收财产，而不是适用本条的规定进行处罚。武装掩护走私，同时构成故意杀人、伤害、非法持有枪支等其他犯罪的，根据案件情况应当数罪并罚或者从一重罪处罚。

第二款是对以暴力、威胁方法抗拒缉私行为处罚的规定。"**暴力**"，一般是指使用有形的力量，如殴打、捆绑等。"**威胁**"，一般是指使用无形的力量，造成对方精神上的压力，在心理上有一种恐惧感。例如，扬言对他人使用暴力，或以杀害、毁坏财产、报复家人、破坏名誉等相威胁。如果走私分子使用暴力、威胁手段抗拒缉私，根据本款的规定，应当以走私罪和本法第二百七十七条规定的阻碍国家机关工作人员依法执行职务罪，即妨害公务罪**数罪并罚**。

在实际执行中应当注意的是，行为人必须是走私分子，而且其走私行为已经构成犯罪，又有以暴力、威胁方法抗拒缉私的行为，才能以数罪并罚的规定处罚。根据《刑法》第六十九条的规定，数罪并罚，是指对两个以上独立的犯罪实行并罚。如果行为人的走私行为尚不构成走私罪，但使用暴力、威胁方法抗拒缉私的，则只能按《刑法》第二百七十七条阻碍国家机关工作人员依法执行职务罪定罪处罚。

【司法解释性文件】

《最高人民法院、最高人民检察院、海关总署、公安部、中国海警局关于打击粤港澳海上跨境走私犯罪适用法律若干问题的指导意见》（署缉发〔2021〕141号，2021年12月14日）

△（**走私罪；以危险方法危害公共安全罪；袭警罪；妨害公务罪；数罪并罚；武装掩护走私**）走私犯罪分子在实施走私犯罪或者逃避追缉过程中，实施碰撞、挤别、抛撒障碍物、超高速行驶、强光照射驾驶人员等危险行为，危害公共安全的，以走私罪和以危险方法危害公共安全罪数罪并罚。以暴力、威胁方法抗拒缉私执法，以走私罪和袭警罪或者妨害公务罪数罪并罚。武装掩护走私的，依照刑法第一百五十一条第一款规定从重处罚。（§2）

第三节　妨害对公司、企业的管理秩序罪

第一百五十八条　【虚报注册资本罪】

申请公司登记使用虚假证明文件或者采取其他欺诈手段虚报注册资本，欺骗公司登记主管部门，取得公司登记，虚报注册资本数额巨大、后果严重或者有其他严重情节的，处三年以下有期徒刑或者拘役，并处或者单处虚报注册资本金额百分之一以上百分之五以下罚金。

单位犯前款罪的，对单位判处罚金，并对其直接负责的主管人员和其他直接责任人员，处三年以下有期徒刑或者拘役。

【立法解释】

《全国人民代表大会常务委员会关于〈中华人民共和国刑法〉第一百五十八条、第一百五十九条的解释》（2014年4月24日通过）

△（**适用范围；依法实行注册资本实缴登记制的公司**）刑法第一百五十八条、第一百五十九条的规定，只适用于依法实行注册资本实缴登记制的公司。①

① 此立法解释出台的背景在于，全国人大常委会于2013年12月修改了《公司法》，将一般公司的注册资本实缴登记制改为认缴登记制，取消了注册资本最低限额制度和缴足出资的期限规定。参见周光权：《刑法各论》（第4版），中国人民大学出版社2021年版，第264页；黎宏：《刑法学各论》（第2版），法律出版社2016年版，第108页。

【立法理由】

1. **1979年之后至1997年刑法修订前的立法情况**。对虚报注册资本骗取公司登记的犯罪，1979年刑法没有规定。1995年2月28日第八届全国人大常委会第十二次会议通过的《全国人民代表大会常务委员会关于惩治违反公司法的犯罪的决定》第一条规定："申请公司登记的人使用虚假证明文件或者采取其他欺诈手段虚报注册资本，欺骗公司登记主管部门，取得公司登记，虚报注册资本数额巨大、后果严重或者有其他严重情节的，处三年以下有期徒刑或者拘役，可以并处虚报注册资本金额百分之十以下罚金。申请公司登记的单位犯前款罪的，对单位判处虚报注册资本金额百分之十以下罚金，并对直接负责的主管人员和其他直接责任人员，依照前款的规定，处三年以下有期徒刑或者拘役。"

2. **1997年修订刑法的情况**。1997年修订刑法时，将这一规定修改后纳入刑法。一是将原来"可以并处虚报注册资本金额百分之十以下罚金"修改为"并处或者单处虚报注册资本金额百分之一以上百分之五以下罚金"。也就是说，增加了单处罚金的规定，主要是考虑到有些犯罪情节较轻，单处罚金也足以起到震慑作用，同时考虑到对于经济犯罪应当多使用罚金刑，不能让其在经济上占便宜。如果根据原来的规定，可以判处罚金，也可以不判处罚金，这样不能很好地打击经济犯罪，使犯罪分子有可乘之机。这样规定，对于犯罪分子必须判处罚金，同时，还将罚金数额的最低限额更加具体化了，有利于司法机关把握。二是将第二款中的"申请公司登记的单位犯前款罪的"改为"单位犯前款罪的"，并将判处单位的罚金数额"虚假注册资本金额百分之十以下"删去，只规定判处罚金。考虑到单位违反公司法的犯罪情况复杂，涉及金额都比较大，处理这类案件还缺少经验，罚金数额不宜"一刀切"，由法院根据案件的具体情况判决，因此，凡涉及单位犯罪的，罚金数额都不再具体规定。

3. **2014年4月24日第十二届全国人大常委会第八次会议通过的《全国人民代表大会常务委员会关于〈中华人民共和国刑法〉第一百五十八条、第一百五十九条的解释》对本条作了法律解释**。在社会主义市场经济和公司制度刚刚建立，对公司这一新事物管理经验不足的情况下，为维护公司管理秩序，对公司登记过程中的虚报出资、虚假出资、抽逃出资等弄虚作假行为从严处理，予以追究刑事责任是正确的。随着我国社会主义市场经济和市场主体的不断发展，各项管理制度不断完善，管理措施不断丰富，这类犯罪对我国经济的危害性也在发生变化。2013年12月28日，全国人大常委会对公司法作出修改，将一般公司的注册资本实缴登记制改为**认缴登记制**，取消注册资本最低限额制度和缴足出资的期限规定。公司法对注册资本制度作出的重大修改，体现了全面深化改革的要求，是落实第十二届全国人大第一次会议批准的关于国务院机构改革和职能转变方案的重要举措，有利于充分发挥市场作用，进一步激发各类市场主体的创业活力。

根据制度和实践情况的重要变化，与此衔接，2014年4月24日通过的《全国人民代表大会常务委员会关于〈中华人民共和国刑法〉第一百五十八条、第一百五十九条的解释》规定，"公司法修改后刑法第一百五十八条、第一百五十九条对实行注册资本实缴登记制、认缴登记制的公司的适用范围问题，解释如下：刑法第一百五十八条、第一百五十九条的规定，只适用于依法实行注册资本实缴登记制的公司"。这一解释是为了解决《刑法》第一百五十八条、第一百五十九条规定的虚报注册资本罪和虚假出资、抽逃出资罪新形势下的适用问题。根据修改后的《公司法》第二十六条的规定："有限责任公司的注册资本为在公司登记机关登记的全体股东认缴的出资额。法律、行政法规以及国务院决定对有限责任公司注册资本实缴、注册资本最低限额另有规定的，从其规定。"第八十条规定："股份有限公司采取发起设立方式设立的，注册资本为在公司登记机关登记的全体发起人认购的股本总额。在发起人认购的股份缴足前，不得向他人募集股份。股份有限公司采取募集方式设立的，注册资本为在公司登记机关登记的实收股本总额。法律、行政法规以及国务院决定对股份有限公司注册资本实缴、注册资本最低限额另有规定的，从其规定。"因此，除法律、行政法规和国务院决定另有规定实行注册资本实缴登记制的公司以外，对于实行注册资本认缴登记制的公司，法律已不再将实收资本作为公司登记的法定条件。实践中如果出现股东有虚假出资、抽逃出资等行为的，除应当按照公司章程规定向公司足额缴纳出资外，还应当依法承担相应的违约责任等，对此可由其他股东依法主张权利，**可以不再依照《刑法》第一百五十八条、第一百五十九条的规定追究刑事责任**。对于法律、行政法规和国务院规定实行注册资本实缴登记制的公司，如对金融机构、具有准金融机构性质的企业、募集设立的股份有限公司、直销企业、对外劳务合作企业、劳务派遣企业等法律、行政法规和国务院另有规定的公司，仍然实行注册资本实缴登记制，《刑法》第一百五十八条、第一百五十九条的规定仍然适用。

因此，本条适用范围已经大为缩小，只适用于特定行业、领域实行注册资本实缴登记制的公司，这是我国刑事立法中的一项重要和典型的非犯罪化立法。这一规定对于保护民营企业、激发公司企业等市场主体的创业活力都具有重要意义。

【条文说明】

本条是关于虚报注册资本罪及其处罚的规定。

本条共分为两款。

第一款是对申请公司登记的个人犯虚报注册资本骗取公司登记罪的处罚规定。根据本条规定，本罪有以下几个构成要件：

1. 犯罪主体是特殊主体，即必须是**申请公司登记的个人或者单位**。这里所说的“**公司**”，是指公司法规定的有限责任公司和股份有限公司。根据2014年《全国人民代表大会常务委员会关于〈中华人民共和国刑法〉第一百五十八条、第一百五十九条的解释》的规定，应当限定为**法律、行政法规和国务院规定实行注册资本实缴登记制的公司**。根据2014年国务院《注册资本登记制度改革方案》的规定，现行法律、行政法规以及国务院决定明确规定实行注册资本实缴登记制的公司包括银行业金融机构、证券公司、期货公司、基金管理公司、保险公司、保险专业代理机构和保险经纪人、直销企业、对外劳务合作企业、融资性担保公司、募集设立的股份有限公司，以及劳务派遣企业、典当行、保险资产管理公司、小额贷款公司等。

2. 行为人在客观上必须实施了**使用虚假证明文件或者采取其他欺诈手段虚报注册资本，欺骗公司登记主管部门的行为**。这里所说的“**证明文件**”，主要是指依法设立的注册会计师事务所和审计师事务所等法定验资机构依法对申请公司登记的人的出资所出具的验资报告、资产评估报告、验资证明等材料。“**其他欺诈手段**”，主要是指采取贿赂等非法手段收买有关机关和部门的工作人员，恶意串通，虚报注册资本，或者采用其他隐瞒事实真相的方法欺骗公司登记主管部门的行为。“**公司登记主管部门**”，是指市场监督管理机关。这里需要指出的是，无论使用虚假证明文件还是采取其他欺诈手段，其目的是虚报注册资本，欺骗公司登记主管机关。如果使用虚假证明文件或者其他欺诈手段是为了夸大公司员工的人数或生产经营条件，虚构生产经营场所等，与虚报注册资本无关，不构成本罪。如果使用虚假的证明文件或者采取其他欺诈手段，没有到市场监督管理机关去申请公司设立登记，而是去欺骗另一方当事人，签订经济合同，诈骗钱财，也不构成本罪，对其行为应当依照刑法其他有关条款进行处罚。①

3. 行为人必须取得了公司登记，而且虚报注册资本数额巨大、后果严重或者有其他严重情节的，才构成犯罪。“**取得公司登记**”，是指经市场监督管理部门核准并发给《企业法人营业执照》，包括取得公司设立登记和变更登记的情况。如果在申请登记过程中，市场监督管理部门发现其使用的是虚假的证明文件或者采取了欺诈手段，没有予以登记的，不构成本罪。因此“取得公司登记”是区分罪与非罪的一个重要界限。**虚报注册资本必须有“数额巨大”、后果严重或者有其他严重情节的，才构成犯罪**，这是本罪区分罪与非罪的另一界限。如果虚报注册资本，欺骗公司登记主管机关，数额不大，后果不严重，也没有其他严重情节，就不构成犯罪。至于什么是“数额巨大”“后果严重”“其他严重情节”，本条未作具体规定，这主要是考虑到，实际发生的公司注册资本虚报的情况比较复杂，要由司法解释作出具体规定。根据《最高人民检察院、公安部关于公安机关管辖的刑事案件立案追诉标准的规定(二)》第三条的规定，“涉嫌下列情形之一的，**应予立案追诉**：(一)超过法定出资期限，实缴注册资本不足法定注册资本最低限额，有限责任公司虚报数额在三十万元以上并占其应缴出资数额百分之六十以上的，股份有限公司虚报数额在三百万元以上并占其应缴出资数额百分之三十以上的；(二)超过法定出资期限，实缴注册资本达到法定注册资本最低限额，但仍虚报注册资本，有限责任公司虚报数额在一百万元以上并占其应缴出资数额百分之六十以上的，股份有限公司虚报数额在一千万元以

① 相同的学说见解，参见黎宏：《刑法学各论》(第2版)，法律出版社2016年版，第109页。

上并占其应缴出资数额百分之三十以上的;(三)造成投资者或者其他债权人直接经济损失累计数额在十万元以上的;(四)虽未达到上述数额标准,但具有下列情形之一的:1. 两年内因虚报注册资本受过行政处罚二次以上,又虚报注册资本的;2. 向公司登记主管人员行贿的;3. 为进行违法活动而注册的。(五)其他后果严重或者有其他严重情节的情形"。对于个人犯虚报注册资本骗取公司登记罪的处罚,本条规定为处三年以下有期徒刑或者拘役,并处或者单处虚报注册资本金额百分之一以上百分之五以下罚金。

第二款是对单位犯虚报注册资本骗取公司登记罪的处罚规定。本款所说"**单位**",是指不是以个人名义而是代表一个单位去申请登记的情况。根据公司法的规定,以发起设立方式设立股份有限公司的,发起人认足公司章程规定的出资后,应当选举董事会和监事会,由董事会向公司登记机关报送设立公司的批准文件、公司章程、验资证明等文件,申请设立登记。设立有限责任公司,则是由全体股东指定的代表或者共同委托的代理人去申请公司登记。对单位犯虚报注册资本骗取公司登记罪的处罚,本款的规定体现了**双罚原则**,即对单位判处罚金,并对其直接负责的主管人员和其他直接责任人员,处三年以下有期徒刑或者拘役。

实践中需要注意以下问题:

1. 准确理解和适用法律解释,按照解释的精神把握好犯罪界限。实践中,在适用**虚报注册资本罪**和《刑法》第一百五十九条规定的**虚假出资、抽逃出资罪**时,应当根据公司法修改和全国人大常委会关于两个条文的法律解释的精神,把握好犯罪范围。除依法实行注册资本实缴登记制的公司以外,对申请公司登记的单位和个人不得以虚报注册资本罪追究刑事责任;对公司股东、发起人不得以虚假出资、抽逃出资罪追究刑事责任。根据2014年5月20日《最高人民检察院、公安部关于严格依法办理虚报注册资本和虚假出资抽逃出资刑事案件的通知》的规定,对依法实行注册资本实缴登记制的公司涉嫌虚报注册资本和虚假出资、抽逃出资犯罪的,在依照刑法和《最高人民检察院、公安部关于公安机关管辖的刑事案件立案追诉标准的规定(二)》的相关规定追究刑事责任时,应当认真研究行为性质和危害后果,确保执法办案的法律效果和社会效果。

2. 依法妥善处理以往案件。根据上述通知的规定,对发生在2013年公司法修正施行以前尚未处理或者正在处理的虚报注册资本和虚假出资、抽逃出资刑事案件,应当按照《刑法》第十二条规定的**从旧兼从轻的精神**处理,对此前的虚报注册资本、虚假出资抽逃出资不再作为犯罪处理。根据公司法的规定,按照相关违约责任处理。

【司法解释性文件】

《最高人民检察院、公安部关于严格依法办理虚报注册资本和虚假出资抽逃出资刑事案件的通知》(公经〔2014〕247号,2014年5月20日公布)

△(**依法实行注册资本实缴登记制的公司;虚假注册资本罪**)根据新修改的公司法和全国人大常委会立法解释,自2014年3月1日起,除依法实行注册资本实缴登记制的公司[参见《国务院关于印发注册资本登记制度改革方案的通知》(国发〔2014〕7号)]以外,对申请公司登记的单位和个人不得以虚报注册资本罪追究刑事责任;对公司股东、发起人不得以虚假出资、抽逃出资罪追究刑事责任。对依法实行注册资本实缴登记制的公司涉嫌虚报注册资本和虚假出资、抽逃出资犯罪的,各级公安机关、检察机关依照刑法和《立案追诉标准(二)》的相关规定追究刑事责任时,应当认真研究行为性质和危害后果,确保执法办案的法律效果和社会效果。(§2)

△(**跨时限案件**)各级公安机关、检察机关对发生在2014年3月1日以前尚未处理或者正在处理的虚报注册资本和虚假出资、抽逃出资刑事案件,应当按照刑法第十二条规定的精神处理:除依法实行注册资本实缴登记制的公司以外,依照新修改的公司法不再符合犯罪构成要件的案件,公安机关已经立案侦查的,应当撤销案件;检察机关已经批准逮捕的,应当撤销批准逮捕决定,并监督公安机关撤销案件;检察机关审查起诉的,应当作出不起诉决定;检察机关已经起诉的,应当撤回起诉并作出不起诉决定;检察机关已经抗诉的,应当撤回抗诉。(§3)

《最高人民检察院、公安部关于公安机关管辖的刑事案件立案追诉标准的规定(二)》(公通字〔2022〕12号,2022年4月6日公布)

△(**虚报注册资本罪;立案追诉标准**)申请公司登记使用虚假证明文件或者采取其他欺诈手段虚报注册资本,欺骗公司登记主管部门,取得公司登记,涉嫌下列情形之一的,应予立案追诉:

(一)法定注册资本最低限额在六百万元以下,虚报数额占其应缴出资数额百分之六十以上的；

（二）法定注册资本最低限额超过六百万元，虚报数额占其应缴出资数额百分之三十以上的；

（三）造成投资者或者其他债权人直接经济损失累计数额在五十万元以上的；

（四）虽未达到上述数额标准，但具有下列情形之一的：

1. 二年内因虚报注册资本受过二次以上行政处罚，又虚报注册资本的；

2. 向公司登记主管人员行贿的；

3. 为进行违法活动而注册的。

（五）其他后果严重或者有其他严重情节的情形。

本条只适用于依法实行注册资本实缴登记制的公司。（§3）

【附属刑法】

《中华人民共和国公司法》（1993年12月29日通过，2018年10月26日第四次修正）

第一百九十八条

违反本法规定，虚报注册资本①、提交虚假材料或者采取其他欺诈手段隐瞒重要事实取得公司登记的，由公司登记机关责令改正，对虚报注册资本的公司，处以虚报注册资本金额百分之五以上百分之十五以下的罚款；对提交虚假材料或者采取其他欺诈手段隐瞒重要事实的公司，处以五万元以上五十万元以下的罚款；情节严重的，撤销公司登记或者吊销营业执照。

第二百一十五条

违反本法规定，构成犯罪的，依法追究刑事责任。

【参考案例】

△未实际转移公款控制权，而以单位资产凭证作为个人公司的注册资本进行验资、骗取公司登记的，不构成挪用公款罪，应以虚报注册资本罪论处。

行为人主观意图的内容是判定行为性质的重要依据。挪用公款罪，是一种故意犯罪，行为人必须有挪用公款的故意才能构成本罪。在薛玉泉虚报注册资本案中，被告人薛玉泉指使黄金公司财务部长李某，用黄金公司的400万元以“一进一出”的方式帮助邢某成立信通公司。邢某证实其与薛共谋时未商量过动用黄金公司公款验资，但曾提出可开具假银行进账单进行验资，薛玉泉的妻子对此亦予证实。李某在帮助成立信通公司验资注册过程中，出于资金安全考虑，经与本单位基本账户所在银行的副行长商议安排后，在未预留印鉴和开户申请的情况下，开设了临时账户，并将400万元划入。薛玉泉所指使的“一进一出”，内容并不明确，但相关证言、李某的具体操作行为及相关会计资料所形成的证据链表明，薛的主观意图就是要搞一个假的进账单（与庭审中的辩解一致），而并非要将本单位的资金挪给信通公司使用。没有证据证明，薛玉泉主观故意的内容是将公款挪借给他人或自己使用。因而，不能认定被告人具有挪用公款的故意。

公款的控制权是否转移，是判定挪用公款行为能否成立的关键因素。挪用公款行为，侵犯的是公款的使用权、收益权，一定时间内也侵犯公款的占有权和处分权。通常情况下，使用公款必须首先占有公款、取得对公款的控制权。只有对特定的公款进行了实际上的控制才能谈得上使用。本案中，李某设立的临时账户是黄金公司与工行济南历下支行协商后开办的，黄金公司划入其临时账户400万元，并非划入信通公司在工行济南历下支行文化西路分理处开设的“验资账户”。尽管银行进账单的收款人是信通公司，但其实质是欺骗公司登记机关的虚假证明，该笔公款的控制权始终在黄金公司。信通公司所持的银行进账单，不具有货币或票据的支付或结算功能，不会对400万元的公款的使用权造成任何风险。虽然注册公司的活动也属于《刑法》第三百八十四条中所指的“营利活动”，但款项是否被“挪用”，关键在于公款的控制权是否发生转移。400万元公款

① 《中华人民共和国公司法》（1993年12月29日通过，2018年10月26日第四次修正）

第二十六条

Ⅰ有限责任公司的注册资本为在公司登记机关登记的全体股东认缴的出资额。

Ⅱ法律、行政法规以及国务院决定对有限责任公司注册资本实缴、注册资本最低限额另有规定的，从其规定。

第八十条

Ⅰ股份有限公司采取发起设立方式设立的，注册资本为在公司登记机关登记的全体发起人认购的股本总额。在发起人认购的股份缴足前，不得向他人募集股份。

Ⅱ股份有限公司采取募集方式设立的，注册资本为在公司登记机关登记的实收股本总额。

Ⅲ法律、行政法规以及国务院决定对股份有限公司注册资本实缴、注册资本最低限额另有规定的，从其规定。

的使用权并未被非法侵犯。因此,被告人的行为不符合挪用公款罪的行为特征。

对公款的收益是否造成实际损失,不是判定挪用公款行为罪与非罪的标准。挪用公款,在侵犯公款使用权的同时,通常也必然对公款的收益造成损害。公款的收益是否受到损失,是该行为构成挪用公款罪后的情节因素,而不是区分罪与非罪的标准,有的情况下,挪用公款人在归还本金时甚至还多付一定的利息或使用费,也不能影响挪用公款罪的成立。本案中,经薛的指使,黄金公司在银行开设了临时账户,根据国家的金融法规,公司基本账户上的存款有利息而临时账户上的资金没有利息。黄金公司的 400 万元在临时账户停留 21 天,损失利息 3990 元。对此损失的判定,一方面,不能因公款客观上有了实际损失,就认为是构成了挪用公款罪;另一方面,对该损失应从本质上加以揭示,它实际上是薛滥用职权行为造成的损失,并非公款自身在被挪用过程中产生的损失。

虚报注册资本罪是否成立,应以是否取得公司登记为标准。按照《刑法》第一百五十八条规定,虚报注册资本罪是指申请公司登记使用虚假证明文件或者采取其他欺诈手段虚报注册资本,欺骗公司登记主管部门,取得公司登记,虚报注册资本数额巨大、后果严重或者有其他严重情节的行为。也就是说,只要行为人采用虚假证明文件或欺骗手段虚报注册资本,取得公司登记,具有虚报数额巨大、后果严重或有其他严重情节三种情形之一的,即构成本罪。本案中,被告人薛玉泉伙同他人,以黄金公司临时账户上的银行进账单,冒充其申报设立的信通公司的个人出资,并且使用该虚假的银行进账单及虚假的“流动资金资信证明”等有关资料,欺骗公司登记主管部门,虚报注册资本数额巨大,达 400 万元,虚报比例为 100%,骗取了公司登记和山东省工商行政管理局颁发的《企业法人营业执照》。其行为严重妨害了国家对公司的登记管理制度,已构成虚报注册资本罪,应依法惩处。本案对被告人薛玉泉用黄金公司临时账户上的银行进账单,假冒个人出资,骗取公司登记的行为,以虚报注册资本罪定罪处罚是正确的。[No. 3-3-158-2　薛玉泉虚报注册资本案]

△公司设立过程中,委托中介公司代为垫资、取得验资证明、骗取公司登记,并于公司登记前取出垫资的行为,构成虚报注册资本罪。

虚报注册资本罪与虚假出资罪的不同之处在于,从犯罪客体上看,虚报注册资本罪侵犯的客体是工商行政管理登记制度,虚假出资罪侵犯的客体是公司出资制度。两罪所侵害的法益也存在一定区别:虚报注册资本罪使潜在债权人的利益受到威胁,而虚假出资罪则不仅将潜在债权人的利益置于危险之中,同时还侵犯公司其他股东的实际利益。

在卜毅冰虚报注册资本案中,被告人卜毅冰通过中介公司(朗易公司)垫资取得验资证明从而骗取公司登记的行为对股东非但未造成任何不利影响,相反使股东成为既得利益者。因此,本案并不存在侵犯公司其他股东实际利益的情形,不符合虚假出资罪的客体要件。

从行为方式上看,虚报注册资本是公司整体行为,具有对外欺骗性,欺骗对象指向公司之外的登记管理部门;而虚假出资为公司发起人、股东的个人行为,具有对内欺骗性,即必须是部分发起人、股东对公司其他发起人、股东的欺骗。

卜毅冰的行为具有行为整体性与对外欺骗性的特征。由他人代为垫资的计划由公司法定代表人卜毅冰决定,公司会计王尤菊等负责物色代办公司登记中介公司、提供相关资料等具体事务,而公司财务沈丽娟负责验资转账等具体事宜,整个行为分工明确,显得有系统性。卜毅冰等人委托他人垫资注入的 500 万元是为了取得表面真实有效的验资报告,目的在于骗取登记管理部门的核准登记,欺骗行为具有对外指向性。登记管理部门一旦信以为真,即公司一旦登记成功,虚假的注册资本立即被取出归还垫资人。

从行为目的及危害分析,虚报注册资本罪与虚假出资罪的区别也很明显。虚报注册资本行为的目的在于非法取得公司登记;虚假出资行为的目的则在于通过少出资或不出资的方式牟取利益。注册资本作为公司运营资本的一部分,不仅对股东权益起保障作用,同时也是公司承担风险、偿还债务的基本保证,是他人了解公司资信状况的重要窗口,直接关系到交易安全性以及债权人的利益。夸大或者虚构公司的注册资本会造成潜在的交易风险,影响正常的市场经济秩序。可见,虚报注册资本的危害是对债权人利益的一种潜在威胁;而虚假出资的危害则显得较为紧迫、现实,使其他出资股东的利益处于实际的危险状态。本案中,被告人卜毅冰为非法取得公司登记,采用垫资验资的方式虚报注册资本,由于公司出资股东只有卜毅冰,根本谈不上对其他出资股东的权益存在现实侵害,但仍存在侵害潜在债权人利益的可能性,所以其行为符合虚报注册资本罪的构成要件。

抽逃出资罪是指公司发起人、股东违反公司

法的规定，在公司成立后又抽逃其出资，数额巨大，后果严重或者有其他严重情节的行为。包括为达到设立公司的目的，通过向其他企业借款或者向银行贷款等手段取得资金作为出资，待公司登记成立后，又抽回这些资金的情形。本案抽资行为发生在公司登记成立之前，不符合抽逃出资罪成立的时间条件。资金控制权由中介公司掌握。中介公司所提供的这500万元资金不同于传统意义上的企业间拆借融资，中介公司完全替代了晋兆燃公司，介入到晋兆燃公司设立登记的整个操作流程中来。为了确保注入晋兆燃公司账户的巨额资金的安全，以及提高注册登记的效率，中介公司完全掌控晋兆燃公司的账户以及整个资金流向的决定权。与资金拆借不同，中介公司垫付的500万元的注册资金仍属于中介公司财产，卜毅冰并没有占有、使用和处分权，因此根本谈不上有抽离的权利。本案中，抽出资金行为本质上是中介公司对其所有的财产的一种处分行为。被告人卜毅冰自始就有欺骗公司登记主管部门取得公司登记的主观故意。双方对用于公司登记的资金属于中介公司及中介公司必然会抽回资金的事实有清晰的认识。在行为实施之初，双方就有为取得公司登记，通过代办方式骗取登记主管部门的合意，且这一主观故意贯穿整个行为过程。卜毅冰与中介公司以代理合同的合法方式掩盖其骗取公司注册登记的非法目的，其代理合同显属无效。因此被告人的行为不符合抽逃出资罪的构成要件，而成立虚报注册资本罪。［No. 3-3-158-3　卜毅冰虚报注册资本案］

△虚报注册资本罪只适用于实行注册资本实缴登记制的公司，实行注册资本认缴登记制的公司不构成虚报注册资本罪。

第十二届全国人民代表大会常务委员会第八次会议在2014年4月24日通过了《全国人民代表大会常务委员会关于〈中华人民共和国刑法〉第一百五十八条、第一百五十九条的解释》，明确了虚报注册资本罪的适用范围。根据《全国人民代表大会常务委员会关于〈中华人民共和国刑法〉第一百五十八条、第一百五十九条的解释》的规定，虚报注册资本罪只适用于依法实行注册资本实缴登记制的公司。《全国人民代表大会常务委员会关于〈中华人民共和国刑法〉第一百五十八条、第一百五十九条的解释》出台前，实行注册资本认缴登记制的公司及相关人员实施的虚报注册资本行为，应采取"从旧兼从轻"的原则，不再适用虚报注册资本罪的规定。［No. 3-3-158-4　眉山市天姿娇服饰有限公司、张建清等虚报注册资本案］

第一百五十九条　【虚假出资、抽逃出资罪】

公司发起人、股东违反公司法的规定未交付货币、实物或者未转移财产权，虚假出资，或者在公司成立后又抽逃其出资，数额巨大、后果严重或者有其他严重情节的，处五年以下有期徒刑或者拘役，并处或者单处虚假出资金额或者抽逃出资金额百分之二以上百分之十以下罚金。

单位犯前款罪的，对单位判处罚金，并对其直接负责的主管人员和其他直接责任人员，处五年以下有期徒刑或者拘役。

【立法解释】

《全国人民代表大会常务委员会关于〈中华人民共和国刑法〉第一百五十八条、第一百五十九条的解释》（2014年4月24日通过）

△（**适用范围；依法实行注册资本实缴登记制的公司**）刑法第一百五十八条、第一百五十九条的规定，只适用于依法实行注册资本实缴登记制的公司。

【立法理由】

1. **1979年之后至1997年刑法修订前的立法情况。**公司的出资，是公司设立并从事生产经营活动的物质基础，是保证公司正常经营与发展的必要条件。维持公司资本是公司对外承担债务责任的基本保证。股东的用作出资的资产，一旦投入公司就属于公司的法人财产，股东不得对该财产再主张权利。实践中，有些股东利用他人资金，骗取验资及公司设立登记，登记后即将钱款或者财物归还他人，严重损害了公司承担责任的能力，不利于对债权人利益的保护。对虚假出资、抽逃出资的犯罪行为，1979年刑法没有规定，1995年通过的《全国人民代表大会常务委员会关于惩治违反公司法的犯罪的决定》第二条作了补充规定："公司发起人、股东违反公司法的规定未交付货币、实物或者未转移财产权，虚假出资，或者在公司成立后又抽逃其出资，数额巨大、后果严重或者有其他严重情节的，处五年以下有期徒刑或者拘役，可以并处虚假出资金额或者抽逃出资金额百分之十以下罚金。单位犯前款罪的，对单位判处虚假出资金额或者抽逃出资金额百分之十以下罚金，并对直接负责的主管人员和其他直接责任人员，依照前款的规定，处五年以下有期徒刑或者拘役。”

2. **1997 年修订刑法的情况**。1997 年修订刑法时，将《全国人民代表大会常务委员会关于惩治违反公司法的犯罪的决定》第二条的规定纳入刑法，并修改了以下两点：(1)增加了单处罚金的规定；(2)将原来可以并处百分之十以下罚金修改为“百分之二以上百分之十以下”；(3)删去了对单位判处的罚金具体数额的规定。

3. **2014 年 4 月 24 日第十二届全国人大常委会第八次会议通过的《全国人民代表大会常务委员会关于〈中华人民共和国刑法〉第一百五十八条、第一百五十九条的解释》对本条作了法律解释**。根据该解释的规定，“公司法修改后刑法第一百五十八条、第一百五十九条对实行注册资本实缴登记制、认缴登记制的公司的适用范围问题，解释如下：刑法第一百五十八条、第一百五十九条的规定，只适用于依法实行注册资本实缴登记制的公司”。这一解释解决了新形势下《刑法》第一百五十八条、第一百五十九条规定的虚报注册资本罪和虚假出资、抽逃出资罪的适用问题。2013 年 12 月 28 日，全国人大常委会对公司法作出修改，将一般公司的注册资本实缴登记制改为认缴登记制，取消注册资本最低限额制度和缴足出资的期限规定。同时，明确对金融机构、具有准金融机构性质的企业、募集设立的股份有限公司、直销企业、对外劳务合作企业、劳务派遣企业等法律、行政法规和国务院另有规定的公司，仍然实行注册资本实缴登记制。公司法对注册资本制度作出的重大修改，体现了全面深化改革的要求，是落实第十二届全国人大第一次会议批准的关于国务院机构改革和职能转变方案的重要举措，有利于充分发挥市场作用，进一步激发各类市场主体的创业活力。根据修改后的公司法的规定，除法律、行政法规和国务院另有规定实行注册资本实缴登记制的公司以外，**对于实行注册资本认缴登记制的公司**，法律已不再将实收资本作为公司登记的法定条件。实践中如果出现股东有虚假出资、抽逃出资等行为的，除应当按照公司章程规定向公司足额缴纳出资外，还应当依法承担相应的违约责任等，对此可由其他股东依法主张权利，可以不再依照《刑法》第一百五十八条、第一百五十九条的规定追究刑事责任。**对于法律、行政法规和国务院规定实行注册资本实缴登记制的公司**，《刑法》第一百五十八条、第一百五十九条的规定仍然适用。

【条文说明】

本条是关于虚假出资、抽逃出资罪及其处罚的规定。

本条共分为两款。

第一款是对自然人犯虚假出资、抽逃出资罪及其处罚的规定。根据本款规定，虚假出资、抽逃出资罪的构成要件有以下几个：

1. 此罪的犯罪主体是特殊主体，即**公司的发起人或者股东**。根据《公司法》和 2014 年《全国人民代表大会常务委员会关于〈中华人民共和国刑法〉第一百五十八条、第一百五十九条的解释》的规定，这里的“**公司**”，应当限定为公司法所规定的仍然实行注册资本实缴登记制的有限责任公司和股份有限公司。“**公司发起人**”是指依法创立筹办股份有限公司的人。“股东”是指公司的出资人，包括有限责任公司的股东和股份有限公司的股东。①

2. 行为人必须有**违反公司法的规定，未交付货币、实物或者未转移财产权，虚假出资，或者在公司成立后又抽逃其出资的行为**。这里的“**违反公司法规定**”，主要是指违反了公司法以及其他法律、行政法规或者国务院决定有关仍实行注册资本实缴登记制管理的规定。2014 年国务院《注册资本登记制度改革方案》规定：“现行法律、行政法规以及国务院决定明确规定实行注册资本实缴登记制的银行业金融机构、证券公司、期货公司、基金管理公司、保险公司、保险专业代理机构和保险经纪人、直销企业、对外劳务合作企业、融资性担保公司、募集设立的股份有限公司，以及劳务派遣企业、典当行、保险资产管理公司、小额贷款公司实行注册资本认缴登记制问题，另行研究决定。在法律、行政法规以及国务院决定未修改前，暂按现行规定执行。”如《商业银行法》第十三条第一款规定：“设立全国性商业银行的注册资本最低限

① 相同的学说见解，参见黎宏：《刑法学各论》(第 2 版)，法律出版社 2016 年版，第 110 页。

额为十亿元人民币。设立城市商业银行的注册资本最低限额为一亿元人民币，设立农村商业银行的注册资本最低限额为五千万元人民币。注册资本应当是实缴资本。”因此，设立这类公司应足额缴纳注册资本。其中：(1)有限责任公司股东应当按期足额缴纳公司章程中规定的各自所认缴的出资额。股东以货币出资的，应当将货币出资足额存入有限责任公司在银行开设的帐户；以非货币财产出资的，应当依法办理其财产权的转移手续。(2)股份有限公司以发起设立方式设立股份有限公司的，发起人应当书面认足公司章程规定其认购的股份，并按照公司章程规定缴纳出资；以非货币财产出资的，应当依法办理其财产权的转移手续。以募集设立方式设立股份有限公司的，发起人认购的股份不得少于公司股份总数的百分之三十五，法律、行政法规另有规定的从其规定。**“未交付货币”**，是指没有按规定交付其所认缴的出资额或者根本就没有交付任何货币。**未交付“实物或者未转移财产权”**，是指以实物、工业产权、非专利技术或者土地使用权出资的，根本没有实物移交或者没有办理所有权、土地使用权转让手续。**“虚假出资”**，主要是指对以实物、工业产权、非专利技术或者土地使用权出资的，在评估作价时，故意高估或者低估作价，然后再作为出资等情况。在实践中发生最多的是对个人或非国有资产作为出资额时高估作价，而对国有资产故意低估作价。这样做，不仅损害了国家和人民的利益，同时，也是一种虚假出资的行为。**“公司成立后又抽逃其出资”**一般包括两种情况：一种是为达到设立公司的目的，通过向其他企业借款或者向银行贷款等手段取得资金，作为自己的出资，待公司登记成立后，又抽回这些资金；另一种是在公司设立时，依法缴纳了自己的出资，但当公司成立后，又将其出资撤回。

3. **虚假出资、抽逃出资的数额巨大、后果严重或者有其他严重情节的，才构成犯罪**。这是划清罪与非罪的主要界限。如果股东、公司发起人虽有未交付货币、实物或未转移财产权，虚假出资，或者在公司设立后又抽逃其出资等行为，但数额不大，或者情节、后果不严重，不构成犯罪，可用其他方式处理。由于在实际经济生活中发生的公司发起人、股东虚假出资、抽逃出资的情况非常复杂，对于“数额巨大”“后果严重”，或者“有其他严重情节”如何掌握，由最高人民法院、最高人民检察院作出具体司法解释。根据2010年《最高人民检察院、公安部关于公安机关管辖的刑事案件立案追诉标准的规定(二)》第四条的规定：“公司发起人、股东违反公司法的规定未交付货币、实物或者未转移财产权，虚假出资，或者在公司成立后又抽逃其出资，涉嫌下列情形之一的，**应予立案追诉**：(一)超过法定出资期限，有限责任公司股东虚假出资数额在三十万元以上并占其应缴出资数额百分之六十以上的，股份有限公司发起人、股东虚假出资数额在三百万元以上并占其应缴出资数额百分之三十以上的；(二)有限责任公司股东抽逃出资数额在三十万元以上并占其实缴出资数额百分之六十以上的，股份有限公司发起人、股东抽逃出资数额在三百万元以上并占其实缴出资数额百分之三十以上的；(三)造成公司、股东、债权人的直接经济损失累计数额在十万元以上的；(四)虽未达到上述数额标准，但具有下列情形之一的：1. 致使公司资不抵债或者无法正常经营的；2. 公司发起人、股东合谋虚假出资、抽逃出资的；3. 两年内因虚假出资、抽逃出资受过行政处罚二次以上，又虚假出资、抽逃出资的；4. 利用虚假出资、抽逃出资所得资金进行违法活动的。(五)其他后果严重或者有其他严重情节的情形。”需要注意的是，这一解释是在公司法修改和全国人大常委会的法律解释以前的规定，在适用于仍实行注册资本实缴登记制公司时，也应注意妥善把握好犯罪界限。对于个人犯虚假出资、抽逃出资罪的处罚，本条规定，处五年以下有期徒刑或者拘役，并处或者单处虚假出资金额或者抽逃出资金额百分之二以上百分之十以下罚金。

第二款是对单位犯虚假出资、抽逃出资罪的处罚规定。这里所说的**“单位”**，是指有限责任公司、股份有限公司和其他企业。对单位犯本罪的，实行**双罚原则**，即对单位判处罚金，并对其直接负责的主管人员和其他直接责任人员，处五年以下有期徒刑或者拘役。

在实际执行中应注意抽逃出资与**转让出资**的区别。公司发起人、股东在公司成立后如需要收回或减少自己的资本，可以依照法律规定采取转让出资或适当减少注册资本的方式，这与抽逃出资的行为是根本不同的。

另外，关于本罪界限范围，以及跨时限案件的处理，需要注意的问题与上述《刑法》第一百五十八条中应当注意的问题是同样的。

【司法解释性文件】

《最高人民检察院、公安部关于严格依法办理虚报注册资本和虚假出资抽逃出资刑事案件的通

知》(公经〔2014〕247号,2014年5月20日公布)

△(**依法实行注册资本实缴登记制的公司;虚假出资、抽逃出资罪**)根据新修改的公司法和全国人大常委会立法解释,自2014年3月1日起,除依法实行注册资本实缴登记制的公司[参见《国务院关于印发注册资本登记制度改革方案的通知》(国发〔2014〕7号)]以外,对申请公司登记的单位和个人不得以虚报注册资本罪追究刑事责任;对公司股东、发起人不得以虚假出资、抽逃出资罪追究刑事责任。对依法实行注册资本实缴登记制的公司涉嫌虚报注册资本和虚假出资、抽逃出资犯罪的,各级公安机关、检察机关依照刑法和《立案追诉标准(二)》的相关规定追究刑事责任时,应当认真研究行为性质和危害后果,确保执法办案的法律效果和社会效果。(§2)

△(**跨时限案件**)各级公安机关、检察机关对发生在2014年3月1日以前尚未处理或者正在处理的虚报注册资本和虚假出资、抽逃出资刑事案件,应当按照刑法第十二条规定的精神处理:除依法实行注册资本实缴登记制的公司以外,依照新修改的公司法不再符合犯罪构成要件的案件,公安机关已经立案侦查的,应当撤销案件;检察机关已经批准逮捕的,应当撤销批准逮捕决定,并监督公安机关撤销案件;检察机关审查起诉的,应当作出不起诉决定;检察机关已经起诉的,应当撤回起诉并作出不起诉决定;检察机关已经抗诉的,应当撤回抗诉。(§3)

《最高人民检察院、公安部关于公安机关管辖的刑事案件立案追诉标准的规定(二)》(公通字〔2022〕12号,2022年4月6日公布)

△(**虚假出资、抽逃出资罪;立案追诉标准**)公司发起人、股东违反公司法的规定未交付货币、实物或者未转移财产权,虚假出资,或者在公司成立后又抽逃其出资,涉嫌下列情形之一的,应予立案追诉:

(一)法定注册资本最低限额在六百万元以下,虚假出资、抽逃出资数额占其应缴出资数额百分之六十以上的;

(二)法定注册资本最低限额超过六百万元,虚假出资、抽逃出资数额占其应缴出资数额百分之三十以上的;

(三)造成公司、股东、债权人的直接经济损失累计数额在五十万元以上的;

(四)虽未达到上述数额标准,但具有下列情形之一的:

1. 致使公司资不抵债或者无法正常经营的;

2. 公司发起人、股东合谋虚假出资、抽逃出资的;

3. 二年内因虚假出资、抽逃出资受过二次以上行政处罚,又虚假出资、抽逃出资的;

4. 利用虚假出资、抽逃出资所得资金进行违法活动的。

(五)其他后果严重或者有其他严重情节的情形。

本条只适用于依法实行注册资本实缴登记制的公司。(§4)

【附属刑法】

《中华人民共和国公司法》(1993年12月29日通过,2018年10月26日第四次修正)

第一百九十九条

公司的发起人、股东虚假出资[①],未交付或者未按期交付作为出资的货币或者非货币财产的,由公司登记机关责令改正,处以虚假出资金额百

① 《中华人民共和国公司法》(1993年12月29日通过,2018年10月26日第四次修正)

第二十七条

Ⅰ股东可以用货币出资,也可以用实物、知识产权、土地使用权等可以用货币估价并可以依法转让的非货币财产作价出资;但是,法律、行政法规规定不得作为出资的财产除外。

Ⅱ对作为出资的非货币财产应当评估作价,核实财产,不得高估或者低估作价。法律、行政法规对评估作价有规定的,从其规定。

第二十八条

Ⅰ股东应当按期足额缴纳公司章程中规定的各自所认缴的出资额。股东以货币出资的,应当将货币出资足额存入有限责任公司在银行开设的账户;以非货币财产出资的,应当依法办理其财产权的转移手续。

Ⅱ股东不按照前款规定缴纳出资的,除应当向公司足额缴纳外,还应当向已按期足额缴纳出资的股东承担违约责任。

第八十条

Ⅰ股份有限公司采取发起设立方式设立的,注册资本为在公司登记机关登记的全体发起人认购的股本总额。在发起人认购的股份缴足前,不得向他人募集股份。

Ⅱ股份有限公司采取募集方式设立的,注册资本为在公司登记机关登记的实收股本总额。

Ⅲ法律、行政法规以及国务院决定对股份有限公司注册资本实缴、注册资本最低限额另有规定的,从其规定。

分之五以上百分之十五以下的罚款。

第二百条

公司的发起人、股东在公司成立后,抽逃其出资的,由公司登记机关责令改正,处以所抽逃出资金额百分之五以上百分之十五以下的罚款。

第二百一十五条

违反本法规定,构成犯罪的,依法追究刑事责任。

《中华人民共和国证券投资基金法》(2003年10月28日通过,2015年4月24日修正)

第二十三条

Ⅰ公开募集基金的基金管理人的股东、实际控制人应当按照国务院证券监督管理机构的规定及时履行重大事项报告义务,并不得有下列行为:

(一)虚假出资或者抽逃出资;

……

第一百二十四条

基金管理人的股东、实际控制人违反本法第二十三条规定的,责令改正,没收违法所得,并处违法所得一倍以上五倍以下罚款;没有违法所得或者违法所得不足一百万元的,并处十万元以上一百万元以下罚款;对直接负责的主管人员和其他直接责任人员给予警告,暂停或者撤销基金或证券从业资格,并处三万元以上三十万元以下罚款。

第一百四十九条

违反本法规定,构成犯罪的,依法追究刑事责任。

《中华人民共和国民办教育促进法》(2002年12月28日通过,2018年12月29日第三次修正)

第六十二条

民办学校有下列行为之一的,由县级以上人民政府教育行政部门、人力资源社会保障行政部门或者其他有关部门责令限期改正,并予以警告;有违法所得的,退还所收费用后没收违法所得;情节严重的,责令停止招生、吊销办学许可证;构成犯罪的,依法追究刑事责任:

……

(八)恶意终止办学、抽逃资金或者挪用办学经费的。

【参考案例】

△在公司成立并经营一段时间后,为了增加注册资本而进行变更登记,在新的营业执照签发前抽回出资的,不构成抽逃出资罪,应以虚报注册资本罪论处。

一般而言,虚报注册资本罪发生在公司成立前,抽逃出资罪发生在公司成立后。但是,公司成立并非区分两罪的绝对界限。抽逃出资罪发生在注册资本已经到位以后,而虚假出资罪是以欺诈手段获取公司登记。一个公司成立并经过一段时间的运行后,欲增加注册资本而进行公司变更登记,在该公司获得变更登记以前,即在变更登记的营业执照签发之前,抽回出资的行为,其实质还是注册资本没有到位,构成虚报注册资本罪。

根据《刑法》第一百五十八条之规定,虚报注册资本罪是指申请公司登记使用虚假证明文件或者采取其他欺诈手段虚报注册资本,欺骗公司登记主管部门,取得公司登记,虚报注册资本数额巨大、后果严重或者有其他严重情节的行为。上述规定对情节的要求属选择式,即只要虚报注册资本的行为具备数额巨大、后果严重、其他严重情节中的一个情节的,即可构成本罪。在孙凤娟等虚报注册资本案中,孙凤娟在明知珠蜂公司、尚杰公司、欣兴公司并未实际投入1亿元资金作为嘉源公司注册资本的情况下,仍向腾富公司提供了申请设立嘉源公司所需文件,并最终通过腾富公司注册设立了嘉源公司,且虚报注册资本数额巨大,其行为已构成虚报注册资本罪。[No. 3-3-159-1 孙凤娟等虚报注册资本案]

第一百六十条　【欺诈发行证券罪】

在招股说明书、认股书、公司、企业债券募集办法等发行文件中隐瞒重要事实或者编造重大虚假内容，发行股票或者公司债券、企业债券、存托凭证或者国务院依法认定的其他证券，数额巨大、后果严重或者有其他严重情节的，处五年以下有期徒刑或者拘役，并处或者单处罚金；数额特别巨大、后果特别严重或者有其他特别严重情节的，处五年以上有期徒刑，并处罚金。

控股股东、实际控制人组织、指使实施前款行为的，处五年以下有期徒刑或者拘役，并处或者单处非法募集资金金额百分之二十以上一倍以下罚金；数额特别巨大、后果特别严重或者有其他特别严重情节的，处五年以上有期徒刑，并处非法募集资金金额百分之二十以上一倍以下罚金。

单位犯前两款罪的，对单位判处非法募集资金金额百分之二十以上一倍以下罚金，并对其直接负责的主管人员和其他直接责任人员，依照第一款的规定处罚。

【立法沿革】

《中华人民共和国刑法》（1997 年修订，自 1997 年 10 月 1 日起施行）

第一百六十条

在招股说明书、认股书、公司、企业债券募集办法中隐瞒重要事实或者编造重大虚假内容，发行股票或者公司、企业债券，数额巨大、后果严重或者有其他严重情节的，处五年以下有期徒刑或者拘役，并处或者单处非法募集资金金额百分之一以上百分之五以下罚金。

单位犯前款罪的，对单位判处罚金，并对其直接负责的主管人员和其他直接责任人员，处五年以下有期徒刑或者拘役。

《中华人民共和国刑法修正案（十一）》（自 2021 年 3 月 1 日起施行）

八、将刑法第一百六十条修改为：

“在招股说明书、认股书、公司、企业债券募集办法等发行文件中隐瞒重要事实或者编造重大虚假内容，发行股票或者公司、企业债券、存托凭证或者国务院依法认定的其他证券，数额巨大、后果严重或者有其他严重情节的，处五年以下有期徒刑或者拘役，并处或者单处罚金；数额特别巨大、后果特别严重或者有其他特别严重情节的，处五年以上有期徒刑，并处罚金。

“控股股东、实际控制人组织、指使实施前款行为的，处五年以下有期徒刑或者拘役，并处或者单处非法募集资金金额百分之二十以上一倍以下罚金；数额特别巨大、后果特别严重或者有其他特别严重情节的，处五年以上有期徒刑，并处非法募集资金金额百分之二十以上一倍以下罚金。

“单位犯前两款罪的，对单位判处非法募集资金金额百分之二十以上一倍以下罚金，并对其直接负责的主管人员和其他直接责任人员，依照第一款的规定处罚。”

【立法理由】

（一）立法相关背景及修改情况

1. 1979 年之后至 1997 年刑法修订前的立法情况。对制作虚假的招股说明书、认股书、公司、企业债券募集办法发行股票、公司企业债券的犯罪，1979 年刑法没有规定。1995 年 2 月 28 日第八届全国人大常委会第十二次会议通过的《全国人民代表大会常务委员会关于惩治违反公司法的犯罪的决定》对本罪作了规定。该决定第三条规定：“制作虚假的招股说明书、认股书、公司债券募集办法发行股票或者公司债券，数额巨大、后果严重或者有其他严重情节的，处五年以下有期徒刑或者拘役，可以并处非法募集资金金额百分之五以下罚金。单位犯前款罪的，对单位判处非法募集资金金额百分之五以下罚金，并对直接负责的主管人员和其他直接责任人员，依照前款的规定，处五年以下有期徒刑或者拘役。”

2. 1997 年修订刑法的情况。1997 年刑法将上述规定纳入刑法，并修改、补充了以下五点主要内容：一是将原来规定的“制作虚假的招股说明书、认股书、公司债券募集办法发行股票或者公司债券”修改为“在招股说明书、认股书、公司、企业债券募集办法中隐瞒重要事实或者编造重大虚假内容，发行股票或者公司、企业债券”。在 1993 年通过的《公司法》实施过程中，实践部门反映，制作虚假的招股说明书、认股书等发行股票、债券的犯罪确实存在，但是，由于《全国人民代表大会常务委员会关于惩治违反公司法的犯罪的决定》对此规定较为笼统，尤其是“制作虚假”的内容不具体，对有些案件难以追究。由于招股说明书、认股书、公司、企业债券募集办法是公司、企业向社会筹集资金的重要书面文件,向公众公布的目的是使公众了解公司、企业的真实情况,保护投资者和社会公众的利益,维护正常的市场经济秩序,因此,其内容应当真实可靠,否则,就会使投资者不明真相,作出错误的选择,使投资者处于极大的风险之中,这不仅会给投资者带来重大的经济损失,还会扰乱正常的股票、证券市场。鉴于此,将"制作虚假"更加具体化了,即"隐瞒重要事实"或"编造重大虚假内容"。这样规定既有利于打击犯罪,又有利于司法机关掌握。二是《全国人民代表大会常务委员会关于惩治违反公司法的犯罪的决定》仅规定公司债券,没有规定企业债券。1997年刑法增加规定了"企业"债券。主要是考虑到1993年国务院颁布的《企业债券管理条例》对企业债券作了规定,并且企业在发行债券的过程中也确实存在同样类似的问题,应当将其规定为犯罪。三是增加了单处罚金的规定。四是将罚金由该决定规定的"并处非法募集资金金额百分之五以下罚金",修改为"并处或者单处非法募集资金金额百分之一以上百分之五以下罚金"。五是调整了对单位判处罚金的规定,将"对单位判处非法募集资金金额百分之五以下罚金"修改为"对单位判处罚金"。

3. 2020年《刑法修正案(十一)》对本条的修改情况。一是增加了"等发行文件"的规定。二是增加了"存托凭证或者国务院依法认定的其他证券"的规定。三是对控股股东、实际控制人组织、指使实施欺诈发行行为增加了一款专门规定。四是提高了本罪的刑罚,将法定最高刑提高至有期徒刑十五年。五是完善了罚金刑,将董事、监事、高级管理人员等一般主体实施欺诈发行行为与控股股东、实际控制人实施欺诈发行行为的罚金,予以区分。六是修改了单位犯罪的规定。作出上述修改的主要考虑有:

第一,与**以信息披露为核心的证券发行注册制改革**相适应,与修订后的证券法相衔接。2019年修订的《证券法》确立了**证券发行注册制度**。注册制以信息披露为核心,通过交易所审核和证券监督管理部门注册两个环节完成股票、债券等发行。交易所审核主要通过向发行人提出问题、发行人回答问题的方式来进行,督查发行人"讲清楚"、中介组织"核清楚",使投资者"看清楚",就企业是否符合发行上市条件和信息披露要求向证券监督管理部门报送审核意见。证券监督管理部门对交易所审核质量及发行条件、信息披露的重要方面进行把关并监督,以完成注册。基于此,通过发行人提出审核问询、发行人回答问题所披露的财务、业务资料及反馈意见回复等内容,不但构成了发行人申请发行的重要文件,而且是投资者判断公司价值的重要依据,将直接影响发行的结果。有部门提出,《刑法》第一百六十条规定的"招股说明书、认股书、公司、企业债券募集办法"难以涵盖注册制施行后"问答"环节所形成的文件。除刑法规定的发行文件外,实践中还有一些发行文件也具有十分重要的作用。以《公开发行证券的公司信息披露内容与格式准则第37号——创业板上市公司发行证券申请文件》(2020年修订)的规定为例,**发行人关于本次证券发行的申请报告,发行人关于本次发行方案的论证分析报告,监事会对募集说明书真实性、准确性、完整性的审核意见,本次募集资金使用的可行性报告,等等**,都载有发行股票、债券等的关键内容和信息,与招股说明书、认股书等发行文件的重要性是一致的。此外,除首次公开发行外,**其他发行行为的发行文件**也具有重要性,如增发、发行可转换公司债券等涉及的相关文件。因此建议对刑法本条发行文件的类型予以扩充。经研究,为与证券发行注册制改革相适应,有必要对发行文件的类型作进一步补充和完善。故在修改本条时增加了"**等发行文件**"的规定。

此外,2018年国务院办公厅转发证监会《关于开展创新企业境内发行股票或存托凭证试点若干意见的通知》明确了**存托凭证**是一种新的证券品种。在证券法修订以前,存托凭证未被明确规定在证券法中,其性质属于"**国务院依法认定的其他证券**",受证券法调整。2019年修订的《证券法》第二条第一款规定:"在中华人民共和国境内,股票、公司债券、存托凭证和国务院依法认定的其他证券的发行和交易,适用本法;本法未规定的,适用《中华人民共和国公司法》和其他法律、行政法规的规定。"修订后的证券法将"存托凭证"作为**法定证券品种**在法律中予以列明。同时考虑到证券市场的发展和产品创新,依然保留了"国务院依法认定的其他证券"这一兜底性规定,授权国务院依法认定其他证券品种,为未来新的证券品种适用证券法留出空间。此次刑法修改,考虑到有必要与证券法做好衔接,在本条修改时也增加了"**存托凭证或者国务院依法认定的其他证券**"的规定。

第二,保障注册制顺利实施,加大对欺诈发行行为的惩治力度,提高违法成本。欺诈发行行为是金融资本市场最为严重的违法行为，实践中较为常见的欺诈发行行为主要包括虚增收入、利润、资产规模等财务数据造假，虚构专利技术等核心生产资料造假等情形，给不明真相的投资者造成巨大损失，严重影响金融资本市场的信誉和稳定。在证券发行注册制施行后，行政化干预进一步弱化，股票发行制度更加市场化，欺诈发行行为的危害性也容易进一步放大。经研究，为提高对欺诈发行行为的惩治力度，保障注册制顺利实施，此次修正案对本罪规定的法定刑进行了修改，增加了一档刑罚，即“处五年以上有期徒刑”的规定，使本罪的法定最高刑提高到十五年有期徒刑。同时，调整了本罪的罚金刑。对原来本罪设置的“非法募集资金金额百分之一以上百分之五以下罚金”作了修改。据司法机关反映，原来本罪规定的罚金刑，虽然设置了比例罚金，但是因没有体现差异性，容易出现罚金刑畸轻畸重的情况。欺诈发行一般是单位作为发行人实施的，公司的控股股东、实际控制人是最终受益者，有的公司的董事、监事和高级管理人员是受控股股东、实际控制人操纵、指挥被动参与的。因非法募集资金的金额一般数额特别巨大，对明显受操纵、指挥的董事、监事、高级管理人员处以罚金金额的下限，即非法募集资金金额百分之一的罚金，也可能处罚较重。而对控股股东、实际控制人处以罚金金额的上限，即非法募集资金金额百分之五的罚金，仍属于处罚较轻。为此，此次修改针对不同主体，对其适用的“罚金刑”作了区分。**对一般人员实施欺诈发行行为的规定处以不定额的“罚金”**，可以根据其参与犯罪的程度和作用大小灵活掌握；**对控股股东、实际控制人规定处“非法募集资金金额百分之二十以上一倍以下罚金”**，以提高对该类人员的惩处力度。对实施欺诈发行的单位以及以单位形式作为控股股东、实际控制人的，同样处“非法募集资金金额百分之二十以上一倍以下罚金”，对单位犯罪中的直接责任人员根据案件的实际情况，处以不定额的“罚金”。

第三，精确惩处“幕后”的控股股东、实际控制人。有的部门反映，实践中控股股东、实际控制人是欺诈发行的主要策划者和受益者。其往往组织、指使、操纵公司的董事、监事、高级管理人员实施欺诈发行行为，并以发行人的名义启动募资发行行为。很多控股股东、实际控制人为规避法律责任，以隐名持股、交叉持股、他人代持等方式控制公司实质运行，但名义上与其没有关联。如果对实施欺诈发行的公司的董事、监事、高级管理人员予以处罚，而不能实质处罚到“始作俑者”，不能真正发挥刑事问责的作用。经研究，为精准惩处欺诈发行的“首恶”和“幕后”人员，此次修改专门增加了一款规定，**对控股股东、实际控制人组织、指使实施欺诈发行行为的**，除最高可以处十五年有期徒刑以外，还配置了“非法募集资金金额百分之二十以上一倍以下罚金”。

（二）有关国家的规定

1.《美国法典》第十五编78ff节规定，任何人在按照本法规定的规则、条例提交的任何申请、报告或者文件中，蓄意或者以知情方式作出或者致使作出与任何重大事实有关的虚假或者误导性陈述的，单处或并处不超过五百万美元的罚金、不超过二十年监禁。法人处不超过二千五百万美元罚金。

《美国法典》第十八编1348节规定，故意或意图实施相关计划或骗局以欺骗根据《美国法典》第十五编78l节的规定进行证券注册行为……借助虚假的或伪造的主张、称述或许诺，通过买卖注册的证券获得金钱和财产……应根据本章规定处以罚款，二十五年以下监禁，或一并处罚。

2.《日本金融商品交易法》第一百九十七条规定，有下列情形之一的人员，单处或者并处十年以下有期徒刑或者一万元以下罚金。包括提交的发行注册书及其附件、根据规定修改的发行注册书、根据规定发行注册书追加补充的文件……中对重要事项存在虚假记载的提交人。

【条文说明】

本条是关于欺诈发行证券罪及其处罚的规定。

本条共分为三款。

第一款是关于个人犯欺诈发行股票、债券、存托凭证或者国务院依法认定的其他证券的犯罪及其处罚的规定。根据本款规定，构成本罪必须具备以下几个构成要件：

1. 行为人在主观方面有**欺诈发行的故意**。

2. 行为人“**在招股说明书、认股书、公司、企业债券募集办法等发行文件中隐瞒重要事实或者编造重大虚假内容**”。这里的“**招股说明书、认股书、公司、企业债券募集办法等发行文件**”是公司、企业设立和公司、企业向社会筹集资金的重要书面文件。公司法、证券法以及国家有关规定对制作这些文件的内容和要求都有明确具体的规定，目的是使社会公众了解公司、企业真实情况，保护投资者和社会公众的利益，维护正常的市场经济秩序。如果内容虚假，其实质就是欺骗投资者，使投资者在不明真相的情况下作出错误的判断和选择，使投资处于高风险之中，不仅会给投资者带来重大的经济损失，还会扰乱证券市场管理秩序，影响社会稳定。这里的**“等发行文件”**包含了在发行过程中与“招股说明书、认股书、公司、企业债券募集办法”重要性一样的其他发行文件，包括公司的监事会对募集说明书真实性、准确性、完整性的审核意见、募集资金使用的可行性报告，以及增发、发行可转换公司债券等涉及的发行文件等。需要注意的是，注册制施行后，需要通过交易所审核和证券监督管理部门注册两个环节完成股票、债券等注册发行。交易所审核主要通过向发行人提出问题、发行人回答问题的方式来进行。这种“问答”环节所形成的文件也属于这里所说的发行文件。本款所说的**“隐瞒重要事实或者编造重大虚假内容”**，是指违反公司法、证券法及其有关法律、法规的规定，制作的招股说明书、认股书、公司、企业债券募集办法等发行文件的内容全部都是虚构的，或者对其中重要的事项和部分内容作虚假的陈述或记载，或者对某些重要事实进行夸大或者隐瞒，或者故意遗漏有关的重要事项等。例如，虚构发起人认购股份数额；故意夸大公司、企业生产经营利润和公司、企业净资产额；对所筹资金的使用提出虚假的计划和虚假的经营生产项目；故意隐瞒公司、企业所负债务和正在进行的重大诉讼；故意遗漏公司、企业签订的重要合同等。

3. 行为人实施了**“发行股票或者公司债券、企业债券、存托凭证或者国务院依法认定的其他证券”的行为**。本款所说的**“发行股票或者公司债券、企业债券、存托凭证或者国务院依法认定的其他证券”**，是指实际已经发行了股票或者公司、企业债券、存托凭证或者国务院依法认定的其他证券，如果制作或形成了虚假的招股说明书、认股书、公司、企业债券募集办法等发行文件，但只锁在办公室抽屉里，或者还未来得及发行就被阻止、不予注册或者主动撤回注册申请，未实施向社会发行股票或公司债券、企业债券、存托凭证或者国务院依法认定的其他证券的行为，**不构成犯罪**。需要说明的是，**这里的“国务院依法认定的其他证券”并不是广义的兜底性规定**，其与2019年修订的《证券法》第二条第一款中规定的“国务院依法认定的其他证券”的含义是一致的，只有国务院经法定程序确认的新型证券品种才符合这一规定。

4. 需要满足**“数额巨大、后果严重或者有其他严重情节”**的入罪门槛，才构成犯罪。这里所说的**“数额巨大”**，是指欺诈发行的股票或者公司债券、企业债券、存托凭证或者国务院依法认定的其他证券的数额巨大，如果数额不大，且又无其他严重后果或严重情节，虽然违法，但不构成犯罪。这里的**“后果严重”**，主要是指造成了投资者或者其他债权人的重大经济损失；严重影响了投资人、债权人的生产、经营活动；破坏了投资人、债权人的正常生活甚至激发了一些社会矛盾，影响了社会安定和正常的社会生活秩序等。**“其他严重情节”**，主要是指除数额巨大和后果严重外，严重违反法律规定，扰乱金融和社会管理秩序的其他情节。本款规定的**“数额特别巨大、后果特别严重或者有其他特别严重情节”**是欺诈发行行为具有更为严重的社会危害性的情况，应适用更重的刑罚。对于“数额巨大、后果严重或者有其他严重情节”以及“数额特别巨大、后果特别严重或者有其他特别严重情节”的内容，可以由司法机关根据实际情况作出细化解释。根据本款规定，对个人实施欺诈发行的行为，规定了两档刑罚，符合“数额巨大、后果严重或者有其他严重情节”的，处五年以下有期徒刑或者拘役，并处或者单处罚金；符合“数额特别巨大、后果特别严重或者有其他特别严重情节”的，处五年以上有期徒刑，并处罚金。

第二款是关于控股股东、实际控制人组织、指使实施欺诈发行行为构成犯罪及其处罚的规定。**“控股股东”**是指其持有的股份占公司股本总额百分之五十以上的股东，或者其持有股份虽不足百分之五十，但持有股份所享有的表决权已足以对股东大会的决议产生重大影响的股东。**“实际控制人”**是指虽不是公司的股东，但通过投资关系、协议或者其他安排，能够实际支配公司的人。根据刑法总则有关共同犯罪的规定，控股股东、实际控制人组织、指使公司、企业的董事、监事、高级管理人员以发行人的名义实施欺诈发行行为的，应当按照共同犯罪处理，通常情况下还应当作为主犯，追究其刑事责任。因此，本款即使未作规定，实际上也不影响对相关人员刑事责任的追究。但是，考虑到实践中发行人实施欺诈发行行为不可能与控股股东、实际控制人的意志相违背，往往是董事、监事、高级管理人员等实际执行人员受控股股东、实际控制人的组织、指使，这些实际执行人员实际上只是控股股东、实际控制人用以实施欺诈发行犯罪的工具，在幕后进行操纵的控股股东、实际控制人是欺诈发行行为的罪魁祸首和实际受益人。因此,有必要在法律中对这些人员的责任予以明确规定。对其中**符合刑法总则关于共同犯罪中主犯、首要分子规定的人员**,能够查证属实的,应当同时依照有关追究主犯、首要分子刑事责任的规定,予以处罚。根据本款规定,控股股东、实际控制人组织、指使实施欺诈发行行为的,处五年以下有期徒刑或者拘役,并处或者单处非法募集资金金额百分之二十以上一倍以下罚金;数额特别巨大、后果特别严重或者有其他特别严重情节的,处五年以上有期徒刑,并处非法募集资金金额百分之二十以上一倍以下罚金。

第三款是对单位犯欺诈发行股票、债券、存托凭证或者国务院依法认定的其他证券的犯罪的处罚规定。这里所说的"**单位**"包括有限责任公司、股份有限公司和其他企业法人。对单位犯罪,本款包含了两种情形:第一种情形是**单位直接构成欺诈发行犯罪的**。这里对单位采取了**双罚制原则**,即对单位判处非法募集资金金额百分之二十以上一倍以下罚金,并对其直接负责的主管人员和其他直接责任人员,按照本条第一款的规定处罚,即处五年以下有期徒刑或者拘役,并处或者单处罚金;数额特别巨大、后果特别严重或者有其他特别严重情节的,处五年以上有期徒刑,并处罚金。第二种情形是**单位作为控股股东、实际控制人组织、指使实施欺诈发行行为,构成欺诈发行犯罪的**。实践中,确实存在控股股东、实际控制人是单位的情况,特别是上市公司的控股股东、实际控制人多数为单位。因此,如果单位作为控股股东、实际控制人组织、指使实施欺诈发行的,对该单位也应比照自然人作为控股股东、实际控制人的情况予以处罚,即对单位处非法募集资金金额百分之二十以上一倍以下罚金,同时对单位的直接责任人员也按照本条第一款的规定处罚。

实践中需要注意以下问题:

1. 在实际执行中,如果有限责任公司、股份有限公司和其他企业法人的直接负责的主管人员和其他有直接责任的人员将非法募集的资金中饱私囊,落入个人腰包,则属于贪污行为或侵占行为,构成犯罪的,应当分别依照刑法规定的**贪污罪、职务侵占罪**定罪处罚。

2. 关于本条第一款规定的不定额罚金的适用问题。**本条对控股股东、实际控制人以及单位构成欺诈发行犯罪的,规定了倍比罚金**,即处"非法募集资金金额百分之二十以上一倍以下罚金"。对自然人构成欺诈发行犯罪的,由原来规定的处"非法募集资金金额百分之一以上百分之五以下罚金"修改为处以不定额的"罚金"。主要是考虑到,有的部门反映,控股股东、实际控制人以及作为发行人的单位是欺诈发行行为的实质获益方,应对欺诈发行行为负主要责任,承担较重的经济刑罚,但对于涉案的具体行为人来说,情况比较复杂。欺诈发行案件中非法募集资金金额一般特别巨大,按照1997年《刑法》第一百六十条的规定,明确设置罚金下限的罚金数额往往也很大。如果对所有涉案人员均设置一样的罚金刑起点,有时存在过于严苛的情况。特别是有些董事、监事、高级管理人员往往是受控股股东、实际控制人指挥、操纵,对其判处高额罚金刑不能更好地体现罪责刑相适应的原则,也容易出现罚金刑"空判"难以执行的问题。**《刑法修正案(十一)》将针对自然人的罚金刑调整为不定额的"罚金"**,司法机关可以根据案件的实际情况以及各行为人在案件中发挥的具体作用,灵活确定罚金刑的数额,做到罪责刑相适应。

【司法解释性文件】

《最高人民检察院、公安部关于公安机关管辖的刑事案件立案追诉标准的规定(二)》(公通字〔2022〕12号,2022年4月6日公布)

△(**欺诈发行证券罪;立案追诉标准**)在招股说明书、认股书、公司、企业债券募集办法等发行文件中隐瞒重要事实或者编造重大虚假内容,发行股票或者公司、企业债券、存托凭证或者国务院依法认定的其他证券,涉嫌下列情形之一的,应予立案追诉:

(一)非法募集资金金额在一千万元以上的;

(二)虚增或者虚减资产达到当期资产总额百分之三十以上的;

(三)虚增或者虚减营业收入达到当期营业收入总额百分之三十以上的;

(四)虚增或者虚减利润达到当期利润总额百分之三十以上的;

(五)隐瞒或者编造的重大诉讼、仲裁、担保、关联交易或者其他重大事项所涉及的数额或者连续十二个月的累计数额达到最近一期披露的净资产百分之五十以上的;

(六)造成投资者直接经济损失数额累计在一百万元以上的;

(七)为欺诈发行证券而伪造、变造国家机关公文、有效证明文件或者相关凭证、单据的;

(八)为欺诈发行证券向负有金融监督管理

职责的单位或者人员行贿的；

(九)募集的资金全部或者主要用于违法犯罪活动的；

(十)其他后果严重或者有其他严重情节的情形。(§5)

第一百六十一条　【违规披露、不披露重要信息罪】

依法负有信息披露义务的公司、企业向股东和社会公众提供虚假的或者隐瞒重要事实的财务会计报告，或者对依法应当披露的其他重要信息不按照规定披露，严重损害股东或者其他人利益，或者有其他严重情节的，对其直接负责的主管人员和其他直接责任人员，处五年以下有期徒刑或者拘役，并处或者单处罚金；情节特别严重的，处五年以上十年以下有期徒刑，并处罚金。

前款规定的公司、企业的控股股东、实际控制人实施或者组织、指使实施前款行为的，或者隐瞒相关事项导致前款规定的情形发生的，依照前款的规定处罚。

犯前款罪的控股股东、实际控制人是单位的，对单位判处罚金，并对其直接负责的主管人员和其他直接责任人员，依照第一款的规定处罚。

【立法沿革】

《中华人民共和国刑法》(1997年修订，自1997年10月1日起施行)

第一百六十一条

公司向股东和社会公众提供虚假的或者隐瞒重要事实的财务会计报告，严重损害股东或者其他人利益的，对其直接负责的主管人员和其他直接责任人员，处三年以下有期徒刑或者拘役，并处或者单处二万元以上二十万元以下罚金。

《中华人民共和国刑法修正案(六)》(自2006年6月29日起施行)

五、将刑法第一百六十一条修改为：

“依法负有信息披露义务的公司、企业向股东和社会公众提供虚假的或者隐瞒重要事实的财务会计报告，或者对依法应当披露的其他重要信息不按照规定披露，严重损害股东或者其他人利益，或者有其他严重情节的，对其直接负责的主管人员和其他直接责任人员，处三年以下有期徒刑或者拘役，并处或者单处二万元以上二十万元以下罚金。”

《中华人民共和国刑法修正案(十一)》(自2021年3月1日起施行)

九、将刑法第一百六十一条修改为：

“依法负有信息披露义务的公司、企业向股东和社会公众提供虚假的或者隐瞒重要事实的财务会计报告，或者对依法应当披露的其他重要信息不按照规定披露，严重损害股东或者其他人利益，或者有其他严重情节的，对其直接负责的主管人员和其他直接责任人员，处五年以下有期徒刑或者拘役，并处或者单处罚金；情节特别严重的，处五年以上十年以下有期徒刑，并处罚金。

“前款规定的公司、企业的控股股东、实际控制人实施或者组织、指使实施前款行为的，或者隐瞒相关事项导致前款规定的情形发生的，依照前款的规定处罚。

“犯前款罪的控股股东、实际控制人是单位的，对单位判处罚金，并对其直接负责的主管人员和其他直接责任人员，依照第一款的规定处罚。”

【立法理由】

(一)立法相关背景及修改情况

1. **1979年之后至1997年刑法修订前的立法情况**。1995年2月28日第八届全国人大常委会第十二次会议通过的《全国人民代表大会常务委员会关于惩治违反公司法的犯罪的决定》对刑法作了相应的补充。该决定第四条规定：“公司向股东和社会公众提供虚假的或者隐瞒重要事实的财务会计报告，严重损害股东或者其他人利益的，对直接负责的主管人员和其他直接责任人员，处三年以下有期徒刑或者拘役，可以并处二十万元以下罚金。”

2. **1997年修订刑法的情况**。1997年修订刑法时将本条修改完善后纳入了刑法规定，将“可以并处二十万元以下罚金”修改为“并处或者单处二万元以上二十万元以下罚金”。1997年《刑法》第一百六十一条规定：“公司向股东和社会公众提供虚假的或者隐瞒重要事实的财务会计报告，严重损害股东或者其他人利益的，对其直接负责的主管人员和其他直接责任人员，处三年以下有期

分则　第三章

徒刑或者拘役，并处或者单处二万元以上二十万元以下罚金。”

3. 2006年《刑法修正案(六)》对本条的修改情况。随着我国金融市场的发展和完善，出现了一些新情况，本条在执行中出现了以下问题：一是犯罪主体范围偏窄，根据2005年修订的《证券法》的规定，除上市公司外，公司债券上市交易的公司等其他实体同样负有信息披露义务，对这些组织不按照规定披露信息的行为缺乏刑事责任的规定；二是披露的对象仅局限于财务会计报告，根据2005年修订的《证券法》等法律的规定，应予以披露的还有招股说明书、债券募集办法等信息，实践中这些信息的重要性不亚于财务会计报告，却没有被列入刑法保护范围；三是在披露方式上除虚假披露外，误导性陈述、重大遗漏等行为具有同等危害性，法律也应当作出规定；四是1997年《刑法》第一百六十一条规定为结果犯，“严重损害股东或者其他人利益的”才构成犯罪，实践中的损失很难认定，给司法机关的侦查及法官定罪量刑带来了一定困难。针对这些问题，《刑法修正案(六)》对本条作了三处修改：第一，将主体扩大为“依法负有信息披露义务的公司、企业”；第二，增加了“对依法应当披露的其他重要信息不按照规定披露”的行为方式；第三，增设了“有其他严重情节”的定罪标准。

4. 2020年《刑法修正案(十一)》对本条的修改情况。第一，针对控股股东、实际控制人实施或者组织、指使实施违规披露或者不披露重要信息的行为作了明确规定，增加了第二款和第三款的规定。第二，提高了本罪的刑罚，将“三年以下有期徒刑或者拘役，并处或者单处二万元以上二十万元以下罚金”修改为两档刑罚，第一档刑罚规定“处五年以下有期徒刑或者拘役，并处或者单处罚金”；第二档刑罚规定“处五年以上十年以下有期徒刑，并处罚金”。对本条作出修改基于以下考虑：

一是**保障以信息披露为核心的注册制改革顺利实施，加大对信息违规披露、不披露行为的惩治力度，提高违法成本**。2019年修订的《证券法》确立了证券发行注册制度。信息披露是注册制的核心，要求发行人充分披露投资者作出价值判断和投资决策所必需的信息，确保信息披露真实、准确、完整。对此，有的全国人大代表和有关部门提出，证券发行注册制施行后，信息披露的重要性进一步提升，违规披露或者不披露信息的危害性更大，需要加大刑法的保障力度。此外，一些社会关注的大案如康美药业、獐子岛等案，均具有严重违反信息披露义务的行为，因违规披露、不披露信息造成了投资者的重大损失，严重动摇了资本市场的诚信基础和管理秩序，造成了极其恶劣的影响。但是根据1997年《刑法》第一百六十一条的规定，法定最高刑为三年有期徒刑，罚金为二万元以上二十万元以下，已不能更为准确地评价信息违规披露、不披露行为所造成的社会危害，有必要作出相应调整。经研究，对本条设置的刑罚作了调整，修改为两档刑罚，将法定最高刑提高至十年有期徒刑，同时将罚金修改为不定额罚金。

二是**精确惩处“幕后”的控股股东、实际控制人**。控股股东、实际控制人本身具有信息披露义务，控股股东、实际控制人的有关情况很多时候就属于股东和社会公众需要了解的重要信息，应当真实、准确、完整披露。同时，依法负有信息披露义务的公司、企业违规披露、不披露重要信息，许多案例中也是受控股股东、实际控制人组织、指使的。对此，有的部门提出，修订后的证券法对控股股东、实际控制人的信息披露义务及法律责任作了明确规定，建议对本条也作相应的修改完善，进一步明确控股股东、实际控制人在信息披露方面的刑事责任，与证券法的规定相衔接。经研究，对本条增加了第二款和第三款规定。第二款规定，对于公司、企业的控股股东、实际控制人实施或者组织、指使实施信息违规披露或者不披露的，或者隐瞒相关事项导致其他人利益受损或者具有其他严重情节的，根据本条第一款中单位责任人员的规定处罚。第三款规定，公司、企业的控股股东、实际控制人本身是单位的，在处罚上不同于第一款中单位的法律责任，需要处以罚金刑，其责任人员根据本条第一款中单位的责任人员的规定处罚。

(二)有关国家和地区的规定

1.《美国法典》第十五编78ff节规定，任何人在按照本法规定的规则、条例提交的任何申请、报告或者文件中，蓄意或者以知情方式作出或者致使作出与任何重大事实有关的虚假或者误导性陈述的，单处或并处不超过五百万美元的罚金、不超过二十年监禁。法人处不超过二千五百万美元罚金。

《美国法典》第十八编1348节规定，故意或意图实施相关计划或骗局以欺骗根据《美国法典》第十五编781节的规定进行证券注册行为……借助虚假的或伪造的主张、称述或许诺，通过买卖注册的证券获得金钱和财产……应根据本章规定处以罚款,二十五年以下监禁,或一并处罚。

2. 我国香港特区《证券及期货条例》第二百九十八条规定了“披露虚假或具误导性的资料以诱使进行交易的罪行”,禁止行为人在香港或其他地方披露、传递或散发在某事关重要的事实方面属虚假或具误导性的资料,或因遗漏某事关重要的事实而属虚假或具误导性的资料,诱使他人在香港进行证券或期货合约交易。第三百零三条“罚则”规定,任何人犯本部所订罪行经循公诉程序定罪,可处罚款一千万港币及监禁十年;经循简易程序定罪,可处罚款一百万港币及监禁三年。

我国香港特区《盗窃罪条例》第二十一条规定,公司董事等人作出的虚假陈述:(1)凡任何法人团体或非法团组织的高级人员(或其意是以上述身份行事的人),意图就有关该法人团体或组织的事务欺骗该法人团体或组织的成员或债权人,而发表或赞同发表他知道在要项上是或可能是误导、虚假或欺骗的书面陈述或帐目,即属犯罪,循公诉程序定罪后,可处监禁十年。(2)就本条而言,为任何法人团体或组织的利益而订立保证的人,须视为该法人团体或组织的债权人。(3)凡任何法人团体或组织的事务是由其成员负责管理,则本条适用于任何成员在行使其管理职能时发表或赞同发表的任何陈述,犹如他是该法人团体或组织的高级人员一样。

【条文说明】

本条是关于违规披露、不披露重要信息罪及其处罚的规定。

本条共分为三款。

第一款是关于依法负有信息披露义务的公司、企业违规披露或者不披露重要信息构成犯罪及其处罚的规定。根据本款规定,需要满足以下两个方面才能构成本罪:

1. 犯罪主体为“**依法负有信息披露义务的公司、企业**”。依据公司法、证券法、银行业监督管理法、商业银行法、证券投资基金法、保险法等法律、法规的规定,负有信息披露义务的公司、企业包括:公开发行证券的申请人、上市公司、公司、企业债券上市交易的单位以及其他信息披露义务人、商业银行、基金管理人、基金托管人和其他基金信息披露义务人、保险公司等。另外,根据《证券法》第七十八条规定,国务院证券监督管理机构可以对其他信息披露义务人的范围作出规定。比如,中国证券监督管理委员会《上市公司收购管理办法》(2020年修正)第三条规定,上市公司的收购及相关股份权益变动活动中的信息披露义务人,应当充分披露其在上市公司中的权益及变动情况,依法严格履行报告、公告和其他法定义务。

2. 行为人实施了**向股东和社会公众提供虚假的或者隐瞒重要事实的财务会计报告或者对依法应当披露的其他重要信息不按照规定披露的行为**。

关于“**虚假的或者隐瞒重要事实的财务会计报告**”,根据《公司法》第六十二条、第一百六十四条、第一百六十五条的规定,公司应当在每一会计年度终了时,依照法律、行政法规和国务院财政部门的规定编制财务会计报告,并依法经会计师事务所审计。有限责任公司应当依照公司章程规定的期限将财务会计报告送交各股东。股份有限公司的财务会计报告应当在召开股东大会年会的二十日前置备于本公司,供股东查阅;公开发行股票的股份有限公司必须公告其财务会计报告。依照上述规定,制作并向股东和社会公众提供财务会计报告是公司的一项法定义务。客观地记录和反映公司经营情况,如实地制作财务会计报告,才能让股东准确地了解其出资或投资的收益情况。公司向股东和社会公众提供虚假的或者隐瞒重要事实的财务会计报告,对股东和社会公众的利益造成损害,应追究其相应的刑事责任。

关于“**依法应当披露的其他重要信息不按照规定披露**”的行为,是指违反法律、行政法规和国务院证券管理部门等对信息披露的规定,对除财务会计报告以外的其他重要信息不披露或者进行虚假披露,如作虚假记载、误导性陈述或者有重大遗漏等。根据公司法、证券法、银行业监督管理法、证券投资基金法等法律、法规的规定,“**依法应当披露的其他重要信息**”包括:招股说明书、债券募集办法、财务会计报告、上市报告等文件,上市公司年度报告、中期报告、临时报告及其他信息披露资料;金融机构的财务会计报告、风险管理状况、董事和高级管理人员变更以及其他重大事项等信息及基金信息、实际控制人、控股股东应当依法披露的重要信息等。如2019年修订的《证券法》第八十条规定,发生可能对上市公司、股票在国务院批准的其他全国性证券交易场所交易的公司的股票交易价格产生较大影响的重大事件,投资者尚未得知时,公司应当立即将有关该重大事件的情况向国务院证券监督管理机构和证券交易场所报送临时报告,并予公告,说明事件的起因、目前的状态和可能产生的法律后果。这里的**重大事件**包括:公司的经营方针和经营范围的重大变化；公司的重大投资行为，公司在一年内购买、出售重大资产超过公司资产总额百分之三十，或者公司营业用主要资产的抵押、质押、出售或者报废一次超过该资产的百分之三十；公司订立重要合同、提供重大担保或者从事关联交易，可能对公司的资产、负债、权益和经营成果产生重要影响；公司发生重大债务和未能清偿到期重大债务的违约情况；公司发生重大亏损或者重大损失；公司生产经营的外部条件发生的重大变化；公司的董事、三分之一以上监事或者经理发生变动，董事长或者经理无法履行职责；持有公司百分之五以上股份的股东或者实际控制人持有股份或者控制公司的情况发生较大变化，公司的实际控制人及其控制的其他企业从事与公司相同或者相似业务的情况发生较大变化；公司分配股利、增资的计划，公司股权结构的重要变化，公司减资、合并、分立、解散及申请破产的决定，或者依法进入破产程序、被责令关闭；涉及公司的重大诉讼、仲裁，股东大会、董事会决议被依法撤销或者宣告无效；公司涉嫌犯罪被依法立案调查，公司的控股股东、实际控制人、董事、监事、高级管理人员涉嫌犯罪被依法采取强制措施；国务院证券监督管理机构规定的其他事项。第八十一条规定，发生可能对上市交易公司债券的交易价格产生较大影响的重大事件，投资者尚未得知时，公司应当立即将有关该重大事件的情况向国务院证券监督管理机构和证券交易场所报送临时报告，并予公告，说明事件的起因、目前的状态和可能产生的法律后果。这里的**重大事件**包括：公司股权结构或者生产经营状况发生重大变化；公司债券信用评级发生变化；公司重大资产抵押、质押、出售、转让、报废；公司发生未能清偿到期债务的情况；公司新增借款或者对外提供担保超过上年末净资产的百分之二十；公司放弃债权或者财产超过上年末净资产的百分之十；公司发生超过上年末净资产百分之十的重大损失；公司分配股利，作出减资、合并、分立、解散及申请破产的决定，或者依法进入破产程序、被责令关闭；涉及公司的重大诉讼、仲裁；公司涉嫌犯罪被依法立案调查，公司的控股股东、实际控制人、董事、监事、高级管理人员涉嫌犯罪被依法采取强制措施；国务院证券监督管理机构规定的其他事项。这些都属于"依法应当披露的其他重要信息"。

本款规定对"**严重损害股东或者其他人利益，或者有其他严重情节的**"才追究刑事责任。关于损害标准可以参考《最高人民检察院、公安部关于公安机关管辖的刑事案件立案追诉标准的规定（二）》的相关规定，如造成股东、债权人或者其他人直接经济损失数额累计在五十万元以上的；致使公司发行的股票、公司债券或者国务院依法认定的其他证券被终止上市交易或者多次被暂停上市交易等。关于"**其他严重情节**"，主要包括隐瞒多项应当披露的重要信息、多次虚假披露或者不按照规定披露、因不按照规定披露受到处罚后又违反等情形。

根据本款规定，"依法负有信息披露义务的公司、企业"是本罪的犯罪主体。本款规定的是单位犯罪，但采用**单罚制**，只对公司、企业的直接负责的主管人员和其他直接责任人员判处刑罚，对公司、企业不再判处罚金。这里考虑的是，公司、企业的违法行为已经损害了股东和投资者的利益，如果再对其判处罚金，将会加重股东和其他投资者的损失程度。[①] 根据本款规定，公司、企业不按照规定披露信息，严重损害股东或者其他人利益的，或者有其他严重情节的，对其直接负责的主管人员和其他直接责任人员处五年以下有期徒刑或者拘役，并处或者单处罚金；情节特别严重的，处五年以上十年以下有期徒刑，并处罚金。本款规定的"情节严重""情节特别严重"，可以由司法机关通过司法解释作进一步细化。

第二款是关于公司、企业的控股股东、实际控制人实施或者组织、指使实施违规披露、不披露重要信息构成犯罪及其处罚的规定。**控股股东**是指其持有的股份占公司股本总额百分之五十以上的股东，或者其持有股份虽不足百分之五十，但持有股份所享有的表决权已足以对股东大会的决议产生重大影响的股东。**实际控制人**是指虽不是公司的股东，但通过投资关系、协议或者其他安排，能够实际支配公司的人。本款包含三层意思：

1. **公司、企业的控股股东、实际控制人实施不按照规定披露重要信息行为构成犯罪的情况。**公司、企业的控股股东、实际控制人能够对发行人、公司、企业的行为产生重大影响或者实际支配公司、企业的行为。实践中，出现了控股股东、实际控制人控制公司印章和信息披露渠道，绕开股东大会、董事会等法定机构，直接以公司名义实施披露虚假信息的情形。因此本款将控股股东、实

① 类似的见解，参见黎宏：《刑法学各论》（第2版），法律出版社2016年版，第112页。

际控制人直接实施不按照规定披露重要信息的行为规定为犯罪。

2. **公司企业的控股股东、实际控制人组织、指使实施不按照规定披露重要信息行为构成犯罪的情况**。控股股东、实际控制人能够实际影响或者支配公司的行为,其容易组织、指使其他信息披露义务人不按照规定披露重要信息,对股东等他人利益的危害极大。因此,本款将控股股东、实际控制人组织、指使实施不按照规定披露重要信息的行为规定为犯罪。

3. **公司、企业的控股股东、实际控制人隐瞒相关事项导致公司、企业违规披露或者不披露重要信息构成犯罪的情况**。公司、企业的控股股东、实际控制人对公司、企业具有较强的影响甚至是支配能力。这里的"**隐瞒相关事项导致前款规定的情形发生**",包含了两种情形:第一种情形是,**控股股东、实际控制人隐瞒自身应当披露的重要信息导致公司、企业违规披露或者不披露重要信息构成犯罪**。控股股东、实际控制人本身就具有十分重要的信息披露义务,如对其拥有的公司股权进行大宗交易买卖、抵押等都属于足以影响公司、企业的重大活动。因此,证券法等法律法规对公司、企业的控股股东、实际控制人的信息披露义务作了明确的规定。如果因控股股东、实际控制人违规披露或者不披露自身重要信息,导致公司、企业违规披露或者不披露重要信息构成犯罪的,其危害程度更大,对股东等他人利益所造成的损害也更重。虽然在公司、企业违规披露或者不披露重要信息构成犯罪的情况下,控股股东、实际控制人也能够作为单位犯罪的直接责任人员予以处罚。但是通过此款规定,强调控股股东、实际控制人的责任,特别是当控股股东、实际控制人是单位的情况下,能够对单位处以罚金,可以达到从重处罚的效果。因此,控股股东、实际控制人隐瞒自身应当披露的重要信息属于这里规定的"隐瞒相关事项"。第二种情形是,**控股股东、实际控制人利用其控制公司、企业的权力,隐瞒一些其掌握的公司、企业的核心和关键性信息**,如重大资产交易动向系虚构、关联交易损害公司、企业利益等。该行为导致公司、企业违规披露或者不披露重要信息构成犯罪的情况,也属于这里规定的"隐瞒相关事项"。基于此,本款将控股股东、实际控制人因隐瞒相关事项导致违规披露或者不披露重要信息的情形规定为犯罪。

根据本款规定,控股股东、实际控制人实施本款行为,严重损害股东或者其他人利益,或者有其他严重情节的,处五年以下有期徒刑或者拘役,并处或者单处罚金;情节特别严重的,处五年以上十年以下有期徒刑,并处罚金。

第三款是关于控股股东、实际控制人是单位并构成第二款规定的犯罪及其处罚的规定。控股股东、实际控制人很多也是公司、企业。本款规定,**对于控股股东、实际控制人是单位并构成第二款规定的犯罪的**,如提供虚假的或者隐瞒重要事实的财务会计报告,实施或者组织、指使实施以及隐瞒相关事项导致违规披露、不披露重要信息等情形发生,严重损害股东或者其他人利益,或者有其他严重情节的,对单位判处罚金,并对其直接负责的主管人员和其他直接责任人员,处五年以下有期徒刑或者拘役,并处或者单处罚金;情节特别严重的,对单位判处罚金,并对其直接负责的主管人员和其他直接责任人员处五年以上十年以下有期徒刑,并处罚金。

需要注意的是,本条第一款规定的犯罪主体是单位,即"依法负有信息披露义务的公司、企业"。实践中,不能因为该款规定了单罚制,仅对单位直接负责的主管人员和其他直接责任人员设置了刑罚,就否认单位构成犯罪的实质。在司法实践中,应首先依法明确是单位构成了犯罪,再对有关责任人员予以处罚。同时,对犯本条规定之罪的,必要时可以根据有关规定作退市处理。

【司法解释性文件】

《最高人民检察院、公安部关于公安机关管辖的刑事案件立案追诉标准的规定(二)》(公通字〔2022〕12号,2022年4月6日公布)

△(**违规披露、不披露重要信息罪;立案追诉标准**)依法负有信息披露义务的公司、企业向股东和社会公众提供虚假的或者隐瞒重要事实的财务会计报告,或者对依法应当披露的其他重要信息不按照规定披露,涉嫌下列情形之一的,应予立案追诉:

(一)造成股东、债权人或者其他人直接经济损失数额累计在一百万元以上的;

(二)虚增或者虚减资产达到当期披露的资产总额百分之三十以上的;

(三)虚增或者虚减营业收入达到当期披露的营业收入总额百分之三十以上的;

(四)虚增或者虚减利润达到当期披露的利润总额百分之三十以上的;

(五)未按照规定披露的重大诉讼、仲裁、担保、关联交易或者其他重大事项所涉及的数额或者连续十二个月的累计数额达到最近一期披露的净资产百分之五十以上的；

（六）致使不符合发行条件的公司、企业骗取发行核准或者注册并且上市交易的；

（七）致使公司、企业发行的股票或者公司、企业债券、存托凭证或者国务院依法认定的其他证券被终止上市交易的；

（八）在公司财务会计报告中将亏损披露为盈利，或者将盈利披露为亏损的；

（九）多次提供虚假的或者隐瞒重要事实的财务会计报告，或者多次对依法应当披露的其他重要信息不按照规定披露的；

（十）其他严重损害股东、债权人或者其他人利益，或者有其他严重情节的情形。（§ 6）

【附属刑法】

《中华人民共和国公司法》（1993 年 12 月 29 日通过，2018 年 10 月 26 日第四次修正）

第二百零二条

公司在依法向有关主管部门提供的财务会计报告等材料上作虚假记载或者隐瞒重要事实的，由有关主管部门对直接负责的主管人员和其他直接责任人员处以三万元以上三十万元以下的罚款。

第二百零四条

Ⅰ公司在合并、分立、减少注册资本或者进行清算时，不依照本法规定通知或者公告债权人的[①]由公司登记机关责令改正，对公司处以一万元以上十万元以下的罚款。

第二百一十五条

违反本法规定，构成犯罪的，依法追究刑事责任。

《中华人民共和国证券投资基金法》（2003 年 10 月 28 日通过，2015 年 4 月 24 日修正）

第一百三十一条

基金信息披露义务人不依法披露基金信息或者披露的信息有虚假记载、误导性陈述或者重大遗漏的[②]，责令改正，没收违法所得，并处十万元以上一百万元以下罚款；对直接负责的主管人员和其他直接责任人员给予警告，暂停或者撤销基

---

① 《中华人民共和国公司法》（1993 年 12 月 29 日通过，2018 年 10 月 26 日第四次修正）

第一百七十三条

公司合并，应当由合并各方签订合并协议，并编制资产负债表及财产清单。公司应当自作出合并决议之日起十日内通知债权人，并于三十日内在报纸上公告。债权人自接到通知书之日起三十日内，未接到通知书的自公告之日起四十五日内，可以要求公司清偿债务或者提供相应的担保。

第一百七十五条

Ⅰ公司分立，其财产作相应的分割。

Ⅱ公司分立，应当编制资产负债表及财产清单。公司应当自作出分立决议之日起十日内通知债权人，并于三十日内在报纸上公告。

第一百七十七条

Ⅰ公司需要减少注册资本时，必须编制资产负债表及财产清单。

Ⅱ公司应当自作出减少注册资本决议之日起十日内通知债权人，并于三十日内在报纸上公告。债权人自接到通知书之日起三十日内，未接到通知书的自公告之日起四十五日内，有权要求公司清偿债务或者提供相应的担保。

② 《中华人民共和国证券投资基金法》（2003 年 10 月 28 日通过，2015 年 4 月 24 日修正）

第七十四条

基金管理人、基金托管人和其他基金信息披露义务人应当依法披露基金信息，并保证所披露信息的真实性、准确性和完整性。

第七十五条

基金信息披露义务人应当确保应予披露的基金信息在国务院证券监督管理机构规定时间内披露，并保证投资人能够按照基金合同约定的时间和方式查阅或者复制公开披露的信息资料。

第七十六条

公开披露的基金信息包括：

（一）基金招募说明书、基金合同、基金托管协议；

（二）基金募集情况；

（三）基金份额上市交易公告书；

（四）基金资产净值、基金份额净值；

（五）基金份额申购、赎回价格；

（六）基金财产的资产组合季度报告、财务会计报告及中期和年度基金报告；

（七）临时报告；（转下页）

金从业资格,并处三万元以上三十万元以下罚款。

第一百四十九条

违反本法规定,构成犯罪的,依法追究刑事责任。

《中华人民共和国证券法》(1998 年 12 月 29 日通过,2019 年 12 月 28 日第二次修订)

第一百九十七条

Ⅰ信息披露义务人未按照本法规定报送有关报告或者履行信息披露义务的,责令改正,给予警告,并处以五十万元以上五百万元以下的罚款;对直接负责的主管人员和其他直接责任人员给予警告,并处以二十万元以上二百万元以下的罚款。发行人的控股股东、实际控制人组织、指使从事上述违法行为,或者隐瞒相关事项导致发生上述情形的,处以五十万元以上五百万元以下的罚款;对直接负责的主管人员和其他直接责任人员,处以二十万元以上二百万元以下的罚款。

Ⅱ信息披露义务人报送的报告或者披露的信息有虚假记载、误导性陈述或者重大遗漏的,责令改正,给予警告,并处以一百万元以上一千万元以下的罚款;对直接负责的主管人员和其他直接责任人员给予警告,并处以五十万元以上五百万元以下的罚款。发行人的控股股东、实际控制人组织、指使从事上述违法行为,或者隐瞒相关事项导致发生上述情形的,处以一百万元以上一千万元以下的罚款;对直接负责的主管人员和其他直接责任人员,处以五十万元以上五百万元以下的罚款。

第二百一十九条

违反本法规定,构成犯罪的,依法追究刑事责任。

《中华人民共和国商业银行法》(1995 年 5 月 10 日通过,2015 年 8 月 29 日第二次修正)

第七十五条

商业银行有下列情形之一,由国务院银行业监督管理机构责令改正,并处二十万元以上五十万元以下罚款;情节特别严重或者逾期不改正的,可以责令停业整顿或者吊销其经营许可证;构成犯罪的,依法追究刑事责任:

(一)拒绝或者阻碍国务院银行业监督管理机构检查监督的;

(二)提供虚假的或者隐瞒重要事实的财务会计报告、报表和统计报表的;

(三)未遵守资本充足率、资产流动性比例、同一借款人贷款比例和国务院银行业监督管理机构有关资产负债比例管理的其他规定的。

第七十七条

商业银行有下列情形之一,由中国人民银行责令改正,并处二十万元以上五十万元以下罚款;情节特别严重或者逾期不改正的,中国人民银行可以建议国务院银行业监督管理机构责令停业整顿或者吊销其经营许可证;构成犯罪的,依法追究刑事责任:

(一)拒绝或者阻碍中国人民银行检查监督的;

(二)提供虚假的或者隐瞒重要事实的财务会计报告、报表和统计报表的;

(三)未按照中国人民银行规定的比例交存存款准备金的。

第七十八条

商业银行有本法第七十三条至第七十七条规定情形的,对直接负责的董事、高级管理人员和其他直接责任人员,应当给予纪律处分;构成犯罪的,依法追究刑事责任。

《中华人民共和国银行业监督管理法》(2003 年 12 月 27 日通过,2006 年 10 月 31 日修正)

第四十六条

银行业金融机构有下列情形之一,由国务院银行业监督管理机构责令改正,并处二十万元以上五十万元以下罚款;情节特别严重或者逾期不改正的,可以责令停业整顿或者吊销其经营许可证;构成犯罪的,依法追究刑事责任:

……

(三)提供虚假的或者隐瞒重要事实的报表、报告等文件、资料的;

(四)未按照规定进行信息披露的;

……

《中华人民共和国会计法》(1985 年 1 月 21 日通过,2017 年 11 月 4 日第二次修正)

第四十三条

Ⅰ伪造、变造会计凭证、会计帐簿,编制虚假

(接上页)

(八)基金份额持有人大会决议;

(九)基金管理人、基金托管人的专门基金托管部门的重大人事变动;

(十)涉及基金财产、基金管理业务、基金托管业务的诉讼或者仲裁;

(十一)国务院证券监督管理机构规定应予披露的其他信息。

财务会计报告①,构成犯罪的,依法追究刑事责任。

Ⅱ有前款行为,尚不构成犯罪的,由县级以上人民政府财政部门予以通报,可以对单位并处五千元以上十万元以下的罚款;对其直接负责的主管人员和其他直接责任人员,可以处三千元以上五万元以下的罚款;属于国家工作人员的,还应当由其所在单位或者有关单位依法给予撤职直至开除的行政处分;其中的会计人员,五年内不得从事会计工作。

第四十五条

授意、指使、强令会计机构、会计人员及其他人员伪造、变造会计凭证、会计帐簿,编制虚假财务会计报告或者隐匿、故意销毁依法应当保存的会计凭证、会计帐簿、财务会计报告,构成犯罪的,依法追究刑事责任;尚不构成犯罪的,可以处五千元以上五万元以下的罚款;属于国家工作人员的,还应当由其所在单位或者有关单位依法给予降级、撤职、开除的行政处分。

《中华人民共和国保险法》(1995年6月30日通过,2015年4月24日第三次修正)

第一百六十九条

违反本法规定,有下列行为之一的,由保险监督管理机构责令限期改正;逾期不改正的,处一万元以上十万元以下的罚款:

(一)未按照规定报送或者保管报告、报表、文件、资料的,或者未按照规定提供有关信息、资料的;

(二)未按照规定报送保险条款、保险费率备案的;

(三)未按照规定披露信息的。

第一百七十九条

违反本法规定,构成犯罪的,依法追究刑事责任。

【参考案例】

△上市公司违规披露、不披露重要信息不以给股东和社会公众造成经济损失为成立要件,情节达到一定严重程度即可构成。

违规披露、不披露重要信息罪侵犯的客体是上市公司的信息披露制度和广大股东、投资人的利益。信息披露作为规制证券市场的一项重要法律制度,自产生以来,在保护投资者、保证证券市场高效运转、有效发挥证券市场的资源配置功能等方面起到了巨大的作用。由于现代公司制度下的上市公司所有权与经营权高度分离,上市公司的董事、监事和高级管理人员可能利用实际控制公司的职权便利获取自身利益,而置公司利益于不顾,甚至损害公司及其股东利益。

违规披露、不披露重要信息罪要求行为人客观上必须实施"严重损害股东或其他人利益"的行为或者有"其他严重情节"的行为。对于"严重损害""严重情节"的认定标准,目前尚无司法解释予以明确,实践中一般是参照适用2010年5月7日公布的《最高人民检察院、公安部关于公安机关管辖的刑事案件立案追诉标准的规定(二)》的规定。《最高人民检察院、公安部关于公安机关管辖的刑事案件立案追诉标准的规定(二)》对违规披露、不披露重要信息案规定了以下具体的立案追诉标准:(1)造成股东、债权人或者其他人直接经济损失数额累计在50万元以上的;(2)虚增或者虚减资产达到当期披露的资产总额30%以上的;(3)虚增或者虚减利润达到当期披露的利润总额30%以上的;(4)未按照规定披露的重大诉讼、仲裁、担保、关联交易或者其他重大事项所涉及的数额或者连续12个月的累计数额占净资产50%以上的;(5)致使公司发行的股票、公司债券或者国务院依法认定的其他证券被终止上市交易或者多次被暂停上市交易的;(6)致使不符合发行条件的公司、企业骗取发行核准并且上市交易的;(7)在公司财务会计报告中将亏损披露为盈利,或者将盈利披露为亏损的;(8)多次提供虚假的或者隐瞒重要事实的财务会计报告,或者多次对依法应当披露的其他重要信息不按照规定披露的;(9)其他严重损害股东、债权人或者其他人利益,或者有其他严重情节的情形。由上述标准可知,违规披露、不披露重要信息罪的成立,并不要求对股东和社会公众的经济利益造成实际损失,情节达到一定严重程度亦可构成本罪。

在于在青违规不披露重要信息案中,被告人于在青作为上市公司的法定代表人和董事长,对上市

① 《中华人民共和国会计法》(1985年1月21日通过,2017年11月4日第二次修正)

第十三条

Ⅰ会计凭证、会计帐簿、财务会计报告和其他会计资料,必须符合国家统一的会计制度的规定。

Ⅱ使用电子计算机进行会计核算的,其软件及其生成的会计凭证、会计帐簿、财务会计报告和其他会计资料,也必须符合国家统一的会计制度的规定。

Ⅲ任何单位和个人不得伪造、变造会计凭证、会计帐簿及其他会计资料,不得提供虚假的财务会计报告。

公司依法应当披露的担保信息未按规定披露，担保金额达1.6亿余元，担保金额已经超过公司净资产，其中连续12个月的担保累计金额占净资产的比例远远超过50%，而且连续3年对应当披露的重要信息不按照规定披露。虽然本案违规不披露重要信息的行为具体给股东和社会公众造成多大的经济损失不易认定，但根据上述情节，认定其构成违规不披露重要信息罪没有任何问题。［No.3-3-161-1　于在青违规不披露重要信息案］

第一百六十二条　【妨害清算罪】

公司、企业进行清算时，隐匿财产，对资产负债表或者财产清单作虚伪记载或者在未清偿债务前分配公司、企业财产，严重损害债权人或者其他人利益的，对其直接负责的主管人员和其他直接责任人员，处五年以下有期徒刑或者拘役，并处或者单处二万元以上二十万元以下罚金。

【立法理由】

1. **1979年之后至1997年刑法修订前的立法情况**。清算活动是在公司、企业解散、分立、合并和破产过程中依法进行的一项重要工作。清算的目的是要理清、了结公司、企业的债权债务，保护债权人的利益，并在清偿债务的情况下分配公司、企业的财产。在清算后通常应当分别支付清算费用、职工的工资、社会保险费用和法定补偿金，缴纳所欠税款及公司所欠债务等。对于清偿上述有关费用后的剩余财产，可以按照股东的出资比例或者持有股份比例进行分配。因此，清算活动与公司、企业、股东及其他债权人、债务人有直接的经济利益关系，只有依法做好清算工作，正确处理好各方面的财产关系，才能避免和减少纠纷，维护正常、稳定的社会经济秩序，保护债权人和股东等其他主体的利益。如果在清算当中对公司、企业的财产进行隐匿，对有关帐簿、报表作虚伪记载，或者在偿还债务、费用前擅自分配公司、企业的财产，都是一种欺诈性质的行为，将严重侵犯他人合法的财产权，扰乱正常的市场经济秩序。为了使清算活动严格依照法律规定的程序和条件进行，以确保清算活动的公正性，维护公司、企业、股东、债权人、债务人等各方面的合法权益。1995年2月28日《全国人民代表大会常务委员会关于惩治违反公司法的犯罪的决定》第五条将妨害清算的行为规定为犯罪，规定："公司进行清算时，隐匿财产，对资产负债表或者财产清单作虚伪记载或者在未清偿债务前分配公司财产，严重损害债权人或者其他人利益的，对直接负责的主管人员和其他直接责任人员，处五年以下有期徒刑或者拘役，可以并处二十万元以下罚金。"

2. **1997年修订刑法的情况**。1997年修订刑法时将这一犯罪纳入刑法，并修改补充了以下三点：一是犯罪主体原来仅规定了公司，现又增加了"企业"作为本罪主体，主要是考虑到清算时，弄虚作假的情况企业同样存在，并且还占有相当大的比例，仅规定公司还不够全面，也不足以打击这类犯罪，因此有必要增加企业作为本罪的主体；二是增加了单处罚金的规定；三是将罚金数额由原来的"二十万元以下"修改为"二万元以上二十万元以下"。

【条文说明】

本条是关于妨害清算罪及其处罚的规定。

公司、企业清算是公司、企业因解散、分立、合并或者破产，依照法律规定清理公司、企业的债权债务的活动。公司、企业决定停止对外经营活动，使其法人资格消失的行为，就是公司、企业的解散。根据《公司法》第一百八十条、第一百八十二条的规定，公司、企业因下列原因解散：公司章程规定的营业期限届满或者公司章程规定的其他解散事由出现；股东会或者股东大会决议解散；依法被吊销营业执照、责令关闭或者被撤销；公司经营管理发生严重困难，继续存续会使股东利益受到重大损失，通过其他途径不能解决的，持有公司全部股东表决权百分之十以上的股东，可以请求人民法院解散公司，人民法院据此予以解散的。因上述原因解散的，应当在解散事由出现之日起十五日内成立清算组，开始清算。有限责任公司的清算组由股东组成，股份有限公司的清算组由董事或者股东大会确定的人员组成。逾期不成立清算组进行清算的，债权人可以申请人民法院指定有关人员组成清算组进行清算。人民法院应当受理该申请，并及时组织清算组进行清算。此外，根据企业破产法的规定，公司、企业因不能清偿到期债务，被依法宣告破产，也须进行破产清算。由于清算活动与公司、企业、股东及其他债权人、债务人有直接的经济利益关系，因此，清算活动必须严格依照法律规定的程序和条件进行，以确保清算活动的公正性，维护公司、企业、股东、债权人、债务人等各方面的合法权益。根据本条规定，构成本罪必须具备以下几个要件：

1. 本罪的主体在一般情况下是**进行清算的公司、企业法人**。但如果**清算组成员**与公司、企业相勾结共同实施本条规定的行为，也应以共同犯罪依照本条规定追究刑事责任。根据《企业破产法》第十三条的规定："人民法院裁定受理破产申请的，应当同时指定管理人。"**破产管理人**与公司、企业串通妨害清算的，应当依法追究刑事责任。

2. 本罪在客观方面表现为**在公司、企业清算时，有隐匿财产、对资产负债表或者财产清单作虚伪记载，或者在公司、企业清偿债务前分配公司、企业财产的行为**。本条所说的"**隐匿财产**"是指将公司、企业财产予以转移、隐藏。公司、企业的财产既包括资金，也包括工具、设备、产品、货物等各种财物。"**对资产负债表或者财产清单作虚伪记载**"是指公司、企业在制作资产负债表或者财产清单时，故意采取隐瞒或者欺骗等方法，对资产负债或者财产清单进行虚报，以达到逃避公司、企业债务的目的。虚报公司、企业的财产，有时可能采用少报、低报的手段，故意隐瞒或者缩小公司、企业的实际财产的数额；有时也可能采取夸大的手段，多报公司、企业的实际资产，如将公司、企业的厂房、设备、产品的实际价值高估高报，用以抵销或者偿还债务；也有的对公司、企业现有债务状况进行夸张或不实记载，等等。总之，隐匿财产、虚报财产的目的是逃避公司、企业的债务，或者使少数股东、债权人在分配公司、企业财产或者清偿公司、企业债务时优于其他股东或者债权人分得财产或者得到抵偿，其后果是将损害债权人和其他人的利益。**"在未清偿债务前"分配财产**是指在清算过程中，违反法律规定，在清偿债务之前，就分配公司、企业的财产，这样的结果，会造成对公司、企业所欠债务不能履行，损害债权人的合法权益。

3. 行为人隐匿公司、企业的财产，在未清偿债务前分配公司、企业的财产，严重损害债权人或其他人利益的，才构成犯罪。**严重损害债权人的利益**是指由于公司、企业的上述行为，使本应得到偿还的债权人的巨额债务无法得到偿还，等等；**严重损害其他人的利益**是指严重损害实际债权人利益以外的其他人的利益，主要是指由于公司、企业的上述行为造成公司、企业长期拖欠的职工工资和社会保险费用、国家巨额税款得不到清偿等情形。如果公司、企业虽有隐瞒财产或在未清偿债务之前分配公司、企业财产等行为，并没有影响向债权人履行还债义务，或者对债权人或者其他人利益虽有损害，但尚未达到严重的程度，不能构成此罪。对于其违法行为可作其他处理。根据《最高人民检察院、公安部关于公安机关管辖的刑事案件立案追诉标准的规定（二）》第七条的规定，妨害清算"涉嫌下列情形之一的，**应予立案追诉**：（一）隐匿财产价值在五十万元以上的；（二）对资产负债表或者财产清单作虚伪记载涉及金额在五十万元以上的；（三）在未清偿债务前分配公司、企业财产价值在五十万元以上的；（四）造成债权人或者其他人直接经济损失数额累计在十万元以上的；（五）虽未达到上述数额标准，但应清偿的职工的工资、社会保险费用和法定补偿金得不到及时清偿，造成恶劣社会影响的；（六）其他严重损害债权人或者其他人利益的情形"。

根据本条规定，犯妨害清算罪的，对其直接负责的主管人员和其他直接责任人员，处五年以下有期徒刑或者拘役，并处或者单处二万元以上二十万元以下罚金。在这里，**没有规定对公司、企业处以罚金**，是考虑到如果采用双罚制原则，既处罚直接负责的主管人员和其他直接责任人员，又对公司、企业判处罚金，就可能使该公司、企业所欠债务更加难以偿还，更不利于保护债权人和其他人的合法权益。

在实际执行中应注意本罪与**侵占罪、贪污罪**的区别。尽管这几个罪名都可能有隐匿公司、企业财产的行为，但本罪的犯罪主体是公司和企业法人，其目的是逃避公司、企业债务；而侵占罪、贪污罪的主体是自然人，其目的是将公司、企业的财产非法占为己有。如果是清算组的成员利用职务上的便利，侵吞、窃取、骗取或者以其他手段非法将进行清算的公司、企业财物据为己有的，应当以侵占罪追究其刑事责任；国有公司、企业的工作人员有以上行为的，应当以贪污罪追究其刑事责任。

【司法解释性文件】

《最高人民检察院、公安部关于公安机关管辖的刑事案件立案追诉标准的规定（二）》（公通字〔2022〕12号，2022年4月6日公布）

△（**妨害清算罪；立案追诉标准**）公司、企业进行清算时，隐匿财产，对资产负债表或者财产清

单作虚伪记载或者在未清偿债务前分配公司、企业财产，涉嫌下列情形之一的，应予立案追诉：

（一）隐匿财产价值在五十万元以上的；

（二）对资产负债表或者财产清单作虚伪记载涉及金额在五十万元以上的；

（三）在未清偿债务前分配公司、企业财产价值在五十万元以上的；

（四）造成债权人或者其他人直接经济损失数额累计在十万元以上的；

（五）虽未达到上述数额标准，但应清偿的职工的工资、社会保险费用和法定补偿金得不到及时清偿，造成恶劣社会影响的；

（六）其他严重损害债权人或者其他人利益的情形。（§7）

【附属刑法】

《中华人民共和国公司法》（1993年12月29日通过，2018年10月26日第四次修正）

第二百零二条

公司在依法向有关主管部门提供的财务会计报告等材料上作虚假记载或者隐瞒重要事实的，由有关主管部门对直接负责的主管人员和其他直接责任人员处以三万元以上三十万元以下的罚款。

第二百零四条

Ⅱ公司在进行清算时，隐匿财产，对资产负债表或者财产清单作虚假记载或者在未清偿债务前分配公司财产的，由公司登记机关责令改正，对公司处以隐匿财产或者未清偿债务前分配公司财产金额百分之五以上百分之十以下的罚款；对直接负责的主管人员和其他直接责任人员处以一万元以上十万元以下的罚款。

第二百零五条

公司在清算期间开展与清算无关的经营活动的，由公司登记机关予以警告，没收违法所得。

第二百一十五条

违反本法规定，构成犯罪的，依法追究刑事责任。

《中华人民共和国个人独资企业法》（1999年8月30日通过）

第四十二条

个人独资企业及其投资人在清算前或清算期间①隐匿或转移财产，逃避债务的，依法追回其财产，并按照有关规定予以处罚；构成犯罪的，依法追究刑事责任。

《中华人民共和国合伙企业法》（1997年2月23日通过，2006年8月27日修订）

第一百条

清算人②未依照本法规定向企业登记机关报送清算报告，或者报送清算报告隐瞒重要事实，或者有重大遗漏的，由企业登记机关责令改正。由此产生的费用和损失，由清算人承担和赔偿。

第一百零二条

清算人违反本法规定，隐匿、转移合伙企业财产，对资产负债表或者财产清单作虚假记载，或者在未清偿债务前分配财产，损害债权人利益的，依法承担赔偿责任。

---

① 《中华人民共和国个人独资企业法》（1999年8月30日通过）

第二十七条

Ⅰ个人独资企业解散，由投资人自行清算或者由债权人申请人民法院指定清算人进行清算。

Ⅱ投资人自行清算的，应当在清算前十五日内书面通知债权人，无法通知的，应当予以公告。债权人应当在接到通知之日起三十日内，未接到通知的应当在公告之日起六十日内，向投资人申报其债权。

第三十条

清算期间，个人独资企业不得开展与清算目的无关的经营活动。在按前条规定清偿债务前，投资人不得转移、隐匿财产。

② 《中华人民共和国合伙企业法》（1997年2月23日通过，2006年8月27日修订）

第八十六条

Ⅰ合伙企业解散，应当由清算人进行清算。

Ⅱ清算人由全体合伙人担任；经全体合伙人过半数同意，可以自合伙企业解散事由出现后十五日内指定一个或者数个合伙人，或者委托第三人，担任清算人。

Ⅲ自合伙企业解散事由出现之日起十五日内未确定清算人的，合伙人或者其他利害关系人可以申请人民法院指定清算人。

第八十七条

清算人在清算期间执行下列事务：

（一）清理合伙企业财产，分别编制资产负债表和财产清单；

（二）处理与清算有关的合伙企业未了结事务；

（三）清缴所欠税款；（转下页）

第一百零五条

违反本法规定，构成犯罪的，依法追究刑事责任。

《中华人民共和国企业破产法》(2006年8月27日通过)

第三十三条

涉及债务人财产的下列行为无效：

(一)为逃避债务而隐匿、转移财产的；

(二)虚构债务或者承认不真实的债务的。

第一百二十八条

债务人有本法第三十一条、第三十二条、第三十三条规定的行为，损害债权人利益的，债务人的法定代表人和其他直接责任人员依法承担赔偿责任。

第一百三十一条

违反本法规定，构成犯罪的，依法追究刑事责任。

【参考案例】

△在公司清算中，擅自处理、转移库存及代销物资，拒绝移交账单等行为，若没有损害到相关债权人及其他利害关系人利益的，不构成妨害清算罪。

在沈卫国等挪用资金、妨害清算案中，沈卫国等三名被告人在清理小组进驻和城公司、对分公司进行限制经营至作出关闭决定期间，擅自处置分公司财产，将分公司的库存物资以退货等形式转移至他公司，因属债权债务共同移转，公司财产并未因之受到损失，债权人及其他利害关系人的利益亦未因之受到损害，明显不属隐匿、擅自分配公司财产行为；三名被告人故意隐匿分公司财会账册、拒不交出的行为，与在依据法律规定由清算组编制的资产负债表或者财产清单上做虚伪记载毕竟不同，且经审理查明该隐匿财会账册行为、拒不交出的行为并无隐瞒公司财产之故意，亦未对公司财产构成实质损害，故三名被告人的行为虽可能在一定程度上对公司的清算造成妨碍，但不应认定为《刑法》第一百六十二条规定的妨害清算行为。[No. 3-3-162-2　沈卫国等挪用资金、妨害清算案]

第一百六十二条之一　【隐匿、故意销毁会计凭证、会计帐簿、财务会计报告罪】

隐匿或者故意销毁依法应当保存的会计凭证、会计帐簿、财务会计报告，情节严重的，处五年以下有期徒刑或者拘役，并处或者单处二万元以上二十万元以下罚金。

单位犯前款罪的，对单位判处罚金，并对其直接负责的主管人员和其他直接责任人员，依照前款的规定处罚。

【立法解释性文件】

《全国人民代表大会常务委员会法制工作委员会关于对"隐匿、销毁会计凭证、会计账簿、财务会计报告构成犯罪的主体范围"问题的答复意见》(法工委复字〔2002〕3号，2002年1月14日公布)

△**(犯罪主体；侦查管辖)**根据全国人大常委会1999年12月25日刑法修正案第一条的规定，任何单位和个人在办理会计事务时对依法应当保存的会计凭证、会计账簿、财务会计报告，进行隐匿、销毁，情节严重的，构成犯罪，应当依法追究其刑事责任。

根据《刑事诉讼法》第十八条关于刑事案件侦查管辖的规定，除法律规定的特定案件由人民检察院立案侦查以外，其他刑事案件的侦查应由公安机关进行。隐匿、销毁会计凭证、会计账簿、财务会计报告，构成犯罪的，应当由公安机关立案侦查。

【立法沿革】

《中华人民共和国刑法修正案》(自1999年12月25日起施行)

(接上页)

(四)清理债权、债务；

(五)处理合伙企业清偿债务后的剩余财产；

(六)代表合伙企业参加诉讼或者仲裁活动。

一、第一百六十二条后增加一条，作为第一百六十二条之一：

“隐匿或者故意销毁依法应当保存的会计凭证、会计帐簿、财务会计报告，情节严重的，处五年以下有期徒刑或者拘役，并处或者单处二万元以上二十万元以下罚金。

“单位犯前款罪的，对单位判处罚金，并对其直接负责的主管人员和其他直接责任人员，依照前款的规定处罚。”

【立法理由】

本条是1999年12月25日第九届全国人大常委会第十三次会议通过的《刑法修正案》增加的犯罪。

1997年修订刑法时，对虚报注册资本、虚假出资、提供虚假的财务报告以及中介组织人员提供虚假证明文件等直接作假帐，严重破坏会计秩序的违法行为已规定为犯罪，但对隐匿、故意销毁会计凭证、会计帐簿、财务会计报告的违法行为没有单独规定为犯罪。当时主要是考虑隐匿、故意销毁会计凭证、会计帐簿、财务会计报告不是犯罪的目的，而一般是行为人实施了刑法规定的犯罪后，掩盖犯罪事实、毁灭犯罪证据的行为，或是进行某种犯罪的手段。例如，《刑法修正案（七）》修改前的《刑法》第二百零一条规定的纳税人采取伪造、变造、隐匿、擅自销毁帐簿、记帐凭证等手段，不缴或少缴应纳税款的犯罪，其犯罪目的是为了偷逃税款。实践中，行为人实施了刑法规定的其他许多经济犯罪如骗取出口退税罪、贷款诈骗罪、侵占罪、贪污罪、私分国有资产罪、挪用资金罪、挪用公款罪等，为逃避法律追究，都有可能隐匿、销毁会计资料，因此未对此种行为作为单独的犯罪加以规定。

随着社会主义市场经济的发展和改革的不断深化，会计工作在加强经济管理、提高经济效益、维持社会主义市场经济秩序、实现国家加强宏观经济调控的要求等方面的特殊重要作用越来越显现出来。一方面它要**记录本单位的真实经济活动情况**，为搞好本单位的经济核算，提高本单位的经济效益提供帮助；另一方面它又通过提供各种经济活动资料，**为国家经济决策和宏观调控提供会计帮助**。因此，会计信息、会计资料失真，其完整性遭到破坏，不仅会使本单位的经济管理陷入混乱，同时也会造成国家宏观经济失调。同时，会计凭证、会计帐簿、财务会计报告等会计资料也是国家行政机关、司法机关监督检查会计工作，追究有关经济犯罪的重要依据和证据。1999年修订的《会计法》第三十五条规定：“各单位必须依照有关法律、行政法规的规定，接受有关监督检查部门依法实施的监督检查，如实提供会计凭证、会计帐簿、财务会计报告和其他会计资料以及有关情况，不得拒绝、隐匿、谎报。”但目前有些单位为小团体利益弄虚作假，有的甚至从事某些经济犯罪活动，当有关部门监督检查时，将有关的会计资料转移、藏匿起来，拒不交出接受检查，有的甚至将其销毁，给行政机关、司法机关查处经济违法犯罪活动设置障碍，严重影响了司法机关对经济犯罪的追究。为维护国家利益、公众利益和社会经济秩序，严厉打击这种违法行为，《刑法修正案》将隐匿、故意销毁会计凭证、会计帐簿、财务会计报告的行为增加规定为犯罪。

本条在立法过程中还涉及两个问题：

一是本条涉及的**立法技术问题**。在立法过程中，本条一开始规定在国务院提请第九届全国人大常委会第十次会议审议的《关于惩治违反会计法犯罪的决定（草案）》之中，也就是说当时**曾考虑继续采取单行刑法的方式**作出规定。鉴于现行刑法中对于大多数作假帐构成犯罪的行为已有不少规定，如虚报注册资本罪，虚假出资、抽逃出资罪，提供虚假财务报告罪，妨害清算罪，吸收客户资金不入帐罪，违法发放贷款罪，偷税罪，骗税罪，中介会计机构人员提供虚假证明文件罪以及走私罪，贪污罪，挪用公款罪，私分国有资产、私分罚没财物罪等，如再作一个惩治违反会计法犯罪的决定，困难很多。同时提请审议的《关于惩治期货犯罪的决定（草案）》中规定的犯罪行为，许多与刑法中已规定的证券犯罪行为相类似。一些委员、部门和专家提出，考虑到刑法的统一和执行的方便，不宜再单独搞两个决定，认为采取修改刑法的方式比较合适。同时，根据惩治犯罪的需要，对刑法中有关国有公司、企业工作人员严重不负责任、滥用职权方面的犯罪也需要扩大规定。因此，法律委员会建议将上述三项内容合并规定为《刑法修正案》，1999年10月18日委员长会议同意采用修正案方式修改刑法。遂经过审议，不再通过制定单行刑法的方式修改刑法，将上述两个决定草案的内容规定在修正案中，通过了新中国历史上第一部《刑法修正案》，开创了修正案作为刑法修改基本方式的先河。

二是关于**规定作假帐犯罪**。《关于惩治违反会计法犯罪的决定(草案)》规定了伪造、变造会计凭证、会计帐簿或者编制虚假财务会计报告,严重破坏会计秩序的行为为犯罪行为。故意作假帐都是违法的,应追究法律责任。除刑法已规定为犯罪应当追究刑事责任的以外,其他作假帐的违法行为,哪些应当依照会计法的规定给予行政处罚、行政处分,哪些需要规定为犯罪追究刑事责任,涉及刑事打击面,一时还难以确定下来,因此暂未对作假帐犯罪作出规定。《关于惩治违反会计法犯罪的决定(草案)》将隐匿或者故意销毁依法应当保存的会计凭证、会计帐簿、财务会计报告,情节严重的行为,规定为犯罪行为。刑法中没有这方面的规定。因此,只将该规定补充到刑法中。

【条文说明】

本条是关于隐匿、故意销毁会计凭证、会计帐簿、财务会计报告罪及其处罚的规定。

本条共分为两款。

第一款是关于个人犯罪的处罚规定。本款对犯罪主体未作特别规定。任何人只要实施了本款规定的隐匿或者故意销毁依法应当保存的会计凭证、会计帐簿、财务会计报告行为,情节严重的就构成犯罪。所谓**隐匿**,是指有关机关要求其提供会计凭证、会计帐簿、财务会计报告,以便监督检查其会计工作,查找犯罪证据时,故意转移、隐藏应当保存的会计凭证、会计帐簿、财务会计报告的行为。所谓**故意销毁**,是指故意将应当依法保存的会计凭证、会计帐簿、财务会计报告予以毁灭、损毁的行为。**会计凭证**,是指记录经济业务发生和完成情况,明确经济责任,作为记帐依据的书面证明。会计凭证包括原始凭证和记帐凭证。会计帐簿,是指由一定格式、相互联系的帐页组成,以会计凭证为依据,用以序时地、分类地、全面地、系统地记录、反映和监督一个单位经济业务活动情况的会计簿籍。**会计帐簿**按其不同用途和会计法的规定,可以分为总帐、明细帐、日记帐和其他辅助性帐簿。**财务会计报告**,是指根据会计帐簿记录和有关会计核算资料编制的反映单位财务状况和经营成果的报告文书。根据《会计法》第二十三条的规定:"各单位对会计凭证、会计帐簿、财务会计报告和其他会计资料应当建立档案,妥善保管。会计档案的保管期限和销毁办法,由国务院财政部门会同有关部门规定。"各单位应当对本单位的会计凭证、会计帐簿、财务会计报告等会计资料,按照国家规定的期限、方法妥善保管,需要销毁时,应当按照规定的程序办理手续,由规定的人员进行销毁,不得违反国家规定予以隐匿或者故意销毁。如果行为人实施了上述行为,且达到情节严重的程度,无论其出于何种目的,均构成本罪,处五年以下有期徒刑或者拘役,并处或者单处二万元以上二十万元以下罚金。根据《最高人民检察院、公安部关于公安机关管辖的刑事案件立案追诉标准的规定(二)》第八条的规定,隐匿或者故意销毁依法应当保存的会计凭证、会计帐簿、财务会计报告,涉嫌下列情形之一的,**应予立案追诉**:(1)隐匿、故意销毁的会计凭证、会计帐簿、财务会计报告涉及金额在五十万元以上的;(2)依法应当向司法机关、行政机关、有关主管部门等提供而隐匿、故意销毁或者拒不交出会计凭证、会计帐簿、财务会计报告的;(3)其他情节严重的情形。

第二款是关于单位犯罪的规定。目前有些单位经济管理混乱,会计工作秩序一团糟,其原因是多方面的,有的是会计人员个人所为,但主要是单位行为,为明确单位负责人员对本单位会计工作和保证会计资料真实性、完整性的责任,《会计法》第四条明确规定:"单位负责人对本单位的会计工作和会计资料的真实性、完整性负责。"根据本款的规定,单位隐匿或者故意销毁依法应当保存的会计凭证、会计帐簿、财务会计报告构成犯罪的,**除对单位判处罚金外,对单位直接负责的主管人员和其他直接责任人员还要依照第一款的规定处罚**,即处五年以下有期徒刑或者拘役,并处或者单处二万元以上二十万元以下罚金。

应当指出的是,《刑法修正案》增加该条并将其放在《刑法》第一百六十二条之后作为第一百六十二条之一,主要是考虑到增加的内容与《刑法》第一百六十二条的内容最为接近。该条虽然被放在《刑法》分则第三章第三节"妨害对公司、企业的管理秩序罪"中,并不意味着该条的犯罪主体仅限于公司、企业。**对于该条的法律含义应从条文本身的内容去分析理解,而不要只从节名划定该条的犯罪主体**。正如第一百六十六条、第一百六十七条和第一百六十八条虽然也在《刑法》分则第三章第三节"妨害对公司、企业的管理秩序罪"中,但犯罪主体不仅包括国有公司、企业,也包括国有事业单位一样。按照第一百六十二条之一的规定,所有必须依照会计法的规定办理会计事务的国家机关、社会团体、公司、企业、事业单位等组织和个人,都可以成为该罪的犯罪主体。

【司法解释性文件】

《最高人民检察院、公安部关于公安机关管辖的刑事案件立案追诉标准的规定(二)》(公通字〔2022〕12号,2022年4月6日公布)

△(**隐匿、故意销毁会计凭证、会计帐簿、财务会计报告罪;立案追诉标准**)隐匿或者故意销毁依法应当保存的会计凭证、会计帐簿、财务会计报告,涉嫌下列情形之一的,应予立案追诉:

(一)隐匿、故意销毁的会计凭证、会计帐簿、财务会计报告涉及金额在五十万元以上的;

(二)依法应当向监察机关、司法机关、行政机关、有关主管部门等提供而隐匿、故意销毁或者拒不交出会计凭证、会计帐簿、财务会计报告的;

(三)其他情节严重的情形。(§8)

【附属刑法】

《中华人民共和国企业破产法》(2006年8月27日通过)

第一百二十七条

Ⅰ债务人违反本法规定,拒不向人民法院提交或者提交不真实的财产状况说明、债务清册、债权清册、有关财务会计报告以及职工工资的支付情况和社会保险费用的缴纳情况的,人民法院可以对直接责任人员依法处以罚款。

Ⅱ债务人违反本法规定,拒不向管理人移交财产、印章和账簿、文书等资料的,或者伪造、销毁有关财产证据材料而使财产状况不明的,人民法院可以对直接责任人员依法处以罚款。

第一百三十一条

违反本法规定,构成犯罪的,依法追究刑事责任。

《中华人民共和国公司法》(1993年12月29日通过,2018年10月26日第四次修正)

第二百零一条

公司违反本法规定,在法定的会计账簿以外另立会计账簿的①,由县级以上人民政府财政部门责令改正,处以五万元以上五十万元以下的罚款。

第二百一十五条

违反本法规定,构成犯罪的,依法追究刑事责任。

《中华人民共和国会计法》(1985年1月21日通过,2017年11月4日第二次修正)

第四十四条

Ⅰ隐匿或者故意销毁依法应当保存的会计凭证、会计帐簿、财务会计报告②,构成犯罪的,依法追究刑事责任。

Ⅱ有前款行为,尚不构成犯罪的,由县级以上人民政府财政部门予以通报,可以对单位并处五千元以上十万元以下的罚款;对其直接负责的主管人员和其他直接责任人员,可以处三千元以上五万元以下的罚款;属于国家工作人员的,还应当由其所在单位或者有关单位依法给予撤职直至开除的行政处分;其中的会计人员,五年内不得从事会计工作。

第四十五条

授意、指使、强令会计机构、会计人员及其他人员伪造、变造会计凭证、会计帐簿,编制虚假财务会计报告或者隐匿、故意销毁依法应当保存的会计凭证、会计帐簿、财务会计报告,构成犯罪的,依法追究刑事责任;尚不构成犯罪的,可以处五千元以上五万元以下的罚款;属于国家工作人员的,还应当由其所在单位或者有关单位依法给予降级、撤职、开除的行政处分。

《中华人民共和国审计法》(1994年8月31日通过,2021年10月23日第二次修正)

第四十八条

被审计单位违反本法规定,转移、隐匿、篡改、毁弃财务、会计资料以及与财政收支、财务收支有关的业务、管理等资料,或者转移、隐匿、故意毁损所持有的违反国家规定取得的资产,审计机关认为对直接负责的主管人员和其他直接责任人员依法应当给予处分的,应当向被审计单位提出处理建议,或者移送监察机关和有关主管机关、单位处理,有关机关、单位应当将处理结果书面告知审计机关;构成犯罪的,依法追究刑事责任。

---

① 《中华人民共和国公司法》(1993年12月29日通过,2018年10月26日第四次修正)

第一百七十一条

Ⅰ公司除法定的会计账簿外,不得另立会计账簿。

② 《中华人民共和国会计法》(1985年1月21日通过,2017年11月4日第二次修正)

第二十三条

各单位对会计凭证、会计帐簿、财务会计报告和其他会计资料应当建立档案,妥善保管。会计档案的保管期限和销毁办法,由国务院财政部门会同有关部门制定。

《中华人民共和国证券法》(1998 年 12 月 29 日通过,2019 年 12 月 28 日第二次修订)

第二百一十四条

发行人、证券登记结算机构、证券公司、证券服务机构未按照规定保存有关文件和资料的,责令改正,给予警告,并处以十万元以上一百万元以下的罚款;泄露、隐匿、伪造、篡改或者毁损有关文件和资料的,给予警告,并处以二十万元以上二百万元以下的罚款;情节严重的,处以五十万元以上五百万元以下的罚款,并处暂停、撤销相关业务许可或者禁止从事相关业务。对直接负责的主管人员和其他直接责任人员给予警告,并处以十万元以上一百万元以下的罚款。

第二百一十九条

违反本法规定,构成犯罪的,依法追究刑事责任。

【参考案例】

△账外资金的会计资料反映了单位在一定时期内的部分经营活动状况,依法应当予以保存。行为人销毁这些会计资料构成故意销毁会计凭证、会计账簿罪。

根据相关法律规定,各单位必须依法设置会计账簿,并保证其真实、完整。必须根据实际发生的经济业务事项进行会计核算,填制会计凭证,登记会计账簿,编制财务会计报告。会计资料应当建立档案,妥善保管。法律上这样要求的目的在于准确反映单位的经营状况,以备核查,并依法予以监督。在兰永宁故意销毁会计凭证、会计账簿,贪污、受贿案中,账外资金的会计资料与其他应当依法保存的会计资料一样,记载了项目部一定时期的部分经营活动情况,都是应当保存的。销毁这些会计资料,就是销毁项目部这部分经营活动情况的真实、完整的书面记载,从而规避有关部门对此依法进行的监督检查。[No. 3-3-162 之一-1 兰永宁故意销毁会计凭证、会计账簿,贪污、受贿案]

第一百六十二条之二 【虚假破产罪】

公司、企业通过隐匿财产、承担虚构的债务或者以其他方法转移、处分财产,实施虚假破产,严重损害债权人或者其他人利益的,对其直接负责的主管人员和其他直接责任人员,处五年以下有期徒刑或者拘役,并处或者单处二万元以上二十万元以下罚金。

【立法沿革】

《中华人民共和国刑法修正案(六)》(自 2006 年 6 月 29 日起施行)

六、在刑法第一百六十二条之一后增加一条,作为第一百六十二条之二:

"公司、企业通过隐匿财产、承担虚构的债务或者以其他方法转移、处分财产,实施虚假破产,严重损害债权人或者其他人利益的,对其直接负责的主管人员和其他直接责任人员,处五年以下有期徒刑或者拘役,并处或者单处二万元以上二十万元以下罚金。"

【立法理由】

《刑法》第一百六十二条规定了妨害清算罪,对公司、企业在进行清算时,隐匿财产,对资产负债表或者财产清单作虚伪记载或者在未清偿债务前分配公司、企业财产,严重损害债权人或者其他人利益的行为,规定了刑事处罚。随着市场经济的发展,在公司、企业普遍建立现代企业制度的同时也出现了一些新的情况。一些公司、企业在没有进入破产清算之前,就以隐匿财产、承担虚构的债务等方式非法转移、处分财产,造成不能清偿到期债务或者资不抵债的假象,申请进入破产程序,以达到假破产真逃债的目的。这些行为,不仅严重侵害了债权人和其他人的利益,妨害公司、企业管理,而且破坏了正常的市场经济秩序,违背社会诚信,影响社会稳定,社会危害性严重,应当予以惩治。**1997 年刑法规定的犯罪不能完全涵盖这些行为**,为完善刑法的规定,根据各方面的意见,**《刑法修正案(六)》**在刑法中增加了虚假破产罪的规定。

按照我国法律的规定,破产是在公司、企业不能清偿到期债务时,为满足债权人正当合理的清偿要求,在人民法院的指挥和监督下,就债务人的总财产实行的以分配为目的的清算程序。在正常情况下,进入破产程序的公司、企业往往其全部财产尚不足以清偿其所负债务,按照有关法律规定的破产程序进行清算、破产财产分配后,大部分债权人的债权也只能得到部分清偿甚至不能得到清偿。而破产程序一旦终结,即破产公司、企业的破产财产分配完毕后,根据法律的规定,未得到清偿的债权就不再清偿了。有的公司、企业利用破产制度的这一特点,通过隐匿财产、承担虚构的债务或者其他转移、处分财产的办法，制造本不符合破产条件的公司、企业无法清偿到期债务的假象，向人民法院申请破产。待公司、企业剩余的“破产财产”被按照法律的规定分配完毕之后，未能清偿的债务便不再清偿了，债权人的利益受到了损失，该公司、企业则达到了其**假破产、真逃债、侵吞他人财产的目的**，本质上假破产、真讨债，也是一种变相非法占有、侵吞债权人和其他利益人员财产、财产性利益的行为。为维护市场主体的合法权益和国家对公司、企业的管理秩序，本条把该种行为规定为犯罪。

【条文说明】

本条是关于虚假破产罪及其处罚的规定。

根据本条规定，构成虚假破产罪必须具备以下几个要件：

1. 本罪的主体是**公司、企业**。“**公司**”是指依照公司法设立的有限责任公司和股份有限公司；“**企业**”是指依法设立的从事生产经营的法人实体。

2. 本罪的主观方面是**故意犯罪**，即具有通过虚假破产逃避债务的犯罪故意。

3. 本罪的客观方面表现为**实施了通过隐匿财产、承担虚构的债务或者以其他方法转移、处分财产，实施虚假破产的行为，严重损害了债权人或者其他人利益**。本条规定的“**隐匿财产**”，是指将公司、企业的财产予以转移、隐藏，或者对公司、企业的财产清单和资产负债表作虚假记载，或者采用少报、低报的手段，故意隐瞒、缩小公司、企业财产的实际数额。公司、企业的财产既包括资金，也包括工具、设备、产品、货物等各种财物。“**承担虚构的债务**”，是指夸大公司、企业的负债状况，目的是造成公司资不抵债的假象。“**以其他方法转移、处分财产**”，是指以隐匿财产、承担虚构的债务以外的方法转移、处分公司、企业的财产，如将公司、企业财产无偿或者以明显不合理的低价转让，以明显高于市场的价格受让财产，放弃公司、企业的债权等。[①]“**实施虚假破产**”是“隐匿财产、承担虚构的债务或者以其他方法转移、处分财产”的目的，是本罪行为的本质特征，是指通过上述转移、处分财产的行为，造成本不符合法律规定的破产条件的公司、企业不能清偿到期债务或者资不抵债的假象，从而向人民法院申请宣告破产或者被债权人申请宣告破产，致使公司、企业进入有关法律规定的破产程序，实际上公司、企业并不符合法定破产条件，制造假象，欺骗人民法院实施虚假破产。[②③]**严重损害债权人的利益**是指由于公司、企业的上述行为，使本应得到偿还的债权人的巨额债务无法得到偿还等。严重损害其他人利益主要是指由于公司、企业的上述行为造成公司、企业拖欠的职工工资、社会保险费用和国家税款得不到清偿，或者使公司、企业的其他股东的合法权益受到损害等情形。需要注意的是，如果公司、企业虽然实施了通过隐匿财产、承担虚构的债务或者以其他方法转移、处分财产，实施虚假破产的行为，但尚未对债权人或者其他人的利益造成严重损害的，不能构成本条规定的犯罪，应当由有关主管部门对其违法行为进行处理。“**严重损害**”的具体含义，即本罪的追诉标准，可以由司法机关根据案件的实际情况确定或者通过作出司法解释来予以明确。根据2010年《最高人民检察院、公安部关于公安机关管辖的刑事案件立案追诉标准的规定（二）》第九条的规定，“实施虚假破产，涉嫌下列情形之一的，**应予立案追诉**：（一）隐匿财产价值在五十万元以上的；（二）承担虚构的债务涉及金额在五十万元以上的；（三）以其他方法转移、处分财产价值在五十万元以上的；（四）造成债权人或者其他人直接经济损失数额累计在十万元以上的；（五）虽未达到上述数额标准，但应清偿的职工的工资、社会保险费用和法定补偿金得不到及时清偿，造成恶劣社会影响的；（六）其他严重损害债权人或者其他人利益的情形”。

本条规定的犯罪是**单位犯罪**，根据其规定，对犯本条罪的公司、企业的直接负责的主管人员和其他直接责任人员，处五年以下有期徒刑或者拘役，并处或单处二万元以上二十万元以下罚金。在这里，**没有规定对犯罪的公司、企业处以罚金**。根据《刑法》第三十一条的规定，对于单位犯罪，一般情况下都实行既处罚犯罪单位，又处罚该单

① 我国学者指出，处分并不限于民法上的处分行为，而是指广义的处分财产（包括债权）的行为。参见张明楷：《刑法学》（第6版），法律出版社2021年版，第973页。

② 我国学者指出，虚假破产包括两种情形：之一，实体上没有真实的破产，以假破产的方式严重损害债权人或者其他人的利益；之二，实体上真实破产，但在破产前或破产程序中实施严重损害债权人或者其他人利益的行为。参见张明楷：《刑法学》（第6版），法律出版社2021年版，第973页。

③ “实施虚假破产”的时间应当截止于公司、企业提出破产申请之日，或者因为公司、企业资不抵债，由债权人提出破产申请之日。参见周光权：《刑法各论》（第4版），中国人民大学出版社2021年版，第273页。

位直接负责的主管人员和其他直接责任人员的双罚制原则，只有在法律另有规定的例外情况下才实行只处罚直接负责的主管人员和其他直接责任人员不处罚单位的单罚制。本条即属于此种例外情况，这里之所以没有规定对公司、企业判处罚金，是考虑到这可能使该公司、企业所欠债务更加难以得到偿还，更不利于保护债权人和其他人的合法权益。

在实际执行中应注意本罪与《刑法》第一百六十二条规定的**妨害清算罪**的区别。两罪的主体都是公司、企业，犯罪目的可能都是为了逃避债务，行为上都可能有隐匿公司、企业财产的行为。但两罪有着明显的区别，妨害清算罪的犯罪行为发生在公司、企业进入清算程序以后，破坏的是对公司、企业进行清算的正常秩序，至于公司、企业进行清算的原因则是真实的；而本罪的犯罪行为主要发生在公司、企业进入破产程序之前，是制造不符合破产条件的公司、企业不能清偿到期债务或者资不抵债，需要进行破产清算的假象。**是否进入清算程序**是区分本罪和妨害清算罪的关键。"实施虚假破产"的时间界限于公司、企业提出破产申请并进入清算程序之前，或者因为公司、企业资不抵债，由债权人提出破产申请并进入清算程序之前。

【司法解释性文件】

《最高人民检察院、公安部关于公安机关管辖的刑事案件立案追诉标准的规定(二)》(公通字〔2022〕12号，2022年4月6日公布)

△(**虚假破产罪；立案追诉标准**)公司、企业通过隐匿财产、承担虚构的债务或者以其他方法转移、处分财产，实施虚假破产，涉嫌下列情形之一的，应予立案追诉：

(一)隐匿财产价值在五十万元以上的；

(二)承担虚构的债务涉及金额在五十万元以上的；

(三)以其他方法转移、处分财产价值在五十万元以上的；

(四)造成债权人或者其他人直接经济损失数额累计在十万元以上的；

(五)虽未达到上述数额标准，但应清偿的职工的工资、社会保险费用和法定补偿金得不到及时清偿，造成恶劣社会影响的；

(六)其他严重损害债权人或者其他人利益的情形。(§9)

【附属刑法】

《中华人民共和国企业破产法》(2006年8月27日通过)

第三十一条

人民法院受理破产申请前一年内，涉及债务人财产的下列行为，管理人有权请求人民法院予以撤销：

(一)无偿转让财产的；

(二)以明显不合理的价格进行交易的；

(三)对没有财产担保的债务提供财产担保的；

(四)对未到期的债务提前清偿的；

(五)放弃债权的。

第三十二条

人民法院受理破产申请前六个月内，债务人有本法第二条第一款规定的情形，仍对个别债权人进行清偿的，管理人有权请求人民法院予以撤销。但是，个别清偿使债务人财产受益的除外。

第三十三条

涉及债务人财产的下列行为无效：

(一)为逃避债务而隐匿、转移财产的；

(二)虚构债务或者承认不真实的债务的。

第一百二十八条

债务人有本法第三十一条、第三十二条、第三十三条规定的行为，损害债权人利益的，债务人的法定代表人和其他直接责任人员依法承担赔偿责任。

第一百三十一条

违反本法规定，构成犯罪的，依法追究刑事责任。

第一百六十三条　【非国家工作人员受贿罪】

公司、企业或者其他单位的工作人员，利用职务上的便利，索取他人财物或者非法收受他人财物，为他人谋取利益，数额较大的，处三年以下有期徒刑或者拘役，并处罚金；数额巨大或者有其他严重情节的，处三年以上十年以下有期徒刑，并处罚金；数额特别巨大或者有其他特别严重情节的，处十年以上有期徒刑或者无期徒刑，并处罚金。

公司、企业或者其他单位的工作人员在经济往来中，利用职务上的便利，违反国家规定，收受各种名义的回扣、手续费，归个人所有的，依照前款的规定处罚。

国有公司、企业或者其他国有单位中从事公务的人员和国有公司、企业或者其他国有单位委派到非国有公司、企业以及其他单位从事公务的人员有前两款行为的，依照本法第三百八十五条、第三百八十六条的规定定罪处罚。

【立法沿革】

《中华人民共和国刑法》(1997 年修订,自 1997 年 10 月 1 日起施行)

第一百六十三条

公司、企业的工作人员利用职务上的便利,索取他人财物或者非法收受他人财物,为他人谋取利益,数额较大的,处五年以下有期徒刑或者拘役;数额巨大的,处五年以上有期徒刑,可以并处没收财产。

公司、企业的工作人员在经济往来中,违反国家规定,收受各种名义的回扣、手续费,归个人所有的,依照前款的规定处罚。

国有公司、企业中从事公务的人员和国有公司、企业委派到非国有公司、企业从事公务的人员有前两款行为的,依照本法第三百八十五条、第三百八十六条的规定定罪处罚。

《中华人民共和国刑法修正案(六)》(自 2006 年 6 月 29 日起施行)

七、将刑法第一百六十三条修改为:

“公司、企业或者其他单位的工作人员利用职务上的便利,索取他人财物或者非法收受他人财物,为他人谋取利益,数额较大的,处五年以下有期徒刑或者拘役;数额巨大的,处五年以上有期徒刑,可以并处没收财产。

“公司、企业或者其他单位的工作人员在经济往来中,利用职务上的便利,违反国家规定,收受各种名义的回扣、手续费,归个人所有的,依照前款的规定处罚。

“国有公司、企业或者其他国有单位中从事公务的人员和国有公司、企业或者其他国有单位委派到非国有公司、企业以及其他单位从事公务的人员有前两款行为的,依照本法第三百八十五条、第三百八十六条的规定定罪处罚。”

《中华人民共和国刑法修正案(十一)》(自 2021 年 3 月 1 日起施行)

十、将刑法第一百六十三条第一款修改为:

“公司、企业或者其他单位的工作人员,利用职务上的便利,索取他人财物或者非法收受他人财物,为他人谋取利益,数额较大的,处三年以下有期徒刑或者拘役,并处罚金;数额巨大或者有其他严重情节的,处三年以上十年以下有期徒刑,并处罚金;数额特别巨大或者有其他特别严重情节的,处十年以上有期徒刑或者无期徒刑,并处罚金。”

【立法理由】

1. 1997 年刑法修订前的立法情况。1979 年刑法规定的受贿罪的主体是国家工作人员,对国家工作人员以外的人员利用职务便利收受贿赂的行为没有规定为犯罪。随着改革开放的深入和社会主义市场经济体制的建立,非国有的公司、企业等市场主体越来越多,公司、企业经营中的一些违法犯罪行为也逐渐暴露出来。为了保障公司法的贯彻实施,保护公司和投资者、债权人的合法权益,维护国家经济秩序的稳定和健康发展,1995 年 2 月 28 日第八届全国人大常委会第十二次会议通过了《全国人民代表大会常务委员会关于惩治违反公司法的犯罪的决定》。该决定第九条规定,**公司董事、监事或者职工**利用职务上的便利,索取或者收受贿赂,数额较大的,处五年以下有期徒刑或者拘役;数额巨大的,处五年以上有期徒刑,可以并处没收财产。该决定第十二条还规定,国家工作人员犯该决定第九条规定之罪的,依照《关于惩治贪污罪贿赂罪的补充规定》的规定处罚,即以受贿罪追究刑事责任。

2. 1997 年修订刑法的情况。1997 年修订刑法时,根据司法实践的需要和有关方面的意见,对

《全国人民代表大会常务委员会关于惩治违反公司法的犯罪的决定》第九条的规定作了修改：一是将犯罪主体修改为"**公司、企业的工作人员**"；二是将"贿赂"明确为"他人财物"；三是增加了收受回扣、手续费归个人所有行为的处罚；四是整合《全国人民代表大会常务委员会关于惩治违反公司法的犯罪的决定》第十二条的规定，增加了国有公司、企业中从事公务的人员等犯罪处罚的规定。

3. 2006年《刑法修正案（六）》对本条的修改情况。根据1997年刑法的规定，对国家工作人员和公司、企业工作人员的受贿行为可依法追究刑事责任，但对除此以外其他单位工作人员有受贿行为的应当如何处罚没有明确规定。有关方面提出，对公司、企业以外的单位的非国家工作人员利用职务的便利进行"权钱交易"、危害社会利益的行为，如发生在事业单位中的商业贿赂行为，数额较大的，也应当追究刑事责任。《刑法修正案（六）》将本条规定的犯罪主体扩大到**公司、企业以外的其他单位的工作人员**。

4. 2020年《刑法修正案（十一）》对本条的修改情况。党的十八届三中、四中全会和十九大对加强产权平等保护、优化营商环境作了重要部署。习近平总书记多次就加强产权保护、保护非公有制经济和民营企业家作出重要讲话、重要指示。2016年11月，中共中央、国务院发布了《关于完善产权保护制度依法保护产权的意见》，强调平等保护非公有制经济的产权，加大对非公有财产的刑法保护力度。根据中央精神和宽严相济形势政策要求，《刑法修正案（十一）》对本条作了进一步修改，一是提高了本条规定的非国家工作人员受贿罪的法定刑，**将法定最高刑提高到无期徒刑，增加罚金刑**；二是调整了刑罚档次配置，**与贪污受贿罪的规定平衡，实现罪责刑相适应**。

【条文说明】

本条是关于非国家工作人员受贿罪及其处罚的规定。

本条共分为三款。

第一款是关于公司、企业或者其他单位的工作人员受贿犯罪及其处罚的规定。本款有三层含义：

1. 明确了犯罪的主体范围，即"**公司、企业或者其他单位的工作人员**"，包括非国有公司、企业、事业单位或者其他组织的工作人员。[①]

2. 明确了犯罪的行为特征，即**行为人必须实施利用职务上的便利，索取他人财物或者非法收受他人财物为他人谋取利益的行为**。所谓"**利用职务上的便利**"，是指公司、企业或者其他单位的工作人员利用自己职务上组织、领导、监管、主管、经管、负责某项工作的便利条件。[②]"**索取他人财物**"，主要是指公司、企业或者其他单位的工作人员以为他人谋取利益为条件，向他人索取财物。"**非法收受他人财物**"，主要是指公司、企业或者其他单位的工作人员利用其职务上的便利或权力，接受他人主动送予的财物。"**为他人谋取利益**"，从谋取利益的性质上看，既包括他人应当得到的合法的、正当的利益，也包括他人不应当得到的非法的、不正当的利益；从利益的实现方面看，包括已为他人谋取的利益，以及意图谋取或者正在谋取但尚未谋取到的利益。[③④]根据2016年4月18日《最高人民法院、最高人民检察院关于办理贪污贿赂刑事案件适用法律若干问题的解释》第十三条第一款的规定："具有下列情形之一的，应当认定为'**为他人谋取利益**'，构成犯罪的，应当依照刑法关于受贿犯罪的规定定罪处罚：（一）实际或者承诺为他人谋取利益的；（二）明知他人有具体请托事项的；（三）履职时未被请托，但事后基于该履职事由收受他人财物的。"

---

① 《刑法》第一百六十三条中的公司、企业或者其他单位，并不限于国内的公司、企业与其他单位，还包括外国公司、企业与其他单位以及国际组织。参见张明楷：《刑法学》（第6版），法律出版社2021年版，第977页。

② 我国学者指出，与《刑法》第三百八十五条、第三百八十八条所规定的受贿罪不同的是，本罪中的"利用职务上的便利"应限于直接利用自己的职务便利，而不包括间接利用他人的职务便利。参见黎宏：《刑法学各论》（第2版），法律出版社2016年版，第116页；周光权：《刑法各论》（第4版），中国人民大学出版社2021年版，第274页。

③ 我国学者指出，"为他人谋取利益"的最低限度是允诺为他人谋取利益，不要求行为人实际上为他人谋取了利益。参见张明楷：《刑法学》（第6版），法律出版社2021年版，第974页；周光权：《刑法各论》（第4版），中国人民大学出版社2021年版，第274页；赵秉志、李希慧主编：《刑法各论》（第3版），中国人民大学出版社2016年版，第109页；高铭暄、马克昌主编：《刑法学》（第7版），北京大学出版社、高等教育出版社2016年版，第387页。

④ 刘志伟教授指出，本罪之既遂，不仅要求行为人已经收受了数额较大的财物，还必须至少同时具有为他人谋取利益的承诺行为。如果没有为他人谋取利益此一行为要素，不仅谈不上受贿行为的存在，当然也不可能成立本罪的既遂。参见高铭暄、马克昌主编：《刑法学》（第7版），北京大学出版社、高等教育出版社2016年版，第388页。

3. **索取或者非法收受他人财物，必须达到数额较大，才构成犯罪。**[①] 对受贿数额不大的，可以依照反不正当竞争法的规定处理。本款在罪状表述上，只原则规定了"数额较大""数额巨大或者有其他严重情节""数额特别巨大或者有其他特别严重情节"，其具体数额和情节标准，可由司法机关根据实际情况制定司法解释确定。根据《最高人民法院、最高人民检察院关于办理贪污贿赂刑事案件适用法律若干问题的解释》第十一条第一款的规定，非国家工作人员受贿罪中的"**数额较大**""**数额巨大**"的数额起点，**按照该解释关于受贿罪、贪污罪相对应的数额标准规定的二倍、五倍执行**。《刑法修正案（十一）》在本条规定的犯罪的第二档、第三档量刑标准中，在数额之外增加"情节"，是考虑到实践中非国家工作人员受贿的情况比较复杂，情节差别很大，单纯考虑数额，难以全面反映具体个罪的社会危害性，同时也为了与《刑法修正案（九）》对贪污受贿罪定罪量刑标准的修改相衔接。根据本款规定，对公司、企业或者其他单位的工作人员受贿犯罪的处罚，分为三档刑罚：**数额较大的**，处三年以下有期徒刑或者拘役，并处罚金；**数额巨大或者有其他严重情节的**，处三年以上十年以下有期徒刑，并处罚金；**数额特别巨大或者有其他特别严重情节的**，处十年以上有期徒刑或者无期徒刑，并处罚金。《刑法修正案（十一）》修改后，除不能判处死刑以外，**非国家工作人员受贿罪与国家工作人员受贿罪的刑罚已经基本接近**，落实了平等保护的精神。

第二款是关于对公司、企业或者其他单位的工作人员收受回扣、手续费归个人所有的处罚规定。根据本款规定，公司、企业或者其他单位的工作人员在经济往来中，利用职务上的便利，违反国家规定，收受各种名义的回扣、手续费，归个人所有的，即构成非国家工作人员受贿罪。这里所说的"**回扣**"，是指在商品或者经济活动中，由卖方从所收到的价款中，按照一定的比例扣出一部分返还给买方或者其经办人的款项。"**手续费**"是指在经济活动中，除回扣以外，其他违反国家规定支付给公司、企业或者其他单位的工作人员的各种名义的钱，如信息费、顾问费、劳务费、辛苦费、好处费等。**违反国家规定，收取各种名义的回扣、手续费，是否归个人所有**，是区分罪与非罪的主要界限，如果收取的回扣、手续费，都上交给公司、企业或者本单位的，不构成犯罪；只有将收取的回扣、手续费归个人所有的，才构成犯罪。根据本款规定，对收受各种名义的回扣、手续费，归个人所有的，按照第一款的规定处罚。

第三款是关于国有公司、企业或者其他国有单位中从事公务的人员和国有公司、企业或者其他国有单位委托到非国有公司、企业或者其他单位从事公务的人员有本条第一款、第二款犯罪行为如何定罪处罚的规定。根据本款规定，**国有公司、企业或者其他国有单位中从事公务的人员和国有公司、企业或者其他国有单位委派到非国有公司、企业以及其他单位从事公务的人员**，利用职务上的便利，索取他人财物或者非法收受他人财物为他人谋取利益，数额较大的，或者在经济往来中，利用职务便利，违反国家规定收受各种名义的回扣、手续费，归个人所有的，**依照《刑法》第三百八十五条、第三百八十六条国家工作人员受贿罪的规定定罪处罚**。根据《刑法》第三百八十六条的规定，应当依照《刑法》第三百八十三条的规定处罚。2015 年 8 月 29 日第十二届全国人大常委会第十六次会议通过的《刑法修正案（九）》对《刑法》第三百八十三条进行了修改，主要是对原来规定的贪污、受贿罪的处罚规定作了调整，由过去将贪污、受贿具体数额作为定罪量刑根据，修改为综合考虑数额和情节的原则性规定。本款这样规定，主要体现了对国家工作人员犯罪要比一般的公司、企业或者其他单位的工作人员从重处罚的立法精神。

实践中执行本条规定应当注意准确理解本条规定的立法精神，1997 年修订刑法增加本条规定和《刑法修正案（十一）》调整本条规定的法定刑，都是为了**以刑法手段平等保护非公有制经济产权**。司法机关在办理非公有制企业等单位中的贿赂犯罪时，要根据本条规定的精神，区分不同情况，把握好法律和政策界限，当严则严、当宽则宽。如对于建立了规范的法人治理结构，由职业经理人经营的企业，与股东兼任经营者的小型企业或者家族企业，在刑事政策掌握上应当有所区别。

【司法解释】

《最高人民法院关于如何认定国有控股、参股股份有限公司中的国有公司、企业人员的解释》（法释〔2005〕10 号，自 2005 年 8 月 11 日起施行）

① 《刑法》第一百六十三条所规定的"数额较大"，不是指为他人谋取利益的数额较大，而是索取或者收受财物的数额较大。参见张明楷：《刑法学》（第 6 版），法律出版社 2021 年版，第 974 页。

△(**委派;国有公司、企业人员**)国有公司、企业委派到国有控股、参股公司从事公务的人员,以国有公司、企业人员论。

《最高人民法院、最高人民检察院关于办理贪污贿赂刑事案件适用法律若干问题的解释》(法释〔2016〕9号,自2016年4月18日起施行)

△(**非国家工作人员受贿罪;数额较大;数额巨大**)刑法第一百六十三条规定的非国家工作人员受贿罪、第二百七十一条规定的职务侵占罪中的"数额较大""数额巨大"的数额起点,按照本解释关于受贿罪、贪污罪相对应的数额标准规定的二倍、五倍执行。(§ 11 Ⅰ)

【司法解释性文件】

《最高人民检察院关于佛教协会工作人员能否构成受贿罪或者公司、企业人员受贿罪主体问题的答复》(〔2003〕高检研发第2号,自2003年1月13日起施行)

△(**佛教协会工作人员**)佛教协会属于社会团体,其工作人员除符合刑法第九十三条第二款的规定属于受委托从事公务的人员外,既不属于国家工作人员,也不属于公司、企业人员。根据刑法的规定,对非受委托从事公务的佛教协会的工作人员利用职务之便收受他人财物,为他人谋取利益的行为,不能按受贿罪或者公司、企业人员受贿罪追究刑事责任。①

《最高人民法院、最高人民检察院关于办理商业贿赂刑事案件适用法律若干问题的意见》(法发〔2008〕33号,2008年11月20日公布)

△(**商业贿赂犯罪;非国家工作人员受贿罪**)商业贿赂犯罪②涉及刑法规定的以下八种罪名:(1)非国家工作人员受贿罪(刑法第一百六十三条);(2)对非国家工作人员行贿罪(刑法第一百六十四条);(3)受贿罪(刑法第三百八十五条);(4)单位受贿罪(刑法第三百八十七条);(5)行贿罪(刑法第三百八十九条);(6)对单位行贿罪(刑法第三百九十一条);(7)介绍贿赂罪(刑法第三百九十二条);(8)单位行贿罪(刑法第三百九十三条)。(§1)

△(**其他单位**)刑法第一百六十三条、第一百六十四条规定的"其他单位",既包括事业单位、社会团体、村民委员会、居民委员会、村民小组等常设性的组织,也包括为组织体育赛事、文艺演出或者其他正当活动而成立的组委会、筹委会、工程承包队等非常设性的组织。(§2)

△(**公司、企业或者其他单位的工作人员**)刑法第一百六十三条、第一百六十四条规定的"公司、企业或者其他单位的工作人员",包括国有公司、企业以及其他国有单位中的非国家工作人员。(§3)

△(**医疗机构;非国家工作人员;医务人员;非国家工作人员受贿罪**)医疗机构中的国家工作人员,在药品、医疗器械、医用卫生材料等医药产品采购活动中,利用职务上的便利,索取销售方财物,或者非法收受销售方财物,为销售方谋取利益,构成犯罪的,依照刑法第三百八十五条的规定,以受贿罪定罪处罚。

医疗机构中的非国家工作人员,有前款行为,数额较大的,依照刑法第一百六十三条的规定,以非国家工作人员受贿罪定罪处罚。

医疗机构中的医务人员,利用开处方的职务便利,以各种名义非法收受药品、医疗器械、医用卫生材料等医药产品销售方财物,为医药产品销售方谋取利益,数额较大的,依照刑法第一百六十三条的规定,以非国家工作人员受贿罪定罪处罚。(§ 4)

△(**学校及其他教育机构;非国家工作人员;教师;非国家工作人员受贿罪**)学校及其他教育机构中的国家工作人员,在教材、教具、校服或者其他物品的采购等活动中,利用职务上的便利,索取销售方财物,或者非法收受销售方财物,为销售方谋取利益,构成犯罪的,依照刑法第三百八十五条的规定,以受贿罪定罪处罚。

学校及其他教育机构中的非国家工作人员,有前款行为,数额较大的,依照刑法第一百六十三条的规定,以非国家工作人员受贿罪定罪处罚。

---

① 补充说明的一点是,系争答复发布于《刑法修正案(六)》之前。《刑法修正案(六)》第七条将《刑法》第一百六十三条的行为主体扩大到"其他单位的工作人员"。因此,对非受委托从事公务的佛教协会的工作人员利用职务之便收受他人财物,为他人谋取利益的行为,目前完全可以按照《刑法》第一百六十三条非国家工作人员受贿罪进行论处。参见车浩:《车浩的刑法题》,北京大学出版社2016年版,第26页;李立众主编:《刑法一本通:中华人民共和国刑法总成》(第12版),法律出版社2016年版,第587页。

② 我国学者指出,商业贿赂并非刑法意义上的类罪,也不是刑法意义上的独立的犯罪类型。"商业贿赂"系着眼于贿赂发生的领域而形成的概念,即发生在商业领域的贿赂就是商业贿赂;而刑法主要是根据主体性质的区别规定了各种不同的受贿罪和行贿罪。参见张明楷:《刑法学》(第6版),法律出版社2021年版,第976页。

学校及其他教育机构中的教师，利用教学活动的职务便利，以各种名义非法收受教材、教具、校服或者其他物品销售方财物，为教材、教具、校服或者其他物品销售方谋取利益，数额较大的，依照刑法第一百六十三条的规定，以非国家工作人员受贿罪定罪处罚。（§5）

△（**评标委员会、竞争性谈判采购中谈判小组、询价采购中询价小组；评标；采购**）依法组建的评标委员会、竞争性谈判采购中谈判小组、询价采购中询价小组的组成人员，在招标、政府采购等事项的评标或者采购活动中，索取他人财物或者非法收受他人财物，为他人谋取利益，数额较大的，依照刑法第一百六十三条的规定，以非国家工作人员受贿罪定罪处罚。（§6Ⅰ）

△（**商业贿赂；财物；财产性利益**）商业贿赂中的财物，既包括金钱和实物，也包括可以用金钱计算数额的财产性利益，如提供房屋装修、含有金额的会员卡、代币卡（券）、旅游费用等。具体数额以实际支付的资费为准。（§7）

△（**受贿数额；银行卡**）收受银行卡的，不论受贿人是否实际取出或者消费，卡内的存款数额一般应全额认定为受贿数额。使用银行卡透支的，如果由给予银行卡的一方承担还款责任，透支数额也应当认定为受贿数额。（§8）

△（**商业贿赂；馈赠**）办理商业贿赂犯罪案件，要注意区分贿赂与馈赠的界限。主要应当结合以下因素全面分析、综合判断：

（1）发生财物往来的背景，如双方是否存在亲友关系及历史上交往的情形和程度；

（2）往来财物的价值；

（3）财物往来的缘由、时机和方式，提供财物方对于接受方有无职务上的请托；

（4）接受方是否利用职务上的便利为提供方谋取利益。（§10）

△（**非国家工作人员与国家工作人员通谋**）非国家工作人员与国家工作人员通谋，共同收受他人财物，构成共同犯罪的，根据双方利用职务便利的具体情形分别定罪追究刑事责任：

（1）利用国家工作人员的职务便利为他人谋取利益的，以受贿罪追究刑事责任。

（2）利用非国家工作人员的职务便利为他人谋取利益的，以非国家工作人员受贿罪追究刑事责任。

（3）分别利用各自的职务便利为他人谋取利益的，按照主犯的犯罪性质追究刑事责任，不能分清主从犯的，可以受贿罪追究刑事责任。（§11）

《宽严相济在经济犯罪和职务犯罪案件审判中的具体贯彻》（2010年4月7日公布）

△（**宽严相济刑事政策**）关于政策法律界限。在坚持依法从严惩处职务犯罪的同时，同样需要根据《意见》第14条、第25条的规定，体现宽严"相济"，做到严中有宽、宽以济严。以贿赂犯罪为例说明如下：（1）对于收受财物后于案发前退还或上交所收财物的，应当区分情况做出不同处理：收受请托人财物后及时退还或者上交的，因其受贿故意不能确定，同时为了感化、教育潜在受贿犯罪分子，故不宜以受贿处理；受贿后因自身或者与其受贿有关联的人、事被查处，为掩饰犯罪而退还或者上交的，因受贿行为既已完毕，且无主动悔罪之意思，故不影响受贿罪的认定。（2）对于行业、领域内带有一定普遍性、涉案人员众多的案件，要注意区别对待，防止因打击面过宽导致不良的社会效果。特别是对于普通医生的商业贿赂犯罪问题，更要注意运用多种手段治理应对。对收受回扣数额大的；明知药品伪劣，但为收受回扣而要求医院予以采购的；为收受回扣而给病人大量开药或者使用不对症药品，造成严重后果的；收受回扣造成其他严重影响的等情形，应依法追究刑事责任。（3）对于性质恶劣、情节严重、涉案范围广、影响面大的商业贿赂犯罪案件，特别是对于顶风作案的，或者案发后隐瞒犯罪事实、毁灭证据、订立攻守同盟、负案潜逃等企图逃避法律追究的，应当依照《意见》第8条第2款的规定依法从严惩处的同时，对于在自查自纠中主动向单位、行业主管（监管）部门讲清问题、积极退赃的，或者检举、揭发他人犯罪行为，有自首、立功情节的，应当依照《意见》有关规定依法从轻、减轻或者免予处罚。

《最高人民检察院、公安部关于公安机关管辖的刑事案件立案追诉标准的规定（二）》（公通字〔2022〕12号，2022年4月6日公布）

△（**非国家工作人员受贿罪；立案追诉标准**）公司、企业或者其他单位的工作人员利用职务上的便利，索取他人财物或者非法收受他人财物，为他人谋取利益，或者在经济往来中，利用职务上的便利，违反国家规定，收受各种名义的回扣、手续费，归个人所有，数额在三万元以上的，应予立案追诉。（§10）

【附属刑法】

《中华人民共和国公司法》（1993年12月29

日通过,2018年10月26日第四次修正)

第二百零六条

Ⅱ清算组成员利用职权徇私舞弊、谋取非法收入或者侵占公司财产的,由公司登记机关责令退还公司财产,没收违法所得,并可以处以违法所得一倍以上五倍以下的罚款。

第二百一十五条

违反本法规定,构成犯罪的,依法追究刑事责任。

《中华人民共和国商业银行法》(1995年5月10日通过,2015年8月29日第二次修正)

第八十四条

Ⅰ商业银行工作人员利用职务上的便利,索取、收受贿赂或者违反国家规定收受各种名义的回扣、手续费①,构成犯罪的,依法追究刑事责任;尚不构成犯罪的,应当给予纪律处分。

Ⅱ有前款行为,发放贷款或者提供担保造成损失的,应当承担全部或者部分赔偿责任。

《中华人民共和国个人独资企业法》(1999年8月30日通过)

第二十条

投资人委托或者聘用的管理个人独资企业事务的人员不得有下列行为:

(一)利用职务上的便利,索取或者收受贿赂;

……

第四十条

投资人委托或者聘用的人员违反本法第二十条规定,侵犯个人独资企业财产权益的,责令退还侵占的财产;给企业造成损失的,依法承担赔偿责任;有违法所得的,没收违法所得;构成犯罪的,依法追究刑事责任。

《中华人民共和国招标投标法》(1999年8月30日通过,2017年12月27日修正)

第五十六条

评标委员会成员收受投标人的财物或者其他好处的,评标委员会成员或者参加评标的有关工作人员向他人透露对投标文件的评审和比较、中标候选人的推荐以及与评标有关的其他情况的,给予警告,没收收受的财物,可以并处三千元以上五万元以下的罚款,对有所列违法行为的评标委员会成员取消担任评标委员会成员的资格,不得再参加任何依法必须进行招标的项目的评标;构成犯罪的,依法追究刑事责任。

《中华人民共和国基本医疗卫生与健康促进法》(2019年12月28日通过)

第一百零二条

Ⅰ违反本法规定,医疗卫生人员有下列行为之一的,由县级以上人民政府卫生健康主管部门依照有关执业医师、护士管理和医疗纠纷预防处理等法律、行政法规的规定给予行政处罚:

(1)利用职务之便索要、非法收受财物或者牟取其他不正当利益;

……

Ⅱ前款规定的人员属于政府举办的医疗卫生机构中的人员的,依法给予处分。

第一百零六条

违反本法规定,构成犯罪的,依法追究刑事责任;造成人身、财产损害的,依法承担民事责任。

《中华人民共和国建筑法》(1997年11月1日通过,2019年4月23日第二次修正)

第六十八条

Ⅰ在工程发包与承包中索贿、受贿、行贿,构成犯罪的,依法追究刑事责任;不构成犯罪的,分别处以罚款,没收贿赂的财物,对直接负责的主管人员和其他直接责任人员给予处分。

Ⅱ对在工程承包中行贿的承包单位,除依照前款规定处罚外,可以责令停业整顿,降低资质等级或者吊销资质证书。

《中华人民共和国测绘法》(1992年12月28日通过,2017年4月27日第二次修订)

第五十七条

违反本法规定,测绘项目的招标单位让不具有相应资质等级的测绘单位中标,或者让测绘单位低于测绘成本中标的,责令改正,可以处测绘约定报酬二倍以下的罚款。招标单位的工作人员利用职务上的便利,索取他人财物,或者非法收受他人财物为他人谋取利益的,依法给予处分;构成犯罪的,依法追究刑事责任。

《中华人民共和国政府采购法》(2002年6月

① 《中华人民共和国商业银行法》(1995年5月10日通过,2015年8月29日第二次修正)
第五十二条
商业银行的工作人员应当遵守法律、行政法规和其他各项业务管理的规定,不得有下列行为:
(一)利用职务上的便利,索取、收受贿赂或者违反国家规定收受各种名义的回扣、手续费;
……

29日通过,2014年8月31日修正)

第七十二条

采购人、采购代理机构及其工作人员有下列情形之一,构成犯罪的,依法追究刑事责任;尚不构成犯罪的,处以罚款,有违法所得的,并处没收违法所得,属于国家机关工作人员的,依法给予行政处分:

……

(二)在采购过程中接受贿赂或者获取其他不正当利益的;

……

《中华人民共和国企业国有资产法》(2008年10月28日通过)

第七十一条

Ⅰ国家出资企业的董事、监事、高级管理人员有下列行为之一,造成国有资产损失的,依法承担赔偿责任;属于国家工作人员的,并依法给予处分:

(一)利用职权收受贿赂或者取得其他非法收入和不当利益的;

……

Ⅱ国家出资企业的董事、监事、高级管理人员因前款所列行为取得的收入,依法予以追缴或者归国家出资企业所有。

Ⅲ履行出资人职责的机构任命或者建议任命的董事、监事、高级管理人员有本条第一款所列行为之一,造成国有资产重大损失的,由履行出资人职责的机构依法予以免职或者提出免职建议。

第七十五条

违反本法规定,构成犯罪的,依法追究刑事责任。

《中华人民共和国旅游法》(2013年4月25日通过,2018年10月26日第二次修正)

第一百零四条

旅游经营者违反本法规定,给予或者收受贿赂的,由市场监督管理部门依照有关法律、法规的规定处罚;情节严重的,并由旅游主管部门吊销旅行社业务经营许可证。

第一百一十条

违反本法规定,构成犯罪的,依法追究刑事责任。

《中华人民共和国药品管理法》(1984年9月20日通过,2019年8月26日第二次修订)

第一百四十一条

Ⅰ药品上市许可持有人、药品生产企业、药品经营企业或者医疗机构在药品购销中给予、收受回扣或者其他不正当利益的,药品上市许可持有人、药品生产企业、药品经营企业或者代理人给予使用其药品的医疗机构的负责人、药品采购人员、医师、药师等有关人员财物或者其他不正当利益的,由市场监督管理部门没收违法所得,并处三十万元以上三百万元以下的罚款;情节严重的,吊销药品上市许可持有人、药品生产企业、药品经营企业营业执照,并由药品监督管理部门吊销药品批准证明文件、药品生产许可证、药品经营许可证。

Ⅱ药品上市许可持有人、药品生产企业、药品经营企业在药品研制、生产、经营中向国家工作人员行贿的,对法定代表人、主要负责人、直接负责的主管人员和其他责任人员终身禁止从事药品生产经营活动。

第一百四十二条

Ⅰ药品上市许可持有人、药品生产企业、药品经营企业的负责人、采购人员等有关人员在药品购销中收受其他药品上市许可持有人、药品生产企业、药品经营企业或者代理人给予的财物或者其他不正当利益的,没收违法所得,依法给予处罚;情节严重的,五年内禁止从事药品生产经营活动。

Ⅱ医疗机构的负责人、药品采购人员、医师、药师等有关人员收受药品上市许可持有人、药品生产企业、药品经营企业或者代理人给予的财物或者其他不正当利益的,由卫生健康主管部门或者本单位给予处分,没收违法所得;情节严重的,还应当吊销其执业证书。

第一百一十四条

违反本法规定,构成犯罪的,依法追究刑事责任。

《中华人民共和国医师法》(2021年8月20日通过)

第五十六条

违反本法规定,医师在执业活动中有下列行为之一的,由县级以上人民政府卫生健康主管部门责令改正,给予警告,没收违法所得,并处一万元以上三万元以下的罚款;情节严重的,责令暂停六个月以上一年以下执业活动直至吊销医师执业证书:

……

(五)利用职务之便,索要、非法收受财物或者牟取其他不正当利益,或者违反诊疗规范,对患者实施不必要的检查、治疗造成不良后果;

……

第六十三条

违反本法规定,构成犯罪的,依法追究刑事责任

分则　第三章

任;造成人身、财产损害的,依法承担民事责任。

【参考案例】

△筹建中的企业工作人员利用职务上的便利,为请托人谋取利益,非法收受、索取请托人财物,数额较大的,以非国家工作人员受贿罪论处。

《刑法》第一百六十三条关于公司、企业人员受贿罪的规定,既没有限定企业的性质,也没有限定企业的存在状态。因此,只要是依法设立的企业,其工作人员利用职务便利实施犯罪活动的,就应当适用刑法关于企业工作人员犯罪的条款。同时,企业的成立需要一个过程,不能将依法设立理解为取得营业执照。在杨志华企业人员受贿案中,青园大酒店是依照《中华人民共和国乡村集体所有制企业条例》第十四条的规定,经掘港镇人民政府审核后,报请如东县人民政府批准成立的村办企业,没有领取《企业法人营业执照》或者《营业执照》,不应影响其村办企业的性质。实践中,筹建中的公司、企业因管理不规范,更容易出现侵占、受贿、挪用等腐败问题,如不将筹建中的公司、企业认定为刑法意义上的公司、企业,会放任大量此类犯罪行为。被告人杨志华作为村办企业青园大酒店筹建组的负责人,实际履行了青园大酒店的经营管理权,应当认定为企业工作人员。对于其利用职务上的便利实施犯罪行为的,应当适用刑法关于企业人员犯罪的条款进行处理。[No. 3-3-163(1)-1 杨志华企业人员受贿案]

△自然人股东与国有股东共同出资成立新的公司,自然人股东以实物出资后未变更实物的权属登记,后抽逃出资,仍应认定为国有参股企业。

依照法律规定,股东以动产入股时,以动产交付使用而非权属登记的变更为标准。在朱建军受贿、挪用公款案中,2002年,朱建军入股的动产经过了验资,且为其承包的第四分公司使用,该情形应当认定为实际出资而非"形式出资"。朱建军2010年入股的1000万元已缴入专用账户,后抽走,为抽逃出资而非"虚假出资"。朱建军依法应当承担出资人的责任,同时享有相关股东权利。本案中,应当认定长沙建工集团是国有参股而非国有独资企业。[No. 3-3-163(1)-8 朱建军受贿、挪用公款案]

△国有参股企业中,自然人股东根据公司章程当选企业董事、董事长,不应认定为国家工作人员。

在朱建军受贿、挪用公款案中,朱建军与长沙市住建委并无隶属关系,双方同为持股股东,具有平等的主体地位。根据长沙建工集团公司章程,公司董事长由董事会选举产生,而非由长沙住建委委派,不属于国家工作人员。其担任董事长期间发生的犯罪应认定为非国家工作人员受贿罪、挪用资金罪。[No. 3-3-163(1)-9 朱建军受贿、挪用公款案]

△村委会利用村级专项资金建设公共服务项目以及化解公共服务建设中的矛盾纠纷的,属于村自治范围内的管理公共事务行为,村委会成员在这一过程中,利用职务便利索取他人财物或收受财物为他人谋取利益的,构成非国家工作人员受贿罪。

受贿罪和非国家工作人员受贿罪从本质上来说,其根本区别在于犯罪主体的身份认定,也就是国家工作人员和非国家工作人员如何区分的问题,其主要认定标准应从职务上来区分。村委会等基层组织人员职务行为分为两类,一类是从事协助政府从事公务,一类是村民自治事务和村级经营活动。村委会成员在协助政府从事公务时,其身份为国家工作人员,在从事村民自治事务和村级经营活动时,则应当认定为非国家工作人员。

根据《全国人民代表大会常务委员会关于〈中华人民共和国刑法〉第九十三条第二款的解释》的精神,协助政府从事的其他行政管理工作属于从事公务的行为应具备两个条件:一是协助的事项必须是政府行政管理工作,而不是村内自治管理、经营事务。二是政府从事的行政管理工作必须是法律、法规、规章、政策规定的行为,属于政府行政管理职责范围。严格按照《全国人民代表大会常务委员会关于〈中华人民共和国刑法〉第九十三条第二款的解释》确定村委会协助人民政府从事行政事务的范围,在具体适用中应当注重把握三个要点:第一,协助的事项必须是《全国人民代表大会常务委员会关于〈中华人民共和国刑法〉第九十三条第二款的解释》列举的事项或与列举事项相当的其他政府事务;第二,协助的事项必须具有行政管理性质,属于政府行政管理职责范围;第三,政府就该事项对村基层组织有委托或授权,协助者在从事公务行为中处于次要、辅助地位,只能协助从事明确规定的特定事项。

村民自治事务,是指全国人大常委会立法解释的七项事务之外的非经营性质的村内公益事业和公益服务等自治事项,既非协助政府从事行政管理,亦非企业经营性质的村自治事务建设和公益服务活动。村级经营活动,即村经济组织从事以营利为目的的经营性行为。村内自治事务行为特点:一是村委会不需要经政府的授权或委托,依照《村民委员会组织法》进行自我管理、自我教育、自我服务;二是村委会在管理本村事务过程中起主导、积极作用。实践中如何区分到底是协助政府从事公务行为还是村民自治、村级经营活动行为，笔者认为，一是可以从权力的来源上予以界定；二是可以从地位上予以界定，村委会在协助政府从事行政管理工作中起次要作用，接受政府对其协助工作的领导、管理、监督，村民通过自我管理、民主决策开展村内自治事务，村委会主导村内事务，推动村内事务的发展。

村委会利用村级专项资金建设公共服务项目以及化解公共服务建设中的矛盾纠纷属于村自治范围内的管理公共事务行为，非协助政府从事公务行为。政府对农村公共基础设施建设的扶持分为两种：第一种是直接扶持，政府利用专项资金在农村建设公共基础设施，政府是公共基础设施建设的主导者，村级组织是协助者；第二种是间接扶持，政府拨款给村组织，村组织利用村级专项资金建设公共基础设施，村级组织是主导者，是公共基础设施项目建设的实施主体。村级组织利用村级专项资金建设公共基础设施以及化解在项目建设过程中的矛盾纠纷是村民自治范围内的公共管理事务。政府相关部门对村级公共服务项目建设给予指导，不得强迫和干涉。村组织人员在村民自治管理范围内利用职权便利非法占有公共财物、挪用公款、索取他人财物或者非法收受他人财物为他人谋取利益的行为，按照非国家工作人员职务犯罪定罪处罚，分别构成职务侵占罪、挪用资金罪、非国家工作人员受贿罪。在韩中举、商光秀、韩雪萍、高原非国家工作人员受贿案中，被告人在村级公共服务项目建设过程中，利用管理村集体事务的便利，帮助他人化解群众矛盾，非法收受他人财物，为他人谋利益，应当以非国家工作人员受贿罪论处。[No.3-3-163(1)-2　韩中举、商光秀、韩雪萍、高原非国家工作人员受贿案]

△国有参股企业改制为非国家出资企业后，行为人经公司全体股东大会研究决定任命，行使经理职权的，不属于从事公务的行为，不应认定为国家工作人员。

根据2010年公布的《最高人民法院、最高人民检察院关于办理国家出资企业中职务犯罪案件具体应用法律若干问题的意见》的规定，被告人的身份是否属于国家工作人员，主要从三个方面予以认定：一是被告人所在公司本身的性质；二是被告人职务任命的形式；三是被告人从事的工作性质。以下就杨孝理受贿、非国家工作人员受贿案分而论之：

1.杨孝理所在的银力公司不属于国家出资企业。根据《最高人民法院、最高人民检察院关于办理国家出资企业中职务犯罪案件具体应用法律若干问题的意见》规定，“国家出资企业”包括国家出资的国有独资公司、国有独资企业，以及国有资本控股公司、国有资本参股公司。银龙公司进行了改制，国有股份全部撤出，改制后成立的银力公司系尤溪县电力公司职工个人出资，杨孝理个人亦出资6.3万元，该公司没有国有股份，不属于国家出资企业。

2.杨孝理担任银力公司经理是该公司股东大会研究决定的。改制后的银力公司与尤溪县电力公司已经没有任何隶属或者控制关系，杨孝理担任银力公司经理，是经该公司股东大会研究决定的，而不是由尤溪县电力公司委派任命的。银力公司股东大会任命杨孝理为公司经理，主要基于其经营管理公司的业务能力与水平，与其个人的尤溪县电力公司职工身份以及尤溪县电力公司本身没有任何关联。

3.杨孝理行使的职权不具有公务的性质。根据《全国法院审理经济犯罪案件工作座谈会纪要》规定，从事公务，是指代表国家机关、国有公司、企业事业单位、人民团体等履行组织、领导、监督、管理等职责。公务主要表现为与职权相联系的公共事务以及监督、管理国有财产的职务活动。如国家机关工作人员依法履行职责，国有公司的董事、经理、监事、会计、出纳人员等管理、监督国有财产等活动，属于从事公务。杨孝理在银力公司行使经理职权，管理电力公司职工个人出资的资金，其行为不具有公务性质。杨孝理利用担任银力公司经理的职务便利，收受他人贿赂30000元，为他人牟利，其行为构成非国家工作人员受贿罪。[No.3-3-163(1)-3　杨孝理受贿、非国家工作人员受贿案]

△省农村信用合作联社委派到市县乡镇农村信用合作社联合社、农村信用合作联社的人员，不从事公务的，不属于国家工作人员。

在陈凯旋受贿案中，阳东农村信用合作社联合社、阳东农村信用合作联社不是国家出资企业，被告人陈凯旋的管理活动不具有公务性质，依法不属于国家工作人员，其行为应当构成非国家工作人员受贿罪。

阳东农村信用合作社联合社成立于1997年2月，性质为集体所有制，注册资本由社员缴纳的股本金构成，股金为基层信用社团体股和联社职工个人股两种，由中国人民银行阳江中心支行行使管理职责；2004年8月阳江市银监局成立后，改由阳江市银监局行使管理职能；2005年10月省联社成立后，改由省联社行使管理职能。2009年1月阳东农村信用合作社联合社改为阳东农村信用合作联社后，性质为其他企业（股份合作制），发起人为县联社与辖区内10家基层法人农村信用合作社，注册资本由自然人和法人股本构成，不接受各级财政资金入股。从公司章程、企业工商登记的情况看，阳东农村信用合作社联合社为集体企业，阳东农村信用合作联社作为股东出资入股，并没有国有资产成分，是具有独立企业法人性质的地方性金融机构。虽然阳东农村信用合作社联合社在2005年至2007年获得省财政不良贷款压降奖励497万元，省、市、县三地财政增资扩股应补贴资金425.545万元，兑付专项中央银行票据7818.5万元，但这只是反映政府对农村信用合作社的扶持，并不能改变企业的产权性质。因此，阳东农村信用合作社联合社、阳东农村信用合作联社均非国家出资企业，陈凯旋不属于在国有公司、企业、事业单位、人民团体中从事公务的人员。

在认定国家工作人员身份时，不仅要审查"受委派"这一形式要件，还要审查行为人的工作性质是否属于"从事公务"这一实质要件。笔者认为，陈凯旋所从事的工作并非公务。首先，陈凯旋的管理职位不具有国家意志性。陈凯旋并非代表国家机关、国有企业行使职责，其管理行为与国家的意志行为不具有关联性。其次，阳东农村信用合作社联合社、阳东农村信用合作联社并非国家出资企业，没有国有资产入股，陈凯旋不具有监督国有资产的职责，也不具有使国有资产保值增值的职责。同时，阳东农村信用合作社联合社、阳东农村信用合作联社是独立自主经营的企业，自负盈亏，没有社会公共事务管理职能。因此，陈凯旋并非代表国家机关、国有公司、企业、事业单位、人民团体等履行组织、领导、监督、管理等职责，其所从事的工作不属于以国家管理事务及国有财产监管事务为主要内容的公务活动。[No. 3-3-163(1)-4　陈凯旋受贿案]

△国有控股企业中一般中层管理干部的任命非经国家出资企业中负有管理、监督国有资产职责的组织批准或研究决定，且并非专门从事国有资产监督、管理活动的，不属于国家工作人员。

2010年11月26日公布的《最高人民法院、最高人民检察院关于办理国家出资企业中职务犯罪案件具体应用法律若干问题的意见》除了对传统委派内容和形式进行细化规定以及对双重身份人员进行解释之外，首次将"代表人员"纳入国家工作人员范畴。根据《最高人民法院、最高人民检察院关于办理国家出资企业中职务犯罪案件具体应用法律若干问题的意见》第6条第2款的规定，经国家出资企业中负有管理、监督国有资产职责的组织批准或者研究决定，代表其在国有控股、参股公司及其分支机构中从事组织、领导、监督、经营、管理工作的人员，应当认定为国家工作人员。据此，在宋涛非国家工作人员受贿案中，判断被告人宋涛是否具有国家工作人员身份，可以从以下两个方面展开分析：

1. 形式要件：经国家出资企业中负有管理、监督国有资产职责的组织批准或者研究决定。

根据《最高人民法院、最高人民检察院关于办理国家出资企业中职务犯罪案件具体应用法律若干问题的意见》第六条的规定，除受国家机关、国有公司、企业、事业单位委派外，在国有控股、参股公司等国家出资企业中，国家工作人员的认定，需具备负有管理、监督国有资产职责的组织批准或者研究决定的形式要件。笔者认为，"负有管理、监督国有资产职责的组织"一般是指上级或者本级国家出资企业领导部门和联席会议。根据有关组织原则，改制后的国家出资企业一般仍设有领导部门，并由本级或者上级领导部门决定人事任免。由其任命并代表其从事公务的人员，应当认定为国家工作人员。而国家出资公司的股东会、董事会、监事会，包括公司的人事组织部门，均不是适格的任命主体。

上港集团中，集团总部部门领导的任命，由集团组织人事部根据相关规定，向集团领导部门提出任用人选，经集团领导部门联席会扩大会议讨论同意，然后发文任命。简言之，该集团中国家工作人员的任命具有人事组织部门提名、领导部门联席会讨论同意这一重要形式。而被告人宋涛在上港集团生产业务部下设的生产调度室从主管到担任副经理、经理的变动，均由其上级部门领导提出聘任意见，由公司人事组织部审核后，由总裁最终批准和决定，而无须经过人事组织部提名、领导部门联席会扩大会议讨论决定的程序。前述股东会、董事会、监事会等都不是负有管理、监督国有资产职责的组织，总裁更不能认定为上述组织，其对宋涛的任命是基于其代表股份公司行使的总裁职权，而非代表负有管理、监督国有资产职责的组织行使职权。因此，就宋涛而言，其职务的任命并不具有"经国家出资企业中负有管理、监督国有资产职责的组织批准或者研究决定"的形式要件。

2. 实质要件：代表负有管理、监督国有资产职责的组织在国有控股、参股公司及其分支机构中从事组织、领导、监督、经营、管理工作。

在对国有控股、参股公司中国家工作人员身份进行认定时，除了需要审查行为人的任命程序，还需要着重核实其所从事的工作性质，看其是否"代表负有管理、监督国有资产职责的组织"，从事"组织、领导、监督、经营、管理工作"。可见，从实质层面而言，将国家出资企业中的"代表人员"认定为国家工作人员，还要求其所从事的工作同时具备以下两大特征:(1)代表性。作为授权方的负有管理、监督国有资产职责的组织,与作为被授权方的国家工作人员,通过批准、研究决定等方式,产生一种委托法律关系。换言之,在国家出资企业中,国家工作人员系代表国有资产的监督、管理组织从事工作,这种代表性是认定国家工作人员身份的首要特征。(2)公务性。在实践认定中,要注意考察公务与职权的关联性。公务首先是管理性的事务,而不是一般的技术性、业务性的活动,与劳务相比其具有明显的管理属性。值得注意的是,在国家出资企业中,公务有公司性的公务和国家性的公务之分,前者是代表公司整体利益的行为,而后者仅是代表国有资产的监督、管理组织进行管理的行为。

实践中,一般做法是,行为人的身份如果符合形式要件,即经国家出资企业中负有管理、监督国有资产职责的组织批准或者研究决定,即使从事的是公司性的公务,也应以国家工作人员从事公务论。因为在国家出资企业中,国家性的公务必然包含在公司性的公务中。比较难处理的是,如果行为人的身份不符合形式要件,但从事本质上属于国家性的公务,是否以国家工作人员从事公务论。笔者认为,这种情况较少,如果出现,原则上也应以国家工作人员从事公务论。刑事实体法对犯罪概念的界定更强调实质原则。强调这一原则的主要考虑是为了防止行为人规避法律。如果行为人实质从事国有资产的监督、管理,仅因为缺少形式要件或者故意使形式要件不成就,就不以国家工作人员从事公务论,则必然助长国家出资企业中的犯罪之风,不利于国有资产的保护。本案中,被告人宋涛的任职,由公司总裁批准任命,但公司总裁行使的批准权,主要体现其代表股份公司行使职权,而非代表国有资产监督、管理部门行使管理职权。因此,宋涛不符合国家工作人员身份认定的一般形式要件特征。宋涛负责上港集团下属港区码头货物装卸,船舶到港、浮吊作业计划、分配、调度和管理,系经股份公司授权代表股份公司利益从事相关活动,具有一定管理属性的工作岗位,属于公司性的公务活动,但不属于专门从事国有资产监督、管理的活动,即不属于国家性的公务。

本案被告人宋涛其职权的变动并未经负有管理、监督国有资产职责的组织批准或者研究决定,其所从事的工作也并非代表上述组织在国家出资企业中从事公务,因此不能认定其为国家工作人员。[No. 3-3-163(1)-5　宋涛非国家工作人员受贿案]

△在村集体土地上自行修建道路属于村民自治范围内事务,村民委员会主任从事村民自治范围内的活动,不属于从事公务,不应认定为国家工作人员。

"柑木"公路硬化工程所占土地的性质为农民集体所有土地,而非国有土地。《土地管理法》(2004年修正)第十条规定:"农民集体所有的土地依法属于村农民集体所有的,由村集体经济组织或者村民委员会经营、管理。"第八条第二款规定:"农村和城市郊区的土地,除由法律规定属于国家所有的以外,属于农民集体所有。"而原国土资源部对在集体所有的土地上修建并管理的道路的权属则作了进一步明确。原国家土地管理局印发的《确定土地所有权和使用权的若干规定》第二十二条规定:"乡(镇)或村在集体所有的土地上修建并管理的道路、水利设施用地,分别属于乡(镇)或村农民集体所有。"据此,各级政府在农民集体土地上修建道路等公共设施,只有经法定程序,将农民集体土地转为建设用地,并按标准给予补偿后,才能把农民集体土地转为国有建设用地。在高世银非国家工作人员受贿案中,綦江县建设乡村道路,并不是将农村集体土地转为国有建设用地后由有关政府部门组织建设,而是由政府补贴部分资金,在不改变土地性质的前提下,由各村自行修建并负责给予农户相应补偿。所以,綦江县、永新镇两级政府虽然给予了相应的资金补贴,并规定镇政府负责工程的组织实施,以及镇政府或者镇政府指导下的村民委员会为道路建设的责任主体,但均未改变"柑木"公路所占土地的性质为村集体土地。

"柑木"公路硬化工程属于长田村村民自治范围内的事务,建设主体为长田村及村民委员会。关于村民委员会的主体性质、工作职能,《村民委员会组织法》作了十分明确的规定。《村民委员会组织法》第二条第二款、第三款规定:"村民委员会是村民自我管理、自我教育、自我服务的基层群众性自治组织,实行民主选举、民主决策、民主管理、民主监督。村民委员会办理本村的公共事务和公益事业,调解民间纠纷,协助维护社会治安,向人民政府反映村民的意见、要求和提出建议。"第八条第二款规定:"村民委员会依照法律规定,管理本村属于村农民集体所有的土地和其他财产,引导村民合理利用自然资源,保护和改善生态环境。"本案中,"柑木"公路硬化工程,系在村农民集体土地上建设的公共项目,系村民自治范围内的事务,永新镇政府赋予镇公路建设领导小组对全镇公路建设项目的申报、规划、招投标和组织实施的权力不及于"柑木"公路硬化工程。长田村村民代表会议依法有权决定硬化"柑木"

公路,村民委员会具体执行村民代表会议的决定,是合法的修路主体。

从立法沿革和相关规范性文件的规定来看,村民委员会等村基层组织人员从事村民自治范围内的活动不属于“其他依照法律从事公务的人员”。(1)全国人大常委会法制工作委员会向全国人大常委会所作的《关于〈中华人民共和国刑法〉第九十三条第二款的解释(草案)》的说明中,建议全国人大常委会把《刑法》九十三条第二款解释为“农村村民委员会等基层组织依法……从事村公共事务的管理工作属于依法从事公务,应以国家工作人员论”。但全国人大常委会最终删除了“从事村公共事务的管理工作”,改为“协助人民政府从事下列行政管理工作”。(2)根据《最高人民检察院关于贯彻执行全国人民代表大会常务委员会关于〈中华人民共和国刑法〉第九十三条第二款的解释的通知》的规定,对村民委员会等村基层组织人员从事属于村民自治范围的经营、管理活动不能适用《全国人民代表大会常务委员会关于〈中华人民共和国刑法〉第九十三条第二款的解释》的规定。根据上述法律及文件规定,高世银组织、实施“柑木”公路硬化工程建设,属于从事村民自治范围内的事务,不能“以国家工作人员论”。同时,依据綦江县、永新镇两级政府的相关规定,虽然高世银有协助政府从事指导工程建设及监管政府补贴资金等行政管理工作的责任,但是高世银未利用这种便利,而是利用其代表长田村村民委员会组织、实施“柑木”公路硬化工程建设具有的便利条件收受贿赂,被告人实施犯罪与协助政府工作无关。

只有依法把村农民集体土地转为国有土地,在该土地上修建道路等公共设施才属于公务活动,系“政府工程”。反之,相关建设活动仍然属于村民自治范围内的事务,建设主体为村集体经济组织或者村民委员会。从事村民自治范围经营、管理活动的村民委员会人员,不属于“其他依照法律从事公务的人员”。如果该类人员利用上述便利条件,非法收受他人财物,为他人谋取利益,构成犯罪的,应当以非国家工作人员受贿罪追究刑事责任。[No. 3-3-163(1)-6　高世银非国家工作人员受贿案]

△国有控股企业并非刑法意义上的国有公司,而属于国家出资企业,国有出资企业中的工作人员并非受负有管理、监督国有资产职责的组织批准或研究决定任命的,属于非国家工作人员。

在王海洋非国家工作人员受贿、挪用资金案中,被告人王海洋的身份是否属于国家工作人员,应当综合以下两个问题进行分析认定:一是王海洋所在单位是否属于刑法意义上的国有公司;二是如果其单位不属于国有公司,王海洋是否属于《最高人民法院、最高人民检察院关于办理国家出资企业中职务犯罪案件具体应用法律若干问题的意见》第六条第二款所规定的国家工作人员类型。

刑法意义上的国有公司仅指国家出资的国有独资公司,不包含国有资本控股公司、国有资本参股公司等其他类型的国家出资企业。2009 年 7 月,中建股份公司在上海证券交易所上市,转变为国有控股公司,由此,中建八局公司因其股东不再是国有独资公司,其在性质上也就不再属于国有公司,而是转变为国有控股公司。相应的,中建八局第一公司的性质也应变为国有控股公司。基于上述分析,可以认定王海洋的身份不属于国有公司中从事公务的人员。

《最高人民法院、最高人民检察院关于办理国家出资企业中职务犯罪案件具体应用法律若干问题的意见》第六条将非国有独资的国家出资企业中的国家工作人员分为两种类型:第一种类型与《刑法》第九十三条第二款对应,属于“委派型”国家工作人员。本案中,被告人王海洋所在公司及上级公司均为国有控股公司,故不属于国有公司委派到非国有公司任职的情形。第二种类型即“间接委派型”或者“代表型”国家工作人员。根据《最高人民法院、最高人民检察院关于办理国家出资企业中职务犯罪案件具体应用法律若干问题的意见》第六条第二款的规定,国家出资企业中的工作人员是否属于“国家工作人员”,应当从以下两个方面进行认定:一是形式要件,即经国家出资企业中负有管理、监督国有资产职责的组织批准或者研究决定。这里的“组织”主要是指上级或者本级国家出资企业内部的党委、党政联席会。二是实质要件,即代表负有管理、监督国有资产职责的组织在国有控股、参股公司及其分支机构中从事组织、领导、监督、经营、管理工作,实质要件具有“代表性”和“公务性”两个特征。在判断层次上,对于形式要件、实质要件的判断分别属于形式判断和实质判断,首先要进行形式判断,形式判断是进行实质判断的重要前提和依据。本案中,被告人王海洋任职本公司西客站交通枢纽项目部商务经理是经本公司总经理办公会研究决定任命的,并非经国家出资企业中负有管理、监督国有资产职责的组织批准或者研究决定任命,不属于国家工作人员,应以非国家工作人员受贿罪、挪用资金罪定罪处罚。[No. 3-3-163(1)-7　王海洋非国家工作人员受贿、挪用资金案]

第一百六十四条　【对非国家工作人员行贿罪】【对外国公职人员、国际公共组织官员行贿罪】

为谋取不正当利益，给予公司、企业或者其他单位的工作人员以财物，数额较大的，处三年以下有期徒刑或者拘役，并处罚金；数额巨大的，处三年以上十年以下有期徒刑，并处罚金。

为谋取不正当商业利益，给予外国公职人员或者国际公共组织官员以财物的，依照前款的规定处罚。

单位犯前两款罪的，对单位判处罚金，并对其直接负责的主管人员和其他直接责任人员，依照第一款的规定处罚。

行贿人在被追诉前主动交待行贿行为的，可以减轻处罚或者免除处罚。

【立法沿革】

《中华人民共和国刑法》(1997年修订，自1997年10月1日起施行)

第一百六十四条

为谋取不正当利益，给予公司、企业的工作人员以财物，数额较大的，处三年以下有期徒刑或者拘役；数额巨大的，处三年以上十年以下有期徒刑，并处罚金。

单位犯前款罪的，对单位判处罚金，并对其直接负责的主管人员和其他直接责任人员，依照前款的规定处罚。

行贿人在被追诉前主动交待行贿行为的，可以减轻处罚或者免除处罚。

《中华人民共和国刑法修正案(六)》(自2006年6月29日起施行)

八、将刑法第一百六十四条第一款修改为：

"为谋取不正当利益，给予公司、企业或者其他单位的工作人员以财物，数额较大的，处三年以下有期徒刑或者拘役；数额巨大的，处三年以上十年以下有期徒刑，并处罚金。"

《中华人民共和国刑法修正案(八)》(自2011年5月1日起施行)

二十九、将刑法第一百六十四条修改为：

"为谋取不正当利益，给予公司、企业或者其他单位的工作人员以财物，数额较大的，处三年以下有期徒刑或者拘役；数额巨大的，处三年以上十年以下有期徒刑，并处罚金。

"为谋取不正当商业利益，给予外国公职人员或者国际公共组织官员以财物的，依照前款的规定处罚。

"单位犯前两款罪的，对单位判处罚金，并对其直接负责的主管人员和其他直接责任人员，依照第一款的规定处罚。

"行贿人在被追诉前主动交待行贿行为的，可以减轻处罚或者免除处罚。"

《中华人民共和国刑法修正案(九)》(自2015年11月1日起施行)

十、将刑法第一百六十四条第一款修改为：

"为谋取不正当利益，给予公司、企业或者其他单位的工作人员以财物，数额较大的，处三年以下有期徒刑或者拘役，并处罚金；数额巨大的，处三年以上十年以下有期徒刑，并处罚金。"

【立法理由】

1. **1997年修订刑法的情况。**1979年《刑法》第一百八十五条规定了向国家工作人员行贿罪，1988年《全国人民代表大会常务委员会关于惩治贪污贿赂罪的补充规定》进一步规定了对国家工作人员、经济组织工作人员或者其他从事公务人员的行贿罪。在社会主义市场经济发展的过程中，不断出现了公司、企业利用贿赂手段进行不正当竞争的情况，损害了公平竞争和其他市场主体的利益。考虑到这一规定只限于向国家工作人员或者其他公务人员行贿，同时考虑到1993年全国人大常委会通过的《反不正当竞争法》对于在销售或者购买商品活动中的行贿作了规定："经营者不得采用财物或者其他手段进行贿赂以销售或者购买商品。在帐外暗中给予对方单位或者个人回扣的，以行贿论处；对方单位或者个人在帐外暗中收受回扣的，以受贿论处。"因此1997年修订刑法时增加了向公司、企业工作人员行贿罪。1997年《刑法》第一百六十三条第一款规定："公司、企业的工作人员利用职务上的便利，索取他人财物或者非法收受他人财物，为他人谋取利益，数额较大的，处五年以下有期徒刑或者拘役；数额巨大的，处五年以上有期徒刑，可以并处没收财产。"第一百六十四条第一款规定："为谋取不正当利益，给予公司、企业的工作人员以财物，数额较大的，处三年以下有期徒刑或者拘役；数额巨大的，处三年以上十年以下有期徒刑，并处罚金。"

2. **2006年《刑法修正案(六)》对本条的修改**

情况。《刑法修正案(六)》对《刑法》第一百六十三条规定的非国家工作人员受贿罪作了修改,考虑到公司、企业以外的单位的非国家工作人员利用职务便利进行"权钱交易"、危害社会利益的行为,例如发生在医疗机构的药品、器械采购中的商业贿赂行为,数额较大的,也应追究刑事责任,因此增加了关于公司、企业以外的"其他单位"的非国家工作人员受贿犯罪的规定。考虑到行贿与受贿互为对向犯,与此对应,《刑法修正案(六)》对《刑法》第一百六十四条作了修改,**将向公司、企业以外的"其他单位"的非国家工作人员行贿的行为也规定为犯罪**。

3. **2011年《刑法修正案(八)》对本条的修改情况**。将"为谋取不正当商业利益,给予外国公职人员或者国际公共组织官员以财物"的行为增加规定为犯罪,作为本条的第二款,原第二款、第三款分别作为修改后的第三款、第四款。这样修改,是考虑到随着我国改革开放的进行,国际经济交往日益增多,这些交往中如果出现贿赂外国公职人员或者国际公共组织官员以谋取不正当商业利益的情况,不仅违背公平竞争的市场规则,也影响到正常的商业秩序,不利于我国的经济发展,特别是国际经济交往。为了维护我国正常的经济秩序,保障国家经济社会健康发展,有必要将这类行为规定为犯罪并给予刑事处罚。另外,**《联合国反腐败公约》**要求各缔约国应当采取必要的立法措施,将贿赂外国公职人员或者国际公共组织官员的行为规定为犯罪并追究刑事责任。2005年10月27日第十届全国人大常委会第十八次会议批准了《联合国反腐败公约》。我国作为《联合国反腐败公约》的缔约国,将贿赂外国公职人员或者国际公共组织官员的行为规定为犯罪并处罚,也是我国坚决履行反腐败公约的重要举措。

4. **2015年《刑法修正案(九)》对本条的修改情况**。按照党的十八届三中全会对加强反腐工作、完善惩治腐败法律规定的要求,为进一步完善有关法律规定,特别是刑法关于惩罚行贿、受贿犯罪的规定,2015年8月29日第十二届全国人大常委会第十六次会议通过的《刑法修正案(九)》对本条作了修改,主要是:对为谋取不正当利益,给予公司、企业或者其他单位的工作人员以财物,数额较大的,在处三年以下有期徒刑或者拘役的同时,**增加了"并处罚金"的规定**。这一修改增加对行贿犯罪财产刑的规定,进一步提高了惩治行贿犯罪的力度,使犯罪分子在受到人身处罚的同时,在经济上也得不到好处。

【条文说明】

本条是关于对非国家工作人员行贿罪和对外国公职人员、国际公共组织官员行贿罪及其处罚的规定。

本条共分为四款。

第一款是关于个人向公司、企业或者其他单位的工作人员行贿犯罪及其处罚的规定。本款包含三层含义:第一,**行为人必须具有谋取不正当利益的目的**。根据2008年11月20日《最高人民法院、最高人民检察院关于办理商业贿赂刑事案件适用法律若干问题的意见》第九条的规定,在行贿犯罪中"**谋取不正当利益**",是指行贿人谋取违反法律、法规、规章或者政策规定的利益,或者要求对方违反法律、法规、规章、政策、行业规范的规定提供帮助或者方便条件。另外,在招标投标、政府采购等商业活动中,违背公平原则,给予相关人员财物以谋取竞争优势的,也属于"谋取不正当利益"。[①] 第二,**行为人必须实施了给予公司、企业或者其他单位的工作人员以财物的行为**。这里的"**给予**"应当是实际给付行为,即作为贿赂物的财物已经从行贿人手中转移到受贿人控制之下。根据2008年《最高人民法院、最高人民检察院关于办理商业贿赂刑事案件适用法律若干问题的意见》、2016年《最高人民法院、最高人民检察院关于办理贪污贿赂刑事案件适用法律若干问题的解释》的规定,贿赂犯罪中的"**财物**",包括货币、物品和财产性利益。财产性利益包括可以折算为货币的物质利益如房屋装修、债务免除等,以及需要支付货币的其他利益如会员服务、旅游等。后者的犯罪数额,以实际支付或者应当支付的数额计算。第三,**行贿的财物必须达到数额较大,才构成犯罪**。本条在罪状表述上,只原则规定了"数额较大""数额巨大",其具体数额标准,根据2016年4月18日《最高人民法院、最高人民检察院关于办理贪污贿赂刑事案件适用法律若干问题的解释》第十一条第三款的规定:"刑法第一百六十四条第一款规定的对非国家工作人员行贿罪中的'数额较大''数额巨大'的数额起点,**按照本解释第七条、第八条第一款关于行贿罪的数额标准规定的**

① 谋取不正当利益,既包括谋取违法的利益,也包括谋取其他经正当途径不能获得的利益。参见高铭暄、马克昌主编:《刑法学》(第7版),北京大学出版社、高等教育出版社2016年版,第389页。

二倍执行。”①需要注意的是,《刑法修正案(十一)》对有关非国家工作人员受贿罪、职务侵占罪、挪用资金罪作出修改后,进一步体现产权平等保护精神,现行司法解释规定的非国家工作人员和国家工作人员入罪标准按照二倍、五倍确定的办法,下一步可能将按照法律修改后的精神作出进一步调整,也可能涉及本条罪定罪量刑标准的调整。对行贿数额不大,不够司法解释规定的标准的,可以通过其他方式予以处理。根据本款规定,对公司、企业或者其他单位的工作人员行贿犯罪的处罚,分为两档刑罚:**数额较大的**,处三年以下有期徒刑或者拘役,并处罚金;**数额巨大的**,处三年以上十年以下有期徒刑,并处罚金。

第二款是关于为谋取不正当商业利益,给予外国公职人员或者国际公共组织官员以财物的犯罪的规定。其中“**为谋取不正当商业利益**”是指行为人谋取违反法律、法规、规章或者政策规定的利益,或者要求对方违反法律、法规等提供帮助或者各种便利条件,以获取私利的情况。另外,这里所称“**外国公职人员**”是指外国经任命或选举担任立法、行政、行政管理或者司法职务的人员,以及为外国国家及公共机构或者公营企业行使公共职能的人员②;“**国际公共组织官员**”是指国际公务人员或者经国际组织授权代表该组织行事的人员③;关于“**财物**”,是指不论是物质的还是非物质的、动产还是不动产、有形的还是无形的各种资产,以及证明对这种资产的产权或者权益的法律文件或者文书。根据本款规定,为谋取不正当商业利益,给予外国公职人员或者国际公共组织官员以财物的,依照第一款的规定处罚,即**数额较大的**,处三年以下有期徒刑或者拘役;**数额巨大的**,处三年以上十年以下有期徒刑,并处罚金。需要说明的是,本款在构成要件上没有明确规定“数额较大”,属于立法技术上的处理,依照前款的规定,包括依照前款两档刑罚的规定。

第三款是关于单位向非国家工作人员、外国公职人员、国际公共组织官员行贿的犯罪及其处罚的规定。对单位犯本罪的,本条采取了**双罚制原则**,即对单位判处罚金,并对其直接负责的主管人员和其他直接责任人员,依照本条第一款关于个人向公司、企业人员行贿的规定处罚。

对于向公司、企业人员行贿的追诉标准,2010年5月7日《最高人民检察院、公安部关于公安机关管辖的刑事案件立案追诉标准的规定(二)》规定,为谋取不正当利益,给予公司、企业或者其他单位的工作人员以财物,**单位行贿数额在二十万元以上的,应予立案追诉**。

根据2011年11月14日《最高人民检察院、公安部关于公安机关管辖的刑事案件立案追诉标准的规定(二)的补充规定》的规定,为谋取不正当商业利益,给予外国公职人员或者国际公共组织官员以财物,个人行贿数额在一万元以上的,单位行贿数额在二十万元以上的,应予立案追诉。2016年《最高人民法院、最高人民检察院关于办理贪污贿赂刑事案件适用法律若干问题的解释》第十一条第三款规定:“刑法第一百六十四条第一款规定的对非国家工作人员行贿罪中的‘数额较大’‘数额巨大’的数额起点,按照本解释第七条、第八条第一款关于行贿罪的数额标准规定的二倍执行。”因此,对个人行贿的应当为六万元以上,**单位行贿的未作明确规定,仍可适用上述追诉标准的规定。**

第四款是关于对行贿人可以减轻处罚或者免除处罚的条件的规定。根据本款规定,对行贿人减轻处罚或者免除处罚的,必须具备两个条件:一是**必须主动交待行贿行为**;二是**交待的时间必须在被追诉之前**,二者缺一不可。所谓“**主动交待**”,是指行贿人主动向司法机关或者其他有关部门如实交待其行贿事实。因司法机关调查或者其他有关部门查询而不得不交待的,或者为了避重就轻不如实交待的,均不属于本款中的“主动交待”。本款所称“**在被追诉之前**”,是指在司法机关立案、开始追究刑事责任之前。如果司法机关已经发现了行贿事实,并认为应当追究刑事责任而立案后,行贿人交待行贿行为的,不适用本款规定。本款规定的目的,在于在刑事政策上给予行贿人从宽处理的出路,鼓励行贿人悔过,揭发检举受贿人,有利于节省司法资源,及时发现、惩罚贿赂犯罪。

需要注意的是,**本罪规定的行贿对象是公司、**

---

① “数额较大”是指“行贿6万元以上”或者“具有特定情节,行贿2万元以上”;“数额巨大”则指“行贿200万元以上”或者“具有特定情节,行贿100万元以上”。

② 外国不仅限于“国家”,其包括从国家到地方的各级政府及其各下属部门,有时也包括任何有组织的外国地区或实体,比如自治领土或独立关税地区。参见高铭暄、马克昌主编:《刑法学》(第7版),北京大学出版社、高等教育出版社2016年版,第390页。

③ 国际公共组织官员包括具有中国国籍的国际公共组织官员。参见张明楷:《刑法学》(第6版),法律出版社2021年版,第977页。

企业或者其他单位的"工作人员",即是个人,而不是单位,向非国有的公司、企业行贿的,不构成本条规定的犯罪。《刑法》的三百九十一条规定了**对单位行贿罪**,规定的是对国家机关、国有公司、企业、事业单位人民团体行贿。**未规定对私有单位行贿的原因**是考虑到市场经济中,私有单位经过集体研究决定"受贿",将商品、服务提供他人,这种情况与市场交易中市场主体决定选择交易对象、交易条件不好区分。但这种行为显然也是违反市场公平竞争规则的,构成反不正当竞争法规定的不正当竞争行为的,依法追究其他法律责任。

【司法解释】

《最高人民法院、最高人民检察院关于办理贪污贿赂刑事案件适用法律若干问题的解释》(法释〔2016〕9号,自2016年4月18日起施行)

△(**对非国家工作人员行贿罪;"数额较大";"数额巨大"**)刑法第一百六十四条第一款规定的对非国家工作人员行贿罪中的"数额较大""数额巨大"的数额起点,按照本解释第七条、第八条第一款关于行贿罪的数额标准规定的二倍执行。(§ 11 Ⅲ)

【司法解释性文件】

《最高人民法院、最高人民检察院关于办理商业贿赂刑事案件适用法律若干问题的意见》(法发〔2008〕33号,2008年11月20日公布)

△(**商业贿赂犯罪;对非国家工作人员行贿罪**)商业贿赂犯罪涉及刑法规定的以下八种罪名:(1)非国家工作人员受贿罪(刑法第一百六十三条);(2)对非国家工作人员行贿罪(刑法第一百六十四条);(3)受贿罪(刑法第三百八十五条);(4)单位受贿罪(刑法第三百八十七条);(5)行贿罪(刑法第三百八十九条);(6)对单位行贿罪(刑法第三百九十一条);(7)介绍贿赂罪(刑法第三百九十二条);(8)单位行贿罪(刑法第三百九十三条)。(§1)

△(**其他单位**)刑法第一百六十三条、第一百六十四条规定的"其他单位",既包括事业单位、社会团体、村民委员会、居民委员会、村民小组等常设性的组织,也包括为组织体育赛事、文艺演出或者其他正当活动而成立的组委会、筹委会、工程承包队等非常设性的组织。(§2)

△(**公司、企业或者其他单位的工作人员**)刑法第一百六十三条、第一百六十四条规定的"公司、企业或者其他单位的工作人员",包括国有公司、企业以及其他国有单位中的非国家工作人员。(§3)

△(**商业贿赂;财物;财产性利益**)商业贿赂中的财物,既包括金钱和实物,也包括可以用金钱计算数额的财产性利益,如提供房屋装修、含有金额的会员卡、代币卡(券)、旅游费用等。具体数额以实际支付的资费为准。(§7)

△(**谋取不正当利益**)在行贿犯罪中,"谋取不正当利益",是指行贿人谋取违反法律、法规、规章或者政策规定的利益,或者要求对方违反法律、法规、规章、政策、行业规范的规定提供帮助或者方便条件。

在招标投标、政府采购等商业活动中,违背公平原则,给予相关人员财物以谋取竞争优势的,属于"谋取不正当利益"。(§9)

△(**贿赂;馈赠**)办理商业贿赂犯罪案件,要注意区分贿赂与馈赠的界限。主要应当结合以下因素全面分析、综合判断:

(1)发生财物往来的背景,如双方是否存在亲友关系及历史上交往的情形和程度;

(2)往来财物的价值;

(3)财物往来的缘由、时机和方式,提供财物方对于接受方有无职务上的请托;

(4)接受方是否利用职务上的便利为提供方谋取利益。(§10)

《最高人民检察院、公安部关于公安机关管辖的刑事案件立案追诉标准的规定(二)》(公通字〔2022〕12号,2022年4月6日公布)

△(**对非国家工作人员行贿罪;立案追诉标准**)为谋取不正当利益,给予公司、企业或者其他单位的工作人员以财物,个人行贿数额在三万元以上的,单位行贿数额在二十万元以上的,应予立案追诉。(§ 11)

△(**对外国公职人员、国际公共组织官员行贿罪;立案追诉标准**)为谋取不正当商业利益,给予外国公职人员或者国际公共组织官员以财物,个人行贿数额在三万元以上的,单位行贿数额在二十万元以上的,应予立案追诉。(§12)

【附属刑法】

《中华人民共和国反不正当竞争法》(1993年9月2日通过,2019年4月23日修正)

第十九条

经营者违反本法第七条①规定贿赂他人的，由监督检查部门没收违法所得，处十万元以上三百万元以下的罚款。情节严重的，吊销营业执照。

第三十一条

违反本法规定，构成犯罪的，依法追究刑事责任。

《中华人民共和国建筑法》（1997年11月1日通过，2019年4月23日第二次修正）

第六十八条

Ⅰ在工程发包与承包中索贿、受贿、行贿，构成犯罪的，依法追究刑事责任；不构成犯罪的，分别处以罚款，没收贿赂的财物，对直接负责的主管人员和其他直接责任人员给予处分。

Ⅱ对在工程承包中行贿的承包单位，除依照前款规定处罚外，可以责令停业整顿，降低资质等级或者吊销资质证书。

《中华人民共和国保险法》（1995年6月30日通过，2015年4月24日第三次修正）

第一百六十一条

保险公司有本法第一百一十六条规定行为之一的②，由保险监督管理机构责令改正，处五万元以上三十万元以下的罚款；情节严重的，限制其业务范围、责令停止接受新业务或者吊销业务许可证。

第一百六十五条

保险代理机构、保险经纪人有本法第一百三十一条规定行为之一的③，由保险监督管理机构责令改正，处五万元以上三十万元以下的罚款；情节严重的，吊销业务许可证。

第一百七十九条

违反本法规定，构成犯罪的，依法追究刑事责任。

《中华人民共和国政府采购法》（2002年6月29日通过，2014年8月31日修正）

第七十七条

Ⅰ供应商有下列情形之一的，处以采购金额千分之五以上千分之十以下的罚款，列入不良行为记录名单，在一至三年内禁止参加政府采购活动，有违法所得的，并处没收违法所得，情节严重的，由工商行政管理机关吊销营业执照；构成犯罪的，依法追究刑事责任：

……

（四）向采购人、采购代理机构行贿或者提供其他不正当利益的；

……

Ⅱ供应商有前款第（一）至（五）项情形之一的，中标、成交无效。

《中华人民共和国旅游法》（2013年4月25日通过，2018年10月26日第二次修正）

第一百零四条

旅游经营者违反本法规定，给予或者收受贿

---

① 《中华人民共和国反不正当竞争法》（1993年9月2日通过，2019年4月23日修正）

第七条

Ⅰ经营者不得采用财物或者其他手段贿赂下列单位或者个人，以谋取交易机会或者竞争优势：

（一）交易相对方的工作人员；

（二）受交易相对方委托办理相关事务的单位或者个人；

（三）利用职权或者影响力影响交易的单位或者个人。

Ⅱ经营者在交易活动中，可以以明示方式向交易相对方支付折扣，或者向中间人支付佣金。经营者向交易相对方支付折扣、向中间人支付佣金的，应当如实入账。接受折扣、佣金的经营者也应当如实入账。

Ⅲ经营者的工作人员进行贿赂的，应当认定为经营者的行为；但是，经营者有证据证明该工作人员的行为与为经营者谋取交易机会或者竞争优势无关的除外。

② 《中华人民共和国保险法》（1995年6月30日通过，2015年4月24日第三次修正）

第一百一十六条

保险公司及其工作人员在保险业务活动中不得有下列行为：

……

（四）给予或者承诺给予投保人、被保险人、受益人保险合同约定以外的保险费回扣或者其他利益；

……

③ 《中华人民共和国保险法》（1995年6月30日通过，2015年4月24日第三次修正）

第一百三十一条

保险代理人、保险经纪人及其从业人员在办理保险业务活动中不得有下列行为：

……

（四）给予或者承诺给予投保人、被保险人或者受益人保险合同约定以外的利益；

……

赂的,由市场监督管理部门依照有关法律、法规的规定处罚;情节严重的,并由旅游主管部门吊销旅行社业务经营许可证。

第一百一十条

违反本法规定,构成犯罪的,依法追究刑事责任。

【参考案例】

△在国有建设用地使用权挂牌出让过程中,通过贿赂指使参与竞买的其他人放弃竞买、串通报价,最终使请托人竞买成功的,不构成串通投标罪。

挂牌竞买不能等同于招投标。招标与挂牌均系国有建设用地使用权出让的重要形式,原国土资源部出台的《招标拍卖挂牌出让国有建设用地使用权规定》(2007年修订)对此予以明确并加以区别,按照《招标拍卖挂牌出让国有建设用地使用权规定》及《招标投标法》的规定,招标的主要程序为:公开招标或邀请招标—投标(仅有一次竞买机会)—开标—评标—中标(发出中标通知书,招标人可否决所有投标)。招投标作为市场经济条件下一种常用的竞争方式,在我国建筑工程等领域普遍推行。《招标拍卖挂牌出让国有建设用地使用权规定》第二条第四款规定,"挂牌出让国有建设用地使用权,是指出让人发布挂牌公告,按公告规定的期限将拟出让宗地的交易条件在指定的土地交易场所挂牌公布,接受竞买人的报价申请并更新挂牌价格,根据挂牌期限截止时的出价结果或者现场竞价结果确定国有建设用地使用权人的行为",其主要程序为:出让人挂牌公告—竞买人挂牌报价—更新挂牌价(竞买人可反复更新报价,有多次竞买机会)—确定竞得人(签订成交确认书,出让人无权否决最高挂牌人)。挂牌制度脱胎于拍卖制度,但又不同于拍卖制度,该制度有一个挂牌报价、更新报价的前置程序,而且不必然进入公开竞买程序(该程序类似于拍卖程序)。目前,挂牌出让仅发生于建设用地流通领域,在适用范围、操作程序、出让人否决权等方面与招投标程序有显著的区别。因此,挂牌竞买与招投标无论是在字面上还是实质程序上均存在差别,不能等同。《刑法》第二百三十三条的规定显然将串通投标罪限定在招投标领域。罪刑法定原则是刑法的基本原则,刑法的扩张解释的适用在部分条款中虽不可避免,但应该遵循基本的文义解释规则。换言之,对法律概念进行扩张解释不能远远超出概念的核心含义,解释结论要在一般公民的预测可能性范围之内。否则,抛开概念的基本语义,完全从处罚必要性的角度进行扩张解释,容易滑向类推适用的境地。挂牌出让固然与招投标有相似之处,但二者无论是在概念文义,还是适用范围、操作程序、出让人否决权等方面都存在显著差异,二者的差异性远大于相似性。尽管从实质上看,挂牌出让中的串通竞买行为也具有社会危害性,但在刑法明确将串通投标罪的犯罪主体界定为投标人、招标人的情况下,客观上已不存在将挂牌出让解释为招投标从而予以定罪的空间。[No. 3-3-164-1　张建军、刘祥伟对非国家工作人员行贿案]

第一百六十五条　【非法经营同类营业罪】

国有公司、企业的董事、经理利用职务便利,自己经营或者为他人经营与其所任职公司、企业同类的营业,获取非法利益,数额巨大的,处三年以下有期徒刑或者拘役,并处或者单处罚金;数额特别巨大的,处三年以上七年以下有期徒刑,并处罚金。

【立法理由】

1993年12月第八届全国人大常委会第五次会议通过的《公司法》第二百一十五条虽然对这类行为作了规定,但没有将其规定为犯罪,即"董事、经理违反本法规定自营或者为他人经营与其所任职公司同类的营业的,除将其所得收入归公司所有外,并可由公司给予处分"。**1997年修订刑法**,考虑到实践中确实存在一些公司、企业的董事、经理在负责经营本公司、企业的同时,又自己成立其他公司、企业,或者帮助他人经营与自己所任职公司、企业同类的营业,利用职务便利,在相关的经营活动中获取私利。这种行为不仅严重破坏了公平的市场竞争秩序,也使本公司、企业的利益遭受损失。特别是**国有公司、企业的董事、经理**在这种表面合法形式的掩护下,将国有公司、企业的大量利益输送、转移到其个人或者亲友经营的其他同类营业公司、企业,损公肥私、非法攫取利益,使国家资产大量流失,危害性更大。因此,刑法将国有公司、企业董事、经理的这种行为规定为犯罪。

【条文说明】

本条是关于非法经营同类营业罪及其处罚的规定。

根据本条规定，非法经营同类营业罪在犯罪构成上具有以下特征：

1. 本罪的主体是特殊主体，即**国有公司、企业的董事、经理**。① 考虑到非法经营同类营业的危害性体现在董事、经理利用职权便利可能带来的损害，一般的工作人员实施的经营同类营业的行为不作为本罪处理。

2. 本罪在客观方面表现为**行为人利用职务便利，自己经营或者为他人经营与所任职公司、企业同类的营业，获取非法利益的行为**。《公司法》第一百四十七条第一款规定："董事、监事、高级管理人员应当遵守法律、行政法规和公司章程，对公司负有忠实义务和勤勉义务。"第一百四十八条规定，董事、高级管理人员不得未经股东会或者股东大会同意，利用职务便利为自己或者他人谋取属于公司的商业机会，自营或者为他人经营与所任职公司同类的业务。所谓"**利用职务便利**"，是指利用自己在国有公司、企业任董事、经理掌管材料、物资、市场、计划、销售等便利条件。"**自己经营**"包括以私人名义另行注册公司，有的是以亲友的名义注册公司、企业，或者是在他人经办的公司、企业中入股进行经营。所谓"**经营与其所任职公司、企业同类的营业**"，是指从事与其所任职国有公司、企业相同或者相近似的业务。这样，行为人利用其在国有公司任职所获得的在产、供、销、市场、物资、信息等方面的优势，利用其所任职公司、企业的人力、资金、物质、信息资源、客户渠道等，有可能在市场竞争中占据有利地位，排挤所任职的国有公司、企业，损害国有公司、企业的利益。

3. 国有公司、企业董事、经理非法经营同类营业行为，获取非法利益，**数额巨大的，才构成犯罪**。所谓"**数额巨大**"，是指通过上述手段，转移利润或者转嫁损失，获取了大量非法利润，国有公司、企业由此遭受重大损失。对于非法经营同类营业罪的追诉标准，2010年5月7日《最高人民检察院、公安部关于公安机关管辖的刑事案件立案追诉标准的规定(二)》第十二条规定，国有公司、企业的董事、经理利用职务便利，自己经营或者为他人经营与其所任职公司、企业同类的营业，获取非法利益，数额在十万元以上的，**应予立案追诉**。

根据本条规定，犯非法经营同类营业罪，获取非法利益，**数额巨大的**，处三年以下有期徒刑或者拘役，并处或者单处罚金；获取非法利益，**数额特别巨大的**，处三年以上七年以下有期徒刑，并处罚金。

需要注意的是，构成本罪要求非法经营的为**与所任职公司、企业同类的营业**，经营同类营业容易造成通过各类手段转嫁损失、利益等侵害国有公司、企业的利益。对于经营不同种类营业的不构成本罪。

【司法解释】

《最高人民法院关于如何认定国有控股、参股股份有限公司中的国有公司、企业人员的解释》(法释〔2005〕10号，自2005年8月11日起施行)

△(**委派；国有公司、企业人员**)国有公司、企业委派到国有控股、参股公司从事公务的人员，以国有公司、企业人员论。

【附属刑法】

《中华人民共和国公司法》(1993年12月29日通过，2018年10月26日第四次修正)

第一百四十八条

Ⅰ董事、高级管理人员不得有下列行为：

……

(五)未经股东会或者股东大会同意，利用职务便利为自己或者他人谋取属于公司的商业机会，自营或者为他人经营与所任职公司同类的业务；

……

Ⅱ董事、高级管理人员违反前款规定所得的收入应当归公司所有。

第二百一十五条

违反本法规定，构成犯罪的，依法追究刑事责任。

【参考案例】

△非国有企业的中层管理人员利用职务便利，将所在公司业务交由以亲属名义设定的公司进行经营的，不构成非法经营同类营业罪。

① 我国学者指出，从立法论上讲，应将本罪主体扩大到其他公司、企业的董事、经理，并且不应当限于董事、经理，而应包括其他可能利用职权为自己谋取利益的管理者。参见张明楷：《刑法学》(第6版)，法律出版社2021年版，第978页。

非法经营同类营业罪的主体是特殊主体,即国有公司、企业的董事、经理。这是因为国有公司的董事、经理应维护本公司、企业的利益,遵守公司章程,忠实、勤勉地履行职务,不得利用其在公司的地位、职权为自己谋取利益,因此,《公司法》对国有公司、企业的董事、经理作了竞业禁止性规定。根据《公司法》的规定,董事是指公司、企业董事会的成员,包括董事长、副董事长、执行董事和一般董事。公司的董事由股东会议选举产生,或者由国家授权投资的机构、国家授权的部门按照董事会的任期委派或者更换。因成为董事必须履行一定的法律手续,实践中一般较易认定。经理是由董事会聘任,对董事会负责,负责公司的生产经营管理工作,组织实施董事会议决议、公司的年度计划和投资方案等的高级管理人员。实践中,一些国有公司、企业将其中层管理人员也称作经理,如部门经理、业务经理、项目经理等,有的还称为科长、处长、部长,等等,这类经理因系日常称谓,而非法律用语,且其负责的不是整个公司、企业的管理,而是对某一部门、某一项目、某一项业务的管理,其经营、管理权有限,故《公司法》未对其作竞业禁止性规定。作为法定犯,非法经营同类营业罪的主体要件应直接援引相关法律规定,而不宜作出扩大解释。国有公司、企业的部门经理等中层管理人员,一般不构成非法经营同类营业罪的主体。

综上,在杨文康非法经营同类营业案中,被告人杨文康虽然利用职务之便,让其亲属经营与其所任职务的公司业务范围同类的经营活动,从中获取非法利益,但由于杨文康任职的嘉陵—本田发动机有限公司系中外合资经营公司,并非国有公司,且杨文康为中层管理人员,不具备《刑法》第一百六十五条规定的国有公司、企业的董事、经理这一特殊主体要件,其行为不构成非法经营同类营业罪。根据罪刑法定原则,重庆市沙坪坝区人民法院、重庆市第一中级人民法院认定杨文康的行为不构成非法经营同类营业罪是正确的。[No. 3-3-165-1　杨文康非法经营同类营业案]

第一百六十六条　【为亲友非法牟利罪】

国有公司、企业、事业单位的工作人员,利用职务便利,有下列情形之一,使国家利益遭受重大损失的,处三年以下有期徒刑或者拘役,并处或者单处罚金;致使国家利益遭受特别重大损失的,处三年以上七年以下有期徒刑,并处罚金:

(一)将本单位的盈利业务交由自己的亲友进行经营的;

(二)以明显高于市场的价格向自己的亲友经营管理的单位采购商品或者以明显低于市场的价格向自己的亲友经营管理的单位销售商品的;

(三)向自己的亲友经营管理的单位采购不合格商品的。

【立法理由】

随着市场经济的建立,多种经济成分在我国出现。特别是在建立现代企业制度的过程中,一些国有公司、企业、事业单位的工作人员,包括企业的领导人和其他从事经营管理的人员如业务员、采购员等,利用企业管理制度的不完善和某些制度方面的缺失,借自己管理或者经营业务的便利,实施损公肥私的行为,如有的管理人员将本单位的盈利业务交给自己的亲朋好友经营;有的采购人员不通过正规采购渠道进行采购,而是向自己的亲友经营管理的单位采购不合格的商品或者以明显不合理的价格与其亲友经营管理的单位交易,让亲友获利等。这些行为严重损害了国家的利益,给国家造成重大损失,必须予以严厉打击,因此,刑法将这些为亲友牟取非法利益的行为规定为犯罪。

【条文说明】

本条是关于为亲友非法牟利罪及其处罚的规定。

根据本条规定,为亲友非法牟利罪具有以下特征:

1. 本罪的主体是**国有公司、企业、事业单位**

的工作人员。① 规定国有单位的经营主体是考虑到国有公司、企业、事业单位的财产属于国家，所有权与具体管理权分离，个别管理人员容易产生损公肥私、利用职权便利损害国有单位利益的情况，非公有制企业的财产与管理人员往往是同一的，处于财产所有人的监督之下，私有单位的股东在职权范围内有权决定与什么样的公司以什么样的条件进行交易。

2. 行为人具有**利用职务便利，为亲友非法牟利的行为**。《公司法》第一百四十八条中规定，董事、高级管理人员不得未经股东会或者股东大会同意，利用职务便利为自己或者他人谋取属于公司的商业机会。本条列举了三项具体的行为：(1)**将本单位的盈利业务交由自己的亲友经营的**。② 这是指行为人利用自己决定、参与经贸项目、购销往来掌握经贸信息市场行情的职务便利，将明知是可以盈利的业务项目交给自己的亲友去经营。这里的"交由自己的亲友进行经营"包括交给由其亲友投资、管理、控股的单位经营。(2)**以明显高于市场的价格向自己的亲友经营管理的单位采购商品或者以明显低于市场的价格向自己的亲友经营管理的单位销售商品的**。③ 如果行为人向其亲友采购或者销售的商品不是明显背离市场价格的不构成犯罪。(3)**向自己的亲友经营管理的单位采购不合格商品的**。这表现在国有公司、企业、事业单位购进原材料时，从自己的亲友经营管理的单位购入质次价高的商品。应当说这三类行为都是当时国有公司、企业、事业单位实际经营中较多发生的，具有很强的针对性，列举明确，未作兜底性规定。

3. 行为人的为亲友非法牟利行为，**使国家利益遭受重大损失的，才构成犯罪**。本条所称"**使国家利益遭受重大损失的**"，是指通过上述手段，转移国有公司、企业、事业单位的利润或者转嫁自己亲友经营的损失，数额巨大的。

对于为亲友非法牟利罪的追诉标准，2010年5月7日《最高人民检察院、公安部关于公安机关管辖的刑事案件立案追诉标准的规定(二)》第十三条规定："国有公司、企业、事业单位的工作人员，利用职务便利，为亲友非法牟利，涉嫌下列情形之一的，**应予立案追诉**：(一)造成国家直接经济损失数额在十万元以上的；(二)使其亲友非法获利数额在二十万元以上的；(三)造成有关单位破产，停业、停产六个月以上，或者被吊销许可证和营业执照、责令关闭、撤销、解散的；(四)其他致使国家利益遭受重大损失的情形。"

本条对于国有公司、企业、事业单位工作人员为亲友牟利罪，规定了两档刑罚：**使国家利益遭受重大损失的**，处三年以下有期徒刑或者拘役，并处或者单处罚金；**致使国家利益遭受特别重大损失的**，处三年以上七年以下有期徒刑，并处罚金。④

【司法解释】

《最高人民法院关于如何认定国有控股、参股股份有限公司中的国有公司、企业人员的解释》(法释〔2005〕10号，自2005年8月11日起施行)

△(**委派；国有公司、企业人员**)国有公司、企业委派到国有控股、参股公司从事公务的人员，以国有公司、企业人员论。

【附属刑法】

《中华人民共和国公司法》(1993年12月29日通过，2018年10月26日第四次修正)

第一百四十八条

Ⅰ董事、高级管理人员不得有下列行为：

……

① 我国学者指出，从立法论上讲，可以考虑增设背信罪。参见张明楷：《刑法学》(第6版)，法律出版社2021年版，第978页。外国立法例，如《德国刑法典》第二百六十六条第一款规定："滥用依法律规定、行政机关委托或法律行为而有处分他人财产或使他人承担义务的权限，或违反依法律规定、行政机关委托、法律行为或信赖关系而对其课予之为他人实现财产利益的义务，致管领之财产利益受有损害，处五年以下有期徒刑或罚金。"参见何赖杰、林钰雄审译：《德国刑法典》，元照出版有限公司2017年版，第346页。又如，《日本刑法典》第二百四十七条规定："为他人处理事务者，以图谋自己或第三人利益之目的，或加损害于本人之目的，而为违背其任务之行为者，处五年以下惩役或五十万日元以下罚金。"参见陈子平编译：《日本刑法典》，元照出版有限公司2016年版，第170—171页。

② "盈利业务"，乃指本可盈利的业务，或者说在正常情况下预计显然可以盈利的业务，并非仅指后来一定盈利的业务。参见黎宏：《刑法学各论》(第2版)，法律出版社2016年版，第120页。

③ 我国学者指出，"亲友经营管理的单位"不仅包括行为人的亲友个人所有或者有股份、参与分红的私有性质的公司、企业，还包括行为人的亲友担任领导、经营、管理职务的国家机关、国有公司、人民团体。参见周光权：《刑法各论》(第4版)，中国人民大学出版社2021年版，第278页。

④ 我国学者指出，对于实施《刑法》第一百六十六条第(一)项行为的违法所得，应当上缴国库；对于实施本条第(二)、(三)项行为的违法所得，应当返还被害单位。参见张明楷：《刑法学》(第6版)，法律出版社2021年版，第979页。

（四）违反公司章程的规定或者未经股东会、股东大会同意，与本公司订立合同或者进行交易；

……

Ⅱ董事、高级管理人员违反前款规定所得的收入应当归公司所有。

第二百一十五条

违反本法规定，构成犯罪的，依法追究刑事责任。

第一百六十七条　【签订、履行合同失职被骗罪】

国有公司、企业、事业单位直接负责的主管人员，在签订、履行合同过程中，因严重不负责任被诈骗，致使国家利益遭受重大损失的，处三年以下有期徒刑或者拘役；致使国家利益遭受特别重大损失的，处三年以上七年以下有期徒刑。

【单行刑法】

《全国人民代表大会常务委员会关于惩治骗购外汇、逃汇和非法买卖外汇犯罪的决定》（1998年12月29日通过）

七、金融机构、从事对外贸易经营活动的公司、企业的工作人员严重不负责任，造成大量外汇被骗购或者逃汇，致使国家利益遭受重大损失的，依照刑法第一百六十七条的规定定罪处罚。

八、犯本决定规定之罪，依法被追缴、没收的财物和罚金，一律上缴国库。

【立法理由】

合同诈骗是伴随着市场经济的发展而出现的一种诈骗犯罪形式，不仅扰乱了正常的交易秩序，损害了社会诚信，也给交易相对人造成了严重经济损失，具有很大的社会危害性。由于这类诈骗犯罪是利用经济合同的形式进行的，具有复杂性、隐蔽性和欺骗性，诈骗犯罪之所以能够得逞原因固然很多，但是被诈骗单位有关人员玩忽职守、严重不负责任是其中的一个重要方面。一段时间以来，一些国有公司、企业、事业单位的工作人员在签订、履行合同的过程中，玩忽职守，严重不负责任，不详细了解交易对方的货物、资金、经营状况等信息，盲目签订合同，甚至为了个人私利而不顾风险，实施转让资金或者提供担保等行为，上当受骗的情况时有发生，造成本单位和国家财产的重大损失。在1997年修订刑法前，对这类行为构成犯罪的可以按照**国家工作人员玩忽职守罪**追究刑事责任。1997年修订刑法时，一是考虑到已将渎职犯罪的主体规定为国家机关工作人员，对于在公司、企业、事业单位工作的国家工作人员的玩忽职守行为，需要分别规定；二是考虑到在公司、企业的管理人员失职被骗，给企业、国家利益造成重大损失的情况，社会危害性较大，并且具有一定的典型性，**有必要明确这类行为的特征，单独规定罪名**，因此，在破坏市场经济秩序的有关犯罪中增加规定了这一犯罪。

【条文说明】

本条是关于签订、履行合同失职被骗罪及其处罚的规定。

根据本条规定，签订、履行合同失职被骗罪有如下特征：

1. 犯罪主体是特殊主体，即**国有公司、企业、事业单位直接负责的主管人员**。

2. **行为人在签订、履行合同过程中，因严重不负责任被诈骗**。应当注意的是，本条规定的犯罪是以单位作为受害人的。这是因为订立合同、履行合同的行为都是以单位名义实施的，同时所产生的经济后果也是由单位来承担的。同时，单位的上述行为又是由于直接负责的主管人员的严重不负责任造成的。因此，对这种犯罪行为，本条规定，只追究直接负责的主管人员的刑事责任。本条中的“**严重不负责任**”在实践中表现为各种各样的行为：有的是盲目轻信，不认真审查对方当事人的合同主体资格、资信情况；有的是不认真审查对方的履约能力和货源情况；有的是贪图个人私利，关心的不是产品的质量和价格，而是个人能否得到回扣，从中捞取多少，在得到好处后，在质量上舍优求劣，在价格上舍低就高，在路途上舍近求远；有的是销售商品时对并非滞销甚至是紧俏的商品，让价出售或赊销，以权谋私，导致被骗；有的是无视规章制度和工作纪律，擅自越权，签订或者履行合同；有的是急于推销产品，上当受骗；有的是不辨真假，盲目吸收投资，同假外商签订引资合作协议等；有的是违反规定为他人签订合同提供担保，导致发生纠纷时承担保证责任。

3. **本罪须以致使国家利益遭受重大损失为条件**，所谓“**国家利益遭受重大损失**”包括造成大量财物被诈骗；因为被骗，对方根本无法供货，造成停产、企业濒临破产倒闭等。①

对于签订、履行合同失职被骗罪的追诉标准，2010年5月7日《最高人民检察院、公安部关于公安机关管辖的刑事案件立案追诉标准的规定（二）》第十四条规定："国有公司、企业、事业单位直接负责的主管人员，在签订、履行合同过程中，因严重不负责任被诈骗，涉嫌下列情形之一的，**应予立案追诉**：（一）造成国家直接经济损失数额在五十万元以上的；（二）造成有关单位破产，停业、停产六个月以上，或者被吊销许可证和营业执照、责令关闭、撤销、解散的；（三）其他致使国家利益遭受重大损失的情形。金融机构、从事对外贸易经营活动的公司、企业的工作人员严重不负责任，造成一百万美元以上外汇被骗购或者逃汇一千万美元以上的，应予立案追诉。本条规定的'诈骗'，是指对方当事人的行为已经涉嫌诈骗犯罪，不以对方当事人已经被人民法院判决构成诈骗犯罪作为立案追诉的前提。"

对于签订、履行合同失职被骗罪的处罚，本条根据后果规定了两档刑罚：**致使国家利益遭受重大损失的**，对其直接负责的主管人员，处三年以下有期徒刑或者拘役；**致使国家利益遭受特别重大损失的**，处三年以上七年以下有期徒刑。本罪将直接负责的主管人员作为处罚的对象，是因为他们对于本单位被诈骗负有不可推卸的责任。

应当指出的是，在外汇业务中，一些外汇交易中心、国家指定的商业银行工作人员，不认真审查、核定购汇公司、企业和单位提供的凭证、单据是否真实就售汇或者付汇；或一些从事对外贸易经营活动的公司、企业的工作人员，不认真审查要求其作为购汇单位是否实际进行了对外贸易经营活动，就拿着要求其代为购汇的单位提供的虚假的购汇凭证和单据到银行和外汇交易中心购汇，致使国家大量外汇被骗购或者逃汇，使国家利益遭受重大损失。为了更有力地打击骗汇、逃汇活动，惩治严重渎职行为，1998年12月29日第九届全国人大常委会第六次会议通过了**《全国人民代表大会常务委员会关于惩治骗购外汇、逃汇和非法买卖外汇犯罪的决定》**，其中第七条明确规定："金融机构、从事对外贸易经营活动的公司、企业的工作人员严重不负责任，造成大量外汇被骗购或者逃汇，致使国家利益遭受重大损失的，依照刑法第一百六十七条的规定定罪处罚。"该决定的这一规定，扩大了《刑法》第一百六十七条犯罪主体的范围。其中所称的"**金融机构**"，是指经外汇管理机关批准，有权经营外汇业务的商业银行和外汇交易中心。"**从事对外贸易经营活动的公司、企业**"，即对外贸易经营者，是指有权从事货物进出口与技术进出口的外贸单位以及国际服务贸易企业和组织。行为人在客观方面实施了严重不负责任，造成大量外汇被骗购或者逃汇的行为。所谓"**严重不负责任**"，是指违反国家有关外汇管理的法律、法规和规章制度，放弃职责，不履行、不正确履行应当履行的职责，或者在履行职责中马虎草率、敷衍塞责、不负责任，或者放弃职守，对自己应当负责的工作撒手不管等。行为人实施上述行为，还必须"致使国家利益遭受重大损失的"才能构成本罪，是否"致使国家利益遭受重大损失"是区分罪与非罪的界限，如果未使国家利益遭受重大损失的，可以由有关部门给予批评教育或者行政处分。所谓"**致使国家利益遭受重大损失的**"，主要是指使国家外汇造成大量流失。

根据上述决定的规定，金融机构、从事对外贸易经营活动的公司、企业的工作人员具有上述行为的，应当依照《刑法》第一百六十七条的规定定罪处罚，即处三年以下有期徒刑或者拘役；致使国家利益遭受特别重大损失的，处三年以上七年以下有期徒刑。

需要注意的是，在实践中适用本条，应正确区分罪与非罪的界限，其中十分重要的是看行为人是正确履行职责还是严重不负责任，主观上是否具有重大过失。关键看行为人应尽的职责和义务，在有条件、有可能履行的情况下，是正确履行，还是放弃职守、不积极履行、放任自流；看行为人是否滥用职权、超越职权、擅自作出决定；看行为人是否违反国家法律、政策、企业管理规章制度和经商原则。

【司法解释】

《最高人民法院关于如何认定国有控股、参股股份有限公司中的国有公司、企业人员的解释》（法释〔2005〕10号，自2005年8月11日起施行）

△**（委派；国有公司、企业人员）**国有公司、企业委派到国有控股、参股公司从事公务的人员，以国有公司、企业人员论。

① 我国学者指出，对于损失的认定应采取经济的观点（仅进行经济的、事实上的评价，而非法的评价）。在遭受经济损失的同时享有所谓"债权"的，也不影响损失的认定。参见张明楷：《刑法学》（第6版），法律出版社2021年版，第980页。

【司法解释性文件】

《最高人民检察院、公安部关于公安机关管辖的刑事案件立案追诉标准的规定(二)》(公通字〔2010〕23号,2010年5月7日公布)

△(**签订、履行合同失职被骗罪;立案追诉标准;金融机构;从事对外贸易经营活动的公司、企业;诈骗**)国有公司、企业、事业单位直接负责的主管人员,在签订、履行合同过程中,因严重不负责任被诈骗,涉嫌下列情形之一的,应予立案追诉:

(一)造成国家直接经济损失数额在五十万元以上的;

(二)造成有关单位破产,停业、停产六个月以上,或者被吊销许可证和营业执照、责令关闭、撤销、解散的;

(三)其他致使国家利益遭受重大损失的情形。

金融机构、从事对外贸易经营活动的公司、企业的工作人员严重不负责任,造成一百万美元以上外汇被骗购或者逃汇一千万美元以上的,应予立案追诉。

本条规定的"诈骗",是指对方当事人的行为已经涉嫌诈骗犯罪,不以对方当事人已经被人民法院判决构成诈骗犯罪作为立案追诉的前提。①(§14)

【参考案例】

△**国有公司、企业、事业单位中具有管理人员身份,行使管理职权,并对合同的签订、履行负有直接责任的人员,应当认定为签订、履行合同失职被骗罪中的直接负责的主管人员。**

对签订、履行合同失职被骗罪中的直接负责的主管人员的理解,应当把握以下两点:一是须有管理人员之身份,行使实际管理职权;二是对合同的签订、履行负有直接责任。其中,前者不限于单位的法定代表人,单位的分管副职领导、部门、分支机构的负责人等均属管理人员;后者的着眼点在于对合同的签订与履行有无法律及职务上的责任,不在于是否具体参与合同的签订与履行,尤其是不履行或者不正确履行职责的渎职等过失犯罪中,不要求具有决定、批准、授意等参与合同的签订、履行行为。在高原信用证诈骗,梁汉钊签订、履行合同失职被骗案中,被告人梁汉钊担任国企公司进出口五部经理,负责五部的全面工作,在系列被骗合同签订过程中代表五部签字、盖章,且合同的签订与履行本属合同行为不可分割的共同组成部分,其理应对合同被骗后果承担管理失职之责任。因为,保证合同的真实履行,是其职务上的既定责任,而合同履行过程中不履行职责而被骗,正是失职所致。[No. 3-3-167-1　高原信用证诈骗,梁汉钊签订、履行合同失职被骗案]

第一百六十八条　【国有公司、企业、事业单位人员失职罪】【国有公司、企业、事业单位人员滥用职权罪】

国有公司、企业的工作人员,由于严重不负责任或者滥用职权,造成国有公司、企业破产或者严重损失,致使国家利益遭受重大损失的,处三年以下有期徒刑或者拘役;致使国家利益遭受特别重大损失的,处三年以上七年以下有期徒刑。

国有事业单位的工作人员有前款行为,致使国家利益遭受重大损失的,依照前款的规定处罚。

国有公司、企业、事业单位的工作人员,徇私舞弊,犯前两款罪的,依照第一款的规定从重处罚。

【立法沿革】

《中华人民共和国刑法》(1997年修订,自1997年10月1日起施行)

第一百六十八条

国有公司、企业直接负责的主管人员,徇私舞弊,造成国有公司、企业破产或者严重亏损,致使

① 我国学者指出,本罪中的"被诈骗",并不限于对方的行为构成刑法上的普通诈骗、金融诈骗与合同诈骗等罪,还应包括对方的行为属于民事欺诈的情形。此外,本罪的认定,也不要求对方已被人民法院认定为诈骗罪或民事欺诈。参见张明楷:《刑法学》(第6版),法律出版社2021年版,第979页。另有学者指出,对方的诈骗行为需要达到诈骗类犯罪成立的条件。对方只构成民事欺诈行为的,不能视为本罪中的诈骗行为,相应纠纷应当在民事法律领域解决,不成立本罪。参见周光权:《刑法各论》(第4版),中国人民大学出版社2021年版,第279页;黎宏:《刑法学各论》(第2版),法律出版社2016年版,第121页。

国家利益遭受重大损失的，处三年以下有期徒刑或者拘役。

《中华人民共和国刑法修正案》（自 1999 年 12 月 25 日起施行）

二、将刑法第一百六十八条修改为：

“国有公司、企业的工作人员，由于严重不负责任或者滥用职权，造成国有公司、企业破产或者严重损失，致使国家利益遭受重大损失的，处三年以下有期徒刑或者拘役；致使国家利益遭受特别重大损失的，处三年以上七年以下有期徒刑。

“国有事业单位的工作人员有前款行为，致使国家利益遭受重大损失的，依照前款的规定处罚。

“国有公司、企业、事业单位的工作人员，徇私舞弊，犯前两款罪的，依照第一款的规定从重处罚。”

【立法理由】

1. **1997 年修订刑法的情况**。对由于徇私舞弊造成国有公司、企业破产或者严重亏损的犯罪，1979 年刑法未作专门规定。1986 年通过的《企业破产法（试行）》第四十二条第四款规定：“破产企业的法定代表人和破产企业的上级主管部门的领导人，因玩忽职守造成企业破产，致使国家财产遭受重大损失的，依照《中华人民共和国刑法》第一百八十七条的规定追究刑事责任。”也就是说，因玩忽职守造成企业破产的**按照国家机关工作人员玩忽职守罪追究刑事责任**，这是采取附属刑法的方式作出的规定。1997 年修订刑法时，考虑到国家机关工作人员在行使国家权力时玩忽职守、滥用职权给国家和人民利益造成重大损失的行为与企业领导人在行使企业管理权出现的这类行为在性质上是不同的，对国家机关工作人员行使权力的渎职行为严加惩处，有利于更好地促进国家机关工作人员廉政、勤政，正确行使人民赋予的权力。同时为了有利于政企分开，对国家机关工作人员的渎职行为与企业人员在企业管理活动中的严重不负责任滥用职权的犯罪行为分别作出具体规定，并增加规定了一些具体的渎职行为，将渎职罪的主体由原来的国家工作人员修改为国家机关工作人员，同时规定了较重的处罚。对国有公司、企业、事业单位工作人员在工作中不尽职守，给国家造成损失的渎职行为，**根据其行为所侵害的不同客体分别在有关章节中作了具体规定**，如《刑法》第一百三十五条对安全生产设施或者安全生产条件不符合国家规定，因而发生重大伤亡事故或者造成其他严重后果的行为规定为犯罪；第一百三十七条对建设单位、设计单位、施工单位、工程监理单位违反国家规定，降低工程质量，造成重大安全事故的行为规定为犯罪；第一百六十七条对国有公司、企业、事业单位直接负责的主管人员，在签订、履行合同过程中，因严重不负责任被诈骗，致使国家利益遭受重大损失的行为规定为犯罪；第一百六十八条对国有公司、企业、事业单位直接负责的主管人员徇私舞弊造成国有公司、企业破产或者严重亏损，致使国家利益遭受重大损失的行为规定为犯罪；第一百六十九条对国有公司、企业或者其上级主管部门直接负责的主管人员，徇私舞弊，将国有资产低价折股或者低价出售，致使国家利益遭受重大损失的行为规定为犯罪等。

2. **1999 年《刑法修正案》对本条的修改情况**。在刑法执行过程中，最高人民检察院、有些人大代表和一些单位、部门反映，1997 年刑法的上述规定，尤其是第一百六十八条的规定在司法实践中遇到一些问题，主要是：（1）构成犯罪的行为要件规定得过于严格。1997 年《刑法》第一百六十八条规定：“国有公司、企业直接负责的主管人员，徇私舞弊，造成国有公司、企业破产或者严重亏损，致使国家利益遭受重大损失的，处三年以下有期徒刑或者拘役。”实践中，有些国有公司、企业主管人员由于严重不负责任或者在工作中公然违反国家有关规定，致使国家利益遭受重大损失，如擅自为他人提供担保，给本单位造成重大损失的；违反国家规定，在国际外汇、期货市场上进行外汇、期货投机，给国家造成重大损失的；在仓储或者企业管理方面严重失职，给企业造成重大损失等社会危害性很大的行为，应当追究刑事责任，但根据 1997 年《刑法》第一百六十八条的规定，由于行为人不具有徇私舞弊的情节，难以追究刑事责任。此外，在司法实践中，对于 1997 年《刑法》第一百六十八条规定的造成国有公司、企业“严重亏损”，是指国有公司、企业年底结算以后总帐面出现严重亏损，还是指行为人徇私舞弊的行为给单位造成的经济损失不清楚，如果单位直接负责的主管人员徇私舞弊的行为给单位造成几百万甚至上千万的经济损失，但年终结算时单位仍然是盈利的，能否追究有关人员的刑事责任，在认识上也有分歧。（2）犯罪主体规定得过窄。1997 年《刑法》第一百六十八条规定的犯罪主体只限为国有公司、企业直接负责的主管人员。实践中，这种犯罪有些是国有公司、企业的一般工作人员所为，如负责管理粮库的保管员，由于严重不负责任，致使库存粮食发霉、变质，给国家利益造成重大损失，就无法适用该条追究刑事责任。（3）处罚太轻。

1997年《刑法》第一百六十八条规定的徇私舞弊造成破产、亏损罪，最高刑为三年有期徒刑，不利于打击这种渎职犯罪活动。为解决司法实践中存在的上述问题，《刑法修正案》对第一百六十八条作了修改。

另外，需要说明的是，《刑法》第一百六十五条至第一百六十九条规定了有关国有公司、企业相关人员的失职渎职犯罪，即通常所说的公司、企业人员违背对公司忠实、勤勉义务的背信犯罪。第一百六十五条、第一百六十六条、第一百六十七条、第一百六十八条规定的是**具体的失职渎职犯罪**，本条规定的是**除此以外的概括性的失职、渎职犯罪**。这几条规定的犯罪主体都不包括非国有公司、企业，即非公有制企业相关人员的上述行为不属于这几条规定的犯罪。《刑法修正案（六）》增加的背信损害上市公司利益罪的犯罪主体是上市公司的董事、监事、高级管理人员，将非公有制企业中上市公司的背信犯罪作了规定。近年来随着市场主体的发展，民营企业内部人员背信损害民营企业的案件时有发生，有关方面提出将刑法中国有公司、企业、事业单位人员渎职犯罪扩大到各类公司、企业。这一问题在立法过程中也作过研究。1997年修订刑法时，针对当时有的国企负责人利用职务便利，化公为私、损公肥私，致使国家利益遭受重大损失的情况较为突出，社会反响强烈的情况，在刑法中有针对性地规定了国企人员失职、渎职犯罪，如非法经营同类营业，为亲友非法牟利，签订、履行合同失职被骗等。当时对非公有制经济未作类似规定，一方面，非公有制企业的这类情况不突出；另一方面，非公有制企业所有人往往亲自参与经营，监督保护更到位，不像国有企业所有者与管理者分离，财产易受侵害。近年来，民营企业不断发展壮大，现代企业制度日趋完善，职业经理人制度广泛运用，较1997年修订刑法时的情况发生了变化，**是否有条件区分不同情况作一些规定，如对国企人员失职、渎职的行为扩大到民营企业中，值得重视和研究**。暂未作出规定，是考虑到有关方面提出：(1)我国当前民营企业发展不平衡，规模、组织形式、管理水平等差异较大。有的已成长为对国计民生具有重要影响的公众性公司、跨国公司，但还有大量的仍是个人企业、家族企业，产权不清晰、经营不规范、资产处置随意等问题较为普遍。研究中有的意见提出，许多经营管理者本身就是企业所有人或者其亲属等，因其失职、渎职行为造成企业损失主要也是自己承担，这与国有企业干部失职渎职造成公共利益损失是不一样的，是否还要追究刑事责任，需要慎重。(2)有的意见担心“一刀切”，将民营企业内部发生的失职、渎职行为都规定为犯罪，公权力特别是刑事司法力量深度介入民营经济经营管理活动，是否会对民营企业正常生产经营活动造成不当干涉。(3)有的意见提出，民营企业在财务制度、收益分配等诸多方面与国家对国有企业的要求存在很大差异，对其失职、渎职行为定为犯罪，能否划清罪与非罪的界限等，都还需要深入研究。以往查处企业案件中不能正确区分经济纠纷和刑事犯罪的情况多有发生，近来中央要求纠正的一批产权保护冤假错案，有的也与犯罪界限把握不准，公权力过度介入企业经营活动、滥用公权力有关。**因此，刑法暂未修改**。这个问题还需要随着我国市场经济和市场主体的发展，随着民营企业内部治理和执法规范化建设的不断增加，进一步加强研究。

【条文说明】

本条是关于国有公司、企业、事业单位人员失职罪和国有公司、企业、事业单位人员滥用职权罪及其处罚的规定。

本条共分为三款。

第一款是关于对国有公司、企业的工作人员，由于严重不负责任或者滥用职权，造成国有公司、企业破产或者严重损失，致使国家利益遭受重大损失追究刑事责任的规定。本款规定的犯罪主体与1997年《刑法》第一百六十八条相比，由原来的“国有公司、企业直接负责的主管人员”修改为“国有公司、企业的工作人员”，范围上有较大的扩大。2010年《最高人民法院、最高人民检察院关于办理国家出资企业中职务犯罪案件具体应用法律若干问题的意见》第四条规定，**国家出资企业中的国家工作人员在公司、企业改制或者国有资产处置过程中严重不负责任或者滥用职权，致使国家利益遭受重大损失的，依照本条规定处罚**。在行为的构成要件上，由原来的“徇私舞弊，造成国有公司、企业破产或者严重亏损，致使国家利益遭受重大损失”修改为：“由于严重不负责任或者滥用职权，造成国有公司、企业破产或者严重损失，致使国家利益遭受重大损失”。本款列举了国有公司、企业渎职犯罪两种常见的行为，即严重不负责任和滥用职权。有关司法解释确定的本条罪名包括两个：国有公司、企业、事业单位人员失职罪和国有公司、企业、事业单位人员滥用职权罪。**“严重不负责任”**客观上表现为不履行、不正确履行或者放弃履行自己的职责，通常表现为工作马马虎虎，草率行事，或公然违反职责规定，或放弃职守，对自己负责的工作撒手不管等。**“滥用职权”**通常表现为行为人超越职责权限或违反行使职权所应遵守的程序。根据本款规定，行为人严重不负责任或者滥用职权的行为，造成国有公司、企业破产或严重损失，致使国家利益遭受重大损失的就构成犯罪。**行为如果没有达到致使国家利益遭受重大损失的，则不构成犯罪**。这是区分罪与非罪的重要界限。**“破产”**是指国有公司、企业由于到期债务无法偿还而宣告倒闭。① 本款将原条文中的“严重亏损”改为“严重损失”，意思更加明确。**“严重损失”**既包括直接经济损失，也包括间接的或者其他方面的损失，如企业的名声、品牌的信誉等；既包括给国有公司、企业造成亏损，也包括造成盈利减少，即虽然总体上经营没有出现亏损，但使本应获得的利润大量减少，也属于造成严重损失。**“致使国家利益遭受重大损失”**包括国家经济利益等造成严重损失。根据本款规定，构成国有公司、企业、事业单位人员失职罪、滥用职权罪的，处三年以下有期徒刑或者拘役。**“致使国家利益遭受特别重大损失的”**，处三年以上七年以下有期徒刑。

第二款是关于国有事业单位的工作人员有第一款规定行为的如何定罪处罚的规定。根据本款规定，**国有事业单位的工作人员严重不负责任或者滥用职权，造成国有事业单位严重损失，致使国家利益遭受重大损失的，依照第一款的规定处罚**，即处三年以下有期徒刑或者拘役；致使国家利益遭受特别重大损失的，处三年以上七年以下有期徒刑。

对于国有公司、企业、事业单位人员失职罪和国有公司、企业、事业单位人员滥用职权罪的追诉标准，2010年5月7日《最高人民检察院、公安部关于公安机关管辖的刑事案件立案追诉标准的规定(二)》第十五条规定：“国有公司、企业、事业单位的工作人员，严重不负责任，涉嫌下列情形之一的，**应予立案追诉**：(一)造成国家直接经济损失数额在五十万元以上的；(二)造成有关单位破产，停业、停产一年以上，或者被吊销许可证和营业执照、责令关闭、撤销、解散的；(三)其他致使国家利益遭受重大损失的情形。”第十六条规定：“国有公司、企业、事业单位的工作人员，滥用职权，涉嫌下列情形之一的，**应予立案追诉**：(一)造成国家直接经济损失数额在三十万元以上的；(二)造成有关单位破产，停业、停产六个月以上，或者被吊销许可证和营业执照、责令关闭、撤销、解散的；(三)其他致使国家利益遭受重大损失的情形。”

第三款是关于国有公司、企业、事业单位的工作人员，徇私舞弊，犯前两款罪如何定罪处罚的规定。**徇私舞弊**，是指行为人徇个人私情、私利的行为。由于这种行为是从个人利益出发，置国家利益于不顾，主观恶性较大，**因此本款规定依照第一款的规定从重处罚**。

【司法解释】

《最高人民法院关于审理扰乱电信市场管理秩序案件具体应用法律若干问题的解释》(法释〔2000〕12号，自2000年5月24日起施行)

△(**国有电信企业的工作人员；国有公司、企业、事业单位人员失职罪；国有公司、企业、事业单位人员滥用职权罪**)国有电信企业的工作人员，由于严重不负责任或者滥用职权，造成国有电信企业破产或者严重损失，致使国家利益遭受重大损失的，依照刑法第一百六十八条的规定定罪处罚。(§6)

《最高人民法院、最高人民检察院关于办理妨害预防、控制突发传染病疫情等灾害的刑事案件具体应用法律若干问题的解释》(法释〔2003〕8号，自2003年5月15日起施行)

△(**预防、控制突发传染病疫情；国有公司、企业、事业单位人员失职罪；国有公司、企业、事业单位人员滥用职权罪**)国有公司、企业、事业单位的工作人员，在预防、控制突发传染病疫情等灾害的工作中，由于严重不负责任或者滥用职权，造成国有公司、企业破产或者严重损失，致使国家利益遭受重大损失的，依照刑法第一百六十八条的规定，以国有公司、企业、事业单位人员失职或者国有公司、企业、事业单位人员滥用职权罪定罪处罚。(§4)

△(**自首、立功**)人民法院、人民检察院办理有关妨害预防、控制突发传染病疫情等灾害的刑事案件，对于有自首、立功等悔罪表现的，依法从轻、减轻、免除处罚或者依法作出不起诉决定。(§17)

《最高人民法院关于如何认定国有控股、参股股份有限公司中的国有公司、企业人员的解释》(法释〔2005〕10号，自2005年8月11日起施行)

△(**委派；国有公司、企业人员**)国有公司、企业委派到国有控股、参股公司从事公务的人员，以

① 我国学者指出，本罪中的“破产”并不必然等于宣告破产。本罪的成立与否，取决于行为人是否使国有公司、企业、事业单位陷入无力清偿到期债务的状态。刑法上的判断是独立判断，不以民事程序是否启动或者存在生效裁判为前提。参见周光权：《刑法各论》(第4版)，中国人民大学出版社2021年版，第281页。

国有公司、企业人员论。

【司法解释性文件】

《最高人民检察院研究室关于中国农业发展银行及其分支机构的工作人员法律适用问题的答复》(〔2002〕高检研发第16号,2002年9月23日公布)

△(**中国农业发展银行及其分支机构;国有公司、企业、事业单位人员失职罪;国有公司、企业、事业单位人员滥用职权罪**)中国农业发展银行及其分支机构的工作人员严重不负责任或者滥用职权,构成犯罪的,应当依照刑法第一百六十八条的规定追究刑事责任。

《最高人民法院、最高人民检察院关于办理国家出资企业中职务犯罪案件具体应用法律若干问题的意见》(法发〔2010〕49号,2010年11月26日公布)

△(**企业改制;国有公司、企业、事业单位人员失职罪;国有公司、企业、事业单位人员滥用职权罪**)在企业改制过程中未采取低估资产、隐瞒债权、虚设债务、虚构产权交易等方式故意隐匿公司、企业财产的,一般不应当认定为贪污;造成国有资产重大损失,依法构成刑法第一百六十八条或者第一百六十九条规定的犯罪的,依照该规定定罪处罚。(§1Ⅳ)

△(**国家出资企业;国有公司、企业人员失职罪;国有公司、企业人员滥用职权罪;贿赂罪**)国家出资企业中的国家工作人员在公司、企业改制或者国有资产处置过程中严重不负责任或者滥用职权,致使国家利益遭受重大损失的,依照刑法第一百六十八条的规定,以国有公司、企业人员失职罪或者国有公司、企业人员滥用职权罪定罪处罚。①

国家出资企业中的国家工作人员因实施第一款、第二款行为收受贿赂,同时又构成刑法第三百八十五条规定之罪的,依照处罚较重的规定定罪处罚。(§4Ⅰ、Ⅳ)

△(**改制前后主体身份发生变化;数罪并罚**)国家工作人员在国家出资企业改制前利用职务上的便利实施犯罪,在其不再具有国家工作人员身份后又实施同种行为,依法构成不同犯罪的,应当分别定罪,实行数罪并罚。(§5Ⅰ)

△(**国家出资企业;国家工作人员之认定**)经国家机关、国有公司、企业、事业单位提名、推荐、任命、批准等,在国有控股、参股公司及其分支机构中从事公务的人员,应当认定为国家工作人员。具体的任命机构和程序,不影响国家工作人员的认定。

经国家出资企业中负有管理、监督国有资产职责的组织批准或者研究决定,代表其在国有控股、参股公司及其分支机构中从事组织、领导、监督、经营、管理工作的人员,应当认定为国家工作人员。

国家出资企业中的国家工作人员,在国家出资企业中持有个人股份或者同时接受非国有股东委托的,不影响其国家工作人员身份的认定。(§6)

△(**国家出资企业;"谁投资、谁拥有产权"原则**)本意见所称"国家出资企业",包括国家出资的国有独资公司、国有独资企业,以及国有资本控股公司、国有资本参股公司。

是否属于国家出资企业不清楚的,应遵循"谁投资、谁拥有产权"的原则进行界定。企业注册登记中的资金来源与实际出资不符的,应根据实际出资情况确定企业的性质。企业实际出资情况不清楚的,可以综合工商注册、分配形式、经营管理等因素确定企业的性质。(§7)

△(**宽严相济刑事政策**)办理国家出资企业中的职务犯罪案件时,要综合考虑历史条件、企业发展、职工就业、社会稳定等因素,注意具体情况具体分析,严格把握犯罪与一般违规行为的区分界限。对于主观恶意明显、社会危害严重、群众反映强烈的严重犯罪,要坚决依法从严惩处;对于特定历史条件下、为了顺利完成企业改制而实施的违反国家政策法律规定的行为,行为人无主观恶意或者主观恶意不明显,情节较轻,危害不大的,可以不作为犯罪处理。

对于国家出资企业中的职务犯罪,要加大经济上的惩罚力度,充分重视财产刑的适用和执行,最大限度地挽回国家和人民利益遭受的损失。不能退赃的,在决定刑罚时,应当作为重要情节予以考虑。(§8)

【附属刑法】

《中华人民共和国商业银行法》(1995年5月

① 由于"国家出资企业"包括国家出资的国有独资企业、国有独资公司,以及国有资本控股公司、国有资本参股公司(本意见第七条),"国家出资企业"未必是"国有公司、企业","国家出资企业中的工作人员"也未必属于"国有公司、企业的工作人员"。因此,部分论者认为,该意见实际上已经偷换了概念,不无违反罪刑法定原则之嫌。参见张明楷:《刑法学》(第6版),法律出版社2021年版,第980—981页。

10 日通过,2015 年 8 月 29 日第二次修正)

第八十六条

Ⅰ商业银行工作人员违反本法规定玩忽职守造成损失的,应当给予纪律处分;构成犯罪的,依法追究刑事责任。

Ⅱ违反规定徇私向亲属、朋友发放贷款或者提供担保造成损失的,应当承担全部或者部分赔偿责任。

《中华人民共和国企业破产法》(2006 年 8 月 27 日通过)

第一百二十五条

Ⅰ企业董事、监事或者高级管理人员违反忠实义务、勤勉义务,致使所在企业破产的,依法承担民事责任。

Ⅱ有前款规定情形的人员,自破产程序终结之日起三年内不得担任任何企业的董事、监事、高级管理人员。

第一百三十一条

违反本法规定,构成犯罪的,依法追究刑事责任。

《中华人民共和国公司法》(1993 年 12 月 29 日通过,2018 年 10 月 26 日第四次修正)

第二百零六条

Ⅱ清算组成员利用职权徇私舞弊、谋取非法收入或者侵占公司财产的,由公司登记机关责令退还公司财产,没收违法所得,并可以处以违法所得一倍以上五倍以下的罚款。

第二百一十五条

违反本法规定,构成犯罪的,依法追究刑事责任。

《中华人民共和国票据法》(1995 年 5 月 10 日通过,2004 年 8 月 28 日修正)

第一百零四条

Ⅰ金融机构工作人员在票据业务中玩忽职守,对违反本法规定的票据予以承兑、付款或者保证的,给予处分;造成重大损失,构成犯罪的,依法追究刑事责任。

Ⅱ由于金融机构工作人员因前款行为给当事人造成损失的,由该金融机构和直接责任人员依法承担赔偿责任。

《中华人民共和国行政强制法》(2011 年 6 月 30 日通过)

第六十五条

违反本法规定,金融机构有下列行为之一的,由金融业监督管理机构责令改正,对直接负责的主管人员和其他直接责任人员依法给予处分:

(一)在冻结前向当事人泄露信息的;

(二)对应当立即冻结、划拨的存款、汇款不冻结或者不划拨,致使存款、汇款转移的;

(三)将不应当冻结、划拨的存款、汇款予以冻结或者划拨的;

(四)未及时解除冻结存款、汇款的。

第六十八条

Ⅱ违反本法规定,构成犯罪的,依法追究刑事责任。

《中华人民共和国企业国有资产法》(2008 年 10 月 28 日通过)

第六十八条

履行出资人职责的机构有下列行为之一的,对其直接负责的主管人员和其他直接责任人员依法给予处分:

(一)不按照法定的任职条件,任命或者建议任命国家出资企业管理者的;

……

(三)违反法定的权限、程序,决定国家出资企业重大事项,造成国有资产损失的;

(四)有其他不依法履行出资人职责的行为,造成国有资产损失的。

第六十九条

履行出资人职责的机构的工作人员玩忽职守、滥用职权、徇私舞弊,尚不构成犯罪的,依法给予处分。

第七十一条

Ⅰ国家出资企业的董事、监事、高级管理人员有下列行为之一,造成国有资产损失的,依法承担赔偿责任;属于国家工作人员的,并依法给予处分:

……

(四)违反本法规定与本企业进行交易的;

……

(六)违反法律、行政法规和企业章程规定的决策程序,决定企业重大事项的;

(七)有其他违反法律、行政法规和企业章程执行职务行为的。

Ⅱ国家出资企业的董事、监事、高级管理人员因前款所列行为取得的收入,依法予以追缴或者归国家出资企业所有。

Ⅲ履行出资人职责的机构任命或者建议任命的董事、监事、高级管理人员有本条第一款所列行为之一,造成国有资产重大损失的,由履行出资人职责的机构依法予以免职或者提出免职建议。

第七十五条

违反本法规定,构成犯罪的,依法追究刑事责任。

第一百六十九条　【徇私舞弊低价折股、出售国有资产罪】

国有公司、企业或者其上级主管部门直接负责的主管人员，徇私舞弊，将国有资产低价折股或者低价出售，致使国家利益遭受重大损失的，处三年以下有期徒刑或者拘役；致使国家利益遭受特别重大损失的，处三年以上七年以下有期徒刑。

【立法理由】

对国有资产低价折股、低价出售的犯罪，**1979 年刑法没有作专门规定**。国有公司、企业代表国家经营管理国有资产，对国有资产的保值、增值负有责任。一些国有公司、企业或者上级主管部门直接负责的主管人员，在国有企业改革过程中，利用承包租赁、合营、合资、股份制改造等机会，违反国家规定，将国有资产低价折股或者低价出售，为自己或者他人牟取利益，而导致国有资产严重流失，给国家利益造成重大损害。**在 1979 年刑法中**，规定了国家工作人员玩忽职守罪，**对这类行为是可以按照玩忽职守罪追究刑事责任的**。1993 年通过的《公司法》第二百一十三条规定："违反本法规定，将国有资产低价折股、低价出售或者无偿分给个人的，对直接负责的主管人员和其他直接责任人员依法给予行政处分。构成犯罪的，依法追究刑事责任。"对此以附属刑法的方式作了规定。1997 年修订刑法时将公司法这一规定修改后，明确规定到刑法中。同时，**1997 年修订刑法时**，将渎职犯罪的主体规定为国家机关工作人员，对公司、企业、事业单位工作的国家工作人员的玩忽职守行为，则在破坏市场经济秩序的有关犯罪中作了规定。

【条文说明】

本条是关于徇私舞弊低价折股、出售国有资产罪及其处罚的规定。

根据本条规定，本罪有以下特征：

1. 本罪主体是特殊主体，即**国有公司、企业或者其上级主管部门直接负责的主管人员**。

2. 行为人在客观上有**徇私舞弊，将国有资产低价折股或者低价出售的行为**。本条中的"**国有资产**"，是指国家以各种形式对国有公司、企业投资和投资收益形成的财产，以及依据法律、行政法规认定的公司、企业国有财产。所谓"**将国有资产低价折股或者低价出售**"，其表现形式是多种多样的：有的是在合资、合营、股份制改革过程，对国有财产不进行资产评估，或者虽进行资产评估，但背离所评估资产的价值低价折股；有的低估实物资产；有的国有资产未按重置价格折股，未计算其增值部分，只是按帐面原值折股；有的对公司、企业的商标、信誉等无形资产未计入国家股；有的不经主管部门批准，不经评估组织作价，擅自将属于企业的土地、厂房低价卖给私营业主等，从中收取回扣。

3. **行为人有以上行为，致使国家利益遭受重大损失的，才构成犯罪**。本条中"**致使国家利益遭受重大损失**"，一般是指造成国有公司、企业财产流失严重或造成国有公司、企业严重亏损，无法进行生产经营，濒临倒闭等。具体标准，需要通过司法解释来加以规定。《最高人民检察院、公安部关于公安机关管辖的刑事案件立案追诉标准的规定（二）》第十七条规定，徇私舞弊，将国有资产低价折股或者低价出售，涉嫌下列情形之一的，**应予立案追诉**：（1）造成国家直接经济损失数额在三十万元以上的；（2）造成有关单位破产，停业、停产六个月以上，或者被吊销许可证和营业执照、责令关闭、撤销、解散的；（3）其他致使国家利益遭受重大损失的情形。

对于将国有资产低价折股、低价出售罪的处罚，本条根据致使国家利益遭受的损失不同规定了两档刑罚：**致使国家利益遭受重大损失的**，处三年以下有期徒刑或者拘役；**致使国家利益遭受特别重大损失的**，处三年以上七年以下有期徒刑。

【司法解释】

《最高人民法院关于如何认定国有控股、参股股份有限公司中的国有公司、企业人员的解释》（法释〔2005〕10 号，自 2005 年 8 月 11 日起施行）

△（**委派；国有公司、企业人员**）国有公司、企业委派到国有控股、参股公司从事公务的人员，以国有公司、企业人员论。

【司法解释性文件】

《最高人民法院、最高人民检察院关于办理国家出资企业中职务犯罪案件具体应用法律若干问题的意见》（法发〔2010〕49 号，2010 年 11 月 26 日公布）

△（**企业改制；徇私舞弊低价折股、出售国有资产罪**）在企业改制过程中未采取低估资产、隐瞒债权、虚设债务、虚构产权交易等方式故意隐匿公司、企业财产的，一般不应当认定为贪污；造成国有资产重大损失，依法构成刑法第一百六十八条

或者第一百六十九条规定的犯罪的，依照该规定定罪处罚。（§ 1 Ⅳ）

△（**国家出资企业；徇私舞弊低价折股、出售国有资产罪；贿赂罪**）国家出资企业中的国家工作人员在公司、企业改制或者国有资产处置过程中徇私舞弊，将国有资产低价折股或者低价出售给其本人未持有股份的公司、企业或者其他个人，致使国家利益遭受重大损失的，依照刑法第一百六十九条的规定，以徇私舞弊低价折股、出售国有资产罪定罪处罚。

国家出资企业中的国家工作人员因实施第一款、第二款行为收受贿赂，同时又构成刑法第三百八十五条规定之罪的，依照处罚较重的规定定罪处罚。（§ 4 Ⅱ、Ⅳ）

△（**改制前后主体身份发生变化；数罪并罚**）国家工作人员在国家出资企业改制前利用职务上的便利实施犯罪，在其不再具有国家工作人员身份后又实施同种行为，依法构成不同犯罪的，应当分别定罪，实行数罪并罚。（§ 5 Ⅰ）

△（**国家出资企业；国家工作人员之认定**）经国家机关、国有公司、企业、事业单位提名、推荐、任命、批准等，在国有控股、参股公司及其分支机构中从事公务的人员，应当认定为国家工作人员。具体的任命机构和程序，不影响国家工作人员的认定。

经国家出资企业中负有管理、监督国有资产职责的组织批准或者研究决定，代表其在国有控股、参股公司及其分支机构中从事组织、领导、监督、经营、管理工作的人员，应当认定为国家工作人员。

国家出资企业中的国家工作人员，在国家出资企业中持有个人股份或者同时接受非国有股东委托的，不影响其国家工作人员身份的认定。（§ 6）

△（**国家出资企业；"谁投资、谁拥有产权"原则**）本意见所称"国家出资企业"，包括国家出资的国有独资公司、国有独资企业，以及国有资本控股公司、国有资本参股公司。

是否属于国家出资企业不清楚的，应遵循"谁投资、谁拥有产权"的原则进行界定。企业注册登记中的资金来源与实际出资不符的，应根据实际出资情况确定企业的性质。企业实际出资情况不清楚的，可以综合工商注册、分配形式、经营管理等因素确定企业的性质。（§ 7）

△（**宽严相济刑事政策**）办理国家出资企业中的职务犯罪案件时，要综合考虑历史条件、企业发展、职工就业、社会稳定等因素，注意具体情况具体分析，严格把握犯罪与一般违规行为的区分界限。对于主观恶意明显、社会危害严重、群众反映强烈的严重犯罪，要坚决依法从严惩处；对于特定历史条件下、为了顺利完成企业改制而实施的违反国家政策法律规定的行为，行为人无主观恶意或者主观恶意不明显，情节较轻，危害不大的，可以不作为犯罪处理。

对于国家出资企业中的职务犯罪，要加大经济上的惩罚力度，充分重视财产刑的适用和执行，最大限度地挽回国家和人民利益遭受的损失。不能退赃的，在决定刑罚时，应当作为重要情节予以考虑。（§ 8）

【附属刑法】

《中华人民共和国企业国有资产法》（2008年10月28日通过）

第七十一条

Ⅰ国家出资企业的董事、监事、高级管理人员有下列行为之一，造成国有资产损失的，依法承担赔偿责任；属于国家工作人员的，并依法给予处分①：

---

① 《中华人民共和国企业国有资产法》（2008年10月28日通过）

第三条

国有资产属于国家所有即全民所有。国务院代表国家行使国有资产所有权。

第三十九条

本法所称企业改制是指：

（一）国有独资企业改为国有独资公司；

（二）国有独资企业、国有独资公司改为国有资本控股公司或者非国有资本控股公司；

（三）国有资本控股公司改为非国有资本控股公司。

第四十条

Ⅰ企业改制应当依照法定程序，由履行出资人职责的机构决定或者由公司股东会、股东大会决定。

Ⅱ重要的国有独资企业、国有独资公司、国有资本控股公司的改制，履行出资人职责的机构在作出决定或者向其委派参加国有资本控股公司股东会会议、股东大会会议的股东代表作出指示前，应当将改制方案报请本级人民政府批准。（转下页）

……

（三）在企业改制、财产转让等过程中，违反法律、行政法规和公平交易规则，将企业财产低价转让、低价折股的；

……

Ⅱ国家出资企业的董事、监事、高级管理人员因前款所列行为取得的收入，依法予以追缴或者归国家出资企业所有。

Ⅲ履行出资人职责的机构任命或者建议任命的董事、监事、高级管理人员有本条第一款所列行为之一，造成国有资产重大损失的，由履行出资人职责的机构依法予以免职或者提出免职建议。

第七十五条

违反本法规定，构成犯罪的，依法追究刑事责任。

第一百六十九条之一　【背信损害上市公司利益罪】

上市公司的董事、监事、高级管理人员违背对公司的忠实义务，利用职务便利，操纵上市公司从事下列行为之一，致使上市公司利益遭受重大损失的，处三年以下有期徒刑或者拘役，并处或者单处罚金；致使上市公司利益遭受特别重大损失的，处三年以上七年以下有期徒刑，并处罚金：

（一）无偿向其他单位或者个人提供资金、商品、服务或者其他资产的；

（二）以明显不公平的条件，提供或者接受资金、商品、服务或者其他资产的；

（三）向明显不具有清偿能力的单位或者个人提供资金、商品、服务或者其他资产的；

（四）为明显不具有清偿能力的单位或者个人提供担保，或者无正当理由为其他单位或者个人提供担保的；

（五）无正当理由放弃债权、承担债务的；

（六）采用其他方式损害上市公司利益的。

上市公司的控股股东或者实际控制人，指使上市公司董事、监事、高级管理人员实施前款行为的，依照前款的规定处罚。

犯前款罪的上市公司的控股股东或者实际控制人是单位的，对单位判处罚金，并对其直接负责的主管人员和其他直接责任人员，依照第一款的规定处罚。

【立法沿革】

《中华人民共和国刑法修正案（六）》（自2006年6月29日起施行）

九、在刑法第一百六十九条后增加一条，作为第一百六十九条之一：

“上市公司的董事、监事、高级管理人员违背对公司的忠实义务，利用职务便利，操纵上市公司从事下列行为之一，致使上市公司利益遭受重大损失的，处三年以下有期徒刑或者拘役，并处或者单处罚金；致使上市公司利益遭受特别重大损失的，处三年以上七年以下有期徒刑，并处罚金：

（接上页）

第四十二条

Ⅰ企业改制应当按照规定进行清产核资、财务审计、资产评估，准确界定和核实资产，客观、公正地确定资产的价值。

Ⅱ企业改制涉及以企业的实物、知识产权、土地使用权等非货币财产折算为国有资本出资或者股份的，应当按照规定对折价财产进行评估，以评估确认价格作为确定国有资本出资额或者股份数额的依据。不得将财产低价折股或者有其他损害出资人权益的行为。

第五十一条

本法所称国有资产转让，是指依法将国家对企业的出资所形成的权益转移给其他单位或者个人的行为；按照国家规定无偿划转国有资产的除外。

第五十五条

国有资产转让应当以依法评估的、经履行出资人职责的机构认可或者由履行出资人职责的机构报经本级人民政府核准的价格为依据，合理确定最低转让价格。

第七十二条

在涉及关联方交易、国有资产转让等交易活动中，当事人恶意串通，损害国有资产权益的，该交易行为无效。

“(一)无偿向其他单位或者个人提供资金、商品、服务或者其他资产的;

“(二)以明显不公平的条件,提供或者接受资金、商品、服务或者其他资产的;

“(三)向明显不具有清偿能力的单位或者个人提供资金、商品、服务或者其他资产的;

“(四)为明显不具有清偿能力的单位或者个人提供担保,或者无正当理由为其他单位或者个人提供担保的;

“(五)无正当理由放弃债权、承担债务的;

“(六)采用其他方式损害上市公司利益的。

“上市公司的控股股东或者实际控制人,指使上市公司董事、监事、高级管理人员实施前款行为的,依照前款的规定处罚。

“犯前款罪的上市公司的控股股东或者实际控制人是单位的,对单位判处罚金,并对其直接负责的主管人员和其他直接责任人员,依照第一款的规定处罚。”

【立法理由】

本条是根据2006年《**刑法修正案(六)**》第九条增加的。上市公司的董事、监事、高级管理人员是公司经营管理活动的重要决策者、监督者和执行者,这些人员利用其在公司中担任的职务,操纵公司进行不公平交易等损害公司利益的活动,是一种严重的背信行为。同时上市公司是股票在证券市场上市交易的公司,非法损害上市公司利益,也会给广大中小投资者利益造成损失,动摇公众投资者的信心,扰乱证券市场正常秩序,妨碍资本市场的正常发展。为了保证公司的董事、监事、高级管理人员恪尽职守,公司法明确规定,公司董事、监事、高级管理人员对公司负有忠实义务和勤勉义务,不得挪用公司资金,不得违反公司章程的规定,未经股东会、股东大会或者董事会同意,将公司资金借贷给他人或者以公司财产为他人提供担保;不得违反公司章程的规定或者未经股东会、股东大会同意,与本公司订立合同或者进行交易;不得未经股东会或者股东大会同意,利用职务便利为自己或者他人谋取属于公司的商业机会,自营或者为他人经营与所任职公司同类的业务;以及违反对公司忠实义务的其他行为。但是从近些年来证券市场的实际情况看,上市公司资产被非法侵占的情况比较普遍,有的上市公司甚至被以各种方式“掏空”。这种情况的存在和蔓延已经严重影响了我国上市公司的整体质量,阻碍证券市场的健康发展。**为了维护证券市场的正常秩序,保护上市公司和公众投资人的利益**,必须对这种行为依法予以打击,对其中严重损害上市公司和广大投资人利益的,有必要予以刑事制裁。《刑法修正案(六)》增加本罪就是针对这种情况的。

【条文说明】

本条是关于背信损害上市公司利益罪及其处罚的规定。

本条共分为三款。

第一款是对上市公司的董事、监事、高级管理人员违背对公司的忠实义务,损害上市公司利益的犯罪及其处罚的规定。根据本款规定,损害上市公司利益犯罪具有以下特征:

1. 犯罪主体是**上市公司的董事、监事、高级管理人员**。根据公司法的规定,上市公司的董事会由股东大会选举产生,对股东大会负责,代表股东大会行使对公司的管理权。上市公司的监事会则承担对公司财务活动,以及公司董事、高级管理人员执行公司职务的行为等情况进行监督的职权。**上市公司的董事**作为董事会成员,具体承担对公司各项重要经营管理事项的决策职责;而**上市公司的监事**,则具体承担监事会的监督职责。**上市公司的高级管理人员**,是指公司的经理、副经理、财务负责人、董事会秘书和公司章程规定的其他人员。

2. 本罪客观方面表现为**行为人违背对公司的忠实义务,利用职务便利,操纵上市公司从事有损自身利益的活动,给公司造成重大损失**。**违背对公司的忠实义务**,是指上市公司的董事、监事、高级管理人员,在代表上市公司从事经营活动或者履行相关职责时,违背其对公司负有的忠实于公司利益的义务,损害公司权益的行为,简单地说,就是“吃里爬外”。实践中,行为人之所以在公司经营活动中千方百计地损害本公司利益,往往是因为其为交易对方所收买、控制,或者其本身就是交易对方利用大股东地位或者控制关系安排到上市公司中的,实际代表的正是上市公司的大股东或者实际控制人的利益。但认定本罪并不需要证明行为人的动机,只要行为人有利用职务便利,操纵上市公司损害自身利益的行为即可。

操纵公司从事有损自身利益的行为,是这种行为在形式上的重要特点。与公司、企业的经营管理人员个人利用职务之便,收受贿赂、侵占公司资产以牟取私利不同,本罪中损害上市公司利益的行为总是以公司行为的形式出现,是上市公司“自己损害自身的利益”。而本罪的行为人,上市公司的董事、监事、高级管理人员,则是以履行相关经营管理职责的名义,从事决策、执行等“职务行为”,形式上并不存在牟取个人私利的表象。但是，从行为人代表上市公司所进行的经营活动的本质看，则是严重损害上市公司自身利益的，行为人是利用其代表上市公司从事经营管理活动的身份，故意为上市公司安排不公平交易，将上市公司的资金、利益向外输送给其他公司、企业或个人。根据《刑法》第一百六十九条之一的规定，行为人利用职务便利，操纵上市公司损害自身利益，主要有以下几种表现形式：

一是**无偿向其他单位或者个人提供资金、商品、服务或者其他资产**。这种行为对上市公司利益的损害是显而易见的，但实践中这种行为是比较常见的。例如，将上市公司募集来的资金直接划拨给其他单位或者个人使用，或者替其他单位、个人偿还债务；将公司的产品无偿提供给其他公司、个人等；进行没有实际交易的资金划拨；由上市公司代为支付费用；为其他公司、个人提供服务不收费用等。认定这种行为，要注意与**一些企业正常的捐赠行为**相区别。在现代社会，企业在追求自身经济利益之外，积极地承担一定的社会责任也是越来越为企业和社会所认可的。适当的捐助行为，还可以改善企业形象，提高企业的美誉度，对企业开拓市场、提高品牌竞争力是有帮助的，因而在总体上是有利于企业利益的。捐赠行为在形式上也符合无偿提供资金、商品、服务的特征，但是，捐赠在性质上是一种慈善活动，捐助的对象一般是有特殊困难的弱势群体，或者是社会公益组织。而本罪中的无偿提供资金、商品、服务的行为，是一种利益输送行为，是上市公司的董事、监事、高级管理人员利用职务便利，让上市公司从事损己利人的“自杀行为”，是“掏空”上市公司的一种手段，无论是其提供资产的对象、数额、目的、对上市公司的影响，都与正常的企业捐赠行为有明显区别。

二是**以明显不公平的条件，提供、接受资金、商品、服务或者其他资产**。这种行为带有一定的隐蔽性，行为人安排的利益输送是以交易的形式进行的，如表面上是在进行资金的有偿借贷、商品的买卖等，也约定有价款等交易条件，貌似正常交易。但是，分析实际交易条件，则是明显不公平的。实质是上市公司以明显不公平的高价收购他人的资产或者接受他人提供的商品、服务，或者使上市公司以明显不公平的低价转让资产，提供商品、服务给他人，从而“掏空”上市公司。这种利益输送在进、出两个环节都可以实现。在进的环节，有意高估交易对价，接受他人的资金、商品、服务，如在商品、服务采购过程中，以明显高于市场的价格采购商品，接受服务；在接受资产转让时，故意高估对方资产的实际价值，多支付对价。在出的环节，以明显低于市场的价格出售商品，或者将公司优良资产、预期良好的赢利项目，低价转让等。明显不公平的条件，主要是指交易价格明显高于、低于市场价格或者资产的实际价值。此外，在付款时间、付款方式等其他交易条件方面，故意作出不利于上市公司的安排，也可以达到利益输送的目的。例如，在借贷资金给他人的活动中，除了采用故意约定极低利息这种方式外，也可能约定的利息并不明显过低，但是对还款时间和支付利息的时间故意不作要求，由借款人随意使用。这种情况只要符合《刑法》第一百六十九条之一的规定，也可以依法追究。

三是**向明显不具有清偿能力的单位或者个人提供资金、商品、服务或者其他资产**。这种行为的特点是，行为人为上市公司安排的交易活动从表面上看，不存在“无偿”或者“明显不公平的条件”，如签订有买卖合同，合同的价款也合乎市场价格。但是，从交易对象的偿付能力看，对方明显不具有支付货款的可能性。任何一个公司，在了解交易对象属于无偿付能力的情况下，都不会与其进行这种交易活动。因此，行为人操纵上市公司向明显不具有清偿能力的单位或者个人提供资金、商品、服务或者其他资产，对上市公司利益的损害是显而易见的。

四是**为明显不具有清偿能力的单位或者个人提供担保，或者无正当理由为其他单位或者个人提供担保**。故意让上市公司为他人提供担保，也是“掏空”上市公司的一种常见方式。一些上市公司的控股股东、实际控制人，利用这种方式，故意让上市公司为其他单位或者个人，甚至是明显不具有清偿能力的单位提供担保，取得贷款后迅速将贷款以各种方式转移，偿还责任则由上市公司承担。这样，上市公司成了骗取银行信用的工具，间接地成为其“取款机”。为他人的债务进行担保，担保人是要承担债务人不履行债务的法律责任的，因此，担保本身实际上是承担风险的活动。上市公司的董事、监事、高级管理人员，让上市公司为明显没有清偿能力的单位或者个人提供担保，或者在没有正当理由的情况下，让上市公司为他人提供担保，是不适当地让上市公司承担本不应承担的风险，承受本不应承受的损失，从而损害了上市公司和公众投资人的利益。从实践中的情况看，利用这种手段“掏空”的案件相当多，给上市公司造成的损失往往也是巨额的，很多上市公司因此而陷入绝境。

五是**无正当理由放弃债权、承担债务**。上市公司的债权是公司资产的重要构成部分，其利益归于上市公司的全体股东；而上市公司的债务则需要以公司的资产偿还。没有正当理由而放弃债权，会导致公司资产的直接减少，从而损害上市公司和公众投资人的利益。同样，没有正当理由而随意承担债务，也会导致上市公司的负担加重，间接减少公司资产，从而损害上市公司和公众投资人的利益。上市公司董事、监事、高级管理人员的职责是通过勤勉的经营管理活动，使公司的资产保值、增值。这些人员随意放弃应收债权，增加公司不应有的债务，违背了对公司的忠实义务，严重损害了上市公司的利益，应当承担法律责任。

六是**采用其他方式损害上市公司利益的**。这是一项兜底性规定。为了便于在司法实践中准确认定本罪，《刑法》第一百六十九条之一第一款采用列举的方式，明确规定了比较常见的五种损害上市公司利益的行为方式。同时，考虑到实践中“掏空”上市公司的情况比较复杂，法律上难以列举穷尽；也不排除一些行为人为了逃避法律追究，采用其他更为隐蔽的手段，损害上市公司利益，本款又在明确列举的同时，规定了这一兜底性规定。这样，除上述五种明确列举的损害上市公司利益的行为外，其他符合本款规定的特征的行为，也可以依法追究。但对于依照兜底项追究的行为在对上市公司的危害性上应当与前五项具有相当性，都属于通过关联交易等损害公司利益、违背对公司忠实义务的行为。

犯本款罪，须致使上市公司利益遭受重大损失。根据《最高人民检察院、公安部关于公安机关管辖的刑事案件立案追诉标准的规定（二）》第十八条的规定，有下列情形之一的，**予以追诉**：(1)无偿向其他单位或者个人提供资金、商品、服务或者其他资产，致使上市公司直接经济损失数额在一百五十万元以上的；(2)以明显不公平的条件，提供或者接受资金、商品、服务或者其他资产，致使上市公司直接经济损失数额在一百五十万元以上的；(3)向明显不具有清偿能力的单位或者个人提供资金、商品、服务或者其他资产，致使上市公司直接经济损失数额在一百五十万元以上的；(4)为明显不具有清偿能力的单位或者个人提供担保，或者无正当理由为其他单位或者个人提供担保，致使上市公司直接经济损失数额在一百五十万元以上的；(5)无正当理由放弃债权、承担债务，致使上市公司直接经济损失数额在一百五十万元以上的；(6)致使公司发行的股票、公司债券或者国务院依法认定的其他证券被终止上市交易或者多次被暂停上市交易的；(7)其他致使上市公司利益遭受重大损失的情形。

第二款是关于上市公司的控股股东或者实际控制人，指使上市公司董事、监事、高级管理人员实施损害上市公司利益行为的处罚规定。**上市公司的控股股东**是指其持有的股份占上市公司股本总额百分之五十以上的股东，或者其持有股份虽不足百分之五十，但持有股份所享有的表决权已足以对股东大会的决议产生重大影响的股东。**上市公司的实际控制人**，是指虽不是公司的股东，但通过投资关系、协议或者其他安排，能够实际支配公司行为的人。根据刑法总则有关共同犯罪的规定，上市公司的控股股东、实际控制人指使上市公司的董事、监事、高级管理人员，利用职务便利，操纵上市公司从事损害自身利益行为的，**应当按照共犯，通常情况下还应当作为主犯，追究其刑事责任**。因此，本款即使未作规定，实际上也不应影响对相关人员刑事责任的追究。但是，考虑到实践中上市公司的董事、监事、高级管理人员之所以实施这种“吃里爬外”的犯罪，往往是因为受上市公司控股股东、实际控制人的唆使、控制。这些人员实际上只是上市公司控股股东、实际控制人利用以实施犯罪的工具，在幕后进行操纵的控股股东、实际控制人，在许多情况下就是“掏空”上市公司的罪魁祸首和实际受益人。因此，有必要在法律中对这些人员的责任予以明确规定。对其中符合刑法总则关于共同犯罪中主犯、首要分子规定的人员，应当依照有关追究主犯、首要分子刑事责任的规定，予以处罚。

第三款是关于单位指使上市公司的董事、监事、高级管理人员，实施损害上市公司利益行为的处罚规定。实践中“掏空”上市公司的行为，多为上市公司的控股股东或者实际控制人指使，而上市公司的控股股东、实际控制人又多为单位。因此，本款明确规定，**上市公司的控股股东、实际控制人是单位的**，对该单位判处罚金；对单位直接负责的主管人员和其他直接责任人员，依照第一款关于上市公司的董事、监事、高级管理人员的处罚规定处罚。

【司法解释性文件】

《最高人民检察院、公安部关于公安机关管辖的刑事案件立案追诉标准的规定（二）》（公通字〔2022〕12号，2022年4月6日公布）

△（**背信损害上市公司利益罪；立案追诉标准**）上市公司的董事、监事、高级管理人员违背对公司的忠实义务，利用职务便利，操纵上市公司从事损害上市公司利益的行为，以及上市公司的控股股东或者实际控制人，指使上市公司董事、监事、高级管理人员实施损害上市公司利益的行为，涉嫌下列情形之一的，应予立案追诉：

（一）无偿向其他单位或者个人提供资金、商品、服务或者其他资产，致使上市公司直接经济损失数额在一百五十万元以上的；

（二）以明显不公平的条件，提供或者接受资金、商品、服务或者其他资产，致使上市公司直接经济损失数额在一百五十万元以上的；

（三）向明显不具有清偿能力的单位或者个人提供资金、商品、服务或者其他资产，致使上市公司直接经济损失数额在一百五十万元以上的；

（四）为明显不具有清偿能力的单位或者个人提供担保，或者无正当理由为其他单位或者个人提供担保，致使上市公司直接经济损失数额在一百五十万元以上的；

（五）无正当理由放弃债权、承担债务，致使上市公司直接经济损失数额在一百五十万元以上的；

（六）致使公司、企业发行的股票或者公司、企业债券、存托凭证或者国务院依法认定的其他证券被终止上市交易的；

（七）其他致使上市公司利益遭受重大损失的情形。（§13）

【附属刑法】

《中华人民共和国公司法》（1993年12月29日通过，2018年10月26日第四次修正）

第一百四十七条

Ⅰ董事、监事、高级管理人员应当遵守法律、行政法规和公司章程，对公司负有忠实义务和勤勉义务。

Ⅱ董事、监事、高级管理人员不得利用职权收受贿赂或者其他非法收入，不得侵占公司的财产。

第一百四十八条

Ⅰ董事、高级管理人员不得有下列行为：

……

（三）违反公司章程的规定，未经股东会、股东大会或者董事会同意，将公司资金借贷给他人或者以公司财产为他人提供担保；

（四）违反公司章程的规定或者未经股东会、股东大会同意，与本公司订立合同或者进行交易；

……

Ⅱ董事、高级管理人员违反前款规定所得的收入应当归公司所有。

第二百一十五条

违反本法规定，构成犯罪的，依法追究刑事责任。

【参考案例】

△上市公司直接负责的主管人员违规向不具有清偿能力的控股股东提供担保，未造成实际损失的，不构成背信损害上市公司利益罪。

根据《刑法》第一百六十九条之一的规定，成立背信损害上市公司利益罪，必须是上市公司的董事、监事、高级管理人员违背对公司的忠实义务，客观上实施了利用职务便利，操纵上市公司，致使上市公司利益遭受重大损失的行为。

1. 从主体要件分析。构成本罪的主体必须是上市公司的董事、监事、高级管理人员、控股股东或者实际控制人。在于在青违规不披露重要信息案中，被告人于在青是上市公司江苏琼花的法定代表人、董事长，其主体身份适格。

2. 从客体要件分析。本罪侵犯的客体是公司董事、监事、高级管理人员职务的廉洁性和上市公司的经济利益。其中，行为人违背对公司的忠实义务是构成本罪最基本的要件之一。对于公司的董事、监事、高级管理人员而言，这里的“忠实义务”具体体现在：对公司事务应当忠诚尽力、忠实于公司；当其自身利益与公司利益相冲突时，应当以公司利益为重，不得将自身利益置于公司利益之上；必须为公司利益善意处理公司事务、处置其所掌握的公司资产，不得受关联企业支配“掏空”公司资产、损害公司利益。于在青未将公司利益始终放在第一位，且未为公司利益善意处置其所掌握的公司资产，应当认定其违背对公司的忠实义务。

3. 从客观要件分析。具体又包括行为要件特征和结果要件特征。

（1）行为要件特征。根据《刑法》第一百六十九条之一的规定，成立背信损害上市公司利益罪要求行为人必须实施了操纵上市公司的行为。《刑法》第一百六十九条之一明文列举了五项具体行为。其中，第（四）项为“为明显不具有清偿能力的单位或者个人提供担保，或者无正当理由为其他单位或者个人提供担保的”。本案中，被告人于在青利用其担任江苏琼花法定代表人的职务便利，为明显不具有清偿能力的控股股东等关联企业提供担保，符合背信损害上市公司利益罪的行为要件特征。（2）结果要件特征。根据刑法规定，成立背信损害上市公司利益罪必须以“致使上市公司利益遭受重大损失”为要件。如果行为在客观上未给上市公司造成重大损失，就不符合背信损害上市公司利益罪的客观要件特征。参照《最高人民检察院、公安部关于公安机关管辖的刑事案件立案追诉标准的规定（二）》第十八条的规定，“致使上市公司利益遭受重大损失”一般是指致使上市公司直接经济损失数额在150万元以上或者致使公司发行的股票、公司债券或者国务院认定的其他证券被终止上市交易或者多次被暂停上市交易。从本案情况看，被告人于在青的背信行为，不存在致使公司发行的股票、公司债券或者国务院认定的其他证券被终止上市交易或者多次被暂停上市交易的情况。于在青虽然操纵上市公司向明显不具有清偿能力的关联企业提供担保，但是在公安机关立案前，琼花集团、于在青均通过以股抵债或者用减持股票款方式向债权人清偿了全部债务，积极解除了江苏琼花的担保责任，从而未给江苏琼花造成直接经济损失。因此，于在青的行为不符合背信损害上市公司利益罪的结果要件特征，不构成背信损害上市公司利益罪。[No. 3-3-161-2 于在青违规不披露重要信息案]

第四节　破坏金融管理秩序罪①

第一百七十条　【伪造货币罪】

伪造货币的，处三年以上十年以下有期徒刑，并处罚金；有下列情形之一的，处十年以上有期徒刑或者无期徒刑，并处罚金或者没收财产：

（一）伪造货币集团的首要分子；

（二）伪造货币数额特别巨大的；

（三）有其他特别严重情节的。

【立法沿革】

《中华人民共和国刑法》(1997 年修订，自 1997 年 10 月 1 日起施行)

第一百七十条

伪造货币的，处三年以上十年以下有期徒刑，并处五万元以上五十万元以下罚金；有下列情形之一的，处十年以上有期徒刑、无期徒刑或者死刑，并处五万元以上五十万元以下罚金或者没收

① 《最高人民检察院关于办理涉互联网金融犯罪案件有关问题座谈会纪要》(高检诉〔2017〕14 号，2017 年 6 月 2 日公布)

1. 准确认识互联网金融的本质。互联网金融的本质仍然是金融，其潜在的风险与传统金融没有区别，甚至还可能因互联网的作用而被放大。要依据现有的金融管理法律规定，依法准确判断各类金融活动、金融业态的法律性质，准确界定金融创新和金融违法犯罪的界限。在办理涉互联网金融犯罪案件时，判断是否符合"违反国家规定""未经有关国家主管部门批准"等要件时，应当以现行刑事法律和金融管理法律法规为依据。对各种类型互联网金融活动，要深入剖析行为实质并据此判断其性质，从而准确区分罪与非罪、此罪与彼罪、罪轻与罪重、打击与保护的界限，不能机械地被所谓"互联网金融创新"表象所迷惑。

2. 妥善把握刑事追诉的范围和边界。涉互联网金融犯罪案件涉案人员众多，要按照区别对待的原则分类处理，综合运用刑事追诉和非刑事手段处置和化解风险，打击少数、教育挽救大多数。要坚持主客观相统一的原则，根据犯罪嫌疑人在犯罪活动中的地位作用、涉案数额、危害结果、主观过错等主客观情节，综合判断责任轻重及刑事追诉的必要性，做到罪责适应、罚当其罪。对犯罪情节严重、主观恶性大、在犯罪中起主要作用的人员，特别是核心管理层人员和骨干人员，依法从严打击；对犯罪情节相对较轻、主观恶性较小、在犯罪中起次要作用的人员依法从宽处理。

3. 注重案件统筹协调推进。涉互联网金融犯罪跨区域特征明显，各地检察机关公诉部门要按照"统一办案协调、统一案件指挥、统一资产处置、分别侦查诉讼、分别落实维稳"(下称"三统两分")的要求分别处理好辖区内案件，加强横向、纵向联系，在上级检察机关特别是省级检察院的指导下统一协调推进办案工作，确保辖区内案件处理结果相对平衡统一。跨区县案件由地市级检察院统筹协调，跨地市案件由省级检察院统一协调，跨省案件由高检院公诉厅统一协调。各级检察机关公诉部门要加强与公安机关、地方金融办等相关单位以及检察机关内部侦监、控申等部门的联系，建立健全案件信息通报机制，及时掌握重大案件的立案、侦查、批捕、信访等情况，适时开展提前介入侦查等工作，并及时上报上级检察院。省级检察院公诉部门要发挥工作主动性，主动掌握社会影响大的案件情况，研究制定工作方案，统筹协调解决办案中遇到的问题，重大、疑难、复杂问题要及时向高检院报告。

4. 坚持司法办案"三个效果"有机统一。涉互联网金融犯罪影响广泛，社会各界特别是投资人群体十分关注案件处理。各级检察机关公诉部门要从有利于全案依法妥善处置的角度出发，切实做好提前介入侦查引导取证、审查起诉、出庭公诉等各个阶段的工作，依法妥善处理重大敏感问题，不能机械司法、就案办案。同时，要把办案工作与保障投资人合法权益紧密结合起来，同步做好释法说理、风险防控、追赃挽损、维护稳定等工作，努力实现司法办案的法律效果、社会效果、政治效果有机统一。

财产：

（一）伪造货币集团的首要分子；

（二）伪造货币数额特别巨大的；

（三）有其他特别严重情节的。

《中华人民共和国刑法修正案（九）》（自2015年11月1日起施行）

十一、将刑法第一百七十条修改为：

“伪造货币的，处三年以上十年以下有期徒刑，并处罚金；有下列情形之一的，处十年以上有期徒刑或者无期徒刑，并处罚金或者没收财产：

“（一）伪造货币集团的首要分子；

“（二）伪造货币数额特别巨大的；

“（三）有其他特别严重情节的。”

【立法理由】

1. **1979年立法的情况**。我国一直重视对国家货币的刑事保护。1951年4月19日政务院颁布的《妨害国家货币治罪暂行条例》将一些严重危害国家货币的行为规定为犯罪，包括：伪造国家货币；变造国家货币；贩运、行使伪造、变造的国家货币；散布流言或者用其他方法破坏国家货币信用；误收伪造、变造的国家货币以后，查觉为伪造、变造仍继续行使等。1979年制定刑法时，根据司法实践中的情况和行为危害性的大小，仅将伪造国家货币和贩运伪造的国家货币的行为明确规定为犯罪。对于其他行为，如变造国家货币的行为，考虑变造的数量一般很小，危害不大，因此没有再规定变造货币构成犯罪。如果在个别案件中出现变造数量较大，情节恶劣的，可以适用1979年《刑法》第七十九条规定的类推制度，比照伪造国家货币罪定罪处罚。基于以上的考虑，1979年《刑法》第一百二十二条规定：“伪造国家货币或者贩运伪造的国家货币的，处三年以上七年以下有期徒刑，可以并处罚金或者没收财产。犯前款罪的首要分子或者情节特别严重的，处七年以上有期徒刑或者无期徒刑，可以并处没收财产。”

2. **1979年之后至1997年刑法修订前的立法情况**。随着我国改革开放进程的不断深入，针对国家货币的犯罪也出现了许多新的情况。一些犯罪的规模变得更大，危害性更为严重；一些原来少发偶发的犯罪，逐步多发频发。为此，1995年通过的**《全国人民代表大会常务委员会关于惩治破坏金融秩序犯罪的决定》**对1979年刑法规定的针对国家货币的犯罪作了修改和补充。其中该决定第一条对伪造货币犯罪作了修改，即：“伪造货币的，处三年以上十年以下有期徒刑，并处五万元以上五十万元以下罚金。有下列情形之一的，处十年以上有期徒刑、无期徒刑或者死刑，并处没收财产：（一）伪造货币集团的首要分子；（二）伪造货币数额特别巨大的；（三）有其他特别严重情节的。”

3. **1997年修订刑法的情况**。1997年修订刑法时，在1995《全国人民代表大会常务委员会关于惩治破坏金融秩序犯罪的决定》的基础上，进一步修改了第二档加重处罚的规定，增加了“并处五万元以上五十万元以下罚金”的规定，形成了1997年《刑法》第一百七十条的规定：“伪造货币的，处三年以上十年以下有期徒刑，并处五万元以上五十万元以下罚金；有下列情形之一的，处十年以上有期徒刑、无期徒刑或者死刑，并处五万元以上五十万元以下罚金或者没收财产：（一）伪造货币集团的首要分子；（二）伪造货币数额特别巨大的；（三）有其他特别严重情节的。”

4. **2015年《刑法修正案（九）》对本条的修改情况**。主要是取消了对伪造货币犯罪的死刑规定。少杀慎杀，是我国一直坚持的一项重要的刑事政策。党的十八届三中全会进一步提出“逐步减少适用死刑罪名”。2009年中央关于深化司法体制和社会体制改革的任务也要求，完善死刑法律规定，逐步减少适用死刑的罪名。为了落实上述要求，经与有关方面认真研究和广泛征求有关部门、专家的意见，经过慎重评估，考虑到伪造货币犯罪，主要是牟利性犯罪，近年来很少适用死刑，最高处以无期徒刑也可以适应打击这类犯罪的实际需要，并做到罪刑相适应。因此，《刑法修正案（九）》对本条作了修改，即**取消了伪造货币犯罪的死刑**。同时还对本条的罚金刑作了修改完善，由原来的具体数额规定改为原则性规定，以便司法机关根据不同个案情况具体掌握，更好地做到罪刑相适应。

【条文说明】

本条是关于伪造货币罪及其处罚的规定。

根据本条规定，构成本罪，应当具备以下条件：

1. 行为人实施了**伪造货币的行为**。本条规定的“**伪造货币**”，是指仿照人民币或者外币的图案、色彩、形状等，使用印刷、复印、描绘、拓印等各种制作方法，将非货币的物质非法制造为假货币，冒充真货币的行为。同时，还包括实践中出现的制造货币版样的行为。**制造货币版样的行为**，是伪造货币活动中的一部分，这种行为为大量伪造货币提供了条件。至于行为人出于何种目的，是否牟利，使用何种方法，并不影响本罪的构成。只要行为人实施了制造货币版样或将非货币的物质非法制造为假货币，冒充真货币的行为，即构成本罪。此外，根据2010年《最高人民法院关于审理伪造货币等案件具体应用法律若干问题的解释(二)》第二条的规定，同时采用伪造和变造手段，制造真伪拼凑货币的行为，依照刑法第一百七十条的规定，以伪造货币罪定罪处罚。

2. 本罪的犯罪对象是**人民币和外币**，这里所说的"**货币**"，是指可在国内市场流通①或者兑换的人民币和外币②。根据《中国人民银行法》第十六条的规定，中华人民共和国的法定货币是人民币。根据《人民币管理条例》第十八条的规定："中国人民银行可以根据需要发行纪念币。纪念币是具有特定主题的限量发行的人民币，包括普通纪念币和贵金属纪念币。"因此，普通纪念币、贵金属纪念币也是本罪的犯罪对象。这里所说的"**外币**"，是广义的，是指正在流通使用的境外货币。《中国人民银行法》第十八条规定："人民币由中国人民银行统一印制、发行。中国人民银行发行新版人民币，应当将发行时间、面额、图案、式样、规格予以公告。"随着我国经济的发展，一些国内外不法分子把人民币作为犯罪的侵害对象。近年来，伪造人民币的犯罪也日益增多。犯罪分子出于各种非法目的，通过各种非法手段伪造人民币，而且这类犯罪呈现愈演愈烈的趋势。这些犯罪通过伪造人民币或者进行假币交易，或者向社会投放伪造的假币的犯罪活动，严重损害了人民币的信誉，扰乱了国家正常的金融秩序和人民群众的生活秩序。③ 该种犯罪社会影响面大，社会危害性大，针对这种情况，刑法对伪造货币罪作了专门规定。在涉案货币金额计算方面，2010年《最高人民法院关于审理伪造货币等案件具体应用法律若干问题的解释(二)》第三条第二款规定："假境外货币犯罪的数额，按照案发当日中国外汇交易中心或者中国人民银行授权机构公布的人民币对该货币的中间价折合成人民币计算。中国外汇交易中心或者中国人民银行授权机构未公布汇率中间价的境外货币，按照案发当日境内银行人民币对该货币的中间价折算成人民币，或者该货币在境内银行、国际外汇市场对美元汇率，与人民币对美元汇率中间价进行套算。"第四条第二款规定："假普通纪念币犯罪的数额，以面额计算；假贵金属纪念币犯罪的数额，以贵金属纪念币的初始发售价格计算。"此外，如果是以使用为目的，伪造停止流通的货币的，根据该司法解释第五条的规定，"依照刑法第二百六十六条的规定，以诈骗罪定罪处罚"。

3. 行为人在主观上是**故意的**。伪造货币是一种故意犯罪，在实际发生的案件中，犯罪分子的犯罪目的可能有所不同，如有的是为了某种政治目的，有的是为了牟取暴利，但在主观上具有犯罪的故意则是相同的。④

① 我国学者指出，国内货币的流通不是指事实上流通，而是根据法律具有强制流通力。参见周光权：《刑法各论》(第4版)，中国人民大学出版社2021年版，第285页。

② 伪造已经停止流通的古钱、废钞作为真币使用，骗取他人财物的，不成立本罪，但可以构成诈骗罪。参见黎宏：《刑法学各论》(第2版)，法律出版社2016年版，第125页；周光权：《刑法各论》(第4版)，中国人民大学出版社2021年版，第286页；高铭暄、马克昌主编：《刑法学》(第7版)，北京大学出版社、高等教育出版社2016年版，第394页；赵秉志、李希慧主编：《刑法各论》(第3版)，中国人民大学出版社2016年版，第115页。

③ 关于伪造货币罪的保护法益，我国学者指出，保护货币发行权也是为了保护货币的公共信用，故仅将货币的公共信用作为本罪的保护法益即可。参见张明楷：《刑法学》(第6版)，法律出版社2021年版，第983页。另有学者指出，在考察伪造货币罪的保护法益时，完全不考虑对货币发行权的侵害是不妥的。伪造并非政府发行的真实货币的行为，由于其没有侵害国家的货币发行权，即便妨害了公众对货币的信用，也不构成本罪。参见黎宏：《刑法学各论》(第2版)，法律出版社2016年版，第124页。亦有学者指出，本罪的保护法益是作为交易手段的货币的公共信用，以及国家的货币发行权、国家通过货币发行量规制经济生活的权力等利益。参见周光权：《刑法各论》(第4版)，中国人民大学出版社2021年版，第285页。刘志伟教授则主张，本罪的保护法益是国家的货币管理秩序。参见高铭暄、马克昌主编：《刑法学》(第7版)，北京大学出版社、高等教育出版社2016年版，第394页。

④ 国外刑法一般规定本罪以行使(置于流通)为目的，如《德国刑法典》第一百四十六条(伪造变造货币)第一款第(一)项规定："有下列行为之一者，处一年以上有期徒刑：意图将伪造、变造之货币充作真正之货币以供行使之用或使之得以供行使之用，而伪造货币，或基于相同意图而变造货币，使之具有较高价值之假象者。"参见何赖杰、林钰雄审译：《德国刑法典》，元照出版有限公司2017年版，第216页。《日本刑法典》第一百四十八条(伪造行使通用货币)规定："(第一款)以行使之目的，伪造或变造通用货币、纸币、银行券者，处无期惩役或三年以上惩役。(第二款)行使伪造或变造之货币、纸币、银行券，或以行使之目的而交付于人或输入者，与前款同。"参见陈子平编译：《日本刑法典》，元照出版有限公司2016年版，第99页。(转下页)

本条列举了**三种加重处罚的犯罪情形**。

第一种情形是“**伪造货币集团的首要分子**”。这里所说的“**伪造货币集团的首要分子**”，是指在伪造货币集团中起组织、领导、策划作用的犯罪分子。依照本条规定，伪造货币集团的首要分子应当处十年以上有期徒刑或者无期徒刑，并处罚金或者没收财产。如果该犯罪集团还同时触犯其他犯罪的，根据《刑法》总则第二十六条第三款的规定，对组织、领导犯罪集团的首要分子，按照集团所犯的全部罪行处罚。

第二种情形是“**伪造货币数额特别巨大的**”。关于伪造货币构成犯罪的具体数额，根据2000年《最高人民法院关于审理伪造货币等案件具体应用法律若干问题的解释》第一条的规定，伪造货币的总面额在二千元以上不满三万元或者币量在二百张（枚）以上不足三千张（枚）的，处三年以上十年以下有期徒刑，并处五万元以上五十万元以下罚金。伪造货币的总面额在三万元以上的，属于“**伪造货币数额特别巨大**”。依照本条规定，应当处十年以上有期徒刑或者无期徒刑，并处罚金或者没收财产。

第三种情形是“**有其他特别严重情节的**”。“**其他特别严重情节**”主要是指以伪造货币为常业的，伪造货币技术特别先进、规模特别巨大等情况。实践中，从被捣毁的制造假币的犯罪窝点可以看出，有些犯罪活动呈现出专业化很强、技术化程度很高、分工很细致的情况，有些制造的假币几乎乱真，平日生活中很难辨别，危害性极大。依照本条规定，应处十年以上有期徒刑或者无期徒刑，并处罚金或者没收财产。对实践中出现的制造货币版样或者与他人事前通谋，为他人伪造货币提供版样的行为，依照本条规定定罪处罚。

需要注意的是，实践中对于伪造货币是否必须以伪造真货币为前提，存在一定的分歧。有的意见认为，对伪造货币行为如果限制为真货币，会缩小伪造货币的范围，放纵犯罪，不利于依法惩治伪造货币犯罪行为。如有的行为人伪造面额为三百元人民币后谎称其为中国人民银行新发行的货币；有的行为人在伪造外币时，凭空想象设计假外币或者利用被害人不知情等情况欺诈对方出售、使用该货币。上述行为均没有以真币为样板来制作假币，同样应当认定构成本罪。也有的意见认为，“伪”相对于“真”才能存在，在真实货币都不存在的情况下，伪造不真实的所谓“货币”与本罪保护的对象相违背，容易将本罪与诈骗罪相混淆。总的来看，**后一种意见更具有合理性**，如果伪造的是不存在的货币，如“月球币”等，并未对真实货币的流通秩序产生影响，如果构成诈骗罪的，可以按照**诈骗罪**定罪处罚。

【司法解释】

《最高人民法院关于审理伪造货币等案件具体应用法律若干问题的解释》（法释〔2000〕26号，自2000年9月14日起施行）

△（**伪造货币罪；伪造货币数额特别巨大；事前通谋；提供版样**）伪造货币的总面额在二千元以上不满三万元或者币量在二百张（枚）以上不足三千张（枚）的，依照刑法第一百七十条的规定，处三年以上十年以下有期徒刑，并处五万元以上五十万元以下罚金。

伪造货币的总面额在三万元以上的，属于“伪造货币数额特别巨大”。

行为人制造货币版样或者与他人事前通谋，为他人伪造货币提供版样的，依照刑法第一百七十条的规定定罪处罚。（§ 1）

△（**货币；货币面额之计算**）本解释所称“货币”是指可在国内市场流通或者兑换的人民币和境外货币。①

货币面额应当以人民币计算，其他币种以案发时国家外汇管理机关公布的外汇牌价折算成人民币。（§ 7）

《最高人民法院关于审理伪造货币等案件具体应用法律若干问题的解释（二）》（法释〔2010〕

（接上页）

对此，我国学者指出，从立法论来看，鉴于伪造货币行为的严重法益侵害性，中国刑法未作此规定；自解释论而言，也没有必要将本罪确定为目的犯。故而，如果行为人虽然不具有使用的目的，但明知伪造的货币会落入他人之手置于流通，应认定为本罪。反之，则不能以本罪论处。参见张明楷：《刑法学》（第6版），法律出版社2021年版，第984页；黎宏：《刑法学各论》（第2版），法律出版社2016年版，第125—126页。刘志伟教授则认为，意图流通或者营利的目的在证明上极为困难，故而，在司法实践中，不应将其作为绝对标准。参见高铭暄、马克昌主编：《刑法学》（第7版），北京大学出版社、高等教育出版社2016年版，第394页。

不过，亦有学者指出，在刑法解释上应当要求有行使、流通的意思（目的犯），即将假币作为真币置于市场上流通，从而危害货币的公共信用。参见周光权：《刑法各论》（第4版），中国人民大学出版社2021年版，第286页。

① 《最高人民法院关于审理伪造货币等案件具体应用法律若干问题的解释（二）》（法释〔2010〕14号，自2010年11月3日起施行）第三条已将假币犯罪的对象扩张到所有正在流通的境外货币。

14号,自2010年11月3日起施行)

△(**伪造货币**)仿照真货币的图案、形状、色彩等特征非法制造假币,冒充真币的行为,应当认定为刑法第一百七十条规定的"伪造货币"。①(§1Ⅰ)

△(**同时采用伪造和变造手段;伪造货币罪**)同时采用伪造和变造手段,制造真伪拼凑货币的行为,依照刑法第一百七十条的规定,以伪造货币罪定罪处罚。(§2)

△(**正在流通的境外货币;假币犯罪;犯罪数额之计算**)以正在流通的境外货币为对象的假币犯罪,依照刑法第一百七十条至第一百七十三条的规定定罪处罚。

假境外货币犯罪的数额,按照案发当日中国外汇交易中心或者中国人民银行授权机构公布的人民币对该货币的中间价折合成人民币计算。中国外汇交易中心或者中国人民银行授权机构未公布汇率中间价的境外货币,按照案发当日境内银行人民币对该货币的中间价折算成人民币,或者该货币在境内银行、国际外汇市场对美元汇率,与人民币对美元汇率中间价进行套算。(§3)

△(**普通纪念币;贵金属纪念币;假币犯罪;犯罪数额之计算**)以中国人民银行发行的普通纪念币和贵金属纪念币为对象的假币犯罪,依照刑法第一百七十条至第一百七十三条的规定定罪处罚。

假普通纪念币犯罪的数额,以面额计算;假贵金属纪念币犯罪的数额,以贵金属纪念币的初始发售价格计算。(§4)

【司法解释性文件】

《全国法院审理金融犯罪案件工作座谈会纪要》(法〔2001〕8号,2001年1月21日公布)

△(**假币犯罪;伪造货币罪;假币犯罪罪名之确定;伪造台币**)假币犯罪的认定。假币犯罪是一种严重破坏金融管理秩序的犯罪。只要有证据证明行为人实施了出售、购买、运输、使用假币行为,且数额较大,就构成犯罪。伪造货币的,只要实施了伪造行为,不论是否完成全部印制工序,即构成伪造货币罪;对于尚未制造出成品,无法计算伪造、销售假币面额的,或者制造、销售用于伪造货币的版样的②,不认定犯罪数额,依据犯罪情节决定刑罚。明知是伪造的货币而持有,数额较大,根据现有证据不能认定行为人是为了进行其他假币犯罪的,以持有假币罪定罪处罚;如果有证据证明其持有的假币已构成其他假币犯罪的,应当以其他假币犯罪定罪处罚。

假币犯罪罪名的确定。假币犯罪案件中犯罪分子实施数个相关行为的,在确定罪名时应把握以下原则:

(1)对同一宗假币实施了法律规定为选择性罪名的行为,应根据行为人所实施的数个行为,按相关罪名刑法规定的排列顺序并列确定罪名,数额不累计计算,不实行数罪并罚。

(2)对不同宗假币实施法律规定为选择性罪名的行为,并列确定罪名,数额按全部假币面额累计计算,不实行数罪并罚。

(3)对同一宗假币实施了刑法没有规定为选择性罪名的数个犯罪行为,择一重罪从重处罚。如伪造货币或者购买假币后使用的,以伪造货币罪或购买假币罪定罪,从重处罚。

(4)对不同宗假币实施了刑法没有规定为选择性罪名的数个犯罪行为,分别定罪,数罪并罚。

出售假币被查获部分的处理。在出售假币时被抓获的,除现场查获的假币应认定为出售假币的犯罪数额外,现场之外在行为人住所或者其他藏匿地查获的假币,亦应认定为出售假币的犯罪数额。但有证据证实后者是行为人有实施其他假币犯罪的除外。

制造或者出售伪造的台币行为的处理。对于伪造台币的,应当以伪造货币罪定罪处罚;出售伪造的台币的,应当以出售假币罪定罪处罚。

《最高人民法院、最高人民检察院、公安部关于严厉打击假币犯罪活动的通知》(公通字〔2009〕45号,2009年9月15日公布)

△(**假币犯罪;地域管辖;指定管辖**)……根据刑事诉讼法的有关规定,假币犯罪案件的地域管辖应当遵循以犯罪地管辖为主,犯罪嫌疑人居住地管辖为辅的原则。假币犯罪案件中的犯罪地,既包括犯罪预谋地、行为发生地,也包括运输假币的途经地。假币犯罪案件中的犯罪嫌疑人居住地,不仅包括犯罪嫌疑人经常居住地和户籍所

① 我国学者指出,本款规定并非伪造货币的定义。无对应真币的伪造行为,同样构成伪造货币罪。理由在于,即使是无对应真币的伪造行为,也必须仿照真币的图案、形状、色彩等特征,否则,不可能足以使一般人误以为是货币。另外,故意伪造"错版"人民币,也应构成本罪。参见张明楷:《刑法学》(第6版),法律出版社2021年版,第983页。

② 我国学者指出,此处所谓的"提供版样",应做广义理解,包括制版与制模等综合行为。参见黎宏:《刑法学各论》(第2版),法律出版社2016年版,第125页。

在地，也包括其临时居住地。几个公安机关都有权管辖的假币犯罪案件，由最初立案地或者主要犯罪地公安机关管辖；对管辖有争议或者情况特殊的，由共同的上级公安机关指定管辖。如需人民检察院、人民法院指定管辖的，公安机关要及时提出相关建议。经审查需要指定的，人民检察院、人民法院要依法指定管辖。（§ 2）

《最高人民检察院、公安部关于公安机关管辖的刑事案件立案追诉标准的规定（二）》（公通字〔2022〕12号，2022年4月6日公布）

△（**伪造货币罪；立案追诉标准**）伪造货币，涉嫌下列情形之一的，应予立案追诉：

（一）总面额在二千元以上或者币量在二百张（枚）以上的；

（二）总面额在一千元以上或者币量在一百张（枚）以上，二年内因伪造货币受过行政处罚，又伪造货币的；

（三）制造货币版样或者为他人伪造货币提供版样的；

（四）其他伪造货币应予追究刑事责任的情形。（§14）

【附属刑法】

《中华人民共和国中国人民银行法》（1995年3月18日通过，2003年12月27日修正）

第四十二条

伪造、变造人民币，出售伪造、变造的人民币，或者明知是伪造、变造的人民币而运输，构成犯罪的①，依法追究刑事责任；尚不构成犯罪的，由公安机关处十五日以下拘留、一万元以下罚款。

【参考案例】

△（**伪造正在流通、使用的外币的，以伪造货币罪论处。**）根据《刑法》第一百七十条的规定，伪造货币是指依照人民币或者外币的图案、形状、色彩等，使用印刷、复印、描绘、拓印等各种制作方法，制造假货币，冒充真货币的行为。本罪的对象是货币，不仅包括我国的国家货币即人民币，也包括外币在内。这里所说的外币是广义的，是指境外正在流通使用的货币，既包括可在中国兑换的外国货币如美元、英镑、马克等，也包括港、澳、台地区的货币，还包括不可在中国兑换的外国货币。［No. 3-4-170-1　杨吉茂伪造货币案］

第一百七十一条　【出售、购买、运输假币罪】【金融工作人员购买假币、以假币换取货币罪】

出售、购买伪造的货币或者明知是伪造的货币而运输，数额较大的，处三年以下有期徒刑或者拘役，并处二万元以上二十万元以下罚金；数额巨大的，处三年以上十年以下有期徒刑，并处五万元以上五十万元以下罚金；数额特别巨大的，处十年以上有期徒刑或者无期徒刑，并处五万元以上五十万元以下罚金或者没收财产。

银行或者其他金融机构的工作人员购买伪造的货币或者利用职务上的便利，以伪造的货币换取货币的，处三年以上十年以下有期徒刑，并处二万元以上二十万元以下罚金；数额巨大或者有其他严重情节的，处十年以上有期徒刑或者无期徒刑，并处二万元以上二十万元以下罚金或者没收财产；情节较轻的，处三年以下有期徒刑或者拘役，并处或者单处一万元以上十万元以下罚金。

伪造货币并出售或者运输伪造的货币的，依照本法第一百七十条的规定定罪从重处罚。

【立法理由】

1. 1979年立法的情况。伪造货币的行为，严重扰乱国家金融秩序，损害货币的信誉。由于伪造货币利润巨大，犯罪分子为高额利润不惜铤而

① 《中华人民共和国中国人民银行法》（1995年3月18日通过，2003年12月27日修正）
第十八条
Ⅰ人民币由中国人民银行统一印制、发行。
Ⅱ中国人民银行发行新版人民币，应当将发行时间、面额、图案、式样、规格予以公告。
第十九条
禁止伪造、变造人民币。禁止出售、购买伪造、变造的人民币。禁止运输、持有、使用伪造、变造的人民币。禁止故意毁损人民币。禁止在宣传品、出版物或者其他商品上非法使用人民币图样。

走险,随着我国经济的发展,一些国内外的犯罪分子将人民币作为伪造的对象,伪造人民币的案件数量逐年上升。同时,贩运伪造的货币也是货币犯罪链条上的重要环节,有必要予以严厉打击。1979年《刑法》第一百二十二条规定:"伪造国家货币或者贩运伪造的国家货币的,处三年以上七年以下有期徒刑,可以并处罚金或者没收财产。犯前款罪的首要分子或者情节特别严重的,处七年以上有期徒刑或者无期徒刑,可以并处没收财产。"

2. **1979年之后至1997年刑法修订前的立法情况**。1995年《全国人民代表大会常务委员会关于惩治破坏金融秩序犯罪的决定》对1979年刑法的该条规定作了补充和完善。该决定第二条规定:"出售、购买伪造的货币或者明知是伪造的货币而运输,数额较大的,处三年以下有期徒刑或者拘役,并处二万元以上二十万元以下罚金;数额巨大的,处三年以上十年以下有期徒刑,并处五万元以上五十万元以下罚金;数额特别巨大的,处十年以上有期徒刑或者无期徒刑,并处没收财产。银行或者其他金融机构的工作人员购买伪造的货币或者利用职务上的便利,以伪造的货币换取货币的,处三年以上十年以下有期徒刑,并处二万元以上二十万元以下罚金;数额巨大或者有其他严重情节的,处十年以上有期徒刑或者无期徒刑,并处没收财产;情节较轻的,处三年以下有期徒刑或者拘役,并处或者单处一万元以上十万元以下罚金。伪造货币并出售或者运输伪造的货币的,依照第一条的规定从重处罚。"

3. **1997年修订刑法的情况**。1997年修订刑法时保留了这一罪名,并在出售、购买、运输假币犯罪和金融工作人员购买假币、以假币换取货币犯罪的第三档刑罚中分别增加对行为人"并处五万元以上五十万元以下罚金"和"并处二万元以上二十万元以下罚金"的规定。

【条文说明】

本条是关于出售、购买、运输假币罪和金融工作人员购买假币、以假币换取货币罪及其处罚的规定。

本条共分为三款。

第一款是关于出售、购买、运输假币罪及其处罚的规定。本条规定的**"出售"伪造的货币**是指以营利为目的,以一定的价格卖出伪造的货币的行为。**"购买"伪造的货币**是指行为人以一定的价格用货币换取伪造的货币的行为。[①②]**"明知是伪造的货币而运输"**,是指行为人主观上明明知道是伪造的货币,而使用汽车、飞机、火车、轮船等交通工具或者以其他方式将伪造的货币从甲地运输到乙地的行为。本款共规定了以下三个罪名:

1. **出售假币罪**。出售假币罪具有以下特征:其一,行为人在主观上必须是故意的。人民币不是一般的商品,是不能出售的,在现实生活中更不可能存在用低于某种货币的面值出售该种货币的情况,只有在所持有的"货币"是伪造的,不具有其票面所标明价值的情况下,才可能出现某些不法分子为牟取不义之财进行出售的情况。在这种情况下,行为人主观上的故意是不言而喻的。其二,行为人必须实施了出售伪造货币的行为。其三,行为人出售伪造货币要达到一定的数量。根据本款规定,出售伪造货币的数额较大,即构成本罪。根据2000年《最高人民法院关于审理伪造货币等案件具体应用法律若干问题的解释》第三条的规定,出售假币总面额在四千元以上不满五万元的,属于"**数额较大**";总面额在五万元以上不满二十万元的,属于"**数额巨大**";总面额在二十万元以上的,属于"**数额特别巨大**",依照本条第一款的规定定罪处罚。对于出售了少量伪造的货币,没有达到数额较大标准的,应当按照有关规定,给予相应的行政处罚。

2. **购买假币罪**。构成购买假币罪,应具备以下特征:其一,行为人在主观上是故意,一般都以牟取非法利益为目的,如购买后冒充货币使用或者行骗;购买后再进行贩卖以牟取暴利等。其二,行为人必须实施了以一定的价格购买伪造货币的行为,在通常情况下,其买入的价格一般远远低于票面所印价格。其三,购买的伪造货币的数额较大。这里"数额较大"的标准与前述2000年《最高人民法院关于审理伪造货币等案件具体应用法律若干问题的解释》第三条规定的出售假币罪的标准一致。

3. **运输假币罪**。根据本款规定,构成本罪应当具备以下特征:其一,行为人首先要具有运输伪造货币的行为。其二,行为人在主观上必须是明知的,即行为人清楚地知道其运输的货物是伪造的货

---

① 由于假币互易行为难谓有偿转让,故而,其不在本罪所称的出售、购买的范围之内,不能以本罪论处。参见黎宏:《刑法学各论》(第2版),法律出版社2016年版,第127页。

② 我国学者指出,由于立法者将出售和购买假币的行为均规定为犯罪,二者互相依赖,因而是一种必要共犯关系。故而,要求购买方与出售方都明知交易的对象是假币。参见黎宏:《刑法学各论》(第2版),法律出版社2016年版,第126—127页。

币。从实际情况看,运输伪造货币的行为与出售伪造货币的行为、购买伪造的货币的行为不同。出售、购买伪造货币的,行为人具有主观上的故意是不言而喻的;运输伪造货币的案件,主观状态则比较复杂,在有些情况下,托运人并未向承运人如实告知所运货物的情况,承运人也无法了解所运货物的真实情况。在这种情况下,承运人是被蒙骗的,对这种因受蒙骗等原因在不知道运输的是伪造的货币的情况下而运输的,不能作为犯罪处理。因此本款明确将"**明知**"规定为构成犯罪的要件。其三,运输的伪造的货币的数额较大。这里"数额较大"的标准也与前述2000年《最高人民法院关于审理伪造货币等案件具体应用法律若干问题的解释》第三条规定的出售假币罪的标准一致。

根据本款和前述最高人民法院司法解释的规定,对出售、购买伪造的货币或者明知是伪造的货币而运输,**数额较大的**,即总面额在四千元以上不满五万元的,处三年以下有期徒刑或者拘役,并处二万元以上二十万元以下罚金;**数额巨大的**,即总面额在五万元以上不满二十万元的,处三年以上十年以下有期徒刑,并处五万元以上五十万元以下罚金;**数额特别巨大的**,即总面额在二十万元以上的,处十年以上有期徒刑或者无期徒刑,并处五万元以上五十万元以下罚金或者没收财产。对于行为人购买伪造的货币后使用,构成犯罪的,**依照本条规定的购买假币罪定罪,并从重处罚**。对于行为人出售、运输假币构成犯罪,同时有使用假币行为进行犯罪的,**应当分别依照本条和《刑法》第一百七十二条的规定,实行数罪并罚**。

第二款是关于银行或者其他金融机构的工作人员购买伪造的货币,或者利用职务上的便利以伪造的货币换取货币的犯罪及处罚的规定。[①][②]这里所说的"**银行**",指开发性金融机构(国家开发银行)、住房储蓄银行、政策性银行、商业银行、农村合作银行、村镇银行、农村和城市的信用合作社、农村资金互助社等。"**其他金融机构**",是指除银行以外的信托公司、证券公司、期货经纪公司、保险公司、金融资产管理公司、企业集团财务公司、金融租赁公司、汽车金融公司、货币经纪公司、消费金融公司、境外非银行金融机构驻华代表处等金融机构。"**利用职务上的便利,以伪造的货币换取货币**",是指银行或者其他金融机构的工作人员,利用职务上管理金库、出纳现金、吸收付出存款等便利条件,以伪造的货币换取货币的行为。银行及其他金融机构从事货币流通及其相关的业务活动,其工作人员出于工作性质和工作的需要,有更多的机会和条件接触货币。一些银行或者其他金融机构的工作人员购买伪造货币或者以伪造货币换取货币的案件,往往涉及的犯罪金额巨大,不仅给国家造成了严重的经济损失,而且严重影响了银行及其他金融机构的声誉,严重扰乱了国家的金融秩序,也违背了他们维护货币的正常流通及金融秩序稳定的职责,他们的行为较一般公民购买伪造货币或者以伪造的货币换取货币的行为具有更为严重的社会危害性。[③] 因此,本款对银行或者其他金融机构工作人员购买伪造货币和银行或者其他金融机构的工作人员利用职务上的便利,以伪造的货币换取货币的行为,规定了比一般公民更为严厉的刑罚。

本款规定的银行或者其他金融机构的工作人员购买假币罪,其犯罪构成在主观方面和行为特征上与普通人购买伪造的货币是一样的。所不同的是普通人购买伪造的货币数额较大的才构成犯罪,**本款规定没有这一限制**。也就是说银行或者其他金融机构的工作人员,只要实施了购买伪造货币的行为,不论数额大小都可构成犯罪。

本款规定的银行或者其他金融机构的工作人员以假币换取货币罪,其犯罪构成具有以下特征:第一,犯罪主体必须是特定的,即必须是银行或者其他金融机构的工作人员。第二,行为人必须实施了用伪造的货币换取货币的行为,即以假币换真币的行为。第三,行为人必须利用了职务上的便利。如果行为人没有利用职务上的便利,而是在私下场合用自己所持有的假币向别人换取真币,不能构成本罪。第四,行为人在主观上必须是故意的。如果行为人在工作中误将假币支付给他人,不能视为利用职务便利以假币换真币。

---

① 如果金融机构工作人员出售、运输假币的,则以出售、运输假币罪论处。参见黎宏:《刑法学各论》(第2版),法律出版社2016年版,第127页。

② 国有金融机构工作人员利用职务上管理金库、出纳现金、吸收付出存款等便利条件,以伪造的货币换取货币,同时构成金融机构工作人员以假币换取货币罪和贪污罪,两者之间有法条竞合的关系。一般情况下,以本罪论处;但是,如果换取假币数额特别巨大,以本罪处理明显偏轻的,似可考虑以贪污罪定罪处刑。参见周光权:《刑法各论》(第4版),中国人民大学出版社2021年版,第288页。

③ 我国学者指出,加重处罚的原因在于,金融机构工作人员的身份决定了他们随时可能将假币调换成为真货币,使假币通过金融机构置于流通,更严重地损害了货币的公共信用。参见张明楷:《刑法学》(第6版),法律出版社2021年版,第985页。

根据本款和前述最高人民法院司法解释的规定,银行或者其他金融机构工作人员购买假币或者利用职务上的便利,以假币换取货币,**总面额在四千元以上不满五万元或者币量在四百张(枚)以上不足五千张(枚)的**,处三年以上十年以下有期徒刑,并处二万元以上二十万元以下罚金;**数额巨大即总面额在五万元以上或者币量在五千张(枚)以上或者有其他严重情节的**,处十年以上有期徒刑或者无期徒刑,并处二万元以上二十万元以下罚金或者没收财产;**情节较轻即总面额不满四千元或者币量不足四百张(枚)或者具有其他较轻情节的**,处三年以下有期徒刑或者拘役,并处或者单处一万元以上十万元以下罚金。

第三款是关于伪造货币并出售或者运输伪造货币的,**依照本法第一百七十条伪造货币罪的规定定罪从重处罚**的规定。根据本款的规定,行为人伪造货币,并将伪造的货币出售的;或者伪造货币,并将伪造的货币运输到他处的,应当以伪造货币罪定罪①,并根据行为人所犯罪行的具体情节,在本法第一百七十条规定的伪造货币罪的量刑幅度内从重处罚。

需要注意的是,关于本条规定的立案追诉标准,2010年《最高人民检察院、公安部关于公安机关管辖的刑事案件立案追诉标准的规定(二)》第二十条规定:"出售、购买伪造的货币或者明知是伪造的货币而运输,总面额在四千元以上或者币量在四百张(枚)以上的,**应予立案追诉**。在出售假币时被抓获的,除现场查获的假币应认定为出售假币的数额外,现场之外在行为人住所或者其他藏匿地查获的假币,也应认定为出售假币的数额。"第二十一条规定:"银行或者其他金融机构的工作人员购买伪造的货币或者利用职务上的便利,以伪造的货币换取货币,总面额在二千元以上或者币量在二百张(枚)以上的,**应予立案追诉**。"

【司法解释】

《最高人民法院关于审理伪造货币等案件具体应用法律若干问题的解释》(法释〔2000〕26号,自2000年9月14日起施行)

△(**购买假币后使用;购买假币罪;数罪并罚;使用假币罪**)行为人购买假币后使用,构成犯罪的,依照刑法第一百七十一条的规定,以购买假币罪定罪,从重处罚。②

行为人出售、运输假币构成犯罪,同时有使用假币行为的,依照刑法第一百七十一条、第一百七十二条的规定,实行数罪并罚。(§ 2)

△(**数额较大;数额巨大;数额特别巨大**)出售、购买假币或者明知是假币而运输,总面额在四千元以上不满五万元的,属于"数额较大";总面额在五万元以上不满二十万元的,属于"数额巨大";总面额在二十万元以上的,属于"数额特别巨大",依照刑法第一百七十一条第一款的规定定罪处罚。(§ 3)

△(**金融工作人员购买假币、以假币换取货币罪;量刑档次**)银行或者其他金融机构的工作人员购买假币或者利用职务上的便利,以假币换取货币,总面额在四千元以上不满五万元或者币量在四百张(枚)以上不足五千张(枚)的,处三年以上十年以下有期徒刑,并处二万元以上二十万元以下罚金;总面额在五万元以上或者币量在五千张(枚)以上或者有其他严重情节的,处十年以上有期徒刑或者无期徒刑,并处二万元以上二十万元以下罚金或者没收财产;总面额不满人民币四千元或者币量不足四百张(枚)或者具有其他情节较轻情形的,处三年以下有期徒刑或者拘役,并处或者单处一万元以上十万元以下罚金。(§ 4)

△(**货币;货币面额之计算**)本解释所称"货币"是指可在国内市场流通或者兑换的人民币和境外货币。③

货币面额应当以人民币计算,其他币种以案发时国家外汇管理机关公布的外汇牌价折算成人民币。(§ 7)

《最高人民法院关于审理伪造货币等案件具体应用法律若干问题的解释(二)》(法释〔2010〕14号,自2010年11月3日起施行)

△(**正在流通的境外货币;假币犯罪;犯罪数**

① 仅限于行为人出售、运输自己伪造的假币的情形。参见张明楷:《刑法学》(第6版),法律出版社2021年版,第985页。

② 对此,我国学者指出,将"购买假币并使用"一概地认定成立购买假币罪,会导致量刑上的不协调。尽管从法益侵害程度上来看,购买假币罪是危险犯,而使用假币罪是侵害犯,后者明显重于前者,但是,按照现行法的规定,购买假币罪的法定刑重于使用假币罪。如此规定的原因在于,《刑法》第一百七十一条所规定的购买假币行为,是与出售假币相关联的行为。因此,必须区分不同情形进行讨论。为了自己使用而购买假币,宜认定为持有、使用假币罪;为了出售而购买假币,才以购买假币罪论处。参见张明楷:《刑法学》(第6版),法律出版社2021年版,第987页。

③ 《最高人民法院关于审理伪造货币等案件具体应用法律若干问题的解释(二)》(法释〔2010〕14号,自2010年11月3日起施行)第三条已将假币犯罪的对象扩张到所有正在流通的境外货币。

额之计算)以正在流通的境外货币为对象的假币犯罪,依照刑法第一百七十条至第一百七十三条的规定定罪处罚。

假境外货币犯罪的数额,按照案发当日中国外汇交易中心或者中国人民银行授权机构公布的人民币对该货币的中间价折合成人民币计算。中国外汇交易中心或者中国人民银行授权机构未公布汇率中间价的境外货币,按照案发当日境内银行人民币对该货币的中间价折算成人民币,或者该货币在境内银行、国际外汇市场对美元汇率,与人民币对美元汇率中间价进行套算。(§ 3)

△**(普通纪念币;贵金属纪念币;假币犯罪;犯罪数额之计算)**以中国人民银行发行的普通纪念币和贵金属纪念币为对象的假币犯罪,依照刑法第一百七十条至第一百七十三条的规定定罪处罚。

假普通纪念币犯罪的数额,以面额计算;假贵金属纪念币犯罪的数额,以贵金属纪念币的初始发售价格计算。(§ 4)

【司法解释性文件】

《全国法院审理金融犯罪案件工作座谈会纪要》(法〔2001〕8 号,2001 年 1 月 21 日公布)

△**(假币犯罪;出售假币罪;假币犯罪罪名之确定;出售伪造的台币)**假币犯罪的认定。假币犯罪是一种严重破坏金融管理秩序的犯罪。只要有证据证明行为人实施了出售、购买、运输、使用假币行为,且数额较大,就构成犯罪。伪造货币的,只要实施了伪造行为,不论是否完成全部印制工序,即构成伪造货币罪;对于尚未制造出成品,无法计算伪造、销售假币面额的,或者制造、销售用于伪造货币的版样的,不认定犯罪数额,依据犯罪情节决定刑罚。明知是伪造的货币而持有,数额较大,根据现有证据不能认定行为人是为了进行其他假币犯罪的,以持有假币罪定罪处罚;如果有证据证明其持有的假币已构成其他假币犯罪的,应当以其他假币犯罪定罪处罚。

假币犯罪罪名的确定。假币犯罪案件中犯罪分子实施数个相关行为的,在确定罪名时应把握以下原则:

(1)对同一宗假币实施了法律规定为选择性罪名的行为,应根据行为人所实施的数个行为,按相关罪名刑法规定的排列顺序并列确定罪名,数额不累计计算,不实行数罪并罚。

(2)对不同宗假币实施法律规定为选择性罪名的行为,并列确定罪名,数额按全部假币面额累计计算,不实行数罪并罚。

(3)对同一宗假币实施了刑法没有规定为选择性罪名的数个犯罪行为,择一重罪从重处罚。如伪造货币或者购买假币后使用的,以伪造货币罪或购买假币罪定罪,从重处罚。

(4)对不同宗假币实施了刑法没有规定为选择性罪名的数个犯罪行为,分别定罪,数罪并罚。

出售假币被查获部分的处理。在出售假币时被抓获的,除现场查获的假币应认定为出售假币的犯罪数额外,现场之外在行为人住所或者其他藏匿地查获的假币,亦应认定为出售假币的犯罪数额。[①] 但有证据证实后者是行为人有实施其他假币犯罪的除外。

制造或者出售伪造的台币行为的处理。对于伪造台币的,应当以伪造货币罪定罪处罚;出售伪造的台币的,应当以出售假币罪定罪处罚。

《最高人民法院、最高人民检察院、公安部关于严厉打击假币犯罪活动的通知》(公通字〔2009〕45 号,2009 年 9 月 15 日公布)

△**(假币犯罪;地域管辖;指定管辖)**……根据刑事诉讼法的有关规定,假币犯罪案件的地域管辖应当遵循以犯罪地管辖为主,犯罪嫌疑人居住地管辖为辅的原则。假币犯罪案件中的犯罪地,既包括犯罪预谋地、行为发生地,也包括运输假币的途经地。假币犯罪案件中的犯罪嫌疑人居住地,不仅包括犯罪嫌疑人经常居住地和户籍所在地,也包括其临时居住地。几个公安机关都有权管辖的假币犯罪案件,由最初立案地或者主要犯罪地公安机关管辖;对管辖有争议或者情况特殊的,由共同的上级公安机关指定管辖。如需人民检察院、人民法院指定管辖的,公安机关要及时提出相关建议。经审查需要指定的,人民检察院、人民法院要依法指定管辖。(§ 2)

《最高人民检察院、公安部关于公安机关管辖的刑事案件立案追诉标准的规定(二)》(公通字〔2022〕12 号,2022 年 4 月 6 日公布)

△**(出售、购买、运输假币罪;立案追诉标准)**出售、购买伪造的货币或者明知是伪造的货币而运输,涉嫌下列情形之一的,应予立案追诉:

(一)总面额在四千元以上或者币量在四百张(枚)以上的;

(二)总面额在二千元以上或者币量在二百

① 我国学者指出,对于行为人没有出售的假币数额,没有必要将其算入出售假币的犯罪数额中,而应视假币来源认定为伪造货币、购买假币既遂的数额。参见张明楷:《刑法学》(第 6 版),法律出版社 2021 年版,第 985 页。

张(枚)以上,二年内因出售、购买、运输假币受过行政处罚,又出售、购买、运输假币的;

(三)其他出售、购买、运输假币应予追究刑事责任的情形。

在出售假币时被抓获的,除现场查获的假币应认定为出售假币的数额外,现场之外在行为人住所或者其他藏匿地查获的假币,也应认定为出售假币的数额。(§15)

△(**金融工作人员购买假币、以假币换取货币罪;立案追诉标准**)银行或者其他金融机构的工作人员购买伪造的货币或者利用职务上的便利,以伪造的货币换取货币,总面额在二千元以上或者币量在二百张(枚)以上的,应予立案追诉。(§16)

【附属刑法】

《中华人民共和国中国人民银行法》(1995年3月18日通过,2003年12月27日修正)

第四十二条

伪造、变造人民币,出售伪造、变造的人民币,或者明知是伪造、变造的人民币而运输[①],构成犯罪的,依法追究刑事责任;尚不构成犯罪的,由公安机关处十五日以下拘留、一万元以下罚款。

第四十三条

购买伪造、变造的人民币或者明知是伪造、变造的人民币而持有、使用,构成犯罪的,依法追究刑事责任;尚不构成犯罪的,由公安机关处十五日以下拘留、一万元以下罚款。

第一百七十二条　【持有、使用假币罪】

明知是伪造的货币而持有、使用,数额较大的,处三年以下有期徒刑或者拘役,并处或者单处一万元以上十万元以下罚金;数额巨大的,处三年以上十年以下有期徒刑,并处二万元以上二十万元以下罚金;数额特别巨大的,处十年以上有期徒刑,并处五万元以上五十万元以下罚金或者没收财产。

【立法理由】

1.1979年之后至1997年刑法修订前的立法情况。故意持有伪造的货币,数额较大的,其目的往往是为了运输、出售、走私、使用这些伪造的货币,也有的持有人自身就进行或参与了伪造货币、买卖假币等犯罪行为。但是,实践中往往缺乏进一步证明行为人有伪造、运输、出售、走私、购买、使用假币等行为的证据。鉴于持有假币行为本身对正常的金融秩序构成一定的危害,有必要依法追究刑事责任。此外,使用伪造货币的行为,为伪造货币的继续流通、泛滥提供了条件,同样严重扰乱了国家的金融秩序,影响了群众的正常经营和生活。使用伪造货币,还会诱发伪造货币、走私、运输、购买、出售伪造货币等其他犯罪,故也有必要将使用假币数额较大的行为规定为犯罪。1995年《全国人民代表大会常务委员会关于惩治破坏金融秩序犯罪的决定》对1979年刑法作了补充,将这两种行为规定为犯罪。该决定第四条规定:"明知是伪造的货币而持有、使用,数额较大的,处三年以下有期徒刑或者拘役,并处一万元以上十万元以下罚金;数额巨大的,处三年以上十年以下有期徒刑,并处二万元以上二十万元以下罚金;数额特别巨大的,处十年以上有期徒刑,并处五万元以上五十万元以下罚金或者没收财产。"

2.1997年修订刑法的情况。1997年修订刑法时,保留了这一罪名,并在第一档刑罚中增加了"单处"罚金的规定。基于此,本条将明知是伪造的货币而持有、使用的行为纳入刑法,并单独作为一条规定为犯罪。

【条文说明】

本条是关于持有、使用假币罪及其处罚的规定。

本条规定的"**明知是伪造的货币而持有**",是指行为人在主观上明确地知道所持有的货币是伪

① 《中华人民共和国中国人民银行法》(1995年3月18日通过,2003年12月27日修正)

第十八条

Ⅰ人民币由中国人民银行统一印制、发行。

Ⅱ中国人民银行发行新版人民币,应当将发行时间、面额、图案、式样、规格予以公告。

第十九条

禁止伪造、变造人民币。禁止出售、购买伪造、变造的人民币。禁止运输、持有、使用伪造、变造的人民币。禁止故意毁损人民币。禁止在宣传品、出版物或者其他商品上非法使用人民币图样。

造的人民币或者外币的情况下而违反国家的有关规定非法持有的行为。本条规定的“**明知是伪造的货币而使用**”，是指行为人明确地知道是伪造的人民币或者外币而以真货币的名义进行支付、汇兑、储蓄等使用的行为。

本条规定了两个罪名：

1. **持有假币罪**。考虑到故意持有伪造的货币的行为不仅可能构成伪造货币、运输、出售、走私、购买伪造货币等犯罪，而且这种行为本身对国家正常的金融秩序造成了一定的危害，具有社会危害性，因而本条将明知是伪造的货币而持有的行为规定为犯罪。构成本罪应当具备下列条件：其一，行为人具有持有伪造的货币的行为。这里所说的“**持有**”的概念是广义的，不仅仅是指行为人随身携带伪造的货币，而且包括行为人在自己家中、亲属朋友处保存伪造的货币，自己或者通过他人传递伪造的货币等行为。[①] 其二，行为人在主观上明知其所持有的是伪造的货币。如果行为人在主观上不知道其所持有的是伪造的货币，则不构成本罪。其三，行为人所持有的伪造货币的数额要达到较大的标准。这里所说的“数额较大”，是指在客观方面行为人的行为构成伪造货币罪的条件。如果行为人持有的伪造货币的数额没有达到“数额较大”的标准，则不构成本罪。

根据本条和2000年《最高人民法院关于审理伪造货币等案件具体应用法律若干问题的解释》第五条的规定，明知是伪造的货币而持有，**数额较大的**，即总面额在四千元以上不满五万元的，处三年以下有期徒刑或者拘役，并处或者单处一万元以上十万元以下罚金；**数额巨大的**，即总面额在五万元以上不满二十万元的，处三年以上十年以下有期徒刑，并处二万元以上二十万元以下罚金；**数额特别巨大的**，即总面额在二十万元以上的，处十年以上有期徒刑，并处五万元以上五十万元以下罚金或者没收财产。

2. **使用假币罪**。使用伪造货币的行为，为伪造货币的继续流通、泛滥提供了条件，严重扰乱了国家的金融秩序，影响了人民群众的正常生活。同时，通过使用伪造货币行为，也使伪造货币、走私、运输、购买、出售伪造货币等犯罪活动的有利可图成为可能。因此，应当予以刑事处罚。本条在将使用伪造的货币规定为犯罪的同时，对构成这种犯罪的条件也作了规定。根据本条规定，构成使用假币罪应当具备下列条件：其一，行为人实施了明知是伪造的货币而使用的行为。这里所说的“**使用**”，包括行为人出于各种目的，以各种方式将伪造的货币作为货币流通的行为[②][③]，如使用伪造的货币购买商品[④]；将伪造的货币存入银行[⑤]；用伪造的外币在境内进行兑换[⑥]；以伪造的货币清偿债务等。其二，行为人在主观上明知其使用的是伪造的货币。行为人在主观上是否明知，是区分罪与非罪的标准之一，如果行为人不知是伪造的货币而使用的，不能构成本罪。其三，行为人所使用的伪造的货币的数额较大。行为人使用伪造的货币如果不是数额较大，不能构成犯罪。这里规定的“数额较大”，是区分行为人是否构成本罪的标准。另外，本条还将行为人使用伪造货币“数额巨大”或者“数额特别巨大”的，规定为加重刑事处罚的情节。如果行为人使用伪造的货币，没有达到“数额较大”的，不能构成犯罪。

根据本条和前述最高人民法院司法解释的规定，行为人明知是伪造的货币而使用，数额较大的，即**总面额在四千元以上不满五万元的**，处三年以下有期徒刑或者拘役，并处或单处一万元以上

---

① 只要伪造的货币处于行为人事实上的支配之下即可，不要求行为人实际上握有伪造的货币。参见黎宏：《刑法学各论》（第2版），法律出版社2016年版，第128页；赵秉志、李希慧主编：《刑法各论》（第3版），中国人民大学出版社2016年版，第118页。

② 使用假币罪是否包含使用变造的假币数额较大的情形？对此，我国学者指出，刑法已经明确区分了伪造与变造，且从体系上来看，变造货币罪规定在使用假币罪之后。因此，“使用伪造的货币”不包括使用变造的货币。但是，对使用变造的货币骗取财物的行为，可以考虑以诈骗罪论处，既可以与诈骗罪协调，也可以与使用假币罪协调（使用假币骗取数额特别巨大的财物，按诈骗罪的法定刑处罚）。参见张明楷：《刑法学》（第6版），法律出版社2021年版，第990页。

③ 我国学者指出，使用假币，乃指将假币作为真货币直接置于流通的行为，其以对方不知情作为前提。参见张明楷：《刑法学》（第6版），法律出版社2021年版，第986页；黎宏：《刑法学各论》（第2版），法律出版社2016年版，第128页。

④ 使用假币骗取财物的行为，既侵犯了货币的公共信用，又侵害了他人财产，但仅有一行为，属于想象竞合犯。参见张明楷：《刑法学》（第6版），法律出版社2021年版，第988—989页。

⑤ 如果行为人使用真实有效的信用卡或者存折，通过ATM成功存入假币，并从其他ATM中取出真币，我国学者指出，行为人通过ATM存入假币的行为构成使用假币罪，其后在ATM上取出真币的行为构成盗窃罪，二者之间不具有所谓的类型性的牵连关系，也不属于其他应当以一罪论处的情形，故应数罪并罚。参见张明楷：《刑法学》（第6版），法律出版社2021年版，第987—988页。

⑥ 我国学者指出，行为人使用假币兑换另一种真货币，其行为同时触犯了使用假币罪和诈骗罪两个罪名，应当按照从一重处罚的原则处理。参见黎宏：《刑法学各论》（第2版），法律出版社2016年版，第129页。

十万元以下罚金;**数额巨大的**,即总面额在五万元以上不满二十万元的,处三年以上十年以下有期徒刑,并处二万元以上二十万元以下罚金;**数额特别巨大的**,即总面额在二十万元以上的,处十年以上有期徒刑,并处五万元以上五十万元以下罚金或者没收财产。

实践中需要注意以下问题:

1. 如果行为人出售、运输假币构成犯罪,同时有使用假币行为的,根据2000年《最高人民法院关于审理伪造货币等案件具体应用法律若干问题的解释》第二条的规定,**依照《刑法》第一百七十一条"出售、运输假币罪"和本条的规定,实行数罪并罚**。

2. 如果行为人以使用为目的,使用伪造的停止流通的货币的,根据2010年《最高人民法院关于审理伪造货币等案件具体应用法律若干问题的解释(二)》第五条的规定,该种行为依照《刑法》第二百六十六条的规定,**以诈骗罪定罪处罚**。

【司法解释】

《最高人民法院关于审理伪造货币等案件具体应用法律若干问题的解释》(法释〔2000〕26号,自2000年9月14日起施行)

△(**持有、使用假币罪;数额较大;数额巨大;数额特别巨大**)明知是假币而持有、使用,总面额在四千元以上不满五万元的,属于"数额较大";总面额在五万元以上不满二十万元的,属于"数额巨大";总面额在二十万元以上的,属于"数额特别巨大",依照刑法第一百七十二条的规定定罪处罚。(§5)

△(**货币;货币面额之计算**)本解释所称"货币"是指可在国内市场流通或者兑换的人民币和境外货币。①

货币面额应当以人民币计算,其他币种以案发时国家外汇管理机关公布的外汇牌价折算成人民币。(§7)

《最高人民法院关于审理伪造货币等案件具体应用法律若干问题的解释(二)》(法释〔2010〕14号,自2010年11月3日起施行)

△(**正在流通的境外货币;假币犯罪;犯罪数额之计算**)以正在流通的境外货币为对象的假币犯罪,依照刑法第一百七十条至第一百七十三条的规定定罪处罚。

假境外货币犯罪的数额,按照案发当日中国外汇交易中心或者中国人民银行授权机构公布的人民币对该货币的中间价折合成人民币计算。中国外汇交易中心或者中国人民银行授权机构未公布汇率中间价的境外货币,按照案发当日境内银行人民币对该货币的中间价折算成人民币,或者该货币在境内银行、国际外汇市场对美元汇率,与人民币对美元汇率中间价进行套算。(§3)

△(**普通纪念币;贵金属纪念币;假币犯罪;犯罪数额之计算**)以中国人民银行发行的普通纪念币和贵金属纪念币为对象的假币犯罪,依照刑法第一百七十条至第一百七十三条的规定定罪处罚。

假普通纪念币犯罪的数额,以面额计算;假贵金属纪念币犯罪的数额,以贵金属纪念币的初始发售价格计算。(§4)

【司法解释性文件】

《全国法院审理金融犯罪案件工作座谈会纪要》(法〔2001〕8号,2001年1月21日公布)

△(**假币犯罪;持有假币罪;假币犯罪罪名之确定**)假币犯罪的认定。假币犯罪是一种严重破坏金融管理秩序的犯罪。只要有证据证明行为人实施了出售、购买、运输、使用假币行为,且数额较大,就构成犯罪。伪造货币的,只要实施了伪造行为,不论是否完成全部印制工序,即构成伪造货币罪;对于尚未制造出成品,无法计算伪造、销售假币面额的,或者制造、销售用于伪造货币的版样的,不认定犯罪数额,依据犯罪情节决定刑罚。明知是伪造的货币而持有,数额较大,根据现有证据不能认定行为人是为了进行其他假币犯罪的,以持有假币罪定罪处罚;如果有证据证明其持有的假币已构成其他假币犯罪的,应当以其他假币犯罪定罪处罚。

假币犯罪罪名的确定。假币犯罪案件中犯罪分子实施数个相关行为的,在确定罪名时应把握以下原则:

(1)对同一宗假币实施了法律规定为选择性罪名的行为,应根据行为人所实施的数个行为,按相关罪名刑法规定的排列顺序并列确定罪名,数额不累计计算,不实行数罪并罚。

(2)对不同宗假币实施法律规定为选择性罪名的行为,并列确定罪名,数额按全部假币面额累

① 《最高人民法院关于审理伪造货币等案件具体应用法律若干问题的解释(二)》(法释〔2010〕14号,自2010年11月3日起施行)第三条已将假币犯罪的对象扩张到所有正在流通的境外货币。

计计算，不实行数罪并罚。①

(3)对同一宗假币实施了刑法没有规定为选择性罪名的数个犯罪行为，择一重罪从重处罚。如伪造货币或者购买假币后使用的，以伪造货币罪或购买假币罪定罪，从重处罚。

(4)对不同宗假币实施了刑法没有规定为选择性罪名的数个犯罪行为，分别定罪，数罪并罚。

《最高人民法院、最高人民检察院、公安部关于严厉打击假币犯罪活动的通知》(公通字〔2009〕45号，2009年9月15日公布)

△**(假币犯罪；地域管辖；指定管辖)**……根据刑事诉讼法的有关规定，假币犯罪案件的地域管辖应当遵循以犯罪地管辖为主，犯罪嫌疑人居住地管辖为辅的原则。假币犯罪案件中的犯罪地，既包括犯罪预谋地、行为发生地，也包括运输假币的途经地。假币犯罪案件中的犯罪嫌疑人居住地，不仅包括犯罪嫌疑人经常居住地和户籍所在地，也包括其临时居住地。几个公安机关都有权管辖的假币犯罪案件，由最初立案地或者主要犯罪地公安机关管辖；对管辖有争议或者情况特殊的，由共同的上级公安机关指定管辖。如需人民检察院、人民法院指定管辖的，公安机关要及时提出相关建议。经审查需要指定的，人民检察院、人民法院要依法指定管辖。(§2)

《最高人民检察院、公安部关于公安机关管辖的刑事案件立案追诉标准的规定(二)》(公通字〔2022〕12号，2022年4月6日公布)

△(持有、使用假币罪；立案追诉标准)明知是伪造的货币而持有、使用，涉嫌下列情形之一的，应予立案追诉：

(一)总面额在四千元以上或者币量在四百张(枚)以上的；

(二)总面额在二千元以上或者币量在二百张(枚)以上，二年内因持有、使用假币受过行政处罚，又持有、使用假币的；

(三)其他持有、使用假币应予追究刑事责任的情形。(§17)

【附属刑法】

《中华人民共和国中国人民银行法》(1995年3月18日通过，2003年12月27日修正)

第四十三条

购买伪造、变造的人民币或者明知是伪造、变造的人民币而持有、使用②，构成犯罪的，依法追究刑事责任；尚不构成犯罪的，由公安机关处十五日以下拘留、一万元以下罚款。

【参考案例】

△购买假币后使用的假币数额，包括已经使用和准备使用的数额。

张顺发持有、使用假币案在审理过程中牵涉到对《最高人民法院关于审理伪造货币等案件具体应用法律若干问题的解释》第二条另一个问题的理解，即行为人购买假币后使用，是使用假币数额要达到数额较大，构成使用假币罪，才以购买假币罪定罪，从重处罚，还是购买假币数额达到数额较大，只要有使用行为，就定购买假币罪，从重处罚。据前述，本条解释实质上体现了牵连犯的处理原则，构成牵连犯的一个前提条件就是要求存在两个以上独立的犯罪行为，所以，使用假币达到数额较大方能适用本条解释。但这里做这样的区分只具有理论上的意义，实践中并不能这样理解和处理这类案件。因为购买和持有、使用是一个连贯的行为，购买并已使用的假币如属于同一宗假币，就表明购买是为了使用。只要购买的数额足以构成购买假币罪，那么通常也就同时构成使用假币罪，即应当适用《最高人民法院关于审理伪造货币等案件具体应用法律若干问题的解释》第二条的规定定罪量刑。也就是说，购买假币后使用的，不能将使用的数额仅仅理解为已使用的假币数额，还应包括准备使用但因各种原因未使用出去的假币数额。[No.3-4-171(1)-2　张顺发持有、使用假币案]

---

① 我国学者指出，选择性罪名也存在并罚的可能性。但是，当刑法分则条文将数额较大作为犯罪起点，并针对数额巨大、数额特别巨大规定了加重法定刑时，不实行并罚，也能做到罪刑相适应。参见张明楷：《刑法学》(第6版)，法律出版社2021年版，第989页。

② 《中华人民共和国中国人民银行法》(1995年3月18日通过，2003年12月27日修正)

第十九条

禁止伪造、变造人民币。禁止出售、购买伪造、变造的人民币。禁止运输、持有、使用伪造、变造的人民币。禁止故意毁损人民币。禁止在宣传品、出版物或者其他商品上非法使用人民币图样。

第一百七十三条　【变造货币罪】

变造货币，数额较大的，处三年以下有期徒刑或者拘役，并处或者单处一万元以上十万元以下罚金；数额巨大的，处三年以上十年以下有期徒刑，并处二万元以上二十万元以下罚金。

【立法理由】

1. **1979年之后至1997年刑法修订前的立法情况**。一般来讲，广义的伪造货币包含变造货币的行为，因为就本质而言，经过变造的货币已不再是起初的货币。因此，1979年《刑法》第一百二十二条只对伪造国家货币的犯罪行为作了处罚规定，对变造货币的行为没有作为一个独立的罪名予以明确规定。**对实际发生的变造货币的行为也可以作为伪造货币罪处理**。考虑到变造货币与伪造货币的行为在行为特点、社会危害性等方面存在差异，1995年《全国人民代表大会常务委员会关于惩治破坏金融秩序犯罪的决定》对1979年刑法作了补充，将变造货币的行为规定为犯罪。该决定第五条规定，变造货币，数额较大的，处三年以下有期徒刑或者拘役，并处一万元以上十万元以下罚金；数额巨大的，处三年以上十年以下有期徒刑，并处二万元以上二十万元以下罚金。

2. **1997年修订刑法的情况**。1997年修订刑法时，保留了这一罪名，并在第一档刑罚中增加了"单处"罚金的规定。基于此，本条将变造货币的行为纳入刑法，**作为一个独立的罪名**加以规定。

【条文说明】

本条是关于变造货币罪及其处罚的规定。

本条规定的"**变造货币**"，是指行为人在真人民币或外币的基础上或者以真货币为基本材料，通过挖补、剪接、涂改、揭层等加工处理，使原货币改变数量、形态和面值的行为。

根据本条规定，构成变造货币罪应当具备以下条件：

1. 行为人必须具有**变造货币的行为**。变造货币的行为表现为剪贴、挖补、揭层、涂改、移位、重印等各种不同方式。不论行为人以其中何种方式变造货币，都可构成本罪。变造货币的行为与伪造货币的行为是不同的，变造货币是在真币的基础上进行的加工处理，以增加原货币的面值[①]；伪造货币则不是对真币进行加工处理，而是将非货币的一些物质经过加工后伪造成货币，有的伪造货币的行为要利用货币，如采用彩色复印机伪造货币的。变造的货币在某种程度上有原货币的成分，如原货币的纸张、金属防伪线、油墨等；伪造的货币则不具有原货币的成分。2010年《最高人民法院关于审理伪造货币等案件具体应用法律若干问题的解释（二）》第一条第二款规定："对真货币采用剪贴、挖补、揭层、涂改、移位、重印等方法加工处理，改变真币形态、价值的行为，应当认定为刑法第一百七十三条规定的'变造货币'。"

2. 行为人在主观上是**故意的**，主要是以非法牟利为目的。如果行为人不具有非法牟利的目的，如出于好奇等原因对货币进行了涂改，改变了货币的金额，但并未进行使用，且不具有使用的意图，不能构成本罪。

3. **行为人变造货币的数额要达到一定的标准，即"数额较大"**。这里所说的"数额较大"，是构成本罪的要件之一。变造货币的数额是衡量该行为社会危害性的主要标准。一般来说变造货币的数额小，其社会危害性也比较小；变造货币的数额大，社会危害性也大。本条以"数额较大"作为构成犯罪的条件。同时还对变造货币**数额巨大的**，规定了较重的处罚。行为人变造货币的数额不大的，如剪贴了几张小面额的货币等，不构成犯罪，可以由公安机关处罚。

根据本条和2000年《最高人民法院关于审理伪造货币等案件具体应用法律若干问题的解释》第六条的规定，行为人变造货币，**数额较大的**，即总面额在二千元以上不满三万元的，处三年以下有期徒刑或者拘役，并处或单处一万元以上十万元以下罚金；**数额巨大的**，即总面额在三万元以上的，处三年以上十年以下有期徒刑，并处二万元以上二十万元以下罚金。

本条对变造货币罪规定了**比伪造货币罪较轻**

① 我国学者指出，变造货币的表现并不限于增加货币面额。减少货币面额、将真币变为"错版"人民币，减少金属硬币的金属含量、改变货币形态的行为，均属于变造货币。参见张明楷：《刑法学》（第6版），法律出版社2021年版，第990页。

的刑罚[①]，主要是考虑这类犯罪由于受到行为方式的限制，一般情况下变造的货币的数额要远远小于伪造的货币的数额，而且变造货币的犯罪是在货币的基础上进行加工处理，犯罪分子还需要先投入一部分真的货币才能进行这种犯罪活动，从这个角度上讲，这类犯罪所能牟取的非法利益也要相对小于伪造货币的犯罪，而伪造货币的犯罪有时则是成批、大量地生产"货币"，对国家的金融秩序的危害要比变造货币严重，为了体现区别对待、罪刑相适应的原则，本法对变造货币的犯罪和伪造货币的犯罪规定了不同的刑罚。

实践中，对于货币面额的计算标准，特别是**外币面额的计算标准**，直接影响犯罪的量刑档次。根据2000年《最高人民法院关于审理伪造货币等案件具体应用法律若干问题的解释》第七条和2010年《最高人民法院关于审理伪造货币等案件具体应用法律若干问题的解释（二）》第三条的规定，司法部门在办案涉及《刑法》第一百七十条至第一百七十三条规定的犯罪案件时，货币面额应当以人民币计算，计算人民币以外的其他币种的数额，按照案发当日中国外汇交易中心或者中国人民银行授权机构公布的人民币对该货币的中间价折合成人民币计算；中国外汇交易中心或者中国人民银行授权机构未公布汇率中间价的境外货币，按照案发当日境内银行人民币对该货币的中间价折算成人民币，或者该货币在境内银行、国际外汇市场对美元汇率，与人民币对美元汇率中间价进行套算。

【司法解释】

《最高人民法院关于审理伪造货币等案件具体应用法律若干问题的解释》（法释〔2000〕26号，自2000年9月14日起施行）

△**（变造货币罪；数额较大；数额巨大）**变造货币的总面额在二千元以上不满三万元的，属于"数额较大"；总面额在三万元以上的，属于"数额巨大"，依照刑法第一百七十三条的规定定罪处罚。（§6）

△**（货币；货币面额之计算）**本解释所称"货币"是指可在国内市场流通或者兑换的人民币和境外货币。[②]

货币面额应当以人民币计算，其他币种以案发时国家外汇管理机关公布的外汇牌价折算成人民币。（§7）

《最高人民法院关于审理伪造货币等案件具体应用法律若干问题的解释（二）》（法释〔2010〕14号，自2010年11月3日起施行）

△**（变造货币）**对真货币采用剪贴、挖补、揭层、涂改、移位、重印等方法加工处理，改变真币形态、价值的行为，应当认定为刑法第一百七十三条规定的"变造货币"。（§1Ⅱ）

△**（同时采用伪造和变造手段；伪造货币罪）**同时采用伪造和变造手段，制造真伪拼凑货币的行为，依照刑法第一百七十条的规定，以伪造货币罪定罪处罚。（§2）

△**（正在流通的境外货币；假币犯罪；犯罪数额之计算）**以正在流通的境外货币为对象的假币犯罪，依照刑法第一百七十条至第一百七十三条的规定定罪处罚。

假境外货币犯罪的数额，按照案发当日中国外汇交易中心或者中国人民银行授权机构公布的人民币对该货币的中间价折合成人民币计算。中国外汇交易中心或者中国人民银行授权机构未公布汇率中间价的境外货币，按照案发当日境内银行人民币对该货币的中间价折算成人民币，或者该货币在境内银行、国际外汇市场对美元汇率，与人民币对美元汇率中间价进行套算。（§3）

△**（普通纪念币；贵金属纪念币；假币犯罪；犯罪数额之计算）**以中国人民银行发行的普通纪念币和贵金属纪念币为对象的假币犯罪，依照刑法第一百七十条至第一百七十三条的规定定罪处罚。

假普通纪念币犯罪的数额，以面额计算；假贵金属纪念币犯罪的数额，以贵金属纪念币的初始发售价格计算。（§4）

【司法解释性文件】

《全国法院审理金融犯罪案件工作座谈会纪要》（法〔2001〕8号，2001年1月21日公布）

△**（假币犯罪罪名之确定）**假币犯罪罪名的确定。假币犯罪案件中犯罪分子实施数个相关行

① 变造货币罪与伪造货币罪的区别在于，变造是针对真货币的加工行为，因此，变造的货币和变造前的货币具有同一性（如变造金属货币上的发行年份）。如果加工的程度导致其与真货币丧失同一性，则属于伪造货币。参见张明楷：《刑法学》（第6版），法律出版社2021年版，第990页；黎宏：《刑法学各论》（第2版），法律出版社2016年版，第129页；周光权：《刑法各论》（第4版），中国人民大学出版社2021年版，第289页。

② 《最高人民法院关于审理伪造货币等案件具体应用法律若干问题的解释（二）》（法释〔2010〕14号，自2010年11月3日起施行）第三条已将假币犯罪的对象扩张到所有正在流通的境外货币。

为的,在确定罪名时应把握以下原则:

(1)对同一宗假币实施了法律规定为选择性罪名的行为,应根据行为人所实施的数个行为,按相关罪名刑法规定的排列顺序并列确定罪名,数额不累计计算,不实行数罪并罚。

(2)对不同宗假币实施法律规定为选择性罪名的行为,并列确定罪名,数额按全部假币面额累计计算,不实行数罪并罚。

(3)对同一宗假币实施了刑法没有规定为选择性罪名的数个犯罪行为,择一重罪从重处罚。如伪造货币或者购买假币后使用的,以伪造货币罪或购买假币罪定罪,从重处罚。

(4)对不同宗假币实施了刑法没有规定为选择性罪名的数个犯罪行为,分别定罪,数罪并罚。

《最高人民法院、最高人民检察院、公安部关于严厉打击假币犯罪活动的通知》(公通字〔2009〕45号,2009年9月15日公布)

△(**假币犯罪;地域管辖;指定管辖**)……根据刑事诉讼法的有关规定,假币犯罪案件的地域管辖应当遵循以犯罪地管辖为主,犯罪嫌疑人居住地管辖为辅的原则。假币犯罪案件中的犯罪地,既包括犯罪预谋地、行为发生地,也包括运输假币的途经地。假币犯罪案件中的犯罪嫌疑人居住地,不仅包括犯罪嫌疑人经常居住地和户籍所在地,也包括其临时居住地。几个公安机关都有权管辖的假币犯罪案件,由最初立案地或者主要犯罪地公安机关管辖;对管辖有争议或者情况特殊的,由共同的上级公安机关指定管辖。如需人民检察院、人民法院指定管辖的,公安机关要及时提出相关建议。经审查需要指定的,人民检察院、人民法院要依法指定管辖。(§2)

《最高人民检察院、公安部关于公安机关管辖的刑事案件立案追诉标准的规定(二)》(公通字〔2022〕12号,2022年4月6日公布)

△(**变造货币罪;立案追诉标准**)变造货币,涉嫌下列情形之一的,应予立案追诉:

(一)总面额在二千元以上或者币量在二百张(枚)以上的;

(二)总面额在一千元以上或者币量在一百张(枚)以上,二年内因变造货币受过行政处罚,又变造货币的;

(三)其他变造货币应予追究刑事责任的情形。(§18)

【附属刑法】

《中华人民共和国中国人民银行法》(1995年3月18日通过,2003年12月27日修正)

第四十二条

伪造、变造人民币,出售伪造、变造的人民币,或者明知是伪造、变造的人民币而运输,构成犯罪的[①],依法追究刑事责任;尚不构成犯罪的,由公安机关处十五日以下拘留、一万元以下罚款。

---

① 《中华人民共和国中国人民银行法》(1995年3月18日通过,2003年12月27日修正)

第十八条

Ⅰ人民币由中国人民银行统一印制、发行。

Ⅱ中国人民银行发行新版人民币,应当将发行时间、面额、图案、式样、规格予以公告。

第十九条

禁止伪造、变造人民币。禁止出售、购买伪造、变造的人民币。禁止运输、持有、使用伪造、变造的人民币。禁止故意毁损人民币。禁止在宣传品、出版物或者其他商品上非法使用人民币图样。

第一百七十四条　【擅自设立金融机构罪】【伪造、变造、转让金融机构经营许可证、批准文件罪】

未经国家有关主管部门批准，擅自设立商业银行、证券交易所、期货交易所、证券公司、期货经纪公司、保险公司或者其他金融机构的，处三年以下有期徒刑或者拘役，并处或者单处二万元以上二十万元以下罚金；情节严重的，处三年以上十年以下有期徒刑，并处五万元以上五十万元以下罚金。

伪造、变造、转让商业银行、证券交易所、期货交易所、证券公司、期货经纪公司、保险公司或者其他金融机构的经营许可证或者批准文件的，依照前款的规定处罚。

单位犯前两款罪的，对单位判处罚金，并对其直接负责的主管人员和其他直接责任人员，依照第一款的规定处罚。

【立法沿革】

《中华人民共和国刑法》(1997年修订，自1997年10月1日起施行)

第一百七十四条

未经中国人民银行批准，擅自设立商业银行或者其他金融机构的，处三年以下有期徒刑或者拘役，并处或者单处二万元以上二十万元以下罚金；情节严重的，处三年以上十年以下有期徒刑，并处五万元以上五十万元以下罚金。

伪造、变造、转让商业银行或者其他金融机构经营许可证的，依照前款的规定处罚。

单位犯前两款罪的，对单位判处罚金，并对其直接负责的主管人员和其他直接责任人员，依照第一款的规定处罚。

《中华人民共和国刑法修正案》(自1999年12月25日起施行)

三、将刑法第一百七十四条修改为：

"未经国家有关主管部门批准，擅自设立商业银行、证券交易所、期货交易所、证券公司、期货经纪公司、保险公司或者其他金融机构的，处三年以下有期徒刑或者拘役，并处或者单处二万元以上二十万元以下罚金；情节严重的，处三年以上十年以下有期徒刑，并处五万元以上五十万元以下罚金。

"伪造、变造、转让商业银行、证券交易所、期货交易所、证券公司、期货经纪公司、保险公司或者其他金融机构的经营许可证或者批准文件的，依照前款的规定处罚。

"单位犯前两款罪的，对单位判处罚金，并对其直接负责的主管人员和其他直接责任人员，依照第一款的规定处罚。"

【立法理由】

1. 1979年之后至1997年刑法修订前的立法情况。1995年《全国人民代表大会常务委员会关于惩治破坏金融秩序犯罪的决定》对1979年刑法作了补充和完善。该决定第六条规定："未经中国人民银行批准，擅自设立商业银行或者其他金融机构的，处三年以下有期徒刑或者拘役，并处或者单处二万元以上二十万元以下罚金；情节严重的，处三年以上十年以下有期徒刑，并处五万元以上五十万元以下罚金。伪造、变造、转让商业银行或者其他金融机构经营许可证的，依照前款的规定处罚。单位犯前两款罪的，对单位判处罚金，并对直接负责的主管人员和其他直接责任人员，依照第一款的规定处罚。"

2. 1997年修订刑法的情况。1997年修订刑法时，保留了这一罪名，对该罪的规定未作修改。

3. 1999年《刑法修正案》对本条的修改情况。1997年修订刑法时，商业银行及其他金融机构的设立依法由中国人民银行统一负责审批。伴随着我国金融体制改革的持续推进，金融管理体制也发生了较大的变化。一方面金融体制改革在不断进行，如对银行业、证券业、期货业、保险业的监督管理权，由中国人民银行行使改为由国务院银行业监督管理机构、证券监督管理机构、保险监督管理机构等负责行使。另一方面，相关法律陆续颁布施行，对金融机构的监管作了明确的规定，如《中国人民银行法》《银行业监督管理法》《保险法》《证券法》《证券投资基金法》等。基于此，对于擅自设立银行业金融机构、证券交易所、期货交易所、保险公司等金融机构的犯罪行为，就较难适用1997年《刑法》第一百七十四条规定的"未经中国人民银行批准"擅自设立商业银行或者其他金融机构的规定追究刑事责任。在金融体制改革过渡时期，为了严密惩治金融犯罪的刑事法网，有必要对该条作出修改。1999年《刑法修正案》主要作了两方面的修改：一是将第一百七十四条第一款规定的"未经中国人民银行批准，擅自设立商业银行或者其他金融机构"修改为"未经国家有关主管部门批准，擅自设立商业银行、证券交易所、期货交易所、证券公司、期货经纪公司、保险公司或者其他金融机构”。二是扩大了本条第二款规定之罪保护对象的范围，将原规定的伪造、变造、转让“商业银行或者其他金融机构经营许可证”修改为伪造、变造、转让“商业银行、证券交易所、期货交易所、证券公司、期货经纪公司、保险公司或者其他金融机构的经营许可证或者批准文件”。

【条文说明】

本条是关于擅自设立金融机构罪和伪造、变造、转让金融机构经营许可证、批准文件罪及其处罚的规定。

本条共分为三款。

第一款是关于擅自设立商业银行、证券交易所、期货交易所、证券公司、期货经纪公司、保险公司或者其他金融机构的犯罪及其处罚的规定。具体具有以下特征：

1. 犯罪的主体包括**自然人和单位**。

2. 犯罪的主观方面为具有非法设立商业银行、证券交易所、期货交易所、证券公司、期货经纪公司、保险公司或者其他金融机构的**主观故意**，即行为人主观上明知设立上述金融机构应当经过有关主管机关的审查和批准，但是为了达到获取非法利益的目的，而故意违反有关的法律、法规擅自设立从事金融业务的机构。

3. 本罪所侵犯的客体，是国家对商业银行、证券交易所、期货交易所、证券公司、期货经纪公司、保险公司和其他金融机构的**审批管理制度**。国家相关部门根据各部门的职责和权限进行审批，并因部门职责的调整同步调整审批权限。在2018年国务院机构改革中，中国银行业监督管理委员会和中国保险监督管理委员会的职责又进一步整合，组建中国银行保险监督管理委员会。目前，设立商业银行、证券交易所、期货交易所、证券公司、期货经纪公司、保险公司和其他金融机构必须由中国人民银行、中国证券监督管理委员会（以下简称“中国证监会”）、中国银行保险监督管理委员会（以下简称“中国银保监会”）等国家指定的主管机关进行审批和监督管理。这是国家对金融业进行宏观调控的一个主要方面，特别是我国社会主义经济建设逐步进入社会主义市场经济的轨道后，在建立健全完善的金融运作体系和管理秩序的过程中，加强对金融业的监督和管理，显得尤为重要。而违反国家法律、法规的规定，擅自设立这些金融机构的行为，则破坏了国家规定的审批管理制度，必然会严重损害国家的金融管理秩序，也会给整个国民经济建设造成严重的破坏。

4. 本罪的客观方面表现为行为人实施了**非法设立商业银行、证券交易所、期货交易所、证券公司、期货经纪公司、保险公司和其他金融机构**[①]**的犯罪行为**。这种行为具有以下两个方面的特点：其一，实施了相应的行为，即行为人必须有设立这些机构的具体行为。其二，事实上已经设立了这些机构。考虑相关法律规定的修改，根据银行业监督管理法和商业银行法的有关规定，商业银行依法接受**中国银保监会**的监督管理，商业银行的设立及其经营范围都必须经过中国银保监会的审查和批准。未经批准，任何单位和个人如果擅自设立商业银行的，就是“擅自设立商业银行”的行为。其中“**商业银行**”是指根据《商业银行法》和《公司法》成立的，经中国银保监会批准的，并以“银行”名义对外吸收公众存款、发放贷款、办理结算以及开展其他金融业务，具有法人资格，以实现利润为其经营目的的金融机构。根据相关法律法规和中国证监会的有关规定，证券交易所、期货交易所、证券公司、期货经纪公司等接受**中国证监会**的监督管理。这些交易所及其公司的设立和经营范围都必须经过中国证监会的审查、批准。这里所说的“**证券交易所**”是指经中国证监会审查批准设立的专门从事买卖股票、公债、公司债券等有价证券的交易场所；“**期货交易所**”是指经中国证监会审查批准设立的以期货为主要交易内容的交易场所；“**证券公司**”是指经中国证监会审查批准设立的经营股票、债券等上市证券业务的企业法人；“**期货经纪公司**”是指经中国证监会审查批准设立的，主要从事代理期货上市交易的经纪公司。此外，还有基金管理公司等，如《证券投资基金法》第十三条规定，设立管理公开募集基金的基金管理公司，应当经国务院证券监督管理机构批准。根据中国银保监会的有关规定，保险公司接受中国银保监会的监督管理。保险公司的设立及其经营范围必须经中国银保监会审查和批准。这里所说的“**保险公司**”是指经中国银保监会审查批准设立的经营保险业务的具有法人资格的企业。另外，本款所说的“**其他金融机构**”是指除上述规定的商业银行、证券交易所、期货交易所、证

① 刘志伟教授认为，本罪中所称的“金融机构”，既包括商业银行、证券交易所、期货交易所、证券公司、期货经纪公司、保险公司或者其他金融机构，也包括为设立这些金融机构而成立的筹备组织。参见高铭暄、马克昌主编：《刑法学》（第7版），北京大学出版社、高等教育出版社2016年版，第397页。

券公司、期货经纪公司、保险公司以外的，经国家有关主管部门批准设立的其他依法参与金融活动、开展金融业务的，具有法人资格的组织。从我国目前的情况来看，"其他金融机构"主要有以下几类：信托公司、金融租赁公司、企业集团财务公司等。

根据本款规定，**擅自设立商业银行、证券交易所、期货交易所、证券公司、期货经纪公司、保险公司或者其他金融机构的**，处三年以下有期徒刑或者拘役，并处或者单处二万元以上二十万元以下罚金；**情节严重的**，处三年以上十年以下有期徒刑，并处五万元以上五十万元以下罚金。

第二款是关于伪造、变造、转让金融机构经营许可证或者批准文件的犯罪及其处罚的规定。本款规定的伪造、变造和转让金融机构经营许可证或者批准文件的犯罪具有以下特征：

1. 犯罪主体是**自然人和单位**。当然，由于伪造、变造、转让金融机构经营许可证或者批准文件这三种犯罪行为有其各自的特征，所以从事这种犯罪的主体也会有所区别。就一般而言，伪造、变造金融机构经营许可证或者批准文件的行为一般是个人所为，当然也不排除个别单位从事这类犯罪活动的可能性。而转让金融机构经营许可证或者批准文件的犯罪，则一般都是由该许可证的所有者，即单位所为。但在实践中也会有个人未经单位同意，或者通过窃取手段将金融机构经营许可证私下转让的行为发生。

2. 犯罪行为侵犯的客体是国家对商业银行、证券交易所、期货交易所、证券公司、期货经纪公司、保险公司和其他金融机构的**管理秩序**。

3. 行为人在主观方面都具有伪造、变造和转让金融机构经营许可证或者批准文件的**主观故意**。从这类犯罪行为的方法可以看出，行为人都是在明知其行为是法律严格禁止的情况下，为了达到使自己或他人非法经营金融业务的目的，而故意实施伪造、变造和转让金融机构经营许可证或者批准文件的危害社会的行为。

4. 行为人必须实施了**伪造、变造或转让金融机构经营许可证或者批准文件的行为**。其中，商业银行的经营许可证或者批准文件是指由中国银保监会审查批准的商业银行经营金融业务及其经营范围的具有法律意义的证明文件及批准文件，如金融许可证等。证券交易所、期货交易所、证券公司、期货经纪公司的经营许可证或者批准文件是指由中国证监会审查批准的这些机构经营有关金融业务及其经营范围的证明文件，如经营证券期货业务许可证等。保险公司的经营许可证或者批准文件是指由中国银保监会审查批准的经营保险业务及其经营范围的证明文件，如保险许可证等。其他金融机构的经营许可证或者批准文件是指根据有关法律、法规的规定，由有关主管部门审查批准的经营金融业务及其经营范围的证明文件。

本款规定的**"伪造"金融机构经营许可证或者批准文件**，是指仿照经营许可证或者批准文件的形状、特征、色彩、样式，非法制造假的经营许可证或者批准文件的行为。**"变造"金融机构经营许可证或者批准文件**，是指通过涂改、拼改、挖补等手段，改变经营许可证或者批准文件内容的行为，如通过上述手段改变原许可证或者批准文件上的经营业务的范围、单位的名称、批准的日期、批准的单位等。**"转让"金融机构经营许可证或者批准文件**，是指行为人将自己的经营许可证或者批准文件通过出售、出租、出借、赠与等方式有偿或者无偿转与或者让与其他机构或者个人使用的行为。在实际发生的案件中，伪造、变造、转让金融机构的经营许可证或者批准文件的行为，从方式上讲可能是多种多样的，但无论行为人采取什么方式、方法，均不影响犯罪的成立。这里应当注意的是，**本款在罪状的表述上没有将伪造、变造或者转让金融机构经营许可证的数量或者其他情节作为定罪的界限**。根据本款的规定，行为人只要实施了伪造、变造或转让金融机构经营许可证或者批准文件的行为，就构成犯罪。当然，对于个别"情节显著轻微、危害不大"的，可以依照刑法总则的有关规定不予刑事处罚。

对构成伪造、变造、转让金融机构经营许可证或者批准文件的犯罪的，应当依照本条第一款规定的刑罚处罚，即对伪造、变造、转让商业银行、证券交易所、期货交易所、证券公司、期货经纪公司、保险公司或者其他金融机构的经营许可证或者批准文件的犯罪，应当处以三年以下有期徒刑或者拘役，并处或者单处二万元以上二十万元以下罚金。对"情节严重"的，处以三年以上十年以下有期徒刑，并处五万元以上五十万元以下罚金。其中**"情节严重"**主要是指行为人实施本款规定的犯罪行为情节恶劣或者造成严重后果，如通过伪造、变造、转让金融机构经营许可证或者批准文件，使自己或者他人开始非法经营大量的金融业务，严重干扰了国家金融秩序，或者给客户、经营单位造成重大经济损失等严重后果的；或者多次从事这类犯罪行为，屡教不改又再次从事这类犯罪活动的；或者利用伪造、变造、转让的金融机构经营许可证或者批准文件，进行诈骗活动的，等等。

第三款是关于单位犯本条第一、二款犯罪的

规定。根据本款规定，单位犯前两款罪的，对单位判处罚金，并对其直接负责的主管人员和其他直接责任人员，依照第一款的规定处罚。经济活动中存在有些单位从事擅自设立商业银行、证券交易所、期货交易所、证券公司、期货经纪公司、保险公司或者其他金融机构以及伪造、变造、转让商业银行、证券交易所、期货交易所、证券公司、期货经纪公司、保险公司或者其他金融机构的经营许可证或者批准文件的违法犯罪行为。由于单位从事这类违法犯罪活动，从某种意义上讲要比个人从事这类违法犯罪活动的社会危害程度更严重，特别是单位擅自设立商业银行、证券交易所、期货交易所、证券公司、期货经纪公司、保险公司或者其他金融机构的违法犯罪行为，给国家的金融管理秩序造成的危害后果更大，因此有必要对单位犯罪作出单独的规定。

根据本条第三款的规定，对单位犯罪采取**双罚原则**，即如果单位构成本条前两款规定的擅自设立金融机构、证券交易所、期货交易所、证券公司、期货经纪公司、保险公司或者其他金融机构的犯罪和伪造、变造、转让商业银行、证券交易所、期货交易所、证券公司、期货经纪公司、保险公司或者其他金融机构的经营许可证或者批准文件的犯罪的，对单位直接负责的主管人员和其他直接责任人员依照第一款的规定判处三年以下有期徒刑或者拘役，并处或者单处二万元以上二十万元以下罚金；情节严重的，处三年以上十年以下有期徒刑，并处五万元以上五十万元以下罚金。同时对单位判处罚金。

在实践中，有些商业银行、证券公司、期货经纪公司、保险公司或者其他金融机构，为了扩展业务，**不向主管机关申报而擅自扩建营业网点、增设分支机构，或者虽向主管机关申报，但在主管机关尚未批准前就擅自设立分支机构进行营业活动**。虽然这些行为都是违法行为，但与那些未取得金融业务经营资格的单位或者个人违反法律、法规的规定擅自设立商业银行、证券交易所、期货交易所、证券公司、期货经纪公司、保险公司或者其他金融机构的行为在本质上是有区别的。前者应由有关主管部门查处后予以违纪或行政处理，如责令取消未经批准设立和扩建的营业网点和分支机构，给予行政处罚等，而不应当按照犯罪处理。①

【司法解释性文件】

《全国法院审理金融犯罪案件工作座谈会纪要》（法〔2001〕8号，2001年1月21日公布）

△（**整顿金融“三乱”工作；擅自设立金融机构罪**）1998年7月13日，国务院发布了《非法金融机构和非法金融业务活动取缔办法》。1998年8月11日，国务院办公厅转发了中国人民银行整顿乱集资、乱批设金融机构和乱办金融业务实施方案，对整顿金融“三乱”工作的政策措施等问题做出了规定。各地根据整顿金融“三乱”工作实施方案的规定，对于未经中国人民银行批准，但是根据地方政府或有关部门文件设立并从事或变相从事金融业务的各类基金会、互助会、储金会等机构和组织，由各地人民政府和各有关部门限期进行清理整顿。超过实施方案规定期限继续从事非法金融业务活动的，依法予以取缔；情节严重、构成犯罪的，依法追究刑事责任。因此，上述非法从事金融活动的机构和组织只要在实施方案规定期限之前停止非法金融业务活动的，对有关单位和责任人员，不应以擅自设立金融机构罪处理；对其以前从事的非法金融活动，一般也不作犯罪处理；这些机构和组织的人员利用职务实施的个人犯罪，如贪污罪、职务侵占罪、挪用公款罪、挪用资金罪等，应当根据具体案情分别依法定罪处罚。

《最高人民法院、最高人民检察院、公安部、司法部关于办理黑恶势力犯罪案件若干问题的指导意见》（法发〔2018〕1号，2018年1月16日公布）

△（**民间借贷；擅自设立金融机构罪；非法吸收公众存款罪；骗取贷款罪；高利转贷罪；故意杀人罪；故意伤害罪；非法拘禁罪；故意毁坏财物罪；数罪并罚**）在民间借贷活动中，如有擅自设立金融机构、非法吸收公众存款、骗取贷款、套取金融机构资金发放高利贷以及为强索债务而实施故意杀人、故意伤害、非法拘禁、故意毁坏财物等行为的，应当按照具体犯罪侦查、起诉、审判。依法符合数罪并罚条件的，应当并罚。（§ 19）

《最高人民检察院、公安部关于公安机关管辖的刑事案件立案追诉标准的规定（二）》（公通字〔2022〕12号，2022年4月6日公布）

① 相同的学说见解，参见黎宏：《刑法学各论》（第2版），法律出版社2016年版，第130页；周光权：《刑法各论》（第4版），中国人民大学出版社2021年版，第290页。不过，亦有学者指出，合法机构擅自设立分支机构是否构成本罪，需要具体分析。具体而言，如果该分支机构的设立需要国家有关主管部门批准，则构成本罪；如果分支机构的设立只需要该金融机构的内部批准，就不成立本罪（但可能成立非法经营罪）。参见张明楷：《刑法学》（第6版），法律出版社2021年版，第991页。

△(**擅自设立金融机构罪;立案追诉标准**)未经国家有关主管部门批准,擅自设立金融机构,涉嫌下列情形之一的,应予立案追诉:

(一)擅自设立商业银行、证券交易所、期货交易所、证券公司、期货公司、保险公司或者其他金融机构的;

(二)擅自设立金融机构筹备组织的。(§19)

△(**伪造、变造、转让金融机构经营许可证、批准文件罪;立案追诉标准**)伪造、变造、转让商业银行、证券交易所、期货交易所、证券公司、期货公司、保险公司或者其他金融机构的经营许可证或者批准文件的,应予立案追诉。(§20)

【附属刑法】

《中华人民共和国公司法》(1993年12月29日通过,2018年10月26日第四次修正)

第一百九十二条

Ⅰ外国公司在中国境内设立分支机构,必须向中国主管机关提出申请,并提交其公司章程、所属国的公司登记证书等有关文件,经批准后,向公司登记机关依法办理登记,领取营业执照。

Ⅱ外国公司分支机构的审批办法由国务院另行规定。

第二百一十二条

外国公司违反本法规定,擅自在中国境内设立分支机构的,由公司登记机关责令改正或者关闭,可以并处五万元以上二十万元以下的罚款。

第二百一十五条

违反本法规定,构成犯罪的,依法追究刑事责任。

《中华人民共和国证券投资基金法》(2003年10月28日通过,2015年4月24日修正)

第一百一十九条

Ⅰ违反本法规定,未经批准擅自设立基金管理公司或者未经核准从事公开募集基金管理业务的,由证券监督管理机构予以取缔或者责令改正,没收违法所得,并处违法所得一倍以上五倍以下罚款;没有违法所得或者违法所得不足一百万元的,并处十万元以上一百万元以下罚款。对直接负责的主管人员和其他直接责任人员给予警告,并处三万元以上三十万元以下罚款。

第一百四十九条

违反本法规定,构成犯罪的,依法追究刑事责任。

《中华人民共和国证券法》(1998年12月29日通过,2019年12月28日第二次修订)

第二百零二条

Ⅰ违反本法第一百一十八条、第一百二十条第一款、第四款的规定,擅自设立证券公司、非法经营证券业务或者未经批准以证券公司名义开展证券业务活动的,责令改正,没收违法所得,并处以违法所得一倍以上十倍以下的罚款;没有违法所得或者违法所得不足一百万元的,处以一百万元以上一千万元以下的罚款。对直接负责的主管人员和其他直接责任人员给予警告,并处以二十万元以上二百万元以下的罚款。对擅自设立的证券公司,由国务院证券监督管理机构予以取缔。

第二百一十二条

违反本法第一百四十五条的规定,擅自设立证券登记结算机构的,由国务院证券监督管理机构予以取缔,没收违法所得,并处以违法所得一倍以上十倍以下的罚款;没有违法所得或者违法所得不足五十万元的,处以五十万元以上五百万元以下的罚款。对直接负责的主管人员和其他直接责任人员给予警告,并处以二十万元以上二百万元以下的罚款。

第二百一十九条

违反本法规定,构成犯罪的,依法追究刑事责任。

《中华人民共和国保险法》(1995年6月30日通过,2015年4月24日第三次修正)

第一百五十八条

违反本法规定,擅自设立保险公司、保险资产管理公司[①]或者非法经营商业保险业务的[②],由保险监督管理机构予以取缔,没收违法所得,并处违法所得一倍以上五倍以下的罚款;没有违法所得或者违法所得不足二十万元的,处二十万元以上

① 《中华人民共和国保险法》(1995年6月30日通过,2015年4月24日第三次修正)

第六十七条

Ⅰ设立保险公司应当经国务院保险监督管理机构批准。

Ⅱ国务院保险监督管理机构审查保险公司的设立申请时,应当考虑保险业的发展和公平竞争的需要。

② 《中华人民共和国保险法》(1995年6月30日通过,2015年4月24日第三次修正)

第一百一十九条

保险代理机构、保险经纪人应当具备国务院保险监督管理机构规定的条件,取得保险监督管理机构颁发的经营保险代理业务许可证、保险经纪业务许可证。

一百万元以下的罚款。

第一百五十九条

违反本法规定，擅自设立保险专业代理机构、保险经纪人，或者未取得经营保险代理业务许可证、保险经纪业务许可证从事保险代理业务、保险经纪业务的，由保险监督管理机构予以取缔，没收违法所得，并处违法所得一倍以上五倍以下的罚款；没有违法所得或者违法所得不足五万元的，处五万元以上三十万元以下的罚款。

第一百六十八条

违反本法规定，转让、出租、出借业务许可证的①，由保险监督管理机构处一万元以上十万元以下的罚款；情节严重的，责令停业整顿或者吊销业务许可证。

第一百七十三条

Ⅰ外国保险机构未经国务院保险监督管理机构批准，擅自在中华人民共和国境内设立代表机构的②，由国务院保险监督管理机构予以取缔，处五万元以上三十万元以下的罚款。

第一百七十九条

违反本法规定，构成犯罪的，依法追究刑事责任。

《中华人民共和国行政许可法》(2003 年 8 月 27 日通过，2019 年 4 月 23 日修正)

第八十条

被许可人有下列行为之一的，行政机关应当依法给予行政处罚；构成犯罪的，依法追究刑事责任：

(一)涂改、倒卖、出租、出借行政许可证件，或者以其他形式非法转让行政许可的；

……

《中华人民共和国商业银行法》(1995 年 5 月 10 日通过，2015 年 8 月 29 日第二次修正)

第七十四条

商业银行有下列情形之一，由国务院银行业监督管理机构责令改正，有违法所得的，没收违法所得，违法所得五十万元以上的，并处违法所得一倍以上五倍以下罚款；没有违法所得或者违法所得不足五十万元的，处五十万元以上二百万元以下罚款；情节特别严重或者逾期不改正的，可以责令停业整顿或者吊销其经营许可证；构成犯罪的，依法追究刑事责任：

……

(四)出租、出借经营许可证的③；

……

第七十八条

商业银行有本法第七十三条至第七十七条规定情形的，对直接负责的董事、高级管理人员和其他直接责任人员，应当给予纪律处分；构成犯罪的，依法追究刑事责任。

第八十一条

Ⅰ未经国务院银行业监督管理机构批准，擅自设立商业银行④，或者非法吸收公众存款、变相吸收公众存款，构成犯罪的，依法追究刑事责任；并由国务院银行业监督管理机构予以取缔。

Ⅱ伪造、变造、转让商业银行经营许可证，构成犯罪的，依法追究刑事责任。

《中华人民共和国银行业监督管理法》(2003 年 12 月 27 日通过，2006 年 10 月 31 日修正)

第四十四条

---

① 《中华人民共和国保险法》(1995 年 6 月 30 日通过，2015 年 4 月 24 日第三次修正)

第一百一十三条

保险公司及其分支机构应当依法使用经营保险业务许可证，不得转让、出租、出借经营保险业务许可证。

② 《中华人民共和国保险法》(1995 年 6 月 30 日通过，2015 年 4 月 24 日第三次修正)

第八十条

外国保险机构在中华人民共和国境内设立代表机构，应当经国务院保险监督管理机构批准。代表机构不得从事保险经营活动。

③ 《中华人民共和国商业银行法》(1995 年 5 月 10 日通过，2015 年 8 月 29 日第二次修正)

第二十六条

商业银行应当依照法律、行政法规的规定使用经营许可证。禁止伪造、变造、转让、出租、出借经营许可证。

④ 《中华人民共和国商业银行法》(1995 年 5 月 10 日通过，2015 年 8 月 29 日第二次修正)

第十一条

Ⅰ设立商业银行，应当经国务院银行业监督管理机构审查批准。

Ⅱ未经国务院银行业监督管理机构批准，任何单位和个人不得从事吸收公众存款等商业银行业务，任何单位不得在名称中使用“银行”字样。

擅自设立银行业金融机构[①]或者非法从事银行业金融机构的业务活动的，由国务院银行业监督管理机构予以取缔；构成犯罪的，依法追究刑事责任；尚不构成犯罪的，由国务院银行业监督管理机构没收违法所得，违法所得五十万元以上的，并处违法所得一倍以上五倍以下罚款；没有违法所得或者违法所得不足五十万元的，处五十万元以上二百万元以下罚款。

【参考案例】

△未经国家有关主管部门批准，擅自设立金融机构，但尚未对金融安全产生严重危险的行为，不应认定为擅自设立金融机构罪。

根据《刑法》第一百七十四条的规定，擅自设立金融机构罪，是指未经国家有关主管部门批准，擅自设立金融机构的行为。该罪在客观方面的主要特征就是非法设立金融机构。实践中，行为人非法设立金融机构一般表现为两种情形：一是行为人没有向中国人民银行等有权批准的国家有关主管部门依法进行设立申请，二是行为人虽然提交了申请材料，但有关主管部门经审查认为不符合条件而未予批准，没有颁发金融业务许可证的情况。需要强调的是，该罪是指没有取得经营金融业务主体资格的单位或者个人擅自设立金融机构的行为，对于已经取得经营金融业务主体资格的金融机构，如部分商业银行、期货经纪公司为了拓展业务，未向主管机关申报，擅自扩建业务网点、增设分支机构，或者虽向主管机关申报，但主管机关尚未批准就擅自设立分支机构进行营业活动，虽然表面上符合"未经国家有关主管机关批准"的要件，但由于已经取得了经营金融业务的主体资格，故与那些没有主体资格的单位或者个人擅自设立金融机构的社会危害有本质不同，一般不以该罪论处。

《刑法》第一百七十四条规定的金融机构，是指从事或者主要从事吸收存款、发放贷款、办理结算、票据贴现、资金拆借、信托投资、金融租赁、融资担保、外汇买卖等金融业务活动的机构，一般包括商业银行、证券交易所、期货交易所、证券公司、期货经纪公司、保险公司、融资租赁公司、担保公司、农村信用合作社等。从张军、张小琴非法经营案"顺发借寄公司"的实际经营业务看，其经营方式符合我国《典当管理办法》中关于典当行的特征的规定，即"当户将其动产、财产权利作为当物质押或者将其房地产作为当物抵押给典当行，交付一定比例费用，取得当金，并在约定期限内支付当金利息、偿还当金、赎回当物的行为"。从典当行为的本质看，典当行应当属于金融机构。由此而论，二被告人违法成立实际从事典当活动的"顺发借寄公司"，在形式上符合擅自设立金融机构罪的构成特征。

从实质上分析，刑法规定擅自设立金融机构罪的立法本意并非如此简单，对该罪的认定应当结合罪质进行判断。由于金融机构所从事的业务在社会经济中担负着特殊功能，其对国民经济的健康发展和金融秩序的稳定起着至关重要的作用，对社会稳定也有着直接的影响，如果放任这些未经批准、擅自设立的金融机构开展金融业务，势必扰乱国家金融秩序，给国家金融安全和社会经济造成危害。该罪不要求有金融业务的具体开展，处罚的只是单纯的设立行为，刑法之所以将此种单纯设立行为直接认定为犯罪，是因为该类行为对金融安全具有一种潜在的严重危险。从这一罪质分析，构成擅自设立金融机构罪，本质上必须是对金融安全产生潜在严重危险的行为，如果行为不可能对金融安全产生严重危险，则不能构成该罪。根据《刑法》第一百七十四条的字面规定，似乎只要行为人实施了非法设立金融机构的行为，就可构成擅自设立金融机构罪，但在具体案件中，对符合该罪构成特征的行为要认定构成该罪，还必须从情节上认定行为是否可能对金融安全产生严重的危险。

构成擅自设立金融机构罪，首先在形式上，行为人非法设立的机构应当具备合法金融机构的一些必要形式特征，包括机构名称、组织部门、公司章程、营业地点等。因为在实践中，行为人设立的所谓金融机构之所以非法，仅仅是因为欠缺有关国家主管部门批准的要件，而其他要件往往是基本具备的，如此才可能使一般社会公众产生信任，否则也不会有人与其发生金融业务往来。其次在实质上，行为人非法设立的机构应当具备开展相应金融业务的实质能力，包括资金实力、专业人员等，如果不具备开展相应金融业务的实际能力，就没有可能面向社会开展有关金融业务，更谈不上有严重危害金融秩序和金融安全的危险。就本案而言，二被告人共同设立的所谓"顺发借寄公

① 《中华人民共和国银行业监督管理法》(2003 年 12 月 27 日通过，2006 年 10 月 31 日修正)

第十六条

国务院银行业监督管理机构依照法律、行政法规规定的条件和程序，审查批准银行业金融机构的设立、变更、终止以及业务范围。

司”,仅是二人自行在该市一冷库市场内租用的一间房屋内挂牌营业,没有履行任何包括最基本的在工商部门注册登记在内的审批手续。从形式方面看,该“公司”既没有冠以典当或其他金融机构的名称,也没有公司章程和相应制度规范,甚至连办公印章都没有;从实质方面看,该“公司”没有足够的运营资金(所贷资金均为业务往来中临时借用),开展的业务极不规范(有关押车贷款协议均为手写),也没有足够的专业从业人员(仅有二被告人且二被告人不具有专业金融知识背景)。综上,“顺发借寄公司”并不具备《刑法》第一百七十四条规定的“金融机构”的形式要件和实质要件,尚未达到足以威胁金融安全、破坏金融秩序的危害程度,故不能以擅自设立金融机构罪论处。[No. 3-8-225-21　张军、张小琴非法经营案]

第一百七十五条　【高利转贷罪】

以转贷牟利为目的,套取金融机构信贷资金高利转贷他人,违法所得数额较大的,处三年以下有期徒刑或者拘役,并处违法所得一倍以上五倍以下罚金;数额巨大的,处三年以上七年以下有期徒刑,并处违法所得一倍以上五倍以下罚金。

单位犯前款罪的,对单位判处罚金,并对其直接负责的主管人员和其他直接责任人员,处三年以下有期徒刑或者拘役。

【立法理由】

银行贷款是资本市场资金流动链条上的重要一环,也是企业和个人重要的经营资金来源。一些不法分子为牟取利益,通过某些手段从银行、信用社等金融机构取得贷款,再高利转贷给他人,赚取其中的利息差。**这种做法不仅严重破坏了国家的信贷管理制度,扰乱了正常的金融秩序,同时增加了金融机构的资金风险,容易诱发其他的社会问题**。1997年修订刑法时,有全国人大代表提出,有一些个人和单位从金融机构套取贷款转贷他人,牟取非法利益的现象较为严重,这种行为严重扰乱了金融管理秩序,应该在《刑法》分则第三章第四节“破坏金融管理秩序罪”中增加规定高利转贷罪。经研究,在修订后的《刑法》第一百七十五条将高利转贷行为规定为犯罪。

【条文说明】

本条是关于高利转贷罪及其处罚的规定。

本条共分为两款。

第一款是个人套取金融机构贷款转贷他人非法牟利犯罪及其处罚的规定。根据本条的规定,本罪在构成要件上有以下特征:一是第一款的主体为**自然人**。二是行为人在客观上实施了套取金融机构信贷资金并高利转贷给他人以牟利的行为。本条所说“**套取金融机构信贷资金高利转贷他人**”是指编造虚假理由,从银行、信托公司、农村信用社、农村合作银行等金融机构获得信贷资金后又转贷给第三人。[①] 行为人转贷给他人的资金必须是金融机构的信贷资金。[②] 如果行为人只是将自己的剩余资金借贷给他人,不构成犯罪。本条所说的“**高利转贷他人**”,是指行为人以比金融机构贷款利率高的利率将套取的金融机构的信贷资金转贷他人,从中获取不法利益。[③] 三是行为**人在主观上有转贷牟利的目的**。[④][⑤]如果行为人在主观上有非法占有信贷资金的目的,则可能构成他罪。四是行为人将金融机构信贷资金转贷他

① 值得注意的是,本罪并不要求行为必须具有欺骗性质。行为人与金融机构负责人通谋,金融机构负责人知道真相后仍然发放贷款,转贷行为仍然构成本罪。参见张明楷:《刑法学》(第6版),法律出版社2021年版,第992页。

② 信贷资金,乃指金融机构用于发放贷款的资金,既包括担保贷款,也包括信用贷款。参见黎宏:《刑法学各论》(第2版),法律出版社2016年版,第131页;周光权:《刑法各论》(第4版),中国人民大学出版社2021年版,第292页。

③ 我国学者指出,行为人取得信贷资金后,以高于借入贷款利率多少转贷给他人,在所不问。否则,会人为地限制本罪的成立范围。参见周光权:《刑法各论》(第4版),中国人民大学出版社2021年版,第292页。

④ 我国学者指出,行为人在获取金融机构信贷资金时,就必须具有转贷牟利的目的。否则,就违反了行为与罪责同时存在的原则。另外也需要注意单纯改变贷款用途的行为以及变相高利转贷的情形。参见张明楷:《刑法学》(第6版),法律出版社2021年版,第992页。

⑤ 行为人以转贷牟利为目的,意味着没有非法占有信贷资金的目的。换言之,行为人具有按时偿还信贷资金的意思。参见周光权:《刑法各论》(第4版),中国人民大学出版社2021年版,第293页。

人，**获取非法利益，数额较大的**，才构成犯罪，这是区分罪与非罪的重要界限。

对于个人犯本罪，本条根据违法所得数额的大小，规定了两档处罚：**违法所得数额较大的**，处三年以下有期徒刑或者拘役，并处违法所得一倍以上五倍以下罚金；**数额巨大的**，处三年以上七年以下有期徒刑，并处违法所得一倍以上五倍以下罚金。

第二款是关于单位将金融机构的信贷转贷他人，非法牟利犯罪及其处罚的规定。这里的"**单位**"，不仅包括非金融系统的公司、企业或者其他单位，也包括金融系统本身办的一些所谓三产企业、单位。有些银行或者其他金融机构办的所谓三产单位，利用为金融机构下属单位的有利条件，低息从金融机构获取贷款后，高息转贷他人，获取非法利益，严重地破坏了金融秩序，必须坚决给予打击。根据本条规定，单位犯本条规定之罪的，对单位判处罚金，并对其直接负责的主管人员和其他直接责任人员，处三年以下有期徒刑或者拘役。

实践中，需要注意我国利率的改革和发展对具体案件中"高利"的认定所产生的影响。对于本罪来说，只要高于为行为人提供信贷资金来源的金融机构的贷款利率，就符合这里的"高利"。考虑到我国金融改革的进程有所变化，不同时期、不同性质的金融机构贷款利率有时不同。因此，**不能以不高于同期其他金融机构的贷款利率而否定构成"高利"**，需要具体情况具体分析。

从我国利率改革和发展的过程上看，《中国人民银行法》第五条第一款规定："中国人民银行就年度货币供应量、利率、汇率和国务院规定的其他重要事项作出的决定，报国务院批准后执行。"《商业银行法》第三十八条规定："商业银行应当按照中国人民银行规定的贷款利率的上下限，确定贷款利率。"一段时期以来，金融领域的利率市场化改革稳步推进。原先中国人民银行施行金融机构贷款利率管制，对金融机构贷款利率设置浮动区间，同时根据金融改革和市场发展的需要，不断扩大浮动区间，如在1998年至1999年期间，中国人民银行三次扩大了金融机构贷款利率浮动区间。2004年1月，经国务院批准，中国人民银行进一步扩大了金融机构贷款利率浮动区间。金融机构不再根据规模和所有制性质，而是根据信誉、风险等因素确定合理的贷款利率。2004年10月，中国人民银行对金融机构存贷款利率进一步作出调整，不再对贷款利率设定上限，仅设定下限为贷款基准利率的0.9倍。此外，考虑到城乡信用社的金融竞争环境尚不完善，一段时期内，中国人民银行仍对其贷款利率实行上限管理，最高上浮系数为贷款基准利率的2.3倍。2013年7月20日，经国务院批准，中国人民银行全面开放金融机构贷款利率管制，包括取消已下调至贷款基准利率0.7倍的贷款利率下限、农村信用社贷款利率上限等。2013年10月，中国人民银行正式运行贷款基础利率（LPR）集中报价和发布机制。目前各金融机构开展贷款基准利率转换贷款基础利率的改革工作仍在进行。由此，**实践中需要根据案件的具体情况，如行为人向金融机构贷款的时间、金融机构的性质、金融机构确定的贷款利率等确定是否为"高利"**。如根据政策要求，行为人按照农村信用社贷款利率上限贷出信贷资金，转贷他人的利率高于农村信用社的贷款利率但是仍低于同期其他金融机构的贷款利率的，仍构成"高利转贷"行为。

【司法解释性文件】

《最高人民法院、最高人民检察院、公安部、司法部关于办理黑恶势力犯罪案件若干问题的指导意见》（法发〔2018〕1号，2018年1月16日公布）

△（**民间借贷；擅自设立金融机构罪；非法吸收公众存款罪；骗取贷款罪；高利转贷罪；故意杀人罪；故意伤害罪；非法拘禁罪；故意毁坏财物罪；数罪并罚**）在民间借贷活动中，如有擅自设立金融机构、非法吸收公众存款、骗取贷款、套取金融机构资金发放高利贷以及为强索债务而实施故意杀人、故意伤害、非法拘禁、故意毁坏财物等行为的，应当按照具体犯罪侦查、起诉、审判。依法符合数罪并罚条件的，应当并罚。（§ 19）

《最高人民检察院、公安部关于公安机关管辖的刑事案件立案追诉标准的规定（二）》（公通字〔2022〕12号，2022年4月6日公布）

△（**高利转贷罪；立案追诉标准**）以转贷牟利为目的，套取金融机构信贷资金高利转贷他人，违法所得数额在五十万元以上的，应予立案追诉。（§21）

【参考案例】

△以转贷牟利为目的，编造虚假交易关系骗取银行信贷资金的，应以高利转贷罪论处。

高利转贷罪客观方面表现为套取金融机构信贷资金，高利转贷他人，违法所得数额较大的行为。其中，对于套取金融机构信贷资金，根据中国人民银行公布的《贷款通则》有关借款人不得套取贷款用于借贷牟取非法收入的规定，可以认为，凡是将金融机构贷款用于借贷牟取非法收入的行为，均属于套取金融机构信贷资金。可见，这里的套取实际是一种骗取，即行为人以虚假的贷款理由或者贷款条件，隐瞒将贷款用于转贷牟利的真实用途，向金融机构申请贷款，然后将贷款并非用于从金融机构贷款时约定的用途，而是以高利非法转贷他人。［No. 3－4－175－1　姚凯高利转贷案］

△转贷的利率高于银行利率的，可以认定为高利。

高利转贷罪是以转贷牟利为目的，因此只要转贷的利率高于银行的利率就应当属于高利，不必要求转贷利率必须达到一定的倍数。主要理由在于：首先，刑法没有对本罪中的高利进行诠释，《最高人民法院关于人民法院审理借贷案件的若干意见》（已失效）中关于高于银行贷款利率四倍的规定对于"高利"的认定虽然有参照意义，但二者针对的对象不同，故不能简单以《最高人民法院关于人民法院审理借贷案件的若干意见》（已失效）规定为准。该意见是就民间借贷而言，即行为人将自己所有的闲置资金直接借贷给他人使用的，如果只是略高于银行贷款利率而未超过四倍的，有利于社会资金的正常流转，并未侵害金融秩序，属于法律允许的资金融通行为。但是，就套取银行信贷资金而高利转贷他人的行为而言，鉴于其是一种扰乱金融秩序的行为，危害了金融安全，属于刑事违法行为，二者具有本质区别，因而《刑法》第一百七十五条中的高利不能简单依照《最高人民法院关于人民法院审理借贷案件的若干意见》（已失效）的规定，以达到银行贷款利率的四倍为准。其次，根据《刑法》第一百七十五条的规定，只要高利转贷他人且违法所得数额较大，就构成高利转贷罪。根据《最高人民检察院、公安部关于经济犯罪案件追诉标准的规定》第二十三条规定，个人高利转贷，违法所得数额在5万元以上的，单位高利转贷，违法所得在10万元以上的，应予追诉。可见，司法解释关于该罪追诉标准的规定只对违法所得数额进行了界定，对高利的具体认定未加以规定，这并不是司法解释的疏漏，而是表明了该罪中高利的认定标准并非必须达到银行贷款的利率一定倍数。这样解释是符合高利转贷罪的立法意图的。高利转贷行为涉及的利率倍数，仅仅是高利转贷行为社会危害性的表征之一，并不是反映该行为的真实社会危害性的唯一因素。如行为人以五倍银行贷款利率转贷他人，但如果其套取的银行贷款只有5千元，数额很小，尚不足以危害到金融秩序，故不应以犯罪论处；而如果行为人虽以二倍银行贷款利率转贷他人，但套取了2000万元的贷款，其违法所得巨大，其行为就危害了正常金融秩序，应以犯罪论处。因此，对于高利转贷罪的定罪数额，刑法关注的是违法所得，这是能够真正反映其社会危害性的要件。对于利率标准的掌握不应过于严苛，只要高于银行贷款利率即可。认定高利转贷罪时，应将重点放在违法所得上。也就是说，只要违法所得较大，且转贷利率高于银行贷款利率，就应认定为高利转贷罪。被告人姚凯违法所得在70万元以上，故认定属于高利。［No. 3－4－175－2　姚凯高利转贷案］

第一百七十五条之一　【骗取贷款、票据承兑、金融票证罪】

以欺骗手段取得银行或者其他金融机构贷款、票据承兑、信用证、保函等，给银行或者其他金融机构造成重大损失的，处三年以下有期徒刑或者拘役，并处或者单处罚金；给银行或者其他金融机构造成特别重大损失或者有其他特别严重情节的，处三年以上七年以下有期徒刑，并处罚金。

单位犯前款罪的，对单位判处罚金，并对其直接负责的主管人员和其他直接责任人员，依照前款的规定处罚。

【立法沿革】

《中华人民共和国刑法修正案（六）》（自2006年6月29日起施行）

十、在刑法第一百七十五条后增加一条，作为第一百七十五条之一：

"以欺骗手段取得银行或者其他金融机构贷款、票据承兑、信用证、保函等，给银行或者其他金融机构造成重大损失或者有其他严重情节的，处三年以下有期徒刑或者拘役，并处或者单处罚金；给银行或者其他金融机构造成特别重大损失或者有其他特别严重情节的，处三年以上七年以下有期徒刑，并处罚金。

"单位犯前款罪的，对单位判处罚金，并对其直接负责的主管人员和其他直接责任人员，依照前款的规定处罚。"

《中华人民共和国刑法修正案(十一)》(自2021年3月1日起施行)

十一、将刑法第一百七十五条之一第一款修改为:

"以欺骗手段取得银行或者其他金融机构贷款、票据承兑、信用证、保函等,给银行或者其他金融机构造成重大损失的,处三年以下有期徒刑或者拘役,并处或者单处罚金;给银行或者其他金融机构造成特别重大损失或者有其他特别严重情节的,处三年以上七年以下有期徒刑,并处罚金。"

【立法理由】

2006年6月29日第十届全国人大常委会第二十二次会议通过的《刑法修正案(六)》对刑法的有关内容进行了修改、补充。本条所规定的行为是一种新的犯罪行为,是对1997年刑法条文的补充。当前社会上以虚构事实、隐瞒真相等欺骗手段骗取银行等金融机构的贷款及其他信用的现象比较严重,严重危害了我国金融安全。加上我国诚信体系建设滞后,严重制约了对失信行为的惩戒,培育全社会的信用文化和加强诚信立法已成为打击金融欺诈的当务之急。**《刑法修正案(六)》**的这一规定,正是为了解决这一问题。

《刑法修正案(六)》增加的骗取贷款类犯罪对于**保护银行等金融机构信贷资金的安全,保障银行等金融机构的信誉体系**发挥了重要作用。同时,适用中也出现了一些不当适用、扩大适用的情况。有人提出,**本罪规定的"其他严重情节"的门槛低**,按照有关司法解释的规定,融资数额超过一百万元或者多次骗贷的即构成犯罪,导致入罪范围过宽,涉及很多民营企业,不利于破解融资难等问题;有人提出,本罪并非诈骗银行资金,具有诈骗目的应当认定为刑法另外规定的贷款诈骗罪、票据诈骗罪、信用证诈骗罪、金融凭证诈骗罪等,本罪主要为了是从融资程序环节更好地保护银行资金安全和信用而作出的规定,对此应当通盘考虑融资环境的实际和当前信用体系制度建设的实际情况;有人提出,对由于"融资门槛高""融资难"等原因,民营企业因生产经营需要,在融资过程中虽然有一些违规行为,但并没有诈骗目的,最后未给银行造成重大损失的,一般可不作为犯罪处理;有人反映,造成"骗贷"的原因和情况复杂,银行在融资中处于"强势"地位,适用格式条款,融资条件严格,借款人对资金需求大,有的很难完全符合贷款条件要求,有的存在提供虚假材料的情况,从实践情况看,甚至有的提供了真实的担保,因存在欺骗手段和涉及数额较大,也面临刑事案件风险;有的"骗取"行为是在银行人员授意、指导、帮助下进行的;有的"骗贷"案件由于竞争对手打压、股东斗争等被举报,个别执法力量借此不当介入民营经济活动,成为民营企业家涉嫌较多的罪名,成为民营企业生产经营过程中的一个刑事风险点。根据各方面意见,**《刑法修正案(十一)》**对本罪入罪门槛作了适当调整,将给银行或者其他金融机构"造成重大损失或者有其他严重情节"修改为"造成重大损失",**删去了"其他严重情节"的规定**。这一修改有利于正确区分违约与违法、违法与犯罪的关系,审慎处理涉民营企业融资案件,更好地落实党中央、国务院关于完善产权保护制度。同时,需要注意的是,修改后本罪原则上要求给银行等金融机构造成一定损失,以适当缩小打击面,但另外保留了第二档刑罚中情节犯的规定,主要是考虑到对特别重大的骗取融资行为,例如有的案件特别重大损失一时还不好认定,或者给国家金融安全、银行资金安全造成特别重大风险,或者骗取手段极其恶劣,或者骗开数额特别巨大的信用证等,可依法适用本罪,目的是维护重大金融安全和信用安全。

【条文说明】

本条是关于骗取贷款、票据承兑、金融票证罪及其处罚的规定。

本条共分为两款。

第一款是关于个人骗取银行或者其他金融机构的贷款及其他信用的犯罪行为及其处罚的规定。根据本条的规定,构成这一犯罪需要符合以下几个条件:

1. 犯罪的主体。构成本罪的犯罪主体既包括**个人**,也包括**单位**。本款是关于个人犯罪的规定。

2. 犯罪人必须采取了欺骗的手段。所谓"**欺骗手段**",是指行为人在取得银行或者其他金融机构的贷款、票据承兑、信用证、保函等信贷资金、信用时,采用的是虚构事实、隐瞒真相等手段,掩盖了客观事实,骗取了银行或者其他金融机构的信任。申请人在申请贷款的过程中有虚构事实、掩盖真相的情节,或者在申请贷款过程中,提供假证明、假材料，就符合这一条件。[①] 需要注意的是，对“欺骗手段”的理解不能过于宽泛，欺骗手段应当是严重影响银行对借款人资信状况、还款能力判断的实质性事项，这类事项应当属于银行等金融机构一旦知晓真实情况就会基于风险控制而不会为其融资的事项。如行为人编造虚假的资信证明、资金用途、抵押物价值等虚假材料，导致银行或者其他金融机构高估其资信现状的，**可以认定为使用“欺骗手段”**。

3. 犯罪的对象是银行或者其他金融机构的贷款、票据承兑、信用证、保函等。这里所说的“**银行**”，包括中国人民银行和各类商业银行。“**其他金融机构**”是指除银行以外的各种开展金融业务的机构，如证券、保险、期货、外汇、融资租赁、信托投资公司等。“**贷款**”是指贷款人向借款人提供的按照借款合同的约定还本付息的货币资金。“**信用证**”是指开证银行根据客户（申请开证人）的请求或者自己主动向一方（受益人）所签发的一种书面约定，如果受益人满足了该书面约定的各项条款，开证银行即向受益人支付该书面约定的款项的凭证。实际上，信用证就是开证银行有条件地向受益人付款的书面凭证。“**票据承兑**”是指汇票付款人承诺在汇票到期日支付汇票金额的行为，其目的在于使承兑人依票据载明的义务承担支付票据金额的义务。“**保函**”是指银行以自身的信用为他人承担责任的担保文件，是重要的银行资信文件。

4. **给银行或者其他金融机构造成重大损失**，这是区分是否构成本罪的界限。《刑法修正案（十一）》对本罪人罪门槛作了修改，删去了原规定的“其他严重情节”，规定为“造成重大损失”的条件。因此，一般来说，对于并非出于诈骗银行资金目的，在向银行等金融机构融资过程中存在违规行为，使用了“欺骗手段”获得资金，但归还了银行资金，未给银行造成重大损失的，不作为犯罪处理。“给银行或者其他金融机构造成重大损失”是一个**客观标准**，指的是上述行为直接造成的经济损失，如贷款无法追回，银行由于出具的信用所承担的还款或者付款等实际经济损失。2010年《最高人民检察院、公安部关于公安机关管辖的刑事案件立案追诉标准的规定（二）》第二十七条对修改前本条的“造成重大损失”作了规定，“以欺骗手段取得贷款、票据承兑、信用证、保函等，给银行或者其他金融机构造成直接经济损失数额在二十万元以上的”，应予立案追诉。“**直接经济损失**”是指侦查机关立案时逾期未偿还银行或者其他金融机构的信贷资金。实践中对于偿还了银行贷款，或者提供了足额真实担保，未给银行造成直接损失的，一般不应追究骗取贷款、票据承兑、金融票证罪刑事责任。需要注意的是，**实践中对是否造成“重大损失”的判断时点和标准不能过于拘泥**，不能要求穷尽一切法律手段后才确定是否造成损失，如行为人采取欺骗手段骗取贷款，不能按期归还资金，也没有提供有效担保，就应认定给银行等金融机构造成重大损失，而不能要求银行等在采取诉讼等法律手段追偿行为人房产等财产不能清偿之后，才判定其遭到重大损失。对于后期在判决前通过法律手段获得清偿的，可酌定从宽处罚。

对于构成本罪的，本款规定了两档刑罚，即**给银行或者其他金融机构造成重大损失的**，处三年以下有期徒刑或者拘役，并处或者单处罚金；**给银行或者其他金融机构造成特别重大损失或者有其他特别严重情节的**，处三年以上七年以下有期徒刑，并处罚金。需要注意的是，本条第二档刑罚中保留了“特别严重情节”的规定。这种立法体例在刑法其他条文规定中也是有的，如诈骗罪、贷款诈骗罪等。**“其他特别严重情节”一般也应当以“造成重大损失”为条件**，如果具有欺骗手段特别严重或者涉嫌数额极其巨大，给国家金融安全造成特别重大风险的，也可依法追究刑事责任。

第二款是对单位从事第一款的行为追究刑事责任的规定。根据本款的规定，**单位犯前款罪的**，对单位判处罚金，并对其直接负责的主管人员和其他直接责任人员，依照前款的规定处罚。

本条规定是立法机关针对实践中出现的新情况，为保障我国金融安全，维护社会稳定，而新增加的一种犯罪。同时根据有关方面意见和实践情况，在定罪量刑上又作了进一步调整完善，更好地把握犯罪界限，防止走偏，因此在适用这一条款惩治此类犯罪活动时，要注意以下几个问题：

1.《刑法修正案（六）》增加了骗取贷款罪，《刑法修正案（十一）》对定罪标准作了适当调整，并非意味着放松对骗取银行贷款等行为的惩治，

① 相同的学说见解，参见黎宏：《刑法学各论》（第2版），法律出版社2016年版，第131页。另有学者指出，不能认为任何欺骗行为都属于本罪的欺骗手段。只有在对金融机构发放贷款、出具保函等起重要作用的方面有所欺骗，才能认定为本罪。参见张明楷：《刑法学》（第6版），法律出版社2021年版，第996页。亦有学者指出，这里的欺骗手段，必须是在重要事实上欺骗，否则，对金融安全不会造成刑事违法性意义上的危险。参见周光权：《刑法各论》（第4版），中国人民大学出版社2021年版，第293页。

在贷款等融资过程中采取欺骗手段，给银行等金融机构造成重大损失的，仍应当依法追究刑事责任。同时，在办理骗取贷款等犯罪案件时，在涉及企业生产经营领域，要充分考虑企业“融资难”“融资贵”的实际情况，注意从借款人采取的欺骗手段是否属于明显虚构事实或者隐瞒真相，是否与银行工作人员合谋、受其指使，是否非法影响银行放贷决策、危及信贷资金安全，是否造成重大损失等方面，合理判断其行为危害性，不苛求企业等借款人。对于借款人因生产经营需要，在贷款过程中虽有违规行为，但未造成实际损失的，一般不作为犯罪处理。还有，需要注意的是，对并非出于生产经营需要融资，而是具有非法占有资金的目的，采取诈骗手段骗取银行贷款等资金的，无论是否给银行造成损失，都应当按照贷款诈骗罪、票据诈骗罪、信用证诈骗罪等依法追究刑事责任。

2. 与《刑法》第一百九十三条**贷款诈骗罪**的关系。本罪与《刑法》第一百九十三条规定的贷款诈骗罪是两个不同的独立的罪。本条所规定的骗取贷款罪，在构成要件上与《刑法》第一百九十三条的贷款诈骗罪有很大的区别，**构成本罪不要求行为人要以“非法占有为目的”**，降低了打击这类犯罪的门槛。需要注意的是，不能因此忽视对以非法占有为目的，诈骗银行或者其他金融机构贷款行为的打击。对在司法实践中能够认定的行为人以“非法占有为目的”的诈骗贷款行为，应依照《刑法》第一百九十三条贷款诈骗罪追究其刑事责任。且两个罪在法定最高刑上也是不同的，贷款诈骗罪最高可以判处无期徒刑，而骗取贷款罪最高法定刑仅为七年有期徒刑。

3. 准确认定和惩治有关**共同犯罪**。一是关于银行等金融机构人员明知他人实施骗取贷款等行为，仍为其提供帮助或者合谋、指导等，构成犯罪的，依法追究刑事责任。在全国人大常委会审议和调研过程中，有意见提出，在本罪中增加“银行或者其他金融机构人员明知行为人采取欺骗手段，仍为其贷款、票据承兑、开具信用证、保函等，依照前款处罚”的规定。《刑法》第一百八十六规定了违法发放贷款罪，第一百八十八条规定了违规出具金融票证罪，第一百八十九条规定了对违法票据承兑、付款、保证罪等，银行等金融机构工作人员构成上述犯罪的，应依法追究刑事责任。二是担保人明知他人实施骗取贷款、票据承兑、金融票证行为而为其提供虚假担保，不履行担保责任，给银行等金融机构造成损失的，可以按照共同犯罪处理。保证人明知他人有采取欺骗手段骗取贷款等行为，仍为其担保的，甚至担保人为免除其担保责任而故意举报行为人骗取贷款的，并不必然免除其担保责任，担保合同、担保责任是否有效依照民法的有关规定处理。

【司法解释性文件】

《最高人民法院、最高人民检察院、公安部、司法部关于办理黑恶势力犯罪案件若干问题的指导意见》（法发〔2018〕1号，2018年1月16日公布）

△（**民间借贷；擅自设立金融机构罪；非法吸收公众存款罪；骗取贷款罪；高利转贷罪；故意杀人罪；故意伤害罪；非法拘禁罪；故意毁坏财物罪；数罪并罚**）在民间借贷活动中，如有擅自设立金融机构、非法吸收公众存款、骗取贷款、套取金融机构资金发放高利贷以及为强索债务而实施故意杀人、故意伤害、非法拘禁、故意毁坏财物等行为的，应当按照具体犯罪侦查、起诉、审判。依法符合数罪并罚条件的，应当并罚。（§ 19）

《最高人民检察院、公安部关于公安机关管辖的刑事案件立案追诉标准的规定（二）》（公通字〔2022〕12号，2022年4月6日公布）

△（**骗取贷款、票据承兑、金融票证罪；立案追诉标准**）以欺骗手段取得银行或者其他金融机构贷款、票据承兑、信用证、保函等，给银行或者其他金融机构造成直接经济损失数额在五十万元以上的，应予立案追诉。（§ 22）

【附属刑法】

《中华人民共和国商业银行法》（1995年5月10日通过，2015年8月29日第二次修正）

第八十二条

借款人采取欺诈手段骗取贷款，构成犯罪的，依法追究刑事责任。

【参考案例】

△不以非法占有为目的，但以欺骗手段骗取贷款，给金融机构造成重大损失的，应以骗取贷款罪论处。

2006年6月29日全国人大常委会通过的《刑法修正案（六）》第十条规定，在《刑法》第一百七十五条后增加一条，作为第一百七十五条之一：“以欺骗手段取得银行或者其他金融机构贷款、票据承兑、信用证、保函等，给银行或者其他金融机构造成重大损失或者有其他严重情节的，处三年以下有期徒刑或者拘役，并处或者单处罚金；给银行或者其他金融机构造成特别重大损失或者有其他特别严重情节的，处三年以上七年以下有期徒刑，并处罚金。单位犯前款罪的，对单位判处罚金，并对其直接负责的主管人员和其他直接责任人员，依照前款的规定处罚。”2007 年 11 月 6 日起施行的《最高人民法院、最高人民检察院关于执行〈中华人民共和国刑法〉确定罪名的补充规定（三）》确定该罪为选择性罪名：骗取贷款、票据承兑、金融票证罪。

在《刑法修正案（六）》设置骗取贷款罪之前，我国原有刑法中规定的诈骗犯罪，包括普通诈骗罪、金融诈骗罪和合同诈骗罪等，均要求行为人具有非法占有的目的。因此，在徐云骗取贷款案中，虽然被告单位京江公司、被告人徐云的客观行为符合《刑法》第一百九十三条规定的贷款诈骗罪的特征，行为人以出具虚假的资产负债表、损益表等财务报表，虚构贷款用途等手法，以欺诈的手段获得了银行贷款，符合该条第（三）项规定的情形。但是，《刑法》第一百九十三条明文规定贷款诈骗罪必须“以非法占有为目的”。而本案中，没有证据可以证实被告单位京江公司和被告人徐云与建伟公司及其负责人有贷款诈骗的合谋，京江公司和徐云也并没有实际使用该部分贷款，对贷款的处分没有决定权，无法确认其有侵吞银行贷款的主观故意，不能认定其具有非法占有的目的，故不能以贷款诈骗罪定罪处罚。其次，根据《刑法》第三十条和第一百九十三条的规定，贷款诈骗罪只能由自然人构成。所以，根据罪刑法定的原则，京江公司不可能构成贷款诈骗罪。

虽然根据 2001 年 1 月 21 日公布的《全国法院审理金融犯罪案件工作座谈会纪要》的精神，对于单位实施的贷款诈骗行为，利用签订、履行借款合同诈骗银行或其他金融机构贷款的，应当以合同诈骗罪定罪处罚。但《刑法》第二百二十四条规定合同诈骗罪同样要求以非法占有为目的。因此，本案被告单位与被告人也不能构成合同诈骗罪。

随着改革开放的不断深入和社会主义市场经济体制的完善，金融已经广泛深刻地介入我国经济发展并在其中发挥着越来越重要的作用，是市场资源配置的主要形式和国家调控经济的重要手段，而经济活动中的风险又集中通过银行风险表现出来。类似于本案的贷款欺诈手段日益隐蔽，虽不以非法占有和转贷牟利为目的，但由于贷款人经营不善或其他原因造成亏损无法归还贷款，严重影响了金融秩序，侵犯了金融机构的财产权，迫切需要将不以非法占有为目的，但以欺骗手段骗取贷款，给金融机构造成重大损失的行为规定为犯罪并科以刑罚。

被告单位京江公司、被告人徐云的行为符合骗取贷款罪的犯罪构成要件：

1. 被告单位京江公司、被告人徐云的行为符合骗取贷款罪的客观特征。根据《刑法修正案（六）》的规定，骗取贷款罪客观上表现为以欺骗手段取得银行或者其他金融机构贷款等，给银行或者其他金融机构造成重大损失或者有其他严重情节的行为。但《刑法修正案（六）》对“欺骗手段”并没有采取如贷款诈骗罪一般列举加概括的表述方式。本罪与贷款诈骗罪在行为方式上基本是一致的，完全可以参照贷款诈骗罪的有关规定，主要包括以下几种情形：（1）编造引进资金、项目等虚假的理由；（2）使用虚假的经济合同；（3）使用虚假的证明文件；（4）使用虚假的产权证明作担保或者超出抵押物价值重复担保；（5）其他欺骗方法。京江公司濒临倒闭，仍在徐云的授意下，向商业银行澄通支行提供虚假的资产负债表、损益表等财务报表，谎报资产总额、负债总额、销售收入等数据，实际上是伪造公司的资产状况，虚构经济实力强、有还款能力的假象，又编造虚假的工程合同、需购买原材料的贷款用途，使用多种欺骗手段使商业银行澄通支行产生错误认识，骗取了人民币 4750 万元贷款，完全符合以欺骗手段取得银行贷款的特征。且至案发时，已经造成人民币 2250 万元的贷款经多次催讨，仍超期不能归还，确属给金融机构造成了重大损失，符合法律规定的骗取贷款罪的构成要件。

2. 被告单位京江公司、被告人徐云的主观方面符合骗取贷款罪的特征。根据前文所述，本罪主观方面的重要特征之一是不以非法占有为目的。根据本案的相关证据，被告单位京江公司和被告人徐云虽然使用欺诈手段获得了银行贷款，但目的是用于建伟公司的经营活动，虽建伟公司经营状况不佳，最终其负责人因建伟公司面临倒闭而携款潜逃，但没有证据证明京江公司与徐云对此与建伟公司有合意与共同行为。也即被告单位京江公司与被告人徐云仅有骗用贷款之意，不具有非法占有的目的。

另外，骗取贷款罪的主观方面只能由故意构成，行为人明知其向金融机构所作陈述或提供虚假资料等欺诈手段，可能使金融机构陷入错误认识而错误放贷，但仍积极追求这一结果的发生。京江公司在使用虚假材料向商业银行澄通支行申请贷款时必然明知其不具申贷条件和违反申贷规则，其欺骗手段可能使商业银行澄通支行陷入错误认识而为错误的意思表示，仍追求这种错误的放贷行为，符合直接故意的特征。

应当指出的是，本罪构成要件中造成重大损失的结果，属于刑法理论中的客观的超过要素。所谓客观的超过要素，是指在一些故意犯罪中，犯罪构成要件中的某些客观因素，并不要求行为人对这种因素具有认识与放任(包括希望)态度,而只与刑罚权的发动有关。① 因此,京江公司及徐云对建伟公司负责人携款潜逃并造成大部分贷款无法归还的情况并未预见、也无力掌控的事实不影响对其骗取贷款行为的主观故意的认定。

3. 本案是单位犯罪。骗取贷款罪的主体为一般主体,自然人和单位均可以构成本罪的主体。与《刑法》第一百九十三条规定贷款诈骗罪只能由自然人构成这一立法模式相比,这显然是一个进步。根据《最高人民法院关于审理单位犯罪案件具体应用法律有关问题的解释》的规定,以单位名义实施犯罪,违法所得归单位所有的,是单位犯罪。本案中京江公司以其名义向商业银行澄通支行申请贷款,系为单位的利益实施犯罪,被告人徐云作为该项目的直接负责的主管人员,均符合骗取贷款罪的主体要件。

4. 本案符合骗取贷款罪的客体要件。该罪侵犯的客体是国家金融信贷资金管理制度,犯罪对象是银行或其他金融机构贷款等。京江公司在贷款申请过程中所实施的虚构事实、隐瞒真相的行为扰乱了商业银行澄通支行对其经营状况、资产总额、偿还能力等的审查,影响了对贷款风险的正常评估,最终使商业银行澄通支行作出错误的意思表示,向其发放贷款,偏离了贷款发放的正确方向,贷款应有的作用难以发挥,不利于金融的宏观调控和资金的合理配置,侵害了金融资金的使用权,并一度造成商业银行澄通支行的重大损失,严重破坏了社会主义市场经济运行中的金融秩序和信用,必将导致国家金融信贷资金管理制度的紊乱。被告单位京江公司及被告人徐云的行为符合骗取贷款罪的客体要件。[No. 3-4-175 之一-1 徐云骗取贷款案]

△小额贷款公司属于非银行金融机构,在无法证明行为人具有非法占有目的的情况下,骗取小额贷款公司贷款的行为应当认定为骗取贷款罪。

小额贷款公司是依法经营小额贷款金融业务的有限责任公司或者股份有限公司。第一,发放贷款的业务是金融业务。根据《商业银行法》第三条的规定,商业银行可以经营下列部分或者全部业务:(1)吸收公众存款;(2)发放短期、中期和长期贷款;(3)办理国内外结算;(4)办理票据承兑与贴现等。商业银行是典型的银行业金融机构,其主营业务包括吸收公众存款、发放贷款等。所以,发放贷款的业务是金融业务自然不存在争议。第二,小额贷款公司的主营业务是发放贷款。根据《中国银行业监督管理委员会、中国人民银行关于小额贷款公司试点的指导意见》第一条第一款的规定,小额贷款公司是由自然人、企业法人与其他社会组织投资设立,不吸收公众存款,经营小额贷款业务的有限责任公司或股份有限公司。第三,小额贷款公司经营小额贷款等金融业务是经法定部门依法批准的。小额贷款公司经营发放贷款的金融业务是经国务院银行业监督管理机关即中国银行业监督管理委员会和中国人民银行这两个部门依法批准的。所以,小额贷款公司经营发放小额贷款的金融业务是经法定部门依法批准的。第四,小额贷款公司有限责任公司或者股份有限公司的性质不影响其金融机构的性质。虽然根据《中国银行业监督管理委员会、中国人民银行关于小额贷款公司试点的指导意见》的规定小额贷款公司是有限责任公司或者股份有限公司,但是这同样不影响其金融机构性质的认定。企业法人性质和金融机构性质是从不同侧面,根据不同标准所作的法律评价,二者不存在必然的排斥性。所以,小额贷款公司的企业法人性质不影响其金融机构性质的认定。

小额贷款公司是经银行业监督管理机构授权的省级政府主管部门批准设立和主管的其他金融机构。第一,非银行金融机构的批准设立可以由中国银行业监督管理委员会负责。第二,小额贷款公司是经银行业监督管理机关授权的省级政府主管部门批准设立的。第三,小额贷款公司的主管部门是经银行业监督管理机关授权的省级政府部门。根据《中国银行业监督管理委员会、中国人民银行关于小额贷款公司试点的指导意见》第五条第一款的规定,凡是省级政府能明确一个主管部门(金融办或者相关机构)负责对小额贷款公司的监督管理,并愿意承担小额贷款公司风险处置责任的,方可在本省(区、市)的县域范围内开展组建小额贷款公司试点。由此可以认为,中国银行业监督管理委员会、中国人民银行作为金融机构的相关主管部门授权省级政府主管部门(金融办或者相关机构)对小额贷款公司的经营活动进行监督管理。

中国人民银行的相关规定已经明确认可小额贷款公司为金融机构。第一,小额贷款公司依法从事金融业务,依法取得中国人民银行赋予的金融机构编码。在江树昌骗取贷款案中,中国人民银行上海分行的金融业机构信息年度验证合格通知书和中国人民银行上海总部金融服务二部的金

① 对客观超过要素的学说批评,参见周光权:《刑法总论》(第4版),中国人民大学出版社2021年版,第270—272页。

融机构信息变更通知书均载明被害单位九星小贷公司的金融机构代码为 Zl×××义××××0016。第二，小额贷款公司同样适用金融机构的金融统计制度。《中国人民银行关于 2010 年中资金融机构金融统计制度有关事项的通知》明确规定："境内其他金融机构：除上述机构之外的其他金融机构。包括小额贷款公司等金融机构。"同时，《中国人民银行关于 2010 年中资金融机构金融统计制度有关事项的通知》还明确要求小额贷款公司适用金融机构的金融统计制度。

是否取得金融许可证并不影响小额贷款公司金融机构性质的认定。金融许可证制度不适用于小额贷款公司。《金融许可证管理办法》系中国银行业监督管理委员会于 2007 年修改发布的。《中国银行业监督管理委员会、中国人民银行关于小额贷款公司试点的指导意见》系于 2008 年发布的。该两项规定的发布部门均包括中国银行业监督管理委员会，根据新法优于旧法的原则，小额贷款公司作为创新金融的试点，《中国银行业监督管理委员会、中国人民银行关于小额贷款公司试点的指导意见》未规定金融许可证制度适用于小额贷款公司，所以不能以小额贷款公司未取得金融许可证而否认小额贷款公司的金融机构性质。

综上所述，小额贷款公司系依法设立的经营小额贷款金融业务的其他非银行金融机构。本案中，金融业机构信息年度验证合格通知书、金融机构信息变更书、上海市金融服务办公室批复等证据，足以证实九星小额贷款公司系依法设立的从事贷款金融业务的其他金融机构，符合骗取贷款罪的对象特征。

骗取贷款罪与贷款诈骗罪、合同诈骗罪的主要区别在于行为人是否具有非法占有目的。骗取贷款罪主观方面要求行为人不具有非法占有目的，而贷款诈骗罪和合同诈骗罪的主观方面都要求行为人具有非法占有目的。对于骗取小额贷款公司贷款的行为，只有行为人明确不具有非法占有目的或者证据不足以证实行为人具有非法占有目的时，才能依照骗取贷款罪定罪处罚。否则，应当以贷款诈骗罪或者合同诈骗罪论处。本案现有证据材料不足以证实江树昌及航旭公司申请贷款时航旭公司已资不抵债或者缺乏偿还贷款的能力，也不能排除江树昌及航旭公司因钢贸市场行情而改变贷款用途的可能性，故不能认定江树昌和航旭公司具有非法占有目的。一方面，本案现有证据不足以证实江树昌与航旭公司在骗取贷款时已经资不抵债或者缺乏偿还贷款的能力。本案曾经被检察院退回补充侦查，要求补充侦查江及航旭公司申请贷款时资金状况已经较差的相关证据，公安机关经补充侦查提供了福州市人民法院的协助执行通知书等证据材料。相关的协助执行通知书只有一份日期为 2012 年 5 月 14 日，其他的协助执行通知书日期均为 2013 年以后。但是，本案的贷款时间为 2012 年 1 月 6 日，故现有证据不足以证明江及航旭公司骗取贷款时已经不具有履约能力。另一方面，本案现有的证据不足以排除江树昌及航旭公司未将贷款用于约定用途系出于市场行情的原因。江树昌提出因为钢贸市场行情，为了避免亏损才将贷款用于归还之前的欠款的辩解。本案现有的证据不包括贷款合同履行时的钢贸市场行情相关材料，尚不足以排除江树昌所提的市场风险的理由。

综上，本案现有证据不足以证实江树昌和航旭公司骗取贷款时具有非法占有目的，不能认定江树昌和航旭公司构成贷款诈骗罪或者合同诈骗罪。江树昌和航旭公司客观上具有骗取金融机构贷款的行为、主观上具有骗取贷款的故意。根据有利于被告的原则，应当依法认定江树昌和航旭公司的行为构成骗取贷款罪。［No. 3-4-175 之一-2　江树昌骗取贷款案］

△行为人使用欺骗方法骗取贷款后用于经营活动，具有还款意愿的，应否定非法占有目的，成立骗取贷款罪。

骗取贷款罪与贷款诈骗罪最主要的区别在于主观要件，即行为人主观上是否以非法占有为目的。贷款诈骗罪的目的不仅是骗取贷款，而且是非法占有贷款。而骗取贷款罪采用欺骗手段的目的是在不符合贷款条件的情况下取得贷款，不以非法占有为目的。非法占有目的，是指行为人实施犯罪行为的目的，在于使财物脱离其合法所有人或者持有人的控制而将其据为己有。质言之，是指行为人改变公私财产所有权的目的。非法占有目的，是行为人的一种主观心理状态，但主观最终必定见诸客观，不可能完全脱离客观外在活动而存在。行为人非法占有目的的认定，可以通过行为人具体实施的客观行为加以判断。实践中，有的行为体现非法占有的目的非常直接明显，如使用虚假证明骗取贷款后携款逃跑；但也有的行为难以单独体现行为人主观上的非法占有目的。如《刑法》第一百九十三条规定的五项情形：(1)编造引进资金、项目等虚假理由的；(2)使用虚假的经济合同的；(3)使用虚假的证明文件的；(4)使用虚假的产权证明作担保或者超出抵押物价值重复担保的；(5)以其他方法诈骗贷款的。上述五项情形，只能证明行为人主观上具有非法占有目的的可能性，是否实际具有非法占有的目的,还必须借助相关的客观事实加以分析认定。

最高人民法院2001年1月21日印发的《全国法院审理金融犯罪案件工作座谈会纪要》强调,在司法实践中,认定是否具有非法占有为目的,应当坚持主客观相一致的原则,既要避免单纯根据损失结果客观归罪,也不能仅凭被告人自己的供述,而应当根据案件具体情况具体分析。结合司法实际,一般而言,对于行为人通过欺骗的方法非法获取资金,造成数额较大资金不能归还,并具有下列情形之一的,可以认定为具有非法占有的目的:(1)明知没有归还能力而大量骗取资金;(2)非法获取资金后逃跑的;(3)肆意挥霍骗取资金的;(4)使用骗取的资金进行犯罪活动的;(5)抽逃、转移资金、隐匿财产,以逃避返还资金的;(6)隐匿、销毁账目,或者搞假破产、假倒闭,以逃避返还资金的;(7)其他非法占有资金、拒不返还的行为。

认定行为人主观上具有非法占有贷款为目的,必须具备以下条件:(1)行为人是通过欺诈手段获取贷款,即行为人实施了《刑法》一百九十三条规定的五项情形之一;(2)行为人到期没有归还贷款;(3)行为人贷款时即明知不具有归还能力或者贷款后实施了某种特定行为,如实施了《全国法院审理金融犯罪案件工作座谈会纪要》规定的七种情形之一。如果行为人同时具备上述三个条件,就可以认定行为人主观上具有非法占有贷款的目的;如果行为人骗取贷款的行为欠缺上述三个条件之一,则一般不应认定其主观上具有非法占有贷款的目的,从而不能认定其行为构成贷款诈骗罪。值得注意的是,骗取贷款罪与贷款诈骗罪可能相互转化,甚至导致案件性质从刑事转化为民事,民事转化为刑事。如行为人最初的动机是非法占有贷款,但在取得贷款以后将贷款用于正常的生产经营活动或者受到其他良好因素的影响,其当初的意图发生了变化,贷款期满即归还贷款。这种情形达到追究刑事责任数额标准或者情节标准的,构成骗取贷款罪,未达到刑事责任数额标准的,属于民事欺诈性质。反之,行为人取得贷款之前没有非法占有的意图,但在取得贷款后,客观行为表现出其主观上不愿归还贷款的情形,贷款期满后不予归还,达到数额较大的,则构成贷款诈骗罪。

在陈恒国骗取贷款案中,被告人陈恒国多次冒用他人名义贷款,冒用他人名义担保贷款,从查明的证据来看,陈恒国骗取贷款后,确有开发周党步行街房产、山店林场、山店乡水电站、自来水经营管理权等投资项目;案发前,陈恒国与经办的信贷员签订了转贷协议,并将其资产证件交付了信贷员,可以证明陈恒国确有还款的意愿。其对取得的贷款并没有非法占有的意图,但其以欺骗手段取得银行或者其他金融机构贷款,给银行或者其他金融机构造成重大损失的行为应认定为骗取贷款罪。[No. 3-4-175之一-3 陈恒国骗取贷款案]

第一百七十六条 【非法吸收公众存款罪】

非法吸收公众存款或者变相吸收公众存款,扰乱金融秩序的,处三年以下有期徒刑或者拘役,并处或者单处罚金;数额巨大或者有其他严重情节的,处三年以上十年以下有期徒刑,并处罚金;数额特别巨大或者有其他特别严重情节的,处十年以上有期徒刑,并处罚金。

单位犯前款罪的,对单位判处罚金,并对其直接负责的主管人员和其他直接责任人员,依照前款的规定处罚。

有前两款行为,在提起公诉前积极退赃退赔,减少损害结果发生的,可以从轻或者减轻处罚。

【立法沿革】

《中华人民共和国刑法》(1997年修订,自1997年10月1日起施行)

第一百七十六条

非法吸收公众存款或者变相吸收公众存款,扰乱金融秩序的,处三年以下有期徒刑或者拘役,并处或者单处二万元以上二十万元以下罚金;数额巨大或者有其他严重情节的,处三年以上十年以下有期徒刑,并处五万元以上五十万元以下罚金。

单位犯前款罪的,对单位判处罚金,并对其直接负责的主管人员和其他直接责任人员,依照前款的规定处罚。

《中华人民共和国刑法修正案(十一)》(自

2021年3月1日起施行)

十二、将刑法第一百七十六条修改为:

"非法吸收公众存款或者变相吸收公众存款,扰乱金融秩序的,处三年以下有期徒刑或者拘役,并处或者单处罚金;数额巨大或者有其他严重情节的,处三年以上十年以下有期徒刑,并处罚金;数额特别巨大或者有其他特别严重情节的,处十年以上有期徒刑,并处罚金。

"单位犯前款罪的,对单位判处罚金,并对其直接负责的主管人员和其他直接责任人员,依照前款的规定处罚。

"有前两款行为,在提起公诉前积极退赃退赔,减少损害结果发生的,可以从轻或者减轻处罚。"

【立法理由】

1. **1997年刑法修订前的立法情况**。改革开放以来,随着经济的发展,社会各方面对资金的需求不断扩大,产生了建设规模扩大与资金供应不足的矛盾。一些单位或者个人为了筹集资金,违反国家规定,采用发行内部股票、集资入股,或者擅自提高利率等手段吸收社会公众资金。这种行为,既不利于国家集中有限资金用于大规模急需项目的建设,又破坏了利率的统一,严重妨碍了国家利用这些手段进行宏观调控的作用与效果,并可能诱发通货膨胀,影响金融安全。同时非法吸收公众存款行为缺乏监管机制,行为人的风险承担能力亦缺乏保障,无法确保投资者的资金安全。这种行为通常所涉金额特别巨大,受害人员范围广,易给公民、法人以及其他组织造成巨额财产损失,由此引发的群体性事件屡有发生,严重影响社会稳定。为打击非法吸收公众存款的行为,维护正常的金融秩序,1995年6月30日第八届全国人大常委会第十四次会议通过的**《全国人民代表大会常务委员会关于惩治破坏金融秩序犯罪的决定》**将非法吸收公众存款或者变相吸收公众存款,扰乱金融秩序的行为规定为犯罪。该决定第七条规定:"非法吸收公众存款或者变相吸收公众存款,扰乱金融秩序的,处三年以下有期徒刑或者拘役,并处或者单处二万元以上二十万元以下罚金;数额巨大或者有其他严重情节的,处三年以上十年以下有期徒刑,并处五万元以上五十万元以下罚金。单位犯前款罪的,对单位判处罚金,并对直接负责的主管人员和其他直接责任人员,依照前款的规定处罚。"

2. **1997年修订刑法的情况**。1997年3月14日第八届全国人大第五次会议修订刑法时对本条作了个别文字修改。

3. **2020年《刑法修正案(十一)》对本条的修改情况**。为了进一步防范化解金融风险,保障金融改革,维护金融秩序,保护人民群众切身利益,针对实践中不法分子借互联网金融名义从事网络非法集资,严重扰乱经济金融秩序和极大危害人民群众财产的情况,同时注重区别不同情形,贯彻宽严相济的刑事政策,减少对受害群众财产的损害,**《刑法修正案(十一)》**对本条作了修改:一是将非法吸收公众存款罪的法定最高刑由十年有期徒刑提高到十五年有期徒刑,删去罚金具体数额的规定,加大惩处力度;二是增加在提起公诉前积极退赃退赔,减少损害结果发生的,可以从轻或者减轻处罚的规定。

【条文说明】

本条是关于非法吸收公众存款罪及其处罚的规定。

本条共分为三款。

第一款是关于非法吸收公众存款和变相吸收公众存款的犯罪及其处罚的规定。"**非法吸收公众存款**"是指行为人违反国家法律、法规的规定在社会上以存款的形式公开吸收公众资金的行为。**广义的非法吸收公众存款**,包含两种情况:一是行为人不具有吸收存款的主体资格而吸收公众存款,破坏金融秩序。二是行为人具有吸收存款的主体资格,但是,其吸收公众存款所采用的方法是违法的。例如,有的银行或其他金融机构为争揽储户,违反中国人民银行关于利率的规定,采用擅自提高利率的方式吸收存款,进行恶意竞争,破坏了国家的利率政策,扰乱了金融秩序。**对后一种情况,《商业银行法》已具体规定了行政处罚,一般不宜作为犯罪处理**。①

通常所说的"**存款**",是指存款人将资金存入银行或者其他金融机构,银行或者其他金融机构

① 我国学者指出,由于这类金融机构本身具有吸收存款业务的资格,还本付息具有一定保证,和没有吸收存款主体资格的人吸收公众存款的情况有所不同,故而,只有非法吸收存款的数额和规模达到了相同的程度,情节严重的才能作为犯罪处理。参见黎宏:《刑法学各论》(第2版),法律出版社2016年版,第133页。

向存款人支付利息，使其得到收益的一种经济活动。①“**公众存款**”，指的是存款人是不特定的群体的存款，如果存款人只是少数个人或者属于特定的范围，如仅限本单位的人员等，不能认为是公众存款。

本款所说的“**变相吸收公众存款**”，是指行为人不以存款的名义而是通过其他形式吸收公众资金，从而达到吸收公众存款的目的的行为。例如，有些单位和个人，未经批准成立各种基金会吸收公众的资金，或者以投资、集资入股等名义吸收公众资金，但并不按正常投资的形式分配利润、股息，而是以一定的利息进行支付的行为。变相吸收公众存款规避国家对吸收公众存款的监督管理，其危害和犯罪的性质与非法吸收公众存款是相同的。

根据本款规定，构成非法吸收公众存款罪应符合以下条件：

1. 非法吸收公众存款罪的主体可以是**自然人**，也可以是**单位**。

2. 行为人在主观上具有**非法吸收公众存款或者变相吸收公众存款的故意**。行为人一般都要千方百计地冒充银行或者其他金融机构，或者谎称金融机构授权，或者变换手法、巧立名目，变相地吸收公众存款，以逃避法律的追究。

3. 在客观方面，行为人实施了**非法向公众吸收存款或者变相吸收存款的行为**。实践中，行为人吸收存款的手段可能是多种多样的，无论其采取什么方法，只要其行为具有非法吸收公众存款的特征，即符合本条规定的条件。至于采取的手段、吸收的存款的人数、存款的数量，均不影响构成本罪。特别是随着互联网的发展，互联网金融成为新型的金融业务模式。互联网金融涉及P2P网络借贷、股权众筹、第三方支付、互联网保险以及通过互联网开展资产管理及跨界从事金融业务等多个金融领域，行为方式多样，所涉法律关系复杂。部分机构、业态偏离了正确方向，有些甚至打着“金融创新”的幌子进行非法集资等违法犯罪活动，严重扰乱了金融管理秩序，侵害了人民群众的合法权益。根据2017年6月2日《**最高人民检察院关于办理涉互联网金融犯罪案件有关问题座谈会纪要**》的要求，对于涉互联网金融活动在未经有关部门依法批准的情形下，公开宣传并向不特定公众吸收资金，承诺在一定期限内还本付息的，应当依法追究刑事责任。其中，应重点审查互联网金融活动相关主体是否存在归集资金、沉淀资金，致使投资人资金存在被挪用、侵占等重大风险等情形，以准确适用法律。

4. **本罪侵犯了国家的金融管理秩序**。非法吸收公众存款或者变相吸收公众存款的行为，一般都是通过采取提高利率的方式或手段，将大量的资金集中到自己手中，从而造成大量社会闲散资金失控。同时，行为人任意提高利率，形成在吸收存款上的不正当竞争，破坏了利率的统一，影响币值的稳定，严重扰乱国家金融秩序。

根据本款规定，**对非法吸收公众存款或者变相吸收公众存款，扰乱金融秩序的**，处三年以下有期徒刑或者拘役，并处或者单处罚金；**数额巨大或者有其他严重情节的**，处三年以上十年以下有期徒刑，并处罚金；**数额特别巨大或者有其他特别严重情节的**，处十年以上有期徒刑，并处罚金。这里所说的“数额巨大”“数额特别巨大”的具体数额和“其他严重情节”“其他特别严重情节”的具体情节，可由最高人民法院、最高人民检察院通过司法解释明确。“**其他严重情节**”一般是指：吸收公众存款或者变相吸收公众存款的犯罪手段恶劣的；屡教不改的；吸收的公众存款用于违法活动；或者给储户造成重大损失的；以及具有其他属于严重危害国家金融秩序的情况。

第二款是关于单位非法吸收公众存款和变相吸收公众存款犯罪及其处罚的规定。本款规定对于单位犯前款罪的，采取**双罚原则**，即对单位判处罚金，对单位直接负责的主管人员和其他直接责任人员根据犯罪的不同情节，分别依照第一款规定的刑罚处罚。

第三款是关于在提起公诉前积极退赃退赔可以从轻处理的规定。本款是《刑法修正案（十一）》在加大对非法吸收公众存款罪惩治力度的同时，为贯彻宽严相济刑事政策，促使犯非法吸收公众存款罪的人员积极退赃退赔，减少和挽回社会公众损失增加的规定。根据本款规定，对非法吸收公众存款犯罪从宽处理必须同时符合以下条件：一是**在提起公诉前**。“**提起公诉**”是人民检察院对公安机关移送起诉的非法吸收公众存款案件，经全面审查，对事实清楚，证据确实充分，依法应当判处刑罚的，提交人民法院审判的诉讼活动。二是**行为人必须积极退赃退赔**。“**退赃**”是指将非法吸收的存款退回原所有人；“**退赔**”是指在非

① 由于本罪属于破坏金融秩序犯罪，行为人非法吸收的是公众的“存款”，而非公众的“资金”，因此，按照法益保护的原理，行为人必须将吸收的存款用于信贷目的，即吸收存款后再发放贷款（用于货币、资本的经营），才可能构成本罪。参见周光权：《刑法各论》（第4版），中国人民大学出版社2021年版，第298页。

法吸收的存款无法直接退回的情况下，赔偿等值财产。三是**减少损害结果的发生**。行为人积极退赃退赔的表现，必须要达到避免或者减少损害结果发生的实际效果。在同时具备以上前提的条件下，对犯非法吸收公众存款罪的行为人，**可以根据不同情形，从轻或者减轻处罚**。

实践中执行本条规定应当注意，《刑法修正案（十一）》为依法惩治金融乱象，从严惩治非法集资犯罪，对本条规定的非法吸收公众存款罪和《刑法》第一百九十二条规定的集资诈骗罪都加大了惩处力度，特别是本条规定的非法吸收公众存款罪法定刑提高后，除不能判处无期徒刑外，**与集资诈骗罪的最高刑差别不大了**。实践中，司法机关对于非法集资类犯罪，还是应当根据犯罪事实和是否具有非法占有目的等情节准确定性，做到罚当其罪。

【司法解释】

《最高人民法院关于审理非法集资刑事案件具体应用法律若干问题的解释》［法释〔2010〕18号，自2011年1月4日起施行，该解释已经被《最高人民法院关于修改〈最高人民法院关于审理非法集资刑事案件具体应用法律若干问题的解释〉的决定》（法释〔2022〕5号，自2022年3月1日起施行）修正］

△（**非法吸收公众存款或者变相吸收公众存款**）违反国家金融管理法律规定，向社会公众（包括单位和个人）吸收资金的行为，同时具备下列四个条件的，除刑法另有规定的以外，应当认定为刑法第一百七十六条规定的"非法吸收公众存款或者变相吸收公众存款"：

（一）未经有关部门依法许可或者借用合法经营的形式吸收资金；

（二）通过网络、媒体、推介会、传单、手机信息等途径向社会公开宣传；

（三）承诺在一定期限内以货币、实物、股权等方式还本付息或者给付回报；

（四）向社会公众即社会不特定对象吸收资金。

未向社会公开宣传，在亲友或者单位内部针对特定对象吸收资金的，不属于非法吸收或者变相吸收公众存款。（§1）

△（**非法吸收公众存款罪**）实施下列行为之一，符合本解释第一条第一款规定的条件的，应当依照刑法第一百七十六条的规定，以非法吸收公众存款罪定罪处罚：

（一）不具有房产销售的真实内容或者不以房产销售为主要目的，以返本销售、售后包租、约定回购、销售房产份额等方式非法吸收资金的；

（二）以转让林权并代为管护等方式非法吸收资金的；

（三）以代种植（养殖）、租种植（养殖）、联合种植（养殖）等方式非法吸收资金的；

（四）不具有销售商品、提供服务的真实内容或者不以销售商品、提供服务为主要目的，以商品回购、寄存代售等方式非法吸收资金的；

（五）不具有发行股票、债券的真实内容，以虚假转让股权、发售虚构债券等方式非法吸收资金的；

（六）不具有募集基金的真实内容，以假借境外基金、发售虚构基金等方式非法吸收资金的；

（七）不具有销售保险的真实内容，以假冒保险公司、伪造保险单据等方式非法吸收资金的；

（八）以网络借贷、投资入股、虚拟币交易等方式非法吸收资金的；

（九）以委托理财、融资租赁等方式非法吸收资金的；

（十）以提供"养老服务"、投资"养老项目"、销售"老年产品"等方式非法吸收资金的；

（十一）利用民间"会""社"等组织非法吸收资金的；

（十二）其他非法吸收资金的行为。（§2）

△（**非法吸收或者变相吸收公众存款；入罪门槛**）非法吸收或者变相吸收公众存款，具有下列情形之一的，应当依法追究刑事责任：

（一）非法吸收或者变相吸收公众存款数额在100万元以上的；

（二）非法吸收或者变相吸收公众存款对象150人以上的；

（三）非法吸收或者变相吸收公众存款，给存款人造成直接经济损失数额在50万元以上的。

非法吸收或者变相吸收公众存款数额在50万元以上或者给存款人造成直接经济损失数额在25万元以上，同时具有下列情节之一的，应当依法追究刑事责任：

（一）曾因非法集资受过刑事追究的；

（二）二年内曾因非法集资受过行政处罚的；

（三）造成恶劣社会影响或者其他严重后果的。（§3）

△（**数额巨大或者有其他严重情节；其他严重情节**）非法吸收或者变相吸收公众存款，具有下列情形之一的，应当认定为刑法第一百七十六条规定的"数额巨大或者有其他严重情节"：

（一）非法吸收或者变相吸收公众存款数额在500万元以上的；

（二）非法吸收或者变相吸收公众存款对象

500人以上的；

（三）非法吸收或者变相吸收公众存款，给存款人造成直接经济损失数额在250万元以上的。

非法吸收或者变相吸收公众存款数额在250万元以上或者给存款人造成直接经济损失数额在150万元以上，同时具有本解释第三条第二款第三项情节的，应当认定为"其他严重情节"。（§4）

△（**数额特别巨大或者有其他特别严重情节；其他特别严重情节**）非法吸收或者变相吸收公众存款，具有下列情形之一的，应当认定为刑法第一百七十六条规定的"数额特别巨大或者有其他特别严重情节"：

（一）非法吸收或者变相吸收公众存款数额在5000万元以上的；

（二）非法吸收或者变相吸收公众存款对象5000人以上的；

（三）非法吸收或者变相吸收公众存款，给存款人造成直接经济损失数额在2500万元以上的。

非法吸收或者变相吸收公众存款数额在2500万元以上或者给存款人造成直接经济损失数额在1500万元以上，同时具有本解释第三条第二款第三项情节的，应当认定为"其他特别严重情节"。（§5）

△（**数额计算；从轻或者减轻处罚；量刑情节；可以免予刑事处罚；不作为犯罪处理**）非法吸收或者变相吸收公众存款的数额，以行为人所吸收的资金全额计算。在提起公诉前积极退赃退赔，减少损害结果发生的，可以从轻或者减轻处罚；在提起公诉后退赃退赔的，可以作为量刑情节酌情考虑。

非法吸收或者变相吸收公众存款，主要用于正常的生产经营活动，能够在提起公诉前清退所吸收资金，可以免予刑事处罚；情节显著轻微危害不大的，不作为犯罪处理。

对依法不需要追究刑事责任或者免予刑事处罚的，应当依法将案件移送有关行政机关。（§6）

△（**非法吸收公众存款罪；罚金刑**）犯非法吸收公众存款罪，判处三年以下有期徒刑或者拘役，并处或者单处罚金的，处五万元以上一百万元以下罚金；判处三年以上十年以下有期徒刑的，并处十万元以上五百万元以下罚金；判处十年以上有期徒刑的，并处五十万元以上罚金。（§9Ⅰ）

△（传销；组织、领导传销活动罪；竞合）通过传销手段向社会公众非法吸收资金，构成非法吸收公众存款罪或者集资诈骗罪，同时又构成组织、领导传销活动罪的，依照处罚较重的规定定罪处罚。（§13）

△（**单位犯罪**）单位实施非法吸收公众存款、集资诈骗犯罪的，依照本解释规定的相应自然人犯罪的定罪量刑标准，对单位判处罚金，并对其直接负责的主管人员和其他直接责任人员定罪处罚。（§14）

【司法解释性文件】

《最高人民法院、最高人民检察院、公安部、中国证券监督管理委员会关于整治非法证券活动有关问题的通知》（证监发〔2008〕1号，2008年1月2日公布）

△（**以发行证券为幌子；非法吸收公众存款罪**）关于擅自发行证券的责任追究。未经依法核准，擅自发行证券，涉嫌犯罪的，依照《刑法》第一百七十九条之规定，以擅自发行股票、公司、企业债券罪追究刑事责任。未经依法核准，以发行证券为幌子，实施非法证券活动，涉嫌犯罪的，依照《刑法》第一百七十六条、第一百九十二条等规定，以非法吸收公众存款罪、集资诈骗罪等罪名追究刑事责任。未构成犯罪的，依照《证券法》和有关法律的规定给予行政处罚。（§2Ⅱ）

《宽严相济在经济犯罪和职务犯罪案件审判中的具体贯彻》（2010年4月7日公布）

△（**宽严相济；非法吸收公众存款罪；民间借贷；免予刑事处罚事由；不作为犯罪处理**）关于政策法律界限。对于当前金融危机背景下的经济违法行为，应当根据《意见》[①]第4条规定的"审时度势"原则、第5条规定的"两个效果相统一"原则以及第14条、第23条规定的从宽要求，审慎分析判断其社会危害性，从有利于保障经济增长、维护社会稳定的角度依法准确定罪量刑。以非法集资案件为例说明如下：一是要准确界定非法集资与民间借贷、商业交易的政策法律界限。[②] 未经社会公开宣传，在单位职工或者亲友内部针对特定对象筹集资金的，一般可以不作为非法集资。二是要准确把握非法集资罪与非罪

① 即《最高人民法院关于贯彻宽严相济刑事政策的若干意见》（法发〔2010〕9号，2010年2月8日公布）。

② 我国学者指出，合法民间借贷和非法吸收公众存款之间的区分，可以从以下几个方面进行把握：一是程序，即是否经过有关主管机关批准；二是对象，即是否面向社会不特定对象；三是利率，即是否违反司法解释的规定；四是用途，即所筹集借款的去向。参见黎宏：《刑法学各论》（第2版），法律出版社2016年版，第134页。

的界限。资金主要用于生产经营及相关活动，行为人有还款意愿，能够及时清退集资款项，情节轻微，社会危害不大的，可以免予刑事处罚或者不作为犯罪处理。此外，对于“边缘案”、“踩线案”、罪与非罪界限一时难以划清的案件，要从有利于促进企业生存发展、有利于保障员工生计、有利于维护社会和谐稳定的高度，依法妥善处理，可定可不定的，原则上不按犯罪处理。特别对于涉及企业、公司法定代表人、技术人员因政策界限不明而实施的轻微违法犯罪，更要依法慎重处理。（§ 1 Ⅱ）

《最高人民法院关于非法集资刑事案件性质认定问题的通知》（法〔2011〕262 号，2011 年 8 月 18 日公布）

△（**行政认定**）行政部门对于非法集资的性质认定，不是非法集资案件进入刑事程序的必经程序。行政部门未对非法集资作出性质认定的，不影响非法集资刑事案件的审判。（§ 1）

△（**司法解释**）人民法院应当依照刑法和《最高人民法院关于审理非法集资刑事案件具体应用法律若干问题的解释》等有关规定认定案件事实的性质，并认定相关行为是否构成犯罪。（§ 2）

△（**是否符合行业技术标准；行政认定意见**）对于案情复杂、性质认定疑难的案件，人民法院可以在有关部门关于是否符合行业技术标准的行政认定意见的基础上，根据案件事实和法律规定作出性质认定。（§ 3）

△（**加强配合**）非法集资刑事案件的审判工作涉及领域广、专业性强，人民法院在审理此类案件当中要注意加强与有关行政主（监）管部门以及公安机关、人民检察院的配合。审判工作中遇到重大问题难以解决的，请及时报告最高人民法院。（§ 4）

《最高人民法院、最高人民检察院、公安部关于办理非法集资刑事案件适用法律若干问题的意见》（公通字〔2014〕16 号，2014 年 3 月 25 日公布）

△（**行政认定**）行政部门对于非法集资的性质认定，不是非法集资刑事案件进入刑事诉讼程序的必经程序。行政部门未对非法集资作出性质认定的，不影响非法集资刑事案件的侦查、起诉和审判。

公安机关、人民检察院、人民法院应当依法认定案件事实的性质，对于案情复杂、性质认定疑难的案件，可参考有关部门的认定意见，根据案件事实和法律规定作出性质认定。（§ 1）

△（**向社会公开宣传**）《最高人民法院关于审理非法集资刑事案件具体应用法律若干问题的解释》第一条第一款第二项中的“向社会公开宣传”，包括以各种途径向社会公众传播吸收资金的信息，以及明知吸收资金的信息向社会公众扩散而予以放任等情形。[①]（§ 2）

△（**社会公众之认定**）下列情形不属于《最高人民法院关于审理非法集资刑事案件具体应用法律若干问题的解释》第一条第二款规定的“针对特定对象吸收资金”的行为，应当认定为向社会公众吸收资金：

（一）在向亲友或者单位内部人员吸收资金的过程中，明知亲友或者单位内部人员向不特定对象吸收资金而予以放任的；

（二）以吸收资金为目的，将社会人员吸收为单位内部人员，并向其吸收资金的。（§ 3）

△（**共同犯罪；从轻处罚；免除处罚事由；情节显著轻微**）为他人向社会公众非法吸收资金提供帮助，从中收取代理费、好处费、返点费、佣金、提成等费用，构成非法集资共同犯罪的，应当依法追究刑事责任。能够及时退缴上述费用的，可依法从轻处罚；其中情节轻微的，可以免除处罚；情节显著轻微、危害不大的，不作为犯罪处理。（§ 4）

△（**涉案财物之追缴、处置和返还**）向社会公众非法吸收的资金属于违法所得。以吸收的资金向集资参与人支付的利息、分红等回报，以及向帮助吸收资金人员支付的代理费、好处费、返点费、佣金、提成等费用，应当依法追缴。集资参与人本金尚未归还的，所支付的回报可予折抵本金。

将非法吸收的资金及其转换财物用于清偿债务或者转让给他人，有下列情形之一的，应当依法追缴：

（一）他人明知是上述资金及财物而收取的；

（二）他人无偿取得上述资金及财物的；

（三）他人以明显低于市场的价格取得上述资金及财物的；

（四）他人取得上述资金及财物系源于非法债务或者违法犯罪活动的；

（五）其他依法应当追缴的情形。

查封、扣押、冻结的易贬值及保管、养护成本较高的涉案财物，可以在诉讼终结前依照有关规

① 我国学者指出，本罪的成立并不以非出资者知悉为前提，也不以某一区域或者行业内的多数人知悉为前提。非法吸收公众存款罪的公开性，只是意味着其行为对象的公众性。参见张明楷：《刑法学》（第 6 版），法律出版社 2021 年版，第 999 页。

定变卖、拍卖。所得价款由查封、扣押、冻结机关予以保管,待诉讼终结后一并处置。

查封、扣押、冻结的涉案财物,一般应在诉讼终结后,返还集资参与人。涉案财物不足全部返还的,按照集资参与人的集资额比例返还。(§ 5)

△(**证据收集**)办理非法集资刑事案件中,确因客观条件的限制无法逐一收集集资参与人的言词证据的,可结合已收集的集资参与人的言词证据和依法收集并查证属实的书面合同、银行账户交易记录、会计凭证及会计账簿、资金收付凭证、审计报告、互联网电子数据等证据,综合认定非法集资对象人数和吸收资金数额等犯罪事实。(§ 6)

△(**涉及民事案件之处理**)对于公安机关、人民检察院、人民法院正在侦查、起诉、审理的非法集资刑事案件,有关单位或者个人就同一事实向人民法院提起民事诉讼或者申请执行涉案财物的,人民法院应当不予受理,并将有关材料移送公安机关或者检察机关。

人民法院在审理民事案件或者执行过程中,发现有非法集资犯罪嫌疑的,应当裁定驳回起诉或者中止执行,并及时将有关材料移送公安机关或者检察机关。

公安机关、人民检察院、人民法院在侦查、起诉、审理非法集资刑事案件中,发现与人民法院正在审理的民事案件属同一事实,或者被申请执行的财物属于涉案财物的,应当及时通报相关人民法院。人民法院经审查认为确属涉嫌犯罪的,依照前款规定处理。(§ 7)

△(**跨区域非法集资刑事案件;涉案财物之处置;渎职犯罪**)跨区域非法集资刑事案件,在查清犯罪事实的基础上,可以由不同地区的公安机关、人民检察院、人民法院分别处理。

对于分别处理的跨区域非法集资刑事案件,应当按照统一制定的方案处置涉案财物。

国家机关工作人员违反规定处置涉案财物,构成渎职等犯罪的,应当依法追究刑事责任。(§ 8)

《最高人民检察院关于办理涉互联网金融犯罪案件有关问题座谈会纪要》(高检诉〔2017〕14号,2017年6月2日印发)

△(**涉互联网金融;归集资金、沉淀资金;重大风险**)涉互联网金融活动在未经有关部门依法批准的情形下,公开宣传并向不特定公众吸收资金,承诺在一定期限内还本付息的,应当依法追究刑事责任。其中,应重点审查互联网金融活动相关主体是否存在归集资金、沉淀资金,致使投资人资金存在被挪用、侵占等重大风险等情形。(§ 6)

△(**未经有关部门依法批准**)互联网金融的本质是金融,判断其是否属于"未经有关部门依法批准",即行为是否具有非法性的主要法律依据是《商业银行法》、《非法金融机构和非法金融业务活动取缔办法》(国务院令第247号)等现行有效的金融管理法律规定。(§ 7)

△(**网络借贷领域;非法吸收公众存款罪**)对以下网络借贷领域的非法吸收公众资金的行为,应当以非法吸收公众存款罪分别追究相关行为主体的刑事责任:

(1)中介机构以提供信息中介服务为名,实际从事直接或间接归集资金、甚至自融或变相自融等行为,应当依法追究中介机构的刑事责任。特别要注意识别变相自融行为,如中介机构通过拆分融资项目期限、实行债权转让等方式为自己吸收资金的,应当认定为非法吸收公众存款。

(2)中介机构与借款人存在以下情形之一的,应当依法追究刑事责任:①中介机构与借款人合谋或者明知借款人存在违规情形,仍为其非法吸收公众存款提供服务的;中介机构与借款人合谋,采取向出借人提供信用担保、通过电子渠道以外的物理场所开展借贷业务等违规方式向社会公众吸收资金的;②双方合谋通过拆分融资项目期限、实行债权转让等方式为借款人吸收资金的。在对中介机构、借款人进行追诉时,应根据各自在非法集资中的地位、作用确定其刑事责任。中介机构虽然没有直接吸收资金,但是通过大肆组织借款人开展非法集资并从中收取费用数额巨大、情节严重的,可以认定为主犯。

(3)借款人故意隐瞒事实,违反规定,以自己名义或借用他人名义利用多个网络借贷平台发布借款信息,借款总额超过规定的最高限额,或将吸收资金用于明确禁止的投资股票、场外配资、期货合约等高风险行业,造成重大损失和社会影响的,应当依法追究借款人的刑事责任。对于借款人将借款主要用于正常的生产经营活动,能够及时清退所吸收资金,不作为犯罪处理。(§ 8)

△(**主观故意;明知法律的禁止性规定**)在非法吸收公众存款罪中,原则上认定主观故意并不要求以明知法律的禁止性规定为要件。特别是具备一定涉金融活动相关从业经历、专业背景或在犯罪活动中担任一定管理职务的犯罪嫌疑人,应当知晓相关金融法律管理规定,如果有证据证明其实际从事的行为应当批准而未经批准,行为在客观上具有非法性,原则上就可以认定其具有非法吸收公众存款的主观故意。在证明犯罪嫌疑人的主观故意时,可以收集运用犯罪嫌疑人的任职

情况、职业经历、专业背景、培训经历、此前任职单位或者其本人因从事同类行为受到处罚情况等证据，证明犯罪嫌疑人提出的“不知道相关行为被法律所禁止，故不具有非法吸收公众存款的主观故意”等辩解不能成立。除此之外，还可以收集运用以下证据进一步印证犯罪嫌疑人知道或应当知道其所从事行为具有非法性，比如犯罪嫌疑人故意规避法律以逃避监管的相关证据：自己或要求下属与投资人签订虚假的亲友关系确认书，频繁更换宣传用语逃避监管，实际推介内容与宣传用语、实际经营状况不一致，刻意向投资人夸大公司兑付能力，在培训课程中传授或接受规避法律的方法，等等。（§ 9）

△（**执行单位领导指令；信赖行政主管部门出具的相关意见；主观故意**）对于无相关职业经历、专业背景，且从业时间短暂，在单位犯罪中层级较低，纯属执行单位领导指令的犯罪嫌疑人提出辩解的，如确实无其他证据证明其具有主观故意的，可以不作为犯罪处理。另外，实践中还存在犯罪嫌疑人提出因信赖行政主管部门出具的相关意见而陷入错误认识的辩解。如果上述辩解确有证据证明，不应作为犯罪处理，但应当对行政主管部门出具的相关意见及其出具过程进行查证，如存在以下情形之一，仍应认定犯罪嫌疑人具有非法吸收公众存款的主观故意：

（1）行政主管部门出具意见所涉及的行为与犯罪嫌疑人实际从事的行为不一致的；

（2）行政主管部门出具的意见未对是否存在非法吸收公众存款问题进行合法性审查，仅对其他合法性问题进行审查的；

（3）犯罪嫌疑人在行政主管部门出具意见时故意隐瞒事实、弄虚作假的；

（4）犯罪嫌疑人与出具意见的行政主管部门的工作人员存在利益输送行为的；

（5）犯罪嫌疑人存在其他影响和干扰行政主管部门出具意见公正性的情形的。

对于犯罪嫌疑人提出因信赖专家学者、律师等专业人士、主流新闻媒体宣传或有关行政主管部门工作人员的个人意见而陷入错误认识的辩解，不能作为犯罪嫌疑人判断自身行为合法性的根据和排除主观故意的理由。（§ 10）

△（**吸收金额；经过司法会计鉴定**）负责或从事吸收资金行为的犯罪嫌疑人非法吸收公众存款金额，根据其实际参与吸收的全部金额认定。但以下金额不应计入该犯罪嫌疑人的吸收金额：

（1）犯罪嫌疑人自身及其近亲属所投资的资金金额；

（2）记录在犯罪嫌疑人名下，但其未实际参与吸收且未从中收取任何形式好处的资金。

吸收金额经过司法会计鉴定的，可以将前述不计入部分直接扣除。但是，前述两项所涉金额仍应计入相对应的上一级负责人及所在单位的吸收金额。（§ 11）

△（**反复投资；累计计算**）投资人在每期投资结束后，利用投资账户中的资金（包括每期投资结束后归还的本金、利息）进行反复投资的金额应当累计计算，但对反复投资的数额应当作出说明。对负责或从事行政管理、财务会计、技术服务等辅助工作的犯罪嫌疑人，应当按照其参与的犯罪事实，结合其在犯罪中的地位和作用，依法确定刑事责任范围。（§ 12）

△（**吸收金额之确定；证据**）确定犯罪嫌疑人的吸收金额时，应当重点审查、运用以下证据：

（1）涉案主体自身的服务器或第三方服务器上存储的交易记录等电子数据；

（2）会计账簿和会计凭证；

（3）银行账户交易记录、POS 机支付记录；

（4）资金收付凭证、书面合同等书证。仅凭投资人报案数据不能认定吸收金额。（§ 13）

△（**单位犯罪；追诉方向**）涉互联网金融犯罪案件多以单位形式组织实施，所涉单位数量众多、层级复杂，其中还包括大量分支机构和关联单位，集团化特征明显。有的涉互联网金融犯罪案件中分支机构遍布全国，既有具备法人资格的，又有不具备法人资格的；既有受总公司直接领导的，又有受总公司的下属单位领导的。公安机关在立案时做法不一，有的对单位立案，有的不对单位立案，有的被立案的单位不具有独立法人资格，有的仅对最上层的单位立案而不对分支机构立案。对此，检察机关公诉部门在审查起诉时，应当从能够全面揭示犯罪行为基本特征、全面覆盖犯罪活动、准确界定区分各层级人员的地位作用、有利于有力指控犯罪、有利于追缴违法所得等方面依法具体把握，确定是否以单位犯罪追究。（§ 20）

△（**单位犯罪**）涉互联网金融犯罪所涉罪名中，刑法规定应当追究单位刑事责任的，对同时具备以下情形且具有独立法人资格的单位，可以以单位犯罪追究：

（1）犯罪活动经单位决策实施；

（2）单位的员工主要按照单位的决策实施具体犯罪活动；

（3）违法所得归单位所有，经单位决策使用，收益亦归单位所有。但是，单位设立后专门从事违法犯罪活动的，应当以自然人犯罪追究刑事责任。（§ 21）

△（**不具有独立法人资格的分支机构**）对参

与涉互联网金融犯罪,但不具有独立法人资格的分支机构,是否追究其刑事责任,可以区分两种情形处理:

(1)全部或部分违法所得归分支机构所有并支配,分支机构作为单位犯罪主体追究刑事责任;

(2)违法所得完全归分支机构上级单位所有并支配的,不能对分支机构作为单位犯罪主体追究刑事责任,而是应当对分支机构的上级单位(符合单位犯罪主体资格)追究刑事责任。(§ 22)

△(**分支机构相关涉案人员**)分支机构认定为单位犯罪主体的,该分支机构相关涉案人员应当作为该分支机构的"直接负责的主管人员"或者"其他直接责任人员"追究刑事责任。仅将分支机构的上级单位认定为单位犯罪主体的,该分支机构相关涉案人员可以作为该上级单位的"其他直接责任人员"追究刑事责任。(§ 23)

△(**符合追诉条件的分支机构;审查起诉**)对符合追诉条件的分支机构(包括具有独立法人资格的和不具有独立法人资格)及其所属单位,公安机关均没有作为犯罪嫌疑单位移送审查起诉,仅将其所属单位的上级单位作为犯罪嫌疑单位移送审查起诉的,对相关分支机构涉案人员可以区分以下情形处理:

(1)有证据证明被立案的上级单位(比如总公司)在业务、财务、人事等方面对下属单位及其分支机构进行实际控制,下属单位及其分支机构涉案人员可以作为被移送审查起诉的上级单位的"其他直接责任人员"追究刑事责任。在证明实际控制关系时,应当收集、运用公司决策、管理、考核等相关文件,OA 系统等电子数据,资金往来记录等证据。对不同地区同一单位的分支机构涉案人员起诉时,证明实际控制关系的证据体系、证明标准应基本一致。

(2)据现有证据无法证明被立案的上级单位与下属单位及其分支机构之间存在实际控制关系的,对符合单位犯罪构成要件的下属单位或分支机构应当补充起诉,下属单位及其分支机构已不具备补充起诉条件的,可以将下属单位及其分支机构的涉案犯罪嫌疑人直接起诉。(§ 24)

△(**跨区域;涉互联网金融犯罪;统一平衡**)在办理跨区域涉互联网金融犯罪案件时,在追诉标准、追诉范围以及量刑建议等方面应当注意统一平衡。对于同一单位在多个地区分别设立分支机构的,在同一省(自治区、直辖市)范围内应当保持基本一致。分支机构所涉犯罪嫌疑人与上级单位主要犯罪嫌疑人之间应当保持适度平衡,防止出现责任轻重"倒挂"的现象。(§ 25)

△(**单位犯罪;区分主犯、从犯**)单位犯罪中,直接负责的主管人员和其他直接责任人员在涉互联网金融犯罪案件中的地位、作用存在明显差别的,可以区分主犯和从犯。对起组织领导作用的总公司的直接负责的主管人员和发挥主要作用的其他直接责任人员,可以认定为全案的主犯,其他人员可以认定为从犯。(§ 26)

△(**最大限度减少投资人的实际损失;从轻、减轻处罚;不起诉决定**)最大限度减少投资人的实际损失是办理涉互联网金融犯罪案件特别是非法集资案件的重要工作。在决定是否起诉、提出量刑建议时,要重视对是否具有认罪认罚、主动退赃退赔等情节的考察。分支机构涉案人员积极配合调查、主动退还违法所得、真诚认罪悔罪的,应当依法提出从轻、减轻处罚的量刑建议。其中,对情节轻微、可以免予刑事处罚的,或者情节显著轻微、危害不大、不认为是犯罪的,应当依法作出不起诉决定。对被不起诉人需要给予行政处罚或者没收违法所得的,应当向行政主管部门提出检察意见。(§ 27)

△(**证据;真实性;合法性;关联性**)涉互联网金融犯罪案件证据种类复杂、数量庞大、且分散于各地,收集、审查、运用证据的难度大。各地检察机关公诉部门要紧紧围绕证据的真实性、合法性、关联性,引导公安机关依法全面收集固定证据,加强证据的审查、运用,确保案件事实经得起法律的检验。(§ 28)

△(**提前介入侦查;收集固定证据;非法证据排除**)对于重大、疑难、复杂涉互联网金融犯罪案件,检察机关公诉部门要依法提前介入侦查,围绕指控犯罪的需要积极引导公安机关全面收集固定证据,必要时与公安机关共同会商,提出完善侦查思路、侦查提纲的意见建议。加强对侦查取证合法性的监督,对应当依法排除的非法证据坚决予以排除,对应当补正或作出合理解释的及时提出意见。(§ 29)

△(**电子数据;云存储电子数据;真实性;合法性;关联性**)电子数据在涉互联网金融犯罪案件的证据体系中地位重要,对于指控证实相关犯罪事实具有重要作用。随着互联网技术的不断发展,电子数据的形式、载体出现了许多新的变化,对电子数据的勘验、提取、审查等提出了更高要求,处理不当会对电子数据的真实性、合法性造成不可逆转的损害。检察机关公诉部门要严格执行《最高人民法院、最高人民检察院、公安部关于办理刑事案件收集提取和审查判断电子数据问题的若干规定》(法发〔2016〕22 号),加强对电子数据收集、提取程序和技术标准的审查,确保电子数据的真实性、合法性。对云存储电子数据等新类型电

子数据进行提取、审查时，要高度重视程序合法性、数据完整性等问题，必要时主动征求相关领域专家意见，在提取前会同公安机关、云存储服务提供商制定科学合法的提取方案，确保万无一失。（§ 30）

△（**证据交换共享机制**）落实“三统两分”要求，健全证据交换共享机制，协调推进跨区域案件办理。对涉及主案犯罪嫌疑人的证据，一般由主案侦办地办案机构负责收集，其他地区提供协助。其他地区办案机构需要主案侦办地提供证据材料的，应当向主案侦办地办案机构提出证据需求，由主案侦办地办案机构收集并依法移送。无法移送证据原件的，应当在移送复制件的同时，按照相关规定作出说明。各地检察机关公诉部门之间要加强协作，加强与公安机关的协调，督促本地公安机关与其他地区公安机关做好证据交换共享相关工作。案件进入审查起诉阶段后，检察机关公诉部门可以根据案件需要，直接向其他地区检察机关调取证据，其他地区检察机关公诉部门应积极协助。此外，各地检察机关在办理案件过程中发现对其他地区案件办理有重要作用的证据，应当及时采取措施并通知相应检察机关，做好依法移送工作。（§ 31）

《最高人民法院、最高人民检察院、公安部关于办理非法集资刑事案件若干问题的意见》（高检会〔2019〕2 号，2019 年 1 月 30 日公布）

△（**非法集资；非法性**）人民法院、人民检察院、公安机关认定非法集资的“非法性”，应当以国家金融管理法律法规作为依据。对于国家金融管理法律法规仅作原则性规定的，可以根据法律规定的精神并参考中国人民银行、中国银行保险监督管理委员会、中国证券监督管理委员会等行政主管部门依照国家金融管理法律法规制定的部门规章或者国家有关金融管理的规定、办法、实施细则等规范性文件的规定予以认定。

△（**单位犯罪**）单位实施非法集资犯罪活动，全部或者大部分违法所得归单位所有的，应当认定为单位犯罪。

个人为进行非法集资犯罪活动而设立的单位实施犯罪的，或者单位设立后，以实施非法集资犯罪活动为主要活动的，不以单位犯罪论处，对单位中组织、策划、实施非法集资犯罪活动的人员应当以自然人犯罪依法追究刑事责任。

判断单位是否以实施非法集资犯罪活动为主要活动，应当根据单位实施非法集资的次数、频度、持续时间、资金规模、资金流向、投入人力物力情况、单位进行正当经营的状况以及犯罪活动的影响、后果等因素综合考虑认定。

△（**涉案下属单位；单位犯罪**）办理非法集资刑事案件中，人民法院、人民检察院、公安机关应当全面查清涉案单位，包括上级单位（总公司、母公司）和下属单位（分公司、子公司）的主体资格、层级、关系、地位、作用、资金流向等，区分情况依法作出处理。

上级单位已被认定为单位犯罪，下属单位实施非法集资犯罪活动，且全部或者大部分违法所得归下属单位所有的，对该下属单位也应当认定为单位犯罪。上级单位和下属单位构成共同犯罪的，应当根据犯罪单位的地位、作用，确定犯罪单位的刑事责任。

上级单位已被认定为单位犯罪，下属单位实施非法集资犯罪活动，但全部或者大部分违法所得归上级单位所有的，对下属单位不单独认定为单位犯罪。下属单位中涉嫌犯罪的人员，可以作为上级单位的其他直接责任人员依法追究刑事责任。

上级单位未被认定为单位犯罪，下属单位被认定为单位犯罪的，对上级单位中组织、策划、实施非法集资犯罪的人员，一般可以与下属单位按照自然人与单位共同犯罪处理。

上级单位与下属单位均未被认定为单位犯罪的，一般以上级单位与下属单位中承担组织、领导、管理、协调职责的主管人员和发挥主要作用的人员作为主犯，以其他积极参加非法集资犯罪的人员作为从犯，按照自然人共同犯罪处理。

△（**主观故意**）认定犯罪嫌疑人、被告人是否具有非法吸收公众存款的犯罪故意，应当依据犯罪嫌疑人、被告人的任职情况、职业经历、专业背景、培训经历、本人因同类行为受到行政处罚或者刑事追究情况以及吸收资金方式、宣传推广、合同资料、业务流程等证据，结合其供述，进行综合分析判断。

犯罪嫌疑人、被告人使用诈骗方法非法集资，符合《最高人民法院关于审理非法集资刑事案件具体应用法律若干问题的解释》第四条规定的，可以认定为集资诈骗罪中“以非法占有为目的”。

办案机关在办理非法集资刑事案件中，应当根据案件具体情况注意收集运用涉及犯罪嫌疑人、被告人的以下证据：是否使用虚假身份信息对外开展业务；是否虚假订立合同、协议；是否虚假宣传，明显超出经营范围或者夸大经营、投资、服务项目及盈利能力；是否吸收资金后隐匿、销毁合同、协议、账目；是否传授或者接受规避法律、逃避监管的方法，等等。

△（**犯罪数额的认定**）非法吸收或者变相吸

收公众存款构成犯罪，具有下列情形之一的，向亲友或者单位内部人员吸收的资金应当与向不特定对象吸收的资金一并计入犯罪数额：

（一）在向亲友或者单位内部人员吸收资金的过程中，明知亲友或者单位内部人员向不特定对象吸收资金而予以放任的；

（二）以吸收资金为目的，将社会人员吸收为单位内部人员，并向其吸收资金的；

（三）向社会公开宣传，同时向不特定对象、亲友或者单位内部人员吸收资金的。

非法吸收或者变相吸收公众存款的数额，以行为人所吸收的资金全额计算。集资参与人收回本金或者获得回报后又重复投资的数额不予扣除，但可以作为量刑情节酌情考虑。

△（**宽严相济刑事政策**）办理非法集资刑事案件，应当贯彻宽严相济刑事政策，依法合理把握追究刑事责任的范围，综合运用刑事手段和行政手段处置和化解风险，做到惩处少数、教育挽救大多数。要根据行为人的客观行为、主观恶性、犯罪情节及其地位、作用、层级、职务等情况，综合判断行为人的责任轻重和刑事追究的必要性，按照区别对待原则分类处理涉案人员，做到罚当其罪、罪责刑相适应。

重点惩处非法集资犯罪活动的组织者、领导者和管理人员，包括单位犯罪中的上级单位（总公司、母公司）的核心层、管理层和骨干人员，下属单位（分公司、子公司）的管理层和骨干人员，以及其他发挥主要作用的人员。

对于涉案人员积极配合调查、主动退赃退赔、真诚认罪悔罪的，可以依法从轻处罚；其中情节轻微的，可以免除处罚；情节显著轻微、危害不大的，不作为犯罪处理。

△（**管辖**）跨区域非法集资刑事案件按照《国务院关于进一步做好防范和处置非法集资工作的意见》（国发〔2015〕59 号）确定的工作原则办理。如果合并侦查、诉讼更为适宜的，可以合并办理。

办理跨区域非法集资刑事案件，如果多个公安机关都有权立案侦查的，一般由主要犯罪地公安机关作为案件主办地，对主要犯罪嫌疑人立案侦查和移送审查起诉；由其他犯罪地公安机关作为案件分办地根据案件具体情况，对本地区犯罪嫌疑人立案侦查和移送审查起诉。

管辖不明或者有争议的，按照有利于查清犯罪事实、有利于诉讼的原则，由其共同的上级公安机关协调确定或者指定有关公安机关作为案件主办地立案侦查。需要提请批准逮捕、移送审查起诉、提起公诉的，由分别立案侦查的公安机关所在地的人民检察院、人民法院受理。

对于重大、疑难、复杂的跨区域非法集资刑事案件，公安机关应当在协调确定或者指定案件主办地立案侦查的同时，通报同级人民检察院、人民法院。人民检察院、人民法院参照前款规定，确定主要犯罪地作为案件主办地，其他犯罪地作为案件分办地，由所在地的人民检察院、人民法院负责起诉、审判。

本条规定的"主要犯罪地"，包括非法集资活动的主要组织、策划、实施地，集资行为人的注册地、主要营业地、主要办事机构所在地，集资参与人的主要所在地等。

△（**办案工作机制**）案件主办地和其他涉案地办案机关应当密切沟通协调，协同推进侦查、起诉、审判、资产处置工作，配合有关部门最大限度追赃挽损。

案件主办地办案机关应当统一负责主要犯罪嫌疑人、被告人涉嫌非法集资全部犯罪事实的立案侦查、起诉、审判，防止遗漏犯罪事实；并应就全案处理政策、追诉主要犯罪嫌疑人、被告人的证据要求及诉讼时限、追赃挽损、资产处置等工作要求，向其他涉案地办案机关进行通报。其他涉案地办案机关应当对本地区犯罪嫌疑人、被告人涉嫌非法集资的犯罪事实及时立案侦查、起诉、审判，积极协助主办地处置涉案资产。

案件主办地和其他涉案地办案机关应当建立和完善证据交换共享机制。对涉及主要犯罪嫌疑人、被告人的证据，一般由案件主办地办案机关负责收集，其他涉案地提供协助。案件主办地办案机关应当及时通报接收涉及主要犯罪嫌疑人、被告人的证据材料的程序及要求。其他涉案地办案机关需要案件主办地提供证据材料的，应当向案件主办地办案机关提出证据需求，由案件主办地收集并依法移送。无法移送证据原件的，应当在移送复制件的同时，按照相关规定作出说明。

△（**涉案财物追缴处置**）办理跨区域非法集资刑事案件，案件主办地办案机关应当及时归集涉案财物，为统一资产处置做好基础性工作。其他涉案地办案机关应当及时查明涉案财物，明确其来源、去向、用途、流转情况，依法办理查封、扣押、冻结手续，并制作详细清单，对扣押款项应当设立明细账，在扣押后立即存入办案机关唯一合规账户，并将有关情况提供案件主办地办案机关。

人民法院、人民检察院、公安机关应当严格依照刑事诉讼法和相关司法解释的规定，依法移送、审查、处理查封、扣押、冻结的涉案财物。对审判时尚未追缴到案或者尚未足额退赔的违法所得，人民法院应当判决继续追缴或者责令退赔，并由人民法院负责执行，处置非法集资职能部门、人民检察院、公安机关等应当予以配合。

人民法院对涉案财物依法作出判决后,有关地方和部门应当在处置非法集资职能部门统筹协调下,切实履行协作义务,综合运用多种手段,做好涉案财物清运、财产变现、资金归集、资金清退等工作,确保最大限度减少实际损失。

根据有关规定,查封、扣押、冻结的涉案财物,一般应在诉讼终结后返还集资参与人。涉案财物不足全部返还的,按照集资参与人的集资额比例返还。退赔集资参与人的损失一般优先于其他民事债务以及罚金、没收财产的执行。

△(**集资参与人;权利保障**)集资参与人,是指向非法集资活动投入资金的单位和个人,为非法集资活动提供帮助并获取经济利益的单位和个人除外。

人民法院、人民检察院、公安机关应当通过及时公布案件进展、涉案资产处置情况等方式,依法保障集资参与人的合法权利。集资参与人可以推选代表人向人民法院提出相关意见和建议;推选不出代表人的,人民法院可以指定代表人。人民法院可以视案件情况决定集资参与人代表人参加或者旁听庭审,对集资参与人提起附带民事诉讼等请求不予受理。

△(**行政执法与刑事司法衔接**)处置非法集资职能部门或者有关行政主管部门,在调查非法集资行为或者行政执法过程中,认为案情重大、疑难、复杂的,可以商请公安机关就追诉标准、证据固定等问题提出咨询或者参考意见;发现非法集资行为涉嫌犯罪的,应当按照《行政执法机关移送涉嫌犯罪案件的规定》等规定,履行相关手续,在规定的期限内将案件移送公安机关。

人民法院、人民检察院、公安机关在办理非法集资刑事案件过程中,可商请处置非法集资职能部门或者有关行政主管部门指派专业人员配合开展工作,协助查阅、复制有关专业资料,就案件涉及的专业问题出具认定意见。涉及需要行政处理的事项,应当及时移交处置非法集资职能部门或者有关行政主管部门依法处理。

《最高人民法院、最高人民检察院、公安部、司法部关于办理黑恶势力犯罪案件若干问题的指导意见》(法发〔2018〕1号,2018年1月16日公布)

△(**民间借贷;擅自设立金融机构罪;非法吸收公众存款罪;骗取贷款罪;高利转贷罪;故意杀人罪;故意伤害罪;非法拘禁罪;故意毁坏财物罪;数罪并罚**)在民间借贷活动中,如有擅自设立金融机构、非法吸收公众存款、骗取贷款、套取金融机构资金发放高利贷以及为强索债务而实施故意杀人、故意伤害、非法拘禁、故意毁坏财物等行为的,应当按照具体犯罪侦查、起诉、审判。依法符合数罪并罚条件的,应当并罚。(§ 19)

△(**假借民间借贷之名;诈骗罪;强迫交易罪;敲诈勒索罪;抢劫罪;虚假诉讼罪;违法所得**)对于以非法占有为目的,假借民间借贷之名,通过"虚增债务""签订虚假借款协议""制造资金走账流水""肆意认定违约""转单平账""虚假诉讼"等手段非法占有他人财产,或者使用暴力、威胁手段强立债权、强行索债的,应当根据案件具体事实,以诈骗、强迫交易、敲诈勒索、抢劫、虚假诉讼等罪名侦查、起诉、审判。对于非法占有的被害人实际所得借款以外的虚高"债务"和以"保证金""中介费""服务费"等各种名目扣除或收取的额外费用,均应计入违法所得。对于名义上为被害人所得、但在案证据能够证明实际上却为犯罪嫌疑人、被告人实施后续犯罪所使用的"借款",应予以没收。(§ 20)

《最高人民法院、最高人民检察院关于常见犯罪的量刑指导意见(试行)》(法发〔2021〕21号,2021年6月6日发布)

△(非法吸收公众存款罪;量刑)

1. 构成非法吸收公众存款罪的,根据下列情形在相应的幅度内确定量刑起点:

(1)犯罪情节一般的,在一年以下有期徒刑、拘役幅度内确定量刑起点。

(2)达到数额巨大起点或者有其他严重情节的,在三年至四年有期徒刑幅度内确定量刑起点。

(3)达到数额特别巨大起点或者有其他特别严重情节的,在十年至十二年有期徒刑幅度内确定量刑起点。

2. 在量刑起点的基础上,根据非法吸收存款数额等其他影响犯罪构成的犯罪事实增加刑罚量,确定基准刑。

3. 对于在提起公诉前积极退赃退赔,减少损害结果发生的,可以减少基准刑的40%以下;犯罪较轻的,可以减少基准刑的40%以上或者依法免除处罚。

4. 构成非法吸收公众存款罪的,根据非法吸收公众存款数额、存款人人数、给存款人造成的直接经济损失数额等犯罪情节,综合考虑被告人缴纳罚金的能力,决定罚金数额。

5. 构成非法吸收公众存款罪的,综合考虑非法吸收存款数额、存款人人数、给存款人造成的直接经济损失数额、清退资金数额等犯罪事实、量刑情节,以及被告人主观恶性、人身危险性、认罪悔罪表现等因素,决定缓刑的适用。

《最高人民检察院、公安部关于公安机关管辖的刑事案件立案追诉标准的规定(二)》(公通字〔2022〕12号,2022年4月6日公布)

△**(非法吸收公众存款罪;立案追诉标准)**非法吸收公众存款或者变相吸收公众存款,扰乱金融秩序,涉嫌下列情形之一的,应予立案追诉:

(一)非法吸收或者变相吸收公众存款数额在一百万元以上的;

(二)非法吸收或者变相吸收公众存款对象一百五十人以上的;

(三)非法吸收或者变相吸收公众存款,给集资参与人造成直接经济损失数额在五十万元以上的;

非法吸收或者变相吸收公众存款数额在五十万元以上或者给集资参与人造成直接经济损失数额在二十五万元以上,同时涉嫌下列情形之一的,应予立案追诉:

(一)因非法集资受过刑事追究的;

(二)二年内因非法集资受过行政处罚的;

(三)造成恶劣社会影响或者其他严重后果的。(§23)

【附属刑法】

《中华人民共和国商业银行法》(1995年5月10日通过,2015年8月29日第二次修正)

第七十四条

商业银行有下列情形之一,由国务院银行业监督管理机构责令改正,有违法所得的,没收违法所得,违法所得五十万元以上的,并处违法所得一倍以上五倍以下罚款;没有违法所得或者违法所得不足五十万元的,处五十万元以上二百万元以下罚款;情节特别严重或者逾期不改正的,可以责令停业整顿或者吊销其经营许可证;构成犯罪的,依法追究刑事责任:

……

(三)违反规定提高或者降低利率以及采用其他不正当手段,吸收存款,发放贷款的①;

……

第七十八条

商业银行有本法第七十三条至第七十七条规定情形的,对直接负责的董事、高级管理人员和其他直接责任人员,应当给予纪律处分;构成犯罪的,依法追究刑事责任。

第八十一条

Ⅰ未经国务院银行业监督管理机构批准,擅自设立商业银行,或者非法吸收公众存款、变相吸收公众存款,构成犯罪的,依法追究刑事责任;并由国务院银行业监督管理机构予以取缔。

《中华人民共和国证券投资基金法》(2003年10月28日通过,2015年4月24日修正)

第一百二十七条

违反本法规定,擅自公开或者变相公开募集基金的,责令停止,返还所募资金和加计的银行同期存款利息,没收违法所得,并处所募资金金额百分之一以上百分之五以下罚款。对直接负责的主管人员和其他直接责任人员给予警告,并处五万元以上五十万元以下罚款。

第一百三十六条

违反本法规定,擅自从事公开募集基金的基金服务业务的,责令改正,没收违法所得,并处违法所得一倍以上五倍以下罚款;没有违法所得或者违法所得不足三十万元的,并处十万元以上三十万元以下罚款。对直接负责的主管人员和其他直接责任人员给予警告,并处三万元以上十万元以下罚款。

第一百四十九条

违反本法规定,构成犯罪的,依法追究刑事责任。

《中华人民共和国银行业监督管理法》(2003年12月27日通过,2006年10月31日修正)

第四十五条

银行业金融机构有下列情形之一,由国务院银行业监督管理机构责令改正,有违法所得的,没收违法所得,违法所得五十万元以上的,并处违法所得一倍以上五倍以下罚款;没有违法所得或者违法所得不足五十万元的,处五十万元以上二百万元以下罚款;情节特别严重或者逾期不改正的,可以责令停业整顿或者吊销其经营许可证;构成犯罪的,依法追究刑事责任;

……

(四)违反规定提高或者降低存款利率、贷款利率的。

① 《中华人民共和国商业银行法》(1995年5月10日通过,2015年8月29日第二次修正)

第十一条

Ⅱ未经国务院银行业监督管理机构批准,任何单位和个人不得从事吸收公众存款等商业银行业务,任何单位不得在名称中使用“银行”字样。

第四十七条

商业银行不得违反规定提高或者降低利率以及采用其他不正当手段,吸收存款,发放贷款。

【指导性案例】

最高人民检察院指导性案例第64号：杨卫国等人非法吸收公众存款案（2020年2月5日发布）

△（**非法吸收公众存款；网络借贷；资金池**）单位或个人假借开展网络借贷信息中介业务之名，未经依法批准，归集不特定公众的资金设立资金池，控制、支配资金池中的资金，并承诺还本付息的，构成非法吸收公众存款罪。

【公报案例】

△（**变相吸收公众存款**）未经中国人民银行批准，不以吸收公众存款的名义，向社会不特定对象吸收资金，但承诺履行的义务与吸收公众存款性质相同，即承诺在一定期限内返本付息的，属于《刑法》第一百七十六条规定的"变相吸收公众存款"。只要行为人实施了非法吸收公众存款的行为，无论采取何种非法吸收公众存款的手段、方式，均不影响非法吸收公众存款罪的成立。［《最高人民法院公报》2008年第6期　渭南市尤湖塔园有限责任公司、惠庆祥、陈创、冯振达非法吸收公众存款，惠庆祥挪用资金案］

【参考案例】

△**承诺保本付息进行所谓投资理财，属于变相吸收公众存款行为。**

中国证券监督管理委员会（以下简称中国证监会）于2001年11月28日发布的《关于规范证券公司受托投资管理业务的通知》（已失效）第一条规定，受托投资管理业务，是指证券公司作为受托投资管理人，依据有关法律、法规和投资委托人的投资意愿，与委托人签订受托投资管理合同，把委托人委托的资产在证券市场上从事股票、债券等金融工具的组合投资，以实现委托资产收益最优化的行为。也就是说，证券公司代理客户管理资产，由证券公司向客户提供投资方法和投资时机的建议，通过让客户参考建议自己操盘或者由客户全权委托证券公司操盘等形式进行投资理财，以实现客户资产保值、增值的业务。资产管理的内容包括代理客户办理委托管理资金的划付、代理客户办理理财收益和到期本金的划付等。以上内容揭示了受托投资管理业务最主要或最本质的三大特征，一是客户与证券公司在开展受托投资管理业务中系委托和代理关系，证券公司开展资产管理必须以客户的名义进行；二是证券公司的行为体现的是作为委托人的客户的意愿，目的是保障客户的利益；三是证券公司受托管理的资产风险由客户自行承担，证券公司不承担任何风险。中国证监会鉴于受托投资管理业务的上述特征，于2003年12月18日公布了《证券公司客户资产管理业务试行办法》（已失效），该办法第四十三条强调了受托投资管理业务的投资风险由客户自行承担的规定。

然而，部分证券公司开展承诺保本付息的所谓受托投资管理业务，其具体运作过程是，证券公司以给予固定回报或高于银行同期储蓄存款利率数倍的承诺为前提，通过与客户签订资产管理合同等方法吸引客户投入资产，再以证券公司自己的名义将该资产投入证券市场从事股票、债券等金融工具的组合投资，实现自己收益最大化。上述行为过程反映的主要特征，一是证券公司与客户之间虽然签订了名义上的资产管理合同，但这不是真正的委托代理协议，其实质是证券公司向客户约定到期兑现的承诺书，故证券公司与客户之间不存在委托代理关系；二是证券公司在取得客户投资的资产后以自己名义对外投资，投资方法和投资时机等均由证券公司自己决策或决定，体现的是证券公司的意愿，客户在证券公司向其作出承诺后并不关心证券公司如何使用其投入的资产；三是无论证券公司是否盈亏都要在约定期限内兑现承诺，即客户投入资产的风险由证券公司承担。由此可知，证券公司推出承诺保本付息的委托理财业务，不是法律规定的受托投资管理业务，而是以所谓的委托理财名义向社会不特定人员借用资金的性质。这与储户将钱款存入储蓄机构，由储蓄机构向储户承诺还本付息的吸收公众存款的性质完全一致，也符合国务院1998年7月13日公布的《非法金融机构和非法金融业务活动取缔办法》第四条关于变相吸收公众存款的规定，变相吸收公众存款是指未经中国人民银行批准，不以吸收公众存款的名义向社会不特定对象吸收资金，但承诺履行的义务与吸收公众存款性质相同的活动。故证券公司推出承诺保本付息的所谓委托理财业务属于变相吸收公众存款的行为。［No. 3-4-176-1　中富证券有限责任公司及彭军等人非法吸收公众存款案］

△**非法吸收公众存款的涉案金额，应以实际收取的客户享有所有权的自有资金为准。**

证券公司在开展承诺保本付息的所谓受托投资管理业务时，向客户吸收资金的形式大致可归结为三种，第一种是证券公司实际向客户吸收资金，到期后给予客户保本付息的固定收益，即证券公司向客户实际收取的金额与合同约定金额相等；第二种是证券公司实际向客户吸收的资金少于合同约定的金额，不足部分以证券公司承诺保本付息的固定收益作为客户已交纳的金额直接冲抵，即证券公司向客户实际收取的资金与合同约定的金额不等；第三种是证券公司先给予客户约定的保本付息的固定收益，然后在一定期限内向客户收取合同约定的金额。上述三种形式中的第一、第三种性质是一样的，也就是证券公司都向客户收取了合同约定的资金，只是在给予保本付息固定收益的时间上有先后区别而已，以这两种形式所吸收的资金是客户实际向证券公司交纳的自有资金，故将该金额认定为吸存金额一般不会产生多大的异议。而在第二种形式中，证券公司给予客户保本付息的固定收益能否作为吸存金额认定，争议较大。

证券公司以承诺保本付息的所谓受托投资管理业务的名义吸收存款，涉案金额应以实际收取客户享有所有权的自有资金认定为妥。理由之一，证券公司与客户之间签订的含有保本付息承诺的所谓资产管理协议书，明显违反了《证券公司客户资产管理业务试行办法》（已失效）第四十一条的规定，即证券公司从事客户资产管理业务，不得向客户作出保证其资产本金不受损失或者取得最低收益的承诺。从民事法律角度来看，该种协议的签订不符合法律规定，属无效合同，无效合同自始不发生法律效力，合同双方据此所取得的财产应予返还。所以，证券公司给予客户保本付息的资金权属没有发生实质变化，证券公司以其支付的保本付息的固定收益作为客户交存的资金，等于是证券公司向自己“吸收”资金，这不符合非法吸收公众存款罪应向不特定公众吸收存款的犯罪特征。理由之二，证券公司及相关人员在明知从事资产管理业务不得向客户作出保证其资产本金不受损失或者取得最低收益的情况下，仍故意采取上述方法吸收存款，有的将吸收的资金用于证券公司之外的其他经营活动，更有甚者用于犯罪活动或个人侵占等，证券公司的行为使自身利益受到侵害的同时，也构成犯罪。从刑事法律角度而言，对于因犯罪导致证券公司流失的全部财产必须予以追缴并返还证券公司。倘若将证券公司给予客户保本付息的固定收益也作为非法吸收公众存款罪的涉案金额认定的话，无疑在法律上承认了该资产原本就属客户应得的合法财产，这是完全错误的。［No. 3-4-176-2　中富证券有限责任公司及彭军等人非法吸收公众存款案］

△未经中国人民银行批准，向社会不特定对象吸收资金，承诺在一定期限内还本付息的，属于变相吸收公众存款，应以非法吸收公众存款罪论处。

所谓非法吸收公众存款罪，按照《刑法》第一百七十六条的规定，是指违反国家金融管理法规，吸收公众存款或者变相吸收公众存款，扰乱金融秩序的行为。对于非法吸收公众存款和变相吸收公众存款，根据国务院 1998 年 7 月 13 日公布的《非法金融机构和非法金融业务活动取缔办法》第四条的规定，非法吸收公众存款是指未经中国人民银行批准，向社会不特定对象吸收资金，出具凭证，承诺在一定期限内还本付息的活动；变相吸收公众存款，是指未经中国人民银行批准，不以吸收公众存款的名义，向社会不特定对象吸收资金，但承诺履行的义务与吸收公众存款性质相同的行为。

从上述定义可以看出，非法吸收公众存款与变相吸收公众存款的共同特征在于：一是非法性。所谓非法，是指任何向公众集资或吸收存款的行为，都必须经过中国人民银行批准，凡未经中国人民银行批准从事存款业务，缺少法定的特别授权，即为非法。具体包括两种情形：（1）行为人不具备吸收公众存款的主体资格而吸收公众存款，即非金融机构或个人向公众吸收资金，如个人或单位私设银行、钱庄、储蓄所等，非法办理存款业务，吸收公众存款；（2）行为人虽然具备吸收公众存款的资格，但其吸收公众存款的方法是非法的，即某些金融机构虽然具有吸收公众存款业务经营权，但采取非法方式进行吸收存款的行为。如有些商业银行和信用合作社，为了争揽客户，违反国家关于利率的规定，以擅自提高利率或在存款时先支付利息等手段吸收公众存款。二是行为人必须是面向社会不特定对象吸收资金，即行为人开展非法吸收存款业务是面向不特定多数人的，而不是限于特定对象。向社会不特定对象吸收存款的形式通常有两种情形：（1）公开张贴告示、通知等招揽存款；（2）发动亲友到处游说，广泛动员他人存款。而对于在企业内部的入股、集资行为，由于其对象为特定少数个人或单位内部成员，不属“公众”，一般不以本罪论处。

由上可见，变相吸收公众存款的行为与非法吸收公众存款的行为在非法性特征和对象特征以及承诺的义务等方面均是相同的，所不同的是非法吸收公众存款是以直接吸收存款的名义进行，表现在其出具存款凭证，并承诺在一定期限内还本付息；而变相吸收公众存款则不以直接吸收存款的名义出现，而以成立资金互助会或以投资、集资入股等名义进行，但承诺履行的义务与吸收公众存款性质相同，即都是承诺在一定期限内还本付息，从而达到吸收公众存款的目的。实践中，行为人以变相方式吸收存款的具体手段层出不穷、花样繁多。如有的单位未经批准成立资金互助组织吸收公众资金;有些企业以投资、集资等名义吸收公众资金,但并不按规定分配利润、派发股息,而是支付一定利息;有的以代为饲养宠物,代为养殖花木果树,营业房分零出售、代为出租等为名,许以高额回报以吸收资金;有的则以商品销售的方式吸收资金,以承诺返租、回购、转让等方式给予回报。这些行为以合法形式掩盖非法集资目的,犯罪分子往往与受害者签订合同,伪装成正常的生产经营活动,其实质仍然是变相抬高国家所规定的存款利率,情节严重者,必定扰乱整个社会的金融秩序,一旦行为人不能兑现承诺,必将引发社会群体性事件,影响社会稳定。[No. 3-4-176-3　惠庆祥等非法吸收公众存款案]

△向社会不特定对象吸收存款的,构成非法吸收公众存款罪,不属于合法的民间借贷。

刑法是规定犯罪及其刑事责任的法律规范,即刑法规定的是犯罪行为,而其他法律规定的都是一般违法行为。非法吸收公众存款罪,尽管也表现为民间借贷的特征,但因为其借贷的对象为不特定的公众且扰乱了国家金融秩序,所以具有民间借贷不会造成的严重社会危害性,这是两者的根本区别。如果民间借贷的对象范围满足前文所讲的两个条件即非法性和广延性,即未经有权机关批准和向社会不特定对象吸收资金,且借款利率高于法定利率,扰乱了国家金融秩序,则超出了民间借贷的范畴,演化为非法吸收公众存款。而对于只向少数个人或者特定对象如仅限于本单位人员等吸收存款的行为当然不是本罪中的非法吸收公众存款的行为,因为这种民间借贷不可能对国家金融秩序造成破坏。所以,民间借贷只能是针对社会中少数个人或者特定对象之间的借贷行为,而向社会不特定对象吸收存款的行为当然不属于民间借贷。唯有如此,才能将非法吸收公众存款与合法的民间借贷区别开来。[No. 3-4-176-4　惠庆祥等非法吸收公众存款案]

△金融机构工作人员以虚构银行内部高额利息存款的手段,吸纳亲友等特定人的大量现金,归个人使用的,不构成非法吸收公众存款罪,应以诈骗罪论处。

就田亚平诈骗案而言,被告人田亚平主观上具有非法占有他人财物的目的。至案发时扣除已还部分和利息,被告人累计吸收的现金高达90.1万元,除被告人归案后退赃14.4万元,其余款项均被用于个人消费。分析田亚平在主观上是否具有非法占有他人财物的故意,除了依据其个人供述,还要结合其行为来看。根据田亚平的供述,她开始是想利用银行出纳员的身份来取得亲朋好友的信任,使他们将现金交给她,这样她就可以偿还个人债务了。田亚平连个人债务都无法偿还,那么,银行出纳员的工资就更不可能使她将取得的亲朋好友的大量资金还上。田亚平明知这种情况,却仍向多人推荐"高额利率定单",取得了近百万资金,而且这些资金除还债外,主要都被用于装修房屋、购买汽车等高消费上,可见,其主观上非法占有他人财物的目的十分明显。在客观上,被告人田亚平实施了诈骗的行为。田亚平分别向众多的亲朋好友虚构了银行内部有高额利率存款的事实,使亲朋好友信以为真,主动把现金交给她以取得高额利率的回报。田亚平自制虚假的"高额利率定单",偷盖储蓄业务专用章和同班人员印鉴等行为,是为了让亲朋好友相信银行确有高额利率存款的事实,以达到取得亲朋好友资金的目的,这些都是骗取财物所采取的手段,完全符合诈骗罪的客观构成要件。因此,田亚平的行为符合诈骗罪的主客观构成要件,平顶山市中级人民法院的判决是正确的。[No. 3-4-176-5　田亚平诈骗案]

△以高额利息为诱饵,吸收公众存款进行赢利,但不具有非法占有目的的,不构成集资诈骗罪,应以非法吸收公众存款罪论处。

根据《刑法》第一百七十六条的规定,非法吸收公众存款罪是指违反国家规定,非法吸收公众存款或者变相吸收公众存款,扰乱金融秩序的行为。根据《刑法》第一百九十二条的规定,集资诈骗罪是指以非法占有为目的,使用诈骗的方法非法集资,数额较大的行为。集资诈骗罪和非法吸收公众存款罪都以非法集资为外在的表现形式,但二者同时又存在着根本的区别:

第一,犯罪的目的不同。前者的犯罪目的是非法占有所募集的资金;而后者的目的则是企图通过吸收公众存款的方式,进行赢利,在主观上并不具有非法占有公众存款的目的。这是两罪最本质的区别。

第二,犯罪行为的客观表现虽有非法集资的共同外在表现形式,但具体实施方法也有根本不同。前者的行为人必须使用诈骗的方法;而后者则不以行为人是否使用了诈骗方法作为构成犯罪的要件之一,尤其是在吸收存款或募集资金的行为中并没有遮掩赢利的意图。

第三,侵犯的客体不同。前者侵犯的是复杂客体,不仅侵犯了国家的金融秩序,而且侵犯了出资人的财产所有权;后者侵犯的是单一客体,即国家的金融管理秩序,当然在有些情况下,非法吸收公众存款的行为人由于经营不善造成亏损,无法兑现其在吸收公众存款时的承诺,甚至给投资人、存款人造成了重大经济损失,但是,这种损失与行

为人目的就是侵犯公私财物的所有权是不同的。[No. 3-4-176-6　高远非法吸收公众存款案]

△行为人使用诈骗方法非法集资后，用于生产经营的资金与筹集资金规模明显不成比例，致使集资款不能返还的，应认定行为人对集资款具有非法占有目的。

在非法集资犯罪中，非法吸收公众存款罪是基础罪名，集资诈骗罪是加重罪名，两者的区别主要在于是否具有非法占有目的。非法占有目的是成立集资诈骗罪的法定要件，也是集资诈骗罪司法认定当中的难点。具体到云南荷尔思商贸有限责任公司、张安均等非法吸收公众存款案，首先从主观方面看，荷尔思公司集资后用于生产经营活动的资金与筹集资金规模明显不成比例，张安均和荷尔思公司以远超出其公司能力范围的高收益为诱饵非法集资，并视还款风险于不顾，在收取集资款后即不讲目的、不讲回报地肆意花费，至案发时，张安均及荷尔思公司均已无力归还集资款。可以认定荷尔思公司、张安均对集资款具有非法占有的目的。其次，从客观方面看，荷尔思公司采取了对投资项目及其收益进行夸大、不实宣传，让投资者相信公司有还款能力的手法吸收公众存款，可以认定荷尔思公司采用了隐瞒真相、夸大宣传的欺骗方法。综上，荷尔思公司及其法定代表人张安均主观上具有非法占有集资款的目的，客观上采取了诈骗的方法非法集资，其行为构成集资诈骗罪。[No. 3-4-176-7　云南荷尔思商贸有限责任公司、张安均等非法吸收公众存款案]

△行为人委托第三方代为销售其私募基金理财产品，本质是利用第三方的客户资源向社会公开宣传，并向社会不特定对象吸收资金的行为，构成非法吸收公众存款罪。

合法私募具有募集对象特定性、募集方式非公开性、募集人数上限受到严格限制等特点。私募基金发起人有义务向投资者揭示投资风险，并明确提示投资收益无法保障、投资本金可能出现亏损等风险。私募基金发行人有义务保证其发行行为的不公开性，必须主动使其发行行为合法合规，不能采取消极放任的态度。合法私募基金的发起人会主动按照法律法规对其私募发行做出调整，力求发行行为符合私募的基本条件。与此相反，非法吸收公众存款的对象则为不特定的社会公众，以公开或变相公开的方式向社会公众募集资金，募集人数没有上限限制，且往往刻意隐瞒投资风险、承诺还本付息。实践中以私募名义从事非法吸收公众存款的行为人往往只关注资金的募集效果，而对募集方式是否非公开、是否合法、合规往往采取放任、不干预的态度。

在韩学梅、刘孝明、李鸿雁非法吸收公众存款案中，被告人以支付佣金的方式，委托多家银行、信托公司、投资公司代为销售其公司推出的基金理财产品，进而向投资人募集资金的行为，本质上是利用银行、信托公司等第三方机构的客户资源，向社会不特定公众进行公开宣传，并吸收不特定对象资金的非法吸收公众存款行为。本案募集对象不特定，且不符合私募发行关于合法投资者的规定，被告人通过第三方公开销售理财产品、募集资金，与私募发行的不公开性明显不符。被告人向投资者承诺高额固定收益，且未进行任何风险提示。被告人对资金募集的整个过程持放任态度，完全未履行私募基金发起人应尽的谨慎管理义务。本案被告人通过第三方销售其私募基金理财产品的行为，本质上是以发行私募基金的名义从事的非法吸收公众存款行为，应当依法定罪处罚。[No. 3-4-176-8　韩学梅、刘孝明、李鸿雁非法吸收公众存款案]

第一百七十七条　【伪造、变造金融票证罪】

有下列情形之一，伪造、变造金融票证的，处五年以下有期徒刑或者拘役，并处或者单处二万元以上二十万元以下罚金；情节严重的，处五年以上十年以下有期徒刑，并处五万元以上五十万元以下罚金；情节特别严重的，处十年以上有期徒刑或者无期徒刑，并处五万元以上五十万元以下罚金或者没收财产：

（一）伪造、变造汇票、本票、支票的；

（二）伪造、变造委托收款凭证、汇款凭证、银行存单等其他银行结算凭证的；

（三）伪造、变造信用证或者附随的单据、文件的；

（四）伪造信用卡的。

单位犯前款罪的，对单位判处罚金，并对其直接负责的主管人员和其他直接责任人员，依照前款的规定处罚。

【立法解释】

《全国人民代表大会常务委员会关于〈中华人民共和国刑法〉有关信用卡规定的解释》(2004年12月29日通过)

△**(信用卡)**刑法规定的“信用卡”，是指由商业银行或者其他金融机构发行的具有消费支付、信用贷款、转账结算、存取现金等全部功能或者部分功能的电子支付卡。

【立法理由】

1. 1979年之后至1997年刑法修订前的立法情况。1979年刑法没有专门规定伪造、变造金融票证罪，但是在第一百二十三条关于伪造有价证券罪的规定中规定了伪造支票犯罪。随着我国改革开放的持续深化，金融活动进一步丰富和多样，以金融票证为犯罪对象的犯罪行为越来越多。为此，1995年**《全国人民代表大会常务委员会关于惩治破坏金融秩序犯罪的决定》**第十一条规定：“有下列情形之一，伪造、变造金融票证的，处五年以下有期徒刑或者拘役，并处二万元以上二十万元以下罚金；情节严重的，处五年以上十年以下有期徒刑，并处五万元以上五十万元以下罚金；情节特别严重的，处十年以上有期徒刑或者无期徒刑，并处没收财产：(一)伪造、变造汇票、本票、支票的；(二)伪造、变造委托收款凭证、汇款凭证、银行存单等其他银行结算凭证的；(三)伪造、变造信用证或者附随的单据、文件的；(四)伪造信用卡的。单位犯前款罪的，对单位判处罚金，并对直接负责的主管人员和其他责任人员，依照前款的规定处罚。”该决定的这一规定，进一步扩展了支票以外的其他犯罪对象，规定了多种伪造、变造金融票证的犯罪行为，其中对伪造信用卡的犯罪作了专门规定。

2. 1997年修订刑法的情况。1997年修订刑法时，对《全国人民代表大会常务委员会关于惩治破坏金融秩序犯罪的决定》的这一规定予以保留，并作了一些修改。一是在该罪第一档刑罚中增加“单处”罚金的规定；二是在该罪第三档刑罚中增加“并处五万元以上五十万元以下罚金”的规定；三是作了一些文字调整，将单位犯罪中“对直接负责的主管人员和其他责任人员”追究刑事责任修改为“对其直接负责的主管人员和其他直接责任人员”追究刑事责任。以此形成1997年《刑法》第一百七十七条现在的规定。

3. 2004年对本条有关信用卡的规定作了法律解释。近年来，随着信用卡应用的普及，伪造信用卡的犯罪活动也出现了一些新的情况。一是随着商业银行和其他金融机构业务的发展，支付方式不断翻新，出现了多种形式的电子支付卡。中国人民银行为了加强对电子支付卡的管理，将银行和其他金融机构发行的各种形式的电子支付卡细分为信用卡、借记卡，并将信用卡再细分为贷记卡、准贷记卡。这样，司法实践中对伪造或者利用商业银行或者其他金融机构发行的电子支付卡进行的犯罪活动，在适用法律上出现了不同认识。为此，2004年12月29日第十届全国人大常委会第十三次会议通过的**《全国人民代表大会常务委员会关于〈中华人民共和国刑法〉有关信用卡规定的解释》**对信用卡的含义作了进一步解释：刑法规定的信用卡是指由商业银行或者其他金融机构发行的具有消费支付、信用贷款、转账结算、存取现金等全部功能或者部分功能的电子支付卡。该法律解释，丰富了本条关于伪造信用卡犯罪的规定。二是信用卡犯罪出现了境内外互相勾结、集团化、专业化、链条化的特点，从窃取、非法提供他人信用卡信息资料、制作假卡，到运输、销售、使用伪造的信用卡等各环节，分工细密，犯罪活动猖獗。虽然这些具体的犯罪行为都属于伪造信用卡或者使用伪造的信用卡进行诈骗的犯罪，但是由于在各个犯罪环节上表现的形式不同,在具体适用刑法时存在一定困难。司法机关和金融主管部门建议对这一犯罪作出进一步的具体规定。为了保护银行等金融机构和广大社会公众的合法利益,维护金融机构的信誉和金融秩序,立法机关适时修改刑法,增加规定了**妨害信用卡管理等方面的犯罪**。

【条文说明】

本条是关于伪造、变造金融票证罪及其处罚的规定。

本条共分为两款。

第一款是关于伪造、变造汇票、本票、支票、信用证等金融票证犯罪及其处罚的规定。本款规定中的"**金融票证**",主要包括汇票、本票、支票、信用证或者附随的单据、文件、信用卡以及委托收款凭证、汇款凭证、银行存单等其他银行结算凭证等。对伪造、变造金融票证的行为,第一款具体规定了四项:

第(一)项规定了伪造、变造汇票、本票、支票的行为。这里的"**汇票**",根据《票据法》第十九条的规定,是指出票人签发的,委托付款人在见票时或者在指定日期无条件支付确定的金额给收款人或者持票人的票据。汇票分为银行汇票和商业汇票。"**本票**",根据《票据法》第七十三条的规定,是指出票人签发的,承诺自己在见票时无条件支付确定的金额给收款人或者持票人的票据。"**支票**",根据《票据法》第八十一条的规定,是指出票人签发的,委托办理支票存款业务的银行或者其他金融机构在见票时无条件支付确定的金额给收款人或者持票人的票据。这里所说的"**伪造**",是指行为人仿照真实的汇票、本票或者支票的形式、图案、颜色、格式,通过印刷、复印、绘制等制作方法非法制造以上票据的行为。[①] 这里所说的"**变造**",是指行为人在真实的汇票、本票或者支票的基础上或以真实的票据为基本材料,通过剪接、挖补、覆盖、涂改等方法,对票据的主要内容,非法加以改变的行为,如改变出票人名称、持票人名称、金额、有效期等。

第(二)项规定了伪造、变造银行结算凭证的行为。这里所说的"**银行结算凭证**",是指银行办理支付结算过程中用以表明结算法律关系的各种凭据和证明,主要分为有价单证、重要空白凭证和一般结算凭证三种,包括汇票、本票、支票以及委托收款凭证、汇款凭证、进帐单等银行、单位和个人填写的各种结算凭证。其中,"**委托收款凭证**"是指收款人在委托银行向付款人收取款项时,所填写提供的凭据和证明。委托收款凭证分为邮寄和电报划回两种,由收款人选择。这里所说的"**汇款凭证**",是指汇款人委托银行将款项汇给收款人时,所填写的凭据和证明。这里所说的"**银行存单**",既是一种信用凭证,也是一种银行结算凭证。这里的"**其他银行结算凭证**"为委托收款凭证、汇款凭证、银行存单以外的其他结算凭证,主要有进帐单、联行报单、限额结算凭证、债券收款单证、内部往来凭证等。这里的"**伪造**"主要是指行为人印刷、复印、绘制银行结算凭证的行为。实践中,较多的是未经国家有关主管部门的批准,非法印制银行结算凭证的行为。"**变造**"主要是指以真实的银行结算凭证为基础或基础性材料,通过剪接、挖补、覆盖、涂改等方法对其进行加工、修改的行为。

第(三)项规定了伪造、变造信用证或者附随的单据、文件的行为。信用证是国际贸易结算的一种方式,是银行有条件地保证付款的凭证。规范的信用证有标准的格式和内容。**"伪造"信用证**是指行为人采用描绘、复制、印刷等方法仿照信用证的格式、内容制造假信用证的行为或以编造、冒用某银行的名义开出假信用证的行为。**"变造"信用证**是指行为人在原信用证的基础上,采用涂改、剪贴、挖补等方法改变原信用证的内容和主要条款,使其成为虚假的信用证的行为。作为国际贸易结算手段的依据的绝大多数是跟单信用证。按照这种结算方式,开证银行根据买方的资信情况,要求其提供一定的抵押或缴纳一定的保证金,也可以要求其先将货款存入开证银行后,开证银行按照买方的要求开具信用证,通知卖方或卖方的开户银行,卖方按买卖合同和信用证规定的条款组织发运货物,同时备齐所有单据,议付银行对卖方所提交的单据进行审查后,如认为符合信用证的规定即通知代付银行垫付款项,同时向开证银行或者其他特定的付款银行索偿,开证银行核对单据无误后付款给议付银行,并通知买方备款赎单。从信用证的交易过程看,信用证交易实际上就是单据买卖,信用证各当事人所处理的是单据而不是货物。单据是卖方对买方履行了合同义务的证明文件,买方也只能通过单据了解货物的情况。因此,单据是否真实,是否真正代表了符合要求的货物就很重要了。因此,信用证附随的单据在信用证交易中起着十分重要的作用。信用证附随的单据主要有运输单据、商业发票和保

① 伪造包括有形伪造和无形伪造两种。参见张明楷:《刑法学》(第6版),法律出版社2021年版,第1004页。

险单据三种。**运输单据**是表明运送人已将货物装船或发运或接受监管的单据，包括海运提单、不可转让的海运提单、租船合同提单、空运单据、公路、铁路或内陆水运单据、快递收据、邮政收据或投邮证明等。**保险单据**是关于货物运输保险的单据。**商业发票**是证明卖方已履行了合同的凭证，也是海关实行货物进出口管理的依据，是买方验收货物是否完全符合合同规定的数量、质量、品种等的依据。此外，有的信用证还需要附其他的单据，如领事发票、海关发票、出口许可证、产地证明书等。**伪造、变造附随的单据、文件**是指行为人在使用信用证时伪造、变造提单等必须附随信用证的单据的行为。

第（四）项规定了伪造信用卡的行为。**伪造信用卡的犯罪**主要分为两种情况：一是非法制造信用卡，即模仿信用卡的质地、模式、版块、图样以及磁条密码等制造信用卡；二是在真卡的基础上进行伪造，即信用卡本身是合法制造出来的，但是未经银行或者信用卡发卡机构发行给用户正式使用，即在信用卡面上未加打卡号或者姓名，在磁条上也未输入一定的密码等信息，但是通过复制他人信用卡，或者将他人信用卡的信息资料写入磁条介质、芯片等使这种空白的信用卡能够使用。这种信用卡的伪造，多发生在银行内部或者发行信用卡机构内部，不少为这些机构内部的工作人员所为。根据《最高人民法院、最高人民检察院关于办理妨害信用卡管理刑事案件具体应用法律若干问题的解释》第一条的规定："复制他人信用卡、将他人信用卡信息资料写入磁条介质、芯片或者以其他方法伪造信用卡一张以上的，应当认定为刑法第一百七十七条第一款第四项规定的'**伪造信用卡**'，以伪造金融票证罪定罪处罚。伪造空白信用卡十张以上的，应当认定为刑法第一百七十七条第一款第四项规定的'伪造信用卡'，以伪造金融票证罪定罪处罚。伪造信用卡，有下列情形之一的，应当认定为刑法第一百七十七条规定的'**情节严重**'：（一）伪造信用卡五张以上不满二十五张的；（二）伪造的信用卡内存款余额、透支额度单独或者合计数额在二十万元以上不满一百万元的；（三）伪造空白信用卡五十张以上不满二百五十张的；（四）其他情节严重的情形。伪造信用卡，有下列情形之一的，应当认定为刑法第一百七十七条规定的'**情节特别严重**'：（一）伪造信用卡二十五张以上的；（二）伪造的信用卡内存款余额、透支额度单独或者合计数额在一百万元以上的；（三）伪造空白信用卡二百五十张以上的；（四）其他情节特别严重的情形。本条所称'信用卡内存款余额、透支额度'，以信用卡被伪造后发卡行记录的最高存款余额、可透支额度计算。"根据本款规定，**对伪造、变造金融票证的**，处五年以下有期徒刑或者拘役，并处或者单处二万元以上二十万元以下罚金；**情节严重的**，处五年以上十年以下有期徒刑，并处五万元以上五十万元以下罚金；**情节特别严重的**，处十年以上有期徒刑或者无期徒刑，并处五万元以上五十万元以下罚金或者没收财产。

第二款是对单位犯本条之罪时进行处罚的规定。根据本款规定，**单位犯伪造、变造金融票证罪的**，对单位判处罚金，并对其直接负责的主管人员和其他直接责任人员，根据案件的具体情况依照前款个人犯此罪的三个量刑档次进行处罚。

需要注意的是，关于本条规定的立案追诉标准，根据《最高人民检察院、公安部关于公安机关管辖的刑事案件立案追诉标准的规定（二）》第二十九条的规定："伪造、变造金融票证，涉嫌下列情形之一的，**应予立案追诉**：（一）伪造、变造汇票、本票、支票，或者伪造、变造委托收款凭证、汇款凭证、银行存单等其他银行结算凭证，或者伪造、变造信用证或者附随的单据、文件，总面额在一万元以上或者数量在十张以上的；（二）伪造信用卡一张以上，或者伪造空白信用卡十张以上的。"

【司法解释】

《最高人民法院、最高人民检察院关于办理妨害信用卡管理刑事案件具体应用法律若干问题的解释》（法释〔2018〕19号，自2018年12月1日起施行）

△（**伪造信用卡；伪造金融票证罪；情节严重；情节特别严重；信用卡内存款余额、透支额度**）复制他人信用卡、将他人信用卡信息资料写入磁条介质、芯片或者以其他方法伪造信用卡一张以上的，应当认定为刑法第一百七十七条第一款第四项规定的"伪造信用卡"，以伪造金融票证罪定罪处罚。

伪造空白信用卡十张以上的，应当认定为刑法第一百七十七条第一款第四项规定的"伪造信用卡"，以伪造金融票证罪定罪处罚。

伪造信用卡，有下列情形之一的，应当认定为刑法第一百七十七条规定的"情节严重"：

（一）伪造信用卡五张以上不满二十五张的；

（二）伪造的信用卡内存款余额、透支额度单独或者合计数额在二十万元以上不满一百万元的；

（三）伪造空白信用卡五十张以上不满二百五十张的；

（四）其他情节严重的情形。

伪造信用卡，有下列情形之一的，应当认定为刑法第一百七十七条规定的"情节特别严重"：

（一）伪造信用卡二十五张以上的；

（二）伪造的信用卡内存款余额、透支额度单独或者合计数额在一百万元以上的；

（三）伪造空白信用卡二百五十张以上的；

（四）其他情节特别严重的情形。

本条所称"信用卡内存款余额、透支额度"，以信用卡被伪造后发卡行记录的最高存款余额、可透支额度计算。（§ 1）

【司法解释性文件】

《最高人民检察院、公安部关于公安机关管辖的刑事案件立案追诉标准的规定（二）》（公通字〔2022〕12号，2022年4月6日公布）

△**（伪造、变造金融票证罪；立案追诉标准）**伪造、变造金融票证，涉嫌下列情形之一的，应予立案追诉：

（一）伪造、变造汇票、本票、支票，或者伪造、变造委托收款凭证、汇款凭证、银行存单等其他银行结算凭证，或者伪造、变造信用证或者附随的单据、文件，总面额在一万元以上或者数量在十张以上的；

（二）伪造信用卡一张以上，或者伪造空白信用卡十张以上的。（§24）

【附属刑法】

《中华人民共和国票据法》（1995年5月10日通过，2004年8月28日修正）

第一百零二条

有下列票据欺诈行为之一的，依法追究刑事责任[①]：

（一）伪造、变造票据的；

……

（七）付款人同出票人、持票人恶意串通，实施前六项所列行为之一的。

第一百零三条

有前条所列行为之一，情节轻微，不构成犯罪的，依照国家有关规定给予行政处罚。

【参考案例】

△盗取空白现金支票伪造后使用的，应以伪造金融票证罪论处。

通说认为，在罪数形态上，应以犯罪个数为标准，坚持主客观相统一的原则，同时兼顾禁止重复评价和充分评价两方面。对于一个总体的犯罪事实，如果充分地满足了两个以上的犯罪的构成要件，且不属于一罪类型的（实质的一罪、法定的一罪、处断的一罪），就应以实质数罪进行并罚。

从周大伟票据诈骗案整个犯罪过程来看，被告人先后产生过两个犯意或目的，即盗窃财物的故意和利用所窃得的空白现金支票诈骗财物的故意。当被告人潜入会计室时，其目的是窃取钱物。在未得逞时，因发现空白现金支票，被告人又另生犯意，即利用该空白现金支票诈骗财物。围绕这一目的，被告人又先后实施了伪造企业印章、伪造金融票证、使用伪造的金融票证到金融机构着手兑票提款等一系列行为。由此可见，本案被告人实际上实施了多个犯罪，即盗窃罪未遂以及伪造企业印章罪、伪造金融票证罪、票据诈骗罪未遂。其中，伪造企业印章、伪造金融票证是服务于票据诈骗这一犯罪目的的。也就是说，只有这些行为才具有同一犯罪目的。而先前的盗窃行为与后述的这些行为并不具有犯罪目的上的同一性。

所谓牵连犯，是指以实施某一犯罪为目的，而其犯罪方法（手段）行为或者结果行为又触犯其他罪名的情形。概言之，牵连犯是数行为触犯数罪名，而数行为之间存在牵连关系。牵连犯属处断上的一罪，其处置原则是，除法律明文规定需要数罪并罚外（如《刑法》第一百九十八条第二款的规定），应当择一重罪论处。认定牵连犯的关键是判断数个行为之间是否存在牵连关系，而判定牵连关系的标准，通说认为，应当以是否同时具备牵连意图和因果关系为依据。所谓牵连意图，是指行为人对实现一个犯罪目的的数个犯罪行为之间的手段和目的关系，或者原因和结果关系的认识。这包括两层含义：一是行为人只追求一个犯罪目的，即行为人所实施的数行为都指向同一犯罪目的。换言之，如果行为人的数行为不是为了实现同一犯罪目的，那就不存在牵连意图。二是行为人在主观认识上，是把直接实施犯罪目的的本罪行为作为主行为，而把为实现这一犯罪目的而创造条件或加以辅助的犯罪行为作为从行为。就本案而言，被告人伪造企业印章、伪造金融票证，实

---

① 《中华人民共和国票据法》（1995年5月10日通过，2004年8月28日修正）

第十四条

Ⅰ票据上的记载事项应当真实，不得伪造、变造。伪造、变造票据上的签章和其他记载事项的，应当承担法律责任。

Ⅱ票据上有伪造、变造的签章的，不影响票据上其他真实签章的效力。

Ⅲ票据上其他记载事项被变造的，在变造之前签章的人，对原记载事项负责；在变造之后签章的人，对变造之后的记载事项负责；不能辨别是在票据被变造之前或者之后签章的，视同在变造之前签章。

施票据诈骗具有同一的犯罪目的,其中实施票据诈骗是主行为,而伪造企业印章、伪造金融票证是为实现其诈骗目的而创造条件或加以辅助的从行为。可见,该三个行为之间具有牵连关系,成立牵连犯,应择一重罪论处,不实行数罪并罚。而被告人先前所实施的盗窃未遂行为则与上述几个行为之间明显不具有同一的犯罪目的,因而不具有牵连意图。因此,不能将本案被告人先前的盗窃行为同样视为票据诈骗的牵连行为。未认真分析被告人有两个前后不同的犯罪故意和目的,就贸然地把被告人先前的盗窃行为同样视为票据诈骗的牵连行为是不当的。

如前所述,本案行为人伪造企业印章、伪造金融票证、实施票据诈骗未遂三者之间具有牵连关系,成立牵连犯,应择一重罪(判断轻罪重罪的标准通说是比较法定刑)论处,不实行数罪并罚。但伪造金融票证罪和票据诈骗罪未遂的法定刑完全一样,在这种情况下应当如何定罪呢?一种观点认为,应定伪造金融票证罪,理由是行为人伪造金融票证行为已经既遂,而票据诈骗行为系未遂,在两者法定刑完全相同的情况下,既遂还是未遂必将影响处断刑,故伪造金融票证罪在处断刑上应为重罪。另一种观点认为,应定票据诈骗罪(未遂),理由是判断轻罪重罪的标准,通说是比较法定刑,在二罪法定刑完全相同的情况下,一般以行为人的目的行为定罪更为恰当与合乎常理,并能更准确地反映被告人的行为性质和案件特征,且未遂只是可以比照既遂犯从宽处罚的情节,根据个案情况,并非必须予以从宽。上述两种观点均有一定的合理性,但两相比较,笔者更倾向于定伪造金融票证罪。

综上,对本案被告人理论上应以伪造金融票证罪和盗窃罪(未遂)二罪来评价。至于对被告人的盗窃未遂行为是否需要定罪处罚,则应依据《最高人民法院关于审理盗窃案件具体应用法律若干问题的解释》[①]第一条第(二)项的规定来判断,即"盗窃未遂,情节严重,如以数额巨大的财物或者国家珍贵文物等为盗窃目标的,应当定罪处罚"。就本案而言,考虑到被告人盗窃所指向的目标不太可能涉及数额巨大的财物(一个私营小厂的会计室),且其盗窃财物未遂行为与窃取空白支票之间具有自然的连续性,因此,对其盗窃财物未遂行为不予定罪处罚是可以的。需要指出的是,如行为人盗窃所指向的目标是金融机构等,即使盗窃未遂,也应当认定为情节严重,予以定罪处罚。[No. 3-5-194(1)-3　周大伟票据诈骗案]

第一百七十七条之一　【妨害信用卡管理罪】【窃取、收买、非法提供信用卡信息罪】

有下列情形之一,妨害信用卡管理的,处三年以下有期徒刑或者拘役,并处或者单处一万元以上十万元以下罚金;数量巨大或者有其他严重情节的,处三年以上十年以下有期徒刑,并处二万元以上二十万元以下罚金:

(一)明知是伪造的信用卡而持有、运输的,或者明知是伪造的空白信用卡而持有、运输,数量较大的;

(二)非法持有他人信用卡,数量较大的;

(三)使用虚假的身份证明骗领信用卡的;

(四)出售、购买、为他人提供伪造的信用卡或者以虚假的身份证明骗领的信用卡的。

窃取、收买或者非法提供他人信用卡信息资料的,依照前款规定处罚。

银行或者其他金融机构的工作人员利用职务上的便利,犯第二款罪的,从重处罚。

【立法解释】

《全国人民代表大会常务委员会关于〈中华人民共和国刑法〉有关信用卡规定的解释》(2004年12月29日通过)

△**(信用卡)**刑法规定的"信用卡",是指由商业银行或者其他金融机构发行的具有消费支付、信用贷款、转账结算、存取现金等全部功能或者部分功能的电子支付卡。

【立法沿革】

《中华人民共和国刑法修正案(五)》(自2005年2月28日起施行)

① 系争解释已为《最高人民法院、最高人民检察院关于办理盗窃刑事案件适用法律若干问题的解释》(法释〔2013〕8号)所废止而失效。

一、在刑法第一百七十七条后增加一条，作为第一百七十七条之一：

“有下列情形之一，妨害信用卡管理的，处三年以下有期徒刑或者拘役，并处或者单处一万元以上十万元以下罚金；数量巨大或者有其他严重情节的，处三年以上十年以下有期徒刑，并处二万元以上二十万元以下罚金：

“（一）明知是伪造的信用卡而持有、运输的，或者明知是伪造的空白信用卡而持有、运输，数量较大的；

“（二）非法持有他人信用卡，数量较大的；

“（三）使用虚假的身份证明骗领信用卡的；

“（四）出售、购买、为他人提供伪造的信用卡或者以虚假的身份证明骗领的信用卡的。

“窃取、收买或者非法提供他人信用卡信息资料的，依照前款规定处罚。

“银行或者其他金融机构的工作人员利用职务上的便利，犯第二款罪的，从重处罚。”

【立法理由】

2005年《刑法修正案（五）》增加了本条规定。1997年《刑法》第一百七十七条规定了伪造、变造金融票证的犯罪行为，其中对伪造信用卡的犯罪作了专门规定。2004年12月29日第十届全国人大常委会第十三次会议通过《全国人民代表大会常务委员会关于〈中华人民共和国刑法〉有关信用卡规定的解释》，对信用卡的含义作了进一步解释，刑法规定的信用卡是指由商业银行或者其他金融机构发行的具有消费支付、信用贷款、转帐结算、存取现金等全部功能或者部分功能的电子支付卡。通过法律解释，丰富了本法关于信用卡犯罪的规定。近年来，随着信用卡应用的普及，信用卡犯罪数量也大幅增长，大案发案率升高，社会危害性大。信用卡犯罪活动也有了一些新的变化，出现了境内外互相勾结、集团化、专业化的特点，从窃取、非法提供他人信用卡信息资料、制作假卡，到运输、销售、使用伪造的信用卡等各环节，分工细密，犯罪活动猖獗。虽然这些具体的犯罪行为都属于伪造信用卡和使用伪造的信用卡进行诈骗的犯罪，但是由于在各个犯罪环节上表现的形式不同，在具体适用刑法时存在一定困难。司法机关和金融主管部门建议对这一犯罪作出进一步的具体规定。**为了保护银行等金融机构和广大社会公众的合法利益，维护金融机构的信誉和金融秩序**，立法机关适时修改刑法，增加规定了妨害信用卡管理的一些具体行为，将这些行为明确规定为犯罪。主要有以下几个方面：

一是**关于明知是伪造的信用卡而持有、运输的，或者明知是伪造的空白信用卡而持有、运输，数量较大的行为**。刑法对于持有型犯罪有一些规定，比如《刑法》第一百二十八条“非法持有枪支、弹药罪”、第一百七十二条“持有假币罪”、第二百八十二条“非法持有国家绝密、机密文件、资料、物品罪”、第三百四十八条“非法持有毒品罪”、第三百五十二条“非法持有毒品原植物种子、幼苗罪”等。刑法对持有型犯罪作出规定，对于禁止行为人占有、拥有国家禁止公民实际支配、控制的违禁品，发挥刑法阻断犯罪源头、预防犯罪有重要作用。司法部门在查办伪造信用卡犯罪的过程中发现，实施伪造信用卡犯罪的行为人，为了逃避打击，通过细化分工，延长犯罪链条，设置多重环节等方式降低被打击和查获的风险，如果对全犯罪链条都按照共同犯罪来追究，则行为人之间形成共同犯罪的故意较难查证。有的行为人持有大量伪造的信用卡或者伪造的空白信用卡，但无法查证该信用卡系其本人伪造，或者是已经用于实施诈骗的，也较难追究其刑事责任。经研究，刑法已经对持有、使用假币行为规定为犯罪，持有伪造的信用卡的危害性并不低于持有、使用假币的行为。同时，持有、运输伪造的空白信用卡，往往是伪造信用卡整个过程中的一个重要环节，社会危害性也很大。有些国家和地区，如日本、韩国、新加坡、加拿大、美国、英国、法国等国及我国香港、澳门特别行政区的法律中也对持有、运输、携带伪造的信用卡的行为规定了刑事责任。基于此，为了更有力打击此类信用卡犯罪，本条对该种行为作了明确规定。此外，在起草过程中，有的部门提出，本项还应增加“变造”的信用卡。经立法调研了解，“变造”的形式多样，有的是在过期卡、作废卡、盗窃卡、丢失卡等各种信息完整的真实信用卡上修改卡号、有效期、签名等关键信息，或者对信用卡重新写磁，对非法获得的空白信用卡进行凸印、写磁等，这些所谓的变造行为实质就是伪造信用卡。因此，可以不再对“变造”信用卡作出规定。

二是**关于大量非法持有他人的信用卡的行为**。近年来，司法实践中反映，信用卡犯罪集团跨境实施犯罪的倾向明显，一方面其利用境外银行反电信诈骗规则或者监管漏洞，与外国资信状态不良者串通，帮助其在境外领取信用卡后并予以收购，再携带至我国境内消费或者套现，同时以行为人尚未出国为由，对我国境内的交易予以拒绝，将损失转嫁外国发卡行和我国收单行；另一方面，在我国境内组织大量人员申请信用卡，并收购其身份证件、信用卡、网上银行登录设备密码器等全套材料内容，从而持有、控制大量他人的信用卡，以实施洗钱、电信诈骗、赌博等其他犯罪，具有严重的社会危害性。本来按照国际信用卡组织和中国人民银行的规定，信用卡及其帐户只限经发卡行批准的持卡人本人使用，不得提供、出租和转借他人使用。行为人大量持有他人信用卡，本身就属于不正常现象。当其本人无法说明来源的合法性时，如果需要司法机关一一举证行为人持有信用卡的来历、行为人与持卡人是否有特殊关系等，实属困难。考虑到这种情况往往也是信用卡犯罪活动的一部分，本条也对该种行为作了明确规定。

三是**关于利用虚假的身份证明骗领信用卡的行为**。实践中，使用虚假的身份证明骗领信用卡的情况时有发生，骗领信用卡后已经具备随时使用的条件，离盗取银行资金只有一步之遥，对信用卡管理秩序和银行资金安全构成了现实威胁。如果等到信用卡骗领者实施盗取银行资金，金融机构产生损失以后才开始惩治，可能已无法找到持卡人，也无法追回损失。基于此，本条对该种行为作了明确规定。

四是**关于出售、购买、为他人提供伪造的信用卡或者以虚假的身份证明骗领的信用卡的行为**。伪造的信用卡或者以虚假的身份证明骗领的信用卡本身就是实施犯罪的工具，应当依法予以追缴。行为人出售、购买、为他人提供此类物品的目的就是为了实施犯罪或者帮助实施该类犯罪，会促成此类物品在社会上流转和使用，对社会造成更大危害。基于此，本条对该种行为也作了明确规定。

五是**关于窃取、收买、非法提供信用卡信息行为**。信用卡的核心原理是通过其加载的信息，帮助金融机构在离开柜面的状态下快速审核用户情况并提供资金服务。这些信息包括发卡行代码、持卡人帐户、帐号、密码等内容，没有这些信息，伪造的信用卡无法使用。实践中，对非法获取、非法提供他人信用卡信息资料的行为人往往按照伪造信用卡的共同犯罪处理，尚需要查明行为人非法获取他人信用卡信息资料就是用于伪造信用卡或者与伪造信用卡行为人有共谋，事实上较难查证。为了从源头上打击信用卡犯罪活动，将窃取、收买或者非法提供他人信用卡信息资料的行为明确规定为犯罪。此外，考虑到银行或者其他金融机构的工作人员更便于获得信用卡信息资料，实践中也出现了信用卡犯罪集团与银行或者金融机构的工作人员“里应外合”的情况。对此，本条对银行或者其他金融机构工作人员利用工作上便利窃取、收买、非法提供信用卡信息行为也作了规定。

【条文说明】

本条是关于妨害信用卡管理罪和窃取、收买、非法提供信用卡信息罪及其处罚的规定。

本条共分为三款。

第一款是关于妨害信用卡管理的犯罪及其处罚的规定。根据本条的规定，构成妨害信用卡管理的犯罪，必须符合以下构成要件：一是行为人主观上为**故意**，即明知自己的行为会发生妨害信用卡管理的后果，并希望这种结果发生。二是行为人客观上实施了**妨害信用卡管理的行为**。根据本条的规定，行为人实施的妨害信用卡管理的行为主要有以下形式：

1. **明知是伪造的信用卡**[①]**而持有、运输的，或者明知是伪造的空白信用卡而持有、运输，数量较大的**。近年来，为了逃避打击，许多犯罪组织之间形成了细致的分工。从空白银行卡的印制、运输、买卖，到写入磁条信息完成假卡制作，再到使用假卡取现或骗取财物的各个环节往往由不同犯罪组织的人员承担。除了在伪造和使用环节查获的案件以外，对其他环节查获的人员，如果要按照共同犯罪来追究，则行为人之间的共同犯罪故意很难查证。实践中查获的一些案件，行为人持有、运输大量伪造的银行卡或者伪造的空白银行卡，但如果不能查明该银行卡系其本人伪造，或者要用于实施诈骗，就很难追究其刑事责任。因此，修改刑法，在妨害信用卡管理的犯罪行为中，规定了非法持有、运输伪造的信用卡或者伪造的空白信用卡的行为。值得注意的是，**持有、运输伪造的信用卡，无论数量多少，均可构成犯罪；而持有、运输伪造的空白信用卡，必须达到数量较大，才能构成犯罪**。根据2018年《最高人民法院、最高人民检察院关于办理妨害信用卡管理刑事案件具体应用法律若干问题的解释》第二条第一款的规定，明知是伪造的空白信用卡而持有、运输十张以上不满一百张的，应当认定为《刑法》第一百七十七条之一第一款第（一）项规定的“**数量较大**”。

2. **非法持有他人信用卡**[②]**，数量较大的**。根

① “伪造的信用卡”包括无权制作的信用卡和有权但非法制作的信用卡。参见黎宏：《刑法学各论》（第2版），法律出版社2016年版，第137页。

② 非法持有他人信用卡，并不要求信用卡的来源非法，而是要求持有行为本身违反信用卡管理规定。否则，必然导致难以处理认识错误的情形，进而造成处罚的漏洞。参见张明楷：《刑法学》（第6版），法律出版社2021年版，第1007页。同时，也有论者指出，在特定情况下，不排除他人伪造的信用卡。参见黎宏：《刑法学各论》（第2版），法律出版社2016年版，第137页。

据2016年《最高人民法院、最高人民检察院、公安部关于办理电信网络诈骗等刑事案件适用法律若干问题的意见》的规定，非法持有他人信用卡，没有证据证明从事电信网络诈骗犯罪活动，但符合非法持有他人信用卡数量较大的，以妨害信用卡管理罪追究刑事责任。根据2018年《最高人民法院、最高人民检察院关于办理妨害信用卡管理刑事案件具体应用法律若干问题的解释》第二条第一款的规定，非法持有他人信用卡五张以上不满五十张的，应当认定为《刑法》第一百七十七条之一第一款第（二）项规定的“**数量较大**”。

3. **使用虚假的身份证明骗领信用卡的**。使用虚假的身份证明、资信证明等，骗领信用卡后大量透支诈骗银行贷款的犯罪，是当前多发的一种信用卡诈骗活动。有的行为人使用伪造的身份证明、任职证明、收入证明骗领信用卡；有的假借招聘，骗取求职者身份资料后，使用真实的身份证复印件，伪造在职证明、收入证明等一次骗领大量信用卡；有的公司冒用员工名义骗领信用卡后供公司使用。有的不法分子以信用卡代理公司的名义，专门帮助他人骗领信用卡牟利。这些人员利用熟悉银行内部发卡审核程序的便利，替申请人伪造各种资信证明文件和资料，向多个发卡银行骗领多张信用卡，有的为一个申请人一次申领十余张信用卡。这些申请人往往资信状况较差，骗取信用卡就是为了透支取现。有的代理公司还以各种手段骗取银行授权，成为特约商户，然后帮助申请人在其POS机上取现，并收取高额手续费。针对这种情况，有必要将使用虚假身份证明骗领信用卡的行为规定为犯罪，因为这种行为人主观上非法占有的目的是很明显的。至于一些申请人为了顺利取得信用卡，或者获得较高的授信额度，**在申请信用卡时对自己的收入状况等作了不实陈述的行为**，因为其主观上并无非法占有的目的，性质是不同于上述骗领信用卡的，应不属于本项规定的情形。此外，2018年《最高人民法院、最高人民检察院关于办理妨害信用卡管理刑事案件具体应用法律若干问题的解释》第二条第三款对本项又作了进一步细化规定，即“违背他人意愿，使用其居民身份证、军官证、士兵证、港澳居民往来内地通行证、台湾居民来往大陆通行证、护照等身份证明申领信用卡的，或者使用伪造、变造的身份证明申领信用卡的，应当认定为刑法第一百七十七条之一第一款第三项规定的‘**使用虚假的身份证明骗领信用卡**’”。

4. **出售、购买、为他人提供伪造的信用卡或者以虚假的身份证明骗领的信用卡的**。这些行为往往是洗钱、信用卡诈骗等犯罪的重要环节，属于该类犯罪的上游犯罪，其危害性不言而喻，必须运用刑罚的手段予以惩治，以维护我国的金融安全。

根据本款的规定，**妨害信用卡管理的**，处三年以下有期徒刑或者拘役，并处或者单处一万元以上十万元以下罚金；**数量巨大或者有其他严重情节的**，处三年以上十年以下有期徒刑，并处二万元以上二十万元以下罚金。根据《最高人民法院、最高人民检察院关于办理妨害信用卡管理刑事案件具体应用法律若干问题的解释》第二条第二款规定：“有下列情形之一的，应当认定为刑法第一百七十七条之一第一款规定的‘**数量巨大**’：（一）明知是伪造的信用卡而持有、运输十张以上的；（二）明知是伪造的空白信用卡而持有、运输一百张以上的；（三）非法持有他人信用卡五十张以上的；（四）使用虚假的身份证明骗领信用卡十张以上的；（五）出售、购买、为他人提供伪造的信用卡或者以虚假的身份证明骗领的信用卡十张以上的。”

第二款是关于窃取、收买或者非法提供他人信用卡信息资料的犯罪及其处罚的规定。伪造银行卡的最后也是最关键的环节，是在银行卡的磁条或者芯片上写入事先非法获取的他人银行卡的磁条或芯片信息。银行卡的磁条或者芯片信息，是一组有关发卡行代码、持卡人帐户、帐号、密码等内容的加密电子数据，由发卡行在发卡时使用专用设备写入银行卡的磁条或者芯片中。银行卡磁条或者芯片信息是POS机、ATM机等终端机器识别合法用户的依据，没有这些信息，伪造的银行卡是无法使用的。银行卡犯罪集团非法获取他人银行卡磁条或者芯片信息的一种方式是**自行窃取**，主要是使用望远镜偷窥、在ATM机上安装摄像头偷录，或者安装吞卡装置并张贴假的客服电话骗取持卡人信息等方式，获取有自设密码保护的借记卡的磁条或者芯片信息。另一种方式就是**收买特约商户的收银员、金融机构的工作人员**，利用受理银行卡业务之际盗录他人银行卡磁条或者芯片信息。这成为伪造信用卡集团获取信用卡磁条或者芯片信息的主要来源。磁条或者芯片信息本身只是一组加密数据，除了用于伪造他人银行卡外别无他用。但如果要将非法获取、向他人非法提供银行卡磁条或者芯片信息的行为人按照伪造银行卡的共犯处理，就需要查明行为人非法获取他人银行卡磁条或者芯片信息是否要用于伪造银行卡，或者非法提供他人银行卡磁条或者芯片信息的行为人与伪造银行卡者之间有无共同犯罪的故意。这一点很难查证。在刑法中明确规定非法获取、非法提供他人银行卡磁条或者芯片信息的行为为犯罪，有利于从源头上打击银行卡犯罪活动。

根据本款的规定，**窃取、收买或者非法提供他人信用卡信息资料的**，处三年以下有期徒刑或者拘役，并处或者单处一万元以上十万元以下罚金；**数量巨大或者有其他严重情节的**，处三年以上十年以下有期徒刑，并处二万元以上二十万元以下罚金。《最高人民法院、最高人民检察院关于办理妨害信用卡管理刑事案件具体应用法律若干问题的解释》第三条规定："窃取、收买、非法提供他人信用卡信息资料，足以伪造可进行交易的信用卡，或者足以使他人以信用卡持卡人名义进行交易，涉及信用卡一张以上不满五张的，依照刑法第一百七十七条之一第二款的规定，以窃取、收买、非法提供信用卡信息罪定罪处罚；涉及信用卡五张以上的，应当认定为刑法第一百七十七条之一第一款规定的'数量巨大'。"

第三款是关于银行或者其他金融机构的工作人员利用职务上的便利，犯窃取、收买或者非法提供他人信用卡信息资料罪的，从重处罚的规定。在实际工作中，银行或者其他金融机构的工作人员接触他人信用卡的机会较多，也容易获取他人的信用卡资料。而这些信用卡资料属于信用卡管理系统中的核心环节，更是犯罪分子千方百计想要得到的东西。因为凭借这些信用卡资料，犯罪分子伪造信用卡或者利用伪造的信用卡诈骗比较容易。而获取信用卡资料的最佳来源就是银行或者其他金融机构。这样，一些经常接触他人信用卡资料的银行或者其他金融机构工作人员就成为犯罪分子的目标，他们往往以财物的形式向这些工作人员提出收购要求。某些银行或者其他金融机构的工作人员为了牟取利益，利用接触他人信用卡资料的职务之便，窃取、收买或者非法提供他人信用卡信息资料。上述行为的存在严重影响了我国银行或者其他金融机构的信誉，危及我国的金融安全，必须予以严厉惩处。因此，本条规定，**对银行或者其他金融机构的工作人员利用职务上的便利，犯窃取、收买、非法提供信用卡信息罪的，从重处罚**。

实践中，不少犯罪团伙通过网络、邮递等方式，向他人购买银行卡及身份证复印件、网上银行数字证书、银行卡密码和绑定手机卡等信息资料，组成所谓的"几件套"，以控制相关银行帐户，进行赃款转移，从事电信网络诈骗、赌博、洗钱等犯罪。对于行为人非法收买、转卖他人真实信用卡的行为如何定性，在司法实践中还存在不同认识。第一种意见认为，收买、非法提供他人真实信用卡及含有信用卡信息的套件的行为，足以使他人以信用卡持卡人名义进行交易，应当以本条第二款规定的**收买、非法提供信用卡信息罪**定罪处罚。可参考《最高人民法院、最高人民检察院关于办理妨害信用卡管理刑事案件具体应用法律若干问题的解释》第三条规定："窃取、收买、非法提供他人信用卡信息资料，足以伪造可进行交易的信用卡，或者足以使他人以信用卡持卡人名义进行交易，涉及信用卡一张以上不满五张的，依照刑法第一百七十七条之一第二款的规定，以窃取、收买、非法提供信用卡信息罪定罪处罚；涉及信用卡五张以上的，应当认定为刑法第一百七十七条之一第一款规定的'数量巨大'。"第二种意见认为，该种行为等同于实质持有他人信用卡，根据本条第一款第（二）项规定，非法持有他人信用卡，数量较大，妨害信用卡管理的，构成**妨害信用卡管理罪**。第三种意见认为，该种行为属于明知他人利用信息网络犯罪，为其犯罪提供技术服务、支付结算等帮助行为，构成《刑法》第二百八十七条之二"**帮助信息网络犯罪活动罪**"。总体来看，该类行为情况较为复杂，办理案件时需要结合证据情况认定与上下游犯罪之间的关系，准确定罪处罚。

【司法解释】

《最高人民法院、最高人民检察院关于办理妨害信用卡管理刑事案件具体应用法律若干问题的解释》（法释〔2018〕19号，自2018年12月1日起施行）

△（**妨害信用卡管理罪；数量较大；数量巨大；使用虚假的身份证明骗领信用卡**）明知是伪造的空白信用卡而持有、运输十张以上不满一百张的，应当认定为刑法第一百七十七条之一第一款第一项规定的"数量较大"；非法持有他人信用卡五张以上不满五十张的，应当认定为刑法第一百七十七条之一第一款第二项规定的"数量较大"。

有下列情形之一的，应当认定为刑法第一百七十七条之一第一款规定的"数量巨大"：

（一）明知是伪造的信用卡而持有、运输十张以上的；

（二）明知是伪造的空白信用卡而持有、运输一百张以上的；

（三）非法持有他人信用卡五十张以上的；

（四）使用虚假的身份证明骗领信用卡十张以上的；

（五）出售、购买、为他人提供伪造的信用卡或者以虚假的身份证明骗领的信用卡十张以上的。

违背他人意愿[①],使用其居民身份证、军官证、士兵证、港澳居民往来内地通行证、台湾居民来往大陆通行证、护照等身份证明申领信用卡的,或者使用伪造、变造的身份证明申领信用卡的,应当认定为刑法第一百七十七条之一第一款第三项规定的"使用虚假的身份证明骗领信用卡"。(§ 2)

△(**窃取、收买、非法提供信用卡信息罪;数量巨大**)窃取、收买、非法提供他人信用卡信息资料,足以伪造可进行交易的信用卡,或者足以使他人以信用卡持卡人名义进行交易,涉及信用卡一张以上不满五张的,依照刑法第一百七十七条之一第二款的规定,以窃取、收买、非法提供信用卡信息罪定罪处罚;涉及信用卡五张以上的,应当认定为刑法第一百七十七条之一第一款规定的"数量巨大"。(§ 3)

【司法解释性文件】

《最高人民法院、最高人民检察院、公安部关于办理电信网络诈骗等刑事案件适用法律若干问题的意见》(法发〔2016〕32 号,2016 年 12 月 19 日公布)

△(**电信网络诈骗;非法持有他人信用卡;妨害信用卡管理罪**)非法持有他人信用卡,没有证据证明从事电信网络诈骗犯罪活动,符合刑法第一百七十七条之一第一款第(二)项规定的,以妨害信用卡管理罪追究刑事责任。(§ 3 Ⅳ)

《最高人民法院、最高人民检察院、公安部办理跨境赌博犯罪案件若干问题的意见》(公通字〔2020〕14 号,2020 年 10 月 16 日发布)

△(**赌博犯罪共犯;非法经营罪、妨害信用卡管理罪;窃取、收买、非法提供信用卡信息罪;掩饰、隐瞒犯罪所得、犯罪所得收益罪;非法利用信息网络罪;帮助信息网络犯罪活动罪;侵犯公民个人信息罪**)为赌博犯罪提供资金、信用卡、资金结算等服务,构成赌博犯罪共犯,同时构成非法经营罪、妨害信用卡管理罪、窃取、收买、非法提供信用卡信息罪、掩饰、隐瞒犯罪所得、犯罪收益罪等罪的,依照处罚较重的规定定罪处罚。

为网络赌博犯罪提供互联网接入、服务器托管、网络存储、通讯传输等技术支持,或者提供广告推广、支付结算等帮助,构成赌博犯罪共犯,同时构成非法利用信息网络罪、帮助信息网络犯罪活动罪等罪的,依照处罚较重的规定定罪处罚。

为实施赌博犯罪,非法获取公民个人信息,或者向实施赌博犯罪者出售、提供公民个人信息,构成赌博犯罪共犯,同时构成侵犯公民个人信息罪的,依照处罚较重的规定定罪处罚。(§ 4 Ⅴ)

《最高人民法院、最高人民检察院、公安部关于办理电信网络诈骗等刑事案件适用法律若干问题的意见(二)》(法发〔2021〕22 号,2021 年 6 月 17 日发布)

△(**电信网络诈骗犯罪;他人的单位结算卡;非法持有他人信用卡**)无正当理由持有他人的单位结算卡的,属于刑法第一百七十七条之一第一款第(二)项规定的"非法持有他人信用卡"。(§ 4)

△(**调取异地公安机关依法制作、收集的证据材料**)办案地公安机关可以通过公安机关信息化系统调取异地公安机关依法制作、收集的刑事案件受案登记表、立案决定书、被害人陈述等证据材料。调取时不得少于两名侦查人员,并应记载调取的时间、使用的信息化系统名称等相关信息,调取人签名并加盖办案地公安机关印章。经审核证明真实的,可以作为证据使用。(§ 13)

△(**境外证据材料;证据使用**)通过国(区)际警务合作收集或者境外警方移交的境外证据材料,确因客观条件限制,境外警方未提供相关证据的发现、收集、保管、移交情况等材料的,公安机关应当对上述证据材料的来源、移交过程以及种类、数量、特征等作出书面说明,由两名以上侦查人员签名并加盖公安机关印章。经审核能够证明案件事实的,可以作为证据使用。(§ 14)

△(**境外抓获并羁押;折抵刑期**)对境外司法机关抓获并羁押的电信网络诈骗犯罪嫌疑人,在境内接受审判的,境外的羁押期限可以折抵刑期。(§ 15)

△(**宽严相济刑事政策**)办理电信网络诈骗犯罪案件,应当充分贯彻宽严相济刑事政策。在侦查、审查起诉、审判过程中,应当全面收集证据、准确甄别犯罪嫌疑人、被告人在共同犯罪中的层级地位及作用大小,结合其认罪态度和悔罪表现,区别对待,宽严并用,科学量刑,确保罚当其罪。

对于电信网络诈骗犯罪集团、犯罪团伙的组织者、策划者、指挥者和骨干分子,以及利用未成年人、在校学生、老年人、残疾人实施电信网络诈骗的,依法从严惩处。

对于电信网络诈骗犯罪集团、犯罪团伙中的从犯,特别是其中参与时间相对较短、诈骗数额相

① 从反面来看,似乎征得他人同意而以他人名义申领信用卡,不成立本罪。对此,我国学者指出,征得他人同意而申领信用卡的行为,并非一概不构成本罪,譬如,准备实施电信诈骗的人在征得他人同意之后,利用他人身份证明申领信用卡,也能构成本罪。参见张明楷:《刑法学》(第 6 版),法律出版社 2021 年版,第 1007 页。

对较低或者从事辅助性工作并领取少量报酬，以及初犯、偶犯、未成年人、在校学生等，应当综合考虑其在共同犯罪中的地位作用、社会危害程度、主观恶性、人身危险性、认罪悔罪表现等情节，可以依法从轻、减轻处罚。犯罪情节轻微的，可以依法不起诉或者免予刑事处罚；情节显著轻微危害不大的，不以犯罪论处。（§ 16）

△（**查扣涉案账户资金；优先返还**）查扣的涉案账户内资金，应当优先返还被害人，如不足以全额返还的，应当按照比例返还。（§ 17）

《最高人民检察院、公安部关于公安机关管辖的刑事案件立案追诉标准的规定（二）》（公通字〔2022〕12号，2022年4月6日公布）

△（**妨害信用卡管理罪；立案追诉标准**）妨害信用卡管理，涉嫌下列情形之一的，应予立案追诉：

（一）明知是伪造的信用卡而持有、运输的；

（二）明知是伪造的空白信用卡而持有、运输，数量累计在十张以上的；

（三）非法持有他人信用卡，数量累计在五张以上的；

（四）使用虚假的身份证明骗领信用卡的；

（五）出售、购买、为他人提供伪造的信用卡或者以虚假的身份证明骗领的信用卡的。

违背他人意愿，使用其居民身份证、军官证、士兵证、港澳居民往来内地通行证、台湾居民来往大陆通行证、护照等身份证明申领信用卡的，或者使用伪造、变造的身份证明申领信用卡的，应当认定为“使用虚假的身份证明骗领信用卡”。（§25）

△（**窃取、收买、非法提供信用卡信息罪；立案追诉标准**）窃取、收买或者非法提供他人信用卡信息资料，足以伪造可进行交易的信用卡，或者足以使他人以信用卡持卡人名义进行交易，涉及信用卡一张以上的，应予立案追诉。（§26）

【参考案例】

△**以营利为目的，通过互联网窃取、收买他人信用卡信息资料，并非法转卖给他人，且数量巨大，应以窃取、收买、非法提供信用卡信息罪定罪处罚。**

窃取、收买、非法提供信用卡信息罪侵犯的客体是信用卡管理秩序，犯罪对象是信用卡资料信息。本罪的犯罪主体是一般主体。本罪的主观方面表现为故意，以他人信用卡信息资料为犯罪对象。信用卡信息资料是关于发卡行代码、持卡人账户、密码等内容的加密电子数据，由发卡行在发卡时使用专用设备写入信用卡磁条中，成为POS机、ATM机等终端机具识别合法用户的依据，是行为人实施伪造信用卡犯罪的重要资料，因而，窃取、收买他人信用卡信息的行为属于伪造信用卡犯罪的上游行为。客观行为方式包括窃取、收买或者非法提供三种方式。“窃取”是指行为人以自以为秘密的方法取得他人信用卡信息资料，其方法具有多样性，可以是窥视，也可以是破解；“收买”是指行为人以有偿的方式获得他人出卖的信用卡信息。“非法提供”是指将通过非法或者合法手段获取的他人的信用卡信息资料转让他人。立法并未对非法提供行为的有偿性作出规定，但基于刑法解释合理性的要求，无论行为人以无偿还是有偿的方式将他人信用卡信息转让，均应认定为非法提供行为。银行或者其他金融机构的工作人员利用职务上的便利，实施窃取、非法提供信用卡信息资料行为的，应当从重处罚。在邵鑫窃取、收买、非法提供信用卡信息案中，被告人邵鑫视国家对信用卡的管理规定于不顾，以营利为目的，利用互联网窃取、收买他人信用卡信息资料，非法卖给他人，且数量巨大，其行为已构成窃取、收买、非法提供信用卡信息罪。［No. 3-4-177之一-（2）-1　邵鑫窃取、收买、非法提供信用卡信息案］

第一百七十八条　【伪造、变造国家有价证券罪】【伪造、变造股票、公司、企业债券罪】

伪造、变造国库券或者国家发行的其他有价证券，数额较大的，处三年以下有期徒刑或者拘役，并处或者单处二万元以上二十万元以下罚金；数额巨大的，处三年以上十年以下有期徒刑，并处五万元以上五十万元以下罚金；数额特别巨大的，处十年以上有期徒刑或者无期徒刑，并处五万元以上五十万元以下罚金或者没收财产。

伪造、变造股票或者公司、企业债券，数额较大的，处三年以下有期徒刑或者拘役，并处或者单处一万元以上十万元以下罚金；数额巨大的，处三年以上十年以下有期徒刑，并处二万元以上二十万元以下罚金。

单位犯前两款罪的，对单位判处罚金，并对其直接负责的主管人员和其他直接责任人员，依照前两款的规定处罚。

【立法理由】

1. 1979 年立法的情况。1979 年《刑法》第一百二十三条规定："伪造支票、股票或者其他有价证券的，处七年以下有期徒刑，可以并处罚金。"

2. 1997 年修订刑法的情况。随着我国社会主义市场经济快速发展，社会主义现代化建设需要大量资金，为了给国家的经济建设筹集资金，政府每年都发行大量有价证券，主要包括国库券、国家重点建设债券、财政债券及特种国债等。这些有价证券以国家信誉作为担保，按照一定程序向社会公众投资者募集资金并发行债权债务凭证。这些国家发行的有价证券虽不能直接作为货币使用，但是可以在二级市场流通转让，自由买卖，随时变现货币。同时国家发行的有价证券还具有储蓄、投资、国家宏观调控等功能。在市场上，国家发行的有价证券以其信誉好、收益率稳定受到了群众的普遍欢迎。但同时，也成为一些不法分子瞄准的犯罪目标，**他们伪造、变造国库券和国家发行的其他有价证券，严重破坏了金融秩序**，必须予以严厉打击。1997 年刑法在规定该条时，将伪造、变造国库券及国家发行的其他有价证券作为一款，对数额较大的，处三年以下有期徒刑或者拘役，并处或者单处一万元以上十万元以下罚金；数额巨大的，处三年以上十年以下有期徒刑，并处二万元以上二十万元以下罚金。此外，公司、企业是社会主义市场经济的重要参与者，公司、企业同样通过发行的股票、债券筹集资本。在资本市场中，购买公司、企业股票、债券已成为公民重要的投资理财方法。**伪造、变造公司、企业股票、债券的行为不仅严重扰乱了正常的市场秩序，损害公司、企业的信誉和利益，同时也会造成投资者对市场认知的混乱，不利于资本市场的健康发展**。因此，刑法将伪造、变造股票、公司、企业债券的行为也规定为犯罪予以打击。1997 年刑法在规定该条时，将伪造、变造股票或者公司、企业债券的行为作为第二款，对数额较大的，处三年以下有期徒刑或者拘役，并处或者单处一万元以上十万元以下罚金；数额巨大的，处三年以上十年以下有期徒刑，并处二万元以上二十万元以下罚金。

【条文说明】

本条是关于伪造、变造国家有价证券罪和伪造、变造股票、公司、企业债券罪及其处罚的规定。

本条共分为三款。

第一款是关于伪造、变造国家有价证券罪及其处罚的规定。主要规定了以下几个要件：一是行为人在主观上有**犯罪故意**，即有伪造、变造国家发行的有价证券的故意，通常有牟取非法利益的目的。二是行为人在客观上实施了**伪造、变造国库券或者国家发行的有价证券的行为**。本条所称"**伪造**"，是指行为人仿照真实的有价证券的形式、图案、颜色、格式、面额，通过印刷、复印、绘制等制作方法非法制造有价证券的行为。本条所称"**变造**"，是指行为人在真实的有价证券的基础上或者以真实的有价证券为基本材料，通过剪接、挖补、覆盖、涂改等方法，对有价证券的主要内容，非法加以改变的行为，如改变有价证券的面额、发行期限等。本条所称"**国家发行的其他有价证券**"，是指国家发行的除国库券以外的其他国家有价证券以及国家银行金融债券，如财政债券、国家建设债券、保值公债、国家重点建设债券等。本罪犯罪行为所指向的对象是国库券和国家发行的其他有价证券。这是本罪区别于伪造、变造金融票证罪的主要区别。三是行为人伪造、变造国库券或者国家发行的有价证券的行为，**数额较大的，才构成犯罪**，这是区别罪与非罪的重要界限。对于什么是"数额较大"，本条没作具体规定，可由司法机关总结司法实践经验作出司法解释。

对于伪造、变造国家有价证券罪的处罚，本款根据数额规定了三档刑罚：**数额较大的**，处三年以下有期徒刑或者拘役,并处或者单处二万元以上二十万元以下罚金;**数额巨大的**,处三年以上十年以下有期徒刑,并处五万元以上五十万元以下罚金;**数额特别巨大的**,处十年以上有期徒刑或者无期徒刑,并处五万元以上五十万元以下罚金或者没收财产。

第二款是关于伪造、变造股票、公司、企业债券罪及其处罚的规定。本罪在主观方面、行为特点上与伪造、变造国家有价证券罪没有什么区别,最大的不同在于本罪的行为对象是股票、公司债券、企业债券而不是国家债券。本条所称的"**股票**"是股份有限公司为筹集资金发给股东的入股凭证,是代表股份资本所有权的证书和股东借以取得股息和红利的一种有价证券。所谓"**公司、企业债券**",是指公司、企业依照法定程序发行的,约定在一定期限还本付息的有价证券。随着资本市场的发展,公司、企业债券的类型还在不断丰富。

对伪造、变造股票、公司、企业债券罪的处罚,本款根据数额规定了两档刑罚:**数额较大的**,处三年以下有期徒刑或者拘役,并处或者单处一万元以上十万元以下罚金;**数额巨大的**,处三年以上十年以下有期徒刑,并处二万元以上二十万元以下罚金。

第三款是关于单位犯伪造、变造国家有价证券罪及伪造、变造股票、公司、企业债券罪及其处罚的规定。根据本款规定,**单位犯前两款罪的**,对单位判处罚金,并对其直接负责的主管人员和其他直接责任人员,根据案件的具体情况,分别依照本条第一款、第二款的规定处罚。

需要注意的是,关于本条规定的**立案追诉标准**,《最高人民检察院、公安部关于公安机关管辖的刑事案件立案追诉标准的规定(二)》第三十二条、第三十三条分别作出了规定。对于本条第一款"伪造、变造国家有价证券罪",伪造、变造国库券或者国家发行的其他有价证券,总面额在二千元以上的,应予立案追诉。对于本条第二款"伪造、变造股票、公司、企业债券罪",伪造、变造股票或者公司、企业债券,总面额在五千元以上的,应予立案追诉。

【司法解释性文件】

《最高人民检察院、公安部关于公安机关管辖的刑事案件立案追诉标准的规定(二)》(公通字〔2022〕12号,2022年4月6日公布)

△(**伪造、变造国家有价证券罪;立案追诉标准**)伪造、变造国库券或者国家发行的其他有价证券,总面额在二千元以上的,应予立案追诉。(§27)

△(**伪造、变造股票、公司、企业债券罪;立案追诉标准**)伪造、变造股票或者公司、企业债券,总面额在三万元以上的,应予立案追诉。(§28)

第一百七十九条　【擅自发行股票、公司、企业债券罪】

未经国家有关主管部门批准,擅自发行股票或者公司、企业债券,数额巨大、后果严重或者有其他严重情节的,处五年以下有期徒刑或者拘役,并处或者单处非法募集资金金额百分之一以上百分之五以下罚金。

单位犯前款罪的,对单位判处罚金,并对其直接负责的主管人员和其他直接责任人员,处五年以下有期徒刑或者拘役。

【立法理由】

1. **1979年之后至1997年刑法修订前的立法情况**。发行股票或者公司、企业债券是在市场经济条件下的一种有效的募集资金的手段。由于面向社会公众,这种大规模的募集方式并非一家公司自已筹措资金的简单行为,而事关广大股票、债券投资者的切身利益。发行股票或者公司、企业债券的单位要向投资者负责,发行股票要定期付给股东红利,发行公司、企业债券要按时归还本金及其利息,这依赖于发行公司、企业生产经营管理及其经济效益的好坏,具有一定风险性。同时由于这种活动涉及面广,事关大量资金的流向,与社会金融秩序的稳定甚至社会安定密切相关。向社会发行股票、债券必须受到金融监管部门的监管,否则容易产生金融风险,造成金融秩序的混乱。为防止这类情况的发生,1995年2月28日通过的**《全国人民代表大会常务委员会关于惩治违反公司法的犯罪的决定》**第七条规定:"未经公司法规定的有关主管部门批准,擅自发行股票、公司债券,数额巨大、后果严重或者有其他严重情节的,处五年以下有期徒刑或者拘役,可以并处非法募集资金金额百分之五以下罚金。单位犯前款罪的,对单位判处非法募集资金金额百分之五以下罚金,并对直接负责的主管人员依照前款的规定,处五年以下有期徒刑或者拘役。”

2. **1997年修订刑法的情况**。1997年修订刑法时,保留了《全国人民代表大会常务委员会关于惩治违反公司法的犯罪的决定》第七条的规定。同时在该条的基础上作了以下修改:一是将“未经公司法规定的有关主管部门批准”修改为“未经国家有关主管部门批准”;二是删去了对单位犯罪处“非法募集资金金额百分之五以下罚金”的限制性规定,人民法院可以根据案件的实际情况对单位犯罪判处适当的罚金,以体现罪责刑相适应;三是完善了单位犯罪中责任人员的处罚,增加了“其他直接责任人员”;四是完善了文字表述,删去了“依照前款的规定”。基于以上修改,形成了刑法目前规定的擅自发行股票、公司、企业债券的犯罪。

【条文说明】

本条是关于擅自发行股票、公司、企业债券罪及其处罚的规定。

本条共分为两款。

第一款是对自然人擅自发行股票、公司、企业债券犯罪及其刑事处罚的规定。根据本款规定,擅自发行股票、公司、企业债券罪有以下几个构成要件:

1. 本罪的犯罪主体是一般主体,即**自然人或单位**。既包括那些根本不具备发行股票、公司、企业债券条件的单位和个人,也包括那些具备发行股票、公司、企业债券条件,但还没有得到国家有关主管部门批准,而擅自发行股票、公司、企业债券的单位和个人。

2. 实施了**未经国家有关主管部门批准,擅自发行股票、公司、企业债券的行为**。发行股票、公司、企业债券是市场经济条件下的一种有效的集资手段,但由于面向社会公众,这种大规模的集资方式并非只是一家公司、企业自己筹措资金的简单行为,而是事关广大股票、债券投资者的切身利益的行为。因为发行股票、公司、企业债券的单位要向投资者负责。发行股票要定期付给股东红利,发行公司、企业债券要按时归还本金及利息,这依赖于发行公司、企业的生产经营管理及其经济效益的好坏,具有一定的风险,同时由于这种活动涉及面广,事关大量资金的流向,与社会金融秩序的稳定甚至社会安定密切相关。因此,证券法、公司法、全民所有制工业企业法等法律法规和部门规章对发行股票、公司、企业债券规定了明确的条件和准许程序。随着我国金融体制改革不断深入,国家批准发行股票、公司、企业债券的主管部门和程序也在发生变化。目前“国家有关主管部门批准”主要指两种方式:核准制与注册制。

(1)关于**核准制**。核准制是传统意义上国家金融主管部门对股票、公司、企业债券发行实施的审查批准制度。需要注意的是,2019年修订后的《证券法》已经明确了证券发行注册制,其中第九条规定,“证券发行注册制的具体范围、实施步骤,由国务院规定”。根据注册制改革过渡期的安排,核准制与注册制仍将在一段时期内同时存在。核准制的相关标准和要求,仍按照以前的法律法规执行。核准制主要有以下几种情况:

其一,**采用募集形式设立股份有限公司须向社会发行股票募集股份的,或者股份有限公司成立后公开发行或者非公开发行新股的**,都必须根据公司法和证券法的规定,符合国务院证券管理部门规定的发行股票的条件,并报国务院证券管理部门核准。根据2014年修正的《证券法》第二十三条的规定,国务院证券监督管理机构依照法定条件负责核准股票发行申请。核准程序应当公开,依法接受监督。此外,2014年修正的《证券法》第三十六条规定,公开发行股票,代销、包销期限届满,发行人还应当在规定的期限内将股票发行情况报国务院证券监督管理机构备案。

其二,**公司发行公司债券的**,根据2014年修正的《证券法》第十七条的规定,应当向国务院证券监督管理机构报送相关文件,并由其核准;国有独资公司要发行公司债券的,根据《公司法》第六十六条的规定,必须由国有资产监督管理机构决定。此外,根据《公司法》第一百六十一条和2014年修正的《证券法》第十六条的规定,上市公司发行可转换为股票的公司债券,应当报国务院证券监督管理机构核准。上述规定,体现了国家对发行股票、公司债券活动的严格监督和管理。

其三,**企业发行企业债券的**。这里的企业绝大多数具有法人资格,也有一些企业不具有董事会、监事会、股东大会等法人制度,仍保留党委会、职工代表大会、工会的企业组织形式,如全民所有制企业,其发行企业债券时应符合全民所有制工业企业法的规定。负责监管企业发行企业债券的国家监管部门,在较长时间的金融改革中也有过变化。根据《国务院批准中国人民银行〈关于企业债券改由国家计委审批的请示〉(银发〔1999〕364号)》的规定,国家监管企业债券的部门由中国人民银行变更为国家发展计划委员会负责。2011年修订后的《企业债券管理条例》第十条规定:“国家计划委员会会同中国人民银行、财政部、国务院证券委员会拟订全国企业债券发行的年度规模和规模内的各项指标,报国务院批准后,下达各省、自治区、直辖市、计划单列市人民政府和国务院有关部门执行。未经国务院同意,任何地方、部门不得擅自突破企业债券发行的年度规模,并不得擅自调整年度规模内的各项指标。”第十一条规定:“企业发行企业债券必须按照本条例的规定进行审批;未经批准的,不得擅自发行和变相发行企业债券。中央企业发行企业债券,由中国人民银行会同国家计划委员会审批;地方企业发行企业债券,由中国人民银行省、自治区、直辖市、计划单列市分行会同同级计划主管部门审批。”需要注意的是,国家计划委员会的职能经多次国务院机构改革后现已由国家发展和改革委员会承担。

(2)关于**注册制**。注册制是比核准制更加市场化的股票、债券发行制度。从国际上看,成熟市场普遍实行注册制,但没有统一的模式。注册制的核心是信息披露,发行人要充分披露投资者作出价值判断和投资决策所需的信息,确保信息披露真实、准确、完整。主管机构负责审核注册,落实发行人信息披露责任,提高信息披露质量。2015年12月,第十二届全国人大常委会第十八次会议通过了授权国务院在实施股票发行注册制改革中调整适用《证券法》有关规定的决定,为在《证券法》修订前推行注册制改革提供了法律依据。2018年2月,第十二届全国人大常委会第三十三次会议决定将上述授权延期两年。2019年12月,第十三届全国人大常委会第十五次会议通过了修订后的《证券法》,正式确立证券发行注册制度。2019年修订的《证券法》第九条第一款规定:“公开发行证券,必须符合法律、行政法规规定的条件,并依法报经国务院证券监督管理机构或者国务院授权的部门注册。未经依法注册,任何单位和个人不得公开发行证券。证券发行注册制的具体范围、实施步骤,由国务院规定。”具体内容包括以下几种情况:

其一,**设立股份有限公司公开发行股票的**。2019年修订的《证券法》第十一条规定,设立股份有限公司公开发行股票,应当符合《公司法》规定的条件和经国务院批准的国务院证券监督管理机构规定的其他条件,向国务院证券监督管理机构报送募股申请和发起人协议、招股说明书等文件。

其二,**上市公司发行新股的**。2019年修订的《证券法》第十三条规定,公司公开发行新股,应当报送募股申请和招股说明书等相关文件。

其三,**公司公开发行公司债券的**。2019年修订的《证券法》第十六条规定,申请公开发行公司债券,应当向国务院授权的部门或者国务院证券监督管理机构报送公司债券募集办法等文件。此外,2019年修订的《证券法》第二十一条进一步明确,国务院证券监督管理机构或者国务院授权的部门依照法定条件负责证券发行申请的注册。证券公开发行注册的具体办法由国务院规定。按照国务院的规定,证券交易所等可以审核公开发行证券申请,判断发行人是否符合发行条件、信息披露要求,督促发行人完善信息披露内容。

其四,**企业发行企业债券**。2020年3月1日《国家发展改革委关于企业债券发行实施注册制有关事项的通知》第一条规定,企业债券发行由核准制改为注册制。国家发展改革委为企业债券的法定注册机关,发行企业债券应当依法经国家发展改革委注册。国家发展改革委指定相关机构负责企业债券的受理、审核。其中,中央国债登记结算有限责任公司为受理机构,中央国债登记结算有限责任公司、中国银行间市场交易商协会为审核机构。企业债券发行人直接向受理机构提出申请,国家发展改革委对企业债券受理、审核工作及两家指定机构进行监督指导,并在法定时限内履行发行注册程序。该通知第四条同时规定,债券募集资金用于固定资产投资项目的,省级发展改革部门应对募投项目出具符合国家宏观调控政策、固定资产投资管理法规制度和产业政策的专项意见,并承担相应责任。省级发展改革部门要发挥属地管理优势,通过项目筛查、风险排查、监督检查等方式,做好区域内企业债券监管工作,防范化解企业债券领域风险。

综上所述,1997年修订刑法后,股票、债券市场经过持续改革和完善,将全面完成核准制向注册制的转变。根据股票、债券的具体情况,核准制和注册制都属于“国家有关主管部门批准”的一种方式。未经国家有关主管部门核准和注册,是不允许擅自发行股票和公司、企业债券的。

此外,行为人是否实际上已经发行了股票、公司、企业债券,是区分罪与非罪的主要界限之一。如果不是采取发行股票、公司、企业债券的方式,而是采取其他方法非法筹集资金的,不构成本罪。

3. 擅自发行股票、公司、企业债券,必须达到数额巨大,或者造成严重后果或者有其他严重情节的,才构成犯罪,这是区分罪与非罪的另一主要界限。本条对什么是“数额巨大”“后果严重”和“其他严重情节”,没有作具体规定,可由最高人民法院、最高人民检察院根据司法实践情况作出司法解释。

对于擅自发行股票、公司、企业债券罪的处罚,本款规定处五年以下有期徒刑或者拘役,并处或者单处非法募集资金金额百分之一以上百分之五以下罚金。

第二款是对单位犯擅自发行股票、公司、企业债券罪的处罚规定。单位犯本罪的，对单位判处罚金，并对其直接负责的主管人员和其他直接责任人员，处五年以下有期徒刑或者拘役。

需要注意的是，关于本条规定的立案追诉标准，2010年《最高人民检察院、公安部关于公安机关管辖的刑事案件立案追诉标准的规定（二）》第三十四条规定："未经国家有关主管部门批准，擅自发行股票或者公司、企业债券，涉嫌下列情形之一的，**应予立案追诉**：（一）发行数额在五十万元以上的；（二）虽未达到上述数额标准，但擅自发行致使三十人以上的投资者购买了股票或者公司、企业债券的；（三）不能及时清偿或者清退的；（四）其他后果严重或者有其他严重情节的情形。"

【司法解释】

《最高人民法院关于审理非法集资刑事案件具体应用法律若干问题的解释》［法释〔2010〕18号，自2011年1月4日起施行，该解释已经被《最高人民法院关于修改〈最高人民法院关于审理非法集资刑事案件具体应用法律若干问题的解释〉的决定》（法释〔2022〕5号，自2022年3月1日起施行）修正］

△（**擅自发行股票或者公司、企业债券**）未经国家有关主管部门批准，向社会不特定对象发行、以转让股权等方式变相发行股票或者公司、企业债券，或者向特定对象发行、变相发行股票或者公司、企业债券累计超过200人的，应当认定为刑法第一百七十九条规定的"擅自发行股票或者公司、企业债券"。构成犯罪的，以擅自发行股票、公司、企业债券罪定罪处罚。（§10）

【司法解释性文件】

《最高人民法院、最高人民检察院、公安部、中国证券监督管理委员会关于整治非法证券活动有关问题的通知》（证监发〔2008〕1号，2008年1月2日公布）

△（**公司及其股东向社会公众擅自转让股票**）关于公司及其股东向社会公众擅自转让股票行为的性质认定。《证券法》第十条第三款规定："非公开发行证券，不得采用广告、公开劝诱和变相公开方式。"国办发99号文规定："严禁任何公司股东自行或委托他人以公开方式向社会公众转让股票。向特定对象转让股票，未依法报经证监会核准的，转让后，公司股东累计不得超过200人。"公司、公司股东违反上述规定，擅自向社会公众转让股票，应当追究其擅自发行股票的责任。公司与其股东合谋，实施上述行为的，公司与其股东共同承担责任。（§2 Ⅰ）

△（**擅自发行证券；擅自发行股票、公司、企业债券罪**）关于擅自发行证券的责任追究。未经依法核准，擅自发行证券，涉嫌犯罪的，依照《刑法》第一百七十九条之规定，以擅自发行股票、公司、企业债券罪追究刑事责任。未经依法核准，以发行证券为幌子，实施非法证券活动，涉嫌犯罪的，依照《刑法》第一百七十六条、第一百九十二条等规定，以非法吸收公众存款罪、集资诈骗罪等罪名追究刑事责任。未构成犯罪的，依照《证券法》和有关法律的规定给予行政处罚。（§2 Ⅱ）

△（**非法经营证券业务；非上市公司；中介机构；擅自发行股票罪**）关于非法经营证券业务的责任追究。任何单位和个人经营证券业务，必须经证监会批准。未经批准的，属于非法经营证券业务，应予以取缔；涉嫌犯罪的，依照《刑法》第二百二十五条之规定，以非法经营罪追究刑事责任。对于中介机构非法代理买卖非上市公司股票，涉嫌犯罪的，应当依照《刑法》第二百二十五条之规定，以非法经营罪追究刑事责任；所代理的非上市公司涉嫌擅自发行股票，构成犯罪的，应当依照《刑法》第一百七十九条之规定，以擅自发行股票罪追究刑事责任。非上市公司和中介机构共谋擅自发行股票，构成犯罪的，以擅自发行股票罪的共犯论处。未构成犯罪的，依照《证券法》和有关法律的规定给予行政处罚。（§2 Ⅲ）

《最高人民检察院、公安部关于公安机关管辖的刑事案件立案追诉标准的规定（二）》（公通字〔2022〕12号，2022年4月6日公布）

△（**擅自发行股票、公司、企业债券罪；立案追诉标准**）未经国家有关主管部门批准或者注册，擅自发行股票或者公司、企业债券，涉嫌下列情形之一的，应予立案追诉：

（一）非法募集资金金额在一百万元以上的；

（二）造成投资者直接经济损失数额累计在五十万元以上的；

（三）募集的资金全部或者主要用于违法犯罪活动的；

（四）其他后果严重或者有其他严重情节的情形。

本条规定的"擅自发行股票或者公司、企业债券"，是指向社会不特定对象发行、以转让股权等方式变相发行股票或者公司、企业债券，或者向特定对象发行、变相发行股票或者公司、企业债券累计超过二百人的行为。（§29）

【附属刑法】

《中华人民共和国证券法》(1998 年 12 月 29 日通过,2019 年 12 月 28 日第二次修订)

第一百八十条

违反本法第九条的规定,擅自公开或者变相公开发行证券的,责令停止发行,退还所募资金并加算银行同期存款利息,处以非法所募资金金额百分之五以上百分之五十以下的罚款;对擅自公开或者变相公开发行证券设立的公司,由依法履行监督管理职责的机构或者部门会同县级以上地方人民政府予以取缔。对直接负责的主管人员和其他直接责任人员给予警告,并处以五十万元以上五百万元以下的罚款。

第二百一十九条

违反本法规定,构成犯罪的,依法追究刑事责任。

【公报案例】

△(**非上市股份有限公司委托中介机构向不特定社会公众转让公司股东的股权;擅自发行股票罪**)非上市股份有限公司为筹集经营资金,在未经证券监管部门批准的情况下,委托中介机构向不特定社会公众转让公司股东的股权,其行为属于未经批准擅自发行股票的行为,数额巨大、后果严重或者有其他严重情节的,应当以擅自发行股票罪定罪处罚。[《最高人民法院公报》2010 年第 9 期　上海安基生物科技股份有限公司、郑戈擅自发行股票案]

第一百八十条　【内幕交易、泄露内幕信息罪】【利用未公开信息交易罪】

证券、期货交易内幕信息的知情人员或者非法获取证券、期货交易内幕信息的人员,在涉及证券的发行,证券、期货交易或者其他对证券、期货交易价格有重大影响的信息尚未公开前,买入或者卖出该证券,或者从事与该内幕信息有关的期货交易,或者泄露该信息,或者明示、暗示他人从事上述交易活动,情节严重的,处五年以下有期徒刑或者拘役,并处或者单处违法所得一倍以上五倍以下罚金;情节特别严重的,处五年以上十年以下有期徒刑,并处违法所得一倍以上五倍以下罚金。

单位犯前款罪的,对单位判处罚金,并对其直接负责的主管人员和其他直接责任人员,处五年以下有期徒刑或者拘役。

内幕信息、知情人员的范围,依照法律、行政法规的规定确定。

证券交易所、期货交易所、证券公司、期货经纪公司、基金管理公司、商业银行、保险公司等金融机构的从业人员以及有关监管部门或者行业协会的工作人员,利用因职务便利获取的内幕信息以外的其他未公开的信息,违反规定,从事与该信息相关的证券、期货交易活动,或者明示、暗示他人从事相关交易活动,情节严重的,依照第一款的规定处罚。

【立法沿革】

《中华人民共和国刑法》(1997 年修订,自 1997 年 10 月 1 日起施行)

第一百八十条

证券交易内幕信息的知情人员或者非法获取证券交易内幕信息的人员,在涉及证券的发行、交易或者其他对证券的价格有重大影响的信息尚未公开前,买入或者卖出该证券,或者泄露该信息,情节严重的,处五年以下有期徒刑或者拘役,并处或者单处违法所得一倍以上五倍以下罚金;情节特别严重的,处五年以上十年以下有期徒刑,并处违法所得一倍以上五倍以下罚金。

单位犯前款罪的,对单位判处罚金,并对其直接负责的主管人员和其他直接责任人员,处五年以下有期徒刑或者拘役。

内幕信息的范围,依照法律、行政法规的规定确定。

知情人员的范围,依照法律、行政法规的规定确定。

《中华人民共和国刑法修正案》(自 1999 年 12 月 25 日起施行)

四、将刑法第一百八十条修改为:

"证券、期货交易内幕信息的知情人员或者非法获取证券、期货交易内幕信息的人员,在涉及证券的发行,证券、期货交易或者其他对证券、期货交易价格有重大影响的信息尚未公开前,买入或者卖出该证券,或者从事与该内幕信息有关的期货交易,或者泄露该信息,情节严重的,处五年以下有期徒刑或者拘役,并处或者单处违法所得一倍以上五倍以下罚金;情节特别严重的,处五年以上十年以下有期徒刑，并处违法所得一倍以上五倍以下罚金。

“单位犯前款罪的，对单位判处罚金，并对其直接负责的主管人员和其他直接责任人员，处五年以下有期徒刑或者拘役。

“内幕信息、知情人员的范围，依照法律、行政法规的规定确定。”

《中华人民共和国刑法修正案（七）》（自2009年2月28日起施行）

二、将刑法第一百八十条第一款修改为：

“证券、期货交易内幕信息的知情人员或者非法获取证券、期货交易内幕信息的人员，在涉及证券的发行，证券、期货交易或者其他对证券、期货交易价格有重大影响的信息尚未公开前，买入或者卖出该证券，或者从事与该内幕信息有关的期货交易，或者泄露该信息，或者明示、暗示他人从事上述交易活动，情节严重的，处五年以下有期徒刑或者拘役，并处或者单处违法所得一倍以上五倍以下罚金；情节特别严重的，处五年以上十年以下有期徒刑，并处违法所得一倍以上五倍以下罚金。”

增加一款作为第四款：

“证券交易所、期货交易所、证券公司、期货经纪公司、基金管理公司、商业银行、保险公司等金融机构的从业人员以及有关监管部门或者行业协会的工作人员，利用因职务便利获取的内幕信息以外的其他未公开的信息，违反规定，从事与该信息相关的证券、期货交易活动，或者明示、暗示他人从事相关交易活动，情节严重的，依照第一款的规定处罚。”

【立法理由】

1.1997年修订刑法的情况。1997年修订刑法时，考虑到改革开放以来我国证券市场发展过程中出现的一些新问题和新情况，为了规范证券发行和交易，保障证券交易市场健康、有序地发展，惩处证券交易中的各种犯罪行为①，在刑法中增加了有关惩治证券犯罪的规定，在本条中规定了内幕交易罪和泄露内幕信息罪。当时有人也提出增加惩治期货犯罪方面的规定，但考虑到当时我国期货交易市场还处在探索阶段，国家的相关政策也不是很明确，国家尚未制定有关期货交易管理的行政法规，期货犯罪难以准确界定。

2.1999年《刑法修正案》对本条的修改情况。1997年中央金融工作会议召开后，按照深化金融改革、整顿金融秩序、防范金融风险的总体要求，国家决定进一步整顿和规范期货交易市场，并于1999年通过了《期货交易管理暂行条例》，该条例比较明确地规定了期货交易规则，并对期货交易中的违法行为规定了行政处罚和行政处分。为了对扰乱期货交易秩序，情节恶劣，造成严重后果的行为予以严厉打击，保障期货交易的健康发展，国务院于1999年向第九届全国人大常委会第十次会议提出《关于惩治期货犯罪的决定（草案）》。经全国人大常委会审议，考虑到在犯罪构成和对社会的危害方面，期货犯罪与证券犯罪基本一致，1999年《刑法修正案》在有关证券犯罪的规定中增加了相关期货犯罪的内容。同时，对1997年刑法该条关于“内幕信息”“知情人员”的规定进行合并规定。

3.2009年《刑法修正案（七）》对本条的修改情况。随着市场经济的发展，在证券、期货犯罪领域出现了一些新问题和新情况，主要是一些证券投资基金管理公司、证券公司等金融机构的从业人员，利用其因职务便利知悉的法定内幕信息以外的其他未公开的经营信息，如本单位受托管理资金的交易信息等，违反规定从事相关交易活动，牟取非法利益或者转嫁风险，即通常所说的“老鼠仓”②，严重破坏金融管理秩序，损害公众投资者利益，一些全国人大代表和有关部门建议在刑法中对此作出规定，以维护社会主义市场健康、有序发展。2009年2月28日，全国人大常委会通过了《刑法修正案（七）》，在本条中增加规定了这类行为。同时，对于掌握内幕信息的人员，如明示、暗示他人从事相关证券、期货交易活动，情节严重的，也作了规定。

【条文说明】

本条是关于内幕交易、泄露内幕信息罪和利

---

① 我国学者指出，内幕交易、泄露内幕信息罪的保护法益是证券、期货市场的客观性、公正性。参见周光权：《刑法各论》（第4版），中国人民大学出版社2021年版，第304页。卢勤忠教授则指出，本罪的保护客体是国家对证券、期货市场的管理秩序和广大投资者的合法权益。参见赵秉志、李希慧主编：《刑法各论》（第3版），中国人民大学出版社2016年版，第131页。

② 所谓“老鼠仓”，乃指公募基金的管理人员在客户资金买入证券或者其衍生品、期贷或者期权合约等金融产品前，以自己名义或假借他人名义或者告知其亲属、朋友、关系户，先行低价买入证券、期货等金融产品，然后用客户资金拉升到高位后自己率先卖出牟取暴利的行为。参见黎宏：《刑法学各论》（第2版），法律出版社2016年版，第144页；周光权：《刑法各论》（第4版），中国人民大学出版社2021年版，第307页。

用未公开信息交易罪及其处罚的规定。

本条共分为四款。

第一款是关于个人犯内幕交易罪、泄露内幕信息罪的处罚规定。根据本款的规定，构成内幕交易罪、泄露内幕信息罪必须符合下列构成要件：

1. 主体符合本款的规定。该罪的主体是特殊主体①，即**证券、期货交易内幕信息的知情人员和非法获取证券、期货交易内幕信息的人员**。根据本条第三款的规定，内幕信息、知情人员的范围，依照法律、行政法规的规定确定。由于证券、期货交易的差异，二者所指向的内幕信息和知情人员也有所不同。

根据2019年修订的《证券法》第五十二条的规定，"**内幕信息**"具体指证券交易活动中，涉及发行人的经营、财务或者对该发行人证券的市场价格有重大影响的尚未公开的信息。《证券法》第八十条第二款和第八十一条第二款所列的重大事件也属于内幕信息。《证券法》第八十条规定，**投资者尚未得知的，发生可能对上市公司、股票在国务院批准的其他全国性证券交易场所交易的公司的股票交易价格产生较大影响的重大事件**，包括以下内容：(1)公司的经营方针和经营范围的重大变化；(2)公司的重大投资行为，公司在一年内购买、出售重大资产超过公司资产总额百分之三十，或者公司营业用主要资产的抵押、质押、出售或者报废一次超过该资产的百分之三十；(3)公司订立重要合同、提供重大担保或者从事关联交易，可能对公司的资产、负债、权益和经营成果产生重要影响；(4)公司发生重大债务和未能清偿到期重大债务的违约情况；(5)公司发生重大亏损或者重大损失；(6)公司生产经营的外部条件发生的重大变化；(7)公司的董事、三分之一以上监事或者经理发生变动，董事长或者经理无法履行职责；(8)持有公司百分之五以上股份的股东或者实际控制人持有股份或者控制公司的情况发生较大变化，公司的实际控制人及其控制的其他企业从事与公司相同或者相似业务的情况发生较大变化；(9)公司分配股利、增资的计划，公司股权结构的重要变化，公司减资、合并、分立、解散及申请破产的决定，或者依法进入破产程序、被责令关闭；(10)涉及公司的重大诉讼、仲裁，股东大会、董事会决议被依法撤销或宣告无效；(11)公司涉嫌犯罪被依法立案调查，公司的控股股东、实际控制人、董事、监事、高级管理人员涉嫌犯罪被依法采取强制措施；(12)国务院证券监督管理机构规定的其他事项。《证券法》第八十一条规定，**投资者尚未得知的，发生可能对上市交易公司债券的交易价格产生较大影响的重大事件**，包括以下内容：(1)公司股权结构或者生产经营状况发生重大变化；(2)公司债券信用评级发生变化；(3)公司重大资产抵押、质押、出售、转让、报废；(4)公司发生未能清偿到期债务的情况；(5)公司新增借款或者对外提供担保超过上年末净资产的百分之二十；(6)公司放弃债权或者财产超过上年末净资产的百分之十；(7)公司发生超过上年末净资产百分之十的重大损失；(8)公司分配股利，作出减资、合并、分立、解散及申请破产的决定，或者依法进入破产程序、被责令关闭；(9)涉及公司的重大诉讼、仲裁；(10)公司涉嫌犯罪被依法立案调查，公司的控股股东、实际控制人、董事、监事、高级管理人员涉嫌犯罪被依法采取强制措施；(11)国务院证券监督管理机构规定的其他事项。根据《证券法》第五十一条的规定，"**证券交易内幕信息的知情人**"包括下列人员：(1)发行人及其董事、监事、高级管理人员；(2)持有公司百分之五以上股份的股东及其董事、监事、高级管理人员，公司的实际控制人及其董事、监事、高级管理人员；(3)发行人控股或者实际控制的公司及其董事、监事、高级管理人员；(4)由于所任公司职务或者因与公司业务往来可以获取公司有关内幕信息的人员；(5)上市公司收购人或者重大资产交易方及其控股股东、实际控制人、董事、监事和高级管理人员；(6)因职务、工作可以获取内幕信息的证券交易场所、证券公司、证券登记结算机构、证券服务机构的有关人员；(7)因职责、工作可以获取内幕信息的证券监督管理机构工作人员；(8)因法定职责对证券的发行、交易或者对上市公司及其收购、重大资产交易进行管理可以获取内幕信息的有关主管部门、监管机构的工作人员；(9)国务院证券监督管理机构规定的可以获取内幕信息的其他人员。

在期货交易中，根据《期货交易管理条例》的规定，"**内幕信息**"是指可能对期货交易价格产生重大影响的尚未公开的信息，包括：国务院期货监督管理机构以及其他相关部门制定的对期货交易价格可能发生重大影响的政策，期货交易所作出的可能对期货交易价格发生重大影响的决定，期

① 卢勤忠教授指出，尽管任何人均可能通过非法手段来获取内幕信息，但是，本罪的行为主体仍为特殊主体。因为评定某一个罪名的主体是否为特殊主体，只能以实施该种犯罪时是否需要特殊身份为标准，而不能以取得特定身份前的一般主体状态作为标准。参见赵秉志、李希慧主编：《刑法各论》(第3版)，中国人民大学出版社2016年版，第115页。

货交易所会员、客户的资金和交易动向以及国务院期货监督管理机构认定的对期货交易价格有显著影响的其他重要信息。“**内幕信息的知情人员**”是指由于其管理地位、监督地位或者职业地位,或者作为雇员、专业顾问履行职务,能够接触或者获得内幕信息的人员,包括:期货交易所的管理人员以及其他由于任职可获取内幕信息的从业人员,国务院期货监督管理机构和其他有关部门的工作人员以及国务院期货监督管理机构规定的其他人员。本条所称的“**非法获取证券、期货交易内幕信息的人员**”,是指利用骗取、套取、偷听、监听或者私下交易等手段获取证券、期货交易内幕信息的人员。

2. 行为人在主观上有**犯罪的故意**,通常有让自己或者他人从中牟利的目的,过失不构成本罪。

3. 在客观上,行为人实施了**在涉及证券的发行,证券、期货交易或者其他对证券、期货交易价格有重大影响的信息尚未公开前,买入或者卖出该证券,或者从事与该内幕信息有关的期货交易,或者泄露该信息,或者明示、暗示他人从事上述交易活动的行为**。在证券、期货交易中,信息披露制度是公开、公平、公正原则的具体体现和要求,是确保证券、期货市场公平交易的一项重要制度。而且,在信息披露过程中,要求有关方面必须及时、准确地将证券、期货信息公布于众,才能保证投资者都能够平等地获取信息。而少数人利用获取内幕信息的有利地位或者非法获取的内幕信息进行内幕交易,不但违背了市场规则,更主要的是在这种情况下,证券、期货交易价格失去了客观公正性和真实性,从而破坏了证券、期货市场的正常运行秩序。同时,这种行为侵犯了其他投资者的合法权益。因此,为维护证券、期货市场的公平、公正运行,对内幕交易及泄露内幕信息的行为必须予以严惩。本条所称的“**泄露该信息**”,主要是指将内幕信息透露、提供给不应知道该信息的人,让他人利用该信息买入、卖出股票或者进行期货交易,获取不正当利益。

4. 必须是**情节严重的行为**。内幕交易行为及泄露内幕信息行为是否构成犯罪,主要在于其行为情节的轻重。2012 年 3 月 29 日《最高人民法院、最高人民检察院关于办理内幕交易、泄露内幕信息刑事案件具体应用法律若干问题的解释》第六条规定:“在内幕信息敏感期内从事或者明示、暗示他人从事或者泄露内幕信息导致他人从事与该内幕信息有关的证券、期货交易,具有下列情形之一的,应当认定为刑法第一百八十条第一款规定的‘**情节严重**’:(一)证券交易成交额在五十万元以上的;(二)期货交易占用保证金数额在三十万元以上的;(三)获利或者避免损失数额在十五万元以上的;(四)三次以上的;(五)具有其他严重情节的。”该解释第七条规定:“在内幕信息敏感期内从事或者明示、暗示他人从事或者泄露内幕信息导致他人从事与该内幕信息有关的证券、期货交易,具有下列情形之一的,应当认定为刑法第一百八十条第一款规定的‘**情节特别严重**’:(一)证券交易成交额在二百五十万元以上的;(二)期货交易占用保证金数额在一百五十万元以上的;(三)获利或者避免损失数额在七十五万元以上的;(四)具有其他特别严重情节的。”

本款根据情节轻重,对内幕交易、泄露内幕信息罪的处罚,规定了两档刑罚:**对情节严重的**,处五年以下有期徒刑或者拘役,并处或者单处违法所得一倍以上五倍以下罚金;**情节特别严重的**,处五年以上十年以下有期徒刑,并处违法所得一倍以上五倍以下罚金。

第二款是关于单位犯内幕交易罪、泄露内幕信息罪的处罚规定。**知悉证券、期货交易内幕信息的单位或者非法获取证券、期货交易内幕信息的单位**,在涉及证券的发行,证券、期货交易或者其他对证券、期货交易价格有重大影响的信息尚未公开前,买入或者卖出该证券,或者从事与该内幕信息有关的期货交易,或者泄露该信息,或者建议他人从事上述交易活动,情节严重的,根据本款的规定,对单位判处罚金,并对其直接负责的主管人员和其他直接责任人员,处五年以下有期徒刑或者拘役。

第三款是对“内幕信息、知情人员”的范围作出的原则规定,在本条第一款内容说明中已作了解释,在此不再赘述。

在实际执行中,内幕交易罪与**侵犯商业秘密罪**侵害的对象具有一定的相似性,都属于尚未公开的,可能给当事人带来经济利益的有关信息。但是在侵害对象、客体、行为主体等方面存在区别:一是从侵害对象而言,内幕信息是尚未公开的,涉及证券的发行,证券、期货交易或者其他对证券、期货交易价格有重大影响的信息;而商业秘密,是指不为公众所知悉,具有商业价值并经权利人采取相应保密措施的技术信息、经营信息等商业信息。二是内幕交易罪侵犯的客体是国家金融管理秩序的正常运行,而侵犯商业秘密罪侵犯的是企事业单位经营活动的正常进行,二者侵犯的客体属于不同的领域和范畴。三是内幕交易罪的主体为证券、期货交易内幕信息的知情人员或者非法获取证券、期货交易内幕信息的人员,具有相对的特殊性,而侵犯商业秘密罪的主体为一般主体。

泄露内幕信息罪与**泄露国家秘密的犯罪**也存在不同之处：一是行为人的主观心态不同。泄露内幕信息罪只能由主观故意构成，过失不构成本罪，而泄露国家秘密的犯罪的主观方面包括故意和过失。二是侵犯的对象不同。泄露内幕信息罪侵犯的是证券、期货交易中的内幕信息，而泄露国家秘密的犯罪侵犯的是国家秘密。三是侵害的客体不同。泄露内幕信息罪侵害的是证券、期货市场的管理秩序，泄露国家秘密的犯罪侵害的是国家的安全和重大利益。

第四款是关于利用未公开信息交易罪及其处罚的规定。构成本款规定的犯罪，须注意以下两个方面的内容：

1. 本罪属于特殊主体，即**证券交易所、期货交易所、证券公司、期货经纪公司、基金管理公司、商业银行、保险公司等金融机构的从业人员以及有关监管部门或者行业协会的工作人员**。这些金融机构大都开展代客理财的业务，手中握有大量的客户资金，可以投向证券、期货等市场。这部分人员在证券、期货交易中具有信息优势，其利用职务便利可以先行知悉一些内幕信息以外的其他未公开的信息。同时，这部分人员一旦利用这些信息从事证券、期货交易，对市场的危害性将是十分严重的，必须予以惩处。

2. **犯罪分子所利用的信息不属于内幕信息的范畴，但属于未公开的信息**，如基金投资公司即将建仓、出仓的信息等。

根据本款规定，上述人员违反规定，从事与该信息相关的证券、期货交易活动，或者明示、暗示他人从事相关交易活动，情节严重的，依照第一款的规定处罚。

需要注意的是：对于本条规定的理解，可结合2019年修订的《证券法》的有关规定，相关司法解释也具有一定的借鉴作用。例如2012年《最高人民法院、最高人民检察院关于办理内幕交易、泄露内幕信息刑事案件具体应用法律若干问题的解释》第二条规定："具有下列行为的人员应当认定为刑法第一百八十条第一款规定的'**非法获取证券、期货交易内幕信息的人员**'：(一)利用窃取、骗取、套取、窃听、利诱、刺探或者私下交易等手段获取内幕信息的；(二)内幕信息知情人员的近亲属或者其他与内幕信息知情人员关系密切的人员，在内幕信息敏感期内，从事或者明示、暗示他人从事，或者泄露内幕信息导致他人从事与该内幕信息有关的证券、期货交易，相关交易行为明显异常，且无正当理由或者正当信息来源的；(三)在内幕信息敏感期内，与内幕信息知情人员联络、接触，从事或者明示、暗示他人从事，或者泄露内幕信息导致他人从事与该内幕信息有关的证券、期货交易，相关交易行为明显异常，且无正当理由或者正当信息来源的。

2019年《最高人民法院、最高人民检察院关于办理利用未公开信息交易刑事案件适用法律若干问题的解释》对本条第四款规定的"内幕信息以外的其他未公开的信息""违反规定""明示、暗示他人从事相关交易活动"等规定作了进一步细化。特别是该解释第六条、第七条对本条第四款规定的"依照第一款的规定从重处罚"作了具体的说明。第六条规定："利用未公开信息交易，违法所得数额在五十万元以上，或者证券交易成交额在五百万元以上，或者期货交易占用保证金数额在一百万元以上，具有下列情形之一的，应当认定为刑法第一百八十条第四款规定的'**情节严重**'：(一)以出售或者变相出售未公开信息等方式，明示、暗示他人从事相关交易活动的；(二)因证券、期货犯罪行为受过刑事追究的；(三)二年内因证券、期货违法行为受过行政处罚的；(四)造成恶劣社会影响或者其他严重后果的。"第七条规定："刑法第一百八十条第四款规定的'**依照第一款的规定处罚**'，包括该条第一款关于'情节特别严重'的规定。利用未公开信息交易，违法所得数额在一千万元以上的，应当认定为'情节特别严重'。违法所得数额在五百万元以上，或者证券交易成交额在五千万元以上，或者期货交易占用保证金数额在一千万元以上，具有本解释第六条规定的四种情形之一的，应当认定为'情节特别严重'。"

【司法解释】

《最高人民法院、最高人民检察院关于办理内幕交易、泄露内幕信息刑事案件具体应用法律若干问题的解释》(法释〔2012〕6号，自2012年6月1日起施行)

△(**证券、期货交易内幕信息的知情人员**)下列人员应当认定为刑法第一百八十条第一款规定的"证券、期货交易内幕信息的知情人员"：

(一)证券法第七十四条规定的人员[①]；

(二)期货交易管理条例第八十五条第十二

① 即《中华人民共和国证券法》(2019年第二次修订)第五十一条。

项规定[1]的人员。（§ 1）

△（**非法获取证券、期货交易内幕信息的人员**）具有下列行为的人员应当认定为刑法第一百八十条第一款规定的“非法获取证券、期货交易内幕信息的人员”：

（一）利用窃取、骗取、套取、窃听、利诱、刺探或者私下交易等手段获取内幕信息的；

（二）内幕信息知情人员的近亲属或者其他与内幕信息知情人员关系密切的人员，在内幕信息敏感期内，从事或者明示、暗示他人从事，或者泄露内幕信息导致他人从事与该内幕信息有关的证券、期货交易，相关交易行为明显异常，且无正当理由或者正当信息来源的；

（三）在内幕信息敏感期内，与内幕信息知情人员联络、接触，从事或者明示、暗示他人从事，或者泄露内幕信息导致他人从事与该内幕信息有关的证券、期货交易，相关交易行为明显异常，且无正当理由或者正当信息来源的。（§ 2）

△（**相关交易行为明显异常之认定**）本解释第二条第二项、第三项规定的“相关交易行为明显异常”，要综合以下情形，从时间吻合程度、交易背离程度和利益关联程度等方面予以认定：

（一）开户、销户、激活资金账户或者指定交易（托管）、撤销指定交易（转托管）的时间与该内幕信息形成、变化、公开时间基本一致的；

（二）资金变化与该内幕信息形成、变化、公开时间基本一致的；

（三）买入或者卖出与内幕信息有关的证券、期货合约时间与内幕信息的形成、变化和公开时间基本一致的；

（四）买入或者卖出与内幕信息有关的证券、期货合约时间与获悉内幕信息的时间基本一致的；

（五）买入或者卖出证券、期货合约行为明显与平时交易习惯不同的；

（六）买入或者卖出证券、期货合约行为，或者集中持有证券、期货合约行为与该证券、期货公开信息反映的基本面明显背离的；

（七）账户交易资金进出与该内幕信息知情人员或者非法获取人员有关联或者利害关系的；

（八）其他交易行为明显异常情形。（§ 3）

△（**从事与内幕信息有关的证券、期货交易**）具有下列情形之一的，不属于刑法第一百八十条第一款规定的从事与内幕信息有关的证券、期货交易：

（一）持有或者通过协议、其他安排与他人共同持有上市公司百分之五以上股份的自然人、法人或者其他组织收购该上市公司股份的；

（二）按照事先订立的书面合同、指令、计划从事相关证券、期货交易的；

（三）依据已被他人披露的信息而交易的；

（四）交易具有其他正当理由或者正当信息来源的。（§ 4）

△（**内幕信息敏感；内幕信息的形成之时；内幕信息的公开**）本解释所称“内幕信息敏感期”是指内幕信息自形成至公开的期间。

证券法第六十七条第二款所列“重大事件”的发生时间[2]，第七十五条规定的“计划”、“方案”[3]以及期货交易管理条例第八十五条第十一项规定[4]的“政策”、“决定”等的形成时间，应当认定为内幕信息的形成之时。

影响内幕信息形成的动议、筹划、决策或者执行人员，其动议、筹划、决策或者执行初始时间，应当认定为内幕信息的形成之时。

内幕信息的公开，是指内幕信息在国务院证券、期货监督管理机构指定的报刊、网站等媒体披露。（§ 5）

△（**情节严重**）在内幕信息敏感期内从事或者明示、暗示他人从事或者泄露内幕信息导致他人从事与该内幕信息有关的证券、期货交易，具有下列情形之一的，应当认定为刑法第一百八十条第一款规定的“情节严重”：

（一）证券交易成交额在五十万元以上的；

---

[1] 2007 年 3 月 6 日公布的《期货交易管理条例》第八十五条第（十二）项，经过历次修改，现已规定于《期货交易管理条例》（2017 年修订）第八十一条第（十二）项：内幕信息的知情人员，是指由于其管理地位、监督地位或者职业地位，或者作为雇员、专业顾问履行职务，能够接触或者获得内幕信息的人员，包括：期货交易所的管理人员以及其他由于任职可获取内幕信息的从业人员，国务院期货监督管理机构和其他有关部门的工作人员以及国务院期货监督管理机构规定的其他人员。

[2] 即《中华人民共和国证券法》（2019 年第二次修订）第八十条第二款、第八十一条第二款。

[3] 即《中华人民共和国证券法》（2019 年第二次修订）第八十条。

[4] 原《期货交易管理条例》第八十五条第（十一）项，经过历次修改，现已规定于《期货交易管理条例》（2017 年修订）第八十一条第（十一）项：内幕信息，是指可能对期货交易价格产生重大影响的尚未公开的信息，包括：国务院期货监督管理机构以及其他相关部门制定的对期货交易价格可能发生重大影响的政策，期货交易所作出的可能对期货交易价格发生重大影响的决定，期货交易所会员、客户的资金和交易动向以及国务院期货监督管理机构认定的对期货交易价格有显著影响的其他重要信息。

（二）期货交易占用保证金数额在三十万元以上的；

（三）获利或者避免损失数额在十五万元以上的；

（四）三次以上的；

（五）具有其他严重情节的。（§ 6）

△（**情节特别严重**）在内幕信息敏感期内从事或者明示、暗示他人从事或者泄露内幕信息导致他人从事与该内幕信息有关的证券、期货交易，具有下列情形之一的，应当认定为刑法第一百八十条第一款规定的“情节特别严重”：

（一）证券交易成交额在二百五十万元以上的；

（二）期货交易占用保证金数额在一百五十万元以上的；

（三）获利或者避免损失数额在七十五万元以上的；

（四）具有其他特别严重情节的。（§ 7）

△（**交易数额累计计算**）二次以上实施内幕交易或者泄露内幕信息行为，未经行政处理或者刑事处理的，应当对相关交易数额依法累计计算。（§ 8）

△（**犯罪数额之计算；共同犯罪；罚金**）同一案件中，成交额、占用保证金额、获利或者避免损失额分别构成情节严重、情节特别严重的，按照处罚较重的数额定罪处罚。

构成共同犯罪的，按照共同犯罪行为人的成交总额、占用保证金总额、获利或者避免损失总额定罪处罚，但判处各被告人罚金的总额应掌握在获利或者避免损失总额的一倍以上五倍以下。（§ 9）

△（**违法所得；未实际从事内幕交易；罚金数额**）刑法第一百八十条第一款规定的“违法所得”，是指通过内幕交易行为所获利益或者避免的损失。

内幕信息的泄露人员或者内幕交易的明示、暗示人员未实际从事内幕交易的，其罚金数额按照因泄露而获悉内幕信息人员或者被明示、暗示人员从事内幕交易的违法所得计算。（§ 10）

△（**单位犯罪**）单位实施刑法第一百八十条第一款规定的行为，具有本解释第六条规定情形之一的，按照刑法第一百八十条第二款的规定定罪处罚。（§ 11）

《最高人民法院、最高人民检察院关于办理利用未公开信息交易刑事案件适用法律若干问题的解释》（法释〔2019〕10号，自2019年7月1日起施行）

△（**内幕信息以外的其他未公开的信息**）刑法第一百八十条第四款规定的“内幕信息以外的其他未公开的信息”，包括下列信息：

（一）证券、期货的投资决策、交易执行信息；

（二）证券持仓数量及变化、资金数量及变化、交易动向信息；

（三）其他可能影响证券、期货交易活动的信息。（§ 1）

△（**内幕信息以外的其他未公开的信息难以认定；认定意见**）内幕信息以外的其他未公开的信息难以认定的，司法机关可以在有关行政主（监）管部门的认定意见的基础上，根据案件事实和法律规定作出认定。（§ 2）

△（**违反规定**）刑法第一百八十条第四款规定的“违反规定”，是指违反法律、行政法规、部门规章、全国性行业规范有关证券、期货未公开信息保护的规定，以及行为人所在的金融机构有关信息保密、禁止交易、禁止利益输送等规定。（§ 3）

△（**明示、暗示他人从事相关交易活动**）刑法第一百八十条第四款规定的行为人“明示、暗示他人从事相关交易活动”，应当综合以下方面进行认定：

（一）行为人具有获取未公开信息的职务便利；

（二）行为人获取未公开信息的初始时间与他人从事相关交易活动的初始时间具有关联性；

（三）行为人与他人之间具有亲友关系、利益关联、交易终端关联等关联关系；

（四）他人从事相关交易的证券、期货品种、交易时间与未公开信息所涉证券、期货品种、交易时间等方面基本一致；

（五）他人从事的相关交易活动明显不具有符合交易习惯、专业判断等正当理由；

（六）行为人对明示、暗示他人从事相关交易活动没有合理解释。（§ 4）

△（**情节严重**）利用未公开信息交易，具有下列情形之一的，应当认定为刑法第一百八十条第四款规定的“情节严重”：

（一）违法所得数额在一百万元以上的；

（二）二年内三次以上利用未公开信息交易的；

（三）明示、暗示三人以上从事相关交易活动的。（§ 5）

△（**情节严重**）利用未公开信息交易，违法所得数额在五十万元以上，或者证券交易成交额在五百万元以上，或者期货交易占用保证金数额在一百万元以上，具有下列情形之一的，应当认定为刑法第一百八十条第四款规定的“情节严重”：

（一）以出售或者变相出售未公开信息等方式，明示、暗示他人从事相关交易活动的；

（二）因证券、期货犯罪行为受过刑事追究的；

（三）二年内因证券、期货违法行为受过行政处罚的；

（四）造成恶劣社会影响或者其他严重后果的。（§ 6）

△（**情节特别严重**）刑法第一百八十条第四款规定的“依照第一款的规定处罚”，包括该条第一款关于“情节特别严重”的规定。

利用未公开信息交易，违法所得数额在一千万元以上的，应当认定为“情节特别严重”。

违法所得数额在五百万元以上，或者证券交易成交额在五千万元以上，或者期货交易占用保证金数额在一千万元以上，具有本解释第六条规定的四种情形之一的，应当认定为“情节特别严重”。（§ 7）

△（**二次以上利用未公开信息交易；累计计算**）二次以上利用未公开信息交易，依法应予行政处理或者刑事处理而未经处理的，相关交易数额或者违法所得数额累计计算。（§ 8）

△（**违法所得**）本解释所称“违法所得”，是指行为人利用未公开信息从事与该信息相关的证券、期货交易活动所获利益或者避免的损失。

行为人明示、暗示他人利用未公开信息从事相关交易活动，被明示、暗示人员从事相关交易活动所获利益或者避免的损失，应当认定为“违法所得”。（§ 9）

△（**未实际从事证券、期货交易活动；罚金数额；违法所得**）行为人未实际从事与未公开信息相关的证券、期货交易活动的，其罚金数额按照被明示、暗示人员从事相关交易活动的违法所得计算。（§ 10）

△（**从轻处罚；不起诉或者免予刑事处罚；认罪认罚从宽**）符合本解释第五条、第六条规定的标准，行为人如实供述犯罪事实，认罪悔罪，并积极配合调查，退缴违法所得的，可以从轻处罚；其中犯罪情节轻微的，可以依法不起诉或者免予刑事处罚。

符合刑事诉讼法规定的认罪认罚从宽适用范围和条件的，依照刑事诉讼法的规定处理。（§ 11）

【司法解释性文件】

《最高人民检察院、公安部关于公安机关管辖的刑事案件立案追诉标准的规定（二）》（公通字〔2022〕12号，2022年4月6日公布）

△（**内幕交易、泄露内幕信息罪；立案追诉标准**）证券、期货交易内幕信息的知情人员、单位或者非法获取证券、期货交易内幕信息的人员、单位，在涉及证券的发行，证券、期货交易或者其他对证券、期货交易价格有重大影响的信息尚未公开前，买入或者卖出该证券，或者从事与该内幕信息有关的期货交易，或者泄露该信息，或者明示、暗示他人从事上述交易活动，涉嫌下列情形之一的，应予立案追诉：

（一）获利或者避免损失数额在五十万元以上的；

（二）证券交易成交额在二百万元以上的；

（三）期货交易占用保证金数额在一百万元以上的；

（四）二年内三次以上实施内幕交易、泄露内幕信息行为的；

（五）明示、暗示三人以上从事与内幕信息相关的证券、期货交易活动的；

（六）具有其他严重情节的。

内幕交易获利或者避免损失数额在二十五万元以上，或者证券交易成交额在一百万元以上，或者期货交易占用保证金数额在五十万元以上，同时涉嫌下列情形之一的，应予立案追诉：

（一）证券法规定的证券交易内幕信息的知情人实施或者与他人共同实施内幕交易行为的；

（二）以出售或者变相出售内幕信息等方式，明示、暗示他人从事与该内幕信息相关的交易活动的；

（三）因证券、期货犯罪行为受过刑事追究的；

（四）二年内因证券、期货违法行为受过行政处罚的；

（五）造成其他严重后果的。（§ 30）

△（**利用未公开信息交易罪；立案追诉标准**）证券交易所、期货交易所、证券公司、期货公司、基金管理公司、商业银行、保险公司等金融机构的从业人员以及有关监管部门或者行业协会的工作人员，利用因职务便利获取的内幕信息以外的其他未公开的信息，违反规定，从事与该信息相关的证券、期货交易活动，或者明示、暗示他人从事相关交易活动，涉嫌下列情形之一的，应予立案追诉：

（一）获利或者避免损失数额在一百万元以上的；

（二）二年内三次以上利用未公开信息交易的；

（三）明示、暗示三人以上从事相关交易活动的；

（四）具有其他严重情节的。

利用未公开信息交易，获利或者避免损失数额在五十万元以上，或者证券交易成交额在五百万元以上，或者期货交易占用保证金数额在一百万元以上，同时涉嫌下列情形之一的，应予立案追诉：

（一）以出售或者变相出售未公开信息等方式，明示、暗示他人从事相关交易活动的；

（二）因证券、期货犯罪行为受过刑事追究的；

（三）二年内因证券、期货违法行为受过行政处罚的；

（四）造成其他严重后果的。（§31）

【附属刑法】

《中华人民共和国证券投资基金法》（2003年10月28日通过，2015年4月24日修正）

第七十三条

Ⅰ基金财产不得用于下列投资或者活动：

……

（六）从事内幕交易、操纵证券交易价格及其他不正当的证券交易活动；

……

第一百三十条

基金管理人、基金托管人有本法第七十三条第一款第六项规定行为的，除依照《中华人民共和国证券法》的有关规定处罚外，对直接负责的主管人员和其他直接责任人员暂停或者撤销基金从业资格。

第一百四十九条

违反本法规定，构成犯罪的，依法追究刑事责任。

《中华人民共和国证券法》（1998年12月29日通过，2019年12月28日第二次修订）

第一百九十二条

违反本法第五十五条的规定，操纵证券市场的，责令依法处理其非法持有的证券，没收违法所得，并处以违法所得一倍以上十倍以下的罚款；没有违法所得或者违法所得不足一百万元的，处以一百万元以上一千万元以下的罚款。单位操纵证券市场的，还应当对直接负责的主管人员和其他直接责任人员给予警告，并处以五十万元以上五百万元以下的罚款。

第二百一十九条

违反本法规定，构成犯罪的，依法追究刑事责任。

【指导性案例】

最高人民检察院指导性案例第24号：马乐利用未公开信息交易案（2016年5月31日发布）

△（**援引法定刑；全部援引；情节严重；情节特别严重**）《刑法》第一百八十条第四款利用未公开信息交易罪为援引法定刑的情形，应当是对第一款法定刑的全部援引。其中，“情节严重”是入罪标准，在处罚上应当依照本条第一款内幕交易、泄露内幕信息罪的全部法定刑处罚，即区分不同情形分别依照第一款规定的“情节严重”和“情节特别严重”两个量刑档次处罚。

最高人民法院指导案例第61号：马乐利用未公开信息交易案（2016年6月30日发布）

△（**利用未公开信息交易罪；援引法定刑；情节特别严重**）《刑法》第一百八十条第四款规定的利用未公开信息交易罪援引法定刑的情形，应当是对第一款内幕交易、泄露内幕信息罪全部法定刑的引用，即利用未公开信息交易罪应有“情节严重”“情节特别严重”两种情形和两个量刑档次。

最高人民检察院指导性案例第65号：王鹏等人利用未公开信息交易案（2020年2月5日发布）

△（**利用未公开信息交易；间接证据；证明方法**）具有获取未公开信息职务便利条件的金融机构从业人员及其近亲属从事相关证券交易行为明显异常，且与未公开信息相关交易高度趋同，即使其拒不供述未公开信息传递过程等犯罪事实，但其他证据之间相互印证，能够形成证明利用未公开信息犯罪的完整证明体系，足以排除其他可能的，可以依法认定犯罪事实。

【公报案例】

△（**基金经理；利用掌握的未公开的信息，从事与该信息相关的证券交易；利用未公开信息交易罪**）行为人在担任基金经理期间，违反规定，利用掌握的未公开的信息，从事与该信息相关的证券交易活动，先于或同步多次买入、卖出相同个股，情节严重，应当按照《刑法》第一百八十四条第四款的规定，以利用未公开信息交易罪定罪处罚。［《最高人民法院公报》2012年第10期　许春茂利用未公开信息交易案］

△（**内幕信息的知情人员；共同犯罪**）国家工作人员因履行工作职责而获取对证券交易价格具有重大影响的、尚未公开的信息的，属于内幕信息的知情人员。在内幕信息敏感期内，知情人员与关系密切人共同从事证券交易活动，情节严重的，应当以内幕交易罪定罪处罚。［《最高人民法院公报》2013年第1期　刘宝春、陈巧玲内幕交易案］

【参考案例】

△**内幕信息敏感期应自内幕信息形成之时起至**

内幕信息公开时止计算，对于内幕信息形成的决策者、筹划者、推动者或执行者，内幕信息形成的时间应以上述人员决意、决策、动议或执行之时为准。

内幕信息敏感期自内幕信息开始形成之时起至内幕信息公开时止，该期间的确定直接关系内幕交易的认定。正确认定内幕信息的形成时间，关键是要准确理解和把握内幕信息的本质特征。根据《证券法》的规定，内幕信息主要特征有二：一是重要性；二是秘密性。重要性是指该信息本身对一般投资人的投资判断具有重大影响，足以使特定公司的证券、期货交易价格发生变动。秘密性是指该信息尚未公开，尚未被证券期货市场的投资者所知悉。司法实践中一般将《证券法》第七十五条①规定的重大事件、计划、方案等正式形成的时间认定为内幕信息形成之时。然而对于内幕信息形成的决策者、筹划者、推动者或执行者，其决意、筹划、推动或者执行行为往往影响内幕信息的形成，足以影响证券期货交易价格。因此，上述人员决意、决策、动议或执行之时应认定为内幕信息形成之时。

就李启红等内幕交易、泄露内幕信息案而言，谭庆中于2007年6月11日向中山市市委书记陈根楷汇报了科技公司资产重组的方案，陈根楷明确表示支持科技公司资产重组的方案，这表明科技公司资产重组的方案在6月11日已基本确定。事实上，从该信息形成时直至公告停牌前、复牌后，科技公司股票市场价格不断持续上涨，因此2007年6月11日应当认定为内幕信息形成之时。2007年7月4日，科技公司发出公告，称公司近期讨论重大事项，该内幕信息公开。因此，2007年7月4日应当认定为内幕信息敏感期的公开时。[No. 3-4-180(1)-1　李启红等内幕交易、泄露内幕信息案]

△内幕信息知情人员建议他人买卖与内幕信息有关的证券，本人没有获利的，构成内幕交易罪。

《刑法修正案(七)》在《刑法》第一百八十条中增设明示、暗示他人从事上述交易活动的规定，解决了实践中对建议他人买卖证券行为是否构成犯罪理解上的分歧。但对建议他人买卖与内幕信息有关的证券行为是构成泄露内幕信息罪，还是构成内幕交易罪存在不同观点。内幕信息知情人员的建议行为不是泄露内幕信息的行为，而是内幕交易行为，应当认定构成内幕交易罪。首先，泄露内幕信息的行为所指向的对象是内幕信息本身，即使行为人在泄露时对内幕信息进行了加工、增加、缩减，其内容也必须与原信息基本一致，而建议他人买卖证券的行为，已不再是仅仅向他人提供内幕信息本身，因此不构成泄露内幕信息罪。其次，根据刑法关于共同犯罪的规定，建议他人买卖证券的内幕信息的知情人员，极有可能是内幕交易实施者的犯意提起者、教唆者，建议者和交易者构成内幕交易罪的共同犯罪。

根据修正后的《刑法》第一百八十条，建议他人买卖证券行为的构成要件有：一是主体是内幕信息的知情人员或者非法获取内幕信息的人员；二是在他人交易前为他人提供交易建议，如提供交易时间、交易数额等；三是这些交易建议是基于知悉内幕信息而作出的；四是他人根据交易建议实施了内幕交易。由此而论，无论建议人有否实际获利，或者建议人有否自己进行内幕交易，其建议行为均构成内幕交易罪。

李启红等内幕交易、泄露内幕信息案中，谭庆中建议林永安购买涉案股票并告知交易具体数额、具体运作方法等，谭庆中的行为符合刑法关于共同犯罪的规定，其与林永安构成内幕交易共同犯罪，即构成内幕交易罪。[No. 3-4-180(1)-2　李启红等内幕交易、泄露内幕信息案]

△国家工作人员因履行工作职责而获取对证券交易价格具有重大影响的、尚未公开的信息，属于内幕信息知情人员，在内幕信息敏感期，与关系密切人员共同从事证券活动，情节严重的，构成内幕交易罪。

在刘春宝、陈巧玲内幕交易案中，被告人刘宝春代表南京市经委，作为十四所与高淳县政府洽谈十四所对高淳陶瓷公司资产重组事项的南京市政府部门联系人，参与了重组过程，在此期间，洽谈双方均多次告知刘宝春合作谈判的进展情况，刘宝春也多次向南京市政府分管领导进行汇报。刘宝春是因其担任行政机关职务、履行其工作职责而获悉了内幕信息。刘宝春在价格敏感期内外借巨资买入巨额高淳陶瓷股票、牟取巨额利益的行为，也充分证明其是内幕信息知情人。作为国务院证券监督管理机构的中国证监会作出刘宝春属于《证券法》第五十一条规定的证券交易内幕信息知情人的认定，有充分的事实依据和法律依据。[No. 3-4-180(1)-14　刘春宝、陈巧玲内幕交易案]

△内幕信息敏感期内，相关交易行为是否明显异常，要从时间吻合程度、交易背离程度和利益关联程度等方面予以综合认定。

《最高人民法院、最高人民检察院关于办理内幕交易、泄露内幕信息刑事案件具体应用法律若干问题的解释》第三条规定，“相关交易行为明显

① 即《中华人民共和国证券法》(2019年第二次修订)第八十条。

异常”要从时间吻合程度、交易背离程度和利益关联程度等方面综合予以认定。在冯方明内幕交易案案中,从时间程度上看,陈晓霞买入天威视讯股票的时间与其丈夫冯方明获悉内幕信息的时间高度一致。从交易背离程度看,陈晓霞从2012年2月2日起多次抛出在持股票、转入资金,在短短一个多月内围绕天威视讯密集交易,连续七次全部买入,与其交易习惯明显背离。从利益关联程度看,陈晓霞利用自有证券账户及资金买入天威视讯股票,内幕交易后的非法获利为其所有。故应当认定陈晓霞购买天威视讯股票的行为属于相关交易明显异常。[No. 3-4-180(1)-15　冯方明内幕交易案]

△先买先卖不是利用未公开信息交易罪的构成要件。

在李旭利利用未公开信息交易案中,辩护人所提的“先买先卖”是典型“老鼠仓”的特征。一些基金公司、证券、期货、保险公司等资产管理机构的从业人员,主要是机构经理、操盘手,在用客户资金买入证券或者其衍生品、期货或者期权合约等金融产品前,以自己名义,或假借他人名义,或者告知其亲属、朋友、关系户,先行低价买入证券、期货等金融产品,然后用客户资金拉升到高位后自己率先卖出获利,使个人以相对较低的成本牟取暴利。由于这些人户大多隐秘,利用股票期货价格上涨牟利,因而被形象地称为“老鼠仓”。“老鼠仓”只是一个约定俗称,各国对“老鼠仓”的界定并不是完全统一的。在我国,典型的“老鼠仓”是利用未公开信息交易犯罪的一种形式,但利用未公开信息交易罪的外延要大于典型“老鼠仓”的范围。依照刑法规定,构成利用未公开信息交易罪并不以“先买先卖”为条件。只要行为人利用因职务便利获取的未公开信息,违反规定从事与该信息相关的证券、期货交易活动,达到“情节严重”的程度,就构成该罪。

本案中,在案证据证实,根据中国证监会对基金定期报告信息披露的相关规定,2009年8月28日报出的蓝筹基金2009年半年报中披露了对工商银行的股票投资,成长基金2009年半年报中披露了对工商银行、建设银行的股票投资。在此之前,相关信息都属于“未公开信息”。涉案证券账户中的建设银行和工商银行股票大多数均早于基金公司旗下的蓝筹基金、成长基金购买,李旭利的行为属于“先买”或者“同期购买”。关于卖出时间,童国强证券账户中的建设银行股票晚于成长基金卖出;岳彭建证券账户卖出涉案工商银行股票系在蓝筹基金账户中的部分工商银行股票已经卖出但部分尚未卖出的期间,属于同期于基金卖出,故李旭利的行为全部属于“先买”或者“同期购买”,部分属于“同期卖出”,符合利用未公开信息交易罪的构成要件。[No. 3-4-180(4)-1　李旭利利用未公开信息交易案]

△利用未公开信息交易罪的成立不以基金公司买入行为对于涉案股票价格的影响以及行为人是否实际获利为要件。

从利用未公开信息交易罪侵犯的客体来看,基金公司从业人员利用未公开信息交易相关股票的行为,不仅可能对所任职基金公司的财产利益造成直接损害,更重要的是破坏了公开、公平、公正的证券市场原则,损害了处于信息弱势的散户的利益,违背了基金从业人员对基金公司的忠实义务,损害了有关基金和基金管理人的声誉以及投资者对有关基金及基金管理人的信赖和信心,进而对有关基金的长期运作和基金份额持有人利益造成损害,并对整个证券市场造成损害。因而,刑法设置该罪,针对的就是利用未公开信息从事交易的行为,目的在于惩治该类行为对证券市场正常运行所造成的严重危害,基金公司买入行为对涉案股票价格的影响及行为人是否实际获利,均非决定是否构成犯罪的要素。

李旭利利用未公开信息交易案在案证据证实,成长基金于2009年4月9日买入建设银行股票金额达8 800余万元,而蓝筹基金和成长基金于2009年4月7日、4月9日共计买入工商银行股票金额达3.06亿余元。如此巨额的资金投入,即使工商银行、建设银行是超级大盘股,也不可能对其股价波动没有任何作用。而从本案实际情况看,基金公司旗下基金以及涉案岳彭建、童国强证券账户买卖工商银行、建设银行股票,也都是买入时价低,卖出时价高,由此亦可见基金公司旗下基金买入行为发生后,工商银行和建设银行股价上升波动的事实。辩护人所提工商银行和建设银行股票价格不可能因为基金公司旗下基金的买入行为而被拉升的辩护意见,既缺乏逻辑支撑,也与该两股票价格实际上升的事实不符。

李旭利作为基金公司投资决策人员,其工作就是依据自身的分析和判断,通过相应程序决策投资可能使公司基金和基金份额持有人利益增值的股票。基于李旭利投资决策的工作性质及其实际决策投资涉案股票行为的事实,足以认定李旭利当时具有看好购买工商银行和建设银行股票可能使持股人利益增值的基本判断,据此亦可认定李旭利对两股票价格可能因公司基金大量投资买入而拉升持相当乐观的心态。因此,应当认定李旭利控制的涉案证券账户满仓买入工商银行和建设银行股票,系其利用基金公司旗下基金购买工

商银行等股票的未公开信息所致。[No. 3-4-180(4)-2　李旭利利用未公开信息交易案]

△《刑法》第一百八十条第四款利用未公开信息交易罪中的“违反规定”不仅包括违反国家规定,也包括违反部门规章、地方性法规以及行业规范。

《刑法》第一百八十条第四款的表述是“违反规定”,而不是“违反国家规定”,两者存在很大的区别。根据《刑法》第九十六条的规定,“违反国家规定”,“是指违反全国人民代表大会及其常务委员会制定的法律和决定,国务院制定的行政法规、规定的行政措施、发布的决定和命令”。《最高人民法院关于准确理解和适用刑法中“国家规定”的有关问题的通知》(法发〔2011〕155 号)尽管对“国家规定”的范围作了一定延伸,但与利用未公开信息交易罪中“规定”的范围相比,要窄得多,后者不仅包括法律、行政法规,还包括部门规章、地方性法规及行业规范,但公司的内部章程不包括在内。

在李旭利利用未公开信息交易案中,李旭利的行为不仅违反了国家法律,也违反了中国证监会的相关规定。2004 年 6 月 1 日起施行的《证券投资基金法》第十八条规定,基金管理人的董事、监事、经理和其他从业人员,不得从事损害基金财产和基金份额持有人利益的证券交易及其他活动。2013 年 6 月 1 日起施行的《证券投资基金法》(2012 年修订)第十九条亦有类似规定。2009 年 4 月 1 日起施行的《基金管理公司投资管理人员管理指导意见》第六条第二款规定:“投资管理人员不得利用基金财产或利用管理基金份额之便向任何机构和个人进行利益输送,不得从事或者配合他人从事损害基金份额持有人利益的活动。”《基金管理公司投资管理人员管理指导意见》第八条规定:“投资管理人员应当恪守职业道德,信守对基金份额持有人、监管机构和公司作出的承诺,不得从事与履行职责有利益冲突的活动。”李旭利利用因职务便利获取的所任职基金公司的未公开信息进行证券交易,违背了其作为基金从业人员对基金份额持有人、监管机构以及基金公司作出的承诺,与其职务行为存在利益冲突,损害了基金份额持有人的利益,违反了上述法律和规定。

《基金管理公司投资管理人员管理指导意见》第二十三条第三款还规定:“除法律、行政法规另有规定外,公司员工不得买卖股票,直系亲属买卖股票的,应当及时向公司报备其账户和买卖情况。公司所管理基金的交易与员工直系亲属买卖股票的交易应当避免利益冲突。”根据这一规定,基金管理公司员工买卖股票原本就属于被禁止的行为,即使修订后的《证券投资基金法》修改了对基金管理公司员工买卖股票的禁止性规定,但仍规定基金从业人员从事股票买卖,应当事先申报,并不得从事与基金份额持有人发生利益冲突的股票交易行为,其实质是更有针对性地严格监管和防止基金管理公司工作人员擅自买卖与所任职的基金公司交易种类相同的股票。李旭利在其所任职的基金公司旗下基金投资工商银行和建设银行股票的同时,未作申报,逃避监管,个人买卖相同股票,与基金份额持有人发生利益冲突,明显属于“违反规定”。[No. 3-4-180(4)-3　李旭利利用未公开信息交易案]

△借壳公司发生改变不影响内幕信息真实性的认定。

真实性是内幕信息的特征之一,其在实践中的判断应采取二元标准。

对于最终公开的内幕信息,应当以相对真实为认定标准。“相对真实”,是指相对于国务院证券监管机构指定的报刊、媒体首次公开的信息是真实的,只要信息与指定报刊、媒体首次公开的信息基本一致,就应当认定信息具有真实性。至于指定报刊、媒体公开的信息是否准确或者是否失实在所不问。这是基于广大股民对指定报刊、媒体信赖的考虑,信息只要经指定报刊、媒体公开,往往会给相关证券、期货的市场交易价格、交易量带来重大影响。即便该种信息不准确,甚至失实,但在尚未公开前,也应当被禁止用来从事证券、期货交易,因为利用这种相对真实的信息交易所带来的社会危害未必小于客观真实的信息。

对于因谈判失败或者公司高管人员故意违规不予披露等因素而最终未在指定报刊、媒体公开的内幕信息,应当以客观真实为认定标准。在该情形下,无法通过指定的报刊、媒体是否公开这一标准认定信息是否真实,应当以信息内容是否真正发生为认定标准。如果信息内容真实发生,就应当认定信息是真实的。

在肖时庆受贿、内幕交易案中,被告人肖时庆通过刺探获取光大证券正在与中石化谈判借壳重组事项的信息,并获取中石化所启动让壳计划的下属公司为北京化二这一关键信息。该信息经庭审质证,与客观事实相符,因此肖时庆所获取的信息具有真实性。这一真实信息如果公开,对北京化二股票的价格和交易量具有重大影响。根据《证券法》(2014 修正)第七十五条对内幕信息的定义和《刑法》第一百八十条关于内幕交易罪、泄露内幕信息罪罪状的描述,肖时庆获取的信息符合内幕信息的特征,应当认定为内幕信息。

无论后来光大证券是否向北京化二借壳成功,也无论后来肖时庆的股票交易是利好还是利空,只要肖时庆获取光大证券与中石化谈判有关借壳北京化二上市的信息,并从事北京化二股票的交易,就完全齐备内幕交易罪的构成要件。至于光大证券与北京化二重组失败,国元证券向北京化二借壳成功,则属于另一内幕信息。不可否认,国元证券成功借壳北京化二上市的消息公开后,北京化二股票的交易价格和交易量均大幅上涨,肖时庆获利 103 901 338.92 元与这一利好信息有关。因此,在该情形下,根据成交额量刑要比根据获利额量刑更为准确。如果根据获利额确定被告人的量刑,则要适度考虑其他利好因素的介入对获利额的影响。[No. 3-4-180(1)-4　肖时庆受贿、内幕交易案]

△内幕信息对于行为人交易决定的影响不必唯一,只要行为人获取的内幕信息对促使其交易决定有一定影响,即帮助其在一定程度上确信从事相关交易必定获得丰厚回报,就应当认定行为人是利用内幕信息从事内幕交易。

鉴于近年来证券、期货市场犯罪的专业化、隐蔽化等特点,为从严打击证券、期货犯罪,对于既利用了专业知识判断又利用了获取的内幕信息从事证券期货交易的行为,对内幕信息的影响力不应作程度限制,不要求内幕信息对行为人交易决定的影响是唯一的,只要行为人获取的内幕信息对促使其交易决定有一定影响,即帮助其在一定程度上确信从事相关交易必定获得丰厚回报,就应当认定行为人是利用内幕信息从事内幕交易。

对于具有专业知识的人员,即使是利用专业知识掌握了内幕信息的内容,只要其进行专业知识判断时依据的是其利用职务或工作便利获取的信息,也应当认定为内幕信息的知情人员。

对于具有专业知识的人员,如果其通过非法手段获取了内幕信息,同时在此过程中也通过其专业知识加强了其判断,或者是先通过专业知识预判出重组对象,后通过获取内幕信息加强了对其预判的确信,原则上只要其从事与内幕信息有关的证券期货交易,情节严重的,就应当追究内幕交易的刑事责任。

在肖时庆受贿、内幕交易案中,被告人肖时庆指使他人重仓、全仓持有北京化二股票,看似孤注一掷的博弈行为,但实质上,促使其作出交易决定的是其对北京化二让壳重组的确信,而这恰恰是内幕信息的主要内容。股改是全方位、整体推进的,肖时庆却将全部资金投入北京化二,这一投资行为与其平时交易习惯明显背离。肖时庆在2004年便得知中石化探索整体上市的思路,却在2006年9月底全仓持有北京化二股票,这一交易时间点与内幕信息的形成以及其获取内幕信息的时间点高度吻合。肖时庆的上述行为足以表明其交易行为明显异常,也足以说明促使其作出交易决定的真正因素是其对获取的内幕信息的确信,而非其根据专业知识对股改政策作出的判断。被告人所提出的交易决定是基于专业知识的研判的辩解不能成立。[No. 3-4-180(1)-5　肖时庆受贿、内幕交易案]

△具有专业知识的人员,不论其是否是利用专业知识掌握了内幕信息的内容,原则上只要其判断时依据了因其职务或工作获取的信息,就应当认定为内幕信息的知情人员。

在杜兰库、刘乃华内幕交易,刘乃华泄露内幕信息案中,被告人杜兰库作为中电集团总会计师,负责分管集团内部的资本运作。2009 年 3 月 23 日晚,杜兰库从十四所所长、十四所副总经济师处获悉十四所拟收购、借壳公司的概况。虽然杜兰库是在 3 月 29 日回北京后通过互联网检索或根据专业知识判断出重组对象,但其如果没有依据因其职务所获悉的借壳公司的概况就不可能判断出重组对象。更何况杜兰库当时对通过检索或根据专业知识所形成的判断并未形成确信,而促使其真正形成确信的是在 3 月 31 日十四所搬迁仪式期间获知南京市政府领导就十四所收购重组事宜出面协调一事。因此,杜兰库实质上属于利用职务活动获知内幕信息,应当认定为内幕信息的知情人员。[No. 3-4-180(1)-6　杜兰库、刘乃华内幕交易,刘乃华泄露内幕信息案]

△内幕信息知情人员的近亲属或是与内幕信息的知情人员关系密切的人,即便是被动获悉内幕信息,也应当依法认定为非法获取内幕信息的人员。

2012 年 3 月 29 日公布的《最高人民法院、最高人民检察院关于办理内幕交易、泄露内幕信息刑事案件具体应用法律若干问题的解释》第二条第(二)项对此类人员认定为非法获取内幕信息的人员的条件已作了专门明确。在杜兰库、刘乃华内幕交易,刘乃华泄露内幕信息案中,被告人刘乃华不是内幕信息的知情人员,也不属于通过窃取、骗取、刺探等非法手段获取信息的人员,但其作为内幕信息知情人员的配偶,从知情人员处获取信息,且在内幕信息尚未公开前,从事和泄露内幕信息导致他人从事与该内幕信息有关的证券交易,违反了股票交易应当遵循的公开、公平和诚实、信用原则,破坏了国家对证券交易的管理制度,侵犯了投资者的合法权益,应认定为非法获取内幕信息的人员。[No. 3-4-180(1)-7　杜兰

库、刘乃华内幕交易，刘乃华泄露内幕信息案］

△内幕信息知情人员的近亲属或者与其关系密切的人被动获悉内幕信息的，应当认定为“非法获取证券交易内幕信息的人员”。

如果明知是内幕信息的知情人员泄露的内幕信息或者是非法获取的内幕信息，还从事与该内幕信息有关的证券、期货交易，实际意味着利用了内幕信息知情人员和非法获取内幕信息人员的违法结果，这种行为在整体性质上应当属于禁止情形。内幕信息知情人员的近亲属或者与其关系密切的人具有获取内幕信息的便利途径，如果对该类人员被动获悉内幕信息后从事与内幕信息有关的证券、期货交易的行为不予禁止，那么将会引发大量内幕交易犯罪案件。因此，应当在政策导向上明确禁止该类人员被动获悉内幕信息后从事内幕交易的行为，情节严重的，应当追究刑事责任。根据《最高人民法院、最高人民检察院关于办理内幕交易、泄露内幕信息刑事案件具体应用法律若干问题的解释》的规定，内幕信息知情人员的近亲属或者其他与内幕信息知情人员关系密切的人，不管其是主动获取还是被动获悉内幕信息，均应当认定为非法获取内幕信息的人员。上述特定身份以外的人被动获悉内幕信息，不能适用这一规定。这主要是考虑到我国证券、期货市场尚处于起步发展阶段，当前打击的重点人群是内幕信息知情人员的近亲属或者其他与其关系密切的人员，上述人员之外的人群被动获悉内幕信息后从事内幕交易的现象尚不普遍。因此，《最高人民法院、最高人民检察院关于办理内幕交易、泄露内幕信息刑事案件具体应用法律若干问题的解释》基于政策考虑和对当前形势的研判，仅明确了内幕信息知情人员的近亲属或者其他与其关系密切的人员被动获悉内幕信息后从事内幕交易的刑事责任。

在赵丽梅等内幕交易案中，被告人刘宇斌与杜兰库的妻子刘乃华是同胞姐弟，赵丽梅又与刘宇斌是夫妻关系，可见，二被告人均系与内幕信息的知情人员杜兰库关系密切的人员。二被告人因杜兰库的妻子泄露而获悉内幕信息，意味着利用了内幕信息知情人员和非法获取内幕信息人员的违法结果，应当认定为非法获取内幕信息的知情人员。［No. 3-4-180(1)-8　赵丽梅等内幕交易案］

△应综合时间吻合程度、交易背离程度和利益关联程度三个方面认定“交易行为明显异常”。

在赵丽梅等内幕交易案中，时间吻合程度上，杜兰库在2009年3月31日明确得知十四所欲通过南京高淳陶瓷公司进行资产重组实现借壳上市，4月1日将该信息告知其妻刘乃华。当日，刘乃华又将此信息泄露给本案二被告人赵丽梅、刘宇斌。二被告人于4月3日开始大量买入高淳陶瓷股票，该股5月22日复牌交易后连续10个交易日封于涨停，6月9日二被告人开始陆续抛售该股。可见，二被告人的交易时间与内幕信息的形成、公开等时间高度一致。

交易习惯背离程度上，二被告人均供述以前从未关注高淳陶瓷这一小盘股票，后因为知道杜兰库、刘乃华的消息来源比较准确，就不计成本地陆续买入该股。这种“不计成本”主要表现在：(1)将之前所持的“ST上石化”“辽宁时代”“长城电脑”“巨化股份”“三佳科技”“太钢不锈”等股票全部抛出；(2)全仓买入高淳陶瓷股票，未留任何补仓资金；(3)赵丽梅向他人借款120余万元追加买入高淳陶瓷股票。二被告人上述一系列不计成本的交易行为与其正常的交易习惯明显背离。

利益关联程度上，账户资金进出与二被告人有紧密关联和利害关系。买入卖出高淳陶瓷股票的账户除了赵丽梅、刘宇斌的以外，还有刘璐(赵丽梅与刘宇斌之女)、李学滨、王淑珍等人的账户，但这些账户分别由二被告人控制。上述股票账户的户主都不懂炒股，也不炒股，对账户内股票具体的买入和卖出、盈亏等情况并不掌握，账户开户后也从未自己使用过。可见，本案内幕交易的账户与二被告人非法获利有直接利益关联。［No. 3-4-180(1)-9　赵丽梅等内幕交易案］

△与内幕信息知情人员关系密切人员的范围不限于受贿罪中的“特定关系人”，只要关系密切到一定程度，基于共同学习而产生的关系也应纳入“关系密切人员”的范围内。

2012年3月29日公布的《最高人民法院、最高人民检察院关于办理内幕交易、泄露内幕信息刑事案件具体应用法律若干问题的解释》第二条明确规定，非法获取证券、期货交易内幕信息的人员包括三类人员，即非法手段型获取内幕信息的人员、特定身份型获取内幕信息的人员和积极联系型获取内幕信息的人员。

特定身份型获取内幕信息的人员，是指内幕信息知情人员的近亲属或者其他与内幕信息知情人员关系密切的人员，在内幕信息敏感期内，从事或者明示、暗示他人从事，或者泄露内幕信息导致他人从事与该内幕信息有关的证券、期货交易，相关交易行为明显异常，且无正当理由或者正当信息来源的人员。即获取信息的手段行为未必是非法的，但其作为特定身份的人员不应获取内幕信息。内幕信息知情人员的近亲属或者其他与内幕信息知情人员关系密切的人员，其获取内幕信息具有天然的便利条件。因此,为加大对内幕信息的保护力度,对这类人员也应当明确对内幕信息的保密义务。

与内幕信息知情人员"关系密切的人员"的范围不同于2007年7月8日公布的《最高人民法院、最高人民检察院关于办理受贿刑事案件适用法律若干问题的意见》中"特定关系人"的范围,但可以与利用影响力受贿罪中"关系密切的人"的范围作同一解释。《最高人民法院、最高人民检察院关于办理受贿刑事案件适用法律若干问题的意见》规定:"特定关系人"是指与国家工作人员有近亲属、情妇(夫)以及其他共同利益关系的人。从字面含义分析,"特定关系人"是从关系性质的角度进行界定,其包含的身份关系与利益关系指称的对象均是关系的性质。而"关系密切的人"是从关系程度的角度进行界定,关系的性质可能是身份关系也可能是利益关系抑或其他关系,即只要该种关系紧密到一定的程度就可归入"关系密切的人"的范畴。

除了存在共同利益关系的人,"关系密切的人"还包括其他关系密切的人,而"特定关系人"还包括近亲属。实践中,"关系密切的人员"主要存在于以下几种常见的关系:一是基于血缘产生的关系,如除了近亲属之外的其他亲属;二是基于学习、工作产生的关系,如同学、师生、校友、同事关系;三是基于地缘产生的关系,如同乡;四是基于感情产生的关系,如朋友、恋人、情人关系;五是基于利益产生的关系,如客户、合同相对人、共同投资人、债权债务人;六是在任何情况下相识并产生互相信任、相互借助的其他关系。

在王文芳泄露内幕信息、徐双全内幕交易案中,徐双全与王文芳系大学同学,关系较好,且二人在投资方面联系甚多,徐双全常向王文芳咨询投资项目。在王的推荐下,徐投资广东惠州市亿能电子有限公司(系德赛电池公司控股75%的下属公司蓝微电子公司的子公司,亦称为孙公司)等项目,二人还有部分共同投资项目。可见,徐双全属于与王文芳关系密切的人员。王文芳属于德赛电池公司重大资产重组事项的内幕信息知情人员,在内幕信息敏感期内,王文芳向徐双全泄露了"德赛电池"股票即将因重大资产重组而停牌的消息。当时徐双全给王文芳打电话的目的,是想和王文芳讨论是否继续投资德赛电池公司的孙公司亿能电子公司的问题,在谈及德赛电池公司时王文芳主动将德赛电池即将进行资产重组这一内幕信息告知徐双全。而且,徐双全在2010年的时候就得知德赛电池有重组、整体上市的计划,在此次获知德赛电池将因资产重组而停牌的内幕信息后,既认为这是利好消息,也认识到王文芳作为证券从业人员向其泄露德赛电池内幕信息属于违法行为。虽然徐双全系被动获取内幕信息,但作为与王文芳关系密切的人员,在获取了不应当获取的内幕信息后,理应严格遵守保密义务,然而,其却从事了与该内幕信息有关的股票交易。因此,徐双全毫无疑问属于特定身份型非法获取内幕信息的人员。[No. 3-4-180(1)-10　王文芳泄露内幕信息、徐双全内幕交易案]

△行为人未获取股票预期价格信息时,利好型内幕信息公开后继续持股未卖出,且公开当日股票价格未出现涨停的,内幕交易的违法所得应当以内幕信息公开当日的收盘价计算。

根据内幕信息对内幕交易的影响,可以将内幕信息分为利好型内幕信息和利空型内幕信息。以股票买卖为例,内幕信息知情人员进行内幕交易,其必然是在掌握利好信息时买入股票以谋取股票上涨的利益,也必然是在掌握利空信息时卖出股票以避免股票下跌的损失。

实践中,获取利好型内幕信息的人员一般是在内幕信息公告后停止涨停时卖出相关股票,除非其从内幕信息知情人员处获取了预期价位。因此,在未获取股票预期价格信息的前提下,对利好型内幕信息公开后继续持股未卖,且公开当日股票价格未出现涨停的,如何认定违法所得值得研究。笔者认为,对行为人的违法所得应当区分以下情形进行区别认定:

第一,对于利好型内幕信息公开后相关股票被全部抛售的,因相关股票交易均与利用内幕交易存在因果关系,故一般应当将行为人抛售股票后的实际获利认定为违法所得。

第二,对于利好型内幕信息公开后,仅卖出部分股票的,对于已卖出的股票按照实际所得计算违法所得;对于未卖出的股票,应当按照内幕信息公开当日的账面所得计算违法所得。

在公开后相关股票未出现涨停,被告人也未获知相关目标价信息的情况下,对于被告人没有卖出的部分股票,如何计算违法所得,存在两种不同意见。一种意见认为,应当以公开当日的账面所得计算。另一种意见则认为,应当以案发当日的账面所得计算。笔者倾向于第一种意见。理由是:如利好型内幕信息公开当日未出现涨停,则在一定程度上表明内幕信息对股价的影响不够重大,其后股价变化与内幕信息是否公开没有因果关系。因此,对于上述情形下继续持股的,一般将内幕信息公开当日的账面获利认定为违法所得。

第三,对于利用利好型内幕信息,如果按照账面获利数额认定违法所得,原则上应当以收盘价计算账面获利。理由是：在证券市场中，收盘价是最重要的一个数据，是赚钱或者赔钱的基准，是市场参与者们共同认可的价格。最高价是大多数人认为最佳卖出的时机，最低价是大多数人认为最佳买进的时机。最高价和最低价是价格的两个极端，以最高价计算偏高，以最低价计算偏低，故以收盘价计算较为合理。实践中，一般只有存疑时才作有利于被告人的选择，而此时不存在存疑，且最低价是大多数人认为最佳的买进时机，从理性人角度，一般不可能在最低价时将股票抛售，除非是为了逃避处罚，故不能以最低价来计算账面获利。而最高价可能引发对涨停的预期判断，出于对连续涨停的期待，一般也不会在最高价时将股票卖出，故不能以最高价来计算账面获利。对于平均价计算法，一般是在“遇到销售金额或者其他数额高低不等难以具体查明时，取其平均数额予以认定”。而最高价和最低价是两种性质不同的价格，前者是大多数人认为最佳卖出时机价格，后者是大多数人认为最佳买进时机价格，显然不宜简单取两者的平均数。加之收盘价是市场参与者们所共同认可的价格，以收盘价计算具有内在的合理性，故以收盘价计算对被告人较为公平。

在王文芳泄露内幕信息、徐双全内幕交易案中，徐双全2012年2月3日从王文芳处获悉“德赛电池”股票即将因资产重组而停牌的内幕信息，于2月20日德赛电池公司发布《关于重大资产重组停牌公告》并正式停牌前连续买入“德赛电池”股票62万余股，3月26日德赛电池公司发布《关于终止筹划重大资产重组事项暨公司证券复牌公告》并于同日复牌。显然，徐双全从王文芳处获悉的德赛电池公司资产重组信息属于利好型内幕信息，但在复牌日宣告重组失败，“德赛电池”股票未出现涨停，现有证据无法证实徐双全获知了相关目标价信息。在此情况下，徐双全在复牌后没有马上抛售“德赛电池”股票，而是选择继续持股，并于3个月后陆续抛售所有涉案股票，共获利730万余元。根据“德赛电池”股票价格变化情况，徐双全利用内幕交易的股票在复牌日仍然有获利，且之后该股票价格呈上涨趋势，应当将徐双全继续持股归于其对市场的判断而作出的选择，而因复牌日的获利与利用内幕交易存在因果关系，故应当将复牌之日2012年3月26日的账面获利认定为徐双全的违法所得，而不能将实际获利的730万余元全部认定为其违法所得。徐双全利用内幕交易买入“德赛电池”股票62万余股，平均每股约21.35元。2012年3月26日，德赛电池公司复牌当日最低价每股22.80元，最高价每股23.94元，收盘价每股23.77元。徐双全在利好型内幕信息公开后未卖出相关股票，选择在复牌后继续持股，主要是基于其对市场和该股票发展走向的判断，故对其应当以复牌日收盘价计算账面获利(150万余元)，而不能以复牌当日最低价计算账面获利(90万余元)。[No. 3-4-180(1)-11　王文芳泄露内幕信息、徐双全内幕交易案]

第一百八十一条　【编造并传播证券、期货交易虚假信息罪】【诱骗投资者买卖证券、期货合约罪】

编造并且传播影响证券、期货交易的虚假信息，扰乱证券、期货交易市场，造成严重后果的，处五年以下有期徒刑或者拘役，并处或者单处一万元以上十万元以下罚金。

证券交易所、期货交易所、证券公司、期货经纪公司的从业人员，证券业协会、期货业协会或者证券期货监督管理部门的工作人员，故意提供虚假信息或者伪造、变造、销毁交易记录，诱骗投资者买卖证券、期货合约，造成严重后果的，处五年以下有期徒刑或者拘役，并处或者单处一万元以上十万元以下罚金；情节特别恶劣的，处五年以上十年以下有期徒刑，并处二万元以上二十万元以下罚金。

单位犯前两款罪的，对单位判处罚金，并对其直接负责的主管人员和其他直接责任人员，处五年以下有期徒刑或者拘役。

【立法沿革】

《中华人民共和国刑法》(1997年修订，自1997年10月1日起施行)

第一百八十一条

编造并且传播影响证券交易的虚假信息，扰乱证券交易市场，造成严重后果的，处五年以下有期徒刑或者拘役，并处或者单处一万元以上十万元以下罚金。

证券交易所、证券公司的从业人员，证券业协会或者证券管理部门的工作人员，故意提供虚假信息或者伪造、变造、销毁交易记录，诱骗投资者买卖证券，造成严重后果的，处五年以下有期徒刑或者拘役，并处或者单处一万元以上十万元以下罚金；情节特别恶劣的，处五年以上十年以下有期徒刑，并处二万元以上二十万元以下罚金。

单位犯前两款罪的，对单位判处罚金，并对其直接负责的主管人员和其他直接责任人员，处五年以下有期徒刑或者拘役。

《中华人民共和国刑法修正案》(自 1999 年 12 月 25 日起施行)

五、将刑法第一百八十一条修改为：

"编造并且传播影响证券、期货交易的虚假信息，扰乱证券、期货交易市场，造成严重后果的，处五年以下有期徒刑或者拘役，并处或者单处一万元以上十万元以下罚金。

"证券交易所、期货交易所、证券公司、期货经纪公司的从业人员，证券业协会、期货业协会或者证券期货监督管理部门的工作人员，故意提供虚假信息或者伪造、变造、销毁交易记录，诱骗投资者买卖证券、期货合约，造成严重后果的，处五年以下有期徒刑或者拘役，并处或者单处一万元以上十万元以下罚金；情节特别恶劣的，处五年以上十年以下有期徒刑，并处二万元以上二十万元以下罚金。

"单位犯前两款罪的，对单位判处罚金，并对其直接负责的主管人员和其他直接责任人员，处五年以下有期徒刑或者拘役。"

【立法理由】

1. 1997 年修订刑法的情况。 1997 年修订刑法时，为确保证券市场在社会主义市场经济条件下健康、有序地发展，严惩发生在证券交易过程中的各类违法犯罪活动，增加了危害证券交易秩序方面的犯罪。本条规定的编造传播证券虚假信息犯罪和诱骗投资者买卖证券犯罪就是其中的一个方面。

2. 1999 年《刑法修正案》对本条的修改情况。 1997 年修订刑法时，规定了编造并传播证券交易虚假信息罪和诱骗投资者买卖证券罪。随着国家加强对期货市场的整顿和规范工作，期货市场也存在一些不容忽视的问题，如编造并传播期货交易虚假信息和诱骗投资者买卖期货合约的现象屡有发生，严重侵犯了其他投资者的利益和扰乱了期货市场管理秩序，对这种行为必须从严惩处。据此，1999 年 12 月 25 日第九届全国人大常委会第十三会议通过的《刑法修正案》，考虑到期货犯罪与证券犯罪的相似性，将编造并传播期货交易虚假信息和诱骗投资者买卖期货合约的行为规定为犯罪，并纳入刑法第一百八十一条的规定之中。

【条文说明】

本条是关于编造并传播证券、期货交易虚假信息罪和诱骗投资者买卖证券、期货合约罪及其处罚的规定。

本条共分为三款。

第一款是关于编造并传播证券、期货交易虚假信息罪及其处罚的规定。根据本款的规定，构成编造并传播证券、期货交易虚假信息罪必须符合下列条件：第一，犯罪主体为**自然人**。主要是证券交易所、期货交易所、证券公司、期货经纪公司、证券登记结算机构、期货登记结算机构、为公开或非公开募集资金设立的证券投资基金的从业人员，证券业协会、期货业协会或者证券期货监督管理部门的工作人员，证券、期货咨询服务机构及相关机构的人员，以及证券、期货交易的客户，从事证券市场信息报道的工作人员、行情分析人员等。第二，行为人主观上具有**犯罪故意**，即明知编造并且传播影响证券、期货交易的虚假信息，会扰乱证券、期货交易市场秩序，仍实施该行为，并希望危害结果出现。第三，行为人客观上实施了**编造并且传播影响证券、期货交易的虚假信息，扰乱证券、期货交易市场的行为**。① 本条所称的**影响证券交易的虚假信息**，主要是指可能对上市公司股票交易价格产生较大影响的虚假信息，如涉及公司分配股利或者增资的计划；公司债务担保的重大变更；公司发生重大亏损或者遭受重大损失；公

---

① 相同的学说见解认为，本罪的实行行为包括编造与传播两个行为，只有编造没有传播，或者只有传播而没有编造的行为，都不能成立本罪的实行行为。参见黎宏：《刑法学各论》(第 2 版)，法律出版社 2016 年版，第 145 页；周光权：《刑法各论》(第 4 版)，中国人民大学出版社 2021 年版，第 308 页；高铭暄、马克昌主编：《刑法学》(第 7 版)，北京大学出版社、高等教育出版社 2016 年版，第 406 页；赵秉志、李希慧主编：《刑法各论》(第 3 版)，中国人民大学出版社 2016 年版，第 133 页。对此，另有学者指出，"编造并且传播"的规定，只是为了将缺乏故意的传播行为排除在犯罪之外，并不意味着本罪的实行行为由编造与传播两个行为构成。因此，单纯编造影响证券、期货交易的虚假信息行为，不是本罪的实行行为，不成立未遂犯；明知是他人编造的影响证券、期货交易的虚假信息而传播，即使与编造者没有通谋，也能成立本罪。参见张明楷：《刑法学》(第 6 版)，法律出版社 2021 年版，第 1013 页。

司减资、合并、分立、解散等虚假信息。影响期货交易的虚假信息,主要是指可能对期货合约的交易产生较大影响的虚假信息,如金融银根政策、有关会议内容、市场整顿措施、新品种上市、税率调整、大户入市、保证金比例的提高、交易头寸变化、仓量调整、新法规新措施的出台等。值得注意的是,这里的"**虚假信息**",是指凭空捏造的、歪曲事实的或者有误导性的,能引起市场行情变化的信息,如引起价格上涨或者下跌,大量抛售或者吸纳等。行为人必须既具有编造又具有传播影响证券、期货交易的虚假信息的行为。至于行为人是否从中牟利,不影响本罪的成立。如果行为人只编造而没有传播,或者道听途说又散布给他人,不能以犯罪论处。行为人编造并传播的必须是能够影响证券、期货交易的虚假信息,如该虚假信息对证券、期货交易无影响,也不构成本罪。第四,构成本罪必须是**扰乱证券、期货交易市场,造成严重后果的行为**。所谓"**扰乱证券、期货交易市场,造成严重后果**",是指虚假信息引起股票价格、期货交易价格重大波动,或者在股民、期货交易客户中引起了心理恐慌,大量抛售或者买进某种股票、期货交易品种,给股民、投资者造成重大经济损失,或者造成恶劣的社会影响,等等。

对于编造并传播影响证券、期货交易虚假信息罪的处罚,根据本款的规定,处五年以下有期徒刑或者拘役,并处或者单处一万元以上十万元以下罚金。

第二款是关于诱骗投资者买卖证券、期货合约罪及其处罚的规定。根据本款的规定,构成本罪须符合以下条件:第一,本罪是**特殊主体**,即**证券交易所、期货交易所、证券公司、期货经纪公司的从业人员,证券业协会、期货业协会或者证券期货监督管理部门的工作人员**,其他人不能成为本罪的主体。第二,行为人主观上具有**犯罪故意**,即故意提供虚假信息,诱骗投资者买卖证券、期货合约。本条所称的"**期货合约**",是指由期货交易所统一制定的,规定在将来某一特定的时间和地点交割一定数量和质量商品的标准化合约。第三,行为人客观上实施了**提供虚假信息或者伪造、变造、销毁交易记录的行为**。本条所称的"**伪造**"**交易记录**,是指制作假的交易记录,即原来未进行交易,在交易记录中谎报进行了交易,原来未进行大量交易,而在交易记录中谎报进行了大量交易。所谓"**变造**",是指用涂改、擦消、拼接等方法,对真实的业务记录文件进行篡改,变更其内容的行为。所谓"**销毁**",是指把真实的交易记录加以毁灭的行为。第四,构成本罪的必须是**故意提供虚假信息或者伪造、变造、销毁交易记录,诱骗投资者买卖证券、期货合约,造成严重后果的行为**。"**造成严重后果**"主要是指使投资者造成重大经济损失;造成证券、期货市场秩序严重混乱等。

对于诱骗投资者买卖证券、期货合约罪的处罚,本款规定了两档刑罚:**造成严重后果的**,处五年以下有期徒刑或者拘役,并处或者单处一万元以上十万元以下罚金;**情节特别恶劣的**,处五年以上十年以下有期徒刑,并处二万元以上二十万元以下罚金。

第三款是关于单位犯编造并传播证券、期货交易虚假信息罪和诱骗投资者买卖证券、期货合约罪的处罚规定。本款对单位犯前两款罪的处罚采取了**双罚制原则**,即对单位判处罚金,并对其直接负责的主管人员和其他直接责任人员,处五年以下有期徒刑或者拘役。

在实践执行中,需要注意以下两个方面的情况:

1. 要正确划清**市场行情分析失误**与编造并传播虚假信息的界限。在证券、期货市场中,一些经纪人、咨询人员、行情分析人员等业内人士或者专家学者经常对证券、期货市场的行情发表评论。这种评论往往是依据个人的经验和知识,结合市场行情的走向、有关的数据资料、技术分析作出的判断或者预测。这只是个人之见,其目的是为投资者正确决策提供参考。因此,判断失误在所难免。而编造并传播虚假信息是通过虚构事实、隐瞒真相等欺诈手段散布信息,造成严重后果的行为。因此,二者的主要区别在于**是否具有故意编造虚假信息的行为**。

2. 对于**编造并传播"虚假的内幕信息"的行为**如何定性,实践中存在争议。有观点认为,内幕信息必须是真实的,不真实的信息属于虚假信息。如果行为人编造、传播所谓"内幕信息"是虚假信息的,应构成本条规定的编造并传播证券、期货交易虚假信息罪。也有观点认为,内幕信息不以最终真实性为要件。实践中,内幕信息仅代表一段时间内尚未公开的可能影响证券、期货市场价格的信息,这些信息最终可能具有临时性,也不完全准确、真实、完整。而且就算国务院证券监督管理机构等指定的报刊、媒体、平台披露的信息也未必都是真实的,事后有可能会被证明为虚假信息披露。因此真实性不影响对"内幕信息"的判断。只要信息一旦向社会公开,会对证券、期货交易价格或者交易量产生重大影响的,就应当认定为内幕信息。行为人泄露虚假的"内幕信息"的,可能构成《刑法》第一百八十条规定的泄露内幕信息罪,而不是本条规定的编造并传播证券、期货交易虚假信息罪。从整体上看,**信息相对真实应属于**

"内幕信息"的认定标准。刑法惩治内幕交易和泄露内幕信息行为，主要是为了惩治通过内幕信息"占得先机"的市场投机行为。虽然事后看，相关信息可能不是完全准确、真实、完整的，但是只要相关信息与指定报刊、媒体、平台首次公开的信息基本一致，就应当认定其具有真实性，属"内幕信息"。泄露"内幕信息"的，应当构成泄露内幕信息罪。另外，对于虚假"内幕信息"而言，获取了该类信息而实施的市场投机行为无法牟取非法利益，但是编造、传播该类信息仍然具有社会危害性。**行为人故意编造并传播虚假"内幕信息"的，可能构成编造并传播证券、期货交易虚假信息罪或者操纵证券、期货市场罪。**

【司法解释性文件】

《最高人民检察院、公安部关于公安机关管辖的刑事案件立案追诉标准的规定(二)》(公通字〔2022〕12号，2022年4月6日公布)

△(**编造并传播证券、期货交易虚假信息罪；立案追诉标准**)编造并且传播影响证券、期货交易的虚假信息，扰乱证券、期货交易市场，涉嫌下列情形之一的，应予立案追诉：

(一)获利或者避免损失数额在五万元以上的；

(二)造成投资者直接经济损失数额在五十万元以上的；

(三)虽未达到上述数额标准，但多次编造并且传播影响证券、期货交易的虚假信息的；

(四)致使交易价格或者交易量异常波动的；

(五)造成其他严重后果的。(§32)

△(**诱骗投资者买卖证券、期货合约罪；立案追诉标准**)证券交易所、期货交易所、证券公司、期货公司的从业人员，证券业协会、期货业协会或者证券期货监督管理部门的工作人员，故意提供虚假信息或者伪造、变造、销毁交易记录，诱骗投资者买卖证券、期货合约，涉嫌下列情形之一的，应予立案追诉：

(一)获利或者避免损失数额在五万元以上的；

(二)造成投资者直接经济损失数额在五十万元以上的；

(三)虽未达到上述数额标准，但多次诱骗投资者买卖证券、期货合约的；

(四)致使交易价格或者交易量异常波动的；

(五)造成其他严重后果的。(§33)

【附属刑法】

《全国人民代表大会常务委员会关于维护互联网安全的决定》(2000年12月28日通过，2009年8月27日修正)

三、为了维护社会主义市场经济秩序和社会管理秩序，对有下列行为之一，构成犯罪的，依照刑法有关规定追究刑事责任：

……

(四)利用互联网编造并传播影响证券、期货交易或者其他扰乱金融秩序的虚假信息；

……

《中华人民共和国证券投资基金法》(2003年10月28日通过，2015年4月24日修正)

第一百三十六条

违反本法规定，擅自从事公开募集基金的基金服务业务的，责令改正，没收违法所得，并处违法所得一倍以上五倍以下罚款；没有违法所得或者违法所得不足三十万元的，并处十万元以上三十万元以下罚款。对直接负责的主管人员和其他直接责任人员给予警告，并处三万元以上十万元以下罚款。

第一百四十九条

违反本法规定，构成犯罪的，依法追究刑事责任。

第一百八十二条 【操纵证券、期货市场罪】

有下列情形之一，操纵证券、期货市场，影响证券、期货交易价格或者证券、期货交易量，情节严重的，处五年以下有期徒刑或者拘役，并处或者单处罚金；情节特别严重的，处五年以上十年以下有期徒刑，并处罚金：

（一）单独或者合谋，集中资金优势、持股或者持仓优势或者利用信息优势联合或者连续买卖的；

（二）与他人串通，以事先约定的时间、价格和方式相互进行证券、期货交易的；

（三）在自己实际控制的帐户之间进行证券交易，或者以自己为交易对象，自买自卖期货合约的；

（四）不以成交为目的，频繁或者大量申报买入、卖出证券、期货合约并撤销申报的；

（五）利用虚假或者不确定的重大信息，诱导投资者进行证券、期货交易的；

（六）对证券、证券发行人、期货交易标的公开作出评价、预测或者投资建议，同时进行反向证券交易或者相关期货交易的；

（七）以其他方法操纵证券、期货市场的。

单位犯前款罪的，对单位判处罚金，并对其直接负责的主管人员和其他直接责任人员，依照前款的规定处罚。

【立法沿革】

《中华人民共和国刑法》（1997年修订，自1997年10月1日起施行）

第一百八十二条

有下列情形之一，操纵证券交易价格，获取不正当利益或者转嫁风险，情节严重的，处五年以下有期徒刑或者拘役，并处或者单处违法所得一倍以上五倍以下罚金：

（一）单独或者合谋，集中资金优势、持股优势或者利用信息优势联合或者连续买卖，操纵证券交易价格的；

（二）与他人串通，以事先约定的时间、价格和方式相互进行证券交易或者相互买卖并不持有的证券，影响证券交易价格或者证券交易量的；

（三）以自己为交易对象，进行不转移证券所有权的自买自卖，影响证券交易价格或者证券交易量的；

（四）以其他方法操纵证券交易价格的。

单位犯前款罪的，对单位判处罚金，并对其直接负责的主管人员和其他直接责任人员，处五年以下有期徒刑或者拘役。

《中华人民共和国刑法修正案》（自1999年12月25日起施行）

六、将刑法第一百八十二条修改为：

“有下列情形之一，操纵证券、期货交易价格，获取不正当利益或者转嫁风险，情节严重的，处五年以下有期徒刑或者拘役，并处或者单处违法所得一倍以上五倍以下罚金：

“（一）单独或者合谋，集中资金优势、持股或者持仓优势或者利用信息优势联合或者连续买卖，操纵证券、期货交易价格的；

“（二）与他人串通，以事先约定的时间、价格和方式相互进行证券、期货交易，或者相互买卖并不持有的证券，影响证券、期货交易价格或者证券、期货交易量的；

“（三）以自己为交易对象，进行不转移证券所有权的自买自卖，或者以自己为交易对象，自买自卖期货合约，影响证券、期货交易价格或者证券、期货交易量的；

“（四）以其他方法操纵证券、期货交易价格的。

“单位犯前款罪的，对单位判处罚金，并对其直接负责的主管人员和其他直接责任人员，处五年以下有期徒刑或者拘役。”

《中华人民共和国刑法修正案（六）》（自2006年6月29日起施行）

十一、将刑法第一百八十二条修改为：

“有下列情形之一，操纵证券、期货市场，情节严重的，处五年以下有期徒刑或者拘役，并处或者单处罚金；情节特别严重的，处五年以上十年以下有期徒刑，并处罚金：

“（一）单独或者合谋，集中资金优势、持股或者持仓优势或者利用信息优势联合或者连续买卖，操纵证券、期货交易价格或者证券、期货交易量的；

“（二）与他人串通，以事先约定的时间、价格和方式相互进行证券、期货交易，影响证券、期货交易价格或者证券、期货交易量的；

"（三）在自己实际控制的账户之间进行证券交易，或者以自己为交易对象，自买自卖期货合约，影响证券、期货交易价格或者证券、期货交易量的；

"（四）以其他方法操纵证券、期货市场的。

"单位犯前款罪的，对单位判处罚金，并对其直接负责的主管人员和其他直接责任人员，依照前款的规定处罚。"

《中华人民共和国刑法修正案（十一）》（自2021年3月1日起施行）

十三、将刑法第一百八十二条第一款修改为：

"有下列情形之一，操纵证券、期货市场，影响证券、期货交易价格或者证券、期货交易量，情节严重的，处五年以下有期徒刑或者拘役，并处或者单处罚金；情节特别严重的，处五年以上十年以下有期徒刑，并处罚金：

"（一）单独或者合谋，集中资金优势、持股或者持仓优势或者利用信息优势联合或者连续买卖的；

"（二）与他人串通，以事先约定的时间、价格和方式相互进行证券、期货交易的；

"（三）在自己实际控制的帐户之间进行证券交易，或者以自己为交易对象，自买自卖期货合约的；

"（四）不以成交为目的，频繁或者大量申报买入、卖出证券、期货合约并撤销申报的；

"（五）利用虚假或者不确定的重大信息，诱导投资者进行证券、期货交易的；

"（六）对证券、证券发行人、期货交易标的公开作出评价、预测或者投资建议，同时进行反向证券交易或者相关期货交易的；

"（七）以其他方法操纵证券、期货市场的。"

【立法理由】

1.1997年修订刑法的情况。1997年修订刑法时增加了本条规定。为了使证券交易市场健康有序地发展，一方面需要建立健全证券交易规则和各项证券交易规章制度，采取加强行政干预手段管理和规范证券交易行为。另一方面，还需要采取刑事处罚手段。所以惩治各类发生在证券交易过程中的犯罪，保障证券交易秩序，就成为增加这方面内容规定的客观要求。操纵证券市场行为属于最为严重的破坏证券交易秩序的行为之一，需要刑法对此作出专门规定。

2.1999年《刑法修正案》对本条的修改情况。将操纵期货交易价格，情节严重的行为规定为犯罪。1997年修订刑法时，由于期货市场建立不久，情况比较复杂，而且各种规章制度不健全，期货业存在的违规违法现象也没有充分显露出来，所以1997年《刑法》第一百八十二条只将操纵证券交易价格的行为规定为犯罪，对操纵期货交易价格的行为未作规定。1999年国务院颁布了《期货交易管理暂行条例》，为了使期货交易市场健康有序地发展，一方面需要建立健全期货交易规则和各项期货交易规章制度，采取加强行政干预手段管理和规范期货交易行为；另一方面还需要采取刑事处罚手段，惩治期货交易过程中的犯罪行为，保障期货交易正常秩序。为此，1999年12月25日第九届全国人大常委会第十三次会议通过的《刑法修正案》对本条作了修改完善，将操纵期货交易价格，情节严重的行为规定为犯罪。

3.2006年《刑法修正案（六）》对本条的修改情况。一是将本罪罪状规定的"操纵证券、期货交易价格，获取不正当利益或者转嫁风险"修改为"操纵证券、期货市场"。二是提高了一档刑罚，即情节特别严重的，处五年以上十年以下有期徒刑，并处罚金。三是完善了罚金刑，将原来第一款中规定的"一倍以上五倍以下罚金"修改为"罚金"。四是调整了相关罪状的表述，以与2005年修订的《证券法》的有关规定相衔接，删去了原第（二）项中的"或者相互买卖并不持有的证券"的规定；在原第（三）项中增加了"在自己实际控制的帐户之间进行证券交易"，同时，删去了"以自己为交易对象，进行不转移证券所有权的自买自卖"行为的规定。五是将第二款对单位犯罪的直接负责的主管人员和其他直接责任人员的处罚，由原来直接规定的处自由刑修改为依照自然人犯罪的规定处罚，既处自由刑也处财产刑。作出上述修改主要有以下考虑：

一是有关部门提出，1997年《刑法》第一百八十二条罪状中规定，操纵证券交易价格，获得不正当利益或者转嫁风险，情节严重的，才构成犯罪。但考虑到操纵者能否实际获利取决于市场等多方面因素。操纵行为对证券、期货市场秩序和其他投资者的危害，不在于操纵者本人是否能从操纵行为中获利，而在于人为操纵的、扭曲的证券、期货价格欺骗了公众投资者，扰乱了证券、期货市场秩序。因此，《刑法修正案（六）》将本罪原来规定的"操纵证券、期货交易价格，获取不正当利益或者转嫁风险"修改为"操纵证券、期货市场"。

二是进一步加大对操纵证券、期货市场行为的惩处力度。随着证券、期货交易市场的不断成熟，刑法的有些规定已不能适应市场的发展形势，有必要加大对操纵证券、期货市场行为的惩处力度。为此，《刑法修正案（六）》对本条的修改增加

分则　第三章

了一档刑罚，将法定最高刑提高到十年有期徒刑。同时，司法实践中对“违法所得一倍以上五倍以下罚金”的规定有一些误解，认为操纵证券、期货市场的行为必须要以获利为前提，如果没有获利，就不构成犯罪。司法机关和有关部门还提出，根据条文规定，按违法所得的倍数处罚金，而实际执行中违法所得的数额往往难以查处和计算。为了灵活地掌握和有力地打击操纵证券、期货市场的犯罪行为，规范证券、期货市场秩序，建议笼统规定为好，具体可由司法机关根据案件的不同情况作出司法解释。经研究，将“一倍以上五倍以下罚金”修改为“罚金”，并对单位犯罪中直接负责的主管人员和其他直接责任人员的处罚增加罚金刑。

三是为了与修订后的《证券法》相衔接。2005年《证券法》作了全面的修订。为了更好地适应不断发展的证券、期货交易市场，2006年《刑法修正案(六)》对本条修改时，在操纵行为的规定上与修订后的《证券法》中相关规定的表述相衔接。

4. 2020年《刑法修正案(十一)》对本条的修改情况。一是完善了本罪的罪状表述，对原来分散在各项中规定的“影响证券、期货交易价格或者证券、期货交易量”的入罪条件在本条罪状中作统一规定。二是将“虚假申报操纵”“蛊惑交易操纵”“抢帽子交易操纵”等三种操纵证券、期货市场的行为明确规定为犯罪。作出这些修改主要的考虑是，有的部门提出，操纵证券、期货市场犯罪行为具有专业性强、犯罪手段隐蔽、操纵方法多样等特点，1997年《刑法》第一百八十二条有关操纵证券、期货市场犯罪所列举的三类操纵情形是较为传统的犯罪形态，一些新型操纵证券、期货市场犯罪，在刑法上没有规定，一般需要适用“以其他方法操纵证券、期货市场的”兜底规定予以惩治，建议对一些新型操纵证券、期货市场的行为予以明确。经研究，证券、期货市场发展迅速，操纵证券、期货市场的行为也在发生变化，对一些新型操纵证券、期货市场行为在刑法上作出明确规定，有利于更好地惩治此类犯罪，维护证券、期货市场秩序。同时，考虑到证券、期货市场会进一步发展，对以后再出现的新型操纵证券、期货市场的行为仍然可以通过本条规定的“兜底”条款予以惩治，因此《刑法修正案(十一)》在对本条修改时，**将“虚假申报操纵”“蛊惑交易操纵”“抢帽子交易操纵”等三种操纵证券、期货市场的行为明确规定为犯罪**。

【条文说明】

本条是关于操纵证券、期货市场罪及其处罚的规定。

本条共分为两款。

第一款是关于个人操纵证券、期货市场的犯罪及其处罚的规定。惩治操纵证券、期货市场的犯罪行为，既是我国证券、期货市场规范化建设的一个重要内容，也是我国证券、期货市场健康发展的客观需要。“操纵证券、期货交易市场”的行为，是背离市场自由竞争和供求关系原则，人为地操纵证券、期货交易价格，或者制造证券、期货交易的虚假价格或者交易量，引诱他人参与证券、期货交易，为自己牟取不正当利益或者转嫁风险的市场欺诈行为。这种行为既损害投资者的利益，同时也对证券、期货市场的秩序造成极大的危害，所以，必须严厉打击。根据本款规定，构成操纵证券、期货市场罪，必须同时具备以下条件：

1. 具有**操纵证券、期货市场的行为**。本款具体列举了七种操纵证券、期货交易市场的行为，只要实施了七种行为之一，影响证券、期货交易价格或者证券、期货交易量，情节严重的，就构成操纵证券、期货市场的犯罪。七种行为分别是：

一是**单独或者合谋，集中资金优势、持股或者持仓优势或者利用信息优势联合或者连续买卖**。所谓“**单独或者合谋**”，是指操纵证券、期货交易价格的行为人既可以是买方也可以是卖方，甚至既是买方又是卖方，可以是一个人所为也可以是多人联合所为。“**集中资金优势、持股或者持仓优势或者利用信息优势**”，是指证券、期货的投资大户、会员单位等利用手中持有的大量资金、股票、期货合约或者利用了解某些内幕信息等优势，进行证券、期货交易。“**联合**”**买卖**是指行为人在一段时间内共同对某种股票或者期货合约进行买进或者卖出的行为。“**连续买卖**”即连续交易，是指行为人在短时间内对同一股票或者期货合约反复进行买进又卖出的行为。这种操纵方式一般是行为人先筹足一大笔资金，并锁定某种具有炒作潜力且易操作的股票或者期货合约，暗中利用不同帐户在市场上吸足筹码，然后配合各式炒作题材连续拉抬股价或期货价格，制造多头行情，以诱使投资人跟进追小涨，使股价或期货价格一路攀升，等股价或期货价格上涨到一定高度时，暗中释放出手中所持股票或期货合约，甚至融券卖空，此时交易量明显放大，价格出现剧烈震荡，行为人出清所持股票或期货合约后，交易量萎缩，股票或期货价格丧失支撑旋即暴跌，等价格回跌再乘低补进，以便为下次操作准备筹码，以此方式循环操作，操纵证券、期货交易价格，从上涨和下跌中两面获利。

二是**与他人串通，以事先约定的时间、价格和**

方式相互进行证券、期货交易。这种操纵证券价格的方式又称为“对敲”，主要表现为行为人与他人通谋，在事先以约定的时间、约定的价格在自己卖出或者买入股票或者期货合约时，另一约定人同时实施买入或者卖出股票或者期货合约，或者相互买卖证券或者期货合约，通过几家联手反复实施买卖行为，目的在于虚假造势，从而可能抬高或者打压某种股票或者期货的价格，最后，行为人乘机建仓或者平仓，以获取暴利或者转嫁风险。这种行为会使其他投资者对证券、期货市场产生极大误解，导致错误判断而受损，对证券、期货市场的破坏力很大。这种操纵行为方式主要表现为相互交易，即与他人串通，以事先约定的时间、价格和方式相互进行证券、期货交易。在现行集中交易市场电脑竞价撮合成交的交易状态下，串通者所买进与卖出的证券、期货要完全相同，几乎是不可能的。**只要串通双方的委托在时间上和价格上具有相似性，数量上具有一致性，即可成立**。也不要求必须以整个市场价格为对象，只要影响了某种股票或者期货品种的交易价格即可。

三是**在自己实际控制的帐户之间进行证券交易，或者以自己为交易对象，自买自卖期货合约**。**“在自己实际控制的帐户之间进行证券交易”**，是指将预先配好的委托分别下达给两个证券公司，由一个证券公司买进，另一个证券公司卖出，实际上是自买自卖证券的行为，其所有权并没有发生转移。这种行为实际上也会对证券的交易价格和交易量产生很大的影响。**“以自己为交易对象，自买自卖期货合约”**，主要是指以不转移期货合约形式进行虚假买卖。这种情况也称为虚假交易，主要包括两种情况：一种是**自我买卖**，即会员单位或者客户在期货交易中既作卖方又作买方，形式上买进卖出，实际上期货合约的所有人并没有发生变化，实践中这种人往往在开设帐户时一客多户，或假借他人帐户，或用假名虚设帐户，在买卖期货过程中，形式上是多个客户在交易，实质上为同一客户；另一种是**不同行为人之间进行的交易**，他们事先合谋，相互买卖期货合约，但事后买进的一方，返还给另一方。这种不转移合约所有权形式的虚假交易行为，显然会影响期货行情，制造出虚假价格。例如，行为人通过反复的虚假买卖，引发期货价格的波动，蒙蔽其他投资者入市，当期货价格上涨或下跌到一定价位后，操纵者乘机建仓或平仓，牟取不法利益。所谓**“期货合约”**，是指由期货交易所统一制定的、规定在将来某一特定的时间和地点交割一定数量和质量商品的标准化合约。行为人实施了以自己为交易对象，进行不转移证券所有权的自买自卖。

四是**不以成交为目的，频繁或者大量申报买入、卖出证券、期货合约并撤销申报**。这种操纵方式通常称为“**虚假申报操纵**”或者“**幌骗交易操纵**”，具体包括分层挂单、反向交易等行为，其核心特征是通过不以成交为目的的挂单，诱骗其他投资者交易或者放弃交易，从而实现对证券、期货交易价格或者交易量的影响。随着计算机程序交易的普及，通过计算机程序快速下单和撤单已经具备了可能性。该种操纵方式多利用程序化交易等技术手段进行，以实现高频交易或者大量申报但最终不成交，进而影响证券交易的数据，从而抬高股价，谋取非法利益。

五是**利用虚假或者不确定的重大信息，诱导投资者进行证券、期货交易**。这种操纵证券、期货市场的行为通常称为“**蛊惑交易操纵**”。实践中，该种行为通过公开传播虚假、重大误导性信息来影响投资者的判断和交易，并进而影响特定证券、期货交易的价格、交易量。实施该类操纵行为的犯罪行为人利用许多投资者存在迷信内部消息、追捧热点信息的心理，通过“编故事、画大饼”等方式，传播公司重组意图、投资意向、行业信息等所谓重大信息，引起证券、期货市场关注和反应，吸引大量投资者跟风交易，以达到行为人操纵证券、期货市场的目的。

六是**对证券、证券发行人、期货交易标的公开作出评价、预测或者投资建议，同时进行反向证券交易或者相关期货交易**。这种操纵证券、期货市场的行为通常称为“**抢帽子交易操纵**”。这里作出公开评价、预测或者投资建议的主体是不特定主体，既有证券公司、证券咨询机构、专业中介机构及其工作人员等，也有各种所谓炒股专家、专业分析师等，其往往预先买入证券、期货合约，然后利用其身份在互联网、电视等平台对其买入的股票、证券发行人、期货标的进行公开评价、预测及推荐，影响股票、期货的价格以及交易量，并通过操作以获利。需要注意的是，**这里行为人所进行的交易对于证券要求是“反向证券交易”**，即“言行不一致”，从中获取不法利益；**而对期货交易没有相关要求**，这是因为期货为双向交易，既可以买入开仓以看涨，也可以卖出开仓以看跌，同时各种期货品种之间具有一定的关联性，行为人实施操纵行为后获利的方式多样，例如可能暗中开仓，公开作出对自己市场有利的评价，诱导他人对其进行相同方向的交易，影响期货价格或者交易量，最后通过实际交割或者行权了结获利，因此这里规定的是行为人进行“相关”期货交易。

七是**以其他方法操纵证券、期货市场**[1]**，即除上述六种情形以外其他操纵证券、期货市场的方法。行为人不管采用什么手法，也不问其主观动机是什么，只要客观上造成了操纵证券、期货市场的结果，就属于操纵证券、期货市场的行为。这样规定主要是考虑在上述六种操纵证券、期货市场的形式以外，操纵者还会采用许多新的手法，法律难以一一列举，作出这一概括性的规定，可以适应复杂的实际情况，有利于严厉打击操纵证券、期货市场的行为。以其他方法操纵证券、期货市场的行为**，目前有利用职务便利操纵证券、期货市场，主要是证券交易所、期货交易所、证券公司、期货经纪公司及其从业人员，利用手中掌握的证券、期货委托、报价交易等职务便利，人为地压低或者抬高证券、期货价格，从中牟取暴利，其表现形式包括：擅自篡改证券、期货行情记录，引起证券、期货价格波动；在委托交易中，利用时间差，进行强买强卖故意引起价格波动；串通客户共同操纵证券、期货价格；在证券、期货代理过程中，违反规定取得多个客户的全权委托，并实际操作客户帐户，实施操纵交易；会员单位或客户利用多个会员或客户的帐户与注册编码，规避交易所持股、持仓量或交易头寸的限制超量持股、持仓以及借股、借仓交易等操纵价格的行为；交易所会员或客户在现货市场上超越自身经营范围或实际需求，囤积居奇，企图或实际严重影响期货市场价格的；交易所会员或客户超越自身经营范围或实际要求，控制大量交易所指定仓库标准仓单，企图或实际严重影响期货市场价格的；交易所会员故意阻止、延误或改变客户某一方向的交易指令，或擅自下达交易指令或诱导、强制客户按照自己的意志进行交易，操纵证券、期货交易价格的；等等。

2. 操纵行为要符合**“影响证券、期货交易价格或者证券、期货交易量”的要求**。操纵行为必然表现为影响了证券、期货交易价格或者证券、期货交易量。实践中，对认定构成操纵证券、期货市场犯罪的，一般都需要从“证券、期货交易价格或者证券、期货交易量”是否被影响的角度固定证据，如持有或者实际控制证券的流通股份数量、数个交易日总成交量等。

3. 行为人有操纵证券、期货市场的行为，**情节严重的才构成犯罪**。**“情节严重”**，主要是指行为人获取不正当利益巨大的；多次操纵证券、期货市场的；造成恶劣社会影响的；造成股票、期货价格暴涨暴跌，严重影响证券、期货市场交易秩序的；给其他投资者造成巨大经济损失的；等等。

根据本款规定，**构成操纵证券、期货市场罪的**，处五年以下有期徒刑或者拘役，并处或者单处罚金；**情节特别严重的**，处五年以上十年以下有期徒刑，并处罚金。

第二款是关于单位操作证券、期货市场的犯罪及其处罚的规定。根据本款规定，单位有前款行为的，对单位判处罚金，并对其直接负责的主管人员和其他直接责任人员，依照前款的规定处罚，即采取了**双罚制原则**。这样，单位操纵证券、期货市场，情节严重的，对单位判处罚金，并对单位直接负责的主管人员和其他直接责任人员，处五年以下有期徒刑或者拘役，并处或者单处罚金；情节特别严重的，处五年以上十年以下有期徒刑，并处罚金。

需要注意的是，2019 年《最高人民法院、最高人民检察院关于办理操纵证券、期货市场刑事案件适用法律若干问题的解释》对本条规定中的一些内容作了进一步细化，具有一定的参考价值。如该解释第二条对本条第一款中“**情节严重**”作了列举，包括：“（一）持有或者实际控制证券的流通股份数量达到该证券的实际流通股份总量百分之十以上，实施刑法第一百八十二条第一款第一项操纵证券市场行为，连续十个交易日的累计成交量达到同期该证券总成交量百分之二十以上的；（二）实施刑法第一百八十二条第一款第二项、第三项操纵证券市场行为，连续十个交易日的累计成交量达到同期该证券总成交量百分之二十以上的；（三）实施本解释第一条第一项至第四项操纵证券市场行为，证券交易成交额在一千万元以上的；（四）实施刑法第一百八十二条第一款第一项及本解释第一条第六项操纵期货市场行为，实际控制的账户合并持仓连续十个交易日的最高值超过期货交易所限仓标准的二倍，累计成交量达到同期该期货合约总成交量百分之二十以上，且期货交易占用保证金数额在五百万元以上的；（五）实施刑法第一百八十二条第一款第二项、第三项及本解释第一条第一项、第二项操纵期货市场行为，实际控制的账户连续十个交易日的累计成交量达到同期该期货合约总成交量百分之二十以上，且期货交易占用保证金数额在五百万元以上的；（六）实施该解释第一条第五项操纵证券、期货市场行为，当日累计撤回申报量达到同期该证券、期货合约总申报量百分之五十以上，且证券

---

[1] 其他方法，诸如与他人合谋进行不转移证券所有权的虚假买卖，利用职务之便人为地抬高或压低某种证券交易价格，非法侵入计算机信息系统抬高股票价格，等等。参见黎宏：《刑法学各论》（第 2 版），法律出版社 2016 年版，第 146 页。

撤回申报额在一千万元以上、撤回申报的期货合约占用保证金数额在五百万元以上的；（七）实施操纵证券、期货市场行为，违法所得数额在一百万元以上的。”该解释第三条对本条第一款规定的“**情节严重**”作了进一步列举，包括：“（一）发行人、上市公司及其董事、监事、高级管理人员、控股股东或者实际控制人实施操纵证券、期货市场行为的；（二）收购人、重大资产重组的交易对方及其董事、监事、高级管理人员、控股股东或者实际控制人实施操纵证券、期货市场行为的；（三）行为人明知操纵证券、期货市场行为被有关部门调查，仍继续实施的；（四）因操纵证券、期货市场行为受过刑事追究的；（五）二年内因操纵证券、期货市场行为受过行政处罚的；（六）在市场出现重大异常波动等特定时段操纵证券、期货市场的；（七）造成恶劣社会影响或者其他严重后果的。”该解释第四条对本条第一款规定的“**情节特别严重**”作了具体列举，包括：“（一）持有或者实际控制证券的流通股份数量达到该证券的实际流通股份总量百分之十以上，实施刑法第一百八十二条第一款第一项操纵证券市场行为，连续十个交易日的累计成交量达到同期该证券总成交量百分之五十以上的；（二）实施刑法第一百八十二条第一款第二项、第三项操纵证券市场行为，连续十个交易日的累计成交量达到同期该证券总成交量百分之五十以上的；（三）实施本解释第一条第一项至第四项操纵证券市场行为，证券交易成交额在五千万元以上的；（四）实施刑法第一百八十二条第一款第一项及本解释第一条第六项操纵期货市场行为，实际控制的账户合并持仓连续十个交易日的最高值超过期货交易所限仓标准的五倍，累计成交量达到同期该期货合约总成交量百分之五十以上，且期货交易占用保证金数额在二千五百万元以上的；（五）实施刑法第一百八十二条第一款第二项、第三项及本解释第一条第一项、第二项操纵期货市场行为，实际控制的账户连续十个交易日的累计成交量达到同期该期货合约总成交量百分之五十以上，且期货交易占用保证金数额在二千五百万元以上的；（六）实施操纵证券、期货市场行为，违法所得数额在一千万元以上的。实施操纵证券、期货市场行为，违法所得数额在五百万元以上，并具有该解释第三条规定的七种情形之一的，应当认定为‘情节特别严重’。”此外，该解释还注意到了**市场间的差别**，其第十条规定：“对于在全国中小企业股份转让系统中实施操纵证券市场行为，社会危害性大，严重破坏公平公正的市场秩序的，比照本解释的规定执行，但本解释第二条第一项、第二项和第四条第一项、第二项除外。”因此，在具体适用中，需要注意不同市场间的差异性，以准确认定操纵证券、期货市场的犯罪行为。

【司法解释】

《最高人民法院、最高人民检察院关于办理操纵证券、期货市场刑事案件适用法律若干问题的解释》（法释〔2019〕9号，自2019年7月1日起施行）

△（**以其他方法操纵证券、期货市场**）行为人具有下列情形之一的，可以认定为刑法第一百八十二条第一款第四项规定的“以其他方法操纵证券、期货市场”：

（一）利用虚假或者不确定的重大信息，诱导投资者作出投资决策，影响证券、期货交易价格或者证券、期货交易量，并进行相关交易或者谋取相关利益的；

（二）通过对证券及其发行人、上市公司、期货交易标的公开作出评价、预测或者投资建议，误导投资者作出投资决策，影响证券、期货交易价格或者证券、期货交易量，并进行与其评价、预测、投资建议方向相反的证券交易或者相关期货交易的；

（三）通过策划、实施资产收购或者重组、投资新业务、股权转让、上市公司收购等虚假重大事项，误导投资者作出投资决策，影响证券交易价格或者证券交易量，并进行相关交易或者谋取相关利益的；

（四）通过控制发行人、上市公司信息的生成或者控制信息披露的内容、时点、节奏，误导投资者作出投资决策，影响证券交易价格或者证券交易量，并进行相关交易或者谋取相关利益的；

（五）不以成交为目的，频繁申报、撤单或者大额申报、撤单，误导投资者作出投资决策，影响证券、期货交易价格或者证券、期货交易量，并进行与申报相反的交易或者谋取相关利益的；

（六）通过囤积现货，影响特定期货品种市场行情，并进行相关期货交易的；

（七）以其他方法操纵证券、期货市场的。（§1）

△（**情节严重**）操纵证券、期货市场，具有下列情形之一的，应当认定为刑法第一百八十二条第一款规定的“情节严重”：

（一）持有或者实际控制证券的流通股份数量达到该证券的实际流通股份总量百分之十以上，实施刑法第一百八十二条第一款第一项操纵证券市场行为，连续十个交易日的累计成交量达到同期该证券总成交量百分之二十以上的；

（二）实施刑法第一百八十二条第一款第二

项、第三项操纵证券市场行为，连续十个交易日的累计成交量达到同期该证券总成交量百分之二十以上的；

（三）实施本解释第一条第一项至第四项操纵证券市场行为，证券交易成交额在一千万元以上的；

（四）实施刑法第一百八十二条第一款第一项及本解释第一条第六项操纵期货市场行为，实际控制的账户合并持仓连续十个交易日的最高值超过期货交易所限仓标准的二倍，累计成交量达到同期该期货合约总成交量百分之二十以上，且期货交易占用保证金数额在五百万元以上的；

（五）实施刑法第一百八十二条第一款第二项、第三项及本解释第一条第一项、第二项操纵期货市场行为，实际控制的账户连续十个交易日的累计成交量达到同期该期货合约总成交量百分之二十以上，且期货交易占用保证金数额在五百万元以上的；

（六）实施本解释第一条第五项操纵证券、期货市场行为，当日累计撤回申报量达到同期该证券、期货合约总申报量百分之五十以上，且证券撤回申报额在一千万元以上、撤回申报的期货合约占用保证金数额在五百万元以上的；

（七）实施操纵证券、期货市场行为，违法所得数额在一百万元以上的。（§ 2）

△**（情节严重）**操纵证券、期货市场，违法所得数额在五十万元以上，具有下列情形之一的，应当认定为刑法第一百八十二条第一款规定的“情节严重”：

（一）发行人、上市公司及其董事、监事、高级管理人员、控股股东或者实际控制人实施操纵证券、期货市场行为的；

（二）收购人、重大资产重组的交易对方及其董事、监事、高级管理人员、控股股东或者实际控制人实施操纵证券、期货市场行为的；

（三）行为人明知操纵证券、期货市场行为被有关部门调查，仍继续实施的；

（四）因操纵证券、期货市场行为受过刑事追究的；

（五）二年内因操纵证券、期货市场行为受过行政处罚的；

（六）在市场出现重大异常波动等特定时段操纵证券、期货市场的；

（七）造成恶劣社会影响或者其他严重后果的。（§ 3）

△**（情节特别严重）**具有下列情形之一的，应当认定为刑法第一百八十二条第一款规定的“情节特别严重”：

（一）持有或者实际控制证券的流通股份数量达到该证券的实际流通股份总量百分之十以上，实施刑法第一百八十二条第一款第一项操纵证券市场行为，连续十个交易日的累计成交量达到同期该证券总成交量百分之五十以上的；

（二）实施刑法第一百八十二条第一款第二项、第三项操纵证券市场行为，连续十个交易日的累计成交量达到同期该证券总成交量百分之五十以上的；

（三）实施本解释第一条第一项至第四项操纵证券市场行为，证券交易成交额在五千万元以上的；

（四）实施刑法第一百八十二条第一款第一项及本解释第一条第六项操纵期货市场行为，实际控制的账户合并持仓连续十个交易日的最高值超过期货交易所限仓标准的五倍，累计成交量达到同期该期货合约总成交量百分之五十以上，且期货交易占用保证金数额在二千五百万元以上的；

（五）实施刑法第一百八十二条第一款第二项、第三项及本解释第一条第一项、第二项操纵期货市场行为，实际控制的账户连续十个交易日的累计成交量达到同期该期货合约总成交量百分之五十以上，且期货交易占用保证金数额在二千五百万元以上的；

（六）实施操纵证券、期货市场行为，违法所得数额在一千万元以上的。

实施操纵证券、期货市场行为，违法所得数额在五百万元以上，并具有本解释第三条规定的七种情形之一的，应当认定为“情节特别严重”。（§ 4）

△**（自己实际控制的账户；行为人对账户内资产没有交易决策权）**下列账户应当认定为刑法第一百八十二条中规定的“自己实际控制的账户”：

（一）行为人以自己名义开户并使用的实名账户；

（二）行为人向账户转入或者从账户转出资金，并承担实际损益的他人账户；

（三）行为人通过第一项、第二项以外的方式管理、支配或者使用的他人账户；

（四）行为人通过投资关系、协议等方式对账户内资产行使交易决策权的他人账户；

（五）其他有证据证明行为人具有交易决策权的账户。

有证据证明行为人对前款第一项至第三项账户内资产没有交易决策权的除外。（§ 5）

△**（二次以上实施操纵证券、期货市场行为；累计计算）**二次以上实施操纵证券、期货市场行

为,依法应予行政处理或者刑事处理而未经处理的,相关交易数额或者违法所得数额累计计算。(§6)

△(**从轻处罚;不起诉或者免予刑事处罚;认罪认罚从宽**)符合本解释第二条、第三条规定的标准,行为人如实供述犯罪事实,认罪悔罪,并积极配合调查,退缴违法所得的,可以从轻处罚;其中犯罪情节轻微的,可以依法不起诉或者免予刑事处罚。

符合刑事诉讼法规定的认罪认罚从宽适用范围和条件的,依照刑事诉讼法的规定处理。(§7)

△(**单位犯罪**)单位实施刑法第一百八十二条第一款行为的,依照本解释规定的定罪量刑标准,对其直接负责的主管人员和其他直接责任人员定罪处罚,并对单位判处罚金。(§8)

△(**违法所得;连续十个交易日**)本解释所称"违法所得",是指通过操纵证券、期货市场所获利益或者避免的损失。

本解释所称"连续十个交易日",是指证券、期货市场开市交易的连续十个交易日,并非指行为人连续交易的十个交易日。(§9)

△(**在全国中小企业股份转让系统中实施操纵证券市场行为**)对于在全国中小企业股份转让系统中实施操纵证券市场行为,社会危害性大,严重破坏公平公正的市场秩序的,比照本解释的规定执行,但本解释第二条第一项、第二项和第四条第一项、第二项除外。(§10)

【司法解释性文件】

《最高人民检察院、公安部关于公安机关管辖的刑事案件立案追诉标准的规定(二)》(公通字〔2022〕12号,2022年4月6日公布)

△(**操纵证券、期货市场罪;立案追诉标准**)操纵证券、期货市场,影响证券、期货交易价格或者证券、期货交易量,涉嫌下列情形之一的,应予立案追诉:

(一)持有或者实际控制证券的流通股份数量达到该证券的实际流通股份总量百分之十以上,实施刑法第一百八十二条第一款第一项操纵证券市场行为,连续十个交易日的累计成交量达到同期该证券总成交量百分之二十以上的;

(二)实施刑法第一百八十二条第一款第二项、第三项操纵证券市场行为,连续十个交易日的累计成交量达到同期该证券总成交量百分之二十以上的;

(三)利用虚假或者不确定的重大信息,诱导投资者进行证券交易,行为人进行相关证券交易的成交额在一千万元以上的;

(四)对证券、证券发行人公开作出评价、预测或者投资建议,同时进行反向证券交易,证券交易成交额在一千万元以上的;

(五)通过策划、实施资产收购或者重组、投资新业务、股权转让、上市公司收购等虚假重大事项,误导投资者作出投资决策,并进行相关交易或者谋取相关利益,证券交易成交额在一千万元以上的;

(六)通过控制发行人、上市公司信息的生成或者控制信息披露的内容、时点、节奏,误导投资者作出投资决策,并进行相关交易或者谋取相关利益,证券交易成交额在一千万元以上的;

(七)实施刑法第一百八十二条第一款第一项操纵期货市场行为,实际控制的账户合并持仓连续十个交易日的最高值超过期货交易所限仓标准的二倍,累计成交量达到同期该期货合约总成交量百分之二十以上,且期货交易占用保证金数额在五百万元以上的;

(八)通过囤积现货,影响特定期货品种市场行情,并进行相关期货交易,实际控制的账户合并持仓连续十个交易日的最高值超过期货交易所限仓标准的二倍,累计成交量达到同期该期货合约总成交量百分之二十以上,且期货交易占用保证金数额在五百万元以上的;

(九)实施刑法第一百八十二条第一款第二项、第三项操纵期货市场行为,实际控制的账户连续十个交易日的累计成交量达到同期该期货合约总成交量百分之二十以上,且期货交易占用保证金数额在五百万元以上的;

(十)利用虚假或者不确定的重大信息,诱导投资者进行期货交易,行为人进行相关期货交易,实际控制的账户连续十个交易日的累计成交量达到同期该期货合约总成交量百分之二十以上,且期货交易占用保证金数额在五百万元以上的;

(十一)对期货交易标的公开作出评价、预测或者投资建议,同时进行相关期货交易,实际控制的账户连续十个交易日的累计成交量达到同期该期货合约总成交量的百分之二十以上,且期货交易占用保证金数额在五百万元以上的;

(十二)不以成交为目的,频繁或者大量申报买入、卖出证券、期货合约并撤销申报,当日累计撤回申报量达到同期该证券、期货合约总申报量百分之五十以上,且证券撤回申报额在一千万元以上、撤回申报的期货合约占用保证金数额在五百万元以上的;

(十三)实施操纵证券、期货市场行为,获利或者避免损失数额在一百万元以上的。

操纵证券、期货市场,影响证券、期货交易价

格或者证券、期货交易量,获利或者避免损失数额在五十万元以上,同时涉嫌下列情形之一的,应予立案追诉:

(一)发行人、上市公司及其董事、监事、高级管理人员、控股股东或者实际控制人实施操纵证券、期货市场行为的;

(二)收购人、重大资产重组的交易对方及其董事、监事、高级管理人员、控股股东或者实际控制人实施操纵证券、期货市场行为的;

(三)行为人明知操纵证券、期货市场行为被有关部门调查,仍继续实施的;

(四)因操纵证券、期货市场行为受过刑事追究的;

(五)二年内因操纵证券、期货市场行为受过行政处罚的;

(六)在市场出现重大异常波动等特定时段操纵证券、期货市场的;

(七)造成其他严重后果的。

对于在全国中小企业股份转让系统中实施操纵证券市场行为,社会危害性大,严重破坏公平公正的市场秩序的,比照本条的规定执行,但本条第一款第一项和第二项除外。(§34)

【附属刑法】

《中华人民共和国证券投资基金法》(2003年10月28日通过,2015年4月24日修正)

第一百二十六条

基金管理人、基金托管人违反本法规定①,相互出资或者持有股份的,责令改正,可以处十万元以下罚款。

第一百四十九条

违反本法规定,构成犯罪的,依法追究刑事责任。

《中华人民共和国证券法》(1998年12月29日通过,2019年12月28日第二次修订)

第一百九十二条

违反本法第五十五条的规定,操纵证券市场的,责令依法处理其非法持有的证券,没收违法所得,并处以违法所得一倍以上十倍以下的罚款;没有违法所得或者违法所得不足一百万元的,处以一百万元以上一千万元以下的罚款。单位操纵证券市场的,还应当对直接负责的主管人员和其他直接责任人员给予警告,并处以五十万元以上五百万元以下的罚款。

第二百一十九条

违反本法规定,构成犯罪的,依法追究刑事责任。

【指导性案例】

最高人民检察院指导性案例第39号:朱炜明操纵证券市场案(2018年7月3日发布)

△**(操纵证券市场;"抢帽子"交易;公开荐股)**证券公司、证券咨询机构、专业中介机构及其工作人员违背从业禁止规定,买卖或者持有证券,并在对相关证券作出公开评价、预测或者投资建议后,通过预期的市场波动反向操作,谋取利益,情节严重的,以操纵证券市场罪追究其刑事责任。

【参考案例】

△**非法侵入计算机信息系统,利用修改计算机系统存储数据的方法,抬高证券价格从而获利的,应以操纵证券交易价格罪论处。**

计算机犯罪通常表现在两个方面:一是对计算机硬件和软件的破坏;二是以计算机为工具实施其他犯罪。对计算机本身的破坏,刑法规定了专门的罪名,如故意对计算机硬件进行破坏的,一般以故意毁坏财物罪论处;对计算机信息系统中存储、处理或者传输的数据和应用程序进行删除、修改、增加的操作,后果严重的,构成破坏计算机信息系统罪。但是对于以计算机为工具实施的犯罪,根据《刑法》第二百八十七条的规定,即利用计算机实施金融诈骗、盗窃、贪污、挪用公款、窃取国家秘密或者其他犯罪的,依照本法有关规定定罪处罚,应以行为人的目的行为定罪。在赵喆操纵证券交易价格案中,被告人赵喆为拉高在上海证券交易所挂牌上市的兴业房产和莲花味精两种股票的价格,以使本人及其朋友所持有的这两种股票得以抛售获利,非法侵入三亚上证计算机信息系统、修改三亚上证计算机信息系统中存储数据的行为,虽在客观上造成他人计算机信息系统受到破坏,但从其追求的犯罪目的、采用的手段以及行为所侵犯的客体和对象考虑,其行为符合《刑法》第一百八十二条规定的操纵证券交易价格罪的构成特征,应以操纵证券交易价格罪追究其刑事责任。[No. 3-4-182-1　赵喆操纵证券交易价格案]

△**严重的抢先交易行为属于操纵证券市场罪**

① 《中华人民共和国证券投资基金法》(2003年10月28日通过,2015年4月24日修正)
第三十五条
基金托管人与基金管理人不得为同一机构,不得相互出资或者持有股份。

中的“以其他方法操纵证券、期货市场”的行为方式,构成操纵证券市场罪。

抢先交易是指证券公司、证券咨询机构、专业中介机构及其工作人员,买卖或持有相关证券,并对该证券或其发行人、上市公司公开作出评价、预测或投资建议,以便通过预期市场波动取得经济利益的行为。严重的抢先交易行为与操纵证券市场罪条文中所明示的三种行为方式之间具有相同的性质。具体而言,抢先交易行为具有两个特征:(1)必须同时具备符合先后顺序的“推荐”与“交易”行为。推荐是指证券从业机构或其工作人员利用自身的专业性、影响力获得投资者的信赖,通过各种公开媒介推荐股票。交易是指行为人在推荐股票前已经买入或持有所推荐的股票,在推荐后,投资者跟进,出现预期市场波动的情况下,行为人又进行交易,以获取差价。(2)行为人的行为必须具有引起市场明显波动的较大可能性。在汪建中操纵证券市场案中,汪建中大多是在买入股票的当天,在公司例行召开的讨论会上,要求分析师在股评分析报告中加入推荐该股票的信息,其让分析师加入到掘金报告中的个股,与其自己购买的股票是一样的。后期利用公司发布对外股评分析报告之机,通过多家知名媒体和网站的转载,向公众推荐其买入的股票,吸引公众购买股票。此后,在其期待的价格上扬期间抢先卖出该股票。汪建中的行为同时具备符合时间先后顺序的推荐股票与交易股票两种行为,并且其行为是相关证券交易价格或交易量变动的重要原因,可以认定汪建中行为的本质是以抢先交易的方式操纵证券市场的犯罪行为。[No. 3-4-182-2　汪建中操纵证券市场案]

第一百八十三条　【保险公司工作人员骗取保险金的处理】

保险公司的工作人员利用职务上的便利，故意编造未曾发生的保险事故进行虚假理赔，骗取保险金归自己所有的，依照本法第二百七十一条的规定定罪处罚。

国有保险公司工作人员和国有保险公司委派到非国有保险公司从事公务的人员有前款行为的，依照本法第三百八十二条、第三百八十三条的规定定罪处罚。

【立法理由】

1. **1979 年之后至 1997 年刑法修订前的立法情况**。保险公司工作人员利用职务上的便利,故意编造未曾发生的保险事故,骗取保险金的行为,**不仅严重背离保险从业人员的执业道德,扰乱了保险业正常的经营秩序,同时也损害了保险公司的信誉和利益**,实际上是利用职权侵占或者贪污保险资金的行为,应当依法惩处。立法机关通过决定将这种行为规定为犯罪。1995 年 6 月 30 日第八届全国人大常委会第十四次会议通过的《全国人民代表大会常务委员会关于惩治破坏金融秩序犯罪的决定》第十七条规定:“保险公司的工作人员利用职务上的便利,故意编造未曾发生的保险事故进行虚假理赔,骗取保险金的,分别依照全国人民代表大会常务委员会《关于惩治贪污罪贿赂罪的补充规定》和《关于惩治违反公司法的犯罪的决定》的有关规定处罚。”

2. **1997 年修订刑法的情况**。1997 年修订刑法时,将原来规定在《全国人民代表大会常务委员会关于惩治破坏金融秩序犯罪的决定》第十七条的规定纳入刑法之中。一是 1997 年刑法对原来规定在《全国人民代表大会常务委员会关于惩治违反公司法的犯罪的决定》第十条“公司董事、监事或者职工利用职务或者工作上的便利,侵占本公司财物,数额较大的,处五年以下有期徒刑或者拘役;数额巨大的,处五年以上有期徒刑,可以并处没收财产”的规定作进一步修改完善后纳入《刑法》第二百七十一条,明确规定为职务侵占罪。二是立法对国家工作人员的概念进一步明确,以《刑法》第九十三条关于国家工作人员的规定为基础,进一步明确保险公司中相关人员“以国家工作人员论”的情形。三是 1997 年刑法对原来规定在《全国人民代表大会常务委员会关于惩治贪污罪贿赂罪的补充规定》第一条“国家工作人员、集体经济组织工作人员或者其他经手、管理公共财物的人员,利用职务上的便利,侵吞、盗窃、骗取或者以其他手段非法占有公共财物的,是贪污罪。与国家工作人员、集体经济组织工作人员或者其他经手、管理公共财物的人员勾结,伙同贪污的,以共犯论处”以及第二条“对犯贪污罪的,根据情节轻重,分别依照下列规定处罚:(1)个人贪污数额在五万元以上的,处十年以上有期徒刑或者无期徒刑,可以并处没收财产;情节特别严重的,处死刑,并处没收财产。(2)个人贪污数额在一万元以上不满五万元的,处五年以上有期徒刑,可以并处没收财产；情节特别严重的，处无期徒刑，并处没收财产。(3)个人贪污数额在二千元以上不满一万元的，处一年以上七年以下有期徒刑；情节严重的，处七年以上十年以下有期徒刑。个人贪污数额在二千元以上不满五千元，犯罪后自首、立功或者有悔改表现、积极退赃的，可以减轻处罚，或者免予刑事处罚，由其所在单位或者上级主管机关给予行政处分。(4)个人贪污数额不满二千元，情节较重的，处二年以下有期徒刑或者拘役；情节较轻的，由其所在单位或者上级主管机关酌情给予行政处分。二人以上共同贪污的，按照个人所得数额及其在犯罪中的作用，分别处罚。对贪污集团的首要分子，按照集团贪污的总数额处罚；对其他共同贪污犯罪中的主犯，情节严重的，按照共同贪污的总数额处罚。对多次贪污未经处理的，按照累计贪污数额处罚"的规定作进一步修改完善后纳入《刑法》第三百八十二条和第三百八十三条，明确规定为贪污罪及其处罚。以此，将该条相关指引性规定明确为依照《刑法》第二百七十一条的规定定罪处罚；并对"以国家工作人员论"的保险公司中相关人员增加一款规定，对其按照《刑法》第三百八十二条、第三百八十三条的规定定罪处罚。此外，在罪状表述上，**增加了"骗取保险金归自己所有"的规定**。

【条文说明】

本条是关于保险公司工作人员虚假理赔的犯罪及其处罚的规定。

本条共分为两款。

第一款是关于保险公司的工作人员进行虚假理赔犯罪及其处罚的规定。根据本款规定，保险公司的工作人员虚假理赔犯罪有以下几个构成要件：一是本罪的犯罪主体是**特殊主体，即保险公司的工作人员**。如果是非保险公司的工作人员故意编造未曾发生的保险事故，进行虚假理赔，不构成此罪，而构成保险诈骗罪。二是行为人在主观上有**犯罪故意**。行为人有故意编造未曾发生的保险事故进行虚假理赔，骗取保险金的目的。三是行为人实施了**利用职务上的便利，故意编造未曾发生的保险事故进行虚假理赔，并将骗取的保险金归自己所有的行为**。本款所说的"**保险**"，根据《保险法》第二条的规定，是指投保人根据合同约定，向保险人支付保险费，保险人对于合同约定的可能发生的事故因其发生所造成的财产损失承担赔偿保险金责任，或者当被保险人死亡、伤残、疾病或者达到合同约定的年龄、期限等条件时承担给付保险金责任的商业保险行为。"**保险公司**"是指与投保人订立保险合同，并承担赔偿或者给付保险金责任的保险人。"**保险公司的工作人员利用职务上的便利，故意编造未曾发生的保险事故进行虚假理赔**"，是指保险公司的工作人员利用他们直接负责保险事故的理赔工作的便利条件，利用投保人与保险公司签订的保险合同关系，谎称发生保险事故，利用职务进行"理赔"，并将理赔款据为己有，从而骗取保险金的犯罪活动。本条所说的"**保险事故**"，是指保险合同约定的保险责任范围内的事故。是否骗取了保险金是构成犯罪的重要条件。如果行为人虽然有利用职务上的便利，故意编造未曾发生的保险事故进行虚假理赔，但其虚假理赔的行为被及时揭穿，骗取保险金的阴谋未能得逞，属于**犯罪未遂**，可以比照既遂犯从轻或者减轻处罚。如果行为人将骗取的保险金归自己所有，依照本款规定，应当依照本法第二百七十一条**职务侵占罪**的规定定罪处罚。

第二款是关于国有保险公司工作人员和国有保险公司委派到非国有保险公司从事公务的人员犯虚假理赔犯罪的处罚规定。本条规定，**对于国有保险公司工作人员和国有保险公司委派到非国有保险公司从事公务的人员犯此罪，依照《刑法》第三百八十二条、第三百八十三条贪污罪的规定定罪处罚**。法律作这样的规定，体现了对国家工作人员犯罪从重处罚的立法精神。需要注意的是，2015年8月29日第十二届全国人大常委会第十六次会议审议通过的**《刑法修正案(九)》**对《刑法》第三百八十三条作了修改完善，一是修改了贪污犯罪的定罪量刑标准，取消了《刑法》第三百八十三条对贪污犯罪定罪量刑的具体数额标准，采用数额加情节的标准，同时增加了罚金刑。二是进一步明确、严格了对贪污犯罪从轻、减轻、免除处罚的条件。三是增加一款规定，对犯贪污罪，被判处死刑缓期执行的，人民法院根据犯罪情节等情况可以同时决定在其死刑缓期执行二年期满依法减为无期徒刑后，终身监禁，不得减刑、假释。2016年4月18日起施行的**《最高人民法院、最高人民检察院关于办理贪污贿赂刑事案件适用法律若干问题的解释》**对《刑法》第三百八十三条的具体数额、情节标准予以明确规定，指导司法实践。

需要注意的是，2020年12月26日第十三届全国人大常委会第二十四次会议审议通过的**《刑法修正案(十一)》**对《刑法》第二百七十一条作了修改完善，调整了刑罚配置，将原来的"数额较大的，处五年以下有期徒刑或者拘役；数额巨大的，处五年以上有期徒刑，可以并处没收财产"，修改为"数额较大的，处三年以下有期徒刑或者拘役，并处罚金；数额巨大的，处三年以上十年以下有期徒刑，并处罚金；数额特别巨大的，处十年以上有期徒刑或者无期徒刑，并处罚金”。

【附属刑法】

《中华人民共和国保险法》（1995 年 6 月 30 日通过，2015 年 4 月 24 日第三次修正）

第一百六十一条

保险公司有本法第一百一十六条规定行为之一的①，由保险监督管理机构责令改正，处五万元以上三十万元以下的罚款；情节严重的，限制其业务范围、责令停止接受新业务或者吊销业务许可证。

第一百七十九条

违反本法规定，构成犯罪的，依法追究刑事责任。

第一百八十四条　【金融机构工作人员受贿的处理】

银行或者其他金融机构的工作人员在金融业务活动中索取他人财物或者非法收受他人财物，为他人谋取利益的，或者违反国家规定，收受各种名义的回扣、手续费，归个人所有的，依照本法第一百六十三条的规定定罪处罚。

国有金融机构工作人员和国有金融机构委派到非国有金融机构从事公务的人员有前款行为的，依照本法第三百八十五条、第三百八十六条的规定定罪处罚。

【立法理由】

1. 1979 年之后至 1997 年刑法修订前的立法情况。实践中，存在一些银行、金融机构工作人员将自己手中的贷款权、结算权视为特权，公然向贷款申请人索取、收受贿赂；还有的在贷款利率之外，或者在国家规定收取的手续费之外，又额外地收取费用归个人所有；有的公然向贷款人、客户要房子、车子等归个人使用。**这些行为严重破坏了正常金融秩序，败坏了金融机构的声誉，损害了国家和人民的利益**，应当予以严厉打击。为此，1995 年 6 月 30 日第八届全国人大常委会第十四次会议通过的《全国人民代表大会常务委员会关于惩治破坏金融秩序犯罪的决定》第十八规定：“银行或者其他金融机构的工作人员在金融业务活动中索取、收受贿赂，或者违反国家规定收受各种名义的回扣、手续费的，分别依照全国人民代表大会常务委员会《关于惩治贪污罪贿赂罪的补充规定》和《关于惩治违反公司法的犯罪的决定》的有关规定处罚。”

2. 1997 年修订刑法的情况。1997 年修订刑法时，对本条作了修改。一是 1997 年刑法对原来规定在《全国人民代表大会常务委员会关于惩治违反公司法的犯罪的决定》第九条“公司董事、监事或者职工利用职务上的便利，索取或者收受贿赂，数额较大的，处五年以下有期徒刑或者拘役；数额巨大的，处五年以上有期徒刑，可以并处没收财产”的规定作进一步修改完善后纳入《刑法》第一百六十三条，明确规定为非国家工作人员受贿罪。二是立法对国家工作人员的概念进一步明确，以《刑法》第九十三条关于国家工作人员的规定为基础，进一步明确如何认定银行中相关人员“以国家工作人员论”。三是 1997 年刑法对原来规定在《全国人民代表大会常务委员会关于惩治贪污罪贿赂罪的补充规定》第四条“国家工作人员、集体经济组织工作人员或者其他从事公务的人员，利用职务上的便利，索取他人财物的，或者非法收受他人财物为他人谋取利益的，是受贿罪。与国家工作人员、集体经济组织工作人员或者其他从事公务的人员勾结，伙同受贿的，以共犯论处。国家工作人员、集体经济组织工作人员或者其他从事公务的人员，在经济往来中，违反国家规定收受各种名义的回扣、手续费，归个人所有的，以受贿论处”与《全国人民代表大会常务委员会关于严惩严重破坏经济的罪犯的决定》第一条第（二）项“国家工作人员索取、收受贿赂的，比照刑法第一百五十五条贪污罪论；情节特别严重的，处

① 《中华人民共和国保险法》（1995 年 6 月 30 日通过，2015 年 4 月 24 日第三次修正）

第一百一十六条

保险公司及其工作人员在保险业务活动中不得有下列行为：

……

（六）故意编造未曾发生的保险事故、虚构保险合同或者故意夸大已经发生的保险事故的损失程度进行虚假理赔，骗取保险金或者牟取其他不正当利益；

……

无期徒刑或者死刑”的规定作进一步修改完善后纳入《刑法》第三百八十五条和第三百八十六条，明确规定为受贿罪及其处罚。因此，将该条相关指引性规定明确为依照《刑法》第一百六十三条的规定定罪处罚，并对“以国家工作人员论”的银行或者其他金融机构中的相关人员增加一款规定，对其按照《刑法》第三百八十五条、第三百八十六条的规定定罪处罚。此外，在罪状表述上，将“索取、收受贿赂”修改为“索取他人财物或者非法收受他人财物”，并增加了“归个人所有的”规定。最终形成本条对银行或者其他金融机构工作人员受贿的行为如何定罪量刑的规定。

【条文说明】

本条是关于金融机构工作人员受贿及其处罚的规定。

本条共分为两款。

第一款是关于银行或者其他金融机构工作人员受贿及其刑事处罚的规定。本条所称“**银行**”，包括政策性银行、各商业银行以及其他在我国境内设立的合资、外资银行等。本条所称“**其他金融机构**”，是指除银行以外的其他经营保险、信托、证券、外汇、期货、金融租赁等金融业务的机构。金融机构工作人员受贿有以下特征：一是主体是银行或者其他金融机构的工作人员，其他人员不能成为本罪的行为主体。二是行为人在办理金融业务的活动中有索取、收受贿赂的行为。本条所称“**金融业务活动**”，是指银行办理的吸收公众存款，发放短期、中期和长期贷款，办理国内外结算，办理票据贴现，发行金融债券，代理发行、代理兑付、承销政府债券，买卖政府债券，从事同业拆借，买卖、代理外汇，提供信用证服务及担保，代理收付款项及代理保险业务，提供保管箱服务等业务，以及其他金融机构办理的保险、信托、证券、外汇、期货、金融租赁等业务。本条所称“**索取他人财物**”，是指行为人向他人索要财物及财产性利益，或者以各种方式提示对方行贿。所谓“**非法收受他人财物**”，是指行为人接受对方给予的财物及财产性利益。本条所称“**违反国家规定，收受各种名义的回扣、手续费**”，是指银行或者其他金融机构的工作人员违反国家规定，以收取回扣或者其他各种名义的手续费的形式变相收取贿赂的行为。实践中，一些银行、金融机构工作人员将自己手中的贷款权、结算权视为特权，公然向贷款申请人索取、收受贿赂；也有的在发放贷款时，不按应付的贷款金额发放，而是予以克扣；还有的在贷款利率之外，或者在国家规定收取的手续费之外，又额外地收取费用归个人所有；有的公然向贷款人、客户要房子、车子等归个人使用。这些行为严重破坏了正常金融秩序，败坏了金融机构的声誉，损害了国家和人民的利益，应当予以严厉打击。需要注意的是，行为人收受各种回扣、手续费要“**归个人所有**”。

本款规定，对银行或者其他金融机构的工作人员索取、收受贿赂，或者收受各种名义的回扣、手续费的，**依照《刑法》第一百六十三条的规定定罪处罚**。

第二款是对国有金融机构工作人员和国有金融机构委派到非国有金融机构从事公务的人员受贿的，依照本法第三百八十五条、第三百八十六条定罪处罚的规定。本条所说的“**国有金融机构工作人员和国有金融机构委派到非国有金融机构从事公务的人员**”，主要是指中国人民银行、国家政策性银行、国有商业银行或者其他国有金融机构的工作人员以及受国有银行委派到非国有商业银行和金融机构从事公务的人员。如果他们在金融业务活动中索取、收受贿赂，或者违反国家规定收受各种名义的回扣、手续费的，定受贿罪，并根据受贿所得数额及情节轻重处罚。法律作这样的规定，体现了对国家工作人员犯罪从严惩处的立法精神。

需要注意的是，2020 年 12 月 26 日第十三届全国人大常委会第二十四次会议审议通过的《刑法修正案（十一）》对《刑法》第一百六十三条作了修改完善，将原来第一款规定的“公司、企业或者其他单位的工作人员利用职务上的便利，索取他人财物或者非法收受他人财物，为他人谋取利益，数额较大的，处五年以下有期徒刑或者拘役；数额巨大的，处五年以上有期徒刑，可以并处没收财产”，修改为“公司、企业或者其他单位的工作人员，利用职务上的便利，索取他人财物或者非法收受他人财物，为他人谋取利益，数额较大的，处三年以下有期徒刑或者拘役，并处罚金；数额巨大或者有其他严重情节的，处三年以上十年以下有期徒刑，并处罚金；数额特别巨大或者有其他特别严重情节的，处十年以上有期徒刑或者无期徒刑，并处罚金”。

第一百八十五条　【金融机构工作人员挪用资金的处理】

商业银行、证券交易所、期货交易所、证券公司、期货经纪公司、保险公司或者其他金融机构的工作人员利用职务上的便利，挪用本单位或者客户资金的，依照本法第二百七十二条的规定定罪处罚。

国有商业银行、证券交易所、期货交易所、证券公司、期货经纪公司、保险公司或者其他国有金融机构的工作人员和国有商业银行、证券交易所、期货交易所、证券公司、期货经纪公司、保险公司或者其他国有金融机构委派到前款规定中的非国有机构从事公务的人员有前款行为的，依照本法第三百八十四条的规定定罪处罚。

【立法沿革】

《中华人民共和国刑法》(1997年修订，自1997年10月1日起施行)

第一百八十五条

银行或者其他金融机构的工作人员利用职务上的便利，挪用本单位或者客户资金的，依照本法第二百七十二条的规定定罪处罚。

国有金融机构工作人员和国有金融机构委派到非国有金融机构从事公务的人员有前款行为的，依照本法第三百八十四条的规定定罪处罚。

《中华人民共和国刑法修正案》(自1999年12月25日起施行)

七、将刑法第一百八十五条修改为：

"商业银行、证券交易所、期货交易所、证券公司、期货经纪公司、保险公司或者其他金融机构的工作人员利用职务上的便利，挪用本单位或者客户资金的，依照本法第二百七十二条的规定定罪处罚。

"国有商业银行、证券交易所、期货交易所、证券公司、期货经纪公司、保险公司或者其他国有金融机构的工作人员和国有商业银行、证券交易所、期货交易所、证券公司、期货经纪公司、保险公司或者其他国有金融机构委派到前款规定中的非国有机构从事公务的人员有前款行为的，依照本法第三百八十四条的规定定罪处罚。"

【立法理由】

1. 1979年之后至1997年刑法修订前的立法情况。1995年6月30日第八届全国人大常委会第十四次会议通过的《全国人民代表大会常务委员会关于惩治破坏金融秩序犯罪的决定》第十九条规定："银行或者其他金融机构的工作人员利用职务上的便利，挪用单位或者客户资金的，分别依照全国人民代表大会常务委员会《关于惩治贪污罪贿赂罪的补充规定》和《关于惩治违反公司法的犯罪的决定》的有关规定处罚。"

2. 1997年修订刑法的情况。1997年修订刑法时，针对金融机构存在的问题，为保障金融机构的正常运作，加强金融机构的内部管理，打击金融机构中的某些工作人员的违法犯罪活动，对金融机构工作人员挪用单位或者客户资金的行为规定了追究刑事责任的条款。将1995年《全国人民代表大会常务委员会关于惩治破坏金融秩序犯罪的决定》第十九条的规定纳入1997年刑法之中，同时对该条作了修改。一是1997年刑法对原来规定在《关于惩治违反公司法的犯罪的决定》第十一条"公司董事、监事或者职工利用职务上的便利，挪用本单位资金归个人使用或者借贷给他人，数额较大、超过三个月未还的，或者虽未超过三个月，但数额较大、进行营利活动的，或者进行非法活动的，处三年以下有期徒刑或者拘役。挪用本单位资金数额较大不退还的，依照本决定第十条规定的侵占罪论处"的规定作进一步修改完善后纳入《刑法》第二百七十二条，明确规定为挪用资金罪。二是立法对国家工作人员的概念进一步明确，以《刑法》第九十三条关于国家工作人员的规定为基础，进一步明确金融机构中相关人员"以国家工作人员论"的情形。三是1997年刑法对原来规定在《关于惩治贪污罪贿赂罪的补充规定》第三条"国家工作人员、集体经济组织工作人员或者其他经手、管理公共财物的人员，利用职务上的便利，挪用公款归个人使用，进行非法活动的，或者挪用公款数额较大、进行营利活动的，或者挪用公款数额较大、超过三个月未还的，是挪用公款罪，处五年以下有期徒刑或者拘役；情节严重的，处五年以上有期徒刑。挪用公款数额较大不退还的，以贪污论处。挪用救灾、抢险、防汛、优抚、救济款物归个人使用的，从重处罚。挪用公款进行非法活动构成其他罪的，依照数罪并罚的规定处罚"的规定作进一步修改完善后纳入《刑法》第三百八十四条，明确规定为挪用公款罪。因此，将该条相关指引性规定明确为依照《刑法》第二百七十二条的规定定罪处罚，并对"以国家工作人员论"的银行及其他金融机构中相关人员增加一款规定，对其按照《刑法》第三百八十四条的规定定罪处罚。此外，在罪状表述上，将挪用资金的范围作了部分限制，将“挪用单位或者客户资金”修改为“挪用本单位或者客户资金”。

3. 1999年《刑法修正案》对本条的修改情况。一是将本条第一款规定的“银行”修改为“商业银行、证券交易所、期货交易所、证券公司、期货经纪公司、保险公司”。二是将本条第二款规定的“国有金融机构工作人员和国有金融机构委派到非国有金融机构从事公务的人员”修改为“国有商业银行、证券交易所、期货交易所、证券公司、期货经纪公司、保险公司或者其他国有金融机构的工作人员和国有商业银行、证券交易所、期货交易所、证券公司、期货经纪公司、保险公司或者其他国有金融机构委派到前款规定中的非国有机构从事公务的人员”。1997年刑法实施以来，随着金融体制改革的不断深化和金融管理体制的不断发展变化，一些部门对刑法中规定的这类非银行的“其他金融机构”所包含的范围认识不一致，特别是原来不明确的期货交易所、期货经纪公司等机构的工作人员有本条规定的行为如何适用法律也需要加以明确，作出进一步的具体化规定。因此，1999年12月25日全国人大常委会通过的《刑法修正案》将《刑法》第一百八十五条的犯罪主体进一步明确规定为“商业银行、证券交易所、期货交易所、证券公司、期货经纪公司、保险公司或者其他金融机构的工作人员”。

【条文说明】

本条是关于金融机构工作人员挪用本单位、客户资金和国有金融机构的工作人员挪用公款以及国有金融机构委派到非国有金融机构中从事公务的人员挪用公款的犯罪及其处罚的规定。

本条共分为两款。

第一款是关于金融机构工作人员挪用本单位或者客户资金的犯罪及其处罚的规定。根据本款规定，构成挪用本单位资金或者客户资金罪必须同时具备以下四个条件：第一，犯罪主体必须是**商业银行、证券交易所、期货交易所、证券公司、期货经纪公司、保险公司或者其他金融机构的工作人员**。这里的“**其他金融机构的工作人员**”，是指除本款明确规定的商业银行、证券交易所、期货交易所、证券公司、期货经纪公司、保险公司外从事信托、金融租赁等金融业务的机构，如信托公司、金融租赁公司、财务公司等机构的工作人员。第二，行为人在主观方面必须具有**故意**，而不是由于工作的过失或者因业务不熟而造成的失误。其挪用资金是为个人使用或者借贷给他人。第三，**行为人挪用本单位或者客户资金的行为利用了职务上的便利**。“**利用职务上的便利**”是指本款所列主体利用分管、负责或者办理某项业务的权力或者职权所形成的便利条件。“**挪用本单位或者客户资金**”是指个人利用职务之便，擅自挪用本单位所有或者有权支配的资金以及本单位客户存入本单位或者委托本单位办理结算、转汇、保管等业务的资金。第四，行为人擅自挪用本单位或者客户资金，**必须达到法定的条件，才能构成犯罪**。

根据本款规定，商业银行、证券交易所、期货交易所、证券公司、期货经纪公司、保险公司或者其他金融机构的工作人员利用职务上的便利，挪用本单位或者客户资金的，**依照《刑法》第二百七十二条的规定定罪处罚**。本款“**依照本法第二百七十二条的规定定罪处罚**”，就是指构成犯罪的条件、定罪量刑的情节和具体的处罚幅度按第二百七十二条的规定执行。

第二款是关于国有金融机构的工作人员以及国有金融机构委派到非国有金融机构中从事公务的人员挪用公款的犯罪及其处罚的规定。

本款规定的犯罪主体与第一款规定的犯罪主体是不同的，有两种：一种是**国有商业银行、证券交易所、期货交易所、证券公司、期货经纪公司、保险公司或者其他国有金融机构的工作人员**；另一种是**国有商业银行、证券交易所、期货交易所、证券公司、期货经纪公司、保险公司或者其他国有金融机构委派到非国有的商业银行、证券交易所、期货交易所、证券公司、期货经纪公司、保险公司或者其他金融机构中从事公务的人员**。根据本款规定，构成挪用公款罪的犯罪构成与挪用资金罪是相似的。根据本款规定，对有挪用本单位或者客户资金行为的犯罪分子，**应当依照《刑法》第三百八十四条挪用公款罪的规定定罪处罚**。也就是说，国有商业银行、证券交易所、期货交易所、证券公司、期货经纪公司、保险公司或者其他国有金融机构的工作人员和上述机构委派到非国有的商业银行、证券交易所、期货交易所、证券公司、期货经纪公司、保险公司或者其他金融机构中从事公务的人员，如果利用职务上的便利挪用本单位或者客户资金的，将按国家工作人员论处，按照《刑法》第三百八十四条的规定追究刑事责任。这里所说的“**依照本法第三百八十四条的规定定罪处罚**”，是指构成犯罪的条件、定罪量刑的情节和具体的处罚幅度按《刑法》第三百八十四条的规定执行。

实践中需要注意以下问题：

1. 需要将**用帐外客户资金非法拆借、发放贷款的行为**与挪用公款罪和挪用资金罪予以区分。

对此,可以参考2001年最高人民法院《全国法院审理金融犯罪案件工作座谈会纪要》的相关规定。该纪要规定,银行或者其他金融机构及其工作人员用帐外客户资金非法拆借、发放贷款,对于利用职务上的便利,挪用已经记入金融机构法定存款帐户的客户资金归个人使用的,或者吸收客户资金不入帐,却给客户开具银行存单,客户也认为该款已存入银行,该款却被行为人以个人名义借贷给他人的,均应认定为挪用公款罪或者挪用资金罪。

2. 2020年12月26日第十三届全国人大常委会第二十四次会议审议通过的**《刑法修正案(十一)》**对《刑法》第二百七十二条作了修改完善,将该条修改为:"公司、企业或者其他单位的工作人员,利用职务上的便利,挪用本单位资金归个人使用或者借贷给他人,数额较大、超过三个月未还的,或者虽未超过三个月,但数额较大、进行营利活动的,或者进行非法活动的,处三年以下有期徒刑或者拘役;挪用本单位资金数额巨大的,处三年以上七年以下有期徒刑;数额特别巨大的,处七年以上有期徒刑。国有公司、企业或者其他国有单位中从事公务的人员和国有公司、企业或者其他国有单位委派到非国有公司、企业以及其他单位从事公务的人员有前款行为的,依照本法第三百八十四条的规定定罪处罚。有第一款行为,在提起公诉前将挪用的资金退还的,可以从轻或者减轻处罚。其中,犯罪较轻的,可以减轻或者免除处罚。"需要注意的是,《刑法修正案(十一)》对《刑法》第二百七十二条增加规定了第三款,即"有第一款行为,在提起公诉前将挪用的资金退还的,可以从轻或者减轻处罚。其中,犯罪较轻的,可以减轻或者免除处罚",以鼓励犯罪行为人将挪用资金主动退还,减少单位或者客户的损失。

【附属刑法】

《中华人民共和国保险法》(1995年6月30日通过,2015年4月24日第三次修正)

第一百六十一条

保险公司有本法第一百一十六条规定行为之一的[①],由保险监督管理机构责令改正,处五万元以上三十万元以下的罚款;情节严重的,限制其业务范围、责令停止接受新业务或者吊销业务许可证。

第一百六十五条

保险代理机构、保险经纪人有本法第一百三十一条规定行为之一的[②],由保险监督管理机构责令改正,处五万元以上三十万元以下的罚款;情节严重的,吊销业务许可证。

第一百七十九条

违反本法规定,构成犯罪的,依法追究刑事责任。

《中华人民共和国商业银行法》(1995年5月10日通过,2015年8月29日第二次修正)

第八十五条

商业银行工作人员利用职务上的便利,贪污、挪用、侵占本行或者客户资金,构成犯罪的,依法追究刑事责任;尚不构成犯罪的,应当给予纪律处分。

---

① 《中华人民共和国保险法》(1995年6月30日通过,2015年4月24日第三次修正)

第一百一十六条

保险公司及其工作人员在保险业务活动中不得有下列行为:

……

(七)挪用、截留、侵占保险费;

……

② 《中华人民共和国保险法》(1995年6月30日通过,2015年4月24日第三次修正)

第一百三十一条

保险代理人、保险经纪人及其从业人员在办理保险业务活动中不得有下列行为:

……

(七)挪用、截留、侵占保险费或者保险金;

……

第一百八十五条之一　【背信运用受托财产罪】【违法运用资金罪】

商业银行、证券交易所、期货交易所、证券公司、期货经纪公司、保险公司或者其他金融机构，违背受托义务，擅自运用客户资金或者其他委托、信托的财产，情节严重的，对单位判处罚金，并对其直接负责的主管人员和其他直接责任人员，处三年以下有期徒刑或者拘役，并处三万元以上三十万元以下罚金；情节特别严重的，处三年以上十年以下有期徒刑，并处五万元以上五十万元以下罚金。

社会保障基金管理机构、住房公积金管理机构等公众资金管理机构，以及保险公司、保险资产管理公司、证券投资基金管理公司，违反国家规定运用资金的，对其直接负责的主管人员和其他直接责任人员，依照前款的规定处罚。

【立法沿革】

《中华人民共和国刑法修正案(六)》(自2006年6月29日起施行)

十二、在刑法第一百八十五条后增加一条,作为第一百八十五条之一:

“商业银行、证券交易所、期货交易所、证券公司、期货经纪公司、保险公司或者其他金融机构,违背受托义务,擅自运用客户资金或者其他委托、信托的财产,情节严重的,对单位判处罚金,并对其直接负责的主管人员和其他直接责任人员,处三年以下有期徒刑或者拘役,并处三万元以上三十万元以下罚金;情节特别严重的,处三年以上十年以下有期徒刑,并处五万元以上五十万元以下罚金。

“社会保障基金管理机构、住房公积金管理机构等公众资金管理机构,以及保险公司、保险资产管理公司、证券投资基金管理公司,违反国家规定运用资金的,对其直接负责的主管人员和其他直接责任人员,依照前款的规定处罚。”

【立法理由】

1979年刑法和1997年刑法对本条都未作规定。

2006年**《刑法修正案(六)》**增加了本条规定。主要是针对金融机构委托理财和公众资金经营、管理领域出现的问题新增加了本罪。委托理财是指委托人通过委托或者信托与受托人约定,将资金、证券等金融性资产给受托人,由受托人在一定期限内按照委托人的意愿管理,进行投资等经营,并按照约定支付给委托人一定比例收益的资产管理活动。由于市场信息和投资知识方面的欠缺,委托人难以及时、有效地监督和制约受托人,只能被动接受受托人处置财产的结果。而且,目前的金融市场在管理上还不够规范,受托人往往利用其优势地位滥用权力,表现为在客户资金运用上的暗箱违规操作、侵吞客户资产,或者将客户资金用于操纵市场,进行不必要的买卖以赚取交易手续费等违规行为。**这些行为不仅败坏金融机构的声誉,动摇公众对金融机构委托理财的信任,严重损害委托人的利益,而且使资产管理活动存在较大的金融风险,严重扰乱金融秩序**,对于情节严重的,也应当追究其刑事责任。此外,在我国的资产投资管理市场,除了委托资产管理外,对社会保障基金、住房公积金等公众资产的管理直接关系到广大人民群众的切身利益和社会保障制度实施的效果,对国家的经济发展、社会稳定也具有重大作用。这一领域出现的违规操作也不容忽视,对于后果比较严重的,有必要规定为犯罪。2006年全国人大常委会通过的《刑法修正案(六)》增加规定了该罪。

【条文说明】

本条是关于背信运用受托财产罪、违法运用资金罪及其处罚的规定。

本条共分为两款。

第一款是关于背信运用受托财产罪及其处罚的规定。构成该罪应符合如下条件:第一,本罪的犯罪主体是**单位**,即**商业银行、证券交易所、期货交易所、证券公司、期货经纪公司、保险公司或者其他金融机构**。[①] 所谓“**其他金融机构**”,是指除上述规定的商业银行、证券交易所、期货交易所、证券公司、期货经纪公司、保险公司以外的,经国家有关主管部门批准有资格从事委托理财等金融业务的金融机构,如信托公司、金融资产管理公司

① 我国学者指出,本罪的行为主体除了银行和其他金融机构外,尚包括其中的主管人员和其他直接责任人员。并且,违背受托义务运用客户资金的行为,必须是经过单位决策机构研究决定后实施。如果是个人挪用的,则视行为人的主体身份认定为挪用公款罪或者挪用资金罪。参见黎宏:《刑法学各论》(第2版),法律出版社2016年版,第147页。

等。第二，行为人在主观方面必须是**故意**①，过失实施本款规定行为的不构成本罪。第三，必须实施了**违背受托义务，擅自运用客户资金或者其他委托、信托的财产的行为**。所谓**违背受托义务**，不仅限于违背委托人与受托人之间具体约定的义务，还包括违背法律、行政法规、部门规章规定的法定义务。② 这是因为，法律、行政法规、部门规章规定的法定义务一般就受托人在受托理财实践中出现的损害委托人利益的突出问题，对受托人必须履行的职责和禁止行为作了明确规定。有些情况下，普通委托人对受托人应当遵守的这些法定义务，难以了解得十分清楚，也难以在合同中约定得十分具体，但受托人必须受相关法律法规的调整。例如，2013年修订的《证券公司客户资产管理业务管理办法》规定，证券公司从事客户资产管理业务不得挪用客户资产；不得以转移资产管理帐户收益或者亏损为目的，在自营帐户与资产管理帐户之间或者不同的资产管理帐户之间进行买卖，损害客户的利益；不得以获取佣金或者其他利益为目的，用客户资产进行不必要的证券交易；等等。这里所说的"**客户资金**"是指客户存入上述金融机构的资金。③ 所谓委托、信托的财产，主要是指在当前的委托理财业务中，存放在各类金融机构中的以下财产：一是证券投资业务中的客户交易结算资金；二是委托理财业务中的客户资产；三是信托业务中的信托财产；四是证券投资基金。第四，构成本款规定的犯罪，必须达到情节严重的程度。2010年《最高人民检察院、公安部关于公安机关管辖的刑事案件立案追诉标准的规定（二）》第四十条规定："商业银行、证券交易所、期货交易所、证券公司、期货公司、保险公司或者其他金融机构，违背受托义务，擅自运用客户资金或者其他委托、信托的财产，涉嫌下列情形之一的，**应予立案追诉**：（一）擅自运用客户资金或者其他委托、信托的财产数额在三十万元以上的；（二）虽未达到上述数额标准，但多次擅自运用客户资金或者其他委托、信托的财产，或者擅自运用多个客户资金或者其他委托、信托的财产的；（三）其他情节严重的情形。"

第二款是关于违法运用资金罪及其处罚的规定。构成该罪应符合如下条件：第一，本款规定的犯罪主体是**单位**，包括**社会保障基金管理机构、住房公积金管理机构等公众资金经营、管理机构，以及保险公司、保险资产管理公司、证券投资基金管理公司**。第二，主观方面是**故意**的。第三，必须实施了**违反国家规定运用资金的行为**。根据《刑法》第九十六条的规定，所谓**违反国家规定**，是指违反全国人民代表大会及其常务委员会制定的法律和决定，国务院制定的行政法规、规定的行政措施、发布的决定和命令。本款与前款不同，本款对于公众资金等的运用违背的并不是受托义务，而是违反了国家对资金运用的条件、程序等的规定。例如，《住房公积金管理条例》第五条规定："住房公积金应当用于职工购买、建造、翻建、大修自住住房，任何单位和个人不得挪作他用。"如果相关住房公积金管理机构违反上述规定，挪用住房公积金从事其他用途的活动的，属于这里规定的违法运用资金的行为。第四，**必须达到情节严重的程度**，如擅自动用的资金数额比较大，社会影响比较恶劣，影响了社会稳定等，具体如何认定情节严重，需要最高人民法院和最高人民检察院在总结司法实践经验的基础上，就这一问题作出司法解释。2010年《最高人民检察院、公安部关于公安机关管辖的刑事案件立案追诉标准的规定（二）》中对违法运用资金罪的立案追诉标准作了规定，根据该规定第四十一条的规定，社会保障基金管理机构、住房公积金管理机构等公众资金管理机构，以及保险公司、保险资产管理公司、证券投资基金管理公司，违反国家规定运用资金数额在三十万元以上的，或者虽未达到上述数额标准，但多次违反国家规定运用资金的，或者有其他情节严重情形的，**予以立案追诉**。实践中在定罪量刑时，可以参照上述规定的数额，根据具体案件的性质、情节和危害后果，裁量刑罚。

本条根据情节轻重，对前款两个犯罪规定了两档刑罚，**对情节严重的**，对单位判处罚金，并对其直接负责的主管人员和其他直接责任人员，处三年以下有期徒刑或者拘役，并处三万元以上三十万元以下罚金；**情节特别严重的**，处三年以上十年以下有期徒刑，并处五万元以上五十万元以下罚金。

需要注意的是，随着经济社会的不断发展，实践中有一些单位实质不具备接受委托资金的资

① 本罪既不要求行为人具有牟利目的，也不要求行为人对委托人具有加害目的。参见张明楷：《刑法学》（第6版），法律出版社2021年版，第1015页。

② 相同的学说见解，参见赵秉志、李希慧主编：《刑法各论》（第3版），中国人民大学出版社2016年版，第136页。

③ 我国学者指出，本罪的"客户资金"必须是限定了特定用途的客户资金。凡是金融机构可以自主决定使用的资金，都不属于本罪的"客户资金"，如公众的普通存款、购买方支付的货款或者股权对价款等。参见张明楷：《刑法学》（第6版），法律出版社2021年版，第1015页。

质，也未按规定接受金融监管并违规从事金融业务。这些单位通过各种变相公开宣传、承诺保本保收益、向社会不特定对象集资等形式与委托人订立合同，募集资金，同时实施相关违法行为，完全违背与委托人订立合同中规定的权利义务。包括以虚构事实，隐瞒真相的方式伪造、编造投资行为；或者违规挪用、侵占甚至挥霍受委托资金；或者将受委托资金直接用来进行非法活动等，造成委托人、投资人的极大损失。这些行为，表面上是该类单位的责任人员违背受托义务，擅自运用客户资金和受托财产的行为，实质上属于**非法集资类犯罪**，应根据案件的具体情况，依照《刑法》第一百七十六条非法吸收公众存款罪、第一百九十二条集资诈骗罪等，依法定罪处罚。

【司法解释性文件】

《最高人民检察院、公安部关于公安机关管辖的刑事案件立案追诉标准的规定(二)》(公通字〔2022〕12号，2022年4月6日公布)

△(**背信运用受托财产罪；立案追诉标准**)商业银行、证券交易所、期货交易所、证券公司、期货公司、保险公司或者其他金融机构，违背受托义务，擅自运用客户资金或者其他委托、信托的财产，涉嫌下列情形之一的，应予立案追诉：

(一)擅自运用客户资金或者其他委托、信托的财产数额在三十万元以上的；

(二)虽未达到上述数额标准，但多次擅自运用客户资金或者其他委托、信托的财产，或者擅自运用多个客户资金或者其他委托、信托的财产的；

(三)其他情节严重的情形。(§35)

△(**违法运用资金罪；立案追诉标准**)社会保障基金管理机构、住房公积金管理机构等公众资金管理机构，以及保险公司、保险资产管理公司、证券投资基金管理公司，违反国家规定运用资金，涉嫌下列情形之一的，应予立案追诉：

(一)违反国家规定运用资金数额在三十万元以上的；

(二)虽未达到上述数额标准，但多次违反国家规定运用资金的；

(三)其他情节严重的情形。(§36)

【附属刑法】

《中华人民共和国证券法》(1998年12月29日通过，2019年12月28日第二次修订)

第一百九十四条

证券公司及其从业人员违反本法第五十七条的规定，有损害客户利益的行为的，给予警告，没收违法所得，并处以违法所得一倍以上十倍以下的罚款；没有违法所得或者违法所得不足十万元的，处以十万元以上一百万元以下的罚款；情节严重的，暂停或者撤销相关业务许可。

第二百零八条

违反本法第一百三十一条的规定，将客户的资金和证券归入自有财产，或者挪用客户的资金和证券的，责令改正，给予警告，没收违法所得，并处以违法所得一倍以上十倍以下的罚款；没有违法所得或者违法所得不足一百万元的，处以一百万元以上一千万元以下的罚款；情节严重的，并处撤销相关业务许可或者责令关闭。对直接负责的主管人员和其他直接责任人员给予警告，并处以五十万元以上五百万元以下的罚款。

第二百一十九条

违反本法规定，构成犯罪的，依法追究刑事责任。

第一百八十六条　【违法发放贷款罪】

银行或者其他金融机构的工作人员违反国家规定发放贷款，数额巨大或者造成重大损失的，处五年以下有期徒刑或者拘役，并处一万元以上十万元以下罚金；数额特别巨大或者造成特别重大损失的，处五年以上有期徒刑，并处二万元以上二十万元以下罚金。

银行或者其他金融机构的工作人员违反国家规定，向关系人发放贷款的，依照前款的规定从重处罚。

单位犯前两款罪的，对单位判处罚金，并对其直接负责的主管人员和其他直接责任人员，依照前两款的规定处罚。

关系人的范围，依照《中华人民共和国商业银行法》和有关金融法规确定。

【立法沿革】

《中华人民共和国刑法》(1997年修订，自1997年10月1日起施行)

第一百八十六条

银行或者其他金融机构的工作人员违反法

律、行政法规规定，向关系人发放信用贷款或者发放担保贷款的条件优于其他借款人同类贷款的条件，造成较大损失的，处五年以下有期徒刑或者拘役，并处一万元以上十万元以下罚金；造成重大损失的，处五年以上有期徒刑，并处二万元以上二十万元以下罚金。

银行或者其他金融机构的工作人员违反法律、行政法规规定，向关系人以外的其他人发放贷款，造成重大损失的，处五年以下有期徒刑或者拘役，并处一万元以上十万元以下罚金；造成特别重大损失的，处五年以上有期徒刑，并处二万元以上二十万元以下罚金。

单位犯前两款罪的，对单位判处罚金，并对其直接负责的主管人员和其他直接责任人员，依照前两款的规定处罚。

关系人的范围，依照《中华人民共和国商业银行法》和有关金融法规确定。

《中华人民共和国刑法修正案（六）》（自2006年6月29日起施行）

十三、将刑法第一百八十六条第一款、第二款修改为：

“银行或者其他金融机构的工作人员违反国家规定发放贷款，数额巨大或者造成重大损失的，处五年以下有期徒刑或者拘役，并处一万元以上十万元以下罚金；数额特别巨大或者造成特别重大损失的，处五年以上有期徒刑，并处二万元以上二十万元以下罚金。

“银行或者其他金融机构的工作人员违反国家规定，向关系人发放贷款的，依照前款的规定从重处罚。”

【立法理由】

1. 1979年之后至1997年刑法修订前的立法情况。1995年6月30日第八届全国人大常委会第十四次会议通过的《全国人民代表大会常务委员会关于惩治破坏金融秩序犯罪的决定》第九条规定：“银行或者其他金融机构的工作人员违反法律、行政法规规定，向关系人发放信用贷款或者发放担保贷款的条件优于其他借款人同类贷款的条件，造成较大损失的，处五年以下有期徒刑或者拘役，并处一万元以上十万元以下罚金；造成重大损失的，处五年以上有期徒刑，并处二万元以上二十万元以下罚金。银行或者其他金融机构的工作人员违反法律、行政法规规定，玩忽职守或者滥用职权，向关系人以外的其他人发放贷款，造成重大损失的，处五年以下有期徒刑或者拘役，并处一万元以上十万元以下罚金；造成特别重大损失的，处五年以上有期徒刑，并处二万元以上二十万元以下罚金。单位犯前两款罪的，对单位判处罚金，并对直接负责的主管人员和其他直接责任人员，依照前两款的规定处罚。”

2. 1997年修订刑法的情况。1997年修订刑法时，将《全国人民代表大会常务委员会关于惩治破坏金融秩序犯罪的决定》第九条的规定纳入了《刑法》，并对其作了以下修改：一是删去了向关系人以外的其他人发放贷款需要满足“玩忽职守或者滥用职权”的规定；二是增加了一款关于关系人范围的规定，即“关系人的范围，依照《中华人民共和国商业银行法》和有关金融法规确定”。

3. 2006年《刑法修正案（六）》对本条的修改情况。一是删去了原第一款规定的“向关系人发放信用贷款或者发放担保贷款的条件优于其他借款人同类贷款的条件”的规定；二是将入罪条件“造成较大损失”修改为“数额巨大或者造成重大损失”；三是删去了原第二款中“向关系人以外的其他人发放贷款”的规定，并将第二款规定由独立的犯罪修改为依照前款的规定从重处罚。该罪的罪名也由“违法向关系人发放贷款罪”“违法发放贷款罪”变更为“违法发放贷款罪”。这样修改的主要原因是，1997年《刑法》第一百八十六条对违法向关系人发放贷款罪、违法发放贷款罪作了规定，在司法实践中，金融主管部门提出，《刑法》该条的规定对防止金融机构工作人员滥用职权发放贷款，保障金融安全发挥了积极的作用，但在具体适用时也遇到了一些需要进一步解决的问题：一是对违法发放贷款造成的损失难以认定，损失是以立案时的损失还是以量刑时的损失计算，在实践中经常引起分歧。二是金融机构贷款有一系列程序，包括贷前调查、贷中审查、贷后检查等环节，一旦造成损失，应对哪个环节定罪难以界定，必须等违法发放贷款的损失产生以后，才能追究行为人的刑事责任，致使对此类犯罪的定罪量刑带来了困难。在借新还旧的场合，是对最早放贷的责任人定罪，还是对后来办理借新还旧的责任人定罪，也存在认识不一致。为了维护金融安全，促进社会经济的健康发展，第十届全国人大常委会第二十二次会议于2006年6月29日通过的《刑法修正案（六）》对《刑法》第一百八十六条第一款、第二款作了相应的修改。

【条文说明】

本条是关于违法发放贷款罪及其处罚的规定。

本条共分为四款。

第一款是关于违法发放贷款犯罪及其处罚的

规定。贷款是银行或者其他金融机构通过一定的程序将资金附条件地借给单位和个人使用的一种金融活动。根据贷款用途,贷款可分为经营性贷款、消费性贷款等;根据贷款的偿还期限,贷款可分为活期贷款、定期贷款、透支等;根据贷款的保障程度,贷款可分为抵押贷款、信用贷款;等等。加强信贷管理,对搞活经济、发展宏观调控十分重要。一些银行和其他金融机构的工作人员,违反国家规定,发放人情贷款、关系贷款,给国家和金融机构造成重大经济损失,严重扰乱了国家的正常金融秩序。为严厉打击这类犯罪,刑法规定了非法发放贷款罪。《刑法修正案(六)》作出了相应的修改。根据本款规定,该罪有以下几个构成要件:

1. 本罪的犯罪主体是**特殊主体**,即**银行或者其他金融机构的工作人员**,非上述人员,不能构成本罪。这里的"**银行**",是广义的,包括政策性银行、各商业银行以及其他在我国境内设立的合资、外资银行等。这里的"**其他金融机构**",是指除银行以外的其他经营保险、信托、证券、外汇、期货、金融租赁等金融业务的机构。

2. 行为人必须实施了**违反国家规定发放贷款的行为**。这里所说的"**违反国家规定**",主要是指违反有关贷款的法律、行政法规,例如《商业银行法》等。关于发放贷款,《商业银行法》第三十五条规定:"商业银行贷款,应当对借款人的借款用途、偿还能力、还款方式等情况进行严格审查。商业银行贷款,应当实行审贷分离、分级审批的制度。"第三十六条规定:"商业银行贷款,借款人应当提供担保。商业银行应当对保证人的偿还能力,抵押物、质权的权属和价值以及实现抵押权、质权的可行性进行严格审查。经商业银行审查、评估,确认借款人资信良好,确能偿还贷款的,可以不提供担保。"第三十七条规定:"商业银行贷款,应当与借款人订立书面合同。合同应当约定贷款种类、借款用途、金额、利率、还款期限、还款方式、违约责任和双方认为需要约定的其他事项。"如果行为人违反国家规定发放贷款,如不严格审查借款人的借款目的、是否存在真实交易、是否具有偿还能力、保证人的偿还能力、抵押物的权属以及实现抵押权、质权的可行性等,就属于违反国家规定发放贷款。

3. 行为人非法发放贷款行为,**必须数额巨大或者造成了重大损失的,才构成犯罪**。这是违法发放贷款罪修改后的犯罪构成的重要变化。相对于原条文的犯罪构成,又增加了"数额巨大"的规定。也就是说,违法发放贷款罪的犯罪构成条件有两个结果性条款,任何一项结果成就,都可能构成本罪。这主要是考虑到实践中认定因违法发放贷款所造成的损失特别困难,单一以造成重大损失来认定犯罪,难以定性。所谓"**重大损失**",是指银行或者其他金融机构由于行为人非法发放贷款的行为,致使贷款全部或者部分不能收回的情况。①

根据本款规定,**银行或者其他金融机构的工作人员违反国家规定发放贷款,数额巨大或者造成重大损失的**,处五年以下有期徒刑或者拘役,并处一万元以上十万元以下罚金;**数额特别巨大或者造成特别重大损失的**,处五年以上有期徒刑,并处二万元以上二十万元以下罚金。

第二款是对违法向关系人发放贷款从重处罚的规定。根据本款的规定,违法向关系人发放贷款的予以从重处罚。根据《商业银行法》第四十条的规定,**关系人**是指"(一)商业银行的董事、监事、管理人员、信贷业务人员及其近亲属;(二)前项所列人员投资或者担任高级管理职务的公司、企业和其他经济组织"。关于向关系人发放贷款,《商业银行法》第四十条第一款规定:"商业银行不得向关系人发放信用贷款;向关系人发放担保贷款的条件不得优于其他借款人同类贷款的条件。"行为人违反国家规定向关系人发放贷款,即指违反上述规定,向关系人发放信用贷款,或者向关系人发放担保贷款的条件优于其他借款人同类贷款的条件。这里所说的"**信用贷款**",是指银行不要求借款人提供任何的经济担保,只凭借款人可靠的信用发放的贷款。这里所说的"借款人可靠的信用",主要是指:借款人有雄厚的物质基础;具有健全的管理制度,能合理地、高效益地使用资金;有能力及时、足额归还以往贷款,并能保证按期还本付息。这里所说的"**担保贷款**",是指借款人向银行提供具有相应经济实力的单位或者个人的经济担保,或者向银行提供物资,以银行票据、股票等实物抵押,以取得银行贷款。总体上,只要是向关系人提供信用贷款,或者在向关系人提供担保贷款时采用了比普通贷款人更为优惠的条件,如要求关系人提供担保的数额低于对其他人

① 我国学者指出,是否造成重大损失,不是从法律上考察金融机构是否丧失了财产(法律上的损害概念),而是从经济上、事实上考察金融机构是否受到了损失(经济上的损害概念)。将"造成重大损失"理解为"发放的贷款被列为呆滞贷款或呆账贷款",会导致本罪的成立范围受到不当限缩。参见张明楷:《刑法学》(第6版),法律出版社2021年版,第1016页;黎宏:《刑法学各论》(第2版),法律出版社2016年版,第149页。

要求的数额,或者对关系人发放的担保贷款所收取的利率比其他借款人低,贷款期限比其他借款人长等,都属于"**违反国家规定,向关系人发放贷款**"。根据本款的规定,银行或者其他金融机构的工作人员违反国家规定,向关系人发放贷款的,**依照第一款的规定从重处罚**,即根据具体犯罪情节,在第一款规定的两个量刑幅度内处以较违法向非关系人发放贷款行为更重的刑罚。

第三款是关于单位犯违法发放贷款罪的处罚规定。本条对单位违法发放贷款罪的处罚采用**双罚制原则**,即对单位判处罚金,并对其直接负责的主管人员和其他直接责任人员,依照本条第一、二款的规定判处刑罚。本条所说的"**单位**",是指银行或者其他金融机构等有信贷业务的单位。"**直接负责的主管人员**"一般是指对本单位违反法律、行政法规非法发放贷款的犯罪负有直接责任的单位领导人员,如银行的行长、信托公司的经理等。"**其他直接责任人员**"一般是指具体实施非法发放贷款犯罪活动的主要执行人,如信贷员等。

第四款是关于关系人的范围的规定。根据本款的规定,关系人的范围,依照《商业银行法》和有关金融法规确定。根据《商业银行法》的规定,**商业银行的关系人**是指"(一)商业银行的董事、监事、管理人员、信贷业务人员及其近亲属;(二)前项所列人员投资或者担任高级管理职务的公司、企业和其他经济组织"。至于其他金融机构的关系人的情况比较复杂,还需要由有关金融法规予以明确。这里所说的**法规**是指法律和行政法规。

实践中存在**银行或者其他金融机构的工作人员教唆、主动帮助不符合放贷条件的主体获取贷款**的情况。为了在形式上满足发放贷款的相关规定,规避金融监管,有的银行或者其他金融机构的工作人员教唆、帮助贷款申请主体伪造资质、合同、贸易背景等材料,以便于通过银行或者其他金融机构的内控合规审核。因贷款申请主体实质不符合放贷条件,在贷款发放后,常造成贷款无法收回等重大损失。贷款申请主体还可能涉嫌骗取贷款、票据承兑、金融票证罪。对于这种教唆、帮助不符合放贷条件的主体骗取贷款的情况,司法机关应严格依照本条的规定,追究银行或者其他金融机构的工作人员的刑事责任。

【司法解释性文件】

《全国法院审理金融犯罪案件工作座谈会纪要》(法〔2001〕8号,2001年1月21日公布)

△(**违法发放贷款罪;造成重大损失;造成特别重大损失;单位犯罪;具体标准**)最高人民法院先后颁行了《关于审理伪造货币等案件具体应用法律若干问题的解释》、《关于审理走私刑事案件具体应用法律若干问题的解释》,对伪造货币,走私、出售、购买、运输假币等犯罪的定罪处刑标准以及相关适用法律问题作出了明确规定。为正确执行刑法,在其他有关的司法解释出台之前,对假币犯罪以外的破坏金融管理秩序犯罪的数额和情节,可参照以下标准掌握:

……

关于违法向关系人发放贷款罪。[①] 银行或者其他金融机构工作人员违反法律、行政法规规定,向关系人发放信用贷款或者发放担保贷款的条件优于其他借款人同类贷款条件,造成10—30万元以上损失的,可以认定为"造成较大损失";造成50—100万元以上损失的,可以认定为"造成重大损失"。

关于违法发放贷款罪。银行或者其他金融机构工作人员违反法律、行政法规规定,向关系人以外的其他人发放贷款,造成50—100万元以上损失的,可以认定为"造成重大损失";造成300—500万元以上损失的,可以认定为"造成特别重大损失"。

……

对于单位实施违法发放贷款和用账外客户资金非法拆借、发放贷款造成损失构成犯罪的数额标准,可按个人实施上述犯罪的数额标准二至四倍掌握。

由于各地经济发展不平衡,各省、自治区、直辖市高级人民法院可参照上述数额标准或幅度,根据本地的具体情况,确定在本地区掌握的具体标准。

《最高人民检察院、公安部关于公安机关管辖的刑事案件立案追诉标准的规定(二)》(公通字〔2022〕12号,2022年4月6日公布)

△(**违法发放贷款罪;立案追诉标准**)银行或者其他金融机构及其工作人员违反国家规定发放贷款,涉嫌下列情形之一的,应予立案追诉:

(一)违法发放贷款,数额在二百万元以上的;

(二)违法发放贷款,造成直接经济损失数额

① 需要注意的是,《刑法修正案(六)》已经将"违法向关系人发放贷款罪"并入"违法发放贷款罪"之中。

在五十万元以上的。(§37)

【附属刑法】

《中华人民共和国中国人民银行法》(1995年3月18日通过,2003年12月27日修正)

第四十八条

Ⅰ中国人民银行有下列行为之一的,对负有直接责任的主管人员和其他直接责任人员,依法给予行政处分;构成犯罪的,依法追究刑事责任:

(一)违反本法第三十条第一款的规定①提供贷款的;

(二)对单位和个人提供担保的;

(三)擅自动用发行基金的。

Ⅱ有前款所列行为之一,造成损失的,负有直接责任的主管人员和其他直接责任人员应当承担部分或者全部赔偿责任。

第四十九条

地方政府、各级政府部门、社会团体和个人强令中国人民银行及其工作人员违反本法第三十条的规定提供贷款或者担保的,对负有直接责任的主管人员和其他直接责任人员,依法给予行政处分;构成犯罪的,依法追究刑事责任;造成损失的,应当承担部分或者全部赔偿责任。

《中华人民共和国商业银行法》(1995年5月10日通过,2015年8月29日第二次修正)

第七十四条

商业银行有下列情形之一,由国务院银行业监督管理机构责令改正,有违法所得的,没收违法所得,违法所得五十万元以上的,并处违法所得一倍以上五倍以下罚款;没有违法所得或者违法所得不足五十万元的,处五十万元以上二百万元以下罚款;情节特别严重或者逾期不改正的,可以责令停业整顿或者吊销其经营许可证;构成犯罪的,依法追究刑事责任:

……

(三)违反规定提高或者降低利率以及采用其他不正当手段,吸收存款,发放贷款的;

……

(八)向关系人发放信用贷款或者发放担保贷款的条件优于其他借款人同类贷款的条件的。②

第七十八条

商业银行有本法第七十三条至第七十七条规定情形的,对直接负责的董事、高级管理人员和其他直接责任人员,应当给予纪律处分;构成犯罪的,依法追究刑事责任。

第八十六条

Ⅰ商业银行工作人员违反本法规定玩忽职守造成损失的,应当给予纪律处分;构成犯罪的,依法追究刑事责任。

Ⅱ违反规定徇私向亲属、朋友发放贷款或者提供担保造成损失的,应当承担全部或者部分赔偿责任。

【参考案例】

△行为人与金融机构工作人员事前通谋,在发放贷款过程中隐瞒贷款用途及抵押物不足的情况,超越贷款审批权限发放贷款数额特别巨大,造成特别重大损失的,成立违法发放贷款罪。

在刘顺新等违法发放贷款案中,四被告人的行为不成立挪用资金罪。根据《刑法》第二百七十二条的规定,挪用资金罪,是指公司、企业或者其他单位的工作人员,利用职务上的便利,挪用本单位资金归个人使用或者借贷给他人,数额较大,超过三个月未还,或者虽未超过三个月,但数额较大、进行营利活动,或者进行非法活动的行为。《最高人民法院关于如何理解刑法第二百七十二

---

① 《中华人民共和国中国人民银行法》(1995年3月18日通过,2003年12月27日修正)

第三十条

Ⅰ中国人民银行不得向地方政府、各级政府部门提供贷款,不得向非银行金融机构以及其他单位和个人提供贷款,但国务院决定中国人民银行可以向特定的非银行金融机构提供贷款的除外。

Ⅱ中国人民银行不得向任何单位和个人提供担保。

② 《中华人民共和国商业银行法》(1995年5月10日通过,2015年8月29日第二次修正)

第四十条

Ⅰ商业银行不得向关系人发放信用贷款;向关系人发放担保贷款的条件不得优于其他借款人同类贷款的条件。

Ⅱ前款所称关系人是指:

(一)商业银行的董事、监事、管理人员、信贷业务人员及其近亲属;

(二)前项所列人员投资或者担任高级管理职务的公司、企业和其他经济组织。

第四十一条

任何单位和个人不得强令商业银行发放贷款或者提供担保。商业银行有权拒绝任何单位和个人强令要求其发放贷款或者提供担保。

条规定的"挪用本单位资金归个人使用或者借贷给他人"问题的批复》规定："公司、企业或者其他单位的非国家工作人员，利用职务上的便利，挪用本单位资金归本人或者其他自然人使用，或者挪用人以个人名义将所挪用的资金借给其他自然人和单位，构成犯罪的，应当依照刑法第二百七十二条第一款的规定定罪处罚。"上述规定表明，如果行为人挪用的单位资金没有归自然人使用，或者行为人没有以个人名义将资金挪用给其他单位使用，就不构成挪用资金罪。本案四被告人的行为恰好属于这一情形。

1. 认定被告人马建平以个人名义将爱建信托资金借贷给其他单位证据不足。无论马建平是以贷款形式还是以委托理财形式将爱建信托资金发放给颜立燕实际控制的公司，都是以爱建信托的单位名义，并非以其个人名义。

2. 认定四被告人共同挪用资金给个人使用的证据不足。一是本案直接取得贷款的主体系骏乐实业和达德投资，两主体均具有法人资格。二是四被告人在贷款前的共谋表明，骏乐实业和达德投资只是取得贷款的平台，贷款的真实目的是用于香港炒股，为爱建证券在香港的股票解套，而非给个人使用。三是从贷款的实际流向看，骏乐实业和达德投资从爱建信托取得的 9. 6976 亿元与 4. 289 亿元两笔资金中，1. 04 亿余元用于归还爱建信托涉案贷款本金，3. 1 亿余元流向爱建证券，3. 83 亿余元流向爱建房产、爱和置业等与骏乐实业、达德投资具有资金业务往来的公司。此 8 亿余元均为单位的生产经营活动所用。四是流向香港的 4. 82 亿余元，表面上是以颜立燕在香港设立的公司名义用于炒股，但是从四被告人共谋贷款的目的以及爱建证券主动承担骏乐实业、达德投资欠爱建信托的贷款等证据来看，不能排除此笔资金实为爱建证券所用。

四被告人的行为成立违法发放贷款罪。

1. 四被告人事前通谋，具有共同犯罪故意。刘顺新在产生违法贷款用于缓解爱建证券资金紧张问题的故意后，提议以颜立燕的公司为平台从爱建信托违规贷款，供爱建证券使用，后马建平、陈辉、颜立燕均表示同意。

2. 四被告人实施了共同犯罪行为。马建平作为金融机构工作人员，在发放贷款过程中存在向爱建信托贷款审查委员会隐瞒贷款用途及抵押物不足的情况，超越贷款审批权限等违反法律、行政法规的行为，且发放贷款数额特别巨大，造成特别重大损失；颜立燕实施了以其实际控制的骏乐实业、达德投资名义向爱建信托申请贷款的行为；刘顺新、陈辉实施了以爱建证券名义为颜立燕出具虚假证明材料的行为。

3. 四被告人的行为造成了财产的重大损失。在认定是否造成重大损失时，行为人在侦查机关立案后的退赔不能扣减。犯罪所造成的"损失"，是指犯罪行为作用或者影响公私财物后所造成的财物的减少或者灭失的数量。对犯罪所造成的损失的认定，应当以侦查机关立案时为界点。侦查机关立案后，行为人的退赔行为对定罪不构成影响，也对损失数额的认定不构成影响。本案中，一审宣判前颜立燕退赔全部经济损失的行为，仅可以作为对颜立燕等四被告人酌情从轻处罚的量刑情节考虑。

综上，上海两级法院按照违法发放贷款罪对本案四被告人追究刑事责任是正确的。[No. 3-4-186-1　刘顺新等违法发放贷款案]

第一百八十七条　【吸收客户资金不入帐罪】

银行或者其他金融机构的工作人员吸收客户资金不入帐，数额巨大或者造成重大损失的，处五年以下有期徒刑或者拘役，并处二万元以上二十万元以下罚金；数额特别巨大或者造成特别重大损失的，处五年以上有期徒刑，并处五万元以上五十万元以下罚金。

单位犯前款罪的，对单位判处罚金，并对其直接负责的主管人员和其他直接责任人员，依照前款的规定处罚。

【立法沿革】

《中华人民共和国刑法》(1997 年修订，自 1997 年 10 月 1 日起施行)

第一百八十七条

银行或者其他金融机构的工作人员以牟利为目的，采取吸收客户资金不入账的方式，将资金用于非法拆借、发放贷款，造成重大损失的，处五年以下有期徒刑或者拘役，并处二万元以上二十万元以下罚金；造成特别重大损失的，处五年以上有期徒刑，并处五万元以上五十万元以下罚金。

单位犯前款罪的，对单位判处罚金，并对其直接负责的主管人员和其他直接责任人员，依照前款的规定处罚。

《中华人民共和国刑法修正案(六)》(自2006年6月29日起施行)

十四、将刑法第一百八十七条第一款修改为：

“银行或者其他金融机构的工作人员吸收客户资金不入账，数额巨大或者造成重大损失的，处五年以下有期徒刑或者拘役，并处二万元以上二十万元以下罚金；数额特别巨大或者造成特别重大损失的，处五年以上有期徒刑，并处五万元以上五十万元以下罚金。”

【立法理由】

1. 1997年修订刑法的情况。针对发生较多的一些金融机构的工作人员利用办理存储业务、发放贷款的便利，收受储户存款，开出存单，资金却不入帐，以银行名义为单位之间非法拆借巨额资金做担保，或者高息吸收存款后私自放贷等逃避金融监管，扰乱金融秩序等行为，1997年《刑法》第一百八十七条规定了吸收客户资金不入帐罪，即：“银行或者其他金融机构的工作人员以牟利为目的，采取吸收客户资金不入帐的方式，将资金用于非法拆借、发放贷款，造成重大损失的，处五年以下有期徒刑或者拘役，并处二万元以上二十万元以下罚金；造成特别重大损失的，处五年以上有期徒刑，并处五万元以上五十万元以下罚金。单位犯前款罪的，对单位判处罚金，并对其直接负责的主管人员和其他直接责任人员，依照前款的规定处罚。”

2. 2006年《刑法修正案(六)》对本条的修改情况。一是删去了“以牟利为目的”的规定；二是删去了“将资金用于非法拆借、发放贷款”的规定；三是将吸收客户资金不入帐“数额巨大”的行为规定构成犯罪，相应地增加“数额特别巨大”的规定。主要考虑是，司法实践中，有关部门提出，金融机构帐外经营是金融市场中亟须解决的问题。由于是在帐外经营，其所造成的资产负债无法监控，潜在风险难以预防，直接影响金融安全。针对原刑法条文“以牟利为目的”“将资金用于非法拆借、发放贷款”“造成重大损失”等的规定存在适用范围小、实践中难以认定等问题，有关部门建议删去这些规定，对金融机构工作人员只要有吸收客户资金不入帐的行为就规定为犯罪。也有的意见认为，实践中不入帐只是一种行为方式或手段，不入帐的行为可能会发生不同的结果，如侵占、非法拆借、挪用、违规发放贷款等，可能涉及不同的罪名。如果取消原规定“造成重大损失”的构成要件，也应当规定一个其他界限，不能只要是帐外经营，都追究刑事责任。经反复研究，考虑到**吸收客户资金不入帐的行为不仅逃避了国家对金融机构运营资金的监管，造成潜在的金融风险，而且容易引发别的犯罪**，对情节严重的，应当予以惩处。对此，《刑法修正案(六)》对本条作出了上述修改。一是删去了“以牟利为目的”的规定。这种犯罪的牟利目的是不言而喻的，但是其主观目的在实践中往往难以证明。这种犯罪无论是否以牟利为目的，客观上都对金融秩序和金融安全构成威胁，应当予以惩处。二是删去了“将资金用于非法拆借、发放贷款”的规定。将资金用于非法拆借、发放贷款只是一种用途，不能涵盖不入帐行为导致的其他结果，只要行为人实施了吸收客户资金不入帐的行为，该资金用于何种用途不影响对其刑事责任的追究。三是增加了“数额巨大”这一犯罪构成要件。考虑到在有些情况下，虽未达到数额巨大，但造成的损失是重大的，也应追究刑事责任。因此，保留了“造成重大损失”的规定，同时增加了“数额巨大”“数额特别巨大”的规定。

【条文说明】

本条是关于吸收客户资金不入帐罪及其处罚的规定。

本条共分为两款。

第一款是关于吸收客户资金不入帐罪及其处罚的规定。本罪具有以下特征：一是犯罪主体是**特殊主体，即银行或者其他金融机构的工作人员**。这里所称“**银行**”主要是指商业银行等；“**其他金融机构**”是指除银行以外的保险、外汇、证券、金融租赁等具有货币资金融通职能的机构。二是行为人客观上实施了**吸收客户资金不入帐的行为**。“**吸收客户资金不入帐**”是指违反金融法律、法规，对收受客户的存款资金①不如实记入银行或者其他金融机构存款帐目，帐目上反映不出这笔新增款项业务，或者帐目上的记载与出具给储户

① 和背信运用受托财产罪不同的是，本罪中的“客户资金”既包括个人存款，也包括单位存款；既包括以合法方式吸收的存款，也包括以违反规定提高利率或者其他不正当方式吸收的存款。参见张明楷：《刑法学》(第6版)，法律出版社2021年版，第1018页；黎宏：《刑法学各论》(第2版)，法律出版社2016年版，第149页；赵秉志、李希慧主编：《刑法各论》(第3版)，中国人民大学出版社2016年版，第138页。

的存单、存折上的记载不相符。[①] 三是行为人吸收客户资金不入帐，**数额巨大或者造成重大损失的才构成犯罪**。这是罪与非罪的界限。至于什么是“数额巨大”，什么是“重大损失”，需要在总结实践经验的基础上，由司法解释加以规定。对金融机构工作人员犯本款规定之罪的，根据其行为造成的损失和数额规定了两档刑罚：**数额巨大或者造成重大损失的**，处五年以下有期徒刑或者拘役，并处二万元以上二十万元以下罚金；**数额特别巨大或者造成特别重大损失的**，处五年以上有期徒刑，并处五万元以上五十万元以下罚金。

第二款是对单位犯本罪的规定。实践中存在一些银行或者其他非银行金融机构为本单位的小集体利益而违反规定以单位名义吸收客户资金不入帐的情况。根据本款的规定，**对单位犯此罪的**，对单位判处罚金，并对其直接负责的主管人员或者其他直接责任人员根据其犯罪情节依照第一款的规定处罚。

需要注意的是，关于本条规定的立案追诉标准，2010年《最高人民检察院、公安部关于公安机关管辖的刑事案件立案追诉标准的规定(二)》第四十三条规定：“银行或者其他金融机构及其工作人员吸收客户资金不入账，涉嫌下列情形之一的，**应予立案追诉**：(一)吸收客户资金不入账，数额在一百万元以上的；(二)吸收客户资金不入账，造成直接经济损失数额在二十万元以上的。”

【司法解释性文件】

《全国法院审理金融犯罪案件工作座谈会纪要》(法〔2001〕8号，2001年1月21日公布)

△**(吸收客户资金不入账)**吸收客户资金不入账，是指不记入金融机构的法定存款账目，以逃避国家金融监管，至于是否记入法定账目以外设立的账目，不影响该罪成立。

△**(造成重大损失；造成特别重大损失；单位犯罪；具体标准)**最高人民法院先后颁行了《关于审理伪造货币等案件具体应用法律若干问题的解释》、《关于审理走私刑事案件具体应用法律若干问题的解释》，对伪造货币，走私、出售、购买、运输假币等犯罪的定罪处刑标准以及相关适用法律问题作出了明确规定。为正确执行刑法，在其他有关的司法解释出台之前，对假币犯罪以外的破坏金融管理秩序犯罪的数额和情节，可参照以下标准掌握：

……

关于用账外客户资金非法拆借、发放贷款罪。[②] 对于银行或者其他金融机构工作人员以牟利为目的，采取吸收客户资金不入账的方式，将资金用于非法拆借、发放贷款，造成50—100万元以上损失的，可以认定为“造成重大损失”；造成300—500万元以上损失的，可以认定为“造成特别重大损失”。

对于单位实施违法发放贷款和用账外客户资金非法拆借、发放贷款造成损失构成犯罪的数额标准，可按个人实施上述犯罪的数额标准二至四倍掌握。

由于各地经济发展不平衡，各省、自治区、直辖市高级人民法院可参照上述数额标准或幅度，根据本地的具体情况，确定在本地区掌握的具体标准。

《最高人民检察院、公安部关于公安机关管辖的刑事案件立案追诉标准的规定(二)》(公通字〔2022〕12号，2022年4月6日公布)

△**(吸收客户资金不入账罪；立案追诉标准)**银行或者其他金融机构及其工作人员吸收客户资金不入账，涉嫌下列情形之一的，应予立案追诉：

(一)吸收客户资金不入账，数额在二百万元以上的；

(二)吸收客户资金不入账，造成直接经济损失数额在五十万元以上的。(§38)

① 是否记入法定账目以外设立的账目，不影响本罪的成立。参见周光权：《刑法各论》(第4版)，中国人民大学出版社2021年版，第314页；黎宏：《刑法学各论》(第2版)，法律出版社2016年版，第149页；高铭暄、马克昌主编：《刑法学》(第7版)，北京大学出版社、高等教育出版社2016年版，第409页；赵秉志、李希慧主编：《刑法各论》(第3版)，中国人民大学出版社2016年版，第138页。

② 需要注意的是，《刑法修正案(六)》将“用账外客户资金非法拆借、发放贷款罪”修改成“吸收客户资金不入账罪”。

第一百八十八条　【违规出具金融票证罪】

银行或者其他金融机构的工作人员违反规定，为他人出具信用证或者其他保函、票据、存单、资信证明，情节严重的，处五年以下有期徒刑或者拘役；情节特别严重的，处五年以上有期徒刑。

单位犯前款罪的，对单位判处罚金，并对其直接负责的主管人员和其他直接责任人员，依照前款的规定处罚。

【立法沿革】

《中华人民共和国刑法》(1997年修订,自1997年10月1日起施行)

第一百八十八条

银行或者其他金融机构的工作人员违反规定,为他人出具信用证或者其他保函、票据、存单、资信证明,造成较大损失的,处五年以下有期徒刑或者拘役;造成重大损失的,处五年以上有期徒刑。

单位犯前款罪的,对单位判处罚金,并对其直接负责的主管人员和其他直接责任人员,依照前款的规定处罚。

《中华人民共和国刑法修正案(六)》(自2006年6月29日起施行)

十五、将刑法第一百八十八条第一款修改为:

"银行或者其他金融机构的工作人员违反规定,为他人出具信用证或者其他保函、票据、存单、资信证明,情节严重的,处五年以下有期徒刑或者拘役;情节特别严重的,处五年以上有期徒刑。"

【立法理由】

1. **1979年之后至1997年刑法修订前的立法情况**。随着我国商业银行和金融机构的中间业务迅猛发展,金融票证的开立和使用日益广泛。一些金融机构的工作人员违反规定,出具信用证、保函、票据、存单、资信证明,**不仅可能为诈骗等犯罪提供条件和手段,给金融机构带来重大财产损失,而且破坏了金融机构的声誉和信誉**。为此,1995年6月30日通过的《全国人民代表大会常务委员会关于惩治破坏金融秩序犯罪的决定》第十五条规定:"银行或者其他金融机构的工作人员违反规定为他人出具信用证或者其他保函、票据、资信证明,造成较大损失的,处五年以下有期徒刑或者拘役;造成重大损失的,处五年以上有期徒刑。单位犯前款罪的,对单位判处罚金,并对直接负责的主管人员和其他直接负责人员,依照前款的规定处罚。"

2. **1997年修订刑法的情况**。1997年修订刑法时,将《全国人民代表大会常务委员会关于惩治破坏金融秩序犯罪的决定》第十五条的规定纳入《刑法》的规定,在《刑法》第一百八十八条规定了非法出具金融票证罪,并作了一些修改。一是在"违反规定"后插入了逗号,使得表达更为通顺;二是将单位犯罪的表述与刑法中其他规定的表述相一致,规定为"对其直接负责的主管人员和其他直接责任人员,依照前款的规定处罚";三是增加违规出具"存单"的犯罪。至此,形成1997年《刑法》第一百八十八条的规定,即:"银行或者其他金融机构的工作人员违反规定,为他人出具信用证或者其他保函、票据、存单、资信证明,造成较大损失的,处五年以下有期徒刑或者拘役;造成重大损失的,处五年以上有期徒刑。单位犯前款罪的,对单位判处罚金,并对其直接负责的主管人员和其他直接责任人员,依照前款的规定处罚。"

3. **2006年《刑法修正案(六)》对本条的修改情况**。根据司法实践的需要,《刑法修正案(六)》对《刑法》第一百八十八条第一款作了修改,将"造成较大损失"修改为"情节严重";同时将第二档的处罚条件由"造成重大损失"修改为"情节特别严重"。主要考虑的是,司法机关和有关部门提出,在实践中,对如何认定非法出具金融票证的行为所造成的损失较为困难,有的金融机构的工作人员非法出具信用证、保函、票据、存单、资信证明,涉及金额巨大,但有的在案发时还尚未给金融机构造成经济损失,还要不要追究刑事责任,损失"较大""重大"如何认定等。对这些问题由于认识不一致,影响了对这类行为的追究,不能有效遏制违法出具金融票证行为的发生。经研究,《刑法修正案(六)》对本条作了修改,将"造成较大损失"的入罪标准修改为"情节严重"。

【条文说明】

本条是关于违规出具金融票证罪及其处罚的规定。

本条共分为两款。

第一款是对个人违规出具金融票证罪及其处罚的规定。1997年《刑法》第一百八十八条第一款规定:"银行或者其他金融机构的工作人员违反规定,为他人出具信用证或者其他保函、票据、存单、资信证明,造成较大损失的,处五年以下有期徒刑或者拘役;造成重大损失的,处五年以上有期徒刑。”根据本款规定,构成该罪必须具备以下几个条件:

1. 行为人必须是**银行或者其他金融机构的工作人员**。这里所说的“**银行**”主要是指政策性银行、各类商业银行等;“**其他金融机构**”包括除银行以外的各种开展金融业务的机构,比如信托、保险、企业集团财务公司、金融租赁公司等。

2. 行为人必须有**违反规定,为他人出具信用证或者其他保函、票据、存单、资信证明的行为**。①本条所说的“**违反规定**”,是指违反了有关金融法律、行政法规、规章以及银行金融机构内部规定的一些重要业务规则和规章制度。“**他人**”不仅包括自然人,也包括单位。“**信用证**”是指开证银行根据客户(申请开证人)的请求或者自己主动向一方(受益人)所签发的一种书面约定,如果受益人满足了该书面约定的各项条款,开证银行即向受益人支付该书面约定的款项的凭证。简单地说,信用证就是开证银行有条件地向受益人付款的书面凭证。“**保函**”是指银行以其自身的信用为他人承担责任的担保文件,是重要的银行资信文件。根据《商业银行法》的规定,商业银行可以提供担保服务,但是商业银行的工作人员不得违反规定徇私向亲属朋友提供担保;《中国人民银行法》第三十条第二款规定:“中国人民银行不得向任何单位和个人提供担保。”如果人民银行或者商业银行的工作人员违反规定擅自为他人出具保函,都属于本条所说的违反规定为他人出具“保函”。**违反规定出具“票据”**,是指违反票据法、行政法规和其他各项业务管理的规定,为他人非法出具汇票、本票、支票的行为。“**资信证明**”是指证明个人或者单位经济实力的文件,广义的资信证明包括票据、银行存单、房契、地契以及其他各种产权证明等,此外,还包括由银行出具的有关财产方面的委托书、协议书等。

3. 行为人违规为他人出具金融票据,**情节严重的,才构成犯罪**。“情节严重”不仅包括给金融机构造成了较大损失,还包括虽然还没有造成较大损失,但非法出具金融票证涉及金额巨大,或者多次非法出具金融票证等情形。如果行为人有以上违反规定的行为,但被及时发现并制止,情节不严重的,可作为违法行为处理,不宜以犯罪论处。至于具体什么是“情节严重”,由于各案情况不同,实践情况比较复杂,本条没有作出具体规定,可以由司法机关根据案件的具体情况确定,也可以在总结司法实践经验的基础上作出司法解释。此外,关于本罪的追诉条件,《最高人民检察院、公安部关于公安机关管辖的刑事案件立案追诉标准的规定(二)》第四十四条规定:“银行或者其他金融机构及其工作人员违反规定,为他人出具信用证或者其他保函、票据、存单、资信证明,涉嫌下列情形之一的,**应予立案追诉**:(一)违反规定为他人出具信用证或者其他保函、票据、存单、资信证明,数额在一百万元以上的;(二)违反规定为他人出具信用证或者其他保函、票据、存单、资信证明,造成直接经济损失数额在二十万元以上的;(三)多次违规出具信用证或者其他保函、票据、存单、资信证明的;(四)接受贿赂违规出具信用证或者其他保函、票据、存单、资信证明的;(五)其他情节严重的情形。”

本款根据情节严重程度,对违规出具金融票证罪规定了两档刑罚:**情节严重的**,处五年以下有期徒刑或者拘役;**情节特别严重的**,处五年以上有期徒刑。

第二款是关于单位犯违规出具金融票据罪的处罚规定。本条采用了**双罚制原则**,单位犯本罪,对单位判处罚金,并对其直接负责的主管人员和其他直接责任人员,根据其犯罪情节,依照本条第一款的规定判处刑罚,即情节严重的,处五年以下有期徒刑或者拘役;情节特别严重的,处五年以上有期徒刑。

实践中对于**本条规定的违规“出具”是否包含“付款、承兑、保证”的含义**,认识上存在分歧。一种意见提出,1998年国务院办公厅转发的中国人民银行《整顿银行帐外帐及违规经营工作实施方案的通知》中提到,“违规开具银行承兑汇票,是指违反银行承兑汇票有关管理规定的行为,包括违规承兑和违规贴现”;“违规开具信用证,是指违反信用证管理有关规定,无贸易背景开证、越权开证、保证金不足开证和未落实担保开证等行为”等。该通知对违规“开具”的适用,也可以用于理解《刑法》第一百八十八条中规定的“出具”,即“出具”除了具有开具的文意外,包含对票据的“付款、承兑、保证”等行为。另一种意见提出,《刑法》第一百八十八条规定的“出具”的对象,包含了信用证、保函、票据、存单、资信证明。就“出具”票据来说,不宜将“出具”作扩大解释为包含

① 我国学者指出,对于无形伪造金融票证的行为(如在他人没有存款的情况下,给他人开具存单),应认定为伪造金融票证罪。参见张明楷:《刑法学》(第6版),法律出版社2021年版,第1018页。

"付款、承兑、保证"行为。如作扩大解释,不仅无法将该条与《刑法》第一百八十九条"对违法票据承兑、付款、保证罪"作出区分,而且会将一般的提供、交付行为也理解为签发、开立法律文书的行为,与实际不符。**将《刑法》第一百八十八条规定的"开具"扩大解释为包含"付款、承兑、保证"**,其实质是在司法适用中,因较难满足《刑法》第一百八十九条"对违法票据承兑、付款、保证罪"规定的"造成重大损失"的入罪条件,进而转向适用《刑法》第一百八十八条"违规出具金融票证罪",**似不符合法律适用原理,有违罪刑法定原则**。

《票据法》第二十条规定:"出票是指出票人签发票据并将其交付给收款人的票据行为。"第六十二条规定:"持票人行使追索权时,应当提供被拒绝承兑或者被拒绝付款的有关证明。持票人提示承兑或者提示付款被拒绝的,承兑人或者付款人必须出具拒绝证明,或者出具退票理由书。未出具拒绝证明或者退票理由书的,应当承担由此产生的民事责任。"由此可见,《票据法》中同时使用了"出票"和"出具"两种表述。《票据法》中的"出具"的对象不是法定票据,而是与票据有关的证明文书,如退票理由书等。《刑法》第一百八十八条规定的"出具"票据的含义应与票据法中"出票"的含义一致,与背书、承兑、保证、付款等同属票据行为。对于违法进行票据承兑、付款、保证等行为,可通过《刑法》第一百八十九条"对违法票据承兑、付款、保证罪"惩治。因此,根据《刑法》第一百八十八条和第一百八十九条的规定,**《刑法》第一百八十八条规定的"出具"票据应理解为票据法上规定的出票行为**。对于非法承兑等其他票据行为,可以结合具体案件情况,分别适用《刑法》第一百八十九条"对违法票据承兑、付款、保证罪"、第一百七十五条"高利转贷罪"、第一百七十五条之一"骗取贷款、票据承兑、金融票证罪"等规定处罚。

【司法解释性文件】

《最高人民检察院、公安部关于公安机关管辖的刑事案件立案追诉标准的规定(二)》(公通字〔2022〕12号,2022年4月6日公布)

△**(违规出具金融票证罪;立案追诉标准)**银行或者其他金融机构及其工作人员违反规定,为他人出具信用证或者其他保函、票据、存单、资信证明,涉嫌下列情形之一的,应予立案追诉:

(一)违反规定为他人出具信用证或者其他保函、票据、存单、资信证明,数额在二百万元以上的;

(二)违反规定为他人出具信用证或者其他保函、票据、存单、资信证明,造成直接经济损失数额在五十万元以上的;

(三)多次违规出具信用证或者其他保函、票据、存单、资信证明的;

(四)接受贿赂违规出具信用证或者其他保函、票据、存单、资信证明的;

(五)其他情节严重的情形。(§39)

第一百八十九条　【对违法票据承兑、付款、保证罪】

银行或者其他金融机构的工作人员在票据业务中,对违反票据法规定的票据予以承兑、付款或者保证,造成重大损失的,处五年以下有期徒刑或者拘役;造成特别重大损失的,处五年以上有期徒刑。

单位犯前款罪的,对单位判处罚金,并对其直接负责的主管人员和其他直接责任人员,依照前款的规定处罚。

【立法理由】

1. 1979年之后至1997年刑法修订前的立法情况。1995年5月10日第八届全国人大常委会第十三次会议通过的《票据法》第一百零五条规定:"金融机构工作人员在票据业务中玩忽职守,对违反本法规定的票据予以承兑、付款或者保证的,给予处分;造成重大损失,构成犯罪的,依法追究刑事责任。由于金融机构工作人员因前款行为给当事人造成损失的,由该金融机构和直接责任人员依法承担赔偿责任。"

2. 1997年修订刑法的情况。金融票据作为金融信用工具在银行或者其他金融机构的金融活动中,起着越来越重要的作用。为规范银行业和其他金融机构的金融票据活动,参考票据法的上述规定,在1997年修订刑法时增加了本条规定。

【条文说明】

本条是关于对违法票据承兑、付款、保证罪及其处罚的规定。

本条共分为两款。

第一款是关于个人犯对违法票据承兑、付款、保证罪及其处罚的规定。对于个人犯对违法票据承兑、付款、保证罪的构成要件，本款作了以下规定：一是本罪的犯罪主体是**特殊主体**，即只能是**银行或者其他金融机构的工作人员**，其他人不能成为本罪的主体。所谓"**其他金融机构**"，主要指可以经营金融业务的信托公司、保险公司、企业集团财务公司、金融租赁公司等金融机构。二是行为人在主观上主要表现为**过失**，即由于工作不负责、审查不严所致。[①] 三是行为人在客观上实施了**对违反票据法规定的票据予以承兑、付款或者保证的行为**。票据法明确规定：汇票的出票人必须与付款人具有真实的委托付款关系，并且具有支付汇票金额的可靠资金来源。付款人及其代理付款人付款时，应当审查汇票背书的连续，并审查提示付款人的合法身份证明和有效证件。如果行为人不认真审查，对违反票据法规定的票据予以承兑、付款或者保证，即构成本罪的犯罪行为。本条所称票据"**承兑**"，是指汇票付款人承诺在汇票到期日支付汇票金额的票据行为，承兑系汇票所特有的一种法律制度，仅适用于汇票，其目的在于使承兑人依票据载明的义务承担支付票据金额的义务。本条所称"**付款**"，是指汇票的付款人或者代理付款人支付汇票金额以消灭票据关系的附属票据行为。四是行为人对违反票据法规定的票据予以承兑、付款或者保证，**造成重大损失的，才构成犯罪**，这是划分罪与非罪的重要界限。《票据法》第一百零四条规定："金融机构工作人员在票据业务中玩忽职守，对违反本法规定的票据予以承兑、付款或者保证的，给予处分；造成重大损失，构成犯罪的，依法追究刑事责任。由于金融机构工作人员因前款行为给当事人造成损失的，由该金融机构和直接责任人员依法承担赔偿责任。"本条规定的"**重大损失**"，是指由于行为人的违法承兑、付款、保证，使银行或者其他金融机构被骗，造成重大经济损失。

对于个人犯对违法票据承兑、付款、保证罪的处罚，本款根据造成的损失，规定了两档刑罚：**造成重大损失的**，处五年以下有期徒刑或者拘役；**造成特别重大损失的**，处五年以上有期徒刑。

第二款是关于单位犯对违法票据承兑、付款、保证罪的处罚规定。对单位犯本罪的，本款采取了**双罚制原则**，即对单位判处罚金，并对其直接负责的主管人员和其他直接责任人员，依照本条第一款的规定处罚，即造成重大损失的，处五年以下有期徒刑或者拘役；造成特别重大损失的，处五年以上有期徒刑。

需要注意的是，关于本条规定的立案追诉标准，2010年《最高人民检察院、公安部关于公安机关管辖的刑事案件立案追诉标准的规定(二)》第四十五条规定："银行或者其他金融机构及其工作人员在票据业务中，对违反票据法规定的票据予以承兑、付款或者保证，造成直接经济损失数额在二十万元以上的，**应予立案追诉**。"

【司法解释性文件】

《最高人民检察院、公安部关于公安机关管辖的刑事案件立案追诉标准的规定(二)》(公通字〔2022〕12号，2022年4月6日公布)

△(**对违法票据承兑、付款、保证罪；立案追诉标准**)银行或者其他金融机构及其工作人员在票据业务中，对违反票据法规定的票据予以承兑、付款或者保证，造成直接经济损失数额在五十万元以上的，应予立案追诉。(§40)

【附属刑法】

《中华人民共和国票据法》(1995年5月10日通过，2004年8月28日修正)

第一百零四条

Ⅰ金融机构工作人员在票据业务中玩忽职守，对违反本法规定的票据予以承兑、付款或者保证的，给予处分；造成重大损失，构成犯罪的，依法追究刑事责任。

Ⅱ由于金融机构工作人员因前款行为给当事人造成损失的，由该金融机构和直接责任人员依法承担赔偿责任。

---

① 我国学者指出，本罪应为故意犯罪，行为人必须明知是违反票据法规定的票据，而予以承兑、付款或者保证。"造成重大损失"可作为客观的超过要素，不需要行为人具有希望或者放任的心理态度。参见张明楷：《刑法学》(第6版)，法律出版社2021年版，第1019页。另外，对客观超过要素的学说批评，参见周光权：《刑法总论》(第4版)，中国人民大学出版社2021年版，第270—272页。

第一百九十条　【逃汇罪】

公司、企业或者其他单位，违反国家规定，擅自将外汇存放境外，或者将境内的外汇非法转移到境外，数额较大的，对单位判处逃汇数额百分之五以上百分之三十以下罚金，并对其直接负责的主管人员和其他直接责任人员处五年以下有期徒刑或者拘役；数额巨大或者有其他严重情节的，对单位判处逃汇数额百分之五以上百分之三十以下罚金，并对其直接负责的主管人员和其他直接责任人员处五年以上有期徒刑。

【立法沿革】

《中华人民共和国刑法》(1997 年修订，自 1997 年 10 月 1 日起施行)

第一百九十条

国有公司、企业或者其他国有单位，违反国家规定，擅自将外汇存放境外，或者将境内的外汇非法转移到境外，情节严重的，对单位判处罚金，并对其直接负责的主管人员和其他直接责任人员，处五年以下有期徒刑或者拘役。

《全国人民代表大会常务委员会关于惩治骗购外汇、逃汇和非法买卖外汇犯罪的决定》(自 1998 年 12 月 29 日起施行)

三、将刑法第一百九十条修改为：

公司、企业或者其他单位，违反国家规定，擅自将外汇存放境外，或者将境内的外汇非法转移到境外，数额较大的，对单位判处逃汇数额百分之五以上百分之三十以下罚金，并对其直接负责的主管人员和其他直接责任人员处五年以下有期徒刑或者拘役；数额巨大或者有其他严重情节的，对单位判处逃汇数额百分之五以上百分之三十以下罚金，并对其直接负责的主管人员和其他直接责任人员处五年以上有期徒刑。

【立法理由】

1. **1979 年之后至 1997 年刑法修订前的立法情况**。为了维护外汇管理秩序，防止外汇的大量流失，国家除了制定了一系列有关外汇管理的法律、行政法规等规范性文件外，在刑事立法方面也规定了对外汇方面犯罪的打击。1988 年第九届全国人大常委会第六次会议通过的《全国人民代表大会常务委员会关于惩治走私罪的补充规定》中就对逃汇犯罪作了明确规定。该补充规定第九条规定，全民所有制、集体所有制企业事业单位、机关、团体违反外汇管理法规，在境外取得的外汇，应该调回境内而不调回，或者不存入国家指定的银行，或者把境内的外汇非法转移到境外，或者把国家拨给的外汇非法出售牟利的，由外汇管理机关依照外汇管理法规强制收兑外汇、没收违法所得，可以并处罚款，并对其直接负责的主管人员和其他直接责任人员，由其所在单位或者上级主管机关酌情给予行政处分；情节严重的，除依照外汇管理法规强制收兑外汇、没收违法所得外，判处罚金，并对其直接负责的主管人员和其他直接责任人员，处五年以下有期徒刑或者拘役。企业事业单位、机关、团体或者个人非法倒买倒卖外汇牟利，情节严重的，按照投机倒把罪处罚。

2. **1997 年修订刑法的情况**。1997 年修订刑法时将《全国人民代表大会常务委员会关于惩治走私罪的补充规定》第九条的规定纳入了刑法，并作了相应修改。1997 年《刑法》第一百九十条规定："国有公司、企业或者其他国有单位，违反国家规定，擅自将外汇存放境外，或者将境内的外汇非法转移到境外，情节严重的，对单位判处罚金，并对其直接负责的主管人员和其他直接责任人员，处五年以下有期徒刑或者拘役。"

3. **1998 年《全国人民代表大会常务委员会关于惩治骗购外汇、逃汇和非法买卖外汇犯罪的决定》的规定情况**。1997 年开始的亚洲金融危机对我国经济造成了一定的影响。我国对世界承诺人民币不贬值，对于维护世界经济稳定，作出了巨大贡献，同时我国也付出了一定的代价，承担了巨大的压力。在此情况下，逃汇犯罪的情况日益突出。司法机关在适用 1997 年刑法关于本条规定惩治该类犯罪时，主要有两方面的困难，一是主体范围过窄，仅限于国有单位；二是《刑法》第一百九十条的规定处罚较轻，不足以惩治在司法实践中出现的一些严重的逃汇犯罪现象。针对在实际执行中遇到的一些新的情况和问题，1998 年 12 月 29 日第九届全国人大常委会第六次会议审议并通过了《全国人民代表大会常务委员会关于惩治骗购外汇、逃汇和非法买卖外汇犯罪的决定》，该决定第三条对《刑法》第一百九十条的内容作了以下修改：第一，**扩大了犯罪主体**。1997 年《刑法》第一百九十条规定的逃汇罪，犯罪主体仅限于国有公司、企业或者其他国有单位。而我国外汇管理所覆盖的管理对象，不仅限于国有单位，还包括外商投资企业、股份制企业、集体企业、私营企业等，且从数量上来看非国有单位远远多于国有单位，从外汇经营规模上来看也不小于国有单位。从当时的情况看，在全国有贸易经营权的单位中非国有单位及其他们的进出口总额均分别占有很大的比重。与此同时，从已经发现的逃汇案件来看，也有相当部分为非国有单位。这些逃汇行为影响了国家的外汇储备，对汇率及金融秩序的稳定造成了严重影响。为了有力地惩治逃汇犯罪，有必要将逃汇罪的犯罪主体由国有公司、企业和其他国有单位扩大为所有的公司、企业和其他单位。①第二，**提高了法定刑**。1997年《刑法》第一百九十条规定对犯逃汇罪的单位，实行双罚制原则，即对单位判处罚金，并对其直接负责的主管人员和其他直接责任人员判处刑罚，但对剥夺人身自由的刑罚只规定了一档刑罚，即"五年以下有期徒刑或者拘役"，法定最高刑为五年有期徒刑。鉴于当时发生的逃汇犯罪的规模、情节及其社会危害性已远远超过制定刑法时的情况。刑法对这类犯罪规定的刑罚已不足以遏制和惩罚这类犯罪，有必要从立法上提高对犯逃汇罪的单位直接负责的主管人员和其他直接责任人员判处的刑罚，同时考虑到逃汇罪不同的情节和社会危害程度，对犯逃汇罪的单位，将其直接负责的主管人员和其他直接责任人员判处的刑罚修改为两档刑罚，第一档刑罚为"五年以下有期徒刑或者拘役"，第二档刑罚为"五年以上有期徒刑"，法定最高刑为十五年有期徒刑。第三，增加了对罚金数额的规定。明确规定了罚金数额，并将罚金数额规定在"百分之五以上百分之三十以下"。

【条文说明】

本条是关于逃汇罪及其处罚的规定。

根据本条规定，逃汇罪包含两种情况：

第一种情况是公司、企业或者其他单位，违反国家规定，擅自将外汇存放境外，数额较大的。本条所称的"**违反国家规定，擅自将外汇存放境外**"，是指违反了国家有关外汇管理的规定，将应调回国内的外汇不调回国内，而存放境外的行为。② 根据《外汇管理条例》第九条的规定："境内机构、境内个人的外汇收入可以调回境内或者存放境外；调回境内或者存放境外的条件、期限等，由国务院外汇管理部门根据国际收支状况和外汇管理的需要作出规定。"此外，我国对境内机构资本项目外汇收入的管理，按照现行的有关规定，主要是《外汇管理条例》第二十一条的规定："资本项目外汇收入保留或者卖给经营结汇、售汇业务的金融机构，应当经外汇管理机关批准，但国家规定无需批准的除外。"

第二种情况是公司、企业或者其他单位，违反国家规定，将境内的外汇非法转移到境外，数额较大的，依法追究刑事责任。本条所称的违反国家规定，"**将境内的外汇非法转移到境外**"，是指违反国家有关规定，未经批准将境内外汇非法转移到境外的行为。

根据本条规定，**对于犯逃汇罪的**，对单位判处逃汇数额百分之五以上百分之三十以下罚金，并对其直接负责的主管人员和其他直接责任人员处五年以下有期徒刑或者拘役；**数额巨大或者有其他严重情节的**，对单位判处逃汇数额百分之五以上百分之三十以下罚金，并对其直接负责的主管人员和其他直接责任人员处五年以上有期徒刑。此外，根据《全国人民代表大会常务委员会关于惩治骗购外汇、逃汇和非法买卖外汇犯罪的决定》第五条的规定："海关、外汇管理部门以及金融机构、从事对外贸易经营活动的公司、企业或者其他单位的工作人员与骗购外汇或者逃汇的行为人通谋，为其提供购买外汇的有关凭证或者其他便利的，或者明知是伪造、变造的凭证和单据而售汇、付汇的，以共犯论，依照本决定从重处罚。"

在实际执行中应当注意以下两点：

1. 本条规定的构成犯罪的条件是，擅自将外汇存放境外，或者将境内的外汇非法转移到境外，**数额较大的行为**。未达到数额较大的逃汇行为不能作为犯罪处理，应当依照《外汇管理条例》的规定由外汇管理机关责令限期调回外汇，处逃汇金额百分之三十以下的罚款；情节严重的，处逃汇金额百分之三十以上等值以下的罚款。对于什么是"数额较大"，本条没作具体规定，可由最高人民法院在总结司法实践经验的基础上作出司法解释。根据2010年《最高人民检察院、公安部关于公安机关管辖的刑事案件立案追诉标准的规定(二)》第四十六条的规定，公司、企业或者其他单位，违反国家规定，擅自将外汇存放境外，或者将境内的外汇非法转移到境外，单笔在二百万美元以上或者累计数额在五百万美元以上的，**应予立案追诉**。

① 自然人不能构成本罪，但是，如果国家工作人员将外汇存放境外或者将境内的外汇转移到境外，隐瞒不报的，可以构成隐瞒境外存款罪。参见周光权：《刑法各论》(第4版)，中国人民大学出版社2021年版，第316—317页。

② 我国学者指出，本罪中的"存放"，并非一般意义上的储存、寄存，而是指外汇不调回国内的一种事实状态。至于该外汇是储存、寄存，抑或投资、挪作他用，在所不论。参见赵秉志、李希慧主编：《刑法各论》(第3版)，中国人民大学出版社2016年版，第140页；高铭暄、马克昌主编：《刑法学》(第7版)，北京大学出版社、高等教育出版社2016年版，第411页。

2. 本条规定的犯罪是**单位犯罪**,犯罪主体限于**公司、企业或者其他单位**,个人不能成为逃汇罪的犯罪主体,不能构成逃汇罪。对于个人携带大量外汇或外币支付凭证、有价证券等出境,逃避海关监管,构成走私等行为的,应当按照国家有关规定处理。

根据 1998 年 12 月 29 日第九届全国人大常委会第六次会议通过的《全国人民代表大会常务委员会关于惩治骗购外汇、逃汇和非法买卖外汇犯罪的决定》第五条的规定,海关、外汇管理部门以及金融机构、从事对外贸易经营活动的公司、企业或者其他单位的工作人员与本条规定的逃汇行为人通谋,为其提供购买外汇的有关凭证或者其他便利的,或者明知是伪造、变造的凭证和单据而售汇、付汇的,**以逃汇罪的共犯论处,并从重处罚**。这里所说的"从重处罚",是指在本条规定的罚金幅度内和量刑幅度内从重处罚。对于刑罚的从重,既可以选择较重的刑期,也可以选择较重的刑种。

【司法解释】

《最高人民法院关于审理骗购外汇、非法买卖外汇刑事案件具体应用法律若干问题的解释》(法释〔1998〕20 号,自 1998 年 9 月 1 日起施行)

△(**逃汇罪;骗购外汇**)以进行走私、逃汇、洗钱、骗税等犯罪活动为目的,使用虚假、无效的凭证、商业单据或者采取其他手段向外汇指定银行骗购外汇的,应当分别按照刑法分则第三章第二节、第一百九十条、第一百九十一条和第二百零四条等规定定罪处罚。(§ 1 Ⅰ)

【司法解释性文件】

《办理骗汇、逃汇犯罪案件联席会议纪要》(公通字〔1999〕39 号,1999 年 6 月 7 日公布)

△(**适用效力**)全国人大常委会《关于惩治骗购外汇、逃汇和非法买卖外汇犯罪的决定》(以下简称《决定》)公布施行后发生的犯罪行为,应当依照《决定》办理;对于《决定》公布施行前发生的公布后尚未处理或者正在处理的行为,依照修订后的刑法第十二条第一款规定的原则办理。(§ 2 Ⅰ)

△(**立案管辖**)公安机关侦查骗汇、逃汇犯罪案件中涉及人民检察院管辖的贪污贿赂、渎职犯罪案件的,应当将贪污贿赂、渎职犯罪案件材料移送有管辖权的人民检察院审查。对管辖交叉的案件,可以分别立案,共同工作。如果涉嫌主罪属于公安机关管辖,由公安机关为主侦查,人民检察院予以配合;如果涉嫌主罪属于人民检察院管辖,由人民检察院为主侦查,公安机关予以配合。双方意见有较大分歧的,要协商解决,并及时向当地党委、政法委和上级主管机关请示。(§ 3)

△(**证据固定;先行处理;骗购外汇既遂**)公安机关侦查骗汇、逃汇犯罪案件,要及时全面收集和固定犯罪证据,抓紧缉捕犯罪分子。人民检察院和人民法院对正在办理的骗汇、逃汇犯罪案件,只要基本犯罪事实清楚,基本证据确实充分,应当及时依法起诉、审判。主犯在逃或者骗购外汇所需人民币资金的来源无法彻底查清,但证明在案的其他犯罪嫌疑人实施犯罪的基本证据确实充分的,为在法定时限内结案,可以对在案的其他犯罪嫌疑人先行处理。对于已收集到外汇指定银行汇出凭证和境外收汇银行收款凭证等证据,能够证明所骗购外汇确已汇至港澳台地区或国外的,应视为骗购外汇既遂。(§ 4)

《最高人民检察院关于认真贯彻执行〈全国人民代表大会常务委员会关于惩治骗购外汇、逃汇和非法买卖外汇犯罪的决定〉的通知》(高检会〔1999〕3 号,1999 年 1 月 21 日公布)

△(**适用效力**)对于《决定》[①]公布施行后发生的犯罪行为,应当依照《决定》办理;对于《决定》公布施行前发生的行为,按照刑法第十二条规定的原则办理。(§ 3)

《最高人民检察院、公安部关于公安机关管辖的刑事案件立案追诉标准的规定(二)》(公通字〔2022〕12 号,2022 年 4 月 6 日公布)

△(**逃汇罪;立案追诉标准**)公司、企业或者其他单位,违反国家规定,擅自将外汇存放境外,或者将境内的外汇非法转移到境外,单笔在二百万美元以上或者累计数额在五百万美元以上的,应予立案追诉。(§41)

① 即《全国人民代表大会常务委员会关于惩治骗购外汇、逃汇和非法买卖外汇犯罪的决定》(自 1998 年 12 月 29 日起施行)。

第一百九十一条 【洗钱罪】

为掩饰、隐瞒毒品犯罪、黑社会性质的组织犯罪、恐怖活动犯罪、走私犯罪、贪污贿赂犯罪、破坏金融管理秩序犯罪、金融诈骗犯罪的所得及其产生的收益的来源和性质，有下列行为之一的，没收实施以上犯罪的所得及其产生的收益，处五年以下有期徒刑或者拘役，并处或者单处罚金；情节严重的，处五年以上十年以下有期徒刑，并处罚金：

（一）提供资金帐户的；

（二）将财产转换为现金、金融票据、有价证券的；

（三）通过转帐或者其他支付结算方式转移资金的；

（四）跨境转移资产的；

（五）以其他方法掩饰、隐瞒犯罪所得及其收益的来源和性质的。

单位犯前款罪的，对单位判处罚金，并对其直接负责的主管人员和其他直接责任人员，依照前款的规定处罚。

【立法沿革】

《中华人民共和国刑法》（1997年修订，自1997年10月1日起施行）

第一百九十一条

明知是毒品犯罪、黑社会性质的组织犯罪、走私犯罪的违法所得及其产生的收益，为掩饰、隐瞒其来源和性质，有下列行为之一的，没收实施以上犯罪的违法所得及其产生的收益，处五年以下有期徒刑或者拘役，并处或者单处洗钱数额百分之五以上百分之二十以下罚金；情节严重的，处五年以上十年以下有期徒刑，并处洗钱数额百分之五以上百分之二十以下罚金：

（一）提供资金账户的；

（二）协助将财产转换为现金或者金融票据的；

（三）通过转账或者其他结算方式协助资金转移的；

（四）协助将资金汇往境外的；

（五）以其他方法掩饰、隐瞒犯罪的违法所得及其收益的性质和来源的。

单位犯前款罪的，对单位判处罚金，并对其直接负责的主管人员和其他直接责任人员，处五年以下有期徒刑或者拘役。

《中华人民共和国刑法修正案（三）》（自2001年12月29日起施行）

七、将刑法第一百九十一条修改为：

“明知是毒品犯罪、黑社会性质的组织犯罪、恐怖活动犯罪、走私犯罪的违法所得及其产生的收益，为掩饰、隐瞒其来源和性质，有下列行为之一的，没收实施以上犯罪的违法所得及其产生的收益，处五年以下有期徒刑或者拘役，并处或者单处洗钱数额百分之五以上百分之二十以下罚金；情节严重的，处五年以上十年以下有期徒刑，并处洗钱数额百分之五以上百分之二十以下罚金：

“（一）提供资金账户的；

“（二）协助将财产转换为现金或者金融票据的；

“（三）通过转账或者其他结算方式协助资金转移的；

“（四）协助将资金汇往境外的；

“（五）以其他方法掩饰、隐瞒犯罪的违法所得及其收益的来源和性质的。

“单位犯前款罪的，对单位判处罚金，并对其直接负责的主管人员和其他直接责任人员，处五年以下有期徒刑或者拘役；情节严重的，处五年以上十年以下有期徒刑。”

《中华人民共和国刑法修正案（六）》（自2006年6月29日起施行）

十六、将刑法第一百九十一条第一款修改为：

“明知是毒品犯罪、黑社会性质的组织犯罪、恐怖活动犯罪、走私犯罪、贪污贿赂犯罪、破坏金融管理秩序犯罪、金融诈骗犯罪的所得及其产生的收益，为掩饰、隐瞒其来源和性质，有下列行为之一的，没收实施以上犯罪的所得及其产生的收益，处五年以下有期徒刑或者拘役，并处或者单处洗钱数额百分之五以上百分之二十以下罚金；情节严重的，处五年以上十年以下有期徒刑，并处洗钱数额百分之五以上百分之二十以下罚金：

“（一）提供资金账户的；

“（二）协助将财产转换为现金、金融票据、有价证券的；

“（三）通过转账或者其他结算方式协助资金转移的；

“（四）协助将资金汇往境外的；

“（五）以其他方法掩饰、隐瞒犯罪所得及其收益的来源和性质的。”

《中华人民共和国刑法修正案（十一）》（自2021年3月1日起施行）

十四、将刑法第一百九十一条修改为：

"为掩饰、隐瞒毒品犯罪、黑社会性质的组织犯罪、恐怖活动犯罪、走私犯罪、贪污贿赂犯罪、破坏金融管理秩序犯罪、金融诈骗犯罪的所得及其产生的收益的来源和性质，有下列行为之一的，没收实施以上犯罪的所得及其产生的收益，处五年以下有期徒刑或者拘役，并处或者单处罚金；情节严重的，处五年以上十年以下有期徒刑，并处罚金：

"（一）提供资金帐户的；

"（二）将财产转换为现金、金融票据、有价证券的；

"（三）通过转帐或者其他支付结算方式转移资金的；

"（四）跨境转移资产的；

"（五）以其他方法掩饰、隐瞒犯罪所得及其收益的来源和性质的。

"单位犯前款罪的，对单位判处罚金，并对其直接负责的主管人员和其他直接责任人员，依照前款的规定处罚。"

【立法理由】

（一）立法相关背景及修改情况

1.1979年之后至1997年刑法修订前的立法情况。1990年12月28日，第七届全国人大常委会第十七次会议通过的《全国人民代表大会常务委员会关于禁毒的决定》第四条规定："包庇走私、贩卖、运输、制造毒品的犯罪分子的，为犯罪分子窝藏、转移、隐瞒毒品或者犯罪所得的财物的，掩饰、隐瞒出售毒品获得财物的非法性质和来源的，处七年以下有期徒刑、拘役或者管制，可以并处罚金。犯前款罪事先通谋的，以走私、贩卖、运输、制造毒品罪的共犯论处。"这是我国首次在刑事法律中规定洗钱罪。

2.1997年修订刑法的情况。1990年《全国人民代表大会常务委员会关于禁毒的决定》对洗钱行为作出规定后，从司法实践看，洗钱已不限于毒品犯罪。为了遏制洗钱行为，防止罪犯逃避法律制裁，维护金融管理秩序，有必要对此予以专门规定。①1997年修订刑法时，将洗钱犯罪单独规定为犯罪，洗钱犯罪的上游犯罪规定为毒品犯罪、黑社会性质的组织犯罪和走私罪。1997年《刑法》第一百九十一条规定："明知是毒品犯罪、黑社会性质的组织犯罪、走私犯罪的违法所得及其产生的收益，为掩饰、隐瞒其来源和性质，有下列行为之一的，没收实施以上犯罪的违法所得及其产生的收益，处五年以下有期徒刑或者拘役，并处或者单处洗钱数额百分之五以上百分之二十以下罚金；情节严重的，处五年以上十年以下有期徒刑，并处洗钱数额百分之五以上百分之二十以下罚金：（一）提供资金帐户的；（二）协助将财产转换为现金或者金融票据的；（三）通过转帐或者其他结算方式协助资金转移的；（四）协助将资金汇往境外的；（五）以其他方法掩饰、隐瞒犯罪的违法所得及其收益的性质和来源的。单位犯前款罪的，对单位判处罚金，并对其直接负责的主管人员和其他直接责任人员，处五年以下有期徒刑或者拘役。"

3.2001年《刑法修正案（三）》对本条的修改情况。一是将恐怖活动犯罪纳入该罪的"上游犯罪"，二是加重了单位犯罪中直接责任人员的法定刑，即增加规定"情节严重的，处五年以上十年以下有期徒刑"。这样修改主要是为了适应打击恐怖活动犯罪的需要。事实表明，国际恐怖组织与洗钱有着密切联系，为加大对恐怖活动组织的打击力度，2001年《刑法修正案（三）》将**恐怖活动犯罪**增加为洗钱罪的上游犯罪，同时考虑到洗钱行为很多是单位实施的，因此提升了单位犯罪中直接责任人员的法定刑。修改后的《刑法》第一百九十一条规定："明知是毒品犯罪、黑社会性质的组织犯罪、恐怖活动犯罪、走私犯罪的违法所得及其产生的收益，为掩饰、隐瞒其来源和性质，有下列行为之一的，没收实施以上犯罪的违法所得及其产生的收益，处五年以下有期徒刑或者拘役，并处或者单处洗钱数额百分之五以上百分之二十以下罚金；情节严重的，处五年以上十年以下有期徒刑，并处洗钱数额百分之五以上百分之二十以下罚金：（一）提供资金帐户的；（二）协助将财产转换为现金或者金融票据的；（三）通过转帐或者其他结算方式协助资金转移的；（四）协助将资金汇往境外的；（五）以其他方法掩饰、隐瞒犯罪的违法所得及其收益的来源和性质的。单位犯前款罪

① 关于洗钱罪的保护法益，我国学者指出，金融管理秩序是洗钱罪的保护法益。虽然洗钱行为在一般情况下会妨害到司法，但这只是客观事实，并不意味着刑法规定洗钱罪是为了保护司法活动。参见张明楷：《刑法学》（第6版），法律出版社2021年版，第1020页。另有学者指出，本罪的保护法益既包括国家金融管理秩序，也包括司法秩序。参见周光权：《刑法各论》（第4版），中国人民大学出版社2021年版，第318页；高铭暄、马克昌主编：《刑法学》（第7版），北京大学出版社、高等教育出版社2016年版，第412页；赵秉志、李希慧主编：《刑法各论》（第3版），中国人民大学出版社2016年版，第142页。

的，对单位判处罚金，并对其直接负责的主管人员和其他直接责任人员，处五年以下有期徒刑或者拘役；情节严重的，处五年以上十年以下有期徒刑。”

4. 2006 年《刑法修正案（六）》对本条的修改情况。一段时期以来，对贪污贿赂犯罪、破坏金融管理秩序犯罪和金融诈骗犯罪的所得及其收益进行洗钱的犯罪活动日益增多，不仅破坏了我国金融秩序，而且危害到经济安全和社会稳定。同时，在经济全球化和资本流动国际化的背景下，洗钱活动具有跨国（境）性，国际社会也加强了反洗钱的国际合作。我国已经批准加入的《联合国禁止非法贩运麻醉药品和精神药物公约》《联合国打击跨国有组织犯罪公约》《联合国反腐败公约》等，均明确要求各成员国将对毒品犯罪、腐败犯罪以及一些严重犯罪的所得及收益进行掩饰、隐瞒的行为在国内法中列为犯罪予以惩处。为了适应打击洗钱犯罪的需要，更好地承担国际义务，《刑法修正案（六）》将**贪污贿赂犯罪、破坏金融管理秩序犯罪、金融诈骗犯罪**规定为洗钱罪的上游犯罪，加大了对这些洗钱犯罪的打击力度。同时，在本条第一款第（二）项中明确地将“协助将财产转换为……有价证券”的行为列为洗钱方式之一。1997 年《刑法》第一百九十一条只是将“协助将财产转换为现金或者金融票据”列为洗钱的行为之一，而刑法中规定的金融票据一般特指汇票、本票、支票这三种银行票据，在司法实践中，对于协助将财产转换为股票、债券等有价证券的行为是否属于洗钱行为的认识不一致，本条进一步予以明确。修改后的《刑法》第一百九十一条规定：“明知是毒品犯罪、黑社会性质的组织犯罪、恐怖活动犯罪、走私犯罪、贪污贿赂犯罪、破坏金融管理秩序犯罪、金融诈骗犯罪的所得及其产生的收益，为掩饰、隐瞒其来源和性质，有下列行为之一的，没收实施以上犯罪的所得及其产生的收益，处五年以下有期徒刑或者拘役，并处或者单处洗钱数额百分之五以上百分之二十以下罚金；情节严重的，处五年以上十年以下有期徒刑，并处洗钱数额百分之五以上百分之二十以下罚金：（一）提供资金帐户的；（二）协助将财产转换为现金、金融票据、有价证券的；（三）通过转帐或者其他结算方式协助资金转移的；（四）协助将资金汇往境外的；（五）以其他方法掩饰、隐瞒犯罪所得及其收益的来源和性质的。单位犯前款罪的，对单位判处罚金，并对其直接负责的主管人员和其他直接责任人员，处五年以下有期徒刑或者拘役；情节严重的，处五年以上十年以下有期徒刑。”

5. 2020 年《刑法修正案（十一）》对本条的修改情况。一是将行为人“明知”上游犯罪的规定和“为掩饰、隐瞒犯罪所得及其产生的收益的来源和性质”的行为目的在表述上一并作了修改完善。将“明知是……犯罪的所得及其产生的收益，为掩饰、隐瞒其来源和性质”修改为“为掩饰、隐瞒……犯罪的所得及其产生的收益的来源和性质”。二是删去了本条第一款第（二）项、第（三）项、第（四）项中规定的“协助”，通过修改，将行为人自己实施特定上游犯罪并掩饰、隐瞒其犯罪所得及产生的收益的来源和性质的行为规定为犯罪，即将“自洗钱”行为规定为犯罪。三是在本条第一款第（三）项规定中增加以“支付”方式转移资金的犯罪行为，以加大对“地下钱庄”的惩处。四是将本条第一款第（四）项“将资金汇往境外”修改为“跨境转移资产”。五是将比例罚金刑“洗钱数额百分之五以上百分之二十以下罚金”修改为不定额罚金刑。六是对单位犯罪中直接责任人员的处罚增加规定了罚金刑。

2020 年《刑法修正案（十一）》对本条作出修改，主要有以下考虑：

一是有关部门反映，**行为人对特定上游犯罪具备“明知”**是认定洗钱罪的一个重要要件。然而证明行为人对某一具体上游犯罪具备“明知”，在司法实践中有难度。从事洗钱的犯罪行为人常抗辩其不深究经手资金的来源，以此否认对某一种具体上游犯罪具备“明知”。司法机关在能够认定犯罪嫌疑人具有掩饰、隐瞒犯罪所得及其收益的行为，但是难以认定行为人“明知”某一具体上游犯罪的时候，常以《刑法》第三百一十二条“掩饰、隐瞒犯罪所得、犯罪所得收益罪”定罪处罚。如果犯罪所得及其收益确实来源于恐怖活动犯罪、走私犯罪、贪污贿赂犯罪等特定上游犯罪，最终不能以洗钱罪定罪处罚，不能充分体现罚当其罪，与罪责刑相适应原则也不一致。此外，“掩饰、隐瞒”行为本身就带有故意实施相关行为的意思，在具体认定上，与“明知”要件存在一定程度的重复。经研究，采纳了有关意见。此次修改将原规定“明知是……犯罪的所得及其产生的收益，为掩饰、隐瞒其来源和性质”修改为“为掩饰、隐瞒……犯罪的所得及其产生的收益的来源和性质”。

二是有的全国人大代表和有关部门提出，司法实践中，洗钱案件不仅有为他人进行洗钱，而且有为自己的犯罪行为进行洗钱的情况。在行为性质上，**为自己的上游犯罪进行洗钱，属于实施上游犯罪后的额外行为，不仅放大了上游犯罪的危害后果，而且对国家的金融稳定等产生了额外伤害**。对于这种行为应当单独认定，即将行为人自己实施上游犯罪并掩饰、隐瞒其犯罪所得及产生的收益的来源和性质的行为单独规定为犯罪,也就是对"自洗钱"行为追究刑事责任。还有的意见提出,我国是反洗钱金融行动特别工作组(FATF)的成员,该组织的《四十项建议》中规定,"除非有悖于该国的基本法律原则,洗钱罪应适用于实施上游犯罪的人",这里涵盖了将"自洗钱"行为认定构成洗钱犯罪的建议。一些 FATF 成员国(如德国),近些年也通过修改法律将"自洗钱"行为规定为犯罪。我国若将"自洗钱"行为规定为犯罪,与世界上其他国家在惩治洗钱犯罪上的立场一致,将更有利于我国依法惩治洗钱违法犯罪,开展国际刑事司法协助,推动境外追逃追赃工作。经研究,此次修改删去了本条原第一款第(二)项、第(三)项、第(四)项中规定的"协助",在行为方式上将为他人从事洗钱行为修改为既可以为他人,也可以为行为人自己进行洗钱。从而将实施一些严重犯罪后的"自洗钱"行为规定为洗钱罪。

三是有的部门和地方提出,实践中,一些地方从事"地下钱庄"的非法活动较为猖獗,且经常涉及洗钱行为。**"地下钱庄"**如果通过转帐、汇兑、委托收款等方式进行资金结算,协助资金转移的,可以依法按照洗钱罪惩处。但是当"地下钱庄"提供支付工具协助资金转移的,则较难予以惩处。有的部门反映,涉嫌洗钱犯罪的支付工具和方式既有传统模式,如搬运现金货币,运输现金货币出入境等,也有通过信息网络进行的网络支付。经研究,此次修改在本条原第一款第(三)项中增加以其他"支付"方式协助资金转移的规定,将该种行为认定构成洗钱罪。

四是有的部门反映,实践中,不仅有将资金汇往境外的洗钱行为,也有将资金从境外汇往境内进行洗钱的情况。在洗钱的对象上,不仅限于资金,也出现**有价证券、珠宝、艺术品、不动产等资产**。经研究,此次修改将本条原第一款第(四)项规定的"协助将资金汇往境外"修改为"跨境转移资产"。

五是有的部门提出,洗钱罪原来规定了比例罚金刑,即"洗钱数额百分之五以上百分之二十以下罚金"。实践中,当上游犯罪的所得及其收益是资金时,可以根据比例直接确定罚金;当属于非资金形式的其他资产时,需要估算后再按照比例确定罚金。在诉讼过程中,相关资产的估算价格随着时间变化也会产生变化,往往不利于罚金的最终确定。经研究,此次修改将本罪原来规定的比例罚金修改为**不定额罚金**。司法机关可以根据案件的实际情况,自主确定罚金数额,做到罪责刑相适应。

六是有的部门和地方提出,原来本条规定的单位犯罪,对单位判处罚金,并对其直接负责的主管人员和其他直接责任人员判处自由刑,没有规定罚金刑。实践中,单位犯洗钱罪的情况越来越多,洗钱罪属于破坏金融管理秩序的犯罪,**有必要对单位的相关责任人员也处以罚金刑**。经研究,此次对单位犯罪的直接负责的主管人员和其他直接责任人员增加了罚金刑,以加大对洗钱犯罪的惩处力度。

(二)立法时争议的主要问题

一是关于本条规定的**上游犯罪的范围**,在研究起草《刑法修正案(六)》时,曾进行过讨论。1997 年修订刑法时,本条规定的上游犯罪为三类:毒品犯罪、黑社会性质的组织犯罪和走私犯罪。2001 年通过的《刑法修正案(三)》将恐怖活动犯罪增加规定为洗钱罪的上游犯罪。2006 年通过的《刑法修正案(六)》又增加规定贪污贿赂犯罪、破坏金融管理秩序犯罪、金融诈骗犯罪三类犯罪为洗钱罪的上游犯罪。有的意见提出,FATF 的《四十条建议》要求成员国应当将洗钱罪适用于所有的严重罪行,以涵盖最广泛的上游犯罪,建议扩大我国刑法洗钱罪的上游犯罪至所有犯罪。也有的意见提出,调整洗钱罪上游犯罪的范围应符合实际需要,洗钱罪还是适宜突出惩治重点,集中在一些最突出、最严重的犯罪所得的洗钱活动上。立法部门经会同有关部门研究后一致认为,立法应当从我国惩治洗钱犯罪的实际和有利于加强惩治洗钱犯罪的国际合作需要出发。我国洗钱罪的罪名和罪类设定没有必要与国际公约和 FATF《四十条建议》规定的犯罪类别一一对应,将谋杀、重伤、抢劫等犯罪作为洗钱犯罪的上游犯罪与我国的立法例和人们的接受程度相距甚远。我国刑法关于洗钱犯罪的上游犯罪的规定,应当既有利于我国承担的国际义务,又有利于惩治毒品犯罪、走私犯罪、恐怖活动犯罪、黑社会性质的组织犯罪、贪污贿赂犯罪、破坏金融管理秩序犯罪、金融诈骗犯罪的实际需要,对这些犯罪以及一些通常可能有巨大犯罪所得的严重犯罪而为其洗钱的行为,作出特别规定。同时,对于掩饰隐瞒其他犯罪所得的,也应追究刑事责任。对此,《刑法修正案(六)》对原《刑法》第三百一十二条"窝藏、转移、收购、销售赃物罪"进行了修改,将窝藏、转移、收购、销售犯罪所得的赃物扩大到对明知是任何犯罪的所得而予以掩饰、隐瞒的,都可以按犯罪追究刑事责任,从而将赃物犯罪修改为洗钱犯罪。2009 年通过的《刑法修正案(七)》对《刑法》第三百一十二条又作了进一步修改，增加了单位犯罪，以适应惩治洗钱犯罪的需要。

通过《刑法修正案（三）》《刑法修正案（六）》《刑法修正案（七）》对本条洗钱罪和第三百一十二条掩饰、隐瞒犯罪所得、犯罪所得收益罪的修改，我国《刑法》形成了以第一百九十一条“洗钱罪”为核心，第三百四十九条“窝藏、转移、隐瞒毒品、毒赃罪”为补充，第三百一十二条“掩饰、隐瞒犯罪所得、犯罪所得收益罪”为兜底的较为完备的**洗钱犯罪体系**，可以将所有犯罪都纳入广义的洗钱犯罪的上游犯罪范围。这样既符合国际公约、国际反洗钱组织要求各国对明知是严重犯罪的所得，进行转移、转换或者以其他方式掩饰、隐瞒其性质和来源的行为，都规定为犯罪的要求，也将我国刑法洗钱罪的打击重点始终集中在一些对最突出、最严重的犯罪所得的洗钱活动上。

二是关于**是否要对数罪并罚作出明确规定**。《刑法修正案（十一）》研究起草过程中，有的意见提出，洗钱罪应单独增加一款关于数罪并罚的规定。多数意见提出，不必对此作出明确规定，规定数罪并罚会对我国司法实践造成较大冲击。因此在对本条修改时未就数罪并罚作出明确规定。

【条文说明】

本条是关于洗钱罪及其处罚的规定。

本条共分为两款。

第一款是关于个人犯洗钱罪的处罚规定。根据本款规定，构成洗钱罪必须具备以下条件：

1. 主观上是为掩饰、隐瞒上游犯罪的所得及其产生的收益的来源和性质。这里的“**掩饰、隐瞒**”是指行为人以窝藏、转移、转换、收购等方法将自己或者他人实施上游犯罪的所得及其产生的收益予以掩盖或洗白，本条对“掩饰、隐瞒”的方法作了具体列举。行为人的主观方面，可以通过行为人的认知能力，接触和掌握上游犯罪及其犯罪所得和收益的情况，犯罪所得及其收益的种类、数额，掩饰、隐瞒犯罪所得及其收益的方式等，结合客观实际情况与犯罪意图综合判断。**本条规定的上游犯罪**，为“毒品犯罪、黑社会性质的组织犯罪、恐怖活动犯罪、走私犯罪、贪污贿赂犯罪、破坏金融管理秩序犯罪、金融诈骗犯罪”。这里规定的是某一类犯罪，例如“贪污贿赂犯罪”是指《刑法》分则第八章“贪污贿赂罪”一章中的所有犯罪；“破坏金融管理秩序犯罪”和“金融诈骗犯罪”包括《刑法》分则第三章第四节“破坏金融管理秩序罪”和第五节“金融诈骗罪”两节中规定的所有犯罪。这里的类罪也应包括基于实施“毒品犯罪”等七类犯罪的目的而实施其他犯罪的情况，**具体确定的罪名不一定是这七类罪**。如为参加恐怖活动组织、接受恐怖活动培训或者实施恐怖活动，偷越国（边）境的，当行为人因涉恐怖活动而触犯《刑法》第三百三十二条“偷越国（边）境罪”时，该罪也应属于本罪规定的“恐怖活动犯罪”。这里的犯罪“**所得及其产生的收益的来源和性质**”，是指上游犯罪行为人犯罪所获得的非法利益以及利用犯罪所得的非法利益所产生的孳息或者进行经营活动所产生的经济利益的来源和性质。①

2. 行为人实施了**掩饰、隐瞒毒品犯罪②、黑社会性质的组织犯罪、恐怖活动犯罪③、走私犯罪④、**

---

① 我国学者指出，“犯罪所得”既包括犯罪行为的直接所得与间接所得，也包括犯罪行为所取得的报酬。“产生的收益”既包括上游犯罪所得产生的收益，也包括没有犯罪所得的上游犯罪行为直接产生的收益（如挪用公款罪）。参见张明楷：《刑法学》（第6版），法律出版社2021年版，第1020页。

② 毒品犯罪，指《刑法》分则第六章第七节所规定的犯罪，无限缩解释之必要。参见张明楷：《刑法学》（第6版），法律出版社2021年版，第1021页；黎宏：《刑法学各论》（第2版），法律出版社2016年版，第153页；高铭暄、马克昌主编：《刑法学》（第7版），北京大学出版社、高等教育出版社2016年版，第412页。

③ 黑社会性质的组织犯罪、恐怖活动犯罪，指以黑社会性质组织、恐怖活动组织及其成员为主体实施的各种犯罪。参见张明楷：《刑法学》（第6版），法律出版社2021年版，第1021页。

④ 走私犯罪，指《刑法》分则第三章第二节所规定的全部走私犯罪。参见张明楷：《刑法学》（第6版），法律出版社2021年版，第1021页；黎宏：《刑法学各论》（第2版），法律出版社2016年版，第153页；高铭暄、马克昌主编：《刑法学》（第7版），北京大学出版社、高等教育出版社2016年版，第412页。

贪污贿赂犯罪[①]**、破坏金融管理秩序犯罪**[②]**、金融诈骗犯罪的所得及其产生收益的来源和性质的行为**。洗钱罪的本质在于为特定上游犯罪的犯罪所得披上合法外衣,消灭犯罪线索和证据,逃避法律追究和制裁,实现犯罪所得的安全循环使用。[③]本条列举了五种洗钱行为:(1)**提供资金帐户**,是指为犯罪行为人提供金融机构帐户等的行为,包括提供各种真名帐户、匿名帐户、假名帐户等,为其转移犯罪所得及其收益提供方便。(2)**将财产转换为现金、金融票据或者有价证券**,是指犯罪行为人本人或者协助他人将犯罪所得及其收益的财产通过交易等方式转换为现金或者汇票、本票、支票等金融票据或者股票、债券等有价证券,以掩饰、隐瞒犯罪所得财产的真实所有权关系。(3)**通过转帐或者其他支付结算方式转移资金**。这种行为的目的是犯罪行为人为自己或者为他人掩盖犯罪所得资金的来源、去向。这里的支付结算方式包括转帐、票据承兑和贴现等资金支付结算业务。(4)**跨境转移资产**,是指以各种方式将犯罪所得的资产转移到境外的国家或地区,兑换成外币、动产、不动产等;或者将犯罪所得的资产从境外转移到境内,兑换成人民币、动产、不动产等。实践中,跨境转移资产有直接跨境实施的,如通过运输、邮寄、携带等方式跨越国(边)境实现资产转移,以投资等方式购买境外资产等;也有间接跨境实施的,如犯罪集团控制境内、境外分别设立的两个资金池,当境内完成收款后,通知境外资金向外放款,实现跨境转移资产。(5)**以其他方法掩饰、隐瞒犯罪所得及其收益的来源和性质**,是一个兜底性规定,包括将犯罪所得投资于各种行业进行合法经营,将非法获得的收入注入合法收入中,或者用犯罪所得购买不动产等各种手段,掩饰、隐瞒犯罪所得及其收益的来源和性质的行为。2009年《最高人民法院关于审理洗钱等刑事案件具体应用法律若干问题的解释》第二条对该款原规定又作了进一步细化,包括"(一)通过典当、租赁、买卖、投资等方式,协助转移、转换犯罪所得及其收益的;(二)通过与商场、饭店、娱乐场所等现金密集型场所的经营收入相混合的方式,协助转移、转换犯罪所得及其收益的;(三)通过虚构交易、虚设债权债务、虚假担保、虚报收入等方式,协助将犯罪所得及其收益转换为'合法'财物的;(四)通过买卖彩票、奖券等方式,协助转换犯罪所得及其收益的;(五)通过赌博方式,协助将犯罪所得及其收益转换为赌博收益的;(六)协助将犯罪所得及其收益携带、运输或者邮寄出入境的;(七)通过前述规定以外的方式协助转移、转换犯罪所得及其收益的"。

对于个人犯洗钱罪的处罚,本款根据情节轻重规定了两档刑罚:**构成洗钱犯罪的**,没收犯罪的所得及其产生的收益[④],处五年以下有期徒刑或者拘役,并处或者单处罚金;**情节严重的**,没收犯罪的所得及其产生的收益,处五年以上十年以下有期徒刑,并处罚金。

第二款是关于单位犯洗钱罪的处罚规定。对单位犯洗钱罪,本条规定实行**双罚制原则**,既处罚单位又处罚有关的责任人员。本条根据犯罪情节规定了两档刑罚:**对于单位实施洗钱行为构成犯罪的**,对单位判处罚金,并对其直接负责的主管人员和其他直接责任人员,没收犯罪的所得及其产生的收益,处五年以下有期徒刑或者拘役,并处或者单处罚金。**情节严重的**,除对单位判处罚金外,对其直接负责的主管人员和其他直接责任人员,没收犯罪的所得及其产生的收益,处五年以上十年以下有期徒刑,并处罚金。

实践中需要注意以下问题:

---

① 关于贪污贿赂犯罪的范围,我国学者指出,包括《刑法》分则第八章全部贪污贿赂的犯罪。参见黎宏:《刑法学各论》(第2版),法律出版社2016年版,第153页;高铭暄、马克昌主编:《刑法学》(第7版),北京大学出版社、高等教育出版社2016年版,第412页;赵秉志、李希慧主编:《刑法各论》(第3版),中国人民大学出版社2016年版,第143页。另有学者指出,《刑法》第一百六十三条之非国家工作人员受贿罪的犯罪所得及其产生的收益,可以成为洗钱罪的对象;职务侵占罪无法成为洗钱罪的上游犯罪(将职务侵占归入贪污罪中,有违反罪刑法定原则之嫌);挪用公款罪中的"公款"本身不是上游犯罪"所得",但挪用公款行为产生的收益,属于上游犯罪产生的收益,能够成为洗钱的对象;隐瞒境外存款罪难以成为上游犯罪。参见张明楷:《刑法学》(第6版),法律出版社2021年版,第1021页。

② 破坏金融管理秩序犯罪与金融诈骗犯罪,指《刑法》分则第三章第四节与第五节所规定的犯罪。参见张明楷:《刑法学》(第6版),法律出版社2021年版,第1021页;高铭暄、马克昌主编:《刑法学》(第7版),北京大学出版社、高等教育出版社2016年版,第412页。

③ 我国学者指出,洗钱活动大致可以分为三个阶段:(1)"浸泡"阶段;(2)"分根"阶段;(3)"甩干"阶段。参见周光权:《刑法各论》(第4版),中国人民大学出版社2021年版,第319页。

④ 我国学者指出,《刑法》第一百九十一条所规定的"没收",实际上与第六十四条的"追缴"基本上是一个含义。凡是有被害人的,应当将犯罪所得返还给被害人;对于没有被害人的犯罪,如毒品犯罪、走私犯罪、贿赂犯罪所得及其产生的收益,应当追缴并上缴国库。参见张明楷:《刑法学》(第6版),法律出版社2021年版,第1024页。

1. **关于洗钱罪是否需要在上游犯罪判决之后才能认定的问题**。对此,《最高人民法院关于审理洗钱等刑事案件具体应用法律若干问题的解释》第四条规定了下述三种情形不影响洗钱犯罪的审判和认定:(1)上游犯罪尚未依法裁判,但查证属实的;(2)上游犯罪事实可以确认,因行为人死亡等原因依法不予追究刑事责任的;(3)上游犯罪事实可以确认,依法以其他罪名定罪处罚的。

2. 关于修改《刑法》第一百九十一条后,"自洗钱"可以独立定罪,**《刑法》第三百一十二条"掩饰、隐瞒犯罪所得、犯罪所得收益罪"是否也适用"自洗钱"独立定罪的问题**。根据《刑法修正案(十一)》对洗钱罪的修改,"自洗钱"行为可以按照《刑法》第一百九十一条洗钱罪定罪处罚。同样,作为广义的洗钱犯罪,《刑法》第三百一十二条"掩饰、隐瞒犯罪所得、犯罪所得收益罪"也适用"自洗钱"行为可以独立定罪。从文意表述看,《刑法》第三百一十二条"掩饰、隐瞒犯罪所得、犯罪所得收益罪"的规定与"自洗钱"单独定罪并不矛盾。因此,《刑法修正案(十一)》没有对其进行修改。"自洗钱"行为可以按照洗钱罪定罪处罚后,"自洗钱"独立定罪处罚也一并适用于《刑法》第三百一十二条"掩饰、隐瞒犯罪所得、犯罪所得收益罪"。对此,《全国人民代表大会宪法和法律委员会关于〈中华人民共和国刑法修正案(十一)(草案)〉修改情况的汇报》对此作了明确规定:"宪法和法律委员会经同有关方面研究,建议对草案作以下修改补充……修改洗钱罪,将实施一些严重犯罪后的'自洗钱'明确为犯罪,同时完善有关洗钱行为方式,增加地下钱庄通过'支付'结算方式洗钱等。作上述修改以后,我国刑法第一百九十一条、第三百一十二条等规定的洗钱犯罪的上游犯罪包含所有犯罪,'自洗钱'也可单独定罪,为有关部门有效预防、惩治洗钱违法犯罪以及境外追逃追赃提供充足的法律保障。"

【司法解释】

《最高人民法院关于审理骗购外汇、非法买卖外汇刑事案件具体应用法律若干问题的解释》(法释〔1998〕20号,自1998年9月1日起施行)

△(**洗钱;骗购外汇**)以进行走私、逃汇、洗钱、骗税等犯罪活动为目的,使用虚假、无效的凭证、商业单据或者采取其他手段向外汇指定银行骗购外汇的,应当分别按照刑法分则第三章第二节、第一百九十条、第一百九十一条和第二百零四条等规定定罪处罚。(§1)

《最高人民法院关于审理洗钱等刑事案件具体应用法律若干问题的解释》(法释〔2009〕15号,自2009年11月11日起施行)

△(**明知之认定**)刑法第一百九十一条、第三百一十二条规定的"明知"①,应当结合被告人的认知能力,接触他人犯罪所得及其收益的情况,犯罪所得及其收益的种类、数额,犯罪所得及其收益的转换、转移方式以及被告人的供述等主、客观因素进行认定。

具有下列情形之一的,可以认定被告人明知系犯罪所得及其收益,但有证据证明确实不知道的除外:

(一)知道他人从事犯罪活动,协助转换或者转移财物的;

(二)没有正当理由,通过非法途径协助转换或者转移财物的;

(三)没有正当理由,以明显低于市场的价格收购财物的;

(四)没有正当理由,协助转换或者转移财物,收取明显高于市场的"手续费"的;

(五)没有正当理由,协助他人将巨额现金散存于多个银行账户或者在不同银行账户之间频繁划转的;

(六)协助近亲属或者其他关系密切的人转换或者转移与其职业或者财产状况明显不符的财物的;

(七)其他可以认定行为人明知的情形。

被告人将刑法第一百九十一条规定的某一上游犯罪的犯罪所得及其收益误认为刑法第一百九十一条规定的上游犯罪范围内的其他犯罪所得及其收益的,不影响刑法第一百九十一条规定的"明知"的认定。(§1)

△(**以其他方法掩饰、隐瞒犯罪所得及其收益的来源和性质**)具有下列情形之一的,可以认定为刑法第一百九十一条第一款第(五)项规定的"以其他方法掩饰、隐瞒犯罪所得及其收益的来源和性质":

(一)通过典当、租赁、买卖、投资等方式,协助转移、转换犯罪所得及其收益的;

(二)通过与商场、饭店、娱乐场所等现金密集型场所的经营收入相混合的方式,协助转移、转换犯罪所得及其收益的;

① 我国学者指出,关于"明知",并不要求达到确知的程度,只要达到可能是的程度即可。参见黎宏:《刑法学各论》(第2版),法律出版社2016年版,第154页。

(三)通过虚构交易、虚设债权债务、虚假担保、虚报收入等方式,协助将犯罪所得及其收益转换为“合法”财物的;

(四)通过买卖彩票、奖券等方式,协助转换犯罪所得及其收益的;

(五)通过赌博方式,协助将犯罪所得及其收益转换为赌博收益的;

(六)协助将犯罪所得及其收益携带、运输或者邮寄出入境的;

(七)通过前述规定以外的方式协助转移、转换犯罪所得及其收益的。(§ 2)

△(**竞合;掩饰、隐瞒犯罪所得、犯罪所得收益罪**)明知是犯罪所得及其产生的收益而予以掩饰、隐瞒,构成刑法第三百一十二条规定的犯罪,同时又构成刑法第一百九十一条或者第三百四十九条规定的犯罪的,依照处罚较重的规定定罪处罚。[①](§ 3)

△(**上游犯罪事实成立;上游犯罪**)刑法第一百九十一条、第三百一十二条、第三百四十九条规定的犯罪,应当以上游犯罪事实成立为认定前提。上游犯罪尚未依法裁判,但查证属实的,不影响刑法第一百九十一条、第三百一十二条、第三百四十九条规定的犯罪的审判。

上游犯罪事实可以确认,因行为人死亡等原因依法不予追究刑事责任的,不影响刑法第一百九十一条、第三百一十二条、第三百四十九条规定的犯罪的认定。

上游犯罪事实可以确认,依法以其他罪名定罪处罚的,不影响刑法第一百九十一条、第三百一十二条、第三百四十九条规定的犯罪的认定。

本条所称“上游犯罪”,是指产生刑法第一百九十一条、第三百一十二条、第三百四十九条规定的犯罪所得及其收益的各种犯罪行为。(§ 4)

《最高人民法院最高人民检察院关于办理非法从事资金支付结算业务、非法买卖外汇刑事案件适用法律若干问题的解释》(法释〔2019〕1号,自2019年2月1日起施行)

△(**想象竞合;非法经营罪;帮助恐怖活动罪;洗钱罪**)非法从事资金支付结算业务或者非法买卖外汇,构成非法经营罪,同时又构成刑法第一百二十条之一规定的帮助恐怖活动罪或者第一百九十一条规定的洗钱罪的,依照处罚较重的规定定罪处罚。(§ 5)

【司法解释性文件】

《最高人民检察院、公安部关于公安机关管辖的刑事案件立案追诉标准的规定(二)》(公通字〔2022〕12号,2022年4月6日公布)

△(**洗钱罪;立案追诉标准**)为掩饰、隐瞒毒品犯罪、黑社会性质的组织犯罪、恐怖活动犯罪、走私犯罪、贪污贿赂犯罪、破坏金融管理秩序犯罪、金融诈骗犯罪的所得及其产生的收益的来源和性质,涉嫌下列情形之一的,应予立案追诉:

(一)提供资金账户的;

(二)将财产转换为现金、金融票据、有价证券的;

(三)通过转账或者其他支付结算方式转移资金的;

(四)跨境转移资产的;

(五)以其他方法掩饰、隐瞒犯罪所得及其收益的来源和性质的。(§43)

【附属刑法】

《中华人民共和国反洗钱法》(2006年10月31日通过)

第三十二条

Ⅰ金融机构有下列行为之一的,由国务院反洗钱行政主管部门或者其授权的设区的市一级以上派出机构责令限期改正;情节严重的,处二十万元以上五十万元以下罚款,并对直接负责的董事、高级管理人员和其他直接责任人员,处一万元以上五万元以下罚款:

(一)未按照规定履行客户身份识别义务的;

(二)未按照规定保存客户身份资料和交易记录的;

(三)未按照规定报送大额交易报告或者可疑交易报告的;

(四)与身份不明的客户进行交易或者为客户开立匿名账户、假名账户的;

(五)违反保密规定,泄露有关信息的;

(六)拒绝、阻碍反洗钱检查、调查的;

(七)拒绝提供调查材料或者故意提供虚假材料的。

Ⅱ金融机构有前款行为,致使洗钱后果发生

① 我国学者指出,洗钱罪和掩饰、隐瞒犯罪所得、犯罪所得收益罪之间是特殊法与普通法的关系。正常情况下,(当二者竞合时)按照特殊法优于普通法的原则,应当构成洗钱罪。但是,如果按照掩饰、隐瞒犯罪所得、犯罪所得收益罪处罚较重时,则以掩饰、隐瞒犯罪所得、犯罪所得收益罪论处。参见黎宏:《刑法学各论》(第2版),法律出版社2016年版,第154—155页。

的，处五十万元以上五百万元以下罚款，并对直接负责的董事、高级管理人员和其他直接责任人员处五万元以上五十万元以下罚款；情节特别严重的，反洗钱行政主管部门可以建议有关金融监督管理机构责令停业整顿或者吊销其经营许可证。

Ⅲ对有前两款规定情形的金融机构直接负责的董事、高级管理人员和其他直接责任人员，反洗钱行政主管部门可以建议有关金融监督管理机构依法责令金融机构给予纪律处分，或者建议依法取消其任职资格、禁止其从事有关金融行业工作。

第三十三条

违反本法规定，构成犯罪的，依法追究刑事责任。

【公报案例】

△(**洗钱罪；明知；协助以购买股份的方式投资企业经营**)根据《刑法》第一百九十一条的规定，被告人为获得不法利益，明知他人从事毒品犯罪活动，且掌握的大量资金可能是毒品犯罪所得，仍积极协助其以购买股份的方式投资企业经营，掩饰、隐藏资金的性质及来源，其行为构成了洗钱罪。[《最高人民法院公报》2004 年第 10 期　汪照洗钱案]

【参考案例】

△**行为人明知是内幕交易犯罪所得而予以掩饰、隐瞒的，应以洗钱罪论处。**

掩饰、隐瞒犯罪所得、犯罪所得收益罪与洗钱罪之间存在包含与被包含的关系。司法实践中，一般是从两罪的客体、对象、行为方式等方面把握两者的界限。

首先，犯罪客体不完全相同。洗钱罪的客体是复杂客体，就李启红等内幕交易、泄露内幕信息案而言，侵犯了国家的金融管理秩序，破坏了司法活动的正常秩序；掩饰、隐瞒犯罪所得、犯罪所得收益罪的客体是简单客体，只是破坏了司法活动的正常秩序。

其次，犯罪对象不同。洗钱罪体现为针对特定对象的犯罪，即必须是毒品犯罪、破坏金融管理秩序犯罪等法定的七类上游犯罪；掩饰、隐瞒犯罪所得、犯罪所得收益罪的犯罪对象是一切犯罪的所得及其产生的收益。

再次，行为方式不同。洗钱罪规定了五种法定的行为方式，即提供资金账户、协助将财产转换为现金或者金融票据等；行为人通过上述方法将上游犯罪所得及其收益通过金融机构的正常经营活动使其表面合法化；掩饰、隐瞒犯罪所得、犯罪所得收益罪的行为方式主要是为犯罪所得赃物提供隐匿场所、转移赃物、代为销售等，只是进行空间上的移动，不具有使之表面合法化的特征。

此外，主观方面不同。洗钱罪中，行为人必须明知是毒品犯罪、破坏金融管理秩序犯罪等法定的七类上游犯罪的所得及其产生的收益；掩饰、隐瞒犯罪所得、犯罪所得收益罪只要求行为人明知是犯罪所得及其产生的收益。

最后，直接目的不同。洗钱罪的直接目的是掩饰、隐瞒法定七类犯罪所得及其产生收益的来源和性质，从而使黑钱合法化；掩饰、隐瞒犯罪所得、犯罪所得收益罪的直接目的是逃避司法机关的追查或者使犯罪所得不被追缴，并没有“漂白”款的意图。

就本案而言，李启明明知李启红、林永安、林小雁买卖科技公司股票获利，为将赃款“漂白”，李启明将股票收益用于收购公司的股权，李启明掩饰、隐瞒的犯罪对象是破坏金融管理秩序犯罪的犯罪所得，属于洗钱罪法定的七类上游犯罪之一，且李启明的行为在本质上属于掩饰、隐瞒犯罪收益的非法性质和来源，而非仅仅对赃款进行物理上的隐匿或者转移，故应认定李启明的行为构成洗钱罪。费朝晖明知郑旭龄买卖科技公司股票获利，为了掩饰、隐瞒郑旭龄内幕交易所得，为郑旭龄提供资金账户，费朝晖掩饰、隐瞒的犯罪对象也是破坏金融管理秩序犯罪的犯罪所得，属于洗钱罪法定的七类上游犯罪之一，费朝晖的行为亦构成洗钱罪。[No. 3-4-180(1)-3　李启红等内幕交易、泄露内幕信息案]

△**上游犯罪行为人虽未定罪判刑，但洗钱行为证据确实、充分的，应当认定为洗钱罪。**

洗钱罪与上游犯罪的关系密不可分，可以说，如果没有上游犯罪，就没有洗钱罪和掩饰、隐瞒犯罪所得、犯罪所得收益罪这些下游犯罪、派生犯罪。那么，是否必须上游犯罪行为人已经法院定罪判刑，才能认定洗钱罪？答案是否定的。只要有证据证明确实发生了《刑法》第一百九十一条明文规定的上游犯罪，行为人明知系上游犯罪的所得及其产生的收益，仍然实施为上游犯罪行为人提供资金账户、协助将财产转换为现金等掩饰、隐瞒其来源和性质的帮助行为的，就可以认定洗钱罪成立。上游犯罪行为与洗钱犯罪行为虽然具有前后相连的事实特征，但实践中两种犯罪案发状态、查处及审判进程往往不会同步。有的上游犯罪事实复杂，有的则可能涉及数个犯罪，查处难度大，所需时间长，审判进程必然比较慢；而洗钱行为相对简单,查处难度小;还可能出现实施洗钱行为的人已经抓获归案,上游犯罪的事实已经查清,而上游犯罪行为人尚在逃的情形。从程序角度而言,如果要求所有的洗钱犯罪都必须等到相应的上游犯罪处理完毕后再处理,会造成对这类犯罪打击不力的后果,如一律要求上游犯罪已经定罪判刑才能认定洗钱罪成立既不符合《刑法》规定,也不符合打击洗钱犯罪的实际需要。从犯罪构成上看,洗钱罪的上游犯罪和洗钱罪虽有联系,但各有不同的犯罪构成,需要分别进行独立评价。上游犯罪在洗钱罪的犯罪构成中,只是作为前提性要素出现,是认定洗钱行为人主观故意和客观危害符合《刑法》第一百九十一条规定的前提性判断依据。如果根据洗钱罪中的证据足以认定上游行为符合上游犯罪的要件,那么行为人就应当成立洗钱罪。应当注意的是,在上游犯罪行为人尚未归案的情况下,可能难以确定其行为性质,此时法院应当慎重处理:只有根据洗钱案件中所掌握的事实和证据,足以断定上游行为属于《刑法》第一百九十一条所规定的七种犯罪类型的,才能认定洗钱罪成立;如果根据现有的证据材料,尚难以断定上游行为是否构成犯罪、构成何种犯罪,则不宜认定洗钱罪。因为《刑法》第一百九十一条规定了明知要件,如果法院尚不能判断上游行为是否构成犯罪,以及是否属于特定的七类犯罪,就无法断定洗钱行为人明知系七类犯罪所得及收益而实施洗钱行为。当然,如果根据证据足以断定上游犯罪属于七类犯罪以外的其他犯罪的,可以依法认定为《刑法》第三百一十二条所规定的掩饰、隐瞒犯罪所得、犯罪所得收益罪。

在潘儒民等洗钱案中,上游犯罪行为人"阿元"尚未抓获归案,根据被害人的陈述和被告人的供述,以及有关书证材料,可以确定"阿元"盗划他人信用卡内钱款的行为,已经涉嫌信用卡诈骗罪。潘儒民等四被告人明知"阿元"所获得的钱款系金融诈骗犯罪所得,为掩饰、隐瞒其来源和性质,仍按其要求提供资金账户并通过转账等方式协助资金转移,符合《刑法》第一百九十一条所规定的洗钱罪的构成特征,且涉案金额达 100 万余元,应当以洗钱罪对四被告人定罪处罚。[No. 3-4-191-1　潘儒民等洗钱案]

△将毒品犯罪的违法所得用于投资经营等活动,意在将毒赃的非法性质和来源予以合法化的,不构成隐瞒毒赃罪,应以洗钱罪论处。

根据《刑法》第三百四十九条的规定,窝藏、转移、隐瞒毒赃罪是指为犯罪分子窝藏、转移、隐瞒毒品或者犯罪所得的财物的行为。关于洗钱罪与窝藏、转移、隐瞒毒赃罪的界限,实践中把握住以下三个方面即可以得到较好的区分:第一,犯罪对象方面。洗钱行为所指向的对象是包括毒品犯罪在内的四类上游犯罪所得及其收益的非法性质和来源,故不一定直接涉及财物本身;而后者主要是针对毒品犯罪所得的财物而言的,故财物本身为其直接对象。或者说,前者不一定要求对作为犯罪所得或者收益的财物形成物理上的控制,而后者则要求必须使该财物处于行为人的支配、控制范围或者状态之下。[①] 第二,行为方式方面。前者表现为将上游犯罪所得及收益通过金融机构等,采用提供资金账户、协助转移财产、转移资金、把资金汇往境外等方法使其具有表面合法化的性质;后者则主要是通过改变赃物的空间位置或者存在状态对赃物进行隐匿或者转移,使侦查机关和司法机关不能或者难以发现,或者妨害司法机关对赃物的追缴。此类行为并无改变赃物非法性质之作用,不具有使之表面合法化的特征。就具体行为方式言之,前者远较后者复杂。第三,主观目的方面。前者的目的是掩饰黑钱的非法来源和性质,使黑钱合法化,此种目的同时决定了洗钱行为人并不必然要对赃物加以物理上的隐藏,洗钱行为中所表现出的财物就其存在状态而言仍可能具有一定的公开性;而后者的主观目的是逃避司法机关的侦查、追缴,力图藏匿财物,使他人不知该财物的存在,因而后者财物的存在状态具有秘密性。[No. 3-4-191-2　汪照洗钱案]

---

① 相同的学说见解,参见黎宏:《刑法学各论》(第 2 版),法律出版社 2016 年版,第 155 页。

分则　第三章

第五节　金融诈骗罪

第一百九十二条　【集资诈骗罪】

以非法占有为目的，使用诈骗方法非法集资，数额较大的，处三年以上七年以下有期徒刑，并处罚金；数额巨大或者有其他严重情节的，处七年以上有期徒刑或者无期徒刑，并处罚金或者没收财产。

单位犯前款罪的，对单位判处罚金，并对其直接负责的主管人员和其他直接责任人员，依照前款的规定处罚。

【立法沿革】

《中华人民共和国刑法》(1997年修订，自1997年10月1日起施行)

第一百九十二条

以非法占有为目的，使用诈骗方法非法集资，数额较大的，处五年以下有期徒刑或者拘役，并处二万元以上二十万元以下罚金；数额巨大或者有其他严重情节的，处五年以上十年以下有期徒刑，并处五万元以上五十万元以下罚金；数额特别巨大或者有其他特别严重情节的，处十年以上有期徒刑或者无期徒刑，并处五万元以上五十万元以下罚金或者没收财产。

《中华人民共和国刑法修正案(十一)》(自2021年3月1日起施行)

十五、将刑法第一百九十二条修改为：

“以非法占有为目的，使用诈骗方法非法集资，数额较大的，处三年以上七年以下有期徒刑，并处罚金；数额巨大或者有其他严重情节的，处七年以上有期徒刑或者无期徒刑，并处罚金或者没收财产。

“单位犯前款罪的，对单位判处罚金，并对其直接负责的主管人员和其他直接责任人员，依照前款的规定处罚。”

【立法理由】

我国金融诈骗犯罪相关刑事立法的发展完善，是随着我国刑法的发展完善不断变迁的。我国关于打击金融诈骗犯罪活动的立法，大致可以分为以下几个阶段：第一阶段：囿于当时的立法条件和经济发展水平，特别是当时实践中此类犯罪的实际情况，1979年刑法没有就金融诈骗犯罪问题作出专门规定。对于金融诈骗犯罪行为，是依照诈骗罪定罪处罚的；第二阶段：1995年6月30日第八届全国人大常委会第十四次会议通过的《全国人民代表大会常务委员会关于惩治破坏金融秩序犯罪的决定》明确列举出六种金融诈骗犯罪形式，即集资诈骗、贷款诈骗、票据诈骗、信用证诈骗、信用卡诈骗和保险诈骗，并且将集资诈骗罪、票据诈骗罪、信用证诈骗罪的法定最高刑规定为死刑。这主要是针对当时金融领域违法犯罪活动严重的实际情况，为依法治理金融“三乱”，严厉惩治金融领域的诈骗犯罪活动提供有力法律武器；第三阶段：1997年《刑法》在分则第三章第五节专门规定了金融诈骗罪，在基本保留1995年《全国人民代表大会常务委员会关于惩治破坏金融秩序犯罪的决定》有关内容的基础上，又增加规定了金融凭证诈骗罪、有价证券诈骗罪两种新型诈骗犯罪。第四阶段：根据适当减少死刑罪名的要求，通过2011年《刑法修正案(八)》、2015年《刑法修正案(九)》**逐步废除了金融诈骗罪这一节所有罪名的死刑**，从而在我国刑法中总体上对于经济犯罪不再保留死刑。

从总体上来看，我国惩治金融诈骗犯罪的刑事立法不断适应经济社会发展和建设社会主义法治国家的需要，在保障金融安全，防范和化解金融风险中发挥了重要作用。近年来，我国经济持续快速发展、改革不断深化、对外开放进一步扩大，但是，包括集资诈骗在内的各种金融诈骗犯罪情况依然严峻：案件数量居高不下；涉案金额越来越大；金融机构工作人员作案和内外勾结共同作案的现象突出；单位犯罪和跨国(境)、跨区域作案增多；犯罪手段趋向专业化、智能化，其利用金融监管漏洞和各种新型金融工具进行犯罪活动，极具隐蔽性和欺骗性；犯罪分子作案后大肆挥霍、转移赃款或携款外逃的情况时有发生，危害后果越来越严重；等等。因此，依法严厉惩处各种金融犯罪依然是我国一项长期重要任务，对金融诈骗犯罪活动必须保持高度警惕。

1. 1979年之后至1997年刑法修订前的立法情况。1979年刑法只规定了诈骗罪，对于金融领域的诈骗犯罪，是按照诈骗罪处理的。为了适应社会主义市场经济的发展和在新的形势下进一步保障国家金融秩序的实际需要，立法机关通过决定对破坏金融秩序的犯罪进行了修改和补充。1995年6月30日通过的《全国人民代表大会常务委员会关于惩治破坏金融秩序犯罪的决定》第八条规定："以非法占有为目的，使用诈骗方法非法集资的，处三年以下有期徒刑或者拘役，并处二万元以上二十万元以下罚金；数额巨大或者有其他严重情节的，处三年以上十年以下有期徒刑，并处五万元以上五十万元以下罚金；数额特别巨大或者有其他特别严重情节的，处十年以上有期徒刑、无期徒刑或者死刑，并处没收财产。单位犯前款罪的，对单位判处罚金，并对直接负责的主管人员和其他直接责任人员，依照前款的规定处罚。"该决定的颁布施行，对从严打击金融犯罪，维护金融秩序，保障金融体制改革和社会主义现代化建设的顺利进行，具有十分重要的意义。

2. 1997年修订刑法的情况。1997年修订刑法时，在吸收了1995年《全国人民代表大会常务委员会关于惩治破坏金融秩序犯罪的决定》第八条规定的基础上，对本条作了进一步的修改：一是修改了入罪门槛，由"以非法占有为目的，使用诈骗方法非法集资的"修改为"以非法占有为目的，使用诈骗方法非法集资，数额较大的"，明确集资诈骗达到数额较大的标准才作为犯罪处理，以解决实践中入刑标准不统一的问题；二是将三档刑罚分别调整为"处五年以下有期徒刑或者拘役""处五年以上十年以下有期徒刑""处十年以上有期徒刑或者无期徒刑"；三是将第三档财产刑由"并处没收财产"修改为"并处五万元以上五十万元以下罚金或者没收财产"；四是关于本罪的死刑不再直接在本条中规定，而是与金融诈骗犯罪一节中其他几种金融诈骗犯罪的死刑统一规定在第一百九十九条中。此外，对本罪的单位犯罪也不再直接在本条中规定，而是与金融诈骗犯罪一节中其他几种金融诈骗犯罪的单位犯罪一起，统一规定在第二百条中。

3. 2015年《刑法修正案（九）》对本条的修改情况。1997年刑法规定的本罪的最高刑为死刑。如上所述，立法技术上本罪的死刑与金融诈骗罪一节中其他几种金融诈骗犯罪的死刑一起，统一规定在《刑法》第一百九十九条中。2015年《刑法修正案（九）》根据适当减少死刑罪名的要求，删去了《刑法》第一百九十九条，这样，也就废止了本罪的死刑，将本罪的最高刑调整为了无期徒刑。

4. 2020年《刑法修正案（十一）》对本条的修改情况。近年来实践中集资诈骗犯罪出现了一些新的情况，犯罪多发，且数额特别巨大，涉及人数特别众多，严重影响金融安全和社会稳定。为了严厉惩处集资诈骗犯罪，根据各方面提出的加大集资诈骗惩处力度的意见，《刑法修正案（十一）》对本条作了进一步的修改：一是为体现对集资诈骗犯罪从严惩处，将本罪的法定刑由原来的三档调整为两档，对于数额较大的，由原来的五年以下有期徒刑或者拘役，调整为"三年以上七年以下有期徒刑"；对于数额巨大或者有其他严重情节的，调整为"七年以上有期徒刑或者无期徒刑"，这样就提高了本罪刑罚的严厉程度。二是由于不同案件间涉案金额差距较大，可供执行的财产状况不同，在实践中根据不同案情确定具体罚金数额更为合理和具可操作性，故删除了罚金刑的罚金数额标准，改为原则规定并处罚金；三是增加一款作为第二款，对本条单位犯罪的内容专门作出规定，不再与金融诈骗罪一节中其他几种金融诈骗罪的单位犯罪，统一在第二百条中作出规定。

【条文说明】

本条是关于集资诈骗罪及其处罚的规定。

本条共分为两款。

第一款是关于集资诈骗罪及其处罚的规定。集资诈骗犯罪本质上属于诈骗犯罪的一种，之所以在破坏社会主义市场经济秩序罪一章中加以规定，是考虑到这类犯罪一方面**严重侵犯了公众财产的所有权**；另一方面还**严重扰乱国家正常的金融秩序**。[①] 对于本罪，主要可以从以下几个方面加以理解和把握：

1. 本罪行为人在主观上具有**"非法占有"目的**。非法占有目的是成立集资诈骗罪的法定要件，是区分集资诈骗罪与其他非法集资类犯罪的关键所在，同时又是集资诈骗罪司法认定当中的难点。这里的"非法占有"是广义的，通常是指将非法募集的资金的所有权转归为自己所有，或任意挥霍，或占有资金后携款潜逃等。在司法实践中，认定是否具有非法占有为目的，应当坚持**主客**

① 我国学者指出，本罪的保护客体包括国家的金融管理秩序和公私财产的所有权。参见赵秉志、李希慧主编：《刑法各论》（第3版），中国人民大学出版社2016年版，第144页；高铭暄、马克昌主编：《刑法学》（第7版），北京大学出版社、高等教育出版社2016年版，第415页。

观相一致的原则，既要避免单纯根据损失结果客观归罪，也不能仅凭被告人自己的供述，而应当根据案件具体情况具体分析。2010年《最高人民法院关于审理非法集资刑事案件具体应用法律若干问题的解释》第四条规定，具有下列情形之一的，可以认定为**具有非法占有的目的**：(1)集资后不用于生产经营活动或者用于生产经营活动与筹集资金规模明显不成比例，致使集资款不能返还的；(2)肆意挥霍集资款，致使集资款不能返还的；(3)携带集资款逃匿的；(4)将集资款用于违法犯罪活动的；(5)抽逃、转移资金、隐匿财产，逃避返还资金的；(6)隐匿、销毁帐目，或者搞假破产、假倒闭，逃避返还资金的；(7)拒不交代资金去向，逃避返还资金的；(8)其他可以认定非法占有目的的情形。此外，考虑到非法集资犯罪活动往往持续时间较长，有的行为人在非法集资之初，不一定具有非法占有目的；非法集资犯罪活动参与实施人员众多，实践中部分参与非法集资活动的人员，主观上不一定具有非法占有目的。因此，集资诈骗罪中的非法占有目的，需要区分情形进行具体认定。行为人部分非法集资行为具有非法占有目的的，对该部分非法集资行为所涉集资款以集资诈骗罪定罪处罚；非法集资共同犯罪中部分行为人具有非法占有目的，其他行为人没有非法占有集资款的共同故意和行为的，对具有非法占有目的的行为人以集资诈骗罪定罪处罚。

2. 行为人实施了**“使用诈骗方法非法集资”的行为**。本条所规定的**“使用诈骗方法”**，是指行为人以非法占有为目的，通过编造谎言、捏造或者隐瞒事实真相等欺骗的方法，骗取他人资金的行为。不论其采取什么欺骗手段，实质都是为了隐瞒事实真相，诱使公众信以为真，错误地相信非法集资者的谎言，以达到其进行非法集资进而非法占有集资款的目的。[①] **“非法集资”**，是指违反国家金融管理法规，向社会公众（包括单位和个人）吸收资金的行为。一般来说，应同时具备下列四个条件：(1)未经有关部门依法批准，或者以合法经营的形式掩盖非法吸收资金的实质；(2)通过媒体、推介会、传单、手机短信等途径向社会公开宣传；(3)承诺在一定期限内以货币、实物、股权等方式还本付息或者给付回报；(4)向社会公众即社会不特定对象吸收资金。[②] 本条关于非法集资的**“非法性”认定**，即违反国家金融管理法规，包括未经有关部门依法批准和以合法经营的形式掩盖非法吸收资金的实质两种。对于实践中形式复杂且国家金融管理法规仅作原则性规定的，可以根据金融管理法规的精神，并结合中国人民银行、中国银行保险监督管理委员会、中国证券监督管理委员会等金融监管部门依照国家金融管理法律法规制定的部门规章或者国家有关金融管理的规定、办法、实施细则等规范性文件的规定予以认定。根据本条的规定，行为人在客观方面缺少上述任何一个条件，都不符合该罪行为的特征。至于行为人是否已实际将他人的资金占为己有，并不影响本罪的成立。[③]

3. 本罪的犯罪主体既包括**自然人**，也包括**公司、企业等单位**。从司法实践的情况看，集资诈骗行为多是以单位的名义实施的，即使是自然人作为犯罪主体时，很多也都以公司、企业或其他组织的名义进行。究其原因，主要是以单位名义实施，更具有可信性，资金筹措规模更大，更容易使人受骗上当。司法实践中正确认定案件的主体，关键在于准确认定犯罪行为所体现出的是个人的意志，还是单位的意志。对于受个人意志支配而实施的集资诈骗行为，应当按照刑法中有关自然人犯罪的规定处理；对于受单位意志支配而实施的集资诈骗行为，则应当按照刑法关于单位犯罪的规定处理。在2019年1月30日印发的**《最高人民法院、最高人民检察院、公安部关于办理非法集资刑事案件若干问题的意见》**中，司法机关认为，单位实施非法集资犯罪活动，全部或者大部分违法所得归单位所有的，应当认定为单位犯罪。个人为进行非法集资犯罪活动而设立的单位实施犯罪的，或者单位设立后，以实施非法集资犯罪活动为主要活动的，不以单位犯罪论处，对单位中组织、策划、实施非法集资犯罪活动的人员应当以自然人犯罪依法追究刑事责任。判断单位是否以实施非法集资犯罪活动为主要活动，应当根据单位实施非法集资的次数、频度、持续时间、资金规模、资金流向、投入人力物力情况、单位进行正当经营的状况以及犯罪活动的影响、后果等因素综合考虑认定。

综上所述，认定非法集资的行为是否构成本条规定的犯罪，应当从行为人的主观目的、行为方

---

① 我国学者指出，对集资诈骗罪的“诈骗方法”只能进行实质的限定，无法穷尽其具体表现，故而不能将欺骗行为局限为几种特定的手段。参见张明楷：《刑法学》（第6版），法律出版社2021年版，第1024页。

② 我国学者指出，非法集资表现为虚假承诺回报，承诺回报限于行为人承诺“只要出资即可通过出资行为获得回报”。并且，所承诺的回报不必具有确定性。参见张明楷：《刑法学》（第6版），法律出版社2021年版，第1025页。

③ 相同的学说见解，参见张明楷：《刑法学》（第6版），法律出版社2021年版，第1024—1025页。

式、后果等方面的具体情节综合研究确定。

本款对集资诈骗罪规定了两档刑罚：**数额较大的**，处三年以上七年以下有期徒刑，并处罚金；**对诈骗数额巨大或者有其他严重情节的**，处七年以上有期徒刑或者无期徒刑，并处罚金或者没收财产。根据2010年《最高人民检察院、公安部关于公安机关管辖的刑事案件立案追诉标准的规定（二）》第四十九条的规定，个人集资诈骗数额在十万元以上的，**应予立案追诉**。另外，由于这类犯罪案件情况较为复杂，从实际发生的案例来看，涉案数额一般都很大，有的数额在数千万元、数亿元，有的甚至达到数十亿元、数百亿元。实践中对**集资诈骗数额的认定**，在新司法解释出台前，可参考2010年《最高人民法院关于审理非法集资刑事案件具体应用法律若干问题的解释》第五条的规定，集资诈骗的数额以行为人实际骗取的数额计算，案发前已归还的数额应予扣除。行为人为实施集资诈骗活动而支付的广告费、中介费、手续费、回扣，或者用于行贿、赠与等费用，不予扣除。行为人为实施集资诈骗活动而支付的利息，除本金未归还可予折抵本金以外，应当计入诈骗数额。

第二款是关于单位犯罪的规定。根据本款规定，**单位犯第一款罪的**，对单位判处罚金，并对其直接负责的主管人员和其他直接责任人员，依照第一款的规定处罚。具体分为两档刑罚：**集资诈骗数额较大的**，处三年以上七年以下有期徒刑；**数额巨大或者有其他严重情节的**，处七年以上有期徒刑或者无期徒刑。根据《最高人民检察院、公安部关于公安机关管辖的刑事案件立案追诉标准的规定（二）》第四十九条的规定，单位集资诈骗数额在五十万元以上的，**应予立案追诉**。

实际执行中应当注意以下两个方面的问题：

1. 本罪与**非法吸收公众存款罪**的区别。二者均属于非法集资类犯罪，其根本区别在于对筹集的资金是否具有"非法占有"的目的。前文对"非法占有"目的的认定作了说明，司法解释也对具体情形作出了列举，实践中需要结合行为人非法集资时的主观目的和集资后资金使用情况等加以确定。

在客观行为方面，非法吸收公众存款罪，通常表现为违反法律法规，以存款的形式吸收公众资金；未经过中国人民银行或者国务院批准，擅自以"基金"或"基金会"等名义吸收公众资金；以投资、集资入股名义吸收公众资金，但并不按正常投资的形式分配利润、股息，而是支付一定利息的行为。非法吸收公众存款罪，不以使用欺骗方法作为犯罪的构成要件，欺骗手段一般仅是行为人为了保证非法吸收公众资金能够顺利进行，伪造的一些资质、证明文件或者虚假陈述等。而集资诈骗罪是以使用诈骗方法为犯罪构成要件的，包括使用虚假的身份信息、虚假合同、虚假宣传、虚构资金用途等，是骗取集资款的一种非法手段。

《刑法》第一百七十六条规定了非法吸收公众存款罪，对于非法吸收或者变相吸收公众存款，扰乱金融秩序的，处三年以下有期徒刑或者拘役，并处或者单处罚金；数额巨大或者有其他严重情节的，处三年以上十年以下有期徒刑，并处罚金。单位犯非法吸收公众存款罪的，对单位判处罚金，并对其直接负责的主管人员和其他直接责任人员，依照自然人犯罪的规定处罚。可以看到，经《刑法修正案（十一）》修改后的集资诈骗罪与非法吸收公众存款罪在法定刑上形成了较为明显的差异，集资诈骗罪的第一档刑罚为三年以上七年以下有期徒刑，而非法吸收公众存款罪的第一档刑罚为三年以下有期徒刑或者拘役。比较而言，非法吸收公众存款罪的量刑较轻，准确区分和认定二者具有重要的现实意义。

2. **刑事诉讼中集资参与人的权利保护**。根据2019年《最高人民法院、最高人民检察院、公安部关于办理非法集资刑事案件若干问题的意见》的规定，集资参与人，是指向非法集资活动投入资金的单位和个人，不包括为非法集资活动提供帮助并获取经济利益的单位和个人。从实践中的情况看，集资参与人往往人数众多，有的集资参与人为了追回损失，不惜采取各种极端方式，造成社会不稳定。因此，对这种涉众型犯罪，在惩治罪犯的同时，如何妥善处理与集资参与人有关的追缴和责令退赔工作，也是处理集资诈骗罪中较为重要并具有一定复杂性的实务性问题。

一是在**程序选择**上，根据《最高人民法院关于适用〈中华人民共和国刑事诉讼法〉的解释》第一百七十五条、一百七十六条和《最高人民法院关于审理非法集资刑事案件具体应用法律若干问题的解释》等规定，**集资参与人的损害赔偿应当通过刑事追缴、退赔的方式解决**。对于提起附带民事诉讼，或者另行提起民事诉讼请求返还被非法占有、处置的财产的，人民法院不予受理。上述规定有利于含集资参与人在内的涉众型经济犯罪案件受害人统一受偿，避免个别清偿导致的与刑事诉讼法关于财产保全和执行规定的冲突和结果上的不公正。

二是在**追缴范围**上，根据2014年《最高人民法院关于刑事裁判涉财产部分执行的若干规定》第十条、第十一条的规定，判处追缴或者责令退赔的，人民法院应当明确追缴或者退赔的金额或财物的名称、数量等相关情况。**对赃款赃物及其收**

益，将赃款赃物投资或者置业后形成的财产及其收益，人民法院应当予以追缴。第三人明知是涉案财物、无偿或者以不合理低价取得涉案财物、通过非法手段等恶意方式取得涉案财物的，人民法院也应当予以追缴。

三是在诉讼过程中，人民法院、人民检察院、公安机关应当通过及时公布案件进展、涉案资产处置情况等方式，依法保障**集资参与人的知情权**。集资参与人可以推选代表人向人民法院提出相关意见和建议；推选不出代表人的，人民法院可以指定代表人。人民法院可以视案件情况决定集资参与人代表人参加或者旁听庭审，以有利于集资参与人原则保障其参与权。对审判时尚未追缴到案或者尚未足额退赔的违法所得，人民法院应当判决继续追缴或者责令退赔，并由人民法院负责执行，人民检察院、公安机关、国家安全机关、司法行政机关等应当予以配合，退赔集资参与人的损失一般优先于其他民事债务以及罚金、没收财产的执行，从程序机制上保障集资参与人的求偿权。

四是在权利救济上，集资参与人对判决中涉案财物处理决定不服的，**可以请求人民检察院抗诉**。在执行中认为有关财物应当认定为赃款赃物而实际未予认定的，可以向执行法院提出书面异议；可以通过裁定补正的，执行机构应当将异议材料移送刑事审判部门处理；无法通过裁定补正的，应当告知异议人通过审判监督程序处理。人民法院、人民检察院、公安机关、国家安全机关应当建立有效的权利救济机制，对集资参与人提出异议、复议、申诉、投诉或者举报的，应当依法及时受理并反馈处理结果。

【司法解释】

《最高人民法院关于审理非法集资刑事案件具体应用法律若干问题的解释》［法释〔2010〕18号，自2011年1月4日起施行，该解释已经被《最高人民法院关于修改〈最高人民法院关于审理非法集资刑事案件具体应用法律若干问题的解释〉的决定》（法释〔2022〕5号，自2022年3月1日起施行）修正］

△（**集资诈骗罪；以非法占有为目的；共同犯罪**）以非法占有为目的，使用诈骗方法实施本解释第二条规定所列行为的，应当依照刑法第一百九十二条的规定，以集资诈骗罪定罪处罚。

使用诈骗方法非法集资，具有下列情形之一的，可以认定为“以非法占有为目的”：

（一）集资后不用于生产经营活动或者用于生产经营活动与筹集资金规模明显不成比例，致使集资款不能返还的；

（二）肆意挥霍集资款，致使集资款不能返还的；

（三）携带集资款逃匿的；

（四）将集资款用于违法犯罪活动的；

（五）抽逃、转移资金、隐匿财产，逃避返还资金的；

（六）隐匿、销毁账目，或者搞假破产、假倒闭，逃避返还资金的；

（七）拒不交代资金去向，逃避返还资金的；

（八）其他可以认定非法占有目的的情形。

集资诈骗罪中的非法占有目的，应当区分情形进行具体认定。行为人部分非法集资行为具有非法占有目的的，对该部分非法集资行为所涉集资款以集资诈骗罪定罪处罚；非法集资共同犯罪中部分行为人具有非法占有目的，其他行为人没有非法占有集资款的共同故意和行为的，对具有非法占有目的的行为人以集资诈骗罪定罪处罚。（§7）

△（**数额巨大；其他严重情节；数额计算与扣除**）集资诈骗数额在10万元以上的，应当认定为“数额较大”；数额在100万元以上的，应当认定为“数额巨大”。

集资诈骗数额在50万元以上，同时具有本解释第三条第二款第三项情节的，应当认定为刑法第一百九十二条规定的“其他严重情节”。

集资诈骗的数额以行为人实际骗取的数额计算，在案发前已归还的数额应予扣除。行为人为实施集资诈骗活动而支付的广告费、中介费、手续费、回扣，或者用于行贿、赠与等费用，不予扣除。行为人为实施集资诈骗活动而支付的利息，除本金未归还可予折抵本金以外，应当计入诈骗数额。（§8）

△（**集资诈骗罪；罚金刑**）犯集资诈骗罪，判处三年以上七年以下有期徒刑的，并处十万元以上五百万元以下罚金；判处七年以上有期徒刑或者无期徒刑的，并处五十万元以上罚金或者没收财产。（§9Ⅱ）

△（**传销；组织、领导传销活动罪；竞合**）通过传销手段向社会公众非法吸收资金，构成非法吸收公众存款罪或者集资诈骗罪，同时又构成组织、领导传销活动罪的，依照处罚较重的规定定罪处罚。（§13）

△（**单位犯罪**）单位实施非法吸收公众存款、集资诈骗犯罪的，依照本解释规定的相应自然人犯罪的定罪量刑标准，对单位判处罚金，并对其直接负责的主管人员和其他直接责任人员定罪处罚。（§14）

【司法解释性文件】

《全国法院审理金融犯罪案件工作座谈会纪要》（法〔2001〕8号，2001年1月21日公布）

△（**金融诈骗犯罪；非法占有目的**）金融诈骗犯罪都是以非法占有为目的的犯罪。在司法实践中，认定是否具有非法占有为目的，应当坚持主客观相一致的原则，既要避免单纯根据损失结果客观归罪，也不能仅凭被告人自己的供述，而应当根据案件具体情况具体分析。根据司法实践，对于行为人通过诈骗的方法非法获取资金，造成数额较大资金不能归还，并具有下列情形之一的，可以认定为具有非法占有的目的：

（1）明知没有归还能力而大量骗取资金的；

（2）非法获取资金后逃跑的；

（3）肆意挥霍骗取资金的；

（4）使用骗取的资金进行违法犯罪活动的；

（5）抽逃、转移资金、隐匿财产，以逃避返还资金的；

（6）隐匿、销毁账目，或者搞假破产、假倒闭，以逃避返还资金的；

（7）其他非法占有资金、拒不返还的行为。但是，在处理具体案件的时候，对于有证据证明行为人不具有非法占有目的的，不能单纯以财产不能归还就按金融诈骗罪处罚。

△（**集资诈骗罪；非法占有目的；欺诈发行股票、债券罪；非法吸收公众存款罪**）集资诈骗罪和欺诈发行股票、债券罪、非法吸收公众存款罪在客观上均表现为向社会公众非法募集资金。区别的关键在于行为人是否具有非法占有的目的。对于以非法占有为目的而非法集资，或者在非法集资过程中产生了非法占有他人资金的故意，均构成集资诈骗罪。但是，在处理具体案件时要注意以下两点：一是不能仅凭较大数额的非法集资款不能返还的结果，推定行为人具有非法占有的目的；二是行为人将大部分资金用于投资或生产经营活动，而将少量资金用于个人消费或挥霍的，不应仅以此便认定具有非法占有的目的。

△（**金融诈骗犯罪；财产刑；罚金数额**）金融犯罪是图利型犯罪，惩罚和预防此类犯罪，应当注重同时从经济上制裁犯罪分子。刑法对金融犯罪都规定了财产刑，人民法院应当严格依法判处。罚金的数额，应当根据被告人的犯罪情节，在法律规定的数额幅度内确定。对于具有从轻、减轻或者免除处罚情节的被告人，对于本应并处的罚金刑原则上也应当从轻、减轻或者免除。

《最高人民法院、最高人民检察院、公安部、中国证券监督管理委员会关于整治非法证券活动有关问题的通知》（证监发〔2008〕1号，2008年1月2日公布）

△（**以发行证券为幌子；集资诈骗罪**）关于擅自发行证券的责任追究。未经依法核准，擅自发行证券，涉嫌犯罪的，依照《刑法》第一百七十九条之规定，以擅自发行股票、公司、企业债券罪追究刑事责任。未经依法核准，以发行证券为幌子，实施非法证券活动，涉嫌犯罪的，依照《刑法》第一百七十六条、第一百九十二条等规定，以非法吸收公众存款罪、集资诈骗罪等罪名追究刑事责任。未构成犯罪的，依照《证券法》和有关法律的规定给予行政处罚。（§ 2 Ⅱ）

《最高人民检察院关于办理涉互联网金融犯罪案件有关问题座谈会纪要》（高检诉〔2017〕14号，2017年6月2日公布）

△（**涉互联网金融犯罪；非法占有目的**）以非法占有为目的，使用诈骗方法非法集资，是集资诈骗罪的本质特征。是否具有非法占有目的，是区分非法吸收公众存款罪和集资诈骗罪的关键要件，对此要重点围绕融资项目真实性、资金去向、归还能力等事实进行综合判断。犯罪嫌疑人存在以下情形之一的，原则上可以认定具有非法占有目的：

（1）大部分资金未用于生产经营活动，或名义上投入生产经营但又通过各种方式抽逃转移资金的；

（2）资金使用成本过高，生产经营活动的盈利能力不具有支付全部本息的现实可能性的；

（3）对资金使用的决策极度不负责任或肆意挥霍造成资金缺口较大的；

（4）归还本息主要通过借新还旧来实现的；

（5）其他依照有关司法解释可以认定为非法占有目的的情形。（§ 14）

△（**犯罪目的；犯罪目的之转变；共同犯罪；单位犯罪**）对于共同犯罪或单位犯罪案件中，不同层级的犯罪嫌疑人之间存在犯罪目的发生转化或者犯罪目的明显不同的，应当根据犯罪嫌疑人的犯罪目的分别认定。

（1）注意区分犯罪目的发生转变的时间节点。犯罪嫌疑人在初始阶段仅具有非法吸收公众存款的故意，不具有非法占有目的，但在发生经营失败、资金链断裂等问题后，明知没有归还能力仍然继续吸收公众存款的，这一时间节点之后的行为应当认定为集资诈骗罪，此前的行为应当认定为非法吸收公众存款罪。

（2）注意区分犯罪嫌疑人的犯罪目的的差异。在共同犯罪或单位犯罪中，犯罪嫌疑人由于层级、职责分工、获取收益方式、对全部犯罪事实的知情程度等不同,其犯罪目的也存在不同。在非法集资犯罪中,有的犯罪嫌疑人具有非法占有的目的,有的则不具有非法占有目的,对此,应当分别认定为集资诈骗罪和非法吸收公众存款罪。(§ 15)

△(**非法占有目的;证明**)证明主观上是否具有非法占有目的,可以重点收集、运用以下客观证据:

(1)与实施集资诈骗整体行为模式相关的证据:投资合同、宣传资料、培训内容等;

(2)与资金使用相关的证据:资金往来记录、会计账簿和会计凭证、资金使用成本(包括利息和佣金等)、资金决策使用过程、资金主要用途、财产转移情况等;

(3)与归还能力相关的证据:吸收资金所投资项目内容、投资实际经营情况、盈利能力、归还本息资金的主要来源、负债情况、是否存在虚构业绩等虚假宣传行为等;

(4)其他涉及欺诈等方面的证据:虚构融资项目进行宣传、隐瞒资金实际用途、隐匿销毁账簿;等等。司法会计鉴定机构对相关数据进行鉴定时,办案部门可以根据查证犯罪事实的需要提出重点鉴定的项目,保证司法会计鉴定意见与待证的构成要件事实之间的关联性。(§ 16)

△(**集资诈骗的数额计算**)集资诈骗的数额,应当以犯罪嫌疑人实际骗取的金额计算。犯罪嫌疑人为吸收公众资金制造还本付息的假象,在诈骗的同时对部分投资人还本付息的,集资诈骗的金额以案发时实际未兑付的金额计算。[①] 案发后,犯罪嫌疑人主动退还集资款项的,不能从集资诈骗的金额中扣除,但可以作为量刑情节考虑。(§ 17)

△(**单位犯罪;追诉方向**)涉互联网金融犯罪案件多以单位形式组织实施,所涉单位数量众多、层级复杂,其中还包括大量分支机构和关联单位,集团化特征明显。有的涉互联网金融犯罪案件中分支机构遍布全国,既有具备法人资格的,又有不具备法人资格的;既有受总公司直接领导的,又有受总公司的下属单位领导的。公安机关在立案时做法不一,有的对单位立案,有的不对单位立案,有的被立案的单位不具有独立法人资格,有的仅对最上层的单位立案而不对分支机构立案。对此,检察机关公诉部门在审查起诉时,应当从能够全面揭示犯罪行为基本特征、全面覆盖犯罪活动、准确界定区分各层级人员的地位作用、有利于有力指控犯罪、有利于追缴违法所得等方面依法具体把握,确定是否以单位犯罪追究。(§ 20)

△(**单位犯罪**)涉互联网金融犯罪所涉罪名中,刑法规定应当追究单位刑事责任的,对同时具备以下情形且具有独立法人资格的单位,可以以单位犯罪追究:

(1)犯罪活动经单位决策实施;

(2)单位的员工主要按照单位的决策实施具体犯罪活动;

(3)违法所得归单位所有,经单位决策使用,收益亦归单位所有。但是,单位设立后专门从事违法犯罪活动的,应当以自然人犯罪追究刑事责任。(§ 21)

△(**不具有独立法人资格的分支机构**)对参与涉互联网金融犯罪,但不具有独立法人资格的分支机构,是否追究其刑事责任,可以区分两种情形处理:

(1)全部或部分违法所得归分支机构所有并支配,分支机构作为单位犯罪主体追究刑事责任;

(2)违法所得完全归分支机构上级单位所有并支配的,不能对分支机构作为单位犯罪主体追究刑事责任,而是应当对分支机构的上级单位(符合单位犯罪主体资格)追究刑事责任。(§ 22)

△(**分支机构相关涉案人员**)分支机构认定为单位犯罪主体的,该分支机构相关涉案人员应当作为该分支机构的“直接负责的主管人员”或者“其他直接责任人员”追究刑事责任。仅将分支机构的上级单位认定为单位犯罪主体的,该分支机构相关涉案人员可以作为该上级单位的“其他直接责任人员”追究刑事责任。(§ 23)

△(**符合追诉条件的分支机构;审查起诉**)对符合追诉条件的分支机构(包括具有独立法人资格的和不具有独立法人资格)及其所属单位,公安机关均没有作为犯罪嫌疑单位移送审查起诉,仅将其所属单位的上级单位作为犯罪嫌疑单位移送审查起诉的,对相关分支机构涉案人员可以区分以下情形处理:

(1)有证据证明被立案的上级单位(比如总公司)在业务、财务、人事等方面对下属单位及其分支机构进行实际控制,下属单位及其分支机构涉案人员可以作为被移送审查起诉的上级单位的“其他直接责任人员”追究刑事责任。在证明实际控制关系时,应当收集、运用公司决策、管理、考核等相关文件,OA 系统等电子数据,资金往来记录等证据。对不同地区同一单位的分支机构涉案

① 相同的学说见解,参见周光权:《刑法各论》(第 4 版),中国人民大学出版社 2021 年版,第 322 页。

人员起诉时，证明实际控制关系的证据体系、证明标准应基本一致。

（2）据现有证据无法证明被立案的上级单位与下属单位及其分支机构之间存在实际控制关系的，对符合单位犯罪构成要件的下属单位或分支机构应当补充起诉，下属单位及其分支机构已不具备补充起诉条件的，可以将下属单位及其分支机构的涉案犯罪嫌疑人直接起诉。（§ 24）

△（**跨区域；涉互联网金融犯罪；统一平衡**）在办理跨区域涉互联网金融犯罪案件时，在追诉标准、追诉范围以及量刑建议等方面应当注意统一平衡。对于同一单位在多个地区分别设立分支机构的，在同一省（自治区、直辖市）范围内应当保持基本一致。分支机构所涉犯罪嫌疑人与上级单位主要犯罪嫌疑人之间应当保持适度平衡，防止出现责任轻重“倒挂”的现象。（§ 25）

△（**单位犯罪；区分主犯、从犯**）单位犯罪中，直接负责的主管人员和其他直接责任人员在涉互联网金融犯罪案件中的地位、作用存在明显差别的，可以区分主犯和从犯。对起组织领导作用的总公司的直接负责的主管人员和发挥主要作用的其他直接责任人员，可以认定为全案的主犯，其他人员可以认定为从犯。（§ 26）

△（**最大限度减少投资人的实际损失；从轻、减轻处罚；不起诉决定**）最大限度减少投资人的实际损失是办理涉互联网金融犯罪案件特别是非法集资案件的重要工作。在决定是否起诉、提出量刑建议时，要重视对是否具有认罪认罚、主动退赃退赔等情节的考察。分支机构涉案人员积极配合调查、主动退还违法所得、真诚认罪悔罪的，应当依法提出从轻、减轻处罚的量刑建议。其中，对情节轻微、可以免予刑事处罚的，或者情节显著轻微、危害不大、不认为是犯罪的，应当依法作出不起诉决定。对被不起诉人需要给予行政处罚或者没收违法所得的，应当向行政主管部门提出检察意见。（§ 27）

△（**证据；真实性；合法性；关联性**）涉互联网金融犯罪案件证据种类复杂、数量庞大、且分散于各地，收集、审查、运用证据的难度大。各地检察机关公诉部门要紧紧围绕证据的真实性、合法性、关联性，引导公安机关依法全面收集固定证据，加强证据的审查、运用，确保案件事实经得起法律的检验。（§ 28）

△（**提前介入侦查；收集固定证据；非法证据排除**）对于重大、疑难、复杂涉互联网金融犯罪案件，检察机关公诉部门要依法提前介入侦查，围绕指控犯罪的需要积极引导公安机关全面收集固定证据，必要时与公安机关共同会商，提出完善侦查思路、侦查提纲的意见建议。加强对侦查取证合法性的监督，对应当依法排除的非法证据坚决予以排除，对应当补正或作出合理解释的及时提出意见。（§ 29）

△（**电子数据；云存储电子数据；真实性；合法性；关联性**）电子数据在涉互联网金融犯罪案件的证据体系中地位重要，对于指控证实相关犯罪事实具有重要作用。随着互联网技术的不断发展，电子数据的形式、载体出现了许多新的变化，对电子数据的勘验、提取、审查等提出了更高要求，处理不当会对电子数据的真实性、合法性造成不可逆转的损害。检察机关公诉部门要严格执行《最高人民法院、最高人民检察院、公安部关于办理刑事案件收集提取和审查判断电子数据问题的若干规定》（法发〔2016〕22 号），加强对电子数据收集、提取程序和技术标准的审查，确保电子数据的真实性、合法性。对云存储电子数据等新类型电子数据进行提取、审查时，要高度重视程序合法性、数据完整性等问题，必要时主动征求相关领域专家意见，在提取前会同公安机关、云存储服务提供商制定科学合法的提取方案，确保万无一失。（§ 30）

△（**证据交换共享机制**）落实“三统两分”要求，健全证据交换共享机制，协调推进跨区域案件办理。对涉及主案犯罪嫌疑人的证据，一般由主案侦办地办案机构负责收集，其他地区提供协助。其他地区办案机构需要主案侦办地提供证据材料的，应当向主案侦办地办案机构提出证据需求，由主案侦办地办案机构收集并依法移送。无法移送证据原件的，应当在移送复制件的同时，按照相关规定作出说明。各地检察机关公诉部门之间要加强协作，加强与公安机关的协调，督促本地公安机关与其他地区公安机关做好证据交换共享相关工作。案件进入审查起诉阶段后，检察机关公诉部门可以根据案件需要，直接向其他地区检察机关调取证据，其他地区检察机关公诉部门应积极协助。此外，各地检察机关在办理案件过程中发现对其他地区案件办理有重要作用的证据，应当及时采取措施并通知相应检察机关，做好依法移送工作。（§ 31）

《最高人民法院、最高人民检察院、公安部关于办理非法集资刑事案件若干问题的意见》（高检会〔2019〕2 号，2019 年 1 月 30 日公布）

△（**非法集资；非法性**）人民法院、人民检察院、公安机关认定非法集资的“非法性”，应当以国家金融管理法律法规作为依据。对于国家金融管理法律法规仅作原则性规定的，可以根据法律

规定的精神并参考中国人民银行、中国银行保险监督管理委员会、中国证券监督管理委员会等行政主管部门依照国家金融管理法律法规制定的部门规章或者国家有关金融管理的规定、办法、实施细则等规范性文件的规定予以认定。

△(**单位犯罪**)单位实施非法集资犯罪活动，全部或者大部分违法所得归单位所有的，应当认定为单位犯罪。

个人为进行非法集资犯罪活动而设立的单位实施犯罪的，或者单位设立后，以实施非法集资犯罪活动为主要活动的，不以单位犯罪论处，对单位中组织、策划、实施非法集资犯罪活动的人员应当以自然人犯罪依法追究刑事责任。

判断单位是否以实施非法集资犯罪活动为主要活动，应当根据单位实施非法集资的次数、频度、持续时间、资金规模、资金流向、投入人力物力情况、单位进行正当经营的状况以及犯罪活动的影响、后果等因素综合考虑认定。

△(**涉案下属单位;单位犯罪**)办理非法集资刑事案件中，人民法院、人民检察院、公安机关应当全面查清涉案单位，包括上级单位(总公司、母公司)和下属单位(分公司、子公司)的主体资格、层级、关系、地位、作用、资金流向等，区分情况依法作出处理。

上级单位已被认定为单位犯罪，下属单位实施非法集资犯罪活动，且全部或者大部分违法所得归下属单位所有的，对该下属单位也应当认定为单位犯罪。上级单位和下属单位构成共同犯罪的，应当根据犯罪单位的地位、作用，确定犯罪单位的刑事责任。

上级单位已被认定为单位犯罪，下属单位实施非法集资犯罪活动，但全部或者大部分违法所得归上级单位所有的，对下属单位不单独认定为单位犯罪。下属单位中涉嫌犯罪的人员，可以作为上级单位的其他直接责任人员依法追究刑事责任。

上级单位未被认定为单位犯罪，下属单位被认定为单位犯罪的，对上级单位中组织、策划、实施非法集资犯罪的人员，一般可以与下属单位按照自然人与单位共同犯罪处理。

上级单位与下属单位均未被认定为单位犯罪的，一般以上级单位与下属单位中承担组织、领导、管理、协调职责的主管人员和发挥主要作用的人员作为主犯，以其他积极参加非法集资犯罪的人员作为从犯，按照自然人共同犯罪处理。

△(**主观故意**)认定犯罪嫌疑人、被告人是否具有非法吸收公众存款的犯罪故意，应当依据犯罪嫌疑人、被告人的任职情况、职业经历、专业背景、培训经历、本人因同类行为受到行政处罚或者刑事追究情况以及吸收资金方式、宣传推广、合同资料、业务流程等证据，结合其供述，进行综合分析判断。

犯罪嫌疑人、被告人使用诈骗方法非法集资，符合《最高人民法院关于审理非法集资刑事案件具体应用法律若干问题的解释》第四条规定的，可以认定为集资诈骗罪中"以非法占有为目的"。

办案机关在办理非法集资刑事案件中，应当根据案件具体情况注意收集运用涉及犯罪嫌疑人、被告人的以下证据：是否使用虚假身份信息对外开展业务；是否虚假订立合同、协议；是否虚假宣传，明显超出经营范围或者夸大经营、投资、服务项目及盈利能力；是否吸收资金后隐匿、销毁合同、协议、账目；是否传授或者接受规避法律、逃避监管的方法；等等。

△(**犯罪数额的认定**)非法吸收或者变相吸收公众存款构成犯罪，具有下列情形之一的，向亲友或者单位内部人员吸收的资金应当与向不特定对象吸收的资金一并计入犯罪数额：

(一)在向亲友或者单位内部人员吸收资金的过程中，明知亲友或者单位内部人员向不特定对象吸收资金而予以放任的；

(二)以吸收资金为目的，将社会人员吸收为单位内部人员，并向其吸收资金的；

(三)向社会公开宣传，同时向不特定对象、亲友或者单位内部人员吸收资金的。

非法吸收或者变相吸收公众存款的数额，以行为人所吸收的资金全额计算。集资参与人收回本金或者获得回报后又重复投资的数额不予扣除，但可以作为量刑情节酌情考虑。

△(**宽严相济刑事政策**)办理非法集资刑事案件，应当贯彻宽严相济刑事政策，依法合理把握追究刑事责任的范围，综合运用刑事手段和行政手段处置和化解风险，做到惩处少数、教育挽救大多数。要根据行为人的客观行为、主观恶性、犯罪情节及其地位、作用、层级、职务等情况，综合判断行为人的责任轻重和刑事追究的必要性，按照区别对待原则分类处理涉案人员，做到罚当其罪、罪责刑相适应。

重点惩处非法集资犯罪活动的组织者、领导者和管理人员，包括单位犯罪中的上级单位(总公司、母公司)的核心层、管理层和骨干人员，下属单位(分公司、子公司)的管理层和骨干人员，以及其他发挥主要作用的人员。

对于涉案人员积极配合调查、主动退赃退赔、真诚认罪悔罪的，可以依法从轻处罚；其中情节轻微的，可以免除处罚；情节显著轻微、危害不大的，不作为犯罪处理。

△(**管辖**)跨区域非法集资刑事案件按照《国务院关于进一步做好防范和处置非法集资工作的意见》(国发〔2015〕59号)确定的工作原则办理。如果合并侦查、诉讼更为适宜的,可以合并办理。

办理跨区域非法集资刑事案件,如果多个公安机关都有权立案侦查的,一般由主要犯罪地公安机关作为案件主办地,对主要犯罪嫌疑人立案侦查和移送审查起诉;由其他犯罪地公安机关作为案件分办地根据案件具体情况,对本地区犯罪嫌疑人立案侦查和移送审查起诉。

管辖不明或者有争议的,按照有利于查清犯罪事实、有利于诉讼的原则,由其共同的上级公安机关协调确定或者指定有关公安机关作为案件主办地立案侦查。需要提请批准逮捕、移送审查起诉、提起公诉的,由分别立案侦查的公安机关所在地的人民检察院、人民法院受理。

对于重大、疑难、复杂的跨区域非法集资刑事案件,公安机关应当在协调确定或者指定案件主办地立案侦查的同时,通报同级人民检察院、人民法院。人民检察院、人民法院参照前款规定,确定主要犯罪地作为案件主办地,其他犯罪地作为案件分办地,由所在地的人民检察院、人民法院负责起诉、审判。

本条规定的"主要犯罪地",包括非法集资活动的主要组织、策划、实施地,集资行为人的注册地、主要营业地、主要办事机构所在地,集资参与人的主要所在地等。

△(**办案工作机制**)案件主办地和其他涉案地办案机关应当密切沟通协调,协同推进侦查、起诉、审判、资产处置工作,配合有关部门最大限度追赃挽损。

案件主办地办案机关应当统一负责主要犯罪嫌疑人、被告人涉嫌非法集资全部犯罪事实的立案侦查、起诉、审判,防止遗漏犯罪事实;并应就全案处理政策、追诉主要犯罪嫌疑人、被告人的证据要求及诉讼时限、追赃挽损、资产处置等工作要求,向其他涉案地办案机关进行通报。其他涉案地办案机关应当对本地区犯罪嫌疑人、被告人涉嫌非法集资的犯罪事实及时立案侦查、起诉、审判,积极协助主办地处置涉案资产。

案件主办地和其他涉案地办案机关应当建立和完善证据交换共享机制。对涉及主要犯罪嫌疑人、被告人的证据,一般由案件主办地办案机关负责收集,其他涉案地提供协助。案件主办地办案机关应当及时通报接收涉及主要犯罪嫌疑人、被告人的证据材料的程序及要求。其他涉案地办案机关需要案件主办地提供证据材料的,应当向案件主办地办案机关提出证据需求,由案件主办地收集并依法移送。无法移送证据原件的,应当在移送复制件的同时,按照相关规定作出说明。

△(**涉案财物追缴处置**)办理跨区域非法集资刑事案件,案件主办地办案机关应当及时归集涉案财物,为统一资产处置做好基础性工作。其他涉案地办案机关应当及时查明涉案财物,明确其来源、去向、用途、流转情况,依法办理查封、扣押、冻结手续,并制作详细清单,对扣押款项应当设立明细账,在扣押后立即存入办案机关唯一合规账户,并将有关情况提供案件主办地办案机关。

人民法院、人民检察院、公安机关应当严格依照刑事诉讼法和相关司法解释的规定,依法移送、审查、处理查封、扣押、冻结的涉案财物。对审判时尚未追缴到案或者尚未足额退赔的违法所得,人民法院应当判决继续追缴或者责令退赔,并由人民法院负责执行,处置非法集资职能部门、人民检察院、公安机关等应当予以配合。

人民法院对涉案财物依法作出判决后,有关地方和部门应当在处置非法集资职能部门统筹协调下,切实履行协作义务,综合运用多种手段,做好涉案财物清运、财产变现、资金归集、资金清退等工作,确保最大限度减少实际损失。

根据有关规定,查封、扣押、冻结的涉案财物,一般应在诉讼终结后返还集资参与人。涉案财物不足全部返还的,按照集资参与人的集资额比例返还。退赔集资参与人的损失一般优先于其他民事债务以及罚金、没收财产的执行。

△(**集资参与人;权利保障**)集资参与人,是指向非法集资活动投入资金的单位和个人,为非法集资活动提供帮助并获取经济利益的单位和个人除外。

人民法院、人民检察院、公安机关应当通过及时公布案件进展、涉案资产处置情况等方式,依法保障集资参与人的合法权利。集资参与人可以推选代表人向人民法院提出相关意见和建议;推选不出代表人的,人民法院可以指定代表人。人民法院可以视案件情况决定集资参与人代表人参加或者旁听庭审,对集资参与人提起附带民事诉讼等请求不予受理。

△(**行政执法与刑事司法衔接**)处置非法集资职能部门或者有关行政主管部门,在调查非法集资行为或者行政执法过程中,认为案情重大、疑难、复杂的,可以商请公安机关就追诉标准、证据固定等问题提出咨询或者参考意见;发现非法集资行为涉嫌犯罪的,应当按照《行政执法机关移送涉嫌犯罪案件的规定》等规定,履行相关手续,在规定的期限内将案件移送公安机关。

人民法院、人民检察院、公安机关在办理非法集资刑事案件过程中，可商请处置非法集资职能部门或者有关行政主管部门指派专业人员配合开展工作，协助查阅、复制有关专业资料，就案件涉及的专业问题出具认定意见。涉及需要行政处理的事项，应当及时移交处置非法集资职能部门或者有关行政主管部门依法处理。

《最高人民法院、最高人民检察院关于常见犯罪的量刑指导意见(试行)》(法发〔2021〕21号，2021年6月6日发布)

△(**集资诈骗罪；量刑**)

1. 构成集资诈骗罪的，根据下列情形在相应的幅度内确定量刑起点：

(1)达到数额较大起点的，在三年至四年有期徒刑幅度内确定量刑起点。

(2)达到数额巨大起点或者有其他严重情节的，在七年至九年有期徒刑幅度内确定量刑起点。依法应当判处无期徒刑的除外。

2. 在量刑起点的基础上，根据集资诈骗数额等其他影响犯罪构成的犯罪事实增加刑罚量，确定基准刑。

3. 构成集资诈骗罪的，根据犯罪数额、危害后果等犯罪情节，综合考虑被告人缴纳罚金的能力，决定罚金数额。

4. 构成集资诈骗罪的，综合考虑犯罪数额、诈骗对象、危害后果、退赃退赔等犯罪事实、量刑情节，以及被告人主观恶性、人身危险性、认罪悔罪表现等因素，决定缓刑的适用。

《最高人民检察院、公安部关于公安机关管辖的刑事案件立案追诉标准的规定(二)》(公通字〔2022〕12号，2022年4月6日公布)

△(**集资诈骗罪；立案追诉标准**)以非法占有为目的，使用诈骗方法非法集资，数额在十万元以上的，应予立案追诉。(§44)

【指导性案例】

最高人民检察院指导性案例第40号：周辉集资诈骗案(2018年7月3日发布)

△(**集资诈骗；非法占有目的；网络借贷信息中介机构**)网络借贷信息中介机构或其控制人，利用网络借贷平台发布虚假信息，非法建立资金池募集资金，所得资金大部分未用于生产经营活动，主要用于借新还旧和个人挥霍，无法归还所募资金数额巨大，应认定为具有非法占有目的，以集资诈骗罪追究刑事责任。

【公报案例】

△(**非法占有目的；主客观相统一；集资诈骗罪；虚构集资用途**)行为人以非法占有为目的，采取虚构集资用途，以虚假的证明文件和高回报率为诱饵，未经有权机关批准，向社会公众非法募集资金，骗取集资款的行为，构成《刑法》第一百九十二条规定的集资诈骗罪。在认定行为人是否具有非法占有目的时，应当坚持主客观相统一的认定标准，既要避免单纯根据损失结果客观归罪，也不能仅凭被告人自己的供述，应当根据案件具体情况全面分析行为人无法偿还集资款的原因，若行为人没有进行实体经营或实体经营的比例极小，根本无法通过正常经营偿还前期非法募集的本金及约定利息，将募集的款项隐匿、挥霍的，应当认定行为人具有非法占有的目的。[《最高人民法院公报》2009年第10期 许官成、许冠卿、马茹梅集资诈骗案]

【参考案例】

△集资诈骗与非法吸收公众存款的区别关键在于是否具有非法占有目的，在非法集资团伙中，经营公司或项目的发起者、组织者以及积极参与者在明知实际经营状况的情况下实施欺骗投资者的行为，可认定为具有非法占有目的，应认定为集资诈骗罪；其他不了解实际经营情况的普通参与者则不宜认定为集资诈骗罪，应以非法吸收公众存款罪论处。

在司法实践中，主要采取推定的方法对集资诈骗罪的非法占有目的进行认定。《最高人民法院关于审理非法集资刑事案件具体应用法律若干问题的解释》作了不完全列举规定，包括集资后不用于生产经营活动或者用于生产经营活动与筹集资金规模明显不成比例，致使集资款不能返还的；肆意挥霍集资款，致使集资款不能返还的；将集资款用于违法犯罪活动的；抽逃、转移资金、隐匿财产，逃避返还资金的；隐匿、销毁账目，或者搞假破产、假倒闭，逃避返还资金的等情形。在李传柱等集资诈骗、非法吸收公众存款案中，一方面，所有被告人均没有挥霍款项、携款逃跑，或拒不交代资金去向的行为，而且从表面上看涉案公司或多或少进行了生产经营活动，而且以分红形式支付给被害人部分款项，具有较大的迷惑性，需要综合全案证据情况判断各被告人的主观故意内容。另一方面，李传柱作为东兴建材公司、天众投资公司以及天众投资公司广州分公司的法定代表人(或投资人)，利用东兴建材公司的名义招聘郝建国、莫范才、毕承志、周洁、张秋琴等被告人参与吸收公众存款的活动，上述被告人分别担任东兴建材公司的副经理、财务人员，而担任的职务不同也决定了他们参与犯罪的程度不同，需要分情况判断是否各被告人具有非法占有目的。

被告人李传柱主观上具有非法占有的目的，依法构成集资诈骗罪。(1)涉案公司没有实际生产经营。(2)李传柱对公司经营状况完全知情。(3)进行虚假宣传，夸大盈利前景，以从投资款中获得提成的方式，鼓励公司员工以高额回报为诱饵，向不特定的老年人吸收投资。(4)主要投资款项没有用于公司经营。

被告人郝建国、莫范才、毕承志主观上具有非法占有的目的，依法构成集资诈骗罪。被告人属于涉案公司的中层管理人员，地位、作用仅次于公司负责人李传柱。正是由于他们在涉案公司中处于相对重要地位，在知道或应当知道公司实际经营状况和经营手法的前提下，仍参与虚假宣传、吸收公众存款，可以认定三人主观上具有非法占有的目的。

被告人周洁、张秋琴主观上没有非法占有的目的，依法构成非法吸收公众存款罪。周洁、张秋琴为李传柱从人才市场上所招聘的财务人员，分别在公司担任会计和出纳，对公司的实际生产经营状况既不了解，也没有决策参与权，虽然知道公司吸收公众存款，并在客观行为上协助了李传柱等人实施了集资诈骗行为，但在公司中仅领取固定工资和生活补贴(每月领取3000元固定工资和1000元生活补贴)，没有参与对客户投资款的分成，没有参与对客户的虚假宣传行为，两人主观上均没有非法占有公众存款的故意，因此两人的行为应构成非法吸收公众存款罪，不构成集资诈骗罪。[No. 3-5-192-2　李传柱等集资诈骗、非法吸收公众存款案]

第一百九十三条　【贷款诈骗罪】

有下列情形之一，以非法占有为目的，诈骗银行或者其他金融机构的贷款，数额较大的，处五年以下有期徒刑或者拘役，并处二万元以上二十万元以下罚金；数额巨大或者有其他严重情节的，处五年以上十年以下有期徒刑，并处五万元以上五十万元以下罚金；数额特别巨大或者有其他特别严重情节的，处十年以上有期徒刑或者无期徒刑，并处五万元以上五十万元以下罚金或者没收财产：

(一)编造引进资金、项目等虚假理由的；

(二)使用虚假的经济合同的；

(三)使用虚假的证明文件的；

(四)使用虚假的产权证明作担保或者超出抵押物价值重复担保的；

(五)以其他方法诈骗贷款的。

【立法理由】

1. 1979年之后至1997年刑法修订前的立法情况。随着我国改革开放的深入和社会主义市场经济体制的逐步建立，各种商业活动和金融活动日益活跃。一些犯罪分子为了牟取暴利，将犯罪目标对准了银行等金融机构，大肆进行贷款诈骗活动，有的犯罪分子甚至勾结银行等金融机构的内部人员共同作案，**严重扰乱了国家的金融管理秩序，给金融机构造成了巨大的经济损失。**为了适应新形势下进一步保障国家金融秩序的实际需要，立法机关对破坏金融秩序的犯罪进行了修改和补充。1995年6月30日第八届全国人大常委会第十四次会议通过的《全国人民代表大会常务委员会关于惩治破坏金融秩序犯罪的决定》第十条规定："有下列情形之一，以非法占有为目的，诈骗银行或者其他金融机构的贷款，数额较大的，处五年以下有期徒刑或者拘役，并处二万元以上二十万元以下罚金；数额巨大或者有其他严重情节的，处五年以上十年以下有期徒刑，并处五万元以上五十万元以下罚金；数额特别巨大或者有其他特别严重情节的，处十年以上有期徒刑或者无期徒刑，并处没收财产：(一)编造引进资金、项目等虚假理由的；(二)使用虚假的经济合同的；(三)使用虚假的证明文件的；(四)使用虚假的产权证明作担保的；(五)以其他方法诈骗贷款的。"该决定的颁布施行，突出了重典治罪的原则，对打击金融犯罪，维护金融秩序，保障金融体制改革和社会主义现代化建设的顺利进行，具有十分重要的意义。

2. 1997年修订刑法的情况。1997年修订刑法时，在吸收了1995年《全国人民代表大会常务委员会关于惩治破坏金融秩序犯罪的决定》第十条规定的基础上，对本条作了进一步的修改：一是将第三档刑罚中的财产刑由"并处没收财产"修改为"并处五万元以上五十万元以下罚金或者没收财产”;二是将第四条情形“使用虚假的产权证明作担保的”修改为“使用虚假的产权证明作担保或者超出抵押物价值重复担保的”,以适应当时实践中出现的一物多保的新情况,及时纳入刑法调整范围。

【条文说明】

本条是关于贷款诈骗罪及其处罚的规定。

贷款诈骗的对象是**依法取得贷款资质的银行或者其他金融机构**。在我国,贷款业务是上述金融机构的基本业务,是其重要的收入来源。同时,由于信贷业务是国家用有偿方式动员和分配资金的重要形式,**贷款诈骗行为的存在,妨碍了贷款的正常职能和作用,不利于我国维护金融市场秩序和正常市场经济活动**。因此,贷款诈骗罪不仅侵犯了财产所有权,还侵犯了国家的金融管理秩序。具体而言,本罪主要从以下几个方面加以理解:

1. 本罪在主观方面表现为“**以非法占有为目的**”。“非法占有目的”是成立贷款诈骗罪的法定要件,是区分贷款诈骗罪与骗取贷款罪的关键所在,也是司法实践中认定的难点。[①] 至于行为人非法占有贷款是为了挥霍享受,还是为了转移隐匿,都不影响本罪的构成。在认定贷款诈骗罪时,**不能简单地认为,只要贷款到期不能偿还,就以贷款诈骗罪论处**。实际生活中,贷款不能按期偿还的情况时有发生,其原因也很复杂,如有的因为经营不善或者市场行情的变动,使营利计划无法实现不能按时偿还贷款。这种情况下,行为人虽然主观上有过错,但其没有非法占有贷款的目的,故不能以本罪认定。如果行为人虽然在向银行或者其他金融机构申请贷款的过程中使用了规避贷款审核的一些欺骗手段,但其目的不是为了非法占有贷款,而是因为要解决生产经营的一时急需等,以后还要想方设法归还贷款的,也不能构成本罪。

关于如何认定“以非法占有为目的”,在2001年《全国法院审理金融犯罪案件工作座谈会纪要》中曾经提到,金融诈骗犯罪都是以非法占有为目的的犯罪。在司法实践中,认定是否具有非法占有目的,应当坚持**主客观相一致的原则**,既要避免单纯根据损失结果客观归罪,也不能仅凭被告人自己的供述,而应当根据案件具体情况具体分析。根据司法实践,对于行为人通过诈骗的方法非法获取资金,造成数额较大资金不能归还,并具有下列情形之一的,**可以认定为具有非法占有的目的**:(1)明知没有归还能力而大量骗取资金的;(2)非法获取资金后逃跑的;(3)肆意挥霍骗取资金的;(4)使用骗取的资金进行违法犯罪活动的;(5)抽逃、转移资金、隐匿财产,以逃避返还资金的;(6)隐匿、销毁帐目,或者搞假破产、假倒闭,以逃避返还资金的;(7)其他非法占有资金、拒不返还的行为。上述纪要精神在《最高人民法院关于审理非法集资刑事案件具体应用法律若干问题的解释》中对集资诈骗罪“非法占有为目的”的认定规定中有所体现。司法实践中,可以借鉴上述纪要精神和非法集资司法解释相关规定,坚持主客观相统一的原则,严格以事实为依据,综合行为人事前的经济状况、为犯罪实施的准备活动和取得贷款后资金的使用、去向与事后是否有偿还贷款的意愿等因素予以认定。

2. 行为人实施了“**诈骗银行或者其他金融机构贷款**”**的行为**。这里所说的“**银行**”,主要是指政策性银行和各类商业银行。商业银行又分为国有独资商业银行、股份制商业银行、外资银行、中外合资银行等。“**其他金融机构**”是指除银行以外的保险公司、信托投资公司、城市信用社、农村信用社等具有信贷业务的非银行金融机构。

本条明确列举了四种具体诈骗手段:(1)**编造引进资金、项目等虚假理由骗取银行或者其他金融机构贷款**。(2)**使用虚假的经济合同诈骗银行或者其他金融机构的贷款**。这里所说的“虚假的经济合同”,是指伪造的合同、变造的合同(如篡改原合同的标的、价款等)、无效的合同(如采取欺诈手段签订的合同),以及伪造印章虚制的合同等。(3)**使用虚假的证明文件诈骗银行或者其他金融机构的贷款**。这里所说的“证明文件”,包括银行的存款证明、公司和金融机构的担保函、划款证明等向银行或者其他金融机构申请贷款时所需要的文件。(4)**使用虚假的产权证明作担保,骗取银行或者其他金融机构贷款**。这里所说的“产权证明”,是指能够证明行为人对房屋等不动产或者汽车、货币,可即时兑付的票据等动产具有所有权的一切文件以及以其他方法诈骗银行或者其他金融机构贷款。同时,由于犯罪行为方式复杂多样,在法律中难以将所有的诈骗银行或者其他金融机构贷款的行为都具体列举并予以规定,因而本条规定了“**以其他方法诈骗贷款的**”作为兜底条款,包括伪造单位公章、印鉴骗取贷款;以非法占有为目的,贷款到期后采用欺诈手段拒不

① 非法占有目的,必须在签订贷款合同时就已经存在。参见黎宏:《刑法学各论》(第2版),法律出版社2016年版,第158页。

还贷等情况。①

3. **行为人诈骗银行或者其他金融机构的贷款数额较大**。本条规定了三档刑罚，分别是：**数额较大的**，处五年以下有期徒刑或者拘役，并处二万元以上二十万元以下罚金；**数额巨大或者有其他严重情节的**，处五年以上十年以下有期徒刑，并处五万元以上五十万元以下罚金；**数额特别巨大或者有其他特别严重情节的**，处十年以上有期徒刑或者无期徒刑，并处五万元以上五十万元以下罚金或者没收财产。根据《最高人民检察院、公安部关于公安机关管辖的刑事案件立案追诉标准的规定（二）》第五十条的规定，诈骗银行或者其他金融机构的贷款数额在二万元以上的，**应予立案追诉**。对于“其他严重情节”和“其他特别严重情节”，在实践中主要是考虑行为人的诈骗手段或诈骗行为给银行或其他金融机构造成的损失等情况。

综上所述，认定本条规定的贷款诈骗罪，应当结合行为人的主观目的、行为方式、损害后果等方面综合认定。同时，处理贷款诈骗案件应当贯彻宽严相济刑事政策，以犯罪行为对金融秩序的破坏程度和金融机构的实际损失两个方面综合考虑，综合运用刑事手段和行政手段处置和化解风险，综合判断行为人的责任轻重和刑事追究的必要性，做到罪责刑相适应。对于涉案人员积极配合调查、主动退赃退赔、真诚认罪悔罪的，可以依法从轻处罚；其中情节轻微的，可以免除处罚；情节显著轻微、危害不大的，不作为犯罪处理。

实际执行中应当注意以下两个方面的问题：

1. 注意把握贷款诈骗罪与骗取贷款罪的区别。本法第一百七十五条之一规定了**骗取贷款罪**，即以欺骗手段取得银行或者其他金融机构贷款，给银行或者其他金融机构造成重大损失的，处三年以下有期徒刑或者拘役，并处或者单处罚金；给银行或者其他金融机构造成特别重大损失或者有其他特别严重情节的，处三年以上七年以下有期徒刑，并处罚金。单位犯前款罪的，对单位判处罚金，并对其直接负责的主管人员和其他直接责任人员，依照前款的规定处罚。

从上述规定可以看出，贷款诈骗罪和骗取贷款罪在客观行为上均表现为以虚构事实或者隐瞒真相等欺骗手段取得银行或者其他金融机构的贷款。二者区别的关键在于行为人是否具有非法占有的目的。骗取贷款罪不是以非法占有为目的，只因在不符合贷款条件的情况下为取得贷款而采用了欺骗手段。而贷款诈骗罪的主观意图就是通过非法手段骗取贷款并非法占有。在办理具体案件时要注意以下三点：一是不能仅凭较大数额的贷款不能返还的客观结果，推定行为人具有非法占有的目的。在2001年《全国法院审理金融犯罪案件工作座谈会纪要》中曾提到，要严格区分贷款诈骗与贷款纠纷，对于合法取得贷款后，没有按规定的用途使用贷款，到期没有归还贷款的，不能以贷款诈骗罪定罪处罚；对于确有证据证明行为人不具有非法占有的目的，因不具备贷款的条件采取了欺骗手段获取贷款，案发后有能力履行还贷义务，或者案发时不能归还贷款是因为意志以外的原因，如因经营不善、被骗、市场风险等，不宜以贷款诈骗罪定罪处罚。二是行为人虽然以欺骗手段取得贷款资金，但将大部分资金用于投资或生产经营活动等正常贷款用途的，而将少量资金用于个人消费或挥霍的，不应仅以此便认定具有非法占有的目的。

2. **贷款诈骗的单位犯罪问题**。根据本条规定，贷款诈骗罪主体为自然人，刑法条文并未将单位规定为贷款诈骗罪的主体。实践中，单位已成为银行以及其他金融机构主要的贷款对象，从贷款资金上来看，单位贷款额度要远高于自然人。与此相对应的则是单位涉贷款诈骗案件的增加，且涉案金额巨大、诈骗手段多样化。这给银行等金融机构造成了严重的损失，无论是实践中还是法律上均应对单位涉贷款诈骗案件的情形予以明确。

在2001年《全国法院审理金融犯罪案件工作座谈会纪要》中，司法机关认为单位不能构成贷款诈骗罪。该纪要提到，根据《刑法》第三十条和第一百九十三条的规定，单位不能成为贷款诈骗罪的主体。对于单位实施的贷款诈骗行为，不能以贷款诈骗罪定罪处罚，也不能以贷款诈骗罪追究直接负责的主管人员和其他直接责任人员的刑事责任。但是，在司法实践中，对于单位十分明显地以非法占有为目的，利用签订、履行借款合同诈骗银行或其他金融机构贷款，符合《刑法》第二百二十四条规定的合同诈骗罪构成要件的，应当以合同诈骗罪定罪处罚。2014年《全国人民代表大会常务委员会关于〈中华人民共和国刑法〉第三十条的解释》，对公司、企业、事业单位、机关、团体等单位实施刑法规定的危害社会的行为，法律未规定追究单位的刑事责任的，如何适用刑法有关规定的问题，作出了如下解释：“公司、企业、事业单位、机关、团体等单位实施刑法规定的危害社会的行为，刑法分则和其他法律未规定追究单位的刑事责任的，对组织、策划、实施该危害社会行为的

① 相同的学说见解，参见黎宏：《刑法学各论》（第2版），法律出版社2016年版，第158页。

人依法追究刑事责任。"根据该立法解释，**单位依然不能成为贷款诈骗罪的主体，但以单位作为行为主体进行贷款诈骗的，可以对组织、策划、实施贷款诈骗的行为人以贷款诈骗罪追究刑事责任**。上述行为人一般是指公司的法定代表人、实际控制人、股东、高级管理人员和财务主管人员等能够对外代表公司的相关人员。

此外，单位涉贷款诈骗的案件，符合合同诈骗构成要件的，也可以以**合同诈骗罪**追究单位的刑事责任，对其直接负责的主管人员和其他直接责任人员判处自由刑并对单位判处罚金。

【司法解释性文件】

《全国法院审理金融犯罪案件工作座谈会纪要》（法〔2001〕8号，2001年1月21日公布）

△（**金融诈骗犯罪；非法占有目的**）金融诈骗犯罪都是以非法占有为目的的犯罪。在司法实践中，认定是否具有非法占有为目的，应当坚持主客观相一致的原则，既要避免单纯根据损失结果客观归罪，也不能仅凭被告人自己的供述，而应当根据案件具体情况具体分析。根据司法实践，对于行为人通过诈骗的方法非法获取资金，造成数额较大资金不能归还，并具有下列情形之一的，可以认定为具有非法占有的目的：

（1）明知没有归还能力而大量骗取资金的；

（2）非法获取资金后逃跑的；

（3）肆意挥霍骗取资金的；

（4）使用骗取的资金进行违法犯罪活动的；

（5）抽逃、转移资金、隐匿财产，以逃避返还资金的；

（6）隐匿、销毁账目，或者搞假破产、假倒闭，以逃避返还资金的；

（7）其他非法占有资金、拒不返还的行为。但是，在处理具体案件的时候，对于有证据证明行为人不具有非法占有目的的，不能单纯以财产不能归还就按金融诈骗罪处罚。

△（**贷款诈骗罪；行为主体；单位；合同诈骗罪；贷款纠纷**）贷款诈骗罪的认定和处理。贷款诈骗犯罪是目前案发较多的金融诈骗犯罪之一。审理贷款诈骗犯罪案件，应当注意以下两个问题：

一是单位不能构成贷款诈骗罪。根据刑法第三十条和第一百九十三条的规定，单位不构成贷款诈骗罪。对于单位实施的贷款诈骗行为，不能以贷款诈骗罪定罪处罚，也不能以贷款诈骗罪追究直接负责的主管人员和其他直接责任人员的刑事责任。但是，在司法实践中，对于单位十分明显地以非法占有为目的，利用签订、履行借款合同诈骗银行或其他金融机构贷款，符合刑法第二百二十四条规定的合同诈骗罪构成要件的，应当以合同诈骗罪定罪处罚。[①]

二是要严格区分贷款诈骗与贷款纠纷的界限。对于合法取得贷款后，没有按规定的用途使用贷款，到期没有归还贷款的，不能以贷款诈骗罪定罪处罚；对于确有证据证明行为人不具有非法占有的目的，因不具备贷款的条件而采取了欺骗手段获取贷款，案发时有能力履行还贷义务，或者案发时不能归还贷款是因为意志以外的原因，如因经营不善、被骗、市场风险等，不应以贷款诈骗罪定罪处罚。

△（**金融诈骗犯罪；诈骗数额之认定**）金融诈骗犯罪定罪量刑的数额标准和犯罪数额的计算。金融诈骗的数额不仅是定罪的重要标准，也是量刑的主要依据。在没有新的司法解释之前，可参照1996年《最高人民法院关于审理诈骗案件具体应用法律的若干问题的解释》[②]的规定执行。在具体认定金融诈骗犯罪的数额时，应当以行为人实际骗取的数额计算。对于行为人为实施金融诈骗活动而支付的中介费、手续费、回扣等，或者用于行贿、赠与等费用，均应计入金融诈骗的犯罪数额。但应当将案发前已归还的数额扣除。

△（**金融诈骗犯罪；财产刑；罚金数额**）金融犯罪是图利型犯罪，惩罚和预防此类犯罪，应当注重同时从经济上制裁犯罪分子。刑法对金融犯罪都规定了财产刑，人民法院应当严格依法判处。罚金的数额，应当根据被告人的犯罪情节，在法律规定的数额幅度内确定。对于具有从轻、减轻或者免除处罚情节的被告人，对于本应并处的罚金刑原则上也应当从轻、减轻或者免除。

《最高人民检察院、公安部关于公安机关管辖的刑事案件立案追诉标准的规定（二）》（公通字〔2022〕12号，2022年4月6日公布）

△（**贷款诈骗罪；立案追诉标准**）以非法占有

---

① 我国学者指出，尽管刑法没有将单位规定为贷款诈骗罪的行为主体，但是，按照2014年4月24日通过的《全国人民代表大会常务委员会关于〈中华人民共和国刑法〉第三十条的解释》的规定，对于单位实施的贷款诈骗行为，应当对组织、策划、实施贷款诈骗行为的自然人，以贷款诈骗罪论处。因此，系争纪要的相关部分不得继续沿用。参见张明楷：《刑法学》（第6版），法律出版社2021年版，第1029页。相同的结论，参见黎宏：《刑法学各论》（第2版），法律出版社2016年版，第157页。

② 该解释已经被废止。

为目的,诈骗银行或者其他金融机构的贷款,数额在五万元以上的,应予立案追诉。(§45)

【附属刑法】

《中华人民共和国商业银行法》(1995年5月10日通过,2015年8月29日第二次修正)

第八十二条

借款人采取欺诈手段骗取贷款①,构成犯罪的,依法追究刑事责任。

【参考案例】

△以欺诈手段获取银行贷款并违反合同约定使用贷款,但能积极寻找偿还贷款途径,确有证据证明行为人主观上不具有非法占有目的的,不构成贷款诈骗罪。

在经济生活中,有的行为人为申请和获取银行贷款,可能或多或少地使用欺诈手段。因此,在审理因出现资金风险或者造成经济损失而形成的金融借贷纠纷案件时,尤其应注意区别贷款民事欺诈行为与贷款诈骗犯罪,准确把握贷款诈骗罪与非罪的界限。贷款民事欺诈行为与贷款诈骗犯罪主观上都意图欺骗金融机构,客观上均实施了一定程度的欺诈行为。二者区别的关键是行为人是否具有非法占有金融机构贷款的目的。2001年《全国法院审理金融犯罪案件工作座谈会纪要》指出:"对于确有证据证明行为人不具有非法占有的目的,因不具备贷款的条件而采取了欺骗手段获取贷款,案发时有能力履行还贷义务,或者案发时不能归还贷款是因为意志以外的原因,如因经营不善、被骗、市场风险等,不应以贷款诈骗罪定罪处罚。"

要认定行为人是否具有非法占有的目的,必须首先明确"非法占有"的内涵。刑法意义上的非法占有,是指行为人不仅意图使财物脱离相对人而非法实际控制和管领,而且意图非法所有或者不法所有相对人的财物,为使用、收益、处分之表示。因此,不能单纯以行为人使用欺诈手段实际获取了贷款或者贷款到期不能归还,就认定行为人主观上具有非法占有贷款的目的,而应坚持主客观相一致的原则,具体情况具体分析。在对行为人贷款时的履约能力、取得贷款的手段、贷款的使用去向、贷款无法归还的原因等方面及相关客观事实进行综合分析的基础上,判断行为人是否具有非法占有贷款的目的,以准确界定是贷款欺诈行为还是贷款诈骗犯罪。

值得注意的是,2006年6月29日《刑法修正案(六)》第十条规定了骗取贷款罪,即以欺骗手段获得银行或者其他金融机构贷款,给银行或者其他金融机构造成重大损失或者有其他严重情节的,构成骗取贷款罪。[No. 3-5-193-1　张福顺贷款诈骗案]

△取得贷款时未采取欺诈手段,还贷过程中非法转移抵押物的,主观上不具有非法占有目的,不构成贷款诈骗罪。

根据《刑法》第一百九十三条规定,以非法占有为目的,使用虚构事实或者隐瞒真相的方法,骗取银行或者其他金融机构贷款,数额较大的,构成贷款诈骗罪。而贷款欺诈通常属于贷款纠纷,是指因贷款人在签订、履行借款合同过程中采取了虚构事实或者隐瞒真相的方法而产生的经济纠纷。从具体行为方式来看,贷款诈骗与贷款欺诈有许多相似乃至相同之处。例如,编造引进资金、项目等虚假理由,使用虚假的经济合同,使用虚假的证明文件,使用虚假的产权证明作担保或者超出抵押物价值重复担保,等等。也就是说,贷款欺诈行为也可以表现为《刑法》第一百九十三条列举的五种情形。但是,在法律责任上,二者有重大的差别:诈骗贷款数额较大的,构成贷款诈骗罪,须承担刑事责任;而通过欺诈方法获取贷款,即使数额较大,到期不能归还,如行为人没有非法占有的目的,也不能追究行为人的刑事责任。那么,如何区分贷款诈骗罪与贷款纠纷?二者的区分主要应从借款人主观上是否具有非法占有目的上来分析。[No. 3-5-193-2　吴晓丽贷款诈骗案]

△单位与自然人共同诈骗银行贷款的,应以合同诈骗罪的共犯论处。

单位与单位、单位与自然人之间可以构成共同犯罪,目前理论上和司法实务中均无疑问。在马汝方等贷款诈骗、违法发放贷款、挪用资金案中,被告人马汝方、徐光身为犯罪单位明华公司直接负责的主管人员,被告人马凤仙利用与马汝方的亲属关系以个人身份参与,在马汝方的授意、指使下,马凤仙积极参加并与犯罪单位的相关负责人员徐光进行配合,才使得犯罪单位明华公司诈骗银行贷款的行为顺利得逞,故足以认定马凤仙个人与明华公司构成共同犯罪。问题在于,《刑法》未将单位规定为贷款诈骗罪的主体,对单位实

---

① 《中华人民共和国商业银行法》(1995年5月10日通过,2015年8月29日第二次修正)

第三十五条

Ⅰ商业银行贷款,应当对借款人的借款用途、偿还能力、还款方式等情况进行严格审查。

Ⅱ商业银行贷款,应当实行审贷分离、分级审批的制度。

施的贷款诈骗行为，根据2001年《全国法院审理金融犯罪案件工作座谈会纪要》有关要求，不能以贷款诈骗罪定罪处罚，也不能以贷款诈骗罪追究直接负责的主管人员和其他直接责任人员的刑事责任。对于单位以非法占有为目的，利用签订、履行借款合同诈骗银行或其他金融机构贷款，符合《刑法》第二百二十四条规定的合同诈骗罪的构成要件的，应以合同诈骗罪定罪处罚。[No. 3-5-193-3　马汝方等贷款诈骗、违法发放贷款、挪用资金案]

△贷款确系被用于所约定的项目，并且被告人正在设法偿还，最终不能偿还贷款是因被告人不能控制的原因造成的，应认定为主观上不存在非法占有的目的，不构成贷款诈骗罪。

贷款诈骗与民事欺诈行为的界限有时候比较模糊。从理论上说，是否具有非法占有的目的是区分两者的关键。在获取贷款时有欺诈行为，获得贷款后又不能按期偿还贷款的情况下，判断行为人主观上是否具有非法占有的目的，主要是通过查明贷款的用途来实现的。如果贷款确实被用于所规定的项目，并且正在设法偿还，最终不能偿还贷款是由于行为人不能控制的原因造成，那么，应该认为行为人主观上没有非法占有的目的。在孙联强贷款诈骗案中，贷款买车有保险公司作担保，所购车辆也是用于饭店的经营活动，行为人不能归还贷款的原因主要是经营管理不善，因此不能认定行为人有非法占有的目的。[No. 3-5-193-4　孙联强贷款诈骗案]

△单位实施的贷款诈骗行为，不构成贷款诈骗罪，应以合同诈骗罪论处。

1995年6月30日公布的《全国人民代表大会常务委员会关于惩治破坏金融秩序犯罪的决定》首次规定有贷款诈骗罪，1997年《刑法》对此罪名予以吸纳。二者均将贷款诈骗罪的主体限定于自然人。然而在实际经济活动中，贷款诈骗行为常为单位所实施，并具有很大的社会危害性。但是，由于单位不符合贷款诈骗罪的主体资格，根据罪刑法定原则，对于单位实施的贷款诈骗行为，无论数额大小，均不能作为贷款诈骗罪处理，也不能以贷款诈骗罪追究单位直接负责的主管人员和其他直接责任人员的刑事责任。对此，2001年1月21日公布的《全国法院审理金融犯罪案件工作座谈会纪要》规定：“……单位不能构成贷款诈骗罪……对于单位实施的贷款诈骗行为，不能以贷款诈骗罪定罪处罚，也不能以贷款诈骗罪追究直接负责的主管人员和其他直接责任人员的刑事责任。”但是，考虑到单位贷款诈骗虽不能以贷款诈骗罪定罪处罚，但此种行为有时属于利用合同实施，符合合同诈骗罪的特征，故《全国法院审理金融犯罪案件工作座谈会纪要》又规定：“对于单位十分明显地以非法占有为目的，利用签订、履行借款合同诈骗银行或其他金融机构贷款，符合刑法第二百二十四条规定的合同诈骗罪构成要件的，应当以合同诈骗罪定罪处罚。”[No. 3-5-193-5　陈玉泉等贷款诈骗案]

第一百九十四条　【票据诈骗罪】【金融凭证诈骗罪】

有下列情形之一，进行金融票据诈骗活动，数额较大的，处五年以下有期徒刑或者拘役，并处二万元以上二十万元以下罚金；数额巨大或者有其他严重情节的，处五年以上十年以下有期徒刑，并处五万元以上五十万元以下罚金；数额特别巨大或者有其他特别严重情节的，处十年以上有期徒刑或者无期徒刑，并处五万元以上五十万元以下罚金或者没收财产：

（一）明知是伪造、变造的汇票、本票、支票而使用的；

（二）明知是作废的汇票、本票、支票而使用的；

（三）冒用他人的汇票、本票、支票的；

（四）签发空头支票或者与其预留印鉴不符的支票，骗取财物的；

（五）汇票、本票的出票人签发无资金保证的汇票、本票或者在出票时作虚假记载，骗取财物的。

使用伪造、变造的委托收款凭证、汇款凭证、银行存单等其他银行结算凭证的，依照前款的规定处罚。

【立法理由】

1. 1979年之后至1997年刑法修订前的立法情况。为了适应社会主义市场经济的发展和在新的形势下进一步保障国家金融秩序的实际需要，立法机关对破坏金融秩序的犯罪进行了修改和补充。我国自1983年开始实行票据结算制度以来，票据诈骗行为逐渐成为票据信用交易最严重的障碍，由于此类犯罪往往具有手法隐蔽、形式复杂、涉案金额巨大等特点，严重扰乱了我国金融管理秩序。1995年6月30日第八届全国人大常委会第十四次会议通过的《全国人民代表大会常务委员会关于惩治破坏金融秩序犯罪的决定》第十二条规定："有下列情形之一，进行金融票据诈骗活动，数额较大的，处五年以下有期徒刑或者拘役，并处二万元以上二十万元以下罚金；数额巨大或者有其他严重情节的，处五年以上十年以下有期徒刑，并处五万元以上五十万元以下罚金；数额特别巨大或者有其他特别严重情节的，处十年以上有期徒刑、无期徒刑或者死刑，并处没收财产：（一）明知是伪造、变造的汇票、本票、支票而使用的；（二）明知是作废的汇票、本票、支票而使用的；（三）冒用他人的汇票、本票、支票的；（四）签发空头支票或者与其预留印鉴不符的支票，骗取财物的；（五）汇票、本票的出票人签发无资金保证的汇票、本票或者在出票时作虚假记载，骗取财物的。使用伪造、变造的委托收款凭证、汇款凭证、银行存单等其他银行结算凭证的，依照前款的规定处罚。单位犯前两款罪的，对单位判处罚金，并对直接负责的主管人员和其他直接责任人员，依照第一款的规定处罚。"该决定不仅对票据诈骗行为作出规制，还针对经济社会发展和交易结算中出现的其他问题，对委托收款凭证、汇款凭证、银行存单等其他银行结算凭证，一并依照票据诈骗罪予以处罚。

2. 1997年修订刑法的情况。1997年修订刑法时，在吸收了1995年《全国人民代表大会常务委员会关于惩治破坏金融秩序犯罪的决定》第十二条规定的基础上，对本条作了进一步的修改：一是删除了本条中关于死刑的规定，本次修改将本节金融诈骗犯罪的有关死刑规定作为《刑法》第一百九十九条统一规范；二是将第三档财产刑由"并处没收财产"修改为"并处五万元以上五十万元以下罚金或者没收财产"，以解决实践中出现的财产刑衔接不畅、第三档法定刑附加刑过重的问题；三是删除了单位犯前款罪的处罚规定，将本条金融诈骗犯罪中关于单位犯罪的规定于《刑法》第二百条中统一规定。

【条文说明】

本条是关于票据诈骗罪、金融凭证诈骗罪及其处罚的规定。

本条共分为两款。

第一款是关于票据诈骗罪的规定。这里所说的"**金融票据诈骗**"，是指使用虚构事实或者隐瞒真相的方法，利用汇票、本票、支票进行诈骗的行为。本款具体列举了五项金融票据诈骗的行为。

第（一）项规定了**使用伪造、变造的汇票、本票或者支票进行诈骗的行为**。根据本项规定，使用伪造、变造的汇票、本票或者支票进行诈骗。应当具备以下两个条件：（1）**行为人在主观上对其所使用的汇票、本票或者支票，必须"明知"是伪造、变造的**。在主观上是否明知所使用的汇票、本票或者支票是伪造、变造的，是判断是否构成此项犯罪的重要界限。如果行为人在使用汇票、本票或者支票时，在主观上确实不知道该票据是伪造、变造的，则不构成此项犯罪。（2）**行为人必须使用了明知是伪造、变造的汇票、本票或者支票**。这里所说的"使用"，是指行为人以伪造、变造的金融票据冒充真票据，以非法占有他人财物为目的，进行诈骗活动的行为。是否实际实施了使用伪造、变造票据的行为，是区分此罪与彼罪的界限。如果行为人仅是伪造、变造了汇票、本票或者支票，而没有使用，则构成《刑法》第一百七十七条规定的伪造、变造金融票证罪，不构成此项犯罪。

第（二）项规定了**明知是作废的汇票、本票、支票而使用的诈骗行为**。根据本项规定，使用作废的汇票、本票、支票进行诈骗犯罪应当符合以下两个条件：（1）**行为人主观上必须"明知"**。主观上是否明知其使用的汇票、本票或者支票是作废的，是构成本项犯罪的罪与非罪的主要界限之一。如果行为人在使用汇票、本票或者支票时，主观上确实不知道该票据已作废的，则不构成此项犯罪。（2）**行为人实施了使用作废的汇票、本票或者支票的行为**。这里所说的"作废"票据，是指根据法律和有关规定不能使用的汇票、本票或者支票。这里的"作废"应当从广义上理解，既包括票据法中所说的"过期"的票据，也包括无效的以及被依法宣布作废的票据。具体而言，**"过期"的票据**主要是指根据《票据法》第十七条的规定，在法定期限内不行使票据权利而使得权利消灭的下列票据，包括：（1）持票人自票据到期日起二年不行使对票据的出票人和承兑人权利的；（2）见票即付的汇票、本票，持票人自出票日起二年不行使票据权利的；（3）支票自出票日起六个月，持票人不行使对出票人权利的。票据的出票日、到期日由票据当事人依法确定。**无效的票据**是指根据票据法相关规定，因不符合法定形式而绝对无效的票据，主要包括以下几类：（1）票据金额以中文大写和数码同时记载，二者不一致的。（2）更改票据金额、日期、收款人名称的。（3）汇票未记载下列事项:①表明“汇票”的字样;②无条件支付的委托;③确定的金额;④付款人名称;⑤收款人名称;⑥出票日期;⑦出票人签章。(4)本票未记载下列事项:①表明“本票”的字样;②无条件支付的承诺;③确定的金额;④收款人名称;⑤出票日期;⑥出票人签章。(5)支票未记载下列事项:①表明“支票”的字样;②无条件支付的委托;③确定的金额;④付款人名称;⑤出票日期;⑥出票人签章。**作废的票据**主要是指根据《票据法》第十五条规定,票据丧失后,失票人向人民法院申请公示催告或者提起诉讼,人民法院依法作出宣告票据无效的判决的情形。另外,也包括银行根据国家有关规定予以作废的票据,如国家规定更换票据版本,而旧的不得再行使用的票据版本就是作废的票据。

第(三)项规定了**冒用他人汇票、本票、支票进行诈骗的行为**。根据本项规定构成冒用他人金融票据进行诈骗的行为应当具备以下特征:(1)**行为人实施了冒用他人票据的行为**。这里所说的“冒用”,是指行为人擅自以合法持票人的名义,支配、使用、转让自己不具备支配权利的他人的票据的行为。这里所说的“冒用”通常表现为以下几种情况:①行为人以非法手段获取的票据,如以欺诈、偷盗或者胁迫等手段取得的票据,或者明知是以上述手段取得的票据而使用,进行欺诈活动;②没有代理权而以代理人名义或者代理人超越代理权限的行为;③用他人委托代为保管的或者捡拾他人遗失的票据进行使用,骗取财物的行为。(2)**行为人冒用他人票据的行为必须是故意的**。对于冒用他人票据骗取财物的行为人来说,其主观上具有进行诈骗的故意是不言而喻的。但是在有些情况下,可能会出现有些行为人冒用他人的票据是在不知情的情况下所为的,如持票人所持票据是其前手诈骗或者窃取的;有的行为人是受他人委托并使用委托人提供的票据,进行购物、支付、结算等活动,而该票据本身是冒用的;委托人为了逃避追查,隐瞒了该票据持有人的真实情况;请他人代为使用。在这些行为人不知票据是冒用的情况下,主观上当然也就不具有诈骗的故意。因此,就不应承担本项规定的法律责任。

第(四)项规定了**签发空头支票或者与其预留印鉴不符的支票,骗取财物的行为**。根据本项规定,构成签发空头支票或者与预留印鉴不符的支票进行诈骗行为,应当符合以下几个条件:(1)**行为人主观上是故意的**。在实践中出现签发空头支票或者与其预留印鉴不符的支票的情况比较复杂,造成这种情况的原因很多。有些是企业内部缺乏管理的原因;有些则是由于资金转让、结算等方法的原因,如有的银行、金融机构在办理结算、汇款等业务中“压单”“压票”情况比较严重,使原本按正常期限应当到帐的款项被拖延,单位在这种情况下,可能会误认为钱已到帐而开出空头支票。在这种情况下,行为人主观方面不具有犯罪的故意,不可能构成本款所说的票据诈骗罪。(2)**行为人必须实施了签发空头支票或者与其预留的本人签名式样或者印鉴不符的支票的行为**。[①] 这里所说的“空头支票”,是指出票人所签发的支票金额超过其付款时在付款人处实有的存款金额的支票。所谓付款人就是指签发空头支票人开立帐户的银行或者其他金融机构。简单地说,出票人签发的支票金额超过其在银行现有的存款金额,这样的支票就是空头支票。本项所说的签发与其预留印鉴不符的支票,就是指票据签发人在其签发的支票上加盖与其预留存在银行或者其他金融机构处的印鉴不一致的财务公章或者支票签发人的名章。[②] 这里所说的“与其预留印鉴”不符,可以是与其预留的某一个印鉴不符,也可以是与所有的预留印鉴都不符。(3)**行为人的目的是骗取财物**。这是区分罪与非罪的界限。也就是说要求行为人故意签发空头支票或者与其预留印鉴不符的支票。行为人的目的如果不是骗取财物的,不构成犯罪。[③] 例如,有的企业因一时资金周转不过来签发了空头支票,事后及时在帐上补充资金。在这种情况下,行为人主观上没有骗取财物的目的,只是违反了票据法及有关行政法规,应受到行政处罚,但不构成犯罪。

第(五)项规定了**签发无资金保证的汇票、本票或者在出票时作虚假记载、骗取财物的行为**,构成此项犯罪行为,应当符合以下几个条件:

一是**构成本罪的行为主体必须是汇票、本票的出票人**。汇票、本票的出票人是票据的当事人。这里所说的“**出票人**”,是指依法定方式制作汇票、本票并在这些票据上签章,将汇票、本票交付

---

① 开始制作空头支票时,并非本罪的着手;以非法占有为目的,将空头支票交付给他人时,才是本罪的着手。参见张明楷:《刑法学》(第6版),法律出版社2021年版,第1034页。

② 我国学者指出,对“印鉴”应作扩大解释。签发与预留签名不同、与预留密码不同的支票,骗取财物的,也应论以本罪。参见张明楷:《刑法学》(第6版),法律出版社2021年版,第1034页。

③ 我国学者指出,签发空头支票不是为了骗取财物,而是为了拖缓债务履行,不成立本罪。参见张明楷:《刑法学》(第6版),法律出版社2021年版,第1034页。

给收款人的人。对于出票人承担的责任,《票据法》第四条第一款作了规定:“票据出票人制作票据,应当按照法定条件在票据上签章,并按照所记载的事项承担票据责任。”根据《票据法》的规定,所谓票据责任,就是指票据债务人向持票人支付票据金额的义务。

二是**行为人必须实施了签发无资金保证的汇票、本票或者在出票时作虚假记载的行为**。出票人签发汇票、本票时,必须具有可靠的资金保证。这是其承担票据责任的基础和保证。这里所说的“**资金保证**”,是指票据的出票人在承兑票据时具有按票据支付的能力。由于汇票许多不是即时支付的,有的是远期汇票。因此,汇票的出票人在出票时并不要求其当时即具有支付能力,而是要求其保证在汇票到期日具有支付能力即可。“**虚假记载**”指的是,出票人对票据上除签章以外的其他事项,如付款人、收款人、票据金额、付款地所作的不真实记载。

三是**行为人签发的无资金保证的对象必须是汇票和本票**。这里所说的汇票,包括银行汇票和商业汇票两种。其中“**银行汇票**”是指汇款人将款项交存银行,由银行签发给汇款人持往异地办理转帐结算或者支取现金的票据。“**商业汇票**”是指由企业、事业、机关、团体等单位签发的汇票。商业汇票按其承兑人的不同,又可分为商业承兑汇票和银行承兑汇票两种。其中由收款人签发、经付款人承兑或者由付款人签发并承兑的票据是商业承兑汇票;而银行承兑汇票,是指以银行为付款人并由付款银行承兑的远期汇票。这里所说的“本票”,就是指银行本票。所谓“银行本票”,是指由申请人将款项交存银行,由银行签发给其凭以办理转帐结算和支取现金的票据。

四是**行为人具有骗取财物的目的**。是否以非法占有他人财物为目的,是此项犯罪的罪与非罪的重要界限之一。如果汇票、本票的出票人签发无资金保证的汇票、本票或者在出票时作虚假记载,是出于过失或者其他原因,而不具有骗取财物的目的,则不构成此项犯罪。

根据本款规定,有上述五类行为之一,**数额较大的**,处五年以下有期徒刑或者拘役,并处二万元以上二十万元以下罚金;**数额巨大或者有其他严重情节的**,处五年以上十年以下有期徒刑,并处五万元以上五十万元以下罚金;**数额特别巨大或者有其他特别严重情节的**,处十年以上有期徒刑或者无期徒刑,并处五万元以上五十万元以下罚金或者没收财产。

第二款是关于金融凭证诈骗罪及其处罚的规定。根据本款规定,构成金融凭证诈骗罪,应符合以下条件:

一是**行为人使用的银行结算凭证,必须是伪造、变造的**。这里所说的“**伪造**”,是指行为人未经国家有关主管部门批准,非法印制银行结算凭证的行为;所谓“**变造**”,是指行为人在真实、合法的银行结算凭证的基础上或者以真实的银行结算凭证为基本材料,通过剪接、挖补、涂改等手段,对银行结算凭证的主要内容,非法加以改变的行为。

二是**行为人必须实施了“使用”伪造、变造的委托收款凭证、汇款凭证、银行存单等其他银行结算凭证的行为**。这里所说的“**使用**”,是指以非法占有他人财物为目的,进行诈骗活动。如果行为人仅是伪造、变造了委托收款凭证、汇款凭证、银行存单等其他银行结算凭证,而没有使用的,则不构成此款规定的犯罪行为。这里所说的“**银行结算凭证**”,是指办理银行结算的凭据和证明。“**委托收款凭证**”是指收款人在委托银行向付款人收取款项时,所填写提供的凭据和证明。“**汇款凭证**”是指汇款人委托银行将款项汇给外地收款人时,所填写的凭据和证明。“**银行存单**”既是一种信用凭证,也是一种银行结算凭证,银行凭以办理收付次数比较少、具有固定性的储蓄业务,如一次存取的整存整取和定活两便储蓄存款等;它是由储户向银行交存款项、办理开户,银行签发载有户名、帐号、存款金额、存期、存入日、到期日、利率等内容的存单,凭以办理存款的取存。存款到期后,银行有到期绝对付款的责任,可以挂失。因此,可以说银行存单是一种重要的信用和结算凭证。

根据本款规定,对本款规定的犯罪行为依照票据诈骗罪的量刑规定处罚。

单位犯上述两款规定之罪的,根据本法第二百条规定,对单位判处罚金,并对其直接负责的主管人员和其他直接责任人员,处五年以下有期徒刑或者拘役,可以并处罚金;数额巨大或者有其他严重情节的,处五年以上十年以下有期徒刑,并处罚金;数额特别巨大或者有其他特别严重情节的,处十年以上有期徒刑或者无期徒刑,并处罚金。

实际执行中应当注意以下两个方面的问题:

1. 罪与非罪的界限。在司法实践中,行为人主观上是否明知、是否以骗取他人财物为目的是区别罪与非罪的重要标准。本条为避免混淆罪与非罪的界限,对行为人主观方面作出了明确规定。一是伪造、变造或者作废的汇票、本票、支票,行为人在主观上必须是“明知”而使用的,隐含了骗取财物的目的。应当注意的是,在司法实践中判断行为人主观上是否明知,不能仅依据行为人自己的供述,而是要在全面了解整个案件的基础上进行综合分析后得出结论。二是冒用他人票据的,即故意冒充并使用，本身也隐含了骗取财物的目的。三是对于签发空头支票或者与其预留印鉴不符的支票、签发无资金保证的汇票、本票或者在出票时作虚伪记载以及使用伪造、变造的其他银行结算凭证的，这些行为本身就是弄虚作假，故要求行为人必须具有诈骗他人财物的故意和目的。从本条规定可以看出，行为人必须被动接受（明知）或者主动采取弄虚作假行为，并有骗取财物故意的，方能构成本条规定的犯罪。

在司法实践中，要注意审查行为人是否存在不知是伪造、变造、作废的金融票据而使用的，不知存款已不足而误签空头支票或者误签与其预留印鉴不符的支票的，签发汇票、本票时因过失而作错误记载的等情形。根据《票据法》第一百零三条的规定，有票据欺诈行为，情节轻微，不构成犯罪的，依照国家有关规定给予行政处罚。

2. 本罪与伪造、变造金融票证罪的区别和处罚。《刑法》第一百七十七条规定了**伪造、变造金融票证罪**，对伪造、变造汇票、本票、支票以及其他银行结算凭证的行为定罪处罚。两罪的根本区别在于，伪造、变造金融票证罪惩治的是伪造、变造行为本身，而金融票据诈骗罪惩治的是使用这些金融票据进行诈骗的行为。如果行为人仅仅是伪造、变造金融票证，而没有使用的，则这种行为仅构成伪造、变造金融票证罪。但司法实践中，这两种犯罪往往又是联系在一起的，通常表现为行为人先伪造、变造汇票、本票、支票或者其他银行结算凭证，然后使用该伪造、变造的票证进行诈骗活动，**既构成本罪又构成伪造、变造金融票证罪的，应当从一重罪处罚，而不实行数罪并罚。**

【司法解释性文件】

《全国法院审理金融犯罪案件工作座谈会纪要》（法〔2001〕8号，2001年1月21日公布）

△（**金融诈骗犯罪；非法占有目的**）金融诈骗犯罪都是以非法占有为目的的犯罪。在司法实践中，认定是否具有非法占有为目的，应当坚持主客观相一致的原则，既要避免单纯根据损失结果客观归罪，也不能仅凭被告人自己的供述，而应当根据案件具体情况具体分析。根据司法实践，对于行为人通过诈骗的方法非法获取资金，造成数额较大资金不能归还，并具有下列情形之一的，可以认定为具有非法占有的目的：

（1）明知没有归还能力而大量骗取资金的；

（2）非法获取资金后逃跑的；

（3）肆意挥霍骗取资金的；

（4）使用骗取的资金进行违法犯罪活动的；

（5）抽逃、转移资金、隐匿财产，以逃避返还资金的；

（6）隐匿、销毁账目，或者搞假破产、假倒闭，以逃避返还资金的；

（7）其他非法占有资金、拒不返还的行为。但是，在处理具体案件的时候，对于有证据证明行为人不具有非法占有目的的，不能单纯以财产不能归还就按金融诈骗罪处罚。

△（**金融诈骗犯罪；诈骗数额之认定**）金融诈骗犯罪定罪量刑的数额标准和犯罪数额的计算。金融诈骗的数额不仅是定罪的重要标准，也是量刑的主要依据。在没有新的司法解释之前，可参照1996年《最高人民法院关于审理诈骗案件具体应用法律的若干问题的解释》的规定执行。在具体认定金融诈骗犯罪的数额时，应当以行为人实际骗取的数额计算。对于行为人为实施金融诈骗活动而支付的中介费、手续费、回扣等，或者用于行贿、赠与等费用，均应计入金融诈骗的犯罪数额。但应当将案发前已归还的数额扣除。

△（**金融诈骗犯罪；财产刑；罚金数额**）金融犯罪是图利型犯罪，惩罚和预防此类犯罪，应当注重同时从经济上制裁犯罪分子。刑法对金融犯罪都规定了财产刑，人民法院应当严格依法判处。罚金的数额，应当根据被告人的犯罪情节，在法律规定的数额幅度内确定。对于具有从轻、减轻或者免除处罚情节的被告人，对于本应并处的罚金刑原则上也应当从轻、减轻或者免除。

《最高人民检察院、公安部关于公安机关管辖的刑事案件立案追诉标准的规定（二）》（公通字〔2022〕12号，2022年4月6日公布）

△（**票据诈骗罪；立案追诉标准**）进行金融票据诈骗活动，数额在五万元以上的，应予立案追诉。（§ 46）

△（**金融凭证诈骗罪；立案追诉标准**）使用伪造、变造的委托收款凭证、汇款凭证、银行存单等其他银行结算凭证进行诈骗活动，数额在五万元以上的，应予立案追诉。（§47）

【附属刑法】

《中华人民共和国票据法》（1995年5月10日通过，2004年8月28日修正）

第一百零二条

有下列票据欺诈行为之一的，依法追究刑事责任：

（一）伪造、变造票据的；

（二）故意使用伪造、变造的票据的；

（三）签发空头支票或者故意签发与其预留的本名签名式样或者印鉴不符的支票，骗取财物的；

(四)签发无可靠资金来源的汇票、本票，骗取资金的；

(五)汇票、本票的出票人在出票时作虚假记载，骗取财物的；

(六)冒用他人的票据，或者故意使用过期或者作废的票据，骗取财物的；

(七)付款人同出票人、持票人恶意串通，实施前六项所列行为之一的。

第一百零三条

有前条所列行为之一，情节轻微，不构成犯罪的，依照国家有关规定给予行政处罚。

【参考案例】

△变造金融凭证后进行金融凭证诈骗活动的，应以金融凭证骗罪论处。

被告人王昌和使用自己变造的存折到银行去骗取财物，虽然其涂改存折的行为触犯了《刑法》第一百七十七条的规定，构成变造金融票证罪；其使用变造的存折到银行去骗取财物的行为又触犯了《刑法》第一百九十四条第二款的规定，构成金融凭证诈骗罪。然而，《刑法》第一百九十四条第二款已规定，使用伪造、变造的委托收款凭证、汇款凭证、银行存单等其他银行结算凭证的，以金融凭证诈骗罪定罪处罚。这里所说的使用伪造、变造金融凭证，当然包括使用者本人伪造、变造金融凭证的情况在内。[No. 3-4-177-1　王昌和变造金融票证案]

△以非法占有为目的，伙同金融机构工作人员使用已经贴现的真实票据质押贷款的，属于冒用他人票据，应以票据诈骗罪论处。①

根据《刑法》第一百九十四条第一款第(三)项的规定，冒用他人的汇票是构成票据诈骗罪的其中一种情形。冒用他人汇票是指擅自以合法持票人的名义，支配、使用、转让自己不具备支配权利的他人的汇票行为。冒用通常有三种表现形式：一是使用以非法手段获取的汇票，如以欺诈、偷盗或者胁迫等手段取得的汇票，或者明知是以上述手段取得的汇票而使用；二是没有代理权而以代理人名义使用或者代理人超越代理权限而使用；三是擅自使用他人委托代为保管的或者捡拾他人遗失的汇票。在王世清票据诈骗、刘耀挪用资金案中，被告人王世清的行为分为两个阶段：第一个阶段是取得承兑汇票阶段，第二个阶段为贷款阶段。在这两个阶段中，王世清均使用了欺骗手段。首先，王世清向刘耀提出借用已经贴现过的承兑汇票用于抵押，并承诺几天内归还及帮助该行拉存款，骗取刘耀的信任，使刘耀利用本单位未在汇票的被背书人栏内签名、盖章的漏洞，以及只有本人才能打开保险箱的职务便利，将本单位的银行承兑汇票借给王世清使用。当商行检查时，王世清又拿其他银行的承兑汇票交由刘耀应付检查，客观上王世清对刘耀及商行淮西支行均实施了欺骗的行为。其次，王世清取得银行汇票后到农行淮西支行办理质押贷款。根据有关规定，出质人用于质押的权利凭证应为其所有或具有支配权、处分权的凭证。王世清明知该汇票并非本公司所有，且已被贴现，自己对该汇票不具有支配、处分权，而向农行淮西支行隐瞒了事实真相，以本公司作为合法的持票人，向农行淮西支行办理质押贷款，其对农行淮西支行也实施了欺骗行为。

综上，被告人王世清以欺骗的手段从刘耀手中取得已经贴现过的承兑汇票，其票据的取得是非法的；在贷款过程中，王世清明知该汇票已被贴现，自己对该汇票不具有支配权，而向农行淮西支行隐瞒了事实真相，擅自以本公司作为合法持票人，使用自己不具备支配权的承兑汇票办理质押贷款，应视为《刑法》第一百九十四条第一款第(三)项规定的冒用他人的汇票。对于以非法占有为目的，冒用他人的汇票进行诈骗活动，构成犯罪的，应当以票据诈骗罪定罪处罚。[No. 3-5-194(1)-1　王世清票据诈骗、刘耀挪用资金案]

△利用保管其他公司工商登记、经营证章的便利条件，以其他公司名义申领、签发支票并非法占有其他公司财物的，应以票据诈骗罪论处。

第一，被告人李兰香的行为不构成侵占罪。侵占罪的行为特征表现为合法持有继而非法所有，即将代为保管的他人财物以及他人的遗忘物或者埋藏物非法占为己有。与之相对应，本案行为也可以细分为两个阶段，第一个阶段是委托事项的办理阶段，从委托办理工商、税务登记时起，至其完成这些登记时止，具体表现为取得深圳市萨普泰技术有限公司设立登记、刻制公司公章、财务专用章、公司法定代表人印章、办理公司税务登

① 如果一般公民与银行内部具有财产处分权限的人相勾结，使用伪造的票据从银行取得财产，由于没有受骗者，不能认定为票据诈骗罪，而应认定为贪污罪或者职务侵占罪的共同犯罪；相对的，如果一般公民与银行内部不具有财产处分权限的人相勾结，使用伪造的票据从银行取得财产，由于存在受骗者，成立票据诈骗罪。参见张明楷：《刑法学》(第6版)，法律出版社2021年版，第1035页。

记以及将该公司的注册资金 50 万元由临时账户转入一般账户；第二阶段是被告人非法占有注册资金阶段，具体包括被告人假借深圳市萨普泰公司及其法定代表人的有关证章开领、签发支票以及使用支票在萨普泰公司账户上提取人民币 5 万元以及转账人民币 44 万元至其他公司后提取现金占为己有等行为。那么能否据此认为本案行为属于先合法保管、后非法占有，从而构成侵占罪呢？答案是否定的。首先，本案不存在对物进行保管的前提。作为财产犯罪的侵占罪，不同于侵犯经济秩序犯罪，其所侵占的对象应当是具体的财产或者财产凭证。在本案中，被告人接受委托办理的事项是公司设立登记，其代为保管的是公司设立登记所需和所形成的证章，而非注册资金，这两点是存在差别的，不能以对于公司有关证章的保管的认定，来替代对于公司具体财产的保管的认定。实际上，公司的注册资金也无须任何人具体保管。其次，被告人不是基于对物的保管关系实现对物的直接侵占。财产犯罪表现为对对象物的直接侵占、骗取或者毁损，因而具有直接性，作为财产犯罪的侵占罪自不例外。在本案中，一方面，因非直接保管着公司资金或者资金凭证，被告人仅依据手中所保管的公司证章，并不能实现对公司注册资金的非法占有；另一方面，被告人主要是通过上述第二个阶段即骗领、签发、使用支票行为实际取得公司资金的，这与侵占罪通过拒不退还或者拒不交出合法持有物的取得他人财物方式是完全不同的。更何况，较之于侵占罪，此类行为明显具有更为严重的主观恶性和社会危害性，被害人是否主张权利，被告人是否拒不退还或者拒不交出，不应成为此类行为的定罪要件。

第二，被告人李兰香在委托事项完成后，利用保管深圳市萨普泰技术有限公司工商登记、经营证章的便利条件，以该公司名义申领、签发支票进而非法占有该公司财物的行为，构成票据诈骗罪。所谓票据诈骗罪，是指以非法占有为目的，以金融票据作为工具骗取数额较大财物的行为。本案被告人李兰香通过开领、签发、使用支票等手段取得深圳市萨普泰技术有限公司的注册资金 49 万元并携款潜逃，具备票据诈骗罪的一般特征，应无疑问。同时，根据《刑法》第一百九十四条规定，票据诈骗罪的具体行为方式为五类，分别是：(1) 明知是伪造、变造的票据而使用；(2) 明知是作废的票据而使用；(3) 冒用他人票据；(4) 签发空头支票或者与其预留印鉴不符的支票骗取财物；(5) 汇票、本票的出票人签发无资金保证的汇票、本票或者在出票时作虚假记载骗取财物。本案行为是否属于该法定的 5 种情形之一，是本案司法认定中必须加以考虑的一个问题。如前所述，本案所使用票据是支票，且非废票，亦非空头或者与预留印鉴不符的支票，故上述 (2)、(4)、(5) 三项行为首先得以排除，在剩下的使用伪造支票和冒用他人支票两种行为中，一、二审裁判意见认为本案应属冒用他人支票行为，而笔者认为属于使用伪造支票行为。应当说，没有代理权或者超越代理权以及利用所保管的出票权利人的印章开具票据并使用行为的具体认定，在理论和实务上均存在一定的分歧，本案即属于此种情形。笔者之所以将此种情形认定为使用伪造支票行为，其主要理由是，冒用他人支票以真实、有效的支票既已存在为前提，是一种单纯的使用行为。而利用管理他人印章等便利条件冒用他人名义开具并使用支票，实际上包含着一个出票行为，尽管该出票行为具有表面上的真实性，但因未经权利人授权，非基于权利人的意志所为，根本上是一个伪造支票的行为，即假冒他人名义伪造票据，因而也是无效的。本案被告人李兰香利用其保管的深圳市萨普泰技术有限公司相关证章擅自签发支票并加以使用，从而将该公司 49 万元注册资金非法据为己有的行为，实际上同时触犯了伪造金融票证罪和票据诈骗罪两个罪名，但因两者存在手段和目的之间的牵连关系，按照牵连犯的一般适用原则，本案应以票据诈骗罪一罪处理。[No. 3-5-194(1)-2 李兰香票据诈骗案]

△收取货物后以空头支票支付货款的，应以票据诈骗罪论处。①

被告人季某骗取易高公司的电脑和瑞协公司的啤酒，均是采取签发空头支票支付货款的手段实施的。其签发空头支票是在骗取财物之前还是之后，不应当影响票据诈骗罪的成立。因为，行为人完成诈骗犯罪的行为是在其签发空头支票之后。而其一旦完成整个诈骗犯罪行为，其诈骗犯罪的具体行为、侵犯的客体才能最终确定，因此被告人无论是在取得货物之前、同时还是之后签发空头支票，其行为不仅侵犯了普通诈骗罪中他人公私财物所有权这一共同客体，更主要的是还侵犯了国家对票据的管理制度这一特殊客体，符合票据诈骗罪的特征。从另一个角度看，行为人先得到商品的行为，尚不能独立构成犯罪，因此，也

① 如果先骗取了他人财物，事后将空白支票交付给对方，不应认定为本罪，只能认定为(合同)诈骗罪。参见张明楷：《刑法学》(第 6 版)，法律出版社 2021 年版，第 1034 页。

就不能仅以此即确定其行为特征,进而确定其具体罪名。当然,季某骗取瑞协公司的啤酒,同时利用了购销合同,形式上也触犯了《刑法》第二百二十四条的规定,构成合同诈骗罪。但如前所述,对这种情形的法条竞合,应按照特别法条优于普通法条的原则,选择适用特别法条,对被告人季某,应以票据诈骗罪定罪处刑。[No. 3-5-194(1)-4　季某票据诈骗、合同诈骗案]

△主观上不具有非法占有的目的的,不构成票据诈骗罪。

作为侵犯财产犯罪的票据诈骗罪,是从传统的诈骗罪中分离出来的,与诈骗罪相同,以非法占有为目的是构成本罪的必要条件。虽然《刑法》关于金融诈骗犯罪的条文中,只对集资诈骗罪、贷款诈骗罪和信用卡诈骗罪中的"恶意透支"行为明确规定了必须具有非法占有的目的,没有明确规定票据诈骗罪是"以非法占有为目的"的犯罪,但并不是说票据诈骗犯罪不要求有非法占有的目的。只是由于金融诈骗比普通诈骗犯罪的情况复杂,在认定行为人是否具有非法占有的目的上存在一定的特殊性。在非法集资(诈骗)、违法贷款(诈骗)和恶意透支信用卡行为中,行为人采取虚假手段集资、贷款或者恶意透支信用卡,并不一定都具有非法占有目的,因此,《刑法》才强调规定以非法占有为目的才能构成犯罪。而在其他金融诈骗犯罪中,如果没有相反证据证明行为人不具有非法占有目的,行为人采取《刑法》规定的方式、手段进行金融诈骗的,一般可以表明行为人主观上具有非法占有的目的,不需要《刑法》作出特别规定。正如抢劫罪、盗窃罪、诈骗罪都是以非法占有为目的的犯罪,但《刑法》没有规定以非法占有为目的是此类犯罪的构成要件一样。因此,认定票据诈骗罪,必须查明行为人是否具有非法占有的目的。[No. 3-5-194(1)-5　姚建林票据诈骗案]

△盗窃银行承兑汇票并使用,骗取财物数额巨大的,应以票据诈骗罪论处。

汇票分为商业承兑汇票与银行承兑汇票。其中银行承兑汇票是由收款人或承兑申请人签发的,并由承兑申请人向开户银行申请,经银行审查同意承兑的汇票。银行承兑汇票虽然具有与现金相类似的支付结算功能,但它不能完全等同于现金,属于有价证券的范畴,是记名、可挂失、不能即时兑现、有较多保护措施的有价证券,票据权利的行使受到诸多因素的制约,对于票据的丧失也有多种救济途径。

对于行为的刑法评价,一般是从行为所侵犯的法益,即刑法所保护的客体入手。立法所保护的盗窃罪、票据诈骗罪的法益均包含公民的财产权利。对于盗窃票据并使用的行为,应根据票据持有人直接丧失票据记载的财产是盗窃行为所致还是使用行为所致。如果盗窃行为使票据持有人直接丧失票面记载的财产,则可以认定构成盗窃罪,其使用行为可作为赃物处理行为对待;如果盗窃行为并未使票据持有人的财产直接受损,其使用行为可认定构成金融诈骗罪;倘若盗窃行为直接侵犯票据持有人的财产,而其使用行为又侵犯了新的法益,则应以盗窃罪、票据诈骗罪两罪并罚。

被告人张平盗窃的银行承兑汇票是记名、可挂失、不能即时兑现的有价证券,持票人能够通过公示催告、诉讼、挂失止付等途径避免自己的损失,盗窃该类银行承兑汇票的行为并不必然使持票人的财产受损。事实上,失窃人林卫亚于被盗次日即向付款行电话挂失,后又向付款行所在地法院申请除权判决,宣告失窃票据无效,使自己免受了财产损失。然而,被告人张平用所窃汇票向杨伟兑换现金、向王惠刚偿付货款及兑换现金的行为,却使接受汇票方因汇票已被挂失而遭受财产损失。可见,张平的盗窃行为并未使失窃人遭受财产损失,张平盗窃汇票后以票据权利人的名义使用票据的行为使接受张平所交付的汇票的人受到财产损失,该行为损害了国家对金融票据的管理制度和正常秩序,符合票据诈骗罪的客体特征。

票据诈骗罪的客观行为包括了:明知是伪造、变造的汇票、本票、支票而使用的;明知是作废的汇票、本票、支票而使用的;冒用他人的汇票、本票、支票的;签发空头支票或者与其预留印鉴不符的支票,骗取财物的;汇票、本票的出票人签发无资金保证的汇票、本票或者在出票时作虚假记载,骗取财物的等行为方式。张平的行为符合"冒用他人的汇票"的情形。冒用他人票据的行为实质是假冒票据权利人或其授权的代理人行使本属于他人的票据权利,从而骗取财物。行为人主观上明知自己不是合法的票据权利人或授权的代理人,但仍然假冒合法权利人或其代理人之名使用票据,即属于冒用他人的汇票。张平明知自己不是汇票权利人,却仍向受票人明确表示票据为其所有,并以权利人的身份将票据转让取得对价,符合冒用他人汇票的情形,其行为符合票据诈骗行为的客观要件。

在本案中,被告人张平先后产生了两个犯意或目的,即盗窃财物的故意和利用所窃得的银行汇票实施诈骗的故意,在行为上亦表现为既有秘密窃取的行为,又有隐瞒事实真相冒充合法持票人实施诈骗的行为。被窃人5000元的损失和被骗人8.7万元的损失是由被告人张平先前的盗窃行为与嗣后的诈骗行为分别造成的。其基于两个犯罪故意,实施了两个独立的犯罪行为,既侵犯了公私财物的所有权,又侵犯了国家对金融票据的管理制度,两行为不具有牵连关系,应当实行数罪并罚。

本案也不宜参照《刑法》第一百九十六条第三款的规定。《刑法》第一百九十六条第三款规定:"盗窃信用卡并使用的,依照本法第二百六十四条的规定定罪处罚"。立法者仅在信用卡诈骗罪中作了此种特别规定。立法者有意在信用卡与汇票、本票、支票、信用证、有价证券之间作一定的区分。信用卡密码是使用信用卡的关键,信用卡内的款项一般在盗窃行为完成时就处于行为人的控制之下。而银行承兑汇票的兑现则有一系列严格的审查程序,银行承兑汇票在流转过程中可能已被挂失,汇票所指向的财物可能已不存在。在该情形下,行为人要凭票获取财物主要依靠虚构事实或隐瞒真相的手段,行为对象不是汇票持有人而是第三人。对于混合使用盗窃、骗取手段的行为定性,理论和实务界均认为应当以获取财物的关键行为作为定罪标准。本案被告人盗窃银行承兑汇票时,并未实现对银行承兑汇票款项的控制,其获取巨额财产的关键在于盗窃后的诈骗行为,应当以票据诈骗罪而不宜以盗窃罪定罪处罚。[No. 3-5-194(1)-6　张平票据诈骗案]

△金融机构工作人员利用工作之便,以偷换储户存折的方式支取存款的,应以金融凭证诈骗罪论处。

盗窃罪与金融凭证诈骗罪在作为侵财性犯罪方面具有很多相同之处,如行为人主观上都有非法占有的目的,客观上都侵犯了他人财产权等。但是《刑法》将盗窃罪规定在侵犯财产罪中,金融凭证诈骗罪则被规定在破坏社会主义市场经济秩序罪中。该做法表明了两罪在侵害的法益上有着本质的不同,而这种不同主要是通过两种犯罪实施过程中行为人非法取得他人财产的行为方式予以反映,也即两罪在行为方式上存在本质差别,这也是在司法实践中区别两罪的关键。

盗窃罪的行为方式是采用秘密窃取的手段取得公私财物。由于行为人采取的是秘密窃取的方式,因此不存在被害人处分财产的事实。行为人对被害人财产的占有,无论在表面上,还是在实质上,都是违背被害人意志的。金融凭证骗罪则是以使用伪造、变造的银行结算凭证的欺骗手段,使财物所有人、管理人陷入认识错误,"自愿"交出财物。由于行为人采取的是骗取的方式,因此,客观上存在被害人处分财产的事实,行为人对被害人财产的占有,虽然在表面上当时是基于被害人的自愿,但实质上却违背了被害人的真实意志。金融凭证诈骗罪不但侵犯了他人财产权还侵犯了金融管理秩序和金融安全,因此《刑法》第一百九十四条第二款规定构成金融凭证骗罪要求必须使用伪造的委托收款凭证、汇款凭证、银行存单等其他银行结算凭证作为骗取财物的手段,否则不构成本罪。而对于盗窃罪而言,由于只侵犯了他人的财产权,则没有此种特定手段的要求。[No. 3-5-194(2)-2　李路军等金融凭证诈骗案]

△使用伪造的企业网上银行转账授权书,利用网上银行骗取银行资金,数额较大的,应以金融凭证诈骗罪论处。

在张北海等人金融凭证诈骗案中,网上银行企业客户账户查询、转账授权书是否为金融凭证,是区别本案被告人的犯罪行为构成哪类犯罪的关键点。

金融凭证诈骗罪,是指使用伪造、变造的委托收款凭证、汇款凭证、银行存单以及其他银行结算凭证骗取财物,数额较大的行为。本罪侵犯的对象是银行结算凭证,包括委托收款凭证、汇款凭证、银行存单以及其他银行结算凭证。其中银行的委托收款凭证,是指行为人在委托银行向付款人收取款项时所填写、提供的凭据和证明。汇款凭证,是指汇款人委托银行将款项汇给外地收款时所填写的凭据和证明。其他银行结算凭证是指除本票、汇票、支票、委托收款凭证、汇款凭证、银行存单以外的办理银行结算的凭证和证明。

何谓结算凭证?2000年8月的中国人民银行办公厅《关于单位定期存款开户证实书性质认定的批复》认为:支付结算是指单位、个人在社会经济活动中使用票据、信用卡和汇兑、托收承付、委托收款等结算方式进行货币给付及其资金清算的行为,中国人民银行为上述结算活动统一制定的书面凭证为结算凭证。2003年12月9日,中国人民银行办公厅《关于其他银行结算凭证有关问题的复函》再次明确:根据《支付结算办法》的有关规定,办理票据、信用卡和汇兑、托收承付、委托收款等转账结算业务所使用的凭证,均属银行结算凭证。

当前,网上银行业务作为一种新型的金融服务业务,对其使用的凭证种类,中国人民银行和银监会均没有明确的定性。但就本案而言,所涉及的《中国工商银行网上银行企业客户账户查询、转账授权书》是用于网上电子银行进行收付、结算的唯一的、排他的重要依据,是用于特定主体(金融机构、存款人)之间以特定的格式记载双方的特定权利、义务的书面文件，同时也是双方记账的重要凭证，符合上述金融凭证中的委托收款凭证的特征，属于新兴电子银行业务中出现的一种非传统型的银行会计凭证，应属于金融票证的范畴。

被告人诱骗企业到银行存款后，私刻存款企业印鉴、银行印鉴，伪造存款企业网上银行转账授权书，随后将存款企业下挂到华博公司名下作为分支机构再利用网上银行骗取银行资金，且诈骗数额特别巨大，故依照《刑法》第一百九十四条第二款之规定以金融凭证诈骗罪处罚是恰当的。[No. 3-5-194(2)-3　张北海等人金融凭证诈骗案]

△使用伪造的金融凭证作抵押骗取贷款的，不构成贷款诈骗罪，应以金融凭证诈骗罪论处。

在朱成芳等金融凭证诈骗、贷款诈骗案中：

其一，从立法本意看，《刑法》设立金融凭证诈骗罪时，对该罪的规定是广义的，只要是使用伪造的金融凭证进行诈骗，数额较大的，即构成此罪。其目的是保护金融机构的信誉，严惩此类犯罪。而对贷款诈骗罪的规定则有一定的限制，主要是针对以非法占有为目的，骗取银行贷款的个人犯罪行为。《刑法》第一百九十三条贷款诈骗罪中所规定的"证明文件"，主要是指银行的存款证明、公司和金融机构的担保函、划款证明等在向银行或者其他金融机构申请贷款时所需的文件，不包括金融凭证。

其二，从司法实践看，使用伪造的金融凭证诈骗贷款，与使用虚假的经济合同、证明文件等诈骗贷款有所不同。前者可信程度更高，更易于取得贷款银行的信任而骗得贷款，其行为的社会危害性相对更大。因此，根据刑法罪刑相适应的原则，此种犯罪也应当受到法定更严厉的处罚。此类以伪造的金融凭证诈骗贷款的行为，与使用伪造的金融凭证直接骗得存款并无实质差别，因此，以金融凭证诈骗罪认定，是完全正确的。

其三，从刑法理论看，本案被告人共实施了三个行为：伪造公司、企业公文、印章，伪造金融凭证和诈骗贷款，三者存在牵连关系。其中，伪造公司、企业公文、印章和伪造金融凭证是手段行为，诈骗贷款是目的行为。使用伪造的金融凭证诈骗贷款，同时触犯了《刑法》第一百九十三条规定的贷款诈骗罪和一百九十四条第二款规定的金融凭证诈骗罪。该两罪的法律规定交叉，是一行为同时触犯数罪名，应从一重处，定金融凭证诈骗罪。金融凭证诈骗罪的手段较多，包括使用伪造的银行金融凭证，如银行存单。金融凭证诈骗罪诈骗的对象是不特定的，包括银行贷款。被告人使用伪造的金融凭证诈骗银行时，无论银行是从哪一项目支付款项，都不影响被告人非法占有的目的，都是用伪造的金融凭证诈骗银行。被告人朱成芳伪造银行存单，并利用伪造的银行存单作抵押，骗取贷款的行为，已构成金融凭证诈骗罪。同时，应当注意的是，在认定诈骗犯罪数额时，不能简单地以存单上的数额认定。因为那只是担保的数额，不一定是直接骗取的数额。认定诈骗犯罪，应当以行为人准备骗取或者实际非法占有的数额作为犯罪数额。因此，本案定罪数额应当以被告人朱成芳使用金融凭证诈骗贷款而实际骗得的贷款数额为准。[No. 3-5-194(2)-4　朱成芳等金融凭证诈骗、贷款诈骗案]

△变造金融凭证并使用的，应以金融凭证诈骗罪论处。

《刑法》第一百九十四条第二款规定的金融凭证诈骗罪，是指使用伪造、变造的委托收款凭证、汇款凭证、银行存单等其他银行结算凭证的行为。犯该罪的，依照前款票据诈骗罪的规定处罚。构成此款犯罪行为的条件，包括：第一，行为人使用的银行结算凭证必须是伪造、变造的。第二，行为人实施的对象必须是委托收款凭证、汇款凭证、银行存单等其他银行结算凭证。这里所说的银行结算凭证，是指办理银行结算的凭据和证明。第三，行为人必须实施了使用伪造、变造的银行结算凭证的行为。在曹娅莎金融凭证诈骗案中被告人曹娅莎采用变造银行存单、伪造汇票中资金转让内容的手段诈骗存款单位钱款的行为，已构成金融凭证诈骗罪。[No. 3-5-194(2)-5　曹娅莎金融凭证诈骗案]

△金融机构工作人员，采用欺骗手段取得客户印鉴后将客户账户内的资金取出的行为，成立票据诈骗罪。

在颜强票据诈骗案中：

1. 颜强具有非法占有目的。

刑法上的非法占有目的，是指将他人的财物作为自己的所有物进行支配，从而排除权利人的支配，并遵从财物的用途进行利用和处分，即非法占有目的由"排除权利人的支配"与"利用取得的财物"双重意思构成。对于前者，不仅要考虑行为人有无返还的意思表示、使用时间的长短，还要考虑财物的价值、对被害人的侵害程度等。

本案中，颜强一方面欺骗金平安称贷款没有批下来，另一方面将金平安账户中的47万元以现金形式取出，使银行丧失了对该笔贷款进行贷后审查的可能性，其行为已经排除了权利人金平安对该笔贷款的支配。虽然颜强事后召集相关人员商量还款事宜，但无论其所称的交给代建民使用还是伪造借条、保证书等材料让他人承担还款责任,均是为了掩饰该笔贷款的真正用途和去向,说明该笔贷款已被利用和处分,颜强本人没有及时返还的能力。同时,颜强在因涉嫌犯罪被传唤时拒不到案,到案后拒不交代其取得印鉴、取款的有关行为和贷款去向的事实也表明其没有还款的主观意思和客观行为。颜强在金平安和保证人王保松被银行起诉还款、后被强制执行过程中,均没有归还该笔贷款,给权利人造成了重大损失。因此,可以认定颜强具有非法占有目的。

2. 颜强的行为没有利用职务便利,不成立贪污罪。

本案的关键在于如何评价颜强将客户到账的贷款以现金形式支取的行为,而对此行为定性的关键在于其是否利用了职务便利。

行为人利用与自己职责、职权无直接关系或者说不是以职责为基础的便利条件,如仅因为在某单位工作而熟悉作案环境、凭借工作人员的身份较易接近作案目标或者因为工作关系熟悉本单位其他人员的职务行为操作规程等便利条件作案的,不属于利用职务便利。本案中,颜强作为许昌市城市信用社营业部副主任,其职责范围包括对借款人和担保人资格、信誉、借款用途及还款能力等事项的审查,以提供准确的信息供单位审查贷款委员会决定是否发放该笔贷款及批准贷款的数额。贷款是否被批准,是否被转至金光塑印厂账户、是否被支取、如何被支取、支取后如何使用、是否被偿还等环节均是颜强职责范围之外的内容。本案中,贷款被转入了金光塑印厂的基本账户,而颜强利用其熟知操作规程的有利条件,基于金光塑印厂法定代表人金平安对其的信任,拿到金光塑印厂全部印鉴后,以现金支票形式取现47万元,不属于利用职务便利。相反,颜强借用全套印鉴的行为本身,就说明其无法通过职务之便在其管理职责范围内实现取现的目的。

此外,本案中贷款已经被转入基本存款账户之中。对银行而言,该笔借款合同已经履行完毕,50万元的性质已经从银行管理的资产变为金光塑印厂对银行的债务;对金光塑印厂而言,该50万元已成为企业资产的一部分;对金平安而言,50万元已成为其储蓄存款的一部分,同时其开始承担履行对银行还本付息的合同内容。质言之,50万元已不属于国家出资企业管理、使用或者运输中的私人财产。因此,本案中被支取的50万元中的47万元属于金光塑印厂(金平安)的财产,受到侵犯的是金光塑印厂私有财产的所有权。故50万元不属于公共财产的性质,颜强的行为没有侵犯公共财产的所有权,不成立贪污罪。

3. 颜强的行为同时符合盗窃罪与票据诈骗罪的构成要件,应当以票据诈骗罪论处。

盗窃罪的核心是秘密窃取的手段,是指行为人自认为其取得财物的过程不为被害人或者财物处分权人所知。本案中,颜强在明知金光塑印厂的贷款已经到账的情况下,对该事实予以隐瞒,骗取金平安单位和个人印鉴后,采取自认为不为金平安所知的手段(事实上也确实不为金所知)将到账贷款中的绝大部分取走。其取现过程虽有大额现金支取审批表、现金支票、手续费收入凭证、存款户对账单等合法书证支持并通过了银行会计、出纳等人员的审查,具备形式上的合法性、公开性和透明性,但该环节是银行操作规程规定的必经手续,手续的完备不等于该过程被被害人或者财物处分权人所知,不影响秘密窃取手段的成立。颜强的行为符合盗窃罪的构成要件。

刑法将票据诈骗罪归入破坏社会主义市场经济秩序犯罪章的金融诈骗罪一节中,可见立法者认为,票据诈骗犯罪不仅侵犯了财产权,更为严重的是,它破坏和扰乱了通过票据信用关系建立起来的正常的金融秩序和交易秩序,具有有别于传统侵财类犯罪的特殊社会危害性。本案中,颜强将到账的47万元贷款取出,不仅侵犯了金平安及其塑印厂的财产权,而且危害到银行票据使用秩序和交易安全,虽然银行最终通过诉讼途径弥补了损失,但银行正常的金融活动和秩序已经遭受侵犯。

根据《刑法》第一百九十四条第一款第(一)项的规定,明知是伪造、变造的汇票、本票、支票而使用的,构成票据诈骗罪。根据中国人民银行1997年9月19日印发的《支付结算办法》第十四条的规定,票据的伪造,是指"无权限人假冒他人或虚构人名义签章的行为。签章的变造属于伪造";票据的变造,是指"无权更改票据内容的人,对票据上签章以外的记载事项加以改变的行为"。可见,票据的伪造,就是指票据签章的伪造,即以他人名义或者虚构人名义签章的票据行为。票据法规定的票据行为有四种,即出票、背书、承兑、保证。票据的"使用",包括出示、交付、兑现或者转让等形式,如将伪造、变造的票据交付给他人,以伪造、变造的票据前往银行兑现,将伪造、变造的票据转让给他人,将伪造、变造的票据作为债权凭证等,均属于对伪造、变造票据的使用。不过,无论行为人如何"使用",其实质都是采取欺骗手段,使他人误将伪造、变造的票据当作真实的票据而与行为人进行交易,以骗取他人的交易对价。

本案中,颜强在骗得金光塑印厂和金平安的印鉴后,与代建民一起假冒金平安的名义填制支票，虽然其使用的是真实的空白现金支票，但使用的金光塑印厂和金平安的印鉴系采取欺骗手段取得，且金平安的个人签名也系伪造，二人以金平安的名义完成了签名、印章的出票行为，构成伪造票据。之后，二人持该伪造的支票到银行兑现，系票据使用的形式之一，构成明知是伪造的支票而使用的情形。二人利用银行对支票仅作形式审查的交易惯例，让柜台会计和出纳陷入该支票内容为财产所有权人金平安的真实意思表示的错误认识，并基于这种错误认识对支票进行兑现，使作为财产暂时保管人的银行作出交付行为，给被害人金平安和保证人王保松造成重大财产损失。在此环节中，被欺骗的对象是银行，但最终承受损失的却是金平安、金光塑印厂和保证人王保松。该情况的出现，缘于立法上对票据诈骗罪构成要件的规定，票据诈骗罪并不关心谁是被欺骗的对象，谁最终承担财产损失。实际上，在刑法意义上，被欺骗的银行仍可视为被害人，因为其交付了财产，只不过根据《票据法》的规定，将财产损失的风险和责任承担转移给了票据真正的权利人，这是一种风险责任的分配，不属于刑法评价的内容。

颜强的行为属实质的一罪，不过因为盗窃罪和票据诈骗罪的构成要件发生了重合和交叉，使颜强的一个行为触犯了两种罪名。在此情形下，需要选择一个最恰当、最全面、最准确的罪名来评价颜强的行为。盗窃罪作为侵犯财产类犯罪的一般性罪名，其对构成要件的规定较宽泛，具体到本案，该罪名无法涵盖和准确评价颜强使用伪造的支票从银行取现这一行为；且盗窃罪侵犯的是一般公私财产所有权，而颜强的行为除侵犯了金平安及其塑印厂、保证人王保松的财产所有权外，还侵犯了金融业的管理秩序和票据交易安全。因此，本案以颜强的行为构成票据诈骗罪论处，更为准确。[No. 3-5-194(1)-7 颜强票据诈骗案]

第一百九十五条 【信用证诈骗罪】

有下列情形之一，进行信用证诈骗活动的，处五年以下有期徒刑或者拘役，并处二万元以上二十万元以下罚金；数额巨大或者有其他严重情节的，处五年以上十年以下有期徒刑，并处五万元以上五十万元以下罚金；数额特别巨大或者有其他特别严重情节的，处十年以上有期徒刑或者无期徒刑，并处五万元以上五十万元以下罚金或者没收财产：

（一）使用伪造、变造的信用证或者附随的单据、文件的；

（二）使用作废的信用证的；

（三）骗取信用证的；

（四）以其他方法进行信用证诈骗活动的。

【立法理由】

1. 1979 年之后至 1997 年刑法修订前的立法情况。信用证是随着国际贸易的发展而产生和日益完善起来的一种国际贸易结算方式，它在原有商业信用的基础上加上了银行信用，是一种由银行以自身的信誉向卖方提供付款保证的凭证。信用证付款是现代国际贸易主要的支付方式。随着我国社会主义市场经济体系的逐步建立，特别是对外贸易的开展，信用证这种国际贸易支付手段在我国对外经济贸易中所起的作用也愈发重要。但是由于信用证适用领域的跨国性及银行审单时仅进行形式审查等规则性缺陷，信用证诈骗案件多有发生，而且手段多样，**在改革开放初期给我国造成严重的公私财产损失，破坏了信用证管理制度，损害了银行信用和正常的经济贸易秩序，必须依法严惩。**1995 年 6 月 30 日第八届全国人大常委会第十四次会议通过的《全国人民代表大会常务委员会关于惩治破坏金融秩序犯罪的决定》第十三条规定：“有下列情形之一，进行信用证诈骗活动的，处五年以下有期徒刑或者拘役，并处二万元以上二十万元以下罚金；数额巨大或者有其他严重情节的，处五年以上十年以下有期徒刑，并处五万元以上五十万元以下罚金；数额特别巨大或者有其他特别严重情节的，处十年以上有期徒刑、无期徒刑或者死刑，并处没收财产：（一）使用伪造、变造的信用证或者附随的单据、文件的；（二）使用作废的信用证的；（三）骗取信用证的；（四）以其他方法进行信用证诈骗活动的。单位犯前款罪的，对单位判处罚金，并对直接负责的主管人员和其他直接责任人员，依照前款的规定处罚。”

2. 1997 年修订刑法的情况。1997 年修订刑法时，在吸收了 1995 年《全国人民代表大会常务委员会关于惩治破坏金融秩序犯罪的决定》中第十三条规定的基础上，对本条作了进一步的修改：一是删除了本条中关于死刑的规定，本次修改将本节金融诈骗犯罪的有关死刑规定在《刑法》第一百九十九条统一进行规范；二是将第三档财产刑由“并处没收财产”修改为“并处五万元以上五十万元以下罚金或者没收财产”，以解决实践中出现的财产刑衔接不畅、第三档刑罚附加刑过重的问题；三是删除了单位犯前款罪的处罚规定，将本条关于单位犯罪的规定于《刑法》第二百条中统一进行规范。

【条文说明】

本条是关于信用证诈骗罪及其处罚的规定。

信用证是指开证银行根据作为进口商的开证申请人的请求，开给受益人（通常情况下为出口商）的一种在其具备了约定的条件以后，即可得到由开证银行或支付银行支付的约定金额的保证付款的凭证。**信用证支付的一般程序**是：进口商向其所在地银行（即“开证行”）提出开立信用证申请；开证行开立以出口商为受益人的信用证；开证行请求出口商所在地的银行通知卖方；该出口商所在地的银行，对信用证提供承兑、议付或者付款；出口商根据符合信用证要求的单据，向出口商所在地的该承兑、议付或者付款银行请求付款；该承兑、议付或者付款银行对单据审核后，向出口商付款，并持单据向开证行申请偿付；开证行审核单据无误后对该付款行偿付；开证行在进口商付款后交单，进口商凭单提货。信用证是以买卖合同的确立为基础和前提，同时又不依附于买卖合同而独立于其之外的一个凭证，信用证一经开出就成为信用证中规定的各当事人之间达成一致的承诺和约定。针对信用证诈骗活动的不同情况，本条具体列举了以下四项信用证诈骗犯罪行为：

1. **使用伪造、变造的信用证或者附随的单据、文件的**。[①] 所谓**“伪造”的信用证**，是指行为人采用描绘、复制、印刷等方法仿照信用证的格式、内容制造假信用证的行为或以其编造、冒用的某银行的名义开出假信用证的行为。所谓**“变造”的信用证**，是指行为人在原信用证的基础上，采用涂改、剪贴、挖补等方法改变原信用证的内容和主要条款使其成为虚假的信用证的行为。

伪造、变造的“附随的单据、文件”是指伪造、变造开立信用证时约定受益人必须提交方能取得货款的单据，如装船提单、出口证、产地证、质量证书、装货单、仓库收据等，从而骗取信用证项下货款。由于信用证是独立于买卖合同之外的银行信用，银行在付款时，只凭单据，不看货物，即银行在审查单据时强调的是信用证与基础贸易相分离的书面形式的认证。犯罪分子利用信用证支付方式的这一特点，在货物根本不存在的情况下，伪造各种单据，使开证银行因全部单据与信用证在形式上相符合而无条件付款，从而达到诈骗货款的目的。这种犯罪有的是伪造提单，有的是伪造签字，有的是采用空头提单，有的则是对提单上所载明的货物作假，如提单所载明的货物与实际货物不相符或者伪造根本不存在的货物。

使用伪造、变造的信用证或者附随的单据、文件，既包括行为人自己伪造、变造后自己使用，又包括明知他人提供的信用证或附随的单据、文件是伪造、变造的而使用。

2. **使用作废的信用证的**。**“作废的信用证”**一般是指失去效用的、银行不再负有承兑义务的信用证。在这里应当作广义理解，包括已过到期日或交单日的信用证、不具备有效条件的信用证、已经撤销或注销的信用证等。**“使用作废的信用证”**主要是指使用过期的信用证、使用无效的信用证、使用已撤销或注销的信用证等，从而骗取信用证项下的货款。

根据本条和本法关于伪造、变造金融票证罪的有关解释，“变造”是指行为人在原金融票证的基础上，采用涂改、剪贴、挖补等方法改变其主要内容的行为，**“经他人涂改的信用证”**，一般是未经开证行修改程序而由行为人自行修改的，既属于作废的信用证，同时又可能构成变造的信用证。在司法实践中，要准确界定“使用明知是经他人涂改的信用证”的行为性质，对于经涂改后，改变信用证主要内容从而使得受害人因为相信涂改后的内容而作出相应行为的，以及对于仅仅因涂改票面或者其他信息导致信用证作废的，要区分不同情况处理。

3. **骗取信用证的**。所谓骗取信用证，是指行为人编造虚假的事实或隐瞒事实真相，欺骗银行为其开具信用证的行为。[②] 包括行为人编造虚假的不存在的交易事实，欺骗开证银行为其开立信

---

① 我国学者指出，伪造、变造信用证或者附随的单据、文件的行为本身是伪造、变造金融票证罪的实行行为。故而，行为人仅具有伪造或变造信用证的行为，但尚未使用其骗取贷款即被查获，虽然属于本罪的预备行为，但也应以伪造、变造金融票证罪论处。参见周光权：《刑法各论》（第4版），中国人民大学出版社2021年版，第326页。

② 如果行为人通过欺骗手段骗取他人已经持有的信用证，仅认定为信用证诈骗罪的预备犯即可。行为人自动放弃骗取财物的行为，成立中止犯。参见张明楷：《刑法学》（第6版），法律出版社2021年版，第1036页。

用证,或者行为人根本无货或没有符合要求的货物、隐瞒企业经营不佳状况或者以投资为名等,诱使他人向银行开立以其本人为受益人的信用证的情形。

4. **以其他方法进行信用证诈骗活动的**。考虑到利用信用证诈骗的情况较为复杂,表现形式多样,在法律上难以具体一一列举,因此,本条在列举了几种常见的诈骗行为的同时还规定了“以其他方法进行信用证诈骗”。以其他方法进行信用证诈骗的手段很多,如有的利用“软条款”信用证进行诈骗活动。所谓**“软条款”信用证**,是指在开立信用证时,故意制造一些隐蔽性的条款,这些条款实际上赋予开证人或开证行单方面的主动权,从而使信用证随时因开证行或开证申请人单方面的行为而解除,以达到骗取财物的目的。① 例如,有些不法分子利用远期信用证诈骗。由于采用远期信用证支付时,进口商是先取货、后付款,在信用证到期付款前有一段时间,犯罪分子就利用这段时间,制造付款障碍,以达到骗取货物的目的。有的是取得货物后,将财产转移,宣布企业破产;有的则是与银行勾结,在信用证到期付款前,将银行资金转移,宣布银行破产;甚至有的国外小银行,其本身的资金就少于信用证所开出的金额,仍以开证行名义为进口商开具信用证,待进口商取得货物后,宣告资不抵债。

根据本条规定,**有上述四项行为之一构成犯罪的**,处五年以下有期徒刑或者拘役,并处二万元以上二十万元以下罚金;**数额巨大或者有其他严重情节的**,处五年以上十年以下有期徒刑,并处五万元以上五十万元以下罚金;**数额特别巨大或者有其他特别严重情节的**,处十年以上有期徒刑或者无期徒刑,并处五万元以上五十万元以下罚金或者没收财产。这里的情节严重、情节特别严重主要应从犯罪行为所使用的手段、造成的后果和影响等多种因素来考虑。

单位犯本条规定之罪的,根据本法第二百条规定,对单位判处罚金,并对其直接负责的主管人员和其他直接责任人员,处五年以下有期徒刑或者拘役,可以并处罚金;数额巨大或者有其他严重情节的,处五年以上十年以下有期徒刑,并处罚金;数额特别巨大或者有其他特别严重情节的,处十年以上有期徒刑或者无期徒刑,并处罚金。

实际执行中应当注意以下两个方面的问题:

1. 罪与非罪的界限。按照本条规定,实施本条规定的信用证诈骗活动的,即构成信用证诈骗罪,**无须达到“数额较大”等诈骗金额上的标准**。该规定包含两层含义:一是行为人在行为上实施了信用证诈骗活动,二是其主观上具有非法占有信用证项下财物的目的。二者缺一不可,这是区分罪与非罪的关键。由于信用证结算与审单规则较为专业,国际贸易下权利义务的取得实施受当地法律政策、仓储运输风险等事件影响较大,贸易纠纷时有发生,对于行为人因疏忽大意或者业务不熟悉等原因导致在使用信用证过程中存在违法违规行为的,以及因贸易纠纷导致出现违法违规使用信用证的,即使因此实际取得了财物也不能轻易认定为犯罪,要看行为人主观上是否具有非法占有公私财物的目的,是否符合构成犯罪的其他要件。

2. 本罪与**伪造、变造金融票证罪**的区别。《刑法》第一百七十七条规定了伪造、变造金融票证罪。对于单纯伪造、变造信用证或者附随的单据、文件,而并未使用的行为,应当按照伪造、变造金融票证罪定罪处罚。同时,伪造、变造信用证或者附随的单据、文件的行为,是构成信用证诈骗犯罪的法定行为要件之一,在实践中,一些犯罪分子为了进行信用证诈骗活动,而先自行伪造、变造信用证或者附随的单据、文件的,触犯了两个罪名,应当择一重罪定罪处罚。

【司法解释性文件】

《全国法院审理金融犯罪案件工作座谈会纪要》(法〔2001〕8号,2001年1月21日公布)

△(**金融诈骗犯罪;非法占有目的**)金融诈骗犯罪都是以非法占有为目的的犯罪。在司法实践中,认定是否具有非法占有为目的,应当坚持主客观相一致的原则,既要避免单纯根据损失结果客观归罪,也不能仅凭被告人自己的供述,而应当根据案件具体情况具体分析。根据司法实践,对于行为人通过诈骗的方法非法获取资金,造成数额较大资金不能归还,并具有下列情形之一的,可以认定为具有非法占有的目的:

(1)明知没有归还能力而大量骗取资金的;

(2)非法获取资金后逃跑的;

(3)肆意挥霍骗取资金的;

(4)使用骗取的资金进行违法犯罪活动的;

(5)抽逃、转移资金、隐匿财产,以逃避返还资金的;

(6)隐匿、销毁账目,或者搞假破产、假倒闭,以逃避返还资金的;

(7)其他非法占有资金、拒不返还的行为。

① 相同的学说见解,参见黎宏:《刑法学各论》(第2版),法律出版社2016年版,第161页。

但是,在处理具体案件的时候,对于有证据证明行为人不具有非法占有目的的,不能单纯以财产不能归还就按金融诈骗罪处罚。

△(**金融诈骗犯罪;诈骗数额之认定**)金融诈骗犯罪定罪量刑的数额标准和犯罪数额的计算。金融诈骗的数额不仅是定罪的重要标准,也是量刑的主要依据。在没有新的司法解释之前,可参照1996年《最高人民法院关于审理诈骗案件具体应用法律的若干问题的解释》①的规定执行。在具体认定金融诈骗犯罪的数额时,应当以行为人实际骗取的数额计算。对于行为人为实施金融诈骗活动而支付的中介费、手续费、回扣等,或者用于行贿、赠与等费用,均应计入金融诈骗的犯罪数额。但应当将案发前已归还的数额扣除。

△(**金融诈骗犯罪;财产刑;罚金数额**)金融犯罪是图利型犯罪,惩罚和预防此类犯罪,应当注重同时从经济上制裁犯罪分子。刑法对金融犯罪都规定了财产刑,人民法院应当严格依法判处。罚金的数额,应当根据被告人的犯罪情节,在法律规定的数额幅度内确定。对于具有从轻、减轻或者免除处罚情节的被告人,对于本应并处的罚金刑原则上也应当从轻、减轻或者免除。

《最高人民检察院、公安部关于公安机关管辖的刑事案件立案追诉标准的规定(二)》(公通字〔2022〕12号,2022年4月6日公布)

△(**信用证诈骗罪;立案追诉标准**)进行信用证诈骗活动,涉嫌下列情形之一的,应予立案追诉:

(一)使用伪造、变造的信用证或者附随的单据、文件的;

(二)使用作废的信用证的;

(三)骗取信用证的;

(四)以其他方法进行信用证诈骗活动的。(§48)

第一百九十六条　【信用卡诈骗罪】

有下列情形之一,进行信用卡诈骗活动,数额较大的,处五年以下有期徒刑或者拘役,并处二万元以上二十万元以下罚金;数额巨大或者有其他严重情节的,处五年以上十年以下有期徒刑,并处五万元以上五十万元以下罚金;数额特别巨大或者有其他特别严重情节的,处十年以上有期徒刑或者无期徒刑,并处五万元以上五十万元以下罚金或者没收财产:

(一)使用伪造的信用卡,或者使用以虚假的身份证明骗领的信用卡的;

(二)使用作废的信用卡的;

(三)冒用他人信用卡的;

(四)恶意透支的。

前款所称恶意透支,是指持卡人以非法占有为目的,超过规定限额或者规定期限透支,并且经发卡银行催收后仍不归还的行为。

盗窃信用卡并使用的,依照本法第二百六十四条的规定定罪处罚。

【立法解释】

《全国人民代表大会常务委员会关于〈中华人民共和国刑法〉有关信用卡规定的解释》(2004年12月29日通过)

△(**信用卡**)刑法规定的"信用卡",是指由商业银行或者其他金融机构发行的具有消费支付、信用贷款、转账结算、存取现金等全部功能或者部分功能的电子支付卡。

【立法沿革】

《中华人民共和国刑法》(1997年修订,自1997年10月1日起施行)

第一百九十六条

有下列情形之一,进行信用卡诈骗活动,数额较大的,处五年以下有期徒刑或者拘役,并处二万元以上二十万元以下罚金;数额巨大或者有其他严重情节的,处五年以上十年以下有期徒刑,并处五万元以上五十万元以下罚金;数额特别巨大或者有其他特别严重情节的,处十年以上有期徒刑或者无期徒刑,并处五万元以上五十万元以下罚金或者没收财产:

(一)使用伪造的信用卡的;

(二)使用作废的信用卡的;

(三)冒用他人信用卡的;

① 该解释已经废止。

(四)恶意透支的。

前款所称恶意透支,是指持卡人以非法占有为目的,超过规定限额或者规定期限透支,并且经发卡银行催收后仍不归还的行为。

盗窃信用卡并使用的,依照本法第二百六十四条的规定定罪处罚。

《中华人民共和国刑法修正案(五)》(自2005年2月28日起施行)

二、将刑法第一百九十六条修改为:

"有下列情形之一,进行信用卡诈骗活动,数额较大的,处五年以下有期徒刑或者拘役,并处二万元以上二十万元以下罚金;数额巨大或者有其他严重情节的,处五年以上十年以下有期徒刑,并处五万元以上五十万元以下罚金;数额特别巨大或者有其他特别严重情节的,处十年以上有期徒刑或者无期徒刑,并处五万元以上五十万元以下罚金或者没收财产:

"(一)使用伪造的信用卡,或者使用以虚假的身份证明骗领的信用卡的;

"(二)使用作废的信用卡的;

"(三)冒用他人信用卡的;

"(四)恶意透支的。

"前款所称恶意透支,是指持卡人以非法占有为目的,超过规定限额或者规定期限透支,并且经发卡银行催收后仍不归还的行为。

"盗窃信用卡并使用的,依照本法第二百六十四条的规定定罪处罚。"

【立法理由】

1. 1979年之后至1997年刑法修订前的立法情况。随着我国改革开放的深入和社会主义市场经济体制的逐步建立,各种商业活动和金融活动日益活跃。信用卡是一种由发卡机构向其客户提供的具有消费信用、转帐结算、存取现金等功能的信用支付工具,持卡人可依据发卡机构给予的消费信贷额度,进行消费、取款及转帐,并在规定的时间内向发卡机构偿还消费贷款本息。信用卡的使用以持卡人的个人信用为基础,这就决定了信用卡业务具有较高的风险性。信用卡作为一种大众化的支付工具,流通范围广、环节多,任何一个环节出现问题,都有可能给发卡机构或者特约商户带来直接经济损失。伴随着信用卡的推广和使用,利用信用卡进行诈骗犯罪的情况也日益增多,**对我国金融机构和社会公众的利益造成严重危害,对金融机构的信誉和金融秩序造成严重破坏**。为严厉打击信用卡诈骗犯罪活动,保证金融秩序的稳定,1995年6月30日第八届全国人大常委会第十四次会议通过的《全国人民代表大会常务委员会关于惩治破坏金融秩序犯罪的决定》第十四条规定:"十四、有下列情形之一,进行信用卡诈骗活动,数额较大的,处五年以下有期徒刑或者拘役,并处二万元以上二十万元以下罚金;数额巨大或者有其他严重情节的,处五年以上十年以下有期徒刑,并处五万元以上五十万元以下罚金;数额特别巨大或者有其他特别严重情节的,处十年以上有期徒刑或者无期徒刑,并处没收财产:(一)使用伪造的信用卡的;(二)使用作废的信用卡的;(三)冒用他人信用卡的;(四)恶意透支的。盗窃信用卡并使用的,依照刑法关于盗窃罪的规定处罚。"

2. 1997年修订刑法的情况。1997年修订刑法时,在吸收了1995年《全国人民代表大会常务委员会关于惩治破坏金融秩序犯罪的决定》第十四条规定的基础上,对本条作了进一步的修改:一是将第三档刑罚中的财产刑由"并处没收财产"修改为"并处五万元以上五十万元以下罚金或者没收财产",以解决实践中出现的财产刑衔接不畅、第三档刑罚附加刑过重的问题;二是针对司法实践中出现的,因为对"恶意透支"理解认识不同,导致入罪标准不一、民事责任和刑事责任界限不清、存在打击面过大等情形,而急需统一法律标准的需求,增加一款作为第二款。明确第一款中"恶意透支"是指,"持卡人以非法占有为目的,超过规定限额或者规定期限透支,并且经发卡银行催收后仍不归还的行为";三是将原第二款调整为第三款,并将有关表述修改为"盗窃信用卡并使用的,依照本法第二百六十四条的规定定罪处罚"。

3. 2005年《刑法修正案(五)》对本条的修改情况。在本条第一款第(一)项中增加了"或者使用以虚假的身份证明骗领的信用卡的"行为。随着信用卡应用的普及,伪造信用卡的犯罪活动也出现了一些新的情况。这类犯罪出现了境内外互相勾结、集团化、专业化的特点,从窃取、非法提供他人信用卡信息资料、制作假卡,到运输、销售、使用伪造的信用卡等各个环节,分工细密,犯罪活动猖獗。虽然这些具体的犯罪行为都属于伪造信用卡和使用伪造的信用卡进行诈骗的犯罪,但是由于在各个犯罪环节上表现的形式不同,在实践中具体适用刑法时存在一定困难。为了保护银行等金融机构和公众的合法利益,维护金融机构的信誉和金融秩序,《刑法修正案(五)》增加了一条妨害信用卡管理罪作为第一百七十七条之一,并针对该条中利用"虚假的身份证明骗领信用卡"后又使用的情形,增加进本条第一款,作为信用卡诈骗罪处理。

【条文说明】

本条是关于信用卡诈骗罪及其处罚的规定和关于盗窃信用卡并使用的如何定罪处罚的规定。

2004年12月29日第十届全国人大常委会第十三次会议通过的《全国人民代表大会常务委员会关于〈中华人民共和国刑法〉有关信用卡规定的解释》中规定,**“刑法规定的‘信用卡’**,是指由商业银行或者其他金融机构发行的具有消费支付、信用贷款、转账结算、存取现金等全部功能或者部分功能的电子支付卡”。利用信用卡进行诈骗的行为,不仅侵害了公私财物的财产权,还妨碍了信用卡管理制度,扰乱了我国市场经济管理秩序。

本条共分为三款。

第一款是关于信用卡诈骗的犯罪行为及其处罚的规定。本款列举了以下四种信用卡诈骗犯罪行为:

1. **使用伪造的信用卡,或者使用以虚假的身份证明骗领的信用卡的**。**“伪造的信用卡”**是指仿照信用卡的材料、图案、磁性等,使用各种方法制造的假信用卡。根据《最高人民法院、最高人民检察院关于办理妨害信用卡管理刑事案件具体应用法律若干问题的解释》第一条的相关规定,复制他人信用卡、将他人信用卡信息资料写入磁条介质、芯片或者以其他方法伪造信用卡、伪造空白信用卡的,应当认定为**“伪造信用卡”**。**“虚假的身份证明”**是指不能反映信用卡申领人真实身份信息的居民身份证、护照、军官证等身份证件,既包括伪造的假身份证明,也包括与信用卡申领人真实身份不符的其他人的身份证明。根据《最高人民法院、最高人民检察院关于办理妨害信用卡管理刑事案件具体应用法律若干问题的解释》第二条的规定,违背他人意愿,使用其居民身份证、军官证、士兵证、港澳居民往来内地通行证、台湾居民来往大陆通行证、护照等身份证明申领信用卡的,或者使用伪造、变造的身份证明申领信用卡的,应当认定为《刑法》第一百七十七条之一第一款第(三)项规定的**“使用虚假的身份证明骗领信用卡”**。该以虚假的身份证明骗领信用卡的情形是《刑法修正案(五)》新增的规定。

这里规定的“使用伪造的信用卡,或者使用以虚假的身份证明骗领的信用卡”中的**使用行为**,包括用伪造的信用卡或者以虚假的身份证明骗领的信用卡购买商品、在银行或者自动柜员机上支取现金以及接受用信用卡进行支付结算的各种服务等。[①] 使用伪造的信用卡或者以虚假的身份证明骗领的信用卡,既包括自己伪造或者骗领后供自己使用,也包括明知是他人伪造或者骗领后自己使用。[②] 使用伪造的信用卡或者以虚假的身份证明骗领的信用卡,无论是进行购物或者接受各种有偿性的服务,在性质上都属于诈骗行为。

2. **使用作废的信用卡的**。这里规定的**“使用作废的信用卡”**,包括用作废的信用卡购买商品、在银行或者自动柜员机上支取现金以及接受用信用卡进行支付结算的各种服务等。[③] **“作废的信用卡”**是指因法定的原因失去效用的信用卡。根据规定,信用卡作废主要有以下几种情况:(1)信用卡超过有效使用期而自动失效。(2)信用卡持卡人在信用卡有效期限内中途停止使用信用卡,并将信用卡交回发卡机构。由于种种原因,有的持卡人决定不再使用某种信用卡,而该信用卡还在有效使用期限内,持卡人可将该信用卡退回发卡机构办理退卡手续。此时该信用卡有效期虽未到,但在办理退卡手续后即属于作废的信用卡。(3)因挂失而使信用卡失效。现实生活中,信用卡丢失的情况经常发生,有的是因为被盗,有的是不慎遗失,或者因其他种种原因使持卡人失去信用卡。所以,任何一个发卡机构对于信用卡的丢失都规定有挂失的制度,以防止在信用卡丢失的情况下被他人冒用而使持卡人受到经济损失。

3. **冒用他人信用卡的**。**“冒用他人信用卡”**是指非持卡人以持卡人名义使用持卡人的信用卡骗取财物的行为,如使用拾得的信用卡的;未经持卡人同意,使用为持卡人代为保管的信用卡的。构成本项规定的冒用他人信用卡的犯罪,行为人主观上必须具备骗取他人财物的目的。只有主观上具备诈骗的故意,客观上有冒用他人信用卡的行为,才构成本项规定的犯罪。实践中有的信用

---

① 我国学者指出,使用伪造的信用卡,仅限于对自然人使用。在机器上使用伪造的信用卡取得财物,则成立盗窃罪。参见张明楷:《刑法学》(第6版),法律出版社2021年版,第1038页。

② 相同的学说见解,参见高铭暄、马克昌主编:《刑法学》(第7版),北京大学出版社、高等教育出版社2016年版,第419页。另外,使用伪造的信用卡,还包括使用所谓“变造”的信用卡(如磁条内的信息被变更的信用卡)。参见张明楷:《刑法学》(第6版),法律出版社2021年版,第1038页;周光权:《刑法各论》(第4版),中国人民大学出版社2021年版,第327页。

③ 我国学者指出,使用作废的信用卡仅限于对自然人使用,在机器上使用作废的信用卡取得财物的,成立盗窃罪。参见张明楷:《刑法学》(第6版),法律出版社2021年版,第1038页。

卡持卡人将自己的信用卡借给他人使用,如借给自己的亲属、朋友等,虽然这种行为是违反信用卡使用规定的,但是使用人在主观上不以非法占有持卡人财物为目的,因此不具备诈骗罪的本质特征。在这种情况下可以对其进行纠正或者按照有关规定处理,不能适用本项规定作为犯罪处理。根据《最高人民法院、最高人民检察院关于办理妨害信用卡管理刑事案件具体应用法律若干问题的解释》第五条第二款的规定,具有下列情形的,属于"**冒用他人信用卡**":(1)拾得他人信用卡并使用的;(2)骗取他人信用卡并使用的;(3)窃取、收买、骗取或者以其他非法方式获取他人信用卡信息资料,并通过互联网、通讯终端等使用的;(4)其他冒用他人信用卡的情形。

4. **恶意透支的**。这里规定的"**透支**"是指在银行设立帐户的客户在帐户上已无资金或者资金不足的情况下,经过银行批准,以超过其帐上资金的额度支用款项的行为。信用卡基本上都有透支功能,只有持卡人恶意透支,数额较大的,才构成本项规定的犯罪。[①] 根据《最高人民法院、最高人民检察院关于办理妨害信用卡管理刑事案件具体应用法律若干问题的解释》第六条的规定,持卡人以非法占有为目的,超过规定限额或者规定期限透支,并且经发卡银行两次催收后超过三个月仍不归还的,应当认定为"**恶意透支**"。

根据本款规定,行为人有上述行为之一,**数额较大的**,处五年以下有期徒刑或者拘役,并处二万元以上二十万元以下罚金[②];**数额巨大或者有其他严重情节的**,处五年以上十年以下有期徒刑,并处五万元以上五十万元以下罚金;**数额特别巨大或者有其他特别严重情节的**,处十年以上有期徒刑或者无期徒刑,并处五万元以上五十万元以下罚金或者没收财产。结合《最高人民法院、最高人民检察院关于办理妨害信用卡管理刑事案件具体应用法律若干问题的解释》第五条第一款的规定:"使用伪造的信用卡、以虚假的身份证明骗领的信用卡、作废的信用卡或者冒用他人信用卡,进行信用卡诈骗活动,数额在五千元以上不满五万元的,应当认定为刑法第一百九十六条规定的'**数额较大**';数额在五万元以上不满五十万元的,应当认定为刑法第一百九十六条规定的'**数额巨大**';数额在五十万元以上的,应当认定为刑法第一百九十六条规定的'**数额特别巨大**'。"需要注意的是,该司法解释第八条对"**恶意透支**"的量刑情节规定为:"恶意透支,数额在五万元以上不满五十万元的,应当认定为刑法第一百九十六条规定的'**数额较大**';数额在五十万元以上不满五百万元的,应当认定为刑法第一百九十六条规定的'**数额巨大**';数额在五百万元以上的,应当认定为刑法第一百九十六条规定的'**数额特别巨大**'。"该司法解释第九条第一款规定:"**恶意透支的数额**,是指公安机关刑事立案时尚未归还的实际透支的本金数额,不包括利息、复利、滞纳金、手续费等发卡银行收取的费用。归还或者支付的数额,应当认定为归还实际透支的本金。"

第二款是对第一款第(四)项"恶意透支"含义的解释。按照本款的规定,利用信用卡进行恶意透支的诈骗犯罪活动,**行为人在主观上应当具有非法占有的目的,这是恶意透支与善意透支的本质区别**。根据《最高人民法院、最高人民检察院关于办理妨害信用卡管理刑事案件具体应用法律若干问题的解释》第六条第二、三款规定:"对于是否以非法占有为目的,应当综合持卡人信用记录、还款能力和意愿、申领和透支信用卡的状况、透支资金的用途、透支后的表现、未按规定还款的原因等情节作出判断。**不得单纯依据持卡人未按规定还款的事实认定非法占有目的**。具有以下情形之一的,应当认定为刑法第一百九十六条第二款规定的'以非法占有为目的',但有证据证明持卡人确实不具有非法占有目的的除外:(一)明知没有还款能力而大量透支,无法归还的;(二)使用虚假资信证明申领信用卡后透支,无法归还的;(三)透支后通过逃匿、改变联系方式等手段,逃避银行催收的;(四)抽逃、转移资金,隐匿财产,逃避还款的;(五)使用透支的资金进行犯罪活动的;(六)其他非法占有资金,拒不归还的情形。"**恶意透支在客观上表现为超过规定限额或者规定期限透支,并且经发卡银行催收后仍不归还**。"**规定限额或者规定期限**"是指有关主管部门规章和发卡银行规定中规定的透支限额或者透支期限。"**催收**"是指发卡银行以函件、电话、电子邮件等

① 恶意透支的持卡人属于身份犯,乃指合法持卡人。以虚假的身份骗领信用卡的行为人不是持卡人。参见张明楷:《刑法学》(第6版),法律出版社2021年版,第1040页;黎宏:《刑法学各论》(第2版),法律出版社2016年版,第162页;赵秉志、李希慧主编:《刑法各论》(第3版),中国人民大学出版社2016年版,第152页。

② 我国学者指出,没有达到数额标准的,应视具体情况以诈骗罪或者本罪的未遂犯论处。参见张明楷:《刑法学》(第6版),法律出版社2021年版,第1039页。

各种方式催促持卡人归还透支款项的行为。[①]《最高人民法院、最高人民检察院关于办理妨害信用卡管理刑事案件具体应用法律若干问题的解释》第七条规定："催收同时符合下列条件的，应当认定为本解释第六条规定的'**有效催收**'：(一)在透支超过规定限额或者规定期限后进行；(二)催收应当采用能够确认持卡人收悉的方式，但持卡人故意逃避催收的除外；(三)两次催收至少间隔三十日；(四)符合催收的有关规定或者约定。对于是否属于有效催收，应当根据发卡银行提供的电话录音、信息送达记录、信函送达回执、电子邮件送达记录、持卡人或者其家属签字以及其他催收原始证据材料作出判断。发卡银行提供的相关证据材料，应当有银行工作人员签名和银行公章。"

第三款是关于盗窃信用卡并使用的犯罪如何处理的规定。[②]"**盗窃信用卡并使用**"是指盗窃他人信用卡[③]后使用该信用卡购买商品、在银行或者自动柜员机上支取现金以及接受用信用卡进行支付结算的各种服务[④]诈骗财物的行为。根据本款规定，对这种犯罪行为，应当依照《刑法》第二百六十四条的规定以**盗窃罪**定罪处罚。[⑤]

需要注意的是，近年来信用卡诈骗罪呈现恶意透支型诈骗案件数量增多，恶意透支刑事案件量刑整体偏重的特点。对于恶意透支型信用卡诈骗罪，根据法律规定，非法占有目的的有无，是判断罪与非罪的关键。

《最高人民法院、最高人民检察院关于办理妨害信用卡管理刑事案件具体应用法律若干问题的解释》对信用卡恶意透支的"以非法占有为目的"进行了明确，为实践中判断非法占有目的提供了相对明确的司法规则，"(一)明知没有还款能力而大量透支，无法归还的；(二)使用虚假资信证明申领信用卡后透支，无法归还的；(三)透支后通过逃匿、改变联系方式等手段，逃避银行催收的；(四)抽逃、转移资金，隐匿财产，逃避还款的；(五)使用透支的资金进行犯罪活动的；(六)其他非法占有资金，拒不归还的情形"。另外，该解释对恶意透支数额的计算方法、定罪量刑标准、银行催收的认定等内容也作出了更加规范和详细的规定。

需要注意的是，在实践中，"非法占有目的"的认定较为复杂，需要对信用卡使用的事前、事中、事后等不同阶段作出区分，且信用卡透支行为的发生原因是复杂和多元的，一方面，行为人因经营不善、资金周转困难、重大灾害、意外事件等原因，导致不能及时归还信用卡透支金额的情形并不罕见；另一方面，发卡银行等金融机构也存在信用卡违规办理、未能充分履行监管义务等诱发信用卡透支的情形。

在处理这类案件时，一定要注意**避免客观归罪和事后倾向性评价**。所谓**客观归罪**，一般指仅因行为人透支消费数额较大、经银行多次催收拒不还款的结果，就认定行为构成信用卡诈骗罪，而未能证明行为人的透支行为是出于"恶意"。所谓**事后倾向性评价**，一般是指仅仅依据事后产生的后果，去评价行为发生时的主观意图。《最高人民法院、最高人民检察院关于办理妨害信用卡管理刑事案件具体应用法律若干问题的解释》第六条关于"以非法占有为目的"的情形中第(一)项"明知没有还款能力而大量透支，无法归还的"为例，若行为人在使用信用卡透支消费时，将透支的钱款用于存在一定风险的投资经营，即使其事后投资失败，无法归还钱款，也不能仅仅因此认定其对于没有还款能力属于"明知"，而应该结合其他因素，如犯罪嫌疑人申领信用卡时是否有伪造手段、投资经营项目是否正当等予以确定。

之所以要在恶意透支行为入罪上采取相对谨慎的态度，主要是考虑到恶意透支信用卡行为本身的民事违约与行政违法性，立法机关在条文设

① 我国学者指出，应将"恶意透支后，经发卡银行催收后仍不归还"这一条件认定为客观处罚条件，参见周光权：《刑法总论》(第4版)，中国人民大学出版社2021年版，第274—275页；张明楷：《刑法学》(第6版)，法律出版社2021年版，第1041页。

② 本款规定属于法律拟制而非注意规定，因此，不能将本款规定"推而广之"。无论行为人是骗取他人信用卡之后对自然人使用，抑或拾得他人信用卡并对自然人使用，均不构成诈骗罪或者侵占罪，而只能以信用卡诈骗罪论处。参见张明楷：《刑法学》(第6版)，法律出版社2021年版，第1044—1045页。

③ 本款所规定的"信用卡"并未限定为他人真实有效的信用卡。参见张明楷：《刑法学》(第6版)，法律出版社2021年版，第1043—1044页。

④ 盗窃信用卡后出售信用卡，不属于"盗窃信用卡并使用"，只能分别针对盗窃行为与出售行为是否构成其他相关犯罪。参见张明楷：《刑法学》(第6版)，法律出版社2021年版，第1044页。

⑤ 对于盗窃他人信用卡后在机器上加以使用，有论者认为，直接根据《刑法》第二百六十四条定罪量刑即可。如此，可以仅将《刑法》第一百九十六条第三款规定理解为法律拟制。参见张明楷：《刑法学》(第6版)，法律出版社2021年版，第1044页。

计上也有充分的政策考虑,比如,明确要求“经发卡银行催收后仍不归还的”,这既是对银行等金融机构义务的规范性要求,也是对信用卡透支行为人的善意提醒。在司法实践中,应当充分运用好民事、行政手段解决信用卡纠纷,对于恶意透支型信用卡诈骗罪,则要准确认定行为人的主观意图,对透支数额较大的行为人,根据《最高人民法院、最高人民检察院关于办理妨害信用卡管理刑事案件具体应用法律若干问题的解释》第十条的规定,在提起公诉前全部归还或者具有其他情节轻微情形的,可以不起诉;在一审判决前全部归还或者具有其他情节轻微情形的,可以免予刑事处罚。但是,曾因信用卡诈骗受过两次以上处罚的除外。

【司法解释】

《最高人民检察院关于拾得他人信用卡并在自动柜员机(ATM 机)上使用的行为如何定性问题的批复》(高检发释字〔2008〕1 号,自 2008 年 5 月 7 日起施行)

△(**拾得他人信用卡;ATM 机;冒用他人信用卡**)拾得他人信用卡并在自动柜员机(ATM 机)上使用的行为,属于刑法第一百九十六条第一款第(三)项规定的“冒用他人信用卡”的情形,构成犯罪的,以信用卡诈骗罪追究刑事责任。[①]

《最高人民法院、最高人民检察院关于办理妨害信用卡管理刑事案件具体应用法律若干问题的解释》(法释〔2018〕19 号,自 2018 年 12 月 1 日起施行)

△(**数额较大;数额巨大;数额特别巨大;冒用他人信用卡**)使用伪造的信用卡、以虚假的身份证明骗领的信用卡、作废的信用卡或者冒用他人信用卡,进行信用卡诈骗活动,数额在五千元以上不满五万元的,应当认定为刑法第一百九十六条规定的“数额较大”;数额在五万元以上不满五十万元的,应当认定为刑法第一百九十六条规定的“数额巨大”;数额在五十万元以上的,应当认定为刑法第一百九十六条规定的“数额特别巨大”。

刑法第一百九十六条第一款第(三)项所称“冒用他人信用卡”[②],包括以下情形[③]:

(一)拾得他人信用卡并使用的;

(二)骗取他人信用卡并使用的;

(三)窃取、收买、骗取或者以其他非法方式获取他人信用卡信息资料,并通过互联网、通讯终端等使用的[④];

(四)其他冒用他人信用卡的情形。(§ 5)

△(**恶意透支;以非法占有为目的;数额较大;数额巨大;数额特别巨大;恶意透支的数额;从轻处罚;不追究刑事责任**)持卡人以非法占有为目的,超过规定限额或者规定期限透支,经发卡银行两次有效催收后超过三个月仍不归还的,应当认定为刑法第一百九十六条规定的“恶意透支”。(§ 6 Ⅰ)

具有以下情形之一的,应当认定为刑法第一百九十六条第二款规定的“以非法占有为目的”[⑤],但有证据证明持卡人确实不具有非法占有目的的除外:

(一)明知没有还款能力而大量透支,无法归还的;

(二)使用虚假资信证明申领信用卡后透支,

---

① 我国学者指出,机器作为人脑的延伸和替代,能够帮助人处理一些简单的活动。欺骗机器实际上就是欺骗设置该机器的主人即人,可以看作对人的诈骗。参见黎宏:《刑法学各论》(第 2 版),法律出版社 2016 年版,第 162 页。

另有学者指出,此解释违反了信用卡诈骗罪的基本原理。一方面,在机器上使用他人信用卡,并没有对任何人实施诈骗行为。只要符合操作规程、输入的密码正确,任何人都可以从机器中取款;反之,即便是合法持卡人,只要不符合操作规程、输入的密码有误,就不可能从机器中取款。另一方面,此解释与《最高人民检察院关于非法制作、出售、使用 IC 电话卡行为如何适用法律问题的答复》自相矛盾。参见张明楷:《刑法学》(第 6 版),法律出版社 2021 年版,第 1038—1039 页。也有学者指出,信用卡诈骗罪中的使用行为,仅限于针对银行柜台、特约商户的工作人员实施。如此才能维持诈骗概念的同一性,也符合诈骗犯罪实行行为的内在要求。参见周光权:《刑法各论》(第 4 版),中国人民大学出版社 2021 年版,第 329 页。

② 我国学者指出,冒用他人信用卡,只限于对自然人使用;在机器上使用他人信用卡取款,成立盗窃罪。因为机器不可能存在是否产生认识错误的问题。参见张明楷:《刑法学》(第 6 版),法律出版社 2021 年版,第 1038 页。

③ 我国学者指出,如果拾得(侵占)、骗取、抢夺、勒索他人信用卡后,未加以使用的,不构成信用卡诈骗罪,但可能成立妨害信用卡管理罪。参见张明楷:《刑法学》(第 6 版),法律出版社 2021 年版,第 1045 页。也有学者指出,盗窃信用卡之后不使用的,没有什么意义。参见黎宏:《刑法学各论》(第 2 版),法律出版社 2016 年版,第 164 页。

④ 我国学者指出,窃取他人信用卡资料后使用的,也应认定为“盗窃信用卡并使用”。理由在于,既然能够将其中的使用行为认定为冒用他人信用卡,则整个行为就属于盗窃信用卡并使用,理应认定为盗窃罪。参见张明楷:《刑法学》(第 6 版),法律出版社 2021 年版,第 1045 页。

⑤ 按照行为与责任同时存在的原理,非法占有目的必须存在于透支时。参见张明楷:《刑法学》(第 6 版),法律出版社 2021 年版,第 1042 页。

无法归还的；

(三)透支后通过逃匿、改变联系方式等手段，逃避银行催收的；

(四)抽逃、转移资金，隐匿财产，逃避还款的；

(五)使用透支的资金进行犯罪活动的；

(六)其他非法占有资金，拒不归还的情形。(§6Ⅲ)

△(**有效催收**)催收同时符合下列条件的，应当认定为本解释第六条规定的“有效催收”：

(一)在透支超过规定限额或者规定期限后进行；

(二)催收应当采用能够确认持卡人收悉的方式，但持卡人故意逃避催收的除外；

(三)两次催收至少间隔三十日；

(四)符合催收的有关规定或者约定。

对于是否属于有效催收，应当根据发卡银行提供的电话录音、信息送达记录、信函送达回执、电子邮件送达记录、持卡人或者其家属签字以及其他催收原始证据材料作出判断。

发卡银行提供的相关证据材料，应当有银行工作人员签名和银行公章。(§7)

△(**数额较大；数额巨大；数额特别巨大**)恶意透支，数额在五万元以上不满五十万元的，应当认定为刑法第一百九十六条规定的“数额较大”；数额在五十万元以上不满五百万元的，应当认定为刑法第一百九十六条规定的“数额巨大”；数额在五百万元以上的，应当认定为刑法第一百九十六条规定的“数额特别巨大”。(§8)

△(**恶意透支的数额**)恶意透支的数额，是指公安机关刑事立案时尚未归还的实际透支的本金数额，不包括利息、复利、滞纳金、手续费等发卡银行收取的费用。归还或者支付的数额，应当认定为归还实际透支的本金。

检察机关在审查起诉、提起公诉时，应当根据发卡银行提供的交易明细、分类账单(透支账单、还款账单)等证据材料，结合犯罪嫌疑人、被告人及其辩护人所提辩解、辩护意见及相关证据材料，审查认定恶意透支的数额；恶意透支的数额难以确定的，应当依据司法会计、审计报告，结合其他证据材料审查认定。人民法院在审判过程中，应当在对上述证据材料查证属实的基础上，对恶意透支的数额作出认定。

发卡银行提供的相关证据材料，应当有银行工作人员签名和银行公章。(§9)

△(**不起诉；免予刑事处罚**)恶意透支数额较大，在提起公诉前全部归还或者具有其他情节轻微情形的，可以不起诉；在一审判决前全部归还或者具有其他情节轻微情形的，可以免予刑事处罚。但是，曾因信用卡诈骗受过两次以上处罚的除外。(§10)

△(**变相发放贷款；恶意透支**)发卡银行违规以信用卡透支形式变相发放贷款，持卡人未按规定归还的，不适用刑法第一百九十六条‘恶意透支’的规定。构成其他犯罪的，以其他犯罪论处。(§11)

△(**恶意透支；信用卡诈骗罪**)违反国家规定，使用销售点终端机具(POS机)等方法，以虚构交易、虚开价格、现金退货等方式向信用卡持卡人直接支付现金，情节严重的，应当依据刑法第二百二十五条的规定，以非法经营罪定罪处罚。

实施前款行为，数额在一百万元以上的，或者造成金融机构资金二十万元以上逾期未还的，或者造成金融机构经济损失十万元以上的，应当认定为刑法第二百二十五条规定的“情节严重”；数额在五百万元以上的，或者造成金融机构资金一百万元以上逾期未还的，或者造成金融机构经济损失五十万元以上的，应当认定为刑法第二百二十五条规定的“情节特别严重”。

持卡人以非法占有为目的，采用上述方式恶意透支，应当追究刑事责任的，依照刑法第一百九十六条的规定，以信用卡诈骗罪定罪处罚。(§12)

△(**单位**)单位实施本解释规定的行为，适用本解释规定的相应自然人犯罪的定罪量刑标准。(§13)

【司法解释性文件】

《全国法院审理金融犯罪案件工作座谈会纪要》(法〔2001〕8号，2001年1月21日公布)

△(**金融诈骗犯罪；非法占有目的**)金融诈骗犯罪都是以非法占有为目的的犯罪。在司法实践中，认定是否具有非法占有为目的，应当坚持主客观相一致的原则，既要避免单纯根据损失结果客观归罪，也不能仅凭被告人自己的供述，而应当根据案件具体情况具体分析。根据司法实践，对于行为人通过诈骗的方法非法获取资金，造成数额较大资金不能归还，并具有下列情形之一的，可以认定为具有非法占有的目的：

(1)明知没有归还能力而大量骗取资金的；

(2)非法获取资金后逃跑的；

(3)肆意挥霍骗取资金的；

(4)使用骗取的资金进行违法犯罪活动的；

(5)抽逃、转移资金、隐匿财产，以逃避返还资金的；

(6)隐匿、销毁账目，或者搞假破产、假倒闭，以逃避返还资金的；

(7)其他非法占有资金、拒不返还的行为。但是，在处理具体案件的时候，对于有证据证明行为人不具有非法占有目的的，不能单纯以财产不能归还就按金融诈骗罪处罚。

△(**金融诈骗犯罪；财产刑；罚金数额**)金融犯罪是图利型犯罪，惩罚和预防此类犯罪，应当注重同时从经济上制裁犯罪分子。刑法对金融犯罪都规定了财产刑，人民法院应当严格依法判处。罚金的数额，应当根据被告人的犯罪情节，在法律规定的数额幅度内确定。对于具有从轻、减轻或者免除处罚情节的被告人，对于本应并处的罚金刑原则上也应当从轻、减轻或者免除。

《最高人民法院研究室关于信用卡犯罪法律适用若干问题的复函》(法研〔2010〕105 号，2010 年 7 月 5 日公布)

△(**持有多张信用卡；恶意透支；累计数额计算**)对于一人持有多张信用卡进行恶意透支，每张信用卡透支数额均未达到 1 万元的立案追诉标准的，原则上可以累计数额进行追诉。但考虑到一人办多张信用卡的情况复杂，如累计透支数额不大的，应分别不同情况慎重处理。(§ 1)

△(**催收；两次催收**)发卡银行的"催收"应有电话录音、持卡人或其家属签字等证据证明。"两次催收"一般应分别采用电话、信函、上门等两种以上催收形式。(§ 2)

△(**非法占有目的；恶意透支**)若持卡人在透支大额款项后，仅向发卡行偿还远低于最低还款额的欠款，具有非法占有目的的，可以认定为"恶意透支"；行为人确实不具有非法占有目的的，不能认定为"恶意透支"。(§ 3)

△(**非法套现；向持卡人询问并制作笔录**)非法套现犯罪的证据规格，仍应遵循刑事诉讼法规定的证据确实、充分的证明标准。原则上应向各持卡人询问并制作笔录。如因持卡人数量众多、下落不明等客观原因导致无法取证，且其他证据已能确实、充分地证明使用信用卡非法套现的犯罪事实及套现数额的，则可以不向所有持卡人询问并制作笔录。(§ 4)

《最高人民法院、最高人民检察院、公安部关于信用卡诈骗犯罪管辖有关问题的通知》(公通字〔2011〕29 号，2011 年 8 月 8 日公布)

△(**信用卡诈骗；管辖；持卡人信用卡申领地**)对以窃取、收买等手段非法获取他人信用卡信息资料后在异地使用的信用卡诈骗犯罪案件，持卡人信用卡申领地的公安机关、人民检察院、人民法院可以依法立案侦查、起诉、审判。

《最高人民法院、最高人民检察院关于常见犯罪的量刑指导意见(试行)》(法发〔2021〕21 号，2021 年 6 月 6 日发布)

△(**信用卡诈骗罪；量刑**)

1. 构成信用卡诈骗罪的，根据下列情形在相应的幅度内确定量刑起点：

(1)达到数额较大起点的，在二年以下有期徒刑、拘役幅度内确定量刑起点。

(2)达到数额巨大起点或者有其他严重情节的，在五年至六年有期徒刑幅度内确定量刑起点。

(3)达到数额特别巨大起点或者有其他特别严重情节的，在十年至十二年有期徒刑幅度内确定量刑起点。依法应当判处无期徒刑的除外。

2. 在量刑起点的基础上，根据信用卡诈骗数额等其他影响犯罪构成的犯罪事实增加刑罚量，确定基准刑。

3. 构成信用卡诈骗罪的，根据诈骗手段、犯罪数额、危害后果等犯罪情节，综合考虑被告人缴纳罚金的能力，决定罚金数额。

4. 构成信用卡诈骗罪的，综合考虑诈骗手段、犯罪数额、危害后果、退赃退赔等犯罪事实、量刑情节，以及被告人主观恶性、人身危险性、认罪悔罪表现等因素，决定缓刑的适用。

《最高人民检察院、公安部关于公安机关管辖的刑事案件立案追诉标准的规定(二)》(公通字〔2022〕12 号，2022 年 4 月 6 日公布)

△(**信用卡诈骗罪；立案追诉标准**)进行信用卡诈骗活动，涉嫌下列情形之一的，应予立案追诉：

(一)使用伪造的信用卡、以虚假的身份证明骗领的信用卡、作废的信用卡或者冒用他人信用卡，进行诈骗活动，数额在五千元以上的；

(二)恶意透支，数额在五万元以上的。

本条规定的"恶意透支"，是指持卡人以非法占有为目的，超过规定限额或者规定期限透支，经发卡银行两次有效催收后超过三个月仍不归还的。

恶意透支的数额，是指公安机关刑事立案时尚未归还的实际透支的本金数额，不包括利息、复利、滞纳金、手续费等发卡银行收取的费用。归还或者支付的数额，应当认定为归还实际透支的本金。

恶意透支，数额在五万元以上不满五十万元的，在提起公诉前全部归还或者具有其他情节轻微情形的，可以不起诉。但是，因信用卡诈骗受过二次以上处罚的除外。(§49)

【参考案例】

△在信用卡诈骗犯罪中,如果证据只能证明被告人系信用卡的非真实持有人,应认定被告人冒用他人信用卡。

公诉机关对十四名被告人的行为定性为使用伪造的信用卡进行诈骗不妥,应认定各被告人的行为系冒用他人信用卡进行诈骗。主要理由如下:

首先,证明被告人使用的信用卡系伪造的证据不足。本案各名被告人使用的全部信用卡均没有被扣押在案,因此,相关信用卡国际组织无法仅从被告人签名的签购单、刷卡记录等即确定被告人使用的信用卡系真卡还是伪卡,故不能排除所涉信用卡系真卡的可能性。比如,被告人在拾得或者窃取他人的信用卡后使用;或者境外卡的真实持有人与被告人相勾结,将卡转交或出售给被告人使用,而后真实持有人以该段时间内未出境为由,向发卡行拒付,等等。因此,在证明所涉信用卡系伪造的证据不具有唯一性与排他性的情况下,将被告人的行为认定为使用伪造的信用卡显然是不合适的。

其次,将被告人的行为解释为冒用他人信用卡并不存在文理障碍。冒用他人信用卡,是指非持卡人以持卡人的名义使用持卡人的信用卡骗取财物的行为。现有证据证明本案所有的信用卡交易均系非真实持卡人所为,显然,被告人的行为可包含在"冒用他人信用卡"的合理含义之内。

最后,不管本案被告人使用的信用卡最终是真卡还是伪卡,都可包含在冒用他人信用卡的范围内。由于被告人使用的信用卡真伪不明,也就是说该卡既可能是伪造的信用卡,也可能是真实的信用卡。那么,冒用他人信用卡是否包括伪造的信用卡在内,刑法理论与司法实践中存有较大争议。一种观点认为,冒用他人信用卡,应是指冒用他人真实有效的信用卡。另一种观点认为,冒用他人信用卡,可以包括冒用他人伪造、作废的信用卡在内。因为在行为人误认为是他人真实有效的信用卡,实际上该卡系伪卡或作废的卡的情况下,从主客观统一出发,应认定为冒用他人信用卡。[No. 3-5-196(1)-1　纪礼明等信用卡诈骗案]

△信用卡诈骗罪的既遂应以实际骗取财物为标准,不应以妨碍信用卡管理秩序这一非物质性结果认定信用卡诈骗罪既遂。

认定信用卡诈骗罪的既遂标准不能与传统财产型犯罪相脱离,仍应以实际控制财产作为认定标准。在刑法理论与司法实践中,仅以妨害信用卡管理秩序作为区分信用卡诈骗罪既、未遂的标准并不妥当,理由在于:(1)由于信用卡诈骗行为必然妨害信用卡管理秩序,以此作为既遂的标准,是将此类犯罪等同于刑法中的举动犯,从而形成信用卡诈骗罪中只有既遂没有未遂的局面。(2)妨害信用卡管理秩序是一种非物质性结果。从涉财产型犯罪来看,通常不宜将非物质性结果作为犯罪既遂的标志。同时,由于行为人完全可能在实施金融诈骗犯罪的过程中自动放弃犯罪,避免他人的财产损失,如果将非物质性结果作为既遂标志,则显然不利于鼓励行为人中止犯罪,不利于保护被害人的财产。(3)《刑法》对信用卡诈骗罪规定了"数额较大",旨在限制处罚范围,如果以妨害信用卡管理秩序作为既遂标志,就可能与刑法限制处罚范围的宗旨相冲突。(4)相关司法解释也确立了骗取财产为此类犯罪既遂、未遂标志。1996 年 12 月 16 日《最高人民法院关于审理诈骗案件具体应用法律的若干问题的解释》(已失效)指出:已经着手实行诈骗行为,只是由于行为人意志以外的原因而未获得财物的,是诈骗未遂。而该解释所说的诈骗案件包括信用卡诈骗案件,这表明信用卡诈骗罪也是以行为人骗取财物为既遂标志的。[No. 3-5-196(1)-2　纪礼明等信用卡诈骗案]

△利用他人未退出银行自动取款机的信用卡将卡内款项转账到自己银行账户的,其犯罪对象是银行电子数据背后所代表的现实钱款,而非他人遗忘的信用卡本身。

首先,关于余丽辉盗窃案犯罪对象的物质实体问题。本案行为对象是以银行卡存款额度为限的自动取款机内钱款。对于插在银行自动取款机上的银行卡而言,因为信用卡只是通过由金融机构将其合法持有人的相关资金信息利用电子计算机写入电子磁条而发生现实消费、取现等效力的。因而,信用卡并非持有人财产利益的真正体现者,毋宁说是记录于信用卡磁条内以及在银行金融机构的系统里所存在的相关电子记录代表真实的等额度钱款。易言之,持卡人与银行所发生的存款、贷款等资金债务,虽然是以电子记录的形式存在的,但真正发生效力的则是电子记录背后的金钱交易。而信用卡只是一张便携式债权电磁形式之记录罢了。

本案的行为对象并非被害人插在自动取款机上的银行卡,而是与承载于该银行卡上的电子数据等额并存放在自动取款机内的钱款。由此可知,当行为人利用插在自动取款机上的信用卡取款或者转账时,其所修改的仅仅是银行电子系统内该账户的相关数据记录,而真正发生效力的则是这些电子数据所承载的钱款。

其次,关于本案犯罪对象的法律性质问题。该案中,信用卡被其合法持有人遗留在银行自动取款机上,信用卡持有人的遗留行为使其暂时丧失了对该信用卡的控制,但该丧失行为并非出于其抛弃所有权之类的本意,而是出于其主观上的遗忘而失去对信用卡的控制,据此可认定该信用卡属于法律意义上的遗忘物。

因插在自动取款机上的信用卡是直接进入了操作页面而不用输入密码即可操作的状态,那么,此时在自动取款机页面上所显示的内容,即为存储在银行电子数据系统内的持卡人的银行债权数据。但是由于这些电子数据实质上是代表与其等额的钱款,操作这些数据的直接后果是从银行自动取款机取出等额钱款。详言之,虽然相关电子数据是失去密码保护而裸露在外,但是与之等额的钱款则是存放在银行自动取款机内并由银行占有的。诚然,由于银行卡主人忘记退出银行自动取款机操作系统而使得银行对等额的钱款保护力度变弱,但这并不意味着未退出操作系统的银行卡内的钱款也同时处于无人合法占有状态,等额钱款(或者说银行卡系统内的金钱账户数额)仍然存放在银行自动取款机(系统)内而非裸露于外的遗忘物。[No. 3-5-196(1)-4　余丽辉盗窃案]

△利用他人未退出银行自动取款机的信用卡将卡内款项转账到自己银行账户的,不构成信用卡诈骗罪,应以盗窃罪论处。

余丽辉盗窃案不应认定构成信用卡诈骗罪。在合议庭评议过程中,有观点认为本案应定性为信用卡诈骗罪,该观点认为该案较符合《刑法》第一百九十六条信用卡诈骗罪罪状中的冒用他人信用卡的情形。但是笔者认为,使用未退出银行操作系统的信用卡在自动取款机上提取现金的行为,并不属于信用卡诈骗罪之情形。

首先,该行为并不属于默示诱导。所谓默示诱导,是指意思表示中未直接明示的部分存有让人误解的资讯,借此激起被害人的错误想象。银行当然希望使用有效信用卡的持卡人是真正的信用卡所有人或合法占有人,故而持卡人在银行提取现金时,一般都要输入密码或签字。在签名或密码正确时,对方人员一般会认为其为信用卡的合法持有人,由此银行就会陷入犯罪行为人默示诱导的陷阱。此时行为人便是利用了对方人员陷入错误认识—认为行为人是信用卡的合法持有人,并且对方也正是基于此认识错误而处分了财产—将其交付犯罪人。无疑,此时行为人构成信用卡诈骗罪。然而,在利用未退出银行自动取款机的银行卡提取现金或转账时,行为人面对的并不是"人",而是机械性的程序,那么此时的行为人并未使任何人陷入默示诱导的陷阱,故该行为之本质与诈骗类犯罪迥异。

其次,该行为并不符合信用卡诈骗罪的犯罪构成。根据我国刑法学界的通说,诈骗罪是指以非法占有为目的,虚构事实、隐瞒真相,造成他人发生认识错误而交付财产的行为。诈骗罪的基本结构是:行为人以非法占有为目的实施欺诈行为—对方产生认识错误—对方基于认识错误而处分财产—行为人取得财产—被害人受到财产上的损害。其中关键环节在于对方基于错误认识而处分财产。《银行卡业务管理办法》第三十九条规定:"发卡银行依据密码等电子信息为持卡人办理的存取款、转账结算等各类交易所产生的电子信息记录,均为该项交易的有效凭据。发卡银行可凭交易明细记录或清单作为记账凭证。"由此可知,银行自动取款机是根据其所有人——银行——所设置的电脑程序运作的。银行通过自动程序的设计,表明他们是在面向不特定的人群昭示:只要持有真正的信用卡,输入正确的密码,并且所要提取的现金或消费额度在信用卡存款额及信用额度之内,自动取款机便可满足其要求。这就意味着,银行的自动取款机认卡不认人。可见,使用信用卡人的身份并非自动取款机所审查的对象。故而行为人利用未退出自动取款机操作系统的信用卡提取现金的行为,由于行为人并没有输入密码之类的操作行为,故自动取款机并没有被骗,相反的,行为人使用有效的信用卡恰恰是满足了取款机程序的要求,因此,该行为不是冒用他人信用卡。

最后,机器不能成为诈骗罪受骗者。大陆法系国家刑法理论与审判实践公认机器不能被骗,只有对自然人实施欺骗行为才能构成诈骗罪,对此不存在任何争议。日本学者福田平教授指出,欺骗是使人陷入错误的行为,错误是指观念与真实不一致,因此,欺骗就是指欺骗对方使之产生与真实不一致的观念。当然,在本案中银行自动取款机虽然也有一定的智能性,但是行为人利用未退出银行操作系统的信用卡转账取款之行为并没有作出任何欺骗行动,而只是作出了符合自动取款机预先设置的程序的行为,即在银行卡余额限度内提取现金。故将该行为认定为信用卡诈骗罪与刑法规定不符。在我国当前刑法没有增设计算机诈骗罪的情况下,如对该类型以信用卡诈骗罪论处,显然既违反刑法原理,也与我国罪刑法定原则相悖逆。因而,在当前没有将计算机等机器作为诈骗罪的受骗者的情况下,对本案类似行为不应定为相关诈骗犯罪。

本案认定为盗窃罪较为妥当。首先,行为人

拾得信用卡并不意味着其可以占有信用卡内所存储的等额钱款。如上所述,存储在银行电子数据库的电子记录显示在自动取款机屏幕上并且裸露在处于公众场合的自动取款机上,但是可以任意操作显示器上面的数据并不意味着行为人就可以任意变更银行卡内等额的钱款之占有关系。信用卡持有人在行为人非法占有卡内钱款时并不能取得有效控制。因为该信用卡并未退出自动取款机的操作系统,那么持有人所设置的密码便对其他人失去效力,而信用卡持有人能够对信用卡维持合法有效占有的途径就在于其所设置的密码以及有效持有。在本案信用卡持有人失去对信用卡的有效持有的情况下,其对信用卡所能维系有效控制的唯一手段便是密码。然而,在持有人并未将信用卡退出自动取款机操作系统时,他便同时失去了对信用卡的有效控制,但未退出操作系统的信用卡内等额钱款系在银行合法占有控制范围之内。在财产的占有方面,占有的有无、归属的认定至关重要。在本案中,涉案钱款在行为人没有改变占有之前,仍然处于银行自动取款机之密闭容器之中,并且银行对自动取款机设置了重重安保措施,即处于物理的支配力量之内而认可其占有。由此可知,此时钱款的合法占有属于银行。其次,本案行为人非法占有财物的实质性动作在于其将银行卡内金额转账到其自己信用卡账户的动作。根据我国刑法学界的双重控制说理论,如果遗忘物被遗忘在特定场所,虽然本人丧失了对财物的控制,但特定场所中的他人具有对财物控制义务的,因而仍不能被视为遗忘物。在本案中,本人虽然丧失了对信用卡的控制,但是以自动取款机为代表的银行并不因为本人的疏忽而丧失了对信用卡内数据的控制,而且除此之外的任何人均无对该信用卡内数据的合法控制权,当然也包括本案犯罪人。行为人的转账行为虽然不是单纯地取出金钱,但是其利用自动取款机系统转账的行为系强行改变该未退出银行取款机系统银行卡内钱款的占有控制关系,即该行为使得被害人丧失对其本人账户内等额金钱的占有控制权。详言之,行为人积极转账的行为不但改变了等额钱款的占有,同时也违背了银行占有的主观意愿,而且在行为人转账成功后,由于其拥有自己的银行卡及其密码,可以说这笔钱款即已处于行为人排他性支配之下。基于此,可以认定本案行为人在本质上违反他人占有意志,非法改变他人对财物的合法占有状态,而将财物置于自身排他性控制之中,故其行为应认定为盗窃罪。[No. 3-5-196(1)-5　余丽辉盗窃案]

△以伪造国际信用卡,申请成为交易特约商户,并通过无货物交易的虚假刷卡方式骗取国外发卡中心资金的,应以信用卡诈骗罪论处。

在郑正山等信用卡诈骗案中,被告人郑正山、何海洋、陈明、石代君、宋卫平的行为构成犯罪的理由是:(1)作为一种新类型的利用国际信用卡实施诈骗的行为,虽然最终的受害者可能是国外信用卡公司或国外的信用卡持有者,但由于我国银行与国外信用卡公司之间签订有委托收单协议,这种行为严重破坏了我国的信用卡管理秩序和制度,损害了国际金融资金安全,具有严重的法益侵害性。(2)从数被告人的客观行为来分析,他们开设商店,向银行申请结算账户并成为国际信用卡的交易特约商户,利用国外的信用卡信息伪造信用卡都是为其后面的诈骗行为作铺垫,关键的行为在于使用伪造的国际信用卡刷卡进行虚假交易,进而利用虚假的交易单到国内委托收单银行骗出资金。可见,使用伪造的信用卡仍然是本案客观行为的核心所在,符合我国《刑法》第一百九十六条规定的信用卡诈骗罪的行为特征。本案行为的特殊性只不过在于伪造的信用卡使用人与特约商户结合为一体,而陷于错误认识、处分行为的人为国内委托收单银行,实际受害者是国外信用卡公司或信用卡持有人。(3)从主观方面来看,数被告人实施上述一系列行为的目的在于非法无偿地占有他人的财物,符合信用卡诈骗罪的主观特征。因此,数被告人以非法占有为目的,以开办商店为幌子申请成为国际信用卡交易特约商户,进而伪造信用卡并使用伪造的信用卡进行刷卡,制造虚假交易,从而骗取国外发卡中心或国内收单行的资金,数额特别巨大,严重损害了信用卡的管理制度以及他人财产的所有权,已构成信用卡诈骗罪,应予惩处。[No. 3-5-196(1)-6　郑正山等信用卡诈骗案]

△使用真实的个人身份信息,但提交了虚假的收入证明、房产证明等申领信用卡的,不属于"以虚假的身份证明申领信用卡"。

《最高人民法院、最高人民检察院关于办理妨害信用卡管理刑事案件具体应用法律若干问题的解释》第二条所列举的身份证明种类的共同特征在于证明合法持有者的个人身份信息,而不是工作收入情况、财产情况等。法律对身份的识别,不同于公众世俗舆论,是基于辨明清晰的法律关系主体的角度出发,首要在于对姓名、性别等自然识别信息的界定。法律中的身份指的是个体的姓名、性别等基础特征,而不是家庭人际关系、职业发展、财物收入、资产状况等外在特征。在信用卡管理制度中,银行与特定真实主体订立信用卡金融服务合同是首要基础。如果银行与失真的主体订立合同,那么合同自始便成为诈骗犯罪顺畅发生的漏洞。正因如此,立法者才认定这种行为应当特别标明,司法者才认为这种行为即使犯罪数额相同,也应当比其他行为得到更为严厉的惩罚。在周德福信用卡诈骗案中,被告人以真实身份信息和虚假的收入、资产证明申领信用卡,不属于“以虚假的身份证明骗领信用卡”,给予其刑罚的基本事实根据,应当在于恶意透支行为,判断刑期档次的标准也应当是恶意透支的犯罪金额。[No. 3-5-196(1)-7　周德福信用卡诈骗案]

△盗窃未激活的信用卡后补办新卡并使用的行为,成立信用卡诈骗罪。

“盗窃信用卡并使用”构成盗窃罪,而冒用他人信用卡进行诈骗则是信用卡诈骗罪,在实践中要根据具体案情分别认定。在鲁刘典信用卡诈骗案中,被告人窃取他人未激活信用卡后,通过事先获得的被害人信息,向银行挂失旧的未激活信用卡,并补办新卡进行刷卡套现,该行为超出“盗窃信用卡并使用”中的“使用”,不以盗窃罪认定。本案中针对的犯罪对象是经“补办后”的信用卡,侵犯的客体是金融管理秩序,符合信用卡诈骗罪的犯罪构成要件,构成信用卡诈骗罪。

《刑法》第一百九十六条第三款盗窃信用卡并使用中的信用卡仅限于已被激活的、能正常使用的信用卡,即具备消费、支付、转账、存取等全部或部分功能的信用卡,未被激活的信用卡本身不具有财产的价值属性,不属于“盗窃信用卡并使用”调整的范围。明知是伪造或作废的信用卡而盗窃并使用的,属于《刑法》第一百九十六条第一款的“使用伪造、作废的信用卡的情形”成立信用卡诈骗罪。《刑法》第一百九十六条第三款的立法意图旨在说明此处的信用卡应该已经具备财产属性,能够直接转化为相应价值的资金或财产。本案中,被告人鲁刘典所窃得的信用卡因未被激活,还不具有信用卡的基本功能,属于广义上的无效卡的范畴,故鲁刘典盗窃未激活的信用卡,其行为超出了《刑法》第一百九十六条第三款规定的调整范围。

挂失补办尚未激活的信用卡并激活新卡的行为不属于《刑法》第一百九十六条第三款中的“使用行为”。《刑法》第一百九十六条第三款规定的“盗窃信用卡并使用以盗窃罪定罪处罚”的目的在于保护信用卡不被他人秘密窃取并被冒用。从目的解释与体系解释的角度,原则上只有发挥信用卡功能的使用行为,才是《刑法》第一百九十六条第三款规定的使用行为。《刑法》规定以盗窃罪论处的盗窃信用卡并使用的行为,核心含义实质上就是盗窃信用卡+冒用盗窃所得的信用卡。而本案中所涉及的信用卡为尚未激活就被被告人电话挂失的老卡和以此补办并被被告人激活的新卡。被告人鲁刘典的犯罪对象是后者,因为只有通过欺骗银行手段获得的新卡才能被实际控制并透支使用,前者一旦挂失成功即失去了利用的价值。

以他人名义补办新卡并私自激活的行为属于冒用他人信用卡的行为。信用卡只有成功被激活才能启用信用卡的各项功能,实现信用卡的不特定价值。被告人鲁刘典的行为,本质上不是秘密窃取,而是冒用他人身份欺骗银行。只有通过冒用吴某的身份,才能以其名义补办信用卡,然后谎称手机丢失要求银行变更登记的联系电话,为顺利激活新卡及对吴某隐瞒消费提示打下基础。可见只有冒用他人身份以及欺骗银行才能实现信用卡的财产价值。被告人鲁刘典的行为在侵犯他人财产权的同时,也侵害了国家对信用卡的管理制度,扰乱了正常的金融管理秩序,定盗窃罪无法反映该行为侵害的客体。况且,如果银行在未经严格审查及向持卡人本人核实的情况下而草率更改了登记的联系电话,就存在民事上的过错,需要承担赔偿责任,吴勇则无需承担还款义务。因此,本案的被害人不是吴勇,而是银行。

综上,本案中被告人鲁刘典窃取他人未激活信用卡后,通过向银行谎称手机丢失,用自己的手机号取代他人登记的联系电话,冒用他人名义挂失补办新卡并进行刷卡套现,构成信用卡诈骗罪。[No. 3-5-196(1)-8　鲁刘典信用卡诈骗案]

△恶意透支型信用卡诈骗中犯罪所得仅限于透支本金,不包括本金所产生的复利、滞纳金等其他费用。

恶意透支型信用卡诈骗罪是一种数额犯,只有恶意透支到一定数额时才对恶意透支的行为追究刑事责任。在恶意透支型信用卡诈骗罪中,行为人犯罪时所指向的对象只是透支的本金部分,至于后来透支本金所产生的各种费用并不是其犯罪时意图占有的部分。根据《最高人民法院、最高人民检察院关于办理妨害信用卡管理刑事案件具体应用法律若干问题的解释》第六条第四款规定①,嫌疑人的透支数额,应为持卡人拒不归还的

① 2018年,该司法解释被修改,现为第九条第一款:“恶意透支的数额,是指公安机关刑事立案时尚未归还的实际透支的本金数额,不包括利息、复利、滞纳金、手续费等发卡银行收取的费用。归还或者支付的数额,应当认定为归还实际透支的本金。”

数额或尚未归还的数额，不包括复利、滞纳金、手续费等，也就是通常所称的本金。因此，持卡人意图非法占有和实际非法占有的是本金部分，依据《刑法》第六十四条的规定，对犯罪分子违法所得予以追缴或者责令退赔的，也仅指恶意透支的本金部分。

透支本金所产生的复利，包括正常利息和罚息以及其他费用，不能认定为银行的直接损失，即不能成为被犯罪侵犯的法益。信用卡发卡行与持卡人之间是一种民事法律关系，其本质是债权债务关系；双方通过《领用信用卡协议》确定权利义务，持卡人有透支的权利，但也承担着按时还款的义务，而一旦不履行义务就会产生相应的责任。这种责任在协议中实际上已经约定，就是会产生罚息、滞纳金、手续费等费用。可见，以上费用并不是银行的直接损失，而只是银行与持卡人约定的持卡人违反还款义务时承担的违约责任。而对于透支的本金产生的正常利息实际上也只是双方依据民事借款合同约定的利息，不能称之为银行的直接损失。故无论是本金产生的正常利息还是其他费用，都只是双方约定的义务的体现方式，而不能认定为银行的直接损失，从而也就不能成为被该类犯罪侵犯的法益。[No. 3-5-196(1)-9 陈自渝信用卡诈骗案]

△私自开拆他人开卡邮件并激活使用的，成立信用卡诈骗罪。

被告人王立军私藏他人邮件的行为不构成私自开拆、隐匿、毁弃邮件、电报罪，侵犯通信自由罪，盗窃罪。

首先，私自开拆、隐匿、毁弃邮件、电报罪的犯罪主体必须为"邮政工作人员"，王立军属于非从事邮政业务公司的一般工作人员，不符合本罪主体要件。

其次，"情节严重"是侵犯通信自由罪的成立要件之一。一般认为必须具有以下情节之一，才属于侵犯公民通信自由权利"情节严重"：多次、经常隐匿、毁弃、非法开拆他人信件；一次性隐匿、毁弃、非法开拆他人信件数量较多；隐匿、毁弃、非法开拆他人信件的行为造成他人身体健康、精神受到巨大创伤或者重大财产损失。王立军隐匿邮件行为的次数、数量、所造成的损失均未达到"情节严重"的程度。

最后，盗窃罪要求窃取的物品到手时即具有价值属性，且"数额较大"。本案中，由于王立军窃取邮件时银行卡尚未被激活，银行对卡主的授信额度尚未生效，财物价值尚未生成，可透支额度不能等同于该信件价值，且王立军仅实施了该次行为，故亦不符合盗窃罪的入罪标准。

未被激活的信用卡不属于《刑法》第一百九十六条第三款"盗窃信用卡并使用"调整的范围。《全国人民代表大会常务委员会关于〈中华人民共和国刑法〉有关信用卡规定的解释》明确规定，《刑法》规定的"信用卡"，是指由商业银行或者其他金融机构发行的具有消费支付、信用贷款、转账结算、存取现金等全部功能或者部分功能的电子支付卡。当然，该卡应当是真实、有效的。《刑法》第一百九十六条第三款中的"盗窃信用卡并使用"中的"信用卡"应当是已被激活、能正常使用的信用卡，即具备消费、支付、转账、存取等全部或者部分功能的信用卡。无效卡、伪造卡、变造卡、涂改卡均不能归入其中。该款立法意图在于将盗窃信用卡并使用的性质界定为事后不可罚的行为，这里的信用卡本身已经具有了财产的价值属性，能够直接转化成相应价值的资金或者财物。最高人民法院曾于1986年11月3日在对下级法院的答复中明确："被告人盗窃信用卡后又仿冒卡主签名进行购物、消费的行为，是将信用卡本身所含的不确定价值转化为具体财物过程，是盗窃犯罪的继续，因此不另定诈骗罪，应以盗窃一罪定性。"本案中，发卡行邮寄给申领人的信封中的卡片因未激活，还不具备信用卡的基本功能，属于广义上的无效卡范畴，故未激活的信用卡超出了《刑法》第一百九十六条第三款规定的"信用卡"外延。

私自激活他人信用卡并使用属于冒用他人信用卡的行为。信用卡办理流程一般需经过申领、审核、寄送、激活、使用五个阶段。所谓"激活"，即申领人按照发卡银行寄送信件指定的步骤，拨打银行服务电话，按照语音提示输入个人预留身份资料、手机号码、初始密码等重要私密信息，成功通过审核的过程。只有成功激活才能启动"沉睡"中的卡片的各项功能。因此，激活在信用卡的申办流程中占据核心地位，信用卡不特定的价值必须通过激活这一关键步骤的完成才能最终实现。信用卡的激活应当体现申领人的意志，一般由申领人或者经其授权的人进行操作。而王立军在信用卡申领人不知情的情况下，利用截取的开卡信件及作为同事知晓申领人身份信息的便利，私自激活信用卡，并以信用卡卡主的身份刷卡取现或者消费，侵犯他人财产权的同时也侵害了国家对信用卡的管理制度，扰乱了正常的金融管理秩序，属于冒用他人信用卡的行为。

实务中，盗窃财产权利凭证区分为不同的情况：(1)盗窃不记名、不挂失的财产权利载体物，因能即时兑现财产权利，行为人窃取后，就拥有了对相对应财物的控制权，以盗窃罪论处。(2)盗窃记名的票据、金融凭证、信用卡,行为人不论是否采取其他欺骗行为,在兑现时,须冒充权利人行使权利从而取得载体物财产价值,且“冒用”情形是票据诈骗罪、金融凭证诈骗罪、信用卡诈骗罪客观方面均要求的行为。行为人如果冒充权利人兑现财产价值,则以上述金融诈骗罪定罪量刑。(3)盗窃除(2)以外记名的权利载体物,如果采用伪造银行预留印鉴、印章,仿冒持票人签名等形式兑现财产价值的,由于其后续欺骗行为是取得财产的关键行为,以票据诈骗罪追究刑事责任;如果盗窃的是印鉴齐全的载体物,兑现时无须另行提供身份证明等资料,将其兑现行为视为实现窃取物价值的事后不可罚行为,则以盗窃罪处理。本案被告人王立军的行为属于上述第二类行为。信用卡作为一种记名的、使用时必须附随一定印鉴、身份证件、密码的金融凭证,行为人盗窃未激活的信用卡后,并不能无条件地获取财物。兑现财物需实施冒名激活、冒名使用的欺诈行为,故以信用卡诈骗罪处理更为合适。[No. 3-5-196(1)-10　王立军等信用卡诈骗案]

△恶意透支型信用卡诈骗行为中,透支行为发生在缓刑考验期前,催收截止日期发生在缓刑考验期内的,所犯罪行系新罪。

从构成特征分析,“非法占有目的”和“经催收不还”是认定“恶意透支”必须同时具备的两个要件。《刑法》第一百九十六条第二款规定:“前款所称恶意透支,是指持卡人以非法占有为目的,超过规定限额或者规定期限透支,并且经发卡银行催收后仍不归还的行为。”《最高人民法院、最高人民检察院关于办理妨害信用卡管理刑事案件具体应用法律若干问题的解释》(2009年)第六条规定:“持卡人以非法占有为目的,超过规定限额或者规定期限透支,并且经发卡银行两次催收后超过三个月仍不归还的,应当认定为刑法第一百九十六条规定的‘恶意透支’。”“具有以下情形之一的,应当认定为刑法第一百九十六条第二款规定的‘以非法占有为目的’,但有证据证明持卡人确实不具有非法占有目的的除外:(一)明知没有还款能力而大量透支,无法归还的;(二)肆意挥霍透支的资金,无法归还的;(三)透支后逃匿、改变联系方式,逃避银行催收的;(四)抽逃、转移资金,隐匿财产,逃避还款的;(五)使用透支的资金进行违法犯罪活动的;(六)其他非法占有资金,拒不归还的行为。”从上述解释规定的字面含义看,“非法占有为目的”和“经催收不还”之间用了一个连接词“并且”,表明法律规定要求二者同时具备,持卡人才可构成“恶意透支”,其中“经催收不还”是“恶意透支”的法定构成要件之一,不能缺少。

从行为特征分析,仅有透支行为尚不符合信用卡诈骗的行为特征。透支行为发生时,行为人是否归还欠款尚属于不确定状态,只有同时具备“经催收不还”这一不作为行为,才符合恶意透支型信用卡的行为特征。

因银行催收因素导致银行催收的截止期在缓刑考验期内的,所引起的后果亦是被告人“经催收不还”所应承担的法律责任。本案中,房毅的透支行为均发生于前罪判决前,但因银行催收方面的因素,使得还款期满之日发生在缓刑考验期内,即认定“恶意透支行为”的时间要素是在缓刑考验期内,其属于犯新罪,应当撤销缓刑、数罪并罚。[No. 3-5-196(1)-11　房毅信用卡诈骗案]

△行为人透支信用卡用于生产经营活动,因经营不善等客观原因导致信用款逾期无法偿还的,不能认定“以非法占有为目的”。

信用卡最主要的功能就是透支从而使持卡人得以购买超出自己现有支付能力的商品或服务,银行也以各种各样的促销活动鼓励持卡人进行透支消费,因此若仅凭客观上无法偿还欠款就认定为“以非法占有为目的”的恶意透支型信用卡诈骗,就无法将恶意透支型信用卡诈骗罪和透支不还的民事违约行为进行区分。对“以非法占有为目的”的理解仍应坚持主客观相统一的原则,综合考察行为人申领行为、透支行为、还款行为等各种因素,重点考察以下三方面的因素:

第一,行为人申领信用卡时有无虚构事实、隐瞒真相的行为。第二,行为人透支款项的用途。根据资金用途判断行为人是否具有非法占有目的时,应结合全案分析行为人资金用途的主要方面。对于行为人取得资金后,部分用于非法活动,部分用于合法经营的,如果大部分资金用于合法经营,到期不能归还资金主要是由于经营不善、市场风险等原因造成的,不宜认定“以非法占有为目的”。第三,透支款项时行为人的还款态度及是否逃避催收。如果行为人在银行催收后有积极表示,或者积极还款,或者说明合理的不还款理由,并与银行约定推迟还款的计划等,都可以排除非法占有目的。

在梁保权、梁博艺信用卡诈骗案中,涉案信用卡透支款项大部分用于二被告人的企业经营,其他小部分款项用于正常生活开支,而非奢侈品消费或者无节制消费。二被告人后因经营困难导致信用卡欠款逾期未能归还,但从涉案信用卡还款情况及二被告人应对催收的态度来看,二被告人持卡最后一笔透支消费后不久即被停卡,在银行的催收下,二被告人在两个多月后还向已经被停卡的涉案信用卡账户偿还了一笔4万元的还款，若二被告人是"以非法占有为目的"的恶意透支，就不会在两个多月后还向银行偿还这一笔数额并不小的透支款项。二被告人逾期未能继续归还欠款后，银行数十次电话催收，梁博艺或梁保权接听电话时均表示愿意归还欠款，只是申明企业经营困难希望暂缓还款，且梁保权被抓获归案时正在银行协商还款事宜。可见二被告人一直积极与银行协商还款事宜，未有变更联系电话、变更地址等逃避催收的行为。二被告人的行为不能认定为"以非法占有为目的"，不构成恶意透支型的信用卡诈骗罪。[No. 3-5-196(1)-12　梁保权、梁博艺信用卡诈骗案]

△通过欺骗行为获得实际持卡人授权进而提取款项的行为，应认定为一般诈骗；未得到真实持卡人的授权，仅仅因为持有信用卡而使得银行误认为具备取款权限的非法取款行为，应认定为信用卡诈骗罪。

《刑法》第一百九十六条第一款列举的构成该罪的情形是四种信用卡使用行为，犯罪是侵犯法益的行为，因此该四种行为必然侵犯了信用卡诈骗罪所保护的法益，即该四种行为侵犯了信用卡管理秩序和他人财产权益。具言之，信用卡诈骗罪的行为内容可以划分为两个部分：一是行为人通过使用信用卡的行为侵犯了信用卡的管理秩序。刑法规制侵犯信用卡管理秩序犯罪行为的罪名包括妨害信用卡管理罪和信用卡诈骗罪两种。妨害信用卡管理罪对信用卡管理秩序的侵犯在于行为人对信用卡的非法持有、运输等对信用卡外在形态的控制。而信用卡诈骗罪规制的是违法使用信用卡行为，即行为人通过使用信用卡内含的支付、结算、消费等金融交易功能实现对信用卡管理秩序的破坏，这种破坏必须通过对银行使用信用卡才能得以实现。因此，没有通过欺骗银行实现信用卡内含的支付、结算、消费等金融交易功能的犯罪行为不构成信用卡诈骗罪，如行为人使用伪造、作废、他人信用卡质押担保骗取他人财物，宜按照合同诈骗罪（诈骗罪）定罪处罚。二是行为人通过使用信用卡的行为获得银行授权而侵犯他人财产权益。从侵犯财产罪的角度出发，单纯的骗取、骗领信用卡行为不构成刑法意义上的财产型犯罪，因此使用信用卡的行为要构成诈骗型犯罪，该使用行为必须符合一般诈骗罪的性质，使他人陷入错误认识而交付财物。在信用卡诈骗罪中，行为人通过使用信用卡的行为使银行误以为其具有使用（包括占有、支付、结算等）信用卡账户内资金的权限而向其交付。概言之，如果没有使用信用卡的行为，行为人不会获得使用账户内资金的权限。

当信用卡账户内资金的使用权限是行为人通过欺骗持卡人而获得时，产生侵犯他人财产权结果的行为是行为人欺骗持卡人的结果，并不是对银行使用信用卡行为产生的结果。该情形的整个犯罪过程可描述为：行为人欺骗持卡人—持卡人同意行为人利用其信用卡账户内资金—向行为人交付信用卡和密码—行为人使用信用卡。从整个犯罪过程可以看出，行为人使用信用卡之前已经获得了持卡人关于利用信用卡账户资金的授权，因此就该使用行为而言，虽有冒用欺骗银行的性质，但并无诈骗罪中侵犯他人财产的违法性，属于违反信用卡管理制度行为，对其整个行为的评价应按照其侵犯他人财产的欺骗持卡人行为进行定性，即按照诈骗罪定罪处罚。这正如行为人通过欺骗手段让被害人向其交付电视机，但被害人因无法回家取出电视机交付而将钥匙交给行为人让行为人到被害人家里自行提取的情形，行为人的行为属于诈骗罪，而其提取电视机的行为因得到被害人的授权，因此并不违背被害人的意志，不应再评价为盗窃罪。因此，《最高人民法院、最高人民检察院关于办理妨害信用卡管理刑事案件具体应用法律若干问题的解释》第五条第二款第（二）项"骗取他人信用卡并使用的"中的骗取他人信用卡行为应该解释为：行为人只是骗取了持卡人的信用卡，但没有得到持卡人的同意使用信用卡账户资金。结合上述分析，可以看出，冒用他人信用卡的信用卡诈骗罪犯罪行为类似于诈骗罪中的三角诈骗，即在行为人没有得到授权利用信用卡账户内资金的情况下，银行作为持卡人资金的管控者，被行为人持有信用卡和密码的外观形式欺骗，交付了信用卡账户内的资金。

在陈南权、郑国翠等信用卡诈骗案中，被告人通过欺骗手段获得了银行卡和密码，但被告人是以核实被害人银行卡半小时内的入账记录为借口要求被害人交出银行卡及告知密码，因此被害人向被告人交付银行卡和密码只是同意让被告人利用银行卡和密码去查询账户交易明细，而对于银行卡的金融支付性功能，被害人并没有同意被告人使用的意思表示。被告人在没有得到被害人授权使用银行卡对应账户资金的情况下，通过持有银行卡及密码的外观欺骗银行，使银行误以为其具有使用银行卡对应账户资金的权限而向其交付资金，其行为符合信用卡诈骗罪的犯罪构成，应构成信用卡诈骗罪。[No. 3-5-196(1)-13　陈南权、郑国翠等信用卡诈骗案]

第一百九十七条　【有价证券诈骗罪】

使用伪造、变造的国库券或者国家发行的其他有价证券，进行诈骗活动，数额较大的，处五年以下有期徒刑或者拘役，并处二万元以上二十万元以下罚金；数额巨大或者有其他严重情节的，处五年以上十年以下有期徒刑，并处五万元以上五十万元以下罚金；数额特别巨大或者有其他特别严重情节的，处十年以上有期徒刑或者无期徒刑，并处五万元以上五十万元以下罚金或者没收财产。

【立法理由】

随着我国改革开放的深入,快速发展的社会主义现代化建设需要大量资金,为了给国家的经济建设筹集资金,政府每年都发行大量的国库券和其他有价证券,这些国家发行的有价证券作为国家债券,以其信誉好、收益率稳定受到了群众的普遍欢迎。但同时,也成为一些不法分子瞄准的犯罪目标,他们伪造、变造国库券和国家发行的其他有价证券,严重破坏了金融秩序,必须予以严厉打击。对于这些犯罪如适用 1979 年刑法关于诈骗罪的规定,一方面没有反映出这类犯罪的具体特征;另一方面针对金融诈骗犯罪的特点,需要增加规定罚金刑。为此, 1995 年 6 月 30 日第八届全国人大常委会第十四次会议通过的《全国人民代表大会常务委员会关于惩治破坏金融秩序犯罪的决定》对金融诈骗犯罪进行了细化和补充;**1997 年刑法修订时**,将使用伪造、变造的国库券或者国家发行的其他有价证券进行诈骗作为一种特殊的诈骗犯罪形式加以规定,进一步完善了我国刑法对金融诈骗犯罪的规定。

【条文说明】

本条是关于有价证券诈骗罪及其处罚的规定。

飞速发展的社会主义现代化建设需要大量的资金,在当前国家财政收入还不富裕,资金比较短缺的情况下,为了给国家的经济建设筹集资金,政府每年都要发行大量的国库券和其他有价证券。国库券不仅可以向银行贴现和抵押,而且可以在指定机构进行买卖,是当前债券市场上的重要债券形式。因此,使用伪造、变造的国库券或国家发行的其他有价证券,**是对包括债券市场在内的金融市场和金融秩序的破坏**。同时,由于国库券和国家发行的其他有价证券具有很强的变现能力和一定资本性质,使用伪造、变造的国库券或国家发行的其他有价证券,就意味着使用人能够以非法的形式取得物质利益,**同时侵犯了他人财产的所有权**。

对于使用伪造、变造的国家有价证券进行诈骗犯罪,可以从以下几个方面加以理解:

1. **行为人必须明知是伪造、变造的国库券或者国家发行的其他有价证券而使用**,这是区分罪与非罪的关键。明知而使用的,即在主观上有犯罪故意,通常存在获取不法利益的目的。

2. 行为人在客观上实施了**使用伪造、变造的国库券或者国家发行的**[1]**其他有价证券进行诈骗活动的行为**。本条所称“伪造、变造”行为,已在本法第一百七十八条作了解释,在此不再赘述。本条所称“**国家发行的其他有价证券**”,是指国家发行的除国库券以外的其他国家有价证券以及国家银行金融债券,如财政债券、国家建设债券、保值公债、国家重点建设债券等。本罪犯罪行为所指向的对象是国库券和国家发行的其他有价证券,这是本罪区别于票据诈骗罪、金融凭证诈骗罪的主要区别。本条所称“**使用**”,是指行为人将伪造、变造的国库券或者国家发行的其他有价证券用于兑换现金、抵消债务等获取财物或者财产性利益的活动。需要注意的是,如果行为人**仅仅使用作废、无效的有价证券进行诈骗活动的**,不构成本条规定的伪造、变造有价证券的,数额较大的,应当认定为诈骗罪,而不能以本罪定罪处罚。

3. **行为人骗取财物数额较大的才构成犯罪**。这是区分罪与非罪的重要界限。本条所称“**数额较大**”,是指行为人因使用伪造、变造的有价证券而实际骗取的金额。根据《最高人民检察院、公安部关于公安机关管辖的刑事案件立案追诉标准的规定(二)》第五十五条的规定,使用伪造、变造的国库券或者国家发行的其他有价证券进行诈骗活动,数额在一万元以上的,**应予立案追诉**。

对于使用伪造、变造的国家有价证券进行诈

① 本罪中的“国家发行”,既包括国家直接发行,也包括国家间接发行(即国家通过证券商承销出售证券的方式发行);既包括中央人民政府发行,也包括代表国家的国家职能部门(如财政部)发行。参见张明楷:《刑法学》(第 6 版),法律出版社 2021 年版,第 1048 页。

骗犯罪的处罚,本条根据数额规定了三档刑罚:**数额较大的**,处五年以下有期徒刑或者拘役,并处二万元以上二十万元以下罚金;**数额巨大或者有其他严重情节的**,处五年以上十年以下有期徒刑,并处五万元以上五十万元以下罚金;**数额特别巨大或者有其他特别严重情节的**,处十年以上有期徒刑或者无期徒刑,并处五万元以上五十万元以下罚金或者没收财产。

实际执行中应当注意本罪与**伪造、变造国家有价证券罪**的区别。《刑法》第一百七十八条第一款规定了伪造、变造国家有价证券罪。

二者的区别主要在于:本罪是以非法占有为目的,使用伪造、变造的国库券或者国家发行的其他有价证券,骗取公私财物;而伪造、变造国家有价证券罪强调伪造、变造有价证券行为本身,侵害的是国家金融管理秩序。如果行为人自行伪造、变造了有价证券,而后又使用这些伪造、变造的有价证券实施诈骗行为的,应当依照刑法择一重罪定罪处罚;如果行为人伪造、变造了数额较大的有价证券,但自己并未使用,而是将这些有价证券以出售、转让等形式提供给别人使用的,对其伪造、变造有价证券的行为,则应当依伪造、变造有价证券罪定罪处罚。

【司法解释性文件】

《全国法院审理金融犯罪案件工作座谈会纪要》(法〔2001〕8号,2001年1月21日发布)

△(**金融诈骗犯罪;非法占有目的**)金融诈骗犯罪都是以非法占有为目的的犯罪。在司法实践中,认定是否具有非法占有为目的,应当坚持主客观相一致的原则,既要避免单纯根据损失结果客观归罪,也不能仅凭被告人自己的供述,而应当根据案件具体情况具体分析。根据司法实践,对于行为人通过诈骗的方法非法获取资金,造成数额较大资金不能归还,并具有下列情形之一的,可以认定为具有非法占有的目的:

(1)明知没有归还能力而大量骗取资金的;

(2)非法获取资金后逃跑的;

(3)肆意挥霍骗取资金的;

(4)使用骗取的资金进行违法犯罪活动的;

(5)抽逃、转移资金、隐匿财产,以逃避返还资金的;

(6)隐匿、销毁账目,或者搞假破产、假倒闭,以逃避返还资金的;

(7)其他非法占有资金、拒不返还的行为。但是,在处理具体案件的时候,对于有证据证明行为人不具有非法占有目的的,不能单纯以财产不能归还就按金融诈骗罪处罚。

△(**金融诈骗犯罪;诈骗数额之认定**)金融诈骗犯罪定罪量刑的数额标准和犯罪数额的计算。金融诈骗的数额不仅是定罪的重要标准,也是量刑的主要依据。在没有新的司法解释之前,可参照1996年《最高人民法院关于审理诈骗案件具体应用法律的若干问题的解释》[①]的规定执行。在具体认定金融诈骗犯罪的数额时,应当以行为人实际骗取的数额计算。对于行为人为实施金融诈骗活动而支付的中介费、手续费、回扣等,或者用于行贿、赠与等费用,均应计入金融诈骗的犯罪数额。但应当将案发前已归还的数额扣除。

△(**金融诈骗犯罪;财产刑;罚金数额**)金融犯罪是图利型犯罪,惩罚和预防此类犯罪,应当注重同时从经济上制裁犯罪分子。刑法对金融犯罪都规定了财产刑,人民法院应当严格依法判处。罚金的数额,应当根据被告人的犯罪情节,在法律规定的数额幅度内确定。对于具有从轻、减轻或者免除处罚情节的被告人,对于本应并处的罚金刑原则上也应当从轻、减轻或者免除。

《最高人民检察院、公安部关于公安机关管辖的刑事案件立案追诉标准的规定(二)》(公通字〔2022〕12号,2022年4月6日公布)

△(**有价证券诈骗罪;立案追诉标准**)使用伪造、变造的国库券或者国家发行的其他有价证券进行诈骗活动,数额在五万元以上的,应予立案追诉。(§50)

① 该解释已经被废止。

第一百九十八条　【保险诈骗罪】

有下列情形之一，进行保险诈骗活动，数额较大的，处五年以下有期徒刑或者拘役，并处一万元以上十万元以下罚金；数额巨大或者有其他严重情节的，处五年以上十年以下有期徒刑，并处二万元以上二十万元以下罚金；数额特别巨大或者有其他特别严重情节的，处十年以上有期徒刑，并处二万元以上二十万元以下罚金或者没收财产：

（一）投保人故意虚构保险标的，骗取保险金的；

（二）投保人、被保险人或者受益人对发生的保险事故编造虚假的原因或者夸大损失的程度，骗取保险金的；

（三）投保人、被保险人或者受益人编造未曾发生的保险事故，骗取保险金的；

（四）投保人、被保险人故意造成财产损失的保险事故，骗取保险金的；

（五）投保人、受益人故意造成被保险人死亡、伤残或者疾病，骗取保险金的。

有前款第四项、第五项所列行为，同时构成其他犯罪的，依照数罪并罚的规定处罚。

单位犯第一款罪的，对单位判处罚金，并对其直接负责的主管人员和其他直接责任人员，处五年以下有期徒刑或者拘役；数额巨大或者有其他严重情节的，处五年以上十年以下有期徒刑；数额特别巨大或者有其他特别严重情节的，处十年以上有期徒刑。

保险事故的鉴定人、证明人、财产评估人故意提供虚假的证明文件，为他人诈骗提供条件的，以保险诈骗的共犯论处。

【立法理由】

1. 1979年之后至1997年刑法修订前的立法情况。1979年制定刑法时，我国保险业还处在初级发展阶段，没有规定保险诈骗。随着我国改革开放不断深入和经济的不断发展，我国的保险事业得到了迅速发展，保险机构明显增多，保险费收入迅速增长，保险服务领域也进一步扩大，保险诈骗活动也就随着发生。为了惩治这种犯罪，维护正常的保险工作秩序，1995年6月30日第八届全国人大常委会第十四次会议通过的《全国人民代表大会常务委员会关于惩治破坏金融秩序犯罪的决定》第十六条规定："有下列情形之一，进行保险诈骗活动，数额较大的，处五年以下有期徒刑或者拘役，并处一万元以上十万元以下罚金；数额巨大或者有其他严重情节的，处五年以上十年以下有期徒刑，并处二万元以上二十万元以下罚金；数额特别巨大或者有其他特别严重情节的，处十年以上有期徒刑，并处没收财产：（一）投保人故意虚构保险标的，骗取保险金的；（二）投保人、被保险人或者受益人对发生的保险事故编造虚假的原因或者夸大损失的程度，骗取保险金的；（三）投保人、被保险人或者受益人编造未曾发生的保险事故，骗取保险金的；（四）投保人、被保险人故意造成财产损失的保险事故，骗取保险金的；（五）投保人、受益人故意造成被保险人死亡、伤残或者疾病，骗取保险金的。有前款第（四）项、第（五）项所列行为，同时构成其他犯罪的，依照刑法数罪并罚的规定处罚。保险事故的鉴定人、证明人、财产评估人故意提供虚假的证明文件，为他人诈骗提供条件的，以保险诈骗的共犯论处。单位犯第一款罪的，对单位判处罚金，并对直接负责的主管人员和其他直接责任人员，依照第一款的规定处罚。"

2. 1997年修订刑法的情况。1997年修订刑法时，在吸收了1995年6月30日第八届全国人大常委会第十四次会议通过的《全国人民代表大会常务委员会关于惩治破坏金融秩序犯罪的决定》第十六条规定的基础上，对本条作了进一步的修改：一是将第一款中第三档刑罚中的财产刑由"并处没收财产"修改为"并处二万元以上二十万元以下罚金或者没收财产"，以解决实践中出现的财产刑衔接不畅、第三档刑罚附加刑过重的问题；二是修改第二款有关文字表述，将"前款第（四）项、第（五）项"修改为"前款第四项、第五项"，将"依照刑法数罪并罚"修改为"依照数罪并罚"；三是将第三款共犯和第四款单位犯罪的规定调换顺序；四是明确单位犯罪的处罚，对单位判处罚金，对"其直接负责的主管人员和其他直接责任人员，处五年以下有期徒刑或者拘役；数额巨大或者有其他严重情节的，处五年以上十年以下有期徒刑；数额特别巨大或者有其他特别严重情节的，处十年以上有期徒刑"。

【条文说明】

本条是关于保险诈骗罪及其处罚的规定。

保险在稳定企业经营、维护个人生活安定，尤其是社会保障方面,发挥着十分重要的作用。同时,我国保险业务由经国务院保险监督管理机构批准设立的保险公司以及法律、行政法规规定的其他保险组织经营,投保人与保险公司签订保险合同并缴纳保险费,只有在约定的条件下发生保险事故时,才有权向保险公司索取保险金。行为人实施保险诈骗的行为,侵犯了**我国的保险制度和公私财产所有权**。

本条共分为四款。

第一款具体规定了保险诈骗的犯罪行为及其处罚。根据近些年来发生在保险业中的诈骗犯罪案的情况,针对保险活动各个环节可能发生的问题,本款具体规定了保险诈骗罪的五种表现形式:

1. **投保人故意虚构保险标的,骗取保险金的**。这里所说的"**投保人**",是指与保险人订立保险合同,并根据保险合同负支付保险费义务的人;"**保险人**"是指与投保人订立保险合同,并根据保险合同收取保险费,在保险事故发生或者约定的保险期间届满时,承担赔偿或者给付保险金责任的保险公司。一般情况下,保险合同还涉及另外两种人,即被保险人和受益人。"**被保险人**"是指在保险事故发生或者约定的保险期间届满时,依据保险合同,有权向他人请求补偿损失或者领取保险金的人。"**受益人**"则是指由保险合同明确指定的或者依照法律规定有权取得保险金的人。"**保险标的**"是指作为保险对象的物质财富及有关利益、人的生命或健康。保险标的,从某种意义上讲是订立保险合同的核心内容。可以说,保险活动的当事人所进行的保险活动都是围绕保险标的而开展的,或者与保险标的有着直接或间接的关系。本款所称"**投保人故意虚构保险标的**",是指投保人违背法律关于诚实信用的原则,在与他人订立保险合同时,故意虚构保险标的的行为。[①]从行为特征看,投保人是出于故意,即明知这样做是违法的而故意为之。虚构保险标的,是指投保人为骗取保险金,虚构了一个根本不存在的保险对象与保险人订立保险合同的行为。

2. **投保人、被保险人或者受益人对发生的保险事故编造虚假的原因或者夸大损失的程度,骗取保险金的**。本项所说的"**对发生的保险事故编造虚假的原因**",主要是指投保人、被投保人或者受益人,为了骗取保险金,在发生保险事故后,对造成保险事故的原因作虚假的陈述或者隐瞒真实情况的行为。一般来说,保险合同中关于保险事故发生后的赔偿约定都是有条件的,不是对任何原因引起的保险事故保险人都负赔偿责任的。在我国有关保险方面的法律、法规一般都明确规定了某种保险赔偿的责任范围以及除外条款,以明确保险人在什么情况下才负有保险赔偿的责任,在什么情况下则不予赔偿。在许多情况下,发生保险事故后,引起保险事故发生的原因,是确定保险合同双方当事人的责任,以及是否予以理赔的一个重要依据。"**编造虚假的原因**"主要是指编造使保险人承担保险赔偿责任的虚假原因。所谓"**夸大损失的程度,骗取保险金的**",是指投保人、被保险人或者受益人对发生的保险事故,故意夸大由于保险事故造成保险标的的损失程度,从而更多地取得保险赔偿金的行为。应当明确的是,本项规定的"对发生保险事故编造虚假的原因或者夸大损失的程度"是两种行为,行为人只要实施了其中一个行为,就构成犯罪,就应当依本条的规定追究其刑事责任。

3. **投保人、被保险人或者受益人编造未曾发生的保险事故,骗取保险金的**。所谓**编造未曾发生的保险事故**,是指投保人、被保险人或者受益人在未发生保险事故的情况下,虚构事实,谎称发生保险事故,骗取保险金的行为。

4. **投保人、被保险人故意造成财产损失的保险事故,骗取保险金的**。所谓**故意造成财产损失的保险事故**,是指投保财产险的投保人、被保险人,在保险合同的有效期内,故意人为地制造保险标的出险的保险事故,造成财产损失,从而骗取保险金的行为。根据保险法的规定,对投保人、被保险人或者受益人故意制造保险事故的,他人不负赔偿责任。保险人对投保人、被保险人或者受益人的赔偿,以在保险合同有效期间发生了保险事故为前提条件。因此,在没有发生保险事故的情况下,故意制造财产损失的保险事故,骗取保险金,就成为一些不法的投保人、被保险人或者受益人骗取保险金的一种手段。

5. **投保人、受益人故意造成被保险人死亡、伤残或者疾病,骗取保险金的**。这种情况发生于人身保险,因为人身保险是以人的生命以及健康为保险内容的保险。这类保险除个别的具有"两全"储蓄性质的险种外,一般都以被保险人的死亡、伤残或者发生疾病为赔偿条件。在这种情况

① "故意虚构保险标的,骗取保险金"包括,恶意超值投保、恶意重复投保、隐瞒保险危险投保。参见张明楷:《刑法学》(第6版),法律出版社2021年版,第1049页;黎宏:《刑法学各论》(第2版),法律出版社2016年版,第166页。另有学者指出,采用隐瞒保险标的瑕疵的方法虚构保险标的的行为,是以不作为的方式实施保险诈骗的情形。参见周光权:《刑法各论》(第4版),中国人民大学出版社2021年版,第331页。

下，有些投保人、受益人为了取得保险金，就会千方百计地促成赔偿条件的实现。这里所说的“**故意造成被保险人死亡、伤残或者疾病，骗取保险金的**”，是指投保人、受益人采取杀害、伤害、虐待、遗弃、投毒、传播传染病以及利用其他方法故意造成人身事故，致使被保险人死亡、伤残或者生病，以取得保险金的行为。

需要指出的是，**本款所列五项情形，从主体上看是有区别的**。这里主要是根据保险活动的各个阶段的特点和保险当事人参与保险活动的情况来确定的。如第（一）项规定的情形只列举了投保人，这是因为这类犯罪行为发生在保险活动的开始，一般只能由投保人所为。第（二）项和第（三）项所规定的情形则列举了投保人、被保险人和受益人，因为对发生保险事故编造虚假的原因或者夸大损失的程度和编造未曾发生的保险事故，这三种人都可能有条件实施此种行为。第（四）项规定的情形列举了投保人、被保险人，因为在一般情况下，对财产的投保，被保险人就是受益人。第（五）项规定的情形比较复杂，虽然也涉及投保人、受益人和被保险人，但故意造成被保险人死亡、伤残或者疾病的，通常情况下，多是投保人和受益人所为。当然也不排除实践中会发生被保险人为使受益人取得保险金而自杀、自残的情况。这类情况按照保险法的规定是不予赔偿的，可不作为犯罪处理。因此，本项只列举了投保人和受益人为犯罪主体。掌握了本条所列五项情形中有关主体的规定，对有效地防止和查清这类诈骗犯罪活动，有着重要意义。

根据本款规定，有上述所列五项行为之一，**数额较大的**，处五年以下有期徒刑或者拘役，并处一万元以上十万元以下罚金；**数额巨大或者有其他严重情节的**，处五年以上十年以下有期徒刑，并处二万元以上二十万元以下罚金；**数额特别巨大或者有其他特别严重情节的**，处十年以上有期徒刑，并处二万元以上二十万元以下罚金或者没收财产。根据《最高人民检察院、公安部关于公安机关管辖的刑事案件立案追诉标准的规定（二）》第五十六条的规定，个人进行保险诈骗，数额在一万元以上的，应予立案追诉。

第二款规定**行为人为骗取保险金而故意造成财产损失的保险事故，或者故意造成被保险人死亡、伤残或者疾病，同时构成其他犯罪的，依照数罪并罚的规定处罚**。保险诈骗犯罪的突出特点就是其犯罪手段可能会触犯其他罪名，构成另一独立犯罪，如第（四）项规定的“造成财产损失的保险事故，骗取保险金的”，如果行为人采取纵火、爆炸等方法制造保险事故的，无论其保险诈骗行为是否继续实施，是否得逞，其所实施的纵火、爆炸行为已触犯了刑法关于危害公共安全罪的规定。又如第（五）项规定的“投保人、受益人故意造成被保险人死亡、伤残或者疾病”，如果行为人采取伤害或谋杀等手段，就同时构成保险诈骗罪和故意杀人、故意伤害罪，对这种情况，根据本款的规定，应当数罪并罚。[①] 需要注意的是，在有些情况下，行为人为达到保险诈骗的目的，其采取的方法已构成独立的犯罪，如杀人、纵火等，而其所要进行的保险诈骗行为由于各种原因没有或者未能继续实施下去，或者未能得逞，在这种情况下，其保险诈骗罪未完成，但并不因此而影响对其实施的杀人、纵火等行为追究刑事责任。

第三款是关于单位犯罪的规定。根据本款规定，**单位犯第一款罪的**，对单位判处罚金，并对其直接负责的主管人员和其他直接责任人员，依照本款的规定处罚。具体分为三档刑罚：**对于数额较大的**，处五年以下有期徒刑或者拘役；**数额巨大或者有其他严重情节的**，处五年以上十年以下有期徒刑；**数额特别巨大或者有其他特别严重情节的**，处十年以上有期徒刑。根据《最高人民检察院、公安部关于公安机关管辖的刑事案件立案追诉标准的规定（二）》第五十六条的规定，单位进行保险诈骗，数额在五万元以上的，**应予立案追诉**。

第四款是关于**保险事故的鉴定人、证明人、财产评估人故意提供虚假的证明文件，为他人诈骗提供条件的，以保险诈骗的共犯论处**的规定。[②] 其中，**保险事故的鉴定人、证明人、财产评估人**，是指在保险事故发生后，参与保险事故调查工作的人员。根据《保险法》第一百二十九条的规定，保险活动当事人可以委托保险公估机构等依法设立的独立评估机构或者具有相关专业知识的人员，

---

① 如果单位采取放火等方法，故意造成财产损失的保险事故，进而骗取保险金的，由于单位不属于放火罪的行为主体，基于罪刑法定原则的考量，只能分别针对保险诈骗罪和放火罪进行处理：就保险诈骗罪而言，成立单位犯罪；就放火罪而言，处罚组织、策划、实施放火行为的自然人。参见张明楷：《刑法学》（第6版），法律出版社2021年版，第1053页；黎宏：《刑法学各论》（第2版），法律出版社2016年版，第166页。

② 本款规定属于注意规定（提示性规定）。即便不存在本款规定，按照刑法总则中关于共犯的规定，上述行为也同样成立保险诈骗罪的共犯。参见张明楷：《刑法学》（第6版），法律出版社2021年版，第1052页；黎宏：《刑法学各论》（第2版），法律出版社2016年版，第167页。

对保险事故进行评估和鉴定。根据本款规定，保险事故的鉴定人、证明人、财产评估人构成保险诈骗共犯要符合以下两个条件：一是必须明知是虚假文件而提供；二是其所提供的虚假证明文件在客观上起到了影响保险事故调查结果的作用，也就是说在客观上为他人实施保险诈骗行为提供了便利条件。

在实践中需要注意以下两点：一是**不能仅凭其出具的鉴定报告等意见有错误，就认定保险事故的鉴定人、证明人、财产评估人具有主观故意**；二是**本款规定的"以共犯论"不需要保险事故的鉴定人、证明人、财产评估人与保险诈骗者"通谋"**，即保险事故的鉴定人、证明人、财产评估人在明知保险诈骗者诈骗故意和诈骗行为的情况下，单方面为其提供虚假的证明文件，为其诈骗提供条件的，也以保险诈骗罪的共犯论处。对于他人实施的保险诈骗行为尚不构成犯罪的，对保险事故的鉴定人、证明人、财产评估人也就无所谓以共犯处罚之说，但其提供虚假证明文件的行为仍有可能构成本法规定的提供虚假证明文件罪等其他犯罪。

【司法解释性文件】

《最高人民检察院法律政策研究室关于保险诈骗未遂能否按犯罪处理问题的答复》（〔1998〕高检研发第20号，1998年11月27日公布）

△（**保险诈骗未遂**）行为人已经着手实施保险诈骗行为，但由于其意志以外的原因未能获得保险赔偿的，是诈骗未遂，情节严重的，应依法追究刑事责任。

《全国法院审理金融犯罪案件工作座谈会纪要》（法〔2001〕8号，2001年1月21日公布）

△（**金融诈骗犯罪；非法占有目的**）金融诈骗犯罪都是以非法占有为目的的犯罪。在司法实践中，认定是否具有非法占有为目的，应当坚持主客观相一致的原则，既要避免单纯根据损失结果客观归罪，也不能仅凭被告人自己的供述，而应当根据案件具体情况具体分析。根据司法实践，对于行为人通过诈骗的方法非法获取资金，造成数额较大资金不能归还，并具有下列情形之一的，可以认定为具有非法占有的目的：

（1）明知没有归还能力而大量骗取资金的；

（2）非法获取资金后逃跑的；

（3）肆意挥霍骗取资金的；

（4）使用骗取的资金进行违法犯罪活动的；

（5）抽逃、转移资金、隐匿财产，以逃避返还资金的；

（6）隐匿、销毁账目，或者搞假破产、假倒闭，以逃避返还资金的；

（7）其他非法占有资金、拒不返还的行为。但是，在处理具体案件的时候，对于有证据证明行为人不具有非法占有目的的，不能单纯以财产不能归还就按金融诈骗罪处罚。

△（**金融诈骗犯罪；诈骗数额之认定**）金融诈骗犯罪定罪量刑的数额标准和犯罪数额的计算。金融诈骗的数额不仅是定罪的重要标准，也是量刑的主要依据。在没有新的司法解释之前，可参照1996年《最高人民法院关于审理诈骗案件具体应用法律的若干问题的解释》[①]的规定执行。在具体认定金融诈骗犯罪的数额时，应当以行为人实际骗取的数额计算。[②] 对于行为人为实施金融诈骗活动而支付的中介费、手续费、回扣等，或者用于行贿、赠与等费用，均应计入金融诈骗的犯罪数额。但应当将案发前已归还的数额扣除。

△（**金融诈骗犯罪；财产刑；罚金数额**）金融犯罪是图利型犯罪，惩罚和预防此类犯罪，应当注重同时从经济上制裁犯罪分子。刑法对金融犯罪都规定了财产刑，人民法院应当严格依法判处。罚金的数额，应当根据被告人的犯罪情节，在法律规定的数额幅度内确定。对于具有从轻、减轻或者免除处罚情节的被告人，对于本应并处的罚金刑原则上也应当从轻、减轻或者免除。

《最高人民检察院、公安部关于公安机关管辖的刑事案件立案追诉标准的规定（二）》（公通字〔2022〕12号，2022年4月6日公布）

△（**保险诈骗罪；立案追诉标准**）进行保险诈骗活动，数额在五万元以上的，应予立案追诉。（§51）

【附属刑法】

《中华人民共和国保险法》（1995年6月30日通过，2015年4月24日第三次修正）

第一百六十五条

保险代理机构、保险经纪人有本法第一百三

① 该解释已被废止。

② 我国学者指出，保险公司实际支付或者应当支付的保险金金额是犯罪数额，不应将保险金金额减去投保时缴纳费用的差额部分作为犯罪数额。参见周光权：《刑法各论》（第4版），中国人民大学出版社2021年版，第331—332页。

十一条规定行为之一的①,由保险监督管理机构责令改正,处五万元以上三十万元以下的罚款;情节严重的,吊销业务许可证。

第一百七十四条

Ⅰ投保人、被保险人或者受益人有下列行为之一,进行保险诈骗活动,尚不构成犯罪的,依法给予行政处罚:

(一)投保人故意虚构保险标的,骗取保险金的;

(二)编造未曾发生的保险事故,或者编造虚假的事故原因或者夸大损失程度,骗取保险金的;

(三)故意造成保险事故,骗取保险金的。

Ⅱ保险事故的鉴定人、评估人、证明人故意提供虚假的证明文件,为投保人、被保险人或者受益人进行保险诈骗提供条件的,依照前款规定给予处罚。

第一百七十九条

违反本法规定,构成犯罪的,依法追究刑事责任。

【参考案例】

△以骗取保险金为目的,帮助投保人实施自伤行为,致投保人重伤的,同时成立保险诈骗罪的帮助犯和故意伤害罪的实行犯,应从一重处断,以故意伤害罪论处,并应承担相应的民事赔偿责任,但因存在被害人同意的情况,应当予以减轻处罚。

在曾劲青等保险诈骗、故意伤害案中,被告人黄剑新只实施了一个行为,即帮助曾劲青实施自残的行为。该一行为又因同时具备两种不同的性质(一方面是故意伤害了他人的身体健康,另一方面是为曾劲青进行保险诈骗制造了条件)而触犯了两个罪名即故意伤害罪和保险诈骗罪(犯罪预备中的帮助犯),系想象的竞合犯。按照想象的竞合犯的从一重处断原则,显然对被告人黄剑新只应定故意伤害罪一罪,而不宜作双重评价,以故意伤害罪和保险诈骗罪进行并罚。

应被害人邀请而实施的杀、伤被害人或帮助杀、伤被害人的行为,如实施安乐死、杀死被害人,伤残被害人,帮助自杀、自残等,因不具有法定的排除行为犯罪性的属性,本质上仍然是犯罪行为,行为人仍应负刑事责任。《刑法》第三十六条也规定:"由于犯罪行为而使被害人遭受经济损失的,对犯罪分子除依法给予刑事处罚外,并应根据情况判处赔偿经济损失。"根据上述规定,尽管本案中被告人黄剑新是在被害人曾劲青的一再要求下才将其双脚砍断致重伤,但让其承担刑事责任和民事赔偿责任是符合法律规定的。

就本案的刑事责任部分而言,被告人黄剑新故意砍断曾劲青双脚致其重伤且伤残等级为三级,看似属于以特别残忍手段致人重伤造成严重残疾的情形,似应在十年以上有期徒刑、无期徒刑或者死刑这一法定刑幅度内量定刑罚。但考虑到本案存在被害人同意的情况,即使以故意伤害罪判处被告人黄剑新十年有期徒刑仍显畸重。因此,对本案被告人黄剑新应以故意伤害罪在上述法定刑幅度以下减轻处罚。

---

① 《中华人民共和国保险法》(1995 年 6 月 30 日通过,2015 年 4 月 24 日第三次修正)

第二条

本法所称保险,是指投保人根据合同约定,向保险人支付保险费,保险人对于合同约定的可能发生的事故因其发生所造成的财产损失承担赔偿保险金责任,或者当被保险人死亡、伤残、疾病或者达到合同约定的年龄、期限等条件时承担给付保险金责任的商业保险行为。

第二十七条

Ⅰ未发生保险事故,被保险人或者受益人谎称发生了保险事故,向保险人提出赔偿或者给付保险金请求的,保险人有权解除合同,并不退还保险费。

Ⅱ投保人、被保险人故意制造保险事故的,保险人有权解除合同,不承担赔偿或者给付保险金的责任;除本法第四十三条规定外,不退还保险费。

Ⅲ保险事故发生后,投保人、被保险人或者受益人以伪造、变造的有关证明、资料或者其他证据,编造虚假的事故原因或者夸大损失程度的,保险人对其虚报的部分不承担赔偿或者给付保险金的责任。

Ⅳ投保人、被保险人或者受益人有前三款规定行为之一,致使保险人支付保险金或者支出费用的,应当退回或者赔偿。

第四十三条

Ⅰ投保人故意造成被保险人死亡、伤残或者疾病的,保险人不承担给付保险金的责任。投保人已交足二年以上保险费的,保险人应当按照合同约定向其他权利人退还保险单的现金价值。

Ⅱ受益人故意造成被保险人死亡、伤残、疾病的,或者故意杀害被保险人未遂的,该受益人丧失受益权。

第一百三十一条

保险代理人、保险经纪人及其从业人员在办理保险业务活动中不得有下列行为:

……

(九)串通投保人、被保险人或者受益人,骗取保险金;

……

就本案的民事赔偿责任部分而言，鉴于本案被害人曾劲青系自己要求黄剑新砍断其双脚，本身具有相当的过错，亦应承担一部分的责任，故原审法院判处黄剑新仅承担赔偿被害人曾劲青一半的经济损失，应该说是比较妥当的。[No. 3-5-198-1　曾劲青等保险诈骗、故意伤害案]

△以骗取数额巨大的保险金为目的，实施保险诈骗行为，因意志以外的原因未得逞的，亦应以保险诈骗罪论处。

首先，保险诈骗罪确是结果犯，但所谓结果犯仅是就犯罪既遂标准而言的。已经着手实施保险诈骗，但因意志以外的原因未得逞的，系保险诈骗未遂。既遂犯需要定罪处罚，至于未遂犯，根据《刑法》第二十三条的规定，可以比照既遂犯从轻或者减轻处罚。可见，我国刑法对未遂犯的处置原则是一般需要定罪处罚，只不过可以比照既遂犯相应从轻或减轻处罚而已。在曾劲青等保险诈骗、故意伤害案中，被告人曾劲青已通过其妻子着手向保险公司索赔，只是因为公安机关及时破案而未得逞，构成保险诈骗罪未遂犯，根据上述原则需要定罪处罚。其次，1996年12月16日《最高人民法院关于审理诈骗案件具体应用法律若干问题的解释》(已失效)第一条第六款规定，"已经着手实行诈骗行为，只是由于行为人意志以外的原因未获取财物的是诈骗未遂，诈骗未遂情节严重的，也应当定罪并依法处罚"。该解释虽已失效，但却不失参照作用。该解释的精神实质在于说明，诈骗未遂情节严重的，如以数额巨大的财物为诈骗目标等，应当定罪处罚，至于诈骗目标数额较小等情节并不严重的诈骗未遂情形，可不予追究刑事责任。保险诈骗罪在刑法修订前也是诈骗罪之一种，两者是特殊与一般的关系。参照上述解释规定，本案被告人曾劲青意图进行保险诈骗目标数额高达71.8万元，其中30万元属未遂，41.8万元属预备，应属情节严重，理应予以定罪处罚。[No. 3-5-198-2　曾劲青等保险诈骗、故意伤害案]

△被保险车辆的实际所有人利用挂靠单位的名义实施保险诈骗行为的，应以保险诈骗罪的间接正犯论处。

在刑法理论中，间接正犯是指行为人利用他人作为中介实施犯罪行为，其所利用的他人由于具有某些情节而不负刑事责任，间接正犯对于其通过他人所实施的犯罪行为完全承担刑事责任的情况。间接正犯在主观上具有利用他人实施犯罪的故意，也就是指行为人明知被利用者没有刑事责任能力或者没有特定的犯罪故意而加以利用，希望或者放任通过被利用者的行为达到一定的犯罪结果；间接正犯在客观上具有利用他人实施犯罪的行为，即行为人不是亲手犯罪，而是以他人作为犯罪工具。因此，间接正犯与被利用者之间不存在共同犯罪故意，间接正犯不属于共同犯罪的范畴。因被利用者不负刑事责任，其实施的犯罪行为应视为利用者自己实施，故利用者应对被利用人所实施的行为承担全部责任。也就是说，对利用不负刑事责任的人实施犯罪的，应按照被利用者实行的行为定罪处罚。同时，这种利用他人实施犯罪的故意也不同于教唆故意与帮助故意。教唆故意是唆使他人犯罪的故意，帮助故意是帮助他人犯罪的故意，这是一种共犯的故意，以明知被教唆人或被帮助人的行为构成犯罪为前提，具有主观上的犯意联络。而在间接正犯的情况下，行为人明知被利用者的行为不构成犯罪或者与之不存在共犯关系，因而具有单独犯罪的故意，即正犯的故意。一般而言，间接正犯利用他人犯罪的常见情形有：利用未达到刑事责任年龄或利用没有辨认控制能力的人实施犯罪；利用他人无罪过行为实施犯罪；利用他人合法行为实施犯罪；利用他人过失行为实施犯罪；利用有故意的工具实施犯罪。

在徐开雷保险诈骗案中，由于具体的保险理赔操作中，保险公司只会受理名义上的被保险人(保险合同签订人)提出的理赔申请。因此，被告人徐开雷在将自己购买的自卸货车出售给他人后，想要实现谎报假案并虚假理赔骗取保险公司保险金的目的必须借助于显名被保险人(名义投保人)北郊运输队的名义来实施，而作为名义上的被保险人和投保人，北郊运输队不知道被告人徐开雷的自卸货车实际上没有失窃，并不明知徐开雷诈骗保险公司保险金的意图，客观上也没有实际获取保险公司的理赔金，由于缺乏主观上的共同犯意，因而北郊运输队与被告人徐开雷不构成保险诈骗犯罪的共犯。也就是说，被告人徐开雷单独对其利用北郊运输队所实施的骗取被害单位中华联合财产保险股份有限公司无锡市锡山支公司盗抢险保险金63130.97元的行为承担刑事责任。可见，被告人徐开雷利用挂靠单位从保险公司骗得盗抢险保险金的行为，属于隐名被保险人(实际投保人)利用无犯罪故意的显名被保险人(名义投保人)名义实施的保险诈骗行为，构成保险诈骗罪的间接正犯。之所以不将徐开雷借他人之名实施的行为认定为是冒充他人的诈骗行为，而包容于诈骗客观要件内，正是因为本案被告人与被利用人是隐名与显名关系，隐名者利用显名者名义有其合法基础。行为人是实际被保险人的身份，而现实又不允许行为人以自己名义处理事务，即便在实施合法行为时，隐名被保险人的一切意图、行为也理所当然地必须借助于显名被保险人的名义方能付诸实施。事实上，无论是隐名者，还是显名者都明知对外的名义仅是为了事务处理的便利。隐名者才是事务的具体实施人、受益人，显名者通过提供名义、协助事务的处理等方式对隐名者利用其名义处理约定事务表示默认。也就是说隐名者利用显名者的名义处理约定事务是符合约定的，显名者对此也是明知的，无所谓冒名一说。［No. 3-5-198-4　徐开雷保险诈骗案］

△制造已发生保险事故的假象，但尚未向保险公司申请赔付时案发的，属于保险诈骗罪的预备。①

只有行为人开始向保险公司虚构保险事故，申请赔付保险金时，才可能对保险诈骗罪所保护的法益造成实际的威胁。当行为人自行制造已发生保险事故的假象，但尚未来得及据此向保险公司申请赔付前，实质上仍是在为保险诈骗作准备，还谈不上保险诈骗罪的着手。［No. 4-232-59　王志峰等故意杀人、保险诈骗案］

第一百九十九条　【删除】

【立法沿革】

《中华人民共和国刑法》（1997年修订，自1997年10月1日起施行）

第一百九十九条

犯本节第一百九十二条、第一百九十四条、第一百九十五条规定之罪，数额特别巨大并且给国家和人民利益造成特别重大损失的，处无期徒刑或者死刑，并处没收财产。

《中华人民共和国刑法修正案（八）》（自2011年5月1日起施行）

三十、将刑法第一百九十九条修改为：

"犯本节第一百九十二条规定之罪，数额特别巨大并且给国家和人民利益造成特别重大损失的，处无期徒刑或者死刑，并处没收财产。"

《中华人民共和国刑法修正案（九）》（自2015年11月1日起施行）

十二、删去刑法第一百九十九条。

【立法理由】

1. 1997年修订刑法的情况。1997年《刑法》第一百九十九条规定："犯本节第一百九十二条、第一百九十四条、第一百九十五条规定之罪，数额特别巨大并且给国家和人民利益造成特别重大损失的，处无期徒刑或者死刑，并处没收财产。"

我国刑法对金融诈骗犯罪的死刑规定，经历了从有选择地适用死刑到保留但严格限制死刑再到取消死刑的过程，是随着社会经济的发展而不断演变的。为惩治破坏金融秩序的犯罪活动，1995年6月30日第八届全国人大常委会第十四次会议通过了《全国人民代表大会常务委员会关于惩治破坏金融秩序犯罪的决定》，该决定的第八条、第十二条、第十三条将使用诈骗方法非法集资的、进行金融票证诈骗的、进行信用证诈骗的犯罪，作为一种特殊的诈骗犯罪加以规定，同时规定对这些犯罪最高可以判处死刑。1997年修订刑法时吸收了上述决定的规定，并单独设立一条予以统一规范。1997年《刑法》第一百九十九条规定，犯《刑法》第一百九十二条、第一百九十四条、第一百九十五条规定之罪，即集资诈骗罪、票据诈骗罪、金融凭证诈骗罪和信用证诈骗罪，数额特别巨大并且给国家和人民利益造成特别重大损失的，处无期徒刑或者死刑，并处没收财产。在当时的社会经济发展形势下，对于这几种严重破坏国家金融秩序，危害国家和人民利益的金融诈骗犯罪，规定在犯罪数额特别巨大并且给国家和人民利益造成特别重大损失的情况下，判处无期徒刑或者死刑，对于严厉打击和震慑金融诈骗犯罪活动，维护社会主义市场经济秩序，有十分重要的意义。在十几年来的司法实践中，司法机关对于这些金融诈骗犯罪适用死刑，是十分慎重的。

2. 2011年《刑法修正案（八）》对本条的修改情况。删除了对第一百九十四条、第一百九十五条，即票据诈骗罪、金融凭证诈骗罪和信用证诈骗罪适用死刑的规定，仅保留集资诈骗罪适用死刑的规定。

① 相同的学说见解指出，对于保险诈骗罪而言，到保险公司索赔或者提出支付保险金的请求，才是本罪的着手，不应以开始实施虚构保险标的、开始制造保险事故等行为作为着手。参见张明楷：《刑法学》（第6版），法律出版社2021年版，第1051—1052页；黎宏：《刑法学各论》（第2版），法律出版社2016年版，第167—168页；赵秉志、李希慧主编：《刑法各论》（第3版），中国人民大学出版社2016年版，第154页。

随着我国社会主义市场经济体制建设不断推进，金融监管、风险防范制度日臻完善，金融诈骗犯罪的势头得到了有效遏制。有关部门、一些全国人大代表和专家多次提出，我国刑法规定的死刑罪名较多，对于一些社会危害性没有达到极其严重，判处生刑足以起到惩罚和震慑作用的犯罪，可以考虑不再规定死刑。中央深化司法体制和工作机制改革的意见要求，适当减少死刑罪名。立法机关经研究认为，《刑法》第一百九十四条、第一百九十五条规定的票据诈骗罪、金融凭证诈骗罪和信用证诈骗罪，属于非暴力的经济性犯罪，社会危害性不是最严重的，取消其死刑，符合宪法尊重和保障人权的要求，不会给社会稳定大局和治安形势带来负面影响。对于犯这些罪，数额特别巨大或者有其他特别严重情节的，依照《刑法》第一百九十四条、第一百九十五条规定判处无期徒刑，足以起到惩罚和震慑的作用。为此，《刑法修正案(八)》对本条进行了修改，删去了这三个罪名可以判处死刑的规定。在《刑法修正案(八)》草案的起草和审议过程中，有些部门和专家学者建议，一并取消《刑法》第一百九十二条规定的集资诈骗罪的死刑。当时考虑到《刑法修正案(八)》是1997年刑法制定以来第一次较多地取消部分罪名的死刑，其社会效果和法律效果尚需评估、总结，同时考虑到，集资诈骗罪虽然与票据诈骗罪、金融凭证诈骗罪和信用证诈骗罪同属金融诈骗犯罪，但该罪的被害人往往是不特定的人民群众，受害者人数众多，涉案金额惊人，不仅侵犯人民群众的财产权益，扰乱金融秩序，还严重影响社会稳定。这类犯罪在当时尚未得到有效遏制，在一些地方仍然时有发生。因此，在这种情况下，对于集资诈骗数额特别巨大并且给国家和人民利益造成特别重大损失的犯罪，是否取消死刑采取了审慎的态度，**《刑法修正案(八)》保留了对集资诈骗犯罪可以判处死刑的规定。**

根据我国慎用死刑的一贯政策，对犯集资诈骗罪可以判处死刑的条件作了非常严格的限制，即犯集资诈骗罪，“数额特别巨大并且给国家和人民利益造成特别重大损失的，处无期徒刑或者死刑，并处没收财产”。根据这一规定，犯集资诈骗罪判处死刑，不仅要看数额是否达到特别巨大，还要看是否给国家和人民利益造成特别重大损失。而且即使以上两个条件都符合，也不一定都必须判处死刑，还可以判处无期徒刑。

3. 2015年《刑法修正案(九)》对本条的修改情况。《刑法修正案(九)》删除了本条规定。党的十八届三中全会提出，逐步减少适用死刑罪名。中央关于深化司法体制和社会体制改革的任务中也要求，完善死刑法律规定，逐步减少适用死刑的罪名。为了落实上述要求，同时考虑到近年来国家对民间集资进行了有效的清理，通过政府加强监管，拓宽民间资本投资渠道，加强对中小企业的资金支持，加大对非法集资的打击力度，已有效遏止了非法集资诈骗犯罪，并且集资诈骗也是非暴力的经济性犯罪，最高处以无期徒刑也可以做到罪刑相适应。因此，在总结《刑法修正案(八)》取消部分死刑罪名的效果和经验的基础上，经与各方面研究一致，2015年8月29日第十二届全国人大常委会第十六次会议通过的《刑法修正案(九)》**取消了集资诈骗罪的死刑。**

第二百条　【单位犯本节规定之罪的处罚规定】

单位犯本节第一百九十四条、第一百九十五条规定之罪的，对单位判处罚金，并对其直接负责的主管人员和其他直接责任人员，处五年以下有期徒刑或者拘役，可以并处罚金；数额巨大或者有其他严重情节的，处五年以上十年以下有期徒刑，并处罚金；数额特别巨大或者有其他特别严重情节的，处十年以上有期徒刑或者无期徒刑，并处罚金。

【立法沿革】

《中华人民共和国刑法》(1997年修订，自1997年10月1日起施行)

第二百条

单位犯本节第一百九十二条、第一百九十四条、第一百九十五条规定之罪的，对单位判处罚金，并对其直接负责的主管人员和其他直接责任人员，处五年以下有期徒刑或者拘役；数额巨大或者有其他严重情节的，处五年以上十年以下有期徒刑；数额特别巨大或者有其他特别严重情节的，处十年以上有期徒刑或者无期徒刑。

《中华人民共和国刑法修正案(八)》(自2011年5月1日起施行)

三十一、将刑法第二百条修改为：

“单位犯本节第一百九十二条、第一百九十四条、第一百九十五条规定之罪的，对单位判处罚金，并对其直接负责的主管人员和其他直接责任人员，处五年以下有期徒刑或者拘役，可以并处罚金；数额巨大或者有其他严重情节的，处五年以上十年以下有期徒刑，并处罚金；数额特别巨大或者有其他特别严重情节的，处十年以上有期徒刑或者无期徒刑，并处罚金。”

《中华人民共和国刑法修正案（十一）》（自2021年3月1日起施行）

十六、将刑法第二百条修改为：

“单位犯本节第一百九十四条、第一百九十五条规定之罪的，对单位判处罚金，并对其直接负责的主管人员和其他直接责任人员，处五年以下有期徒刑或者拘役，可以并处罚金；数额巨大或者有其他严重情节的，处五年以上十年以下有期徒刑，并处罚金；数额特别巨大或者有其他特别严重情节的，处十年以上有期徒刑或者无期徒刑，并处罚金。”

【立法理由】

1. 1997年修订刑法的情况。本条是1997年修订刑法时作的规定。1979年刑法只规定了诈骗罪。1995年6月30日，针对金融领域诈骗犯罪活动的情况，第八届全国人大常委会第十四次会议通过了《全国人民代表大会常务委员会关于惩治破坏金融秩序犯罪的决定》，规定了集资诈骗罪、票据诈骗罪、金融凭证诈骗罪和信用证诈骗罪等金融诈骗犯罪。当时，考虑到实践中集资诈骗、票据诈骗、金融凭证诈骗和信用证诈骗的犯罪行为，除了个人实施的情形外，单位实施该类犯罪的现象也较为突出，为稳定金融市场秩序，对上述四种犯罪行为也规定了单位犯罪。1997年修订刑法时，将上述四种犯罪行为规定在金融诈骗罪一节中，从立法技术考虑，将单位犯这四种罪的处罚在本节最后一条专门作出规定，这样，有利于做到四种犯罪在适用刑罚上的均衡，体现罪刑相适应原则。为此，1997年《刑法》专门增加了一条作为第二百条，在1995年《全国人民代表大会常务委员会关于惩治破坏金融秩序犯罪的决定》的基础上，将单位犯第一百九十二条、第一百九十四条、第一百九十五条规定之罪的处罚，统一在第二百条予以规定，即对单位判处罚金，对其直接负责的主管人员和其他直接责任人员，规定了五年以下有期徒刑或者拘役、五年以上十年以下有期徒刑、十年以上有期徒刑或者无期徒刑三个量刑幅度。

2. 2011年《刑法修正案（八）》对本条的修改情况。对于单位犯罪，我国刑法规定了双罚制原则。《刑法》第三十一条规定，单位犯罪的，对单位判处罚金，并对其直接负责的主管人员和其他直接责任人员判处刑罚。在《刑法修正案（八）》草案研究起草过程中，考虑到在单位实施经济犯罪的情况下，直接负责的主管人员或者直接责任人员不仅是单位犯罪的实施者，在为单位获取非法利益的同时，往往本人也获得非法利益。因此，**对这种单位犯罪中直接负责的主管人员和其他直接责任人员除了规定处以自由刑以外，也有必要规定处以罚金刑**，这样一方面是罪刑相适应原则的要求，有利于这几条在刑罚适用上的均衡，另一方面也使犯罪分子在经济上占不到便宜，并且剥夺其再次实施犯罪的能力，符合双罚制原则的要求。另外，对于个人犯《刑法》第一百九十二条、第一百九十四条、第一百九十五条规定之罪的，各条都有并处罚金刑的规定。单位犯这几条规定之罪的情况下，对其直接负责的主管人员和其他直接责任人员，根据双罚制原则并处罚金，对于统一量刑标准也是必要的。因此，2011年2月25日第十一届全国人大常委会第十九次会议通过的《刑法修正案（八）》增加了单位犯第一百九十二条、第一百九十四条、第一百九十五条规定之罪的，对直接负责的主管人员和其他直接责任人员“并处罚金”的规定。

3. 2020年《刑法修正案（十一）》对本条的修改情况。根据实践中集资诈骗犯罪的实际情况和各方面提出的加大对集资诈骗犯罪惩处力度的意见，2020年《刑法修正案（十一）》对第一百九十二条作出了修改，调整了法定刑，**对于单位犯集资诈骗罪的，其直接负责的主管人员和直接责任人员也调整为与自然人犯该罪适用同样的刑罚**。这样，单位犯集资诈骗罪时相关责任人的刑罚，与第一百九十四条、第一百九十五条的规定不完全一致，立法技术上不宜再统一规定。因此，《刑法修正案（十一）》删除了本条关于单位犯第一百九十二条犯罪的规定，而是将该内容单独规定在第一百九十二条之中。

【条文说明】

本条是关于单位犯票据诈骗罪、金融凭证诈骗罪和信用证诈骗罪的处罚规定。

“直接负责的主管人员”，是指在单位实施的犯罪中起决定、批准、授意、指挥等作用的人员，一般是单位的主管负责人，包括法定代表人。“其他直接责任人员”，是在单位犯罪中具体实施犯罪并起较大作用的人员。

根据本条的规定，对于单位犯票据诈骗罪、金融凭证诈骗罪和信用证诈骗罪的，采用双罚制原则，即对单位判处罚金，并对其直接负责的主管人员和其他直接责任人员，处五年以下有期徒刑或者拘役，可以并处罚金；数额巨大或者有其他严重情节的，处五年以上十年以下有期徒刑，并处罚金；数额特别巨大或者有其他特别严重情节的，处十年以上有期徒刑或者无期徒刑，并处罚金。

对个人犯票据诈骗罪、金融凭证诈骗罪和信用证诈骗罪的，根据《刑法》第一百九十四条和第一百九十五条规定，罚金刑有明确的数额限制。起刑点为二万元以上二十万元以下罚金；数额巨大或者有其他严重情节的，为五万元以上五十万元以下罚金；数额特别巨大或者有其他特别严重情节的，为五万元以上五十万元以下罚金或者没收财产。而本条规定的单位犯罪的罚金刑，无论是对单位判处罚金，还是对其直接负责的主管人员和其他直接责任人员，罚金刑都没有具体数额限制，需要在实践中根据犯罪情节依法裁量决定。

实践中要注意正确认定单位犯罪。《刑法》第三十条规定："公司、企业、事业单位、机关、团体实施的危害社会的行为，法律规定为单位犯罪的，应当负刑事责任。"2019 年《最高人民法院、最高人民检察院、公安部关于办理非法集资刑事案件若干问题的意见》在"关于单位犯罪的认定问题"中提到，单位实施非法集资犯罪活动，全部或者大部分违法所得归单位所有的，应当认定为单位犯罪。个人为进行非法集资犯罪活动而设立的单位实施犯罪的，或者单位设立后，以实施非法集资犯罪活动为主要活动的，不以单位犯罪论处，对单位中组织、策划、实施非法集资犯罪活动的人员应当以自然人犯罪依法追究刑事责任。判断单位是否以实施非法集资犯罪活动为主要活动，应当根据单位实施非法集资的次数、频度、持续时间、资金规模、资金流向、投入人力物力情况、单位进行正当经营的状况以及犯罪活动的影响、后果等因素综合考虑认定。

【司法解释性文件】

《全国法院审理金融犯罪案件工作座谈会纪要》（法〔2001〕8 号，2001 年 1 月 21 日公布）

△（**单位的分支机构或者内设机构、部门；违法所得；单位犯罪**）单位的分支机构或者内设机构、部门实施犯罪行为的处理。以单位的分支机构或者内设机构、部门的名义实施犯罪，违法所得亦归分支机构或者内设机构、部门所有的，应认定为单位犯罪。不能因为单位的分支机构或者内设机构、部门没有可供执行罚金的财产，就不将其认定为单位犯罪，而按照个人犯罪处理。

△（**单位犯罪；直接负责的主管人员和其他直接责任人员之认定**）单位犯罪直接负责的主管人员和其他直接责任人员的认定：直接负责的主管人员，是在单位实施的犯罪中起决定、批准、授意、纵容、指挥等作用的人员，一般是单位的主管负责人，包括法定代表人。其他直接责任人员，是在单位犯罪中具体实施犯罪并起较大作用的人员，既可以是单位的经营管理人员，也可以是单位的职工，包括聘任、雇佣的人员。应当注意的是，在单位犯罪中，对于受单位领导指派或奉命而参与实施了一定犯罪行为的人员，一般不宜作为直接责任人员追究刑事责任。对单位犯罪中的直接负责的主管人员和其他直接责任人员，应根据其在单位犯罪中的地位、作用和犯罪情节，分别处以相应的刑罚，主管人员与直接责任人员，在个案中，不是当然的主、从犯关系，有的案件，主管人员与直接责任人员在实施犯罪行为的主从关系不明显的，可不分主、从犯。但具体案件可以分清主、从犯，且不分清主、从犯，在同一法定刑档次、幅度内量刑无法做到罪刑相适应的，应当分清主、从犯，依法处罚。

△（**未作为单位犯罪起诉的单位犯罪案件；建议补充起诉**）对未作为单位犯罪起诉的单位犯罪案件的处理。对于应当认定为单位犯罪的案件，检察机关只作为自然人犯罪案件起诉的，人民法院应及时与检察机关协商，建议检察机关对犯罪单位补充起诉。如检察机关不补充起诉的，人民法院仍应依法审理，对被起诉的自然人根据指控的犯罪事实、证据及庭审查明的事实，依法按单位犯罪中的直接负责的主管人员或者其他直接责任人员追究刑事责任，并应引用刑法分则关于单位犯罪追究直接负责的主管人员和其他直接责任人员刑事责任的有关条款。

△（**单位共同犯罪**）单位共同犯罪的处理。两个以上单位以共同故意实施的犯罪，应根据各单位在共同犯罪中的地位、作用大小，确定犯罪单位的主、从犯。

△（**罚金刑；直接负责的主管人员和其他直接责任人员**）单位金融犯罪中直接负责的主管人员和其他直接责任人员，是否适用罚金刑，应当根据刑法的具体规定。刑法分则条文规定有罚金刑，并规定对单位犯罪中直接负责的主管人员和其他直接责任人员依照自然人犯罪条款处罚的，应当判处罚金刑，但是对直接负责的主管人员和其他直接责任人员判处罚金的数额，应当低于对单位判处罚金的数额；刑法分则条文明确规定对单位犯罪中直接负责的主管人员和其他直接责任人员只判处自由刑的，不能附加判处罚金刑。

第六节　危害税收征管罪

第二百零一条　【逃税罪】

纳税人采取欺骗、隐瞒手段进行虚假纳税申报或者不申报，逃避缴纳税款数额较大并且占应纳税额百分之十以上的，处三年以下有期徒刑或者拘役，并处罚金；数额巨大并且占应纳税额百分之三十以上的，处三年以上七年以下有期徒刑，并处罚金。

扣缴义务人采取前款所列手段，不缴或者少缴已扣、已收税款，数额较大的，依照前款的规定处罚。

对多次实施前两款行为，未经处理的，按照累计数额计算。

有第一款行为，经税务机关依法下达追缴通知后，补缴应纳税款，缴纳滞纳金，已受行政处罚的，不予追究刑事责任；但是，五年内因逃避缴纳税款受过刑事处罚或者被税务机关给予二次以上行政处罚的除外。

【立法沿革】

《中华人民共和国刑法》（1997年修订，自1997年10月1日起施行）

第二百零一条

纳税人采取伪造、变造、隐匿、擅自销毁账簿、记账凭证，在账簿上多列支出或者不列、少列收入，经税务机关通知申报而拒不申报或者进行虚假的纳税申报的手段，不缴或者少缴应纳税款，偷税数额占应纳税额的百分之十以上不满百分之三十并且偷税数额在一万元以上不满十万元的，或者因偷税被税务机关给予二次行政处罚又偷税的，处三年以下有期徒刑或者拘役，并处偷税数额一倍以上五倍以下罚金；偷税数额占应纳税额的百分之三十以上并且偷税数额在十万元以上的，处三年以上七年以下有期徒刑，并处偷税数额一倍以上五倍以下罚金。

扣缴义务人采取前款所列手段，不缴或者少缴已扣、已收税款，数额占应缴税额的百分之十以上并且数额在一万元以上的，依照前款的规定处罚。

对多次犯有前两款行为，未经处理的，按照累计数额计算。

《中华人民共和国刑法修正案（七）》（自2009年2月28日起施行）

三、将刑法第二百零一条修改为：

“纳税人采取欺骗、隐瞒手段进行虚假纳税申报或者不申报，逃避缴纳税款数额较大并且占应纳税额百分之十以上的，处三年以下有期徒刑或者拘役，并处罚金；数额巨大并且占应纳税额百分之三十以上的，处三年以上七年以下有期徒刑，并处罚金。

“扣缴义务人采取前款所列手段，不缴或者少缴已扣、已收税款，数额较大的，依照前款的规定处罚。

“对多次实施前两款行为，未经处理的，按照累计数额计算。

“有第一款行为，经税务机关依法下达追缴通知后，补缴应纳税款，缴纳滞纳金，已受行政处罚的，不予追究刑事责任；但是，五年内因逃避缴纳税款受过刑事处罚或者被税务机关给予二次以上行政处罚的除外。”

【立法理由】

1. 1979年立法的情况。时值改革开放初期，在我国税收制度刚刚建立的情况下，1979年刑法仅对偷税、抗税行为作了规定，为偷税入刑提供了法律依据，该法第一百二十一条规定：“违反税收法规，偷税、抗税，情节严重的，除按照税收法规补税并且可以罚款外，对直接责任人员，处三年以下有期徒刑或者拘役。”该条规定在震慑犯罪分子、规范税收行为、维护财政安全等方面发挥了积极作用，符合我国当时的发展现状和司法需求。

2. 1979年之后至1997年刑法修订前的立法情况。随着改革开放的深入，我国社会经济等方面也发生了深刻的变化，税收征管方面的犯罪也出现了新情况和新特点。由于1979年刑法对偷税、抗税犯罪规定得比较原则，且处罚规定也比较轻，为了适应国家税收和适应严惩偷税、抗税犯罪活动的需要，1992年9月4日第七届全国人大常委会第二十七次会议通过的《全国人民代表大会常务委员会关于惩治偷税、抗税犯罪的补充规定》第一条对1979年刑法第一百二十一条作了如下补充:“纳税人采取伪造、变造、隐匿、擅自销毁帐簿、记帐凭证,在帐簿上多列支出或者不列、少列收入,或者进行虚假的纳税申报的手段,不缴或者少缴应纳税款的,是偷税。偷税数额占应纳税额的百分之十以上并且偷税数额在一万元以上的,或者因偷税被税务机关给予二次行政处罚又偷税的,处三年以下有期徒刑或者拘役,并处偷税数额五倍以下的罚金;偷税数额占应纳税额的百分之三十以上并且偷税数额在十万元以上的,处三年以上七年以下有期徒刑,并处偷税数额五倍以下的罚金。扣缴义务人采取前款所列手段,不缴或者少缴已扣、已收税款,数额占应缴税额的百分之十以上并且数额在一万元以上的,依照前款规定处罚。对多次犯有前两款规定的违法行为未经处罚的,按照累计数额计算。”

3. **1997 年修订刑法的情况**。1997 年修订刑法时,吸收了 1992 年《全国人民代表大会常务委员会关于惩治偷税、抗税犯罪的补充规定》对偷税行为的规定,并对本条作了进一步的修改:(1)增加规定了“经税务机关通知申报而拒不申报”这种具体逃税行为的规定。实践中,有些人以拒不申报的形式来偷逃税款,使国家税收流失的情况比较严重,对这种行为应当予以刑事追究,所以,本条增加了这一规定。(2)将原补充规定有关罚金刑的规定,由“并处偷税数额五倍以下的罚金”修改为“并处偷税数额一倍以上五倍以下罚金”,规定了具体的罚金幅度,既有利于打击犯罪,又有利于在实践中掌握。除此之外,还作了些文字修改,从立法技术上将纳税人的入罪标准调整为“偷税数额占应纳税额的百分之十以上不满百分之三十并且偷税数额在一万元以上不满十万元的,或者因偷税被税务机关给予二次行政处罚又偷税的”,对量刑标准予以明确,也更符合刑法立法规范。

4. **2009 年《刑法修正案(七)》对本条的修改情况**。近年来,随着我国社会主义市场经济的发展,逃避履行纳税义务的情况也变得越来越复杂,同样的逃税数额在不同时期对社会的危害程度也有所不同,如何对逃税罪进行处罚,更好地体现宽严相济的刑事政策,应当根据实践需要作相应调整。我国现行刑法从偷税的具体数额和所占应纳税款比例两方面对偷税罪的定罪量刑标准作了规定。在《刑法修正案(七)》草案研究起草过程中,有关部门提出,在经济生活中,偷逃税的情况很复杂,同样的偷税数额在不同时期对社会的危害程度不同,建议在刑法中对偷税罪的具体数额标准不作规定,由司法机关根据实际情况作出司法解释并适时调整。有关部门还提出,考虑到打击偷税犯罪的主要目的是维护税收征管秩序,保证国家税收收入。对于偷税罪初犯者,经税务机关指出后积极补缴税款和滞纳金,履行了纳税义务,接受行政处罚的,可不再作为犯罪追究刑事责任,这样处理可以较好地体现宽严相济的刑事政策。为此,2009 年 2 月 28 日第十一届全国人大常委会第七次会议通过的《刑法修正案(七)》对《刑法》第二百零一条适时作出了修改:一是修改罪状表述,将本条的犯罪行为简化为“采取欺骗、隐瞒手段进行虚假纳税申报或者不申报”;二是删去了逃避缴纳税款的具体数额标准和具体罚金数额;三是将“偷税”修改为“逃避缴纳税款”的表述;四是增加一款作为第四款,规定在一定条件下初犯可不予追究刑事责任。这是考虑到打击逃税犯罪的目的是加强税收征管,保证国家税款收入,对行为人经税务机关催缴后主动补交税款和滞纳金,接受处罚的,如果能够不追究刑事责任,事实上更有利于巩固税源和扩大税基,有利于提高公民、企业自觉纳税意识和加强税收征管力度。从国外的经验看,也多采用这种处理方式。

【条文说明】

本条是关于逃税罪及其处罚以及不予追究刑事责任的情形及其例外的规定。

本条共分为四款。

第一款是关于逃税罪及其处罚的规定。构成逃税罪应符合以下条件:

1. 犯罪主体必须是**纳税人**。[①] 这里规定的“**纳税人**”,是指根据法律和行政法规的规定负有纳税义务的单位和个人,包括未按照规定办理税务登记的从事生产、经营的纳税人以及临时从事经营的纳税人。

2. 行为人实施了**逃税行为**,主要通过虚假纳税申报,或者不申报手段进行。其中,“**虚假纳税申报**”是指纳税人在进行纳税申报过程中,制造虚假情况,如不如实填写或者提供纳税申报表、财务会计报表及其他的纳税资料等。实践中,虚假纳

① 我国学者指出,无证经营者可以成为逃税罪的主体。因为根据《税收征收管理法》第三十七条的规定,无证经营者也有纳税的义务。但是,非法经营者不能成为本罪的行为主体,理由在于:一方面,《税收征收管理法》并未针对非法经营者规定纳税义务;另一方面,大多数法律对非法经营行为设有“没收非法所得”的规定,故而,不存在征税的基础和可行性。参见黎宏:《刑法学各论》(第 2 版),法律出版社 2016 年版,第 168—169 页。

税申报主要有以下手段：一是伪造、变造、隐匿和擅自销毁帐簿、记帐凭证，如设立虚假的帐簿、记帐凭证；对帐簿、记帐凭证进行挖补、涂改等；未经税务主管机关批准而擅自将正在使用中或尚未过期的帐簿、记帐凭证销毁处理等行为。二是在帐簿上多列支出或者不列、少列收入，如在帐簿上大量填写超出实际支出的数额以冲抵或减少实际收入的数额。这里的"**不申报**"，是指应依法办理纳税申报的纳税人，不按照法律、行政法规的规定办理纳税申报的行为。

3. 逃避缴纳税额达到一定数额并达到本款规定的所占应纳税额的比例。

根据本款规定，**逃税数额较大并且占应纳税额的百分之十以上的**，处三年以下有期徒刑或者拘役，并处罚金。**数额巨大并且占应纳税额的百分之三十以上的**，处三年以上七年以下有期徒刑，并处罚金。应当注意的是，逃税数额占应纳税额的比例和实际逃税的数额这两种数额必须都达到本条规定的标准，才构成逃税罪。这是根据逃税罪本身的特点来制定的。因为，逃税数额所占应纳税额的比例大小，从一定程度上反映了行为人的主观恶性程度的大小，逃税数额多少实际上反映了客观的社会危害程度。规定一个百分比，同时规定一个数额作为基数，这样从这两方面来确定是否构成犯罪及处罚比较科学和严谨。这里的"**逃税数额**"，是指行为人在一个纳税期间所逃的各种税的总额。本法所称"**应纳税额**"，是指某一法定纳税期限或者税务机关依法核定的纳税期间内应纳税额的总和。逃避缴纳税款行为涉及两个以上税种的，只要其中一个税种的逃税数额、比例达到法定标准的，即可构成逃税罪。

值得注意的是，无论是构成逃税罪的数额还是判处罚金的数额，本条只是作出原则规定，具体数额可由司法机关根据社会经济发展状况等因素通过司法解释规定。根据2010年《最高人民检察院、公安部关于公安机关管辖的刑事案件立案追诉标准的规定（二）》第五十七条的规定，纳税人采取欺骗、隐瞒手段进行虚假纳税申报或者不申报，逃避缴纳税款，数额在五万元以上并且占各税种应纳税总额百分之十以上，经税务机关依法下达追缴通知后，不补缴应纳税款、不缴纳滞纳金或者不接受行政处罚的，**应予立案追诉**。

第二款是关于扣缴义务人采取第一款所列手段，不缴或者少缴已扣、已收税款的行为及其处罚的规定。本款规定的"**扣缴义务人**"，是指根据不同的税种，由有关的法律、行政法规规定的，负有代扣代缴、代收代缴税收义务的单位和个人。他们所代扣代缴和代收代缴的税款，应依法上缴税务机关。如果扣缴义务人采取第一款规定的"虚假纳税申报或者不申报"手段，不缴或者少缴已扣、已收税款，实际上是一种截留国家税款的行为。对这类行为，数额较大的，应当依照前款的规定处罚。根据2010年《最高人民检察院、公安部关于公安机关管辖的刑事案件立案追诉标准的规定（二）》第五十七条的规定，扣缴义务人采取欺骗、隐瞒手段，不缴或者少缴已扣、已收税款，数额在五万元以上的，**应予立案追诉**。

第三款是对多次犯有前两款规定的违法行为未经处理的，按照累计数额计算的规定。这里规定的"**未经处理**"，是指未经税务机关或者司法机关处理，既包括行政处罚，也包括刑事处罚。"**按照累计数额计算**"是指按照行为人历次逃税的数额累计相加。只要多次犯有逃税行为，不管每次的数额多少，只要累计达到了法定起刑数额标准，即应按本条的规定追究刑事责任。

第四款是对逃税犯罪不予追究刑事责任的特殊规定。根据本款规定，当发现纳税人具有虚假纳税申报或者不申报行为后，税务机关应当根据纳税人的逃税事实依法下达追缴通知，要求其补缴应纳税款，缴纳滞纳金，并且接受行政处罚。**如果当事人按照税务机关下发的追缴通知和行政处罚决定书的规定，积极采取措施，补缴税款，缴纳滞纳金，接受行政处罚的，则不作为犯罪处理**①；如果当事人拒不配合税务机关的上述要求，或者仍逃避自己的纳税义务的，则税务机关有权将此案件转交公安机关立案侦查进入刑事司法程序。应当指出的是，本条宽大处理的规定**仅针对初犯者**，五年内曾因逃避缴纳税款受过刑事处罚或者被税务机关给予二次以上行政处罚的除外，如果达到第一款规定的逃税数额和比例，即作为涉嫌犯罪移交公安机关立案处理。

考虑到打击逃税犯罪的主要目的是维护税收征管秩序，保证国家税收收入，《刑法修正案（七）》规定了逃税罪对初犯不予追究刑事责任的例外情形。对属于初犯，经税务机关指出后积极补缴税款和滞纳金，履行了纳税义务，已受行政处

---

① 我国学者指出，只要行为人接受了税务机关的处理，就不应追究刑事责任。至于税务机关的处理是否全面，不影响处罚阻却事由的成立。行为人不能因为税务机关存在处理缺陷而承担责任。参见张明楷：《刑法学》（第6版），法律出版社2021年版，第1056页。

罚的,可不再作为犯罪追究刑事责任,这样处理也体现了**宽严相济的刑事政策**。①具体适用中应当注意如下问题:

1. 不予追究刑事责任的适用条件是**经税务机关依法下达追缴通知后,补缴应纳税款,缴纳滞纳金,已受行政处罚的**。这里的"**依法下达追缴通知**",是对税务机关征税行为的合法性说明,该规定不影响行为人在法定期限内对税务机关的相关追缴行为依法提起复议和诉讼,但是要注意,根据《税收征收管理法》第八十八条的规定,纳税人、扣缴义务人、纳税担保人同税务机关在纳税上发生争议时,必须先依照税务机关的纳税决定缴纳或者解缴税款及滞纳金或者提供相应的担保,然后可以依法申请救济。这里的"**已受行政处罚**",不仅指行政机关已经作出了行政处罚,还要求行为人已经履行了行政处罚的内容。需要说明的是,根据《税收征收管理法》第八十六条的规定,违反税收法律、行政法规应当给予行政处罚的行为,在五年内未被发现的,不再给予行政处罚。对于行政机关因该逃避缴纳税款行为超过五年而依法不再给予行政处罚,但行为人根据追缴通知已经补缴应纳税款和滞纳金的,也可以适用本款规定。

2. **税务机关的行政处罚程序是对纳税人有利的保护程序,是逃避缴纳税款处理的一般程序原则**。涉嫌逃税罪的纳税人应由税务机关先行行政处罚。对于税务机关税务人员徇私舞弊或者玩忽职守,不依法履职,构成犯罪的,依法追究刑事责任,尚不构成犯罪的,依法给予行政处分。

3. 关于不予追究刑事责任的例外情形。本款规定了两个限制性条件:(1)**五年内曾因逃避缴纳税款受过刑事处罚的**,实践中这里的"受过刑事处罚"通常不包括"免予刑事处罚"的情形。(2)**被税务机关给予二次以上行政处罚的**,是指因纳税人的逃避缴纳税款行为被给予二次以上行政处罚的,包含二次,且该行政处罚必须是针对逃避缴纳税款行为作出的。②

【司法解释】

《最高人民法院关于审理偷税抗税刑事案件具体应用法律若干问题的解释》(法释〔2002〕33号,自2002年11月7日起施行③)

△(**犯罪情节轻微;立案侦查以前**)实施本条第一款、第二款规定的行为,偷税数额在五万元以下,纳税人或者扣缴义务人在公安机关立案侦查以前已经足额补缴应纳税款和滞纳金,犯罪情节轻微,不需要判处刑罚的,可以免予刑事处罚。(§1Ⅲ)

△(**虚假的纳税申报;未经处理;行政罚款之折抵**)刑法第二百零一条第一款规定的"虚假的纳税申报",是指纳税人或者扣缴义务人向税务机关报送虚假的纳税申报表、财务报表、代扣代缴、代收代缴税款报告表或者其他纳税申报资料,如提供虚假申请,编造减税、免税、抵税、先征收后退还税款等虚假资料等。

刑法第二百零一条第三款规定的"未经处理",是指纳税人或者扣缴义务人在五年内多次实施偷税行为,但每次偷税数额均未达到刑法第二百零一条规定的构成犯罪的数额标准,且未受行政处罚的情形。

纳税人、扣缴义务人因同一偷税犯罪行为受到行政处罚,又被移送起诉的,人民法院应当依法受理。依法定罪并判处罚金的,行政罚款折抵罚金。(§2Ⅲ、Ⅳ、Ⅴ)

△(**偷税数额;偷税数额占应纳税额的百分比;偷税行为跨越若干个纳税年度**)偷税数额④,是指在确定的纳税期间,不缴或者少缴各税种税款的总额。

偷税数额占应纳税额的百分比⑤,是指一个纳税年度中的各税种偷税总额与该纳税年度应纳税总额的比例。不按纳税年度确定纳税期的其他纳税人,偷税数额占应纳税额的百分比,按照行为人最后一次偷税行为发生之日前一年中各税种偷税总额与该年纳税总额的比例确定。纳税义务存

---

① 相同的学说见解,参见黎宏:《刑法学各论》(第2版),法律出版社2016年版,第170页;周光权:《刑法各论》(第4版),中国人民大学出版社2021年版,第334页。

② "二次以上行政处罚",乃指针对税法中规定的逃税行为所给予的行政处罚,其并不限于因符合逃税罪的犯罪构成要件所给予的行政处罚。但是,因漏税而受行政处罚,不包含在内。参见张明楷:《刑法学》(第6版),法律出版社2021年版,第1057页。

③ 需要注意的是,本规定的解释对象是《刑法修正案(七)》之前的旧条文,而《刑法修正案(七)》又对《刑法》第二百零一条做了重大修正,但该规定并未被废止,故而,该解释与现行法存在诸多扞格之处。

④ 《刑法修正案(七)》将"偷税数额"修正为"逃避缴纳税款数额"。

⑤ 《刑法修正案(七)》将"偷税数额占应纳税额"修正为"逃避缴纳税款数额占应纳税额"。

续期间不足一个纳税年度的,偷税数额占应纳税额的百分比,按照各税种偷税总额与实际发生纳税义务期间应当缴纳税款总额的比例确定。

偷税行为跨越若干个纳税年度,只要其中一个纳税年度的偷税数额及百分比达到刑法第二百零一条第一款规定的标准,即构成逃税罪。各纳税年度的偷税数额应当累计计算,偷税百分比应当按照最高的百分比确定。(§ 3)

【司法解释性文件】

《公安部关于如何理解〈刑法〉第二百零一条规定的“应纳税额”问题的批复》(公复字〔1999〕4号,1999年11月23日公布)

△(**应纳税额**)《刑法》第二百零一条规定的“应纳税额”是指某一法定纳税期限或者税务机关依法核定的纳税期间内应纳税额的总和。偷税行为涉及两个以上税种的,只要其中一个税种的偷税数额、比例达到法定标准的,即构成偷税罪,其他税种的偷税数额累计计算。

《最高人民检察院、公安部关于公安机关管辖的刑事案件立案追诉标准的规定(二)》(公通字〔2022〕12号,2022年4月6日公布)

△(**逃税罪;立案追诉标准**)逃避缴纳税款,涉嫌下列情形之一的,应予立案追诉:

(一)纳税人采取欺骗、隐瞒手段进行虚假纳税申报或者不申报,逃避缴纳税款,数额在十万元以上并且占各税种应纳税总额百分之十以上,经税务机关依法下达追缴通知后,不补缴应纳税款、不缴纳滞纳金或者不接受行政处罚的;

(二)纳税人五年内因逃避缴纳税款受过刑事处罚或者被税务机关给予二次以上行政处罚,又逃避缴纳税款,数额在十万元以上并且占各税种应纳税总额百分之十以上的;

(三)扣缴义务人采取欺骗、隐瞒手段,不缴或者少缴已扣、已收税款,数额在十万元以上的。

纳税人在公安机关立案后再补缴应纳税款、缴纳滞纳金或者接受行政处罚的,不影响刑事责任的追究。(§52)

【附属刑法】

《中华人民共和国税收征收管理法》(1992年9月4日通过,2015年4月24日第三次修正)

第六十三条

Ⅰ纳税人①伪造、变造、隐匿、擅自销毁账簿、记账凭证,或者在账簿上多列支出或者不列、少列收入,或者经税务机关通知申报而拒不申报或者进行虚假的纳税申报,不缴或者少缴应纳税款的,是偷税。对纳税人偷税的,由税务机关追缴其不缴或者少缴的税款、滞纳金,并处不缴或者少缴的税款百分之五十以上五倍以下的罚款;构成犯罪的,依法追究刑事责任。

Ⅱ扣缴义务人②采取前款所列手段,不缴或者少缴已扣、已收税款,由税务机关追缴其不缴或者少缴的税款、滞纳金,并处不缴或者少缴的税款百分之五十以上五倍以下的罚款;构成犯罪的,依法追究刑事责任。

第八十条

税务人员与纳税人、扣缴义务人勾结,唆使或者协助纳税人、扣缴义务人有本法第六十三条、第六十五条、第六十六条规定的行为,构成犯罪的,依法追究刑事责任;尚不构成犯罪的,依法给予行政处分。

《中华人民共和国公司法》(1993年12月29日通过,2018年10月26日第四次修正)

第二百零一条

公司违反本法规定,在法定的会计账簿以外另立会计账簿的③,由县级以上人民政府财政部门责令改正,处以五万元以上五十万元以下的罚款。

第二百零二条

公司在依法向有关主管部门提供的财务会计

---

① 《中华人民共和国税收征收管理法》(1992年9月4日通过,2015年4月24日第三次修正)
第四条
Ⅰ法律、行政法规规定负有纳税义务的单位和个人为纳税人。
Ⅲ纳税人、扣缴义务人必须依照法律、行政法规的规定缴纳税款、代扣代缴、代收代缴税款。

② 《中华人民共和国税收征收管理法》(1992年9月4日通过,2015年4月24日第三次修正)
第四条
Ⅱ法律、行政法规规定负有代扣代缴、代收代缴税款义务的单位和个人为扣缴义务人。
Ⅲ纳税人、扣缴义务人必须依照法律、行政法规的规定缴纳税款、代扣代缴、代收代缴税款。

③ 《中华人民共和国公司法》(1993年12月29日通过,2018年10月26日第四次修正)
第一百七十一条
Ⅰ公司除法定的会计账簿外,不得另立会计账簿。

报告等材料上作虚假记载或者隐瞒重要事实的，由有关主管部门对直接负责的主管人员和其他直接责任人员处以三万元以上三十万元以下的罚款。

第二百一十五条

违反本法规定，构成犯罪的，依法追究刑事责任。

《中华人民共和国保险法》（1995年6月30日通过，2015年4月24日第三次修正）

第一百六十六条

保险代理机构、保险经纪人违反本法规定，有下列行为之一的，由保险监督管理机构责令改正，处二万元以上十万元以下的罚款；情节严重的，责令停业整顿或者吊销业务许可证：

……

（二）未按照规定设立专门账簿记载业务收支情况的。①

第一百七十九条

违反本法规定，构成犯罪的，依法追究刑事责任。

《中华人民共和国会计法》（1985年1月21日通过，2017年11月4日第二次修正）

第四十三条

Ⅰ伪造、变造会计凭证、会计帐簿，编制虚假财务会计报告，构成犯罪的，依法追究刑事责任。

Ⅱ有前款行为，尚不构成犯罪的，由县级以上人民政府财政部门予以通报，可以对单位并处五千元以上十万元以下的罚款；对其直接负责的主管人员和其他直接责任人员，可以处三千元以上五万元以下的罚款；属于国家工作人员的，还应当由其所在单位或者有关单位依法给予撤职直至开除的行政处分；其中的会计人员，五年内不得从事会计工作。

《中华人民共和国公益事业捐赠法》（1999年6月28日通过）

第三十条

在捐赠活动中，有下列行为之一的，依照法律、法规的有关规定予以处罚；构成犯罪的，依法追究刑事责任：

……

（二）偷税、逃税的；

……

【参考案例】

△购进货物时应当取得增值税专用发票而未索要，销售货物后没有按照增值税征管规定纳税，从而偷逃应纳税款的，在计算偷税数额时，应当减除按照增值税征管规定可以申报抵扣的税额。

根据《最高人民法院关于审理偷税抗税刑事案件具体应用法律若干问题的解释》第三条第一款的规定，偷税数额是指在确定的纳税期间，不缴或者少缴各税种税款的总额。偷税罪的偷税数额应以纳税人不缴或者少缴的税款数额来认定。具体到偷逃增值税而言，在认定的偷税数额时，从增值税的缴纳特点出发，应当根据纳税人的实际缴税情况客观计算因偷税造成国家的税款损失。如果行为人在购买货物时缴纳了进项增值税，在计算其偷逃销项增值税数额时，应当减去其已销货物的进项税额，其余数额为偷税犯罪的数额，这也是《税务总局通知》第一条第二款规定的基本精神。［No. 3-6-201-2　樟树市大京九加油城、黄春发等偷税案］

△向侦查机关提供侦破其他案件的重要线索经查证属实的，应认定具有立功表现，但在其他案件侦破后提供该案件的线索或证据，则不应认定为具有立功表现，但可以酌情从轻处罚。

《刑法》第六十八条第一款规定了立功制度。《最高人民法院关于处理自首和立功具体应用法律若干问题的解释》第五条对于立功的情形作了具体化规定，共有五种：（1）犯罪分子到案后有检举、揭发他人犯罪行为，包括共同犯罪案件中的犯罪分子揭发同案犯共同犯罪以外的其他犯罪，经查证属实；（2）提供侦破其他案件的重要线索，经查证属实；（3）阻止他人犯罪活动；（4）协助司法机关抓捕其他犯罪嫌疑人（包括同案犯）；（5）具有其他有利于国家和社会的突出表现的，应当认定为有立功表现。评价犯罪分子的行为是否属于立功，一方面，要从实效性角度，考察其行为是否对国家和社会有较大贡献；另一方面，还要从法定性角度，考察其行为是否符合法律关于立功的规定。

《最高人民法院关于处理自首和立功具体应用法律若干问题的解释》第五条规定的检举、揭发他人犯罪行为、提供侦破其他案件的重要线索均

① 《中华人民共和国保险法》（1995年6月30日通过，2015年4月24日第三次修正）
第一百二十三条
保险代理机构、保险经纪人应当有自己的经营场所，设立专门账簿记载保险代理业务、经纪业务的收支情况。

应发生在司法机关侦破被检举、揭发的案件之前，一旦案件侦破后，再向司法机关提供该案相关犯罪活动信息的，由于该信息对案件的侦破并不具有实质意义，将不再属于提供侦破其他案件的重要线索。在刑事诉讼过程中，案件的侦破与审判在证据标准上有一定区别，侦破案件的证据标准强调的是“有证据证明”，而审判案件证据标准强调的是确实、充分，形成完整的证据链条，排除合理怀疑，《公安机关办理刑事案件程序》规定，破案应当具备下列条件：(1)犯罪事实已有证据证明；(2)有证据证明犯罪事实是犯罪嫌疑人实施的；(3)证明犯罪嫌疑人实施犯罪行为的证据已有查证属实的。

在石敬伟偷税、贪污案中，甲乙二人在实施毒品犯罪时，均已被公安机关当场抓获，携带的毒品亦被缴获，公安机关已经掌握了二人犯罪的重要证据，并对其采取了强制措施，符合案件侦破的标准，该案已经侦破。石敬伟在案件侦破以后才向监管人员提供乙的串供字条，客观上对公安机关进一步侦查甲乙贩卖毒品案件得以顺利进行有所帮助，但公安机关并非因此而侦破案件，因此，石敬伟不符合检举、揭发他人犯罪行为，经查证属实或提供侦破其他案件的重要线索，经查证属实的时机条件。石敬伟提供的串供证据虽然包含一定的证明信息，但价值仅在于进一步印证司法机关已掌握的犯罪事实，因此不属于向司法机关提供侦破其他案件的犯罪线索。

在司法实践中案件虽然侦破，但并不必然导致被告人被定罪，其间侦查机关还需要搜集、固定大量证据。在把握立功政策上，不能只重视案件是否因此侦破，而忽视案件最终认定情况。对于已经侦破或犯罪嫌疑人已被抓获的案件，如果行为人检举或提供的线索对于司法机关进一步搜索证据、对案件的起诉和审判起到至关重要的协助作用，可以以“具有其他有利于国家和社会的突出表现”的情形来认定立功。本案被告人石敬伟向监管人员提供他人串供字条的行为，虽然是有利于国家和社会的行为，但并未达到“突出表现”的程度，因而不能认定为“具有其他有利于国家和社会的突出表现”的情形。当然鉴于其有利于社会，可以酌情从轻处罚。[No. 3-6-201-3　石敬伟偷税、贪污案]

△以逃税为目的，虚开可以用于抵扣税款的发票充减营业额偷逃税款的，不构成虚开用于抵扣税款的发票罪，应以逃税罪论处。

虚开可以用于抵扣税款的发票，不是为了抵扣税款，而是出于其他目的，应当结合行为人的犯罪故意和实施的客观行为择定其他罪名定罪处罚。根据1997年《刑法》第二百零一条的规定，纳税人采取伪造、变造、隐匿、擅自销毁账簿、记账凭证，在账簿上多列支出或者不列、少列收入，经税务机关通知申报而拒不申报或者进行虚假的纳税申报，不缴或者少缴应纳税款，偷税数额1万元以上并且占纳税人应纳税额的10%以上，或者因偷税被税务机关给予两次行政处罚又偷税的，构成偷税罪。偷税罪的主体是纳税人，即负有纳税义务的单位和个人，不受是否具有申报抵扣税款资格的限制；偷税的手段是“伪造、变造、隐匿、擅自销毁账簿、记账凭证，在账簿上多列支出或者不列、少列收入，经税务机关通知申报而拒不申报或者进行虚假的纳税申报”；采取上述手段的目的是不缴或者少缴应纳税款；偷税数额1万元以上并且占纳税人应纳税额的10%以上，或者因偷税被税务机关给予两次行政处罚又偷税的，是构成偷税罪与非罪数额和情节上的界限。

在芦才兴虚开抵扣税款发票案中，被告人芦才兴以个体运输户的名义挂靠旭日公司和承租远航公司后，依法成为营业税、企业所得税、城市建设维护税的纳税人。其为了少缴应纳税款，采取了虚开交通运输发票以虚增营业开支、冲减营业数额的方式，进行虚假的纳税申报，因此少缴营业税20.037925万元，城建税1.402655万元，企业所得税33.396541万元，计偷逃税款54.837121万元，且偷逃税额占其应纳税额的30%以上。此外，被告人芦才兴为帮助其他联运企业偷逃税款，还将运输发票提供给其他运输企业进行虚开，用于冲减营业额，接受虚开发票的运输企业因此实际偷逃税款33.586792万元。被告人芦才兴的行为已构成偷税罪，并且应在三年以上七年以下有期徒刑，并处偷税数额一倍以上五倍以下罚金的量刑档次和幅度内判处刑罚。一、二审法院根据《刑法》《刑事诉讼法》和《最高人民法院关于执行〈中华人民共和国刑事诉讼法〉若干问题的解释》(已失效)第176条第(二)项的规定，改变起诉不当的罪名，以偷税罪判处被告人芦才兴有期徒刑六年，并处罚金人民币一百万元，是正确的。[No. 3-6-205-4　芦才兴虚开抵扣税款发票案]

第二百零二条　【抗税罪】

以暴力、威胁方法拒不缴纳税款的，处三年以下有期徒刑或者拘役，并处拒缴税款一倍以上五倍以下罚金；情节严重的，处三年以上七年以下有期徒刑，并处拒缴税款一倍以上五倍以下罚金。

【立法理由】

1. 1979 年立法的情况。改革开放初期，在我国税收制度刚刚建立的情况下，1979 年刑法对偷税、抗税行为作了规定，为抗税入刑提供了法律依据。其第一百二十一条规定："违反税收法规，偷税、抗税，情节严重的，除按照税收法规补税并且可以罚款外，对直接责任人员，处三年以下有期徒刑或者拘役。"该条规定对震慑犯罪分子、规范税收行为、维护财政安全等方面发挥了积极作用，符合我国当时的发展现状和司法需求。

2. 1979 年之后至 1997 年刑法修订前的立法情况。随着改革开放的深入，我国社会经济等方面也发生了深刻的变化，税收征管方面的犯罪也出现了新情况和新特点。尤其是 1992 年，党的十四大正式确立我国经济体制改革的目标是建立社会主义市场经济体制，对我国保障社会主义体制和市场经济顺利运行提出了更高的法律要求。由于 1979 年刑法对偷税、抗税犯罪规定得比较原则，且处罚规定也比较轻，为了适应国家税收和适应严惩偷税、抗税犯罪活动的需要，1992 年 9 月 4 日第七届全国人大常委会第二十七次会议通过的《全国人民代表大会常务委员会关于惩治偷税、抗税犯罪的补充规定》第六条对 1979 年《刑法》第一百二十一条作了如下补充："以暴力、威胁方法拒不缴纳税款的，是抗税，处三年以下有期徒刑或者拘役，并处拒缴税款五倍以下的罚金；情节严重的，处三年以上七年以下有期徒刑，并处拒缴税款五倍以下的罚金。以暴力方法抗税，致人重伤或者死亡的，按照伤害罪、杀人罪从重处罚，并依照前款规定处以罚金。"

3. 1997 年修订刑法的情况。1997 年修订刑法时，吸收了 1992 年《全国人民代表大会常务委员会关于惩治偷税、抗税犯罪的补充规定》对偷税行为的规定，并对本条作了进一步的修改：一是删除了第二款关于暴力方法抗税致人重伤或者死亡的规定。删除该款规定后，对于以暴力方法抗税，致人重伤或者死亡的，仍可根据刑法规定，按照故意伤害罪、故意杀人罪处罚。[①] 二是调整罚金刑，由"并处拒缴税款五倍以下的罚金"修改为"并处拒缴税款一倍以上五倍以下罚金"，与逃税罪等其他危害税收征管的犯罪相一致。

【条文说明】

本条是关于抗税罪及其处罚的规定。

抗税罪是危害税收征管罪中唯一的暴力犯罪，特别是那些以暴力方法对税务人员进行人身伤害的抗税行为，不仅侵害了国家的税收管理制度，还侵害了正在执行征税职务的税务人员的人身权利。[②] 本罪可以从以下几个方面加以理解：

本条规定的**抗税罪**，是指负有缴纳税款义务的纳税义务人，以暴力、威胁方法拒不缴纳税款的犯罪。"**以暴力方法拒不缴纳税款**"是指行为人对税务人员采用暴力方法，包括殴打、推搡、伤害等直接侵害人身安全的暴力方法拒不缴纳税款的行为[③]；"**以威胁方法拒不缴纳税款**"是指纳税人采用威胁的方法拒不缴纳税款，如扬言以拼命的威胁方法拒缴税款，或扬言对税务人员及亲属的人身、财产的安全采取伤害、破坏手段，威胁税务人员，达到拒不缴税的目的。其中，威胁方法包括当面直接威胁，也包括采取其他间接的威胁方法，如打恐吓电话、寄恐吓信件等。

虽然根据本条的规定，只要行为人实施了以暴力、威胁方法抗拒纳税的行为，就构成犯罪，但是在司法实践中，**并不意味着对所有的抗税行为**

---

① 我国学者指出，实施抗税行为致人重伤、死亡，构成故意伤害罪、故意杀人罪，属于想象竞合，应按照刑法第二百三十四条第二款、第二百三十二条的规定处罚；实施抗税行为致人轻伤，也构成故意伤害罪，同样属于想象竞合，但应按抗税罪情节严重的法定刑处罚。参见张明楷：《刑法学》（第 6 版），法律出版社 2021 年版，第 1057 页。

② 卢勤忠教授指出，本罪的保护客体包括国家正常的税收征管秩序和税务机关的财产、税务工作人员的人身安全。参见赵秉志、李希慧主编：《刑法各论》（第 3 版），中国人民大学出版社 2016 年版，第 157 页。

③ 我国学者指出，本罪的暴力除了对人暴力外，还包括对物暴力。参见张明楷：《刑法学》（第 6 版），法律出版社 2021 年版，第 1057 页；周光权：《刑法各论》（第 4 版），中国人民大学出版社 2021 年版，第 335 页。另有学者指出，虽然本罪的暴力不限于只能针对人身实施的暴力，但是必须有所限制：一是程度只应限于轻伤；二是只能针对执行征税的工作人员当场实施。参见黎宏：《刑法学各论》（第 2 版），法律出版社 2016 年版，第 171 页。

不分具体情节，一律定罪处罚，同样也需要区分罪与非罪的界限问题。在税收征管中，有的纳税人或扣缴义务人出于一时冲动，或者出于对事实或法律的误解，在与税务人员争辩、口角中实施了阻拦、推挡、拉扯行为，甚至到税务机关吵闹，或者一气之下说了一些威胁的言辞等，或者动作虽较大，但经批评教育后及时改正等，这些行为不足以阻碍税务机关的正常征管活动，从结果上看没有造成明显的危害后果，就可以认为是**情节显著轻微危害不大的行为**，一般不宜以抗税罪追究刑事责任，可以按《税收征收管理法》第四十五条的规定予以处罚。据此，区分罪与非罪的界限，可从以下两方面考虑：一是**暴力程度、后果及威胁的内容**，如只是一般的争执、推搡，或只是一般的威胁，情节较轻的，不按犯罪处理较妥。二是**抗拒的税款数额**，如数额较小，也不宜以抗税罪论处。

本条对抗税罪规定处三年以下有期徒刑或者拘役，并处拒缴税款一倍以上五倍以下罚金，这是对一般的抗税罪的处罚规定。另外对情节严重的，规定处三年以上七年以下有期徒刑，并处拒缴税款一倍以上五倍以下罚金。这里所说的"**情节严重**"，主要是指暴力抗税的方法特别恶劣、造成严重后果或者抗税数额巨大等。根据《最高人民法院关于审理偷税抗税刑事案件具体应用法律若干问题的解释》第五条的规定，具有下列情形的属于《刑法》第二百零二条规定的"**情节严重**"：(1)聚众抗税的首要分子；(2)抗税数额在十万元以上的；(3)多次抗税的；(4)故意伤害致人轻伤的；(5)具有其他严重情节的。第六条规定，对于实施抗税行为致人重伤、死亡，构成故意伤害罪、故意杀人罪的，分别依照《刑法》第二百三十四条第二款、第二百三十二条的规定定罪处罚。

实践中要注意对抗税罪与妨害公务罪进行区分。

《刑法》第二百七十七条规定的**妨害公务罪**，是指以暴力、威胁方法阻碍国家机关工作人员依法执行职务的行为。妨害公务罪与抗税罪在行为表现上具有相似之处，且二者主观上都出于故意，容易在司法实践中混淆。二者的犯罪行为均表现为采取暴力、威胁等方式阻碍对方依法执行公务，包括采取殴打、推搡，伤害等直接侵害人身安全的暴力方法和扬言对工作人员及亲属的人身、财产的安全采取伤害、破坏手段的威胁。只不过抗税罪一般仅针对税务工作人员使用上述行为，以拒不缴纳税款。**抗税罪是一种特殊的妨害公务犯罪**，刑法对抗税罪规定了独立且重于妨害公务罪一般情形的法定刑。在通常情况下，符合抗税罪构成要件的，应当依照抗税罪定罪处罚。

特别需要注意的是，抗税罪的主体是特殊主体，即必须是负有缴纳税款义务的纳税义务人才能构成抗税罪。妨害公务罪的主体是一般主体，即任何有刑事责任能力的自然人，只要以暴力、威胁方法阻碍国家工作人员依法执行职务的，均可以构成妨害公务罪，这是抗税罪区别于妨害公务罪的最显著特征。在司法实践中，常出现纳税义务人与非纳税义务人共同暴力抗税的情形，如纳税义务人纠集家人、村人等暴力抗税的，根据《最高人民法院关于审理偷税抗税刑事案件具体应用法律若干问题的解释》第六条的规定，**按照抗税罪的共犯依法处罚**；如纳税义务人与他人无共谋或通谋，他人出于打击报复、私人利益等原因加入暴力抗税行为，构成犯罪的，**应当以妨害公务罪定罪处罚**。

【司法解释】

《最高人民法院关于审理偷税抗税刑事案件具体应用法律若干问题的解释》（法释〔2002〕33号，自2002年11月7日起施行）

△(**抗税罪；情节严重**)实施抗税行为具有下列情形之一的，属于刑法第二百零二条规定的"情节严重"：

（一）聚众抗税的首要分子；

（二）抗税数额在十万元以上的；

（三）多次抗税的；

（四）故意伤害致人轻伤的；

（五）具有其他严重情节。（§ 5）

△(**故意伤害罪；故意杀人罪；抗税罪的共犯**)实施抗税行为致人重伤、死亡，构成故意伤害罪、故意杀人罪的，分别依照刑法第二百三十四条第二款、第二百三十二条的规定定罪处罚。

与纳税人或者扣缴义务人共同实施抗税行为的，以抗税罪的共犯依法处罚。（§ 6）

【司法解释性文件】

《最高人民检察院、公安部关于公安机关管辖的刑事案件立案追诉标准的规定(二)》（公通字〔2022〕12号，2022年4月6日公布）

△(**抗税罪；立案追诉标准**)以暴力、威胁方法拒不缴纳税款，涉嫌下列情形之一的，应予立案追诉：

（一）造成税务工作人员轻微伤以上的；

（二）以给税务工作人员及其亲友的生命、健康、财产等造成损害为威胁，抗拒缴纳税款的；

（三）聚众抗拒缴纳税款的；

（四）以其他暴力、威胁方法拒不缴纳税款的。（§53）

【附属刑法】

《中华人民共和国税收征收管理法》(1992 年 9 月 4 日通过,2015 年 4 月 24 日第三次修正)

第六十七条

以暴力、威胁方法拒不缴纳税款的,是抗税,除由税务机关追缴其拒缴的税款、滞纳金外,依法追究刑事责任。情节轻微,未构成犯罪的,由税务机关追缴其拒缴的税款、滞纳金,并处拒缴税款一倍以上五倍以下的罚款。

第二百零三条　【逃避追缴欠税罪】

纳税人欠缴应纳税款,采取转移或者隐匿财产的手段,致使税务机关无法追缴欠缴的税款,数额在一万元以上不满十万元的,处三年以下有期徒刑或者拘役,并处或者单处欠缴税款一倍以上五倍以下罚金;数额在十万元以上的,处三年以上七年以下有期徒刑,并处欠缴税款一倍以上五倍以下罚金。

【立法理由】

1. **1979 年立法的情况**。改革开放初期,在我国税收制度刚刚建立的情况下,1979 年刑法对偷税、抗税行为作了规定。其第一百二十一条规定:"违反税收法规,偷税、抗税,情节严重的,除按照税收法规补税并且可以罚款外,对直接责任人员,处三年以下有期徒刑或者拘役。"该条规定在震慑犯罪分子、规范税收行为、维护财政安全等方面发挥了积极作用,符合我国当时的发展状况和司法需求。

实践中通常把抗税罪分为暴力型抗税罪和非暴力型抗税罪两种类型。对**暴力型抗税**,主要是指抗税罪,在第二百零二条已作阐述。而**非暴力型抗税**的表现形式有各种各样,如以各种借口拖延不缴或抵制缴纳税款;拒绝按照法定要求办理税务登记、进行纳税申报或提供纳税资料;拒绝接受税务机关依法进行的纳税检查;转移、隐匿财产;等等。由于当时执行的税收征收管理暂行条例中有关税款征收规定的行政执法手段不足,对采取非暴力手段抗拒缴纳税款的行为缺乏有力的行政执法手段,难以保证应纳税款及时足额征缴入库。在这种情况下,税务机关只能申请司法机关对纳税人抗缴或欠缴的税款予以强制执行,或按抗税罪追究刑事责任,以达到依法追缴应纳税款之目的。

2. **1979 年之后至 1997 年刑法修订前的立法情况**。随着改革开放的深入,我国社会经济等方面也发生了深刻的变化,税收征管方面的犯罪也出现了新情况和新特点。为适应新时期经济建设和经济体制改革的要求,强化税收征管工作,1992 年 9 月 4 日我国通过了《税收征收管理法》。该法在强化税务机关执法手段方面,赋予了税务机关采取税收保全措施和强制措施的权力,尤其是对于纳税人、扣缴义务人未按照规定的期限缴纳税款的,税务机关可以书面通知其开户银行或者其他金融机构从其存款中扣缴税款,或者扣押、查封、拍卖其价值相当于应纳税款的商品、货物或者其他财产,以拍卖所得抵缴税款。这些规定使得税务机关行政执法力度得以大大增强。除纳税人采取转移、隐匿财产手段致使税务机关无法追缴其应纳税款的情况外,对于纳税人采取各种非暴力手段拒绝缴纳税款等情况,税务机关一般通过采取税收保全措施或强制执行措施就可以解决税款及时征缴入库的问题,因而无须再用刑事法律进行调整。因此,1992 年 9 月 4 日第七届全国人大常委会第二十七次会议通过的《全国人民代表大会常务委员会关于惩治偷税、抗税犯罪的补充规定》只把"以暴力、威胁方法"的暴力型抗税形式规定为抗税罪,把纳税人"采取转移或者隐匿财产的手段,致使税务机关无法追缴欠缴的税款"的行为规定为逃避追缴欠税罪。至于其他非暴力型抗税,由行政法律调整。该补充规定第二条规定:"纳税人欠缴应纳税款,采取转移或者隐匿财产的手段,致使税务机关无法追缴欠缴的税款,数额在一万元以上不满十万元的,处三年以下有期徒刑或者拘役,并处欠缴税款五倍以下的罚金;数额在十万元以上的,处三年以上七年以下有期徒刑,并处欠缴税款五倍以下的罚金。"

3. **1997 年修订刑法的情况**。1997 年修订刑法时,吸收了 1992 年《全国人民代表大会常务委员会关于惩治偷税、抗税犯罪的补充规定》关于逃避追缴欠税的规定,并对其作了进一步的修改:一是将罚金刑的幅度由"欠缴税款五倍以下的罚金"全部修改为"欠缴税款一倍以上五倍以下罚金",以明确最低罚金刑,避免出现罚金过低导致罪责刑不相符的情况,并与本节规定的罚金刑幅度相一致;二是将第一档罚金刑由“并处”修改为“并处或者单处”,实际上降低了逃避追缴欠税罪的刑罚幅度,体现了宽严相济的刑事政策。

【条文说明】

本条是关于逃避追缴欠税罪及其处罚的规定。

本条规定的**逃避追缴欠税罪**,是指负有纳税义务的单位或个人,欠缴应纳税款,并采取转移或者隐匿财产的手段,逃避税务机关追缴,数额较大的犯罪。逃避追缴欠税罪是故意犯罪,根据本条规定,行为人必须具有以下行为,才构成犯罪:

1. **行为人有欠缴税款的事实**。“**欠缴应纳税款**”是指纳税单位或个人超过税务机关核定的纳税期限,没有按时缴纳税款、拖欠税款的行为。欠缴应纳税款是行为人明知未纳税或未纳足税款而故意拖欠的行为。拖欠的原因可能是其确实暂时无力缴纳,也可能是不愿缴纳。认定是否存在欠缴应纳税款这一事实,关键是看行为人未缴纳应纳税款的事实是否已过纳税期限。

至于具体的纳税期限,各个税种规定不尽一致,应依据具体的税收法规来确定。另外,法律也对确有困难的纳税人作了延期缴纳税款的规定,《税收征收管理法》第三十一条第二款规定:“纳税人因有特殊困难,不能按期缴纳税款的,经省、自治区、直辖市国家税务局、地方税务局批准,可以延期缴纳税款,但是最长不得超过三个月。”本条规定的**逃避追缴欠税**,主要是指行为人有能力缴纳而故意拖欠的情形。

2. **行为人采取了转移或者隐匿财产的手段**。这里所说的“**采取转移或者隐匿财产的手段**”,是指负有纳税义务的单位或个人在欠缴应纳税款的情况下将其财产转移或隐藏起来,使税务机关无法根据法律、行政法规的有关规定,对其采取相应的行政强制措施而追缴其欠缴的税款。行为人采取转移或者隐匿财产的手段包括转移开户行、提走存款、运走商品、隐匿存货等。如果行为人只是公开、消极地不予缴纳欠税款,或者采取自身逃匿,或者实施暴力、威胁等方式抵制追缴的,均不能构成逃避追缴欠税罪,但可能构成本法规定的逃税罪、抗税罪等。

需要注意的是,**本条规定的行为人欠缴应纳税款和转移或者隐匿财产二者之间并无绝对的先后顺序**。如果行为人在纳税期限届满前即缴纳税款前就转移或隐匿财产,意图以后逃避纳税的,税务机关可以先行采取措施。根据《税收征收管理法》第三十八条的规定,税务机关有根据认为从事生产、经营的纳税人有逃避纳税义务行为的,可以在规定的纳税期之前责令其限期缴纳应纳税款;在限期内发现纳税人有明显的转移、隐匿其应纳税的商品、货物以及其他财产或者应纳税的收入的迹象的,可以责成纳税人提供纳税担保。如其拒绝,可对其采取税收保全措施。若纳税期届满后,行为人仍欠缴税款,且因其之前的转移隐匿财产行为致使税务机关无法追缴欠税款的,依法可以适用逃避追缴欠税罪。

3. **行为人转移或者隐匿财产致使税务机关无法追缴**。这是逃避追缴欠税罪所要求的客观结果。在实践中,纳税人拖欠税款致使税务机关无法追缴的,一般有两种情形:一是纳税人财力不支、资金短缺,其商品、货物或者其他财产不足以支付欠缴的应纳税款,也不能提供纳税担保,即使对其执行强制措施也无法追缴所欠缴的税款;二是纳税人既不提供纳税担保,又采取转移或者隐匿财产的手段,使税务机关强制执行等追缴措施难以奏效。上述第一种情形属于单纯拖欠税款,当然不构成逃避追缴欠税罪;而第二种情形是行为人有能力缴纳所欠税款,但却不愿缴纳,并采取转移或者隐匿财产手段,致使税务机关无法追缴,实质上妨碍了税务机关的职能活动,可以构成逃避追缴欠税罪。

4. **无法追缴的欠税数额须达法定的数额标准**。根据本条规定,无法追缴的欠税数额应该在一万元以上。逃避追缴欠税罪是结果犯,如果不足一万元,即便具备前述要素,也不构成犯罪,这里的数额指税务机关无法追回的欠税数额,亦即国家税款的损失数额,而非行为人转移或隐匿的财产数额,也不是行为人的实际欠税数额。无法追缴的欠税达不到法定数额的,由税务部门依法作出行政处罚。

根据本条规定,**数额在一万元以上不满十万元的**,处三年以下有期徒刑或者拘役,并处或者单处欠缴税款一倍以上五倍以下罚金;**数额在十万元以上的**,处三年以上七年以下有期徒刑,并处欠缴税款一倍以上五倍以下罚金。

实践中应当注意区分逃避追缴欠税罪和**逃税罪**,虽然二者在本质上都属于不履行纳税义务,但仍存在以下区别:

1. 在主观方面,两种犯罪故意产生的阶段和内容不同。逃税罪的犯意通常是在纳税人的应税行为发生之后,税务机关确定其纳税义务之前产生,其目的是不缴或少缴应纳税款;逃避追缴欠税罪的犯意通常是纳税人在税务机关已经确定其应税数额和缴税期限之后产生,目的是拖欠应纳税款,使得税务机关无法追缴。

2. 在犯罪主体上,逃避追缴欠税罪的主体只能由纳税人构成,该纳税人还必须是欠税人;而逃税罪除纳税人以外还可由扣缴义务人构成。

3. 在客观方面,两种犯罪行为的表现形式不同。逃避追缴欠税罪采取的是转移、隐匿财产的手段,在此之前,行为人一般没有使用偷税的手段(可能是正常欠税款或漏税款)。而逃税罪往往采取利用帐簿、记帐凭证作假等隐瞒、欺骗手段进行虚假纳税申报或者不申报,从而达到偷税目的,其行为具有隐蔽性。

值得注意的是,有的纳税人在实施逃税犯罪行为之后,受到税务、司法机关查处,为了继续逃避纳税义务,往往采取转移或者隐匿财产的方法,致使税务、司法机关无法追缴其所应纳的税款。在这种情况下,行为人的转移、隐匿财产行为已经成为了逃税行为下的一个继续手段,不再单独评价,**以逃税罪论处**。

【司法解释性文件】

《最高人民检察院、公安部关于公安机关管辖的刑事案件立案追诉标准的规定(二)》(公通字〔2022〕12 号,2022 年 4 月 6 日公布)

△**(逃避追缴欠税罪;立案追诉标准)**纳税人欠缴应纳税款,采取转移或者隐匿财产的手段,致使税务机关无法追缴欠缴的税款,数额在一万元以上的,应予立案追诉。(§54)

【附属刑法】

《中华人民共和国税收征收管理法》(1992 年 9 月 4 日通过,2015 年 4 月 24 日第三次修正)

第六十五条

纳税人欠缴应纳税款,采取转移或者隐匿财产的手段,妨碍税务机关追缴欠缴的税款的,由税务机关追缴欠缴的税款、滞纳金,并处欠缴税款百分之五十以上五倍以下的罚款;构成犯罪的,依法追究刑事责任。

第八十条

税务人员与纳税人、扣缴义务人勾结,唆使或者协助纳税人、扣缴义务人有本法第六十三条、第六十五条、第六十六条规定的行为,构成犯罪的,依法追究刑事责任;尚不构成犯罪的,依法给予行政处分。

第二百零四条　【骗取出口退税罪】

以假报出口或者其他欺骗手段,骗取国家出口退税款,数额较大的,处五年以下有期徒刑或者拘役,并处骗取税款一倍以上五倍以下罚金;数额巨大或者有其他严重情节的,处五年以上十年以下有期徒刑,并处骗取税款一倍以上五倍以下罚金;数额特别巨大或者有其他特别严重情节的,处十年以上有期徒刑或者无期徒刑,并处骗取税款一倍以上五倍以下罚金或者没收财产。

纳税人缴纳税款后,采取前款规定的欺骗方法,骗取所缴纳的税款的,依照本法第二百零一条的规定定罪处罚;骗取税款超过所缴纳的税款部分,依照前款的规定处罚。

【立法理由】

1. **1979 年之后至 1997 年刑法修订前的立法情况**。出口退税政策,作为一项对出口创汇企业的鼓励、扶持、优惠政策,实行以来,对提高我国出口产品在国际市场上的竞争能力,打入国际市场、扩大出口创汇,起到了重要的推动作用。面对国际形势的不断变化和国内改革开放的不断深入,我国在出口退税的实体和程序规定上推出了一系列法规政策。在出口退税制度上,1993 年颁布的《增值税暂行条例》和《消费税暂行条例》为出口退税提供了法定依据。1995 年年底以前,法定出口退税率主要依照《增值税暂行条例》规定的 17%和 13%退税率执行。随着我国出口退税工作中存在的出口退税规模增长过猛,少增多退,退税规模大大超过征税和出口额的增长,超出财政负担的能力等问题,1996 年国家又下调了相应产品出口退税率。在出口退税的程序方面,1994 年 1 月 1 日实施的《出口货物退(免)税管理办法》对当时的出口退税程序作了规定。该管理办法第一条规定:"有出口经营权的企业(以下简称'出口企业')出口和代理出口的货物,除另有规定者外,可在货物报关出口并在财务上做销售后,凭有关凭证按月报送税务机关批准退还或免征增值税和消费税。"尽管如此,由于我国当时阶段仍存在税收征管手段相对落后,管理水平不高,出口贸易运行机制不够完善,监督制约机制不到位等问题,因此,为了惩治骗取出口退税的犯罪行为,1992

年9月4日第七届全国人大常委会第二十七次会议通过的《全国人民代表大会常务委员会关于惩治偷税、抗税犯罪的补充规定》第五条规定："企业事业单位采取对所生产或者经营的商品假报出口等欺骗手段，骗取国家出口退税款，数额在一万元以上的，处骗取税款五倍以下的罚金，并对负有直接责任的主管人员和其他直接责任人员，处三年以下有期徒刑或者拘役。前款规定以外的单位或者个人骗取国家出口退税款的，按照诈骗罪追究刑事责任，并处骗取税款五倍以下的罚金；单位犯本款罪的，除处以罚金外，对负有直接责任的主管人员和其他直接责任人员，按照诈骗罪追究刑事责任。"

2. 1997年修订刑法的情况。1997年修订刑法时，立法者吸收了1992年《全国人民代表大会常务委员会关于惩治偷税、抗税犯罪的补充规定》关于骗取出口退税的规定，但该补充规定第五条存在以下缺陷。第一，罪与罪之间不协调：同是单位骗取国家出口退税款的行为，前款规定构成骗取出口退税罪，后款却规定构成诈骗罪。第二，两者之间的界限难以严格区分：依照国家有关规定，一般工业企业委托具有出口经营权的企业出口自产产品，准予退税；也就是说，这些企业也有权申请退税；既然如此，将上述两罪的界限以是否具有出口经营权为标准就失去实际意义。第三，刑与刑之间不协调：同是单位骗取出口退税款，如果以骗取出口退税罪定罪，法定最高刑为三年有期徒刑；如果以诈骗罪定罪，法定最高刑则为无期徒刑，刑与刑之间相差悬殊。为弥补上述之不足，1997年刑法在本条对骗取出口退税罪作了进一步的修改：一是将1992年《全国人民代表大会常务委员会关于惩治偷税、抗税犯罪的补充规定》第五条第一款规定的"企业事业单位采取对所生产或者经营的商品假报出口等欺骗手段"修改为"以假报出口或者其他欺骗手段"；二是将1992年《全国人民代表大会常务委员会关于惩治偷税、抗税犯罪的补充规定》第五条中的犯罪主体由特殊主体修改为一般主体，并统一了刑罚适用；三是规定了三档刑罚，分别是"处五年以下有期徒刑或者拘役，并处骗取税款一倍以上五倍以下罚金""处五年以上十年以下有期徒刑，并处骗取税款一倍以上五倍以下罚金""处十年以上有期徒刑或者无期徒刑，并处骗取税款一倍以上五倍以下罚金或者没收财产"；四是在第二款对纳税人缴纳税款后骗取出口退税的定罪处罚作出规定。

【条文说明】

本条是关于骗取出口退税罪及其处罚的规定。

本条共分为两款。

第一款是关于骗取出口退税罪及其处罚的规定。骗取出口退税罪同其他诈骗罪一样是故意犯罪，行为人具有非法牟利的目的，行为人实施了假报出口或者其他欺骗手段。根据有关规定，申请退税，必须提供海关盖有"验讫章"的产品出口报关单、出口销售发票、出口产品购进发票和银行的出口结汇单。税务机关正是根据上述有关凭证、单据，依法对出口企业办理退税。而"**假报出口**"，则是行为人根本没有出口产品，但为了骗取国家的出口退税款而采取伪造合同、有关单据、凭证等手段，假报出口的行为。根据2002年《最高人民法院关于审理骗取出口退税刑事案件具体应用法律若干问题的解释》第一条的规定，以虚构已税货物出口事实为目的，具有下列情形之一的行为，可认定为"**假报出口**"：(1)伪造或者签订虚假的买卖合同；(2)以伪造、变造或者其他非法手段取得出口货物报关单、出口收汇核销单、出口货物专用缴款书等有关出口退税单据、凭证；(3)虚开、伪造、非法购买增值税专用发票或者其他可以用于出口退税的发票；(4)其他虚构已税货物出口事实的行为。"**其他欺骗手段**"是指除"假报出口"以外的所有为骗取国家出口退税而采取的欺骗手段。根据《最高人民法院关于审理骗取出口退税刑事案件具体应用法律若干问题的解释》第二条的规定，"其他欺骗手段"包括：(1)骗取出口货物退税资格的；(2)将未纳税或者免税货物作为已税货物出口的；(3)虽有货物出口，但虚构该出口货物的品名、数量、单价等要素，骗取未实际纳税部分出口退税款的；(4)以其他手段骗取出口退税款的。

本款关于刑罚的规定分为三档：第一档刑罚是**数额较大的**，处五年以下有期徒刑或者拘役，并处骗取税款一倍以上五倍以下罚金；第二档刑罚是**数额巨大或者有其他严重情节的**，处五年以上十年以下有期徒刑，并处骗取税款一倍以上五倍以下罚金；第三档刑罚是**数额特别巨大或者有其他特别严重情节的**，处十年以上有期徒刑或者无期徒刑，并处骗取税款一倍以上五倍以下罚金或者没收财产。根据《最高人民法院关于审理骗取出口退税刑事案件具体应用法律若干问题的解释》，第一档刑罚的"**数额较大**"为骗取国家出口退税款五万元以上的。第二档刑罚的"**数额巨**

大”为骗取国家出口退税款五十万元以上的。“**其他严重情节**”包括：(1)造成国家税款损失三十万元以上并且在第一审判决宣告前无法追回的；(2)因骗取国家出口退税行为受过行政处罚，两年内又骗取国家出口退税款数额在三十万元以上的；(3)情节严重的其他情形。第三档刑罚的“**数额特别巨大**”为骗取国家出口退税款二百五十万元以上的。“**其他特别严重情节**”包括：(1)造成国家税款损失一百五十万元以上并且在第一审判决宣告前无法追回的；(2)因骗取国家出口退税行为受过行政处罚，两年内又骗取国家出口退税款数额在一百五十万元以上的；(3)情节特别严重的其他情形。

第二款是关于纳税人缴纳税款后，采取前款规定的欺骗方法，骗取所缴纳的税款的定罪及处罚的规定。本款与前款规定的不同之处在于，本款所规定的犯罪主体仅限于纳税人，“**纳税人缴纳税款后**”是指纳税人骗取税款的行为发生在缴纳税款后；“**采取前款规定的欺骗方法**”是指采取本条第一款规定的“以假报出口或者其他欺骗手段”；“**骗取所缴纳的税款**”是指纳税人将已缴纳的税款骗回的行为。

在实际发生的案件中，这类情况的骗税人往往超过其所缴纳的税额骗取退税。为了区别情况，真正做到罪刑相当，本款规定，**骗取所缴纳的税款的**，依照《刑法》第二百零一条的规定定罪处罚，即按照逃税罪的规定处罚。**骗取税款超过所缴纳的税款的部分**，依照前款关于骗取出口退税罪的规定处罚。这是考虑到骗取自己所缴纳的税款，实际上等于没有缴纳税款，性质与逃税差不多；而超过所缴纳的税款骗取税款，其所骗取的超过所缴纳的税款部分，实际上是国家金库中的财产，将这部分财产占为已有的，与第一款规定的骗取出口退税罪的性质是一样的。所以对“骗取税款超过所缴纳的税款部分”，本款规定依照前款规定处罚。①

在实际执行中应当注意分辨骗取出口退税罪与以下罪名的区别和联系：

1. **诈骗罪**。根据《刑法》第二百六十六条的规定，诈骗罪是指以非法占有为目的，用虚构事实或者隐瞒真相的方法，骗取数额较大的公私财物的行为。欺骗性是诈骗罪的本质特征。骗取出口退税罪是指单位或个人以骗取国家出口退税款为目的，采用虚开增值税专用发票、搞假货物报关出口骗取货物出口报关单、内外勾结提供出口收汇单证等欺骗手段，非法组织虚假的出口退税凭证，在根本未交纳税款的情况下，从税务机关骗取出口退税款的行为。因此，**骗取出口退税行为实质上是一种诈骗行为**。近些年来，诈骗犯罪的手段越来越多，诈骗的对象也越来越广，出现了诸如信用证诈骗、金融票据诈骗、保险诈骗、合同诈骗、骗取出口退税等行为，为了有效地惩治这些犯罪行为，刑法规定了专门的犯罪，例如凡符合骗取出口退税犯罪构成要件的，直接以骗取出口退税定罪处罚，不再以一般诈骗罪定罪处罚。

2. **虚开增值税专用发票罪**。根据《刑法》第二百零五条的规定，虚开增值税专用发票罪是指单位和个人违反国家税收征管和发票管理程度，为他人虚开、为自己虚开、让他人为自己虚开、介绍他人虚开增值税专用发票的行为。骗取出口退税罪与虚开增值税专用发票罪同属危害税收征管类犯罪，虚开增值税专用发票本身是行为人实施骗取出口退税罪的重要手段之一，骗取出口退税罪的实施以行为人虚开增值税专用发票为必要环节。当行为人将虚开的增值税专用发票用于向税务机关申请出口退税，数额较大时，该行为人就同时触犯了骗取出口退税罪和虚开增值税专用发票罪两个罪名，**但应从一重处罚，不适用数罪并罚**。

【司法解释】

《最高人民法院关于审理骗购外汇、非法买卖外汇刑事案件具体应用法律若干问题的解释》(法释〔1998〕20号，自1998年9月1日起施行)

△(**骗购外汇；骗取出口退税罪；非国有公司、企业或者其他单位；逃汇罪的共犯**)以进行走私、逃汇、洗钱、骗税等犯罪活动为目的，使用虚假、无效的凭证、商业单据或者采取其他手段向外汇指定银行骗购外汇的，应当分别按照刑法分则第三章第二节、第一百九十条、第一百九十一条和第二百零四条等规定定罪处罚。

非国有公司、企业或者其他单位，与国有公司、企业或者其他国有单位勾结逃汇的，以逃汇罪的共犯处罚。(§ 1)

《最高人民法院关于审理骗取出口退税刑事案件具体应用法律若干问题的解释》(法释〔2002〕30号，自2002年9月23日起施行)

△(**假报出口**)刑法第二百零四条规定的“假报出口”，是指以虚构已税货物出口事实为目的，

① 相同的学说见解，参见黎宏：《刑法学各论》(第2版)，法律出版社2016年版，第174页；张明楷：《刑法学》(第6版)，法律出版社2021年版，第1058页。

具有下列情形之一的行为：

（一）伪造或者签订虚假的买卖合同；

（二）以伪造、变造或者其他非法手段取得出口货物报关单、出口收汇核销单、出口货物专用缴款书等有关出口退税单据、凭证；

（三）虚开、伪造、非法购买增值税专用发票或者其他可以用于出口退税的发票；

（四）其他虚构已税货物出口事实的行为。（§ 1）

△（**其他欺骗手段**）具有下列情形之一的，应当认定为刑法第二百零四条规定的“其他欺骗手段”：

（一）骗取出口货物退税资格的；

（二）将未纳税或者免税货物作为已税货物出口的；

（三）虽有货物出口，但虚构该出口货物的品名、数量、单价等要素，骗取未实际纳税部分出口退税款的；

（四）以其他手段骗取出口退税款的。（§ 2）

△（**数额较大；数额巨大；数额特别巨大**）骗取国家出口退税款5万元以上的，为刑法第二百零四条规定的“数额较大”；骗取国家出口退税款50万元以上的，为刑法第二百零四条规定的“数额巨大”；骗取国家出口退税款250万元以上的，为刑法第二百零四条规定的“数额特别巨大”。（§ 3）

△（**其他严重情节**）具有下列情形之一的，属于刑法第二百零四条规定的“其他严重情节”：

（一）造成国家税款损失30万元以上并且在第一审判决宣告前无法追回的；

（二）因骗取国家出口退税行为受过行政处罚，两年内又骗取国家出口退税款数额在30万元以上的；

（三）情节严重的其他情形。（§ 4）

△（**其他特别严重情节**）具有下列情形之一的，属于刑法第二百零四条规定的“其他特别严重情节”：

（一）造成国家税款损失150万元以上并且在第一审判决宣告前无法追回的；

（二）因骗取国家出口退税行为受过行政处罚，两年内又骗取国家出口退税款数额在150万元以上的；

（三）情节特别严重的其他情形。（§ 5）

△（**进出口经营权；明知他人意欲骗取国家出口退税款**）有进出口经营权的公司、企业，明知他人意欲骗取国家出口退税款，仍违反国家有关进出口经营的规定，允许他人自带客户、自带货源、自带汇票并自行报关，骗取国家出口退税款的，依照刑法第二百零四条第一款、第二百一十一条的规定定罪处罚。（§ 6）

△（**未实际取得出口退税款**）实施骗取国家出口退税行为，没有实际取得出口退税款的，可以比照既遂犯从轻或者减轻处罚。（§ 7）

△（**国家工作人员；从重处罚**）国家工作人员参与实施骗取出口退税犯罪活动的，依照刑法第二百零四条第一款的规定从重处罚。（§ 8）

△（**竞合；虚开增值税专用发票罪**）实施骗取出口退税犯罪，同时构成虚开增值税专用发票罪等其他犯罪的，依照刑法处罚较重的规定定罪处罚。（§ 9）

【司法解释性文件】

《最高人民检察院、公安部关于公安机关管辖的刑事案件立案追诉标准的规定（二）》（公通字〔2022〕12号，2022年4月6日公布）

△（**骗取出口退税罪；立案追诉标准**）以假报出口或者其他欺骗手段，骗取国家出口退税款，数额在十万元以上的，应予立案追诉。（§ 55）

【附属刑法】

《中华人民共和国税收征收管理法》（1992年9月4日通过，2015年4月24日第三次修正）

第六十六条

Ⅰ以假报出口或者其他欺骗手段，骗取国家出口退税款的，由税务机关追缴其骗取的退税款，并处骗取税款一倍以上五倍以下的罚款；构成犯罪的，依法追究刑事责任。

Ⅱ对骗取国家出口退税款的，税务机关可以在规定期间内停止为其办理出口退税。

第八十条

税务人员与纳税人、扣缴义务人勾结，唆使或者协助纳税人、扣缴义务人有本法第六十三条、第六十五条、第六十六条规定的行为，构成犯罪的，依法追究刑事责任；尚不构成犯罪的，依法给予行政处分。

《中华人民共和国对外贸易法》（1994年5月12日通过，2016年11月7日修正）

第六十三条

Ⅰ违反本法第三十四条规定①，依照有关法律、行政法规的规定处罚；构成犯罪的，依法追究刑事责任。

【参考案例】

△有进出口经营权的公司将代理出口业务伪造自营出口业务，致使国家税款被骗的，可以认定具有骗取国家出口退税款的主观故意。

代理出口业务总是与出口退税相联系。出口退税是国际贸易中的通行做法，是各国政府提高本国商品国际竞争力的重要手段。根据《出口货物退(免)税管理办法》(已失效)第一条的规定，有出口经营权的企业出口和代理出口的货物，可在货物报关出口并在财务上做销售记账后，凭有关凭证按月报送税务机关批准退还或者免征增值税和消费税。《出口货物退(免)税管理办法》(已失效)第十四条规定，企业办理出口退税必须提供以下凭证：购进出口货物的增值税专用发票(税款抵扣联)或者普通发票、出口货物销售明细账、盖有海关验讫章的《出口货物报关单(出口退税联)》、出口收汇单证。手续齐全后，交由有出口经营权的公司、企业办理出口退税。虽然有出口经营权的公司、企业，以"四自三不见"的方式代理出口，易于导致国家税款被骗，但只要在办理出口退税时提供的凭证真实，就不会发生国家税款被骗的问题。因此，《最高人民法院关于审理骗取出口退税刑事案件具体应用法律若干问题的解释》第六条明确规定，有进出口经营权的公司、企业，在不见进口产品、不见供货货主、不见外商的情况下，允许他人自带客户、自带货源、自带汇票、自行报关，并导致国家税款被骗的，是否构成骗取出口退税罪，应当以明知他人意欲骗取国家出口退税款为条件。对于不能证实有进出口经营权的公司、企业明知他人意欲骗取国家出口退税款的，即使造成了国家税款被骗的后果，也不能以骗取出口退税罪定罪处罚。

所谓明知，包括知道和应当知道。知道的情况比较好掌握，即根据案件事实、证据材料直接证实被告单位或被告人知道他人意欲骗税的目的。应当知道，则需根据行为当时的具体情况、客观条件来综合分析判断被告单位或被告人当时是否知道、能否知道，当时的心理状态究竟怎样。这是法律上的一种推定，而不是一般意义上的明知，是对客观行为的一种法律评价。"四自三不见"业务本是国家明令禁止的业务，如果在从事"四自三不见"业务中，又出现了其他一些不合常理的情况，而有进出口经营权的公司、企业仍继续坚持业务合作，造成国家税款流失，则可推定这些公司、企业主观上明知他人意欲骗税的故意，构成骗取出口退税罪。那么对明知的程度又该如何要求呢？是明知他人骗取出口退税的必然性才构成此罪，还是明知他人骗取出口退税的可能性即成立此罪？根据《最高人民法院关于审理骗取出口退税刑事案件具体应用法律若干问题的解释》第六条的规定，只要有事实和证据证明有进出口经营权的公司、企业明知他人可能要骗取出口退税，仍违反规定从事"四自三不见"业务，造成国家税款流失，即可推定其主观上明知，而不要求有证据证明这些公司、企业明知他人必然要骗取出口退税。[No. 3-6-204-1　杨康林等骗取出口退税案]

① 《中华人民共和国对外贸易法》(1994年5月12日通过，2016年11月7日修正)

第三十四条

在对外贸易活动中，不得有下列行为：

……

(二)骗取出口退税；

……

第二百零五条　【虚开增值税专用发票、用于骗取出口退税、抵扣税款发票罪】

虚开增值税专用发票或者虚开用于骗取出口退税、抵扣税款的其他发票的，处三年以下有期徒刑或者拘役，并处二万元以上二十万元以下罚金；虚开的税款数额较大或者有其他严重情节的，处三年以上十年以下有期徒刑，并处五万元以上五十万元以下罚金；虚开的税款数额巨大或者有其他特别严重情节的，处十年以上有期徒刑或者无期徒刑，并处五万元以上五十万元以下罚金或者没收财产。

单位犯本条规定之罪的，对单位判处罚金，并对其直接负责的主管人员和其他直接责任人员，处三年以下有期徒刑或者拘役；虚开的税款数额较大或者有其他严重情节的，处三年以上十年以下有期徒刑；虚开的税款数额巨大或者有其他特别严重情节的，处十年以上有期徒刑或者无期徒刑。

虚开增值税专用发票或者虚开用于骗取出口退税、抵扣税款的其他发票，是指有为他人虚开、为自己虚开、让他人为自己虚开、介绍他人虚开行为之一的。

【立法解释】

《全国人民代表大会常务委员会关于〈中华人民共和国刑法〉有关出口退税、抵扣税款的其他发票规定的解释》(2005年12月29日通过)

△(**出口退税、抵扣税款的其他发票**)刑法规定的“出口退税、抵扣税款的其他发票”，是指除增值税专用发票以外的，具有出口退税、抵扣税款功能的收付款凭证或者完税凭证。

【立法沿革】

《中华人民共和国刑法》(1997年修订，自1997年10月1日起施行)

第二百零五条

虚开增值税专用发票或者虚开用于骗取出口退税、抵扣税款的其他发票的，处三年以下有期徒刑或者拘役，并处二万元以上二十万元以下罚金；虚开的税款数额较大或者有其他严重情节的，处三年以上十年以下有期徒刑，并处五万元以上五十万元以下罚金；虚开的税款数额巨大或者有其他特别严重情节的，处十年以上有期徒刑或者无期徒刑，并处五万元以上五十万元以下罚金或者没收财产。

有前款行为骗取国家税款，数额特别巨大，情节特别严重，给国家利益造成特别重大损失的，处无期徒刑或者死刑，并处没收财产。

单位犯本条规定之罪的，对单位判处罚金，并对其直接负责的主管人员和其他直接责任人员，处三年以下有期徒刑或者拘役；虚开的税款数额较大或者有其他严重情节的，处三年以上十年以下有期徒刑；虚开的税款数额巨大或者有其他特别严重情节的，处十年以上有期徒刑或者无期徒刑。

虚开增值税专用发票或者虚开用于骗取出口退税、抵扣税款的其他发票，是指有为他人虚开、为自己虚开、让他人为自己虚开、介绍他人虚开行为之一的。

《中华人民共和国刑法修正案(八)》(自2011年5月1日起施行)

三十二、删去刑法第二百零五条第二款。

【立法理由】

(一)立法相关背景及修改情况

1. 1979年之后至1997年刑法修订前的立法情况。1994年我国对税收体制进行了重大改革，建立了以增值税为主体的流转税制度。增值税专用发票不仅具有其他发票所具有的记载商品或者劳务的销售额以作为财务收支记帐凭证的功能，而且是兼记销货方纳税义务和购货方进项税额的主要依据，是购货方据以抵扣税款的证明。正因为增值税专用发票具有可以抵扣税款的功能，所以，增值税专用发票实施以来，一些不法分子为谋取暴利，千方百计地利用虚开发票进行偷税，骗取国家税款，给国家财政收入造成重大损失，严重干扰了国家税收改革的正常进行。当时，有关部门查处的这类案件数量多且数额巨大，有的虚开数额高达亿元甚至几十亿元，给国家造成直接税款损失高达几千万元、上亿元。利用虚开增值税专用发票侵吞巨额国家税款的犯罪活动达到十分猖獗的地步，严重威胁了国家新税制的改革和正常运行。针对这种情况，1995年10月30日第八届全国人大常委会第十六次会议通过了《全国人民代表大会常务委员会关于惩治虚开、伪造和非法出售增值税专用发票犯罪的决定》，其第一条规定：“虚开增值税专用发票的，处三年以下有期徒刑或者拘役，并处二万元以上二十万元以下罚金；虚开的税款数额较大或者有其他严重情节的，处三年以上十年以下有期徒刑，并处五万元以上五十万元以下罚金；虚开的税款数额巨大或者有其他特别严重情节的，处十年以上有期徒刑或者无期徒刑，并处没收财产。有前款行为骗取国家税款，数额特别巨大、情节特别严重、给国家利益造成特别重大损失的，处无期徒刑或者死刑，并处没收财产。虚开增值税专用发票的犯罪集团的首要分子，分别依照前两款的规定从重处罚。虚开增值税专用发票是指有为他人虚开、为自己虚开、让他人为自己虚开、介绍他人虚开增值税专用发票行为之一的。"

2. **1997年修订刑法的情况**。1997年修订刑法时，本条吸收了上述1995年决定第一条和第五条关于虚开增值税发票，虚开用于骗取出口退税、抵扣税款的其他发票的行为的规定，考虑到虚开增值税专用发票犯罪的严重性，将这类犯罪规定为行为犯，并延续了上述1995年决定第一条中关于适用死刑的规定，作了如下修改：一是将上述1995年决定第一条和第五条合并，将"虚开增值税专用发票"和"虚开用于骗取出口退税、抵扣税款的其他发票的"纳入统一调整范围，适用统一刑罚；二是调整上述1995年决定第一条第一款第三档财产刑，由"并处没收财产"修改为"并处五万元以上五十万元以下罚金或者没收财产"；三是删除上述1995年决定第一条第三款对犯罪集团首要分子犯前款罪的处罚规定，增加单位犯罪的规定作为第三款；四是将"虚开用于骗取出口退税、抵扣税款的其他发票的"与上述1995年决定第一条第四款规定的虚开行为一并进行解释。

3. **2011年《刑法修正案(八)》对本条的修改情况**。1997年刑法实施十几年来，本条规定有力地打击了虚开增值税专用发票等犯罪行为，第二款关于虚开增值税专用发票或者虚开用于骗取出口退税、抵扣税款的其他发票骗取国家税款的，处死刑的规定，对犯罪分子也起到了震慑作用，同时在维护国家的税收制度、保障国家的财政收入方面也起到了积极的作用。随着税收制度的不断完善，政府管理部门也在不断探索关于发票的新的管理方法，提高监管能力，如"金税工程"的实行，使税收制度信息化、网络化，在税收管理手段上提高科技含量和透明度，加强监管力度，从制度上杜绝对发票弄虚作假的行为，使犯罪分子无空可钻。近几年的实践证明，虚开增值税专用发票、伪造增值税专用发票和虚开伪造的增值税专用发票等行为在逐年减少。考虑到虚开发票的犯罪属于经济性非暴力犯罪，且近年来这种犯罪已基本得到遏制，根据司法体制和工作机制改革的要求，完善死刑法律规定，适当减少死刑罪名，体现宽严相济的刑事政策，2011年2月25日第十一届全国人大常委会第十九次会议通过的《刑法修正案(八)》对本条作了修改，删去原第二款的规定，即虚开增值税专用发票或者虚开用于骗取出口退税、抵扣税款的其他发票骗取国家税款，"数额特别巨大，情节特别严重，给国家利益造成特别重大损失的，处无期徒刑或者死刑，并处没收财产"。也就是说，修改后的虚开增值税专用发票或者虚开用于骗取出口退税、抵扣税款的其他发票犯罪的最高刑为无期徒刑。

(二)立法时争议的主要问题

删去1997年《刑法》第二百零五条第二款关于死刑的规定，是《刑法修正案(八)》减少的十三个死刑罪名中的一个。在草案征求意见的过程中，对于这一问题，多数意见认为，**应当取消其死刑**。主要理由是：(1)从近几年虚开发票犯罪的情况看，案件逐年在减少，尤其是大案、要案基本上降到了最低点。(2)经济类犯罪和暴力性犯罪虽都是犯罪行为，但其性质是有区别的，社会危害程度也不同。对于经济类犯罪，除了在经济上给予严厉处罚，最高刑规定为无期徒刑基本符合罪责刑相适应原则。(3)世界上其他一些国家对于经济类犯罪也基本不规定死刑，符合世界刑罚轻刑化趋势。立法机关采纳了这一意见。

【条文说明】

本条是关于虚开增值税专用发票、用于骗取出口退税、抵扣税款发票罪及其处罚的规定。

虚开增值税专用发票或用于骗取出口退税、抵扣税款的其他发票的行为**违反了发票管理制度**，同时虚开增值税专用发票或用于骗取出口退税、抵扣税款的其他发票，可以抵扣大量税款，**造成国家税款的大量流失**，这种行为也严重地破坏了社会主义经济秩序，应当予以严惩。

本条共分为三款。

第一款是关于虚开增值税专用发票、用于骗取出口退税、抵扣税款发票罪及其处罚的规定。本条规定的"**增值税专用发票**"，是指国家税务部门根据增值税征收管理需要，兼记货物或劳务所负担的增值税税额而设定的一种专用发票。根据2005年12月29日第十届全国人大常委会第十九次会议通过的《全国人民代表大会常务委员会关于〈中华人民共和国刑法〉有关出口退税、抵扣税款的其他发票规定的解释》的规定，"**出口退税、抵扣税款的其他发票**"是指除增值税专用发票以外的，具有出口退税、抵扣税款功能的收付款凭证或者完税凭证。目前，在我国的税收征管制度中，除增值税专用发票以外，还有几种其他发票也具有抵扣税款的功能，主要是农林牧水产品收购发票、废旧物品收购发票、运输发票以及海关出具的代征增值税专用缴款书等，还有征课消费税的产品出口时所开具的发票也可以作为出口退税的凭证。随着税收征管工作的进一步加强，今后还可能会出现一些具有抵扣税款或者退税功能的专用发票。另外，从是否有商品交易来看，本款规定的“**虚开**”主要有两种情况：一种是根本不存在商品交易，无中生有，虚构商品交易内容和税额开具发票，然后利用虚开的发票抵扣税款；另一种是虽然存在真实的商品交易，但是以少开多，达到偷税的目的。①

根据本款规定，凡有本款所规定行为的，即**构成犯罪**，处三年以下有期徒刑或者拘役，并处二万元以上二十万元以下罚金；**虚开的税款数额较大或者有其他严重情节的**，处三年以上十年以下有期徒刑，并处五万元以上五十万元以下罚金；**虚开的税款数额巨大或者有其他特别严重情节的**，处十年以上有期徒刑或者无期徒刑，并处五万元以上五十万元以下罚金或者没收财产。

第二款是关于单位犯本条规定之罪及其处罚的规定。本款中“**单位犯本条规定之罪的**”是指单位触犯本条关于虚开发票的规定而构成犯罪的情况。在司法实践中，单位触犯本条罪名的情形更为普遍，案涉金额也更大。“**直接负责的主管人员和其他直接责任人员**”主要是指法定代表人、控股股东、实际控制人、财务主管人员等。本款关于单位犯本条规定之罪的刑罚规定采取了**双罚制原则**，即对单位判处罚金，同时规定对单位直接负责的主管人员和其他直接责任人员，处三年以下有期徒刑或者拘役；虚开的税款数额较大或者有其他严重情节的，处三年以上十年以下有期徒刑；虚开的税款数额巨大或者有其他特别严重情节的，处十年以上有期徒刑或者无期徒刑。

第三款是关于“虚开”行为的定义。本款规定，**虚开增值税专用发票或者虚开用于骗取出口退税、抵扣税款的其他发票**，是指有为他人虚开、为自己虚开、让他人为自己虚开、介绍他人虚开行为之一的。“**为他人虚开**”是指开票人与他人无商品交易活动，但利用所持有的上述发票，采用无中生有或者以少开多的手段，为他人虚开发票的行为，其中也包括以往所说的“代开”发票的行为。这里规定的“他人”既包括企业、事业单位、机关团体，也包括个人。“**为自己虚开**”是指利用自己所持有的上述发票，虚开以后自己使用，如进行抵扣税款或者骗取出口退税。“**让他人为自己虚开**”是指要求或者诱骗收买他人为自己虚开上述发票的行为。“**介绍他人虚开**”是指在虚开上述发票过程中牵线搭桥、组织策划的犯罪行为。

根据本条规定，虚开增值税专用发票、用于骗取出口退税、抵扣税款发票罪属于行为犯，即只要具有上述虚开行为之一，便可构成犯罪，没有“数额”“情节”的限定。同时实践中虚开增值税专用发票、用于骗取出口退税、抵扣税款发票罪也存在定罪标准。1996年颁布的《最高人民法院关于适用〈全国人民代表大会常务委员会关于惩治虚开、伪造和非法出售增值税专用发票犯罪的决定〉的若干问题的解释》就曾对此作出过规定，在没有新的司法解释颁布前仍可参考使用，同时也要考虑到我国现有经济发展水平和司法实践中关于其他危害税收征管犯罪的量刑标准。根据该解释第一条、第五条的规定，虚开税款数额一万元以上的或者虚开上述发票致使国家税款被骗取五千元以上的，构成虚开增值税专用发票用于骗取出口退税、抵扣税款发票罪。其中，虚开税款数额十万元以上的，属于“**虚开的税款数额较大**”；具有下列情形之一的，属于“**有其他严重情节**”：(1)因虚开上述发票致使国家税款被骗取五万元以上的；(2)具有其他严重情节的。虚开税款数额五十万元以上的，属于“虚开的税款数额巨大”；具有下列情形之一的，属于“**有其他特别严重情节**”：(1)因虚开上述发票致使国家税款被骗取三十万元以上的；(2)虚开的税款数额接近巨大并有其他严重情节的；(3)具有其他特别严重情节的。

实践中需要注意以下两个方面的问题：

1. 实施虚开行为后进而利用该行为骗取国家税款应如何认定。在实践中，“虚开”行为往往伴随着逃避缴纳税款、骗取出口退税、出售营利等不法目的，虚开增值税专用发票或者可用于出口退税、抵扣税款的发票往往成为虚假申报、逃避缴纳税款或者骗取出口退税的一种手段工具。由于我国实行税收法定原则，根据本条规定，虚开行为本身就可能构成犯罪。对于虚开本条规定的发票后又利用该虚开发票减免应纳税额以逃避缴纳税款的，或者直接骗取国家出口退税的，或者出售的等情形，**应在实践中结合行为人目的、情节具体分析**。如对于以虚开增值税专用发票为业务并售卖

---

① 关于虚开行为的内容，刘志伟教授额外提及第三种情形，即进行了实际经营活动，但让他人为自己代开增值税专用发票。对此，如果存在现实的交易，且所开具的增值税专用发票如实反映了该交易活动涉及税款计算的内容，销售方也如实缴纳了相应的涉税款项，则不宜将此行为作为犯罪处理。参见高铭暄、马克昌主编：《刑法学》(第7版)，北京大学出版社、高等教育出版社2016年版，第428页。

的,一般不以虚开增值税专用发票罪论处;对于以逃税目的虚开增值税专用发票的,可考虑按照逃税罪处理等。

2. 关于**挂靠开票和代开发票行为**的认定。一是挂靠方以挂靠形式向受票方实际销售货物,被挂靠方向受票方开具增值税专用发票的行为,应如何认定。挂靠,一般指由挂靠方适用被挂靠方的经营资格进行经营活动,并向挂靠方支付挂靠费的一种经营方式,主要存在于建筑施工领域。《建筑法》第二十六条已经明确禁止以挂靠形式从事经营活动,但对于挂靠方以被挂靠方名义开具发票的行为,根据 2014 年《国家税务总局关于纳税人对外开具增值税专用发票有关问题的公告》,主管机关认为挂靠方以挂靠形式向受票方实际销售货物,被挂靠方向受票方开具增值税专用发票的,不属于虚开。2015 年最高人民法院研究室《〈关于如何认定以"挂靠"有关公司名义实施经营活动并让有关公司为自己虚开增值税专用发票行为的性质〉征求意见的复函》中有规定认为,该行为不宜认定为虚开增值税专用发票罪。二是行为人利用他人的名义从事经营活动,并以他人名义开具增值税专用发票的直接代开发票行为。如行为人进行了实际的经营活动,主观上并无骗取抵扣税款的故意,客观上也未造成国家增值税款损失的,一般也不宜直接认定为虚开增值税专用发票罪,符合逃税罪等其他犯罪构成条件的,可以其他犯罪论处。

虚开增值税专用发票罪的法定最高刑为无期徒刑,系严重侵犯增值税专用发票管理秩序的犯罪。前述两种情形,行为人不以骗取国家税款为目的,且依据真实的商品交易,仅是名义发票主体与实际发票主体不一致,实际上未造成国家税款损失的,应当遵循刑法的罪责刑相适应原则,根据行为情节的轻重,认定行为是否具有行政违法性或者刑事违法性。

【司法解释性文件】

《最高人民法院关于对〈审计署关于咨询虚开增值税专用发票罪问题的函〉的复函》(法函〔2001〕66 号,2001 年 10 月 17 日公布)

△(**地方税务机关;"高开低征";"开大征小";违规开具增值税专用发票;渎职罪**)地方税务机关实施"高开低征"或者"开大征小"等违规开具增值税专用发票的行为,不属于刑法第二百零五条规定的虚开增值税专用发票的犯罪行为,造成国家税款重大损失的,对有关主管部门的国家机关工作人员,应当根据刑法有关渎职罪的规定追究刑事责任。

《最高人民检察院法律政策研究室关于税务机关工作人员通过企业以"高开低征"的方法代开增值税专用发票的行为如何适用法律问题的答复》(高检研发〔2004〕6 号,2004 年 3 月 17 日公布)

△(**虚开增值税专用发票;虚报为一般纳税人;"高开低征"的方法**)税务机关及其工作人员将不具备条件的小规模纳税人虚报为一般纳税人,并让其采用"高开低征"的方法为他人代开增值税专用发票的行为,属于虚开增值税专用发票。对于造成国家税款损失,构成犯罪的,应当依照刑法第二百零五条的规定追究刑事责任。

《国家税务总局关于纳税人对外开具增值税专用发票有关问题的公告》(国家税务总局公告 2014 年第 39 号,自 2014 年 8 月 1 日起施行)

△(**对外开具增值税专用发票**)纳税人通过虚增增值税进项税额偷逃税款,但对外开具增值税专用发票同时符合以下情形的,不属于对外虚开增值税专用发票①:

一、纳税人向受票方纳税人销售了货物,或者提供了增值税应税劳务、应税服务;

二、纳税人向受票方纳税人收取了所销售货物、所提供应税劳务或者应税服务的款项,或者取得了索取销售款项的凭据;

三、纳税人按规定向受票方纳税人开具的增值税专用发票相关内容,与所销售货物、所提供应税劳务或者应税服务相符,且该增值税专用发票是纳税人合法取得、并以自己名义开具的。

受票方纳税人取得的符合上述情形的增值税专用发票,可以作为增值税扣税凭证抵扣进项税额。

《最高人民法院研究室关于如何适用法发〔1996〕30 号司法解释数额标准问题的电话答复》(法研〔2014〕179 号,2014 年 11 月 27 日公布)

△(**定罪量刑数额标准**)为了贯彻罪刑相当原则,对虚开增值税专用发票案件的量刑数额标准,可以不再参照适用 1996 年《最高人民法院关于适用〈全国人民代表大会常务委员会关于惩治虚开、伪造和非法出售增值税专用发票犯罪的决定〉的若干问题的解释》。在新的司法解释制定前,对于虚开增值税专用发票案件的定罪量刑标准,可以参照《最高人民法院关于审理骗取出口退

---

① 学说见解指出,本公告仅界定了纳税人的某一行为不属于虚开增值税专用发票,无法从中反推出,不符合三种情形的行为就是虚开增值税专用发票。参见张明楷:《刑法学》(第 6 版),法律出版社 2021 年版,第 1060 页。

税刑事案件具体应用法律若干问题的解释》的有关规定①执行。

《最高人民法院研究室〈关于如何认定以“挂靠”有关公司名义实施经营活动并让有关公司为自己虚开增值税专用发票行为的性质〉征求意见的复函》（法研〔2015〕58 号，2015 年 6 月 11 日公布）

△（**挂靠；被挂靠方向受票方开具增值税专用发票**）挂靠方以挂靠形式向受票方实际销售货物，被挂靠方向受票方开具增值税专用发票的，不属于刑法第二百零五条规定的“虚开增值税专用发票”。② 主要考虑：

（1）由挂靠方适用被挂靠方的经营资格进行经营活动，并向挂靠方支付挂靠费的经营方式在实践中客观存在，且带有一定普遍性。相关法律并未明确禁止以挂靠形式从事经营活动。

（2）虚开增值税专用发票罪是行政犯，对相关入罪要件的判断，应当依据、参照相关行政法规、部门规章等，而根据《国家税务总局关于纳税人对外开具增值税专用发票有关问题的公告》（国家税务总局公告 2014 年第 39 号），挂靠方以挂靠形式向受票方实际销售货物，被挂靠方向受票方开具增值税专用发票的，不属于虚开。（§ 1）

△（**以他人名义开具增值税专用发票；实际的经营活动；主观故意**）行为人利用他人的名义从事经营活动，并以他人名义开具增值税专用发票的，即便行为人与该他人之间不存在挂靠关系，但如行为人进行了实际的经营活动，主观上并无骗取抵扣税款的故意，客观上也未造成国家增值税款损失的，不宜认定为刑法第二百零五条规定的“虚开增值税专用发票”；符合逃税罪等其他犯罪构成条件的，可以其他犯罪论处。主要考虑：

（1）虚开增值税发票罪的危害实质在于通过虚开行为骗取抵扣税款，对于有实际交易存在的代开行为，如行为人主观上并无骗取抵扣税款的故意，客观上未造成国家增值税款损失的，不宜以虚开增值税专用发票罪论处。虚开增值税专用发票罪的法定最高刑为无期徒刑，系严重犯罪，如将该罪理解为行为犯，只要虚开增值税专用发票，侵犯增值税专用发票管理秩序的，即构成犯罪并要判处重刑，也不符合罪刑责相适应原则。

（2）1996 年 10 月 17 日《关于适用〈全国人民代表大会常务委员会关于惩治虚开、伪造和非法出售增值税专用发票犯罪的决定〉的若干问题的解释》虽然未被废止，但该解释制定于 1997 年刑法施行前，根据我院《关于认真学习宣传贯彻修订的〈中华人民共和国刑法〉的通知》（法发〔1997〕3 号）第五条“修订的刑法实施后，对已明令废止的全国人大常委会有关决定和补充规定，最高人民法院原作出的有关司法解释不再适用，但是如果修订的刑法有关条文实质内容没有变化的，人民法院在刑事审判工作中，在没有新的司法解释前，可参照执行。其他对于与修订的刑法规定相抵触的司法解释，不再适用”的规定，应当根据现行刑法第二百零五条关于虚开增值税专用发票罪的规定，合理选择该解释中可以继续参照适用的条文。其中，该解释中关于“进行了实际经营活动，但让他人为自己代开增值税专用发票”也属于虚开的规定，与虚开增值税专用发票罪的规定不符，不应继续适用；如继续适用该解释的上述规定，则对于挂靠代开案件也要以犯罪论处，显然有失妥当。

（3）《刑事审判参考》曾刊登“芦才兴虚开抵

---

① 《最高人民法院关于审理骗取出口退税刑事案件具体应用法律若干问题的解释》（法释〔2002〕30 号，自 2002 年 9 月 23 日起施行）

第三条

骗取国家出口退税款 5 万元以上的，为刑法第二百零四条规定的“数额较大”；骗取国家出口退税款 50 万元以上的，为刑法第二百零四条规定的“数额巨大”；骗取国家出口退税款 250 万元以上的，为刑法第二百零四条规定的“数额特别巨大”。

第四条

具有下列情形之一的，属于刑法第二百零四条规定的“其他严重情节”：

（一）造成国家税款损失 30 万元以上并且在第一审判决宣告前无法追回的；

（二）因骗取国家出口退税行为受过行政处罚，两年内又骗取国家出口退税款数额在 30 万元以上的；

（三）情节严重的其他情形。

第五条

具有下列情形之一的，属于刑法第二百零四条规定的“其他特别严重情节”：

（一）造成国家税款损失 150 万元以上并且在第一审判决宣告前无法追回的；

（二）因骗取国家出口退税行为受过行政处罚，两年内又骗取国家出口退税款数额在 150 万元以上的；

（三）情节特别严重的其他情形。

② 相同的学说见解，参见张明楷：《刑法学》（第 6 版），法律出版社 2021 年版，第 1060 页。

扣税款发票案”。该案例提出，虚开可以用于抵扣税款的发票冲减营业额偷逃税款的行为。主观上明知所虚开的运输发票均不用于抵扣税款，客观上使用虚开发票冲减营业额的方法偷逃应纳税款，其行为不符合虚开用于抵扣税款发票罪的构成要件，属于偷税行为。2001年福建高院请示的泉州市松苑绵涤实业有限公司等虚开增值税专用发票案，被告单位不以抵扣税款为目的，而是为了显示公司实力以达到在与外商谈判中处于有利地位的目的而虚开增值税发票。我院答复认为该公司的行为不构成犯罪。（§ 2）

《最高人民法院关于虚开增值税专用发票定罪量刑标准有关问题的通知》（法〔2018〕226号，2018年8月22日公布）

△（**虚开增值税专用发票罪；定罪量刑标准**）自本通知下发之日起，人民法院在审判工作中不再参照执行《最高人民法院关于适用〈全国人民代表大会常务委员会关于惩治虚开、伪造和非法出售增值税专用发票犯罪的决定〉的若干问题的解释》（法发〔1996〕30号）第一条规定的虚开增值税专用发票罪的定罪量刑标准。

△（**虚开增值税专用发票罪；数额标准；数额较大；数额巨大**）在新的司法解释颁行前，对虚开增值税专用发票刑事案件定罪量刑的数额标准，可以参照《最高人民法院关于审理骗取出口退税刑事案件具体应用法律若干问题的解释》（法释〔2002〕30号）第三条的规定执行，即虚开的税款数额在五万元以上的，以虚开增值税专用发票罪处三年以下有期徒刑或者拘役，并处二万元以上二十万元以下罚金；虚开的税款数额在五十万元以上的，认定为刑法第二百零五条规定的“数额较大”；虚开的税款数额在二百五十万元以上的，认定为刑法第二百零五条规定的“数额巨大”。

《最高人民检察院、公安部关于公安机关管辖的刑事案件立案追诉标准的规定（二）》（公通字〔2022〕12号，2022年4月6日公布）

△（**虚开增值税专用发票、用于骗取出口退税、抵扣税款发票罪；立案追诉标准**）虚开增值税专用发票或者虚开用于骗取出口退税、抵扣税款的其他发票，虚开的税款数额在十万元以上或者造成国家税款损失数额在五万元以上的，应予立案追诉。（§ 56）

【指导性案例】

最高人民检察院指导性案例第81号：无锡F警用器材公司虚开增值税专用发票案（2020年11月24日发布）

△（**单位认罪认罚；不起诉；移送行政处罚；合规经营**）民营企业违规经营触犯刑法情节较轻，认罪认罚的，对单位和直接责任人员依法能不捕的不捕，能不诉的不诉。检察机关应当督促认罪认罚的民营企业合法规范经营。拟对企业作出不起诉处理的，可以通过公开听证听取意见。对被不起诉人（单位）需要给予行政处罚、处分或者需要没收其违法所得的，应当依法提出检察意见，移送有关主管机关处理。

【参考案例】

△**违反增值税专用发票管理法规，采取高开低征的方式开具增值税专用发票的，应以虚开增值税专用发票罪论处。**

从主观方面看，西城税务分局具有放任受票人利用虚开的增值税专用发票抵扣税款或者骗取税款的故意。作为负责税收征管的税务机关，对于高开低征、开大征小行为违反国家税收征管和发票管理制度，会导致受票人利用与真实的应税劳务、货物交易不符的增值税专用发票偷逃、骗取国家税款，毫无疑问是明知的，但吴彩森等虚开增值税专用发票案中的西城税务分局为了本地方、本部门的利益，借口完成税收征缴任务和谋取一定的手续费、管理费，在征收少量税款的前提下，大肆虚开增值税专用发票，放任国家税款流失，已经具备虚开增值税专用发票罪的主观特征。

从客观方面讲，西城税务分局实施了虚开增值税专用发票的行为。《最高人民法院关于适用〈全国人民代表大会常务委员会关于惩治虚开、伪造和非法出售增值税专用发票犯罪的决定〉的若干问题的解释》第一条第二款规定，“具有下列行为之一的，属于‘虚开增值税专用发票’：(1)没有货物购销或者没有提供或接受应税劳务而为他人、为自己、让他人为自己、介绍他人开具增值税专用发票；(2)有货物购销或者提供或接受了应税劳务但为他人、为自己、让他人为自己、介绍他人开具数量或金额不实的增值税专用发票；(3)进行了实际经营活动，但让他人为自己代开增值税专用发票”。具体到本案，西城税务分局主要实施该解释第一条第二款第（一）项规定的为他人无货虚开增值税专用发票的行为和第一条第二款第（二）项规定的为他人开具数量或金额不实的增值税专用发票的行为，具备构成虚开增值税专用发票罪的客观特征。［No. 3-6-205-2　吴彩森等虚开增值税专用发票案］

△**虚开用于抵扣税款的发票罪以行为人主观上具有偷骗税款的目的为成立要件。**

伪造、出售伪造的增值税专用发票罪、非法出售增值税专用发票、非法购买增值税专用发票、购买伪造的增值税专用发票等发票类犯罪是为其他类型的涉税犯罪提供帮助的行为。虚开发票行为的危害实质上并不在于形式上的虚开行为，而在于行为人通过虚开增值税专用发票抵扣税款以达到偷逃国家税款的目的，其主观恶性和可能造成的客观损害都可以使得其社会危害性程度非常之大。因此，刑法虽然没有明确规定该罪的目的要件，但偷骗税款的目的应当作为该罪成立的必要条件。[No. 3-6-205-7　金民、袁丽等人逃税案]

△虚开增值税专用发票的行为中，无实际经营活动的行为人为他人虚开销项发票的同时又让他人为自己虚开进项发票的，应当按其中数额较大的一项计算虚开的数额，而不应累计计算销项与进项发票的数额。

增值税是流转税的一种，在正常的生产经营中，生产者销售货物，要向他人开出销项增值税专用发票，并向国家缴纳货物价款的17%的税款。生产者凭借在购买原材料时他人为其开具的进项增值税专用发票所缴纳的税款，向税务机关申报抵扣。生产者实际缴纳的税款，只是货物增值部分17%的税款。无论货物经过多少环节，国家对货物征收增值税的数额，是货物最终价款的17%。对于在不具有真实交易情况下的虚开增值税专用发票行为，由于虚开行为人不存在向国家缴税的义务，因此，虚开的数额只以销项或进项中较大的数额计算即可，不应将虚开的销项和进项累计计算。因为销项和进项累计计算可能使认定虚开增值税款的数额超出货物价款的17%，这与作为一种流转税性质的增值税的实际情况不符。在孟庆弘虚开增值税专用发票案中，被告人孟庆弘没有实际生产经营行为，在为他人虚开销项发票后，为抵扣税款，又让他人为自己虚开进项发票，一审法院将被告人孟庆弘虚开的销项税额和进项税额累计计算，税额在10万元以上，属犯罪数额较大，依法应当判处有期徒刑三年，并处罚金。二审法院认为，进项税额与销项税额不应当累计计算，而应当取数额较大的销项税额即为他人虚开的税额为其犯罪数额，不足10万元，依法应当判处三年以下有期徒刑或者拘役，并处罚金。[No. 3-6-205-8　孟庆弘虚开增值税专用发票案]

第二百零五条之一　【虚开发票罪】

虚开本法第二百零五条规定以外的其他发票，情节严重的，处二年以下有期徒刑、拘役或者管制，并处罚金；情节特别严重的，处二年以上七年以下有期徒刑，并处罚金。

单位犯前款罪的，对单位判处罚金，并对其直接负责的主管人员和其他直接责任人员，依照前款的规定处罚。

【立法沿革】

《中华人民共和国刑法修正案(八)》(自2011年5月1日起施行)

三十三、在刑法第二百零五条后增加一条，作为第二百零五条之一：

“虚开本法第二百零五条规定以外的其他发票，情节严重的，处二年以下有期徒刑、拘役或者管制，并处罚金；情节特别严重的，处二年以上七年以下有期徒刑，并处罚金。

“单位犯前款罪的，对单位判处罚金，并对其直接负责的主管人员和其他直接责任人员，依照前款的规定处罚。”

【立法理由】

1979年刑法和1997年修订后的刑法对虚开普通发票行为都未作规定。**2011年《刑法修正案(八)》**增加了本条规定。1997年修订刑法时，立法者针对当时虚开增值税专用发票或者虚开用于骗取出口退税、抵扣税款的其他发票特别严重的情况，将虚开增值税专用发票或者虚开用于骗取出口退税、抵扣税款的其他发票的行为规定为犯罪。近年来，虚开增值税专用发票的违法犯罪行为得到有效遏制，不法分子把违法犯罪目标和重点转向其他发票，虚开普通发票的行为泛滥猖獗。对于发票的管理和使用，有关法律法规作了严格规定。《发票管理办法》第二十条规定：“所有单位和从事生产、经营活动的个人在购买商品、接受服务以及从事其他经营活动支付款项，应当向收款方取得发票。取得发票时，不得要求变更品名和金额。”第二十二条第一款规定：“开具发票应当按照规定的时限、顺序、栏目，全部联次一次性如实开具，并加盖发票专用章。”但在实践中，一些单位和个人为了获取非法利益，采取以虚假身份注册多个公司的方式，用貌似合法的经营和纳税为掩护，从税务机关大量套购骗领发票，在无实际经营业务的情况下，从事虚开发票活动，采取“大头小尾”“阴阳票”等手段虚开发票，有些甚至直接用伪造的假发票虚开。虚开发票的行为泛滥，不仅直接诱发逃税等税收违法犯罪行为，还为财务造假、贪污贿赂、挥霍公款、洗钱等违法犯罪行为提供了条件，严重扰乱市场经济秩序和社会管理秩序，并滋生各类腐败现象，败坏社会风气，具有严重的社会危害性。对于虚开增值税专用发票或者用于骗取出口退税、抵扣税款的其他发票以外的其他发票的行为，1997 年刑法没有单独规定罪名。为了进一步加强发票管理，加大对虚开发票行为的打击力度，维护正常的经济秩序，2011 年 2 月 25 日第十一届全国人大常委会第十九次会议通过的《刑法修正案（八）》将虚开《刑法》第二百零五条规定以外的其他发票的行为规定为犯罪。

截至目前，中国现行征收的十八个税种中，有十一个是由全国人大立法征收的。《立法法》第八条规定，“税种的设立、税率的确定和税收征收管理等税收基本制度”须由法律进行规定。党的十八届三中全会提出，要落实税收法定原则。随着法治中国的建设和我国税收法定进程的加快，一个税制合理、税负稳定、结构优化、管理规范的中国现代税制体系正在形成，根据各项税制改革和税收政策的变化，刑法关于危害税收征管犯罪的相关规定也会有新的发展和内涵。

【条文说明】

本条是关于虚开发票罪及其处罚的规定。

本条共分为两款。

第一款是关于虚开发票罪及其处罚的规定。**“虚开发票”**是指为他人虚开、为自己虚开、让他人为自己虚开、介绍他人虚开等行为。虚开的手段多种多样，比如“大头小尾”、开“阴阳票”、改变品目、使用地税营业税发票开国税业务发票，甚至使用假发票等。虚开的目的可以是为了赚取手续费，也可以是通过虚开发票少报收入，偷税、骗税，甚至是用于非法经营、贪污贿赂、侵占等违法犯罪活动。“**本法第二百零五条规定以外的其他发票**”是指除增值税专用发票或者其他具有退税、抵扣税款功能的发票以外的普通发票①，既包括真的也包括伪造、变造的普通发票②。根据本款规定，**对于虚开《刑法》第二百零五条规定以外的其他发票，情节严重的**，处二年以下有期徒刑、拘役或者管制，并处罚金；**情节特别严重的**，处二年以上七年以下有期徒刑，并处罚金。对于情节认定的具体标准，可以由最高人民法院、最高人民检察院根据司法实践情况通过制定司法解释确定。对于不属于“情节严重”或者“情节特别严重”的一般虚开其他发票的行为，尚不够刑罚处罚的，可以根据发票管理办法的规定，由税务机关没收违法所得；虚开金额在一万元以下的，可以并处五万元以下的罚款；虚开金额超过一万元的，并处五万元以上五十万元以下的罚款。税务机关在处理这些行为的过程中，如果发现其虚开发票的行为已经构成犯罪的，应当依法移送司法机关追究刑事责任。

第二款是关于单位犯罪的规定。对于单位犯本条规定之罪的，实行**双罚制原则**，即对单位判处罚金，同时对其直接负责的主管人员和其他直接责任人员，依照第一款的规定处罚，即情节严重的，处二年以下有期徒刑、拘役或者管制，并处罚金；情节特别严重的，处二年以上七年以下有期徒刑，并处罚金。

在实际执行中认定虚开发票罪应当注意以下两个方面的问题：

1. 要注意区分罪与非罪的界限。依照《刑法》第二百零五条之一的规定，**虚开普通发票必须达到情节严重的程度才构成犯罪**。因为这类行为首先违反的是国家发票管理法规，是一种行政违法行为，应当主要通过行政制裁的方式处理。只有情节严重的虚开普通发票行为才构成犯罪。司法实践中，“情节严重”可以从以下几个方面来分析认定：虚开普通发票数额或者数量；虚开普通发票的次数；虚开普通发票造成的后果；是否因虚开普通发票的行为受到过行政处罚或者刑事处罚；有无其他恶劣情节；等等。

2. 区分虚开发票罪与**虚开增值税专用发票罪、逃税罪**的界限。虚开发票罪与虚开增值税专用发票罪的主要区别是犯罪对象不同，前者是普通发票，后者是增值税专用发票。虚开发票罪与逃税罪的主要区别是犯罪的客观方面不同，前者是虚开普通发票的行为，后者是逃税的行为。如果行为人利用虚开普通发票的手段进行逃税，同时触犯了两个罪名的，应当从一重处罚。

【司法解释性文件】

《最高人民检察院、公安部关于公安机关管辖的刑事案件立案追诉标准的规定（二）》（公通字〔2022〕12 号，2022 年 4 月 6 日公布）

① 我国学者指出，“刑法第二百零五条规定以外”属于界限要素，不是真正的构成要件要素。参见张明楷：《刑法学》（第 6 版），法律出版社 2021 年版，第 1061 页。

② 相同的学说见解，参见黎宏：《刑法学各论》（第 2 版），法律出版社 2016 年版，第 176 页。

△（虚开发票罪；立案追诉标准）虚开刑法第二百零五条规定以外的其他发票，涉嫌下列情形之一的，应予立案追诉：

（一）虚开发票金额累计在五十万元以上的；

（二）虚开发票一百份以上且票面金额在三十万元以上的；

（三）五年内因虚开发票受过刑事处罚或者二次以上行政处罚，又虚开发票，数额达到第一、二项标准百分之六十以上的。（§57）

第二百零六条　【伪造、出售伪造的增值税专用发票罪】

伪造或者出售伪造的增值税专用发票的，处三年以下有期徒刑、拘役或者管制，并处二万元以上二十万元以下罚金；数量较大或者有其他严重情节的，处三年以上十年以下有期徒刑，并处五万元以上五十万元以下罚金；数量巨大或者有其他特别严重情节的，处十年以上有期徒刑或者无期徒刑，并处五万元以上五十万元以下罚金或者没收财产。

单位犯本条规定之罪的，对单位判处罚金，并对其直接负责的主管人员和其他直接责任人员，处三年以下有期徒刑、拘役或者管制；数量较大或者有其他严重情节的，处三年以上十年以下有期徒刑；数量巨大或者有其他特别严重情节的，处十年以上有期徒刑或者无期徒刑。

【立法沿革】

《中华人民共和国刑法》（1997年修订，自1997年10月1日起施行）

第二百零六条

伪造或者出售伪造的增值税专用发票的，处三年以下有期徒刑、拘役或者管制，并处二万元以上二十万元以下罚金；数量较大或者有其他严重情节的，处三年以上十年以下有期徒刑，并处五万元以上五十万元以下罚金；数量巨大或者有其他特别严重情节的，处十年以上有期徒刑或者无期徒刑，并处五万元以上五十万元以下罚金或者没收财产。

伪造并出售伪造的增值税专用发票，数量特别巨大，情节特别严重，严重破坏经济秩序的，处无期徒刑或者死刑，并处没收财产。

单位犯本条规定之罪的，对单位判处罚金，并对其直接负责的主管人员和其他直接责任人员，处三年以下有期徒刑、拘役或者管制；数量较大或者有其他严重情节的，处三年以上十年以下有期徒刑；数量巨大或者有其他特别严重情节的，处十年以上有期徒刑或者无期徒刑。

《中华人民共和国刑法修正案（八）》（自2011年5月1日起施行）

三十四、删去刑法第二百零六条第二款。

【立法理由】

1. 1979年立法的情况。改革开放初期，我国的税收制度和征管制度尚不完善，与此相关的犯罪行为较少。1979年《刑法》第一百一十七条规定："违反金融、外汇、金银、工商管理法规，投机倒把，情节严重的，处三年以下有期徒刑或者拘役，可以并处、单处罚金或者没收财产。"第一百二十四条规定："以营利为目的，伪造车票、船票、邮票、税票、货票的，处二年以下有期徒刑、拘役或者罚金；情节严重的，处二年以上七年以下有期徒刑，可以并处罚金。"当时的伪造或者出售伪造的增值税专用发票的行为是分别依照1979年《刑法》第一百二十四条伪造有价票证罪和第一百一十七条投机倒把罪定罪处罚的。

2. 1979年之后至1997年刑法修订前的立法情况。1994年我国实行以增值税为主的流转税改革后，增值税专用发票的作用得到重要体现，伪造或者出售伪造的增值税专用发票行为的社会危害性比较严重，1979年刑法的规定已不能适应惩治这类犯罪的客观需要。针对这种情况，1995年10月30日第八届全国人大常委会第十六次会议通过了《全国人民代表大会常务委员会关于惩治虚开、伪造和非法出售增值税专用发票犯罪的决定》，其第二条规定："伪造或者出售伪造的增值税专用发票的，处三年以下有期徒刑或者拘役，并处二万元以上二十万元以下罚金；数量较大或者有其他严重情节的，处三年以上十年以下有期徒刑，并处五万元以上五十万元以下罚金；数量巨大或者有其他特别严重情节的，处十年以上有期徒刑或者无期徒刑，并处没收财产。伪造并出售伪造的增值税专用发票，数量特别巨大、情节特别严重、严重破坏经济秩序的，处无期徒刑或者死刑，并处没收财产。伪造、出售伪造的增值税专用发票的犯罪集团的首要分子，分别依照前两款的规定从重处罚。"该条第二款对伪造并出售伪造的增值税专用发票的犯罪，最高刑期可判处死刑的规定，在当时对于打击有关增值税专用发票的犯罪，起到了一定的震慑作用。特别是在当时我国正在处于税制改革的初期，有关伪造和出售伪造的增值税专用发票的犯罪非常猖狂，给国家的税制造成了严重的破坏。利用刑法手段来保证国家税制改革的顺利进行和严厉打击这方面的犯罪，在当时的情况下是非常必要的。

3. 1997 年修订刑法的情况。1997 年修订刑法时，立法者吸收了前述 1995 年决定第二条对伪造或者出售伪造的增值税专用发票的规定，并作了进一步的修改：一是将原条文第一款规定的第一档刑罚由“处三年以下有期徒刑或者拘役”修改为“处三年以下有期徒刑、拘役或者管制”，增加了管制刑，实质上降低了起刑点。由于只要实施了伪造或者出售伪造的增值税专用发票的行为的，就可构成本条规定的犯罪，考虑到尚未造成严重后果等现实中情形，增加管制刑，体现了宽严相济的刑事政策。二是将第三档财产刑由“并处没收财产”修改为“并处五万元以上五十万元以下罚金或者没收财产”。三是删掉原条文第三款关于犯罪集团首要分子的规定。四是增加一款对单位犯罪的处罚规定，以适应实践中单位自身伪造增值税专用发票的情况。

4. 2011 年《刑法修正案（八）》对本条的修改情况。近年来，随着我国在税制方面改革的进一步深化，特别是经过逐步建立健全有关税制方面的制度建设，采取先进的科学防伪措施等行政监管的有效机制，使得这方面的犯罪得到了一定程度的有效控制和防范，伪造、出售伪造增值税专用发票罪的社会危害性有所减弱，考虑到罪责刑相适应原则，需要对这方面犯罪的刑罚规定方面做出一些调整。因此，**本条删去关于伪造并出售伪造的增值税专用发票的死刑规定**，这也符合我国目前限制死刑、减少死刑适用的立法趋势。

【条文说明】

本条是关于伪造、出售伪造的增值税专用发票罪及其处罚的规定。

我国建立以增值税为主体的流转税制度，是深化改革、促进竞争、公平税负和保障国家税收的需要，国家对增值税专用发票实行严格管理。根据我国《发票管理办法》第七条的规定，增值税专用发票由国务院税务主管部门确定的企业印制。禁止私自印制、伪造、变造发票。伪造、出售伪造的增值税专用发票的行为侵犯了我国增值税专用发票管理制度，扰乱了市场经济秩序。

本条共分为两款。

第一款是关于伪造、出售伪造的增值税专用发票罪及其处罚的规定。其中，**“伪造”增值税专用发票**是指仿照增值税专用发票的形状、样式、色彩、图案等，使用各种仿制方法制造假增值税专用发票的行为。①**“出售伪造的增值税专用发票”**是指个人或单位通过各种方法将伪造的增值税专用发票出售、进行牟利的行为，既包括以票换取金钱的典型出卖行为，同时也包括以票换取其他财物或者其他财产性利益与报酬的非典型出卖行为。至于出售的是自己伪造的，还是他人伪造的，是通过购买而从他人手上得到的，还是他人伪造后送与的，都不影响行为的性质，只要行为人出于明知，即可构成出售伪造的增值税专用发票罪。

本款关于刑罚的规定分为三档，人民法院可在审理这类案件时，根据本条的规定和案件的情况，适用相应的刑罚规定。第一档刑罚为“处三年以下有期徒刑、拘役或者管制，并处二万元以上二十万元以下罚金”，这是对**一般的伪造或者出售伪造的增值税专用发票行为的处罚规定**；第二档刑罚为“**数量较大或者有其他严重情节的**，处三年以上十年以下有期徒刑，并处五万元以上五十万元以下罚金”；第三档刑罚为“**数量巨大或者有其他特别严重情节的**，处十年以上有期徒刑或者无期徒刑，并处五万元以上五十万元以下罚金或者没收财产”。其中，“数量较大”“有其他严重情节”“数量巨大”“有其他特别严重情节”，一般是指伪造或者出售伪造的增值税专用发票的本数、份数较大、巨大或者屡教不改，以伪造或者出售伪造的增值税专用发票为常业等情形。

根据本款规定，伪造、出售伪造的增值税专用发票罪属于行为犯，只要具有伪造或者出售伪造的增值税专用发票行为之一，便可构成犯罪，没有“数额”“情节”的限定。但是，伪造或者出售伪造的增值税专用发票行为情节显著轻微危害不大，根据《刑法》第十三条的规定，不应认为是犯罪。

① 我国学者指出，本罪中的“伪造”，还包括对真实增值税发票进行加工的变造增值税专用发票的行为。参见张明楷：《刑法学》（第 6 版），法律出版社 2021 年版，第 1062 页；黎宏：《刑法学各论》（第 2 版），法律出版社 2016 年版，第 177 页；周光权：《刑法各论》（第 4 版），中国人民大学出版社 2021 年版，第 341 页；赵秉志、李希慧主编：《刑法各论》（第 3 版），中国人民大学出版社 2016 年版，第 160 页；高铭暄、马克昌主编：《刑法学》（第 7 版），北京大学出版社、高等教育出版社 2016 年版，第 430 页。

从这个意义上讲,构成伪造、出售伪造的增值税专用发票罪也存在入罪门槛或标准。1996 年 10 月 17 日颁布的《最高人民法院关于适用〈全国人民代表大会常务委员会关于惩治虚开、伪造和非法出售增值税专用发票犯罪的决定〉的若干问题的解释》曾对上述刑罚的适用条件作出过规定,在没有新的司法解释颁布前可参考适用,同时也要考虑到我国现有经济发展水平和司法实践中对其他伪造类经济犯罪的量刑标准。根据前述 1996 年司法解释第二条和 2010 年出台的《最高人民检察院、公安部关于公安机关管辖的刑事案件立案追诉标准的规定(二)》第六十二条的规定,伪造或者出售伪造的增值税专用发票二十五份以上或者票面额累计在十万元以上的,**应予立案追诉**。其中,伪造或者出售伪造的增值税专用发票一百份以上或者票面额累计五十万元以上的,属于"**数量较大**";具有下列情形之一的,属于"**有其他严重情节**":(1)违法所得数额在一万元以上的;(2)伪造并出售伪造的增值税专用发票六十份以上或者票面额累计三十万元以上的;(3)造成严重后果或者具有其他严重情节的。伪造或者出售伪造的增值税专用发票五百份以上或者票面额累计二百五十万元以上的,属于"**数量巨大**";具有下列情形之一的,属于"**有其他特别严重情节**":(1)违法所得数额在五万元以上的;(2)伪造并出售伪造的增值税专用发票三百份以上或者票面额累计二百万元以上的;(3)伪造或者出售伪造的增值税专用发票接近"数量巨大"并有其他严重情节的;(4)造成特别严重后果或者具有其他特别严重情节的。

第二款是关于单位犯本条规定之罪及其处罚的规定。其中,"**单位犯本条规定之罪**"是指单位触犯本条规定的伪造或者出售伪造和伪造并出售伪造的增值税专用发票的构成犯罪的情况。单位犯本条规定之罪的刑罚采取**双罚制原则**,即"对单位判处罚金",同时规定,对单位直接负责的主管人员和其他责任人员,处三年以下有期徒刑、拘役或者管制;数量较大或者有其他严重情节的,处三年以上十年以下有期徒刑;数量巨大或者有其他特别严重情节的,处十年以上有期徒刑或者无期徒刑。

根据本条规定,构成伪造、出售伪造的增值税专用发票罪,只要具有伪造或者出售伪造的增值税专用发票的其中一种行为即可,**不要求同时具备两种行为**。如果同一主体同时具有伪造和出售伪造的增值税专用发票的行为,则应以伪造、出售伪造的增值税专用发票罪定罪处罚,而不数罪并罚,但出售行为应作为量刑情节在量刑时予以考虑。

实践中,行为人伪造增值税专用发票后,又利用伪造的增值税专用发票实施逃避缴纳税款、虚开增值税专用发票、骗取国家出口退税等其他犯罪的情况比较普遍。对于这种情况,司法实践中一般按照处理牵连犯的原则,**从一重罪处罚**。变造增值税专用发票的,按照伪造增值税专用发票行为处理。

【司法解释】

《最高人民法院关于适用〈全国人民代表大会常务委员会关于惩治虚开、伪造和非法出售增值税专用发票犯罪的决定〉的若干问题的解释》(法发〔1996〕30 号,1996 年 10 月 17 日公布①)

△(**伪造、出售伪造的增值税专用发票罪;数量较大;其他严重情节;数量巨大;其他特别严重情节;伪造并出售同一宗增值税专用发票;变造增值税专用发票**)根据《决定》②第二条规定,伪造或者出售伪造的增值税专用发票的,构成伪造、出售伪造的增值税专用发票罪。

伪造或者出售伪造的增值税专用发票 25 份以上或者票面额(百元版以每份 100 元,千元版以每份 1 000 元,万元版以每份 1 万元计算,以此类推。下同)累计 10 万元以上的应当依法定罪处罚。

伪造或者出售伪造的增值税专用发票 100 份以上或者票面额累计 50 万元以上的,属于"数量较大";具有下列情形之一的,属于"有其他严重情节":

(1)违法所得数额在 1 万元以上的;

(2)伪造并出售伪造的增值税专用发票 60 份以上或者票面额累计 30 万元以上的;

(3)造成严重后果或者具有其他严重情节的。

伪造或者出售伪造的增值税专用发票 500 份以上或者票面额累计 250 万元以上的,属于"数量巨大";具有下列情形之一的,属于"有其他特别严重情节":

(1)违法所得数额在 5 万元以上的;

① 关于系争司法解释的适用效力,可参见《最高人民法院关于认真学习宣传贯彻修订的〈中华人民共和国刑法〉的通知》(法发〔1997〕3 号,1997 年 3 月 25 日公布)第五条及《最高人民法院研究室关于如何适用法发〔1996〕30 号司法解释数额标准问题的电话答复》(法研〔2014〕179 号,2014 年 11 月 27 日公布)。

② 即《全国人民代表大会常务委员会关于惩治虚开、伪造和非法出售增值税专用发票犯罪的决定》。

(2)伪造并出售伪造的增值税专用发票300份以上或者票面额累计200万元以上的;

(3)伪造或者出售伪造的增值税专用发票接近"数量巨大"并有其他严重情节的;

(4)造成特别严重后果或者具有其他特别严重情节的。

伪造并出售伪造的增值税专用发票1000份以上或者票面额累计1000万元以上的,属于"伪造并出售伪造的增值税专用发票数量特别巨大";具有下列情形之一的,属于"情节特别严重"①:

(1)违法所得数额在5万元以上的;

(2)因伪造、出售伪造的增值税专用发票致使国家税款被骗取100万元以上的;

(3)给国家税款造成实际损失50万元以上的;

(4)具有其他特别严重情节的。对于伪造并出售伪造的增值税专用发票数量达到特别巨大,又具有特别严重情节,严重破坏经济秩序的,应当依照《决定》第二条第二款的规定处罚。

伪造并出售同一宗增值税专用发票的,数量或者票面额不重复计算。

变造增值税专用发票的,按照伪造增值税专用发票行为处理。(§2)

【司法解释性文件】

《最高人民检察院、公安部关于公安机关管辖的刑事案件立案追诉标准的规定(二)》(公通字〔2022〕12号,2022年4月6日公布)

△**(伪造、出售伪造的增值税专用发票罪;立案追诉标准)**伪造或者出售伪造的增值税专用发票,涉嫌下列情形之一的,应予立案追诉:

(一)票面税额累计在十万元以上的;

(二)伪造或者出售伪造的增值税专用发票十份以上且票面税额在六万元以上的;

(三)非法获利数额在一万元以上的。(§58)

【参考案例】

△**购买伪造的增值税专用发票又出售的,应以出售伪造的增值税专用发票罪论处。**

《刑法》第二百零八条第二款规定了对非法购买增值税专用发票罪或者购买伪造的增值税专用发票罪与虚开增值税专用发票罪、非法出售增值税专用发票罪或者出售伪造的增值税专用发票罪的牵连犯的定罪处罚原则。其基本含义是,在行为人购买的手段行为与虚开、出售的目的行为均单独成立犯罪从而形成牵连犯罪的情况下,应以目的行为的罪名定罪处罚。因为根据我国《刑法》的规定,相对于手段行为构成的犯罪来说,目的行为构成的犯罪处罚更重。这也是牵连犯从一重罪定罪处罚一般原则的要求。因此,对于行为人购买伪造的增值税专用发票又出售的行为,如果购买与出售伪造的增值税专用发票行为均成立犯罪,则应以出售伪造的增值税专用发票罪定罪处罚。只有购买伪造的增值税专用发票尚未出售或者出售行为尚未达到追究刑事责任的数额标准的情况下,考虑到犯罪行为的想象竞合和吸收关系,才以购买伪造的增值税专用发票罪定罪处罚。[No.3-6-206-1　曾珠玉等伪造增值税专用发票案]

△**制造、销售伪造增值税专用发票的印刷工具的,应以伪造增值税专用发票罪论处。**

制造、销售伪造增值税专用发票(普通发票)的印刷模版等印制工具的行为,其社会危害性与伪造、出售伪造的增值税专用发票行为相比有过之而无不及,我们不能片面理解罪刑法定原则,以刑法没有明确规定而认为制造、销售伪造增值税专用发票(普通发票)的印刷模版等印制工具的行为不能以犯罪论处。制造、销售伪造增值税专用发票(普通发票)的印制工具的行为,本质上就是为伪造增值税专用发票(普通发票)提供条件。参照《最高人民法院关于审理伪造货币等案件具体应用法律若干问题的解释》第一条第三款的规定:"行为人制造货币版样或者与他人事前通谋,为他人伪造货币提供版样的,依照刑法第一百七十条的规定定罪处罚",以及《全国法院审理金融犯罪案件工作座谈会纪要》中关于假币犯罪的规定:"伪造货币的,只要实施了伪造行为,不论是否完成全部印制工序,即构成伪造货币罪;对于尚未制造出成品,无法计算伪造、销售假币面额的,或者制造、销售用于伪造货币的版样的,不认定犯罪数额,依据犯罪情节决定刑罚",对于制造、销售伪造增值税专用发票(普通发票)的印刷模版等印制工具的行为,应以伪造增值税专用发票(普通发票)罪定罪处罚。[No.3-6-206-2　曾珠玉等伪造增值税专用发票案]

① 本款系针对1997年《刑法》第二百零六条第二款所作的解释,但《刑法修正案(八)》删去了《刑法》第二百零六条第二款。

第二百零七条 【非法出售增值税专用发票罪】

非法出售增值税专用发票的，处三年以下有期徒刑、拘役或者管制，并处二万元以上二十万元以下罚金；数量较大的，处三年以上十年以下有期徒刑，并处五万元以上五十万元以下罚金；数量巨大的，处十年以上有期徒刑或者无期徒刑，并处五万元以上五十万元以下罚金或者没收财产。

【立法理由】

1. 1979 年之后至 1997 年刑法修订前的立法情况。非法出售增值税专用发票的犯罪是随着我国使用增值税的规模逐渐扩大而愈发严峻的。特别是 1994 年我国对税收体制进行了重大改革，建立了以增值税为主体的流转税制度，增值税扩大到商品生产和商品流通的各个环节，导致这种犯罪更加猖獗。非法出售增值税专用发票，不仅破坏了国家对增值税专用发票的管理，而且对逃税、虚开发票、骗取国家税款的犯罪活动起到了推波助澜的作用。为了惩治非法出售增值税专用发票的犯罪行为，1995 年 10 月 30 日第八届全国人大常委会第十六次会议通过了《全国人民代表大会常务委员会关于惩治虚开、伪造和非法出售增值税专用发票犯罪的决定》，其第三条规定："非法出售增值税专用发票的，处三年以下有期徒刑或者拘役，并处二万元以上二十万元以下罚金；数量较大的，处三年以上十年以下有期徒刑，并处五万元以上五十万元以下罚金；数量巨大的，处十年以上有期徒刑或者无期徒刑，并处没收财产。"在此之前，需要对非法出售增值税专用发票追究刑事责任的，一般按 1994 年 6 月 3 日发布的《最高人民法院、最高人民检察院关于办理伪造、倒卖、盗窃发票刑事案件适用法律的规定》，以投机倒把罪定罪量刑。

2. 1997 年修订刑法的情况。1997 年修订刑法时，立法者吸收了前述 1995 年决定第三条对非法出售增值税专用发票行为的规定，并作了如下修改：一是在第一档刑罚中增加了管制刑，实际降低了非法出售增值税专用发票罪的起刑点；二是将第三档罚金刑由"并处没收财产"修改为"并处五万元以上五十万元以下罚金或者没收财产"，以更好地适应实践中对非法出售增值税专用发票罪财产刑处罚的需要，避免附加刑过重。

【条文说明】

本条是关于非法出售增值税专用发票罪及其处罚的规定。

本条规定的"**非法出售增值税专用发票**"，是指除税务机关依照规定发售增值税专用发票外，增值税专用发票持有人违反国家有关法律法规规定出售发票的行为。增值税专用发票由国家税务机关依照规定发售，只限于增值税的一般纳税人领购使用。除此之外，任何人和单位不得出售。对增值税专用发票必须进行非常严格的管理。所谓违反国家有关法律法规，主要是指违反税收征收管理法、发票管理办法及其实施细则、目前的增值税暂行条例等法规规章。所谓"**非法出售**"，是指行为人非法将增值税专用发票提供给他人，并收取一定价款的行为。本条规定的"非法出售"是广义的，既包括税务机关及其工作人员故意违反法律、法规的规定进行出售的行为，也包括其他任何人非法出售增值税专用发票的行为。另外，非法出售增值税专用发票，首先是以持有这种发票为条件的，行为人取得这种发票的方式多样，有的是从合法渠道领取的，即符合一般纳税人条件的单位和个人依法从税务部门领取增值税专用发票；有的是与税务人员相勾结，非法取得增值税专用发票。但无论非法出售的增值税专用发票的来源是否合法，并不影响非法出售增值税专用发票罪的成立。应当注意的是，**本条规定的非法出售的增值税专用发票，必须是国家统一印制的增值税专用发票**，而不是伪造的，否则构成出售伪造的增值税专用发票罪。①

关于非法出售增值税专用发票罪的刑罚，本条根据非法出售增值税专用发票犯罪行为的情节，规定了三档。第一档刑罚是处三年以下有期徒刑、拘役或者管制，并处二万元以上二十万元以下罚金。第二档刑罚是针对"**数量较大**"的，规定处三年以上十年以下有期徒刑，并处五万元以上五十万元以下罚金。第三档刑罚是针对"**数量巨大**"的，规定处十年以上有期徒刑或者无期徒刑，并处五万元以上五十万元以下罚金或者没收财产。

根据本条规定，非法出售增值税专用发票属于行为犯，没有"数额""情节"的限定。但是，非

① 相同的学说见解，参见黎宏：《刑法学各论》（第 2 版），法律出版社 2016 年版，第 177 页；张明楷：《刑法学》（第 6 版），法律出版社 2021 年版，第 1063 页；周光权：《刑法各论》（第 4 版），中国人民大学出版社 2021 年版，第 341 页。

法出售的行为情节显著轻微危害不大的，根据《刑法》第十三条的规定，不应认为是犯罪。从这个意义上讲，构成非法出售增值税专用发票罪也存在入罪门槛或标准。1996年10月17日颁布的《最高人民法院关于适用〈全国人民代表大会常务委员会关于惩治虚开、伪造和非法出售增值税专用发票犯罪的决定〉的若干问题的解释》曾对上述刑罚的适用条件作出过规定，在没有新的司法解释颁布前可参考适用，同时也要考虑到我国现有经济发展水平和司法实践中对其他危害税收征管犯罪的量刑标准。根据上述1996年司法解释第三条和2010年出台的《最高人民检察院、公安部关于公安机关管辖的刑事案件立案追诉标准的规定(二)》第六十三条的规定，非法出售增值税专用发票二十五份以上或者票面额累计在十万元以上的，**应予立案追诉**。其中，非法出售增值税专用发票一百份以上或者票面额累计五十万元以上的，属于"**数量较大**"；具有下列情形之一的，属于"有其他严重情节"：(1)违法所得数额在一万元以上的；(2)非法出售增值税专用发票六十份以上或者票面额累计三十万元以上的；(3)造成严重后果或者具有其他严重情节的。非法出售增值税专用发票五百份以上或者票面额累计二百五十万元以上的，属于"**数量巨大**"；具有下列情形之一的，属于"有其他特别严重情节"：(1)违法所得数额在五万元以上的；(2)非法出售增值税专用发票三百份以上或者票面额累计二百万元以上的；(3)非法出售增值税专用发票接近"数量巨大"并有其他严重情节的；(4)造成特别严重后果或者具有其他特别严重情节的。

【司法解释】

《最高人民法院关于适用〈全国人民代表大会常务委员会关于惩治虚开、伪造和非法出售增值税专用发票犯罪的决定〉的若干问题的解释》(法发〔1996〕30号，1996年10月17日公布[①])

△(**非法出售增值税专用发票罪；定罪量刑数量标准**)根据《决定》[②]第三条规定，非法出售增值税专用发票的，构成非法出售增值税专用发票罪。

非法出售增值税专用发票案件的定罪量刑数量标准按照本解释第二条第二、三、四款的规定[③]执行。(§3)

【司法解释性文件】

《最高人民检察院、公安部关于公安机关管辖的刑事案件立案追诉标准的规定(二)》(公通字〔2022〕12号，2022年4月6日公布)

△(**非法出售增值税专用发票罪；立案追诉标准**)非法出售增值税专用发票，涉嫌下列情形之一的，应予立案追诉：

(一)票面税额累计在十万元以上的；

(二)非法出售增值税专用发票十份以上且票面税额在六万元以上的；

(三)非法获利数额在一万元以上的。(§59)

【参考案例】

△对于非法出售增值税专用发票的份数和票

---

① 关于系争司法解释的适用效力，可参见《最高人民法院关于认真学习宣传贯彻修订的〈中华人民共和国刑法〉的通知》(法发〔1997〕3号，1997年3月25日公布)第五条及《最高人民法院研究室关于如何适用法发〔1996〕30号司法解释数额标准问题的电话答复》(法研〔2014〕179号，2014年11月27日公布)。

② 即《全国人民代表大会常务委员会关于惩治虚开、伪造和非法出售增值税专用发票犯罪的决定》。

③ 《最高人民法院关于适用〈全国人民代表大会常务委员会关于惩治虚开、伪造和非法出售增值税专用发票犯罪的决定〉的若干问题的解释》(法发〔1996〕30号，1996年10月17日公布)

第二条

Ⅱ伪造或者出售伪造的增值税专用发票25份以上或者票面额(百元版以每份100元，千元版以每份1 000元，万元版以每份1万元计算，以此类推。下同)累计10万元以上的应当依法定罪处罚。Ⅲ伪造或者出售伪造的增值税专用发票100份以上或者票面额累计50万元以上的，属于"数量较大"；具有下列情形之一的，属于"有其他严重情节"：

(1)违法所得数额在1万元以上的；

(2)伪造并出售伪造的增值税专用发票60份以上或者票面额累计30万元以上的；

(3)造成严重后果或者具有其他严重情节的。

Ⅳ伪造或者出售伪造的增值税专用发票500份以上或者票面额累计250万元以上的，属于"数量巨大"；具有下列情形之一的，属于"有其他特别严重情节"：

(1)违法所得数额在5万元以上的；

(2)伪造并出售伪造的增值税专用发票300份以上或者票面额累计200万元以上的；

(3)伪造或者出售伪造的增值税专用发票接近"数量巨大"并有其他严重情节的；

(4)造成特别严重后果或者具有其他特别严重情节的。

面额分别达到不同的量刑档次的，应适用处罚较重的规定进行量刑。

在我国，增值税专用发票作为证实销货方纳税义务和购货方进项税额的依据，是购货方或出口方据以向国家税务机关抵扣税款或申请出口退税的凭证依据。在我国境内从事应税活动的一般纳税人必须按规定如实开具增值税专用发票，如果其中任何一个环节存在虚构销售或出口的事实而被其他一般纳税人用于进项抵扣或出口退税，在纳税申报人事实上并未缴纳该笔税款的情况下，国家据之进行了所谓的税款抵扣或出口退税，就会造成国家税款的流失。可见，由于增值税专用发票具有其他一般发票所不具备的作为抵扣税款和出口退税依据的功能，可以说刑法分则规定的所有有关增值税专用发票的犯罪直接侵犯的是国家对增值税专用发票的管理制度，最终会造成国家税款流失的危害后果，非法出售增值税专用发票罪也是如此。依照规定，增值税专用发票只能从国家税务部门领购，禁止买卖。增值税专用发票被非法出售后，就可能被他人利用来进行抵扣税款和出口退税，从而造成国家税款损失。由于增值税专用发票的票面额和份数均能在一定程度上反映非法出售增值税专用发票行为的社会危害性，1996 年 10 月 17 日公布的《最高人民法院关于适用〈全国人民代表大会常务委员会关于惩治虚开、伪造和非法出售增值税专用发票犯罪的决定〉的若干问题的解释》中采用了两种计量依据。在个案中，可能会出现邓冬蓉非法出售增值税专用发票案这种依照两种计量依据需要适用不同的法定刑档次的情况。对此，为准确评价该种非法行为的社会危害性程度，应当适用处罚较重的量刑档次进行量刑。［No. 3-6-207-1　邓冬蓉非法出售增值税专用发票案］

第二百零八条　【非法购买增值税专用发票、购买伪造的增值税专用发票罪】

非法购买增值税专用发票或者购买伪造的增值税专用发票的，处五年以下有期徒刑或者拘役，并处或者单处二万元以上二十万元以下罚金。

非法购买增值税专用发票或者购买伪造的增值税专用发票又虚开或者出售的，分别依照本法第二百零五条、第二百零六条、第二百零七条的规定定罪处罚。

【立法理由】

1. 1979 年之后至 1997 年刑法修订前的立法情况。1994 年我国对税收体制进行了重大改革，建立了以增值税为主体的流转税制度，增值税扩大到商品生产和商品流通的各个环节，与增值税专用发票有关的犯罪也随着我国使用增值税的规模逐渐扩大而愈发严峻。

非法购买增值税专用发票和购买伪造的增值税专用发票，是一种严重破坏国家税收管理的行为。不仅违反了国家税收管理制度，破坏了税收改革，而且在实践中，非法购买增值税专用发票或者购买伪造的增值税专用发票，往往用以进行偷税、骗取出口退税或者其他犯罪。因此，非法购买增值税专用发票或者购买伪造的增值税专用发票是具有严重社会危害性的行为，应当予以严惩。1979 年刑法对此没有规定，为了适应打击犯罪的需要，1995 年 10 月 30 日第八届全国人大常委会第十六次会议通过的《全国人民代表大会常务委员会关于惩治虚开、伪造和非法出售增值税专用发票犯罪的决定》第四条规定："非法购买增值税专用发票或者购买伪造的增值税专用发票的，处五年以下有期徒刑、拘役，并处或者单处二万元以上二十万元以下罚金。非法购买增值税专用发票或者购买伪造的增值税专用发票又虚开或者出售的，分别依照第一条、第二条、第三条的规定处罚。"

2. 1997 年修订刑法的情况。1997 年修订刑法时，立法者基本吸收了 1995 年《全国人民代表大会常务委员会关于惩治虚开、伪造和非法出售增值税专用发票犯罪的决定》第四条对非法购买增值税专用发票或者购买伪造的增值税专用发票行为的规定，仅从立法技术上作了文字调整：将"分别依照第一条、第二条、第三条的规定处罚"修改为"分别依照本法第二百零五条、第二百零六条、第二百零七条的规定定罪处罚"。

【条文说明】

本条是关于非法购买增值税专用发票、购买伪造的增值税专用发票罪，以及非法购买增值税专用发票或者购买伪造的增值税专用发票又虚开或者出售的犯罪及其处罚的规定。

本条共分为两款。

第一款是关于非法购买增值税专用发票、购

买伪造的增值税专用发票罪及其处罚的规定。其中,“**非法购买增值税专用发票**”是相对于依法领购而言的。根据国家有关规定,购买增值税专用发票,必须符合一般纳税人的条件,而且须经税务机关认定并经过一定的程序到税务机关领购,除此之外,禁止任何组织和个人私自购买增值税专用发票,凡是私自购买的,都是非法购买。“**购买伪造的增值税专用发票**”是指所购买的增值税专用发票,不是国家税务机关发售的真的增值税专用发票,而是伪造的。根据本款规定,非法购买增值税专用发票或者购买伪造的增值税专用发票,是犯罪行为。根据《最高人民检察院、公安部关于公安机关管辖的刑事案件立案追诉标准的规定(二)》第六十四条的规定,非法购买增值税专用发票或者购买伪造的增值税专用发票二十五份以上或者票面额累计在十万元以上的,**应予立案追诉**。本条是选择性罪名,若行为人同时实施了非法购买增值税专用发票和购买伪造的增值税专用发票行为,应当按照本条规定的非法购买增值税专用发票、购买伪造的增值税专用发票罪定罪处罚,数量累计计算,**不实行数罪并罚**。非法购买增值税专用发票或者购买伪造的增值税专用发票构成犯罪的,处五年以下有期徒刑或者拘役,并处或者单处二万元以上二十万元以下罚金。

第二款是关于非法购买增值税专用发票或者购买伪造的增值税专用发票又虚开或者出售的犯罪及处罚的规定。其中,“**又虚开或者出售**”是指在非法购买增值税专用发票或者购买伪造的增值税专用发票后,又从事虚开或者出售的犯罪活动。如果购买后又进行上述行为之外其他犯罪活动,应当从一重罪判处刑罚。而虚开和出售增值税专用发票的刑罚规定要比购买的重,因此,**要按虚开或者出售的刑罚处罚**。《刑法》第二百零五条、第二百零六条、第二百零七条中将虚开、非法出售增值税专用发票或者出售伪造的增值税专用发票作为发票犯罪中十分严重的罪行加以规定,并规定了更为严厉的刑罚。本款明确了对这种牵连形式的犯罪从一重罪判处的处罚原则。也就是说,非法购买增值税专用发票或者购买伪造的增值税专用发票又虚开或者出售的,应根据不同的犯罪情节,分别依照《刑法》第二百零五条、第二百零六条和第二百零七条的规定定罪处罚。

【司法解释】

《最高人民法院关于适用〈全国人民代表大会常务委员会关于惩治虚开、伪造和非法出售增值税专用发票犯罪的决定〉的若干问题的解释》(法发〔1996〕30号,1996年10月17日公布[①])

△(**非法购买增值税专用发票、伪造的增值税专用发票罪;数量累计计算**)根据《决定》[②]第四条规定,非法购买增值税专用发票或者购买伪造的增值税专用发票的,构成非法购买增值税专用发票、伪造的增值税专用发票罪。

非法购买增值税专用发票或者购买伪造的增值税专用发票25份以上或者票面额累计10万元以上的,应当依法定罪处罚。

非法购买真、伪两种增值税专用发票的,数量累计计算,不实行数罪并罚。(§ 4)

【司法解释性文件】

《最高人民检察院、公安部关于公安机关管辖的刑事案件立案追诉标准的规定(二)》(公通字〔2022〕12号,2022年4月6日公布)

△(非法购买增值税专用发票、购买伪造的增值税专用发票罪;立案追诉标准)非法购买增值税专用发票或者购买伪造的增值税专用发票,涉嫌下列情形之一的,应予立案追诉:

(一)非法购买增值税专用发票或者购买伪造的增值税专用发票二十份以上且票面税额在十万元以上的;

(二)票面税额累计在二十万元以上的。(§60)

① 关于系争司法解释的适用效力,可参见《最高人民法院关于认真学习宣传贯彻修订的〈中华人民共和国刑法〉的通知》(法发〔1997〕3号,1997年3月25日公布)第五条及《最高人民法院研究室关于如何适用法发〔1996〕30号司法解释数额标准问题的电话答复》(法研〔2014〕179号,2014年11月27日公布)。

② 即《全国人民代表大会常务委员会关于惩治虚开、伪造和非法出售增值税专用发票犯罪的决定》。

第二百零九条　【非法制造、出售非法制造的用于骗取出口退税、抵扣税款发票罪】【非法制造、出售非法制造的发票罪】【非法出售用于骗取出口退税、抵扣税款发票罪】【非法出售发票罪】

伪造、擅自制造或者出售伪造、擅自制造的可以用于骗取出口退税、抵扣税款的其他发票的，处三年以下有期徒刑、拘役或者管制，并处二万元以上二十万元以下罚金；数量巨大的，处三年以上七年以下有期徒刑，并处五万元以上五十万元以下罚金；数量特别巨大的，处七年以上有期徒刑，并处五万元以上五十万元以下罚金或者没收财产。

伪造、擅自制造或者出售伪造、擅自制造的前款规定以外的其他发票的，处二年以下有期徒刑、拘役或者管制，并处或者单处一万元以上五万元以下罚金；情节严重的，处二年以上七年以下有期徒刑，并处五万元以上五十万元以下罚金。

非法出售可以用于骗取出口退税、抵扣税款的其他发票的，依照第一款的规定处罚。

非法出售第三款规定以外的其他发票的，依照第二款的规定处罚。

【立法解释】

《全国人民代表大会常务委员会关于〈中华人民共和国刑法〉有关出口退税、抵扣税款的其他发票规定的解释》(2005年12月29日通过)

△(**出口退税、抵扣税款的其他发票**)刑法规定的“出口退税、抵扣税款的其他发票”，是指除增值税专用发票以外的[①]，具有出口退税、抵扣税款功能的收付款凭证或者完税凭证。

【立法解释性文件】

《全国人民代表大会常务委员会法制工作委员会刑法室关于对变造、出售变造普通发票行为的定性问题的意见》(刑发〔2005〕1号，2005年1月17日公布)

△(**伪造、擅自制造，或者出售伪造、擅自制造的前款规定以外的其他发票**)刑法第二百零九条第二款规定的“伪造、擅自制造，或者出售伪造、擅自制造的前款规定以外的其他发票”的行为，包括变造、出售变造的普通发票的行为。

【立法理由】

1. 1979年之后至1997年刑法修订前的立法情况。发票是财务收支会计核算的法定凭证，是税款计征和稽核的重要依据，是维系商品流转的“链环”。由于发票的这些功能，一些不法分子便利用伪造的发票进行偷税、骗税、贪污等违法犯罪活动；也有的不法分子伪造了发票后，通过出售伪造的发票牟取暴利。伪造、出售伪造的发票的行为，严重扰乱了社会经济秩序，给国家税收造成了巨大的损失，应当予以严惩。1979年刑法对此没有规定。为了打击这些犯罪活动，保证国家税收和正常的经济秩序，1995年10月30日第八届全国人大常委会第十六次会议通过的《全国人民代表大会常务委员会关于惩治虚开、伪造和非法出售增值税专用发票犯罪的决定》第六条规定：“伪造、擅自制造或者出售伪造、擅自制造的可以用于骗取出口退税、抵扣税款的其他发票的，处三年以下有期徒刑或者拘役，并处二万元以上二十万元以下罚金；数量巨大的，处三年以上七年以下有期徒刑，并处五万元以上五十万元以下罚金；数量特别巨大的，处七年以上有期徒刑，并处没收财产。伪造、擅自制造或者出售伪造、擅自制造的前款规定以外的其他发票的，比照刑法第一百二十四条的规定处罚。非法出售可以用于骗取出口退税、抵扣税款的其他发票的，依照第一款的规定处罚。非法出售前款规定以外的其他发票的，比照刑法第一百二十四条的规定处罚。”该条主要是对除增值税专用发票以外的发票实施造假、出售行为的规定，从立法上极大地完善了对危害税收征管犯罪的打击和惩处。

2. 1997年修订刑法的情况。1997年修订刑法时，立法者基本吸收了前述1995年决定第六条对非法制造、出售非法制造、非法出售用于骗取出口退税、抵扣税款发票及其他发票行为的规定，并作了以下修改：一是考虑到不同犯罪行为之间社会危害性的差异以及税收征管行政制度的逐步完善，修改了第一款犯罪的刑罚，增加管制刑作为第一款犯罪的刑罚方式之一，降低了起刑点，并将第三档财产刑由“并处没收财产”修改为“并处五万元以上五十万元以下罚金或者没收财产”，避免附

① 此处的“增值税专用发票以外”属于界限要素，并非真正的构成要件要素。参见张明楷：《刑法学》(第6版)，法律出版社2021年版，第1063页。

加刑过重。二是从立法技术上进行调整，明确第二款犯罪的刑罚，将“比照刑法第一百二十四条的规定处罚”修改为“处二年以下有期徒刑、拘役或者管制，并处或者单处一万元以上五万元以下罚金；情节严重的，处二年以上七年以下有期徒刑，并处五万元以上五十万元以下罚金”，与本章规定的其他普通发票类犯罪的法定刑保持一致幅度。三是修改第四款犯罪的规定，将“非法出售前款规定以外的其他发票的，比照刑法第一百二十四条的规定处罚”修改为“非法出售第三款规定以外的其他发票的，依照第二款的规定处罚”，明确非法出售发票罪应当适用非法制造、出售非法制造的发票罪的规定处罚。

【条文说明】

本条是关于非法制造、出售非法制造的用于骗取出口退税、抵扣税款发票罪，非法制造、出售非法制造的发票罪，非法出售用于骗取出口退税、抵扣税款发票罪，非法出售发票罪及其处罚的规定。

发票与国家的工商税收联系紧密。为了维护经济秩序，国家颁布了一系列法律、法规，对发票进行规范管理。本条规定的犯罪，既侵犯了国家的发票管理秩序，又侵犯了我国税收秩序。在客观上，上述行为都体现为违反了国家有关发票管理的法律法规。

本条共分为四款。

第一款是关于非法制造、出售非法制造的用于骗取出口退税、抵扣税款发票罪及其处罚的规定。其中，“**伪造**”是指仿照本款规定的发票的样式、图案、色彩以及面额等，私自制造假发票的行为。“**擅自制造**”是指被税务机关指定印制发票的企业，未按照税务机关规定的数量和规模，擅自超额印制的行为。“**出售**”是指进行出售，从中牟利的行为。关于“**可以用于骗取出口退税、抵扣税款的其他发票**”，2005年12月29日第十届全国人大常委会第十九次会议通过的《全国人民代表大会常务委员会关于〈中华人民共和国刑法〉有关出口退税、抵扣税款的其他发票规定的解释》对此作了解释：“**出口退税、抵扣税款的其他发票**”是指除增值税专用发票以外的，具有出口退税、抵扣税款功能的收付款凭证或者完税凭证。国家税务总局在一定时期内根据国家税收和经济发展的需要，除增值税专用发票以外又规定了一些可以直接抵扣税款或者办理出口退税的其他发票，目前主要有农林牧水产品收购发票、废旧物品收购发票、运输发票、海关代征增值税专用缴款书等。

本款关于刑罚的规定是，处三年以下有期徒刑、拘役或者管制，并处二万元以上二十万元以下罚金；**数量巨大的**，处三年以上七年以下有期徒刑，并处五万元以上五十万元以下罚金；**数量特别巨大的**，处七年以上有期徒刑，并处五万元以上五十万元以下罚金或者没收财产。这里所说的“数量巨大”“数量特别巨大”，是对犯罪分子量刑的标准，具体界定可由最高人民法院、最高人民检察院总结司法实践经验，作出司法解释予以确定。关于非法制造、出售非法制造的用于骗取出口退税、抵扣税款发票罪的立案追诉标准，《最高人民检察院、公安部关于公安机关管辖的刑事案件立案追诉标准的规定（二）》第六十五条作了规定，即伪造、擅自制造或者出售伪造、擅自制造的可以用于骗取出口退税、抵扣税款的非增值税专用发票五十份以上或者票面额累计在二十万元以上的，**应予立案追诉**。

第二款是关于非法制造、出售非法制造的发票罪及其处罚的规定。本款规定的“伪造”“擅自制造”“出售”等含义在上款释义中已经作了详细的阐述。这里所说的“**前款规定以外的其他发票**”，是指不具有可以抵扣税款、用于出口退税功能的普通发票，如餐饮业、零售业、旅馆业发票等。① **本款关于处罚的规定是**，处二年以下有期徒刑、拘役或者管制，并处或者单处一万元以上五万元以下罚金；**情节严重的**，处二年以上七年以下有期徒刑，并处五万元以上五十万元以下罚金。这里规定的“情节严重”，一般是指多次伪造、擅自制造或者多次出售伪造、擅自制造的前款规定以外的其他发票，或者数量较大等情况。关于非法制造、出售非法制造的发票罪的立案追诉标准，《最高人民检察院、公安部关于公安机关管辖的刑事案件立案追诉标准的规定（二）》第六十六条作了规定，即伪造、擅自制造或者出售伪造、擅自制造的不具有骗取出口退税、抵扣税款功能的普通发票一百份以上或者票面额累计在四十万元以上的，**应予立案追诉**。应当注意的是，第一款规定的犯罪对象是可以用于骗取出口退税、抵扣税款的其他发票，而本款规定的犯罪对象则是普通发票，由于犯罪对象不同，在犯罪的危害方面也不一样，刑罚也有所不同。

第三款是关于非法出售用于骗取出口退税、抵扣税款发票罪及其处罚的规定。本款规定的**出售行为**，是指非法出售从各种途径得到的可以用

① 相同的学说见解，参见黎宏：《刑法学各论》（第2版），法律出版社2016年版，第179页。

于骗取出口退税、抵扣税款的增值税专用发票以外的其他发票的行为。行为人出售的发票可能是非法取得的,也可能是合法取得的,无论其来源如何,都不影响犯罪的构成。[①] 本款关于刑罚的规定是,**依照本条第一款的规定处罚**,即处三年以下有期徒刑、拘役或者管制,并处二万元以上二十万元以下罚金;数量巨大的,处三年以上七年以下有期徒刑,并处五万元以上五十万元以下罚金;数量特别巨大的,处七年以上有期徒刑,并处五万元以上五十万元以下罚金或者没收财产。根据《最高人民检察院、公安部关于公安机关管辖的刑事案件立案追诉标准的规定(二)》第六十七条的规定,非法出售可以用于骗取出口退税、抵扣税款的非增值税专用发票五十份以上或者票面额累计在二十万元以上的,**应予立案追诉**。

第四款是关于非法出售发票罪及其处罚的规定。根据本款规定,非法出售本条第三款规定以外的其他发票的,依照第二款的规定处罚。其中,**"非法出售第三款规定以外的其他发票"**是指非法出售不能用于骗取出口退税、抵扣税款的其他发票的行为。[②] 本款关于刑罚的规定是**"依照第二款的规定处罚"**,即处二年以下有期徒刑、拘役或者管制,并处或者单处一万元以上五万元以下罚金;情节严重的,处二年以上七年以下有期徒刑,并处五万元以上五十万元以下罚金。根据《最高人民检察院、公安部关于公安机关管辖的刑事案件立案追诉标准的规定(二)》第六十八条的规定,非法出售普通发票一百份以上或者票面额累计在四十万元以上的,**应予立案追诉**。

在司法实践中,一定要注意准确界定和区分增值税专用发票、出口退税、抵扣税款发票和普通发票,依照不同的行为对象适用不同的罪名和刑罚。若行为人同时伪造、出售伪造的增值税专用发票,用于骗取出口退税、抵扣税款的其他发票或其他普通发票的,分别触犯了伪造、出售伪造的增值税专用发票罪,非法制造、出售非法制造的用于骗取出口退税、抵扣税款发票罪或非法制造、出售非法制造的发票罪,均构成犯罪的,**应实行数罪并罚**。

【司法解释】

《最高人民法院关于适用〈全国人民代表大会常务委员会关于惩治虚开、伪造和非法出售增值税专用发票犯罪的决定〉的若干问题的解释》(法发〔1996〕30号,1996年10月17日公布[③])

△(**非法制造专用发票罪或出售非法制造的专用发票罪;数量巨大;数量特别巨大**)根据《决定》[④]第六条规定,伪造、擅自制造或者出售伪造、擅自制造的可以用于骗取出口退税、抵扣税款的其他发票的,构成非法制造专用发票罪或出售非法制造的专用发票罪。

伪造、擅自制造或者出售伪造、擅自制造的可以用于骗取出口退税、抵扣税款的其他发票50份以上的,应当依法定罪处罚;伪造、擅自制造或者出售伪造、擅自制造的可以用于骗取出口退税、抵扣税款的其他发票200份以上的,属于"数量巨大";伪造、擅自制造或者出售伪造、擅自制造的可以用于骗取出口退税、抵扣税款的其他发票1000份以上的,属于"数量特别巨大"。(§ 6)

【司法解释性文件】

《最高人民法院、最高人民检察院、中华人民共和国公安部、国家工商行政管理局关于依法查处盗窃、抢劫机动车案件的规定》(公通字〔1998〕31号,1998年5月8日公布)

△(**机动车有关的发票**)非法出售机动车有关发票的,或者伪造、擅自制造或者出售伪造、擅自制造的机动车有关发票的,依照《刑法》第二百零九条的规定处罚。(§ 6)

《最高人民检察院、公安部关于公安机关管辖的刑事案件立案追诉标准的规定(二)》(公通字〔2022〕12号,2022年4月6日公布)

△(**非法制造、出售非法制造的用于骗取出口退税、抵扣税款发票罪;立案追诉标准**)伪造、擅自制造或者出售伪造、擅自制造的用于骗取出口退

---

① 我国学者指出,行为人所出售的发票必须是真实的。参见张明楷:《刑法学》(第6版),法律出版社2021年版,第1063页;黎宏:《刑法学各论》(第2版),法律出版社2016年版,第179页;周光权:《刑法各论》(第4版),中国人民大学出版社2021年版,第343页。

② 我国学者指出,行为人所出售的发票必须是真实的。参见张明楷:《刑法学》(第6版),法律出版社2021年版,第818页;黎宏:《刑法学各论》(第2版),法律出版社2016年版,第179页;周光权:《刑法各论》(第4版),中国人民大学出版社2021年版,第344页。

③ 关于系争司法解释的适用效力,可参见《最高人民法院关于认真学习宣传贯彻修订的〈中华人民共和国刑法〉的通知》(法发〔1997〕3号,1997年3月25日公布)第五条及《最高人民法院研究室关于如何适用法发〔1996〕30号司法解释数额标准问题的电话答复》(法研〔2014〕179号,2014年11月27日公布)。

④ 即《全国人民代表大会常务委员会关于惩治虚开、伪造和非法出售增值税专用发票犯罪的决定》。

税、抵扣税款的其他发票，涉嫌下列情形之一的，应予立案追诉：

（一）票面可以退税、抵扣税额累计在十万元以上的；

（二）伪造、擅自制造或者出售伪造、擅自制造的发票十份以上且票面可以退税、抵扣税额在六万元以上的；

（三）非法获利数额在一万元以上的。（§ 61）

△**（非法制造、出售非法制造的发票罪；立案追诉标准）**伪造、擅自制造或者出售伪造、擅自制造的不具有骗取出口退税、抵扣税款功能的其他发票，涉嫌下列情形之一的，应予立案追诉：

（一）伪造、擅自制造或者出售伪造、擅自制造的不具有骗取出口退税、抵扣税款功能的其他发票一百份以上且票面金额累计在三十万元以上的；

（二）票面金额累计在五十万元以上的；

（三）非法获利数额在一万元以上的。（§ 62）

△**（非法出售用于骗取出口退税、抵扣税款发票罪；立案追诉标准）**非法出售可以用于骗取出口退税、抵扣税款的其他发票，涉嫌下列情形之一的，应予立案追诉：

（一）票面可以退税、抵扣税额累计在十万元以上的；

（二）非法出售用于骗取出口退税、抵扣税款的其他发票十份以上且票面可以退税、抵扣税额在六万元以上的；

（三）非法获利数额在一万元以上的。（§ 63）

△**（非法出售发票罪；立案追诉标准）**非法出售增值税专用发票、用于骗取出口退税、抵扣税款的其他发票以外的发票，涉嫌下列情形之一的，应予立案追诉：

（一）非法出售增值税专用发票、用于骗取出口退说、抵扣税款的其他发票以外的发票一百份以上且票面金额累计在三十万元以上的；

（二）票面金额累计在五十万元以上的；

（三）非法获利数额在一万元以上的。（§ 64）

【附属刑法】

《中华人民共和国税收征收管理法》（1992年9月4日通过，2015年4月24日第三次修正）

第七十一条

违反本法第二十二条规定，非法印制发票的①，由税务机关销毁非法印制的发票，没收违法所得和作案工具，并处一万元以上五万元以下的罚款；构成犯罪的，依法追究刑事责任。

【参考案例】

△出售非法制造的发票的行为，不能仅以出售发票的份数认定情节严重，而应当根据累计金额、违法所得等因素综合认定。

罪责刑相适应，不仅是立法者配置法定刑时应当遵循的一项基本原则，也是司法人员量刑时应当遵循的基本原则。该原则要求，尽管犯罪行为的表现形式多种多样，但只要刑法规定的法定刑相当，则犯罪行为所体现的社会危害性也应大致相当。就出售非法制造的发票犯罪而言，《刑法》第二百零九条第二款并没有明确规定该罪基本犯与情节加重犯的认定标准，目前也尚未有司法解释对该罪的“情节严重”认定标准予以明确。因此，在具体案件中，司法人员在对被告人定罪量刑时，不仅要考量被告人的行为是否在形式上符合具体个罪的加重构成情节，还要结合《刑法》第六十一条“对于犯罪分子决定刑罚的时候，应当根据犯罪的事实、犯罪的性质、情节和对于社会的危害程度，依照本法的有关规定判处”的规定，综合考量该行为的社会危害性和行为人所具有的人身危险性，对被告人定罪量刑。对于一些目前尚未有司法解释的明确规定，形式上可能符合加重情节的构成特征，但实质社会危害性上又与加重情节相差悬殊的案件，在按照加重情节处理时要特别慎重。

目前，关于出售非法制造的发票罪的定罪标准，只有《关于公安机关管辖的刑事案件立案追诉标准的规定（二）》规定的立案追诉标准。对于该罪的“情节严重”情形，尚未有司法解释明确认定标准，不同地方、不同审判人员对“情节严重”把握的尺度存在较大差异。但无论是立法对数额犯加重情节的设置，还是司法解释对数额犯加重情节的规定，法定刑每上升一个档次，与之相对应的涉案数额一般会上升三倍至五倍。如《最高人民法院、最高人民检察院关于办理内幕交易、泄露内幕信息刑事案件具体应用法律若干问题的解释》将内幕交易的“情节特别严重”与“情节严重”的

① 《中华人民共和国税收征收管理法》（1992年9月4日通过，2015年4月24日第三次修正）

第二十二条

Ⅰ增值税专用发票由国务院税务主管部门指定的企业印制；其他发票，按照国务院税务主管部门的规定，分别由省、自治区、直辖市国家税务局、地方税务局指定企业印制。

Ⅱ未经前款规定的税务机关指定，不得印制发票。

比例确定为5∶1。参照上述通行观念,就出售非法制造的发票罪而言,如果以立案追诉标准的五倍作为本罪"情节严重"的认定标准,则出售非法制造的发票500份以上或者票面额累计在200万元以上的,应当认定为出售非法制造的发票罪的"情节严重"情形。

然而,值得注意的是,随着发票样式的增多,出售非法制造的500份发票所体现的社会危害程度与票面额累计在200万元以上所体现的社会危害程度存在巨大差异。在实际生活中,出售非法制造的发票大致可分为以下两种类型:一是出售非法制造的无数额记载的空白发票。由于空白发票给社会造成的危害性大小在客观上难以准确估量,对这种类型加重情节的认定以其出售的发票份数为标准较为客观,也较为合理,便于司法实务部门操作,实践中意见也较为一致。二是出售非法制造的发票既有票面金额,又有份数。对这种出售非法制造的发票行为,应当结合所开发票份数、票面金额和其他相关因素认定其社会危害程度,不能唯发票份数或者票面金额一个标准论。实践中,不少停车场的管理人员也存在开具假发票的情形,一份发票票面额有的5元,有的甚至1元,100份发票亦不过500元,甚至只有100元。对该类情形是否有必要定罪处罚,实践中争议较大,绝大多数观点主张此类行为不应纳入刑法的调整范围。因此,在发票份数与累计金额均固定的情况下,在尚未有司法解释对该罪"情节严重"的认定标准作出明确规定的情况下,以发票份数或者累计金额为标准认定"情节严重"时要特别慎重。在进行认定时,要始终围绕被评价行为是否具有与其法定刑相当的社会危害性这一内核。

被告人管怀霞、高松祥虽然非法出售的发票份数达到11000份,但所售发票均面额较小,累计仅22万元,如果按照该面额计算,尚未达到立案追诉标准。在没有其他证据证明二被告人的行为造成国家税款流失等严重后果,且全部违法所得仅为550元的情况下,其行为的社会危害性尚不足以认定为严重危害国家发票管理制度,若对二被告人以出售非法制造的发票罪"情节严重"的规定定罪量刑,则有失公允。综上,出售的发票份数与发票的累计金额之间虽然无法一一对应,但在办理发票份数与票面金额均确定的此类案件时,要兼顾二者所体现的行为的社会危害性大小,并综合其他影响行为社会危害性的因素,对被告人准确定罪量刑。[No. 3-6-209(2)-1　管怀霞、高松祥出售非法制造的发票案]

第二百一十条　【盗窃、骗取增值税专用发票或者其他相关发票的处罚规定】

盗窃增值税专用发票或者可以用于骗取出口退税、抵扣税款的其他发票的,依照本法第二百六十四条的规定定罪处罚。

使用欺骗手段骗取增值税专用发票或者可以用于骗取出口退税、抵扣税款的其他发票的,依照本法第二百六十六条的规定定罪处罚。

【立法解释】

《全国人民代表大会常务委员会关于〈中华人民共和国刑法〉有关出口退税、抵扣税款的其他发票规定的解释》(2005年12月29日通过)

△(**出口退税、抵扣税款的其他发票**)刑法规定的"出口退税、抵扣税款的其他发票",是指除增值税专用发票以外的①,具有出口退税、抵扣税款功能的收付款凭证或者完税凭证。

【立法理由】

1. 1979年之后至1997年刑法修订前的立法情况。盗窃或者使用欺骗手段骗取增值税专用发票或其他发票,是随着国家税制改革而出现的一种新情况,这种犯罪是以增值税专用发票和其他发票为特定犯罪对象而实施盗窃的犯罪行为。由于增值税专用发票具有抵扣税款和出口退税的功能,增值税专用发票以外的其他发票也可以被用于逃税、骗取出口退税等特殊的功能和作用,所以,不法分子将发票视为可以为其谋取非法利益和不义之财的对象。犯罪分子利用盗窃真的增值税专用发票和其他发票进行虚开,骗取国家税款,给国家税收造成很大的损失,应当予以严厉打击。

① 此处的"增值税专用发票以外",属于界限要素,并非真正的构成要件要素。参见张明楷:《刑法学》(第6版),法律出版社2021年版,第1061页。

1979年刑法对此没有规定。为了打击这些犯罪活动,保证国家税收和正常的经济秩序,1995年10月30日第八届全国人大常委会第十六次会议通过的《全国人民代表大会常务委员会关于惩治虚开、伪造和非法出售增值税专用发票犯罪的决定》第七条规定:"盗窃增值税专用发票或者其他发票的,依照刑法关于盗窃罪的规定处罚。使用欺骗手段骗取增值税专用发票或者其他发票的,依照刑法关于诈骗罪的规定处罚。"

2. **1997年修订刑法的情况**。1997年修订刑法时,立法者吸收了前述1995年决定第七条对盗窃或者骗取增值税专用发票及其他发票的行为的主要规定,同时作了以下修改:一是对发票的种类作了限制性调整,将盗窃和诈骗的行为对象由包含增值税专用发票在内的所有发票修改为"增值税专用发票或者可以用于骗取出口退税、抵扣税款的其他发票",而将盗窃或骗取普通发票的情形排除在外。这主要是考虑到,增值税专用发票和可以用于骗取出口退税、抵扣税款的其他发票可以代表一定的价值,应当属于刑法所指的财产所有权的物质表现。盗窃、骗取此类发票的分别以盗窃罪、诈骗罪定罪处罚,符合盗窃罪和诈骗罪犯罪构成要件的基本要求。而除这些发票以外的普通发票由于不具有抵扣税款和退税功能,本身不具有财产价值,**故盗窃、骗取普通发票的,在一般情况下不应以犯罪论处,本条应将其排除在外**。二是从立法技术上对刑罚适用作出了调整,将"依照刑法关于盗窃罪的规定处罚""依照刑法关于诈骗罪的规定处罚"分别修改为"依照本法第二百六十四条的规定定罪处罚""依照本法第二百六十六条的规定定罪处罚"。

【条文说明】

本条是关于盗窃或者骗取增值税专用发票或者可以用于骗取出口退税、抵扣税款的其他发票的犯罪及其处罚的规定。

本条共分为两款。

第一款是关于盗窃增值税专用发票或者可以用于骗取出口退税、抵扣税款的其他发票的犯罪及其处罚的规定。

"**增值税专用发票**"是指国家税务部门根据增值税征收管理需要,兼记货物或劳务所负担的增值税税额而设定的一种专用发票。"**出口退税、抵扣税款的其他发票**",根据2005年12月29日第十届全国人大常委会第十九次会议通过的《全国人民代表大会常务委员会关于〈中华人民共和国刑法〉有关出口退税、抵扣税款的其他发票规定的解释》的规定,是指除增值税专用发票以外的,具有出口退税、抵扣税款功能的收付款凭证或者完税凭证,主要包括农林牧水产品收购发票、废旧物品收购发票、运输发票等。

本款关于刑罚的规定是,"**依照本法第二百六十四条的规定定罪处罚**",即按照《刑法》第二百六十四条关于盗窃罪的规定定罪处罚。根据《刑法》第二百六十四条的规定,盗窃公私财物,数额较大的,或者多次盗窃、入户盗窃、携带凶器盗窃、扒窃的,处三年以下有期徒刑、拘役或者管制,并处或者单处罚金;数额巨大或者有其他严重情节的,处三年以上十年以下有期徒刑,并处罚金;数额特别巨大或者有其他特别严重情节的,处十年以上有期徒刑或者无期徒刑,并处罚金或者没收财产。关于"数额"和"情节"的判断标准,1998年《最高人民法院关于审理盗窃案件具体应用法律若干问题的解释》第十一条曾作出过规定:盗窃增值税专用发票或者可以用于骗取出口退税、抵扣税款的其他发票的,数量在二十五份以上的,为"**数额较大**";数量在二百五十份以上的,为"**数额巨大**";数量在二千五百份以上的,为"**数额特别巨大**"。但是该解释已被2013年4月4日起实施的《最高人民法院、最高人民检察院关于办理盗窃刑事案件适用法律若干问题的解释》废止,**现行有效的2013年司法解释并未再对盗窃增值税专用发票和其他具有出口退税、抵扣税款功能发票的定罪量刑标准作出规定**。

由于我国目前税务系统已经全面实施"金税"工程,即对增值税专用发票和其他具有出口退税、抵扣税款功能发票的使用,除要求纸质发票外,还须与税务系统内部核发的电子发票配合使用,两者相一致,发票的功能才能实现。因此,在现行税收管理系统下,单纯盗窃纸质发票的行为已无实际意义。对于实践中需要确定定罪量刑的个别案件,可以参考上述1998年司法解释第十一条的规定,结合案件实际情况确定。

第二款是关于使用欺骗手段骗取增值税专用发票或者可以用于骗取出口退税、抵扣税款的其他发票的犯罪及其处罚的规定。其中,"**使用欺骗手段**"是指采取编造谎言或虚假理由,或者采取其他欺骗方法。本款关于刑罚的规定是,"**依照本法第二百六十六条的规定定罪处罚**",即按照《刑法》第二百六十六条关于诈骗罪的规定定罪处罚。根据《刑法》第二百六十六条的规定,诈骗公私财物,数额较大的,处三年以下有期徒刑、拘役或者管制,并处或者单处罚金;数额巨大或者有其他严重情节的,处三年以上十年以下有期徒刑,并处罚金;数额特别巨大或者有其他特别严重情节的,处十年以上有期徒刑或者无期徒刑,并处罚金或者没收财产。本法另有规定的,依照规定。

司法实践中极易出现行为人在盗窃和使用欺骗手段骗取增值税专用发票或者可以用于骗取出口退税、抵扣税款的其他发票后，继续利用该发票实施虚开、出售、逃避缴纳税款、骗取出口退税等行为的情形，构成犯罪的，**应当在盗窃罪或者诈骗罪，与行为人触犯的其他罪名中择一重罪处罚**。

【司法解释】

《最高人民法院关于适用〈全国人民代表大会常务委员会关于惩治虚开、伪造和非法出售增值税专用发票犯罪的决定〉的若干问题的解释》(法发〔1996〕30号，1996年10月17日公布①)

△(**盗窃、诈骗增值税专用发票或者其他发票；竞合；虚开、出售等犯罪**)盗窃增值税专用发票或者可以用于骗取出口退税、抵扣税款的其他发票25份以上，或者其他发票50份以上的；诈骗增值税专用发票或者可以用于骗取出口退税、抵扣税款的其他发票50份以上，或者其他发票100份以上的，依照刑法第一百五十一条的规定②处罚。

盗窃增值税专用发票或者可以用于骗取出口退税、抵扣税款的其他发票250份以上，或者其他发票500份以上的；诈骗增值税专用发票或者可以用于骗取出口退税、抵扣税款的其他发票500份以上，或者其他发票1000份以上的，依照刑法第一百五十二条的规定③处罚。

盗窃增值税专用发票或者其他发票情节特别严重的，依照《全国人民代表大会常务委员会关于严惩严重破坏经济的罪犯的决定》第一条第(一)项的规定④处罚。

盗窃、诈骗增值税专用发票或者其他发票后，又实施《决定》⑤规定的虚开、出售等犯罪的，按照其中的重罪定罪处罚，不实行数罪并罚。(§7)

第二百一十条之一　【持有伪造的发票罪】

明知是伪造的发票而持有，数量较大的，处二年以下有期徒刑、拘役或者管制，并处罚金；数量巨大的，处二年以上七年以下有期徒刑，并处罚金。

单位犯前款罪的，对单位判处罚金，并对其直接负责的主管人员和其他直接责任人员，依照前款的规定处罚。

【立法沿革】

《中华人民共和国刑法修正案(八)》(自2011年5月1日起施行)

三十五、在刑法第二百一十条后增加一条，作为第二百一十条之一：

“明知是伪造的发票而持有，数量较大的，处二年以下有期徒刑、拘役或者管制，并处罚金；数量巨大的，处二年以上七年以下有期徒刑，并处罚金。

“单位犯前款罪的，对单位判处罚金，并对其直接负责的主管人员和其他直接责任人员，依照前款的规定处罚。”

【立法理由】

1979年刑法未作规定，1997年修订刑法时也未作规定。2011年《刑法修正案(八)》增加了本条规定。

1997年修订刑法时，立法者对在增值税专用发票和其他发票方面利用种种犯罪手段和方法，破坏国家税制的各种犯罪行为作了明确的规定。其中包括了虚开增值税专用发票或者虚开用于骗取出口退税、抵扣税款的其他发票的犯罪；伪造或

---

① 关于系争司法解释的适用效力，可参见《最高人民法院关于认真学习宣传贯彻修订的〈中华人民共和国刑法〉的通知》(法发〔1997〕3号，1997年3月25日公布)第五条及《最高人民法院研究室关于如何适用法发〔1996〕30号司法解释数额标准问题的电话答复》(法研〔2014〕179号，2014年11月27日公布)。

② 按照1979年《刑法》，即为盗窃或者诈骗“数额较大”的规定。

③ 按照1979年《刑法》，即为盗窃或者诈骗“数额巨大”的规定。

④ 该项的规定内容为：“(一)对刑法第一百一十八条走私、套汇、投机倒把牟取暴利罪，第一百五十二条盗窃罪，第一百七十一条贩毒罪，第一百七十三条盗运珍贵文物出口罪，其处刑分别补充或者修改为：情节特别严重的，处十年以上有期徒刑、无期徒刑或者死刑，可以并处没收财产……”但该决定已经失效。1997年《刑法》将该项规定纳入第二百六十四条，但《刑法修正案(八)》删去了对盗窃罪可以判处死刑的规定。

⑤ 即《全国人民代表大会常务委员会关于惩治虚开、伪造和非法出售增值税专用发票犯罪的决定》。

者出售伪造的增值税专用发票的犯罪；非法出售增值税专用发票的犯罪；非法购买增值税专用发票或者购买伪造的增值税专用发票的犯罪；伪造、非法制造或者出售伪造、非法制造的可以用于骗取出口退税、抵扣税款的其他发票的犯罪；盗窃增值税专用发票或者可以用于骗取出口退税、抵扣税款的其他发票的犯罪。这些规定对于打击利用增值税专用发票和其他发票破坏国家税制的犯罪，提供了有力的法律武器。国家“金税工程”的联网实施对于伪造、虚开增值税专用发票等犯罪起到了明显的遏制作用。一些不法分子把目光转向普通发票犯罪。伪造、出售、虚开普通假发票已经成为不法分子获取暴利的一个捷径。一张假发票的成本只有几分钱，但是经过运输、批发和销售等中间环节，最高可卖到几十元，如果按开票金额出售，甚至可卖到数百乃至数千元。在巨额利润驱动下，假发票市场迅速繁荣，并呈现出一些新特点：(1)犯罪职业化、网络化，地域特征明显。一些不法分子以家族、朋友、地缘关系为纽带，常年盘踞在各大中城市，形成了分工细致、组织严密的伪造、销售、虚开假发票的职业犯罪网络，并不断向周边地区蔓延，呈现出明显的地域性特征。(2)犯罪手段高科技、专业化，隐蔽性强。从查获的案件看，近年来假发票的制作水平明显提高。不法分子利用电脑、照相机、扫描仪、晒版机、印刷机等专业设备及专业绘图软件伪造发票，仿真度极高，真伪难辨，且不断变换手法，通过经常性迁移制假生产线、按需印制、流窜兜售、单线联系等方法逃避打击，隐蔽性强。(3)假发票种类繁多、数量大、涉及面广。近几年，公安、税务机关每年缴获的假发票数量迅速增长。

假发票的泛滥不仅严重扰乱市场经济秩序，还为其他违法犯罪提供了条件，进一步滋生贪污腐败，败坏社会风气，社会危害性大。1997年刑法对发票犯罪作了比较全面的规定。无论是对真增值税专用发票或者可以用于骗取出口退税、抵扣税款的其他发票的非法出售、非法购买、盗窃、骗取，还是对伪造增值税专用发票或者非法制造用于骗取出口退税、抵扣税款的其他发票及出售、购买或虚开上述发票，无论是对非法出售真的普通发票，还是对伪造、非法制造或者出售伪造、非法制造假普通发票等犯罪行为，都作了规定。公安、税务机关反映，**在查处发票犯罪案件时，经常在嫌疑人的身边、处所或者运输工具上查获大量的假发票，但无法查明假发票是否系嫌疑人伪造**。虽然根据种种迹象判断这些假发票很大可能是用于出售，只是还未出售出去而已，但由于行为人出售假发票大多没有帐本，也没有其他证据，以非法出售发票罪追究刑事责任比较困难。这样，对这类处于伪造与出售假发票中间环节的行为处理存在法律上的盲区。如果对这类行为不追究刑事责任，对于打击和遏制猖獗的假发票犯罪势头毫无益处。为加大对假发票犯罪的打击力度，2011年2月25日第十一届全国人大常委会第十九次会议通过的**《刑法修正案（八）》**增加了持有伪造的发票罪，作为刑法第二百一十条之一予以规定。

【条文说明】

本条是关于持有伪造的发票罪及其处罚的规定。

本条共分为两款。

第一款是关于自然人犯持有伪造的发票罪及其处罚的规定。办理持有伪造的发票犯罪案件应当注意把握三点：一是**行为人对持有伪造的发票必须以明知为前提**，不明知的不能认定为犯罪。当然，是否明知不能只听嫌疑人本人的辩解，应当结合案件的有关证据材料全面分析，综合判断。并且在认定“持有”之前，应当尽量查证清楚伪造的发票的真正来源，只有当有关证据确实无法获取的情况下，才能以持有伪造的发票罪认定并处罚行为人。二是**本条所说的“持有”是指行为人对伪造的发票处于占有、支配、控制的一种状态**。不仅随身携带的伪造的发票可以认定为持有，而且在其住所、驾驶的运输工具上发现的伪造的发票也同样可以认定为持有。[①] 这里规定的持有的**“伪造的发票”**，不仅包括伪造的普通发票，而且还包括伪造的增值税专用发票和其他具有出口退税、抵扣税款功能的收付款凭证或者完税凭证。三是**持有伪造的发票必须达到“数量较大”，才构成犯罪**。根据《最高人民检察院、公安部关于公安机关管辖的刑事案件立案追诉标准的规定（二）的补充规定》的规定，“明知是伪造的发票而持有，具有下列情形之一的，**应予立案追诉**：（一）持有伪造的增值税专用发票五十份以上或者票面额累计在二十万元以上的，应予立案追诉；（二）持有伪造的可以用于骗取出口退税、抵扣税款的其

① 相同的学说见解，参见高铭暄、马克昌主编：《刑法学》（第7版），北京大学出版社、高等教育出版社2016年版，第434页；周光权：《刑法各论》（第4版），中国人民大学出版社2021年版，第344页；黎宏：《刑法学各论》（第2版），法律出版社2016年版，第180页。

他发票一百份以上或者票面额累计在四十万元以上的，应予立案追诉；（三）持有伪造的第（一）项、第（二）项规定以外的其他发票二百份以上或者票面额累计在八十万元以上的，应予立案追诉”。本款对持有伪造的发票犯罪规定了两档刑罚，考虑到这类犯罪是牟利性的，除自由刑外，还规定了罚金刑：**数量较大的**，处二年以下有期徒刑、拘役或者管制，并处罚金；**数量巨大的**，处二年以上七年以下有期徒刑，并处罚金。

第二款是关于单位犯持有伪造的发票罪及其处罚的规定。鉴于目前查获的假发票犯罪涉及单位的也不少，所以本条对单位持有伪造的发票犯罪也作了规定。**单位持有伪造的发票构成犯罪的**，要对单位判处罚金，并对单位直接负责的主管人员和其他直接责任人员依照第一款的规定判处相应的刑罚。

持有伪造的发票罪是因司法实践需要应运而生的。在出售型、虚开型发票犯罪中，如果被告人始终不承认查获的发票将要用于出售或者虚开，且发票来源无法明确，在认定虚开发票罪或其他发票类犯罪证据不准确充分的情况下，持有伪造的发票罪就成为一条可供选择的较为稳妥的路径。在行为人的身上、住所或者交通工具上查获大量假发票时，应当查明行为人持有伪造发票的目的和原因。如果能够查明行为人持有这些假发票的目的，就可以按照出售非法制造的发票罪等相关的罪名来进行查处。如果缺乏以出售非法制造的发票罪等罪名追责的证据，无法查清行为人持有此类假发票的目的，但认定行为人持有伪造发票的证据是确实、充分的，可以持有伪造的发票罪定罪量刑。需要说明的是，**并非所有持有伪造发票的行为都一律入刑**，在司法机关办案过程中，应首先查清伪造发票的来源和目的，无法查清只能适用本条规定的，也应满足法律规定的证据标准，达到“数额较大”的入罪门槛。

【司法解释性文件】

《最高人民检察院、公安部关于公安机关管辖的刑事案件立案追诉标准的规定（二）》（公通字〔2022〕12 号，2022 年 4 月 6 日公布）

△（**持有伪造的发票罪；立案追诉标准**）明知是伪造的发票而持有，涉嫌下列情形之一的，应予立案追诉：

（一）持有伪造的增值税专用发票或者可以用于骗取出口退税、抵扣税款的其他发票五十份以上且票面税额累计在二十五万元以上的；

（二）持有伪造的增值税专用发票或者可以用于骗取出口退税、抵扣税款的其他发票票面税额累计在五十万元以上的；

（三）持有伪造的第一项规定以外的其他发票一百份以上且票面金额在五十万元以上的；

（四）持有伪造的第一项规定以外的其他发票票面金额累计在一百万元以上的。（§ 65）

第二百一十一条 【单位犯本节规定之罪的处罚规定】

单位犯本节第二百零一条、第二百零三条、第二百零四条、第二百零七条、第二百零八条、第二百零九条规定之罪的，对单位判处罚金，并对其直接负责的主管人员和其他直接责任人员，依照各该条的规定处罚。

【立法理由】

1. 1979 年之后至 1997 年刑法修订前的立法情况。1979 年刑法对此没有规定。为了适应国家税收和适应严惩偷税、抗税犯罪活动的需要，1992 年 9 月 4 日第七届全国人大常委会第二十七次会议通过的《全国人民代表大会常务委员会关于惩治偷税、抗税犯罪的补充规定》第三条对偷税罪和抗税罪规定了单位犯罪：“企业事业单位犯第一条、第二条罪的，依照第一条、第二条的规定，判处罚金，并对负有直接责任的主管人员和其他直接责任人员，处三年以下有期徒刑或者拘役。”1995 年 10 月 30 日第八届全国人大常委会第十六次会议通过的《全国人民代表大会常务委员会关于惩治虚开、伪造和非法出售增值税专用发票犯罪的决定》第十条对本决定中除以盗窃罪定罪处罚以外的其他犯罪规定了单位犯罪：“单位犯本决定第一条、第二条、第三条、第四条、第五条、第六条、第七条第二款规定之罪的，对单位判处罚金，并对直接负责的主管人员和其他直接责任人员依照各该条的规定追究刑事责任。”

2. 1997 年修订刑法的情况。由于《刑法》第二百零一条（逃税罪）、第二百零三条（逃避追缴欠税罪）、第二百零四条（骗取出口退税罪）、第二百零七条（非法出售增值税专用发票罪）、第二百零八条（非法购买增值税专用发票罪、购买伪造的增值税专用发票罪)、第二百零九条(非法制造、出售非法制造的用于骗取出口退税、抵扣税款发票罪和非法制造、出售非法制造的发票罪,非法出售用于骗取出口退税、抵扣税款发票罪以及非法出售发票罪)都在危害税收征管罪一节中,这些犯罪行为既有个人所为,也有单位所为,法律应当对这些犯罪行为同样予以打击。从立法技术上考虑,在本节最后一条统一规定单位犯罪,有利于实际操作。因此,1997 年修订刑法时,立法者吸收了 1992 年通过的《全国人民代表大会常务委员会关于惩治偷税、抗税犯罪的补充规定》第三条和 1995 年通过的《全国人民代表大会常务委员会关于惩治虚开、伪造和非法出售增值税专用发票犯罪的决定》第十条的规定,并作了以下修改:一是考虑到本节第二百零五条、第二百零六条已经规定了单位犯罪,对本节除抗税罪外的其他未规定单位犯罪的独立罪名(不包括以盗窃罪和诈骗罪论处的)规定了单位犯罪;二是在刑罚上采用双罚制原则,规定"对单位判处罚金,并对其直接负责的主管人员和其他直接责任人员,依照各该条的规定处罚"。

【条文说明】

本条是关于单位犯危害税收征管罪有关条文规定之罪及其处罚的规定。

本条规定的"**单位犯本节第二百零一条、第二百零三条、第二百零四条、第二百零七条、第二百零八条、第二百零九条规定之罪**",是指单位触犯本节有关条文的规定构成犯罪的情况。

本条关于单位犯罪的刑罚规定采取了**双罚制原则**,即对单位判处罚金,并同时对单位直接负责的主管人员和其他直接责任人员,依照各条的规定处罚。

根据本条规定,本节除了抗税罪和以盗窃罪、诈骗罪论处的犯罪,其他犯罪均适用单位犯罪的刑罚。

第二百一十二条　【优先追缴税款、出口退税款】

犯本节第二百零一条至第二百零五条规定之罪,被判处罚金、没收财产的,在执行前,应当先由税务机关追缴税款和所骗取的出口退税款。

【立法理由】

1. **1979 年之后至 1997 年刑法修订前的立法情况**。税收是国家财政收入的主要来源,也是国家从事国民经济建设的重要经济支柱。税收的流失势必造成国家整体利益的受损。因此,为了不使危害税收征管的犯罪行为导致国家税收的大量流失,保证国家税制改革的顺利进行,1992 年 9 月 4 日第七届全国人大常委会第二十七次会议通过的《全国人民代表大会常务委员会关于惩治偷税、抗税犯罪的补充规定》第七条对税收征缴优先作了规定:"对犯本规定之罪的,由税务机关追缴不缴、少缴、欠缴、拒缴或者骗取的税款。对依法免予刑事处罚的,除由税务机关追缴不缴、少缴、欠缴、拒缴或者骗取的税款外,处不缴、少缴、欠缴、拒缴或者骗取的税款五倍以下的罚款。"

2. **1997 年修订刑法的情况**。1997 年修订刑法时,立法者吸收了前述 1992 年补充规定第七条相关内容,进一步明确了先由税务机关追缴税款,再执行罚金、没收财产的财产处置顺序,以减少国家税收的流失,并删去了 1992 年《全国人民代表大会常务委员会关于惩治偷税、抗税犯罪的补充规定》第七条关于罚款的规定。

【条文说明】

本条是关于犯本节有关条文规定之罪,被判处罚金、没收财产的,在执行前,应当先由税务机关追缴税款和所骗取的出口退税款的规定。

根据本条规定,人民法院对构成本节第二百零一条至第二百零五条的犯罪案件审理后,作出判处罚金刑或没收财产刑的判决,在执行前,应由税务机关先行追缴税款。"**本节第二百零一条至第二百零五条规定之罪**"分别是逃税罪、抗税罪、逃避缴纳欠税罪、骗取出口退税罪以及虚开增值税专用发票、用于骗取出口退税、抵扣税款发票罪,均属于直接偷逃和骗取国家税款的犯罪,应当由税务机关及时予以追缴。尤其是在涉嫌逃税罪的案件中,税务机关的追缴情况和行政处罚执行情况是是否追究行为人刑事责任的重要条件。

危害税收征管犯罪的行为都具有双重违法性,既违反了行政法律又触犯了刑法,当然存在行政责任和刑事处罚如何适用的问题。需要注意的是,**本条规定的税收征缴优先,仅指税务机关追缴税款的行为**,至于税务机关依法作出的罚款、没收财产等行政处罚并不在本条规定的范围内。

第七节　侵犯知识产权罪

第二百一十三条　【假冒注册商标罪】

未经注册商标所有人许可，在同一种商品、服务上使用与其注册商标相同的商标，情节严重的，处三年以下有期徒刑，并处或者单处罚金；情节特别严重的，处三年以上十年以下有期徒刑，并处罚金。

【立法沿革】

《中华人民共和国刑法》（1997年修订，自1997年10月1日起施行）

第二百一十三条

未经注册商标所有人许可，在同一种商品上使用与其注册商标相同的商标，情节严重的，处三年以下有期徒刑或者拘役，并处或者单处罚金；情节特别严重的，处三年以上七年以下有期徒刑，并处罚金。

《中华人民共和国刑法修正案（十一）》（自2021年3月1日起施行）

十七、将刑法第二百一十三条修改为：

“未经注册商标所有人许可，在同一种商品、服务上使用与其注册商标相同的商标，情节严重的，处三年以下有期徒刑，并处或者单处罚金；情节特别严重的，处三年以上十年以下有期徒刑，并处罚金。”

【立法理由】

1. **1979年立法的情况。**1979年刑法对工商企业假冒其他企业已经注册的商标的犯罪作了规定。1979年《刑法》第一百二十七条规定：“违反商标管理法规，工商企业假冒其他企业已经注册的商标的，对直接责任人员，处三年以下有期徒刑、拘役或者罚金。”

2. **1979年之后至1997年刑法修订前的立法情况。**1993年2月第七届全国人大常委会第三十次会议通过的《全国人民代表大会常务委员会关于惩治假冒注册商标犯罪的补充规定》第一条第一款对假冒他人注册商标的犯罪作了规定，具体内容为：“未经注册商标所有人许可，在同一种商品上使用与其注册商标相同的商标，违法所得数额较大或者有其他严重情节的，处三年以下有期徒刑或者拘役，可以并处或者单处罚金；违法所得数额巨大的，处三年以上七年以下有期徒刑，并处罚金。”商标是商品或者服务的标记，企业为了区分自己的商品或者服务，维护自己商品或者服务声誉，依法使用文字、图形等形成商标，并向国家商标管理机关申请注册，取得商标专用权。凡经国家商标管理机关注册登记的商标，享有商标专用权，受法律保护。假冒他人注册商标的行为，一方面侵害注册商标权利人的商标专用权，损害他人商品或者服务声誉，另一方面也侵害了消费者的合法权益，破坏了社会主义市场经济条件下正常的竞争秩序，应当依法予以惩处。同时，考虑到当时经济社会发展的实际情况，对于与服务商标相关的商标侵权行为，主要是依照民事和行政程序处理的。

3. **1997年修订刑法的情况。**1997年修订刑法时，将1993年《全国人民代表大会常务委员会关于惩治假冒注册商标犯罪的补充规定》的相关内容修改后纳入刑法，主要修改是，将入罪和量刑的条件由原来的“违法所得数额较大或者有其他严重情节”和“违法所得数额巨大”，分别修改为“情节严重”和“情节特别严重”。这主要是考虑到商标侵权案件情况差别很大，有的案件虽然侵权行为比较严重，但是违法所得有时难以计算，而有些情况下，侵权者实际获得的违法所得虽然不多，但给商标权利人造成的损失却可能很大，有的甚至可能因为假冒商品质量低劣造成消费者人身财产损失等，严重影响权利人的商品信誉，导致著名商标信誉受到无法挽回的损害，企业亏损、倒闭等。对这些情节严重的情况，需要在立法上予以考虑。同时，商标侵权行为也侵害消费者的合法权益，破坏社会主义市场经济条件下正常的竞争秩序，修改后，有利于更全面地体现该行为的社会危害性。

4. **2020年《刑法修正案（十一）》对本条的修改情况。**1997年刑法关于本条的规定实施二十多年以来，我国经济社会取得了很大的发展，知识产权保护和侵犯知识产权犯罪方面也出现了一些新情况和新问题。一方面，随着经济转型升级和创新驱动战略深入实施，我国在从知识产权引进大国向知识产权创造大国转变，知识产权工作正在由追求数量向提高质量转变。与之相适应，我国知识产权保护需要适应新时代的新情况新要求。另一方面,全社会尊重创新劳动,保护知识产权的意识不断增强,各方面对于加大知识产权保护力度的需求也越来越强烈。为适应实践中的新情况,与近年来商标法的修改相衔接,根据各方面的意见,2020 年 12 月通过的《刑法修正案(十一)》对本条作了修改,一是**将假冒注册服务商标的行为规定为假冒注册商标罪的行为类型**,以加大对服务商标的保护力度。据统计,2019 年我国服务业占国内生产总值的比重达到 53.9%,随着快递、旅游、交通运输、教育文化、通讯、金融等服务业的快速发展,也产生了很多具有较高价值的品牌,服务商标作为这些品牌的标志,其重要性与商品商标同样重要。从商标法的规定看,其也是将服务商标和商品商标进行同等保护的,服务商标关系服务品牌的信誉和服务商的商誉。服务商标侵权行为一方面会给商标权利人带来经济损失,另一方面会扰乱市场经济秩序。对于其中社会危害性大,情节严重的,有必要与侵犯商品商标的侵权行为一样,通过刑法予以惩治。二是为进一步加大知识产权刑事保护力度,提高侵权行为的违法犯罪成本,发挥法律的威慑作用,保护合法企业公平有序竞争和守法经营,营造良好的创新法治环境和营商环境,根据各方面的意见,**提高了假冒注册商标罪的刑罚**,将第一档刑罚由"三年以下有期徒刑或者拘役,并处或者单处罚金"修改为"三年以下有期徒刑,并处或者单处罚金",最高刑罚由七年有期徒刑修改为十年有期徒刑。[①]

【条文说明】

本条是关于假冒注册商标罪及其处罚的规定。

根据本条规定,构成假冒注册商标罪应具备以下条件:

1. 行为人使用他人注册商标未经注册商标所有人许可。"**注册商标所有人**"即商标注册人。在我国,凡依法提出商标注册申请,并经商标局核准的商标注册申请人即成为注册商标所有人。本条规定的"**未经注册商标所有人许可**",是指行为人使用他人注册商标时,未经注册商标所有人同意。[②] 这是构成假冒注册商标罪的前提条件,根据《商标法》第四十三条的规定,商标注册人可以通过签订商标使用许可合同的方式,许可他人使用其注册商标。如果行为人已得到注册商标所有人的许可,而只是未按法定程序办理有关手续,不能认为构成犯罪。

2. 行为人在客观上实施了在同一种商品、服务上使用与他人注册商标相同的商标的行为,即商标相同,使用该商标的商品、服务为同一种类,这两个条件必须同时具备。这里所称的"**同一种商品、服务**"是指与注册商标核定使用的商品、服务相同的商品、服务,"**相同的商标**"是指违法行为人使用的商标与权利人注册商标高度一致。[③] 当然,毕竟是假冒商标行为,很多情况下二者之间不可能完全一样、没有任何差别。有些假冒者会有意通过细微改变注册商标的字体、字母大小写或者文字横竖排列、间距等方式,以图规避法律追究。对此,应当结合假冒商标和注册商标的具体情况,从二者在视觉上的差别大小、社会公众看到假冒商标是不是足以被误导等综合判断。同时,需要注意的是,虽有细微差别但不失为"相同"程度的商标,与"类似"程度的商标,应当是有明显区别的,对于二者不能够混淆。如果行为人在同一种商品、服务上使用与他人注册商标近似的商标,或者在类似商品、服务上使用与他人注册商标相同的商标,或者在类似商品、服务上使用与他人注册商标近似的商标,虽然也属于商标侵权行为,但不构成假冒注册商标罪。

根据 2011 年《最高人民法院、最高人民检察

① 本次修法之前,我国多数学者主张采取立法论路径来为服务商标提供刑法保护,参见杨靖军:《假冒服务性商标不构成假冒注册商标罪》,载《人民司法·案例》2008 年第 8 期,第 56 页;马伟阳:《假冒注册商标罪相关问题探讨——从最高法院指导案例 87 号谈起》,载《中华商标》2021 年第 1 期,第 65 页;张耕、黄国赛:《民刑交叉视角下商标刑事保护边界研究》,载《知识产权》2020 年第 12 期,第 44 页;李永升、冯文杰:《实质解释视域下的假冒注册商标罪研究——以商标侵权"混淆可能性"标准为视角》,载《昆明理工大学学报(社会科学版)》,2015 年第 6 期,第 44 页;周详:《论假冒注册商标罪——兼议刑法典第二百一十三条的修改》,载《知识产权》2002 年第 6 期,第 18 页;柏浪涛:《侵犯知识产权罪研究》,知识产权出版社 2011 年版,第 7 页。另有学者站在刑法谦抑性的立场上来否定采取立法论的正当性,参见霍文良、张天兴:《侵犯商标权犯罪的司法认定》,载《知识产权》2014 年第 6 期,第 31 页。

② 我国学者进一步指出,被控假冒注册商标行为人与商标注册人之间应不存在商标权属争议,否则不能视为行为人"未经商标注册人许可"。参见何卓律:《假冒注册商标犯罪认定的若干问题探析》,载《广西政法管理干部学院学报》2021 年第 6 期,第 32 页。

③ 我国学者指出,刑法仅规定相同商标而排除近似商标的做法,是基于法益保护与制度成本综合考量的结果,应当予以坚持。参见张耕、黄国赛:《对假冒注册商标罪中相同商标的判定》,载《人民司法·案例》2021 年第 7 期,第 74 页。

院、公安部关于办理侵犯知识产权刑事案件适用法律若干问题的意见》第五条的规定，名称相同的商品以及名称不同但指同一事物的商品，可以认定为“**同一种商品**”。“**名称**”是指国家注册商标主管部门在商标注册工作中对商品使用的名称，通常即《商标注册用商品和服务国际分类》中规定的商品名称。“**名称不同但指同一事物的商品**”是指在功能、用途、主要原料、消费对象、销售渠道等方面相同或者基本相同，相关公众一般认为是同一种事物的商品。认定“同一种商品”，应当在权利人注册商标核定使用的商品和行为人实际生产销售的商品之间进行比较。关于“与其注册商标相同的商标”的认定问题，根据2020年《最高人民法院、最高人民检察院关于办理侵犯知识产权刑事案件具体应用法律若干问题的解释（三）》第一条的规定，具有下列情形之一的，可以认定为“**与其注册商标相同的商标**”：(1)改变注册商标的字体、字母大小写或者文字横竖排列，与注册商标之间基本无差别的；(2)改变注册商标的文字、字母、数字等之间的间距，与注册商标之间基本无差别的；(3)改变注册商标颜色，不影响体现注册商标显著特征的；(4)在注册商标上仅增加商品通用名称、型号等缺乏显著特征要素，不影响体现注册商标显著特征的；(5)与立体注册商标的三维标志及平面要素基本无差别的；(6)其他与注册商标基本无差别、足以对公众产生误导的商标。

3. 根据本条规定，**行为人的上述行为，情节严重的才构成犯罪**，这是区分罪与非罪的界限。根据2004年《最高人民法院、最高人民检察院关于办理侵犯知识产权刑事案件具体应用法律若干问题的解释》第一条的规定，未经注册商标所有人许可，在同一种商品上使用与其注册商标相同的商标，具有下列情形之一的，属于本条规定的“**情节严重**”：(1)非法经营数额在五万元以上或者违法所得数额在三万元以上的；(2)假冒两种以上注册商标，非法经营数额在三万元以上或者违法所得数额在二万元以上的；(3)其他情节严重的情形。这里规定的“情节严重”的情形与2010年5月《最高人民检察院、公安部关于公安机关管辖的刑事案件立案追诉标准的规定（二）》第六十九条的立案追诉情形是一致的。本条对假冒他人注册商标犯罪的处罚分为两个档次：**情节严重的**，处三年以下有期徒刑，并处或者单处罚金；**情节特别严重的**，处三年以上十年以下有期徒刑，并处罚金。根据2004年《最高人民法院、最高人民检察院关于办理侵犯知识产权刑事案件具体应用法律若干问题的解释》第一条的规定，这里的“**情节特别严重**”包括下列情形：(1)非法经营数额在二十五万元以上或者违法所得数额在十五万元以上的；(2)假冒两种以上注册商标，非法经营数额在十五万元以上或者违法所得数额在十万元以上的；(3)其他情节特别严重的情形。

实际执行中应当注意以下几个方面的问题：

1. **关于假冒服务商标行为构成犯罪的定罪量刑标准**。目前有关司法解释规定的定罪量刑标准都是针对假冒商品商标行为的，对于假冒他人服务商标行为的定罪量刑标准问题，可以参照假冒商品商标的规定，并根据服务商标侵权行为的特点，进一步总结实践经验予以确定。在确定具体量刑时应当综合考虑侵权行为持续时间的长短、侵权范围和规模的大小、非法经营数额或违法所得数额的大小、对权利人造成的损害程度等因素予以确定。[①]

2. **关于未经处理的假冒注册商标行为的处理**。对于多次实施假冒注册商标行为，未经行政处理或者刑事处罚的，非法经营的数额应当累计计算。根据2011年《最高人民法院、最高人民检察院、公安部关于办理侵犯知识产权刑事案件适用法律若干问题的意见》第十四条的规定，数额进行累计计算限定在二年内。对于尚不构成犯罪的假冒注册商标行为，可以依法追究其民事和行政责任，对此，《商标法》第五十七条和第六十条也作了规定。

3. **对于尚不构成犯罪的假冒注册商标的违法行为**，根据《商标法》第五十七条、第六十条的规定，**市场监督管理部门**可以责令立即停止侵权行为，没收、销毁侵权商品，违法经营额五万元以上的，可以处违法经营额五倍以下的罚款，没有违法经营额或者违法经营额不足五万元的，可以处二

① 我国学者指出，服务商标构成的特殊性在于其使用对象是服务。服务是为他人的利益的行为，服务的辅助行为附属于主要行为，在辅助服务上的商标使用行为应视为在核准注册的服务项目上的商标使用行为。服务商标使用的特殊性在于其只能附着于相关载体，必然需要跨类使用在其他商品或服务上。服务商标使用的认定应当根据所提供服务的内容和目的进行实质性判断。就服务商标的保护而言，应正视服务及服务商标在地域范围上的突破，对服务商标的保护应符合商业实践的发展，在处理涉及权利冲突的纠纷时应综合认定服务商标的显著性和知名度、涉案使用行为的正当性等各个因素，以合理保护服务商标并维护市场秩序。参见张今：《服务商标之使用和保护的特殊性研究》，载《法学杂志》2021年第6期，第3—10页。

十五万元以下的罚款。此外，根据海关法和知识产权海关保护条例等法律法规的规定，**海关**在执法过程中发现侵犯知识产权货物的，可以依法予以没收并作出处理。

4. **关于缓刑的适用**。为进一步明确缓刑适用条件，2011年2月第十一届全国人大常委会第十九次会议通过的《刑法修正案（八）》对缓刑条件作了进一步细化，规定为："（一）犯罪情节较轻；（二）有悔罪表现；（三）没有再犯罪的危险；（四）宣告缓刑对所居住社区没有重大不良影响。"同时规定，宣告缓刑，可以根据犯罪情况，同时禁止犯罪分子在缓刑考验期限内从事特定活动，进入特定区域、场所，接触特定的人。在办理假冒注册商标刑事案件中，对于犯罪人是否适用缓刑，应当根据上述规定作出判断。同时，关于侵犯知识产权犯罪案件缓刑适用，最高人民法院、最高人民检察院相关的司法解释中也作了规定。如2020年《最高人民法院、最高人民检察院关于办理侵犯知识产权刑事案件具体应用法律若干问题的解释（三）》第八条规定："具有下列情形之一的，**可以酌情从重处罚，一般不适用缓刑**：（一）主要以侵犯知识产权为业的；（二）因侵犯知识产权被行政处罚后再次侵犯知识产权构成犯罪的；（三）在重大自然灾害、事故灾难、公共卫生事件期间，假冒抢险救灾、防疫物资等商品的注册商标的；（四）拒不交出违法所得的。"因此，司法机关在具体适用缓刑时，应当严格执行现有法律、司法解释的规定，切实加强对知识产权的保护力度。

5. **关于判处罚金的数额**。本条对判处罚金只是原则规定并处或者单处罚金，没有对罚金数额的具体标准作明确规定。因此，在具体案件中判处罚金时，需要根据案件的具体情况量定适当的罚金。为了指导此类案件罚金适用，提高罚金刑量刑规范化程度，2020年《最高人民法院、最高人民检察院关于办理侵犯知识产权刑事案件具体应用法律若干问题的解释（三）》第十条对确定罚金数额的原则和具体要求作了规定，即应当综合考虑犯罪违法所得数额、非法经营数额、给权利人造成的损失数额、侵权假冒物品数量及社会危害性等情节，依法判处罚金。罚金数额一般在违法所得数额的一倍以上五倍以下确定。违法所得数额无法查清的，罚金数额一般按照非法经营数额的百分之五十以上一倍以下确定。违法所得数额和非法经营数额均无法查清，判处三年以下有期徒刑、拘役、管制或者单处罚金的，一般在三万元以上一百万元以下确定罚金数额；判处三年以上有期徒刑的，一般在十五万元以上五百万元以下确定罚金数额。

6. **关于单位构成假冒注册商标罪的入刑标准**。构成本条规定的假冒注册商标罪的主体包括个人，也包括单位。根据《刑法》第二百二十条的规定，单位犯本条规定之罪的，对单位判处罚金，并对其直接负责的主管人员和其他责任人员，依照本条的规定处罚。**关于单位犯本罪的定罪量刑标准**，根据2007年《最高人民法院、最高人民检察院关于办理侵犯知识产权刑事案件具体应用法律若干问题的解释（二）》第六条的规定，单位实施本节规定的侵犯知识产权犯罪的，按照个人犯罪的定罪量刑标准定罪处罚。

7. 关于假冒注册商标罪与相关罪名的适用。一般来说，行为人既实施本条规定的假冒注册商标罪，又进而销售该假冒注册商标的商品，构成犯罪的，属于一个犯罪行为，应当依照本条的规定，**以假冒注册商标罪定罪处罚**。如果行为人既实施本条规定的犯罪的行为，又有明知而销售他人所假冒的注册商标商品的行为，构成犯罪的，属于分别实施了两个不同的犯罪，**应当以假冒注册商标罪和销售假冒注册商标的商品罪数罪并罚**。实践中，如果行为人假冒他人注册商标所生产、销售的商品属于伪劣商品，构成生产销售伪劣商品类相关犯罪的，则属于同时触犯数个罪名，**应按照刑法规定的处罚较重的规定处罚，即按照择一重罪处理的原则定罪量刑**。①

8. **关于帮助行为的处理**。假冒注册商标犯罪和其他侵犯知识产权犯罪类似，往往形成从伪造、提供商标标识，生产假冒商品，到销售、转移非法所得等完整的犯罪利益链条，因此，对于此类犯罪的惩处，要结合案件的实际情况，对整个犯罪相互联系、相互配套支持的各个环节实施全链条打击，才能够收到成效。同时，与传统犯罪中帮助犯等共同犯罪的情形不同，这类同一犯罪利益链条中的各个犯罪人之间，可能不像传统犯罪中主犯与帮助犯那样，往往有很密切的人身关系、行为协调配合关系等，而只是类似于产业链上下游之间的"生意"来往，行为人之间甚至可能从未谋面，互

① 马克昌教授指出，如果行为人生产、销售伪劣产品，并假冒他人注册商标的，属于牵连犯，应从一重罪从重处罚。参见高铭暄、马克昌主编：《刑法学》（第7版），北京大学出版社、高等教育出版社2016年版，第371页。另有学者指出，此种情形属于想象竞合犯，应按从一重处的原则处理。参见赵秉志、李希慧主编：《刑法各论》（第3版），中国人民大学出版社2016年版，第85页；张明楷：《刑法学》（第6版），法律出版社2021年版，第1067页。

不相识。因此，在具体认定是否属于共同犯罪时，往往存在一些困难或者不同认识。为此，有关司法解释针对这些情况，明确了一些适用的情形。根据 2011 年《最高人民法院、最高人民检察院、公安部关于办理侵犯知识产权刑事案件适用法律若干问题的意见》第十五条的规定，明知他人实施侵犯知识产权犯罪，而为其提供生产、制造侵权产品的主要原材料、辅助材料、半成品、包装材料、机械设备、标签标识、生产技术、配方等帮助，或者提供互联网接入、服务器托管、网络存储空间、通讯传输通道、代收费、费用结算等服务的，**以侵犯知识产权犯罪的共犯论处**。根据 2004 年《最高人民法院、最高人民检察院关于办理侵犯知识产权刑事案件具体应用法律若干问题的解释》第十六条的规定，明知他人实施侵犯知识产权犯罪，而为其提供贷款、资金、帐号、发票、证明、许可证件，或者提供生产、经营场所或者运输、储存、代理进出口等便利条件、帮助的，**可以以侵犯知识产权犯罪的共犯论处**。值得注意的是，在具体适用时，若帮助行为同时构成《刑法》第三百一十二条规定的**掩饰、隐瞒犯罪所得、犯罪所得收益罪**的，应当依照处罚较重的规定处罚。

9. **关于行政处罚与刑事处罚的衔接程序**。根据我国商标法、著作权法、反不正当竞争法等法律的规定，对尚不构成犯罪的侵犯知识产权的违法行为，依法给予行政处罚，构成犯罪的，依法追究刑事责任。为了做好行政处罚与刑事处罚的衔接，2020 年修订的**《行政执法机关移送涉嫌犯罪案件的规定》**对有关程序问题作了规定，其中第三条明确规定，知识产权领域的违法案件，行政执法机关根据调查收集的证据和查明的案件事实，认为存在犯罪的合理嫌疑，需要公安机关采取措施进一步获取证据以判断是否达到刑事立案追诉标准的，应当向公安机关移送。

【司法解释】

《最高人民法院、最高人民检察院关于办理侵犯知识产权刑事案件具体应用法律若干问题的解释》（法释〔2004〕19 号，自 2004 年 12 月 22 日起施行）

△（**情节严重；情节特别严重**）未经注册商标所有人许可，在同一种商品上使用与其注册商标相同的商标，具有下列情形之一的，属于刑法第二百一十三条规定的“情节严重”，应当以假冒注册商标罪判处三年以下有期徒刑或者拘役[①]，并处或者单处罚金：

（一）非法经营数额在五万元以上或者违法所得数额在三万元以上的；

（二）假冒两种以上注册商标，非法经营数额在三万元以上或者违法所得数额在二万元以上的；

（三）其他情节严重的情形。

具有下列情形之一的，属于刑法第二百一十三条规定的“情节特别严重”，应当以假冒注册商标罪判处三年以上七年以下有期徒刑，并处罚金[②]：

（一）非法经营数额在二十五万元以上或者违法所得数额在十五万元以上的；

（二）假冒两种以上注册商标，非法经营数额在十五万元以上或者违法所得数额在十万元以上的；

（三）其他情节特别严重的情形。（§ 1）

△（**相同商标；使用**）刑法第二百一十三条规定的“相同的商标”，是指与被假冒的注册商标完全相同，或者与被假冒的注册商标在视觉上基本无差别、足以对公众产生误导的商标。

刑法第二百一十三条规定的“使用”，是指将注册商标或者假冒的注册商标用于商品、商品包装或者容器以及产品说明书、商品交易文书，或者将注册商标或者假冒的注册商标用于广告宣传、展览以及其他商业活动等行为。[③]（§ 8）

△（**非法经营数额；累计计算**）本解释所称“非法经营数额”，是指行为人在实施侵犯知识产权行为过程中，制造、储存、运输、销售侵权产品的价值。已销售的侵权产品的价值，按照实际销售的价格计算。制造、储存、运输和未销售的侵权产品的价值，按照标价或者已经查清的侵权产品的实际销售平均价格计算。侵权产品没有标价或者无法查清其实际销售价格的，按照被侵权产品的市场中间价格计算。

多次实施侵犯知识产权行为，未经行政处理或者刑事处罚的，非法经营数额、违法所得数额或者销售金额累计计算。（§ 12 Ⅰ、Ⅱ）

△（**假冒并销售注册商标；假冒注册商标罪；数罪并罚**）实施刑法第二百一十三条规定的假冒

---

① 《刑法修正案（十一）》取消了本罪的拘役刑。

② 《刑法修正案（十一）》将此处的法定刑修改为“三年以上十年以下有期徒刑，并处罚金”。

③ 另外，关于反向假冒，由于行为人只是使用了他人的商品，而没有使用他人的商标，故而不成立本罪，但可能该当损害商业信誉、商品商誉罪或者生产、销售伪劣产品罪。参见张明楷：《刑法学》（第 6 版），法律出版社 2021 年版，第 1064 页。

注册商标犯罪，又销售该假冒注册商标的商品，构成犯罪的，应当依照刑法第二百一十三条的规定，以假冒注册商标罪定罪处罚。

实施刑法第二百一十三条规定的假冒注册商标犯罪，又销售明知是他人的假冒注册商标的商品，构成犯罪的，应当实行数罪并罚。(§ 13)

△(**侵犯知识产权犯罪的共犯**)明知他人实施侵犯知识产权犯罪，而为其提供贷款、资金、账号、发票、证明、许可证件，或者提供生产、经营场所或者运输、储存、代理进出口等便利条件、帮助的，以侵犯知识产权犯罪的共犯论处。(§ 16)

《最高人民法院、最高人民检察院关于办理非法生产、销售烟草专卖品等刑事案件具体应用法律若干问题的解释》(法释〔2010〕7号，自2010年3月26日起施行)

△(**烟草专卖品注册商标；假冒注册商标罪**)未经卷烟、雪茄烟等烟草专卖品注册商标所有人许可，在卷烟、雪茄烟等烟草专卖品上使用与其注册商标相同的商标，情节严重的，依照刑法第二百一十三条的规定，以假冒注册商标罪定罪处罚。(§ 1 Ⅱ)

△(**竞合**)行为人实施非法生产、销售烟草专卖品犯罪，同时构成生产、销售伪劣产品罪、侵犯知识产权犯罪、非法经营罪的，依照处罚较重的规定定罪处罚。(§ 5)

△(**共犯**)明知他人实施本解释第一条所列犯罪，而为其提供贷款、资金、账号、发票、证明、许可证件，或者提供生产、经营场所、设备、运输、仓储、保管、邮寄、代理进出口等便利条件，或者提供生产技术、卷烟配方的，应当按照共犯追究刑事责任。(§ 6)

△(**鉴定**)办理非法生产、销售烟草专卖品等刑事案件，需要对伪劣烟草专卖品鉴定的，应当委托国务院产品质量监督管理部门和省、自治区、直辖市人民政府产品质量监督管理部门指定的烟草质量检测机构进行。(§ 7)

△(**烟草专卖品**)本解释所称"烟草专卖品"，是指卷烟、雪茄烟、烟丝、复烤烟叶、烟叶、卷烟纸、滤嘴棒、烟用丝束、烟草专用机械。(§ 9 Ⅰ)

《最高人民法院、最高人民检察院关于办理侵犯知识产权刑事案件具体应用法律若干问题的解释(二)》(法释〔2007〕6号，自2007年4月5日起施行)

△(**缓刑**)侵犯知识产权犯罪，符合刑法规定的缓刑条件的，依法适用缓刑。有下列情形之一的，一般不适用缓刑：

(一)因侵犯知识产权被刑事处罚或者行政处罚后，再次侵犯知识产权构成犯罪的；

(二)不具有悔罪表现的；

(三)拒不交出违法所得的；

(四)其他不宜适用缓刑的情形。(§ 3)

△(**罚金数额**)对于侵犯知识产权犯罪的，人民法院应当综合考虑犯罪的违法所得、非法经营数额、给权利人造成的损失、社会危害性等情节，依法判处罚金。罚金数额一般在违法所得的一倍以上五倍以下，或者按照非法经营数额的50%以上一倍以下确定。(§ 4)

△(**自诉；公诉**)被害人有证据证明的侵犯知识产权刑事案件，直接向人民法院起诉的，人民法院应当依法受理；严重危害社会秩序和国家利益的侵犯知识产权刑事案件，由人民检察院依法提起公诉。(§ 5)

《最高人民法院、最高人民检察院关于办理侵犯知识产权刑事案件具体应用法律若干问题的解释(三)》(法释〔2020〕10号，自2020年9月14日起施行)

△(**与其注册商标相同的商标**)具有下列情形之一的，可以认定为刑法第二百一十三条规定的"与其注册商标相同的商标"：

(一)改变注册商标的字体、字母大小写或者文字横竖排列，与注册商标之间基本无差别的；

(二)改变注册商标的文字、字母、数字等之间的间距，与注册商标之间基本无差别的；

(三)改变注册商标颜色，不影响体现注册商标显著特征的；

(四)在注册商标上仅增加商品通用名称、型号等缺乏显著特征要素，不影响体现注册商标显著特征的；

(五)与立体注册商标的三维标志及平面要素基本无差别的；

(六)其他与注册商标基本无差别、足以对公众产生误导的商标。(§ 1)

△(**没收；销毁；证据固定**)除特殊情况外，假冒注册商标的商品、非法制造的注册商标标识、侵犯著作权的复制品、主要用于制造假冒注册商标的商品、注册商标标识或者侵权复制品的材料和工具，应当依法予以没收和销毁。

上述物品需要作为民事、行政案件的证据使用的，经权利人申请，可以在民事、行政案件终结后或者采取取样、拍照等方式对证据固定后予以销毁。(§ 7)

△(**酌情从重处罚；不适用缓刑**)具有下列情形之一的，可以酌情从重处罚，一般不适用缓刑：

(一)主要以侵犯知识产权为业的；

（二）因侵犯知识产权被行政处罚后再次侵犯知识产权构成犯罪的；

（三）在重大自然灾害、事故灾难、公共卫生事件期间，假冒抢险救灾、防疫物资等商品的注册商标的；

（四）拒不交出违法所得的。（§ 8）

△（**酌情从轻处罚**）具有下列情形之一的，可以酌情从轻处罚：

（一）认罪认罚的；

（二）取得权利人谅解的；

（三）具有悔罪表现的；

（四）以不正当手段获取权利人的商业秘密后尚未披露、使用或者允许他人使用的。（§ 9）

△（**罚金**）对于侵犯知识产权犯罪的，应当综合考虑犯罪违法所得数额、非法经营数额、给权利人造成的损失数额、侵权假冒物品数量及社会危害性等情节，依法判处罚金。

罚金数额一般在违法所得数额的一倍以上五倍以下确定。违法所得数额无法查清的，罚金数额一般按照非法经营数额的百分之五十以上一倍以下确定。违法所得数额和非法经营数额均无法查清，判处三年以下有期徒刑、拘役、管制或者单处罚金的，一般在三万元以上一百万元以下确定罚金数额；判处三年以上有期徒刑的，一般在十五万元以上五百万元以下确定罚金数额。（§ 10）

△（**适用效力**）本解释发布施行后，之前发布的司法解释和规范性文件与本解释不一致的，以本解释为准。（§ 11）

【司法解释性文件】

《最高人民法院刑事审判第二庭关于集体商标是否属于我国刑法的保护范围问题的复函》（〔2009〕刑二函字第28号，2009年4月10日公布）

△（**注册商标；集体商标**）我国《商标法》第三条规定：“经商标局核准注册的商标为注册商标，包括商品商标、服务商标和集体商标、证明商标；商标注册人享有商标专用权，受法律保护。”因此，刑法第二百一十三条至二百一十五条所规定的“注册商标”应当涵盖“集体商标”。（§ 1）

△（**相同商标**）商标标识中注明了自己的注册商标的同时，又使用了他人注册为集体商标的地理名称，可以认定为刑法规定的“相同的商标”。根据贵局提供的材料，山西省清徐县溢美源醋业有限公司在其生产的食用醋的商标上用大号字体在显著位置上清晰地标明“镇江香（陈）醋”，说明其已经使用了与江苏省镇江市醋业协会所注册的“镇江香（陈）醋”集体商标相同的商标。而且，山西省清徐县溢美源醋业有限公司还在其商标标识上注明了江苏省镇江市丹阳市某香醋厂的厂名厂址和QS标志，也说明其实施假冒注册“镇江香（陈）醋”集体商标的行为。（§ 2）

《最高人民法院、最高人民检察院、公安部印发〈关于办理侵犯知识产权刑事案件适用法律若干问题的意见〉的通知》（法发〔2011〕3号，2011年1月10日公布）

△（**侵犯知识产权犯罪；管辖**）侵犯知识产权犯罪案件由犯罪地公安机关立案侦查。必要时，可以由犯罪嫌疑人居住地公安机关立案侦查。侵犯知识产权犯罪案件的犯罪地，包括侵权产品制造地、储存地、运输地、销售地，传播侵权作品、销售侵权产品的网站服务器所在地、网络接入地、网站建立者或者管理者所在地，侵权作品上传者所在地，权利人受到实际侵害的犯罪结果发生地。对有多个侵犯知识产权犯罪地的，由最初受理的公安机关或者主要犯罪地公安机关管辖。多个侵犯知识产权犯罪地的公安机关对管辖有争议的，由共同的上级公安机关指定管辖，需要提请批准逮捕、移送审查起诉、提起公诉的，由该公安机关所在地的同级人民检察院、人民法院受理。

对于不同犯罪嫌疑人、犯罪团伙跨地区实施的涉及同一批侵权产品的制造、储存、运输、销售等侵犯知识产权犯罪行为，符合并案处理要求的，有关公安机关可以一并立案侦查，需要提请批准逮捕、移送审查起诉、提起公诉的，由该公安机关所在地的同级人民检察院、人民法院受理。（§ 1）

△（**行政执法部门收集、调取证据的效力**）行政执法部门依法收集、调取、制作的物证、书证、视听资料、检验报告、鉴定结论、勘验笔录、现场笔录，经公安机关、人民检察院审查，人民法院庭审质证确认，可以作为刑事证据使用。

行政执法部门制作的证人证言、当事人陈述等调查笔录，公安机关认为有必要作为刑事证据使用的，应当依法重新收集、制作。（§ 2）

△（**抽样取证；委托鉴定**）公安机关在办理侵犯知识产权刑事案件时，可以根据工作需要抽样取证，或者商请同级行政执法部门、有关检验机构协助抽样取证。法律、法规对抽样机构或者抽样方法有规定的，应当委托规定的机构并按照规定方法抽取样品。

公安机关、人民检察院、人民法院在办理侵犯知识产权刑事案件时，对于需要鉴定的事项，应当委托国家认可的有鉴定资质的鉴定机构进行鉴定。

公安机关、人民检察院、人民法院应当对鉴定结论进行审查，听取权利人、犯罪嫌疑人、被告人

对鉴定结论的意见，可以要求鉴定机构作出相应说明。（§ 3）

△（**自诉案件；证据收集**）人民法院依法受理侵犯知识产权刑事自诉案件，对于当事人因客观原因不能取得的证据，在提起自诉时能够提供有关线索，申请人民法院调取的，人民法院应当依法调取。（§ 4）

△（**同一种商品；名称**）名称相同的商品以及名称不同但指同一事物的商品，可以认定为“同一种商品”。“名称”是指国家工商行政管理总局商标局在商标注册工作中对商品使用的名称，通常即《商标注册用商品和服务国际分类》中规定的商品名称。“名称不同但指同一事物的商品”是指在功能、用途、主要原料、消费对象、销售渠道等方面相同或者基本相同，相关公众一般认为是同一种事物的商品。

认定“同一种商品”，应当在权利人注册商标核定使用的商品和行为人实际生产销售的商品之间进行比较。[①]（§ 5）

△（**与其注册商标相同的商标**）具有下列情形之一，可以认定为“与其注册商标相同的商标”[②][③]：

（一）改变注册商标的字体、字母大小写或者文字横竖排列，与注册商标之间仅有细微差别的；

（二）改变注册商标的文字、字母、数字等之间的间距，不影响体现注册商标显著特征的；

（三）改变注册商标颜色的；

（四）其他与注册商标在视觉上基本无差别、足以对公众产生误导的商标。（§ 6）

△（**尚未附着或者尚未全部附着假冒注册商标标识；非法经营数额**）在计算制造、储存、运输和未销售的假冒注册商标侵权产品价值时，对于已经制作完成但尚未附着（含加贴）或者尚未全部附着（含加贴）假冒注册商标标识的产品，如果有确实、充分证据证明该产品将假冒他人注册商标，其价值计入非法经营数额。（§ 7）

△（**多次实施；累计计算数额**）依照最高人民法院、最高人民检察院《关于办理侵犯知识产权刑事案件具体应用法律若干问题的解释》第十二条第二款的规定，多次实施侵犯知识产权行为，未经行政处理或者刑事处罚的，非法经营数额、违法所得数额或者销售金额累计计算。

二年内多次实施侵犯知识产权违法行为，未经行政处理，累计数额构成犯罪的，应当依法定罪处罚。实施侵犯知识产权犯罪行为的追诉期限，适用刑法的有关规定，不受前述二年的限制。（§ 14）

△（**明知；提供原材料、机械设备等；侵犯知识产权犯罪的共犯**）明知他人实施侵犯知识产权犯罪，而为其提供生产、制造侵权产品的主要原材料、辅助材料、半成品、包装材料、机械设备、标签标识、生产技术、配方等帮助，或者提供互联网接入、服务器托管、网络存储空间、通讯传输通道、代收费、费用结算等服务的，以侵犯知识产权犯罪的共犯论处。（§ 15）

△（**竞合**）行为人实施侵犯知识产权犯罪，同时构成生产、销售伪劣商品犯罪的，依照侵犯知识产权犯罪与生产、销售伪劣商品犯罪中处罚较重的规定定罪处罚。（§ 16）

《最高人民法院关于进一步加强涉种子刑事审判工作的指导意见》（法〔2022〕66 号，2022 年 3 月 2 日公布）

△（**种子套牌侵权相关犯罪；假冒注册商标罪；销售假冒注册商标的商品罪；非法制造、销售非法制造的注册商标标识罪；侵犯商业秘密罪；为境外窃取、刺探、收买、非法提供商业秘密罪**）立足现有罪名，依法严惩种子套牌侵权相关犯罪。假冒品种权以及未经许可或者超出委托规模生产、繁殖授权品种种子对外销售等种子套牌侵权行为，经常伴随假冒注册商标、侵犯商业秘密等其他犯罪行为。审理此类案件时要把握这一特点，立足刑法现有规定，通过依法适用与种子套牌侵权密切相关的假冒注册商标罪，销售假冒注册商标的商品罪，非法制造、销售非法制造的注册商标标识罪，侵犯商业秘密罪，为境外窃取、刺探、收买、非法提供商业秘密罪等罪名，实现对种子套牌侵权行为的依法惩处。同时，应当将种子套牌侵权行为作为从重处罚情节，加大对此类犯罪的惩处力度。（§ 4）

---

① 我国学者指出，对“同一种商品或服务”的认定，必须坚持法定标准和专家标准，不能以人们的习惯分类为准。参见周光权：《刑法各论》（第 4 版），中国人民大学出版社 2021 年版，第 345 页。

② 我国学者指出，对于“相同”的认定，应以是否足以使一般消费者误认为是注册商标为标准。并且，本罪不要求所假冒的商标与他人注册商标的构成要素没有任何差异。参见张明楷：《刑法学》（第 6 版），法律出版社 2021 年版，第 1065 页；黎宏：《刑法学各论》（第 2 版），法律出版社 2016 年版，第 181 页；周光权：《刑法各论》（第 4 版），中国人民大学出版社 2021 年版，第 346 页。

③ 最新的相关司法解释规定，参见《最高人民法院、最高人民检察院关于办理侵犯知识产权刑事案件具体应用法律若干问题的解释（三）》第一条。

【附属刑法】

《全国人民代表大会常务委员会关于维护互联网安全的决定》(2000年12月28日通过,2009年8月27日修正)

三、为了维护社会主义市场经济秩序和社会管理秩序,对有下列行为之一,构成犯罪的,依照刑法有关规定追究刑事责任:

……

(三)利用互联网侵犯他人知识产权;

……

《中华人民共和国商标法》(1982年8月23日通过,2019年4月23日第四次修正)

第六十七条

Ⅰ未经商标注册人许可,在同一种商品上使用与其注册商标相同的商标,构成犯罪的,除赔偿被侵权人的损失外,依法追究刑事责任。

《中华人民共和国烟草专卖法》(1991年6月29日通过,2015年4月24日第三次修正)

第三十三条

Ⅰ生产、销售没有注册商标的卷烟、雪茄烟、有包装的烟丝的,由工商行政管理部门责令停止生产、销售,并处罚款。

Ⅱ生产、销售假冒他人注册商标的烟草制品的①,由工商行政管理部门责令停止侵权行为,赔偿被侵权人的损失,可以并处罚款;构成犯罪的,依法追究刑事责任。

【指导性案例】

最高人民法院指导案例第87号:郭明升、郭明锋、孙淑标假冒注册商标案(2017年3月6日发布)

△(**证据认定;非法经营数额、违法所得数额**)假冒注册商标犯罪的非法经营数额、违法所得数额,应当综合被告人供述、证人证言、被害人陈述、网络销售电子数据、被告人银行账户往来记录、送货单、快递公司电脑系统记录、被告人等所作记账等证据认定。被告人辩解称网络销售记录存在刷信誉的不真实交易,但无证据证实的,对其辩解不予采纳。

【参考案例】

△**假冒注册商标行为中,生产完毕尚未包装组装但可以包装组装为成品的半成品的数额应当计入尚未销售的数额之中。**

从性质上来讲,“可以组装为成品的半成品”与成品之间不存在根本的差异,都可以评价为假冒注册商标罪中的“商品”,二者只是在商品生产的时间维度上存在些许差异。事实上,从刑法理论的角度分析,按照实质主义解释的理念,不管是生产完毕的成品还是尚未生产、组装完毕的半成品,只要还没有进入市场,就没有破坏竞争秩序,也没有损害消费者的合法权益。因而“尚未销售”的商品在刑法中不具有法益侵害的可能性,以此观之,行为人只生产但“尚未销售”的行为也就失去了可罚性依据。然而,我国刑法及有关司法解释将“尚未销售”的商品纳入到刑法的评价体系之中,并以犯罪未遂予以具体认定和规范。笔者认为,这基本上是出于刑事立法政策的考量,此种规定带有功利性的目的,即将源头上侵犯权利人知识产权法益的行为拟制性地纳入刑法的评价范围。从规范的角度分析,这种饱含拟制色彩的立法技术虽然超出了实质主义解释理念的容纳范围,但是对于严密知识产权刑事法网、严厉打击源头性知识产权犯罪无疑具有重要的意义。半成品应从是否能够投入再生产角度出发,将其分为原料性半成品与非原料性半成品,并在此基础上讨论何为真正的“半成品”。(1)所谓原料性半成品,即尚未制造完工成为成品,仍需进一步加工的中间产品。很多情况下较难证明这些原料是专门用于“制假”。即使可以证明这些原料是用于“制假”,也很难折算出成品的数量,更是难以计算其犯罪金额。因此,鉴于该类半成品的价值需要集中体现于成品之中,刑法不应当对该类半成品计算其犯罪数额。(2)所谓非原料性半成品,即商品的必要组件已经生产完毕且可以组装为成品,只需进行简单的外包装加工便能成为最终商品。若非意志以外的原因,行为人在制造该类半成品时,侵权产品生产的主要工序已经完成,应当计入尚未销售的数额之中。[No. 3-7-213-1 王文海、李军假冒注册商标案]

---

① 《中华人民共和国烟草专卖法》(1991年6月29日通过,2015年4月24日第三次修正)

第十九条

Ⅰ卷烟、雪茄烟和有包装的烟丝必须申请商标注册,未经核准注册的,不得生产、销售。

Ⅱ禁止生产、销售假冒他人注册商标的烟草制品。

第二百一十四条 【销售假冒注册商标的商品罪】

销售明知是假冒注册商标的商品，违法所得数额较大或者有其他严重情节的，处三年以下有期徒刑，并处或者单处罚金；违法所得数额巨大或者有其他特别严重情节的，处三年以上十年以下有期徒刑，并处罚金。

【立法沿革】

《中华人民共和国刑法》（1997年修订，自1997年10月1日起施行）

第二百一十四条

销售明知是假冒注册商标的商品，销售金额数额较大的，处三年以下有期徒刑或者拘役，并处或者单处罚金；销售金额数额巨大的，处三年以上七年以下有期徒刑，并处罚金。

《中华人民共和国刑法修正案（十一）》（自2021年3月1日起施行）

十八、将刑法第二百一十四条修改为：

“销售明知是假冒注册商标的商品，违法所得数额较大或者有其他严重情节的，处三年以下有期徒刑，并处或者单处罚金；违法所得数额巨大或者有其他特别严重情节的，处三年以上十年以下有期徒刑，并处罚金。”

【立法理由】

（一）立法相关背景及修改情况

1.1979年之后至1997年刑法修订前的立法情况。1979年刑法对销售假冒注册商标的商品罪未作专门规定。随着我国商品经济的不断发展，销售假冒注册商标商品的情况日益突出，严重损害了注册商标权利人的权利，大量伪劣产品进入市场，对合法经营者的正当竞争造成冲击，也严重损害了消费者的合法权益。为了更加准确、及时、有效地打击这种犯罪，1993年2月第七届全国人大常委会第三十次会议通过的《全国人民代表大会常务委员会关于惩治假冒注册商标犯罪的补充规定》第一条第二款对销售假冒注册商标的商品罪作了专门规定，具体内容为：“销售明知是假冒注册商标的商品，违法所得数额较大的，处三年以下有期徒刑或者拘役，可以并处或者单处罚金；违法所得数额巨大的，处三年以上七年以下有期徒刑，并处罚金。”

2.1997年修订刑法的情况。1997年修改刑法时，立法者将前述1993年补充规定的上述内容修改后纳入刑法，主要是将作为定罪量刑标准的“违法所得”修改为“销售金额”，以进一步明确犯罪构成的数额界限，便于司法机关查处和认定犯罪事实。

3.2020年《刑法修正案（十一）》对本条的修改情况。为加大知识产权保护力度，提高违法犯罪成本，进一步对知识产权违法犯罪行为形成威慑，根据各方面意见，2020年12月通过的《刑法修正案（十一）》对本条作了以下修改：一是将定罪量刑标准由“销售金额数额较大”“销售金额数额巨大”，分别修改为“违法所得数额较大或者有其他严重情节”“违法所得数额巨大或者有其他特别严重情节”。将“销售金额”修改为“违法所得”，主要是**为了与本节第二百一十七条侵犯著作权罪和第二百一十八条销售侵权复制品罪的有关规定相一致**。增加“有其他严重情节”“有其他特别严重情节”，主要是考虑到司法实践中此类犯罪往往持续一定时间，商品销售去向涉及的地方和人员可能比较广，要一一查清其所有的违法所得，在有的案件中往往比较困难。另外，有的销售假冒注册商标的商品案件，行为人违法所得金额可能并不大，但可能具有长期从事非法经营活动、销售金额很大、给权利人造成的损失很大、严重扰乱市场秩序等情节，也需要给予刑事处罚。因此，对于违法所得金额之外的，其他有助于准确衡量和揭示犯罪行为危害性的情节的认定，能够更准确地做到罪责刑相适应。二是加大了刑事打击力度，提高了销售假冒注册商标的商品罪的刑罚，将第一档刑罚由“三年以下有期徒刑或者拘役，并处或者单处罚金”修改为“三年以下有期徒刑，并处或者单处罚金”，将最高刑罚由七年有期徒刑修改为十年有期徒刑。

（二）有关国家的规定

美国关于贩卖假冒商标的商品、服务的规定在《美国法典》第十八编第二千三百二十条，规定任何人故意、尝试或与他人共谋实施以下两种行为的，构成犯罪：一是明知假冒的商标用于商品、服务或者用于相关的商品、服务，故意贩卖该种商品、服务的；二是明知假冒的商标用于标签、印章、贴纸、徽章、图饰、符号、包装、容器、手袋、收纳袋或者其他任何材质的包装标示，会导致他人迷惑、误认或被骗，贩卖这些物品的。有上述犯罪行为的，处二百万美元以下罚金或十年以下监禁，或者两者并罚；再犯的，处五百万美元以下罚金或二十年以下监禁，或者两者并罚。法人或其他组织构成犯罪的，处五百万美元以下罚金；法人或其他组织再犯的，处一千五百万美元以下罚金。

【条文说明】

本条是关于销售假冒注册商标的商品罪及其处罚的规定。

构成本条规定的犯罪，应具备以下条件：

1. 行为人主观上必须是**明知**，即明知是假冒他人注册商标的商品仍然销售，从中牟取非法利益。行为人是否明知，是罪与非罪的重要界限。适用本条规定时，必须有证据证明行为人明知其销售的商品是假冒他人注册商标的商品，如果行为人不知是假冒注册商标的商品而销售，不构成销售假冒注册商标的商品罪。《商标法》第六十四条规定，销售不知道是侵犯注册商标专有权的商品，能证明该商品是自己合法取得并说明提供者的，不承担赔偿责任。实践中，**主要从以下几个方面判断行为人是否明知**：（1）根据行为人所销售商品的来源、渠道、本人的经验和知识，能够知道自己销售的是假冒注册商标的商品；（2）销售商品进货价格和质量明显低于市场上被假冒的注册商标商品的进货价格和质量；（3）行为人是否曾被告知所销售的商品是假冒注册商标的商品。根据2004年《最高人民法院、最高人民检察院关于办理侵犯知识产权刑事案件具体应用法律若干问题的解释》第九条的规定，具有下列情形之一的，应当认定为属于刑法第二百一十四条规定的**"明知"**：（1）知道自己销售的商品上的注册商标被涂改、调换或者覆盖的；（2）因销售假冒注册商标的商品受到过行政处罚或者承担过民事责任，又销售同一种假冒注册商标的商品的；（3）伪造、涂改商标注册人授权文件或者知道该文件被伪造、涂改的；（4）其他知道或者应当知道是假冒注册商标的商品的情形。

2. 行为人在客观上实施了**销售明知是假冒注册商标的商品的行为**。这里的**"销售"**应是广义的，包括批发、零售、代售、贩卖等各个销售环节。①**"假冒注册商标"**是指假冒他人已经注册了的商标。如果将还未有人注册过的商标冒充已经注册的商标在商品上使用，不构成本条规定的犯罪，而是属于违反注册商标管理的行为。

3. **违法所得必须达到数额较大或者有其他严重情节的，才构成犯罪**，这也是罪与非罪的重要界限。这里规定的**"其他严重情节"**，主要是指违法所得金额较大之外的情形，其他如销售金额数额较大、销售侵权商品持续时间长、数量大，给权利人造成的损失大，给消费者造成了人身、财产等方面较大的损失等。具体认定时，可以根据侵权行为持续的时间长短、销售能力和销售规模的大小、犯罪的组织化程度等因素综合进行判断。

需要注意的是，虽然《刑法修正案（十一）》将入罪标准由"销售金额数额较大"修改为"违法所得数额较大或者有其他严重情节"，但由于新的入罪标准增加了"其他严重情节"作为兜底性规定，因此，**销售金额本身的大小仍然应当属于衡量行为人所实施的犯罪行为的情节是否达到严重的重要参照**。所以，此前司法解释关于"销售金额数额较大"的规定，依然可以作为**认定行为人犯罪行为情节严重程度的参考标准**。根据2004年《最高人民法院、最高人民检察院关于办理侵犯知识产权刑事案件具体应用法律若干问题的解释》第二条的规定，销售金额在五万元以上的，**可以构成销售假冒注册商标的商品罪**。根据2011年《最高人民法院、最高人民检察院、公安部关于办理侵犯知识产权刑事案件适用法律若干问题的意见》第八条的规定，假冒注册商标的商品尚未销售，货值金额在十五万元以上的；或者已销售金额不满五万元，但已销售金额与尚未销售的货值金额合计在十五万元以上的，**应当以销售假冒注册商标的商品罪（未遂）定罪处罚**。这与2010年《最高人民检察院、公安部关于公安机关管辖的刑事案件立案追诉标准的规定（二）》第七十条规定的立案追诉标准是一致的。

本条对销售明知是假冒注册商标商品的犯罪，规定了两档刑罚：即**违法所得数额较大或者有其他严重情节的**，处三年以下有期徒刑，并处或者单处罚金；**违法所得数额巨大或者有其他特别严重情节的**，处三年以上十年以下有期徒刑，并处罚金。这里的"其他特别严重情节"也需根据侵权行为持续的时间长短、销售能力和销售规模的大小、犯罪的组织化程度、违法所得的大小等因素综合进行判断。根据2004年《最高人民法院、最高人民检察院关于办理侵犯知识产权刑事案件具体应用法律若干问题的解释》第二条的规定，销售金额在二十五万元以上的，属于**"数额巨大"**。

实际执行中应当注意以下几个方面的问题：

1. **关于销售假冒注册商标的商品犯罪案件中尚未销售或者部分销售情形的定罪量刑问题**。根据2011年《最高人民法院、最高人民检察院、公安部关于办理侵犯知识产权刑事案件适用法律若干问题的意见》第八条的规定，销售明知是假冒注册商标的商品，具有下列情形之一的，依照本条规

① 相同的学说见解，参见黎宏：《刑法学各论》（第2版），法律出版社2016年版，第182页。

定,**以销售假冒注册商标的商品罪(未遂)定罪处罚**:(1)假冒注册商标的商品尚未销售,货值金额在十五万元以上的;(2)假冒注册商标的商品部分销售,已销售金额不满五万元,但与尚未销售的假冒注册商标的商品的货值金额合计在十五万元以上的。假冒注册商标的商品尚未销售,货值金额分别达到十五万元以上不满二十五万元、二十五万元以上的,分别依照本条规定的各法定刑幅度定罪处罚。销售金额和未销售货值金额分别达到不同的法定刑幅度或者均达到同一法定刑幅度的,在处罚较重的法定刑或者同一法定刑幅度内酌情从重处罚。

2. 关于销售假冒注册商标的商品罪与相关罪名的适用。如果行为人销售的假冒注册商标的商品,是其本人实施假冒注册商标行为而来的商品,构成犯罪的,**以假冒注册商标罪定罪处罚**。如果行为人既有销售本人假冒注册商标的商品的行为,又有销售他人假冒注册商标的商品的行为,分别构成犯罪的,**应当以假冒注册商标罪和销售假冒注册商标的商品罪数罪并罚**。另外,如果行为人销售的商品假冒了他人的注册商标,同时商品本身是伪劣产品,构成生产、销售伪劣产品罪的,**应依照刑法规定的处罚较重的规定处罚**。

3. **对于尚不构成犯罪的销售假冒注册商标的商品的违法行为**,根据《商标法》第五十七条和第六十条的规定,**市场监督管理部门**可以责令立即停止侵权行为,没收、销毁侵权商品,违法经营额五万元以上的,可以处违法经营额五倍以下的罚款,没有违法经营额或者违法经营额不足五万元的,可以处二十五万元以下的罚款。此外,《知识产权海关保护条例》第二十七条对**海关扣留的侵犯知识产权货物的处理**也作了规定。

关于未经处理的销售假冒注册商标的商品行为的处理、缓刑的适用、判处罚金的数额、单位构成犯罪的入罪标准、帮助行为的处理、行政处罚与刑事处罚的衔接程序等问题,本书第二百一十三条对此已有阐述,这里不再重复。

【司法解释】

《最高人民法院、最高人民检察院关于办理侵犯知识产权刑事案件具体应用法律若干问题的解释》(法释〔2004〕19号,自2004年12月22日起施行)

△(**数额较大**)销售明知是假冒注册商标的商品,销售金额在五万元以上的,属于刑法第二百一十四条规定的"数额较大",应当以销售假冒注册商标的商品罪判处三年以下有期徒刑或者拘役,并处或者单处罚金。

销售金额在二十五万元以上的,属于刑法第二百一十四条规定的"数额巨大",应当以销售假冒注册商标的商品罪判处三年以上七年以下有期徒刑,并处罚金。(§2)

△(**销售金额;明知**)刑法第二百一十四条规定的"销售金额",是指销售假冒注册商标的商品后所得和应得的全部违法收入。

具有下列情形之一的,应当认定为属于刑法第二百一十四条规定的"明知":

(一)知道自己销售的商品上的注册商标被涂改、调换或者覆盖的;

(二)因销售假冒注册商标的商品受到过行政处罚或者承担过民事责任、又销售同一种假冒注册商标的商品的;

(三)伪造、涂改商标注册人授权文件或者知道该文件被伪造、涂改的;

(四)其他知道或者应当知道是假冒注册商标的商品的情形。(§9)

△(**非法经营数额;累计计算**)本解释所称"非法经营数额",是指行为人在实施侵犯知识产权行为过程中,制造、储存、运输、销售侵权产品的价值。已销售的侵权产品的价值,按照实际销售的价格计算。制造、储存、运输和未销售的侵权产品的价值,按照标价或者已经查清的侵权产品的实际销售平均价格计算。侵权产品没有标价或者无法查清其实际销售价格的,按照被侵权产品的市场中间价格计算。

多次实施侵犯知识产权行为,未经行政处理或者刑事处罚的,非法经营数额、违法所得数额或者销售金额累计计算。(§12 Ⅰ、Ⅱ)

△(**假冒并销售注册商标;假冒注册商标罪;数罪并罚**)实施刑法第二百一十三条规定的假冒注册商标犯罪,又销售该假冒注册商标的商品,构成犯罪的,应当依照刑法第二百一十三条的规定,以假冒注册商标罪定罪处罚。

实施刑法第二百一十三条规定的假冒注册商标犯罪,又销售明知是他人的假冒注册商标的商品,构成犯罪的,应当实行数罪并罚。①(§13)

△(**侵犯知识产权犯罪的共犯**)明知他人实施侵犯知识产权犯罪,而为其提供贷款、资金、账

① 销售假冒注册商标的商品罪的行为主体,应为本犯(假冒注册商标的犯罪人)以外的自然人或单位。参见张明楷:《刑法学》(第6版),法律出版社2021年版,第1069页。

号、发票、证明、许可证件,或者提供生产、经营场所或者运输、储存、代理进出口等便利条件、帮助的,以侵犯知识产权犯罪的共犯论处。(§ 16)

《最高人民法院、最高人民检察院关于办理侵犯知识产权刑事案件具体应用法律若干问题的解释(二)》(法释〔2007〕6号,自2007年4月5日起施行)

△(**缓刑**)侵犯知识产权犯罪,符合刑法规定的缓刑条件的,依法适用缓刑。有下列情形之一的,一般不适用缓刑:

(一)因侵犯知识产权被刑事处罚或者行政处罚后,再次侵犯知识产权构成犯罪的;

(二)不具有悔罪表现的;

(三)拒不交出违法所得的;

(四)其他不宜适用缓刑的情形。(§ 3)

△(**罚金数额**)对于侵犯知识产权犯罪的,人民法院应当综合考虑犯罪的违法所得、非法经营数额、给权利人造成的损失、社会危害性等情节,依法判处罚金。罚金数额一般在违法所得的一倍以上五倍以下,或者按照非法经营数额的50%以上一倍以下确定。(§ 4)

△(**自诉;公诉**)被害人有证据证明的侵犯知识产权刑事案件,直接向人民法院起诉的,人民法院应当依法受理;严重危害社会秩序和国家利益的侵犯知识产权刑事案件,由人民检察院依法提起公诉。(§ 5)

《最高人民法院、最高人民检察院关于办理非法生产、销售烟草专卖品等刑事案件具体应用法律若干问题的解释》(法释〔2010〕7号,自2010年3月26日起施行)

△(**烟草专卖品;销售假冒注册商标的商品罪**)销售明知是假冒他人注册商标的卷烟、雪茄烟等烟草专卖品,销售金额较大的,依照刑法第二百一十四条的规定,以销售假冒注册商标的商品罪定罪处罚。(§1 Ⅲ)

△(**想象竞合**)行为人实施非法生产、销售烟草专卖品犯罪,同时构成生产、销售伪劣产品罪、侵犯知识产权犯罪、非法经营罪的,依照处罚较重的规定定罪处罚。(§ 5)

△(**共犯**)明知他人实施本解释第一条所列犯罪,而为其提供贷款、资金、账号、发票、证明、许可证件,或者提供生产、经营场所、设备、运输、仓储、保管、邮寄、代理进出口等便利条件,或者提供生产技术、卷烟配方的,应当按照共犯追究刑事责任。(§ 6)

△(**鉴定**)办理非法生产、销售烟草专卖品等刑事案件,需要对伪劣烟草专卖品鉴定的,应当委托国务院产品质量监督管理部门和省、自治区、直辖市人民政府产品质量监督管理部门指定的烟草质量检测机构进行。(§ 7)

△(**烟草专卖品**)本解释所称"烟草专卖品",是指卷烟、雪茄烟、烟丝、复烤烟叶、烟叶、卷烟纸、滤嘴棒、烟用丝束、烟草专用机械。(§ 9 Ⅰ)

【司法解释性文件】

《最高人民法院、最高人民检察院、公安部、国家烟草专卖局关于印发〈关于办理假冒伪劣烟草制品等刑事案件适用法律问题座谈会纪要〉的通知》(商检会〔2003〕4号,2003年12月23日公布)

△(**销售假冒注册商标的商品罪;明知**)根据刑法第二百一十四条的规定,销售明知是假冒烟用注册商标的烟草制品,销售金额较大的,构成销售假冒注册商标的商品罪。

"明知",是指知道或应当知道。有下列情形之一的,可以认定为"明知":

1. 以明显低于市场价格进货的;

2. 以明显低于市场价格销售的;

3. 销售假冒烟用注册商标的烟草制品被发现后转移、销毁物证或者提供虚假证明、虚假情况的;

4. 其他可以认定为明知的情形。(§ 2)

△(**共犯;立功;重大立功**)知道或者应当知道他人实施本《纪要》第一条至第三条规定的犯罪行为,仍实施下列行为之一的,应认定为共犯,依法追究刑事责任:

1. 直接参与生产、销售假冒伪劣烟草制品或者销售假冒烟用注册商标的烟草制品或者直接参与非法经营烟草制品并在其中起主要作用的;

2. 提供房屋、场地、设备、车辆、贷款、资金、账号、发票、证明、技术等设施和条件,用于帮助生产、销售、储存、运输假冒伪劣烟草制品、非法经营烟草制品的;

3. 运输假冒伪劣烟草制品的。

上述人员中有检举他人犯罪经查证属实,或者提供重要线索,有立功表现的,可以从轻或减轻处罚;有重大立功表现的,可以减轻或者免除处罚。(§ 4)

△(**想象竞合**)行为人的犯罪行为同时构成生产、销售伪劣产品罪、销售假冒注册商标的商品罪、非法经营罪等罪的,依照处罚较重的规定定罪处罚。(§ 6)

《最高人民法院刑事审判第二庭关于集体商标是否属于我国刑法的保护范围问题的复函》

(〔2009〕刑二函字第28号,2009年4月10日公布)

△(**注册商标;集体商标**)我国《商标法》第三条规定:“经商标局核准注册的商标为注册商标,包括商品商标、服务商标和集体商标、证明商标;商标注册人享有商标专用权,受法律保护。”因此,刑法第二百一十三条至二百一十五条所规定的“注册商标”应当涵盖“集体商标”。(§ 1)

《最高人民法院、最高人民检察院、公安部印发〈关于办理侵犯知识产权刑事案件适用法律若干问题的意见〉的通知》(法发〔2011〕3号,2011年1月10日公布)

△(**侵犯知识产权犯罪;管辖**)侵犯知识产权犯罪案件由犯罪地公安机关立案侦查。必要时,可以由犯罪嫌疑人居住地公安机关立案侦查。侵犯知识产权犯罪案件的犯罪地,包括侵权产品制造地、储存地、运输地、销售地,传播侵权作品、销售侵权产品的网站服务器所在地、网络接入地、网站建立者或者管理者所在地,侵权作品上传者所在地,权利人受到实际侵害的犯罪结果发生地。对有多个侵犯知识产权犯罪地的,由最初受理的公安机关或者主要犯罪地公安机关管辖。多个侵犯知识产权犯罪地的公安机关对管辖有争议的,由共同的上级公安机关指定管辖,需要提请批准逮捕、移送审查起诉、提起公诉的,由该公安机关所在地的同级人民检察院、人民法院受理。

对于不同犯罪嫌疑人、犯罪团伙跨地区实施的涉及同一批侵权产品的制造、储存、运输、销售等侵犯知识产权犯罪行为,符合并案处理要求的,有关公安机关可以一并立案侦查,需要提请批准逮捕、移送审查起诉、提起公诉的,由该公安机关所在地的同级人民检察院、人民法院受理。(§ 1)

△(**行政执法部门收集、调取证据的效力**)行政执法部门依法收集、调取、制作的物证、书证、视听资料、检验报告、鉴定结论、勘验笔录、现场笔录,经公安机关、人民检察院审查,人民法院庭审质证确认,可以作为刑事证据使用。

行政执法部门制作的证人证言、当事人陈述等调查笔录,公安机关认为有必要作为刑事证据使用的,应当依法重新收集、制作。(§ 2)

△(**抽样取证;委托鉴定**)公安机关在办理侵犯知识产权刑事案件时,可以根据工作需要抽样取证,或者商请同级行政执法部门、有关检验机构协助抽样取证。法律、法规对抽样机构或者抽样方法有规定的,应当委托规定的机构并按照规定方法抽取样品。

公安机关、人民检察院、人民法院在办理侵犯知识产权刑事案件时,对于需要鉴定的事项,应当委托国家认可的有鉴定资质的鉴定机构进行鉴定。

公安机关、人民检察院、人民法院应当对鉴定结论进行审查,听取权利人、犯罪嫌疑人、被告人对鉴定结论的意见,可以要求鉴定机构作出相应说明。(§ 3)

△(**自诉案件;证据收集**)人民法院依法受理侵犯知识产权刑事自诉案件,对于当事人因客观原因不能取得的证据,在提起自诉时能够提供有关线索,申请人民法院调取的,人民法院应当依法调取。(§ 4)

△(**尚未销售或者部分销售**)销售明知是假冒注册商标的商品,具有下列情形之一的,依照刑法第二百一十四条的规定,以销售假冒注册商标的商品罪(未遂)定罪处罚①:

(一)假冒注册商标的商品尚未销售,货值金额在十五万元以上的;

(二)假冒注册商标的商品部分销售,已销售金额不满五万元,但与尚未销售的假冒注册商标的商品的货值金额合计在十五万元以上的。

假冒注册商标的商品尚未销售,货值金额分别达到十五万元以上不满二十五万元、二十五万元以上的,分别依照刑法第二百一十四条规定的各法定刑幅度定罪处罚。

销售金额和未销售货值金额分别达到不同的法定刑幅度或者均达到同一法定刑幅度的,在处罚较重的法定刑或者同一法定刑幅度内酌情从重处罚。(§ 8)

△(**多次实施;累计计算数额**)依照《最高人民法院、最高人民检察院关于办理侵犯知识产权刑事案件具体应用法律若干问题的解释》第十二条第二款的规定,多次实施侵犯知识产权行为,未经行政处理或者刑事处罚的,非法经营数额、违法所得数额或者销售金额累计计算。

二年内多次实施侵犯知识产权违法行为,未经行政处理,累计数额构成犯罪的,应当依法定罪处罚。实施侵犯知识产权犯罪行为的追诉期限,适用刑法的有关规定,不受前述二年的限制。(§ 14)

△(**明知;提供原材料、机械设备等;侵犯知识产权犯罪的共犯**)明知他人实施侵犯知识产权犯罪,

① 我国学者指出,仅有主观上的销售故意,客观上没有销售行为,既不可能破坏市场竞争秩序,也不可能侵犯消费者的合法权益。故而,主观上的销售故意不能等同也不能代替客观上的销售行为。参见张明楷:《刑法学》(第6版),法律出版社2021年版,第946页。

而为其提供生产、制造侵权产品的主要原材料、辅助材料、半成品、包装材料、机械设备、标签标识、生产技术、配方等帮助，或者提供互联网接入、服务器托管、网络存储空间、通讯传输通道、代收费、费用结算等服务的，以侵犯知识产权犯罪的共犯论处。（§ 15）

△（**想象竞合**）行为人实施侵犯知识产权犯罪，同时构成生产、销售伪劣商品犯罪的，依照侵犯知识产权犯罪与生产、销售伪劣商品犯罪中处罚较重的规定定罪处罚。（§ 16）

《最高人民法院关于进一步加强涉种子刑事审判工作的指导意见》（法〔2022〕66号，2022年3月2日公布）

△（**种子套牌侵权相关犯罪；假冒注册商标罪；销售假冒注册商标的商品罪；非法制造、销售非法制造的注册商标标识罪；侵犯商业秘密罪；为境外窃取、刺探、收买、非法提供商业秘密罪**）立足现有罪名，依法严惩种子套牌侵权相关犯罪。假冒品种权以及未经许可或者超出委托规模生产、繁殖授权品种种子对外销售等种子套牌侵权行为，经常伴随假冒注册商标、侵犯商业秘密等其他犯罪行为。审理此类案件时要把握这一特点，立足刑法现有规定，通过依法适用与种子套牌侵权密切相关的假冒注册商标罪，销售假冒注册商标的商品罪，非法制造、销售非法制造的注册商标标识罪，侵犯商业秘密罪，为境外窃取、刺探、收买、非法提供商业秘密罪等罪名，实现对种子套牌侵权行为的依法惩处。同时，应当将种子套牌侵权行为作为从重处罚情节，加大对此类犯罪的惩处力度。（§ 4）

【附属刑法】

《全国人民代表大会常务委员会关于维护互联网安全的决定》（2000年12月28日通过，2009年8月27日修正）

三、为了维护社会主义市场经济秩序和社会管理秩序，对有下列行为之一，构成犯罪的，依照刑法有关规定追究刑事责任：

……

（三）利用互联网侵犯他人知识产权；

……

《中华人民共和国商标法》（1982年8月23日通过，2019年4月23日第四次修正）

第六十七条

Ⅲ销售明知是假冒注册商标的商品，构成犯罪的，除赔偿被侵权人的损失外，依法追究刑事责任。

《中华人民共和国烟草专卖法》（1991年6月29日通过，2015年4月24日第三次修正）

第三十三条

Ⅰ生产、销售没有注册商标的卷烟、雪茄烟、有包装的烟丝的，由工商行政管理部门责令停止生产、销售，并处罚款。

Ⅱ生产、销售假冒他人注册商标的烟草制品的①，由工商行政管理部门责令停止侵权行为，赔偿被侵权人的损失，可以并处罚款；构成犯罪的，依法追究刑事责任。

【参考案例】

△**以销售为目的购进假冒注册商标的商品后尚未进行销售就被查获的，应以销售假冒注册商标的商品罪（未遂）论处。**

在整顿和规范市场经济秩序工作的过程中，执法机关经常查获行为人存放在仓库、住所或其他藏匿地点的尚未销售的大批并非伪劣、但属假冒注册商标的商品。由于《刑法》第二百一十四条规定的销售假冒注册商标的商品罪是以“销售金额数额较大”为构成犯罪的标准，而这部分假冒注册商标的商品还没有被销售，没有实际的“销售金额数额”，因此，对于此种行为是否应当依法追究刑事责任，往往有不同的认识和理解，也因此致使有些案件没有进入司法程序，部分销售假冒注册商标的商品的犯罪分子没有受到应有的法律制裁。但从行为人购进货值金额巨大的假冒注册商标的商品的目的来看，如无证据证明行为人有其他意图，其目的显然只能是为了销售。以销售为目的购买假冒注册商标的商品与以销售为目的购买伪劣产品一样，都是具有社会危害性的行为，这种危害程度达到情节严重的程度，就构成犯罪。如果因为购买假冒注册商标的商品之行为人尚未将该商品售出而对其不依法追究刑事责任，就很难有效遏制犯罪，对于购买伪劣产品尚未售出的行为和购买假冒注册商标的商品尚未售出的行为在适用法律上也难以平衡。这显然不是刑法设置

---

① 《中华人民共和国烟草专卖法》（1991年6月29日通过，2015年4月24日第三次修正）
第十九条
Ⅰ卷烟、雪茄烟和有包装的烟丝必须申请商标注册，未经核准注册的，不得生产、销售。
Ⅱ禁止生产、销售假冒他人注册商标的烟草制品。

销售假冒注册商标的商品罪的本意。同时,《刑法》第二十三条第一款规定:“已经着手实行犯罪,由于犯罪分子意志以外的原因而未得逞的,是犯罪未遂。”从销售假冒注册商标的商品行为过程来看,其销售过程应当包括购进和销售该商品两个阶段,行为人无论是实施了全部两个阶段的行为,还是仅实施了其中一个阶段的行为,其性质都是已经着手实行犯罪。行为人以销售为目的购进货值金额巨大的假冒注册商标的商品,尚未销售就被查获的,实际上就是由于行为人意志以外的原因(被查获)而未得逞,应当适用《刑法》第二十三条第一款关于犯罪未遂的规定,以销售假冒注册商标的商品罪(未遂)追究刑事责任。[No. 3-7-214-1　朱某销售假冒注册商标的商品案]

△销售假冒注册商标的商品,未及销售即被查获的,如果货值金额达到法定既遂数额3倍以上,即15万元以上的,应以销售假冒注册商标的商品罪(未遂)论处。

在刘锐销售假冒注册商标的商品案中,由于被扣押的25辆陆嘉牌摩托车均尚未销售,没有实际的销售金额,又由于其价值金额既不属于被告人刘锐销售后实际所得的收入,也不属于刘锐应得的可期待收益,而只是这25辆摩托车的价值,因此,一审法院将刘锐尚未销售就被公安机关扣押的25辆陆嘉牌摩托车的价值金额70650元认定为销售金额是错误的,该25辆陆嘉牌摩托车的价值金额70650元应被认定为货值金额。

最高人民法院在其审编的多个案例及文章中均指出:应当有条件地处罚销售假冒注册商标的商品罪的未遂犯,对于行为人通过购买或其他方式获得假冒注册商标的商品,尚未来得及销售,货值金额达到一定标准的,可以按照销售假冒注册商标的商品罪(未遂)定罪处罚。理由是:在司法实践中,大多数侵犯知识产权犯罪案件很难查明实际销售金额,而查获的侵权产品大多还处于待销状态。然而,所查获的尚未销售的侵权产品的数量、货值金额,也能直接反映行为人侵犯他人知识产权的程度,对于其中数量较多或者货值金额较大的,也可以以侵犯知识产权犯罪定罪处罚。但从实践来看,由于侵权产品毕竟尚未销售,因此对于这类行为,只有当其社会危害性已达到与既遂相当的程度,才具有处罚的合理性,才能作为犯罪进行处理。

最高人民法院的相关司法解释为我们解决这一问题提供了参考。例如,2001年《最高人民法院、最高人民检察院关于办理生产、销售伪劣商品刑事案件具体应用法律若干问题的解释》第二条第二款明确规定:伪劣产品尚未销售,货值金额达到《刑法》第一百四十条规定的销售金额三倍以上的(即15万元以上),以生产、销售伪劣产品罪(未遂)定罪处罚。又如,2003年《最高人民法院、最高人民检察院、公安部、国家烟草专卖局关于办理假冒伪劣烟草制品等刑事案件适用法律问题座谈会纪要》指出:伪劣烟草制品的销售金额不满5万元,但与尚未销售的伪劣烟草制品的货值金额合计达到15万元以上的,以生产、销售伪劣产品罪(未遂)定罪处罚。上述司法解释确立了此类犯罪处罚未遂的基本数额标准,即货值金额应达到法定既遂数额三倍以上。由于销售假冒注册商标的商品罪与生产、销售伪劣产品罪在社会危害性上性质相似,又由于销售假冒注册商标的商品罪与生产、销售伪劣产品罪具有侵犯客体上的共通性和行为特征上的相似性,因此,按照对于性质相似的案件应当按照同一的处理原则处理的规则,此标准也应当成为司法实践中对于销售假冒注册商标的商品未遂作为犯罪处理的参照标准。

在本案中,由于被告人刘锐尚未销售的摩托车的货值金额仅为70650元,其销售金额与尚未销售的货值金额合计也仅为76250元,均未达到此类犯罪处罚未遂的基本数额标准,即达到法定既遂数额三倍(15万元)以上。因此,虽然刘锐在本案中有销售假冒注册商标的商品的行为,但由于其在本案中的犯罪情节显著轻微、危害不大(达不到处罚未遂的标准),不具有对其进行刑事处罚的合理性,故不认为其行为是犯罪,其行为不构成销售假冒注册商标的商品罪。[No. 3-7-214-2　刘锐销售假冒注册商标的商品案]

△销售假冒注册商标的商品数额较大,参照《刑法》第一百四十条生产、销售伪劣产品销售金额5万元以上的数额标准认定。

根据《刑法》第二百一十四条的规定,销售假冒注册商标的商品罪是指销售明知是假冒注册商标的商品,销售金额数额较大的行为。该罪是1993年2月22日公布的《全国人民代表大会常务委员会关于惩治假冒注册商标犯罪的补充规定》(已失效)中设立的罪名,1997年修订《刑法》时将其吸收。与该补充规定相比,1997年《刑法》中销售假冒注册商标的商品罪的一个重要变化,就是将该补充规定中的违法所得数额改为了销售金额数额,即改变了销售假冒注册商标的商品罪的数额计算方法和标准。违法所得数额是指行为人非法获利的数额。销售金额数额是指销售者实际销售假冒注册商标的商品的全部所得货款,即销售收入。在现实经济生活中,销售假冒注册商标的商品的情况非常复杂,有的低进高出,获利较大;有的低进低出,销售金额很大,但获利不多;还有

分则　第三章

的尚未全部销售就被查获，获利很少甚至有亏损；特别是有的行为人出于不正当竞争或者其他动机，销售明知是假冒注册商标的商品，其主观上并非为了营利，但却给商标权利人造成重大损失，也严重损害了消费者的合法权益。如果以违法所得数额的多少作为定罪量刑的标准，就难免放纵犯罪，不利于保护商标权利人和消费者的合法权益。因此，认定销售假冒注册商标的商品的行为是否构成犯罪，不能以行为人是否获利来衡量。“销售金额数额”不仅在一定程度上反映了假冒注册商标的商品的销售数量，而且也反映了对商标权利人经济利益、商业信誉和消费者合法权益所造成损害的程度。因此，1997年《刑法》将销售金额数额是否较大作为区分销售假冒注册商标的商品罪与一般商标侵权行为的界限。只要销售假冒注册商标的商品的金额数额较大，不论其有无违法所得以及违法所得大小，都应依照刑法追究其刑事责任。对于销售金额数额较小，不作为犯罪处理的，可以由工商行政管理部门予以罚款。在戴恩辉销售假冒注册商标的商品案中，被告人戴恩辉购买假冒嘉陵注册商标的摩托车 25 辆，实际销售 16 辆，销售金额 4.1 万元，应当认为销售金额数额较大。被告人已触犯《刑法》第二百一十四条的规定，构成销售假冒注册商标的商品罪。

本罪销售金额数额较大的标准，刑法及有关司法解释均未作出具体规定。在司法实践中，此类犯罪可以参照《刑法》第一百四十条生产、销售伪劣产品销售金额 5 万元以上的追究刑事责任的数额标准进行认定。但是由于本罪不仅侵犯了消费者的合法权益，还同时侵犯了他人的注册商标专用权和国家的商标管理制度，因此同样销售金额数额较大的行为，本罪的社会危害性相对更大一些。基于前述理由，根据具体案件情况，构成销售假冒注册商标的商品罪的金额标准，也可适当低于 5 万元。[No. 3-7-214-3　戴恩辉销售假冒注册商标的商品案]

△商标虽然差异不大，但视觉上仍具有明显的辨识性，不属于《刑法》规定的在视觉上基本无差别的情况，不属于“相同的商标”。

判断商标是否基本相同应把握两个方面的条件：第一个条件是两商标相比较，在视觉上基本无差别。刑法上“相同的商标”应与民法上的“近似商标”适当区分。对于一般公众而言，相同的商标在视觉上基本上分不清假冒注册商标和被假冒注册商标的区别，而近似商标中，两者之间的区别通过施以普通注意还是显而易见的。第二个条件是两商标在视觉上的基本无差别足以对公众产生误导，使公众对商品来源产生误认，或者产生当事人与注册商标人之间存在某种特殊联系的错误认识。这里的误导公众以相关公众通常的识别能力为标准。相关公众是指与注册商标的商品有关的一般消费者，他们在购买某种品牌的商品时一般都会作出其所购买的商品的注册商标与其先前所知的注册商标是否相同的判断，进而影响其购买的决策。所谓普通的识别能力，不要求普通消费者具有特别的知识经验或者在购买商品时对商标的观察施以特别的注意力。只要以普通的消费知识经验，施加普通的注意力，在隔离观察的情况下，不能区分两个商标的细微差别，即可认定两个商标属于相同商标。在陈侠武销售假冒注册商标的商品案中，被告人使用的商标“BDK”与注册商标“BBK”虽然读音相近但在视觉上存在显著的差别，不属于刑法意义上的相同商标。[No. 3-7-214-4　陈侠武销售假冒注册商标的商品案]

第二百一十五条　【非法制造、销售非法制造的注册商标标识罪】

伪造、擅自制造他人注册商标标识或者销售伪造、擅自制造的注册商标标识，情节严重的，处三年以下有期徒刑，并处或者单处罚金；情节特别严重的，处三年以上十年以下有期徒刑，并处罚金。

【立法沿革】

《中华人民共和国刑法》(1997 年修订，自 1997 年 10 月 1 日起施行)

第二百一十五条

伪造、擅自制造他人注册商标标识或者销售伪造、擅自制造的注册商标标识，情节严重的，处三年以下有期徒刑、拘役或者管制，并处或者单处罚金；情节特别严重的，处三年以上七年以下有期徒刑，并处罚金。

《中华人民共和国刑法修正案(十一)》(自 2021 年 3 月 1 日起施行)

十九、将刑法第二百一十五条修改为：

分则　第三章

"伪造、擅自制造他人注册商标标识或者销售伪造、擅自制造的注册商标标识，情节严重的，处三年以下有期徒刑，并处或者单处罚金；情节特别严重的，处三年以上十年以下有期徒刑，并处罚金。"

【立法理由】

（一）立法相关背景及修改情况

1. 1979 年之后至 1997 年刑法修订前的立法情况。1979 年刑法对伪造、擅自制造他人注册商标标识或者销售伪造、擅自制造的注册商标标识的行为没有专门规定。1993 年 2 月第七届全国人大常委会第三十次会议通过的《全国人民代表大会常务委员会关于惩治假冒注册商标犯罪的补充规定》第二条对伪造、擅自制造他人注册商标标识或者销售伪造、擅自制造的注册商标标识的行为作了规定，具体内容为："伪造、擅自制造他人注册商标标识或者销售伪造、擅自制造的注册商标标识，违法所得数额较大或者有其他严重情节的，依照第一条第一款的规定处罚。"即依照该补充规定第一条第一款关于假冒注册商标罪的规定处罚。

2. 1997 年修订刑法的情况。1997 年修订刑法时，将上述 1993 年补充规定的上述内容修改后纳入刑法，并主要作了两处修改。一是将伪造、擅自制造他人注册商标标识或者销售伪造、擅自制造的注册商标标识的行为单独规定为犯罪。这主要是考虑到，实践中假冒注册商标的行为逐渐出现链条化的情况，有的造假人员专门进行注册商标标识的假冒、仿制、销售活动，有必要进一步将其作为独立的罪名加以惩处。二是将非法制造、销售非法制造的注册商标标识罪的构成要件由"违法所得数额较大或者有其他严重情节"修改为"情节严重"。这是统筹本法第二百一十三条假冒注册商标罪的规定，一并作出的修改。主要是考虑到伪造、擅自制造他人注册商标标识或者销售伪造、擅自制造的注册商标标识的侵权案件，情况比较复杂，有的案件侵权行为持续很长时间，危害严重但违法所得不便计算；有的违法所得虽然不多，但给商标权利人造成的损失可能很大；有的可能还会给消费者带来大的人身财产损失等，对于这些情节严重的情况，需要在立法上予以考虑。

3. 2020 年《刑法修正案（十一）》对本条的修改情况。为了进一步加大知识产权刑事保护力度，提高违法犯罪成本，发挥法律的威慑作用，保护合法企业公平有序竞争和守法经营，营造良好的创新法治环境和营商环境，根据各方面的意见，2020 年 12 月通过的《刑法修正案（十一）》对本条作了进一步修改，主要是提高了非法制造、销售非法制造的注册商标标识罪的刑罚，将第一档刑罚由"三年以下有期徒刑、拘役或者管制，并处或者单处罚金"修改为"三年以下有期徒刑，并处或者单处罚金"，将最高刑罚由七年有期徒刑修改为十年有期徒刑。

（二）有关国家的规定

根据《意大利刑法典》第四百七十三条第一款的规定，伪造、变造国内或者国外的产品的商标、标识的，或者虽未伪造、变造，但使用伪造、变造的上述商标、标识的，处三年以下有期徒刑，并处罚金。根据第四百七十三条第二款的规定，伪造、变造国内或者国外的工业专利、图案、模型的，或者虽未伪造、变造，但使用伪造、变造的上述专利、图案、模型的，处三年以下有期徒刑，并处罚金。根据第四百七十四条的规定，将带有伪造、变造的国内外商标、标识的产品进口，为进口而持有、进行销售，或者以其他方式投入流通的，处二年以下有期徒刑，并处罚金。根据第五百一十七条的规定，出售带有足以使购买者在产品来源、产地或者质量等方面受到欺骗的名称、商标、标识的国内外产品，或者以其他方式投入流通的，如果未构成法律规定的其他犯罪，处一年以下有期徒刑或者罚金。

【条文说明】

本条是关于非法制造、销售非法制造的注册商标标识罪及其处罚的规定。

本条规定了两种行为。第一种行为是**伪造、擅自制造他人注册商标标识的行为**。构成这一犯罪，行为人必须实施了伪造、擅自制造他人注册商标标识的行为。商标作为区别商品、服务来源的标识，它的有形载体是商标标识。"**商标标识**"是指在商品、商品的包装上，或者在服务场所、招牌、广告及其他宣传用品中使用的附有商标图案的物质实体，具体包括带有商标的包装物、标签、封签、说明书、合格证等物品。"**伪造**"是指未经商标注册人许可而仿照他人注册商标的图样及物质实体制造出的与该注册商标标识相同的商标标识的行为，商标标识本身就是假的。"**擅自制造**"是指未经商标注册人许可在商标印制合同规定的印数之外，又私自加印商标标识的行为，商标标识本身是真的。第二种行为是**销售伪造、擅自制造的注册商标标识的行为**。这里的"**销售**"包括批发、零售、代售、贩卖等各个销售环节，既包括在内部销售，也包括在市场上销售。

伪造他人注册商标标识、销售伪造的他人注册商标标识，这些行为都是进一步实施假冒他人注册商标商品的前提条件。近年来，随着经济社会发展和情况的变化，假冒他人注册商标商品的犯罪活动也出现了新的情况。针对注册商标权利人越来越注意对商标权益保护，不断提高商标印制防伪措施的情况，一些不法分子专门从事假冒商标标识的印制、销售等活动，形成制假贩假一条龙。由于这种“专业化分工”的出现，假冒注册商标标识“以假乱真”的程度越来越高，制假者制假成本降低，逃避打击能力增强，给权利人维权、消费者辨识假冒伪劣产品、执法机关依法查处带来更大困难。针对这种情况，有必要采取更为有力和更具针对性的措施给予惩处。

上述行为，必须达到“情节严重”的程度才构成犯罪，这是罪与非罪的重要界限。根据2004年《最高人民法院、最高人民检察院关于办理侵犯知识产权刑事案件具体应用法律若干问题的解释》第三条的规定，伪造、擅自制造他人注册商标标识或者销售伪造、擅自制造的注册商标标识，具有下列情形之一的，属于本条规定的“**情节严重**”：(1)伪造、擅自制造或者销售伪造、擅自制造的注册商标标识数量在二万件以上，或者非法经营数额在五万元以上，或者违法所得数额在三万元以上的；(2)伪造、擅自制造或者销售伪造、擅自制造两种以上注册商标标识数量在一万件以上，或者非法经营数额在三万元以上，或者违法所得数额在二万元以上的；(3)其他情节严重的情形。这里规定的“情节严重”的情形与2010年5月《最高人民检察院、公安部关于公安机关管辖的刑事案件立案追诉标准的规定(二)》第七十一条规定的立案追诉情形是一致的。

对于非法制造、销售非法制造的注册商标标识的犯罪，本条规定了两个处罚档次：**情节严重的**，处三年以下有期徒刑，并处或者单处罚金；**情节特别严重的**，处三年以上十年以下有期徒刑，并处罚金。根据2004年《最高人民法院、最高人民检察院关于办理侵犯知识产权刑事案件具体应用法律若干问题的解释》第三条的规定，这里的“**情节特别严重**”包括下列情形：(1)伪造、擅自制造或者销售伪造、擅自制造的注册商标标识数量在十万件以上，或者非法经营数额在二十五万元以上，或者违法所得数额在十五万元以上的；(2)伪造、擅自制造或者销售伪造、擅自制造两种以上注册商标标识数量在五万件以上，或者非法经营数额在十五万元以上，或者违法所得数额在十万元以上的；(3)其他情节特别严重的情形。

实际执行中应当注意以下几个方面的问题：

1. 关于销售他人非法制造的注册商标标识犯罪案件中尚未销售或者部分销售情形的定罪问题。根据2011年《最高人民法院、最高人民检察院、公安部关于办理侵犯知识产权刑事案件适用法律若干问题的意见》第九条的规定，销售他人伪造、擅自制造的注册商标标识，具有下列情形之一的，**以销售非法制造的注册商标标识罪(未遂)定罪处罚**：(1)尚未销售他人伪造、擅自制造的注册商标标识数量在六万件以上的；(2)尚未销售他人伪造、擅自制造的两种以上注册商标标识数量在三万件以上的；(3)部分销售他人伪造、擅自制造的注册商标标识，已销售标识数量不满二万件，但与尚未销售标识数量合计在六万件以上的；(4)部分销售他人伪造、擅自制造的两种以上注册商标标识，已销售标识数量不满一万件，但与尚未销售标识数量合计在三万件以上的。

2. 对于尚不构成犯罪的非法制造、销售非法制造的注册商标标识的违法行为，根据《商标法》第五十七条和第六十条的规定，**市场监督管理部门**可以责令立即停止侵权行为，没收、销毁主要用于制造侵权商品、伪造注册商标标识的工具，违法经营额五万元以上的，可以处违法经营额五倍以下的罚款，没有违法经营额或者违法经营额不足五万元的，可以处二十五万元以下的罚款。此外，我国《知识产权海关保护条例》第二十七条对**海关扣留的侵犯知识产权货物的处理**也作了规定。

3. 关于未经处理的非法制造、销售非法制造的注册商标标识行为的处理、缓刑的适用、判处罚金的数额、单位构成犯罪的入罪标准、帮助行为的处理、行政处罚与刑事处罚的衔接程序等问题，本书第二百一十三条对此已有阐述，这里不再重复。

【司法解释】

《最高人民法院、最高人民检察院关于办理侵犯知识产权刑事案件具体应用法律若干问题的解释》(法释〔2004〕19号，自2004年12月22日起施行)

△(**情节严重；情节特别严重**)伪造、擅自制造他人注册商标标识或者销售伪造、擅自制造的注册商标标识，具有下列情形之一的，属于刑法第二百一十五条规定的“情节严重”，应当以非法制造、销售非法制造的注册商标标识罪判处三年以下有期徒刑、拘役或者管制，并处或者单处罚金：

（一）伪造、擅自制造或者销售伪造、擅自制造的注册商标标识数量在二万件以上，或者非法经营数额在五万元以上，或者违法所得数额在三万元以上的；

（二）伪造、擅自制造或者销售伪造、擅自制造两种以上注册商标标识数量在一万件以上，或者非法经营数额在三万元以上，或者违法所得数额在二万元以上的；

（三）其他情节严重的情形。

具有下列情形之一的，属于刑法第二百一十五条规定的“情节特别严重”，应当以非法制造、销售非法制造的注册商标标识罪判处三年以上七年以下有期徒刑，并处罚金：

（一）伪造、擅自制造或者销售伪造、擅自制造的注册商标标识数量在十万件以上，或者非法经营数额在二十五万元以上，或者违法所得数额在十五万元以上的；

（二）伪造、擅自制造或者销售伪造、擅自制造两种以上注册商标标识数量在五万件以上，或者非法经营数额在十五万元以上，或者违法所得数额在十万元以上的；

（三）其他情节特别严重的情形。（§3）

△（**非法经营数额；累计计算；件**）本解释所称“非法经营数额”，是指行为人在实施侵犯知识产权行为过程中，制造、储存、运输、销售侵权产品的价值。已销售的侵权产品的价值，按照实际销售的价格计算。制造、储存、运输和未销售的侵权产品的价值，按照标价或者已经查清的侵权产品的实际销售平均价格计算。侵权产品没有标价或者无法查清其实际销售价格的，按照被侵权产品的市场中间价格计算。

多次实施侵犯知识产权行为，未经行政处理或者刑事处罚的，非法经营数额、违法所得数额或者销售金额累计计算。

本解释第三条所规定的“件”，是指标有完整商标图样的一份标识。（§12）

△（**侵犯知识产权犯罪的共犯**）明知他人实施侵犯知识产权犯罪，而为其提供贷款、资金、账号、发票、证明、许可证件，或者提供生产、经营场所或者运输、储存、代理进出口等便利条件、帮助的，以侵犯知识产权犯罪的共犯论处。（§16）

《最高人民法院、最高人民检察院关于办理侵犯知识产权刑事案件具体应用法律若干问题的解释（二）》（法释〔2007〕6号，自2007年4月5日起施行）

△（**缓刑**）侵犯知识产权犯罪，符合刑法规定的缓刑条件的，依法适用缓刑。有下列情形之一的，一般不适用缓刑：

（一）因侵犯知识产权被刑事处罚或者行政处罚后，再次侵犯知识产权构成犯罪的；

（二）不具有悔罪表现的；

（三）拒不交出违法所得的；

（四）其他不宜适用缓刑的情形。（§3）

△（**罚金数额**）对于侵犯知识产权犯罪的，人民法院应当综合考虑犯罪的违法所得、非法经营数额、给权利人造成的损失、社会危害性等情节，依法判处罚金。罚金数额一般在违法所得的一倍以上五倍以下，或者按照非法经营数额的50%以上一倍以下确定。（§4）

△（**自诉；公诉**）被害人有证据证明的侵犯知识产权刑事案件，直接向人民法院起诉的，人民法院应当依法受理；严重危害社会秩序和国家利益的侵犯知识产权刑事案件，由人民检察院依法提起公诉。（§5）

《最高人民法院、最高人民检察院关于办理非法生产、销售烟草专卖品等刑事案件具体应用法律若干问题的解释》（法释〔2010〕7号，自2010年3月26日起施行）

△（**卷烟、雪茄烟注册商标标识；非法制造、销售非法制造的注册商标标识罪**）伪造、擅自制造他人卷烟、雪茄烟注册商标标识或者销售伪造、擅自制造的卷烟、雪茄烟注册商标标识，情节严重的，依照刑法第二百一十五条的规定，以非法制造、销售非法制造的注册商标标识罪定罪处罚。（§1Ⅳ）

△（**共犯**）明知他人实施本解释第一条所列犯罪，而为其提供贷款、资金、账号、发票、证明、许可证件，或者提供生产、经营场所、设备、运输、仓储、保管、邮寄、代理进出口等便利条件，或者提供生产技术、卷烟配方的，应当按照共犯追究刑事责任。（§6）

【司法解释性文件】

《最高人民法院刑事审判第二庭关于集体商标是否属于我国刑法的保护范围问题的复函》（〔2009〕刑二函字第28号，2009年4月10日公布）

△（**注册商标；集体商标**）我国《商标法》第三条规定：“经商标局核准注册的商标为注册商标，包括商品商标、服务商标和集体商标、证明商标；商标注册人享有商标专用权，受法律保护。”因此，刑法第二百一十三条至二百一十五条所规定的“注册商标”应当涵盖“集体商标”。（§1）

《最高人民法院、最高人民检察院、公安部印发〈关于办理侵犯知识产权刑事案件适用法律若干问题的意见〉的通知》（法发〔2011〕3号，2011年1月10日公布）

△（**侵犯知识产权犯罪；管辖**）侵犯知识产权犯罪案件由犯罪地公安机关立案侦查。必要时，可以由犯罪嫌疑人居住地公安机关立案侦查。侵犯知识产权犯罪案件的犯罪地，包括侵权产品制造地、储存地、运输地、销售地，传播侵权作品、销售侵权产品的网站服务器所在地、网络接入地、网

站建立者或者管理者所在地，侵权作品上传者所在地，权利人受到实际侵害的犯罪结果发生地。对有多个侵犯知识产权犯罪地的，由最初受理的公安机关或者主要犯罪地公安机关管辖。多个侵犯知识产权犯罪地的公安机关对管辖有争议的，由共同的上级公安机关指定管辖，需要提请批准逮捕、移送审查起诉、提起公诉的，由该公安机关所在地的同级人民检察院、人民法院受理。

对于不同犯罪嫌疑人、犯罪团伙跨地区实施的涉及同一批侵权产品的制造、储存、运输、销售等侵犯知识产权犯罪行为，符合并案处理要求的，有关公安机关可以一并立案侦查，需要提请批准逮捕、移送审查起诉、提起公诉的，由该公安机关所在地的同级人民检察院、人民法院受理。（§ 1）

△（**行政执法部门收集、调取证据的效力**）行政执法部门依法收集、调取、制作的物证、书证、视听资料、检验报告、鉴定结论、勘验笔录、现场笔录，经公安机关、人民检察院审查，人民法院庭审质证确认，可以作为刑事证据使用。

行政执法部门制作的证人证言、当事人陈述等调查笔录，公安机关认为有必要作为刑事证据使用的，应当依法重新收集、制作。（§ 2）

△（**抽样取证；委托鉴定**）公安机关在办理侵犯知识产权刑事案件时，可以根据工作需要抽样取证，或者商请同级行政执法部门、有关检验机构协助抽样取证。法律、法规对抽样机构或者抽样方法有规定的，应当委托规定的机构并按照规定方法抽取样品。

公安机关、人民检察院、人民法院在办理侵犯知识产权刑事案件时，对于需要鉴定的事项，应当委托国家认可的有鉴定资质的鉴定机构进行鉴定。

公安机关、人民检察院、人民法院应当对鉴定结论进行审查，听取权利人、犯罪嫌疑人、被告人对鉴定结论的意见，可以要求鉴定机构作出相应说明。（§ 3）

△（**自诉案件；证据收集**）人民法院依法受理侵犯知识产权刑事自诉案件，对于当事人因客观原因不能取得的证据，在提起自诉时能够提供有关线索，申请人民法院调取的，人民法院应当依法调取。（§ 4）

△（**尚未销售或者部分销售**）销售他人伪造、擅自制造的注册商标标识，具有下列情形之一的，依照刑法第二百一十五条的规定，以销售非法制造的注册商标标识罪（未遂）定罪处罚：

（一）尚未销售他人伪造、擅自制造的注册商标标识数量在六万件以上的；

（二）尚未销售他人伪造、擅自制造的两种以上注册商标标识数量在三万件以上的；

（三）部分销售他人伪造、擅自制造的注册商标标识，已销售标识数量不满二万件，但与尚未销售标识数量合计在六万件以上的；

（四）部分销售他人伪造、擅自制造的两种以上注册商标标识，已销售标识数量不满一万件，但与尚未销售标识数量合计在三万件以上的。（§ 9）

△（**多次实施；累计计算数额**）依照《最高人民法院、最高人民检察院关于办理侵犯知识产权刑事案件具体应用法律若干问题的解释》第十二条第二款的规定，多次实施侵犯知识产权行为，未经行政处理或者刑事处罚的，非法经营数额、违法所得数额或者销售金额累计计算。

二年内多次实施侵犯知识产权违法行为，未经行政处理，累计数额构成犯罪的，应当依法定罪处罚。实施侵犯知识产权犯罪行为的追诉期限，适用刑法的有关规定，不受前述二年的限制。（§ 14）

△（**明知；提供原材料、机械设备等；侵犯知识产权犯罪的共犯**）明知他人实施侵犯知识产权犯罪，而为其提供生产、制造侵权产品的主要原材料、辅助材料、半成品、包装材料、机械设备、标签标识、生产技术、配方等帮助，或者提供互联网接入、服务器托管、网络存储空间、通讯传输通道、代收费、费用结算等服务的，以侵犯知识产权犯罪的共犯论处。（§ 15）

△（**想象竞合**）行为人实施侵犯知识产权犯罪，同时构成生产、销售伪劣商品犯罪的，依照侵犯知识产权犯罪与生产、销售伪劣商品犯罪中处罚较重的规定定罪处罚。（§ 16）

《最高人民法院关于进一步加强涉种子刑事审判工作的指导意见》（法〔2022〕66号，2022年3月2日公布）

△（**种子套牌侵权相关犯罪；假冒注册商标罪；销售假冒注册商标的商品罪；非法制造、销售非法制造的注册商标标识罪；侵犯商业秘密罪；为境外窃取、刺探、收买、非法提供商业秘密罪**）立足现有罪名，依法严惩种子套牌侵权相关犯罪。假冒品种权以及未经许可或者超出委托规模生产、繁殖授权品种种子对外销售等种子套牌侵权行为，经常伴随假冒注册商标、侵犯商业秘密等其他犯罪行为。审理此类案件时要把握这一特点，立足刑法现有规定，通过依法适用与种子套牌侵权密切相关的假冒注册商标罪，销售假冒注册商标的商品罪，非法制造、销售非法制造的注册商标标识罪，侵犯商业秘密罪，为境外窃取、刺探、收买、非法提供商业秘密罪等罪名，实现对种子套牌侵

权行为的依法惩处。同时,应当将种子套牌侵权行为作为从重处罚情节,加大对此类犯罪的惩处力度。(§ 4)

【附属刑法】

《全国人民代表大会常务委员会关于维护互联网安全的决定》(2000年12月28日通过,2009年8月27日修正)

三、为了维护社会主义市场经济秩序和社会管理秩序,对有下列行为之一,构成犯罪的,依照刑法有关规定追究刑事责任:

……

(三)利用互联网侵犯他人知识产权;

……

《中华人民共和国商标法》(1982年8月23日通过,2019年4月23日第四次修正)

第六十七条

Ⅱ伪造、擅自制造他人注册商标标识或者销售伪造、擅自制造的注册商标标识,构成犯罪的,除赔偿被侵权人的损失外,依法追究刑事责任。

【参考案例】

△行为人向从事假冒注册商标犯罪活动的人销售非法制造的注册商标标识,情节严重的,单独构成销售非法制造的注册商标标识罪,而非假冒注册商标罪的从犯。

在张盛、邹丽假冒注册商标,王渭宝销售非法制造的注册商标标识案中,被告人张盛的犯罪行为是一种典型的未经商标权利人许可在同一种商品上使用与其注册商标相同的商标的行为,应当认定其构成假冒注册商标罪。被告人王渭宝则只是向他人销售了非法制造的注册商标标识,并未直接将商标标识用在商品上。被告人王渭宝明知涉案商标标识是非法制造的他人注册商标标识却仍然故意销售,但其并没有在商品上使用与相应的注册商标相同的标识的主观故意,王渭宝和张盛不具有假冒注册商标的共同故意。王渭宝的行为应当单独认定为销售非法制造的注册商标标识罪。[No. 3-7-215-2　张盛、邹丽假冒注册商标,王渭宝销售非法制造的注册商标标识案]

第二百一十六条　【假冒专利罪】

假冒他人专利,情节严重的,处三年以下有期徒刑或者拘役,并处或者单处罚金。

【立法理由】

(一)立法相关背景及修改情况

1. 1979年之后至1997年刑法修订前的立法情况。1979年刑法对假冒他人专利的行为没有规定为犯罪。1984年通过的《专利法》第六十三条规定:"假冒他人专利的,依照本法第六十条的规定处理;情节严重的,对直接责任人员比照刑法第一百二十七条的规定追究刑事责任。"其中,1979年《刑法》第一百二十七条是假冒注册商标罪的规定。将假冒他人专利的行为规定为犯罪,主要是为了加强对专利权人的保护,打击专利侵权行为。

2. 1997年修订刑法的情况。1997年修订刑法时,立法者对上述内容修改完善后纳入刑法,将假冒专利的行为单独规定为犯罪,并专门规定了刑罚。专利有较高的经济价值且极易被他人利用,为加强对专利权人的保护,对专利侵权行为除作行政、民事处理外,对其中情节严重的,应当追究刑事责任。1997年修订刑法时,考虑到侵犯他人专利权行为日趋严重的情况,为加强对专利权人的保护,将专利法的相关内容吸收进来,单独规定了假冒他人专利罪。

(二)有关国家的规定

美国对于专利侵权行为只规定了民事赔偿责任,没有关于假冒他人专利等侵犯专利权的犯罪规定,但是《美国法典》第三十五编第一百八十六条对专利保密期间违反保密义务的行为规定了刑事责任。

《美国法典》规定,行为人明知在发明保密期、有关发明保密和专利公开限制的规定要求的专利不公开期,以及法律规定的其他期间,未经授权,公开、披露、授权或者导致发明专利及其相关材料被公开披露的;或者行为人故意违反关于在外国申请专利的规定,导致专利、实用新型、工业设计或者其他在美国研发的相关发明专利在外国被申请或导致被申请,构成犯罪的,应处一万美元以下罚金或二年以下监禁,或者两者并罚。

【条文说明】

本条是关于假冒专利罪及其处罚的规定。

专利权是国家专利机关依据专利法授予专利申请人或其他权利继承人,在法定期限内对其发明创造享有的制造、使用或销售的专有权利。专利权一经授予，任何单位、个人都不得未经许可实施其专利。专利作为一项工业产权，是技术、经济和法律相结合的整体，具有以下特点：第一，它是一种具备创造性并能够解决生产实际问题的新技术方案。第二，它是发明创造者的一种无形财产。专利权人依法保护其专利不受侵占，并有义务在法定有效期内对其专利技术加以推广应用。第三，它是专利权人在法定有效期内对发明创造享有的专有权。专利必须向社会公开，并记载于将专利公开、公告的专利证书和专利文献上。

本条规定的“**假冒他人专利**”，是指侵权人在自己产品上加上他人的专利标记和专利号，或使其与专利产品相类似，使公众认为该产品是他人的专利产品，以假乱真，侵害他人合法权利的行为。专利侵权，主要是指未经专利权人许可，使用其专利的行为。“**专利权人**”包括单位和个人，也包括在我国申请专利的国外的单位和个人。“**使用其专利**”是指行为人为生产经营目的，将他人专利用于生产、制造产品的行为。根据专利法的规定，任何单位或者个人实施他人专利，必须与专利权人订立书面实施许可合同，向专利权人支付专利使用费。被许可人无权允许合同规定以外的任何单位或个人实施该专利。这里规定的“**许可**”不是一般的口头同意，而是要签订专利许可合同。专利许可意味着专利权人允许被许可人有权在专利权期限内，在其效力所及的范围内对该发明创造加以利用。如果行为人已经得到专利权人同意，只是还未签订书面许可合同，或者还未向专利权人支付使用费，不构成犯罪。

根据2004年《最高人民法院、最高人民检察院关于办理侵犯知识产权刑事案件具体应用法律若干问题的解释》第十条的规定，实施下列行为之一的，属于本条规定的“**假冒他人专利**”的行为：(1)未经许可，在其制造或者销售的产品、产品的包装上标注他人专利号的；(2)未经许可，在广告或者其他宣传材料中使用他人的专利号，使人将所涉及的技术误认为是他人专利技术的；(3)未经许可，在合同中使用他人的专利号，使人将合同涉及的技术误认为是他人专利技术的；(4)伪造或者变造他人的专利证书、专利文件或者专利申请文件的。

根据本条规定，假冒他人专利，情节严重的，处三年以下有期徒刑或者拘役，并处或者单处罚金。**行为人的假冒专利行为必须达到“情节严重”的程度，才构成犯罪**，这是罪与非罪的界限。根据2004年《最高人民法院、最高人民检察院关于办理侵犯知识产权刑事案件具体应用法律若干问题的解释》第四条的规定，这里的“**情节严重**”包括如下情形：(1)非法经营数额在二十万元以上或者违法所得数额在十万元以上的；(2)给专利权人造成直接经济损失五十万元以上的；(3)假冒两项以上他人专利，非法经营数额在十万元以上或者违法所得数额在五万元以上的；(4)其他情节严重的情形。这里规定的“情节严重”的情形与2010年5月《最高人民检察院、公安部关于公安机关管辖的刑事案件立案追诉标准的规定(二)》第七十二条规定的立案追诉情形是一致的。

实际执行中应当注意以下两个方面的问题：

1. **关于对冒充专利行为的处理**。对于冒充专利行为，编造不存在的专利，不是专利产品而冒充专利产品的，我国刑法没有规定为犯罪，但行为若符合诈骗罪、合同诈骗罪、虚假广告罪等犯罪构成要件的，可以依照相关规定定罪处罚。此外，对于假冒专利的行为，可以依法追究行为人的行政和民事责任。根据《专利法》第六十八条的规定，假冒专利的，除依法承担民事责任外，由负责专利执法的部门责令改正并予公告，没收违法所得，可以处违法所得五倍以下的罚款；没有违法所得或者违法所得在五万元以下的，可以处二十万元以下的罚款。

2. 关于未经处理的假冒他人专利行为的处理、缓刑的适用、判处罚金的数额、单位构成犯罪的入刑标准、帮助行为的处理、行政处罚与刑事处罚的衔接程序等问题，本书第二百一十三条已有阐述，这里不再重复。

【司法解释】

《最高人民法院、最高人民检察院关于办理侵犯知识产权刑事案件具体应用法律若干问题的解释》(法释〔2004〕19号，自2004年12月22日起施行)

△(**情节严重**)假冒他人专利，具有下列情形之一的，属于刑法第二百一十六条规定的“情节严重”，应当以假冒专利罪判处三年以下有期徒刑或者拘役，并处或者单处罚金：

(一)非法经营数额在二十万元以上或者违法所得数额在十万元以上的；

(二)给专利权人造成直接经济损失五十万元以上的；

(三)假冒两项以上他人专利，非法经营数额在十万元以上或者违法所得数额在五万元以上的；

(四)其他情节严重的情形。(§ 4)

△(**假冒他人专利**)实施下列行为之一的，属

于刑法第二百一十六条规定的“假冒他人专利”的行为：

（一）未经许可，在其制造或者销售的产品、产品的包装上标注他人专利号的；

（二）未经许可，在广告或者其他宣传材料中使用他人的专利号，使人将所涉及的技术误认为是他人专利技术的；

（三）未经许可，在合同中使用他人的专利号，使人将合同涉及的技术误认为是他人专利技术的；

（四）伪造或者变造他人的专利证书、专利文件或者专利申请文件的。（§ 10）

△（**非法经营数额；累计计算**）本解释所称“非法经营数额”，是指行为人在实施侵犯知识产权行为过程中，制造、储存、运输、销售侵权产品的价值。已销售的侵权产品的价值，按照实际销售的价格计算。制造、储存、运输和未销售的侵权产品的价值，按照标价或者已经查清的侵权产品的实际销售平均价格计算。侵权产品没有标价或者无法查清其实际销售价格的，按照被侵权产品的市场中间价格计算。

多次实施侵犯知识产权行为，未经行政处理或者刑事处罚的，非法经营数额、违法所得数额或者销售金额累计计算。（§12 Ⅰ、Ⅱ）

△（**侵犯知识产权犯罪的共犯**）明知他人实施侵犯知识产权犯罪，而为其提供贷款、资金、账号、发票、证明、许可证件，或者提供生产、经营场所或者运输、储存、代理进出口等便利条件、帮助的，以侵犯知识产权犯罪的共犯论处。（§ 16）

《最高人民法院、最高人民检察院关于办理侵犯知识产权刑事案件具体应用法律若干问题的解释（二）》（法释〔2007〕6号，自2007年4月5日起施行）

△（**缓刑**）侵犯知识产权犯罪，符合刑法规定的缓刑条件的，依法适用缓刑。有下列情形之一的，一般不适用缓刑：

（一）因侵犯知识产权被刑事处罚或者行政处罚后，再次侵犯知识产权构成犯罪的；

（二）不具有悔罪表现的；

（三）拒不交出违法所得的；

（四）其他不宜适用缓刑的情形。（§ 3）

△（**罚金数额**）对于侵犯知识产权犯罪的，人民法院应当综合考虑犯罪的违法所得、非法经营数额、给权利人造成的损失、社会危害性等情节，依法判处罚金。罚金数额一般在违法所得的一倍以上五倍以下，或者按照非法经营数额的50%以上一倍以下确定。（§ 4）

△（**自诉；公诉**）被害人有证据证明的侵犯知识产权刑事案件，直接向人民法院起诉的，人民法院应当依法受理；严重危害社会秩序和国家利益的侵犯知识产权刑事案件，由人民检察院依法提起公诉。（§ 5）

【司法解释性文件】

《最高人民法院、最高人民检察院、公安部印发〈关于办理侵犯知识产权刑事案件适用法律若干问题的意见〉的通知》（法发〔2011〕3号，2011年1月10日公布）

△（**侵犯知识产权犯罪；管辖**）侵犯知识产权犯罪案件由犯罪地公安机关立案侦查。必要时，可以由犯罪嫌疑人居住地公安机关立案侦查。侵犯知识产权犯罪案件的犯罪地，包括侵权产品制造地、储存地、运输地、销售地，传播侵权作品、销售侵权产品的网站服务器所在地、网络接入地、网站建立者或者管理者所在地，侵权作品上传者所在地，权利人受到实际侵害的犯罪结果发生地。对有多个侵犯知识产权犯罪地的，由最初受理的公安机关或者主要犯罪地公安机关管辖。多个侵犯知识产权犯罪地的公安机关对管辖有争议的，由共同的上级公安机关指定管辖，需要提请批准逮捕、移送审查起诉、提起公诉的，由该公安机关所在地的同级人民检察院、人民法院受理。

对于不同犯罪嫌疑人、犯罪团伙跨地区实施的涉及同一批侵权产品的制造、储存、运输、销售等侵犯知识产权犯罪行为，符合并案处理要求的，有关公安机关可以一并立案侦查，需要提请批准逮捕、移送审查起诉、提起公诉的，由该公安机关所在地的同级人民检察院、人民法院受理。（§ 1）

△（**行政执法部门收集、调取证据的效力**）行政执法部门依法收集、调取、制作的物证、书证、视听资料、检验报告、鉴定结论、勘验笔录、现场笔录，经公安机关、人民检察院审查，人民法院庭审质证确认，可以作为刑事证据使用。

行政执法部门制作的证人证言、当事人陈述等调查笔录，公安机关认为有必要作为刑事证据使用的，应当依法重新收集、制作。（§ 2）

△（**抽样取证；委托鉴定**）公安机关在办理侵犯知识产权刑事案件时，可以根据工作需要抽样取证，或者商请同级行政执法部门、有关检验机构协助抽样取证。法律、法规对抽样机构或者抽样方法有规定的，应当委托规定的机构并按照规定方法抽取样品。

公安机关、人民检察院、人民法院在办理侵犯知识产权刑事案件时，对于需要鉴定的事项，应当委托国家认可的有鉴定资质的鉴定机构进行鉴定。

公安机关、人民检察院、人民法院应当对鉴定结论进行审查，听取权利人、犯罪嫌疑人、被告人对鉴定结论的意见，可以要求鉴定机构作出相应说明。（§ 3）

△（**自诉案件；证据收集**）人民法院依法受理侵犯知识产权刑事自诉案件，对于当事人因客观原因不能取得的证据，在提起自诉时能够提供有关线索，申请人民法院调取的，人民法院应当依法调取。（§ 4）

△（**多次实施；累计计算数额**）依照《最高人民法院、最高人民检察院关于办理侵犯知识产权刑事案件具体应用法律若干问题的解释》第十二条第二款的规定，多次实施侵犯知识产权行为，未经行政处理或者刑事处罚的，非法经营数额、违法所得数额或者销售金额累计计算。

二年内多次实施侵犯知识产权违法行为，未经行政处理，累计数额构成犯罪的，应当依法定罪处罚。实施侵犯知识产权犯罪行为的追诉期限，适用刑法的有关规定，不受前述二年的限制。（§ 14）

△（**明知；提供原材料、机械设备等；侵犯知识产权犯罪的共犯**）明知他人实施侵犯知识产权犯罪，而为其提供生产、制造侵权产品的主要原材料、辅助材料、半成品、包装材料、机械设备、标签标识、生产技术、配方等帮助，或者提供互联网接入、服务器托管、网络存储空间、通讯传输通道、代收费、费用结算等服务的，以侵犯知识产权犯罪的共犯论处。（§ 15）

△（**想象竞合**）行为人实施侵犯知识产权犯罪，同时构成生产、销售伪劣商品犯罪的，依照侵犯知识产权犯罪与生产、销售伪劣商品犯罪中处罚较重的规定定罪处罚。（§ 16）

【附属刑法】

《全国人民代表大会常务委员会关于维护互联网安全的决定》（2000 年 12 月 28 日通过，2009 年 8 月 27 日修正）

三、为了维护社会主义市场经济秩序和社会管理秩序，对有下列行为之一，构成犯罪的，依照刑法有关规定追究刑事责任：

……

（三）利用互联网侵犯他人知识产权；

……

《中华人民共和国专利法》（1984 年 3 月 12 日通过，2020 年 10 月 17 日第四次修正）

第六十八条

假冒专利的，除依法承担民事责任外，由负责专利执法的部门责令改正并予公告，没收违法所得，可以处违法所得五倍以下的罚款；没有违法所得或者违法所得在五万元以下的，可以处二十五万元以下的罚款；构成犯罪的，依法追究刑事责任。

第二百一十七条　【侵犯著作权罪】

以营利为目的，有下列侵犯著作权或者与著作权有关的权利的情形之一，违法所得数额较大或者有其他严重情节的，处三年以下有期徒刑，并处或者单处罚金；违法所得数额巨大或者有其他特别严重情节的，处三年以上十年以下有期徒刑，并处罚金：

（一）未经著作权人许可，复制发行、通过信息网络向公众传播其文字作品、音乐、美术、视听作品、计算机软件及法律、行政法规规定的其他作品的；

（二）出版他人享有专有出版权的图书的；

（三）未经录音录像制作者许可，复制发行、通过信息网络向公众传播其制作的录音录像的；

（四）未经表演者许可，复制发行录有其表演的录音录像制品，或者通过信息网络向公众传播其表演的；

（五）制作、出售假冒他人署名的美术作品的；

（六）未经著作权人或者与著作权有关的权利人许可，故意避开或者破坏权利人为其作品、录音录像制品等采取的保护著作权或者与著作权有关的权利的技术措施的。

【立法沿革】

《中华人民共和国刑法》（1997 年修订，自 1997 年 10 月 1 日起施行）

第二百一十七条

以营利为目的，有下列侵犯著作权情形之一，违法所得数额较大或者有其他严重情节的，处三年以下有期徒刑或者拘役，并处或者单处罚金；违法所得数额巨大或者有其他特别严重情节的，处三年以上七年以下有期徒刑，并处罚金：

（一）未经著作权人许可，复制发行其文字作品、音乐、电影、电视、录像作品、计算机软件及其他作品的；

（二）出版他人享有专有出版权的图书的；

（三）未经录音录像制作者许可，复制发行其制作的录音录像的；

（四）制作、出售假冒他人署名的美术作品的。

《中华人民共和国刑法修正案（十一）》（自2021年3月1日起施行）

二十、将刑法第二百一十七条修改为：

"以营利为目的，有下列侵犯著作权或者与著作权有关的权利的情形之一，违法所得数额较大或者有其他严重情节的，处三年以下有期徒刑，并处或者单处罚金；违法所得数额巨大或者有其他特别严重情节的，处三年以上十年以下有期徒刑，并处罚金：

"（一）未经著作权人许可，复制发行、通过信息网络向公众传播其文字作品、音乐、美术、视听作品、计算机软件及法律、行政法规规定的其他作品的；

"（二）出版他人享有专有出版权的图书的；

"（三）未经录音录像制作者许可，复制发行、通过信息网络向公众传播其制作的录音录像的；

"（四）未经表演者许可，复制发行录有其表演的录音录像制品，或者通过信息网络向公众传播其表演的；

"（五）制作、出售假冒他人署名的美术作品的；

"（六）未经著作权人或者与著作权有关的权利人许可，故意避开或者破坏权利人为其作品、录音录像制品等采取的保护著作权或者与著作权有关的权利的技术措施的。"

【立法理由】

（一）立法相关背景及修改情况

1. 1979年之后至1997年刑法修订前的立法情况。1979年刑法没有将侵犯他人著作权的行为规定为犯罪。1994年7月全国人大常委会通过了《全国人民代表大会常务委员会关于惩治侵犯著作权的犯罪的决定》，该决定第一条规定："以营利为目的，有下列侵犯著作权情形之一，违法所得数额较大或者有其他严重情节的，处三年以下有期徒刑、拘役，单处或者并处罚金；违法所得数额巨大或者有其他特别严重情节的，处三年以上七年以下有期徒刑，并处罚金：（一）未经著作权人许可，复制发行其文字作品、音乐、电影、电视、录像作品、计算机软件及其他作品的；（二）出版他人享有专有出版权的图书的；（三）未经录音录像制作者许可，复制发行其制作的录音录像的；（四）制作、出售假冒他人署名的美术作品的。"

2. 1997年修订刑法的情况。1997年修订刑法时，立法者将上述规定的内容纳入刑法规定中。著作权是法律赋予作者因创作文学、艺术和科学作品而享有的专有权利。这项权利既包括人身权，也包括财产权。20世纪90年代初期，我国的文化事业发展很快，图书音像市场不断繁荣，出版活动十分活跃。与此同时，一些犯罪分子为牟取非法利益，侵犯他人著作权的行为也越来越严重，这些行为不仅侵犯了著作权人的合法权益，同时也破坏了国家对文化市场的管理秩序。一般来说，民事主体因著作权问题产生的纠纷主要是通过民事法律调整，有一些侵犯著作权行为需依法追究行政法律责任，对其中一些情节严重、社会危害性大的行为，也有必要依法追究刑事责任。

3. 2020年《刑法修正案（十一）》对本条的修改情况。1997年刑法关于本条的规定实施二十多年以来，我国经济社会持续快速发展，知识产权的重要性和全社会对于知识产权保护的意识和需求大为提升，需要进一步强化知识产权保护。随着以网络化、数字化为代表的新技术的高速发展和应用，知识产权保护和侵犯知识产权犯罪方面出现了一些新情况和新问题，为营造良好创新法治环境和营商环境，并适应实践中的新情况，与著作权法的修改相衔接，根据各方面的意见，2020年12月通过的《刑法修正案（十一）》对本条作了修改。一是与著作权法相衔接，增加了与著作权有关的权利的表述，完善了作品的类型，在犯罪情形中增加了侵犯表演者权利，以及避开或者破坏技术保护措施的两种侵权行为方式，并增加了通过信息网络向公众传播作品、录音录像制品、表演的规定。从实践中的情况看，随着信息技术的发展和普及，越来越多的作品、录音录像、表演等通过信息网络传播，与之相伴生的是，通过信息网络传播这种方式侵权的行为也越来越多，需要予以重视。另外，很多权利人为了保护著作权及相关权利，对作品采取了技术加密等保护措施，实践中通过避开、破坏技术保护措施，侵犯著作权或者与之有关的权利的行为也越来越多，需要予以重视。为此，刑法修改对上述情况专门作出规定，明确可以依照本条的规定予以惩治。二是知识产权是公司企业发展的重要资源和提高竞争力的核心要素，为了激励创新，加大知识产权保护力度，提高侵权代价和违法犯罪成本，对知识产权犯罪形成威慑，根据各方面的意见，加大了刑事打击力度，提高了侵犯著作权罪的刑罚，将第一档刑罚由“三年以下有期徒刑或者拘役，并处或者单处罚金”修改为“三年以下有期徒刑，并处或者单处罚金”，将最高刑罚由七年有期徒刑修改为十年有期徒刑。

（二）有关国家和国际条约的规定

1.《美国法典》第十七编第五百零六条、第一千二百零四条及第十八编第二千三百一十九条第二款、第二千三百一十九条之一及之二对侵犯版权、侵犯与版权有关的涉及音像的权益和侵犯版权保护与管理制度的行为规定了刑事责任。

（1）美国法典将三种侵犯版权的行为规定为犯罪。一是以获取商业利益或私人财产利益为目的，侵犯他人版权的行为。二是不需要证明行为人是否有获取商业、财产利益的目的，只要在一百八十日内复制、发行（包括以电子方式复制、发行）他人版权作品，形成复制品或录音制品一件及以上，零售总价超过一千美元的，即构成犯罪。三是行为人明知或应知作品即将商业发布，通过信息网络提前将该作品向公众发布的行为。

（2）关于侵犯与版权有关的表演及音像相关权益的规定。《美国法典》规定，未经表演者或表演参与者的同意，故意或者以获取商业利益或个人财产利益为目的，进行以下三种行为的，构成犯罪：一是灌录音乐现场表演的声音图像形成复制品或录音制品，或超越灌录授权重制演出的复制品或录音制品的；二是向公众传播音乐现场表演的声音、音像的；三是发行、预发行、出售、预售、出租、预出租以及传播前款所述的任何复制品或录音制品（上述非法灌录的行为不论是否发生在美国境内）。具有以上行为的，处五年以下监禁，并处或者单处罚金；构成再犯的，处十年以下监禁，并处或者单处罚金。

（3）关于破解、规避版权技术保护措施，篡改版权管理信息的规定。《美国法典》规定，任何人为获取商业利益或私人财产利益，违反《美国法典》第十七编第一千二百零一条（关于规避版权保护技术措施的规定）、第一千二百零二条（关于保障版权管理信息真实性的规定）规定的，处五十万美元以下罚金或五年以下监禁，或者两者并罚；构成再犯的，处一百万美元以下罚金或十年以下监禁，或者两者并罚。该规定不适用于非商业性的图书馆、档案馆、教育机构或教育性广播站。

2. 意大利《著作权和邻接权法》第一百七十一条对侵犯著作权和邻接权的犯罪作了规定。根据该条规定，具有复制、改编、公开朗诵、播放、销售或者以其他商业方式发行作者作品，公开他人未发表作品的内容，进口、销售违反意大利法律规定的复制品，或者复制、演出的数量超出约定数量等侵犯权利人经济权利行为之一的，处罚金；具有公开他人不愿公开发表的作品，侵害作者身份权，对作品进行有损作者荣誉或者声誉的歪曲、删改或者其他修改等侵犯作者人格权行为之一的，处一年以下有期徒刑或者罚金。意大利《著作权和邻接权法》第一百七十二条对过失侵犯著作权和邻接权的行政处罚作了规定。根据该条规定，因过失实施第一百七十一条规定的行为的，处行政罚款。

3.《与贸易有关的知识产权协议》第六十一条规定，各成员应规定至少将适用于具有商业规模的蓄意假冒商标或盗版案件的刑事程序和处罚。可使用的救济应包括足以起到震慑作用的监禁或罚金，并应与适用于同等严重性的犯罪所受到的处罚水平一致。在适当的情况下，可使用的救济还应包括扣押、没收和销毁侵权货物和主要用于侵权活动的任何材料和工具。各成员可规定适用于其他知识产权侵权案件的刑事程序和处罚，特别是蓄意并具有商业规模的侵权案件。

【条文说明】

本条是关于侵犯著作权罪及其处罚的规定。

根据本条规定，构成侵犯著作权罪必须具备以下条件：

1. 行为人在主观上是故意的，并且以营利为目的。这是罪与非罪的界限。**“以营利为目的”**，是指行为人侵犯他人权利的行为是为了获取非法利益。本条规定的以营利为目的，主要区别于其他目的，如《著作权法》第二十四条规定了合理使用作品的十三种情形，包括有些教学科研单位未经权利人许可少量复制他人作品供教学、科研之用；图书馆、档案馆、纪念馆等为了陈列或保存版本的需要，复制本馆收藏的作品；为个人学习、研究或者欣赏，使用他人已经发表的作品等，这些情形都是作品的合理使用，属于非以营利为目的，不构成犯罪。判断行为人是否是以营利为目的，需要根据行为人的具体行为表现、实际意图等因素进行综合判断。需要注意的是，是否以营利为目的，是就行为人相关行为的目的和性质而言的，并不意味着行为人的行为一定要有即期获利或者直接从中取得经济收入。如有的行为人虽然出于商业目的实施侵权行为，但开始阶段可能因为吸引“流量”“促销”等原因，并没有实现盈利，甚至“赔本赚吆喝”，但就其行为的实质来看，属于为了远期营利，而以营利为目的实施侵犯他人著作权的行为,这不影响其行为被认定为"以营利为目的"。还有的行为人虽然表面上并没有直接从被侵权作品获得经济利益,但是,通过广告等其他方式间接获得收益,这也是以营利为目的侵犯他人著作权的一种情况。

根据2011年最高人民法院、最高人民检察院、公安部印发的《关于办理侵犯知识产权刑事案件适用法律若干问题的意见》第十条的规定,除销售外,具有下列情形之一的,可以认定为"**以营利为目的**":(1)以在他人作品中刊登收费广告、捆绑第三方作品等方式直接或者间接收取费用的;(2)通过信息网络传播他人作品,或者利用他人上传的侵权作品,在网站或者网页上提供刊登收费广告服务,直接或者间接收取费用的;(3)以会员制方式通过信息网络传播他人作品,收取会员注册费或者其他费用的;(4)其他利用他人作品牟利的情形。

2. **行为人在客观上实施了本条规定的侵犯他人著作权的行为**。本条对侵犯他人著作权的行为具体规定为以下六种情形:

(1)**未经著作权人许可,复制发行、通过信息网络向公众传播其文字作品、音乐、美术、视听作品、计算机软件及法律、行政法规规定的其他作品**。"**著作权人**",是指著作权的主体,即著作权权利义务的承受者。根据著作权法的规定,著作权人可以是作者本人,也可以是其他依照著作权法享有著作权的公民、法人或者其他组织。"**未经著作权人许可**",是指没有得到著作权人授权,或者伪造、涂改著作权人授权许可文件或者超出授权许可范围的情形。一般来说,只有经过著作权人的许可,才能以复制发行等方式使用其作品,《著作权法》第二十四条规定的合理使用情形除外。"**复制**",是指以印刷、复印、拓印、录音、录像、翻录、翻拍等方式将作品制作一份或多份的行为。"**发行**"是指以出售或者赠与方式向公众提供作品的原件或者复制件的行为。"**复制发行**",包括复制、发行或者既复制又发行的行为。随着侵权行为网络化,**通过信息网络向公众传播作品**也成为侵犯著作权的重要途径和方式。复制发行、通过信息网络向公众传播行为未得到著作权人的许可,是构成犯罪的必备条件。这里规定的"**作品**"包括法律、行政法规规定的所有作品类型,包括《著作权法》第三条规定的文字作品,口述作品,音乐、戏剧、曲艺、舞蹈、杂技艺术作品,美术、建筑作品,摄影作品,视听作品,工程设计图、产品设计图、地图、示意图等图形作品和模型作品,计算机软件等作品类型。本条选择性地明确规定了文字作品、音乐、美术、视听作品、计算机软件等几种常见的作品类型,并作了"**法律、行政法规规定的其他作品**"的兜底规定。

(2)**出版他人享有专有出版权的图书**。"**出版**",是指将作品编辑加工后,通过复制向公众发行。"**专有出版权**",是指图书出版者依据其与著作权人之间订立的出版合同而享有独家出版权,《著作权法》第三十三条对此作了规定。擅自出版他人享有专有出版权的图书的行为,既损害了享有专有出版权的图书出版者和著作权人的合法权益,也会给文化市场造成混乱,情节严重的,需要给予刑事处罚。

(3)**未经录音录像制作者许可,复制发行、通过信息网络向公众传播其制作的录音录像**。录音录像制作者通过对原著作品编辑加工,以声音图像直观感性的形式把抽象的原著作品再现出来,对再现出来的作品形式享有独占性权利。[1] 未经录音录像制作者许可,复制发行、通过信息网络向公众传播其制作的录音录像,是一种侵犯他人著作权的行为,需要予以处罚。一般来说,只有经过录音录像制作者许可,才能以复制发行等方式使用其制作的录音录像,但《著作权法》第四十二条作了除外规定,即录音制作者使用他人已经合法录制为录音制品的音乐作品制作录音制品,可以不经著作权人许可,但应当按照规定支付报酬。

(4)**未经表演者许可,复制发行录有其表演的录音录像制品,或者通过信息网络向公众传播其表演**。根据《著作权法》第三十九条第(五)项和第(六)项的规定,表演者有许可他人复制发行录有其表演的录音录像制品,通过信息网络向公众传播其表演,并获得报酬的权利。这是表演者的一项重要权利,行为人未经表演者许可,擅自复制发行录有其表演的录音录像制品,或者通过信息网络向公众传播其表演的,是一种严重的侵权行为,以营利为目的,违法所得数额较大或者有其他严重情节的,应当依照本条规定追究刑事责任。

(5)**制作、出售假冒他人署名的美术作品**。[2]

① 此处的"录音录像"仅是一种物化的载体,制作者享有的仅仅是该录音录像作品的邻接权。参见黎宏:《刑法学各论》(第2版),法律出版社2016年版,第186页。

② 我国学者指出,虽然本条第(五)项使用的是"出售"一词,而未使用"发行"的概念,但也应将"出售"限制理解为批量销售或者大规模销售,从而使《刑法》第二百一十七条和第二百一十八条相协调。参见张明楷:《刑法学》(第6版),法律出版社2021年版,第1072页。

“美术作品”，是指以线条、色彩或其他方式构成的有审美意义的平面或立体的造型艺术作品，包括绘画、书法、雕塑、工艺美术等。制作、出售假冒他人署名的美术作品，包括以下两种方式：一是把自己制作的美术作品署上他人的名，假冒他人的作品出售[①]；二是将第三人的美术作品署上他人的姓名，假冒他人的作品出售，从中牟利。实践中，被假冒署名的人一般文学艺术水平较高，在社会上有一定的声望和影响，这种侵权行为会损害被假冒署名的人的声誉，也会扰乱文化市场秩序，情节严重的，需要予以刑事处罚。

(6)**未经著作权人或者与著作权有关的权利人许可，故意避开或者破坏权利人为其作品、录音录像制品等采取的保护著作权或者与著作权有关的权利的技术措施**。这里的“**技术措施**”是指用于防止、限制未经权利人许可浏览、欣赏作品、表演、录音录像制品或者通过信息网络向公众提供作品、表演、录音录像制品的有效技术、装置或者部件。当前，通过信息网络向公众传播作品、录音录像已经成为普遍现象，行为人采取加密保护等技术措施，是为了防止、限制他人不经其许可的使用和传播。行为人为了实施侵犯他人著作权的行为，对于他人采取的加密保护技术措施，通过解密等方式加以避开或者破坏的行为，实际上为侵权行为清除了障碍，同样是损害权利人利益、扰乱市场秩序的违法行为。比如，实践中一些行为人开发**聚合链接类盗版视频平台**，就是典型的避开或者破坏权利人的技术保护措施，侵犯权利人的著作权，同时也占用权利人视频网站的带宽资源的违法行为。对于该类行为，以营利为目的，违法所得数额较大或者有其他严重情节的，明确规定可以依照本条规定追究刑事责任。值得一提的是，《著作权法》第五十条对可以避开技术措施的五种情形作了规定，包括为学校课堂教学或科学研究，而无法通过正常途径获取；国家机关执行公务；进行加密研究或者计算机软件反向工程研究等，上述情形属于合理地避开，不属于违法行为。

3. **行为人的上述行为，必须是违法所得数额较大或者有其他严重情节的，才构成犯罪**。对侵犯著作权罪，本条规定了两档刑罚：即**违法所得数额较大或者有其他严重情节的**，处三年以下有期徒刑，并处或者单处罚金；**违法所得数额巨大或者有其他特别严重情节的**，处三年以上十年以下有期徒刑，并处罚金。根据2004年《最高人民法院、最高人民检察院关于办理侵犯知识产权刑事案件具体应用法律若干问题的解释》第五条的规定，违法所得数额在三万元以上的，属于“**违法所得数额较大**”；具有下列情形之一的，属于“**有其他严重情节**”：(1)非法经营数额在五万元以上的；(2)未经著作权人许可，复制发行其文字作品、音乐、电影、电视、录像作品、计算机软件及其他作品，复制品数量合计在一千张(份)以上的；(3)其他严重情节的情形。根据上述司法解释的规定，违法所得数额在十五万元以上的，属于“**违法所得数额巨大**”；具有下列情形之一的，属于“**有其他特别严重情节**”：(1)非法经营数额在二十五万元以上的；(2)未经著作权人许可，复制发行其文字作品、音乐、电影、电视、录像作品、计算机软件及其他作品，复制品数量合计在五千张(份)以上的；(3)其他特别严重情节的情形。之后，2007年《最高人民法院、最高人民检察院关于办理侵犯知识产权刑事案件具体应用法律若干问题的解释(二)》第一条降低了复制发行侵权产品的数量标准，规定：“以营利为目的，未经著作权人许可，复制发行其文字作品、音乐、电影、电视、录像作品、计算机软件及其他作品，复制品数量合计在五百张(份)以上的，属于刑法第二百一十七条规定的‘**有其他严重情节**’；复制品数量在二千五百张(份)以上的，属于刑法第二百一十七条规定的‘**有其他特别严重情节**’。”自该解释于2007年4月5日实施以后，复制发行侵权复制品构成本条规定之罪的，应适用新解释规定的数量标准。上述入罪标准与2008年《最高人民检察院、公安部关于公安机关管辖的刑事案件立案追诉标准的规定(一)》第二十六条规定的立案追诉标准是一致的。2011年最高人民法院、最高人民检察院、公安部印发的《关于办理侵犯知识产权刑事案件适用法律若干问题的意见》对通过信息网络传播侵权作品行为的定罪处罚作了进一步明确：以营利为目的，未经著作权人许可，通过信息网络向公众传播他人文字作品、音乐、电影、电视、美术、摄影、录像作品、录音录像制品、计算机软件及其他作品，具有下列情形之一的，属于本条规定的“**其他严重情节**”：(1)非法经营数额在五万元以上的；

---

① 我国学者指出，制作、出售假冒他人署名的美术作品骗取大量钱财的行为，既触犯侵犯著作权罪又触犯诈骗罪，属于想象竞合犯，按照从一重罪处断的原则加以处理。参见黎宏：《刑法学各论》(第2版)，法律出版社2016年版，第188页。另有论者指出，行为人在自己制作的美术作品上假冒他人(如著名画家)署名的行为，仅侵犯到他人的姓名权，没有侵犯到他人的署名权，不应认定为本罪。出售该作品的行为，则成立诈骗罪或者其他相应的犯罪(如合同诈骗罪)。参见张明楷：《刑法学》(第6版)，法律出版社2021年版，第1073页。

(2)传播他人作品的数量合计在五百件(部)以上的;(3)传播他人作品的实际被点击数达到五万次以上的;(4)以会员制方式传播他人作品,注册会员达到一千人以上的;(5)数额或者数量虽未达到第(1)项至第(4)项规定标准,但分别达到其中两项以上标准一半以上的;(6)其他严重情节的情形。实施上述行为,数额或者数量达到第(1)项至第(5)项规定标准五倍以上的,属于本条规定的"**其他特别严重情节**"。

实际执行中应当注意以下几个方面的问题:

1. 关于本条第(一)项规定的"**法律、行政法规规定的其他作品**"的认定。这一规定属于兜底性规定,主要是考虑到随着文化和科学事业的发展,实践中可能还会出现一些新的思想表达形式,如果这些新形式的作品属于著作权法规定的符合作品特征的智力成果,且有关法律、行政法规明确予以规定并加以保护的,就可以依法认定为属于本条规定的作品。著作权属于一种法定权利,如果一种所谓新的作品形式并不被著作权法、著作权法实施条例等法律、行政法规作为一种作品类型予以保护,则不在本条规定的作品的保护范围。这样规定是为了依法明确作品的范围,从而准确界定罪与非罪的界限,以防止刑事打击范围过于宽泛。

2. 关于本条第(五)项规定的"**美术作品**"的认定。刑法关于美术作品的范围,与著作权法的规定是一致的。根据著作权法等的有关规定,美术作品主要包括绘画、书法、雕塑、工艺美术等。值得一提的是,这里的**工艺美术**通常分为两类,一类是陈设工艺,即专供陈设欣赏用的工艺美术品,如象牙雕刻、泥塑等;另一类是日用工艺,即经过装饰加工可供人们日常生活用的实用艺术品,如家居工艺、陶瓷工艺中的碗、杯等。需要指出的是,**著作权法所保护的工艺美术**,只保护工艺美术品中具有创造性的造型或美术图案,不保护生产过程中的工艺;只保护具有创造性的造型艺术,不保护日常生活中使用的实用功能,首创的具有实用功能的实用品,可以受到其他有关法律的保护。

3. 关于"**以营利为目的**"的认定。当前,网络侵犯著作权行为的营利方式呈现出多样化的特点,营利可能仅体现在犯罪的某一阶段。如有的为了提高网站的知名度、吸引更多网民或者提高点击率,许可他人免费使用自己侵犯第三人著作权而得到的作品;有的以免费的形式将盗版作品通过网络进行分发,积累到一定的用户流量和会员数量后,便将网站或者 APP 打包出售以获取利益。此类行为在前期不投放广告、不收取会员费,都完全是以免费、非营利的表象出现的,只有在打包出售时才能体现出其主观营利的目的。对于前期的侵犯著作权的行为,是否能认定为"以营利为目的",应当结合行为人的行为表现、意图、远期目标等进行综合判断,行为人是为了远期获利的,即使当前尚未实际获利甚至亏损,但符合"以营利为目的"条件的,可以依照本条规定予以处罚。

4. 关于侵犯著作权罪与相关罪名的适用。实施本条规定的侵犯著作权的行为,又销售该侵权复制品,构成犯罪的,**以侵犯著作权罪定罪处罚**。实施本条规定的侵犯著作权的行为,又明知是他人的侵权复制品而予以销售,分别构成数个犯罪,依照刑法规定应当予以数罪并罚的,**以销售侵权复制品罪和侵犯著作权罪数罪并罚**。

5. 对于本条规定的侵权行为,尚不构成犯罪的,可以依法追究**侵权人的民事和行政责任**。根据《著作权法》第五十三条的规定,有本条规定的侵权行为的,侵权人应当根据情况,承担停止侵害、消除影响、赔礼道歉、赔偿损失等民事责任;侵权行为同时损害公共利益的,由主管著作权的部门责令停止侵权行为,予以警告,没收违法所得,没收、无害化销毁处理侵权复制品以及主要用于制作侵权复制品的材料、工具、设备等,违法经营额五万元以上的,可以并处违法经营额一倍以上五倍以下的罚款;没有违法经营额、违法经营额难以计算或者不足五万元的,可以并处二十五万元以下的罚款。根据该规定,侵权行为损害公共利益的,才需要追究侵权人的行政责任。同理,只有损害公共利益,达到一定严重程度,构成犯罪的,才能追究刑事责任。

6. 关于未经处理的侵犯著作权的行为的处理、缓刑的适用、判处罚金的数额、单位构成犯罪的入罪标准、帮助行为的处理、行政处罚与刑事处罚的衔接程序等问题,第二百一十三条对此已有阐述,这里不再重复。

【司法解释】

《最高人民法院、最高人民检察院关于办理侵犯知识产权刑事案件具体应用法律若干问题的解释》(法释〔2004〕19 号,自 2004 年 12 月 22 日起施行)

△(**违法所得数额较大;有其他严重情节;违法所得数额巨大;有其他特别严重情节**)以营利为目的,实施刑法第二百一十七条所列侵犯著作权行为之一,违法所得数额在三万元以上的,属于"违法所得数额较大";具有下列情形之一的,属于"有其他严重情节",应当以侵犯著作权罪判处三年以下有期徒刑或者拘役,并处或者单处罚金:

(一)非法经营数额在五万元以上的;

（二）未经著作权人许可，复制发行其文字作品、音乐、电影、电视、录像作品、计算机软件及其他作品，复制品数量合计在一千张（份）以上的[①]；

（三）其他严重情节的情形。

以营利为目的，实施刑法第二百一十七条所列侵犯著作权行为之一，违法所得数额在十五万元以上的，属于“违法所得数额巨大”；具有下列情形之一的，属于“有其他特别严重情节”，应当以侵犯著作权罪判处三年以上七年以下有期徒刑，并处罚金：

（一）非法经营数额在二十五万元以上的；

（二）未经著作权人许可，复制发行其文字作品、音乐、电影、电视、录像作品、计算机软件及其他作品，复制品数量合计在五千张（份）以上的[②]；

（三）其他特别严重情节的情形。（§ 5）

△（**以营利为目的；未经著作权人许可；复制发行**）以刊登收费广告等方式直接或者间接收取费用的情形，属于刑法第二百一十七条规定的“以营利为目的”。

刑法第二百一十七条规定的“未经著作权人许可”，是指没有得到著作权人授权或者伪造、涂改著作权人授权许可文件或者超出授权许可范围的情形。

通过信息网络向公众传播他人文字作品、音乐、电影、电视、录像作品、计算机软件及其他作品的行为，应当视为刑法第二百一十七条规定的“复制发行”。[③]（§ 11）

△（**非法经营数额；累计计算**）本解释所称“非法经营数额”，是指行为人在实施侵犯知识产权行为过程中，制造、储存、运输、销售侵权产品的价值。已销售的侵权产品的价值，按照实际销售的价格计算。制造、储存、运输和未销售的侵权产品的价值，按照标价或者已经查清的侵权产品的实际销售平均价格计算。侵权产品没有标价或者无法查清其实际销售价格的，按照被侵权产品的市场中间价格计算。

多次实施侵犯知识产权行为，未经行政处理或者刑事处罚的，非法经营数额、违法所得数额或者销售金额累计计算。（§12 Ⅰ、Ⅱ）

△（**侵犯著作权又销售该侵权复制品；侵犯著作权罪；数罪并罚**）实施刑法第二百一十七条规定的侵犯著作权犯罪，又销售该侵权复制品，构成犯罪的，应当依照刑法第二百一十七条的规定，以侵犯著作权罪定罪处罚。[④]

实施刑法第二百一十七条规定的侵犯著作权犯罪，又销售明知是他人的侵权复制品，构成犯罪的，应当实行数罪并罚。（§ 14）

△（**侵犯知识产权犯罪的共犯**）明知他人实施侵犯知识产权犯罪，而为其提供贷款、资金、账号、发票、证明、许可证件，或者提供生产、经营场所或者运输、储存、代理进出口等便利条件、帮助的，以侵犯知识产权犯罪的共犯论处。（§ 16）

《最高人民法院、最高人民检察院关于办理侵犯著作权刑事案件中涉及录音录像制品有关问题的批复》（法释〔2005〕12 号，自 2005 年 10 月 18 日起施行）

△（**录音录像制品；复制发行**）以营利为目的，未经录音录像制作者许可，复制发行其制作的录音录像制品的行为，复制品的数量标准分别适用《最高人民法院、最高人民检察院关于办理侵犯知识产权刑事案件具体应用法律若干问题的解释》第五条第一款第（二）项、第二款第（二）项的规定。

未经录音录像制作者许可，通过信息网络传播其制作的录音录像制品的行为，应当视为刑法第二百一十七条第（三）项规定的“复制发行”。

《最高人民法院、最高人民检察院关于办理侵犯知识产权刑事案件具体应用法律若干问题的解释（二）》（法释〔2007〕6 号，自 2007 年 4 月 5 日起施行）

△（**有其他严重情节；有其他特别严重情节**）以营利为目的，未经著作权人许可，复制发行其文字作品、音乐、电影、电视、录像作品、计算机软件及其他作品，复制品数量合计在五百张（份）以上的，属于刑法第二百一十七条规定的“有其他严重情节”；复制品数量在二千五百张（份）以上的，属于刑法第二百一十七条规定的“有其他特别严重情节”。（§ 1）

---

① 《最高人民法院、最高人民检察院关于办理侵犯知识产权刑事案件具体应用法律若干问题的解释（二）》第一条将其降为“500 张（份）”。

② 《最高人民法院、最高人民检察院关于办理侵犯知识产权刑事案件具体应用法律若干问题的解释（二）》第一条将其降为“2500 张（份）”。

③ 《刑法修正案（十一）》已经将“通过信息网络向公众传播他人文字作品、音乐作品、视听作品、计算机软件及其他作品”纳入《刑法》第二百一十七条第（一）项中。

④ 我国学者指出，在一段时间内，既批量销售、大规模销售又零售的行为，属于包括的一罪，从一重罪论处即可。参见张明楷：《刑法学》（第 6 版），法律出版社 2021 年版，第 1073 页。

△(**复制发行;发行;非法出版、复制、发行他人作品**)刑法第二百一十七条侵犯著作权罪中的"复制发行",包括复制、发行或者既复制又发行的行为。

侵权产品的持有人通过广告、征订等方式推销侵权产品的,属于刑法第二百一十七条规定的"发行"。

非法出版、复制、发行他人作品,侵犯著作权构成犯罪的,按照侵犯著作权罪定罪处罚。[①](§2)

△(**缓刑**)侵犯知识产权犯罪,符合刑法规定的缓刑条件的,依法适用缓刑。有下列情形之一的,一般不适用缓刑:

(一)因侵犯知识产权被刑事处罚或者行政处罚后,再次侵犯知识产权构成犯罪的;

(二)不具有悔罪表现的;

(三)拒不交出违法所得的;

(四)其他不宜适用缓刑的情形。(§3)

△(**罚金数额**)对于侵犯知识产权犯罪的,人民法院应当综合考虑犯罪的违法所得、非法经营数额、给权利人造成的损失、社会危害性等情节,依法判处罚金。罚金数额一般在违法所得的一倍以上五倍以下,或者按照非法经营数额的50%以上一倍以下确定。(§4)

△(**自诉;公诉**)被害人有证据证明的侵犯知识产权刑事案件,直接向人民法院起诉的,人民法院应当依法受理;严重危害社会秩序和国家利益的侵犯知识产权刑事案件,由人民检察院依法提起公诉。(§5)

《最高人民法院、最高人民检察院关于办理侵犯知识产权刑事案件具体应用法律若干问题的解释(三)》(法释〔2020〕10号,自2020年9月14日起施行)

△(**推定为著作权人或者录音制作者;未经著作权人许可;未经录音制作者许可;例外**)在刑法第二百一十七条规定的作品、录音制品上以通常方式署名的自然人、法人或者非法人组织,应当推定为著作权人或者录音制作者,且该作品、录音制品上存在着相应权利,但有相反证明的除外。

在涉案作品、录音制品种类众多且权利人分散的案件中,有证据证明涉案复制品系非法出版、复制发行,且出版者、复制发行者不能提供获得著作权人、录音制作者许可的相关证据材料的,可以认定为刑法第二百一十七条规定的"未经著作权人许可""未经录音制作者许可"。但是,有证据证明权利人放弃权利、涉案作品的著作权或者录音制品的有关权利不受我国著作权法保护、权利保护期限已经届满的除外。(§2)

△(**没收;销毁;证据固定**)除特殊情况外,假冒注册商标的商品、非法制造的注册商标标识、侵犯著作权的复制品、主要用于制造假冒注册商标的商品、注册商标标识或者侵权复制品的材料和工具,应当依法予以没收和销毁。

上述物品需要作为民事、行政案件的证据使用的,经权利人申请,可以在民事、行政案件终结后或者采取取样、拍照等方式对证据固定后予以销毁。(§7)

△(**酌情从重处罚;不适用缓刑**)具有下列情形之一的,可以酌情从重处罚,一般不适用缓刑:

(一)主要以侵犯知识产权为业的;

(二)因侵犯知识产权被行政处罚后再次侵犯知识产权构成犯罪的;

(三)在重大自然灾害、事故灾难、公共卫生事件期间,假冒抢险救灾、防疫物资等商品的注册商标的;

(四)拒不交出违法所得的。(§8)

△(**酌情从轻处罚**)具有下列情形之一的,可以酌情从轻处罚:

(一)认罪认罚的;

(二)取得权利人谅解的;

(三)具有悔罪表现的;

(四)以不正当手段获取权利人的商业秘密后尚未披露、使用或者允许他人使用的。(§9)

△(**罚金**)对于侵犯知识产权犯罪的,应当综合考虑犯罪违法所得数额、非法经营数额、给权利人造成的损失数额、侵权假冒物品数量及社会危害性等情节,依法判处罚金。

罚金数额一般在违法所得数额的一倍以上五倍以下确定。违法所得数额无法查清的,罚金数额一般按照非法经营数额的百分之五十以上一倍以下确定。违法所得数额和非法经营数额均无法查清,判处三年以下有期徒刑、拘役、管制或者单处罚金的,一般在三万元以上一百万元以下确定罚金数额;判处三年以上有期徒刑的,一般在十五万元以上五百万元以下确定罚金数额。(§10)

△(**适用效力**)本解释发布施行后,之前发布的司法解释和规范性文件与本解释不一致的,以本解释为准。(§11)

① 我国学者指出,系争解释可能会导致刑罚适用上的不均衡(本罪的法定最高刑为七年有期徒刑),因为其未考虑到成立想象竞合的情形。参见张明楷:《刑法学》(第6版),法律出版社2021年版,第1074—1075页。

【司法解释性文件】

《最高人民检察院、公安部关于公安机关管辖的刑事案件立案追诉标准的规定(一)》(公通字〔2008〕36号,2008年6月25日公布)

△(**侵犯著作权罪;立案追诉标准;以营利为目的;未经著作权人许可;复制发行;通过信息网络;发行;非法经营数额**)以营利为目的,未经著作权人许可,复制发行其文字作品、音乐、电影、电视、录像作品、计算机软件及其他作品,或者出版他人享有专有出版权的图书,或者未经录音录像制作者许可,复制发行其制作的录音录像,或者制作、出售假冒他人署名的美术作品,涉嫌下列情形之一的,应予立案追诉:

(一)违法所得数额三万元以上的;

(二)非法经营数额五万元以上的;

(三)未经著作权人许可,复制发行其文字作品、音乐、电影、电视、录像作品、计算机软件及其他作品,复制品数量合计五百张(份)以上的;

(四)未经录音录像制作者许可,复制发行其制作的录音录像制品,复制品数量合计五百张(份)以上的;

(五)其他情节严重的情形。

以刊登收费广告等方式直接或者间接收取费用的情形,属于本条规定的"以营利为目的"。

本条规定的"未经著作权人许可",是指没有得到著作权人授权或者伪造、涂改著作权人授权许可文件或者超出授权许可范围的情形。

本条规定的"复制发行",包括复制、发行或者既复制又发行的行为。

通过信息网络向公众传播他人文字作品、音乐、电影、电视、录像作品、计算机软件及其他作品,或者通过信息网络传播他人制作的录音录像制品的行为,应当视为本条规定的"复制发行"。

侵权产品的持有人通过广告、征订等方式推销侵权产品的,属于本条规定的"发行"。

本条规定的"非法经营数额",是指行为人在实施侵犯知识产权行为过程中,制造、储存、运输、销售侵权产品的价值。已销售的侵权产品的价值,按照实际销售的价格计算。制造、储存、运输和未销售的侵权产品的价值,按照标价或者已经查清的侵权产品的实际销售平均价格计算。侵权产品没有标价或者无法查清其实际销售价格的,按照被侵权产品的市场中间价格计算。(§ 26)

《最高人民法院、最高人民检察院、公安部印发〈关于办理侵犯知识产权刑事案件适用法律若干问题的意见〉的通知》(法发〔2011〕3号,2011年1月10日公布)

△(**侵犯知识产权犯罪;管辖**)侵犯知识产权犯罪案件由犯罪地公安机关立案侦查。必要时,可以由犯罪嫌疑人居住地公安机关立案侦查。侵犯知识产权犯罪案件的犯罪地,包括侵权产品制造地、储存地、运输地、销售地,传播侵权作品、销售侵权产品的网站服务器所在地、网络接入地、网站建立者或者管理者所在地,侵权作品上传者所在地,权利人受到实际侵害的犯罪结果发生地。对有多个侵犯知识产权犯罪地的,由最初受理的公安机关或者主要犯罪地公安机关管辖。多个侵犯知识产权犯罪地的公安机关对管辖有争议的,由共同的上级公安机关指定管辖,需要提请批准逮捕、移送审查起诉、提起公诉的,由该公安机关所在地的同级人民检察院、人民法院受理。

对于不同犯罪嫌疑人、犯罪团伙跨地区实施的涉及同一批侵权产品的制造、储存、运输、销售等侵犯知识产权犯罪行为,符合并案处理要求的,有关公安机关可以一并立案侦查,需要提请批准逮捕、移送审查起诉、提起公诉的,由该公安机关所在地的同级人民检察院、人民法院受理。(§ 1)

△(**行政执法部门收集、调取证据的效力**)行政执法部门依法收集、调取、制作的物证、书证、视听资料、检验报告、鉴定结论、勘验笔录、现场笔录,经公安机关、人民检察院审查,人民法院庭审质证确认,可以作为刑事证据使用。

行政执法部门制作的证人证言、当事人陈述等调查笔录,公安机关认为有必要作为刑事证据使用的,应当依法重新收集、制作。(§ 2)

△(**抽样取证;委托鉴定**)公安机关在办理侵犯知识产权刑事案件时,可以根据工作需要抽样取证,或者商请同级行政执法部门、有关检验机构协助抽样取证。法律、法规对抽样机构或者抽样方法有规定的,应当委托规定的机构并按照规定方法抽取样品。

公安机关、人民检察院、人民法院在办理侵犯知识产权刑事案件时,对于需要鉴定的事项,应当委托国家认可的有鉴定资质的鉴定机构进行鉴定。

公安机关、人民检察院、人民法院应当对鉴定结论进行审查,听取权利人、犯罪嫌疑人、被告人对鉴定结论的意见,可以要求鉴定机构作出相应说明。(§ 3)

△(**自诉案件;证据收集**)人民法院依法受理侵犯知识产权刑事自诉案件,对于当事人因客观原因不能取得的证据,在提起自诉时能够提供有关线索,申请人民法院调取的,人民法院应当依法调取。(§ 4)

△(**以营利为目的**)除销售外,具有下列情形

之一的，可以认定为“以营利为目的”：

（一）以在他人作品中刊登收费广告、捆绑第三方作品等方式直接或者间接收取费用的；

（二）通过信息网络传播他人作品，或者利用他人上传的侵权作品，在网站或者网页上提供刊登收费广告服务，直接或者间接收取费用的；

（三）以会员制方式通过信息网络传播他人作品，收取会员注册费或者其他费用的；

（四）其他利用他人作品牟利的情形。（§10）

△（**未经著作权人许可**）“未经著作权人许可”一般应当依据著作权人或者其授权的代理人、著作权集体管理组织、国家著作权行政管理部门指定的著作权认证机构出具的涉案作品版权认证文书，或者证明出版者、复制发行者伪造、涂改授权许可文件或者超出授权许可范围的证据，结合其他证据综合予以认定。

在涉案作品种类众多且权利人分散的案件中，上述证据确实难以一一取得，但有证据证明涉案复制品系非法出版、复制发行的，且出版者、复制发行者不能提供获得著作权人许可的相关证明材料的，可以认定为“未经著作权人许可”。但是，有证据证明权利人放弃权利、涉案作品的著作权不受我国著作权法保护，或者著作权保护期限已经届满的除外。（§11）

△（**发行；非法出版、复制、发行他人作品**）“发行”，包括总发行、批发、零售、通过信息网络传播以及出租、展销等活动。①

非法出版、复制、发行他人作品，侵犯著作权构成犯罪的，按照侵犯著作权罪定罪处罚，不认定为非法经营罪等其他犯罪。（§12）

△（**通过信息网络传播；其他严重情节；其他特别严重情节**）以营利为目的，未经著作权人许可，通过信息网络向公众传播他人文字作品、音乐、电影、电视、美术、摄影、录像作品、录音录像制品、计算机软件及其他作品，具有下列情形之一的，属于刑法第二百一十七条规定的“其他严重情节”：

（一）非法经营数额在五万元以上的；

（二）传播他人作品的数量合计在五百件（部）以上的；

（三）传播他人作品的实际被点击数达到五万次以上的；

（四）以会员制方式传播他人作品，注册会员达到一千人以上的；

（五）数额或者数量虽未达到第（一）项至第（四）项规定标准，但分别达到其中两项以上标准一半以上的；

（六）其他严重情节的情形。

实施前款规定的行为，数额或者数量达到前款第（一）项至第（五）项规定标准五倍以上的，属于刑法第二百一十七条规定的“其他特别严重情节”。（§13）

△（**多次实施；累计计算数额**）依照《最高人民法院、最高人民检察院关于办理侵犯知识产权刑事案件具体应用法律若干问题的解释》第十二条第二款的规定，多次实施侵犯知识产权行为，未经行政处理或者刑事处罚的，非法经营数额、违法所得数额或者销售金额累计计算。

二年内多次实施侵犯知识产权违法行为，未经行政处理，累计数额构成犯罪的，应当依法定罪处罚。实施侵犯知识产权犯罪行为的追诉期限，适用刑法的有关规定，不受前述二年的限制。（§14）

△（**明知；提供原材料、机械设备等；侵犯知识产权犯罪的共犯**）明知他人实施侵犯知识产权犯罪，而为其提供生产、制造侵权产品的主要原材料、辅助材料、半成品、包装材料、机械设备、标签标识、生产技术、配方等帮助，或者提供互联网接入、服务器托管、网络存储空间、通讯传输通道、代收费、费用结算等服务的，以侵犯知识产权犯罪的共犯论处。（§15）

△（**想象竞合**）行为人实施侵犯知识产权犯罪，同时构成生产、销售伪劣商品犯罪的，依照侵犯知识产权犯罪与生产、销售伪劣商品犯罪中处罚较重的规定定罪处罚。（§16）

【附属刑法】

《全国人民代表大会常务委员会关于维护互联网安全的决定》（2000年12月28日通过，2009年8月27日修正）

三、为了维护社会主义市场经济秩序和社会管理秩序，对有下列行为之一，构成犯罪的，依照刑法有关规定追究刑事责任：

……

（三）利用互联网侵犯他人知识产权；

……

① 我国学者指出，此一解释虽然有利于保护著作权，但会导致《刑法》第二百一十八条之销售侵权复制品罪成为废文。故而，对“发行”应当作限制解释。《刑法》第二百一十七条中的“发行”，乃指批量销售或者大规模销售（但不限于第一次销售），《刑法》第二百一十八条中的“销售”则指零售。参见张明楷：《刑法学》（第6版），法律出版社2021年版，第1072页。

《中华人民共和国促进科技成果转化法》(1996年5月15日通过,2015年8月29日修正)

第五十条

违反本法规定,以唆使窃取、利诱胁迫等手段侵占他人的科技成果,侵犯他人合法权益的,依法承担民事赔偿责任,可以处以罚款;构成犯罪的,依法追究刑事责任。

第五十一条

违反本法规定,职工未经单位允许,泄露本单位的技术秘密,或者擅自转让、变相转让职务科技成果的,参加科技成果转化的有关人员违反与本单位的协议,在离职、离休、退休后约定的期限内从事与原单位相同的科技成果转化活动,给本单位造成经济损失的,依法承担民事赔偿责任;构成犯罪的,依法追究刑事责任。

《中华人民共和国著作权法》(1990年9月7日通过,2020年11月11日第三次修正)

第五十三条

有下列侵权行为的,应当根据情况,承担本法第五十二条规定的民事责任;侵权行为同时损害公共利益的,由主管著作权的部门责令停止侵权行为,予以警告,没收违法所得,没收、无害化销毁处理侵权复制品以及主要用于制作侵权复制品的材料、工具、设备等,违法经营额五万元以上的,可以并处违法经营额一倍以上五倍以下的罚款;没有违法经营额、违法经营额难以计算或者不足五万元的,可以并处二十五万元以下的罚款;构成犯罪的,依法追究刑事责任:

(一)未经著作权人许可,复制、发行、表演、放映、广播、汇编、通过信息网络向公众传播其作品的,本法另有规定的除外;

(二)出版他人享有专有出版权的图书的;

(三)未经表演者许可,复制、发行录有其表演的录音录像制品,或者通过信息网络向公众传播其表演的,本法另有规定的除外;

(四)未经录音录像制作者许可,复制、发行、通过信息网络向公众传播其制作的录音录像制品的,本法另有规定的除外;

(五)未经许可,播放、复制或者通过信息网络向公众传播广播、电视的,本法另有规定的除外;

(六)未经著作权人或者与著作权有关的权利人许可,故意避开或者破坏技术措施的,故意制造、进口或者向他人提供主要用于避开、破坏技术措施的装置或者部件的,或者故意为他人避开或者破坏技术措施提供技术服务的,法律、行政法规另有规定的除外;

(七)未经著作权人或者与著作权有关的权利人许可,故意删除或者改变作品、版式设计、表演、录音录像制品或者广播、电视上的权利管理信息的,知道或者应当知道作品、版式设计、表演、录音录像制品或者广播、电视上的权利管理信息未经许可被删除或者改变,仍然向公众提供的,法律、行政法规另有规定的除外;

(八)制作、出售假冒他人署名的作品的。

【公报案例】

△(**侵犯著作权罪**)根据《中华人民共和国刑法》第二百一十七条的规定,行为人以营利为目的,未经著作权人许可复制发行其文字作品、音乐、电影、电视、录像作品、计算机软件及其他作品,违法所得数额较大或者有其他严重情节的,构成侵犯著作权罪。判断行为人的行为是否构成侵犯著作权罪,应当从行为人是否以营利为目的、复制行为是否未经著作权人许可、是否实施了发行行为等方面加以分析。[《最高人民法院公报》2010年第9期　成都共软网络科技有限公司、孙显忠、张天平、洪磊、梁焯勇侵犯著作权案]

△(**复制发行**)行为人未经著作权人许可复制其计算机软件,通过修改相应程序捆绑其他软件后在互联网上发布供他人下载,并因此获取广告费等收益的,属于《刑法》第二百一十七条规定的"以营利为目的"的"复制发行"行为。[《最高人民法院公报》2010年第9期　成都共软网络科技有限公司、孙显忠、张天平、洪磊、梁焯勇侵犯著作权案]

△(**非法复制发行计算机软件;产品整体销售价格;非法经营数额之认定**)行为人通过非法手段获取他人享有著作权的计算机软件中的目标程序并与特定硬件产品相结合,用于生产同类侵权产品,在某些程序、代码方面虽有不同,但只要实现硬件产品功能的目标程序或功能性代码与他人享有著作权的计算机软件"实质相同",即属于非法复制发行计算机软件的行为,应以侵犯著作权罪定罪处罚。

如果涉案侵权产品的价值主要在于实现其产品功能的软件程序,即软件著作权价值为其主要价值构成,应以产品整体销售价格作为非法经营数额的认定依据。[《最高人民法院公报》2012年第1期　鞠文明、徐路路、华轶侵犯著作权案]

【参考案例】

△以营利为目的,盗印他人享有专有出版权的图书的,不构成非法经营罪,应以侵犯著作权罪论处。

分则　第三章

以非法出版物为犯罪对象的非法经营罪与侵犯著作权罪之间存在普通法条与特别法条之间的法条竞合关系。所谓法条竞合，是指行为人实施一个犯罪行为同时触犯数个法律条文，仅选择适用一个法条定罪处罚的情形。在普通法条与特别法条发生竞合的情况下，适用特别法条对行为人定罪处罚是法律适用的一般原则，其根据在于：特别法条的规定已被包含于普通法条之中，触犯特别法条的行为必然同时触犯普通法条，当立法机关在已经规定了普通法条，能够对行为人的犯罪行为进行刑法评价的情况下，又规定特别法条，说明立法者认为适用普通法条不足以对行为人的行为进行全面、恰当的评价，需要适用特别法条对行为人的行为进行特别评价。故当发生法条竞合时，一般应当适用特别法条对行为人定罪处罚。否则，必将使特别法条的规定处于虚置。这也不符合立法本意。当然，特别法条优于普通法条的原则也有例外，那就是当立法机关认为适用特别法条不能对某一行为作出全面、恰当的评价时，在立法中特别规定普通法条与特别法条发生竞合时，需要适用普通法条。如《刑法》第一百四十九条第二款规定："生产、销售本节第一百四十一条至一百四十八条所列产品，构成各该条规定的犯罪，同时又构成本节第一百四十条规定之罪的，依照处罚较重的规定定罪处罚。"因此，当《刑法》第一百四十条生产、销售伪劣产品罪与第一百四十一条至第一百四十八条生产、销售特种伪劣产品犯罪之间发生竞合时，不适用特别法条优于普通法条的法律适用原则，而应适用重法条优于轻法条的法律适用原则，按照处罚较重的法条定罪处罚。以非法出版物为犯罪对象的非法经营罪与侵犯著作权罪而言，《刑法》第二百二十五条是普通法条，第二百一十七条是特别法条，在《刑法》没有作出特别规定的情况下，应当采用特别法条优于普通法条的适用原则，以侵犯著作权罪定罪处罚。《最高人民法院关于审理非法出版物刑事案件具体应用法律若干问题的解释》第十一条的规定也肯定了这一原则："违反国家规定，出版、印刷、复制、发行本解释第一条至第十条规定以外的其他严重危害社会秩序和扰乱市场秩序的非法出版物，情节严重的，依照刑法第二百二十五条第（三）项的规定，以非法经营罪定罪处罚。"也就是说，对于以非法出版物为犯罪对象的犯罪行为，只有在没有特别法条可以适用的情况下，才能适用《刑法》第二百二十五条，以非法经营罪定罪处罚。《最高人民法院、最高人民检察院关于办理生产、销售伪劣商品刑事案件具体应用法律若干问题的解释》第十条关于"实施生产、销售伪劣商品犯罪，同时构成侵犯知识产权、非法经营等其他犯罪的，依照处罚较重的规定定罪处罚"的规定，是指在行为人生产、销售伪劣商品犯罪过程中，其手段、方法行为或者结果行为同时构成侵犯知识产权、非法经营等其他犯罪的情形，属于刑法理论中的牵连犯，当然应当适用处罚较重的《刑法》条款定罪处罚。[No. 3-7-217-1　孟祥国等侵犯著作权案]

△未经著作权人许可，将其计算机软件修改后销售牟利的，应以侵犯著作权罪论处。

根据《刑法》第二百一十七条的规定，侵犯著作权罪是指以营利为目的，未经著作权人许可，复制发行其作品，出版他人享有专有出版权的图书，复制发行其制作的音像制品，或者制售假冒他人署名的美术作品，违法所得数额较大或者有其他严重情节的行为。以计算机软件为对象构成侵犯著作权罪应当同时具备以下三个条件：一是行为人具有营利的目的；二是行为人未经软件著作权人许可，实施了复制发行其计算机软件的行为；三是违法所得数额较大或者有其他严重情节的。在王安涛侵犯著作权案中，被告人王安涛实施了销售行为，其营利目的是显而易见的；其违法所得数额达二7万余元，根据《最高人民法院关于审理非法出版物刑事案件具体应用法律若干问题的解释》第二条的规定，应当认定其"违法所得数额巨大"；根据《计算机软件保护条例》①第三条第（五）项的规定，计算机软件的复制，是指把软件转载在有形物体上的行为。王安涛将同一泓瀚软件销售给青岛市自来水公司和大同市自来水公司，还与广东省顺德市的桂洲镇、容奇镇自来水公司签订销售合同，毫无疑问其实施了"复制发行"行为。因此，王安涛的行为是否构成侵犯著作权罪，关键在于以下问题的认定：

首先，复制发行未办理软件著作权登记的软件是否侵犯了软件开发者的软件著作权？

根据《计算机软件保护条例》的规定，计算机软件，是指计算机程序及其有关文档。计算机程序，是指为了得到某种结果而可以由计算机等具有信息处理能力的装置执行的代码化指令序列，或者可被自动转换成代码化指令序列的符号化指令序列或者符号化语句序列。计算机程序包括源程序和目标程序。同一程序的源文本和目标文本应当视为同一作品。文档是指用来描述程序的内

① 该条例已失效，现行有效的《计算机软件保护条例》为2013年1月30日公布施行的修订版。

容、组成、设计、功能规格、开发情况、测试结果及使用方法的文字资料和图表等，如程序设计说明书、流程图、用户手册等。软件著作权属于软件开发者。"中国公民和单位对其所开发的软件，不论是否发表，不论在何地发表，均依照本条例享有著作权。"软件著作权人享有下列各项权利："（一）发表权，即决定软件是否公之于众的权利；（二）开发者身份权，即表明开发者身份的权利以及在其软件上署名的权利；（三）使用权，即在不损害社会公共利益的前提下，以复制、展示、发行、修改、翻译、注释等方式使用其软件的权利；（四）使用许可权和获得报酬权，即许可他人以本条第（三）项中规定的部分或者全部方式使用其软件的权利和由此而获得报酬的权利；（五）转让权，即向他人转让由本条第（三）项和第（四）项规定的使用权和使用许可权的权利。"下列行为，依法构成侵犯软件著作权的行为："（一）未经软件著作权人同意发表其软件作品；（二）将他人开发的软件当作自己的作品发表；（三）未经合作者同意，将与他人合作开发的软件当作自己单独完成的作品发表；（四）在他人开发的软件上署名或者涂改他人开发的软件上的署名；（五）未经软件著作权人或者其合法受让者的同意修改、翻译、注释其软件作品；（六）未经软件著作权人或者其合法受让者的同意复制或者部分复制其软件作品；（七）未经软件著作权人或者其合法受让者的同意向公众发行、展示其软件的复制品；（八）未经软件著作权人或者其合法受让者的同意向任何第三方办理其软件的许可使用或者转让事宜。"因此，虽然天利公司的天丽鸟软件既未发表，亦未向软件登记管理机构办理软件著作权登记，天利公司作为天丽鸟软件的开发者，仍然依法享有软件著作权。任何单位和个人未经著作权人天利公司许可，对其软件进行修改、复制发行均侵犯了天利公司对其软件享有的著作权。

其次，未经软件著作权人许可，将其计算机软件修改后复制发行的行为，是否属于刑法意义上的复制发行？

从形式上看，王安涛将以不正当手段获得的天丽鸟软件进行修改，并且将其更名为泓瀚软件，是一种未经权利人许可而使用其软件的行为，与《著作权法》（2001 年修正）第十条第（五）项规定的"以印刷、复印、拓印、录音、录像、翻录、翻拍等方式将作品制作一份或者多份"的复制行为有一定的区别。但是，认定是否属于复制行为，不能仅以原件与复制件在形式上、表现上是否完全相同作为判断依据，还应当看其实质，如行为人是否对该软件进行了实质性改进等。如果对软件的功能作了实质性改进，应属于演绎行为，与复制有所不同；如果仅依靠一定的设备、技术、技艺，机械性地再现原作品，则属于复制行为。从本案审理查明的事实来看，王安涛并没有对天丽鸟软件做实质性的改进，仅将其源代码稍作修改后，便更名为泓瀚软件。泓瀚软件所包含的智力创造仍是天利公司独自的劳动成果，其不具有在某一方面的独创性和原创性，不是新的作品。因此，泓瀚软件在实质上仍是原作品的复制。王安涛以营利为目的，未经软件著作权人许可，复制发行其天丽鸟软件的行为，应当认定属于刑法意义上的"复制发行"行为。[No. 3-7-217-2　王安涛侵犯著作权案]

△在网上私自架设服务器进行盗版网络游戏营运的，不构成非法经营罪，应以侵犯著作权罪论处。

早在 2003 年 12 月 8 日新闻出版总署、信息产业部、国家工商行政管理总局、国家版权局、全国"扫黄""打非"领导小组办公室在《关于开展对"私服"、"外挂"专项治理的通知》中指出，私服、外挂违法行为是指未经许可或授权，破坏合法出版、他人享有著作权的互联网游戏作品的技术保护措施、修改作品数据、私自架设服务器、制作游戏充值卡（点卡），运营或挂接运营合法出版、他人享有著作权的互联网游戏作品，从而谋取利益、侵害他人利益。私服是相对于官服而言的。所谓官服，是指由网络游戏软件开发商授权的网络游戏软件运营商架设的网络游戏服务器。从实践情况来看，目前有善意私服和恶意私服两种形式。善意私服一般是在小范围内作教学或研究之用，而恶意私服一般是以营利为目的。由于善意私服不构成违法犯罪，在此不作讨论。

私服行为为何是一种违法犯罪行为呢？第一，私服给网络游戏行业带来不合法、不健康的因素。在我国市场上，运行网络游戏首先必须获得文化部①和出版署②的资格许可方可经营，而私服则无此约束，因而私服运营不具备合法性。第二，私服的运营成本低廉，可以明显低于官服的价格吸引游戏玩家，严重扰乱网络游戏市场秩序，使许多游戏运营商直接遭受巨大的经济损失。第三，私服没有必要的经营保障手段和客户服务手段，无法对游戏玩家的虚拟财产和客户服务提供有效

① 现为文化和旅游部。

② 现为国家新闻出版署。

的保障措施,游戏玩家的合法利益没有办法得到保障,从而间接破坏了游戏运营商的社会形象。第四,私服经营未经软件著作权人的授权,因而必定侵犯他人的著作权。总之,私服行为严重侵害了著作权人、出版商、合法经营者以及游戏消费者的合法权益,扰乱了互联网游戏出版经营的正常秩序,破坏了网络游戏产业的良性发展,给国家、企业和消费者造成极大的经济损失,在社会上产生了恶劣影响,如违法所得数额较大或者有其他严重情节,构成犯罪的,应当定罪处罚。

私服行为应当认定为《刑法》第二百一十七条的"复制发行"。这是因为复制、发行盗版游戏软件是私服运营过程中的一项重要环节。未复制、发行盗版程序只存在侵权可能性,只有通过复制、发行,这种可能性才向现实性转化。软件著作权的实现是通过向不特定的人提供复制品的方式,包括发行和出租。但对于网络游戏的运作来说,还增加了一项通过信息网络向公众提供软件(包括客户端程序)的选择。因此,网络游戏运营商获得网络游戏的许可使用权不仅是发行、出租或者通过信息网络提供软件复制品的权利,也是一种传播者权利。这种传播是一个投入劳动和资金的过程,网络游戏运营商需要架设服务器端,并在公共网络环境下对用户参与的网络游戏运行过程进行组织、管理、维护,这是网络游戏功能性和商业性运行的要求,也是网络游戏著作权人权利实现的基础。私服运营也一样,只是私服经营者取代了网络游戏合法经营者的角色。其在运营中也必须对盗版游戏软件进行复制、发行以实现其牟利目的。

非法经营罪主要是维护特定的许可制度和市场准入制度,惩治严重破坏市场经济秩序的行为。私服经营者通过对他人软件作品的复制发行来牟取非法利益,其危害表现在对游戏软件著作权人的侵害上,无论从内容还是形式上更符合侵犯著作权罪的各方面要件,因此,闫少东的行为不构成非法经营罪。[No. 3-7-217-4　闫少东等侵犯著作权案]

△以营利为目的,未经著作权人许可,复制发行其享有著作权的计算机软件,违法取得数额巨大的,应以侵犯著作权罪论处。

计算机软件是一种以在计算机上应用为目的的特殊的著作权客体,从功能上来讲,其被利用只能通过在计算机上安装运行才能实现。也就是说,计算机软件财产价值的可复制性特征,主要体现在其安装运行中。安装的介质目前大多是光盘,这是计算机软件的外化物,是计算机软件这一智力成果的物质载体。通常情况下,用户要使用某一软件,需要向软件著作权人购买正版软件光盘。一般来说,购买一套正版软件,只意味着获得了一套软件的使用许可,即仅有权将该软件安装在一台电脑上运行。如要在其他电脑上使用该软件,应当另行购买或另行取得软件著作权人的许可。

当面对需要在多台电脑上安装某一软件的用户时,有些软件著作权人会通过发放开放式许可协议的方式进行授权。计算机软件的开放式许可是指,计算机软件著作权人向用户发放的,允许其安装并使用超过其提供的安装载体数的许可文件。这种许可常常针对企业和机构用户,由著作权人向用户提供一套或几套安装介质及序列号,许可其在超过该套数的协议所规定数量的计算机上进行批量安装。用户取得了许可协议,便意味着有权安装这些软件,其效力等同于购买了这些数量的正版软件,取得了这些数量的软件的复制权。

在徐楚风等侵犯著作权案中,被告人向微软公司购买了价值人民币78591元的67套"WindowsXP"软件,微软公司并没有向其提供67套正版软件,而只是向其发放了开放式许可协议,并附送了一套介质。英特尔公司从被告人处取得该协议后,即有权在67台电脑上安装该软件并使用。[No. 3-7-217-5　徐楚风等侵犯著作权案]

△向他人提供虚假的授权文件并非法安装序列号,使他人得以复制、使用软件的,应当认定为未经著作权人许可的复制发行行为。

我国刑法规定的侵权著作权罪,是行为人以营利为目的,违反国家著作权管理法规,侵犯他人著作权、邻接权,违法所得数额较大或者有其他严重情节的行为。《刑法》第二百一十七条列举了四种具体犯罪行为方式,其中涉及计算机软件的是其第(一)项的规定:未经著作权人许可,复制发行其文字作品、音乐、电影、电视、录像作品、计算机软件及其他作品的。可见,徐楚风等侵犯著作权案要构成侵犯著作权罪,客观方面需满足下列条件:

1. 未经著作权人许可。根据相关法律规定,著作权人的权利包括两个方面:一是自己复制发行其作品的权利;二是许可或禁止他人复制发行其作品的权利。司法实践中的未经著作权人许可,包括完全未经许可和超出许可范围两种情况。《最高人民法院、最高人民检察院关于办理侵犯知识产权刑事案件具体应用法律若干问题的解释》第十一条规定,《刑法》第二百一十七条规定的未经著作权人许可,是指没有得到著作权人授权或者伪造、涂改著作权人授权许可文件或者超出授权许可范围的情形。对于计算机软件来说,其发行和销售实际上就是软件著作权人允许他人对软件进行安装并使用的行为。本案被告人通过购买微软公司 WindowsXP 软件,取得了微软公司的开放式许可协议。该协议只授权用户安装 67 套微软 WindowsXP 软件。超过 67 套的 WindowsXP 安装,以及对微软其他软件的安装都是一种“未经许可”的侵犯计算机软件著作权的行为。被告人为了牟取非法利益,擅自在真实许可协议的空白处添加了未经授权的 6 种软件,并添加了批量许可产品密码信息,这些都是一种超出原先许可范围的侵权行为,其行为特征符合《最高人民法院、最高人民检察院关于办理侵犯知识产权刑事案件具体应用法律若干问题的解释》规定的伪造、涂改著作权人授权许可文件的情形,可以认定为《刑法》第二百一十七条规定的未经著作权人许可之情形。

2. 有复制发行他人作品的事实。2007 年 4 月 5 日起施行的《最高人民法院、最高人民检察院关于办理侵犯知识产权刑事案件具体应用法律若干问题的解释(二)》规定,《刑法》第二百一十七条侵犯著作权罪中的复制发行,包括复制、发行或者既复制又发行的行为。

根据我国《著作权法》的规定,复制是指以印刷、复印、拓印、录音、录像、翻录、翻拍、数字化等方式将作品制作一份或者多份的行为。发行是指以出售或者赠与的方式向公众提供作品的原件或者复制件的行为。在《计算机软件保护条例》中,复制是指将软件制作一份或者多份的行为,发行是指以出售或者赠与方式向公众提供软件的原件或者复制件的行为。在本案中,被告人仅实施了在许可协议上添加微软“Office 2003 Win32 ChnSimp OLP NL”等 6 种软件并提供非法安装序列号的行为,并没有直接复制这些软件或将复制件提供给英特尔公司,从上述规定的字面表述来看,被告人的行为似乎无法纳入复制发行的范畴。对于被告人是否实施了复制行为,有观点认为,被告人仅在许可协议中添加了 6 种软件的名称并提供了所需的安装序列号,并未向英特尔公司提供安装载体,也未提供安装服务,相关软件的复制行为由英特尔营养乳品有限公司完成,本案被告人并未实施未经授权软件的复制行为,因此不构成侵犯著作权罪。对此笔者有不同的看法,上述计算机软件的复制行为形式上是英特尔公司完成的,但实质上,其实施安装的软件产品编号及所需序列号均系被告人所提供,被告人之所以没有向其提供软件复制件是因为英特尔公司以前购买过这些软件,有安装介质,具备自行安装的条件。基于如此考量,上述复制行为应当视为由被告人完成。至于被告人是否实施了发行行为,对于计算机软件来说,其发行和销售实际上就是软件著作权人允许他人对软件进行安装并使用的许可行为,这主要体现为复制权、发行权等权利的许可使用。同时,软件作为数字产品,具有复制便捷的特点,判断许多软件是否正版,即是否有合法授权,常常以是否取得了代表著作权人许可的安装序列号(也称为安装型注册码)为标准。因而,具有合法的安装序列号通常是有权复制发行的标志,而复制件即安装介质的提供与否,意义并不大。实践中,软件使用方利用以前合法取得的介质或通过网上下载等方式自行完成安装,是比较常见的现象。因此,向他人提供虚假的授权文件并非法安装序列号,使他人得以复制、使用软件的行为,应当属于未经著作权人许可的复制发行行为。[No. 3-7-217-6 徐楚风等侵犯著作权案]

△以营利为目的,未经著作权人许可,复制发行其作品,违法所得数额较大的,应以侵犯著作权罪论处。

根据《刑法》第二百一十七条的规定,侵犯著作权罪是指以营利为目的,未经著作权人许可,复制发行其文字作品、音乐、电影、电视录像作品、计算机软件及其他作品,或者出版他人享有专有出版权的图书,或者未经录音录像制作者许可,复制发行其制作的录音录像,或者制作、出售假冒他人署名的美术作品,违法所得数额较大或者有其他严重情节的行为。该罪的主要特征是:

1. 犯罪客体是著作权人的著作权和国家的著作权管理制度。犯罪对象是他人的著作权,即享有著作权的公民、法人或者非法人单位对其作品的发表权、署名权、修改权、保护作品完整权,以复制、表演、播放、展览、发行、摄制电影、电视、录像或者改编、翻译、注释、编辑等方式使用作品权以及许可他人以上述方式使用作品并由此获得报酬的权利。

2. 客观方面表现为违反我国著作权法规,侵犯著作权的行为。具体表现为:未经著作权人许可,复制发行其文字作品、音乐、电影、电视录像作品、计算机软件及其他作品;出版他人享有专有出版权的图书;未经录音录像制作者许可,复制发行其制作的录音录像;或者制作、出售假冒他人署名的美术作品,违法所得数额较大或者有其他严重情节的行为。

3. 犯罪主体为一般主体,公民、法人和非法人组织均可构成。

4. 主观方面是由故意构成,并且具有营利的目的。

在舒亚眉等侵犯著作权案中，电视广播（国际）有限公司是《扫黄先锋》电视剧集的著作权人，瑞得公司经电视广播（国际）有限公司授权，在中国内地享有独家播映权，即专有使用权。因此，在《扫黄先锋》电视剧集的使用权上，瑞得公司应被认为是在中国内地的著作使用权人，具有排除其他任何单位或个人放映该电视剧的权利。未经电视广播（国际）有限公司、瑞得公司许可，在中国内地复制发行或放映《扫黄先锋》电视剧集的行为均属于侵权行为，直接损害了瑞得公司的利益，应承担相应法律责任。本案中，电视广播（国际）有限公司未授予海天公司电视剧集《扫黄先锋》的使用权；海天公司亦未与瑞得公司签订电视剧集《扫黄先锋》的使用许可合同，因此，海天公司并未取得该电视剧集的使用权。被告人舒亚眉、陈宝华以营利为目的，未经电视广播（国际）有限公司及瑞得公司许可，即擅自复制电视剧《扫黄先锋》的播出带，以海天公司的名义售予山东齐鲁电视台、西安电视台、云南电视台播映的行为已侵犯了电视广播（国际）有限公司及瑞得公司的著作权，直接导致了瑞得公司的经济损失，且获利违法所得 797500 元。其行为符合《刑法》第二百一十七条第（一）项规定的情形，已构成侵犯著作权罪。[No. 3-7-217-7　舒亚眉等侵犯著作权案]

△增加再创作的高级剽窃行为侵犯了原作者的改编权，不属于侵犯著作权罪中的复制发行行为，不构成侵犯著作权罪。

根据剽窃的再创作程度可以分为低级剽窃与高级剽窃两种。低级剽窃行为，只是原封不动地照搬他人作品或稍加改动后并署上自己的名字，这种行为侵犯了他人的署名权、复制权，有的还侵犯了他人的保护作品完整权，如果用于发行并在数量或数额上达到相应的标准，可以构成侵犯著作权罪。高级剽窃行为本质上则属于改编行为，虽然实质上也利用了原作品的表达，但因为增加了再创作的内容，不属于《著作权法》规定的狭义复制行为，不构成侵犯著作权罪。本案中，华盛设计院为完成合同约定的义务而向金田公司提供的设计图纸系沿用华兴公司原设计图的主要部分进行修改而成，并且在图纸作品上署名，其行为混淆了作品的出处，是典型的剽窃他人作品的行为，属于《著作权法》（2001 年修正）第四十七条规定应当承担民事责任的侵权行为，但该行为并不属于《著作权法》意义上的复制行为，且图纸印制数量有限，不存在以出售、赠与等方式向公众散发的发行行为，不构成侵犯著作权罪。[No. 3-7-217-13　山东华盛建筑设计研究院等侵犯著作权案]

△制作、销售网络外挂程序的行为，应以侵犯著作权罪定罪处罚。

在李寿斌、项人达等侵犯著作权案中，在《穿越火线》游戏客户端不具备透视功能的情况下，增加了透视功能，该功能的实现必须复制互联网游戏程序的“源代码”，而被告人李寿斌制作的网络游戏外挂程序与《穿越火线》游戏程序具有高度的相似性。同时，被告人要想使其制作的外挂程序与《穿越火线》游戏对接，势必要破译和擅自使用原网络游戏的通信协议，截取并修改游戏发送到游戏服务器的数据，修改客户端内存中的数据，以达到增强客户端透视功能的目的，其行为符合法律规定的“复制发行”的要求，故四人的行为属于侵犯著作权行为。

《刑法》第二百八十五条第二款之非法控制计算机信息系统罪以造成计算机信息系统不能正常运行为成立要件。使用互联网游戏外挂程序，尚不会造成网络游戏系统自身不能运行，不构成非法控制计算机信息系统罪。

根据《最高人民法院关于审理非法出版物刑事案件具体应用法律若干问题的解释》第十一条规定，非法经营罪所针对的是内容上有问题的出版物，即“不黄不黑”的非法出版物。网络外挂程序虽然属于非法出版物，但不属于内容有问题的出版物。《最高人民法院关于审理非法出版物刑事案件具体应用法律若干问题的解释》第十五条则以严重扰乱市场秩序为要件。制作、销售网络游戏外挂只是侵害了网络游戏经营者的利益，而尚未严重扰乱市场秩序。此外，私自架设网络游戏服务器的行为社会危害性明显大于制作销售外挂程序的行为，如果对前者适用侵犯著作权罪、后者适用非法经营罪，将造成罪刑失衡。因此对于制作、销售网络外挂程序的行为不宜以非法经营罪定罪处罚。[No. 3-7-217-14　李寿斌、项人达等侵犯著作权案]

△在互联网上利用 P2P 技术向用户提供链接供用户点播收看的行为，构成信息网络传播行为，可以成立侵犯著作权罪。

一、被告人张杰创建的非法视听节目网站基本工作原理

被告人张杰通过软件采集到影视资源，在其网站上放置链接，供用户点播收看。点播作品时，用户必须下载特定的软件，否则就无法观看影片。这种特定的播放软件，使用的是一种对等计算技术（Peer to Peer，简称 P2P），该技术通过直接交换来共享计算机资源和服务。P2P 技术打破了传统数据传输的模式，它无需直接提供传输内容的服务器，而使用户直接连接到其他用户的计算机，完

成数据或服务的交换任务，用户的行为主要是下载他人作品至其计算机中及将他人作品置于共享状态供其他用户下载。在P2P网络环境中，成千上万台彼此连接的计算机都处于对等的地位，整个网络一般不依赖专用的集中服务器，网络中的每一台计算机既充当了网络服务的请求者，又对其他计算机的请求作出响应，提供资源和服务。当用户在自己的计算机上安装好这种播放器后，该播放器会在其计算机后台自动启动一个负责P2P数据传输的后台服务程序，此文件会随着计算机一起启动，当计算机启动并且连接互联网以后，此文件便会自动共享计算机中的视频文件。也就是说，被告人张杰的服务器上并没有该影视作品，而每一个观看过该影视作品的用户都在非主动意识下成为作品的提供者。

二、信息网络传播行为在民事审判中的演变

在我国的司法实践中，主流观点曾认定信息网络传播行为仅限于在信息网络环境下提供作品，而"提供"则是将作品上传至或者以其他方式置于向公众开放的网络服务器中，除此之外的提供服务行为均不属于信息网络传播行为。提供链接的行为是在网络上为作品传播提供中介服务，在用户与信息提供者之间搭建桥梁，其本身不是信息网络传播行为，而是信息在网络上传播的帮助行为。但后来随着技术的发展，不经过服务器的存储或中转，通过文件分享等技术也可以使相关作品置于信息网络之中，以单纯的"服务器标准"技术标准界定信息网络传播行为不够准确，也难以应对网络技术的飞速发展。因此，对信息网络传播行为的认识也过渡到以是否直接提供权利人的作品的法律标准取代服务器标准来界定信息网络传播行为。2012年12月27日公布的《最高人民法院关于审理侵害信息网络传播权民事纠纷案件适用法律若干问题的规定》第3条的规定就反映了这种思路的转变。

三、对被告人张杰定罪的基础

对于如何认定通过互联网实施的侵犯著作权罪，目前司法实践中可参照执行的依据主要有《最高人民法院、最高人民检察院关于办理侵犯知识产权刑事案件具体应用法律若干问题的解释》《最高人民法院、最高人民检察院关于办理侵犯知识产权刑事案件具体应用法律若干问题的解释(二)》《最高人民法院、最高人民检察院、公安部关于办理侵犯知识产权刑事案件适用法律若干问题的意见》，这些司法依据与民事审判既有交叉重合，又有区别。

笔者认为，根据罪刑法定原则，判断一个行为是否构成犯罪，其唯一标准应当是其是否符合我国刑法所规定的犯罪构成。从犯罪客体上看，侵犯著作权罪所侵犯的客体具有多重性，即不仅侵犯了著作权人的著作权和与著作权相关的权益，而且侵犯了国家的著作权管理制度。与一般的著作权侵权所具有的私权救济性质而言，刑法设立侵犯著作权罪所要保护的法益首先是国家的著作权管理制度，因而具有国家秩序与公共利益性质。我国《刑事诉讼法》将侵犯著作权罪排除在刑事和解的范围之外，也充分说明侵犯著作权罪已不具有私权处分的空间。

从客观方面看，侵犯著作权罪在客观方面表现为违反我国著作权法规，侵犯著作权和与著作权有关权益的行为，实践中最为常见的就是未经著作权人许可，复制发行其文字作品、音乐、电影、电视、录像作品、计算机软件及其他作品的行为。笔者认为，针对涉互联网的"复制发行"行为，《最高人民法院、最高人民检察院关于办理侵犯知识产权刑事案件具体应用法律若干问题的解释》第十一条第三款规定，通过信息网络向公众传播他人文字作品、音乐、电影、电视、录像作品、计算机软件及其他作品的行为，应当视为《刑法》第二百一十七条规定的"复制发行"。《最高人民法院、最高人民检察院关于办理侵犯知识产权刑事案件具体应用法律若干问题的解释》明确了通过信息网络传播应"视为"复制发行，而在民事法律领域中，《著作权法》(2001年修正)第十一条规定的著作权所包括的人身权和财产权表明，"复制""发行""信息网络传播"是并列的概念，与刑事司法解释完全不同；此外，在民事法律领域中，"信息网络传播"是在对"信息网络传播权"的界定中推导出的，而在上述刑事司法解释中，并不存在"信息网络传播权"的概念，而是将"信息网络传播"落在"等活动"的范畴，明显与民事法律的规定不同。因此，《最高人民法院、最高人民检察院关于办理侵犯知识产权刑事案件具体应用法律若干问题的解释》和《最高人民法院、最高人民检察院、公安部关于办理侵犯知识产权刑事案件适用法律若干问题的意见》中的"信息网络传播"不能机械地照搬民事审判中的概念，民事领域的法律不能当然适用于刑事犯罪的处理。这一点在开展"三合一"审判的法律适用中尤应引起重视。

从前述的P2P技术原理可以看出，被告人张杰的网站上所设置的作品的链接使得每一个用户通过该网站成为作品的提供者，每一个用户的计算机都成为服务器，这种链接已经远超著作权民事侵权概念中的链接，实际被告人张杰的涉案网站已经把他人作为工具利用，通过强制手段支配直接实施者(用户)下载安装特定软件并与其他用户共享，进而完成构成要件实现，类似于间接正犯的地位。

从主观方面看，本罪的主观方面表现为故意，并且具有营利的目的。被告人张杰并非实施经营活动，而是从建站初始就在营利的主观目的支配下实施侵犯著作权的违法犯罪活动，对所使用的全部作品均无著作权，也没有去获得著作权的意识，不具有合法因素。

从犯罪主体看，侵犯著作权罪的主体为一般主体，即包括达到刑事责任年龄，并具有刑事责任能力的自然人。被告人张杰符合这一要件。

综上，通过建立视听网站，以 P2P 技术为背景实施犯罪，是侵犯著作权罪在信息化时代的新的表现形式。本案被告人张杰的行为符合侵犯著作权罪的构成要件，对其以侵犯著作权罪定罪处罚符合法律规定。[No. 3-7-217-8　张杰侵犯著作权案]

△网络聚合平台利用 P2P 技术提供网络服务传播影视作品的行为，属于利用信息网络传播，构成侵犯著作权的行为。

将民事侵权行为升格后由刑事法律加以制裁，该行为的刑事可罚性判定应与其对社会经济秩序、私权的破坏程度成正比。因而对网络服务提供行为的刑事归责应综合技术发展对违法成本、损害后果以及与信息自由间的平衡等因素的影响，以此确立司法价值取向，而非一律将间接侵权排除在外，作“一刀切”式解读。信息网络传播行为既包括作品提供行为，又包括网络服务提供行为。从刑法规制必要性和当罚性的视角审视，在现行网络技术条件下，网络服务提供者的侵权行为往往更具集聚性、持续性、侵权成本低廉性，在盗版侵权方式上，网络服务提供行为更具普遍性、高发性。其社会危害性并不亚于分散的直接作品提供者的上传行为，其将他人侵权作品加以进一步传播，为己谋利的行为从主观方面分析，网络服务提供者甚至具有等价于“直接提供”的犯罪故意。以张俊雄侵犯著作权案为例，被告人虽仅是网络服务提供者，但其从互联网论坛获知“通过采集盗版影片资源建立网站并进行牟利”的信息及操作技术。其建立的网站“汇集聚拢”了数目巨大的侵权影视作品，并以设置目录、缩影、内容简介、排行榜等方式向用户推荐，该行为与直接上传作品行为在刑法评价意义上具有等价性。网络服务提供行为虽然并未涉及作品的直接提供，并非典型的侵犯信息网络传播权的行为，而仅仅是基于互联网上已有的作品，通过提供 P2P、深层链接等网络服务帮助这些作品进一步传播，但该行为的后果亦使得公众可以在其个人选定的时间、地点在网络服务提供者建立的网站上浏览并观看作品，该行为性质符合信息网络传播行为的实质性要件，因而也是通过信息网络传播的行为。在刑法及相关司法解释已经将“通过网络传播行为”视为“复制发行”的前提下，网络服务提供行为可以直接按照侵犯著作权罪予以定罪处罚。[No. 3-7-217-9　张俊雄侵犯著作权案]

△侵犯著作权罪中的复制行为，不限于内容完全相同的复制，也包括内容实质性相同的复制。

复制的概念呈扩张性的发展。对于传统的纸质等有形传播媒介而言，“复制”一般是指通过“印刷、复印、拓印、录音、录像、翻拍等方式将作品制作一份或者多份”。在现代网络环境下，信息载体已经发生巨大变化，“复制”的概念也相应发生变化。《著作权法》将“复制”定义为“印刷、复印、拓印、录音、录像、翻拍等方式”。该定义之所以用“等”字，一定程度上表明对《著作权法》未列明但已经出现或者即将出现的新的复制方式的一种兜底性或者堵截性认可。我国 1992 年 10 月 15 日加入的《保护文学艺术作品伯尔尼公约》第九条第一款也规定：“受本公约保护的文学艺术作品的作者，享有批准以任何方式和采取任何形式复制这些作品的专有权。”可见，在有关国际公约和相关法律规定中对“复制”的方式或者形式没有任何限制。

“复制”不限于复制“完全相同”的软件。对于“复制”的理解，不应当局限于当前一般观念的认识范围，可以将“复制”的行为方式全部抽象为对原件的“再现”。这种“再现”不局限于“完全相同”，而只需要具备“实质性相同”即可。实践中，行为人为迎合市场需求，在保证与原作品“实质性相同”的前提下，恶意对他人的原作品进行篡改，增加一些内容，并署原作者的姓名。这种行为，毫无疑问应当认定为“复制”。

《计算机软件保护条例》第二十四条规定：“……触犯刑律的，依照刑法关于侵犯著作权罪、销售侵权复制品罪的规定，依法追究刑事责任：(一)复制或者部分复制著作权人的软件的……”尽管相关行政性规定中是否具有“构成犯罪的”等提示性对照规定，对认定相关行为是否构成犯罪没有影响，但《计算机软件保护条例》关于“复制”一词的规定体现出“部分复制”行为性质等同于“完全复制”行为性质的立法原意。基于《计算机软件保护条例》的这一规定，笔者认为，在《刑法》没有明确界定第二百一十七条第(一)项中“复制发行”含义的情况下，将“部分复制”纳入侵犯著作权罪中的“复制”范围(同时强调前文分析的实质性相同)，并非类推解释，而是具有一定的法律根据的扩大解释。

在余刚等侵犯著作权案中，外挂程序和官方客户端程序存在实质性相同。被告人余刚、曹志华、冯典即是利用了其掌握的计算机专业技术，破译了《龙之谷》游戏客户端和服务器间通讯协议，大量复制官方客户端程序中的游戏对话文件、基础数据文件、地图文件、登录文件等核心文件，并加入自行编写的脚本文件后制作完成了脱机外挂程序。[No. 3-7-217-10　余刚等侵犯著作权案]

△复制部分实质性相同的程序文件并加入自行编写的脚本文件形成新的外挂程序后运用的行为，应当认定为刑法意义上的“复制发行”。

发行概念也呈扩张式发展。2004 年《最高人民法院、最高人民检察院关于办理侵犯知识产权刑事案件具体应用法律若干问题的解释》第十一条第三款规定：“通过信息网络向公众传播他人文字作品、音乐、电影、电视、录像作品、计算机软件及其他作品的行为，应当视为刑法第二百一十七条规定的‘复制发行’。”2007 年《最高人民法院、最高人民检察院关于办理侵犯知识产权刑事案件具体应用法律若干问题的解释（二）》第二条第二款规定：“侵权产品的持有人通过广告、征订等方式推销侵权产品的，属于刑法第二百一十七条规定的‘发行’。”2011 年《最高人民法院、最高人民检察院、公安部关于办理侵犯知识产权刑事案件适用法律若干问题的意见》第十二条第一款更是将发行解释为“包括总发行、批发、零售、通过信息网络传播以及出租、展销等活动”。从上述法律及相关司法解释的规定可知，“发行”的含义整体呈不断扩展之势，由最初强调的出售或者赠与方式不断扩展到“通过网络传播”“通过广告、征订”以及批发、零售、出租、展销等活动方式。对“复制发行”的理解，应当结合国民的普通用语和刑法的规范用语语境，在罪刑法定原则的指导下，正视社会生活事实的变化，从不断变化的社会文化中挖掘和把握其准确内涵和外延。

“外挂”本身系计算机程序的一种，通常是指针对一个或者多个网络游戏，通过改变游戏软件的部分程序制作而成的作弊程序，其原理是截取、修改游戏客户端和服务器之间通过通讯数据包传输的数据，模拟服务器发给客户端，或者模拟客户端发给服务器，从而达到修改游戏、实现各种游戏功能增强的目的。外挂程序制作及运行的过程决定其必须对官方客户端程序的大量数据进行收集、复制和修改。余刚等侵犯著作权案涉及的脱机型外挂，是一种需要了解、掌握游戏客户端和服务器之间的通讯数据包完整内容后才能制作完成的程序，与其他外挂需挂接到客户端程序不同，它可以脱离游戏的客户端程序，模拟官方的客户端进行登录、运行，并能实现官方客户端所没有的一些功能，如自动打怪、交易等。因此，脱机型外挂系脱胎于官方客户端程序，除非掌握该游戏的内部技术秘密，仅凭一般技术层面很难完成。这种复制部分实质性相同的程序文件并加入自行编写的脚本文件形成新的外挂程序后运用的行为，应当认定为刑法意义上的“复制发行”。虽然本案被告人销售的是“复制发行”侵权软件衍生的游戏金币，但这只是牟利行为在形式上的延伸，实质上与“复制发行”侵权软件本身的使用价值无异。因此，认定本案被告人复制部分实质性相同的计算机程序文件并加入自行编写的脚本文件形成新的外挂程序后运用的行为属于刑法意义上的“复制发行”，于法有据。[No. 3-7-217-11 余刚等侵犯著作权案]

△销售使用复制侵权软件衍生的游戏金币的数额应当认定为非法经营额。

《刑法》第二百一十七条规定的侵犯著作权罪确定了两个处刑标准：一是“违法所得数额”，二是情节。在余刚等侵犯著作权案中，被告人并未直接销售“复制”的侵权软件，而是销售使用“复制”的侵权软件而产生的衍生物——游戏金币，因而只能以“情节”来认定被告人的刑事责任。

根据《最高人民法院、最高人民检察院关于办理侵犯知识产权刑事案件具体应用法律若干问题的解释》第五条、《最高人民法院、最高人民检察院关于办理侵犯知识产权刑事案件具体应用法律若干问题的解释（二）》第一条和《最高人民法院、最高人民检察院、公安部关于办理侵犯知识产权刑事案件适用法律若干问题的意见》第十三条的规定，“非法经营额”和“复制品数量”都可以作为侵犯著作权罪的“情节”认定标准。本案中，复制品数量未达到上述司法解释规定的标准，因此，本案审理过程中，主要围绕“非法经营额”来认定被告人的刑事责任。

根据《最高人民法院、最高人民检察院关于办理侵犯知识产权刑事案件具体应用法律若干问题的解释》第十二条的规定，“非法经营数额”是指行为人在实施侵犯知识产权行为过程中，制造、储存、运输、销售侵权产品的价值。对于计算机软件而言，其价值以著作权价值为完全或者主要价值，软件的著作权价值包括软件产品本身通过发行、出租、许可、转让等可实现的利益，也包括利用软件实现其功能而形成的附属物品进入流通后产生的价值。本案涉及的《龙之谷》游戏的盈利是采用“免费游戏+虚拟物品买卖”的模式，即玩家免费游戏,付费获得该游戏的道具、装备等增值内容,软件的著作权价值主要体现为游戏衍生品市场形成的利益。质言之,本案被告人制造了侵权外挂软件,然后使用该软件获取相关游戏虚拟货币并销售牟利,应当以侵权软件衍生物品的销售价格作为本案非法经营额的认定依据。[No. 3-7-217-12　余刚等侵犯著作权案]

第二百一十八条　【销售侵权复制品罪】

以营利为目的,销售明知是本法第二百一十七条规定的侵权复制品,违法所得数额巨大或者有其他严重情节的,处五年以下有期徒刑,并处或者单处罚金。

【立法沿革】

《中华人民共和国刑法》(1997 年修订,自 1997 年 10 月 1 日起施行)

第二百一十八条

以营利为目的,销售明知是本法第二百一十七条规定的侵权复制品,违法所得数额巨大的,处三年以下有期徒刑或者拘役,并处或者单处罚金。

《中华人民共和国刑法修正案(十一)》(自 2021 年 3 月 1 日起施行)

二十一、将刑法第二百一十八条修改为:

"以营利为目的,销售明知是本法第二百一十七条规定的侵权复制品,违法所得数额巨大或者有其他严重情节的,处五年以下有期徒刑,并处或者单处罚金。"

【立法理由】

1. 1979 年之后至 1997 年刑法修订前的立法情况。1979 年刑法没有将销售侵权复制品的行为规定为犯罪。为更有力地打击侵犯知识产权犯罪,1994 年 7 月全国人大常委会通过了《全国人民代表大会常务委员会关于惩治侵犯著作权的犯罪的决定》,第二条规定了销售侵权复制品罪,具体内容为:"以营利为目的,销售明知是第一条规定的侵权复制品,违法所得数额较大的,处二年以下有期徒刑、拘役,单处或者并处罚金;违法所得数额巨大的,处二年以上五年以下有期徒刑,并处罚金。"

2. 1997 年修订刑法的情况。1997 年修订刑法时,立法者将上述内容修改完善后纳入刑法中,主要修改是对刑罚幅度进行了调整,将"违法所得数额较大的,处二年以下有期徒刑、拘役,单处或者并处罚金"和"违法所得数额巨大的,处二年以上五年以下有期徒刑,并处罚金"修改为"违法所得数额巨大的,处三年以下有期徒刑或者拘役,并处或者单处罚金"。这样,销售侵权复制品罪的刑罚由原来的两档调整为一档,最高刑罚由五年有期徒刑调整为三年有期徒刑。

3. 2020 年《刑法修正案(十一)》对本条的修改情况。为加大知识产权保护力度,提高违法犯罪成本,进一步对知识产权违法犯罪行为形成威慑,根据各方面意见,2020 年 12 月通过的《刑法修正案(十一)》对本条作了以下修改:一是将入罪门槛由"违法所得数额巨大"修改为"违法所得数额巨大或者有其他严重情节"。这主要是考虑在某些情况下,销售侵权复制品案件的侵权者获得的违法所得并不多,但可能具有非法经营数额、销售量、给权利人造成的损失很大以及严重扰乱市场秩序等严重情节,需要给予刑事处罚。二是加大了刑事打击力度,提高了销售侵权复制品罪的刑罚,将"三年以下有期徒刑或者拘役,并处或者单处罚金"修改为"五年以下有期徒刑,并处或者单处罚金"。

【条文说明】

本条是关于销售侵权复制品罪及其处罚的规定。

构成本条规定的犯罪,必须具备以下条件:

1. 行为人主观上必须是**以营利为目的,并明知是侵权复制品而销售**,这是罪与非罪的重要界限。如果行为人不知其销售的是侵权复制品,不构成犯罪。

2. 行为人实施了**销售侵权复制品的行为**,并且其所销售的复制品必须是第二百一十七条规定的**侵权复制品**,即未经著作权人许可,复制发行、通过信息网络向公众传播其作品;出版他人享有专有出版权的图书;未经录音录像作者许可,复制发行、通过信息网络向公众传播其制作的录音录像等六种情形产生的侵权复制品。这里的"销售"应当是广义的,包括批发、零售、代售、贩卖等各个销售环节。

3. 销售本条规定的侵权复制品必须是违法所得数额巨大或者有其他严重情节的,才构成犯罪。根据 2004 年《最高人民法院、最高人民检察院关于办理侵犯知识产权刑事案件具体应用法律若干问题的解释》第六条的规定，违法所得数额在十万元以上的，属于“**违法所得数额巨大**”。如果销售量很小，违法所得数额不大，不构成犯罪。此外，根据2008年《最高人民检察院、公安部关于公安机关管辖的刑事案件立案追诉标准的规定（一）》第二十七条的规定，违法所得数额未达到十万元，但尚未销售的侵权复制品货值金额达到三十万元的，**也应予立案追诉**。

这里的“**其他严重情节**”，可以包括非法经营数额巨大，销售金额巨大，销售的侵权复制品数量多，给权利人造成很大的损失等情形，具体认定时，可以根据侵权行为持续的时间长短、销售能力和销售规模的大小、犯罪的组织化程度等综合进行判断。

根据本条规定，对销售侵权复制品违法所得数额巨大或者有其他严重情节，构成犯罪的，依法应当判处五年以下有期徒刑，并处或者单处罚金。

实际执行中应当注意以下几个方面的问题：

1. 关于销售侵权复制品罪与相关罪名的适用。实施《刑法》第二百一十七条规定的侵犯著作权的行为，又销售该侵权复制品，构成犯罪的，**以侵犯著作权罪定罪处罚**。实施《刑法》第二百一十七条规定的侵犯著作权的行为，又明知是他人的侵权复制品而予以销售，分别构成数个犯罪，依照刑法规定应当予以数罪并罚的，**以侵犯著作权罪和销售侵权复制品罪数罪并罚**。

2. 对于本条规定的侵权行为，尚不构成犯罪的，可以依法追究**侵权人的民事和行政责任**。根据《著作权法》第五十三条的规定，侵权行为同时损害公共利益的，由主管著作权的部门责令停止侵权行为，予以警告，没收违法所得，没收、无害化销毁处理侵权复制品以及主要用于制作侵权复制品的材料、工具、设备等，违法经营额五万元以上的，可以并处违法经营额一倍以上五倍以下的罚款；没有违法经营额、违法经营额难以计算或者不足五万元的，可以并处二十五万元以下的罚款。

3. 关于未经处理的销售侵权复制品行为的处理、缓刑的适用、判处罚金的数额、单位构成犯罪的入罪标准、帮助行为的处理、行政处罚与刑事处罚的衔接程序等问题，本书第二百一十三条对此已有阐述，这里不再重复。

【司法解释】

《最高人民法院、最高人民检察院关于办理侵犯知识产权刑事案件具体应用法律若干问题的解释》（法释〔2004〕19号，自2004年12月22日起施行）

△（**违法所得数额巨大**）以营利为目的，实施刑法第二百一十八条规定的行为，违法所得数额在十万元以上的，属于“违法所得数额巨大”，应当以销售侵权复制品罪判处三年以下有期徒刑或者拘役，并处或者单处罚金。（§6）

△（**侵犯著作权又销售该侵权复制品；侵犯著作权罪；数罪并罚**）实施刑法第二百一十七条规定的侵犯著作权犯罪，又销售该侵权复制品，构成犯罪的，应当依照刑法第二百一十七条的规定，以侵犯著作权罪定罪处罚。

实施刑法第二百一十七条规定的侵犯著作权犯罪，又销售明知是他人的侵权复制品，构成犯罪的，应当实行数罪并罚。（§14）

△（**侵犯知识产权犯罪的共犯**）明知他人实施侵犯知识产权犯罪，而为其提供贷款、资金、账号、发票、证明、许可证件，或者提供生产、经营场所或者运输、储存、代理进出口等便利条件、帮助的，以侵犯知识产权犯罪的共犯论处。（§16）

《最高人民法院、最高人民检察院关于办理侵犯知识产权刑事案件具体应用法律若干问题的解释（二）》（法释〔2007〕6号，自2007年4月5日起施行）

△（**缓刑**）侵犯知识产权犯罪，符合刑法规定的缓刑条件的，依法适用缓刑。有下列情形之一的，一般不适用缓刑：

（一）因侵犯知识产权被刑事处罚或者行政处罚后，再次侵犯知识产权构成犯罪的；

（二）不具有悔罪表现的；

（三）拒不交出违法所得的；

（四）其他不宜适用缓刑的情形。（§3）

△（**罚金数额**）对于侵犯知识产权犯罪的，人民法院应当综合考虑犯罪的违法所得、非法经营数额、给权利人造成的损失、社会危害性等情节，依法判处罚金。罚金数额一般在违法所得的一倍以上五倍以下，或者按照非法经营数额的50%以上一倍以下确定。（§4）

△（**自诉；公诉**）被害人有证据证明的侵犯知识产权刑事案件，直接向人民法院起诉的，人民法院应当依法受理；严重危害社会秩序和国家利益的侵犯知识产权刑事案件，由人民检察院依法提起公诉。（§5）

【司法解释性文件】

《最高人民检察院、公安部关于公安机关管辖的刑事案件立案追诉标准的规定（一）》（公通字〔2008〕36号，2008年6月25日公布）

△（**销售侵权复制品罪；立案追诉标准**）以营利

为目的,销售明知是刑法第二百一十七条规定的侵权复制品,涉嫌下列情形之一的,应予立案追诉:

(一)违法所得数额十万元以上的;

(二)违法所得数额虽未达到上述数额标准,但尚未销售的侵权复制品货值金额达到三十万元以上的。(§ 27)

《最高人民法院、最高人民检察院、公安部印发〈关于办理侵犯知识产权刑事案件适用法律若干问题的意见〉的通知》(法发〔2011〕3 号,2011 年 1 月 10 日公布)

△(**侵犯知识产权犯罪;管辖**)侵犯知识产权犯罪案件由犯罪地公安机关立案侦查。必要时,可以由犯罪嫌疑人居住地公安机关立案侦查。侵犯知识产权犯罪案件的犯罪地,包括侵权产品制造地、储存地、运输地、销售地,传播侵权作品、销售侵权产品的网站服务器所在地、网络接入地、网站建立者或者管理者所在地,侵权作品上传者所在地,权利人受到实际侵害的犯罪结果发生地。对有多个侵犯知识产权犯罪地的,由最初受理的公安机关或者主要犯罪地公安机关管辖。多个侵犯知识产权犯罪地的公安机关对管辖有争议的,由共同的上级公安机关指定管辖,需要提请批准逮捕、移送审查起诉、提起公诉的,由该公安机关所在地的同级人民检察院、人民法院受理。

对于不同犯罪嫌疑人、犯罪团伙跨地区实施的涉及同一批侵权产品的制造、储存、运输、销售等侵犯知识产权犯罪行为,符合并案处理要求的,有关公安机关可以一并立案侦查,需要提请批准逮捕、移送审查起诉、提起公诉的,由该公安机关所在地的同级人民检察院、人民法院受理。(§ 1)

△(**行政执法部门收集、调取证据的效力**)行政执法部门依法收集、调取、制作的物证、书证、视听资料、检验报告、鉴定结论、勘验笔录、现场笔录,经公安机关、人民检察院审查,人民法院庭审质证确认,可以作为刑事证据使用。

行政执法部门制作的证人证言、当事人陈述等调查笔录,公安机关认为有必要作为刑事证据使用的,应当依法重新收集、制作。(§ 2)

△(**抽样取证;委托鉴定**)公安机关在办理侵犯知识产权刑事案件时,可以根据工作需要抽样取证,或者商请同级行政执法部门、有关检验机构协助抽样取证。法律、法规对抽样机构或者抽样方法有规定的,应当委托规定的机构并按照规定方法抽取样品。

公安机关、人民检察院、人民法院在办理侵犯知识产权刑事案件时,对于需要鉴定的事项,应当委托国家认可的有鉴定资质的鉴定机构进行鉴定。

公安机关、人民检察院、人民法院应当对鉴定结论进行审查,听取权利人、犯罪嫌疑人、被告人对鉴定结论的意见,可以要求鉴定机构作出相应说明。(§ 3)

△(**自诉案件;证据收集**)人民法院依法受理侵犯知识产权刑事自诉案件,对于当事人因客观原因不能取得的证据,在提起自诉时能够提供有关线索,申请人民法院调取的,人民法院应当依法调取。(§ 4)

△(**多次实施;累计计算数额**)依照《最高人民法院、最高人民检察院关于办理侵犯知识产权刑事案件具体应用法律若干问题的解释》第十二条第二款的规定,多次实施侵犯知识产权行为,未经行政处理或者刑事处罚的,非法经营数额、违法所得数额或者销售金额累计计算。

二年内多次实施侵犯知识产权违法行为,未经行政处理,累计数额构成犯罪的,应当依法定罪处罚。实施侵犯知识产权犯罪行为的追诉期限,适用刑法的有关规定,不受前述二年的限制。(§ 14)

△(**明知;提供原材料、机械设备等;侵犯知识产权犯罪的共犯**)明知他人实施侵犯知识产权犯罪,而为其提供生产、制造侵权产品的主要原材料、辅助材料、半成品、包装材料、机械设备、标签标识、生产技术、配方等帮助,或者提供互联网接入、服务器托管、网络存储空间、通讯传输通道、代收费、费用结算等服务的,以侵犯知识产权犯罪的共犯论处。(§ 15)

△(**想象竞合**)行为人实施侵犯知识产权犯罪,同时构成生产、销售伪劣商品犯罪的,依照侵犯知识产权犯罪与生产、销售伪劣商品犯罪中处罚较重的规定定罪处罚。(§ 16)

【附属刑法】

《全国人民代表大会常务委员会关于维护互联网安全的决定》(2000 年 12 月 28 日通过,2009 年 8 月 27 日修正)

三、为了维护社会主义市场经济秩序和社会管理秩序,对有下列行为之一,构成犯罪的,依照刑法有关规定追究刑事责任:

……

(三)利用互联网侵犯他人知识产权;

……

【公报案例】

△(**低价购进明知是侵权的音像复制品后,高价向境外售出;销售侵权复制品罪**)根据《刑法》

第二百一十八条的规定，被告人以营利为目的，在未取得《音像制品经营许可证》的情况下，低价购进明知是侵权的音像复制品后高价向境外售出，违法所得数额巨大，构成了销售侵权复制品罪。［《最高人民法院公报》2005年第9期　顾然地等人非法经营案］

第二百一十九条　【侵犯商业秘密罪】

有下列侵犯商业秘密行为之一，情节严重的，处三年以下有期徒刑，并处或者单处罚金；情节特别严重的，处三年以上十年以下有期徒刑，并处罚金：

（一）以盗窃、贿赂、欺诈、胁迫、电子侵入或者其他不正当手段获取权利人的商业秘密的；

（二）披露、使用或者允许他人使用以前项手段获取的权利人的商业秘密的；

（三）违反保密义务或者违反权利人有关保守商业秘密的要求，披露、使用或者允许他人使用其所掌握的商业秘密的。

明知前款所列行为，获取、披露、使用或者允许他人使用该商业秘密的，以侵犯商业秘密论。

本条所称权利人，是指商业秘密的所有人和经商业秘密所有人许可的商业秘密使用人。

【立法沿革】

《中华人民共和国刑法》（1997年修订，自1997年10月1日起施行）

第二百一十九条

有下列侵犯商业秘密行为之一，给商业秘密的权利人造成重大损失的，处三年以下有期徒刑或者拘役，并处或者单处罚金；造成特别严重后果的，处三年以上七年以下有期徒刑，并处罚金：

（一）以盗窃、利诱、胁迫或者其他不正当手段获取权利人的商业秘密的；

（二）披露、使用或者允许他人使用以前项手段获取的权利人的商业秘密的；

（三）违反约定或者违反权利人有关保守商业秘密的要求，披露、使用或者允许他人使用其所掌握的商业秘密的。

明知或者应知前款所列行为，获取、使用或者披露他人的商业秘密的，以侵犯商业秘密论。

本条所称商业秘密，是指不为公众所知悉，能为权利人带来经济利益，具有实用性并经权利人采取保密措施的技术信息和经营信息。

本条所称权利人，是指商业秘密的所有人和经商业秘密所有人许可的商业秘密使用人。

《中华人民共和国刑法修正案（十一）》（自2021年3月1日起施行）

二十二、将刑法第二百一十九条修改为：

“有下列侵犯商业秘密行为之一，情节严重的，处三年以下有期徒刑，并处或者单处罚金；情节特别严重的，处三年以上十年以下有期徒刑，并处罚金：

“（一）以盗窃、贿赂、欺诈、胁迫、电子侵入或者其他不正当手段获取权利人的商业秘密的；

“（二）披露、使用或者允许他人使用以前项手段获取的权利人的商业秘密的；

“（三）违反保密义务或者违反权利人有关保守商业秘密的要求，披露、使用或者允许他人使用其所掌握的商业秘密的。

“明知前款所列行为，获取、披露、使用或者允许他人使用该商业秘密的，以侵犯商业秘密论。

“本条所称权利人，是指商业秘密的所有人和经商业秘密所有人许可的商业秘密使用人。”

【立法理由】

（一）立法相关背景及修改情况

1.1979年之后至1997年刑法修订前的立法情况。1979年刑法没有将侵犯商业秘密的行为规定为犯罪。随着经济发展，有些企业采取盗窃、利诱、胁迫等不正当手段，非法获取竞争企业的商业秘密，以取得竞争优势的不正当竞争行为时有发生，有的给相关企业造成重大损失，同时，这种行为也严重违反公平竞争原则，扰乱市场秩序。针对这种情况，1993年9月全国人大常委会通过了《反不正当竞争法》，对侵犯商业秘密的行为规定了行政处罚。该法第十条对侵犯商业秘密的具体行为作了规定：“经营者不得采用下列手段侵犯商业秘密：（一）以盗窃、利诱、胁迫或者其他不正当手段获取权利人的商业秘密；（二）披露、使用或者允许他人使用以前项手段获取的权利人的商业秘密；（三）违反约定或者违反权利人有关保守商业秘密的要求，披露、使用或者允许他人使用其所掌握的商业秘密。第三人明知或者应知前款所列违法行为，获取、使用或者披露他人的商业秘密,视为侵犯商业秘密。本条所称的商业秘密,是指不为公众所知悉、能为权利人带来经济利益、具有实用性并经权利人采取保密措施的技术信息和经营信息。”该法第二十五条规定了对上述行为的行政处罚:“违反本法第十条规定侵犯商业秘密的,监督检查部门应当责令停止违法行为,可以根据情节处以一万元以上二十万元以下的罚款。”

2. **1997 年修订刑法的情况**。1997 年修订刑法时,立法者为鼓励创新,维护社会主义市场经济条件下公平竞争的经济秩序,将反不正当竞争法上述内容纳入了刑法,对侵犯商业秘密的行为作出刑法上的规定,并对“权利人”的范围作出了明确规定。

3. **2020 年《刑法修正案(十一)》对本条的修改情况**。1997 年刑法关于本条的规定实施二十多年以来,我国经济社会取得了很大发展,随着我国市场经济的发展和各类市场主体的壮大,知识产权的重要性和全社会对于知识产权保护的意识和需求大为提升,需要进一步强化知识产权保护。其中,商业秘密是经营者知识和智慧的结晶,是企业无形资产的重要组成部分,商业秘密作为具有商业价值并经权利人采取相应保密措施的技术信息、经营信息等商业信息,对企业的生存和发展,在市场竞争中取得一定的优势地位和竞争力,是相当重要的,有的商业秘密甚至会影响到一个企业的生死存亡,需要在法律上给予严格的保护。为营造良好的创新法治环境和营商环境,并适应实践中的新情况,与近年来反不正当竞争法关于商业秘密条文的修改相衔接,进一步总结司法实践中的经验,根据各方面的意见,2020 年《刑法修正案(十一)》对本条作了修改,一是**与反不正当竞争法关于商业秘密条文的修改相衔接**,对有关侵权行为方式进行了完善,将第一款第(一)项中的“利诱”修改为“贿赂”,增加规定了“欺诈、电子侵入”的不正当手段,并将第(三)项中的“违反约定”修改为“违反保密义务”;在第二款中增加了允许他人使用商业秘密的情形。二是**将第二款中的“明知或者应知”前款所列行为修改为“明知”**,这主要是考虑到根据刑法规定,故意犯罪的,行为人主观上都是出于明知,而所谓“应知”,实际上是指在认定行为人主观上是否处于“明知”状态时的一种推理依据和方法。这样修改后也与其他罪名的表述统一起来。三是**删去了第三款关于商业秘密定义的表述,依照反不正当竞争法关于商业秘密的定义进行认定即可**,这也是为了保持刑法条文的稳定性。四是**根据进一步加大知识产权保护力度,提高侵权代价和违法犯罪成本**,对知识产权犯罪形成威慑的需要以及各方面的意见,加大了刑事打击力度,修改了入罪门槛和判处第二档刑罚的情形,并提高了侵犯商业秘密罪的刑罚。具体包括:将入罪门槛由“给商业秘密的权利人造成重大损失的”修改为“情节严重的”,并将判处第二档刑罚的情形由“造成特别严重后果的”修改为“情节特别严重的”;还将第一档刑罚由“三年以下有期徒刑或者拘役,并处或者单处罚金”修改为“三年以下有期徒刑,并处或者单处罚金”,将最高刑罚由七年有期徒刑修改为十年有期徒刑。

(二)有关国家的规定

关于盗窃商业秘密犯罪,《美国法典》规定,明知或故意将用于或预用于州贸易、跨国贸易的产品和服务的商业秘密转移给商业秘密所有人以外的其他的受益人,行为人明知该行为会使商业秘密所有人受到损失的,属于盗窃商业秘密的行为,构成犯罪。该条规定的行为方式与关于经济间谍的行为方式一致。法律规定构成盗窃商业秘密罪的,处十年以下监禁,并处或者单处罚金。组织机构从事犯罪的,处五百万美元以下罚金或商业秘密所值金额(包括研发、设计以及弥补商业秘密损失等所有费用支出)三倍的罚金。

【条文说明】

本条是关于侵犯商业秘密罪及其处罚的规定。

本条共分为三款。

第一款是关于侵犯他人商业秘密的行为的规定。本款具体列举了三种侵犯商业秘密的行为:(1)**以盗窃、贿赂、欺诈、胁迫、电子侵入或者其他不正当手段获取权利人的商业秘密**。实施这一行为的人,一般是享有商业秘密的权利人的竞争对手。**“贿赂”**是指通过给予因工作关系等实际知悉商业秘密的人财物,以获取权利人的商业秘密;**“胁迫”**是指通过声称对他人本人或者亲友等实施人身伤害、披露隐私等方式,迫使他人向其提供商业秘密;**“电子侵入”**是指的通过技术手段侵入计算机网络等信息系统,非法获取他人的商业秘密;**“其他不正当手段”**,是兜底性规定,是指行为人采取以上明确列举的行为之外的,其他属于不正当竞争行为的方式,非法获取他人的秘密的各种行为。**“权利人”**,是指商业秘密的所有人和经商业秘密所有人许可的商业秘密使用人。(2)**披露、使用或者允许他人使用以前项手段获取的权利人的商业秘密**。**“披露”**,是指向他人透露行为人以盗窃、贿赂、欺诈、胁迫、电子侵入或者其他不正当手段获取的他人商业秘密,将权利人的商业秘密披露公开,破坏权利人竞争优势的行为;**“使用”**,是指自己使用;**“允许他人使用”**是指将非法手段获取的商业秘密,提供给其他人使用的行为。

无论是行为人自己使用或者允许他人使用上述商业秘密，都是侵犯权利人商业秘密的非法行为。(3)**违反保密义务或者违反了权利人有关保守商业秘密的要求，披露、使用或者允许他人使用其所掌握的商业秘密**。[①] 主要是指行为人所掌握的商业秘密虽然是先前合法获取的，但是违反了保密义务或者违反了权利人有关保守商业秘密的要求，向第三人披露、使用或者允许第三人使用其所获取的商业秘密。例如，经营者通过与权利人签署合作协议取得商业秘密，之后违反与权利人关于保守商业秘密的约定或者权利人对保守商业秘密的要求，擅自向第三人披露该商业秘密，或者自己以权利人的身份又与他人签订技术转让合同等，允许他人使用其所掌握的商业秘密的行为。

第二款是关于以侵犯商业秘密论的行为的规定。根据这一规定，第三人自己虽未直接实施上述侵权行为，但如果明知他人具有上述三种侵犯商业秘密的行为，仍然从他那里获取、披露、使用或者允许他人使用该商业秘密的，**以侵犯商业秘密论**。由于第三人不是非法获取商业秘密的直接责任人，因此，第三人主观上必须是明知，才构成犯罪。如果第三人不知道该信息是他人非法获取、披露、使用的商业秘密的，则不是本条规定的侵犯商业秘密的行为。

第三款是关于权利人范围的规定。根据这一规定，**权利人**包括商业秘密所有人和经商业秘密所有人许可的商业秘密使用人。商业秘密使用人，是与商业秘密所有人订立商业秘密使用许可合同的人。

根据本条规定，**侵犯他人商业秘密，情节严重的**，处三年以下有期徒刑，并处或者单处罚金；**情节特别严重的**，处三年以上十年以下有期徒刑，并处罚金。这里的"**情节严重**"可以综合给商业秘密的权利人造成的损失、权利人公司因而发生经营困难、行为人是否多次实施上述侵犯商业秘密的行为、行为人侵权所得数额等情形，加以判断。"**情节特别严重**"包括给商业秘密的权利人造成的损失数额巨大或者侵权人违法所得数额巨大等情形。2020年8月《最高人民法院、最高人民检察院关于办理侵犯知识产权刑事案件具体应用法律若干问题的解释(三)》第四条对"**给商业秘密的权利人造成重大损失**"的认定作出了规定，具体情形包括：(1)给商业秘密的权利人造成损失数额或者因侵犯商业秘密违法所得数额在三十万元以上的；(2)直接导致商业秘密的权利人因重大经营困难而破产、倒闭的；(3)造成商业秘密的权利人其他重大损失的。此外，还规定，给商业秘密的权利人造成损失数额或者因侵犯商业秘密违法所得数额在二百五十万元以上的，应当认定为"**造成特别严重后果**"。

实际执行中应当注意以下几个方面的问题：

1. 关于"明知"的理解。刑法条文中有很多关于明知的规定，如第一百二十条之六规定的非法持有宣扬恐怖主义、极端主义物品罪要求明知是宣扬恐怖主义、极端主义的图书、音频视频资料或者其他物品而非法持有，第一百四十四条规定的销售有毒、有害食品罪要求销售的是明知掺有有毒、有害的非食品原料的食品，第一百四十八条规定的销售不符合卫生标准的化妆品罪要求销售的是明知不符合卫生标准的化妆品，第二百一十八条规定的销售侵权复制品罪要求销售的是明知是第二百一十七条规定的侵权复制品，第三百一十二条规定的掩饰、隐瞒犯罪所得、犯罪所得收益罪要求明知是犯罪所得及其产生的收益。本条规定的"明知"和上述条文中的明知一样，是指行为人主观上知道或者根据各方面情况足以认定行为人主观上应当是知道的。具体在认定行为人是否明知时，不能仅凭其口供，还需要根据行为人的客观行为、主观状态、平时表现等因素综合作出判断。

2. 关于"贿赂"手段的理解。"**贿赂**"指的是通过给予因工作关系等而知悉商业秘密的人财物，以获取权利人的商业秘密。关于用于贿赂的财物范围，可以参考2016年《最高人民法院、最高人民检察院关于办理贪污贿赂刑事案件适用法律若干问题的解释》的规定。按照该解释第十二条的规定，财物的范围包括货币、物品和财产性利益，其中，财产性利益包括可以折算为货币的物质利益如房屋装修、债务免除等，以及需要支付货币的其他利益如会员服务、旅游等。后者的犯罪数额，以实际支付或者应当支付的数额计算。

3. 关于"盗窃"手段的认定。根据2020年《最高人民法院、最高人民检察院关于办理侵犯知识产权刑事案件具体应用法律若干问题的解释(三)》第三条的规定，采取非法复制、未经授权或者超越授权使用计算机信息系统等方式窃取商业秘密的，应当认定为本条第一款第(一)项规定的"**盗窃**"。

4. 关于"商业秘密"的概念。《刑法修正案

---

① 我国学者指出，本项规定中的情形，仅限于合法获得商业秘密的行为人。参见黎宏：《刑法学各论》(第2版)，法律出版社2016年版，第190页；周光权：《刑法各论》(第4版)，中国人民大学出版社2021年版，第355页。

(十一)》删去了原条文关于商业秘密概念的规定,这主要是为了与其他相关法律中商业秘密的规定保持一致。反不正当竞争法对于商业秘密的概念作了规定,本条中商业秘密的认定,可以依照反不正当竞争法关于商业秘密的定义进行。实际上反不正当竞争法关于商业秘密的规定,也是根据我国经济社会发展和实践中通过侵犯商业秘密实施不正当竞争等行为的情况的变化,分别于2017年、2019年进行了两次修改。因此,通过《刑法修正案(十一)》的修改,刑法中不再具体规定商业秘密的定义,具体认定商业秘密时,由司法机关根据反不正当竞争法等法律规定进行,这样更有利于维护刑法条文的稳定性。根据《反不正当竞争法》第九条的规定,**商业秘密**是指不为公众所知悉、具有商业价值并经权利人采取相应保密措施的技术信息、经营信息等商业信息。[①] 据此,商业秘密有以下特点:(1)**不为公众所知悉,具有秘密性,只限于一部分人知道**。如果通过公开的或者其他类似渠道可以获得的信息,不能认为是商业秘密。[②] (2)**应当具有商业价值**。该秘密信息能够给经营者带来经济利益或者竞争优势,可以是能够带来直接的、现实的经济利益或者竞争优势的信息,如产品配方、技术改良方案;也可以是能够带来间接的、潜在的经济利益或者竞争优势的信息,例如,客户资料信息等。甚至包括一些有关技术开发或者生产经营过程中经验教训的总结和积累的资料,如企业技术改造过程中一些能够证明某些工艺等不可行的科研资料。因为这些资料可以帮助经营者调整研发思路、缩短研发周期、降低研发成本。(3)**权利人对商业秘密采取了相应的保密措施,以防止他人未经授权获取**。具体的保密措施是可以是多种多样的,如制定保密规则,向员工提出保密要求,签订保密协议,对涉密信息采取加密、加锁、限定知悉范围、控制接触人群等措施。一般来说,企业对商业秘密采取的保密措施与该商业秘密的商业价值具有相称性,商业秘密的价值越大,经营者可能采取的保密措施越严格。(4)是指技术信息、经营信息等商业信息。“**技术信息**”包括产品配方、设计方案、技术诀窍、工艺流程等信息;“**经营信息**”包括有关经营的重要决策、产销策略、客户信息、货源情报、招投标中的标底等信息。

5. 关于本条规定的行为造成的损失数额或者违法所得数额的认定。2020年《最高人民法院、最高人民检察院关于办理侵犯知识产权刑事案件具体应用法律若干问题的解释(三)》第五条对侵权行为造成的损失数额或者违法所得数额如何认定作出了详细规定。如尚未披露、使用或者允许他人使用的,可以根据该项商业秘密的合理许可使用费确定损失数额;披露、使用或者允许他人使用的,可以根据权利人因被侵权造成销售利润的损失确定损失数额,但该损失数额低于商业秘密合理使用许可费的,根据合理许可使用费确定;因侵犯商业秘密行为导致商业秘密已为公众所知悉或者灭失的,损失数额可以根据该项商业秘密的商业价值确定,商业秘密的价值,可以根据该项商业秘密的研究开发成本、实施该项商业秘密的收益综合确定;因披露或者允许他人使用商业秘密而获得的财物或者其他财产性利益的,应当认定为违法所得等。

6. 关于侵犯商业秘密一般违法行为的处理。对于尚不构成犯罪的侵犯商业秘密的行为,根据《反不正当竞争法》第九条和第二十一条的规定,应当由监督检查部门责令停止违法行为,没收违法所得,处十万元以上一百万元以下的罚款;情节严重的,处五十万元以上五百万元以下的罚款。

7. 关于涉及商业秘密的证据的保密和案件审理。《刑事诉讼法》第五十四条规定,对涉及国家秘密、商业秘密、个人隐私的证据,应当保密。第一百五十二条规定,侦查人员对采取技术侦查措施过程中知悉的商业秘密,应当保密。第一百八十八条规定,涉及商业秘密的案件,当事人申请不公开审理的,可以不公开审理。此外,根据2020年《最高人民法院、最高人民检察院关于办理侵犯知识产权刑事案件具体应用法律若干问题的解释(三)》第六条的规定,在刑事诉讼程序中,当事人、辩护人、诉讼代理人或者案外人书面申请对有关商业秘密的证据、材料采取保密措施的,应当根据案件情况组织诉讼参与人签署保密承诺书等必要的保密措施。

8. 关于未经处理的侵犯商业秘密行为的处理、缓刑的适用、判处罚金的数额、单位构成犯罪的入罪标准、帮助行为的处理、行政处罚与刑事处罚的衔接程序等问题,第二百一十三条对此已有

---

① 我国学者指出,商业秘密不以其内容的合法性为前提。因此,披露内容不合法的商业秘密(如所谓的食品秘方实际上只是加入罂粟壳)的行为虽然构成要件该当,但阻却违法性,不成立犯罪。参见张明楷:《刑法学》(第6版),法律出版社2021年版,第1076页。

② 这里的“公众”,一般是指有可能从该商业秘密的利用中取得经济利益的同业竞争者,而不是泛指所有的自然人。参见周光权:《刑法各论》(第4版),中国人民大学出版社2021年版,第356页。

阐述，这里不再重复。

【司法解释】

《最高人民法院、最高人民检察院关于办理侵犯知识产权刑事案件具体应用法律若干问题的解释(二)》(法释〔2007〕6号，自2007年4月5日起施行)

△(**缓刑**)侵犯知识产权犯罪，符合刑法规定的缓刑条件的，依法适用缓刑。有下列情形之一的，一般不适用缓刑：

(一)因侵犯知识产权被刑事处罚或者行政处罚后，再次侵犯知识产权构成犯罪的；

(二)不具有悔罪表现的；

(三)拒不交出违法所得的；

(四)其他不宜适用缓刑的情形。(§3)

△(**罚金数额**)对于侵犯知识产权犯罪的，人民法院应当综合考虑犯罪的违法所得、非法经营数额、给权利人造成的损失、社会危害性等情节，依法判处罚金。罚金数额一般在违法所得的一倍以上五倍以下，或者按照非法经营数额的50%以上一倍以下确定。(§4)

△(**自诉；公诉**)被害人有证据证明的侵犯知识产权刑事案件，直接向人民法院起诉的，人民法院应当依法受理；严重危害社会秩序和国家利益的侵犯知识产权刑事案件，由人民检察院依法提起公诉。(§5)

《最高人民法院、最高人民检察院关于办理侵犯知识产权刑事案件具体应用法律若干问题的解释(三)》(法释〔2020〕10号，自2020年9月14日起施行)

△(**商业秘密；盗窃；其他不正当手段**)采取非法复制、未经授权或者超越授权使用计算机信息系统等方式窃取商业秘密的，应当认定为刑法第二百一十九条第一款第一项规定的“盗窃”。

以贿赂、欺诈、电子侵入等方式获取权利人的商业秘密的，应当认定为刑法第二百一十九条第一款第一项规定的“其他不正当手段”。(§3)

△(**给商业秘密的权利人造成重大损失；造成特别严重后果**)实施刑法第二百一十九条规定的行为，具有下列情形之一的，应当认定为“给商业秘密的权利人造成重大损失”：

(一)给商业秘密的权利人造成损失数额或者因侵犯商业秘密违法所得数额在三十万元以上的；

(二)直接导致商业秘密的权利人因重大经营困难而破产、倒闭的；

(三)造成商业秘密的权利人其他重大损失的。

给商业秘密的权利人造成损失数额或者因侵犯商业秘密违法所得数额在二百五十万元以上的，应当认定为刑法第二百一十九条规定的“造成特别严重后果”。(§4)

△(**损失数额；违法所得数额；认定**)实施刑法第二百一十九条规定的行为造成的损失数额或者违法所得数额，可以按照下列方式认定：

(一)以不正当手段获取权利人的商业秘密，尚未披露、使用或者允许他人使用的，损失数额可以根据该项商业秘密的合理许可使用费确定；

(二)以不正当手段获取权利人的商业秘密后，披露、使用或者允许他人使用的，损失数额可以根据权利人因被侵权造成销售利润的损失确定，但该损失数额低于商业秘密合理许可使用费的，根据合理许可使用费确定；

(三)违反约定、权利人有关保守商业秘密的要求，披露、使用或者允许他人使用其所掌握的商业秘密的，损失数额可以根据权利人因被侵权造成销售利润的损失确定；

(四)明知商业秘密是不正当手段获取或者是违反约定、权利人有关保守商业秘密的要求披露、使用、允许使用，仍获取、使用或者披露的，损失数额可以根据权利人因被侵权造成销售利润的损失确定；

(五)因侵犯商业秘密行为导致商业秘密已为公众所知悉或者灭失的，损失数额可以根据该项商业秘密的商业价值确定。商业秘密的商业价值，可以根据该项商业秘密的研究开发成本、实施该项商业秘密的收益综合确定；

(六)因披露或者允许他人使用商业秘密而获得的财物或者其他财产性利益，应当认定为违法所得。

前款第二项、第三项、第四项规定的权利人因被侵权造成销售利润的损失，可以根据权利人因被侵权造成销售量减少的总数乘以权利人每件产品的合理利润确定；销售量减少的总数无法确定的，可以根据侵权产品销售量乘以权利人每件产品的合理利润确定；权利人因被侵权造成销售量减少的总数和每件产品的合理利润均无法确定的，可以根据侵权产品销售量乘以每件侵权产品的合理利润确定。商业秘密系用于服务等其他经营活动的，损失数额可以根据权利人因被侵权而减少的合理利润确定。

商业秘密的权利人为减轻对商业运营、商业计划的损失或者重新恢复计算机信息系统安全、其他系统安全而支出的补救费用，应当计入给商业秘密的权利人造成的损失。(§5)

△(**保密措施;擅自披露、使用或者允许他人使用在刑事诉讼程序中接触、获取的商业秘密**)在刑事诉讼程序中,当事人、辩护人、诉讼代理人或者案外人书面申请对有关商业秘密或者其他需要保密的商业信息的证据、材料采取保密措施的,应当根据案件情况采取组织诉讼参与人签署保密承诺书等必要的保密措施。

违反前款有关保密措施的要求或者法律法规规定的保密义务的,依法承担相应责任。擅自披露、使用或者允许他人使用在刑事诉讼程序中接触、获取的商业秘密,符合刑法第二百一十九条规定的,依法追究刑事责任。(§ 6)

△(**酌情从重处罚;不适用缓刑**)具有下列情形之一的,可以酌情从重处罚,一般不适用缓刑:

(一)主要以侵犯知识产权为业的;

(二)因侵犯知识产权被行政处罚后再次侵犯知识产权构成犯罪的;

(三)在重大自然灾害、事故灾难、公共卫生事件期间,假冒抢险救灾、防疫物资等商品的注册商标的;

(四)拒不交出违法所得的。(§ 8)

△(**酌情从轻处罚**)具有下列情形之一的,可以酌情从轻处罚:

(一)认罪认罚的;

(二)取得权利人谅解的;

(三)具有悔罪表现的;

(四)以不正当手段获取权利人的商业秘密后尚未披露、使用或者允许他人使用的。(§ 9)

△(**罚金**)对于侵犯知识产权犯罪的,应当综合考虑犯罪违法所得数额、非法经营数额、给权利人造成的损失数额、侵权假冒物品数量及社会危害性等情节,依法判处罚金。

罚金数额一般在违法所得数额的一倍以上五倍以下确定。违法所得数额无法查清的,罚金数额一般按照非法经营数额的百分之五十以上一倍以下确定。违法所得数额和非法经营数额均无法查清,判处三年以下有期徒刑、拘役、管制或者单处罚金的,一般在三万元以上一百万元以下确定罚金数额;判处三年以上有期徒刑的,一般在十五万元以上五百万元以下确定罚金数额。(§ 10)

△(**适用效力**)本解释发布施行后,之前发布的司法解释和规范性文件与本解释不一致的,以本解释为准。(§ 11)

【司法解释性文件】

《最高人民法院、最高人民检察院、公安部印发〈关于办理侵犯知识产权刑事案件适用法律若干问题的意见〉的通知》(法发〔2011〕3 号,2011 年 1 月 10 日公布)

△(**侵犯知识产权犯罪;管辖**)侵犯知识产权犯罪案件由犯罪地公安机关立案侦查。必要时,可以由犯罪嫌疑人居住地公安机关立案侦查。侵犯知识产权犯罪案件的犯罪地,包括侵权产品制造地、储存地、运输地、销售地,传播侵权作品、销售侵权产品的网站服务器所在地、网络接入地、网站建立者或者管理者所在地,侵权作品上传者所在地,权利人受到实际侵害的犯罪结果发生地。对有多个侵犯知识产权犯罪地的,由最初受理的公安机关或者主要犯罪地公安机关管辖。多个侵犯知识产权犯罪地的公安机关对管辖有争议的,由共同的上级公安机关指定管辖,需要提请批准逮捕、移送审查起诉、提起公诉的,由该公安机关所在地的同级人民检察院、人民法院受理。

对于不同犯罪嫌疑人、犯罪团伙跨地区实施的涉及同一批侵权产品的制造、储存、运输、销售等侵犯知识产权犯罪行为,符合并案处理要求的,有关公安机关可以一并立案侦查,需要提请批准逮捕、移送审查起诉、提起公诉的,由该公安机关所在地的同级人民检察院、人民法院受理。(§ 1)

△(**行政执法部门收集、调取证据的效力**)行政执法部门依法收集、调取、制作的物证、书证、视听资料、检验报告、鉴定结论、勘验笔录、现场笔录,经公安机关、人民检察院审查,人民法院庭审质证确认,可以作为刑事证据使用。

行政执法部门制作的证人证言、当事人陈述等调查笔录,公安机关认为有必要作为刑事证据使用的,应当依法重新收集、制作。(§ 2)

△(**抽样取证;委托鉴定**)公安机关在办理侵犯知识产权刑事案件时,可以根据工作需要抽样取证,或者商请同级行政执法部门、有关检验机构协助抽样取证。法律、法规对抽样机构或者抽样方法有规定的,应当委托规定的机构并按照规定方法抽取样品。

公安机关、人民检察院、人民法院在办理侵犯知识产权刑事案件时,对于需要鉴定的事项,应当委托国家认可的有鉴定资质的鉴定机构进行鉴定。

公安机关、人民检察院、人民法院应当对鉴定结论进行审查,听取权利人、犯罪嫌疑人、被告人对鉴定结论的意见,可以要求鉴定机构作出相应说明。(§ 3)

△(**自诉案件;证据收集**)人民法院依法受理侵犯知识产权刑事自诉案件,对于当事人因客观原因不能取得的证据,在提起自诉时能够提供有关线索,申请人民法院调取的,人民法院应当依法调取。(§ 4)

△(**多次实施;累计计算数额**)依照《最高人

民法院、最高人民检察院关于办理侵犯知识产权刑事案件具体应用法律若干问题的解释》第十二条第二款的规定,多次实施侵犯知识产权行为,未经行政处理或者刑事处罚的,非法经营数额、违法所得数额或者销售金额累计计算。

二年内多次实施侵犯知识产权违法行为,未经行政处理,累计数额构成犯罪的,应当依法定罪处罚。实施侵犯知识产权犯罪行为的追诉期限,适用刑法的有关规定,不受前述二年的限制。(§ 14)

△(**明知;提供原材料、机械设备等;侵犯知识产权犯罪的共犯**)明知他人实施侵犯知识产权犯罪,而为其提供生产、制造侵权产品的主要原材料、辅助材料、半成品、包装材料、机械设备、标签标识、生产技术、配方等帮助,或者提供互联网接入、服务器托管、网络存储空间、通讯传输通道、代收费、费用结算等服务的,以侵犯知识产权犯罪的共犯论处。(§ 15)

△(**想象竞合**)行为人实施侵犯知识产权犯罪,同时构成生产、销售伪劣商品犯罪的,依照侵犯知识产权犯罪与生产、销售伪劣商品犯罪中处罚较重的规定定罪处罚。(§ 16)

《最高人民法院关于进一步加强涉种子刑事审判工作的指导意见》(法〔2022〕66号,2022年3月2日公布)

△(**种子套牌侵权相关犯罪;假冒注册商标罪;销售假冒注册商标的商品罪;非法制造、销售非法制造的注册商标标识罪;侵犯商业秘密罪;为境外窃取、刺探、收买、非法提供商业秘密罪**)立足现有罪名,依法严惩种子套牌侵权相关犯罪。假冒品种权以及未经许可或者超出委托规模生产、繁殖授权品种种子对外销售等种子套牌侵权行为,经常伴随假冒注册商标、侵犯商业秘密等其他犯罪行为。审理此类案件时要把握这一特点,立足刑法现有规定,通过依法适用与种子套牌侵权密切相关的假冒注册商标罪,销售假冒注册商标的商品罪,非法制造、销售非法制造的注册商标标识罪,侵犯商业秘密罪,为境外窃取、刺探、收买、非法提供商业秘密罪等罪名,实现对种子套牌侵权行为的依法惩处。同时,应当将种子套牌侵权行为作为从重处罚情节,加大对此类犯罪的惩处力度。(§ 4)

【附属刑法】

《全国人民代表大会常务委员会关于维护互联网安全的决定》(2000年12月28日通过,2009年8月27日修正)

三、为了维护社会主义市场经济秩序和社会管理秩序,对有下列行为之一,构成犯罪的,依照刑法有关规定追究刑事责任:

……

(三)利用互联网侵犯他人知识产权;

……

《中华人民共和国反不正当竞争法》(1993年9月2日通过,2019年4月23日修正)

第二十一条

经营者以及其他自然人、法人和非法人组织违反本法第九条[①]规定侵犯商业秘密的,由监督检查部门责令停止违法行为,没收违法所得,处十万元以上一百万元以下的罚款;情节严重的,处五十万元以上五百万元以下的罚款。

第三十条

监督检查部门的工作人员滥用职权、玩忽职守、徇私舞弊或者泄露调查过程中知悉的商业秘密的,依法给予处分。

第三十一条

违反本法规定,构成犯罪的,依法追究刑事责任。

---

① 《中华人民共和国反不正当竞争法》(1993年9月2日通过,2019年4月23日修正)

第九条

Ⅰ经营者不得实施下列侵犯商业秘密的行为:

(一)以盗窃、贿赂、欺诈、电子侵入或者其他不正当手段获取权利人的商业秘密;

(二)披露、使用或者允许他人使用以前项手段获取的权利人的商业秘密;

(三)违反保密义务或者违反权利人有关保守商业秘密的要求,披露、使用或者允许他人使用其所掌握的商业秘密。

(四)教唆、引诱、帮助他人违反保密义务或者违反权利人有关保守商业秘密的要求,获取、披露、使用或者允许他人使用权利人的商业秘密。

Ⅱ经营者以外的其他自然人、法人和非法人组织实施前款所列违法行为的,视为侵犯商业秘密。

Ⅲ第三人明知或者应知商业秘密权利人的员工、前员工或者其他单位、个人实施本条第一款所列违法行为,仍获取、披露、使用或者允许他人使用该商业秘密的,视为侵犯商业秘密。

Ⅳ本法所称的商业秘密,是指不为公众所知悉、具有商业价值并经权利人采取相应保密措施的技术信息、经营信息等商业信息。

《中华人民共和国中国人民银行法》(1995年3月18日通过,2003年12月27日修正)

第五十条

中国人民银行的工作人员泄露国家秘密或者所知悉的商业秘密,构成犯罪的,依法追究刑事责任;尚不构成犯罪的,依法给予行政处分。

《中华人民共和国商业银行法》(1995年5月10日通过,2015年8月29日第二次修正)

第八十七条

商业银行工作人员泄露在任职期间知悉的国家秘密、商业秘密的,应当给予纪律处分;构成犯罪的,依法追究刑事责任。

《中华人民共和国银行业监督管理法》(2003年12月27日通过,2006年10月31日修正)

第四十三条

Ⅱ银行业监督管理机构从事监督管理工作的人员贪污受贿,泄露国家秘密、商业秘密和个人隐私,构成犯罪的,依法追究刑事责任;尚不构成犯罪的,依法给予行政处分。

《中华人民共和国招标投标法》(1999年8月30日通过,2017年12月27日修正)

第五十条

Ⅰ招标代理机构违反本法规定,泄露应当保密的与招标投标活动有关的情况和资料的,或者与招标人、投标人串通损害国家利益、社会公共利益或者他人合法权益的,处五万元以上二十五万元以下的罚款,对单位直接负责的主管人员和其他直接责任人员处单位罚款数额百分之五以上百分之十以下的罚款;有违法所得的,并处没收违法所得;情节严重的,禁止其一年至二年内代理依法必须进行招标的项目并予以公告,直至由工商行政管理机关吊销营业执照;构成犯罪的,依法追究刑事责任。给他人造成损失的,依法承担赔偿责任。

Ⅱ前款所列行为影响中标结果的,中标无效。

第五十二条

Ⅰ依法必须进行招标的项目的招标人向他人透露已获取招标文件的潜在投标人的名称、数量或者可能影响公平竞争的有关招标投标的其他情况的,或者泄露标底的,给予警告,可以并处一万元以上十万元以下的罚款;对单位直接负责的主管人员和其他直接责任人员依法给予处分;构成犯罪的,依法追究刑事责任。

Ⅱ前款所列行为影响中标结果的,中标无效。

《中华人民共和国个人独资企业法》(1999年8月30日通过)

第二十条

投资人委托或者聘用的管理个人独资企业事务的人员不得有下列行为:

……

(九)泄露本企业的商业秘密;

(十)法律、行政法规禁止的其他行为。

第四十条

投资人委托或者聘用的人员违反本法第二十条规定,侵犯个人独资企业财产权益的,责令退还侵占的财产;给企业造成损失的,依法承担赔偿责任;有违法所得的,没收违法所得;构成犯罪的,依法追究刑事责任。

《中华人民共和国公证法》(2005年8月28日通过,2017年9月1日第二次修正)

第四十二条

Ⅰ公证机构及其公证员有下列行为之一的,由省、自治区、直辖市或者设区的市人民政府司法行政部门对公证机构给予警告,并处二万元以上十万元以下罚款,并可以给予一个月以上三个月以下停业整顿的处罚;对公证员给予警告,并处二千元以上一万元以下罚款,并可以给予三个月以上十二个月以下停止执业的处罚;有违法所得的,没收违法所得;情节严重的,由省、自治区、直辖市人民政府司法行政部门吊销公证员执业证书;构成犯罪的,依法追究刑事责任:

……

(五)泄露在执业活动中知悉的国家秘密、商业秘密或者个人隐私的;

……

Ⅱ因故意犯罪或者职务过失犯罪受刑事处罚的,应当吊销公证员执业证书。

Ⅲ被吊销公证员执业证书的,不得担任辩护人、诉讼代理人,但系刑事诉讼、民事诉讼、行政诉讼当事人的监护人、近亲属的除外。

《中华人民共和国促进科技成果转化法》(1996年5月15日通过,2015年8月29日修正)

第四十八条

Ⅱ科技中介服务机构及其从业人员违反本法规定泄露国家秘密或者当事人的商业秘密的,依照有关法律、行政法规的规定承担相应的法律责任。

第五十条

违反本法规定,以唆使窃取、利诱胁迫等手段侵占他人的科技成果,侵犯他人合法权益的,依法承担民事赔偿责任,可以处以罚款;构成犯罪的,依法追究刑事责任。

第五十一条

违反本法规定，职工未经单位允许，泄露本单位的技术秘密，或者擅自转让、变相转让职务科技成果的，参加科技成果转化的有关人员违反与本单位的协议，在离职、离休、退休后约定的期限内从事与原单位相同的科技成果转化活动，给本单位造成经济损失的，依法承担民事赔偿责任；构成犯罪的，依法追究刑事责任。

《中华人民共和国反垄断法》（2007年8月30日通过）

第五十四条

反垄断执法机构工作人员滥用职权、玩忽职守、徇私舞弊或者泄露执法过程中知悉的商业秘密，构成犯罪的，依法追究刑事责任；尚不构成犯罪的，依法给予处分。

《中华人民共和国会计法》（1985年1月21日通过，2017年11月4日第二次修正）

第四十七条

财政部门及有关行政部门的工作人员在实施监督管理中滥用职权、玩忽职守、徇私舞弊或者泄露国家秘密、商业秘密，构成犯罪的，依法追究刑事责任；尚不构成犯罪的，依法给予行政处分。

《中华人民共和国价格法》（1997年12月29日通过）

第四十六条

价格工作人员泄露国家秘密、商业秘密以及滥用职权、徇私舞弊、玩忽职守、索贿受贿，构成犯罪的，依法追究刑事责任；尚不构成犯罪的，依法给予处分。

《中华人民共和国保险法》（1995年6月30日通过，2015年4月24日第三次修正）

第一百六十一条

保险公司有本法第一百一十六条规定行为之一的[①]，由保险监督管理机构责令改正，处五万元以上三十万元以下的罚款；情节严重的，限制其业务范围、责令停止接受新业务或者吊销业务许可证。

第一百六十五条

保险代理机构、保险经纪人有本法第一百三十一条规定行为之一的[②]，由保险监督管理机构责令改正，处五万元以上三十万元以下的罚款；情节严重的，吊销业务许可证。

第一百七十八条

保险监督管理机构从事监督管理工作的人员有下列情形之一的，依法给予处分：

……

（五）泄露其知悉的有关单位和个人的商业秘密的；

……

第一百七十九条

违反本法规定，构成犯罪的，依法追究刑事责任。

《中华人民共和国反洗钱法》（2006年10月31日通过）

第三十条

反洗钱行政主管部门和其他依法负有反洗钱监督管理职责的部门、机构从事反洗钱工作的人员有下列行为之一的，依法给予行政处分：

……

（二）泄露因反洗钱知悉的国家秘密、商业秘密或者个人隐私的；

……

第三十三条

违反本法规定，构成犯罪的，依法追究刑事责任。

《中华人民共和国特种设备安全法》（2013年6月29日通过）

第九十三条

Ⅰ违反本法规定，特种设备检验、检测机构及其检验、检测人员有下列行为之一的，责令改正，对机构处五万元以上二十万元以下罚款，对直接负责的主管人员和其他直接责任人员处五千元以上五万元以下罚款；情节严重的，吊销机构资质和

① 《中华人民共和国保险法》（1995年6月30日通过，2015年4月24日第三次修正）

第一百一十六条

保险公司及其工作人员在保险业务活动中不得有下列行为：

……

（十二）泄露在业务活动中知悉的投保人、被保险人的商业秘密；

……

② 《中华人民共和国保险法》（1995年6月30日通过，2015年4月24日第三次修正）

第一百三十一条

保险代理人、保险经纪人及其从业人员在办理保险业务活动中不得有下列行为：

……

（十）泄露在业务活动中知悉的保险人、投保人、被保险人的商业秘密。

有关人员的资格：

……

（五）泄露检验、检测过程中知悉的商业秘密的；

……

Ⅱ违反本法规定，特种设备检验、检测机构的检验、检测人员同时在两个以上检验、检测机构中执业的，处五千元以上五万元以下罚款；情节严重的，吊销其资格。

第九十四条

违反本法规定，负责特种设备安全监督管理的部门及其工作人员有下列行为之一的，由上级机关责令改正；对直接负责的主管人员和其他直接责任人员，依法给予处分：

……

（九）泄露履行职责过程中知悉的商业秘密的；

……

第九十八条

违反本法规定，构成违反治安管理行为的，依法给予治安管理处罚；构成犯罪的，依法追究刑事责任。

《中华人民共和国外商投资法》（2019年3月15日通过）

第三十九条

行政机关工作人员在外商投资促进、保护和管理工作中滥用职权、玩忽职守、徇私舞弊的，或者泄露、非法向他人提供履行职责过程中知悉的商业秘密的，依法给予处分；构成犯罪的，依法追究刑事责任。

《中华人民共和国密码法》（2019年10月26日通过）

第四十条

密码管理部门和有关部门、单位的工作人员在密码工作中滥用职权、玩忽职守、徇私舞弊，或者泄露、非法向他人提供在履行职责中知悉的商业秘密和个人隐私的，依法给予处分。

第四十一条

违反本法规定，构成犯罪的，依法追究刑事责任；给他人造成损害的，依法承担民事责任。

《中华人民共和国证券法》（1998年12月29日通过，2019年12月28日第二次修订）

第二百一十七条

国务院证券监督管理机构或者国务院授权的部门的工作人员，不履行本法规定的职责，滥用职权、玩忽职守，利用职务便利牟取不正当利益，或者泄露所知悉的有关单位和个人的商业秘密的，依法追究法律责任。

第二百一十九条

违反本法规定，构成犯罪的，依法追究刑事责任。

《中华人民共和国海关法》（1987年1月22日通过，2021年4月29日第六次修正）

第七十二条

海关工作人员必须秉公执法，廉洁自律，忠于职守，文明服务，不得有下列行为：

……

（五）泄露国家秘密、商业秘密和海关工作秘密；

……

第九十六条

海关工作人员有本法第七十二条所列行为之一的，依法给予行政处分；有违法所得的，依法没收违法所得；构成犯罪的，依法追究刑事责任。

《中华人民共和国法律援助法》（2021年8月20日通过）

第六十一条

法律援助机构及其工作人员有下列情形之一的，由设立该法律援助机构的司法行政部门责令限期改正；有违法所得的，责令退还或者没收违法所得；对直接负责的主管人员和其他直接责任人员，依法给予处分：

……

（六）泄露法律援助过程中知悉的国家秘密、商业秘密和个人隐私；

……

第六十七条

违反本法规定，构成犯罪的，依法追究刑事责任。

《中华人民共和国审计法》（1994年8月31日通过，2021年10月23日第二次修正）

第五十七条

审计人员滥用职权、徇私舞弊、玩忽职守或者泄露、向他人非法提供所知悉的国家秘密、工作秘密、商业秘密、个人隐私和个人信息的，依法给予处分；构成犯罪的，依法追究刑事责任。

《中华人民共和国进出口商品检验法》（1989年2月21日通过，2021年4月29日第五次修正）

第三十五条

国家商检部门、商检机构的工作人员违反本法规定，泄露所知悉的商业秘密的，依法给予行政处分，有违法所得的，没收违法所得；构成犯罪的，依法追究刑事责任。

【公报案例】

△(**侵犯商业秘密罪;工艺技术信息;伙同他人**)违反与原单位的保密约定,伙同他人利用原单位专利技术以外不为公众知悉的工艺技术信息,生产与原单位相同的产品,并给原单位造成重大经济损失的,应根据刑法第二百一十九条第一款第(三)项和第二款的规定,按侵犯商业秘密罪论处。[《最高人民法院公报》2005 年第 3 期　周德隆等人侵犯商业秘密案]

△(**侵犯商业秘密罪;明知他人违反保密约定**)明知他人违反与原单位的保密约定,仍伙同其利用掌握原单位专利技术以外不为公众知悉的工艺技术信息,生产与其原单位相同的产品,并给其原单位造成重大经济损失的,应根据刑法第二百一十九条第一款第(三)项和第二款的规定,按侵犯商业秘密罪论处。[《最高人民法院公报》2005 年第 3 期　周德隆等人侵犯商业秘密案]

△(**技术秘密;附带民事诉讼**)根据《最高人民法院关于执行中华人民共和国刑事诉讼法若干问题的解释》(已失效)第八十六条第(五)项的规定,行为人窃取他人技术秘密供自己所在的公司使用,从而给技术秘密权利人造成特别严重后果的,在追究行为人侵犯商业秘密罪的刑事责任时,可以根据附带民事诉讼原告人的请求,将行为人所在公司列为附带民事诉讼被告人一并追究侵权的民事赔偿责任。[《最高人民法院公报》2006 年第 12 期　裴国良侵犯商业秘密案]

△(**技术秘密;物质损失;利润额;赔偿额**)根据《最高人民法院关于刑事附带民事诉讼范围问题的规定》(已失效)第二条的规定,权利人因技术秘密被窃取而遭受的物质损失,包括已经遭受的实际损失和必然遭受的市场份额被削减、竞争力减弱等损失。侵权人利用窃取的技术秘密履行与他人签订的技术合同,从而谋取巨额利润的,应当将侵权人在侵权期间因侵权所获得的利润额确定为给技术秘密权利人的赔偿额。只能认定侵权人签订的合同总金额,无法确定侵权人在侵权期间因侵权所获得的利润的,可以按照该行业平均利润标准计算侵权人所获得的利润。[《最高人民法院公报》2006 年第 12 期　裴国良侵犯商业秘密案]

【参考案例】

△利用工作之便使用其所掌握的商业秘密牟利的,不构成职务侵占罪,应以侵犯商业秘密罪论处。

黄志伟、徐蓉俊的行为应认定为侵犯商业秘密罪。本罪侵害的客体是我国的知识产权保护制度,犯罪对象是商业秘密。商业秘密与商标、专利、著作权等知识产权,能为权利人带来现实的或者潜在的经济利益或者竞争优势,在市场经济社会中具有重要的意义,我国通过立法予以保护。侵犯商业秘密罪的犯罪对象是特定的,即商业秘密,这与职务侵占罪、诈骗罪等侵财犯罪有着根本的区别。职务侵占罪、诈骗罪等侵财犯罪一般是侵害被害人已拥有的财产。在黄志伟等侵犯商业秘密案中,黄志伟、徐蓉俊的行为并没有侵害资江公司已有的钱财,而只侵害了资江公司的商业秘密,并在利用商业秘密牟取个人非法利益时,给资江公司造成 500 余万元的经济损失。这些巨额损失是资江公司在贸易过程中应该获取的经济利益,但因黄、徐二人侵犯商业秘密的行为而落空。

黄志伟、徐蓉俊实施了侵犯商业秘密的行为,并给权利人造成重大损失,符合商业秘密犯罪的客观要件。《刑法》第二百一十九条规定了侵犯商业秘密行为的三种表现形式:(1)以盗窃、利诱、胁迫或者其他不正当手段获取权利人的商业秘密的;(2)披露、使用或者允许他人使用以前项手段获取的权利人的商业秘密的;(3)违反约定或者违反权利人有关保守商业秘密的要求,披露、使用或者允许他人使用其所掌握的商业秘密的。本案中,黄、徐二人实施了第三种情形的行为,即黄志伟违反资江公司有关保守商业秘密的规定,伙同徐蓉俊使用其所掌握的资江公司的商业秘密,并给资江公司造成 500 余万元的经济损失。

黄志伟、徐蓉俊犯罪行为的主观方面是故意。黄、徐二人在牟取个人非法利益动机的驱使下,不顾资江公司有关保密的规定,不惜给资江公司造成巨大经济损失,使用资江公司的商业秘密。黄、徐二人积极追求犯罪结果的发生,主观意志坚定,应是直接故意犯罪。

不可否认,黄志伟作为资江公司业务员确实是在工作中掌握了资江公司的商业秘密,并加以利用,为自己牟取非法利益。然而是否可以因此就认定黄志伟、徐蓉俊的行为构成职务侵占罪呢?职务侵占罪与侵犯商业秘密罪之间有本质区别,职务侵占罪是指公司、企业或者其他单位的人员,利用职务上的便利,将本单位财物非法占为己有,数额较大的行为。侵害的对象是行为人所在企业、公司或者其他单位的财物,是公司、企业等已有的财物,包括货币、物资等。行为人具有侵吞、盗窃、骗取公司、企业等的财物的行为。黄志伟伙同徐蓉俊违法使用其所掌握的资江公司的商业秘密的行为,并没有侵害资江公司已有的财物,黄、徐二人并没有实施侵吞、盗窃、骗取资江公司财物的行为。尽管黄、徐非法使用了资江公司的商业秘密，但黄、徐二人毕竟没有将资江公司的商业秘密占为己有。故黄志伟、徐蓉俊的上述行为不符合职务侵占犯罪的客观构成要件，不能认定为职务侵占罪。[No. 3-7-219-1　黄志伟等侵犯商业秘密案]

△侵犯商业秘密罪中的给商业秘密权利人造成重大损失，在难以计算的情况下，应以侵权人在侵权期间因侵权所获得的利润作为损失数额。

根据《刑法》第三十六条的规定，由于犯罪行为而使被害人遭受经济损失的，对犯罪分子除依法给予刑事处罚外，并应根据情况判处赔偿经济损失。根据《刑事诉讼法》第一百零一条的规定，附带民事赔偿数额应为被害人因被告人的犯罪行为而遭受的物质损失。在昌达公司侵犯商业秘密案中，被害单位建汉公司的物质损失难以计算，但根据《反不正当竞争法》(1993年)第二十条“经营者侵犯商业秘密，给被害人造成损害的，应当承担损害赔偿责任。被侵害的经营者的损失难以计算的，赔偿额为侵权人在侵权期间因侵权所获得的利润；并应当承担被侵害的经营者因调查该经营者侵害其合法权益的不正当竞争行为所支付的合理费用”的规定①，应以被告单位昌达公司、被告人杨吉钊在侵权期间因侵犯商业秘密所获得的实际利润为附带民事赔偿数额。[No. 3-7-219-2　昌达公司侵犯商业秘密案]

△未经许可，擅自使用企业之间因商洽具体经营业务而形成的信息的，应以侵犯商业秘密罪论处。

《刑法》第二百一十九条第三款明确规定了商业秘密的概念，即“不为公众所知悉，能为权利人带来经济利益，具有实用性并经权利人采取保密措施的技术信息和经营信息”。这一概念直接来源于《反不正当竞争法》第十条②的规定。1998年12月3日国家工商行政管理局修订公布的《关于禁止侵犯商业秘密行为的若干规定》对商业秘密的有关术语作了进一步的解释。其中，不为公众所知悉，是指该信息是不能从公开渠道直接获取的；能为权利人带来经济利益、具有实用性，是指该信息具有确定的可应用性，能为权利人带来现实的或者潜在的经济利益或者竞争优势；权利人采取保护措施，包括订立保密协议、建立保密制度及采取其他合理的保密措施；技术信息和经营信息，包括设计、程序、产品配方、制作工艺、制作方法、管理诀窍、客户名单、货源情报、产销策略、招投标中的标底及标书内容等信息。这一解释为人民法院认定商业秘密提供了重要依据。

李宁侵犯商业秘密案现有证据证明：奥尔公司通过专利产品的宣传和业务员的联系，获取了湖南省湘潭市欲对该城市道路及广场进行改造，需购置照明灯具的信息，尽管该信息起初可以通过网络等媒体获知，具有公开性，但当奥尔公司与湘潭方面就该工程达成合作意向，奥尔公司为湘潭方面做了大量的设计工作，试生产了大量专利产品的样品和模具，湘潭方面对此也表示满意，双方进入实质性签约阶段时，该经营信息被特定化，具有秘密性，只在有限的范围内公开，显然不能为公众所知悉；该经营信息能为奥尔公司带来经济利益，具有实用性；奥尔公司与员工都签订有保密协议，对相关经营信息采取了保密措施，故该经营信息已属奥尔公司享有，符合商业秘密的法律特征，系奥尔公司的商业秘密。[No. 3-7-219-3　李宁侵犯商业秘密案]

△在认定技术信息的秘密性时，不应一律区分为公知技术和非公知技术，应根据该技术信息是否为关键信息决定是否应将其作为一个整体认定为商业秘密。

《刑法》第二百一十九条第三款规定，商业秘密是指不为公众所知悉，能为权利人带来经济利益，具有实用性并经权利人采取保密措施的技术信息和经营信息。在杨俊杰等侵犯商业秘密案的自诉人所要求保护的技术信息和经营信息是否属于商业秘密，关键在于对秘密性的判定，即是否“不为公众所知悉”。自诉人的客户资料、油漆报价、工程标书等经营信息，显然不能从公开渠道直接获取，故不难认定具有秘密性。存在争议的是对技术信息秘密性的认定，辩护人提出，对商业秘密的鉴定应当区分公知技术与非公知技术，否则没有证明效力。然而，将商业秘密区分为公知技术与非公知技术是针对特定情形或者特定案件而言的，不具有普遍性。例如，甲公司掌握某项技术秘密，与乙公司联营合作后该技术秘密已公开，甲

① 现行《反不正当竞争法》第十七条第三、四款规定：“(第三款)因不正当竞争行为受到损害的经营者的赔偿数额，按照其因被侵权所受到的实际损失确定；实际损失难以计算的，按照侵权人因侵权所获得的利益确定。经营者恶意实施侵犯商业秘密行为，情节严重的，可以在按照上述方法确定数额的一倍以上五倍以下确定赔偿数额。赔偿数额还应当包括经营者为制止侵权行为所支付的合理开支。(第四款)经营者违反本法第六条、第九条规定，权利人因被侵权所受到的实际损失、侵权人因侵权所获得的利益难以确定的，由人民法院根据侵权行为的情节判决给予权利人五百万元以下的赔偿。”

② 现行《反不正当竞争法》规定在第九条第四款。

公司再要求保护该秘密中的产品配方和工艺，法院就应要求其将诉讼请求明确化，区分公知技术和非公知技术，否则可能侵犯公共利益。但本案的情形不同。自诉人的涂料配方除基础成分外，还有特殊的原料及配比。涂料助剂在涂料中具有特定性能，且每种助剂都有不同程度的副作用，会影响涂料的其他性能，故对助剂的选择、用量的确定都必须按照涂料产品的具体情况（如涂料性能、客户要求等）进行反复试验。同时，因各行各业对涂料的要求越来越高，功能性涂料发展迅猛，行业竞争十分激烈，助剂的使用更具重要意义。如何用好各种助剂往往成为涂料企业的技术关键。因此，对本案自诉人的涂料配方，应作为一个整体认定为商业秘密加以法律保护，不应区分公知技术和非公知技术。［No. 3-7-219-4　杨俊杰等侵犯商业秘密案］

△权利人采取了合理的措施，使负有保密义务以外的其他人不能轻易获得有关商业秘密的，应当认定为权利人已经对商业秘密采取了保密措施。

对商业秘密采取保密措施，并不要求权利人采取的措施能做到万无一失，只要权利人采取了合理的保密措施，使负有保密义务以外的其他人不能轻易获得该秘密即可。关于措施是否合理，可以从以下几个角度考虑：(1)权利人是否明确了作为商业秘密保护的信息范围；(2)是否制定了相应的保密制度或以其他方法使他人知晓其掌握或接触的信息系应当保密的信息；(3)是否采取了一定的物理防范措施，除非通过不正当手段，他人轻易不能获得该信息。在杨俊杰等侵犯商业秘密案中，自诉人卡伯公司在1998年前已研制开发、生产销售各类油漆涂料，并取得了许可、授权，是生产、销售各类油漆涂料的权利人。其通过实践逐步形成了油漆生产技术和销售网络。该公司还制定了《保密制度》，在生产作业单上注明“保密资料”字样，并通过与员工签订《劳动合同》，明确了员工应遵守的各项规章制度。据此，应当认为，卡伯公司对其技术信息和经营信息采取了合理的保密措施。被告人周智平、杨俊杰在卡伯公司分别从事油漆涂料技术管理和经营管理，知悉该公司的商业秘密，在离开卡伯公司时擅自将自诉人的有关资料带走，且在成立侨世公司后，利用上述资料生产和销售同类产品，违反了卡伯公司有关保守商业秘密的要求。周智平、杨俊杰到案后的历次供述与上述事实相符，且能相互印证，公安人员从卡伯公司的电脑中调取的《保密制度》也确认了相关事实，故应认为周智平、杨俊杰违反了卡伯公司的保密规定。［No. 3-7-219-5　杨俊杰等侵犯商业秘密案］

△违反约定或者违反权利人有关保守商业秘密的要求，将通过工作、职责掌握的商业秘密予以披露、使用，或者允许他人使用的，应当认定为侵犯商业秘密，但通过反向工程获得有关商业秘密的除外。

在实践中，有时行为人掌握商业秘密本身是合法的，但由于其违反约定或者违反权利人有关保守商业秘密的要求，将自己因工作、职责掌握的商业秘密予以披露、使用，或者允许他人使用，从而构成侵权。

被告人周智平并非通过反向工程获得自诉人的技术秘密。所谓反向工程，是指通过对终端产品的分析研究，找出该产品的原始配方或者生产工艺。反向工程是对商业秘密权的一种限制，一旦他人通过反向工程获得技术秘密，权利人则无权阻止他人披露和使用获得的技术信息。本案被告人周智平原是自诉人卡伯公司的技术部经理，仅高中文化，根据其履历反映，周不具备开发、研制涂料配方、改进生产工艺的能力。其辞职后，未经许可擅自将卡伯公司所有的意大利麦加油漆公司全套授权（原版）配方、内部色卡、客户资料、特种样品测试方法以及测试标准、产品底价、部分油漆报价单、原版产品检测报告、产品说明书、卡伯公司与客户的合同等技术资料带离卡伯公司，并伙同杨俊杰成立了分别由周妻赵某和杨母张某担任公司负责人的公司，生产销售同类产品。据此，可以认定周智平系以不正当手段而非反向工程获取了卡伯公司的技术秘密，属于侵犯商业秘密的行为。［No. 3-7-219-6　杨俊杰等侵犯商业秘密案］

△对于侵犯商业秘密所造成的损失程度，可以参照《反不正当竞争法》第十七条的规定加以认定。

侵犯商业秘密罪是结果犯，侵权行为给权利人造成重大损失是犯罪的构成要件。这种损失因商业秘密的种类、经济利用价值大小、新颖程度、使用状况、利用周期、市场竞争程度、市场前景、侵权时间长短、侵权方式的不同而有所区别。对于如何认定重大损失，刑法和有关办理侵犯知识产权刑事案件的三部司法解释均没有作出规定，实践中一般参照《反不正当竞争法》的有关规定计算。该法第十七条规定：经营者违反本法规定，给他人造成损害的，应当依法承担民事责任。受到损害的经营者的损失难以计算的，赔偿额为侵权人在侵权期间因侵权所获得的利益，并应当承担被侵害的经营者为制止侵权行为所支付的合理费用。据此，计算侵犯商业秘密造成的重大损失可遵循以下原则:(1)对于能够计算权利人损失的,以权利人的实际损失数额作为被告人应当赔偿的损失数额;(2)权利人的损失数额难以计算的,以侵权人在侵权期间因侵犯商业秘密所获得的实际利益计算权利人的损失数额。

杨俊杰等侵犯商业秘密案在计算损失数额时参照了上述原则,从自诉人所失和被告人所得两个方面综合认定自诉人的损失数额。上海市科学技术委员会专家对卡伯公司的相关产品作出的鉴定结论证实,卡伯公司的 H800、D268、E508 三种产品配方不属于公知技术。根据公信中南会计师事务所对侨世公司涉嫌侵权产品所产生的净利润出具的《审计报告》,2000 年 11 月至 2002 年 2 月,侨世公司销售 H800、D268、E508 三种产品的净利润为 78 万余元。根据上海同诚会计师事务所、上海佳瑞会计师事务所对卡伯公司利润情况等进行审计出具的《审计报告》,卡伯公司 2000 年度、2001 年度、2002 年度的利润分别为 298 万余元、53 万余元、225 万余元,即卡伯公司遭受二被告人侵权期间减少的利润大于二被告人侵权获得的净利润。鉴于对侵犯商业秘密造成重大损失尚无统一、确定的计算方法,根据有利于被告人的事实认定原则,法院确认被告人杨俊杰、周智平给自诉人造成的损失数额为 78 万余元。[No. 3-7-219-7 杨俊杰等侵犯商业秘密案]

△名称、地址、联系方式等简单的客户信息具有实用性功能的,应认定为商业秘密。

在张同洲侵犯商业秘密案审理过程中,辩护人一再辩称 CKK 公司、沃尔玛公司、黑山公司均为公知信息,因此本案的商业秘密不具备秘密性。之所以将辩护人的意见放入实用性的范畴讨论,是因为辩护人提出的公知信息恰恰不具备实用性的特征。

商业秘密信息的实用性要求商业秘密必须是具体、确定的,是可以马上应用的。而不是抽象、模糊的。简单的客户信息,如名称、地址、电话、联系人等,均不能构成有实用性的经营性信息。了解这些信息,并不能完成具体的交易。对一个具体的交易,其重要的属性包括产品的规格、型号、价格、交易数量、质量要求、供货商、采购商等信息。这些信息才具备实用性。举一个简单的例子:知道海尔的联系方式,并不意味着能完成具体的交易。如果知道海尔需要采购某种型号的产品、采购价格、数量、质量要求等信息,就可以马上以较低的价格与海尔达成交易。

在经营性商业秘密案件审理中,有一种观点认为客户名称、联系方式甚至产品都是公开的,因而与此有关的信息都不具备秘密性。笔者认为这种观点混淆了各种不同信息的实用性。

一个经营性信息的形成,一般要经历如下两个过程:

1. 客户特定化。首先,权利人需要从众多的企业中筛选出有合作意向的客户;其次,需要与众多意向客户谈判,最终确定合作客户。因此,这是一个从众多不特定企业中选择合作企业的特定化过程。

2. 交易特定化。选择出特定客户后,并不意味着可以与客户从事交易,该信息仍然是不完整的、欠缺实用性的。因为双方交易的具体产品、项目仍然未确定。因此,仍然需要与客户谈判,确定具体交易的产品、项目。

通过客户特定化、交易特定化后,该信息方成为具体的、可以使用的、能产生利益的有实用性的经营性信息。一种信息的实用性,正是由权利人付出努力才产生的。法律保护的也正是权利人的这种劳动成果。

对商业秘密的实用性有正确认识,才能正确区分各种信息。在实践中,由于对商业秘密法律知识的欠缺,权利人在描述自己的经营性商业秘密时,常常简单称之为"客户名单、客户信息",这给权利人维权带来诸多障碍。[No. 3-7-219-8 张同洲侵犯商业秘密案]

△采用反向工程方法获得并使用他人的商业秘密,不构成侵犯商业秘密罪。

在商业秘密案件的审理中,侵权人常提出的抗辩理由之一就是商业信息可以通过反向工程获得。在张同洲侵犯商业秘密案中,辩护人也一再提出这个观点。

从理论而言,任何信息均有可能经过反向工程获得。因此,倘若认可上述观点,则任何信息均将丧失秘密性。上述观点的错误在于将可能性与实际行为混为一谈。有可能通过反向工程获得,不意味着必然获得,也不意味着就可以免除权利相对人进行反向工程的义务。

反向工程强调的是实际进行过的"行为",而不是可能性。可能性并不代表实际行为,更不代表结果。在这里,尤其要强调的是,上述行为应当发生在被告人使用商业秘密之前,而不是之后。如果上述行为发生在被告人使用商业秘密之前,并且确认被告人已经有权使用该信息,则被告人使用该信息即可视为使用合法信息,其不再具有犯罪之故意。如果上述行为发生在被告人使用商业秘密之后,则被告人在使用商业秘密时,其明知该信息是商业秘密,而仍然使用,追求商业秘密带来的巨大收益,其犯罪主观故意昭然若揭。

在本案中,辩护人虽强调涉案商业秘密可以经由反向工程获得,但却未能举出任何证据证明被告人曾经进行过任何反向工程。

通过对上述问题的反复论证,公诉人所诉信息构成商业秘密,被告人侵犯商业秘密罪成立。[No. 3-7-219-9　张同洲侵犯商业秘密案]

△非法披露计算机软件源代码的,应以侵犯商业秘密罪论处。

根据《刑法》第二百一十九条第三款的规定,商业秘密是指不为公众所知悉,能为权利人带来经济利益,具有实用性并经权利人采取保密措施的技术信息和经营信息。依照《国家工商行政管理局关于禁止侵犯商业秘密行为的若干规定》第二条第五款的规定,这里的技术信息和经营信息,应当包括设计、程序、产品配方、制作工艺、制作方法、管理诀窍、客户名单、货源情报、产销策略、招投标中的标底及标书内容等信息。《计算机软件保护条例》第二条规定,计算机软件包括计算机程序及其有关文档。源代码是用源语言编制的计算机程序,是计算机软件的核心内容和软件设计方案的具体表现。源代码一旦被公开,软件的核心技术即泄露,从而会失去应有的商业价值。因此,源代码作为一种技术信息,当属商业秘密范畴。但对于项军等侵犯商业秘密案所涉的Webmail软件源代码能否认定为商业秘密,还应当取决于其是否属于《刑法》第二百一十九条第三款规定的不为公众所知悉,能为权利人带来经济利益,具有实用性并经权利人采取保密措施的技术信息。[No. 3-7-219-10　项军等侵犯商业秘密案]

△违反与单位的保密约定,向他人泄露单位的网络游戏源代码,造成重大经济损失的行为,构成侵犯商业秘密罪。实际经济损失无法查明的,应当以侵权人通过侵权行为所获的经济利益加以确定。

源代码是指用源语言编制的计算机程序,不同于直接运行使用的游戏软件作品。源代码是掌握并编制出游戏软件的核心信息和密令,一旦被公开,软件的核心技术即泄露,从而失去应有的商业价值。对于依靠游戏软件营利的单位而言,源代码是影响其生存发展的关键性技术信息,一般都会采取一定的保密措施,属于商业秘密。而游戏软件则属于可以对外公开的计算机软件作品,可以通过公开渠道获得。在伍迪兵等五人侵犯商业秘密、侵犯著作权案中,伍迪兵向李玉峰提供的游戏源代码属于金山公司的核心技术信息,外界难以知悉,而且金山公司对该信息采取了员工保密协议等措施。因此,该信息应被认定为商业秘密。侵犯商业秘密所造成的重大经济损失,包括权利人因商业秘密被侵害而实际已经发生的损失和必然遭受的损失。实践中,权利人的实际损失往往难以精确计算,通常根据侵权人在侵权期间因侵权所获的利润确定。本案中,伍迪兵泄露游戏源代码给金山公司实际造成的损失难以计算,可以将李玉峰等人运营私服网站的非法经营数额、转让所得等违法所得数额综合认定。[No. 3-7-219-11　伍迪兵等五人侵犯商业秘密、侵犯著作权案]

△利用非法获取的源代码编译并运营游戏私服的行为成立侵犯著作权罪。

计算机程序包括源程序和目标程序。同一程序的源文本与目标文本应当视为同一作品。李玉峰等人虽然是通过源代码编译出目标游戏程序,但并未对他人享有著作权的程序进行实质性修改,而是通过反编译手段复现他人的程序作品。行为人的该行为应被认定为未经著作权人许可,复制他人作品,并通过私服网站传播的行为。其非法获取、使用游戏源代码的行为符合侵犯商业秘密罪的构成要件,与其侵犯著作权的行为构成目的与手段的牵连关系,应当择一重处断。[No. 3-7-219-12　伍迪兵等五人侵犯商业秘密、侵犯著作权案]

△受让继续经营网络游戏私服的行为成立侵犯著作权罪而非销售侵权复制品罪。

被告人袁江力、熊志成等人表面上只是经手了已经建立好的网站并继续经营。但其实施的并不是单纯的销售行为。网络游戏不同于普通商品,需要多个程序软件配合运行,程序重复使用、互动、更新是其运行的基础和条件。受让并继续经营私服网站,不同于单纯的销售盗版软件,而具有擅自复制发行的特征,应成立侵犯著作权罪。[No. 3-7-219-13　伍迪兵等五人侵犯商业秘密、侵犯著作权案]

△侵犯商业秘密案件中重大损失的计算主要有四种方式,即权利人的实际损失、侵权人的获利、商业秘密许可费的倍数以及商业秘密的商业价值,其中应当优先计算权利人的实际损失,在无法计算实际损失时,综合案件情况可以采取侵权人获利的计算方法。商业秘密的价值应当与其秘点相对应,在秘点与商业秘密整体可以分割时应当单独计算价值。

在侵犯商业秘密犯罪案件中,重大损失的计算主要存在四种方式,即权利人的实际损失、侵权人的获利、商业秘密许可费的倍数以及商业秘密的商业价值。之所以不能将人民法院酌定赔偿方式作为商业秘密刑事案件重大损失的计算方法,主要是因为刑事诉讼与民事诉讼证据标准不同。刑事诉讼实行确实、充分的证据标准,而民事诉讼实行高度盖然性的证据标准,在商业秘密刑事案件中,“重大损失”是决定被告人行为罪与非罪的重要依据,重大损失的数额必须有确实、充分的证据予以证明,而不允许法官具有自由裁量的空间。鉴于文义解释优先的法律适用规则,在计算损失方面,应当优先计算权利人的实际损失。

在伊特克斯公司、郭书周等侵犯商业秘密案中,一审判决依据的公信事务所价格鉴定意见采用的就是权利人实际损失的计算方法,其法律依据在于“权利人因被侵权所受到的损失可以根据专利权人的专利产品因侵权所造成销售量减少的总数乘以每件专利产品的合理利润所得之积计算。权利人销售量减少的总数难以确定的,侵权产品在市场上销售的总数乘以每件专利产品的合理利润所得之积可以视为权利人因被侵权所受到的损失”。二审法院则对该价格鉴定意见不予采纳,另行采用了侵权人获利的计算方法。主要理由在于:(1)商业秘密与专利技术在保护方式上并不完全相同。作为商业秘密保护的技术秘密并不占有垄断的地位,权利人拥有技术秘密并不代表着其他竞争者不能拥有同样的技术秘密。以侵权人销售产品的数量作为权利人销售的数量需要以权利人拥有的技术秘密独一无二为前提。本案中,并未有证据表明权利人的技术秘密具有唯一性,也未有证据反映该技术领域只有权利人和被告单位两家公司,相反有证据表明存在多家同业竞争者。由于其他的同业竞争者会满足购买者的需求,因此,侵权人销售产品的数量也不必然意味着权利人会少销售同样的数量。(2)根据司法解释的规定,计算权利人的损失还要求以权利人产品的合理利润作为计算依据。公信事务所价格鉴定意见依据的是权利人在2005年8月、2005年12月和2006年10月的合同利润,而本案案发时间为2008年3月,两者时间节点差距近一年半至两年半之久;且在案证据反映,在2008年4月和6月期间,权利人向两家案外公司销售了同类产品。审计机构未将此期间的合同利润作为计算依据,而以案发前约一年半至两年半的合同利润作为计算依据,有失公正。因此,二审法院参照相关法律规范的规定,综合本案证据状况以及无商业秘密许可使用、商业秘密未对外泄露的事实,最终确定以侵权人获利作为计算方法。

“很多情况下,原告出于尽量扩大保护范围的需要,或者对法律规定、涉案技术背景不熟悉等原因,往往在起诉时会圈定一个很宽泛的秘密范围,并将一些公知信息纳入商业秘密范围内请求保护。”本案中,权利人主张作为商业秘密保护的技术信息包括脱羟炉、等离子火头和手套箱三个部件的技术要求,包括设计尺寸、公差配合、表面粗糙度、装配关系、材质以及上述要求的确切组合;但经检察院审查起诉和法院审理,最终作为商业秘密保护的技术信息仅涉及脱羟炉、等离子火头两个部件的相关技术要求。通常情况下,商业秘密的价值应当与其秘点相对应;然而,在有的产品中,秘点与整体不可分割,则要考虑受到侵害部分或者产品部件在整个产品中所起的作用或者比重及诸如在先公知技术、市场因素等其他非侵权因素来计算权利人的损失。一审判决依据的公信事务所的价格鉴定意见是按照整条生产线的利润来计算权利人的损失。二审法院重点审查了作为商业秘密保护的上述两个部件是否存在独立价值的问题。由于上述两个部件能够单独定价,二审法院最终决定将上述两个部件作为计算对象,以其利润乘以七条生产线的数量来计算侵权人的获利。[No. 3-7-219-14 伊特克斯公司、郭书周等侵犯商业秘密案]

第二百一十九条之一 【为境外窃取、刺探、收买、非法提供商业秘密罪】

为境外的机构、组织、人员窃取、刺探、收买、非法提供商业秘密的,处五年以下有期徒刑,并处或者单处罚金;情节严重的,处五年以上有期徒刑,并处罚金。

【立法沿革】

《中华人民共和国刑法修正案(十一)》(自2021年3月1日起施行)

二十三、在刑法第二百一十九条后增加一条,作为第二百一十九条之一:

“为境外的机构、组织、人员窃取、刺探、收买、非法提供商业秘密的,处五年以下有期徒刑,并处或者单处罚金;情节严重的,处五年以上有期徒刑,并处罚金。”

【立法理由】

(一)立法相关背景

为进一步加强企业产权保护和优化营商环境,**《刑法修正案(十一)》**对涉及商业秘密的犯罪作了修改,一是修改了侵犯商业秘密犯罪,调整了入罪门槛，并对侵犯商业秘密的行为方式作了调整；二是增加了本条关于为境外窃取、刺探、收买、非法提供商业秘密犯罪的规定。随着我国改革开放的不断扩大深入，国内外交流越来越频繁，境外机构、组织、个人在我国境内开展投资活动越来越多，并购、合资等各种投资活动成为外资在中国市场开展业务，获取收益的重要途径。境外投资对于我国引进资金、技术、先进管理经验，促进经济社会发展，实现经济转型升级发挥了重要作用。因此，我们必须坚持对外开放政策不动摇，推动形成全面开放新格局，在更深层次、更高水平的对外开放的过程中，促进社会主义市场经济健康发展。

需要强调的是，国家坚持对外开放的基本国策，致力于建立和完善外商投资促进机制，营造稳定、透明、可预期和公平竞争的市场环境，依法保护外国投资者在中国境内的投资、收益和其他合法权益。同时，在中国境内进行投资活动的外国投资者、外商投资企业，应当遵守中国法律法规，不得危害中国国家安全、损害社会公共利益。从实践中的情况看，外国机构、组织、个人在我国投资经营活动总体上能够依法进行，但是以各种不正当手段包括非法获取竞争对手商业秘密，严重损害相关权利人利益的案件也是时有发生。如矿业公司力拓员工胡士泰等人窃取我国钢铁企业商业秘密案等。对此，必须予以足够重视，并依法予以惩处。为打击境外针对我国企业的商业间谍行为，《刑法修正案(十一)》借鉴有关国家刑事立法，根据各方面意见，增加规定了为境外窃取、刺探、收买、非法提供商业秘密犯罪，以维护正常的市场竞争秩序，保护我国企业合法权益。

(二)有关国家的规定

1. 美国关于经济间谍罪的规定。美国是首个对经济间谍进行专门立法的国家，美国与商业秘密保护相关的主要法律包括1996年的经济间谍法、2012年的外国经济间谍惩罚加重法、2016年的保护商业秘密法，其中1996年的经济间谍法是主体，另外两部法律是补充。美国认为，经济利益是国家安全利益的重要组成部分，经济间谍通过盗窃本国企业的商业秘密，削弱本国经济的科技领先优势，构成对本国经济竞争力的侵害，进而威胁了本国的国家安全，其危害性不亚于传统间谍，美国将“使外国的政府、机构、代理人获得利益”规定为经济间谍罪的构成要件，这里的“外国机构、代理人”是指外国政府实质控制、资助、指挥、管理或支配的组织或人，包括职能机构、公司、公务员、委任代表等。美国经济间谍法的内容规定在《美国法典》第十八编第一千八百三十一条至第一千八百三十九条。根据《美国法典》第十八编第一千八百三十一条的规定，如果行为人明知或故意实施以下五种行为之一，使外国的政府、机构、代理人获得利益的，属于经济间谍行为，构成犯罪：一是行为人盗窃，未经授权获取、持有、隐藏或通过欺诈、诡计获取商业秘密的；二是行为人未经授权拷贝、复制、速绘、画图、拍照、下载、上传、转换、损毁、影印、复印、传播、传递、发送、邮寄、交流或传达商业秘密的；三是行为人明知是被窃取或未经授权获取、持有、传递的商业秘密而接收、购买、持有的；四是行为人预谋实施上述行为的；五是行为人与他人共谋实施上述行为的。美国法律规定构成经济间谍罪的，处十五年以下监禁，并处或者单处五百万美元罚金。组织机构从事犯罪的，处一千万美元以下罚金或商业秘密所值金额(包括研发、设计以及弥补商业秘密损失等所有费用支出)三倍的罚金。

此外，美国法典还规定了盗窃商业秘密罪。经济间谍罪和盗窃商业秘密罪两个罪名的区别主要体现在犯罪目的上，前者是为了使外国的政府、机构、代理人获得利益，后者则是为了自己或者第三人的利益，两个罪名的行为方式是一致的，后者规定了相对较轻的刑罚，构成盗窃商业秘密罪的，处十年以下监禁，并处或者单处罚金；组织机构从事犯罪的，处五百万美元以下罚金或商业秘密所值金额三倍的罚金。

2. 瑞士关于经济间谍罪的规定。瑞士通过界定盗窃商业秘密的受益人来定义经济间谍行为，经济间谍行为中商业秘密的受益主体包括外国政府、外国机构、外国私有企业或者他们的代理人。《瑞士刑法典》第二百七十三条规定：任何人盗窃或者意图盗窃商业秘密，并以提供给外国政府、外国机构、外国私有企业或者他们的代理人为目的；或者任何人意图将商业秘密提供给外国政府、外国机构、外国私有企业或者他们的代理人，将被处以不超过三年的监禁或者罚金刑，或者在严重情形下将被处以不少于一年的监禁。任何监禁刑都可以与罚金刑并处。

3. 德国、韩国关于经济间谍犯罪的规定。德国、韩国都将经济间谍作为侵犯商业秘密犯罪的严重情形进行处罚，将盗窃商业秘密意图在外国使用作为判定经济间谍的目的要件。如德国反不正当竞争法将经济间谍作为商业秘密犯罪的加重情形，将盗窃或泄露商业秘密的行为人在实施该犯罪行为时，已经知道该商业秘密会被在国外使用，或者其意图在国外使用该商业秘密，作为经济间谍的目的要件。韩国《反不正当竞争与商业秘密保护法》第十八条规定：任何人出于谋取不正当利益或者损害公司利益的动机，将本国企业商业秘密提供给在外国的公司使用或者将商业秘密披露给第三人,同时知晓该商业秘密将会在外国使用,将被处以不超过十年的劳动监禁或者被处以不低于所获利润两倍,不超过所获利润十倍的罚金。

【条文说明】

本条是关于为境外窃取、刺探、收买、非法提供商业秘密罪及其处罚的规定。

构成本条规定的犯罪,需具备以下条件:

1. 行为人必须实施了**窃取、刺探、收买、非法提供商业秘密的行为**。其中,“**窃取**”是指行为人采用各种秘密手段非法获取,如通过盗窃、偷拍、偷录等行为而取得商业秘密的行为;“**刺探**”是指行为人通过各种途径和手段非法探知商业秘密的行为;“**收买**”是指行为人以给予财物或者其他财产性利益等好处,或者通过提供工作机会、拉拢人心等手段非法得到商业秘密的行为;“**非法提供**”是指知悉、保管、持有商业秘密的人,将自己知悉、管理、持有的商业秘密非法出售、交付、披露给其他不应知悉该秘密的境外机构、组织、人员的行为。这几种行为方式是针对商业间谍行为的特点规定的。

2. **行为人为境外的机构、组织和人员实施了本条规定的窃取、刺探、收买、非法提供商业秘密的行为**。这里的“**境外的机构、组织**”包括境外机构、组织及其在中华人民共和国境内设立的分支(代表)机构和分支组织,“**境外的个人**”包括该个人身处境外,也包括虽然身处境内但身份属于外国人或者其他境外个人的情况。如果是为境内的公司、企业等实施窃取、刺探、收买、非法提供商业秘密的行为,与境外的机构、组织和人员没有关联的,不构成本条规定的为境外窃取、刺探、收买、非法提供商业秘密犯罪,若其行为构成《刑法》第二百一十九条规定的侵犯商业秘密罪的,依照该规定定罪处罚。

此外,构成本条规定的犯罪的主体是**一般主体**,包括自然人和单位,包括中国公民和非中国公民,只要实施了本条规定的行为的,都可能构成犯罪。

根据本条规定,**构成为境外窃取、刺探、收买、非法提供商业秘密犯罪的**,应当处以五年以下有期徒刑,并处或者单处罚金;**情节严重的**,处五年以上有期徒刑,并处罚金。这里的“**情节严重**”是指给商业秘密的权利人造成的损失数额很大,侵权人违法所得数额很大,多次实施犯罪行为,导致权利人公司失去核心竞争力或者因经营困难而破产、倒闭等情形。为境外窃取、刺探、收买、非法提供商业秘密行为,一方面,侵犯了企业的商业秘密,破坏了公平竞争的市场环境;另一方面,损害我国企业国际竞争力。因此,刑法对这类犯罪规定了比侵犯商业秘密罪更重的刑罚。

实际执行中应当注意以下几个方面的问题:

1. 关于本条规定的“窃取、刺探、收买、非法提供”商业秘密的行为方式与《刑法》第二百一十九条规定的**侵犯商业秘密罪**的行为方式之间的关系。“窃取、刺探、收买、非法提供”这几种行为方式是针对商业间谍行为的特点而专门规定的,这与《刑法》第二百一十九条规定的侵犯商业秘密罪的具体行为方式并不矛盾。行为人窃取、刺探商业秘密的,可能会采用盗窃、欺诈、胁迫、电子侵入等不正当手段;行为人通过收买获得商业秘密的,可能会采用贿赂的不正当手段;行为人为境外的机构、组织、人员非法提供商业秘密的,也可能会通过不正当手段获得商业秘密,再披露给他人。

2. 关于本条规定的“**商业秘密**”的概念。本条规定中的商业秘密与《刑法》第二百一十九条中的规定相同,**都应当根据《反不正当竞争法》第九条关于商业秘密的定义进行认定**,即商业秘密是指不为公众所知悉、具有商业价值并经权利人采取相应保密措施的技术信息、经营信息等商业信息。商业秘密具有秘密性,只限于一部分人知道,可以直接或者间接给权利人带来经济利益或者竞争优势,权利人对商业秘密也采取了相应的保密措施。这里的权利人也是指《刑法》第二百一十九条规定的商业秘密的所有人和经商业秘密所有人许可的商业秘密使用人。

3. **关于单位能否构成为境外窃取、刺探、收买、非法提供商业秘密犯罪**。根据《刑法》第二百二十条的规定,单位犯本条规定之罪的,对单位判处罚金,并对其直接负责的主管人员和其他责任人员,依照本条的规定处罚。据此,单位也能成为境外窃取、刺探、收买、非法提供商业秘密犯罪的犯罪主体,单位实施本条规定的行为,构成犯罪的,应当依法追究刑事责任。

4. 关于未经处理的为境外窃取、刺探、收买、非法提供商业秘密犯罪缓刑的适用、判处罚金的数额、单位构成犯罪的入罪标准、帮助行为的处理等问题,本书第二百一十三条对此已有阐述,这里不再重复。

【司法解释性文件】

《最高人民法院关于进一步加强涉种子刑事审判工作的指导意见》(法〔2022〕66号,2022年3月2日公布)

△(**种子套牌侵权相关犯罪;假冒注册商标罪;销售假冒注册商标的商品罪;非法制造、销售非法制造的注册商标标识罪;侵犯商业秘密罪;为**

分则　第三章

境外窃取、刺探、收买、非法提供商业秘密罪)立足现有罪名,依法严惩种子套牌侵权相关犯罪。假冒品种权以及未经许可或者超出委托规模生产、繁殖授权品种种子对外销售等种子套牌侵权行为,经常伴随假冒注册商标、侵犯商业秘密等其他犯罪行为。审理此类案件时要把握这一特点,立足刑法现有规定,通过依法适用与种子套牌侵权密切相关的假冒注册商标罪,销售假冒注册商标的商品罪,非法制造、销售非法制造的注册商标标识罪,侵犯商业秘密罪,为境外窃取、刺探、收买、非法提供商业秘密罪等罪名,实现对种子套牌侵权行为的依法惩处。同时,应当将种子套牌侵权行为作为从重处罚情节,加大对此类犯罪的惩处力度。(§ 4)

第二百二十条　【单位犯本节规定之罪的处罚规定】

单位犯本节第二百一十三条至第二百一十九条之一规定之罪的,对单位判处罚金,并对其直接负责的主管人员和其他直接责任人员,依照本节各该条的规定处罚。

【立法沿革】

《中华人民共和国刑法》(1997 年修订,自 1997 年 10 月 1 日起施行)

第二百二十条

单位犯本节第二百一十三条至第二百一十九条规定之罪的,对单位判处罚金,并对其直接负责的主管人员和其他直接责任人员,依照本节各该条的规定处罚。

《中华人民共和国刑法修正案(十一)》(自 2021 年 3 月 1 日起施行)

二十四、将刑法第二百二十条修改为:

"单位犯本节第二百一十三条至第二百一十九条之一规定之罪的,对单位判处罚金,并对其直接负责的主管人员和其他直接责任人员,依照本节各该条的规定处罚。"

【立法理由】

1. **1979 年之后至 1997 年刑法修订前的立法情况**。1979 年刑法对侵犯知识产权罪的单位犯罪没有规定。1993 年 2 月全国人大常委会通过了《全国人民代表大会常务委员会关于惩治假冒注册商标犯罪的补充规定》,该决定第三条规定了单位假冒注册商标,销售假冒注册商标的商品,以及伪造、擅自制造他人注册商标标识或者销售伪造、擅自制造的注册商标标识等行为的刑事责任:"企业事业单位犯前两条罪的,对单位判处罚金,并对直接负责的主管人员和其他直接责任人员依照前两条的规定追究刑事责任。"1994 年 7 月全国人大常委会通过了《全国人民代表大会常务委员会关于惩治侵犯著作权的犯罪的决定》,该决定第三条规定了单位侵犯著作权,以及以营利为目的,销售侵权复制品的刑事责任:"单位有本决定规定的犯罪行为的,对单位判处罚金,并对其直接负责的主管人员和其他直接责任人员,依照本决定的规定处罚。"

2. **1997 年修订刑法的情况**。1997 年修订刑法时,立法者对上述规定修改完善后纳入了刑法,将单位实施本节规定的侵犯知识产权的行为全部规定为犯罪,规定单位实施本节规定的侵犯知识产权犯罪的行为的,应当依法追究单位、直接负责的主管人员和其他直接责任人员的刑事责任。实践中一些单位参与侵犯他人知识产权的犯罪活动,牟取非法利益较为突出。为加大对侵犯知识产权犯罪的打击力度,进一步维护权利人的合法权利,有必要对单位犯罪作专门的规定。

3. **2020 年《刑法修正案(十一)》对本条的修改情况**。为打击境外针对我国境内的商业间谍活动,《刑法修正案(十一)》借鉴有关国家刑事立法,根据各方面意见,增加规定了为境外窃取、刺探、收买、非法提供商业秘密犯罪,作为刑法第二百一十九条之一。为境外窃取、刺探、收买、非法提供商业秘密犯罪和其他侵犯知识产权犯罪一样,犯罪主体同样可以为单位,因此,2020 年 12 月通过的《刑法修正案(十一)》对本条作了修改,将"单位犯本节第二百一十三条至第二百一十九条规定之罪"修改为"单位犯本节第二百一十三条至第二百一十九条之一规定之罪",以明确单位可以构成境外窃取、刺探、收买、非法提供商业秘密犯罪,并明确了对单位及其直接负责的主管人员和其他直接责任人员的刑事处罚。

【条文说明】

本条是关于单位侵犯他人知识产权的犯罪及其处罚的规定。

根据本条规定,本节规定的犯罪,犯罪主体除自然人外,还包括单位。**"单位犯本节第二百一十三条至二百一十九条之一规定之罪"**是指单位犯本法分则第三章第七节侵犯知识产权罪中规定的任何一罪的情形，包括第二百一十三条规定的假冒注册商标罪、第二百一十四条规定的销售假冒注册商标的商品罪、第二百一十五条规定的非法制造、销售非法制造的注册商标标识罪、第二百一十六条规定的假冒专利罪、第二百一十七条规定的侵犯著作权罪、第二百一十八条规定的销售侵权复制品罪、第二百一十九条规定的侵犯商业秘密罪、第二百一十九条之一规定的为境外窃取、刺探、收买、非法提供商业秘密犯罪。

依照本条规定，对单位犯本节规定的上述之罪的，实行**双罚制原则**，对犯罪的单位判处罚金，同时对直接负责的主管人员和其他直接责任人员，依照本节各该罪规定的处刑标准处罚。如单位构成假冒注册商标罪的，根据第二百一十三条的规定，情节严重的，处三年以下有期徒刑，并处或者单处罚金；情节特别严重的，处三年以上十年以下有期徒刑，并处罚金。单位构成销售假冒注册商标的商品罪的，根据第二百一十四条的规定，违法所得数额较大或者有其他严重情节的，处三年以下有期徒刑，并处或者单处罚金；违法所得数额巨大或者有其他特别严重情节的，处三年以上十年以下有期徒刑，并处罚金。

2007年《最高人民法院、最高人民检察院关于办理侵犯知识产权刑事案件具体应用法律若干问题的解释（二）》第六条规定："单位实施刑法第二百一十三条至第二百一十九条规定的行为，按照《最高人民法院、最高人民检察院关于办理侵犯知识产权刑事案件具体应用法律若干问题的解释》和本解释规定的相应个人犯罪的定罪量刑标准定罪处罚。"据此，单位实施本节规定的侵犯知识产权犯罪的，按照个人犯罪的定罪量刑标准定罪处罚，即**单位与个人构成各犯罪的入罪门槛和定罪量刑标准是一致的**。

【司法解释】

《最高人民法院、最高人民检察院关于办理侵犯知识产权刑事案件具体应用法律若干问题的解释》（法释〔2004〕19号，自2004年12月22日起施行）

△**（单位犯罪）**单位实施刑法第二百一十三条至第二百一十九条规定的行为，按照本解释规定的相应个人犯罪的定罪量刑标准的三倍定罪量刑。（§15）

《最高人民法院、最高人民检察院关于办理侵犯知识产权刑事案件具体应用法律若干问题的解释（二）》（法释〔2007〕6号，自2007年4月5日起施行）

△**（单位犯罪）**单位实施刑法第二百一十三条至第二百一十九条规定的行为，按照《最高人民法院、最高人民检察院关于办理侵犯知识产权刑事案件具体应用法律若干问题的解释》和本解释规定的相应个人犯罪的定罪量刑标准定罪处罚。（§6）

第八节　扰乱市场秩序罪

第二百二十一条　【损害商业信誉、商品声誉罪】

捏造并散布虚伪事实，损害他人的商业信誉、商品声誉，给他人造成重大损失或者有其他严重情节的，处二年以下有期徒刑或者拘役，并处或者单处罚金。

【立法理由】

我国的经济体制由计划经济转变为市场经济后，加强对市场秩序的规范是一个非常重要的问题。在扰乱市场秩序的行为中，行为人以损害他人商业信誉进行不正当的竞争，或者为报复陷害他人而捏造散布虚假事实，**不仅损害了他人的商业信誉，给他人造成经济损失，而且严重扰乱市场秩序**。为此，1993年第八届全国人大常委会第三次会议审议通过的《反不正当竞争法》第十四条规定，经营者不得捏造、散布虚伪事实，损害竞争对手的商业信誉、商品声誉。**1997年修订刑法时**，根据反不正当竞争法的规定，对给他人造成重大损失或者有其他严重情节的这种行为，规定为犯罪并追究刑事责任。

【条文说明】

本条是关于损害商业信誉、商品声誉罪及其处罚的规定。

本条具体规定了"**捏造并散布虚伪事实，损害**

他人的商业信誉、商品声誉”的行为。[①] 这里所称的“**捏造**”，既包括无中生有、完全虚构、凭空编造虚假事实，也包括在真实情况基础上的部分虚构，恶意歪曲、夸大部分事实真相。“**散布**”，既包括口头散布，也包括以书面方式散布，如宣传媒介、信函等。在信息时代，还包括通过信息网络等进行散布。**行为人只有同时具备“捏造”和“散布”虚伪事实的行为，才构成损害商业信誉、商品声誉罪**。这里规定的“**他人的商业信誉**”，主要是指他人在从事商业活动中的信用程度和名誉等，如他人在信守合约或履行合同中的信誉度，他人在金融机构的信贷信誉，他人的生产能力和资金状况是否良好等；“**他人的商品声誉**”，主要是指他人商品在质量等方面的可信赖程度，提供商品服务及售后服务的质量和经过长期良好地生产、经营所形成的知名度等。造成损害他人的商业信誉、商品声誉的后果是多方面的，既可以是直接的，也可以是潜在的，如使他人的商业信用降低，无法签订合同，无法获得贷款以保障资金链，或无法开展正常的商业活动等；或者使他人的商品声誉遭到破坏，产品大量积压，无法销售，被集中取消订单、退货等。**这些损害要满足“给他人造成重大损失或者有其他严重情节的”条件，才能定罪处罚**。这里的“**给他人造成重大损失**”一般认为是因商业信誉、商品声誉受损而产生的直接经济损失，如商品严重滞销、产品被大量退回、合同被停止履行、企业商誉显著降低、驰名产品声誉受到严重侵损，销售额和利润严重减少、应得收入大量减少、上市公司股票价格大幅度下跌、商誉以及其他无形资产的价值显著降低等产生的损失。需要注意的是，直接经济损失既包括有形的、可直接计算的财产损失，也包括无形的、需加以评估的财产损失。在具体认定损害行为所造成的经济损失时，应特别注意**损害行为与经济损失之间的因果关系**。不能将与捏造并散布虚伪事实的行为无因果关系和不是行为必然造成的损失计算在内。这里的“**其他严重情节的**”一般是指行为人在捏造并散布虚假事实、损害他人的商业信誉和商品声誉的过程中的除“重大损失”以外的严重情节。例如，多次损害他人商业信誉和商品声誉；因损害他人商业信誉和商品声誉被有关主管部门处罚后又损害他人商业信誉和商品声誉；虚构并散布的虚伪事实传播面较广，在消费者中产生严重的不良影响；使用恶劣的手段，捏造虚假事实等。

本条对损害商业信誉、商品声誉罪的处罚规定是，“给他人造成重大损失或者有其他严重情节的，处二年以下有期徒刑或者拘役，并处或者单处罚金”。鉴于这类犯罪往往具有贪利性质，本条在规定对行为人判自由刑的同时，还规定“并处或者单处罚金”。此外，根据《刑法》第二百三十一条的规定，**单位犯本条规定之罪的**，对单位判处罚金，并对其直接负责的主管人员和其他直接责任人员，依照本条的规定，定罪处罚。根据《最高人民检察院、公安部关于公安机关管辖的刑事案件立案追诉标准的规定（二）》第七十四条的规定，捏造并散布虚伪事实，损害他人的商业信誉、商品声誉，涉嫌下列情形之一的，**应予立案追诉**：(1)给他人造成直接经济损失数额在五十万元以上的。(2)虽未达到上述数额标准，但具有下列情形之一的：①利用互联网或者其他媒体公开损害他人商业信誉、商品声誉的；②造成公司、企业等单位停业、停产六个月以上，或者破产的。(3)其他给他人造成重大损失或者有其他严重情节的情形。

实践中需要注意以下两个方面的问题：

1. 在司法实践处理损害他人商业信誉、商品声誉的案件时，**他人的“间接损失”能否计算入“给他人造成重大损失”**，存在一定的分歧。一般在司法实践中，对于被害人为了恢复受到损害的商业信誉和商品声誉所投入的资金（如广告费用等）或者为制止不法侵害事件而扩大的开支（如律师费用、诉讼费用等）等间接经济损失，不认定为损害商业信誉、商品声誉所造成的损失。间接损失一般在量刑或者附带民事诉讼赔偿时酌情加以考虑。

2. 在司法实践处理损害他人商业信誉、商品声誉的案件时，对“他人”的理解也存在分歧。一般认为，这里的“他人”需要明确、特定，要有具体的被损害个体。同时，**这里的“他人”也可能包括某一类的行业、领域，包含数个被损害个体**。对于行为人在捏造并散布虚伪事实，虽然没有明确指出所损害的对象，没有提及某个生产者、经营者的名称或者其商品的名称，但是相关生产经营者和消费者从其捏造并散布的事实的内容上完全

---

① 相同的学说见解，参见黎宏：《刑法学各论》（第2版），法律出版社2016年版，第191页；周光权：《刑法各论》（第4版），中国人民大学出版社2021年版，第359页；赵秉志、李希慧主编：《刑法各论》（第3版），中国人民大学出版社2016年版，第172页；高铭暄、马克昌主编：《刑法学》（第7版），北京大学出版社、高等教育出版社2016年版，第442页。另有学者指出，本罪的实行行为是散布而非捏造。如果认为本罪的实行行为是复数行为（即捏造虚伪事实并予以传播），会产生诸多消极后果。参见张明楷：《刑法学》（第6版），法律出版社2021年版，第1079页。

能够推测出是指向某一个或数个生产者、经营者的,也应认定为损害了特定"他人"的商业信誉和商品声誉。反之,如果社会公众无法确认行为人的行为所指向的具体行业、领域或者个体,则不符合损害商业信誉、商品声誉罪中特定他人的构成要件。

【司法解释性文件】

《最高人民检察院、公安部关于公安机关管辖的刑事案件立案追诉标准的规定(二)》(公通字〔2022〕12号,2022年4月6日公布)

△(**损害商业信誉、商品声誉罪;立案追诉标准**)捏造并散布虚伪事实,损害他人的商业信誉、商品声誉,涉嫌下列情形之一的,应予立案追诉:

(一)给他人造成直接经济损失数额在五十万元以上的;

(二)虽未达到上述数额标准,但造成公司、企业等单位停业、停产六个月以上,或者破产的;

(三)其他给他人造成重大损失或者有其他严重情节的情形。(§66)

【附属刑法】

《中华人民共和国商标法》(1982年8月23日通过,2019年4月23日第四次修正)

第六十八条

Ⅰ商标代理机构有下列行为之一的,由工商行政管理部门责令限期改正,给予警告,处一万元以上十万元以下的罚款;对直接负责的主管人员和其他直接责任人员给予警告,处五千元以上五万元以下的罚款;构成犯罪的,依法追究刑事责任:

……

(二)以诋毁其他商标代理机构等手段招徕商标代理业务或者以其他不正当手段扰乱商标代理市场秩序的;

……

《中华人民共和国保险法》(1995年6月30日通过,2015年4月24日第三次修正)

第一百六十一条

保险公司有本法第一百一十六条规定行为之一的[①],由保险监督管理机构责令改正,处五万元以上三十万元以下的罚款;情节严重的,限制其业务范围、责令停止接受新业务或者吊销业务许可证。

第一百七十九条

违反本法规定,构成犯罪的,依法追究刑事责任。

《中华人民共和国反不正当竞争法》(1993年9月2日通过,2019年4月23日修正)

第二十三条

经营者违反本法第十一条[②]规定损害竞争对手商业信誉、商品声誉的,由监督检查部门责令停止违法行为、消除影响,处十万元以上五十万元以下的罚款;情节严重的,处五十万元以上三百万元以下的罚款。

第三十一条

违反本法规定,构成犯罪的,依法追究刑事责任。

【公报案例】

△(**损害商品声誉罪**)被告人为诋毁他人商品声誉,故意夸大、歪曲事实,在公共场所砸毁他人商品,对他人的生产经营活动造成重大损失的,根据《刑法》第二百二十一条规定,其行为构成损害商品声誉罪。[《最高人民法院公报》2004年第6期　陈恩等人损害商品声誉案]

【参考案例】

△损害商业信誉、商品声誉罪中的重大损失,一般是指直接经济损失,但间接经济损失应作为量刑情节考虑。[③]

根据《刑法》第二百二十一条的规定,损害商业信誉、商品声誉必须"给他人造成重大损失或者有其他严重情节"才构成犯罪。由于此种犯罪行

① 《中华人民共和国保险法》(1995年6月30日通过,2015年4月24日第三次修正)
第一百一十六条
保险公司及其工作人员在保险业务活动中不得有下列行为:
……
(十一)以捏造、散布虚假事实等方式损害竞争对手的商业信誉,或者以其他不正当竞争行为扰乱保险市场秩序;
……

② 《中华人民共和国反不正当竞争法》(1993年9月2日通过,2019年4月23日修正)
第十一条
经营者不得编造、传播虚假信息或者误导性信息,损害竞争对手的商业信誉、商品声誉。

③ 相同的学说见解,参见黎宏:《刑法学各论》(第2版),法律出版社2016年版,第191页。

为主要存在于商业活动、竞争之中,其损失的认定比较复杂,有的可以直接计算,有的则只能通过评估的方法加以估算,有的属于直接经济损失,有的属于间接经济损失,应结合具体案件事实来认定。这里的重大损失,一般应是因商业信誉、商品声誉受损而产生的直接经济损失,如商品严重滞销、产品被大量退回、合同被停止履行、企业商誉显著降低、驰名产品声誉受到严重侵损,销售额和利润严重减少、应得收入大量减少、上市公司股票价格大幅度下跌、商誉以及其他无形资产的价值显著降低,等等。应当注意的是,直接经济损失应当既包括有形的、可直接计算的财产损失,如因产品被退回所造成的收入减少,也包括无形的、需加以评估的财产损失,如企业商誉价值的降低,不能将直接经济损失只理解为可以直接计算的损失,而忽略了需通过评估加以测算的损失。但对于被害人为了恢复受到损害的商业信誉和商品声誉所投入的资金(如广告费用等)或者为制止不法侵害事件而增加的开支(如诉讼费用等)等间接经济损失,不应认定为损害商业信誉、商品声誉所造成的损失,一般只在量刑或者附带民事诉讼赔偿时酌情加以考虑。还应强调的是,在具体认定损害行为所造成的经济损失时,应特别注意损害行为与经济损失之间的因果关系,即不能将与捏造并散布虚伪事实的行为无因果关系和不是行为必然造成的损失计算在内。

在王宗达损害商业信誉、商品声誉案中,缙云县人民法院在认定被告人王宗达的行为给他人造成的重大损失时,采信了浙江省无形资产评估事务所出具的《浙江仙都啤酒发展公司商业信誉受侵害资产损失评估报告书》。该报告书认为,王宗达捏造并散布虚伪事实的行为,给浙江仙都啤酒发展公司的企业形象和商品声誉造成了严重损害,导致该公司的产品销售量急剧下降,遭受经济损失共计人民币 290 万元,其中,因产品销售量下降所造成的损失为 121.4 万元,为制止不法侵害事件而增加的开支为 13.6 万元,为重树企业和产品形象而追加的宣传费用为 155 万元。需要指出的是,该报告书中有关为制止不法侵害事件而增加的开支 13.6 万元和为重树企业和产品形象而追加的宣传费用 155 万元,应属于因被告人所实施的犯罪行为所造成的间接经济损失,只有因产品销售量下降所造成的损失 121.4 万元,才属于被告人实施的犯罪行为所造成的直接经济损失。同时,法院判决时有必要对该报告书未予评估计算的被告人实施的犯罪行为给被害人的商誉以及其他无形资产所造成的损失予以充分的考虑。[No. 3-8-221-1　王宗达损害商业信誉、商品声誉案]

第二百二十二条　【虚假广告罪】

广告主、广告经营者、广告发布者违反国家规定,利用广告对商品或者服务作虚假宣传,情节严重的,处二年以下有期徒刑或者拘役,并处或者单处罚金。

【立法理由】

改革开放以来,我国的广告业迅速恢复和发展,广告业在社会主义市场经济中的作用和地位日益重要。我国广告业在快速发展的同时,也存在一些问题,突出表现在:利用广告对商品或者服务作虚假宣传,在广告中夸大产品、服务的功效,欺骗和误导消费者,有的广告甚至有悖社会善良习俗,损害社会公德,贬低竞争对手,进行不正当竞争。**这些问题,不仅影响广告业的声誉,妨碍广告业的健康发展,也严重干扰了社会主义市场经济秩序,损害国家利益、社会公共利益。**[①] 1993 年 9 月 2 日第八届全国人大常委会第三次会议通过的《反不正当竞争法》第二十四条规定:"经营者利用广告或者其他方法,对商品作引人误解的虚假宣传的,监督检查部门应当责令停止违法行为,消除影响,可以根据情节处以一万元以上二十万元以下的罚款。广告的经营者,在明知或者应知的情况下,代理、设计、制作、发布虚假广告的,监督检查部门应当责令停止违法行为,没收违法所得,并依法处以罚款。"1994 年 10 月 27 日第八届全国人大常委会第十次会议通过的《广告法》第三十七条规定:"违反本法规定,利用广告对商品或者服务作虚假宣传的,由广告监督管理机关责令广告主停止发布、并以等额广告费用在相应范

① 我国学者指出,本罪的保护法益是广告的真实性和信用度。参见周光权:《刑法各论》(第 4 版),中国人民大学出版社 2021 年版,第 360 页。

围内公开更正消除影响，并处广告费用一倍以上五倍以下的罚款；对负有责任的广告经营者、广告发布者没收广告费用，并处广告费用一倍以上五倍以下的罚款；情节严重的，依法停止其广告业务。构成犯罪的，依法追究刑事责任。”为了进一步规范广告行为，维护广告市场秩序，**1997年修订刑法时**，对虚假广告情节严重的行为规定为犯罪并予以刑事处罚。

【条文说明】

本条是关于虚假广告罪及其处罚的规定。

本条规定的“虚假广告罪”的犯罪主体是**特殊主体**，即“**广告主、广告经营者、广告发布者**”。根据广告法的规定，“**广告主**”，是指为推销商品或者服务，自行或者委托他人设计、制作、发布广告的自然人、法人或者其他组织；“**广告经营者**”，是指接受委托提供广告设计、制作、代理服务的自然人、法人或者其他组织；“**广告发布者**”，是指为广告主或者广告主委托的广告经营者发布广告的自然人、法人或者其他组织。

本条中的行为人实施了**违反国家规定，利用广告对商品或者服务进行虚假宣传的行为**。这里的“**广告**”，是指商品经营者或者服务提供者承担费用，通过一定媒介和形式直接或者间接地介绍自己所推销的商品或者所提供的服务的商业广告。“**违反国家规定**”，根据《刑法》第九十六条的规定，是指违反全国人大及其常委会制定的法律和决定，国务院制定的行政法规、规定的行政措施、发布的决定和命令。在这里主要是指违反了国家制定发布的有关广告管理的法律、行政法规。广告法规定，广告不得含有虚假或者引人误解的内容，不得欺骗和误导消费者。反不正当竞争法规定，经营者不得对其商品的性能、功能、质量、销售状况、用户评价、曾获荣誉等作虚假或者引人误解的商业宣传，欺骗、误导消费者。经营者不得通过组织虚假交易等方式，帮助其他经营者进行虚假或者引人误解的商业宣传。我国广告法对规范广告活动作了更为具体明确的规定，主要有：广告内容必须真实，广告不得含有虚假或者引人误解的内容，不得欺骗和误导社会公众；广告必须合法，不得损害国家、民族利益和尊严，不得损害社会公众利益、妨碍社会公共秩序和有悖社会善良习俗；广告内容必须准确、清晰等。例如，《广告法》第八条第一款规定：“广告中对商品的性能、功能、产地、用途、质量、成分、价格、生产者、有效期限、允诺等或者对服务的内容、提供者、形式、质量、价格、允诺等有表示的，应当准确、清楚、明白。”第十一条第二款规定：“广告使用数据、统计资料、调查结果、文摘、引用语等引证内容的，应当真实、准确，并表明出处。引证内容有适用范围和有效期限的，应当明确表示。”本条规定的“**利用广告对商品或者服务作虚假宣传**”，就是指违反了上述法律及有关法律、行政法规规定，实施了利用广告这种特殊的传播媒介，对所生产的产品或者提供的服务作夸张、虚伪和不实的宣扬或传播①，足以产生使消费者受到欺骗或误导消费者的消费行为的行为②。

有本条规定的行为，“情节严重的”才构成犯罪。根据《最高人民检察院、公安部关于公安机关管辖的刑事案件立案追诉标准的规定（二）》第七十五条的规定，广告主、广告经营者、广告发布者违反国家规定，利用广告对商品或者服务作虚假宣传，涉嫌下列情形之一的，**应予立案追诉**：(1)违法所得数额在十万元以上的；(2)给单个消费者造成直接经济损失数额在五万元以上的，或者给多个消费者造成直接经济损失数额累计在二十万元以上的；(3)假借预防、控制突发事件的名义，利用广告作虚假宣传，致使多人上当受骗，违法所得数额在三万元以上的；(4)虽未达到上述数额标准，但两年内因利用广告作虚假宣传，受过行政处罚二次以上，又利用广告作虚假宣传的；(5)造成人身伤残的；(6)其他情节严重的情形。对行为人实施的一般虚假广告宣传行为，可以根据广告法或其他有关法律、法规的规定给予相应的行政处罚或者通过民事索赔的方法解决。

根据本条规定，**对虚假广告罪**，处二年以下有期徒刑或者拘役，并处或者单处罚金。此外，根据《刑法》第二百三十一条的规定，**单位犯本条规定之罪的**，对单位判处罚金，并对其直接负责的主管

① 我国学者将“作虚假宣传”区分为两种情况，即“对商品或者服务作夸大失实的宣传”和“对商品或者服务作语意含糊、令人误解的宣传”。参见张明楷：《刑法学》（第6版），法律出版社2021年版，第1080页。另有学者指出，“令人误解的广告”虽然违反了广告必须清楚、明白的义务，但其并未违反广告必须真实的义务，故而不属于虚假广告。参见黎宏：《刑法学各论》（第2版），法律出版社2016年版，第192页。

② 我国学者指出，是否使一般人陷入错误认识，要根据行为当时的具体情况考察，特别是广告的内容。参见张明楷：《刑法学》（第6版），法律出版社2021年版，第1081页；周光权：《刑法各论》（第4版），中国人民大学出版社2021年版，第361页。

人员和其他直接责任人员，依照本条的规定，定罪处罚。

虚假广告行为有时会放大其他犯罪的社会危害性，需要引起重视。有些司法解释已经对相关犯罪中涉及的虚假广告犯罪作了进一步明确和细化，强化各种广告主、广告经营者、广告发布者的责任。例如，《最高人民法院、最高人民检察院关于办理危害食品安全刑事案件适用法律若干问题的解释》第十九条规定："违反国家规定，利用广告对保健食品或者其他食品作虚假宣传，符合刑法第二百二十二条规定的，**以虚假广告罪定罪处罚**。"《最高人民法院关于审理非法集资刑事案件具体应用法律若干问题的解释》第八条规定："广告经营者、广告发布者违反国家规定，利用广告为非法集资活动相关的商品或者服务作虚假宣传，具有下列情形之一的，依照刑法第二百二十二条的规定，**以虚假广告罪定罪处罚**：（一）违法所得数额在10万元以上的；（二）造成严重危害后果或者恶劣社会影响的；（三）二年内利用广告作虚假宣传，受过行政处罚二次以上的；（四）其他情节严重的情形。明知他人从事欺诈发行股票、债券，非法吸收公众存款，擅自发行股票、债券，集资诈骗或者组织、领导传销活动等集资犯罪活动，为其提供广告等宣传的，**以相关犯罪的共犯论处**。"

【司法解释】

《最高人民法院、最高人民检察院关于办理妨害预防、控制突发传染病疫情等灾害的刑事案件具体应用法律若干问题的解释》（法释〔2003〕8号，自2003年5月15日起施行）

△（**假借预防、控制突发传染病疫情等灾害的名义；虚假广告罪**）广告主、广告经营者、广告发布者违反国家规定，假借预防、控制突发传染病疫情等灾害的名义，利用广告对所推销的商品或者服务作虚假宣传，致使多人上当受骗，违法所得数额较大或者有其他严重情节的，依照刑法第二百二十二条的规定，以虚假广告罪定罪处罚。（§ 5）

《最高人民法院关于审理非法集资刑事案件具体应用法律若干问题的解释》［法释〔2010〕18号，自2011年1月4日起施行，该解释已经被《最高人民法院关于修改〈最高人民法院关于审理非法集资刑事案件具体应用法律若干问题的解释〉的决定》（法释〔2022〕5号，自2022年3月1日起施行）修正］

△（**非法集资活动相关的商品或者服务；虚假广告罪；共犯**）广告经营者、广告发布者违反国家规定，利用广告为非法集资活动相关的商品或者服务作虚假宣传，具有下列情形之一的，依照刑法第二百二十二条的规定，以虚假广告罪定罪处罚：

（一）违法所得数额在10万元以上的；

（二）造成严重危害后果或者恶劣社会影响的；

（三）二年内利用广告作虚假宣传，受过行政处罚二次以上的；

（四）其他情节严重的情形。

明知他人从事欺诈发行证券，非法吸收公众存款，擅自发行股票、公司、企业债券，集资诈骗或者组织、领导传销活动等集资犯罪活动，为其提供广告等宣传的，以相关犯罪的共犯论处。（§ 12）

《最高人民法院、最高人民检察院关于办理危害药品安全刑事案件适用法律若干问题的解释》（高检发释字〔2022〕1号，自2022年3月6日起施行）

△（**危害药品安全刑事案件；虚假广告罪**）广告主、广告经营者、广告发布者违反国家规定，利用广告对药品作虚假宣传，情节严重的，依照刑法第二百二十二条的规定，以虚假广告罪定罪处罚。（§ 12）

《最高人民法院、最高人民检察院关于办理危害食品安全刑事案件适用法律若干问题的解释》（法释〔2021〕24号，自2022年1月1日起施行）

△（**保健食品或者其他食品；虚假广告罪；诈骗罪；竞合**）违反国家规定，利用广告对保健食品或者其他食品作虚假宣传，符合刑法第二百二十二条规定的，以虚假广告罪定罪处罚；以非法占有为目的，利用销售保健食品或者其他食品诈骗财物，符合刑法第二百六十六条规定的，以诈骗罪定罪处罚。同时构成生产、销售伪劣产品罪等其他犯罪的，依照处罚较重的规定定罪处罚。（§ 19）

△（**禁止令；行政处罚**）对实施本解释规定之犯罪的犯罪分子，应当依照刑法规定的条件，严格适用缓刑、免予刑事处罚。对于依法适用缓刑的，可以根据犯罪情况，同时宣告禁止令。

对于被不起诉或者免予刑事处罚的行为人，需要给予行政处罚、政务处分或者其他处分的，依法移送有关主管机关处理。（§ 22）

△（**单位犯罪**）单位实施本解释规定的犯罪的，对单位判处罚金，并对直接负责的主管人员和其他直接责任人员，依照本解释规定的定罪量刑标准处罚。（§ 23）

【司法解释性文件】

《最高人民法院、最高人民检察院、公安部、司法部关于依法惩治妨害新型冠状病毒感染肺炎疫情防控违法犯罪的意见》(法发〔2020〕7号,2020年2月6日发布)

△(**肺炎疫情防控;诈骗罪;虚假广告罪;聚众哄抢罪**)依法严惩诈骗、聚众哄抢犯罪。在疫情防控期间,假借研制、生产或者销售用于疫情防控的物品的名义骗取公私财物,或者捏造事实骗取公众捐赠款物,数额较大的,依照刑法第二百六十六条的规定,以诈骗罪定罪处罚。

在疫情防控期间,违反国家规定,假借疫情防控的名义,利用广告对所推销的商品或者服务作虚假宣传,致使多人上当受骗,违法所得数额较大或者有其他严重情节的,依照刑法第二百二十二条的规定,以虚假广告罪定罪处罚。

在疫情防控期间,聚众哄抢公私财物特别是疫情防控和保障物资,数额较大或者有其他严重情节的,对首要分子和积极参加者,依照刑法第二百六十八条的规定,以聚众哄抢罪定罪处罚。(§ 2 V)

△(**治安管理处罚;从重情节**)依法严惩妨害疫情防控的违法行为。实施上述(一)至(九)规定的行为,不构成犯罪的,由公安机关根据治安管理处罚法有关虚构事实扰乱公共秩序,扰乱单位秩序、公共场所秩序、寻衅滋事,拒不执行紧急状态下的决定、命令,阻碍执行职务,冲闯警戒带、警戒区,殴打他人,故意伤害,侮辱他人,诈骗,在铁路沿线非法挖掘坑穴、采石取沙,盗窃、损毁路面公共设施,损毁铁路设施设备,故意损毁财物、哄抢公私财物等规定,予以治安管理处罚,或者由有关部门予以其他行政处罚。

对于在疫情防控期间实施有关违法犯罪的,要作为从重情节予以考量,依法体现从严的政策要求,有力惩治震慑违法犯罪,维护法律权威,维护社会秩序,维护人民群众生命安全和身体健康。(§ 2 X)

《最高人民检察院、公安部关于公安机关管辖的刑事案件立案追诉标准的规定(二)》(公通字〔2022〕12号,2022年4月6日公布)

△(**虚假广告罪;立案追诉标准**)广告主、广告经营者、广告发布者违反国家规定,利用广告对商品或者服务作虚假宣传,涉嫌下列情形之一的,应予立案追诉:

(一)违法所得数额在十万元以上的;

(二)假借预防、控制突发事件、传染病防治的名义,利用广告作虚假宣传,致使多人上当受骗,违法所得数额在三万元以上的;

(三)利用广告对食品、药品作虚假宣传,违法所得数额在三万元以上的;

(四)虽未达到上述数额标准,但二年内因利用广告作虚假宣传受过二次以上行政处罚,又利用广告作虚假宣传的;

(五)造成严重危害后果或者恶劣社会影响的;

(六)其他情节严重的情形。(§ 67)

【附属刑法】

《中华人民共和国反不正当竞争法》(1993年9月2日通过,2019年4月23日修正)

第二十条

Ⅰ经营者违反本法第八条①规定对其商品作虚假或者引人误解的商业宣传,或者通过组织虚假交易等方式帮助其他经营者进行虚假或者引人误解的商业宣传的,由监督检查部门责令停止违法行为,处二十万元以上一百万元以下的罚款;情节严重的,处一百万元以上二百万元以下的罚款,可以吊销营业执照。

Ⅱ经营者违反本法第八条规定,属于发布虚假广告的,依照《中华人民共和国广告法》的规定处罚。

第三十一条

违反本法规定,构成犯罪的,依法追究刑事责任。

《中华人民共和国消费者权益保护法》(1993年10月31日通过,2013年10月25日第二次修正)

第五十六条

Ⅰ经营者有下列情形之一,除承担相应的民事责任外,其他有关法律、法规对处罚机关和处罚方式有规定的,依照法律、法规的规定执行;法律、法规未作规定的,由工商行政管理部门或者其他

---

① 《中华人民共和国反不正当竞争法》(1993年9月2日通过,2019年4月23日修正)

第八条

Ⅰ经营者不得对其商品的性能、功能、质量、销售状况、用户评价、曾获荣誉等作虚假或者引人误解的商业宣传,欺骗、误导消费者。

Ⅱ经营者不得通过组织虚假交易等方式,帮助其他经营者进行虚假或者引人误解的商业宣传。

有关行政部门责令改正，可以根据情节单处或者并处警告、没收违法所得、处以违法所得一倍以上十倍以下的罚款，没有违法所得的，处以五十万元以下的罚款；情节严重的，责令停业整顿、吊销营业执照：

……

（六）对商品或者服务作虚假或者引人误解的宣传的；

……

Ⅱ经营者有前款规定情形的，除依照法律、法规规定予以处罚外，处罚机关应当记入信用档案，向社会公布。

第五十七条

经营者违反本法规定提供商品或者服务，侵害消费者合法权益，构成犯罪的，依法追究刑事责任。

《中华人民共和国旅游法》（2013年4月25日通过，2018年10月26日第二次修正）

第九十七条

旅行社违反本法规定，有下列行为之一的，由旅游主管部门或者有关部门责令改正，没收违法所得，并处五千元以上五万元以下罚款；违法所得五万元以上的，并处违法所得一倍以上五倍以下罚款；情节严重的，责令停业整顿或者吊销旅行社业务经营许可证；对直接负责的主管人员和其他直接责任人员，处二千元以上二万元以下罚款：

（一）进行虚假宣传，误导旅游者的；

……

第一百一十条

违反本法规定，构成犯罪的，依法追究刑事责任。

《中华人民共和国节约能源法》（1997年11月1日通过，2018年10月26日第二次修正）

第七十三条

Ⅲ伪造、冒用能源效率标识或者利用能源效率标识进行虚假宣传的，由市场监督管理部门责令改正，处五万元以上十万元以下罚款；情节严重的，吊销营业执照。

第八十条

房地产开发企业违反本法规定，在销售房屋时未向购买人明示所售房屋的节能措施、保温工程保修期等信息的，由建设主管部门责令限期改正，逾期不改正的，处三万元以上五万元以下罚款；对以上信息作虚假宣传的，由建设主管部门责令改正，处五万元以上二十万元以下罚款。

第八十五条

违反本法规定，构成犯罪的，依法追究刑事责任。

《中华人民共和国电子商务法》（2018年8月31日通过）

第八十五条　电子商务经营者违反本法规定，销售的商品或者提供的服务不符合保障人身、财产安全的要求，实施虚假或者引人误解的商业宣传等不正当竞争行为，滥用市场支配地位，或者实施侵犯知识产权、侵害消费者权益等行为的，依照有关法律的规定处罚。

第八十八条　违反本法规定，构成违反治安管理行为的，依法给予治安管理处罚；构成犯罪的，依法追究刑事责任。

《中华人民共和国广告法》（1994年10月27日通过，2021年4月29日第二次修正）

第五十五条

Ⅰ违反本法规定，发布虚假广告的，由市场监督管理部门责令停止发布广告，责令广告主在相应范围内消除影响，处广告费用三倍以上五倍以下的罚款，广告费用无法计算或者明显偏低的，处二十万元以上一百万元以下的罚款；两年内有三次以上违法行为或者有其他严重情节的，处广告费用五倍以上十倍以下的罚款，广告费用无法计算或者明显偏低的，处一百万元以上二百万元以下的罚款，可以吊销营业执照，并由广告审查机关撤销广告审查批准文件、一年内不受理其广告审查申请。

Ⅱ医疗机构有前款规定违法行为，情节严重的，除由市场监督管理部门依照本法处罚外，卫生行政部门可以吊销诊疗科目或者吊销医疗机构执业许可证。

Ⅲ广告经营者、广告发布者明知或者应知广告虚假仍设计、制作、代理、发布的，由市场监督管理部门没收广告费用，并处广告费用三倍以上五倍以下的罚款，广告费用无法计算或者明显偏低的，处二十万元以上一百万元以下的罚款；两年内有三次以上违法行为或者有其他严重情节的，处广告费用五倍以上十倍以下的罚款，广告费用无法计算或者明显偏低的，处一百万元以上二百万元以下的罚款，并可以由有关部门暂停广告发布业务、吊销营业执照。

Ⅳ广告主、广告经营者、广告发布者有本条第一款、第三款规定行为，构成犯罪的，依法追究刑事责任。

《中华人民共和国食品安全法》（2009年2月28日通过，2021年4月29日第二次修正）

第一百四十条

Ⅰ违反本法规定，在广告中对食品作虚假宣

传，欺骗消费者，或者发布未取得批准文件、广告内容与批准文件不一致的保健食品广告的，依照《中华人民共和国广告法》的规定给予处罚。

Ⅱ广告经营者、发布者设计、制作、发布虚假食品广告，使消费者的合法权益受到损害的，应当与食品生产经营者承担连带责任。

Ⅲ社会团体或者其他组织、个人在虚假广告或者其他虚假宣传中向消费者推荐食品，使消费者的合法权益受到损害的，应当与食品生产经营者承担连带责任。

Ⅳ违反本法规定，食品安全监督管理等部门、食品检验机构、食品行业协会以广告或者其他形式向消费者推荐食品，消费者组织以收取费用或者其他牟取利益的方式向消费者推荐食品的，由有关主管部门没收违法所得，依法对直接负责的主管人员和其他直接责任人员给予记大过、降级或者撤职处分；情节严重的，给予开除处分。

Ⅴ对食品作虚假宣传且情节严重的，由省级以上人民政府食品安全监督管理部门决定暂停销售该食品，并向社会公布；仍然销售该食品的，由县级以上人民政府食品安全监督管理部门没收违法所得和违法销售的食品，并处二万元以上五万元以下罚款。

第一百四十九条

违反本法规定，构成犯罪的，依法追究刑事责任。

《中华人民共和国种子法》（2000年7月8日通过，2021年12月24日第三次修正）

第七十七条

Ⅰ违反本法第二十一条、第二十二条、第二十三条规定，有下列行为之一的，由县级以上人民政府农业农村、林业草原主管部门责令停止违法行为，没收违法所得和种子，并处二万元以上二十万元以下罚款：

（一）对应当审定未经审定的农作物品种进行推广、销售的；

（二）作为良种推广、销售应当审定未经审定的林木品种的；

（三）推广、销售应当停止推广、销售的农作物品种或者林木良种的；

（四）对应当登记未经登记的农作物品种进行推广，或者以登记品种的名义进行销售的；

（五）对已撤销登记的农作物品种进行推广，或者以登记品种的名义进行销售的。

Ⅱ违反本法第二十三条、第四十一条规定，对应当审定未经审定或者应当登记未经登记的农作物品种发布广告，或者广告中有关品种的主要性状描述的内容与审定、登记公告不一致的，依照《中华人民共和国广告法》的有关规定追究法律责任。

第八十九条

违反本法规定，构成犯罪的，依法追究刑事责任。

第二百二十三条　【串通投标罪】

投标人相互串通投标报价，损害招标人或者其他投标人利益，情节严重的，处三年以下有期徒刑或者拘役，并处或者单处罚金。

投标人与招标人串通投标，损害国家、集体、公民的合法利益的，依照前款的规定处罚。

【立法理由】

竞争是市场经济最基本的运行机制。竞争过程中会出现正当的竞争和不正当的竞争行为，各种不正当的竞争行为往往造成**对公平竞争秩序的严重破坏，影响市场经济的健康发展**。投标、招标活动中也存在不正当的竞争行为，损害招标人、投标人的利益。1993年9月2日第八届全国人大常委会第三次会议通过的《反不正当竞争法》第十五条规定："投标者不得串通投标，抬高标价或者压低标价。投标者和招标者不得相互勾结，以排挤竞争对手的公平竞争。"为了进一步惩治在投标、招标中的徇私舞弊的行为，**1997年修订刑法时**增加了这一规定。

【条文说明】

本条是关于串通投标罪及其处罚的规定。

本条共分为两款。

第一款是关于投标人相互串通投标报价，损害招标人或者其他投标人利益的犯罪及其处罚的规定。其中，"**投标人**"根据招标投标法的规定，是指响应招标、参加投标竞争的法人或者其他组织[①];“**相互串通投标报价**”,是指投标人在投标中,包括投标前和投标过程中,串通一气,商量好采取抬高标价或者压低标价等行为,既包括多方相互串通,也包括多方串通;“**招标人**”根据招标投标法的规定,是指提出招标项目、进行招标的法人或者其他组织。招标投标法规定,招标投标活动应当遵循公开、公平、公正和诚实信用的原则。投标人不得相互串通投标报价,不得排挤其他投标人,损害招标人或者其他投标人的合法权益。“**损害招标人或者其他投标人利益**”,是指由于投标人相互串通投标报价而使招标人无法达到最佳的竞标结果或者其他投标人无法在公平竞争的条件下参与投标竞争而受到损害的情况,包括已经造成损害和造成潜在的损害两种情况。根据本款规定,投标人相互串通投标报价,损害招标人或者其他投标人利益,**“情节严重的”才构成犯罪**。[②]本款在刑罚规定中,还规定了“并处或者单处罚金”,即人民法院在对罪犯依法科以自由刑外,还应当根据案件的情况和本条的规定,对罪犯并处或者单处罚金刑。

第二款是关于投标人与招标人串通投标,损害国家、集体、公民的合法利益的犯罪及其处罚的规定。招标投标法规定,投标人不得与招标人串通投标,损害国家利益、社会公共利益或者他人的合法权益。[③] 这里的“**串通投标**”是指投标人与招标人私下串通,事先根据招标底价确定投标报价、中标价格,而不是在公平竞争的条件下确定中标价格,从而破坏招标公正的行为。

根据本条规定,**对投标人相互串通投标报价,损害招标人或者其他投标人利益,或者投标人与招标人串通投标,损害国家、集体、公民的合法利益的行为**,处三年以下有期徒刑或者拘役,并处或者单处罚金。此外,根据本法第二百三十一条的规定,**单位犯本条规定之罪的**,对单位判处罚金,并对其直接负责的主管人员和其他直接责任人员,依照本条的规定,定罪处罚。在具体立案标准上,根据《最高人民检察院、公安部关于公安机关管辖的刑事案件立案追诉标准的规定(二)》第七十六条的规定,投标人相互串通投标报价,或者投标人与招标人串通投标,涉嫌下列情形之一的,**应予立案追诉**:(1)损害招标人、投标人或者国家、集体、公民的合法利益,造成直接经济损失数额在五十万元以上的;(2)违法所得数额在十万元以上的;(3)中标项目金额在二百万元以上的;(4)采取威胁、欺骗或者贿赂等非法手段的;(5)虽未达到上述数额标准,但两年内因串通投标,受过行政处罚二次以上,又串通投标的;(6)其他情节严重的情形。

实践中除串通投标以外,还存在**串通拍卖、串通挂牌等行为**。对于串通拍卖、串通挂牌的行为能否按照串通投标罪规定惩处,认识上存在一定的分歧。实质上,招投标、拍卖和挂牌是不同的交易方式和法律行为。《招标投标法》第五十条、第五十二条、第五十三条、第五十四条、第五十六条等都对追究刑事责任作了衔接性规定,而拍卖法和有关挂牌活动的规定(如《招标拍卖挂牌出让国有建设用地使用权规定》)则没有追究刑事责任的规定。从社会危害性来看,招投标主要适用于工程建设、购买设备等项目,串通投标的社会危害性一般大于串通拍卖、串通挂牌。对于在拍卖、挂牌过程中参与人相互串通竞买报价,违背公平竞争原则,给他人造成损害或者损失的,**应依照拍卖法等有关法律法规予以处罚,不宜依照本条规定的串通投标罪定罪处罚**。此外,在拍卖、挂牌过程中有贿赂等其他犯罪行为的,依照刑法的有关规定追究刑事责任。相关监管人员,如土地行政主管工作人员在拍卖、挂牌过程中有玩忽职守、滥用职权、徇私舞弊犯罪行为的,依照刑法的相关规定追究刑事责任。

【司法解释性文件】

《最高人民检察院、公安部关于公安机关管辖的刑事案件立案追诉标准的规定(二)》(公通字〔2022〕12号,2022年4月6日公布)

△(**串通投标罪;立案追诉标准**)投标人相互串通投标报价,或者投标人与招标人串通投标,涉嫌下列情形之一的,应予立案追诉:

---

① 我国学者指出,本罪的行为主体是自然人。并且,应将《刑法》第二百二十三条中的招标人与投标人,解释为主管、负责、参与招标、投标事项的人,而不能完全按照《招标投标法》第八条及第二十五条的规定进行解释。参见张明楷:《刑法学》(第6版),法律出版社2021年版,第1082页。

② 我国学者指出,由于本罪属于破坏公平的市场经济秩序的犯罪,因此,在“情节严重”的认定上,不能仅考虑行为给其他招、投标人所造成的具体经济损失。参见黎宏:《刑法学各论》(第2版),法律出版社2016年版,第194页。

③ 我国学者指出,串通投标的行为类型社会危害性较大,不需要以“情节严重”作为犯罪成立要件。参见赵秉志、李希慧主编:《刑法各论》(第3版),中国人民大学出版社2016年版,第175页;周光权:《刑法各论》(第4版),中国人民大学出版社2021年版,第362页;高铭暄、马克昌主编:《刑法学》(第7版),北京大学出版社、高等教育出版社2016年版,第443页。

（一）损害招标人、投标人或者国家、集体、公民的合法利益，造成直接经济损失数额在五十万元以上的；

（二）违法所得数额在二十万元以上的；

（三）中标项目金额在四百万元以上的；

（四）采取威胁、欺骗或者贿赂等非法手段的；

（五）虽未达到上述数额标准，但二年内因串通投标受过二次以上行政处罚，又串通投标的；

（六）其他情节严重的情形。（§ 68）

【附属刑法】

《中华人民共和国招标投标法》（1999年8月30日通过，2017年12月27日修正）

第五十三条

投标人相互串通投标或者与招标人串通投标的，投标人以向招标人或者评标委员会成员行贿的手段谋取中标的，中标无效，处中标项目金额千分之五以上千分之十以下的罚款，对单位直接负责的主管人员和其他直接责任人员处单位罚款数额百分之五以上百分之十以下的罚款；有违法所得的，并处没收违法所得；情节严重的，取消其一年至二年内参加依法必须进行招标的项目的投标资格并予以公告，直至由工商行政管理机关吊销营业执照；构成犯罪的，依法追究刑事责任。给他人造成损失的，依法承担赔偿责任。

《中华人民共和国政府采购法》（2002年6月29日通过，2014年8月31日修正）

第七十二条

采购人、采购代理机构及其工作人员有下列情形之一，构成犯罪的，依法追究刑事责任；尚不构成犯罪的，处以罚款，有违法所得的，并处没收违法所得，属于国家机关工作人员的，依法给予行政处分：

（一）与供应商或者采购代理机构恶意串通的；

……

（四）开标前泄露标底的。

第七十七条

Ⅰ供应商有下列情形之一的，处以采购金额千分之五以上千分之十以下的罚款，列入不良行为记录名单，在一至三年内禁止参加政府采购活动，有违法所得的，并处没收违法所得，情节严重的，由工商行政管理机关吊销营业执照；构成犯罪的，依法追究刑事责任：

……

（二）采取不正当手段诋毁、排挤其他供应商的；

（三）与采购人、其他供应商或者采购代理机构恶意串通的；

……

（五）在招标采购过程中与采购人进行协商谈判的；

……

Ⅱ供应商有前款第（一）至（五）项情形之一的，中标、成交无效。

第七十八条

采购代理机构在代理政府采购业务中有违法行为的，按照有关法律规定处以罚款，可以在一至三年内禁止其代理政府采购业务，构成犯罪的，依法追究刑事责任。

《中华人民共和国基本医疗卫生与健康促进法》（2019年12月28日通过）

第一百零三条

违反本法规定，参加药品采购投标的投标人以低于成本的报价竞标，或者以欺诈、串通投标、滥用市场支配地位等方式竞标的，由县级以上人民政府医疗保障主管部门责令改正，没收违法所得；中标的，中标无效，处中标项目金额千分之五以上千分之十以下的罚款，对法定代表人、主要负责人、直接负责的主管人员和其他责任人员处对单位罚款数额百分之五以上百分之十以下的罚款；情节严重的，取消其二年至五年内参加药品采购投标的资格并予以公告。

第一百零六条

违反本法规定，构成犯罪的，依法追究刑事责任；造成人身、财产损害的，依法承担民事责任。

第二百二十四条　【合同诈骗罪】

有下列情形之一，以非法占有为目的，在签订、履行合同过程中，骗取对方当事人财物，数额较大的，处三年以下有期徒刑或者拘役，并处或者单处罚金；数额巨大或者有其他严重情节的，处三年以上十年以下有期徒刑，并处罚金；数额特别巨大或者有其他特别严重情节的，处十年以上有期徒刑或者无期徒刑，并处罚金或者没收财产：

（一）以虚构的单位或者冒用他人名义签订合同的；

（二）以伪造、变造、作废的票据或者其他虚假的产权证明作担保的；

（三）没有实际履行能力，以先履行小额合同或者部分履行合同的方法，诱骗对方当事人继续签订和履行合同的；

（三）收受对方当事人给付的货物、货款、预付款或者担保财产后逃匿的；

（五）以其他方法骗取对方当事人财物的。

【立法理由】

在我国经济活动中，利用合同进行诈骗的情况屡有发生。在执法中，合同诈骗与**经济合同纠纷**往往难以区分。为解决这一执法问题，**1997年修订刑法时**，根据合同诈骗犯罪的实际情况和司法实践经验，规定了合同诈骗罪，为执法部门提供了具体明确的法律依据。

【条文说明】

本条是关于合同诈骗罪及其处罚的规定。

本条规定的犯罪是在签订合同或者履行合同过程中实施的。这里所讲的“**合同**”，主要是指受法律保护的各类经济合同，如供销合同、借贷合同等①，只要行为人在签订、履行合同中②，其行为特征符合本条规定，即构成合同诈骗罪。

根据本条规定，合同诈骗罪具有以下特征：

1. 行为人在主观上具有**“非法占有”的目的**，这是构成本条规定之罪的主观要件。非法占有的目的，一般来说，可以从行为人的行为判断出来，如行为人自始根本没有履行合同的条件，也没有去创造履行合同的条件或者无意履行或者携款潜逃等。③

2. 行为人实施了**本条规定的诈骗行为**。本条共列举了五项犯罪行为：（1）**以虚构的单位或者冒用他人名义签订合同的**，即虚构合同主体的情形。其中“**虚构的单位**”，是指以根本不存在的单位的名义订立合同；“**冒用他人名义**”，是指未经他人允许或委托而采取他人的名义，即冒名订立合同的行为。（2）**以伪造、变造、作废的票据或者其他虚假的产权证明作担保的**，即虚构担保。在签订合同时，根据法律、法规的规定或者对方当事人的要求，出具合同担保是减少合同风险和保障合同履行的常规做法。这里所说的“**票据**”，主要指的是汇票、本票、支票等金融票据。“**产权证明**”包括土地使用证、房屋所有权证、股权、期权证明以及其他能证明动产、不动产权属的各种有效证明文件。采用虚构的担保文件的方式欺骗对方当事人而与其签订、履行合同，是合同诈骗中一种常见的方式。（3）**没有实际履行能力，以先履行小额合同或者部分履行合同的方法，诱骗对方当事人继续签订和履行合同的**。这是通常讲的“钓鱼式合同”，即行为人以履行小额合同或者部分履

① 本罪中的“合同”不限于书面合同，也包括口头合同。不过，就合同内容而言，宜限于经济合同（不包括单纯的借款合同），即合同的内容是通过市场行为获得利润。参见黎宏：《刑法学各论》（第2版），法律出版社2016年版，第195页。另有学者指出，本罪的合同必须能够体现市场经济关系。在不违背罪刑法定原则的前提下，除利用经济合同之外，还可能存在着利用其他合同进行诈骗且足以扰乱市场秩序的行为。至于口头合同，基于证据的客观可见性要求，应从严把握，一般情形下不应将其认定为合同诈骗罪所指向的合同。参见周光权：《刑法各论》（第4版），中国人民大学出版社2021年版，第365页。刘志伟教授则主张应从以下三个方面来判断，合同是否体现市场交易关系：（1）合同是否发生在平等主体之间；（2）合同是否规定了财产流转的关系；（3）合同内容是否具有双务、有偿性。参见高铭暄、马克昌主编：《刑法学》（第7版），北京大学出版社、高等教育出版社2016年版，第444页。

② 我国学者指出，在签订合同时具有非法占有目的，但在履行过程中由于某种原因而放弃非法占有目的，积极履行全部合同义务，不应认定为合同诈骗罪。参见黎宏：《刑法学各论》（第2版），法律出版社2016年版，第196—197页。

③ 我国学者指出，非法占有目的既可以存在于签订合同时，也可以存在于履行合同的过程中，但非法占有目的必须存在于诈骗行为时。如果产生非法占有目的后，并未实施诈骗行为，则不成立本罪。参见张明楷：《刑法学》（第6版），法律出版社2021年版，第1086页。另有学者指出，按照行为与责任同在的原理，仅限于财物处于他人控制之下，行为人欺骗对方，对方由此上当受骗的，才成立本罪。参见周光权：《刑法各论》（第4版），中国人民大学出版社2021年版，第367页。

行合同为诱饵,骗取对方当事人的信任后,继续与其签订合同,以骗取更多的财物的情况。(4)**收受对方当事人给付的货物、货款、预付款或者担保财产后逃匿的**。这是指行为人一旦收受了对方当事人按合同约定给付的上述财产后,一逃了之的行为。[①] 这里的"**逃匿**"即指行为人采取使对方当事人无法寻找到的任何逃跑、隐藏、躲避的方式。(5)**以其他方法骗取对方当事人财物的**。这一项规定是指采取上述四项规定以外的其他方法骗取对方当事人财物的行为,这是为了适应这类犯罪的多样性、复杂性而规定的。

3. **行为人骗取对方当事人财物达到数额较大的才构成犯罪**,数额不大的不构成犯罪。根据《最高人民检察院、公安部关于公安机关管辖的刑事案件立案追诉标准的规定(二)》第七十七条的规定,以非法占有为目的,在签订、履行合同过程中,骗取对方当事人财物,数额在二万元以上的,**应予立案追诉**。

本条对合同诈骗罪刑罚的规定分为三档。第一档刑罚为**数额较大的**,处三年以下有期徒刑或者拘役,并处或者单处罚金;第二档刑罚为**数额巨大或者有其他严重情节的**,处三年以上十年以下有期徒刑,并处罚金;第三档刑罚为**数额特别巨大或者有其他特别严重情节的**,处十年以上有期徒刑或者无期徒刑,并处罚金或者没收财产。此外,根据《刑法》第二百三十一条的规定,**单位犯本条规定之罪的**,对单位判处罚金,并对其直接负责的主管人员和其他直接责任人员,依照本条的规定,定罪处罚。

实践中需要注意以下两个方面的问题:

1. 实践中关于本条规定的"合同"的范围和订立形式存在一定的分歧。一般认为,**构成合同诈骗罪的"合同"必须要能够体现一定的市场经济属性,体现财产转移或者交易功能,为行为人带来财产及财产性利益**。对于一些非经济属性的合同,诸如监护、收养、抚养等有关身份关系的合同或协议,应当排除在外。同时,随着社会的发展,特别是在信息时代,订立合同的方式不断翻新。例如,根据2020年5月28日第十三届全国人大第三次会议审议通过的《民法典》第四百六十九条第三款的规定,以电子数据交换、电子邮件等方式能够有形地表现所载内容,并可以随时调取查用的数据电文,视为书面形式订立合同。因此,对于"合同"的订立方式,不管是以口头形式、书面形式还是其他形式签订,只要能够具备合同的本质特征,即属于本条中的"合同"。

2. **实践中行为人是否具有"非法占有的目的",是认定合同诈骗罪的重点和难点**。一般可以考虑从以下几个方面进行判断:其一,行为人是否具有签订、履行合同的条件,是否创造虚假条件;其二,行为人在签订合同时有无履约能力;其三,行为人在签订和履行合同过程中有无诈骗行为;其四,行为人在签订合同后有无履行合同的实际行为;其五,行为人对取得财物的处置情况,是否有挥霍、挪用及携款潜逃等行为等。实践中,对于符合合同诈骗罪所列具体情形的,在判断上比较容易。但是对于本条规定的第五种情况,即"以其他方法骗取对方当事人财物的"规定,就需要根据案件的具体情况,综合判断行为人的非法占有目的,以确定诈骗行为。

【司法解释性文件】

《最高人民法院、最高人民检察院关于常见犯罪的量刑指导意见(试行)》(法发〔2021〕21号,2021年6月6日发布)

△**(合同诈骗罪;量刑)**

1. 构成合同诈骗罪的,根据下列情形在相应的幅度内确定量刑起点:

(1)达到数额较大起点的,在一年以下有期徒刑、拘役幅度内确定量刑起点。

(2)达到数额巨大起点或者有其他严重情节的,在三年至四年有期徒刑幅度内确定量刑起点。

(3)达到数额特别巨大起点或者有其他特别严重情节的,在十年至十二年有期徒刑幅度内确定量刑起点。依法应当判处无期徒刑的除外。

2. 在量刑起点的基础上,根据合同诈骗数额等其他影响犯罪构成的犯罪事实增加刑罚量,确定基准刑。

3. 构成合同诈骗罪的,根据诈骗手段、犯罪数额、损失数额、危害后果等犯罪情节,综合考虑被告人缴纳罚金的能力,决定罚金数额。

4. 构成合同诈骗罪的,综合考虑诈骗手段、犯罪数额、危害后果、退赃退赔等犯罪事实、量刑情节,以及被告人主观恶性、人身危险性、认罪悔罪表现等因素,决定缓刑的适用。

《最高人民检察院、公安部关于公安机关管辖的刑事案件立案追诉标准的规定(二)》(公通字

① 行为人在收受对方当事人所给付的货物、货款、预付款或者担保财产之前,必须存在非法占有目的。并且,对方之所以给付货物、货款、预付款或者担保财产,必须是由于行为人的诈骗行为所致。参见张明楷:《刑法学》(第6版),法律出版社2021年版,第1085—1086页。

〔2022〕12号,2022年4月6日公布)

△(**合同诈骗罪;立案追诉标准**)以非法占有为目的,在签订、履行合同过程中,骗取对方当事人财物,数额在二万元以上的,应予立案追诉。(§69)

【附属刑法】

《中华人民共和国公司法》(1993年12月29日通过,2018年10月28日第四次修正)

第二百一十条

未依法登记为有限责任公司或者股份有限公司,而冒用有限责任公司或者股份有限公司名义的,或者未依法登记为有限责任公司或者股份有限公司的分公司,而冒用有限责任公司或者股份有限公司的分公司名义的,由公司登记机关责令改正或者予以取缔,可以并处十万元以下的罚款。

第二百一十五条

违反本法规定,构成犯罪的,依法追究刑事责任。

《中华人民共和国保险法》(1995年6月30日通过,2015年4月24日第三次修正)

第一百六十一条

保险公司有本法第一百一十六条规定行为之一的①,由保险监督管理机构责令改正,处五万元以上三十万元以下的罚款;情节严重的,限制其业务范围、责令停止接受新业务或者吊销业务许可证。

第一百六十五条

保险代理机构、保险经纪人有本法第一百三十一条规定行为之一的②,由保险监督管理机构责令改正,处五万元以上三十万元以下的罚款;情节严重的,吊销业务许可证。

第一百七十九条

违反本法规定,构成犯罪的,依法追究刑事责任。

《中华人民共和国招标投标法》(1999年8月30日通过,2017年12月27日修正)

第五十四条

Ⅰ投标人以他人名义投标或者以其他方式弄虚作假,骗取中标的,中标无效,给招标人造成损失的,依法承担赔偿责任;构成犯罪的,依法追究刑事责任。

Ⅱ依法必须进行招标的项目的投标人有前款所列行为尚未构成犯罪的,处中标项目金额千分之五以上千分之十以下的罚款,对单位直接负责的主管人员和其他直接责任人员处单位罚款数额百分之五以上百分之十以下的罚款;有违法所得的,并处没收违法所得;情节严重的,取消其一年至三年内参加依法必须进行招标的项目的投标资格并予以公告,直至由工商行政管理机关吊销营业执照。

《中华人民共和国建筑法》(1997年11月1日通过,2019年4月23日第二次修正)

第六十五条

Ⅰ发包单位将工程发包给不具有相应资质条件的承包单位的,或者违反本法规定将建筑工程肢解发包的,责令改正,处以罚款。

Ⅱ超越本单位资质等级承揽工程的,责令停止违法行为,处以罚款,可以责令停业整顿,降低资质等级;情节严重的,吊销资质证书;有违法所得的,予以没收。

Ⅲ未取得资质证书承揽工程的,予以取缔,并处罚款;有违法所得的,予以没收。

Ⅳ以欺骗手段取得资质证书的,吊销资质证书,处以罚款;构成犯罪的,依法追究刑事责任。

---

① 《中华人民共和国保险法》(1995年6月30日通过,2015年4月24日第三次修正)
第一百一十六条
保险公司及其工作人员在保险业务活动中不得有下列行为:
(一)欺骗投保人、被保险人或者受益人;
(二)对投保人隐瞒与保险合同有关的重要情况;
(三)阻碍投保人履行本法规定的如实告知义务,或者诱导其不履行本法规定的如实告知义务;
……

② 《中华人民共和国保险法》(1995年6月30日通过,2015年4月24日第三次修正)
第一百三十一条
保险代理人、保险经纪人及其从业人员在办理保险业务活动中不得有下列行为:
(一)欺骗保险人、投保人、被保险人或者受益人;
(二)隐瞒与保险合同有关的重要情况;
(三)阻碍投保人履行本法规定的如实告知义务,或者诱导其不履行本法规定的如实告知义务;
……

《中华人民共和国政府采购法》(2002 年 6 月 29 日通过,2014 年 8 月 31 日修正)

第七十七条

Ⅰ供应商有下列情形之一的,处以采购金额千分之五以上千分之十以下的罚款,列入不良行为记录名单,在一至三年内禁止参加政府采购活动,有违法所得的,并处没收违法所得,情节严重的,由工商行政管理机关吊销营业执照;构成犯罪的,依法追究刑事责任:

(一)提供虚假材料谋取中标、成交的;

……

Ⅱ供应商有前款第(一)至(五)项情形之一的,中标、成交无效。

《中华人民共和国邮政法》(1986 年 12 月 2 日通过,2015 年 4 月 24 日第二次修正)

第七十九条

冒用邮政企业名义或者邮政专用标志,或者伪造邮政专用品或者倒卖伪造的邮政专用品的,由邮政管理部门责令改正,没收伪造的邮政专用品以及违法所得,并处一万元以上五万元以下的罚款。

第八十二条

违反本法规定,构成犯罪的,依法追究刑事责任。

【参考案例】

△公司业务员冒用公司名义与他人签订合同,违规收取货款的,应以合同诈骗罪论处。

(一)被告人谭某非法占有的款项属于纸箱厂的货款,因此其行为不构成职务侵占罪或挪用资金罪

界定被告人谭某行为性质的关键在于其非法占有款项的归属性质,如果谭某占有的该款项应属其所在单位即煤气公司所有,则谭某的行为可能构成职务侵占罪或挪用资金罪;如果该款项的性质仍属于纸箱厂支付给谭某个人的货款,则谭某的行为属于合同诈骗性质。

1. 谭某的行为不能成立表见代理,谭某收取的纸箱厂的预付款不属于煤气公司所有。表见代理,又称表示代理或表现代理,是指行为人虽无代理权或超越代理权,但善意相对人客观上有充分理由相信行为人具有代理权,而与其为民事法律行为,该民事法律行为的后果直接由被代理人承担。表见代理的构成要件有以下几方面:首先,代理人须以被代理人的名义与第三人缔结民事关系;其次,代理人与相对人所实施的民事行为本身不存在依法应当属于无效或应当撤销的内容;再次,代理人具有被授权的表象,能够使第三人在主观上形成该代理人不容怀疑的具有代理权的认识;最后,第三人主观上须为善意且无过失,即第三人不是明知,也不是由于自己疏忽大意,而是有正当理由相信行为人有代理权。

根据谭某合同诈骗案案情,被告人谭某的行为不能成立表见代理。首先,被告人谭某为了使纸箱厂与其签订合同,消除其关于定价过低的疑惑,故意欺骗纸箱厂,称其公司卖出的液化气来源系走私,故低于市场价格。而纸箱厂信服了谭某给出的理由,并与其签订了买卖协议。由于纸箱厂在签订此合同时,系在基于对方告知所卖产品系走私而故意购买,其主观上存在谋取不正当利益、损害国家利益的恶意,不属于善意相对人。其次,液化石油气的零售价格由国家制定,批发价由企业自己制定,但是不能超过国家规定的最高限价。纸箱厂长期使用液化石油气,该厂应当了解液化石油气的正常价格,而该厂购买液化石油气的价格在后期已经远远低于国家规定的市场零售价,该价格显然不正常。对此纸箱厂没有进行认真核实,出于谋取不正当利益的动机而轻信,因此纸箱厂在签订合同过程中主观上具有重大过失。

最后,谭某虽然是煤气公司的业务员,但是纸箱厂并未认真审核谭某是否具有代表煤气公司签订合同的代理权,纸箱厂负责人的证言也证实其与谭某签订的合同上没有加盖煤气公司的公章,在合同成立要件上谭某也缺乏表见代理的形式要求。综上,纸箱厂与谭某以煤气公司名义签订合同的行为不具备成立表见代理的基本条件。因此,谭某冒用其所在公司名义与纸箱厂签订的液化气买卖协议不成立表见代理,且事后煤气公司也没有对该协议效力进行追认,故谭某与纸箱厂所签协议的效力不及于煤气公司,其收取的纸箱厂的合同货款不属于煤气公司所有。

2. 煤气公司从未实际掌控纸箱厂的全部货款。现有证据证实,纸箱厂以现金或者转账支票的方式支付货款,现金直接交付给谭某,转账支票的收款账户空白,由谭某自己填写收款账户,因此纸箱厂所付款项并未直接汇入煤气公司的账户,而是全部由谭某个人收取。谭某收取纸箱厂的货款后,再向煤气公司以正常价格购买液化石油气并将之交付给纸箱厂。煤气公司收到的是谭某支付的货款,而并非纸箱厂直接支付的货款。纸箱厂购买液化石油气的货款,全部由谭某个人控制和掌握,煤气公司从未实际掌控过纸箱厂的货款。

综上,被告人谭某占有的款项在案发时既非其所在单位所有,也未受其单位实际控制,该款项系其个人非法占有的纸箱厂所按合同交付的货

款。因此,谭某侵占该款项的行为没有侵害到其所在单位煤气公司的利益,而侵害的是纸箱厂的财产利益,故其行为不能构成职务侵占罪或挪用资金罪。

(二)被告人谭某具有非法占有纸箱厂货款的目的,其行为符合合同诈骗罪的构成要件

审理中,有人认为本案证明谭某在主观上具有非法占有目的的证据,只有其在侦查阶段的供述,没有其他证据印证,因而不能认定谭某具有非法占有纸箱厂货款的目的,故不能认定其行为构成合同诈骗罪。

依据本案现有证据可以认定谭某具有非法占有的目的,理由在于:谭某冒用公司名义以低于市场价的价格与纸箱厂签订瓶装液化石油气买卖协议,收取纸箱厂预付款后,向纸箱厂出具收据,而后将货款截留自用。在纸箱厂需要瓶装液化石油气时,谭某才向其所在公司以正常价格购买后送至纸箱厂,以此方式谭某先后 11 次与纸箱厂达成共计 358 吨的液化石油气买卖协议,收取纸箱厂预付款 1556 400 元。但是案发时谭某仅向纸箱厂交货 164. 1041 吨,向煤气公司支付购买液化石油气款 1077790. 71 元,其将余款 478609. 29 元非法占为己有。可见,谭某以市场价格购入石油气,转手以明显低于市场价格卖出的行为,不但不能获取交易收入反而自己要赔钱,其在明知自己这种行为难以为继终将导致无法完全履行合同的情况下,仍然以先履行部分合同的方法,诱骗纸箱厂继续签订和履行瓶装液化石油气买卖协议,收取预付款,显然具有非法占有货款的目的。

虽然被告人谭某在侦查阶段曾供述其犯罪动机是为了赌博和偿还做生意亏损的货款。但经公安机关向相关赌博同伙、生意伙伴调查,无人能够证明谭某在客观上实施了赌博或者做其他生意亏损的情况。同时,也没有证据证明谭某主观上有以后归还纸箱厂货款的意图,客观上有努力归还货款的表现或行为。另外,从谭某自己的收入及其家庭经济条件等情况分析,谭某缺乏能够偿还其占有纸箱厂货款的能力或条件。尤其到了犯罪中后期,由于液化石油气价格不断大幅攀升,谭某所签合同的价格与送货时的市场价格之间的差价越来越大,其手中所掌握的预付款在用来与煤气公司实时结账后,剩余款项越来越少。此时,谭某已经明知自己没有能力填补预收货款与履行合同成本之间的巨额差价,反而继续以更低的价格为诱饵,诱使纸箱厂多次签订合同,扩大预收货款金额。据此,完全可以认定谭某主观上具有非法占有纸箱厂货款的目的。

综上所述,谭某明知自己没有履行合同的能力,以非法占有为目的,以先部分履行合同的方法欺骗纸箱厂,制造自己有能力履行合同的假象,不断诱骗纸箱厂继续签订合同支付预付款,收取纸箱厂预付款 155 万余元,最终给纸箱厂造成 47 万余元损失,完全符合合同诈骗罪的犯罪构成要件,应以合同诈骗罪定罪处罚。[No. 3-8-224-1　谭某合同诈骗案]

△骗取金融机构巨额贷款用于高风险投资和以新贷还前贷的,可以认定具有非法占有目的。

构成诈骗犯罪,要求行为人主观上必须具有非法占有的目的。最高人民法院 2001 年 1 月 21 日印发的《全国法院审理金融犯罪案件工作座谈会纪要》,明确了可以认定为具有非法占有目的的七种情形,即:(1)明知没有归还能力而大量骗取资金的;(2)非法获取资金后逃跑的;(3)肆意挥霍骗取资金的;(4)使用骗取的资金进行违法犯罪活动的;(5)抽逃、转移资金、隐匿财产,以逃避返还资金的;(6)隐匿、销毁账目,或者搞假破产、假倒闭,以逃避返还资金的;(7)其他非法占有资金、拒不返还的行为。在司法实践中,如果行为人通过诈骗的方法非法获取资金,造成数额较大的资金不能归还,同时具有上述情形之一的,应认定行为人主观上具有非法占有的目的,其行为属于诈骗。

在俞辉合同诈骗案中,被告人俞辉在本单位因经营状况急转直下而发生资金周转困难、没有偿还能力的情况下,不顾亏损的现实,先后以万通公司、康乐经营部的名义,多次签订虚假合同从银行取得 130 笔贷款,总金额高达 1. 4 亿多元,用于炒卖高风险的期货和以新贷还旧贷,最终造成银行 1760 余万元的损失。其行为符合《全国法院审理金融犯罪案件工作座谈会纪要》规定的第一种情形。由于俞辉的行为系经公司会议决定,故其行为属于单位贷款诈骗行为。[No. 3-8-224-2　俞辉合同诈骗案]

△采取欺骗手段兼并企业后恶意处分其财产的,应以合同诈骗罪论处。

在程庆合同诈骗案中,被告人程庆通过签订"兼并"协议控制被兼并企业财产后并对其恶意处分的行为,是否构成合同诈骗罪,关键取决于以下两个因素的认定:一是被告人程庆在签订、履行兼并合同过程中是否采取了欺骗手段;二是被告人程庆是否具有非法占有的目的。

首先,被告人程庆不具有履行兼并合同的能力而与对方当事人签订兼并协议,属于《刑法》第二百二十四条规定的以其他方法骗取对方当事人财物的情形。

被告人程庆是通过兼并合同取得被兼并企业

的财产。通常情况下,兼并合同的特点是兼并方取得被兼并方的资产后有权予以处置。但是这种处置是与兼并方实际履行兼并合同中约定的义务相对应的,即履行兼并合同约定的义务,如安置被兼并企业职工、组织生产、偿还被兼并企业的债务,等等。如果兼并双方在合同履行中因一方或双方过错或不可抗力等因素导致协议未能全部或部分履行,而并无证据证明兼并方具有非法占有的主观故意,即便因其处置被兼并财物的行为造成被兼并方财产损失,仍属于经济纠纷的范围;如果兼并方采取欺骗手段签订兼并合同取得被兼并方资产后,不履行兼并合同规定的义务,不将兼并的资产用于生产经营活动,或者以小部分履行兼并合同规定的义务或者将小部分兼并的资产用于生产经营为诱饵,骗取大部分兼并的资产变现后据为己有的,就是以非法占有为目的,利用经济合同诈骗被兼并企业的财产。

本案中,从被告人程庆履行合同的能力看,其发起设立的重庆美新鞋业公司、新峰实业(重庆)有限公司均系通过伪造转账支票进账单、变造金融票证等虚假出资的方式设立的“空壳”公司,无任何经济实力,也没有任何市场信誉,不具备兼并企业的条件。在与被兼并企业签订合同过程中,被告人程庆不仅故意隐瞒前述事实,夸大其经济实力,而且以安置被兼并企业职工、兼并后为被兼并企业注入巨资等为诱饵,诱使被兼并企业与其签订兼并协议并“自愿”将其所有的财产置于程庆的控制之下,从而为其非法占有被兼并企业的财产创造了条件。被告人程庆之所以能将被兼并企业的财产占为己有,不仅假借兼并协议,更与其在签订、履行合同过程中实施的一系列虚构事实、隐瞒事实真相的手段密切相关。被告人程庆的行为符合合同诈骗罪的客观构成要件。

其次,被告人程庆主观上具有非法占有的故意。

在实际经济生活中,因企业兼并而产生的经济纠纷大量存在,如何正确区分企业兼并中的经济纠纷与以兼并为名诈骗企业财产的界限呢?关键在于正确认定被告人是否具有非法占有的目的。根据有关司法解释和司法实践经验,判定行为人是否具有非法占有的目的,主要应当结合签订合同时有无履约能力、签订和履行合同过程中有无采取欺骗手段、有无实际履行行为、违约后是否愿意承担责任以及未履行合同的具体原因等因素加以综合判断。

被告人程庆不仅没有履行兼并合同的能力,而且在以零价格实施兼并后,并未按照兼并合同约定履行资产重组、共同生产 TPR 新型鞋材、出口服装和全员接收职工、按时发放职工工资、缴纳职工社会养老保险金等义务,而是恶意处分被兼并企业财产:对可变卖的机器设备、原材料、房产等立即变卖,对于不好变卖的财产向银行抵押贷款,除将所得款项少量用于发放职工工资、医药费、缴纳职工养老保险金外,大部分私自转移并据为己有,后又携款潜逃外地,并更名改姓企图外逃出境。其行为充分证明其主观上无任何履行兼并协议约定义务的诚意。因此,应当认定程庆主观上具有非法占有被“兼并”企业财产的主观故意。

综上所述,被告人程庆明知自己不具备兼并企业的条件和履行合同的能力,而以欺骗手段骗取被兼并企业与其签订合同;在合同签订后,毫无履行合同诚意,恶意处分被兼并企业的财产并将大部分据为己有,并携款潜逃,其行为应构成合同诈骗罪。[No. 3-8-224-3　程庆合同诈骗案]

△以向金融机构贷款的方式骗取担保人财产的,不构成贷款诈骗罪,应以合同诈骗罪论处。

根据《刑法》第二百二十四条的规定,合同诈骗罪是指以非法占有为目的,在签订、履行合同过程中,骗取对方当事人的财物,数额较大的行为,其侵犯的是复杂客体,即公私财产所有权和社会主义市场经济秩序,犯罪对象为对方当事人的财物。根据《刑法》第一百九十三条的规定,贷款诈骗罪,是指以非法占有为目的,诈骗银行或者其他金融机构的贷款,数额较大的行为,其侵犯的也是复杂客体,即金融机构的财产所有权和国家正常的金融秩序,犯罪对象为金融机构的贷款。按照我国刑法学界的通说,在一定条件下,犯罪客体对认定犯罪的性质、分清此罪与彼罪的界限,具有决定性的意义,而犯罪对象往往是犯罪客体的表现形式。因此,通过区别犯罪客体和犯罪对象,可以准确界定通过向银行贷款来骗取担保人财产的行为性质。

通过向银行贷款的方式骗取担保人财产的行为,表面上看是骗取银行贷款,实际上侵害的是担保人的财产权益,犯罪对象并非银行贷款而是担保合同一方当事人的财产,对此种行为应以合同诈骗罪论处。银行等金融机构为了确保所贷出的款项安全可靠,一般均要求借款人在申请贷款时提供必要的担保。担保人作为借款合同中的第三人,在借贷人不能偿还贷款本息时负责偿还贷款本息(一般担保)或承担与借款人共同偿还贷款的连带责任(连带担保)。行为人虚构事实骗取银行与担保人的信任,非法占有钱款后,银行可依据担保合同从担保人处获取担保,而担保人则是银行债务的实际承担者,受侵害的往往是担保人。即使担保人因某种客观原因如破产等情况导致无法偿还担保,银行的债权无法实现从而权益受到实际侵害,但只要担保人与银行之间所订立的担保合同具有法律效力,银行与担保人之间就成立债权、债务关系,法律关系的最终落脚点和行为侵害对象就应认定为是担保人而非银行。当然,如果行为人提供虚假担保或者重复担保,骗取银行或者其他金融机构贷款的,则符合贷款诈骗罪的构成要件,理应以贷款诈骗罪论处。[No. 3-8-224-4　秦文虚报注册资本、合同诈骗案]

△企业通过欺骗手段取得其他单位的委托款,用于本企业非经营开支的,应当认定为具有非法占有目的,构成合同诈骗罪。

非法占有目的的具体认定,一般有直接主观认定和间接客观推定两种方式,其中,后者可参照《最高人民法院关于审理诈骗案件具体应用法律的若干问题的解释》(已失效)第二条所规定的六种情形来加以具体认定,包括明知没有履行合同能力或者有效担保,采取欺骗手段与他人签订合同;携带合同对方交付的货、款及合同担保财产逃跑的;挥霍致使其无法返还的;用于违法犯罪活动,致使其无法返还的;隐匿货款拒绝返还的;以部分履行合同为诱饵,骗取全部货物后,无正当理由拒不支付其余货款的。具体到黄志奋合同诈骗案,应注意以下两点:

(1)关于用于投资期货交易的140万元委托款。因用于实际经营行为,不能归还系客观原因所致,故对该部分不宜认定被告人主观上具有非法占有目的。具体理由有三:第一,经营国债回购业务的确不属于时代企划事务所的经营范围,但不能据此认为其不具有实际履行合同的能力,因当时经营国债回购无须特定资格,形式上的经营资格与实际的履约能力是两个不同的概念,不应混为一谈。至于能否按约定支付高达14%的年收益,不能排除系黄志奋主观上的判断失误所致,所以也不能据此认为其明知没有履行合同能力。第二,黄志奋(时代企划事务所)约定将所收钱款用于国债回购,虽然时代企划所不具有国债回购的主体资格,但当时法律、法规并无明令禁止,而且亦未实际用于国债回购;收取钱款之后,时代企划事务所单方改变约定用途,将该部分投入期货交易活动,属于民事违约行为,两者均不能认为是将他人钱款用于违法犯罪活动。应当注意的是,解释所谓的违法犯罪活动指的是行为本身的违法性,不宜延伸至主体资格的违法性(超越经营范围)。第三,投于期货交易的140万元委托款全部亏损,不存在挥霍、隐匿财物及携款潜逃情形。综上,时代企划所改变用途的140万元,与解释列举的六种情形不符,不能证明被告人黄志奋(时代企划所)在主观上具有不予返还委托款及不按约支付14%年收益的故意,因而不能认定其主观上具有非法占有的目的。(2)关于用于时代企划所的消费性开支的50余万元。用于时代企划所消费性开支的该部分款项,应当认定为具有非法占有目的。具体理由有三:第一,注册资金未实际缴纳,时代企划所没有可供归还该部分款项的自有资金或者财产。第二,该部分款项用于时代企划所的非经营开支,不存在取得收益的可能性。第三,在约定14%高回报率的前提下,归还该非经营使用的50余万元,几近没有可能。综上三点,时代企划所在对该50余万元及相应的约定收益没有履约能力的情形下,使用欺骗手段将之作消费性处分,参照《最高人民法院关于审理诈骗案件具体应用法律的若干问题的解释》(已失效)第二条第三款第(一)项之规定,当可认定时代企划所对用于消费性开支的50余万元具有非法占有目的。[No. 3-8-224-5　黄志奋合同诈骗案]

△合同诈骗罪中的合同是指体现一定市场秩序的书面合同或口头合同。

合同诈骗罪中的"合同",应结合合同诈骗罪的侵犯客体并结合立法目的,进行具体理解和把握。第一,关于合同类型。合同诈骗罪规定于《刑法》分则第三章"破坏社会主义市场经济秩序罪"之第八节"扰乱市场秩序罪"中,本罪不仅侵犯他人财产所有权,而且侵犯国家合同管理制度,破坏了社会主义市场经济秩序,因而合同诈骗罪中的"合同",必须能够体现一定的市场秩序。以维护正常市场秩序为宗旨的现行《合同法》基本涵盖了绝大部分民商事合同,对各种民商事合同行为进行了规范和调整,其对于各种民商事合同的规定应作为刑事法中认定合同成立、生效履行等相关概念的参考,对于合同诈骗罪中的"合同"不应再以典型的"经济合同"为限。同时,不能认为凡是行为人利用了《合同法》所规定的合同进行诈骗的,均将构成合同诈骗罪,与市场秩序无关以及基本不受市场调整的各种"合同""协议",如不具有交易性质的赠与合同,婚姻、监护、收养、扶养等有关身份关系的协议,以及主要受劳动法、行政法调整的劳务合同、行政合同等,通常情况下不应视为合同诈骗罪中的"合同"。第二,关于合同形式。与原《经济合同法》《涉外经济合同法》的严格限定不同,在《合同法》中,除法律、法规有明确规定之外,合同的订立既可以采用书面形式,也可以采用口头形式或者其他形式。口头合同与书面合同均为合法有效合同,同样受到法律的保护。在界定合同诈骗罪的合同范围时,不应拘泥于合同的形式,在有证据证明确实存在合同关系的情况下，即便是口头合同，只要发生在生产经营领域，侵犯了市场秩序的，同样应以合同诈骗罪定罪处罚。当然，在日常生活中利用口头合同进行诈骗的，因不符合合同诈骗的双重侵犯客体，则不能以合同诈骗罪定罪处罚。[No. 3-8-224-6　宋德明合同诈骗案]

△以租车为名占有他人车辆，并将车辆以与他人签订抵押合同方式用以骗取财物的，构成合同诈骗罪，合同诈骗罪的数额以实际骗取的数额认定。

在林拥荣合同诈骗案中被告人林拥荣虚构事实，隐瞒真相，与被害人许明尧签订了汽车租赁合同并交纳了租金，取得了车辆的使用权，其并不具备履行租赁合同的真实意思，而是为达到非法占有他人财物的目的。故而，被告人随即又采用欺骗手段，使被害人许金塔相信其有车辆的处分权，与许金塔签订了抵押合同，实现了将车辆抵押获得借款的意图，随后逃匿。前后两次行为依照《刑法》第二百二十四条第(五)项、第(四)项之规定，均构成合同诈骗罪。

根据审判实践，诈骗数额应当以行为人实际骗取的数额即被害人的实际经济损失为标准来认定。本案被告人前后实施了两次诈骗行为：第一次，被告人林拥荣支付200元的租金，骗取价值人民币51185元的小轿车一部；第二次，被告人林拥荣将该车辆抵押，获取借款人民币22000元，其诈骗数额应当按照51185+22000=73185(元)认定。至于200元的租金，对被告人而言是犯罪成本，对被害人许明尧而言，属于出租车辆的合法收益，即使被告人最终能够依约归还车辆，也无权要求返还租金，因此法院在计算诈骗数额时，这部分的款项应当排除在外。[No. 3-8-224-7　林拥荣合同诈骗案]

△单位与自然人以非法占有为目的，共同实施利用签订、履行借款合同诈骗银行或其他金融机构贷款，符合合同诈骗罪的构成要件的，应对单位和自然人以合同诈骗罪的共犯论处。

单位与单位、单位与自然人之间可以构成共同犯罪，目前理论上和司法实务中均无疑问。在马汝方等贷款诈骗、违法发放贷款、挪用资金案中，被告人马汝方、徐光身为犯罪单位明华公司直接负责的主管人员，被告人马凤仙利用与马汝方的亲属关系以个人身份参与，在马汝方的授意、指使下，马凤仙积极参加并与犯罪单位的相关负责人员徐光进行配合，才使犯罪单位明华公司诈骗银行贷款的行为得逞，故足以认定马凤仙个人与明华公司构成共同犯罪。问题在于，刑法未将单位规定为贷款诈骗罪的主体，对单位实施的贷款诈骗行为，根据2001年《全国法院审理金融犯罪案件工作座谈会纪要》的有关要求，不能以贷款诈骗罪定罪处罚，也不能以贷款诈骗罪追究直接负责的主管人员和其他直接责任人员的刑事责任。对于单位以非法占有为目的，利用签订、履行借款合同诈骗银行或其他金融机构贷款，符合《刑法》第二百二十四条规定的合同诈骗罪的构成要件的，应以合同诈骗罪定罪处罚。这就意味着，从犯罪人马凤仙的角度，本案应认定为贷款诈骗罪，从犯罪单位明华公司的角度，则应以合同诈骗罪定罪处罚。所以，本案确实存在一个罪名的具体适用问题。对此，可以参照《最高人民法院关于审理贪污、职务侵占案件如何认定共同犯罪几个问题的解释》的有关精神，根据全面评价的法律适用原则，结合主犯的犯罪性质来加以具体确定。在实施贷款诈骗行为过程中，作为犯罪单位明华公司的法定代表人兼总经理的马汝方在犯罪起意到具体实施的过程中起到了策划、指使的主要作用，明华公司属于共同犯罪中的主犯，作为犯罪单位，明华公司只能构成合同诈骗罪。故此，尽管公诉机关未起诉犯罪单位明华公司，但是法院依照单位与自然人共同犯罪触犯的罪名对相关涉案的三名被告人以合同诈骗罪定罪处罚，是正确的。[No. 3-8-224-10　马汝方等贷款诈骗、违法发放贷款、挪用资金案]

△以订立合同为名，收取他人钱财后潜逃境外的，以合同诈骗罪论处。

从构成要件上看，诈骗罪与合同诈骗罪主要有以下区别：

第一，犯罪客体不同。诈骗罪侵犯的客体是单一客体，即公私财产所有权，在《刑法》分则中位于第五章侵犯财产类犯罪之中；合同诈骗罪侵犯的客体是复杂客体，不仅侵犯了公私财产所有权，而且侵犯了国家的合同管理制度，破坏了社会主义市场经济秩序，因而排列在《刑法》分则第三章破坏社会主义市场经济秩序罪的第八节扰乱市场秩序罪之中。

第二，犯罪主体不同。诈骗罪与合同诈骗罪都可以由自然人构成，但是根据《刑法》第二百三十一条的规定，合同诈骗罪的主体可以由单位构成，而诈骗罪的主体只能由自然人构成。

第三，犯罪手段不同。诈骗罪与合同诈骗罪虽然在客观方面都是采用虚构事实、隐瞒真相的方法，使他人上当受骗，自愿交出财物，但是合同诈骗罪必须是利用合同，即以签订、履行合同为手段，骗取他人财物；诈骗罪则对诈骗的手段没有限定，只要行为人采取欺骗手段骗取他人财物的，均可构成诈骗罪。

由以上两罪的区别可以看出，合同诈骗罪是

一种利用合同进行诈骗的犯罪,诈骗行为发生在合同签订、履行过程中,行为人非法占有的财物,是与合同签订、履行有关的财物,这是此罪区别于诈骗罪的主要特征。正确界定合同诈骗罪中的"合同",应当结合合同诈骗罪的客体来考查,合同诈骗犯罪行为人实施犯罪所签订、履行的合同必须是与经济活动有关的合同。合同诈骗罪处于《刑法》分则第三章破坏社会主义市场经济秩序罪之第八节扰乱市场秩序罪中。从刑法的目的性解释出发,合同诈骗罪中的合同,必须存在于合同诈骗罪客体的范围内,能够体现一定的市场秩序,否则便与刑法的立法宗旨不符,而大凡与这种社会关系或法益无关的各种合同、协议,如婚姻、监护、收养、扶养等有关身份关系的协议、行政合同、劳务合同等均不在该罪合同之列。例如,行为人利用伪造的遗赠扶养协议向继承人骗取被继承人的遗产的,不属于合同诈骗罪。另外,行为人虽然利用了合同形式,但该合同在当时的条件、环境下并不具有侵犯市场秩序的性质,对行为人也不应以合同诈骗罪论处。例如,行为人以生活窘迫为名,立下借条(合同)骗借他人财物后挥霍一空而不予偿还的,不宜以合同诈骗罪定罪处罚。所以,只要行为人利用了能够体现市场经济秩序,规制各种市场交易行为的合同进行诈骗,该合同就满足了合同诈骗罪中的合同的要求,这种诈骗行为就应以合同诈骗罪论处。

从宗爽合同诈骗案情况看,被告人宗爽分别与詹洁、张伟等人签订聘请顾问协议书,以自己承包的松盛公司及自己成立的金世纪公司的名义,对外承揽出国签证咨询业务,每人收取 0.5 万元至 3.5 万元不等的钱款,许诺如办不成出国签证,再如数退还钱款。宗爽所签订的聘请顾问协议书,表面上像一个咨询性质的协议,具有技术服务性质,但根据其提供的所谓服务内容,实质上是一个代办出国签证性质的委托代理合同。这种委托代理合同,具有一定的代理服务内容并体现了一定的市场经济活动的性质,利用这种合同实施的诈骗犯罪严重扰乱了正常的代办出国签证的市场秩序,因此应认定为与经济活动有关的合同。宗爽的诈骗行为发生在合同的签订、履行过程之中,骗取的钱款正是合同约定的报酬标的,在没有为他人办成出国签证的情况下,携款潜逃,可以认定具有非法占有的目的,因此宗爽的诈骗行为,应构成合同诈骗罪。[No. 3-8-224-11 宗爽合同诈骗案]

△以伪造的购销合同办理银行承兑汇票,以获取银行资金,合同到期后无力偿还银行债务而逃匿,致使担保人遭受财产损失的,应以合同诈骗罪论处。

无论是担保合同还是反担保合同,担保既是为了保证债权人能够对债务人享有的债权得到履行,也是为了保证债务人能够向债权人履行债务,担保合同从属于主合同,担保合同的对象,应该是主合同的双方而不是单方,在担保人代替主合同债务人承担担保责任使主合同权利义务消灭后,依法因主合同的债权人的债权让渡而享有追偿权,担保人才与主合同债权人脱离关系,而主合同的债务人才能成为唯一相对方。反担保人始终能够成为主合同债务人的相对方,就能够成为主合同债务人诈骗的对象。

在曹戈合同诈骗案中,被告人曹戈与西北亚公司签订的是连带责任反担保合同,这是一个从合同的从合同。曹戈在没有偿还能力的情况下,采取伪造虚构购销合同事实,隐瞒真相的手段与永宁县农信社签订 500 万承兑汇票承兑合同,对其中的 200 万元承兑后因其无力履约偿还债务,最终导致反担保人恒通恒基公司为其承担了 200 万元损失。表面上被告人曹戈似乎占有的是永宁农信社承兑汇票的承兑款,并非恒通恒基公司的担保款,实质上却是间接、变相地实现了非法占有恒通恒基公司的 200 万元财物的目的,符合《刑法》第二百二十四条第(四)项或第(五)项的规定,与直接非法占有主合同相对方财物的性质是一致的。

根据《刑法》第一百九十四条的规定,票据诈骗罪的行为人必须使用虚假票据进行诈骗,其侵犯的客体是国家对金融票据的管理制度与公私财产所有权。如前所述,永宁县农信社开出的承兑汇票是真实的,并非虚假汇票,曹戈没有使用伪造、变造、作废的票据或者冒用他人汇票的手段进行诈骗活动,不构成票据诈骗罪。[No. 3-8-224-12 曹戈合同诈骗案]

△没有履行合同的能力,伪造虚假的条件与他人签订合同,在履行合同过程中没有实际履行合同,而是将所取得的财物挥霍或挪用,应当认定其主观具有非法占有目的,构成合同诈骗罪。

合同诈骗罪是目的犯,必须以行为人具有非法占有目的为构成要件。司法实践中需要法官根据事实对被告人的主观方面进行分析认定其主观上是否具有非法占有之目的,进而确定其行为是否构成合同诈骗罪。主观上非法占有目的的认定,一般可以从以下几方面进行分析:(1)行为人是否具有签订履行合同的条件,是否创造虚假条件;(2)行为人在签订合同时有无履约能力;(3)行为人在签订和履约过程中有无诈骗行为;(4)行为人在签订合同后有无履行合同的实际行为;

(5)行为人对取得财物的处置情况,是否有挥霍、挪用及携款潜逃等行为。

在刘恺基合同诈骗案中,刘恺基要求评估人员背离事实进行评估属于制造虚假条件的行为,刘恺基持虚假评估报告申请成立公司,进而企图以林权证为担保向银行申请贷款,但贷款申请遭到拒绝,公司并无资金来源也不具备履约能力,但刘恺基仍然以投资为名到叶集试验区商谈投资合同。在其无法兑现承诺时,以各种理由借口推脱。上述事实证明刘恺基在签订合同时无履行能力,依然蒙骗对方,占有对方财产,应认定为非法占有目的,在获取履约保证金后,小部分用于购置车辆和偿还债务,大部分款项被支取转移后去向不明,无法追回,亦反映了其非法占有之目的,应以合同诈骗罪定罪处罚。[No. 3-8-224-13　刘恺基合同诈骗案]

△获得公司临时授权从事某项具体事务的代理人不能认定为公司的工作人员;其以非法占有为目的在履行合同过程中实施诈骗行为的,应以合同诈骗罪论处。

职务是一项由单位分配给行为人为单位所从事的一种持续的、反复进行的工作,担任职务应当具有相对稳定特点,而非单位临时性、一次性地委托行为人从事某项事务。在杨永承合同诈骗案中,杨永承仅系威士文公司临时一次性授权的、仅负责杭州市市民中心工程空调配件的跟踪及业务洽谈的代理人,故杨永承在威士文公司并无职务,不属于该公司的工作人员,其身份不符合职务侵占罪、挪用资金罪的主体特征,不能认定其行为构成职务侵占罪、挪用资金罪。[No. 3-8-224-15　杨永承合同诈骗案]

△承运人将处于自己占有之下的货物偷偷掉包,导致收货人产生货物已经按质按量收到的错误认识,应成立诈骗犯罪。

盗窃罪和诈骗罪的本质区别在于被害人对财物是否有转移占有的意思和行为,行为人取得财物是否基于被害人的错误认识,并基于此进行了财产处分。在被害人不知情的情况下秘密进行的调包行为,是认定盗窃罪还是诈骗罪,关键要看被害人有无转移占有财产的意思和行为。

就张海岩等合同诈骗案来看,在合同具体履行过程中,被告人采用偷偷调包的方法,即在被害人完全不知情的情况下以价值较低的货物换取价值较高的货物,同时使用了秘密窃取手段和欺骗手段。由于被告人在取得承运货物后,即取得财物的控制权,其本人作为财物的监管人,发生财物损失的责任归自身承担。对于被害人而言,财物无论实际转移至何处,其与被告人之间的占有关系未发生根本的变化。质言之,被告人秘密窃取的相当于自己的财物。因此,该情况下不可能成立盗窃罪。

从行为手段分析,真正促使被告人成功获取财物的关键是在收货环节。因为被告人所实施的以假乱真调包行为,促使收货人、被害人产生货已按质按量收到的错误认识,正是基于这一错误认识,被告人才顺利获得了对涉案财物的控制权。因此,被告人的行为在本质上符合诈骗的特征,应当定性为诈骗犯罪。[No. 3-8-224-18　张海岩等合同诈骗案]

△合同诈骗罪的本质是利用签订、履行合同扰乱市场经济秩序,只有体现一定的市场秩序、体现财产转移或交易关系、为行为人带来财产利益的合同才属于合同诈骗罪中的合同。

合同诈骗罪的关键特征是利用签订、履行合同扰乱市场经济秩序。合同诈骗罪中的"合同"必须是能够体现一定的市场秩序,体现财产转移或者交易关系,为行为人带来财产利益的合同。第一,合同诈骗罪中的"合同"主要是经济合同,而诸如监护、收养、抚养等有关身份关系的协议,应当排除在外。第二,签订合同的主体可以是自然人或者单位。第三,合同不管是以口头形式还是书面形式签订,只要能够具备合同的本质特征,即属于合同诈骗罪中的"合同"。

承运合同是市场经济中较为常见的一类合同,在张海岩等合同诈骗案中,被告人事先签订合同,并在履行合同过程中将承运的优质豆粕暗中调换为劣质豆粕,事后又按合同约定运送至约定地点,其正是利用合同实施了诈骗活动,不但侵害了他人财物的所有权,而且严重扰乱了正常的市场经济秩序。行为人系出于非法占有他人财物的目的,利用签订、履行合同实施诈骗犯罪活动,因此,对其应当按照合同诈骗罪定罪处罚。[No. 3-8-224-19　张海岩等合同诈骗案]

△运输公司的挂靠人员在劳资关系上完全独立,并非受运输公司委派调度承运货物的,不属于运输公司职员,不符合职务侵占罪的构成要件。

由于严格的行政许可条件,挂靠关系在运输行业普遍存在。如水路运输需要航道航线,而一般个体难以申请到航道,由此导致绝大部分个体船主只能通过挂靠运输公司运营,而运输公司则相应收取一定的挂靠费。在吴某合同诈骗案中,被告人吴某与某运输公司正是这种典型的挂靠关系。

对于这种挂靠人员能否认定为运输公司的员工,存在不同意见。主张构成职务侵占罪的观点认为,吴某从事个体运输业务必须依附于运输公司,且运输公司对吴某负有一定的管理职责,因此,应当认定吴某是运输公司的员工。笔者认为,挂靠人员是否属于运输公司员工,可以通过挂靠人员与运输公司之间是否具有劳资关系、雇佣关系综合认定。首先,从劳资关系分析,运输公司不参与挂靠船只的日常经营,吴某作为个体船主自主经营、自负盈亏,其与运输公司在劳资关系上完全独立。其次,从业务关系分析,吴某是按照承运合同的约定履行义务,并非受运输公司委派、指派或者调度而承运货物。基于上述分析,应当认定吴某不属于运输公司的员工,不存在职务上的便利条件,吴某的行为不符合职务侵占罪的构成特征。[No.3-8-224-20　吴某合同诈骗案]

△承运人以次充好将承运的货物掉包的行为,成立合同诈骗罪。

首先,从犯罪行为的直接对象分析,吴某以次充好的欺骗手段针对的是 HR 公司,而非 CY 公司。吴某虽然按照运输合同为 CY 公司运输生铁,但其在装运生铁时并未采用任何欺骗手段,且 CY 公司最终没有受到任何经济损失。因此,吴某并未骗取 CY 公司的货物。其次,从货物的归属分析,CY 公司与 HR 公司约定的交货方式为"船上交货"。按照货物运输规则,在无其他特别约定下,CY 公司将货物交付运输后所有权即转移给收货方 HR 公司。质言之,吴某采用以次充好的欺骗手段,侵害的是 HR 公司的财产权益。此外,需要说明的是,运输途中调包行为的受损害方未必是一成不变的,有时因为民事赔偿的缘故,受损害方会在直接受损害方与最终损失承担方之间转移。然而,即便是发生转移,也不会改变犯罪行为所直接侵害对象的事实。因此,受损害方的转移不会对行为定性造成多大的影响。

其次,HR 公司是基于认识错误而处分财产。被害人因陷入认识错误,一般是将涉案财物自愿交付给被告人,然而本案的特殊之处在于涉案财物本来就在吴某的控制之下,此后涉案财物系由吴某交付给 HR 公司,而非 HR 公司将涉案财物交付给吴某。关于 HR 公司的行为是否属于"处分"行为,笔者认为,可以从本案的支付流程进行分析:

(1)处分的标的物并非一定是涉案财物,支付对价也是一种处分行为。如行为人故意以一假古董售于被害人,被害人信以为真并支付巨额对价,就是典型的诈骗行为。因此,本案中,不应将"交付财物"局限理解为所运输的面包生铁。

(2)HR 公司的收货及付款行为可理解为一种反向交付。处分行为已经不是传统的"一手交钱、一手交货"这种直观模式,让渡自己的权利、减免债权等均属新类型的处分。吴某通过欺骗手段,致使 HR 公司未有任何察觉,从而未就其所损失的生铁块主张权利,属于基于认识错误而处分财产。

(3)被害人未必是向行为人交付财物,但行为人因被害人交付财物的行为而受益。随着诈骗手段的不断翻新,交付的方式包括直接交付和间接交付。本案中,HR 公司虽然是向第三方(托运方 HY 公司)交付财物,但正是其收货行为使吴某最终获利,吴某不仅获得足额的运输费,并最终非法获得以次充好换下的面包生铁的财产利益。

最后,吴某系通过欺骗手段非法获取财物的。吴某在运输途中将生铁调包掺入铁渣,系在 HR 公司不知情的状况下进行的,具有秘密窃取的性质,但这只是为其后实施诈骗行为创造条件,吴某并未依靠窃取行为直接取得财物。本案的犯罪过程是一个有机的整体,吴某在掺入铁渣以次充好并销赃后,HR 公司未清点收货前,吴某对该笔财产只是临时占有,并未最终占有,只要 HR 公司在验货时,发现有以次充好的现象,吴某的侵犯财产意图就将被识破,该秘密方式只是吴某实现其非法占有财物目的的辅助手段。因此,本案应当从整体上评价,不仅要考虑前阶段的以次充好的调包行为,还要考虑后面的蒙混过关的行为。

相对于此前的以次充好的行为,吴某的蒙蔽行为更具有诈骗性质。其欺骗性体现在:(1)主观认识上具有诈骗的故意,即被告人主观上存在想用铁渣骗取货主的生铁赚钱的想法;(2)犯罪手段具有欺骗性质,即被告人以次充好并蒙混过关,且该行为是实现被告人犯罪意图的最关键的一环;(3)结果上具有欺骗性,被害人并不知道生铁已被混入铁渣,且按照生铁的价格足额支付,直到使用的时候才发现被掺假。可见,正是采用欺骗手法,吴某才能通过以次充好的方式截留,并取得财物的最终控制权,其行为符合诈骗罪的一般构成特征。承运合同是市场经济中较为常见的一种要式合同,本案被告人事先签订合同,并在履行合同过程中实施了诈骗活动,不但侵害了他人财物的所有权,而且严重扰乱了正常的市场经济秩序。因此,行为人系出于非法占有他人财物的目的,利用签订、履行合同实施诈骗犯罪活动,应当按照合同诈骗罪定罪处罚。综上,某市人民法院认定被告人吴某的行为构成合同诈骗罪是正确的。[No.3-8-224-21　吴某合同诈骗案]

△通过网络交易平台诱骗二手车卖家过户车辆的行为,成立合同诈骗罪。

合同诈骗罪中的合同必须能够体现一定的市场活动和规则秩序,应当限于经济合同。至于合同以书面还是口头形式订立,在所不论。

在郭松飞合同诈骗案中,虽然本案的书面合同材料不全,但综合从合同关系、交易环境以及法益侵害等方面分析,应当认定郭松飞的行为构成合同诈骗罪。一是郭松飞与王井路、李攀之间存在合同关系。郭松飞与李攀签订二手车交易合同,虽然价款仅为750元,但双方当事人另就交易价格实际约定为52万元。结合书面协议及相关口头约定判断,郭松飞与李攀之间存在合同关系。郭松飞与王井路之间虽无书面协议,但双方亦就二手车买卖的标的、价款、履行期限、地点和方式等意思表示一致,达成了内容明确的口头合同。郭松飞利用买卖合同诱骗王井路及李攀率先履行变更车辆登记、出具收条等约定义务,实施诈骗活动。二是郭松飞的诈骗行为发生在经济活动之中。赶集网内部设立了集中的二手物品交易平台,不特定的交易主体可以自由买卖各类物品,在网络上形成了一个公开市场。王井路及李攀通过赶集网面向不特定的买家出售二手车,而郭松飞亦随机选择卖家并实施诈骗。三是郭松飞的诈骗行为不仅侵犯了他人的财产权利,同时破坏了市场交易秩序。赶集网的交易主体多是出售自有物品的普通公民而非职业经营者,主要凭借自身的社会经验直接交换款物。上述市场相对缺乏统一和规范的交易规则,其正常运行更加依赖交易各方的诚实守信。郭松飞在赶集网上利用合同实施诈骗活动,侵犯了二手市场的交易秩序及合同诈骗罪的法益。[No. 3-8-224-22 郭松飞合同诈骗案]

△被骗车辆虽然已经过户,但行为人尚未实际控制占有车辆的,成立合同诈骗罪未遂。

从法理层面解析,对于诈骗犯罪而言,犯罪未遂与既遂的区分标志是犯罪是否得逞。刑法理论对于犯罪未得逞有"犯罪构成要件不齐备""犯罪结果未发生"以及"犯罪目的未实现"等多种表述。对于结果犯而言,犯罪未遂与既遂的界限一般在于犯罪结果是否发生以及犯罪分子的犯罪目的是否实现,行为人最终是否实际控制或支配被骗财物。被害人因受欺骗而陷入认识错误,进而将财产转移给行为人或第三人占有之时,是合同诈骗罪的既遂,反之则是未遂。在郭松飞合同诈骗案中,从客观方面来看,被告人郭松飞诱骗被害人李攀变更车辆登记,后因郭松飞一直没有支付购车款,该车并未被李攀实际交付,在报警后又被公安机关扣押。郭松飞一直未能实际控制和支配被骗车辆,未能实现占有转移。从主观方面看,郭松飞意欲欺诈李攀,使之办理车辆过户手续及出具收条,再向公安机关出示上述材料并借助国家权力非法占有车辆。在郭松飞实施犯罪计划的过程中,因公安机关怀疑郭松飞有诈骗嫌疑并将被骗车辆扣押,郭松飞未能实现预谋的犯罪目的。

从实践方面考察,将机动车登记变更与否作为犯罪未遂和既遂的而区分标准,会造成司法操作的困惑。在其他类型的财产犯罪中,行为人抢劫、盗窃或者抢夺机动车的,几乎不可能在实施犯罪后为车辆办理过户手续,占有转移而非登记变更是上述犯罪既遂的标志,这在实践中并无异议。倘若将登记变更作为诈骗罪既遂的标准,势必造成财产犯罪既遂、未遂标准的紊乱。在涉及机动车的财产犯罪案件中车辆的占有而非登记状态更加关乎当事人的切身利益。被害人拥有登记名义但丧失对车辆的实际控制,意味着其实际遭受了经济损失。反之车辆虽已过户但仍由被害人控制的,财产权利仅有被犯罪侵害的危险和可能性,没有认定为犯罪既遂的必要。

从刑民关系角度考量,被骗车辆所有权转移与否不影响犯罪未遂的认定。民法与刑法的理念不尽相同,民法强调形式判断,而刑法注重实质判断,追求实质合理性。在民事法律层面,交付或者登记等形式要件齐备就可能引起机动车所有权转移的法律效果。但在刑事法律层面,被骗车辆实际控制或支配权发生转移的,才构成犯罪既遂,二者不能等同视之。本案中,被骗车辆已经登记在郭松飞名下,其所有权有可能发生转移,但郭松飞未能实际控制、支配被骗车辆,亦未给李攀造成实际的经济损失,故不成立犯罪既遂。[No. 3-8-224-23 郭松飞合同诈骗案]

△支付预付款获得他人房产过户后抵押给第三人获得借款的行为,应当以最初的卖房人为合同诈骗罪的被害人。

表面上看,原房主和抵押权人都是欺骗对象,也都遭受了经济损失:首先,从欺骗对象角度看,被告人存在"两头骗"的行为,即先是骗了原房主,被告人并非真实想买房;之后又骗了抵押权人,被告人隐瞒了其对房屋的处分权是通过欺骗原房主得来的这一事实。其次,从经济损失角度看,原房主只收到房屋首付款,余款未能收回,抵押权人出借的巨额资金被被告人挥霍,至案发也未能收回。然而,从被告人的行为模式及案件最终处理结果分析,笔者认为,本案中作为合同诈骗犯罪的被害人只能认定为原房主,抵押权人不是被害人。

诈骗犯罪的既遂,是以犯罪是否得逞为认定标准的,即被害人失去对财物的控制或者行为人控制了财物,但在适用这一标准时仍应根据所诈骗财物的形态、被害人的占有状态等进行判断。在周有文、陈巧芳合同诈骗案中,被告人的最终目的是用房产抵押套现以满足其个人需求。为实现该目的,被告人的行为包括了两个环节:第一个环节是选择卖房人,再想办法将卖房人的房产转变为其自己可以支配的状态;第二个环节是用其已经可以支配的房产抵押向他人借款,以实现其挥霍的目的。在被告人实现其最终目的的一系列行为中,有"骗"的成分,也有真实的部分。"骗"的行为集中在第一个环节,即找好傀儡人物冒充买房人,通过房产中介找到卖房人,假装要买房,让卖房人相信确实有人想从事二手房交易直至配合被告人完成所有的产权过户手续。至此,该房产已实际处于被告人的控制之下,卖房人既失去了房屋的产权又面临无法拿回剩余房款的被侵害状态,至此被告人的诈骗犯罪已经既遂。在第二个环节中,被告人已实际控制的房产只是其后续行为的工具,用房产抵押借款则是其真实意思表示,其没有再实施"骗"的行为,签订借款协议和抵押合同、办理抵押登记手续都是在按程序进行,抵押权人出借钱款则是基于有真实的房子并办理抵押登记手续的前提,被告人的借钱和抵押权人的出借行为均是双方真实意思表示。若把被告人最终用房产抵押套现作为犯罪行为结束的节点,就难免会把被害人确定为抵押权人。

本案中,抵押权人并不是合同诈骗罪的被害人。成立诈骗犯罪要求被害人陷入错误认识之后作出财产处分,在欺诈行为与处分财产之间,必须介入被害人的错误认识。如果被害人不是因欺诈行为产生错误认识而处分财产,就不成立诈骗犯罪。本案中,抵押权人出借钱款是因为双方在房产交易中心办理了真实的房屋抵押担保,正因如此,抵押权人并未过多了解被告人借款的真实目的和实际用途,被告人将来还不还钱或者能不能还钱并非抵押权人决定出借与否的主要原因。据此可以认为,抵押权人出借钱款并不是基于错误认识而作出的处分,而是其实现个人利益(收取利息)的民事行为。诈骗犯罪中,欺诈行为使被害人处分财产后行为人便获得财产,从而使被害人的财产受到损害,即被告人控制财产意味着被害人丧失财产,两者基本具有同时性。本案中,被告人与抵押权人之间的借款合同是主合同,抵押合同是从合同。如前所述,借款合同是有效的,抵押合同自然也有效,抵押权人在收不回借款时可以实现其抵押权以维护其权利。因此,被告人对借款的控制并不意味着抵押权人对该借款的损失。相反,在房产登记过户后,被告人即控制了原房主的房产,原房主只拿到首付款而无法再拿到剩余房款的受损状态也同时形成。因此,被告人的行为看似"两头骗",但真正受骗的只有原房主。

善意的抵押权人应当受到法律保护。只要抵押权人在抵押物上设置抵押权时不存在故意损害他人利益之情形,出借款项与抵押物价值相当,且已办理抵押登记手续,即可认定抵押权人是善意的,该抵押权应当受到法律保护。本案中,目前尚无证据证实抵押权人与被告人之前有串通行为,抵押权人掏出的是与抵押房产价值相当的"真金白银",且已办理了抵押登记手续,应当认定为善意的物权人。此外,2011年3月1日《最高人民法院、最高人民检察院关于办理诈骗刑事案件具体应用法律若干问题的解释》第十条第二款明确规定:"他人善意取得诈骗财物的,不予追缴。"可见,无论从民事相关制度还是刑事司法解释考虑,本案抵押权人的善意抵押行为应当受到法律保护。

从司法处理的角度,涉案房产在先清偿抵押权人的债务后多余的价值才能作为被告人的财产用于弥补被害人损失。因此,对于被告人可供执行的财产,抵押权人的抵押权实现优先于司法机关的追赃。若将抵押权人与原房主同等视为被害人,将可能出现两种情形:一是在被告人财产足够支付的情况下,司法机关对被告人借得的资金进行追缴并发还抵押权人;二是在被告人财产不足以同时支付的情况下,司法机关将按照原房主和抵押权人损失的比例发还。第一种情形导致的结果将是司法机关对民事法律行为的干涉,导致担保物权形同虚设;第二种情形则缺乏法律依据,按照相关司法解释规定,按比例发还适用于诈骗财物权属及其孳息不明确的时候。本案中,被告人与抵押权人设立抵押权时持的是已过户后的新证,在当时原房主尚未报案、房产也尚未涉讼之时应当认定为权属明确,让抵押权人与原房主共担损失是司法机关变相地侵害抵押权人利益的体现,将导致担保物权作为从属权利性质的丧失。[No. 3-8-224-24　周有文、陈巧芳合同诈骗案]

△"一房二卖"的案件中,行为人将售房款用于继续经营而未用于个人挥霍占有的,应当否定非法占有目的,不成立合同诈骗罪。

普天大有公司不具有刑法上非法占有唐某财物的目的。普天大有公司为唐某保留其中1套房屋而将其余3套房屋转卖,系因为其认为唐某所主张的违约金赔偿数额过高、和解协议显失公平。这种显失公平是诱发普天大有公司"一房二卖"的主要因素之一。对于这种自认为本属于自己财产,而因为不合理因素转变为他人财产,此后使用不正当手段取回的行为,要区别于一般的非法占有行为,对此类行为应进行非法占有目的的认定,不能仅从形式上侵犯了法益而一律入罪,刑法应当保留必要的克制，体现其附属性、谦抑性。这一理论和做法也已得到司法实践和相关司法解释的认同。如 2005 年《最高人民法院关于审理抢劫、抢夺刑事案件适用法律若干问题的意见》第七条规定："抢劫赌资、犯罪所得的赃款赃物的，以抢劫罪定罪，但行为人仅以其所输赌资或所赢赌债为抢劫对象，一般不以抢劫罪定罪处罚。构成其他犯罪的，依照刑法的相关规定处罚。"根据这一规定，对于赌徒之间相互以赌资、赌债为抢劫对象的，不以抢劫罪定罪，主要考虑到这类行为"事出有因"，行为人认为其所抢的是本属于其本人的财物。而从一般公众角度来看，被抢方也不应获得涉案财物的所有权。本案中，普天大有公司并没有将唐某用该公司支付的 200 万元违约金购买的 4 套房屋全部转卖他人，而是为唐某保留了 1 套，正是表明其主观上具有这样的意识：唐某应该得到的经济赔偿部分我不动，不合理的、对我显失公平的、本就属于我的财产，我至少要短暂地行使使用权（在案证据不能证实普天大有公司具有拒不支付的故意）。这样的一种主观心态显然不能等同于一般侵犯财产犯罪中的非法占有他人财物的目的。此外，普天大有公司在为唐某保留了 1 套房屋的前提下，将另外 3 套房屋转卖，还有公司当时面临经营困境，急需资金的原因。普天大有公司这样做，是为了短时间内获取资金，是形势所迫。在其理念中，公司只要维持正常经营，其完全可以通过其他形式偿付唐某的债务，如再通过民事诉讼等方式，确定合同履行的方式以及违约金损失的赔偿等。可见，本案中普天大有公司非法占有的目的并不明显。

普天大有公司不具有非法占有二手购房者财物的目的。普天大有公司将上述唐某用显失公平的违约金作为购房款购买的其公司 4 套房屋中的 3 套转卖他人，其主观上具有将 3 套房屋交付二手购房者的真实意思表示。一般的"一房二卖"行为人，在签订二卖合同时，不具有向二手购房人交房的真实意思。而本案普天大有公司"一房二卖"的行为主要针对的是唐某主张违约金过高的行为，即一手购房人。在其看来，转卖的 3 套房屋在二卖合同签订时均在开发建设过程中，在公司维持正常运转的情况下，其可以顺利交房，即如一手购房人主张权利，影响其将转卖房交到二手购房人手里，其也可以通过房源调剂解决此问题。因此，可以基本认定普天大有公司对二手购房者具有交房的真实意思，普天大有公司转卖 3 套房是为了解决资金困难，而不是出于非法占有财物的目的。

普天大有公司与后手再次签订房屋销售合同后，并没有将购房者支付的购房款挥霍，或是用于高风险经营以及其他不当、非法用途，而是用于公司经营和清偿所负债务，这恰恰表明其有继续正常经营的意愿和行为。后被告人王立强将公司股权、土地等转让他人，并与受让方签订了协议，约定了公司股权、土地转让及公司债务承担等内容，双方虽然未就上述"一房二卖"购房合同今后如何实际履行作出明确安排，但这属于公司变更过程中的未明确事项，不能据此推定王立强此时产生了非法占有他人财物的故意。具体理由如下：

一是王立强在公司变更时并没有实施转移、隐匿公司资产的行为，至于"一房二卖"可能产生的债务当时未予以明确的原因，主要在于公司股权、资产转让、受让双方对于债务承担仅作了概括的总额约定。

二是在公司变更之际，王立强作为转让方与受让方就公司债务作了充分的约定，使包括本案"一房二卖"所可能产生的债务有了清偿保障。

三是本案没有证据证明涉案房屋的实际归属状态如何，也没有证据证明后手购房人如果没有获得房屋，有没有可能获得相应的赔偿，即本案侦查机关未就普天大有公司"一房二卖"是否已经给他人造成经济损失调取任何证据。这些关键证据的缺失，也是本案难以认定行为人主观上具有非法占有目的的原因之一。

在我国法律体系中，刑法是其他部门法的保障法，没有刑法作后盾、作保障，其他部门法往往难以得到彻底贯彻实施。这一定位同时表明，只有当一般部门法不能充分保护某种法益时，才由刑法保护。这就是刑法理论所主张的刑法的附属性、谦抑性。在经济交往中，在不损害公共利益、集体利益或者第三人利益的前提下，应当尽可能遵循当事人意思自治原则，保留由当事人自己处理、解决纠纷的最大空间，刑法应尽可能保持其谦抑性。

就本案而言，普天大有公司签订"一房二卖"有关合同时确实存在特殊原因，在尚未履行合同约定的交房义务时，发生了股权、资产转让等公司变更事项，公司变更相关主体对公司债务如何承担也已作了相关的约定，故认定被告人王立强具有非法占有他人财物的目的的事实难以成立，其行为不符合合同诈骗罪的构成特征。一、二审法院认定被告人无罪是正确的。[No. 3-8-224-25 王立强合同诈骗案]

△行为既遂、未遂并存且分别达到入罪标准时，应先根据《刑法》第二十三条第二款的规定比照既遂犯的法定刑幅度确定未遂部分的法定刑幅度，然后与既遂部分对应的法定刑幅度进行比较

后从一重处断。在根据既遂数额确定法定刑时，未遂部分的数额应当作为“其他影响犯罪构成的犯罪数额、犯罪次数、犯罪后果等犯罪事实”适当增加刑罚量。

于2011年3月1日《最高人民法院、最高人民检察院关于办理诈骗刑事案件具体应用法律若干问题的解释》第六条规定：“诈骗既有既遂，又有未遂，分别达到不同量刑幅度的，依照处罚较重的规定处罚；达到同一量刑幅度的，以诈骗罪既遂处罚。”根据该规定，对于诈骗既遂、未遂并存且均单独构罪的，在确定全案适用的法定刑幅度之前，应当就既遂部分与未遂部分分别对应的法定刑幅度进行比较，也就是说，首先需要确定既遂部分与未遂部分分别对应的法定刑幅度。《刑法》第二十三条第二款具有双重功能：在全案认定未遂的情况下，该规定的具体适用体现为未遂情节对基准刑的调节功能；在全案认定既遂但未遂部分单独构罪的情况下，该规定的具体适用体现为在确定未遂部分法定刑幅度过程中对对应既遂犯法定刑幅度的调节功能。

在既、未遂并存且未遂部分对应的法定刑幅度重于既遂部分对应的法定刑幅度的情况下，比较难处理的是如何确定未遂部分对应的法定刑幅度。尽管《最高人民法院、最高人民检察院关于办理诈骗刑事案件具体应用法律若干问题的解释》第六条规定了既未遂并存时，以分别对应的法定刑幅度择一重的处理原则，但并没有明确如何确定未遂部分对应的法定刑幅度，以及能否对未遂部分减轻处罚、如何减轻处罚等具体问题。笔者认为，未遂部分的未遂情节应当仅适用于未遂部分，不能适用于整个犯罪。应当根据未遂情节决定对未遂部分是否减轻处罚后，即先确定未遂部分对应的法定刑幅度，再与既遂部分进行比较。

《最高人民法院关于常见犯罪的量刑指导意见》将量刑过程分为三个不同阶段：“（1）根据基本犯罪构成事实在相应的法定刑幅度内确定量刑起点；（2）根据其他影响犯罪构成的犯罪数额、犯罪次数、犯罪后果等犯罪事实，在量刑起点的基础上增加刑罚量确定基准刑；（3）根据量刑情节调节基准刑，并综合考虑全案情况，依法确定宣告刑。”对于以既遂部分犯罪事实作为基本犯罪构成事实确定量刑起点的，未遂部分犯罪事实作为“其他影响犯罪构成的犯罪数额、犯罪次数、犯罪后果等犯罪事实”，在根据既遂部分犯罪事实确定的量刑起点的基础上增加刑罚量进而确定基准刑，也就是说，在此过程中，未遂部分犯罪事实连同该部分的未遂情节是作为增加刑罚量的因素即量刑中的从重因素得以体现的，这与将未遂情节作为全案适用的量刑情节进行从宽处罚是截然不同的。对于以未遂部分犯罪事实作为基本犯罪构成事实确定量刑起点的，未遂部分的未遂情节是在量刑的第一阶段即确定量刑起点阶段进行评价的，由于这里不涉及既遂部分犯罪事实，对未遂部分未遂情节的评价仅仅局限于未遂部分犯罪事实范围内，在该阶段对未遂部分未遂情节的评价类似于全案未遂中对未遂情节的评价。因此，无论是否根据未遂部分的未遂情节对确定全案适用的法定刑幅度进行减轻处理，未遂部分的未遂情节在该阶段体现的都是对未遂部分犯罪事实的从宽处罚。

在王新明合同诈骗案中，被告人王新明合同诈骗未遂部分70万元，对应法定刑幅度为十年有期徒刑以上刑罚，结合本案的具体情况，应当对该未遂部分减轻处罚，所以确定的未遂部分法定刑幅度应当为三年以上十年以下有期徒刑，与合同诈骗既遂部分30万元所对应的法定刑幅度一致。依照《最高人民法院、最高人民检察院关于办理诈骗刑事案件具体应用法律若干问题的解释》第六条的规定，以合同诈骗罪既遂30万元的犯罪事实作为基本犯罪构成事实，确定全案适用的法定刑幅度，并确定量刑起点。将未遂部分70万元作为“其他影响犯罪构成的犯罪数额、犯罪次数、犯罪后果等犯罪事实”，确定适当的刑罚增加量，进而在量刑起点的基础上确定基准刑，未遂部分的未遂情节作为未遂部分犯罪事实的一部分，作为量刑过程中的从重因素得以体现。[No. 3-8-224-26　王新明合同诈骗案]

△租车诈骗行为中，交易对象为汽车租赁公司，应认定为合同诈骗罪；交易对象为自然人的，则应认定为普通诈骗罪，诈骗数额应当以所取得的汽车价值进行计算，行为人预先支付的租金应予以扣除。

从出租汽车的主体来看，既有租赁公司作为出租主体，也有自然人作为出租主体。汽车租赁诈骗犯罪行为，不仅给租赁公司的财产造成了巨大损失，更重要的是破坏了汽车租赁市场秩序。因此，对于出租方为租赁公司的这一类租车诈骗案件，不应以普通诈骗罪论处，而应以合同诈骗罪论处。但是，对于出租汽车一方为自然人的汽车租赁诈骗案件，由于其中的汽车租赁关系并不是严格意义上的市场交易行为，而是公民之间的一种临时的有偿或无偿借用关系。在这种情形中，行为人将从他人处租借的汽车，用于变卖、典当或质押套取现金，侵犯的只是车主的财产所有权，因此，这种诈骗行为应以诈骗罪论处。汽车租赁诈骗案件中存在两个诈骗环节，第一个环节是行为人以租车为名将车骗到自己的控制下。这一环节行为人实际取得的是汽车;第二个环节是行为人伪造车主的行驶证、身份证等,将车辆销赃或用于质押、典当以套取现金。这一环节行为人实际取得的是汽车的变卖款、典当款或借款。行为人出于骗租车辆后变现的动机,通过第一个环节的欺诈行为,已非法占有了车辆,这时其诈骗行为已经得逞;至于其是通过直接销赃,还是通过典当、质押借款的方式变现,只是其对赃物的处置问题,而行为人非法占有公私财物后,对财物如何处置,不影响非法占有的成立。因此,汽车租赁诈骗案件中,行为人的"实际取得"应是指所骗租的车辆的价值,而不是行为人将所骗租车辆变现的实际所得数额。对于行为人所支付的这部分租金应否在诈骗数额中扣除,实践中有两种做法:一种做法是认为行为人支付租金,是行为人为了实施诈骗行为所必须付出的"犯罪成本",不应从诈骗数额中扣除。另一种做法是认为行为人要取得车辆的控制权,就必须支付相应的租金,这就使行为人最终实际取得的财物必然是车价与租金的差价,这说明行为人是不可能占有整个车辆的价值的,行为人事先支付的这部分租金应在诈骗数额中扣除。笔者认为,根据诈骗数额认定的"实际取得说",上述第二种做法是比较合理的。特别是,正如上文所指出的,在汽车租赁诈骗案件中,行为人的非法占有目的,有的在租车之前即已产生,有的则是在合法租车后才产生。对于后一种情形,认定行为人所付租金系其为实现犯罪所支付的"犯罪成本"显然是不能成立的。[No. 3-8-224-16　董满礼合同诈骗案]

△合同诈骗罪数额应当以被害人直接的实际损失数额为计算标准。

实践中,犯罪分子实际所得的数额与被害人实际损失的数额在一定情况下是一致的,在二者不一致的情况下,笔者认为,应当以被害人直接的实际损失数额作为诈骗罪的犯罪数额。这是因为,从犯罪对象来讲,诈骗罪是针对整体财产的犯罪,那么在认定诈骗数额时,应把被害人获得的财产利益从诈骗数额中扣除,以被害人实际遭受的直接财产损失为标准计算诈骗数额。从犯罪行为的法益侵害性角度来看,诈骗罪是对被害人财产权益的侵害,以被害人受到的直接实际损失作为犯罪数额,能够较为全面地反映犯罪行为对法益的侵害及其程度。在一些合同诈骗罪中,犯罪分子为了成功实现诈骗目的或者掩饰犯罪目的,往往会支付一些犯罪成本,例如支付中介费、手续费、回扣等,或者用于行贿、赠与等费用,造成被告人实际所得的数额小于被害人损失的数额,这种情况下,这些费用属于被告人为实施犯罪行为所支付的成本,并没有减少法益侵害程度,也没有对财产损失进行弥补,因而不能从犯罪数额中予以扣除。应当注意的是,被害人因为诈骗行为所遭受的损失应当指的是直接损失,而不能包括间接损失。被害人的直接损失指的就是被害人由于受骗而实际交付给犯罪行为人的财物数额减去被害人获得的经济利益,而不能包括被害人因为犯罪行为受到的间接损失。例如,被害人因为受骗,不能如期履行与他人的约定而支付的违约金等。这是因为,间接损失具有范围的不确定性和数额的难以估测性,会随着时间、地点、人员等具体情况的变化而变化。如果将其计入被害人实际损失中,会导致无限制地扩大被害人法益被侵害的范围,出现罚不当罪的结果。因而,被害人因诈骗行为所遭受的实际损失应以直接损失为限。[No. 3-8-224-17　马中正合同诈骗案]

△农机补贴协议不属于合同诈骗罪中的经济合同,行为人以符合农机补贴条件的名义与农机主管部门签订购机补贴协议,以低价购得农机具并出售骗取农机购置补贴款的行为,不成立合同诈骗罪,应以诈骗罪定罪处罚。

根据《刑法》第二百二十四条的规定,合同诈骗罪的特征是"在签订、履行合同过程中,骗取对方当事人财物"。在陈景雷等合同诈骗案中,三被告人以符合农机补贴条件的农民名义,与农机销售商签订农机购买合同,农机销售商按照农机市场价收取了购机款,可见,农机销售商没有被诈骗。三被告人诈骗的对象不是购买合同一方当事人——农机销售商,也不是另一方当事人——农户,而是国家。有观点据此认为,陈景雷、胡党根、彭小云以符合农机补贴条件的农民名义,与农机主管部门签订购机补贴协议,骗取了国家的农机购置补贴款,构成合同诈骗罪。笔者认为,对合同诈骗中的"合同",应当结合合同诈骗罪侵犯的客体和立法目的予以具体理解和把握。立法者将合同诈骗罪规定在《刑法》分则第三章"破坏社会主义市场经济秩序罪"的第八节"扰乱市场秩序罪"中,即合同诈骗罪侵犯的法益不仅是他人的财产所有权,而且侵犯了国家合同管理制度,破坏了社会主义市场经济秩序。因此,合同诈骗罪中的"合同"必须能够体现一定的市场秩序,与市场秩序无关以及主要不受市场调整的各种"合同""协议",通常情况下不应视为合同诈骗罪中的"合同"。被告人陈景雷等人以农户名义与农机主管部门签订的购机补贴协议不受市场秩序制约,不属于合同诈骗罪中的"合同"。[No. 3-8-224-27　陈景雷等合同诈骗案]

△民间借贷案件中，借款实际用途与约定不符，或约定抵押物无法实现抵押债权，但被告人主观上不具有非法占有目的的，不构成合同诈骗罪。

在民间借贷行为引发的合同诈骗案件中，不能仅以借款的实际用途与合同约定用途不符，或者约定的抵押物无法实现抵押债权为由即认定被告人构成合同诈骗罪，应当严格按照合同诈骗罪的犯罪构成要件加以判断，如果被告人的行为客观上不足以使被害人陷于错误认识从而交付钱款，主观上不具有非法占有的目的，那么被告人的行为就不符合合同诈骗罪的犯罪构成，应当依法宣告被告人无罪。

在民间借贷案件中，存在着一种有别于亲朋好友、邻里同事之间借贷的情形，即所谓的“职业借贷人”出借钱款，其表现形式及内在本质与一般的民间借贷有所不同。这类借款一般签订格式合同，合同内容表面看与一般合同无异，但实际上存在以合法形式掩盖高息贷款行为的情形，往往合同上显示的借款用途与实际的借款用途有所不符。在此类情形引发的诈骗案件中，必须综合全案证据，结合民间借贷案件中的惯例及社会常理，慎重考察一方的借款行为是否真正使另一方产生了错误认识从而交付钱款。

在王喆合同诈骗案中，首先，在被告人王喆是否冒用公司名义的问题上，被害人李昆泽应当是明知被告人王喆此次借款系个人借款并归个人使用，但在借款合同中，却将借款人列为天津港保税区天兴货运服务有限公司王喆，并加盖了天兴货运服务有限公司业务专用章。李昆泽与王喆签订合同时可能存在以公司作为掩盖以便于其实现民事债权的情形。其次，关于担保货物的问题。根据王喆提供给李昆泽的三份入库协议书可以明确看出，该货物所有权不属于天津保税区天兴货运服务有限公司，更不属于王喆个人所有，无法实现担保效果。王喆提供这三份协议书的目的更多在于证明其具有一定的职责权限和履约能力，并非真正以这三份协议书中的货物承担担保责任。被害人作为一个具有正常认知水平和社会常识的成年人，其关于不知道该笔货物不属于王喆个人所有的陈述，显然不符合生活常理。最后，被告人王喆质押给李昆泽的一张中国银行转账支票，没有填写日期、出票人、行号以及大写数额等信息，根据《票据法》的相关规定，支票必须记载无条件支付的委托、确定的金额、付款人名称、出票日期、出票人签章等内容，否则支票无效。根据上述规定，王喆质押给李昆泽的显然是一张存在明显重大瑕疵的支票，无法实现相应的抵押效果。对于该支票表面存在的重大瑕疵，李昆泽作为一个向自己不熟悉的人出具巨额资金的成年人，其关于自己不知道支票无效，也不知道支票提不出钱款的陈述也不符合社会常理。现有证据不能证明被害人是基于被告人虚构事实、隐瞒真相的行为陷入了错误认识而交付钱款，因而不符合诈骗罪中欺骗行为使对方产生错误认识的构成要件。

诈骗罪要求被告人主观上具有非法占有目的，这也是区分一般借贷纠纷与诈骗犯罪的重要要件之一，如何判断被告人主观上是否具有非法占有的目的，需要根据案件的实际情况与被告人的客观行为进行司法推定。最高人民法院于2001年1月21日公布的《全国法院审理金融犯罪案件工作座谈会纪要》规定了七种可以推定为具有非法占有目的的情形，包括：(1)明知没有归还能力而大量骗取资金的；(2)非法获取资金后逃跑的；(3)肆意挥霍骗取资金的；(4)使用骗取的资金进行违法犯罪活动的；(5)抽逃、转移资金、隐匿财产，以逃避返还资金的；(6)隐匿、销毁账目，或者搞假破产、假倒闭，以逃避返还资金的；(7)其他非法占有资金，拒不返还的行为。

被告人王喆曾经归还过马志辉30万元，被告人王喆的父母曾经替王喆还给过张东东95.2万元。被害人李昆泽向法院提起民事诉讼时申请诉前保全被告人王喆名下一套天津市经济技术开发区星月轩5-1-101号房产，说明王喆具有相当的还款能力。现有证据也不能证明王喆对借款进行了个人挥霍。综合以上证据来看，被告人王喆在借款时以及借款后的一系列行为，都表明其并没有恶意逃避还款，非法占有该笔钱款的故意。

根据各地审理民间借贷纠纷总结经验看，尤其在以不同于亲朋好友、邻里同事之间借贷的所谓“职业借贷人”出借钱款的纠纷中大量存在“以合法形式掩盖高息贷款的非法行为”，且职业贷款人组织化程度强，经常出现暴力催讨的情况，容易引发风险并影响社会稳定。职业贷款人经常制造恶意诉讼，用司法强制性的特点来实现其非法目的。结合案卷整体材料，被告人王喆与被害人李昆泽之间存在高利借贷的可能，被害人李昆泽作为一个高利借贷行业的人员，王喆的行为是否足以使其陷入错误认识需要谨慎判断，李昆泽本人可能存在采取非法手段索取债务等情况。本案的处理结果涉及司法权尤其是“刑事司法权介入民间借贷纠纷的程度”和“如何防范恶意诉讼”等是否会纵容民间高利借贷行为的问题。根据现有证据确认的事实，从事相关中介经营行为的被害人李昆泽在明知借款系被告人王喆个人借款、且所谓抵押的货物并非被告人王喆所有、出具的支票具有显而易见的瑕疵的情况下，仍向被告人王喆

借出钱款。在此情况下，不能认定被告人王喆具有非法占有的故意。[No. 3-8-224-28　王喆合同诈骗案]

△以非法占有为目的，夸大收益并虚构买家诱骗客户签订合同的行为，成立合同诈骗罪。

被告人客观上实施了夸大关键词收益、积极推销、虚构买家、互相配合等一系列诱骗被害人签订合同的行为。各被告人在向被害人推销关键词相关服务时，以关键词业务具有巨额的升值空间为诱饵，使被害人与之签订合同，但事实上这种巨额价值的现实可能性几乎为零。在积极推销后，如果被害人不为所动或不再继续投入办理该公司关键词扩展业务，各被告人就互相配合，冒充买家联系客户，称予以动辄上百万、千万甚至上亿元的价格收购客户关键词，但需客户完善关键词资源，诱使客户继续与该公司签订合同，支付费用。各被害人签订合同、支付费用系由被告人的系列欺骗手段引发，这种欺骗显然已经超出民事诈欺范畴。

被告人主观上具有非法占有他人财产的直接故意。在诱骗客户签订合同支付费用后，原买家立即联系不上，部分被害人发现被骗后要求被告人退款遭拒，可见本案被告人主观上具有非法占有被害人财产的直接故意。

因此，本案不论从主观还是客观方面看，各被告人的行为均在合同诈骗罪的评价范围内。[No. 3-8-224-29　武志远、李立柱等合同诈骗案]

第二百二十四条之一　【组织、领导传销活动罪】

组织、领导以推销商品、提供服务等经营活动为名，要求参加者以缴纳费用或者购买商品、服务等方式获得加入资格，并按照一定顺序组成层级，直接或者间接以发展人员的数量作为计酬或者返利依据，引诱、胁迫参加者继续发展他人参加，骗取财物，扰乱经济社会秩序的传销活动的，处五年以下有期徒刑或者拘役，并处罚金；情节严重的，处五年以上有期徒刑，并处罚金。

【立法沿革】

《中华人民共和国刑法修正案(七)》(自2009年2月28日起施行)

四、在刑法第二百二十四条后增加一条，作为第二百二十四条之一：

“组织、领导以推销商品、提供服务等经营活动为名，要求参加者以缴纳费用或者购买商品、服务等方式获得加入资格，并按照一定顺序组成层级，直接或者间接以发展人员的数量作为计酬或者返利依据，引诱、胁迫参加者继续发展他人参加，骗取财物，扰乱经济社会秩序的传销活动的，处五年以下有期徒刑或者拘役，并处罚金；情节严重的，处五年以上有期徒刑，并处罚金。”

【立法理由】

20世纪90年代，以各种名目诱骗大量群众参与的传销违法犯罪活动一度比较严重，不仅干扰正常的经济秩序，而且严重损害广大人民群众的利益，滋生各种犯罪活动，影响一些地方的社会稳定。针对这种情况，1998年4月18日国务院发布的《关于禁止传销经营活动的通知》规定，禁止一切形式的传销活动。国务院于2005年8月通过了《禁止传销条例》。在《刑法修正案(七)》增加本条规定之前，实践中司法机关打击传销犯罪活动主要是适用《刑法》第二百二十五条非法经营罪的规定；也有根据具体案件的不同情况，分别适用集资诈骗罪，诈骗罪，生产、销售伪劣产品罪等规定处理的。近年来多发的“传人头”式的传销活动，由于没有用于传销的实际“商品”，对是否能够认定为“经营”活动，存在不同认识；同时，对传销这种涉众型犯罪，必须坚持“打早打小”“露头就打”，只要具备传销的基本特征并且达到一定规模，就应当予以坚决打击。基于上述考虑，2009年2月28日第十一届全国人大常委会第七次会议通过的**《刑法修正案(七)》**在第二百二十四条后增加一条作为第二百二十四条之一，对组织、领导传销活动的犯罪行为单独作出规定，以更有利于打击传销犯罪活动。

【条文说明】

本条是关于组织、领导传销活动罪及其处罚的规定。

根据本条规定，组织、领导传销活动犯罪中的传销活动具有以下特征[①]：

1. **往往以从事商品、服务推销等经营活动为名，诱骗他人参加**。传销活动一直为国家所禁止。一些不法分子为了逃避打击，诱骗不明真相的群众参加，往往利用一些群众急于“发财致富”的心理，编造各种名目的“经营项目”，如“种植”“养殖”“共销入股”“网络倍增”“消费联盟”等，有的甚至打广告，拉名人做宣传。不论行为人编造何种名目，其承诺或者宣传的高额回报是虚假的，至于其经营的商品，只是象征性的“道具”，有的甚至没有任何商品或者服务，而纯粹欺骗参加者去“拉人头”。

2. **要求参加者以缴纳费用或者购买商品、服务等方式获得加入资格**。传销活动的目的就是诱骗尽可能多的参加者加入传销组织，骗取参加者缴纳的钱财。参加传销组织的条件，就是按照传销组织的要求，购买传销组织“经营”的“商品”或者“服务”，又称“入门费”。需要注意的是，这里所谓的“商品”和“服务”，有的具有真实内容，但物非所值，有的仅仅是名义上的，是虚拟的。无论以何种形式存在，其本质是只有在“购买”了一定数量或者金额的“商品”或者“服务”后，才能取得进一步发展其他成员加入传销组织并按照一定比例抽取报酬的资格。

3. **按照一定顺序组成层级，直接或者间接以发展人员的数量作为计酬或者返利的依据**。这是关于传销组织在结构特征上的层级性规定。各种传销活动不论名目如何，在组织结构上都是按照加入的顺序、发展人员的多少、“业绩”大小等因素组成“金字塔”型层级结构。尽管每一个传销组织具体确定层级所采用的计算方式和称谓可能各不相同，如有的实行“五级三阶制”等，但所有传销组织的共同特征是，参加传销者的回报取决于其在传销组织中的层级位置；而参加传销者的层级位置则取决于其直接或者间接发展的人员的数量。所谓“直接或者间接”以发展人员的数量作为计酬或者返利的依据，是指有的传销组织直接以参加者所发展的人员的数量作为计算其回报的依据；有的传销组织的“计酬规则”虽然没有明确规定直接以参加者发展人员的数量多少计算回报，但是以参加者的“业绩”，或者参加者所发展的人员（下线）的“业绩”作为计算回报的依据，这实际上也是“间接”地以发展人员的数量计算回报。这样一种机制就诱使传销的参加者不断挖空心思，欺朋骗友地“发展”他人参加，使传销组织像滚雪球一样越滚越大。因此，也有人将传销组织形象地称为“老鼠会”。这里的“计酬”与“返利”，并无本质不同，是针对传销组织所采用的不同名目的回报计算方式所作的规定。

4. **传销活动最本质的特征在于其诈骗性**。传销活动尽管名目繁多，组织内部的结构也不尽相同，但其共同点在于以高额回报为诱饵，对参加者进行精神乃至人身控制，诱骗甚至迫使其成员不断发展新成员（下线），以敛取成员缴纳的“入门费”。传销组织所虚假宣传的“经营”活动，根本不可能维持传销组织的运转。有的传销组织甚至没有任何实际经营活动。传销组织许诺或者支付给成员的回报，来自成员缴纳的“入门费”，要维持传销组织的运转，必须使新成员以一定的倍数不断增加。由于其人员不可能无限增加，资金链必然断裂。由此可见，传销活动实际上是一种特殊的诈骗活动，传销组织是一种诈骗组织。这种诈骗的特殊性在于，传销组织实际上建立了一种诈骗机制。参与传销的人员不论对传销组织的诈骗本质是否有所认识，一旦加入传销组织，就成为这种诈骗组织的一部分，其不断发展下线的活动本身又导致更多的人卷入传销诈骗组织，骗取大量参加者的财物。因此，**传销活动的参加者既是这种诈骗活动的受害者，又是使这种诈骗机制发挥作用的违法者**。

5. **传销活动具有多方面的社会危害性**。一方面，传销活动的组织者、领导者利用传销活动骗取参与传销者大量财产，给传销参与者造成重大财产损失。另一方面，从实际情况看，受蒙蔽参与传销的多是农民、下岗工人等低收入、不具有抗风险能力的群体，这些人受传销组织蛊惑，有的变卖家产，有的将失地补偿金、买断工龄补偿金等投入传销。传销活动使这些梦想暴富的传销痴迷者倾家荡产，生活无着，影响社会稳定。同时，传销活动往往打着从事各种“经营”活动的旗号，有的还借机销售假冒伪劣商品，严重干扰其他市场主体的正常经营活动，扰乱市场经济秩序。

---

① 我国学者指出，传销活动的判断步骤包括：(1)是否存在商品（包括服务）；(2)如果存在商品，进一步判断商品是否为道具；(3)商品发生占有转移时，是仅转移给参与传销的人员，抑或转移给真正的消费者；(4)如果有部分真正的消费者时，则进一步判断行为人是主要通过销售商品获利，还是主要通过收取“入门费”获利。参见张明楷：《刑法学》（第6版），法律出版社2021年版，第1089页。另外，有论者认为，直销与变相传销之间的区别在于以下几个方面：(1)有无入门费；(2)有无依托优质产品；(3)产品是否流通；(4)有无退货保障制度；(5)有无店铺经营。参见黎宏：《刑法学各论》（第2版），法律出版社2016年版，第199页。

关于组织、领导传销活动罪的犯罪主体，根据本条规定，**只有传销活动的组织者、领导者才能构成犯罪**。其他参与传销活动的人员，如上所述，既是受害者，也是害人的违法者。本着教育、挽救大多数的原则，对其应当依法予以行政处罚或者批评教育。[①] 根据2010年《最高人民检察院、公安部关于公安机关管辖的刑事案件立案追诉标准的规定(二)》第七十八条的规定，**传销活动的组织者、领导者**，是指在传销活动中起组织、领导作用的发起人、决策人、操纵人，以及在传销活动中担负策划、指挥、布置、协调等重要职责，或者在传销活动实施中起到关键作用的人员。根据2013年《最高人民法院、最高人民检察院、公安部关于办理组织领导传销活动刑事案件适用法律若干问题的意见》的规定，下列人员可以认定为**传销活动的组织者、领导者**：(1)在传销活动中起发起、策划、操纵作用的人员；(2)在传销活动中承担管理、协调等职责的人员；(3)在传销活动中承担宣传、培训等职责的人员；(4)曾因组织、领导传销活动受过刑事处罚，或者一年以内因组织、领导传销活动受过行政处罚，又直接或者间接发展参与传销活动人员在十五人以上且层级在三级以上的人员；(5)其他对传销活动的实施、传销组织的建立、扩大等起关键作用的人员。以单位名义实施组织、领导传销活动犯罪的，对于受单位指派，仅从事劳务性工作的人员，一般不予追究刑事责任。

关于组织、领导传销活动罪的处罚，本条规定了两档刑罚：**构成犯罪的**，处五年以下有期徒刑或者拘役，并处罚金；**情节严重的**，处五年以上有期徒刑，并处罚金。同时，根据《刑法》第二百三十一条的规定，**单位犯本条规定之罪的**，对单位判处罚金，并对其直接负责的主管人员和其他直接责任人员，依照本条的规定，定罪处罚。根据2013年《最高人民法院、最高人民检察院、公安部关于办理组织领导传销活动刑事案件适用法律若干问题的意见》的规定，以推销商品、提供服务等经营活动为名，要求参加者以缴纳费用或者购买商品、服务等方式获得加入资格，并按照一定顺序组成层级，直接或者间接以发展人员的数量作为计酬或者返利依据，引诱、胁迫参加者继续发展他人参加，骗取财物，扰乱经济社会秩序的传销组织，其组织内部参与传销活动人员在三十人以上且层级在三级以上的，**应当对组织者、领导者追究刑事责任**。组织、领导多个传销组织，单个或者多个组织中的层级已达三级以上的，可将在各个组织中发展的人数合并计算。组织者、领导者形式上脱离原传销组织后，继续从原传销组织获取报酬或者返利的，原传销组织在其脱离后发展人员的层级数和人数，应当计算为其发展的层级数和人数。具有下列情形之一的，应当认定为“**情节严重**”：(1)组织、领导的参与传销活动人员累计达一百二十人以上的；(2)直接或者间接收取参与传销活动人员缴纳的传销资金数额累计达二百五十万元以上的；(3)曾因组织、领导传销活动受过刑事处罚，或者一年以内因组织、领导传销活动受过行政处罚，又直接或者间接发展参与传销活动人员累计达六十人以上的；(4)造成参与传销活动人员精神失常、自杀等严重后果的；(5)造成其他严重后果或者恶劣社会影响的。

此外，针对传销组织属于以骗取财物为目的的贪利性犯罪的特点，本条对组织、领导传销活动犯罪作了“并处罚金”的规定，即对于构成犯罪的，**均应当处以罚金**。司法实践中应当注意对此类犯罪财产刑的适用，以剥夺犯罪行为人的犯罪收益，消除其再犯的经济基础。

实践中出现了一些借助信息网络的新型传销犯罪。组织者或者经营者利用信息网络发展会员，通过实物推销、广告点击、引荐网站加盟等方式，要求被发展人员缴纳或者变相缴纳“入门费”，并开始做任务、办活动，以获得提成和发展下线的资格。其实际计酬或者返利的标准，仍依靠发展更多的人员数量，引诱被发展人员继续发展他人参加，骗取财物，扰乱经济秩序。对于该类行为，符合传销犯罪的，应以组织、领导传销活动罪追究刑事责任。

【司法解释】

《最高人民法院关于审理非法集资刑事案件具体应用法律若干问题的解释》〔法释〔2010〕18号，自2011年1月4日起施行，该解释已经被《最高人民法院关于修改〈最高人民法院关于审理非法集资刑事案件具体应用法律若干问题的解释〉的决定》(法释〔2022〕5号，自2022年3月1日起施行)修正〕

△**(传销；组织、领导传销活动罪；竞合)**通过传销手段向社会公众非法吸收资金，构成非法吸收公众存款罪或者集资诈骗罪，同时又构成组织、领导传销活动罪的，依照处罚较重的规定定罪处罚。(§ 13)

① 我国学者指出，就诈骗型传销活动而言，参与人员的行为仍然可能成立集资诈骗等犯罪。参见张明楷：《刑法学》(第6版)，法律出版社2021年版，第1092页。

【司法解释性文件】

《最高人民法院、最高人民检察院、公安部关于办理组织领导传销活动刑事案件适用法律若干问题的意见》（公通字〔2013〕37号，2013年11月14日公布）

△（**传销组织层级及人数之认定**）以推销商品、提供服务等经营活动为名，要求参加者以缴纳费用或者购买商品、服务等方式获得加入资格，并按照一定顺序组成层级，直接或者间接以发展人员的数量作为计酬或者返利依据，引诱、胁迫参加者继续发展他人参加，骗取财物，扰乱经济社会秩序的传销组织，其组织内部参与传销活动人员在三十人以上且层级在三级以上的，应当对组织者、领导者追究刑事责任。

组织、领导多个传销组织，单个或者多个组织中的层级已达三级以上的，可将在各个组织中发展的人数合并计算。

组织者、领导者形式上脱离原传销组织后，继续从原传销组织获取报酬或者返利的，原传销组织在其脱离后发展人员的层级数和人数，应当计算为其发展的层级数和人数。

办理组织、领导传销活动刑事案件中，确因客观条件的限制无法逐一收集参与传销活动人员的言词证据的，可以结合依法收集并查证属实的缴纳、支付费用及计酬、返利记录，视听资料，传销人员关系图，银行账户交易记录，互联网电子数据，鉴定意见等证据，综合认定参与传销的人数、层级数等犯罪事实。（§ 1）

△（**传销活动的组织者、领导者；仅从事劳务性工作的人员**）下列人员可以认定为传销活动的组织者、领导者：

（一）在传销活动中起发起、策划、操纵作用的人员；

（二）在传销活动中承担管理、协调等职责的人员；

（三）在传销活动中承担宣传、培训等职责的人员；

（四）曾因组织、领导传销活动受过刑事处罚，或者一年以内因组织、领导传销活动受过行政处罚，又直接或者间接发展参与传销活动人员在十五人以上且层级在三级以上的人员；

（五）其他对传销活动的实施、传销组织的建立、扩大等起关键作用的人员。

以单位名义实施组织、领导传销活动犯罪的，对于受单位指派，仅从事劳务性工作的人员，一般不予追究刑事责任。（§ 2）

△（**"骗取财物"之认定**）传销活动的组织者、领导者采取编造、歪曲国家政策，虚构、夸大经营、投资、服务项目及盈利前景，掩饰计酬、返利真实来源或者其他欺诈手段，实施刑法第二百二十四条之一规定的行为，从参与传销活动人员缴纳的费用或者购买商品、服务的费用中非法获利的，应当认定为骗取财物。[①] 参与传销活动人员是否认为被骗，不影响骗取财物的认定。[②]（§ 3）

△（**情节严重**）对符合本意见第一条第一款规定的传销组织的组织者、领导者，具有下列情形之一的，应当认定为刑法第二百二十四条之一规定的"情节严重"：

（一）组织、领导的参与传销活动人员累计达一百二十人以上的；

（二）直接或者间接收取参与传销活动人员缴纳的传销资金数额累计达二百五十万元以上的；

（三）曾因组织、领导传销活动受过刑事处罚，或者一年以内因组织、领导传销活动受过行政处罚，又直接或者间接发展参与传销活动人员累计达六十人以上的；

（四）造成参与传销活动人员精神失常、自杀等严重后果的；

（五）造成其他严重后果或者恶劣社会影响的。（§ 4）

△（**"团队计酬"式传销活动**）传销活动的组织者或者领导者通过发展人员，要求传销活动的被发展人员发展其他人员加入，形成上下线关系，并以下线的销售业绩为依据计算和给付上线报酬，牟取非法利益的，是"团队计酬"式传销活动。

以销售商品为目的、以销售业绩为计酬依据的单纯的"团队计酬"式传销活动，不作为犯罪处理。形式上采取"团队计酬"方式，但实质上属于"以发展人员的数量作为计酬或者返利依据"的传销活动，应当依照刑法第二百二十四条之一的规定，以组织、领导传销活动罪定罪处罚。（§ 5）

△（**竞合；集资诈骗罪；数罪并罚**）以非法占有为目的，组织、领导传销活动，同时构成组织、领

---

① 我国学者指出，不能将本罪中的"骗取财物"解释为必须客观上骗取了他人财物，否则会造成处罚上的不协调。毋宁说，"骗取财物"是对诈骗型传销组织（或者活动）的描述。只有当行为人组织、领导的传销活动具有"骗取财物"的性质时，才能成立本罪。参见张明楷：《刑法学》（第6版），法律出版社2021年版，第1091页。

② 由于《刑法》第二百二十四条之一的处罚对象是对诈骗型传销组织进行组织、领导的行为，因此，本罪不以客观上已经骗取了他人财物为前提。参见张明楷：《刑法学》（第6版），法律出版社2021年版，第1091页。

导传销活动罪和集资诈骗罪的,依照处罚较重的规定定罪处罚。

犯组织、领导传销活动罪,并实施故意伤害、非法拘禁、敲诈勒索、妨害公务、聚众扰乱社会秩序、聚众冲击国家机关、聚众扰乱公共场所秩序、交通秩序等行为,构成犯罪的,依照数罪并罚的规定处罚。(§6)

△(**"以上""以内";"层级""级";传销组织内部人数和层级数的计算**)本意见所称"以上"、"以内",包括本数。

本意见所称"层级"和"级",系指组织者、领导者与参与传销活动人员之间的上下线关系层次,而非组织者、领导者在传销组织中的身份等级。

对传销组织内部人数和层级数的计算,以及对组织者、领导者直接或者间接发展参与传销活动人员人数和层级数的计算,包括组织者、领导者本人及其本层级在内。(§7)

《最高人民检察院、公安部关于公安机关管辖的刑事案件立案追诉标准的规定(二)》(公通字〔2022〕12号,2022年4月6日公布)

△(**组织、领导传销活动罪;立案追诉标准**)组织、领导以推销商品、提供服务等经营活动为名,要求参加者以缴纳费用或者购买商品、服务等方式获得加入资格,并按照一定顺序组成层级,直接或者间接以发展人员的数量作为计酬或者返利依据,引诱、胁迫参加者继续发展他人参加,骗取财物,扰乱经济社会秩序的传销活动,涉嫌组织、领导的传销活动人员在三十人以上且层级在三级以上的,对组织者、领导者,应予立案追诉。

下列人员可以认定为传销活动的组织者、领导者:

(一)在传销活动中起发起、策划、操纵作用的人员;

(二)在传销活动中承担管理、协调等职责的人员;

(三)在传销活动中承担宣传、培训等职责的人员;

(四)因组织、领导传销活动受过刑事追究,或者一年内因组织、领导传销活动受过行政处罚,又直接或者间接发展参与传销活动人员在十五人以上且层级在三级以上的人员;

(五)其他对传销活动的实施、传销组织的建立、扩大等起关键作用的人员。(§70)

【指导性案例】

最高人民检察院指导性案例第41号:叶经生等组织、领导传销活动案(2018年7月3日发布)

△(**组织、领导传销活动;网络传销;骗取财物**)组织者或者经营者利用网络发展会员,要求被发展人员以缴纳或者变相缴纳"入门费"为条件,获得提成和发展下线的资格。通过发展人员组成层级关系,并以直接或者间接发展的人员数量作为计酬或者返利的依据,引诱被发展人员继续发展他人参加,骗取财物,扰乱经济社会秩序的,以组织、领导传销活动罪追究刑事责任。

【参考案例】

△以经营活动为幌子,直接或间接以发展人员的数量作为计酬或返利依据,并具有等级性的组织结构,骗取财物,扰乱经济和社会秩序的,应以组织、领导传销活动罪论处。

组织领导传销活动罪在客观方面表现为,组织、领导传销活动,骗取财物,扰乱经济和社会秩序。该罪在客观方面有三个特征:(1)经营形式上具有欺骗性,传销组织所宣传的经营活动,实际上是以经营为幌子,有的传销组织甚至没有任何实际经营活动,根本不可能保持传销组织的运转,其许诺或支付给成员的回报,来自于成员缴纳的入门费。因此传销活动本质上具有诈骗性质。(2)计酬方式上,直接或间接以发展人员数量作为计酬或返利依据。(3)组织结构上具有等级性。传销组织中,一般根据加入的顺序,发展成员的多少分成不同的等级。

在危甫才组织、领导传销活动案中,危甫才系珠海市康紫源贸易有限公司的法定代表人,该公司系按照传销人员在公司中各自发展的人数(包括下线及下下线的人数总和)来确定传销人员的等级地位。以下线发展越多、提成越多来诱骗新的人员参与传销活动,该公司在组织结构上具有明显的层级性,并呈金字塔形,完全以下线发展的人数多少为依据计算和给付上线报酬。其所经营的钢煲、臭氧饮水机则是传销的幌子,本质上是借虚假的经营活动骗取他人的入门费,危甫才所实施的行为符合组织、领导传销活动罪的客观特征。[No. 3-8-224之一-1　危甫才组织、领导传销活动案]

△在传销活动中起组织领导作用的发起人、决策人、操纵者,以及在传销活动中担负策划、指挥、布置、协调等重要职责,或者在传销活动实施中起到关键作用的人员是传销活动的组织者、领导者,符合组织、领导传销活动罪的主体特征。

传销犯罪是一种涉众型的经济犯罪,在组织结构上通常呈现出金字塔形的特点,司法实务中应当贯彻宽严相济的刑事政策精神,根据传销活动参与者的地位、作用,科学合理地划定打击对象的范围:对于在传销网络建立、扩张过程中起组织、策划、领导作用的首要分子给予刑事处罚;对于并非策划、发起人,但积极加入其中,并在由其实施的传销活动中起组织、领导、骨干作用的,也应以组织者、领导者追究刑事责任;对于参与传销活动的一般人员则可以通过行政处罚,教育遣散等方式进行处理,不宜追究刑事责任。[No. 3-8-224 之一-2　危甫才组织、领导传销活动案]

△线上消费返利经营模式中,不要求会员销售或购买商品,只要求发展人员或缴纳一定费用,取得发展下线的入门资格,并按照发展下线的人数获得报酬的,属于传销行为。

传销活动不要求传销人员销售或购买商品,只要求发展人员或缴纳费用,取得发展下线的入门资格,并按照发展下线的人数获得报酬,既没有商品也不提供服务,不存在真实的交易标的,没有经营活动,是一种虚拟经营行为。在互联网时代,电子商务快速发展,通过线上或线下消费、线上返利的消费返利销售模式本身没有问题。从表象上看,亿富通公司的经营模式属于实体经营,有完善的税务、财会、商品退货以及会员退费制度,并成立了经销商委员会,故不存在虚构产品、欺诈消费者、骗取财物的情况,无引诱和胁迫、无受害者、无扰乱经济社会秩序。但在曹顺等人组织、领导传销案中,亿富通公司通过主观引导,层层发展下线,已经演变成投资推广返利,背离了消费返利的本质,成为金融传销。从亿富通公司的经营情况看,其并无资格经营理财产品,且自有资金不足,为防止资金链断裂,只有靠骗取后面会员缴纳的会费去发放返利、奖励,各会员获得的所谓返利基本上是后面会员所交的会费,要保持亿富通公司的存在和运行,必须有新会员成倍增加;由于参加人员不可能无限增加,其资金链极可能断裂,相应行为将严重扰乱社会经济秩序,属于传销行为。[No. 3-8-224 之一-3　曹顺等人组织、领导传销案]

△应注意区分传销与单层次或多层次的直销行为。

传销与单层次直销的关系问题。单层次直销是商品和服务的生产者将生产的产品通过专卖店或者营销人员直接把产品销售给终端客户,且给予服务的销售方式,是一种合法且受法律保护的经营行为。它与传销具有本质的区别,主要表现在以下几个方面:(1)是否以销售产品为企业营运的基础。直销以销售产品或者提供服务作为公司收益的来源。而传销则以拉人头牟利或者借销售伪劣或质次价高的产品变相拉人头牟利,有的传销甚至根本无销售产品可言。(2)是否收取高额入门费。单层次直销企业的推销员无须缴付任何高额入门费,也不会被强制认购货品。而在传销中,参加者通过缴纳高额入门费或者被要求先认购一定数量质次价高(通常情况下价格严重高于产品价值)的产品以变相缴纳高额入门费作为参与的条件,进而刺激下线人员不择手段地拉人加入以赚取利润。(3)是否拥有经营场所。单层次直销企业都有自己的经营场所,有自己的产品和服务,销售人员都直接与公司签订合同,其从业行为直接接受公司的规范与管理。而传销的"经营者"没有自己的经营场所,也没有从事销售产品或者提供服务的经营活动,只是假借"经营活动"骗取他人信任和逃避有关机关的管理和打击,通过收取高额入门费为整个传销组织的组织者和领导者攫取暴利,其本身不会产生任何的利润和收益,也不会为国家和社会创造任何的经济价值。(4)是否遵循价值规律分配报酬。单层次直销企业的工作人员主要通过销售商品、提供服务获取利润,其薪酬的高低主要与工作人员的销售业绩相挂钩。而通过以高额回报为诱饵招揽人员从事"变相销售"的传销行为,因为其不存在销售行为,故不会产生任何的销售收入,其报酬全部来源于高额的会员费。更主要的是,并非所有传销人员都能够获取报酬,从整体上看,只有处于组织核心和顶层的领导者和组织者才能获取暴利,其余人员均是损失的承担者,不会获取任何收入。(5)是否具有完善的售后服务保障制度。单层次直销企业作为正规经营的经济体,有合格、规范、快捷的售后服务操作流程,通常能够为顾客提供完善的退货保障。而传销活动绝大部分没有产品和服务,即便提供也通常强制约定不可退货或者退货条件非常苛刻。再者,传销组织一般也不会设立专门的售后服务部门,消费者已购的产品难以退货,遇到质量问题也得不到解决,消费者退货和投诉无门的情况普遍存在。(6)是否实行制度化的人员管理。单层次直销形式下,企业对工作人员的管理模式正规、科学,有健全的工会组织,充分尊重人员的自由,保障员工的合法权益。而在传销组织中,上线主要通过非法拘禁、诱骗,甚至在某种情况下采取非常暴力的手段控制下线,并以此对下线产生威慑进而使其继续发展下线。因而在传销活动中,传销人员尤其是处于底层的人员没有人身自由,合法权益难以得到保障。正因如此,传销活动往往诱发其他类型的犯罪,给正常的社会秩序和公民的生命财产安全带来严重影响。

传销行为与多层级直销行为(团体计酬)的关系。从《刑法》第二百二十四条之一关于"直接或者间接以发展人员的数量作为计酬或者返利依据”的规定可以看出，组织、领导传销活动罪规制的是以“人头数”作为计酬标准的犯罪行为；而多层次直销的团体计酬方式则表现为上线以下线的销售业绩为依据计算报酬，而不是下线的人数。这一显著区别一方面体现出以上两种行为的不同；另一方面也表明多层次直销行为不在对传销活动的刑罚打击范围之内。根据《最高人民法院关于情节严重的传销或者变相传销行为如何定性问题的批复》（出台于《刑法修正案（七）》施行之前，现已废止）的规定，对于多层次直销这种“团体计酬”的行为应当以非法经营罪定罪处罚。《刑法修正案（七）》施行之后，对于团体计酬行为是否以非法经营罪定罪处罚，目前还存在争议。因此，司法实践中有必要将传销行为与多层级直销行为（团体计酬）区别开来。

在王艳组织、领导传销活动案中，被告人王艳自2006年至案发期间，发展下线达80余人，违法数额高达20万余元，属于“拉人头”计酬，明显区别于单层次直销的按销售计酬和多层次直销的团体计酬行为，符合组织、领导传销活动罪的构成特征，达到了追究刑事责任的标准，因而固始县人民法院以组织、领导传销活动罪追究王艳的刑事责任是正确的。［No.3-8-224之一-4　王艳组织、领导传销活动案］

第二百二十五条　【非法经营罪】

违反国家规定，有下列非法经营行为之一，扰乱市场秩序，情节严重的，处五年以下有期徒刑或者拘役，并处或者单处违法所得一倍以上五倍以下罚金；情节特别严重的，处五年以上有期徒刑，并处违法所得一倍以上五倍以下罚金或者没收财产：

（一）未经许可经营法律、行政法规规定的专营、专卖物品或者其他限制买卖的物品的；

（二）买卖进出口许可证、进出口原产地证明以及其他法律、行政法规规定的经营许可证或者批准文件的；

（三）未经国家有关主管部门批准非法经营证券、期货、保险业务的，或者非法从事资金支付结算业务的；

（四）其他严重扰乱市场秩序的非法经营行为。

【单行刑法】

《全国人民代表大会常务委员会关于惩治骗购外汇、逃汇和非法买卖外汇犯罪的决定》（自1998年12月29日起施行）

四、在国家规定的交易场所以外非法买卖外汇，扰乱市场秩序，情节严重的，依照刑法第二百二十五条的规定定罪处罚。单位犯前款罪的，依照刑法第二百三十一条的规定处罚。

【立法沿革】

《中华人民共和国刑法》（1997年修订，自1997年10月1日起施行）

第二百二十五条

违反国家规定，有下列非法经营行为之一，扰乱市场秩序，情节严重的，处五年以下有期徒刑或者拘役，并处或者单处违法所得一倍以上五倍以下罚金；情节特别严重的，处五年以上有期徒刑，并处违法所得一倍以上五倍以下罚金或者没收财产：

（一）未经许可经营法律、行政法规规定的专营、专卖物品或者其他限制买卖的物品的；

（二）买卖进出口许可证、进出口原产地证明以及其他法律、行政法规规定的经营许可证或者批准文件的；

（三）其他严重扰乱市场秩序的非法经营行为。

《中华人民共和国刑法修正案》（自1999年12月25日起施行）

八、刑法第二百二十五条增加一项，作为第三项：

“未经国家有关主管部门批准，非法经营证券、期货或者保险业务的；”原第三项改为第四项。

《中华人民共和国刑法修正案（七）》（自2009年2月28日起施行）

五、将刑法第二百二十五条第三项修改为：

“未经国家有关主管部门批准非法经营证券、期货、保险业务的，或者非法从事资金支付结算业务的；”

【立法理由】

1. 1979年立法的情况。1979年刑法规定了投机倒把罪。1979年《刑法》第一百一十七条规定："违反金融、外汇、金银、工商管理法规，投机倒把，情节严重的，处三年以下有期徒刑或者拘役，可以并处、单处罚金或者没收财产。"第一百一十八条规定："以走私、投机倒把为常业的，走私、投机倒把数额巨大的或者走私、投机倒把集团的首要分子，处三年以上十年以下有期徒刑，可以并处没收财产。"

2. **1979年之后至1997年刑法修订前的立法情况**。1982年3月8日第五届全国人大常委会第二十二次会议通过《全国人民代表大会常务委员会关于严惩严重破坏经济的罪犯的决定》第一条第(一)项，对1979年《刑法》第一百一十八条走私、套汇、投机倒把牟取暴利罪的刑罚修改为：情节特别严重的，处十年以上有期徒刑、无期徒刑或者死刑，可以并处没收财产。国家工作人员利用职务犯前款所列罪行，情节特别严重的，按前款规定从重处罚。

3. **1997年修订刑法的情况**。1979年刑法对投机倒把罪的规定就当时计划经济形态而言，对维护社会经济秩序起到了积极的作用。但是条文过于原则化，包括范围较大，导致执法任意性过大，形成了执法中的"**口袋罪**"。在市场转型过程中，一些不属于犯罪的行为也被装进这个"口袋"作为犯罪处理了。这样既不利于严格执法，保护公民的合法权益，也不符合罪刑法定原则。1997年修订刑法时，立法者确立了罪刑法定原则。根据这一精神，立法上要对各种犯罪的构成条件和量刑幅度尽量作出明确具体的规定。因此，有人建议取消投机倒把罪，将各项行为分解并单列"违法经营罪"或"非法经营罪"的新罪名。立法机关在修订刑法时，采纳了这一建议，把原投机倒把罪中所包括的犯罪作了具体分解规定，本条就是其中之一。这样修改，既能够保持对严重扰乱市场秩序的犯罪行为予以惩治，维护市场主体和消费者的合法权益，在一定意义上也促进了对公民合法权益的维护。刑法修改为保障社会主义市场经济发展，维护公民合法权益，发挥了积极的作用。

4. 1998年12月29日第九届全国人大常委会第六次会议通过的**《全国人民代表大会常务委员会关于惩治骗购外汇、逃汇和非法买卖外汇犯罪的决定》**第四条规定，"在国家规定的交易场所以外非法买卖外汇，扰乱市场秩序，情节严重的，依照刑法第二百二十五条的规定定罪处罚"。该决定增加该条规定的考虑是，一段时期以来，我国根据国家的经济发展水平和外汇储备的实际情况，对外汇施行必要的控制和管理，公民、单位使用外汇必须根据国家有关规定，在国家规定的交易场所有条件地进行外汇兑换。随着经济社会不断发展，公民个人持有外汇数量逐年上升，公民对外汇的需求也不断加大，这是改革开放以后我国经济发生根本好转所带来的可喜现象。但同时，也出现了非法的外汇黑市交易，该种行为直接破坏了国家对外汇的监督和管理，扰乱了正常的外汇市场管理秩序，对国家经济的稳定发展造成了严重的破坏。特别是从1997年上半年开始，我国周边的一些亚洲国家受金融危机的冲击，多国货币竞相贬值。我国作为负责任的大国，庄严承诺人民币不会贬值、人民币也不需要贬值，为稳定亚洲乃至全球经济作出了重大贡献。随着亚洲金融危机涉及面扩大，我国外汇金融形势又出现了新情况。1998年在对外贸易顺差、外商直接投资继续增强的情况下，我国外汇储备增速却显著放缓。有关部门反映，其主要原因是违法犯罪人员非法将人民币兑换成外汇或者截留外汇资金，用于非法交易的支付，或者直接进行非法的外汇买卖。这些行为叠加亚洲金融危机的影响，产生了极大的危害。为有效惩治此类违法犯罪活动，维护正常的外汇管理秩序，保证人民币汇率稳定，巩固外汇管理体制改革成果，有效防范金融风险进一步传导和扩大，国务院于1998年10月向第九届全国人大常委会第五次会议提交了关于提请审议《关于惩治骗购外汇、逃汇和非法买卖外汇犯罪的决定(草案)》的议案，其中包括对非法买卖外汇的，明确规定依照本条非法经营罪定罪处罚。

5. **1999年《刑法修正案》对本条的修改情况**。增加了"未经国家有关主管部门批准，非法经营证券、期货或者保险业务的"规定作为第(三)项，原第(三)项作为第(四)项。这次修改主要的考虑是，实践中出现了非法经营证券、期货或保险业务的情况。证券、期货或保险业务直接关系到国家金融秩序稳定，关系到广大证券、期货投资人和保险的投保人、被投保人、受益人的切身利益。经营这类业务的单位的自身实力、业绩、信誉、抵御风险的能力、经营方式是否规范等都与广大公众的利益有着直接关系，因此我国乃至世界上许多国家和地区都对经营这类业务的单位的资格、条件、设立程序等通过法律、法规加以规定。未经许可，任何单位和个人都不得非法经营证券、期货和保险业务。为了确保这些行业的健康发展，维护国家金融秩序的稳定和保障社会公众利益，1999年《刑法修正案》对本条规定的非法经营行为又增加了一项，即"未经国家有关主管部门批准，非法经营证券、期货或者保险业务的"。

6. **2009年《刑法修正案(七)》对本条的修改**

情况。实践当中一些地方从事“地下钱庄”的非法经营活动较为猖獗。对“地下钱庄”的惩处,主要是根据其所实施的行为性质、种类,适用刑法的有关规定定罪处罚。对“地下钱庄”从事的犯罪活动,如买卖外汇、非法吸收存款等都可以依法追究刑事责任,但对其从事的非法资金支付结算业务很难追究刑事责任。有关部门建议,对“地下钱庄”逃避金融监管,非法为他人办理大额资金转移等资金支付结算业务的行为,在刑法关于非法经营罪的规定中单独列举,以适应打击这类犯罪的需要。为此,在 2009 年 2 月 28 日第十一届全国人大常委会第七次会议通过的《刑法修正案(七)》对本条作了相应修改,增加了有关“非法从事资金支付结算业务”的规定。

【条文说明】

本条是关于非法经营罪及其处罚的规定。

本条规定的非法经营罪,是指违反国家规定,有所列非法经营行为之一,扰乱市场秩序的犯罪。其中,“**违反国家规定**”,根据本法规定,是指违反全国人大及其常委会制定的法律和决定,国务院制定的行政法规、规定的行政措施、发布的决定和命令。[①] 本条所列举的四项行为是:

1. **未经许可经营法律、行政法规规定的专营、专卖物品或者其他限制买卖的物品**。其中,“**未经许可**”,是指未经国家有关主管部门批准;“**法律、行政法规规定的专营、专卖物品**”,是指由法律、行政法规明确规定的由专门的机构经营的专营、专卖的物品,如烟草等。“**其他限制买卖的物品**”,是指国家根据经济发展和维护国家、社会和人民群众利益的需要,规定在一定时期实行限制性经营的物品,如农药等。专营、专卖物品和限制买卖的物品的范围,不是固定不变的,随着社会主义市场经济的发展,法律、行政法规的规定可以出现变化。

2. **买卖进出口许可证、进出口原产地证明以及其他法律、行政法规规定的经营许可证或者批准文件**。其中,“**进出口许可证**”是国家外贸主管部门对企业颁发的可以从事进出口业务的确认资格的文件。“**进出口原产地证明**”是从事进出口经营活动中,由法律规定的,进出口产品时必须附带的由原产地有关主管机关出具的证明文件,例如进出口货物原产地证书。为维护市场经济有序和规范发展,国家对某些生产经营活动实行许可证管理制度或审批管理制度,这里“**其他法律、行政法规规定的经营许可证或者批准文件**”,指的是法律、行政法规规定的所有的经营许可证或者批准文件,如关于林木采伐、矿产开采、野生动物狩猎的许可证等。

3. **未经国家有关主管部门批准非法经营证券、期货、保险业务的,或者非法从事资金支付结算业务**。其中,**非法经营证券、期货业务**,主要是指以下几种行为:未经有关主管部门批准,擅自开展证券或者期货经纪业务;从事证券、期货咨询性业务的证券、期货咨询公司、投资服务公司擅自超越经营范围从事证券、期货业务等。**非法经营保险业务**,主要是指以下未经授权进行保险代理业务、保险经纪人超越经营范围从事保险业务等行为。**非法从事资金支付结算业务**,主要是指不具有法定的从事资金支付结算业务的资格,非法为他人办理资金支付结算业务和外币兑换的行为,如为他人非法提供境内资金转移、分散提取现金服务等。支付结算是商业银行一项最基本的业务。根据支付结算办法的规定,银行是支付结算和资金清算的中介机构。未经中国人民银行批准的非银行金融机构和其他单位不得作为中介机构经营支付结算业务。根据 2017 年《最高人民检察院关于办理涉互联网金融犯罪案件有关问题座谈会纪要》的规定,未取得支付业务许可从事支付结算业务的行为,违反《非法金融机构和非法金融业务活动取缔办法》第四条第一款第(三)、(四)项的规定,破坏了支付结算业务许可制度,危害支付市场秩序和安全,情节严重的,适用本条第(三)项,**以非法经营罪追究刑事责任**。具体情形:(1)未取得支付业务许可经营基于客户支付帐户的网络支付业务。无证网络支付机构为客户非法开立支付帐户,客户先把资金支付到该支付帐户,再由无证机构根据订单信息从支付帐户平台将资金结算到收款人银行帐户。(2)未取得支付业务许可经营多用途预付卡业务。无证发卡机构非法发行可跨地区、跨行业、跨法人使用的多用途预付卡,聚集大量的预付卡销售资金,并根据客户订单信息向商户划转结算资金。2019 年 2 月 1 日起施行的《最高人民法院、最高人民检察院关于办理非法从事资金支付结算业务、非法买卖外汇刑事案件适用法律若干问题的解释》第一条规定:“违反国

① 我国学者指出,本罪的非法经营行为并非单纯违反工商行政管理法规的行为,而是违反国家特许经营的有关规定,未经特许经营业务行政管理机关的批准,擅自经营特许经营业务的经营行为。如果行为人从事的经营活动是法律上的禁止经营业务,绝无成立非法经营罪的可能。参见黎宏:《刑法学各论》(第 2 版),法律出版社 2016 年版,第 200—201 页;周光权:《刑法各论》(第 4 版),中国人民大学出版社 2021 年版,第 371 页。

家规定,具有下列情形之一的,属于刑法第二百二十五条第三项规定的'**非法从事资金支付结算业务**':(一)使用受理终端或者网络支付接口等方法,以虚构交易、虚开价格、交易退款等非法方式向指定付款方支付货币资金的;(二)非法为他人提供单位银行结算账户套现或者单位银行结算账户转个人账户服务的;(三)非法为他人提供支票套现服务的;(四)其他非法从事资金支付结算业务的情形。"

4. **其他严重扰乱市场秩序的非法经营行为**。这是针对现实生活中非法经营犯罪活动的复杂性和多样性所作的概括性规定,这里所说的其他非法经营行为应当具备以下条件:其一,这种行为发生在经营活动中,主要是生产、流通领域。其二,这种行为违反法律、法规的规定。其三,具有社会危害性,严重扰乱市场经济秩序。如《最高人民法院、最高人民检察院关于办理妨害预防、控制突发传染病疫情等灾害的刑事案件具体应用法律若干问题的解释》第六条规定:"违反国家在预防、控制突发传染病疫情等灾害期间有关市场经营、价格管理等规定,哄抬物价、牟取暴利,严重扰乱市场秩序,违法所得数额较大或者有其他严重情节的,依照刑法第二百二十五条第(四)项的规定,以非法经营罪定罪,依法从重处罚。"《最高人民法院、最高人民检察院关于办理非法生产、销售、使用禁止在饲料和动物饮用水中使用的药品等刑事案件具体应用法律若干问题的解释》第二条规定:"在生产、销售的饲料中添加盐酸克仑特罗等禁止在饲料和动物饮用水中使用的药品,或者销售明知是添加有该类药品的饲料,情节严重的,依照刑法第二百二十五条第(四)项的规定,以非法经营罪追究刑事责任。"《最高人民法院关于审理扰乱电信市场管理秩序案件具体应用法律若干问题的解释》第一条规定:"违反国家规定,采取租用国际专线、私设转接设备或者其他方法,擅自经营国际电信业务或者涉港澳台电信业务进行营利活动,扰乱电信市场管理秩序,情节严重的,依照刑法第二百二十五条第(四)项的规定,以非法经营罪定罪处罚。"

此外,对于**非法买卖外汇的行为**,1998年12月29日第九届全国人大常委会第六次会议通过了《全国人民代表大会常务委员会关于惩治骗购外汇、逃汇和非法买卖外汇犯罪的决定》,该决定第四条第一款规定:"在国家规定的交易场所以外非法买卖外汇,扰乱市场秩序,情节严重的,依照刑法第二百二十五条的规定定罪处罚。"这里的"**国家规定的交易场所**",是指根据国家有关法律、法规规定设立的外汇交易中心、外汇指定银行以及由国家外汇管理机构批准的具有外汇买卖业务资格的非银行金融机构。根据《最高人民法院、最高人民检察院关于办理非法从事资金支付结算业务、非法买卖外汇刑事案件适用法律若干问题的解释》第三条的规定,非法买卖外汇的非法经营数额在五百万元以上的,或者违法所得数额在十万元以上的,构成"**情节严重**"。同时,非法经营数额在二百五十万元以上,或者违法所得数额在五万元以上,且具有下列情形之一的,也可以认定为非法买卖外汇行为"**情节严重**":(1)曾因非法买卖外汇犯罪行为受过刑事追究的;(2)二年内因非法买卖外汇违法行为受过行政处罚的;(3)拒不交代涉案资金去向或者拒不配合追缴工作,致使赃款无法追缴的;(4)造成其他严重后果的。根据1998年《全国人民代表大会常务委员会关于惩治骗购外汇、逃汇和非法买卖外汇犯罪的决定》第四条第二款的规定,**单位在国家规定的交易场所以外非法买卖外汇,扰乱市场秩序,情节严重的**,对单位判处罚金,并对其直接负责的主管人员和其他直接责任人员,依照本条规定处罚。

本条对非法经营罪的刑罚分为两档,第一档刑罚为**情节严重的**,处五年以下有期徒刑或者拘役,并处或者单处违法所得一倍以上五倍以下罚金;第二档刑罚为**情节特别严重的**,处五年以上有期徒刑,并处违法所得一倍以上五倍以下罚金或者没收财产。此外,根据《刑法》第二百三十一条的规定,**单位犯本条规定之罪的**,对单位判处罚金,并对其直接负责的主管人员和其他直接责任人员,依照本条的规定,定罪处罚。对于什么是"情节严重""情节特别严重",可参见司法解释根据司法实践作出的规定。例如,根据2013年《最高人民法院、最高人民检察院关于办理利用信息网络实施诽谤等刑事案件适用法律若干问题的解释》第七条的规定,违反国家规定,以营利为目的,通过信息网络有偿提供删除信息服务,或者明知是虚假信息,通过信息网络有偿提供发布信息等服务,扰乱市场秩序,具有下列情形之一的,属于非法经营行为"**情节严重**",依照《刑法》第二百二十五条第(四)项的规定,以非法经营罪定罪处罚:(1)个人非法经营数额在五万元以上,或者违法所得数额在二万元以上的;(2)单位非法经营数额在十五万元以上,或者违法所得数额在五万元以上的。实施前述规定的行为,数额达到前述规定的数额五倍以上的,应当认定为《刑法》第二百二十五条规定的"情节特别严重"。

根据2014年《最高人民法院、最高人民检察院关于办理危害药品安全刑事案件适用法律若干问题的解释》第七条的规定,违反国家药品管理法律法规,未取得或者使用伪造、变造的药品经营许可证,非法经营药品,情节严重的,依照《刑法》第二百二十五条的规定以非法经营罪定罪处罚。以提供给他人生产、销售药品为目的,违反国家规定,生产、销售不符合药用要求的非药品原料、辅料,情节严重的,依照《刑法》第二百二十五条的规定以非法经营罪定罪处罚。实施前述行为,非法经营数额在十万元以上,或者违法所得数额在五万元以上的,应当认定为《刑法》第二百二十五条规定的"**情节严重**";非法经营数额在五十万元以上,或者违法所得数额在二十五万元以上的,应当认定为《刑法》第二百二十五条规定的"**情节特别严重**"。

根据2014年《最高人民法院、最高人民检察院、公安部关于办理利用赌博机开设赌场案件适用法律若干问题的意见》第四条的规定,以提供给他人开设赌场为目的,违反国家规定,非法生产、销售具有退币、退分、退钢珠等赌博功能的电子游戏设施设备或者其专用软件,情节严重的,依照《刑法》第二百二十五条的规定,以非法经营罪定罪处罚。实施前述规定的行为,具有下列情形之一的,属于非法经营行为"**情节严重**":(1)个人非法经营数额在五万元以上,或者违法所得数额在一万元以上的;(2)单位非法经营数额在五十万元以上,或者违法所得数额在十万元以上的;(3)虽未达到上述数额标准,但两年内因非法生产、销售赌博机行为受过二次以上行政处罚,又进行同种非法经营行为的;(4)其他情节严重的情形。具有下列情形之一的,属于非法经营行为"**情节特别严重**":(1)个人非法经营数额在二十五万元以上,或者违法所得数额在五万元以上的;(2)单位非法经营数额在二百五十万元以上,或者违法所得数额在五十万元以上的。

根据《最高人民法院、最高人民检察院关于办理非法生产、销售烟草专卖品等刑事案件具体应用法律若干问题的解释》第三条的规定,非法经营烟草专卖品,具有下列情形之一的,应当认定为《刑法》第二百二十五条规定的"**情节严重**":(1)非法经营数额在五万元以上的,或者违法所得数额在二万元以上的;(2)非法经营卷烟二十万支以上的;(3)曾因非法经营烟草专卖品三年内受过二次以上行政处罚,又非法经营烟草专卖品且数额在三万元以上的。具有下列情形之一的,应当认定为《刑法》第二百二十五条规定的"**情节特别严重**":(1)非法经营数额在二十五万元以上,或者违法所得数额在十万元以上的;(2)非法经营卷烟一百万支以上的。

《最高人民法院、最高人民检察院关于办理扰乱无线电通讯管理秩序等刑事案件适用法律若干问题的解释》第四条规定:"非法生产、销售'黑广播''伪基站'、无线电干扰器等无线电设备,具有下列情形之一的,应当认定为刑法第二百二十五条规定的'**情节严重**':(一)非法生产、销售无线电设备三套以上的;(二)非法经营数额五万元以上的;(三)其他情节严重的情形。实施前述规定的行为,数量或者数额达到前述第一项、第二项规定标准五倍以上,或者具有其他情节特别严重的情形的,应当认定为刑法第二百二十五条规定的'**情节特别严重**'。在非法生产、销售无线电设备窝点查扣的零件,以组装完成的套数以及能够组装的套数认定;无法组装为成套设备的,每三套广播信号调制器(激励器)认定为一套'黑广播'设备,每三块主板认定为一套'伪基站'设备。"

实践中需要注意以下两个方面的问题:

1. 关于"**未经许可经营法律、行政法规规定的专营、专卖物品或者其他限制买卖的物品**"的范围问题。对于专营、专卖物品以及限制买卖物品的范围,**国家会根据市场成熟程度以及改革发展的需要作出适当调整**。司法实践中,需要对政府及政府相关部门在市场经济领域的监管变化作出及时调整和反应。例如,长期以来,食盐是专营的。2002年9月4日发布的《最高人民检察院关于办理非法经营食盐刑事案件具体应用法律若干问题的解释》对办理非法经营食盐刑事案件适用非法经营罪等问题作出规定。2016年以来,国务院印发《盐业体制改革方案》,修订《食盐专营办法》,在坚持食盐专营制度的基础上推进供给侧结构性改革,主要有以下变化,其一坚持完善食盐定点生产、定点批发制度;其二取消食盐产、运、销等环节的计划管理,取消食盐准运证;其三取消食盐产销隔离、区域限制制度,允许食盐生产企业进入流通和销售领域,允许食盐批发企业开展跨区域经营;其四,改革食盐定价机制,食盐价格由经营者自主确定。改革后,储运食盐不再被法律法规限制,不构成犯罪;对非法生产、销售食盐适用非法经营罪已不能准确评价其行为性质,对其中危害食品安全的应当适用危害食品安全的犯罪,没有危害食品安全的,仍可以根据修订后的《食盐专营办法》给予行政处罚。基于此,自2020年4月1日起施行《最高人民检察院关于废止〈最高人民检察院关于办理非法经营食盐刑事案件具体应用法律若干问题的解释〉的决定》,该决定指出,为适应盐业体制改革,保证国家法律统一正确适用,根据《食盐专营办法》的规定,结合检察工作实际,最高人民检察院决定废止《最高人民检察院关于办理非法经营食盐刑事案件具体应用法律若干问题的解释》，同时规定，该解释废止后，对以非碘盐充当碘盐或者以工业用盐等非食盐充当食盐等危害食盐安全的行为，人民检察院可以依据《最高人民法院、最高人民检察院关于办理生产、销售伪劣商品刑事案件具体应用法律若干问题的解释》《最高人民法院、最高人民检察院关于办理危害食品安全刑事案件适用法律若干问题的解释》的规定，分为不同情况，以生产、销售伪劣产品罪，或者生产、销售不符合安全标准的食品罪，或者生产、销售有毒、有害食品罪追究刑事责任。

2. 关于"**其他严重扰乱市场秩序的非法经营行为**"的理解问题。本条规定了四种情况，其中第（四）项"其他严重扰乱市场秩序的非法经营行为"属于兜底性的规定。实践中对于该项规定的适用是否会被"扩大化"，各方面提出了一定的担忧。对此，从严把握该项规定的适用是适当和必要的，符合法治的精神，也契合我国社会主义市场经济的发展进程。司法机关面对实践中出现的一些新情况和新问题，通过遵循立法关于非法经营罪的本意，以司法解释等方式，经过严格的程序，也对一些情况明确适用该项规定。总体上，对于该项的认定和理解，应考虑与前三项所列的违法经营专营、专卖等物品，买卖进出口许可证、进出口原产地证等批准文件，未经国家有关主管部门批准非法经营证券、期货、保险等业务的情形具有相当的社会危害程度。司法机关应根据案件的情况和需要，审慎判断适用非法经营罪。

【司法解释】

《最高人民法院关于审理骗购外汇、非法买卖外汇刑事案件具体应用法律若干问题的解释》（法释〔1998〕20号，自1998年9月1日起施行）

△（**非法买卖外汇；非法经营罪**）在外汇指定银行和中国外汇交易中心及其分中心以外买卖外汇，扰乱金融市场秩序，具有下列情形之一的，按照刑法第二百二十五条第（三）项的规定[①]定罪处罚：

（一）非法买卖外汇二十万美元以上的；

（二）违法所得五万元人民币以上的。（§ 3）

△（**为他人向外汇指定银行骗购外汇；居间介绍骗购外汇；非法经营罪**）公司、企业或者其他单位，违反有关外贸代理业务的规定，采用非法手段，或者明知是伪造、变造的凭证、商业单据，为他人向外汇指定银行骗购外汇，数额在五百万美元以上或者违法所得五十万元人民币以上的，按照刑法第二百二十五条第（三）项的规定[②]定罪处罚。

居间介绍骗购外汇一百万美元以上或者违法所得十万元人民币以上的，按照刑法第二百二十五条第（三）项的规定[③]定罪处罚。（§ 4）

《最高人民法院关于审理非法出版物刑事案件具体应用法律若干问题的解释》（法释〔1998〕30号，自1998年12月23日起施行）

△（**非法出版物；非法经营罪**）违反国家规定，出版、印刷、复制、发行本解释第一条至第十条规定以外的其他严重危害社会秩序和扰乱市场秩序的非法出版物，情节严重的，依照刑法第二百二十五条第（三）项的规定[④]，以非法经营罪定罪处罚。（§ 11）

△（**个人；情节严重；情节特别严重**）个人实施本解释第十一条规定的行为，具有下列情形之一的，属于非法经营行为"情节严重"：

（一）经营数额在五万元至十万元以上的；

（二）违法所得数额在二万元至三万元以上的；

（三）经营报纸五千份或者期刊五千本或者图书二千册或者音像制品、电子出版物五百张（盒）以上的。

具有下列情形之一的，属于非法经营行为"情节特别严重"：

（一）经营数额在十五万元至三十万元以上的；

（二）违法所得数额在五万元至十万元以上的；

（三）经营报纸一万五千份或者期刊一万五千本或者图书五千册或者音像制品、电子出版物一千五百张（盒）以上的。（§ 12）

△（**单位；情节严重；情节特别严重**）单位实施本解释第十一条规定的行为，具有下列情形之一的，属于非法经营行为"情节严重"：

（一）经营数额在十五万元至三十万元以上的；

① 即现行《中华人民共和国刑法》第二百二十五条第（四）项。
② 即现行《中华人民共和国刑法》第二百二十五条第（四）项。
③ 即现行《中华人民共和国刑法》第二百二十五条第（四）项。
④ 即现行《中华人民共和国刑法》第二百二十五条第（四）项。

（二）违法所得数额在五万元至十万元以上的；

（三）经营报纸一万五千份或者期刊一万五千本或者图书五千册或者音像制品、电子出版物一千五百张（盒）以上的。

具有下列情形之一的，属于非法经营行为“情节特别严重”：

（一）经营数额在五十万元至一百万元以上的；

（二）违法所得数额在十五万元至三十万元以上的；

（三）经营报纸五万份或者期刊五万本或者图书一万五千册或者音像制品、电子出版物五千张（盒）以上的。（§ 13）

△（**接近数额、数量起点标准；情节严重；情节特别严重**）实施本解释第十一条规定的行为，经营数额、违法所得数额或者经营数量接近非法经营行为“情节严重”、“情节特别严重”的数额、数量起点标准，并具有下列情形之一的，可以认定为非法经营行为“情节严重”、“情节特别严重”：

（一）两年内因出版、印刷、复制、发行非法出版物受过行政处罚两次以上的；

（二）因出版、印刷、复制、发行非法出版物造成恶劣社会影响或者其他严重后果的。（§ 14）

△（**非法从事出版物的出版、印刷、复制、发行业务；非法经营罪**）非法从事出版物的出版、印刷、复制、发行业务，严重扰乱市场秩序，情节特别严重，构成犯罪的，可以依照刑法第二百二十五条第（三）项的规定①，以非法经营罪定罪处罚。（§ 15）

△（**事前通谋；共犯**）出版单位与他人事前通谋，向其出售、出租或者以其他形式转让该出版单位的名称、书号、刊号、版号，他人实施本解释第二条、第四条、第八条、第九条、第十条、第十一条规定的行为，构成犯罪的，对该出版单位应当以共犯论处。（§ 16）

△（**经营数额；违法所得数额；单价数额之认定**）本解释所称“经营数额”，是指以非法出版物的定价数额乘以行为人经营的非法出版物数量所得的数额。

本解释所称“违法所得数额”，是指获利数额。

非法出版物没有定价或者以境外货币定价的，其单价数额应当按照行为人实际出售的价格认定。（§ 17）

△（**具体标准**）各省、自治区、直辖市高级人民法院可以根据本地的情况和社会治安状况，在本解释第八条、第十条、第十二条、第十三条规定的有关数额、数量标准的幅度内，确定本地执行的具体标准，并报最高人民法院备案。（§ 18）

《最高人民法院关于审理扰乱电信市场管理秩序案件具体应用法律若干问题的解释》（法释〔2000〕12号，自2000年5月24日起施行）

△（**擅自经营国际电信业务或者涉港澳台电信业务；非法经营罪**）违反国家规定，采取租用国际专线、私设转接设备或者其他方法，擅自经营国际电信业务或者涉港澳台电信业务进行营利活动，扰乱电信市场管理秩序，情节严重的，依照刑法第二百二十五条第（四）项的规定，以非法经营罪定罪处罚。（§ 1）

△（**情节严重；情节特别严重**）实施本解释第一条规定的行为，具有下列情形之一的，属于非法经营行为“情节严重”：

（一）经营去话业务数额在一百万元以上的；

（二）经营来话业务造成电信资费损失数额在一百万元以上的。

具有下列情形之一的，属于非法经营行为“情节特别严重”：

（一）经营去话业务数额在五百万元以上的；

（二）经营来话业务造成电信资费损失数额在五百万元以上的。（§ 2）

△（**接近数额、数量起点标准；情节严重；情节特别严重**）实施本解释第一条规定的行为，经营数额或者造成电信资费损失数额接近非法经营行为“情节严重”、“情节特别严重”的数额起点标准，并具有下列情形之一的，可以分别认定为非法经营行为“情节严重”、“情节特别严重”：

（一）两年内因非法经营国际电信业务或者涉港澳台电信业务行为受过行政处罚两次以上的；

（二）因非法经营国际电信业务或者涉港澳台电信业务行为造成其他严重后果的。（§ 3）

△（**单位犯罪**）单位实施本解释第一条规定的行为构成犯罪的，对单位判处罚金，并对其直接负责的主管人员和其他直接责任人员，依照本解释第二条、第三条的规定处罚。（§ 4）

△（**竞合；扰乱无线电通讯管理秩序罪**）违反国家规定，擅自设置、使用无线电台（站），或者擅自占用频率，非法经营国际电信业务或者涉港澳

① 即现行《中华人民共和国刑法》第二百二十五条第（四）项。

台电信业务进行营利活动,同时构成非法经营罪和刑法第二百八十八条规定的扰乱无线电通讯管理秩序罪的,依照处罚较重的规定定罪处罚。(§ 5)

△(**经营去话业务数额;电信资费损失数额**)本解释所称“经营去话业务数额”,是指以行为人非法经营国际电信业务或者涉港澳台电信业务的总时长(分钟数)乘以行为人每分钟收取的用户使用费所得的数额。

本解释所称“电信资费损失数额”,是指以行为人非法经营国际电信业务或者涉港澳台电信业务的总时长(分钟数)乘以在合法电信业务中我国应当得到的每分钟国际结算价格所得的数额。(§ 10)

《最高人民检察院关于非法经营国际或港澳台地区电信业务行为法律适用问题的批复》(高检发释字〔2002〕1号,2002年2月6日公布)

△(**非法经营国际或港澳台地区电信业务;非法经营罪**)违反《中华人民共和国电信条例》规定,采取租用电信国际专线、私设转接设备或者其他方法,擅自经营国际或者香港特别行政区、澳门特别行政区和台湾地区电信业务进行营利活动,扰乱电信市场管理秩序,情节严重的,应当依照《刑法》第二百二十五条第(四)项的规定,以非法经营罪追究刑事责任。

《最高人民法院、最高人民检察院关于办理非法生产、销售、使用禁止在饲料和动物饮用水中使用的药品等刑事案件具体应用法律若干问题的解释》(法释〔2002〕26号,自2002年8月23日起施行)

△(**非法生产、销售盐酸克仑特罗等药品;非法经营罪**)未取得药品生产、经营许可证件和批准文号,非法生产、销售盐酸克仑特罗等禁止在饲料和动物饮用水中使用的药品,扰乱药品市场秩序,情节严重的,依照刑法第二百二十五条第(一)项的规定,以非法经营罪追究刑事责任。(§ 1)

△(**非法生产、销售含有盐酸克仑特罗等药品的饲料;非法经营罪**)在生产、销售的饲料中添加盐酸克仑特罗等禁止在饲料和动物饮用水中使用的药品,或者销售明知是添加有该类药品的饲料,情节严重的,依照刑法第二百二十五条第(四)项的规定,以非法经营罪追究刑事责任。(§ 2)

《最高人民法院、最高人民检察院关于办理妨害预防、控制突发传染病疫情等灾害的刑事案件具体应用法律若干问题的解释》(法释〔2003〕8号,自2003年5月15日起施行)

△(**预防、控制突发传染病疫情等灾害期间;哄抬物价、牟取暴利;非法经营罪**)违反国家在预防、控制突发传染病疫情等灾害期间有关市场经营、价格管理等规定,哄抬物价、牟取暴利,严重扰乱市场秩序,违法所得数额较大或者有其他严重情节的,依照刑法第二百二十五条第(四)项的规定,以非法经营罪定罪,依法从重处罚。(§ 6)

《最高人民法院、最高人民检察院关于办理赌博刑事案件具体应用法律若干问题的解释》(法释〔2005〕3号,自2005年5月13日起施行)

△(**擅自发行、销售彩票;非法经营罪**)未经国家批准擅自发行、销售彩票,构成犯罪的,依照刑法第二百二十五条第(四)项的规定,以非法经营罪定罪处罚。(§ 6)

《最高人民法院、最高人民检察院关于办理妨害信用卡管理刑事案件具体应用法律若干问题的解释》(法释〔2018〕19号,自2018年12月1日起施行)

△(**虚构交易、虚开价格、现金退货等;情节严重;情节特别严重;非法经营罪**)违反国家规定,使用销售点终端机具(POS机)等方法,以虚构交易、虚开价格、现金退货等方式向信用卡持卡人直接支付现金,情节严重的,应当依据刑法第二百二十五条的规定,以非法经营罪定罪处罚。

实施前款行为,数额在一百万元以上的,或者造成金融机构资金二十万元以上逾期未还的,或者造成金融机构经济损失十万元以上的,应当认定为刑法第二百二十五条规定的“情节严重”;数额在五百万元以上的,或者造成金融机构资金一百万元以上逾期未还的,或者造成金融机构经济损失五十万元以上的,应当认定为刑法第二百二十五条规定的“情节特别严重”。(§ 12 Ⅰ、Ⅱ)

△(**单位犯罪**)单位犯本解释规定的行为的,适用本解释规定的相应自然人犯罪的定罪量刑标准。(§ 13)

《最高人民法院、最高人民检察院关于办理非法生产、销售烟草专卖品等刑事案件具体应用法律若干问题的解释》(法释〔2010〕7号,自2010年3月26日起施行)

△(**非法经营烟草专卖品;非法经营罪**)违反国家烟草专卖管理法律法规,未经烟草专卖行政主管部门许可,无烟草专卖生产企业许可证、烟草专卖批发企业许可证、特种烟草专卖经营企业许可证、烟草专卖零售许可证等许可证明,非法经营烟草专卖品,情节严重的,依照刑法第二百二十五条的规定,以非法经营罪定罪处罚。(§ 1 Ⅴ)

△(**情节严重;情节特别严重**)非法经营烟草专卖品,具有下列情形之一的,应当认定为刑法第二百二十五条规定的“情节严重”:

(一)非法经营数额在五万元以上的,或者违法所得数额在二万元以上的;

(二)非法经营卷烟二十万支以上的;

(三)曾因非法经营烟草专卖品三年内受过二次以上行政处罚,又非法经营烟草专卖品且数额在三万元以上的。

具有下列情形之一的,应当认定为刑法第二百二十五条规定的“情节特别严重”:

(一)非法经营数额在二十五万元以上,或者违法所得数额在十万元以上的;

(二)非法经营卷烟一百万支以上的。(§ 3)

△(**非法经营数额之计算**)非法经营烟草专卖品,能够查清销售或者购买价格的,按照其销售或者购买的价格计算非法经营数额。无法查清销售或者购买价格的,按照下列方法计算非法经营数额:

(一)查获的卷烟、雪茄烟的价格,有品牌的,按照该品牌卷烟、雪茄烟的查获地省级烟草专卖行政主管部门出具的零售价格计算;无品牌的,按照查获地省级烟草专卖行政主管部门出具的上年度卷烟平均零售价格计算;

(二)查获的复烤烟叶、烟叶的价格按照查获地省级烟草专卖行政主管部门出具的上年度烤烟调拨平均基准价格计算;

(三)烟丝的价格按照第(二)项规定价格计算标准的一点五倍计算;

(四)卷烟辅料的价格,有品牌的,按照该品牌辅料的查获地省级烟草专卖行政主管部门出具的价格计算;无品牌的,按照查获地省级烟草专卖行政主管部门出具的上年度烟草行业生产卷烟所需该类卷烟辅料的平均价格计算;

(五)非法生产、销售、购买烟草专用机械的价格按照国务院烟草专卖行政主管部门下发的全国烟草专用机械产品指导价格目录进行计算;目录中没有该烟草专用机械的,按照省级以上烟草专卖行政主管部门出具的目录中同类烟草专用机械的平均价格计算。(§ 4)

△(**想象竞合**)行为人实施非法生产、销售烟草专卖品犯罪,同时构成生产、销售伪劣产品罪、侵犯知识产权犯罪、非法经营罪的,依照处罚较重的规定定罪处罚。(§ 5)

△(**共犯**)明知他人实施本解释第一条所列犯罪,而为其提供贷款、资金、账号、发票、证明、许可证件,或者提供生产、经营场所、设备、运输、仓储、保管、邮寄、代理进出口等便利条件,或者提供生产技术、卷烟配方的,应当按照共犯追究刑事责任。(§ 6)

△(**烟草专卖品;卷烟辅料;烟草专用机械;同类烟草专用机械**)本解释所称“烟草专卖品”,是指卷烟、雪茄烟、烟丝、复烤烟叶、烟叶、卷烟纸、滤嘴棒、烟用丝束、烟草专用机械。

本解释所称“卷烟辅料”,是指卷烟纸、滤嘴棒、烟用丝束。

本解释所称“烟草专用机械”,是指由国务院烟草专卖行政主管部门烟草专用机械名录所公布的,在卷烟、雪茄烟、烟丝、复烤烟叶、烟叶、卷烟纸、滤嘴棒、烟用丝束的生产加工过程中,能够完成一项或者多项特定加工工序,可以独立操作的机械设备。

本解释所称“同类烟草专用机械”,是指在卷烟、雪茄烟、烟丝、复烤烟叶、烟叶、卷烟纸、滤嘴棒、烟用丝束的生产加工过程中,能够完成相同加工工序的机械设备。(§ 9)

《最高人民法院关于审理非法集资刑事案件具体应用法律若干问题的解释》[法释〔2010〕18号,自2011年1月4日起施行,该解释已经被《最高人民法院关于修改〈最高人民法院关于审理非法集资刑事案件具体应用法律若干问题的解释〉的决定》(法释〔2022〕5号,自2022年3月1日起施行)修正]

△(**擅自发行基金份额募集基金;非法经营罪**)违反国家规定,未经依法核准擅自发行基金份额募集基金,情节严重的,依照刑法第二百二十五条的规定,以非法经营罪定罪处罚。(§ 11)

《最高人民法院、最高人民检察院关于办理利用信息网络实施诽谤等刑事案件适用法律若干问题的解释》(法释〔2013〕21号,自2013年9月10日起施行)

△(**通过信息网络;有偿提供删除信息服务;有偿提供发布信息等服务;非法经营罪;情节严重;情节特别严重**)违反国家规定,以营利为目的,通过信息网络有偿提供删除信息服务,或者明知是虚假信息,通过信息网络有偿提供发布信息等服务,扰乱市场秩序,具有下列情形之一的,属于非法经营行为“情节严重”,依照刑法第二百二十五条第(四)项的规定,以非法经营罪定罪处罚:

(一)个人非法经营数额在五万元以上,或者违法所得数额在二万元以上的;

(二)单位非法经营数额在十五万元以上,或者违法所得数额在五万元以上的。

实施前款规定的行为,数额达到前款规定的数额五倍以上的,应当认定为刑法第二百二十五

条规定的"情节特别严重"。(§7)

△(**共犯**)明知他人利用信息网络实施诽谤、寻衅滋事、敲诈勒索、非法经营等犯罪,为其提供资金、场所、技术支持等帮助的,以共同犯罪论处。(§8)

△(**想象竞合**)利用信息网络实施诽谤、寻衅滋事、敲诈勒索、非法经营犯罪,同时又构成刑法第二百二十一条规定的损害商业信誉、商品声誉罪,第二百七十八条规定的煽动暴力抗拒法律实施罪,第二百九十一条之一规定的编造、故意传播虚假恐怖信息罪等犯罪的,依照处罚较重的规定定罪处罚。(§9)

△(**信息网络**)本解释所称信息网络,包括以计算机、电视机、固定电话机、移动电话机等电子设备为终端的计算机互联网、广播电视网、固定通信网、移动通信网等信息网络,以及向公众开放的局域网络。(§10)

《最高人民法院、最高人民检察院关于办理环境污染刑事案件适用法律若干问题的解释》(法释〔2016〕29号,自2017年1月1日起施行)

△(**非法从事收集、贮存、利用、处置危险废物经营活动;污染环境罪;非法经营罪;想象竞合;非法经营情节显著轻微危害不大**)无危险废物经营许可证从事收集、贮存、利用、处置危险废物经营活动,严重污染环境的,按照污染环境罪定罪处罚;同时构成非法经营罪的,依照处罚较重的规定定罪处罚。

实施前款规定的行为,不具有超标排放污染物、非法倾倒污染物或者其他违法造成环境污染的情形的,可以认定为非法经营情节显著轻微危害不大,不认为是犯罪;构成生产、销售伪劣产品等其他犯罪的,以其他犯罪论处。(§6)

《最高人民法院、最高人民检察院关于办理扰乱无线电通讯管理秩序等刑事案件适用法律若干问题的解释》(法释〔2017〕11号,自2017年7月1日起施行)

△(**"黑广播""伪基站"、无线电干扰器等无线电设备;非法经营罪;情节严重;情节特别严重**)非法生产、销售"黑广播""伪基站"、无线电干扰器等无线电设备,具有下列情形之一的,应当认定为刑法第二百二十五条规定的"情节严重":

(一)非法生产、销售无线电设备三套以上的;

(二)非法经营数额五万元以上的;

(三)其他情节严重的情形。

实施前款规定的行为,数量或者数额达到前款第一项、第二项规定标准五倍以上,或者具有其他情节特别严重的情形的,应当认定为刑法第二百二十五条规定的"情节特别严重"。

在非法生产、销售无线电设备窝点查扣的零件,以组装完成的套数以及能够组装的套数认定;无法组装为成套设备的,每三套广播信号调制器(激励器)认定为一套"黑广播"设备,每三块主板认定为一套"伪基站"设备。(§4)

△(**单位犯罪**)单位犯本解释规定之罪的,对单位判处罚金,并对直接负责的主管人员和其他直接责任人员,依照本解释规定的自然人犯罪的定罪量刑标准定罪处罚。(§5)

△(**鉴定意见;移动终端用户受影响情况之认定**)对案件所涉的有关专门性问题难以确定的,依据司法鉴定机构出具的鉴定意见,或者下列机构出具的报告,结合其他证据作出认定:

(一)省级以上无线电管理机构、省级无线电管理机构依法设立的派出机构、地市级以上广播电视主管部门就是否系"伪基站""黑广播"出具的报告;

(二)省级以上广播电视主管部门及其指定的检测机构就"黑广播"功率、覆盖范围出具的报告;

(三)省级以上航空、铁路、船舶等主管部门就是否干扰导航、通信等出具的报告。

对移动终端用户受影响的情况,可以依据相关通信运营商出具的证明,结合被告人供述、终端用户证言等证据作出认定。(§9)

《最高人民法院最高人民检察院关于办理非法从事资金支付结算业务、非法买卖外汇刑事案件适用法律若干问题的解释》(法释〔2019〕1号,自2019年2月1日起施行)

△(**非法从事资金支付结算业务**)违反国家规定,具有下列情形之一的,属于刑法第二百二十五条第三项规定的"非法从事资金支付结算业务":

(一)使用受理终端或者网络支付接口等方法,以虚构交易、虚开价格、交易退款等非法方式向指定付款方支付货币资金的;

(二)非法为他人提供单位银行结算账户套现或者单位银行结算账户转个人账户服务的;

(三)非法为他人提供支票套现服务的;

(四)其他非法从事资金支付结算业务的情形。(§1)

△(**非法买卖外汇;非法经营罪**)违反国家规定,实施倒买倒卖外汇或者变相买卖外汇等非法买卖外汇行为,扰乱金融市场秩序,情节严重的,依照刑法第二百二十五条第四项的规定,以非法经营罪定罪处罚。(§2)

△(**情节严重**)非法从事资金支付结算业务或者非法买卖外汇,具有下列情形之一的,应当认定为非法经营行为"情节严重":

(一)非法经营数额在五百万元以上的;

(二)违法所得数额在十万元以上的。

非法经营数额在二百五十万元以上,或者违法所得数额在五万元以上,且具有下列情形之一的,可以认定为非法经营行为"情节严重":

(一)曾因非法从事资金支付结算业务或者非法买卖外汇犯罪行为受过刑事追究的;

(二)二年内因非法从事资金支付结算业务或者非法买卖外汇违法行为受过行政处罚的;

(三)拒不交代涉案资金去向或者拒不配合追缴工作,致使赃款无法追缴的;

(四)造成其他严重后果的。(§ 3)

△(**情节特别严重**)非法从事资金支付结算业务或者非法买卖外汇,具有下列情形之一的,应当认定为非法经营行为"情节特别严重":

(一)非法经营数额在二千五百万元以上的;

(二)违法所得数额在五十万元以上的。

非法经营数额在一千二百五十万元以上,或者违法所得数额在二十五万元以上,且具有本解释第三条第二款规定的四种情形之一的,可以认定为非法经营行为"情节特别严重"。(§ 4)

△(**想象竞合;非法经营罪;帮助恐怖活动罪;洗钱罪**)非法从事资金支付结算业务或者非法买卖外汇,构成非法经营罪,同时又构成刑法第一百二十条之一规定的帮助恐怖活动罪或者第一百九十一条规定的洗钱罪的,依照处罚较重的规定定罪处罚。(§ 5)

△(**非法经营数额;违法所得数额;累计计算**)二次以上非法从事资金支付结算业务或者非法买卖外汇,依法应予行政处理或者刑事处理而未经处理的,非法经营数额或者违法所得数额累计计算。

同一案件中,非法经营数额、违法所得数额分别构成情节严重、情节特别严重的,按照处罚较重的数额定罪处罚。(§ 6)

△(**违法所得数额难以确定;罚金**)非法从事资金支付结算业务或者非法买卖外汇违法所得数额难以确定的,按非法经营数额的千分之一认定违法所得数额,依法并处或者单处违法所得一倍以上五倍以下罚金。(§ 7)

△(**如实供述犯罪事实;从轻处罚;不起诉或者免予刑事处罚**)符合本解释第三条规定的标准,行为人如实供述犯罪事实,认罪悔罪,并积极配合调查,退缴违法所得的,可以从轻处罚;其中犯罪情节轻微的,可以依法不起诉或者免予刑事处罚。

符合刑事诉讼法规定的认罪认罚从宽适用范围和条件的,依照刑事诉讼法的规定处理。(§ 8)

△(**单位犯罪**)单位实施本解释第一条、第二条规定的非法从事资金支付结算业务、非法买卖外汇行为,依照本解释规定的定罪量刑标准,对单位判处罚金,并对其直接负责的主管人员和其他直接责任人员定罪处罚。(§ 9)

△(**犯罪地**)非法从事资金支付结算业务、非法买卖外汇刑事案件中的犯罪地,包括犯罪嫌疑人、被告人用于犯罪活动的账户开立地、资金接收地、资金过渡账户开立地、资金账户操作地,以及资金交易对手资金交付和汇出地等。(§10)

△(**涉及外汇的犯罪数额;折算**)涉及外汇的犯罪数额,按照案发当日中国外汇交易中心或者中国人民银行授权机构公布的人民币对该货币的中间价折合成人民币计算。中国外汇交易中心或者中国人民银行授权机构未公布汇率中间价的境外货币,按照案发当日境内银行人民币对该货币的中间价折算成人民币,或者该货币在境内银行、国际外汇市场对美元汇率,与人民币对美元汇率中间价进行套算。(§11)

△(**适用效力**)本解释自 2019 年 2 月 1 日起施行。《最高人民法院关于审理骗购外汇、非法买卖外汇刑事案件具体应用法律若干问题的解释》(法释[1998]20 号)与本解释不一致的,以本解释为准。(§12)

《最高人民法院关于审理走私、非法经营、非法使用兴奋剂刑事案件适用法律若干问题的解释》(法释[2019]16 号,自 2020 年 1 月 1 日起施行)

△(**未经许可经营兴奋剂目录所列物质;非法经营罪**)违反国家规定,未经许可经营兴奋剂目录所列物质,涉案物质属于法律、行政法规规定的限制买卖的物品,扰乱市场秩序,情节严重的,应当依照刑法第二百二十五条的规定,以非法经营罪定罪处罚。(§ 2)

△(**"兴奋剂""兴奋剂目录所列物质""体育运动""国内、国际重大体育竞赛"等专门性问题;认定意见**)对于是否属于本解释规定的"兴奋剂""兴奋剂目录所列物质""体育运动""国内、国际重大体育竞赛"等专门性问题,应当依据《中华人民共和国体育法》《反兴奋剂条例》等法律法规,结合国务院体育主管部门出具的认定意见等证据材料作出认定。(§ 8)

《最高人民法院、最高人民检察院关于办理危害食品安全刑事案件适用法律若干问题的解释》

(法释〔2021〕24号，自2022年1月1日起施行)

△(**危害食品安全；非法经营罪**)以提供给他人生产、销售食品为目的，违反国家规定，生产、销售国家禁止用于食品生产、销售的非食品原料，情节严重的，依照刑法第二百二十五条的规定以非法经营罪定罪处罚。

以提供给他人生产、销售食用农产品为目的，违反国家规定，生产、销售国家禁用农药、食品动物中禁止使用的药品及其他化合物等有毒、有害的非食品原料，或者生产、销售添加上述有毒、有害的非食品原料的农药、兽药、饲料、饲料添加剂、饲料原料，情节严重的，依照前款的规定定罪处罚。(§ 16)

△(**非法从事生猪屠宰、销售等经营活动；非法经营罪**)违反国家规定，私设生猪屠宰厂(场)，从事生猪屠宰、销售等经营活动，情节严重的，依照刑法第二百二十五条的规定以非法经营罪定罪处罚。(§ 17 Ⅰ)

△(**非法经营数额；竞合**)实施本解释规定的非法经营行为，非法经营数额在十万元以上，或者违法所得数额在五万元以上的，应当认定为刑法第二百二十五条规定的“情节严重”；非法经营数额在五十万元以上，或者违法所得数额在二十五万元以上的，应当认定为刑法第二百二十五条规定的“情节特别严重”。

实施本解释规定的非法经营行为，同时构成生产、销售伪劣产品罪，生产、销售不符合安全标准的食品罪，生产、销售有毒、有害食品罪，生产、销售伪劣农药、兽药罪等其他犯罪的，依照处罚较重的规定定罪处罚。(§ 18)

△(**禁止令；行政处罚**)对实施本解释规定之犯罪的犯罪分子，应当依照刑法规定的条件，严格适用缓刑、免予刑事处罚。对于依法适用缓刑的，可以根据犯罪情况，同时宣告禁止令。

对于被不起诉或者免予刑事处罚的行为人，需要给予行政处罚、政务处分或者其他处分的，依法移送有关主管机关处理。(§ 22)

△(**单位犯罪**)单位实施本解释规定的犯罪的，对单位判处罚金，并对直接负责的主管人员和其他直接责任人员，依照本解释规定的定罪量刑标准处罚。(§ 23)

【司法解释性文件】

《最高人民法院、最高人民检察院、公安部关于印发〈办理骗汇、逃汇犯罪案件联席会议纪要〉的通知》(公通字〔1999〕39号，1999年6月7日公布)

△(**为他人向外汇指定银行骗购外汇；居间介绍骗购外汇；非法经营罪；采用非法手段；明知**)全国人大常委会《关于惩治骗购外汇、逃汇和非法买卖外汇犯罪的决定》(以下简称《决定》)公布施行后发生的犯罪行为，应当依照《决定》办理；对于《决定》公布施行前发生的公布后尚未处理或者正在处理的行为，依照修订后的刑法第十二条第一款规定的原则办理。

最高人民法院1998年8月28日发布的《关于审理骗购外汇、非法买卖外汇刑事案件具体应用法律若干问题的解释》(以下简称《解释》)，是对具体应用修订后的刑法有关问题的司法解释，适用于依照修订后的刑法判处的案件。各执法部门对于《解释》应当准确理解，严格执行。

《解释》第四条规定：“公司、企业或者其他单位，违反有关外贸代理业务的规定，采用非法手段、或者明知是伪造、变造的凭证、商业单据，为他人向外汇指定银行骗购外汇，数额在五百万美元以上或者违法所得五十万元人民币以上的，按照刑法第二百二十五条第(三)项的规定定罪处罚；居间介绍骗购外汇一百万美元以上或者违法所得十万元人民币以上的，按照刑法第二百二十五条第(三)项的规定定罪处罚。”上述所称“采用非法手段”，是指有国家批准的进出口经营权的外贸代理企业在经营代理进口业务时，不按国家经济主管部门有关规定履行职责，放任被代理方自带客户、自带货源、自带汇票、自行报关，在不见进口产品、不见供货货主、不见外商的情况下代理进口业务，或者采取法律、行政法规和部门规章禁止的其他手段代理进口业务。

认定《解释》第四条所称的“明知”，要结合案件的具体情节予以综合考虑，不能仅仅因为行为人不供述就不予认定。报关行为先于签订外贸代理协议的，或者委托方提供的购汇凭证明显与真实凭证、商业单据不符的，应当认定为明知。

《解释》第四条所称“居间介绍骗购外汇”，是指收取他人人民币、以虚假购汇凭证委托外贸公司、企业骗购外汇，获取非法收益的行为。(§ 2)

△(**管辖；管辖交叉**)公安机关侦查骗汇、逃汇犯罪案件中涉及人民检察院管辖的贪污贿赂、渎职犯罪案件的，应当将贪污贿赂、渎职犯罪案件材料移送有管辖权的人民检察院审查。对管辖交叉的案件，可以分别立案，共同工作。如果涉嫌主罪属于公安机关管辖，由公安机关为主侦查，人民检察院予以配合；如果涉嫌主罪属于人民检察院管辖，由人民检察院为主侦查，公安机关予以配合。双方意见有较大分歧的，要协商解决，并及时向当地党委、政法委和上级主管机关请示。(§ 3)

△(**犯罪证据之收集和固定；先行处理；骗购**

外汇既遂）公安机关侦查骗汇、逃汇犯罪案件，要及时全面收集和固定犯罪证据，抓紧缉捕犯罪分子。人民检察院和人民法院对正在办理的骗汇、逃汇犯罪案件，只要基本犯罪事实清楚，基本证据确实充分，应当及时依法起诉、审判。主犯在逃或者骗购外汇所需人民币资金的来源无法彻底查清，但证明在案的其他犯罪嫌疑人实施犯罪的基本证据确实充分的，为在法定时限内结案，可以对在案的其他犯罪嫌疑人先行处理。对于已收集到外汇指定银行汇出凭证和境外收汇银行收款凭证等证据，能够证明所骗购外汇确已汇至港澳台地区或国外的，应视为骗购外汇既遂。（§ 4）

△（**惩办与宽大相结合**）坚持"惩办与宽大相结合"的政策。对骗购外汇共同犯罪的主犯，或者参与伪造、变造购汇凭证的骗汇人员，以及与骗购外汇的犯罪分子相勾结的国家工作人员，要从严惩处。对具有自首、立功或者其他法定从轻、减轻情节的，依法从轻、减轻处理。（§ 5）

《最高人民检察院法律政策研究室关于非法经营行为界定有关问题的复函》（〔2002〕高检研发第 24 号，2002 年 10 月 25 日公布）

△（**经营违法音像制品；非法经营罪**）关于经营违法音像制品行为的处理问题。对于经营违法音像制品行为，构成犯罪的，应当根据案件的具体情况，分别依照最高人民法院《关于审理非法出版物刑事案件具体应用法律若干问题的解释》和最高人民检察院、公安部《关于经济犯罪案件追诉标准的规定》[①]等相关规定办理。（§ 1）

△（**非法经营行为**）关于非法经营行为的界定问题，同意你部的意见，即：只要行为人明知是违法音像制品而进行经营即属于非法经营行为，其是否具有音像制品合法经营资格并不影响非法经营行为的认定；非法经营行为包括一系列环节，经营者购进违法音像制品并存放于仓库等场所的行为属于经营行为的中间环节，对此也可以认定为是非法经营行为。（§ 2）

《最高人民检察院关于 1998 年 4 月 18 日以前的传销或者变相传销行为如何处理的答复》（〔2003〕高检研发第 7 号，2003 年 3 月 21 日公布）

△（**传销或者变相传销行为**）对 1998 年 4 月 18 日国务院发布《关于禁止传销经营活动的通知》以前的传销或者变相传销行为，不宜以非法经营罪追究刑事责任。行为人在传销或者变相传销活动中实施销售假冒伪劣产品、诈骗、非法集资、虚报注册资本、偷税[②]等行为，构成犯罪的，应当依照刑法的相关规定追究刑事责任。

《最高人民法院、最高人民检察院、公安部关于印发〈办理非法经营国际电信业务犯罪案件联席会议纪要〉的通知》（公通字〔2002〕29 号，2003 年 4 月 22 日公布）

△（**擅自经营国际电信业务或者涉港澳台电信业务；其他方法**）《解释》[③]第一条规定："违反国家规定，采取租用国际专线、私设转接设备或者其他方法，擅自经营国际电信业务或者涉港澳台电信业务进行营利活动，扰乱电信市场管理秩序，情节严重的，依照刑法第二百二十五条第（四）项的规定，以非法经营罪定罪处罚。"对于未取得国际电信业务（含涉港澳台电信业务，下同）经营许可证而经营，或被终止国际电信业务经营资格后继续经营，应认定为"擅自经营国际电信业务或者涉港澳台电信业务"；情节严重的，应按上述规定以非法经营罪追究刑事责任。

《解释》[④]第一条所称"其他方法"，是指在边境地区私自架设跨境通信线路；利用互联网跨境传送 IP 话音并设立转接设备，将国际话务转接至我境内公用电话网或转接至其他国家或地区；在境内以租用、托管、代维等方式设立转接平台；私自设置国际通信出入口等方法。（§ 2）

△（**明知；非法经营罪的共犯**）获得国际电信业务经营许可的经营者（含涉港澳台电信业务经营者）明知他人非法从事国际电信业务，仍违反国家规定，采取出租、合作、授权等手段，为他人提供经营和技术条件，利用现有设备或另设国际话务转接设备并从中营利，情节严重的，应以非法经营罪的共犯追究刑事责任。（§ 3）

《公安部关于对侵犯著作权案件中尚未印制完成的侵权复制品如何计算非法经营数额问题的批复》（2003 年 6 月 20 日公布）

△（**尚未印制完成侵权复制品；非法经营数**

---

① 《最高人民检察院、公安部关于经济犯罪案件追诉标准的规定》已经被废止。

② 现行《刑法》第二百零一条已将罪名修正为"逃税罪"。

③ 即《最高人民法院关于审理扰乱电信市场管理秩序案件具体应用法律若干问题的解释》（法释〔2000〕12 号，自 2000 年 5 月 24 日起施行）。

④ 即《最高人民法院关于审理扰乱电信市场管理秩序案件具体应用法律若干问题的解释》（法释〔2000〕12 号，自 2000 年 5 月 24 日起施行）。

额)根据《最高人民法院关于审理非法出版物刑事案件具体应用法律若干问题的解释》(法释〔1998〕30号)第17条的规定,侵犯著作权案件,应以非法出版物的定价数额乘以行为人经营的非法出版物数量所得的数额计算其经营数额。因此,对于行为人尚未印制完成侵权复制品的,应当以侵权复制品的定价数额乘以承印数量所得的数额计算其经营数额。但由于上述行为属于犯罪未遂,对于需要追究刑事责任的,公安机关应当在起诉意见书中予以说明。

《最高人民法院、最高人民检察院、公安部关于依法开展打击淫秽色情网站专项行动有关工作的通知》(公通字〔2004〕53号,2004年7月16日公布)

△**(擅自设立互联网上网服务营业场所;擅自从事互联网上网服务经营活动;非法经营罪)**在专项行动中,要严格按照《刑法》、全国人民代表大会常务委员会《关于维护互联网安全的决定》和有关司法解释的规定,严格依法办案,正确把握罪与非罪的界限,保证办案质量。对于利用互联网从事犯罪活动的,应当根据其具体实施的行为,分别以制作、复制、出版、贩卖、传播淫秽物品牟利罪、传播淫秽物品罪、组织播放淫秽音像制品罪及刑法规定的其他有关罪名,依法追究刑事责任。对于违反国家规定,擅自设立互联网上网服务营业场所,或者擅自从事互联网上网服务经营活动,情节严重,构成犯罪的,以非法经营罪追究刑事责任。对于建立淫秽网站、网页,提供涉及未成年人淫秽信息、利用青少年教育网络从事淫秽色情活动以及顶风作案、罪行严重的犯罪分子,要坚决依法从重打击,严禁以罚代刑。要充分运用没收犯罪工具、追缴违法所得等措施,以及没收财产、罚金等财产刑,加大对犯罪分子的经济制裁力度,坚决铲除淫秽色情网站的生存基础,彻底剥夺犯罪分子非法获利和再次犯罪的资本。

《最高人民法院、最高人民检察院、公安部、中国证券监督管理委员会关于整治非法证券活动有关问题的通知》(证监发〔2008〕1号,2008年1月2日公布)

△**(非法经营证券业务;中介机构非法代理买卖非上市公司股票;非法经营罪)**关于非法经营证券业务的责任追究。任何单位和个人经营证券业务,必须经证监会批准。未经批准的,属于非法经营证券业务,应予以取缔;涉嫌犯罪的,依照《刑法》第二百二十五条之规定,以非法经营罪追究刑事责任。对于中介机构非法代理买卖非上市公司股票,涉嫌犯罪的,应当依照《刑法》第二百二十五条之规定,以非法经营罪追究刑事责任;所代理的非上市公司涉嫌擅自发行股票,构成犯罪的,应当依照《刑法》第一百七十九条之规定,以擅自发行股票罪追究刑事责任。非上市公司和中介机构共谋擅自发行股票,构成犯罪的,以擅自发行股票罪的共犯论处。未构成犯罪的,依照《证券法》和有关法律的规定给予行政处罚。(§2Ⅲ)

《最高人民法院关于准确理解和适用刑法中"国家规定"的有关问题的通知》(法发〔2011〕155号,2011年4月8日公布)

△**(其他严重扰乱市场秩序的非法经营行为;法律适用问题;逐级请示)**各级人民法院审理非法经营犯罪案件,要依法严格把握刑法第二百二十五条第(四)的适用范围。对被告人的行为是否属于刑法第二百二十五条第(四)规定的"其他严重扰乱市场秩序的非法经营行为",有关司法解释未作明确规定的,应当作为法律适用问题,逐级向最高人民法院请示。(§3)

《最高人民法院关于被告人李明华非法经营请示一案的批复》(〔2011〕刑他字第21号,2011年5月6日公布)

△**(超范围和地域经营)**被告人李明华持有烟草专卖零售许可证,但多次实施批发业务,而且从非指定烟草专卖部门进货的行为,属于超范围和地域经营的情形,不宜按照非法经营罪处理,应由相关主管部门进行处理。

《最高人民法院关于被告人何伟光、张勇泉等非法经营案的批复》(〔2012〕刑他字第136号,2012年12月26日公布)

△**(高利放贷)**被告人何伟光、张勇泉等人高利放贷的行为具有一定的社会危害性,但此类行为是否属于刑法第二百二十五条规定的"其他严重扰乱市场秩序的非法经营行为",相关立法解释和司法解释尚无明确规定,故对何伟光、张勇泉等人的行为不宜以非法经营罪定罪处罚。

《最高人民法院、最高人民检察院、公安部、国家安全部关于依法办理非法生产销售使用"伪基站"设备案件的意见》(公通字〔2014〕13号,2014年3月14日公布)

△**(非法生产、销售"伪基站"设备;非法经营罪;情节特别严重;想象竞合)**非法生产、销售"伪基站"设备,具有以下情形之一的,依照《刑法》第二百二十五条的规定,以非法经营罪追究刑事责任:

1. 个人非法生产、销售"伪基站"设备三套以上,或者非法经营数额五万元以上,或者违法所得数额二万元以上的;

2. 单位非法生产、销售“伪基站”设备十套以上，或者非法经营数额十五万元以上，或者违法所得数额五万元以上的；

3. 虽未达到上述数额标准，但两年内曾因非法生产、销售“伪基站”设备受过两次以上行政处罚，又非法生产、销售“伪基站”设备的。

实施前款规定的行为，数量、数额达到前款规定的数量、数额五倍以上的，应当认定为《刑法》第二百二十五条规定的“情节特别严重”。

非法生产、销售“伪基站”设备，经鉴定为专用间谍器材的，依照《刑法》第二百八十三条的规定，以非法生产、销售间谍专用器材罪追究刑事责任；同时构成非法经营罪的，以非法经营罪追究刑事责任。（§ 1 Ⅰ）

△（**共同犯罪**）明知他人实施非法生产、销售“伪基站”设备，或者非法使用“伪基站”设备干扰公用电信网络信号等犯罪，为其提供资金、场所、技术、设备等帮助的，以共同犯罪论处。（§ 1 Ⅲ）

△（**宽严相济刑事政策**）对犯罪嫌疑人、被告人的处理，应当结合其主观恶性大小、行为危害程度以及在案件中所起的作用等因素，切实做到区别对待。对组织指挥、实施非法生产、销售、使用“伪基站”设备的首要分子、积极参加的犯罪分子，以及曾因非法生产、销售、使用“伪基站”设备受到行政处罚或者刑事处罚，又实施非法生产、销售、使用“伪基站”设备的犯罪分子，应当作为打击重点依法予以严惩；对具有自首、立功、从犯等法定情节的犯罪分子，可以依法从宽处理。对情节显著轻微、危害不大的，依法不作为犯罪处理。（§ 2）

△（**管辖；指定管辖**）案件一般由犯罪地公安机关管辖，犯罪嫌疑人居住地公安机关管辖更为适宜的，也可以由犯罪嫌疑人居住地公安机关管辖。对案件管辖有争议的，可以由共同的上级公安机关指定管辖；情况特殊的，上级公安机关可以指定其他公安机关管辖。（§ 3 Ⅰ）

△（**逮捕；审查起诉**）上级公安机关指定下级公安机关立案侦查的案件，需要逮捕犯罪嫌疑人的，由侦查该案件的公安机关提请同级人民检察院审查批准，人民检察院应当依法作出批准逮捕或者不批准逮捕的决定；需要移送审查起诉的，由侦查该案件的公安机关移送同级人民检察院审查起诉。（§ 3 Ⅱ）

△（**案件移送**）人民检察院对于审查起诉的案件，按照《刑事诉讼法》的管辖规定，认为应当由上级人民检察院或者同级其他人民检察院起诉的，将案件移送有管辖权的人民检察院，或者报上级检察机关指定管辖。（§ 3 Ⅲ）

△（**并案处理**）符合最高人民法院、最高人民检察院、公安部、国家安全部、司法部、全国人大法工委《关于实施刑事诉讼法若干问题的规定》有关并案处理规定的，人民法院、人民检察院、公安机关可以在职责范围内并案处理。（§ 3 Ⅳ）

《最高人民法院、最高人民检察院、公安部关于办理利用赌博机开设赌场案件适用法律若干问题的意见》（公通字〔2014〕17 号，2014 年 3 月 26 日公布）

△（**非法生产、销售赌博机；非法经营罪；情节严重；情节特别严重**）以提供给他人开设赌场为目的，违反国家规定，非法生产、销售具有退币、退分、退钢珠等赌博功能的电子游戏设施设备或者其专用软件，情节严重的，依照刑法第二百二十五条的规定，以非法经营罪定罪处罚。

实施前款规定的行为，具有下列情形之一的，属于非法经营行为“情节严重”：

（一）个人非法经营数额在五万元以上，或者违法所得数额在一万元以上的；

（二）单位非法经营数额在五十万元以上，或者违法所得数额在十万元以上的；

（三）虽未达到上述数额标准，但两年内因非法生产、销售赌博机行为受过二次以上行政处罚，又进行同种非法经营行为的；

（四）其他情节严重的情形。

具有下列情形之一的，属于非法经营行为“情节特别严重”：

（一）个人非法经营数额在二十五万元以上，或者违法所得数额在五万元以上的；

（二）单位非法经营数额在二百五十万元以上，或者违法所得数额在五十万元以上的。（§ 4）

《全国法院毒品犯罪审判工作座谈会纪要》（法〔2015〕129 号，2015 年 5 月 18 日公布）

△（**非法贩卖麻醉药品或者精神药品；非法经营罪**）行为人出于医疗目的，违反有关药品管理的国家规定，非法贩卖上述麻醉药品或精神药品，扰乱市场秩序，情节严重的，以非法经营罪定罪处罚。

《最高人民法院、最高人民检察院、公安部、国家新闻出版广电总局关于依法严厉打击非法电视网络接收设备违法犯罪活动的通知》（新广电发〔2015〕229 号，2015 年 9 月 18 日公布）

△（**非法电视网络接收设备；非法经营罪；想象竞合；追缴违法所得**）各级公安、检察、审判机关和新闻出版广电行政主管部门要高度重视查办非法电视网络接收设备违法犯罪案件，正确把握法律政策界限，严格执行法律法规的有关规定，坚决依法严厉打击非法电视网络接收设备违法犯罪活

动。非法电视网络接收设备主要包括三类:“电视棒”等网络共享设备;非法互联网电视接收设备,包括但不限于内置含有非法电视、非法广播等非法内容的定向接收软件或硬件模块的机顶盒、电视机、投影仪、显示器;用于收看非法电视、收听非法广播的网络软件、移动互联网客户端软件和互联网电视客户端软件。根据刑法和司法解释的规定,违反国家规定,从事生产、销售非法电视网络接收设备(含软件),以及为非法广播电视接收软件提供下载服务、为非法广播电视节目频道接收提供链接服务等营利性活动,扰乱市场秩序,个人非法经营数额在5万元以上或违法所得数额在1万元以上,单位非法经营数额在50万元以上或违法所得数额在10万元以上,按照非法经营罪追究刑事责任。对于利用生产、销售、安装非法电视网络接收设备传播淫秽色情节目、实施危害国家安全等行为的,根据其行为的性质,依法追究刑事责任。对非法电视网络接收设备犯罪行为,涉及数个罪名的,按照相关原则,择一重罪处罚或数罪并罚。在追究犯罪分子刑事责任的同时,还要依法追缴违法所得,没收其犯罪所用的本人财物。对于实施上述行为尚不构成犯罪的,由新闻出版广电等相关行政主管部门依法给予行政处罚;构成违反治安管理行为的,依法给予治安管理处罚。(§ 2)

《最高人民检察院关于办理涉互联网金融犯罪案件有关问题座谈会纪要》(高检诉〔2017〕14号,2017年6月2日公布)

△(**涉互联网金融犯罪;支付结算业务;非法经营罪**)支付结算业务(也称支付业务)是商业银行或者支付机构在收付款人之间提供的货币资金转移服务。非银行机构从事支付结算业务,应当经中国人民银行批准取得《支付业务许可证》,成为支付机构。未取得支付业务许可从事该业务的行为,违反《非法金融机构和非法金融业务活动取缔办法》第四条第一款第(三)、(四)项的规定,破坏了支付结算业务许可制度,危害支付市场秩序和安全,情节严重的,适用刑法第二百二十五条第(三)项,以非法经营罪追究刑事责任。具体情形:

(1)未取得支付业务许可经营基于客户支付账户的网络支付业务。无证网络支付机构为客户非法开立支付账户,客户先把资金支付到该支付账户,再由无证机构根据订单信息从支付账户平台将资金结算到收款人银行账户。

(2)未取得支付业务许可经营多用途预付卡业务。无证发卡机构非法发行可跨地区、跨行业、跨法人使用的多用途预付卡,聚集大量的预付卡销售资金,并根据客户订单信息向商户划转结算资金。(§ 18)

△(**资金支付结算的实质特征;“地下钱庄”**)在具体办案时,要深入剖析相关行为是否具备资金支付结算的实质特征,准确区分支付工具的正常商业流转与提供支付结算服务、区分单用途预付卡与多用途预付卡业务,充分考虑具体行为与“地下钱庄”等同类犯罪在社会危害方面的相当性以及刑事处罚的必要性,严格把握入罪和出罪标准。(§ 19)

△(**单位犯罪;追诉方向**)涉互联网金融犯罪案件多以单位形式组织实施,所涉单位数量众多、层级复杂,其中还包括大量分支机构和关联单位,集团化特征明显。有的涉互联网金融犯罪案件中分支机构遍布全国,既有具备法人资格的,又有不具备法人资格的;既有受总公司直接领导的,又有受总公司的下属单位领导的。公安机关在立案时做法不一,有的对单位立案,有的不对单位立案,有的被立案的单位不具有独立法人资格,有的仅对最上层的单位立案而不对分支机构立案。对此,检察机关公诉部门在审查起诉时,应当从能够全面揭示犯罪行为基本特征、全面覆盖犯罪活动、准确界定区分各层级人员的地位作用、有利于有力指控犯罪、有利于追缴违法所得等方面依法具体把握,确定是否以单位犯罪追究。(§ 20)

△(**单位犯罪**)涉互联网金融犯罪所涉罪名中,刑法规定应当追究单位刑事责任的,对同时具备以下情形且具有独立法人资格的单位,可以以单位犯罪追究:

(1)犯罪活动经单位决策实施;

(2)单位的员工主要按照单位的决策实施具体犯罪活动;

(3)违法所得归单位所有,经单位决策使用,收益亦归单位所有。但是,单位设立后专门从事违法犯罪活动的,应当以自然人犯罪追究刑事责任。(§ 21)

△(**不具有独立法人资格的分支机构**)对参与涉互联网金融犯罪,但不具有独立法人资格的分支机构,是否追究其刑事责任,可以区分两种情形处理:

(1)全部或部分违法所得归分支机构所有并支配,分支机构作为单位犯罪主体追究刑事责任;

(2)违法所得完全归分支机构上级单位所有并支配的,不能对分支机构作为单位犯罪主体追究刑事责任,而是应当对分支机构的上级单位(符合单位犯罪主体资格)追究刑事责任。

(§ 22)

△(**分支机构相关涉案人员**)分支机构认定为单位犯罪主体的,该分支机构相关涉案人员应当作为该分支机构的“直接负责的主管人员”或者“其他直接责任人员”追究刑事责任。仅将分支机构的上级单位认定为单位犯罪主体的,该分支机构相关涉案人员可以作为该上级单位的“其他直接责任人员”追究刑事责任。(§ 23)

△(**符合追诉条件的分支机构;审查起诉**)对符合追诉条件的分支机构(包括具有独立法人资格的和不具有独立法人资格)及其所属单位,公安机关均没有作为犯罪嫌疑单位移送审查起诉,仅将其所属单位的上级单位作为犯罪嫌疑单位移送审查起诉的,对相关分支机构涉案人员可以区分以下情形处理:

(1)有证据证明被立案的上级单位(比如总公司)在业务、财务、人事等方面对下属单位及其分支机构进行实际控制,下属单位及其分支机构涉案人员可以作为被移送审查起诉的上级单位的“其他直接责任人员”追究刑事责任。在证明实际控制关系时,应当收集、运用公司决策、管理、考核等相关文件,OA 系统等电子数据,资金往来记录等证据。对不同地区同一单位的分支机构涉案人员起诉时,证明实际控制关系的证据体系、证明标准应基本一致。

(2)据现有证据无法证明被立案的上级单位与下属单位及其分支机构之间存在实际控制关系的,对符合单位犯罪构成要件的下属单位或分支机构应当补充起诉,下属单位及其分支机构已不具备补充起诉条件的,可以将下属单位及其分支机构的涉案犯罪嫌疑人直接起诉。(§ 24)

△(**跨区域;涉互联网金融犯罪;统一平衡**)在办理跨区域涉互联网金融犯罪案件时,在追诉标准、追诉范围以及量刑建议等方面应当注意统一平衡。对于同一单位在多个地区分别设立分支机构的,在同一省(自治区、直辖市)范围内应当保持基本一致。分支机构所涉犯罪嫌疑人与上级单位主要犯罪嫌疑人之间应当保持适度平衡,防止出现责任轻重“倒挂”的现象。(§ 25)

△(**单位犯罪;区分主犯、从犯**)单位犯罪中,直接负责的主管人员和其他直接责任人员在涉互联网金融犯罪案件中的地位、作用存在明显差别的,可以区分主犯和从犯。对起组织领导作用的总公司的直接负责的主管人员和发挥主要作用的其他直接责任人员,可以认定为全案的主犯,其他人员可以认定为从犯。(§ 26)

△(**最大限度减少投资人的实际损失;从轻、减轻处罚;不起诉决定**)最大限度减少投资人的实际损失是办理涉互联网金融犯罪案件特别是非法集资案件的重要工作。在决定是否起诉、提出量刑建议时,要重视对是否具有认罪认罚、主动退赃退赔等情节的考察。分支机构涉案人员积极配合调查、主动退还违法所得、真诚认罪悔罪的,应当依法提出从轻、减轻处罚的量刑建议。其中,对情节轻微、可以免予刑事处罚的,或者情节显著轻微、危害不大、不认为是犯罪的,应当依法作出不起诉决定。对被不起诉人需要给予行政处罚或者没收违法所得的,应当向行政主管部门提出检察意见。(§ 27)

△(**证据;真实性;合法性;关联性**)涉互联网金融犯罪案件证据种类复杂、数量庞大、且分散于各地,收集、审查、运用证据的难度大。各地检察机关公诉部门要紧紧围绕证据的真实性、合法性、关联性,引导公安机关依法全面收集固定证据,加强证据的审查、运用,确保案件事实经得起法律的检验。(§ 28)

△(**提前介入侦查;收集固定证据;非法证据排除**)对于重大、疑难、复杂涉互联网金融犯罪案件,检察机关公诉部门要依法提前介入侦查,围绕指控犯罪的需要积极引导公安机关全面收集固定证据,必要时与公安机关共同会商,提出完善侦查思路、侦查提纲的意见建议。加强对侦查取证合法性的监督,对应当依法排除的非法证据坚决予以排除,对应当补正或作出合理解释的及时提出意见。(§ 29)

△(**电子数据;云存储电子数据;真实性;合法性;关联性**)电子数据在涉互联网金融犯罪案件的证据体系中地位重要,对于指控证实相关犯罪事实具有重要作用。随着互联网技术的不断发展,电子数据的形式、载体出现了许多新的变化,对电子数据的勘验、提取、审查等提出了更高要求,处理不当会对电子数据的真实性、合法性造成不可逆转的损害。检察机关公诉部门要严格执行《最高人民法院、最高人民检察院、公安部关于办理刑事案件收集提取和审查判断电子数据问题的若干规定》(法发〔2016〕22 号),加强对电子数据收集、提取程序和技术标准的审查,确保电子数据的真实性、合法性。对云存储电子数据等新类型电子数据进行提取、审查时,要高度重视程序合法性、数据完整性等问题,必要时主动征求相关领域专家意见,在提取前会同公安机关、云存储服务提供商制定科学合法的提取方案,确保万无一失。(§ 30)

△(**证据交换共享机制**)落实“三统两分”要求,健全证据交换共享机制,协调推进跨区域案件办理。对涉及主案犯罪嫌疑人的证据,一般由主案侦办地办案机构负责收集,其他地区提供协助。

其他地区办案机构需要主案侦办地提供证据材料的，应当向主案侦办地办案机构提出证据需求，由主案侦办地办案机构收集并依法移送。无法移送证据原件的，应当在移送复制件的同时，按照相关规定作出说明。各地检察机关公诉部门之间要加强协作，加强与公安机关的协调，督促本地公安机关与其他地区公安机关做好证据交换共享相关工作。案件进入审查起诉阶段后，检察机关公诉部门可以根据案件需要，直接向其他地区检察机关调取证据，其他地区检察机关公诉部门应积极协助。此外，各地检察机关在办理案件过程中发现对其他地区案件办理有重要作用的证据，应当及时采取措施并通知相应检察机关，做好依法移送工作。（§ 31）

《最高人民法院、最高人民检察院、公安部、司法部、生态环境部关于办理环境污染刑事案件有关问题座谈会纪要》（2019年2月20日公布）

△（**非法经营罪；污染环境罪**）会议针对如何把握非法经营罪与污染环境罪的关系以及如何具体适用非法经营罪的问题进行了讨论。会议强调，要高度重视非法经营危险废物案件的办理，坚持全链条、全环节、全流程对非法排放、倾倒、处置、经营危险废物的产业链进行刑事打击，查清犯罪网络，深挖犯罪源头，斩断利益链条，不断挤压和铲除此类犯罪滋生蔓延的空间。

会议认为，准确理解和适用《环境解释》[①]第六条的规定应当注意把握两个原则：一要坚持实质判断原则，对行为人非法经营危险废物行为的社会危害性作实质性判断。比如，一些单位或者个人虽未依法取得危险废物经营许可证，但其收集、贮存、利用、处置危险废物经营活动，没有超标排放污染物、非法倾倒污染物或者其他违法造成环境污染情形的，则不宜以非法经营罪论处。二要坚持综合判断原则，对行为人非法经营危险废物行为根据其在犯罪链条中的地位、作用综合判断其社会危害性。比如，有证据证明单位或者个人的无证经营危险废物行为属于危险废物非法经营产业链的一部分，并且已经形成了分工负责、利益均沾、相对固定的犯罪链条，如果行为人或者与其联系紧密的上游或者下游环节具有排放、倾倒、处置危险废物违法造成环境污染的情形，且交易价格明显异常的，对行为人可以根据案件具体情况在污染环境罪和非法经营罪中，择一重罪处断。

《最高人民法院、最高人民检察院、公安部办理跨境赌博犯罪案件若干问题的意见》（公通字〔2020〕14号，2020年10月16日发布）

△（**赌博犯罪共犯；非法经营罪、妨害信用卡管理罪；窃取、收买、非法提供信用卡信息罪；掩饰、隐瞒犯罪所得、犯罪收益罪；非法利用信息网络罪；帮助信息网络犯罪活动罪；侵犯公民个人信息罪**）为赌博犯罪提供资金、信用卡、资金结算等服务，构成赌博犯罪共犯，同时构成非法经营罪、妨害信用卡管理罪、窃取、收买、非法提供信用卡信息罪、掩饰、隐瞒犯罪所得、犯罪收益罪等罪的，依照处罚较重的规定定罪处罚。

为网络赌博犯罪提供互联网接入、服务器托管、网络存储、通讯传输等技术支持，或者提供广告推广、支付结算等帮助，构成赌博犯罪共犯，同时构成非法利用信息网络罪、帮助信息网络犯罪活动罪等罪的，依照处罚较重的规定定罪处罚。

为实施赌博犯罪，非法获取公民个人信息，或者向实施赌博犯罪者出售、提供公民个人信息，构成赌博犯罪共犯，同时构成侵犯公民个人信息罪的，依照处罚较重的规定定罪处罚。（§ 4 Ⅴ）

《最高人民法院、最高人民检察院、公安部、司法部关于依法惩治妨害新型冠状病毒感染肺炎疫情防控违法犯罪的意见》（法发〔2020〕7号，2020年2月6日发布）

△（**肺炎疫情防控；非法经营罪**）依法严惩哄抬物价犯罪。在疫情防控期间，违反国家有关市场经营、价格管理等规定，囤积居奇，哄抬疫情防控急需的口罩、护目镜、防护服、消毒液等防护用品、药品或者其他涉及民生的物品价格，牟取暴利，违法所得数额较大或者有其他严重情节，严重扰乱市场秩序的，依照刑法第二百二十五条第四项的规定，以非法经营罪定罪处罚。（§ 2 Ⅳ）

△（**肺炎疫情防控；非法猎捕、杀害珍贵、濒危野生动物罪；非法收购、运输、出售珍贵、濒危野生动物、珍贵、濒危野生动物制品罪；非法狩猎罪；非法经营罪；掩饰、隐瞒犯罪所得罪**）依法严惩破坏野生动物资源犯罪。非法猎捕、杀害国家重点保护的珍贵、濒危野生动物的，或者非法收购、运输、出售国家重点保护的珍贵、濒危野生动物及其制品的，依照刑法第三百四十一条第一款的规定，以非法猎捕、杀害珍贵、濒危野生动物罪或者非法收购、运输、出售珍贵、濒危野生动物、珍贵、濒危野生动物制品罪定罪处罚。

① 即《最高人民法院、最高人民检察院关于办理环境污染刑事案件适用法律若干问题的解释》（法释〔2016〕29号，自2017年1月1日起施行）。

违反狩猎法规,在禁猎区、禁猎期或者使用禁用的工具、方法进行狩猎,破坏野生动物资源,情节严重的,依照刑法第三百四十一条第二款的规定,以非法狩猎罪定罪处罚。

违反国家规定,非法经营非国家重点保护野生动物及其制品(包括开办交易场所、进行网络销售、加工食品出售等),扰乱市场秩序,情节严重的,依照刑法第二百二十五条第四项的规定,以非法经营罪定罪处罚。

知道或者应当知道是国家重点保护的珍贵、濒危野生动物及其制品,为食用或者其他目的而非法购买,符合刑法第三百四十一条第一款规定的,以非法收购珍贵、濒危野生动物、珍贵、濒危野生动物制品罪定罪处罚。

知道或者应当知道是非法狩猎的野生动物而购买,符合刑法第三百一十二条规定的,以掩饰、隐瞒犯罪所得罪定罪处罚。(§ 2 Ⅸ)

△(**治安管理处罚;从重情节**)依法严惩妨害疫情防控的违法行为。实施上述(一)至(九)规定的行为,不构成犯罪的,由公安机关根据治安管理处罚法有关虚构事实扰乱公共秩序,扰乱单位秩序、公共场所秩序、寻衅滋事,拒不执行紧急状态下的决定、命令,阻碍执行职务,冲闯警戒带、警戒区,殴打他人,故意伤害,侮辱他人,诈骗,在铁路沿线非法挖掘坑穴、采石取沙,盗窃、损毁路面公共设施,损毁铁路设施设备,故意损毁财物、哄抢公私财物等规定,予以治安管理处罚,或者由有关部门予以其他行政处罚。

对于在疫情防控期间实施有关违法犯罪的,要作为从重情节予以考量,依法体现从严的政策要求,有力惩治震慑违法犯罪,维护法律权威,维护社会秩序,维护人民群众生命安全和身体健康。(§ 2 Ⅹ)

《最高人民检察院、公安部关于公安机关管辖的刑事案件立案追诉标准的规定(二)》(公通字〔2022〕12号,2022年4月6日公布)

△(**非法经营罪;立案追诉标准**)违反国家规定,进行非法经营活动,扰乱市场秩序,涉嫌下列情形之一的,应予立案追诉:

(一)违反国家烟草专卖管理法律法规,未经烟草专卖行政主管部门许可,无烟草专卖生产企业许可证、烟草专卖批发企业许可证、特种烟草专卖经营企业许可证、烟草专卖零售许可证等许可证明,非法经营烟草专卖品,具有下列情形之一的:

1. 非法经营数额在五万元以上,或者违法所得数额在二万元以上的;

2. 非法经营卷烟二十万支以上的;

3. 三年内因非法经营烟草专卖品受过二次以上行政处罚,又非法经营烟草专卖品且数额在三万元以上的。

(二)未经国家有关主管部门批准,非法经营证券、期货、保险业务,或者非法从事资金支付结算业务,具有下列情形之一的:

1. 非法经营证券、期货、保险业务,数额在一百万元以上,或者违法所得数额在十万元以上的;

2. 非法从事资金支付结算业务,数额在五百万元以上,或者违法所得数额在十万元以上的;

3. 非法从事资金支付结算业务,数额在二百五十万元以上不满五百万元,或者违法所得数额在五万元以上不满十万元,且具有下列情形之一的:

(1)因非法从事资金支付结算业务犯罪行为受过刑事追究的;

(2)二年内因非法从事资金支付结算业务违法行为受过行政处罚的;

(3)拒不交代涉案资金去向或者拒不配合追缴工作,致使赃款无法追缴的;

(4)造成其他严重后果的。

4. 使用销售点终端机具(POS机)等方法,以虚构交易、虚开价格、现金退货等方式向信用卡持卡人直接支付现金,数额在一百万元以上的,或者造成金融机构资金二十万元以上逾期未还的,或者造成金融机构经济损失十万元以上的。

(三)实施倒买倒卖外汇或者变相买卖外汇等非法买卖外汇行为,扰乱金融市场秩序,具有下列情形之一的:

1. 非法经营数额在五百万元以上的,或者违法所得数额在十万元以上的;

2. 非法经营数额在二百五十万元以上,或者违法所得数额在五万元以上,且具有下列情形之一的:

(1)因非法买卖外汇犯罪行为受过刑事追究的;

(2)二年内因非法买卖外汇违法行为受过行政处罚的;

(3)拒不交代涉案资金去向或者拒不配合追缴工作,致使赃款无法追缴的;

(4)造成其他严重后果的。

3. 公司、企业或者其他单位违反有关外贸代理业务的规定,采用非法手段,或者明知是伪造、变造的凭证、商业单据,为他人向外汇指定银行骗购外汇,数额在五百万美元以上或者违法所得数额在五十万元以上的;

4. 居间介绍骗购外汇,数额在一百万美元以上或者违法所得数额在十万元以上的。

（四）出版、印刷、复制、发行严重危害社会秩序和扰乱市场秩序的非法出版物，具有下列情形之一的：

1. 个人非法经营数额在五万元以上的，单位非法经营数额在十五万元以上的；

2. 个人违法所得数额在二万元以上的，单位违法所得数额在五万元以上的；

3. 个人非法经营报纸五千份或者期刊五千本或者图书二千册或者音像制品、电子出版物五百张（盒）以上的，单位非法经营报纸一万五千份或者期刊一万五千本或者图书五千册或者音像制品、电子出版物一千五百张（盒）以上的；

4. 虽未达到上述数额标准，但具有下列情形之一的：

（1）二年内因出版、印刷、复制、发行非法出版物受过二次以上行政处罚，又出版、印刷、复制、发行非法出版物的；

（2）因出版、印刷、复制、发行非法出版物造成恶劣社会影响或者其他严重后果的。

（五）非法从事出版物的出版、印刷、复制、发行业务，严重扰乱市场秩序，具有下列情形之一的：

1. 个人非法经营数额在十五万元以上的，单位非法经营数额在五十万元以上的；

2. 个人违法所得数额在五万元以上的，单位违法所得数额在十五万元以上的；

3. 个人非法经营报纸一万五千份或者期刊一万五千本或者图书五千册或者音像制品、电子出版物一千五百张（盒）以上的，单位非法经营报纸五万份或者期刊五万本或者图书一万五千册或者音像制品、电子出版物五千张（盒）以上的；

4. 虽未达到上述数额标准，二年内因非法从事出版物的出版、印刷、复制、发行业务受过二次以上行政处罚，又非法从事出版物的出版、印刷、复制、发行业务的。

（六）采取租用国际专线、私设转接设备或者其他方法，擅自经营国际电信业务或者涉港澳台电信业务进行营利活动，扰乱电信市场管理秩序，具有下列情形之一的：

1. 经营去话业务数额在一百万元以上的；

2. 经营来话业务造成电信资费损失数额在一百万元以上的；

3. 虽未达到上述数额标准，但具有下列情形之一的：

（1）二年内因非法经营国际电信业务或者涉港澳台电信业务行为受过二次以上行政处罚，又非法经营国际电信业务或者涉港澳台电信业务的；

（2）因非法经营国际电信业务或者涉港澳台电信业务行为造成其他严重后果的。

（七）以营利为目的，通过信息网络有偿提供删除信息服务，或者明知是虚假信息，通过信息网络有偿提供发布信息等服务，扰乱市场秩序，具有下列情形之一的：

1. 个人非法经营数额在五万元以上，或者违法所得数额在二万元以上的；

2. 单位非法经营数额在十五万元以上，或者违法所得数额在五万元以上的。

（八）非法生产、销售“黑广播”“伪基站”、无线电干扰器等无线电设备，具有下列情形之一的：

1. 非法生产、销售无线电设备三套以上的；

2. 非法经营数额在五万元以上的；

3. 虽未达到上述数额标准，但二年内因非法生产、销售无线电设备受过二次以上行政处罚，又非法生产、销售无线电设备的。

（九）以提供给他人开设赌场为目的，违反国家规定，非法生产、销售具有退币、退分、退钢珠等赌博功能的电子游戏设施设备或者其专用软件，具有下列情形之一的：

1. 个人非法经营数额在五万元以上，或者违法所得数额在一万元以上的；

2. 单位非法经营数额在五十万元以上，或者违法所得数额在十万元以上的；

3. 虽未达到上述数额标准，但二年内因非法生产、销售赌博机行为受过二次以上行政处罚，又进行同种非法经营行为的；

4. 其他情节严重的情形。

（十）实施下列危害食品安全行为，非法经营数额在十万元以上，或者违法所得数额在五万元以上的：

1. 以提供给他人生产、销售食品为目的，违反国家规定，生产、销售国家禁止用于食品生产、销售的非食品原料的；

2. 以提供给他人生产、销售食用农产品为目的，违反国家规定，生产、销售国家禁用农药、食品动物中禁止使用的药品及其他化合物等有毒、有害的非食品原料，或者生产、销售添加上述有毒、有害的非食品原料的农药、兽药、饲料、饲料添加剂、饲料原料的；

3. 违反国家规定，私设生猪屠宰厂（场），从事生猪屠宰、销售等经营活动的。

（十一）未经监管部门批准，或者超越经营范围，以营利为目的，以超过百分之三十六的实际年利率经常性地向社会不特定对象发放贷款，具有下列情形之一的：

1. 个人非法放贷数额累计在二百万元以上的，单位非法放贷数额累计在一千万元以上的；

2. 个人违法所得数额累计在八十万元以上的，单位违法所得数额累计在四百万元以上的；

3. 个人非法放贷对象累计在五十人以上的，单位非法放贷对象累计在一百五十人以上的；

4. 造成借款人或者其近亲属自杀、死亡或者精神失常等严重后果的。

5. 虽未达到上述数额标准，但具有下列情形之一的：

（1）二年内因实施非法放贷行为受过二次以上行政处罚的；

（2）以超过百分之七十二的实际年利率实施非法放贷行为十次以上的。

黑恶势力非法放贷的，按照第 1、2、3 项规定的相应数额、数量标准的百分之五十确定。同时具有第 5 项规定情形的，按照相应数额、数量标准的百分之四十确定。

（十二）从事其他非法经营活动，具有下列情形之一的：

1. 个人非法经营数额在五万元以上，或者违法所得数额在一万元以上的；

2. 单位非法经营数额在五十万元以上，或者违法所得数额在十万元以上的；

3. 虽未达到上述数额标准，但二年内因非法经营行为受过二次以上行政处罚，又从事同种非法经营行为的；

4. 其他情节严重的情形。

法律、司法解释对非法经营罪的立案追诉标准另有规定的，依照其规定。（§ 71）

【附属刑法】

《中华人民共和国证券投资基金法》（2003 年 10 月 28 日通过，2015 年 4 月 24 日修正）

第一百一十九条

Ⅰ违反本法规定，未经批准擅自设立基金管理公司或者未经核准从事公开募集基金管理业务的，由证券监督管理机构予以取缔或者责令改正，没收违法所得，并处违法所得一倍以上五倍以下罚款；没有违法所得或者违法所得不足一百万元的，并处十万元以上一百万元以下罚款。对直接负责的主管人员和其他直接责任人员给予警告，并处三万元以上三十万元以下罚款。

第一百二十五条

未经核准，擅自从事基金托管业务的，责令停止，没收违法所得，并处违法所得一倍以上五倍以下罚款；没有违法所得或者违法所得不足一百万元的，并处十万元以上一百万元以下罚款；对直接负责的主管人员和其他直接责任人员给予警告，并处三万元以上三十万元以下罚款。

第一百三十三条

违反本法规定，未经登记，使用“基金”或者“基金管理”字样或者近似名称进行证券投资活动的[①]，没收违法所得，并处违法所得一倍以上五倍以下罚款；没有违法所得或者违法所得不足一百万元的，并处十万元以上一百万元以下罚款。对直接负责的主管人员和其他直接责任人员给予警告，并处三万元以上三十万元以下罚款。

第一百三十五条

违反本法规定，向合格投资者之外的单位或者个人非公开募集资金或者转让基金份额的，没收违法所得，并处违法所得一倍以上五倍以下罚款；没有违法所得或者违法所得不足一百万元的，并处十万元以上一百万元以下罚款。对直接负责的主管人员和其他直接责任人员给予警告，并处三万元以上三十万元以下罚款。

第一百三十六条

违反本法规定，擅自从事公开募集基金的基金服务业务的，责令改正，没收违法所得，并处违法所得一倍以上五倍以下罚款；没有违法所得或者违法所得不足三十万元的，并处十万元以上三十万元以下罚款。对直接负责的主管人员和其他直接责任人员给予警告，并处三万元以上十万元以下罚款。

第一百四十九条

违反本法规定，构成犯罪的，依法追究刑事责任。

《中华人民共和国保险法》（1995 年 6 月 30 日通过，2015 年 4 月 24 日第三次修正）

第一百五十八条

违反本法规定，擅自设立保险公司、保险资产

① 《中华人民共和国证券投资基金法》（2003 年 10 月 28 日通过，2015 年 4 月 24 日修正）

第九十条

未经登记，任何单位或者个人不得使用“基金”或者“基金管理”字样或者近似名称进行证券投资活动；但是，法律、行政法规另有规定的除外。

管理公司或者非法经营商业保险业务的[①]，由保险监督管理机构予以取缔，没收违法所得，并处违法所得一倍以上五倍以下的罚款；没有违法所得或者违法所得不足二十万元的，处二十万元以上一百万元以下的罚款。

第一百五十九条

违反本法规定，擅自设立保险专业代理机构、保险经纪人，或者未取得经营保险代理业务许可证、保险经纪业务许可证从事保险代理业务、保险经纪业务的[②]，由保险监督管理机构予以取缔，没收违法所得，并处违法所得一倍以上五倍以下的罚款；没有违法所得或者违法所得不足五万元的，处五万元以上三十万元以下的罚款。

第一百六十条

保险公司违反本法规定，超出批准的业务范围经营的，由保险监督管理机构责令限期改正，没收违法所得，并处违法所得一倍以上五倍以下的罚款；没有违法所得或者违法所得不足十万元的，处十万元以上五十万元以下的罚款。逾期不改正或者造成严重后果的，责令停业整顿或者吊销业务许可证。

第一百七十三条

Ⅱ外国保险机构在中华人民共和国境内设立的代表机构从事保险经营活动的[③]，由保险监督管理机构责令改正，没收违法所得，并处违法所得一倍以上五倍以下的罚款；没有违法所得或者违法所得不足二十万元的，处二十万元以上一百万元以下的罚款；对其首席代表可以责令撤换；情节严重的，撤销其代表机构。

第一百七十九条

违反本法规定，构成犯罪的，依法追究刑事责任。

《中华人民共和国行政许可法》（2003 年 8 月 27 日通过，2019 年 4 月 23 日修正）

第八十条

被许可人有下列行为之一的，行政机关应当依法给予行政处罚；构成犯罪的，依法追究刑事责任：

……

（二）超越行政许可范围进行活动的；

……

第八十一条

公民、法人或者其他组织未经行政许可，擅自从事依法应当取得行政许可的活动的，行政机关应当依法采取措施予以制止，并依法给予行政处罚；构成犯罪的，依法追究刑事责任。

《中华人民共和国商业银行法》（1995 年 5 月 10 日通过，2015 年 8 月 29 日第二次修正）

第七十四条

商业银行有下列情形之一，由国务院银行业监督管理机构责令改正，有违法所得的，没收违法所得，违法所得五十万元以上的，并处违法所得一倍以上五倍以下罚款；没有违法所得或者违法所得不足五十万元的，处五十万元以上二百万元以下罚款；情节特别严重或者逾期不改正的，可以责令停业整顿或者吊销其经营许可证；构成犯罪的，

---

① 《中华人民共和国保险法》（1995 年 6 月 30 日通过，2015 年 4 月 24 日第三次修正）

第六条

保险业务由依照本法设立的保险公司以及法律、行政法规规定的其他保险组织经营，其他单位和个人不得经营保险业务。

第九十五条

Ⅰ保险公司的业务范围：

（一）人身保险业务，包括人寿保险、健康保险、意外伤害保险等保险业务；

（二）财产保险业务，包括财产损失保险、责任保险、信用保险、保证保险等保险业务；

（三）国务院保险监督管理机构批准的与保险有关的其他业务。

Ⅱ保险人不得兼营人身保险业务和财产保险业务。但是，经营财产保险业务的保险公司经国务院保险监督管理机构批准，可以经营短期健康保险业务和意外伤害保险业务。

Ⅲ保险公司应当在国务院保险监督管理机构依法批准的业务范围内从事保险经营活动。

② 《中华人民共和国保险法》（1995 年 6 月 30 日通过，2015 年 4 月 24 日第三次修正）

第一百一十九条

保险代理机构、保险经纪人应当具备国务院保险监督管理机构规定的条件，取得保险监督管理机构颁发的经营保险代理业务许可证、保险经纪业务许可证。

③ 《中华人民共和国保险法》（1995 年 6 月 30 日通过，2015 年 4 月 24 日第三次修正）

第八十条

外国保险机构在中华人民共和国境内设立代表机构，应当经国务院保险监督管理机构批准。代表机构不得从事保险经营活动。

依法追究刑事责任：

……

（五）未经批准买卖、代理买卖外汇的；

（六）未经批准买卖政府债券或者发行、买卖金融债券的；

（七）违反国家规定从事信托投资和证券经营业务、向非自用不动产投资或者向非银行金融机构和企业投资的；

……

第七十六条

商业银行有下列情形之一，由中国人民银行责令改正，有违法所得的，没收违法所得，违法所得五十万元以上的，并处违法所得一倍以上五倍以下罚款；没有违法所得或者违法所得不足五十万元的，处五十万元以上二百万元以下罚款；情节特别严重或者逾期不改正的，中国人民银行可以建议国务院银行业监督管理机构责令停业整顿或者吊销其经营许可证；构成犯罪的，依法追究刑事责任：

（一）未经批准办理结汇、售汇的；

（二）未经批准在银行间债券市场发行、买卖金融债券或者到境外借款的；

（三）违反规定同业拆借的。

第七十八条

商业银行有本法第七十三条至第七十七条规定情形的，对直接负责的董事、高级管理人员和其他直接责任人员，应当给予纪律处分；构成犯罪的，依法追究刑事责任。

《中华人民共和国银行业监督管理法》（2003年12月27日通过，2006年10月31日修正）

第四十四条

擅自设立银行业金融机构或者非法从事银行业金融机构的业务活动的①，由国务院银行业监督管理机构予以取缔；构成犯罪的，依法追究刑事责任；尚不构成犯罪的，由国务院银行业监督管理机构没收违法所得，违法所得五十万元以上的，并处违法所得一倍以上五倍以下罚款；没有违法所得或者违法所得不足五十万元的，处五十万元以上二百万元以下罚款。

第四十五条

银行业金融机构有下列情形之一，由国务院银行业监督管理机构责令改正，有违法所得的，没收违法所得，违法所得五十万元以上的，并处违法所得一倍以上五倍以下罚款；没有违法所得或者违法所得不足五十万元的，处五十万元以上二百万元以下罚款；情节特别严重或者逾期不改正的，可以责令停业整顿或者吊销其经营许可证；构成犯罪的，依法追究刑事责任：

……

（三）违反规定从事未经批准或者未备案的业务活动的；

……

《中华人民共和国对外贸易法》（1994年5月12日通过，2016年11月7日修正）

第六十一条

Ⅱ进出口属于禁止进出口的技术的，或者未经许可擅自进出口属于限制进出口的技术的，依照有关法律、行政法规的规定处理、处罚；法律、行政法规没有规定的，由国务院对外贸易主管部门责令改正，没收违法所得，并处违法所得一倍以上五倍以下罚款，没有违法所得或者违法所得不足一万元的，处一万元以上五万元以下罚款；构成犯罪的，依法追究刑事责任。

第六十二条

Ⅰ从事属于禁止的国际服务贸易的，或者未经许可擅自从事属于限制的国际服务贸易的，依照有关法律、行政法规的规定处罚；法律、行政法规没有规定的，由国务院对外贸易主管部门责令改正，没收违法所得，并处违法所得一倍以上五倍以下罚款，没有违法所得或者违法所得不足一万元的，处一万元以上五万元以下罚款；构成犯罪的，依法追究刑事责任。

《中华人民共和国禁毒法》（2007年12月29日通过）

第六十六条

未经批准，擅自从事戒毒治疗业务的，由卫生行政部门责令停止违法业务活动，没收违法所得和使用的药品、医疗器械等物品；构成犯罪的，依法追究刑事责任。

《中华人民共和国民办教育促进法》（2002年12月28日通过，2018年12月29日第三次修正）

第六十四条

违反国家有关规定擅自举办民办学校的，由所在地县级以上地方人民政府教育行政部门或者人力

① 《中华人民共和国银行业监督管理法》（2003年12月27日通过，2006年10月31日修正）

第十六条

国务院银行业监督管理机构依照法律、行政法规规定的条件和程序，审查批准银行业金融机构的设立、变更、终止以及业务范围。

资源社会保障行政部门会同同级公安、民政或者市场监督管理等有关部门责令停止办学、退还所收费用,并对举办者处违法所得一倍以上五倍以下罚款;构成违反治安管理行为的,由公安机关依法给予治安管理处罚;构成犯罪的,依法追究刑事责任。

《中华人民共和国城乡规划法》(2007 年 10 月 28 日通过,2019 年 4 月 23 日第二次修正)

第六十四条

未取得建设工程规划许可证或者未按照建设工程规划许可证的规定进行建设的,由县级以上地方人民政府城乡规划主管部门责令停止建设;尚可采取改正措施消除对规划实施的影响的,限期改正,处建设工程造价百分之五以上百分之十以下的罚款;无法采取改正措施消除影响的,限期拆除,不能拆除的,没收实物或者违法收入,可以并处建设工程造价百分之十以下的罚款。

第六十九条

违反本法规定,构成犯罪的,依法追究刑事责任。

《中华人民共和国放射性污染防治法》(2003 年 6 月 28 日通过)

第五十七条

违反本法规定,有下列行为之一的,由省级以上人民政府环境保护行政主管部门责令停产停业或者吊销许可证;有违法所得的,没收违法所得;违法所得十万元以上的,并处违法所得一倍以上五倍以下罚款;没有违法所得或者违法所得不足十万元的,并处五万元以上十万元以下罚款;构成犯罪的,依法追究刑事责任:

(一)未经许可,擅自从事贮存和处置放射性固体废物活动的;

(二)不按照许可的有关规定从事贮存和处置放射性固体废物活动的。

《中华人民共和国海岛保护法》(2009 年 12 月 26 日通过)

第四十七条

Ⅱ违反本法规定,在无居民海岛进行生产、建设活动或者组织开展旅游活动的,由县级以上人民政府海洋主管部门责令停止违法行为,没收违法所得,并处二万元以上二十万元以下的罚款。

第五十五条

Ⅰ违反本法规定,构成犯罪的,依法追究刑事责任。

《中华人民共和国矿产资源法》(1986 年 3 月 19 日通过,2009 年 8 月 27 日第二次修正)

第四十三条

违反本法规定收购和销售国家统一收购的矿产品的①,没收矿产品和违法所得,可以并处罚款;情节严重的,依照刑法有关规定,追究刑事责任。

《中华人民共和国烟草专卖法》(1991 年 6 月 29 日通过,2015 年 4 月 24 日第三次修正)

第三十五条

Ⅰ倒卖烟草专卖品②,构成犯罪的,依法追究刑事责任;情节轻微,不构成犯罪的,由工商行政管理部门没收倒卖的烟草专卖品和违法所得,可以并处罚款。

Ⅱ烟草专卖行政主管部门和烟草公司工作人员利用职务上的便利犯前款罪的,依法从重处罚。

《中华人民共和国职业病防治法》(2001 年 10 月 27 日通过,2018 年 12 月 29 日第四次修正)

第八十条

从事职业卫生技术服务的机构和承担职业病诊断的医疗卫生机构违反本法规定,有下列行为之一的,由卫生行政部门责令立即停止违法行为,给予警告,没收违法所得;违法所得五千元以上的,并处违法所得二倍以上五倍以下的罚款;没有违法所得或者违法所得不足五千元的,并处五千元以上二万元以下的罚款;情节严重的,由原认可或者登记机关取消其相应的资格;对直接负责的

---

① 《中华人民共和国矿产资源法》(1986 年 3 月 19 日通过,2009 年 8 月 27 日第二次修正)

第三十四条

国务院规定由指定的单位统一收购的矿产品,任何其他单位或者个人不得收购;开采者不得向非指定单位销售。

② 《中华人民共和国烟草专卖法》(1991 年 6 月 29 日通过,2015 年 4 月 24 日第三次修正)

第三条

国家对烟草专卖品的生产、销售、进出口依法实行专卖管理,并实行烟草专卖许可证制度。

第十条

Ⅰ烟叶由烟草公司或者其委托单位按照国家规定的收购标准统一收购,其他单位和个人不得收购。

Ⅱ烟草公司及其委托单位对烟叶种植者按照烟叶收购合同约定的种植面积生产的烟叶,应当按照合同约定的收购价格,全部收购,不得压级压价,并妥善处理收购烟叶发生的纠纷。

主管人员和其他直接责任人员，依法给予降级、撤职或者开除的处分；构成犯罪的，依法追究刑事责任：

（一）超出资质认可或者诊疗项目登记范围从事职业卫生技术服务或者职业病诊断的；

……

《中华人民共和国循环经济促进法》（2008年8月29日通过，2018年10月26日修正）

第五十四条

违反本法规定，在国务院或者省、自治区、直辖市人民政府规定禁止生产、销售、使用粘土砖的期限或者区域内生产、销售或者使用粘土砖的，由县级以上地方人民政府指定的部门责令限期改正；有违法所得的，没收违法所得；逾期继续生产、销售的，由地方人民政府市场监督管理部门依法吊销营业执照。

第五十七条

违反本法规定，构成犯罪的，依法追究刑事责任。

《中华人民共和国公路法》（1997年7月3日通过，2017年11月4日第五次修正）

第七十四条

违反法律或者国务院有关规定，擅自在公路上设卡、收费的，由交通主管部门责令停止违法行为，没收违法所得，可以处违法所得三倍以下的罚款，没有违法所得的，可以处二万元以下的罚款；对负有直接责任的主管人员和其他直接责任人员，依法给予行政处分。

第八十四条

违反本法有关规定，构成犯罪的，依法追究刑事责任。

《中华人民共和国邮政法》（1986年12月2日通过，2015年4月24日第二次修正）

第六十九条

Ⅰ邮政企业利用带有邮政专用标志的车船从事邮件运递以外的经营性活动，或者以出租等方式允许其他单位或者个人使用带有邮政专用标志的车船的，由邮政管理部门责令改正，没收违法所得，可以并处二万元以下的罚款；情节严重的，并处二万元以上十万元以下的罚款；对直接负责的主管人员和其他直接责任人员给予处分。

Ⅱ邮政企业从业人员利用带有邮政专用标志的车船从事邮件运递以外的活动的，由邮政企业责令改正，给予处分。

第七十二条

Ⅰ未取得快递业务经营许可经营快递业务，或者邮政企业以外的单位或者个人经营由邮政企业专营的信件寄递业务或者寄递国家机关公文的，由邮政管理部门或者工商行政管理部门责令改正，没收违法所得，并处五万元以上十万元以下的罚款；情节严重的，并处十万元以上二十万元以下的罚款；对快递企业，还可以责令停业整顿直至吊销其快递业务经营许可证。

Ⅱ违反本法第五十一条第二款的规定①，经营信件的国内快递业务的，依照前款规定处罚。

第八十二条

违反本法规定，构成犯罪的，依法追究刑事责任。

《中华人民共和国畜牧法》（2005年12月29日通过，2015年4月24日修正）

第六十一条

违反本法有关规定，销售、推广未经审定或者鉴定的畜禽品种的，由县级以上人民政府畜牧兽医行政主管部门责令停止违法行为，没收畜禽和违法所得；违法所得在五万元以上的，并处违法所得一倍以上三倍以下罚款；没有违法所得或者违法所得不足五万元的，并处五千元以上五万元以下罚款。

第七十一条

违反本法规定，构成犯罪的，依法追究刑事责任。

《中华人民共和国特种设备安全法》（2013年6月29日通过）

第七十四条

违反本法规定，未经许可从事特种设备生产活动的，责令停止生产，没收违法制造的特种设备，处十万元以上五十万元以下罚款；有违法所得的，没收违法所得；已经实施安装、改造、修理的，责令恢复原状或者责令限期由取得许可的单位重新安装、改造、修理。

第八十一条

Ⅰ违反本法规定，特种设备生产单位有下列行为之一的，责令限期改正；逾期未改正的，责令停止生产，处五万元以上五十万元以下罚款；情节严重的，吊销生产许可证：

① 《中华人民共和国邮政法》（1986年12月2日通过，2015年4月24日第二次修正）

第五十一条

Ⅱ外商不得投资经营信件的国内快递业务。

（一）不再具备生产条件、生产许可证已经过期或者超出许可范围生产的；

（二）明知特种设备存在同一性缺陷，未立即停止生产并召回的。

Ⅱ违反本法规定，特种设备生产单位生产、销售、交付国家明令淘汰的特种设备的，责令停止生产、销售，没收违法生产、销售、交付的特种设备，处三万元以上三十万元以下罚款；有违法所得的，没收违法所得。

Ⅲ特种设备生产单位涂改、倒卖、出租、出借生产许可证的，责令停止生产，处五万元以上五十万元以下罚款；情节严重的，吊销生产许可证。

第八十八条

Ⅰ违反本法规定，未经许可，擅自从事电梯维护保养的，责令停止违法行为，处一万元以上十万元以下罚款；有违法所得的，没收违法所得。

Ⅱ电梯的维护保养单位未按照本法规定以及安全技术规范的要求，进行电梯维护保养的，依照前款规定处罚。

第九十八条

违反本法规定，构成违反治安管理行为的，依法给予治安管理处罚；构成犯罪的，依法追究刑事责任。

《中华人民共和国旅游法》（2013年4月25日通过，2018年10月26日第二次修正）

第九十五条

Ⅰ违反本法规定，未经许可经营旅行社业务的，由旅游主管部门或者市场监督管理部门责令改正，没收违法所得，并处一万元以上十万元以下罚款；违法所得十万元以上的，并处违法所得一倍以上五倍以下罚款；对有关责任人员，处二千元以上二万元以下罚款。

Ⅱ旅行社违反本法规定，未经许可经营本法第二十九条第一款第二项、第三项业务，或者出租、出借旅行社业务经营许可证，或者以其他方式非法转让旅行社业务经营许可的，除依照前款规定处罚外，并责令停业整顿；情节严重的，吊销旅行社业务经营许可证；对直接负责的主管人员，处二千元以上二万元以下罚款。

第一百零二条

Ⅰ违反本法规定，未取得导游证或者不具备领队条件而从事导游、领队活动的，由旅游主管部门责令改正，没收违法所得，并处一千元以上一万元以下罚款，予以公告。

Ⅱ导游、领队违反本法规定，私自承揽业务的，由旅游主管部门责令改正，没收违法所得，处一千元以上一万元以下罚款，并暂扣或者吊销导游证。

Ⅲ导游、领队违反本法规定，向旅游者索取小费的，由旅游主管部门责令退还，处一千元以上一万元以下罚款；情节严重的，并暂扣或者吊销导游证。

第一百一十条

违反本法规定，构成犯罪的，依法追究刑事责任。

《中华人民共和国就业促进法》（2007年8月30日通过，2015年4月24日修正）

第六十四条

违反本法规定，未经许可和登记，擅自从事职业中介活动的，由劳动行政部门或者其他主管部门依法予以关闭；有违法所得的，没收违法所得，并处一万元以上五万元以下的罚款。

第六十八条

违反本法规定，侵害劳动者合法权益，造成财产损失或者其他损害的，依法承担民事责任；构成犯罪的，依法追究刑事责任。

《中华人民共和国精神卫生法》（2012年10月26日通过，2018年4月27日修正）

第七十三条

不符合本法规定条件的医疗机构擅自从事精神障碍诊断、治疗的，由县级以上人民政府卫生行政部门责令停止相关诊疗活动，给予警告，并处五千元以上一万元以下罚款，有违法所得的，没收违法所得；对直接负责的主管人员和其他直接责任人员依法给予或者责令给予降低岗位等级或者撤职、开除的处分；对有关医务人员，吊销其执业证书。

第七十六条

Ⅰ有下列情形之一的，由县级以上人民政府卫生行政部门、工商行政管理部门依据各自职责责令改正，给予警告，并处五千元以上一万元以下罚款，有违法所得的，没收违法所得；造成严重后果的，责令暂停六个月以上一年以下执业活动，直至吊销执业证书或者营业执照：

（一）心理咨询人员从事心理治疗或者精神障碍的诊断、治疗的；

（二）从事心理治疗的人员在医疗机构以外开展心理治疗活动的；

（三）专门从事心理治疗的人员从事精神障碍的诊断的；

（四）专门从事心理治疗的人员为精神障碍患者开具处方或者提供外科治疗的。

Ⅱ心理咨询人员、专门从事心理治疗的人员在心理咨询、心理治疗活动中造成他人人身、财产或者其他损害的,依法承担民事责任。

第八十一条

违反本法规定,构成犯罪的,依法追究刑事责任。

《中华人民共和国电子商务法》(2018年8月31日通过)

第七十五条　电子商务经营者违反本法第十二条、第十三条规定,未取得相关行政许可从事经营活动,或者销售、提供法律、行政法规禁止交易的商品、服务,或者不履行本法第二十五条规定的信息提供义务,电子商务平台经营者违反本法第四十六条规定,采取集中交易方式进行交易,或者进行标准化合约交易的,依照有关法律、行政法规的规定处罚。

第八十八条　违反本法规定,构成违反治安管理行为的,依法给予治安管理处罚;构成犯罪的,依法追究刑事责任。

《中华人民共和国证券法》(1998年12月29日通过,2019年12月28日第二次修订)

第二百条

Ⅰ非法开设证券交易场所的,由县级以上人民政府予以取缔,没收违法所得,并处以违法所得一倍以上十倍以下的罚款;没有违法所得或者违法所得不足一百万元的,处以一百万元以上一千万元以下的罚款。对直接负责的主管人员和其他直接责任人员给予警告,并处以二十万元以上二百万元以下的罚款。

Ⅱ证券交易所违反本法第一百零五条的规定,允许非会员直接参与股票的集中交易的,责令改正,可以并处五十万元以下的罚款。

第二百零四条

证券公司违反本法第一百二十二条的规定,未经核准变更证券业务范围,变更主要股东或者公司的实际控制人,合并、分立、停业、解散、破产的,责令改正,给予警告,没收违法所得,并处以违法所得一倍以上十倍以下的罚款;没有违法所得或者违法所得不足五十万元的,处以五十万元以上五百万元以下的罚款;情节严重的,并处撤销相关业务许可。对直接负责的主管人员和其他直接责任人员给予警告,并处以二十万元以上二百万元以下的罚款。

第二百一十三条

Ⅰ证券投资咨询机构违反本法第一百六十条第二款的规定擅自从事证券服务业务,或者从事证券服务业务有本法第一百六十一条规定行为的,责令改正,没收违法所得,并处以违法所得一倍以上十倍以下的罚款;没有违法所得或者违法所得不足五十万元的,处以五十万元以上五百万元以下的罚款。对直接负责的主管人员和其他直接责任人员,给予警告,并处以二十万元以上二百万元以下的罚款。

Ⅱ会计师事务所、律师事务所以及从事资产评估、资信评级、财务顾问、信息技术系统服务的机构违反本法第一百六十条第二款的规定,从事证券服务业务未报备案的,责令改正,可以处二十万元以下的罚款。

第二百一十九条

违反本法规定,构成犯罪的,依法追究刑事责任。

《中华人民共和国密码法》(2019年10月26日通过)

第三十九条

违反本法第二十九条规定,未经认定从事电子政务电子认证服务的,由密码管理部门责令改正或者停止违法行为,给予警告,没收违法产品和违法所得;违法所得三十万元以上的,可以并处违法所得一倍以上三倍以下罚款;没有违法所得或者违法所得不足三十万元的,可以并处十万元以上三十万元以下罚款。

第四十一条

违反本法规定,构成犯罪的,依法追究刑事责任;给他人造成损害的,依法承担民事责任。

《中华人民共和国食品安全法》(2009年2月28日通过,2021年4月29日第二次修正)

第一百二十二条

Ⅰ违反本法规定,未取得食品生产经营许可从事食品生产经营活动,或者未取得食品添加剂生产许可从事食品添加剂生产活动的,由县级以上人民政府食品安全监督管理部门没收违法所得和违法生产经营的食品、食品添加剂以及用于违法生产经营的工具、设备、原料等物品;违法生产经营的食品、食品添加剂货值金额不足一万元的,并处五万元以上十万元以下罚款;货值金额一万元以上的,并处货值金额十倍以上二十倍以下罚款。

Ⅱ明知从事前款规定的违法行为,仍为其提供生产经营场所或者其他条件的,由县级以上人民政府食品安全监督管理部门责令停止违法行为,没收违法所得,并处五万元以上十万元以下罚款;使消费者的合法权益受到损害的,应当与食品、食品添加剂生产经营者承担连带责任。

第一百四十九条

违反本法规定,构成犯罪的,依法追究刑事责任。

《中华人民共和国消防法》（1998 年 4 月 29 日通过，2021 年 4 月 29 日第二次修正）

第六十二条

有下列行为之一的，依照《中华人民共和国治安管理处罚法》的规定处罚：

（一）违反有关消防技术标准和管理规定生产、储存、运输、销售、使用、销毁易燃易爆危险品的；

……

第七十二条

违反本法规定，构成犯罪的，依法追究刑事责任。

《中华人民共和国种子法》（2000 年 7 月 8 日通过，2021 年 12 月 24 日第三次修正）

第七十六条

Ⅰ违反本法第三十二条、第三十三条、第三十四条规定，有下列行为之一的，由县级以上人民政府农业农村、林业草原主管部门责令改正，没收违法所得和种子；违法生产经营的货值金额不足一万元的，并处三千元以上三万元以下罚款；货值金额一万元以上的，并处货值金额三倍以上五倍以下罚款；可以吊销种子生产经营许可证：

（一）未取得种子生产经营许可证生产经营种子的；

（二）以欺骗、贿赂等不正当手段取得种子生产经营许可证的；

（三）未按照种子生产经营许可证的规定生产经营种子的；

（四）伪造、变造、买卖、租借种子生产经营许可证的；

（五）不再具有繁殖种子的隔离和培育条件，或者不再具有无检疫性有害生物的种子生产地点或者县级以上人民政府林业草原主管部门确定的采种林，继续从事种子生产的；

（六）未执行种子检验、检疫规程生产种子的。

Ⅱ被吊销种子生产经营许可证的单位，其法定代表人、直接负责的主管人员自处罚决定作出之日起五年内不得担任种子企业的法定代表人、高级管理人员。

第八十九条

违反本法规定，构成犯罪的，依法追究刑事责任。

【指导性案例】

最高人民法院指导案例第 97 号：王力军非法经营再审改判无罪案（2018 年 12 月 19 日发布）

△（**其他严重扰乱市场秩序的非法经营行为；社会危害性；刑事违法性；刑事处罚必要性**）对于刑法第二百二十五条第四项规定的“其他严重扰乱市场秩序的非法经营行为”的适用，应当根据相关行为是否具有与刑法第二百二十五条前三项规定的非法经营行为相当的社会危害性、刑事违法性和刑事处罚必要性进行判断。

△（**违反行政管理有关规定；非法经营罪**）判断违反行政管理有关规定的经营行为是否构成非法经营罪，应当考虑该经营行为是否严重扰乱市场秩序。对于虽然违反行政管理有关规定，但尚未严重扰乱市场秩序的经营行为，不应当认定为非法经营罪。

【公报案例】

△（**代理销售非上市股份有限公司的股权；未经批准非法经营证券业务、扰乱国家证券市场的非法经营行为**）行为人为非法经营证券业务而设立公司，超越工商行政管理部门核准登记的公司经营范围，未经法定机关批准，向不特定的社会公众代理销售非上市股份有限公司的股权（股票），其行为属未经批准非法经营证券业务、扰乱国家证券市场的非法经营行为，情节严重的，应当以非法经营罪定罪处罚。[《最高人民法院公报》2009 年第 1 期　宁波利百代投资咨询有限公司、陈宗纬、王文泽、郑淳中非法经营案]

△（**利用“外挂”软件“代练升级”；其他严重扰乱市场秩序的非法经营行为**）利用“外挂”软件“代练升级”从事非法经营活动，情节严重的，属于《刑法》第二百二十五条中规定的“其他严重扰乱市场秩序的非法经营行为”，应以非法经营罪定罪处罚。[《最高人民法院公报》2012 年第 2 期　董杰、陈珠非法经营案]

【参考案例】

△**对没有违法所得的非法经营犯罪行为，应依法并处罚金，罚金数额参照被告人非法经营的数额，在该数额的一倍至五倍之间予以确定。**

所谓非法经营罪，是指违反国家规定，非法经营，扰乱市场秩序，情节严重的行为。烟草行业是一种特种行业，国家对烟草专卖点的生产、销售、进出口依法实行专卖管理，并实行烟草专卖许可证制度。国家禁止倒卖烟草专卖品，倒卖烟草专卖品构成犯罪的依法追究刑事责任。《最高人民法院、最高人民检察院、公安部、国家烟草专卖局关于办理假冒伪劣烟草制品等刑事案件适用法律问题座谈会纪要》第三条规定，曾因非法经营烟草制品行为受过二次以上行政处罚又非法经营的，非法经营数额在二万元以上的，以非法经营罪定罪处罚。在谢万兴非法经营案中,被告人谢万兴曾因非法经营烟草制品行为受过三次行政处罚又非法经营,且非法经营数额超过二万元,应当以非法经营罪定罪处罚,这是毫无疑问的。问题是被告人谢万兴非法经营烟草制品尚未销售,没有违法所得,应否并处罚金。根据前述法条规定,罚金数额的确定依赖于被告人违法所得的多少,首先要确定被告人的违法所得数额,才能在其违法所得数额一至五倍之间确定罚金数额。

被告人虽然没有违法所得但仍然应当并处罚金。理由是,根据《刑法》第二百二十五条规定构成非法经营罪的,必须并处或者单处罚金。如果被告人的行为构成非法经营罪,而在判处主刑的同时不予判处附加刑罚金则有违刑法的明文规定。那么在没有违法所得的情况下,以什么标准来确定罚金数额?应当参照被告人非法经营的数额,在该数额的一倍至五倍之间确定罚金数额,因为非法经营犯罪不是单纯的侵犯财产权益的犯罪,其行为的社会危害性在于对市场经济秩序的破坏,非法经营额的大小能反映其行为危害的规模,即使违法所得甚少或者没有违法所得,只要行为造成了相应的危害,情节严重的,就要予以定罪,并结合其非法经营数额的大小处以与主刑相应的罚金刑,只有这样才能真正依法办案,贯彻罪刑法定原则。[No. 3-8-225-1　谢万兴非法经营案]

△非法经营的专营、专卖物品属于伪劣产品的,应当认定为非法经营罪的“情节严重”。

从非法经营专营、专卖物品的危害性来看,其行为不仅破坏了国家的商品专营制度,严重扰乱了社会主义市场经济秩序,通常还会产生其他危害后果,如损害人民的身体健康。因此,非法经营的专营、专卖物品的质量,也应是人民法院认定有关行为情节是否严重的标准之一。对于非法经营的专营、专卖物品属于伪劣产品的,应当认定为情节严重。在胡廷蛟等生产、销售伪劣产品案中,被告人生产、销售伪劣碘盐,当属情节严重。

对于这种基于一个犯罪意图,实施一个行为,同时触犯数个不同罪名的刑法理论上的想象竞合犯,根据《最高人民法院、最高人民检察院关于办理生产、销售伪劣商品刑事案件具体应用法律若干问题的解释》第十条的规定:“实施生产、销售伪劣商品犯罪,同时构成侵犯知识产权、非法经营等其他犯罪的,依照处罚较重的规定定罪处罚。”相对于生产、销售伪劣产品销售金额较大、假冒注册商标情节严重而言,被告人非法经营情节严重的法定刑较重。因此,对被告人胡廷蛟、唐洪文等人的行为,应以非法经营罪定罪处罚。[No. 3-8-225-3　胡廷蛟等生产、销售伪劣产品案]

△明知是假冒专营、专卖产品而运输,情节严重的,应以非法经营罪论处。

《烟草专卖法》第三条规定:“国家对烟草专卖品的生产、销售、进出口依法实行专卖管理,并实行烟草专卖许可证制度。”台湾地区所产香烟在大陆并未获许流通,但香烟属于我国法律规定的专营、专卖物品,因此,违反法律规定,擅自经营假冒台湾产长寿牌香烟的行为,属于非法经营。如果扰乱市场秩序,情节严重的,应以非法经营罪定罪处罚。非法经营罪的成立要求是扰乱市场秩序,情节严重。参照《最高人民检察院、公安部关于经济犯罪案件追诉标准的规定》(已失效)第七十条的规定,非法经营案件,个人非法经营数额在五万元以上,或者违法所得数额在一万元以上的;单位非法经营数额在五十万元以上,或者违法所得数额在十万元以上的,应予追诉。一般说来,非法经营罪的情节严重、情节特别严重表现为非法经营数额或者违法所得数额较大或巨大,但考虑到非法经营行为的复杂性,实践中存在非法经营数额和违法所得数额无法认定的情形。因此,对构成非法经营罪的情节严重、情节特别严重的认定,应当根据行为人非法经营犯罪数量、数额等情节,综合考虑,正确判定。

在高秋生等非法经营案中,各被告人运输的假冒长寿牌香烟的价值总额的认定,属于货值金额难以确定的情形。《最高人民法院、最高人民检察院关于办理生产、销售伪劣商品刑事案件具体应用法律若干问题的解释》第二条第三款规定:“货值金额以违法生产、销售的伪劣产品的标价计算;没有标价的,按照同类合格产品的市场中间价格计算。货值金额难以确定的,按照国家计划委员会、最高人民法院、最高人民检察院、公安部1997年4月22日联合发布的《扣押、追缴、没收物品估价管理办法》的规定,委托指定的估价机构确定。”而《扣押、追缴、没收物品估价管理办法》第四条规定:“对于扣押、追缴、没收的珍贵文物,珍贵、濒危动物及其制品,珍稀植物及其制品,毒品,淫秽物品,枪支、弹药等不以价格数额作为定罪量刑标准的,不需要估价。”因台湾地区产长寿牌香烟未在大陆市场流通,亦没有同类合格产品的市场价格可参考估价,而非法经营罪并不要求价格数额作为定罪量刑的唯一标准,故被告人的辩护人提出的要求价值鉴定的意见无法律根据,一、二审法院以运输假冒香烟的数量认定被告人的犯罪情节是正确的。[No. 3-8-225-4　高秋生等非法经营案]

△假借有奖销售的名义,以发展下线为主要

经营方式，以明显背离商品价值的价格销售商品的，应当认定为变相传销，以非法经营罪论处。

合法的有奖销售和非法的变相传销之间的主要区别是：(1)从销售的方式以及获利途径来看，有奖销售往往有自己的经营场所，以社会一般消费者为销售对象，购买者一般为最终用户，从商品销售收入与经营成本之间的差价中获取利润；传销或变相传销则采取无店铺经营方式，以发展下线为其主要经营方式，组织者往往在同学、朋友、亲属中间寻找销售对象，下线也采用同一方法发展下一层次的参加者。(2)从销售的商品角度来看，有奖销售的商品价格与价值之间的差距处于一合理的幅度，购买者购买商品是以消费商品为目的；而非法传销的商品价格与价值大幅度相背离，违背了等价交换原则，消费者购买商品的目的不再是商品的使用价值，而是把商品当做赚钱的工具，使自己能够从中牟取暴利回馈。(3)从推销、宣传的角度来看，有奖销售与非法传销均需通过相关媒体或者其他方式进行广告宣传，但前者一般以物美价廉、有奖为内容；而后者往往以给予参加者高额回报、提成为内容。[No. 3-8-225-5　李柏庭非法经营案]

△不以非法占有为目的，以传销方式实施的经营行为，应以非法经营罪论处。

判断行为人是否具有非法占有的目的，是区分以传销方式实施的非法经营罪和诈骗犯罪的根本标准。诈骗犯罪是一种以非法占有为目的的犯罪，而非法经营罪的行为人在主观上仅具有非法牟利的动机，该牟利行为主要不是通过非法占有经营中所取得的他人财物来实现，而是通过传销或变相传销的所谓经营活动来实现。因此，从这个意义上来说，传销或变相传销中非法经营行为人主观上不以非法占有为目的。[No. 3-8-225-6　李柏庭非法经营案]

△非法从事外汇按金交易的，应以非法经营罪论处。

所谓外汇按金交易，是指在金融机构之间及金融机构与投资者之间进行的一种远期外汇买卖方式。外汇按金交易于20世纪80年代产生于伦敦，后流入香港，90年代初期我国一些个人和机构曾参与这类交易。在交易时，交易者只付出1%～10%的按金(保证金)，就可进行100%额度的交易。外汇按金交易具有以下特点：一是外汇按金交易的中场是无形的、不固定的，直接进行交易，没有交易所这样的中介机构；二是外汇按金交易没有到期日，交易者可以无限期持有头寸；三是外汇按金交易的市场规模巨大，参与者众多；四是外汇按金交易的币种丰富，所有可兑换货币都可作为交易品种；五是外汇按金交易的交易时间是不间断的；六是外汇按金交易要计算各种货币之间的利率差，金融机构须向客户支付或从客户按金中扣除。

非法从事外汇按金交易既属于《外汇管理条例》第四十五条规定的"私自买卖外汇、变相买卖外汇、倒买倒卖外汇"行为以及第四十六条规定的"未经批准擅自经营结汇、售汇业务"，也属于《全国人民代表大会常务委员会关于惩治骗购外汇、逃汇和非法买卖外汇犯罪的决定》第4条第1款规定的"在国家规定的交易场所以外非法买卖外汇"行为。

《全国人民代表大会常务委员会关于惩治骗购外汇、逃汇和非法买卖外汇犯罪的决定》第四条第一款规定："在国家规定的交易场所以外非法买卖外汇，扰乱市场秩序，情节严重的，依照刑法第二百二十五条的规定定罪处罚。"这里的扰乱市场秩序，情节严重，可参照执行1998年《最高人民法院关于审理骗购外汇、非法买卖外汇刑事案件具体应用法律若干问题的解释》第三条的规定："在外汇指定银行和中国外汇交易中心及其分中心以外买卖外汇，扰乱金融市场秩序，具有下列情形之一的，按照刑法第二百二十五条第(三)项的规定定罪处罚：(一)非法买卖外汇二十万美元以上的；(二)非法所得五万元人民币以上的。"[No. 3-8-225-7　高国华非法经营案]

△对于行政机关超越职权范围以罚代刑处置的非法经营数额，应当作为未经处理的犯罪数额予以累计计算。

多次非法经营烟草未经处理的，犯罪数额应当累计计算，但是累计计算的前提条件是未经处理。何为未经处理？最高人民法院、最高人民检察院1989年11月6日印发的《关于执行〈关于惩治贪污罪贿赂罪的补充规定〉若干问题的解答》(已失效)曾规定：多次贪污未经处理，是指两次以上(含两次)的贪污行为，既没有受过刑事处罚(包括免予起诉、免予刑事处分)，也没有受过行政处理。可见，未经处理，是指未经刑事处罚，也未经行政处理。《最高人民法院、最高人民检察院、公安部、国家烟草专卖局关于办理假冒伪劣烟草制品等刑事案件适用法律问题座谈会纪要》第三条第(三)项明确规定：曾因非法经营烟草制品行为受过二次以上行政处罚又非法经营的，非法经营数额在二万元以上的，构成犯罪。其中暗含了业经行政处罚的数额不计入犯罪数额的精神。

《行政处罚法》第二十八条规定："违法行为构成犯罪，人民法院判处拘役或者有期徒刑时，行政机关已经给予当事人行政拘留的，应当依法折抵相应刑期。违法行为构成犯罪,人民法院判处罚金时,行政机关已经给予当事人罚款的,应当折抵相应罚金。”可见,已经行政处罚的行为仍可予以刑事追究,对同一个行为作出行政处罚和刑事处罚两种评价并不矛盾。但该法所指的行政处罚,应是指行政机关超越职权范围“以罚代刑”作出的违法行政处罚。否则,对于行政机关已经行政处罚过的行为,不加区别均可再追究刑事责任,将与前述我国《刑法》中有关“未经处理的”才累计计算犯罪数额的规定相矛盾,有违立法本意。据此,依照我国《刑法》和《行政处罚法》的相关规定,业经行政处罚过的非法经营数额应否计入犯罪数额,再予追究刑事责任,不能一概而论。对于行政机关未超越职权范围予以行政处罚的非法经营数额,不得累计计算作犯罪数额。对于行政机关超越职权范围以罚代刑处置的非法经营数额,应当作为未经处理的犯罪数额予以重新计算。[No. 3-8-225-8　郭金元等非法经营案]

△擅自制作网络游戏辅助软件出售牟利构成犯罪的,不构成侵犯著作权罪,应以非法经营罪论处。

根据《刑法》第二百一十七条的规定,以营利为目的,未经著作权人许可,复制发行其文字作品、音乐、电影、电视、录像作品、计算机软件及其他作品,违法所得数额较大或者有其他严重情节的,以侵犯著作权罪定罪处罚。也就是说,对于计算机软件的著作权,刑法只保护其中的复制发行权。因此,擅自制作网游外挂出售牟利的行为如果侵犯了复制发行权则可能构成侵犯著作权罪;而如果仅仅侵犯著作权中的修改权,则不能以侵犯著作权罪论处。

根据《最高人民法院、最高人民检察院关于办理侵犯知识产权刑事案件具体应用法律若干问题的解释》第十一条第三款的规定,通过信息网络向公众传播他人文字作品、音乐、电影、电视、录像作品、计算机软件及其他作品的行为,应当视为《刑法》第二百一十七条规定的复制发行。根据《计算机软件保护条例》,“修改权是指对软件进行增补、删节,或者改变指令、语句顺序的权利”。就谈文明等非法经营案而言,涉案的外挂软件的实质功能在于为游戏消费者提供超出传奇 3 游戏规则范围的额外帮助,起游戏辅助工具的效用,而谈文明等被告人的行为目的也是为游戏消费者提供突破技术保护措施的技术服务从而获利,其制作网游外挂对网络游戏产生影响主要通过以下两个途径:一是通过对硬盘、内存之中的网络游戏客户端程序、数据进行修改或者对服务器端与客户端间的网络数据包拦截、修改来完成;二是直接挂接到网络游戏环境中运行。前者修改了网络游戏程序的代码、数据,属于对网络游戏的修改;后者由于增补了网络游戏软件的功能,同样属于对网络游戏的修改。而软件的复制发行则是指将软件制作一份或者多份,以出售或者赠与方式向公众提供软件的原件或者复制件的行为。谈文明等被告人在制作 007、008 外挂程序过程中,突破了传奇 3 游戏软件的技术措施,调用了传奇 3 的部分数据及图像,在运营外挂程序时挂接在传奇 3 游戏上运营。但这些行为都是为了实现对传奇 3 游戏软件的原有功能的增加,不是将所调用的数据或图像进行简单的复制;谈文明等人将外挂程序在互联网上出售牟利也不是将传奇 3 游戏软件整体或部分复制后出售牟利。因此,擅自制作传奇 3 外挂出售牟利侵犯的是传奇 3 游戏软件的修改权而不是复制发行权,而刑法对于计算机软件著作权的保护仅限于软件的复制发行权,故涉案行为不构成侵犯著作权罪。

对于互联网上的出版发行,《出版管理条例》(2016 年修订)第九条第一款规定:“报纸、期刊、图书、音像制品和电子出版物等应当由出版单位出版。”《互联网出版管理暂行规定》(已失效)第六条进一步明确:“从事互联网出版活动,必须经过批准,未经批准,任何单位或个人不得开展互联网出版活动。”本案谈文明等被告人制作传奇 3 外挂后,未经国家有关部门审批,擅自设立“007 智能外挂网”网站和闪电外挂门户网站,并通过上述网站在互联网上将未经传奇 3 著作权人许可擅自制作的传奇 3 外挂出售牟利,因此属于《最高人民法院关于审理非法出版物刑事案件具体应用法律若干问题的解释》第十五条规定的没有相应资质而从事出版活动的非法经营行为。[No. 3-8-225-9　谈文明等非法经营案]

△超越经营范围向社会公众代理转让非上市股份有限公司的股权的,应以非法经营罪论处。

依据《刑法》第二百二十五条第(三)项,违反国家规定,未经国家有关主管部门批准,非法经营证券业务,扰乱市场秩序,情节严重的,构成非法经营罪。因此,对陈宗纬等非法经营案三被告人行为定性的关键在于,是否可以将代理转让非上市公司股权的行为认定为“经营证券业务”。如能认定,则具备了依据该项规定认定被告人行为构成非法经营罪的前提;否则,就不能引用此项规定作为裁判依据。对三被告人的行为可认定为经营证券业务。主要理由是:

三被告人的行为符合经营证券业务的实质特征,系变相经营证券业务。证券业务分为证券核心业务和证券外延业务,核心业务包括证券承销、证券自营、证券经纪等,外延业务是除核心业务之外围绕证券发行、交易所产生的业务，如证券投资咨询、财务顾问、资产管理等。我国《证券法》自1999年7月1日施行以来，所规定的证券业务均包括核心业务和外延业务。由于我国证券市场实行证券业务许可制度，只有经过国务院证券监督管理机构批准的证券公司才能经营证券业务，其他任何单位和个人均不得经营证券业务。本案中，被告人陈宗纬、王文泽、郑淳中设立宁波利百代投资咨询有限公司后，即通过南京聪泰投资管理有限公司为陕西省的四家非上市股份有限公司代理销售股票，投资者达216人。这种行为具有证券核心业务中证券承销的实质特征，系变相承销证券，故可以认为经营证券业务。同时，因被告人所设立的公司未取得中国证券监督管理委员会核发的证券业务许可证，其擅自代理销售非上市公司的股票违反了证券法，属于非法经营证券业务。

拆细转让非上市公司股权不是合法的产权交易行为。一般认为，产权是指一定经济主体对资产所有、使用、处分并获得相应收益的权利，包括物权、债权、股权、知识产权等各类财产权利。产权交易就是产权主体将合法拥有的产权，通过产权交易市场实行有偿转让的行为。依据被告人行为时的《公司法》(1999年修订)，以发起方式设立的股份有限公司的股票为记名股票，由全体发起人认购；股东转让记名股票，必须在依法设立的证券交易场所进行，且应当以背书方式或者法律、行政法规规定的其他方式转让。但我国依法设立的证券交易场所只有上海证券交易所和深圳证券交易所，而这两家交易所仅开展上市公司的股份转让业务。鉴于此，为解决实践中大量存在的非上市公司的股份转让问题，各地的普遍做法是制定地方性法规或者规章，允许非上市公司的股权在产权交易所进行转让。从这个角度看，本案中三被告人代理转让陕西省四家非上市股份公司股权的行为，一定程度上具有产权交易性质。

但是，对于非上市公司的股权具体以何种方式转让，有关地方性法规或者规章一般只规定了协议转让方式，都不允许拆细转让。对于实践中出现的拆细转让非上市公司股权的行为，监管部门历来采取禁止的立场。1998年3月25日，国务院办公厅转发了证监会关于《清理整顿场外非法股票交易方案》，要求把未经国务院批准设立的产权交易所从事的拆细交易和权证交易作为场外非法股票交易行为而加以彻底清理。该文件下发后，证监会对地方产权交易市场作出了不成文的不得拆细、不得连续、不得标准化的“三不”规定。2006年12月国务院办公厅发布的《关于严厉打击非法发行股票和非法经营证券业务有关问题的通知》，2008年1月最高人民法院、最高人民检察院、公安部和中国证券监督管理委员会联合发布的《关于整治非法证券活动有关问题的通知》，均要求打击包括非法代理转让非上市公司股票在内的各种证券违法犯罪活动。由此可见，拆细转让非上市公司的股权历来不属于合法的产权交易方式，因此，三被告人称其行为系合法产权交易行为的辩解不能成立。即使不否认被告人的行为在一定程度上具有产权交易性质，但这种性质并不影响认定其行为属于变相经营证券业务。［No. 3-8-225-10　陈宗纬等非法经营案］

△国家实行经营许可制度的行业，未取得经营许可证，违反法律、行政法规的规定，进行经营活动的，应以非法经营罪论处。

在薛洽煌非法经营联邦止咳露案中，根据《药品管理法》第十四条、第七十三条以及《药品流通监督管理办法》第十条第一款的规定可见，国家对药品实行经营许可管理制度，经营者必须取得经营许可证才能从事许可证规定范围内的经营活动。潮州市食品药品监督管理局证实被告人没有取得药品经营许可证。被告人违反上述法律、行政法规的规定，在没有取得药品经营许可证的情况下，借用其他企业的经营条件进行药品经营，其行为应认定为非法经营罪。［No. 3-8-225-11　薛洽煌非法经营联邦止咳露案］

△没有出版资质或未经批准而擅自出版的出版物，属于形式违法的出版物；含有淫秽色情、宣扬暴力迷信以及具有严重政治问题的出版物为内容违法的出版物；这两种出版物，均应认定为非法出版物。

根据1987年国务院发布的《关于严厉打击非法出版活动的通知》、1991年新闻出版总署发布的《关于认定、查禁非法出版物的若干问题的通知》、1997年新闻出版总署出台的《出版管理行政处罚实施办法》的规定，非法出版物可以定义为不是国家批准的出版单位出版的在社会公开发行的图书、报刊和音像出版物，以及违反《出版管理条例》未经批准擅自出版的出版物即为非法出版物。其表现形式为：盗用、假冒正式出版单位或报纸、期刊名义出版的出版物；伪称根本不存在的出版单位或报纸、期刊名称出版的出版物；盗印、盗制合法出版物而公开销售的；公开发行的不署名出版单位或署名非出版单位的出版物；承印者以牟利为目的擅自加印、加制的出版物；被明令解散的出版单位的成员擅自重印或以原单位名义出版的出版物；未经新闻出版行政部门批准的内部资料性出版物；买卖书(刊、版)号出版的出版物；擅自印刷或复制的境外出版物;非法进口的出版物。由此可见,此处的非法出版物实质上是形式违法的出版物,即无出版权或未经批准而擅自出版的出版物。

此外还有一类非法出版物是内容违法的出版物,又称为违禁出版物。根据2001年《出版管理条例》第二十六条、第二十七条的规定,内容违法的出版物主要包括了三个方面的内容:一是淫秽、色情出版物;二是政治性非法出版物;三是宣扬迷信暴力的出版物。根据《新闻出版署出版物鉴定规则》的有关规定,认定出版物内容是否非法,由相关新闻出版单位提供鉴定结论。

1998年12月17日公布的《最高人民法院关于审理非法出版物刑事案件具体应用法律若干问题的解释》中的"非法出版物",既包括形式违法的出版物,也包括内容违法的出版物。从内容上分析,既包括宣扬色情、迷信、有政治问题的出版物,也包括淫秽出版物、侵犯著作权的出版物等,从出版主体上分析,既有非法成立的出版单位出版物,也有依法成立的出版单位违法、违规出版的出版物。

被告人梁俊涛没有取得国家批准的出版权,不是适格的出版主体,其销售的书籍经黑龙江省新闻出版局鉴定,包含有攻击我国基本政治制度,诋毁党和国家领导人、煽动民族分裂、挑动社会对立等内容,因此无论从形式上还是内容上而言,梁俊涛复制、翻印、销售的书籍均属于非法出版物。[No. 3-8-225-12　梁俊涛非法经营案]

△出版、印刷、复制、发行政治性非法出版物的,应以非法经营罪论处。

根据《最高人民法院关于审理非法出版物刑事案件具体应用法律若干问题的解释》第十一条的规定,"违反国家规定,出版、印刷、复制、发行本解释第一条至第十条规定以外的其他严重危害社会秩序和扰乱市场秩序的非法出版物,情节严重的,依照刑法第二百二十五条第(三)项的规定,以非法经营罪定罪处罚。"

从立法沿革来看,非法经营罪是由1979年《刑法》规定的投机倒把罪分解而来的。在1997年《刑法》出台以前,对于经营内容有问题的非法出版物的行为是以投机倒把罪来定罪处罚的。1997年《刑法》吸收了之前的有关内容,将涉及非法出版活动的投机倒把行为分解成侵犯著作权罪、销售侵权复制品罪及非法经营罪等罪名。

非法经营罪是指违反国家规定,非法经营、扰乱市场秩序、情节严重的行为。由于非法经营罪是行政犯,违反国家规定是构成非法经营罪的前提条件。制售政治性非法出版物的行为违反了2001年国务院公布实施的《出版管理条例》的规定,从而具备了行政违法性。

根据《最高人民法院关于审理非法出版物刑事案件具体应用法律若干问题的解释》的规定,出版载有煽动分裂国家、破坏国家统一或煽动颠覆国家政权、推翻社会主义制度的内容出版物,可以构成煽动分裂国家罪或煽动颠覆政权罪。在处理出版、印刷、复制、发行非法出版物的犯罪时,首先要确定非法出版物的内容和性质,当行为人出版、印刷、复制、发行的系《最高人民法院关于审理非法出版物刑事案件具体应用法律若干问题的解释》第一条至第十条规定之外的其他严重危害社会秩序和扰乱市场秩序的非法出版物时,有成立非法经营罪的可能。

在梁俊涛非法经营案中,被告人梁俊涛复制、销售的书籍中包含攻击我国政治制度、诋毁党和国家领导人、煽动民族分裂、挑动社会对立等严重政治问题的内容,根据我国法律规定,这些作品不享有著作权,因此,不能以侵犯著作权犯罪来定罪处罚。而这些书籍的内容又达不到足以煽动分裂国家或煽动颠覆国家政权的严重程度,根据《最高人民法院关于审理非法出版物刑事案件具体应用法律若干问题的解释》第十一条的规定,梁俊涛所复制、销售的书籍就应属于其他严重危害社会秩序和扰乱市场秩序的非法出版物,应定性为非法经营罪。[No. 3-8-225-13　梁俊涛非法经营案]

△刑法条文中所规定的空白罪状,适用时应当以相关的补充规范为依据。

空白罪状是指刑法仅仅大致规定犯罪行为的范围,而构成要件上的具体内容则由刑法之外的法律、法规等(补充规范)规定的一种罪刑规范。空白罪状较为常见于行政犯罪和经济犯罪。空白罪状的主要特征有三:第一,罪状的设定具有开放性,空白罪状本身不具有独立界定犯罪的功能;第二,罪状基本内容的变化不完全依赖于刑法的修正,我国刑法中规定的补充规范包括法律、行政法规、规定及规章制度等多种形式,上述规定的修改、变化都可能影响空白罪状的内涵与外延;第三,法定刑的配置专属于刑法,这是基于罪刑法定原则和刑法的明确性所提出的基本要求。

在解释空白罪状时,要充分重视刑法规定与补充规范之间的关系。补充规范是刑法启动的前置性判断依据,只有补充规范规定的违法行为,原则上才会被评价为犯罪行为;空白罪状的补充或罪状要素不明确、有争议时,应当严格遵循补充规范中的明文规定。

就刘溪、聂明湛、原维达非法经营案而言,《刑法》第二百二十五条第(三)项规定的违反国家规定是指违反全国人民代表大会及其常务委员会制定的法律和决定,国务院制定的行政法规、规定的行政措施、发布的决定和命令。与期货有关的文件中,只有国务院 2007 年公布的《期货交易管理条例》属于国家规定,是本案空白罪状需要原因的补充规范。根据《期货交易管理条例》的有关规定,可以将本案非法经营罪的构成要件填充为,未经国家有关主管部门批准是指未经国务院期货监督管理机构,即中国证监会的批准;非法经营期货业务,是指在期货交易所之外进行期货交易,从事变相期货交易,或者期货公司从事、变相从事期货自营业务等违反《期货交易管理条例》规定的非法经营行为。[No. 3-8-225-14　刘溪、聂明湛、原维达非法经营案]

△为获取期货风险利润,使用标准化合约,实行当日无负债结算制度,收取低于合约标的额 20%的保证金,进行集中交易的行为应认定为变相期货交易。

变相期货交易的特征可以归纳为:(1)交易集中进行而非个别、分散协商;(2)交易对象为标准化合约;(3)交易实行保证金制度;(4)交易实行当日无负债结算制度;(5)保证金收取比例低于合约标的额的 20%。

从本质层面解析,变相期货交易与现货交易的本质区别在于,变相期货交易参与者的主要目的不是转移商品所有权,而是套期保值或者从期货价格的变动中获取投机利益。

在刘溪、聂明湛、原维达非法经营案中,被告人刘溪等人在 ASA 交易平台上进行集中交易,使用境外黄金市场预先拟定的标准化的黄金合约;在协约中约定了保证金制度且采用当日无负债结算制度,保证金收取比例仅为合约标的的 1%,此外还采用做多、做空的交易方法及对冲机制等其他期货交易机制。从交易目的看,刘溪等人主要是通过买空、卖空、对冲黄金合约等手段从境外市场的价格波动中获得风险利润,而非获得黄金实物的所有权。因此其交易方式符合变相期货交易的行为特征,其行为构成非法经营罪。[No. 3-8-225-15　刘溪、聂明湛、原维达非法经营案]

△持有数量较大的用于贩卖的盗版物,尚未销售,但情节特别严重的,应以非法经营罪论处。

在武景明等贩卖淫秽物品牟利、非法经营案中,从被告人的住处查获其准备用于贩卖的盗版光碟数量达 8000 余张,因尚未销售并无违法所得,上述行为不构成销售侵权复制品罪。但根据《最高人民法院关于审理非法出版物刑事案件具体应用法律若干问题的解释》第十一条、第十二条的规定,该行为已构成非法经营罪,且达到了情节特别严重的定罪量刑标准。从条文的规定上容易看出,非法经营罪的量刑幅度高于销售侵权复制品罪,也就是说,本案被告人的行为不构成量刑幅度低的轻罪,反而构成量刑幅度高的重罪。因此,对于本案不应适用特别法优于一般法的原则,而应适用重法优于轻法的原则,认定被告人成立非法经营罪。[No. 6-9-363(1)-2　武景明等贩卖淫秽物品牟利、非法经营案]

△未取得国家药品经营许可证,在不具备药品经营资格的情况下,擅自销售未经国家药品监督管理部门批准进口的药品的行为,构成非法经营罪。

药品安全直接关系到人民群众身体健康甚至生命安全,因此药品属于我国《药品管理法》严格限制准入门槛、明确规范批准流程的特殊物品。对于药品的进口,我国《药品管理法》(2001 年修订)第三十九条明确规定:“药品进口,须经国务院药品监督管理部门组织审查,经审查确认符合质量标准、安全有效的,方可批准进口,并发给进口药品注册证书。”根据同法第四十八条的规定,“依照本法必须批准而未经批准生产、进口,或者依照本法必须检验而未经检验即销售的药品”,按假药论处。《刑法》第一百四十一条第二款规定,“假药”是指依据《药品管理法》的规定属于假药和按假药处理的药品、非药品。辛格·普利亚克、张海峰等非法经营案涉及的药品为印度生产的“易瑞沙”“格列卫”“特罗凯”等抗肿瘤药品,系印度生产厂商基于本国专利法的保护生产的仿制药,我国批准进口的此类抗肿瘤药品均产自英国、瑞士、美国等欧美国家,同时受一系列知识产权保护国际公约的限制,我国并不允许进口该类仿制药品。因此,本案所涉药品违反了国家食品药品监督管理局关于进口药品的审批规定,未经国家药品监督管理部门批准进口销售,为未经进口批准注册,未取得我国药品准入批号的药品,应认定为假药。本案中,被告人销售假药行为发生时间为 2008 年至 2011 年 4 月间,系在《刑法修正案(八)》生效之前实施的行为,依照刑法“从旧兼从轻”的溯及力原则,被告人行为应当适用《刑法修正案(八)》之前的《刑法》定罪量刑。而从现有证据来看,尚不能证明被告人的行为具有《最高人民法院、最高人民检察院关于办理生产、销售假药、劣药刑事案件具体应用法律若干问题的解释》中所列举的“对人体健康造成严重危害”的情形。因此,被告人均不构成销售假药罪。药品直接关系到人民群众生命安全,我国法律对于药品经营实行严格的许可和管理制度,只有通过注册审批取得药品批准文号并获得药品生产许可证才能生产药品,只有取得药品经营许可证才能经营药品,因此药品属于我国法律规定专营专卖的物品,本案中被告人未获得药品经营许可证而销售假药的行为,符合《刑法》第二百二十五条第一款的规定,成立非法经营罪。[No. 3-8-225-16　辛格·普利亚克、张海峰等非法经营案]

△未经批准擅自征用农民承包土地开办建筑渣土倒场,收取倒土费的行为,未侵犯国家的特许经营制度,不构成非法经营罪。

《刑法》第二百二十五条第(四)项是非法经营罪的堵截条款,实践中不应滥用。对"其他非法经营行为"的内涵与外延应通过法条本身的明示或暗示,特别是已明确列举的非法经营行为来把握,应当遵循"只含同类规则"的原则来适用。从《刑法》第二百二十五条前三项规定的行为方式可知,侵犯国家特许经营管理制度是非法经营罪的共性特征,由此,也应本着从国家特许经营制度"同类规则"的角度出发,以与《刑法》第二百二十五条前三项非法经营行为具有相当性之精神来理解"其他非法经营行为"的含义。在陈保贵等非法占用农用地案中,城市建筑垃圾处置核准虽然需要行政主管部门审批,但并不属于国家特许经营行为,建设部《城市建筑垃圾管理规定》对擅自设立弃置场受纳建筑垃圾的个人行为明文规定了行政处罚措施,并未达到需要动用刑罚制裁的程度。因此陈保贵等人的行为不构成非法经营罪。[No. 3-8-225-17　陈保贵等非法占用农用地案]

△通过互联网接受和报送六合彩投注,未经批准销售六合彩的行为,构成非法经营罪。

传统的"六合彩"是一种印有号码、图形或者文字的书面凭证,地下"六合彩"虽然没有传统彩票的那种书面形式,但社会已经发展到网络信息化时代,各种无纸化交易形式已经普及,彩票的无纸化必然是一种正常的发展趋势。只有理解彩票既包括凭证式的也包括无纸化的,方能与信息化的时代接轨,才能更好地维护国家彩票管理秩序。不仅如此,地下的"六合彩"有发行销售环节,并具有特定的经营性质,地下"六合彩"在运作过程中,有坐庄、报码、认购等多个环节,庄家面向的是不特定的群众。庄家与下家是以特定号码为纽带建立起来的买卖关系;内地"六合彩"的泛滥对我国彩票许可制度造成了直接冲击,其侵犯的客体是市场经济秩序。地下"六合彩"是未经国家允许在境内以香港地区"六合彩"开奖结果,设置赔率、接受投注的地下违法经营活动,其侵害的客体是国家发行彩票的专营秩序,因此,在李德茂等四人非法经营案中,上述被告人的行为符合违反国家规定,从事地下"六合彩"非法经营罪的犯罪构成,应以非法经营定罪处罚。四被告人通过计算机网络接受和报送"六合彩"投注,是一种非法销售彩票的具体销售方式,并不影响其非法经营的本质属性。[No. 3-8-225-18　李德茂等四人非法经营案]

△未取得生产经营许可证和批准文号而生产销售达到同类正品标准的药物,同时符合非法经营罪与生产销售假药罪的构成要件,从一重罪处断。

1. 涉案药品非属生产、销售伪劣产品罪中的伪劣产品。

在张建刚等非法经营案中,行为人生产销售的药品经上海市食品药品检验所检验,药品有效成分达到同类正品标准,但其是否为伪劣产品?生产、销售伪劣产品罪中的伪劣产品,指的是以假充真的伪产品;以掺杂、掺假,以次充好的产品及冒充合格产品的不合格产品,此为劣产品。根据2001年4月5日公布的《最高人民法院、最高人民检察院关于办理生产、销售伪劣商品刑事案件具体应用法律若干问题的解释》的规定,"在产品中掺杂、掺假",是指在产品中掺入杂质或者异物,致使产品质量不符合国家法律、法规或者产品明示质量标准规定的质量要求,降低、失去应有使用性能的行为。"以假充真",是指以不具有某种使用性能的产品冒充具有该种使用性能的产品的行为。"以次充好",是指以低等级、低档次产品冒充高等级、高档次产品,或者以残次、废旧零配件组合、拼装后冒充正品或者新产品的行为。"不合格产品",是指不符合《产品质量法》第二十六条第二款规定的质量要求的产品。据此,产品质量应当符合下列要求:(1)不存在危及人身、财产安全的不合理的危险,有保障人体健康和人身、财产安全的国家标准、行业标准的,应当符合该标准;(2)具备产品应当具备的使用性能,但是,对产品存在使用性能的瑕疵作出说明的除外;(3)符合在产品或者其包装上注明采用的产品标准,符合以产品说明、实物样品等方式表明的质量状况。

从上述关于伪劣产品的规定看,涉案药品有效成分达到同类正品标准,说明药品的功用、质量、安全性是达标的,不符合上述关于伪劣产品的特征,因而其并非属于生产、销售伪劣产品罪中的伪劣产品,不构成生产、销售伪劣产品罪。

2. 涉案药品是刑法规制的假药而非劣药。

生产、销售假药罪中的假药,是指依照《药品管理法》的规定属于假药和按假药处理的药品、非药品。根据《药品管理法》(2001年修订)第四十八条的规定,本案行为人在没有取得国家任何生产许可的情况下，利用自行研制出癌症药物的半成品生产的符合正品药标准的癌症药，属于按假药论处的药品。

生产、销售劣药罪中的劣药，是指依照《药品管理法》的规定属于劣药的药品。根据《药品管理法》第四十九条的规定，本案涉案药品按照印度 NATCO 公司的产品包装样式销售，品质符合该类药品标准，非为上述劣药或按劣药论处情形中的药品，故行为人不构成生产、销售劣药罪。

3. 行为人同时构成生产、销售假药罪和非法经营罪。

本案发生在《刑法修正案(八)》施行之前，原刑法关于生产、销售假药罪必须是假药达到“足以严重危害人体健康”的标准。按照 2009 年 5 月 27 日施行的《最高人民法院、最高人民检察院关于办理生产、销售假药、劣药刑事案件具体应用法律若干问题的解释》(已失效)第一条第(五)项规定，没有或者伪造药品生产许可证或者批准文号，且属于处方药的情形，应认定该假药足以严重危害人体健康。本案药品没有药品生产许可证和批准文号，且为治疗癌症的处方药，因而是“足以严重危害人体健康”的情形，故行为人构成生产、销售假药罪。

根据《刑法》第二百二十五条的规定，非法经营指下列四类行为：(1)未经许可经营法律、行政法规规定的专营、专卖物品或者其他限制买卖的物品的；(2)买卖进出口许可证、进出口原产地证明以及其他法律、行政法规规定的经营许可证或者批准文件的；(3)未经国家有关主管部门批准非法经营证券、期货、保险业务的，或者非法从事资金支付结算业务的；(4)其他严重扰乱市场秩序的非法经营行为。而对本案性质的判断，可能要涉及对上述第一类和第四类行为的理解。至于本案，行为人生产、销售治疗癌症药未经许可，但该药品属于法律、行政法规规定的专营、专卖物品或者其他限制买卖的物品。

根据《药品管理法》，以及国家药品监督管理局依法受权发布的《处方药与非处方药分类管理办法》和《处方药与非处方药流通管理暂行规定》有关规定，处方药、非处方药的生产销售、批发销售业务必须由具有药品生产企业许可证、药品经营企业许可证的药品生产企业、药品批发企业经营；处方药、非处方药生产企业必须具有药品生产企业许可证，其生产品种必须取得药品批准文号。药品生产、批发企业不得以任何方式直接向病患者推荐、销售处方药；处方药必须凭执业医师或执业助理医师处方销售、购买和使用。据此，处方药、非处方药的生产、销售必须由有资质的药品企业经营，个人或没有资质的企业无权经营；而处方药销售具有更高的标准和要求，非凭医师处方不得直接向病患者销售。因而，处方药可以认为是法律、行政法规规定的专营、专卖物品。本案的涉案药品吉非替尼、厄洛替尼、伊马替尼是治疗肺癌和白血病的处方药物，行为人实施的是未经许可经营法律、行政法规规定的专营物品的行为；同时，其形成了个人对患者、个人对医院或医生为主要销售形式的、具有一定规模的经营网络，其销量之大、违法所得之大、社会影响之大，严重扰乱了涉案药品的市场秩序，属于情节严重的情形，因此构成非法经营罪。[No. 3-8-225-19　张建刚等非法经营案]

△行为人未经许可擅自从事质押贷款业务，数额较小未严重扰乱金融市场秩序的，不以非法经营罪论处。

在张军、张小琴非法经营案中，二被告人的行为属于《刑法》第二百二十五条第(四)项规定的其他扰乱市场秩序的非法经营行为。主要理由有两点：一是既然《刑法》第二百二十五条第(三)项将非法从事“经营证券、期货、保险及资金支付结算业务”纳入非法经营罪的处罚范围，就表明了立法肯定该行为侵害了市场秩序的立场，据此，亦可将其他非法金融活动视为侵害市场秩序，这一推论合乎逻辑，并不违背立法本意；二是虽然非法金融活动直接侵害的是金融管理秩序，但从广义上讲，金融管理秩序亦包含在市场秩序外延之内，且从分则规定看，二者均属于破坏社会主义市场经济秩序犯罪一章，因此，以二被告人的行为扰乱的是金融管理秩序而非市场秩序从而否定其构成非法经营罪的理由难以成立。

在认定二被告人的行为属于《刑法》第二百二十五条第(四)项规定的情形的前提下，对其行为是否认定构成非法经营罪，还应考察其行为是否达到扰乱市场秩序“情节严重”的程度。对此，2010 年《最高人民检察院、公安部关于公安机关管辖的刑事案件立案追诉标准的规定(二)》将《刑法》第二百二十五条第(四)项的个人犯罪追诉标准规定为“非法经营数额在五万元以上，或者违法所得数额在一万元以上”。本案二被告人非法经营额达到 13 万元，如果适用该标准，显然应当认定二被告人的行为构成非法经营罪。然而，笔者认为，二被告人非法从事典当业务的行为不能简单适用该标准。理由如下：

首先，《最高人民检察院、公安部关于公安机关管辖的刑事案件立案追诉标准的规定(二)》中有关《刑法》第二百二十五条第(四)项追诉标准的规定来源于 2001 年《最高人民检察院、公安部关于经济犯罪案件追诉标准的规定》,《最高人民检察院、公安部关于公安机关管辖的刑事案件立案追诉标准的规定(二)》沿用这一标准确立的基础,在于其当时主要针对的是生产、流通领域非法经营专营、专卖或者其他限制买卖的物品,及买卖经营许可证或批准文件的行为,作为一般生产、流通领域的非法经营行为,个人的非法经营额达到5万元以上或者违法所得数额在1万元以上,从对市场秩序的侵害来讲,可以认为达到认定情节严重的程度,扰乱了市场秩序;但非法进行金融活动与生产、流通领域的非法经营活动不同,前者往往数额巨大,如果以上述标准认定情节严重,必然产生即使达到上述数额标准,也不一定造成严重扰乱市场秩序的结果,如果适用上述标准,显然会使得入罪门槛过低,造成打击面过大。其次,《最高人民检察院、公安部关于公安机关管辖的刑事案件立案追诉标准的规定(二)》对《刑法》第二百二十五条第(三)项,即非法经营证券、期货、保险业务的立案追诉标准规定为"非法经营数额在三十万元以上",非法从事资金支付结算业务的立案追诉标准规定为"数额在二百万元以上"。可见,《最高人民检察院、公安部关于公安机关管辖的刑事案件立案追诉标准的规定(二)》对部分金融业务已规定了特殊的情节严重认定标准,而规定的这一特殊标准显然适用了更高数额标准,就是考虑到非法经营金融业务的特殊性。基于上述分析,本案二被告人所为的非法押车贷款同样作为非法金融业务,亦应当参照《最高人民检察院、公安部关于公安机关管辖的刑事案件立案追诉标准的规定(二)》对第二百二十五条第(三)项规定的数额标准而不是简单适用第(四)项的标准。最后,从《最高人民检察院、公安部关于公安机关管辖的刑事案件立案追诉标准的规定(二)》的效力来讲,根据最高人民法院2010年下发的《关于在经济犯罪审判中参照适用〈最高人民检察院、公安部关于公安机关管辖的刑事案件立案追诉标准的规定(二)〉的通知》的规定,最高人民法院对相关经济犯罪的定罪量刑标准没有规定的,人民法院在审理经济犯罪案件时,可以参照适用《最高人民检察院、公安部关于公安机关管辖的刑事案件立案追诉标准的规定(二)》的规定。各级人民法院在参照适用《最高人民检察院、公安部关于公安机关管辖的刑事案件立案追诉标准的规定(二)》的过程中,如认为其有关规定不能适应案件审理需要的,要结合案件具体情况和本地实际,依法审慎稳妥处理好案件的法律适用和政策把握,争取更好的社会效果。

具体到本案,首先,从犯罪数额看,二被告人的非法经营额仅为13万元,非法所得不满2万元,与有关"非法经营数额在三十万元以上"的标准相去甚远;其次,从经营规模看,二被告人仅同二名当事人进行了押车贷款业务,没有实际牵涉社会不特定多数人,并未造成严重扰乱当地金融秩序的结果;再次,从主观故意看,二被告人主观上只是希望通过该经营活动获取一定经济利益,并无希望或追求扰乱金融秩序的直接故意;最后,从资金能力看,二被告人由于缺乏运营资金,其公司经营客观上难以为继,难以对金融安全造成实质威胁。综上,二被告人非法从事押车贷款的行为,尚未达到情节严重的程度,不构成非法经营罪。[No. 3-8-225-22　张军、张小琴非法经营案]

△具有法定从轻情节的,对主刑从轻处罚时,罚金刑可以减轻处罚。

根据《人民法院量刑指导意见(试行)》的精神,虽然基准刑必然在法定量刑幅度范围内,但通过量刑情节调节后,并不能保证宣告刑仍在法定量刑幅度以内,宣告刑是否仍在法定量刑幅度内取决于犯罪情节的调节结果。通过犯罪情节调节后不管主刑与附加刑是否仍在法定量刑幅度内,只要与犯罪分子所犯罪行和所应承担的刑事责任相适应,即应当确定为宣告刑。2000年出台的《最高人民法院关于适用财产刑若干问题的规定》第二条亦进一步明确规定,判处被告人罚金刑,为避免出现空判或者使犯罪分子切身感受到财产刑的惩戒作用,不仅应当根据被告人的犯罪情节,还应当综合考虑犯罪分子缴纳罚金的能力等情况。由此可见,判处自由刑和罚金刑的依据并不完全相同,判处自由刑的依据因素不可能包括犯罪分子的经济状况,但判处罚金刑却要考虑这一因素。尽管法律并未明确规定罚金刑与自由刑必须同时从轻、减轻,但基于罚金刑与自由刑的判处依据因素不同,其各自调节的幅度也必然不同,调节的结果不能必然保证罚金刑和自由刑同时从轻或减轻,但只要符合罪责刑相适应的原则,实现预定的刑罚效果,即可确定为宣告刑。

笔者认为,在对主刑选择从轻的同时对罚金刑也可以适用减轻。一审法院对被告人王秋香非法经营罪的主刑在五年以下有期徒刑幅度内从轻处罚的同时,可以将对其判处的罚金刑从7万元至35万元幅度内减轻至4万元。

一审判决认定王秋香系从犯,对其从轻处罚,从轻判处其主刑,但未明确表述减轻对其判处罚金刑。关于这一表述是否妥当的问题,笔者认为,可以通过审判实践的惯行做法进行解释。刑法中有部分罪名的主刑法定幅度规定了下限,如抢劫罪第一量刑档规定处三年以上十年以下有期徒刑,并处罚金,在抢劫未遂的情形下,一般会依照犯罪未遂的规定对主刑减轻处罚,裁判文书中表述为“减轻处罚”,而对罚金刑一般不会减轻至1000元以下判处,裁判文书也不会对此进行相关表述。可见,审判实践中,刑事裁判文书表述的从轻、减轻处罚仅指对主刑从轻或者减轻适用。同理,本案一审判决表述对被告人王秋香“从轻处罚”,也是指对王秋香的自由刑从轻处罚,而非指对罚金刑从轻处罚。然而,鉴于量刑情节的调节结果理应在裁判文书中明确表述,对罚金刑受量刑情节调节的结果也应当进行表述,特别是在自由刑与罚金刑不同时从轻、减轻处罚时更应当表述清楚,故今后实践中制作裁判文书时对此应当予以重视,以免引起不必要的争议。[No. 3-8-225-23 朱胜虎等非法经营案]

△行为人未经许可从事非法经营行为,审理期间行政审批项目被取消的,不成立非法经营罪。

国发〔2003〕5号文件发布后,《金银管理条例》中关于黄金由中国人民银行统购统配的规定不应再适用,单位或者个人经营黄金均无须经由中国人民银行审核批准,黄金不再属于《刑法》第二百二十五条第(一)项规定中的“专营、专卖物品或者其他限制买卖的物品”。2003年中国人民银行办公厅《〈关于对“非法经营黄金行为”现阶段如何认定的函〉的复函》所提中国人民银行发布的《关于调整携带黄金有关规定的通知》(银发〔2002〕320号)针对的是企业,不包括个人的观点是正确的,但不能基于《〈关于对“非法经营黄金行为”现阶段如何认定的函〉的复函》推出国发〔2003〕5号文件取消行政审批针对的是单位而不是个人的观点。“法无明文授权即禁止,法无明文禁止即自由”,是现代法治通行的理念,前者是针对有限政府而言,后者是针对法治社会权利保障而言。国发〔2003〕5号文件发布后,没有任何法律法规规定禁止公民个人从事黄金经营,于润龙从事黄金经营没有违反相关行政许可的国家规定。原审一审、再审一审判决基于《〈关于对“非法经营黄金行为”现阶段如何认定的函〉的复函》得出国发〔2003〕5号文件关于取消许可的规定所针对的不包括个人的观点,属于理解错位。

于润龙的无照经营行为虽然违反《无照经营取缔办法》等相关国家规定,但从一些相关司法实践看,一般不将无照经营、超地域经营、零售变批发经营认定为“严重扰乱市场秩序的非法经营行为”。对该类行为,实践惯例一般是作为行政违法行为进行处理。更何况,在于润龙非法经营案中,关东金世界是经桦甸市政府批准设立,并由桦甸市个体劳动者私营协会为其办理了集体所有制企业法人的营业执照,且人民银行吉林市支行、桦甸市支行对其在业务上、经营上进行经常性指导。于润龙作为关东金世界名下23业户之一,虽然没有独立的营业执照,但均需向关东金世界交纳管理费,同时也需向税务机关交税。上述情况表明,于润龙实际是挂靠关东金世界从事黄金经营,有当地政府认同和支持的特定背景,应当视为具有营业执照。[No. 3-8-225-24 于润龙非法经营案]

△利用POS机非法套现行为中,行为人为自己或实际控制的信用卡套取现金的,成立非法经营罪,套现数额应计入非法经营数额。

对信用卡套现类非法经营罪的本质特征可以从以下三个方面进行分析。首先,从客观方面分析,信用卡套现类非法经营罪规制的是行为人在无真实交易背景下向“信用卡持卡人”直接支付现金的行为,对象是信用卡持卡人,并不禁止行为人与持卡人主体重合。特约商户持自己或者实际控制的信用卡刷卡时,行为人具有两种重合的主体身份,一是特约商户,二是代表持卡人。在其虚构的交易行为中,行为人一人担当交易双方的角色。其次,从侵犯的法益分析,信用卡套现行为之所以构成非法经营罪,是因为行为人在未发生真实商品交易情况下,变相将信用卡的授信额度转化为现金,从而使金融机构资金置于高度风险之中,严重扰乱了国家金融管理秩序。在张虹飚等非法经营案中,三被告人用自己的或者实际控制的信用卡在自己的POS机上套取现金,已经现实地使银行资金置于高度风险之中,侵犯了非法经营罪所要保护的国家正常的金融市场秩序。最后,非法经营罪所体现的规范、指引、教育功能在于从事某种经营应当按照国家规定事先获取经营许可资格,或者遵守特定行业的特定规则。如果行为人未获取相关许可或者违反特定行业的特定规则,就应当认定为非法经营行为,情节严重的即可构成《刑法》第二百二十五条规定的非法经营罪。行为人申领POS机的目的在于实施信用卡套现行为,不论是为他人还是为自己刷卡,均违反了不得虚构交易的特定行业规则,严重扰乱金融管理秩序,故特约商户不论是为他人套现,还是为自己套现,均属于《刑法》第二百二十五条规定的非法经营行为,不能因为特约商户与持卡人身份重合而将此类非法套现行为排除在刑法调整之外。既然为自己或者实际控制的信用卡套取现金,情节严重的,均构成非法经营罪,那么两种情形的套现数额均应计入非法经营犯罪数额。[No. 3-8-225-25 张虹飚等非法经营案]

△用后次套取的现金归还前次套取现金的，数额应当累计计算。

首先，诈骗与挪用类犯罪侵犯的主要客体是财产所有权，故被害人或者被害单位的财产损失往往是衡量犯罪行为严重程度的主要因素之一，相关司法解释结合行为人主客观方面要素以最终未能归还的实际数额作为认定犯罪数额的标准的原理即在于此。而非法经营罪作为扰乱市场秩序的主要犯罪之一，其危害性主要体现在对正常市场经营秩序的严重扰乱，而不仅仅是金融机构资金的安全性。与内幕交易，操作证券、期货市场行为类似，行为人交易的次数、数额本身就体现出行为扰乱市场经济秩序的严重程度。套现行为制造的虚假交易，使经济总量虚高，还可能导致虚假的经济统计数据和虚假的经济繁荣景象，进而误导经济决策。在张虹飚等非法经营案中，张虹飚在短短15个月左右的时间里单独或者伙同多人非法套现2250万元，造成信用卡交易总量的虚假放大，对市场宏观经济秩序造成严重消极影响。倘若以“本数”为犯罪数额，在行为人归还了所套取的“本数”现金金额的情况下，就不能认定为犯罪，则必然背离非法经营罪设置的初衷。其次，从入罪标准看，也应当累计计算。考虑到套现交易金额可能不能直接反映行为对金融机构资金安全性的危害程度，《最高人民法院、最高人民检察院关于办理妨害信用卡管理刑事案件具体应用法律若干问题的解释》将信用卡套现类非法经营行为“情节严重”的入罪标准规定为三项：商户套现交易金额、造成金融机构资金逾期未还金额、造成金融机构经济损失金额。从该规定分析，就第一项而言，即指客观上实际套现交易的数额，因此，对以后次套现归还前次套现的情形，套现数额应当累计计算。[No. 3-8-225-26　张虹飚等非法经营案]

△明知他人为非法套现而借用POS机的，借用期间的套现数额应当计入非法经营数额。

首先，作为共同犯罪中的帮助犯，应当对共同犯罪行为承担全部责任。在张虹飚等非法经营案中，张虹飚除自己实施非法套现行为外，在明知他人租借其POS机系从事刷卡套现违法活动情况下，仍违反银联公司相关规定将POS机租借给他人，并提供个人印章、财务专用章、空白支票等。该情形下，其虽然未实施直接非法经营的实行行为，但向倪峥等人提供了该类犯罪能够实现的关键设备，属于共同犯罪中的帮助犯。帮助犯是指共同犯罪中没有直接参与犯罪的实行行为，而是向实行犯提供帮助，使其便于实施犯罪，或者促使其完成犯罪的人。帮助行为通常表现为提供犯罪工具、指示犯罪目标、查看犯罪地点、排除犯罪障碍以及事前通谋答应事后隐匿罪犯、消灭罪迹、窝藏赃物来帮助实施犯罪等情况。按照共同犯罪“部分行为全部责任”理论，张虹飚应当对提供POS机期间套现的金额承担相应的法律责任。其次，非法经营罪的构成不要求以牟利为目的。信用卡套现构成非法经营罪必须具备以下条件：一是行为违反国家规定；二是利用POS机虚构交易等方法；三是向信用卡持卡人直接支付现金；四是行为达到情节严重的程度。而行为人是否以牟利为目的、是否最终牟取了利益不影响本罪的成立。故张虹飚为他人实施非法信用卡套现行为提供犯罪工具，有偿与否，不影响对其犯罪数额的认定。[No. 3-8-225-27　张虹飚等非法经营案]

△POS机的租用者为出租者套取现金的，套现金额应计入非法经营数额。

作为特约商户，不论是为他人套现，还是为自己套现，其套现数额均应当计入犯罪数额。以这个大原则为前提，如果行为人是POS机租用人，持卡人是出租人，行为人为作为出租人的持卡人非法套现的数额应当计入非法经营犯罪数额。在张虹飚等非法经营案中，首先，倪峥套取现金的行为符合本罪的犯罪构成要件。相关法律和司法解释对构成本罪的主体并没有特别限定，即并不必须是特约商户才能成为本罪的犯罪主体。倪峥违反国家规定，即使是租用POS机为POS机出租人即信用卡持卡人张虹飚套取现金，情节严重的，其行为也构成非法经营罪。其次，作为POS机的实际控制人和使用受益人，应当对使用期间套现数额总额负责。虽然倪峥不是POS机的机主，但其是实际控制人，且经倪峥亲手操作为张虹飚套取现金。虽然张虹飚是持卡人，倪峥未收套现手续费，似乎并无直接经济收益，但潜在的、替代性的收益仍然存在，如张虹飚免除部分租用费，由张虹飚安排租用人之间相互调换使用POS机以逃避监管等其他形式的利益。况且，倪峥不收手续费的原因不论是双方合意，还是自愿免除，都是其非法经营行为的组成部分，其是否获利不影响非法经营犯罪行为的认定。因此，倪峥应当对其使用POS机期间的套现总额承担刑事责任。当然，在这种情况下，张虹飚作为倪峥非法经营的共犯也应当对其作为持卡人的套现数额负刑事责任。[No. 3-8-225-28　张虹飚等非法经营案]

△挂靠有经营资质的单位从事药品经营的行为，违反《药品管理法》、《行政许可法》的规定，属于无证经营，成立非法经营罪。

根据《药品管理法》(2001年修订)第十四条的规定，无《药品经营许可证》的，不得经营药品。

《行政许可法》第八十条规定:“被许可人有下列行为之一的,行政机关应当依法给予行政处罚;构成犯罪的,依法追究刑事责任:(一)涂改、倒卖、出租、出借行政许可证件,或者以其他形式非法转让行政许可的……”国家食品药品监督管理局2007年下发的《关于进一步整治药品经营中挂靠经营超方式及超范围经营问题的通知》第一条明确规定:“挂靠经营是指药品经营企业为其他无证单位或个人提供药品经营场地、资质证明以及票据等条件,以使挂靠经营者得以从事药品经营活动。对于药品经营企业,接受挂靠的性质是出租、出借证照;对于挂靠经营者,进行挂靠的性质则是无证经营。超出《药品经营许可证》规定的经营方式、经营范围从事药品经营活动,是《药品管理法》明令禁止的违法行为。”

在王后平非法经营案中,被告人王后平在没有得到经营许可也不可能得到经营许可的情况下,通过挂靠有经营资质的单位从事药品经营的行为,违反了《药品管理法》《行政许可法》的相关规定,应当视为无证经营,属于《刑法》第二百二十五条第(一)项规定的“未经许可经营国家专营、专卖物品”的情形,依法应当以非法经营罪定罪处罚。

《药品管理法》(2001年修订)第十八条规定:“药品经营企业购销药品,必须有真实完整的购销记录。购销记录必须注明药品的通用名称、剂型、规格、批号、有效期、生产厂商、购(销)货单位、购(销)货数量、购销价格、购(销)货日期及国务院药品监督管理部门规定的其他内容。”本案中,从查证属实的情况看,目前仅查实被告人王后平向林佳鹏、华小波等不具备经营资质的个人销售药品300余万元的事实。王后平违反《药品管理法》的规定,故意不建立真实的销售记录,且不如实供述其药品销售去向,导致药品流入非法渠道后无法追回,加深了其行为的社会危害性。从行为定性角度分析,故意不建立真实购销记录的不属于《刑法》第二百二十五条规定的非法经营行为,但是可以作为认定非法经营行为是否构成情节严重的一个重要参考因素。在非法经营行为已构成犯罪的情况下,可以作为酌定从重处罚的情节予以考虑。[No. 3-8-225-29　王后平非法经营案]

△组织领导“拉人头”型或“骗取入门费”型的传销活动,未达到立案追诉标准的,不能按照非法经营罪定罪处罚。

2005年8月23日,国务院颁布《禁止传销条例》,将传销活动概括为三种主要表现形式:(1)“拉人头”型,是指组织者或者经营者通过发展人员,要求被发展人员发展其他人员加入,对发展的人员以其直接或者间接滚动发展的人员数量为依据计算和给付报酬,牟取非法利益。(2)“骗取入门费”型,是指要求被发展人员交纳费用或者以认购商品等方式变相交纳费用,取得加入或者发展其他人员加入的资格,牟取非法利益。(3)“团队计酬”型,是指要求被发展人员发展其他人员加入,形成上下线关系,并以下线的(商品、服务)销售业绩为依据计算和给付上线报酬,牟取非法利益。然而,“拉人头”型、“骗取入门费”型传销活动,本质上不属于商业经营活动,审判实践中对此两类传销活动以非法经营罪定罪处罚的争议较大,各地法院实践中的做法不一,有的定非法经营罪,有的定诈骗罪、集资诈骗罪,还有的定非法吸收公众存款罪。这种混乱局面既不利于打击传销活动,也不利于维护司法的公正性、严肃性。因此,在《刑法修正案(七)》起草过程中,“拉人头”型、“骗取入门费”型传销活动的定性问题被纳入了《刑法修正案(七)》的立法建议,起草人员经过充分调研,在多方征求意见的基础上,专条规定了组织、领导传销活动的定性与处罚,并最终在2009年2月召开的全国人大常委会上通过。

从立法原意分析,笔者认为,对于客观表现为组织、领导“拉人头”型或者“骗取入门费”型的传销活动,只能以其是否符合组织、领导传销活动罪的构成特征来判断罪与非罪,不能按照《刑法修正案(七)》施行以前的做法,以非法经营罪定罪处罚,更不能在不具备组织、领导传销活动罪构成要件的情况下适用《刑法》第二百二十五条第(四)项,即非法经营罪的兜底项定罪处罚。

在曾国坚等非法经营案中,曾国坚等人实施了通过发展人员,要求被发展人员交纳费用或者以认购商品等方式变相交纳费用,取得加入或者发展其他人员加入的资格,牟取非法利益的传销行为。客观上符合组织、领导传销活动的行为特征。然而,依照《最高人民检察院、公安部关于公安机关管辖的刑事案件立案追诉标准的规定(二)》的规定,组织、领导传销活动罪的立案追诉起点为“涉嫌组织、领导的传销活动人员在三十人以上且层级在三级以上的”。而现有证据显示,本案涉嫌组织、领导的传销活动人员不足三十人,亦没有相应证据证明该传销体系的层级在三级以上,按照疑罪从无原则,应当依法改判被告人曾国坚、黄水娣、罗玲晓、莫红珍无罪。[No. 3-8-225-30　曾国坚等非法经营案]

△未经许可从事现货黄金延期交易的行为属于非法经营变相黄金期货交易,构成非法经营罪。

现货黄金延期交收业务在我国尚属新生事

物,国家主管部门对其交易制度及特点尚无明确规定。从国外有关现货黄金延期交收业务的实践情况看,现货黄金延期交收业务与黄金期货交易具有若干相同特征,如交纳保证金、当日无负债结算等。2012年修订前的《期货交易管理条例》第八十九条第一款规定:“任何机构或者市场,未经国务院期货监督管理机构批准,采用集中交易方式进行标准化合约交易,同时采用以下交易机制或者具备以下交易机制特征之一的,为变相期货交易:(一)为参与集中交易的所有买方和卖方提供履约担保的;(二)实行当日无负债结算制度和保证金制度,同时保证金收取比例低于合约(或者合同)标的额20%的。”2012年修订后的《期货交易管理条例》删去了修订前《期货交易管理条例》第八十九条关于变相期货交易的规定。然而,这一修改并不意味着对变相期货交易不再进行监管和规制。相反,任何违反国家规定,非法经营变相黄金期货交易的行为,都应当受到刑法规制。此外,中国人民银行、公安部、国家工商总局、银监会、证监会2011年11月20日联合下发的《关于加强黄金交易所或从事黄金交易平台管理的通知》第一条明确规定:“上海黄金交易所和上海期货交易所是经国务院批准或同意的开展黄金交易的交易所,两家交易所已能满足国内投资者的黄金现货或期货投资需求。任何地方、机构或个人均不得设立黄金交易所(交易中心),也不得在其他交易场所(交易中心)内设立黄金交易平台。”可见,我国对于机构或个人在2011年11月20日前后,在合法交易场所外设立黄金交易平台从事黄金及其衍生品交易已有明确限制。现货黄金延期交收业务除具有一般的实物黄金交易属性外,还具有资本投资的属性,必须经过主管部门审批才可从事经营。在钟小云非法经营案中,钟小云经营变相黄金期货交易,未经主管部门审批许可,违反了国家规定,属于刑法规制的非法经营行为。[No.3-8-225-31　钟小云非法经营案]

△未取得施工许可证违规搭建商铺并出租的行为,构成非法经营罪。

《刑法》第二百二十五条规定的“违反国家规定”,是指违反上述法律规定中关于从事经营性活动的许可性规定。根据《建筑法》第七条、第八条的规定,建筑工程开工前,建设单位应当按照国家有关规定向工程所在地县级以上人民政府建设行政主管部门申请领取施工许可证,且申请领取施工许可证应当具备一些前置条件,如已经办理该建筑工程用地批准手续,在城市规划区的建筑工程已经取得规划许可证等。《建筑法》无疑属于“国家规定”,因此在翁士喜非法经营案中,被告人翁士喜未经合法审批,未申领施工许可证,违法搭建商铺的行为显然属于“违反国家规定”。

被告人翁士喜未经许可擅自开工建售收取租金的行为严重扰乱了市场秩序。房地产开发、经营活动对社会影响重大,一直受到国家的严格管控,未经许可私自进行房地产开发、经营活动,不仅破坏了国家对房地产的管理秩序,也使其他从事此类业务的合法经营者直接面对低成本的违规经营活动的竞争,严重扰乱了房地产市场的正常经营秩序。此外,翁士喜还有其他违反国家规定的行为,如翁士喜伙同他人违法招商成立的岳腾基业第一分公司不具备经营市场商铺的资格,招商过程中亦未就经营范围变更登记,违反了国务院颁布的《公司登记管理条例》。上述违反国家规定的行为,虽然不属于《刑法》第二百二十五条罪状中“违反国家规定”的行为,但该类行为越多,违反程度越重,就越体现出其扰乱市场秩序的严重程度。

翁士喜违规开发、经营房地产的行为属于《刑法》第二百二十五条规定的“情节严重”。翁士喜在非法经营被政府查处后再次出租商铺,涉案数额达1300余万元。在政府相关部门对翁士喜的非法经营行为进行查处期间,大量商户要求政府准许开业,发生多次大规模群体聚集、堵塞交通等事件,造成了恶劣的社会影响,翁士喜的非法经营行为应认定为《刑法》第二百二十五条规定的“情节严重”。[No.3-8-225-32　翁士喜非法经营案]

△不具备证券从业资格的公司与具有证券咨询资格的公司合作开展证券咨询业务的,仍然成立非法经营罪。

根据《证券法》(2014年修正)第一百二十五条的规定,只有经国务院证券监督管理机构批准,证券公司才能经营证券投资咨询业务。无证券咨询资格的公司与具有证券咨询资格的公司之间的合作协议不能规避其应当接受审批和监管的义务。证券法对投资咨询业务所作的限制性规定,是为了维护广大投资者的利益,维护证券市场的健康发展。在王丹、沈玮婷非法经营、虚报注册资本案中,被告人王丹等利用智盈公司、金诚公司与有证券咨询资格的金证公司、北京禧达丰公司签订合作协议,并将自己公司选聘的多名股评分析师的从业资格证书挂靠到这些公司,借这些公司的证券咨询资格证明用于自己股评节目的资格审查。王丹、沈玮婷通过该合作方式以规避法律并牟取巨额利益,违背了证券法的立法目的,扰乱了正常的证券市场秩序,而其所获利益与从事证券咨询业务之间也存在必然的因果关系。如果刑法对这种规避证券监管的证券咨询行为不予以制裁，势必架空证券法对证券市场的规制和监管，助长无资格公司与有资格公司勾结扰乱证券市场秩序的行为。［No. 3-8-225-33　王丹、沈玮婷非法经营、虚报注册资本案］

△非以作为毒品替代物向毒品市场或吸食毒品群体投放的目的，生产销售受国家管制的第二类精神药品的行为，不构成制造、贩卖毒品罪，符合生产、销售伪劣产品罪、生产、销售假药罪、非法经营罪构成要件的，从一重定罪处罚。

临床上使用的精神药品，与常见的鸦片、海洛因、甲基苯丙胺等毒品还是有所不同，特别是成瘾性、危害性相对较低的第二类精神药品，其同时具有毒品和临床药品的双重性质。盐酸曲马多药片属于第二类精神药品，目前在我国市场上仍然流通，药店里也能买到，只是对其实行严格的管理。作为毒品，盐酸曲马多药片可能被吸毒者吸食，或者在缺少海洛因、甲基苯丙胺时被犯罪分子作为替代品使用，但当以医疗等目的被生产、加工、使用时，它的本质仍然是药品。故实践中对于非法生产、销售盐酸曲马多的行为如何定罪处罚还需谨慎。根据刑法和已有相关司法解释的精神，笔者认为，对于临床上使用的国家管制的麻醉药品、精神药品，在有证据证明确实作为毒品生产、销售的才涉嫌毒品犯罪。对非法生产、销售国家管制的麻醉药品、精神药品的行为以制造、贩卖毒品罪定罪，必须同时符合以下条件：（1）被告人明知所制造、贩卖的是麻醉药品、精神药品，并且制造、贩卖的目的是将其作为毒品的替代品，而不是作为治疗所用的药品。（2）麻醉药品、精神药品的去向明确，即毒品市场或者吸食毒品群体。（3）获得了远远超出正常药品经营所能获得的利润。就吴名强、黄桂荣等非法经营案而言，被告人吴名强等以生产药品的故意生产、销售盐酸曲马多，无证据表明生产出的盐酸曲马多流入毒品市场，故不构成贩卖、制造毒品罪。首先，吴名强等的主观犯意是将盐酸曲马多作为药品而非毒品进行生产、销售，吴名强、黄桂荣等人均供述其合资办厂的初衷是生产假药，不仅生产盐酸曲马多药片，还同时生产“感康片”等其他药品，事实上公安机关也查获了“感康片”等其他药品，吴名强找个体印刷厂印刷盐酸曲马多包装盒及说明书的行为也佐证了其主观上系生产假药而不是毒品的故意。其次，无证据表明生产出的盐酸曲马多流入毒品市场，反而有证据表明涉案的盐酸曲马多作为药品在市场上非法流通，公安人员在涉案的医疗器械经营部提取到违法销售的“天龙牌”盐酸曲马多，另案处理的同案人汪斌也在异地被抓获，被河北省司法机关以非法经营罪追究刑事责任。最后，从吴名强等人的牟利情况来看，其并没有赚取超出正常药品价格的高额利润，也表明其并不是针对吸毒分子或贩毒分子销售。综上，本案不宜定贩卖、制造毒品罪。［No. 3-8-225-34　吴名强、黄桂荣等非法经营案］

△国家经济贸易委员会、公安部、国家工商行政管理局公布的《关于取缔各类讨债公司严厉打击非法讨债活动的通知》（国经贸综合〔2000〕568号）虽然报请国务院同意，但不属于《刑法》第九十六条意义上的“国家规定”，不能作为认定非法经营罪的依据，非法经营有偿讨债业务的行为不宜认定为非法经营罪。

《刑法》第九十六条规定：“本法所称违反国家规定，是指违反全国人民代表大会及其常务委员会制定的法律和决定，国务院制定的行政法规、规定的行政措施、发布的决定和命令。”具体来说，《刑法》中的“国家规定”主要包括以下三个方面：（1）全国人民代表大会及其常务委员会通过的法律、带有单行法性质的决定，以及以修正案、立法解释等形式对现行法律作出的修改、补充的规定。全国人大常委会的内设机构如法制工作委员会等发布的文件不属于“国家规定”。（2）国务院制定的行政法规、规定的行政措施、发布的决定和命令。所谓“行政法规”是指由国务院总理签署并以国务院令的形式公布的规范性文件，具体名称有“条例”“规定”“办法”等，行政法规的发文主体只能是国务院。所谓“行政措施”“决定”“命令”，目前并没有统一的法定解释，根据一般理解，应将其限定为除行政法规以外的由国务院制定、规定和发布的规范性文件，既包括以国务院名义制定或者发布的有关法规性质的文件，也包括由国务院有关部委制定，经国务院批准并以国务院名义发布的文件，如果是国务院有关部委制定并以该部委的名义发布，没有经过国务院批准并以国务院名义发布的，则不属于“国家规定”。（3）国务院办公厅制发（即“国办发”）的部分文件。国务院办公厅有权以“国办发”的名义制发文件，部分“国办发”文件会就行政措施作出规定，这部分文件虽然法律位阶低于以国务院的名义发布的规范性文件，但只要有明确的法律依据或者不与行政法规的规定相抵触，经国务院同意并公开向社会发布，其效力和适用范围通常情况下应当高于地方性法规和部门规章，可视为国务院“规定的行政措施、发布的决定和命令”。《关于取缔各类讨债公司严厉打击非法讨债活动的通知》虽然系“经报请国务院同意”，但从制发主体以及发布形式来看，均与《最高人民法院关于准确理解和适用刑法中“国家规定”的有关问题的通知》中关于“国家规定”范围的规定不符，不属于《刑法》第九十六条中的“国家规定”：首先，《关于取缔各类讨债公司严厉打击非法讨债活动的通知》中虽然规定禁止开办讨债公司、从事讨债业务，但至今也没有法律、行政法规就未经许可从事讨债业务的行为性质作出明确规定。其次，《关于取缔各类讨债公司严厉打击非法讨债活动的通知》系原国家经贸委、公安部、国家工商行政管理局联合发布的规范性文件，未经国务院常务会议讨论通过，也未以国务院的名义发布。最后，《关于取缔各类讨债公司严厉打击非法讨债活动的通知》发布的对象是“各省、自治区、直辖市、计划单列市及新疆生产建设兵团经贸委（经委、计经委）、公安厅（局）、工商局、国务院有关部门”，并未以“国办发”文件的形式通过国务院公报面向全社会公开发布，不符合《最高人民法院关于准确理解和适用刑法中“国家规定”的有关问题的通知》中关于“国办发”文件的规定。因此，《关于取缔各类讨债公司严厉打击非法讨债活动的通知》非国务院“规定的行政措施、发布的决定和命令”，不属于《刑法》第九十六条中的“国家规定”。

有偿讨债行为的社会危害性主要体现在对公民个人隐私和正常工作、生活秩序的破坏和干扰，对于正常的市场经济秩序虽有一定的危害，但并非主要方面。就非法经营罪来说，根据《刑法》第二百二十五条关于该罪构成要件的规定，其法益保护的侧重点在于市场经济秩序，因此，有偿讨债行为并不符合非法经营罪的危害实质。如果行为人在讨债过程中采取了非法获取公民个人信息、寻衅滋事、限制人身自由、暴力、威胁等手段且情节严重的，可按照其所触犯的具体罪名如侵犯公民个人信息罪、寻衅滋事罪、非法拘禁罪、非法侵入住宅罪、故意杀人罪、故意伤害罪等罪名予以处理。

在市场经济条件下，债权人既可以通过诉讼、仲裁、调解等途径实现债权，也可以在不违法或不损害公序良俗的前提下自行向债务人追讨，这些手段为国家、社会所鼓励和认可。但是，社会生活的复杂性决定了一些债权人或是由于债务人的躲避，或是出于节约时间，或是不方便通过诉讼等途径实现债权等原因，往往通过支付一定报酬的方式请他人帮助向债务人追讨。只要行为人在追讨时未采取违法犯罪手段，或是虽有违法行为但程度较轻，其社会危害性是有限的，被侵害的对象可以通过追究行为人的民事侵权责任来维护自身的合法权益，国家相关部门也可以对行为人适用治安管理处罚措施予以制裁。这样的处理方式符合刑法的谦抑性原则，即刑法的适用对象只能是具备严重社会危害性的违法行为，作为破坏社会主义市场经济秩序罪的非法经营罪，在适用时更应注意坚持这一原则。[No. 3-8-225-35　李彦生、胡文龙非法经营案]

△民间发放高利贷的行为，不构成非法经营罪。

非法经营罪由投机倒把罪转化而来，1997年《刑法》修订后，投机倒把行为的内容得以细化和明确化，但考虑到经济生活的多变性、复杂性及立法的相对滞后性，非法经营罪得以保留。《刑法》第二百二十五条在明确列举了非法经营专营专卖物品、买卖经营许可证或批准文件等非法经营罪客观行为方式的同时，还为其设置了堵截条款，即“其他严重扰乱市场秩序的非法经营行为”。而在我国社会经济转型时期，市场失范行为不断涌现，使这一具有高度抽象性与概括性的堵截条款日益成为司法机关以不变应万变的“制胜法宝”，从而在很大程度上导致非法经营罪的无限扩张。要正确适用非法经营罪的“堵截条款”，应当坚持罪刑法定原则与刑法谦抑原则。

非法经营罪中“其他严重扰乱市场秩序的非法经营行为”应从以下几方面予以解读：

一是须为违反国家规定的经营行为。《刑法》第二百二十五条规定，非法经营罪必须“违反国家规定”，因此，明确“国家规定”的确切范围，是限制非法经营兜底条款无限扩大适用的基础。最高人民法院2011年下发《关于准确理解和适用刑法中“国家规定”的有关问题的通知》对此作了进一步明确，认为以国务院办公厅名义制发的文件，符合以下条件的，亦应视为《刑法》中的“国家规定”：(1)有明确的法律依据或者同相关行政法规不相抵触；(2)经国务院常务会议讨论通过或者经国务院批准；(3)在国务院公报上公开发布。除此之外，无论是地方性法规，还是部门规章、地方政府规章，均不在“国家规定”的范畴之内。

二是行为须侵犯国家的特许经营制度。从《刑法》第二百二十五条的立法目的看，设定非法经营罪，意在维护国家对特定经营活动的行政许可制度。故兜底条款中“其他严重扰乱市场秩序的非法经营行为”应当指向除《刑法》第二百二十五条前三项规定的行为以外的，以牟利为目的，侵害国家特许经营许可制度，破坏市场交易正常秩序的行为。

三是行为严重扰乱市场准入秩序，达到必须动用刑罚才能有效制裁的程度，即非法经营行为必须达到“情节严重”的程度才能定罪处罚。非法经营犯罪属贪利性犯罪，对于经营行为来说，最直接客观反映其社会危害性的标准无疑是数额。但司法实践中案件的具体情况是复杂多样的,确定非法经营行为的罪与非罪,不能仅以犯罪数额作为唯一标准。定罪处罚时应当综合考量其他情节因素,如非法经营行为对市场经济秩序造成的实质侵害程度、行为人在一定时期内反复从事非法经营行为的次数、是否造成了重大损失、社会影响是否恶劣等情节。

立足于刑法谦抑性原则的精神,非法经营罪的兜底条款应具有收敛性。由于我国的市场经济是一种“政府主导型”的市场经济,政府在整个经济活动中起主导作用,民众的市场规范意识和整个社会的信用机制都比较淡薄。因此,对于没有严重违反市场经济秩序的基本原则即经济自由原则、等价交换原则、公平原则和诚实信用原则的行为,在未超越刑法对情节轻微危害不大的市场违规行为的容忍度时,都不宜认定为“严重扰乱市场经济秩序的非法经营行为”。毋庸置疑,无序的高利贷行为一定程度上冲击了金融市场秩序,引发一系列社会问题,具有一定的社会危害性。但是,目前我国民间借贷市场活跃,高利贷行为较为普遍,如果统一当做罪案处理,必然导致打击面过宽,也不利于民间融资行为的发展。从我国法律与行政法规的相关规定看,并未对高利贷行为作出禁止性规定,更无任何单行法规中的附属刑法规范作出了对高利贷行为应追究刑事责任的规定。因此,在现有法律框架下,以发放高利贷为业的行为没有违反刑法意义上的“国家规定”,不符合非法经营罪中“其他严重扰乱市场秩序的非法经营行为”之要件。在现行《刑法》及司法解释对发放高利贷行为定罪量刑依据尚不充足的情况下,刑法应当坚守谦抑性品质,严格依照罪刑法定原则,不宜将此类行为以非法经营罪定罪处罚。[No. 3-8-225-36　何伟光等非法经营案]

△未经许可擅自从事大巴客运经营,严重扰乱市场秩序,构成非法经营罪。

首先,未取得道路运输经营许可擅自从事长途大巴客运经营活动,违反了国家规定。根据《道路运输条例》(2016 年修订前)第十条的规定,申请从事客运经营的,应当向相应级别的道路运输管理机构提出申请并提交相关材料。道路运输管理机构经审查作出许可或者不予许可的决定。予以许可的,向申请人颁发道路运输经营许可证,并向申请人投入运输的车辆配发车辆营运证。客运经营者应当持道路运输经营许可证依法向工商行政管理机关办理有关登记手续。根据《道路运输条例》(2016 年修订前)第六十四条的规定,未取得道路运输经营许可,擅自从事道路运输经营的,由县级以上道路运输管理机构责令停止经营;有违法所得的,没收违法所得,构成犯罪的,依法追究刑事责任。同时,根据 2011 年修订的《无照经营查处取缔办法》(已失效)第十四条的规定,对于无照经营行为,由工商行政管理部门依法予以取缔,没收违法所得;触犯刑律的,依照刑法关于非法经营罪、重大责任事故罪、重大劳动安全事故罪、危险物品肇事罪或者其他罪的规定,依法追究刑事责任。根据上述规定,从事客运经营应当具备一定的条件,依照相关规定程序申请获得经营许可。在欧敏、关树锦非法经营案中,欧敏、关树锦未取得道路运输经营许可,擅自从事客运经营的行为违反了《道路运输条例》(2016 年修订前)和《无照经营查处取缔办法》的相关规定。根据《最高人民法院关于准确理解和适用刑法中“国家规定”的有关问题的通知》(法〔2011〕155 号)的规定,《道路运输条例》(2016 年修订前)和《无照经营查处取缔办法》都属于刑法中的“国家规定”,因此,欧敏、关树锦的行为违反了国家规定。

其次,非法从事长途大巴客运经营活动,不但严重扰乱道路运输市场秩序和行业秩序,危害人民群众的生命财产安全,侵害合法经营者的权益,影响行业和社会的稳定,影响道路交通安全和城市形象,而且导致交通事故频发,引发正规营运车主罢工和群众上访甚至暴力抗法的现象在全国范围内都比较普遍。(1)危害人民群众的生命财产安全。(2)引发社会不稳定因素。(3)破坏正常的市场秩序。(4)激发潜在的犯罪心理。本案中,欧敏、关树锦组织非法营运的规模大,参与非法营运的车辆和人员多,虽无证据证明已发生客观危害结果,但潜在的社会危害严重。综合实际危害结果和潜在危害因素分析,应当认定欧敏、关树锦的非法营运行为属于“其他严重扰乱市场秩序的非法经营行为”。

最后,本案中,“港粤快车”股东有十七人,员工最高峰时有上百名,案发时还有四十人左右,且分工明确,车辆调度、发车、跟车、客服均有专门管理人员;深圳和珠海每天至少对发 5 班车,周末和节假日班次更多,一般一辆车可以载 40 名左右乘客,周末和节假日几乎是满座(50 名左右)。如此大的规模,已远远超出个人自驾“黑车”的性质范围。本案认定的被告人欧敏、关树锦组织非法营运的时间是 2012 年 6 月至 12 月,统计的 2012 年 8 月至 9 月非法经营长途客运业务的金额(180 余万元),2012 年 8 月 1 日至 10 月 15 日的违法所得金额(90 余万元),即仅统计了其中的一个时间段,其实际经营数额和违法所得数额应当更多。而且欧敏、关树锦在运营车辆多次受到行政处罚的情况下，仍然从事非法营运活动，故从经营数额、违法所得数额以及其他情节来看，应当达到非法经营罪的入罪标准。同时，鉴于非法从事长途大巴客运营运活动的复杂性，对此类行为不宜机械参照适用《最高人民检察院、公安部关于公安机关管辖的刑事案件立案追诉标准的规定(二)》第七十九条第(八)项的规定，故在暂无相关司法解释对此类行为“情节严重”和“情节特别严重”明确认定标准的情况下，深圳市福田区人民法院认定欧敏、关树锦的行为构成“情节严重”是妥当的。

对于社会危害严重的非法营运行为，行政处罚体现出威慑效力不足的问题。本案被告人欧敏、关树锦从事非法营运时间长，在经历多次行政处罚后，依然不断扩大经营规模，体现出交通执法的打击手段和效果不能满足打击此类违法行为的需要。非法从事客运营运的行为屡禁不止，不仅直接侵犯合法经营者的权益，造成行业混乱，且容易引发其他犯罪，故加大打击力度，发挥刑罚的威慑功能具有一定的必要性和合理性。[No. 3-8-225-37　欧敏、关树锦非法经营案]

第二百二十六条　【强迫交易罪】

以暴力、威胁手段，实施下列行为之一，情节严重的，处三年以下有期徒刑或者拘役，并处或者单处罚金；情节特别严重的，处三年以上七年以下有期徒刑，并处罚金：

(一)强买强卖商品的；

(二)强迫他人提供或者接受服务的；

(三)强迫他人参与或者退出投标、拍卖的；

(四)强迫他人转让或者收购公司、企业的股份、债券或者其他资产的；

(五)强迫他人参与或者退出特定的经营活动的。

【立法沿革】

《中华人民共和国刑法》(1997 年修订，自 1997 年 10 月 1 日起施行)

第二百二十六条

以暴力、威胁手段强买强卖商品、强迫他人提供服务或者强迫他人接受服务，情节严重的，处三年以下有期徒刑或者拘役，并处或者单处罚金。

《中华人民共和国刑法修正案(八)》(自 2011 年 5 月 1 日起施行)

三十六、将刑法第二百二十六条修改为：

“以暴力、威胁手段，实施下列行为之一，情节严重的，处三年以下有期徒刑或者拘役，并处或者单处罚金；情节特别严重的，处三年以上七年以下有期徒刑，并处罚金：

“(一)强买强卖商品的；

“(二)强迫他人提供或者接受服务的；

“(三)强迫他人参与或者退出投标、拍卖的；

“(四)强迫他人转让或者收购公司、企业的股份、债券或者其他资产的；

“(五)强迫他人参与或者退出特定的经营活动的。”

【立法理由】

1. **1979 年立法的情况**。1979 年刑法规定了投机倒把罪。第一百一十七条规定：“违反金融、外汇、金银、工商管理法规，投机倒把，情节严重的，处三年以下有期徒刑或者拘役，可以并处、单处罚金或者没收财产。”第一百一十八条规定：“以走私、投机倒把为常业的，走私、投机倒把数额巨大的或者走私、投机倒把集团的首要分子，处三年以上十年以下有期徒刑，可以并处没收财产。”

2. **1997 年修订刑法的情况**。在商品交易活动中，强买强卖的行为严重扰乱了正常的市场秩序，为了维护市场秩序，对情节严重的强迫交易行为应当运用刑法予以打击。1997 年修订刑法时，取消了投机倒把罪，对扰乱市场经济的行为有针对性地规定了强迫交易罪，其中包括强买强卖商品的和强迫他人提供或者接受服务的犯罪行为。

3. **2011 年《刑法修正案(八)》对本条的修改情况**。伴随我国市场经济的不断发展，人民群众对一些扰乱市场经济的违法行为更加关注，特别是对一些行为是否需要用刑事法律进行调整，有了更明确的需求。例如在工程招标、物品拍卖、同业经营竞争和资产转让收购等领域，强迫交易行为愈加猖狂，并成为黑恶势力攫取社会财富和资源的常用手段。这种以暴力、威胁手段为后盾的强迫交易行为，不仅严重破坏社会主义市场秩序，而且侵犯了公民的人身权利，具有严重的社会危害性，应当纳入刑法并提高法定刑，予以严厉打击。2011 年 2 月 25 日第十一届全国人大常委会第十九次会议通过的《刑法修正案(八)》对本条作了两处修改:一是增加了三种新的犯罪行为,即强迫他人参与或者退出投标、拍卖的行为,强迫他人转让或者收购公司、企业的股份、债券或者其他资产的行为,强迫他人参与或者退出特定的经营活动的行为;二是将强迫交易罪的法定最高刑由原来的三年提高到七年。

【条文说明】

本条是关于强迫交易罪及其处罚的规定。

本条规定了五种行为。

第一种行为是**以暴力、威胁手段强买强卖商品的犯罪行为**。其中,**"以暴力、威胁手段"**,是指行为人采取了暴力方法或威胁手段。例如,在商品交易中,不是以公平自愿的方式,而是对交易对方采取殴打等暴力方法或者以人多力强等威胁方式迫使交易对方接受不公平的交易的行为[①];**"强买强卖商品"**,是指在商品交易中违反法律、法规和商品交易规则,不顾交易对方是否同意,以暴力、威胁手段强行买进或者强行卖出的行为[②]。

第二种行为是**以暴力、威胁手段强迫他人提供或者接受服务的行为**。**"强迫他人提供服务"**,主要是指行为人在享受服务消费时,不遵守公平自愿的原则,不顾提供服务方是否同意,以暴力、威胁手段,强迫对方提供某种服务的行为;**"强迫他人接受服务"**,主要是指餐饮业、旅游业、娱乐业、美容服务业、维修业等服务性质的行业在营业中,违反法律、法规和商业道德及公平自愿的原则,不顾消费者是否同意,以暴力、威胁手段强迫消费者接受其服务的行为。[③]

第三种行为是**以暴力、威胁手段强迫他人参与或者退出投标、拍卖的行为**。主要是指,在一些工程竞标、拍卖等活动中,使用暴力或者威胁手段施加压力迫使其他本不愿意参加投标或者拍卖的人参加投标或竞拍,旨在让他人作为陪衬,以此来掩饰自己或者其他第三者操纵投标或者竞拍的违法性;或者强迫参与竞标或者竞拍的参与者退出投标、拍卖活动,目的是使自己或者其他第三者中标或者在没有竞拍者竞拍的情况下以不公平的价格购买到拍卖品。按照正常的市场运作,竞标市场或者拍卖市场应当是在公平竞争的原则下,均以平等的身份参与竞标或竞拍活动的,也只有这样,竞标和竞拍的最终结果才能使得具有真正实力和资质的竞标者或竞拍者胜出,以达到竞标项目或拍卖品竞拍的最终目的,使得竞标项目或工程得到符合要求的保证、高质量地完成以及竞拍的拍卖品能让有真正收藏实力的人收藏。而以暴力、威胁手段强迫他人参与或者退出投标、拍卖的行为,不但破坏了正常的竞标和竞拍的市场秩序,而且在不公平的情况下得到竞标结果和拍卖品,使得没有资质和实力的施工队伍或项目经营者混入了市场,使他人不能合法地参与竞争。

第四种行为是**以暴力、威胁手段强迫他人转让或者收购公司、企业的股份、债券或者其他资产的行为**。公司、企业的资产转让,应当按照正常的市场法则进行。以暴力、威胁手段强迫他人转让或者收购公司、企业的股份、债券或者其他资产的行为,就是为了获得不正当的利益,以暴力、威胁手段,强迫他人在不符合市场价值规律和不利于出让人、收购人的情况下转让、收购公司、企业的股份、债券或者其他资产,自己或者第三人从中获取不法利益,而使他人利益受损。

第五种行为是**以暴力、威胁手段强迫他人参与或者退出特定的经营活动的行为**。其中参与或者退出特定的经营活动,是指在不法分子指定的经营活动范围内,由于屈从于暴力、威胁手段,在没有选择的情况下,从事或者退出经营活动的情况。比如屈从于暴力、威胁手段,被迫投资、出资入股,但被给予的收益分成比例与其出资比例极不相称,或者以暴力、威胁手段强迫竞争对手退出特定的经营活动,以形成垄断地位,从而轻易获取巨额不法利润等。

犯本条规定的犯罪,处两档刑罚。**"情节严重的"**,处三年以下有期徒刑或者拘役,并处或者单处罚金。**"情节特别严重的"**,处三年以上七年以下有期徒刑,并处罚金。此外,根据《刑法》第二百三十一条的规定,**单位犯本条规定之罪的**,对单位判处罚金,并对其直接负责的主管人员和其他直接责任人员,依照本条的规定,定罪处罚。

关于强迫交易罪的立案追诉标准,根据《最高

① 我国学者指出,由于本罪的最高法定刑为七年以下有期徒刑,因此,本罪中的暴力,不一定以造成轻伤为限。并且,暴力致人伤残的,只能限于轻伤范围,不包括杀害、重伤害行为在内。参见黎宏:《刑法学各论》(第 2 版),法律出版社 2016 年版,第 206 页;周光权:《刑法各论》(第 4 版),中国人民大学出版社 2021 年版,第 375 页。

② "商品",不限于质量合格的商品,也包括有瑕疵的商品,乃至于伪劣产品。参见黎宏:《刑法学各论》(第 2 版),法律出版社 2016 年版,第 206 页。

③ 相同的学说见解,参见黎宏:《刑法学各论》(第 2 版),法律出版社 2016 年版,第 206 页。

人民检察院、公安部关于公安机关管辖的刑事案件立案追诉标准的规定(一)的补充规定》第五条的规定,以暴力、威胁手段强买强卖商品,强迫他人提供服务或者接受服务,涉嫌下列情形之一的,**应按照强迫交易犯罪予以立案追诉**:(1)造成被害人轻微伤的;(2)造成直接经济损失二千元以上的;(3)强迫交易三次以上或者强迫三人以上交易的;(4)强迫交易数额一万元以上,或者违法所得数额二千元以上的;(5)强迫他人购买伪劣商品数额五千元以上,或者违法所得数额一千元以上的;(6)其他情节严重的情形。以暴力、威胁手段强迫他人参与或者退出投标、拍卖,强迫他人转让或者收购公司、企业的股份、债券或者其他资产,强迫他人参与或者退出特定的经营活动,具有多次实施、手段恶劣、造成严重后果或者恶劣社会影响等情形之一的,**应予立案追诉**。

应当注意的是,实践中,如果行为人在强迫交易过程中使用暴力造成被害人重伤、死亡的,则应依照本法**故意杀人罪、故意伤害罪**等有关规定定罪处罚。① 如果行为人以市场交易为借口,以暴力或者威胁的手段索取、强拿的财物,远远超过正常买卖、交易情况下被害人应支付的财物,可以根据刑法关于**抢劫罪**的规定,追究行为人的刑事责任。

【司法解释】

《最高人民检察院关于强迫借贷行为适用法律问题的批复》(高检发释字〔2014〕1号,自2014年4月17日起施行)

△**(强迫他人提供或者接受服务;竞合)**以暴力、胁迫手段强迫他人借贷,属于刑法第二百二十六条第二项规定的"强迫他人提供或者接受服务",情节严重的,以强迫交易罪追究刑事责任;同时构成故意伤害罪等其他犯罪的,依照处罚较重的规定定罪处罚。以非法占有为目的,以借贷为名采用暴力、胁迫手段获取他人财物,符合刑法第二百六十三条或者第二百七十四条规定的,以抢劫罪或者敲诈勒索罪追究刑事责任。②

【司法解释性文件】

《最高人民法院关于审理抢劫、抢夺刑事案件适用法律若干问题的意见》(法发〔2005〕8号,2005年6月8日公布)

△**(暴力、胁迫手段索取超出正常交易价钱、费用的钱财;强迫交易罪;抢劫罪)**从事正常商品买卖、交易或者劳动服务的人,以暴力、胁迫手段迫使他人交出与合理价钱、费用相差不大钱物,情节严重的,以强迫交易罪定罪处罚;以非法占有为目的,以买卖、交易、服务为幌子采用暴力、胁迫手段迫使他人交出与合理价钱、费用相差悬殊的钱物的,以抢劫罪定罪处刑。在具体认定时,既要考虑超出合理价钱、费用的绝对数额,还要考虑超出合理价钱、费用的比例,加以综合判断。③(§9 Ⅱ)

《最高人民检察院、公安部关于公安机关管辖的刑事案件立案追诉标准的规定(一)的补充规定》(公通字〔2017〕12号,2017年4月27日公布)

△**(强迫交易罪;立案追诉标准)**将《立案追诉标准(一)》第28条修改为:[强迫交易案(刑法第226条)]以暴力、威胁手段强买强卖商品,强迫他人提供服务或者接受服务,涉嫌下列情形之一的,应予立案追诉:

(一)造成被害人轻微伤的;

(二)造成直接经济损失2千元以上的;

(三)强迫交易3次以上或者强迫3人以上交易的;

(四)强迫交易数额1万元以上,或者违法所得数额2千元以上的;

(五)强迫他人购买伪劣商品数额5千元以上,或者违法所得数额1千元以上的;

(六)其他情节严重的情形。

以暴力、威胁手段强迫他人参与或者退出投标、拍卖,强迫他人转让或者收购公司、企业的股份、债券或者其他资产,强迫他人参与或者退出特定的经营活动,具有多次实施、手段恶劣、造成严重后果或者恶劣社会影响等情形之一的,应予立案追诉。(§5)

《最高人民法院、最高人民检察院、公安部、司法部关于办理黑恶势力犯罪案件若干问题的指导意见》(法发〔2018〕1号,2018年1月16日公布)

---

① 相同的学说见解,参见黎宏:《刑法学各论》(第2版),法律出版社2016年版,第206页。

② 我国学者指出,强迫他人借贷的行为,也可能构成对财产性利益的抢劫与敲诈勒索。因而,与其尝试一般性地提出区分强迫交易罪与敲诈勒索罪、抢劫罪、故意伤害罪的标准,毋宁说更应注重犯罪之间的想象竞合。参见张明楷:《刑法学》(第6版),法律出版社2021年版,第1102页。

③ 我国学者指出,该意见试图通过价格、费用是否悬殊来区分本罪与抢劫罪。但事实上,本罪与抢劫罪之间并不是对立关系。强迫交易行为完全可能同时触犯抢劫罪、敲诈勒索罪,因而属于想象竞合犯的情形,理应从一重罪处罚。参见张明楷:《刑法学》(第6版),法律出版社2021年版,第1102页。

△(**黑恶势力;寻衅滋事罪;强迫交易罪;敲诈勒索罪;"以黑恶势力名义敲诈勒索";想象竞合;雇佣、指使;民间矛盾**)黑恶势力为谋取不法利益或形成非法影响,有组织地采用滋扰、纠缠、哄闹、聚众造势等手段侵犯人身权利、财产权利,破坏经济秩序、社会秩序,构成犯罪的,应当分别依照《刑法》相关规定处理:

(1)有组织地采用滋扰、纠缠、哄闹、聚众造势等手段扰乱正常的工作、生活秩序,使他人产生心理恐惧或者形成心理强制,分别属于《刑法》第二百九十三条第一款第(二)项规定的"恐吓"、《刑法》第二百二十六规定的"威胁",同时符合其他犯罪构成条件的,应分别以寻衅滋事罪、强迫交易罪定罪处罚。

《关于办理寻衅滋事刑事案件适用法律若干问题的解释》第二条至第四条中的"多次"一般应当理解为二年内实施寻衅滋事行为三次以上。二年内多次实施不同种类寻衅滋事行为的,应当追究刑事责任。

(2)以非法占有为目的强行索取公私财物,有组织地采用滋扰、纠缠、哄闹、聚众造势等手段扰乱正常的工作、生活秩序,同时符合《刑法》第二百七十四条规定的其他犯罪构成条件的,应当以敲诈勒索罪定罪处罚。同时由多人实施或者以统一着装、显露纹身、特殊标识以及其他明示或者暗示方式,足以使对方感知相关行为的有组织性的,应当认定为《关于办理敲诈勒索刑事案件适用法律若干问题的解释》第二条第(五)项规定的"以黑恶势力名义敲诈勒索"。

采用上述手段,同时又构成其他犯罪的,应当依法按照处罚较重的规定定罪处罚。

雇佣、指使他人有组织地采用上述手段强迫交易、敲诈勒索,构成强迫交易罪、敲诈勒索罪的,对雇佣者、指使者,一般应当以共同犯罪中的主犯论处。为强索不受法律保护的债务或者因其他非法目的,雇佣、指使他人有组织地采用上述手段寻衅滋事,构成寻衅滋事罪的,对雇佣者、指使者,一般应当以共同犯罪中的主犯论处;为追讨合法债务或者因婚恋、家庭、邻里纠纷等民间矛盾而雇佣、指使,没有造成严重后果的,一般不作为犯罪处理,但经有关部门批评制止或者处理处罚后仍继续实施的除外。(§ 17)

△(**假借民间借贷之名;诈骗罪;强迫交易罪;敲诈勒索罪;抢劫罪;虚假诉讼罪;违法所得**)对于以非法占有为目的,假借民间借贷之名,通过"虚增债务""签订虚假借款协议""制造资金走账流水""肆意认定违约""转单平账""虚假诉讼"等手段非法占有他人财产,或者使用暴力、威胁手段强立债权、强行索债的,应当根据案件具体事实,以诈骗、强迫交易、敲诈勒索、抢劫、虚假诉讼等罪名侦查、起诉、审判。对于非法占有的被害人实际所得借款以外的虚高"债务"和以"保证金""中介费""服务费"等各种名目扣除或收取的额外费用,均应计入违法所得。对于名义上为被害人所得、但在案证据能够证明实际上却为犯罪嫌疑人、被告人实施后续犯罪所使用的"借款",应予以没收。(§ 20)

《最高人民法院、最高人民检察院、公安部、司法部关于办理"套路贷"刑事案件若干问题的意见》(2019年4月9日公布,自2019年4月9日起施行)

△(**"套路贷";诈骗罪;敲诈勒索罪;非法拘禁罪;虚假诉讼罪;寻衅滋事罪;强迫交易罪;抢劫罪;绑架罪**)实施"套路贷"过程中,未采用明显的暴力或者威胁手段,其行为特征从整体上表现为以非法占有为目的,通过虚构事实、隐瞒真相骗取被害人财物的,一般以诈骗罪定罪处罚;对于在实施"套路贷"过程中多种手段并用,构成诈骗、敲诈勒索、非法拘禁、虚假诉讼、寻衅滋事、强迫交易、抢劫、绑架等多种犯罪的,应当根据具体案件事实,区分不同情况,依照刑法及有关司法解释的规定数罪并罚或者择一重处。(§ 4)

《最高人民法院、最高人民检察院、公安部、司法部关于办理实施"软暴力"的刑事案件若干问题的意见》(自2019年4月9日起施行)

△(**"软暴力";强迫交易罪;寻衅滋事罪**)采用"软暴力"手段,使他人产生心理恐惧或者形成心理强制,分别属于《刑法》第二百二十六条规定的"威胁"、《刑法》第二百九十三条第一款第(二)项规定的"恐吓",同时符合其他犯罪构成要件的,应当分别以强迫交易罪、寻衅滋事罪定罪处罚。

《关于办理寻衅滋事刑事案件适用法律若干问题的解释》第二条至第四条中的"多次"一般应当理解为二年内实施寻衅滋事行为三次以上。三次以上寻衅滋事行为既包括同一类别的行为,也包括不同类别的行为;既包括未受行政处罚的行为,也包括已受行政处罚的行为。(§ 5)

△(**想象竞合**)采用"软暴力"手段,同时构成两种以上犯罪的,依法按照处罚较重的犯罪定罪处罚,法律另有规定的除外。(§ 9)

△(**行政处罚;折抵刑期;抵扣罚金**)根据本意见第五条、第八条规定,对已受行政处罚的行为追究刑事责任的,行为人先前所受的行政拘留处罚应当折抵刑期,罚款应当抵扣罚金。(§ 10)

△(雇佣、指使;主犯;强迫交易罪;敲诈勒索罪;非法侵入住宅罪;寻衅滋事罪;民间矛盾)雇佣、指使他人采用“软暴力”手段强迫交易、敲诈勒索,构成强迫交易罪、敲诈勒索罪的,对雇佣者、指使者,一般应当以共同犯罪中的主犯论处。

为强索不受法律保护的债务或者因其他非法目的,雇佣、指使他人采用“软暴力”手段非法剥夺他人人身自由构成非法拘禁罪,或者非法侵入他人住宅、寻衅滋事,构成非法侵入住宅罪、寻衅滋事罪的,对雇佣者、指使者,一般应当以共同犯罪中的主犯论处;因本人及近亲属合法债务、婚恋、家庭、邻里纠纷等民间矛盾而雇佣、指使,没有造成严重后果的,一般不作为犯罪处理,但经有关部门批评制止或者处理处罚后仍继续实施的除外。(§ 11)

【附属刑法】

《中华人民共和国保险法》(1995 年 6 月 30 日通过,2015 年 4 月 24 日第三次修正)

第一百六十五条

保险代理机构、保险经纪人有本法第一百三十一条规定行为之一的①,由保险监督管理机构责令改正,处五万元以上三十万元以下的罚款;情节严重的,吊销业务许可证。

第一百七十九条

违反本法规定,构成犯罪的,依法追究刑事责任。

《中华人民共和国农民专业合作社法》(2006 年 10 月 31 日通过,2017 年 12 月 27 日修订)

第六十九条

侵占、挪用、截留、私分或者以其他方式侵犯农民专业合作社及其成员的合法财产,非法干预农民专业合作社及其成员的生产经营活动,向农民专业合作社及其成员摊派,强迫农民专业合作社及其成员接受有偿服务,造成农民专业合作社经济损失的,依法追究法律责任。

《中华人民共和国种子法》(2000 年 7 月 8 日通过,2021 年 12 月 24 日第三次修正)

第八十八条

违反本法第四十三条规定,强迫种子使用者违背自己的意愿购买、使用种子,给使用者造成损失的,应当承担赔偿责任。

第八十九条

违反本法规定,构成犯罪的,依法追究刑事责任。

【公报案例】

△(出租车服务费;强迫交易罪;抢劫罪)出租车驾驶员在正常营运过程中,为牟取非法利益,采用暴力、威胁手段,强行向乘客索取与合理价格相差悬殊的高额出租车服务费,情节严重的,其行为构成《刑法》第二百二十六条规定的强迫交易罪,不应以抢劫罪定罪处罚。[《最高人民法院公报》2006 年第 4 期　朱波伟、雷秀平抢劫案]

【参考案例】

△主观上没有非法占有目的,客观上实施了强迫金融机构工作人员贷款行为的,不构成抢劫罪或敲诈勒索罪,应以强迫交易罪论处。

抢劫罪和敲诈勒索罪作为侵犯财产所有权的犯罪,行为人主观上都必须有非法占有公私财物的目的。如果不能证实行为人有非法占有的目的,就不能以抢劫罪或者敲诈勒索罪对行为人定罪处罚。在郑小平等抢劫案中,被告人郑小平等人以暴力、威胁的方法强迫他人提供贷款,其行为特征与《刑法》规定的抢劫罪、敲诈勒索罪的某些客观方面特征相似,但是,从主观方面看,被告人郑小平等人使用暴力、威胁等强迫手段的目的,一开始就是为了获取贷款,没有证据证实是为了非法占有贷款或者勒索财物。虽然被告人郑小平等人将获取的贷款全部用于挥霍,但被告人郑小平等人在强迫贷款过程中,均办理了贷款手续,有一次还拿了房产证去抵押,其中第一笔贷款,被告人邹小虎的父亲为其偿还了部分贷款本息,而第二笔尚未到期即案发,虽最后未全部追回,但毕竟贷款在形式上是履行了合法手续的,被告人郑小平等人与金融机构之间的债权债务关系依然存在。即便被告人郑小平等人主观上确有赖账不还的意

① 《中华人民共和国保险法》(1995 年 6 月 30 日通过,2015 年 4 月 24 日第三次修正)
第一百三十一条
保险代理人、保险经纪人及其从业人员在办理保险业务活动中不得有下列行为:
……
(五)利用行政权力、职务或者职业便利以及其他不正当手段强迫、引诱或者限制投保人订立保险合同;
……

图,由于债权债务关系的存在,金融机构完全可以通过民事诉讼向其主张债权,因此,被告人郑小平等人强迫贷款的行为与直接以暴力、威胁手段非法占有他人财物,侵犯他人财产所有权的抢劫罪或者敲诈勒索罪有所不同,即行为人强迫他人提供贷款采取了非法手段,但由于在形式上履行了贷款手续,被告人郑小平等人取得的贷款实质上是对金融机构的负债,而不是对金融机构资金所有权的无偿占有。既然不能认定被告人主观上具有非法占有公私财产之目的,就不能以抢劫罪或者敲诈勒索罪追究被告人的刑事责任。

强迫交易罪是指以暴力、威胁手段强买强卖、强迫他人提供服务或者强迫他人接受服务,情节严重的行为。为了维护公平的市场交易秩序,《刑法》第二百二十条条规定了强迫交易罪,不仅意在惩处发生在商品交换过程中的强买强卖行为,也为了惩处服务行业中的强迫他人提供服务或者强迫他人接受服务的行为。金融服务业是市场经济的重要组成部分,贷款是银行或者非银行金融机构提供的一种有偿服务,也是金融市场的一种商业行为,借贷双方都应当遵循平等、自愿、公平、等价有偿和诚实信用的原则。强迫他人提供贷款或者强迫他人接受贷款,情节严重的行为,都是《刑法》第二百二十条条强迫交易罪的打击对象。

强迫交易罪在客观上表现为采取暴力、威胁手段强买强卖商品、强迫提供或者接受服务。侵犯的是复杂客体,一方面侵犯了公平的市场交易秩序,另一方面也侵犯了他人的人身权利。如果强迫交易过程中采取的暴力手段致人重伤、死亡,则应按照牵连犯的处罚原则定故意伤害或者故意杀人罪。但刑法规定强迫交易罪的立法本意主要在于打击那些破坏市场交易秩序的行为,因此,只要存在交易,在交易过程中,任何一方采取了暴力、威胁手段强买强卖商品、强迫提供或者接受服务的,如果暴力手段本身不构成犯罪,情节再严重也只能按强迫交易罪定罪。不能因为行为人采取了暴力、威胁手段,就不管双方是否存在交易的事实,一律按抢劫或者敲诈勒索等侵犯财产罪定罪处罚。当然,如果行为人以市场交易为借口,以暴力或者威胁的手段索取、强拿的财物,远远超过正常买卖、交易情况下被害人应支付的财物,可以根据刑法关于抢劫罪的规定,追究行为人的刑事责任。

本案被告人郑小平、邹小虎以暴力、威胁手段强迫他人为其提供贷款的行为,并非以非法占有为目的,贷款手续的办理及存在,也表明了其行为属于强迫他人提供金融服务。因其以此种手段多次作案,"贷款"后造成的经济损失数额巨大,应属情节严重,其行为完全符合强迫交易罪的构成特征,应以强迫交易罪定罪处罚。[No. 3-8-226-1　郑小平等抢劫案]

△在实施强迫交易行为的过程中,其手段行为或方法行为又触犯其他罪名的,应择一重罪处断。

强迫交易罪是以暴力或者威胁为主要手段,在犯罪过程中如果使用了暴力,就有可能造成被害人的死亡或伤害的后果;在实施强迫交易行为的过程中,行为人也可能对被害人实施侮辱、诽谤等行为。因此,行为人在构成强迫交易罪的同时有可能相应地触犯刑法规定的其他罪名而构成其他犯罪。也就是说,行为人在实施强迫交易犯罪行为的过程中,其手段或方法又可能触犯其他罪名,构成其他的犯罪。对于这种情况,应当按照有关牵连犯的刑法处罚原则来处理,即按照"从一重处"的原则对被告人以处刑较重的罪名定罪处罚,而不对其实行数罪并罚。在宋东亮等强迫交易、故意伤害案中,在实施强迫交易罪的过程中,两名被告人用拳殴打被害人,其间被告人陈二永还用水果刀刺伤被害人,造成被害人重伤的后果,显然,本案被告人同时又构成了故意伤害罪。我国《刑法》规定,故意伤害他人身体,致人重伤的,处三年以上十年以下有期徒刑;而强迫交易罪的法定刑为三年以下有期徒刑,相比较,法律规定对故意伤害(致人重伤)的处刑比对强迫交易罪的处刑为重,则对本案应当以故意伤害罪定罪处刑。[No. 3-8-226-2　宋东亮等强迫交易、故意伤害案]

△在共同强迫交易过程中,个别行为人临时起意持刀重伤他人的,应当以故意伤害罪论处,对其他参与共同强迫交易的行为人,应以强迫交易罪论处。

在宋东亮等强迫交易、故意伤害案中,被告人宋东亮、陈二永为牟取非法利益,共同实施强迫交易的行为,用拳殴打被害人,其已构成强迫交易的共同犯罪行为。在实施强迫交易犯罪过程中,被告人宋东亮仅限于拳打被害人彭文彬,被告人陈二永在被告人宋东亮不知情的情况下,用水果刀刺伤被害人彭文彬,致被害人重伤。被告人宋东亮事先既不知陈二永携带刀具参加强迫交易行为,期间也不能预见陈二永在实施强迫交易行为的过程中,会突然拿出随身携带的水果刀刺被害人，且宋东亮在陈二永持刀刺被害人的时候，站在一旁没有同时加害被害人。陈二永持刀重伤被害人的后果，超出了与宋东亮在实施强迫交易犯罪活动中所形成的共同犯罪故意，被害人被刺而受重伤的后果只能由实施重伤行为的被告人陈二永承担。故一审法院仅对本案被告人陈二永以故意伤害罪定罪处罚，而对被告人宋东亮则改以强迫交易罪定罪处罚，是正确的。[No. 3-8-226-3 宋东亮等强迫交易、故意伤害案]

第二百二十七条　【伪造、倒卖伪造的有价票证罪】【倒卖车票、船票罪】

伪造或者倒卖伪造的车票、船票、邮票或者其他有价票证，数额较大的，处二年以下有期徒刑、拘役或者管制，并处或者单处票证价额一倍以上五倍以下罚金；数额巨大的，处二年以上七年以下有期徒刑，并处票证价额一倍以上五倍以下罚金。

倒卖车票、船票，情节严重的，处三年以下有期徒刑、拘役或者管制，并处或者单处票证价额一倍以上五倍以下罚金。

【立法理由】

1. **1979年立法的情况**。1979年《刑法》第一百二十四条规定："以营利为目的，伪造车票、船票、邮票、税票、货票的，处二年以下有期徒刑、拘役或者罚金；情节严重的，处二年以上七年以下有期徒刑，可以并处罚金。"第一百一十七条规定："违反金融、外汇、金银、工商管理法规，投机倒把，情节严重的，处三年以下有期徒刑或者拘役，可以并处、单处罚金或者没收财产。"第一百一十八条规定："以走私、投机倒把为常业的，走私、投机倒把数额巨大的或者走私、投机倒把集团的首要分子，处三年以上十年以下有期徒刑，可以并处没收财产。"

2. **1997年修订刑法的情况**。在由计划经济转向市场经济之后，计划经济的一些产物，如货票等，在市场经济中已不复存在，但市场经济中又出现了一些新的情况，如有价证券，原来刑法的规定已经不能适应市场经济的需要。为了维护市场秩序，对一些仍然存在的扰乱市场的行为，还应予以打击。1997年修订刑法时，对本条进行了补充和修改。一是取消了"以营利为目的"。二是调整了本条涉及的对象，删去了"税票、货票"的规定，同时又补充了"其他有价票证"，作为兜底性规定。三是将刑罚升档条件"情节严重"修改为"数额巨大"。四是将倒卖车票、船票情节严重的行为，作为第二款，单独规定为犯罪。五是完善了刑罚的规定，增加了"管制"，并将罚金刑设置为"票证价额一倍以上五倍以下"罚金。

【条文说明】

本条是关于伪造、倒卖伪造的有价票证罪，倒卖车票、船票罪及其处罚的规定。

本条共分为两款。

第一款是关于伪造、倒卖伪造的有价票证罪及其处罚的规定。其中，**"伪造"**，是指仿照车票、船票、邮票或者其他有价票证的样式、图案、规格，用印刷、描绘等手段，制作假车票、假船票、假邮票或者其他假有价票证的行为。**这里的"伪造"含有"变造"的意思**，即以拼接等方式变造车票、船票、邮票或者其他有价票证。[①] **"车票"**，主要是指客运火车票、长途客运汽车票。**"船票"**，主要是指客船票。**"邮票"**，是指由邮政部门发行的各类邮票。**"其他有价票证"**，是指除车票、船票、邮票以外的，由有关主管部门统一发行和管理的有价票证。[②] 有价票证的情况比较复杂，在不同时期，有价票证的种类不同，且不同的有价票证的作用、价值也不同，法律很难列举全面。刑法只列举了实践中较常见的危害较为严重的伪造、倒卖伪造的车票、船票、邮票的行为，至于对伪造或者倒卖伪造的其他有价票证的行为，作了概括性的规定。这样规定也便于司法机关在查处这类犯罪活动时，灵活掌握。随着形势的发展，还会出现新的破

① 我国学者指出，本罪中的"伪造"乃指广义的伪造，还包括变造有价票证的行为。参见张明楷：《刑法学》(第6版)，法律出版社2021年版，第1103页；黎宏：《刑法学各论》(第2版)，法律出版社2016年版，第207页；周光权：《刑法各论》(第4版)，中国人民大学出版社2021年版，第376页。

② 刘志伟教授指出，有价票证并不限于纸质票证，也包括IC电话卡等电子票证。参见高铭暄、马克昌主编：《刑法学》(第7版)，北京大学出版社、高等教育出版社2016年版，第449页。

坏有价票证的犯罪行为。例如,根据《最高人民检察院关于非法制作、出售、使用IC电话卡行为如何适用法律问题的答复》的规定,非法制作或者出售非法制作的IC电话卡,数额较大的,应当依照本条第一款的规定,**以伪造、倒卖伪造的有价票证罪追究刑事责任**,犯罪数额可以根据销售数额认定。本款分为两档刑罚,第一档刑罚为**数额较大的**,处二年以下有期徒刑、拘役或者管制,并处或者单处票证价额一倍以上五倍以下罚金;第二档刑罚为**数额巨大的**,处二年以上七年以下有期徒刑,并处票证价额一倍以上五倍以下罚金。此外,根据本法第二百三十一条的规定,**单位犯本款规定之罪的**,对单位判处罚金,并对其直接负责的主管人员和其他直接责任人员,依照本款的规定,定罪处罚。这里的"**票证价额**",是指本条规定的伪造或者倒卖伪造的有价票证的票面价额。根据《最高人民检察院、公安部关于公安机关管辖的刑事案件立案追诉标准的规定(一)》第二十九条的规定,伪造或者倒卖伪造的车票、船票、邮票或者其他有价票证,涉嫌下列情形之一的,**应予立案追诉**:(1)车票、船票票面数额累计二千元以上,或者数量累计五十张以上的;(2)邮票票面数额累计五千元以上,或者数量累计一千枚以上的;(3)其他有价票证价额累计五千元以上,或者数量累计一百张以上的;(4)非法获利累计一千元以上的;(5)其他数额较大的情形。

第二款是关于倒卖车票、船票罪及其处罚的规定。不同于第一款,本款规定的是**倒卖真的车票、船票的犯罪行为**。① 对于这种犯罪的刑罚规定是,**情节严重的**,处三年以下有期徒刑、拘役或者管制,并处或者单处票证价额一倍以上五倍以下罚金。此外,根据《刑法》第二百三十一条的规定,**单位犯本款规定之罪的**,对单位判处罚金,并对其直接负责的主管人员和其他直接责任人员,依照本款的规定,定罪处罚。根据《最高人民检察院、公安部关于公安机关管辖的刑事案件立案追诉标准的规定(一)》第三十条的规定,倒卖车票、船票或者倒卖车票坐席、卧铺签字号以及订购车票、船票凭证,涉嫌下列情形之一的,**应予立案追诉**:(1)票面数额累计五千元以上的;(2)非法获利累计二千元以上的;(3)其他情节严重的情形。

实践中需要注意以下两个问题:

1. 本条第一款将伪造、倒卖伪造邮票的行为规定为犯罪。实践中还出现了**变造、倒卖变造邮票**的情况。变造的邮票也是一种伪造邮票的方式。2000年12月9日起施行的《最高人民法院关于对变造、倒卖变造邮票行为如何适用法律问题的解释》对此作了进一步明确。该解释规定,对变造或者倒卖变造的邮票数额较大的,应当依照本条第一款的规定定罪处罚。

2. 关于如何认定"有价票证"的问题。实践中,"票、证"的表现形式多样。有的票、证具有临时性、赠与性、无流通性、票证价值难以计算等情况。相关案件中的"票、证"是否属于本条第一款规定的"有价票证",在认定时需要慎重。司法机关根据实践中的情况,通过遵循立法原意,以司法解释等方式明确将一些票、证适用伪造、倒卖伪造的有价票证罪。例如,1999年通过的《最高人民法院关于审理倒卖车票刑事案件有关问题的解释》将倒卖火车票坐席、卧铺签字号、订购车票凭证这些无流通性质的票证视同倒卖火车票,予以定罪处罚。总体上,对于实践中出现的一些"票、证"是否属于"有价票证",**一般需要结合案件的具体情况,根据票、证的本质,以及是否具有与伪造、倒卖伪造的车票、船票、邮票等相当的危害程度综合认定。**

【司法解释】

《最高人民法院关于审理倒卖车票刑事案件有关问题的解释》(法释〔1999〕17号,自1999年9月14日起施行)

△(**倒卖车票情节严重**)高价、变相加价倒卖车票或者倒卖坐席、卧铺签字号及订购车票凭证,票面数额在五千元以上,或者非法获利数额在二千元以上的,构成刑法第二百二十七条第二款规定的"倒卖车票情节严重"。(§ 1)

△(**从重处罚事由**)对于铁路职工倒卖车票或者与其他人员勾结倒卖车票;组织倒卖车票的首要分子;曾因倒卖车票受过治安处罚两次以上或者被劳动教养一次以上,两年内又倒卖车票,构成倒卖车票罪的,依法从重处罚。(§ 2)

《最高人民法院关于对变造、倒卖变造邮票行为如何适用法律问题的解释》(法释〔2000〕41号,

① 我国学者指出,伪造、倒卖伪造的有价票证罪中的"倒卖"乃指出售、贩卖,不要求先购入后出售;倒卖车票、船票罪中的"倒卖"则指先购入后出售的行为。参见张明楷:《刑法学》(第6版),法律出版社2021年版,第1103页。另有学者指出,倒卖既包括低价买进高价卖出的行为,也包括为了出卖而收买的行为。参见周光权:《刑法各论》(第4版),中国人民大学出版社2021年版,第376页。

自2000年12月9日起施行）

△（**变造或者倒卖变造的邮票**）对变造或者倒卖变造的邮票数额较大的，应当依照刑法第二百二十七条第一款的规定定罪处罚。

【司法解释性文件】

《最高人民检察院法律政策研究室关于非法制作、出售、使用IC电话卡行为如何适用法律问题的答复》（〔2003〕高检研发第10号，2003年4月2日公布）

△（**非法制作或者出售非法制作的IC电话卡；犯罪数额；销售数额；盗窃罪**）非法制作或者出售非法制作的IC电话卡，数额较大的，应当依照刑法第二百二十七条第一款的规定，以伪造、倒卖伪造的有价票证罪追究刑事责任，犯罪数额可以根据销售数额认定；明知是非法制作的IC电话卡而使用或者购买并使用，造成电信资费损失数额较大的，应当依照刑法第二百六十四条的规定，以盗窃罪追究刑事责任。

《最高人民检察院、公安部关于公安机关管辖的刑事案件立案追诉标准的规定（一）》（公通字〔2008〕36号，2008年6月25日公布）

△（**伪造、倒卖伪造的有价票证罪；立案追诉标准**）伪造或者倒卖伪造的车票、船票、邮票或者其他有价票证，涉嫌下列情形之一的，应予立案追诉：

（一）车票、船票票面数额累计二千元以上，或者数量累计五十张以上的；

（二）邮票票面数额累计五千元以上，或者数量累计一千枚以上的；

（三）其他有价票证价额累计五千元以上，或者数量累计一百张以上的；

（四）非法获利累计一千元以上的；

（五）其他数额较大的情形。（§ 29）

△（**倒卖车票、船票罪；立案追诉标准**）倒卖车票、船票或者倒卖车票坐席、卧铺签字号以及订购车票、船票凭证，涉嫌下列情形之一的，应予立案追诉：

（一）票面数额累计五千元以上的；

（二）非法获利累计二千元以上的；

（三）其他情节严重的情形。（§ 30）

【附属刑法】

《中华人民共和国铁路法》（1990年9月7日通过，2015年4月24日修正）

第六十六条

倒卖旅客车票，构成犯罪的，依照刑法有关规定追究刑事责任。铁路职工倒卖旅客车票或者与其他人员勾结倒卖旅客车票的，依照刑法有关规定追究刑事责任。

《中华人民共和国邮政法》（1986年12月2日通过，2015年4月24日第二次修正）

第八十条

有下列行为之一，尚不构成犯罪的，依法给予治安管理处罚：

……

（二）伪造邮资凭证或者倒卖伪造的邮资凭证的；

……

第八十二条

违反本法规定，构成犯罪的，依法追究刑事责任。

【参考案例】

△伪造、倒卖伪造的可享有消费优惠的资质证明，应以伪造、倒卖伪造的有价票证罪论处。

《刑法》第二百二十七条第一款规定，伪造或者倒卖伪造的车票、船票、邮票或者其他有价票证，数额较大的，处二年以下有期徒刑、拘役或者管制，并处或者单处票证价额一倍以上五倍以下罚金；数额巨大的，处二年以上七年以下有期徒刑，并处票证价额一倍以上五倍以下罚金。这里的其他有价票证，是指除了车票、船票、邮票以外的，由有关主管部门统一发行和管理的能够体现一定价值的票证。有价票证的情况比较复杂，表现多样，且不同的有价票证其作用、价值也不同，法律很难全面穷尽列举。因此，刑法只列举了实践中较常见危害较为严重的伪造、倒卖伪造的车票、船票、邮票的行为，至于对伪造、倒卖伪造的其他有价票证的行为，只作了概括性规定。这样规定，便于司法机关在查处这类犯罪活动时灵活掌握。结合案情，王珂伪造、倒卖伪造的有价票证、蔡明喜倒卖伪造的有价票证案中一、二审法院准确把握了有价票证的本质特征，将铁路乘车证及其他证件认定为“有价票证”是正确的。主要理由如下：

（1）乘车证与工作证、出差证明书、乘车证使用卡一起使用，其在使用效果上与火车票相同，伪造、倒卖伪造的乘车证及其他证件，其社会危害性与伪造、倒卖伪造的车票、船票、邮票性质相同。

（2）法律解释不能只看形式，而应该看本质。《刑法》第二百二十七条中的有价票证，并不要求与所列举的车票、船票、邮票的特征完全相同，只要乘车证及其他证件本质上是有价的，符合有价票证的本质特征，就可以认定为有价票证。

(3)1999年通过的《最高人民法院关于审理倒卖车票刑事案件有关问题的解释》明确规定，倒卖火车票坐席、卧铺签字号、订购车票凭证这些无流通性质的票证视同倒卖火车客票，与此同理，铁路乘车证及其他证件同样也应视为有价票证。

(4)至于票证价额不好确定的问题，属于实践操作问题，不应成为否定乘车证及其他凭证属于有价票证的理由。[No.3-8-227(1)-1　王珂伪造、倒卖伪造的有价票证、蔡明喜倒卖伪造的有价票证案]

△伪造单位对外发行具有经济价值、可流通的票证的，应以伪造有价票证罪论处。

有关伪造有价票证的立法、1997年《刑法》与1979年《刑法》存在明显的不同。1979年《刑法》采取的是列明式规定，根据第一百二十四条的规定，伪造有价票证罪的对象为车票、船票、邮票、税票、货票五种；1997年《刑法》采取的是例示式规定，根据第二百二十七条的规定，可以成为伪造有价票证罪的对象的，除车票、船票、邮票之外，还包括其他有价票证。这样，在修订后的《刑法》里，就存在一个如何理解、界定有价票证的问题。具体到本案，即东方明珠广播电视塔观光券是否属于有价票证？结合《刑法》第二百二十七条所列明的车票、船票、邮票三种犯罪对象及伪造有价票证罪所侵害的客体，有价票证应当理解为由有关国家机关、公司、企业、事业单位依法印制，并向社会公众发放、销售，具有一定票面金额，可以在一定范围内流通或者使用，能够证明持票人享有要求发票人或者受票人支付一定数额的财物或者提供特定服务的权利，或者能够证明其已履行了相关法律义务的书面凭证。在具体认定时，应从有价票证制作发行的有权性、票面的有价性、流通使用的公共性及权利内容的凭证性等方面加以把握，诸如机票、演出(电影、球赛等)、旅游景点、博物馆的门票(入场券)等均属有价票证。但是，发票、金融票证、有价证券等因《刑法》另有专门规定，故不在此列；过期作废或者使用过的票证因不再具有流通或者使用功能，也不应认定为《刑法》第二百二十七条规定的有价票证。本案中的观光券，系东方明珠公司依法印制向社会公众出售，具有票面金额，并以提供观光服务为内容，持票人据其享有入塔观光的权利，完全符合有价票证诸特征，故应认定为有价票证。[No.3-8-227(1)-2　董佳等伪造有价票证、职务侵占案]

△以非法占有为目的，利用职务上的便利出售伪造的单位有价票证的，应以职务侵占罪论处。

在董佳等伪造有价票证、职务侵占案中，被告人董佳、岑炯等以假的观光券冒充真的观光券向游客出售，客观上存在欺骗游客及倒卖伪造票证行为，但不应以诈骗罪和倒卖有价票证罪定罪处罚。董佳等被告人虽实施了以假充真、欺骗游客的行为，但其所意图占有的对象并非游客的财物，而是东方明珠塔的门票收入。欺骗游客、倒卖伪造票证只是被告人达到侵占所在单位东方明珠塔门票收入的一种手段，一种具体的行为方式，意在通过这种“偷梁换柱”的方式来掩盖对单位票款的非法侵占。所以在本案性质的判定中，立足点应当放在非法占有的对象物这点上。首先，本案表面上所直接侵占的是游客的钱款，实质上属于东方明珠公司应得的门票收入，应当认定为东方明珠公司的财产；其次，董佳、岑炯二被告人，一个利用售票员的职务便利，将假票冒充真票出售给游客，一个利用检票员的职务便利，对持假观光券的游客予以放行，进而将假观光券的票款收入人民币236530元占为己有。董佳等被告人的上述行为完全符合职务侵占罪的构成特征，故构成职务侵占罪。[No.3-8-227(1)-3　董佳等伪造有价票证、职务侵占案]

△伪造单位内流转、具有一定经济价值的票证的，应以伪造有价票证罪论处。

《刑法》第二百二十七条第一款规定，伪造车票、船票、邮票或者其他有价票证，数额较大的，构成伪造有价票证罪。该罪的犯罪对象是车票、船票、邮票或其他有价票证。这里的车票、船票、邮票含义明确，范围固定，一般不存在问题。但对于其他有价票证的认定，则是司法认定的难点。其他有价票证应当是与车票、船票、邮票具有同一属性的有价票证，与车票、船票、邮票一样，是由有关部门统一发行和管理、能够证明持票人已付出票面标明金额的货币，从而有权持票要求相应部门提供一定服务的票证，如飞机票，欣赏表演的门票(电影票、球票、戏票)，旅游景点、博物馆的门票等。有价票证一般具有下列特点：一是票证上要有一定的面额，即有价性；二是代表一定的经济利益上的权利，即具有权利性，若只有纪念性、观赏性，如火花、作废的邮票等，则不属于《刑法》意义上的“其他有价票证”；三是票证的使用、发放范围在相当的空间进行，对大多数或不特定的人有效，即公共性，因而诸如仓单、提货单等只对特定人有效的权利凭证，以及只在一个单位内有效的内部凭证等均不在有价票证范围之内；四是票证体现的法律关系具有债权债务关系，其内容为提供或接受一定的服务。就赵志刚伪造有价票证案而言，被告人赵志刚伪造的是经工商部门核准登记的营业性公共浴池的洗澡票，这种洗澡票是经当地物价部门核定并在当地社会上流通使用，具有确定面额的一种书面凭证，尽管其在发行、使用范围上具有地域性，但从性质上讲，与车票、船票、邮票等具有相同的属性，应当属于《刑法》第二百二十七条规定的其他有价票证。[No. 3-8-227(1)-4　赵志刚伪造有价票证案]

△**以出售牟利为目的购买大量车票尚未售出的，应以倒卖车票罪（既遂）论处。**

以出售牟利为目的购买车票的行为符合倒卖车票罪的客观特征，情节严重的，应认定具备倒卖车票罪的犯罪构成要件，以犯罪既遂处理，但在量刑上应当有所区别。

根据《最高人民法院关于执行〈中华人民共和国铁路法〉中刑事罚则若干问题的解释》（已失效）和《最高人民法院关于审理倒卖车票刑事案件有关问题的解释》的规定，购买车票后高价、变相加价卖出无疑属于倒卖车票的行为。但对于以高价或变相加价出售为目的而购买车票的行为，亦属于倒卖车票行为的表现形式之一。现行刑法所规定的倒卖车票罪实质上是从1979年《刑法》规定的投机倒把罪分解而来，倒卖车票罪中的"倒"与投机倒把罪中的"倒"的含义相同。按照《现代汉语词典》的解释，"倒"为转移、转换，因此，从字面意义理解，在"倒"这一行为之前必然还有一个买进的行为。倒卖应为转手贩卖从中牟利的意思，其实质在于行为人意图出卖后牟利而不限于行为人必须要有出售行为，也就是说，倒卖的本质在于行为人买进后意图通过加价卖出牟利，至于最终是否卖出，是否实现了牟利的目的则在所不论。倒卖车票罪侵犯的直接客体为国家对车票的正常管理制度，当行为人为了加价牟利大量购买车票，无论其是否售出，国家就已经失去了对车票的控制，旅客无法通过正常途径以正常价格购买到所需要的车票，交通秩序受到了破坏，行为人的行为侵犯了国家对车票的正常管理制度。所以，从倒卖行为的本质特征和倒卖车票罪侵犯的客体分析，为了出卖而买当然属于倒卖的应有之义。[No. 3-8-227(2)-1　刘建场等倒卖车票案]

第二百二十八条　【非法转让、倒卖土地使用权罪】

以牟利为目的，违反土地管理法规，非法转让、倒卖土地使用权，情节严重的，处三年以下有期徒刑或者拘役，并处或者单处非法转让、倒卖土地使用权价额百分之五以上百分之二十以下罚金；情节特别严重的，处三年以上七年以下有期徒刑，并处非法转让、倒卖土地使用权价额百分之五以上百分之二十以下罚金。

【立法解释】

《全国人民代表大会常务委员会关于〈中华人民共和国刑法〉第二百二十八条、第三百四十二条、第四百一十条的解释》[2001年8月31日通过，该解释已经被《全国人民代表大会常务委员会关于修改部分法律的决定》（2009年8月27日通过）修改]

△**（违反土地管理法规）**刑法第二百二十八条、第三百四十二条、第四百一十条规定的"违反土地管理法规"，是指违反土地管理法、森林法、草原法等法律以及有关行政法规中关于土地管理的规定。

【立法理由】

1. **1979年立法的情况。**我国宪法规定，任何组织或者个人不得侵占、买卖或者以其他形式非法转让土地。土地的使用权应当依照法律的规定转让。1986年第六届全国人大常委会第十六次会议通过的《土地管理法》第四十七条规定："买卖、出租或者以其他形式非法转让土地的，没收非法所得，限期拆除或者没收在买卖、出租或者以其他形式非法转让的土地上新建的建筑物和其他设施，并可以对当事人处以罚款；对主管人员由其所在单位或者上级机关给予行政处分。"对于倒卖土地使用权的行为，可以适用1979年刑法规定的投机倒把罪。1979年《刑法》第一百一十七条规定："违反金融、外汇、金银、工商管理法规，投机倒把，情节严重的，处三年以下有期徒刑或者拘役，可以并处、单处罚金或者没收财产。"第一百一十八条规定："以走私、投机倒把为常业的，走私、投机倒把数额巨大的或者走私、投机倒把集团的首要分子，处三年以上十年以下有期徒刑，可以并处没收财产。"

2. **1997年修订刑法的情况。**随着市场经济的繁荣，我国房地产业得到飞速发展，由于房价的不断上涨，倒卖土地使用权的犯罪也不断增多，这种行为扰乱市场秩序，妨害了房地产经营的正常发展。1997年刑法取消了投机倒把罪名，将这种非法转让、倒卖土地使用权的行为单独规定了罪名。

3. 2001年8月31日第九届全国人大常委会第二十三次会议通过的**《全国人民代表大会常务委员会关于〈中华人民共和国刑法〉第二百二十八条、第三百四十二条、第四百一十条的解释》**规定，“刑法第二百二十八条、第三百四十二条、第四百一十条规定的‘**违反土地管理法规**’，是指违反土地管理法、森林法、草原法等法律以及有关行政法规中关于土地管理的规定”。

【条文说明】

本条是关于非法转让、倒卖土地使用权罪及其处罚的规定。

本条规定的非法转让、倒卖土地使用权罪，是指以牟利为目的，违反土地管理法规，非法转让、倒卖土地使用权的犯罪行为。其中，“**以牟利为目的**”，是指以获取经济利益为目的。“**违反土地管理法规**”，根据2001年8月31日第九届全国人大常委会第二十三次会议通过的《全国人民代表大会常务委员会关于〈中华人民共和国刑法〉第二百二十八条、第三百四十二条、第四百一十条的解释》的规定，是指违反土地管理法、森林法、草原法等法律以及有关行政法规中关于土地管理的规定。“**非法转让土地使用权**”，是指将依法管理和持有的土地使用权违反上述法律、行政法规的有关规定，擅自转让给他人的行为。“**非法倒卖土地使用权**”，是指违反上述法律、行政法规的规定，将土地使用权进行倒卖，从而进行牟利的行为。[①]《土地管理法》第二条第三款规定，任何单位和个人不得侵占、买卖或者以其他形式非法转让土地。土地使用权可以依法转让。可见，土地使用权的享有和转让是由国家法律、行政法规明确规定的，不能随意买卖。即使进行土地使用权的有偿转让，也应根据有关法律、法规的规定和通过有关主管部门的审查和批准才能进行。

本条关于刑罚的规定为两档，第一档刑罚为**情节严重的**，处三年以下有期徒刑或者拘役，并处或者单处非法转让、倒卖土地使用权价额百分之五以上百分之二十以下罚金；第二档刑罚为**情节特别严重的**，处三年以上七年以下有期徒刑，并处非法转让、倒卖土地使用权价额百分之五以上百分之二十以下罚金。此外，根据《刑法》第二百三十一条的规定，**单位犯本条规定之罪的**，对单位判处罚金，并对其直接负责的主管人员和其他直接责任人员，依照本条的规定，定罪处罚。根据2010年《最高人民检察院、公安部关于公安机关管辖的刑事案件立案追诉标准的规定（二）》第八十条的规定，以牟利为目的，违反土地管理法规，非法转让、倒卖土地使用权，涉嫌下列情形之一的，**应予立案追诉**：（1）非法转让、倒卖基本农田五亩以上的；（2）非法转让、倒卖基本农田以外的耕地十亩以上的；（3）非法转让、倒卖其他土地二十亩以上的；（4）违法所得数额在五十万元以上的；（5）虽未达到上述数额标准，但因非法转让、倒卖土地使用权受过行政处罚，又非法转让、倒卖土地的；（6）其他情节严重的情形。根据2000年《最高人民法院关于审理破坏土地资源刑事案件具体应用法律若干问题的解释》第一条、第二条的规定，具有下列情形之一的，属于非法转让、倒卖土地使用权“**情节严重**”：（1）非法转让、倒卖基本农田五亩以上的；（2）非法转让、倒卖基本农田以外的耕地十亩以上的；（3）非法转让、倒卖其他土地二十亩以上的；（4）非法获利五十万元以上的；（5）非法转让、倒卖土地接近上述数量标准并具有其他恶劣情节的，如曾因非法转让、倒卖土地使用权受过行政处罚或者造成严重后果等。具有下列情形之一的，属于非法转让、倒卖土地使用权“**情节特别严重**”：（1）非法转让、倒卖基本农田十亩以上的；（2）非法转让、倒卖基本农田以外的耕地二十亩以上的；（3）非法转让、倒卖其他土地四十亩以上的；（4）非法获利一百万元以上的；（5）非法转让、倒卖土地接近上述数量标准并具有其他恶劣情节，如造成严重后果等。本条具体规定了罚金刑的处罚幅度，即“**非法转让、倒卖土地使用权价额百分之五以上百分之二十以下**”。这是根据这种犯罪具有牟利性的特点规定的。其中罚金数额的具体确定，是以实际转让、倒卖土地使用权的价额为计算基数，非法转让、倒卖土地使用权价额越高，应当判处的罚金数额也就越大。

【司法解释】

《最高人民法院关于审理破坏土地资源刑事案件具体应用法律若干问题的解释》（法释〔2000〕14号，自2000年6月22日起施行）

△**（情节严重）**以牟利为目的，违反土地管理法规，非法转让、倒卖土地使用权，具有下列情形之一的，属于非法转让、倒卖土地使用权“情节严重”，依照刑法第二百二十八条的规定，以非法转

① 我国学者指出，本罪的成立不以土地使用权的变更登记为前提，只要事实上转让、倒卖了土地使用权即可。参见张明楷：《刑法学》（第6版），法律出版社2021年版，第1103页。

让、倒卖土地使用权罪定罪处罚：

（一）非法转让、倒卖基本农田五亩以上的；

（二）非法转让、倒卖基本农田以外的耕地十亩以上的；

（三）非法转让、倒卖其他土地二十亩以上的；

（四）非法获利五十万元以上的；

（五）非法转让、倒卖土地接近上述数量标准并具有其他恶劣情节的，如曾因非法转让、倒卖土地使用权受过行政处罚或者造成严重后果等。（§1）

△（**情节特别严重**）实施第一条规定的行为，具有下列情形之一的，属于非法转让、倒卖土地使用权"情节特别严重"：

（一）非法转让、倒卖基本农田十亩以上的；

（二）非法转让、倒卖基本农田以外的耕地二十亩以上的；

（三）非法转让、倒卖其他土地四十亩以上的；

（四）非法获利一百万元以上的；

（五）非法转让、倒卖土地接近上述数量标准并具有其他恶劣情节，如造成严重后果等。（§2）

△（**单位犯罪**）单位犯非法转让、倒卖土地使用权罪、非法占有耕地罪的定罪量刑标准，依照本解释第一条、第二条、第三条的规定执行。（§8）

△（**数量、数额累计计算**）多次实施本解释规定的行为依法应当追诉的，或者一年内多次实施本解释规定的行为未经处理的，按照累计的数量、数额处罚。（§9）

【司法解释性文件】

《最高人民法院关于个人违法建房出售行为如何适用法律问题的答复》（法〔2010〕395号，2010年11月1日公布）

△（**个人违法建房出售**）你院请示的在农村宅基地、责任田上违法建房出售如何处理的问题，涉及面广，法律、政策性强。据了解，有关部门正在研究制定政策意见和处理办法，在相关文件出台前，不宜以犯罪追究有关人员的刑事责任。（§1）

《最高人民检察院、公安部关于公安机关管辖的刑事案件立案追诉标准的规定（二）》（公通字〔2022〕12号，2022年4月6日公布）

△（**非法转让、倒卖土地使用权罪；立案追诉标准**）以牟利为目的，违反土地管理法规，非法转让、倒卖土地使用权，涉嫌下列情形之一的，应予立案追诉：

（一）非法转让、倒卖永久基本农田五亩以上的；

（二）非法转让、倒卖永久基本农田以外的耕地十亩以上的；

（三）非法转让、倒卖其他土地二十亩以上的；

（四）违法所得数额在五十万元以上的；

（五）虽未达到上述数额标准，但因非法转让、倒卖土地使用权受过行政处罚，又非法转让、倒卖土地的；

（六）其他情节严重的情形。（§72）

【附属刑法】

《中华人民共和国土地管理法》（1986年6月25日通过，2019年8月26日第三次修正）

第七十四条

买卖或者以其他形式非法转让土地的，由县级以上人民政府自然资源主管部门没收违法所得；对违反土地利用总体规划擅自将农用地改为建设用地的，限期拆除在非法转让的土地上新建的建筑物和其他设施，恢复土地原状，对符合土地利用总体规划的，没收在非法转让的土地上新建的建筑物和其他设施；可以并处罚款；对直接负责的主管人员和其他直接责任人员，依法给予处分；构成犯罪的，依法追究刑事责任。

《中华人民共和国草原法》（1985年6月18日通过，2021年4月29日第三次修正）

第六十四条

买卖或者以其他形式非法转让草原，构成犯罪的，依法追究刑事责任；尚不够刑事处罚的，由县级以上人民政府草原行政主管部门依据职权责令限期改正，没收违法所得，并处违法所得一倍以上五倍以下的罚款。

第二百二十九条　【提供虚假证明文件罪】【出具证明文件重大失实罪】

承担资产评估、验资、验证、会计、审计、法律服务、保荐、安全评价、环境影响评价、环境监测等职责的中介组织的人员故意提供虚假证明文件，情节严重的，处五年以下有期徒刑或者拘役，并处罚金；有下列情形之一的，处五年以上十年以下有期徒刑，并处罚金：

（一）提供与证券发行相关的虚假的资产评估、会计、审计、法律服务、保荐等证明文件，情节特别严重的；

（二）提供与重大资产交易相关的虚假的资产评估、会计、审计等证明文件，情节特别严重的；

（三）在涉及公共安全的重大工程、项目中提供虚假的安全评价、环境影响评价等证明文件，致使公共财产、国家和人民利益遭受特别重大损失的。

有前款行为，同时索取他人财物或者非法收受他人财物构成犯罪的，依照处罚较重的规定定罪处罚。

第一款规定的人员，严重不负责任，出具的证明文件有重大失实，造成严重后果的，处三年以下有期徒刑或者拘役，并处或者单处罚金。

【立法沿革】

《中华人民共和国刑法》（1997年修订，自1997年10月1日起施行）

第二百二十九条

承担资产评估、验资、验证、会计、审计、法律服务等职责的中介组织的人员故意提供虚假证明文件，情节严重的，处五年以下有期徒刑或者拘役，并处罚金。

前款规定的人员，索取他人财物或者非法收受他人财物，犯前款罪的，处五年以上十年以下有期徒刑，并处罚金。

第一款规定的人员，严重不负责任，出具的证明文件有重大失实，造成严重后果的，处三年以下有期徒刑或者拘役，并处或者单处罚金。

《中华人民共和国刑法修正案（十一）》（自2021年3月1日起施行）

二十五、将刑法第二百二十九条修改为：

“承担资产评估、验资、验证、会计、审计、法律服务、保荐、安全评价、环境影响评价、环境监测等职责的中介组织的人员故意提供虚假证明文件，情节严重的，处五年以下有期徒刑或者拘役，并处罚金；有下列情形之一的，处五年以上十年以下有期徒刑，并处罚金：

“（一）提供与证券发行相关的虚假的资产评估、会计、审计、法律服务、保荐等证明文件，情节特别严重的；

“（二）提供与重大资产交易相关的虚假的资产评估、会计、审计等证明文件，情节特别严重的；

“（三）在涉及公共安全的重大工程、项目中提供虚假的安全评价、环境影响评价等证明文件，致使公共财产、国家和人民利益遭受特别重大损失的。

“有前款行为，同时索取他人财物或者非法收受他人财物构成犯罪的，依照处罚较重的规定定罪处罚。

“第一款规定的人员，严重不负责任，出具的证明文件有重大失实，造成严重后果的，处三年以下有期徒刑或者拘役，并处或者单处罚金。”

【立法理由】

1. 1979年之后至1997年刑法修订前的立法情况。关于中介组织人员故意提供虚假证明文件的行为，1979年刑法没有规定为犯罪。随着市场经济的发展，中介组织发挥着越来越重要的作用。其主体资格的取得，对从事市场行为有着重要的影响，并直接关系到市场秩序。为此，一系列法律、法规中都对中介组织的权利、义务、行为规范及中介组织违反这些规定所应负的法律责任作了规定。1995年2月28日第八届全国人大常委会第十二次会议通过的《全国人民代表大会常务委员会关于惩治违反公司法的犯罪的决定》第六条规定了提供虚假证明文件的犯罪，对刑法作了补充。该决定第六条规定：“承担资产评估、验资、验证、审计职责的人员故意提供虚假证明文件，情节严重的，处五年以下有期徒刑或者拘役，可以并处二十万元以下罚金。单位犯前款罪的，对单位判处违法所得五倍以下罚金，并对直接负责的主管人员和其他直接责任人员，依照前款的规定，处五年以下有期徒刑或者拘役。”

2. 1997年修订刑法的情况。1997年修订刑法时，将1995年《全国人民代表大会常务委员会关于惩治违反公司法的犯罪的决定》第六条的规定修改后纳入刑法。主要作了以下修改：一是扩大了犯罪主体的范围。在列举的中介组织人员中增加会计、法律服务人员，同时增加规定“等”字，以起到兜底作用，即将除明确列举的几类中介组织之外的，其他所有的中介机构的人员都纳入本条犯罪主体。二是对罚金刑的数额标准作出修改，将处“二十万元以下罚金”修改为处“罚金”，即不再限定具体数额，由法官根据案件的具体情况确定具体的罚金数额，以更有利于实现罪责刑相适应。三是增加一款规定，对索取他人财物或者非法收受他人财物以提供虚假证明文件的中介组织的人员，明确规定处五年以上十年以下有期徒刑，并处罚金。四是增加过失犯罪的规定。对于严重不负责任，出具的证明文件有重大失实，造成严重后果的中介组织的人员，规定处三年以下有期徒刑或者拘役，并处或者单处罚金。五是调整了关于单位犯罪的位置，未在本条中单独规定单位犯罪，而是在第二百三十一条中对《刑法》分则破坏社会主义市场经济秩序罪一章中“扰乱市场秩序罪”一节的单位犯罪作出统一规定。同时调整了单位犯罪的罚金刑标准，由“对单位判处违法所得五倍以下罚金”调整为“对单位判处罚金”。

3. **2020年《刑法修正案(十一)》对本条的修改情况**。一是进一步增加列举了一些中介组织，以进一步明确本条适用的主体范围，对从事保荐、安全评价、环境影响评价、环境监测职责的中介组织的人员适用本条作了明确规定。二是增加了一档刑罚，即“处五年以上十年以下有期徒刑，并处罚金”，同时对加重处罚的情形作了明确列举，包括提供与证券发行相关的虚假的资产评估、会计、审计、法律服务、保荐等证明文件，情节特别严重的；提供与重大资产交易相关的虚假的资产评估、会计、审计等证明文件，情节特别严重的；在涉及公共安全的重大工程、项目中提供虚假的安全评价、环境影响评价等证明文件，致使公共财产、国家和人民利益遭受特别重大损失的。三是修改完善了中介组织人员受贿以提供虚假证明文件的处罚，将“处五年以上十年以下有期徒刑，并处罚金”修改为“依照处罚较重的规定定罪处罚”。作出以上修改，主要有以下考虑：

一是**有的全国人大代表、有关部门建议，进一步明确本条的犯罪主体**。如有的全国人大代表、有关部门提出，在公司上市和证券发行领域，保荐人是保障资本市场投融资功能有效发挥的关键一环，在信息披露真实性、投资者保护方面，相对于会计师和律师具有更高的勤勉尽责义务。保荐人除了要保障自己提供的发行文件真实、准确和完整，还需要对会计师事务所、律师事务所和评估机构提供的证明文件的真实性、准确性和完整性进行审慎核查。保荐人故意提供虚假证明文件或者出具证明文件重大失实，往往与欺诈发行股票、债券，违规披露、不披露重要信息等违法犯罪相关，具有严重的社会危害性。特别是在以信息披露为核心的证券发行注册制施行后，保荐人作为发行“担保方”，其职责更重。保荐人出具有虚假记载、误导性陈述或者重大遗漏的保荐书，或者不履行其他法定职责的，应依法给予行政处罚，对此，各方面认识是一致的，但是在是否应当追究刑事责任问题上，有的地方司法机关认为还需要进一步明确。主要是从性质、职责、作用来看，保荐人都应当属于本条规定的“中介组织”。可是由于刑法在规定上采取了列举加兜底的规定方式，在明确列举的几类中介组织中，没有列举保荐人，导致对于保荐人是否属于本条规定的“中介组织”，感觉没有把握。为了解决这一认识上的分歧，确保刑法准确适用，建议此次修改刑法时，对保荐人严重违法违规出具虚假保荐书的情况，加以补充列举，以进一步明确法律责任。还有的部门和地方提出，因各地环保力度加大，环保考评制度严格落实等原因，环境影响评估结果造假、伪造监测数据的情况增多。一些负责环境监测的中介组织的人员故意伪造环境监测的情况、数据，提供虚假的环境监测报告；一些负责环境影响评价的中介组织的人员违法进行环境影响评价，有的甚至捏造环境影响评价书，有的直接抄袭其他项目的环境影响评价书，等等，这些造假行为使得环境影响评价形同虚设，严重损害社会公共利益。在司法适用中，根据2016年《最高人民法院、最高人民检察院关于办理环境污染刑事案件适用法律若干问题的解释》第十条的规定，针对环境质量监测系统采取修改参数、修改监测数据、干扰采样等行为的，以破坏计算机信息系统罪定罪处罚，部分解决了针对计算机平台的环境监测数据造假行为追究刑事责任的问题。但是对于计算机平台以外的环境影响评估造假、环境监测数据造假行为，还需要在刑法上进一步明确适用罪名。立法机关对于以上意见和建议进行了认真研究，总的来看，本条所规定的犯罪主体是涵盖了所有的中介机构的人员的。因此，承担保荐、环境影响评价、环境监测的中介组织的人员故意出具虚假证明文件或者出具重大失实证明文件，都应当适用本条规定定罪处罚。考虑到实践中对于上述保荐人等是否属于本条规定的“中介组织的人员”存在不同认识，同时，这些中介组织所负责的保荐、安全评价、环境影响评价、环境监测等活动，对相关事项具有非常重要的社会服务、监督职能，从事这些中介服务的人员故意出具虚假的证明文件，具有严重的危害性，明确对这些行为应当适用刑法予以惩治，有利于警示相关从业人员依法履职，恪尽职守。因此，对承担这些任务的中介组织在本条现有规定的基础上作进一步明确，也是合理的。为此，本条修改在罪状中增加规定了“保荐、安全评价、环境影响评价、环境监测”。

二是**对一些承担特别重要职责的中介组织的人员故意提供虚假证明文件的，明确规定适用更重一档的刑罚**。本条的犯罪主体涵盖所有中介机构的人员，适用范围较广。随着我国市场经济的持续发展，政府职能不断转变，“放管服”改革继续深化，各类中介组织将会进一步发展，并承担更多和更重的社会服务、监督等职责。有的意见提出，目前不少中介组织承担的职责曾是政府部门长期负责的重要职责。与政府部门时刻处于被监督的“聚光灯”下不同，中介组织反而更容易出现玩忽职守、滥用职权、徇私舞弊等情况，特别是在市场经济领域，中介组织提供虚假证明文件或者出具证明文件重大失实的较多，存在严重不负责任，只管“盖章收钱”的现象。因此，有必要对一些关键领域的中介组织，在“赋权”的同时作出“严管”的法律设计和安排。建议对本条增加一档刑罚，适用于所有中介组织的人员。也有的意见提出，考虑到承担各种职责的中介组织涉及领域很广，情况比较复杂，存在明显的发展不平衡、行业水平参差不齐等问题。从培育中介组织健康发展的角度，需要根据不同情况，区别对待，不宜简单作出“一刀切”的规定。有的中介组织提供服务的领域涉及民生、安全等重要事项，造假、放水可能造成特别严重的后果，对这些中介组织的人员增加一档更重的刑罚是必要的；对有些中介组织的人员，根据其违法犯罪行为的实际情况和造成的危害后果，适用第一档刑罚，总体上能够罚当其罪，也足以在行业里发挥教育警示等一般预防作用，可不必适用更重的刑罚。立法机关经认真研究，在本条修改中，对证券发行、重大资产交易以及在与公共安全相关的重大工程、项目中从事安全评价、环境影响评价等职责的中介组织的人员，故意提供虚假证明文件的，增加规定了更重的一档刑罚，即法定最高刑可处十年有期徒刑。

三是**进一步完善了受贿并故意提供虚假证明文件行为的法律适用**。有的部门提出，根据修改前本条的规定，一般构成犯罪的，处五年以下有期徒刑或者拘役；有受贿情节的，一律处五年以上有期徒刑。这与刑法其他条款中一般对于因为受贿而实施相关犯罪的，作为从重情节依法从重处罚的处理方式有较大差别，在刑罚衔接上存在一定的“跳档”情况，即如果不论行为人出具虚假证明造成危害后果的具体情况，也不论实际收取财物多少，一律处以五年以上有期徒刑，在有的案件中会出现轻重失衡，难以做到罪责刑相适应。也有的意见提出，对于因受贿而出具虚假证明文件的，相关人员可能同时构成《刑法》第一百六十三条规定的非国家工作人员受贿罪或者第三百八十五条规定的受贿罪，对此，有的情况下依照处罚较重的规定处罚，如定为受贿类犯罪可能更为合理。立法机关经研究，在对本条的修改中，采纳了上述意见。

【条文说明】

本条是关于提供虚假证明文件罪和出具证明文件重大失实罪及其处罚的规定。

本条共分为三款。

第一款是关于承担资产评估、验资、验证、会计、审计、法律服务、保荐、安全评价、环境影响评价、环境监测等职责的中介组织人员故意提供虚假证明文件及其处罚的规定。构成本款规定的犯罪，必须符合以下特征：一是**主体特定，必须是中介机构的从业人员**。随着我国经济社会生活不断发展，中介组织发挥着越来越重要的作用，其活动对市场行为、人民群众的社会生活等发挥着重要影响，并直接关系到市场秩序、社会生活秩序的正常进行。为此，一系列法律、法规中都对中介组织的权利、义务、行为规范及中介组织违反这些规定所应负的法律责任作了规定。这里规定的“**承担资产评估、验资、验证、会计、审计、法律服务、保荐、安全评价、环境影响评价、环境监测等职责的中介组织**”，是指依法承担相关中介服务职责的资产评估机构、验资机构、验证机构、会计师事务所、审计师事务所、律师事务所、保荐机构、安全评价机构、环境影响评价机构、环境监测机构等。“**人员**”，是指在这些中介机构中，具有国家认可的专业资格的负有相关职责的专业从业人员。[①] 二是

① 我国学者指出，本罪是身份犯。不过，此处的身份犯，并非指资产评估等中介机构的工作人员必须具有相应的资质，如注册会计师，而是指他们必须承担相应职责。参见周光权：《刑法各论》（第4版），中国人民大学出版社2021年版，第381页。

行为人实施了故意提供虚假证明文件的行为。[①]这里所说的**虚假证明文件**，既包括伪造的证明文件，也包括内容虚假，有重大遗漏、误导性内容的文件。这些文件的载体有多种形式，如资产评估报告、验资报告、发行保荐书、安全评价报告、环境影响报告书（表）等。这些文件有时是单一文件，有时还含有其他附属材料以佐证其结论，包括数据、材料、资料、样本等。上述证明文件如果属于虚假文件，内容不真实，就违反了法律法规行业规则等对于资产评估、验资、验证、会计、审计、法律服务、保荐、安全评价、环境影响评价、环境监测等中介活动的要求，不能发挥证明作用。证明文件虚假，包括有关资料、报表、数据和各种结果、结论方面的报告和材料等不真实。三是**构成提供虚假证明文件罪需要符合"情节严重"的要件**。这里可以参考《最高人民检察院、公安部关于公安机关管辖的刑事案件立案追诉标准的规定（二）》的有关规定。根据该规定第八十一条的规定，承担资产评估、验资、验证、会计、审计、法律服务等职责的中介组织的人员故意提供虚假证明文件，涉嫌下列情形之一的，**应予立案追诉**：（1）给国家、公众或者其他投资者造成直接经济损失数额在五十万元以上的；（2）违法所得数额在十万元以上的；（3）虚假证明文件虚构数额在一百万元且占实际数额百分之三十以上的；（4）虽未达到上述数额标准，但具有下列情形之一的：①在提供虚假证明文件过程中索取或者非法接受他人财物的；②两年内因提供虚假证明文件，受过行政处罚二次以上，又提供虚假证明文件的。（5）其他情节严重的情形等。根据本款规定，**对中介组织的人员故意提供虚假证明文件构成犯罪的**，第一档刑罚可以处五年以下有期徒刑或者拘役，并处罚金。

《刑法修正案（十一）》对**一些承担特别重要职责的中介组织的人员**故意提供虚假证明文件的，还规定了更重一档刑罚。具体包括三种情形：

一是**提供与证券发行相关的虚假的资产评估、会计、审计、法律服务、保荐等证明文件，情节特别严重的**。依照证券法的规定，保荐机构、会计师事务所、律师事务所以及从事资产评估、资信评级等证券服务机构，应当提供相应的证明文件以支持证券发行。这些中介组织的人员所提供的证明文件对保障证券发行的真实性具有非常重要的作用。特别是在以信息披露为核心的证券发行注册制施行后，中介组织出具的证明文件对投资者的价值判断和投资决策具有直接影响。根据2019年修订的《证券法》第十条、第一百六十条、第一百六十三条、第一百八十二条、第二百一十三条等规定，保荐人、证券服务机构的人员为证券发行等证券业务活动制作、出具发行保荐书、审计报告及其他鉴证报告、资产评估报告、财务顾问报告、资信评级报告、法律意见书等文件，应当对文件的真实性、准确性、完整性进行核查和验证。如果制作、出具的文件有虚假记载、误导性陈述或者重大遗漏，对他人造成损失的，应当承担法律责任。本款第（一）项规定的中介组织的范围是"**资产评估、会计、审计、法律服务、保荐等**"，只要是负责提供与证券发行相关的虚假证明文件的中介组织的人员，都属于本项规定的主体。本项规定，要"**情节特别严重**"才能适用第二档刑罚，如造成的损失特别巨大，手段特别恶劣等。如果故意提供与证券发行相关的虚假证明文件只具有一般情节的，适用本款第一档刑罚。

二是**提供与重大资产交易相关的虚假的资产评估、会计、审计等证明文件，情节特别严重的**。这里的"**重大资产交易**"主要是指相关资产交易事项重要、金额巨大、影响广泛等情况。如重大的资产重组、收购、出售、转让、受让或者以其他方式进行的各种资产交易活动。公司法、证券法、上市公司重大资产重组管理办法等法律法规对重大资产交易作了相应的规定。其中，"资产评估、会计、审计等"中介组织出具的证明文件，对重大资产交易的真实性具有直接证明作用，会影响重大资产交易双方的决策以及交易完成后相关主体的一系列商业行为。本款第（二）项规定的中介组织的范围是"**资产评估、会计、审计等**"，只要是负责提供与重大资产交易相关的虚假证明文件的中介组织的人员都属于本项规定的主体。本项规定，要"**情节特别严重**"才能适用第二档刑罚，如造成的损失特别巨大，手段特别恶劣等。如果故意提供与重大资产交易相关的虚假证明文件只具有一般情节的，适用本款第一档刑罚。

三是**在涉及公共安全的重大工程、项目中提供虚假的安全评价、环境影响评价等证明文件，致使公共财产、国家和人民利益遭受特别重大损失的**。这里的"**涉及公共安全的重大工程、项目**"需要满足两个条件：其一"涉及公共安全"。重大工程、项目的作用不一，有的与公共安全息息相关，如矿山、水电站、核电站、桥梁、隧道、大型运动场

① 我国学者指出，这里的"提供"不只是单纯的交付行为，而应包括制作（无形伪造）与交付。参见张明楷：《刑法学》（第6版），法律出版社2021年版，第1104页。

等;有的可能与公共安全不直接相关,只是涉及金额比较大。对于与公共安全不直接相关的重大工程、项目中提供虚假的安全评价、环境影响评价等证明文件的行为,仍可以适用本款第一档刑罚处罚。其二应是"重大工程、项目",主要是指与民生紧密相连的重大建筑工程、基础设施建设项目、矿山、金属冶炼建设项目等。如国家的国民经济和社会发展五年规划纲要中涉及的重大工程、项目,地方规划建设的重大工程、项目,涉及金额巨大,对一定区域商品和服务提供、生态环境等有重要影响的工程、项目等。根据本款第(三)项的规定,承担这些工程、项目的安全评价、环境影响评价等职责的中介机构提供虚假证明文件的,还需要符合**"致使公共财产、国家和人民利益遭受特别重大损失"**,包括特别重大的经济损失、造成人员重大伤亡、环境受到特别严重破坏等。这里的"致使"要求提供虚假证明文件的行为与"公共财产、国家和人民利益遭受特别重大损失"之间具有紧密的因果关系。如果承担重大工程、项目的安全评价、环境影响评价等职责的行为人故意提供虚假证明文件,但尚未"致使公共财产、国家和人民利益遭受特别重大损失"的,仍可以适用本款第一档刑罚处罚。

根据本款规定,**中介组织的人员有上述三项规定的行为之一的**,处五年以上十年以下有期徒刑,并处罚金。

第二款是关于有前款行为同时索取他人财物或者非法收受他人财物如何处罚的规定。本款规定的犯罪,从行为特征上看与第一款的规定基本一致;不同的是,**增加了"索取他人财物或者非法收受他人财物"的客观要件**。中介机构的性质决定了它所出具的证明文件应当公正,但若实际上却提供了虚假的证明文件,如果其中存在利用履行职务行为的便利条件进行利益交换以后再出具虚假的证明文件的情况,危害性就更大。为了确保中介机构的公正性,对于中介机构的人员索取他人财物或者非法收受他人财物而故意提供虚假证明文件的行为,应当明确给予惩治。考虑到中介组织的人员一般属于非国家工作人员,其受贿行为往往还涉嫌构成《刑法》第一百六十三条规定的**非国家工作人员受贿罪**(另外,其中如果有属于国家工作人员范围的情况,则还可能涉嫌构成《刑法》第三百八十五条规定的受贿罪)。因此,可能出现以下两种情况:一是行为人触犯提供虚假证明文件罪的量刑较高,同时触犯《刑法》第一百六十三条规定的非国家工作人员受贿罪的量刑较低;以及行为人触犯提供虚假证明文件罪的量刑较低,同时触犯《刑法》第一百六十三条规定的非国家工作人员受贿罪的量刑较高(如果属于国家工作人员,涉嫌《刑法》第三百八十五条规定的受贿罪的,也有类似情况)。对此,根据本款规定,有前款行为,同时索取他人财物或者非法收受他人财物构成犯罪的,依照处罚较重的规定定罪处罚。

第三款是关于第一款规定的人员严重不负责任,出具的证明文件有重大失实的犯罪及其处罚的规定。其中**"第一款规定的人员"**,是指第一款规定的中介组织的人员,包括"承担资产评估、验资、验证、会计、审计、法律服务、保荐、安全评价、环境影响评价、环境监测等职责的中介组织的人员";**"出具的证明文件有重大失实"**,是指所出具的证明文件,在内容上存在重大的不符合实际的错误或者内容虚假。[①] 这里规定的证明文件与第一款规定的证明文件的内容和范围是相同的。本款规定的犯罪与第一款规定的犯罪的主要区别在于行为人主观方面不同,第一款规定的犯罪是故意犯罪,而本款规定的则是过失犯罪。因此,**本款规定"造成严重后果的",才负刑事责任**。这里可以参考《最高人民检察院、公安部关于公安机关管辖的刑事案件立案追诉标准的规定(二)》。该规定第八十二条规定,承担资产评估、验资、验证、会计、审计、法律服务等职责的中介组织的人员严重不负责任,出具的证明文件有重大失实,涉嫌下列情形之一的,**应予立案追诉**:(1)给国家、公众或者其他投资者造成直接经济损失数额在一百万元以上的;(2)其他造成严重后果的情形。由于本款规定的出具证明文件重大失实罪是一种过失犯罪,较提供虚假证明文件罪在主观恶性上要轻一些,因此在刑罚的规定上也较第一款规定的提供虚假证明文件罪刑罚要轻,对于造成严重后果的,处三年以下有期徒刑或者拘役,并处或者单处罚金。

实践中,有些建设单位依法可以自行编制建设项目的环境影响评价文件。根据《环境影响评价法》第十九条的规定,建设单位具备环境影响评价技术能力的,可以自行对其建设项目开展环境影响评价,编制建设项目环境影响报告书、环境影响报告表。**这类"自评自建"的建设单位不属于本条规定的承担环境影响评价职责的中介组织**。当相关人员实施篡改、伪造环境影响报告书(表)的行为时,不属于本条规定的中介组

[①] 相同的学说见解,参见张明楷:《刑法学》(第6版),法律出版社2021年版,第1105页。

织人员提供虚假证明文件的情况，但是其篡改、伪造环境影响报告书（表）的行为，如果构成刑法规定的其他犯罪的，应当依照相应规定追究。如相关环境影响评价涉及的项目造成环境污染的，相关证明文件造假的行为人可以按照《刑法》第三百三十八条**污染环境罪的共犯**定罪处罚。

【司法解释】

《最高人民检察院关于公证员出具公证书有重大失实行为如何适用法律问题的批复》（高检发释字〔2009〕1号，自2009年1月15日起施行）

△（**公证员；公证书；重大失实；出具证明文件重大失实罪**）《中华人民共和国公证法》施行以后，公证员在履行公证职责过程中，严重不负责任，出具的公证书有重大失实，造成严重后果的，依照刑法第二百二十九条第三款的规定，以出具证明文件重大失实罪追究刑事责任。

《最高人民法院、最高人民检察院关于办理妨害信用卡管理刑事案件具体应用法律若干问题的解释》（法释〔2018〕19号，自2018年12月1日起施行）

△（**信用卡申请；提供虚假的资信证明材料；提供虚假证明文件罪；出具证明文件重大失实罪**）承担资产评估、验资、验证、会计、审计、法律服务等职责的中介组织或其人员，为信用卡申请人提供虚假的财产状况、收入、职务等资信证明材料，应当追究刑事责任的，依照刑法第二百二十九条的规定，分别以提供虚假证明文件罪和出具证明文件重大失实罪定罪处罚。（§ 4 Ⅱ）

《最高人民检察院关于地质工程勘测院和其他履行勘测职责的单位及其工作人员能否成为刑法第二百二十九条规定的有关犯罪主体的批复》（高检发释字〔2015〕4号，自2015年11月12日起施行）

△（**地质工程勘测院和其他履行勘测职责的单位及其工作人员；出具证明文件重大失实罪**）地质工程勘测院和其他履行勘测职责的单位及其工作人员在履行勘察、勘查、测绘职责过程中，故意提供虚假工程地质勘察报告等证明文件，情节严重的，依照刑法第二百二十九条第一款和第二百三十一条的规定，以提供虚假证明文件罪追究刑事责任；地质工程勘测院和其他履行勘测职责的单位及其工作人员在履行勘察、勘查、测绘职责过程中，严重不负责任，出具的工程地质勘察报告等证明文件有重大失实，造成严重后果的，依照刑法第二百二十九条第三款和第二百三十一条的规定，以出具证明文件重大失实罪追究刑事责任。

《最高人民法院、最高人民检察院关于办理环境污染刑事案件适用法律若干问题的解释》（法释〔2016〕29号，自2017年1月1日起施行）

△（**环境影响评价；重大失实；提供虚假证明文件罪；出具证明文件重大失实罪**）环境影响评价机构或其人员，故意提供虚假环境影响评价文件，情节严重的，或者严重不负责任，出具的环境影响评价文件存在重大失实，造成严重后果的，应当依照刑法第二百二十九条、第二百三十一条的规定，以提供虚假证明文件罪或者出具证明文件重大失实罪定罪处罚。（§ 9）

【司法解释性文件】

《最高人民检察院、公安部关于公安机关管辖的刑事案件立案追诉标准的规定（二）》（公通字〔2022〕12号，2022年4月6日公布）

△（提供虚假证明文件罪；立案追诉标准）承担资产评估、验资、验证、会计、审计、法律服务、保荐、安全评价、环境影响评价、环境监测等职责的中介组织的人员故意提供虚假证明文件，涉嫌下列情形之一的，应予立案追诉：

（一）给国家、公众或者其他投资者造成直接经济损失数额在五十万元以上的；

（二）违法所得数额在十万元以上的；

（三）虚假证明文件虚构数额在一百万元以上且占实际数额百分之三十以上的；

（四）虽未达到上述数额标准，但二年内因提供虚假证明文件受过二次以上行政处罚，又提供虚假证明文件的；

（五）其他情节严重的情形。（§ 73）

△（**出具证明文件重大失实罪；立案追诉标准**）承担资产评估、验资、验证、会计、审计、法律服务、保荐、安全评价、环境影响评价、环境监测等职责的中介组织的人员严重不负责任，出具的证明文件有重大失实，涉嫌下列情形之一的，应予立案追诉：

（一）给国家、公众或者其他投资者造成直接经济损失数额在一百万元以上的；

（二）其他造成严重后果的情形。（§ 74）

【附属刑法】

《中华人民共和国商标法》（1982年8月23日通过，2019年4月23日第四次修正）

第六十八条

Ⅰ商标代理机构有下列行为之一的，由工商行政管理部门责令限期改正，给予警告，处一万元以上十万元以下的罚款；对直接负责的主管人员和其他直接责任人员给予警告，处五千元以上五万元以下的罚款；构成犯罪的，依法追究刑事责任：

（一）办理商标事宜过程中，伪造、变造或者使用伪造、变造的法律文件、印章、签名的；

……

《中华人民共和国资产评估法》（2016 年 7 月 2 日通过）

第十一条

因故意犯罪或者在从事评估、财务、会计、审计活动中因过失犯罪而受刑事处罚，自刑罚执行完毕之日起不满五年的人员，不得从事评估业务。

第四十五条

评估专业人员违反本法规定，签署虚假评估报告的，由有关评估行政管理部门责令停止从业两年以上五年以下；有违法所得的，没收违法所得；情节严重的，责令停止从业五年以上十年以下；构成犯罪的，依法追究刑事责任，终身不得从事评估业务。

《中华人民共和国公司法》（1993 年 12 月 29 日通过，2018 年 10 月 26 日第四次修正）

第二百零七条

Ⅰ承担资产评估、验资或者验证的机构提供虚假材料的，由公司登记机关没收违法所得，处以违法所得一倍以上五倍以下的罚款，并可以由有关主管部门依法责令该机构停业、吊销直接责任人员的资格证书，吊销营业执照。

Ⅱ承担资产评估、验资或者验证的机构因过失提供有重大遗漏的报告的，由公司登记机关责令改正，情节较重的，处以所得收入一倍以上五倍以下的罚款，并可以由有关主管部门依法责令该机构停业、吊销直接责任人员的资格证书，吊销营业执照。

Ⅲ承担资产评估、验资或者验证的机构因其出具的评估结果、验资或者验证证明不实，给公司债权人造成损失的，除能够证明自己没有过错的外，在其评估或者证明不实的金额范围内承担赔偿责任。

第二百一十五条

违反本法规定，构成犯罪的，依法追究刑事责任。

《中华人民共和国证券投资基金法》（2003 年 10 月 28 日通过，2015 年 4 月 24 日修正）

第一百四十三条

会计师事务所、律师事务所未勤勉尽责，所出具的文件有虚假记载、误导性陈述或者重大遗漏的，责令改正，没收业务收入，暂停或者撤销相关业务许可，并处业务收入一倍以上五倍以下罚款。对直接负责的主管人员和其他直接责任人员给予警告，并处三万元以上十万元以下罚款。

第一百四十九条

违反本法规定，构成犯罪的，依法追究刑事责任。

《中华人民共和国律师法》（1996 年 5 月 15 日通过，2017 年 9 月 1 日第三次修正）

第四十九条

Ⅰ律师有下列行为之一的，由设区的市级或者直辖市的区人民政府司法行政部门给予停止执业六个月以上一年以下的处罚，可以处五万元以下的罚款；有违法所得的，没收违法所得；情节严重的，由省、自治区、直辖市人民政府司法行政部门吊销其律师执业证书；构成犯罪的，依法追究刑事责任：

……

（三）向司法行政部门提供虚假材料或者有其他弄虚作假行为的；

……

Ⅱ律师因故意犯罪受到刑事处罚的，由省、自治区、直辖市人民政府司法行政部门吊销其律师执业证书。

《中华人民共和国公证法》（2005 年 8 月 28 日通过，2017 年 9 月 1 日第二次修正）

第四十二条

Ⅰ公证机构及其公证员有下列行为之一的，由省、自治区、直辖市或者设区的市人民政府司法行政部门对公证机构给予警告，并处二万元以上十万元以下罚款，并可以给予一个月以上三个月以下停业整顿的处罚；对公证员给予警告，并处二千元以上一万元以下罚款，并可以给予三个月以上十二个月以下停止执业的处罚；有违法所得的，没收违法所得；情节严重的，由省、自治区、直辖市人民政府司法行政部门吊销公证员执业证书；构成犯罪的，依法追究刑事责任：

……

（二）为不真实、不合法的事项出具公证书的；

……

Ⅱ因故意犯罪或者职务过失犯罪受刑事处罚的，应当吊销公证员执业证书。

Ⅲ被吊销公证员执业证书的，不得担任辩护人、诉讼代理人，但系刑事诉讼、民事诉讼、行政诉讼当事人的监护人、近亲属的除外。

《中华人民共和国大气污染防治法》（1987 年 9 月 5 日通过，2018 年 10 月 26 日第二次修正）

第一百一十二条

Ⅰ违反本法规定，伪造机动车、非道路移动机械排放检验结果或者出具虚假排放检验报告的，由县级以上人民政府生态环境主管部门没收违法所得，并处十万元以上五十万元以下的罚款；情节严重的，由负责资质认定的部门取消其检验资格。

Ⅱ违反本法规定，伪造船舶排放检验结果或者出具虚假排放检验报告的，由海事管理机构依法予以处罚。

Ⅲ违反本法规定，以临时更换机动车污染控制装置等弄虚作假的方式通过机动车排放检验或者破坏机动车车载排放诊断系统的，由县级以上人民政府生态环境主管部门责令改正，对机动车所有人处五千元的罚款；对机动车维修单位处每辆机动车五千元的罚款。

第一百二十七条

违反本法规定，构成犯罪的，依法追究刑事责任。

《中华人民共和国环境影响评价法》（2002年10月28日通过，2018年12月29日第二次修正）

第三十二条

Ⅰ建设项目环境影响报告书、环境影响报告表存在基础资料明显不实，内容存在重大缺陷、遗漏或者虚假，环境影响评价结论不正确或者不合理等严重质量问题的，由设区的市级以上人民政府生态环境主管部门对建设单位处五十万元以上二百万元以下的罚款，并对建设单位的法定代表人、主要负责人、直接负责的主管人员和其他直接责任人员，处五万元以上二十万元以下的罚款。

Ⅱ接受委托编制建设项目环境影响报告书、环境影响报告表的技术单位违反国家有关环境影响评价标准和技术规范等规定，致使其编制的建设项目环境影响报告书、环境影响报告表存在基础资料明显不实，内容存在重大缺陷、遗漏或者虚假，环境影响评价结论不正确或者不合理等严重质量问题的，由设区的市级以上人民政府生态环境主管部门对技术单位处所收费用三倍以上五倍以下的罚款；情节严重的，禁止从事环境影响报告书、环境影响报告表编制工作；有违法所得的，没收违法所得。

Ⅲ编制单位有本条第一款、第二款规定的违法行为的，编制主持人和主要编制人员五年内禁止从事环境影响报告书、环境影响报告表编制工作；构成犯罪的，依法追究刑事责任，并终身禁止从事环境影响报告书、环境影响报告表编制工作。

《中华人民共和国会计法》（1985年1月21日通过，2017年11月4日第二次修正）

第四十三条

Ⅰ伪造、变造会计凭证、会计帐簿，编制虚假财务会计报告，构成犯罪的，依法追究刑事责任。

Ⅱ有前款行为，尚不构成犯罪的，由县级以上人民政府财政部门予以通报，可以对单位并处五千元以上十万元以下的罚款；对其直接负责的主管人员和其他直接责任人员，可以处三千元以上五万元以下的罚款；属于国家工作人员的，还应当由其所在单位或者有关单位依法给予撤职直至开除的行政处分；其中的会计人员，五年内不得从事会计工作。

《中华人民共和国注册会计师法》（1993年10月31日通过，2014年8月31日修正）

第三十九条

Ⅰ会计师事务所违反本法第二十条、第二十一条规定的，由省级以上人民政府财政部门给予警告，没收违法所得，可以并处违法所得一倍以上五倍以下的罚款；情节严重的，并可以由省级以上人民政府财政部门暂停其经营业务或者予以撤销。

Ⅱ注册会计师违反本法第二十条、第二十一条规定的，由省级以上人民政府财政部门给予警告；情节严重的，可以由省级以上人民政府财政部门暂停其执行业务或者吊销注册会计师证书。

Ⅲ会计师事务所、注册会计师违反本法第二十条、第二十一条的规定①，故意出具虚假的审计

---

① 《中华人民共和国注册会计师法》（1993年10月31日通过，2014年8月31日修正）
第二十条
注册会计师执行审计业务，遇有下列情形之一的，应当拒绝出具有关报告：
（一）委托人示意其作不实或者不当证明的；
（二）委托人故意不提供有关会计资料和文件的；
（三）因委托人有其他不合理要求，致使注册会计师出具的报告不能对财务会计的重要事项作出正确表述的。
第二十一条
Ⅰ注册会计师执行审计业务，必须按照执业准则、规则确定的工作程序出具报告。
Ⅱ注册会计师执行审计业务出具报告时，不得有下列行为：（转下页）

报告、验资报告,构成犯罪的,依法追究刑事责任。

《中华人民共和国产品质量法》(1993年2月22日通过,2018年12月29日第三次修正)

第五十七条

Ⅰ产品质量检验机构、认证机构伪造检验结果或者出具虚假证明的,责令改正,对单位处五万元以上十万元以下的罚款,对直接负责的主管人员和其他直接责任人员处一万元以上五万元以下的罚款;有违法所得的,并处没收违法所得;情节严重的,取消其检验资格、认证资格;构成犯罪的,依法追究刑事责任。

Ⅱ产品质量检验机构、认证机构出具的检验结果或者证明不实,造成损失的,应当承担相应的赔偿责任;造成重大损失的,撤销其检验资格、认证资格。

Ⅲ产品质量认证机构违反本法第二十一条第二款的规定,对不符合认证标准而使用认证标志的产品,未依法要求其改正或者取消其使用认证标志资格的,对因产品不符合认证标准给消费者造成的损失,与产品的生产者、销售者承担连带责任;情节严重的,撤销其认证资格。

《中华人民共和国保险法》(1995年6月30日通过,2015年4月24日第三次修正)

第一百六十五条

保险代理机构、保险经纪人有本法第一百三十一条规定行为之一的①,由保险监督管理机构责令改正,处五万元以上三十万元以下的罚款;情节严重的,吊销业务许可证。

第一百七十条

违反本法规定,有下列行为之一的,由保险监督管理机构责令改正,处十万元以上五十万元以下的罚款;情节严重的,可以限制其业务范围、责令停止接受新业务或者吊销业务许可证:

(一)编制或者提供虚假的报告、报表、文件、资料的;

……

第一百七十九条

违反本法规定,构成犯罪的,依法追究刑事责任。

《中华人民共和国企业国有资产法》(2008年10月28日通过)

第七十一条

Ⅰ国家出资企业的董事、监事、高级管理人员有下列行为之一,造成国有资产损失的,依法承担赔偿责任;属于国家工作人员的,并依法给予处分:

……

(五)不如实向资产评估机构、会计师事务所提供有关情况和资料,或者与资产评估机构、会计师事务所串通出具虚假资产评估报告、审计报告的;

……

Ⅱ国家出资企业的董事、监事、高级管理人员因前款所列行为取得的收入,依法予以追缴或者归国家出资企业所有。

Ⅲ履行出资人职责的机构任命或者建议任命的董事、监事、高级管理人员有本条第一款所列行为之一,造成国有资产重大损失的,由履行出资人职责的机构依法予以免职或者提出免职建议。

第七十四条

接受委托对国家出资企业进行资产评估、财务审计的资产评估机构、会计师事务所违反法律、行政法规的规定和执业准则,出具虚假的资产评估报告或者审计报告的,依照有关法律、行政法规的规定追究法律责任。

第七十五条

违反本法规定,构成犯罪的,依法追究刑事责任。

(接上页)

(一)明知委托人对重要事项的财务会计处理与国家有关规定相抵触,而不予指明;

(二)明知委托人的财务会计处理会直接损害报告使用人或者其他利害关系人的利益,而予以隐瞒或者作不实的报告;

(三)明知委托人的财务会计处理会导致报告使用人或者其他利害关系人产生重大误解,而不予指明;

(四)明知委托人的会计报表的重要事项有其他不实的内容,而不予指明。

Ⅲ对委托人有前款所列行为,注册会计师按照执业准则、规则应当知道的,适用前款规定。

① 《中华人民共和国保险法》(1995年6月30日通过,2015年4月24日第三次修正)

第一百三十一条

保险代理人、保险经纪人及其从业人员在办理保险业务活动中不得有下列行为:

……

(六)伪造、擅自变更保险合同,或者为保险合同当事人提供虚假证明材料;

……

责任。

《中华人民共和国农产品质量安全法》(2006年4月29日通过,2018年10月26日修正)

第四十四条

Ⅰ农产品质量安全检测机构伪造检测结果的,责令改正,没收违法所得,并处五万元以上十万元以下罚款,对直接负责的主管人员和其他直接责任人员处一万元以上五万元以下罚款;情节严重的,撤销其检测资格;造成损害的,依法承担赔偿责任。

Ⅱ农产品质量安全检测机构出具检测结果不实,造成损害的,依法承担赔偿责任;造成重大损害的,并撤销其检测资格。

第五十三条

违反本法规定,构成犯罪的,依法追究刑事责任。

《中华人民共和国节约能源法》(1997年11月1日通过,2018年10月26日第二次修正)

第七十六条

从事节能咨询、设计、评估、检测、审计、认证等服务的机构提供虚假信息的,由管理节能工作的部门责令改正,没收违法所得,并处五万元以上十万元以下罚款。

第八十五条

违反本法规定,构成犯罪的,依法追究刑事责任。

《中华人民共和国特种设备安全法》(2013年6月29日通过)

第九十三条

Ⅰ违反本法规定,特种设备检验、检测机构及其检验、检测人员有下列行为之一的,责令改正,对机构处五万元以上二十万元以下罚款,对直接负责的主管人员和其他直接责任人员处五千元以上五万元以下罚款;情节严重的,吊销机构资质和有关人员的资格:

……

(三)出具虚假的检验、检测结果和鉴定结论或者检验、检测结果和鉴定结论严重失实的;

……

Ⅱ违反本法规定,特种设备检验、检测机构的检验、检测人员同时在两个以上检验、检测机构中执业的,处五千元以上五万元以下罚款;情节严重的,吊销其资格。

第九十八条

违反本法规定,构成违反治安管理行为的,依法给予治安管理处罚;构成犯罪的,依法追究刑事责任。

《中华人民共和国职业病防治法》(2001年10月27日通过,2018年12月29日第四次修正)

第八十条

从事职业卫生技术服务的机构和承担职业病诊断的医疗卫生机构违反本法规定,有下列行为之一的,由卫生行政部门责令立即停止违法行为,给予警告,没收违法所得;违法所得五千元以上的,并处违法所得二倍以上五倍以下的罚款;没有违法所得或者违法所得不足五千元的,并处五千元以上二万元以下的罚款;情节严重的,由原认可或者登记机关取消其相应的资格;对直接负责的主管人员和其他直接责任人员,依法给予降级、撤职或者开除的处分;构成犯罪的,依法追究刑事责任:

……

(三)出具虚假证明文件的。

《中华人民共和国药品管理法》(1984年9月20日通过,2019年8月26日第二次修订)

第一百三十八条

药品检验机构出具虚假检验报告的,责令改正,给予警告,对单位并处二十万元以上一百万元以下的罚款;对直接负责的主管人员和其他直接责任人员依法给予降级、撤职、开除处分,没收违法所得,并处五万元以下的罚款;情节严重的,撤销其检验资格。药品检验机构出具的检验结果不实,造成损失的,应当承担相应的赔偿责任。

第一百一十四条

违反本法规定,构成犯罪的,依法追究刑事责任。

《中华人民共和国食品安全法》(2009年2月28日通过,2021年4月29日第二次修正)

第一百三十八条

Ⅰ违反本法规定,食品检验机构、食品检验人员出具虚假检验报告的,由授予其资质的主管部门或者机构撤销该食品检验机构的检验资质,没收所收取的检验费用,并处检验费用五倍以上十倍以下罚款,检验费用不足一万元的,并处五万元以上十万元以下罚款;依法对食品检验机构直接负责的主管人员和食品检验人员给予撤职或者开除处分;导致发生重大食品安全事故的,对直接负责的主管人员和食品检验人员给予开除处分。

Ⅱ违反本法规定,受到开除处分的食品检验机构人员,自处分决定作出之日起十年内不得从事食品检验工作;因食品安全违法行为受到刑事处罚或者因出具虚假检验报告导致发生重大食品安全事故受到开除处分的食品检验机构人员,终身不得从事食品检验工作。食品检验机构聘用不得从事食品检验工作的人员的，由授予其资质的主管部门或者机构撤销该食品检验机构的检验资质。

Ⅲ食品检验机构出具虚假检验报告，使消费者的合法权益受到损害的，应当与食品生产经营者承担连带责任。

第一百三十九条

Ⅰ违反本法规定，认证机构出具虚假认证结论，由认证认可监督管理部门没收所收取的认证费用，并处认证费用五倍以上十倍以下罚款，认证费用不足一万元的，并处五万元以上十万元以下罚款；情节严重的，责令停业，直至撤销认证机构批准文件，并向社会公布；对直接负责的主管人员和负有直接责任的认证人员，撤销其执业资格。

Ⅱ认证机构出具虚假认证结论，使消费者的合法权益受到损害的，应当与食品生产经营者承担连带责任。

第一百四十九条

违反本法规定，构成犯罪的，依法追究刑事责任。

《中华人民共和国消防法》（1998 年 4 月 29 日通过，2021 年 4 月 29 日第二次修正）

第六十九条

Ⅰ消防设施维护保养检测、消防安全评估等消防技术服务机构，不具备从业条件从事消防技术服务活动或者出具虚假文件的，由消防救援机构责令改正，处五万元以上十万元以下罚款，并对直接负责的主管人员和其他直接责任人员处一万元以上五万元以下罚款；不按照国家标准、行业标准开展消防技术服务活动的，责令改正，处五万元以下罚款，并对直接负责的主管人员和其他直接责任人员处一万元以下罚款；有违法所得的，并处没收违法所得；给他人造成损失的，依法承担赔偿责任；情节严重的，依法责令停止执业或者吊销相应资格；造成重大损失的，由相关部门吊销营业执照，并对有关责任人员采取终身市场禁入措施。

Ⅱ前款规定的机构出具失实文件，给他人造成损失的，依法承担赔偿责任；造成重大损失的，由消防救援机构依法责令停止执业或者吊销相应资格，由相关部门吊销营业执照，并对有关责任人员采取终身市场禁入措施。

第七十二条

违反本法规定，构成犯罪的，依法追究刑事责任。

《中华人民共和国安全生产法》（2002 年 6 月 29 日通过，2021 年 6 月 10 日第三次修正）

第九十二条

Ⅰ承担安全评价、认证、检测、检验职责的机构出具失实报告的，责令停业整顿，并处三万元以上十万元以下的罚款；给他人造成损害的，依法承担赔偿责任。

Ⅱ承担安全评价、认证、检测、检验职责的机构租借资质、挂靠、出具虚假报告的，没收违法所得；违法所得在十万元以上的，并处违法所得二倍以上五倍以下的罚款，没有违法所得或者违法所得不足十万元的，单处或者并处十万元以上二十万元以下的罚款；对其直接负责的主管人员和其他直接责任人员处五万元以上十万元以下的罚款；给他人造成损害的，与生产经营单位承担连带赔偿责任；构成犯罪的，依照刑法有关规定追究刑事责任。

Ⅲ对有前款违法行为的机构及其直接责任人员，吊销其相应资质和资格，五年内不得从事安全评价、认证、检测、检验等工作；情节严重的，实行终身行业和职业禁入。

《中华人民共和国道路交通安全法》（2003 年 10 月 28 日通过，2021 年 4 月 29 日第三次修正）

第九十四条

Ⅰ机动车安全技术检验机构实施机动车安全技术检验超过国务院价格主管部门核定的收费标准收取费用的，退还多收取的费用，并由价格主管部门依照《中华人民共和国价格法》的有关规定给予处罚。

Ⅱ机动车安全技术检验机构不按照机动车国家安全技术标准进行检验，出具虚假检验结果的，由公安机关交通管理部门处所收检验费用五倍以上十倍以下罚款，并依法撤销其检验资格；构成犯罪的，依法追究刑事责任。

《中华人民共和国种子法》（2000 年 7 月 8 日通过，2021 年 12 月 24 日第三次修正）

第七十一条

品种测试、试验和种子质量检验机构伪造测试、试验、检验数据或者出具虚假证明的，由县级以上人民政府农业农村、林业草原主管部门责令改正，对单位处五万元以上十万元以下罚款，对直接负责的主管人员和其他直接责任人员处一万元以上五万元以下罚款；有违法所得的，并处没收违法所得；给种子使用者和其他种子生产经营者造成损失的，与种子生产经营者承担连带责任；情节严重的，由省级以上人民政府有关主管部门取消种子质量检验资格。

第八十九条

违反本法规定，构成犯罪的，依法追究刑事责任。

第二百三十条　【逃避商检罪】

违反进出口商品检验法的规定，逃避商品检验，将必须经商检机构检验的进口商品未报经检验而擅自销售、使用，或者将必须经商检机构检验的出口商品未报经检验合格而擅自出口，情节严重的，处三年以下有期徒刑或者拘役，并处或者单处罚金。

【立法理由】

关于违反进出口商品检验法的规定逃避商品检验行为的处罚，1979 年刑法没有规定。1989 年 2 月 21 日第七届全国人大常委会第六次会议通过的《进出口商品检验法》第二十六条规定："违反本法规定，对列入《种类表》的和其他法律、行政法规规定必须经商检机构检验的进口商品未报经检验而擅自销售或者使用的，对列入《种类表》的和其他法律、行政法规规定必须经商检机构检验的出口商品未报经检验合格而擅自出口的，由商检机构处以罚款；情节严重，造成重大经济损失的，对直接责任人员比照刑法第一百八十七条的规定追究刑事责任。违反本法第十七条的规定，对经商检机构抽查检验不合格的出口商品擅自出口的，依照前款的规定处罚。"这里的"**比照刑法第一百八十七条的规定**"实质是比照 1979 年刑法关于**国家工作人员玩忽职守犯罪**的规定。该规定对逃避商品检验行为不仅明确了行政处罚，而且规定构成犯罪的，依法追究刑事责任。**1997 年修订刑法时**，考虑到逃避商品检验的行为严重扰乱进出口秩序，危及国家利益和人民的人身、财产安全，应当予以严厉打击，因此增加了逃避商检罪的规定。

【条文说明】

本条是关于逃避商检罪及其处罚的规定。

本条规定的逃避商检罪，是指违反进出口商品检验法的规定，逃避商品检验的犯罪。构成逃避商检罪应当具备以下特征：

1. 行为人主观上有**逃避商检的故意**。① "**逃避商品检验**"，是指行为人通过自己的作为或者故意的不作为使应当经过进出口商品检验部门检验的商品，避开检验的行为。"**必须经商检机构检验的进出口商品**"，是指国家进出口商品检验主管部门依法列入必须实施检验的进出口商品目录中的商品。根据进出口商品检验法的规定，列入目录的进出口商品，由商检机构实施检验。进口商品未经检验的，不准销售、使用；出口商品未经检验合格的，不准出口。

2. 行为人实施了**逃避海关监管的行为**。根据本条规定，构成本条规定的犯罪行为主要有以下两种情况：(1)"**未报经检验而擅自销售、使用**"，是指行为人将进口商品未报经商检机构检验，就自行将商品在境内销售或者自行使用的情况。行为人未报经检验就自行销售、使用的行为，直接破坏了国家对进出口商品的监督和管理。(2)"**未报经检验合格而擅自出口**"，是指没有经商检机构检验合格就自行出口的行为。因为出口商品是否符合国家规定的出口条件，应经商检机构通过出口商品的检验才能确定。

3. 逃避商检的行为"**情节严重**"。根据《最高人民检察院、公安部关于公安机关管辖的刑事案件立案追诉标准的规定(二)》第八十三条的规定，违反进出口商品检验法的规定，逃避商品检验，将必须经商检机构检验的进口商品未报经检验而擅自销售、使用，或者将必须经商检机构检验的出口商品未报经检验合格而擅自出口，涉嫌下列情形之一的，**应予立案追诉**：(1)给国家、单位或者个人造成直接经济损失数额在五十万元以上的；(2)逃避商检的进出口货物货值金额在三百万元以上的；(3)导致病疫流行、灾害事故的；(4)多次逃避商检的；(5)引起国际经济贸易纠纷，严重影响国家对外贸易关系，或者严重损害国家声誉的；(6)其他情节严重的情形。应当注意的是，无论是未经检验、自行销售或者使用进口商品，还是擅自出口商品，都是以所销售、使用、出口的商品是法律、法规规定的必须经过检验的商品为限。如果不是必须经过检验的商品，不构成逃避商检罪。

本条对逃避商品检验构成犯罪的刑罚规定是，处三年以下有期徒刑或者拘役，并处或者单处罚金。此外，根据《刑法》第二百三十一条的规定，**单位犯本条规定之罪的**，对单位判处罚金，并对其直接负责的主管人员和其他直接责任人员，

分则　第三章

① 我国学者指出，本罪的主观故意要求，行为人对商品属于法律、法规规定必须经过检验的特殊商品有明确认识，或者对行为违反进出口商品检验法的规定有明确认识。参见周光权：《刑法各论》(第 4 版)，中国人民大学出版社 2021 年版，第 384 页。

依照本条的规定,定罪处罚。

【司法解释性文件】

《最高人民检察院、公安部关于公安机关管辖的刑事案件立案追诉标准的规定(二)》(公通字〔2022〕12 号,2022 年 4 月 6 日公布)

△(**逃避商检罪;立案追诉标准**)违反进出口商品检验法的规定,逃避商品检验,将必须经商检机构检验的进口商品未报经检验而擅自销售、使用,或者将必须经商检机构检验的出口商品未报经检验合格而擅自出口,涉嫌下列情形之一的,应予立案追诉:

(一)给国家、单位或者个人造成直接经济损失数额在五十万元以上的;

(二)逃避商检的进出口货物货值金额在三百万元以上的;

(三)导致病疫流行、灾害事故的;

(四)多次逃避商检的;

(五)引起国际经济贸易纠纷,严重影响国家对外贸易关系,或者严重损害国家声誉的;

(六)其他情节严重的情形。(§ 75)

【附属刑法】

《中华人民共和国消费者权益保护法》(1993 年 10 月 31 日通过,2013 年 10 月 25 日第二次修正)

第五十六条

Ⅰ经营者有下列情形之一,除承担相应的民事责任外,其他有关法律、法规对处罚机关和处罚方式有规定的,依照法律、法规的规定执行;法律、法规未作规定的,由工商行政管理部门或者其他有关行政部门责令改正,可以根据情节单处或者并处警告、没收违法所得、处以违法所得一倍以上十倍以下的罚款,没有违法所得的,处以五十万元以下的罚款;情节严重的,责令停业整顿、吊销营业执照:

……

(五)销售的商品应当检验、检疫而未检验、检疫或者伪造检验、检疫结果的;

……

Ⅱ经营者有前款规定情形的,除依照法律、法规规定予以处罚外,处罚机关应当记入信用档案,向社会公布。

第五十七条

经营者违反本法规定提供商品或者服务,侵害消费者合法权益,构成犯罪的,依法追究刑事责任。

《中华人民共和国进出口商品检验法》(1989 年 2 月 21 日通过,2021 年 4 月 29 日第五次修正)

第三十二条

违反本法规定,将必须经商检机构检验的进口商品未报经检验而擅自销售或者使用的,或者将必须经商检机构检验的出口商品未报经检验合格而擅自出口的,由商检机构没收违法所得,并处货值金额百分之五以上百分之二十以下的罚款;构成犯罪的,依法追究刑事责任。

第二百三十一条 【单位犯本节规定之罪的处罚规定】

单位犯本节第二百二十一条至第二百三十条规定之罪的,对单位判处罚金,并对其直接负责的主管人员和其他直接责任人员,依照本节各该条的规定处罚。

【立法理由】

由于《刑法》第二百二十一条至第二百三十条都是《刑法》分则第三章第八节扰乱市场秩序罪一节的内容,这些犯罪行为既有个人所为,也有单位所为,所以,法律规定对这些犯罪行为给予同样的打击。同时,从立法技术上考虑,在本节最后一条对单位犯罪统一规定,有利于实际操作和法律体系的统一。**1997 年修订刑法时**,在本条对本节的单位犯罪统一作出规定。

【条文说明】

本条是关于单位犯本节规定之罪及其处罚的规定。

本条规定的"**单位犯本节第二百二十一条至第二百三十条规定之罪的**",是指单位触犯刑法第三章第八节各条规定的犯罪。这里的"**单位**",根据《刑法》第三十条的规定,是指公司、企业、事业单位、机关、团体。本条关于对单位犯罪的刑罚规定,采取了双罚制原则,即对单位判处罚金,并对其直接负责的主管人员和其他直接责任人员，依照本节各条的规定处罚。

1998年12月29日第九届全国人大常委会第六次会议通过的《全国人民代表大会常务委员会关于惩治骗购外汇、逃汇和非法买卖外汇犯罪的决定》第四条规定："在国家规定的交易场所以外非法买卖外汇，扰乱市场秩序，情节严重的，依照刑法第二百二十五条的规定定罪处罚。**单位犯前款罪的，依照刑法第二百三十一条的规定处罚**。"因此，单位在国家规定的交易场所以外非法买卖外汇，扰乱市场秩序，情节严重的，应根据本条规定，对单位判处罚金，并对其直接负责的主管人员和其他直接责任人员，依照《刑法》第二百二十五条非法经营罪的规定处罚。

第四章　侵犯公民人身权利、民主权利罪

第二百三十二条　【故意杀人罪】

故意杀人的，处死刑、无期徒刑或者十年以上有期徒刑；情节较轻的，处三年以上十年以下有期徒刑。

【立法理由】

（一）立法相关背景及修改情况

故意杀人罪以非法剥夺他人生命为目的，是侵犯公民人身权利最严重的犯罪，也是古今中外刑法重点惩治的犯罪之一。在奴隶社会、封建社会，关于故意杀人罪的死刑处罚种类也比较繁多，如腰斩、砍头等。对故意杀人罪这类社会危害严重的犯罪，必须予以重刑处罚，否则不足以平民愤，也无法威慑犯罪，实现预防这类犯罪发生的作用。因此，我国1979年《刑法》第一百三十二条对故意杀人罪及处罚作了明确规定。1997年《刑法》第二百三十二条规定沿袭了1979年刑法的规定，没有作任何改动。

（二）立法时争议的主要问题

1997年刑法修订过程中，有的建议删除“情节较轻的，处三年以上十年以下有期徒刑”这一档刑罚，也有的建议单独规定溺婴犯罪。对此，也有的提出，1979年刑法中故意杀人罪的规定在执行中没有问题，有的案件根据具体情况，在十年以下有期徒刑判处刑罚是适当的，如义愤杀人、帮助自杀、防卫过当杀人、大义灭亲、不堪虐待而杀人等情况，如果都判处十年以上有期徒刑，与社会的一般认知不符。对于生母溺婴行为，可以将其作为杀人罪的一种情况处罚，不必单列。对于以上意见，立法机关经过研究，最终没有对故意杀人罪进行修改，维持了1979年《刑法》第一百三十二条的条文表述。

【条文说明】

本条是关于故意杀人罪及其处罚的规定。

故意杀人，是指故意非法剥夺他人生命的行为，是一种最严重的侵犯公民人身权利的犯罪。故意杀人罪侵犯的客体是**他人的生命权利**。[①] 生命权是公民最重要的人身权利，根据我国的司法实践，胎儿脱离母体，能够独立呼吸，就有了生命，具有生命权利，任何人也不能非法剥夺。[②③] 故意杀人罪在客观方面表现为非法剥夺他人生命的行为。在实际发生的案件中，非法剥夺他人生命的方法是多种多样的，行为人采用何种方法，不影响

---

① 相同见解指出，由于刑法不承认自杀是犯罪，所以此处的人应当是行为者以外的人。参见周光权：《刑法各论》（第4版），中国人民大学出版社2021年版，第12页。另有学者指出，故意杀人罪中的“人”包括自己在内，自杀也是杀人。参见黎宏：《刑法学各论》（第2版），法律出版社2016年版，第217页。

② 相同见解，参见高铭暄、马克昌主编：《刑法学》（第7版），北京大学出版社、高等教育出版社2016年版，第455页。另有学者指出，为了合理地保护人的生存权，有必要在现在占通说地位的独立呼吸说的基础上，将人出生的时间适度提前，即承认部分露出说：婴儿在被排出母体，露出一部分时就成为人。参见周光权：《刑法各论》（第4版），中国人民大学出版社2021年版，第13页。也有论者倾向于全部露出说，只要胎儿的全部身体脱离母体（全部露出母体），就应当将其作为人加以保护。但是，如果胎儿在全部露出之前已经死亡，即便在全部露出之后，也不得认定为“人”。参见张明楷：《刑法学》（第6版），法律出版社2021年版，第1108页。

③ 另外，关于死亡的标准，传统上采取综合标准说，即自发呼吸停止、心脏跳动停止、瞳孔反射机能停止。根据《人体器官移植条例》规定，在符合严格条件的前提下，应当允许摘取脑死亡者的身体器官移植于他人。因此，我国学者指出，应采取二元标准：通常情况下采取综合标准说，在器官移植的场合采取脑死亡标准说。参见张明楷：《刑法学》（第6版），法律出版社2021年版，第1108页。学者指出，在一定条件下，医学领域出于器官移植的需要可能会认可脑死标准，但就刑法领域而言，还是应当采用综合判断说。脑死患者仍然属于刑法上故意杀人罪的保护对象。参见黎宏：《刑法学各论》（第2版），法律出版社2016年版，第215页。学者指出，在医患关系紧张的背景下，在刑法上要求国民认同脑死亡不太现实。心脏死亡仍然应当作为刑法上判断人死亡的标准，其合理性在刑法上仍然是值得肯定的。参见周光权：《刑法各论》（第4版），中国人民大学出版社2021年版，第13—14页。

犯罪的成立。① 但是,正当防卫行为、人民警察依法执行职务的行为、依法对罪犯执行死刑的行为②,不属于非法剥夺他人生命的行为,不构成故意杀人罪。③ 故意杀人罪是**故意犯罪**,包括直接故意和间接故意。**直接故意**是有明确的杀人目的,并且希望其行为能致使被害人死亡;**间接故意**是对自己的行为可能造成被害人死亡的后果采取放任的态度。

关于故意杀人罪,本条共规定了两档刑罚:**故意杀人的**,处死刑、无期徒刑或者十年以上有期徒刑;**故意杀人情节较轻的**,处三年以上十年以下有期徒刑。这里所规定的"情节较轻",实践中可以从犯罪的动机、原因、后果等方面加以考虑,如出于义愤杀人等情况。④ 考虑到故意杀人罪是一种非常严重的侵犯公民人身权利的犯罪,必须予以严厉打击,本条对于刑罚作了比较特殊的表述,是按照**从重刑到轻刑的顺序**列举的,首先是死刑,然后是无期徒刑或者十年以上有期徒刑,这样规定的目的在于显示刑法对故意杀人罪从严处罚的态度,维护公民的生命权利不受非法侵犯。对情节较轻的可以处三年以上十年以下有期徒刑。这样规定,主要考虑是实践中故意杀人的情况比较复杂,如果一律处以重刑,既不符合罪责刑相适应原则,也有悖公平正义。同时,也是参考域外有些国家、地区对故意杀人罪区分不同的情节予以不同处罚的经验做法,如有的国家将故意杀人区分一级谋杀、二级谋杀等,并适用不同的刑罚。

认定故意杀人罪不能客观归罪,不能只看行为的后果,要根据行为人的故意内容来认定。如果行为人不是要故意非法剥夺他人生命,而是出于其他故意行为致人死亡的,如故意伤害致人死亡的,强奸妇女致使被害人死亡的,使用暴力进行抢劫致人死亡的,等等,不能认定为故意杀人罪,而应将致人死亡这一后果作为各罪的量刑情节考虑。

司法实践中应当注意,故意杀人侵犯的是人的生命和身体健康,社会危害大,直接影响人民群众的安全感,应当作为刑法重点惩治的犯罪。但是,实践中的故意杀人案件复杂多样,处理时要注意区分案件的不同性质,做到区别对待。一般而言,故意杀人案件从性质上可分为两类:一类是**严重危害社会治安、严重影响人民群众安全感的案件**,如极端仇视国家和社会,以不特定人为行凶对象的,针对妇女、儿童等弱势群体或在公共场所实施的杀人等;一类是**因婚姻家庭、邻里纠纷等民间矛盾激化引发的案件**。前者应当作为严惩的重点,依法判处被告人重刑直至判处死刑。在后者处理时应注意体现从严的精神,在判处重刑尤其是适用死刑时应特别慎重。对于被害人在起因上存在过错,或者被告人案发后积极赔偿,真诚悔罪,取得被害人或其家属谅解的,应依法从宽处罚,对同时有法定从轻、减轻处罚情节的,也应当予以考虑。同时应重视此类案件中的附带民事调解工作,努力化解双方矛盾,实现积极的"案结事了",增进社会和谐,达成法律效果与社会效果的有机统一。

【司法解释】

《最高人民法院关于审理交通肇事刑事案件具体应用法律若干问题的解释》(法释〔2000〕33号,自2000年11月21日起施行)

---

① 我国学者指出,剥夺他人生命的方式,既可以是作为,也可以是不作为;既可以是物理的方式,也可以是心理的方法。参见张明楷:《刑法学》(第6版),法律出版社2021年版,第1108页;黎宏:《刑法学各论》(第2版),法律出版社2016年版,第215页;周光权:《刑法各论》(第4版),中国人民大学出版社2021年版,第14页;赵秉志、李希慧主编:《刑法各论》(第3版),中国人民大学出版社2016年版,第188页;高铭暄、马克昌主编:《刑法学》(第7版),北京大学出版社、高等教育出版社2016年版,第455页。

② 罪犯的生命只是针对依法执行死刑的人而言,不受保护;但对于其他人来说,仍然受到刑法的保护。参见黎宏:《刑法学各论》(第2版),法律出版社2016年版,第214页。

③ 不构成犯罪的原因在于违法性之阻却。另外,在本罪的违法性层次之审查上,通常会涉及两种情形,分别是安乐死和尊严死。详细的讨论,参见张明楷:《刑法学》(第6版),法律出版社2021年版,第1109页;黎宏:《刑法学各论》(第2版),法律出版社2016年版,第216—217页;赵秉志、李希慧主编:《刑法各论》(第3版),中国人民大学出版社2016年版,第190页;高铭暄、马克昌主编:《刑法学》(第7版),北京大学出版社、高等教育出版社2016年版,第457—458页。

④ 另外,对于不具有间接正犯性质的教唆、帮助自杀行为,中国司法实践一般作为情节较轻的故意杀人罪加以处理。但是,处罚教唆、帮助自杀行为的刑法根据为何,仍有待进一步的论述。倘若不能找到刑法上的处罚根据,则只能认定上述司法实践的做法违反了罪刑法定原则。参见张明楷:《刑法学》(第6版),法律出版社2021年版,第1112—1113页。另有学者指出,自杀是违法、合法以外的第三种情形,即"法律无涉的领域"(法外空间说)。因为自杀不能被评价为违法行为,所以,对自杀参与行为,除非另设罪名,在现有立法体系之下,不能定罪处罚。参见周光权:《刑法各论》(第4版),中国人民大学出版社2021年版,第15—18页。也有学者指出,故意杀人中的"人"包括自己在内,自杀也是杀人。因此,教唆或帮助自杀的行为可以作为故意杀人罪论处。参见黎宏:《刑法学各论》(第2版),法律出版社2016年版,第217页。

△(**交通肇事;故意杀人罪**)行为人在交通肇事后为逃避法律追究,将被害人带离事故现场后隐藏或者遗弃,致使被害人无法得到救助而死亡或者严重残疾的,应当分别依照刑法第二百三十二条、第二百三十四条第二款的规定,以故意杀人罪或者故意伤害罪定罪处罚。(§ 6)

《最高人民法院关于抢劫过程中故意杀人案件如何定罪问题的批复》(法释〔2001〕16号,自2001年5月26日起施行)

△(**抢劫罪;为灭口而故意杀人;故意杀人罪;数罪并罚**)行为人为劫取财物而预谋故意杀人,或者在劫取财物过程中,为制服被害人反抗而故意杀人的,以抢劫罪定罪处罚。

行为人实施抢劫后,为灭口而故意杀人的,以抢劫罪和故意杀人罪定罪,实行数罪并罚。

《最高人民法院、最高人民检察院关于办理妨害预防、控制突发传染病疫情等灾害的刑事案件具体应用法律若干问题的解释》(法释〔2003〕8号,自2003年5月15日起施行)

△(**预防、控制突发传染病疫情等灾害;聚众"打砸抢";故意杀人罪**)在预防、控制突发传染病疫情等灾害期间,聚众"打砸抢",致人伤残、死亡的,依照刑法第二百八十九条、第二百三十四条、第二百三十二条的规定,以故意伤害罪或者故意杀人罪定罪,依法从重处罚。对毁坏或者抢走公私财物的首要分子,依照刑法第二百八十九条、第二百六十三条的规定,以抢劫罪定罪,依法从重处罚。(§ 9)

《最高人民法院关于审理未成年人刑事案件具体应用法律若干问题的解释》(法释〔2006〕1号,自2006年1月23日起施行)

△(**已满十四周岁不满十六周岁的人;故意伤害罪**)已满十四周岁不满十六周岁的人盗窃、诈骗、抢夺他人财物,为窝藏赃物、抗拒抓捕或者毁灭罪证,当场使用暴力,故意伤害致人重伤或者死亡,或者故意杀人的,应当分别以故意伤害罪或者故意杀人罪定罪处罚。[①] (§10 Ⅰ)

《最高人民法院、最高人民检察院关于办理危害生产安全刑事案件适用法律若干问题的解释》(法释〔2015〕22号,自2015年12月16日起施行)

△(**安全事故;故意阻挠开展抢救;隐藏、遗弃被害人;故意杀人罪**)在安全事故发生后,直接负责的主管人员和其他直接责任人员故意阻挠开展抢救,导致人员死亡或者重伤,或者为了逃避法律追究,对被害人进行隐藏、遗弃,致使被害人因无法得到救助而死亡或者重度残疾的,分别依照刑法第二百三十二条、第二百三十四条的规定,以故意杀人罪或者故意伤害罪定罪处罚。(§ 10)

《最高人民法院、最高人民检察院关于办理组织、利用邪教组织破坏法律实施等刑事案件适用法律若干问题的解释》(法释〔2017〕3号,自2017年2月1日起施行)

△(**组织、策划、煽动、胁迫、教唆、帮助邪教组织成员或者他人实施自杀;故意杀人罪**)组织、利用邪教组织,制造、散布迷信邪说,组织、策划、煽动、胁迫、教唆、帮助其成员或者他人实施自杀[②]、自伤的,依照刑法第二百三十二条、第二百三十四条的规定,以故意杀人罪或者故意伤害罪定罪处罚[③]。(§ 11)

【司法解释性文件】

《全国法院维护农村稳定刑事审判工作座谈会纪要》(法〔1999〕217号,1999年10月27日公布)

△(**故意杀人罪;死刑;综合考虑;被害人一方有明显过错**)要准确把握故意杀人犯罪适用死刑的标准。对故意杀人犯罪是否判处死刑,不仅要看是否造成了被害人死亡结果,还要综合考虑案件的全部情况。对于因婚姻家庭、邻里纠纷等民间矛盾激化引发的故意杀人犯罪,适用死刑一定要十分慎重,应当与发生在社会上的严重危害社会治安的其他故意杀人犯罪案件有所区别。对于被害人一方有明显过错或对矛盾激化负有直接责

分则 第四章

---

① 林维教授指出,系争解释与《最高人民检察院法律政策研究室关于相对刑事责任年龄的人承担刑事责任范围有关问题的答复》的结论(以抢劫罪论处)相互矛盾。该司法解释将不法与罪责混为一谈,立法者将几种典型的危险行为拟制为抢劫行为,是关于构成要件之不法内涵的拟制。《刑法》第十七条第二款是关于责任年龄的规定,其只是表明相对责任刑事年龄者应对抢劫行为的不法负责,与不法内涵本身为何无涉。因此,相对责任年龄者仍应对三种拟制性抢劫负责。参见陈兴良主编:《刑法各论精释》,人民法院出版社2015年版,第308页。

② 我国学者指出,这里的被害人自己造成死亡,并不属于刑法意义上的自杀,而是由邪教组织所操纵、支配的,邪教组织人员实施了故意杀人的实行行为,对邪教组织人员以故意杀人罪的间接正犯处理是合适的,此与《刑法》第三百条之规定,并不冲突。参见周光权:《刑法各论》(第4版),中国人民大学出版社2021年版,第18页。

③ 我国学者指出,凭借某种权势或利用某种特殊关系,以暴力、威胁或者其他心理强制方法,促使他人自杀身亡的,成立故意杀人的间接正犯。参见张明楷:《刑法学》(第6版),法律出版社2021年版,第1112页。

任,或者被告人有法定从轻处罚情节的,一般不应判处死刑立即执行。

△(**故意杀人罪;直接故意;间接故意;故意伤害致人死亡**)要注意严格区分故意杀人罪与故意伤害罪的界限。在直接故意杀人与间接故意杀人案件中,犯罪人的主观恶性程度是不同的,在处刑上也应有所区别。间接故意杀人与故意伤害致人死亡,虽然都造成了死亡后果,但行为人故意的性质和内容是截然不同的。不注意区分犯罪的性质和故意的内容,只要有死亡后果就判处死刑的做法是错误的,这在今后的工作中,应当予以纠正。对于故意伤害致人死亡,手段特别残忍,情节特别恶劣的,才可以判处死刑。

《在审理故意杀人、伤害及黑社会性质组织犯罪案件中切实贯彻宽严相济刑事政策》(最高人民法院刑三庭,2010 年 4 月 14 日公布)

△(**宽严相济刑事政策**)在故意杀人、伤害及黑社会性质组织犯罪案件的审判中贯彻宽严相济刑事政策,要落实《意见》[①]第 1 条规定:根据犯罪的具体情况,实行区别对待,做到该宽则宽,当严则严,宽严相济,罚当其罪。落实这个总体要求,要注意把握以下几点:

1. 正确把握宽与严的对象。故意杀人和故意伤害犯罪的发案率高,社会危害大,是各级法院刑事审判工作的重点。黑社会性质组织犯罪在我国自二十世纪八十年代末出现以来,长时间保持快速发展势头,严厉打击黑社会性质组织犯罪,是法院刑事审判在当前乃至今后相当长一段时期内的重要任务。因此,对这三类犯罪总体上应坚持从严惩处的方针。但是在具体案件的处理上,也要分别案件的性质、情节和行为人的主观恶性、人身危险性等情况,把握宽严的范围。在确定从宽与从严的对象时,还应当注意审时度势,对经济社会的发展和治安形势的变化作出准确判断,为构建社会主义和谐社会的目标服务。

2. 坚持严格依法办案。三类案件的审判中,无论是从宽还是从严,都必须严格依照法律规定进行,做到宽严有据,罚当其罪,不能为追求打击效果,突破法律界限。比如在黑社会性质组织犯罪的审理中,黑社会性质组织的认定必须符合法律和立法解释规定的标准,既不能降格处理,也不能拔高认定。

3. 注重法律效果与社会效果的统一。严格依法办案,确保良好法律效果的同时,还应当充分考虑案件的处理是否有利于赢得人民群众的支持和社会稳定,是否有利于瓦解犯罪,化解矛盾,是否有利于罪犯的教育改造和回归社会,是否有利于减少社会对抗,促进社会和谐,争取更好的社会效果。比如在刑罚执行过程中,对于故意杀人、伤害犯罪及黑社会性质组织犯罪的领导者、组织者和骨干成员就应当从严掌握减刑、假释的适用,其他主观恶性不深、人身危险性不大的罪犯则可以从宽把握。(§1)

△(**故意杀人罪;区别对待;犯罪情节;主观恶性和人身危险性;死刑适用**)1. 注意区分两类不同性质的案件。故意杀人、故意伤害侵犯的是人的生命和身体健康,社会危害大,直接影响到人民群众的安全感,《意见》第 7 条将故意杀人、故意伤害致人死亡犯罪作为严惩的重点是十分必要的。但是,实践中的故意杀人、伤害案件复杂多样,处理时要注意分别案件的不同性质,做到区别对待。

实践中,故意杀人、伤害案件从性质上通常可分为两类:一类是严重危害社会治安、严重影响人民群众安全感的案件,如极端仇视国家和社会,以不特定人为行凶对象的;一类是因婚姻家庭、邻里纠纷等民间矛盾激化引发的案件。对于前者应当作为严惩的重点,依法判处被告人重刑直至判处死刑。对于后者处理时应注意体现从严的精神,在判处重刑尤其是适用死刑时应特别慎重,除犯罪情节特别恶劣、犯罪后果特别严重、人身危险性极大的被告人外,一般不应当判处死刑。对于被害人在起因上存在过错,或者是被告人案发后积极赔偿,真诚悔罪,取得被害人或其家属谅解的,应依法从宽处罚,对同时有法定从轻、减轻处罚情节的,应考虑在无期徒刑以下裁量刑罚。同时应重视此类案件中的附带民事调解工作,努力化解双方矛盾,实现积极的"案结事了",增进社会和谐,达成法律效果与社会效果的有机统一。《意见》第 23 条是对此审判经验的总结。

此外,实践中一些致人死亡的犯罪是故意杀人还是故意伤害往往难以区分,在认定时除从作案工具、打击的部位、力度等方面进行判断外,也要注意考虑犯罪的起因等因素。对于民间纠纷引发的案件,如果难以区分是故意杀人还是故意伤害时,一般可考虑定故意伤害罪。

2. 充分考虑各种犯罪情节。犯罪情节包括犯罪的动机、手段、对象、场所及造成的后果等,不同的犯罪情节反映不同的社会危害性。犯罪情节多属酌定量刑情节,法律往往未作明确的规定,但犯罪情节是适用刑罚的基础,是具体案件决定从严

① 即《最高人民法院关于贯彻宽严相济刑事政策的若干意见》。

或从宽处罚的基本依据,需要在案件审理中进行仔细甄别,以准确判断犯罪的社会危害性。有的案件犯罪动机特别卑劣,比如为了铲除政治对手而雇凶杀人的,也有一些人犯罪是出于义愤,甚至是"大义灭亲"、"为民除害"的动机杀人。有的案件犯罪手段特别残忍,比如采取放火、泼硫酸等方法把人活活烧死的故意杀人行为。犯罪后果也可以分为一般、严重和特别严重几档。在实际中一般认为故意杀人、故意伤害一人死亡的为后果严重,致二人以上死亡的为犯罪后果特别严重。特定的犯罪对象和场所也反映社会危害性的不同,如针对妇女、儿童等弱势群体或在公共场所实施的杀人、伤害,就具有较大的社会危害性。以上犯罪动机卑劣,或者犯罪手段残忍,或者犯罪后果严重,或者针对妇女、儿童等弱势群体作案等情节恶劣的,又无其他法定或酌定从轻情节应当依法从重判处。如果犯罪情节一般,被告人真诚悔罪,或有立功、自首等法定从轻情节的,一般应考虑从宽处罚。

实践中,故意杀人、伤害案件的被告人既有法定或酌定的从宽情节,又有法定或酌定从严情节的情形比较常见,此时,就应当根据《意见》第28条,在全面考察犯罪的事实、性质、情节和对社会危害程度的基础上,结合被告人的主观恶性、人身危险性、社会治安状况等因素,综合作出分析判断。

3. 充分考虑主观恶性和人身危险性。《意见》第10条、第16条明确了被告人的主观恶性和人身危险性是从严和从宽的重要依据,在适用刑罚时必须充分考虑。主观恶性是被告人对自己行为及社会危害性所抱的心理态度,在一定程度上反映了被告人的改造可能性。一般来说,经过精心策划的、有长时间计划的杀人、伤害,显示被告人的主观恶性深;激情犯罪,临时起意的犯罪,因被害人的过错行为引发的犯罪,显示的主观恶性较小。对主观恶性深的被告人要从严惩处,主观恶性较小的被告人则可考虑适用较轻的刑罚。

人身危险性即再犯可能性,可从被告人有无前科、平时表现及悔罪情况等方面综合判断。人身危险性大的被告人,要依法从重处罚。如累犯中前罪系暴力犯罪,或者曾因暴力犯罪被判重刑后又犯故意杀人、故意伤害致人死亡的;平时横行乡里,寻衅滋事杀人、伤害致人死亡的,应依法从重判处。人身危险性小的被告人,应依法体现从宽精神。如被告人平时表现较好,激情犯罪,系初犯、偶犯的;被告人杀人或伤人后有抢救被害人行为的,在量刑时应该酌情予以从宽处罚。

未成年人及老年人的故意杀人、伤害犯罪与一般人犯罪相比,主观恶性和人身危险性等方面有一定特殊性,在处理时应当依据《意见》的第20条、第21条考虑从宽。对犯故意杀人、伤害罪的未成年人,要坚持"教育为主,惩罚为辅"的原则和"教育、感化、挽救"的方针进行处罚。对于情节较轻、后果不重的伤害案件,可以依法适用缓刑、或者判处管制、单处罚金等非监禁刑。对于情节严重的未成年人,也应当从轻或减轻处罚。对于已满十四周岁不满十六周岁的未成年人,一般不判处无期徒刑。对于七十周岁以上的老年人犯故意杀人、伤害罪的,由于其已没有再犯罪的可能,在综合考虑其犯罪情节和主观恶性、人身危险性的基础上,一般也应酌情从宽处罚。

4. 严格控制和慎重适用死刑。故意杀人和故意伤害犯罪在判处死刑的案件中所占比例最高,审判中要按照《意见》第29条的规定,准确理解和严格执行"保留死刑,严格控制和慎重适用死刑"的死刑政策,坚持统一的死刑适用标准,确保死刑只适用于极少数罪行极其严重的犯罪分子;坚持严格的证据标准,确保把每一起判处死刑的案件都办成铁案。对于罪行极其严重,但只要有法定、酌定从轻情节,依法可不立即执行的,就不应当判处死刑立即执行。

对于自首的故意杀人、故意伤害致人死亡的被告人,除犯罪情节特别恶劣,犯罪后果特别严重的,一般不应考虑判处死刑立即执行。对亲属送被告人归案或协助抓获被告人的,也应视为自首,原则上应当从宽处罚。对具有立功表现的故意杀人、故意伤害致死的被告人,一般也应当体现从宽,可考虑不判处死刑立即执行。但如果犯罪情节特别恶劣,犯罪后果特别严重的,即使有立功情节,也可以不予从轻处罚。

共同犯罪中,多名被告人共同致死一名被害人的,原则上只判处一人死刑。处理时,根据案件的事实和证据能分清主从犯的,都应当认定主从犯;有多名主犯的,应当在主犯中进一步区分出罪行最为严重者和较为严重者,不能以分不清主次为由,简单地一律判处死刑。(§ 2)

《最高人民法院、最高人民检察院、公安部、司法部关于依法惩治性侵害未成年人犯罪的意见》(法发〔2013〕12号,2013年10月23日公布)

△(**猥亵儿童;对已满十四周岁的未成年男性实施猥亵;故意杀人罪**)实施猥亵儿童犯罪,造成儿童轻伤以上后果,同时符合刑法第二百三十四条或者第二百三十二条的规定,构成故意伤害罪、故意杀人罪的,依照处罚较重的规定定罪处罚。

对已满十四周岁的未成年男性实施猥亵,造成被害人轻伤以上后果,符合刑法第二百三十四

条或者第二百三十二条规定的,以故意伤害罪或者故意杀人罪定罪处罚。(§22)

《最高人民法院、最高人民检察院、公安部、司法部、国家卫生和计划生育委员会关于依法惩处涉医违法犯罪维护正常医疗秩序的意见》(法发〔2014〕5号,2014年4月22日公布)

△(**故意杀害医务人员;故意杀人罪**)在医疗机构内殴打医务人员或者故意伤害医务人员身体、故意损毁公私财物,尚未造成严重后果的,分别依照治安管理处罚法第四十三条、第四十九条的规定处罚;故意杀害医务人员,或者故意伤害医务人员造成轻伤以上严重后果,或者随意殴打医务人员情节恶劣、任意损毁公私财物情节严重,构成故意杀人罪、故意伤害罪、故意毁坏财物罪、寻衅滋事罪的,依照刑法的有关规定定罪处罚。

《最高人民法院、最高人民检察院、公安部、司法部关于依法办理家庭暴力犯罪案件的意见》(法发〔2015〕4号,2015年3月2日公布)

△(**家庭暴力犯罪;防卫因素;过错责任;"情节较轻"减刑;假释**)充分考虑案件中的防卫因素和过错责任。对于长期遭受家庭暴力后,在激愤、恐惧状态下为了防止再次遭受家庭暴力,或者为了摆脱家庭暴力而故意杀害、伤害施暴人,被告人的行为具有防卫因素,施暴人在案件起因上具有明显过错或者直接责任的,可以酌情从宽处罚。对于因遭受严重家庭暴力,身体、精神受到重大损害而故意杀害施暴人;或者因不堪忍受长期家庭暴力而故意杀害施暴人,犯罪情节不是特别恶劣,手段不是特别残忍的,可以认定为刑法第二百三十二条规定的故意杀人"情节较轻"。在服刑期间确有悔改表现的,可以根据其家庭情况,依法放宽减刑的幅度,缩短减刑的起始时间与间隔时间;符合假释条件的,应当假释。被杀害施暴人的近亲属表示谅解的,在量刑、减刑、假释时应当予以充分考虑。(§20)

《最高人民法院、最高人民检察院、公安部、司法部关于办理黑恶势力犯罪案件若干问题的指导意见》(法发〔2018〕1号,2018年1月16日公布)

△(**民间借贷;擅自设立金融机构罪;非法吸收公众存款罪;骗取贷款罪;高利转贷罪;故意杀人罪;故意伤害罪;非法拘禁罪;故意毁坏财物罪;数罪并罚**)在民间借贷活动中,如有擅自设立金融机构、非法吸收公众存款、骗取贷款、套取金融机构资金发放高利贷以及为强索债务而实施故意杀人、故意伤害、非法拘禁、故意毁坏财物等行为的,应当按照具体犯罪侦查、起诉、审判。依法符合数罪并罚条件的,应当并罚。(§19)

《最高人民法院关于依法妥善审理高空抛物、坠物案件的意见》(法发〔2019〕25号,2019年10月21日发布)

△(**高空抛物、坠物行为;社会危害性**)充分认识高空抛物、坠物行为的社会危害性。高空抛物、坠物行为损害人民群众人身、财产安全,极易造成人身伤亡和财产损失,引发社会矛盾纠纷。人民法院要高度重视高空抛物、坠物行为的现实危害,深刻认识运用刑罚手段惩治情节和后果严重的高空抛物、坠物行为的必要性和重要性,依法惩治此类犯罪行为,有效防范、坚决遏制此类行为发生。(§4)

△(**高空抛物犯罪;以危险方法危害公共安全罪;故意伤害罪;故意杀人罪**)准确认定高空抛物犯罪。对于高空抛物行为,应当根据行为人的动机、抛物场所、抛掷物的情况以及造成的后果等因素,全面考量行为的社会危害程度,准确判断行为性质,正确适用罪名,准确裁量刑罚。

故意从高空抛弃物品,尚未造成严重后果,但足以危害公共安全的,依照刑法第一百一十四条规定的以危险方法危害公共安全罪定罪处罚;致人重伤、死亡或者使公私财产遭受重大损失的,依照刑法第一百一十五条第一款的规定处罚。为伤害、杀害特定人员实施上述行为的,依照故意伤害罪、故意杀人罪定罪处罚。(§5)

△(**高空抛物犯罪;从重处罚;不得适用缓刑**)依法从重惩治高空抛物犯罪。具有下列情形之一的,应当从重处罚,一般不得适用缓刑:(1)多次实施的;(2)经劝阻仍继续实施的;(3)受过刑事处罚或者行政处罚后又实施的;(4)在人员密集场所实施的;(5)其他情节严重的情形。(§6)

《最高人民法院、最高人民检察院、公安部办理跨境赌博犯罪案件若干问题的意见》(公通字〔2020〕14号,2020年10月16日发布)

△(**赌博犯罪;故意杀人罪;故意伤害罪;非法拘禁罪;故意毁坏财物罪;寻衅滋事罪**)实施赌博犯罪,为强行索要赌债,实施故意杀人、故意伤害、非法拘禁、故意毁坏财物、寻衅滋事等行为,构成犯罪的,应当依法数罪并罚。(§4Ⅳ)

《最高人民法院、最高人民检察院、公安部关于办理涉窨井盖相关刑事案件的指导意见》(高检发〔2020〕3号,2020年3月16日发布)

△(**窨井盖;故意伤害罪;故意杀人罪**)对于本意见第一条、第二条规定以外的其他场所的窨井盖,明知会造成人员伤亡后果而实施盗窃、破坏行为,致人受伤或者死亡的,依照刑法第二百三十

四条、第二百三十二条的规定，分别以故意伤害罪、故意杀人罪定罪处罚。（§ 3 Ⅰ）

△（**窨井盖**）本意见所称的“窨井盖”，包括城市、城乡结合部和乡村等地的窨井盖以及其他井盖。（§ 12）

【附属刑法】

《中华人民共和国国家赔偿法》（1994年5月12日通过，2012年10月26日第二次修正）

第三十一条

Ⅰ赔偿义务机关赔偿后，应当向有下列情形之一的工作人员追偿部分或者全部赔偿费用：

（一）有本法第十七条第四项、第五项规定情形的①；

（二）在处理案件中有贪污受贿，徇私舞弊，枉法裁判行为的。

Ⅱ对有前款规定情形的责任人员，有关机关应当依法给予处分；构成犯罪的，应当依法追究刑事责任。

【指导性案例】

最高人民法院指导案例第4号：王志才故意杀人案（2011年12月20日发布）

△（**因恋爱、婚姻矛盾激化引发的故意杀人案件；死刑缓期执行；决定限制减刑**）因恋爱、婚姻矛盾激化引发的故意杀人案件，被告人犯罪手段残忍，论罪应当判处死刑，但被告人具有坦白悔罪、积极赔偿等从轻处罚情节，同时被害人亲属要求严惩的，人民法院根据案件性质、犯罪情节、危害后果和被告人的主观恶性及人身危险性，可以依法判处被告人死刑，缓期二年执行，同时决定限制减刑，以有效化解社会矛盾，促进社会和谐。

最高人民法院指导案例第12号：李飞故意杀人案（2012年9月18日发布）

△（**因民间矛盾引发的故意杀人案件；死刑缓期执行；决定限制减刑**）对于因民间矛盾引发的故意杀人案件，被告人犯罪手段残忍，且系累犯，论罪应当判处死刑，但被告人亲属主动协助公安机关将其抓捕归案，并积极赔偿的，人民法院根据案件具体情节，从尽量化解社会矛盾角度考虑，可以依法判处被告人死刑，缓期二年执行，同时决定限制减刑。

【公报案例】

△（**故意杀人罪；不立即执行死刑**）被告人的行为已构成故意杀人罪，后果严重，应依法惩处，但鉴于路国平故意杀人案系民事纠纷引发，双方在起因上均有一定过错，且被告人在羁押期间有制止他人自杀的情节，对其判处的死刑可不立即执行。［《最高人民法院公报》2005年第6期　路国平故意杀人案］

【参考案例】

△**故意杀人后为掩盖罪行而毁坏、抛弃尸体的，应以故意杀人罪一罪论处。**

抛尸、焚尸行为，实际上是对尸体的处分行为。这种行为被视为对死者的亵渎，是对风俗习惯的侵犯。不仅严重伤害社会风化，且容易引起群众之间的矛盾，具有较大的社会危害性。因此，我国刑法专门规定了盗窃、侮辱尸体罪。但是，故意杀人后为毁灭罪证、掩盖罪迹而毁坏、抛弃尸体的，其行为已为故意杀人行为所吸收，仍只认定故意杀人一个罪。因此，故意杀人中的抛尸、焚尸行为，应该作为量刑时的一个重要的酌定情节予以考虑，而不再单独评价。［No. 4-232-3　龚世义等人故意杀人、包庇案］

△**被害人有重大过错的故意杀人行为，应以情节较轻的故意杀人罪论处。**

将义愤杀人等被害人有重大过错的情形考虑为故意杀人罪的情节较轻，既是理论界的普遍观点，也是司法实践部门的基本态度。虽然我国刑法或司法解释没有具体规定故意杀人罪情节较轻如何认定，但是刑法理论界都将被害人过错作为其中应该考虑的重要因素。例如，原最高人民法院副院长张军主编的《刑法罪名精释》认为：故意杀人罪的情节较轻，司法实践中一般是指防卫过当致人死亡的，出于义愤杀人的，因受被害人的长期迫害而杀人的，溺婴的等情形。中国人民大学著名教授王作富主编的《刑法分则实务研究》也认为，故意杀人罪的情节较轻，主要指：当场基于

分则　第四章

① 《中华人民共和国国家赔偿法》（1994年5月12日通过，2012年10月26日第二次修正）

第十七条

行使侦查、检察、审判职权的机关以及看守所、监狱管理机关及其工作人员在行使职权时有下列侵犯人身权情形之一的，受害人有取得赔偿的权利：

……

（四）刑讯逼供或者以殴打、虐待等行为或者唆使、放纵他人以殴打、虐待等行为造成公民身体伤害或者死亡的；

（五）违法使用武器、警械造成公民身体伤害或者死亡的。

义愤杀人，受被害人嘱托，受被害人长期迫害而激愤杀人，大义灭亲杀人等等。上述观点，均将义愤杀人等被害人有重大过错的情形，作为故意杀人罪的情节较轻之情形进行认定。同时，上述观点均未将抛尸、焚尸作为不认定情节较轻的阻截条件。虽然上述理论观点不具有法律效力，但是在一定程度上反映了司法实践部门和刑法学界的基本态度。

实际上，将被害人存有重大过错作为故意杀人罪的情节较轻来考虑，是有比较充分的理论基础的。这主要是因为，被害人对危害行为的发生存在过错及其过错程度，直接影响到了犯罪人的主观恶性及其人身危险性的认定，并在一定程度上影响到行为因果关系的进程。犯罪行为的社会危害性是主客观的统一，包括犯罪行为造成的客观危害和行为人本身体现出的主观恶性。量刑应与犯罪的社会危害性相适应的量刑原则要求刑罚裁量既要与行为造成的客观危害相适应，也要与行为人的人身危险性相适应。加害型犯罪中，被害人过错的存在对加害人的罪责大小存在一定的影响。而且，从刑罚预防以及刑罚个别化原则的要求出发，针对行为人主观恶性及其人身危害性的不同，在量刑时亦应予体现。由于被害人严重过错而引发犯罪的，加害人的罪过显然要轻于被害人没有过错的加害型犯罪，其改造的难易程度显然也是不同的。在存在被害人的犯罪中，如故意杀人罪的场合，被害人或加害在先，引起他人加害，或者是被害人激化矛盾，引起他人加害，在上述两种情况下，被害人都是有过错的；被害人的过错一定程度上抵消了行为人的部分责任，使行为人的责任减小。[No. 4-232-4　龚世义等人故意杀人、包庇案]

△帮助意图自杀的人实现自杀意图的，应以故意杀人罪论处，并从轻处罚。

帮助自杀，就是帮助有自杀意图的人实现自杀。在外国刑事立法例上，有关于"教唆、帮助自杀罪"的规定，理论上对本罪界定为鼓励、怂恿、诱使和帮助他人自戕的行为。据有关资料，日本、瑞士、西班牙、韩国、巴西、意大利、泰国、印度、美国等国家均规定了本罪，而且对本罪的构成条件也作了相应的规定。

我国刑法没有将帮助他人自杀的行为规定为一个罪名，这就带来一个认识问题，即对帮助他人自杀的行为应否定罪。帮助他人自杀结束生命，虽然该帮助人主观上没有剥夺他人生命的故意，但其同意帮助他人自杀结束生命，并且帮助意图自杀而死的人实现了这一目的，其行为在性质上属于故意杀人，符合我国刑法规定的故意杀人罪的构成要件，实践中应当按故意杀人罪予以定性处罚。夏锡仁故意杀人案中意图自杀的吴楷容，经受不了伤痛的折磨和经济的压力，欲以自杀方式自戕，要求作为其丈夫的被告人夏锡仁帮助实现自杀目的，被告人不仅接受了吴楷容的要求，并且具体实施了帮助其自杀的行为，使吴楷容达到了自杀而死的目的，依据我国刑法的规定和司法实践经验，应当对被告人夏锡仁以故意杀人罪加以处罚。

一般而言，社会危害性的严重程度决定了刑罚的严重程度。帮助他人自杀的危害性显然要轻于谋杀他人的社会危害性，在量刑上前者也明显要轻于后者。按照我国《刑法》第二百三十二条的规定，故意杀人罪的处刑幅度有两个档次，其中第二档次，即情节较轻的，处三年以上十年以下有期徒刑。帮助他人自杀的故意杀人罪，应当认为属于情节较轻，在三年以上十年以下幅度内量刑。在此量刑幅度内，实践中还要根据被帮助自杀的人生前的行为认识能力和其承受痛苦的程度来确定量刑的幅度，一般来说，行为认识能力愈高，承受痛苦的程度愈重，对帮助自杀的人的量刑愈轻。就本案来说，吴楷容是认识能力完全的人，能够清楚地知道自杀行为将要产生结束自己生命的后果，其腿部的伤痛和经济困难压力促使其轻生，作为其丈夫的被告人夏锡仁帮助其实现自杀目的，在此情况下夏锡仁实施了帮助自杀的行为，应当在"情节较轻"的量刑幅度内处以较轻的刑罚。[No. 4-232-6　夏锡仁故意杀人案]

△以一般人难以接受的方法杀人的，可以认定为故意杀人罪的手段特别残忍。

对于一般人难以接受的杀人方法，可以认定为特别残忍、特别危险。前者如用多种工具杀害被害人，用一种工具多次杀戮，使被害人长时间经受肉体和精神上的痛苦或杀害被害人时，使被害人面目全非、身首异处等；后者如用爆炸或用交通工具等方法杀害被害人等。在孙习军等故意杀人案中，孙习军、王媛用菜刀反复切割被害人颈部，致被害人颈部大部分断离，面目全非，后又割下被害人头颅，抛于河中，使被害人身首异处，应属杀人手段特别残忍。[No. 4-232-10　孙习军等故意杀人案]

△故意杀人(未遂)手段特别残忍，后果特别严重，罪当判处死刑立即执行，但在二审期间被告人真诚悔罪，其亲属代为赔偿被害人的经济损失，并由此获得了被害人及其亲属的谅解而达成和解协议的，可以改判死刑，缓期二年执行。

蔡超故意杀人案是在肯定一审定罪、量刑并无不当的情况下作了改判，从死刑立即执行改为死刑缓期二年执行。通常情况下，在刑事审判中考虑量刑的诸因素均属已经发生、不可更改的事实，但认罪态度、悔罪表现等犯罪的主观方面在不同的审级中则可能有所改变，并足以影响到刑罚的裁量。本案的改判就属于这种一审判决无误，二审考虑其发生改变的悔罪表现、认罪态度予以改判的情形。

就本案而言，一审基于蔡超出于报复的动机实施故意杀人犯罪，且犯罪手段特别残忍，犯罪情节极为恶劣，确属罪行极其严重的犯罪分子，故未根据其未遂情节适用从轻处罚而将其判处死刑立即执行。二审法院鉴于蔡超在庭审中能如实供述自己身上的两处刀伤系本人自杀所刺，不再推卸是陈晶晶所致，较为深刻地认识到所犯罪行的社会危害性，并愿通过亲属尽力赔偿陈晶晶经济损失，具有悔罪表现，其亲属在案发后能积极将被害人陈晶晶及时送往医院抢救，并在二审期间能尽力代为赔偿陈晶晶的部分经济损失，取得了陈晶晶对蔡超犯罪行为的谅解，故对蔡超作出判处死刑缓期二年执行，剥夺政治权利终身的终审判决。在本案的审理中，二审法院着眼于维护和促进社会和谐稳定的工作大局，立足于本案的具体情况，全面理解和正确执行宽严相济的刑事司法政策，坚持少杀、慎杀，体现了充分贯彻保留死刑，严格控制死刑的刑事政策精神。[No. 4-232-13　蔡超故意杀人案]

△数个主犯参与共同犯罪应当判决死刑的，只对其中起最大作用的主犯判处死刑。

从王建辉等故意杀人、抢劫案的事实来看，被害人的死亡是由混同行为造成的，是指挥者、抬人者和压盐包者三人行为的共同结果，在导致被害人死亡结果方面，上述三者的行为缺一不可。因此凡是积极实施上述三种行为的参与者均属共同犯罪中的主犯，应对被害人的死亡承担全部刑事责任，但也并不意味着所有主犯都要处以极刑。就本案而言，被告人王建辉组织、指挥多人，以特别残忍的手段杀人灭口，抛尸灭迹，且在故意杀人犯罪前后聚众殴打多人，并抢劫财物，作案动机十分卑劣、手段极其残忍、情节特别恶劣，造成的后果极其严重，且主观恶性极深，人身危险性极大，实属罪行极其严重。作为决策者、组织指挥者，王建辉应当对故意杀人犯罪负全部责任，一、二审法院以故意杀人罪判处其死刑立即执行，可谓罚当其罪。被告人祁明、王小强、牛晓龙、尹锟积极参与殴打被害人，之后又共同预谋杀人灭口，且共同将数袋重达50公斤的盐包压在被害人身上，是杀人犯罪的积极参与者和主要实施者，地位和作用相当，但相对于王建辉要小一些，应负的责任也相应分散。虽然罪行极其严重，但尚不属非杀不可者。在司法实践中，对共同犯罪中罪行极其严重的犯罪分子是否判处死刑立即执行，应当考虑以下因素：多个主犯中罪行最严重的主犯已经判处死刑立即执行，其他主犯地位、作用相对次要的；共同犯罪人作用、地位相当，责任相对分散的；共同犯罪人责任不清的；同案人在逃，有证据证明被告人起次要作用的；对在案的被告人适用死刑立即执行可能影响对在逃的同案人定罪量刑的；等等。对具有上列因素的，一般不适用死刑立即执行。因此，上述四名被告人还不属于必须处死的，可不判处死刑立即执行。[No. 4-232-14　王建辉等故意杀人、抢劫案]

△被害人的严重过错导致行为人义愤杀人或者大义灭亲杀人的，一般应认定为情节较轻的故意杀人罪，且符合法定条件的，可以适用缓刑。

在张志信故意杀人案中，被告人主观上明知其持抓钩猛击其子头部会发生死亡的结果，而希望或放任这种结果的发生；客观上实施了持抓钩猛击其子要害部位，致其子死亡的行为，符合故意杀人罪的构成要件，应构成故意杀人罪。

《刑法》第二百三十二条规定：故意杀人的，处死刑、无期徒刑或十年以上有期徒刑；情节较轻的，处三年以上十年以下有期徒刑。就本案而言，被害人为人凶狠，动辄拼命，其父母经常处于被威胁、被恐吓状态。案发时，被害人又持刀逼母、砍母，致其母亲赤裸身体向他人求救，有重大过错，其父张志信基于义愤将其打死，与一般的图财、报复、奸情、拒捕等动机有着质的不同，故法院认定被告人故意杀人属情节较轻，是正确的。此外，本案案发后，群众自发联名上书到县委机关、司法机关痛陈被害人生前劣迹，称其危害社会，死有余辜，认为张志信杀子系大义灭亲，为民除害，强烈要求对张志信从轻处理，量刑判处有期徒刑三年是适当的。该案从作案至案发的一年多时间里，同村群众对张黎明被打死虽有所闻，但无人告发，其间被告人张志信与村民邻里和睦共处，与人为善，表现较好，无违法情况。而且，在艰难生活中承担起对长孙的教育和抚养义务，对其适用缓刑不致再危害社会，故决定以故意杀人罪，判处张志信有期徒刑三年，缓刑五年，既正确适用了法律，又考虑到了群众的意愿和社会效果。[No. 4-232-17　张志信故意杀人案]

△因先行行为致使被害人处于危险境地的，负有救助义务；有能力履行该义务而拒不履行，致使被害人死亡的，应以故意杀人罪论处。

先行行为应是行为人亲自实施的行为，而不能是行为人以外的第三人实施的行为。只有因自己行为导致发生(或引起)一定之危险者,始负有防止危险结果发生之义务。在颜克于等故意杀人案中,颜克于等被告人对周家龙的殴打、追赶行为导致周家龙跳入河中,在水中挣扎,周家龙的生命已经处于危险状态,而殴打、追赶的先行行为系颜克于等人亲自实施,故对周家龙的危险具有救助义务。船上的其他目击者,即使不救助也不构成不作为犯罪,因未实施先行行为之缘由,不具备防止周家龙死亡的义务。

在本案中,颜克于等人明知周家龙跳河后,因体力不支而在河中挣扎,并渐渐沉入水中,可能会发生溺水死亡的后果,却没有采取任何救助措施,而是目睹周家龙沉入水中后,才离开现场。但是,颜克于等被告人并没有利用溺水这一客观条件而要致周家龙死亡的直接故意,其对周家龙的死亡,仅仅是持放任态度。通常所说的见死不救,指的就是对可能死亡之人不实施救助,而不是指利用危险状态的客观条件致他人于死地。如果周家龙跳水后,要往岸上爬,颜克于等人却实施了阻拦周家龙上岸的行为,迫使周家龙溺水死亡,那么,此时就不是见死不救的问题了,而是直接利用溺水这一客观条件致周家龙死亡,属于直接故意杀人的范畴。因此,本案属于间接故意杀人。[No. 4-232-24　颜克于等故意杀人案]

△**在故意杀人案中,主观上出于间接故意且被害人具有一定过错的,应认定为故意杀人情节较轻,予以从轻处罚。**

判断故意杀人是否属于情节较轻,可以从行为人主观过错、案发原因、犯罪手段、因果关系、危害结果等主客观方面综合分析判定。颜克于等被告人的见死不救行为虽然造成了被害人的死亡后果,但综合全案情节,应评价为故意杀人情节较轻。主要理由是:(1)周家龙有实施盗窃自行车的嫌疑,在案件起因上存在一定过错。(2)颜克于等人主观上没有故意杀人的犯罪目的,其对周家龙的死亡后果只是持放任态度而不是积极追求。(3)颜克于等人没有直接实施剥夺他人生命的行为,只是在客观上实施了不正当殴打、追赶周家龙的行为,周家龙基于会游泳而跳入河中,生命处于危险境地后,颜克于等人能够履行救助义务而未履行。(4)本案的因果关系有其特殊性,周家龙的死亡系一果多因,且溺水死亡是直接原因,颜克于等人的不作为只是间接原因。因此,法院认定颜克于等人故意杀人犯罪属情节较轻是正确的。其中,被告人韩应龙积极赔偿,并取得被害人家属的谅解,对其适用缓刑,也符合宽严相济的刑事政策精神。[No. 4-232-25　颜克于等故意杀人案]

△**在故意杀人案中,被害人有明显过错或者对矛盾激化负有直接责任的,一般不应当判处被告人死刑立即执行。**

被告人吴江与被害人吴俊均系在校大学生,二人确立恋爱关系后,吴江经常带吴俊购物、外出游玩,有时在外开房同居。为支付上述高额费用,吴江经常向家里要钱或向老师、同学借钱,还将其父为其购买的富康牌轿车卖掉,以所得钱款用于二人消费。尽管如此,吴江仍不能满足吴俊的物质需求,吴俊经常埋怨吴江没有钱,多次催促吴江向其父亲索要位于市中心的房产,并执意要搬进该房居住,因而让吴江感到很为难,压力很大。案发当天,二人为此事再次发生争吵,以致吴江认为吴俊是为了钱和房子才与其交往,在激怒之下将吴俊掐死。综上,二人系因经济问题引发了恋爱矛盾。吴俊过高的物质需求给吴江带来巨大的经济压力,系产生矛盾的根本原因;案发当日,吴俊再次让吴江向其父亲索要房产,系激化矛盾的直接原因。从民俗习惯上讲,女方在恋爱期间接受或要求男方给予财物比较普遍,然而,吴俊在度的把握上有失分寸,虽称不上有明显过错,但确有不妥之处,案发当日,又在言语上刺激吴江,对矛盾的激化负有直接责任。被告人吴江系在校大学生,对恋爱矛盾的处理经验不足,案发时受到言语刺激,一时冲动激情杀人,并有殉情自杀的倾向,事后认罪悔罪,如实交代罪行,说明其主观恶性并非极深;其父在其罪行尚未被司法机关发觉时主动报警,并积极筹款赔偿,参与被害人的后事处理,取得了被害人亲属的谅解,应当作为酌定从轻处罚情节考虑。

综上,法院综合全案情节,以故意杀人罪判处被告人吴江死刑,缓期二年执行,正确理解和准确适用了《全国法院维护农村稳定刑事审判工作座谈会纪要》精神,体现了宽严相济的刑事政策要求。[No. 4-232-26　吴江故意杀人案]

△**因故意吸食毒品等可致人辨认、控制能力受影响的物品而实施杀人行为的,应当承担刑事责任。**

虽然被告人彭崧在杀人时控制、辨认能力已经减弱,但这种状态的出现是其吸毒所致,因此,其杀人行为可以归责为其吸食毒品的行为。本案中,彭崧在以前已因吸毒产生过幻觉的情况下,明知自己吸食后会出现幻觉仍故意吸食,进而出现精神障碍将阮召森杀死,主观上应当认定为故意使自己陷入该状态,其应承担故意杀人罪的刑事责任。[No. 4-232-28　彭崧故意杀人案]

△**在刑事案件中,不论被害人的过错以何种程度的形式出现,只要能够反映罪行轻重及人身**

危险性大小等情况的，均可以作为减轻处罚的量刑情节。

1999年最高人民法院公布的《全国法院维护农村稳定刑事审判工作座谈会纪要》提出，在故意杀人、故意伤害案件中，对于被害人有明显过错或对矛盾激化有直接责任，或者被告人有法定从轻处罚情节的，一般不应判处死刑立即执行。表明了将被害人过错与法定从轻处罚情节一同视为量刑情节对待，并在司法实践当中作为酌定量刑情节被广泛运用。刑法理论认为：决定量刑情节的要素主要有两点：一是被告人罪行的轻重；二是被告人的人身危险性。被害人过错大小与被告人的罪行的轻重、人身危险性程度成反比。因为被害人有过错，往往能够反证被告人罪行较轻、人身危险性较小。因此，不论被告人的过错以何种程度的形式出现，只要是能够反映被告人罪行的轻重及人身危险性的种种情况，都是量刑的裁量情节。在周文友故意杀人案中，被害人李博因家庭琐事殴打岳母，对于引发本案负有重大责任，后又带人前往周文友家寻找周文友，持砍刀与被告人周文友对砍，并将周文友砍成重伤，其本身的行为亦具有明显过错。故一、二审法院在考虑到李博的行为有重大过错以及周文友具有投案自首情节之后，决定对周文友作出减轻处罚是适当的。[No. 4-232-33　周文友故意杀人案]

△**在判断被害人有无过错时，应根据其有无故意或过失实施激化矛盾的行为，且该行为是否为诱发行为人实施犯罪的原因加以判断。**

对刑事被害人过错的判断，应采取主客观相一致的标准，具体来说，就是围绕被害人过错的四个基本特征来考察。

第一，被害人主观上存在故意或过失。这包括两方面的含义：一方面，被害人应具有意志能力和责任能力，有充分的意志自由，可以不受限制地作出任何行为。另一方面，故意还表现为被害人对自己行为的性质及后果有一定的认识，通常表现为明知自己的行为违反法律或社会道德，且实施该行为必将损害被告人的合法权益，或实施该行为必将或可能导致被告人实施相应的犯罪行为，仍积极实施该行为；过失则表现为被害人对自己行为的性质及后果应当有一定的认识而没有认识或发生错误认识。正是被害人主观上的故意或过失，为对其进行责难提供了依据。

第二，被害人实施了相应的行为。这里的行为应作广义的理解，包括语言和动作。被害人内心的想法只有通过行为表现出来，才能对被告人产生影响，也才能为司法机关判断被害人是否存在过错提供判断的依据。从司法实践中的一些实例来看，通常表现为被害人用言语刺激被告人，使被告人产生犯罪意图；辱骂、殴打被告人，激化与被告人之间的矛盾；以非正当手段要挟被告人，达到某种非法目的等。

第三，被害人实施的是一种违反法律或道德的行为。只有被害人实施的是违反法律或道德的行为，才能体现法律或道德对该行为的否定评价，故能称之为过错。然而，并非被害人实施的一切违反法律或道德的行为都构成被害人过错范畴内的过错行为，被害人过错范畴内的过错行为应是一种具有积极进攻性的、性质严重、程度激烈、危害较大、违反法律或道德的侵害行为，或以某种非正当手段要挟被告人，严重威胁被告人的人身、财产权利，以达到非法目的的行为。

第四，被害人的过错是被告人实施相应犯罪的原因。凡被害人的过错行为，如果诱发被告人产生犯罪意图，或促使被告人加剧犯罪侵犯程度的，则被害人的行为与被告人的犯罪行为存在因果关系，是被告人实施相应犯罪的原因。

当具备以上四个条件时，即可认定被害人存在过错。

在官其明故意杀人案中，认定被害人是否存在过错，取决于对被害人提出与被告人分手这一行为性质的判断。《婚姻法》第二条规定："实行婚姻自由、一夫一妻、男女平等的婚姻制度。"第三条第一款规定："禁止包办、买卖婚姻和其他干涉婚姻自由的行为。"婚姻是男女双方恋爱的结果，婚姻自由必然以恋爱自由为基础。相比封建社会的父母之命、媒妁之言、指腹为婚等做法，恋爱自由体现了社会的进步，既合乎法律规定又合乎社会的道德规范。本案被害人提出与被告人分手，正是基于恋爱自由而作出的决定，被告人及其辩护律师据此认为被害人存在过错是不能成立的。[No. 4-232-35　官其明故意杀人案]

△**为逃避检查等目的，故意驾车冲撞检查人员等特定个人致其死亡的，不构成以危险方法危害公共安全罪，应以故意杀人罪论处。**

以危险方法危害公共安全罪是指使用除放火、决水、爆炸、投放危险物质以外的其他危险方法，造成或者足以造成不特定多数人的伤亡或者公私财产重大损失，危害公共安全的行为。区分本罪与故意杀人罪，主要应从犯罪侵犯的客体及犯罪的主观方面来把握。前者侵犯的客体是不特定多数人的生命、健康或者公私财产的安全，且在主观上出于故意；而后者侵犯的客体是特定人员的生命权利。[①] 被告人王征宇高速驾车冲闯关卡的目的是为逃避公安人员的检查，而不是为危害不特定多数人的人身、健康或公私财产的安全。王征宇驾车冲撞执行公务的人员，针对的对象是特定的个人，并非不特定多数人。王明知建设路口机动车道设有路障及站在路障中间的许多执行公务人员在拦截自己，却没有直接冲向机动车道的路障，而是转向北侧非机动车道，说明他不希望也未放任发生危害多数人人身安全的后果。可见，其主观上不具有危害公共安全的故意，故不应以危害公共安全罪定罪。

在本案中，王征宇明知公安人员陆卫涛站在北侧非机动车道拦截自己，如果继续驾车冲闯可能会造成陆伤亡结果的发生，仍为逃避检查，拒不停车，放任可能发生的后果，强行向陆所站的位置冲闯，致陆被撞击后死亡。对这种结果的发生，王征宇持放任态度。王征宇主观上具有间接杀人的故意，客观上造成陆死亡的结果，其行为符合间接故意杀人罪的特征，故应对其以故意杀人罪定罪。[No. 4-232-39　王征宇故意杀人案]

△在杀人案件中，犯罪意图不明确的，不得认定为直接故意杀人。

被告人宋有福因邻里道路纠纷等，起意对宋起锋实施报复——教训教训宋起锋。于是纠集其连襟许朝相等人，深夜持剑进入宋起锋家宅院，在宋起锋夫妇到院内察看动静时，许朝相刺中宋起锋一剑，致其死亡。从被告人宋有福纠集被告人许朝相要教训教训被害人的目的来看，其主观故意确实不十分明确，也就是说，不能认定为预谋杀人。但当被告人许朝相刺中被害人一剑以后，即与被告人宋有福逃离现场，对被害人死亡结果的发生采取了放任态度，这种结果实际也在二被告人预谋持剑教训的犯意之中，二人构成共犯。一审判决采纳公诉机关指控的罪名，对二被告人定故意杀人（间接）罪是正确的。[No. 4-232-41　宋有福等故意杀人案]

△对于致使被害人死亡的杀人案件，量刑时应当考虑案件的起因、被告人动机的卑劣程度以及主观恶性的大小等因素。

第一，因邻里纠纷引起的杀人案件，虽然也属于危害严重的案件，但同那些因劫财、奸情等杀人案件还是有区别的。对于造成被害人死亡后果的杀人案件，由于案件的起因不同，被告人的动机的卑劣程度及主观恶性大小不完全一样，对社会的危害也不完全相同，在量刑上亦应有所区别。被告人宋有福与邻里的道路纠纷是家族历史性的，且发生过争吵、打架，宋有福也曾被打过，故早就怀恨在心。此次是因违反计划生育政策被罚款而怀疑是被害人从中作梗，加速了报复、教训被害人的行为。被告人的事先预谋并非要杀死被害人，只是议论要“打一顿出出气，教训教训他”，故二被告人的主观恶性相对较小。

第二，本案虽然造成了被害人死亡的后果，但纵观二被告人犯罪的全过程，主观上对危害后果是持放任态度，放任的程度也是不一样的。宋有福是为了报复、教训被害人，事先还讲了“别打那么狠”的话，逃离现场放任了后果的发生；许朝相在整个犯罪过程中受宋的指使，但其在被害一方呼救时，为逃跑刺中被害人一剑，不计被害人的死活，而放任了危害后果的发生，这种犯罪本身是定伤害还是杀人罪在理论上就有争论，所以，即使按后果认定为杀人罪，也不能认为犯罪手段十分残忍、情节特别恶劣。

第三，本案是间接故意杀人。间接故意杀人，对被害人是死是活，并不积极追求，而是听之任之，采取放任态度。间接故意杀人的主观恶性和对社会的危害程度比直接故意杀人要小，处刑时应注意加以区别，对其判处死刑更应特别慎重。[No. 4-232-42　宋有福等故意杀人案]

△因婚姻家庭矛盾实施杀人行为后，又实施抢救行为的，应当酌情从轻处罚。

在张杰故意杀人案中，被害人张杰受伤倒地后，被告人张杰从家中拿出毛巾捂住被害人颈部，并请人叫救护车，实施了一定的抢救行为。这说明被告人张杰有一定的悔罪表现。因婚姻家庭矛盾引发的杀人案件不同于抢劫、强奸等严重危害社会治安的“严打”案件。根据《刑法》第四十八条第一款的规定，死刑只适用于罪行极其严重的犯罪分子。可见，立法对死刑的适用是极其严格的，是否属于罪行极其严重，应根据全案情节综合考虑，不能简单地以犯罪造成的危害结果认定，而应纵观全案作出判断。

被告人张杰持菜刀击砍被害人左颈部，致被害人死亡，后果严重，应予以严惩。但被告人张杰

① 劳东燕教授认为，以侵害对象特定与否作为区分以危险方法危害公共安全罪与故意杀人罪的标准，不具合理性。因为是否危害公共安全的判断，不取决于行为所针对的对象是否特定，关键在于是否危及多数人的生命、身体或财产安全。并且，以危险方法危害公共安全罪与故意杀人罪两者之间，并不是对立关系。就本案的结论而言，在肯定行为成立以危险方法危害公共安全罪与故意杀人罪的想象竞合的情形之下，根据从一重罪论处的原则，论以故意杀人罪。参见陈兴良主编：《刑法各论精释》，人民法院出版社 2015 年版，第 687—689 页。

对到达现场的公安人员承认被害人受伤是其所为,可视为投案,且被告人杀人后有抢救被害人的表现,具有酌定从轻处罚的情节。[No. 4-232-45　张杰故意杀人案]

△非法持有枪支、弹药实施间接故意杀人行为未造成危害结果的,不构成故意杀人罪(未遂)或者故意伤害罪(未遂),应以非法持有枪支、弹药罪论处。

被告人曹成金的行为没有导致死亡或者伤害的严重后果,其行为是否构成故意杀人罪(未遂)或者故意伤害罪(未遂),应取决于这种结果是否由于其意志以外的原因所致。从案件起因上看,被告人曹成金与郑林等人没有利害关系,事先不存在非法剥夺郑林等人生命或者伤害郑林等人的直接故意;在其到铜陵市劝说熊燕随其回江西被拒绝后,随即掏出非法携带的枪支,但是现行证据只能证实该行为是为了吓唬郑林等人,不能证实是为了实施故意杀人或者伤害行为;在争夺枪支的过程中,曹成金突然对郑开枪,此行为具有突发性,是一种不计后果的行为,在主观上应认定为是一种间接故意,即对其行为可能造成他人或死亡、或受伤、或者无任何物质损害结果,都是行为人放任心理所包含的内容,并非单纯希望发生危害结果。正因为在间接故意中,行为人对危害结果的发生与否是持一种放任态度,当法律上的危害结果发生时,则已成立犯罪既遂,如造成被害人死亡的,应以故意杀人罪定罪处罚;造成被害人受伤(轻伤以上)的,应以故意伤害罪定罪处罚;而没有造成人员伤亡,也是行为人这种放任心理所包含的,而不是什么意志以外的原因所致,无所谓得逞与否,犯罪未遂也就无从谈起了。因此,对被告人曹成金的行为,不能以故意杀人罪(未遂)或者故意伤害罪(未遂)追究刑事责任。但根据《刑法》第一百二十八条第一款的规定,违反枪支管理规定,非法持有枪支、弹药的,处三年以下有期徒刑、拘役或者管制;情节严重的,处三年以上七年以下有期徒刑。被告人曹成金是不符合配备、配置枪支、弹药条件的人员,其违反枪支管理规定,擅自持有枪支、弹药,其行为已构成非法持有枪支、弹药罪;曹成金非法携带枪支、弹药进入公共场所,且不计后果,非法开枪,虽未造成他人死、伤的严重后果,亦应认定为情节严重。安徽省铜陵市铜官山区人民法院改变起诉指控罪名,以非法持有枪支、弹药罪,判处被告人曹成金五年有期徒刑,铜陵市中级人民法院的裁定维持原判,均是正确的。[No. 4-232-46　曹成金故意杀人案]

△在实施故意杀人行为后,为转移侦查视线、掩盖罪行而书写、投送勒索钱财信件的,不构成敲诈勒索罪,应以故意杀人罪一罪论处。

就梁小红故意杀人案而言,首先,梁小红的行为不构成绑架罪。绑架罪是指以勒索财物为目的,使用暴力、威胁或者其他方法,绑架他人或者绑架他人作为人质的行为。在主观方面,绑架罪要求行为人具有勒索财物的目的。在客观方面,绑架罪表现为使用暴力、胁迫的手段绑架他人的行为。司法实践中,绑架罪的行为人在使用暴力或者胁迫过程中往往造成人质的伤害或者死亡,行为人也可能出于杀人灭口的目的将“人质”杀害。但只要行为人实施绑架行为时是以勒索财物为目的,或者以被绑架人为人质,而不是以杀害或伤害为目的的,就应定绑架罪。在本案中,梁小红在与被害人争执过程中采用勒颈、捂嘴的手段致被害人昏迷,后将被害人丢弃于水沟中,主观上是想杀害被害人。为转移公安机关的侦查视线,梁小红书写勒索信,但他未去收取赎金。所以,梁小红在主观上不具有勒索财物的目的。而且,梁小红给王刚父母写勒索信时,被害人已经死亡,不存在以被绑架人为人质的情况。在客观上,梁小红在与王刚争执的过程中采用勒颈、捂嘴的手段致王刚昏迷,后将王刚丢弃于水沟中,致被害人溺水死亡,梁小红并未实施绑架行为。因此,梁小红的行为不构成绑架罪。

其次,被告人梁小红的行为也不构成敲诈勒索罪。敲诈勒索罪,是指以非法占有为目的,对被害人以威胁或者要挟的方法,强行索取数额较大的公私财物的行为。行为人在主观上,以非法占有为目的;在客观上,表现为采用威胁或要挟的手段强行索取公私财物的行为。本案中,梁小红不具有非法占有的目的,他在王刚死亡后给王刚亲属书写恐吓信,虚拟被害人被绑架并要求赎人,只是为转移公安机关的侦查视线,掩盖杀人罪行,而不是为勒索并非法占有他人财物。在客观上,梁小红虽然写了勒索信,但并未索取财物,故梁小红的行为不构成敲诈勒索罪。

梁小红在与被害人发生争执时,故意勒被害人王刚的颈部,捂王刚的嘴,致被害人昏迷后又将被害人丢弃于水沟中,致被害人溺水死亡,其行为已构成故意杀人罪。因为梁小红是出于杀害被害人王刚的故意实施了勒颈部、捂嘴等杀人行为。在王刚昏迷后,梁小红将王丢弃于水沟中,并不是杀人行为的中止,而是在其主观上认为王刚已死亡的情况下实施的抛“尸”行为,这并不改变其杀人的性质。[No. 4-232-47　梁小红故意杀人案]

△在故意杀人案中,向被害人要害部位实施打击行为的,应当认定为直接故意杀人。

在司法实践中,区分直接故意杀人和间接故

意杀人的关键是看行为人在实施杀人行为时抱有什么样的心理态度,亦即其意志因素是什么?对被害人死亡结果的发生是持希望、追求的态度,还是持放任的态度?

从王洪斌故意杀人案来看,被告人王洪斌系在室内近距离向被害人头部开枪射击,其明知在这样近的距离向人头部开枪射击,会击中人的要害部位并致人死亡,仍决意为之。这反映出王洪斌主观上是追求、希望被害人死亡结果发生的,并非对可能发生的致人死亡的后果持听之任之的放任态度。这种主观意志的确定性与客观行为和行为结果的一致性,充分说明王洪斌的行为构成直接故意杀人。[No. 4-232-49　王洪斌故意杀人案]

△在故意杀人案中,同时具有多项法定从轻、减轻和酌定从轻、减轻情节的,一般不应顶格判处刑罚,应综合全案具体情况确定合适的刑罚。

被告人阎留普、黄芬犯故意杀人罪,造成一人死亡的后果,依照《刑法》第二百三十二条的规定,有两个量刑档次,即死刑、无期徒刑、十年以上有期徒刑和三年以上十年以下有期徒刑。具体确定哪一个量刑档次,是本案首先应当解决的问题。被告人阎留普、黄芬是出于激愤杀人,又具有防卫性质,且被害人有严重过错,故其杀人犯罪应与严重危害社会治安的故意杀人案件有所区别。最高人民法院公布的《全国法院维护农村稳定刑事审判工作座谈会纪要》对此已作了明确的阐述。因此,应当认定被告人阎留普、黄芬犯罪的情节较轻,并应当在三年以上十年以下有期徒刑的幅度内量刑。

被告人阎留普作案后投案自首,依照《刑法》第六十七条第一款的规定,可以从轻、减轻处罚或者免除处罚;被害人阎建立在案件的起因上有严重过错,是量刑的酌定情节,对被告人可酌情考虑从轻处罚。故对被告人阎留普不应顶格判处十年有期徒刑,但被告人阎留普持刀刺死被害人阎建立,系主犯,也不应对被告人阎留普免除或者减轻处罚。综合全案的具体情况,濮阳市中级人民法院对被告人阎留普以故意杀人罪,判处有期徒刑六年,是适宜的。

被告人黄芬系从犯,依照《刑法》第二十七条的规定,应当从轻、减轻处罚或者免除处罚;其作案后即投案自首,依照《刑法》第六十七条第一款的规定,可以从轻、减轻处罚或者免除处罚;再考虑被害人阎建立的行为对本案的发生具有严重过错这一酌定情节,在量刑时应考虑对被告人黄芬减轻处罚或者免除处罚。鉴于被告人黄芬伙同阎留普非法剥夺他人生命,其所犯故意杀人罪历来是我国刑法打击的重点,为了保护公民的人身安全,维护社会稳定,也不应对被告人黄芬免除处罚。濮阳市中级人民法院根据本案的具体情况,对被告人黄芬减轻处罚,在法定最低刑三年有期徒刑以下量刑,以故意杀人罪判处被告人黄芬有期徒刑二年,缓刑三年,既符合法律规定,也符合本案实际。[No. 4-232-51　阎留普等故意杀人案]

△驾车故意挤占车道阻止追赶车辆、致使他人车毁人亡的,不构成破坏交通工具罪,应以故意杀人罪论处。

在通常情况下,故意杀人罪和破坏交通工具罪是容易区分的。但当行为人利用非常见方法杀人,并同时造成其他重大物质损害的后果时,如何定罪容易产生分歧。在杨政锋故意杀人案中,被告人杨政锋实施的是一个行为,其主观故意内容只能从其行为中分析认定。从本案的具体情况来看,被告人杨政锋的行为造成了车辆损毁和人员死亡两个后果。但这种后果又很难分清行为人的主观故意究竟是为了毁车而致人死亡,还是为了杀人而致车毁,或者对哪一个后果持放任态度。也就是说,其主观故意对认定本案性质也很难发挥作用。在这种情况下,应当从其行为,进而从其主观故意分析其犯罪所侵犯的客体。本案中,被告人杨政锋驾驶货车沿路曲线行驶,挤占车道,在韩瑞勇驾驶汽车处于货车左侧时左打方向盘,将汽车逼向路边,虽然发生了小汽车与路边树木相撞,小汽车严重损坏的结果,但其目的是阻挡追赶的车辆超车,以逃避交管部门检查。被告人杨政锋实施上述行为时针对的只是追赶的小汽车,使之无法超车,以逃避处罚,因而不符合破坏交通工具罪侵害的客体必须是公共安全的要求。被告人的行为对象是特定的,行为的危害后果也是特定的,故不能以破坏交通工具罪定罪处罚。

被告人杨政锋虽然没有追求韩瑞勇死亡的直接故意,但当韩瑞勇驾驶的小汽车处于杨政锋驾驶的货车左侧时,杨政锋作为经过正规培训取得驾驶执照的正式司机,应当知道在驾车高速曲线行驶的情况下占道逼车可能发生车辆倾覆、人员伤亡的严重后果,仍然左打方向盘,挤占小汽车车道,放任危害后果的发生,终将小汽车逼向路边与树木相撞,造成一人死亡、二人轻伤、小汽车严重损坏的后果,被告人杨政锋放任被害人韩瑞勇所驾追赶车辆车毁人亡的后果发生,其主观上具有间接杀人的故意,其行为符合故意杀人罪的特征,故对杨政锋应以故意杀人罪定罪处刑。因此,陕西省高级人民法院改判杨政锋故意杀人罪是正确的。[No. 4-232-52　杨政锋故意杀人案]

△将他人杀死制造被保险人死亡假象以骗取保险金的，属于故意杀人罪与保险诈骗罪的想象竞合，应从一重罪处断，以故意杀人罪论处。

王志峰与王志生预谋以宴请为名在王志生经营的音像店内杀死被害人刘世伟，并焚烧尸体和音像店，借以造成王志峰被意外烧死的假象。王志峰、王志生共同杀死刘世伟后，王志峰逃往外地躲藏起来，王志生则出面向公安机关报假案，以骗取公安机关出具有关王志峰确已被意外烧死的证明后再向太平洋保险公司骗取保险金。从这一阶段看，王志峰、王志生的上述行为同样可以从两个方面定性：一是二人共同杀死刘世伟的行为，已构成故意杀人罪；二是二人共谋杀死刘世伟、制造王志峰被意外烧死的假象，是进一步为共同实施保险诈骗制造条件，做准备，同样也可认为是保险诈骗的预备行为。

以上事实和分析可以表明：被告人王志峰的两次杀人行为，都可以分别从两个方面进行评价。虽然其最终目的是保险诈骗，但无论如何，两次已经实施并完成的都是一个完整的行为，依据禁止重复评价的原则，或是根据想象竞合犯的理论，在裁判时，只能选择定一个罪，而不能对同一行为既定抢劫罪，又定保险诈骗罪（预备），或者既定故意杀人罪，又定保险诈骗罪（预备）。因此，本案以两个重罪即抢劫罪和故意杀人罪对王志峰定罪处罚是正确的。[No. 4-232-58 王志峰等故意杀人、保险诈骗案]

△因长期受到虐待和家庭暴力而杀害丈夫的，应以情节较轻的故意杀人罪论处。

《刑法》第二百三十二条规定："故意杀人的，处死刑、无期徒刑或者十年以上有期徒刑；情节较轻的，处三年以上十年以下有期徒刑。"其中实务界与理论界通常将以下情节视为"情节较轻"：(1)防卫过当的故意杀人；(2)义愤杀人；(3)激情杀人；(4)受嘱托帮助他人自杀；(5)生父母溺婴。前三类情形的共同特点在于，被害人在案发起因上有严重过错，即被害人出于主观的故意或过失，侵犯他人合法权益，对诱发被告人的犯意、激发被告人事实犯罪具有直接或间接的作用。

将被害人具有严重过错作为故意杀人罪的情节较轻情形的法理依据在于：刑事法律负有平衡被告人与被害人之间利益的任务。生命权是公民的最高权利，无疑受到法律的严格保护，但法律在保护被害人权益的前提下，也不应忽略对被告人权益的保护。当被害人的行为违背公序良俗、违反有关法律法规及其他规章制度，在道义上或法律上具有可谴责性或可归责性，且该行为是诱发被告人产生犯罪动机或使犯罪动机外化最主要的因素时，就应当认定被害人具有重大过错，在该情形下，对被告人就应考虑按照情节较轻处理。

在相关司法解释性文件中，被害人过错已被明确作为量刑的一个重要因素，特别是在故意杀人罪中，如1999年10月27日《全国法院维护农村稳定刑事审判工作座谈会纪要》规定："对于被害人一方有明显过错或矛盾激化负有直接责任的……一般不应判处死刑立即执行。"2007年1月15日《最高人民法院关于为构建社会主义和谐社会提供司法保障的若干意见》第十八条明确规定，因被害方的过错行为引发的案件应慎用死刑立即执行。

结合姚国英故意杀人案，受虐杀夫的行为，从杀人原因和审判效果两方面看，应当认定被害人存在严重过错，属于故意杀人罪中的情节较轻的情形。

从杀人原因看，受虐妇女长期遭受丈夫或男友虐待，有学者引入受虐妇女综合征的概念来解释这种故意杀人行为，该心理症状由暴力周期和后天无助感两个方面组成。由于长期遭受暴力并处于恐慌之中，受虐妇女在心理上逐渐瘫痪，这种精神上的钳制羁押到一定程度，一旦爆发就容易丧失理智而失控。由于受虐妇女自身反抗能力的限制和出于对施暴丈夫的恐惧，失控杀夫的时间往往不是不法侵害正在进行时而无法因正当防卫而减轻或免除处罚。鉴于此司法实践中一般将因长期受虐而杀夫的行为认定为故意杀人罪中情节较轻的情形。

从刑罚的生活效果看，对因长期遭受虐待而杀夫的妇女进行量刑时，按照情节较轻处理，对于遏制家庭暴力的滋生具有积极意义，能获得较好的生活效果。

同时受虐杀夫是一种针对性很强的杀人，行为人再次犯同种罪行的可能性甚微，加之行为人主观恶性较小，在道义上得到大家的同情，严惩这样没有人身危险性的受虐妇女，可能带来严重的社会家庭问题，不利于社会的和谐发展。

被告人姚国英与被害人徐树生结婚十多年，被害人经常无故打骂虐待被告人，被告人也曾向公安机关、村委会求助但难以彻底解决问题。案发后当地妇联递交了要求对被告人姚国英轻判的申请报告，当地政府出具了有600多位群众签名要求对被告人姚国英从轻处罚的请愿书。

综上，本案是一起非常典型的因长期遭受虐待和家庭暴力引发杀夫的案件，被害人在案发起因上有重大过错，被告人受到民众同情，其行为应认定为情节较轻的情形。[No. 4-232-74 姚国英故意杀人案]

△明知他人有强烈自杀倾向仍然通过言行强化他人自杀决意，并提供自杀工具、帮助他人完成自杀行为的，应当以故意杀人罪追究刑事责任。

对帮助自杀的行为是否要追究刑事责任要根据帮助者的主观和客观两个方面的情况而定：如果帮助者没有意识到他人有强烈的自杀倾向，且所提供的帮助行为与自杀后果之间不具有刑法上的因果关系，对帮助者不应追究刑事责任。如果帮助者主观上明知他人有强烈的自杀倾向，客观上仍通过言行进一步强化他人自杀的决意，并提供自杀工具或者帮助他人完成自杀行为的，应当认定帮助行为与他人死亡后果之间具有刑法上的因果关系，对帮助者应当以故意杀人罪追究刑事责任。

在刘祖枝故意杀人案中，被害人秦继明多年患有遗传性小脑萎缩症，近年来病情恶化，因不堪病痛折磨，常在夜间叫喊，并多次产生自杀念头。案发当日，秦继明因病痛再次在深夜叫喊，引发女儿秦丽华和配偶刘祖枝的不满。秦继明赌气说想死，刘祖枝一气之下将家中的农药敌敌畏倒入杯子，并提供给秦继明，同时说了一些“该死的相”“你不是想死吗，倒点药，看你喝不喝”“有本事你就喝”等之类的对秦继明有精神刺激的言语，导致秦继明服下杯中的敌敌畏。可见，刘祖枝主观上明知秦继明有强烈的自杀倾向，并意识到将敌敌畏提供给秦继明会发生秦继明服毒身亡的后果，客观上仍向秦继明提供农药，并通过言语刺激进一步增强秦继明的自杀决意，最终导致秦继明服毒身亡。刘祖枝所实施的行为与秦继明的死亡后果之间具有刑法上的因果关系，应当认定其行为构成故意杀人罪。［No. 4-232-82　刘祖枝故意杀人案］

△负有救助义务的人，当时能够履行而不履行其救助义务，构成不作为的故意杀人。

不作为犯罪是指行为人负有实施某种积极行为的特定法律义务，且能够履行而不履行，从而导致危害后果发生的情形。不作为犯罪的成立需要具备以下条件：(1)行为人负有特定的作为义务；(2)行为人能够履行而不履行；(3)不履行作为义务与危害结果之间具有因果关系。作为义务的来源主要有四种，即法律明文规定的作为义务、职务或者业务要求的作为义务、法律行为引起的作为义务、先行行为引起的作为义务。

在刘祖枝故意杀人案中，被告人刘祖枝对秦继明负有救助的义务。该义务来源包括先行行为产生的义务、法律明文规定的义务和基于社会公共伦理而产生的道德义务。首先，刘祖枝具有先行行为产生的义务。先行行为产生的义务，是指由于行为人先前实施的行为致使法律保护的某种法益处于危险状态，从而产生的防止危害结果发生的义务。刘祖枝向秦继明提供农药，并通过言语刺激进一步强化他人自杀的决意，刘祖枝的这一先行行为导致其负有防止秦继明死亡结果发生的义务。其次，刘祖枝具有法律规定的义务。我国《婚姻法》规定夫妻有互相扶养的义务，这种扶养包括夫妻在日常生活中的互相照料、互相供养和互相救助。刘祖枝是秦继明之妻，刘祖枝看到秦继明喝下农药毒性发作而不将其送往医院救治，违反了夫妻间互相救助的法律义务。此外，刘祖枝具有由社会道德伦理衍生的救助义务。如果秦继明的服毒地点是在人口较为密集的广场等公共场所，如果刘祖枝不实施救助，他人还可以实施救助。然而，本案发生在较为封闭的私人住所，不可能期待他人实施救助行为，因此刘祖枝具有由社会道德伦理衍生的救助义务。

根据本案情况，刘祖枝有能力救助而未实施救助，秦继明喝药的时间是在凌晨3时许，之后就开始吐白沫，并出现呼吸困难。在场的女儿秦丽华问刘祖枝怎么办，刘祖枝回答不知道。当秦丽华给其他亲戚打电话说秦继明“快不行了”时，刘祖枝不让说是其给秦继明提供了农药。后当秦丽华提出要打“120”急救电话将秦继明送去医院，刘祖枝又说秦继明快不行了就不用送了。从凌晨3时许秦继明喝药到凌晨4时许死亡，在长达一个多小时的时间内，刘祖枝一直待在家里，没有采取任何有效的救助措施，且阻止女儿秦丽华采取救助措施，故属于有能力救助而不予救助。综合上述两点，刘祖枝对秦继明有义务、有能力救助而不予救助，放任秦继明中毒身亡的结果发生，符合不作为故意杀人罪的特征。［No. 4-232-83　刘祖枝故意杀人案］

△行为人醉酒驾驶肇事后继续驾车拖拽被害人，导致被害人死亡的，主观上对死亡结果持放任态度，应认定为(间接)故意杀人罪。

行为人酒后驾驶致人死亡，其行为构成交通肇事罪还是故意杀人罪，从理论上较容易区分，总的原则是：行为人对被害人死亡结果在意志上持放任态度的，构成故意杀人罪；在意志上持反对、否定态度的，构成交通肇事罪。

对于行为人过失发生交通事故后，为逃避法律追究，将被害人带离事故现场后隐藏或者遗弃，致使被害人无法得到救助而死亡的，因其先后实施了交通肇事行为和将被害人带离事故现场隐藏或者遗弃的行为，明显反映出其主观罪过由过失发生交通事故转化到希望或者放任被害人死亡，因而构成故意杀人罪没有异议。但对于行为人将被害人撞倒后,为逃离现场,而驾车冲撞、碾压、拖拽被害人,致被害人死亡的,因其行为具有连续性,是在继续驾车前进过程中发生的,加之行为人系酒后驾驶,辨认能力和控制能力在不同程度上受到酒精的影响,其是否能够认识到发生交通事故以及继续驾车时冲撞、碾压、拖拽了被害人,实践中认定起来比较难,进而影响到对其行为的定性。对于此种情形,需要结合发生交通事故的具体情形、行为人的醉酒程度、现场的环境等因素综合分析行为人的主观意志状态。

区分交通肇事罪和故意杀人罪的要点之一在于判断行为人实施了交通肇事一个行为还是交通肇事和故意杀人两个行为(将交通工具作为故意杀人的工具,实施了一个杀人行为的除外)。在陆华故意杀人案中,现场多名目击证人证实,陆华驾车冲撞到同向骑自行车的被害人后,被害人因戴着头盔,受伤不严重,倒地后便坐了起来。陆华停驶片刻后突然发车,向被害人撞去,将被害人及其所骑的自行车拽在汽车下并拖行了 150 余米,直至汽车右轮冲上路边隔离带时,才将被害人及自行车甩离汽车体。后陆华继续驾车逃离现场。尸体鉴定意见证实,被害人系严重颅脑损伤合并创伤性休克死亡,左侧头面部损伤系与路面摩擦过程中形成。上述情况说明,陆华醉酒后驾车撞倒被害人的行为,仅是一般的交通肇事,被害人并未严重受伤。发生交通肇事后,陆华踩刹车停止行驶,此时交通肇事这一行为已经完成。如果陆华就此停止驾驶,在被害人未受重伤的情况下,其行为性质仅是违反行政法的交通肇事行为,即使被害人受重伤,其行为也只构成交通肇事罪。但此后陆华又实施了启动汽车向前行驶,拖行被害人的行为,该后行为独立于前行为,且直接导致被害人死亡,应当从刑法上单独评价。

对于酒后驾驶者,需要判断其辨认能力和控制能力受到酒精的影响程度,特别是行为人实施了交通肇事和杀人两个行为的,需要判断行为人对其杀人行为是否有认识。本案中,被告人陆华驾车时处于醉酒状态,经鉴定其血液酒精含量为163 毫克/100 毫升,但从其行为和供述看,其辨认能力和控制能力并未受到酒精的严重影响,能够认识到其行为的性质,且其后行为是在对前行为分析、判断的基础上作出的。具体体现在以下情节:(1)陆华冲撞到被害人时,其采取了紧急刹车措施,并作了片刻停留,其自己亦供述听到车外有人说撞了人,因害怕酒后开车撞人处罚严重而想驾车逃逸,没有下车查看,亦没有挂倒挡,就在原地向右打方向盘朝前开,说明其已经认识到自己醉酒驾驶行为已经发生肇事后果。(2)陆华在对醉酒驾驶发生肇事后果具有一定认识的基础上,对其继续驾车前行拖拽被害人可能导致被害人死亡的危害后果亦具有一定认识。陆华根据汽车的行驶状态和群众的呼喊声,能够认识到被拖拽于汽车底下的“东西”极有可能就是被害人及其自行车,但其为尽快逃离现场而不去求证,放任危害后果的发生,甚至为将“东西”甩掉,将车开上路边隔离带。这种不顾被害人死活的意志状态,符合间接故意的心理特征。

综上,被告人陆华在实施交通肇事行为后,为逃避法律追究,明知有异物被拖拽于汽车底下,继续驾车行驶可能会导致被害人死亡结果的发生,而继续驾车逃逸,放任这种危害结果的发生,并最终导致被害人死亡,其后行为属于间接故意杀人,其行为构成故意杀人罪。同时,根据后行为吸收先行为、重行为吸收轻行为的刑法原理,可以对陆华以一罪论处,南通市中级人民法院对其以故意杀人罪论处是正确的。[No. 2-133-25 陆华故意杀人案]

△家庭、婚恋关系中的刑事案件不应一律从轻处理,行为人过往的施暴史应当作为量刑时的考量因素。

目前,司法实践中存在一种认识误区,即凡是因恋爱、婚姻、家庭纠纷引起的刑事案件一律从轻处理,而未对纠纷中是否涉及家庭暴力进行仔细甄别。这种“一刀切”的做法,严重误解了宽严相济刑事政策的精神内涵,向社会释放了错误的刑事政策信号,纵容了涉家庭暴力犯罪的发生与蔓延。对于分手引发的故意杀人、伤害案件,法院有必要以社会性别理念为指导,查清基本犯罪事实之外的涉家暴情节,并将其作为影响定罪量刑的重要事实。在刘兴华故意杀人案中,被告人三番五次骚扰在先,具有家暴史,在索取分手费未果后起了杀心,犯罪动机卑劣,其先后采取了勒脖、电击、投河等方式欲置被害人于死地,不杀死被害人不罢休,表明其主观恶性及人身危险性均较大,故不应认定为犯罪情节较轻。[No. 4-232-87 刘兴华故意杀人案]

△负有抚养义务的人将婴儿留置在与外界完全隔绝的房间内,放任婴儿死亡危险的,构成故意杀人罪。

在“遗弃”没有独立生活能力婴幼儿的情形下,遗弃罪与故意杀人罪的区别主要在于:在特定的时空条件下,被害人之生命安危是否依赖于对其负有特定抚养义务的行为人,如果存在这种支配依赖关系,而行为人不仅自己不履行抚养义务,还切断、排除了其他人对被害人进行救助的可能,主观上对被害人死亡结果持放任态度,那么行为人就构成故意杀人罪；相反，抚养义务的不履行如果不会给被害人生命带来必然的、紧迫的现实危险，客观上仍存在其他人介入履行抚养义务的可能，行为人主观上既不希望也不放任死亡结果的发生，那么行为人就属于遗弃罪。例如，将婴儿扔在有人经常路过的地方，婴儿有可能被人施救，生命面临的危险尚不紧迫，行为人有合理依据相信婴儿无生命危险的，就属于遗弃行为；反之，如果将婴儿扔在偏僻处所，婴儿难以被人施救，生命面临必然、紧迫的现实危险的，那么行为人对可能造成的婴儿死亡后果持无所谓的放任态度，就应当认定属故意杀人。被告人乐燕将两名年幼子女放在家里后独自离家，仅留下少量食物和饮水，外出一个多月不归，必然使两名年幼子女面临紧迫的生命危险，并且将门、窗封死，也排除了孩子外出获得他人实施救助的可能，所以，乐燕的行为不属于遗弃罪。乐燕既有抚养义务，也有抚养能力，将两名幼儿置于封闭房间内，仅预留少量饮食，且排除了幼儿得到其他救助而生存下去的可能，对两幼儿生命安危处于具有支配关系的保证人地位；主观上，乐燕为了外出吸毒、玩耍娱乐而离家长期不归，完全置子女生命安危于不顾，最终导致两名子女因缺少食物和饮水而死亡，即对死亡结果的发生持放任态度，故乐燕的行为并非过失致人死亡，完全符合故意杀人罪的构成要件。需要强调的是，不作为犯罪是应作为而不作为，主要是从违反作为义务的角度对犯罪类型进行的区分，不排除行为人会实施一些积极的举动。本案中，虽然被告人乐燕实施了封堵窗户、锁闭卧室门等积极行为，但主要是为了防止其外出期间亲生儿女跑出，并非要置儿女于死地，其行为之所以构成故意杀人罪，主要是因为其不仅实施了上述积极行为，还外出长期不归，致使家中所留少量食物、饮水不足以支撑年幼子女生存需要，以致子女饥渴而死，其不作为行为对本案性质起决定作用，故认定其系不作为故意杀人。［No. 4-232-98　乐燕故意杀人案］

△拒不履行抚养义务，将婴儿遗弃在获救希望渺茫的深山野林里，应认定为不作为故意杀人。

区分遗弃罪与采取遗弃手段实施的故意杀人罪，主要可从行为人的主观故意和客观行为两方面来分析。通常，故意杀人的行为人主观上对自己的遗弃行为会导致被遗弃人死亡的危害后果有明确认识，并且对死亡结果的发生持希望或者放任态度。而遗弃的行为人可能认识到，也可能没有认识到自己的遗弃行为会给被害人的生命、健康带来危险，其主观上并不希望、不愿意、不放纵被害人死亡或者伤害的结果发生，即如果被害人死亡或者受伤，都是违背其意愿的。要准确判断行为人主观上是遗弃故意还是杀人故意，还应当根据主客观相一致的原则，结合具体案情和行为人实施的客观行为来综合分析。遗弃罪与故意杀人罪在客观方面的最重要区别在于"遗弃"行为是否会使被遗弃者面临生命被剥夺的紧迫危险，因此，遗弃的时间、地点、对象、手段就影响到对行为性质的判断。实践中，遗弃既可以采取积极的行为实施，也可以消极不作为实施，如果构成遗弃罪，本质上必须是对作为义务的违反，且不会使被遗弃者的命运处于行为人排他性的支配之下。例如，父母将新生婴儿弃于超市入口、车站站台、集市路边等地，这些地方人流量大，婴儿获得他人救助而存活下来的可能性较大，此种遗弃行为就构成遗弃罪而非故意杀人罪；反之，故意将无自主行为能力的被害人遗弃在不能获救或获救希望渺茫地点的，此种"遗弃"行为就属于故意杀人。综上，区分遗弃罪与以遗弃方式的故意杀人罪的关键点在于：行为人实施遗弃行为时，其是否考虑并给予被害人获得救助的机会。如果是，则可以遗弃罪定罪；否则，应当以故意杀人罪定罪。

被告人万道龙、徐爱霞获悉自己刚出生 4 天的女儿罹患重病，不仅不予救治，反而狠心抛弃，先是遗弃在妇幼保健院附近的菜园里，因担心过路行人发现并施救，又将女婴载至深山野林中予以遗弃，二被告人不愿意让女婴获救、希望女婴死亡的主观故意十分明显。因此，本案以故意杀人罪定性是准确的。由于女婴被群众及时发现救回，二被告人系故意杀人未遂，可以比照既遂犯从轻或者减轻处罚。［No. 4-232-99　万道龙等故意杀人案］

△同时存在从重处罚与从轻处罚情节的，在量刑时应当先考虑所有的从重情节拟定刑罚之后再考虑从轻处罚情节，将刑罚幅度向下适当降低。

《最高人民法院关于常见犯罪的量刑指导意见》规定："量刑时要充分考虑各种法定和酌定量刑情节，根据案件的全部犯罪事实以及量刑情节的不同情形，依法确定量刑情节的适用及其调节比例……具体确定各个量刑情节的调节比例时，应当综合平衡调节幅度与实际增减刑罚量的关系，确保罪责刑相适应。"根据上述精神，基于量刑情节的复杂性，就黄志坚故意杀人案所涉及的逆向情节并存的情况而言，笔者认为，应当综合比较分析后予以判断。具体而言，包括三个步骤：一是考察案件各量刑情节对于量刑的影响程度。二是将这些情节对量刑的影响程度的大小进行分析比较，考察是否有一方情节占据较显著的优势。对于显著优势情节，一般应当在综合案情的前提下优先适用。三是如果逆向情节相互间并无优势而大致相当(主要是指只有从轻情节和从重情节并存的情形),则先考虑从重情节估量出刑种与刑度,然后考虑从轻情节,确定最终的刑罚。

准确适用优势量刑情节应当把握以下原则:(1)罪中情节一般优于罪前、罪后情节。(2)单一的应当型情节与可以型情节相比,单一的法定情节与酌定情节相比,前者一般为优势情节。(3)从重与减轻情节并存时,减轻情节一般为优势情节。(4)从重与免刑情节并存时,免刑情节一般为优势情节。(5)优势情节可以由多个同向情节累积形成。(6)应当型情节相对于可以型情节、法定情节相对于酌定情节的优势不是绝对的。从重情节与从轻情节并存的情况比较常见,这种逆向情节并存的情况往往难以确定优势一方。此种情况下,一般应当先考虑所有的从重处罚情节,在此基础上先拟定一个要判处的刑罚,之后在从重处罚的基础上再考虑所有的从轻处罚情节,将拟处的刑罚幅度向下适当降低,即"先从重再从轻"。

本案即是一起从宽情节与从严情节逆向并存的案件。笔者认为,应当以综合比较的方法对本案并存的逆向情节加以分析,最终确定应当判处的刑罚。本案的从严情节包括:(1)被告人黄志坚在与邻居发生矛盾时不能以合法方式正确对待和处理,以无辜妇孺为泄愤对象,致二死(含一幼童)、一重伤(幼童)、一轻伤(妇女,八级伤残),罪行及后果极为严重,社会危害极大。(2)黄志坚在整个作案过程中有二次加害、入户杀人、杀害无辜妇孺等情节,均体现了黄志坚极为坚决的杀人犯意,以及为泄愤而滥杀无辜的极深的主观恶性。本案的从宽情节包括:(1)案发起因是由于民间矛盾、邻里纠纷激化引发,属于《最高人民法院关于贯彻宽严相济刑事政策的若干意见》中所列可以酌定从轻处罚的情节;(2)被告人作案后具有自首情节,系法定的从轻处罚情节。经对本案两种逆向情节加以综合分析判断,笔者认为,本案中从严情节具有比较明显的优势,理由如下:(1)本案的从重情节多属于罪中情节,而从宽情节多属于罪前、罪后情节。罪中情节更能直接体现犯罪行为本身的危害性,在犯罪构成上起决定作用,对量刑的影响至关重要。本案的从宽情节如民间矛盾引发、自首,均属于罪前或者罪后情节,而从严情节如作案手段极其残忍、持凶器入户行凶、二次加害、杀人意志极为坚决、犯罪后果极其严重等均为罪中情节。相比之下,从严情节对于量刑的影响更大。(2)本案的从宽情节程度及价值均有限。(3)被告人黄志坚的自首价值有限。(4)本案从严处罚符合相关法律规定及刑事政策的要求,第一,从保护未成年人的角度,本案从重惩处符合当前刑事司法政策。第二,从打击严重暴力犯罪的角度分析,对本案被告人黄志坚从重处罚与刑事政策的精神要求一致。严重暴力犯罪危害人民群众的生命健康,一直是我国司法机关打击的重点。

本案从宽情节在程度和对量刑的影响方面较为有限,相对而言,从严情节性质明确、程度强烈,在对量刑的影响力上占据了较为明显的优势。一、二审法院以被告人黄志坚犯故意杀人罪,依法判处死刑,剥夺政治权利终身,定罪正确,量刑适当。[No. 4-232-100　黄志坚故意杀人案]

△对于《刑法》第四十九条中的"特别残忍手段"应作限制性理解,不能仅因行为人使用了暴力手段就认定为手段特别残忍。

2011年施行的《刑法修正案(八)》在《刑法》第四十九条中增设的第二款规定:"审判的时候已满七十五周岁的人,不适用死刑,但以特别残忍手段致人死亡的除外。"该条文完善了《刑法》在死刑适用方面对特殊年龄主体的规定,体现了刑罚人道主义和尊老的传统文化,也是对严格控制和慎重适用死刑政策的深入贯彻,符合刑事立法的文明进步趋势。对"特别残忍手段"的认定不能泛化。"特别残忍手段",是刑事司法实践中的常用词,在暴力犯罪案件中尤为常见,存在泛化适用的问题。究竟哪些情形可以称得上"特别残忍手段",需要逐步统一认识、加强规范。全国人大常委会法制工作委员会刑法室编著的《中华人民共和国刑法释义》对"特别残忍手段"的释义是:采用毁容、挖人眼睛、砍掉双脚等特别残忍的行为。实践中,一般认为,出自冷酷坚决的犯意,给被害人的肉体和精神造成特别严重的痛苦、折磨、恐惧的,可视为特别残忍手段。"特别残忍手段"都应当是给被害人肉体上带来极大痛苦、公众心理上难以接受的作案手段。因此,不能认为只要使用了暴力手段,就属于手段特别残忍。被告人尹宝书从现场随手捡起柳树棒,先后击打两名被害人的头部,致二人死亡。从尹宝书的作案工具、击打方式看,其作案手段尚不属于《刑法》规定的"特别残忍手段",故不宜认定为《刑法》第四十九条第二款规定的"以特别残忍手段致人死亡"。在这种情况下,综合考虑本案系农村邻里纠纷引发,尹宝书具有自首情节,归案后认罪态度较好等多种因素,对尹宝书不应判处死刑。[No. 4-232-101　尹宝书故意杀人案]

△行为人明知窒息游戏具有高度危险,在行为过程中不顾被害人剧烈反抗仍然继续游戏放任死亡结果发生的,成立(间接)故意杀人罪。

被告人张静虽然出于寻求刺激快感的目的与被害人相约进行窒息游戏，但作为成年人对其行为所面临的高度危险是明知的。游戏进行过程中被害人出现了剧烈的挣扎反抗，因此被告人对勒颈行为已现实威胁到被害人的生命安全也应当是明知的。在这种情况下，张静并未放弃继续勒颈，在追求让被害人产生“快感”的同时，放任了被害人死亡结果的发生，其主观上更符合间接故意犯罪的特征。[No. 4-232-102　张静故意杀人案]

△近亲属之间发生的故意杀人案件，被害人存在一定过错，基于改造预防犯罪与化解社会矛盾的考虑，对被告人可不判处死刑立即执行。

在张某故意杀人案中，原审被告人张某作案手段十分残忍，犯罪意志十分坚决，危害后果十分严重，以一般故意杀人犯罪论，应当判处张某死刑立即执行。然而，本案具有诸多特殊之处：犯罪发生在近亲属之间；诱发案件发生的原因较为复杂；被害人存在一定过错；被告人犯罪时刚满十九周岁，刚过可以判处死刑的年龄；其社会危害性、对社会公众安全感的影响均与严重危害社会治安犯罪有所不同。对于上述特殊情况，要客观、全面、综合把握，以贯彻落实宽严相济刑事政策，科学体现罪责刑相适应原则。

故意杀人犯罪案件中，被害人即便有过错，也不可像民事责任那样要求被害人分担部分刑事责任。然而，被害人是否有过错的认定直接影响到被告人主观恶性和人身危险性的评价，从而影响罪行评价，最终影响到量刑。本案被害人李某的严重过错是诱发本案发生的重要诱因，从中体现出被告人张某的主观恶性和人身危险性程度较一般故意杀人犯罪要低。另一名被害人张某甲在孝敬老人、管教子女方面也存在一定的过错，且对李某的严重过错也难辞其咎，因此对张某的主观恶性和人身危险性程度在总体评价上应作从轻考虑。

张某犯罪时刚满十九周岁，性格可塑性强，有较大改造空间。根据社会防卫论的研究成果，要从根本上预防犯罪，必须准确分析犯罪的社会原因和个体原因，有针对性地进行防范和矫治。被告人张某决意实施犯罪，有其性格偏激的原因，而这一性格的形成又与其家庭教育密不可分。加上张某正处于未成年人向成年人过渡的阶段，对这一过渡年龄阶段的犯罪人，只要有足够的改造空间，被害人家属及广大民众无明显抵制情绪，就不应放弃以教育为主的方式改造和预防犯罪。对张某判处死缓不仅有利于社会矛盾化解，还准确体现了罪责刑相适应，很好地实现了法律效果和社会效果的有机统一。[No. 4-232-89　张某故意杀人案]

△帮助自杀行为与死亡结果之间存在因果关系，侵犯死者生命权，构成故意杀人罪，但可认定为情节较轻的故意杀人。

通常认为，帮助自杀，是指他人已有自杀意图，行为人对其给予精神鼓励，使其坚定自杀意图，或者提供物质、条件上的帮助，使其实现自杀意图的行为。基于上述概念分析，帮助自杀与直接动手杀人不同。对于直接动手杀人，即便是应他人请求而为之，理论界和实务界普遍认为不应认定为帮助自杀，构成故意杀人罪；但对于仅提供帮助，而未直接动手实施杀人的行为，是否应当认定为故意杀人罪，存在较大争议。目前，主流观点是帮助自杀行为构成故意杀人罪。主要理由是：帮助自杀行为与死亡结果之间存在因果关系，侵犯了死者的生命权。在邓明建故意杀人案中，被告人邓明建明知农药有剧毒性，仍将勾兑好的农药递给李术兰，邓明建主观上对李术兰的死亡持放任态度，符合故意杀人罪的主观条件。同时，邓明建客观上也实施了非法剥夺他人生命的行为，符合故意杀人罪的客观条件。

其一，邓明建实施了非法剥夺他人生命的行为。邓明建对李术兰负有赡养义务。在李术兰诉求帮助自杀的情况下，邓明建不但没有劝阻，反而为其购买农药，并在勾兑后拧开瓶盖把农药递给李术兰，为李术兰自杀提供了条件。在李术兰服下农药后，邓明建没有积极实施救助，而是看着李术兰中毒身亡。邓明建虽然没有实施灌药行为，但从性质上分析，其行为属于非法剥夺他人生命的行为。

其二，邓明建的行为与李术兰的死亡结果之间存在刑法意义上的因果关系。案发前，李术兰因不堪病痛折磨而产生了轻生念头，只是由于卧病在床，无法自行实施自杀行为。在李术兰的请求下，邓明建明知农药有剧毒性，仍向李术兰提供农药。虽然其只是将农药递给李术兰，但其明知李术兰得到农药服下后，必然导致死亡结果的发生。

其三，邓明建的行为具有刑事违法性，且不存在违法性阻却事由。帮助自杀行为涉及刑法理论中的被害人承诺问题。在当代刑事理论体系中，被害人承诺作为违法性阻却事由，存在一定的限制。一般认为，除国家利益、社会公共利益外，即使是纯属于公民个体的私权，也并非完全由权利主体自由处分。如生命权就不可自由处分，经被害人承诺而杀人的，仍然构成故意杀人罪。我国刑法没有专门就被害人承诺问题进行规定，司法实践中对有被害人承诺情形的故意杀人，原则上都不将被害人承诺作为杀人犯罪的阻却事由，但可以作为减轻刑事责任的理由。本案中，邓明建帮助自杀的行为虽然系在李术兰的请求下实施，但由于其侵害的生命权超过了被害人承诺可处分的范围，故不能排除其行为的刑事违法性，仍然构成犯罪。

《刑法》第二百三十二条规定，故意杀人，情节较轻的，处三年以上十年以下有期徒刑。对于何谓“情节较轻”，尚无司法解释明确规定。司法实践中，一般将义愤杀人、防卫过当杀人、帮助自杀、生母因无力抚养亲生婴儿而溺婴等行为认定为故意杀人罪的“情节较轻”。

首先，本案的社会危害相对较小。严重危害社会治安的故意杀人犯罪社会危害大，处理上要体现依法从严的政策精神，而民间矛盾激化引发的故意杀人犯罪社会危害相对要小，处理上要体现依法从宽的政策精神。特别是发生在亲属间且得到被害人承诺的故意杀人犯罪，其社会危害性更小，处理上理应体现从宽的政策精神。本案中，邓明建完全是根据李术兰的意愿前往购买农药并向其提供农药，作案时邓明建仅是将农药递给李术兰，由李术兰决定是否喝下，而没有采取强行灌药的方式。其行为虽然造成了李术兰死亡的结果，但也帮助李术兰实现了解除病痛折磨的愿望，故该杀人行为的社会危害较小。

其次，邓明建的主观恶性和人身危险性较小。行为人的主观恶性和人身危险性主要通过犯罪动机、犯罪手段、犯罪情节、是否有前科劣迹等方面来体现。动机卑劣、手段残忍、情节恶劣、有前科劣迹的，主观恶性和人身危险性往往大。对于犯罪动机可宽恕性强，民众普遍在道义上给予同情理解的，犯罪人的主观恶性和人身危险性通常较小。本案中，李术兰长期遭受病痛折磨，多次产生轻生念头并请求邓明建帮助其自杀。李术兰共生有四名子女，但其一直是与邓明建共同生活，并仅由邓明建照料和负责医治。特别是李术兰患有脑中风等疾病导致生活基本不能自理二十多年来，邓明建始终悉心照料，其是在李术兰多次请求下，出于为李术兰解除疾病痛苦，才顺从了李术兰的请求，其情可悯。在众亲友和邻居眼中，邓明建是一名“孝子”。邓明建归案后如实供述了自己的罪行，认罪态度好。综合评价，邓明建主观恶性和人身危险性不大，可以认定邓明建的行为属于故意杀人罪中的“情节较轻”。[No. 4-232-90　邓明建故意杀人案]

△交通肇事后明知逃逸可能导致被害人死亡而仍然放任结果发生的，成立（间接）故意杀人罪。

被告人李中海的行为是否构成不作为的间接故意杀人罪，可以从不作为犯罪的“应为能为而不为”这一行为模式着手分析。

1. “应为”——不纯正不作为犯罪的行为人必须负有作为义务。《道路交通安全法》第七十条规定：“在道路上发生交通事故，车辆驾驶人应当立即停车，保护现场；造成人身伤亡的，车辆驾驶人应当立即抢救受伤人员，并迅速报告执勤的交通警察或者公安机关交通管理部门。”本案被告人李中海作为一名机动车车辆驾驶人，理应遵守《道路交通安全法》的相关规定，当车辆发生交通事故后，其负有抢救受伤人员并迅速报告执勤交通警察或者交通管理部门的法定作为义务。

2. “能为”——不纯正不作为犯罪的行为人有能力履行特定的作为义务而不履行。法律要求行为人履行作为义务，是以行为人能够履行义务为前提的。只有在行为人有能力履行而不履行的前提下，才是不作为。本案中，李中海因驾车时操作不当，引发交通事故后，自身并未受伤，其完全有能力对被害人加以救助、施以援手或者采取一定的防范措施，以避免危害结果的发生。

3. “不为”——不纯正不作为犯罪的行为人因不履行特定作为义务，可能或者已经造成的危害结果与作为犯罪可能或者已经造成的危害结果具有等价性。之所以要具备等价性条件，是因为不纯正不作为与作为共用一个犯罪构成要件，《刑法》对不纯正的不作为犯罪并未作出专门规定，在罪刑法定原则的内在约束下，只有与作为具有等价性的不纯正不作为才能纳入刑法的评价范围。本案中，李中海驾车时因操作不当致使被害人在凌晨时分受伤摔倒在交通干线的机动车道上无法动弹，存在被后续车辆碾压致死的高度危险，在这种情况下，李中海交通肇事后的逃逸行为所可能造成的危害结果与作为的杀人行为所可能造成的危害结果具有等价性。

李中海的逃逸行为与被害人的死亡结果之间具有刑法上的因果关系。在具有介入因素的情形中，有必要判断该介入因素能否中断前行为与最终结果之间的因果关系。

理论界一般认为，在有第三人行为介入情形中，对前行为与最终结果之间刑法上因果关系的判断，至少需要综合考虑三个方面因素：第一，最早出现的实行行为导致最后结果发生的可能性高低；第二，介入因素异常性的大小；第三，介入因素对结果发生的影响力大小。对照上述三个方面，具体结合本案案情分析：虽然本案交通肇事发生时间为凌晨时分，但当时该路段的车辆往来仍较为频繁，在此情况下，被告人李中海交通肇事后逃逸，将被害人留置于有车辆来往的机动车道内，发生更为严重的伤亡后果的可能性极高。据此，可以认定李中海为逃避责任而对被害人不予救助的行为导致被害人被后续车辆碾压致死这一危害结果发生的可能性极高,其他因素介入的异常性较小,从而对最终发生伤亡结果的影响力较大。因此,交通肇事后逃逸行为与被害人死亡结果之间具有刑法上的因果关系。

在司法实践中,如何正确区分交通肇事案件中逃逸者的罪过形式系过于自信的过失还是间接故意杀人,直接影响到逃逸者行为的定性。笔者认为,对上述两者的区别认定可以从认识因素和意志因素两个方面入手分析。首先,从认识因素上分析,间接故意是"明知"结果发生的可能性,轻信过失是"预见到"结果发生的可能性。两者的区别在于行为人对结果发生的可能性转化为现实性的认识程度不同。其次,从意志因素分析,对间接故意和轻信过失来说,行为人对行为的性质、对象和结果均有所认识,对结果的发生也均不抱有希望的态度,两者最大的区别在于间接故意是不希望也不反对,而轻信过失是坚决否定、反对。具体结合本案案情,李中海先前的交通肇事行为虽是出于过失,但当其明知被害人在凌晨时分因自己驾车肇事导致受伤摔倒在交通干线的机动车道上无法动弹,存在被后续车辆碾压致死的高度危险时,仍未采取任何救助措施或者防范措施,而是选择了自行逃逸。在此情况下,李中海的行为属于典型的放任危害结果发生的情形,其罪过形式属于间接故意,认定李中海对被害人死亡结果的发生持轻信过失的心理缺乏事实依据。

综上,本案被告人李中海作为一名机动车车辆驾驶人,在其发生交通事故后,应当负有救助、报警的法定作为义务,但其有能力履行而不履行,并明知不履行可能导致被害人死亡结果发生的情况下,仍然放任该危害结果的发生,最终导致被害人死亡,应当构成故意杀人罪。[No. 4-232-94 李中海故意杀人案]

△明知被害人特殊体质而实施轻微暴力致其病发,且未进行正确救助致被害人死亡的,构成故意杀人罪。

现代刑法理论通说,将犯罪行为分为作为与不作为两种基本类型,作为是指积极的行为,即行为人以积极的身体活动实施刑法所禁止的危害行为;不作为是指消极的行为,即行为人在能够履行自己应尽义务的情况下,不履行该义务。作为与不作为并非非此即彼的关系,而可能结合为一个犯罪行为。结合刘天赐故意杀人案,即是一个杀人行为包括了复数行为,既包括明知被害人患有癫痫病,且癫痫病发作会致人死亡,仍不计后果掌掴被害人致其癫痫病发作的作为行为,也包括被害人癫痫病发作后,没有实施正确救助方式的不作为行为。

1. 本案中,一方面,被告人刘天赐掌掴被害人虽属于轻微暴力行为,通常情况下不足以诱发被害人生命危险,但被害人患有癫痫病,属于特殊体质,刘天赐的掌掴行为因此诱发了刘桐的生命危险。另一方面,刘天赐作为成年人,又与被害人刘桐同村,且与刘桐的爷爷系邻居,对刘桐患有癫痫病以及癫痫病发作会致人死亡的情况是明知的,仍不计后果掌掴被害人的行为属于用积极的身体活动实施法所禁止的危害行为,是作为行为。

2. 被害人癫痫发作后,没有实施正确救助方式的不作为行为。不作为行为即"应为能为而不为"。首先,必须负有作为义务。不作为犯罪的作为义务来源主要有:(1)法律上的明文规定。(2)行为人职务上、业务上的要求。(3)行为人的法律地位或法律行为所产生的义务。(4)行为人自己先前行为具有发生一定危害结果的危险,负有防止其发生的义务。其次,行为人能够履行义务。法律不能给人们强加力所不能及的义务。只有在行为人能够履行而不履行的情况下,才是不作为。最后,行为人不履行特定义务。行为人因不履行特定的作为义务造成或可能造成的危害结果与作为犯罪造成或可能造成的危害结果具有"相当性"。

本案中,首先,被告人刘天赐在明知被害人有癫痫病史,且癫痫病发作可能出现死亡危害结果的情况下,因琐事掌掴被害人致其癫痫病发作,刘天赐即负有防止危害结果发生的义务。其次,刘桐病情发作后,刘天赐完全有能力采取及时通知被害人亲属,拨打"120"急救电话或者向他人求助等措施,以避免危害结果的发生。最后,在被害人癫痫发作后,虽然刘天赐供述其对被害人实施了心肺复苏及人工呼吸的救助,但其选择的方式并非正确的救助方式,不能认定为法所期待的恰当行为。刘天赐没有实施普遍被认可的方式对被害人进行救助,且客观上是阻却了被害人得到正确救助的机会,导致被害人最终因得不到及时救助而死亡,该结果与作为的杀人行为所造成的危害结果具有相当性。因此,刘天赐不正确实施救助的行为属于不作为行为。上述作为行为与不作为行为结合形成了刘天赐的杀人行为。

实践中遇到轻微暴力致特殊体质被害人死亡的案件,通常根据因果关系"条件说"得出是否存在因果关系的结论。"条件说"认为,在行为与结果之间,如果存在"没有前者就没有后者"的条件关系,就认为存在刑法上的因果关系。在被害人特殊体质案件中,没有行为人的轻微暴力就没有被害人的损害结果。将"条件说"运用到本案中,被害人刘桐死亡的主要原因是在受到刘天赐外界刺激后其癫痫病发作而死亡。尽管被告人的伤害行为只是被害人死亡的诱因,但根据“条件说”,如果被告人没有掌掴被害人刘桐,则被害人死亡结果不会发生,二者之间形成了“没有前者就没有后者”的条件关系,则该掌掴行为无疑是被害人死亡的原因之一,二者之间存在因果关系。

另外,分析本案的因果关系时,还需要重点把握因果关系的多样性。刑法因果关系属于自然因果关系的一种,自然因果关系是复杂多样的,这种多样性同样存在于刑法因果关系中。本案即是多因一果的情况,行为人的行为,结合被害人自身特殊体质,共同诱发死亡的危害结果。值得注意的是,本案的行为是复数行为,行为是作为与不作为的结合。被告人刘天赐掌掴被害人,致被害人癫痫病发作的作为行为,被害人癫痫病发作后,刘天赐未采取正确救助方式的不作为行为以及被害人的癫痫病发作,三者共同导致了被害人的死亡结果,与被害人的死亡结果之间均存在因果关系。因此,刘天赐的行为与被害人的死亡结果之间具有刑法上的因果关系。

综上,本案被告人刘天赐明知被害人刘桐患有癫痫病,且癫痫病发作会致人死亡,仍因琐事掌掴被害人,放任危害结果发生,致被害人癫痫病发作;在被害人刘桐癫痫病发作后,明知不采取恰当的救助措施可能导致被害人死亡结果发生,仍未采取正确救助措施,放任该危害结果的发生,最终导致被害人死亡,应当构成故意杀人罪。[No. 4-232-105　刘天赐故意杀人案]

△因长期遭受虐待而在被害人再次实施家庭暴力时杀害被害人的,可以认定为故意杀人罪情节较轻的情形。

故意杀人罪中的“情节较轻”,需由法官结合个案情况具体裁量。从以往的案例来看,对于激情杀人或者义愤杀人等情形,能否认定为“情节较轻”,通常要考虑以下几个因素:一是被告人的主观恶性,包括被害人在案发起因上是否有重大过错、被告人犯罪动机是否卑劣等;二是杀人手段属于一般还是残忍,如以特别残忍手段杀人,则通常不宜认定为情节较轻;三是犯罪后果是否严重,如导致二人以上死亡的严重后果,通常不能认定为情节较轻;四是被害方及社会公众特别是当地群众对被告人行为作出的社会评价。就吴某某、郑某某故意杀人案而言,被告人吴某某及其母郑某某、其妹吴某,均长期遭到其父吴某军虐待,郑某某一只眼睛被吴某军殴打失明,吴某因不堪忍受吴某军虐待曾割腕自杀,后离家外出,吴某军的其他家人亦曾遭到吴某军打骂,案发当日,吴某军又对二被告人打骂施虐。因此,从案发起因来看,被害人吴某军存在严重过错,二被告人并无过错。从吴某某的犯罪行为来看,可以认定其系因不堪忍受吴某军长期家庭暴力以及再次施暴报复的现实威胁,激愤之下而杀害吴某军,既无卑劣的犯罪动机,犯罪情节也无特别恶劣之处。吴某某随手从地上捡起废弃的电线勒死吴某军,犯罪手段一般,犯罪后果也不属于特别严重。当地村民对二被告人均持同情态度,对吴某军的施虐言行均表示谴责,要求对二被告人从宽处罚,吴某军的父母兄弟也均对二被告人表示谅解。综合考量以上因素,对吴某某和郑某某的故意杀人犯罪行为均可认定为情节较轻。[No. 4-232-106　吴某某、郑某某故意杀人案]

△在相约自杀案件中,幸存者因教唆或帮助他人自杀而构成故意杀人罪。若幸存者既没有卑劣的犯罪动机,也没有对被害人进行强制、教唆或诱骗,人身危险性较小的,应认定为“情节较轻”。

所谓相约自杀,指二人以上自愿约定共同自杀的行为。实践中的相约自杀有多种具体表现形式:一是相约双方均自杀身亡,显然无需进行刑法评价;二是相约双方在同一时间、地点分别各自实施自杀,一方死亡而另一方未得逞,双方仅有时空关联而无行为关联,未逞者不存在教唆或帮助,其行为与对方死亡结果之间不具有因果关系,也不构成犯罪;三是相约一方先杀死另一方后再自杀,在此情形下,未逞者并非教唆或帮助行为,而是基于被害人承诺的受嘱托杀人;四是相约双方同时相互实施自杀行为,由于两人行为存在互相帮助与交叉融合,属于参与自杀行为,在此情形下,未逞者是否构成故意杀人罪,面临刑法的综合评价。洪斌故意杀人案即属于最后一种情形,对此应当从全案证据证实的事实出发,坚持主客观相一致的原则,围绕未逞者行为与对方死亡结果之间是否具有刑法因果关系进行分析。

首先,被告人洪斌实施了刑法所规制的剥夺他人生命的行为。二人共同准备了自杀用的炭盆、木炭、沙子等工具,在具体实施自杀行为前,洪斌提供其早已获取的违禁药品三唑仑,用胶带封死门窗缝隙并点燃木炭端进房内。经对二人行为的对比可见,在具有意思能力和行为能力的情况下,被害人仅在相约自杀的预备阶段实施了准备工具的行为,在实施阶段,所有构成自杀手段的具体行为均系洪斌实施。洪斌针对被害人的行为已经形成明确、具体、直接的杀害行为,应当评价为非法剥夺他人生命。

其次,洪斌的行为与被害人的死亡结果之间具有刑法因果关系。判断行为人的行为与危害结果之间是否存在刑法因果关系的核心在于判断该行为是否提供了原因力。本案的法医学尸体检验鉴定书证实,被害人系饮酒及服入三唑仑后因一氧化碳中毒死亡,从洪斌密闭烧炭行为的指向、力度与对结果的驱动来看,该行为为被害人的死亡结果提供了原因力,而被害人自身实施的陪同准备自杀工具的行为尚不足以构成原因力。

最后,在故意杀人案件中,被害人承诺不构成违法阻却事由。根据自我答责原则推断出个人对生命的处分权是一种绝对自由的观点,与我国现行宪法、法律的规定以及社会主义法理是不相符的。我国宪法和法律明确尊重和保障人权,生命权作为最基本的人权体现出至高无上性,但其绝非一种单纯的人身法益,而是个体与社会相互影响作用的综合体。任何权利和自由都不可能是无限制的。在重视个体权利价值的当代社会仍有必要在生命的保护上坚持一种消极的、极为例外的家长主义制约,及在刑法的视角下,生命权不在个人自由处分的法益范围之内,被害人承诺不能成为杀人犯罪的违法阻却事由。[No. 4-232-107 洪斌故意杀人案]

△强奸过程中被害人在逃离过程中失足落水,行为人未实施救助导致被害人死亡,应当单独评价为不作为的故意杀人。

对于韦风强奸、故意杀人案的被害人李某逃离过程中落水身亡这一事实,应该结合不作为犯罪理论进行评价。根据不作为犯罪理论,先行行为造成法益侵害现实危险的,行为人均应当承担避免危险实际发生的法定义务,如果行为人不积极履行救助义务,就构成刑法中的不作为犯罪。本案中,韦风因为先前置李某于危险境地的行为,使其负有刑法意义上的"保证人"义务,即在李某落入水中时,韦风负有采取有效措施救助李某的特定义务。韦风不履行这一特定的"保证人"义务,未采取任何措施救助被害人,最终导致李某溺水身亡,其行为违反了刑法的命令性规范,应当受到刑法的否定性评价,构成不作为的故意杀人罪。

一般情况下,一个行为原则上只能存在一种犯罪停止形态,即一个行为一旦停止于某一犯罪形态,其就不可能同时停止于另一犯罪形态。如果犯罪行为已经处在停止状态,之后发生的事实就不应再纳入已经停止的犯罪予以评价。但是对于部分犯罪,由于刑法明文将某些后果的发生作为基本犯的加重情节,而这部分后果往往是在犯罪行为实施完毕后发生的。如暴力干涉婚姻自由罪中,"致使被害人死亡的,处二年以上七年以下有期徒刑",这里的"致使被害人死亡"是加重情节,并不必然是暴力直接致使被害人死亡,而极有可能是因为其他与婚姻紧密相关的因素所导致。从这一角度分析,作为加重情节的后果并不要求具有直接因果关系。因此,如果被害人因被强奸而投河自尽的行为,应当属于强奸罪的加重情节。那种以具有直接因果关系为由,主张被害人李某逃离过程中失足落水身亡的事实不应纳入强奸罪评价,难以经得住推敲。

笔者认为,在刑法明确将某些后果规定为加重情节的犯罪中,只要具有刑法上的因果关系,不区分直接和间接,都应当纳入该罪评价,但具有其他行为介入因果关系的除外。如果具有其他行为介入,则发生因果关系的断绝。本案中,李某失足落水身亡的事实是否纳入强奸罪评价,关键在于发生李某失足落水身亡的结果之前是否具有其他行为等因素的介入。很显然,韦风因为先行行为导致其具有救助的作为义务,其不采取任何救助措施就离开现场,实质上是一种不作为。按照通说观点,不作为也是一种行为,即韦风实施了一种行为,只不过这种行为是以不作为方式实施的。这种不作为行为的介入,使原有的因果关系发生断绝,断绝后发生的行为与后果应当单独作为一个罪质来评价因果关系。而恰恰是这点,在实践中往往被忽略。本案中,那种主张将李某失足落水身亡的事实纳入强奸罪评价的观点,忽视了不作为也是一种行为,忽视了这种行为给因果关系所带来的影响。[No. 4-236-37　韦风强奸、故意杀人案]

第二百三十三条　【过失致人死亡罪】

过失致人死亡的,处三年以上七年以下有期徒刑;情节较轻的,处三年以下有期徒刑。本法另有规定的,依照规定。

【立法理由】

1. **1979 年立法的情况**。1979 年《刑法》第一百三十三条规定:"过失杀人的,处五年以下有期徒刑;情节特别恶劣的,处五年以上有期徒刑。本法另有规定的,依照规定。"

2. **1997 年修订刑法的情况**。1997 年修订刑法时,对本条作了修改:一是将"过失杀人"修改为"过失致人死亡"。这样修改主要是因为有部门和专家提出,"过失杀人"的表述不够准确,易造成与杀人罪的混淆,"杀人"一词本身具有故意的意思,在语意上往往被认为有意而为之,是一种积极主动的行为,将这种行为与过失搭配,在语意上有不通之处。而且在实践中有的将过失杀人罪理解为过失致人当场死亡,对于事后致人死亡的往往都认定为过失致人重伤罪中的从重情节。为消除分歧利于执法,对过失杀人罪的罪状进行了修改。二是对过失致人死亡罪的刑罚作了调整,将法定最高刑由五年有期徒刑修改为七年有期徒刑。这样修改主要是考虑到各种过失犯罪之间量刑的平衡,如第一百一十五条、第一百一十九条等规定的过失犯罪的最高刑都是七年。

【条文说明】

本条是关于过失致人死亡罪及其处罚的规定。

过失致人死亡罪属于过失犯罪,是指由于过失导致他人死亡后果的犯罪。过失致人死亡,包括**疏忽大意的过失致人死亡**和**过于自信的过失致人死亡**。前者是指行为人应当预见自己的行为可能造成他人死亡的结果,由于疏忽大意而没有预见,以致造成他人死亡。后者是指行为人已经预见到其行为可能会造成他人死亡的结果,但由于轻信能够避免以致造成他人死亡。如果行为人主观上没有过失,而是由于其他无法预见的原因导致他人死亡的,属于意外事件,行为人不负刑事责任。

关于过失致人死亡罪的刑罚,本条规定,**过失致人死亡的**,处三年以上七年以下有期徒刑;**情节较轻的**,处三年以下有期徒刑。同时规定,"**本法另有规定的,依照规定**"。也就是说,过失致人死亡,除本条的一般规定外,刑法规定的其他犯罪中也有过失致人死亡的情况,根据特殊规定优于一般规定的原则,对于本法另有特殊规定的,适用特殊规定,而不按本条定罪处罚,如《刑法》第一百一十五条关于失火罪、过失决水罪、过失爆炸罪、过失投放危险物质罪等的规定;第一百三十三条关于交通肇事致人死亡的规定;第一百三十四条关于重大责任事故致人死亡的规定等。

实际执行中应当注意区分过于自信的过失致人死亡犯罪与**间接故意杀人犯罪**。上述两种犯罪中,行为人都预见到可能发生他人死亡的后果,但过失致人死亡犯罪的行为人并不希望或放任这种结果发生,而只是轻信能够避免;间接故意杀人犯罪的行为人则对结果的发生采取放任、听之任之和漠不关心的态度。

【司法解释】

《最高人民法院关于审理交通肇事刑事案件具体应用法律若干问题的解释》(法释〔2000〕33号,自2000年11月21日起施行)

△(**公共交通管理的范围外;过失致人死亡罪**)在公共交通管理的范围外,驾驶机动车辆或者使用其他交通工具致人伤亡或者致使公共财产或者他人财产遭受重大损失,构成犯罪的,分别依照刑法第一百三十四条、第一百三十五条、第二百三十三条等规定定罪处罚。(§8Ⅱ)

【司法解释性文件】

《最高人民法院关于依法妥善审理高空抛物、坠物案件的意见》(法发〔2019〕25号,2019年10月21日发布)

△(**高空抛物、坠物行为;社会危害性**)充分认识高空抛物、坠物行为的社会危害性。高空抛物、坠物行为损害人民群众人身、财产安全,极易造成人身伤亡和财产损失,引发社会矛盾纠纷。人民法院要高度重视高空抛物、坠物行为的现实危害,深刻认识运用刑罚手段惩治情节和后果严重的高空抛物、坠物行为的必要性和重要性,依法惩治此类犯罪行为,有效防范、坚决遏制此类行为发生。(§4)

△(**高空坠物犯罪;过失致人死亡罪;过失致人重伤罪;重大责任事故罪**)准确认定高空坠物犯罪。过失导致物品从高空坠落,致人死亡、重伤,符合刑法第二百三十三条、第二百三十五条规定的,依照过失致人死亡罪、过失致人重伤罪定罪处罚。在生产、作业中违反有关安全管理规定,从高空坠落物品,发生重大伤亡事故或者造成其他严重后果的,依照刑法第一百三十四条第一款的规定,以重大责任事故罪定罪处罚。(§7)

《最高人民法院、最高人民检察院、公安部关于办理涉窨井盖相关刑事案件的指导意见》(高检发〔2020〕3号,2020年3月16日发布)

△(**窨井盖;过失致人重伤罪;过失致人死亡罪**)过失致人重伤或者死亡的,依照刑法第二百三十五条、第二百三十三条的规定,分别以过失致人重伤罪、过失致人死亡罪定罪处罚。(§3Ⅱ)

△(**窨井盖;管理职责;过失致人重伤罪;过失致人死亡罪**)对窨井盖负有管理职责的其他公司、企业、事业单位的工作人员,严重不负责任,导致人员坠井等事故,致人重伤或者死亡,符合刑法第二百三十五条、第二百三十三条规定的,分别以过失致人重伤罪、过失致人死亡罪定罪处罚。(§10)

△(窨井盖)本意见所称的"窨井盖",包括城市、城乡结合部和乡村等地的窨井盖以及其他井盖。(§ 12)

【参考案例】

△公路稽查人员在执行公务过程中追赶违章车辆,致使被追赶人死亡的,不构成过失致人死亡罪,应以滥用职权罪论处。

在王刚强等过失致人死亡案中,被告人王刚强、王鹏飞在执行公务中超越职权的行为构成了滥用职权罪而不构成过失致人死亡罪。理由为:

1. 滥用职权罪侵犯的客体是国家的正常管理活动,而过失致人死亡罪侵犯的客体是公民的人身权利。王刚强、王鹏飞在上路检查车辆规费缴纳情况时,违反高陵县交通运输管理站高交管字〔1997〕14号《关于认真做好运政执法工作的若干规定》第四条"上路巡查时……对不接受检查逃逸、强冲不停的车辆,严禁追、撵、堵、截"的规定,滥用职权,擅自追赶逃避检查的车辆,其行为侵犯了国家机关的正常管理活动。

2. 滥用职权罪的主体是特殊主体,即必须是国家机关工作人员,而过失致人死亡罪的主体是一般主体。王刚强、王鹏飞虽然不是国家机关工作人员,但其所在的高陵县交通运输管理站受该县交通局的委托,行使部分行政执法权,且本案是在其行使行政执法权的过程中发生的,根据《全国人民代表大会常务委员会关于〈中华人民共和国刑法〉第九章渎职罪主体适用问题的解释》的规定,"在依照法律、法规规定行使国家行政管理职权的组织中从事公务的人员,或者在受国家机关委托代表国家机关行使职权的组织中从事公务的人员……在代表国家机关行使职权时,有渎职行为,构成犯罪的,依照刑法关于渎职罪的规定追究刑事责任",二被告人具有滥用职权罪的主体资格。

3. 滥用职权罪在主观上对滥用职权是故意的,对危害后果是过失的。王刚强、王鹏飞故意违反本站的有关规定,其行为符合滥用职权罪的主观要件。

4. 滥用职权罪在客观上实施了超越职权或不正当行使职权的行为,而过失致人死亡罪在客观上没有实施滥用职权的行为。

综上,王刚强、王鹏飞的行为符合滥用职权罪的特征,而不符合过失致人死亡罪的特征,故应以滥用职权罪追究其刑事责任。[No. 4-233-8 王刚强等过失致人死亡案]

△根据案件的起因、行为当时的条件、行为方式以及行为人对结果的事后态度考察,行为人已经预见危害结果的发生,但依据一定条件相信自己可以避免危害结果发生,具有避免危害结果发生意愿的,应当认定为过于自信的过失;造成他人死亡的,应以过失致人死亡罪论处。

故意伤害罪(致死)与过失致人死亡罪的区分在司法实践中是经常遇到但比较难以解决的问题。二罪在客观上均造成了被害人死亡结果的发生,且行为人对于死亡结果均出于过失。二罪的本质区别在于,故意伤害罪(致死)是故意伤害罪的结果加重犯,以成立故意伤害罪为前提。而过失致人死亡罪,行为人既无伤害的故意,更无杀人的故意,对危害结果持否定的态度。在杨春过失致人死亡案中,判断被告人杨春是过于自信的过失还是伤害的故意,关键在于判断行为人是不希望结果发生,还是根本不在乎危害后果是否发生,无论是否发生均不违背其意志。

判断行为人对危害后果持何种态度,应当首先考察案件的起因,被害人与被告人的关系,双方冲突的程度,以及是否存在足以使被告人放任危害结果发生的心理因素。本案中,杨春与被害人吴雪琴初次相识,不存在积怨,双方没有发生明显的争执,接触时间短,彼此不至于产生过大的仇恨,综合上述情况,杨春驾车离开应该是急于脱身,没有放任被害人身体伤害的现实动因。

其次,从行为条件和行为方式看,过于自信的过失是行为人已经预见结果发生的可能性,但坚持实施行为,是因为行为人根据一定条件相信自己可以避免结果发生,行为人的这种自信不是毫无根据,而是具有一定现实有利条件的。如果行为当时根本就不具备避免危害结果的有利条件,或行为人没有认识到这些条件,或行为人不想利用这些条件避免危害结果,则说明行为人对危害结果的发生持放任的态度。本案案发,被告人杨春刚发车,车速较慢,车身不高,被害人完全能双脚着地,这些情况充分表明杨春是在试图摆脱被害人的纠缠,希望自己稳速慢行的过程中被害人能自动放手。基于社会一般人的认识标准,被害人应该认识到行驶中的车辆严禁攀爬、悬吊及此行为可能导致的后果。综合上述情况,应当认为杨春当时认识到了行为能够避免结果发生的一些条件,这些条件也客观存在,因此其主观上应是过于自信的过失。

最后,在危害结果发生后,行为人事后的态度也在一定程度上反映了行为时的心理态度,过于自信过失的行为人不希望危害结果发生,所以一旦发生危害结果,行为人非常懊悔,往往采取各种补救措施,防止危害扩大,尽量减少损害。而间接故意行为人对危害结果的发生往往无动于衷,一般不采取任何措施。联系本案,被害人被碾轧后

分则 第四章

因此发现车后轮有不正常跳动立即下车查看，随后留在现场积极协助抢救被害人直至被抓获，并支付了即时发生的抢救费用，其采取的上述补救措施表明其内心懊悔，被害人死亡结果完全违背其主观意愿，而非放任危害后果的发生。［No. 4-233-9　杨春过失致人死亡案］

△采用暴力手段威胁被害人，意图索取财物，但被害人并未交出财物，后在逃跑过程中意外死亡的，不构成故意杀人罪、非法拘禁罪或者敲诈勒索罪，应以过失致人死亡罪论处。

从李宁等过失致人死亡案来看，被害人跳水虽是二被告人侵害行为所致，但被害人作为成年人，有完全的判断和认知能力，能够控制自己的行为和意识，其选择跳水逃走，说明其具备一定的自我救助条件和能力；而且，从本案现有的证据反映，二被告人并不具备对被害人施救的能力。故二被告人不符合行为人负有某种特定义务并能够履行的不作为犯罪的前提，不属于不作为的间接故意犯罪。因此，本案不构成（间接）故意杀人罪。

非法拘禁罪侵犯的客体是他人的人身自由权利，行为人的主观目的主要是剥夺、限制他人人身自由，客观表现是非法拘押、禁闭他人。本案中二被告人虽对被害人实施了一定的强制限制行为，但其主要目的是为获知被害人欲绑架对象和借此敲诈被害人，非法拘禁的客观表现并不明显。另外非法拘禁致人死亡通常是由被告人的拘禁、伤害行为造成的，大都发生在对被害人的人身自由进行限制的过程当中。而本案中二被告人对被害人的人身自由的限制行为并没有对被害人产生重大伤害，被害人的死亡并不是伤害行为造成的；而且死亡结果发生在对被害人的人身自由限制解除之后，即跳湖逃跑之后。因此，二被告人的行为不构成非法拘禁罪。

二被告人虽对被害人实施了强制威胁手段，意欲非法从被害人处强行索取财物，被害人也因此产生了恐惧心理，但敲诈勒索罪属于结果犯，必须是敲诈勒索公私财物数额较大的才能构成此罪。本案中被害人并未交出财物，被告人没有实现其勒索财物的目的，则当然不构成敲诈勒索罪。同时，二被告人敲诈勒索的行为与被害人死亡的结果之间没有必然联系，也不存在法律上的因果关系，故本案亦不能以敲诈勒索罪处理。

在过失犯罪中，行为人对危害结果的发生既不追求，也不放任，而是应当预见而没有预见，或已经预见却轻信能够避免，主观上反对危害结果的发生。本案中，被告人李宁、王昌兵殴打被害人阎世平，致使被害人跳水逃走以摆脱李、王二人的殴打和纠缠。李宁、王昌兵在阎世平跳水之后，未进一步实施加害行为，而是调转车头用车灯照射水面，劝被害人上岸。见被害人仍趟水前行不肯返回时，被告人王昌兵还曾让李宁下水拉阎一把，因李水性也不好，不敢下水。后三人为消除阎世平的顾虑促使其上岸，遂开车离开湖堤。由此可见，二被告人既不希望、也不放任被害人死亡结果的发生。二被告人离开现场的目的是让被害人消除顾虑，尽快脱离危险之地，并非置被害人于水中而不顾。二被告人对于被害人可能会出现的后果是有所预见的，但轻信被害人在其离开后会返回岸上。因此，二被告人对被害人可能出现的死亡后果是持一种过于自信的过失心态。

综上，二被告人的侵害行为和对可能出现的被害人死亡后果的过失，最终导致了被害人溺水身亡的结果。因此，二被告人的行为构成过失致人死亡罪。［No. 4-238-10　李宁等过失致人死亡案］

△行为人应当预见会发生危害社会的结果而没有预见的，构成疏忽大意的过失。

故意伤害（致人死亡）罪与过失致人死亡罪最大的区别在于行为人是否存在伤害的故意。明知自己的行为会发生危害社会的结果，并且希望或放任这种结果发生的，是故意。故意包括认识因素上的明知与意志因素上的希望或者放任两个方面。所以，即使是间接故意的行为人，其主观上也必须对行为的危害结果存在明知程度的认知，如果不明知其行为会发生该危害结果，就不能构成故意犯罪。就意志因素方面来说，故意犯罪中，无论是直接故意还是间接故意，危害后果的发生都不违背行为人的意志。而疏忽大意的过失犯罪中不要求行为人明知后果的发生，且危害后果的发生与行为人的意志相违背。

在季忠兵过失致人死亡案中，被害人最终由于香蕉水燃烧导致死亡，结合在案证据，对该结果不能认定为系季忠兵故意所为。香蕉水是一种化学混合性溶液，又称稀料，工业用途非常广，主要用作喷漆的溶剂或稀释，常温下为无色透明，具有较强的挥发性，易燃，带有浓烈的刺鼻气味，类似香蕉味，故称香蕉水，主要由二甲苯、工业乙醇、醋酸乙酯、丙酮等配合而成，不溶于水。香蕉水从桶中溢出，系季忠兵用桶扔向被害人时发生的结果，而季忠兵在扔出该桶时，桶的盖子是密封的；季忠兵明知该桶内有香蕉水，也并没有将桶盖掀开，直接用香蕉水泼洒被害人，因此，对香蕉水烧伤被害人的后果应该没有持希望的态度。季忠兵对烧伤的后果也不能认定为放任。季忠兵虽明知桶内是香蕉水，但当时桶盖密封，扔出去未必就能导致桶内液体流出，季忠兵抄起该桶即向被害人扔去，认定其具有用该桶本身伤害被害人的故意更符合其主观心态。对此，根据主客观相统一的原则，也只能要求季忠兵对其用油漆桶攻击被害人所造成的直接后果承担责任。即如果油漆桶的撞击导致被害人构成轻伤以上结果，被告人对此承担故意责任，如果超出该范围，被告人不具有故意犯罪的主观罪过，否则将违背刑法罪责刑相适应的原则。

在本案中，被告人季忠兵主观上系疏忽大意的过失。意外事件与疏忽大意的过失之间的区别在于，行为人是否负有应当预见结果发生的义务。疏忽大意过失的行为人对危害结果应当预见而没有预见，即行为人负有预见危害结果的义务，并且也能够预见。而意外事件的行为人则对行为后果不具有预见的义务。判断是否具有预见义务要坚持主客观相统一的原则，综合考虑案发时行为人的心态、年龄、心智、工作经验以及案发时的环境等多种因素。对被告人认知因素的考量，不能仅凭被告人一人的供述，既要考虑到被告人的个体因素，也要考虑社会一般人的认知因素。本案中的被告人季忠兵，是职业装饰工程公司的油漆工，熟知香蕉水遇高温易燃的特性，至少可以推知其明知这一特性。季忠兵在锅炉房内持装有香蕉水的桶殴打他人，即负有防止香蕉水燃烧的义务，客观上对可能导致的危害后果也是能够预见的。因此本案被告人季忠兵的行为成立过失致人死亡罪。[No. 4-233-10　季忠兵过失致人死亡案]

△对年幼的未成年子女实施足以造成严重后果的体罚殴打行为，造成未成年子女死亡的，属于故意伤害致人死亡。

虐待罪的暴力可以包括直接的暴力行为，但这些行为单独来看一般都不构成犯罪，而是在一定时期内具有多发性、持续性，虐待致人死伤的结果一般是由于长期累积而逐渐导致的。换言之，表现为在一定时期内行为人持续不断地实施虐待行为，如果把这些连续的行为割裂看，单次行为很难达到犯罪的程度，一般不具备独立评价的意义。因此，偶尔的殴打行为、体罚行为以及因为家庭纠纷而动辄打骂等行为，不能认定为虐待行为。从肖某过失致人死亡案来看，被告人肖某长期在外打工，被害人庄某某一直在老家生活，肖某将孩子接来一起生活后，案发前对孩子并无虐待行为。由于长期分开生活而造成的生活习惯等方面的差异，以及肖某自身教育方法失当，导致其在出现问题后采取了简单粗暴的体罚方法来教育被害人，但这种偶发性的、非持续性的体罚行为不符合虐待罪的客观特征，且被害人死因经鉴定为胰腺挫碎、睾丸挫碎、双侧后腹膜积血、全身多处皮下组织出血引起失血性休克合并创伤性休克死亡，也不是长期虐打累积的结果。因此，肖某的行为不构成虐待罪。

对于因管教目的实施体罚，发现子女伤亡后积极施救的，虽然从情理上分析，一般可反映出行为人不追求故意伤害的结果，但不能一概对具有类似情节的均认定为过失致人死亡罪，还应结合客观行为分情况处理：(1)在行为人动机无恶意，造成伤亡后果后悔罪救助的前提下，若体罚子女的手段毫无节制，大大超出了年幼子女所能承受的程度，足以造成重伤或死亡后果的，就不排除认定行为人主观上对伤害结果具有间接故意，从而认定为故意伤害罪，本案即属此种情况。(2)在无恶意动机且案后悔罪救助的前提下，如果体罚子女只是一般的轻微殴打行为，本不足以导致轻伤以上后果，但由于被害人自身隐性体质问题或者其他偶然因素介入导致重伤或死亡的情况下(如被害人患有心脏疾病受刺激下致心功能衰竭，或掌推被害人跌倒后磕碰石块)，若行为人对此并不明知，则一般应认定为过失致人死亡；即使行为人知道被害人有疾病，但若之前曾有过轻微的打骂行为并未造成被害人身体伤害，而案发时类似的行为却发生了伤亡后果(如被害人该段时间感染心肌炎，行为人的强烈呵斥或轻微击打导致其心梗死亡)，则无法认定行为人具有追求和放任危害结果发生的意图，通常也认为构成过失致人死亡。

本案被告人肖某的行为应属于故意伤害致人死亡。肖某先是当晚21时许用衣架殴打庄某某并罚跪约一个小时，仅隔数小时后的次日1时许，又用衣架长时间殴打并用脚踢庄某某。被害人年仅三岁，即使一般不具有致死危险性的衣架，在持续长时间的击打下，亦足以对其造成伤亡危险，何况其所遭到的较长时间、较大强度的体罚殴打，已大大超出了一个三岁幼童所能承受的限度。通过考察案发起因和案发后行为可知，肖某应不具有致被害人死亡的故意。但肖某本身即是有意识地通过体罚以达到惩罚、警戒被害人的目的，其对于行为会造成被害人身体的不适甚至伤害，是有认识且不排斥的。根据客观上较长时间、较密集频率的体罚行为、被害人伤情及死因，足以证实被害人生前遭受了较大强度的暴力。肖某明知被害人作为年仅三岁的幼童，体质及抗击力相当柔弱，仍实施了足以造成严重后果的体罚殴打，故肖某对伤害结果持有放任心态是能够认定的。综上，本案应认定肖某构成故意伤害罪，原审法院认定为过失致人死亡罪，有待商榷。[No. 4-233-11　肖某过失致人死亡案]

△轻微殴打导致被害人倒地磕碰死亡的，应认定为过失致人死亡罪。

在张润博过失致人死亡案中，综合全案来看，被告人虽然并不希望被害人死亡的结果发生，主观上缺乏致死的直接故意，但其明显具有实施击打行为对被害人造成轻微痛苦的意图。并且，其行为受制于愤怒情绪，具有攻击性且力度容易失控，所以，其应当承担避免对方因攻击行为而摔倒磕碰致死的注意义务。一旦危害结果发生，则依法要承担相应的刑事责任。这里的主要问题是，对被告人认定放任的故意犯罪还是疏忽大意的过失犯罪。

在认定轻微暴力致人死亡案件时，应当注意区分生活中一般的殴打故意及行为与刑法上的伤害故意及行为。日常的攻击、打人行为基于罪刑相当原则和结果加重犯理论，在一般人看来具有高度致害危险性的，才可以认定故意伤害（致人死亡）罪；否则，宜认定过失致人死亡罪。就本案而言，被告人在受到对方攻击的情况下出拳击打被害人，打中被害人一下，被害人倒地后即停止侵害，其直接打击部位也未见任何伤害后果，故其行为仍应属于“日常的攻击”的范畴，不宜等同于刑法上的“故意伤害（致人死亡）行为”。从实践来看，多数拳打脚踢等轻微殴打行为致人死亡的案件中，被告人的行为并未直接造成被害人轻伤以上的后果，而是多因被害人倒地磕碰或者原有病症发作等复杂原因导致死亡，类似于民间的“失手打死人”情形，将此认定过失致人死亡罪，更易为社会公众接受。就本案而言，被害人在起因上有一定责任，被告人在对方先辱骂、动手的情况下出手打中被害人一下，行为比较克制，到案后即交代犯罪事实并一直如实供述，认罪、悔罪态度好，双方就民事赔偿问题已达成协议，并取得被害人亲属的谅解，对此案以过失致人死亡罪认定，不仅能够做到罚当其罪，社会上也易于接受。［No. 4-233-12　张润博过失致人死亡案］

第二百三十四条　【故意伤害罪】

故意伤害他人身体的，处三年以下有期徒刑、拘役或者管制。

犯前款罪，致人重伤的，处三年以上十年以下有期徒刑；致人死亡或者以特别残忍手段致人重伤造成严重残疾的，处十年以上有期徒刑、无期徒刑或者死刑。本法另有规定的，依照规定。

【立法理由】

1. **1979 年立法的情况**。1979 年《刑法》第一百三十四条规定：“故意伤害他人身体的，处三年以下有期徒刑或者拘役。犯前款罪，致人重伤的，处三年以上七年以下有期徒刑；致人死亡的，处七年以上有期徒刑或者无期徒刑。本法另有规定的，依照规定。”根据该条规定，故意伤害罪的法定最高刑为无期徒刑。

2. **1979 年之后至 1997 年刑法修订前的立法情况**。1979 年刑法颁行之后，一段时间内各种社会矛盾复杂，治安形势严峻，刑事犯罪数量一度上升，严重危及拨乱反正和人民的安居乐业以及改革开放的进行，为此，1983 年 9 月 2 日，第六届全国人大常委会第二次会议通过了《全国人民代表大会常务委员会关于严惩严重危害社会治安的犯罪分子的决定》。根据该决定，犯故意伤害罪的，**最高可判处死刑**。

3. **1997 年修订刑法的情况**。1997 年修订刑法时，对本条作了修改，在第一款中增加了“管制”刑，将第二款中致人重伤的法定最高刑由“七年”提高至“十年”有期徒刑，同时将“致人死亡的，处七年以上有期徒刑或者无期徒刑”修改为“致人死亡或者以特别残忍手段致人重伤造成严重残疾的，处十年以上有期徒刑、无期徒刑或者死刑”。这样修改，主要是将故意伤害罪适用死刑的条件予以明确和严格限制，以控制故意伤害罪的死刑适用。

【条文说明】

本条是关于故意伤害罪及其处罚的规定。

本条共分为两款。

第一款是关于故意伤害他人，尚未致人重伤、死亡的犯罪及其处罚的规定。**故意伤害**，是指故意非法损害他人身体健康的行为，包括损害人体组织的完整性或者损害人体器官的正常功能。如果不是对他人的身体健康造成损害，而是损害他人的人格、名誉或者人身自由的，不构成故意伤害罪，而是构成其他犯罪。故意伤害的方法很多，行为人采用何种具体方法不影响故意伤害罪的构成。[①] 依据本款规定,故意伤害他人身体[②③],尚未致人重伤、死亡的,处三年以下有期徒刑、拘役或者管制。

第二款是关于故意伤害他人,致人重伤或者死亡的犯罪及其处罚的规定。根据本款规定,故意伤害致人重伤的,处三年以上十年以下有期徒刑。这里所说的“**致人重伤**”,依照《刑法》第九十五条的规定,是指有下列情形之一的伤害:(1)使人肢体残废或者毁人容貌的;(2)使人丧失听觉、视觉或者其他器官机能的;(3)其他对于人身健康有重大伤害的。《刑法》第九十五条中的“**其他对于人身健康有重大伤害的**”,主要是指上述几种重伤之外的在受伤当时危及当事人生命或者在损伤过程中能够引起威胁生命的并发症,以及其他严重影响人体健康的损伤,主要包括颅脑损伤、颈部损伤、胸部损伤、腹部损伤、骨盆部损伤、脊柱和脊髓损伤以及烧伤、烫伤、冻伤、电击损伤以及物理、化学或者生物等致伤因素引起的损伤等。

本款规定的“致人死亡或者以特别残忍手段致人重伤造成严重残疾的,处十年以上有期徒刑、无期徒刑或者死刑”中的“**特别残忍手段**”,是指故意要造成他人严重残疾而采用毁容、挖人眼睛、砍掉人双脚等特别残忍的手段伤害他人的行为。以特别残忍手段致人重伤造成严重残疾的故意伤害案件,**适用死刑时需要严格把握**,并非只要达到“致人重伤造成严重残疾”的程度就必须判处死刑,还需要根据致人“严重残疾”的具体情况,综合考虑犯罪情节和危害后果来决定具体适用的刑罚。故意伤害致人重伤造成严重残疾,只有犯罪手段特别残忍,后果特别严重的,才能考虑适用死刑。

本款同时还规定,“**本法另有规定的,依照规定**”,这是指故意伤害他人身体,除本条的一般性规定外,刑法规定的其他犯罪中也有故意伤害他人身体的情况,根据特别规定优于一般规定的原则,对于本法另有特别规定的,适用特别规定,而不依照本条的规定定罪处罚。[④] 例如,放火、决水、爆炸、投放危险物质致人重伤的,按《刑法》第一百一十五条第一款定罪处刑;强奸妇女或者奸淫幼女致人重伤的,按《刑法》第二百三十六条第三款定罪处刑;非法拘禁致人重伤的,按《刑法》第二百三十八条第二款定罪处刑;抢劫致人重伤的,按《刑法》第二百六十三条定罪处刑。

实践中应当注意以下几个方面的问题:

1. 关于故意伤害罪与**故意杀人罪**的界限。两罪的主要区别在于是否以非法剥夺他人生命为故意内容。如果行为人没有非法剥夺他人生命的故意,而只有伤害他人身体健康的故意,即使行为导致了他人的死亡,也只能定故意伤害罪;如果行为人有非法剥夺他人生命的故意,即使其行为没

---

① 林亚刚教授认为,故意伤害罪的客体是他人的身体健康权,即己身以外的自然人对于保持其肢体、器官、组织的完整性和正常机能的权利。参见高铭暄、马克昌主编:《刑法学》(第7版),北京大学出版社、高等教育出版社2016年版,第459页。另有学者指出,只有侵害了他人生理机能的行为,才是伤害行为。并且,对生理机能的损害,不要求是永久性的,即使一时性地侵害了生理机能,也属于伤害。伤害行为既可以是作为,也可以是不作为;既可以是有形的,也可以是无形的。参见张明楷:《刑法学》(第6版),法律出版社2021年版,第1118页;黎宏:《刑法学各论》(第2版),法律出版社2016年版,第221—222页;周光权:《刑法各论》(第4版),中国人民大学出版社2021年版,第21页;陈兴良主编:《刑法各论精释》,人民法院出版社2015年版,第87—88页。

② 他人的身体不包括假肢、假发与假牙。但是,已经成为身体组成部分的人工骨、镶入的牙齿,也是身体的一部分。参见张明楷:《刑法学》(第6版),法律出版社2021年版,第1116页;周光权:《刑法各论》(第4版),中国人民大学出版社2021年版,第21页;陈兴良主编:《刑法各论精释》,人民法院出版社2015年版,第96页。

③ 伤害胎儿行为,能否被认定为故意伤害罪?阴建峰教授认为,伤害胎儿,因其生命还未开始,显然不能构成对他的故意伤害罪。但是,如果是为了伤害胎儿而伤害了母体,结果造成流产或者使胎儿出生后残疾,可构成对母亲的故意伤害罪。参见赵秉志、李希慧主编:《刑法各论》(第3版),中国人民大学出版社2016年版,第191页。另有学者指出,只要行为对象存在于行为产生影响或者发挥作用之时,就满足了行为对象的要求。具体而言,虽然行为人在实施伤害行为时,胎儿还不是人,但行为在发挥作用的过程中,胎儿成为了人,因此,行为成立故意伤害罪。参见张明楷:《刑法学》(第6版),法律出版社2021年版,第1117页;参见周光权:《刑法各论》(第4版),中国人民大学出版社2021年版,第22页。另有学者指出,在我国,从伤害胎儿出生之后为人的立场来看,是难以追究行为人的故意伤害罪罪责的。中国刑法中并无堕胎方面的犯罪,换言之,对胎儿的生命都不予保护,更遑论保护胎儿的身体健康。并且,如果将伤害胎儿的行为作为犯罪处理,会产生不必要的波及效果。参见黎宏:《刑法学各论》(第2版),法律出版社2016年版,第222—223页。

④ 系争规定并非仅针对《刑法》第二百三十四条第二款而言,而是同时适用于本条第一款。参见张明楷:《刑法学》(第6版),法律出版社2021年版,第1125页。

有造成他人死亡的结果，也构成故意杀人罪（未遂）。[①] 实践中一些致人死亡的犯罪是故意杀人还是故意伤害往往难以区分，在认定时除从作案工具、打击的部位、力度等方面进行判断外，也要注意考虑犯罪的起因等因素。对于民间纠纷引发的案件，如果难以区分是故意杀人还是故意伤害的，一般可考虑定故意伤害罪。

2. 故意伤害罪与**过失致人重伤罪**的界限。过失致人重伤罪在主观上是过失，而且法律要求必须造成他人重伤的结果才能构成犯罪；而故意伤害罪在主观上是故意，即使致人轻伤，也构成故意伤害罪。最高人民法院、最高人民检察院、公安部、国家安全部、司法部于2013年8月发布了《人体损伤程度鉴定标准》，自2014年1月1日起施行，在司法实践中，损伤程度的评定和认定主要是依据该标准进行的。

3. 故意伤害罪侵犯的客体是他人的身体健康，因此，**对于伤害自己身体的，一般不构成犯罪**。但是，根据本法第四百三十四条的规定，如果军人在战时逃避执行军事义务而自伤身体的，构成战时自伤罪。

【司法解释】

《最高人民法院关于审理交通肇事刑事案件具体应用法律若干问题的解释》（法释〔2000〕33号，自2000年11月21日起施行）

△（**交通肇事；故意伤害罪**）行为人在交通肇事后为逃避法律追究，将被害人带离事故现场后隐藏或者遗弃，致使被害人无法得到救助而死亡或者严重残疾的，应当分别依照刑法第二百三十二条、第二百三十四条第二款的规定，以故意杀人罪或者故意伤害罪定罪处罚。（§ 6）

《最高人民法院、最高人民检察院关于办理妨害预防、控制突发传染病疫情等灾害的刑事案件具体应用法律若干问题的解释》（法释〔2003〕8号，自2003年5月15日起施行）

△（**预防、控制突发传染病疫情等灾害；聚众“打砸抢”；故意伤害罪**）在预防、控制突发传染病疫情等灾害期间，聚众“打砸抢”，致人伤残、死亡的，依照刑法第二百八十九条、第二百三十四条、第二百三十二条的规定，以故意伤害罪或者故意杀人罪定罪，依法从重处罚。对毁坏或者抢走公私财物的首要分子，依照刑法第二百八十九条、第二百六十三条的规定，以抢劫罪定罪，依法从重处罚。（§ 9）

《最高人民法院关于审理未成年人刑事案件具体应用法律若干问题的解释》（法释〔2006〕1号，自2006年1月23日起施行）

△（**已满十四周岁不满十六周岁的人；故意伤害罪**）已满十四周岁不满十六周岁的人盗窃、诈骗、抢夺他人财物，为窝藏赃物、抗拒抓捕或者毁灭罪证，当场使用暴力，故意伤害致人重伤或者死亡，或者故意杀人的，应当分别以故意伤害罪或者故意杀人罪定罪处罚。[②]（§ 10 Ⅰ）

《最高人民法院、最高人民检察院关于办理危害生产安全刑事案件适用法律若干问题的解释》（法释〔2015〕22号，自2015年12月16日起施行）

△（**安全事故；故意阻挠开展抢救；隐藏、遗弃被害人；故意伤害罪**）在安全事故发生后，直接负责的主管人员和其他直接责任人员故意阻挠开展抢救，导致人员死亡或者重伤，或者为了逃避法律追究，对被害人进行隐藏、遗弃，致使被害人因无法得到救助而死亡或者重度残疾的，分别依照刑法第二百三十二条、第二百三十四条的规定，以故意杀人罪或者故意伤害罪定罪处罚。（§ 10）

《最高人民法院、最高人民检察院关于办理组织、利用邪教组织破坏法律实施等刑事案件适用法律若干问题的解释》（法释〔2017〕3号，自2017年2月1日起施行）

△（**组织、策划、煽动、胁迫、教唆、帮助邪教组织成员或者他人实施自伤；故意伤害罪**）组织、利用邪教组织，制造、散布迷信邪说，组织、策划、煽动、胁迫、教唆、帮助其成员或者他人实施自杀、自

分则　第四章

① 关于故意伤害罪与故意杀人罪之间的关系，刑法学说上存在对立理论与单一理论两种说法。前者认为，杀人与伤害是两个互相排斥的概念，杀人故意排除伤害故意；后者主张，杀人行为必然包含伤害行为，杀人故意必然包括伤害故意。有论者认为，单一理论具有合理性。任何杀人既遂都必然经过了伤害过程，任何杀人未遂也必然造成了伤害结果或者具有造成伤害结果的危险性。因此，故意杀人与故意伤害之间是特别关系。参见张明楷：《刑法学》（第6版），法律出版社2021年版，第1123页。

② 林维教授指出，系争解释与《最高人民检察院法律政策研究室关于相对刑事责任年龄的人承担刑事责任范围有关问题的答复》的结论（以抢劫罪论处）相互矛盾。该司法解释将不法与罪责混为一谈；立法者将几种典型的危险行为拟制为抢劫行为，是关于构成要件之不法内涵的拟制。而《刑法》第十七条第二款是关于责任年龄的规定，其只是表明相对责任刑事年龄者应对抢劫行为的不法负责，与不法内涵本身为何无涉。因此，相对责任年龄者仍应对三种拟制性抢劫负责。参见陈兴良主编：《刑法各论精释》，人民法院出版社2015年版，第308页。

伤的,依照刑法第二百三十二条、第二百三十四条的规定,以故意杀人罪或者故意伤害罪定罪处罚。(§ 11)

《最高人民法院、最高人民检察院关于办理组织、强迫、引诱、容留、介绍卖淫刑事案件适用法律若干问题的解释》(法释〔2017〕13 号,自 2017 年 7 月 25 日起施行)

△(**致使他人感染艾滋病病毒;重伤;故意伤害罪**)具有下列情形之一,致使他人感染艾滋病病毒的,认定为刑法第九十五条第三项"其他对于人身健康有重大伤害"所指的"重伤",依照刑法第二百三十四条第二款的规定,以故意伤害罪定罪处罚:

(一)明知自己感染艾滋病病毒而卖淫、嫖娼的;

(二)明知自己感染艾滋病病毒,故意不采取防范措施而与他人发生性关系的。(§ 12Ⅱ)

【司法解释性文件】

《全国法院维护农村稳定刑事审判工作座谈会纪要》(法〔1999〕217 号,1999 年 10 月 27 日公布)

△(**故意杀人罪;直接故意;间接故意;故意伤害致人死亡**)要注意严格区分故意杀人罪与故意伤害罪的界限。在直接故意杀人与间接故意杀人案件中,犯罪人的主观恶性程度是不同的,在处刑上也应有所区别。间接故意杀人与故意伤害致人死亡,虽然都造成了死亡后果,但行为人故意的性质和内容是截然不同的。[①] 不注意区分犯罪的性质和故意的内容,只要有死亡后果就判处死刑的做法是错误的,这在今后的工作中,应当予以纠正。对于故意伤害致人死亡,手段特别残忍,情节特别恶劣的,才可以判处死刑。

△(**故意伤害致人重伤;严重残疾**)要准确把握故意伤害致人重伤造成"严重残疾"的标准。参照 1996 年国家技术监督局颁布的《职工工伤与职业病致残程度鉴定标准[②]》(以下简称"工伤标准"),刑法第二百三十四条第二款规定的"严重残疾"是指下列情形之一:被害人身体器官大部缺损、器官明显畸形、身体器官有中等功能障碍、造成严重并发症等。残疾程序可以分为一般残疾(十至七级)、严重残疾(六至三级)、特别严重残疾(二至一级),六级以上视为"严重残疾"。在有关司法解释出台前,可统一参照"工伤标准"确定残疾等级。实践中,并不是只要达到"严重残疾"就判处死刑,还要根据伤害致人"严重残疾"的具体情况,综合考虑犯罪情节和危害后果来决定刑罚。故意伤害致重伤造成严重残疾,只有犯罪手段特别残忍,后果特别严重的,才能考虑适用死刑(包括死刑,缓期二年执行)。

《最高人民法院关于审理抢劫、抢夺刑事案件适用法律若干问题的意见》(法发〔2005〕8 号,2005 年 6 月 8 日公布)

△(**索取债务;故意伤害罪**)行为人为索取债务,使用暴力、暴力威胁等手段的,一般不以抢劫罪定罪处罚。构成故意伤害等其他犯罪的,依照刑法第二百三十四条等规定处罚。

《在审理故意杀人、伤害及黑社会性质组织犯罪案件中切实贯彻宽严相济刑事政策》(最高人民法院刑三庭,2010 年 4 月 14 日公布)

△(**宽严相济刑事政策**)在故意杀人、伤害及黑社会性质组织犯罪案件的审判中贯彻宽严相济刑事政策,要落实《意见》[③]第 1 条规定:根据犯罪的具体情况,实行区别对待,做到该宽则宽,当严则严,宽严相济,罚当其罪。落实这个总体要求,要注意把握以下几点:

1. 正确把握宽与严的对象。故意杀人和故意伤害犯罪的发案率高,社会危害大,是各级法院刑事审判工作的重点。黑社会性质组织犯罪在我国自二十世纪八十年代末出现以来,长时间保持快速发展势头,严厉打击黑社会性质组织犯罪,是法院刑事审判在当前乃至今后相当长一段时期内的重要任务。因此,对这三类犯罪总体上应坚持从严惩处的方针。但是在具体案件的处理上,也要分别案件的性质、情节和行为人的主观恶性、人身危险性等情况,把握宽严的范围。在确定从宽与从严的对象时,还应当注意审时度势,对经济社会的发展和治安形势的变化作出准确判断,为构建社会主义和谐社会的目标服务。

① 我国学者指出,仅根据故意的内容不同认定犯罪并不合适。一个客观上绝对不可能致人死亡的行为,即使行为人具有所谓的杀人故意,也不成立故意杀人罪。毋宁说,应当坚持罪刑法定与责任主义的原理,综合考虑案件的全部事实,以正确认定故意杀人罪与故意伤害罪:(1)行为人所使用的犯罪工具为何?(2)打击部位为何?(3)打击强度如何?(4)犯罪行为有无节制?(5)犯罪的时间、地点、环境如何?(6)行为人是否抢救被害人?(7)有无犯罪预谋?(8)行为人与被害人平时关系如何等。参见张明楷:《刑法学》(第 6 版),法律出版社 2021 年版,第 1125 页。

② 系争国家标准已失效,现行有效的标准是《劳动能力鉴定职工工伤与职业病致残等级》(GB/T 16180—2014)。

③ 2010 年 2 月 8 日发布的《最高人民法院关于贯彻宽严相济刑事政策的若干意见》。

2. 坚持严格依法办案。三类案件的审判中,无论是从宽还是从严,都必须严格依照法律规定进行,做到宽严有据,罚当其罪,不能为追求打击效果,突破法律界限。比如在黑社会性质组织犯罪的审理中,黑社会性质组织的认定必须符合法律和立法解释规定的标准,既不能降格处理,也不能拔高认定。

3. 注重法律效果与社会效果的统一。严格依法办案,确保良好法律效果的同时,还应当充分考虑案件的处理是否有利于赢得人民群众的支持和社会稳定,是否有利于瓦解犯罪,化解矛盾,是否有利于罪犯的教育改造和回归社会,是否有利于减少社会对抗,促进社会和谐,争取更好的社会效果。比如在刑罚执行过程中,对于故意杀人、伤害犯罪及黑社会性质组织犯罪的领导者、组织者和骨干成员就应当从严掌握减刑、假释的适用,其他主观恶性不深、人身危险性不大的罪犯则可以从宽把握。(§ 1)

△(**故意伤害罪;区别对待;犯罪情节;主观恶性和人身危险性;死刑适用**)1. 注意区分两类不同性质的案件。故意杀人、故意伤害侵犯的是人的生命和身体健康,社会危害大,直接影响到人民群众的安全感,《意见》第 7 条将故意杀人、故意伤害致人死亡犯罪作为严惩的重点是十分必要的。但是,实践中的故意杀人、伤害案件复杂多样,处理时要注意分别案件的不同性质,做到区别对待。

实践中,故意杀人、伤害案件从性质上通常可分为两类:一类是严重危害社会治安、严重影响人民群众安全感的案件,如极端仇视国家和社会,以不特定人为行凶对象的;一类是因婚姻家庭、邻里纠纷等民间矛盾激化引发的案件。对于前者应当作为严惩的重点,依法判处被告人重刑直至判处死刑。对于后者处理时应注意体现从严的精神,在判处重刑尤其是适用死刑时应特别慎重,除犯罪情节特别恶劣、犯罪后果特别严重、人身危险性极大的被告人外,一般不应当判处死刑。对于被害人在起因上存在过错,或者是被告人案发后积极赔偿,真诚悔罪,取得被害人或其家属谅解的,应依法从宽处罚,对同时有法定从轻、减轻处罚情节的,应考虑在无期徒刑以下裁量刑罚。同时应重视此类案件中的附带民事调解工作,努力化解双方矛盾,实现积极的“案结事了”,增进社会和谐,达成法律效果与社会效果的有机统一。《意见》第 23 条是对此审判经验的总结。

此外,实践中一些致人死亡的犯罪是故意杀人还是故意伤害往往难以区分,在认定时除从作案工具、打击的部位、力度等方面进行判断外,也要注意考虑犯罪的起因等因素。对于民间纠纷引发的案件,如果难以区分是故意杀人还是故意伤害时,一般可考虑定故意伤害罪。

2. 充分考虑各种犯罪情节。犯罪情节包括犯罪的动机、手段、对象、场所及造成的后果等,不同的犯罪情节反映不同的社会危害性。犯罪情节多属酌定量刑情节,法律往往未作明确的规定,但犯罪情节是适用刑罚的基础,是具体案件决定从严或从宽处罚的基本依据,需要在案件审理中进行仔细甄别,以准确判断犯罪的社会危害性。有的案件犯罪动机特别卑劣,比如为了铲除政治对手而雇凶杀人的,也有一些人犯罪是出于义愤,甚至是“大义灭亲”、“为民除害”的动机杀人。有的案件犯罪手段特别残忍,比如采取放火、泼硫酸等方法把人活活烧死的故意杀人行为。犯罪后果也可以分为一般、严重和特别严重几档。在实际中一般认为故意杀人、故意伤害一人死亡的为后果严重,致二人以上死亡的为犯罪后果特别严重。特定的犯罪对象和场所也反映社会危害性的不同,如针对妇女、儿童等弱势群体或在公共场所实施的杀人、伤害,就具有较大的社会危害性。以上犯罪动机卑劣,或者犯罪手段残忍,或者犯罪后果严重,或者针对妇女、儿童等弱势群体作案等情节恶劣的,又无其他法定或酌定从轻情节应当依法从重判处。如果犯罪情节一般,被告人真诚悔罪,或有立功、自首等法定从轻情节的,一般应考虑从宽处罚。

实践中,故意杀人、伤害案件的被告人既有法定或酌定的从宽情节,又有法定或酌定从严情节的情形比较常见,此时,就应当根据《意见》第 28 条,在全面考察犯罪的事实、性质、情节和对社会危害程度的基础上,结合被告人的主观恶性、人身危险性、社会治安状况等因素,综合作出分析判断。

3. 充分考虑主观恶性和人身危险性。《意见》第 10 条、第 16 条明确了被告人的主观恶性和人身危险性是从严和从宽的重要依据,在适用刑罚时必须充分考虑。主观恶性是被告人对自己行为及社会危害性所抱的心理态度,在一定程度上反映了被告人的改造可能性。一般来说,经过精心策划的、有长时间计划的杀人、伤害,显示被告人的主观恶性深;激情犯罪,临时起意的犯罪,因被害人的过错行为引发的犯罪,显示的主观恶性较小。对主观恶性深的被告人要从严惩处,主观恶性较小的被告人则可考虑适用较轻的刑罚。

人身危险性即再犯可能性,可从被告人有无前科、平时表现及悔罪情况等方面综合判断。人身危险性大的被告人,要依法从重处罚。如累犯中前罪系暴力犯罪,或者曾因暴力犯罪被判重刑后又犯故意杀人、故意伤害致人死亡的;平时横行乡里,寻衅滋事杀人、伤害致人死亡的,应依法从重判处。人身危险性小的被告人,应依法体现从宽精神。如被告人平时表现较好,激情犯罪,系初犯、偶犯的;被告人杀人或伤人后有抢救被害人行为的,在量刑时应该酌情予以从宽处罚。

未成年人及老年人的故意杀人、伤害犯罪与一般人犯罪相比,主观恶性和人身危险性等方面有一定特殊性,在处理时应当依据《意见》的第20条、第21条考虑从宽。对犯故意杀人、伤害罪的未成年人,要坚持"教育为主,惩罚为辅"的原则和"教育、感化、挽救"的方针进行处罚。对于情节较轻、后果不重的伤害案件,可以依法适用缓刑、或者判处管制、单处罚金等非监禁刑。对于情节严重的未成年人,也应当从轻或减轻处罚。对于已满十四周岁不满十六周岁的未成年人,一般不判处无期徒刑。对于七十周岁以上的老年人犯故意杀人、伤害罪的,由于其已没有再犯罪的可能,在综合考虑其犯罪情节和主观恶性、人身危险性的基础上,一般也应酌情从宽处罚。

4.严格控制和慎重适用死刑。故意杀人和故意伤害犯罪在判处死刑的案件中所占比例最高,审判中要按照《意见》第29条的规定,准确理解和严格执行"保留死刑,严格控制和慎重适用死刑"的死刑政策,坚持统一的死刑适用标准,确保死刑只适用于极少数罪行极其严重的犯罪分子;坚持严格的证据标准,确保把每一起判处死刑的案件都办成铁案。对于罪行极其严重,但只要有法定、酌定从轻情节,依法可不立即执行的,就不应当判处死刑立即执行。

对于自首的故意杀人、故意伤害致人死亡的被告人,除犯罪情节特别恶劣,犯罪后果特别严重的,一般不应考虑判处死刑立即执行。对亲属送被告人归案或协助抓获被告人的,也应视为自首,原则上应当从宽处罚。对具有立功表现的故意杀人、故意伤害致死的被告人,一般也应当体现从宽,可考虑不判处死刑立即执行。但如果犯罪情节特别恶劣,犯罪后果特别严重的,即使有立功情节,也可以不予从轻处罚。

共同犯罪中,多名被告人共同致死一名被害人的,原则上只判处一人死刑。处理时,根据案件的事实和证据能分清主从犯的,都应当认定主从犯;有多名主犯的,应当在主犯中进一步区分出罪行最为严重者和较为严重者,不能以分不清主次为由,简单地一律判处死刑。(§ 2)

《最高人民法院、最高人民检察院、公安部、司法部关于依法惩治性侵害未成年人犯罪的意见》(法发〔2013〕12号,2013年10月23日公布)

△(**猥亵儿童;对已满十四周岁的未成年男性实施猥亵;故意伤害罪**)实施猥亵儿童犯罪,造成儿童轻伤以上后果,同时符合刑法第二百三十四条或者第二百三十二条的规定,构成故意伤害罪、故意杀人罪的,依照处罚较重的规定定罪处罚。

对已满十四周岁的未成年男性实施猥亵,造成被害人轻伤以上后果,符合刑法第二百三十四条或者第二百三十二条规定的,以故意伤害罪或者故意杀人罪定罪处罚。(§ 22)

《最高人民法院关于执行〈人体损伤程度鉴定标准〉有关问题的通知》(法〔2014〕3号,2014年1月2日公布)

△(**致人损伤行为;鉴定标准**)《最高人民法院、最高人民检察院、公安部、国家安全部、司法部关于发布〈人体损伤程度鉴定标准〉的公告》已于2013年8月30日发布,《人体损伤程度鉴定标准》(以下简称《损伤标准》)自2014年1月1日起施行。《人体重伤鉴定标准》(司发〔1990〕070号)、《人体轻伤鉴定标准(试行)》[法(司)发〔1990〕6号]和《人体轻微伤的鉴定》(GA/T146-1996)同时废止。为正确适用《损伤标准》,做好涉人体损伤案件审判工作,现就执行《损伤标准》有关问题通知如下:

一、致人损伤的行为发生在2014年1月1日之前,尚未审判或者正在审判的案件,需要进行损伤程度鉴定的,适用原鉴定标准。但按照《损伤标准》不构成损伤或者损伤程度较轻的,适用《损伤标准》。

二、致人损伤的行为发生在2014年1月1日之后,需要进行损伤程度鉴定的,适用《损伤标准》。

三、2014年1月1日前已发生法律效力的判决、裁定,按照当时的法律和司法解释,认定事实和适用法律没有错误的,不再变动。当事人及其法定代理人、近亲属以《损伤程度》的相关规定发生变更为由申请再审的,人民法院不予受理。

四、对于正在审理案件需要进行损伤程度鉴定的,司法技术部门应做好前期技术审核工作,在对外委托时应明确向鉴定机构提出适用标准。

五、各级人民法院应认真组织开展《损伤标准》学习培训,在执行过程中发现问题,应及时报告请示最高人民法院。

《最高人民法院、最高人民检察院、公安部、司法部、国家卫生和计划生育委员会关于依法惩处涉医违法犯罪维护正常医疗秩序的意见》(法发〔2014〕5号,2014年4月22日公布)

△(**故意伤害医务人员身体;故意伤害罪**)在

医疗机构内殴打医务人员或者故意伤害医务人员身体、故意损毁公私财物,尚未造成严重后果的,分别依照治安管理处罚法第四十三条、第四十九条的规定处罚;故意杀害医务人员,或者故意伤害医务人员造成轻伤以上严重后果,或者随意殴打医务人员情节恶劣、任意损毁公私财物情节严重,构成故意杀人罪、故意伤害罪、故意毁坏财物罪、寻衅滋事罪的,依照刑法的有关规定定罪处罚。

《最高人民法院、最高人民检察院、公安部、司法部关于办理黑恶势力犯罪案件若干问题的指导意见》(法发〔2018〕1号,2018年1月16日公布)

△(**民间借贷;擅自设立金融机构罪;非法吸收公众存款罪;骗取贷款罪;高利转贷罪;故意杀人罪;故意伤害罪;非法拘禁罪;故意毁坏财物罪;数罪并罚**)在民间借贷活动中,如有擅自设立金融机构、非法吸收公众存款、骗取贷款、套取金融机构资金发放高利贷以及为强索债务而实施故意杀人、故意伤害、非法拘禁、故意毁坏财物等行为的,应当按照具体犯罪侦查、起诉、审判。依法符合数罪并罚条件的,应当并罚。(§ 19)

《最高人民法院关于依法妥善审理高空抛物、坠物案件的意见》(法发〔2019〕25号,2019年10月21日发布)

△(**高空抛物、坠物行为;社会危害性**)充分认识高空抛物、坠物行为的社会危害性。高空抛物、坠物行为损害人民群众人身、财产安全,极易造成人身伤亡和财产损失,引发社会矛盾纠纷。人民法院要高度重视高空抛物、坠物行为的现实危害,深刻认识运用刑罚手段惩治情节和后果严重的高空抛物、坠物行为的必要性和重要性,依法惩治此类犯罪行为,有效防范、坚决遏制此类行为发生。(§ 4)

△(**高空抛物犯罪;以危险方法危害公共安全罪;故意伤害罪;故意杀人罪**)准确认定高空抛物犯罪。对于高空抛物行为,应当根据行为人的动机、抛物场所、抛掷物的情况以及造成的后果等因素,全面考量行为的社会危害程度,准确判断行为性质,正确适用罪名,准确裁量刑罚。

故意从高空抛弃物品,尚未造成严重后果,但足以危害公共安全的,依照刑法第一百一十四条规定的以危险方法危害公共安全罪定罪处罚;致人重伤、死亡或者使公私财产遭受重大损失的,依照刑法第一百一十五条第一款的规定处罚。为伤害、杀害特定人员实施上述行为的,依照故意伤害罪、故意杀人罪定罪处罚。(§ 5)

△(**高空抛物犯罪;从重处罚;不得适用缓刑**)依法从重惩治高空抛物犯罪。具有下列情形之一的,应当从重处罚,一般不得适用缓刑:(1)多次实施的;(2)经劝阻仍继续实施的;(3)受过刑事处罚或者行政处罚后又实施的;(4)在人员密集场所实施的;(5)其他情节严重的情形。(§ 6)

《最高人民法院、最高人民检察院、公安部办理跨境赌博犯罪案件若干问题的意见》(公通字〔2020〕14号,2020年10月16日发布)

△(**赌博犯罪;故意杀人罪;故意伤害罪;非法拘禁罪;故意毁坏财物罪;寻衅滋事罪**)实施赌博犯罪,为强行索要赌债,实施故意杀人、故意伤害、非法拘禁、故意毁坏财物、寻衅滋事等行为,构成犯罪的,应当依法数罪并罚。(§ 4Ⅳ)

《最高人民法院、最高人民检察院、公安部关于办理涉窨井盖相关刑事案件的指导意见》(高检发〔2020〕3号,2020年3月16日发布)

△(**窨井盖;故意伤害罪;故意杀人罪**)对于本意见第一条、第二条规定以外的其他场所的窨井盖,明知会造成人员伤亡后果而实施盗窃、破坏行为,致人受伤或者死亡的,依照刑法第二百三十四条、第二百三十二条的规定,分别以故意伤害罪、故意杀人罪定罪处罚。(§ 3Ⅰ)

△(**窨井盖**)本意见所称的"窨井盖",包括城市、城乡结合部和乡村等地的窨井盖以及其他井盖。(§ 12)

《最高人民法院、最高人民检察院、公安部、司法部关于依法惩治妨害新型冠状病毒感染肺炎疫情防控违法犯罪的意见》(法发〔2020〕7号,2020年2月6日发布)

△(**肺炎疫情防控;故意伤害罪;侮辱罪;寻衅滋事罪;非法拘禁罪**)依法严惩暴力伤医犯罪。在疫情防控期间,故意伤害医务人员造成轻伤以上的严重后果,或者对医务人员实施撕扯防护装备、吐口水等行为,致使医务人员感染新型冠状病毒的,依照刑法第二百三十四条的规定,以故意伤害罪定罪处罚。

随意殴打医务人员,情节恶劣的,依照刑法第二百九十三条的规定,以寻衅滋事罪定罪处罚。

采取暴力或者其他方法公然侮辱、恐吓医务人员,符合刑法第二百四十六条、第二百九十三条规定的,以侮辱罪或者寻衅滋事罪定罪处罚。

以不准离开工作场所等方式非法限制医务人员人身自由,符合刑法第二百三十八条规定的,以非法拘禁罪定罪处罚。(§ 2Ⅱ)

△(**治安管理处罚;从重情节**)依法严惩妨害疫情防控的违法行为。实施上述(一)至(九)规定的行为,不构成犯罪的,由公安机关根据治安管

理处罚法有关虚构事实扰乱公共秩序，扰乱单位秩序、公共场所秩序、寻衅滋事，拒不执行紧急状态下的决定、命令，阻碍执行职务，冲闯警戒带、警戒区，殴打他人，故意伤害，侮辱他人，诈骗，在铁路沿线非法挖掘坑穴、采石取沙，盗窃、损毁路面公共设施，损毁铁路设施设备，故意损毁财物、哄抢公私财物等规定，予以治安管理处罚，或者由有关部门予以其他行政处罚。

对于在疫情防控期间实施有关违法犯罪的，要作为从重情节予以考量，依法体现从严的政策要求，有力惩治震慑违法犯罪，维护法律权威，维护社会秩序，维护人民群众生命安全和身体健康。(§ 2X)

《最高人民法院、最高人民检察院关于常见犯罪的量刑指导意见（试行）》（法发〔2021〕21号，2021年6月6日发布）

△**（故意伤害罪；量刑）**

1. 构成故意伤害罪的，根据下列情形在相应的幅度内确定量刑起点：

（1）故意伤害致一人轻伤的，在二年以下有期徒刑、拘役幅度内确定量刑起点。

（2）故意伤害致一人重伤的，在三年至五年有期徒刑幅度内确定量刑起点。

（3）以特别残忍手段故意伤害致一人重伤，造成六级严重残疾的，在十年至十三年有期徒刑幅度内确定量刑起点。依法应当判处无期徒刑以上刑罚的除外。

2. 在量刑起点的基础上，根据伤害后果、伤残等级、手段残忍程度等其他影响犯罪构成的犯罪事实增加刑罚量，确定基准刑。

故意伤害致人轻伤的，伤残程度可以在确定量刑起点时考虑，或者作为调节基准刑的量刑情节。

3. 构成故意伤害罪的，综合考虑故意伤害的起因、手段、危害后果、赔偿谅解等犯罪事实、量刑情节，以及被告人的主观恶性、人身危险性、认罪悔罪表现等因素，决定缓刑的适用。

【附属刑法】

《中华人民共和国医师法》（2021年8月20日通过）

第六十条

违反本法规定，阻碍医师依法执业，干扰医师正常工作、生活，或者通过侮辱、诽谤、威胁、殴打等方式，侵犯医师人格尊严、人身安全，构成违反治安管理行为的，依法给予治安管理处罚。

第六十三条

违反本法规定，构成犯罪的，依法追究刑事责任；造成人身、财产损害的，依法承担民事责任。

《中华人民共和国劳动法》（1994年7月5日通过，2018年12月29日第二次修正）

第九十六条

用人单位有下列行为之一，由公安机关对责任人员处以十五日以下拘留、罚款或者警告；构成犯罪的，对责任人员依法追究刑事责任：

……

（二）侮辱、体罚、殴打、非法搜查和拘禁劳动者的。

《中华人民共和国劳动合同法》（2007年6月29日通过，2012年12月28日修正）

第八十八条

用人单位有下列情形之一的，依法给予行政处罚；构成犯罪的，依法追究刑事责任；给劳动者造成损害的，应当承担赔偿责任：

……

（三）侮辱、体罚、殴打、非法搜查或者拘禁劳动者的；

……

《中华人民共和国国家赔偿法》（1994年5月12日通过，2012年10月26日第二次修正）

第三十一条

Ⅰ赔偿义务机关赔偿后，应当向有下列情形之一的工作人员追偿部分或者全部赔偿费用：

（一）有本法第十七条第四项、第五项规定情形的①；

（二）在处理案件中有贪污受贿，徇私舞弊，枉法裁判行为的。

Ⅱ对有前款规定情形的责任人员，有关机关应当依法给予处分；构成犯罪的，应当依法追究刑

① 《中华人民共和国国家赔偿法》（1994年5月12日通过，2012年10月26日第二次修正）

第十七条

行使侦查、检察、审判职权的机关以及看守所、监狱管理机关及其工作人员在行使职权时有下列侵犯人身权情形之一的，受害人有取得赔偿的权利：

……

（四）刑讯逼供或者以殴打、虐待等行为或者唆使、放纵他人以殴打、虐待等行为造成公民身体伤害或者死亡的；

（五）违法使用武器、警械造成公民身体伤害或者死亡的。

事责任。

《中华人民共和国教师法》(1993年10月31日通过,2009年8月27日修正)

第三十五条

侮辱、殴打教师的,根据不同情况,分别给予行政处分或者行政处罚;造成损害的,责令赔偿损失;情节严重,构成犯罪的,依法追究刑事责任。

《中华人民共和国电力法》(1995年12月28日通过,2018年12月29日第三次修正)

第七十条

有下列行为之一,应当给予治安管理处罚的,由公安机关依照治安管理处罚法的有关规定予以处罚;构成犯罪的,依法追究刑事责任:

……

(三)殴打、公然侮辱履行职务的查电人员或者抄表收费人员的;

《中华人民共和国铁路法》(1990年9月7日通过,2015年4月24日第二次修正)

第六十五条

Ⅰ在列车内,抢劫旅客财物,伤害旅客的,依照刑法有关规定从重处罚。

《中华人民共和国精神卫生法》(2012年10月26日通过,2018年4月27日修正)

第七十五条

医疗机构及其工作人员有下列行为之一的,由县级以上人民政府卫生行政部门责令改正,对直接负责的主管人员和其他直接责任人员依法给予或者责令给予降低岗位等级或者撤职的处分;对有关医务人员,暂停六个月以上一年以下执业活动;情节严重的,给予或者责令给予开除的处分,并吊销有关医务人员的执业证书:

……

(三)违反本法规定对精神障碍患者实施外科手术或者实验性临床医疗的;

……

第八十一条

违反本法规定,构成犯罪的,依法追究刑事责任。

《中华人民共和国社区矫正法》(2019年12月28日通过)

第六十条

社区矫正对象殴打、威胁、侮辱、骚扰、报复社区矫正机构工作人员和其他依法参与社区矫正工作的人员及其近亲属,构成犯罪的,依法追究刑事责任;尚不构成犯罪的,由公安机关依法给予治安管理处罚。

《中华人民共和国工会法》(1992年4月3日通过,2021年12月24日第三次修正)

第五十二条

Ⅰ违反本法规定,对依法履行职责的工会工作人员无正当理由调动工作岗位,进行打击报复的,由劳动行政部门责令改正、恢复原工作;造成损失的,给予赔偿。

Ⅱ对依法履行职责的工会工作人员进行侮辱、诽谤或者进行人身伤害,构成犯罪的,依法追究刑事责任;尚未构成犯罪的,由公安机关依照治安管理处罚法的规定处罚。

【公报案例】

△**(故意伤害罪;不立即执行死刑)**被告人受雇佣,召集并带领其他人去伤害被害人,已构成故意伤害罪,依法应予惩处。但鉴于被告人没有直接实施伤害被害人的行为,他人实施的致被害人死亡的行为超出被告人的犯意,且被告人归案后认罪态度好,对其判处死刑可不立即执行。[《最高人民法院公报》2005年第7期　陈文兵故意伤害案]

△**(故意伤害罪;法定刑以下判处刑罚)**被告人的行为虽构成故意伤害罪,但鉴于其主观恶性较小,伤害手段一般,犯罪情节轻微,可依照《刑法》第六十三条第二款的规定,在法定刑以下判处刑罚。[《最高人民法院公报》2005年第8期　王海生故意伤害案]

【参考案例】

△与他人共谋伤害自己致重伤的,对本人不应以故意伤害罪论处。

曾劲青等保险诈骗、故意伤害案系一起罕见的以自残方式为手段骗取保险金的保险诈骗案,被告人曾劲青既是投保人、受益人,又是被保险人,被告人曾劲青与被告人黄剑新共谋伤残自己以骗取保险金,而黄剑新也按事先共谋的方案持砍刀砍下曾劲青的双脚致其重伤。根据《刑法》第一百九十八条的规定,投保人、受益人故意造成被保险人死亡、伤残或者疾病,骗取保险金的,同时构成其他犯罪的,依照数罪并罚的规定处罚,被告人曾劲青的行为表面上看似符合上述规定,但事实上,法律不能阻止任何人自伤、自残或自杀,更无法对任何实施自伤、自残或自杀行为的人设定并追究其刑事责任(除非法律对特别的人有特别的规定如军人战时自伤、自残以逃避义务的)。显然,《刑法》第一百九十八条第二款的规定并不适用本案的情况。对被告人曾劲青不能以故意伤害罪追究刑事责任并与其保险诈骗罪实行并罚。

公诉机关未对被告人曾劲青以故意伤害罪提起公诉,原审法院也认为被告人曾劲青不构成故意伤害罪。这样的结论自然是正确的。[No. 3-5-198-3 曾劲青等保险诈骗、故意伤害案]

△持刀追砍致使他人泅水逃避而溺水死亡的,追砍行为与被害人溺水死亡之间具有刑法意义上的因果关系,应以故意伤害(致人死亡)罪论处。

因果关系是哲学上的一个重要范畴。一般认为,引起一定现象发生的现象是原因,被一定现象引起的现象是结果,这种现象与现象之间的引起与被引起的联系,就是因果关系。刑法上所关注的因果关系,是危害行为同危害结果的关系。其目的是确定危害社会的结果是由谁的行为所引起的,从而为追究刑事责任提供客观基础。这一特定目的就决定了刑法上的因果关系关注的是,在具体案件中,当一特定的危害结果发生时,行为人的行为对危害结果是否起了作用,起了多大作用,行为人应承担多大的责任。因此,在对具体案件中的危害行为与危害结果之间的因果关系进行判断时,主要从以下三个方面考察:

1. 行为人的行为是否属于引起危害结果的原因,即是否存在事实上的因果关系。刑法因果关系成立的前提是行为与危害结果之间首先存在事实上的因果关系。所谓事实上的因果关系。就是先行为与后结果之间引起与被引起的关系。从逻辑上讲,也就是"必要条件关系",这种必要条件是指"如果没有被告人的行为,就不会发生这一危害结果"。

2. 行为对于危害结果产生所起作用的程度。事实因果关系除存在有与无之别外,还存在程度之别,即行为对结果产生所起作用的大小问题。这种程度直接影响到行为的责任认定。由于客观上引起危害结果产生的因素很多,从逻辑上说,这些众多因素都是该结果产生所不可缺少的必要条件。但事实上,对于危害结果的产生来说,有的行为可能起了决定性的作用,有的行为对于结果所起的客观作用相对较小,有的行为对于结果的产生只起了比较轻微的作用。同样,行为与危害结果的联系方式也是多种多样的。因此,在审判实践中,必须根据行为与结果联系的紧密程度、行为导致危害结果产生的力量大小、犯罪构成对行为与结果之间联系的要求程度等因素综合评判。在作具体分析时,必须全面弄清对结果产生起作用因素的分量,分析各种因素对结果起作用的程度,在对所有这些因素进行全面分析的基础上,确定具体的危害行为在其中起了什么作用;如果有多个危害行为同时存在,还应分析多个行为之间的关系。

3. 行为的社会危害程度。根据刑法规定,只有达到一定严重程度的行为才能构成犯罪。因此,在确定刑法因果关系时,应注重考察下述三点:一是客观上危害行为实际造成的危害结果的严重程度。危害结果越严重,客观责任也就越大,如果案件中涉及多人的危害行为,那么需要承担责任者的范围也就相应越大;反之亦然。二是危害行为本身所具有的造成特定危害结果产生的可能性程度,也就是行为中所包含的造成危害结果产生的具体危险性。一般来说,如果行为造成某一结果需要起配合作用的因素愈多,这一行为造成结果产生的可能性也就愈小;反之亦然。这种行为造成结果的概率,在一定程度上表明了行为当时具有的社会危险性大小以及行为人的受谴责程度。三是危害行为本身客观上违反社会规范的程度。对于明显严重违反国家法律的行为,其行为对社会正常秩序的威胁严重,归责的必要性就大,对这种危害行为与危害结果之间的因果关系联系程度就可能要求较弱;而对行为违规程度较轻的,对于行为与结果之间的因果联系要求一般也就可能较高。如果行为本身没有违反社会规范,在通常情况下,其行为与结果之间的因果关系就可能不认为具有刑法意义。

基于上述理论分析,在赵金明等故意伤害案中,赵金明等人持刀追砍的行为与被害人死亡的结果之间具有刑法上的因果关系。主要理由如下:

1. 赵金明等人持刀追砍被害人的行为,具有严重的社会危害性。赵金明等人手持利刃在大街上追砍被害人,不仅直接危及被害人的生命和健康,而且对现场周围公民的生命和健康也构成了潜在的威胁,严重破坏了正常的社会秩序,属于事先有预谋、有组织的共同故意伤害行为。

2. 被害人马国超泅水逃避的行为,是一种在当时特定条件下正常的自救行为。面对七名持刀暴徒近距离的追砍,必然导致被害人逃避,被害人快速奔跑是其自救的本能反应。由于现场紧邻河道,被害人的主观选择受到较大限制,其根据自身会水的特点选择泅水逃生,既是被迫无奈的行为,又是在当时特定条件下正常的行为。

3. 被害人溺水身亡在特定的条件下具有较高的现实可能性。虽然在一般情况下,一个会水的成年人溺水死亡的可能性并不大,但基于本案的具体情况,该可能性转化为现实性的概率大大增加:一是被害人在狂奔和跳堤摔倒的情况下仓促下水,没有做下水前必要的准备;二是案发时系夜晚,被害人下水的河段不安全因素较多;三是逃生的恐惧心理将大大影响被害人正常的思维判断和体能发挥。在泅水逃生中，由于上述种种不利因素的汇集，加上被害人自身的原因导致了溺水死亡结果的发生，具有较高的现实可能性。

由此可见，上述事实原因、中介因素与危害结果之间环环相扣、紧密衔接，应该认定赵金明等人持刀追砍行为与被害人溺水身亡的结果之间存在刑法上的因果关系。本案中因果关系的联系方式属于间接联系类型，即事实原因与危害结果之间没有发生直接联系，而是介入了一些被害人个人因素，这时原因行为与危害结果之间的联系就是间接联系。［No. 4-234-6　赵金明等故意伤害案］

△图谋报复持刀闯入他人住宅欲行伤害，致使被害人跳楼死亡的，应以故意伤害罪论处。

被告人陈智勇因琐事与被害人发生争执后，自感“吃亏”的他即纠集他人图谋报复。在持刀将被害人堵截在案发房间后，通过砍、砸、踹屋门的方式，企图破门而入，并扬言：“出来就砍死你们。”可见，被告人非法侵害他人身体健康的主观故意明显，符合故意伤害罪的主观特征。从客观表现看，在伤害故意的支配下，被告人实施了纠集他人、持刀砍砸门、破门闯入被害人临时住处、挥刀欲对被害人进行侵害等一系列行为。为了躲避即将施加其身的不法侵害，被害人被迫选择跳楼，最终导致二人死亡、一人轻伤的严重后果。因此，从案件查明的事实和在案证据看，导致被害人伤亡后果的发生，虽然有其他因素的介入，且被告人未直接接触到被害人的身体，但正是其实施的持刀破门闯入等一系列行为迫使被害人从三层楼跳下。换言之，即便被害人不选择跳楼，遭受被告人不法侵害亦不可避免，正是充分认识到该后果即将发生，被害人才最终选择跳楼躲避。北京市公安局法医检验鉴定中心检验报告结论亦证实被害人的损伤符合高坠形成。可见，从整体上说，本案危害后果的发生与被告人的行为之间存在直接的、必然的因果关系。据此，被告人的行为完全符合故意伤害罪的主客观特征。

在本案中，被告人陈智勇非法侵入被害人临时住宅的意图是很明确的，就是报复被害人，对被害人施以不法侵害，被告人虽然实施了非法侵入被害人临时住宅的行为，但该行为只是其实现伤害被害人的必要手段而已。被告人有伤害被害人的明确故意，实际上也实施了一系列的具体行为，最终导致被害人伤亡的后果出现，故对被告人应以故意伤害罪论处。［No. 4-234-9　陈智勇故意伤害案］

△故意伤害致被害人重伤入院，在治疗期间被害人家属未尽护理义务，被害人因饥饿而死亡的，不能认定为故意伤害致人死亡。①

在王俊超等故意伤害案中，被害人于 1 月 13 日被打伤住院到 1 月 31 日晚死亡期间经过一段时间的治疗，其死亡后果是通过两个原因行为完成的：其一是被告人的故意伤害行为；其二是饥饿。第一个行为产生的必然后果是被害人构成重伤。在这个因果链中，伤害行为是重伤的原因，重伤是伤害行为的结果，这是一个必然的因果关系。但是随着事件的发展，被害人因重伤住院过程中，其父母不到医院对其进行照顾，在长达十多天的继续治疗过程中长期饥饿，最终死亡。在伤害行为与死亡后果之间出现了饥饿这个原因的介入，如果没有被害人饥饿的介入，其死亡的后果只是具有一种可能性，处于一种不能确定的状态，由于当时救治及时，这种重伤后果不致继续扩大。但在医治过程中，饥饿这种介入因素，足以能够成为死亡后果产生的主要原因，对因果关系发展起到支配作用，此时伤害行为与死亡后果的关系中断。这个过程不妨用这样的公式表示：伤害→重伤+饥饿→死亡。被告人应该对其伤害行为造成重伤后果负全部责任，伤害→重伤只是造成死亡的后果的条件之一，不构成刑法意义上的因果关系，严格地说被告人不应对死亡的后果负刑事责任。［No. 4-234-10　王俊超等故意伤害案］

△经被害人同意，故意造成被害人重伤的，应以故意伤害罪论处。②

黄剑新在曾劲青的请求下持砍刀将曾劲青的双脚砍断致重伤，符合刑法有关故意伤害罪的规定，应承担刑事责任和民事赔偿责任。一、二审法院均主张第二种意见，笔者认为这是恰当的。根

① 故意伤害致人死亡之成立，要求伤害行为与死亡结果之间具有直接性的因果关系。易言之，要么是伤害行为直接造成死亡结果，要么是伤害行为造成了伤害结果，进而由伤害结果引起了死亡。参见张明楷：《刑法学》（第 6 版），法律出版社 2021 年版，第 1120 页。

② 关于被害人承诺能否阻却故意伤害罪的违法性，我国学者指出不能一概而论，应当区分不同情形加以处理：第一，如果被害人的承诺是为了保护另一重大法益，则应当尊重法益主体的自己决定权；第二，在单纯伤害而欠缺另一重大法益之保护的前提下，如果造成有生命危险的重伤，被害人的承诺不阻却违法；第三，对基于被害人承诺而造成轻伤的行为，不应认定为故意伤害罪。参见张明楷：《刑法学》（第 6 版），法律出版社 2021 年版，第 1118—1119 页。

劳东燕教授则主张，原则上，只有在伤害行为不违反公序良俗或具有社会相当性时，才能承认承诺的有效性，从而认定承诺阻却行为的违法性。参见陈兴良主编：《刑法各论精释》，人民法院出版社 2015 年版，第 90 页。

据我国《刑法》第二十条、第二十一条的规定，只有正当防卫和紧急避险这两类行为，才属于排除犯罪性(或社会危害性)的行为，行为人不负刑事责任。至于应被害人邀请而实施的杀、伤被害人或帮助杀、伤被害人的行为，如实施安乐死、杀死被害人、伤残被害人、帮助自杀、自残等，因不具有法定的排除犯罪性行为的属性，本质上仍然是犯罪行为，行为人仍应负刑事责任。《刑法》第36条第1款也规定："由于犯罪行为而使被害人遭受经济损失的，对犯罪分子除依法给予刑事处罚外，并应根据情况判处赔偿经济损失。"根据上述规定，尽管本案中被告人黄剑新是在被害人曾劲青的一再要求下才将其双脚砍断致重伤，但让其承担刑事责任和民事赔偿责任是符合法律规定的。人的生命和健康是宝贵的，法律不容许一个人违法地实施任何杀、伤他人的行为，包括应他人邀请的杀、伤行为。[No. 4－234－12　曾劲青等保险诈骗、故意伤害案]

△并非出于正当医疗目的，故意切除他人正常身体器官，符合故意伤害罪构成特征的，应以故意伤害罪论处。

首先，身体作为人生存于世的物质载体，是生命个体的存在和得以延续的保证，任何人都不得侵害。身体健康权为社会公众之共识，若遭受侵犯，行为人应承担法律责任自不待言。健康的器官同样是保证人之生存的重要前提，任何人亦不得侵犯他人之身体器官，违者则构成故意伤害，情节严重构成犯罪的，应依法追究刑事责任。在陈晓燕等故意伤害案中，四被告人对智障女健康子宫实施切除手术，使他人重要器官从身体中分离，即侵犯了他人的身体，应认定为符合故意伤害罪中"故意伤害他人身体"的构成要件。

其次，生育权的有无不能作为剥夺他人生育器官的理由。生育权是人类繁衍的基本保证，是人类与生俱来的权利。作为个体存在的人，生活在社会中时，其行使生育权时必须遵守一定的行为规范。但是不是能就此进行逆向推演，如一些已生育的妇女，是不是因已生育，相应的其生育器官也就丧失作用或不需要生育，该生育器官就可以顺理成章地予以切除呢？显然不能得出这样的结论！

最后，智障女是否属于法律上禁止结婚的人员，我国婚姻法未作明确规定。在立法中，对特殊人群的婚姻及生育作必要的限制，是出于优生优育的考虑，但是绝不意味着健康的生育器官可以被切除。

综上分析，被害人系属智障女并不是可以实施子宫切除手术的充分和必要条件，上述辩护不能构成切除他人子宫的正当理由。

从本案中可以看出：无论是私法上的监护人，还是公法上的监护人，在履行监护职责时都必须遵守法律的规定，不得以牺牲被监护人的某一或某些人身利益而换取监护难度的下降，否则将承担责任，直至被追究刑事责任。[No. 4－234－14　陈晓燕等故意伤害案]

△因特定事由殴打特定对象，致其伤害的，不构成寻衅滋事罪，应以故意伤害罪论处。

故意伤害罪和寻衅滋事罪的区别。故意伤害罪是故意非法损害他人身体健康的行为。寻衅滋事罪是在公共场所无事生非，殴打伤害无辜，肆意挑衅，破坏社会公共秩序，情节恶劣或情节严重或造成公共场所秩序严重混乱的行为。故意伤害罪和寻衅滋事罪的区别主要表现在以下几个方面：

第一，犯罪动机不同。故意伤害罪的行为人往往出于恩怨、报复、嫉妒等多种动机做出故意伤害行为。寻衅滋事罪是从1979年《刑法》流氓罪中分解出来的一个罪名，行为人往往出于"流氓动机"，逞强争霸或者显示威风、找乐趣而无事生非，随意殴打他人。

第二，犯罪对象不同。故意伤害罪侵害的对象是特定事情的关系人，是明确的。寻衅滋事罪侵害的对象往往是不特定的，既可以是熟悉的人，也可以是陌生的人。

第三，犯罪客体不同。故意伤害罪属于侵犯公民人身权利的犯罪，客体是他人的人身健康权。寻衅滋事罪属于妨害社会管理秩序的犯罪，客体是公共秩序，在发生了人身伤害结果的寻衅滋事案件中，也包含他人的人身健康权。

第四，犯罪的客观方面不同。故意伤害罪表现为采用各种方法非法损害他人身体健康，可以表现为积极的作为，也可以表现为消极的不作为。寻衅滋事罪主要表现为四种情况：第一，随意殴打他人，情节恶劣的；第二，追逐、拦截、辱骂他人，情节恶劣的；第三，强拿硬要或者任意毁损、占用公私财物，情节严重的；第四，在公共场所起哄闹事，造成公共场所秩序严重混乱的。

第五，人身伤害结果的法律意义不同。①在刑事实体法中的意义。故意伤害罪造成人体伤害的结果则分为轻伤、重伤和死亡三种，轻微伤不构成故意伤害罪。寻衅滋事罪对他人人身损害结果仅限于造成轻伤以下的后果，因寻衅滋事致人重伤、死亡的，以故意伤害罪、故意杀人罪论处。②在刑事程序法中的意义。寻衅滋事罪属于公诉案件。而故意伤害罪(轻伤)分两种情况：一是自诉案件。被害人可以直接向人民法院起诉，人民法院应当依法受理，对于其中证据不足、可由公安机关受理的，或者人民法院认为对被告人可能判处三年有期徒刑以上刑罚的，应当移送公安机关立案侦查。二是公诉案件。被害人可以向公安机关提出控告，公安机关应当受理。

在韩善达等故意伤害案中，被告人的行为构成故意伤害罪。被告人韩善达、苏洋、胡中波三人系承包经营客运专线车的个体户，因为听说被害人私自在其承包经营的客运线路上拉客，于是经过预谋以被害人私自拉客影响其生意为由，殴打被害人范圣红，并致其构成轻伤。三被告人的行为是因为特定的事由引起的，三被告人在案发前虽然并不认识被害人，但其针对的对象是已确定的，即是私自拉客的被害人，三被告人的行为侵犯的客体是特定人的人身健康权，符合故意伤害罪的构成要件，公诉机关的定性是不准确的，对三被告人应以故意伤害罪定罪处罚。

本案被告人的行为不构成寻衅滋事罪。本案中三被告人并非随意殴打伤害无辜，肆意挑衅，发泄或者显示威风，没有破坏社会公共秩序的行为，并且侵害的对象不是不特定的人，而是案发之前已经商定的特定的人，因此，被告人的行为不符合寻衅滋事罪的构成要件，不能以寻衅滋事罪定罪处罚。［No. 4-234-15　韩善达等故意伤害案］

△明知自己的先行行为会造成他人身体伤害，而放任伤害结果的发生，造成轻伤以上结果的，应以故意伤害罪论处。

在杨某某故意伤害案中，被告人杨某某多次供述，其因被害人提出断绝恋爱关系而心生怨恨，购买了硫酸随身携带，以此吓唬被害人，其在校学过化学知识，清楚知道硫酸会对人体造成严重伤害。所以，从认识因素上分析，杨某某对硫酸可能造成严重的人身伤害后果是明知的。当被害人拿过水杯打开杯盖的时候，杨某某明知杯中盛有硫酸，有可能发生伤人的危害后果，却故意不告知被害人，将被害人置于危险境地；杨某某购买硫酸同时又购买碳酸钠，其在准备犯罪工具时，知道如何防止或减小硫酸对人体伤害的程度。但在被害人倾倒硫酸后，行为人并未用预先准备的碳酸钠对其施救，也未采取其他措施以防止或减小危害后果。所以，从意志因素上分析，杨某某对危害结果的发生持放任态度。因此可以判断，被告人杨某某在认识因素和意志因素上均符合间接故意犯罪的主观特征。

综上所述，被告人杨某某主观上具有间接伤害他人的犯罪故意，客观上不履行采取积极有效措施以防止危害后果发生的义务，给他人造成了严重的伤害后果，其行为符合故意伤害罪的犯罪构成特征，构成（间接）故意伤害罪。一、二审法院考虑到本案因是中学生因恋爱问题引发，且犯罪时被告人未满十八周岁，对其从轻判处有期徒刑十年是适当的。［No. 4-234-16　杨某某故意伤害案］

△在不知被害人患病的情况下故意实施伤害行为，致使被害人病发身亡的，不构成过失致人死亡罪，应以故意伤害罪论处。

在司法实践中，故意伤害致人死亡与过失致人死亡往往容易混淆，也多有争议。因为它们在客观方面都造成了被害人死亡的结果，在主观方面都没有杀人的动机和目的，也不希望或者放任死亡结果的发生，在致人死亡这个后果上均属过失。但它们之间的根本区别在于，故意伤害致死虽然无杀人的故意，但有伤害的故意，而过失杀人既无杀人的故意，也无伤害的故意。从洪志宁故意伤害案来看，被告人主观上具有伤害他人身体的故意，客观上实施了伤害他人的行为，虽然致人死亡的后果超出其本人主观意愿，但符合故意伤害致人死亡的构成要件。

根据《刑法》第二百三十四条第二款的规定，故意伤害他人致人死亡的，应在十年以上有期徒刑、无期徒刑或者死刑的法定刑幅度内量刑。本案被告人洪志宁故意伤害致他人死亡，虽然不仅不具有法定减轻处罚的情节，而且还具有累犯这一法定从重处罚情节。但是，被害人的死亡系一果多因，其死亡的直接原因是冠心病发作，冠状动脉痉挛致心搏骤停而猝死，被告人的伤害行为只是导致被害人心脏病发作的诱因之一。根据刑法的一般原理，被告人只对自己的行为负责，当其行为与其他人的行为或一定自然现象竞合时，由他人或自然现象造成的结果不能归责于被告人。如前所述，被害人心脏病发作的诱因众多，将这些诱因共同产生的被害人心脏病发作而死亡这一后果之责任，全部由被告人承担，显然与其罪责不相适应。但是刑法对故意伤害他人致人死亡的法定刑，是以故意伤害行为系被害人死亡的直接原因甚至唯一原因作为标准配置的。一审法院对被告人洪志宁判处十年零六个月的量刑明显过重，与其罪责不相适应。二审法院考虑即使在法定最低刑幅度内量刑仍属过重，遂依据《刑法》第六十三条第二款的规定，在法定刑以下对被告人洪志宁判处五年有期徒刑，并报最高人民法院核准，这是符合罪刑相适应原则及特别减轻处罚法定核准程序的。［No. 4-234-20　洪志宁故意伤害案］

△在故意伤害案中，事后积极赔偿且被害人存在一定过错的，可以酌定从轻处罚，但不应在法定刑以下判处刑罚。

在李小平等人故意伤害案中，众被告人非法故意伤害他人身体并致人死亡和轻伤的行为，均已构成故意伤害罪,一、二审法院以故意伤害罪定罪准确。量刑上,一审法院考虑到当时作案人数多,殴打现场较为混乱,究竟被告人中谁是致死被害人的直接凶手已无法查清,故只能认定各被告人对被害人被伤害致死共同承担责任。同时还考虑到被害方在本案中也存在过错以及案发后被告人所在单位和被告人李小平个人对被害人亲属积极予以经济赔偿,被害人亲属有请求司法机关对本案被告人予以从轻处罚的要求,决定酌情从轻判罚本案被告人(其中被告人王光辉因犯罪时未成年,依法予以减轻处罚)是较为适当的。而二审法院在未能提出新的减轻处罚理由的情况下,即适用《刑法》第六十三条的规定,对本案被告在法定刑以下减轻处罚,显然与该法条规定的要求不符。且在具体量刑时,二审判决不仅对具有主犯身份的被告人李小平的量刑比其他被告人低,而且与具有法定减轻处罚情节的被告人王光辉的处罚相同,有悖于刑法关于对主犯应当按照其所参与的或者组织、指挥的全部犯罪处罚的规定。由此可见,二审法院在本案不具有特殊情况以及一审法院的量刑未明显过重的情况下,对本案某些被告人在法定刑以下量刑是不适宜的。[No. 4-234-36　李小平等人故意伤害案]

△协助他人向被害人注射麻醉药物导致被害人死亡,但主观上对死亡结果缺少认识的,仅成立故意伤害致人死亡罪。

在李某故意伤害案中,被告人李某协助他人向被害人注射麻醉药物的行为直接导致了被害人的死亡,其实施的行为与死亡结果间无疑具有因果关系,认定李某构成犯罪的客观要件均已齐备,关键是要正确认识和评价李某实施行为时的主观心态,即罪过的有无和罪过的性质,具体可从意识要素和意志要素两方面分析。意识要素,即对犯罪事实的认识,包括对实行行为、对象、结果、因果关系等的认识。根据具体犯罪构成的事实不同,所要认识的对象也有所不同。譬如,对故意杀人罪,行为人必须认识到其实施的行为是致他人死亡的行为。意识要素中还要求对危害结果发生的可能性具有一定的认识,即行为人对此种可能性的有无及大小要有所认识。意志要素,即对犯罪结构的主观态度,是持希望还是无所谓抑或否定之态度。《刑法》第十四条第一款规定:"明知自己的行为会发生危害社会的结果,并且希望或者放任这种结果发生,因而构成犯罪的,是故意犯罪。"这里的"明知自己的行为会发生危害社会的结果"即是意识要素的内容,而"希望或者放任"即为意志要素的内容。根据上述规定,如果行为人不仅对犯罪事实具有一定的认识,而且希望或者放任犯罪结果发生的意志,则应当认定其具有犯罪故意的罪过。而犯罪过失则是指行为人在意识要素或者意志要素方面存在欠缺,具体可分为疏忽大意的过失(欠缺意识要素)和过于自信的过失(欠缺意志要素)。

首先,从意识要素分析。被告人李某作案时不满十八周岁,虽然认识事物的能力不及成年人,但根据其认知的实际情况,其应当知道注射特定药物应当由专业医务人员实施,不能由非医务人员实施。虽然李某并不知道所注射药物的性状和功效,但其老板孙丽娟明确告诉其该药物是"管睡觉"的,目的是让被害人在头脑不清醒时在离婚协议书上签字。据此,可以认定李某作案时已对所注射的物品是具有麻醉作用的药物具有一定认识。在作案过程中,李某帮助孙飞至少两次将针剂注入被害人体内,应当认定其明知自己的行为可能会对被害人造成伤害。这一结论符合社会一般人对私自注射麻醉药物可能导致的后果的认识,也与李某认识能力的实际情况相符。关于李某是否明知其行为会导致被害人死亡的问题更为复杂。笔者认为,在认定被告人这一意识要素时应当结合具体案情予以分析。作案所用药物由孙丽娟提供,其对药品的性状、功效、适用对象有明确的认识,而李某作案前未接触过此类药物,仅听孙丽娟说是"管睡觉的",故李某能认识到该药物具有麻醉作用,但对该药的具体功效、适用对象的认知有限。孙丽娟为达到离婚目的,指使孙飞与李某参与作案,李某本人与被害人并无利害冲突,如明知该药可能致人死亡,未必会参与作案。根据现有在案证据,难以认定李某对注射药物导致被害人死亡的结果知道或者应当知道。

其次,从意志要素分析。李某系受人指使协助作案,其对可能发生的伤害结果持放任态度,属间接故意。但对被害人死亡的结果,明显持反对的态度,属于应当预见而未预见情形,因此,不构成故意杀人罪,而仅构成故意伤害罪。致使被害人死亡的结果仅能作为加重结果情节予以评价,不能作为李某实施行为时希望或者放任的结果内容。

综上,李某认识到其实施的是会伤害他人身体健康的行为,本应预见到其行为可能会导致被害人死亡,但因疏忽大意而未预见,从而导致被害人死亡结果的出现,故李某的行为构成故意伤害罪的结果加重犯。[No. 4-234-46　李某故意伤害案]

△未成年人心智尚未发育成熟,在判断其犯罪故意时,应综合案件情况认定罪名。

在曾某故意伤害案中,被告人系刚满十五周岁的未成年人,未成年人的心智特征与成年人有较大的差异,其心智发育程度、社会责任感远远低于成年人。在审理过程中不能按照成年人的标准,仅凭伤害的部位系颈部、胸部等致命部位,在没有更多证据证明的情况下即认定其具有故意杀人的主观故意。本案被告人主观故意的内容,应结合具体案情,从犯罪的起因,使用的犯罪工具,打击的部分,打击的力度,犯罪的时间、地点、环境、行为人对被害人是否有抢救的意愿或行为,有无预谋犯罪,以及行为人与被害人之间的关系等多方面加以综合分析判断。

1. 从父子感情关系来看未见父子之间有更多的积怨。

2. 从案发的过程来看,本案系偶发性犯罪,而非被告人蓄意为之。

3. 从被告人的案后表现来看。案发后,被告人呆愣在原地,这符合被告人事后对其彼时心理活动的描述,也符合未成年人的心智特征。“当时更多的是想保护母亲不受伤害,至于这么做会有什么后果没有去想。”[No. 4-234-48　曾某故意伤害案]

△故意伤害致人重伤后,被害人家属主动要求拔除气管插管、停止输液导致被害人死亡的,伤害行为与死亡结果之间不存在刑法意义上的因果关系。

在存在介入因素的情况下,判断先前行为与危害结果之间的因果关系是否被切断而导致不存在刑法意义上的因果关系,主要考虑介入因素的异常性以及同先前行为之间的关系,即介入因素的出现是异常还是正常的、介入因素是独立于先前行为还是从属于先前行为。如果介入因素异常、介入因素本身独立于先前行为、先前行为导致结果发生的可能性较小,则应当肯定先前行为与结果之间不存在刑法意义上的因果关系,或者说因果关系已经断绝;反之,如果介入因素的出现是正常的、介入因素本身从属于先前行为、先前行为导致结果发生的可能性较大,则应当认为先前行为与结果之间存在刑法意义上的因果关系,或者说因果关系并未被切断。在巫仰生等故意伤害案中,巫仰生等人在将被害人许某源殴打致重伤并住院治疗后,许某源经积极治疗后病情稳定,并未立即死亡。虽然巫仰生等人的行为有可能导致许某源死亡,具有致许某源死亡的危险性,但它也仅仅是停留在可能性和危险性而已,并没有合乎规律地引起许某源死亡结果的发生。相反,在继续治疗过程中,被害人家属实施了独立于伤害行为之外的一系列放弃积极治疗的行为:先是主动要求将许某源由重症监护室转出到普通病房,后又主动要求拔除气管插管、停止输液,最后又放弃护理等。本案中正是由于介入了被害人家属放弃治疗的积极因素,才最终导致许某源的死亡。由于在被告人巫仰生等人的伤害行为之后,又介入了独立于先前的伤害行为之外的被害人家属主动要求拔除气管插管、停止输液等多个独立于伤害行为的积极因素,并最终导致被害人死亡,因此,巫仰生等人的伤害行为与被害人死亡之间的因果关系已因被害人家属行为的介入所阻断,即巫仰生等人的行为仅与许某源的重伤具有刑法意义上的因果关系,而与许某源之死不具有刑法意义上的因果关系。[No. 4-234-42　巫仰生等故意伤害案]

△行为人所实施的通常情况下不足以致人死亡的暴力,因为被害人特殊体质的存在,导致被害人死亡的,应当肯定行为与结果之间的因果关系。

就致具有特殊体质的被害人死亡这一类型案件来说,特殊体质并不是介入因素,而是行为时已经存在的特定条件,所以,由于被害人具有特殊体质,行为人所实施的通常情况下不足以致人死亡的暴力,导致了被害人死亡的结果,应当肯定其二者之间具有因果关系。但是,在认定具有因果关系之后,确定行为人是否应当承担刑事责任的归责问题上,则必须坚持客观归责的判断,充分考虑危险的现实化。因为在很多案件中,特别是具有第三方介入因素的案件中,仅仅具有条件关系,还不足以肯定由行为人承担刑事责任。对此,还需要考虑以下两点因素:

一是行为人对被害人存在的潜在危险源认知程度及经验的判断大小。如果行为人根据案发的时间、地点、双方实力以及被害人特征等多方面因素,认为其轻微的暴力行为不足以导致被害人受伤或死亡的后果,那么一般情况下即便其加害行为与被害人死亡之间有因果关系,其也不应当承担刑法的不利评价。反之,其行为应当接受刑法的不利评价。

在王建秋、赫喜贵等人故意伤害、聚众斗殴、寻衅滋事案中,首先,被害人一方与王建秋、赫喜贵一方在人数及实力上具有明显差距,被害人一方弱势,王建秋、赫喜贵一方强势。其次,被害人一方案发时处于醉酒状态,而王建秋、赫喜贵一方在案发时具备正常的判断、控制能力,在注意到被害人一方处于醉酒状态时,应当认识到其暴力行为与正常人相比会造成更大的危害后果,但由于其并未采取相关避险措施,继续对被害人实施暴力行为,最终导致被害人的死亡,所以,其主观上对被害人存在危险源的认知程度及经验的判断方面是有过错的。

二是介入因素异常性的大小和介入因素对结

果发生作用力的大小。如果介入因素超出一般人对同类事物的社会经验，且介入因素对结果发生的作用力大于行为人的加害行为，那么，即便其加害行为与被害人死亡之间有因果关系，其也不应当承担刑法的不利评价，反之亦然。

本案中，被害人自身虽然心脏瓣膜发育不全，而且案发前处于醉酒状态，但根据现有证据不足以证实醉酒因素的介入会导致被害人死亡，因此被害人李海龙自身所遭遇的潜在的危险源在客观上很弱。反而正是由于王建秋、赫喜贵等人对被害人腹部、胸部的殴打，才导致其本身潜在的危险源与外来原因共同作用，导致了死亡结果的发生。所以，王建秋、赫喜贵等人对被害人的暴力行为与被害人自身的潜在危险源相比，作用力较大，王建秋、赫喜贵等人应当对被害人的死亡承担刑事责任。

根据以上两点，笔者同意认定王建秋、赫喜贵等人对被害人的暴力行为与被害人死亡之间有刑法上的因果关系，且需对被害人死亡的后果承担责任的观点。［No.4-234-43 王建秋、赫喜贵等人故意伤害、聚众斗殴、寻衅滋事案］

△故意伤害案件中，若行为人的殴打行为与被害人自身疾病所起作用大致相当，则应在法定刑幅度内根据殴打行为的作用大小进行量刑，而非在法定刑以下量刑。

多因一果案件中，法定刑以下量刑的基本条件包括：第一，被害人存在特种严重疾病，被告人事先并不知情，是偶然因素。第二，被告人的伤害行为与被害人死亡结果之间纯属偶然间接事实因果关系，被害人自身疾病等因素对死亡结果具有一触即发的绝对直接原因力。在孙道嵩、吕轶飞故意伤害案中，虽然被害人自身存在脑部疾病、心血管疾病，但殴打行为仍然是最主要的致死原因，被害人的基础性病变一直存在并非偶发。被告人的伤害行为与死亡结果之间显然具有抽象直接的因果关系，该种因果关系在延续过程中虽然有其他背景性因素的介入，但是尚不足以达到阻断原有因果关系运行，从而致使伤害行为和被害人死亡结果之间呈现间接关联的状态。介入因素自始与偶然的行为并行共同促成了最终的死亡结果。因此，本案中被告人的故意伤害致死行为，不符合例外地在法定刑以下量刑的条件。［No.4-234-53 孙道嵩、吕轶飞故意伤害案］

第二百三十四条之一 【组织出卖人体器官罪】

组织他人出卖人体器官的，处五年以下有期徒刑，并处罚金；情节严重的，处五年以上有期徒刑，并处罚金或者没收财产。

未经本人同意摘取其器官，或者摘取不满十八周岁的人的器官，或者强迫、欺骗他人捐献器官的，依照本法第二百三十四条、第二百三十二条的规定定罪处罚。

违背本人生前意愿摘取其尸体器官，或者本人生前未表示同意，违反国家规定，违背其近亲属意愿摘取其尸体器官的，依照本法第三百零二条的规定定罪处罚。

【立法沿革】

《中华人民共和国刑法修正案（八）》（自2011年5月1日起施行）

三十七、将刑法第二百三十四条增加一条，作为第二百三十四条之一：

“组织他人出卖人体器官的，处五年以下有期徒刑，并处罚金；情节严重的，处五年以上有期徒刑，并处罚金或者没收财产。

“未经本人同意摘取其器官，或者摘取不满十八周岁的人的器官，或者强迫、欺骗他人捐献器官的，依照本法第二百三十四条、第二百三十二条的规定定罪处罚。

“违背本人生前意愿摘取其尸体器官，或者本人生前未表示同意，违反国家规定，违背其近亲属意愿摘取其尸体器官的，依照本法第三百零二条的规定定罪处罚。”

【立法理由】

随着现代医疗科技的发展进步，器官移植技术为许多绝症病人带来了生存的希望。然而一些不法之徒利用我国人体器官移植需求量大，自愿捐献人体器官人数稀少的情况，组织他人出卖人体器官，自己从中获利。他们采取种种卑劣的手段和方法，获得他人的人体器官进行不法交易，或采取强迫、引诱欺骗手段，或利用他人家境贫困、急需用钱的窘况，多方串通、联系，组织所谓的“器官捐献者”出卖人体器官。有的未经本人同意，摘除其器官，甚至有的专门摘取不满十八岁的未成年人的器官；还有的违背本人生前意愿摘取其尸体器官。这些行为严重侵害了公民生命、健康权利，违反了社会伦理道德底线，扰乱社会管理秩序，具有严重社会危害性。因此对这种具有严重的社会危害性的犯罪行为需要给予严厉的打击。[①]《刑法修正案(八)》颁布之前，我国刑法中并没有专门针对买卖人体器官行为刑事责任的规定，实务中司法机关也多以"非法经营罪"对此类行为进行处理，但难以体现此类行为的反伦理性以及对人体生命、健康的危害。在历次全国人民代表大会期间，许多人大代表也纷纷提出立法建议，要求对这种犯罪行为使用刑事法律加以调整。为了适应打击这类犯罪活动的客观需要和顺应社会各方面的强烈要求以及确保建设和谐社会的顺利进行，2011 年 2 月 25 日第十一届全国人大常委会第十九次会议通过的**《刑法修正案(八)》**增加了本条规定。

【条文说明】

本条是关于组织出卖人体器官罪及其处罚的规定。

本条共分为三款。

第一款规定："组织他人出卖人体器官的，处五年以下有期徒刑，并处罚金；情节严重的，处五年以上有期徒刑，并处罚金或者没收财产。"其中，**组织他人出卖人体器官**，是指在违反国家有关规定的情况下，组织他人进行出卖人体器官的行为。[②] 国务院 2007 年颁发的《人体器官移植条例》第三条规定："任何组织或者个人不得以任何形式买卖人体器官，不得从事与买卖人体器官有关的活动。"由此可见，组织他人出卖人体器官的行为严重破坏了国家对人体器官移植规范的正常秩序，严重损害他人的身体健康、侵犯他人基本人权，具有严重的社会危害性，必须给予严厉打击。根据本款规定，构成组织出卖人体器官罪首先必须**实施了"组织行为"**。实践中非法的人体器官移植已经由早期"供体"与"受体"直接联系交易，发展到由"黑市中介"控制整个非法的人体器官市场的供应，如有的采取欺骗、利诱甚至强迫手段，寻找器官"捐献"者，同时为捐献者提供生活保障、医学检查；有的联系器官需求方；有的怕"捐献"者反悔派人监管、看管；等等。这就需要有人组织、指挥、协调。所谓组织行为，就是指以领导、策划、指挥、招募、雇用、控制出卖他人人体器官的行为。其次行为人必须**实施了"出卖行为"**，即出卖他人人体器官的行为。"他人"是指捐献者。这种行为不仅违背了人体器官捐献坚持的自愿、无偿的原则，而且违反了人类基本的伦理道德，把人体器官变成"商品"，任意买卖，当然为法律所禁止。根据本款规定，构成组织他人出卖人体器官犯罪的，处五年以下有期徒刑，并处罚金；情节严重的，处五年以上有期徒刑，并处罚金或者没收财产。其中，**"情节严重的"**是指多次组织他人出卖人体器官或者获利数额较大的等情况。具体还有哪些情况属于情节严重，可由司法机关根据司法实践作出具体的司法解释。

第二款规定："未经本人同意摘取其器官，或者摘取不满十八周岁的人的器官，或者强迫、欺骗他人捐献器官的，依照本法第二百三十四条、第二百三十二条的规定定罪处罚。"首先，应当说明的是，本款的**"摘取"**不包括出于医学治疗需要的摘取、切除，而是指违反国家规定，非医学治疗需要的摘取人体器官。**"未经本人同意摘取其器官"**，是指在没有得到被摘取器官的本人的同意，就摘取其器官的行为，包括在本人不明真相的情况下摘取其器官和未经本人同意采取强制手段摘取其器官两种情况。根据国务院颁布的《人体器官移植条例》的规定，严禁未经公民本人同意摘取其活体器官。因此，未经本人同意摘取其器官，根据本款的规定就已经构成了犯罪行为。**"摘取不满十八周岁的人的器官"**，是指摘取未满十八周岁的未成年人的器官。未成人的合法权利一向是被法律重点保护的对象。由于他们是处于社会中的弱体，处于身体发育阶段，对事物的判断能力还不成熟，更需要法律加以特殊的保护。因此不论未成年人本人是否同意，只要是非医学救治的需要而摘取其器官就构成了犯罪。**"强迫、欺骗他人捐献器官的"**，是指采取强迫、欺骗的手段，使他人捐献器官的行为。强迫包括使用暴力、胁迫或其他方法足以压制一般人的反抗，使他人器官被迫摘除，如采用麻醉手段摘除他人器官；欺骗包括虚构事实、隐瞒真相，使他人陷入认识错误，进而处分自己的器官，比如医师不履行告知义务，谎称器官病变需要摘除。公民捐献器官，一般是出于人道主

① 类似的见解，参见周光权：《刑法各论》(第 4 版)，中国人民大学出版社 2021 年版，第 26 页。

② 《人体器官移植条例》第二条规定："在中华人民共和国境内从事人体器官移植，适用本条例；从事人体细胞和角膜、骨髓等人体组织移植，不适用本条例(第一款)。本条例所称人体器官移植，是指摘取人体器官捐献人具有特定功能的心脏、肺脏、肝脏、肾脏或者胰腺等器官的全部或者部分，将其植入接受人身体以代替其病损器官的过程(第二款)。"不过，有论者认为，对于本罪的人体器官没有必要按照行政法规解释。本罪的人体器官不仅包括上述条例所称的器官，而且包括眼角膜、皮肤、肢体、骨头等，但血液、骨髓、脂肪、细胞不是器官。参见张明楷：《刑法学》(第 6 版)，法律出版社 2021 年版，第 1127 页。

义，自愿地对身患严重疾病或绝症的人给予人体器官捐赠的行为。国务院颁布的《人体器官移植条例》第七条规定："人体器官捐献应当遵循自愿、无偿的原则。公民享有捐献或者不捐献其人体器官的权利；任何组织或者个人不得强迫、欺骗或者利诱他人捐献人体器官。"根据该条规定，强迫、欺骗他人捐献器官，违背了本人意愿，是对公民的人身权利的赤裸裸的侵犯。从本款规定的三种情形看，未经本人同意摘取其器官，或者摘取不满十八周岁的人的器官，或者强迫、欺骗他人捐献器官的行为，有一些共同特点：违背了器官被摘取者的意愿，行为人都知道摘取他人人体器官会对他人身体造成严重损害，甚至可能导致死亡。因此，对于上述行为的刑事责任，本款规定，"依照本法第二百三十四条、第二百三十二条的规定定罪处罚"。即可**依照故意伤害罪、故意杀人罪定罪处罚**，最高刑可判处死刑。

第三款规定："违背本人生前意愿摘取其尸体器官，或者本人生前未表示同意，违反国家规定，违背其近亲属意愿摘取其尸体器官的，依照本法第三百零二条的规定定罪处罚。"其中，"**违背本人生前意愿摘取其器官**"，是指虽然已故公民在生前已经明确表示死后不愿意捐献人体器官但仍违背其生前意愿摘取其器官的行为。"**本人生前未表示同意，违反国家规定，违背其近亲属意愿摘取其尸体器官的**"，是指违反国务院颁发的《人体器官移植条例》第八条第二款的规定，即"公民生前未表示不同意捐献其人体器官的，该公民死亡后，其配偶、成年子女、父母可以以书面形式共同表示同意捐献该公民人体器官的意愿"。从这一规定可以看出，对没有在生前留下捐献器官意愿的死者，在没有其近亲属以书面形式共同表示同意摘取其器官的情况下，如果摘取其器官，也是被禁止的，也就构成了本款规定的犯罪。根据本款规定，构成本款规定犯罪的，依照本法第三百零二条的规定处罚。《刑法》第三百零二条规定："盗窃、侮辱、故意毁坏尸体、尸骨、骨灰的，处三年以下有期徒刑、拘役或者管制。"本款规定的违背本人生前遗愿摘取其尸体器官，或者本人生前未表示同意，违反国家规定，违背其近亲属意愿摘取其尸体器官的行为，对死者尸体的完整性造成了破坏，不仅是对死者人格尊严的亵渎，也给死者近亲属带来极大的痛苦和伤害，属于刑法规定的有关侮辱、毁坏尸体行为，因此本款规定对于这种行为，**依照盗窃、侮辱、故意毁坏尸体、尸骨、骨灰罪定罪处罚**。

实际执行中应当注意以下问题：《刑法修正案（八）》实施前，司法实践中对组织他人出卖人体器官的行为，大多按**非法经营罪中的"其他严重扰乱市场秩序的非法经营行为"**来处理。《刑法修正案（八）》实施后，组织出卖人体器官罪是对组织他人出卖人体器官行为的专门规定，与非法经营罪构成特殊与一般的**法条竞合关系**，根据罪刑法定原则，对组织他人出卖人体器官的行为就不能再按非法经营罪来定罪处罚了。

【参考案例】

△组织出卖人体器官罪中的组织行为应作广义理解，包括领导、策划、控制他人出卖人体器官的行为。

对"组织"应作广义理解，是指行为人实施领导、策划、控制他人进行其所指定的行为活动，就郑伟等组织出卖人体器官案来说，在案证据证明涉案 15 名被告人是以郑伟为组织核心而形成的一个分工负责且相互配合，使得各个犯罪环节能紧密衔接的犯罪团伙，在该团伙中，每名被告人都知晓其所从事活动的非法性；且所获报酬也均来自团伙转售他人器官的违法所得，所有成员既有共同犯意，亦有共同分赃之行为，符合共同犯罪的构成，均应以组织出卖人体器官罪定罪。当然，各行为人参与此团伙的时间、实际参加的程度、在共同犯罪中的地位、所起的作用各不相同，应根据具体的犯罪手段、后果及涉案金额等情节，区分主从犯依法判处适当的刑罚。［No. 4-234 之一-1 郑伟等组织出卖人体器官案］

△组织出卖人体器官罪是行为犯，不以出现实际的身体伤害结果为成立要件，实施组织他人出卖人体器官的行为，即成立既遂。

组织出卖人体器官罪属于典型的行为犯，行为犯不以犯罪结果发生作为既遂认定的要件。我国《刑法》分则规定了不少"组织型"犯罪，如第二百二十四条之一规定的组织领导传销活动罪、第三百三十三条规定的非法组织卖血罪、第三百五十八条规定的组织卖淫罪，等等。根据刑法通说的观点，组织型犯罪是行为犯，而行为犯一般不要求危害结果必然实现，只要危害行为实施完毕即构成犯罪既遂。"组织型"犯罪作为行为犯中的一种独特类型，其既遂、未遂的认定是以行为人的组织、策划或指挥行为是否实施完成来作为界定标准。具体到本罪，只要行为人基于出卖人体器官的目的，实施了指挥、策划、招揽、控制自愿出卖自身器官的人的行为，即构成本罪的既遂，而不需要出现器官被实际摘取等特定的后果。

组织出卖人体器官罪所侵犯的客体是复杂客体，只要侵犯其一即可认定既遂。本罪既侵犯了公民的人身权利，也侵犯了国家医疗秩序。组织出卖人体器官行为，一方面容易诱使、鼓励处于经济困境的人为摆脱困境而出卖器官，严重损害出卖人的身体健康和生命安全；另一方面这种非法人体器官交易因缺乏监管，无法保证所出卖器官的安全性，这也可能危及器官受移植者的身体健康和生命安全。组织出卖人体器官行为使原本分散的、零星的出卖人体器官行为，由于组织行为的存在变得更具群体性、规模化，导致器官移植活动脱离国家监管，严重破坏了国家器官移植医疗管理秩序。因此，即使出卖者未被实际摘取器官，但只要组织者的组织出卖人体器官行为实施完毕，国家器官移植医疗管理秩序受到严重侵害，组织行为即构成既遂。

以实际摘取器官与否作为本罪的既、未遂认定标准，与预防和惩治犯罪的立法意图相悖。组织出卖人体器官的行为客观上为人体器官的非法买卖推波助澜，只有斩断组织出卖行为这个非法买卖人体器官犯罪利益链条的关键节点，才能切断人体器官的非法来源，维护规范有序的器官移植医疗秩序。司法实践中，由于非法买卖人体器官犯罪一般具有被害人自愿有偿出卖器官（非自愿的情况下，应当以故意杀人罪、故意伤害罪等其他犯罪论处）、犯罪分子组织分工细化和作案隐蔽等特点，案件侦破、证据收集和认定往往会面临较大的困难。如果坚持以器官是否被摘取作为既遂、未遂的认定标准，显然不利于有效打击此类犯罪，与组织出卖人体器官罪的社会危害性以及当前打击此类犯罪的严峻形势不相适应。

判断王海涛等组织出卖人体器官案中四被告人的行为是否属于“情节严重”，不仅要综合犯罪动机、目的、行为、手段、客观损害等进行判断，而且要根据本罪侵害复杂客体的实际，结合针对侵犯公民人身权利罪、危害公共卫生罪等犯罪的法律以及相关司法解释的规定和精神进行判断。具有以下情形之一的，可以认定为组织出卖人体器官罪的情节严重：在医疗机构中执业的医务人员组织出卖的；组织多人（指三人以上，含三人）或者多次（指三次以上，含三次）出卖人体器官的；通过网络发布信息招揽、组织出卖的；组织未成年人出卖人体器官的；造成出卖人或者受移植人重伤、死亡等严重后果的；组织他人出卖人体器官非法获利数额巨大的；组织他人出卖人体器官造成恶劣的社会影响的，等等。具体到本案，王海涛等四被告人在长达半年多的时间内，通过网络先后招揽、组织多人出卖人体器官，形成了分工明确的犯罪团伙；其中有两名出卖者实际实施了器官移植手术，一人经鉴定为重伤；该犯罪组织甚至组织向境外出卖人体器官，造成了恶劣的影响。综合这些情节，认定四被告人的行为构成组织出卖人体器官罪的情节严重，是适当的。

被害人朱其瑞（器官出卖人之一）在等候王海涛安排器官移植期间因故离开，后王海涛向朱其瑞提供了介绍去异地医院做肾脏移植手术人员的联系电话，朱其瑞自行联系对方并接受了器官移植手术，王海涛等人未从该次移植手术中获取中介款。笔者认为，朱其瑞器官被摘除的后果是否应当纳入王海涛等人组织行为的范围，可以从以下两个方面进行分析：其一，朱其瑞为出卖自身器官而接受王海涛等人招揽来到江苏省泰兴市，王海涛等人为朱其瑞提供食宿、安排验血配型并发布供体信息，此时王海涛等人对朱其瑞出卖人体器官的组织行为即已实施完成，即便朱其瑞最终未能移植器官，也不影响对王海涛等人组织其出卖人体器官行为的认定。其二，朱其瑞虽然在等候安排移植器官期间因故离开，但在离开时刘超曾明确要求朱其瑞随时等候指令接受配型移植，后朱其瑞也是按照王海涛等人的指令及提供的联系渠道，在异地成功实施了器官移植手术，其出卖器官的全过程均系通过王海涛等人的指示、安排最终得以完成。因此，朱其瑞器官被摘除的后果应当纳入王海涛等人组织行为的范围。［No. 4-234 之一-2 王海涛等组织出卖人体器官案］

第二百三十五条 【过失致人重伤罪】
过失伤害他人致人重伤的，处三年以下有期徒刑或者拘役。本法另有规定的，依照规定。

【立法理由】

1. **1979 年立法的情况**。1979 年《刑法》第一百三十五条规定：“过失伤害他人致人重伤的，处二年以下有期徒刑或者拘役；情节特别恶劣的，处二年以上七年以下有期徒刑。本法另有规定的，依照规定。”

2. **1997 年修订刑法的情况**。1997 年修订刑法时，对本条作了修改，删除了“情节特别恶劣”的刑罚档次，将法定最高刑从七年有期徒刑降至三年有期徒刑，主要是考虑到过失致人重伤罪的主观恶性较轻，社会危害性较小，对过失犯罪从轻处罚也可体现罪责刑相适应的原则。

【条文说明】

本条是关于过失致人重伤罪及其处罚的规定。

过失致人重伤，是指过失伤害他人身体，致人重伤的行为。过失致人重伤罪是过失犯罪，行为人对于伤害他人的结果不是持希望或者放任的态度，而是由于疏忽大意或轻信能够避免而致使他人重伤的结果发生。其中**疏忽大意的过失重伤他人**，是指行为人应当预见自己的行为可能造成他人重伤的结果，由于疏忽大意而没有预见，以致造成他人重伤。**过于自信的过失致人重伤**，是指行为人已经预见到其行为可能会造成他人重伤的结果，但由于轻信能够避免以致造成他人重伤。行为人的过失行为，只有造成他人重伤的才能构成犯罪，造成他人轻伤的不构成犯罪。因此，对于行为人过失给他人造成的伤害结果，应当在专门鉴定的基础上，参照《人体损伤程度鉴定标准》，正确认定伤害的结果是否符合《刑法》第九十五条规定的重伤标准。如果行为人主观上没有过失，而是由于无法预见的原因导致他人重伤的，属于**意外事故**，行为人不负刑事责任。

依照本条规定，**过失伤害他人致人重伤的**，处三年以下有期徒刑或者拘役。本条同时规定的**"本法另有规定的，依照规定"**，是指过失行为致人重伤的，除本条的一般性规定外，刑法规定的其他犯罪中也有过失致人重伤的情况，根据特别规定优于一般规定的原则，对于本法另有特别规定的，适用特别规定，而不依照本条的规定定罪处罚，如本法第一百三十三条关于交通肇事致人重伤的规定，第一百三十四条关于重大责任事故致人重伤的规定等。

实际执行中应当注意以下三个方面的问题：

1. 划清过失致人重伤罪与**意外事件**的界限。一是要查明行为人主观上有无罪过，是否存在疏忽大意、过于自信的情况。二是对于因过失造成被害人重伤的，还要进一步查明行为人的过失行为与重伤结果之间有无刑法上的因果关系。如果经过调查，根据行为人的认识能力，行为时的具体时间、地点和条件，证明致人重伤是由于行为人不能预见的原因引起的，则属于意外事件，不能追究行为人的刑事责任。

2. 划清过失致人重伤罪与**故意伤害罪**的界限。这两种犯罪在客观方面的表现相同，区别主要有两点：一是主观方面不同，一个是因过失致人重伤，主观上不希望伤害结果的发生；一个是故意伤害他人，积极追求或者放任伤害结果的发生。二是两个罪名对行为结果的要求不同。构成故意伤害罪，一般要求造成轻伤以上的结果，造成重伤结果的当然包括在内；而构成过失致人重伤罪，需要达到重伤的程度，如果过失致人轻伤，则不构成犯罪，但是需承担民事赔偿责任。

3. 在处理伤害案件时，往往附带有**损害赔偿问题**，对此首先要注意划清罪与非罪的界限，既不能把已构成伤害罪的案件当作损害赔偿的民事案件处理，也不能把轻微伤害引起的民事案件当作刑事案件处理，更不能把被告人赔偿的态度好坏作为划分罪与非罪的标准。

【司法解释性文件】

《最高人民法院关于依法妥善审理高空抛物、坠物案件的意见》（法发〔2019〕25号，2019年10月21日发布）

△（**高空抛物、坠物行为；社会危害性**）充分认识高空抛物、坠物行为的社会危害性。高空抛物、坠物行为损害人民群众人身、财产安全，极易造成人身伤亡和财产损失，引发社会矛盾纠纷。人民法院要高度重视高空抛物、坠物行为的现实危害，深刻认识运用刑罚手段惩治情节和后果严重的高空抛物、坠物行为的必要性和重要性，依法惩治此类犯罪行为，有效防范、坚决遏制此类行为发生。（§ 4）

△（**高空坠物犯罪；过失致人死亡罪；过失致人重伤罪；重大责任事故罪**）准确认定高空坠物犯罪。过失导致物品从高空坠落，致人死亡、重伤，符合刑法第二百三十三条、第二百三十五条规定的，依照过失致人死亡罪、过失致人重伤罪定罪处罚。在生产、作业中违反有关安全管理规定，从高空坠落物品，发生重大伤亡事故或者造成其他严重后果的，依照刑法第一百三十四条第一款的规定，以重大责任事故罪定罪处罚。（§ 7）

《最高人民法院、最高人民检察院、公安部关于办理涉窨井盖相关刑事案件的指导意见》（高检发〔2020〕3号，2020年3月16日发布）

△（**窨井盖；过失致人重伤罪；过失致人死亡罪**）过失致人重伤或者死亡的，依照刑法第二百三十五条、第二百三十三条的规定，分别以过失致人重伤罪、过失致人死亡罪定罪处罚。（§ 3Ⅱ）

△（**窨井盖；管理职责；过失致人重伤罪；过失致人死亡罪**）对窨井盖负有管理职责的其他公司、企业、事业单位的工作人员，严重不负责任，导致人员坠井等事故，致人重伤或者死亡，符合刑法第

二百三十五条、第二百三十三条规定的，分别以过失致人重伤罪、过失致人死亡罪定罪处罚。（§ 10）

△（窨井盖）本意见所称的“窨井盖”，包括城市、城乡结合部和乡村等地的窨井盖以及其他井盖。（§ 12）

第二百三十六条　【强奸罪】

以暴力、胁迫或者其他手段强奸妇女的，处三年以上十年以下有期徒刑。

奸淫不满十四周岁的幼女的，以强奸论，从重处罚。

强奸妇女、奸淫幼女，有下列情形之一的，处十年以上有期徒刑、无期徒刑或者死刑：

（一）强奸妇女、奸淫幼女情节恶劣的；

（二）强奸妇女、奸淫幼女多人的；

（三）在公共场所当众强奸妇女、奸淫幼女的；

（四）二人以上轮奸的；

（五）奸淫不满十周岁的幼女或者造成幼女伤害的；

（六）致使被害人重伤、死亡或者造成其他严重后果的。

【立法沿革】

《中华人民共和国刑法》（1997 年修订，自 1997 年 10 月 1 日起施行）

第二百三十六条

以暴力、胁迫或者其他手段强奸妇女的，处三年以上十年以下有期徒刑。

奸淫不满十四周岁的幼女的，以强奸论，从重处罚。

强奸妇女、奸淫幼女，有下列情形之一的，处十年以上有期徒刑、无期徒刑或者死刑：

（一）强奸妇女、奸淫幼女情节恶劣的；

（二）强奸妇女、奸淫幼女多人的；

（三）在公共场所当众强奸妇女的；

（四）二人以上轮奸的；

（五）致使被害人重伤、死亡或者造成其他严重后果的。

《中华人民共和国刑法修正案（十一）》（自 2021 年 3 月 1 日起施行）

二十六、将刑法第二百三十六条修改为：

“以暴力、胁迫或者其他手段强奸妇女的，处三年以上十年以下有期徒刑。

“奸淫不满十四周岁的幼女的，以强奸论，从重处罚。

“强奸妇女、奸淫幼女，有下列情形之一的，处十年以上有期徒刑、无期徒刑或者死刑：

“（一）强奸妇女、奸淫幼女情节恶劣的；

“（二）强奸妇女、奸淫幼女多人的；

“（三）在公共场所当众强奸妇女、奸淫幼女的；

“（四）二人以上轮奸的；

“（五）奸淫不满十周岁的幼女或者造成幼女伤害的；

“（六）致使被害人重伤、死亡或者造成其他严重后果的。”

【立法理由】

（一）立法相关背景及修改情况

1. 1979 年立法的情况。强奸罪是一项性质恶劣的刑事犯罪，严重侵犯妇女人身权利及性自由权，使妇女的身心健康遭受严重摧残，有的甚至造成被害妇女死亡、伤残的后果，因此，强奸罪是刑法重点惩治的犯罪之一。1979 年《刑法》第一百三十九条规定：“以暴力、胁迫或者其他手段强奸妇女的，处三年以上十年以下有期徒刑。奸淫不满十四岁幼女的，以强奸论，从重处罚。犯前两款罪，情节特别严重的或者致人重伤、死亡的，处十年以上有期徒刑、无期徒刑或者死刑。二人以上犯强奸罪而共同轮奸的，从重处罚。”

2. 1997 年修订刑法的情况。1997 年修订刑法时，对强奸罪作了修改，删去第三款中“犯前两款罪，情节特别严重的”的表述，对应处十年以上有期徒刑、无期徒刑或者死刑的情形作了具体列举，同时作了文字修改。

3. 2020 年《刑法修正案（十一）》对本条的修改情况。一是将第三款第（三）项“在公共场所当众强奸妇女的”，修改为“在公共场所当众强奸妇女、奸淫幼女的”，将在公共场所当众奸淫幼女的行为明确为从重处罚的情形；二是在第三款中增加一项作为第（五）项，规定“奸淫不满十周岁的幼女或者造成幼女伤害的”。

近年来，性侵未成年人犯罪案件（包括强奸

罪、猥亵儿童罪以及强制猥亵、侮辱罪案件)不时引发社会舆论的广泛关注。根据最高人检察院的统计,2017—2019 年全国检察机关共起诉性侵害未成年人犯罪案件三万八千八百件、四万三千四百人,其中 2017 年一万零六百人,2018 年一万三千四百人,2019 年一万九千三百人,同比分别上升 26.8%、24.9%。从全国公安刑侦部门统计的 2017 年以来强奸罪、猥亵儿童罪及强制猥亵、侮辱罪等各类性侵犯罪案件情况看,未成年被害人在性侵案件被害人中占较大比重。在强奸案件中,十八岁以下的未成年被害人占 41%,十四岁以下的未成年被害人占 21%。

针对上述情况,为了进一步加强对未成年人的刑法保护,根据有关方面的意见,《刑法修正案(十一)》对本条第三款“处十年以上有期徒刑、无期徒刑或者死刑”的情形作了修改。

(二)立法时争议的主要问题

近年来,实践中出现了一些性侵害十四周岁以上男性的案件,引起了社会的关注。对此,有的建议修改刑法关于强奸罪对象的规定,**将男性也纳入强奸罪犯罪对象**,以强奸罪予以保护,为处罚此类行为提供依据。也有的提出,可以通过扩大强制猥亵、侮辱犯罪的适用范围,同等保护十四周岁以上男性的人身权利。对此,在 2015 年《刑法修正案(九)》起草过程中,立法机关经研究,考虑到有关方面对于“强奸”男性的以强奸罪定罪,在认识上存在较大分歧,同时结合现实情况,在广泛征求意见的基础上,《刑法修正案(九)》对《刑法》第二百三十七条规定的强制猥亵妇女罪作出修改,将侵害对象由“妇女”修改为“他人”,包括了侵害男性的情形,并对具有恶劣情节的加重了处罚,可处五年以上有期徒刑。

(三)有关国家和地区的规定

1.《德国刑法典》第一百七十六条规定,与不满十四岁之人实施性行为的,处六个月以上十年以下自由刑;情节严重的,处一年以上自由刑。根据《德国刑法典》第一百七十六条 a、第一百七十六条 b 等的规定,性侵害未成年人加重处罚的情形主要有:(1)在过去五年内有犯罪前科的;(2)奸入未成年人身体的;(3)数人共同实施的;(4)致被害儿童的健康遭受严重伤害的危险,或致使儿童身体或心理发育有遭受严重损害的风险;(5)行为人或其他参与人意图将此等与儿童的性行为制作成淫秽文书;(6)行为时虐待儿童的。其中,致儿童死亡的,处终身自由刑或十年以上自由刑。

2.《日本刑法典》第一百七十七条规定:对十三周岁以上者,使用暴力或者胁迫实施性交、肛交或口交行为的,是强制性交等罪,处五年以上有期惩役。对不满十三周岁者实施性交等行为的,亦同。对不满十三周岁实施性交等行为,构成犯罪不要求强制手段。

3. 我国台湾地区“刑法”第二百二十七条规定:对于未满十四岁之男女为性交者,处三年以上十年以下有期徒刑。对于未满十四岁之男女为猥亵之行为者,处六个月以上五年以下有期徒刑。对于十四岁以上未满十六岁之男女为性交者,处七年以下有期徒刑。对于十四岁以上未满十六岁之男女为猥亵之行为者,处三年以下有期徒刑。同时,第二百二十七条之一规定:十八岁以下之人犯前条之罪者,减轻或免除其刑。

【条文说明】

本条是关于强奸罪及其处罚的规定。

强奸,是指违背妇女的意志,以暴力、胁迫或者其他手段强行与妇女发生性关系的行为。强奸罪的犯罪主体一般是男子,教唆、帮助男子强奸妇女的女子,也可以成为强奸罪的共犯。[①][②]强奸罪在客观方面表现为违背妇女的意志,强行与妇女发生性关系的行为。这种行为具有以下特征:(1)**必须是违背了妇女的真实意愿**。判断与妇女发生性关系是否违背妇女的意志,要结合性关系发生的时间、周围环境及妇女的性格、体质等各种因素进行综合分析,不能将妇女是否有明显的抗拒举动作为违背其意愿的唯一要件。[③]对于有的被害妇女由于害怕等原因而不敢反抗、失去反抗能力的,也应认定是违背了妇女的真实

分则　第四章

① 强奸罪既不是亲手犯,也不是身份犯。另外,关于婚内强奸(丈夫能否成为强奸妻子的行为主体)的详细讨论,参见张明楷:《刑法学》(第 6 版),法律出版社 2021 年版,第 1133—1134 页;黎宏:《刑法学各论》(第 2 版),法律出版社 2016 年版,第 230 页;周光权:《刑法各论》(第 4 版),中国人民大学出版社 2021 年版,第 35 页;陈兴良主编:《刑法各论精释》,人民法院出版社 2015 年版,第 143—147 页。

② 我国学者指出,妇女教唆没有达到法定年龄的男子或者不具有辨认控制能力的精神病男子实施强奸行为,可以成为强奸罪的间接正犯。参见黎宏:《刑法学各论》(第 2 版),法律出版社 2016 年版,第 230 页。

③ 类似的学说见解,参见张明楷:《刑法学》(第 6 版),法律出版社 2021 年版,第 1135 页;周光权:《刑法各论》(第 4 版),中国人民大学出版社 2021 年版,第 32 页。

意愿。同无责任能力的妇女(如呆傻妇女或精神病患者)发生性关系的,由于这些妇女无法正常表达自己的真实意愿,因此无论其是否“同意”,均构成强奸罪。(2)**行为人必须以暴力、胁迫或者其他手段,强行与妇女发生性关系**。[①] 这里所说的**“暴力”手段**,是指犯罪分子直接对被害妇女采取身体强制,如施以殴打等危害妇女人身安全和人身自由,使妇女不能抗拒的手段。**“胁迫”手段**,是指犯罪分子对被害妇女施以威胁、恫吓[②],进行精神上的强制,迫使妇女就范,不敢抗拒的手段,如以杀害被害人、加害被害人的亲属相威胁的;以揭发被害人的隐私相威胁的;利用职权、教养关系、从属关系等形成的优势地位,以及妇女孤立无援的环境相胁迫的[③];等等。**“其他手段”**,是指犯罪分子使用暴力、胁迫以外的使被害妇女不知抗拒、无法抗拒的手段,如假冒为妇女治病而进行奸淫的;利用妇女患病、熟睡之机进行奸淫的;将妇女灌醉、麻醉后进行奸淫的;等等。

本条共分为三款。

第一款对构成强奸罪如何处罚作了规定。依照本款规定,**对于犯强奸罪的**,处三年以上十年以下有期徒刑。

第二款对奸淫幼女及其刑罚作了规定。幼女身体发育尚不成熟,欠缺自我保护能力,为了加强对幼女的保护,刑法规定了奸淫幼女的犯罪。**奸淫幼女**,是指与不满十四周岁的幼女[④]发生性关系的行为。奸淫幼女的,无论幼女是否“同意”,即构成强奸罪。构成奸淫幼女型强奸罪应具备两个要件:(1)**被害人必须是不满十四周岁的幼女**;(2)**必须具有奸淫幼女的行为**。不论行为人采用什么手段,也不论幼女是否同意,只要与幼女发生了性关系,就构成犯罪。[⑤] 依照本款规定,**奸淫不满十四周岁的幼女的,以强奸论,从重处罚**。

这里有一个问题需要注意,1997年《刑法》第三百六十条第二款规定:“嫖宿不满十四周岁的幼女的,处五年以上有期徒刑,并处罚金。”有意见提出删去刑法的这一规定,对实践中有此类行为的,按照本条第二款的规定处理。2015年8月29日,第十二届全国人大常委会第十六次会议通过的《刑法修正案(九)》删去了第三百六十条第二款关于**嫖宿幼女罪**的规定。关于这样修改的考虑,嫖宿幼女从性质上讲,也是奸淫幼女的一种情形。刑法原来对嫖宿幼女的情形专门作出规定,是为了司法实践中更准确地适用法律,从严惩处这类犯罪。如嫖宿幼女罪的起刑点是五年有期徒刑,而强奸罪的起刑点为三年有期徒刑,这充分表明了刑法关于嫖宿幼女罪的刑罚设定与强奸罪规定的“奸淫不满十四周岁的幼女的,以强奸论,从重处罚”的精神相一致、刑罚相协调。但从实践中的情况看,由于各方面原因,对于嫖宿幼女行为的处理严厉程度不够。还有的提出,嫖宿幼女罪虽然针对的是现实存在的丑恶犯罪情况,但对被嫖宿的幼女而言,客观上会造成“污名化”的后果。应当说,对于嫖宿幼女犯罪的被害幼女的这些歧视等所谓“污名化”的行为,是极其错误并应予以严厉谴责的,但从有利于受害幼女权利保护的角度考虑,删去该罪的规定,对相关行为一律按奸淫幼女处理,也是合理的。虽然如此,有关司法机关在案件处理上,仍有必要强调对各类受害幼女都平等保护,不应因有的受害行为发生在所谓“嫖宿”的场合而有所从宽。

---

① 学说见解指出,本罪之暴力、胁迫与其他手段都必须达到使妇女不能反抗、难以反抗、不敢反抗、不知反抗的程度。参见张明楷:《刑法学》(第6版),法律出版社2021年版,第1137页;黎宏:《刑法学各论》(第2版),法律出版社2016年版,第231页;周光权:《刑法各论》(第4版),中国人民大学出版社2021年版,第33页。

② 行为人以加害自己相通告的情形(如果不同意性交,我就自杀),不属于胁迫。参见张明楷:《刑法学》(第6版),法律出版社2021年版,第1136页;黎宏:《刑法学各论》(第2版),法律出版社2016年版,第232页。

③ 利用教养关系、从属关系、职务权利等与妇女性交的,不能一律视为强奸。关键在于,行为人是否利用了这种特定关系进行胁迫而使妇女不敢反抗,而不在于是否存在这种特定关系。参见张明楷:《刑法学》(第6版),法律出版社2021年版,第1136页;陈兴良主编:《刑法各论精释》,人民法院出版社2015年版,第140页。此外,阴建峰教授指出,行为人不是利用从属关系、教养关系中的优势地位胁迫女方,而是用入党、提干、分房等利益相诱惑,女方为利所趋,不惜以身相许,不能认定为强奸罪。参见赵秉志、李希慧主编:《刑法各论》(第3版),中国人民大学出版社2016年版,第198页;高铭暄、马克昌主编:《刑法学》(第7版),北京大学出版社、高等教育出版社2016年版,第465页。

④ 从《刑法》第二百三十六条第二款来看,似乎同条第一款的行为对象只能是已满十四周岁的少女与成年少女。但是,《刑法》第二百三十六条第一款与第二款不是排他的择一关系,而是基本条款与特别条款的关系。因此,行为人合理地以为十三周岁的乙已满十八周岁(不能预见乙为幼女),并使用暴力、胁迫手段强制与之性交,其行为构成《刑法》第二百三十六条第一款的普通强奸。参见张明楷:《刑法学》(第6版),法律出版社2021年版,第1134页。

⑤ 按照学说上的说法,原因在于幼女身心发育不成熟,缺乏辨别是非的能力,不能理解性行为的后果与意义,也没有抗拒能力。参见张明楷:《刑法学》(第6版),法律出版社2021年版,第1137页。

第三款对犯强奸罪情节严重的应如何处罚作了规定。**对于强奸妇女、奸淫幼女情节严重的**，本款共列了以下六种情形：

1. **强奸妇女、奸淫幼女情节恶劣的**。这里的“情节恶劣”是指除本款已经列举之外的其他各种恶劣情节、欺凌等恶劣手段。

2. **强奸妇女、奸淫幼女多人的**，是指强奸妇女、奸淫幼女人数比较多的情况，包括一次多人、多次累计多人等情况。司法实践中一般掌握为三人（含）以上的。[①]

3. **在公共场所当众强奸妇女、奸淫幼女的**。这里的“**公共场所**”包括群众进行公开活动的场所，如商店、影剧院、体育场、街道等；也包括各类单位，如机关、团体、事业单位的办公场所，企业生产经营场所，医院、学校、幼儿园等；还包括公共交通工具，如火车、轮船、长途客运汽车、公共电车、汽车、民用航空器等。“**当众**”既包括故意使他人看到，也包括不避讳他人看到的情况。在公共场所强奸妇女、奸淫幼女的，只要有其他人在场，不论在场人员是否实际看到，均可以认定为在公共场所“当众”强奸妇女、奸淫幼女。

4. **二人以上轮奸的**。[②] 这里所说的“**轮奸**”，是指两个以上的男子在同一犯罪活动中，以暴力、胁迫或者其他手段对同一妇女或幼女进行强奸或者奸淫的行为。[③④]

5. **奸淫不满十周岁的幼女或者造成幼女伤害的**。奸淫不满十周岁的幼女，通常会给幼女造成严重的身体伤害，同时也会对幼女的身心健康带来严重的不良影响，对于这种行为必须予以严惩。“**造成幼女伤害的**”是指因奸淫幼女行为给幼女造成身体、精神伤害结果的。这里的“奸淫不满十周岁的幼女”与“造成幼女伤害的”是并列的两种情形，行为人有奸淫幼女的行为，符合上述条件之一的，即应当处十年以上有期徒刑、无期徒刑或者死刑。

6. **致使被害人重伤、死亡或者造成其他严重后果的**。[⑤] 这里所说的“**致使被害人重伤、死亡**”，是指因强奸妇女、奸淫幼女导致被害人性器官严重损伤，或者造成其他严重伤害，甚至死亡的。[⑥]

强奸妇女、奸淫幼女，只要具有上述所列六种情形之一的，就属于情节严重的情况，依法应当予以严惩，依照本款规定，属于上述情况的，处十年以上有期徒刑、无期徒刑或者死刑。

实际执行中应当注意，2015 年《刑法修正案（九）》删去《刑法》第三百六十条第二款关于嫖宿幼女罪的规定，并不是对这类行为不再追究，在《刑法修正案（九）》施行之后，对于实践中发生的嫖宿幼女行为，应适用本条第二款关于奸淫幼女的规定，直接以强奸罪处理，并予以从重处罚。

【司法解释】

《最高人民法院关于审理未成年人刑事案件具体应用法律若干问题的解释》（法释〔2006〕1 号，自 2006 年 1 月 23 日起施行）

△（**已满十四周岁不满十六周岁的人；幼女；情节轻微；未造成严重后果**）已满十四周岁不满十六周岁的人偶尔与幼女发生性行为，情节轻微、未造成严重后果的，不认为是犯罪。（§ 6）

---

① 强奸妇女、奸淫幼女的被害人总数达到三人以上的，就应认定为强奸妇女、奸淫幼女多人。多次强奸妇女或者奸淫幼女，但被害人总数没有达到三人以上的，只能认定为情节恶劣。参见张明楷：《刑法学》（第 6 版），法律出版社 2021 年版，第 1142 页。

② 我国学者指出，刑法之所以对轮奸加重处罚，不仅因为被害人连续遭受了强奸，而且还因为共同轮奸的行为人，既要对自己的奸淫行为与结果承担责任，也要对他人的奸淫行为与结果承担责任。参见张明楷：《刑法学》（第 6 版），法律出版社 2021 年版，第 1140 页。

③ 我国学者指出，轮奸是强奸罪的一种特殊形式（共同正犯）。轮奸的成立，不要求各行为人均达到法定年龄、具有责任能力；存在片面的轮奸（即虽然客观上二名以上的男子连续对同一妇女实施了强奸行为，但完全可能只对其中一人适用轮奸的法定刑）；轮奸不是单纯的量刑规则，而是加重的犯罪构成，因而存在未遂形态；对构成轮奸的行为人，仍可能适用从犯之规定。参见张明楷：《刑法学》（第 6 版），法律出版社 2021 年版，第 1140—1141 页。

④ 我国学者指出，轮奸的成立条件包括：（1）两人以上的人都是男子，且均为强奸的实行犯；（2）侵害对象必须是同一妇女或者幼女；（3）数个行为人对相同对象的强奸在时间上具有连续性。参见黎宏：《刑法学各论》（第 2 版），法律出版社 2016 年版，第 236 页。

⑤ 我国学者指出，加重结果是由于暴力、胁迫等强制行为所造成，还是因性交行为所造成，都不影响结果加重犯的成立。参见周光权：《刑法各论》（第 4 版），中国人民大学出版社 2021 年版，第 34 页。

⑥ “致使被害人重伤、死亡”并不包括被害人事后自杀身亡的情形。参见张明楷：《刑法学》（第 6 版），法律出版社 2021 年版，第 1143 页；黎宏：《刑法学各论》（第 2 版），法律出版社 2016 年版，第 236 页；高铭暄、马克昌主编：《刑法学》（第 7 版），北京大学出版社、高等教育出版社 2016 年版，第 466 页。

【司法解释性文件】

《最高人民检察院侦查监督厅关于印发部分罪案〈审查逮捕证据参考标准(试行)〉的通知》(高检侦监发〔2003〕第107号,2003年11月27日公布)

△(**强奸罪;证据审查**)强奸罪,是指触犯《刑法》第236条的规定,违背妇女意志,使用暴力、胁迫或者其他手段,强行与妇女性交的行为。其他以强奸罪定罪处罚的有:(1)奸淫不满14周岁幼女的;(2)收买被拐卖的妇女,强行与其发生性关系的;(3)利用职权、从属关系,以胁迫手段奸淫现役军人的妻子的;(4)明知被害人是精神病患者或者痴呆者(程度严重)而与其发生性关系的;(5)组织和利用邪教组织,以迷信邪说引诱、胁迫、欺骗或者其他手段,奸淫妇女、幼女的。

对提请批捕的强奸案件,应当注意从以下几个方面审查证据:

(一)有证据证明发生了强奸犯罪事实。重点审查:

1. 法医鉴定,被害人报案、控告、陈述,被害人亲友检举,犯罪嫌疑人供述,证人证言等证明发生强奸行为的证据。

2. 被害人伤情鉴定、犯罪工具实物或照片、现场勘查笔录、药物检验报告和发案背景等证明与妇女性交的行为违背其意志的证据,包括使用暴力、胁迫或者其他手段的证据。

3. 证明明知被害人不满14周岁或是精神病患者或者痴呆者(经法医鉴定为程度严重)的证据。

(二)有证据证明强奸犯罪事实系犯罪嫌疑人实施的。重点审查:

1. 显示犯罪嫌疑人实施强奸犯罪的视听资料。

2. 被害人的指认。

3. 犯罪嫌疑人的供认。

4. 证人证言。

5. 同案犯罪嫌疑人的供述。

6. 对遗留在犯罪工具、犯罪现场和犯罪嫌疑人、被害人身体、衣物上的指纹、足迹、血迹、精斑等所做的能够证明犯罪嫌疑人实施强奸犯罪的鉴定及被害人伤情鉴定。

7. 其他能够证明犯罪嫌疑人实施强奸犯罪的证据。

(三)证明犯罪嫌疑人实施强奸犯罪行为的证据已有查证属实的。重点审查:

1. 能够排除合理怀疑的视听资料。

2. 其他证据能够印证的被害人的指认。

3. 其他证据能够印证的犯罪嫌疑人的供述。

4. 能够相互印证的证人证言。

5. 能够与其他证据相互印证的证人证言或者同案犯供述。

6. 已有查证属实的证明犯罪嫌疑人实施强奸犯罪的其他证据。(§5)

《最高人民法院、最高人民检察院、公安部、司法部关于依法惩治性侵害未成年人犯罪的意见》(法发〔2013〕12号,2013年10月23日公布)

△(**性侵害未成年人犯罪**)本意见所称性侵害未成年人犯罪,包括刑法第二百三十六条、第二百三十七条、第三百五十八条、第三百五十九条、第三百六十条第二款规定的针对未成年人实施的强奸罪,强制猥亵、侮辱妇女罪,猥亵儿童罪,组织卖淫罪,强迫卖淫罪,引诱、容留、介绍卖淫罪,引诱幼女卖淫罪,嫖宿幼女罪[①]等。(§1)

△(**从严惩治**)对于性侵害未成年人犯罪,应当依法从严惩治。(§2)

△(**特殊、优先保护原则**)办理性侵害未成年人犯罪案件,应当充分考虑未成年被害人身心发育尚未成熟、易受伤害等特点,贯彻特殊、优先保护原则,切实保障未成年人的合法权益。(§3)

△(**未成年人实施性侵害未成年人犯罪;双向保护原则**)对于未成年人实施性侵害未成年人犯罪的,应当坚持双向保护原则,在依法保护未成年被害人的合法权益时,也要依法保护未成年犯罪嫌疑人、未成年被告人的合法权益。(§4)

△(**"明知"对方是幼女之认定**)知道或者应当知道对方是不满十四周岁的幼女,而实施奸淫等性侵害行为的,应当[②]认定行为人"明知"对方是幼女。[③]

对于不满十二周岁的被害人实施奸淫等性侵

---

① 《刑法修正案(九)》删除了《刑法》第三百六十条第二款,取消了嫖宿幼女罪。

② 我国学者指出,本规定中的"应当明知"并不是指过失(相对的,过失不可能构成奸淫幼女的犯罪),而是指根据相关事实推定行为人知道对方可能是幼女。参见张明楷:《刑法学》(第6版),法律出版社2021年版,第1138页。

③ 由于幼女属于特定对象,是构成要件要素,行为人对此必须有所认识,或者明知女方一定是幼女,或者明知女方可能是幼女,或者不管女方是否为幼女。在此基础上决意实施奸淫行为者,即具备奸淫幼女的故意。参见张明楷:《刑法学》(第6版),法律出版社2021年版,第1138页。

害行为的，应当认定行为人"明知"对方是幼女。①

对于已满十二周岁不满十四周岁的被害人，从其身体发育状况、言谈举止、衣着特征、生活作息规律等观察可能是幼女，而实施奸淫等性侵害行为的，应当认定行为人"明知"对方是幼女。（§ 19）

△（**幼女；强奸罪**）以金钱财物等方式引诱幼女与自己发生性关系的；知道或者应当知道幼女被他人强迫卖淫而仍与其发生性关系的，均以强奸罪论处。（§ 20）

△（**负有特殊职责的人员；强奸罪**）对幼女负有特殊职责的人员与幼女发生性关系的，以强奸罪论处。

对已满十四周岁的未成年女性负有特殊职责的人员，利用其优势地位或者被害人孤立无援的境地，迫使未成年被害人就范，而与其发生性关系的，以强奸罪定罪处罚。（§ 21）

△（**在公共场所"当众"强奸妇女**）在校园、游泳馆、儿童游乐场等公共场所对未成年人实施强奸、猥亵犯罪，只要有其他多人在场，不论在场人员是否实际看到，均可以依照刑法第二百三十六条第三款、第二百三十七条的规定，认定为在公共场所"当众"强奸妇女，强制猥亵、侮辱妇女，猥亵儿童。（§ 23）

△（**介绍、帮助他人奸淫幼女；强奸罪的共犯**）介绍、帮助他人奸淫幼女、猥亵儿童的，以强奸罪、猥亵儿童罪的共犯论处。（§ 24）

△（**从重处罚事由**）针对未成年人实施强奸、猥亵犯罪的，应当从重处罚，具有下列情形之一的，更要依法从严惩处：

（1）对未成年人负有特殊职责的人员、与未成年人有共同家庭生活关系的人员、国家工作人员或者冒充国家工作人员，实施强奸、猥亵犯罪的；

（2）进入未成年人住所、学生集体宿舍实施强奸、猥亵犯罪的；

（3）采取暴力、胁迫、麻醉等强制手段实施奸淫幼女、猥亵儿童犯罪的；

（4）对不满十二周岁的儿童、农村留守儿童、严重残疾或者精神智力发育迟滞的未成年人，实施强奸、猥亵犯罪的；

（5）猥亵多名未成年人，或者多次实施强奸、猥亵犯罪的；

（6）造成未成年被害人轻伤、怀孕、感染性病等后果的；

（7）有强奸、猥亵犯罪前科劣迹的。（§ 25）

△（**已满十四周岁不满十六周岁的人；幼女；情节轻微、未造成严重后果**）已满十四周岁不满十六周岁的人偶尔与幼女发生性关系，情节轻微、未造成严重后果的，不认为是犯罪。（§ 27）

△（**缓刑；社区矫正；禁止令**）对于强奸未成年人的成年犯罪分子判处刑罚时，一般不适用缓刑。

对于性侵害未成年人的犯罪分子确定是否适用缓刑，人民法院、人民检察院可以委托犯罪分子居住地的社区矫正机构，就对其宣告缓刑对所居住社区是否有重大不良影响进行调查。受委托的社区矫正机构应当及时组织调查，在规定的期限内将调查评估意见提交委托机关。

对于判处刑罚同时宣告缓刑的，可以根据犯罪情况，同时宣告禁止令，禁止犯罪分子在缓刑考验期内从事与未成年人有关的工作、活动，禁止其进入中小学校区、幼儿园园区及其他未成年人集中的场所，确因本人就学、居住等原因，经执行机关批准的除外。（§ 28）

△（**外国人；驱逐出境**）外国人在我国领域内实施强奸、猥亵未成年人等犯罪的，应当依法判处，在判处刑罚时，可以独立适用或者附加适用驱逐出境。对于尚不构成犯罪但构成违反治安管理行为的，或者因实施性侵害未成年人犯罪不适宜在中国境内继续停留居留的，公安机关可以依法适用限期出境或者驱逐出境。（§ 29）

《最高人民法院、最高人民检察院关于常见犯罪的量刑指导意见（试行）》（法发〔2021〕21 号，2021 年 6 月 6 日发布）

△（**强奸罪；量刑**）

1. 构成强奸罪的，根据下列情形在相应的幅度内确定量刑起点：

（1）强奸妇女一人的，在三年至六年有期徒刑幅度内确定量刑起点。

奸淫幼女一人的，在四年至七年有期徒刑幅度内确定量刑起点。

（2）有下列情形之一的，在十年至十三年有期徒刑幅度内确定量刑起点：强奸妇女、奸淫幼女情节恶劣的；强奸妇女、奸淫幼女三人的；在公共场所当众强奸妇女、奸淫幼女的；二人以上轮奸妇女的；奸淫不满十周岁的幼女或者造成幼女伤害

① 学说见解指出，不能绝对化地看待此一规定。换言之，无法排除个别不满 12 周岁的幼女因为身材高大、发育成熟，导致行为人不明知其为幼女，进而不能认定行为人有所"明知"的情形。参见张明楷：《刑法学》（第 6 版），法律出版社 2021 年版，第 1138 页。

的;强奸致被害人重伤或者造成其他严重后果的。依法应当判处无期徒刑以上刑罚的除外。

2. 在量刑起点的基础上,根据强奸妇女、奸淫幼女情节恶劣程度、强奸人数、致人伤害后果等其他影响犯罪构成的犯罪事实增加刑罚量,确定基准刑。

强奸多人多次的,以强奸人数作为增加刑罚量的事实,强奸次数作为调节基准刑的量刑情节。

3. 构成强奸罪的,综合考虑强奸的手段、危害后果等犯罪事实、量刑情节,以及被告人的主观恶性、人身危险性、认罪悔罪表现等因素,从严把握缓刑的适用。

【指导性案例】

最高人民检察院指导性案例第42号:齐某强奸、猥亵儿童案(2018年11月9日发布)

△(**强奸罪;被害人陈述;未成年人**)性侵未成年人犯罪案件中,被害人陈述稳定自然,对于细节的描述符合正常记忆认知、表达能力,被告人辩解没有证据支持,结合生活经验对全案证据进行审查,能够形成完整证明体系的,可以认定案件事实。

△(**奸淫幼女;情节恶劣**)奸淫幼女具有《最高人民法院、最高人民检察院、公安部、司法部关于依法惩治性侵害未成年人犯罪的意见》规定的从严处罚情节,社会危害性与《刑法》第236条第3款第二至四项规定的情形相当的,可以认定为该款第一项规定的"情节恶劣"。

【参考案例】

△妇女因受胁迫而应约与之发生性行为,应当认定为违背妇女意志,以强奸罪论处。

在男女之间发生性行为之前,不违背妇女意志,但在形式上,男方对女方有勉强其性交的形式。持这种观点的人认为:在此情况下发生的两性关系,要对双方平时的关系如何,性行为是在什么环境和什么情况下发生的,事情发生后女方的态度怎样,在什么情况下告发的等事实和情节,认真审查清楚,进行全面分析,以判断是否确实违背了妇女的意志,然后确定案件的性质。如果确实违背妇女意志的,应以强奸罪论处。韩自华强奸案的犯罪人韩自华得知其妻吕某某与杨某某的丈夫陆某某发生性关系后,遂与吕某某商量让杨某某与韩自华发生一次性关系来作为"补偿"。当日上午,韩自华及吕某某喊杨某某到家中,韩欲与杨某某发生性关系,遭到杨某某的反抗而未得逞。韩提出若不答应,则要叫人来打陆某某。当日下午2时许,杨某某来韩家中商量解决办法,在韩自华、吕某某答应此事不让其他人知道的情况下,杨某某答应了韩自华夫妇的要求。下午16时许,杨某某到跳神凹(地名)施肥,让韩自华跟随到地里,两人即在他人的玉米地中发生了性关系。犯罪人韩自华通过语言威胁、恫吓,对被害人施加精神压力,迫使被害人不得不答应其性要求,其行为已违背妇女的意志构成强奸罪。[No. 4-236-1 韩自华强奸案]

△为寻求精神刺激,强迫他人性交和猥亵供其观看的,分别构成强奸罪和强制猥亵妇女罪。

共同犯罪的实行犯有两种,一种是行为人自己直接实行犯罪构成客观要件行为的直接实行犯,一种是利用他人作为犯罪工具实行犯罪行为的间接实行犯。一般情况下,强奸罪或强制猥亵妇女罪的行为人为满足性欲、追求性刺激,均亲自直接实施强奸或猥亵行为;但在特殊情况下,行为人不必直接实施实行行为,而让其他人代为实施强奸或猥亵行为,亦能达到宣泄性欲,或者追求其他目的的效果,如打击报复、羞辱被害人等。这种情况下,未直接实施实行行为的行为人实际上是利用其他人作为犯罪工具,其虽然没有亲自直接实施强奸、猥亵行为,但行为人本人仍然构成间接实行犯,应当按照实行正犯来处理。

在谭荣财等强奸、抢劫、盗窃案中,被告人谭荣财、罗进东为追求精神刺激,用暴力胁迫的方式,利用蒙某某作为犯罪工具,强迫蒙某某与瞿某某先后发生性交行为和猥亵行为供其观看,其虽然没有亲自实施强奸、猥亵瞿某某的行为,但其强迫蒙某某实施上述犯罪行为,实际是将无犯罪意图的蒙某某作为犯罪工具实施了其本人意欲实施的犯罪行为,因此,对二人应当按实行正犯来处理。[No. 4-236-2　谭荣财等强奸、抢劫、盗窃案]

△通奸后,又帮助他人强奸该妇女的,应以强奸罪的共犯论处。

在滕开林等强奸案中,二被告人的行为成立共同犯罪。首先,被告人董洪元与被告人滕开林事前有关于滕开林强奸王某的共同预谋,且其行为均在预谋范围之内。董洪元与滕开林晚饭后乘凉时到厕所处,滕开林告诉董洪元,儿媳王某同他人有不正当两性关系,而自己多次想与她发生性关系均遭拒绝,但是"只要是外人,都肯发生性关系",并唆使董洪元与王某发生性关系。董洪元遂答应去试试看。这时滕开林又讲自己到时去逮个"息脚兔",意思是董洪元与王某发生性关系后,滕开林立即现场捉奸,然后迫使王某同意与其发生性关系。对于滕开林的这一意图,董洪元是明知的,二人事前就具有让滕开林强奸王某的共同意思联络。同时,被告人董洪元、滕开林先后与王某发生性行为,均在二被告人事前预谋的范围之内。被告人董洪元得到被告人滕开林的唆使后,即到王某房间与王某发生了性关系。此时,被告人滕开林一直在外等待时机,待董洪元"得手"后,滕开林随即持充电灯进入某房间,待董洪元离开后,滕开林以此事和将王某带回娘家相威胁,并殴打王某,迫使被害人与其发生性关系。对此,正如被告人董洪元供述,他们二人"心中都有数",自己做了滕开林的"炮灰"(意思是指做了滕开林的帮手)。可见,董洪元的先期通奸行为与滕开林的后期强迫王某就范发生性关系,均在二被告人的事前共同预谋范围之内,滕开林的强奸行为并没有超出二人事前的共同预谋。

其次,董洪元与王某的通奸行为,是被告人滕开林强奸王某行为的重要组成部分,是强奸罪的帮助行为。被告人滕开林知道王某平常愿意与外人发生性关系,就唆使董洪元先与王某通奸,并告知他到时候去逮个"息脚兔"。滕开林这样安排,是要把抓到王某与他人通奸作为把柄,以此来迫使王某同意与其发生性关系。同样,董洪元也知道自己与王某发生性关系,可以使滕开林现场捉奸,可以为滕开林强奸王某提供便利条件。尽管董洪元与王某发生性关系,没有违背王某的意志,但是其通奸行为是后来强奸行为的铺垫,为滕开林随后的强奸行为创造了方便条件,成了滕开林强奸被害人王某的借口。从整体来看,董洪元先期通奸行为为滕开林后期强奸行为提供了帮助,董洪元与滕开林在共同预谋的支配下,相互配合、相互联系,形成一个统一的犯罪活动整体。其中,滕开林迫使王某与自己发生性关系,是强奸罪的实行犯,而董洪元是强奸犯罪的帮助犯。二人的行为都是共同强奸犯罪的组成部分,只是存在共同犯罪分工不同,不影响强奸共同犯罪的成立。[No. 4-236-5　滕开林等强奸案]

△通奸后,又帮助他人强奸该妇女的,不能认定为轮奸。

轮奸是指两个以上有合意的男人先后共同强行对同一妇女进行奸淫的行为。由于轮奸给被害妇女的身心健康造成很大危害,我国刑法规定具有轮奸这一情节时,将在强奸罪基本刑的基础上加重刑罚。轮奸必须同时具备以下条件:一是各行为人具有共同强奸的意思联络,不仅自己具有强奸被害人的故意,而且明知其他行为人也具有对被害人强行奸淫的故意;二是必须对同一被害人先后实施奸淫行为;三是各行为人与被害人发生性关系,均违背被害人意愿。

在滕开林等强奸案中,二被告人都没有让董洪元强行与王某发生性关系的主观意图,客观上董洪元与王某发生性关系时,因为董洪元是外人,王某也确是同意和自愿的。虽然二被告人都对同一被害人王某先后实施了奸淫行为,但是只有滕开林与王某发生性关系时,违背了女方意愿,而董洪元与女方发生性关系没有违背女方意愿,并不具备轮奸中每个行为人与被害人发生性关系均违背女方意愿的条件。此外,由于轮奸是强奸罪基础上的加重处罚情节,如果把没有违背女方意愿的奸淫行为与他人的强奸行为,作为轮奸处罚,就会明显违背轮奸的立法本意和罪责刑相适应原则。因此,董洪元的通奸和滕开林的强奸行为,不能认定为轮奸。[No. 4-236-6　滕开林等强奸案]

△在轮奸案件中,部分人强奸既遂,部分人强奸未遂的,对各行为人以强奸罪既遂定罪并按轮奸情节予以处罚。①

轮奸是指两个以上男子出于共同的奸淫认识,在同一段时间内,先后对同一妇女(或幼女)轮流实施奸淫的行为。轮奸是法律所明确规定的强奸罪的加重量刑情形之一,作为强奸罪加重处罚的一种法定情形,它解决的仅是对行为人所要适用的法定刑档次和刑罚轻重问题。各行为人只要实施了轮奸行为,就应当对其适用相应的法定刑,反之,如行为人未实施轮奸行为,则不具有该加重处罚情形。至于轮奸中各行为人是否奸淫得逞的具体情形,包括均得逞、因意志以外原因均未得逞或者一人以上得逞、一人以上未得逞的,则属于强奸罪既遂或未遂所要解决的问题。这是因为,首先,所谓未遂,仅是犯罪的一种未完成形态而已,轮奸并非独立一罪,只是强奸罪的一种情形。因此,轮奸本身并没有独立的既未遂问题,只有强奸罪的既未遂问题。认为轮奸也有既未遂的观点,是把认定轮奸这一强奸罪的加重处罚情形与认定强奸罪既未遂形态相混淆了,是不可取的。其次,如根据轮奸也有既未遂的观点,对轮奸中一人以上奸淫得逞、一人以上奸淫未得逞的情形,是

① 相同的学说见解,参见黎宏:《刑法学各论》(第2版),法律出版社2016年版,第236页;周光权:《刑法各论》(第4版),中国人民大学出版社2021年版,第37页。付立庆教授指出,诸如强奸罪此类具有很强的个人体验性的犯罪,就实行者而言,其属于"亲手犯",其是否既遂应该取决于行为人本身是否达到了奸淫的目的,不能因为其他实行犯达到了奸淫目的,就认为行为人也已经得逞。"部分实行全部责任"的原则在亲手犯的场合,应存在例外。参见陈兴良主编:《刑法各论精释》,人民法院出版社2015年版,第156页。

对全案以轮奸未遂定，还是仅对奸淫未得逞的个人以轮奸未遂定，势必难以作出合理的回答。如果说全案应定轮奸未遂罪，那么，无疑会轻纵已奸淫既遂的其他轮奸人；反之，如果说仅对奸淫未遂的被告人定轮奸未遂罪，而对其他被告人仍以轮奸既遂定，那么，轮奸到底是既遂还是未遂，势必难以自圆其说。

对轮奸中一人以上强奸既遂，一人以上未遂的情形，由于各行为人均实施了轮奸行为，故首先应对各被告人以强奸罪定罪并按轮奸情节予以处罚。其次，由于轮奸是基于共同奸淫认识的共同实行行为，按照强奸罪中认定既遂未遂的一般原理，即只要实行犯强奸既遂的，对其他共犯，无论其为帮助犯、教唆犯、组织犯还是共同实行犯，都应按强奸罪既遂论。当然，所谓"都应按强奸罪既遂论"，并不是说具体量刑时就无需区别对待。相反，对帮助犯、从犯的一般应当依法给予从宽处罚，而对个人奸淫未得逞的共同实行犯也可以酌定从轻处罚。

具体到唐胜海等强奸案，被告人唐胜海、杨勇违背妇女意志，实施了轮流奸淫妇女的行为，其中一人既遂（强奸妇女的既遂标准为性器官插入说，奸淫幼女的既遂标准为性器官接触说[①]），一人未遂，从共同犯罪的形态看，对两人均应以强奸既遂论，且须按轮奸情节确定所适用的法定刑。对个人奸淫未得逞的被告人唐胜海，由于其具有立功这一法定从宽情节，同时又具有可酌定从轻处罚的情节，故依此决定对其予以减轻处罚也是可以的。［No. 4-236-7　唐胜海等强奸案］

△强奸罪中暴力、胁迫以外的其他手段通常包括以下情形：(1)采用药物麻醉、醉酒等类似手段，使被害妇女不知抗拒或无法抗拒后，再予以奸淫的；(2)利用被害妇女自身处于醉酒、昏迷、熟睡、患重病等不知抗拒或无法抗拒状态，乘机予以奸淫的；(3)利用被害妇女愚昧无知，采用假冒治病或以邪教组织、迷信等方法骗奸该妇女的；(4)采用其他类似手段的。

强奸罪的本质是违背妇女意志。判断所发生的性行为是否违背妇女意志，首先要看行为人是否采取了强奸罪法条所规定的手段，即是否采用了暴力、胁迫或其他手段，进而与该妇女发生了性行为。实践中，对采用暴力手段强行与被害妇女进行性行为或者采用胁迫手段，迫使被害妇女不得不与自己进行性行为的，认定为强奸罪，一般不难。难点主要在于如何把握暴力、胁迫以外的"其他手段"。所谓"其他手段"，一般认为应当包括以下情形：(1)采用药物麻醉、醉酒等类似手段，使被害妇女不知抗拒或无法抗拒后，再予以奸淫的；(2)利用被害妇女自身处于醉酒、昏迷、熟睡、患重病等不知抗拒或无法抗拒的状态，乘机予以奸淫的；(3)利用被害妇女愚昧无知，采用假冒治病或以邪教组织、迷信等方法骗奸该妇女的等。具体到唐胜海等强奸案，被告人唐胜海、杨勇与被害妇女王某在一起饮酒，明知王某已醉酒到无知觉（无意志表达能力不知抗拒或无法抗拒），仍将其带到他地乘机将其奸淫，符合强奸罪的构成。王某醉酒已达到无知觉状态（无意志表达能力、不知抗拒或无法抗拒），有被害人陈述、同案犯口供、有关目击证人证言相验证，足以认定。辩护人有关王某平常能喝酒，且对当天自己与唐胜海、杨勇在一起将会发生的"事情"（指默示同意发生性行为）应当明知的辩护意见，难以成立。因为，王某平常能否喝酒，与本案性行为发生时，王某是否处于醉酒状态并无关系。王某当天独自一人与唐胜海、杨勇在一起饮酒，并不能得出王某就是同意与二被告人发生性关系。［No. 4-236-8　唐胜海等强奸案］

△强奸导致被害人自杀的，属于因强奸造成其他严重后果的情形。

1979年《刑法》第一百三十九条曾规定强奸、奸淫幼女"情节特别严重的或者致人重伤、死亡的"处十年以上有期徒刑、无期徒刑或者死刑。那么何为"致人重伤、死亡"，何为"情节特别严重"呢？对此，最高人民法院、最高人民检察院、公安部公布的《关于当前办理强奸案件中具体应用法律的若干问题的解答》（下称《解答》，已失效）第四条曾明确解释，强奸致人重伤、死亡是指强奸、奸淫幼女导致被害人性器官严重损伤或者造成其他严重伤害，甚至当场死亡或者经治疗无效死亡的。因强奸妇女或者奸淫幼女引起被害人自杀、精神失常以及其他严重后果的，属于情节特别严重之一。1997年《刑法》第二百三十六条第三款对此细化规定为强奸、奸淫幼女有下列情形之一的处十年以上有期徒刑、无期徒刑或者死刑：

① 相同的学说见解，参见赵秉志、李希慧主编：《刑法各论》（第3版），中国人民大学出版社2016年版，第196页。另有学者指出，对奸淫幼女也应采取结合说，而非接触说。一方面，奸淫幼女也表现为性交行为，单纯的性器官接触并未完成性交行为；另一方面，采取接触说，会导致奸淫幼女的既遂标准过于提前，不利于正确成立奸淫幼女与猥亵儿童的关系，也不利于鼓励行为人中止犯罪。参见张明楷：《刑法学》（第6版），法律出版社2021年版，第1142页；陈兴良主编：《刑法各论精释》，人民法院出版社2015年版，第155页。

“(一)强奸妇女、奸淫幼女情节恶劣的;(二)强奸妇女、奸淫幼女多人的;(三)在公共场所当众强奸妇女的;(四)二人以上轮奸的;(五)致被害人重伤、死亡或者造成其他严重后果的”。可见,现行《刑法》关于强奸罪的修改,吸收、采纳了《解答》的有关规定。追溯上述立法精神来看,就曹占宝强奸案而言,因被告人曹占宝的强奸行为所导致的被害人服毒自杀身亡的后果,虽不属于强奸致被害人死亡,但却属于因强奸造成其他严重后果,因此,本案应适用《刑法》第二百三十六条第五款第(五)项的规定,对被告人曹占宝在十年以上有期徒刑的幅度内量刑。需要指出的是,所谓因强奸造成其他严重后果,除包括因强奸妇女或者奸淫幼女引起被害人自杀或者精神失常这两种常见的情形外,结合目前的司法实践看,还应包括因强奸妇女或者奸淫幼女造成被害人怀孕分娩或堕胎等其他严重危害被害妇女或幼女身心健康的严重后果。[No. 4-236-9　曹占宝强奸案]

△强奸导致被害人自杀的,被害人亲属有权就此遭受的物质损失提起附带民事诉讼,人民法院应当予以受理并依法作出判决。

在曹占宝强奸案中,被害人赵某某遭强奸是在2001年3月12日,服毒自杀的时间是同年5月21日,时间上有相当的间隔。因此,判定被害人的自杀是否属于因强奸所引起,至关重要。本案受理法院为此做了大量的调查核实工作。调查核实的大量事实均表明,赵某某被强奸后,精神受到强烈刺激,情绪十分反常,曾由亲属送往医院诊断治疗。医院的诊断结论表明系神经反应症。在上述期间,赵某某一直深居简出,可以排除其他原因致其自杀的可能性,曹占宝的强奸是引起赵某某自杀身亡的内在原因,二者之间存在着必然的因果关系。《刑法》第三十六条第一款规定:“由于犯罪行为而使被害人遭受经济损失的,对犯罪分子除依法给予刑事处罚外,并应根据情况判处赔偿经济损失”。《最高人民法院关于执行〈中华人民共和国刑事诉讼法〉若干问题的解释》(已失效)第八十四条也规定,因犯罪行为遭受物质损失的已死亡被害人的近亲属有权提起附带民事诉讼。因此,本案被害人赵某某的亲属,就赵某某因被告人曹占宝强奸行为而自杀所遭受的物质损失有权提起附带民事诉讼。[No. 4-236-10　曹占宝强奸案]

△与不满十四周岁的未成年人轮流奸淫同一妇女(或幼女)的,构成强奸罪,应以轮奸论处。

根据《刑法》第二百三十六条第三款第(四)项的规定,二人以上轮奸的,作为强奸罪情节严重的情形之一,可以处十年以上有期徒刑、无期徒刑或者死刑。所谓轮奸,是指两个以上的行为人基于共同认识,在一段时间内,先后连续、轮流地对同一名妇女(或幼女)实施奸淫的行为。轮奸作为强奸罪中的一种情形,其认定关键,首先是看两个以上的行为人是否具有在同一段时间内,对同一妇女(或幼女),先后连续、轮流地实施了奸淫行为,并不要求实施轮奸的人之间必须构成强奸共同犯罪。换言之,轮奸仅是一项共同的事实行为,只要行为人具有奸淫的共同认识,并在共同认识的支配下实施了轮流奸淫行为即可,而与是否符合共同犯罪并无必然关系。实践中,轮奸人之间通常表现为构成强奸共同犯罪,但也不排除不构成强奸共同犯罪的特殊情形,例如李尧强奸案即是。本案中,虽然另一参与轮奸人,因不满十四周岁,被排除在犯罪主体之外,二人之间不构成强奸共同犯罪(共同实行犯)。但对本案被告人而言,其具有伙同他人在同一段时间内,对同一幼女,先后连续、轮流地实施奸淫行为的认识和共同行为,因此,仍应认定其具备了轮奸这一事实情节。换一角度说,申某某对王某实施奸淫行为时虽不满十四周岁,依法不负刑事责任,但不能因此否认其奸淫行为的存在。相反,被告人李尧与申某某对同一幼女轮流实施了奸淫行为,却是客观存在的事实。因此,即使申某某不负刑事责任,亦应认定李尧的行为构成强奸罪,且属于“轮奸”。

立法规定了轮奸这一量刑情节,表明立法者认为轮奸比单独实施的强奸犯罪更为严重,对被害人的危害更大。若坚持“轮奸”的行为人必须构成强奸共同犯罪(共同实行犯),参与轮奸的人都必须具备犯罪主体的一般要件,否则就不认定为轮奸,显然既不利于打击犯罪分子,也不能有力地保护被害人的合法权益,有违立法本意。

对奸淫幼女的行为应如何适用罪名问题,1997《刑法》实施以后,有关司法解释有过不同的规定。1997年《最高人民法院关于执行〈中华人民共和国刑法〉确定罪名的规定》,将《刑法》第二百三十六条第一、二款分别确定为强奸罪和奸淫幼女罪两个罪名。2000年2月《最高人民法院关于审理强奸案件有关问题的解释》(已失效)规定“对于已满14周岁不满16周岁的人,与幼女发生性关系构成犯罪的,依照刑法第十七条、第二百三十六条第二款的规定,以强奸罪定罪处罚”。可见,该解释实质上已将《刑法》第二百三十六条第二款的罪名又修改回为强奸罪,只不过适用的前提仅是“对于已满14周岁不满16周岁的人,与幼女发生性关系构成犯罪的”(对十六周岁以上的人与幼女发生性关系构成犯罪的,无法适用该解释)。其后,2002年《最高人民法院、最高人民检察院关于执行〈中华人民共和国刑法〉确定罪名的补充规定》(下称《补充规定》)又进一步明确地表明,取消奸淫幼女罪的罪名,将《刑法》第二百三十六条第二款的行为亦定名为强奸罪。前述解释中因犯罪主体年龄不同适用不同罪名的情形得以解决。本案中,被告人李尧对幼女实施奸淫行为发生在 2000 年 7 月,犯罪时已满十四周岁不满十六周岁,一审审判时前述解释已经颁布实施。根据司法解释相冲突的情况下,新的司法解释优于旧的司法解释的一般适用原则,本案一审就应该适用前述解释的规定,以强奸罪罪名定罪。而一审法院于 2001 年审理本案时,对李尧仍以奸淫幼女罪定罪显然不当,二审改定为强奸罪是正确的。需要说明的是,目前,《补充规定》已经颁布实施,因此,今后审判奸淫幼女构成犯罪的案件,都应当无一例外地按《补充规定》适用罪名,即以强奸罪定罪处罚。[No. 4-236-11　李尧强奸案]

△既实施了强奸妇女行为,又实施了奸淫幼女行为的,应以强奸罪一罪论处。

在谢茂强等强奸、奸淫幼女案中,被告人谢茂强、黄冬冬以奸淫为目的,伙同他人采取诱骗、殴打、威胁等手段多次实施了奸淫幼女和少女的行为,符合刑法规定的奸淫幼女和强奸的犯罪特征,根据 1997 年 12 月 11 日公布的《最高人民法院关于执行〈中华人民共和国刑法〉确定罪名的规定》〔下称《罪名规定(一)》〕,本应分别认定其行为构成奸淫幼女罪和强奸罪。但是根据 2000 年 2 月 16 日公布的《最高人民法院关于审理强奸案件有关问题的解释》(已失效)中"对于行为人既实施了强奸妇女行为又实施了奸淫幼女行为的,依照刑法第二百三十六条的规定,以强奸罪从重处罚"的规定,对本案被告人谢茂强、黄冬冬的行为只能定强奸罪。本案一审时,前述解释已经生效,故一审法院将谢茂强、黄冬冬的行为认定为奸淫幼女罪和强奸罪是不妥的,二审法院改判谢茂强、黄冬冬犯强奸罪是正确的。需要指明的是,2002 年 3 月通过了《最高人民法院、最高人民检察院关于执行〈中华人民共和国刑法〉确定罪名的补充规定》,该补充规定对《罪名规定(一)》有所修改,其中之一是取消了奸淫幼女罪罪名。也就是说,无论是强奸妇女,还是奸淫幼女,今后应适用统一的强奸罪罪名。这一修改,更符合《刑法》第二百三十六条第二款关于"奸淫不满十四周岁的幼女的,以强奸论,从重处罚"的规定,因此,在今后的案件审理中应当注意把握。[No. 4-236-14　谢茂强等强奸、奸淫幼女案]

△在离婚判决已经作出尚未生效期间,丈夫强行与妻子发生性关系的,应以强奸罪论处。

夫妻之间既已结婚,即相互承诺共同生活,有同居的义务。这虽未见诸法律明确规定或者法律的强制性规定,但已深深植根于人们的伦理观念之中,不需要法律明文规定。只要夫妻正常婚姻关系存续,即足以阻却婚内强奸行为成立犯罪,这也是司法实践中一般不能将婚内强奸行为作为强奸罪处理的原因。因此,在一般情况下,丈夫不能成为强奸罪的主体。但是,夫妻同居义务是从自愿结婚行为推定出来的伦理义务,不是法律规定的强制性义务。因此,不区别具体情况,对于所有的婚内强奸行为一概不以犯罪论处也是不科学的。例如在婚姻关系非正常存续期间,如离婚诉讼期间,婚姻关系已进入法定的解除程序,虽然婚姻关系仍然存在,但已不能再推定女方对性行为是一种同意的承诺,也就没有理由从婚姻关系出发否定强奸罪的成立。就王卫明强奸案而言,被告人王卫明两次主动向法院诉请离婚,希望解除婚姻关系,一审法院已判决准予被告人王卫明与钱某离婚,且双方当事人对离婚均无争议,只是离婚判决书尚未生效。此期间,被告人王卫明与钱某之间的婚姻关系在王卫明主观意识中实质已经消失。因为是被告人主动提出离婚,法院判决离婚后其也未反悔提出上诉,其与钱某已属非正常的婚姻关系。也就是说,因被告人王卫明的行为,双方已不再承诺履行夫妻间同居的义务。在这种情况下,被告人王卫明在这一特殊时期内,违背钱某的意志,采用扭、抓、咬等暴力手段,强行与钱某发生性行为,严重侵犯了钱某的人身权利和性权利,其行为符合强奸罪的主观和客观特征,构成强奸罪。上海市青浦县人民法院认定被告人王卫明犯强奸罪,并处以刑罚是正确的。[No. 4-236-17　王卫明强奸案]

△在婚姻关系正常存续期间,丈夫违背妻子的意志,采用暴力手段,强行与妻子发生性关系的,不构成强奸罪。①

无论是现行《刑法》,还是 1979 年《刑法》,对

① 我国学者指出,尽管夫妻之间在结婚时就暗含承诺互相满足对方性要求的义务,但是,此种义务的承担应以一般人认可的妥当方式进行。丈夫违背妻子意志使用暴力、胁迫等方式来使对方履行此种义务,难谓具有合理性。因此,丈夫可以构成强奸罪的行为主体。参见黎宏:《刑法学各论》(第 2 版),法律出版社 2016 年版,第 230 页。亦有学者指出,本罪所要保护的妇女性的自决权当然包括决定不与丈夫发生性行为的内容。参见周光权:《刑法各论》(第 4 版),中国人民大学出版社 2021 年版,第 35 页。

于丈夫能否成为强奸罪的主体都没有排除或者规定。在国外,某些国家的刑事立法明确规定,丈夫强奸妻子的不构成强奸罪。例如德国、瑞士刑法典就把强奸罪的对象限制为无夫妻关系的女性。在美国某些州,强奸罪仅仅是指男方未经不是他妻子的女方同意,使用暴力与其发生性关系的行为。

我国地域广阔、民族众多,不同地区、不同民族的风俗习惯不同,此类案件情况又往往比较复杂,不能简单地确定行为构成罪或者不构成罪,否则有悖于国情,不利于我国的法治建设。对丈夫强奸妻子案件的审理,应该依据《刑法》和《婚姻法》等有关法律规定,区分不同的婚姻状况以及行为人的暴力方式、方法,造成的危害后果等具体事实、情节,分别依法处理。其中,有的行为可以构成强奸罪;有的不构成强奸罪但可能构成其他相关的犯罪。

在白俊峰强奸案中,被告人白俊峰的行为不构成强奸罪,主要理由是:

1. 婚姻状况是确定是否构成强奸罪中违背妇女意志的法律依据。强奸罪是指以暴力、胁迫或者其他手段,违背妇女的意志,强行与其发生性交的行为。是否违背妇女意志是构成强奸罪的必备法律要件。虽然婚内夫妻两人性行为未必都是妻子同意,但这与构成强奸罪的违背妇女意志强行性交却有本质的不同。根据《婚姻法》的规定,合法的婚姻,产生夫妻之间特定的人身和财产关系。同居和性生活是夫妻之间对等人身权利和义务的基本内容,双方自愿登记结婚,就是对同居和性生活的法律承诺。因此,从法律上讲,合法的夫妻之间不存在丈夫对妻子性权利自由的侵犯。相反,如果妻子同意与丈夫以外的男子发生性关系却构成对合法婚姻的侵犯。所以,如果在合法婚姻关系存续期间,丈夫不顾妻子反对、甚至采用暴力与妻子强行发生性关系的行为,不属刑法意义上的违背妇女意志与妇女进行性行为,不能构成强奸罪。同理,如果是非法婚姻关系或者已经进入离婚诉讼程序,婚姻关系实际已处于不确定中,丈夫违背妻子的意志,采用暴力手段,强行与其发生性关系,从刑法理论上讲是可以构成强奸罪的。但是,实践中认定此类强奸罪,与普通强奸案件有很大不同,应当特别慎重。

2. 被告人白俊峰与姚××的婚姻关系合法有效。白俊峰与姚××之间的婚姻关系一方面是合法有效的,在案发前,虽然女方提出离婚,并经过村里调解,但并没有向人民法院或婚姻登记机关提出离婚,没有进入离婚诉讼程序。夫妻之间相互对性生活的法律承诺仍然有效。因此白俊峰的行为不构成强奸罪。[No. 4-236-18　白俊峰强奸案]

△在轮奸过程中,只要一人奸淫既遂,其他行为人即使奸淫未得逞,亦应认定为强奸既遂。

轮奸是指两个以上男子出于共同的奸淫认识,在同一段时间内,先后对同一妇女轮流实施奸淫的行为。轮奸是强奸罪加重处罚的法定量刑情形之一,它解决的仅仅是对行为人所要适用的法定刑档次和刑罚轻重问题。各行为人只要实施了轮奸行为,就应当对其适用相应的法定刑。犯罪未遂,仅是犯罪的一种未完成形态而已,轮奸并非独立的一罪,只是强奸罪的一种情形。因此,轮奸本身并没有独立的既遂、未遂问题,只有强奸罪的既遂、未遂问题。对轮奸中一人以上强奸既遂,一人以上未遂的情形,由于各行为人均实施了轮奸行为,故首先应对各行为人以强奸罪定罪并按轮奸情节予以处罚。由于轮奸是基于共同奸淫认识的共同实行行为,按照强奸罪中认定既遂未遂的一般原理,即只要实行犯强奸既遂的,对其他共犯都应按强奸既遂论。但是对其中帮助犯、从犯,应当依法从轻或减轻处罚。

就许哲虎强奸案而言,被告人许哲虎伙同他人违背妇女意志,实施了轮流奸淫妇女的行为,其中一人既遂,二人未遂,从共同犯罪的形态看,对三人均应以强奸既遂论,且须按轮奸情节确定所适用的法定刑。对个人奸淫未得逞的被告人许哲虎,由于其具有从犯这一法定从宽情节,同时又具有可酌定从轻处罚的情节,故依此决定对其予以减轻处罚,是符合罪刑相适应原则的。[No. 4-236-19　许哲虎强奸案]

△强奸罪的认定不能从被害妇女事前同意或有无反抗表示作为必要条件,只要明知妇女不同意而与之发生性关系的,即可认定为违背妇女意志,构成强奸罪。

在盛柯强奸案中,被害人有固定职业,根据其陈述,其在历史上有因卖淫被公安机关行政处罚的污点。因此,她知道卖淫是违法的,也是羞耻的,其当然不想让这种丑行在光天化日下进行,也不想让人知道她的这一隐私,更害怕他人告发而受到查处。当她拒绝盛柯提出的在公共场合发生性行为的要求而被盛柯打了一个耳光后,其行为上出现顺从是合乎逻辑的。作为一个卖淫者,她是处于被社会唾弃的处境,没有人会同情她或帮助她。因此,当时她是处于孤立无援、不易摆脱的境地,她是因恐惧、胆怯的心理而不敢反抗。至于被害人是否存有想在事后收取嫖资,是否是因被抢钱后才去报警这一疑点,笔者认为:可以排除。第一,当曹某某被打耳光以后,甚至二人发生性行为之后，曹某某从未提到要求付钱之事，被告人盛柯也对付钱之事只字不提。相反，他还强行夺去了曹某某的 160 元钱，以防止她逃跑。第二，证人证言也谈到其看见当时被害人逃跑时脸上的表情较为恐惧。据此，我们可以排除曹某某想在事后收取嫖资的可能，这也印证了曹某某当时是由于恐惧、胆怯而不敢反抗的事实。综上，本案以强奸罪定罪处罚，是正确的。[No. 4-236-20　盛柯强奸案]

△在强奸共同犯罪中，虽只有部分行为人完成强奸行为，但其他行为人在强奸中起到帮助作用的，应以共同强奸既遂论处。

在张某等强奸案中，张某、刘某、周某 A、周某 B 四人预谋由周某 A 将被害人马某骗出，通过灌酒的方式达到对其奸淫的目的，四人具有强奸的共同故意。此后，四人又按照分工由周某 A 将马某骗出，周某 A、周某 B、张某乘车到附近购买了避孕套，在吃饭时四人轮流对马某敬酒，并在此期间商定了强奸马某的先后顺序，随后周某 A 先行与马某自愿发生性关系，周某 B 强行与被害人马某发生性关系，而张某和刘某最终因故未能与马某发生性关系。可见，刘某和张某虽然最终未能按计划与马某强行发生性关系，但在整个犯罪的过程中二人都积极参与，起到了帮助和辅助的作用，因此，张某和刘某与两名案外人构成强奸罪，且属于共同犯罪。既然构成共同犯罪，虽然二人最终并未强行与被害人发生性关系，由于共同犯罪人之一的周某 B 构成强奸既遂，因此，张某和刘某也构成强奸罪既遂，而不是未遂或者中止，应当按照强奸既遂对其进行处罚。[No. 4-236-21　张某等强奸案]

△在共同强奸犯罪中，一人强奸得逞，其他人未得逞的，应当以全部既遂论，但不能认定为轮奸。

按照刑法的规定，轮奸是二人以上轮流强奸被害人的一种行为，因此，轮奸必定属于共同强奸犯罪的一种形式。但是构成共同强奸却并不一定构成轮奸。在一起共同强奸犯罪中，虽然有二人以上的行为人参与，但可能最终实施奸淫行为的只有一人，其他人可能是仅仅提供了犯罪的预备或者辅助工作。对后者虽然也要认定为强奸犯罪既遂，但却并不能因此而将其也认定为奸淫行为的实施者，进而认定其与完成奸淫的行为人构成轮奸。可见轮奸和其他共同强奸犯罪的重要区别就在于：轮奸共同犯罪应当具有两个或两个以上亲自实施完成了奸淫的行为人，而一般共同强奸犯罪则无需这种要求。

张某等强奸案是一起一般共同强奸犯罪，而不能适用轮奸这一法定加重处罚情节。在本案中，只有周志成一人亲自强制实施完成了奸淫行为，被告人张某某虽然企图实施强奸，但并没有得逞，他虽然也是共同强奸犯罪的既遂犯，但并没有完成奸淫行为；被告人刘某某则根本没有采取任何强制力准备与马某发生性行为，因此更谈不上奸淫行为。在只有周志成一人实施了奸淫行为的情况下，虽然本案被告人均可构成共同强奸犯罪，并都构成强奸犯罪的既遂，但对被告人张某某和刘某某不能适用轮奸这一法定加重处罚情节。由此可见，法院的裁判是正确的。[No. 4-236-22　张某等强奸案]

△多次强奸未成年女性，致其堕胎辍学，遭受严重精神打击的，应当认定为强奸罪中的造成其他严重后果。

周建军强奸案一审法院认定周建军的行为造成其他严重后果，并适用《刑法》第二百三十六条第三款第（五）项，对周建军判处有期徒刑十二年，二审法院支持了一审法院的判决结果。《刑法》第二百三十六条第三款是对犯强奸罪情节特别严重给予从重处罚的具体规定。其中该款前四项对具体行为作了明文规定，而在第（五）项中除规定了致使被害人重伤、死亡以外，还规定了造成其他严重后果的。在审判实践中，对造成其他严重后果的应如何理解，各地掌握不尽相同。本案被害人是一名正在读初中的花季少女，在被强奸后导致怀孕堕胎，不仅在身体上遭到重大伤害，在精神上同样遭到严重打击。案发后，因害怕别人叫她孩子母亲而不敢返回学校上学，甚至于不敢出门，经常是独自在家紧闭大门，或是闷闷不乐，或是以泪洗面，可见其精神上所遭受的巨大打击。综合全案分析，对周建军以“造成其他严重后果的”来认定并在十年以上处刑是符合立法本意的。[No. 4-236-23　周建军强奸案]

△在强奸案中，一人强奸既遂，其他行为人强奸未遂的，或者共同强奸未遂的，构成强奸罪，但不能认定为轮奸。

在林跃明强奸案中，被告人林跃明等人第一次强奸被害人的行为不构成轮奸。轮奸，是指两个以上男子在基于同一故意在共同强奸犯罪中，轮流奸淫同一妇女的行为。由于轮奸对被害人身心伤害更大，比单独实施强奸犯罪有着更为严重的社会危害性，故立法把轮奸作为强奸罪的加重情节，规定了更为严厉的法定刑。但是，轮奸的认定，不仅要出于刑法保护法益的目的，同时也要考虑到刑法保障被告人权益的使命，即不仅要体现刑法的保护功能，而且不能忽视刑法的保障功能。

由于强奸罪的实行行为是一种典型的复合行

为,即包括暴力、胁迫或者其他方法等制服被害人的强制行为和奸淫行为。如果将轮奸解释为共同强奸,那么只要两人以上男子共同实施强奸行为,即使未得逞,也构成轮奸。然而在这种情况下,被害人所受到的身心伤害与普通强奸相比,只存在量的差异,并没有质的差别,如果将此认定为轮奸,即将法定刑升格,将导致刑法过于突出保护功能,而忽视了保障功能。因此,应当将轮奸限制解释为轮流奸淫,即只有当出现两人以上轮流奸淫妇女的结果时,才成立轮奸,从而做到不枉不纵,更好地体现立法的初衷。[No. 4-236-24　林跃明强奸案]

△在非正常的婚姻状态下,即使双方属于合法的婚姻关系也不能阻却被告人成立强奸罪。

司法实务与理论界关于婚内无奸的理由是站不住脚的。其一,婚姻的合法性不等于性行为的合法性。其二,夫妻性关系是一种平等、对应的权利义务关系,建立在平等基础上的性权利自然排斥另一方以不平等乃至暴力方式实现权利之可能,任何一方不情愿地屈从自己的意志被迫履行性义务,都违反了性权利平等原则。其三,秩序的稳定总是相对的,稳定中的量的变化总是在持续地进行:当一种秩序的存在需要牺牲社会上一半人的权利的时候,该秩序存在的合理性便值得我们怀疑了。而且,还必须看到隐藏在秩序背后更为可怕的危机,如:家庭的破裂、杀夫惨案的发生或者是对女性权利更为肆虐的侵犯和剥夺等,而这些必将成为社会秩序稳定的隐患。如果妻子坚持控告丈夫婚内强奸,说明婚姻在提起控诉前就已经丧失了它的生命力,家庭因此应该解体,这是婚内强奸行为本身破坏了家庭和社会的稳定,而不应将此归咎于妻子。以牺牲妻子的合法权益为代价来维护"家庭和社会的稳定",这是典型的性别霸权主义。其四,取证困难不能成为否定婚内强奸的理由。其五,"强奸"中的"奸"字的含义是"性交"。"强奸"的违法性并非体现在"奸"字上,而是体现在"强"字上,违背妇女意志,强行性交是强奸罪的本质特征。我国刑法关于强奸罪的规定并没有将丈夫排除在强奸罪的主体之外。[No. 4-236-29　孙金亭强奸案]

△参与轮奸的行为人因自身原因未能与被害人发生性关系的,成立强奸未遂,比照既遂犯从轻、减轻处罚。

一般共同犯罪理论中判定共同犯罪完成的标准确实是只要一人既遂,则应认定全部行为人均既遂。特别是结果犯,一个共犯的行为造成该犯罪结果的发生,整个犯罪就构成既遂。但就行为人而言,各共犯行为具有独立性,一个实行犯的既遂、未遂并不意味着其他实行犯的既遂、未遂。轮奸的参与人都应为实行犯、亲手犯。行为人与被害人在分别发生性关系时,具有独立性、不可替代性,因此,在轮奸中各被告人的行为并不完全符合共同行为的特征。各共犯只有在自己的行为符合具体犯罪构成时才能构成强奸既遂。[No. 4-236-30　玄某、刘某等强奸案]

△火车卧铺车厢是服务大众的活动场所,符合公共场所的特征,在火车卧铺车厢实施强奸行为符合"在公共场所强奸"的加重构成。

公共场所是与私人场所相对而言,是指人群经常聚集、供公众使用或服务于人民大众的活动场所。它的特点是:人员相对集中,相互接触频繁,流动性大。在公共场所当众强奸妇女的所谓"当众"是指能为不特定的三人以上所见的情形。吴玉滨强奸、猥亵儿童案犯罪地点是在火车卧铺车厢,是服务大众的活动场所,符合公共场所的特点。吴玉滨强奸、猥亵儿童案虽然发生在凌晨时分,旅客多在睡觉,但同格卧铺有旅客看到犯罪行为的实施过程,并出具了相关证言,可以看出,犯罪行为是能为不特定的三人以上所见到。同格卧铺旅客包括被害人共有六人,被害人在下铺,同格卧铺其他旅客要想看见犯罪行为是很轻而易举的,路过旅客也可能看到,即众人是能够看见犯罪行为的。但众人是否看见,并不是法律所明确要求的,即法律并不是规定"在公共场所当众看见"。本案同格卧铺"众人"是完全可以看见的,也就是说本案对罪犯实施犯罪行为是具有"公然性"的。从《刑法》第二百三十六条、第二百三十七条规定的"在公共场所当众强奸妇女"的加重情节的立法目的上来看,就是要惩戒犯罪人无视公共影响的胆大妄为。本案具有"在公共场所当众"的公然性特征,既揭示犯罪人主观的重大恶性,又对被害人的身心造成了严重损害,所以,应依据《刑法》第二百三十六条、第二百三十七条的规定对犯罪人予以严惩。[No. 4-236-31　吴玉滨强奸、猥亵儿童案]

△行为人出于奸淫目的而实施暴力手段导致被害人死亡的,应以强奸致人死亡论处。

强奸犯罪行为通常是一种复合行为(奸淫幼女、精神病患者或程度严重的智障者除外),即包括手段行为和目的行为。手段行为(暴力、胁迫或者其他使被害人不能反抗的行为)是强奸罪客观构成要件中必不可少的行为要素,手段行为和目的行为(奸淫行为)共同构成了完整意义上的强奸行为。行为人为制服被害人反抗,便于实施奸淫,而故意对被害人加害,这种故意加害行为在性质上仍属于手段行为,应与出于报复、灭口等动机而对被害人故意伤害、杀害的行为区别开来。在李振国故意杀人、强奸案中，李振国预谋强奸，被发现后先采用暴力致被害人昏迷而后又实施奸淫行为，无证据证明李振国有报复、灭口等强奸意图之外的动机，鉴定意见证实被害人系被他人用质地较硬的钝器打击头部致严重颅脑损伤死亡，即被害人死亡的结果系强奸犯罪的手段行为所致，符合强奸致人死亡的情形，不应以故意杀人罪、强奸罪数罪并罚。[No. 4-236-32　李振国故意杀人、强奸案]

△使用足以致人伤亡的暴力手段实施强奸，导致被害人死亡的，应认定为强奸致人死亡。

首先，强奸行为人使用暴力或者其他手段对被害人进行加害，其目的是压制被害人的反抗，使其奸淫得逞。因此，通常情况下，行为人不会采用足以致死的暴力或者其他手段，先杀死被害人与后实施奸淫行为在逻辑上存在一定矛盾。但是，如果行为人使用的暴力或者其他手段并未立刻导致被害人死亡，则行为人完全可以在被害人丧失反抗能力但未死亡时实施奸淫行为，此时先实施的手段行为与后实施的目的行为并不矛盾。其次，《刑法》将强奸"致使被害人重伤、死亡"的情形规定为强奸罪的加重犯，意味着立法上已将足以致使他人伤亡的暴力或者其他手段纳入强奸罪的范畴。与抢劫、绑架等犯罪一样，强奸罪也是典型的复合行为犯，即由数个相对独立的行为复合而成的犯罪形态。强奸罪包括手段行为和目的行为，手段行为即使用暴力、胁迫或者其他手段压制被害人反抗的行为，目的行为即行为人对反抗能力被抑制的被害人实施奸淫的行为，二者共同构成了完整意义上的强奸行为。《刑法》规定的强奸"致使被害人重伤、死亡"，既包括目的（奸淫）行为导致被害人重伤、死亡的情形，也包括手段行为导致被害人重伤、死亡的情形。前者主要指因强奸妇女、奸淫幼女导致被害人性器官严重损伤，或者造成其他严重伤害，甚至当场死亡或者因治疗无效死亡等情形；后者主要指因对被害人实施殴打、勒颈、麻醉等行为致被害人重伤、死亡。从行为人的主观心态分析，其对致被害人重伤、死亡的结果可能出于过失，也可能出于间接故意，个别情况下不排除行为人具有直接故意。如行为人明知注射过量麻醉药会致人死亡，为奸淫被害人而对其进行过量注射，并在其死亡前实施奸淫，此时行为人采取的麻醉手段兼具压制反抗和灭口的性质，对死亡结果持直接故意的心态。值得注意的是，一般情况下手段行为实施在前，目的行为实施在后，但在强奸行为达到既遂后实施完毕前行为人仍有可能使用暴力或者其他手段持续压制被害人的反抗，使其强奸行为得以完成。此时行为人使用的暴力或者其他手段与目的行为并存，并且服务于目的行为，故仍属强奸罪的手段行为，由此造成被害人伤亡的，属于强奸罪的加重犯。例如，行为人在奸淫被害人时为阻止其呼救，持续捂压其口鼻致被害人死亡，构成强奸罪的加重犯。

在李振国故意杀人、强奸案中，被告人李振国预谋入室强奸，被被害人李某发现后将李某打昏，而后实施奸淫行为。鉴定意见证实李某系被质地较硬的钝器打击头部致严重颅脑损伤死亡，李某死亡的结果系强奸罪的手段行为导致，行为人对被害人死亡的结果持间接故意心态，属于《刑法》规定的强奸致人死亡的情形，不应再认定为故意杀人罪。[No. 4-236-33　李振国故意杀人、强奸案]

△共同犯罪人未经共谋在不同地点先后强奸同一被害人的，不构成轮奸。

在我国刑法中，轮奸的法律性质有两个方面的特征：其一，轮奸是强奸罪的共同犯罪形态，需要依照共同犯罪的构成要件加以判断，同时轮奸还是强奸罪的共同实行犯的唯一形式，即每个共同犯罪人均应是实行犯；其二，轮奸是强奸罪的加重处罚事由。轮奸情节的认定应当符合以下两方面的标准：(1)主观要件。各共同犯罪人必须具有共同实行犯罪的故意，各共同犯罪人的行为在他的支配下成为一个统一整体，即均有共同实施强奸的故意；(2)客观要件。各共同犯罪人必须实行同一犯罪构成客观要件的行为，即均对同一对象实施了强奸，并且行为人的行为在时间、空间上是有联系的，或相互补充、或相互协助，与犯罪结果之间都存在因果关系。

在李明明强奸案中，李明明和楚海洋主观上未有强奸孙某的共同故意。李明明在返回途中将孙某强奸，楚海洋并不知情，也不能认定楚海洋在强奸孙某之后，其还知晓李明明此后还会强奸孙某，故李明明强奸孙某的故意超出了此前其和楚海洋分别强奸陈某和孙某的共同故意界限。李明明和楚海洋的行为不具备成立轮奸的时空要件。行为人的行为必须与轮奸的结果之间具有因果关系。换言之，因各共犯的行为紧密相连，相互协助或者相互补充，对轮流奸淫行为的完成具有原因力，故而行为人既要对自己直接实施的奸淫行为与结果承担责任，也要对共同故意涵盖范围内其他共同实行犯的奸淫行为承担责任。李明明的送返行为割断了此前的共同犯罪和此后李明明强奸孙某的行为在时间、空间上的联系。楚海洋未与李明明进行过共谋，主观上不知晓李明明在送二被害人回家途中的行为，客观上未参与，亦未对李明明的继续强奸起到任何协助作用。李明明之后的行为与楚海洋、李明明二人之前的共同犯罪行为已无任何关联。因此本案中李明明的行为不构成轮奸。[No. 4-236-42　李明明强奸案]

△以胁迫或其他手段长期强行奸淫幼女多名,导致幼女身心健康遭到严重损害的,应当认定为罪行极其严重,应判处死刑立即执行。

近年来,以不满十四周岁的幼女作为犯罪对象的强奸罪在司法实践中时有发生。在此类奸幼型强奸案件中,部分案件没有出现被害人重伤、死亡的危害后果,但存在行为人长期奸淫多名幼女、对幼女使用胁迫手段、严重损害幼女身心健康等情节。此类案件是否属于"罪行极其严重",如何把握死刑适用标准,司法实践中认识不一致。笔者认为,判断奸幼型强奸案件是否达到"罪行极其严重"的死刑适用标准,应当依照刑法、司法解释的相关规定并结合司法审判经验,根据具体案件的事实、犯罪性质、情节和社会危害程度,着重从侵害对象、侵害人数、侵害次数或者持续时间、作案手段、危害后果等方面综合分析判断。

从侵害对象看,一般来说,幼女年龄越小,身体发育越不成熟,受到的伤害越大,故对被告人的惩罚相应也应越严厉。从侵害人数看,强奸罪侵害的人数越多,则罪行越严重。对于奸幼型强奸案件,侵害人数达到三人以上的,应在"十年以上有期徒刑、无期徒刑或者死刑"的量刑档次内从重量刑。是否适用死刑,应从奸淫的幼女人数、强奸既遂人数、作为实行犯强奸的人数等方面具体分析。从侵害手段看,奸淫幼女犯罪的成立,不要求行为人采取特定手段,也不论幼女是否自愿,只要行为人明知是不满十四周岁的幼女而与其发生性关系的,都应当以强奸罪论处。如果采取暴力、胁迫手段奸淫幼女,或者当着幼女亲属、熟人的面奸淫幼女,或者使用残酷、变态手段奸淫幼女的,一般都应当作为强奸罪的酌定从重处罚情节考虑。从危害后果看,对于奸幼型强奸案件来说,即使没有出现幼女重伤、死亡后果,但随着被害人年龄增长,被强奸的经历将长期、严重地损害其身心健康,给幼女造成严重的心理创伤,留下挥之不去的心理阴影。其危害性主要表现在:一是由于行为人违背幼女意志,强行与幼女发生性行为,直接侵害了被害人的身心健康、性羞耻心理。二是在行为人以揭发隐私的胁迫手段长期奸淫幼女的情况下,幼女整日生活在担心"丑闻败露"的恐惧之中,不敢违抗行为人的意愿,也不敢将遭受强奸之事告诉任何人,承担着巨大的心理压力。三是幼女在今后的生活中,受到亲属的责骂以及来自社会的嘲讽、歧视后,会产生深深的自责心理和负罪感,极端情况下可能导致自杀,或者产生"破罐破摔"心理,不再珍惜自己的名誉、家庭,或者对男性产生仇视、报复心理,成为潜在的犯罪人。因此,在对奸幼型强奸案件决定是否适用死刑时,要特别重视被害人遭受的心理创伤程度,全面、客观地评价强奸罪行是否属于"罪行极其严重"。

在淡某甲强奸、猥亵儿童案中,被告人淡某甲从1989年至2008年案发期间,采取引诱、胁迫等手段多次对幼女黎某某、蒙某甲、淡某乙、蒙某乙实施猥亵、奸淫,对幼女周某某奸淫一次,多次对幼女淡某丙实施猥亵,可以认定淡某甲强奸妇女、奸淫幼女的次数非常多、持续时间特别长。被害人的身心健康因淡某甲的长期奸淫而受到严重摧残。综上所述,被告人淡某甲人格极其卑劣,主观恶性极大,所犯强奸罪行极其严重,依法应当判处死刑立即执行。[No. 4-236-43　淡某甲强奸、猥亵儿童案]

△被害人无明显反抗行为或意思表示不能当然推定被害人对性行为表示同意。明知被害人处于醉酒状态,利用其不知反抗、不能亦不敢反抗的状态与被害人发生性关系的,属于违背妇女意志强行发生性关系,构成强奸罪。

违背妇女意志,是指未经妇女同意而强行与之发生性交的行为。判断是否违背妇女意志,关键要看妇女对发生性行为是否同意,至于妇女表示同意是发生性交之前还是性交过程中,均不影响同意的成立。但女方无明显反抗行为或反抗意思表示时,不得据此推定为默示状态下的不违背妇女意志。笔者认为,对妇女是否同意不能以其有无反抗为标准。由于犯罪分子在实施强奸时的客观条件和采用的手段不同,对被害妇女的强制程度也相应地有所不同,因而被害妇女对犯罪行为的反抗形式和其他表现形式也会各有所异,有的因害怕或精神受到强制而不能反抗、不敢反抗或不知反抗。因此,不能简单地以被害妇女当时有无反抗意思表示,作为认定其是否同意的唯一条件。对妇女未作反抗或者反抗表示不明显的,要通观全案,具体分析,综合认定。一般而言,可以从案发时被害妇女的认知能力、反抗能力以及未作明确意思表示的客观原因等方面进行判断。在孟某等强奸案中,被害人因为醉酒已失去了正常的分辨能力和认知能力,不能正确认知自身处境,不能正确表达内心真实意愿,其间可能对被告人的一些言行产生错误的理解和反应,但不应据此认定被害人对被告人要求发生性行为默示同意。被害人在到达案发现场前后,因醉酒对自身所处的环境、状况以及可能遭遇的危险并不能正确认知;在案发过程中神情呆滞伴有哭泣;在案发清醒后立即报案。这些情况可以证实被害人在心理上对性行为的发生并非持有自愿认可的态度。被害人之所以未作明确意思表示，是因为客观上不具备明确表达不同意的条件。[No. 4-236-44　孟某等强奸案]

△在性侵幼女案件中，在认定行为人是否明知对方年龄上，应贯彻对幼女的最高限度保护和对性侵幼女的最低限度容忍原则，除非辩方有确凿的证据能证明行为人不明知，一般可以推定行为人明知对方系幼女。

为贯彻特殊保护幼女的刑事政策，司法机关在对被告人是否明知女方系幼女认定上应该宽松掌握。一方面，《最高人民法院、最高人民检察院、公安部、司法部关于依法惩治性侵害未成年人犯罪的意见》并没有借鉴英美刑法中的严格责任，还是恪守大陆刑法中的责任主义原则，要求行为人对幼女主观上需要明知对方系幼女。另一方面，幼女身心、智力发育都不成熟，性防卫能力较低，该意见贯彻的指导思想就是对幼女的最高限度保护和对性侵幼女的最低限度容忍。为了平衡责任主义和对幼女的特殊保护，针对性侵未满十二周岁的幼女，该意见第十九条实际上采取了对行为人明知幼女的推定原则；针对已满十二周岁未满十四周岁的幼女，司法机关在认定被告人是否明知女方系幼女认定上应该宽松掌握。控方只要能证明被告人可能知道对方系幼女，即可认定被告人主观上明知对方系幼女。对辩方提出的不明知对方系幼女的辩解理由，除非有确切的证据证明行为人确实不知道对方系幼女，才可以采纳。[No. 4-236-45　刘某某强奸案]

△二人以上基于共同的强奸故意先后对同一被害人实施强奸行为，无论是否得逞，均应认定为具有轮奸情节，且均成立强奸既遂。

二名以上行为人只要基于共同的强奸故意，在同一段时间先后对同一被害人实施强奸行为的，就应当依法认定为具有轮奸情节；各行为人的强奸行为是否得逞，并不影响对各行为人具有轮奸情节的认定。在张甲、张乙强奸案中，被告人张甲和张乙二人达成强奸被害人杨某的通谋，并对被害人杨某轮流实施强奸行为，虽然张乙的行为未得逞，但并不影响对二被告人具有轮奸情节的认定。

根据共同犯罪“一人既遂，全体既遂”的基本原理，只要共同行为人中有一人的犯罪行为得逞，各共同行为人的犯罪行为均应认定为犯罪既遂，部分行为人的强奸行为未得逞，不影响犯罪既遂的认定。当然，如果共同行为人的强奸行为均未得逞，则应当认定所有行为人的犯罪形态为未遂。本案中，被告人张甲和张乙共同实行强奸被害人的行为，其中张甲得逞，张乙未得逞，但二被告人的行为依法均应认定为强奸犯罪既遂。[No. 4-236-34　张甲、张乙强奸案]

△二人以上共同实施强奸行为，未得逞的一方并不一定认定为强奸罪的从犯，而应当根据其在共同犯罪中的具体分工、地位、作用实际参与程度综合认定主从犯。

对从犯的认定，应当根据犯意的形成、犯罪的共谋、是否参与了全部犯罪活动、是否实施了实行行为、实行行为在整个犯罪构成要件中的关键程度和所起的作用、危害后果的发生与其实行行为的关联程度、分赃情况等因素综合审查。

在同案犯都是实行犯的案件中，对主、从犯的认定应当综合考虑以下因素：

首先，应当审查行为人是否是犯意提起者，即考查行为人是否造意犯。如果是，具体又分以下三种情况处理：(1)行为人提出犯意并参加了具体犯罪实行行为的，一般不认定为从犯。(2)行为人提出犯意，但并未参加具体犯罪的实施，具体犯罪是由其他具有完全刑事责任能力的人独立实施完成的，应当根据其提出的犯意对实施犯罪者的影响大小来处理。如果实施者之前并无犯罪意图，经行为人提出犯意后才萌生犯意的，则行为人的犯意发起在共同犯罪中起主要作用，一般不应认定为从犯。(3)如果实施者原本就有犯罪意图，行为人提出的犯意对实施者实施犯罪的决意影响不大，且之后行为人未参加具体犯罪的，可以认定为从犯，但集团犯罪的首要分子或者有组织犯罪中的组织犯除外。

其次，考查各实行犯在案件中的具体分工、地位、作用。对各实行犯具体分工的考查，指的主要是考查具体行为与犯罪构成客观方面的关联程度。关联越紧密的，认定从犯的可能性就越小。

对各实行犯地位的考查，指的主要是考查行为人在共同犯罪中是指挥还是听命于其他同案犯。如果其行为系受其他同案犯指挥，则认定其为从犯的概率较大；相反，如果其是指挥他人作案，原则上不应认定为从犯；如果行为人之间没有指挥与被指挥的关系，则一般按其在犯罪中的分工及其行为造成的后果认定主、从犯。

对各实行犯作用的考查，指的主要是考查行为人的具体行为与犯罪后果之间的因果关系。行为人的分工一般与犯罪后果有关联。比如，行为人不直接实施犯罪构成行为的，其行为与犯罪后果的关联程度一般要小于直接实施犯罪构成行为的行为人。因此，具体行为与犯罪后果之间的因果关系往往是认定主、从犯的重要因素。

再次，考查各实行犯在案件中的活跃程度。行为人在案件中的积极活跃程度也是认定主、从犯的因素之一。有的行为人虽然不是造意犯，但在犯罪过程中表现十分积极，也不宜认定为从犯。

最后，考查各实行犯参与犯罪过程的时间长短。行为人参与案件过程的长短也可作为认定主、从犯的因素。在同一案件中，甲参与了共谋、踩点、准备作案工具、实施具体犯罪、销毁赃物等全过程，乙只参与了该案的某一阶段，在甲、乙分工、地位、作用相当的情况下，如果该案确实需要区分主、从犯，则参与案件过程较短的乙一般可以认定为从犯。

在张甲、张乙强奸案中，被告人张乙首先提出强奸杨某的犯意，被告人张甲表示同意，之后二人商定轮流强奸被害人杨某的具体分工和细节。之后，张乙独自将杨某骗至其出租屋，并且先对杨某实施强奸行为，此时，张乙的行为已经完成了强奸罪的构成要素。在共同犯罪过程中，张乙系犯罪意图的提出者，且系其将杨某骗至案发地，并率先实施了强奸行为，因此，其在共同犯罪中所处的地位和作用并不比张甲小，其参与犯罪的环节比张甲多，参与犯罪的过程比张甲更为完整。虽然张乙最终因为杨某奋力反抗，没有完成强奸行为，但其先前实施的暴力强奸行为使杨某的反抗能力在一定程度上减弱，从而使张甲得以顺利完成强奸行为。从这一角度分析，杨某最终被张甲强奸的后果，是张乙与张甲二人共同行为所致。基于上述分析，本案二审法院基于张乙的犯罪行为与犯罪后果无直接因果关系而将张乙认定为从犯，值得商榷。

综上，在轮奸犯罪案件中，虽然未得逞者的强奸行为对被害妇女或者幼女的身心健康直接造成的危害程度低于已得逞者，但对未得逞者是否认定为从犯，应当结合案件实际情况，综合未得逞者在案件中的分工、地位、作用、实际参与程度等多方面因素予以全面分析，不应仅仅从其是否完成自身的强奸行为进行片面认定。[No. 4-236-35 张甲、张乙强奸案]

△行为人实施强奸行为后离开现场，其他帮助犯起意轮奸同一被害人的，离开的行为人不成立轮奸。

轮奸是指两名以上男子基于共同强奸犯罪的故意，对同一妇女分别实施强奸行为。轮奸是法律明确规定的一种强奸罪的加重情节，而非独立的一种犯罪。轮奸必须同时具备以下条件：一是各行为人具有共同强奸的犯意联络，即不仅自己具有实施强奸的故意，而且明知其他行为人也具有实施强奸的故意；二是必须是对同一被害人先后实施强奸行为。在苑建民、李佳等绑架、强奸案中，被告人李佳对被害人许某实施强奸行为完毕后即离开现场，不应认定其具有二人以上轮奸的加重情节。

共同犯罪行为人必须对共同犯罪具有故意，如果各犯罪行为人并无共同犯罪故意的认识因素和意志因素，也缺少相互协同实施特定犯罪行为的意思沟通，则不构成共同犯罪，行为人仅对自己实施的犯罪行为承担刑事责任。

本案中，李佳提出其意欲对被害人许某实施强奸时，苑建民等人表示同意，并把其他两位被害人叫离，为李佳强奸许某提供方便。从这个角度而言，苑建民等人对李佳实施强奸行为在主观上明知且达成合意。然而，李佳此时并不知道苑建民、王连军之后会对许某实施强奸，其在强奸行为实施完毕后即离开现场，其间没有与苑建民、王连军就分别实施强奸许某的行为进行意思沟通。苑建民、王连军的强奸故意是李佳离开现场后形成的，其对同一被害人许某实施的强奸行为，李佳并不知情。因此，李佳没有与他人实施轮奸的共同故意，仅需对自己实施的强奸行为负责。

需要指出的是，本案被告人李佳不构成轮奸，但不影响对被告人苑建民、王连军构成轮奸的认定。即便在李佳离开现场后，只有苑建民一人对被害人许某实施强奸，也同样应当认定苑建民构成轮奸。因为苑建民为李佳实施强奸提供帮助的行为，已经构成强奸罪的共犯，之后又单独实施强奸行为，完全符合轮奸的认定条件。[No. 4-236-36 苑建民、李佳等绑架、强奸案]

△行为人明知中间人系使用暴力胁迫手段迫使被害人同意与其发生性关系的，成立强奸罪，中间人成立强奸罪的共犯。

强迫卖淫罪与强奸罪共犯(即帮助犯)易发生混淆。强迫卖淫罪是迫使他人向不特定人员提供性服务以牟利的行为，行为对象不限于妇女(幼女)，还包括男子；强奸罪的帮助犯是帮助实行犯排除妨碍或者不利条件，便于实行犯完成奸淫妇女(幼女)行为。两者的主要区别在于：

在强迫妇女卖淫的情况下，嫖客与强迫妇女卖淫者之间没有犯意联络，嫖客主观上是通过支付金钱财物换取性服务，没有强行与他人发生性关系的犯罪意图，客观上没有强行实施性行为；而强迫者一般具有通过被控制妇女的卖淫行为营利的目的，客观上对妇女实施暴力、胁迫是为了迫使妇女答应从事卖淫活动，嫖客与强迫者的主观故意内容和实施的行为相对独立，不构成共同犯罪。多数情况下，被迫卖淫的妇女与他人发生性行为时具有表面“同意”的特征，且被迫卖淫的对象具有人数多、不特定的特征，卖淫行为具有持续性。

在帮助实行犯强奸的情况下，实行犯主观上

具有强行与妇女发生性关系,或者明知被害人是幼女而与其发生性关系的犯罪意图,帮助犯对此情况亦知晓,但仍对被害妇女施以强制,或者对被害幼女施以介绍、引诱、欺骗等行为,目的在于为实行犯实现奸淫行为扫除障碍或者提供便利,帮助犯与实行犯之间有犯意联络,客观上促成了奸淫行为的实施,故属于共同强奸犯罪。在帮助实行犯强奸的场合,帮助犯的帮助对象是特定的,一般是威逼利诱妇女、幼女与特定对象发生性关系,即使实行犯给予帮助犯一定金钱财物作为"酬劳",但收取金钱财物并非必要条件,有别于强迫卖淫中迫使被害人与不特定人员发生性关系必然存在金钱财物对价,且强迫卖淫者通常以此作为相对稳定的牟利手段。

在卓智成等强奸案中,被告人卓智成为满足淫欲,以提供金钱财物为诱饵指使被告人周某、钱志等人为其物色未成年少女特别是处女,其中,明知周某等人殴打、威胁被害人黄某、陈某而仍与其发生性关系,明知被害人刘某系幼女,仍先后对三被害人实施奸淫,其行为构成强奸罪。黄某、陈某、刘某均为在校女中学生,与卓智成发生性关系系被迫,并不是为了以此换取金钱财物,卓智成主观上也并非出于"嫖宿"目的,故虽然其事后给予周某、钱志等人一定钱款,但不能认定为"嫖资",其行为也不属于"嫖宿"。被告人周某、钱志为牟取物质利益,根据被告人卓智成的授意和要求,积极为卓智成物色在校少女供卓智成奸淫,并在三被害人不同意的情况下,以言语威胁、实施暴力等强制手段为卓智成的奸淫行为扫清障碍,使得强奸行为最终都得以顺利进行。故周某、钱志的行为完全符合强奸共犯的特征,均构成强奸罪。周某、钱志并非强迫三被害人与不特定的人发生性关系以牟取利益,故不构成强迫卖淫罪。周某另有一起单独强奸刘某的事实。因此,法院依法以强奸罪追究三被告人的刑事责任,定性是准确的。［No. 4-236-38　卓智成等强奸案］

△与幼女有共同家庭生活关系的人多次奸淫幼女致其怀孕的,可以认定为奸淫幼女情节恶劣。

《最高人民法院、最高人民检察院、公安部、司法部关于依法惩治性侵害未成年人犯罪的意见》第二十五条规定:"针对未成年人实施强奸、猥亵犯罪的,应当从重处罚,具有下列情形之一的,更要依法从严惩处:(1)对未成年人负有特殊职责的人员、与未成年人有共同家庭生活关系的人员、国家工作人员或者冒充国家工作人员,实施强奸、猥亵犯罪的……"可见,有"共同家庭生活关系"的人对幼女实施强奸、猥亵犯罪的,是应当从重从严处罚的情节之一。如此规定,主要是考虑到此类人员对未成年人实施性侵害犯罪,严重挑战社会伦理道德底线;同时,此类人员具有接触未成年人的便利条件,实施性侵害行为更为隐蔽,一般人难以发现,持续时间通常更长,未成年被害人更难以抗拒和向有关部门揭露,社会危害更大。与幼女具有"共同家庭生活关系",顾名思义,也就是与幼女具有在一个家庭中共同生活的关系。而所谓"家庭",一般认为是指在婚姻关系、血缘关系、收养关系等基础上产生的,共同生活的人们所构成的社会生活单位,是具有血缘、婚姻、收养等关系的人们长期居住的共同群体。实践中,考察是否具有"共同家庭生活关系",应当立足家庭的概念,准确把握"共同家庭生活关系"内涵中具有的"质"和"量"的要求。从"质"上来说,需要形成实际上的共同生活关系,如事实上的抚养关系、监护关系等;从"量"上来说,需要具有共同生活的长期性、确定性和稳定性,如果仅有几次的共同居住或者较短时间的共同居住就不属于这里所指的"共同家庭生活关系"。

在谈朝贵强奸案中,被告人谈朝贵和被害人廖某的母亲孙某是男女朋友关系,二人虽然未办理正式结婚手续,不是合法夫妻,但是二人从2011年7、8月至2012年8月这一期间同居,廖某跟随孙某共同生活,也与谈朝贵在同一住所共同居住,这种共同的生活单位实质上形成了家庭关系。谈朝贵在这种较长时间稳定的共同生活期间,与廖某形成了事实上的抚养关系,即与廖某具有了共同生活关系。因此,无论从"质"上还是"量"上,谈朝贵均属于与廖某具有"共同家庭生活关系"的人。

《刑法》第二百三十六条第三款规定:"强奸妇女、奸淫幼女,有下列情形之一的,处十年以上有期徒刑、无期徒刑或者死刑:(一)强奸妇女、奸淫幼女情节恶劣的;(二)强奸妇女、奸淫幼女多人的;(三)在公共场所当众强奸妇女的;(四)二人以上轮奸的;(五)致使被害人重伤、死亡或者造成其他严重后果的。"其中,对于第(二)项至第(四)项加重处罚情节,《刑法》规定较为明确,而对奸淫幼女致幼女怀孕,是否可以认定为第(五)项规定的"其他严重后果",或第(一)项规定的"情节恶劣",由于《刑法》没有明确,相关司法解释亦未规定,各地法院理解掌握的标准不尽相同。奸淫幼女造成幼女怀孕,确实会给被害人造成很大的身心创伤,影响幼女的健康成长。但同时还要看到,怀孕系强奸的附随后果,且发现怀孕的阶段及采取干预措施的不同,对被害人身心伤害大小存在很大差异,严重程度也有很大区别,不同情况下的严重程度与刑法所明确列举的应当判处十年以上有期徒刑的情形并不是完全相当。如果不加以区分,一概将奸淫幼女致其怀孕解释为"其他严重后果”，未免失之于绝对，同时也违反了罪责刑相适应原则。

《最高人民法院、最高人民检察院、公安部、司法部关于依法惩治性侵害未成年人犯罪的意见》第二十五条从特殊身份犯罪主体、特定犯罪场所、危害性大的犯罪手段及行为、特别弱势犯罪对象、相对严重犯罪后果、被告人有性侵前科劣迹等方面，对强奸、猥亵未成年人犯罪的一些酌定从严处罚情节作了明确。该条第(六)项规定，造成未成年被害人怀孕等后果的情形，是“更要依法从严惩处”的情形之一。因此，根据上述规定，如果单纯就奸淫幼女致其怀孕来说，该种情况属于“更要依法从严惩处”，但并不意味着一定要加重处罚，在何种情况下加重处罚，应当根据案件的具体情况判断，原则上应当与《刑法》第二百六十三条第三款第(二)至第(四)项所列情节严重性相当。并不是说，只要奸淫幼女致其怀孕，并同时具有前述意见第二十五条所列的某一项情节，就必然认定为“情节恶劣”。本案中，被告人谈朝贵多次趁与廖某单独相处之机，对廖某实施奸淫，严重挑战社会伦理道德底线，同时，谈朝贵对廖某多次实施奸淫，持续时间长，其行为社会危害性大，社会影响特别恶劣。谈朝贵的行为不但造成廖某怀孕，且同时符合前述意见第二十五条第(一)项规定的“与未成年人有共同家庭生活关系的人员”实施强奸犯罪和第(五)项规定的“多次实施强奸”的两种“更要依法从严惩处”的情形，可以认定为属于“情节恶劣”。[No. 4-236-39　谈朝贵强奸案]

△已满十六周岁的未成年人与幼女在恋爱过程中发生性关系的，成立强奸罪，但可以宣告缓刑。

《最高人民法院关于审理未成年人刑事案件具体应用法律若干问题的解释》(法释〔2006〕1号)第六条明确规定：“已满十四周岁不满十六周岁的人偶尔与幼女发生性行为，情节轻微、未造成严重后果的，不认为是犯罪。”《最高人民法院、最高人民检察院、公安部、司法部关于依法惩治性侵害未成年人犯罪的意见》第二十七条再次重申了上述原则。由此可见，司法机关在处理青少年之间自愿发生性关系问题上，一直坚持适度介入、慎重干预的刑事政策。在适用前述意见第二十七条的相关规定，对未成年人与幼女在正常交往过程中自愿发生性关系，在确定罪与非罪的界限时，应当注意把握以下三点：

其一，行为人一般应当处于已满十四周岁不满十六周岁的年龄阶段。基于特别保护不满十四周岁幼女身心健康的立场，对与之自愿发生性关系不以犯罪论处的范围应当严格把握，不能放得过宽。而已满十四周岁不满十六周岁系刑法确定的相对负刑事责任年龄界限，故对不以犯罪论处的主体范围掌握在此年龄段较为妥当。笔者认为，不宜机械地以十六周岁为界限，对十六周岁前的行为不以犯罪论处，而对刚满十六周岁以后实施的行为即以强奸罪论处。但对于已满十六周岁的未成年人实施类似行为的案件认定不构成强奸罪，相对于不满十六周岁的人，在把握上应当更为严格。

其二，行为人应当是与年龄相当的幼女在正常交往、恋爱过程中基于幼女自愿而与之发生性关系。对于行为人使用暴力、胁迫或者诱骗等手段奸淫幼女的，即使其不满十六周岁，对其也不宜排除在刑事处罚范围之外。对于不满十六周岁的未成年人与幼女之间的年龄究竟相差几岁才能认定为双方年龄相当，各国规定不一。笔者认为，此处适当的年龄差距限定在四周岁左右相对较为合理。举例而言，已满十四周岁的男方与不满十周岁的幼女发生性关系，或者已满十五周岁不满十六周岁的男方与不满十二周岁且双方年龄差距在四岁以上的幼女发生性关系，即使男方辩称系与幼女正常恋爱交往，一般也不宜适用前述意见第二十七条的规定，对男方不以犯罪论处。

其三，综合考察，未成年人与幼女发生性关系情节轻微、未造成严重后果。前述意见的相关表述虽是“偶尔”发生性关系，但主要是为了与此前司法解释的规定保持一致，实践中并不能简单地以次数论。也就是说，发生性关系的次数是判断行为情节是否轻微的其中一项因素，但并非决定性因素，决定性因素是行为人是否与年龄相当的幼女在正常交往、恋爱过程中基于幼女自愿而与之发生性关系，如果是，一般可以认定为情节轻微。

在刘某强奸案中，被告人刘某与被害人赖某某系初中同学，二人产生早恋，时年刘某已满十六周岁，明知赖某不满十四周岁，仍多次与其发生了性关系，后因赖某某父母发现报案而案发。相较于强行奸淫幼女，刘某所实施的行为虽不属十分严重，但从维护对幼女特殊保护的更高原则立场考虑，其已不属《最高人民法院关于审理未成年人刑事案件具体应用法律若干问题的解释》和《最高人民法院、最高人民检察院、公安部、司法部关于依法惩治性侵害未成年人犯罪的意见》中对未成年行为人可不以强奸犯罪论处的情形。法院依法认定刘某构成强奸罪，对刑事政策的把握是准确的。

前述意见第二十八条进一步规定：“对于强奸未成年人的成年犯罪分子判处刑罚时，一般不适用缓刑。”《最高人民法院关于审理未成年人刑事案件具体应用法律若干问题的解释》《最高人民法院关于贯彻宽严相济刑事政策的若干意见》等一系列文件均规定了对未成年犯罪要坚持"教育为主,惩罚为辅"的原则和"教育、感化、挽救"的方针。而奸淫幼女、猥亵儿童等性侵害儿童犯罪,属于刑法规定的法定从重处罚情形,甚至有的还需要加重处罚。因此,这里就存在从宽与从严情节并存时如何把握量刑尺度的问题。对未成年人奸淫幼女案件,鉴于未成年人身心发育不成熟、易冲动、好奇心强、易受外界不良影响,同时也相对易教育、改造等特点,从严的幅度要明显有别于成年被告人,能够从宽处罚的要依法从宽。因此,奸淫幼女情节较轻,符合缓刑适用条件的,可以依法适用缓刑。

在判断是否属于情节较轻时,要综合考虑是否使用暴力、胁迫等强制手段或者利诱、欺骗等不正当手段,对幼女身心健康是否造成严重伤害,案发后是否取得被害人及其亲属真诚谅解等因素。对于未成年人与年龄相当的幼女在正常交往恋爱过程中,因懵懂无知,一时冲动,自愿发生性关系,没有对幼女身心造成严重伤害的,如果构成强奸罪,确属情节较轻,有悔罪表现,没有再犯罪危险,宣告缓刑对所居住社区没有重大不良影响的,一般可以宣告缓刑。本案中,被告人刘某与被害人赖某某系同学,二人自 2010 年上半年即成为男女朋友,2011 年 2 月至 4 月间多次自愿发生性关系,刘某时年刚满十六周岁(两个月),赖某某已满十三周岁(差三个月满十四周岁),二人均属懵懂少年。刘某所犯强奸罪情节较轻,且认罪态度好,有悔罪表现,没有再犯罪危险,宣告缓刑对所居住社区没有重大不良影响,故人民法院依法认定其构成强奸罪,同时宣告缓刑,较好把握了对未成年被告人和未成年被害人进行双向保护的刑事政策。[No. 4-236-40　刘某强奸案]

第二百三十六条之一　【负有照护职责人员性侵罪】

对已满十四周岁不满十六周岁的未成年女性负有监护、收养、看护、教育、医疗等特殊职责的人员,与该未成年女性发生性关系的,处三年以下有期徒刑;情节恶劣的,处三年以上十年以下有期徒刑。

有前款行为,同时又构成本法第二百三十六条规定之罪的,依照处罚较重的规定定罪处罚。

【立法沿革】

《中华人民共和国刑法修正案(十一)》(自 2021 年 3 月 1 日起施行)

二十七、在刑法第二百三十六条后增加一条,作为第二百三十六条之一:

"对已满十四周岁不满十六周岁的未成年女性负有监护、收养、看护、教育、医疗等特殊职责的人员,与该未成年女性发生性关系的,处三年以下有期徒刑;情节恶劣的,处三年以上十年以下有期徒刑。

"有前款行为,同时又构成本法第二百三十六条规定之罪的,依照处罚较重的规定定罪处罚。"

【立法理由】

(一)立法相关背景

实践中,监护人等特定身份的人员性侵未成年人犯罪案件时有发生。据最高人民检察院的统计,2018 年 7 月至 2020 年 6 月,全国检察机关批准逮捕监护人性侵未成年人案件一千二百七十九件,其中强奸案件一千零一十三件,猥亵儿童案件二百一十四件,强制猥亵、侮辱案件五十二件;教师性侵害未成年人案件一千零五十九件,其中强奸案件二百四十二件,猥亵儿童案件六百七十九件,强制猥亵、侮辱案件一百三十八件。司法实践中,监护人等性侵未成年人案件多发于单亲、离异、收养家庭。例如,2015 年至 2017 年浙江省办理的十五件监护人性侵案件中,均涉及强奸罪,被害人都未满十四周岁,发生在单亲、再婚、收养家庭中的占 80%。由此可以看出,需要进一步保护未成年人免受监护人等具有特定身份的人性侵害。

刑法奸淫幼女罪的年龄界限为十四周岁,对于利用特定关系性侵已满十四周岁未成年女性,如果采取了暴力、胁迫等手段的,可以强奸罪定罪处罚;未使用暴力、胁迫等手段的,难以依照刑法规定追究责任。从实际情况看,这种利用特定身份奸淫女性未成年人的行为,即使未使用暴力手段,但由于收养、监护等特定关系,对未成年人而言,往往会由于恐惧、不知所措等而不敢反抗。有的虽然表现为被害人"自愿",但由于受害人毕竟尚未成年,尚不具备完全认知自己行为性质的能力。因此,从保护未成年女性健康成长出发,有必要对此类行为作为犯罪加以规定。从境外情况看，不少国家和地区将特定关系人与不满一定年龄的未成年人发生性关系规定为犯罪，《联合国儿童权利公约》也有相关规定。立法机关经广泛听取各方面意见并反复研究，规定了本条犯罪，将年龄界限划定在十六周岁。

（二）立法时争议的主要问题

在《刑法修正案（十一）》起草过程中，对于本条的争议主要体现在以下两个方面：

一是有的建议规定任何主体只要与不满十六周岁的未成年女性发生性关系的，就构成犯罪，而不限于负有监护、收养、看护、教育、医疗等职责的人员。对此，立法机关经研究认为，将本条规定的犯罪主体扩大至所有人员，实际上是提高奸淫幼女罪的年龄界限，这样修改涉及刑事政策的重大调整，需要进一步论证。

二是有的建议将本条规定的“已满十四周岁不满十六周岁”修改为“已满十四周岁不满十八周岁”，即将已满十六周岁不满十八周岁的未成年女性也纳入本条的保护范围。对此，立法机关没有采纳这一意见，主要考虑：（1）将犯罪对象的范围扩大至不满十八周岁的未成年女性，理由不是很充分，有关方面也存在不同意见；（2）有的提出，《民法典》第十八条中规定“十六周岁以上的未成年人，以自己的劳动收入为主要生活来源的，视为完全民事行为能力人”，十六周岁以上的未成年女性，已经具有相应的判断、认识能力。

（三）有关国家和地区及国际条约的规定

1.《德国刑法典》第一百七十四条规定了对被保护未成年人的性滥用罪，这一犯罪包括三种情形：（1）与受自己教育、培训或监护的未满十六岁的人实施性行为；（2）滥用教养、培训、照料、职务或劳动关系，与受自己教育、培训或监护的未满十八岁的人，或者职务或工作上与自己有从属关系的未满十八岁的人实施性行为；（3）与自己或者共同生活的他人的未满十八岁的亲生子女或养子女实施性行为的。此外，2015 年德国修改刑法，增加了专门的教育培训机构工作人员与受教育培训的未成年人实施性行为犯罪的规定。《德国刑法典》同时规定，犯上述罪，法庭在考虑案件中受保护人的行为后，若认为犯罪情节轻微的，可免除刑罚处罚。

2. 2017 年日本修改刑法，新增加监护者猥亵、性交等罪的规定。《日本刑法典》第一百七十九条规定：对于未满十八周岁者，利用身为监护人的影响力乘机进行猥亵行为的，按照第一百七十六条的规定处罚（即强制猥亵罪）。对于未满十八周岁者，利用身为监护人的影响力乘机进行性交等行为的，按第一百七十七条规定处罚（即强制性交等罪）。

3.《意大利刑法典》第六百零九条之四规定，与下列情形之一的人实施性行为的，依照第六百零九条之二强迫实施性行为罪的规定，同样处罚：（1）不满十四岁的；（2）不满十六岁的，如果犯罪人是该未成年人的直系尊亲属、父亲、养父或上述人员的共同生活人、监护人或者由于照顾、教育、培训、监督或看管等原因而受托照管未成年人或者与其有共同生活关系的其他人；（3）直系尊亲属、父亲、养父或上述人员的共同生活人、监护人，滥用与其地位相关的权力，与已满十六岁的未成年人实施性行为的。同时，意大利刑法典规定，犯前款罪，如果行为人同该未成年人年龄差距不超过三岁的，不予处罚。此外，意大利刑法典还规定，对不满十四岁的未成年人实施性侵犯罪的，犯罪人不得以不知晓被害人的年龄作为开脱罪责的理由。

4. 我国台湾地区“刑法”规定了利用权势机会性交、猥亵罪，该法第二百二十八条规定：对于因亲属、监护、教养、教育、训练、救济、医疗、公务、业务或其他相类关系受自己监督、扶助、照护之人，利用权势或机会为性交者，处六个月以上五年以下有期徒刑。因前项情形而为猥亵之行为者，处三年以下有期徒刑。该罪的犯罪对象不限于未成年人。

5. 联合国《儿童权利公约》第十九条规定：缔约国应采取一切适当的立法、行政、社会和教育措施，保护儿童在受父母、法定监护人或其他任何负责照管儿童的人的照料时，不致受到任何形式的身心摧残、伤害或凌辱，忽视或照料不周，虐待或剥削，包括性侵犯。

【条文说明】

本条是关于负有照护职责人员性侵罪及其处罚的规定。

本条共分为两款。

第一款是关于特定身份人员性侵未成年女性的犯罪及其处罚的规定。根据本款规定，对已满十四周岁不满十六周岁的未成年女性负有监护、收养、看护、教育、医疗等特殊职责的人员，与该未成年女性发生性关系的，即构成犯罪。这样规定主要是为了进一步保护未成年人的身心健康，已满十四周岁不满十六周岁的未成年女性尚处于生长发育过程中，其生活经验、社会阅历尚浅，对性的认知能力尚存欠缺，在面对一些特定关系人利用特殊职责等便利条件侵扰时，尚不具备完全的自我保护能力。2020 年修订的《未成年人保护

法》第五十四条也规定禁止对未成年人实施性侵害、性骚扰。因此,刑法明确禁止负有监护、收养、看护、教育、医疗等特殊职责的人员与已满十四周岁不满十六周岁的未成年女性发生性关系,即使是在该女性“同意”的情况下发生性关系的,也要追究行为人的刑事责任。

本条规定的犯罪主体是特殊主体,即**对已满十四周岁不满十六周岁的未成年女性负有监护、收养、看护、教育、医疗等特殊职责的人员**。这里的负有特殊职责的人员,是相对于未成年女性具体而言的。这里的**监护**,是指行为人负有保障无民事行为能力人和限制民事行为能力人的权益,弥补其民事行为能力不足的职责。《民法典》第三十四条规定,“监护人的职责是代理被监护人实施民事法律行为,保护被监护人的人身权利、财产权利以及其他合法权益等”。关于负有监护职责的人的范围,《民法典》第二十七条规定:“父母是未成年子女的监护人。未成年人的父母已经死亡或者没有监护能力的,由下列有监护能力的人按顺序担任监护人:(一)祖父母、外祖父母;(二)兄、姐;(三)其他愿意担任监护人的个人或者组织,但是须经未成年人住所地的居民委员会、村民委员会或者民政部门同意。”此外,民法典还对遗嘱指定监护人、协议确定监护人、监护人变更等作了规定。因此,可以根据上述法律规定,结合案件的具体情况,确定负有监护职责的人的范围。这里的**收养**,是指自然人依法领养他人子女为自己子女的民事法律行为。通过收养行为,原本没有父母子女关系的收养人与被收养人形成了法律上拟制的父母子女关系,被收养人与生父母及其亲属之间的关系则相应终止。根据本条规定,收养人对其收养的已满十四周岁不满十六周岁的未成年女性负有特殊职责,禁止与其发生性关系。这里的**看护**,是指对已满十四周岁不满十六周岁的未成年女性负有看护职责的人,如雇佣的服务人员、保安等。这种看护职责通常是基于合同、雇佣、服务等关系确定,也可以通过口头约定、志愿性的服务等形式确定,如邻居受托或自愿代人照顾。这里的**教育、医疗**,主要是指对已满十四周岁不满十六周岁的未成年女性负有教育、医疗职责的人,如学校、培训机构、医院等机构的工作人员,包括教师、医生、护士等。这种教育、医疗职责通常是基于教育关系、医疗关系、服务合同等确定。上述负有特殊职责的人员与该已满十四周岁不满十六周岁的未成年女性发生性关系的,构成犯罪。

本款规定,**对于构成犯罪的**,处三年以下有期徒刑;**情节恶劣的**,处三年以上十年以下有期徒刑。这里的“情节恶劣”,主要包括多人、多次、给遭受性侵害的未成年人造成重大伤害等。

第二款是关于有前款行为,同时又构成《刑法》第二百三十六条规定的强奸罪的,依照处罚较重的规定定罪处罚的规定。根据《刑法》第二百三十六条的规定,强奸罪是指违背妇女的意志,以暴力、胁迫或者其他手段强行与妇女发生性关系的行为。对已满十四周岁不满十六周岁的未成年女性负有监护、收养、看护、教育、医疗等特殊职责的人员,如果违背该未成年女性的意志,以暴力、胁迫或者其他手段强行与其发生性关系的,构成强奸罪,**应当依照处罚较重的规定定罪处罚**。

实际执行中应当注意本条规定之罪与**强奸罪**的区别,主要区别是:一是犯罪主体范围不同。强奸罪是一般主体,而本条规定之罪是特殊主体,即限于对已满十四周岁不满十六周岁的未成年女性负有监护、收养、看护、教育、医疗等特殊职责的人员,不负有上述职责的人员与已满十四周岁不满十六周岁的未成年女性发生性关系的,不构成本条规定之罪。二是客观表现不同。本条规定之罪一般表现为行为人未采用暴力、胁迫等手段,而强奸罪表现为违背妇女意志,以暴力、胁迫或者其他手段强行与女性发生性关系。但需要指出的是,如果对已满十四周岁不满十六周岁的未成年女性负有监护、收养、看护、教育、医疗等特殊职责的人员,利用其优势地位或者被害人孤立无援的境地,违背其意愿,迫使被害人就范,而与其发生性关系的,构成强奸罪。

第二百三十七条　【强制猥亵、侮辱罪】【猥亵儿童罪】

以暴力、胁迫或者其他方法强制猥亵他人或者侮辱妇女的，处五年以下有期徒刑或者拘役。

聚众或者在公共场所当众犯前款罪的，或者有其他恶劣情节的，处五年以上有期徒刑。

猥亵儿童的，处五年以下有期徒刑；有下列情形之一的，处五年以上有期徒刑：

(一)猥亵儿童多人或者多次的；

(二)聚众猥亵儿童的，或者在公共场所当众猥亵儿童，情节恶劣的；

(三)造成儿童伤害或者其他严重后果的；

(四)猥亵手段恶劣或者有其他恶劣情节的。

【立法沿革】

《中华人民共和国刑法》(1997年修订，自1997年10月1日起施行)

第二百三十七条

以暴力、胁迫或者其他方法强制猥亵妇女或者侮辱妇女的，处五年以下有期徒刑或者拘役。

聚众或者在公共场所当众犯前款罪的，处五年以上有期徒刑。

猥亵儿童的，依照前两款的规定从重处罚。

《中华人民共和国刑法修正案(九)》(自2015年11月1日起施行)

十三、将刑法第二百三十七条修改为：

“以暴力、胁迫或者其他方法强制猥亵他人或者侮辱妇女的，处五年以下有期徒刑或者拘役。

“聚众或者在公共场所当众犯前款罪的，或者有其他恶劣情节的，处五年以上有期徒刑。

“猥亵儿童的，依照前两款的规定从重处罚。”

《中华人民共和国刑法修正案(十一)》(自2021年3月1日起施行)

二十八、将刑法第二百三十七条第三款修改为：

“猥亵儿童的，处五年以下有期徒刑；有下列情形之一的，处五年以上有期徒刑：

“(一)猥亵儿童多人或者多次的；

“(二)聚众猥亵儿童的，或者在公共场所当众猥亵儿童，情节恶劣的；

“(三)造成儿童伤害或者其他严重后果的；

“(四)猥亵手段恶劣或者有其他恶劣情节的。”

【立法理由】

1. **1979年立法的情况**。1979年《刑法》第一百六十条规定：“聚众斗殴，寻衅滋事，侮辱妇女或者进行其他流氓活动，破坏公共秩序，情节恶劣的，处七年以下有期徒刑、拘役或者管制。流氓集团的首要分子，处七年以上有期徒刑。”

2. **1979年之后至1997年刑法修订前的立法情况**。根据1983年9月2日全国人大常委会通过的《全国人民代表大会常务委员会关于严惩严重危害社会治安的犯罪分子的决定》第一条的规定，流氓犯罪集团的首要分子或者携带凶器进行流氓犯罪活动，情节严重的，或者进行流氓犯罪活动危害特别严重的，可以在刑法规定的最高刑以上处刑，直至判处死刑。由此，该决定将1979年《刑法》第一百六十条流氓罪的最高刑提高至死刑。

3. **1997年修订刑法的情况**。由于1979年刑法关于流氓罪的规定比较原则和概括，司法实践中把握标准也不统一，为防止执法的随意化，按照罪刑法定原则的要求，立法者在1997年修订刑法时，总结多年司法实践的情况，将流氓罪的规定进一步具体化，分解为几个不同的罪名。本条规定的犯罪属于其中之一。

4. **2015年《刑法修正案(九)》对本条的修改情况**。《刑法修正案(九)》针对1997年刑法实施以来实践中发生的猥亵他人不法行为的实际情况，为进一步加强对公民人身权利的保护，对本条作了两处修改完善：一是**将猥亵妇女改为猥亵他人**。本条原第一款规定：“以暴力、胁迫或者其他方法强制猥亵妇女或者侮辱妇女的，处五年以下有期徒刑或者拘役。”该款着重强调了刑法对妇女这一群体的特殊保护。妇女、儿童虽然是猥亵行为的主要受害群体，但实践中猥亵男性的情况也屡有发生，猥亵十四周岁以上男性的行为如何适用刑法并不明确，对此，社会有关方面多次建议和呼吁，要求扩大强制猥亵罪适用范围，包括猥亵十四岁以上男性的行为，以同等保护男性的人身权利。因此，《刑法修正案(九)》将本条第一款罪状中的“猥亵妇女”修改为“猥亵他人”，使本条保护的对象由妇女扩大到了年满十四周岁男性。二是**增加规定了加重处罚情形，加大了对猥亵犯罪的惩治力度**。实践中，仅对“聚众”或者在“公共场所当众”二种情况加重处罚已不能适应当前惩治、遏制猥亵犯罪的实际需要。如近来曝光的教师猥亵多名学生以及多次猥亵学生,造成严重后果等情形,仅按本条第一款规定处以五年以下有期徒刑或者拘役,有的案件中难以做到罪责刑相适应。对此,各方面强烈建议加大对情节恶劣的猥亵犯罪的惩治力度。为此,立法机关经广泛听取意见,反复研究论证,在《刑法修正案(九)》中对本条作出补充和完善,在原第二款规定的基础上,增加了"有其他恶劣情节的"加重处罚的规定。

本条原第三款在《刑法修正案(九)》中并未修改,但由于第二款增加规定了猥亵的"其他恶劣情节",因此,猥亵儿童具有上述情节的,也应依照第二款的规定从重处罚。这也体现了刑法对儿童人身权利的特殊保护。

5. 2020年《刑法修正案(十一)》对本条的修改情况。对猥亵儿童行为从重处罚的情形作了明确列举。这样修改,主要是基于以下几个方面:一是近年来,性侵未成年人犯罪案件(包括强奸案件,猥亵儿童案件以及强制猥亵、侮辱案件)引发社会舆论的广泛关注。根据最高人检察院的统计,2017—2019年全国检察机关共起诉上述性侵害未成年人犯罪案件三万八千八百件、四万三千四百人,其中2017年一万零六百人,2018年一万三千四百人,2019年一万九千三百人,同比分别上升26.8%、24.9%。其中猥亵儿童案件一万零七百件、一万零八百人;强制猥亵、侮辱未成年人案件二千五百九十五件、二千八百六十三人。从全国公安刑侦部门统计的2017年以来强奸罪、猥亵儿童罪及强制猥亵、侮辱罪等各类性侵犯罪案件情况看,未成年人被害人在性侵案件被害人中占较大比重。猥亵儿童案件中,十岁以下的未成年被害人占59%,六岁以下的未成年被害人占19%。强制猥亵案件中,十八岁以下的未成年被害人占32%,十六岁以下的未成年被害人占18%。二是实践中猥亵犯罪也出现了一些新情况、新问题,案件情形、行为手段与过去有所不同,有的猥亵行为给受害人造成较大身心伤害,但是由于各方面对本条规定的"其他恶劣情节"的理解不够统一,司法实践中按这一加重情节处理的情况较少,导致一些案件处刑较轻,不能体现罪责刑相适应原则。

针对上述情况,为了进一步加强对未成年人的刑法保护,根据有关方面的意见,《刑法修正案(十一)》对本条第三款作了修改完善,对猥亵儿童的"恶劣情节"作了列举式规定,进一步细化猥亵儿童罪从重处罚的规定,从而加大了对猥亵儿童行为的惩处力度。

【条文说明】

本条是关于强制猥亵、侮辱罪和猥亵儿童罪及其处罚的规定。

本条共分为三款。

第一款是关于强制猥亵、侮辱罪及其处罚的规定。[①] 本款规定的"**暴力**",是指行为人直接对他人或被害妇女施以伤害、殴打等危害他人或妇女人身安全和人身自由,使他人或妇女不能抗拒或者不敢反抗的方法;"**胁迫**",是指行为人对他人或被害妇女虽未直接实施暴力,但施以威胁、恫吓,进行精神上的强制,迫使他人或妇女就范,不敢抗拒的方法。例如,以杀害被害人、加害被害人的亲属相威胁的;以揭发被害人的隐私相威胁的;利用职权、教养关系、从属关系及他人或妇女孤立无援的环境相胁迫的;等等。[②] "**其他方法**",是指行为人使用暴力、胁迫以外的使他人或被害妇女不能抗拒的方法。例如,利用他人或妇女患病、熟睡之机进行猥亵、侮辱的;用酒将他人或妇女灌醉、用药物将他人或妇女麻醉后进行猥亵、侮辱的;等等。本款规定的"强制猥亵",主要是指违背他人的意愿,以搂抱、抠摸等淫秽下流的手段侵犯他人性权利的行为。"**他人**",是指年满十四周岁的人。本款规定的"**侮辱妇女**",主要是指对妇女实施猥亵行为以外的、损害妇女人格尊严的淫秽下流的、伤风败俗的行为。[③] 例如,以多次偷剪妇女的发辫、衣服,向妇女身上泼洒腐蚀物、涂抹

① 丈夫强制猥亵妻子的行为应按照行为公然与否来认定是否构成强制猥亵罪。在具有夫妻关系的特殊场合中,丈夫的行为是否侵害到妻子的性自主决定权,主要取决于是否公然此一要素。参见张明楷:《刑法学》(第6版),法律出版社2021年版,第1145页。阴建峰教授则指出,如同在强奸罪中,合法婚姻关系中的丈夫不能成为强奸妻子的主体一样,合法婚姻关系中的丈夫原则上对其妻子亦不能成立强制猥亵、侮辱罪的主体。参见赵秉志、李希慧主编:《刑法各论》(第3版),中国人民大学出版社2016年版,第199页。

② 我国学者指出,在强制猥亵、侮辱妇女的场合,由于本罪的危害性比强奸罪小,故而暴力、胁迫的程度可能稍微低于强奸罪的暴力、胁迫;在强制猥亵男性的情形中,由于猥亵是一个广义的概念,包括类似于强奸妇女场合的奸淫行为,因此,其暴力、胁迫的程度可以与强奸罪中的暴力、胁迫程度相当。参见周光权:《刑法各论》(第4版),中国人民大学出版社2021年版,第40页。

③ 我国学者指出,实务应当淡化"侮辱妇女"的概念。凡是属于强制猥亵行为,均认定为强制猥亵罪;不属于强制猥亵行为,分别按照其他犯罪处理或者不以犯罪论处。参见张明楷:《刑法学》(第6版),法律出版社2021年版,第1147页。

污物①,故意向妇女显露生殖器②,追逐、堵截妇女③等手段侮辱妇女的行为。④ 行为人“侮辱妇女”的,既可能出于损害妇女的人格和名誉等目的,也可能出于寻欢作乐的淫秽下流心理。

依照本款规定,以暴力、胁迫或者其他方法强制猥亵他人或者侮辱妇女的,处五年以下有期徒刑或者拘役。

第二款是关于对强制猥亵、侮辱罪加重处罚的规定。强制猥亵他人、侮辱妇女是对被害人的人格、尊严等人身权利的严重侵害,而聚众或者在公共场所实施强制猥亵、侮辱的行为,以及多次实施等“恶劣情节”的行为,对被害人造成的伤害更大,社会秩序受到的破坏更大,应当给予更为严厉的惩处。“**其他恶劣情节**”,主要是指对多人实施猥亵或侮辱行为的,多次实施猥亵、侮辱行为的,造成被害人伤亡等严重后果的,以及手段特别恶劣的,等等。⑤ 本款规定:“聚众或者在公共场所当众犯前款罪的,或者有其他恶劣情节的,处五年以上有期徒刑。”

第三款是关于猥亵儿童罪的规定。这里所说的“**猥亵**”,主要是指以抠摸、指奸等淫秽下流的手段猥亵儿童的行为。考虑到儿童的认识能力,尤其是对性的认识能力欠缺,为了保护儿童的身心健康,构成猥亵儿童罪并不要求以暴力、胁迫或者其他方法强制进行。只要对儿童实施了猥亵行为,就构成了本款规定的犯罪。

根据本款规定,猥亵儿童的,处五年以下有期徒刑;有“(一)猥亵儿童多人或者多次的;(二)聚众猥亵儿童的,或者在公共场所当众猥亵儿童,情节恶劣的;(三)造成儿童伤害或者其他严重后果的;(四)猥亵手段恶劣或者有其他恶劣情节的”情形之一的,处五年以上有期徒刑。2020 年 12 月 26 日第十三届全国人大常委会第二十四次会议通过的《**刑法修正案(十一)**》对本款作了较大修改,对猥亵儿童的“恶劣情节”作了列举式规定。第(二)项中的“**聚众**”是指聚集多人;“**公共场所**”包括群众进行公开活动的场所,如商店、影剧院、体育场、街道等;也包括各类单位,如机关、团体、事业单位的办公场所,企业生产经营场所,医院,学校,幼儿园等;还包括公共交通工具,如火车,轮船,长途客运汽车,公共电车、汽车,民用航空器等。第(三)项中的“**造成儿童伤害**”是指猥亵行为造成儿童身体或精神伤害后果的;“**其他严重后果**”包括导致儿童自杀、严重残疾等后果的。第(四)项中的“**猥亵手段恶劣或者有其他恶劣情节的**”,主要是指采取侵入身体等猥亵方式,以及猥亵过程中伴随对儿童进行摧残、凌辱等情况。

此外,行为人猥亵儿童时,如果造成儿童轻伤以上伤害、死亡等后果,同时符合《刑法》第二百三十四条或者第二百三十二条的规定,构成故意伤害罪、故意杀人罪的,应当依照处罚较重的规定定罪处罚。

实际执行中应当注意以下三个方面的问题:

1. 要注意区分**罪与非罪的界限**。要将强制猥亵他人、侮辱妇女行为与一般的猥亵他人、侮辱妇女的违法行为加以区分,具有“以暴力、胁迫或者其他方法强制”行为的,才能作为犯罪处理。

2. 要区分强制猥亵、侮辱罪与**侮辱罪**的区

---

① 我国学者指出,多次偷剪妇女的发辫、衣服,向妇女身上泼洒腐蚀物、涂抹污物,没有侵害到妇女的性自主权,不能与强制猥亵相提并论,应论以《刑法》第二百四十六条之侮辱罪。但是,如果行为导致妇女身体裸露,则另当别论。参见张明楷:《刑法学》(第 6 版),法律出版社 2021 年版,第 1147 页;周光权:《刑法各论》(第 4 版),中国人民大学出版社 2021 年版,第 41 页。

② 需要注意的是,如果行为人显露生殖器没有使用暴力、胁迫等手段强迫妇女观看,只是公然猥亵行为,不构成强制猥亵、侮辱罪。参见张明楷:《刑法学》(第 6 版),法律出版社 2021 年版,第 1148 页;黎宏:《刑法学各论》(第 2 版),法律出版社 2016 年版,第 237 页;周光权:《刑法各论》(第 4 版),中国人民大学出版社 2021 年版,第 41 页。

③ “追逐、拦截”是《刑法》第二百九十三条所明文规定的寻衅滋事行为。倘若将追逐、拦截妇女的行为认定为侮辱妇女,会导致《刑法》第二百九十三条之追逐、拦截对象仅限于男性。此一见解并不妥当。参见张明楷:《刑法学》(第 6 版),法律出版社 2021 年版,第 1147 页。

④ 我国学者指出,侮辱行为并不是独立于猥亵行为之外的一种行为。侮辱行为不能超出侵害他人性自主决定权的行为范围之外。如果坚持区分猥亵与侮辱行为,猥亵儿童成立猥亵儿童罪,但侮辱儿童或者不是犯罪,或者成立《刑法》第二百四十六条之侮辱罪。参见张明楷:《刑法学》(第 6 版),法律出版社 2021 年版,第 1146 页。另有学者指出,猥亵行为的特点是行为人的身体与被害人的身体直接发生接触,通过这种接触来满足奸淫以外的性欲或者性刺激;而侮辱妇女侵害其性羞耻感的行为,并不以与妇女发生身体接触为前提。当然,在个别情形下,强制侮辱与强制猥亵行为之间并无明确的界限。参见周光权:《刑法各论》(第 4 版),中国人民大学出版社 2021 年版,第 41 页。

⑤ “其他情节恶劣”,需要根据行为对象、行为次数、猥亵内容、侵害结果等方面的事实进行综合判断。参见张明楷:《刑法学》(第 6 版),法律出版社 2021 年版,第 1150—1151 页;黎宏:《刑法学各论》(第 2 版),法律出版社 2016 年版,第 239 页。

别。侮辱罪以败坏他人名誉为目的,必须是公然地针对特定的人实施;而强制猥亵、侮辱罪则是出于满足行为人淫秽下流的欲望,不要求公然地针对特定的人实施。

3. 实际执行中应当注意区分猥亵儿童与一**般的对儿童表示"亲昵"的行为**。猥亵儿童的行为是出于行为人淫秽下流的欲望①,往往对儿童的身体或者思想、认识造成伤害或者不良影响,行为一般为当地的风俗、习惯所不容。

【司法解释性文件】

《最高人民法院、最高人民检察院、公安部、司法部关于依法惩治性侵害未成年人犯罪的意见》(法发〔2013〕12 号,2013 年 10 月 23 日公布)

△(**想象竞合犯;故意杀人罪;故意伤害罪**)实施猥亵儿童犯罪,造成儿童轻伤以上后果,同时符合刑法第二百三十四条或者第二百三十二条的规定,构成故意伤害罪、故意杀人罪的,依照处罚较重的规定定罪处罚。

对已满十四周岁的未成年男性实施猥亵,造成被害人轻伤以上后果,符合刑法第二百三十四条或者第二百三十二条规定的,以故意伤害罪或者故意杀人罪定罪处罚。(§ 22)

△(**在公共场所"当众"强制猥亵、侮辱妇女,猥亵儿童**)在校园、游泳馆、儿童游乐场等公共场所对未成年人实施强奸、猥亵犯罪,只要有其他多人在场,不论在场人员是否实际看到,均可以依照刑法第二百三十六条第三款、第二百三十七条的规定,认定为在公共场所"当众"强奸妇女,强制猥亵、侮辱妇女,猥亵儿童。(§ 23)

△(**介绍、帮助他人猥亵儿童;猥亵儿童罪的共犯**)介绍、帮助他人奸淫幼女、猥亵儿童的,以强奸罪、猥亵儿童罪的共犯论处。(§ 24)

△(**从重处罚事由**)针对未成年人实施强奸、猥亵犯罪的,应当从重处罚,具有下列情形之一的,更要依法从严惩处:

(1)对未成年人负有特殊职责的人员、与未成年人有共同家庭生活关系的人员、国家工作人员或者冒充国家工作人员,实施强奸、猥亵犯罪的;

(2)进入未成年人住所、学生集体宿舍实施强奸、猥亵犯罪的;

(3)采取暴力、胁迫、麻醉等强制手段实施奸淫幼女、猥亵儿童犯罪的;

(4)对不满十二周岁的儿童、农村留守儿童、严重残疾或者精神智力发育迟滞的未成年人,实施强奸、猥亵犯罪的;

(5)猥亵多名未成年人,或者多次实施强奸、猥亵犯罪的;

(6)造成未成年被害人轻伤、怀孕、感染性病等后果的;

(7)有强奸、猥亵犯罪前科劣迹的。(§ 25)

【附属刑法】

《中华人民共和国铁路法》(1990 年 9 月 7 日通过,2015 年 4 月 24 日第二次修正)

第六十五条

Ⅱ在列车内,寻衅滋事,侮辱妇女,情节恶劣的,依照刑法有关规定追究刑事责任;敲诈勒索旅客财物的,依照刑法有关规定追究刑事责任。

《中华人民共和国妇女权益保障法》(1992 年 4 月 3 日通过,2018 年 10 月 26 日第二次修正)

第五十六条

违反本法规定,侵害妇女的合法权益②,其他法律、法规规定行政处罚的,从其规定;造成财产损失或者其他损害的,依法承担民事责任;构成犯罪的,依法追究刑事责任。

第五十九条

违反本法规定,通过大众传播媒介或者其他方式贬低损害妇女人格的,由文化、广播电视、电影、新闻出版或者其他有关部门依据各自的职权责令改正,并依法给予行政处罚。

---

① 传统观点要求,本罪主观上具有刺激或者满足性欲的内心倾向,以区分强制猥亵、侮辱罪与《刑法》第二百四十六条之侮辱罪之间的界限。另有学者指出,完全可以从客观上来区分本罪与侮辱罪之间的界限。并且,要求行为人出于刺激或者满足性欲的内心倾向,会导致不当缩小或者不当扩大处罚范围,有违反罪刑相适应原则之嫌。参见张明楷:《刑法学》(第 6 版),法律出版社 2021 年版,第 1149 页;黎宏:《刑法学各论》(第 2 版),法律出版社 2016 年版,第 237—238 页;周光权:《刑法各论》(第 4 版),中国人民大学出版社 2021 年版,第 42 页。

② 《中华人民共和国妇女权益保障法》(1992 年 4 月 3 日通过,2018 年 10 月 26 日第二次修正)

第四十一条

Ⅰ禁止卖淫、嫖娼。

Ⅱ禁止组织、强迫、引诱、容留、介绍妇女卖淫或者对妇女进行猥亵活动。

Ⅲ禁止组织、强迫、引诱妇女进行淫秽表演活动。

【指导性案例】

最高人民检察院指导性案例第42号：齐某强奸、猥亵儿童案(2018年11月9日发布)

△(**公共场所当众**)行为人在教室、集体宿舍等场所实施猥亵行为，只要当时有多人在场，即使在场人员未实际看到，也应当认定犯罪行为是在"公共场所当众"实施。

最高人民检察院指导性案例第43号：骆某猥亵儿童案(2018年11月9日发布)

△(**猥亵儿童罪；网络猥亵；犯罪既遂**)行为人以满足性刺激为目的，以诱骗、强迫或者其他方法要求儿童拍摄裸体、敏感部位照片、视频等供其观看，严重侵害儿童人格尊严和心理健康的，构成猥亵儿童罪。

【参考案例】

△医生利用职务之便超越职责范围，采取非诊疗所必需的身体检查借机猥亵妇女的，应当认定为强制猥亵妇女罪。

基于医生职业的特殊性，需要对医疗对象的身体进行专业检查，故区分医疗检查与猥亵犯罪行为的确有一定难度。实践中，首先要厘清该行为是否具备犯罪的特征，即严重的社会危害性、刑事违法性和应受刑罚惩罚性，具体而言，主要从行为人的主观和客观两个方面进行甄别：

就主观方面而言，医疗检查应当是以治病救人为目的，在遵循相关医疗规范的前提下，对病人进行必要、科学的医务检查和诊治；而猥亵犯罪行为的主观方面需要具备猥亵的故意。强制猥亵妇女罪的故意，即行为人明知自己的行为违背妇女的意志，侵犯了妇女性的自主权和羞耻心，而希望或者放任这一危害结果的发生；猥亵儿童罪的故意，即行为人明知自己的行为侵犯了儿童不受性侵犯的权利，并希望此危害结果的发生。实践中，对于犯罪主观方面的证明，通常有赖于对客观行为的分析判断。就客观方面而言，则应当重点考察行为人是否使用了强制或欺骗等不正当手段，以及是否明显超越了职责范围、是否系诊疗所必须。

在王晓鹏强制猥亵妇女、猥亵儿童案中，被告人王晓鹏利用未成年女学生对医生权威的信任，以及对体检流程不了解等认识能力的限制，在医院诊室这一特定的封闭场所，使女学生在精神上受到强制，不能或者不知反抗，进而实施猥亵；多名女学生亦证明，在接受身体检查过程中感觉受到了侵犯。提取在案的医院尿检常规步骤材料证明，正常的尿检步骤系由受检者将尿液标本送检验室，检验工作人员进行常规检验，并出具报告单，对尿检结果异常需要镜检者，检验人员提取尿液标本做镜检，对分泌物的检验由患者到相关科室由专业技术人员提供分泌物标本送检。依据该规定进行分析，被告人王晓鹏抚摸女生胸腋部、查看女生生殖器、用手在女生阴部按压等行为明显超越了其职责范围，应当认定其不属于正常的医学检查手段。王晓鹏利用给学生作尿检的职务之便，超越尿检医生职责范围，对21名女学生进行变相强制，实施猥亵，人民法院认定其行为已构成猥亵犯罪，是正确的。[No. 4-237-3　王晓鹏强制猥亵妇女、猥亵儿童案]

△强制猥亵对象中既包括已满十四周岁的妇女又包括未满十四周岁幼女的，应当进行数罪并罚。

我国《刑法》第二百三十七条明确将强制猥亵妇女罪与猥亵儿童罪规定为两个独立的罪名，表明侵犯的是不同客体，是两罪而非一罪。虽然理论上确实存在判决宣告前的同种数罪是否并罚的争议，但强制猥亵妇女罪与猥亵儿童罪系同一法条下规定的不同罪名，并非同种数罪，予以并罚是有法律依据的。

从我国整个立法体系看，保护未成年人权益的法律体系日益健全，司法保护力度不断增强，将儿童的身心健康作为一个重大的法益加以特殊保护，符合刑事政策和立法精神。我国刑法将妇女的性权利与儿童的身心健康作为不同的法益加以保护，并将儿童的身心健康作为特殊的法益加以重点保护。实践中，在没有"聚众或者在公共场所当众实施"这两项加重情节的情况下，强制猥亵妇女的最高仅能判处五年有期徒刑，最低可能判处拘役；而以强制猥亵妇女罪与猥亵儿童罪并罚，则最高可判处十年以下有期徒刑，量刑幅度更宽，从某种意义上更能贯彻罪责刑相适应原则，并体现从严惩治性侵害儿童的刑事政策精神。[No. 4-237-4　王晓鹏强制猥亵妇女、猥亵儿童罪]

△在教室讲台猥亵儿童应当认定为在公共场所当众实施猥亵，加重处罚。

根据《辞海》的解释，公共场所是指公众可以去的地方或者对公众开放的地方；公众是指社会上大多数的人或者大众。因此，仅从文义解释的角度分析，公共场所就是指供社会上大多数的人从事工作、学习、文化、娱乐、体育、社交、参观、旅游和满足部分生活需求的一切公用建筑物、场所及其设施的总称。这一解释突出了公共场所系相对于私人场所而言及可由多数人进出、使用的功能特征。从对"公共场所"的最狭义理解来看，一般应当强调该场所"供非固定人员进出、使用"的功能特征，唯此方能体现公共场所的涉众性。学校教室是供学生学习的专门设施，一定时期内使用教室的学生范围相对固定,因此,仅从狭义解释的角度考察,似与一般意义上的公共场所有所不同。但学校教室并非私人场所,而且是供多数学生使用,具有相对的涉众性。考虑到这一点,将教室解释为"公共场所"并未超出"公共场所"概念所能包含的最广含义,也符合一般公民的理解和认知,属于合理的扩大解释。

就性侵害犯罪而言,刑法将在公共场所当众实施强奸、猥亵规定为强奸、猥亵犯罪的法定加重处罚情节,主要是因为,性活动具有高度的私密性,而当众对被害人实施强奸、猥亵,既侵犯了普通公民最基本的性羞耻心和道德情感,更重要的是,此种情形对被害人身心造成的伤害更严重,社会影响更恶劣,需要对此类猥亵犯罪配置与其严重性相适应的更高法定刑。《最高人民法院、最高人民检察院、公安部、司法部关于依法惩治性侵害未成年人犯罪的意见》第二十三条规定,在校园、游泳馆、儿童游乐场等公共场所对未成年人实施强奸、猥亵犯罪,只要有其他多人在场,不论在场人员是否实际看到,均可以认定为在公共场所"当众"强制猥亵、侮辱妇女,猥亵儿童。"当众"并不要求在场人员实际看到。但基于"当众"概念的一般语义及具有"当众"情节即升格法定刑幅度的严厉性,从空间上来讲,其他在场的多人一般要在行为人实施犯罪地点视力所及的范围之内。也就是说,性侵害行为处于其他在场人员随时可能发现、可以发现的状况。

在吴茂东猥亵儿童案中,被告人吴茂东趁中午学生在教室内午休,将被害人叫到讲台上对被害人进行猥亵,虽然利用了课桌等物体的遮挡,手段相对隐蔽,但此种猥亵行为处于教室内其他学生随时可能发现、可以发现的状况。因此应当认定吴茂东的行为属于在公众场所当众猥亵儿童,应当加重处罚。[No. 4-237-5 吴茂东猥亵儿童案]

△通过互联网偷拍妇女私生活并拍取其上半身裸照,以上传网络为威胁胁迫妇女自拍侮辱性照片,成立强制侮辱妇女罪。

强制侮辱妇女罪的成立,并不要求行为人实施侮辱行为的公然性、公开性。因此,在金岩强制侮辱妇女案中,被告人的偷拍裸照、胁迫被害人聊"猥亵侮辱"话题等侮辱受害人人格的行为,可能只发生在被告人和受害人之间,但不等于就不构成强制侮辱妇女罪。侮辱妇女行为的认定关键,在于其除了侵犯了妇女的一般人格尊严外,往往还侵犯了妇女的"特殊人格"尊严,侵害了其作为妇女的羞耻心、性自由等特殊权益。结合本案,被告人金岩偷窥妇女换衣服等私生活,深夜给其放淫秽视频,偷拍其裸照,明知对方不愿意而胁迫要求谈论"性话题"、胁迫要求对方拍裸照发给自己,并将对方裸照处理后发送到网上,这些行为都是针对被害人作为妇女的"特殊人格"而进行的侵权行为,应当认定为是强制侮辱妇女罪所规定的侮辱妇女行为。

被告人金岩虽然没有采用暴力手段,但采用了胁迫方法使受害人产生惧怕心理。"让被害人电脑深夜播放淫秽视频"以及"将裸照上传网络"等行为,可以理解为采用"其他方法"强制侮辱妇女。被告人的行为使受害人精神上受到强制而不敢反抗,其行为明显具有强制性较强的特点。被告人金岩实施了偷窥妇女私生活、截图裸照、胁迫聊侮辱性话题、胁迫拍侮辱性照片、将裸照上传网络等一系列侮辱妇女的行为,让受害人精神处于极度惶恐之中,不敢拒绝被告人聊侮辱性话题的要求,使受害人的妇女人格受到较大的侮辱和损害。因此,应综合认定被告人的行为强制性强、侮辱程度高,构成了强制侮辱妇女罪。[No. 4-237-6 金岩强制侮辱妇女案]

第二百三十八条 【非法拘禁罪】

非法拘禁他人或者以其他方法非法剥夺他人人身自由的,处三年以下有期徒刑、拘役、管制或者剥夺政治权利。具有殴打、侮辱情节的,从重处罚。

犯前款罪,致人重伤的,处三年以上十年以下有期徒刑;致人死亡的,处十年以上有期徒刑。使用暴力致人伤残、死亡的,依照本法第二百三十四条、第二百三十二条的规定定罪处罚。

为索取债务非法扣押、拘禁他人的,依照前两款的规定处罚。

国家机关工作人员利用职权犯前三款罪的,依照前三款的规定从重处罚。

【立法理由】

1. **1979年立法的情况**。1979年《刑法》第一百四十三条规定:"严禁非法拘禁他人,或者以其他方法非法剥夺他人人身自由,违者处三年以下有期徒刑、拘役或者剥夺政治权利。具有殴打、侮辱情节的，从重处罚。犯前款罪，致人重伤的，处三年以上十年以下有期徒刑；致人死亡的，处七年以上有期徒刑。”

2. **1997年修订刑法的情况**。在1979年刑法执行过程中，对有的行为人使用暴力致使被拘禁人伤残、死亡的，应当按照非法拘禁罪与故意伤害罪或者故意杀人罪数罪并罚，还是应按照故意伤害罪或者故意杀人罪单独定罪处罚，存在不同认识；对于因索要债务非法扣押、拘禁他人的，是否构成犯罪，也存在不同认识。针对上述情况，为明确法律适用，1997年修订刑法时，对非法拘禁罪作了相应的修改完善：一是在第一款中增加规定了管制刑；二是为了解决非法拘禁过程中，使用暴力致人伤残或者死亡的定罪问题，增加规定“使用暴力致人伤残、死亡的，依照本法第二百三十四条、第二百三十二条的规定定罪处罚”；三是考虑到司法实践中为索取债务而非法拘禁他人的情形较为常见，为避免混淆罪与非罪的界限，增加规定“为索取债务非法扣押、拘禁他人的，依照前两款的规定处罚”；四是增加规定“国家机关工作人员利用职权犯前三款罪的，依照前三款的规定从重处罚”。

【条文说明】

本条是关于非法拘禁罪及其处罚的规定。

本条共分为四款。

第一款是关于非法拘禁罪及其处罚的规定。**非法拘禁罪**，是指以拘禁或者其他强制方法非法剥夺他人人身自由的行为。[①] 非法拘禁是一种持续行为，该行为在一定时间内处于继续状态，使他人在一定时间内失去身体自由。非法拘禁表现在两个方面：首先是**实施了拘禁他人的行为**[②]，其次是**这种拘禁行为是非法的**。拘禁行为的方法多种多样，如捆绑、关押、扣留等，其实质就是强制剥夺他人的人身自由。我国对逮捕、拘留等限制人身自由的措施有严格的法律规定，必须由专门机关按照法律规定的程序进行。例如，根据宪法和刑事诉讼法等法律规定，公民的人身自由不受侵犯；任何公民非经人民检察院批准或者决定或者人民法院决定，并由公安机关执行，不受逮捕；拘留只能由公安机关、人民检察院决定，并由公安机关执行。监察机关依法可以采取留置措施。因此，任何机关、团体、企业、事业单位和个人不依照法律规定或者不依照法律规定的程序拘禁他人都是非法的。对违法者，应当依法惩处。依照刑事诉讼法及有关法律的规定，公民对正在实行犯罪或者犯罪后被及时发觉的、通缉在案的、越狱逃跑的、正在被追捕的人有权立即扭送到司法机关。这种扭送行为，包括在途中实施的捆绑、扣留等行为，不能认为是非法拘禁行为。但是，如果司法工作人员滥用职权，非法拘禁他人，或者行为人以某种理由为借口私设公堂，非法拘禁他人，则是侵犯他人人身自由权利的行为。此外，**构成非法拘禁罪的行为还必须是故意实施的，过失的不构成犯罪**。本条所说的“**具有殴打、侮辱情节**”，是指在非法拘禁的过程中，对被害人实施了殴打、侮辱行为，如打骂、游街示众等。[③] 依照本条第一款的规定，非法拘禁他人或者以其他方法非法剥夺他人人身自由的，处三年以下有期徒刑、拘役、管制或者剥夺政治权利。具有殴打、侮辱情节的，从重处罚。

第二款是关于非法拘禁致人重伤、死亡和使用暴力致人伤残、死亡的应如何处罚的规定。这里所规定的“**致人重伤**”，是指在非法拘禁过程中，由于捆绑过紧、长期囚禁、进行虐待等致使被害人身体健康受到重大伤害的；被害人在被非法拘禁期间不堪忍受，自伤自残，身体健康受到重大伤害的。“**致人死亡**”，是指在非法拘禁过程中，由于捆绑过紧、用东西堵住嘴导致窒息等，致使被害人死亡的，以及被害人在被非法拘禁期间自杀

① 关于人身自由的内容，存在着争议。可能的自由说认为，本罪的保护法益是只要想活动身体就可以活动的自由；现实的自由说则认为，保护法益是在被害人打算现实地活动身体时就可以活动的自由。张明楷教授赞同现实的自由说，因为非法拘禁罪不是危险犯，而是实害犯。周光权教授则认为，如果考虑到司法实务的现状以及我国刑法规定的特殊性，就应当认同现在的自由说。参见张明楷：《刑法学》（第6版），法律出版社2021年版，第1153页；黎宏：《刑法学各论》（第2版），法律出版社2016年版，第239—240页；周光权：《刑法各论》（第4版），中国人民大学出版社2021年版，第45页。

② 关于“他人”，学说见解认为，只要具有基于意识从事身体活动能力即可，不要求具有刑法上的责任能力与民法上的法律行为能力。因此，能够行走的幼儿、精神病患者、能够依靠轮椅或者其他工具移动身体的人，均可成为本罪的行为对象。参见张明楷：《刑法学》（第6版），法律出版社2021年版，第1154页；高铭暄、马克昌主编：《刑法学》（第7版），北京大学出版社、高等教育出版社2016年版，第467页。

③ 《刑法》第二百三十八条第一款是基本规定，故而，“具有殴打、侮辱情节的，从重处罚”也应适用于同条第二款与第三款。但是，如果侮辱行为表现为暴力侮辱，原则上不能再适用“具有殴打、侮辱情节的，从重处罚”的规定，否则会造成禁止双重评价原则之违反。参见张明楷：《刑法学》（第6版），法律出版社2021年版，第1156页。

身亡的。[①] **“使用暴力致人伤残、死亡”**，是指在非法拘禁的同时，故意使用暴力损害被害人的身体健康或者杀害被害人致使被害人伤残、死亡的。这里的“暴力”是指超出非法拘禁目的的暴力，非法拘禁行为本身也可能存在附带的暴力行为，如本条第一款规定的殴打、侮辱等，但只有当使用非法拘禁目的以外的暴力致人伤残、死亡时，才能认定为故意伤害罪或者故意杀人罪。需要注意的是，实践中有的非法拘禁行为中轻微的推搡、拉扯行为不能认为使用了暴力，因为被害人被非法拘禁后会自然产生一种抵抗，行为人为了达到其拘禁的目的，不可避免地会与被害人发生身体上的接触。是否使用了暴力，可根据行为人的主观意志是否存在损害被害人身体的故意及当时案发情况等因素综合分析。依照本款规定，非法拘禁他人或者以其他方法非法剥夺他人人身自由，致人重伤的，处三年以上十年以下有期徒刑；致人死亡的，处十年以上有期徒刑。使用暴力致人伤残、死亡的，依照《刑法》第二百三十四条关于故意伤害罪、第二百三十二条关于故意杀人罪的规定定罪处罚。

第三款是对为索取债务非法扣押、拘禁他人的犯罪及其处罚的规定。这里所说的**“为索取债务非法扣押、拘禁他人”**，是指为了胁迫他人履行合法的债务[②]，而将他人非法扣留，剥夺其人身自由的行为。这种行为在特征上与一般的非法拘禁不同，其目的不在于剥夺他人的人身自由，而是以剥夺他人人身自由为手段，来胁迫他人履行债务。考虑到这类犯罪情况比较复杂，以索取合法的债务为目的，主观恶性与以勒索财物等为目的绑架他人有所不同，对被非法扣押、拘禁的人的人身危险性也要小一些，但不能放任这种非法行为，因此本款规定，**对这类犯罪也认定为非法拘禁罪，依照前两款的规定处罚**，即处三年以下有期徒刑、拘役、管制或者剥夺政治权利。具有殴打、侮辱情节的，从重处罚。为索取债务非法扣押、拘禁他人，致人重伤的，处三年以上十年以下有期徒刑；致人死亡的，处十年以上有期徒刑。使用暴力致人伤残、死亡的，依照《刑法》第二百三十四条关于故意伤害罪、第二百三十二条关于故意杀人罪的规定处罚。[③]

第四款是关于国家机关工作人员利用职权犯前三款罪应当从重处罚的规定。依照本款规定，**国家机关工作人员**利用职权非法拘禁他人或者以其他方法非法剥夺他人人身自由的，利用职权非法拘禁他人或者以其他方法非法剥夺他人人身自由，致人重伤、死亡或者使用暴力致人伤残、死亡的，以及为索取债务拘禁他人的，**依照本条前三款的规定从重处罚**。

实际执行中应当注意以下三个方面的问题：

1. 要准确区分非法拘禁罪与**故意杀人罪**的界限。对出于非法剥夺他人生命的故意，以非法拘禁为手段杀人，如故意以拘禁的方法冻死、饿死他人的，不能认定为本条第二款规定的非法拘禁他人“致人死亡”，而应当以故意杀人罪定罪处罚。

2. 要准确区分非法拘禁罪与**错拘错捕行为**。司法工作人员依照法定程序拘留或者逮捕了犯罪嫌疑人或者被告人，经查明情况属于错拘错捕，之后予以释放的，不能认为是非法拘禁。但是如果司法机关已经解除强制措施，有关执法人员拒不释放或者拖延释放的，则构成非法拘禁。

3. 要准确适用本条第四款的规定。根据本条第四款的规定，国家机关工作人员只有利用职权犯非法拘禁罪的，才能依照本条前三款的规定从重处罚，对于未利用职权而犯非法拘禁罪的，应当分别依照本条第一款、第二款、第三款的规定处罚。

【司法解释】

《最高人民法院关于对为索取法律不予保护的债务非法拘禁他人行为如何定罪问题的解释》（法释〔2000〕19号，自2000年7月19日起施行）

△（**法律不予保护的债务；非法拘禁罪**）行为人为索取高利贷、赌债等法律不予保护的债务，非法扣押、拘禁他人的，依照刑法第二百三十八条的

① 相同的学说见解，参见黎宏：《刑法学各论》（第2版），法律出版社2016年版，第241页。另有学者指出，重伤、死亡结果与非法拘禁行为之间必须具有直接的因果关系（直接性要件）。因此，行为人在实施基本行为之后或之时，被害人自杀、自残、自身过失等造成死亡、伤残结果，由于欠缺直接性要件，不宜认定为结果加重犯。参见张明楷：《刑法学》（第6版），法律出版社2021年版，第1156页。

② 我国学者指出，索取的债务不以是否受法律保护为条件。参见高铭暄、马克昌主编：《刑法学》（第7版），北京大学出版社、高等教育出版社2016年版，第468页；黎宏：《刑法学各论》（第2版），法律出版社2016年版，第242页；周光权：《刑法各论》（第4版），中国人民大学出版社2021年版，第46页。

③ 我国学者指出，本款规定属于拟制规定而非注意规定。因此，不需要行为人对死亡或伤害具有故意。但根据责任主义原理，行为人至少对死亡或伤害必须有过失。参见张明楷：《刑法学》（第6版），法律出版社2021年版，第1157页。

规定定罪处罚。①

《最高人民检察院关于渎职侵权犯罪案件立案标准的规定》（高检发释字〔2006〕2 号，自 2006 年 7 月 26 日起施行）

△（**非法拘禁罪；立案标准**）非法拘禁罪是指以拘禁或者其他方法非法剥夺他人人身自由的行为。

国家机关工作人员利用职权非法拘禁，涉嫌下列情形之一的，应予立案②：

1. 非法剥夺他人人身自由 24 小时以上的③；

2. 非法剥夺他人人身自由，并使用械具或者捆绑等恶劣手段，或者实施殴打、侮辱、虐待行为的；

3. 非法拘禁，造成被拘禁人轻伤、重伤、死亡的；

4. 非法拘禁，情节严重，导致被拘禁人自杀、自残造成重伤、死亡，或者精神失常的；

5. 非法拘禁 3 人次以上的；

6. 司法工作人员对明知是没有违法犯罪事实的人而非法拘禁的；

7. 其他非法拘禁应予追究刑事责任的情形。（§ 2Ⅰ）

【司法解释性文件】

《最高人民检察院关于印发〈人民检察院直接受理立案侦查的渎职侵权重特大案件标准（试行）〉的通知》（高检发〔2001〕13 号，2001 年 8 月 24 日公布）

△（**国家机关工作人员；非法拘禁罪；重特大案件**）国家机关工作人员利用职权实施的非法拘禁案

（一）重大案件

1. 致人重伤或者精神失常的；

2. 明知是人大代表而非法拘禁的，或者明知是无辜的人而非法拘禁的；

3. 非法拘禁持续时间超过一个月，或者一次非法拘禁十人以上的。

（二）特大案件

非法拘禁致人死亡的。（§ 34）

《最高人民法院、最高人民检察院、公安部、司法部、国家卫生和计划生育委员会等印发〈关于依法惩处涉医违法犯罪维护正常医疗秩序的意见〉的通知》（法发〔2014〕5 号，2014 年 4 月 22 日公布）

△（**非法限制医务人员人身自由；非法拘禁罪**）以不准离开工作场所等方式非法限制医务人员人身自由的，依照治安管理处罚法第四十条的规定处罚；构成非法拘禁罪的，依照刑法的有关规定定罪处罚。（§ 2Ⅲ）

《最高人民法院、最高人民检察院、公安部、司法部关于办理黑恶势力犯罪案件若干问题的指导意见》（法发〔2018〕1 号，2018 年 1 月 16 日公布）

△（**黑恶势力；非法拘禁罪**）黑恶势力有组织地多次短时间非法拘禁他人的，应当认定为《刑法》第二百三十八条规定的“以其他方法非法剥夺他人人身自由”。非法拘禁他人三次以上、每次持续时间在四小时以上，或者非法拘禁他人累计时间在十二小时以上的，应以非法拘禁罪定罪处罚。（§ 18）

△（**民间借贷；擅自设立金融机构罪；非法吸收公众存款罪；骗取贷款罪；高利转贷罪；故意杀人罪；故意伤害罪；非法拘禁罪；故意毁坏财物罪；数罪并罚**）在民间借贷活动中，如有擅自设立金融机构、非法吸收公众存款、骗取贷款、套取金融机构资金发放高利贷以及为强索债务而实施故意杀人、故意伤害、非法拘禁、故意毁坏财物等行为的，应当按照具体犯罪侦查、起诉、审判。依法符合数罪并罚条件的，应当并罚。（§ 19）

《最高人民法院、最高人民检察院、公安部、司法部关于办理“套路贷”刑事案件若干问题的意见》（2019 年 2 月 28 日公布，自 2019 年 4 月 9 日

分则　第四章

① 司法实践中存在的一个倾向是，仅以行为人与被害人之间是否存在债务，来判断非法扣押、拘禁行为究竟是构成非法拘禁罪抑或绑架罪。至于系争债务本身的合法性、存在形式（双方承认的债务或行为人单方面主张的债务）以及行为人对被害人人身自由的剥夺程度如何，在所不论。对此，我国学者指出，在判断时不能仅以行为人与被害人之间是否存在债务作为唯一标准，更应考量被绑架人与债务人的关系、行为本身对人身自由的剥夺程度和对身体安全的侵害程度。譬如，为了索取法律所不予保护的债务或者单方面主张的债务，以实力支配、控制被害人后，以杀害、伤害被害人相威胁的，宜认定为绑架罪。参见张明楷：《刑法学》（第 6 版），法律出版社 2021 年版，第 1163 页。此外，由于《刑法修正案（十一）》增设了催收非法债务罪，此种情形也会构成催收非法债务罪，并与非法拘禁罪形成法条竞合的关系。

② 我国学者指出，这些立案标准过高，不利于保护公民的人身自由。参见张明楷：《刑法学》（第 6 版），法律出版社 2021 年版，第 1156 页。

③ 时间持续的长短原则上不影响本罪的成立，只影响量刑。但是，时间过短、瞬间性的剥夺人身自由的行为，难以认定为本罪。参见张明楷：《刑法学》（第 6 版），法律出版社 2021 年版，第 1156 页。

起施行)

△(**“套路贷”;诈骗罪;敲诈勒索罪;非法拘禁罪;虚假诉讼罪;寻衅滋事罪;强迫交易罪;抢劫罪;绑架罪**)实施“套路贷”过程中,未采用明显的暴力或者威胁手段,其行为特征从整体上表现为以非法占有为目的,通过虚构事实、隐瞒真相骗取被害人财物的,一般以诈骗罪定罪处罚;对于在实施“套路贷”过程中多种手段并用,构成诈骗、敲诈勒索、非法拘禁、虚假诉讼、寻衅滋事、强迫交易、抢劫、绑架等多种犯罪的,应当根据具体案件事实,区分不同情况,依照刑法及有关司法解释的规定数罪并罚或者择一重处。(§ 4)

《最高人民法院、最高人民检察院、公安部、司法部关于办理实施“软暴力”的刑事案件若干问题的意见》(自 2019 年 4 月 9 日起施行)

△(**“以其他方法非法剥夺他人人身自由”;非法拘禁罪**)有组织地多次短时间非法拘禁他人的,应当认定为《刑法》第二百三十八条规定的“以其他方法非法剥夺他人人身自由”。非法拘禁他人三次以上、每次持续时间在四小时以上,或者非法拘禁他人累计时间在十二小时以上的,应当以非法拘禁罪定罪处罚。(§ 6)

《最高人民法院、最高人民检察院、公安部办理跨境赌博犯罪案件若干问题的意见》(公通字〔2020〕14 号,2020 年 10 月 16 日发布)

△(**赌博犯罪;故意杀人罪;故意伤害罪;非法拘禁罪;故意毁坏财物罪;寻衅滋事罪**)实施赌博犯罪,为强行索要赌债,实施故意杀人、故意伤害、非法拘禁、故意毁坏财物、寻衅滋事等行为,构成犯罪的,应当依法数罪并罚。(§ 4Ⅳ)

《最高人民法院、最高人民检察院、公安部、司法部关于依法惩治妨害新型冠状病毒感染肺炎疫情防控违法犯罪的意见》(法发〔2020〕7 号,2020 年 2 月 6 日发布)

△(**肺炎疫情防控;故意伤害罪;侮辱罪;寻衅滋事罪;非法拘禁罪**)依法严惩暴力伤医犯罪。在疫情防控期间,故意伤害医务人员造成轻伤以上的严重后果,或者对医务人员实施撕扯防护装备、吐口水等行为,致使医务人员感染新型冠状病毒的,依照刑法第二百三十四条的规定,以故意伤害罪定罪处罚。

随意殴打医务人员,情节恶劣的,依照刑法第二百九十三条的规定,以寻衅滋事罪定罪处罚。

采取暴力或者其他方法公然侮辱、恐吓医务人员,符合刑法第二百四十六条、第二百九十三条规定的,以侮辱罪或者寻衅滋事罪定罪处罚。

以不准离开工作场所等方式非法限制医务人员人身自由,符合刑法第二百三十八条规定的,以非法拘禁罪定罪处罚。(§ 2Ⅱ)

△(**治安管理处罚;从重情节**)依法严惩妨害疫情防控的违法行为。实施上述(一)至(九)规定的行为,不构成犯罪的,由公安机关根据治安管理处罚法有关虚构事实扰乱公共秩序,扰乱单位秩序、公共场所秩序、寻衅滋事,拒不执行紧急状态下的决定、命令,阻碍执行职务,冲闯警戒带、警戒区,殴打他人,故意伤害,侮辱他人,诈骗,在铁路沿线非法挖掘坑穴、采石取沙,盗窃、损毁路面公共设施,损毁铁路设施设备,故意损毁财物、哄抢公私财物等规定,予以治安管理处罚,或者由有关部门予以其他行政处罚。

对于在疫情防控期间实施有关违法犯罪的,要作为从重情节予以考量,依法体现从严的政策要求,有力惩治震慑违法犯罪,维护法律权威,维护社会秩序,维护人民群众生命安全和身体健康。(§ 2Ⅹ)

《最高人民法院、最高人民检察院关于常见犯罪的量刑指导意见(试行)》(法发〔2021〕21 号,2021 年 6 月 6 日发布)

△(**非法拘禁罪;量刑**)

1. 构成非法拘禁罪的,根据下列情形在相应的幅度内确定量刑起点:

(1)犯罪情节一般的,在一年以下有期徒刑、拘役幅度内确定量刑起点。

(2)致一人重伤的,在三年至五年有期徒刑幅度内确定量刑起点。

(3)致一人死亡的,在十年至十三年有期徒刑幅度内确定量刑起点。

2. 在量刑起点的基础上,根据非法拘禁人数、拘禁时间、致人伤亡后果等其他影响犯罪构成的犯罪事实增加刑罚量,确定基准刑。

非法拘禁多人多次的,以非法拘禁人数作为增加刑罚量的事实,非法拘禁次数作为调节基准刑的量刑情节。

3. 有下列情节之一的,增加基准刑的 10%—20%:

(1)具有殴打、侮辱情节的;

(2)国家机关工作人员利用职权非法扣押、拘禁他人的。

4. 构成非法拘禁罪的,综合考虑非法拘禁的起因、时间、危害后果等犯罪事实、量刑情节,以及被告人的主观恶性、人身危险性、认罪悔罪表现等因素,决定缓刑的适用。

【附属刑法】

《中华人民共和国人民警察法》(1995年2月28日通过,2012年10月26日修正)

第二十二条

人民警察不得有下列行为:

……

(五)非法剥夺、限制他人人身自由,非法搜查他人的身体、物品、住所或者场所;

……

第四十八条

Ⅰ人民警察有本法第二十二条所列行为之一的,应当给予行政处分;构成犯罪的,依法追究刑事责任。

Ⅱ行政处分分为:警告、记过、记大过、降级、撤职、开除。对受行政处分的人民警察,按照国家有关规定,可以降低警衔、取消警衔。

Ⅲ对违反纪律的人民警察,必要时可以对其采取停止执行职务、禁闭的措施。

《中华人民共和国民事诉讼法》(1991年4月9日通过,2017年6月27日第三次修正)

第一百一十七条

采取对妨害民事诉讼的强制措施必须由人民法院决定。任何单位和个人采取非法拘禁他人或者非法私自扣押他人财产追索债务的,应当依法追究刑事责任,或者予以拘留、罚款。

《中华人民共和国治安管理处罚法》(2005年8月28日通过,2012年10月26日修正)

第一百一十六条

Ⅰ人民警察办理治安案件,有下列行为之一的,依法给予行政处分;构成犯罪的,依法追究刑事责任:

……

(二)超过询问查证的时间限制人身自由的;

……

Ⅱ办理治安案件的公安机关有前款所列行为的,对直接负责的主管人员和其他直接责任人员给予相应的行政处分。

《中华人民共和国劳动法》(1994年7月5日通过,2018年12月29日第二次修正)

第九十六条

用人单位有下列行为之一,由公安机关对责任人员处以十五日以下拘留、罚款或者警告;构成犯罪的,对责任人员依法追究刑事责任:

……

(二)侮辱、体罚、殴打、非法搜查和拘禁劳动者的。

《中华人民共和国劳动合同法》(2007年6月28日通过,2012年12月28日修正)

第八十八条

用人单位有下列情形之一的,依法给予行政处罚;构成犯罪的,依法追究刑事责任;给劳动者造成损害的,应当承担赔偿责任:

……

(三)侮辱、体罚、殴打、非法搜查或者拘禁劳动者的;

……

《中华人民共和国精神卫生法》(2012年10月26日通过,2018年4月27日修正)

第七十五条

医疗机构及其工作人员有下列行为之一的,由县级以上人民政府卫生行政部门责令改正,对直接负责的主管人员和其他直接责任人员依法给予或者责令给予降低岗位等级或者撤职的处分;对有关医务人员,暂停六个月以上一年以下执业活动;情节严重的,给予或者责令给予开除的处分,并吊销有关医务人员的执业证书:

(一)违反本法规定实施约束、隔离等保护性医疗措施的;

……

(五)违反精神障碍诊断标准,将非精神障碍患者诊断为精神障碍患者的。

第七十八条

违反本法规定,有下列情形之一,给精神障碍患者或者其他公民造成人身、财产或者其他损害的,依法承担赔偿责任:

(一)将非精神障碍患者故意作为精神障碍患者送入医疗机构治疗的;

……

第八十一条

违反本法规定,构成犯罪的,依法追究刑事责任。

《中华人民共和国民事诉讼法》(1991年4月9日通过,2021年12月24日第四次修正)

第一百二十条

采取对妨害民事诉讼的强制措施必须由人民法院决定。任何单位和个人采取非法拘禁他人或者非法私自扣押他人财产追索债务的,应当依法追究刑事责任,或者予以拘留、罚款。

【参考案例】

△采用劫持、拘押人质、限制他人人身自由的手段强索赌债的,应以非法拘禁罪论处。

《刑法》第二百三十八条第三款规定,"为索取债务非法扣押、拘禁他人的”，以非法拘禁罪定罪处罚。这里的债务，一般理解为合法债务，即民事法律关系上的财产给付义务。这种权利义务关系主要是由民事法律加以调整的，我国《刑法》第二百三十八条第一款之所以规定为索取债务非法扣押、拘禁他人的，以非法拘禁罪定罪处罚，立法本意并不在于以此来体现对债权的特别保护，而是要强调即使是为了索取正当、合法的债务，也不得采取扣押、拘禁他人等限制人身自由的非法方法。非法拘禁罪属于侵犯公民人身权利的犯罪，既然为索取正当、合法的债务非法限制他人人身自由就构成本罪，那么，为索取赌债、高利贷以及嫖资等法律不予保护的非法债务而扣押、拘禁他人的，以非法拘禁罪定罪处罚就更不成问题了。对此，2000 年 6 月 30 日通过的《最高人民法院关于对为索取法律不予保护的债务非法拘禁他人行为如何定罪问题的解释》明确规定“行为人为索取高利贷、赌债等法律不予保护的债务，非法扣押、拘禁他人的，依照刑法第二百三十八条的规定定罪处罚”。这就为今后司法机关处理类似案件提供了明确的法律依据。[No. 4-238-1　孟铁保等赌博、绑架、敲诈勒索、故意伤害、非法拘禁案]

△非法劫持并扣押他人后，向被害人亲属索要明显超出赌债数额的财物的，应以绑架罪论处。

在孟铁保等赌博、绑架、敲诈勒索、故意伤害、非法拘禁案中，被告人孟铁保在与张和平因赌博发生争执后，伙同他人将其劫持、殴打、扣押，并向其家属勒索 3.5 万元钱财的行为，明显超出了索取赌债的范围，是以赌博纠纷为借口和由来，以勒索财物为目的绑架他人，已构成绑架罪；被告人孟铁保伙同他人，将只欠其 9900 元赌债的岳建唐非法扣押后，向其亲属索要 3 万元的行为，由于其索要财物的金额大大超出了赌债的数额，被告人行为的目的已不再单纯是索要赌债，而转化成以索债为名，采取绑架的手段来勒索他人的财物，这一行为符合绑架罪以勒索财物为目的绑架他人的特征，应当以绑架罪定罪处罚。

需要指出的是，对这类性质的犯罪行为，应当注意，只有行为人勒索的钱财明显大于被害人所欠的法律不予保护的债务，行为的性质已不是为索取债务而非法限制他人人身自由，实质上是以非法拘禁、扣押人质为手段勒索他人钱财，才应当以绑架罪定罪处罚。如果行为人索要的钱财没有超出被害人所欠的债务的范围，或者两者之间差额不大，就不能以绑架罪定罪处罚。[No. 4-238-2　孟铁保等赌博、绑架、敲诈勒索、故意伤害、非法拘禁案]

△因合同纠纷而绑架他人为人质的，应以非法拘禁罪论处。

根据《刑法》第二百三十八条第三款的规定，为索取债务非法扣押、拘禁他人的是索债型的非法拘禁罪。根据《刑法》第二百三十九条的规定，以勒索财物为目的绑架他人或者偷盗婴幼儿的是勒索型的绑架罪。勒索型绑架罪与索债型非法拘禁罪在表现形式上存在相似之处，如两罪在客观方面都是采用非法剥夺他人人身自由的方法，且在非法剥夺他人人身自由时，往往也都可能使用暴力、胁迫等强制性手段，两者从表面上看又都是向对方索取财物，因此，比较容易混淆。根据刑法规定，不难看出，两罪的关键区别在于行为人的犯罪目的：勒索型绑架罪是以勒索财物为目的，而索债型非法拘禁罪则是以实现自己的债权为目的。正因为如此，在勒索型绑架罪中，绑架人与被害人方之间一般而言不存在任何债权债务关系，而在索债型非法拘禁罪中，行为人与被拘禁人方之间则存在真实的债权债务关系（注：根据《最高人民法院关于为索取法律不予保护的债务非法拘禁他人行为如何定罪问题的解释》的规定，行为人为索取高利贷、赌债等法律不予保护的债务，而非法扣押、拘禁他人的，也应当以非法拘禁罪论处，而不能定性为绑架罪）。同时，在索债型非法拘禁罪中，行为人向被拘禁人方索取财物的数额一般都是以实际存在的合法的或者虽不受法律保护但客观存在的赌债、高利贷等的债权债务数额为限。而在勒索型绑架罪中，勒索财物的数额则不可能有什么限制，勒索多少完全取决于绑架人的任意。所以说，即便行为人与被害人之间存在真实的合法的债权债务关系，如果行为人在扣押被害人之后索取了远远超出债权债务数额的财物，就说明了行为人的犯罪目的已不再局限于索取债务了，同时又具备了勒索财物的目的，对此，应按照一行为触犯数罪名的想象竞合的法律适用原则来处理，即择一重罪论处，应以绑架罪定罪量刑。审判实践中，如果案件中双方对到底存不存在合法、真实的债权债务关系以及存在多大数额、何种类型的债权债务关系等，存有争议纠纷未决的，必须予以彻查清楚后，才能正确区分两罪。

从颜通市等绑架案被告人颜通市等人与被害人方孙冲签订的船只买卖合同内容来看，双方首先签订了一个合同，约定被告方先交付定金 35000 元，并在半个月内付清剩余购船款。在未能如期履约的情况下，杨以才又与孙冲签订补充协议，再交付预付款 40000 元，并口头保证，如在 1998 年 1 月 28 日前不能付清船款，情愿 75000 元不要（注：从合同法理论上说，后一个协议，也是一个双方真实意思表示一致的有效的新的口头合同,且后一合同是对前一个合同的部分变更)。由于民事法律有关于给付定金的一方违约的,无权要求返还定金的明确规定,以及行为人承诺到期不能付款的情况下,连40000元的预付款也不要,因此,假如本案被告人不是采取扣押对方当事人幼子的犯罪方法,而是通过民事诉讼主张对方当事人返还该75000元,可能会出现得不到法律支持的情形。但同时也应该看到:首先,本案被告方实际上并没有得到与占有他们想购买的标的物即对方的船只,且该船只在被告方未放弃的情况下已被对方转卖他人。在这种情形下,被告方坚持要求对方返还已给付的75000元,也是正常的心理,相反,要求被告方准确预见这种诉求可能不会被法律所支持,则是不适宜的。其次,在合同双方当事人之间,一方坚持要求对方返还已给付的75000元,另一方拒绝返还。这里就存在着一个合同纠纷的问题。在该纠纷未经人民法院审理或有关部门调处前,可以说双方当事人所争议的权利义务关系未依法确定。在要不要返还75000元的纠纷未解决之前,就判定被告方不能主张索还,同样也是不适宜的。最后,民事行为总的来说是当事人的一种意思自治的行为,只要双方当事人的意思表示真实一致即可,民事法律一般不予干涉。例如,一方以极低价甚至无偿把财物转让或赠送他人,或者一方自愿放弃债权等,民事法律都是不会干涉的,只要当事人是基于自己真实的意思表示,不存在对方欺诈、胁迫等因素,应当确认该民事法律行为是有效的。基于民事行为的这种属性,确定本案被告方不能要求对方返还75000元,也是不妥的。以上三点可以说明,本案被告方扣押孙冲幼子的行为,在主观方面,本质上的确是出于索取75000元债务的目的,尽管这种债务可能不会得到法律的支持,但被告方在行为时确实认为这种债务是客观、理所应当存在的,且事实上也是一直认为并主张这75000元应归其所有,并没有凭空非法占有他人财产的故意内容。这一点,也可以从本案被告方先提出索还75000元的要求,继而在得知对方已交给中间人30000元的情况下,又仅向对方索还剩余的45000元即放回被拘禁人的案情事实中得以明证。可见,本案被告方从始至终都没有任何超出75000元以外的其他勒索犯意。综上,本案被告方颜通市、杨以早虽以劫持扣押他人的方式索取财物,但其拘押行为是在索取债务的目的支配之下实施的,除要求讨还债务之外并未勒索其他钱财,因此其行为不构成绑架罪而应定非法拘禁罪。人民法院的判决是正确的。

索债型的非法拘禁罪,一般是以行为人和被害人方之间存在着合法的真实的债权债务关系为前提的,是债权人为索债采用了法律所不允许的非法拘禁的方法触犯了刑法。合法的真实的债权债务是基于当事人之间既往民事行为形成的。搞清产生当事人间债权债务关系的既往的民事行为的来龙去脉和前因后果,对办理这类案件非常重要。在此基础上,准确区分是索债型非法拘禁罪还是勒索型绑架罪,还应当结合行为人行为时对债权债务的认识和理解来综合分析。[No.4-238-3　颜通市等绑架案]

△基于索债目的,帮助他人实施绑架行为的,应以非法拘禁罪论处。

根据《刑法》第二百三十八条第三款规定,为索取债务非法扣押、拘禁他人的,以非法拘禁罪定罪处罚。据此,构成索债型非法拘禁罪的要件是:(1)行为人主观上以索取债务为目的。(2)在行为人和被拘禁人或被拘禁人的亲属间客观上存在有合法的债权债务关系。根据《最高人民法院关于对为索取法律不予保护的债务非法拘禁他人行为如何定罪问题的解释》的规定,行为人为索取高利贷、赌债等法律不予保护的债务,非法扣押、拘禁他人的,也应依照非法拘禁罪定罪处罚。(3)行为人实施了非法扣押、拘禁等剥夺他人人身自由的行为。根据《刑法》第二百三十九条规定,以勒索财物为目的绑架他人,以绑架罪定罪处罚。构成勒索型绑架罪的要件是:行为人主观上以勒索财物为目的,客观上实施了剥夺他人人身自由的绑架行为。索债型非法拘禁罪和勒索型绑架罪在犯罪手段上都表现为非法剥夺他人人身自由,区别的关键是看行为人主观上是以索取债务为目的,还是以勒索财物为目的。

在章浩等绑架案中公诉机关指控三被告人系共同犯罪,均构成绑架罪,被告人章浩系主犯,被告人王敏与章娟系从犯。在审理过程中,对于章浩为勒索财物而实施的绑架行为构成绑架罪,控辩审三方均无异议,但对王敏构成何罪却存在不同意见。控方认为王敏与章浩一同实施绑架被害人吴迪的行为,她与章浩系共同犯罪,应以绑架罪对其定罪量刑;审方判决认为,王敏虽然与被告人章浩共同实施了"绑架"被害人吴迪的行为,但其主观上只有"索取债务"的目的而不具有勒索财物的目的,因此她与章浩之间不存在共同犯罪故意,不能成立共同犯罪,其行为不构成绑架罪,而应以非法拘禁罪对其定罪处罚。意见分歧的原因在于对被告人王敏与被告人章浩能否成立共同犯罪看法不一。

我国《刑法》第二十五条第一款明确规定:

"共同犯罪是指二人以上共同故意犯罪。"成立共同犯罪必须同时具备三个条件:(1)犯罪主体必须是两个以上达到刑事责任年龄、具有刑事责任能力的人;(2)具有共同的犯罪故意;(3)具有共同的犯罪行为。这三个条件缺一即不构成共同犯罪。所谓共同的犯罪故意,系指各共同犯罪人在对共同犯罪行为具有同一认识的基础上,对其所会造成的危害社会的结果,持希望或者放任的心理状态。共同犯罪故意是构成共同犯罪的主观要件,缺乏共同犯罪故意的数人同时对同一对象实施同种犯罪,也只是同时犯,而非共同犯罪。同理,二人以上同时对同一对象实施相互支持、帮助的犯罪行为,但因双方的犯罪故意内容不同,没有形成共同的犯罪故意,亦不构成共同犯罪。本案中,被告人章浩对被告人王敏谎称:"有人欠债不还,去把其子带来,逼其还债。"王敏误以为章浩绑架被害人吴迪是为了索取债务,而不知道章浩是为了向其家人勒索财物。王敏虽然与章浩在一起互相配合、共同实施了"绑架"被害人吴迪的犯罪行为,但由于其主观上认为是为了向被害人吴迪的亲属"索取债务",与共同行为人章浩"勒索财物"的主观故意内容不同,二人没有共同的犯罪故意,因此不构成共同绑架犯罪,只能按各自所构成的犯罪分别定罪量刑。尽管本案中被告人和被害人双方实际上并不存在合法的债权债务关系,也不存在高利贷、赌债等不受法律保护的债权债务关系,但王敏确因受骗不知情,而基于索取债务的主观目的帮助他人实施绑架行为,依照《刑法》第二百三十八条第一、三款的规定,其行为符合索债型非法拘禁罪的特征。因此,法院判决王敏构成非法拘禁罪是正确的。[No. 4-238-4　章浩等绑架案]

△为寻找他人而挟持人质的,应以非法拘禁罪论处。

非法拘禁罪是以拘押、禁闭或者其他强制方法,非法剥夺他人人身自由的行为。绑架罪是利用被绑架人的近亲属或者其他人对被绑架人安危的忧虑,以勒索财物或要求满足其他不法要求为目的,使用暴力、威胁或者麻醉等方法劫持或以实力控制他人的行为。虽然两罪在行为方式上有着相似的构成要件,即以暴力、胁迫或者其他手段非法剥夺他人人身自由,被非法拘禁或者被绑架人的身体健康、生命安全随时会遭受到侵犯,其亲属或他人也会感到忧虑、担心,但绑架罪与非法拘禁罪的刑罚悬殊,因此对于两罪的正确区分应当特别予以注意。

立法对绑架罪的严厉处罚,显然是针对社会生活中发生的特定的绑架犯罪类型的。这种特定绑架犯罪往往是以勒索巨额赎金或者要求满足重大不法要求为目的。因为勒索的赎金或者其他不法要求很高,难以满足,往往被勒索的第三人处在两难的选择之中:要么蒙受巨大损失、作出重大的让步;要么使人质遭受巨大的痛苦甚至牺牲。这种类型的绑架犯罪使用手段的极端性和所提不法要求的重要性是典型的绑架犯罪行为特征,也是对绑架犯罪设置重刑的根本原因。很难想象立法者对于绑架人质索要几千元钱或者提出其他微不足道条件的犯罪行为有必要规定最低处十年以上有期徒刑的刑罚。合理的解释是,在我国刑法中被科以重刑的绑架罪应当是勒索巨额赎金或者提出其他重大不法要求的绑架类型。在现实生活中,确有一些人因为一时冲动或者因为存在纠纷或者抓住被害人的某些弱点,绑架人质,索要少量钱财或者提出其他条件,例如因为被害人拖欠工资、债务,而索要少量超出工资、债务范围的钱财的,或者由于冲动、无知、愚昧扣押人质索取少量钱财的,或者扣住岳母要求媳妇回家的,等等。这种情形的绑架,显然不具有与法律的严厉评价相当的不法程度,其实与非法拘禁、敲诈勒索、寻衅滋事的危害程度差别不大,完全可以按照非法拘禁罪或者敲诈勒索罪论处。如《刑法》第二百三十八条第三款及2000年6月30日通过的《最高人民法院关于对为索取法律不予保护的债务非法拘禁他人行为如何定罪问题的解释》中均肯定了"人质型"非法拘禁罪,即行为人基于某种目的,非法将被害人扣押作为人质,剥夺其人身自由,并胁迫被害人实施一定行为以满足其要求的一种犯罪。其构成特征在于:主观目的是出于解决某种民事纠纷,如经济纠纷、婚姻家庭纠纷等;所谓"人质"应是民事纠纷的当事人或其亲友,与犯罪分子之间关系比较特定,大多有利害关系或经济往来甚至熟识;非法拘禁"人质"的目的是解决双方既存的民事纠纷,而不是要求满足重大的不法要求。

非法拘禁罪与绑架他人作为人质的绑架罪在犯罪构成上近似。非法拘禁罪要求行为人具有非法剥夺他人人身自由的行为,其目的经常表现为泄愤报复、追讨债务、显示权势等;绑架罪也要求行为人具有非法剥夺他人人身自由的行为,其目的是勒索钱财或满足行为人的不法要求。在界定两罪的区别时,我们要相当谨慎地分析被告人与被害人的关系、被告人所提出的要求实现之难易、被告人对被害人剥夺自由行为的恶劣程度、对第三人及解救方的对抗程度等多方面因素。现实生活中,诸如因无知、愚昧、一时冲动扣留岳母要求媳妇回家、扣押女友的父母迫使女友同意继续谈恋爱等,一般情形下不具有与绑架罪严厉刑罚相当的否定评价程度,不能认定为绑架罪。[No. 4-238-6　胡经杰等非法拘禁案]

△在索债型拘禁案件中,债务数额难以确定的,应以非法拘禁罪论处。

在索债型扣押、拘禁案件中,往往存在这样的情形,行为人认为确实存在债务,而被害人予以否认,或者行为人与被害人虽然均承认存在债务关系,但是双方在具体数额上说法不一致,由于缺乏证据而难以查清原债权债务关系中涉及的具体数额。如果行为人主观上认为确实存在债务或者确认债务为某一数额,即使有证据证明行为人对债务或数额的认识是基于某种错误,行为人也是在索要债务的主观认识之下实施扣押、拘禁被害人的行为,而不存在勒索他人财物的目的,因此应以非法拘禁罪定罪处罚。如果以绑架罪定罪,则有客观归罪之嫌。[No. 4-238-7　雷小飞等非法拘禁案]

△在索债型拘禁案件中,索要数额超出债务数额不大,或虽然较大但行为人的目的仍为索债的,应以非法拘禁罪论处。

在索债型扣押、拘禁案件中,行为人可能因为多种原因向被害人索要高于原债务数额的财物,有的是出于对被害人久拖不还债务的气愤,有的是为弥补讨债费用或商业损失,有的是借机勒索更多的财物等等。不能仅因索要数额超过原债务,就简单认定上述行为均构成绑架罪,而要具体情况具体分析。如果索要的数额大大超过原债务数额,且与其他情节相结合,足以证明行为人的主观目的已经由索债转化为勒索财物,则该行为已触犯了绑架罪和非法拘禁罪两个罪名,按照想象竞合犯的处罚原则,应以绑架罪定罪处罚。如果索要的数额超过原债务的数额不大,或者虽然索要的数额超过原债务的数额较大,但超出的部分是用于弥补讨债费用或由此带来的其他损失,行为人认为这些费用和损失应由被害人承担,其主要目的仍是索债,而不是勒索财物。从主客观相一致以及有利于被告人的刑法原则上看,上述行为应当以量刑相对较轻的非法拘禁罪定罪,而不宜定绑架罪。如果索要数额大大超过原债务,当被害人拿出与原债务数额相近的财物后,行为人主动停止索要其他财物,这在客观上可以证明行为人并不具备勒索他人财物的目的,也不宜定绑架罪,而应定非法拘禁罪。

雷小飞等非法拘禁案双方当事人之间确实存在因经济纠纷产生的债权债务关系,但双方在具体数额上认识不一,而且被告人索要的钱财超出了其自己估算的债务的数额。被告人的行为应认定为绑架罪还是非法拘禁罪,要根据本案的实际情况,结合被告人的主观因素和其他具体情节作出判断。[No. 4-238-8　雷小飞等非法拘禁案]

△为逼迫借款人还债而关押借款人以外的第三人的,应以非法拘禁罪论处。

在司法实践中,就索债型非法拘禁罪来看,债权人为达到要回欠债的目的,通常会直接非法扣押、拘禁债务人本人,但也不排除债权人可能通过非法扣押债务人的亲属为人质或者扣押其他与债务人有密切关系的人为人质来达到迫使债务人还债的目的。《刑法》第二百三十八条第三款规定为索取债务非法扣押、拘禁他人以非法拘禁罪论处,这里立法用的是他人,并未明确限定为债务人本人。可见,他人当然可以包括债务人以外而又与债务人具有某种利害关系的人。

根据《刑法》第二百三十九条的规定,绑架罪包括三种情形:一是以勒索财物为目的绑架他人的,二是以勒索财物为目的偷盗婴幼儿的,三是绑架他人作为人质的。第一、二种情形下行为人的犯罪目的都是勒索财物,而第三种情形下行为人的犯罪目的条文没有明确揭示。合乎逻辑的解释结论自然是,绑架他人作为人质是为了实现勒索财物以外的不法目的,即行为人绑架他人后提出的是除勒索财物以外的其他不法要求。如行为人为实现某种政治目的绑架他人来要挟等。绑架他人作为人质和为索取债务扣押、拘禁他人的关键区别在于:前者扣押人质是为了实现其某种不法要求,而后者扣押人质是为了索取债务。[No. 4-238-9　辜正平非法拘禁案]

△为索要债务而绑架他人并致人死亡的,应以非法拘禁罪论处。

绑架罪是以勒索财物或者扣押人质为目的,使用暴力、胁迫或其他方法,绑架他人的行为。而非法拘禁罪是以非法拘留、禁闭或者其他方法,非法剥夺他人人身自由权利的行为。绑架罪和非法拘禁罪,两者都是侵犯他人人身自由权利的犯罪,绑架罪在客观上必然表现为非法剥夺他人人身自由的行为,且剥夺他人人身自由的方法与非法拘禁罪的方法没有质的区别,都可以是暴力、胁迫或者其他方法;非法拘禁罪也可以由绑架的方式构成,两罪在将被害人绑架、劫持的空间特点上也一样,既可以是就地不动,也可以是将被害人掳离原所在地。审判实践中,在为索债而绑架、扣押人质的案件中,两罪界限易混淆。近年来,社会上出现了不少因债权债务关系引起的"绑架索债型"侵犯公民人身权利的案件,即为追索债款,以强行扣押"债务人或其亲属"的方式,胁迫债务人亲属或债务人履行还债义务,“以钱换人”的犯罪行为。像田磊等绑架案中的田磊等人为索要债务将被害人劫持到四川,非法限制其人身自由的行为即是如此。以勒索财物为目的的绑架行为在形式上与这种行为很相似,但在性质上却有着根本区别:第一,两者的犯罪目的截然不同,前者以勒索财物为目的;后者以追索债务为目的,以扣押“人质”作为讨还债务的手段;第二,两者在被绑架人方面存有差异,前者被绑架人自身一般都无什么过错,且可以是任何不特定的人;而后者被绑架人大多自身有一定的过错即欠债不还,且一般只可能是债务人本人或其近亲属。本案被告人以索取债务为目的,绑架债务人的行为,符合《刑法》第二百三十八条第三款为索取债务非法扣押、拘禁他人的规定,其行为性质应属非法拘禁,而不是绑架。因此,在罪名认定上,应是非法拘禁罪,而不是绑架罪。[No. 4-238-12　田磊等绑架案]

△赌博参与人员以其所输赌资或所赢赌债为抢劫对象,非法拘禁他人或者以其他方法非法剥夺他人人身自由的,不构成抢劫罪,应以非法拘禁罪论处。

2005 年 6 月 8 日颁布的《最高人民法院关于审理抢劫、抢夺刑事案件适用法律若干问题的意见》规定:抢劫赌资、犯罪所得的赃款赃物的,以抢劫罪定罪,但行为人仅以其所输赌资或所赢赌债为抢劫对象,一般不以抢劫罪定罪处罚;构成其他犯罪的,依照《刑法》的相关规定处罚。

据此,在对赌博参与人员抢劫其所输赌资或所赢赌债犯罪案件的不同情形进行类型化分析,并遵循罪责刑相适应基本原则,综合评价被告人的主观故意和客观社会危害性的基础上,可划分以下情形分别处理:

1. 存在非法拘禁他人或者以其他方法非法剥夺他人人身自由情形的,应当定非法拘禁罪。《最高人民法院关于对为索取法律不予保护的债务非法拘禁他人行为如何定罪问题的解释》(法释〔2000〕19 号)中规定,行为人为索取高利贷、赌债等法律不予保护的债务,非法扣押、拘禁他人的,依照《刑法》第二百三十八条的规定定罪处罚。尽管该解释中仅规定了行为人为索取赌债而非法拘禁他人的情形,但对于行为人为索取赌资而非法拘禁他人的情形也应定非法拘禁罪。如上所述,所输赌资或所赢赌债作为犯罪对象,在刑法评价上的意义在于,对于该类犯罪应当将赌博参与人员的犯罪行为与一般人员的抢劫行为区别对待,对特定主体抢劫特定财物的侵财行为一般不单独处罚,重点考查侵犯公民人身权利犯罪,而犯罪对象究竟是所输赌资还是所赢赌债,并不是侵犯公民人身权利犯罪的构成要件,不影响案件的定罪量刑。因此,赌博参与人员抢劫其所输赌资或所赢赌债的案件,如果在过程中存在非法扣押、拘禁他人的情形,应当以非法拘禁罪定罪处罚。对于非法拘禁的认定标准,可以参考《最高人民检察院关于人民检察院直接受理立案侦查案件立案标准的规定(试行)》第三条的规定,非法拘禁持续时间超过 24 小时的;三次以上非法拘禁他人,或者一次非法拘禁三人以上的;非法拘禁他人,并实施捆绑、殴打、侮辱等行为的;非法拘禁,致人伤残、死亡、精神失常的。

2. 不存在非法拘禁他人或者以其他方法非法剥夺他人人身自由情形的,应当根据被告人使用暴力情况和造成被害人伤害程度区别对待。《最高人民法院关于审理抢劫、抢夺刑事案件适用法律若干问题的意见》(法发〔2005〕8 号)中规定,行为人为索取债务,使用暴力、暴力威胁等手段的,一般不以抢劫罪定罪处罚。构成故意伤害等其他犯罪的,依照《刑法》第二百三十四条等规定处罚。因此,被告人使用暴力故意伤害他人身体,造成被害人轻伤以上损害的,应当定故意伤害罪;被告人使用暴力给被害人造成轻微伤损害的,应当按照《治安管理处罚法》的相关规定处理;被告人没有使用暴力的,对于其抢劫所输赌资或所赢赌债的行为不追究刑事责任,如果被告人的赌博行为构成赌博罪的,应当以赌博罪定罪处罚。[No. 4-238-13　徐振涛等非法拘禁案]

△婚姻关系非正常存续期间,为索要离婚纠纷中的争议财产而将继子女私自带走的行为,构成非法拘禁罪。

继父母与继子女的法律关系建立在继父母与继子女生父母的婚姻基础上,并且继父母要对继子女形成抚养、教育关系,才能与继子女形成拟制血亲,具有与生父母同等的权利义务。在贾斌非法拘禁案中,如果贾斌在婚姻关系正常存续期间将继女私自带走,因其对继女有监护权,只要其对继女无伤害行为,就不违法。但是本案的特殊性在于,其是发生在贾斌与其妻李宝珠协议离婚并已分居期间。虽然从法律形式上说,婚姻关系仍存续,但是双方对结束婚姻的意向已达成一致,只是还存在财产上的纠纷未能解决,导致无法办理离婚手续。从法律角度以及社会习俗等来看,分居后对未成年子女,尤其是幼女的监护权理所当然应归其生母行使。在离婚程序启动后,婚姻双方的权利、义务处于未决状态,相应的,以婚姻关系为基础的其他权利、义务亦应处于未决状态。这种情况下,当事人只应在合理范围内行使必要的权利。此时,当事人对离婚后将会发生改变的权利、义务应暂停行使或者只在必要的、合理的限度内行使。而贾斌出于要挟其妻的目的，私自带走继女，同时索要离婚纠纷所涉财物，该行为已经明显超出其待定监护权的应有的合理限度，使年幼的继女脱离生母照管，侵犯了继女的人身自由权利和儿童的合法权益，其行为具有严重的违法性和应受刑罚处罚性。

贾斌的行为不构成绑架罪。刑法对绑架罪的主观方面明确规定为两种目的：一种是索财型，就是以被绑架人的人身安全为要挟，目的是向他人勒索钱财，即通常所说的掳人勒赎或者“绑票”。另一种是指行为人出于勒索钱财以外的其他目的，而劫持被绑架人作为人质的行为。无论是“索财型”绑架还是“人质型”绑架，都是一种严重侵犯公民人身安全的犯罪，行为人都是以被绑架人的生命健康作为威胁，当其非法目的不能实现时，可能会危及被绑架人的人身安全。本案中，被告人贾斌抱走继女，以索要离婚纠纷中所涉财物的行为，既不构成“索财型”绑架罪，也不构成“人质型”绑架罪。首先，在主观要件上，贾斌索要的财产是夫妻在离婚纠纷中，双方存有争议、尚未达成一致意见的财产，其索要财产的数额并未超过合理限度，其主观上不具备“索财型”绑架罪中的恶意勒索他人财物、获取不义之财的目的，故不构成“索财型”绑架罪。其次，贾斌在将其继女挟持期间，并没有以继女的生命安全威胁其妻，也没有以继女的生命相要挟提出其他非法要求，不具有“人质型”绑架罪中为实现非法目的，以被绑架人的生命安全相要挟的客观行为，故不构成“人质型”绑架罪。

贾斌的行为不构成拐骗儿童罪。理论界和实务界普遍认为，拐骗儿童罪往往是以收养为目的，或者以奴役、使唤为目的。本案中，被告人贾斌与其妻离婚期间，双方因对支付离婚补偿款(包括继女的抚养费等)未达成一致，离婚未果，其妻将她亲生女儿带回娘家生活。贾斌为迫使其妻答应离婚条件以及与其见面，而将时年三岁的继女带至外地，并以此为要挟，若其妻不答应他的要求，便不送还继女。贾斌带走继女，并非出于自己收养或者奴役、使唤的目的，不具备使继女长期脱离家庭的意图，仅是通过暂时限制继女的人身自由，来迫使其妻在离婚纠纷中妥协。因此，贾斌的行为不具有收养、奴役等目的，不符合拐骗儿童犯罪的主观要件。

贾斌的行为构成非法拘禁罪。刑法并未规定非法拘禁的目的，主观方面不要求有特定目的，即只要具备非法剥夺他人人身自由的直接故意并且实施了拘禁行为即可构成本罪。拘禁行为，其方式可以是多种多样的，典型的拘禁方式有捆绑、扣留、关押等。刑法中还规定了其他非法剥夺人身自由的方式，虽然没有明确列举，但是只要客观上剥夺了人身自由的行为即可构成本罪。这种剥夺包括对儿童以哄骗的方式进行“软禁”，给被害人喂食安眠药，使得被害人无法知晓自身处境等，只要是非法剥夺了公民的人身自由权即构成本罪，对行为方式并无限定。本案中，被告人贾斌为解决离婚财产纠纷，向其妻索要婚姻存续期间对其继女的抚养费、二人结婚时的彩礼等费用，而将继女擅自带至外地，并以此胁迫其妻支付上述费用，否则不送还继女。贾斌的行为符合为索要债务而非法扣押他人的情形，依法构成非法拘禁罪。[No. 4-238-14　贾斌非法拘禁案]

△行为人主观上的索债目的应当从其主观真实意思认定，而不要求客观上存在真实有效的债务债权关系。出于索债目的非法拘禁他人的，成立非法拘禁罪。

如果行为人主观上确实是为索取债务而扣押、拘禁他人的，即使债务关系难以查清或者根本不存在，只是行为人认识错误的，仍然应当认定行为人系为索取债务而实施非法拘禁行为。因为在此种情况下，无论债务是否真实存在，行为人主观上都是出于“索债”的目的而实施对他人的扣押、拘禁行为，其没有产生其他诸如勒索、抢劫犯罪中非法占有他人财物的故意。从另一角度考虑，这种认定是从有利于被告人的原则出发的，符合刑法谦抑性的要求。

在罗灵伟、蒋鼎非法拘禁案中，罗灵伟因为怀疑王华祥、陈仙兵、潘岩根在管理其经营的石渣生意期间，在账目上造假侵吞款项，认为王华祥侵吞了其3万余元的货款。为了向王华祥等人索取该笔债务，罗灵伟遂与蒋鼎等人将王华祥、陈仙兵、潘岩根三人强行带上汽车，后在水库洋山庙边对三人实施殴打等行为，非法限制王华祥等人的人身自由4个小时左右。后来罗灵伟与王华祥达成口头协议，将自己欠王华祥的3万余元欠款与该3万余元货款相抵销。综合上述案情分析，罗灵伟主观上确实是为了索要其自认为的“债务”而实施了非法拘禁及殴打等行为。该债务能否查清并不影响其主观上的索债目的。蒋鼎为帮助罗灵伟实现索债的目的，与罗灵伟共同实施非法扣押、拘禁他人的行为，亦应确认其主观上的索债目的。[No. 4-238-15　罗灵伟、蒋鼎非法拘禁案]

第二百三十九条 【绑架罪】

以勒索财物为目的绑架他人的，或者绑架他人作为人质的，处十年以上有期徒刑或者无期徒刑，并处罚金或者没收财产；情节较轻的，处五年以上十年以下有期徒刑，并处罚金。

犯前款罪，杀害被绑架人的，或者故意伤害被绑架人，致人重伤、死亡的，处无期徒刑或者死刑，并处没收财产。

以勒索财物为目的偷盗婴幼儿的，依照前两款的规定处罚。

【立法解释性文件】

《全国人民代表大会常务委员会法制工作委员会关于已满十四周岁不满十六周岁的人承担刑事责任范围问题的答复意见》（法工委复字〔2002〕12号，2002年7月24日发布）

△（**八种犯罪；具体犯罪行为**）刑法第十七条第二款规定的八种犯罪，是指具体犯罪行为而不是具体罪名。对于刑法第十七条中规定的“犯故意杀人、故意伤害致人重伤或者死亡”，是指只要故意实施了杀人、伤害行为并且造成了致人重伤、死亡后果的，都应负刑事责任。而不是指只有犯故意杀人罪、故意伤害罪的，才负刑事责任，绑架撕票的，不负刑事责任。对司法实践中出现的已满十四周岁不满十六周岁的人绑架人质后杀害被绑架人、拐卖妇女、儿童而故意造成被拐卖妇女、儿童重伤或死亡的行为，依据刑法是应当追究其刑事责任的。[①]

【立法沿革】

《中华人民共和国刑法》（1997年修订，自1997年10月1日起施行）

第二百三十九条

以勒索财物为目的绑架他人的，或者绑架他人作为人质的，处十年以上有期徒刑或者无期徒刑，并处罚金或者没收财产；致使被绑架人死亡或者杀害被绑架人的，处死刑，并处没收财产。

以勒索财物为目的偷盗婴幼儿的，依照前款的规定处罚。

《中华人民共和国刑法修正案（七）》（自2009年2月28日起施行）

六、将刑法第二百三十九条修改为：

“以勒索财物为目的绑架他人的，或者绑架他人作为人质的，处十年以上有期徒刑或者无期徒刑，并处罚金或者没收财产；情节较轻的，处五年以上十年以下有期徒刑，并处罚金。

“犯前款罪，致使被绑架人死亡或者杀害被绑架人的，处死刑，并处没收财产。

“以勒索财物为目的偷盗婴幼儿的，依照前两款的规定处罚。”

《中华人民共和国刑法修正案（九）》（自2015年11月1日起施行）

十四、将刑法第二百三十九条第二款修改为：

“犯前款罪，杀害被绑架人的，或者故意伤害被绑架人，致人重伤、死亡的，处无期徒刑或者死刑，并处没收财产。”

【立法理由】

（一）立法相关背景及修改情况

1. 1979年之后至1997年刑法修订前的立法情况。1979年刑法并没有规定绑架罪，司法实践中对于绑架他人索要钱财的案件，有的按抢劫罪定罪处罚，有的按抢劫罪和敲诈勒索罪并罚，也有的按非法拘禁罪、敲诈勒索罪并罚。致人死亡时，有的定抢劫罪；有的定故意杀人罪、抢劫罪，两罪并罚；有的则按非法拘禁罪、故意杀人罪、敲诈勒索罪三罪并罚。对此，自1991年9月4日起施行的《全国人民代表大会常务委员会关于严惩拐卖、绑架妇女、儿童的犯罪分子的决定》第二条规定：“以出卖为目的，使用暴力、胁迫或者麻醉方法绑架妇女、儿童的，处十年以上有期徒刑或者无期徒刑，并处一万元以下罚金或者没收财产；情节特别严重的，处死刑，并处没收财产。以出卖或者勒索财物为目的，偷盗婴幼儿的，依照本条第一款的规定处罚。以勒索财物为目的绑架他人的，依照本条第一款的规定处罚。”

2. 1997年修订刑法的情况。1997年刑法在1991年《全国人民代表大会常务委员会关于严惩拐卖、绑架妇女、儿童的犯罪分子的决定》第二条的基础上，增加了绑架罪的规定。

3. 2009年《刑法修正案（七）》对本条的修改

分则 第四章

---

① 法律解释并未明确规定，应适用绑架罪，抑或故意杀人罪。对此，我国学者指出，应定故意杀人罪。因为已满十四周岁不满十六周岁的人实施绑架、杀人行为，其无须对（基本犯）绑架罪负责，只对被害人死亡此一加害结果承担责任。参见周光权：《刑法各论》（第4版），中国人民大学出版社2021年版，第51页。

情况。1997年刑法规定的绑架罪的起刑点为十年以上有期徒刑。从多年来的司法实践看，对绑架这类严重侵犯人身权利的犯罪，规定较重的刑罚是必要的。但是，随着社会的发展，绑架犯罪活动从犯罪形式到危害程度都呈现出多样的形态，不仅行为人的主观恶性具有轻重差异，而且犯罪手法和危害结果也多有不同。有的行为人主观恶性、犯罪手段、危害后果尚不十分恶劣；有的在公安机关的工作下，中止实施犯罪等，对这些行为人一律判处十年以上有期徒刑，很难根据不同行为的社会危害性做到罪责刑相适应。为解决司法实践中绑架罪的量刑适用缺乏层次性的问题，《刑法修正案(七)》修改了本条，增加了一档刑罚，"情节较轻的，处五年以上十年以下有期徒刑，并处罚金"，以适应处理各种不同绑架犯罪的实际需要。

4. 2015年《刑法修正案(九)》对本条的修改情况。经2009年《刑法修正案(七)》修改后，本条第二款规定为"犯前款罪，致使被绑架人死亡或者杀害被绑架人的，处死刑，并处没收财产"，即只要出现被绑架人死亡结果，或者具有杀害被绑架人行为的，均适用死刑。这一规定虽体现了从严惩处精神，但由于实践中绑架的情况复杂，绝对刑罚在适用时缺少选择，有时难以体现罪责刑相适应。例如，有的被绑架人由于惊吓，心脏病发作死亡；有的被绑架人被置于车辆的后备箱中，呼吸不畅死亡；有的被绑架人试图翻窗跳楼逃跑时意外摔死，跳河溺死等。这些情况下，行为人对被绑架人的死亡结果是过失的，与直接故意杀害被绑架人的，在主观恶性上差异很大，一律处以死刑，难以适应案件的不同情况，做到罪责刑相适应。另外，行为人故意伤害被绑架人，以特别残忍的手段致被绑架人重伤或造成残疾的，由于没有杀害被绑架人的故意，也未造成被绑架人死亡，所以只能适用绑架罪的第一款刑罚，最高只能判处无期徒刑。考虑到这类行为对被绑架人的人身危害极其严重，社会危害极大，且故意伤害罪也规定有死刑，对这类行为造成特别严重后果的，也应可以判处死刑。对此，有关方面尤其是司法机关多次提出修改完善建议。综上，2015年《刑法修正案(九)》将此款修改为"犯前款罪，杀害被绑架人的，或者故意伤害被绑架人，致人重伤、死亡的，处无期徒刑或者死刑，并处没收财产"。

(二)有关国际条约的规定

1979年12月17日联合国通过**《反对劫持人质国际公约》**。考虑到劫持人质是引起国际社会严重关切的罪行，按照公约规定，对任何犯劫持人质罪行者必须予以起诉或引渡，需要各国发展国际合作，制订和采取有效措施，以防止作为国际恐怖主义表现的一切劫持人质行为，并对犯有此项罪行者予以起诉和惩罚。该公约第一条规定："1. 任何人如劫持或扣押并以杀死、伤害或继续扣押另一个人(以下称'人质')为威胁，以强迫第三方，即某个国家、某个国际政府间组织、某个自然人或法人或某一群人，作或不作某种行为，作为释放人质的明示或暗示条件，即为犯本公约意义范围内的劫持人质罪行。2. 任何人(a)图谋劫持人质，或(b)与实行或图谋劫持人质者同谋而参与其事，也同样犯有本公约意义下的罪行。"1992年12月28日中华人民共和国第七届全国人大常委会第二十九次会议决定加入《反对劫持人质国际公约》，同时声明对公约第十六条第一款予以保留。

【条文说明】

本条是关于绑架罪及其处罚的规定。①

本条共分为三款。

第一款是关于绑架罪的构成及其处罚的规定，包括两种犯罪情形：

1. "以勒索财物为目的绑架他人的"勒索型绑架②，即通常说的"绑票"或者"掳人勒赎"。"勒索财物"是指行为人在绑架他人以后，以不答应要求就杀害或伤害人质相威胁，勒令与人质有特殊关系的人于指定时间，以特定方式，在指定地

分则　第四章

① 关于绑架罪的保护法益，学说上存在诸多不同说法。譬如，通说认为，绑架罪的保护法益包括他人的人身自由权利、健康、生命权利及公私财产所有权利。参见高铭暄、马克昌主编：《刑法学》(第7版)，北京大学出版社、高等教育出版社2016年版，第469页；赵秉志、李希慧主编：《刑法各论》(第3版)，中国人民大学出版社2016年版，第202页。另有学者指出，本罪所保护的法益是被绑架者的身体安全及其亲权者的保护监督权，个别情况下还包括他人的财产权。参见周光权：《刑法各论》(第4版)，中国人民大学出版社2021年版，第49页。亦有学者指出，绑架罪的保护法益是被绑架人在本来的生活状态下的行动自由与身体安全。参见张明楷：《刑法学》(第6版)，法律出版社2021年版，第1159页。

② 我国学者指出，不宜将绑架罪的客观行为解释为复合行为(绑架行为与勒索行为)，而应将其解释为单一行为。从法条的表述来看，《刑法》第二百三十九条并没有将勒索财物或者提出不法要求作为实行行为的一部分予以规定。参见张明楷：《刑法学》(第6版)，法律出版社2021年版，第1161页。

点交付一定数量的金钱或财物。[①] 这里的“**绑架**”指行为人使用暴力、胁迫或者其他方法，完全控制了人质，人质被剥夺了人身自由。绑架的行为方式多样，可以是暴力劫持、强抢，如直接对被害人进行捆绑、堵嘴、蒙眼、装麻袋等人身强制，或者对被害人进行伤害、殴打等人身攻击手段；也可以是暴力威胁，如对被害人实行精神强制，或者对被害人及其家属以实施暴力相威胁从而控制被害人；还可以是用欺骗、诱惑甚至麻醉的方法实施，如利用药物、醉酒等方法使被害人处于昏睡、昏迷状态等。行为人控制人质，常以非法将他人掳走、带离原来常习的处所的方法，使他人丧失行动自由，但也不排除行为人将他人拘禁于原处所作为人质的情形。[②] 同时，绑架人质的行为人会向与人质有特殊关系的人或组织提出财物给付的要求。[③] 在勒索型绑架犯罪中，**犯罪既遂与否的实质标准是看绑架行为是否实施，从而使被害人丧失行动自由并受到行为人的实际支配**。[④] 至于勒索财物的行为是否来得及实施，以及虽实施了勒索行为，但由于行为人意志以外的原因而未达到勒索财物的目的，都不影响勒索型绑架犯罪既遂的成立。勒索财物目的是否实现仅是一个量刑加以考虑的情节，这里的“**财物**”不局限于现金财物，也包括其他财产性利益。现实生活中，与被害人有特殊关系的他人或组织会收到行为人将要杀死或伤害人质的威胁，但是人质自身可能仍处于平和的被控制状态，甚至都无从察觉其所陷入的危险，比如，孩童被行为人引诱去打游戏机的情形。因此，有的情况下，被害人自身是否认识到被绑架，并不影响绑架罪既遂的认定。

2. **绑架他人作为人质的情形**。行为人实施绑架行为是为了要求对方作出妥协、让步或满足某种要求，有时还具有政治目的。绑架行为作为一种持续性犯罪，犯罪既遂以后所造成的不法状态在一段时间内仍然延续，会给被害人造成长期的身心折磨和伤害。应当注意的是，以出卖为目的，使用暴力、胁迫或者麻醉方法绑架妇女、儿童的行为不属于本条所规定的绑架罪的范围，而应当依照本法第二百四十条关于**拐卖妇女、儿童罪**的规定处罚。

第一款对绑架罪规定了两档刑罚。**第一档刑罚**为“处五年以上十年以下有期徒刑，并处罚金”，需要符合“情节较轻”的条件，例如有些行为人没有伤害被绑架人的意图、勒索小额财物，绑架过程中没有使用暴力，绑架他人后善待人质，又主动释放的，控制被绑架人时间较短的，等等。[⑤] **第二档刑罚**为“处十年以上有期徒刑或者无期徒刑，并处罚金或者没收财产”，适用于没有较轻情节的一般绑架犯罪。

第二款是对绑架罪加重处罚的规定。本款的“**杀害被绑架人**”即通常说的“撕票”，是指以剥夺被绑架人生命为目的实施的各种行为。[⑥] “杀害”只需要行为人有故意杀人的故意及行为，并不要求“杀死”被绑架人的结果。“杀害”既可以是积极作为也可以是消极不作为。积极作为指以杀害为目的，将被绑架人抛入深潭或水库中让其溺毙等情形；消极不作为，指以杀害为目的，将被绑架

---

① 此处的“财物”还包括财产性利益。参见张明楷：《刑法学》（第 6 版），法律出版社 2021 年版，第 1161 页；黎宏：《刑法学各论》（第 2 版），法律出版社 2016 年版，第 245 页。

② 绑架不要求使被害人离开原来的生活场所。参见张明楷：《刑法学》（第 6 版），法律出版社 2021 年版，第 1159 页。

③ 我国学者指出，仅仅以实力控制了他人，但尚未向第三人提出勒财或者其他不法要求的场合，不能成立绑架罪的既遂，而只能成立本罪的未遂。参见黎宏：《刑法学各论》（第 2 版），法律出版社 2016 年版，第 244—245 页。

另有学者指出，即使行为人没有提出勒索财物或者其他不法要求，或者虽然提出了勒索财物等不法要求但没有实现目的，但只要发生了侵害人身自由与安全的结果，也成立绑架既遂。参见张明楷：《刑法学》（第 6 版），法律出版社 2021 年版，第 1161 页；赵秉志、李希慧主编：《刑法各论》（第 3 版），中国人民大学出版社 2016 年版，第 203—204 页。

亦有学者指出，控制人质使之脱逃显著困难，就应当成立本罪之既遂。至于行为人是否提出勒索财物或者其他要求，对既遂的成立没有影响。参见周光权：《刑法各论》（第 4 版），中国人民大学出版社 2021 年版，第 50 页；高铭暄、马克昌主编：《刑法学》（第 7 版），北京大学出版社、高等教育出版社 2016 年版，第 471 页。

④ 绑架罪是一种典型的短缩的二行为犯。尽管“完整的”或者犯罪人预定的犯罪行为原本由两个行为组成，但刑法规定，只要行为人以实施第二个行为为目的实施第一个行为（即短缩的二行为犯的实行行为），就以犯罪（既遂）论处，而不要求行为人客观上实施了第二个行为。参见张明楷：《刑法学》（第 6 版），法律出版社 2021 年版，第 1161 页。

⑤ 付立庆教授指出，犯罪中止（或者犯罪未遂、犯罪预备）的情形本身不能作为绑架罪（或者其他犯罪）的“情节较轻”的认定资料。是否“情节较轻”，应当剔除犯罪未完成形态的因素，根据犯罪本身的情节予以认定。参见陈兴良主编：《刑法各论精释》，人民法院出版社 2015 年版，第 191—192 页。

⑥ 由于杀害行为与绑架行为常常容易一起发生，且一起发生时会导致不法程度明显加重，因此，应将“杀害被绑架人”理解为结合犯。并且，“杀害被绑架人”不以绑架既遂为前提。在着手绑架后既遂之前杀害被绑架人，也属于“杀害被绑架人”。参见张明楷：《刑法学》（第 6 版），法律出版社 2021 年版，第 1164 页。

人抛至人迹罕至的地方等待其冻饿死等情形。实践中，杀害被绑架人未遂的情况时有发生。对于被绑架人基于各种原因最终生还的，并不影响“杀害”行为的认定。①

本款经《刑法修正案（九）》修改，增加规定了“故意伤害被绑架人，致人重伤、死亡的”加重处罚情形。这里规定的“**故意伤害**”是指以伤害被绑架人的身体为目的实施各种行为。“**致人重伤、死亡**”，是指造成被绑架人重伤、死亡的结果。依照本款规定，故意伤害被绑架人，致人重伤、死亡的，处无期徒刑或者死刑，并处没收财产。需要注意的是，这里的故意伤害被绑架人的行为应与被绑架人重伤、死亡的加重结果具有**直接因果关系**，两者仅具有间接关系的，如行为人实施故意伤害行为，被绑架人自杀而造成重伤或死亡结果的，可依照本条第一款的规定处罚。此外，对行为人过失造成被绑架人重伤、死亡后果的，可以依照第一款规定，最高处以无期徒刑。

第三款是对“以勒索财物为目的偷盗婴幼儿的”行为应如何处罚的规定。这里所说的“**以勒索财物为目的偷盗婴幼儿**”，是指以向婴幼儿的亲属或者其他监护人索取财物为目的，将被害婴幼儿秘密窃取并扣作人质的行为。“**偷盗**”，主要是指趁被害婴幼儿亲属或者监护人不备，将该婴幼儿抱走、带走的行为，如潜入他人住宅将婴儿抱走，趁家长不备将正在玩耍的幼儿带走，以及采取利诱、拐骗方法将婴幼儿哄骗走等。婴幼儿的具体年龄界限，刑法未作具体规定，实践中一般是指未满六周岁的未成年人。需要特别注意的是，由于婴幼儿缺乏辨别是非的能力，无论是将其抱走、带走，还是哄骗走，都是偷盗婴幼儿的行为，都应当依照绑架罪的规定处罚。依照本款规定，以勒索财物为目的偷盗婴幼儿的，处十年以上有期徒刑或者无期徒刑，并处罚金或者没收财产；情节较轻的，处五年以上十年以下有期徒刑，并处罚金；杀害被偷盗的婴幼儿或者故意伤害被偷盗的婴幼儿致使其重伤、死亡的，处无期徒刑或者死刑，并处没收财产。

实际执行中应当注意以下三个方面的问题：

1. 应当注意**行为人为索要债务而实施“绑架”行为的问题**，涉及绑架罪与非法拘禁罪的区别。“索财型”绑架罪与“索债型”非法拘禁罪都实施了剥夺他人的人身自由并向他人索要财物的行为，但两罪主要有以下三方面区别：一是行为人非法限制他人人身自由的主观目的不同。绑架罪以勒索财物为目的，对财物无因而索；索要债务的非法拘禁行为，索债是事出有因。二是行为人侵犯的客体不同。“索财型”绑架罪侵犯的是复杂客体，即他人的人身权利和财产权利；“索债型”非法拘禁罪侵犯的客体是简单客体，即他人的人身权利。三是危险性不同。绑架罪需以暴力、胁迫等犯罪方法，对被害人的健康、生命有较大的危害；非法拘禁在实施扣押、拘禁他人的过程中也可能出现捆绑、推搡、殴打等行为，但更多的是侵害他人的人身自由，而非他人的生命健康。

2. 关于已满十四周岁不满十六周岁的人承担刑事责任的范围是否包括绑架撕票行为。2002年《全国人民代表大会常务委员会法制工作委员会关于已满十四周岁不满十六周岁的人承担刑事责任范围问题的答复意见》中指出，**《刑法》第十七条第二款规定的八种犯罪，是指具体犯罪行为而不是具体罪名**。对于《刑法》第十七条中规定的“犯故意杀人、故意伤害致人重伤或者死亡”，是指只要故意实施了杀人、伤害行为并且造成了致人重伤、死亡后果的，都应负刑事责任。而不是指只有犯故意杀人罪、故意伤害罪的，才负刑事责任，绑架撕票的，不负刑事责任。对司法实践中出现的已满十四周岁不满十六周岁的人绑架人质后杀害被绑架人，拐卖妇女、儿童而故意造成被拐卖妇女、儿童重伤或死亡的行为，依据刑法是应当追究其刑事责任的。

3. 关于绑架罪与**抢劫罪**的界限。绑架罪是侵害他人人身自由权利的犯罪，其与抢劫罪的区别在于：第一，主观方面不尽相同。抢劫罪中，行为人一般出于非法占有他人财物的故意实施抢劫行为；绑架罪中，行为人既可能为勒索他人财物而实施绑架行为，也可能出于其他非经济目的实施绑架行为。第二，行为手段不尽相同。抢劫罪表现为行为人劫取财物一般应在同一时间、同一地点，具有“当场性”；绑架罪表现为行为人以杀害、伤害等方式向被绑架人的亲属或其他人或单位发出威胁，索取赎金或提出其他非法要求，取得财物

① 我国学者指出，杀害被绑架人并未导致死亡结果，即便适用故意伤害罪也可能最高判到无期徒刑。并且，故意伤害被绑架人致人重伤，可以适用无期徒刑或者死刑的规定，也从另一个侧面印证了针对被绑架人实施杀害行为即便未得逞也属于这里的“杀害”。参见周光权：《刑法各论》（第4版），中国人民大学出版社2021年版，第54—55页。另有学者基于罪刑均衡的考量认为，本条第二款中的“故意杀害被绑架人”是指故意杀人既遂。对于杀人未遂，应当将绑架罪与故意杀人（未遂）罪实行并罚。参见张明楷：《刑法学》（第6版），法律出版社2021年版，第1164—1166页；陈兴良主编：《刑法各论精释》，人民法院出版社2015年版，第195页。

一般不具有“当场性”。

【司法解释性文件】

《最高人民法院关于对在绑架过程中以暴力、胁迫等手段当场劫取被害人财物的行为如何适用法律问题的答复》（法函〔2001〕68号，2001年11月8日公布）

△（**绑架过程中；当场劫取被害人财物；择一重罪**）行为人在绑架过程中，又以暴力、胁迫等手段当场劫取被害人财物，构成犯罪的，择一重罪处罚。

《最高人民法院关于审理抢劫、抢夺刑事案件适用法律若干问题的意见》（法发〔2005〕8号，2005年6月8日公布）

△（**绑架罪；抢劫罪；当场劫取被害人随身携带财物**）绑架罪是侵害他人人身自由权利的犯罪，其与抢劫罪的区别在于：第一，主观方面不尽相同。抢劫罪中，行为人一般出于非法占有他人财物的故意实施抢劫行为，绑架罪中，行为人既可能为勒索他人财物而实施绑架行为，也可能出于其他非经济目的实施绑架行为；第二，行为手段不尽相同。抢劫罪表现为行为人劫取财物一般应在同一时间、同一地点，具有“当场性”；绑架罪表现为行为人以杀害、伤害等方式向被绑架人的亲属或其他人或单位发出威胁，索取赎金或提出其他非法要求，劫取财物一般不具有“当场性”。

绑架过程中又当场劫取被害人随身携带财物的，同时触犯绑架罪和抢劫罪两罪名，应择一重罪定罪处罚。（§ 9Ⅲ）

《最高人民法院、最高人民检察院、公安部、司法部关于办理“套路贷”刑事案件若干问题的意见》（2019年2月28日公布，自2019年4月9日起施行）

△（**“套路贷”；诈骗罪；敲诈勒索罪；非法拘禁罪；虚假诉讼罪；寻衅滋事罪；强迫交易罪；抢劫罪；绑架罪**）实施“套路贷”过程中，未采用明显的暴力或者威胁手段，其行为特征从整体上表现为以非法占有为目的，通过虚构事实、隐瞒真相骗取被害人财物的，一般以诈骗罪定罪处罚；对于在实施“套路贷”过程中多种手段并用，构成诈骗、敲诈勒索、非法拘禁、虚假诉讼、寻衅滋事、强迫交易、抢劫、绑架等多种犯罪的，应当根据具体案件事实，区分不同情况，依照刑法及有关司法解释的规定数罪并罚或者择一重处。（§ 4）

【指导性案例】

最高人民检察院指导性案例第2号：忻元龙绑架案（2010年12月31日发布）

△（**死刑案件的抗诉**）对于死刑案件的抗诉，要正确把握适用死刑的条件，严格证明标准，依法履行刑事审判法律监督职责。

【参考案例】

△**明知他人实施绑架行为，帮助实施勒索行为的，应以绑架罪的共犯论处。**①

绑架罪与故意杀人罪等犯罪行为实施完毕以后，犯罪即告结束的既成犯不同，它是继续犯。勒索型绑架罪是以勒索财物为目的，为实现犯罪目的，行为人的绑架行为从绑架实施终了到实现其勒索目的止，一直处于继续状态。在绑架行为持续过程中，任何事前无通谋的人明知绑架行为存在，仍加入帮助绑架行为人实施勒索行为的，构成绑架罪的共犯。在章浩等绑架案中，被告人章娟是在被告人章浩绑架被害人吴迪之后帮助实施勒索财物行为的，这在刑法理论上称之为承继的共同犯罪。所谓承继的共同犯罪，系指在他人实施一部分犯罪之后，行为人才开始参与他人犯罪的情况。

承继的共同犯罪人对于共同犯罪意思发生以前的原先的共同犯罪人的行为，如有加以利用而继续共同实行犯罪的意思，即应对原先的共同犯罪人的行为负共同的责任，因为这种行为也包括在其共同意思之内。负何种罪责与具体量刑并不是一回事。负同种罪责的各个共同犯罪人由于在共同犯罪中所起的作用不同，其处刑轻重仍然应当有所区别。在本案中，被告人章娟虽然是在被告人章浩实施绑架行为之后才应邀帮助实施勒索行为的，但她也正是接受并利用了这种绑架行为向被害人的亲属实施勒索行为，没有前面的绑架也就没有后面的勒索，此时绑架与勒索均在其共同犯意之内。因此，章娟不仅要对勒索行为负责，也应对绑架行为负责，即对绑架罪的整体负责。因此，对章娟应以绑架罪论处。[No. 4-238-5 章浩等绑架案]

---

① 我国学者指出，需要判断协助勒索行为与他人的继续绑架之间是否具有物理的或者心理的因果性。如果没有因果性，就只能认定协助勒索的行为成立敲诈勒索罪，而不能认定为绑架罪的承继的共犯。一般而言，只是单纯协助勒索财物，不应认定为绑架罪的承继的共犯；但如果协助勒索财物的行为促进或者强化了正犯继续以实力支配被害人的心理，则构成绑架罪的承继的共犯。参见张明楷：《刑法学》（第6版），法律出版社2021年版，第1162页。

△当场向人质的亲属勒索财物的，应以绑架罪论处。

在杨锋等抢劫、绑架案中，两被告人的行为是以抢劫罪（入户）、绑架罪两罪并罚还是以绑架罪一罪论处？此问题的关键在于当场勒索财物的行为能否构成绑架罪。公诉机关认为抢劫犯罪中，行为人应当是以立即实施暴力相威胁，迫使他人立即交出财物，而被实施暴力胁迫的人和交付财物的人可以是不同的人。这种观点否定了在绑架罪中也存在当场勒索财物的情形。而实际上，绑架罪并不绝对排斥绑架人质并当场勒索财物的情形，区分抢劫罪还是绑架罪，关键要看行为人是否实际控制了人质，并以人质为要挟向第三人索要财物，还是直接向被控制人索要财物。即绑架罪与抢劫罪的一大区别在于犯罪对象的相异性和同一性，如果行为对象既针对被绑架者，又针对被勒索、被要挟的第三人，应以绑架罪定罪论处为宜。就本案而言，两被告人采用刀架在廖秀停脖子上的手段，将廖秀停作为人质予以控制，并利用廖母对廖人身安全的担忧，向廖母勒索钱财，而不是向廖秀停本人勒索钱财。因此，两被告人的该行为符合绑架罪的构成要件，应以绑架罪论处。［No. 4-239-1　杨锋等抢劫、绑架案］

△基于同一动机但不同犯意，针对不同对象实施的两个犯罪行为，不成立吸收犯，而应实行数罪并罚。

在杨锋等抢劫、绑架案中，公诉机关认为，两被告人对廖秀铝采用暴力等手段，强行索要钱财，因故而未得逞，该行为已构成抢劫罪，属未遂。后两被告人又继续找廖秀铝欲再行实施抢劫犯罪，因未找到廖秀铝而实施了绑架廖秀停的行为。两被告人实施的抢劫和绑架出于同一犯罪目的，即非法占有他人财物，其绑架人质的行为是抢劫行为的延伸，前后行为间有因果关系，前行为相对后行为罪行较轻，按照吸收犯重行为吸收轻行为的原则，应以后面实施的绑架罪论处。

但是，两被告人前后两日的行为分别出于抢劫和绑架的犯意，并实施了两罪相应的行为，不符合吸收犯的成立要件。

从吸收犯的基本构成特征来看：(1)行为人实施的数个犯罪行为必须侵犯同一或相同的直接客体，并且指向同一的具体犯罪对象。换言之，侵犯客体的同一性和作用对象的同一性，是构成吸收犯所必须具备的条件。(2)行为人必须基于一个犯意，为了实现一个具体的犯罪目的而实施数个犯罪行为，这是数个犯罪行为构成吸收犯必须具备的主观特征。综合本案，可以看出：(1)两被告人前后两日的行为虽具有一定的延续性，但从其行为来看，先后系出于两个独立的犯意，即抢劫的犯意和绑架的犯意。(2)从实施犯罪的对象来看，也并不是针对同一对象。前日抢劫的对象是廖秀铝，后日绑架的犯罪对象是其弟廖秀停和其母姚伍妹，不符合吸收犯的构成条件，故对两被告人前后两日的行为应分别定罪处罚。［No. 4-239-2　杨锋等抢劫、绑架案］

△以恢复恋爱关系为目的，采用暴力手段劫持他人的，应以绑架罪论处。

绑架罪是指以勒索财物或者扣押人质为目的，使用暴力、胁迫或者其他方法，绑架他人的行为。绑架他人作为人质，是要达到一定的政治目的或其他目的。绑架罪与非法拘禁罪的区别主要在于，绑架罪的构成不仅要求有非法剥夺他人人身自由，而且要求有勒索财物或满足行为人不法要求的目的及与此相应的勒索财物或提出不法要求的实行行为，而非法拘禁罪仅要求行为人具有剥夺他人人身自由的目的。在蔡克峰绑架案中，被告人蔡克峰为达到与被害人叶晓春恢复恋爱关系的目的，持械并采用暴力手段，强行将被害人叶晓春挟持在护士办公室的更衣室内，并持水果刀划伤被害人，在医护人员、其亲属以及公安人员的规劝下，被告人蔡克峰仍拒绝缴械及释放被害人，并威胁要杀害被害人，被告人蔡克峰的行为侵犯的客体是被害人的人身权利，客观上实施了绑架他人作为人质的行为，符合绑架罪的犯罪特征，与非法拘禁罪只是为了非法剥夺他人的人身自由的犯罪特征不符，因此不能以非法拘禁罪定罪处罚。［No. 4-239-3　蔡克峰绑架案］

△在绑架过程中对被绑架人实施杀人行为，并造成被绑架人死亡的结果，以绑架罪判处死刑；仅有故意杀人的行为，未造成被绑架人死亡结果的，以绑架罪最高判处无期徒刑；被绑架人未死亡，但遭受严重伤害的，根据主观心态的不同，以故意杀人罪或故意伤害罪与绑架罪实行数罪并罚。

我国《刑法》第二百三十九条明确规定致使被绑架人死亡或者杀害被绑架人的，处死刑。理解法律时，首先应该是文义解释。这里的致使被绑架人死亡既包括故意伤害致死，也包括在绑架过程中过失致人死亡。在绑架过程中致被绑架人死亡的，法律规定必须对犯罪分子判处死刑，这一点是确定无疑的。至于对被告人是判处死刑立即执行还是缓期二年执行，可根据案情具体掌握。例如对故意伤害致死的应判处死刑立即执行，过失致人死亡的可判处死刑缓期二年执行。杀害被绑架人的是指犯罪分子有杀害被绑架人的行为，并且导致了被绑架人的死亡。杀害和故意杀人是两个不同的概念。

故意杀人可以出现两种后果，一是被害人死亡，二是因为各种原因被害人没有死亡。杀害只有一种结果，那就是被害人已经死亡。《刑法》第二百三十九条的规定中，将致使被绑架人死亡和杀害被绑架人的情形并列，就是指在绑架的过程中，被绑架人死亡的，都应当判处死刑。被绑架的人质没有发生死亡后果的，只能定绑架罪，最多判处无期徒刑。如果被绑架人没有死，但后果特别严重，导致被害人生不如死的，可以以故意杀人或故意伤害罪与绑架罪实行数罪并罚。

在李城、杨琴绑架案中，被告人李城虽然犯罪手段残忍、情节恶劣，但其仅致被绑架人轻伤，而并未造成特别严重的结果，如对其判处死刑，显然不符合罪责刑相适应的原则，也有违《刑法》第二百三十九条第二款的立法本意。因此，一、二审法院没有采纳检察机关要求对被告人李城适用杀害被绑架人的，处死刑的意见，对李城判处无期徒刑，是适当的。[No. 4-239-4　李城、杨琴绑架案]

△在绑架犯罪中，虽然实施了绑架行为，但并未采用暴力强制方法限制人质人身自由，未对人质施加暴力、侮辱行为，未使人质受到人身伤害，或者未取得财物或取得财物数额较小，同时没有其他恶劣情节的，可认定为绑架罪情节较轻。

结合杨占娟等绑架案，被告王其川、杨占娟实施绑架犯罪的情节、危害及体现出来的人身危险性，均轻于一般的绑架犯罪，具体表现为：(1) 其所实施的绑架手段对人质的实际危害较小。其所采取的绑架手段是诱骗而非暴力劫持；对人质的绑架时间较短，不超过 24 小时；同案犯南红雨对人质实施的殴打、捆绑行为，杨、王二被告人并未参与。(2) 犯罪行为对被害人的侵害程度较轻。本案被告人主观上虽有勒索财物的目的，但实际上尚未向被害人家属提出勒赎要求。本案被害人王晓悦虽在被绑架期间遭受捆绑和殴打，但其后自行逃脱，并未受到严重的人身伤害。(3) 人身危险性相对较小。杨、王二被告人均系初犯，归案后认罪态度较好，确有悔罪表现。特别是被告人杨占娟，具有自首、立功等情节，体现出其相对较小的人身危险性。综上，应当对二被告人适用绑架罪情节较轻的规定。[No. 4-239-5　杨占娟等绑架案]

△出资雇请他人为自己赌博，他人背信后将其挟持为人质，劫取人质财物、勒索赎金的，应以绑架罪论处。

在张浪明等绑架案中，张浪明等三被告人与钱某、郑某先前无债权债务关系，而是张浪明在钱某、郑某不辞而别、转而为别人出钱赌博，且多次电话及短信均不回复的情况下，心中非常恼火，便布下眼线追查钱、郑两人的行踪消息。一旦得知，马上指派朱迅发和其他人从梅城驾车到平远捉拿钱、郑两人，返回梅城后将钱、郑两人分别关押并殴打钱、郑两人，钟敬锋随后赶到亦对郑某进行殴打。三被告人的言语中均指责钱、郑两人对不住他们，而无要求还债的意思表示。勒索赎金是临时起意，要求钱、郑两人交付赎金而支付此次的费用，三被告人的主观方面还是符合绑架罪的构成要件。而从证据方面可以证实，钱、郑两被害人为三被告人出钱赌博，在此过程中是略赢而非依张浪明所讲输钱，且索取赎金的数额 5 万元已远远超出张浪明所讲所输数额，从这一点已可以证实并能认定被告人的行为已构成绑架罪。综上，三被告的行为构成绑架罪。[No. 4-239-7　张浪明等绑架案]

△为离婚等目的，使用暴力手段挟持他人作为人质的，构成绑架罪，犯罪情节轻微危害不大的，可以免予刑事处罚。

在张卫华绑架案中，如果机械适用分则的规定，则无法避免罚不当罪的窘境；反之，若强调罚当其罪，则又无法在《刑法》分则中找到恰当量刑的明文规定。如何在这样的两难之中寻求公正量刑，解决问题的最佳途径就是通过刑法总则进行法律救济。《刑法》总则的救济性条款比较多，如第十三条规定，情节显著轻微、危害不大的，不认为是犯罪；第六十三条规定，经最高人民法院核准，也可以在法定刑以下判处刑罚；第三十七条规定，对于犯罪情节轻微不需要判处刑罚的，可以免予刑事处罚。从审判的实际效果看，适用《刑法》分则的规定对个案定罪，而适用《刑法》总则的救济性规定予以处罚，不仅能做到罚当其罪，而且不违背罪刑法定的要求。但法官自由裁量适用救济条款，应当是审慎的，必须严守罪刑相适应原则。只有在适用分则罚不当罪时，才考虑依据案情援引总则的条款。结合本案，被告人的犯罪目的明显有别于其他勒索财物的绑架犯罪；被告人在挟持被害人过程中，用刀背架在被害人脖子上，给被害人及其亲属造成了一定的威胁，但在整个犯罪过程中能自主并适当控制行为的暴力程度，避免危险，没有直接伤害和凌虐被害人，总体看其犯罪手段一般；犯罪持续时间较短，当其妻和公安人员到场后，马上放走了被害人，立即终结其犯罪行为，没有造成严重后果；被告人犯罪后主动随公安人员到案，如实供述犯罪事实，认罪悔罪，且被告人系初犯，主观恶性较小。综合本案的全部法定量刑要素和酌定量刑要素，可以认定被告人犯罪情节轻微。如果在十年以上量刑，实属量刑畸重，罪刑不相适应。原审法院充分考虑了案件的具体情况，适用总则对于犯罪情节轻微不需要判处刑罚的，可以免予刑事处罚的规定，免予被告人刑事处罚，体现了刑罚个别化原则，定罪正确，量刑适当，社会效果积极，故二审法院维持了一审判决。［No. 4-239-8　张卫华绑架案］

△绑架罪的既遂与未遂的区分，以劫持被绑架人并实际控制为标准，不以勒索财物或其他目的实现为标准。

单一行为论符合刑法规定的绑架罪的构成要件。《刑法》第二百三十九条对绑架罪的罪状描述是以勒索财物为目的绑架他人的，或者绑架他人作为人质的，由此可见，构成绑架罪的主观要件是出于勒索财物或者获取其他不法利益的目的，客观要件是使用暴力、胁迫或者其他方法绑架他人，即只要行为人出于勒索财物或者获取其他不法利益的目的，实施了绑架他人的行为，就构成绑架罪。而前两种观点实际上是将勒索行为也作为绑架罪客观方面的构成要件，与现行刑法关于绑架罪罪状的规定相悖，有违罪刑法定的原则。

单一行为论有利于被害人人身安全的保护。绑架罪是一种严重侵犯公民人身权利的犯罪，设立本罪的宗旨在于对公民的人身权利予以重点保护，至于财产等其他权利或利益则属于次要客体。从有利于保护被害人人身安全的角度出发，确立单一行为论的既遂标准，有利于加大对此类犯罪的打击力度，威慑潜在的犯罪分子。

单一行为论能够使犯罪中止和共同犯罪问题得到正确合理的解决。在单一行为论的前提下，同样存在着犯罪中止，只要行为人在实施绑架的过程中自动放弃绑架行为，就可以认定为犯罪中止；而在实施绑架行为后，自动放弃本可继续实施的勒索行为或者主动释放被害人的，根据《刑法修正案（七）》的规定，也可以作为《刑法》第二百三十九条中的情节较轻情形予以从轻处罚。另外，由于绑架罪是继续犯，其继续状态包括绑架行为实施后持续控制被害人、实施勒索财物行为等，直至结束对被害人的控制。对继续犯来说，犯罪达到既遂后，犯罪行为彻底结束前其他人参与该犯罪活动的，仍属事前无通谋的共同犯罪，或称之为事中共犯。

因此，根据单一行为论，在丁金华等抢劫、绑架案中，被告人丁金华、廖强、彭振飞已将被害人周军劫持并实际控制，其绑架犯罪行为已经构成犯罪既遂；被告人吴国军、刘征、曾才虽然在前述被告实际控制被害人后才参与犯罪，但属于事中共犯，应当认定为绑架罪的共犯。至于勒索的财物是否到手，并不影响对上述被告人绑架既遂的认定。［No. 5-263-95　丁金华等抢劫、绑架案］

△绑架罪以具有勒索财物的目的为成立要件，不能仅依据行为人对被害人实施了人身控制行为就认定其“以勒索财物为目的”，还要求行为人向第三人提出了勒索财物的意思表示或具有证明行为人具有该目的的其他证据。

（1）绑架罪侵犯的是复杂客体，既侵犯了他人的人身权利，同时也侵犯了他人的财产权利，虽然刑法将绑架罪规定在侵犯人身权利罪一类中，但绑架罪的本质特征是利用第三人对人质安全的担忧来勒索财物或者达到其他非法目的，因而，不仅侵害了被害人的人身自由，而且侵犯了第三人的自决权。第三人必须在满足犯罪人非法要求与解救人质之间作出艰难选择。（2）刑法分则对绑架罪罪状的规定，不是对具体犯罪的定义，而是对犯罪类型的描述。《刑法》第二百三十九条采用了一些抽象性、概括性比较强的表述，将这种表述模式下的绑架行为解释为人身控制行为和勒索财物行为的有机结合，能够被一般人接受，没有超出国民的预测可能性。“单一行为说”拘泥于条文中“绑架他人”的规定，割裂了人身控制行为与勒索财物行为相互依存的内在联系，故不可取。（3）根据主客观相统一原则，主观必定见之于客观。“以勒索财物为目的”的主观直接故意必须要有勒索财物之行为或者具有相关证据（非行为）予以证明。如行为人已向被绑架人亲属或者其他人索要过财物，因其向他人索取钱财的客观行为已充分证明勒索财物的主观目的，即构成绑架罪既遂；如行为人仅实施了对被害人的人身控制行为，但有充分证据（被告人供述、被害人陈述、证人证言、物证、书证等）能够证明其主观上是以勒索财物为目的的，亦可以构成绑架罪。但如果行为人仅实施了对被害人的人身控制行为，行为人否认具有勒索目的，现有证据亦不能证明其有勒索目的的，则不能认定构成绑架罪。

在孙家洪、濮剑鸣等绑架、抢劫、故意杀人案中，公诉机关认为被告人孙家洪、濮剑鸣、夏福军、吴桂林以勒索财物为目的绑架他人并杀害被绑架人燕某，其行为均构成绑架罪。一审法院认为，孙家洪、濮剑鸣等人意图绑架毕某之子向毕某勒索未果，劫持燕某并将其杀害之行为是否构成绑架罪，应当从被告人主观上是否以勒索财物为目的，客观上是否向第三人勒索财物行为等具体分析：（1）孙家洪、濮剑鸣等人主观上没有利用第三人对燕某人身安危的担忧而勒索财物的故意。孙、濮等人之前绑架毕某之子未遂并不能推断出其劫持燕某的目的即为勒索财物。孙、濮等人供述将作案目标选择为驾驶高档轿车的人，劫持被害人后逼问出其随身携带的银行卡密码，让被害人告知家人汇钱至银行卡,后去银行 ATM 机取款。四被告人供述稳定一致,相互印证,足以证明谋财对象为驾驶高档轿车的不特定被害人,且让被害人本人通知其家人汇款,并未侵犯第三人的自决权。(2)孙家洪、濮剑鸣等人客观上没有实施向第三人勒索财物的行为。孙、濮等人劫持燕某后仅从其身上搜取现金人民币 1000 余元和手机,与其期望劫得的财物相距甚远,仅因担心被害人报警,遂起杀人灭口的犯意。燕某曾陈述其家中银行卡上有 20 万元,孙、濮等人认为钱太少且有风险,不愿通过燕某的家属或者朋友间接取财。可见,孙、濮等人不具备以杀害、伤害燕某等方式向其亲友勒索财物的意思表示和行为。孙、濮等人劫取燕某钱财后为灭口杀害燕某的行为,符合抢劫后故意杀人的行为特征。因此,孙家洪、濮剑鸣等人劫持燕某并将其杀害的行为不构成绑架罪,而构成抢劫罪、故意杀人罪,两罪应当并罚。[No. 4-239-10　孙家洪、濮剑鸣等绑架、抢劫、故意杀人案]

△绑架罪的"情节较轻"中不包括未遂情节。

笔者认为,影响绑架罪社会危害性大小的事实要素大致有以下几个方面:(1)犯罪手段。绑架罪是行为人采用暴力、胁迫、诱骗等方法控制被绑架人人身自由,拘禁时间有长短之分,暴力、胁迫、诱骗等手段各不相同亦直接影响到该罪的社会危害程度。(2)犯罪后果。从人身损害方面看,是否造成了被绑架人重伤、轻伤、轻微伤或严重的精神伤害;从财产损害方面看,赎金数额有数额巨大、数额较大或未获取分文的区别,犯罪后果直接反映了行为的社会危害程度。(3)犯罪动机。行为人的动机或出于满足个人私利,或迫于生活压力,或因合法权益不能保障,或出于特定政治目的等,动机不同体现出行为主观恶性程度的差异。(4)犯罪情节。行为人是否放弃勒索赎金;是否主动释放人质;行为人与被害人是否系亲属或熟人关系;行为人是否选择以老人、妇女、儿童或者社会知名人士作为绑架对象等。上述情节对绑架罪的社会危害程度具有直接影响。在正确认定了影响绑架罪社会危害性大小的事实要素后,还有必要探寻"情节较轻"与侵害法益的实质联系,对"情节较轻"作出价值判断。绑架罪侵害的法益在司法实践中通常表现为:人身法益(人身自由与安全)、财产法益(他人财产所有权)、社会法益(社会秩序与公共安全)。人身法益是刑法保护的重点,绑架罪必然侵犯人身自由,但在人身安全方面却客观存在着侵害程度的差异,被绑架人的人身安全未受实质侵犯,人身自由限制程度较轻等因素,是认定"情节较轻"的首要标准。财产法益、社会法益虽然对判断绑架罪罪质轻重而言不具有决定性意义,但仍会对绑架罪的社会危害程度产生重要影响。如绑架行为虽然未给被绑架人的人身安全造成严重威胁,但勒索财物数额巨大,手段卑劣,社会影响恶劣,也不能认定为"情节较轻"。

刑法总则规定的犯罪预备、未遂、中止等从轻减轻情节基于刑事立法模式以及禁止重复评价的原则,不应适用绑架罪"情节较轻"条款。我国刑法分则罪状的立法模式以单独犯的完成形态为基准,任何罪质轻重的评价都是建立在对犯罪完成形态的考察基础上,犯罪的未完成形态对罪质的轻重不能产生实质影响。犯罪预备、未遂、中止等未完成形态是刑法总则规定的法定量刑情节,对犯罪的社会危害程度会产生很大影响,但并不能成为影响罪质轻重的因素,如果将其作为"情节较轻"的判断基础,然后再作为量刑情节适用,显然属于对同一情节的重复评价,违反了禁止重复评价原则。被告人濮剑鸣、夏福军等人以毕某之子为绑架目标意图向毕某勒索 200 万美元,事先勘查住处并准备电击棍等作案工具,在实施作案过程中已进入毕某家中,但由于意志以外的原因而未得逞,系绑架未遂,不应适用"情节较轻"条款。[No. 4-239-11　孙家洪、濮剑鸣等绑架、抢劫、故意杀人案]

△绑架行为中,仅存在条件关系意义上的因果关系不足以认定"致使被绑架人死亡",被害人的死亡结果并非由于行为人的故意或者过失行为,而是由于无法预见的介入因素而引起的,不成立"致使被绑架人死亡"。

在具体案件中,对刑法规定的"致使被绑架人死亡"情形的认定,要求绑架过程中的行为与死亡结果之间必须具有刑法上的因果关系。如果被害人的死亡结果不是因为行为人的故意或者过失行为,而是因为其他因素的介入所致,那么意味着行为人在绑架过程中的行为与被害人死亡结果之间不存在刑法上的因果关系,即不能认定行为人承担"致使被绑架人死亡"的刑事责任。

对因果关系的考察,应当注重因果联系的内容和性质,并在此前提下进一步考察因果联系在刑法中的表现形式,使其承担确定刑事责任的任务。按照我国刑法理论界通说的观点,对刑法上的因果关系的考察,最根本的就是要审查实行行为在一定的条件下,是否合乎规律地引起危害结果的发生。一方面,作为原因的实行行为,必然具有引起危害结果发生的实在可能性,即作为原因的危害行为,一定包含着引起某种结果发生的根据和内容;另一方面,作为原因的实行行为,必须合乎规律地引起危害结果。实施某种危害行为只是有可能引发某种危害结果,这是因果关系存在的必要前提,但并不等于二者之间必然存在刑法上的因果关系。只有当这种实在可能性合乎规律地引起了危害结果的发生,才能确认行为与结果之间存在刑法上的因果关系。

在认定绑架行为与死亡结果之间是否存在因果关系时,需要考虑介入因素的影响。如果在实行行为与危害结果之间介入了其他因素,则行为人是否对危害结果承担刑事责任要视具体情况而定。

因果关系介入因素可以分为正常介入因素与异常介入因素。如果介入的因素是异常的,并且该异常因素合乎规律地引起了最终的结果,则先前的实行行为与后来的危害结果之间的因果关系中断,即行为人对危害结果不承担刑事责任。在绑架犯罪案件中,异常介入因素一般是指在通常情况下不会介入绑架行为中的因素,而没有该因素的介入一般不会发生致人死亡的结果。然而,如果介入因素是正常的,则因果关系不能中断,行为人依然要对被害人死亡的结果承担刑事责任。

致使被绑架人死亡案件中,非正常因素的介入情形通常表现为以下五种形式:

一是被害人自身的因素。这既包括被害人自身的身体状况,如身体上的疾病,也包括被害人基于其自由意志而实施的行为。

二是自然因素,包括洪水、地震、火灾等因素。并非自然因素一律都会导致因果关系的中断。在绑架过程中,如果该自然因素的介入具有高度的盖然性,行为人对自然因素可能发生的危害后果应当能够预见,则不能以自然因素的介入而中断因果关系。

三是第三方行为,包括第三方无过错行为和第三方有过错行为。第三方无过错行为是指第三方的行为主观上不存在刑法上的过错。如甲绑架被害人乙后,乙乘甲不备,逃离被关押场所,恰逢警方围捕持枪逃犯,在鸣枪警告后,乙因受惊狂奔,警方误认为乙就是逃犯而将其击毙。甲、乙的行为都不能直接引起乙死亡的结果,乙死亡是警方开枪所致,而警方的行为系无过错行为。第三方有过错行为,是指第三方的行为主观上存在刑法上的过错。如甲绑架乙后,在转移乙的过程中,第三人丙酗酒醉驾,将在路边行走的甲和乙撞伤,乙抢救无效死亡。此案中的被害人乙的死亡结果就是由丙造成的。这两个案例中,都不能认定绑架人的绑架行为致使被绑架人死亡。

四是行为人无过错的行为,不能认定“致使被绑架人死亡”。

五是行为人实施的与绑架行为无关的其他有过错行为,该行为致被害人死亡的,一般也不能认定为“致使被绑架人死亡”。

绑架过程中发生被绑架人死亡的结果,对行为人未必都以“致使被绑架人死亡”情形追究刑事责任。上述五种情形下,虽然存在如果没有行为人的绑架行为,就不会发生被害人的死亡结果这种条件关系,但上述诸情形中,被害人的死亡结果都是出于行为人的预料之外,行为人无法预见绑架行为会造成被害人死亡的结果,也无法预见绑架过程中会有介入因素导致被害人死亡的情况。因此,行为人对被害人死亡的结果缺乏承担刑事责任的主观基础,绑架行为与死亡结果之间也就不存在因果关系的相当性。只有绑架行为人实施的故意、过失行为导致被绑架人死亡的,才对“致使被绑架人死亡”承担刑事责任。值得强调的是,这里的故意行为仅是指行为人对其实施行为是故意的,但对被害人死亡结果的发生持否定态度,即被害人死亡的结果出于其意料之外,否则就属于杀害被绑架人的情形。

在张兴等绑架案中,张兴等人在绑架被害人后,没有对被害人实施严重的暴力,现有证据也不足以证明被害人死亡的结果是其绑架过程中实施的暴力行为所致。相反,在案证据证明在张兴等人将被绑架人转移过程中,由于第三人的原因发生了车祸,即发生类似于上述第三种情形的第三方行为介入的情况,致被绑架人死亡,这种异常介入因素中断了绑架行为与死亡结果之间刑法上的因果关系,因此张兴等人仅对其绑架行为承担刑事责任,而无须对被害人死亡的结果承担刑事责任。[No. 4-239-9 张兴等绑架案]

第二百四十条　【拐卖妇女、儿童罪】

拐卖妇女、儿童的，处五年以上十年以下有期徒刑，并处罚金；有下列情形之一的，处十年以上有期徒刑或者无期徒刑，并处罚金或者没收财产；情节特别严重的，处死刑，并处没收财产：

（一）拐卖妇女、儿童集团的首要分子；

（二）拐卖妇女、儿童三人以上的；

（三）奸淫被拐卖的妇女的；

（四）诱骗、强迫被拐卖的妇女卖淫或者将被拐卖的妇女卖给他人迫使其卖淫的；

（五）以出卖为目的，使用暴力、胁迫或者麻醉方法绑架妇女、儿童的；

（六）以出卖为目的，偷盗婴幼儿的；

（七）造成被拐卖的妇女、儿童或者其亲属重伤、死亡或者其他严重后果的；

（八）将妇女、儿童卖往境外的。

拐卖妇女、儿童是指以出卖为目的，有拐骗、绑架、收买、贩卖、接送、中转妇女、儿童的行为之一的。

【立法解释性文件】

《全国人民代表大会常务委员会法制工作委员会关于已满十四周岁不满十六周岁的人承担刑事责任范围问题的答复意见》（法工委复字〔2002〕12号，2002年7月24日发布）

△**（八种犯罪；具体犯罪行为）**刑法第十七条第二款规定的八种犯罪，是指具体犯罪行为而不是具体罪名。对于刑法第十七条中规定的“犯故意杀人、故意伤害致人重伤或者死亡”，是指只要故意实施了杀人、伤害行为并且造成了致人重伤、死亡后果的，都应负刑事责任。而不是指只有犯故意杀人罪、故意伤害罪的，才负刑事责任，绑架撕票的，不负刑事责任。对司法实践中出现的已满十四周岁不满十六周岁的人绑架人质后杀害被绑架人、拐卖妇女、儿童而故意造成被拐卖妇女、儿童重伤或死亡的行为，依据刑法是应当追究其刑事责任的。

【立法理由】

（一）立法相关背景及修改情况

1. 1979年立法的情况。1979年刑法规定了**拐卖人口罪**，即第一百四十一条规定：“拐卖人口的，处五年以下有期徒刑；情节严重的，处五年以上有期徒刑。”

2. 1979年之后至1997年刑法修订前的立法情况。为了严厉惩处拐卖妇女、儿童的犯罪行为，保护妇女、儿童的人身权利，维护社会治安，1983年9月2日第六届全国人大常委会第二次会议通过的《全国人民代表大会常务委员会关于严惩严重危害社会治安的犯罪分子的决定》规定，对于拐卖人口集团的首要分子，或者拐卖人口情节特别严重的，可以在刑法规定的最高刑以上处刑，直至判处**死刑**。

1991年9月4日全国人大常委会通过的《全国人民代表大会常务委员会关于严惩拐卖、绑架妇女、儿童的犯罪分子的决定》第一条规定：“拐卖妇女、儿童的，处五年以上十年以下有期徒刑，并处一万元以下罚金；有下列情形之一的，处十年以上有期徒刑或者无期徒刑，并处一万元以下罚金或者没收财产；情节特别严重的，处死刑，并处没收财产：（一）拐卖妇女、儿童集团的首要分子；（二）拐卖妇女、儿童三人以上的；（三）奸淫被拐卖的妇女的；（四）诱骗、强迫被拐卖的妇女卖淫或者将被拐卖的妇女卖给他人迫使其卖淫的；（五）造成被拐卖的妇女、儿童或者其亲属重伤、死亡或者其他严重后果的；（六）将妇女、儿童卖往境外的。拐卖妇女、儿童是指以出卖为目的，有拐骗、收买、贩卖、接送、中转妇女、儿童的行为之一的。”该决定规定了拐卖妇女、儿童罪。

3. 1997年修订刑法的情况。1997年修订刑法时，结合上述规定及司法实践，将1979年刑法规定的“拐卖人口”修改为“拐卖妇女、儿童”，并对情节严重的情形作了具体列举。

（二）立法时争议的主要问题

1997年修订刑法过程中，有学者和部门提出，只规定拐卖妇女、儿童罪，完全取代拐卖人口罪，对拐卖妇女、儿童以外的人的犯罪，就不好处理，实践中也存在拐卖男子当劳动力的情况，建议还是规定拐卖人口罪，对拐卖妇女、儿童的，可以从重处罚。立法机关经研究，考虑到拐卖男子属于极其罕见的情况，直接规定拐卖妇女、儿童罪具有惩治的针对性，有助于提高立法的威慑力，因此最终没有采纳这种意见。

【条文说明】

本条是关于拐卖妇女、儿童罪及其处罚的规定。

拐卖妇女、儿童犯罪严重侵犯妇女、儿童人身权利①,对被拐卖妇女、儿童身心健康造成巨大伤害,并由此引发一系列社会问题,严重影响社会和谐稳定。拐卖妇女、儿童的犯罪活动由来已久,原因主要有以下几点:一是一些地区受养儿防老传统观念的影响较深,造成拐卖、收买男童的现象屡禁不绝;二是我国男女人口比例失调,拐卖妇女作为婚配对象在个别地方成为一种陋习。近年来从周边国家拐入妇女的情形也有所增多。2007 年以来,我国政府加大了打击拐卖妇女、儿童犯罪活动的力度,公安部成立“打拐办”,由专人负责这项工作。2007 年 12 月 13 日,国务院出台了《中国反对拐卖妇女儿童行动计划(2008—2012)》,并建立了国务院反拐部际联席会议制度,反拐综合治理局面初步形成。为严厉打击拐卖妇女、儿童的犯罪活动,2009 年以来公安机关开展了多次专项打拐行动,并采取了以下措施:(1)建立了全国失踪儿童 DNA 信息库,通过信息对比,查找解救被拐卖儿童;(2)建立儿童失踪快速查找机制,全国联网,只要发现案件线索,公安机关立即行动,争取在最短的时间内侦破案件;(3)成立以地方公安局长、副局长负责的打拐专案组;(4)对来历不明的孩子进行重点摸底排查;(5)对在逃的拐卖人口的犯罪分子实行 A 级通缉令进行通缉。通过上述措施,有力惩治了拐卖妇女、儿童的犯罪分子,近几年拐卖妇女、儿童的犯罪活动有所收敛。

本条共分为两款。

第一款是对犯拐卖妇女、儿童罪的应如何处罚的规定。

根据拐卖妇女、儿童罪的实际情况,本款具体规定了**三个量刑档次**:(1)拐卖妇女、儿童的,处五年以上十年以下有期徒刑,并处罚金。(2)拐卖妇女、儿童情节严重的,处十年以上有期徒刑或者无期徒刑,并处罚金或者没收财产。本款具体列举了八项适用上述刑罚的严重情形:**①拐卖妇女、儿童集团的首要分子**。集团作案是拐卖妇女、儿童犯罪的主要特点之一。在大量拐卖妇女、儿童的案件中,妇女、儿童拐出地和拐入地的犯罪分子相互勾结起来,结成团伙,拐骗、接送、中转、出卖,都有预谋并且分工明确,形成所谓的“一条龙”,有的已形成职业性的犯罪集团。这种拐卖妇女、儿童的犯罪集团,社会危害性极大。因此,这种犯罪集团,特别是这种犯罪集团的首要分子属于重点打击的对象,应规定十分严厉的刑罚。这里所说的“拐卖妇女、儿童集团”,是指有计划、有组织地进行拐卖妇女、儿童犯罪活动的犯罪集团;“首要分子”,是指在犯罪集团中起组织、领导、指挥作用的犯罪分子,可能是一人,也可能是多人。**②拐卖妇女、儿童三人以上的**。这里所说的“三人以上”,是指犯罪分子直接参与拐卖的人数(包括本数在内)。“拐卖妇女、儿童三人以上”既包括以出卖为目的拐骗妇女、儿童三人以上,也包括在拐卖妇女、儿童犯罪活动中中转、接送、收买、贩卖妇女、儿童三人以上;既包括在一次犯罪活动中拐卖妇女、儿童三人以上,也包括多次进行拐卖活动,累计拐卖妇女、儿童三人以上。需要特别注意的是,对于拐卖妇女、儿童集团的首要分子应依照本款第(一)项的规定处理,对于拐卖集团中的其他成员,则不应以整个犯罪集团拐卖的人数当作该犯罪分子拐卖的人数,而应以其直接参与拐卖的妇女、儿童的人数作为处罚的根据。**③奸淫被拐卖的妇女的**。这里所说的“奸淫被拐卖的妇女”,是指犯罪分子在拐卖过程中与被害妇女②发生性关系的行为,这种行为既包括犯罪分子利用被害妇女处于孤立无援的境地和不敢反抗的心理与其发生性关系的行为,也包括以暴力、胁迫或者其他手段强奸被害妇女的行为。③ 只要犯罪分子在拐卖过程中与被害妇女发生了性关系,无论其是否使用了暴力或者胁迫手段,也无论被害人是否有反抗的表示或行为,都应按照本项规定追究

---

① 关于本罪的保护法益,学说上有不同说法。其中,我国学者指出,本罪所侵犯的客体是妇女、儿童的人身自由权利和人性尊严。参见赵秉志、李希慧主编:《刑法各论》(第 3 版),中国人民大学出版社 2016 年版,第 204 页。另有学者指出,本罪的保护法益是被拐卖者在本来的生活状态下的身体安全与行动自由。参见张明楷:《刑法学》(第 6 版),法律出版社 2021 年版,第 1166 页。

② 江溯教授指出,基于罪责刑相适应之考量,此处的“奸淫被拐卖的妇女”应当包括奸淫被拐卖的幼女在内。参见陈兴良主编:《刑法各论精释》,人民法院出版社 2015 年版,第 221 页。

③ 我国学者指出,“奸淫被拐卖的妇女”并不限于拐卖人自己实施奸淫被拐卖的妇女的行为。如果拐卖人明知未参与拐卖的第三人意图奸淫被拐卖的妇女,而仍予以放纵甚至帮忙,未参与拐卖的第三人视情况单独构成强奸罪,拐卖人仍应对被拐卖人被奸淫的结果承担加重责任。参见陈兴良主编:《刑法各论精释》,人民法院出版社 2015 年版,第 221 页。

刑事责任。[1] 根据这一规定，拐卖人强奸被拐卖妇女的行为已作为处重刑的情节之一，所以对于犯罪分子不再适用数罪并罚。④**诱骗、强迫被拐卖的妇女卖淫或者将被拐卖的妇女卖给他人迫使其卖淫的**。[2] 这里所说的“诱骗”被拐卖的妇女卖淫，是指犯罪分子以金钱、物质或者某种许愿等方法引诱、欺骗被拐卖的妇女进行卖淫活动。“强迫”被拐卖的妇女卖淫，是指犯罪分子以暴力、威胁手段迫使被拐卖的妇女卖淫。“将被拐卖的妇女卖给他人迫使其卖淫”，是指犯罪分子明知收买人收买被拐卖的妇女后将迫使其卖淫，但出于营利等目的，仍将该妇女出卖的行为。[3] ⑤**以出卖为目的，使用暴力、胁迫或者麻醉方法绑架妇女、儿童的**。这里所规定的绑架妇女、儿童，只要求以出卖为目的，不论犯罪分子是否将被绑架的妇女、儿童卖掉，都构成本项规定的情形。⑥**以出卖为目的，偷盗婴幼儿的**。这里规定的偷盗婴幼儿，是以出卖为目的，如果偷盗婴幼儿是为了勒索婴幼儿的父母或者亲属的财物，则不能按照本罪定罪处罚，而应当根据《刑法》第二百三十九条第三款的规定，以绑架罪定罪处罚。根据有关司法解释的规定，对婴幼儿采取欺骗、利诱等手段使其脱离监护人或者看护人的，视为“偷盗婴幼儿”。⑦**造成被拐卖的妇女、儿童或者其亲属重伤、死亡或者其他严重后果的**，即在拐卖过程中，犯罪分子采用捆绑、殴打、虐待、侮辱等手段，造成被害人重伤、死亡等严重后果的，以及被害人及其亲属因犯罪分子的拐卖行为而自杀、精神失常或者造成其他严重后果的。[4] 需要特别注意的是，如果上述后果是因收买人对所收买的妇女、儿童在收买后实施虐待等行为所致，则不属于本项所列的情况，应依法追究收买人的相应责任。如果犯罪分子对被拐卖的妇女、儿童故意伤害、杀害的，则应以故意伤害罪、故意杀人罪与拐卖妇女、儿童罪实行数罪并罚。[5] ⑧**将妇女、儿童卖往境外的**，即犯罪分子为了牟取暴利，与境外的人贩子相勾结，将妇女、儿童卖往境外的行为。[6] 这里所说的“境外”，是指国境外和边境外，既包括中华人民共和国领土以外的其他国家、地区，也包括边境外的我国香港、澳门和台湾地区。(3)情节特别严重的，处死刑，并处没收财产。这里所规定的“情节特别严重”，是指拐卖妇女、儿童，具有本款所规定的八种严重情形之一，而且情节特别严重的。[7]

第二款是关于拐卖妇女、儿童定义的规定。依照本款规定，拐卖妇女、儿童，是指以出卖为目的，有拐骗、绑架、收买、贩卖、接送、中转妇女、儿童的行为之一的。规定“**以出卖为目的**”，主要是为了区别于以收养或者其他非营利的目的拐骗不满十四周岁的儿童脱离家庭或者监护人的行为，和以结婚、收养为目的收买被拐卖妇女、儿童的行为。后两种行为应当依照本法第二百六十二条关于拐骗儿童罪或第二百四十一条关于收买被拐卖的妇女、儿童罪的规定定罪处罚。也就是说，这里所规定的“拐骗、绑架、收买、贩卖、接送、中转妇女、儿童行为”，都是为了将被害人出卖。根据《最高人民法院关于审理拐卖妇女案件适用法律有关问题的解释》的规定，拐卖妇女罪中的“**妇女**”，既包括具有中国国籍的妇女，也包括具有外国国籍和无国籍的妇女。被拐卖的外国妇女没有身份证明的，不影响对犯罪分子的定罪处罚。外国人或者无国籍人拐卖外国妇女到我国境内被查获的，应当根据《刑法》第六条的规定，适用我国刑法定罪处罚。对于外国籍被告人身份无法查明

---

① 我国学者指出，如果与妇女（不包括幼女）的性交行为不具有强制性，则应排除在外，否则便形成了间接处罚。不过，对于强制性的判断，也应当充分考虑到被拐卖妇女处于行为人的非法支配下。只要相关事实表明性交行为违反被拐卖妇女的意志，就足以认定为具有强制性。参见张明楷：《刑法学》（第6版），法律出版社2021年版，第1170页。

② 相反的，如果行为人诱骗、强迫妇女卖淫的行为已经实施完毕，之后又另起犯意，将该妇女出卖，或者行为人拐卖妇女、儿童的行为已经实施完毕，之后又实施了诱骗、强迫该被拐卖的妇女卖淫，应当按拐卖妇女、儿童罪和引诱卖淫罪、强迫卖淫罪数罪并罚。参见陈兴良主编：《刑法各论精释》，人民法院出版社2015年版，第221页。

③ 如果行为人确实不知收买人将妇女买去是迫使其卖淫的话，就不能适用此条款。参见黎宏：《刑法学各论》（第2版），法律出版社2016年版，第252页。

④ 相同的学说见解，参见黎宏：《刑法学各论》（第2版），法律出版社2016年版，第252页；赵秉志、李希慧主编：《刑法各论》（第3版），中国人民大学出版社2016年版，第205页。另有学者指出，因拐卖行为导致被害人的亲属自杀身亡的，不能适用本规定。参见张明楷：《刑法学》（第6版），法律出版社2021年版，第1170页。

⑤ 相同的学说见解，参见陈兴良主编：《刑法各论精释》，人民法院出版社2015年版，第219页。

⑥ 将妇女、儿童卖往境外，既可以是通过正常出境途径卖往境外，也可以通过非法出境途径将被害人卖往境外。在后一情形中，由于刑法已经将该行为作为本罪的加重处罚事由之一，因此不再另定运送他人偷越国（边）境罪。参见陈兴良主编：《刑法各论精释》，人民法院出版社2015年版，第222页。

⑦ 相同的学说见解，参见陈兴良主编：《刑法各论精释》，人民法院出版社2015年版，第219页。

分则　第四章

或者其国籍国拒绝提供有关身份证明，人民检察院根据《刑事诉讼法》第一百六十条第二款的规定起诉的案件，人民法院应当依法受理。本条所规定的“**儿童**”，是指不满十四周岁的未成年人。其中，不满一周岁的为婴儿，一周岁以上不满六周岁的为幼儿；既包括中国儿童，也包括外国儿童。本款所规定的“**拐骗**”，是指犯罪分子以欺骗、引诱的方法带走妇女、儿童的行为；“**绑架**”，是指犯罪分子以暴力、胁迫或者麻醉等方法绑架妇女、儿童的行为；[①]“**收买**”，是指犯罪分子为了以更高的价格出卖而以一定的钱物收买被拐卖、绑架的妇女、儿童的行为；“**贩卖**”，是指收买妇女、儿童后转手出卖的行为；“**接送**”“**中转**”，则主要是指在拐卖妇女、儿童的共同犯罪活动中，分工接送被害人或者将被害人转手交给其他人贩子的行为，也包括为人贩子找买主，为人贩子在拐卖途中窝藏被拐卖的妇女、儿童的行为。上述几种行为均是以出卖为目的[②][③]，只要有上述行为之一，即构成拐卖妇女、儿童罪。

实际执行中应当注意以下三个方面的问题：

1. 要准确区分**罪与非罪的界限**。要把借介绍婚姻索取钱财的违法行为与以营利为目的拐卖妇女的犯罪行为区别开来，把妇女被拐骗与自愿外流区别开来。有的人受妇女本人或者他人请托，把妇女带到外地为其介绍婚姻，借以索取财物的，属于违法行为，一般不构成犯罪。这种行为与拐卖妇女的犯罪行为，虽然都具有牟利的目的，但牟利的内容、方法、手段及其产生的后果都是不相同的。前者“介绍婚姻”，妇女是自愿的，没有违背妇女的意志，行为人也没有采取欺骗或者胁迫手段；后者是行为人以欺骗、利诱或者胁迫手段实施拐骗、贩卖行为，违背了妇女意志。但是，如果行为人以介绍婚姻为名，采取非法扣押身份证件、限制人身自由等方式，或者利用妇女人地生疏、语言不通、孤立无援等境况，违背妇女意志，将其出卖给他人的，应当以拐卖妇女罪追究刑事责任。以介绍婚姻为名，与被介绍妇女串通骗取他人钱财，数额较大的，应当以诈骗罪追究刑事责任。

2. 划清借送养之名出卖亲生子女与**民间送养行为**的界限。实践中，有的行为人将生育作为非法获利手段，生育后即出卖儿女，对这种情况应当如何处理，能否认定为拐卖儿童罪？对此，2010年3月15日最高人民法院、最高人民检察院、公安部、司法部联合发布的《关于依法惩治拐卖妇女儿童犯罪的意见》第十六条规定：“以非法获利为目的，出卖亲生子女的，应当以拐卖妇女、儿童罪论处。”第十七条规定：“要严格区分借送养之名出卖亲生子女与民间送养行为的界限。区分的关键在于行为人是否具有非法获利的目的。应当通过审查将子女‘送’人的背景和原因、有无收取钱财及收取钱财的多少、对方是否具有抚养目的及有无抚养能力等事实，综合判断行为人是否具有非法获利的目的。具有下列情形之一的，可以认定属于出卖亲生子女，应当以拐卖妇女、儿童罪论处：(1)将生育作为非法获利手段，生育后即出卖子女的；(2)明知对方不具有抚养目的，或者根本不考虑对方是否具有抚养目的，为收取钱财将子女‘送’给他人的；(3)为收取明显不属于‘营养费’、‘感谢费’的巨额钱财将子女‘送’给他人的；(4)其他足以反映行为人具有非法获利目的的‘送养’行为的。不是出于非法获利目的，而是迫于生活困难，或者受重男轻女思想影响，私自将没有独立生活能力的子女送给他人抚养，包括收取少量‘营养费’、‘感谢费’的，属于民间送养行为，不能以拐卖妇女、儿童罪论处。对私自送养导致子女身心健康受到严重损害，或者具有其他恶劣情节，符合遗弃罪特征的，可以遗弃罪论处；情节显著轻微危害不大的，可由公安机关依法予以行政处罚。”

3. 要正确贯彻刑事政策。拐卖妇女、儿童犯罪往往涉及多人、多个环节，要根据宽严相济刑事政策和罪责刑相适应的刑法基本原则，综合考虑犯罪分子在共同犯罪中的地位、作用及人身危险性的大小，依法准确量刑。对于犯罪集团的首要分子、组织策划者、多次参与者、拐卖多人者或者具有累犯等从严、从重处罚情节的，必须重点打击，坚决依法严惩。对于罪行严重，依法应当判处重刑乃至死刑的，坚决依法判处。要注重铲除“买方市场”，从源头上遏制拐卖妇女、儿童犯罪。对

① 拐卖妇女、儿童罪中的“绑架”与绑架罪中的“绑架”仅是客观行为相似，但责任要素不同。前者以出卖为目的，后者则以勒索财物或者满足其他不法要求为目的。但也不能绝对排除成立想象竞合的情形。参见张明楷：《刑法学》(第6版)，法律出版社2021年版，第1169页；陈兴良主编：《刑法各论精释》，人民法院出版社2015年版，第210页。

② 出卖目的不等于营利目的，也不限于永久性的出卖目的。但是，假借出卖骗取他人财物，不能认定为具有出卖目的。行为人实施拐卖行为后，是否实际获利，也不影响本罪之成立。参见张明楷：《刑法学》(第6版)，法律出版社2021年版，第1168页；陈兴良主编：《刑法各论精释》，人民法院出版社2015年版，第205页。

③ 江溯教授认为，以出卖为目的，并不仅限于自己出卖，既可以是为了自己出卖，也可以是为他人出卖。参见陈兴良主编：《刑法各论精释》，人民法院出版社2015年版，第205、216页。

于收买被拐卖的妇女、儿童的,应当依法追究刑事责任。同时,对于具有从宽处罚情节的,要在综合考虑犯罪事实、性质、情节和危害程度的基础上,依法从宽,鼓励犯罪人悔过自新。

【司法解释】

《最高人民法院关于审理拐卖妇女案件适用法律有关问题的解释》(法释〔2000〕1号,自2000年1月25日起施行)

△(**妇女**)刑法第二百四十条规定的拐卖妇女罪中的"妇女",既包括具有中国国籍的妇女,也包括具有外国国籍和无国籍的妇女。被拐卖的外国妇女没有身份证明的,不影响对犯罪分子的定罪处罚。[①](§1)

△(**拐卖外国妇女到我国境内**)外国人或者无国籍人拐卖外国妇女到我国境内被查获的,应当根据刑法第六条的规定,适用我国刑法定罪处罚。(§2)

△(**外国籍被告人身份无法查明;案件受理**)对于外国籍被告人身份无法查明或者其国籍国拒绝提供有关身份证明,人民检察院根据刑事诉讼法第一百二十八条[②]第二款的规定起诉的案件,人民法院应当依法受理。(§3)

《最高人民法院关于审理拐卖妇女儿童犯罪案件具体应用法律若干问题的解释》(法释〔2016〕28号,自2017年1月1日起施行)

△(**偷盗婴幼儿**)对婴幼儿采取欺骗、利诱等手段使其脱离监护人或者看护人的,视为刑法第二百四十条第一款第(六)项规定的"偷盗婴幼儿"。(§1)

△(**医疗机构、社会福利机构等单位的工作人员;拐卖儿童罪**)医疗机构、社会福利机构等单位的工作人员以非法获利为目的,将所诊疗、护理、抚养的儿童出卖给他人的,以拐卖儿童罪论处。(§2)

△(**以介绍婚姻为名;拐卖妇女罪**)以介绍婚姻为名,采取非法扣押身份证件、限制人身自由等方式,或者利用妇女人地生疏、语言不通、孤立无援等境况,违背妇女意志,将其出卖给他人的,应当以拐卖妇女罪追究刑事责任。(§3Ⅰ)

△(**儿童**)刑法第二百四十条、第二百四十一条规定的儿童,是指不满十四周岁的人。其中,不满一周岁的为婴儿,一周岁以上不满六周岁的为幼儿。(§9)

【司法解释性文件】

《最高人民检察院法律政策研究室关于以出卖为目的的倒卖外国妇女的行为是否构成拐卖妇女罪的答复》(〔1998〕高检研发第21号,1998年12月24日公布)

△(**以出卖为目的的倒卖外国妇女**)刑法第二百四十条明确规定:"拐卖妇女、儿童是指以出卖为目的,有拐骗、绑架、收买、贩卖、接送、中转妇女、儿童的行为之一的。"其中作为"收买"对象的妇女、儿童并不要求必须是"被拐骗、绑架的妇女、儿童"。因此,以出卖为目的,收买、贩卖外国妇女,从中牟取非法6利益的,应以拐卖妇女罪追究刑事责任。但确属为他人介绍婚姻收取介绍费,而非以出卖为目的的,不能追究刑事责任。

《全国法院维护农村稳定刑事审判工作座谈会纪要》(法〔1999〕217号,1999年10月27日公布)

△(**拐卖妇女、儿童犯罪团伙的首要分子;"人贩子";买卖至亲**)要从严惩处拐卖妇女、儿童犯罪团伙的首要分子和以拐卖妇女、儿童为常业的"人贩子"。

要严格把握此类案件罪与非罪的界限。对于买卖至亲的案件,要区别对待:以贩卖牟利为目的"收养"子女的,应以拐卖儿童罪处理;对那些迫于生活困难、受重男轻女思想影响而出卖亲生子女或收养子女的,可不作为犯罪处理;对于出卖子女确属情节恶劣的,可按遗弃罪处罚;对于那些确属介绍婚姻,且被介绍的男女双方相互了解对方的基本情况,或者确属介绍收养,并经被收养人父母同意的,尽管介绍的人数较多,从中收取财物较多,也不应作犯罪处理。(§2Ⅳ)

《最高人民法院、最高人民检察院、公安部、民政部、司法部、全国妇联关于打击拐卖妇女儿童犯罪有关问题的通知》(公通字〔2000〕26号,2000年3月20日公布)

△(**拐卖妇女、儿童罪;介绍婚姻收取钱物行为;收养中介行为;拐骗儿童罪;绑架儿童罪**)正确适用法律,依法严厉打击拐卖妇女、儿童的犯罪活

---

① 我国学者指出,妇女包括真两性畸形人和女性假性两性畸形人。参见张明楷:《刑法学》(第6版),法律出版社2021年版,第1167页。对此,江溯教授则指出,两性人尽管具备女性的部分特征,但在生理上与纯粹的女性仍然存在一定的差别,因此不能简单地将两性人当做妇女来看待。参见陈兴良主编:《刑法各论精释》,人民法院出版社2015年版,第201页。

② 2018年修正后的《中华人民共和国刑事诉讼法》第一百六十条。

动。这次"打拐"专项斗争的重点是打击拐卖妇女、儿童的人贩子。凡是拐卖妇女、儿童的,不论是哪个环节,只要是以出卖为目的,有拐骗、绑架、收买、贩卖、接送、中转、窝藏妇女、儿童的行为之一的,不论拐卖人数多少,是否获利,均应以拐卖妇女、儿童罪追究刑事责任。对收买被拐卖的妇女、儿童的,以及阻碍解救被拐卖妇女、儿童构成犯罪的,也要依法惩处。出卖亲生子女的,由公安机关依法没收非法所得,并处以罚款;以营利为目的,出卖不满十四周岁子女,情节恶劣的,借收养名义拐卖儿童的,以及出卖捡拾的儿童的,均应以拐卖儿童罪追究刑事责任。出卖十四周岁以上女性亲属或者其他不满十四周岁亲属的,以拐卖妇女、儿童罪追究刑事责任。

办案中,要正确区分罪与非罪、罪与罪的界限,特别是拐卖妇女罪与介绍婚姻收取钱物行为、拐卖儿童罪与收养中介行为、拐卖儿童罪与拐骗儿童罪,以及绑架儿童罪与拐卖儿童罪的界限,防止扩大打击面或者放纵犯罪。(§ 4)

△(**解救和善后安置工作**)切实做好解救和善后安置工作,保护被拐卖妇女、儿童的合法权益。解救被拐卖的妇女、儿童,是人民政府和政法机关的重要职责。公安、司法行政、民政、妇联等有关部门和组织要明确责任,各司其职,相互配合,通力合作。解救工作要充分依靠当地党委、政府的支持,做好对基层干部和群众的说服教育工作,注意方式、方法,慎用警械、武器,避免激化矛盾,防止出现围攻执法人员、聚众阻碍解救等突发事件。

对于被拐卖的未成年女性、现役军人配偶、遭受摧残虐待、被强迫卖淫或者从事其他色情服务的妇女,以及本人要求解救的妇女,要立即解救。对于自愿继续留在现住地生活的成年女性,应尊重本人意愿,愿在现住地结婚且符合法定结婚条件的,应当依法办理结婚登记手续。被拐卖妇女与买主所生子女的抚养问题,可由双方协商解决或由人民法院裁决。对于遭受摧残虐待的、被强迫乞讨或从事违法犯罪活动的,以及本人要求解救的被拐卖儿童,应当立即解救。对于解救的被拐卖儿童,由其父母或者其他监护人户口所在地公安机关负责接回。

公安、民政、妇联等有关部门和组织应当密切配合,做好被解救妇女、儿童的善后安置工作。任何单位和个人不得歧视被拐卖的妇女、儿童。对被解救回的未成年人,其父母及其他监护人应当接收并认真履行抚养义务。拒绝接收,拒不履行抚养义务,构成犯罪的,以遗弃罪追究刑事责任。(§ 6)

《最高人民法院、最高人民检察院、公安部、司法部印发〈关于依法惩治拐卖妇女儿童犯罪的意见〉的通知》(法发〔2010〕7 号,2010 年 3 月 15 日公布)

△(**部分环节的犯罪事实**)犯罪嫌疑人、被告人参与拐卖妇女、儿童犯罪活动的多个环节,只有部分环节的犯罪事实查证清楚、证据确实、充分的,可以对该环节的犯罪事实依法予以认定。(§ 14)

△(**强抢儿童或者捡拾儿童后予以出卖;以抚养为目的偷盗婴幼儿**)以出卖为目的强抢儿童,或者捡拾儿童后予以出卖,符合刑法第二百四十条第二款规定的,应当以拐卖儿童罪论处。

以抚养为目的偷盗婴幼儿或者拐骗儿童,之后予以出卖的,以拐卖儿童罪论处。(§ 15)

△(**出卖亲生子女**)以非法获利为目的[①],出卖亲生子女的,应当以拐卖妇女、儿童罪论处。(§ 16)

△(**借送养之名出卖亲生子女;民间送养行为;出卖亲生子女;遗弃罪**)要严格区分借送养之名出卖亲生子女与民间送养行为的界限。区分的关键在于行为人是否具有非法获利的目的。应当通过审查将子女"送"人的背景和原因、有无收取钱财及收取钱财的多少、对方是否具有抚养目的及有无抚养能力等事实,综合判断行为人是否具有非法获利的目的。

具有下列情形之一的,可以认定属于出卖亲生子女,应当以拐卖妇女、儿童罪论处:

(1)将生育作为非法获利手段,生育后即出卖子女的;

(2)明知对方不具有抚养目的,或者根本不考虑对方是否具有抚养目的,为收取钱财将子女"送"给他人的;

(3)为收取明显不属于"营养费"、"感谢费"的巨额钱财将子女"送"给他人的;

(4)其他足以反映行为人具有非法获利目的的"送养"行为的。

不是出于非法获利目的,而是迫于生活困难,

---

① 我国学者指出,只要是将子女作为商品予以出卖,就应认定为拐卖妇女、儿童罪。在法定的出卖目的之外,额外要求获利目的,并无必要。并且,自本罪的保护法益而言,本罪是侵犯人身自由与身体安全的犯罪,出卖者是否具有获利目的,并不影响其行为是否侵犯到被出卖者的人身自由与身体安全。参见张明楷:《刑法学》(第 6 版),法律出版社 2021 年版,第 1167 页。

或者受重男轻女思想影响,私自将没有独立生活能力的子女送给他人抚养,包括收取少量“营养费”、“感谢费”的,属于民间送养行为,不能以拐卖妇女、儿童罪论处。对私自送养导致子女身心健康受到严重损害,或者具有其他恶劣情节,符合遗弃罪特征的,可以遗弃罪论处;情节显著轻微危害不大的,可由公安机关依法予以行政处罚。(§ 17)

△(**有关场所;通谋;拐卖妇女罪的共犯;组织卖淫罪**)将妇女拐卖给有关场所,致使被拐卖的妇女被迫卖淫或者从事其他色情服务的,以拐卖妇女罪论处。

有关场所的经营管理人员事前与拐卖妇女的犯罪人通谋的,对该经营管理人员以拐卖妇女罪的共犯论处;同时构成拐卖妇女罪和组织卖淫罪的,择一重罪论处。(§ 18)

△(**医疗机构、社会福利机构等单位;拐卖儿童罪**)医疗机构、社会福利机构等单位的工作人员以非法获利为目的,将所诊疗、护理、抚养的儿童贩卖给他人的,以拐卖儿童罪论处。(§ 19)

△(**明知;拐卖妇女、儿童罪的共犯;综合判断**)明知他人拐卖妇女、儿童,仍然向其提供被拐卖妇女、儿童的健康证明、出生证明或者其他帮助的,以拐卖妇女、儿童罪的共犯论处。

认定是否“明知”,应当根据证人证言、犯罪嫌疑人、被告人及其同案人供述和辩解,结合提供帮助的人次,以及是否明显违反相关规章制度、工作流程等,予以综合判断。(§ 21 Ⅰ、Ⅲ)

△(**明知;居间介绍;拐卖儿童罪的共犯**)明知他人系拐卖儿童的“人贩子”,仍然利用从事诊疗、福利救助等工作的便利或者了解被拐卖方情况的条件,居间介绍的,以拐卖儿童罪的共犯论处。(§ 22)

△(**共犯;区分主从犯**)对于拐卖妇女、儿童犯罪的共犯,应当根据各被告人在共同犯罪中的分工、地位、作用,参与拐卖的人数、次数,以及分赃数额等,准确区分主从犯。

对于组织、领导、指挥拐卖妇女、儿童的某一个或者某几个犯罪环节,或者积极参与实施拐骗、绑架、收买、贩卖、接送、中转妇女、儿童等犯罪行为,起主要作用的,应当认定为主犯。

对于仅提供被拐卖妇女、儿童信息或者相关证明文件,或者进行居间介绍,起辅助或者次要作用,没有获利或者获利较少的,一般可认定为从犯。

对于各被告人在共同犯罪中的地位、作用区别不明显的,可以不区分主从犯。(§ 23)

△(**奸淫;诱骗、强迫卖淫;拐卖妇女、儿童罪**)拐卖妇女、儿童,又奸淫被拐卖的妇女、儿童,或者诱骗、强迫被拐卖的妇女、儿童卖淫的,以拐卖妇女、儿童罪处罚。(§ 24)

△(**数罪并罚;故意杀害、伤害、猥亵、侮辱等行为**)拐卖妇女、儿童,又对被拐卖的妇女、儿童实施故意杀害、伤害、猥亵、侮辱等行为,构成其他犯罪的,依照数罪并罚的规定处罚。[1](§ 25)

△(**数罪并罚;组织、教唆被拐卖、收买的妇女、儿童犯罪**)拐卖妇女、儿童或者收买被拐卖的妇女、儿童,又组织、教唆被拐卖、收买的妇女、儿童进行犯罪的,以拐卖妇女、儿童罪或者收买被拐卖的妇女、儿童罪与其所组织、教唆的罪数罪并罚。(§ 26)

△(**数罪并罚;组织未成年人进行违反治安管理活动罪**)拐卖妇女、儿童或者收买被拐卖的妇女、儿童,又组织、教唆被拐卖、收买的未成年妇女、儿童进行盗窃、诈骗、抢夺、敲诈勒索等违反治安管理活动的,以拐卖妇女、儿童罪或者收买被拐卖的妇女、儿童罪与组织未成年人进行违反治安管理活动罪数罪并罚。(§ 27)

△(**从重处罚事由**)对于拐卖妇女、儿童犯罪集团的首要分子,情节严重的主犯,累犯,偷盗婴幼儿、强抢儿童情节严重,将妇女、儿童卖往境外情节严重,拐卖妇女、儿童多人多次、造成伤亡后果,或者具有其他严重情节的,依法从重处罚;情节特别严重的,依法判处死刑。

拐卖妇女、儿童,并对被拐卖的妇女、儿童实施故意杀害、伤害、猥亵、侮辱等行为,数罪并罚决定执行的刑罚应当依法体现从严。(§ 28)

△(**特殊预防与一般预防效果**)对于拐卖妇女、儿童的犯罪分子,应当注重依法适用财产刑,并切实加大执行力度,以强化刑罚的特殊预防与一般预防效果。(§ 29)

△(**多名家庭成员或者亲友;综合考察**)多名家庭成员或者亲友共同参与出卖亲生子女,或者“买人为妻”、“买人为子”构成收买被拐卖的妇女、儿童罪的,一般应当在综合考察犯意提起、各行为人在犯罪中所起作用等情节的基础上,依法追究其中罪责较重者的刑事责任。对于其他情节显著轻微危害不大,不认为是犯罪的,依法不追究刑事责任;必要时可以由公安机关予以行政处罚。(§ 31)

△(**法定从宽处罚事由;酌情从轻处罚事由**)

① 相同的学说见解,参见张明楷:《刑法学》(第6版),法律出版社2021年版,第1170页。

具有从犯、自首、立功等法定从宽处罚情节的，依法从轻、减轻或者免除处罚。

对被拐卖的妇女、儿童没有实施摧残、虐待等违法犯罪行为，或者能够协助解救被拐卖的妇女、儿童，或者具有其他酌定从宽处罚情节的，可以依法酌情从轻处罚。（§ 32）

△**（同时具有从严和从宽处罚情节；综合考察）**同时具有从严和从宽处罚情节的，要在综合考察拐卖妇女、儿童的手段、拐卖妇女、儿童或者收买被拐卖妇女、儿童的人次、危害后果以及被告人主观恶性、人身危险性等因素的基础上，结合当地此类犯罪发案情况和社会治安状况，决定对被告人总体从严或者从宽处罚。（§ 33）

△**（涉外犯罪）**要进一步加大对跨国、跨境拐卖妇女、儿童犯罪的打击力度。加强双边或者多边"反拐"国际交流与合作，加强对被跨国、跨境拐卖的妇女、儿童的救助工作。依照我国缔结或者参加的国际条约的规定，积极行使所享有的权利，履行所承担的义务，及时请求或者提供各项司法协助，有效遏制跨国、跨境拐卖妇女、儿童犯罪。（§ 34）

【参考案例】

△以贩卖为目的，入室偷盗婴幼儿过程中使用暴力抢走婴儿的行为，应当适用《刑法》第二百四十条第一款第（五）项的规定。

《刑法》第二百四十条第一款第（五）项规定了以出卖为目的，使用暴力、胁迫或麻醉方法绑架妇女儿童的情形。在吕锦城、黄高生故意杀人、拐卖儿童案中，被告人吕锦城在偷盗过程中实施暴力行为抢走婴儿的行为与之相符，本罪中儿童是指不满十四周岁的人，其中不满一周岁为婴儿，一岁以上不满六岁为幼儿，因此暴力劫走婴儿的行为属于绑架儿童的行为。因此本案不应适用《刑法》第二百四十条第一款第（六）项以出卖为目的，偷盗婴幼儿的规定而应适用《刑法》第二百四十条第一款第（五）项的规定。［No. 4-240-1　吕锦城、黄高生故意杀人、拐卖儿童案］

△拐卖儿童过程中，实施杀人行为的，应当以故意杀人罪与拐卖儿童罪数罪并罚。①

根据1992年发布的《最高人民法院、最高人民检察院关于执行〈全国人民代表大会常务委员会关于严惩拐卖、绑架妇女、儿童的犯罪分子的决定〉的若干问题的解答》（已失效）第四条的规定，造成被拐卖妇女、儿童或其他亲属重伤、死亡或其他严重后果的，是指犯罪分子拐卖妇女、儿童的行为直接、间接造成被拐卖的妇女、儿童或其亲属重伤、死亡或者其他严重后果的情形。在吕锦城、黄高生故意杀人、拐卖儿童案中，被告人主观上并非以被害人伤亡结果为目的，如果故意伤害、杀害被拐卖人，或为排除妨碍而伤害、杀害被拐卖人亲属的，应当以故意杀人罪、故意伤害罪与拐卖妇女、儿童罪实行并罚。

本案被告人吕锦城入室偷盗婴幼儿时为制止婴儿母亲黄金花的反抗而持刀杀害黄金花，唯恐罪行败露又杀害婴儿曾祖母戴术治。被告人吕锦城持刀捅刺二被害人的行为不属于拐卖儿童罪的手段行为，从其捅刺部位看，主观上有追求或放任被害人死亡结果发生的故意，应单独认定为故意杀人罪。［No. 4-240-2　吕锦城、黄高生故意杀人、拐卖儿童案］

△以非法获利为目的，出卖亲生子女的成立拐卖儿童罪。非法获利目的的认定，应当根据案件的具体情况，审查行为人是否将生育作为非法获利的手段、将子女送人的背景和原因、行为时是否考虑对方有无抚养目的与抚养能力、收取的钱财数额多少以及收取钱财过程中的态度进行综合判断，不能唯数额论。

2010年公布的《最高人民法院、最高人民检察院、公安部、司法部关于依法惩治拐卖妇女儿童犯罪的意见》的指导精神是要求依法打击将子女当作商品买卖的行为，因此需要严格区分拐卖儿童与民间私自送养、遗弃行为。区分的关键就在于，行为人是否具有非法获利目的。所谓非法获利，就是把子女当作商品，将收取的钱财作为出卖子女的身价。

在具体案件中，对非法获利目的的认定，要注意从以下几个方面的证据综合进行审查：

一是审查是否有证据证实行为人将生育作为非法获利的手段，生育子女后即将子女出卖。对非法获利目的的认定，不能局限于对一次行为的评价，要综合被告人的关联行为，准确认定被告人是否属于因经济困难而送养小孩。如果行为人多次将子女送人以换取钱财，则足以体现出其借"送养"之名行敛财之实，具有非法获利目的，应当以拐卖儿童罪论处。

① 我国学者指出，在拐卖过程中，行为人因遇被害人反抗而故意将被害人杀害、伤害，应以故意杀人罪、故意伤害罪与拐卖妇女、儿童罪数罪并罚；在拐卖、绑架过程中，为防止被害人逃跑而对其非法拘禁或者实施殴打、捆绑、麻醉等方法时导致被害人重伤、死亡，应视为拐卖妇女、儿童情节严重，不再单独定非法拘禁罪、过失致人重伤罪、过失致人死亡罪。参见周光权：《刑法各论》（第4版），中国人民大学出版社2021年版，第56—57页。

二是审查行为人将子女送人的背景和真实原因,并审查行为时是否考虑对方有无抚养目的、抚养能力。实践中,父母将亲生子女送人的背景、原因很复杂,有的是家庭经济状况异常困难或者突然遭遇重大变故,如亲属身染重病,导致没有能力抚养子女,或者未婚先育,短期内无法结婚又不具备抚养能力和条件等。在上述情况下,父母将亲生子女送给他人,首先考虑的是子女以后的成长生活、教育等因素,一般会对收养方是否有抚养目的和抚养能力进行认真斟酌考量。对方给不给抚养费、给多少抚养费,父母不会特别在意。

三是审查行为人收取钱财的多少以及在收取钱财过程中的态度。一方面,要考虑收取钱财的数额是否明显超出了抚育成本或“感谢费”的范围,但不能唯数额论。数额巨大的,未必都能认定行为人具有非法获利目的,如收养人经济状况较好,主动支付数额较大的“感谢费”的情形;收取钱财数额相对小的,也未必一概不认定具有非法获利目的,如父母为了偿还赌债或者挥霍享乐,以“较低价格”将子女“送人”,或者父母为出卖子女积极讨价还价,但最终只收取到少量钱财的情形,就足以体现出行为人具有非法获利目的。

在武亚军、关倩倩拐卖儿童案中,被告人关倩倩、武亚军虽辩称系因经济困难而将刚生育的婴儿送人“抚养”,并不是出卖亲生子女,但根据查明的案件事实,二人在决定是否将婴儿送人的过程中,积极与中间人讨价还价,根本不考虑对方是否具有抚养目的,也不了解、不关注孩子会被送至何处以及被何人“抚养”,由此足以体现出二被告人主观上首先考虑的是将子女作为商品出卖以获取非法利益,其行为不属于民间私自送养或者遗弃子女,法院认定其构成拐卖儿童罪,定性是准确的。[No. 4-240-3　武亚军、关倩倩拐卖儿童案]

△出卖亲生子女成立拐卖儿童罪的,应当根据案件具体情况,贯彻宽严相济的刑事政策,合理量刑。

出卖亲生子女与“人贩子”所采取的收买、拐骗、偷盗、强抢等方式拐卖儿童相比,后者的社会危害更大。对于出卖亲生子女的案件,应当考虑行为人出卖亲生子女的动机,子女被卖出后是否受到摧残、虐待以及是否得到解救等因素,合理确定量刑幅度。如果主观动机、客观情节并非十分恶劣的,一般可以酌情从轻处罚。对于那些具有生活困难、未婚先育等特殊情节,但同时又有充分证据证实系为了非法获利而将子女作为商品出卖的行为人,如果根据案件具体情况,参酌社会一般人的道德伦理观念,考虑被解救儿童仍需由原家庭哺育抚养照顾等因素,在处罚上即使判处法定最低刑仍显过重的,可以在法定刑以下判处刑罚,依法层报最高人民法院核准。

在武亚军、关倩倩拐卖儿童案中,被告人武亚军、关倩倩生育一男孩,因孩子经常生病,家庭生活困难,二人遂决定将孩子送人,并通过中间人介绍,将该男婴以26000元的“价格”卖给他人,后婴儿的爷爷报警后,公安机关将婴儿成功解救,没有造成严重的社会危害后果,且婴儿幼小,迫切需要得到亲生父母的哺育照料,故原审法院对其在法定刑以下判处刑罚,最高人民法院经依法复核,裁定予以核准。[No. 4-240-4　武亚军、关倩倩拐卖儿童案]

△以牟利为目的,积极出卖无民事行为能力的妇女的行为,成立拐卖妇女罪。

以“介绍婚姻”为名出卖妇女并牟取非法利益的拐卖妇女犯罪,与普通的介绍婚姻并收取财物的行为,尽管在形式上具有一定的相似性,但在实质上具有本质的差异。介绍婚姻收取财物通常是指为男女双方居间联系,促成合法婚姻,并收取一方或者双方财物的行为。而拐卖妇女犯罪则是将妇女作为商品出卖牟取非法利益,并非促成合法婚姻,其本质上是否定被拐卖妇女人格的人口贩卖行为。

一般情况下,拐卖妇女犯罪与普通的介绍婚姻行为比较容易区分。拐卖妇女犯罪主观上以出卖被拐卖的妇女牟取非法利益为目的,犯罪行为人之所以拐卖妇女,其目的就是通过出卖妇女牟取非法利益,至于被拐卖的妇女是否同意婚姻,并非犯罪行为人考虑的因素。从客观方面分析,拐卖妇女犯罪客观上是将妇女作为商品进行买卖,被拐卖妇女完全处于被非法处置的地位,丧失了自主决定婚姻的意志自由和行为自由。为了在客观上顺利实施拐卖妇女的行为,行为人一般需要对被拐卖妇女实施非法的人身控制。通常情况下,拐卖妇女犯罪的行为人都是通过欺骗或者强制等方式事先控制妇女的人身自由,然后将被拐妇女出卖给他人。

犯罪行为人以拐卖妇女为目的,实施拐卖妇女的行为即构成拐卖妇女罪,被拐卖妇女的意志并不影响该罪的成立。通常情况下,犯罪行为人对被拐卖的妇女都会实施一定的人身控制,但个别案件中,一些被拐卖的妇女可能出于生计或者其他方面的考虑,配合甚至同意犯罪行为人的拐卖行为,但这并不影响对拐卖妇女罪的定性。因为从法益保护的角度看,国家强调对人身自由和人格尊严的法律保护,禁止将任何人当做商品买卖,即使被拐卖的妇女配合、同意犯罪行为人的拐卖行为,也不影响本罪的成立。

明知系被拐卖的妇女仍然为其介绍婚姻收取费用的行为,构成拐卖妇女罪的共犯。实践中,许多婚介人员可能长期从事婚姻介绍工作,并从中收取中介费用(或者好处费),日常生活中的婚介行为由于尊重当事人的合意,仅是居中介绍婚姻,因此并不违反法律的规定。不过,如果明知系被拐卖的妇女(包括无民事行为能力的妇女),仍然为被拐卖的妇女介绍婚姻并收取中介费用的,应当构成拐卖妇女罪的共犯。不论婚介人员自身是否认识到行为的社会危害性,都不影响拐卖妇女罪的成立。

获取财物价值的大小并不影响拐卖妇女罪的成立。从性质上分析,拐卖妇女犯罪的行为人所获得的财物是以被拐卖妇女的人身为"对价",通常是向非法收买被拐卖妇女一方收取,在性质上属于非法牟取的利益,数额往往明显超出合理的居间介绍费用。相比之下,婚姻介绍者所获得的财物是"婚介费""感谢费",属于居间介绍婚姻的酬劳,该费用可由男女一方或者双方承担,数额一般都会小于出卖妇女的价格。实践中,由于各地经济发展水平的差异,一些地区的婚介费用较高,可能达到数千元乃至上万元,一些经济条件较好的婚姻双方基于感谢的目的可能支付大额的好处费;而在一些经济水平较低的地区,被拐卖的妇女往往只能卖得数千元甚至更低的价钱。因此,实践中应当根据拐卖妇女罪的构成要件来区分罪与非罪,不能仅凭收取的费用高低来判断是否构成该罪。

司法实践中,如果拐卖对象是具备完全民事行为能力的妇女,一般比较容易掌握拐卖妇女犯罪与普通介绍婚姻行为之间的界限。但如果被拐卖妇女是无民事行为能力的妇女,就容易引发争议。精神发育迟滞、无民事行为能力的妇女,因缺乏民事行为能力和自我保护意识,无须使用强制人身自由的手段进行拐卖,故更应注重对该类弱势群体合法权益的维护。刘友祝拐卖妇女案被害人就是一名精神发育迟滞、无民事行为能力的妇女,因其流落在外,被告人刘友祝等人为牟取非法利益,将其非法出卖给他人。尽管刘友祝等人辩称是给被害人介绍对象,但被害人自身并无民事行为能力,刘友祝等人又并非其监护人,因此其行为实质是拐卖妇女犯罪行为。

首先,被告人刘友祝是为了牟取非法利益而积极联系买家出卖被害人,并非像其辩称的仅是应王秀英的要求为被害人介绍对象从中收取好处费。换言之,刘友祝的行为并非单纯应他人要求介绍婚姻的行为,而是积极非法出卖妇女的行为。

其次,本案被害人经鉴定精神发育迟滞、无民事行为能力,无法对他人介绍婚姻的行为作出判断,缺乏自由表达意志的能力。被告人刘友祝并非被害人的监护人,其出卖被害人获取利益的行为亦非单纯使被害人受益。从该案实际情况分析,刘友祝出卖被害人的行为就是为了牟取非法利益,其为被害人寻找的买家并不能让其以后的生活更有保障。一是刘友祝为该妇女寻找的对象均系生活无法自理者,他们自身并不具备完全的民事行为能力,更无法照顾被害人日常生活,由此可以推断,刘友祝出卖被害人的行为是为了牟取非法利益,而不是为了保障被害人的生活。二是刘友祝的行为在客观上并未使被害人的生活更有保障。由于被害人重度精神发育迟滞、无民事行为能力,无法承担一个正常妻子可以承担的责任,因此买家的家庭并未收留被害人,而是将其退回。因此,刘友祝单方面以介绍婚姻的形式将被害人出卖的行为,非但未能更好地保障被害人的生活,反而严重侵犯了被害人的人身权利。如果刘友祝主观上是为了被害人以后的生活更有保障,其应当通过公安机关寻找被害人的亲属,使其恢复原有的家庭社会关系,从而切实保障其正常的生活。

最后,刘友祝具有出卖妇女非法牟利的目的,并且通过出卖妇女的行为实际获利。刘友祝先后两次将无民事行为能力的妇女出卖,索取大额非法利益,其所获得的钱款是出卖该妇女的非法所得,并非介绍婚姻的好处费。

综上,本案被告人刘友祝主观上具有出卖妇女牟取非法利益的故意,客观上实施了非法出卖妇女牟利的行为,其行为显然不是普通的介绍婚姻行为,而是拐卖妇女的犯罪行为,根据主客观相统一的原则,应当认定被告人刘友祝构成拐卖妇女罪。[No. 4-240-5　刘友祝拐卖妇女案]

△在完全不认识收养方,也没有考查收养方的抚养目的与抚养能力的情况下索要费用出卖亲生子女的,成立拐卖儿童罪。

以非法获利为目的出卖亲生子女的行为认定为拐卖儿童罪,存在多方面的理由:(1)刑法对拐卖儿童罪主体和犯罪对象并未作出排除性的规定,出卖子女牟利的行为认定为拐卖儿童罪,与立法并不冲突。(2)1991年《收养法》曾规定出卖亲生子女情节恶劣的,构成遗弃罪,但现行刑法并未将这一规定纳入遗弃罪的范畴,1998年修正的《收养法》也取消了上述规定,这从立法上改变了对出卖亲生子女行为只能认定为遗弃罪的局面,为司法实践中将这种行为认定为拐卖儿童罪留出了空间。(3)司法实践中适度扩张拐卖儿童罪的适用范围,对社会上出现的将生育作为非法获利手段等恶劣行为予以打击,符合社会现实需要。

根据最高人民法院、最高人民检察院、公安部、司法部2010年3月15日联合印发的《关于依法惩治拐卖妇女儿童犯罪的意见》的规定，私自送养子女，收取少量费用的行为，不能以拐卖儿童罪论处，如果具有恶劣情节的，可能构成遗弃罪。拐卖儿童罪，是指以出卖为目的，拐骗、绑架、收买、贩卖、接送、中转儿童的行为。该罪的本质是将人作为商品出卖，一般具有牟利目的。遗弃罪的本质则是逃避应当承担对家庭成员的抚养义务。对私自送养子女行为定性时，应当重点考察两方面的因素：一是出卖人是否具有非法获利的目的；二是收养人的实际收养能力及出卖人对此的认知情况。

在王献光、刘永贵拐卖儿童案中，被告人王献光发布送养信息后，与被告人刘永贵进行了接洽，在完全不认识收养方，也没有考察收养方是否有抚养目的和抚养能力的情况下，即通过刘永贵向收养方索要6.6万元，其以送养为名非法获取巨额利益的目的显而易见。故王献光的行为属《关于依法惩治拐卖妇女儿童犯罪的意见》中规定的“根本不考虑对方是否具有抚养目的，为收取钱财将子女‘送’给他人”的情形，已构成拐卖儿童罪。[No.4-240-6　王献光、刘永贵拐卖儿童案]

△居间介绍人与出卖亲生子女者可以成立拐卖儿童罪的共同犯罪。

共同犯罪，是指二人以上共同故意犯罪。成立共同犯罪必须具有共同的犯罪故意和共同的犯罪行为。共同的犯罪故意分为明示的共同故意和默示的共同故意，明示的共同故意包括语言和文字表述等方式，默示的共同故意包括身体姿势、眼神、心照不宣的行为默契等。共同的犯罪行为包括共同的实行行为和组织、教唆、帮助、共谋等行为。在王献光、刘永贵拐卖儿童案中，被告人刘永贵在网上看到有人想收养孩子的信息后，没有查证对方是否有真实的收养意图，就称可以为其介绍，随后便在网上搜集信息，后与在网上发布送养信息的被告人王献光取得联系，并向王献光隐瞒真相，假称自己的表弟想收养王的孩子。主观上，刘永贵应当认识到王献光可能是在出卖儿童，并主动向王献光提出支付6.6万元的补偿费用，且在王不知情的情况下向收养方索要2万元报酬，显然二被告人均想从“送养”孩子的交易中获取非法利益，彼此心照不宣，具有共同的犯罪故意。客观上，刘永贵居中积极联系，并进行先期考察，后与王献光共同到约定地点与对方见面，与王献光有共同犯罪行为。故二被告人构成拐卖儿童罪的共同犯罪。对居间介绍者的主从犯认定问题，《关于依法惩治拐卖妇女儿童犯罪的意见》亦有相关规定：“对于仅提供被拐卖妇女、儿童信息或者相关证明文件，或者进行居间介绍，起辅助或者次要作用，没有获利或者获利较少的，一般可认定为从犯。”本案中，刘永贵虽属居间介绍，但其在网上积极搜寻有关信息，并与双方商谈交易价格，还单独向收养方索要额外的巨额报酬，谈妥后又与王献光一起来到约定地点欲实施交易，其促成交易的行为十分积极主动，在共同犯罪中起主要作用，应当认定与王献光同为主犯。[No.4-240-7　王献光、刘永贵拐卖儿童案]

△居间介绍收养儿童者直接参与交易并获利的，即使收养方与送养方均不构成拐卖儿童罪，居间介绍者也可以单独成立拐卖儿童罪。

司法实践中，对于在私自收养儿童的过程中居间介绍并收取少量介绍费的，一般不以犯罪论处。但如果明知他人系拐卖儿童的“人贩子”，仍然利用从事诊疗、福利救助等工作的便利或者了解被拐卖方情况的条件，从事居间介绍活动的，则应当以拐卖儿童罪的共犯论处。对其中起辅助或者次要作用、没有获利或者获利较少的，可以认定为从犯。如果居间介绍者在介绍过程中直接参与交易并从中获利，其实施的拐卖儿童行为具有相对独立性，即使送养方与收养方都不构成犯罪，介绍者也可能构成拐卖儿童罪。

1. 从隐瞒真实身份分析，在孙如珍、卢康涛拐卖儿童案中，被告人的行为不属于居间介绍。孙如珍利用送养方、收养方不想见面的心理从中运作，与收养方交易时刻意隐瞒真实身份，由其丈夫卢康涛冒充女婴的舅舅并收取3万元送养费，使对方相信孙如珍只是居间介绍者，该交易有女婴亲属参与。这一情节也说明孙如珍夫妇实际上是独立的交易主体，二人在交易中所起的作用明显不同于一般的居间介绍者。孙如珍由此成为送养方与收养方的实际交易对象，而不仅仅起到牵线搭桥的作用，不属于单纯的居间介绍者。送养方、收养方对孙如珍从中赚取巨额差价的情况也毫不知情。

2. 从交易过程分析，孙如珍的行为实为转手倒卖女婴，其非法获利目的非常明显。孙如珍在了解到收养需求后劝说朱广纪夫妇生下女婴，商定送养费用为2万元，却向收养方索要4万元，后降至3万元。收养方同意后其自行支付2万元将女婴抱走，后与丈夫卢康涛一起将女婴交给收养方，赚取差价1万元。可见，孙如珍与双方商定交易细节，确认有利可图后，才实施交易并先行支付送养费，其目的并不仅是赚取少量介绍费，主要是通过交易女婴赚取巨额差价。

在量刑方面，对夫妻共同实施拐卖儿童犯罪

案件的审理，要特别注重贯彻落实宽严相济的刑事政策，尽可能防止案件审判带来负面社会效应。本案中，孙如珍、卢康涛夫妇尚有年幼的孩子需要抚养，又有年迈的父母需要赡养，家庭生活比较困难。法院查明，与送养方、收养方分别联系并商谈“抱养费”等关键犯罪行为均系孙如珍一人实施，卢康涛并没有参与，故法院认定孙如珍在共同犯罪中起主要作用，系主犯，卢康涛起次要作用，系从犯。结合卢康涛归案后认罪、悔罪，家属积极退赃等情节，法院决定对卢康涛判处缓刑。这样的判罚既依法追究了被告人的刑事责任，又维系了被告人的家庭稳定，较好地体现了法律效果与社会效果的有机统一。[No. 4-240-8　孙如珍、卢康涛拐卖儿童案]

第二百四十一条　【收买被拐卖的妇女、儿童罪】
收买被拐卖的妇女、儿童的，处三年以下有期徒刑、拘役或者管制。

收买被拐卖的妇女，强行与其发生性关系的，依照本法第二百三十六条的规定定罪处罚。

收买被拐卖的妇女、儿童，非法剥夺、限制其人身自由或者有伤害、侮辱等犯罪行为的，依照本法的有关规定定罪处罚。

收买被拐卖的妇女、儿童，并有第二款、第三款规定的犯罪行为的，依照数罪并罚的规定处罚。

收买被拐卖的妇女、儿童又出卖的，依照本法第二百四十条的规定定罪处罚。

收买被拐卖的妇女、儿童，对被买儿童没有虐待行为，不阻碍对其进行解救的，可以从轻处罚；按照被买妇女的意愿，不阻碍其返回原居住地的，可以从轻或者减轻处罚。

【立法沿革】

《中华人民共和国刑法》（1997年修订，自1997年10月1日起施行）

第二百四十一条

收买被拐卖的妇女、儿童的，处三年以下有期徒刑、拘役或者管制。

收买被拐卖的妇女，强行与其发生性关系的，依照本法第二百三十六条的规定定罪处罚。

收买被拐卖的妇女、儿童，非法剥夺、限制其人身自由或者有伤害、侮辱等犯罪行为的，依照本法的有关规定定罪处罚。

收买被拐卖的妇女、儿童，并有第二款、第三款规定的犯罪行为的，依照数罪并罚的规定处罚。

收买被拐卖的妇女、儿童又出卖的，依照本法第二百四十条的规定定罪处罚。

收买被拐卖的妇女、儿童，按照被买妇女的意愿，不阻碍其返回原居住地的，对被买儿童没有虐待行为，不阻碍对其进行解救的，可以不追究刑事责任。

《中华人民共和国刑法修正案（九）》（自2015年11月1日起施行）

十五、将刑法第二百四十一条第六款修改为：

“收买被拐卖的妇女、儿童，对被买儿童没有虐待行为，不阻碍对其进行解救的，可以从轻处罚；按照被买妇女的意愿，不阻碍其返回原居住地的，可以从轻或者减轻处罚。”

【立法理由】

1. **1979年之后至1997年刑法修订前的立法情况**。1979年《刑法》第一百四十一条对拐卖人口的犯罪作了规定，但对收买被拐卖妇女、儿童的行为没有规定应追究其刑事责任。将收买行为明确规定为犯罪，铲除“买方市场”，有利于从源头上遏制拐卖妇女、儿童犯罪。对此，1991年9月4日，全国人大常委会通过《全国人民代表大会常务委员会关于严惩拐卖、绑架妇女、儿童的犯罪分子的决定》，将收买被拐卖的妇女、儿童的行为规定为犯罪。该决定第三条规定：“严禁收买被拐卖、绑架的妇女、儿童。收买被拐卖、绑架的妇女、儿童的，处三年以下有期徒刑、拘役或者管制。收买被拐卖、绑架的妇女，强行与其发生性关系的，依照刑法关于强奸罪的规定处罚。收买被拐卖、绑架的妇女、儿童，非法剥夺、限制其人身自由或者有伤害、侮辱、虐待等犯罪行为的，依照刑法的有关规定处罚。收买被拐卖、绑架的妇女、儿童，并有本条第二款、第三款规定的犯罪行为的，依照刑法关于数罪并罚的规定处罚。收买被拐卖、绑架的妇女、儿童又出卖的，依照本决定第一条的规定处罚。收买被拐卖、绑架的妇女、儿童，按照被买妇女的意愿，不阻碍其返回原居住地的，对被买儿童没有虐待行为，不阻碍对其进行解救的，可以不追究刑事责任。”

2. **1997年修订刑法的情况**。1997年修订刑法时,立法者将1991年《全国人民代表大会常务委员会关于严惩拐卖、绑架妇女、儿童的犯罪分子的决定》第三条中关于刑事责任的规定纳入了刑法,规定了收买被拐卖的妇女、儿童罪。

3. 2015年《刑法修正案(九)》对本条的修改情况。《刑法修正案(九)》将本条第六款修改为:“收买被拐卖的妇女、儿童,对被买儿童没有虐待行为,不阻碍对其进行解救的,可以从轻处罚;按照被买妇女的意愿,不阻碍其返回原居住地的,可以从轻或者减轻处罚。”即删去了原条文规定的“可以不追究刑事责任”,规定对收买被拐卖妇女、儿童的行为一律定罪处刑。这样修改,主要考虑是近些年来,打击拐卖妇女、儿童犯罪的形势依然严峻,有关方面提出,收买妇女、儿童的买方市场存在,是这类犯罪屡禁不止的原因之一,强烈呼吁加大对收买妇女、儿童犯罪的惩治。立法机关经研究认为,买卖人口的行为是现代文明法治社会所不能容许的,目前解救妇女儿童的执法条件、执法环境也有很大改善,同时考虑到妇女和儿童的自我保护能力不同,应予区别对待,应加重对儿童保护,因此《刑法修正案(九)》对本条作了修改。

【条文说明】

本条是关于收买被拐卖的妇女、儿童罪及其处罚的规定。

本条共分为六款。

第一款是关于收买被拐卖的妇女、儿童犯罪的处罚规定。这里所说的“**收买被拐卖的妇女、儿童**”,是指不是以出卖为目的,而用金钱财物收买被拐卖的妇女、儿童的行为。收买被拐卖的妇女、儿童罪的侵害对象只限于被拐卖的妇女、儿童。这里的“妇女”指年满十四周岁的女性;“儿童”指不满十四周岁的男女儿童。妇女和儿童包括具有中国国籍的妇女、儿童,也包括具有外国国籍和无国籍的妇女、儿童。被拐卖妇女、儿童没有身份证明的,不影响对行为人的定罪处罚。行为人收买是为了达到“结婚”“收养”等目的。[①] 依照本款规定,收买被拐卖的妇女、儿童的,处三年以下有期徒刑、拘役或者管制。

第二款是对收买人强行与被买妇女发生性关系的,依照刑法关于强奸罪的规定处罚的规定。“**强行发生性关系**”是指违背妇女意志,以暴力、胁迫或者其他手段与其发生性关系的行为。依照本款规定,收买被拐卖的妇女,强行与其发生性关系的,定罪量刑均适用《刑法》第二百三十六条关于强奸罪的规定。

第三款是关于收买人对被买的妇女、儿童非法剥夺、限制其人身自由或者有故意伤害、侮辱等犯罪行为的,依照刑法有关规定定罪处罚的规定。这里所说的“**非法剥夺、限制其人身自由**”,是指收买人对被收买的妇女、儿童有本法第二百三十八条非法拘禁罪规定的行为。“**伤害**”,是指收买人对被买的妇女、儿童有本法第二百三十四条故意伤害罪规定的行为。“**侮辱**”,是指收买人对被买的妇女、儿童有本法第二百四十六条侮辱罪规定的行为。

第四款是关于收买被拐卖的妇女、儿童,并有本条第二款、第三款规定的犯罪行为的,实行数罪并罚的规定。依照本法总则第四章第四节的有关规定,数罪并罚是指对犯有两种以上罪行的人,就其所犯各罪分别定罪量刑后,按一定的原则合并执行刑罚。根据本款规定,如果收买人收买被拐卖的妇女、儿童后,强行与被买妇女发生性关系,非法剥夺、限制被收买妇女的人身自由,或者有伤害、侮辱等犯罪行为的,除按收买被拐卖的妇女、儿童罪定罪量刑外,还应根据其所犯其他各罪分别定罪量刑,**实行数罪并罚**。[②]

第五款是收买被拐卖的妇女、儿童又出卖的,依照刑法第二百四十条关于拐卖妇女、儿童罪的规定定罪处罚的规定。这里所说的“**收买被拐卖的妇女、儿童又出卖**”,是指行为人同时具有收买和出卖两种行为,收买人收买被拐卖的妇女、儿童后,无论其收买时出于什么目的,只要又出卖被害妇女、儿童,即属于本款所规定的情况,依照本款规定,构成拐卖妇女、儿童罪,并依照《刑法》第二百四十条的规定定罪处罚。

第六款是关于对收买人在特定条件下予以从宽处罚的规定。本款是刑事政策性的规定,目的是促使收买人善待被拐卖的妇女、儿童,以更好地

① 收买妇女、儿童的动机,不影响本罪的成立。参见张明楷:《刑法学》(第6版),法律出版社2021年版,第1171页。

② 我国学者指出,行为人收买被拐卖的妇女、儿童后,对其实施强奸、非法拘禁等行为,之后又将其出卖的,应认定为拐卖妇女儿童罪,没有必要实行数罪并罚。主要理由在于,刑法规定“收买被拐卖的妇女、儿童又出卖的”,依照拐卖妇女、儿童罪论处,而拐卖妇女儿童罪的行为包括了非法拘禁行为,法定刑升格情节中也包括了强奸行为。参见张明楷:《刑法学》(第6版),法律出版社2021年版,第1172—1173页。

维护被害人的权益。[①] 本款对收买人所收买的是妇女还是儿童,在量刑适用上作出了区分。**对于收买儿童的犯罪分子**,还需要具有"没有虐待行为"以及"不阻碍对其进行解救"的条件,才能按本款规定从轻处罚。这里所说的"**没有虐待行为**",是指收买人没有对被买儿童进行打骂、冻饿、禁闭等在精神和肉体上摧残的行为。"**不阻碍对其进行解救**",是指当国家机关工作人员、被害人家属对被买儿童进行解救时,收买人未采取任何方法阻止、妨碍国家机关工作人员、被害儿童家属的解救工作。本款规定对于收买被拐卖儿童,同时善待儿童、不阻碍解救的收买者,**可以从轻处罚**。**对于收买妇女的犯罪分子**,需要具有"按照被买妇女的意愿,不阻碍其返回原居住地"的条件,才能按照本款规定从轻或减轻处罚。这里所说的"**被买妇女的意愿**",是指被买妇女以各种方式向收买人提出的愿望或者要求。"**不阻碍其返回原居住地**",是指收买人提供路费或者交通工具,也包括不提任何要求,而让被买妇女返回其原居住地。"**原居住地**",一般是指被买妇女被拐卖前的居住地。这里需要特别注意的是,有的妇女是在外出时遭到拐卖的,即"拐出地"和原居住地不一致。在这种情况下,如果收买人按照被买妇女的意愿,将其送到被"拐出地"的,也应视为被买妇女返回原居住地。还有的妇女要求到自己的亲友家,这种情况也应视为被买妇女返回了原居住地。除此之外,业已形成稳定的婚姻家庭关系,解救时被买妇女自愿继续留在当地共同生活的,可以视为"按照被买妇女的意愿,不阻碍其返回原居住地"。[②] 有关部门在解救工作中也应注意尊重被买妇女的意愿。根据2000年3月20日发布的《最高人民法院、最高人民检察院、公安部、民政部、司法部、全国妇联关于打击拐卖妇女儿童犯罪有关问题的通知》的规定,对于自愿留在现生活地生活的成年女性应尊重其本人意愿,愿在现住地结婚且符合法定结婚条件的应当依法办理结婚登记手续。依照本款规定,对于收买被拐卖的妇女,不阻碍其返回原居住地的,**可以从轻或者减轻处罚**。

【司法解释】

《最高人民法院关于审理拐卖妇女儿童犯罪案件具体应用法律若干问题的解释》(法释〔2016〕28号,自2017年1月1日起施行)

△(**阻碍对其进行解救**)在国家机关工作人员排查来历不明儿童或者进行解救时,将所收买的儿童藏匿、转移或者实施其他妨碍解救行为,经说服教育仍不配合的,属于刑法第二百四十一条第六款规定的"阻碍对其进行解救"。(§ 4)

△(**按照被买妇女的意愿,不阻碍其返回原居住地**)收买被拐卖的妇女,业已形成稳定的婚姻家庭关系,解救时被买妇女自愿继续留在当地共同生活的,可以视为"按照被买妇女的意愿,不阻碍其返回原居住地"。(§ 5)

△(**数罪并罚;组织卖淫罪;强迫卖淫罪;组织儿童乞讨罪;组织未成年人进行违反治安管理活动罪**)收买被拐卖的妇女、儿童后又组织、强迫卖淫或者组织乞讨、进行违反治安管理活动等构成其他犯罪的,依照数罪并罚的规定处罚。(§ 6)

△(**数罪并罚;妨害公务罪;聚众阻碍解救被收买的妇女、儿童罪**)收买被拐卖的妇女、儿童,又以暴力、威胁方法阻碍国家机关工作人员解救被收买的妇女、儿童,或者聚众阻碍国家机关工作人员解救被收买的妇女、儿童,构成妨害公务罪、聚众阻碍解救被收买的妇女、儿童罪的,依照数罪并罚的规定处罚。(§ 7)

△(**共同犯罪**)出于结婚目的收买被拐卖的妇女,或者出于抚养目的收买被拐卖的儿童,涉及多名家庭成员、亲友参与的,对其中起主要作用的人员应当依法追究刑事责任。(§ 8)

△(**儿童;婴儿;幼儿**)刑法第二百四十条、第二百四十一条规定的儿童,是指不满十四周岁的人。其中,不满一周岁的为婴儿,一周岁以上不满六周岁的为幼儿。(§ 9)

【司法解释性文件】

《最高人民法院、最高人民检察院、公安部、司法部印发〈关于依法惩治拐卖妇女儿童犯罪的意见〉的通知》(法发〔2010〕7号,2010年3月15日公布)

△(**收买被拐卖的妇女、儿童罪;数罪并罚**)明知是被拐卖的妇女、儿童而收买,具有下列情形之一的,以收买被拐卖的妇女、儿童罪论处;同时构成其他犯罪的,依照数罪并罚的规定处罚:

(1)收买被拐卖的妇女后,违背被收买妇女的意愿,阻碍其返回原居住地的;

① 我国学者指出,规定主要基于两个理由:之一,上述行为使被害人的人身自由得以恢复,同时说明行为人的特殊预防必要性减少;之二,上述行为使解救工作得以顺利进行,同时鼓励行为人保护被害人的法益,鼓励行为人悔过自新。参见张明楷:《刑法学》(第6版),法律出版社2021年版,第1173页。

② 相同的学说见解,参见周光权:《刑法各论》(第4版),中国人民大学出版社2021年版,第58页。

分则 第四章

(2)阻碍对被收买妇女、儿童进行解救的；

(3)非法剥夺、限制被收买妇女、儿童的人身自由，情节严重，或者对被收买妇女、儿童有强奸、伤害、侮辱、虐待等行为的；

(4)所收买的妇女、儿童被解救后又再次收买，或者收买多名被拐卖的妇女、儿童的；

(5)组织、诱骗、强迫被收买的妇女、儿童从事乞讨、苦役，或者盗窃、传销、卖淫等违法犯罪活动的；

(6)造成被收买妇女、儿童或者其亲属重伤、死亡以及其他严重后果的；

(7)具有其他严重情节的。(§ 20 Ⅰ)

△(**收买被拐卖的妇女、儿童罪的共犯；明知**)明知他人收买被拐卖的妇女、儿童，仍然向其提供被收买妇女、儿童的户籍证明、出生证明或者其他帮助的，以收买被拐卖的妇女、儿童罪的共犯论处，但是，收买人未被追究刑事责任的除外。[1]

认定是否"明知"，应当根据证人证言、犯罪嫌疑人、被告人及其同案人供述和辩解，结合提供帮助的人次，以及是否明显违反相关规章制度、工作流程等，予以综合判断。(§ 21 Ⅱ、Ⅲ)

△(**数罪并罚；组织、教唆被拐卖、收买的妇女、儿童犯罪**)拐卖妇女、儿童或者收买被拐卖的妇女、儿童，又组织、教唆被拐卖、收买的妇女、儿童进行犯罪的，以拐卖妇女、儿童罪或者收买被拐卖的妇女、儿童罪与其所组织、教唆的罪数罪并罚。(§ 26)

△(**数罪并罚；组织未成年人进行违反治安管理活动罪**)拐卖妇女、儿童或者收买被拐卖的妇女、儿童，又组织、教唆被拐卖、收买的未成年妇女、儿童进行盗窃、诈骗、抢夺、敲诈勒索等违反治安管理活动的，以拐卖妇女、儿童罪或者收买被拐卖的妇女、儿童罪与组织未成年人进行违反治安管理活动罪数罪并罚。(§ 27)

△(**从严处罚事由；从轻处罚事由；缓刑适用；免予刑事处罚事由**)犯收买被拐卖的妇女、儿童罪，对被收买妇女、儿童实施违法犯罪活动或者将其作为牟利工具的，处罚时应当依法体现从严。

收买被拐卖的妇女、儿童，对被收买妇女、儿童没有实施摧残、虐待行为或者与其已形成稳定的婚姻家庭关系，但仍应依法追究刑事责任的，一般应当从轻处罚；符合缓刑条件的，可以依法适用缓刑。

收买被拐卖的妇女、儿童，犯罪情节轻微的，可以依法免予刑事处罚。(§ 30)

△(**共同犯罪**)多名家庭成员或者亲友共同参与出卖亲生子女，或者"买人为妻"、"买人为子"构成收买被拐卖的妇女、儿童罪的，一般应当在综合考察犯意提起、各行为人在犯罪中所起作用等情节的基础上，依法追究其中罪责较重者的刑事责任。对于其他情节显著轻微危害不大，不认为是犯罪的，依法不追究刑事责任；必要时可以由公安机关予以行政处罚。(§ 31)

【参考案例】

△收买被拐卖的妇女儿童后强迫卖淫的，分别成立收买被拐卖妇女儿童罪与强迫卖淫罪，实行并罚。

在龚绍吴收买被拐卖的妇女、儿童，强迫卖淫案中，龚绍吴采取收买被拐卖的妇女、儿童的方式，获取、控制两名被害人，继而强迫其卖淫，以牟取非法利益。龚绍吴收买被拐妇女、儿童，与强迫其卖淫之间，存在手段与目的的牵连关系。关于牵连犯的处罚，我国刑法没有明确规定。理论界对于牵连犯的处罚也存在不同认识。有观点认为，牵连犯分别侵犯了不同的法益，属于实质的数罪，应当取消牵连犯的概念，一概实行数罪并罚。但通说仍主张，对于牵连犯的处理原则，如果法律有明确规定，依照法律的规定数罪并罚，如果法律没有明确规定，应择一重罪从重处罚。我国刑法对收买被拐卖的妇女、儿童罪规定的法定刑是三年以下有期徒刑、拘役或者管制，相对于拐卖妇女、儿童罪的法定刑，明显要轻。刑法将收买被拐卖妇女、儿童本身规定为独立的犯罪，配置的法定刑较低，但对被收买的妇女、儿童实施其他犯罪的，应当予以并罚。《刑法》第二百四十一条第二款至第四款规定："收买被拐卖的妇女，强行与其发生性关系的，依照本法第二百三十六条的规定定罪处罚。收买被拐卖的妇女、儿童，非法剥夺、限制其人身自由或者有伤害、侮辱等犯罪行为的，依照本法的有关规定定罪处罚。收买被拐卖的妇女、儿童，并有第二款、第三款规定的犯罪行为的，依照数罪并罚的规定处罚。"虽然龚绍吴收买被拐妇女、儿童与强迫其卖淫之间，存在手段与目的的牵连关系，但其行为分别侵犯了妇女、儿童独立人格尊严和不受非法买卖的权利，以及被害人的性自主权和社会良好风尚，已经构成数罪，在相关法

[1] 对此，我国学者采取限制从属说，若收买人因为具备责任阻却事由或者处罚阻却事由而未被追究刑事责任，共犯不具备责任阻却事由与处罚阻却事由时，共犯仍然成立犯罪，应追究刑事责任。参见张明楷：《刑法学》(第6版)，法律出版社2021年版，第1174页。

律及司法解释性文件对此有相应规定的情况下，应当对龚绍吴所犯数罪予以并罚。[No. 4－241（1）－1　龚绍吴收买被拐卖的妇女、儿童，强迫卖淫案]

第二百四十二条　【聚众阻碍解救被收买的妇女、儿童罪】

以暴力、威胁方法阻碍国家机关工作人员解救被收买的妇女、儿童的，依照本法第二百七十七条的规定定罪处罚。

聚众阻碍国家机关工作人员解救被收买的妇女、儿童的首要分子，处五年以下有期徒刑或者拘役；其他参与者使用暴力、威胁方法的，依照前款的规定处罚。

【立法理由】

1. **1979年之后至1997年刑法修订前的立法情况**。1979年刑法没有聚众阻碍解救被收买的妇女、儿童罪的规定。实践中，由于个别群众法治观念淡薄，围攻、殴打解救被收买的妇女、儿童的国家机关工作人员的情况时有发生，使解救工作难以进行，1991年9月4日全国人大常委会通过了《全国人民代表大会常务委员会关于严惩拐卖、绑架妇女、儿童的犯罪分子的决定》，对阻碍国家机关工作人员解救被收买的妇女、儿童的犯罪及其刑罚作了规定。该决定第四条规定："任何个人或者组织不得阻碍对被拐卖、绑架的妇女、儿童的解救，并不得向被拐卖、绑架的妇女、儿童及其家属或者解救人索要收买妇女、儿童的费用和生活费用；对已经索取的收买妇女、儿童的费用和生活费用，予以追回。以暴力、威胁方法阻碍国家工作人员解救被收买的妇女、儿童的，依照刑法第一百五十七条的规定处罚；协助转移、隐藏或者以其他方法阻碍国家工作人员解救被收买的妇女、儿童，未使用暴力、威胁方法的，依照治安管理处罚条例的规定处罚。聚众阻碍国家工作人员解救被收买的妇女、儿童的首要分子，处五年以下有期徒刑或者拘役；其他参与者，依照本条第二款的规定处罚。"

2. **1997年修订刑法的情况**。1997年修订刑法时，将1991年《全国人民代表大会常务委员会关于严惩拐卖、绑架妇女、儿童的犯罪分子的决定》第四条中关于刑事责任的规定纳入了刑法，并作了相应的修改补充。

【条文说明】

本条是关于聚众阻碍解救被收买的妇女、儿童罪及其处罚的规定。

收买被拐卖的妇女、儿童是严重侵犯公民人身自由权利的行为，任何个人或者组织不得阻碍对被拐卖的妇女、儿童进行解救，并不得向被收买的、拐卖的妇女、儿童及其家属索要费用。实践中，解救被收买的妇女、儿童的行动往往遇到来自各方面的阻力，一些收买妇女、儿童的人及其亲属以暴力、威胁方法阻碍国家机关工作人员解救被收买的妇女、儿童，还有的纠集多人，聚众阻碍解救被收买的妇女、儿童，有的甚至围攻、殴打从事解救工作的国家机关工作人员。对于上述行为，必须依法追究刑事责任。

本条共分为两款。

第一款是关于以暴力、威胁方法阻碍国家机关工作人员解救被收买的妇女、儿童的犯罪及其处罚的规定。[①] 这里所规定的"**暴力**"，是指对解救被收买的妇女、儿童的国家机关工作人员的人身进行打击或者实行强制，如殴打、捆绑等。"**威胁**"，是指以杀害、伤害、毁坏财产、破坏名誉等手段进行要挟，迫使国家机关工作人员放弃执行解救被收买的妇女、儿童的职责。本款规定的犯罪必须具备以下两个条件：（1）**犯罪人必须采用暴力、威胁方法实施了阻碍国家机关工作人员解救被收买的妇女、儿童的行为**，如果行为人没有实施暴力、威胁的阻碍行为，只是吵闹、谩骂、不服管理等，不构成犯罪，可以依法进行治安管理处罚。（2）**犯罪分子阻碍的对象必须是依法执行解救职责的国家机关工作人员**。依照本款规定，以暴力、威胁方法阻碍国家机关工作人员解救被收买的妇女、儿童的，依照《刑法》第二百七十七条关于**妨害公务罪**的规定定罪处罚，即处三年以下有期徒刑、拘役、管制或者罚金。

第二款是关于聚众阻碍解救被收买的妇女、儿童罪及其处罚的规定。**聚众阻碍解救被收买的**

---

① 如果阻碍国家机关工作人员解救已被拐骗、绑架但尚未被出卖（未被收买）的妇女、儿童，则构成拐卖妇女、儿童罪的共犯。参见张明楷：《刑法学》（第6版），法律出版社2021年版，第1174页。

妇女、儿童，是指有预谋、有组织、有领导地纠集多人阻碍国家机关工作人员解救被收买的妇女、儿童的行为。实践中，组织聚众阻碍解救被收买的妇女、儿童的首要分子，有的并不直接采用暴力、威胁的方法，而是在幕后策划、指挥、煽动，因此难以适用《刑法》第二百七十七条规定的妨害公务罪。为了有力惩治聚众阻碍解救被收买的妇女、儿童的犯罪行为，刑法设专条作了规定。这里所说的"**聚众**"，是指聚集多人。"**首要分子**"，是指在聚众阻碍国家机关工作人员解救被收买的妇女、儿童的犯罪活动中起组织、策划、指挥、煽动等作用的犯罪分子，可能是一人，也可能是多人。"**其他参与者**"，是指首要分子以外的其他参与聚众阻碍国家机关工作人员解救被拐卖、绑架的妇女、儿童的人。依照本款规定，聚众阻碍国家机关工作人员解救被收买的妇女、儿童的首要分子，处五年以下有期徒刑或者拘役；其他参与者使用暴力、威胁方法的，依照前款的规定处罚，即处三年以下有期徒刑、拘役、管制或者罚金。

实际执行中应当注意以下问题：根据本条第二款的规定，对于聚众阻碍解救被收买的妇女、儿童的首要分子，不论其是否使用暴力、威胁方法，都按聚众阻碍解救被收买的妇女、儿童罪处罚。对于其他参与者，则只有使用暴力、威胁方法的，才能按照本条第一款的规定，以妨害公务罪定罪处罚；未使用暴力、威胁方法的，不构成犯罪。

【司法解释】

《最高人民法院关于审理拐卖妇女儿童犯罪案件具体应用法律若干问题的解释》（法释〔2016〕28号，自2017年1月1日起施行）

△（**数罪并罚；收买被拐卖的妇女、儿童罪**）收买被拐卖的妇女、儿童，又以暴力、威胁方法阻碍国家机关工作人员解救被收买的妇女、儿童，或者聚众阻碍国家机关工作人员解救被收买的妇女、儿童，构成妨害公务罪、聚众阻碍解救被收买的妇女、儿童罪的，依照数罪并罚的规定处罚。（§ 7）

【司法解释性文件】

《最高人民法院、最高人民检察院、公安部、民政部、司法部、全国妇联关于坚决打击拐卖妇女儿童犯罪活动的通知》（〔86〕公发38号，1986年11月27日公布）

△（**阻挠解救被害妇女、儿童工作**）坚决打击拐卖妇女、儿童的犯罪分子。在拐卖人口犯罪活动比较突出的地区，要把打击拐卖人口的犯罪分子作为"严打"斗争的重要内容。按照一九八三年中央办公厅转发的公安部和全国妇联两党组《关于坚决打击拐卖妇女、儿童犯罪活动的报告》（中办发〔1983〕14号文件）精神和一九八四年最高人民法院、最高人民检察院、公安部《关于当前办理拐卖人口案件中具体应用法律的若干问题的解答》的有关规定，对构成拐卖人口罪的，不管是直接拐卖、间接拐卖，是一道贩子，还是二道、三道贩子，都要坚决打击。对其中的惯犯、累犯、犯罪集团的主犯，对用劫持、绑架等手段拐卖妇女、儿童、摧残虐待被拐卖妇女、儿童的犯罪分子，必须依法从重从快惩处。

要注意区分罪与非罪的界限。把在青年男女双方自愿基础上介绍婚姻，收受部分钱物的牵线人，与拐卖妇女的犯罪分子严格加以区别。

必须强调，对阻挠解救被害妇女、儿童工作，围攻、殴打前来解救的工作人员或亲属的，经教育无效，要依照治安管理处罚条例有关规定给予处罚；情节严重，构成妨害公务罪或者故意伤害罪的，依法追究刑事责任。（§ 3）

第二百四十三条　【诬告陷害罪】

捏造事实诬告陷害他人，意图使他人受刑事追究，情节严重的，处三年以下有期徒刑、拘役或者管制；造成严重后果的，处三年以上十年以下有期徒刑。

国家机关工作人员犯前款罪的，从重处罚。

不是有意诬陷，而是错告，或者检举失实的，不适用前两款的规定。

【立法理由】

1. **1979年立法的情况**。我国1979年《刑法》第一百三十八条规定："严禁用任何方法、手段诬告陷害干部、群众。凡捏造事实诬告陷害他人（包括犯人）的，参照所诬陷的罪行的性质、情节、后果和量刑标准给予刑事处分。国家工作人员犯诬陷罪的，从重处罚。不是有意诬陷，而是错告，或者检举失实的，不适用前款规定。"1979年刑法对诬告陷害罪的处罚采用了"**诬告反坐**"的特殊规定，并未规定具体的法定刑，而是参照所诬陷的罪行的性质、情节、后果和量刑标准给予刑事处分,这样规定在实际执行中可操作性不强,也不符合关于刑法规范明确性的要求。

2. **1997年修订刑法的情况**。1997年修订刑法时,针对1979年《刑法》第一百三十八条在实践执行中存在的问题,根据各方面的意见,对诬告陷害罪的罪状表述作了修改:一是增加"意图使他人受刑事追究"的入罪条件。二是单独规定了法定刑,将"诬告反坐"式的处罚方式修改为"情节严重的,处三年以下有期徒刑、拘役或者管制;造成严重后果的,处三年以上十年以下有期徒刑"。三是将犯诬告陷害罪从重处罚的对象范围由"国家工作人员"修改为"国家机关工作人员"。同时,还作了文字修改。

【条文说明】

本条是关于诬告陷害罪及其处罚的规定。

《宪法》第三十八条规定:"中华人民共和国公民的人格尊严不受侵犯。禁止用任何方法对公民进行侮辱、诽谤和诬告陷害。"检举揭发违法犯罪行为是每个公民的权利,但实践中有些人往往滥用检举揭发权,无中生有,诬告陷害他人,严重影响社会和谐发展,破坏社会风气,应当予以惩处。由于行为人企图假手司法机关实现其诬陷无辜的目的,不仅侵犯了公民的人身权利,使无辜者的名誉受到损害,而且可能导致冤假错案,造成错捕、错判甚至错杀的严重后果,干扰司法机关的正常活动,破坏司法机关的威信,因此必须依法予以严惩。

本条共分为三款。

第一款是关于诬告陷害罪及其处罚的规定。依照本款规定,**诬告陷害罪**,是指捏造事实,作虚假告发,意图陷害他人,使他人受刑事追究,情节严重的行为。这里所说的"**他人**",既包括一般的干部、群众,也包括正在服刑的罪犯和其他在押的被告人和犯罪嫌疑人。诬告陷害罪侵犯的客体是复杂客体,既侵犯了他人的人身权利,也侵犯了司法机关的正常活动。[①] 根据本款规定,构成诬告陷害罪必须具备以下条件:(1)**诬告陷害他人,必须以使他人受刑事追究为目的**。[②] 行为人诬陷他人可能出于不同的动机,有的是发泄私愤,有的是嫉贤妒能,有的是排除异己,但必须以使他人受刑事追究为目的的,才能构成诬告陷害罪。如果不以使他人受刑事追究为目的而捏造事实诬告的,如以败坏他人名誉、阻止他人得到某种奖励或者提升等为目的而诬告他人有违法或不道德行为的,则不构成诬告陷害罪。(2)**捏造的事实必须是他人的犯罪事实**,如果捏造的事实不足以使他人受到刑事追究的,则不构成犯罪。[③] 捏造事实,既包括无中生有,捏造犯罪事实陷害他人,也包括栽赃陷害,在确实发生了具体犯罪事实的情况下,捏造证据栽赃、嫁祸他人,还包括借题发挥,将不构成犯罪的事实夸大为犯罪事实,进而陷害他人等。(3)**行为人不仅捏造了他人的犯罪事实,而且将捏造的犯罪事实向有关机关进行了告发**。[④] 行为人虽有捏造他人犯罪事实的行为,但如果没有进行告发,其诬陷的目的就无法实现,因而也不构成诬告陷害罪。告发的形式可以是书面告发,也可以是口头告发,可以是实名告发,也可以是匿名告发。(4)**诬告陷害的行为必须有明确的对象**。如果行为人只是捏造了某种犯罪事实,向有关机关告发,并没有具体的告发对象,这种行为虽然也侵犯了司法机关的正常活动,但并未直接侵

---

① 关于诬告陷害罪的保护法益,学说上存在人身权利说、司法(审判)作用说、择一说以及并合说四种说法。由于我国刑法将诬告陷害罪置于侵犯公民人身权利、民主权利罪章中,我国学者指出,应当采取人身权利说,而不能采纳司法作用说、择一说与并合说。因此,基于被害人承诺的诬告行为,以及诬告虚无人的行为,不属于刑法所规定的诬告行为。参见张明楷:《刑法学》(第6版),法律出版社2021年版,第1175页;黎宏:《刑法学各论》(第2版),法律出版社2016年版,第255—256页;周光权:《刑法各论》(第4版),中国人民大学出版社2021年版,第59页。

② 行为人虽然明知自己的诬告行为不可能使他人受到刑事处罚,但是,明知自己的行为会使他人被刑事拘留、逮捕等,意图使他人成为犯罪嫌疑人而被立案侦查,也应认定为"意图使他人受到刑事追究"。参见张明楷:《刑法学》(第6版),法律出版社2021年版,第1178页。

③ 我国学者指出,为了防止不当限制公民的告发权,应当要求行为人明知自己所告发的确实是虚假的犯罪事实(确定的认识说)。参见张明楷:《刑法学》(第6版),法律出版社2021年版,第1177页。

④ 相同的学说见解,参见黎宏:《刑法学各论》(第2版),法律出版社2016年版,第256页;高铭暄、马克昌主编:《刑法学》(第7版),北京大学出版社、高等教育出版社2016年版,第474页。另有学者指出,本罪实行行为的内容是虚假告发,即向有关行使刑事追究活动的公安、司法机关,或者向事实上能够对被诬陷人采取限制、剥夺人身自由等措施的机关告发捏造的犯罪事实。告发之前的"捏造事实"(打印他人"犯罪"资料,撰写"控告信"等行为),非属本罪之实行行为。参见张明楷:《刑法学》(第6版),法律出版社2021年版,第1176页。

犯他人的人身权利,也不构成诬告陷害罪。[①] 有明确的对象并非要求行为人必须指名道姓告发,如果通过告发的事实可以明显地判断出告发对象,即使没有提出具体姓名,也属于有明确的对象。(5)**诬告陷害情节严重的**。这里所规定的"**情节严重**",主要是指捏造的犯罪事实情节严重、诬陷手段恶劣、严重影响司法机关的正常工作、社会影响恶劣等。只要诬告陷害的行为符合以上条件,诬告陷害罪就成立。本款所规定的"**造成严重后果**",主要是指被害人被错误地追究了刑事责任,或者使被诬陷人的人身权利、民主权利、财产权利等受到重大损害,或者使司法机关的正常工作遭受特别重大的损害。依照本款规定,犯诬告陷害罪的,处三年以下有期徒刑、拘役或者管制;造成严重后果的,处三年以上十年以下有期徒刑。[②]

第二款是关于国家机关工作人员犯诬告陷害罪从重处罚的规定。这里所规定的"**国家机关工作人员**",根据本法第九十三条的规定,是指在国家权力机关、行政机关、监察机关、人民法院、人民检察院、军事机关等国家机关中从事公务的人员。国家机关工作人员由于其所处的地位和掌握的权力,如果捏造事实诬告陷害他人,往往会对被害人的合法权益和国家机关的声誉造成更大的损害,同时考虑到对国家机关工作人员的要求应当更加严格,因此,本款规定,国家机关工作人员犯诬告陷害罪的,从重处罚。

第三款是关于错告或者检举失实不适用前两款规定的规定。[③] 这样规定是为了正确区分诬告陷害与**错告、检举失实**的界限,以有利于打击犯罪,保护公民与违法犯罪作斗争的积极性。《宪法》第四十一条第一款规定:"中华人民共和国公民对于任何国家机关和国家工作人员,有提出批评和建议的权利;对于任何国家机关和国家工作人员的违法失职行为,有向有关国家机关提出申诉、控告或者检举的权利,但是不得捏造或者歪曲事实进行诬告陷害。"诬告与错告或者检举失实,二者在客观上都表现为向国家机关或有关单位告发的犯罪事实与客观事实不相符合。但在主观方面,二者有着质的不同:前者是故意捏造或者歪曲事实告发他人,具有陷害他人的故意;后者则是行为人认为自己告发的是真实犯罪事实,只是由于情况不明,或者认识片面而在控告、检举中发生差错,没有陷害他人的故意。由此可见,是否具有诬告陷害的故意,是区分诬告与错告或者检举失实的根本标志。实践中要准确区分诬告与错告或者检举失实,就必须根据行为人告发的背景、原因、告发的事实来源、告发人与被告人之间的关系等综合判定。

实际执行中应当注意以下两个方面的问题:

1. 实践中应当注意诬告陷害罪与**诽谤罪**的区别:(1)诽谤罪的目的是损害他人的人格和名誉,而诬告陷害罪的目的是使被诬陷人受刑事追究;(2)诽谤罪捏造的事实不一定是他人犯罪的事实,而诬告陷害罪捏造的必须是他人犯罪的事实;(3)诽谤罪行为人的手段是散布其捏造的事实,诬告陷害罪行为人的手段是向有关机关告发其捏造的他人的犯罪事实;(4)诽谤罪属于亲告罪,即告诉的才处理,但是严重危害社会秩序和国家利益的除外,而诬告陷害罪不是亲告罪,属于国家公诉案件。

2. 诬告陷害罪与**报复陷害罪**的界限:(1)犯罪对象不同,诬告陷害罪的对象是非特定公民;报复陷害罪的对象是控告人、申诉人、批评人与举报人。(2)主体不同,诬告陷害罪是一般主体,只是规定国家机关工作人员犯罪要从重处罚;而报复陷害罪是特殊主体,限于国家机关工作人员。(3)行为表现不同,诬告陷害罪表现为捏造犯罪事实,作虚假告发;报复陷害罪表现为滥用职权、假公济私,进行报复陷害。(4)目的不同,诬告陷害罪的目的是意图使他人受刑事追究;报复陷害罪是一般报复的目的。

---

① 相同的学说见解,参见周光权:《刑法各论》(第4版),中国人民大学出版社2021年版,第59页;赵秉志、李希慧主编:《刑法各论》(第3版),中国人民大学出版社2016年版,第207页。

② 我国学者指出,应利用间接正犯与想象竞合犯,来克服(对诬告陷害罪规定)相对确定法定刑所带来的缺陷。例如,如果诬告陷害行为导致他人被错判死刑,应认定为诬告陷害罪与故意杀人罪(间接正犯)的想象竞合,从一重罪处罚。参见张明楷:《刑法学》(第6版),法律出版社2021年版,第1178页。

③ 我国学者指出,"有意诬告"是客观处罚条件。在诬告陷害罪中,行为人需要证明其不是诬告,其对检举揭发的事实如果在一定程度上加以证明,则不受惩罚。参见周光权:《刑法总论》(第4版),中国人民大学出版社2021年版,第275—276页。

第二百四十四条　【强迫劳动罪】

以暴力、威胁或者限制人身自由的方法强迫他人劳动的，处三年以下有期徒刑或者拘役，并处罚金；情节严重的，处三年以上十年以下有期徒刑，并处罚金。

明知他人实施前款行为，为其招募、运送人员或者有其他协助强迫他人劳动行为的，依照前款的规定处罚。

单位犯前两款罪的，对单位判处罚金，并对其直接负责的主管人员和其他直接责任人员，依照第一款的规定处罚。

【立法沿革】

《中华人民共和国刑法》(1997年修订，自1997年10月1日起施行)

第二百四十四条

用人单位违反劳动管理法规，以限制人身自由方法强迫职工劳动，情节严重的，对直接责任人员，处三年以下有期徒刑或者拘役，并处或者单处罚金。

《中华人民共和国刑法修正案(八)》(自2011年5月1日起施行)

三十八、将刑法第二百四十四条修改为：

“以暴力、威胁或者限制人身自由的方法强迫他人劳动的，处三年以下有期徒刑或者拘役，并处罚金；情节严重的，处三年以上十年以下有期徒刑，并处罚金。

“明知他人实施前款行为，为其招募、运送人员或者有其他协助强迫他人劳动行为的，依照前款的规定处罚。

“单位犯前两款罪的，对单位判处罚金，并对其直接负责的主管人员和其他直接责任人员，依照第一款的规定处罚。”

【立法理由】

1. 1979年之后至1997年刑法修订前的立法情况。1994年通过的《劳动法》第九十六条规定：“用人单位有下列行为之一，由公安机关对责任人员处以十五日以下拘留、罚款或者警告；构成犯罪的，对责任人员依法追究刑事责任：(一)以暴力、威胁或者非法限制人身自由的手段强迫劳动的；(二)侮辱、体罚、殴打、非法搜查和拘禁劳动者的。”

2. 1997年修订刑法的情况。1997年修订刑法时，将1994年《劳动法》第九十六条规定的精神吸收到刑法中，同时作了修改。

3. 2011年《刑法修正案(八)》对本条的修改情况。一是将犯罪主体由用人单位扩大到包括个人和单位在内的一般主体，将犯罪对象由“职工”修改为“他人”；二是完善了犯罪行为的规定，增加“以暴力、威胁”作为强迫劳动的手段之一，删除了“情节严重”是构成强迫劳动罪必须具备的要件，从而降低了入罪门槛；三是加重了法定刑，量刑由一个档次增加为两个档次，法定最高刑由三年提高到十年；四是单位犯罪由“单罚制”改为“双罚制”，加大了对强迫劳动行为的惩处力度；五是将为强迫劳动的单位和个人招募、运送人员或者以其他手段协助强迫劳动的行为规定为犯罪。

这样修改，主要考虑是1997年刑法施行以来，社会上出现了一些新的情况，有的企业和业主用诱骗等手段招募工人，雇用打手或者通过黑恶势力，以暴力、威胁手段剥夺工人的人身自由，强迫甚至奴役他们长时间从事高强度劳动。这类被媒体曝光为“黑砖窑”“黑煤窑”的场所劳动环境恶劣，有的造成了工人伤残、死亡的严重后果，社会影响极其恶劣。一些不法分子明知他人实施上述强迫劳动的行为，为牟取利益，专门以“招工”等诱骗手段为其招募、运送劳动力或者以其他手段协助实施强迫劳动行为，形成了利益共同体。1997年《刑法》第二百四十四条的规定不能适应打击这类行为的需要。一是该条规定的犯罪主体是用人单位，而强迫劳动情形恶劣的“黑砖窑”等往往未办理合法手续，能否认定为“用人单位”在实践中常引起争议。二是该条规定的犯罪行为是“违反劳动管理法规，以限制人身自由方法强迫职工劳动”，侧重维护劳动关系中劳动者的权益。“黑砖窑”一类组织与被其强迫劳动的工人，往往是赤裸裸的强迫乃至奴役的关系，而非劳动法律规定的劳动关系。非法雇主违反了有关公民人身自由和人格尊严的法律，以暴力、威胁等手段限制乃至剥夺工人的人身自由，而非违反劳动管理法规。三是对强迫劳动情节恶劣的人员，该条规定的“三年以下有期徒刑或者拘役，并处或者单处罚金”的刑罚不能做到罚当其罪。四是对于为强迫劳动的单位和个人招募、运送人员等协助强迫劳动的行为没有规定刑事责任。一些专家学者、人大代表多次呼吁在刑法中设立强迫劳动罪。

2009年12月26日，第十一届全国人大常委会第十二次会议决定，我国加入**《联合国打击跨国有组织犯罪公约关于预防、禁止和惩治贩运人口特别是妇女和儿童行为的补充议定书》**，该议定书要求缔约国采取必要的立法和其他措施，将为强迫劳动、奴役等剥削目的而通过暴力、威胁或者其他形式的胁迫，招募、运送、转移、窝藏或接收人员的行为规定为刑事犯罪。

针对实践中出现的新情况，根据惩治犯罪、保护公民权利的需要和落实国际公约的要求，2011年2月25日第十一届全国人大常委会第十九次会议通过的《刑法修正案(八)》对本条进行了修改。

【条文说明】

本条是关于强迫劳动罪及其处罚的规定。

本条共分为三款。

第一款是关于强迫劳动罪及其处罚的规定。根据本款规定，**强迫劳动犯罪**，是指以暴力、威胁或者限制人身自由的方法强迫他人劳动的行为。《宪法》第三十七条中规定"中华人民共和国公民的人身自由不受侵犯"；第四十二条中规定"中华人民共和国公民有劳动的权利和义务"；第四十三条中规定"中华人民共和国劳动者有休息的权利"。任何人都不能强迫他人劳动。所谓"**暴力**"是指犯罪分子直接对被害人实施殴打、伤害等危及其人身安全的行为，使其不能反抗、逃跑。"**威胁**"是指犯罪分子对被害人施以恫吓，进行精神强制，使其不敢反抗、逃跑。"**限制人身自由的方法**"则是指以限制离厂、不让回家，甚至雇用打手看管等方法非法限制被害人的人身自由，强迫其参加劳动。"**他人**"既包括与用人单位订有劳动合同的职工，也包括犯罪分子非法招募的工人、智障人等。强迫劳动罪是故意犯罪。根据本条规定，实施强迫劳动犯罪的，处三年以下有期徒刑或者拘役，并处罚金；情节严重的，处三年以上十年以下有期徒刑，并处罚金。与1997年刑法对强迫职工劳动罪的刑罚相比，本款规定取消了第一档刑罚中单处罚金的规定，增加了第二档刑罚，体现了对强迫劳动犯罪严厉打击的精神。所谓"**情节严重**"通常是指强迫多人劳动，长时间强迫他人劳动，以不人道手段对待被强迫劳动者等，具体标准应由司法机关根据实际情况通过司法解释确定。

第二款是关于协助强迫他人劳动行为处罚的规定。本款规定的协助强迫他人劳动行为，包括招募、运送人员和其他协助强迫他人劳动的行为。所谓"**招募**"，是指通过所谓"合法"或非法途径，面向特定或者不特定的群体募集人员的行为。实践中犯罪分子往往利用被害人求职心切，以合法就业岗位、优厚待遇等手段诱骗被害人。"**运送**"是指用各种交通工具运输人员。"**其他协助强迫他人劳动行为**"是指除招募、运送人员外，为强迫劳动的人转移、窝藏或接收人员等行为。上述协助强迫他人劳动的行为，助长了强迫劳动犯罪，严重侵犯公民的人身权利和社会秩序，应当予以刑事处罚。我国加入的国际公约也要求将这种行为规定为犯罪。根据本款规定，明知他人实施本条第一款规定的强迫劳动行为，为其招募、运送人员或者有其他协助强迫他人劳动行为的，依照本条第一款的规定处罚，即处三年以下有期徒刑或者拘役，并处罚金；情节严重的，处三年以上十年以下有期徒刑，并处罚金。①

第三款是关于**单位犯强迫劳动罪的处罚规定**。根据本款规定，单位犯本条第一、二款规定的以暴力、威胁或者限制人身自由的方法强迫他人劳动，或者明知他人实施强迫劳动行为，为其招募、运送人员或者有其他协助强迫他人劳动行为的犯罪的，对单位判处罚金，并对其直接负责的主管人员和其他直接责任人员，依照本条第一款的规定处罚，即处三年以下有期徒刑或者拘役，并处罚金；情节严重的，处三年以上十年以下有期徒刑，并处罚金。

实际执行中应当注意以下问题：对于犯罪分子在强迫劳动的过程中使用暴力，致使被害人伤残、死亡的，应当根据本法的有关规定，**以强迫劳动罪、故意伤害罪或故意杀人罪数罪并罚**。

【司法解释性文件】

《最高人民检察院、公安部关于公安机关管辖的刑事案件立案追诉标准的规定(一)的补充规定》(公通字〔2017〕12号，2017年4月27日公布)

△(**强迫劳动罪；立案追诉标准**)将《立案追诉标准(一)》第31条修改为：[强迫劳动案(刑法第244条)]以暴力、威胁或者限制人身自由的方法强迫他人劳动的，应予立案追诉。

明知他人以暴力、威胁或者限制人身自由的方法强迫他人劳动，为其招募、运送人员或者有其他协助强迫他人劳动行为的，应予立案追诉。(§6)

① 我国学者指出，协助强迫类型的强迫劳动罪表面上是帮助犯的正犯化，但实际上只是帮助犯的量刑规则(或只是量刑的正犯化)。因此，成立此一类型的犯罪，仍应以被害人被他人强迫劳动作为前提。参见张明楷：《刑法学》(第6版)，法律出版社2021年版，第1178页。

【附属刑法】

《中华人民共和国劳动法》（1994 年 7 月 5 日通过，2018 年 12 月 29 日第二次修正）

第九十六条

用人单位有下列行为之一，由公安机关对责任人员处以十五日以下拘留、罚款或者警告；构成犯罪的，对责任人员依法追究刑事责任：

（一）以暴力、威胁或者非法限制人身自由的手段强迫劳动的；

……

《中华人民共和国劳动合同法》（2007 年 6 月 29 日通过，2012 年 12 月 28 日修正）

第八十八条

用人单位有下列情形之一的，依法给予行政处罚；构成犯罪的，依法追究刑事责任；给劳动者造成损害的，应当承担赔偿责任：

（一）以暴力、威胁或者非法限制人身自由的手段强迫劳动的；

……

《中华人民共和国精神卫生法》（2012 年 10 月 26 日通过，2018 年 4 月 27 日修正）

第七十五条

医疗机构及其工作人员有下列行为之一的，由县级以上人民政府卫生行政部门责令改正，对直接负责的主管人员和其他直接责任人员依法给予或者责令给予降低岗位等级或者撤职的处分；对有关医务人员，暂停六个月以上一年以下执业活动；情节严重的，给予或者责令给予开除的处分，并吊销有关医务人员的执业证书：

……

（二）违反本法规定，强迫精神障碍患者劳动的；

……

第八十一条

违反本法规定，构成犯罪的，依法追究刑事责任。

【参考案例】

△使用殴打、体罚虐待、非法限制人身自由等足以使他人陷入无法或难以抗拒的境地的方式强迫他人劳动的，应认定为强迫劳动罪。

根据《刑法》第十三条"但书"条款的规定，情节显著轻微危害不大的，不认为是犯罪。鉴于"强迫劳动"是个很宽泛的概念，其法律后果又有民事责任、行政责任和刑事责任三种不同形态。刑法具有谦抑性，只有其他法律不能发挥应有的作用时才能适用刑法。强迫劳动的严重程度影响到强迫劳动行为罪与非罪的认定。对刑法分则规定的强迫劳动罪，不能脱离罪量的考察。

区分强迫劳动犯罪行为与一般行政违法行为的关键在于，从社会一般观念、伦理道德角度考察，行为人实施的强迫行为是否足以使他人陷入无法或者难以抗拒和自由选择，而不得不进行劳动的境地。具体而言，可以从"强迫手段与社会一般观念相背离的程度"和"劳动者非自愿性的程度"两个角度，判断强迫行为是否足以使劳动者陷入不能自由选择的境地而需要刑法介入和干预的程度。对于强迫劳动情节显著轻微，刑法干预的必要性不强的，则宜采用非刑罚制裁方式处理。实践中，强迫劳动入罪门槛设置得高与低，打击范围掌握得宽与严，处于动态变化之中，不可脱离特定阶段此类违法犯罪行为以及劳动者权益保障的实际状况。

对于具有以下情形之一的强迫劳动行为，一般应当予以刑罚处罚：(1)强迫三人以上劳动的，或者虽未达到三人，但强迫劳动持续时间长的；(2)强迫未成年人、严重残疾人、精神智力障碍达到限制民事行为能力程度的人或者其他处于特别脆弱状况的人劳动的；(3)采取殴打、多次体罚虐待、严重威胁、非法限制人身自由等正常人通常无法抗拒、难以抗拒的方式强迫劳动的；(4)从强迫他人劳动中获利数额较大的，数额较大的标准似可参考盗窃罪数额较大的标准确定。

对于那些偶尔强迫他人劳动、持续时间短、被强迫的人数较少、强迫程度较轻、被强迫者虽然不情愿但尚有选择自由的行为，可以不予刑事追究，而通过民事或者行政手段予以处理。另外，对于在正常用工单位日常管理工作中，因管理方式简单粗暴，偶尔发生的以克扣津贴、奖金，扣发、延发工资甚至开除等方式威胁职工加班，从事长时间、高强度劳动的，是否认定构成强迫劳动罪应当严格把握。

根据《刑法》第二百四十四条的规定，强迫劳动情节严重的，处三年以上十年以下有期徒刑，并处罚金。但是，对于何谓强迫劳动"情节严重"，立法和司法解释均未明确规定，因此，该情节的认定有赖于司法实践进一步总结积累经验。笔者认为，根据强迫劳动罪的罪状及实践中此类案件审理情况，目前可以结合如下一项或者几项情形，对强迫劳动罪的情节严重进行认定：(1)被强迫劳动者人数在十人以上的；(2)被强迫劳动者属于未成年人、严重残疾人、精神智力障碍达到限制民事行为能力程度的人或者其他处于特别脆弱状况的人，且人数在三人以上的；(3)以非人道的恶劣手段对他人进行摧残、精神折磨，强迫其劳动的；

(4)强迫他人在爆炸性、易燃性、放射性、毒害性等危险环境下从事劳动或从事常人难以忍受的超强度体力劳动的;(5)因强迫劳动造成被害人自残、自杀、精神失常等严重后果,但尚不构成故意杀人罪、故意伤害罪等其他严重犯罪的;(6)强迫劳动持续时间较长的;(7)因强迫劳动被劳动行政部门、公安机关处理、处罚过,又实施强迫劳动构成犯罪的;(8)强迫他人无偿劳动,或所支付的报酬与他人劳动付出明显不成比例,行为人从中获利数额巨大的,数额巨大的标准似可参考盗窃罪数额巨大的标准确定;(9)其他能够反映行为人主观恶性深、动机卑劣以及强迫程度高、对被害人身心伤害大的情节。

在朱斌等强迫劳动案中,被告人朱斌采取限制人身自由的方式控制、强迫17名被害人劳动,除三人精神状态正常外,其余14名工人或患精神分裂症,或患精神发育迟缓,为限制民事行为能力和无民事行为能力人,属于特别易受侵害、需要特殊保护的人员;强迫劳动工作强度大、生活条件恶劣,被害人每天被迫从事至少11个小时搬运砖块的重体力劳动,而只供应两顿饭菜,晚上则被集中关押,没有人身自由;在有关执法部门进行检查,要求清退非法用工人员后,仍然增加用工人数,继续强迫劳动,并在第二次检查后,将经执法部门责令补发给工人的工资又强行收回,足见其对劳动者权益和法律权威之肆意践踏和藐视程度。元谋县人民法院依法认定被告人朱斌等人构成强迫劳动罪,且情节严重,较好地把握了对严重强迫劳动犯罪从严惩处的刑事政策。[No.4-244-1 朱斌等强迫劳动案]

第二百四十四条之一 【雇用童工从事危重劳动罪】

违反劳动管理法规,雇用未满十六周岁的未成年人从事超强度体力劳动的,或者从事高空、井下作业的,或者在爆炸性、易燃性、放射性、毒害性等危险环境下从事劳动,情节严重的,对直接责任人员,处三年以下有期徒刑或者拘役,并处罚金;情节特别严重的,处三年以上七年以下有期徒刑,并处罚金。

有前款行为,造成事故,又构成其他犯罪的,依照数罪并罚的规定处罚。

【立法沿革】

《中华人民共和国刑法修正案(四)》(自2002年12月28日起施行)

四、刑法第二百四十四条后增加一条,作为第二百四十四条之一:

"违反劳动管理法规,雇用未满十六周岁的未成年人从事超强度体力劳动的,或者从事高空、井下作业的,或者在爆炸性、易燃性、放射性、毒害性等危险环境下从事劳动,情节严重的,对直接责任人员,处三年以下有期徒刑或者拘役,并处罚金;情节特别严重的,处三年以上七年以下有期徒刑,并处罚金。

"有前款行为,造成事故,又构成其他犯罪的,依照数罪并罚的规定处罚。"

【立法理由】

我国法律十分重视保护未成年人的身心健康。未成年人保护法、劳动法、义务教育法等法律以及国务院禁止使用童工的规定等行政法规都明确禁止非法使用童工,并规定了相应的法律责任。根据1997年刑法的规定,对于一些非法雇用童工的行为,如非法雇用童工造成重大事故的,或者强迫童工劳动的,**可以分别按照刑法关于重大责任事故罪和重大劳动安全事故罪、强迫劳动罪等相关犯罪追究刑事责任**。但是,有的地方非法雇用童工的情况较为突出,还造成了很严重的后果。为了进一步加强对未成年人的保护,加大对非法雇用童工行为的打击力度,有必要对非法雇用童工犯罪作出专门规定。为此,2002年12月28日第九届全国人大常委会第三十一次会议通过的**《刑法修正案(四)》**在刑法中增加了本条规定。

【条文说明】

本条是关于雇用童工从事危重劳动罪及其处罚的规定。

本条共分为两款。

第一款是关于雇用童工从事危重劳动罪的构成要件以及处罚的规定。根据本款规定,认定雇用童工从事危重劳动罪要注意以下几个问题:

1. 违反劳动管理法规,雇用未满十六周岁的未成年人从事劳动。这里所说的"**劳动管理法规**",是指劳动法等法律和国务院颁布的与劳动保护有关的行政法规,以及其他法律、法规中关于劳动关系、劳动保护等的规定。我国劳动法明确规定,国家对未成年工实行特殊劳动保护的原则,在就业年龄、工种、工作时间、劳动强度等方面给予了特殊保护，如规定就业最低年龄为十六周岁；“不得安排未成年工从事矿山井下、有毒有害、国家规定的第四级体力劳动强度的劳动和其他禁忌从事的劳动”等。同时，根据劳动管理法规的规定，任何用人单位和个人，招用未满十六周岁的未成年人从事劳动的，属于使用童工的违法行为。但是，文艺、体育单位经未成年人的监护人同意，可以招用未满十六周岁的专业文艺工作者、运动员，学校、其他教育机构以及职业培训机构按照国家规定组织未满十六周岁的未成年人进行不影响其人身安全和身心健康的教育实践劳动、职业技能培训劳动的，不属于非法使用童工。一些单位和个人打着从事文艺、体育活动的招牌，非法雇用童工进行低俗、危险表演的，不属于招收文艺、体育工作者的情况，应当按照本条规定定罪处罚。所谓“**雇用**”，一般是指在行为人和童工之间形成一定的劳动关系。[①] 雇用是通过支付工资使他人为自己提供劳动的行为。雇佣关系的形成并不要求双方有明确的时间约定，也不以签有书面合同为条件，只要雇用人与被雇用的童工之间形成事实上的劳动关系即可。但是父母让未成年子女到自己的工厂、作坊等从事劳动的，不宜认定为雇佣关系。

2. 雇用未满十六周岁的未成年人从事超强度体力劳动、高空、井下作业，或者在爆炸性、易燃性、放射性、毒害性等危险环境下从事劳动。违反劳动管理法规的规定，雇用未满十六周岁的未成年人从事劳动的，都属于违法行为，但并非都属于犯罪行为。构成雇用童工从事危重劳动罪的行为，仅限于非法雇用童工从事刑法明确规定的对未成年人身心健康危害较大的特定劳动的行为。“**超强度体力劳动**”，是指劳动强度超过劳动者正常体能承受程度的体力劳动。关于劳动强度，国家劳动保护部门有专门的规定和测算依据。根据规定，体力劳动强度的测定是通过测量某劳动工种平均劳动时间率和能量代谢率，计算出其劳动强度指数，然后根据指数将体力劳动按照强度由低到高分为四级。其中第四级强度的体力劳动属于强度最大的劳动。根据计算，八小时工作日平均耗能值为 113044 千焦耳/人，劳动时间率为 77%，劳动强度显然很大。根据国家保护未成年工（指十六周岁以上不满十八周岁）的规定，对于未成年工，不得要求其从事第四级劳动强度的作业。需要特别说明的是，这里的劳动强度是国家劳动保护部门为了进行科学的劳动保护管理，针对正常的生产劳动作业所作的区分，并与相应的劳动保护措施和福利待遇相联系。因此，在具体认定童工所从事的体力劳动是否属于超强度体力劳动时，可以参考上述劳动保护部门用于测算正常生产劳动作业的分级标准，对童工所具体从事的劳动强度进行测算，但不能简单地认定某级以上强度的劳动就属于超强度体力劳动。因为对于童工而言，并没有所谓适合其身体发育状况的体力劳动的分级。雇用未满十六周岁的未成年人，无论从事何种强度体力劳动，都属于非法使用童工。当然，虽然雇用童工从事体力劳动行为本身就属于非法行为，但是其违法的程度与童工具体从事的劳动的强度大小是密切联系的。比如，雇用童工从事的体力劳动在劳动时间率、平均耗能值等方面相当于一级体力劳动强度的，其危害性显然要小于雇用童工从事劳动强度相当于二级或三级体力劳动强度的劳动。所谓超强度是指超过劳动者正常体能所能合理承受的强度。所以在认定是否构成雇用童工从事超强度体力劳动时，还应结合被雇用童工的年龄、身体发育状况等因素。比如，根据国家劳动管理法规，用人单位可以安排未成年工（已满十六周岁不满十八周岁）从事四级强度体力劳动以下的劳动，那么用人单位安排未满十六周岁的未成年人从事四级体力劳动强度的劳动的，应当属于超强度体力劳动。但是安排即将年满十六周岁的未成年人从事一级体力劳动强度劳动的，是否属于超强度体力劳动，就不能一概而论了。由于童工的年龄跨度很大，雇用童工从事劳动的情况也很复杂，因此法律无法具体规定雇用童工从事何种劳动就属于超强度体力劳动。具体认定需要由司法机关根据案件的具体情况，结合童工的年龄、身体发育状况、承受能力，童工所从事的劳动的性质等因素，综合考虑。除超强度体力劳动外，本条还规定了**高空作业和井下作业**。高空作业具有一定的危险性，需要作业者具有专门的技术知识、自我保护意识和技能。井下作业不仅本身劳动强度较大，而且环境相对比较恶劣，在井下作业会严重损害未成年人的身体健康。而且，井下作业也需要一定的自我保护意识和技能。未成年人身心发育尚不成熟，自我保护意识和能力比较差，从事高空和井下作业存在

---

① 我国学者指出，应对“雇用”作扩大解释，其既包括支付劳动报酬的情形，也包括不支付劳动报酬的情形。参见张明楷：《刑法学》（第 6 版），法律出版社 2021 年版，第 1179 页；周光权：《刑法各论》（第 4 版），中国人民大学出版社 2021 年版，第 62 页。

分则　第四章

较大的危险性,因此刑法专门作了规定。对童工身心健康危害较大的几种危险劳动环境,本条也作了规定。这些危险环境主要包括**爆炸性、易燃性、放射性、毒害性环境**。这些环境本身对人身健康就具有危害性,未成年人身体发育尚不健全,更容易受到伤害。同时,这些环境由于具有高度危险,作业者必须具有专门的操作技能和安全知识,还需要作业者随时保持高度的警惕,由于未成年人的身心特点,其在从事这些危险作业时,更容易发生危险,造成事故。需要特别说明的是,刑法虽然只是规定了爆炸性、易燃性、放射性、毒害性等危险环境,但是,除上述危险环境外,非法雇用童工在与上述具有相当危险性的环境下劳动的,也可以构成雇用童工从事危重劳动罪。比如,雇用童工在严重的粉尘环境、极端低温或者高温环境下从事劳动。

3. 实施上述行为,情节严重。① 应当说雇用未满十六周岁的未成年人从事超强度体力劳动,或者从事高空、井下作业,或者在爆炸性、易燃性、放射性、毒害性等危险环境下从事劳动,其危害性比一般的非法雇用童工行为要严重。但是,根据刑法规定,并非实施上述行为就一律以犯罪追究。由于现实情况非常复杂,非法雇用童工从事上述劳动的,具体危害性可能存在很大的差异。这就需要司法机关根据案件的具体情节加以区别。**具体情节是否严重**,可以结合非法雇用童工的数量、童工所从事的劳动的种类和强度、童工的年龄及身体发育状况、劳动安全设施和劳动保护措施的状况、劳动环境危险性的高低等因素,综合衡量。

第一款规定了对雇用童工从事危重劳动罪的处罚。雇用童工从事危重劳动罪的刑罚幅度有两个,**非法雇用童工情节严重的**,对直接责任人员处三年以下有期徒刑或者拘役,并处罚金;**情节特别严重的**,处三年以上七年以下有期徒刑,并处罚金。这里的"**直接责任人员**",是指对非法雇用童工负有直接责任的人员,既包括企事业单位或者其他组织中直接负责的主管人员和其他负有直接责任的人员,也包括个体户、农户、城镇居民等。无论该企事业单位或者其他组织是否依法成立,也无论其具体经营活动是否合法,只要实施非法雇用童工的行为并构成犯罪的,都应当按照上述规定予以处罚。

第二款是关于**犯雇用童工从事危重劳动罪,造成事故,同时构成其他犯罪,予以数罪并罚的规定**。从实践情况看,非法雇用童工行为主要发生在一些个体、私营企业。这些企业在安全生产和劳动保护方面往往投入不足,劳动保护设施较差,安全生产制度不健全,工人和生产指挥人员缺乏安全生产意识,事故隐患较多。因此,非法雇用童工,又发生事故的情况时有发生。针对这种情况,为了保证依法追究非法雇用童工并造成事故者的刑事责任,本条第二款明确规定了予以数罪并罚的处罚原则。这是因为,非法雇用童工,造成事故并构成其他犯罪的,行为人实际上存在数个行为,分别触犯了刑法数个条文的规定,在性质上属于数罪,如果按照雇用童工从事危重劳动罪或者重大安全事故罪等一罪追究的话,就会放纵犯罪分子。

实际执行中应当注意以下两个方面的问题:

1. 根据本条第二款的规定,雇用童工从事危重劳动,造成事故,又构成其他犯罪的,应当依照数罪并罚的规定处罚。对被告人实行数罪并罚的条件有三个:(1)有非法雇用童工的犯罪行为。数罪并罚的前提条件是行为人的数个行为都构成犯罪,因此行为人必须实施了本法第一款规定的非法雇用童工的行为,情节严重,构成犯罪。(2)造成了事故。造成事故是指过失造成被雇用的童工人身伤害、死亡等后果。因采用暴力手段强迫被雇用的童工劳动,体罚、虐待被雇用的童工,造成童工伤害或者死亡后果的,应当按照刑法有关规定处理,不属于这里所说的事故。需要说明的是,本条第二款是对非法雇用童工和造成事故这两种情况同时发生如何处理作出的规定,并不要求两者之间具有直接因果关系。事故的直接原因与非法雇用童工行为没有直接联系,但是发生重大责任事故或者重大安全事故,造成童工人身伤亡,符合本条第二款规定的,应当按照数罪进行并罚。(3)造成事故的行为构成了犯罪。这里的其他犯罪主要是指《刑法》第一百三十四条、第一百三十五条等有关安全生产事故的犯罪。

2. 要准确区分**罪与非罪的界限**。根据法律规定,情节是否严重,是区分违法与犯罪的关键。实践中,使用童工的情况比较复杂,要根据案件具体情况,严格区分罪与非罪、违法与犯罪的界限。2008年《最高人民检察院、公安部关于公安机关管辖的刑事案件立案追诉标准的规定(一)》第三十二条规定:"违反劳动管理法规,雇用未满十六周岁的未成年人从事国家规定的第四级体力劳动

① 我国学者指出,"情节严重"此一要素仅针对第三种行为类型,而非针对本条第一款中的所有行为类型。一方面,条文在第一种和第二种类型后面已经使用"的",表明对前两种类型的表述已经完结;另一方面,"危险环境"的范围很广,只有情节严重,才宜认定为犯罪。参见张明楷:《刑法学》(第6版),法律出版社2021年版,第1179页。

强度的劳动,或者从事高空、井下劳动,或者在爆炸性、易燃性、放射性、毒害性等危险环境下从事劳动,涉嫌下列情形之一的,**应予立案追诉**:(一)造成未满十六周岁的未成年人伤亡或者对其身体健康造成严重危害的;(二)雇用未满十六周岁的未成年人三人以上的;(三)以强迫、欺骗等手段雇用未满十六周岁的未成年人从事危重劳动的;(四)其他情节严重的情形。"对情节不严重,不构成犯罪的违法行为,可由劳动行政部门给予行政处理或者行政处罚。

【司法解释性文件】

《最高人民检察院、公安部关于公安机关管辖的刑事案件立案追诉标准的规定(一)》(公通字〔2008〕36号,2008年6月25日公布)

△**(雇用童工从事危重劳动罪;立案追诉标准)**违反劳动管理法规,雇用未满十六周岁的未成年人从事国家规定的第四级体力劳动强度的劳动,或者从事高空、井下劳动,或者在爆炸性、易燃性、放射性、毒害性等危险环境下从事劳动,涉嫌下列情形之一的,应予立案追诉:

(一)造成未满十六周岁的未成年人伤亡或者对其身体健康造成严重危害的;

(二)雇用未满十六周岁的未成年人三人以上的;

(三)以强迫、欺骗等手段雇用未满十六周岁的未成年人从事危重劳动的;

(四)其他情节严重的情形。(§ 32)

【附属刑法】

《中华人民共和国义务教育法》(1986年4月12日通过,2018年12月29日第二次修正)

第五十九条

有下列情形之一的,依照有关法律、行政法规的规定予以处罚:

……

(二)非法招用应当接受义务教育的适龄儿童、少年的;

……

第六十条

违反本法规定,构成犯罪的,依法追究刑事责任。

第二百四十五条　【非法搜查罪】【非法侵入住宅罪】
非法搜查他人身体、住宅,或者非法侵入他人住宅的,处三年以下有期徒刑或者拘役。
司法工作人员滥用职权,犯前款罪的,从重处罚。

【立法理由】

(一)立法相关背景及修改情况

1. **1979年立法的情况**。1979年《刑法》第一百四十四条规定:"非法管制他人,或者非法搜查他人身体、住宅,或者非法侵入他人住宅的,处三年以下有期徒刑或者拘役。"

2. **1997年修订刑法的情况**。1997年修订刑法时对本条作了修改:一是删除了"非法管制他人"行为。这样修改,主要是在刑法修订过程中,有学者和部门提出,实践中非法管制他人的行为极少发生,情节严重的可按非法拘禁罪处理,没有必要保留非法管制的规定。二是针对实践中有的司法工作人员滥用职权非法搜查公民身体或者住宅的行为,增加了第二款的规定,专门规定对其从重处罚。这样修改,主要是在刑法修改过程中,有部门提出,司法实践中经常发生国家工作人员,特别是司法工作人员滥用职权非法搜查他人的情况,这类人员实施非法搜查比一般人要容易得多,而且危害也大。如果在法条中不明确规定滥用职权的非法搜查,并规定从重处罚,实践中对这部分罪行就很难引起足够的重视,也不足以警戒司法工作人员滥用职权非法搜查他人的行为。立法机关经过研究,采纳了这一建议。

(二)立法时争议的主要问题

在1997年刑法修订过程中,有意见提出,实践中经常发生因合理原因进入他人住宅,但是进入之后由于某种原因而纠缠不走的情况。这种情况虽然性质同非法侵入住宅一样,但在解释上不能直接看作"非法侵入"。国外一些国家在立法中将此类要求退出而不退出的情况加以列举,也属于侵入住宅罪,建议我国刑法参照国外的相关立法例作出规定。对此,立法机关经研究认为,非法侵入他人住宅行为包括非法强行闯入行为,也包括**有合理理由进入他人住宅后,经住宅主人要求其退出仍拒不退出的行为**。

【条文说明】

本条是关于非法搜查罪、非法侵入住宅罪及其处罚的规定。

本条共分为两款。

第一款是关于非法搜查罪、非法侵入住宅罪及其处罚的规定。根据本款规定，**非法搜查罪**，是指非法对他人的身体、住宅进行搜查的行为。《宪法》第三十七条规定："中华人民共和国公民的人身自由不受侵犯……禁止非法搜查公民的身体。"第三十九条规定："中华人民共和国公民的住宅不受侵犯。禁止非法搜查或者非法侵入公民的住宅。"我国刑事诉讼法、监察法及其他有关法律规定，搜查只能由人民检察院、公安机关、国家安全机关、监察机关依照法律规定的程序进行。如《刑事诉讼法》第二编第二章第五节对"搜查"作了专门规定，为了收集犯罪证据、查获犯罪嫌疑人，侦查人员可以对犯罪嫌疑人以及可能隐藏罪犯或者犯罪证据的人的身体、物品、住处和其他有关的地方进行搜查，但必须严格依照法律规定的程序进行，如必须向被搜查人出示搜查证；搜查时应当有被搜查人或者他的家属、邻居或者其他见证人在场；搜查妇女身体，应当由女工作人员进行等。只有符合上述要求，搜查行为才是合法的。这里的"**非法搜查**"包括两层意思：一是指无权进行搜查的机关、团体、单位的工作人员或者个人，非法对他人人身、住宅进行搜查；二是指有搜查权的国家机关工作人员，滥用职权，非法对他人的人身、住宅进行搜查或者搜查的程序和手续不符合法律规定。具有其中之一的，即为非法搜查。非法搜查罪是故意犯罪，过失的不构成犯罪。

非法侵入住宅罪，是指未经住宅主人同意，非法强行闯入他人住宅，或者经住宅主人要求其退出仍拒不退出的行为。[①] 这里的"**非法**"，主要是指无权或者无理进入他人住宅而强行闯入或者拒不退出。如果是事先征得住宅主人同意的，或者是司法工作人员为依法执行搜查、逮捕、拘留等任务而进入他人住宅的，都不是非法侵入他人住宅。这里的"**住宅**"是指他人生活的与外界相对隔离的住所，包括封闭的院落、牧民的帐篷、渔民作为家庭生活场所的渔船、为生活租用的房屋等。非法侵入他人住宅罪是故意犯罪，过失的不构成犯罪。根据本款规定，非法搜查他人身体、住宅，或者非法侵入他人住宅的，处三年以下有期徒刑或者拘役。

第二款是关于司法工作人员滥用职权犯非法搜查罪、非法侵入住宅罪从重处罚的规定。这里所规定的"**司法工作人员**"，根据本法第九十四条的规定，是指有侦查、检察、审判、监管职责的工作人员。这里所说的"**滥用职权**"，是指司法工作人员超越职权或者违背职责行使职权，非法搜查他人身体、住宅，或者非法侵入他人住宅的行为。依照本款规定，司法工作人员滥用职权犯非法搜查罪、非法侵入住宅罪的，依照前款规定从重处罚。

实际执行中应当注意以下两个方面的问题：

1. 根据2006年《最高人民检察院关于渎职侵权犯罪案件立案标准的规定》的规定，国家机关工作人员利用职权非法搜查，涉嫌下列情形之一的，**应予立案**：(1)非法搜查他人身体、住宅，并实施殴打、侮辱等行为的；(2)非法搜查，情节严重，导致被搜查人或者其近亲属自杀、自残造成重伤、死亡，或者精神失常的；(3)非法搜查，造成财物严重损坏的；(4)非法搜查三人(户)次以上的；(5)司法工作人员对明知是与涉嫌犯罪无关的人身、住宅非法搜查的；(6)其他非法搜查应予追究刑事责任的情形。

2. 根据《**治安管理处罚法**》第四十条的规定，"非法侵入他人住宅或者非法搜查他人身体的"，处十日以上十五日以下拘留，并处五百元以上一千元以下罚款；情节较轻的，处五日以上十日以下拘留，并处二百元以上五百元以下罚款。对于非法侵入他人住宅或者非法搜查他人身体，尚不构成犯罪的，可以给予治安管理处罚。

【司法解释】

《最高人民检察院关于渎职侵权犯罪案件立案标准的规定》(高检发释字〔2006〕2号，自2006

① 国外刑法明文将"不退去"(经权利人要求退去而拒不退去)规定为犯罪行为的类型。譬如，《日本刑法典》第一百三十条(侵入住居等)规定："无正当理由侵入他人住居、有人看守之宅邸、建筑物，或船舰，或受要求而仍不从该等场所退去者，处三年以下惩役或十万日元以下罚金。"参见陈子平编译：《日本刑法典》，元照出版有限公司2016年版，第91页。《德国刑法典》第一百二十三条(侵入住居及场所)第一款规定："违法侵入他人住宅、营业场所、设有围篱之土地，或供公共服务或运输之封闭性场所者；或已受权利人退去之要求，而仍无故滞留者，处一年以下有期徒刑或罚金。"参见何赖杰、林钰雄审译：《德国刑法典》，元照出版有限公司2017年版，第183页。但是，我国《刑法》第二百四十五条并无"不退去"的规定。因此，我国学者指出，将"不退去"本身评价为"非法侵入"，有类推解释之嫌。在以后的刑事立法中，将强行进入和不退去分别规定，可能是一个值得考虑的问题。参见张明楷：《刑法学》(第6版)，法律出版社2021年版，第1183页；周光权：《刑法各论》(第4版)，中国人民大学出版社2021年版，第65页。阴建峰教授则指出，虽然中国刑法未明文规定"不退去"，但并不能将这种不作为排除在非法侵入住宅罪的范畴之外。参见赵秉志、李希慧主编：《刑法各论》(第3版)，中国人民大学出版社2016年版，第210页。

年7月26日起施行)

△(**国家机关工作人员;非法搜查罪;立案标准**)非法搜查罪是指非法搜查他人身体、住宅的行为。

国家机关工作人员利用职权非法搜查,涉嫌下列情形之一的,应予立案:

1. 非法搜查他人身体、住宅,并实施殴打、侮辱等行为的;

2. 非法搜查,情节严重,导致被搜查人或者其近亲属自杀、自残造成重伤、死亡,或者精神失常的;

3. 非法搜查,造成财物严重损坏的;

4. 非法搜查3人(户)次以上的;

5. 司法工作人员对明知是与涉嫌犯罪无关的人身、住宅非法搜查的;

6. 其他非法搜查应予追究刑事责任的情形。(§2Ⅱ)

【司法解释性文件】

《最高人民检察院关于印发〈人民检察院直接受理立案侦查的渎职侵权重特大案件标准(试行)〉的通知》(高检发〔2001〕13号,2001年8月24日公布)

△(**国家机关工作人员;非法搜查罪;重特大案件**)国家机关工作人员利用职权实施的非法搜查案

(一)重大案件

1. 五次以上或者一次对五人(户)以上非法搜查的;

2. 引起被搜查人精神失常的。

(二)特大案件

1. 七次以上或者一次对七人(户)以上非法搜查的;

2. 引起被搜查人自杀的。(§35)

《最高人民法院、最高人民检察院、公安部、司法部关于办理实施"软暴力"的刑事案件若干问题的意见》(自2019年4月9日起施行)

△(**"非法侵入他人住宅";非法侵入住宅罪**)以"软暴力"手段非法进入或者滞留他人住宅的,应当认定为《刑法》第二百四十五条规定的"非法侵入他人住宅",同时符合其他犯罪构成要件的,应当以非法侵入住宅罪定罪处罚。(§7)

△(**雇佣、指使;主犯;强迫交易罪;敲诈勒索罪;非法侵入住宅罪;寻衅滋事罪;民间矛盾**)雇佣、指使他人采用"软暴力"手段强迫交易、敲诈勒索,构成强迫交易罪、敲诈勒索罪的,对雇佣者、指使者,一般应当以共同犯罪中的主犯论处。

为强索不受法律保护的债务或者因其他非法目的,雇佣、指使他人采用"软暴力"手段非法剥夺他人人身自由构成非法拘禁罪,或者非法侵入他人住宅、寻衅滋事,构成非法侵入住宅罪、寻衅滋事罪的,对雇佣者、指使者,一般应当以共同犯罪中的主犯论处;因本人及近亲属合法债务、婚恋、家庭、邻里纠纷等民间矛盾而雇佣、指使,没有造成严重后果的,一般不作为犯罪处理,但经有关部门批评制止或者处理处罚后仍继续实施的除外。(§11)

【附属刑法】

《中华人民共和国消费者权益保护法》(1993年10月31日通过,2013年10月25日第二次修正)

第五十条

经营者侵害消费者的人格尊严、侵犯消费者人身自由或者侵害消费者个人信息依法得到保护的权利的,应当停止侵害、恢复名誉、消除影响、赔礼道歉,并赔偿损失。

第五十七条

经营者违反本法规定提供商品或者服务,侵害消费者合法权益,构成犯罪的,依法追究刑事责任。

《中华人民共和国人民警察法》(1995年2月28日通过,2012年10月26日修正)

第二十二条

人民警察不得有下列行为:

……

(五)非法剥夺、限制他人人身自由,非法搜查他人的身体、物品、住所或者场所;

……

第四十八条

Ⅰ人民警察有本法第二十二条所列行为之一的,应当给予行政处分;构成犯罪的,依法追究刑事责任。

Ⅱ行政处分分为:警告、记过、记大过、降级、撤职、开除。对受行政处分的人民警察,按照国家有关规定,可以降低警衔、取消警衔。

Ⅲ对违反纪律的人民警察,必要时可以对其采取停止执行职务、禁闭的措施。

《中华人民共和国劳动法》(1994年7月5日通过,2018年12月29日第二次修正)

第九十六条

用人单位有下列行为之一,由公安机关对责任人员处以十五日以下拘留、罚款或者警告;构成犯罪的,对责任人员依法追究刑事责任:

……

（二）侮辱、体罚、殴打、非法搜查和拘禁劳动者的。

《中华人民共和国劳动合同法》（2007 年 6 月 29 日通过，2012 年 12 月 28 日修正）

第八十八条

用人单位有下列情形之一的，依法给予行政处罚；构成犯罪的，依法追究刑事责任；给劳动者造成损害的，应当承担赔偿责任：

……

（三）侮辱、体罚、殴打、非法搜查或者拘禁劳动者的；

……

《中华人民共和国海关法》（1987 年 1 月 22 日通过，2021 年 4 月 29 日第六次修正）

第七十二条

海关工作人员必须秉公执法，廉洁自律，忠于职守，文明服务，不得有下列行为：

……

（二）非法限制他人人身自由，非法检查他人身体、住所或者场所，非法检查、扣留进出境运输工具、货物、物品；

……

第九十六条

海关工作人员有本法第七十二条所列行为之一的，依法给予行政处分；有违法所得的，依法没收违法所得；构成犯罪的，依法追究刑事责任。

【参考案例】

△将尸体抬入他人住宅摆放，情节严重的，不构成侮辱罪，应以非法侵入他人住宅罪论处。

关于非法侵入住宅罪的性质，国外刑法理论一直存有争议。居住权说认为，刑法规定本罪是为了保护居住权（居住者对是否允许进入住宅的许诺权），故只要进入住宅没有经过居住者的同意，就构成本罪。安宁说认为，刑法规定本罪是为了保护住宅成员的安宁，故只有以危险的方法或怀有恶意进入住宅时，才构成本罪。我国刑法没有对非法侵入住宅罪的行为性质作出明确的规定，但刑法理论界一般都认为本罪侵犯的是他人（公民）的居住安全权利和生活的安宁。[①] 在顾振军非法侵入住宅案中，顾振军将尸体强行停放他人家中，致使他人生活不得安宁，安全权利受到严重侵害，具备非法侵入住宅的性质。在农村，走户串门，未经同意入宅是司空见惯、习以为常的现象，则不能将此与非法侵入住宅相提并论。

在司法实践中，有些法院将抬尸侵入他人住宅摆放的行为认定为侮辱罪。其实，这样的定性是错误的。侮辱罪是公然贬低他人人格、名誉的行为，而将尸体抬入他人住宅对他人的名誉和人格没有造成损害，而对他人的住宅安宁造成了侵害，在住宅主人的心理上造成阴影。抬尸侵入他人住宅是比较常见的恶意侵入他人住宅的行为方式，如果情节严重，就应该以非法侵入他人住宅罪进行定罪处罚。［No. 4-245-2-1　顾振军非法侵入住宅案］

△入室盗窃过程中，被害人因受惊吓而造成的损害，不构成转化型抢劫罪；若入室盗窃行为不构成盗窃罪的，应以非法侵入住宅罪论处。[②]

根据《刑法》第二百六十九条的规定，成立转化型的抢劫罪，必须是行为人于实施盗窃、抢夺、诈骗罪时，为了抗拒抓捕、窝藏赃物或毁灭证据而当场使用暴力或以暴力相威胁，如果行为人没有使用暴力，被害人因受惊吓而造成自身损害的，不构成转化型的抢劫罪。

从刑法理论上来看，入户盗窃实际上包括了前后两个行为，即入户行为和盗窃行为，二者具有手段和目的的牵连关系，宜按从一重罪处断的原则认定和处理。如果盗窃罪成立的话，无疑应以盗窃罪论处，但在不构成盗窃罪的情况下，则应定非法侵入住宅罪。实践中，单一的非法侵入住宅案件较少，多伴随着其他犯罪行为出现。现从犯罪构成要件上作如下分析：(1)犯罪主体。只需要符合犯罪的一般主体要求，也就是说，凡达到刑事责任年龄且具有刑事责任能力的自然人，即能构成本罪。(2)犯罪主观方面。非法侵入他人住宅罪的行为人主观上有非法侵入他人住宅的故意，同时，行为人进入他人住宅主观上还违背了住宅主人的意志，这两个方面的要素必须同时具备。(3)犯罪客观方面。入户盗窃行为人客观上实施了非法侵入他人住宅的行为。(4)犯罪客体方面。住宅是公民居住、生活的处所，非法侵入他人住宅必然会使公

① 关于非法侵入住宅罪之保护法益的详细讨论，参见张明楷：《刑法学》（第 6 版），法律出版社 2021 年版，第 1180—1181 页；黎宏：《刑法学各论》（第 2 版），法律出版社 2016 年版，第 259—260 页；周光权：《刑法各论》（第 4 版），中国人民大学出版社 2021 年版，第 63 页。

② 我国学者指出，若非法侵入他人住宅只是为了实现另一犯罪目的，只应按照行为人旨在实施的主要罪行定罪量刑，不按数罪并罚处理；如果非法侵入他人住宅，严重妨碍到他人的居住与生活安宁，但又不构成其他犯罪，则论以非法侵入住宅罪。参见张明楷：《刑法学》（第 6 版），法律出版社 2021 年版，第 1183 页。

民的正常生活受到干扰,不但侵犯了他人私有财产的所有权,也侵犯了他人隐私和自由。

从刑事政策的角度来看,入户盗窃严重侵害了公民的住宅安全及人身财产权益,一直是我国刑法打击的重点,宜严肃处理。我国刑法规定盗窃公私财物,数额较大或者多次盗窃的构成盗窃罪。以非法方法入户盗窃但未构成盗窃罪的,根据刑法规定,不论出于什么目的,只要以危险方式或者恶意进入他人住宅,影响住宅成员安宁的,构成非法侵入他人住宅罪。[No. 4-245-2-2　罗付兴盗窃、非法侵入住宅案]

第二百四十六条　【侮辱罪】【诽谤罪】

以暴力或者其他方法公然侮辱他人或者捏造事实诽谤他人,情节严重的,处三年以下有期徒刑、拘役、管制或者剥夺政治权利。

前款罪,告诉的才处理,但是严重危害社会秩序和国家利益的除外。

通过信息网络实施第一款规定的行为,被害人向人民法院告诉,但提供证据确有困难的,人民法院可以要求公安机关提供协助。

【立法沿革】

《中华人民共和国刑法》(1997 年修订,自 1997 年 10 月 1 日起施行)

第二百四十六条

以暴力或者其他方法公然侮辱他人或者捏造事实诽谤他人,情节严重的,处三年以下有期徒刑、拘役、管制或者剥夺政治权利。

前款罪,告诉的才处理,但是严重危害社会秩序和国家利益的除外。

《中华人民共和国刑法修正案(九)》(自 2015 年 11 月 1 日起施行)

十六、在刑法第二百四十六条中增加一款作为第三款:

"通过信息网络实施第一款规定的行为,被害人向人民法院告诉,但提供证据确有困难的,人民法院可以要求公安机关提供协助。"

【立法理由】

1. **1979 年立法的情况**。公民的人格尊严受法律保护。1979 年刑法总结了"文革"中侮辱、诽谤他人的严重情况,在第一百四十五条规定了侮辱罪和诽谤罪,该条规定:"以暴力或者其他方法,包括用'大字报'、'小字报',公然侮辱他人或者捏造事实诽谤他人,情节严重的,处三年以下有期徒刑、拘役或者剥夺政治权利。前款罪,告诉的才处理。但是严重危害社会秩序和国家利益的除外。"

2. **1997 年修订刑法的情况**。1997 年修订刑法时,对本条作了修改:一是删除了"用'大字报'、'小字报'"侮辱、诽谤的具体行为方式。在 1997 年刑法修订过程中,一些学者和部门提出,我国 1979 年刑法是根据 1978 年宪法制定的,1978 年《宪法》第四十五条曾规定公民有"运用大鸣、大放、大辩论、大字报的权利"。1982 年《宪法》第三十五条已将"四大"的规定取消。如果有人仍以"大字报"的形式侮辱、诽谤他人,可以包括在本条的"其他方法"之内,没有必要作出专门规定,立法机关采纳了这一意见。二是根据有关方面的意见,增加了"管制"刑。

3. **2015 年《刑法修正案(九)》对本条的修改情况**。《刑法修正案(九)》增加了第三款规定:"通过信息网络实施第一款规定的行为,被害人向人民法院告诉,但提供证据确有困难的,人民法院可以要求公安机关提供协助。"这样修改,主要是针对在网络上侮辱、诽谤他人犯罪的新情况、新特点,适应惩治这类犯罪的实际需要。近年来,随着信息网络技术的普及和发展,通过信息网络实施侮辱、诽谤犯罪的行为增多,与传统的侮辱、诽谤犯罪有所不同,这种新形式的侮辱、诽谤传播快、涉众广、危害大,而且往往具有一定的隐蔽性,行为人通过网络化名、假名发布侮辱、诽谤信息,被害人由于难以确认犯罪嫌疑人的真实身份、固定相应的证据,其通过法律途径维护自己的权益、追究行为人的责任较为困难。为了维护被害人权益,维护正常的网络秩序,惩治通过信息网络实施的侮辱、诽谤行为,《刑法修正案(九)》增加了第三款的规定。

【条文说明】

本条是关于侮辱罪、诽谤罪及其处罚的规定。

《宪法》第三十八条规定:"中华人民共和国公民的人格尊严不受侵犯。禁止用任何方法对公民进行侮辱、诽谤和诬告陷害。"尊重他人的人格和名誉,是每一个公民应有的道德品质和必须遵循的共同生活准则。

本条共分为三款。

第一款是对侮辱罪、诽谤罪及其处罚的规定。依照本款规定，**侮辱罪**，是指以暴力或者其他方法公然侮辱他人，情节严重的行为；**诽谤罪**，是指故意捏造事实，公然损害他人人格和名誉，情节严重的行为。

侮辱罪、诽谤罪侵犯的客体是他人的人格尊严和名誉权，人格尊严和名誉权是公民基本的人身权利。所谓**人格尊严**，是指公民基于自己所处的社会环境、地位、声望等客观条件而对自己或他人的人格价值和社会价值的认识和尊重。所谓**名誉**，是指公民在社会生活中所获得的名望声誉，是一个人的品德、才干、信誉等在社会生活中所获得的社会评价。[①] 所谓名誉权，是指以名誉的维护和安全为内容的人格权。**侮辱罪、诽谤罪的犯罪对象只能是自然人**，侮辱、诽谤法人以及其他团体、组织等单位，不构成侮辱罪和诽谤罪。需要注意的是，根据《刑法》第二百九十九条的规定，在公众场合故意以焚烧、毁损、涂划、玷污、践踏等方式侮辱中华人民共和国国旗、国徽的，应以**侮辱国旗、国徽罪**依法追究刑事责任。

在客观表现方面，侮辱罪和诽谤罪有所不同。侮辱罪在客观方面主要表现为以暴力或其他方法公然贬损他人人格、破坏他人声誉，情节严重的行为。这里所说的侮辱行为，可以是暴力，也可以是暴力以外的其他方法。所谓“**暴力**”，是指以强制方法来损害他人人格和名誉，如强迫他人“戴高帽”游行、当众剥光他人衣服、以粪便泼人、强迫他人做出有辱人格的动作等。这里的暴力，其目的不是损害他人的身体健康，如果在实施暴力侮辱的过程中造成他人死亡或者伤害后果的，可能同时构成故意杀人罪或者故意伤害罪。所谓“**其他方法**”，是指以语言、文字等暴力以外的方法侮辱他人，语言侮辱如当众用恶毒刻薄的语言对被害人进行嘲笑、辱骂，使其当众出丑，散布被害人的生活隐私、生理缺陷等；文字侮辱如贴传单、漫画、书刊或者其他公开的文字等方式诋毁他人人格、侮辱他人。值得注意的是，随着信息网络的普及和发展，利用互联网侮辱、诽谤他人的行为也不断增多，如通过网络对他人进行辱骂攻击、发布涉及他人隐私信息或图片、捏造损害他人人格、名誉的事实等，这类行为借助互联网传播快、范围广，往往给被害人造成更大伤害。侮辱他人的行为，必须是公然进行，如果不是公然，不构成犯罪。所谓**“公然”侮辱他人**，是指当众或者利用能够使多人听到或看到的方式，对他人进行侮辱，公然侮辱并不一定要求被害人在场。[②] 如果行为人仅仅针对被害人进行侮辱，没有第三人在场，也不可能被第三者知悉，则不构成侮辱罪，因为只有他人在场，被害人的名誉才会受到伤害。[③] 所谓“**他人**”，在这里是指特定的人，即侮辱他人的行为必须是明确地针对某特定的人实施，如果不是针对特定的人，而是一般的“骂街”、谩骂等，不构成侮辱罪。[④]

诽谤罪在客观方面表现为行为人实施捏造并散布某种虚构的事实，足以贬损他人人格、名誉的行为。“**诽谤**”，是指故意捏造事实，并且进行散播，所谓“**捏造事实**”，就是无中生有，凭空制造虚假的事实，而且这些内容已经或足以给被害人的人格、名誉造成损害。诽谤除捏造事实外还要将该捏造的事实进行散播，散播包括使用口头方法和书面方法，口头方法是通过言论捏造事实并散布，书面方法包括用图画、报刊、书信或者通过互联网等方法，故意捏造事实并散布的行为。**捏造事实的行为与散播行为必须同时具备才构成诽谤罪**。[⑤] 如果只是捏造事实与个别亲友私下议论，

---

① 名誉有外部的名誉（社会的名誉）、内部的名誉、主观的名誉（名誉感情）三种含义。但是，作为侮辱罪与诽谤罪的名誉，其仅限于外部的名誉。并且，外部名誉又可以区分为本来应有的评价（规范的名誉）与现实通用的评价（事实的名誉）。参见张明楷：《刑法学》（第 6 版），法律出版社 2021 年版，第 1193—1194 页；周光权：《刑法各论》（第 4 版），中国人民大学出版社 2021 年版，第 69 页。

② 我国学者指出，所谓“公然”，乃指当着不特定或者多数人的面，或者采用能够使不特定或者多数人感知的方式对他人进行公开侮辱。参见周光权：《刑法各论》（第 4 版），中国人民大学出版社 2021 年版，第 70 页。

③ 相同的学说见解，参见张明楷：《刑法学》（第 6 版），法律出版社 2021 年版，第 1194 页。

④ 另外，我国学者指出，死者不能成为本罪的侮辱对象，法人也不能成为本罪对象。但是，如果侮辱死人，足以对死人亲属或者与其有关的人的名誉产生影响，可以将其视为对活人的侮辱。参见张明楷：《刑法学》（第 6 版），法律出版社 2021 年版，第 1194—1195 页；黎宏：《刑法学各论》（第 2 版），法律出版社 2016 年版，第 262 页。

⑤ 我国学者指出，除了在网络上实施，一般来说，“捏造”和“散布”必须同时具备。如果只有“捏造”没有“散布”，或者只有“散布”但没有“捏造”，均不构成诽谤罪。参见黎宏：《刑法学各论》（第 2 版），法律出版社 2016 年版，第 263 页。另有学者指出，单纯的捏造并非本罪的实行行为，将捏造的事实予以散布，才是诽谤罪的实行行为。因此，明知是损害他人名誉的虚假事实而加以散布的，也属于诽谤。参见张明楷：《刑法学》（第 6 版），法律出版社 2021 年版，第 1196 页；周光权：《刑法各论》（第 4 版），中国人民大学出版社 2021 年版，第 72 页。

没有散播的,或者散播的是客观事实而不是捏造的虚假事实的,即使有损于他人的人格、名誉,也不构成诽谤罪。与侮辱罪类似,诽谤罪也必须针对特定的人实施,这种行为不一定公开地指明对方姓名,但是只要从内容上知道被害人是谁,就可以构成犯罪[①],如果行为人捏造并散布的内容不针对特定的对象,也不能构成犯罪。

依照本款规定,构成侮辱罪、诽谤罪的行为,都必须是情节严重的行为,虽有侮辱、诽谤他人的行为,但情节不严重的,只属于一般的民事侵权行为。这里所说的"**情节严重**",主要是指侮辱、诽谤他人手段恶劣、后果严重或者影响很坏等情况,如当众扯光被害人的衣服;强令被害人当众爬过自己胯下;当众向被害人身上泼粪便;给被害人脸上抹黑灰、挂破鞋并游街示众;捏造事实诽谤他人,致使被害人受到严重精神刺激而自伤、自残或者自杀;侮辱、诽谤执行公务的人员,造成恶劣影响;等等。

侮辱罪、诽谤罪都是**故意犯罪**,并有侮辱、诽谤他人的目的,过失的行为不构成犯罪。侮辱罪、诽谤罪属于一般主体犯罪,任何年满十六周岁,且具有刑事责任能力的人,均可成为侮辱罪、诽谤罪的主体。关于侮辱罪、诽谤罪的刑罚,依照本款规定,以暴力或者其他方法公然侮辱他人或者捏造事实诽谤他人,情节严重的,处三年以下有期徒刑、拘役、管制或者剥夺政治权利。

第二款是关于侮辱罪、诽谤罪属于告诉才处理的犯罪及例外情形的规定。依照本款规定,对于侮辱罪、诽谤罪,只有被侮辱人、被诽谤人亲自向人民法院控告的,人民法院才能受理;对于被侮辱人、被诽谤人不控告的,司法机关不能主动追究侮辱、诽谤行为人的刑事责任。法律之所以将这类案件规定为**告诉才处理的犯罪**,主要是为了更好地保护当事人的隐私,维护其合法权益。同时,侮辱罪、诽谤罪作为告诉才处理的犯罪也存在**例外情形**:一是根据《刑法》第九十八条的规定,如果被害人受强制或者威吓而无法告诉的,人民检察院和被害人的近亲属也可以告诉;二是依照本款规定,严重危害社会秩序和国家利益的除外。[②]需要指出的是,上述两种例外情形性质并不相同,对于被害人受强制或者威吓而无法告诉的,人民检察院和被害人近亲属的告诉没有改变侮辱罪、诽谤罪告诉才处理的性质,只是由他人或者机关代被害人自己告诉,这里需要被害人有告诉的意愿。他人代为告诉后,**被害人可以在人民法院宣判以前撤回告诉**。但是对于严重危害社会秩序和国家利益的案件,**根据本款规定不再适用告诉才处理的规定**,而应作为公诉案件处理,由人民检察院提起公诉。这里所说的"**严重危害社会秩序和国家利益**",主要是指侮辱、诽谤行为严重扰乱社会秩序的;侮辱、诽谤外交使节造成恶劣国际影响的;侮辱、诽谤行为给国家形象造成恶劣影响的;等等。

第三款是关于对通过信息网络实施侮辱、诽谤行为,人民法院可以要求公安机关提供协助的规定。随着网络的普及和发展,通过信息网络实施侮辱、诽谤犯罪的案件开始增多,对此根据2009年修正的《全国人民代表大会常务委员会关于维护互联网安全的决定》第四条的规定,为了保护个人、法人和其他组织的人身、财产等合法权利,对利用互联网侮辱他人或者捏造事实诽谤他人,构成犯罪的,依照刑法有关规定追究刑事责任。由于法律将一般的侮辱罪、诽谤罪规定为告诉才处理的犯罪,根据《刑事诉讼法》第二百一十条、第二百一十一条的规定,告诉才处理的犯罪属于自诉案件,人民法院对于自诉案件进行审查后,按照下列情形分别处理:(1)犯罪事实清楚,有足够证据的案件,应当开庭审判;(2)缺乏罪证的自诉案件,如果自诉人提不出补充证据,应当说服自诉人撤回自诉,或者裁定驳回。实践中,由于网络本身的虚拟性,被害人遭受网络侮辱、诽谤行为后,很难确认行为人身份,往往无法达到自诉案件法院开庭审理的要求。为了打击网络侮辱、诽谤行为,维护被害人权益,《刑法修正案(九)》根据实际需要和有关方面的建议,增加了本款规定。对于被害人向人民法院告诉的通过网络实施的侮辱、诽谤行为,被害人提供证据确有困难,受理被害人告诉的人民法院可以根据具体情况,要求公安机关提供协助。**被害人"提供证据确有困难"**是指被害人通过正常的途径难以查明犯罪嫌疑人身份,难以收集、固定相应的犯罪证据。由于实践中的情况复杂,对此法律规定得较为原则,需要司法机关在处理具体案件过程中根据情况确定。这里的"**提供协助**",主要是指由公安机关查明犯罪嫌疑人的身份信息,向互联网企业调取有关犯罪证据,协助人民法院查明有关案情,等等。根据人民警察法的规定,公安机关负有预防、制止和侦查

---

① 相同的学说见解,参见黎宏:《刑法学各论》(第2版),法律出版社2016年版,第263页。

② 为发泄对地方领导工作的不满而实施侮辱行为,原则上不属于严重危害社会秩序和国家利益,不能由检察机关提起公诉。参见周光权:《刑法各论》(第4版),中国人民大学出版社2021年版,第71页。

违法犯罪活动的职责,在人民法院要求公安机关提供协助的情况下,公安机关可以行使法律赋予的职权,开展相应调查工作。

实际执行中应当注意以下几个方面的问题:

1. 关于**侮辱罪与诽谤罪的区别**。两罪的不同之处主要在于:侮辱罪不是用捏造的方式进行,而诽谤罪必须是捏造事实的方式;侮辱罪包含暴力侮辱行为,而诽谤罪一般不使用暴力手段。实践中侮辱罪往往是当着被害人的面进行的,而诽谤罪则是当众或者向第三者散布的,被害人不一定在场。

2. 关于侮辱罪与**强制猥亵、侮辱罪**的界限。当行为人采用强扒妇女衣服、对女性身体进行某些猥亵、侮辱动作时,对行为人定侮辱罪还是强制猥亵、侮辱罪,容易发生混淆。二者的区别在于,行为人的主观目的和动机不同,侮辱罪中的侮辱妇女,行为人的目的在于败坏妇女的名誉,贬低其人格,动机多出于私愤报复、发泄不满等,与侮辱男性没有什么区别;而强制猥亵他人、侮辱妇女行为,行为人的目的在于寻求畸形的性刺激,满足其下流的心理需求。此外,侮辱罪的对象一般是特定的人,而强制猥亵、侮辱罪的对象具有不特定性。①

3. 对于实施侮辱、诽谤行为,尚不构成犯罪的,可以依法给予**治安管理处罚**。《治安管理处罚法》第四十二条中规定,"公然侮辱他人或者捏造事实诽谤他人的",处五日以下拘留或者五百元以下罚款;情节较重的,处五日以上十日以下拘留,可以并处五百元以下罚款。

【司法解释】

《最高人民法院关于审理非法出版物刑事案件具体应用法律若干问题的解释》(法释〔1998〕30号,自1998年12月23日起施行)

△(**出版物;侮辱罪;诽谤罪**)在出版物中公然侮辱他人或者捏造事实诽谤他人,情节严重的,依照刑法第二百四十六条的规定,分别以侮辱罪或者诽谤罪定罪处罚。(§ 6)

《最高人民法院、最高人民检察院关于办理利用信息网络实施诽谤等刑事案件适用法律若干问题的解释》(法释〔2013〕21号,自2013年9月10日起施行)

△(**捏造事实诽谤他人;以"捏造事实诽谤他人"论**)具有下列情形之一的,应当认定为刑法第二百四十六条第一款规定的"捏造事实诽谤他人":

(一)捏造损害他人名誉的事实,在信息网络上散布,或者组织、指使人员在信息网络上散布的;

(二)将信息网络上涉及他人的原始信息内容篡改为损害他人名誉的事实,在信息网络上散布,或者组织、指使人员在信息网络上散布的;

明知是捏造的损害他人名誉的事实,在信息网络上散布,情节恶劣的,以"捏造事实诽谤他人"论。(§ 1)

△(**情节严重**)利用信息网络诽谤他人,具有下列情形之一的,应当认定为刑法第二百四十六条第一款规定的"情节严重":

(一)同一诽谤信息实际被点击、浏览次数达到五千次以上,或者被转发次数达到五百次以上的②;

(二)造成被害人或者其近亲属精神失常、自残、自杀等严重后果的;

(三)二年内曾因诽谤受过行政处罚,又诽谤他人的;

(四)其他情节严重的情形。(§ 2)

△(**严重危害社会秩序和国家利益**)利用信息网络诽谤他人,具有下列情形之一的,应当认定为刑法第二百四十六条第二款规定的"严重危害社会秩序和国家利益":

(一)引发群体性事件的;

(二)引发公共秩序混乱的;

(三)引发民族、宗教冲突的;

(四)诽谤多人,造成恶劣社会影响的;

(五)损害国家形象,严重危害国家利益的;

(六)造成恶劣国际影响的;

(七)其他严重危害社会秩序和国家利益的

---

① 相同的学说见解,参见赵秉志、李希慧主编:《刑法各论》(第3版),中国人民大学出版社2016年版,第214—215页。另有学者指出,侮辱罪侵犯的法益是他人的名誉,强制猥亵、侮辱罪的法益则是他人的性自主决定权。侮辱罪与强制猥亵、侮辱罪两者之间并不是对立的关系。参见张明楷:《刑法学》(第6版),法律出版社2021年版,第1195页。

② 学说上对此存在着否定性观点,即该项规定一方面会导致一个人是否犯罪并不完全取决于犯罪行为人自身的行为;另一方面,也会导致本罪的处罚范围过于扩张。但是,我国学者指出,当行为人在信息网络上发表诽谤言论时,其行为就已经既遂。故而,系争司法解释的规定非但没有扩大诽谤罪的处罚范围,反而可能缩小了诽谤罪的处罚范围。参见张明楷:《刑法学》(第6版),法律出版社2021年版,第1197—1198页。也有学者指出,将同一诽谤信息实际被点击、浏览或者被转发的次数作为情节严重的认定标准,具有合理性。参见周光权:《刑法各论》(第4版),中国人民大学出版社2021年版,第73页。

情形。(§3)

△(**累计计算**)一年内多次实施利用信息网络诽谤他人行为未经处理,诽谤信息实际被点击、浏览、转发次数累计计算构成犯罪的,应当依法定罪处罚。(§4)

△(**共同犯罪**)明知他人利用信息网络实施诽谤、寻衅滋事、敲诈勒索、非法经营等犯罪,为其提供资金、场所、技术支持等帮助的,以共同犯罪论处。(§8)

△(**想象竞合犯;损害商业信誉、商品声誉罪;煽动暴力抗拒法律实施罪;编造、故意传播虚假恐怖信息罪**)利用信息网络实施诽谤、寻衅滋事、敲诈勒索、非法经营犯罪,同时又构成刑法第二百二十一条规定的损害商业信誉、商品声誉罪,第二百七十八条规定的煽动暴力抗拒法律实施罪,第二百九十一条之一规定的编造、故意传播虚假恐怖信息罪等犯罪的,依照处罚较重的规定定罪处罚。(§9)

△(**信息网络**)本解释所称信息网络,包括以计算机、电视机、固定电话机、移动电话机等电子设备为终端的计算机互联网、广播电视网、固定通信网、移动通信网等信息网络,以及向公众开放的局域网络。(§10)

《最高人民法院关于〈中华人民共和国刑法修正案(九)〉时间效力问题的解释》(法释〔2015〕19号,自2015年11月1日起施行)

△(**时间效力**)对于2015年10月31日以前通过信息网络实施的刑法第二百四十六条第一款规定的侮辱、诽谤行为,被害人向人民法院告诉,但提供证据确有困难的,适用修正后刑法第二百四十六条第三款的规定。(§4)

【司法解释性文件】

《最高人民法院、最高人民检察院、公安部、司法部、国家卫生和计划生育委员会等印发〈关于依法惩处涉医违法犯罪维护正常医疗秩序的意见〉的通知》(法发〔2014〕5号,2014年4月22日公布)

△(**医务人员;侮辱罪**)公然侮辱、恐吓医务人员的,依照治安管理处罚法第四十二条的规定处罚;采取暴力或者其他方法公然侮辱、恐吓医务人员情节严重(恶劣),构成侮辱罪、寻衅滋事罪的,依照刑法的有关规定定罪处罚。(§2Ⅳ)

《最高人民法院、最高人民检察院、公安部、司法部关于依法惩治妨害新型冠状病毒感染肺炎疫情防控违法犯罪的意见》(法发〔2020〕7号,2020年2月6日发布)

△(**肺炎疫情防控;故意伤害罪;侮辱罪;寻衅滋事罪;非法拘禁罪**)依法严惩暴力伤医犯罪。在疫情防控期间,故意伤害医务人员造成轻伤以上的严重后果,或者对医务人员实施撕扯防护装备、吐口水等行为,致使医务人员感染新型冠状病毒的,依照刑法第二百三十四条的规定,以故意伤害罪定罪处罚。

随意殴打医务人员,情节恶劣的,依照刑法第二百九十三条的规定,以寻衅滋事罪定罪处罚。

采取暴力或者其他方法公然侮辱、恐吓医务人员,符合刑法第二百四十六条、第二百九十三条规定的,以侮辱罪或者寻衅滋事罪定罪处罚。

以不准离开工作场所等方式非法限制医务人员人身自由,符合刑法第二百三十八条规定的,以非法拘禁罪定罪处罚。(§2Ⅱ)

△(**治安管理处罚;从重情节**)依法严惩妨害疫情防控的违法行为。实施上述(一)至(九)规定的行为,不构成犯罪的,由公安机关根据治安管理处罚法有关虚构事实扰乱公共秩序,扰乱单位秩序、公共场所秩序、寻衅滋事,拒不执行紧急状态下的决定、命令,阻碍执行职务,冲闯警戒带、警戒区,殴打他人,故意伤害,侮辱他人,诈骗,在铁路沿线非法挖掘坑穴、采石取沙,盗窃、损毁路面公共设施,损毁铁路设施设备,故意损毁财物、哄抢公私财物等规定,予以治安管理处罚,或者由有关部门予以其他行政处罚。

对于在疫情防控期间实施有关违法犯罪的,要作为从重情节予以考量,依法体现从严的政策要求,有力惩治震慑违法犯罪,维护法律权威,维护社会秩序,维护人民群众生命安全和身体健康。(§2Ⅹ)

【附属刑法】

《全国人民代表大会常务委员会关于维护互联网安全的决定》(2000年12月28日通过,2009年8月27日修正)

四、为了保护个人、法人和其他组织的人身、财产等合法权利,对有下列行为之一,构成犯罪的,依照刑法有关规定追究刑事责任:

……

(一)利用互联网侮辱他人或者捏造事实诽谤他人;

……

《中华人民共和国消费者权益保护法》(1993年10月31日通过,2013年10月25日第二次修正)

第五十条

经营者侵害消费者的人格尊严、侵犯消费者

人身自由或者侵害消费者个人信息依法得到保护的权利的，应当停止侵害、恢复名誉、消除影响、赔礼道歉，并赔偿损失。

第五十七条

经营者违反本法规定提供商品或者服务，侵害消费者合法权益，构成犯罪的，依法追究刑事责任。

《中华人民共和国律师法》（1996 年 5 月 15 日通过，2017 年 9 月 1 日第三次修正）

第四十九条

Ⅰ律师有下列行为之一的，由设区的市级或者直辖市的区人民政府司法行政部门给予停止执业六个月以上一年以下的处罚，可以处五万元以下的罚款；有违法所得的，没收违法所得；情节严重的，由省、自治区、直辖市人民政府司法行政部门吊销其律师执业证书；构成犯罪的，依法追究刑事责任：

……

（八）发表危害国家安全、恶意诽谤他人、严重扰乱法庭秩序的言论的；

……

Ⅱ律师因故意犯罪受到刑事处罚的，由省、自治区、直辖市人民政府司法行政部门吊销其律师执业证书。

《中华人民共和国教师法》（1993 年 10 月 31 日通过，2009 年 8 月 27 日修正）

第三十五条

侮辱、殴打教师的，根据不同情况，分别给予行政处分或者行政处罚；造成损害的，责令赔偿损失；情节严重，构成犯罪的，依法追究刑事责任。

《中华人民共和国医师法》（2021 年 8 月 20 日通过）

第六十条

违反本法规定，阻碍医师依法执业，干扰医师正常工作、生活，或者通过侮辱、诽谤、威胁、殴打等方式，侵犯医师人格尊严、人身安全，构成违反治安管理行为的，依法给予治安管理处罚。

第六十三条

违反本法规定，构成犯罪的，依法追究刑事责任；造成人身、财产损害的，依法承担民事责任。

《中华人民共和国老年人权益保障法》（1996 年 8 月 29 日通过，2018 年 12 月 29 日第三次修正）

第七十八条

侮辱、诽谤老年人，构成违反治安管理行为的，依法给予治安管理处罚；构成犯罪的，依法追究刑事责任。

《中华人民共和国残疾人保障法》（1990 年 12 月 28 日通过，2018 年 10 月 26 日修正）

第六十二条

违反本法规定，通过大众传播媒介或者其他方式贬低损害残疾人人格的[①]，由文化、广播电视、电影、新闻出版或者其他有关主管部门依据各自的职权责令改正，并依法给予行政处罚。

第六十七条

违反本法规定，侵害残疾人的合法权益，其他法律、法规规定行政处罚的，从其规定；造成财产损失或者其他损害的，依法承担民事责任；构成犯罪的，依法追究刑事责任。

《中华人民共和国劳动法》（1994 年 7 月 5 日通过，2018 年 12 月 29 日第二次修正）

第九十六条

用人单位有下列行为之一，由公安机关对责任人员处以十五日以下拘留、罚款或者警告；构成犯罪的，对责任人员依法追究刑事责任：

……

（二）侮辱、体罚、殴打、非法搜查和拘禁劳动者的。

《中华人民共和国劳动合同法》（2007 年 6 月 29 日通过，2012 年 12 月 28 日修正）

第八十八条

用人单位有下列情形之一的，依法给予行政处罚；构成犯罪的，依法追究刑事责任；给劳动者造成损害的，应当承担赔偿责任：

---

① 《中华人民共和国残疾人保障法》（1990 年 12 月 28 日通过，2018 年 10 月 26 日修正）

第二条

Ⅰ残疾人是指在心理、生理、人体结构上，某种组织、功能丧失或者不正常，全部或者部分丧失以正常方式从事某种活动能力的人。

Ⅱ残疾人包括视力残疾、听力残疾、言语残疾、肢体残疾、智力残疾、精神残疾、多重残疾和其他残疾的人。

Ⅲ残疾标准由国务院规定。

第三条

Ⅰ残疾人在政治、经济、文化、社会和家庭生活等方面享有同其他公民平等的权利。

Ⅱ残疾人的公民权利和人格尊严受法律保护。

Ⅲ禁止基于残疾的歧视。禁止侮辱、侵害残疾人。禁止通过大众传播媒介或者其他方式贬低损害残疾人人格。

……

（三）侮辱、体罚、殴打、非法搜查或者拘禁劳动者的；

……

《中华人民共和国电力法》（1995年12月28日通过，2018年12月29日第三次修正）

第七十条

下列行为之一，应当给予治安管理处罚的，由公安机关依照治安管理处罚法的有关规定予以处罚；构成犯罪的，依法追究刑事责任：

……

（三）殴打、公然侮辱履行职务的查电人员或者抄表收费人员的；

《中华人民共和国精神卫生法》（2012年10月26日通过，2018年4月27日修正）

第七十八条

违反本法规定，有下列情形之一，给精神障碍患者或者其他公民造成人身、财产或者其他损害的，依法承担赔偿责任：

……

（三）歧视、侮辱、虐待精神障碍患者，侵害患者的人格尊严、人身安全的；

……

第八十一条

违反本法规定，构成犯罪的，依法追究刑事责任。

《中华人民共和国社区矫正法》（2019年12月28日通过）

第六十条

社区矫正对象殴打、威胁、侮辱、骚扰、报复社区矫正机构工作人员和其他依法参与社区矫正工作的人员及其近亲属，构成犯罪的，依法追究刑事责任；尚不构成犯罪的，由公安机关依法给予治安管理处罚。

《中华人民共和国工会法》（1992年4月3日通过，2021年12月24日第三次修正）

第五十二条

Ⅰ违反本法规定，对依法履行职责的工会工作人员无正当理由调动工作岗位，进行打击报复的，由劳动行政部门责令改正、恢复原工作；造成损失的，给予赔偿。

Ⅱ对依法履行职责的工会工作人员进行侮辱、诽谤或者进行人身伤害，构成犯罪的，依法追究刑事责任；尚未构成犯罪的，由公安机关依照治安管理处罚法的规定处罚。

【指导性案例】

最高人民检察院指导性案例第137号：郎某、何某诽谤案（2021年2月21日发布）

△（**网络诽谤；严重危害社会秩序；自诉转公诉**）用信息网络诽谤他人，破坏公众安全感，严重扰乱网络社会秩序，符合《刑法》第二百四十六条第二款"严重危害社会秩序"的，检察机关应当依法履行追诉职责，作为公诉案件办理。对公安机关未立案侦查，被害人已提出自诉的，检察机关应当处理好由自诉向公诉程序的转换。

最高人民检察院指导性案例第138号：岳某侮辱案（2021年2月21日发布）

△（**网络侮辱；裸照；严重危害社会秩序；公诉程序**）利用信息网络散布被害人的裸体视频、照片及带有侮辱性的文字，公然侮辱他人，贬损他人人格、破坏他人名誉，导致出现被害人自杀等后果，严重危害社会秩序的，应当按照公诉程序，以侮辱罪依法追究刑事责任。

【参考案例】

△**以挖掘祖坟等恶劣手段使他人受到侮辱的，即使其挖掘祖坟行为是秘密进行的，但其结果却使他人公然受辱，应以侮辱罪论处。**

侮辱罪是以暴力或者其他方法公然贬低他人人格，破坏他人名誉，情节严重的行为。在笪开福侮辱案中，从上诉人笪开福挖掘他人祖坟的目的来看，其一，笪开福作为生活在农村的村民完全知道挖掘他人祖坟的行为会造成对他人的侮辱，但是为达到使受害人张某迁走祖坟的目的，故意挖掘他人祖坟，所以其行为具有侮辱他人的故意。其二，笪开福挖掘张家祖坟的行为使得张某及其家人直接受到了侮辱，因为任何一个有正常情感的人，当得知其祖坟被人故意挖掘之后，感情上都会受到伤害。笪开福故意挖掘他人祖坟数量大，造成了对张某及其家人的侮辱，因此，其侮辱对象是特定的，即侮辱对象直接指向张某及其家人。其三，侮辱罪必须造成被害人遭受侮辱，而且这种侮辱结果必须为其他人所知晓。换言之，行为人必须公然侮辱他人。侮辱罪中的公然侮辱并不是强调行为人行为的公然性，而是强调侮辱行为造成他人受侮之结果的公然性，即侮辱结果是公然的，至于侮辱行为是否公然不影响本罪的成立与否。笪开福挖掘他人祖坟的行为虽然系夜间秘密实施，但其行为造成张某及其家人遭受侮辱的结果为四周乡邻皆知，所以可以认定笪开福的行为系公然侮辱他人的行为。［No. 4-246-1-1　笪开

福侮辱案]

△将被捉奸的妇女赤裸捆绑、拘禁、示众的，应以侮辱罪论处。①

侮辱罪和非法拘禁罪同属侵犯公民人身权利罪。侮辱罪是指以暴力或者其他方法，公然贬低、损害他人人格，破坏他人名誉，情节严重的行为。非法拘禁罪，是指以非法拘留、禁闭或其他方法，非法剥夺他人人身自由的行为。上述两罪的区别是明显的，一般情况下不容易发生混淆。但在周彩萍等侮辱案中，三名被告人的犯罪行为具有两重性：即被告人捉奸后使用暴力将全身赤裸的被害人林女捆绑于客厅里，让10余名村民围观，既有侮辱性质，同时又剥夺了被害人的人身自由。正是这种犯罪目的与手段牵连不同犯罪的双重性，导致本案在定性问题上存在分歧。

对于牵连犯，一般应择一重罪处罚。但如果相互牵连的两个罪名法定刑相同，则应根据被告人的目的行为定罪量刑为宜。首先，就本案而言，被告人的主观目的主要是捉奸后侮辱他人，这一点可以从本案案情得到验证。本案中，三名被告人捉奸后，剥光被害人身上的睡衣，致其全身赤裸，并将其拖往且捆绑于客厅，又在客厅里装上灯泡点亮，让陆续前来的10余名村民观看，并告知村民该女与其丈夫通奸被捉。在邻居劝说让被害人穿上衣服的情况下，被告人仍然不肯，并扬言要出出被害人的洋相，让她现现丑，待天亮后扔到公路上给大家看。被告人对被害人实施捆绑的行为，是为了达到侮辱被害人的目的，是实现侮辱的暴力手段，是从属于侮辱目的的；也就是说，相对捆绑行为而言，本案被告人的侮辱行为情节严重，已构成一种独立的犯罪，这与《刑法》第二百三十八条第一款规定的具有殴打、侮辱情节的，从重处罚中的侮辱情节是不相同的。该款是针对行为人以非法剥夺他人人身自由为目的，在实施非法拘禁行为或者在非法拘禁状态持续的过程中，同时又对被拘禁人实施侮辱行为的定罪量刑的规定。这里所讲的侮辱情节，只是非法拘禁中的伴随情节。易言之，即是非法拘禁中所伴随的"侮辱"行为；同时，这里所讲的侮辱情节，并不要求达到严重程度。只要拘禁人在实施非法拘禁行为或者是在非法拘禁状态持续过程中对被拘禁人同时又实施了侮辱行为的，就应当以非法拘禁罪从重处罚。另外，参照《最高人民检察院关于人民检察院直接受理立案侦查案件立案标准的规定（试行）》中有关国家机关工作人员利用职权非法拘禁他人持续时间超过24小时的才予立案的标准，本案中，作为侮辱手段的被告人的捆绑行为能否单独构成非法拘禁罪，还是有疑问的。综上，就本案而言，根据被告人的主要故意内容以侮辱罪来定罪量刑是比较适宜的。[No. 4-246-1-2　周彩萍等侮辱案]

△严重危害社会秩序和国家利益的侮辱行为，应当由检察机关提起公诉。

根据《刑法》第二百四十六条第二款的规定，侮辱罪虽然一般是告诉才处理的案件，但严重危害社会秩序和国家利益的，也可以由检察机关提起公诉。就周彩萍等侮辱案而言，检察机关已就被告人的侮辱犯罪事实提起公诉，只是其指控的罪名不妥，因此，法院直接以侮辱罪改判并不违反《刑法》第二百四十六条第二款的规定。[No. 4-246-1-3　周彩萍等侮辱案]

△侮辱妇女罪中的侮辱是指为获得性刺激，以淫秽举止或者言语调戏妇女的行为，不同于侮辱罪中基于泄愤报复等动机对妇女的侮辱。

侮辱罪与侮辱妇女罪的法定刑幅度是不同的，后者重于前者。因此，准确区分二者十分重要。《刑法》第二百三十七条规定的侮辱妇女罪，是从1979年《刑法》流氓罪中分离出来的。从立法精神来看，侮辱妇女罪中的侮辱的含义不同于《刑法》第二百四十六条侮辱罪中的侮辱。它主要是指为获得性刺激，以淫秽举止或言语调戏妇女的行为。因此，侮辱妇女罪和侮辱罪的关键区别就在于，前者行为人是基于精神空虚等变态心理，以寻求性刺激或变态的性满足为主要动机，而后者的行为人则主要是基于泄愤、报复等动机，以贬损他人名誉为目的。除此之外，二罪的区别还表现为：(1)行为对象不同。侮辱妇女罪的对象只能是十四周岁以上的少女和成年妇女，而侮辱罪的对象则没有性别及年龄上的限制。侮辱罪虽然也可以妇女为对象，但由于其主观目的是贬损他人名誉，因此，其侵犯的对象只能是特定的妇女或特定的人；而侮辱妇女罪的动机是基于精神空虚等变态心理，寻求性刺激或变态的性满足，因此，其侵犯的对象有可能是不特定的妇女。(2)行为方式不同。根据刑法规定，构成侮辱罪必须以公然实施侮辱行为为要件，而侮辱妇女罪的构成则没有此要求，也可以是以非公然的方式

① 我国学者指出，不管出于什么动机与目的，不管在什么场所，强行剥光他人衣裤的行为，都构成强制猥亵、侮辱罪。参见张明楷：《刑法学》（第6版），法律出版社2021年版，第1195页；黎宏：《刑法学各论》（第2版），法律出版社2016年版，第263页。

进行。聚众或在公共场所当众侮辱妇女的，则适用更重的法定刑。侮辱妇女罪的行为人主观上出于寻求性刺激的动机，决定了其侮辱行为必须当场对被侮辱的妇女实施，而侮辱罪的行为人对被害人所实施的侮辱行为，则既可以是当场，也可以是非当场的。就周彩萍等侮辱案而言，尽管被侵犯的对象也是妇女，但本案被告人主要是基于泄愤、报复等动机，以贬损他人名誉为目的，并非出于精神空虚等变态心理，以寻求性刺激或变态的性满足为主要动机。因此，本案只能以侮辱罪定罪论处。[No. 4-246-1-4　周彩萍等侮辱案]

△通过互联网发布信息要求人肉搜索会严重降低被搜索者的社会评价，致使其在现实社会中无法正常工作、学习和生活，严重侵害被搜索者的名誉权，导致被搜索者自杀，达到侮辱他人情节严重的程度，成立侮辱罪。

侮辱罪侵犯的客体为公民的名誉权。名誉权是指公民或者法人对自己在社会生活中所获得的社会评价即自己的名誉，依法所享有的不可侵犯的权利。侮辱的方法有使用暴力，使用言词、图像文字等。就蔡晓青侮辱案来看，被告人蔡晓青把被害人徐某购物的视频监控截图发到微博上，且明确指明徐某是小偷并要求“人肉搜索”，这种方式利用了互联网这一新兴媒体，虽然与传统方式不同，但本质上仍属于公然侮辱他人人格的行为。众所周知，在网络发达的当今社会，“人肉搜索”具有非常强的放大功能，可以使模糊、分散的线索迅速清晰、集中起来，在趋向集中的过程中可能失控。当被搜索的人与某个具有消极影响的事件联系在一起时，社会舆论的内容往往是消极为主的，对被搜索人的负面影响远大于正面影响，被搜索人的品德、才干、信誉等在社会中所获得的评价明显降低，致使当事人无法在现实社会中正常地工作、学习和生活，名誉权受到严重损害。因此，蔡晓青发微博要求“人肉搜索”的行为属于侮辱行为。被告人的侮辱行为与被害人的死亡结果具有刑法上的因果关系。本案中，被害人徐某作为一个尚未步入社会、生活在经济不发达小镇的在校未成年少女，面对“人肉搜索”的网络放大效应及众多网民先入为主的道德审判，对未来生活产生极端恐惧，最终导致了自杀身亡的严重后果，明显属于“情节严重”的情形。

《刑法》第二百四十六条规定，“犯侮辱罪告诉才处理，但严重危害社会秩序和国家利益的除外”。该条规定中的严重危害社会秩序与严重危害国家利益处于选择关系而非并列关系中，只要具备其一，即可由检察机关提起公诉。互联网作为信息时代的新兴媒体，其传播信息之快、影响之大、受众主动性和参与程度之高，远非传统媒体所能够比拟。不少“人肉搜索”等网络暴力不仅给当事人造成了恶劣的负面影响，还严重危害互联网的安全与管理秩序。本案中，被告人蔡晓青在新浪微博这一主流网络媒体上发布微博对被害人徐某进行侮辱，引发网友对徐某的谩骂，使得徐某的社会评价明显降低，最终导致徐某不堪受辱自杀身亡的严重后果，而该后果又引发社会广泛关注和讨论，严重危害了互联网的安全与管理秩序，属于严重危害社会秩序的情形，应当由检察机关提起公诉。[No. 4-246-1-5　蔡晓青侮辱案]

第二百四十七条　【刑讯逼供罪】【暴力取证罪】

司法工作人员对犯罪嫌疑人、被告人实行刑讯逼供或者使用暴力逼取证人证言的，处三年以下有期徒刑或者拘役。致人伤残、死亡的，依照本法第二百三十四条、第二百三十二条的规定定罪从重处罚。

【立法理由】

1. 1979 年立法的情况。1979 年《刑法》第一百三十六条规定：“严禁刑讯逼供。国家工作人员对人犯实行刑讯逼供的，处三年以下有期徒刑或者拘役。以肉刑致人伤残的，以伤害罪从重论处。”

2. 1997 年修订刑法的情况。1997 年修订刑法时，对本条作了修改：一是将犯罪的主体由“国家工作人员”修改为“司法工作人员”。这样修改，主要是在 1997 年刑法修改过程中，有学者和部门提出，将此罪的主体限定为国家工作人员，既不符合刑讯逼供罪的实质，也不符合实际情况，从实践中看，办理刑事案件的人主要是司法工作人员，经研究，立法机关采纳了这一建议。二是将犯罪对象由“人犯”修改为“犯罪嫌疑人、被告人”。这样修改，主要是一些学者和部门提出，“人犯”的概念一般理解为已经进入刑事审判程序的刑事被告人，而在实践中，刑讯逼供针对的多是未进入刑事审判程序的犯罪嫌疑人，而且 1996 年刑事诉讼法对刑事诉讼当事人的称谓已作了规范，为了与之协调一致，建议将本罪的对象限定为“犯罪嫌疑人、被告人”。经研究，立法机关采纳了这一建议。三是增加了致人死亡的处罚规定，这样修改有利于实践中具体执行。

【条文说明】

本条是关于刑讯逼供罪、暴力取证罪及其处罚的规定。

刑讯逼供、暴力取证在长期的封建专制历史中大量存在。在我国长达数千年的封建社会里，刑讯逼供曾经是公开、合法的审讯方式。受到这种消极司法文化传统的影响，刑讯逼供、暴力取证在当今个别司法人员身上也时有发生。刑讯逼供不仅使被审讯的人在肉体上、精神上遭受摧残和折磨，也是造成许多冤假错案的重要原因。早在抗日战争时期，毛泽东同志在《论政策》一文中就明确指出，对任何犯人，应坚决废止肉刑，重证据而不轻信口供。中华人民共和国成立后，我国旗帜鲜明地反对刑讯逼供、暴力取证等违反民主、法治的办案作风。但受封建残存思想以及不尊重犯罪嫌疑人、被告人基本权利的落后意识的影响，刑讯逼供、暴力取证的行为屡禁不止。2005 年、2010 年先后发生在湖北和河南的轰动全国的佘祥林案和赵作海案，就是因刑讯逼供导致的典型的冤错案件，佘祥林、赵作海险遭错杀，这些案件的教训值得深刻吸取。2010 年最高人民法院、最高人民检察院、公安部、国家安全部、司法部联合印发了《关于办理死刑案件审查判断证据若干问题的规定》和《关于办理刑事案件排除非法证据若干问题的规定》，2017 年最高人民法院、最高人民检察院、公安部、国家安全部、司法部又联合印发了《关于办理刑事案件严格排除非法证据若干问题的规定》。上述规范性文件明确了非法证据的内涵和外延，对审查和排除通过刑讯逼供、暴力取证等获取的非法证据的程序、证明责任等问题进行了具体规定。2012 年修改刑事诉讼法，首次将“不得强迫任何人证实自己有罪”的原则写进刑事诉讼法，现行《刑事诉讼法》第五十六条规定，“采用刑讯逼供等非法方法收集的犯罪嫌疑人、被告人供述和采用暴力、威胁等非法方法收集的证人证言、被害人陈述，应当予以排除。收集物证、书证不符合法定程序，可能严重影响司法公正的，应当予以补正或者作出合理解释；不能补正或者作出合理解释的，对该证据应当予以排除”。上述规定为制度上进一步遏制刑讯逼供、暴力取证行为提供了法律规范依据。实践中，刑讯逼供、暴力取证行为的产生和存在与执法理念、历史文化、司法伦理、职业道德等因素密切相关，有其深刻的社会历史根源和思想根源，消除刑讯逼供、暴力取证，仍然任重道远。

依照本条规定，**刑讯逼供罪**，是指司法工作人员对犯罪嫌疑人、被告人使用肉刑或者变相肉刑逼取口供的行为。[①] **暴力取证罪**，是指司法工作人员对证人使用暴力，逼取证言的行为。刑讯逼供罪和暴力取证罪的犯罪主体都必须是司法工作人员。根据本法第九十四条的规定，**司法工作人员**是指有侦查、检察、审判、监管职责的工作人员。[②] 这两种犯罪都是**故意犯罪**，并且具有逼取犯罪嫌疑人、被告人口供或者逼取证人证言的目的。至于行为人的动机如何，逼取的口供、证人证言事后是否被证实符合事实，不影响犯罪的构成。本条所规定的“**犯罪嫌疑人、被告人**”，根据我国刑事诉讼法的有关规定，是指在刑事诉讼中，被指控有犯罪行为而被司法机关依法追究刑事责任的人，公诉案件中，在向人民法院提起公诉前称为犯罪嫌疑人，在向人民法院提起公诉后人民法院判决前称为被告人；自诉案件中，在人民法院判决前称为被告人。[③] “**使用暴力**”，是指司法工作人员对证人施以肉刑、伤害、殴打等危害证人人身的行为，暴力的范围包括捆绑、吊打、非法使用刑具等直接暴力手段，也包括非直接暴力手段，使之遭受肉体痛苦和精神折磨的行为。“**证人**”，是指在刑事诉讼中，知道案件情况而向司法机关作

---

① 我国学者指出，本罪具有渎职罪的部分特征，故而，必须利用职务上的便利实施本罪。若未利用职务上的便利对犯罪嫌疑人、被告人实施刑讯逼供，如私设公堂刑讯逼供，不构成本罪，但可按非法拘禁罪或者故意伤害罪加以处理。参见周光权：《刑法各论》（第 4 版），中国人民大学出版社 2021 年版，第 66 页；赵秉志、李希慧主编：《刑法各论》（第 3 版），中国人民大学出版社 2016 年版，第 211 页。

② 未受公安机关正式录用，受委托履行侦查、监管职责的人员或者合同制民警，也可以成为本罪之主体。参见张明楷：《刑法学》（第 6 版），法律出版社 2021 年版，第 1184 页。

③ 我国学者指出，不能完全按照刑事诉讼法的规定来理解犯罪嫌疑人。只要是被公安、司法机关作为犯罪嫌疑人对待或者被采取刑事追诉手段的人，均属于刑讯逼供罪中的犯罪嫌疑人。参见张明楷：《刑法学》（第 6 版），法律出版社 2021 年版，第 1184 页。

证的人。[①] 应当特别注意的是，对于不知道案件情况或者知道案件情况但拒绝作证的人，司法工作人员使用暴力逼迫提供证言的人，也属于本条规定的“证人”。**“致人伤残、死亡”**，是指司法工作人员在刑讯逼供和逼取证人证言过程中，故意使用肉刑、变相肉刑或者使用暴力致使犯罪嫌疑人、被告人、证人身体健康受到严重伤害、残疾或者死亡。[②] 刑讯逼供和使用暴力逼取证人证言，不仅严重侵犯了公民的人身权利，也妨害了司法机关的正常司法活动，必须依法予以严惩。依照本条规定，司法工作人员对犯罪嫌疑人、被告人实行刑讯逼供或者使用暴力逼取证人证言的，处三年以下有期徒刑或者拘役。致人伤残、死亡的，依照本法第二百三十四条关于故意伤害罪、第二百三十二条关于故意杀人罪的规定定罪，并从重处罚。[③]

实践中应当注意区分刑讯逼供罪、暴力取证罪与**非法拘禁罪**的区别：一是二者的主体不同，刑讯逼供罪、暴力取证罪的犯罪主体必须是司法工作人员；非法拘禁罪的主体是一般主体，非司法工作人员也可成为犯罪主体。二是刑讯逼供罪、暴力取证罪所侵害的对象只限于被指控有犯罪行为的犯罪嫌疑人、被告人和刑事诉讼中的证人；而非法拘禁罪侵害的对象则是依法享有人身自由权利的任何公民。三是刑讯逼供罪、暴力取证罪在客观上表现为对犯罪嫌疑人、被告人使用肉刑、变相肉刑或者使用暴力逼取口供或者证人证言的行为；非法拘禁罪在客观上表现为以拘禁或者其他强制方法非法剥夺他人人身自由的行为。四是刑讯逼供罪、暴力取证罪要求行为人具有逼取口供、证人证言的目的；而非法拘禁罪的构成则没有这一要求。

【司法解释】

《最高人民检察院关于渎职侵权犯罪案件立案标准的规定》（高检发释字〔2006〕2号，自2006年7月26起施行）

△**（刑讯逼供罪；立案标准）**刑讯逼供罪是指司法工作人员对犯罪嫌疑人、被告人使用肉刑或者变相肉刑逼取口供的行为。

涉嫌下列情形之一的，应予立案：

1. 以殴打、捆绑、违法使用械具等恶劣手段逼取口供的；

2. 以较长时间冻、饿、晒、烤等手段逼取口供，严重损害犯罪嫌疑人、被告人身体健康的；

3. 刑讯逼供造成犯罪嫌疑人、被告人轻伤、重伤、死亡的；

4. 刑讯逼供，情节严重，导致犯罪嫌疑人、被告人自杀、自残造成重伤、死亡，或者精神失常的；

5. 刑讯逼供，造成错案的；

6. 刑讯逼供3人次以上的；

7. 纵容、授意、指使、强迫他人刑讯逼供，具有上述情形之一的；

8. 其他刑讯逼供应予追究刑事责任的情形。（§2Ⅲ）

△**（暴力取证罪；立案标准）**暴力取证罪是指司法工作人员以暴力逼取证人证言的行为。

涉嫌下列情形之一的，应予立案：

1. 以殴打、捆绑、违法使用械具等恶劣手段逼取证人证言的；

2. 暴力取证造成证人轻伤、重伤、死亡的；

3. 暴力取证，情节严重，导致证人自杀、自残造成重伤、死亡，或者精神失常的；

4. 暴力取证，造成错案的；

5. 暴力取证3人次以上的；

6. 纵容、授意、指使、强迫他人暴力取证，具有上述情形之一的；

7. 其他暴力取证应予追究刑事责任的情形。（§2Ⅳ）

① 学说见解多对暴力取证罪中的“证人”作广义的理解：本罪中的证人，不仅包括刑事诉讼中的证人，还包括民事诉讼（含经济纠纷的处理）、行政诉讼中的证人，但不包括诉讼活动以外的证人，如仲裁活动、纪律检查机关、行政机关调查取证活动中的证人。另外，被害人、鉴定人、不具有作证资格的人、不知道案件真相的人，也可以成为本罪中的证人。参见张明楷：《刑法学》（第6版），法律出版社2021年版，第1186页；黎宏：《刑法学各论》（第2版），法律出版社2016年版，第265页；周光权：《刑法各论》（第4版），中国人民大学出版社2021年版，第67页；高铭暄、马克昌主编：《刑法学》（第7版），北京大学出版社、高等教育出版社2016年版，第479页。

② 我国学者指出，如果刑讯逼供导致被害人自杀，要根据具体情节分析认定，一般不宜认定为刑讯逼供致人死亡。参见张明楷：《刑法学》（第5版），法律出版社2016年版，第909页；黎宏：《刑法学各论》（第2版），法律出版社2016年版，第266页。

③ 我国学者指出，本款规定属于拟制规定而非注意规定。因此，不需要行为人对死亡或伤害具有故意。但根据责任主义原理，行为人对死亡或伤害必须至少有过失。参见张明楷：《刑法学》（第6版），法律出版社2021年版，第1185页；黎宏：《刑法学各论》（第2版），法律出版社2016年版，第265—266页；周光权：《刑法各论》（第4版），中国人民大学出版社2021年版，第66页。

【司法解释性文件】

《最高人民检察院关于印发〈人民检察院直接受理立案侦查的渎职侵权重特大案件标准（试行）〉的通知》（高检发〔2001〕13号，2001年8月24日公布）

△（**刑讯逼供罪；重特大案件**）刑讯逼供案

（一）重大案件

1. 致人重伤或者精神失常的；

2. 五次以上或者对五人以上刑讯逼供的；

3. 造成冤、假、错案的。

（二）特大案件

1. 致人死亡的；

2. 七次以上或者对七人以上刑讯逼供的；

3. 致使无辜的人被判处十年以上有期徒刑、无期徒刑、死刑的。（§ 36）

△（**暴力取证罪；重特大案件**）暴力取证案

（一）重大案件

1. 致人重伤或者精神失常的；

2. 五次以上或者对五人以上暴力取证的。

（二）特大案件

1. 致人死亡的；

2. 七次以上或者对七人以上暴力取证的。（§ 37）

【附属刑法】

《中华人民共和国刑事诉讼法》（1979年7月7日通过，2018年10月26日第三次修正）

第五十七条

人民检察院接到报案、控告、举报或者发现侦查人员以非法方法收集证据的，应当进行调查核实。对于确有以非法方法收集证据情形的，应当提出纠正意见；构成犯罪的，依法追究刑事责任。

《中华人民共和国检察官法》（1995年2月28日通过，2019年4月23日修订）

第四十七条

检察官有下列行为之一的，应当给予处分；构成犯罪的，依法追究刑事责任：

（一）贪污受贿、徇私枉法、刑讯逼供的；

……

《中华人民共和国国家赔偿法》（1994年5月12日通过，2012年10月26日第二次修正）

第三十一条

Ⅰ赔偿义务机关赔偿后，应当向有下列情形之一的工作人员追偿部分或者全部赔偿费用：

（一）有本法第十七条第四项、第五项规定情形的①；

（二）在处理案件中有贪污受贿，徇私舞弊，枉法裁判行为的。

Ⅱ对有前款规定情形的责任人员，有关机关应当依法给予处分；构成犯罪的，应当依法追究刑事责任。

《中华人民共和国人民警察法》（1995年2月28日通过，2012年10月26日修正）

第二十二条

人民警察不得有下列行为：

……

（四）刑讯逼供或者体罚、虐待人犯；

……

第四十八条

Ⅰ人民警察有本法第二十二条所列行为之一的，应当给予行政处分；构成犯罪的，依法追究刑事责任。

Ⅱ行政处分分为：警告、记过、记大过、降级、撤职、开除。对受行政处分的人民警察，按照国家有关规定，可以降低警衔、取消警衔。

Ⅲ对违反纪律的人民警察，必要时可以对其采取停止执行职务、禁闭的措施。

《中华人民共和国治安管理处罚法》（2005年8月28日通过，2012年10月26日修正）

第一百一十六条

Ⅰ人民警察办理治安案件，有下列行为之一的，依法给予行政处分；构成犯罪的，依法追究刑事责任：

① 《中华人民共和国国家赔偿法》（1994年5月12日通过，2012年10月26日第二次修正）

第十七条

行使侦查、检察、审判职权的机关以及看守所、监狱管理机关及其工作人员在行使职权时有下列侵犯人身权情形之一的，受害人有取得赔偿的权利：

……

（四）刑讯逼供或者以殴打、虐待等行为或者唆使、放纵他人以殴打、虐待等行为造成公民身体伤害或者死亡的；

（五）违法使用武器、警械造成公民身体伤害或者死亡的。

（一）刑讯逼供、体罚、虐待、侮辱他人的①；

……

Ⅱ办理治安案件的公安机关有前款所列行为的，对直接负责的主管人员和其他直接责任人员给予相应的行政处分。

《中华人民共和国监狱法》（1994年12月29日通过，2012年10月26日修正）

第十四条

Ⅰ监狱的人民警察不得有下列行为：

……

（三）刑讯逼供或者体罚、虐待罪犯；

……

Ⅱ监狱的人民警察有前款所列行为，构成犯罪的，依法追究刑事责任；尚未构成犯罪的，应当予以行政处分。

《中华人民共和国海警法》（2021年1月22日通过）

第七十四条

海警机构工作人员在执行职务中，有下列行为之一，按照中央军事委员会的有关规定给予处分：

……

（三）刑讯逼供或者体罚、虐待违法犯罪嫌疑人的；

……

第七十五条

违反本法规定，构成犯罪的，依法追究刑事责任。

第二百四十八条　【虐待被监管人罪】

监狱、拘留所、看守所等监管机构的监管人员对被监管人进行殴打或者体罚虐待，情节严重的，处三年以下有期徒刑或者拘役；情节特别严重的，处三年以上十年以下有期徒刑。致人伤残、死亡的，依照本法第二百三十四条、第二百三十二条的规定定罪从重处罚。

监管人员指使被监管人殴打或者体罚虐待其他被监管人的，依照前款的规定处罚。

【立法理由】

（一）立法相关背景及修改情况

1. **1979年立法的情况**。1979年《刑法》第一百八十九条规定："司法工作人员违反监管法规，对被监管人实行体罚虐待，情节严重的，处三年以下有期徒刑或者拘役；情节特别严重的，处三年以上十年以下有期徒刑。"

2. **1979年之后至1997年刑法修订前的立法情况**。1994年通过的《监狱法》第十四条规定："监狱的人民警察不得有下列行为：（一）索要、收受、侵占罪犯及其亲属的财物；（二）私放罪犯或者玩忽职守造成罪犯脱逃；（三）刑讯逼供或者体罚、虐待罪犯；（四）侮辱罪犯的人格；（五）殴打或者纵容他人殴打罪犯；（六）为谋取私利，利用罪犯提供劳务；（七）违反规定，私自为罪犯传递信件或者物品；（八）非法将监管罪犯的职权交予他人行使；（九）其他违法行为。监狱的人民警察有前款所列行为，构成犯罪的，依法追究刑事责任；尚未构成犯罪的，应当予以行政处分。"

3. **1997年修订刑法的情况**。1997年修订刑法时，立法机关对本条作了修改：一是进一步明确了监管人员的范围；二是对体罚虐待被监管人致其伤残、死亡的，明确规定按照故意伤害罪、故意杀人罪从重处罚；三是将实践中监管人员为逃避法律责任，指使被监管人体罚虐待其他被监管人的行为，也规定按照虐待被监管人罪定罪处罚。

（二）立法时争议的主要问题

1979年刑法将虐待被监管人罪归入"渎职罪"中，在1997年刑法修订过程中，有关方面提出，一方面本罪侵犯了国家机关的管理秩序，但这不应当作为主要的客体；另一方面，从行为人实施犯罪的手段上看，本罪侵犯的主要客体应为被监管人的人身权利，**建议归入"侵犯公民人身权利、民主权利罪"一章**。经研究，立法机关采纳了这一意见。

① 《中华人民共和国治安管理处罚法》（2005年8月28日通过，2012年10月26日修正）

第七十九条

Ⅰ公安机关及其人民警察对治安案件的调查，应当依法进行。严禁刑讯逼供或者采用威胁、引诱、欺骗等非法手段收集证据。

Ⅱ以非法手段收集的证据不得作为处罚的根据。

【条文说明】

本条是关于虐待被监管人罪及其处罚的规定。

2012年修订后的《监狱法》第七条中规定，“罪犯的人格不受侮辱，其人身安全、合法财产和辩护、申诉、控告、检举以及其他未被依法剥夺或者限制的权利不受侵犯”；《看守所条例》第四条中规定，“看守所监管人犯，必须坚持严密警戒看管与教育相结合的方针，坚持依法管理、严格管理、科学管理和文明管理，保障人犯的合法权益。严禁打骂、体罚、虐待人犯”。监狱、拘留所、看守所等监管机构是国家法律的执行机关，是国家强制力的具体体现。监管机构代表国家依法执行法定职责，如羁押人犯、改造罪犯等。同时，它们也有义务维护国家机关的形象和法律的严肃性。被监管人员具有双重身份，既是被监管的对象，也是享有权利并受到法律保护的公民，任何非法侵犯其权利的行为都是违法的。

本条共分为两款。

第一款是关于虐待被监管人罪及其处罚规定。根据本款规定，**虐待被监管人罪**，是指监狱、拘留所、看守所等监管机构的监管人员对被监管人进行殴打或者体罚虐待，情节严重的行为。这里所规定的“**监管人员**”，是指在监狱、拘留所、看守所等监管机构中行使监管职责的工作人员。[①]“**体罚虐待**”，是指监管人员违反监管法规规定，对被监管人实施任意殴打、捆绑、冻饿、强迫从事过度劳动、侮辱人格、滥施械具等行为[②]，如《监狱法》第十四条中规定，监狱的人民警察不得刑讯逼供或者体罚、虐待罪犯，不得侮辱罪犯的人格，不得殴打或者纵容他人殴打罪犯。但是，依照有关监管法规的规定，对被监管人采取的必要的监管措施，则不能认定为体罚虐待，不构成犯罪。如《监狱法》第四十五条规定：“监狱遇有下列情形之一的，可以使用戒具：（一）罪犯有脱逃行为的；（二）罪犯有使用暴力行为的；（三）罪犯正在押解途中的；（四）罪犯有其他危险行为需要采取防范措施的。”《监狱法》第五十八条规定，罪犯有聚众哄闹监狱，扰乱正常秩序；辱骂或者殴打人民警察；欺压其他罪犯等破坏监管秩序情形的，可以给予警告、记过或者禁闭。对于监管人员依照上述规定采取的必要的禁闭、使用手铐或者其他戒具等措施，属于依法执行职务的行为，不能认为是犯罪。[③]“**被监管人**”，是指在监狱等刑罚执行场所服刑的罪犯、在看守所中被监管的犯罪嫌疑人和被告人、在拘留所中被执行行政拘留处罚的人以及其他依法被监管的人。如果体罚虐待的不是被监管的人，则不能构成虐待被监管人罪，对构成其他犯罪的，应依照刑法有关规定追究刑事责任。“**情节严重**”，主要是指经常殴打或者体罚虐待被监管人屡教不改；殴打或者体罚虐待被监管人手段恶劣；殴打或者体罚虐待被监管人造成恶劣影响；殴打或者体罚虐待被监管人造成严重后果等。“**情节特别严重**”，是指手段特别残忍、影响特别恶劣或者造成特别的严重后果等。“**致人伤残、死亡**”，是指监狱、拘留所、看守所等监管机构的监管人员殴打或者体罚虐待被监管人致使被监管人身体健康受到严重伤害、残疾或者死亡。虐待被监管人罪是**故意犯罪**，行为人明知自己的行为会造成侵犯被监管人人身权利的结果，并且希望或者放任这种结果发生，行为人一般是出于某种动机对被监管人进行肉体摧残与精神折磨。依照本款规定，监狱、拘留所、看守所等监管机构的监管人员对被监管人进行殴打或者体罚虐待，情节严重的，处三年以下有期徒刑或者拘役；情节特别严重的，处三年以上十年以下有期徒刑。致人伤残、死亡的，依照《刑法》第二百三十四条关于故意伤害罪、第二百三十二条关于故意杀人罪的规定定罪，并从重处罚。[④]

第二款是关于监管人员指使被监管人殴打或者体罚虐待其他被监管人的犯罪的处罚规定。这里所说的“**指使**”，是指监管人员指挥、唆使、命令被监管人殴打或者体罚虐待其他被监管人。这种情况时有发生，实际是监管人员殴打或者体罚虐待

分则　第四章

---

① 我国学者指出，虽然检察院、法院不是监管机构，但是，检察院与法院在押解途中、提讯或者开庭审理期间，实际上在行使监管机构的权力，可谓是特定期间的监管机构。检察院与法院的司法警察在特定期间代为行使监管机构的监管人员之监管职责，故而能够成为本罪之行为主体。参见张明楷：《刑法学》（第6版），法律出版社2021年版，第1187页。另有学者指出，人民法院的法警不属于监管人员。故而，法警在押送被告人去法庭开庭的过程中，殴打被告人的场合，不成立虐待被监管人罪，视情形可以成立故意伤害罪。参见黎宏：《刑法学各论》（第2版），法律出版社2016年版，第266页。

② 我国学者指出，本罪的“殴打”“体罚虐待”不要求具有一贯性，一次性殴打、体罚虐待情节严重，就足以构成本罪。参见黎宏：《刑法学各论》（第2版），法律出版社2016年版，第267页。

③ 相同的学说见解，参见黎宏：《刑法学各论》（第2版），法律出版社2016年版，第267页。

④ 我国学者指出，本款规定属于拟制规定而非注意规定。因此，不需要行为人对死亡或伤害具有故意。但根据责任主义原理，行为人至少对死亡或伤害必须有过失。参见张明楷：《刑法学》（第6版），法律出版社2021年版，第1110页。

被监管人的一种规避法律的做法，不仅影响恶劣，而且会因此使一些经常殴打、体罚虐待他人的被监管人成为牢头狱霸，妨害正常的监管秩序。[①] 依照本款规定，监管人员指使被监管人殴打或者体罚虐待其他被监管人，情节严重的，处三年以下有期徒刑或者拘役；情节特别严重的，处三年以上十年以下有期徒刑；致人伤残、死亡的，依照《刑法》第二百三十四条关于故意伤害罪、第二百三十二条关于故意杀人罪的规定定罪，并从重处罚。[②]

实际执行中应当注意划清虐待被监管人罪与**刑讯逼供罪**的界限。两种犯罪在客观方面基本相同。它们之间的区别表现为：一是故意的内容不同。虐待被监管人罪一般是出于某种动机而体罚虐待被监管人，刑讯逼供罪是为了取得犯罪嫌疑人或者被告人的有罪供述，查明故意的具体内容是区分两罪的关键。二是犯罪主体范围不完全相同。虐待被监管人罪的主体范围较小，一般限于监狱、拘留所、看守所等监管机构的监管人员，而刑讯逼供罪的犯罪主体较大，包括所有的司法工作人员。

【司法解释】

《最高人民检察院关于渎职侵权犯罪案件立案标准的规定》（高检发释字〔2006〕2号，自2006年7月26日起施行）

△（**虐待被监管人罪；立案标准**）虐待被监管人案

虐待被监管人罪是指监狱、拘留所、看守所、拘役所、劳教所等监管机构的监管人员对被监管人进行殴打或者体罚虐待，情节严重的行为。

涉嫌下列情形之一的，应予立案：

1. 以殴打、捆绑、违法使用械具等恶劣手段虐待被监管人的；
2. 以较长时间冻、饿、晒、烤等手段虐待被监管人，严重损害其身体健康的；
3. 虐待造成被监管人轻伤、重伤、死亡的；
4. 虐待被监管人，情节严重，导致被监管人自杀、自残造成重伤、死亡，或者精神失常的；
5. 殴打或者体罚虐待3人次以上的；
6. 指使被监管人殴打、体罚虐待其他被监管人，具有上述情形之一的；
7. 其他情节严重的情形。（§ 2Ⅴ）

《最高人民检察院关于强制隔离戒毒所工作人员能否成为虐待被监管人罪主体问题的批复》（高检发释字〔2015〕2号，自2015年2月15日起施行）

△（**强制隔离戒毒所；监管人员；虐待被监管人罪；故意伤害罪；故意杀人罪**）根据有关法律规定，强制隔离戒毒所是对符合特定条件的吸毒成瘾人员限制人身自由，进行强制隔离戒毒的监管机构，其履行监管职责的工作人员属于刑法第二百四十八条规定的监管人员。

对于强制隔离戒毒所监管人员殴打或者体罚虐待戒毒人员，或者指使戒毒人员殴打、体罚虐待其他戒毒人员，情节严重的，应当适用刑法第二百四十八条的规定，以虐待被监管人罪追究刑事责任；造成戒毒人员伤残、死亡后果的，应当依照刑法第二百三十四条、第二百三十二条的规定，以故意伤害罪、故意杀人罪从重处罚。

【司法解释性文件】

《最高人民检察院关于印发〈人民检察院直接受理立案侦查的渎职侵权重特大案件标准（试行）〉的通知》（高检发〔2001〕13号，2001年8月24日公布）

△（**虐待被监管人罪；重特大案件**）虐待被监管人案

（一）重大案件

1. 致使被监管人重伤或者精神失常的；
2. 对被监管人五人以上或五次以上实施虐待的。

（二）特大案件

1. 致使被监管人死亡的；
2. 对被监管人七人以上或七次以上实施虐待的。（§ 38）

【附属刑法】

《中华人民共和国监狱法》（1994年12月29日通过，2012年10月26日修正）

第十四条

Ⅰ 监狱的人民警察不得有下列行为：

……

（三）刑讯逼供或者体罚、虐待罪犯；

（四）侮辱罪犯的人格；

（五）殴打或者纵容他人殴打罪犯；

---

① 我国学者指出，监管人员指使、纵容被监管人殴打或者体罚虐待其他被监管人，应当结合义务犯（身份犯）的法理进行处理。参见周光权：《刑法各论》（第4版），中国人民大学出版社2021年版，第68页。

② 我国学者指出，本款规定属于注意规定。是以，监管人员实施《刑法》第二百四十八条第二款的行为，只有情节严重，才能认定为犯罪。参见张明楷：《刑法学》（第6版），法律出版社2021年版，第1188页。

（六）为谋取私利，利用罪犯提供劳务；

……

Ⅱ监狱的人民警察有前款所列行为，构成犯罪的，依法追究刑事责任；尚未构成犯罪的，应当予以行政处分。

《中华人民共和国国家赔偿法》（1994年5月12日通过，2012年10月26日第二次修正）

第三十一条

Ⅰ赔偿义务机关赔偿后，应当向有下列情形之一的工作人员追偿部分或者全部赔偿费用：

（一）有本法第十七条第四项、第五项规定情形的[①]；

（二）在处理案件中有贪污受贿，徇私舞弊，枉法裁判行为的。

Ⅱ对有前款规定情形的责任人员，有关机关应当依法给予处分；构成犯罪的，应当依法追究刑事责任。

第二百四十九条　【煽动民族仇恨、民族歧视罪】

煽动民族仇恨、民族歧视，情节严重的，处三年以下有期徒刑、拘役、管制或者剥夺政治权利；情节特别严重的，处三年以上十年以下有期徒刑。

【立法理由】

中华人民共和国是全国各族人民共同缔造的统一的多民族的国家，中国共产党一贯坚持各民族一律平等，反民族压迫和民族歧视。中华人民共和国成立后，废除了几千年来的民族压迫、民族歧视制度，开辟了民族平等团结的新纪元。煽动民族仇恨、民族歧视是对民族平等和民族团结关系的破坏行为。《宪法》第四条规定："中华人民共和国各民族一律平等。国家保障各少数民族的合法的权利和利益，维护和发展各民族的平等团结互助和谐关系。禁止对任何民族的歧视和压迫，禁止破坏民族团结和制造民族分裂的行为。国家根据各少数民族的特点和需要，帮助各少数民族地区加速经济和文化的发展。各少数民族聚居的地方实行区域自治，设立自治机关，行使自治权。各民族自治地方都是中华人民共和国不可分离的部分。各民族都有使用和发展自己的语言文字的自由，都有保持或者改革自己的风俗习惯的自由。"此外，相关国际公约也对煽动民族仇恨、民族歧视提出要求，如《公民权利和政治权利国际公约》第二十条第二款规定："任何鼓吹民族、种族或宗教仇恨之主张，构成煽动歧视、敌视或强暴者，应以法律禁止之。"1965年联合国《消除一切形式种族歧视国际公约》第四条规定："缔约国对于一切宣传及一切组织，凡以某一种族或属于某一肤色或人种的人群具有优越性的思想或理论为根据者，或试图辩护或提倡任何形式的种族仇恨及歧视者，概予谴责，并承诺立即采取旨在根除对此种歧视的一切煽动或歧视行为的积极措施，又为此目的，在充分顾及世界人权宣言所载原则及本公约第五条明文规定的权利的条件下，除其他事项外：（子）应宣告凡传播以种族优越或仇恨为根据的思想，煽动种族歧视，对任何种族或属于另一肤色或人种的人群实施强暴行为或煽动此种行为，以及对种族主义者的活动给予任何协助者，包括筹供经费在内，概为犯罪行为，依法惩处；（丑）应宣告凡组织及有组织的宣传活动与所有其他宣传活动的提倡与煽动种族歧视者，概为非法，加以禁止，并确认参加此等组织或活动为犯罪行为，依法惩处；（寅）应不准全国性或地方性公共当局或公共机关提倡或煽动种族歧视。"煽动民族仇恨，破坏民族团结严重影响我国各民族平等、团结、互助的关系。为维护社会安定，促进民族团结，**1997年修订刑法时**，立法机关规定了煽动民族仇恨、民族歧视罪。对于利用民族问题，煽动分裂国家、破坏国家统一的，仍然适用危害国家安全罪的有关规定定罪处罚。

① 《中华人民共和国国家赔偿法》（1994年5月12日通过，2012年10月26日第二次修正）

第十七条

行使侦查、检察、审判职权的机关以及看守所、监狱管理机关及其工作人员在行使职权时有下列侵犯人身权情形之一的，受害人有取得赔偿的权利：

……

（四）刑讯逼供或者以殴打、虐待等行为或者唆使、放纵他人以殴打、虐待等行为造成公民身体伤害或者死亡的；

（五）违法使用武器、警械造成公民身体伤害或者死亡的。

【条文说明】

本条是关于煽动民族仇恨、民族歧视罪及其处罚的规定。

根据本条规定，煽动民族仇恨、民族歧视，情节严重的行为，构成犯罪。这里所说的“**煽动**”，是指以激起民族之间的仇恨、歧视为目的，公然以语言、文字等方式诱惑、鼓动群众的行为，如书写、张贴、散发含有民族仇恨、民族歧视内容的标语、传单，印刷、出版、散发含有民族仇恨、民族歧视内容的非法刊物，通过音频、视频方式播放、传播含有民族仇恨、民族歧视内容的音像制品，发表含有民族仇恨、民族歧视内容的演讲、呼喊口号等。“**煽动民族仇恨**”，是指以激起不同民族间的仇恨为目的，利用各民族的来源、历史、风俗习惯等的不同，煽动民族间的相互敌对、仇视的行为。“**煽动民族歧视**”，是指以激起民族之间的歧视为目的，利用各民族的来源、历史、风俗习惯等的不同，煽动民族间的相互排斥、限制、损害民族平等地位的行为。“**情节严重的**”，是指煽动手段恶劣的，如使用侮辱、造谣等手段的；多次进行煽动的；造成严重后果或者影响恶劣的；等等。“**情节特别严重的**”，是指煽动手段特别恶劣的；长期进行煽动的；引起民族纠纷、冲突或者民族地区骚乱后果特别严重的或者影响特别恶劣的；等等。关于煽动民族仇恨、民族歧视罪的刑罚，依照本条规定，情节严重的，处三年以下有期徒刑、拘役、管制或者剥夺政治权利；情节特别严重的，处三年以上十年以下有期徒刑。

实际执行中应当注意以下两个方面的问题：

1. 正确掌握煽动民族仇恨、民族歧视罪的**入罪标准**。行为人实施了煽动民族仇恨、民族歧视的行为，情节严重的，就可以构成犯罪，至于被煽动者是否进行了破坏民族团结的行为，不影响煽动民族仇恨、民族歧视罪的成立。此外，现行《**治安管理处罚法**》第四十七条规定：“煽动民族仇恨、民族歧视，或者在出版物、计算机信息网络中刊载民族歧视、侮辱内容的，处十日以上十五日以下拘留，可以并处一千元以下罚款。”实践中，对于煽动民族仇恨、民族歧视，尚不构成犯罪的，可以给予治安管理处罚。

2. 划清煽动民族仇恨、民族歧视罪与**煽动分裂国家罪、煽动颠覆国家政权罪**的界限。根据《刑法》第一百零三条第二款的规定，煽动分裂国家罪，是指进行宣传煽动分裂国家、破坏国家统一的行为。根据《刑法》第一百零五条第二款的规定，煽动颠覆国家政权罪，是指以造谣、诽谤或者其他方式煽动颠覆国家政权，推翻社会主义制度的行为。煽动民族仇恨、民族歧视罪与煽动分裂国家罪、煽动颠覆国家政权罪的主要区别体现在：一是侵犯的客体不同。煽动民族仇恨、民族歧视罪侵犯的是各民族的平等、团结，煽动分裂国家罪、煽动颠覆国家政权罪侵犯的是国家安全。二是主观方面的内容不同。煽动民族仇恨、民族歧视罪以破坏民族平等、民族团结为目的，煽动分裂国家罪、煽动颠覆国家政权罪则以分裂国家或者颠覆国家政权为目的。

【附属刑法】

《全国人民代表大会常务委员会关于维护互联网安全的决定》（2000年12月28日通过，2009年8月27日修正）

二、为了维护国家安全和社会稳定，对有下列行为之一，构成犯罪的，依照刑法有关规定追究刑事责任：

……

（三）利用互联网煽动民族仇恨、民族歧视，破坏民族团结；

……

第二百五十条　【出版歧视、侮辱少数民族作品罪】

在出版物中刊载歧视、侮辱少数民族的内容，情节恶劣，造成严重后果的，对直接责任人员，处三年以下有期徒刑、拘役或者管制。

【立法理由】

我国是多民族的国家，各族人民在长期的历史发展中形成了平等、团结、互助的民族关系。我国宪法在序言中提出“中华人民共和国是全国各族人民共同缔造的统一的多民族国家。平等团结互助和谐的社会主义民族关系已经确立，并将继续加强。在维护民族团结的斗争中，要反对大民族主义，主要是大汉族主义，也要反对地方民族主义。国家尽一切努力，促进全国各民族的共同繁荣”。1982年《宪法》第四条规定，“中华人民共和国各民族一律平等。国家保障各少数民族的合法的权利和利益，维护和发展各民族的平等、团结、互助关系。禁止对任何民族的歧视和压迫,禁止破坏民族团结和制造民族分裂的行为","各民族都有使用和发展自己的语言文字的自由,都有保持或者改革自己的风俗习惯的自由"。在出版物中刊载歧视、侮辱少数民族风俗习惯内容的,影响非常恶劣,损害了民族关系和民族感情。在1997年第八届全国人大第五次会议审议刑法修订草案时,有代表提出,对在出版物中刊登歧视、侮辱少数民族风俗习惯的内容,造成严重后果的行为,应当规定为犯罪。根据代表意见,**1997年修订刑法时**,立法机关增加了出版歧视、侮辱少数民族作品罪的规定。

【条文说明】

本条是关于出版歧视、侮辱少数民族作品罪及其处罚的规定。

根据本条规定,出版歧视、侮辱少数民族作品罪,是指在出版物中刊载歧视、侮辱少数民族的内容,情节恶劣,造成严重后果的行为。构成出版歧视、侮辱少数民族作品罪必须具备以下几个条件:(1)**必须是在出版物中刊载歧视、侮辱少数民族的内容**。这里所说的"出版物",包括报纸、期刊、图书、音像制品和电子出版物等。"刊载",包括发表、制作、转载等。如果不是在出版物上刊载,而只是口头表达的,不构成出版歧视、侮辱少数民族作品罪。(2)**刊载的必须是歧视、侮辱少数民族的内容**。这里所说的"歧视、侮辱少数民族的内容",是指针对少数民族的来源、历史、风俗习惯等,对少数民族进行贬低、诬蔑、嘲讽、辱骂以及其他歧视、侮辱的行为。(3)**必须是情节恶劣的行为**。这里所说的"情节恶劣",主要是指刊载的内容歪曲历史或者制造谣言,内容污秽、恶毒以及多次刊载等。(4)**必须是造成严重后果的**。这里所说的"造成严重后果",主要是造成恶劣的政治影响,引起民族骚乱、纠纷等。(5)**出版歧视、侮辱少数民族作品罪的犯罪主体是在出版物中刊载歧视、侮辱少数民族的内容的直接责任人员**。这里所说的"直接责任人员",主要包括作者、责任编辑以及其他对刊载上述内容负有直接责任的人员。根据本条规定,在出版物中刊载歧视、侮辱少数民族的内容,情节恶劣,造成严重后果的,对直接责任人员,处三年以下有期徒刑、拘役或者管制。

实际执行中应当注意以下两个方面的问题:

1. 划清出版歧视、侮辱少数民族作品罪与**煽动民族仇恨、民族歧视罪**的界限。构成出版歧视、侮辱少数民族作品罪的行为,一般出于民族偏见、取笑、猎奇等目的,如果是为激起民族仇恨、民族歧视的目的而进行煽动的,应当依照本法第二百四十九条关于煽动民族仇恨、民族歧视罪的规定定罪处罚。

2. 出版歧视、侮辱少数民族作品,尚不构成犯罪的,可以依照治安管理处罚法给予**治安管理处罚**。《治安管理处罚法》第四十七条规定:"煽动民族仇恨、民族歧视,或者在出版物、计算机信息网络中刊载民族歧视、侮辱内容的,处十日以上十五日以下拘留,可以并处一千元以下罚款。"

【司法解释】

《最高人民法院关于审理非法出版物刑事案件具体应用法律若干问题的解释》(法释〔1998〕30号,自1998年12月23日起施行)

△(**非法出版物;出版歧视、侮辱少数民族作品罪**)出版刊载歧视、侮辱少数民族内容的作品,情节恶劣,造成严重后果的,依照刑法第二百五十条的规定,以出版歧视、侮辱少数民族作品罪定罪处罚。(§7)

第二百五十一条　【非法剥夺公民宗教信仰自由罪】【侵犯少数民族风俗习惯罪】

国家机关工作人员非法剥夺公民的宗教信仰自由和侵犯少数民族风俗习惯,情节严重的,处二年以下有期徒刑或者拘役。

【立法理由】

1. **1979年立法的情况**。宗教信仰自由是我国公民一项重要的宪法权利,并涉及历史、民族、文化等社会问题。国家倡导宗教信仰自由,并由国家强制力保证这项权利的实施。我国是个多民族的国家,各民族都有自己独特的风俗习惯,国家尊重和保护这些风俗习惯的延续和发展。为惩治各类剥夺公民宗教信仰自由及侵犯少数民族风俗习惯的违法犯罪行为,我国1979年《刑法》第一百四十七条规定了非法剥夺公民宗教信仰自由罪、侵犯少数民族风俗习惯罪。1979年《刑法》第一百四十七条规定:"国家工作人员非法剥夺公民的正当的宗教信仰自由和侵犯少数民族风俗习惯，情节严重的，处二年以下有期徒刑或者拘役。”

2. **1997年修订刑法的情况**。1997年修订刑法时，立法机关对本条作了修改，主要是将“国家工作人员”修改为“国家机关工作人员”，同时作了文字修改。

【条文说明】

本条是关于非法剥夺公民宗教信仰自由罪、侵犯少数民族风俗习惯罪及其处罚的规定。

根据《宪法》第四条的规定，国家保障各少数民族的合法的权利和利益，维护和发展各民族的平等团结互助和谐关系；各民族都有使用和发展自己的语言文字的自由，都有保持或者改革自己的风俗习惯的自由。《宪法》第三十六条明确规定：“中华人民共和国公民有宗教信仰自由。任何国家机关、社会团体和个人不得强制公民信仰宗教或者不信仰宗教，不得歧视信仰宗教的公民和不信仰宗教的公民。国家保护正常的宗教活动……”非法剥夺公民宗教信仰自由罪，是指国家机关工作人员非法剥夺公民的宗教信仰自由，情节严重的行为；侵犯少数民族风俗习惯罪，是指国家机关工作人员以强制手段非法干涉、破坏少数民族的风俗习惯，情节严重的行为。**本条规定的非法剥夺公民宗教信仰自由罪和侵犯少数民族风俗习惯罪的犯罪主体都只能是国家机关工作人员**。国家机关工作人员在执行国家宗教政策和少数民族政策中处于很重要的地位，有的则专门从事宗教、民族事务工作，一旦对宗教信仰自由或者少数民族风俗习惯进行干涉、破坏，危害后果往往非常严重，造成的影响也更坏，因此本条将犯罪主体限定为国家机关工作人员。非国家机关工作人员实施非法剥夺公民宗教信仰自由或者侵犯少数民族风俗习惯的行为的，不构成上述犯罪；如果其行为触犯了刑法其他条文的，可按刑法的有关规定定罪处罚。本条规定的“**非法剥夺**”公民的宗教信仰自由，是指采用强制等方法剥夺他人的宗教信仰自由，如非法干涉他人的合法宗教活动，强迫教徒退教或者改变信仰，强迫公民信教或者信某一教派，以及非法封闭或者捣毁合法宗教场所、设施等。“**宗教信仰自由**”包括公民既有信仰宗教的自由，也有不信仰宗教的自由；既有信仰这种宗教的自由，也有信仰那种宗教的自由；有过去不信教、现在信教的自由，也有过去信教、现在不信教的自由。[①] 本条所规定的“**少数民族风俗习惯**”，是指我国各少数民族在长期的历史过程中形成的有本民族特色的风俗民情、伦理道德等。除了那些与社会主义公共道德相违背和与我国法律相抵触的陈规陋俗要摒弃，根据宪法等法律规定，各少数民族有保持或者改革自己的风俗习惯的自由。因此，对于少数民族的风俗习惯应当尊重，对于侵犯少数民族风俗习惯，情节严重的行为，应当依法予以惩处。根据本条规定，构成非法剥夺公民宗教信仰自由罪、侵犯少数民族风俗习惯罪的都必须是情节严重的行为。这里所说的“**情节严重**”，主要是指非法剥夺公民宗教信仰自由和侵犯少数民族风俗习惯的行为手段恶劣，后果严重，或者政治影响恶劣等。依照本条规定，国家机关工作人员犯非法剥夺公民宗教信仰自由罪、侵犯少数民族风俗习惯罪的，处二年以下有期徒刑或者拘役。

实际执行中应当注意划清**正常的宗教活动与利用宗教从事非法活动的界限**。《宪法》第三十六条第三款、第四款规定：“国家保护正常的宗教活动。任何人不得利用宗教进行破坏社会秩序、损害公民身体健康、妨碍国家教育制度的活动。宗教团体和宗教事务不受外国势力的支配。”宗教信仰自由，必须在不违反国家的法律，不危害国家利益和各民族团结的前提下进行宗教信仰活动。利用宗教信仰从事违法犯罪活动的行为，不属于宗教信仰自由的范围。

第二百五十二条　【侵犯通信自由罪】

隐匿、毁弃或者非法开拆他人信件，侵犯公民通信自由权利，情节严重的，处一年以下有期徒刑或者拘役。

【立法理由】

通信自由是宪法保护的公民基本权利之一，除依照法律规定由专门机关享有通信检查权外，其他任何单位和个人都无权检查公民的通信。为

① 相同的学说见解，参见周光权：《刑法各论》（第4版），中国人民大学出版社2021年版，第87页。

保障公民的通信自由，1979年《刑法》第一百四十九条规定了侵犯通信自由罪。

【条文说明】

本条是关于侵犯通信自由罪及其处罚的规定。

根据本条规定，**侵犯通信自由罪**，是指隐匿、毁弃或者非法开拆他人信件，侵犯公民通信自由权利，情节严重的行为。这里所规定的"**隐匿**"他人信件，是指将他人投寄的信件秘密隐藏起来，使收件人无法查收的行为；"**毁弃**"他人信件，是指将他人投寄的信件予以撕毁、烧毁、扔弃等，致使他人无法查收的行为；"**非法开拆**"，是指违反国家有关规定，未经投寄人或者收件人同意，私自开拆他人信件的行为。[①] 这里所说的"**公民通信自由权利**"，是指我国宪法和法律所赋予公民的通信自由不受侵犯的权利。我国《宪法》第四十条明确规定："中华人民共和国公民的通信自由和通信秘密受法律的保护，除因国家安全或者追查刑事犯罪的需要，由公安机关或者检察机关依照法律规定的程序对通信进行检查外，任何组织或者个人不得以任何理由侵犯公民的通信自由和通信秘密。"现行《刑事诉讼法》第一百四十三条、第一百四十五条规定了**检交扣押邮件的程序**，即侦查人员认为需要扣押犯罪嫌疑人的邮件、电报的时候，经公安机关或者人民检察院批准，即可通知邮电机关将有关的邮件、电报检交扣押，不需要继续扣押的时候，应即通知邮电机关。对查封、扣押的财物、文件、邮件、电报等，经查明确实与案件无关的，应当在三日以内解除查封、扣押、冻结，予以退还。除依据法定事由、法定程序扣押、检查之外，任何机关、团体、单位和个人都不得侵犯公民的通信自由和通信秘密。对于侵犯公民通信自由权利情节严重的行为，应当依法予以惩处。根据本条规定，构成侵犯通信自由罪的行为必须是情节严重的行为。这里所说的"**情节严重**"，主要是指多次、经常隐匿、毁弃、非法开拆他人信件或者隐匿、毁弃、非法开拆他人信件数量较多或者造成严重后果等。侵犯通信自由罪是**故意犯罪**，如因过失而遗失、损毁、误拆他人信件的，不构成犯罪。关于侵犯公民通信自由罪的刑罚，依照本条规定，隐匿、毁弃或者非法开拆他人信件，侵犯公民通信自由权利，情节严重的，处一年以下有期徒刑或者拘役。

实际执行中应当注意划清**罪与非罪的界限**。侵犯通信自由的行为如果情节不严重，则不构成犯罪，不能追究行为人的刑事责任，但可以依照《治安管理处罚法》第四十八条的规定给予治安处罚。《治安管理处罚法》第四十八条规定："冒领、隐匿、毁弃、私自开拆或者非法检查他人邮件的，处五日以下拘留或者五百元以下罚款。"

【附属刑法】

《全国人民代表大会常务委员会关于维护互联网安全的决定》（2000年12月28日通过，2009年8月27日修正）

四、为了保护个人、法人和其他组织的人身、财产等合法权利，对有下列行为之一，构成犯罪的，依照刑法有关规定追究刑事责任：

……

（二）非法截获、篡改、删除他人电子邮件或者其他数据资料，侵犯公民通信自由和通信秘密；

……

《中华人民共和国邮政法》（1986年12月2日通过，2015年4月24日第二次修正）

第七十一条

冒领、私自开拆、隐匿、毁弃或者非法检查他人邮件、快件[②]，尚不构成犯罪的，依法给予治安管理处罚。

---

① 被害人最终是否能够再收到信件、行为人是否非法获知信件的内容等，均在所不问。不能认为必须是擅自将他人信件打开，并偷看其内容，才成立非法开拆。参见周光权：《刑法各论》（第4版），中国人民大学出版社2021年版，第76页。

② 《中华人民共和国邮政法》（1986年12月2日通过，2015年4月24日第二次修正）

第三条

Ⅰ公民的通信自由和通信秘密受法律保护。除因国家安全或者追查刑事犯罪的需要，由公安机关、国家安全机关或者检察机关依照法律规定的程序对通信进行检查外，任何组织或者个人不得以任何理由侵犯公民的通信自由和通信秘密。

Ⅱ除法律另有规定外，任何组织或者个人不得检查、扣留邮件、汇款。

第三十五条

Ⅰ任何单位和个人不得私自开拆、隐匿、毁弃他人邮件。

Ⅱ除法律另有规定外，邮政企业及其从业人员不得向任何单位或者个人泄露用户使用邮政服务的信息。

第八十二条　违反本法规定，构成犯罪的，依法追究刑事责任。

第二百五十三条　【私自开拆、隐匿、毁弃邮件、电报罪】
邮政工作人员私自开拆或者隐匿、毁弃邮件、电报的，处二年以下有期徒刑或者拘役。
犯前款罪而窃取财物的，依照本法第二百六十四条的规定定罪从重处罚。

【立法理由】

1. **1979 年立法的情况**。我国公民享有通信自由的权利，国家对这一权利的行使予以保障。实践中有时发生有的邮政工作人员利用能够接触到邮件、电报的职务便利，私自开拆或者隐匿、毁弃邮件、电报的情形，为了保障公民的通信自由不受侵犯，1979 年刑法规定了私自开拆、隐匿、毁弃邮件、电报罪。1979 年《刑法》第一百九十一条规定："邮电工作人员私自开拆或者隐匿、毁弃邮件、电报的，处二年以下有期徒刑或者拘役。犯前款罪而窃取财物的，依照第一百五十五条贪污罪从重处罚。"

2. **1979 年之后至 1997 年刑法修订前的立法情况**。1997 年修订刑法时，立法机关对本条的规定作了修改：一是将犯罪主体由"邮电工作人员"修改为"邮政工作人员"，这样修改主要是与邮政法的称谓相协调；二是将第二款规定的窃取财物的处理，由依照贪污罪处罚改为依照盗窃罪处罚。

【条文说明】

本条是关于私自开拆、隐匿、毁弃邮件、电报罪及其处罚的规定。

《宪法》第四十条明确规定："中华人民共和国公民的通信自由和通信秘密受法律的保护，除因国家安全或者追查刑事犯罪的需要，由公安机关或者检察机关依照法律规定的程序对通信进行检查外，任何组织或者个人不得以任何理由侵犯公民的通信自由和通信秘密。"《邮政法》第三十五条规定，"任何单位和个人不得私自开拆、隐匿、毁弃他人邮件"。《刑事诉讼法》第一百四十三条、第一百四十五条规定了**检交扣押邮件的程序**，即侦查人员认为需要扣押犯罪嫌疑人的邮件、电报的时候，经公安机关或者人民检察院批准，即可通知邮电机关将有关的邮件、电报检交扣押，不需要继续扣押的时候，应即通知邮电机关；对查封、扣押的财物、文件、邮件、电报等，经查明确实与案件无关的，应当在三日以内解除查封、扣押、冻结，予以退还。除依据法定事由、法定程序扣押、检查之外，任何机关、团体、单位和个人都不得侵犯公民的通信自由和通信秘密。

本条共分为两款。

第一款是关于私自开拆、隐匿、毁弃邮件、电报罪及其处罚的规定。依照本款规定，**私自开拆、隐匿、毁弃邮件、电报罪**，是指邮政工作人员利用职务上的便利，私自开拆或者隐匿、毁弃邮件、电报的行为。本条所规定的"**邮政工作人员**"，是指邮政部门的营业员、分拣员、投递员、押运员以及其他从事邮政工作的人员。[①] 私自开拆、隐匿、毁弃邮件、电报罪的主体只能是邮政工作人员，而且私自开拆、隐匿、毁弃邮件、电报的行为必须是**利用职务之便实施的**。[②] 如果隐匿、毁弃或者非法开拆他人信件、电报的行为人不是邮政工作人员或者邮政工作人员不是利用职务之便而实施上述行为的，不构成私自开拆、隐匿、毁弃邮件、电报罪，情节严重的，构成《刑法》第二百五十二条规定的侵犯通信自由罪。本条规定了三种妨害邮政通讯的行为，其中"**私自开拆**"，是指违反国家规定，未经投寄人或者收件人同意，在邮途中非法开拆他人邮件、电报的行为。"**隐匿**"，是指将他人投寄的邮件、电报予以截留藏匿而不递交给收件人的行为。"**毁弃**"，是指将他人投寄的邮件、电报予以撕毁、烧毁、抛弃等，致使他人无法查收的行为。私自开拆、隐匿、毁弃邮件、电报是妨害邮政通讯的三种具体行为，只要邮政工作人员故意施行上述三种行为之一，就可构成私自开拆、隐匿、毁弃邮件、电报罪。邮政工作人员依法检查邮件的行为，属于正当的职务行为，不构成犯罪。

---

① 单位专职信件收发员并非邮政工作人员，其利用工作之便藏匿、毁弃、私拆他人信件，只能构成侵犯通信自由罪，而非本罪。参见黎宏：《刑法学各论》（第 2 版），法律出版社 2016 年版，第 269 页。

② 相同的学说见解，参见高铭暄、马克昌主编：《刑法学》（第 7 版），北京大学出版社、高等教育出版社 2016 年版，第 482 页。

这里所说的“**邮件**”,是指通过邮政部门递寄的信件、印刷品、包裹、汇票、报刊等;“**电报**”,包括明码、密码电报等。本款规定在执行中需要注意的是,私自开拆、隐匿、毁弃邮件、电报罪只能是**故意犯罪**,可能出于各种各样的动机,如报复、图财、逃避工作等。因过失而遗失、毁坏邮件、电报的,不构成私自开拆、隐匿、毁弃邮件、电报罪。依照本款规定,邮政工作人员犯私自开拆、隐匿、毁弃邮件、电报罪的,处二年以下有期徒刑或者拘役。

第二款是对邮政工作人员私自开拆或者隐匿、毁弃邮件、电报而窃取财物的依照本法关于盗窃罪的规定定罪从重处罚的规定。这里所规定的“**窃取财物**”,是指邮政工作人员在私自开拆或者隐匿、毁弃邮件的同时,从邮件中窃取财物的行为。这种行为既妨害了邮政通讯,又侵犯了他人的合法财产。依照本款规定,邮政工作人员私自开拆或者隐匿、毁弃邮件、电报同时窃取财物的,构成盗窃罪,**应依照《刑法》第二百六十四条关于盗窃罪的规定从重处罚**。[①②]

实际执行中应当注意区分私自开拆、隐匿、毁弃邮件、电报罪与《刑法》第二百五十二条规定的**侵犯通信自由罪**的区别:一是犯罪对象不完全相同,私自开拆、隐匿、毁弃邮件、电报罪的犯罪对象为邮件、电报,侵犯通信自由罪的犯罪对象为信件,私自开拆、隐匿、毁弃邮件、电报罪的犯罪对象比侵犯通信自由罪的范围更大。二是犯罪主体不同。私自开拆、隐匿、毁弃邮件、电报罪的犯罪主体为特殊主体,即限于邮政工作人员;侵犯通信自由罪为一般主体,任何人都可以构成。三是构成犯罪的要求不同。私自开拆、隐匿、毁弃邮件、电报罪不以情节严重为构成要件;侵犯通信自由罪则必须是情节严重的才构成犯罪。

【司法解释性文件】

《最高人民法院、最高人民检察院、公安部、邮电部关于加强查处破坏邮政通信案件工作的通知》(〔1983〕邮政联字934号,1983年11月17日公布)

△(**社会危害后果**)私拆、隐匿、毁弃邮件、电报等破坏邮政通信的案件,是违法犯罪行为。因此,对这种案件的定性、处理或量刑,必须重视对邮政通信的破坏所造成的社会危害后果,不能仅以数量多少来处理。(§2Ⅰ)

【附属刑法】

《中华人民共和国治安管理处罚法》(2005年8月28日通过,2012年10月26日修正)

第二条

扰乱公共秩序,妨害公共安全,侵犯人身权利、财产权利,妨害社会管理,具有社会危害性,依照《中华人民共和国刑法》的规定构成犯罪的,依法追究刑事责任;尚不够刑事处罚的,由公安机关依照本法给予治安管理处罚。

第四十八条

冒领、隐匿、毁弃、私自开拆或者非法检查他人邮件的,处五日以下拘留或者五百元以下罚款。

《中华人民共和国邮政法》(1986年12月2日通过,2015年4月24日第二次修正)

第七十一条

冒领、私自开拆、隐匿、毁弃或者非法检查他人邮件、快件[③],尚不构成犯罪的,依法给予治安管理处罚。

① 我国刑法采取了“对包装物中的内容物的占有,依然保留在委托人手中”的立场。参见黎宏:《刑法学各论》(第2版),法律出版社2016年版,第317页。

② 我国学者指出,邮政工作人员利用职务上的便利触犯本罪而窃取财物,若符合贪污罪的犯罪构成,属于本罪与贪污罪的想象竞合,应当按贪污罪的法定刑论处。因此,本款规定属于注意规定,而未将贪污行为拟制为盗窃罪。参见张明楷:《刑法学》(第6版),法律出版社2021年版,第1206页。

③ 《中华人民共和国邮政法》(1986年12月2日通过,2015年4月24日第二次修正)

第三十五条

Ⅰ任何单位和个人不得私自开拆、隐匿、毁弃他人邮件。

Ⅱ除法律另有规定外,邮政企业及其从业人员不得向任何单位或者个人泄露用户使用邮政服务的信息。

第二百五十三条之一　【侵犯公民个人信息罪】

违反国家有关规定，向他人出售或者提供公民个人信息，情节严重的，处三年以下有期徒刑或者拘役，并处或者单处罚金；情节特别严重的，处三年以上七年以下有期徒刑，并处罚金。

违反国家有关规定，将在履行职责或者提供服务过程中获得的公民个人信息，出售或者提供给他人的，依照前款的规定从重处罚。

窃取或者以其他方法非法获取公民个人信息的，依照第一款的规定处罚。

单位犯前三款罪的，对单位判处罚金，并对其直接负责的主管人员和其他直接责任人员，依照各该款的规定处罚。

【立法沿革】

《中华人民共和国刑法修正案（七）》（自2009年2月28日起施行）

七、在刑法第二百五十三条后增加一条，作为第二百五十三条之一：

"国家机关或者金融、电信、交通、教育、医疗等单位的工作人员，违反国家规定，将本单位在履行职责或者提供服务过程中获得的公民个人信息，出售或者非法提供给他人，情节严重的，处三年以下有期徒刑或者拘役，并处或者单处罚金。

"窃取或者以其他方法非法获取上述信息，情节严重的，依照前款的规定处罚。

"单位犯前两款罪的，对单位判处罚金，并对其直接负责的主管人员和其他直接责任人员，依照各该款的规定处罚。"

《中华人民共和国刑法修正案（九）》（自2015年11月1日起施行）

十七、将刑法第二百五十三条之一修改为：

"违反国家有关规定，向他人出售或者提供公民个人信息，情节严重的，处三年以下有期徒刑或者拘役，并处或者单处罚金；情节特别严重的，处三年以上七年以下有期徒刑，并处罚金。

"违反国家有关规定，将在履行职责或者提供服务过程中获得的公民个人信息，出售或者提供给他人的，依照前款的规定从重处罚。

"窃取或者以其他方法非法获取公民个人信息的，依照第一款的规定处罚。

"单位犯前三款罪的，对单位判处罚金，并对其直接负责的主管人员和其他直接责任人员，依照各该款的规定处罚。"

【立法理由】

1. 2009年《刑法修正案（七）》增加了本条规定。我国法律一贯重视对公民个人信息的保护，宪法以及刑事、民商事、行政等部门法律中都有相关规定。从这些规定来看，主要是从两个角度对公民个人信息加以保护：一是**与公民通信自由权和通信秘密的保护相联系**。如宪法规定，中华人民共和国公民的通信自由和通信秘密受法律保护。除因国家安全或者追查刑事犯罪的需要，由公安机关或者检察院依照法律规定的程序对通信进行检查外，任何组织或者个人不得以任何理由侵犯公民的通信自由和通信秘密。邮政法、电信条例、计算机信息网络国际联网安全保护管理办法等法律、行政法规中也都有相应规定。二是**与公民隐私权的保护相联系**。这方面的法律规定主要是民商事法律、行政法、诉讼法。如行政处罚法、行政复议法、行政许可法等在涉及行政机关公开、公布和提供相关信息时，对防止侵犯公民个人隐私都作了相应规定；刑事诉讼法、民事诉讼法、行政诉讼法中有关公开审判的规定中也都有类似规定。其他一些有关对公共服务等活动进行监督管理的法律中也都有关于保护公民个人隐私的规定，如银行业监督管理法、反洗钱法、保险法、律师法、公证法、执业医师法等。这些法律规定的公民个人隐私包括但不限于公民个人信息。为进一步保护公民的人身、财产安全和个人隐私以及正常的工作、生活不受侵害和干扰，保护公民个人信息不被泄露，2009年《**刑法修正案（七）**》将国家机关等单位在履行职责或者提供服务过程中获得的公民个人信息出售、非法提供给他人的行为，以及窃取、非法获取公民个人信息的行为规定为犯罪。《刑法修正案（七）》的规定为惩治出售、非法提供和非法获取公民个人信息的犯罪，保护公民个人信息发挥了重要的积极作用。

2. 2015年《刑法修正案（九）》对本条的修改情况。为了进一步加强对公民个人信息的保护，《刑法修正案（九）》根据实践需要和有关方面的意见对本条作了修改，主要是：(1)增加一款作为第一款，规定一般主体违规向他人出售、非法提供公民个人信息的犯罪。(2)将第一款改作第二款，扩大犯罪主体的范围，将"违反国家规定"修改为"违反国家有关规定"，同时规定了从重处罚的原则。(3)将第二款移作第三款。(4)将第三款移作第四款。

这样修改主要是《刑法修正案(七)》施行之后,出售、非法提供和非法获取公民个人信息的犯罪出现了一些新情况。随着信息网络的进一步普及发展,侵害公民个人信息的违法犯罪愈发突出,通过网络出售、非法提供和非法获取公民个人信息的行为增多。2012 年以来,公安部门在全国先后开展数次打击侵害公民个人信息犯罪专项行动,破获一大批出售、非法提供和非法获取公民个人信息的案件,查获被盗取的各类公民个人信息数十亿条,涉及金融、电信、公安、交通、教育、医疗等部门和行业。这类违法犯罪使公民权利遭受侵害,社会管理难度升级,同时容易引发其他严重的犯罪行为,加大对这些行为的惩处力度已经成为社会的一致要求与共识。有关方面提出,根据《刑法修正案(七)》的规定,只能打击金融、电信等单位工作人员出售、非法提供公民个人信息的犯罪行为,而对于一般主体违背公民个人意愿,出售、非法提供其个人信息的,难以依法惩治。还有意见提出,倒卖公民个人信息犯罪是网络犯罪的上游环节,现有规定无法打击倒卖行为。建议修改本条规定,以加强对公民个人信息的保护,切断出售、非法提供公民个人信息的黑色产业链,从源头上打击利用公民个人信息实施的其他侵害公民权益的违法犯罪行为。因此,2015 年**《刑法修正案(九)》**对本条作了上述修改。

【条文说明】

本条是关于侵犯公民个人信息罪及其处罚的规定。

本条共分为四款。

第一款是关于违规向他人出售或者非法提供公民个人信息的犯罪及其处罚的规定。这是《刑法修正案(九)》新增加的规定,主要是为了惩治违背公民个人意愿,出售、非法提供其个人信息和倒卖公民个人信息行为。《刑法修正案(七)》增加的《刑法》第二百五十三条之一第一款规定了国家机关、金融等单位的工作人员违规出售、提供公民个人信息犯罪,属于特殊主体的犯罪,本款将犯罪主体扩大至**一般主体**,即任何年满十六周岁的人,违反国家有关规定,向他人出售或者非法提供公民个人信息的行为,不论来源如何,只要符合本款规定的,都可以定罪处罚予以惩治。本款规定犯罪的客体是公民对个人信息享有的权利,这里规定的“**公民个人信息**”,是指以电子或者其他方式记录的能够单独或者与其他信息结合识别特定自然人身份或者反映特定自然人活动情况的各种信息,包括姓名、身份证件号码、通信通讯联系方式、住址、帐号密码、财产状况、行踪轨迹等。[①] 本款规定犯罪的主观方面是**故意**,即违反国家有关规定,故意出售和非法提供公民个人信息。这里的“违反国家有关规定”是指违反了有关法律、行政法规、部门规章等国家层面涉及公民个人信息管理方面的规定,如《反洗钱法》第五条规定:“对依法履行反洗钱职责或者义务获得的客户身份资料和交易信息,应当予以保密;非依法律规定,不得向任何单位和个人提供。反洗钱行政主管部门和其他依法负有反洗钱监督管理职责的部门、机构履行反洗钱职责获得的客户身份资料和交易信息,只能用于反洗钱行政调查。司法机关依照本法获得的客户身份资料和交易信息,只能用于反洗钱刑事诉讼。”此外,商业银行法、居民身份证法、护照法、消费者权益保护法、旅游法、社会保险法、统计法等法律也都有关于公民个人信息保护的规定。本款规定犯罪的客观方面表现为向他人出售和非法提供公民个人信息,情节严重的行为。这里的“**出售**”,是指将自己掌握的公民信息卖给他人,自己从中牟利的行为。“**非法提供**”,是指违反国家有关规定,将自己掌握的公民信息提供给他人的行为,如现实生活中公民安装网络宽带,需将个人的身份证号提供给电信部门,电信部门只能以安装网络宽带的目的使用公民个人身份号码,如果电信部门的工作人员违反国家有关规定,将公民的身份证号提供给他人的,则属于非法提供。这里的“**他人**”,包括单位和个人。根据本款规定,向他人出售和非法提供公民个人信息达到情节严重的程度,是构成侵犯公民个人信息罪的条件,尚未达到情节严重的,可依据法律、法规有关规定予以行政处罚。“**情节严重**”,一般是指大量出售公民个人信息的,多次出售公民个人信息的,出售公民个人信息获利数额较大的,以及公民个人信息被他人使用后,给公民造成了经济上的重大损失或者严重影响公民个人的正常生活等情况,具体情节的认定,应当由司法机关依法根据案件的具体情况认定。《最高人民法院、最高人民检察院关于办理侵犯公民个人信息刑事案件适用法律若干问题的解释》作了具体的规定。根据本款规定,对于情节严重构成犯罪的,处三年

① 必须公开的个人资料不属于本罪的行为对象。譬如,随着政务公开的推进,国家机关工作人员依法公示的个人资料,如家庭住宅、电话号码、子女工作情况、家庭财产等,非属本罪之行为对象。参见黎宏:《刑法学各论》(第 2 版),法律出版社 2016 年版,第 270 页。

以下有期徒刑或者拘役，并处或者单处罚金；情节特别严重的，处三年以上七年以下有期徒刑，并处罚金。

第二款是关于对在履行职责或者提供服务过程中获得的公民个人信息，出售或者提供给他人，情节严重的从重处罚的规定。本款是2009年《刑法修正案（七）》增加的《刑法》第二百五十三条之一第一款的规定，《刑法修正案（九）》对本款作了修改：一是删去"国家机关或者金融、电信、交通、教育、医疗等单位的工作人员"和"将本单位在履行职责或者提供服务过程中获得的"中的"本单位"，扩大了犯罪主体的范围，即所有在履行职责或者提供服务过程中可以收集、获得公民个人信息的单位和个人，如果违反规定将公民个人信息出售或提供给他人，都可以适用本条规定追究刑事责任。二是将"违反国家规定"修改为"违反国家有关规定"，扩大了构成犯罪的范围。与"国家规定"相比，**"国家有关规定"**的范围更宽，包括法律、行政法规、部门规章等国家层面的涉及公民个人信息保护的规定，有利于根据不同行业、领域的特点有针对性地保护公民个人信息。三是加重了对本款犯罪的处罚。构成本款犯罪"依照前款的规定从重处罚"，情节严重的，处三年以下有期徒刑或者拘役，并处或者单处罚金；情节特别严重的，处三年以上七年以下有期徒刑，并处罚金。与原条文规定的刑罚相比，法定刑由最高可以判处三年有期徒刑，提高至最高可以判处七年有期徒刑。

实践中，政府行政管理以及金融、电信、交通、医疗、物业管理、宾馆住宿服务、快递等社会公共服务领域收集和储存了大量的公民个人信息。这些信息为提高行政管理和各项公共服务的质量和效率提供了便利。同时，一些组织或个人违反职业道德和保密义务，将公民个人的信息资料出售或泄露给他人，获取非法利益。这些侵害公民合法权益的现象时有发生，甚至个人信息被一些犯罪分子用于诈骗犯罪活动，对公民的人身、财产安全、个人隐私以及正常的工作、生活构成严重威胁。与普通向他人出售或者提供公民个人信息犯罪行为相比，出售或提供履职、提供服务过程中获得的公民个人信息的行为容易引发大范围的信息泄露，具有更大的社会危害性，而且违反了职业的操守，**应当从严打击，从重惩处**，因此，《刑法修正案（九）》规定对这种行为依照第一款的规定从重处罚。应当注意的是，**本款中的信息必须是单位在履行职责或者提供服务过程中获得的信息**，也就是说利用公权力或者在提供公共服务过程中依法获得的信息，如购买飞机票必须提供本人的身份证号码，在银行等金融机构办理金融业务时必须提供个人的身份证号码等情况。

第三款是关于非法获取公民个人信息的犯罪及其处罚的规定。本款是2009年《刑法修正案（七）》增加的《刑法》第二百五十三条第二款的规定，《刑法修正案（九）》将本款移作第三款，同时将"上述信息"修改为"公民个人信息"，明确范围，避免产生歧义。根据本款规定，窃取或者以其他方法非法获取公民个人信息，应当依照第一款的规定处罚，情节严重的，处三年以下有期徒刑或者拘役，并处或者单处罚金；情节特别严重的，处三年以上七年以下有期徒刑，并处罚金。这里的**"窃取"**，是指采用秘密的方法或不为人知的方法取得公民个人信息的行为，如在ATM机旁用望远镜偷看或用摄像机偷拍他人银行卡密码、卡号或身份证号或通过网络技术手段获得他人的个人信息等情况。**"以其他方法非法获取"**，是指通过购买、欺骗等方式非法获取公民个人信息的行为。应当注意的是，本款规定的非法获取公民个人信息的行为，需达到情节严重的程度，才能构成侵犯公民个人信息的犯罪。情节严重是构成侵犯公民个人信息罪的必要条件。这里的**"情节严重"**，一般是指非法获取公民个人信息的手段恶劣、获取了公民个人大量的信息、多次窃取或非法获取公民个人信息后又出售给他人牟利等情节。

第四款是关于**单位犯罪**的处罚规定。本款规定的犯罪主体是公司、企业、事业单位、机关、团体等单位。根据本款规定，单位有出售或者非法提供公民个人信息和非法获取公民个人信息的行为，构成犯罪的，对单位判处罚金，并对单位直接负责的主管人员和其他直接责任人员，分别依照前三款的规定处罚。本款对单位犯罪规定了**双重处罚原则**，即对单位判处罚金，罚金的具体数额，法律未作规定，可由司法机关根据犯罪情节决定。在对单位判处罚金的同时，对单位直接负责的主管人员和其他直接责任人员，分别按照前三款关于自然人的犯罪处罚。需要指出的是，由于第二款规定，依照第一款的规定从重处罚，所以对直接负责的主管人员和其他直接责任人员犯本条第二款罪的，也应依照第一款的规定从重处罚。

实践中需要注意，除本条规定外，刑法和其他法律法规还有一些规定可能涉及侵犯公民个人信息的行为。如《刑法》第二百五十二条规定的侵犯通信自由罪，《刑法》第二百五十三条规定的私自开拆、隐匿、毁弃邮件、电报罪，《刑法》第一百七十七条之一规定的妨害信用卡管理罪，《刑法》第二百八十四条规定的非法使用窃听、窃照专用器材罪等。如果行为人为非法获取公民个人信息而采用了侵犯公民通信自由权利、通信秘密,非法使用窃听、窃照专用器材的手段或者在实施上述犯罪的过程中同时窃取、获取了公民个人信息的,则可能同时构成本条规定的犯罪和其他罪名,应当根据案件的具体情况从一重罪处罚或者是数罪并罚。

【司法解释】

《最高人民法院、最高人民检察院关于办理侵犯公民个人信息刑事案件适用法律若干问题的解释》(法释〔2017〕10号,自2017年6月1日起施行)

△(**公民个人信息**)刑法第二百五十三条之一规定的"公民个人信息",是指以电子或者其他方式记录的能够单独或者与其他信息结合识别特定自然人身份或者反映特定自然人活动情况的各种信息,包括姓名、身份证件号码、通信通讯联系方式、住址、账号密码、财产状况、行踪轨迹等。(§1)

△(**违反国家有关规定**)违反法律、行政法规、部门规章有关公民个人信息保护的规定的,应当认定为刑法第二百五十三条之一规定的"违反国家有关规定"。(§2)

△(**提供公民个人信息**)向特定人提供公民个人信息,以及通过信息网络或者其他途径发布公民个人信息的,应当认定为刑法第二百五十三条之一规定的"提供公民个人信息"。

未经被收集者同意,将合法收集的公民个人信息向他人提供的,属于刑法第二百五十三条之一规定的"提供公民个人信息",但是经过处理无法识别特定个人且不能复原的除外。(§3)

△(**以其他方法非法获取公民个人信息**)违反国家有关规定,通过购买、收受、交换等方式获取公民个人信息,或者在履行职责、提供服务过程中收集公民个人信息的,属于刑法第二百五十三条之一第三款规定的"以其他方法非法获取公民个人信息"。(§4)

△(**情节严重;情节特别严重**)非法获取、出售或者提供公民个人信息,具有下列情形之一的,应当认定为刑法第二百五十三条之一规定的"情节严重":

(一)出售或者提供行踪轨迹信息,被他人用于犯罪的;

(二)知道或者应当知道他人利用公民个人信息实施犯罪,向其出售或者提供的;

(三)非法获取、出售或者提供行踪轨迹信息、通信内容、征信信息、财产信息五十条以上的;

(四)非法获取、出售或者提供住宿信息、通信记录、健康生理信息、交易信息等其他可能影响人身、财产安全的公民个人信息五百条以上的;

(五)非法获取、出售或者提供第三项、第四项规定以外的公民个人信息五千条以上的;

(六)数量未达到第三项至第五项规定标准,但是按相应比例合计达到有关数量标准的;

(七)违法所得五千元以上的;

(八)将在履行职责或者提供服务过程中获得的公民个人信息出售或者提供给他人,数量或者数额达到第三项至第七项规定标准一半以上的;

(九)曾因侵犯公民个人信息受过刑事处罚或者二年内受过行政处罚,又非法获取、出售或者提供公民个人信息的;

(十)其他情节严重的情形。

实施前款规定的行为,具有下列情形之一的,应当认定为刑法第二百五十三条之一第一款规定的"情节特别严重":

(一)造成被害人死亡、重伤、精神失常或者被绑架等严重后果的;

(二)造成重大经济损失或者恶劣社会影响的;

(三)数量或者数额达到前款第三项至第八项规定标准十倍以上的;

(四)其他情节特别严重的情形。(§5)

△(**情节严重**)为合法经营活动而非法购买、收受本解释第五条第一款第三项、第四项规定以外的公民个人信息,具有下列情形之一的,应当认定为刑法第二百五十三条之一规定的"情节严重":

(一)利用非法购买、收受的公民个人信息获利五万元以上的;

(二)曾因侵犯公民个人信息受过刑事处罚或者二年内受过行政处罚,又非法购买、收受公民个人信息的;

(三)其他情节严重的情形。

实施前款规定的行为,将购买、收受的公民个人信息非法出售或者提供的,定罪量刑标准适用本解释第五条的规定。(§6)

△(**单位犯罪**)单位犯刑法第二百五十三条之一规定之罪的,依照本解释规定的相应自然人犯罪的定罪量刑标准,对直接负责的主管人员和其他直接责任人员定罪处罚,并对单位判处罚金。(§7)

△(**不起诉或者免予刑事处罚事由;从宽处罚**)实施侵犯公民个人信息犯罪,不属于"情节特别严重",行为人系初犯,全部退赃,并确有悔罪表

现的,可以认定为情节轻微,不起诉或者免予刑事处罚;确有必要判处刑罚的,应当从宽处罚。(§ 10)

△(**公民个人信息条数之计算**)非法获取公民个人信息后又出售或者提供的,公民个人信息的条数不重复计算。

向不同单位或者个人分别出售、提供同一公民个人信息的,公民个人信息的条数累计计算。

对批量公民个人信息的条数,根据查获的数量直接认定,但是有证据证明信息不真实或者重复的除外。(§ 11)

△(**罚金数额**)对于侵犯公民个人信息犯罪,应当综合考虑犯罪的危害程度、犯罪的违法所得数额以及被告人的前科情况、认罪悔罪态度等,依法判处罚金。罚金数额一般在违法所得的一倍以上五倍以下。(§ 12)

【司法解释性文件】

《最高人民法院、最高人民检察院、公安部关于依法惩处侵害公民个人信息犯罪活动的通知》(公通字〔2013〕12 号,2013 年 4 月 23 日公布)

△(**侵害公民个人信息犯罪;公民个人信息;财产刑**)正确适用法律,实现法律效果与社会效果的有机统一。侵害公民个人信息犯罪是新型犯罪,各级公安机关、人民检察院、人民法院要从切实保护公民个人信息安全和维护社会和谐稳定的高度,借鉴以往的成功判例,综合考虑出售、非法提供或非法获取个人信息的次数、数量、手段和牟利数额、造成的损害后果等因素,依法加大打击力度,确保取得良好的法律效果和社会效果。出售、非法提供公民个人信息罪的犯罪主体,除国家机关或金融、电信、交通、医疗单位的工作人员之外,还包括在履行职责或者提供服务过程中获得公民个人信息的商业、房地产业等服务业中其他企事业单位的工作人员。公民个人信息包括公民的姓名、年龄、有效证件号码、婚姻状况、工作单位、学历、履历、家庭住址、电话号码等能够识别公民个人身份或者涉及公民个人隐私的信息、数据资料。对于在履行职责或者提供服务过程中,将获得的公民个人信息出售或者非法提供给他人,被他人用以实施犯罪,造成受害人人身伤害或者死亡,或者造成重大经济损失、恶劣社会影响的,或者出售、非法提供公民个人信息数量较大,或者违法所得数额较大的,均应当依法以非法出售、非法提供公民个人信息罪追究刑事责任。对于窃取或者以购买等方法非法获取公民个人信息数量较大,或者违法所得数额较大,或者造成其他严重后果的,应当依法以非法获取公民个人信息罪追究刑事责任。对使用非法获取的个人信息,实施其他犯罪行为,构成数罪的,应当依法予以并罚。单位实施侵害公民个人信息犯罪的,应当追究直接负责的主管人员和其他直接责任人员的刑事责任。要依法加大对财产刑的适用力度,剥夺犯罪分子非法获利和再次犯罪的资本。(§ 2)

△(**管辖;指定管辖**)加强协作配合,确保执法司法及时高效。侵害公民个人信息犯罪网络覆盖面大,关系错综复杂。犯罪行为发生地、犯罪结果发生地、犯罪分子所在地等往往不在一地。同时,由于犯罪行为大多依托互联网、移动电子设备,通过即时通讯工具、电子邮件等多种方式实施,调查取证难度很大。各级公安机关、人民检察院、人民法院要在分工负责、依法高效履行职责的基础上,进一步加强沟通协调,通力配合,密切协作,保证立案、侦查、批捕、审查起诉、审判等各个环节顺利进行。对查获的侵害公民个人信息犯罪案件,公安机关要按照属地管辖原则,及时立案侦查,及时移送审查起诉。对于几个公安机关都有权管辖的案件,由最初受理的公安机关管辖。必要时,可以由主要犯罪地的公安机关管辖。对管辖不明确或者有争议的刑事案件,可以由公安机关协商。协商不成的,由共同上级公安机关指定管辖。对于指定管辖的案件,需要逮捕犯罪嫌疑人的,由被指定管辖的公安机关提请同级人民检察院审查批准;需要提起公诉的,由该公安机关移送同级人民检察院审查决定;人民检察院对于审查起诉的案件,按照刑事诉讼法的管辖规定,认为应当由上级人民检察院或者同级其他人民检察院起诉的,应当将案件移交有管辖权的人民检察院;人民检察院认为需要依照刑事诉讼法的规定指定审判管辖的,应当协商同级人民法院办理指定管辖有关事宜。在办理侵害民个人信息犯罪案件的过程中,对于疑难、复杂案件,人民检察院可以适时派员会同公安机关共同就证据收集等方面进行研究和沟通协调。人民检察院对于公安机关提请批准逮捕、移送审查起诉的相关案件,符合批捕、起诉条件的,要依法尽快予以批捕、起诉;对于确需补充侦查的,要制作具体、详细的补充侦查提纲。人民法院要加强审判力量,准确定性,依法快审快结。(§ 3)

《最高人民法院、最高人民检察院、公安部关于办理电信网络诈骗等刑事案件适用法律若干问题的意见》(法发〔2016〕32 号,2016 年 12 月 19 日公布)

△(**侵犯公民个人信息罪;数罪并罚;电信网络诈骗犯罪**)违反国家有关规定,向他人出售或者

提供公民个人信息，窃取或者以其他方法非法获取公民个人信息，符合刑法第二百五十三条之一规定的，以侵犯公民个人信息罪追究刑事责任。

使用非法获取的公民个人信息，实施电信网络诈骗犯罪行为，构成数罪的，应当依法予以并罚。（§ 3Ⅱ）

《最高人民法院、最高人民检察院、公安部办理跨境赌博犯罪案件若干问题的意见》（公通字〔2020〕14 号，2020 年 10 月 16 日发布）

△（**赌博犯罪共犯；非法经营罪、妨害信用卡管理罪；窃取、收买、非法提供信用卡信息罪；掩饰、隐瞒犯罪所得、犯罪收益罪；非法利用信息网络罪；帮助信息网络犯罪活动罪；侵犯公民个人信息罪**）为赌博犯罪提供资金、信用卡、资金结算等服务，构成赌博犯罪共犯，同时构成非法经营罪、妨害信用卡管理罪、窃取、收买、非法提供信用卡信息罪、掩饰、隐瞒犯罪所得、犯罪收益罪等罪的，依照处罚较重的规定定罪处罚。

为网络赌博犯罪提供互联网接入、服务器托管、网络存储、通讯传输等技术支持，或者提供广告推广、支付结算等帮助，构成赌博犯罪共犯，同时构成非法利用信息网络罪、帮助信息网络犯罪活动罪等罪的，依照处罚较重的规定定罪处罚。

为实施赌博犯罪，非法获取公民个人信息，或者向实施赌博犯罪者出售、提供公民个人信息，构成赌博犯罪共犯，同时构成侵犯公民个人信息罪的，依照处罚较重的规定定罪处罚。（§ 4Ⅴ）

《最高人民法院、最高人民检察院、公安部关于办理电信网络诈骗等刑事案件适用法律若干问题的意见（二）》（法发〔2021〕22 号，2021 年 6 月 17 日发布）

△（**电信网络诈骗犯罪；侵犯公民个人信息罪；具有信息发布、即时通讯、支付结算等功能的互联网账号密码、个人生物识别信息；条数的认定**）非法获取、出售、提供具有信息发布、即时通讯、支付结算等功能的互联网账号密码、个人生物识别信息，符合刑法第二百五十三条之一规定的，以侵犯公民个人信息罪追究刑事责任。

对批量前述互联网账号密码、个人生物识别信息的条数，根据查获的数量直接认定，但有证据证明信息不真实或者重复的除外。（§ 5）

△（**调取异地公安机关依法制作、收集的证据材料**）办案地公安机关可以通过公安机关信息化系统调取异地公安机关依法制作、收集的刑事案件受案登记表、立案决定书、被害人陈述等证据材料。调取时不得少于两名侦查人员，并应记载调取的时间、使用的信息化系统名称等相关信息，调取人签名并加盖办案地公安机关印章。经审核证明真实的，可以作为证据使用。（§ 13）

△（**境外证据材料；证据使用**）通过国（区）际警务合作收集或者境外警方移交的境外证据材料，确因客观条件限制，境外警方未提供相关证据的发现、收集、保管、移交情况等材料的，公安机关应当对上述证据材料的来源、移交过程以及种类、数量、特征等作出书面说明，由两名以上侦查人员签名并加盖公安机关印章。经审核能够证明案件事实的，可以作为证据使用。（§ 14）

△（**境外抓获并羁押；折抵刑期**）对境外司法机关抓获并羁押的电信网络诈骗犯罪嫌疑人，在境内接受审判的，境外的羁押期限可以折抵刑期。（§ 15）

△（**宽严相济刑事政策**）办理电信网络诈骗犯罪案件，应当充分贯彻宽严相济刑事政策。在侦查、审查起诉、审判过程中，应当全面收集证据、准确甄别犯罪嫌疑人、被告人在共同犯罪中的层级地位及作用大小，结合其认罪态度和悔罪表现，区别对待，宽严并用，科学量刑，确保罚当其罪。

对于电信网络诈骗犯罪集团、犯罪团伙的组织者、策划者、指挥者和骨干分子，以及利用未成年人、在校学生、老年人、残疾人实施电信网络诈骗的，依法从严惩处。

对于电信网络诈骗犯罪集团、犯罪团伙中的从犯，特别是其中参与时间相对较短、诈骗数额相对较低或者从事辅助性工作并领取少量报酬，以及初犯、偶犯、未成年人、在校学生等，应当综合考虑其在共同犯罪中的地位作用、社会危害程度、主观恶性、人身危险性、认罪悔罪表现等情节，可以依法从轻、减轻处罚。犯罪情节轻微的，可以依法不起诉或者免予刑事处罚；情节显著轻微危害不大的，不以犯罪论处。（§ 16）

△（**查扣涉案账户资金；优先返还**）查扣的涉案账户内资金，应当优先返还被害人，如不足以全额返还的，应当按照比例返还。（§ 17）

【附属刑法】

《中华人民共和国银行业监督管理法》（2003 年 12 月 27 日通过，2006 年 10 月 31 日修正）

第四十三条

Ⅱ银行业监督管理机构从事监督管理工作的人员贪污受贿，泄露国家秘密、商业秘密和个人隐私，构成犯罪的，依法追究刑事责任；尚不构成犯罪的，依法给予行政处分。

《中华人民共和国证券投资基金法》（2003 年 10 月 28 日通过，2015 年 4 月 24 日修正）

第一百四十四条

基金服务机构未建立应急等风险管理制度和灾难备份系统，或者泄露与基金份额持有人、基金投资运作相关的非公开信息的，处十万元以上三十万元以下罚款；情节严重的，责令其停止基金服务业务。对直接负责的主管人员和其他直接责任人员给予警告，撤销基金从业资格，并处三万元以上十万元以下罚款。

第一百四十九条

违反本法规定，构成犯罪的，依法追究刑事责任。

《中华人民共和国居民身份证法》(2003年6月28日通过，2011年10月29日修正)

第十九条

Ⅰ国家机关或者金融、电信、交通、教育、医疗等单位的工作人员泄露在履行职责或者提供服务过程中获得的居民身份证记载的公民个人信息，构成犯罪的，依法追究刑事责任；尚不构成犯罪的，由公安机关处十日以上十五日以下拘留，并处五千元罚款，有违法所得的，没收违法所得。

Ⅱ单位有前款行为，构成犯罪的，依法追究刑事责任；尚不构成犯罪的，由公安机关对其直接负责的主管人员和其他直接责任人员，处十日以上十五日以下拘留，并处十万元以上五十万元以下罚款，有违法所得的，没收违法所得。

Ⅲ有前两款行为，对他人造成损害的，依法承担民事责任。

第二十条

人民警察有下列行为之一的，根据情节轻重，依法给予行政处分；构成犯罪的，依法追究刑事责任：

……

(五)泄露因制作、发放、查验、扣押居民身份证而知悉的公民个人信息，侵害公民合法权益的。

《中华人民共和国护照法》(2006年4月29日通过)

第二十条

护照签发机关工作人员在办理护照过程中有下列行为之一的，依法给予行政处分；构成犯罪的，依法追究刑事责任：

……

(五)泄露因制作、签发护照而知悉的公民个人信息，侵害公民合法权益的；

……

《中华人民共和国出境入境管理法》(2012年6月30日通过)

第八十五条

履行出境入境管理职责的工作人员，有下列行为之一的，依法给予处分：

……

(三)泄露在出境入境管理工作中知悉的个人信息，侵害当事人合法权益的；

……

第八十八条

违反本法规定，构成犯罪的，依法追究刑事责任。

《中华人民共和国公证法》(2005年8月28日通过，2017年9月1日第二次修正)

第四十二条

Ⅰ公证机构及其公证员有下列行为之一的，由省、自治区、直辖市或者设区的市人民政府司法行政部门对公证机构给予警告，并处二万元以上十万元以下罚款，并可以给予一个月以上三个月以下停业整顿的处罚；对公证员给予警告，并处二千元以上一万元以下罚款，并可以给予三个月以上十二个月以下停止执业的处罚；有违法所得的，没收违法所得；情节严重的，由省、自治区、直辖市人民政府司法行政部门吊销公证员执业证书；构成犯罪的，依法追究刑事责任：

……

(五)泄露在执业活动中知悉的国家秘密、商业秘密或者个人隐私的；

……

Ⅱ因故意犯罪或者职务过失犯罪受刑事处罚的，应当吊销公证员执业证书。

Ⅲ被吊销公证员执业证书的，不得担任辩护人、诉讼代理人，但系刑事诉讼、民事诉讼、行政诉讼当事人的监护人、近亲属的除外。

《中华人民共和国传染病防治法》(1989年2月21日通过，2013年6月29日修正)

第六十八条

疾病预防控制机构违反本法规定，有下列情形之一的，由县级以上人民政府卫生行政部门责令限期改正，通报批评，给予警告；对负有责任的主管人员和其他直接责任人员，依法给予降级、撤职、开除的处分，并可以依法吊销有关责任人员的执业证书；构成犯罪的，依法追究刑事责任：

……

(五)故意泄露传染病病人、病原携带者、疑似传染病病人、密切接触者涉及个人隐私的有关信息、资料的。

第六十九条

医疗机构违反本法规定，有下列情形之一的，由县级以上人民政府卫生行政部门责令改正，通报批评,给予警告;造成传染病传播、流行或者其他严重后果的,对负有责任的主管人员和其他直接责任人员,依法给予降级、撤职、开除的处分,并可以依法吊销有关责任人员的执业证书;构成犯罪的,依法追究刑事责任:

……

(七)故意泄露传染病病人、病原携带者、疑似传染病病人、密切接触者涉及个人隐私的有关信息、资料的。

《中华人民共和国反洗钱法》(2006年10月31日通过)

第三十条

反洗钱行政主管部门和其他依法负有反洗钱监督管理职责的部门、机构从事反洗钱工作的人员有下列行为之一的,依法给予行政处分:

……

(二)泄露因反洗钱知悉的国家秘密、商业秘密或者个人隐私的;

……

第三十三条

违反本法规定,构成犯罪的,依法追究刑事责任。

《中华人民共和国邮政法》(1986年12月2日通过,2015年4月24日第二次修正)

第七十六条

Ⅰ邮政企业、快递企业违法提供用户使用邮政服务或者快递服务的信息,尚不构成犯罪的,由邮政管理部门责令改正,没收违法所得,并处一万元以上五万元以下的罚款;对邮政企业直接负责的主管人员和其他直接责任人员给予处分;对快递企业,邮政管理部门还可以责令停业整顿直至吊销其快递业务经营许可证。

Ⅱ邮政企业、快递企业从业人员有前款规定的违法行为,尚不构成犯罪的,由邮政管理部门责令改正,没收违法所得,并处五千元以上一万元以下的罚款。

第八十二条

违反本法规定,构成犯罪的,依法追究刑事责任。

《中华人民共和国社会保险法》(2010年10月28日通过,2018年12月29日修正)

第九十二条

社会保险行政部门和其他有关行政部门、社会保险经办机构、社会保险费征收机构及其工作人员泄露用人单位和个人信息的,对直接负责的主管人员和其他直接责任人员依法给予处分;给用人单位或者个人造成损失的,应当承担赔偿责任。

第九十四条

违反本法规定,构成犯罪的,依法追究刑事责任。

《中华人民共和国电子商务法》(2018年8月31日通过)

第七十九条

电子商务经营者违反法律、行政法规有关个人信息保护的规定,或者不履行本法第三十条和有关法律、行政法规规定的网络安全保障义务的,依照《中华人民共和国网络安全法》等法律、行政法规的规定处罚。

第八十八条

违反本法规定,构成违反治安管理行为的,依法给予治安管理处罚;构成犯罪的,依法追究刑事责任。

《中华人民共和国基本医疗卫生与健康促进法》(2019年12月28日通过)

第一百零一条

违反本法规定,医疗卫生机构等的医疗信息安全制度、保障措施不健全,导致医疗信息泄露,或者医疗质量管理和医疗技术管理制度、安全措施不健全的,由县级以上人民政府卫生健康等主管部门责令改正,给予警告,并处一万元以上五万元以下的罚款;情节严重的,可以责令停止相应执业活动,对直接负责的主管人员和其他直接责任人员依法追究法律责任。

第一百零二条

Ⅰ违反本法规定,医疗卫生人员有下列行为之一的,由县级以上人民政府卫生健康主管部门依照有关执业医师、护士管理和医疗纠纷预防处理等法律、行政法规的规定给予行政处罚:

……

(二)泄露公民个人健康信息;

……

Ⅱ前款规定的人员属于政府举办的医疗卫生机构中的人员的,依法给予处分。

第一百零五条

违反本法规定,扰乱医疗卫生机构执业场所秩序,威胁、危害医疗卫生人员人身安全,侵犯医疗卫生人员人格尊严,非法收集、使用、加工、传输公民个人健康信息,非法买卖、提供或者公开公民个人健康信息等,构成违反治安管理行为的,依法给予治安管理处罚。

第一百零六条

违反本法规定,构成犯罪的,依法追究刑事责任;造成人身、财产损害的,依法承担民事责任。

《中华人民共和国数据安全法》(2021年6月10日通过)

第五十一条

窃取或者以其他非法方式获取数据,开展数据处理活动排除、限制竞争,或者损害个人、组织合法权益的,依照有关法律、行政法规的规定处罚。

第五十二条

Ⅰ违反本法规定,给他人造成损害的,依法承担民事责任。

Ⅱ违反本法规定,构成违反治安管理行为的,依法给予治安管理处罚;构成犯罪的,依法追究刑事责任。

《中华人民共和国个人信息保护法》(2021年8月20日通过)

第六十六条

Ⅰ违反本法规定处理个人信息,或者处理个人信息未履行本法规定的个人信息保护义务的,由履行个人信息保护职责的部门责令改正,给予警告,没收违法所得,对违法处理个人信息的应用程序,责令暂停或者终止提供服务;拒不改正的,并处一百万元以下罚款;对直接负责的主管人员和其他直接责任人员处一万元以上十万元以下罚款。

Ⅱ有前款规定的违法行为,情节严重的,由省级以上履行个人信息保护职责的部门责令改正,没收违法所得,并处五千万元以下或者上一年度营业额百分之五以下罚款,并可以责令暂停相关业务或者停业整顿、通报有关主管部门吊销相关业务许可或者吊销营业执照;对直接负责的主管人员和其他直接责任人员处十万元以上一百万元以下罚款,并可以决定禁止其在一定期限内担任相关企业的董事、监事、高级管理人员和个人信息保护负责人。

第七十一条

违反本法规定,构成违反治安管理行为的,依法给予治安管理处罚;构成犯罪的,依法追究刑事责任。

《中华人民共和国医师法》(2021年8月20日通过)

第五十六条

违反本法规定,医师在执业活动中有下列行为之一的,由县级以上人民政府卫生健康主管部门责令改正,给予警告,没收违法所得,并处一万元以上三万元以下的罚款;情节严重的,责令暂停六个月以上一年以下执业活动直至吊销医师执业证书:

(一)泄露患者隐私或者个人信息;

……

第六十三条

违反本法规定,构成犯罪的,依法追究刑事责任;造成人身、财产损害的,依法承担民事责任。

《中华人民共和国审计法》(1994年8月31日通过,2021年10月23日第二次修正)

第五十七条

审计人员滥用职权、徇私舞弊、玩忽职守或者泄露、向他人非法提供所知悉的国家秘密、工作秘密、商业秘密、个人隐私和个人信息的,依法给予处分;构成犯罪的,依法追究刑事责任。

《中华人民共和国兵役法》(1984年5月31日通过,2021年8月20日修订)

第六十一条

国家工作人员和军人在兵役工作中,有下列行为之一的,依法给予处分:

……

(四)泄露或者向他人非法提供兵役个人信息的。

第六十二条

违反本法规定,构成犯罪的,依法追究刑事责任。

【指导性案例】

最高人民检察院指导性案例第140号:柯某侵犯公民个人信息案(2021年2月21日发布)

△**(侵犯公民个人信息;业主房源信息;身份识别;信息主体另行授权)**业主房源信息是房产交易信息和身份识别信息的组合,包含姓名、通信通讯联系方式、住址、交易价格等内容,属于法律保护的公民个人信息。未经信息主体另行授权,非法获取、出售限定使用范围的业主房源信息,系侵犯公民个人信息的行为,情节严重、构成犯罪的,应当依法追究刑事责任。检察机关办理案件时应当对涉案公民个人信息具体甄别,筛除模糊、无效及重复信息,准确认定侵犯公民个人信息数量。

【参考案例】

△**手机定位属于刑法保护的公民个人信息,出售手机定位信息的,应以出售公民个人信息罪论处。**

对于何谓公民个人信息,目前法律上尚无明

确界定。手机定位是随着手机在社会生活中的广泛使用而出现的一种技术手段。其做法是通过特定的定位技术来获取移动手机或终端用户的位置信息(经纬度坐标),在电子地图上标出被定位对象的位置。通过对手机号码进行定位,定位人能够知道被定位人的大概位置。但这种位置可能会发生变化,故手机定位属于动态信息。从生活经验看,公民在某个时间内所处的具体位置在一般情况下并不具有明显的隐私性或者权益性,对于其本人或他人而言都并非值得关注的问题。但是,当公民从事不希望被他人获悉的某些活动时,因其所处具体方位与所从事的活动之间具有直接联系,一旦被他人获悉,其所从事的活动也就在相当程度上被暴露,损害其利益,故此时其所处具体位置就具有明显的隐私性和权益性,属于刑法所保护的公民个人信息。此时,对公民的手机进行定位,就属于侵犯公民隐私的行为。正是基于手机定位存在侵犯公民隐私和权益的风险,当前电信部门把手机定位作为一项特殊业务来开展,有较为严格的办理手续。

根据原《刑法》第二百五十三条之一第一款的规定,出售公民个人信息罪是指国家机关或者金融、电信、交通、教育、医疗等单位的工作人员,违反国家有关规定,将本单位在履行职责或者提供服务过程中获得的公民个人信息,出售给他人,情节严重的行为。据此,构成出售公民个人信息罪要具备多个条件:一是具有特定身份,即属于国家机关或者金融、电信、交通、教育、医疗等单位的工作人员;二是违反了国家的相关规定;三是出售公民个人信息“情节严重”。我国的电信运营单位主要包括中国联通、中国移动、中国电信以及其他一些小的电信公司。谢新冲出售公民个人信息案中,京驰公司经中国移动公司授权开展手机定位业务,主要包括对企业外勤人员的考勤,对智障人员、老人、儿童的监护,但不包括对有语音服务的 SIM 卡进行定位。对于这些可提供的合法手机定位服务,中国移动公司要求申请定位人必须是企业用户,且被定位人要知情。由于京驰公司可以经营电信业务,谢新冲作为该公司运维部经理,能够实施手机定位工作,故当然属于电信单位的工作人员。被告人谢新冲出售公民个人信息的行为违反了国务院 2000 年颁布的《电信条例》第六条和第五十八条的规定,本案被告人谢新冲在案发前曾与中国移动公司签订保密合同,约定不得泄露在履行职务过程中获取的公民个人信息。故谢新冲主观上也明知自己出售公民个人信息的行为具有违法性。

被告人谢新冲出售公民个人信息属于情节严重的情形。一般来说,情节严重的情形包括:多次出售、向多人出售或者出售多人信息的;出售公民个人信息非法获利数额较大的;给公民造成严重经济损失或者严重影响公民个人正常生活的;对国家安全或社会民生造成影响的;将公民个人信息出售给境外机构或者个人的;出售的公民个人信息被用于违法犯罪活动的,等等。谢新冲先后为被告人刘海亮、程春郊、张超英等多人提供的 90 余个手机号码进行手机定位,非法获利人民币 9 万元,属于多次向多人出售多个公民个人信息,且非法获利数额巨大,应当认定为情节严重。因此,谢新冲的行为构成出售公民个人信息罪。

对于如何计算手机定位信息的数量,应当根据具体情况进行分析。如果基于同一个人的申请,在相对固定的时间内(如一周、一个月或者一年)对同一部手机进行连续多次定位,可以计算为一条信息,但量刑时不应仅以一条信息而论,还必须考虑这种连续定位行为的危害性,体现与仅定位一次的区别。如果对手机定位后,经过一段时间再次对同一部手机进行定位,特别是申请定位人不是同一人时,则不宜计算为一条信息,可根据实际定位次数计算信息数量。本案中,被告人谢新冲出售的手机定位方式是一个手机号码授权定位一个月,可使用 50 次,每次都能查到被定位人的大概位置。这种定位方式是对一个手机号码以月为单位以固定次数打包计价出售,虽然在一个月内对同一部手机进行了多次定位,仍可以计算为一条信息,而非多条信息,但在量刑时要体现与仅定位一次的区别。[No. 4-253 之一(1)-1　谢新冲出售公民个人信息案]

△不具备特定身份的人非法购买公民通讯清单后又出售牟利的,不构成出售、非法提供公民个人信息罪,应以非法获取公民个人信息罪论处。①

非法提供公民个人信息罪系特殊主体犯罪,犯罪主体限于国家机关或者金融、电信、交通、教育、医疗等单位的工作人员。周建平不具备该特定身份,也没有证据证实其与这类人员共同犯罪,故其行为不构成出售、非法提供公民个人信息罪。周建平的行为包括两个环节:先是以搜集、购买等

① 相同的学说见解认为,非法获取公民个人信息后,又出售或者提供给他人,视情节分别认定为情节严重或者情节特别严重,不必实行数罪并罚。参见张明楷:《刑法学》(第 6 版),法律出版社 2021 年版,第 1203 页。

方法非法获取电话通话清单等公民个人信息；后是倒卖牟利。该行为完全符合非法获取公民个人信息罪的构成要件，故在不能认定构成出售、非法提供公民个人信息罪的情况下，完全能以非法获取公民个人信息罪定罪处罚。

被告人周建平辩称，其对同案被告人林桂余购买电话通话清单的用途不知情；林桂余也证实，其向周建平购买通话清单时并未告诉周建平是用来诈骗的。鉴于日常生活中电话通话清单有多种用途，可用于调查婚外情、追索债务，也可用于实施诈骗、敲诈勒索等违法犯罪行为，故不能根据出售行为本身来认定周建平对林桂余等人购买通话清单的目的知情。周建平的行为虽然客观上为林桂余等人的诈骗犯罪创造了条件，起到了帮助作用，但因没有事先通谋，缺少共同犯罪的故意，所以，不构成诈骗罪的共犯。［No. 4－253 之一（2）－1　周建平非法获取公民个人信息案］

△未经授权擅自获取公民个人信息的，应以非法获取公民个人信息罪论处。

目前在非法获取公民个人信息犯罪案件中，“以其他方法非法获取”主要包括冒充相关部门工作人员至电信部门调取通话清单，向掌握大量公民个人信息的人员如房地产公司、电讯公司工作人员购买等方式。获取的信息内容不仅包括公民的电话号码等联系方式，还包括职业、简历、住址等信息。这些行为具有一个共同特征即被告人均是未经授权擅自获取公民个人信息。对于公布在互联网上的信息，如果信息所有者自行或者通过单位将信息公布于网站，应当推定其同意公开个人信息。即使这些公开的信息被他人搜索到再整理出售，一方面该行为的危害程度有限，另一方面信息所有者应当预见到该行为的后果，所以也不宜入罪。

在周娟等非法获取公民个人信息案中，行为人在网上购买、互易、发布虚假招聘广告骗取求职者个人信息以及利用职务便利私自复制公司客户资料等手段均可认定为非法获取。［No. 4－253 之一（2）－2　周娟等非法获取公民个人信息案］

△采用偷拍、偷录、跟踪等方式获取公民个人信息后出售的行为，构成非法获取公民个人信息罪。

刑法所保护的公民个人信息应当具备以下三个特征：（1）与公民直接相关，不为一般人所知悉，能够直接或间接识别自然人，反映了公民的局部或整体特点，具有人身专属性；（2）受法律保护，承载了公民个体特征的信息；（3）信息的保护不以信息所有人请求为前提。孙银东非法获取公民个人信息案中被告人所获取的信息包括了被调查人的通话记录、车辆信息、短信记录、航空记录、入住宾馆信息、银行账户信息等，具备了刑法所保护的公民个人信息的特征。

非法获取公民个人信息的手段应当具备三点特征：（1）违背信息所有人的真实意愿；（2）信息所有人的信息受法律保护；（3）获取手段违反法律禁止性规定或公序良俗。本案中被告人使用购买、偷拍、偷录、跟踪等手段，在一定程度上侵犯了公民的隐私权，违反了法律的禁止性规定，情节严重，构成非法获取公民个人信息罪。［No. 4－253 之一（2）－4　孙银东非法获取公民个人信息案］

△公民的个人行踪具有个人专属性，能够反映公民的个人特征，其内容关系到公民日常生活的基本安全性，属于公民个人信息的范围。未经授权或以违法、不正当的方式获取公民个人行踪情节严重的，成立非法获取公民个人信息罪。

《刑法》第二百五十三条之一［《刑法修正案（九）》之前］规定的“公民个人信息”，一般是指专属于某一自然人的一切能用于识别其特定身份的重要信息，其不为一般人所知悉，且具有保护价值。只要与公民个人信息相关，公民不想公开，而且与公共利益无关的，都应当纳入“公民个人信息”的范围。如通过手机定位所获取的公民个人行踪情况，属于刑法保护的“公民个人信息”。笔者同意这种观点。手机定位属于动态信息，当公民从事某些不希望被他人获悉的活动时，因其所处具体位置与其从事的活动具有直接联系，一旦所处位置被他人获悉，其所从事的活动也就相应暴露，从而可能损害其利益。故其所处的具体位置就具有明显的隐私性和权益性，属于刑法所保护的“公民个人信息”。胡某等非法获取公民个人信息案中，被跟踪的车辆为专用公务车，该车的行驶路线、停车地点和时间等信息即反映了乘车人的日常活动情况。被告人胡某、王某获取的被害人的日常行动轨迹和活动地点等信息，涉及家庭住址、单位地址、经常出入的场所等公民隐私和生活习惯性内容，具有个人专属性，能反映出该公民某些个人特征，且信息内容关系到公民日常生活的基本安全性，信息的泄露会使公民彻底失去安全感，严重影响其日常生活。因此，该案中被害人的行踪属于刑法所保护的“公民个人信息”。

根据《刑法》第二百五十三条之一第二款［《刑法修正案（九）》之前］的规定，“窃取或者以其他方法非法获取”均属于“非法获取”。“窃取”是指采取不为权利人所知晓的方法，秘密地取得。而“以其他方法非法获取”则是指以与窃取具有相当社会危害性的方法获取，主要包括：(1)以违法方式获取，即获取公民个人信息的手段违反法律、法规、规章等规范性文件中的禁止性规定；(2)未获得授权而获取，此种情况下行为人没有得到公民本人授权，无权了解、接触相关公民个人信息；(3)以不正当方式获取，此种情况下行为人违背了信息所有人的意愿或者真实意思表示，或者违反了社会公序良俗。本案中，被告人胡某、王某未经他人同意进行秘密跟踪，违背他人意愿，并在目标车辆上安装定位器对车辆进行监视，还使用密拍器进行拍摄，获取该车使用人的个人行踪。汽车定位器属于窃听专用器材，而胡某、王某不是国家执法人员，无权使用此类器材，二人通过上述方法获取公民个人信息明显违法，属于非法获取公民个人信息。[No. 4-253 之一(2)-5　胡某等非法获取公民个人信息案]

第二百五十四条　【报复陷害罪】

国家机关工作人员滥用职权、假公济私，对控告人、申诉人、批评人、举报人实行报复陷害的，处二年以下有期徒刑或者拘役；情节严重的，处二年以上七年以下有期徒刑。

【立法理由】

(一)立法相关背景及修改情况

1. **1979 年立法的情况**。对国家机关及其工作人员控告、申诉、批评、举报的权利，既是我国公民的基本权利，也是公民履行社会责任，行使对国家机关及其工作人员监督权利的重要体现。保障这一公民权利的正常行使，有利于维护社会稳定和维护国家机关的形象，有利于和谐社会的建立。为了保障公民的控告、申诉、批评、举报权利，1979 年刑法规定了报复陷害罪。1979 年《刑法》第一百四十六条规定："国家工作人员滥用职权、假公济私，对控告人、申诉人、批评人实行报复陷害的，处二年以下有期徒刑或者拘役；情节严重的，处二年以上七年以下有期徒刑。"

2. **1997 年修订刑法的情况**。1997 年修订刑法时，立法机关对本条作了修改：一是将"国家工作人员"修改为"国家机关工作人员"；二是在犯罪对象中增加了"举报人"。

(二)立法时争议的主要问题

在 1997 年刑法修订过程中，有部门提出，1979 年刑法对报复陷害罪犯罪对象的列举并不完全，打击报复的实质是泄私愤，所以此罪的对象应当是广泛的，主张在法条中用"其他利害关系人"概括没有列举的其他人。立法机关经过研究后认为，增加这种概括性的规定过于宽泛，不易把握，因此没有采纳这一意见。

【条文说明】

本条是关于报复陷害罪及其处罚的规定。

根据我国宪法和有关法律的规定，控告权、申诉权、批评建议权以及举报权是公民的重要民主权利。我国《宪法》第四十一条规定："中华人民共和国公民对于任何国家机关和国家工作人员，有提出批评和建议的权利；对于任何国家机关和国家工作人员的违法失职行为，有向有关国家机关提出申诉、控告或者检举的权利，但是不得捏造或者歪曲事实进行诬告陷害。对于公民的申诉、控告或者检举，有关国家机关必须查清事实，负责处理。任何人不得压制和打击报复。"因此，对控告人、申诉人、批评人、举报人进行报复陷害，就是对公民民主权利的严重侵害，应当依法予以惩处。

依照本条规定，**报复陷害罪**，是指国家机关工作人员滥用职权、假公济私，对控告人、申诉人、批评人、举报人实行报复陷害的行为。报复陷害罪的犯罪主体是**国家机关工作人员**，非国家机关工作人员实施报复行为的，不构成本罪，应按其报复陷害的行为及后果等作其他处理。这里所规定的"**滥用职权**"，是指国家机关工作人员违背职责而行使职权；"**假公济私**"，是指国家机关工作人员以工作为名，为徇私情或者实现个人目的而利用职务上的便利；"**报复陷害**"，主要是指利用手中的权力，以种种借口进行政治上或者经济上的迫害，如降职、降级、调离岗位、经济处罚、开除公职以及捏造事实诬陷其经济、生活作风上有问题等。报复陷害的行为，必须采取滥用职权或者假公济私的方法。如果行为人进行报复陷害与滥用职权、假公济私没有联系，则不构成报复陷害罪。根据本条规定，报复陷害的对象只能是**控告人、申诉**

人、批评人和举报人。① 这里所规定的“**控告人**”，是指由于受到侵害而向司法机关或者其他机关、团体、单位告发他人违法犯罪或者违纪违章活动的人；“**申诉人**”，是指对司法机关已经发生法律效力的判决、裁定或者决定不服，对国家行政机关处罚的决定不服或者对其他纪律处分的决定不服而提出申诉意见的人；“**批评人**”，是指对他人包括国家机关的错误做法提出批评意见的人；“**举报人**”，是指向司法机关检举、揭发犯罪嫌疑人的犯罪事实或者犯罪嫌疑人线索的人。这里所说的“**情节严重**”，主要是指多次或者对多人进行报复陷害的；报复陷害手段恶劣的；报复陷害造成严重后果的；等等。依照本条规定，国家机关工作人员滥用职权、假公济私，对控告人、申诉人、批评人、举报人实行报复陷害的，处二年以下有期徒刑或者拘役；情节严重的，处二年以上七年以下有期徒刑。

实际执行中应当注意**诬告陷害罪**与报复陷害罪的区别：(1)犯罪对象不同，诬告陷害罪的对象是不特定的人；而报复陷害罪的对象是特定的，限于控告人、申诉人、批评人与举报人。(2)主体不同，诬告陷害罪是一般主体，只是规定国家机关工作人员犯罪要从重处罚；而报复陷害罪是特殊主体，限于国家机关工作人员。(3)行为表现不同，诬告陷害罪表现为捏造犯罪事实，作虚假告发，意图使他人受到刑事追究；报复陷害罪表现为滥用职权、假公济私，进行报复陷害。

实践中，如果国家机关工作人员采取捏造犯罪事实的方法诬告陷害他人，意图使他人受刑事追究的，无论其是否滥用职权、假公济私，都应以诬告陷害罪论处，而不以报复陷害罪论处。

【司法解释】

《最高人民检察院关于渎职侵权犯罪案件立案标准的规定》(高检发释字〔2006〕2号，自2006年7月26日起施行)

△(**报复陷害罪；立案标准**)报复陷害案

报复陷害罪是指国家机关工作人员滥用职权、假公济私，对控告人、申诉人、批评人、举报人实行报复陷害的行为。

涉嫌下列情形之一的，应予立案：

1. 报复陷害，情节严重，导致控告人、申诉人、批评人、举报人或者其近亲属自杀、自残造成重伤、死亡，或者精神失常的；

2. 致使控告人、申诉人、批评人、举报人或者其近亲属的其他合法权利受到严重损害的；

3. 其他报复陷害应予追究刑事责任的情形。

【司法解释性文件】

《最高人民检察院关于印发〈人民检察院直接受理立案侦查的渎职侵权重特大案件标准(试行)〉的通知》(高检发〔2001〕13号，2001年8月24日公布)

△(**报复陷害罪；重特大案件**)报复陷害案

(一)重大案件

1. 致人精神失常的；

2. 致人其他合法权益受到损害，后果严重的。

(二)特大案件

1. 致人自杀死亡的；

2. 后果特别严重，影响特别恶劣的。(§ 39)

【附属刑法】

《中华人民共和国行政复议法》(1999年4月29日通过，2017年9月1日第二次修正)

第三十六条

被申请人违反本法规定，不提出书面答复或者不提交作出具体行政行为的证据、依据和其他有关材料，或者阻挠、变相阻挠公民、法人或者其他组织依法申请行政复议的，对直接负责的主管人员和其他直接责任人员依法给予警告、记过、记大过的行政处分；进行报复陷害的，依法给予降级、撤职、开除的行政处分；构成犯罪的，依法追究刑事责任。

《中华人民共和国税收征收管理法》(1992年9月4日通过，2015年4月24日第三次修正)

第八十二条

Ⅲ税务人员对控告、检举税收违法违纪行为的纳税人、扣缴义务人以及其他检举人进行打击报复的，依法给予行政处分；构成犯罪的，依法追究刑事责任。

《中华人民共和国全国人民代表大会和地方各级人民代表大会代表法》(1992年4月3日通过，2015年8月29日第三次修正)

第四十四条

Ⅳ对代表依法执行代表职务进行打击报复的，由所在单位或者上级机关责令改正或者给予行政处分；国家工作人员进行打击报复构成犯罪的，依照刑法有关规定追究刑事责任。

《中华人民共和国全民所有制工业企业法》(1988年4月13日通过，2009年8月27日修正)

① 控告人、申诉人、批评人和举报人的身份是普通公民抑或国家机关工作人员，控告、申诉、批评和举报的行为是否直接指向实施打击保护的国家工作人员，在所不同。参见周光权：《刑法各论》(第4版)，中国人民大学出版社2021年版，第88页。

第六十二条

企业领导干部滥用职权，侵犯职工合法权益，情节严重的，由政府主管部门给予行政处分；滥用职权、假公济私，对职工实行报复陷害的，依照刑法有关规定追究刑事责任。

《中华人民共和国教师法》(1993 年 10 月 31 日通过，2009 年 8 月 27 日修正)

第三十六条

对依法提出申诉、控告、检举的教师进行打击报复的，由其所在单位或者上级机关责令改正；情节严重的，可以根据具体情况给予行政处分。

国家工作人员对教师打击报复构成犯罪的，依照刑法有关规定追究刑事责任。

《中华人民共和国全国人民代表大会和地方各级人民代表大会选举法》(1979 年 7 月 1 日通过，2020 年 10 月 17 日第七次修正)

第五十八条

Ⅰ为保障选民和代表自由行使选举权和被选举权，对有下列行为之一，破坏选举，违反治安管理规定的，依法给予治安管理处罚；构成犯罪的，依法追究刑事责任：

……

(四)对于控告、检举选举中违法行为的人，或者对于提出要求罢免代表的人进行压制、报复的。

Ⅱ国家工作人员有前款所列行为的，还应当由监察机关给予政务处分或者由所在机关、单位给予处分。

第二百五十五条　【打击报复会计、统计人员罪】

公司、企业、事业单位、机关、团体的领导人，对依法履行职责、抵制违反会计法、统计法行为的会计、统计人员实行打击报复，情节恶劣的，处三年以下有期徒刑或者拘役。

【立法理由】

根据我国会计法和统计法的规定，会计、统计人员必须严格依照法律的规定履行职责。实践中有时出现单位领导人对依法履行职责、抵制违反会计法、统计法行为的会计和统计人员进行打击报复的情况。1979 年刑法没有规定打击报复会计、统计人员罪。为了维护会计、统计人员的合法权益，保障会计、统计工作的正常进行，1993 年修正的《会计法》第二十九条规定："单位领导人和其他人员对依照本法履行职责的会计人员进行打击报复的，给予行政处分；构成犯罪的，依法追究刑事责任。"1996 年修正的《统计法》第二十六条第二款规定："地方、部门、单位的领导人对拒绝、抵制篡改统计资料或者对拒绝、抵制编造虚假数据行为的统计人员进行打击报复的，依法给予行政处分；构成犯罪的，依法追究刑事责任。"**1997 年修订刑法时**，立法机关根据会计法和统计法的规定，新增加了打击报复会计、统计人员的犯罪。

【条文说明】

本条是关于打击报复会计、统计人员罪及其处罚的规定。

打击报复会计、统计人员罪，是指公司、企业、事业单位、机关、团体的领导人，对依法履行职责、抵制违反会计法、统计法行为的会计、统计人员实行打击报复，情节恶劣的行为。打击报复会计、统计人员罪的犯罪主体是特殊主体，即**公司、企业、事业单位、机关、团体的领导人**，上述人员以外的其他人对会计、统计人员实施报复行为的，不构成本罪，应按其报复的行为及后果等作其他处理。打击报复会计、统计人员罪的犯罪对象是**依法履行职责、抵制违反会计法、统计法行为的会计、统计人员**。根据我国会计法的有关规定，各单位根据会计业务的需要设置会计机构，或者在有关机构中设置会计人员并指定会计主管人员。会计机构、会计人员的主要职责是进行会计核算、会计监督等会计事务。这里所规定的**"违反会计法"的行为**，主要是指伪造、变造、隐匿、故意毁灭会计凭证、会计帐簿、会计报表和其他会计资料的；利用虚假的会计凭证、会计帐簿、会计报表和其他会计资料偷税或者损害国家利益、社会公众利益的；对不真实、不合法的原始凭证予以受理的；对违法的收支不提出书面意见或者不报告的等。① 根据我国统计法的有关规定，各级人民政府设立独立的统计机构或者统计员；各级人民政府的各部门、企业、事业组织根据统计任务的需要设立统计机构或者在有关机构中设置统计人员，并指定统计负责人。统计的基本职责是对国

① 相同的学说见解，参见赵秉志、李希慧主编：《刑法各论》(第 3 版)，中国人民大学出版社 2016 年版，第 224 页。

民经济和社会发展情况进行统计调查、统计分析,提供统计资料和统计咨询意见,实行统计监督。这里所规定的**“违反统计法”的行为**,主要是指虚报、瞒报统计资料;伪造、篡改统计资料;编造虚假数据;等等。[①] 为了保障会计人员、统计人员依法行使职权,法律规定,各地方、各部门、各单位的行政领导人领导会计机构、会计人员执行会计法,保障会计人员的职权不受侵犯,任何人不得对会计人员打击报复;统计机构和统计人员依照统计法的规定独立行使统计调查、统计报告、统计监督的职权,不受侵犯,统计人员有权要求有关单位和人员依照国家规定提供资料,检查统计资料的准确性,要求改正不确实的统计资料,揭发和检举统计调查工作中违反国家法律和破坏国家计划的行为。对于违反会计法、统计法的行为,会计人员、统计人员有权利也有义务依法进行抵制。对会计人员、统计人员打击报复的行为是违法行为。这里所说的“**打击报复**”,主要是对依法履行职责,抵制违反会计法、统计法行为的会计、统计人员,通过调动其工作、撤换其职务、进行处罚以及其他方法进行打击报复的行为。根据本条规定,打击报复会计、统计人员的行为必须是情节恶劣的,才构成犯罪。根据本条规定,公司、企业、事业单位、机关、团体的领导人,对依法履行职责、抵制违反会计法、统计法行为的会计、统计人员实行打击报复,情节恶劣的,处三年以下有期徒刑或者拘役。

实际执行中应当注意:根据本条规定,打击报复会计、统计人员,必须是“情节恶劣的”,才构成犯罪。这里所说的“**情节恶劣**”,主要是指多次或者对多人进行打击报复的;打击报复手段恶劣的;打击报复造成严重后果的;打击报复影响恶劣的;等等。对于打击报复会计、统计人员,尚不构成犯罪的,《会计法》第四十六条规定,“尚不构成犯罪的,由其所在单位或者有关单位依法给予行政处分。对受打击报复的会计人员,应当恢复其名誉和原有职务、级别”;《统计法》第三十七条规定,“由任免机关或者监察机关依法给予处分,并由县级以上人民政府统计机构予以通报”。

【附属刑法】

《中华人民共和国会计法》(1985 年 1 月 21 日通过,2017 年 11 月 4 日第二次修正)

第四十六条

单位负责人对依法履行职责、抵制违反本法规定行为的会计人员以降级、撤职、调离工作岗位、解聘或者开除等方式实行打击报复[②],构成犯罪的,依法追究刑事责任;尚不构成犯罪的,由其所在单位或者有关单位依法给予行政处分。对受打击报复的会计人员,应当恢复其名誉和原有职务、级别。

《中华人民共和国统计法》(1983 年 12 月 8 日通过,2009 年 6 月 27 日修订)

第三十七条

地方人民政府、政府统计机构或者有关部门、单位的负责人有下列行为之一的,由任免机关或者监察机关依法给予处分,并由县级以上人民政府统计机构予以通报:

……

(三)对依法履行职责或者拒绝、抵制统计违法行为的统计人员打击报复的;

……

第四十七条

违反本法规定,构成犯罪的,依法追究刑事责任。

《中华人民共和国审计法》(1994 年 8 月 31 日通过,2021 年 10 月 23 日第二次修正)

第五十六条

报复陷害审计人员的,依法给予处分;构成犯罪的,依法追究刑事责任。

分则　第四章

① 相同的学说见解,参见赵秉志、李希慧主编:《刑法各论》(第 3 版),中国人民大学出版社 2016 年版,第 224 页。

② 《中华人民共和国会计法》(1985 年 1 月 21 日通过,2017 年 11 月 4 日第二次修正)

第五条

Ⅰ会计机构、会计人员依照本法规定进行会计核算,实行会计监督。

Ⅱ任何单位或者个人不得以任何方式授意、指使、强令会计机构、会计人员伪造、变造会计凭证、会计帐簿和其他会计资料,提供虚假财务会计报告。

Ⅲ任何单位或者个人不得对依法履行职责、抵制违反本法规定行为的会计人员实行打击报复。

第二百五十六条　【破坏选举罪】

在选举各级人民代表大会代表和国家机关领导人员时，以暴力、威胁、欺骗、贿赂、伪造选举文件、虚报选举票数等手段破坏选举或者妨害选民和代表自由行使选举权和被选举权，情节严重的，处三年以下有期徒刑、拘役或者剥夺政治权利。

【立法理由】

1. **1979年立法的情况**。选举权和被选举权是公民的一项基本权利，也是公民发扬民主，参与国家政治生活和民主生活的权利。公民参与选举是人民当家作主和社会主义民主的重要表现形式。实践中，个别人为了达到自己的个人目的，不惜以暴力、威胁、欺骗、贿赂、伪造选举文件、虚报选举票数等手段破坏选举或者妨害选民和代表自由行使选举权和被选举权，为此，1979年刑法规定了破坏选举罪。1979年《刑法》第一百四十二条规定："违反选举法的规定，以暴力、威胁、欺骗、贿赂等非法手段破坏选举或者妨害选民自由行使选举权和被选举权的，处三年以下有期徒刑或者拘役。"此外，1979年全国人民代表大会和地方各级人民代表大会选举法也对破坏选举的行为作了专门规定，该法第四十三条规定："为保障选民自由行使选举权和被选举权，对有下列违法行为的，应当依法给予行政处分或者刑事处分：(一)用暴力、威胁、欺骗、贿赂等非法手段破坏选举或者妨害选民自由行使选举权和被选举权的；(二)伪造选举文件、虚报选举票数或者有其他违法行为的；(三)对于控告、检举选举中违法行为的人，或者对于提出要求罢免代表的人进行压制、报复的。"

2. **1997年修订刑法的情况**。1997年修订刑法时，立法机关对本条作了修改：一是删除了原规定中的"违反选举法的规定"的表述；二是将"选举"明确为国家权力机关的选举，即"在选举各级人民代表大会代表和国家机关领导人员时"；三是入罪条件中增加了"情节严重的"限制条件；四是在刑罚中增加剥夺政治权利刑。

【条文说明】

本条是关于破坏选举罪及其处罚的规定。

破坏选举罪，是指在选举各级人民代表大会代表和国家机关领导人员时，以暴力、威胁、欺骗、贿赂、伪造选举文件、虚报选举票数等手段破坏选举或者妨害选民和代表自由行使选举权和被选举权，情节严重的行为。选举权与被选举权是我国宪法赋予公民的重要基本权利。宪法规定，全国人民代表大会和地方各级人民代表大会都由民主选举产生，国家行政机关、审判机关、检察机关都由人民代表大会产生。选举各级人民代表大会代表和各级国家机关领导人员，是人民当家作主、参与管理国家事务的民主权利，受到国家法律的保护。对于破坏选举的行为，必须依法追究刑事责任。依照本条规定，构成破坏选举罪必须具备以下几个条件：

1. 破坏的选举活动必须是**选举各级人民代表大会代表和国家机关领导人员的选举活动**。这里所说的"**选举各级人民代表大会代表和国家机关领导人员**"，是指依照《全国人民代表大会和地方各级人民代表大会选举法》《全国人民代表大会常务委员会关于县级以下人民代表大会代表直接选举的若干规定》《全国人民代表大会组织法》《地方各级人民代表大会和地方各级人民政府组织法》等有关法律，选举各级人民代表大会代表和国家机关领导人员的选举活动，包括选民登记、提出候选人、投票选举、补选、罢免等整个选举活动。

2. 破坏选举必须是**以暴力、威胁、欺骗、贿赂、伪造选举文件、虚报选举票数等手段进行的**。这里所说的"**暴力**"，是指对选民、各级人民代表大会代表、候选人、选举工作人员等进行人身打击或者实行强制，如殴打、捆绑等，也包括以暴力故意捣乱选举场所，使选举工作无法进行等情况。"**威胁**"，是指以杀害、伤害、毁坏财产、破坏名誉等手段进行要挟，迫使选民、各级人民代表大会代表、候选人、选举工作人员等不能自由行使选举权和被选举权或者在选举工作中不能正常履行组织和管理的职责。"**欺骗**"，是指捏造事实、颠倒是非，并加以散播、宣传，以虚假的事实扰乱正常的选举活动，影响选民、各级人民代表大会代表、候选人自由地行使选举权和被选举权。应当注意的是，这里所说的"欺骗"，必须是编造严重不符合事实的情况，或者捏造对选举有重大影响的情况等。对于在选举活动中介绍候选人或者候选人在介绍自己情况时对一些不是很重要的事实有所夸大或者隐瞒，不致影响正常选举的行为，不能认定为以欺骗手段破坏选举。"**贿赂**"，是指用金钱或者其他物质利益收买选民、各级人民代表大会代表、候选人、选举工作人员，使其违反自己的真实意愿参加选举或者在选举工作中进行舞弊活动。"**伪造选举文件**"，是指采用伪造选民证、选票等选举文件的方法破坏选举。"**虚报选举票数**"，是指选举工作人员对于统计出来的选票数、赞成票数、反对票数等选举票数进行虚报、假报的行为，既包括多报，也包括少报。对于上述列举的破坏选举的手段，行为人具体采用哪种，不影响破坏选举罪的构成。只要行为人在选举各级人民代表大会代表和国家机关领导人员时采用了上述手段之一，破坏了选举或者妨害了选民和代表自由行使选举权和被选举权，情节严重的，就构成了本条所规定的犯罪。

3. 构成破坏选举罪必须是**足以造成破坏选举或者妨害选民和代表自由行使选举权和被选举权的后果的行为**。这里所说的"**破坏选举**"，是指破坏选举工作的正常进行。"**妨害选民和代表自由行使选举权和被选举权**"，是指非法阻止选民参加登记或者投票，或者迫使、诱骗选民违背自己的意志进行投票，以及使代表放弃自己的被选举权等。破坏选举的正常进行和妨害选民和代表自由行使选举权和被选举权，是破坏选举罪的两个主要的表现形式，造成其中一种后果的，就构成本罪。

4. 构成破坏选举罪必须是**情节严重的行为**。这里所说的"**情节严重**"，主要是指破坏选举手段恶劣、后果严重或者造成恶劣影响的等。

依照本条规定，在选举各级人民代表大会代表和国家机关领导人员时，以暴力、威胁、欺骗、贿赂、伪造选举文件、虚报选举票数等手段破坏选举或者妨害选民和代表自由行使选举权和被选举权，情节严重的，处三年以下有期徒刑、拘役或者剥夺政治权利。

实际执行中应当注意，根据本条规定，破坏选举的行为，情节是否严重是区分罪与非罪的关键。对于破坏选举或者妨害选民和代表自由行使选举权和被选举权的行为，如果不属于情节严重情形的，则属**一般违法行为**，应当依照《全国人民代表大会和地方各级人民代表大会选举法》第五十八条的规定，给予必要的行政处分，或者依照《治安管理处罚法》第二十三条的规定，给予治安管理处罚。

【司法解释】

《最高人民检察院关于渎职侵权犯罪案件立案标准的规定》（高检发释字〔2006〕2号，自2006年7月26日起施行）

△（**破坏选举罪；立案标准**）国家机关工作人员利用职权实施的破坏选举案（第二百五十六条）

破坏选举罪是指在选举各级人民代表大会代表和国家机关领导人员时，以暴力、威胁、欺骗、贿赂、伪造选举文件、虚报选举票数或者编造选举结果等手段破坏选举或者妨害选民和代表自由行使选举权和被选举权，情节严重的行为。

国家机关工作人员利用职权破坏选举，涉嫌下列情形之一的，应予立案①：

1. 以暴力、威胁、欺骗、贿赂等手段，妨害选民、各级人民代表大会代表自由行使选举权和被选举权，致使选举无法正常进行，或者选举无效，或者选举结果不真实的；

2. 以暴力破坏选举场所或者选举设备，致使选举无法正常进行的；

3. 伪造选民证、选票等选举文件，虚报选举票数，产生不真实的选举结果或者强行宣布合法选举无效、非法选举有效的；

4. 聚众冲击选举场所或者故意扰乱选举场所秩序，使选举工作无法进行的；

5. 其他情节严重的情形。（§ 2Ⅶ）

【司法解释性文件】

《最高人民检察院关于印发〈人民检察院直接受理立案侦查的渎职侵权重特大案件标准（试行）〉的通知》（高检发〔2001〕13号，2001年8月24日公布）

△（**破坏选举罪；重特大案件**）国家机关工作人员利用职权实施的破坏选举案

（一）重大案件

1. 导致乡镇选举无法进行或者选举无效的；

2. 实施破坏选举行为，取得县级领导职务或者人大代表资格的。

（二）特大案件

1. 导致县级以上选举无法进行或者选举无效的；

2. 实施破坏选举行为，取得市级以上领导职务或者人大代表资格的。（§ 40）

【附属刑法】

《中华人民共和国全国人民代表大会和地方各级人民代表大会选举法》（1979年7月1日通过，2020年10月17日第七次修正）

第五十八条

Ⅰ为保障选民和代表自由行使选举权和被选举权，对有下列行为之一，破坏选举，违反治安管理规定的，依法给予治安管理处罚；构成犯罪的，依法追究刑事责任：

（一）以金钱或者其他财物贿赂选民或者代表，

① 我国学者指出，可以将国家机关工作人员犯本罪的立案标准，作为认定本罪中"情节严重"的参考。参见黎宏：《刑法学各论》（第2版），法律出版社2016年版，第273页。

妨害选民和代表自由行使选举权和被选举权的；

（二）以暴力、威胁、欺骗或者其他非法手段妨害选民和代表自由行使选举权和被选举权的；

（三）伪造选举文件、虚报选举票数或者有其他违法行为的；

（四）对于控告、检举选举中违法行为的人，或者对于提出要求罢免代表的人进行压制、报复的。

Ⅱ国家工作人员有前款所列行为的，还应当由监察机关给予政务处分或者由所在机关、单位给予处分。

第二百五十七条　【暴力干涉婚姻自由罪】
以暴力干涉他人婚姻自由的，处二年以下有期徒刑或者拘役。
犯前款罪，致使被害人死亡的，处二年以上七年以下有期徒刑。
第一款罪，告诉的才处理。

【立法理由】

1. **1979年立法的情况**。婚姻自由是我国婚姻家庭关系的主要基础，是宪法规定的一项基本原则。但是，我国封建历史较长，封建的婚姻家庭观念在一些地区和部分群众中还有一定影响，暴力干涉婚姻自由的现象在个别地区还存在。因此，为维护婚姻自由，1979年刑法对暴力干涉婚姻自由罪作出了明确的规定。1979年《刑法》第一百七十九条规定："以暴力干涉他人婚姻自由的，处二年以下有期徒刑或者拘役。犯前款罪，引起被害人死亡的，处二年以上七年以下有期徒刑。第一款罪，告诉的才处理。"

2. **1997年修订刑法的情况**。1997年修订刑法时，立法机关对本条作了文字修改，将"引起被害人死亡"的表述修改为"致使被害人死亡"。

【条文说明】

本条是关于暴力干涉婚姻自由罪及其处罚的规定。

本条共分为三款。

第一款是关于暴力干涉婚姻自由罪及其处罚的规定。婚姻自由，是我国公民享有的一项重要的权利，我国《宪法》第四十九条第四款规定，"禁止破坏婚姻自由"。我国《民法典》第一千零四十一条规定，"婚姻家庭受国家保护。实行婚姻自由、一夫一妻、男女平等的婚姻制度"。第一千零四十二条规定，"禁止包办、买卖婚姻和其他干涉婚姻自由的行为"。根据上述法律规定，我国公民有权按照本人的意愿，在不违背国家法律的前提下，自主地决定自己的婚姻问题，任何人都不得横加干涉和强制。婚姻自由包括结婚自由和离婚自由。① 结婚自由，就是结婚必须出于男女双方完全自愿，不许一方强迫另一方，也不许任何第三者加以干涉。离婚自由，就是夫妻因感情破裂等原因不能继续维持夫妻关系，男女双方或者任何一方可以向有权机关提出解除婚姻关系的请求。根据本条规定，**暴力干涉婚姻自由罪**，是指以暴力手段干涉他人行使婚姻自由权利的行为。这里所规定的"**暴力**"，是指使用捆绑、吊打、禁闭、强抢等手段，使被干涉者不能行使婚姻自由的权利。② "暴力干涉"是构成暴力干涉婚姻自由罪的主要特征，没有使用暴力的，不构成本罪；如果行为人采取的暴力行为，不足以干涉被害人行使婚姻自由权利的，也不构成本罪。依照本款规定，以暴力干涉他人婚姻自由，未造成被害人死亡的，处二年以下有期徒刑或者拘役。

第二款是关于犯暴力干涉婚姻自由罪致使被害人死亡的应如何处罚的规定。这里所说的"**致使被害人死亡**"，主要是指行为人使用暴力干涉他人婚姻自由的犯罪行为致使被害人自杀身亡等。③ 对于以暴力干涉他人婚姻自由，致使被害人死亡的，依照本款规定，处二年以上七年以下有

① 相同的学说见解，参见黎宏：《刑法学各论》（第2版），法律出版社2016年版，第273页。

② 我国学者指出，本罪仅规定暴力干涉他人婚姻自由的行为是犯罪，并没有规定以暴力相威胁干涉婚姻自由的行为也是犯罪。故而，按照立法者原意，不能认为以暴力相威胁干涉婚姻自由的行为也能构成本罪。参见赵秉志、李希慧主编：《刑法各论》（第3版），中国人民大学出版社2016年版，第227页。

③ 我国学者指出，"致使被害人死亡"是指在实施暴力干涉婚姻自由行为的过程中，过失导致被害人死亡，以及因暴力干涉婚姻自由而直接引起被害人自杀身亡。如果行为构成故意伤害（致死）罪，则不适用本款规定，直接按故意伤害（致死）罪论处。参见张明楷：《刑法学》（第6版），法律出版社2021年版，第1189页；黎宏：《刑法学各论》（第2版），法律出版社2016年版，第273页；周光权：《刑法各论》（第4版），中国人民大学出版社2021年版，第90页。

期徒刑。

第三款是关于**暴力干涉他人婚姻自由未致使被害人死亡的，属于告诉才处理的犯罪**的规定。依照本款规定，对于犯暴力干涉婚姻自由罪的，在没有致使被害人死亡的情况下，只有被害人向司法机关提出控告的才处理，对于被害人不控告的，司法机关不能主动受理、追究行为人的刑事责任。但如果被害人受强制或者威吓而无法告诉的，人民检察院和被害人的近亲属也可以告诉。

实际执行中应当注意以下两个方面的问题：

1. 本条第二款规定的致使被害人死亡的干涉婚姻自由的行为，行为人必须使用了暴力，如果干涉人未使用暴力，而是由于被害人自己心胸狭窄而轻生自杀或因为其他原因自杀的，不应追究行为人的刑事责任。

2. 对行为人在暴力干涉婚姻自由过程中实施的故意伤害或杀害行为，应当按**故意伤害罪或者故意杀人罪**追究刑事责任。

【司法解释性文件】

《最高人民法院、最高人民检察院、公安部、司法部关于依法办理家庭暴力犯罪案件的意见》（法发〔2015〕4号，2015年3月2日公布）

△**（暴力干涉婚姻自由罪）**依法准确定罪处罚。对故意杀人、故意伤害、强奸、猥亵儿童、非法拘禁、侮辱、暴力干涉婚姻自由、虐待、遗弃等侵害公民人身权利的家庭暴力犯罪，应当根据犯罪的事实、犯罪的性质、情节和对社会的危害程度，严格依照刑法的有关规定判处。对于同一行为同时触犯多个罪名的，依照处罚较重的规定定罪处罚。（§16）

【附属刑法】

《中华人民共和国老年人权益保障法》（1996年8月29日通过，2018年12月29日第三次修正）

第七十六条

干涉老年人婚姻自由，对老年人负有赡养义务、扶养义务而拒绝赡养、扶养，虐待老年人或者对老年人实施家庭暴力的①，由有关单位给予批评教育；构成违反治安管理行为的，依法给予治安管理处罚；构成犯罪的，依法追究刑事责任。

《中华人民共和国妇女权益保障法》（1992年4月3日通过，2018年10月26日第二次修正）

第五十六条

违反本法规定，侵害妇女的合法权益②，其他法律、法规规定行政处罚的，从其规定；造成财产损失或者其他损害的，依法承担民事责任；构成犯罪的，依法追究刑事责任。

【参考案例】

△**违背妇女意志，采用暴力手段强迫与其结婚，暴力手段造成轻伤以上后果的，按照故意伤害罪和暴力干涉婚姻自由罪从一重罪处断；非法拘禁妇女的，按照非法拘禁罪和暴力干涉婚姻自由罪从一重罪处断；强行与妇女发生性关系的，不构成暴力干涉婚姻自由罪，应以强奸罪论处。**

目前在偏远的乡村和少数民族地区，虽然干涉婚姻自由的现象还较为普遍，但其中构成犯罪的只是个别现象。因为行为人只有直接以暴力干涉他人的婚姻自由，才构成本罪。如果行为人干涉他人婚姻自由，仅仅停留在言语和态度上，并未使用暴力，则不构成本罪。所以，使用暴力干涉，是构成本罪在客观方面所必须具备的要件。肉孜暴力干涉婚姻自由案中，肉孜使用暴力，表现为“抢婚”。据有关资料反映，我国有的少数民族有抢婚这种习俗，而且视这种习俗为结婚的一种方式。对这种抢婚方式，不应作犯罪处理。但是，在实际生活中，有的向女方求婚遭到拒绝后，便纠集一些人，用暴力手段把女方抢到自己家中，情节严重的，则应当认定这种抢婚行为构成了暴力干涉婚姻自由罪，依法处以刑罚。我国维吾尔族没有这种抢婚的习俗，男女结婚不实行抢婚的方式。被告人肉孜在自诉人明确表明拒绝与其结婚的情况下，纠集多人，用汽车和摩托车强行将自诉人抢到别处，迫使自诉人同意与其成婚，这显然是使用暴力干涉自诉人的婚姻自由，且情节相当严重，其行为在客观方面符合暴力干涉婚姻自由罪的特征。

综上分析，伽师县人民法院认定被告人肉孜

① 《中华人民共和国老年人权益保障法》（1996年8月29日通过，2018年12月29日第三次修正）
第二十一条
Ⅰ老年人的婚姻自由受法律保护。子女或者其他亲属不得干涉老年人离婚、再婚及婚后的生活。
Ⅱ赡养人的赡养义务不因老年人的婚姻关系变化而消除。

② 《中华人民共和国妇女权益保障法》（1992年4月3日通过，2018年10月26日第二次修正）
第四十四条
国家保护妇女的婚姻自主权。禁止干涉妇女的结婚、离婚自由。

的行为构成暴力干涉婚姻自由罪是正确的。［No. 4-257-1　肉孜暴力干涉婚姻自由案］

第二百五十八条　【重婚罪】
有配偶而重婚的，或者明知他人有配偶而与之结婚的，处二年以下有期徒刑或者拘役。

【立法理由】

我国《民法典》第一千零四十一条第二款明确规定，我国“实行婚姻自由、一夫一妻、男女平等的婚姻制度”。重婚罪是对一夫一妻婚姻制度的严重破坏①，践踏了法律基本制度，破坏了善良的风俗习惯和伦理道德，严重影响了社会主义精神文明建设，必须予以惩治。1979 年《刑法》第一百八十条规定：“有配偶而重婚的，或者明知他人有配偶而与之结婚的，处二年以下有期徒刑或者拘役。”**1997 年修订刑法时**，沿袭了 1979 年刑法的规定，没有作任何改动。

【条文说明】

本条是关于重婚罪及其处罚的规定。

根据本条规定，**重婚罪**是指有配偶而重婚，或者明知他人有配偶而与之结婚的行为。② 本条规定了两种重婚行为：一种是“**有配偶而重婚**”，所谓“有配偶”，是指行为人已经结婚，在婚姻关系存续期间又与他人结婚。另一种是“**明知他人有配偶而与之结婚**”，是指本人明知他人有配偶而仍然与之结婚。③ 这里规定的“明知”是罪与非罪的重要界限，如果行为人是蒙受欺骗，不知道对方已有配偶而与之结婚的，则不构成重婚罪。本条所规定的“**结婚**”，既包括骗取合法手续登记结婚，又包括虽未登记结婚，但以夫妻名义共同生活。④ 只要是有配偶而又结婚，或者是明知他人有配偶而与之结婚的，无论是骗取合法手续登记结婚，还是未登记结婚，但以夫妻名义共同生活的，都构成重婚罪。依照本条规定，对犯重婚罪的，处二年以下有期徒刑或者拘役。

实际执行中应当注意划清重婚与通奸的界限。所谓**通奸**，一般指已婚男女与第三者暗中发生不正当两性关系的行为。通奸行为违反道德伦理，但不构成犯罪，对于通奸者可以根据情况给予批评教育，或者党纪、政纪处分。

【参考案例】

△恶意申请宣告配偶死亡而离婚并与他人结婚的，应以重婚罪论处。

完善的宣告死亡制度应当具有双重功能，既保护善意利害关系人的合法权利，又防范和制裁恶意利用宣告死亡制度对被宣告死亡人的严重侵权行为。法律保护婚姻自由，但必须以行为人不得侵犯他人合法权利和社会公共利益为前提。王艳重婚案是恶意利用宣告死亡制度，严重侵犯他人合法权利和危害社会公共利益的特殊重婚案件，不能作为一般离婚案件简单适用当时的民法通则司法解释审理，以致严重侵权人未受到制裁，被侵权人未得到法律保护，违反社会公共利益原则和公平原则。对构成重婚罪的，自诉人控告的，可以适用刑法给予刑事制裁。［No. 4-258-1　王艳重婚案］

△外籍被告人在境外结婚后，又在境内与他人以夫妻名义同居的，应认定为重婚罪。

法兰克·巴沙勒·米伦等重婚案事实清楚，被告人法兰克·巴沙勒·米伦在英国有一个合法的登记婚姻，有合法的妻子和儿女。在该婚姻关系存续期内，法兰克·巴沙勒·米伦在我国境内

① 我国学者指出，本罪的保护法益是一夫一妻制的婚姻制度。参见黎宏：《刑法学各论》（第 2 版），法律出版社 2016 年版，第 273 页；周光权：《刑法各论》（第 4 版），中国人民大学出版社 2021 年版，第 91 页；赵秉志、李希慧主编：《刑法各论》（第 3 版），中国人民大学出版社 2016 年版，第 228 页。

② 我国学者指出，我国目前尚不承认同性婚姻，故而，行为人有一个异性婚姻，同时有事实上的同性婚姻，不宜以重婚罪论处；但是，如果行为人在承认同性婚姻的国家登记了同性婚姻，在国内同时存在异性婚姻，则应认定为重婚罪。参见张明楷：《刑法学》（第 6 版），法律出版社 2021 年版，第 1209 页。

③ 我国学者指出，《刑法》第二百五十八条中的“有配偶”的人，应当是指已经依法登记结婚的人，不包括未经依法登记结婚而仅与他人具有事实婚姻关系之人。是以，仅有事实婚姻关系的人，又与其他无配偶的人再次或者多次建立事实婚姻关系，不构成重婚罪；依法登记结婚，也不构成重婚罪。参见黎宏：《刑法学各论》（第 2 版），法律出版社 2016 年版，第 274 页。重婚罪的成立以存在一个合法婚姻为前提，只有合法的婚姻关系遭到后来非法婚姻关系的破坏时，才有成立本罪的可能。参见周光权：《刑法各论》（第 4 版），中国人民大学出版社 2021 年版，第 91 页。

④ 类似的学说见解，参见张明楷：《刑法学》（第 6 版），法律出版社 2021 年版，第 1208 页。

又和被告人罗敏婷同居。二被告人虽然未在我国民政部门正式登记结婚，但他们通过摆婚宴等方式对外宣布结婚并以夫妻名义共同生活，后共同生育两个儿女。首先，二被告人的行为是否构成犯罪，应当适用我国刑法的规定。我国《刑法》第六条第一款规定："凡在中华人民共和国领域内犯罪的，除法律有特别规定的以外，都适用本法。"该条第三款规定："犯罪的行为或者结果有一项发生在中华人民共和国领域内的，就认为是在中华人民共和国领域内犯罪。"本案中，法兰克·巴沙勒·米伦与罗敏婷的重婚行为发生在我国境内，应当认定为在我国领域内实施的行为，依法应当适用我国刑法的规定。

法兰克·巴沙勒·米伦在英国的婚姻关系，被我国法律所承认，其在我国境内的重婚行为，客观上已导致其同时拥有"两个妻子"，其行为明显侵犯了我国的"一夫一妻"制度，依法应当纳入我国刑法的规制范围。罗敏婷明知对方有被我国法律所承认的合法婚姻关系，仍与之以夫妻名义公开同居生活，造成对方"一夫两妻"的客观事实，其行为亦侵犯了我国刑法所保护的"一夫一妻"制度，依法亦应纳入我国刑法的规制范围。

我国《刑法》第二百五十八条规定："有配偶而重婚的，或者明知他人有配偶而与之结婚的，处二年以下有期徒刑或者拘役。"对于重婚行为，《中华人民共和国婚姻法释义》称，所谓重婚，是指有配偶的人又与他人结婚的违法行为。有配偶的人，未办理离婚手续又与他人登记结婚，即重婚；虽未登记结婚，但事实上与他人以夫妻名义而公开同居生活的，亦构成重婚。明知他人有配偶而与之登记结婚，或者虽未登记结婚，但事实上与他人以夫妻名义同居生活，也构成重婚。2001 年 12 月 25 日出台的《最高人民法院关于适用〈中华人民共和国婚姻法〉若干问题的解释(一)》第二条规定，《婚姻法》第三条规定的"有配偶者与他人同居"的情形，是指有配偶者与婚外异性，不以夫妻名义，持续、稳定地共同居住。故《婚姻法》第三条第二款规定的"重婚"，包含了《中华人民共和国婚姻法释义》中所称的"虽未登记结婚，但事实上与他人以夫妻名义而公开同居生活"。综上分析，重婚行为有两种：一种是"有配偶而重婚"，即指已经结婚的人，在婚姻关系存续期间，又与他人结婚；另一种是"明知他人有配偶而与之结婚"，是指本人明知他人有配偶而仍然与他人结婚。这里规定的"结婚"，既包括骗取合法手续登记结婚，又包括虽未登记结婚，但以夫妻名义共同生活的。只要是有配偶而又结婚，或者是明知他人有配偶而与之结婚的，无论是骗取合法手续登记结婚，还是未登记结婚，但以夫妻名义共同生活的，都属于重婚。①

基于上述分析，本案中，被告人法兰克·巴沙勒·米伦有配偶仍与他人以夫妻名义共同生活，被告人罗敏婷明知他人有配偶而与他人以夫妻名义共同生活，均符合《刑法》第 258 条规定中的重婚罪构成特征。[No. 4-258-2　法兰克·巴沙勒·米伦等重婚案]

△已婚者与他人建立事实婚姻关系，重婚行为的终了应当以一方作出解除事实婚姻关系的意思表示，且婚姻关系因该意思表示实质上得以解除为标准，追诉期限自重婚行为终了之日起计算。

就重婚罪而言，重婚不法行为和不法状态自始至终同时存在，持续侵害一夫一妻制的婚姻制度，完全符合继续犯的特征，属于继续犯。重婚登记或者事实婚姻关系的确立只意味着重婚行为的开始而不是终了，不应把后婚婚姻关系的确立与以后的以夫妻名义共同生活行为割裂开来，而应当将二者视为完整统一的重婚行为，前者是后者开始的标志。《刑法》第八十九条规定："追诉期限从犯罪之日起计算；犯罪行为有连续或者继续状态的，从犯罪行为终了之日起计算。"因此，重婚罪的追诉期限应当从重婚行为终了之日起计算。后婚系事实婚姻的，重婚行为是否终了应当着重考虑两个因素：一是行为人是否作出解除事实婚姻的意思表示；二是该意思表示实质上是否起到解除婚姻关系的作用。

后婚系事实婚姻的，行为人单方作出解除婚姻关系的意思表示后，如另一方对此予以认可，二人不再以夫妻名义共同生活，此种情况下即可认定事实婚姻关系自此解除，如有遗留的财产分割、子女抚养问题，可在日后通过民事纠纷解决渠道解决；如另一方对此不予认可，则说明双方对是否继续保持事实婚姻关系存在争议，从保护弱势群体、维护社会公序良俗的角度出发，应综合考虑夫妻双方的态度，财产分割、子女抚养等问题的解决情况等因素判断婚姻关系是否解除。田某某重婚案中，被告人田某某与杨某举行婚礼后同居两年，共同购买了住房并育有一子，双方形成了较为紧密的事实婚姻关系。杨某在大连市找到离京的田某某后要求登记结婚，说明杨某仍愿意与田某某保持婚姻关系，田某某再次离开杨某时并未妥善

① 自《民法典》开始施行后，《婚姻法》及相关司法解释已经失效。

解决财产分割、子女抚养等问题，二人的婚姻关系何去何从具有一定的不确定性。在此情况下，不能轻易认定二人的事实婚姻关系自2007年田某某在大连市再次离开杨某起解除，否则既不利于保护婚姻关系中的弱者、打击犯罪，也不符合社会公众对婚姻关系的一般认知。田某某于2008年秘密将购买的二人共同居住的房屋出售，并回到其妻子董某某处生活，自此时起其与杨某的事实婚姻关系已不可能继续存在，故可认定二人的事实婚姻关系自此解除，田某某的重婚行为实施终了。因此，被告人所犯重婚罪的追诉期限应自2008年起计算，至杨某报案时尚在追诉时效之内。［No. 4-258-3　田某某重婚案］

△**前婚的婚姻登记存在程序上的瑕疵，但被告人明知自己已登记结婚而又与他人结婚的，构成重婚。**

婚姻关系双方或一方当事人未亲自到婚姻登记机关进行婚姻登记，且不能证明婚姻登记系男女双方的真实意思表示，当事人对该婚姻登记不服提起诉讼的，人民法院应当依法予以撤销。从立法目的上看，要求婚姻双方当事人必须亲自到场虽属于程序性规定，但却是为保证当事人双方自愿缔结婚姻的实体条件服务的，双方是否亲自到场不重要，重要的是保证当事人的自愿。夏国学重婚案中，夏国学与于某某的结婚登记虽存在二人未亲自到婚姻登记机关办理的程序瑕疵，但夏国学的供述以及于某某的陈述均能证明二人在办理结婚登记时均出于自愿，仅因夏国学的户籍问题才未能按照正常程序办理登记。此后，夏国学与于某某以夫妻名义共同生活十余年，并育有一女。二人的婚姻不仅符合结婚的实质要件，且已经完成结婚登记的形式要件，只不过结婚登记程序存在瑕疵，该瑕疵并不阻却婚姻的成立及效力。被告人主观明知自己已登记结婚而与他人结婚的，构成重婚。［No. 4-258-4　夏国学重婚案］

第二百五十九条　【破坏军婚罪】

明知是现役军人的配偶而与之同居或者结婚的，处三年以下有期徒刑或者拘役。

利用职权、从属关系，以胁迫手段奸淫现役军人的妻子的，依照本法第二百三十六条的规定定罪处罚。

【立法理由】

（一）立法相关背景及修改情况

1. **1979年立法的情况。**人民解放军担负着保卫祖国安全和社会主义现代化建设的重任。保护军婚对于保障军人安心服役，维护国防建设，保持和发扬我军的坚强战斗意志，意义重大。因此，1979年《刑法》第一百八十一条规定："明知是现役军人的配偶而与之同居或者结婚的，处三年以下有期徒刑。"

2. **1997年修订刑法的情况。**1997年修订刑法时，立法机关对本条作了修改：一是在刑罚中增加拘役刑；二是增加第二款，规定"利用职权、从属关系，以胁迫手段奸淫现役军人的妻子的，依照本法第二百三十六条的规定定罪处罚"。这样修改，主要是为了更好地保护军人的婚姻，针对实践中存在的问题，特别是利用职权、从属关系，以胁迫手段奸淫现役军人的妻子的情形，对破坏军婚的犯罪进行修改补充。

（二）立法时争议的主要问题

在1997年修订刑法过程中，有的建议增加规定"明知是现役军人的配偶而与之通奸，造成严重后果的"，构成犯罪，以体现对现役军人婚姻的特殊保护。立法机关经研究，考虑到通奸属于双方自愿行为，而且"严重后果"的标准也不易把握，因此没有采纳这一建议。

【条文说明】

本条是关于破坏军婚罪及其处罚的规定。

本条共分为两款。

第一款是关于破坏军婚罪及其处罚的规定。根据本款规定，**破坏军婚罪**，是指明知是现役军人的配偶而与之同居或者结婚的行为。本款所规定的"**明知**"，是指破坏军婚罪是直接故意犯罪，行为人在确切知道对方是现役军人的配偶的情况下，仍然与之同居或者结婚的，才构成犯罪。如果行为人不知道对方是现役军人的配偶甚至受欺骗而与现役军人的配偶同居或者结婚的，不构成犯罪。"**现役军人**"，是指中国人民解放军或者人民武装警察部队的现役军官、文职干部、士兵及具有军籍的学员等。在军事部门或者人民武装警察部队中工作，但没有取得军籍的人员，以及复员退伍军人、转业军人、残废军人等，都不属于现役军人。[①] **“现役军人的配偶”**，是指依法与现役军人存续婚姻关系的妻子或者丈夫。[②] 依据本款规定，破坏军人婚姻的行为有两种方式：一种是**与现役军人的配偶同居**，这里所说的“同居”，是指虽没有办理结婚登记手续，但以夫妻名义共同生活，或者在较长时间内共同生活。[③] 另一种是**与现役军人的配偶结婚**。这里所说的“结婚”，是指骗取合法手续登记结婚。对于破坏军人婚姻的犯罪，依照本条规定，明知是现役军人的配偶而与之同居或者结婚的，处三年以下有期徒刑或者拘役。

第二款是关于利用职权、从属关系，以胁迫手段奸淫现役军人的妻子的，依照本法关于强奸罪的规定定罪处罚的规定。构成本款规定的犯罪必须具备以下三个条件：(1)**必须利用职权、从属关系**，如司法工作人员利用其掌握的国家权力，企业领导利用其负责人事调动、工资分配的权力等。(2)**必须使用胁迫手段**。这里所说的“胁迫”，是指犯罪分子对现役军人的妻子施以威胁、恫吓，迫使现役军人的妻子就范，不敢抗拒的手段。例如，以辞退、开除、经济处罚相威胁；以揭发现役军人的妻子的隐私相威胁；利用现役军人的妻子孤立无援的环境相胁迫等，使其同意与自己发生性关系。(3)**奸淫的对象只能是现役军人的妻子**。依照本款规定，利用职权、从属关系，以胁迫手段奸淫现役军人的妻子的，构成强奸罪，依照《刑法》第二百三十六条关于强奸罪的规定定罪处罚。[④]

实践中应当注意以下两个方面的问题：

1. 要注意划清破坏军婚罪与**重婚罪**的界限。二者的区别主要表现在：一是破坏军婚罪中与行为人相对的另一方必须是现役军人的配偶，重婚罪则无这一要求；二是破坏军婚罪的行为包括与现役军人的配偶结婚或者同居的行为，重婚罪的行为是有配偶而重婚或者明知他人有配偶而与之结婚。

2. **破坏军婚罪中的现役军人的配偶一般不构成本罪**，但如果现役军人的配偶隐瞒情况与他人结婚的，其有可能构成重婚罪。

第二百六十条　【虐待罪】

虐待家庭成员，情节恶劣的，处二年以下有期徒刑、拘役或者管制。

犯前款罪，致使被害人重伤、死亡的，处二年以上七年以下有期徒刑。

第一款罪，告诉的才处理，但被害人没有能力告诉，或者因受到强制、威吓无法告诉的除外。

【立法沿革】

《中华人民共和国刑法》(1997年修订，自1997年10月1日起施行)

第二百六十条

虐待家庭成员，情节恶劣的，处二年以下有期徒刑、拘役或者管制。

犯前款罪，致使被害人重伤、死亡的，处二年以上七年以下有期徒刑。

第一款罪，告诉的才处理。

《中华人民共和国刑法修正案(九)》(自2015

---

① 相同的学说见解，参见周光权：《刑法各论》(第4版)，中国人民大学出版社2021年版，第92页；赵秉志、李希慧主编：《刑法各论》(第3版)，中国人民大学出版社2016年版，第229页；高铭暄、马克昌主编：《刑法学》(第7版)，北京大学出版社、高等教育出版社2016年版，第487页。

② 仅与现役军人有婚约关系的“未婚夫”与“未婚妻”，非属“现役军人之配偶”。参见张明楷：《刑法学》(第6版)，法律出版社2021年版，第1210页；黎宏：《刑法学各论》(第2版)，法律出版社2016年版，第275页。另外，阴建峰教授认为，现役军人的配偶，既可以指与现役军人进行结婚登记的人，又可以包括虽未与之登记结婚，但确有事实婚姻关系的人。参见赵秉志、李希慧主编：《刑法各论》(第3版)，中国人民大学出版社2016年版，第229—230页。

③ 我国学者指出，同居以两性关系为基础，同时还有经济上或其他生活方面的特殊关系，包括公开与秘密同居两种情况。并且，不能将同居理解为事实婚姻，也不能将同居理解为通奸。参见张明楷：《刑法学》(第6版)，法律出版社2021年版，第1210页；黎宏：《刑法学各论》(第2版)，法律出版社2016年版，第275页；周光权：《刑法各论》(第4版)，中国人民大学出版社2016年版，第72页；赵秉志、李希慧主编：《刑法各论》(第3版)，中国人民大学出版社2016年版，第230页；高铭暄、马克昌主编：《刑法学》(第7版)，北京大学出版社、高等教育出版社2016年版，第487页。

④ 本款规定属于注意规定，因此，只有当行为符合《刑法》第二百三十六条规定的强奸罪的犯罪构成时，才能适用《刑法》第二百三十六条。参见张明楷：《刑法学》(第6版)，法律出版社2021年版，第1210页。

年 11 月 1 日起施行)

十八、将刑法第二百六十条第三款修改为:

"第一款罪,告诉的才处理,但被害人没有能力告诉,或者因受到强制、威吓无法告诉的除外。"

【立法理由】

1. **1979 年立法的情况**。家庭是社会的细胞,平等、友爱、和睦的家庭关系是构建和谐社会的基础。家庭成员之间尊老爱幼、相互扶助是中华民族的传统美德。新中国成立后,注意扫除封建残余思想,一直倡导人人平等的家庭关系。对此,我国宪法、民法典等一系列法律从公民权利、婚姻、财产权等方面在制度上加以规定和保障。如我国《民法典》第一千零四十二条第三款明确规定:"禁止家庭暴力。禁止家庭成员间的虐待和遗弃。"但实际生活中存在虐待家庭成员的行为,有的手段恶劣,造成严重后果,受害人也多为妇女、儿童、老人等弱势群体。为惩治这类行为,保护公民权利,维护家庭关系,1979 年刑法明确规定了虐待罪。1979 年《刑法》第一百八十二条规定:"虐待家庭成员,情节恶劣的,处二年以下有期徒刑、拘役或者管制。犯前款罪,引起被害人重伤、死亡的,处二年以上七年以下有期徒刑。第一款罪,告诉的才处理。"

1979 年刑法考虑到虐待行为多发生在家庭内部,虐待行为的发生有其复杂的因素,将一般的虐待行为规定为告诉才处理的犯罪,将启动刑事追诉的权利赋予受害家庭成员。这样有利于通过积极的调解予以解决,也有利于化解家庭矛盾,维系正常的家庭关系。

2. **1997 年修订刑法的情况**。1997 年修订刑法时,立法机关对本条作了修改,将"引起被害人重伤、死亡"的表述修改为"致使被害人重伤、死亡"。

3. **2015 年《刑法修正案(九)》对本条的修改情况**。2015 年,立法机关在第三款中增加规定"但被害人没有能力告诉,或者因受到强制、威吓无法告诉的除外"。这样修改,主要是在《刑法修正案(九)》起草过程中,针对实践中发生的重病老人、儿童等被虐待者没有能力告诉或因受到强制、威吓无法告诉的情况,经广泛征求意见达成共识,为加强对弱势群体的保护,规定**被害人没有能力告诉,或者因受到强制、威吓无法告诉的也按照公诉案件处理**,即由国家主动介入追究虐待者的刑事责任。

【条文说明】

本条是关于虐待罪及其处罚的规定。

本条共分为三款。

第一款是关于虐待罪及其处罚的规定。根据本款规定,虐待罪是指虐待家庭成员,情节恶劣的行为。本款规定的"**虐待**",是指折磨、摧残家庭成员身心健康的行为。虐待具有经常性和连续性的特点,行为人对共同生活的家庭成员在相当长的时间里,进行持续或连续的肉体摧残、精神折磨,致使被害人的身心遭受严重创伤,通常表现为打骂、冻饿、捆绑、强迫超体力劳动、限制自由、凌辱人格等行为。偶尔发生的打骂、冻饿等行为,不构成虐待罪。这里所说的"**家庭成员**",是指在同一家庭中共同生活的成员,如夫妻、父母、子女、兄弟、姐妹等。根据我国有关法律的规定,家庭成员关系主要有以下四种情形:一是**由婚姻关系形成的家庭成员关系**,如丈夫和妻子,夫妻关系是父母、子女关系产生的前提和基础;二是**由血缘关系形成的家庭成员关系**,包括由直系血亲关系而联系起来的父母、子女、孙子女、曾孙子女以及祖父母、曾祖父母、外祖父母等,也包括由旁系血亲而联系起来的兄、弟、姐、妹、叔、伯、姑、姨、舅等;三是**由收养关系而形成的家庭成员关系**,即养父母和养子女之间的关系;四是**由其他关系所产生的家庭成员**,现实生活中还存在区别于前三种情形而形成的非法定义务的扶养关系,如同居关系、对孤寡老人的自愿赡养关系等。非家庭成员间的虐待行为,不构成虐待罪。①

虐待罪通常是在家庭中处于强势的一方虐待弱势的一方,如家长虐待未成年的子女、丈夫虐待妻子、成年子女虐待没有独立生活能力的老人等,被虐待的家庭成员是否有独立生活能力不影响本罪的成立。家长出于管教动机而偶有一些打骂或者体罚行为的,不属于虐待行为。虐待家庭成员必须是情节恶劣的才能构成犯罪。这里所说的"**情节恶劣**",具体是指虐待的动机卑鄙、手段凶残的;虐待年老、年幼、病残的家庭成员的;长期虐待家庭成员屡教不改的;等等。依照本款规定,虐待家庭成员,情节恶劣的,处二年以下有期徒刑、拘役或者管制。对于虐待家庭成员,尚未达到情节恶劣程度的,根据《**治安管理处罚法**》第四十五

---

① 相同的学说见解,参见黎宏:《刑法学各论》(第 2 版),法律出版社 2016 年版,第 276 页。另有学者指出,"共同生活的家庭成员"不限于基于法律上的婚姻家庭关系而共同生活在一起的家庭成员,也包括长年共同生活在一起,事实上已经成为家庭成员的人。参见周光权:《刑法各论》(第 4 版),中国人民大学出版社 2021 年版,第 93 页。

条的规定,被虐待人要求处理的,处五日以下拘留或者警告。

第二款是关于犯虐待罪致使被害人重伤、死亡的应如何处罚的规定。这里所说的“**致使被害人重伤、死亡**”,是指由于被害人经常受到虐待,身体和精神受到严重的损害而导致死亡,或者不堪忍受而自杀造成死亡或重伤等情形。① 依照本款规定,对于犯虐待罪,致使被害人重伤、死亡的,处二年以上七年以下有期徒刑。**虐待致使被害人重伤、死亡的案件不属于告诉才处理案件的范围**,对这类案件,即使被害人不提出控告,检察机关也应提起公诉。

第三款是关于虐待家庭成员未致使被害人重伤、死亡的,属于告诉才处理的犯罪及例外情形的规定,即**一般情况下适用告诉才处理的规定,但在特殊情况下不适用**。本款包含两层意思:一是一般而言,对于犯虐待罪,在没有致使被害人重伤、死亡的情况下,只有被害人向司法机关提出控告的才处理,对于被害人不控告的,司法机关不能主动受理、追究行为人的刑事责任。这样规定主要是因为本条规定的虐待行为发生在家庭成员之间,法律将是否告诉的选择权赋予被害人,这样有利于保护家庭关系,切实维护被害人权益。二是如果被害人没有能力告诉,或者因受到强制、威吓无法告诉的,不适用告诉才处理的规定,而应作为公诉案件处理。被虐待人的亲属、朋友、邻居等任何人发现被害人被虐待,没有能力告诉或者因受到强制、威吓无法告诉的,都可以向公安机关报案。公安机关应当立案进行侦查,由检察机关依法向人民法院提起公诉。作为公诉案件处理的情形是《刑法修正案(九)》新增加的规定,在《刑法修正案(九)》起草过程中,有关方面提出,对于没有能力告诉或者因受到强制、威吓不敢告诉的被害人而言,即使其有告诉的愿望,但因个人的困境而无法行使权利,为了保护这部分社会弱势群体的权益,建议将这些情形规定为公诉案件。经认真研究和征求各方面的意见,在达成共识的基础上,立法机关对原条文作了修改。这里需要说明的是,本款和《刑法》第九十八条规定的“告诉才处理”的关系。《刑法》第九十八条规定的“本法所称告诉才处理,是指被害人告诉才处理。如果被害人因受强制、威吓无法告诉的,人民检察院和被害人的近亲属也可以告诉”,是对告诉才处理犯罪规定的代为告诉的情形,与本款规定的告诉才处理的例外情形不同。根据本款规定,对于被害人没有能力告诉,或者因受到强制、威吓无法告诉的情形,应按照公诉案件处理,由人民检察院提起公诉,而不属于《刑法》第九十八条规定的代为告诉的情形。本款规定的“**被害人没有能力告诉**”是指被害人因病重、年幼、智力缺陷、精神障碍等没有能力向人民法院告诉。

实际执行中应当注意以下两个方面的问题:

1. 关于虐待罪与**故意伤害罪、故意杀人罪**的异同。首先,犯罪的主观故意不同。虐待罪的行为人主观上不具有伤害或者杀害被害人的故意,而是出于追求被害人肉体和精神上的痛苦的目的;而故意伤害罪、故意杀人罪具有伤害、杀害的故意。在实践办理案件过程中,不能仅听信被告人的供述,还要结合行为人实施的暴力手段与方式、是否立即或者直接造成被害人伤亡后果等进行综合判断。其次,实施虐待过失导致被害人重伤或者死亡的,或者因虐待致使被害人自残、自杀导致重伤或者死亡的,是虐待罪的结果加重犯,属于本条第二款规定的虐待“致使被害人重伤、死亡”的情形。但是,如果在虐待的过程中,行为超过了虐待的限度,明显具有伤害、杀人的恶意且实施了严重的暴力行为,直接将被害人殴打成重伤,甚至直接杀害被害人的,应该认定为故意伤害罪或者故意杀人罪。

2. 办理虐待犯罪案件,应当首先保护被害人的安全,通过对被害人进行紧急救治、临时安置,对施暴者采取刑事强制措施等,制止家庭暴力并防止再次发生,消除家庭暴力的现实侵害和潜在危险,同时对与案件有关的个人隐私,应当保密。其次是要注意尊重被害人的意愿,应当充分听取被害人意见。对法律规定可以调解、和解的案件,促使当事人在双方自愿的基础上进行调解、和解。

【司法解释】

《最高人民法院关于〈中华人民共和国刑法修正案(九)〉时间效力问题的解释》(法释〔2015〕19号,自2015年11月1日起施行)

△**(时间效力)**对于2015年10月31日以前实施的刑法第二百六十条第一款规定的虐待行为,被害人没有能力告诉,或者因受到强制、威吓无法告诉的,适用修正后刑法第二百六十条第三款的规定。(§5)

分则　第四章

① 加害结果与虐待行为之间必须有因果关系,才能对行为人进行归责。参见周光权:《刑法各论》(第4版),中国人民大学出版社2021年版,第93页。

【司法解释性文件】

《最高人民法院、最高人民检察院、公安部、司法部关于依法办理家庭暴力犯罪案件的意见》(法发〔2015〕4号,2015年3月2日公布)

△(**虐待罪;竞合**)依法准确定罪处罚。对故意杀人、故意伤害、强奸、猥亵儿童、非法拘禁、侮辱、暴力干涉婚姻自由、虐待、遗弃等侵害公民人身权利的家庭暴力犯罪,应当根据犯罪的事实、犯罪的性质、情节和对社会的危害程度,严格依照刑法的有关规定判处。对于同一行为同时触犯多个罪名的,依照处罚较重的规定定罪处罚。(§ 16)

△(**情节恶劣;虐待犯罪致人重伤、死亡;故意伤害、故意杀人犯罪致人重伤、死亡**)依法惩处虐待犯罪。采取殴打、冻饿、强迫过度劳动、限制人身自由、恐吓、侮辱、谩骂等手段,对家庭成员的身体和精神进行摧残、折磨,是实践中较为多发的虐待性质的家庭暴力。根据司法实践,具有虐待持续时间较长、次数较多;虐待手段残忍;虐待造成被害人轻微伤或者患较严重疾病;对未成年人、老年人、残疾人、孕妇、哺乳期妇女、重病患者实施较为严重的虐待行为等情形,属于刑法第二百六十条第一款规定的虐待"情节恶劣",应当依法以虐待罪定罪处罚。

准确区分虐待犯罪致人重伤、死亡与故意伤害、故意杀人犯罪致人重伤、死亡的界限,要根据被告人的主观故意、所实施的暴力手段与方式、是否立即或者直接造成被害人伤亡后果等进行综合判断。对于被告人主观上不具有侵害被害人健康或者剥夺被害人生命的故意,而是出于追求被害人肉体和精神上的痛苦,长期或者多次实施虐待行为,逐渐造成被害人身体损害,过失导致被害人重伤或者死亡的;或者因虐待致使被害人不堪忍受而自残、自杀,导致重伤或者死亡的,属于刑法第二百六十条第二款规定的虐待"致使被害人重伤、死亡",应当以虐待罪定罪处罚。对于被告人虽然实施家庭暴力呈现出经常性、持续性、反复性的特点,但其主观上具有希望或者放任被害人重伤或者死亡的故意,持凶器实施暴力,暴力手段残忍,暴力程度较强,直接或者立即造成被害人重伤或者死亡的,应当以故意伤害罪或者故意杀人罪定罪处罚。(§ 17)

△(**宽严相济刑事政策**)切实贯彻宽严相济刑事政策。对于实施家庭暴力构成犯罪的,应当根据罪刑法定、罪刑相适应原则,兼顾维护家庭稳定、尊重被害人意愿等因素综合考虑,宽严并用,区别对待。根据司法实践,对于实施家庭暴力手段残忍或者造成严重后果;出于恶意侵占财产等卑劣动机实施家庭暴力;因酗酒、吸毒、赌博等恶习而长期或者多次实施家庭暴力;曾因实施家庭暴力受到刑事处罚、行政处罚;或者具有其他恶劣情形的,可以酌情从重处罚。对于实施家庭暴力犯罪情节较轻,或者被告人真诚悔罪,获得被害人谅解,从轻处罚有利于被扶养人的,可以酌情从轻处罚;对于情节轻微不需要判处刑罚的,人民检察院可以不起诉,人民法院可以判处免予刑事处罚。

对于实施家庭暴力情节显著轻微危害不大不构成犯罪的,应当撤销案件、不起诉,或者宣告无罪。

人民法院、人民检察院、公安机关应当充分运用训诫,责令施暴人保证不再实施家庭暴力,或者向被害人赔礼道歉、赔偿损失等非刑罚处罚措施,加强对施暴人的教育与惩戒。(§ 18)

△(**禁止令**)充分运用禁止令措施。人民法院对实施家庭暴力构成犯罪被判处管制或者宣告缓刑的犯罪分子,为了确保被害人及其子女和特定亲属的人身安全,可以依照刑法第三十八条第二款、第七十二条第二款的规定,同时禁止犯罪分子再次实施家庭暴力,侵扰被害人的生活、工作、学习,进行酗酒、赌博等活动;经被害人申请且有必要的,禁止接近被害人及其未成年子女。(§ 21)

【附属刑法】

《中华人民共和国老年人权益保障法》(1996年8月29日通过,2018年12月29日第三次修正)

第七十六条

干涉老年人婚姻自由,对老年人负有赡养义务、扶养义务而拒绝赡养、扶养,虐待老年人或者对老年人实施家庭暴力的①,由有关单位给予批评教育;构成违反治安管理行为的,依法给予治安

① 《中华人民共和国老年人权益保障法》(1996年8月29日通过,2018年12月29日第三次修正)

第三条

Ⅰ国家保障老年人依法享有的权益。

Ⅱ老年人有从国家和社会获得物质帮助的权利,有享受社会服务和社会优待的权利,有参与社会发展和共享发展成果的权利。

Ⅲ禁止歧视、侮辱、虐待或者遗弃老年人。

管理处罚;构成犯罪的,依法追究刑事责任。

《中华人民共和国残疾人保障法》(1990年12月28日通过,2018年10月26日修正)

第六十七条

违反本法规定,侵害残疾人的合法权益①,其他法律、法规规定行政处罚的,从其规定;造成财产损失或者其他损害的,依法承担民事责任;构成犯罪的,依法追究刑事责任。

《中华人民共和国反家庭暴力法》(2015年12月27日通过)

第二条

本法所称家庭暴力,是指家庭成员之间以殴打、捆绑、残害、限制人身自由以及经常性谩骂、恐吓等方式实施的身体、精神等侵害行为。

第三十三条

加害人实施家庭暴力,构成违反治安管理行为的,依法给予治安管理处罚;构成犯罪的,依法追究刑事责任。

第三十四条

被申请人违反人身安全保护令,构成犯罪的,依法追究刑事责任;尚不构成犯罪的,人民法院应当给予训诫,可以根据情节轻重处以一千元以下罚款、十五日以下拘留。

【指导性案例】

最高人民检察院指导性案例第44号:于某虐待案(2018年11月9日发布)

△(**虐待罪;告诉能力;未成年人**)被虐待的未成年人,因年幼无法行使告诉权利的,属于《刑法》第二百六十条第三款规定的"被害人没有能力告诉"的情形,应当按照公诉案件处理,由检察机关提起公诉,并可以依法提出适用禁止令的建议。

【参考案例】

△在经常性虐待过程中,明知会给被害人身体造成伤害,且客观上已经给被害人造成伤害后果的,应当认定为故意伤害罪;如果将该伤害行为分离出来独立评价,其他虐待行为能够满足虐待罪构成要件的,应当以虐待罪与故意伤害罪数罪并罚;如果将伤害行为分离后,其余虐待行为不构成虐待罪的,应以故意伤害罪一罪论处。

在蔡世祥故意伤害案中,被告人蔡世祥在家庭生活中,长期以实施暴力行为的方式对其抚养的被害人进行虐待,情节恶劣,即使没有此次行为,其之前实施的一系列虐待行为也足以构成虐待罪。蔡世祥此次行为是因发现被害人外出而采取激烈的暴力手段殴打被害人,其暴力程度远远超过家庭虐待中的一般殴打行为,且造成致被害人死亡的严重结果,其主观故意已经不再是虐待,而是明确、直接伤害被害人身体健康了。因此,应当以虐待罪与故意伤害罪两个独立的罪名评价本案行为人的行为,实行数罪并罚。但根据《刑法》第二百六十条的规定,犯虐待罪尚未致被害人重伤或死亡的,告诉的才处理。本案行为人在最后一次殴打被害人前所实施的虐待行为,尚未造成被害人重伤或死亡的结果,被害人生前也未对此提起告诉,不能对行为人的虐待行为追究刑事责任。因此,二审法院以故意伤害罪对行为人的定罪量刑是正确的。[No.4-260-1　蔡世祥故意伤害案]

△对与其共同生活的非婚同居者的未成年子女长期实施冻饿、打骂等虐待行为的,成立虐待罪。

对于虐待罪的主体,刑法有特殊规定,即家庭成员,有必要对此加以分析。家庭成员是指在一个家庭中共同生活的成员。比较典型的是由法定关系组成的家庭,如夫妻之间;由血亲组成的家庭,如父母与子女、祖父母与孙子女、兄弟姐妹之间等;由拟制血亲形成的家庭,如养父母与养子女、继父母与继子女。这些关系都要求成员在一起共同生活。现实生活中的虐待行为不仅发生在家庭成员之间,还会发生在师生、雇主与雇员之间等,刑法之所以规定只有家庭成员之间的虐待才构成虐待罪,旨在特殊保护处于婚姻、家庭关系中的成员。婚姻家庭中受虐待的被害人,通常无法挣脱或者很难挣脱这种家庭关系的束缚,在这种关系中往往处于弱势。居于优势一方可能会借助家庭的掩护,长期对被害人进行虐待,家庭以外的人难以干预,导致被害人缺乏有力的救济途径,且长期的虐待对被害人、对家庭乃至对社会都会产

---

① 《中华人民共和国残疾人保障法》(1990年12月28日通过,2018年10月26日修正)
第九条
Ⅰ残疾人的扶养人必须对残疾人履行扶养义务。
Ⅱ残疾人的监护人必须履行监护职责,尊重被监护人的意愿,维护被监护人的合法权益。
Ⅲ残疾人的亲属、监护人应当鼓励和帮助残疾人增强自立能力。
Ⅳ禁止对残疾人实施家庭暴力,禁止虐待、遗弃残疾人。

生负面效应。鉴于此,刑法将发生在家庭成员之间的虐待行为规定为虐待罪。在李艳勤故意伤害案中,虽然同居二人没有办理正式结婚手续,不是合法夫妻,与对方子女未能形成法定的继子女关系,但实际上,同居双方以同居的形成组成了家庭并且共同生活在一起,具备了家庭的形式与实质,同居者及其子女应当视为家庭成员,发生在这些家庭成员之间的虐待行为,其危害与发生在典型的家庭成员之间的虐待行为并无本质区别,应当属于刑法调整的对象。非婚同居者之间系家庭成员,同居双方抚养的未成年子女若共同生活,也与同居者之间构成家庭成员关系,因此,对与其同居者子女长期虐待的,亦构成本罪。本案中,被告人李艳勤与被害人申某然的父亲申某某同居生活,在申某某外出打工时,李艳勤负责料理小孩的日常生活,双方已经形成了实质上的家庭关系,李艳勤可以成为虐待罪的主体。

被告人李艳勤在 2012 年 4 月 29 日之前,对被害人申某然实施的长期殴打等虐待行为符合刑法所规定的虐待罪的犯罪构成,已经构成虐待罪。而从 2012 年 4 月 29 日当晚开始至被害人死亡前,李艳勤对被害人连续实施的殴打腹部的行为又构成故意伤害罪。这两个犯罪行为是在被告人不同的、相互独立的主观故意下先后实施的,侵害了不同的客体,李艳勤的行为从犯罪构成上说,已经构成了两罪,且构成要件之间不存在交叉、包容或者吸收关系,不属于法条竞合、想象竞合或者行为吸收关系,不存在必须选择适用一个罪名而排除其他罪名的情形。因此,对李艳勤应当以虐待罪和故意伤害罪数罪并罚。[No. 4-260-2　李艳勤故意伤害案]

△夫妻离婚后仍然共同生活的,属于虐待罪意义上的家庭成员。

对于家庭成员的认定,不能仅限于具有《婚姻法》(已失效)规定的基于婚姻和血亲基础形成的四类家庭关系的主体,对于具有同居、扶养、寄养等"类家庭"关系的主体,也应纳入家庭成员的范畴。事实上,联合国文件以及很多国家、地区的立法,都已经把具有"类家庭"关系的主体规定为家庭成员。在司法实践中,对家庭成员的界定宜作宽泛理解,除了《婚姻法》(已失效)规定的具有四类家庭关系的主体外,具有恋爱、同居、扶养等关系的主体,也应当视为"家庭成员"。夫妻离婚后仍然在一起共同生活的,二人之间的关系与《婚姻法》(已失效)规定的夫妻关系相比,除了没有履行婚姻登记手续以及其在民事法律关系上有别于夫妻之外,其余方面差别不大。双方具有夫妻之间特有的亲密关系,无论是从大众的通常观念来看,还是出于司法实践的需要,都应当将之认定为家庭成员。朱朝春虐待案中,无论是在被告人朱朝春和被害人刘祎婚姻关系存续期间还是在二人协议离婚之后,朱朝春均对刘祎实施过多次殴打,对刘祎造成了严重的身体和精神侵害。案发当日,朱朝春再次对刘祎进行殴打,致使刘祎因无法继续忍受而自杀身亡。朱朝春对刘祎的死亡后果承担刑事责任符合法理常情。[No. 4-260-3　朱朝春虐待案]

△家庭成员虐待儿童而无法确定造成重伤的具体伤害行为时,应将重伤认定为持续虐待的结果,以虐待罪的加重结果犯定罪处罚。

虐待致人重伤与故意伤害致人重伤的加重情节相似,但引起重伤的原因却并不相同。虐待致人重伤是由长期的打骂、摧残行为导致的结果,被害人的重伤后果系因长期受虐待而积累所致;而故意伤害造成的危害后果,往往都是一次行为造成。如果在虐待过程中,行为人基于伤害被害人的故意施加暴力并造成了重伤的后果,就不能构成虐待罪,而应定性为故意伤害罪。在无法查明造成重伤后果的具体伤害行为的情形下,应将虐待中的重伤后果评价为构成虐待罪的结果加重犯,以虐待罪一罪定罪处罚。

1. 在蔡亚珊虐待案中,从被告人的主观故意分析,被告人在公安机关多次供述其因婚姻生活不顺心而产生虐待被害人的想法,在长达一年多的时间内,其多次以殴打、用开水烫等多种方式对被害人连续施暴,事后又让被害人父亲带被害人就医治疗。因此,在主观故意上,认定被告人是通过虐待被害人来发泄自己对婚姻生活的不顺心,相较于认定被告人是基于追求或者放任造成被害人重伤的后果进行施暴更为合理。

2. 从被告人的行为方式分析,被告人既采用了积极作为的方式(如殴打、用开水烫)进行施暴,又采用了消极不作为的方式(如被害人生病后不给予及时医治,待被害人病情加重后才带其去救治)加以虐待,被告人的施暴行为在方式、手段等方面保持前后一贯的连续性,伤害行为是整个虐待行为中的一个组成部分,是被告人不法行为的持续表现之一。将伤害行为单独加以评价,与除此之外的其他虐待行为予以并罚,这显然是否认虐待手段可以包括伤害行为,与立法本意相悖,构成了对虐待行为的重复评价。

3. 从被害人的致伤原因分析,本案中,虐待的过程具有连贯性且时间跨度大,根据鉴定人的鉴定意见和本案的其他证据无法认定造成被害人重伤后果的具体伤害行为。在无法查清造成重伤后果的具体伤害行为的情况下,结合对被告人主观心态的分析，应认定重伤的结果系由长期的虐待行为累积所致，被告人构成虐待罪的结果加重犯。

［No. 4-260-4　蔡亚珊虐待案］

第二百六十条之一　【虐待被监护、看护人罪】

对未成年人、老年人、患病的人、残疾人等负有监护、看护职责的人虐待被监护、看护的人，情节恶劣的，处三年以下有期徒刑或者拘役。

单位犯前款罪的，对单位判处罚金，并对其直接负责的主管人员和其他直接责任人员，依照前款的规定处罚。

有第一款行为，同时构成其他犯罪的，依照处罚较重的规定定罪处罚。

【立法沿革】

《中华人民共和国刑法修正案（九）》（自2015年11月1日起施行）

十九、在刑法第二百六十条后增加一条，作为第二百六十条之一：

“对未成年人、老年人、患病的人、残疾人等负有监护、看护职责的人虐待被监护、看护的人，情节恶劣的，处三年以下有期徒刑或者拘役。

“单位犯前款罪的，对单位判处罚金，并对其直接负责的主管人员和其他直接责任人员，依照前款的规定处罚。

“有第一款行为，同时构成其他犯罪的，依照处罚较重的规定定罪处罚。”

【立法理由】

我国1997年《刑法》第二百六十条规定了家庭成员之间的虐待犯罪，此外还规定了虐待被监管人罪、虐待部属罪、虐待俘虏罪等特殊虐待情形的犯罪，对于其他虐待行为没有规定具体的罪名。司法实践中对于虐待家庭成员以外的人如何处理，做法与认识不一，对于造成被害人伤害、死亡等结果的，一般以故意伤害罪、故意杀人罪或者过失致人重伤罪、过失致人死亡罪等罪名处理；对于情节较轻的，有的以寻衅滋事罪、侮辱罪等罪名处理，有的则不作为犯罪处理。近些年来，负有监护、看护职责的人虐待被监护、看护的幼儿、老人的案件多发，引起社会广泛关注。如媒体报道的养老院工作人员虐待老人事件、幼儿园老师虐待幼儿事件，等等。一些全国人大代表和有关方面多次强烈呼吁对这类行为运用刑法进行规制，以切实加强对弱势群体人身权利的保护。在广泛征求各方面意见的基础上，在**《刑法修正案（九）》**中增加了关于负有监护、看护职责的人虐待被监护、看护人的犯罪。

【条文说明】

本条是关于虐待被监护、看护人罪及其处罚的规定。

本条共分为三款。

第一款是关于虐待被监护、看护人罪及其处罚的规定。根据本款规定，对未成年人、老年人、患病的人、残疾人等负有监护、看护职责的人虐待被监护、看护的人，如幼儿园、中小学校、养老机构、医院等机构的工作人员，对被监护、看护的人实施虐待行为，情节恶劣的，构成虐待被监护、看护人罪。虐待被监护、看护人罪的犯罪主体是**负有监护、看护职责的人**，如幼儿园的教师对在园幼儿、养老院的工作人员对在院老人、医生和护士对病人等负有监护、看护职责。这种监护、看护职责通常是基于合同、雇佣、服务等关系确定，也可以通过口头约定、志愿性的服务等形式确定，如邻居受托或自愿代人照顾老人、儿童。虐待被监护、看护人罪的主观方面表现为**故意**，即行为人故意对被害人进行肉体或精神上的折磨和摧残，故意实施虐待行为，不论出于何种动机，均不影响本罪的成立。虐待被监护、看护人罪侵犯的客体是**被监护、看护的人的人身权利和监护、看护职责**，未成年人、老年人、患病的人、残疾人等均是社会的弱势群体，行为人负有监护、看护职责，应尽职履责，做好照顾、服务工作，如果行为人对这些弱势群体实施虐待，会对他们的身心造成严重伤害。这里的“**未成年人**”，根据《未成年人保护法》的规定，是指未满十八周岁的公民；根据《老年人权益保障法》第二条的规定，“**老年人**”是指六十周岁以上的公民；“**患病的人**”是指因病而处于被监护、看护状态的人；根据《残疾人保障法》第二条的规定，“**残疾人**”是指在心理、生理、人体结构上，某种组织、功能丧失或者不正常，全部或者部分丧失以正常方式从事某种活动能力的人，包括视力残疾、听力残疾、言语残疾、肢体残疾、智力残疾、精神残疾、多重残疾和其他残疾的人。虐待被监护、看护人罪的客观方面主要表现为“**虐待**”，即折磨、摧残被监护、看护人身心健康的行为。与《刑法》第二百六十条规定的虐待罪的客观表现相似，本条的虐待行为同样具有经常性和连续性的特点，行为人对被监护、看护的人在相当长的时间里，进行持续或连续的肉体摧残、精神折磨，致使被害人的身心遭受严重创伤，通常表现为打骂、冻饿、捆绑、强迫超体力劳动、限制自由、凌辱人格行为等。偶尔发生的打骂、冻饿等行为，不构成犯罪。

根据本款规定，“情节恶劣”是构成虐待被监护、看护人罪的必要条件，也是区分罪与非罪的界限。这里所说的“**情节恶劣**”，具体是指虐待的动机卑鄙、手段凶残，或者长期虐待被监护、看护人等等。行为人虽有虐待被监护、看护的人的行为，尚不够恶劣，对被监护、看护的人的身心健康也没有造成严重损害的，不构成虐待被监护、看护人罪。依照本款规定，虐待被监护、看护的人，情节恶劣的，处三年以下有期徒刑或者拘役。

第二款是关于**单位犯罪**的规定。对未成年人、老年人、患病的人、残疾人等负有监护、看护职责的单位虐待被监护、看护人的，也应当承担刑事责任。当前随着社会服务业的迅速发展，产生了众多的提供包括住宿、饮食在内的照顾、陪护业务的社会服务机构，如寄宿制幼儿园、养老院、社会福利机构等，实践中也存在单位虐待被监护、看护人的情况。与个人虐待被监护、看护的人的情况有所不同，单位实施虐待行为主要是出于经济利益，或者是疏于管理导致，如养老院盘剥在院老人的生活费用，降低伙食标准，致使老年人长期处于营养不良状态，或者是对员工疏于管理，放任员工对未成年人、老年人、患病的人、残疾人等实施虐待行为。根据本款规定，单位犯虐待被监护、看护人罪的，对单位判处罚金，并对其直接负责的主管人员和其他直接责任人员，依照第一款的规定处罚。需要指出的是，单位犯罪也要求“情节恶劣”的条件。单位犯罪的“**情节恶劣**”，是指虐待的动机卑鄙、手段凶残，遭受虐待的人数众多，或者长期虐待被监护、看护的人等，对此可以由司法机关根据案件具体情况掌握或者由司法解释进一步明确标准。

第三款是关于**犯虐待被监护、看护人罪，同时构成其他犯罪，从一重定罪处罚**的规定。行为人实施虐待行为，倘若导致被害人重伤、死亡的后果，可能同时构成伤害、杀人等其他犯罪。在这种情形下，应当依照本款规定，按照处罚较重的罪名定罪处罚。

实际执行中应当注意，本条第三款规定的“同时构成其他犯罪”中的其他犯罪，应是与虐待行为直接相关的罪名，如过失致人重伤罪、过失致人死亡罪等。如果行为人明显具有伤害、杀人的恶意且实施了严重的暴力行为，直接将被害人殴打成重伤，甚至直接将被害人杀害的，应当根据情况适用故意伤害罪、故意杀人罪定罪处罚或者与虐待被监护、看护人罪实行数罪并罚。如果行为人在实施虐待行为的同时实施了盗窃、抢劫等其他与虐待行为性质不同的犯罪，应当与虐待被监护、看护人罪数罪并罚。①

【司法解释】

《最高人民法院关于审理走私、非法经营、非法使用兴奋剂刑事案件适用法律若干问题的解释》（法释〔2019〕16 号，自 2020 年 1 月 1 日起施行）

△（**非法使用兴奋剂；情节恶劣；虐待被监护、看护人罪**）对未成年人、残疾人负有监护、看护职责的人组织未成年人、残疾人在体育运动中非法使用兴奋剂，具有下列情形之一的，应当认定为刑法第二百六十条之一规定的“情节恶劣”，以虐待被监护、看护人罪定罪处罚：

（一）强迫未成年人、残疾人使用的；

（二）引诱、欺骗未成年人、残疾人长期使用的；

（三）其他严重损害未成年人、残疾人身心健康的情形。（§ 3）

△（**“兴奋剂”“兴奋剂目录所列物质”“体育运动”“国内、国际重大体育竞赛”等专门性问题；认定意见**）对于是否属于本解释规定的“兴奋剂”“兴奋剂目录所列物质”“体育运动”“国内、国际重大体育竞赛”等专门性问题，应当依据《中华人民共和国体育法》《反兴奋剂条例》等法律法规，结合国务院体育主管部门出具的认定意见等证据材料作出认定。（§ 8）

【附属刑法】

《中华人民共和国残疾人保障法》（1990 年 12 月 28 日通过，2018 年 10 月 26 日修正）

第六十五条

违反本法规定，供养、托养机构及其工作人员

---

① 行为人实施虐待行为，在此之外另行实施并不属于虐待之暴力内容的强奸、猥亵行为，应当以本罪和强奸罪、强制猥亵他人罪并罚。参见周光权：《刑法各论》（第 4 版），中国人民大学出版社 2021 年版，第 94 页。

侮辱、虐待、遗弃残疾人的①，对直接负责的主管人员和其他直接责任人员依法给予处分；构成违反治安管理行为的，依法给予行政处罚。

第六十七条

违反本法规定，侵害残疾人的合法权益，其他法律、法规规定行政处罚的，从其规定；造成财产损失或者其他损害的，依法承担民事责任；构成犯罪的，依法追究刑事责任。

《中华人民共和国老年人权益保障法》（1996年8月29日通过，2018年12月29日第三次修正）

第七十六条

干涉老年人婚姻自由，对老年人负有赡养义务、扶养义务而拒绝赡养、扶养，虐待老年人或者对老年人实施家庭暴力的②，由有关单位给予批评教育；构成违反治安管理行为的，依法给予治安管理处罚；构成犯罪的，依法追究刑事责任。

第七十九条

养老机构及其工作人员侵害老年人人身和财产权益，或者未按照约定提供服务的，依法承担民事责任；有关主管部门依法给予行政处罚；构成犯罪的，依法追究刑事责任。

《中华人民共和国精神卫生法》（2012年10月26日通过，2018年4月27日修正）

第七十八条

违反本法规定，有下列情形之一，给精神障碍患者或者其他公民造成人身、财产或者其他损害的，依法承担赔偿责任：

……

（三）歧视、侮辱、虐待精神障碍患者，侵害患者的人格尊严、人身安全的；

……

第八十一条

违反本法规定，构成犯罪的，依法追究刑事责任。

《中华人民共和国人口与计划生育法》（2001年12月29日通过，2021年8月20日第二次修正）

第四十一条

Ⅰ托育机构违反托育服务相关标准和规范的，由卫生健康主管部门责令改正，给予警告；拒不改正的，处五千元以上五万元以下的罚款；情节严重的，责令停止托育服务，并处五万元以上十万元以下的罚款。

Ⅱ托育机构有虐待婴幼儿行为的，其直接负责的主管人员和其他直接责任人员终身不得从事婴幼儿照护服务；构成犯罪的，依法追究刑事责任。

第二百六十一条　【遗弃罪】

对于年老、年幼、患病或者其他没有独立生活能力的人，负有扶养义务而拒绝扶养，情节恶劣的，处五年以下有期徒刑、拘役或者管制。

【立法理由】

对于年老、年幼、患病或者其他没有独立生活能力的人，应当在经济、生活等方面予以供给、照顾、帮助，以维护其正常的生活，这是具有法定扶养义务的人的责任，也是中华民族的优良传统。对于有能力扶养而拒绝扶养的人，情节恶劣的，必须给予相应的法律惩处。为此，1979年《刑法》第

① 《中华人民共和国残疾人保障法》（1990年12月28日通过，2018年10月26日修正）

第九条

Ⅰ残疾人的扶养人必须对残疾人履行扶养义务。

Ⅱ残疾人的监护人必须履行监护职责，尊重被监护人的意愿，维护被监护人的合法权益。

Ⅲ残疾人的亲属、监护人应当鼓励和帮助残疾人增强自立能力。

Ⅳ禁止对残疾人实施家庭暴力，禁止虐待、遗弃残疾人。

② 《中华人民共和国老年人权益保障法》（1996年8月29日通过，2018年12月29日第三次修正）

第三条

Ⅰ国家保障老年人依法享有的权益。

Ⅱ老年人有从国家和社会获得物质帮助的权利，有享受社会服务和社会优待的权利，有参与社会发展和共享发展成果的权利。

Ⅲ禁止歧视、侮辱、虐待或者遗弃老年人。

一百八十三条规定了遗弃罪。[①] **1997 年修订刑法时**沿用此规定。

【条文说明】

本条是关于遗弃罪及其处罚的规定。

根据本条规定，**遗弃罪**是指对于年老、年幼、患病或者其他没有独立生活能力的人，负有扶养义务而拒绝扶养，情节恶劣的行为。[②] 遗弃罪的犯罪对象，是**年老、年幼、患病或者其他没有独立生活能力的人**。[③] 这里所说的"**没有独立生活能力**"，是指不具备或者丧失劳动能力，无生活来源而需要他人在经济上予以供给、扶养，或者虽有经济收入，但生活不能自理而需要他人照顾等情况。遗弃罪的犯罪主体，是**对上述对象负有扶养义务的人**。这里所规定的"**负有扶养义务**"，是指行为人对于年老、年幼、患病或者其他没有独立生活能力的人，依法负有的对上述被扶养人在经济、生活等方面予以供给、照顾、帮助，以维护其正常生活的义务。扶养关系主要包括以下几个方面：夫妻间有相互扶养的义务；父母对子女有抚养教育的义务；子女对父母有赡养扶助的义务；养父母与养子女、继父母与继子女之间有相互扶养的义务；有负担能力的祖父母、外祖父母对父母已经死亡的未成年的孙子女、外孙子女有抚养义务；有负担能力的孙子女、外孙子女，对于子女已经死亡的祖父母、外祖父母有赡养义务；有负担能力的兄姐对父母已经死亡或者父母无力抚养的未成年弟妹有抚养的义务；等等。[④] 遗弃罪的犯罪主体是具有扶养义务的人，如果对没有独立生活能力的人不负有扶养义务，就不存在拒绝扶养的问题，也就不能构成本罪。本罪在客观方面表现为**具有扶养义务而拒绝扶养**。由于行为人不履行自己的法定义务，致使被扶养人得不到经济上的保障或者生活上的必要照顾和帮助，生命和健康受到较为严重的威胁和损害。[⑤] 根据本条规定，遗弃行为必须情节恶劣才能构成犯罪。这是划清本罪与非罪的重要界限之一。关于这里所规定的"**情节恶劣**"如何理解的问题，《最高人民法院、最高人民检察院、公安部、司法部关于依法办理家庭暴力犯罪案件的意见》中列举了一些常见的情形：对被害人长期不予照顾、不提供生活来源；驱赶、逼迫被害人离家，致使被害人流离失所或者生存困难；遗弃患严重疾病或者生活不能自理的被害人；遗弃致使被害人身体严重损害或者造成其他严重后果等情形。依照本条规定，对犯遗弃罪的，处五年以下有期徒刑、拘役或者管制。

需要注意的是，有遗弃行为，但未达到"情节恶劣"程度的一般遗弃行为也是违法的。我国**《治安管理处罚法》**第四十五条规定，"遗弃没有独立生活能力的被扶养人的"，处五日以下拘留或者警告。对此，可以依照《治安管理处罚法》第四十五条的规定，给予治安处罚。

---

① 由于 1979 年《刑法》将遗弃罪规定在妨害婚姻、家庭罪章中，因此，传统观点认为，本罪的保护法益是"被害人在家庭中受扶养的权利""被害人在家庭中的平等权利""家庭成员之间互相扶养的权利义务关系"，进而要求行为主体和被害人属于同一家庭成员。对此，详细的批评，参见张明楷：《刑法学》（第 6 版），法律出版社 2021 年版，第 1128—1129 页。外国立法例，如《日本刑法典》第二百一十七条（遗弃）规定："遗弃因年老、年幼、身体障碍或疾病而有扶助必要之人者，处一年以下惩役。"第二百一十八条（遗弃有保护责任者）规定："对于年老、年幼者、身体障碍者或患病者有保护责任而遗弃之，或不为其生存所必要之保护者，处三年以上五年以下惩役。"第二百一十九条（遗弃致死伤）规定："犯前二条之罪，因而致人死伤者，与伤害罪相比较，从重刑处断。"参见陈子平编译：《日本刑法典》，元照出版有限公司 2016 年版，第 147—148 页。《德国刑法典》第二百二十一条（遗弃）第一款规定："行为人对于他人有下列行为之一，且因而使他人遭受死亡或者健康严重损害之危险者，处三月以上五年以下有期徒刑：1. 将他人置于无助之状态，或 2. 任由受其照护之人，或其有义务帮助之人处于无助之状态，而弃置不顾。"参见何赖杰、林钰雄审译：《德国刑法典》，元照出版有限公司 2017 年版，第 288 页。

② 我国学者指出，本罪的保护法益是生命、身体的安全。本罪属于抽象危险犯，而非具体危险犯。因为如果将其视作具体危险犯，则要求行为人对于死亡的具体危险有所认识，如此的话，会导致杀人故意与遗弃故意无法区别，会模糊故意杀人罪与本罪的界限。参见周光权：《刑法各论》（第 4 版），中国人民大学出版社 2021 年版，第 29 页。

③ "年老""年幼"并无清晰的年龄界限，"患病"的种类与程度也无确定的程度，均需要联系"没有独立生活能力"加以理解与认定。参见张明楷：《刑法学》（第 6 版），法律出版社 2021 年版，第 1130 页。

④ 我国学者指出，扶养义务来源不限于亲属法的规定，而应按照刑法总论中所讨论的作为义务来源予以确定。例如孤儿院、养老院、精神病院、医院的管理人员，对所收留的孤儿、老人、精神病人、患者具有扶养义务；先行行为使他人生命、身体处于危险状态的人，具有扶养义务等等。参见张明楷：《刑法学》（第 6 版），法律出版社 2021 年版，第 1129 页；黎宏：《刑法学各论》（第 2 版），法律出版社 2016 年版，第 278 页；周光权：《刑法各论》（第 4 版），中国人民大学出版社 2021 年版，第 29 页。

⑤ 我国学者指出，"拒绝扶养"应当包括以下行为：第一，将需要扶养的人移置于危险场所；第二，将需要扶养的人从一种危险场所转移到另一种更为危险的场所；第三，将需要扶养的人遗留在危险场所；第四，离开需要扶养的人，使应当受其扶养的人得不到扶养；第五，妨碍需要扶养的人接近扶养人；第六，不提供扶助。参见张明楷：《刑法学》（第 6 版），法律出版社 2021 年版，第 1130 页。

【司法解释性文件】

《最高人民法院、最高人民检察院、公安部、司法部关于依法办理家庭暴力犯罪案件的意见》(法发〔2015〕4号,2015年3月2日公布)

△(**情节恶劣;遗弃罪;故意杀人罪**)依法惩处遗弃犯罪。负有扶养义务且有扶养能力的人,拒绝扶养年幼、年老、患病或者其他没有独立生活能力的家庭成员,是危害严重的遗弃性质的家庭暴力。根据司法实践,具有对被害人长期不予照顾、不提供生活来源;驱赶、逼迫被害人离家,致使被害人流离失所或者生存困难;遗弃患严重疾病或者生活不能自理的被害人;遗弃致使被害人身体严重损害或者造成其他严重后果等情形,属于刑法第二百六十一条规定的遗弃"情节恶劣",应当依法以遗弃罪定罪处罚。

准确区分遗弃罪与故意杀人罪的界限,要根据被告人的主观故意、所实施行为的时间与地点、是否立即造成被害人死亡,以及被害人对被告人的依赖程度等进行综合判断①。对于只是为了逃避扶养义务,并不希望或者放任被害人死亡,将生活不能自理的被害人弃置在福利院、医院、派出所等单位或者广场、车站等行人较多的场所,希望被害人得到他人救助的,一般以遗弃罪定罪处罚。对于希望或者放任被害人死亡,不履行必要的扶养义务,致使被害人因缺乏生活照料而死亡,或者将生活不能自理的被害人带至荒山野岭等人迹罕至的场所扔弃,使被害人难以得到他人救助的,应当以故意杀人罪定罪处罚。(§ 17)

【附属刑法】

《中华人民共和国老年人权益保障法》(1996年8月29日通过,2018年12月29日第三次修正)

第七十六条

干涉老年人婚姻自由,对老年人负有赡养义务、扶养义务而拒绝赡养、扶养,虐待老年人或者对老年人实施家庭暴力的②,由有关单位给予批评教育;构成违反治安管理行为的,依法给予治安管理处罚;构成犯罪的,依法追究刑事责任。

《中华人民共和国残疾人保障法》(1990年12月28日通过,2018年10月26日修正)

第六十五条

违反本法规定,供养、托养机构及其工作人员侮辱、虐待、遗弃残疾人的③,对直接负责的主管人员和其他直接责任人员依法给予处分;构成违反治安管理行为的,依法给予行政处罚。

第六十七条

违反本法规定,侵害残疾人的合法权益,其他法律、法规规定行政处罚的,从其规定;造成财产损失或者其他损害的,依法承担民事责任;构成犯罪的,依法追究刑事责任。

《中华人民共和国精神卫生法》(2012年10月26日通过,2018年4月27日修正)

第七十八条

违反本法规定,有下列情形之一,给精神障碍患者或者其他公民造成人身、财产或者其他损害的,依法承担赔偿责任:

……

(二)精神障碍患者的监护人遗弃患者,或者有不履行监护职责的其他情形的;

……

第八十一条

违反本法规定,构成犯罪的,依法追究刑事责任。

---

① 我国学者指出,故意杀人罪与遗弃罪的区别取决于两方面:之一,客观上针对生命的具体危险是否存在;之二,主观上杀害的意思是否存在。参见周光权:《刑法各论》(第4版),中国人民大学出版社2021年版,第31页。

② 《中华人民共和国老年人权益保障法》(1996年8月29日通过,2018年12月29日第三次修正)

第三条

Ⅰ国家保障老年人依法享有的权益。

Ⅱ老年人有从国家和社会获得物质帮助的权利,有享受社会服务和社会优待的权利,有参与社会发展和共享发展成果的权利。

Ⅲ禁止歧视、侮辱、虐待或者遗弃老年人。

③ 《中华人民共和国残疾人保障法》(1990年12月28日通过,2018年10月26日修正)

第九条

Ⅰ残疾人的扶养人必须对残疾人履行扶养义务。

Ⅱ残疾人的监护人必须履行监护职责,尊重被监护人的意愿,维护被监护人的合法权益。

Ⅲ残疾人的亲属、监护人应当鼓励和帮助残疾人增强自立能力。

Ⅳ禁止对残疾人实施家庭暴力,禁止虐待、遗弃残疾人。

第二百六十二条 【拐骗儿童罪】

拐骗不满十四周岁的未成年人，脱离家庭或者监护人的，处五年以下有期徒刑或者拘役。

【立法理由】

（一）立法相关背景及修改情况

1. **1979 年立法的情况**。拐骗不满十四周岁未成年人脱离家庭或者监护人，致使未成年人的父母或者监护人不能继续对该未成年人行使监护权[①]，这种行为虽然与拐卖儿童有区别，但严重扰乱社会安定，破坏他人家庭的正常生活，给未成年人及其家庭成员和监护人的身心健康造成重大伤害，也违背了伦理道德要求，必须予以惩处。为此，1979 年刑法规定了拐骗儿童罪。1979 年《刑法》第一百八十四条规定："拐骗不满十四岁的男、女，脱离家庭或者监护人的，处五年以下有期徒刑或者拘役。"

2. **1997 年修订刑法的情况**。1997 年修订刑法时对本条作了文字性修改，在 1997 年《刑法》第二百六十二条中，将"拐骗不满十四岁的男、女"修改为"拐骗不满十四周岁的未成年人"。

（二）立法时争议的主要问题

在 1997 年刑法修改过程中，有部门提出，在司法实践中，多是以收养为目的而拐骗儿童，建议增加"**以收养为目的**"规定。立法机关经研究，考虑到规定以收养为目的无法涵盖实践中可能存在的其他情形，会人为地限制了本罪适用范围，因此没有采纳这一建议。

【条文说明】

本条是关于拐骗儿童罪及其处罚的规定。

儿童的身心发育未成熟，对周围事物缺乏判断能力和自我保护能力，因此应当加以特殊保护。拐骗儿童的行为，不仅给受害儿童的父母等监护人造成精神上的极大痛苦，而且使儿童失去父母等监护人的爱护和家庭温暖，严重损害儿童的身心健康，对此必须依法予以严惩。

根据本条规定，**拐骗儿童罪**是指拐骗不满十四周岁的未成年人，脱离家庭或者监护人的行为。这里所规定的"**拐骗**"是指用欺骗、利诱或者其他手段，将不满十四周岁的未成年人带走。[②]"**脱离家庭或者监护人**"是指使不满十四周岁的未成年人脱离家庭或者离开父母或其他监护人，致使不满十四周岁的未成年人的父母或者监护人不能继续对该未成年人行使监护权。这里所规定的"**监护人**"，是指未成年人的父母以及其他依法履行监护职责，保护被监护人的人身、财产以及其他合法权益的人。《民法典》第二十七条规定："父母是未成年子女的监护人。未成年人的父母已经死亡或者没有监护能力的，由下列有监护能力的人按顺序担任监护人：（一）祖父母、外祖父母；（二）兄、姐；（三）其他愿意担任监护人的个人或者组织，但是须经未成年人住所地的居民委员会、村民委员会或者民政部门同意。"拐骗不满十四周岁的未成年人脱离家庭或者监护人的行为多种多样，既可以直接对不满十四周岁的未成年人本人进行，如利用物质好处进行引诱，骗得其好感后将其拐骗；也可以对其家长或者监护人进行，如假装为保姆，骗得家长信任后，寻机将不满十四周岁的未成年人带走。[③] 依照本条规定，拐骗不满十四周岁的未成年人，脱离家庭或者监护人的，处五年以下有期徒刑或者拘役。

实际执行中应当注意与拐卖妇女、儿童罪和**绑架罪**的区别。拐骗不满十四周岁的未成年人脱离家庭或者监护人的行为的目的，往往是收养或是奴役等，如果是以出卖或勒索财物为目的而拐骗未成年人或者偷盗婴幼儿的，应依照《刑法》第二百四十条、第二百三十九条关于拐卖妇女、儿童罪或者绑架罪的规定定罪处罚。[④]

---

① 我国学者指出，本罪所侵害的法益是家长对未成年子女的保护权和儿童的行动自由权，并将本罪视为继续犯。参见周光权：《刑法各论》（第 4 版），中国人民大学出版社 2021 年版，第 95 页。另有学者指出，本罪的保护法益是未成年人的人身自由与身体安全，而非监护权。是以，监护人也可以本罪的行为主体。参见张明楷：《刑法学》（第 6 版），法律出版社 2021 年版，第 1192 页。

② 联系《刑法》第二百四十条之拐卖儿童罪，"拐"并不限于欺骗、利诱等平和方法，而是包括暴力、胁迫等强制方法。参见张明楷：《刑法学》（第 6 版），法律出版社 2021 年版，第 1192 页；周光权：《刑法各论》（第 4 版），中国人民大学出版社 2021 年版，第 95 页。

③ 相同的学说见解，参见张明楷：《刑法学》（第 6 版），法律出版社 2021 年版，第 1192 页；黎宏：《刑法学各论》（第 2 版），法律出版社 2016 年版，第 280 页；周光权：《刑法各论》（第 4 版），中国人民大学出版社 2021 年版，第 95 页。

④ 相同的学说见解，参见黎宏：《刑法学各论》（第 2 版），法律出版社 2016 年版，第 280 页。

第二百六十二条之一 【组织残疾人、儿童乞讨罪】

以暴力、胁迫手段组织残疾人或者不满十四周岁的未成年人乞讨的，处三年以下有期徒刑或者拘役，并处罚金；情节严重的，处三年以上七年以下有期徒刑，并处罚金。

【立法沿革】

《中华人民共和国刑法修正案(六)》(自2006年6月29日起施行)

十七、在刑法第二百六十二条后增加一条,作为第二百六十二条之一:

"以暴力、胁迫手段组织残疾人或者不满十四周岁的未成年人乞讨的,处三年以下有期徒刑或者拘役,并处罚金;情节严重的,处三年以上七年以下有期徒刑,并处罚金。"

【立法理由】

在实际生活中,有相当一部分乞讨者是残疾人和未成年人。残疾人由于生理缺陷或残障,谋生能力和自我保护能力较弱;未成年人由于尚不具备独立谋生的能力,心智发育尚不健全,认识社会事物和辨别善恶的能力有限,较容易成为犯罪分子侵害的对象,而且在被侵害时往往不敢反抗。在实际发生的案件中,一些道德败坏的不法分子,在牟利心理的驱使下,通过暴力、胁迫等手段组织残疾人和未成年人乞讨,强占他人乞讨所得。这些行为除侵犯被害人的人格尊严、人身自由及财产权,扰乱社会秩序外,还会给残疾人和未成年人造成更严重的伤害,如使残疾人的疾病拖延无法得到治疗,使未成年人丧失受教育的机会,使其在恶劣环境下成长,形成畸形世界观等。甚至有些犯罪人用残暴的手段强迫乞讨,造成被害人人身伤亡等严重后果。[①] 我国1991年批准加入的联合国**《儿童权利公约》**第十九条也明确规定:"1.缔约国应采取一切适当的立法、行政、社会和教育措施,保护儿童在受父母、法定监护人或其他任何负责照管儿童的人的照料时,不致受到任何形式的身心摧残、伤害或凌辱,忽视或照料不周,虐待或剥削,包括性侵犯。2.这类保护性措施应酌情包括采取有效程序以建立社会方案,向儿童和负责照管儿童的人提供必要的支助,采取其他预防形式,查明、报告、查询、调查、处理和追究前述的虐待儿童事件,以及在适当时进行司法干预。"因此,有必要将以暴力、胁迫等手段组织残疾人、未成年人乞讨的行为规定为犯罪,加强对这类行为的惩处力度。2006年6月29日第十届全国人大常委会第二十二次会议通过的**《刑法修正案(六)》**在刑法中增加了本条规定。

【条文说明】

本条是关于组织残疾人、儿童乞讨罪及其处罚的规定。

根据本条规定认定组织残疾人、儿童乞讨罪时,应当注意以下两个方面的问题:

1. 本罪的犯罪主体是**一般主体**。凡达到刑法规定的刑事责任年龄的自然人均可以构成本罪的犯罪主体。在司法实践中,对于父母、监护人或者近亲属因为生计所迫,带领残疾亲属或者未成年子女乞讨满足基本生活需要的,甚至为了筹集子女、亲属的医药费、学费等乞讨的,不应按照犯罪处理。但是,对于有的监护人,并非生活所迫而是因贪图钱财,不顾未成年人健康成长的利益,利用未成年人乞讨牟利的,应当根据未成年人保护法等的规定,考虑其是否适宜继续作为监护人,必要时,可依法撤销其监护人资格。对此问题,《最高人民法院、最高人民检察院、公安部、民政部关于依法处理监护人侵害未成年人权益行为若干问题的意见》中也有明确规定,父母或者其他监护人胁迫、诱骗、利用未成年人乞讨,经公安机关和未成年人救助保护机构等部门三次以上批评教育拒不改正,严重影响未成年人正常生活和学习的,人民法院可以判决撤销其监护资格。

2. 本罪客观上表现为**以暴力、胁迫等手段组织残疾人或者不满十四周岁的未成年人乞讨的行为**。所谓"**暴力**",是指可以给被害人直接带来生理上的痛苦、伤害或者行为限制的侵袭及其他强制力。比如,对被害人实施伤害、殴打、体罚等身体打击、折磨,使其产生生理上的痛苦、伤害而丧失反抗能力,或者因此造成心理恐惧不敢反抗,以身体强制等方法剥夺被害人行为自由使其不敢反抗、不能反抗的情形等。所谓"**胁迫**",是指行为人以当场实施暴力或其他有损身心健康的行为,以及其他对被害人心理造成强迫的行为相要挟,

① 我国学者指出,由于《刑法》第二百六十二条之一将本罪归入侵犯公民人身权利、民主权利罪章中,因此,本罪的保护法益是公民的人身权利,而不是社会管理秩序。参见黎宏:《刑法学各论》(第2版),法律出版社2016年版,第280页。

实施精神强制,使其产生恐惧,不敢反抗的情况。这种胁迫,既可以针对被强迫人自身的生理伤害,如不顺从就冻、饿、体罚、殴打等,也可以是心理上的,如揭露隐私、公开侮辱使其丧失尊严等。胁迫的内容既可以针对被害人本人,也可以针对其亲属或者他人,只要足以对被害人造成心理上的强制,就可以构成胁迫。实践中,如果没有实施暴力、胁迫等强迫行为,不宜认定为组织残疾人、儿童乞讨罪。所谓"**组织**",是指纠集或者控制一定数量的残疾人或者不满十四周岁的未成年人,指令或者要求他们乞讨的行为。[①]

根据本条规定,以暴力、胁迫手段组织残疾人或者不满十四周岁的未成年人乞讨的,处三年以下有期徒刑或者拘役,并处罚金;情节严重的,处三年以上七年以下有期徒刑,并处罚金。这里所说的"**情节严重**",是指以暴力或者胁迫手段组织残疾人、未成年人乞讨,严重扰乱社会秩序或者造成其他恶劣影响的情形。比如,长期强迫他人乞讨,获利较大的;强迫乞讨导致残疾人、未成年人身体衰弱,得不到治疗,健康状况严重恶化的;被害人无法忍受折磨自杀、自残的;强迫残疾人、未成年人制造生理痛苦博取他人同情进行乞讨的;强迫被害人采用死缠硬要等方式野蛮乞讨的;强迫被害人采用可能造成伤亡(如在马路上拦车乞讨等)或有伤风化的方式乞讨的;组织乞讨人数较多,造成恶劣社会影响的;其他严重扰乱社会秩序或者影响恶劣的情形等。

需要注意的是,在适用本条的时候,应当注意掌握此罪与彼罪、一罪与数罪的界限,防止放纵或者量刑畸重的情况。比如,为了强迫而实施的暴力行为导致被害人伤亡的,应当根据刑法的规定,按照故意伤害罪或者故意杀人罪定罪处罚。为了达到长期强迫残疾人、未成年人乞讨的目的而限制被害人人身自由的,应当根据刑法的规定,在组织残疾人、儿童乞讨罪和非法拘禁罪中择一重罪处罚。[②] 对于那些为了组织他人乞讨而绑架、拐骗残疾人或者未成年人,或者收买被拐骗儿童的,为了博取人们同情达到乞讨更多钱财的目的而故意造成被害人伤残的,奸淫被强迫的残疾人、未成年人的,应当根据刑法的相关规定定罪,与组织残疾人、儿童乞讨罪数罪并罚。[③]

【司法解释】

《最高人民法院关于审理拐卖妇女儿童犯罪案件具体应用法律若干问题的解释》(法释〔2016〕28号,自2017年1月1日起施行)

△**(收买被拐卖的妇女、儿童罪;数罪并罚)**收买被拐卖的妇女、儿童后又组织、强迫卖淫或者组织乞讨、进行违反治安管理活动等构成其他犯罪的,依照数罪并罚的规定处罚。(§6)

【附属刑法】

《中华人民共和国治安管理处罚法》(2005年8月28日通过,2012年10月26日修正)

第二条

扰乱公共秩序,妨害公共安全,侵犯人身权利、财产权利,妨害社会管理,具有社会危害性,依照《中华人民共和国刑法》的规定构成犯罪的,依法追究刑事责任;尚不够刑事处罚的,由公安机关依照本法给予治安管理处罚。

第四十一条

Ⅰ胁迫、诱骗或者利用他人乞讨的,处十日以上十五日以下拘留,可以并处一千元以下罚款。

Ⅱ反复纠缠、强行讨要或者以其他滋扰他人的方式乞讨的,处五日以下拘留或者警告。

【参考案例】

△组织儿童乞讨罪中的暴力、胁迫不以达到足以压制儿童反抗的程度为必要,只需要足以使儿童产生恐惧心理即可。

我国《刑法》分则多处使用"暴力"的表述,"暴力"一般是指造成被害人生理或者心理上的强制状态的有形强制力或者武力,"胁迫"(有时称为"威胁")常与"暴力"同时使用,一般是指以将要实施暴力或者其他恶害为内容,使被害人受到精神强制的行为。从程度上来讲,"暴力"的上限最高可达到故意杀人的程度,其下限通常必须达到足以妨碍被害人的意志自由的程度;而"胁迫"通常使被害人产生恐惧心理,并在一定程度上影响其意志自由。在认定是否构成组织儿童乞讨罪中的"暴力、胁迫"时,应当充分考虑儿童身心脆弱、易受伤害等特点,程度标准不宜要求过高,无须达到足以压制儿童反抗的程度。只要在常人

① 被组织者不必达到三人以上。因为本罪不像妨害社会管理秩序的犯罪,只有达到一定人数才能产生妨害社会管理秩序的效果。参见张明楷:《刑法学》(第6版),法律出版社2021年版,第1192页;黎宏:《刑法学各论》(第2版),法律出版社2016年版,第281页。

② 相同的学说见解,参见黎宏:《刑法学各论》(第2版),法律出版社2016年版,第281页。

③ 相同的学说见解,参见黎宏:《刑法学各论》(第2版),法律出版社2016年版,第281页。

看来,足以使儿童产生恐惧心理,即满足客观入罪条件。一般而言,对儿童实施抽耳光、踢打等轻微暴力,或者采取冻饿、凌辱、言语恐吓、精神折磨、有病不给治疗、限制人身自由、灌服精神镇定麻醉类药物等方式,组织儿童乞讨的,均符合组织儿童乞讨罪的入罪条件。[No. 4-262 之一-1 翟雪峰、魏翠英组织儿童乞讨案]

△组织儿童乞讨罪中的组织不以被组织者达到三人为要件。

有些罪状本身暗含了对组织对象的最低人数要求,例如组织、领导传销活动罪,如果成员少于三人,显然不符合传销活动的本质。有些罪状虽未对组织对象的人数提出明确要求,但是由于法益侵害的严重程度差别较大,为了限制刑事处罚范围,故在不具备其他严重情节的情况下,可以对人数作出限制性解释,即通常被组织者达三人以上,才构成犯罪。组织残疾人、儿童乞讨罪与妨害社会管理秩序的组织犯罪不同,由于该罪的行为对象是特定的"弱者",即使通过暴力、胁迫,发起、策划、指导、安排一名残疾人、儿童乞讨,也会贬损其人格尊严,助长儿童形成好逸恶劳或反社会性格,对残疾人、儿童身心健康造成严重伤害,同时还易诱发被组织者实施其他违法犯罪,妨害社会管理秩序,社会危害性大,因此,即使组织一名残疾人、儿童乞讨也构成犯罪,有必要予以刑事制裁。那种要求被组织乞讨者达三人以上才构成犯罪的观点,显然忽视了该类犯罪社会危害的严重性。与对组织卖淫等犯罪中的"组织"概念进行限制解释不同,对组织残疾人、儿童乞讨罪的"组织"作适度的扩大解释,避免因该罪门槛过高而放纵部分犯罪分子,合乎该罪最大限度保护社会弱势群体权益的立法宗旨,亦未超出"组织"概念文义的涵摄范围和正常公民的预测可能性。[No. 4-262 之一-2 翟雪峰、魏翠英组织儿童乞讨案]

第二百六十二条之二 【组织未成年人进行违反治安管理活动罪】

组织未成年人进行盗窃、诈骗、抢夺、敲诈勒索等违反治安管理活动的,处三年以下有期徒刑或者拘役,并处罚金;情节严重的,处三年以上七年以下有期徒刑,并处罚金。

【立法沿革】

《中华人民共和国刑法修正案(七)》(自2009年2月28日起施行)

八、在刑法第二百六十二条之一后增加一条,作为第二百六十二条之二:

"组织未成年人进行盗窃、诈骗、抢夺、敲诈勒索等违反治安管理活动的,处三年以下有期徒刑或者拘役,并处罚金;情节严重的,处三年以上七年以下有期徒刑,并处罚金。"

【立法理由】

近年来,社会上一些不法分子利欲熏心,利用未成年人获取不法利益。他们往往是利用未成年人生理、心理的不成熟或因某种原因造成的精神上的空虚、物质上的缺乏等弱点,组织其从事一些牟利性的违法活动,如扒窃、诈骗、抢夺他人财物等违反治安管理的活动。这种组织他人进行违法活动的情况,在一些地方甚至学校比较突出,性质恶劣,影响很坏,严重危害社会治安秩序和学校的正常教学秩序。同时,对未成年人的身心健康造成极大的伤害,有的很可能因为一个小小的偷摸行为,慢慢发展成为犯罪行为,从而使一个健康向上的未成年人堕落为一个罪犯,不仅影响了个人的前途,而且对国家、对家庭都会造成不良的影响。为了打击这类行为,更好地维护社会治安秩序,保护公民的合法财产不受侵犯,保护未成年人①,2009年2月28日第十一届全国人大常委会第七次会议通过的**《刑法修正案(七)》**增加了本条规定。

【条文说明】

本条是关于组织未成年人进行违反治安管理活动罪及其处罚的规定。

根据本条规定,构成本罪必须具备以下两个条件:

1. 本罪的犯罪主体是**一般主体**。凡达到刑法规定的刑事责任年龄的自然人均可构成本罪的主体。组织未成年人进行违法活动的人,是本罪的主体。这里的"**组织**",一般是指采取引诱、欺骗、威胁或者说服等办法,以包吃包住或发给一定的报酬等名义,纠集未成年人或将未成年人笼络、

① 我国学者指出,本罪的保护法益是未成年人的身心健康。参见黎宏:《刑法学各论》(第2版),法律出版社2016年版,第282页。

控制在自己手下，指令或要求未成年人实施盗窃、诈骗、抢夺、敲诈勒索等违法行为。根据未成年人保护法的规定，本条所说的“**未成年人**”，是指未满十八周岁的公民，既包括普通的未成年人，也包括身心残疾的未成年人。

2. 组织者必须**实施了组织未成年人实施盗窃、诈骗、抢夺、敲诈勒索等违反治安管理的行为**。所谓“**盗窃**”，是指以非法占有为目的，秘密窃取公私财物的行为。所谓“**诈骗**”，是指以非法占有为目的，用虚构事实或者隐瞒真相的方法，骗取公私财物的行为。所谓“**抢夺**”，是指以非法占有为目的，公然夺取公私财物的行为。所谓“**敲诈勒索**”，是指以非法占有为目的，对公私财物的所有人、保管人使用威胁或要挟的方法，索取公私财物的行为。上述所说的盗窃、诈骗、抢夺、敲诈勒索行为，是未成年人实施的，违反治安管理，但不构成犯罪的行为。法律将组织未成年人实施上述四种违法行为规定为行为犯，即实施了组织未成年人进行盗窃、诈骗、抢夺、敲诈勒索等违反治安管理活动的行为，就构成犯罪，不需要其他情节和要件。未成年人是否实施了盗窃、诈骗、抢夺、敲诈勒索等违反治安管理活动的行为，并不影响本罪的成立。

根据本条规定，组织未成年人实施盗窃、诈骗、抢夺、敲诈勒索等违反治安管理活动的，处三年以下有期徒刑或者拘役，并处罚金；情节严重的，处三年以上七年以下有期徒刑，并处罚金。“**情节严重**”是指组织多人、残疾未成年人，多次组织未成年人进行违法活动，对未成年人采取暴力、威胁、虐待等手段，或者通过未成年人的违法行为获利数额较大等情节。如果未成年人在未实施盗窃、诈骗、抢夺、敲诈勒索等违反治安管理活动的行为前，其组织行为被告发的，也构成本罪，属于犯罪的预备，对于预备犯，应当按照《刑法》第二十二条的规定，可以比照既遂犯从轻、减轻处罚或者免除处罚。

对于未成年人实施的盗窃、诈骗、抢夺、敲诈勒索等违反治安管理的行为，应根据**《治安管理处罚法》**第四十九条的规定予以处罚，即处五日以上十日以下拘留，可以并处五百元以下罚款；情节较重的，处十日以上十五日以下拘留，可以并处一千元以下罚款。但是，根据《治安管理处罚法》第十二条的规定，已满十四周岁不满十八周岁的人违反治安管理的，应当从轻或者减轻处罚；不满十四周岁的人违反治安管理的，不予处罚，但是应当责令其监护人严加管教。《治安管理处罚法》第二十一条还规定，已满十四周岁不满十六周岁或者已满十六周岁不满十八周岁，初次违反治安管理的，依照治安管理处罚法的规定，应当给予拘留处罚的，不执行行政拘留处罚。上述这些规定，都是从爱护未成年人的角度从宽处理，给予未成年人知错改错和悔过自新的机会。

实践中应当注意区分盗窃、诈骗、抢夺、敲诈勒索罪与**违反治安管理的盗窃、诈骗、抢夺、敲诈勒索行为**。根据《刑法》第二百六十四条关于盗窃犯罪的规定、第二百六十六条关于诈骗犯罪的规定、第二百六十七条关于抢夺犯罪的规定和第二百七十四条关于敲诈勒索犯罪的规定，构成上述四种犯罪的必备条件是数额较大。由于这四种犯罪都属于财产型犯罪，所以法律规定以数额大小来区别罪与非罪的界限。盗窃罪是一种比较常见的犯罪，所以，法律同时规定“多次盗窃”的，也是构成犯罪的一个条件，也就是说，数额较大或多次盗窃，只要符合其中一个条件就可以构成盗窃罪。多次盗窃并不要求达到一定的数额，因为这种情况属于刑法理论中所说的惯犯或屡犯，从犯罪的恶性程度上讲是比较严重的。实践中不应将多次盗窃行为，作为违反治安管理的行为予以治安处罚，这样既放纵了罪犯，也不利于维护社会治安秩序。对于未成年人实施的盗窃、诈骗、抢夺、敲诈勒索等行为，构成犯罪的，对已满十六周岁的未成年人，应当分别依照刑法关于盗窃、诈骗、抢夺、敲诈勒索罪的有关规定从轻或者减轻处罚；对组织者应当分别以**盗窃罪、诈骗罪、抢夺罪、敲诈勒索罪的共犯**追究其刑事责任。①

【司法解释】

《最高人民法院关于审理拐卖妇女儿童犯罪案件具体应用法律若干问题的解释》（法释〔2016〕28号，自2017年1月1日起施行）

△（收买被拐卖的妇女、儿童罪；数罪并罚）收买被拐卖的妇女、儿童后又组织、强迫卖淫或者组织乞讨、进行违反治安管理活动等构成其他犯罪的，依照数罪并罚的规定处罚。（§ 6）

① 我国学者指出，如果行为人组织未成年人进行盗窃、诈骗、抢夺、敲诈勒索等活动，未成年人的盗窃、诈骗、抢夺、敲诈勒索的财物数额较大或者巨大，组织者的行为就属于一行为同时触犯两个罪名的想象竞合犯。参见张明楷：《刑法学》（第6版），法律出版社2021年版，第1193页；黎宏：《刑法学各论》（第2版），法律出版社2016年版，第282页；周光权：《刑法各论》（第4版），中国人民大学出版社2021年版，第96页。

第五章　侵犯财产罪①

第二百六十三条　【抢劫罪】

以暴力、胁迫或者其他方法抢劫公私财物的，处三年以上十年以下有期徒刑，并处罚金；有下列情形之一的，处十年以上有期徒刑、无期徒刑或者死刑，并处罚金或者没收财产：

（一）入户抢劫的；

（二）在公共交通工具上抢劫的；

（三）抢劫银行或者其他金融机构的；

（四）多次抢劫或者抢劫数额巨大的；

（五）抢劫致人重伤、死亡的；

（六）冒充军警人员抢劫的；

（七）持枪抢劫的；

（八）抢劫军用物资或者抢险、救灾、救济物资的。

【立法理由】

1. **1979年立法的情况**。抢劫罪是一种传统犯罪，不仅侵犯了公私财产权利，还危及公民的人身安全。由于这种犯罪危害严重，历来被规定科以较为严厉的刑罚。如明、清法律规定，凡强盗已经实行抢劫而未抢得财物的，杖一百、流三千里；抢得财物的，不论数额，不分首从，都处斩刑。在1979年刑法起草过程中，立法机关总结我国一直以来同抢劫犯罪作斗争的实践与理论结晶，参考国外有关立法经验，形成了1979年《刑法》第一百五十条规定："以暴力、胁迫或者其他方法抢劫公私财物的，处三年以上十年以下有期徒刑。犯前款罪，情节严重的或者致人重伤、死亡的，处十年以上有期徒刑、无期徒刑或者死刑，可以并处没收财产。"根据该规定，犯抢劫罪最高可判处死刑，这是我国当时同抢劫犯罪作斗争的有力法律武器。

2. **1997年修订刑法的情况**。考虑到抢劫罪是贪利型犯罪，有必要从经济上对抢劫犯罪分子予以惩处；并且1979年《刑法》第一百五十条第二款对抢劫罪的从重处罚情节规定过于笼统，1997年修订刑法时，在总结以往立法与司法实践经验基础上，对本条作了进一步的修改：一是对原"情节严重的或者致人重伤、死亡的"情形进行了细化，列举了八项具体情节，均适用十年以上有期徒刑、无期徒刑或者死刑；二是增加和修改了罚金刑，在第一档刑罚中增加了"并处罚金"的规定，在第二档刑罚中，将"可以并处没收财产"修改为"并处罚金或者没收财产"。

【条文说明】

本条是关于抢劫罪及其处罚的规定。

抢劫罪，是指以非法占有为目的，当场使用暴力、胁迫或者其他方法强行劫取公私财物②

① 关于财产犯罪保护法益，学说上存在所有权说、混合说及占有说等众多说法。详细的讨论，参见黎宏：《刑法学各论》（第2版），法律出版社2016年版，第284—288页；周光权：《刑法各论》（第3版），中国人民大学出版社2016年版，第98—102页；张明楷：《刑法学》（第6版），法律出版社2021年版，第1219—1228页。

② 我国学者指出，不动产由于其不可移动的特性而不能成为以移动财物为必要的抢劫罪的对象。参见赵秉志、李希慧主编：《刑法各论》（第3版），中国人民大学出版社2016年版，第239页；黎宏：《刑法学各论》（第2版），法律出版社2016年版，第295页。另有学者指出，基于保护公私财产和人身自由，不宜将不动产一概排除在抢劫罪的对象之外。参见高铭暄、马克昌主编：《刑法学》（第7版），北京大学出版社、高等教育出版社2016年版，第510页。也有学者指出，所谓的抢劫不动产，实际上强行占用他人不动产以获取财产上的利益。参见周光权：《刑法各论》（第4版），中国人民大学出版社2021年版，第106页。

的行为。[①] 根据本条规定，构成抢劫罪的显著特征是"以暴力、胁迫或者其他方法抢劫公私财物"。所谓"**暴力**"，是指犯罪人对财物的所有者、管理人员实施暴力侵袭或者其他强制力，包括捆绑、殴打、伤害直至杀害等使他人处于不能或者不敢反抗状态[②]当即抢走财物的方法。[③] 所谓"**胁迫**"，是指当场使用暴力相威胁，对被害人实行精神强制[④]，使其产生恐惧，不敢反抗，被迫当场交出财物或者不敢阻止而由行为人强行劫走财物。[⑤] 如果不是以暴力相威胁，而是对被害人以将要揭露隐私、毁坏财产等相威胁，则构成敲诈勒索罪，而不是抢劫罪。[⑥] 所谓"**其他方法**"，是指对被害人采取暴力、胁迫以外的使被害人处于不知反抗或者不能反抗的状态的方法。例如，用酒精灌醉、用药物麻醉等方法使被害人处于暂时丧失知觉而不能反抗的状态，将财物当场掠走。在这里，必须是由于犯罪分子故意造成被害人处于不能反抗的状态，如果犯罪分子利用被害人睡熟或者醉酒不醒，趁机秘密取走数额较大的财物，则不构成本罪。行为人实施抢劫后，为灭口而故意杀人的，以抢劫罪和故意杀人罪定罪，实行数罪并罚。

构成本罪，必须具备以下两个条件：(1)行为人具有**非法占有公私财物的目的**，并且实施了非法占有或者意图非法占有的行为。(2)行为人对被害人**当场使用**暴力、胁迫或者其他方法。

暴力、胁迫或者其他方法，必须是犯罪分子当场使用，才能构成抢劫罪。如果犯罪分子没有使用暴力或者胁迫的方法就取得了财物，除《刑法》第二百六十七条规定的携带凶器抢夺的情形外，不能以抢劫罪论处。反之，如果犯罪分子事先只是准备盗窃或者抢夺，但在实施盗窃或者抢夺的过程中遭到反抗或者阻拦，于是当场使用暴力或者以暴力相威胁强取财物，其行为就由盗窃或者抢夺转化为抢劫了，应以抢劫罪定罪处罚。

为了有利于执法的统一，减少随意性，增加可操作性，本条具体列举了犯抢劫罪，应当判处十年以上有期徒刑、无期徒刑或者死刑的八种情形。

1. **入户抢劫的**。这里所说的"户"，是指公民私人住宅。入户抢劫，不仅严重侵犯公民的财产所有权，更为严重的是危及公民的人身安全。"入户抢劫"是指为实施抢劫行为而进入他人生活的与外界相对隔离的住所，包括封闭的院落、牧民的帐篷、渔民作为家庭生活场所的渔船、为生活租用的房屋等。[⑦] 对于入户盗窃，被发现而当场使用暴力或者以暴力相威胁的行为，应当认定为入户抢劫。认定"入户抢劫"，要注重审查行为人"入户"的目的，将"入户抢劫"与"**在户内抢劫**"区别开来。以侵害户内人员的人身、财产为目的，入户后实施抢劫，包括入户实施盗窃、诈骗等犯罪而转

---

① 我国学者指出，本罪的实行行为是复合行为，包括方法行为（即暴力、胁迫或者其他方法行为）及目的行为（即劫取公私财物行为）。两者紧密结合，不可获取。参见高铭暄、马克昌主编：《刑法学》（第7版），北京大学出版社、高等教育出版社2016年版，第493页；黎宏：《刑法学各论》（第2版），法律出版社2016年版，第295页。

② 我国学者指出，被害者的反抗是否足以被压制，要结合犯罪者和被害人的人数、年龄、性别、犯罪行为的时间、场所以及附随状况、凶器的有无、使用方法等具体事项对暴力、胁迫的性质进行客观判断。参见周光权：《刑法各论》（第4版），中国人民大学出版社2021年版，第119页；黎宏：《刑法学各论》（第2版），法律出版社2016年版，第295页；张明楷：《刑法学》（第6版），法律出版社2021年版，第1270页。

③ 暴力是否应以对人实施为限，学说上尚存争议，有肯定、否定说两种学说。肯定见解认为，即使是对物施加有形力，只要能够抑制被害人的意思、行动自由并能压制其反抗，就可以视为作为本罪手段的暴力。参见王作富主编：《刑法分则实务研究（中）》（第5版），中国方正出版社2013年版，第902页；周光权：《刑法各论》（第4版），中国人民大学出版社2021年版，第118页。否定见解认为，暴力应以对人实施为限，对物实施暴力但影响到被害人精神，论以胁迫型的抢劫为宜。参见陈兴良主编：《刑法各论精释》，人民法院出版社2015年版，第311页。

④ 通说见解亦认为，只有达到"以当场实施暴力相威胁"的程度，才能构成胁迫。另有学者指出，一方面，由于抢劫罪是严重侵犯财产和人身权利的犯罪，对胁迫加害的种类、性质人为地加以限定，不利于周全地保护财产所有者、占有者的权利；另一方面，"当场"与"暴力"的要求，仅仅是表面要素。真正的决定性要素是，胁迫行为是否足以压制他人反抗。参见陈兴良主编：《刑法各论精释》，人民法院出版社2015年版，第312页；周光权：《刑法各论》（第4版），中国人民大学出版社2021年版，第119页。

⑤ 关于"当场"强取财物，我国学者指出，当场乃指暴力、胁迫手段和财物取得之间具有时间上、场所上的紧密连接性，对"当场"的理解不能过于狭隘。参见周光权：《刑法各论》（第4版），中国人民大学出版社2021年版，第119—120页；黎宏：《刑法学各论》（第2版），法律出版社2016年版，第296页。

⑥ 类似的学说见解，参见张明楷：《刑法学》（第6版），法律出版社2021年版，第1269页。

⑦ 我国学者指出，如果行为人将户主骗离住所，将其杀害，或者在将其骗出住所后，以其他具有暴力、胁迫性质的方法使之无法回到住所，为其堂而皇之地再次入户抢劫铺平道路，其行为性质与入户抢劫的典型表现无本质差别，应当视为"入户抢劫"。参见黎宏：《刑法学各论》（第2版），法律出版社2016年版，第302页。

化为抢劫的，应当认定为“入户抢劫”。因访友办事等原因经户内人员允许入户后，临时起意实施抢劫，或者临时起意实施盗窃、诈骗等犯罪而转化为抢劫的，不应认定为“入户抢劫”。

2. **在公共交通工具上抢劫的**。“在公共交通工具上抢劫”，既包括在处于运营状态的公共交通工具上对旅客及司售、乘务人员实施抢劫，也包括拦截运营途中的公共交通工具对旅客及司售、乘务人员实施抢劫，但不包括在未运营的公共交通工具上针对司售、乘务人员实施抢劫。以暴力、胁迫或者麻醉等手段对公共交通工具上的特定人员实施抢劫的，一般应认定为“在公共交通工具上抢劫”。[①]

3. **抢劫银行或者其他金融机构的**。“抢劫银行或者其他金融机构”，是指抢劫银行或者其他金融机构的经营资金、有价证券和客户的资金等。[②] 抢劫正在使用中的银行或者其他金融机构的运钞车的，视为“抢劫银行或者其他金融机构”。

4. **多次抢劫或者抢劫数额巨大的**。“多次抢劫”是指抢劫三次以上。[③] 对于“抢劫数额巨大”的认定标准，根据《最高人民法院关于审理抢劫刑事案件适用法律若干问题的指导意见》的规定，参照各地确定的盗窃罪数额巨大的认定标准执行。抢劫数额以实际抢劫到的财物数额为依据。抢劫信用卡后使用、消费的，以行为人实际使用、消费的数额为抢劫数额。

5. **抢劫致人重伤、死亡的**。这里所说的“抢劫致人重伤、死亡”，是指为抢劫公私财物而实施的暴力行为或其他方法，导致被害人重伤或者死亡的情形。[④] 如行为人为劫取财物而故意杀人，或者在劫取财物过程中，为制服被害人反抗而故意杀人的，一般以抢劫罪定罪处罚。但是行为人已经完成抢劫后，又为灭口或其他原因而故意杀人的，则应以抢劫罪和故意杀人罪定罪，实行数罪并罚。[⑤]

6. **冒充军警人员抢劫的**。“军警”是指军人和警察。“军人”是指中国人民解放军、中国人民武装警察部队的现役军官（警官）、文职人员、士兵及具有军籍的学员。“警察”是指我国武装性质的国家治安行政力量，包括公安机关、国家安全机关、监狱的人民警察和人民法院、人民检察院的司法警察。根据《最高人民法院关于审理抢劫刑事案件适用法律若干问题的指导意见》的规定，在判断是否足以使他人误以为是军警人员时，“要注重对行为人是否穿着军警制服、携带枪支、是否出示军警证件等情节进行综合审查。对于行为人仅穿着类似军警的服装或仅以言语宣称系军警人员但未携带枪支、也未出示军警证件而实施抢劫的，要结合抢劫地点、时间、暴力或威胁的具体情形，依照常人判断标准，确定是否认定为‘冒充军警人员抢劫’。军警人员利用自身的真实身份实施抢劫的，不认定为‘冒充军警人员抢劫’，

---

① 我国学者指出，之所以将“在公共交通工具上抢劫”作为加重处罚情节，是因为在此种封闭且有限的空间范围内实施暴力、胁迫行为，直接危害到其他不特定多数乘客的生命、财产安全。参见黎宏：《刑法学各论》（第2版），法律出版社2016年版，第302页。

② 相同的学说见解，参见周光权：《刑法各论》（第4版），中国人民大学出版社2021年版，第125页。

③ 我国学者指出，如果行为人基于一个犯意实施犯罪，如在同一地点同时对在场的多人实施抢劫，或者基于同一犯意在同一地点实施连续抢劫犯罪，如在同一地点连续对途经此地的多人进行抢劫，均应认定为一次犯罪。参见周光权：《刑法各论》（第4版），中国人民大学出版社2021年版，第125页；高铭暄、马克昌主编：《刑法学》（第7版），北京大学出版社、高等教育出版社2016年版，第499页。

④ 抢劫致人死伤的对象并不限于财物占有者、所有者。只要其能够直接或间接地对抢劫及其关联行为有所妨碍，即属本项规定中的死伤对象。参见周光权：《刑法各论》（第4版），中国人民大学出版社2021年版，第126页。另外，抢劫犯及其同伙，并不在抢劫致人死伤的对象范围之内。参见黎宏：《刑法学各论》（第2版），法律出版社2016年版，第303页。

⑤ 黄京平教授指出，此处的“抢劫致人死亡”，只是表明实施的犯罪行为与死亡的因果关系，并不能直接说明行为人对死亡的态度限于过失。因此，为了非法占有他人财物而当初杀死他人，应定抢劫罪一罪。参见高铭暄、马克昌主编：《刑法学》（第7版），北京大学出版社、高等教育出版社2016年版，第494页。类似的见解，参见张明楷：《刑法学》（第6版），法律出版社2021年版，第1293页。同时，刘志伟教授指出，如果认为“抢劫致人死亡”不包括故意杀人，并在此情形之下，对行为人以故意杀人罪和抢劫罪数罪并罚，会与认定数罪的原理相悖。主要原因在于，假若将因暴力的行使而故意造成被害人死亡行为另定为一个故意杀人罪，则剩下的取财行为就不能构成抢劫罪。参见赵秉志、李希慧主编：《刑法各论》（第3版），中国人民大学出版社2016年版，第240页。另有学者指出，《刑法》第二百六十三条中的“暴力”不应当包括“故意杀人”。以故意杀人手段抢劫，应当构成故意杀人罪和抢劫罪或者故意杀人罪和侵占罪。理由在于，虽然《刑法》第二百六十三条第（五）项（抢劫致人死亡）和第二百三十二条（故意杀人罪）的法定刑在幅度上完全一致，但两者在排列顺序上有明显差别。此意味着和故意杀人类型的抢劫罪相比，故意杀人罪属于重罪。否则，就可能出现杀人抢劫的法定刑反而比杀人的处罚还要低的情况。参见黎宏：《刑法学各论》（第2版），法律出版社2016年版，第304页。

应依法从重处罚”。[①][②]

7. **持枪抢劫的**。“持枪抢劫”是指行为人使用枪支或者向被害人显示持有、佩带的枪支进行抢劫的行为。“枪支”的概念和范围，适用《枪支管理法》的规定。[③]

8. **抢劫军用物资或者抢险、救灾、救济物资的**。“军用物资”是指除枪支、弹药、爆炸物以外的其他军事用品。抢劫枪支、弹药、爆炸物，构成《刑法》危害公共安全罪中第一百二十七条第二款规定的抢劫枪支、弹药、爆炸物罪。“抢险、救灾、救济物资”是指抢险、救灾、救济用途已经明确的物资，包括正处于保管、运输或者使用当中的。[④]

根据本条规定，犯抢劫罪的，处三年以上十年以下有期徒刑，并处罚金；入户抢劫的，在公共交通工具上抢劫的，抢劫银行或者其他金融机构的，多次抢劫或者抢劫数额巨大的，抢劫致人重伤、死亡的，冒充军警人员抢劫的，持枪抢劫的，抢劫军用物资或者抢险、救灾、救济物资的，处十年以上有期徒刑、无期徒刑或者死刑，并处罚金或者没收财产。对于本条规定的八种法定加重情节的刑罚适用，应当根据抢劫情节严重程度、抢劫次数、数额、致人伤害后果等因素，结合行为人主观恶性及社会危害性，确定应当适用的刑罚。根据《最高人民法院关于审理抢劫刑事案件适用法律若干问题的指导意见》，“具有下列情形之一的，**可以判处无期徒刑以上刑罚**：(1)抢劫致三人以上重伤，或者致人重伤造成严重残疾的；(2)在抢劫过程中故意杀害他人，或者故意伤害他人，致人死亡的；(3)具有除‘抢劫致人重伤、死亡’外的两种以上加重处罚情节，或者抢劫次数特别多、抢劫数额特别巨大的”。判处无期徒刑以上刑罚的，一般应并处没收财产。

实践中需要注意以下两个方面的问题：

1. 在公共交通工具上抢劫的认定。随着科技进步和社会发展，共享出行方式越来越受欢迎，近几年“网约车抢劫案”较为频发，引起了公众对“网约车是否属于公共交通工具、是否适用抢劫罪加重情节”的探讨。

抢劫罪区别于其他侵犯财产罪的最大不同就是行为的暴力性，即对他人人身安全的危害较大。之所以将“在公共交通工具上抢劫”规定为抢劫罪的加重情节，适用更严重的刑罚，就是考虑到公共交通工具的“公共性”，更确切地说，是行为人在公共交通工具上实施抢劫，无论是针对特定人还是针对不特定多数人，其行为都为全部不特定多数人的人身、财产带来了现实危险，社会危险性大，且极易危害到公共安全。

司法实践中，司法机关对“公共交通工具”的认定一直较为明确。根据2000年11月28日实施的《最高人民法院关于审理抢劫案件具体应用法律若干问题的解释》第二条和2005年6月8日实施的《最高人民法院关于审理抢劫、抢夺刑事案件适用法律若干问题的意见》第二条的规定，在小型出租车上抢劫的，不属于在公共交通工具上抢劫。2016年1月6日发布实施的《最高人民法院关于审理抢劫刑事案件适用法律若干问题的指导意见》进一步明确“公共交通工具”不含小型出租车。而接送职工的单位班车、接送师生的校车等大、中型交通工具，可视为公共交通工具。

因此，无论是立法本意还是司法实践中，**小型出租车或者以小轿车为载体的网约车都不适用本条规定的“在公共交通工具上抢劫”的加重情节**，这是符合刑法罪责刑相适应原则和司法实践需要的。

2. 抢劫罪的死刑适用。作为侵犯财产罪一章中唯一保留死刑的罪名(条文适用体现在本条和第二百六十九条规定的转化型抢劫罪)，正确适用死刑是十分重要的。根据我国目前“**保留死刑，严格控制和慎重适用死刑**”的刑事政策，应当以最严格的标准和最审慎的态度，确保抢劫罪的死刑只适用于极少数罪行极其严重的犯罪分子。

---

① 冒充军警人员抢劫的情形包括：第一，根本不具有军警身份的人员冒充军警身份进行抢劫；第二，具有军人身份的人员冒充警察进行抢劫；第三，具有警察身份的人员冒充军人进行抢劫；第四，具有此种军警身份的人员冒充彼种军警人员进行抢劫。参见周光权：《刑法各论》(第4版)，中国人民大学出版社2021年版，第126—127页。

② 学说见解认为，冒充军警人员抢劫不以被害人相信行为人是军警人员为前提。只要行为人是故意冒充军警人员抢劫，即便被害人不相信或怀疑其身份，亦属于冒充军警人员抢劫。参见周光权：《刑法各论》(第4版)，中国人民大学出版社2021年版，第127页。

③ 我国学者指出，持仿真度很高的假枪抢劫，不能视为持枪抢劫。因为仿真枪不是真枪，不具有杀伤力，不会造成被害人的伤亡。较持真枪抢劫而言，持仿真枪抢劫的社会危害性相对较小。参见周光权：《刑法各论》(第4版)，中国人民大学出版社2021年版，第127页。

④ 我国学者指出，必须证实行为人明知是抢险、救灾、救济款物而实施抢劫。如果行为人对前开特定对象无认识，抢劫行为完成后才发现是上述物资，只能论以一般的抢劫罪或者数额巨大的加重型抢劫罪。参见周光权：《刑法各论》(第4版)，中国人民大学出版社2021年版，第128页。

虽然根据刑法规定,抢劫罪的八种加重情节均可以适用死刑,但是在司法实践中一般还是造成重伤或者死亡等严重人身伤亡的,才有判处死刑的可能。即使因抢劫致人重伤或者死亡的,也要从行为人犯罪的动机、预谋、实行行为等方面分析其主观恶性的大小,从有无前科、认罪悔罪情况等方面判断其人身危险程度,并在审查行为人是否有法定从宽情节,且综合犯罪情节和造成的严重后果后,才能判处死刑。不能不加区别,仅以出现一名或数名被害人死亡的后果,一律判处死刑立即执行。

【司法解释】

《最高人民法院关于审理抢劫案件具体应用法律若干问题的解释》(法释〔2000〕35 号,自 2000 年 11 月 28 日起施行)

△(**入户抢劫;入户盗窃**)刑法第二百六十三条第(一)项规定的"入户抢劫",是指为实施抢劫行为而进入他人生活的与外界相对隔离的住所,包括封闭的院落、牧民的帐篷、渔民作为家庭生活场所的渔船、为生活租用的房屋等进行抢劫的行为。

对于入户盗窃,因被发现而当场使用暴力或者以暴力相威胁的行为,应当认定为入户抢劫。(§1)

△(**在公共交通工具上抢劫**)刑法第二百六十三条第(二)项规定的"在公共交通工具上抢劫",既包括在从事旅客运输的各种公共汽车,大、中型出租车,火车,船只,飞机等正在运营中的机动公共交通工具上对旅客、司售、乘务人员实施的抢劫,也包括对运行途中的机动公共交通工具加以拦截后,对公共交通工具上的人员实施的抢劫。(§2)

△(**抢劫银行或者其他金融机构;运钞车**)刑法第二百六十三条第(三)项规定的"抢劫银行或者其他金融机构",是指抢劫银行或者其他金融机构的经营资金、有价证券和客户的资金等。

抢劫正在使用中的银行或者其他金融机构的运钞车的,视为"抢劫银行或者其他金融机构"。(§3)

△(**抢劫数额巨大;盗窃罪数额巨大**)刑法第二百六十三条第(四)项规定的"抢劫数额巨大"的认定标准,参照各地确定的盗窃罪数额巨大的认定标准执行。(§4)

△(**持枪抢劫;枪支**)刑法第二百六十三条第(七)项规定的"持枪抢劫",是指行为人使用枪支或者向被害人显示持有、佩带的枪支进行抢劫的行为。"枪支"的概念和范围,适用《中华人民共和国枪支管理法》的规定。(§5)

《最高人民法院关于抢劫过程中故意杀人案件如何定罪问题的批复》(法释〔2001〕16 号,自 2001 年 5 月 26 日起施行)

△(**为劫取财物而预谋故意杀人;为制服被害人反抗而故意杀人;为灭口而故意杀人**)行为人为劫取财物而预谋故意杀人,或者在劫取财物过程中,为制服被害人反抗而故意杀人的,以抢劫罪定罪处罚。①

行为人实施抢劫后,为灭口而故意杀人的,以抢劫罪和故意杀人罪定罪,实行数罪并罚。②

《最高人民法院、最高人民检察院关于办理妨害预防、控制突发传染病疫情等灾害的刑事案件具体应用法律若干问题的解释》(法释〔2003〕8 号,自 2003 年 5 月 15 日起施行)

△(**预防、控制突发传染病疫情等灾害期间;抢走公私财物;首要分子;抢劫罪**)在预防、控制突发传染病疫情等灾害期间,聚众"打砸抢",致人伤残、死亡的,依照刑法第二百八十九条、第二百三十四条、第二百三十二条的规定,以故意伤害罪或者故意杀人罪定罪,依法从重处罚。对毁坏或者抢走公私财物的首要分子,依照刑法第二百八十九条、第二百六十三条的规定,以抢劫罪定罪,依法从重处罚。(§9)

《最高人民法院、最高人民检察院关于办理与盗窃、抢劫、诈骗、抢夺机动车相关刑事案件具体应用法律若干问题的解释》(法释〔2007〕11 号,自 2007 年 5 月 11 日起施行)

① 林维教授指出,本批复未区分故意杀人的既遂和未遂问题,在结果加重犯的未遂犯情形,会造成法定刑的不协调。参见陈兴良主编:《刑法总论精释》(第 3 版),人民法院出版社 2016 年版,第 436—437 页。

② 我国学者指出,若行为人触犯盗窃等罪,当场为了灭口而杀人,由于隐匿证人、杀害证人都属于使证据不能显现的行为(通俗地讲,灭口的动机就是毁灭罪证的目的),故其行为同时触犯了事后抢劫罪与故意杀人罪,属于想象竞合,从一重罪处罚。由于抢劫致人死亡的法定刑重于故意杀人罪,故适用事后抢劫罪的法定刑予以处罚。参见张明楷:《刑法学》(第 6 版),法律出版社 2021 年版,第 1284 页。

相反,江溯教授则认为,行为人的主观目的已经不是简单地"为了窝藏赃物、抗拒抓捕或者毁灭罪证",在其盗窃行为被发现后,其主观犯意已经转化为故意杀人的目的。因此,对该行为定故意杀人罪,较为合适。参见陈兴良主编:《刑法各论精释》,人民法院出版社 2015 年版,第 239—240 页。

△(**事前通谋;抢劫罪的共犯**)实施本解释第一条、第二条、第三条第一款或者第三款规定①的行为,事前与盗窃、抢劫、诈骗、抢夺机动车的犯罪分子通谋的,以盗窃罪、抢劫罪、诈骗罪、抢夺罪的共犯论处。(§ 4)

《最高人民检察院关于强迫借贷行为适用法律问题的批复》(高检发释字〔2014〕1 号,自 2014 年 4 月 17 日起施行)

△(**以借贷为名;抢劫罪**)以暴力、胁迫手段强迫他人借贷,属于刑法第二百二十六条第二项规定的"强迫他人提供或者接受服务",情节严重的,以强迫交易罪追究刑事责任;同时构成故意伤害罪等其他犯罪的,依照处罚较重的规定定罪处罚。以非法占有为目的,以借贷为名采用暴力、胁迫手段获取他人财物,符合刑法第二百六十三条或者第二百七十四条规定的,以抢劫罪或者敲诈勒索罪追究刑事责任。

《最高人民法院关于审理掩饰、隐瞒犯罪所得、犯罪所得收益刑事案件适用法律若干问题的解释》(法释〔2015〕11 号,自 2015 年 6 月 1 日起施行)

△(**事前通谋;抢劫罪的共犯**)事前与盗窃、抢劫、诈骗、抢夺等犯罪分子通谋,掩饰、隐瞒犯罪所得及其产生的收益的,以盗窃、抢劫、诈骗、抢夺等犯罪的共犯论处。(§ 5)

△(**对犯罪所得及其产生的收益实施抢劫**)对犯罪所得及其产生的收益实施盗窃、抢劫、诈骗、抢夺等行为,构成犯罪的,分别以盗窃罪、抢劫罪、诈骗罪、抢夺罪等定罪处罚。(§ 6)

【司法解释性文件】

《最高人民法院研究室关于对非法占有强迫他人卖血所得款物案件如何定性问题的意见函》(1995 年 10 月 23 日公布②)

---

① 《最高人民法院、最高人民检察院关于办理与盗窃、抢劫、诈骗、抢夺机动车相关刑事案件具体应用法律若干问题的解释》(法释〔2007〕11 号,自 2007 年 5 月 11 日起施行)

第一条

Ⅰ明知是盗窃、抢劫、诈骗、抢夺的机动车,实施下列行为之一的,依照刑法第三百一十二条的规定,以掩饰、隐瞒犯罪所得、犯罪所得收益罪定罪,处三年以下有期徒刑、拘役或者管制,并处或者单处罚金:

(一)买卖、介绍买卖、典当、拍卖、抵押或者用其抵债的;

(二)拆解、拼装或者组装的;

(三)修改发动机号、车辆识别代号的;

(四)更改车身颜色或者车辆外形的;

(五)提供或者出售机动车来历凭证、整车合格证、号牌以及有关机动车的其他证明和凭证的;

(六)提供或者出售伪造、变造的机动车来历凭证、整车合格证、号牌以及有关机动车的其他证明和凭证的。

Ⅱ实施第一款规定的行为涉及盗窃、抢劫、诈骗、抢夺的机动车五辆以上或者价值总额达到五十万元以上的,属于刑法第三百一十二条规定的"情节严重",处三年以上七年以下有期徒刑,并处罚金。

第二条

Ⅰ伪造、变造、买卖机动车行驶证、登记证书,累计三本以上的,依照刑法第二百八十条第一款的规定,以伪造、变造、买卖国家机关证件罪定罪,处三年以下有期徒刑、拘役、管制或者剥夺政治权利。

Ⅱ伪造、变造、买卖机动车行驶证、登记证书,累计达到第一款规定数量标准五倍以上的,属于刑法第二百八十条第一款规定中的"情节严重",处三年以上十年以下有期徒刑。

第三条

Ⅰ国家机关工作人员滥用职权,有下列情形之一,致使盗窃、抢劫、诈骗、抢夺的机动车被办理登记手续,数量达到三辆以上或者价值总额达到三十万元以上的,依照刑法第三百九十七条第一款的规定,以滥用职权罪定罪,处三年以下有期徒刑或者拘役:

(一)明知是登记手续不全或者不符合规定的机动车而办理登记手续的;

(二)指使他人为明知是登记手续不全或者不符合规定的机动车办理登记手续的;

(三)违规或者指使他人违规更改、调换车辆档案的;

(四)其他滥用职权的行为。

Ⅱ国家机关工作人员疏于审查或者审查不严,致使盗窃、抢劫、诈骗、抢夺的机动车被办理登记手续,数量达到五辆以上或者价值总额达到五十万元以上的,依照刑法第三百九十七条第一款的规定,以玩忽职守罪定罪,处三年以下有期徒刑或者拘役。

Ⅲ国家机关工作人员实施前两款规定的行为,致使盗窃、抢劫、诈骗、抢夺的机动车被办理登记手续,分别达到前两款规定数量、数额标准五倍以上的,或者明知是盗窃、抢劫、诈骗、抢夺的机动车而办理登记手续的,属于刑法第三百九十七条第一款规定的"情节特别严重",处三年以上七年以下有期徒刑。

Ⅳ国家机关工作人员徇私舞弊,实施上述行为,构成犯罪的,依照刑法第三百九十七条第二款的规定定罪处罚。

② 关于系争司法解释性文件的适用效力,可参照《最高人民法院关于认真学习宣传贯彻修订的〈中华人民共和国刑法〉的通知》(法发〔1997〕3 号,1997 年 3 月 25 日公布)第五条之规定。

△(**强迫他人卖血后占有卖血所得款物;抢劫罪;从重处罚情节**)被告人以非法占有为目的,强迫被害人卖血后占有卖血所得款物的行为,构成抢劫罪;其间实施的非法剥夺被害人人身自由的行为,应作为抢劫罪从重处罚的情节予以考虑。

《最高人民法院关于审理抢劫、抢夺刑事案件适用法律若干问题的意见》(法发〔2005〕8号,2005年6月8日公布)

△(**入户抢劫**)根据《抢劫解释》第一条规定,认定"入户抢劫"时,应当注意以下三个问题[①]:一是"户"的范围。"户"在这里是指住所,其特征表现为供他人家庭生活和与外界相对隔离两个方面,前者为功能特征,后者为场所特征。一般情况下,集体宿舍、旅店宾馆、临时搭建工棚等不应认定为"户",但在特定情况下,如果确实具有上述两个特征的,也可以认定为"户"。二是"入户"目的的非法性。进入他人住所须以实施抢劫等犯罪为目的。抢劫行为虽然发生在户内,但行为人不以实施抢劫等犯罪为目的进入他人住所,而是在户内临时起意实施抢劫的,不属于"入户抢劫"。三是暴力或者暴力胁迫行为必须发生在户内。入户实施盗窃被发现,行为人为窝藏赃物、抗拒抓捕或者毁灭罪证而当场使用暴力或者以暴力相威胁的,如果暴力或者暴力胁迫行为发生在户内,可以认定为"入户抢劫";如果发生在户外,不能认定为"入户抢劫"。(§ 1)

△(**在公共交通工具上抢劫**)公共交通工具承载的旅客具有不特定多数人的特点。根据《抢劫解释》第二条规定,"在公共交通工具上抢劫"主要是指在从事旅客运输的各种公共汽车、大、中型出租车、火车、船只、飞机等正在运营中的机动公共交通工具上对旅客、司售、乘务人员实施的抢劫。在未运营中的大、中型公共交通工具上针对司售、乘务人员抢劫的,或者在小型出租车上抢劫的,不属于"在公共交通工具上抢劫"。(§ 2)

△(**多次抢劫;多次的认定**)

刑法第二百六十三条第(四)项中的"多次抢劫"是指抢劫三次以上。

对于"多次"的认定,应以行为人实施的每一次抢劫行为均已构成犯罪为前提,综合考虑犯罪故意的产生、犯罪行为实施的时间、地点等因素,客观分析、认定。对于行为人基于一个犯意实施犯罪的,如在同一地点同时对在场的多人实施抢劫的;或基于同一犯意在同一地点实施连续抢劫犯罪的,如在同一地点连续地对途经此地的多人进行抢劫的;或在一次犯罪中对一栋居民楼房中的几户居民连续实施入户抢劫的,一般应认定为一次犯罪。(§ 3)

△(**抢劫犯罪数额;抢劫信用卡;为抢劫其他财物而劫取车辆;抢劫存折、机动车辆**)抢劫信用卡后使用、消费的,其实际使用、消费的数额为抢劫数额[②];抢劫信用卡后未实际使用、消费的,不计数额,根据情节轻重量刑。所抢信用卡数额巨大,但未实际使用、消费或者实际使用、消费的数额未达到巨大标准的,不适用"抢劫数额巨大"的法定刑。

为抢劫其他财物,劫取机动车辆当作犯罪工具或者逃跑工具使用的,被劫取机动车辆的价值计入抢劫数额;为实施抢劫以外的其他犯罪劫取机动车辆的,以抢劫罪和实施的其他犯罪实行数罪并罚。

抢劫存折、机动车辆的数额计算,参照执行《关于审理盗窃案件具体应用法律若干问题的解释[③]》的相关规定。(§ 6)

△(**抢劫特定财物;违禁品;赃款赃物;家庭成员或近亲属财产**)以毒品、假币、淫秽物品等违禁品为对象,实施抢劫的,以抢劫罪定罪;抢劫的违禁品数量作为量刑情节予以考虑。抢劫违禁品后又以违禁品实施其他犯罪的,应以抢劫罪与具体实施的其他犯罪实行数罪并罚。

抢劫赌资、犯罪所得的赃款赃物的,以抢劫罪定罪,但行为人仅以其所输赌资或所赢赌债为抢劫对象,一般不以抢劫罪定罪处罚。构成其他犯罪的,依照刑法的相关规定处罚。

为个人使用,以暴力、胁迫等手段取得家庭成员或近亲属财产的,一般不以抢劫罪定罪处罚,构

分则　第五章

---

① 此外,我国学者在入户方式上也作了进一步的限定。只有具备以下两种情形之一的,才能认定为入户:其一,违反被害人的意志,携带凶器入户;其二,违反被害人的意志,以暴力、胁迫方式入户(可再细分为以对物暴力方式入户及以对人暴力或胁迫方式入户)。因而,单纯尾随被害人入户后抢劫、因为门未锁而乘机溜入户内后抢劫、利用偷配的钥匙或者所谓万能钥匙入户后抢劫、通过欺骗方式入户后抢劫,均不宜认定为入户抢劫。参见张明楷:《刑法学》(第6版),法律出版社2021年版,第1291页。

② 我国学者指出,事后使用所抢劫的信用卡取得财物的行为,难以评价为抢劫罪中的"强取财物"。较为妥当的做法是,另外评价为盗窃罪或者信用卡诈骗罪。参见张明楷:《刑法学》(第5版),法律出版社2016年版,第807页。

③ 系争解释已为《最高人民法院、最高人民检察院关于办理盗窃刑事案件适用法律若干问题的解释》(法释〔2013〕8号)废止。

成其他犯罪的,依照刑法的相关规定处理;教唆或者伙同他人采取暴力、胁迫等手段劫取家庭成员或近亲属财产的,可以抢劫罪定罪处罚。(§ 7)

△(**临时起意劫取他人财物;数罪并罚**)行为人实施伤害、强奸等犯罪行为,在被害人未失去知觉,利用被害人不能反抗、不敢反抗的处境,临时起意劫取他人财物的,应以此前所实施的具体犯罪与抢劫罪实行数罪并罚①;在被害人失去知觉或者没有发觉的情形下,以及实施故意杀人犯罪行为之后,临时起意拿走他人财物的,应以此前所实施的具体犯罪与盗窃罪实行数罪并罚。② (§ 8)

△(**以抓卖淫嫖娼、赌博等违法行为为名非法占有财物;冒充人民警察;冒充治安联防队员**)行为人冒充正在执行公务的人民警察"抓赌"、"抓嫖",没收赌资或者罚款的行为,构成犯罪的,以招摇撞骗罪从重处罚;在实施上述行为中使用暴力或者暴力威胁的,以抢劫罪定罪处罚。行为人冒充治安联防队员"抓赌"、"抓嫖"、没收赌资或者罚款的行为,构成犯罪的,以敲诈勒索罪定罪处罚;在实施上述行为中使用暴力或者暴力威胁的,以抢劫罪定罪处罚。(§9Ⅰ)

△(**以暴力、胁迫手段索取超出正常交易价钱、费用的钱财;强迫交易罪;抢劫罪**)从事正常商品买卖、交易或者劳动服务的人,以暴力、胁迫手段迫使他人交出与合理价钱、费用相差不大钱物,情节严重的,以强迫交易罪定罪处罚;以非法占有为目的,以买卖、交易、服务为幌子采用暴力、胁迫手段迫使他人交出与合理价钱、费用相差悬殊的钱物的,以抢劫罪定罪处刑。在具体认定时,既要考虑超出合理价钱、费用的绝对数额,还要考虑超出合理价钱、费用的比例,加以综合判断。(§ 9Ⅱ)

△(**绑架罪;抢劫罪;非法占有他人财物的故意;当场性**)绑架罪是侵害他人人身自由权利的犯罪,其与抢劫罪的区别在于:第一,主观方面不尽相同。抢劫罪中,行为人一般出于非法占有他人财物的故意实施抢劫行为,绑架罪中,行为人既可能为勒索他人财物而实施绑架行为,也可能出于其他非经济目的实施绑架行为;第二,行为手段不尽相同。抢劫罪表现为行为人劫取财物一般应在同一时间、同一地点,具有"当场性";绑架罪表现为行为人以杀害、伤害等方式向被绑架人的亲属或其他人或单位发出威胁,索取赎金或提出其他非法要求,劫取财物一般不具有"当场性"。

绑架过程中又当场劫取被害人随身携带财物的,同时触犯绑架罪和抢劫罪两罪名,应择一重罪定罪处罚。③ (§ 9Ⅲ)

△(**寻衅滋事罪;抢劫罪;非法占有他人财物的目的;暴力、胁迫等方式;未成年人**)寻衅滋事罪是严重扰乱社会秩序的犯罪,行为人实施寻衅滋事的行为时,客观上也可能表现为强拿硬要公私财物的特征。这种强拿硬要的行为与抢劫罪的区别在于:前者行为人主观上还具有逞强好胜和通过强拿硬要来填补其精神空虚等目的,后者行为人一般只具有非法占有他人财物的目的;前者行为人客观上一般不以严重侵犯他人人身权利的方法强拿硬要财物,而后者行为人则以暴力、胁迫等方式作为劫取他人财物的手段。司法实践中,对于未成年人使用或威胁使用轻微暴力强抢少量财物的行为,一般不宜以抢劫罪定罪处罚。其行为符合寻衅滋事罪特征的,可以寻衅滋事罪定罪处罚。(§ 9Ⅳ)

△(**为索取债务;故意伤害罪;抢劫罪**)行为人为索取债务,使用暴力、暴力威胁等手段的,一般不以抢劫罪定罪处罚。④ 构成故意伤害等其他犯罪的,依照刑法第二百三十四条等规定处罚。(§ 9Ⅴ)

△(**抢劫罪的既遂、未遂**)抢劫罪侵犯的是复杂客体,既侵犯财产权利又侵犯人身权利,具备劫取财物或者造成他人轻伤以上后果两者之一的,均属抢劫既遂;既未劫取财物,又未造成他人人身

---

① 方鹏教授认为,此处的抢劫理应理解为一种助势抢劫,即行为人在实施其他人身暴力的过程中,临时起意劫夺财物。只有在之前的人身暴力行为对之后的取财行为仍存在影响,并且行为人取财确实借助了此一暴力影响,才能将行为人的行为认定为抢劫。因此,本条规定的抢劫要求被害人在被取财时仍在现场,且受到人身强制。参见陈兴良主编:《刑法各论精释》,人民法院出版社 2015 年版,第 396 页。

另有学者指出,如果将犯其他罪而实施的暴力、胁迫再作为抢劫罪的手段行为,属于对一个手段行为作了两次评价,扩大了抢劫罪的成立范围,有违罪刑法定原则,应将夺取财物行为认定为盗窃罪。参见周光权:《刑法各论》(第 4 版),中国人民大学出版社 2021 年版,第 121 页。

② 我国学者指出,由于其他原因故意实施杀人行为并致人死亡后,产生非法占有财物的意图,进而占有财物,应认定为故意杀人罪和侵占罪。因为死人对财物不能占有。参见黎宏:《刑法学各论》(第 2 版),法律出版社 2016 年版,第 297 页。

③ 我国学者指出,难以一概而论。现实案件中仍可能出现数罪并罚的情形,譬如行为人绑架被害人并向被害人亲属勒赎后,再次对被害人实施暴力,并劫取被害人身上的财物。参见张明楷:《刑法学》(第 6 版),法律出版社 2021 年版,第 1285 页。

④ 黄京平教授认为,理由在于行为人不具备非法占有他人财物的目的,只是维护自己合法利益的方法不当。参见高铭暄、马克昌主编:《刑法学》(第 7 版),北京大学出版社、高等教育出版社 2016 年版,第 496 页。

伤害后果的，属抢劫未遂。据此，刑法第二百六十三条规定的八种处罚情节中除“抢劫致人重伤、死亡的”这一结果加重情节之外，其余七种处罚情节同样存在既遂、未遂问题，其中属抢劫未遂的，应当根据刑法关于加重情节的法定刑规定，结合未遂犯的处理原则量刑。① （§ 10）

△（**驾驶机动车、非机动车夺取他人财物；抢劫罪**）对于驾驶机动车、非机动车（以下简称“驾驶车辆”）夺取他人财物的，一般以抢夺罪从重处罚。但具有下列情形之一，应当以抢劫罪定罪处罚：

（1）驾驶车辆，逼挤、撞击或强行逼倒他人以排除他人反抗，乘机夺取财物的；

（2）驾驶车辆强抢财物时，因被害人不放手而采取强拉硬拽方法劫取财物的；

（3）行为人明知其驾驶车辆强行夺取他人财物的手段会造成他人伤亡的后果，仍然强行夺取并放任造成财物持有人轻伤以上后果的。（§ 11）

《最高人民法院关于印发〈关于审理抢劫刑事案件适用法律若干问题的指导意见〉的通知》（法发〔2016〕2号，2016年1月6日公布）

△（**宽严相济刑事政策；减刑、假释；证据裁判原则；死刑**）坚持贯彻宽严相济刑事政策。对于多次结伙抢劫，针对农村留守妇女、儿童及老人等弱势群体实施抢劫，在抢劫中实施强奸等暴力犯罪的，要在法律规定的量刑幅度内从重判处。

对于罪行严重或者具有累犯情节的抢劫犯罪分子，减刑、假释时应当从严掌握，严格控制减刑的幅度和频度。对因家庭成员就医等特定原因初次实施抢劫，主观恶性和犯罪情节相对较轻的，要与多次抢劫以及为了挥霍、赌博、吸毒等实施抢劫的案件在量刑上有所区分。对于犯罪情节较轻，或者具有法定、酌定从轻、减轻处罚情节的，坚持依法从宽处理。

确保案件审判质量。审理抢劫刑事案件，要严格遵守证据裁判原则，确保事实清楚，证据确实、充分。特别是对因抢劫可能判处死刑的案件，更要切实贯彻执行刑事诉讼法及相关司法解释、司法文件，严格依法审查判断和运用证据，坚决防止冤错案件的发生。

对抢劫刑事案件适用死刑，应当坚持“保留死刑，严格控制和慎重适用死刑”的刑事政策，以最严格的标准和最审慎的态度，确保死刑只适用于极少数罪行极其严重的犯罪分子。对被判处死刑缓期二年执行的抢劫犯罪分子，根据犯罪情节等情况，可以同时决定对其限制减刑。

△（**加重处罚情节；入户抢劫；在户内抢劫**）认定“入户抢劫”，要注重审查行为人“入户”的目的，将“入户抢劫”与“在户内抢劫”区别开来。以侵害户内人员的人身、财产为目的，入户后实施抢劫，包括入户实施盗窃、诈骗等犯罪而转化为抢劫的，应当认定为“入户抢劫”。因访友办事等原因经户内人员允许入户后，临时起意实施抢劫，或者临时起意实施盗窃、诈骗等犯罪而转化为抢劫的，不应认定为“入户抢劫”。②

对于部分时间从事经营、部分时间用于生活起居的场所，行为人在非营业时间强行入内抢劫或者以购物等为名骗开房门入内抢劫的，应认定为“入户抢劫”。对于部分用于经营、部分用于生活且之间有明确隔离的场所，行为人进入生活场所实施抢劫的，应认定为“入户抢劫”；如场所之间没有明确隔离，行为人在营业时间入内实施抢劫的，不认定为“入户抢劫”，但在非营业时间入内实施抢劫的，应认定为“入户抢劫”。

△（**加重处罚情节；公共交通工具；在公共交通工具上抢劫**）“公共交通工具”，包括从事旅客运输的各种公共汽车，大、中型出租车，火车，地

分则　第五章

① 林维教授批评，某一犯罪侵犯了几种法益，并不意味着侵犯了其中任何一种法益，即告犯罪之既遂；立法者在配置抢劫罪的法定刑时，已经考量到抢劫罪既侵犯了财产法益，又侵犯了人身法益的现实，故相较于其他财产犯罪，配备了更严厉的法定刑。因此，《刑法》第二百六十三条规定的八种处罚情节，均有适用未遂犯处罚原则的余地。参见陈兴良主编：《刑法各论精释》，人民法院出版社2015年版，第333页。

同时，刘志伟教授认为，结果加重犯和情节加重犯是决定对抢劫罪是否适用加重量刑幅度的问题，既遂和未遂的区分是影响对行为人在与其罪行相适应的量刑幅度内或罪刑单位内是否从轻或减轻处罚的问题，两者截然不同，不可混为一谈。参见赵秉志、李希慧主编：《刑法各论》（第3版），中国人民大学出版社2016年版，第242页。

此外，也有学者进一步指明，抢劫罪属于侵犯财产罪，应以行为人取得（控制）被害人财物作为既遂标准；造成轻伤但未取得财物的，依然属于抢劫未遂。抢劫致人重伤、死亡但未取得财物，属于结果加重犯的既遂，但基本犯依然未遂（未遂的结果加重犯），仍可以适用刑法总则中的未遂犯规定。参见张明楷：《刑法学》（第6版），法律出版社2021年版，第1286—1287页。

② 我国学者指出，只有以抢劫的故意入户后实施抢劫，才能认定为入户抢劫。入户的违法性与抢劫的违法性并不是简单地相加，而是有机地结合。据此，可以将入户抢劫目的细分为三种类型：（1）入户的目的就是为了实施《刑法》第二百六十三条之抢劫罪；（2）入户时具有能盗窃就盗窃、不能盗窃就抢劫的目的；（3）入户时具有事后抢劫的目的。参见张明楷：《刑法学》（第6版），法律出版社2021年版，第1291页。

铁，轻轨，轮船，飞机等，不含小型出租车。对于虽不具有商业营运执照，但实际从事旅客运输的大、中型交通工具，可认定为“公共交通工具”。接送职工的单位班车、接送师生的校车等大、中型交通工具，视为“公共交通工具”。

“在公共交通工具上抢劫”，既包括在处于运营状态的公共交通工具上对旅客及司售、乘务人员实施抢劫，也包括拦截运营途中的公共交通工具对旅客及司售、乘务人员实施抢劫，但不包括在未运营的公共交通工具上针对司售、乘务人员实施抢劫。以暴力、胁迫或者麻醉等手段对公共交通工具上的特定人员实施抢劫的，一般应认定为“在公共交通工具上抢劫”。

△（**加重处罚情节；抢劫数额巨大；抢劫信用卡**）认定“抢劫数额巨大”，参照各地认定盗窃罪数额巨大的标准执行。抢劫数额以实际抢劫到的财物数额为依据。对以数额巨大的财物为明确目标，由于意志以外的原因，未能抢到财物或实际抢得的财物数额不大的，应同时认定“抢劫数额巨大”和犯罪未遂的情节，根据刑法有关规定，结合未遂犯的处理原则量刑。①

根据《两抢意见》②第六条第一款规定，抢劫信用卡后使用、消费的，以行为人实际使用、消费的数额为抢劫数额。由于行为人意志以外的原因无法实际使用、消费的部分，虽不计入抢劫数额，但应作为量刑情节考虑。通过银行转账或者电子支付、手机银行等支付平台获取抢劫财物的，以行为人实际获取的财物为抢劫数额。

△（**加重处罚情节；冒充军警人员抢劫**）认定“冒充军警人员抢劫”，要注重对行为人是否穿着军警制服、携带枪支、是否出示军警证件等情节进行综合审查，判断是否足以使他人误以为是军警人员。对于行为人仅穿着类似军警的服装或仅以言语宣称系军警人员但未携带枪支、也未出示军警证件而实施抢劫的，要结合抢劫地点、时间、暴力或威胁的具体情形，依照常人判断标准，确定是否认定为“冒充军警人员抢劫”。

军警人员利用自身的真实身份实施抢劫的，不认定为“冒充军警人员抢劫”，应依法从重处罚。③

△（**抢劫致人重伤、死亡；刑罚适用**）根据刑法第二百六十三条的规定，具有“抢劫致人重伤、死亡”等八种法定加重处罚情节的，处十年以上有期徒刑、无期徒刑或者死刑，并处罚金或者没收财产。应当根据抢劫的次数及数额、抢劫对人身的损害、对社会治安的危害等情况，结合被告人的主观恶性及人身危险程度，并根据量刑规范化的有关规定，确定具体的刑罚。判处无期徒刑以上刑罚的，一般应并处没收财产。

△（**抢劫致人重伤、死亡；刑罚适用；无期徒刑**）具有下列情形之一的，可以判处无期徒刑以上刑罚：

（1）抢劫致三人以上重伤，或者致人重伤造成严重残疾的；

（2）在抢劫过程中故意杀害他人，或者故意伤害他人，致人死亡的；

（3）具有除“抢劫致人重伤、死亡”外的两种以上加重处罚情节，或者抢劫次数特别多、抢劫数额特别巨大的。

△（**实施抢劫并致人死亡；刑罚适用；死刑立即执行；自首、立功等法定从轻处罚情节**）为劫取财物而预谋故意杀人，或者在劫取财物过程中为制服被害人反抗、抗拒抓捕而杀害被害人，且被告人无法定从宽处罚情节的，可依法判处死刑立即执行。对具有自首、立功等法定从轻处罚情节的，判处死刑立即执行应当慎重。对于采取故意杀人以外的其他手段实施抢劫并致人死亡的案件，要从犯罪的动机、预谋、实行行为等方面分析被告人主观恶性的大小，并从有无前科及平时表现、认罪悔罪情况等方面判断被告人的人身危险程度，不能不加区别，仅以出现被害人死亡的后果，一律判处死刑立即执行。

△（**抢劫致人重伤；刑罚适用；死刑；死刑立即执行**）抢劫致人重伤案件适用死刑，应当更加慎重、更加严格，除非具有采取极其残忍的手段造成被害人严重残疾等特别恶劣的情节或者造成特别严重后果的，一般不判处死刑立即执行。

△（**其他七种加重处罚情节；刑罚适用；“情节特别恶劣、危害后果特别严重”；死刑立即执行**）具有刑法第二百六十三条规定的“抢劫致人

① 我国学者指出，“抢劫数额巨大”只是量刑规则，而不是加重构成要件。故而，对于上述情形只能适用普通抢劫的法定刑。参见张明楷：《刑法学》（第6版），法律出版社2021年版，第1293页。

② 即《最高人民法院关于审理抢劫、抢夺刑事案件适用法律若干问题的意见》（法发〔2005〕8号，2005年6月8日公布）。

③ 我国学者指出，真正的军警人员显示军警人员身份进行抢劫的，也应认定为“冒充军警人员抢劫”。一方面，军警人员显示其真实身份抢劫比冒充军警人员抢劫，更具有提升法定刑的理由；另一方面，刑法中另有条文使用了“假冒”一词。据此，冒充不等于假冒。冒充理应包括假冒与充当，其实质是使被害人得知行为人为军警人员。至于军警人员身份真实与否，在所不论。参见张明楷：《刑法学》（第6版），法律出版社2021年版，第1294页。

重伤、死亡”以外其他七种加重处罚情节,且犯罪情节特别恶劣、危害后果特别严重的,可依法判处死刑立即执行。认定“情节特别恶劣、危害后果特别严重”,应当从严掌握,适用死刑必须非常慎重、非常严格。

△(**抢劫共同犯罪;区分主从犯;免除处罚事由**)审理抢劫共同犯罪案件,应当充分考虑共同犯罪的情节及后果、共同犯罪人在抢劫中的作用以及被告人的主观恶性、人身危险性等情节,做到准确认定主从犯,分清罪责,以责定刑,罚当其罪。一案中有两名以上主犯的,要从犯罪提意、预谋、准备、行为实施、赃物处理等方面区分出罪责最大者和较大者;有两名以上从犯的,要在从犯中区分出罪责相对更轻者和较轻者。对从犯的处罚,要根据案件的具体事实、从犯的罪责,确定从轻还是减轻处罚。对具有自首、立功或者未成年人且初次抢劫等情节的从犯,可以依法免除处罚。

△(**共同抢劫致一人死亡;死刑立即执行;罪行最严重的主犯;未成年人**)对于共同抢劫致一人死亡的案件,依法应当判处死刑的,除犯罪手段特别残忍、情节及后果特别严重、社会影响特别恶劣、严重危害社会治安的外,一般只对共同抢劫犯罪中作用最突出、罪行最严重的那名主犯判处死刑立即执行。罪行最严重的主犯如因系未成年人而不适用死刑,或者因具有自首、立功等法定从宽处罚情节而不判处死刑立即执行的,不能不加区别地对其他主犯判处死刑立即执行。

△(**抢劫共同犯罪;同案犯在逃;死刑立即执行**)在抢劫共同犯罪案件中,有同案犯在逃的,应当根据现有证据尽量分清在押犯与在逃犯的罪责,对在押犯应按其罪责处刑。罪责确实难以分清,或者不排除在押犯的罪责可能轻于在逃犯的,对在押犯适用刑罚应当留有余地,判处死刑立即执行要格外慎重。

△(**抢劫罪;累犯;抢劫前科;一般不适用减轻处罚和缓刑;死刑立即执行**)根据刑法第六十五条第一款的规定,对累犯应当从重处罚。抢劫犯罪被告人具有累犯情节的,适用刑罚时要综合考虑犯罪的情节和后果,所犯前后罪的性质、间隔时间及判刑轻重等情况,决定从重处罚的力度。对于前罪系抢劫等严重暴力犯罪的累犯,应当依法加大从重处罚的力度。对于虽不构成累犯,但具有抢劫犯罪前科的,一般不适用减轻处罚和缓刑。对于可能判处死刑的罪犯具有累犯情节的也应慎重,不能只要是累犯就一律判处死刑立即执行;被告人同时具有累犯和法定从宽处罚情节的,判处死刑立即执行应当综合考虑,从严掌握。

△(**附带民事调解工作;民事赔偿情况;量刑**)要妥善处理抢劫案件附带民事赔偿工作。审理抢劫刑事案件,一般情况下人民法院不主动开展附带民事调解工作。但是,对于犯罪情节不是特别恶劣或者被害方生活、医疗陷入困境,被告人与被害方自行达成民事赔偿和解协议的,民事赔偿情况可作为评价被告人悔罪态度的依据之一,在量刑上酌情予以考虑。

《最高人民法院、最高人民检察院、公安部、司法部关于办理“套路贷”刑事案件若干问题的意见》(法发〔2019〕11号,自2019年4月9日起施行)

△(**“套路贷”;诈骗罪;敲诈勒索罪;非法拘禁罪;虚假诉讼罪;寻衅滋事罪;强迫交易罪;抢劫罪;绑架罪**)实施“套路贷”过程中,未采用明显的暴力或者威胁手段,其行为特征从整体上表现为以非法占有为目的,通过虚构事实、隐瞒真相骗取被害人财物的,一般以诈骗罪定罪处罚;对于在实施“套路贷”过程中多种手段并用,构成诈骗、敲诈勒索、非法拘禁、虚假诉讼、寻衅滋事、强迫交易、抢劫、绑架等多种犯罪的,应当根据具体案件事实,区分不同情况,依照刑法及有关司法解释的规定数罪并罚或者择一重处。(§ 4)

《最高人民法院、最高人民检察院关于常见犯罪的量刑指导意见(试行)》(法发〔2021〕21号,2021年6月6日发布)

△(**抢劫罪;量刑**)1. 构成抢劫罪的,根据下列情形在相应的幅度内确定量刑起点:

(1)抢劫一次的,在三年至六年有期徒刑幅度内确定量刑起点。

(2)有下列情形之一的,在十年至十三年有期徒刑幅度内确定量刑起点:入户抢劫的;在公共交通工具上抢劫的;抢劫银行或者其他金融机构的;抢劫三次或者抢劫数额达到数额巨大起点的;抢劫致一人重伤的;冒充军警人员抢劫的;持枪抢劫的;抢劫军用物资或者抢险、救灾、救济物资的。依法应当判处无期徒刑以上刑罚的除外。

2. 在量刑起点的基础上,根据抢劫情节严重程度、抢劫数额、次数、致人伤害后果等其他影响犯罪构成的犯罪事实增加刑罚量,确定基准刑。

3. 构成抢劫罪的,根据抢劫的数额、次数、手段、危害后果等犯罪情节,综合考虑被告人缴纳罚金的能力,决定罚金数额。

4. 构成抢劫罪的,综合考虑抢劫的起因、手段、危害后果等犯罪事实、量刑情节,以及被告人的主观恶性、人身危险性、认罪悔罪表现等因素,从严把握缓刑的适用。

【附属刑法】

《中华人民共和国铁路法》(1990年9月7日通过,2015年4月24日第二次修正)

第六十五条

Ⅰ在列车内,抢劫旅客财物,伤害旅客的,依照刑法有关规定从重处罚。

……

【指导性案例】

最高人民检察院指导性案例第17号:陈邓昌抢劫、盗窃,付志强盗窃案(2014年9月10日发布)

△(**入户盗窃;入户抢劫**)对于入户盗窃,因被发现而当场使用暴力或者以暴力相威胁的行为,应当认定为"入户抢劫"。

△(**遗漏罪行;补充起诉**)在人民法院宣告判决前,人民检察院发现被告人有遗漏的罪行可以一并起诉和审理的,可以补充起诉。

△(**重罪轻判;抗诉**)人民检察院认为同级人民法院第一审判决重罪轻判,适用刑罚明显不当的,应当提出抗诉。

【公报案例】

△(**非法拘禁被害人,并迫使被害人直接交出现金**)根据《刑法》第二百六十三条的规定,被告人以殴打、捆绑、禁闭为手段非法拘禁被害人,并迫使被害人直接交出现金的行为,应按抢劫罪论处。[《最高人民法院公报》2005年第2期 杨保营等人抢劫、绑架、寻衅滋事案]

△(**抢劫经营区域和生活区域没有明显隔离的商店;不构成入户抢劫**)根据《刑法》第二百六十三条和《最高人民法院关于审理抢劫案件具体应用法律若干问题的解释》第一条第一款的规定,被告人以假借购物为由,进入他人经营和生活区域缺乏明显隔离的商店抢劫财物的行为,虽构成抢劫罪,但不构成入户抢劫的情节。[《最高人民法院公报》2005年第4期 魏培明等人抢劫案]

△(**勒索财物型的绑架罪;索债型的非法拘禁罪;使用暴力、胁迫方法当场强行劫取财物**)勒索财物型的绑架罪,是指行为人绑架他人作为人质,以人质的安危来要挟被绑架人以外的第三人,向该第三人勒索财物的行为。行为人虽然控制了被害人的人身自由,但其目的不是以被害人为人质来要挟被害人以外的第三人并向第三人勒索财物,而是对被害人实施暴力、胁迫以直接劫取财物,其行为不构成绑架罪。

索债型的非法拘禁罪,是指行为人以索取债务(包括合法债务与非法债务)为目的,以拘留、禁闭或者其他方法故意非法剥夺他人人身自由的行为。如果不能证实行为人与被害人之间存在债权债务关系,则不构成索债型的非法拘禁罪。

行为人以暴力、胁迫的方法要求被害人交出自己的财产,由于被害人的财产不在身边,行为人不得不同意被害人通知其他人送来财产,也不得不与被害人一起等待财产的到来。这种行为不是以被害人为人质向被害人以外的第三人勒索财物,而是符合"使用暴力、胁迫方法当场强行劫取财物"的抢劫罪特征,应当按照《刑法》第二百六十三条的规定定罪处罚。[《最高人民法院公报》2007年第1期 陈祥国绑架案]

△(**暴力;对被害人的身体实施强制禁闭**)根据《刑法》第二百六十三条的规定,抢劫罪是指以非法占有为目的,以暴力、胁迫或者其他方法,强行劫取公私财物的行为。这里所称的"暴力",是指犯罪人对被害人的身体实施打击或者强制,如杀伤、殴打、捆绑或禁闭等。

行为人出于非法占有的目的,以欺骗的方法将被害人诱至其承租的住房内,而后将被害人反锁在其事先改造过的房间内,致使被害人不能反抗,从而劫取被害人随身携带的财物的,属于以对被害人的身体实施强制禁闭的暴力方法,强行劫取公私财物的行为,应按照《刑法》第二百六十三条的规定定罪处罚。[《最高人民法院公报》2008年第5期 白雪云等抢劫案]

△(**为追回赌资而非法劫持受害人;抢劫罪**)《最高人民法院关于对为索取法律不予保护的债务非法拘禁他人行为如何定罪问题的解释》规定,行为人为索取高利贷、赌债等法律不予保护的债务,非法扣押、拘禁他人的,依照《刑法》第二百三十八条的规定定罪处罚。据此,在上述规定情形下构成非法拘禁罪的前提条件,是实际存在高利贷、赌债等法律不予保护的债务。行为人仅是主观上怀疑受害人在赌局中对其设计骗局,为追回赌资而非法劫持受害人,逼迫受害人交出财物的,不属于上述司法解释规定的情形。

根据《刑法》第二百六十三条的规定,抢劫罪是指以非法占有为目的,对财物的所有人、保管人当场使用暴力、胁迫或其他方法,强行将公私财物抢走的行为。行为人当场使用暴力控制受害人,迫使受害人通过网上银行转账的形式将钱款转入行为人指定的账户,其行为属于迫使受害人当场交出财物,符合抢劫罪的犯罪构成,应依照《刑法》第二百六十三条的规定定罪处罚。

[《最高人民法院公报》2010年第6期　梁克财等抢劫案]

【参考案例】

△为获取实施保险诈骗所需费用而杀人取财的，属于抢劫罪与保险诈骗罪（预备）的想象竞合，应从一重罪处断，以抢劫罪论处。

被告人王志峰以合伙做生意为名将被害人朱启成骗至其老家，随后杀死朱启成并劫走其随身携带的钱财，其后又以抢来的钱为自己购买七份人寿保险，完成其欲进行保险诈骗的第一步。从这个阶段看，一方面，根据2001年5月22日通过的《最高人民法院关于抢劫过程中故意杀人案件如何定罪问题的批复》的规定，王志峰的上述行为符合为劫取财物而预谋故意杀人的特征，应以抢劫罪定罪处罚。另一方面，根据《刑法》第二十二条"为了犯罪，准备工具、制造条件的，是犯罪预备"的规定，王志峰的上述行为也不妨视为其在为实施保险诈骗犯罪制造条件，做第一步的准备，即杀人抢钱用来为自己买人寿保险。[No. 4-232-57　王志峰等故意杀人、保险诈骗案]

△为逃避债务而杀害债权人的，不属于抢劫罪，应以故意杀人罪论处。

第一，在抢劫过程中故意杀人以抢劫罪定罪处罚的行为必须是当场使用暴力故意杀人并当场劫取被害人财物的行为。其中，故意杀人是劫取财物的手段行为，劫取财物是行为人杀人的目的，符合刑法理论上的牵连犯。因此，《最高人民法院关于抢劫过程中故意杀人案件如何定罪问题的批复》明确规定："行为人为劫取财物而预谋故意杀人，或者在劫取财物过程中，为制服被害人反抗而故意杀人的，以抢劫罪定罪处罚。"而在李春林故意杀人案中，被害人刘立军转让的是速递公司的承包经营权，即使李春林将刘立军杀害，李春林也不能当场占有该公司。至于速递公司的承包经营权，由于李春林已通过合法方式取得，显然无须杀害刘立军。只是由于李春林仍欠刘立军两万元的转包费，李春林为逃避支付而将刘立军杀害，其故意杀人的动机是为了逃避债务。虽然李春林将债权人杀害是为了逃避债务，目的是非法占有债权人的两万元转包费，但这种占有方式并不是刑法意义上的当场劫取财物。因此，不符合构成抢劫罪只能是当场劫取财物的客观特征。

第二，《刑法》第二百六十三条明确规定抢劫罪的犯罪对象是公私财物。从当场劫取财物这一抢劫犯罪的客观特征来看，这里的财物须具有即时取得、可转移的特点，当场不能取得、不能转移的财物一般不能成为抢劫罪的犯罪对象。以逃避债务为目的的故意杀人，仅可以使原有的债权债务关系归于消灭，本案被告人并没有当场取得实际已由被告人行使的承包经营权，即缺少抢劫罪的犯罪对象。

第三，从犯罪的主观故意来看，在抢劫罪中，应是先产生非法占有的目的，后发生非法占有的行为，即行为人非法占有的目的应产生于行为人实际占有他人财物之前。而在以逃避债务为目的的故意杀人行为中，行为人在产生非法占有他人财物的主观犯意之前，已实际占有了债权项下的财物，不需要通过故意杀人去劫取。[No. 4-232-60　李春林故意杀人案]

△故意杀人后临时起意非法占有被害人财物的，应以故意杀人罪和盗窃罪实行并罚。

被告人李春林杀害刘立军后，又将死者身上的1800元人民币和旅行包内一工商银行活期存折连同灵通卡（存有人民币1万元）及其密码纸、西门子移动电话、充电器等款物拿走，并用灵通卡分三次从自动取款机上将存折内1万元人民币取出。由于李春林的这一非法占有目的产生于故意杀害刘立军之后，其非法占有行为与故意杀人行为之间不存在事实上的牵连或者吸收关系，既不能将故意杀人认定为非法占有财物的手段行为，也不能将非法占有认定为故意杀人的从行为，而是独立于故意杀人之外的行为。在这里，由于财物所有人已死亡，不复存在对所有人使用暴力、胁迫等手段抢劫的问题。李春林取得财物的手段如同从无人在场的他人处拿走财物一样，实际上是一种秘密窃取他人财物的行为。因此，对于这种故意杀人后见财起意，乘机非法占有被害人财物的行为，构成犯罪的，应以盗窃罪定罪处罚。[No. 4-232-61　李春林故意杀人案]

△故意杀人后又窃取被害人财物的，应以故意杀人罪和盗窃罪实行并罚。

《最高人民法院关于抢劫过程中故意杀人案件如何定罪问题的批复》中规定："行为人为劫取财物而预谋故意杀人，或者在劫取财物过程中，为制服被害人反抗而故意杀人的，以抢劫罪定罪处罚。"此一规定表明，抢劫罪的手段可以是故意杀人行为，但此限制条件必须是"为劫取财物而预谋故意杀人，或者在劫取财物过程中，为制服被害人反抗而故意杀人"。易言之，从时间上看，行为人劫取财物的目的在先，故意杀人的手段在后；从手段与目的关系来分析，故意杀人的手段服务于抢劫财物的目的，抢劫财物和故意杀人之间存在着明显的目的与手段的关系。如果行为人先因他故，实施了杀人行为，尔后又临时起意取走被害人财物的，因为先前的杀人行为与事后的取财行为之间并无手段与目的的关系,不能认定为抢劫罪,而只能分别认定为构成故意杀人罪和盗窃罪。在计永欣故意杀人案中,被告人计永欣到被害人家是为了借钱,现有证据并不能证明其具有抢劫财物的故意和目的。当其遭到被害人的拒绝和责骂时,双方为此发生争吵、厮打。在厮打过程中,被告人恼羞成怒、不择手段地将被害人砍死,既非预谋杀人,更非为劫取财物而预谋杀人,其杀人不是劫财的手段,劫财也不是杀人的动机和目的。

被告人计永欣杀人后又取财的行为,是在先后两种不同的犯罪故意支配下实施的两个独立的行为,所侵犯的是两种不同的客体,应分别定罪,数罪并罚。[No.4-232-63 计永欣故意杀人案]

△抢劫国家二级以上文物的,应当认定为抢劫数额巨大。

虽然司法解释对抢劫文物如何量刑没有规定,但对盗窃文物如何量刑却有司法解释可以参照。《最高人民法院关于审理盗窃案件具体应用法律若干问题的解释①》将盗窃国家三级文物与盗窃数额较大适用同一量刑幅度,将盗窃国家二级文物与盗窃数额巨大适用同一量刑幅度,将盗窃国家一级文物与盗窃数额特别巨大适用同一量刑幅度,也就是说,盗窃国家不同等级文物与盗窃相应数额在刑法上是作同等评价的。

根据2000年11月22日公布的《最高人民法院关于审理抢劫案件具体应用法律若干问题的解释》第四条的规定,抢劫数额巨大的认定标准,参照各地确定的盗窃数额巨大的认定标准执行。据此,抢劫"数额巨大"的标准既然司法解释已明确规定参照盗窃数额巨大的标准认定,那么,参照上述解释的规定,盗窃国家二级以上文物应与盗窃数额巨大适用同一量刑幅度,那么抢劫国家二级以上文物的亦应当认定为适用抢劫数额巨大的量刑幅度,依照《刑法》第二百六十三条第(四)项的规定在十年有期徒刑以上的法定刑幅度内量刑,如此符合法律解释逻辑,也符合刑法和司法解释的本意。[No.5-263-2 王建利等抢劫案]

△抢劫数额巨大应以实际抢得的财物数额认定。

没有实际抢得数额巨大财物的,不认定为抢劫数额巨大,符合有关司法解释规定的精神。《最高人民法院关于审理抢劫、抢夺刑事案件适用法律若干问题的意见》规定,对于抢劫未遂,是指在不考虑八种加重处罚情节的前提下,行为人未抢到财物,也未造成被害人轻伤以上的伤害后果,而不是指在未出现加重处罚情节时也可以就加重处罚情节本身构成未遂形态。进一步看,抢劫数额巨大等加重处罚情节都应以实际出现为认定标准,对于客观上未出现的,不能认定。对这八种加重处罚情节的认定,与抢劫罪本身是否既遂,是两个层面的问题,不能在行为人客观上没有这八种加重处罚情节的条件下,仅因行为人有意图便认定具有这八种加重处罚情节。

没有实际抢得数额巨大财物的,不认定为抢劫数额巨大,可以做到罪刑均衡。抢劫罪的基础法定刑是三至十年有期徒刑,抢劫数额巨大是法定刑升格条件,一旦认定,对被告人就应在十年以上有期徒刑、无期徒刑或者死刑的幅度内量刑,即使以未实际抢到财物为由从轻处罚,所判处的刑罚也会明显较重,且会导致重罪轻判、轻罪重判的结果,违背罪刑均衡原则。[No.5-263-3 弓喜抢劫案]

△以实施抢劫为目的,只要其入户实施了暴力行为,即使劫财行为发生在户外,也应认定为入户抢劫。

抢劫罪作为一种严重的犯罪,其犯罪客体是双重客体,即被害人的人身权利和财产权利。在认定行为人的行为是否属于入户抢劫时,不能采取机械的方法,而要具体联系抢劫罪所侵犯的客体的双重属性予以综合分析。也就是说,被告人以实施抢劫行为为目的,只要其入户实施了暴力行为,即使劫财行为发生在户外,也应认定为入户抢劫。这种理解符合最高人民法院的相关司法解释的精神。2005年6月8日公布的《最高人民法院关于审理抢劫、抢夺刑事案件适用法律若干问题的意见》就"户"的范围、入户目的的非法性和暴力或暴力胁迫行为的实施时空范围进行了明确的规定,这为我们在司法实践中严格准确把握入户抢劫情节提供了法定的可操作性标准。该司法解释没有要求将入户劫取财物作为入户抢劫的必需要件,而只要求暴力或者暴力胁迫行为必须发生在户内。在吴大桥等抢劫案中,被告人非法侵入被害人的住宅后,对其实施了暴力捆绑行为,尽管劫财行为不是发生在户内,但并不足以影响对入户抢劫的认定。[No.5-263-5 吴大桥等抢劫案]

△入室盗窃后为抗拒抓捕而当场使用暴力的,应当认定为入户抢劫。

公民住宅,是居住者感到人身安全的场所之一。家庭成员多有男女老少,防范能力较弱或者

① 系争解释已为《最高人民法院、最高人民检察院关于办理盗窃刑事案件适用法律若干问题的解释》(法释〔2013〕8号)废止。

根本没有防范能力,因此,进入公民住宅实施的非法侵害,对公民社会安全感的威胁和破坏更为严重,其社会危害性在一般意义上比发生在其他场所的非法侵害要大,因此,入户抢劫成为一项法定的必须从严惩处的情节。入室盗窃的人是怀着秘密窃取他人财物的意图进入他人住宅的;其行为被事主发现后,对事主使用暴力,其危害性与入户抢劫并无本质差别。所以,对这种行为在认定抢劫罪的同时,还应当认定为入户抢劫。

被告人庄保金的最初犯意是盗窃罗继永承包的供销店,在盗窃行为被发现后当场对罗继永使用暴力并致其死亡,根据《刑法》第二百六十九条、第二百六十三条的规定,其行为构成抢劫罪。因庄保金实施犯罪的地点又是罗继永的住所,庄保金是夜间进入作案,故对庄保金应同时认定为入户抢劫。[No.5-263-7 庄保金抢劫案]

△为消灭债务而采用暴力、胁迫手段强行索回债权凭证的,应以抢劫罪论处。

首先,被告人戚道云的行为侵犯的是倪新昌的合法财产。从行为表面来看,戚道云等人所抢的对象是一张欠条,侵犯的仅仅是被害人的债权性证明文书,而非实实在在的财物。但是,刑法规定的抢劫罪所侵犯的不仅仅是有形的实实在在的财物,更主要的是侵犯了公私财产的所有权。欠款凭证本身虽不是财产,但却是财产权利的主要证明凭证,有时甚至是唯一的证明凭证,丧失这种凭证,债权人就难以甚至根本无法向债务人主张自己的财产权利,甚至最终会丧失财产所有权。因此,可以说,在特定情况下,欠款凭证往往就等于同值的财产。

其次,被告人戚道云等人所实施的行为,最终目的就是非法占有本不属于自己所有的10万元人民币。有种观点认为,从本案的具体情况来看,戚道云已经事先占有了10万元人民币,其只是想赖账不还,认定其具有非法占有目的似乎不妥。这种观点,实质上是对抢劫罪中非法占有目的的误解。非法占有目的与事先对他人财产的占有状态并非一回事。戚道云事先占有他人的质量保证金10万元是基于双方签订合同的事实,在合同未能履行的情况下,戚道云本应归还该笔质量保证金。也就是说,这一占有状态是有前提条件的,即在双方履行合同的基础上。如果占有10万元质量保证金的前提条件不存在了——合同解除,那么,戚道云就应当归还这10万元,财产所有权仍然属于倪新昌、施锦良。戚道云强行索还欠条,并逼迫倪新昌在事先制作好的假收条上签字的行为不是想赖账,而是从根本上消灭自己所欠的账——10万元的债务,戚道云的最终目的就是要非法占有本属于倪新昌、施锦良的10万元人民币,不再归还。[No.5-263-8 戚道云等抢劫案]

△将出租车作为犯罪工具而不直接对出租车上的人员实施抢劫的,不能认定为在公共交通工具上抢劫。

2000年11月22日公布的《最高人民法院关于审理抢劫案件具体应用法律若干问题的解释》第二条规定,在公共交通工具上抢劫,既包括在从事旅客运输的各种公共汽车,大、中型出租车、火车,船只,飞机等正在运营中的机动公共交通工具上对旅客、司售、乘客人员实施的抢劫,也包括对运行途中的机动公共交通工具加以拦截后,对公共交通工具上的人员实施的抢劫。周建平等抢劫、敲诈勒索案中,几名被告人所利用的出租车不是大、中型出租车,不属于公共交通工具的范畴。他们只是把出租车作为犯罪工具,并非直接对出租车上的人员实施抢劫。所以,本案不属于在公共交通工具上实施抢劫。[No.5-263-9 周建平等抢劫、敲诈勒索案]

△劫持并控制被害人人身自由,抢走被害人随身携带物品的,不构成绑架罪,应以抢劫罪论处。

抢劫罪与绑架罪在犯罪手段、犯罪客体等方面都较为相似,二者的主要区别在于:一是主观故意的内容不完全相同。前者以非法占有他人财物为目的;后者属概括的故意,有的以勒索财物为目的,有的以扣押人质(基于政治等方面的原因)为目的,它只要求行为人对犯罪事实有概括的认识就可以构成故意犯罪。二是犯罪的方式不同。前者当场对被害人使用暴力、胁迫或者其他方法将财物劫走;后者则以暴力、胁迫或者其他方法劫持他人,再以伤害或者杀死人质相威胁向被绑架人的亲属或其他人或单位勒索财物或者向有关方面提出非法要求。从侵犯的客体看,两罪都有可能同时侵犯被害人的人身权利和财产权利,但抢劫罪是以非法占有他人财物为目的而使用暴力的行为,非法占有他人财物是其首要目的。而绑架罪侵犯的首先是被害人的人身权利,包括健康和生命权利。因此,我国刑法将抢劫罪置于侵犯财产罪一章,而将绑架罪置于侵犯公民人身权利、民主权利罪一章,强调的是对公民人身权利的保护。

周建平等抢劫、敲诈勒索案被告人共同预谋,对被害人实施了暴力,将其劫持到出租车上,抢走其随身携带的财产而后又将其放掉,从其行为特征看,主要目的是得到被害人的财产,虽然对其人身自由有一定时间的直接控制,目的是为顺利地实施抢劫,符合抢劫罪犯罪特征。因此,对被告人抢走被害人随身携带财物的行为应认定为抢劫罪。

［No. 5-263-10　周建平等抢劫、敲诈勒索案］

△在抢劫过程中已经开始实施暴力、威胁等方法行为的，应认定为抢劫罪的着手。①

是否已经着手实行犯罪，是犯罪预备和犯罪未遂的本质区别。倘若行为人已经着手实行犯罪，那就不可能再有犯罪预备的问题了。判断是否着手，刑法理论上向有客观说和主观说的纷争。如有的客观说者认为，着手是犯罪实行行为的开始，只有当行为人已开始实行某种犯罪法定构成要件的行为才是着手；有的主观说者认为，凡是根据行为人的行为能够明显识别其犯罪意图的，就可以认定为犯罪着手。理论上的争论，其意无非是想为司法认定犯罪着手提供一个整齐划一的标准。由于各罪的实行行为千差万别，因而，各罪的着手也各有不同，力图总结出一个通用标准，用意虽好，但难免会以偏概全。司法实践中，判断是否着手，还是应根据具体案件的具体情况，结合刑法条文的有关规定，具体分析、认定。具体到抢劫案件而言，由于抢劫罪的成立，必须以行为人已实施暴力、威胁等法定的犯罪行为为要件，因此，只有行为人已开始实施上述特定的手段行为，才能视为犯罪着手。［No. 5-263-11　黄斌等抢劫（预备）案］

△入户前即具有犯罪动机，入户后实施抢劫，不论入户是否合法，均应以入户抢劫论处。

由于刑法对入户抢劫的规定语焉不详，区分入户抢劫和户内抢劫的标准在司法实践中争议很大。认定是否为“入户抢劫”首先应区分行为人的动机。如果行为人入户前即具有犯罪的动机，无论这种动机是抢劫的故意或盗窃的故意，无论是合法入户还是非法入户，均认定为入户抢劫；如果行为人没有犯罪的故意进入户内后突发故意进行抢劫的，应结合行为人入户的方式来判断，即非法入户并突发故意的，认定为入户抢劫；合法入户并突发故意的，不认定为入户抢劫。王佩林虽然是利用给被害人王蒙家送过水，认识被害人王蒙，假借为客户清洗饮水机为由得以入户这一合法方式入户，但其实施抢劫的犯罪故意产生于入户行为之前，而且王佩林在户内对被害人实施了暴力行为，可认定为入户抢劫。［No. 5-263-13　王佩林抢劫案］

△未实际通过第三人对被绑架者安危的忧虑而索取财物的，不构成绑架罪，应以抢劫罪论处。

对陈桂清抢劫案的定性有两种不同的观点：一种观点认为构成绑架罪；另一种观点认为构成抢劫罪。两罪的主要区别在于，抢劫罪的行为一般具有当场性；绑架罪的行为以杀害、伤害等方式向被绑架人的亲属或其他人发出威胁，索取赎金或提出其他非法要求，一般不具有当场性。在本案中，被告人陈桂清及其同伙虽然也采取了暴力、胁迫手段挟持被害人，并实施了勒索财物的行为，但其实施的行为均只针对被害人柯联合，虽柯联合向其朋友林荣契借钱，但被告人陈桂清等人并未告知林荣契其已控制柯联合，需要用钱来赎回柯联合，故其行为没有指向第三人，因此，该行为不符合绑架罪中行为人向被绑架人的亲属或其他人发出威胁索取赎金的特征，不能以绑架罪定罪。［No. 5-263-14　陈桂清抢劫案］

△利用暴力而非讹诈取得他人财物的，不构成敲诈勒索罪，应以抢劫罪论处。

在司法实践中，抢劫罪与敲诈勒索罪的区分，历来是备受关注的问题。在刑法理论上，一般认为，抢劫罪与敲诈勒索罪的区别主要在于：一是敲诈勒索罪的实施采取胁迫手段或轻微暴力手段；而抢劫罪除了可以采取胁迫手段外，还可以采取暴力或者其他手段。二是抢劫罪必须是行为人当着被害人的面发出威胁；而敲诈勒索罪则是可以当面，也可以不当面威胁；可以由自己发出，也可以由他人转达威胁。三是抢劫罪必须是以实施暴力相威胁；而敲诈勒索罪则可以是以实施暴力相威胁，也可以其他行为作为威胁的内容，如以揭发被害人的隐私、对被害人进行打击报复为威胁内容。四是抢劫罪必须是当场夺取财物或使被害人交付财物；而敲诈勒索罪则可以是使被害人当场也可以是日后交付财物。为了更直观，二者的区别如表 5-1 所示：

表 5-1　抢劫罪与敲诈勒索罪的区别

罪名	抢劫罪	抢劫罪、敲诈勒索罪交叉部分	敲诈勒索罪
犯罪手段	暴力、胁迫、其他	胁迫、轻微暴力	胁迫、轻微暴力
威胁的方式	直接	直接	直接、间接
威胁的内容	以暴力相威胁	以暴力相威胁	暴力或其他
取得财物的时间性	当场	当场	当场、日后

王忠强等抢劫案类似于人们通常所说的碰瓷，以坐车被碰头为由，借机索取钱财。对于本案

① 相同的学说见解，参见周光权：《刑法各论》（第 4 版），中国人民大学出版社 2021 年版，第 120 页。

分则　第五章

来说，从其行为特征来看，其犯罪手段采用的是暴力，如不给钱便打人、砸车；威胁的方式是直接的、面对面的，由被告人直接向被害人本人发出；威胁的内容是以暴力对被害人人身实施打击；财物是当场取得的。从以上分析可以看出，本案既符合抢劫罪的特征，又符合敲诈勒索罪的特征。

本案区分的关键：一是取得财物的手段，靠的是暴力还是诳诈；二是被害人的人身自由是否事实上受到了限制。从作案时间上来看，两次都是在深夜，除了双方当事人以外，很少有行人，被害人直接处于被告人控制之下，孤立无援；从作案的空间上来看，两次都是让出租车开到比较僻静的小路边，开始作案；从双方的人员构成来看，被害人一方只有一人，年龄较大，而被告人一方有四人，年龄大都在二十至三十岁之间，正值壮年；从作案的手段来看，一人假装碰头，对被害人人身实施暴力。对车辆用石头砸击，另外几人一方面假装劝解，从中调和，另一方面看住被害人不让其走脱。综上，可以看出，暴力是取得钱财的主要手段，假装碰头，只是一个缘起、由头，不是取得钱财的主要原因。深夜在僻静的小路边，被害人一人在出租车内处于四被告人的掌控之下，不给钱显然是不能走脱的，其人身自由事实上受到了限制。因此，本案符合抢劫罪的构成要件，其行为具有当场性、暴力性和公然性。但本案和典型的抢劫罪有明显的区别：一是暴力的程度较低，只是使用了轻微的暴力，没有造成被害人人身伤害；二是取得财物的数量比较少，没有穷尽被害人身上所有的财物，只是让被害人交出部分钱财了事，反映出被告人的主观恶性较小，因此，量刑时应予考虑。

[No. 5-263-15 王忠强等抢劫案]

△劫持他人后，迫使其向亲友筹借钱款，其亲友对被劫持事实并不知情的，应以抢劫罪论处。

行为人以索要财物为目的，采取诱骗手段劫持他人并对其实施暴力，迫使其向亲友筹款的行为不应认定为绑架罪。

首先，对于绑架罪的定义，学界的通说为，绑架罪是以勒索他人财物或其他非经济利益为目的，使用暴力、胁迫或者其他方法挟持或实际控制他人，以及以勒索财物为目的偷盗婴儿的行为。因此，应当说绑架罪侵犯的主要客体是他人的人身自由。从立法本意来看，刑法将绑架罪规定在侵犯人身权利罪一类中，也是旨在保护公民的人身自由。但由于行为人主观上具有勒索他人财物或其他非经济利益的目的，对公私财产权利和其他合法权益亦构成威胁，因此必须比其他侵犯人身权利的犯罪如非法拘禁罪给予更严厉的打击。也正因为此，立法只突出强调绑架罪的勒索的目的性，而落脚在绑架他人的行为上。即行为人只要出于勒索他人财物或其他非经济利益的目的，并在此目的的支配下实施了绑架行为，就具备了绑架罪的全部法定要件。

其次，绑架罪要具备以被绑架人为人质，向被绑架人以外的第三方勒索财物或提出其他非法要求这一基本特征。也就是说，绑架罪中的行为人在侵犯了被绑架人的人身权利的同时，还侵犯了第三方的财产权利或其他合法权益。《最高人民法院关于审理抢劫、抢夺刑事案件适用法律若干问题的意见》在认定抢劫罪与绑架罪的界限中指出，“绑架罪表现为行为人以杀害、伤害等方式向被绑架人的亲属或其他人或单位发出威胁，索取赎金或提出其他非法要求”。因此，就绑架罪而言，其勒索对象是被绑架人的亲属或与其有利害关系的其他人。利用他们惧怕被绑架人遭到伤害的心理，迫使他们交付赎金或满足行为人的其他非法要求。发出上述要求，可以是行为人直接以电话、写信等方式发出，也可以是行为人迫使被绑架人以上述方式发出。

李秀伯等抢劫案中，李秀伯和吴仕桥劫持两被害人的行为既侵犯了两被害人的人身权利，又侵犯了两被害人的财产权利；由于其行为及行为的目的都是指向两被害人的钱财，因此，其行为侵犯的主要客体应当是两被害人的财产权利。

另外，李秀伯和吴仕桥的行为虽然具备了绑架罪的一些外在特征，即先劫持后索财，劫持与索财之间存在一定的时空间隔，但他们劫持两被害人的目的是直接劫取她们的财物，而非以她们为人质来勒索第三人。从李秀伯和吴仕桥的客观行为看，他们劫持两被害人后，是采用暴力手段直接向两被害人本人索要财物，而未以两被害人为人质，直接向两被害人以外的第三人索要财物，即没有进行所谓的拿钱赎人。至于两被害人拿不出李秀伯和吴仕桥索要的钱款数额、李秀伯和吴仕桥迫使两被害人向亲友筹借的行为，其实质还是向被劫持人本人索要。因为，李秀伯和吴仕桥在劫持两被害人后仅是让两被害人向亲友借款，两被害人的亲友并不明知两被害人被绑架，当然也就不存在为此而受到勒索。综上，李秀伯和吴仕桥的行为不构成绑架罪。

李秀伯和吴仕桥的行为符合抢劫罪的构成要件，理由如下：

抢劫罪侵犯的是双重客体，即公民的财产权利和人身权利。主观方面以非法占有为目的；客观方面则是以当场使用暴力或以使用暴力相胁迫的手段当场劫取他人财物。这里的两个当场不应拘泥于较短的时间，在暴力、胁迫手段的持续过程中，即使时间延续较长，同样应视为当场。

李秀伯等抢劫案中，李秀伯和吴仕桥以诱骗方法劫持两被害人的目的正是为了劫取其财物。在暴力劫取了被害人随身携带的少量钱财后，为劫取更多的钱财，李秀伯和吴仕桥使用暴力手段迫使两被害人向亲友筹款，虽然最终因及时案发而款未到账，但李秀伯和吴仕桥的行为符合当场劫取他人财物这一抢劫罪的客观行为要件，只是由于意志以外的原因，索款未遂。而两被害人筹集的款项之性质，从民事法律关系的角度来讲应是两被害人向亲友的借款。因此李秀伯和吴仕桥的行为，主要侵犯了两被害人的财产权利，同时又侵犯了她们的人身权利，构成抢劫罪，且全案系既遂，索款未遂只能作为量刑时的酌定情节予以考虑。[No. 5-263-16　李秀伯等抢劫案]

△在抢劫过程中导致财物所有人以外的第三人死亡的，不能认定为抢劫致人死亡。

《刑法》第二百六十三条第（五）项规定的致人重伤、死亡是指犯罪人在实施抢劫过程中，因使用暴力直接导致被害人重伤或死亡。主要有三种情况：(1)在实施抢劫过程中，为排除被害人的反抗，故意先重伤他人，然后当场将其财物夺走；(2)在实施抢劫过程中，为排除被害人的反抗，故意重伤他人以夺取财物，使其受伤致死；(3)在实施抢劫过程中，为排除被害人的反抗，故意将其杀死，然后劫取财物。该项所规定的犯罪对象有其特定性和专门指向——均是遭受抢劫的被害人，发生的加重结果均是被害人重伤或者死亡，而犯罪人的行为与加重结果之间有刑法上的因果关系。在金海亮抢劫案中，陈世豪并非该起抢劫罪的犯罪对象，陈世豪的死亡不属于《刑法》第二百六十三条第（五）项规定的加重结果，而是伴随着这起抢劫刑事案件而发生的一起交通事故的结果。金海亮的抢夺行为与林沛能财产的丧失之间存在必然因果关系，同时也因金海亮使用暴力拒捕符合刑法上拟制的转化要件，其抢夺行为随之转化为抢劫罪，但金海亮的犯罪行为与陈世豪的死亡不存在刑法上的因果关系。综上，陈世豪意外身亡并不属于抢劫中致人死亡的加重情节。[No. 5-263-17　金海亮抢劫案]

△是否构成在公共交通工具上抢劫，不以实际上是否对不特定多数人实施抢劫为标准，而以不特定多数人的人身权利和财产权利是否受到威胁为标准。

2000年11月22日公布的《最高人民法院关于审理抢劫案件具体应用法律若干问题的解释》第二条对抢劫罪的这种加重情节作了进一步的明确规定：《刑法》第二百六十三条第（二）项规定的"在公共交通工具上抢劫"，既包括在从事旅客运输的各种公共汽车，大、中型出租车，火车，船只，飞机等正在运营中的机动公共交通工具上对旅客、司售、乘务人员实施的抢劫，也包括对运行途中的机动公共交通工具加以拦截后，对公共交通工具上的人员实施的抢劫。该规定针对的是当前较为猖獗的车匪路霸的种种行为，如：(1)以收保护费为由，对司机及乘客强拿硬要、敲诈勒索，或者以带客为名，将被害人骗至过路的长途客车上，一旦被害人拒绝或者反抗，即当场实施暴力抢劫财物。本案例即属于此种情况。(2)在客车营运过程中，一人或数人（团伙犯罪）对某一乘客或者数名乘客在车上实施抢劫行为，或以暴力威逼乘客将财物扔到车下，或者是暴力驱逐乘客下车后在车上实施抢劫。(3)数人合谋拦截车辆后，上车实施抢劫。(4)行为人在车站尾随被害人，上车后在客车营运过程中仅对该特定的被害人实施抢劫行为。评判行为人的抢劫行为是否构成"在公共交通工具上抢劫"，不应以行为人实际上是否对不特定多数人实施抢劫为标准，而是应以不特定多数人的人身权利和财产权利是否受到威胁或者抢劫行为足以使得不特定多数人认为受到威胁为表征。李政等抢劫案中，被告人李政、侍鹏从犯罪预备到抢劫既遂后逃离现场的过程中，每次抢劫行为侵害的对象自始至终都是特定的被害人一人，对车内其他同乘人员没有任何威胁性语言和行为，更没有实施暴力。但实际上，被告人李政、侍鹏对被害人施以拳脚和语言威胁等暴力行为，也会直接威胁到司机以及车内其他同乘人员，至少足以使驾乘的其他人产生恐惧感。

立法者对任何情节加重犯的设立，无不以情节背后的法益为据。换言之，在立法者对"在公共交通工具上抢劫"加重犯科以较高刑罚的背后，蕴涵的是立法者对公民人身财产安全法益的保护和对公共秩序法益的特别关注和保护。行为人虽然只抢劫特定的一个人，但由于该行为人在公共交通工具上对乘客进行抢劫，其行为直接威胁到公共交通工具上不特定多数乘客的人身和财产安全，给不特定多数人造成心理上的恐惧，同样严重破坏了社会公共秩序。[No. 5-263-18　李政等抢劫案]

△租用的房屋，如果是作为家庭生活场所且与外界相对隔离的，应当认定为入户抢劫中的户。

在现实生活中，租用房屋有以下表现形式：从形成承租房屋的背景看，一是在市场经济的作用下，形成了一大批打工族，这些外来做工人员，除居住在临时搭建的工棚外，都是租住他人的房屋；二是租用场所从事经营；三是外迁户临时租住；四是不愿意定居,四处流浪暂时租用等。从租用房屋的使用性质来看,有的是用于家庭生活居住;有的是用于个人栖身;有的是作为经营场所;有的是作为护理场所;有的是作为集体宿舍等。从承租人家庭人员结构上来看,有的是全家人租用一套房屋,供全家人生活居住;有的是一户人家仅一口人,同样租用一套房屋,供本人生活居住;有的是一户人家数口人,仅一人在外租用一套房屋或一间房屋供一人生活居住;有的是几个人相互比较熟悉、比较了解、比较信任,不难看出,以公安机关登记的家庭户口簿为基础,不论他是在原籍居住,还是在外地租用房屋居住;不论是租用国家机关、企事业单位、人民团体的公房,还是城镇居民、乡村农户的私房,只要其房屋是他们作为家庭生活场所,且与外界相对隔离,就认定为"户";既供一家人生活起居,又是经营活动场所,则不能认定为"户";承租人与出租人共用的房屋是多室多厅,尽管承租人是单独生活,与出租人不共用一室,不能认定为"户";不是家庭成员而共同租用一室或一套住房共同生活居住也不能认定为"户"。[No. 5-263-19　韩庆东等抢劫案]

△同时符合具有家庭生活的功能和与外界相对隔离两个特征的,才能认定为入户抢劫中的户。

虽然是一个房间,但是是王东方、张永军二人合租的,房间是他们二人共同生活的空间,而不是一个私密空间,是一个集体宿舍或栖息的寝室,而不是一个家庭生活的居所。《最高人民法院关于审理抢劫、抢夺刑事案件适用法律若干问题的意见》中,关于入户抢劫的认定明确规定:一般情况下,集体宿舍、旅店宾馆、临时搭建的工棚等不应认定为"户",但在特定情况下,如果确实具有供他人家庭生活的功能特征和与外界相对隔离的场所特征,才可以认定为"户"。简言之,我们所说的住家才是刑法所规定的入户抢劫中的"户",通俗理解就是可以称之为"家"的地方。因此王东方、张永军二人共同租用的房屋不具备"户"的必备条件。

韩庆东等抢劫案中,王东方、张永军承租的一套居民住房虽然是为生活起居所用,由于他们二人不是一个家庭的组成人员,二人的户籍也相对独立,从法律角度考虑,二人共居一室,对其中任何一人而言,不能构成与外界相对隔离。或者说,一间与外界相对隔离的空间的住房内住有相互不具有任何关系的两个人或更多人,是不能称为一户人家的,只能称为几人共居一室;所共同租住的房子也只能是集体宿舍。通常情况下,集体宿舍就不具备供他人家庭生活的功能特征,也不具备与外界相对隔离的空间的场所特征。因此只能认定为二人共居一室。[No. 5-263-20　韩庆东等抢劫案]

△实施抢劫行为并劫得财物后,在逃跑过程中为抗拒被害人抓捕而将其杀死的,应以抢劫罪一罪论处。

首先,被告人刘海、房充在主观上存在共同抢劫的犯罪故意。抢劫罪是指以暴力、胁迫或者其他方法抢劫公私财物,作为抢劫方法和手段的暴力是行为人当场对被害人或抓捕人的身体实施打击、强制或者以此相威胁以实现其劫财的目的,在这种暴力行为下可能造成的人身损害会存在程度上的不同,轻者只有皮肉之苦,重者可致人死亡。因此,抢劫犯罪中致人死亡的情形在主观上不仅包括过失致人死亡,也应含有故意的主观心态。本案两被告人分别携带作案工具共同预谋抢劫,其目的是劫取他人财物,主观上存在暴力劫财的故意,杀死被害人的暴力行为也涵盖在抢劫的主观故意之中。

其次,在客观上,被告人刘海、房充当场实施了以杀人作为暴力手段劫取他人财物的犯罪行为。我国《刑法》第二百六十九条规定行为人为抗拒抓捕而当场使用暴力或者以暴力相威胁的以抢劫罪论处。2001年5月23日公布的《最高人民法院关于抢劫过程中故意杀人案件如何定罪问题的批复》也明确指出:"行为人为劫取财物而预谋故意杀人,或者在劫取财物过程中,为制服被害人反抗而故意杀人的,以抢劫罪定罪处罚。行为人实施抢劫后,为灭口而故意杀人的,以抢劫罪和故意杀人罪定罪,实行数罪并罚。"刘海等抢劫案被告人刘海持刀抵住被害人王明光实施劫财行为时,已经用刀捅伤了王明光。被害人王明光、蒋某某的财物遭劫后,王明光追赶被告人刘海、房充的行为属于抓捕行为,被害人追捕的过程是抢劫现场的延伸。被告人刘海、房充为抗拒抓捕并实现最终占有所劫财物的目的,继续对王明光实施暴力并将其当场杀死,是抢劫犯罪暴力的延续。因此,本案两被告人的犯罪行为属于劫财过程中为制服被害人反抗和抗拒抓捕当场使用暴力的行为,应以抢劫罪一罪论处,在此过程中杀死被害人的行为系抢劫犯罪中的致人死亡的加重结果之情形,不属于抢劫以后为灭口而故意杀人的情况。[No. 5-263-21　刘海等抢劫案]

△借条作为债权凭证,属于刑法上的财物。

借条虽然不是现金、物品或者有价证券,但它却是一种证明债权的凭证,失去这一凭证,在没有其他相关证据予以证明的情况下,债权人就将丧失债权。所以,应当把借条这一财产权益性凭证纳入抢劫所侵犯公私财物的范围。[No. 5-263-22　张文光抢劫案]

△为毁灭债务，使用暴力手段当场劫取债权人借条的，应以抢劫罪论处。

从犯罪对象上说，借条不应被排除于公私财物范围之外。抢劫罪以占有他人财物为目的，通常情况下，表现为行为人自己当场直接夺取、取走被害人占有的财物，或者迫使被害人当场交付财物。最终，一方用非法的手段获得财物，而另一方丧失财物，产生经济损失。财物多表现为有经济价值的有体物，但又不限于此。从功效上讲，抢劫一些无体物、债权等，与抢劫有体物会产生同样的结果，即都会造成被害人的经济损失，导致严重的社会危害。虽然借条并不具有直接的使用价值，但是，作为一种权益性凭证，它对于特定的财产关系起着证明作用。在民法上，借条是证明债权人与债务人之间存在债权债务关系的重要证据，在某些情况下，债权人丧失借条就无法主张权利，从而造成相当数量的经济损失。就张文光抢劫案而言，行为人使用暴力手段抢回借条予以销毁，目的是使自己本应承担的18.5万元的债务消失，如此，即相当于获取了18.5万元的现金。对于被害人来说，因为丧失借条而无法主张债权，实际上等于失去了18.5万元的现金。所以，这种情况下抢劫借条与抢劫其他财物一样，都侵犯了被害人的财产权利，符合抢劫罪的客观构成要件。虽然本案中的借条还存在另外一个问题，即债权人与债务人之间的借贷属于高利贷，但这不影响对本案的定性。因为，高利贷虽然违反我国合同法关于自然人之间借贷最高利率限定的规定，但借贷合同的主体部分是有效的，对于债权人应当获得的本金及合法利息，法律是予以保护的。所以，债权人与债务人之间的高利贷借贷关系不能否定抢劫罪的成立。

抢劫借条的行为具有严重的社会危害性，如果其他构成要件具备，应当以抢劫罪予以处罚。根据我国《刑法》第二百六十三条的规定，抢劫罪侵犯的客体是公民的人身权利和财产权利，本案被告人的行为致二被害人重伤，同时失去主张权利的凭证，符合抢劫罪之客观构成要件。[No. 5-263-23　张文光抢劫案]

△债务人以外的其他人抢劫借条的，不构成抢劫罪。

抢劫借条的行为并不当然都成立抢劫罪，还要根据具体案件情况而论。如果是债务人之外的人抢劫借条，又没有与债务人共谋或受其指使，这种情况下，虽然债权人可能失去财产，但行为人却不能获得财产，不符合抢劫罪客观构成要件中获取他人财物的规定，则不能成立抢劫罪，如果触犯其他罪名，可依相关规定处理。[No. 5-263-24　张文光抢劫案]

△在非营业期间，对既为商铺又为居所的处所进行抢劫的，应当认定为入户抢劫。

2000年11月22日公布的《最高人民法院关于审理抢劫案件具体应用法律若干问题的解释》第一条对入户抢劫作了规定，“户”是指住所，表现为供他人家庭生活和与外界相对隔离两个方面，前者为功能特征，后者为场所特征。刑法将入户抢劫规定为加重情节，目的就是为了充分保护公民的居住安全。所以，对于在同为商用与居住用的店铺内实施抢劫，应分不同情况来认定。如果在营业时间内，店铺的功能主要用于经营，也不与外界相隔离，不具备户的两个基本特征，这时候行为人入店实施抢劫的，不能认定为入户抢劫。但店铺在非营业期间，其功能已经发生了相应的变化，它成为家庭生活、居住的场所，同时也与外界相对隔离，这时候行为人进入实施抢劫的，不但侵犯了被害人的人身、财产权利，同时也危害了公民的居住安全，对其应认定为入户抢劫。[No. 5-263-25　张文光抢劫案]

△财产共有人以共有财产为犯罪对象进行抢劫的，应以抢劫罪论处。

明安华抢劫案中，应当明确的是被告人明安华抢劫的对象即粮油门市部的经营所得，是否属于明安华、李冬林等人的共有财产。虽然该粮油门市部是以李冬林为主经营，并且明安华已是成年人，有独立生活的能力，但由于未分家析产，明安华作为与李冬林共同生活的家庭成员也参与了该粮油门市部的经营，事前亦未约定经营利润的分配方案，因此，对于粮油门市部的经营所得，仍应认定为李冬林、明安华等人的共同共有财产。就这一点而言，一、二审法院认定明安华抢劫的对象仅是其父母的财产，是错误的。[No. 5-263-28　明安华抢劫案]

△进入共同生活的家庭成员的住所实施抢劫的，不应认定为入户抢劫。

被告人明安华深夜进入李冬林的卧室进行抢劫，在形式上符合入户抢劫的构成特征，但是，明安华与李冬林属于共同生活的家庭成员，无论其进入继父李冬林的居室是否得到李冬林的同意，都不属于非法侵入；同时，从我国的传统伦理道德观念来看，无论子女是否成年或者与父母分开居住，子女进入父母的卧室或者住宅，都是正常的。因此，对于明安华进入其继父李冬林卧室实施的抢劫行为，不能认定为入户抢劫。[No. 5-263-29　明安华抢劫案]

△在劫取财物过程中，为制服被害人反抗而故意杀人的，应以抢劫罪论处。

就扎西达娃等抢劫案而言，扎西达娃等四名

未成年被告人预谋抢劫，在抢劫实施过程中，为阻止被害人高声呼救，避免罪行败露，故意杀害被害人的行为，属于在劫取财物过程中，为制服被害人反抗而故意杀人，而非在实施抢劫后，为灭口而故意杀人，因此，应当以抢劫罪一罪定罪处罚。［No. 5-263-31 扎西达娃等抢劫案］

△随身携带具有严重危害性的器械进行抢夺的，应以抢劫罪论处。

如果行为人携带枪支、爆炸物、管制刀具等国家禁止个人携带的器械进行抢夺的，一律以抢劫罪定罪处罚；如果行为人携带上述国家禁止个人携带的"器械"之外的"其他器械"进行抢夺的，则需视其是否为实施犯罪而定。如果行为人随身携带国家禁止个人携带的器械以外的其他器械抢夺，但确有证据证明不是为了实施犯罪准备的，不应以抢劫罪定罪。被告人曾贤勇携带斧头实施抢夺，斧头虽然不在国家禁止携带的器械之列，且被告实施犯罪行为过程中始终未使用斧头，但其随身携带斧头属为实施抢夺而特别准备当可认定：一则斧头不属随身携带品，无缘无故将斧头携带于身不合常理；二则被告人未能就其随身携带斧头作出合理解释。故一、二审法院判决认定曾贤勇携带斧头的目的就是为了能够顺利实施抢夺，以抢劫罪对曾贤勇定性是正确的。［No. 5-263-35 曾贤勇抢劫案］

△在银行或者其他金融机构的营业大厅抢劫客户现金的，不能认定为抢劫金融机构。

正在银行或者其他金融机构等待办理业务的客户毕竟不是金融机构本身，故被告人曾贤勇的行为不宜视为对金融机构实施抢劫。但是，如果被害人的现金已递交银行或者其他金融机构工作人员，则被告人的行为应以抢劫银行或者其他金融机构论处。［No. 5-263-36 曾贤勇抢劫案］

△以索要财物为目的，实施暴力手段劫持被害人将其非法拘禁并向其索要财物的，不构成绑架罪，应以抢劫罪论处。

杨保营等抢劫、绑架案中，杨保营等三被告人的行为虽然具备了勒索绑架的一些外在特征，比如，采用暴力手段将被害人劫持至外地，实行较长时间的非法拘禁，先劫持后索财、劫持与索财之间存在一定的时空间隔等，但是，本案三被告人实施这些行为的目的是向被绑架人本人索要财物，未曾向被绑架人以外的第三人索要财物，不具有以被绑架人为人质，向被绑架人以外的第三方索要财物的勒索绑架的基本特征，故不应将该行为认定为绑架罪。

杨保营等抢劫、绑架案中，三被告人暴力劫持被害人并予以较长时间的非法拘禁，在构成抢劫罪的同时，还构成非法拘禁罪。但鉴于本案中非法拘禁与抢劫之间存在目的与手段上的牵连关系，根据牵连犯择一重罪从重处罚的一般处理原则，应以抢劫罪一罪从重处罚。［No. 5-263-42 杨保营等抢劫、绑架案］

△在抢劫未得逞而放走被害人后，又以其他手段威胁被害人要求其交付财物的，应以敲诈勒索罪论处，并与此前所实施的抢劫罪实行数罪并罚。

三被告人在存折未能取款的情况下放走被害人，但并未放弃非法占有他人财物的目的，也就是说，不能认定被告人系抢劫行为中止。其后，三被告人要求被害人继续取钱，将钱汇入他们指定的户头，并以要销毁出租车的有关证件，炸毁车辆，砸、烧被害人之兄的餐馆等，对被害人进行威胁。三被告人劫持被害人并向被害人索取财物未得逞后，又以威胁的手段意图得到前阶段未能得到的非法利益，此行为，虽然都是以非法获取他人财物为目的，但犯罪手段和方式截然不同，特别是在第三阶段，行为人放弃了前两阶段所采用的暴力手段，转而采用要挟的方式，不仅犯罪阶段明显，而且后阶段的敲诈勒索行为与前阶段的抢劫行为并不存在手段与目的、原因与结果的关系，属于刑法所规定的两种各自独立的不同犯罪，所以，本案不符合牵连犯的情况。

三被告人后阶段的敲诈勒索行为与前阶段的抢劫行为并不存在前行为是后行为发展的必经阶段，或者后行为是前行为发展的自然结果的关系。所以，本案亦不符合吸收犯的情况。综上所述，对不具有任何牵连关系或者吸收关系的数个犯罪行为，且不具有其他应当以一罪论处情形的，一般应实行数罪并罚。因此，一、二审法院对本案三被告人以抢劫罪和敲诈勒索罪分别定罪，数罪并罚是正确的。［No. 5-263-44 王团结等抢劫、敲诈勒索案］

△进入他人作为赌博场所的住所劫取参赌人员财物的，不应认定为入户抢劫。

陆剑钢等抢劫案中，被告人实施抢劫行为时主观上明确指向的是参赌人员，在得知褚志荣家正在设局赌博后，事先商议好抢劫参赌人员；客观上也仅以参赌人员为抢劫对象，所劫取的赃款、赃物全部为参赌人员的财物，未另外危及户内财产。尽管被告人闯入了居民住所，并对居民住所内的人员实施了抢劫，但是，由于被告人主观上没有对住户实施抢劫的犯罪故意，客观上也没有实施针对住户及财产抢劫的行为，被告人的这种入户，实际上是进入赌博场所，而非家庭生活场所。所以，靖江市人民法院对陆剑钢等被告人的抢劫行为定抢劫罪，但未认定为入户抢劫是正确的。［No. 5-

263-45　陆剑钢等抢劫案]

△在个体家庭旅馆内对旅馆主人实施抢劫的，因其住所具有开放性，不能认定为入户抢劫。

以个体家庭旅馆是由先前的家庭住所改造的，且部分承担着旅馆主人的家庭生活起居功能为由，直接将个体家庭旅馆认定为“户”不能成立。在家庭住所改造为家庭旅馆之后，即不再具有与外界相对隔离的场所特征。判断是否具有开放性的关键，并不在于建筑物的空间结构，而是他人出入的自由程度。刑法将入户抢劫规定为加重情节，一个很重要的原因是此类抢劫行为非法侵入了他人住宅，侵犯到了他人的住宅权利和对于住宅的安全感，因而具有双重危害性。所以，即便本案中的个体家庭旅馆在空间物理结构上与原来作为家庭住所时并无两样，因其先前作为住所所具有的封闭性特征随着性质功能的改变已经不复存在，所以不能再视之为“户”。

被告人杨廷祥具体实施抢劫的场所，在作为被害人顾红卫家庭生活起居场所的同时，还是被害人顾红卫经营旅馆的办公场所。因为旅馆是24小时营业的，这就意味着，一方面，被害人顾红卫的居住场所具有开放性，客人可以随时到这里办理住宿等事务；另一方面，被害人顾红卫的居住场所不以家庭生活起居为限。该居住场所的功能是不固定、可以随时变换的，而且这种功能上的不确定性，不存在时间段的限制，因而在具体功能上不具有可区分性，不宜认定为“户”。[No. 5-263-48　杨廷祥等抢劫案]

△驾驶机动车辆抢取财物，造成被害人人身伤亡后果的，应以抢劫致人重伤、死亡论处。

王跃军等抢劫、盗窃案中，二被告人对被害人的死亡结果持放任的间接故意，积极追求抢取财物的结果，其主观上具有侵犯财产权利和人身权利的双重故意，客观上实施了飞车行抢使被害人不能反抗的强制性夺取财物的行为，并致使被害人死亡。二被告人的行为符合《刑法》第二百六十三条第(五)项抢劫致人重伤、死亡的规定，应该在十年以上有期徒刑、无期徒刑或者死刑，并处罚金或者没收财产的幅度内量刑。可见，二审法院准确把握法律规定和犯罪界限，定罪准确，量刑适当。[No. 5-263-51　王跃军等抢劫、盗窃案]

△基于同一犯意在同一地点连续对多人实施抢劫的，不应认定为多次抢劫。

对于行为人基于一个犯意实施犯罪的，如在同一地点同时对在场的多人实施抢劫的；或基于同一犯意在同一地点实施连续抢劫犯罪的，如在同一地点连续对途经此地的多人进行抢劫的；或在一次犯罪中对一栋居民楼房中的几户居民连续实施入户抢劫的，一般应认定为一次犯罪。也就是说，行为人在同一地点连续对多人同时实施抢劫的，虽属抢劫多人，但由于是基于同一犯意，不仅具有犯罪时间的连续性，还具有犯罪地点的相近性，不属于多次抢劫。因此，对于被告人姜继红、成盛、廖幽、聂乓霞、李小兵伙同龙爱博在正在营运的同一货物列车上先后对押运员郭春辉、张小玲、许建辉进行抢劫的行为，应当认定为一次抢劫。[No. 5-263-52　姜继红等抢劫、盗窃案]

△在抢劫过程中致人重伤，后为毁灭罪证致人死亡的，应以故意杀人罪论处。

被告人魏建军因贪图他人钱财而起抢劫之念，携带作案工具翻墙进入被害人家中，在翻找钱财时被人发觉而持械朝被害人头部猛击，误认为被害人已死亡，将钱财拿走，后为掩盖罪行、毁灭罪证，点燃被害人尸体及被褥等物品，致被害人颅脑损伤后吸入一氧化碳窒息死亡。从其行为实施过程看，魏建军持械猛击被害人头部的行为(第一行为)未造成被害人死亡，被害人是因魏建军随后实施的放火行为(第二行为)导致吸入过量一氧化碳而窒息死亡的。虽然在这种情况下客观上有前后两个行为，是后行为最终造成的死亡结果，但前行为与死亡结果之间的因果关系并未因后行为的介入而中断，应肯定前行为与危害结果之间的因果关系。而且前后两个行为是行为人在一个概括的杀人故意下连续实施的，无论是前行为还是后行为造成的实际损害结果，与行为人意欲实现的结果完全一致，故应以故意杀人罪既遂论处。[No. 5-263-54　魏建军抢劫、放火案]

△抢劫过程中使用暴力致人昏迷，误认为被害人已死亡，为毁灭罪证又实施其他犯罪行为造成被害人死亡的，应以抢劫罪论处。

被告人魏建军在抢劫过程中使用暴力致人重伤昏迷，后为放火毁灭罪证致人窒息死亡，由于其在实施放火行为之前主观上认为被害人已经死亡，实施放火行为之时不具备杀死被害人的主观故意，并非抢劫完成后为了灭口而故意杀人，故不构成故意杀人罪，应认定为抢劫罪。同时，魏建军为毁灭罪证而实施的放火行为，符合放火罪的犯罪构成要件，还构成了放火罪，法院以抢劫罪和放火罪进行并罚是正确的。[No. 5-263-55　魏建军抢劫、放火案]

△当场使用暴力或以暴力相威胁，勒索他人财物的，应以抢劫罪论处。

抢劫罪是指以非法占有为目的，以暴力、胁迫或者其他方法，当场强行劫取他人财物的行为。当场不是一个纯粹的时空概念，而是一定物质内容的存在形式。脱离了物质内容的时间和空间是不存在的，也无从把握。对于在以暴力威胁实施的抢劫罪中，当场的认定，必须结合行为人的暴力威胁以及所形成的对被害人的身体和精神强制的方式和程度，具体案件，具体分析认定。只要暴力威胁造成了强制，且该强制一直持续，即使时间延续较长，空间也发生了一定的转换，同样可以认定符合当场的要求。被告人何木生的行为符合当场使用暴力威胁这一抢劫罪的构成要件，应当以抢劫罪定罪处罚。

被告人虽然实施了多种形式的客观行为，但这些行为是基于同一故意，为了实现同一犯罪目的即非法占有他人财物而实施的，客观上被告人取得2000元钱款也是该各种不同形式的行为的综合结果。因而，不能片面、孤立地看待上述不同行为，而应该视其为仅仅是暴力威胁这一整体行为的不同方面。既然该一整体行为包含了当场实施暴力及现实暴力的胁迫，就足可认定被告人的行为具备了当场实施暴力威胁这一抢劫罪的构成要件。认定实施暴力威胁后是否属于即时、当场取得财物，关键在于时间是否自然终止或者因为外力的影响而被中断，在时间自然延续过程中的空间变换不能认为是事后，更不能因此否认其当场性。本案自被告人实施暴力威胁行为到被害人兰桂荣外出借款并交给被告人是一个自然的连贯过程，期间并未中断，故认定其为即时、当场取得是正确的。［No. 5-263-58　何木生抢劫案］

△不是以非法侵入的方式到他人住所实施抢劫的，不能认定为入户抢劫。

《最高人民法院关于审理抢劫案件具体应用法律若干问题的解释》第一条第一款对入户抢劫作了具体的解释性规定："刑法第二百六十三条第（一）项规定的'入户抢劫'，是指为实施抢劫行为而进入他人生活的与外界相对隔离的住所，包括封闭的院落、牧民的帐篷、渔民作为家庭生活场所的渔船、为生活租用的房屋等进行抢劫的行为。"入户抢劫并非单纯地在户内抢劫，它还内在地涵盖了一个非法侵入他人住宅的行为。

被告人何木生等人拦下兰桂荣时，即明示了索要钱财的目的。兰桂荣在知悉该目的的情况下，叫他们"有什么事到家里去好好说"，虽然在其作出这一意思表示之前，被告人何木生一伙的何良清踢了他一脚，显非情愿，似不能否定何木生等人闯入被害人住宅的非法性，但被告人何木生与被害人的女儿确曾相熟，也曾常到其家中。综合本案全部情况判断，对被告人何木生等人宜排除其入户之非法性。既然只有入户抢劫之形式特征，而不具有非法入户之实质内容，本案没有认定何木生构成入户抢劫是正确的。［No. 5-263-59　何木生抢劫案］

△为抢劫而携带枪支，在抢劫中未使用枪支进行威胁或伤害的，不能认定为持枪抢劫。

为抢劫而携带枪支并不一定就属于持枪抢劫，是否属于持枪抢劫要从行为人的主观目的和客观行为的一致性上进行判断。如果行为人到案后交代携带枪支的目的是在抢劫过程中起到威慑作用，但客观上行为人并没有持枪进行威胁或伤害，那么就不能认定是持枪抢劫。

粟君才等抢劫、非法持有枪支案中，四名被告人为了抢劫金店而将手枪带至现场，被告人粟君才安排行为人莫立民携带手枪在金店外望风，其间，莫立民还携带手枪进入金店意图搬运保险柜。但根据各被告人的交代和金店被绑值班人员的陈述，在抢劫金店过程中莫立民并没有向金店值班人员显露枪支。虽然粟君才供称，携带手枪的目的主要是为了在抢劫后驾车逃跑过程中对抓捕人员起威慑作用或打爆追捕车辆的轮胎，但这一情况毕竟没有实际发生。因此，对本案被告人为抢劫而携带枪支，但实际未使用的行为，不能认定为持枪抢劫。［No. 5-263-60　粟君才等抢劫、非法持有枪支案］

△在抢劫犯罪中，夺取财物后逃跑过程中被害人旋即将财物夺回的，应认定为抢劫未遂。

被告人在实施抢劫行为时是否已经劫取财物，应采用失控+控制说，即应以被抢财物是否脱离所有人、保管人的控制并且实际置于行为人、被告人控制之下为标准。从本案案发经过可以认定，沈传海、史秀纯等人抢下了王某义的挎包，并要逃跑，但王某义立即起身追被告人，沈传海、史秀纯、李明亮三人分头逃跑，但持挎包逃跑的沈传海未脱离王某义的视线范围和追逐范围，王某义尚未完全丧失对自己财产的控制，最终沈传海被追进一个死胡同，王某义将挎包夺回。可见，被告人沈传海等人虽然将挎包夺下，但由于被害人的自救行为而未能实际抢得财物，应认定为犯罪未遂。［No. 5-263-61　沈传海等抢劫案］

△在抢劫罪中，事前并不知道所抢财物数额的，应以其实际所抢财物数额认定。

抢劫数额1万元以上构成抢劫数额巨大，处十年以上有期徒刑。沈传海等抢劫案中，被告人只供述事前只想抢下被害人的挎包，当时未去想所抢包里有无钱物、有多少钱物。

就犯罪主观要件而言，本案被告人实行的抢劫犯罪属直接故意犯罪。直接故意中被告人的认识因素主要包括：（1）行为人明知自己行为的内容与危害性质为抢劫；（2）行为人明知自己的行为会发生被害人财物被抢的危害结果。但对危害结果、所抢钱物或多或少的认识不要求很具体，只要求认识到会发生被害人钱物被抢这一危害结果的基本性质。

可见，被告人沈传海、史秀纯等人以非法占有为目的去实施抢劫行为，事前并没有预谋要抢多少钱物，但所抢钱物的多少均未超出其抢劫故意，法律也未要求实施抢劫行为时的被告人对所抢钱物的多少有具体认识。[No. 5-263-62　沈传海等抢劫案]

△采用暴力手段挟持他人，限制他人人身自由并当场向被害人索要财物的，或从被害人处劫取钥匙后取财的，应以抢劫罪论处。

被告人李斗等人的行为虽然具备绑架罪的一些特征，如采用暴力手段将被害人劫持到养鸡场平房内，实行较长时间的非法拘禁，先劫持后索要财物，但实施行为的目的是向被绑架人本人索要财物，没有向被绑架人以外的第三人或单位索要财物，故不应将该行为认定为绑架罪。

四被告人以暴力手段挟持被害人焦万树夫妇后，当场劫取焦家楼房钥匙，去其家中劫走价值8190元的首饰等物品，133800元的活期存折和余额18704.67元的银联卡，并迫使被害人通过电话联系借款，汇入被告人已劫取的银联卡内人民币55万元，以上行为都具备当场使用暴力和当场取得财物的特征，故四被告人构成抢劫罪。[No. 5-263-63　李斗等抢劫案]

△若抢劫所得信用卡内金额是依照行为人要求汇入的，无论是否实际使用、消费，均应按卡内总金额计算抢劫数额。

关于李斗等抢劫案抢劫数额，的确是值得注意的一个问题。一般情况下，应适用《最高人民法院关于审理抢劫、抢夺刑事案件适用法律若干问题的意见》第六条规定，即抢劫信用卡后未实际使用、消费的，不计数额。但如果被告人明知卡内数额，且知道密码，被告人继续持有信用卡，就可以推定被告人具有非法占有的目的，卡内数额应纳入抢劫数额。本案被告人不但明知卡内数额，且卡中数额是事先通过威胁手段汇入的，并且已支取过六次，因此完全可以认定其对这笔数额具有非法占有的目的，该项数额应计入抢劫数额。[No. 5-263-64　李斗等抢劫案]

△在抢劫案件中，对户的理解存在认识错误的，不影响对入户抢劫的认定。

徐军入户抢劫案中，虽然被害人居住地原为厂房，但已由被害人购买作为固定的家庭生活场所居住，且被害人住所有院墙，形成了与外界相对隔离的住所特征，不论其外部印象如何，即使该院子范围相对普通农家院子要大，被害人已经将该场所作为自己具有安全感和依赖感的住所，具有户的固定用于家庭生活的功能特征和与外界相隔离住所的场所特征，应界定为“户”。

认定入户抢劫，要求抢劫行为客观上发生在属于“户”的场所，这不难理解。但是，当行为人实际进入的是“户”时，对于入户的评价是否仅限于纯客观的评价，还是同时包含主观的评价在内，刑法立法上没有明确规定。应该认为，入户抢劫中的“户”是客观存在的，行为人对“户”的主观评价，不影响对“户”的确认。本案中，被告人入户的目的是偷狗，其具有非法占有的故意，不管被告人是否承认其对“户”具有明知的意识，已不影响其行为构成入户抢劫。

所谓入户抢劫，即指进入户内实施抢劫，故不但要求入户行为的非法性，进入场所为“户”，而且要求暴力、威胁或其他强制行为发生在户内，否则不能以入户抢劫论。《最高人民法院关于审理抢劫、抢夺刑事案件适用法律若干问题的意见》规定，入户盗窃被发现，行为人为窝赃、抗拒抓捕或毁灭罪证而当场使用暴力或者以暴力相威胁的，如果暴力或者威胁行为发生在户内，则以入户抢劫论处；如果暴力行为发生在户外，以一般抢劫处理。《最高人民法院关于审理抢劫、抢夺刑事案件适用法律若干问题的意见》也体现了要求暴力行为发生于户内的精神。在本案中，被告人的暴力行为发生在户内，符合入户抢劫的犯罪特征。[No. 5-263-65　徐军入户抢劫案]

△暴力劫取现金后，向被害人出具借条的，不能视为民事借贷，具有非法占有目的的，应以抢劫罪论处。

根据我国刑法学界和实务界的通说，构成抢劫罪要求行为人主观上具有非法占有目的。而所谓非法占有目的，则是指明知是公共的或他人的财物，而意图把它非法转归自己或第三者占有。在实践中，一些犯罪分子往往以借钱为名，行抢劫之实，非法占有公私财物，其行为自然构成抢劫罪。但是，应当注意区分以借贷为名的抢劫罪与暴力借贷之间的界限，不能一概将暴力借贷行为认定为抢劫罪。抢劫罪在主观上具有非法占有他人公私财物的目的，而暴力借贷则往往以一时使用为目的，在将来要归还。因此，两者之间的区分关键在于行为人主观上是否具有非法占有的目的。如果行为人主观上没有非法占有目的，而只是为了一时使用（不是永久占有），即使采用非法手段掌握他人财物，因其主观上不具备这种非法占有目的，所以也不宜认定为抢劫罪。参照现行司法解释，我们也可以得出上述结论。以盗窃罪为例，根据司法解释的规定，偷开机动车送回的，不构成盗窃罪,这即说明仅有一时使用的目的不能认定为以非法占有为目的。

问题是如何判断行为人主观上是否有非法占有目的,笔者认为可以通过以下几个方面来加以判断:第一,行为人实施非法取得财物行为的动机和背景。比如行为人非法取得财物是否因一时急需,是否具有归还能力和归还意思,等等。第二,行为人实施非法取得公私财物的具体情节。比如侵财的对象是否为熟人,侵财数额是否是一定的金额,有无设立借条,等等。第三,行为人行为后的表现。比如是否非法取财后逃跑的,是否肆意挥霍非法取得的财物的,是否将非法取得的财物进行违法犯罪活动的,等等。

当然,实践中如何具体认定暴力借贷的行为人主观上是否具有非法占有目的,仍需法官结合具体案情作出判断。对于不构成抢劫罪的暴力借贷行为,可根据行为是否具有应当追究刑事责任的严重社会危害性和具体案情,以非法侵入住宅罪、非法拘禁罪等追究行为人的刑事责任。[No. 5-263-66　张宜同抢劫案]

△逼迫被害人签订借据,后又当场实施暴力抢得财物,并挟持被害人去金融机构取款的,不构成敲诈勒索罪,应以抢劫罪论处。

司法实践中,经常会遇到此类问题,犯罪行为同时具有抢劫罪与敲诈勒索罪的行为特征,定性时易产生分歧。盛伟抢劫案中,存在一个犯罪性质转化的问题——由敲诈勒索罪转化成抢劫罪。犯罪行为的第一阶段,即张瑞砍伤被害人并逼迫其书写2万元借据的行为应当认定为敲诈勒索行为。理由为:张瑞实施暴力行为的主观目的是其怀疑被害人与其女友有不轨行为,而恼羞成怒,将被害人砍伤,而并非为了抢劫财物。此后为了报复被害人,以奸情相要挟,逼迫被害人写下借据。该行为在这一阶段更符合敲诈勒索罪的行为特征。但后来被告人盛伟、闫德武与张瑞殴打并抢得被害人手机,随后挟持被害人去银行取钱的行为,行为性质更符合抢劫罪的暴力性、当场性特征,从而被告人的整个行为性质转化成为抢劫罪。不能对敲诈勒索罪与抢劫罪进行数罪并罚是因为被告人的整个犯罪行为具有连贯性、整体性,不能将这个连贯的犯罪过程割裂开来看。[No. 5-263-67　盛伟抢劫案]

△预谋抢劫并杀人灭口,按预谋内容实施抢劫完毕后,又杀人灭口的,应以抢劫罪和故意杀人罪实行并罚。

赵东波等故意杀人、抢劫案二被告人具有两个犯意,并先后实施了抢劫和杀人灭口两个行为。首先,二被告人预谋抢劫并杀人灭口,虽然没有明确预谋是先抢劫还是先杀人,但杀人的目的是为了灭口却是明确的,因此,可以认定被告人具有劫取财物和杀人灭口两个犯意。其次,本案属于抢劫完毕后又杀人灭口的情形。本案抢劫过程实际上可区分为两个阶段,第一阶段:被告人赵东波持木棍猛击被害人高新头部后,高新即弃车沿公路逃跑,如果二被告人只为了劫财,将车骑走就实现了主要的劫财目的;第二阶段:赵东波、赵军二人追上高新将其打倒在地,逼高新交出数十元现金后,脱下高新的上衣将其捆绑在树上,但高新挣脱后又逃跑。此阶段,如果二被告人没有杀人灭口的目的,完全可以任由被害人逃跑,自己也可以携赃而逃。但是,二被告人却再一次追上被害人,实施暴力将被害人砸死,而后才驾驶劫取的电动三轮车逃离现场,可见其主观上杀人灭口的故意是十分明显的。

综上,法院认定被告人的行为构成抢劫罪和故意杀人罪两罪,对其实行两罪并罚是正确的。[No. 5-263-68　赵东波等故意杀人、抢劫案]

△在抢劫过程中使用暴力致人死亡的,或者直接以杀人为手段实施抢劫的,应以抢劫罪一罪论处。

抢劫罪是一种既侵犯他人财产权利又侵犯他人人身权利的暴力性犯罪。在抢劫过程中致人死亡,包括故意伤害致人死亡以及为抢财物不顾他人死活间接故意杀人、直接故意杀人致人死亡的,都是抢劫暴力犯罪的一种结果,是抢劫罪的组成部分。在抢劫财物过程中致人死亡的案件中,其杀人行为实际是实施抢劫行为的使用暴力部分,只定一个抢劫罪,符合抢劫罪的犯罪构成和基本特征。如果单独定罪,抢劫罪的犯罪构成已不完全;抢劫行为如果仅抢得少量财物,又很难判处重刑。这样一来,图财害命这种抢劫杀人犯罪的本质特征就不能通过正确的定罪量刑得到揭示。这种分别定罪处刑的方法既不符合法律规定,也不符合司法实际,是不可取的。因此,凡在实施抢劫财物行为过程中,因使用暴力,如殴打、伤害、捆绑、禁闭等行为而致人死亡的,或者直接使用暴力将人杀死的,均应定抢劫罪一罪。这样可以做到更加准确地定罪量刑。

被告人罗登祥和犯罪嫌疑人王涛预谋抢劫而搭乘杨衡拉棉纱的汽车,已经着手准备实施犯罪,在犯罪过程中,王涛持石头将杨衡砸倒,二人将杨衡抬到路基下,王涛又持石头多次砸向被害人,直接杀人的故意十分明显,而后,又用石头压住被害人,然后由罗登祥驾车逃离现场,致杨衡死亡,应属在实施抢劫财物行为过程中故意杀人致人死亡的情况。对此,最高人民法院判决认定被告人罗

登祥的行为只构成抢劫罪一个罪是正确的。[No. 5-263-69　罗登祥抢劫、故意杀人、脱逃案]

△抢劫行为实施完毕后，为灭口等目的又实施杀人行为的，应以抢劫罪和故意杀人罪实行并罚。

对于直接故意剥夺他人生命，再掠走其财物的行为如何定性，实践中、理论上做法不一，应当根据具体情形分别对待。对于已实施完抢劫行为，即财物已经到手后，再为灭口等目的而实施杀人行为的，司法实践中的做法基本统一，即定抢劫罪和杀人罪两罪，理论界也予以认同，笔者认为是正确的。因为对后一种行为，行为人是以两个故意、两个行为（抢劫、杀人），实施了两个独立的犯罪，符合数罪的特征。[No. 5-263-70　罗登祥抢劫、故意杀人、脱逃案]

△抢劫行为实施完毕后为了灭口、抗拒抓捕、逃跑等又实施杀人行为的，应以抢劫罪和故意杀人罪实行并罚。

对于在抢劫后为灭口而杀人、抢劫后为抗拒抓捕而杀人和抢劫后在逃跑过程中杀人的，由于行为人已经完成抢劫行为，即抢劫的财物已经到手，又为了灭口、抗拒抓捕或逃窜实施杀人行为，其杀人行为已不属于抢劫罪的手段行为，而是在新的犯罪动机支配下实施的故意杀人行为。因此，认定为抢劫罪和故意杀人罪两个罪，并实行数罪并罚。[No. 5-263-73　张君等抢劫、杀人案]

△为了劫财而先实施杀人行为的，或者在抢劫过程中为制服被害人或排除妨碍而实施杀人行为的，应以抢劫罪一罪论处。

抢劫行为是一种复合行为，包括目的行为和手段行为。抢劫罪的目的行为是侵犯财产的非法谋财行为，抢劫罪的手段行为是为保证实现目的行为而采取的侵犯公民人身的暴力、胁迫或者其他行为。其中暴力行为是抢劫罪最常见的手段行为。只要行为人所采取的暴力行为是用来排除被害人反抗从而劫取财物的手段，则不论这一暴力行为是扭抱、捆绑、禁闭等较轻的暴力强制行为，还是严重侵害被害人人身的殴打、伤害以致杀害的行为，均属于我国刑法规定的抢劫罪的暴力行为。

在抢劫犯罪中，经常发生以杀人为手段劫取财物的情形。如果把故意杀人排除在抢劫罪条文中的致人死亡之外，显然不符合立法原意，也违背了犯罪构成理论。根据犯罪构成理论，任何一种犯罪必须具备该罪所必须的构成要件。在杀人抢劫案件中，如果把杀人行为划归故意杀人罪，则抢劫罪中没有了暴力行为，也就不能成为抢劫罪了；如果把杀人行为既作为故意杀人罪的行为，又作为抢劫罪的暴力手段行为，一个行为同时作为两个罪的构成要件，显然违背了我国刑法的犯罪构成理论。因此，《刑法》第二百六十三条第（五）项规定的抢劫致人重伤、死亡中的死亡，应当包括故意伤害致人死亡、间接故意杀人致人死亡和直接故意杀人致人死亡。当然，抢劫罪中的致人死亡包括故意杀人在内是有条件的，即杀人必须是在实施抢劫过程中，作为暴力劫取财物的手段行为当场实施的。如果行为人在抢劫后出于灭口、复仇或其他动机而又杀死被害人的，当然应定抢劫和故意杀人两个罪。

有人担心对抢劫杀人的行为只定抢劫罪，而不定故意杀人罪，不两罪并罚，会导致打击不力，轻纵罪犯。其实这个担心是没有必要的。抢劫罪和故意杀人罪的法定最高刑都是死刑，而且从最低刑看，抢劫罪的处罚要更严厉一些。因为故意杀人罪情节较轻的最低刑为三年有期徒刑，而抢劫罪致人死亡的最低刑为十年有期徒刑。此外，抢劫罪还比故意杀人罪多设置一个附加刑，即可以并处罚金或者没收财产。所以，对抢劫杀人行为认定为抢劫罪，完全符合罪刑相适应的要求，能够依法给犯罪分子以严厉的惩罚，不会轻纵罪犯。[No. 5-263-74　张君等抢劫、杀人案]

△抢劫完毕后为逃跑而杀死司机劫取机动车辆作为逃跑工具的，不以故意杀人罪和抢劫罪并罚，应以抢劫罪一罪论处。

对于抢劫后为逃跑而杀死司机劫取出租车作为交通工具的行为，一、二审法院判决、裁定认定为抢劫罪。理由是：虽然行为人的杀人行为是在抢劫完成之后实施的，但其杀人行为是为了抢劫出租车作为逃跑的交通工具。因此，这是一个新的抢劫行为，亦应认定为抢劫罪。[No. 5-263-75　张君等抢劫、杀人案]

△使用暴力手段抢回所输赌资的，不构成抢劫罪，暴力行为造成轻伤以上后果的，应以故意伤害罪论处。

从犯罪客体看，法律规定财产所有权的转让、取得必须通过合法的手段，赌博是违法行为，赌博不能改变财产的所有权，通过赌博赢得的钱不受法律保护，被害人赢得的钱即便为被害人占有，也不表明其当然享有合法的所有权。因此，被告人赖忠等人未侵害被害人的财产所有权。赌博是违法行为，赌资是赃款，依法应予没收，上缴国库，归国家所有。但是，在赌博行为尚未被公安机关发觉、查处之前，赌资或赌博所得赃款尚未被有权机关依法扣押、占有、保管、控制，还不能视为国家财产。因此，被告人赖忠等人从被害人手中抢回赌资的行为未侵害国家的财产所有权。审判实践中,抢劫国家财产通常是通过对国家财产的合法占有、保管、控制人的人身实施侵害来实现的;在本案中,受到侵害的只是临时占有赌资的被害人,被告人赖忠等人并未对国家财产的合法占有、保管、控制人的人身实施侵害。

从主观方面看,抢劫罪的主观方面是,明知是他人、法人、国家合法所有的财产,对财产合法持有人、保管人使用暴力、胁迫手段将之占为己有。在本案中,被告人赖忠等人主观认为,被害人采用作弊手段进行赌博,故其赢得的赌资的所有权不属于被害人,仍应属于自己,因此,才使用暴力手段索回自己所输掉的赌资。在本案中,由于赌资未被公安机关扣押,被告人赖忠等人不可能认为赌资应为国家所有。因此,被告人赖忠不属于明知赌资是他人、国家合法所有,而欲非法占为己有。

从主观恶性、社会危害性看,抢劫罪侵犯公民的人身权、财产权,严重地危害社会治安,有较大的社会危害性,是刑法打击的一种严重刑事犯罪,并规定了严厉的刑罚。在本案中,被告人赖忠在赌博中与被害人发生纠纷,在协商不成时,采用暴力手段强行索回赌资,致被害人轻伤甲级,该行为的主观恶性、社会危害性与典型的抢劫犯罪相比,差异明显。罪刑相适应是刑法的基本原则,其意是应根据被告人犯罪的主观恶性、犯罪情节、社会危害性,而确定与之相当的罪名和刑罚。如对被告人赖忠等人的行为定抢劫罪,不仅与其行为性质不符,且所处的刑罚与其所犯罪行亦会明显不相适应。例如本案,被告人抢回的赌资是 9500 元,属数额巨大,应处十年以上有期徒刑,量刑明显畸重。如定故意伤害罪,根据其犯罪事实和情节,应处三年以下有期徒刑,则属罪刑相当。

从社会效果看,如对被告人赖忠等人的行为定抢劫罪,容易使人误解,以为赌博赢的钱,同样会受到法律的保护,与我国法律规定赌博违法相悖(当然如果不是赌博行为当事人抢回自己输掉的赌资,而是其他的人抢劫即所谓的黑吃黑,则是另一回事)。此外,刑罚的根本目的是教育改造罪犯,对被告人赖忠等人的行为以故意伤害罪处三年以下有期徒刑足以实现教育改造罪犯的目的;如以抢劫罪处三年至十年以下有期徒刑,不仅处罚过重,还使罪犯长期投入劳改,浪费国家的监狱资源,使罪犯产生对政府、社会的对抗情绪,不利于罪犯的改造和社会的长治久安。

综合以上各方面的理由,应对被告人赖忠等人的行为定故意伤害罪。[No. 5-263-77　赖忠等故意伤害案]

△教唆他人侵入自己的住宅抢劫家庭共有财产的,构成抢劫罪的教唆犯,并应认定为入户抢劫。

包胜芹等故意伤害、抢劫案的特殊性在于,案发生时被告人包胜芹与被害人陈女并未离婚。根据《婚姻法》(已失效)的规定,夫妻在婚姻关系存续期间所得财产,归夫妻共同所有。由此看来,本案被抢财物应属于被告人与被害人(夫妻)的共同财产。所谓夫妻共同财产,是指男女双方从结婚登记确立夫妻关系开始,到双方离婚或一方死亡之时为止的期间内,双方或一方劳动所得和其他合法所得财产。它不同于夫妻个人财产各为个人所有,而应由夫妻双方依法平等占有、使用和处分。夫妻任何一方,未经与他方协商同意(事前或事后)都无权擅自占有或处分夫妻共同财产,否则就构成对另一方的民事侵权行为。其中,如果以暴力为手段非法占有夫妻共同财产的,则有可能构成犯罪。本案被告人包胜芹教唆他人抢劫自己与妻子的共同财产,并许诺以其作为被教唆人(实行犯)实施被教唆之罪的报酬,已不再属于一般情况下夫妻一方擅自占有、处分夫妻共同财产的民事侵权行为,而是非法占有他人财物的刑事犯罪行为。其中,被抢财物的夫妻共同财产属性,并不影响被告人包胜芹犯罪行为性质的确认,即不影响其抢劫(教唆)罪名的成立,而仅可能影响本案具体抢劫数额的认定。因此,教唆他人抢劫自己与妻子的共同财产,同样可以成为抢劫罪的主体,与抢劫罪构成要件中的犯罪对象范围或主观目的并不矛盾。

值得注意的是,由于包胜芹教唆的是入户抢劫,共同犯罪人即被告人程健、严善辉实际实施的也是入户抢劫,所以对上述各被告人应当按《刑法》第二百六十三条第(一)项的规定量刑。[No. 5-263-78　包胜芹等故意伤害、抢劫案]

△当场使用暴力夺取债务人或债务人亲友的财物,造成债务人或债务人亲友轻伤以上后果的,不构成抢劫罪,应以故意伤害罪论处。

被告人蒋志华虽与被害人罗涛增无任何债权债务关系,但其与被害人之子罗耀钦之间却客观存在着就传销款项返还的经济纠纷,尽管该纠纷所产生的债权债务并不受法律保护,但却是本案发生的直接前因。被告人蒋志华在多次向罗耀钦索还传销款未果的情况下,遂向与其共同生活的尊亲属即被害人罗涛增追索,也合乎当地社会习俗。当然,被害人拒绝被告人的追索要求也是正当合法的。被告人在遭被害人拒绝后,采用暴力手段加害被害人,并造成二人轻伤的后果,其行为虽已构成故意伤害罪,但自始至终并不具有抢劫的犯意。因为被告人的本意只是想索回原本属于

分则　第五章

自己的欠款,而无意占有被害人的财产。如将该行为认定为抢劫罪,势必有违主客观相一致的定罪原则。因此,对于债务纠纷,当事人间所发生的暴力或以暴力相威胁的索债行为,行为人尽管在客观上采取了暴力、胁迫的手段,但主观上毕竟只是想收回本人的债权或者以货抵债,而不具有非法占有的目的,不能认定为抢劫罪。可见,二审法院以故意伤害罪改判,在适用法律上是正确的。一审法院以抢劫罪判处被告人蒋志华有期徒刑五年,定性有误。需要说明的是,一审法院不仅定性有误,即便被告人构成抢劫罪,按本案的情况,也应当属于入户抢劫。而入户抢劫的法定起刑点即为十年以上有期徒刑,在无法定减轻处罚条件下,判处五年有期徒刑,在法定刑幅度的选择上也是不妥的。[No. 5-263-79 蒋志华故意伤害案]

△共同租住的房屋,只要是供生活专用,与外界相对隔离,且承租人之间具有独立空间的,应认定为入户抢劫中的“户”。

2000年《最高人民法院关于审理抢劫案件具体应用法律若干问题的解释》第一条第一款规定,入户抢劫是指为实施抢劫行为而进入他人生活的与外界相对隔离的住所,包括封闭的院落、牧民的帐篷、渔民作为家庭生活场所的渔船、为生活租用的房屋等进行抢劫的行为。2005年《最高人民法院关于审理抢劫、抢夺刑事案件适用法律若干问题的意见》第一条指出,入户抢劫的“户”在这里是指住所,其特征表现为供他人家庭生活和与外界相对隔离两个方面,前者为功能特征,后者为场所特征。可见,对“户”的场所特征,上述解释和意见表述基本一致;而对于“户”的功能特征,解释强调的是供他人生活所用,意见强调的是家庭生活所用。根据《现代汉语词典》的解释,生活是指生存;活着,人为了生存和发展而进行的各种活动以及衣、食、住、行等方面的情况。家庭生活则是指以婚姻和血缘为纽带的基本社会单位,包括父母、子女及生活在一起的其他亲属为了生存和发展而进行的各种活动。虽然从语义上看,生活所包含的主体范围比家庭生活要广,但是不能根据用语的变化而简单地认为认定“户”的标准发生了根本性的变化。通过以下分析,可以看出两种不同表述对于认定“户”的功能特征的共同基础和实质标准上的一致性。

1. 从立法意图上看,刑法把入户抢劫规定为抢劫罪的八种加重处罚情节之一,目的在于强化对公民住所安全的保护。因为“户”不仅是公民享受生活自由和安宁的重要场所,而且是公民财产的安全存放场所,是人们心中最具安全感的地方。如果在这种地方人身和财产权利都得不到有效保障,会引起人们巨大的心理恐慌和对社会秩序信赖的削弱,以致极大地损害和扰乱公民的生活秩序,威胁整个社会的安定。进入“户”实施的抢劫犯罪行为,对公民的社会安全感的威胁和破坏更为严重,刑法将入户抢劫规定为抢劫罪的加重处罚情节,就是为了保护家庭这一社会生活中最为重要的法益。据之,此处的“户”一般应与家庭生活相关。所谓家庭生活,通常具有两个特点:一是居住成员间具有亲属关系;二是居住的成员比较固定。只要具备上述两个特征的,就应认定为刑法意义上的“户”。

这仅是对一般常态而言的,并不绝对要求“户”内居住的人员关系必须具有亲属关系,也就是说并不限于住所必须为一个家庭生活所用。只要这种住所具有与外界相对隔离的特征,居住的成员比较固定,成为居住成员的生活场所,就可以认定为刑法意义上的“户”,而不应受到住所中的人员和人员关系的限制。如两个家庭共同租用一个独立楼房,供两个家庭共同生活之用,虽然共用一个房门出口及卫生间和厨房,但仍应认定为“户”,因为对这种“户”的非法侵入实施抢劫与对典型意义上的一个家庭居住的“户”非法侵入实施抢劫的社会危害性并无质的差别,同样威胁到社会生活基本单位的安宁,造成人们巨大的心理恐慌。随着人口就业流动的增加,多数异地就业人员会租房而住,其中会有相当部分的人合租一套房,如两家人共租一个两居室,如果对这种情形下的住所不能在刑法上予以同等保护,则有失刑法社会公正保护效果的实现。

2. 从社会生活现实看。根据《新华大字典》的解释,“户”的字源本义为单扇门,引申为住户、人家。住户是指住在某处的人家。人家指家族、家庭、家室;一家人;同居一家和组成一个家庭的人们。家庭是指以婚姻和血缘为纽带的基本社会单位,包括父母、子女及生活在一起的其他亲属。但这是一般传统意义上的理解,随着社会的发展,人们的生活方式日益多元化,家庭结构发生了巨大的变化,家庭生活早已超越了传统的表现,仅以过去狭义的家庭生活为标准来界定“户”这一基本的社会生活单位,已经不能适应变化了的社会情况。比如在现代社会中,不能认为丧偶老人或单身成年人的独居住所不属于社会生活的基本单位,不能称为“户”。而且,在刑法的语境中,上述意见采用家庭生活描述“户”的功能特征,并没有变更上述解释中有关“户”的功能特征的界定,其主要用意是要将“户”与用于经营或公共活动的场所相区别,使认定标准更为具体化。因此,将“户”仅理解为组成一个家庭的成员共同生活的住所是不全面的，从这个角度来说，上述解释中将“户”的功能特征表述为供他人生活，更能适应社会生活的现实。

通过以上分析可以看出，刑法意义上的“户”与公民的私人生活密不可分，是指与外界相对隔离，供公民日常生活的特定空间。一般而言，在生活中，这种“户”作为生活空间应具备两个本质特性：一是私密性，就是人们在户内享有私生活的自由和安宁，免受他人干扰和窥视，并受到法律的充分保护；二是排他性，就是人们对户的空间区域享有占有、使用、支配和自由进出的权利，非经同意或法定事由，他人不得随意出入。虽然上述解释与意见在用语表述上存在差异，但上述特点都是“户”的特征的应有之义，也是认定“户”的基本依据。因此，在司法实践中，认定非家庭成员共同生活的住所是否属于刑法上的“户”，不能简单地一概而论，应当结合上述本质特征来进行审查判断。

就韩维等抢劫案而言，四被告人进入并实施抢劫的场所是被害人何亚东、张和平合租的房屋，二人并非一家人，除了房屋中共用部分外，他们的卧室是各自分开的，他们中任何一人的卧室对于另一人来说是相对独立的空间，在这个空间内，各自享有私生活的自由，不受他人的干扰，二人合租的房屋相对于他人和外界也同样具有隐私性和排他性，虽然二人不具有家庭成员关系，但合租的房屋系供生活所用，具有私人住所的特点，应当属于刑法意义上的“户”。值得注意的是，不具有家庭成员身份的人共同租用的住所，如果每一个承租人相对于其他人都没有相对独立的空间，该房屋应属于群体共同休息和活动的公共场所，就不能认定为刑法意义上的“户”。当然，家庭成员共同居住的住所，隐私性和排他性则是以整体体现的，即使各成员没有相对独立的空间，也不影响成立“户”。

综上所述，本案被告人韩维、赵诣、周四海、何狄为抢劫进入被害人何亚东、张和平合租的房屋内，并当场采取暴力手段劫取财物的行为应认定为入户抢劫，法院对本案的认定是正确的。［No. 5-263-80　韩维等抢劫案］

△事先虽无抢劫通谋，但明知他人实施抢劫行为，在他人暴力行为结束后，参与取财的，应以抢劫罪的共犯论处。但对于暴力行为导致的死亡后果，不承担刑事责任。

行为人虽在事先未与他人形成共同犯意，但其在明知他人犯罪性质的情况下，于事中参与了他人犯罪的后续行为。其行为一方面形成事中对他人犯罪目的的认可和主观故意内容上的沟通，另一方面其客观行为对他人实现犯罪目的起到了积极帮助作用，根据主客观相一致的定罪原则，应与他人以共同犯罪论处。

就侯吉辉等抢劫案而言，被告人何德权事前虽未同意参与侯、匡二人抢劫犯罪的提议，事中亦未实施对被害人的暴力行为，但基于其对侯、匡二人抢劫犯意的了解，在听到侯、匡二人与被害人的打斗和被害人的呼救声渐小，走到现场目睹倒在血泊中的被害人和手持剔骨刀的匡家荣，以及身上有血迹的侯吉辉后，其在明知侯、匡二人的行为性质、目的及已造成的犯罪后果之情形下，在侯、匡二人抢劫犯罪行为处于持续状态期间，应匡家荣的要求参与了共同搜取被害人家中财物的行为，因此，应当与侯、匡二人构成抢劫罪共犯。

就本案被害人被侯、匡二人暴力致死的事实及后果而言，何德权在事前既无共同犯意，在事中亦无实施共同暴力行为，因此，根据刑法罪责自负原则，何德权对侯、匡二人在其参与抢劫犯罪前暴力致被害人死亡的行为及其后果不应承担刑事责任，否则有违罪责刑相一致的基本原则。与此相应，《刑法》第二百六十三条第（五）项规定的加重条款，对何德权亦不应适用。此外，需要指出的是，对于《刑法》第二十七条第二款对于从犯，应当从轻、减轻处罚或者免除处罚的规定，应当理解为在该从犯所应当适用的法定量刑幅度内从轻、减轻或者免除处罚，而非简单地比照主犯的量刑幅度从轻、减轻或者免除处罚。

综上，本案二审法院依照《刑法》第二百六十三条一般抢劫罪的规定，对何德权在三年以上十年以下有期徒刑量刑幅度内从轻改判刑罚是恰当的。［No. 5-263-81　侯吉辉等抢劫案］

△抢劫行为导致被害人自控、自救能力丧失或明显减弱，因而陷入无法自救的危险之中，最终出现死亡等加重结果的，应当认定为抢劫致人死亡。

只有在抢劫行为必须与被害人死亡结果之间具备因果关系不中断的条件下，即肯定抢劫对象的死亡与抢劫犯罪行为人的行为有刑法上的因果关系情况下，才能认定抢劫致人死亡成立。

抢劫致人死亡中的“致”，是招致、引起（后果）的含义，没有局限于直接造成。按此解释，在抢劫中杀害被害人或过失致人死亡，抢劫行为与死亡结果之间具有直接、必然的因果关系，毫无疑问应当认定抢劫致人死亡；在抢劫过程中，虽然抢劫行为并非直接导致被害人死亡，被害人死亡由多种因素造成，但抢劫行为是引起被害人死亡的主要原因，或者抢劫行为与死亡结果仅仅存在偶然因果关系，只要因果关系没有中断，仍然可以认定为抢劫致人死亡。也就是说,抢劫致人死亡只要求抢劫行为与死亡结果具有紧密联系即可,即使介入第三方的行为,只要不足以改变抢劫行为系造成被害人死亡最主要因素的认定,就属于抢劫致人死亡。

据此,在司法实践中,抢劫致人死亡主要有三种情形:一是使用暴力追求或者放任被害人死亡结果的发生;二是使用暴力抢劫过程中过失致人死亡;三是抢劫时置被害人于危险状态而不予救助,放任其死亡结果的发生。

抢劫致人死亡中,行为人对于被害人死亡的结果不一定均持积极的追求态度。抢劫犯罪属于侵财犯罪,行为人的最终目的是获取他人财物,对被害人人身权利的侵犯主要是为了使财产所有人、持有者、保管者等不敢反抗、丧失反抗或者不能反抗,从而实现获取财物的目的。抢劫犯罪虽然是直接故意犯罪,但是直接故意的对象是财产和被害人的人身,对于被害人的死亡结果则不一定是积极追求的态度。抢劫致人死亡的主观心态不但包括故意而且包括过失。

就王国全抢劫案而言,如果确系被告人王国全在实施抢劫过程中将被害人推入水中,致被害人溺水身亡,根据有关司法解释,当然可以认定王国全抢劫致人死亡。在案证据显示被害人的死亡时间与被告人作案时间相距很短,被害人尸体内仍检出三唑仑成分,可以判断被害人死亡时仍处于麻醉药的药效时间内,此时无论发生何种情形,被告人将含有三唑仑的饮料骗被害人饮用,使其神志不清,是最终导致其溺水死亡的最主要原因。显然,王国全的抢劫行为与被害人张耀萍死亡结果之间存在不中断的因果关系。被告人王国全为抢劫而麻醉被害人,致使被害人神志不清,失去自控、自救能力;抢劫后,王国全又将失去意识的被害人独自留在开放的空间,这一行为具有足以产生危害结果的危险性,可能导致加重结果的发生,如被害人因神志不清而跌入水中溺亡等。对被害人可能发生的这种危险性,被告人王国全应当是明知的,其无论故意或过失均应对被害人死亡结果承担刑事责任。综上,本案符合抢劫致人死亡的构成要件,被告人应当为被害人的死亡结果承担刑事责任。[No. 5-263-82　王国全抢劫案]

△为实施抢劫而购置工具,并携带工具至作案点潜伏,伺机作案的,应当认定为抢劫罪的预备行为。

根据《刑法》第二十二条第一款的规定,犯罪预备是指为了犯罪,准备工具、制造条件的行为。据此,成立犯罪预备应当具有四个特征,即行为人主观上是为了实行犯罪,客观上实施了犯罪预备行为,事实上未能着手实行犯罪,未能着手实行犯罪是由于行为人意志以外的原因。犯罪预备作为故意犯罪的初期形态,虽然还没有着手实行犯罪,但客观上造成了对法益的现实威胁或者侵害的现实可能性,依照刑法规定应当追究刑事责任;由于预备犯还没有造成犯罪结果,对法益的侵害通常小于既遂犯,因此刑法规定对于预备犯,可以比照既遂犯从轻、减轻或者免除处罚。

犯意表示行为只是单纯流露犯意,不是实现犯意的具体行为,没有对法益构成现实威胁,因此,犯意表示并不是我国《刑法》所规定的可以构成犯罪的“危害社会的行为”,只有建立在为了该犯意表示而“准备工具、制造条件”的基础之上的具体行为,才能评价为“危害社会的行为”,从而可能成立犯罪预备。

根据《刑法》规定,犯罪预备要求的行为包括两类:

1. 准备工具,即准备实行犯罪的工具,如购买犯罪工具、制造犯罪工具、改装物品使之适应犯罪需要以及盗窃他人物品作为犯罪工具等。

2. 制造条件,即除准备工具以外的一切为实行犯罪制造条件的预备行为,可以表现为:(1)制造实行犯罪的客观条件,如调查犯罪场所和被害人行踪、出发前往犯罪场所或者守候被害人的到来、诱骗被害人前往犯罪场所等;(2)创造实行犯罪的主体条件,如勾结纠集犯罪同伙、寻找共犯人等;(3)制造实行犯罪的现实作案条件,如商议犯罪的实行计划、进行分工等。

张正权等抢劫案中,被告人张正权、张文普、徐世五共同预谋到偏僻地段针对单身女性行人实施抢劫,并先后购买了匕首、透明胶带等作案工具,多次携带匕首和透明胶带到安吉县递铺镇阳光工业园区附近潜伏,伺机等候合适的目标出现后实施抢劫,这些行为都是典型的抢劫犯罪预备行为,远远超出犯意表示的范畴,客观上造成了对法益的现实威胁,应当以抢劫罪(犯罪预备)定罪处罚。[No. 5-263-83　张正权等抢劫案]

△同一行为既构成强奸罪的犯罪预备又构成抢劫罪的犯罪预备的,根据禁止重复评价原则,应择一重罪处断。

刑法理论上的禁止重复评价原则,是指在定罪量刑时禁止对同一犯罪构成事实予以两次或两次以上的法律评价,据此,当然包括禁止对同一行为被两个或两个以上的犯罪构成同时评价。从功能上讲,该原则是对罪责刑相适应原则的一种贯彻,对于犯罪人的人权保障具有重要意义。张正权等抢劫案中,被告人张正权、张文普、徐世五预谋实施抢劫犯罪过程中,张正权与张文普曾商议如果遇有漂亮女性则实施强奸,徐世五明确表示不参与强奸犯罪,无强奸的共同故意,自然不能认定为强奸罪。但对于被告人张正权、张文普,其商议实施强奸的行为在成立抢劫罪(犯罪预备)的同时是否能够构成强奸罪(犯罪预备)?结论是否定的。理由是:基于禁止重复评价原则,如果同一行为既为抢劫犯罪的预备行为,又为强奸犯罪的预备行为时,不能被抢劫、强奸的犯罪构成所同时评价,也就是说不能同时成立抢劫罪(犯罪预备)和强奸罪(犯罪预备)。从本案被告人张正权、张文普、徐世五实施的整个行为过程看,其先后购买并携带匕首、透明胶带等作案工具到安吉县递铺镇阳光工业园区附近潜伏,伺机等候作案目标出现的行为应视为刑法意义上的一个行为,虽然可以将三被告人的犯罪预备行为既可以理解为为抢劫犯罪准备工具、创造条件,也可视为为强奸犯罪准备工具、创造条件,但从禁止重复评价原则出发,作为一个行为只能为一个犯罪构成所评价,而不能被两个犯罪构成予以重复评价,在刑法没有明文规定的情况下,不能既认定为抢劫罪的预备,又认定为强奸罪的预备,而应按照择一重罪的原则定罪处罚。从本案情况看,应当选择抢劫罪对被告人张正权、张文普定罪处罚。从罪质看,强奸罪侵犯的客体为人身权,而抢劫罪侵犯的是复杂客体,既侵犯人身权,又侵犯财产权,抢劫罪的罪质重于强奸罪;从刑罚处罚看,抢劫罪与强奸罪可处自由刑的幅度相同,但抢劫犯罪还应当并处财产刑,因而也是抢劫罪重于强奸罪;从本案实际情况看,张正权、张文普的一系列准备工具、预谋分工、寻找作案目标等行为,对实施抢劫犯罪来说是确定的,而对是否实施强奸犯罪则是附条件的,因为二被告人预谋当抢劫对象如果是漂亮女性才同时实施强奸犯罪,该条件是否能成就,取决于抢劫犯罪的实施情况及合适犯罪对象的出现,具有一定偶然性,因此从犯意确定角度看,以抢劫罪对二被告人定罪处罚更为准确。

综上所述,法院对被告人张正权、张文普、徐世五的预备行为仅定抢劫罪(犯罪预备),而没有同时认定为强奸罪(犯罪预备)是正确的。[No. 5-263-84　张正权等抢劫案]

△没有直接实施抢劫行为的组织者,应当对共同抢劫中的伤亡结果承担刑事责任。

从共同犯罪人分工的角度来看,程晓平是本案的组织犯。组织犯是位于实行犯的背后,实施组织、领导、策划和指挥行为的幕后者。程晓平等抢劫案中,程晓平负责组织人员实施抢劫行为。程晓平与李凡合谋抢劫并进行分工,李凡负责提供抢劫对象的相关信息,程晓平负责组织找参与抢劫的人。在抢劫准备阶段,程晓平带同伙去抢劫现场踩点,电话通知同伙到抢劫地点,指认抢劫对象。由此,可以认定程晓平在本案中是组织犯,组织、指挥其同伙实施犯罪行为。

我国《刑法》明确规定了组织者应当对组织指挥的全部犯罪负责,但刑法理论没有明确组织者对此负刑事责任的根据。在大陆法系的刑法理论中,组织犯由于对犯罪构成要件的实现具有功能性支配作用,因而获得了正犯品质。从实质价值的层面理解实行行为,对组织行为以具有功能性支配为由纳入实行行为范畴是具有说服力的。在这里,支配理论是以实质价值评价为基点,在区别正犯与共犯时指出,正犯成立的关键并不在于行为人在多大程度上直接通过自己的行为实现了该犯罪的全部构成要件,而在于他的行为对于犯罪构成要件的全部实现是否产生了决定性或重大的作用。正犯的成立是以行为人对实现构成要件行为的有效控制为实质条件的。从支配理论的角度来看,被告人程晓平辩称,始终强调抢劫时不得伤人,是直接实施抢劫的同案人造成本案一死一伤的结果,其不应承担本案的总体结果,但是,作为组织者的程晓平对本案的发生、发展具有实际支配性,体现为事先组织策划、事中指挥,对于犯罪构成要件的实现起了决定性作用。从行为共同性的角度来看,程晓平的辩解,事实上割裂了组织犯与实行犯之间行为的相互辅助性,违背了共犯之间部分行为全部责任的原理。从责任故意的角度来看,在程晓平组织、指挥抢劫犯罪过程中,尽管意志上不希望伤人,但对其同伙的行为及其可能产生的后果有明确认识,放任严重结果的发生。因此,根据《刑法》第二十六条第四款的规定,对于集团犯罪之外的组织者也应当按照其组织、指挥的全部犯罪处罚,故其应对全案负最主要的责任。[No. 5-263-85　程晓平等抢劫案]

△故意制造交通事故,并对被害人的人身使用暴力或暴力威胁取得财物的,不构成敲诈勒索罪,应以抢劫罪论处。

抢劫罪的目的是劫取财物,作为实现此目的之手段——暴力行为——必须是直接作用于人身,才能使被害人不能反抗,并最终达到当场夺取财物的目的。而敲诈勒索的手段行为无论是暴力还是威胁,抑或要挟,都是要对被害人心理施压,从而使被害人经过权衡以后放弃反抗,交出财物,即使其中使用了暴力来实施敲诈勒索行为,这种暴力也只能起到使被害人不敢反抗的作用,而不能是暴力直接强制人身导致被害人不能反抗。所以,敲诈勒索中暴力的内容针对的是人身以外的其他对象。

同样,敲诈勒索罪尽管可以用暴力相威胁,但必须排除一种暴力,这就是作为排除被害人反抗的手段的暴力,即必须排除当场对人身使用暴力,当场取财的情况。因此,当碰瓷过程中的行为人的威胁内容是"如果不给钱,我马上杀了你或者把你打成残废"这样的暴力威胁时,应当构成抢劫罪。但是如果其威胁内容是"如果不给钱,我将来杀了你或者把你打成残废"抑或"如果不给钱,我把你的车毁了,把你家的房子烧了"之类的发生在将来的针对人身的暴力或者针对人身以外的其他财物的暴力的话,则应当以敲诈勒索罪论处。

综上,抢劫罪与敲诈勒索罪最容易发生混淆的当场使用暴力手段,当场取财和以当场使用暴力相威胁,当场取财的情况下,两罪的真正区别在于暴力指向的对象不同——抢劫罪的暴力及威胁指向的是人身,敲诈勒索罪的暴力及威胁必须排除人身。因此,碰瓷过程中使用的暴力及威胁是否指向人身是如何定罪的关键。[No. 5-263-86　张慧等抢劫案]

△进入工作场所或职工宿舍进行抢劫的,不能认定为入户抢劫。

进入建筑工地或工人宿舍进行抢劫的,不宜认定为入户抢劫。《最高人民法院关于审理抢劫、抢夺刑事案件适用法律若干问题的意见》第一条明确了"户"的范围,"户"指住所,其特征表现为供他人家庭生活和与外界相对隔离两个方面,一般情况下,集体宿舍、旅店宾馆、临时搭建工棚等不应认定为"户"。此解释明确将"户"界定为家庭生活的住所。其理论依据在于,刑法保护家庭住宅的不可侵犯性,入户抢劫结合了非法侵入他人住宅罪和抢劫罪的双重罪质,具有加重的社会危害。家庭生活一般是指具有血缘或拟制关系的亲属组成的家庭成员相对固定地居住在一起,由于刑法保护社会公众普遍认同的基本价值观念——家庭生活的安全性、私密性,所以,对家庭生活的侵害应承担更大的刑事责任。工人宿舍不具备家庭生活的实质,建筑工地不能认定为住所,所以,对侵入该两处地点的行为不宜认定为入户。[No. 5-263-89　王志坚抢劫、强奸、盗窃案]

△冒充保安进行抢劫的,不能认定为冒充军警进行抢劫。

冒充保安不能认定为冒充警察。首先,"军警"从文义上解释,应当仅限于现役军人、警察两类,如果将军警类推至有一定维护安全职能的保安,则系类推解释,有违罪刑法定原则。相关司法解释对军警人员的范围的解释也持严格限制的态度,如《最高人民法院关于审理抢劫、抢夺刑事案件适用法律若干问题的意见》第九条将冒充正在执行公务的人民警察和冒充抓赌、抓嫖的治安联防队员进行了区分,前者规定为招摇撞骗罪,后者规定为敲诈勒索罪。其次,从立法目的上来看,之所以将冒充军警的行为作为加重情节来处罚,是因为此种行为在侵犯了公私财产所有权和公民人身权利之外,还败坏了军队和警察在人民群众中良好的声誉和形象,破坏了军民、警民关系。而王志坚抢劫、强奸、盗窃案中,王志坚等犯罪团伙十余人,其中个别人头戴保安帽,尽管口头上向被害人表明要查身份证、抓小偷,但实际上利用的仅是被害人一时搞不清保安有没有权利进行搜查的这种迷惑而达到迅速进入现场的目的,在进入现场后犯罪人即不再掩饰真实身份,被害人也能在最初的迷惑中迅速识破抢劫犯的身份。这种状况说明,被告人仅利用特殊身份来进行犯罪预备,并没有利用特殊身份进行抢劫,且由于虚假身份已揭穿,客观上并没有对人民警察的良好形象造成影响,所以,不符合刑法加重处罚的要旨。基于以上原因,笔者认为对于冒充保安的情节不宜认定为冒充警察来处罚。[No. 5-263-90　王志坚抢劫、强奸、盗窃案]

△在实施盗窃犯罪过程中,以暴力手段控制、殴打无抓捕意图的过往群众的,不构成抢劫罪。

抢劫罪是指以非法占有为目的,以对被害人当场实施暴力或者以当场实施暴力相威胁,或者以使被害人不能抗拒的方法,迫使其当场交出财物或者夺走其财物的行为。在抢劫罪中,行为人采用暴力、胁迫或其他手段,对被害人实施人身攻击,使之产生恐惧,不能反抗或不敢反抗,以达到非法占有他人财物的目的。行为人的抢劫行为有两个指向目标:一种是为劫取财物,对财物所有人、保管人或持有人实施暴力、胁迫或其他人身强制行为(手段行为),这种行为侵害的客体是人身权利;另一种是劫取财物的行为(目的行为),它侵害的客体是他人的财产权。与抢劫罪的双重客体相对应,抢劫罪的行为对象因此也是双重的,即除了财物,还包括人。"人"作为抢劫罪的行为对象,即被害人,常态表现的是针对财物的所有者、保管者或持有者,而不是与对象财物无关的其他人。因为针对财物所有人、保管人或持有人之外的在场人实施暴力,一般情况下达不到迫使财物所有人、保管人、持有人被迫交出财物的目的,不符合抢劫罪的暴力劫财的本质特征。当然,在特定情况下,如在盗窃现场,行为人对财物所有者和协助抓捕的群众实施暴力,也可以实现暴力劫财的效果,符合刑法有关以抢劫定罪的规定。杨辉等破坏电力设备案中,各被告

分则　第五章

人长期以盗剪电缆为生,组织严密,分工明确,形成了比较固定的盗窃团伙,他们一般采取秘密窃取的方法盗剪电缆,但当有群众从案发现场附近经过时,为保证犯罪行为的顺利实施,即持凶器控制过往群众,若遇反抗,则殴打反抗者。各被告人采用暴力手段控制过往群众的目的是顺利实施盗剪电缆这一犯罪行为,而不是为了占有过往群众的财物。客观上,各被告人也只是实施了盗剪电缆的行为,并未劫取被其控制之群众的财物;同时过往群众也非被剪电缆的所有人或守护人,也无抓捕被告人的意图或行为。各被告人实施暴力,控制过往群众的行为只是手段行为,剪取电缆才是其目的行为,上述行为特征符合破坏电力设备罪和故意伤害罪的牵连犯,应择一重罪处罚。就本案而言,各被告人的行为仅构成破坏电力设备罪,而非抢劫罪。[No. 5-263-92　杨辉等破坏电力设备案]

△在抢劫过程中,当场劫取的财物未达到预定目标,又将被害人劫持到其他场所,继续向被害人的亲友勒索财物的,构成抢劫罪与绑架罪,应实行数罪并罚。

1. 符合我国刑法的罪数理论。我国刑法理论界的通说认为,犯罪构成标准是区分一罪与数罪的标准,即确定罪数之单复的标准,应是犯罪构成的个数,行为人的犯罪事实具备一个犯罪构成的为一罪,行为人的犯罪事实具备数个犯罪构成的为数罪。具体到上述第二种情况,行为人在已经劫取到部分财物,抢劫犯罪已经既遂的情况下,为取得更多的财物而将被害人绑架,继续向被害人的家属勒索赎金,在此过程中,行为人先后产生了两个犯罪故意,并实施了当场劫取被害人财物和绑架被害人作为人质勒索财物两个行为,分别具备了抢劫罪和绑架罪两个犯罪构成,因此,应认定为抢劫罪和绑架罪,实行数罪并罚。

2. 不违反禁止重复评价原则。对于第一种情况若以绑架罪和抢劫罪实行并罚,实质上是将一个暴力劫持或拘禁行为既用作绑架罪的构成要件,又用作抢劫罪的构成要件,有违禁止重复评价的刑法原则。因此,《最高人民法院关于审理抢劫、抢夺刑事案件适用法律若干问题的意见》认为绑架过程中又当场劫取被害人随身携带的财物的,同时触犯绑架罪和抢劫罪两罪名,应择一重罪定罪处罚,这无疑是正确的。但在第二种情况下,由于行为人主观上存在两个犯罪故意,客观上也实施了两个犯罪行为,因此,对行为人以抢劫罪和绑架罪实行并罚,并不存在重复评价的问题。

3. 符合罪责刑相适应的刑法基本原则。抢劫罪和勒索财物型绑架罪都是严重侵犯公民人身权利、财产权利的犯罪。行为人在劫取被害人财物后,又将被害人绑架并向其家属勒索赎金,表明行为人的主观恶性和社会危害性极大,因此,只有对其以抢劫罪和绑架罪实行并罚,才能做到罪责刑相适应,而不至于放纵犯罪分子。

具体就丁金华等抢劫、绑架案而言,六被告人的整个犯罪过程可以分为两个阶段来分析:第一阶段是被告人丁金华、廖强、彭振飞伙同同案人在被害人周军家里殴打被害人及其家属,当场劫取被害人的财物。被告人这一阶段的行为完全符合抢劫罪的构成特征,即当场使用暴力,当场取得被害人的财物,其行为应以抢劫罪论处。第二阶段是被告人丁金华、廖强、彭振飞伙同同案人将被害人周军挟持到被告人吴国军在金湘宾馆开的202号房,被告人吴国军随后纠集被告人刘征、曾才到上述地点看管被害人,共同威逼被害人打电话给其哥哥筹钱赎人。被告人这一阶段的行为完全符合绑架罪的构成特征,即控制被害人,以被害人的人身安全要挟其家属并勒索家属的财物,其行为应以绑架罪论处。因此,被告人丁金华、廖强、彭振飞的行为构成抢劫罪和绑架罪,依法应当实行数罪并罚,被告人吴国军、刘征、曾才的行为构成绑架罪。[No. 5-263-94　丁金华等抢劫、绑架案]

△以强奸目的入户,在强奸过程中临时起意劫取财物的,不能认定为入户抢劫。

《最高人民法院关于审理抢劫、抢夺刑事案件适用法律若干问题的意见》规定,认定入户抢劫应注意入户目的的非法性,即进入他人住所须以实施抢劫等犯罪为目的。据此,认定本案被告人虞正策的行为是否构成入户抢劫,关键在于其入户的目的是什么。事实上,虞正策是以强奸为目的进入被害人住所的,不符合入户抢劫的成立要件,因而虞正策在强奸过程中临时起意劫取财物的行为不能认定为入户抢劫。具体理由如下:

上述意见关于进入他人住所须以实施抢劫等犯罪为目的,指仅以实施抢劫及盗窃、诈骗、抢夺等图财型犯罪为目的而进入他人住所。《刑法》第二百六十三条规定了入户抢劫的加重处罚情节,另根据《刑法》第二百六十九条的规定,实施盗窃、诈骗、抢夺等行为在一定条件下可转化为抢劫罪。因此,当行为人以抢劫为目的入户,或者以盗窃、诈骗、抢夺等犯罪为目的入户并转化为抢劫罪的,才可以认定为“入户抢劫”。意见提出以实施抢劫等犯罪目的作为入户抢劫的成立要件,不是对刑法规定的扩张解释,而是对入户抢劫含义的明确。这在《最高人民法院关于审理抢劫案件具体应用法律若干问题的解释》中也有所体现。该解释第一条规定,“入户抢劫”是指为实施抢劫行为而进入他人生活的与外界相对隔离的住所,包括封闭的院落、牧民的帐篷、渔民作为家庭生活场所的渔船、为生活租用的房屋等进行抢劫的行为。入户盗窃后因被发现而当场使用暴力或以暴力相威胁的,均认定为入户抢劫。

上述意见中的抢劫等犯罪不宜理解为所有犯罪,仅应解释为抢劫及盗窃、诈骗、抢夺等图财型犯罪。上述意见在规定入户目的的非法性时,明确了进入他人住所须以实施抢劫等犯罪为目的,意在严格入户抢劫的认定条件,将以实施抢劫等图财型犯罪为目的入户与以实施其他犯罪为目的入户区别开来,以做到准确定性和量刑均衡,同时,这也是保证入户抢劫必须符合抢劫罪构成要件的必然要求。因为如果不加区分,对以实施任何犯罪为目的入户而临时起意抢劫的行为都以入户抢劫论处,行为人就可能被判处十年以上有期徒刑、无期徒刑或者死刑。这将使刑法规定的入户抢劫范围无限扩大,容易导致轻罪重判。为此,意见特别强调指出:“行为人不以实施抢劫等犯罪为目的进入他人住所,而是在户内临时起意实施抢劫的,不属于‘入户抢劫’。”

根据虞正策强奸、抢劫案证据,被告人虞正策被儿子殴打后,为宣泄而同人饮酒、聊天,后入户实施强奸犯罪。现场勘验、检查笔录证实,现场并无搜寻、抢劫其他财物的情况,且在案证据证实虞正策仅抢走了一副耳环,这说明虞正策并非为图财而入户抢劫,因而不符合入户抢劫的目的要件要求。

将入户同时作为强奸和抢劫的手段行为,是对同一行为的重复评价,也违反了主客观相一致的定罪原则。禁止对同一犯罪人的同一犯罪行为进行多次定罪或者处罚,是大陆法系国家和英美法系国家的通行规则,也是我国刑法理论和实践中遵循的基本原则,目的是禁止对同一行为进行重复的刑法评价,保护被告人的权利,实现罪刑相当。在本案中,被告人虞正策入户是实施强奸犯罪的手段行为,因而不能作为抢劫的手段行为再行评价,因为虞正策入户并不是为了实施抢劫犯罪。如果将以强奸目的入户,在强奸过程中临时起意劫取财物的行为认定为入户抢劫,则是对同一入户行为的重复评价,会导致将该入户行为分别认定为强奸和抢劫的手段。这不仅与禁止重复评价原则相左,也违反了主客观相一致的定罪原则。因为虞正策入户不是为了实施抢劫犯罪,或者说,其入户时并不具有抢劫的主观故意,如果将入户强奸行为认定为入户抢劫,则割裂了被告人的犯罪故意与危害行为的有机联系。

综上,被告人虞正策以实施强奸犯罪为目的进入被害人住所,在强奸过程中临时起意劫取财物的行为,不应认定为入户抢劫,本案一、二审法院对此情节的认定是正确的。[No. 5-263-96 虞正策强奸、抢劫案]

△劫持被害人并要求被害人以勒索之外的名义联系家属汇款到指定账户的,应以抢劫罪论处。①

绑架罪的主客观要件,要求既要劫持被绑架人,又要利用第三人对被绑架人的人身安全的顾虑而向第三人索要钱财。联系本案,虽然被害人的家属已感觉被害人的人身安全可能受到威胁,但被告人向第三人勒索的主观意识和客观行为上不明显,被害人是以炒股而非以赎身名义向家属要钱,因此,被告人的行为不符合绑架罪的构成特征。

在实践中,被告人控制被害人并通过被害人向其家属索要钱财的情形比较复杂:有的是通过被害人转达勒赎请求,以使被害人亲属确信其被控制的事实并增加威慑力;有的是明确要求被害人不能暴露其被控制的事实,使被害人家属误以为其因正当事由需要钱财;有的是笼统要求被害人向其家属索要钱财,至于被害人以何种名义向其家属索要则在所不问。对此,必须区别情况区别对待。以胁迫第三人为标准,如果胁迫第三人,则认定为绑架罪,若否,则认定为抢劫罪。对于第三种情形,由于第三人对被告人是否胁迫被害人处于不确定的状态,需要视被害人与第三人的沟通情况而定,如果被害人告知第三人其人身被控制而要钱,则被告人构成绑架罪,若否,即使被害人家属感知,在无证据证实被告人有明确的胁迫第三人的主观犯意和客观行为的情形下,以抢劫罪定罪处罚。

抢劫罪的犯罪对象并不要求必须是本人财物。从财物的取得方式看,只要汇款打入被告

① 付立庆教授认为,就绑架罪的既遂来说,通说认为本罪的勒索财物目的或者其他非法目的不需要现实实现而只要求其存在。换言之,此一要件是不需要现实化的主观的超过要素。因此,只要行为人主观上具有此目的,即便客观上被绑架者的近亲属或者其他相关人员完全没有这种忧虑,也不影响绑架罪的既遂认定。参见陈兴良主编:《刑法各论精释》,人民法院出版社 2015 年版,第 166—167 页。

人指定账户,即应视为其行为既遂,而不应认为只有被告人从账户中取出钱款才应视为行为既遂。被告人通过劫持被害人然后得到汇款,符合抢劫罪所要求的当场施暴,当场取得财物的要件。[No.5-263-109 张红亮等抢劫、盗窃案]

△在抢劫罪中,只有当被害人的人身或财产法益面临急迫的危险时才能认定为着手抢劫。尚未采取任何暴力、胁迫手段,法益所面临危险的急迫性不明显的,应当认为仍处于抢劫行为的预备阶段;因担心被发现而自动放弃犯罪的,应当认定为抢劫预备阶段的中止。

着手实施犯罪意味着给法益已经带来急迫的危险,就抢劫罪而言,只有当犯罪行为人使被害人的人身或财产法益面临急迫的危险时,才宜认定为着手抢劫。具体到抢劫出租车司机这一类型犯罪,着手抢劫的认定标准应与其他类型的抢劫犯罪一致,即以出租车司机的人身和财产法益所面临的危险是否具有急迫性来判断。如果行为人以抢劫为目的乘坐出租车,但还未采取暴力胁迫手段,则法益所面临危险的急迫性并不明显。且一般人携带刀具乘坐出租车与本案在客观方面完全一致,若认定已构成着手实施抢劫,仅依据二被告人的主观故意定罪,难免有主观定罪之嫌。二被告人乘坐周喜章的出租车行驶了一段路程,周喜章拒绝前行,二被告人遂下车,二被告人的行为仍处在预备阶段,且在当时情况下二被告人仍有实施抢劫之可能性而自动放弃犯罪,可认为二被告人构成犯罪预备阶段的中止。[No.5-263-110 夏洪生抢劫、破坏电力设备案]

△基于同一犯意支配下时间和空间具有同一性或连续性的抢劫行为,应认定为一次抢劫行为。

根据《最高人民法院关于审理抢劫、抢夺刑事案件适用法律若干问题的意见》第三条的规定,对于"多次"的认定,应当以行为人实施的每一次抢劫行为均已构成犯罪为前提,综合考虑犯罪故意的产生、犯罪行为实施的时间、地点等因素,客观分析、认定。对于行为人基于一个犯意实施的犯罪,如在同一地点同时对在场的多人实施抢劫的,或基于同一犯意在同一地点实施连续抢劫犯罪的,如在同一地点连续地对途经此地的多人进行抢劫的;或在一次犯罪中对一栋居民楼房中的几户居民连续实施入户抢劫的,一般应认定为一次犯罪。本案被告人夏洪生、张金宝根据事先预谋,先后乘坐周喜章、徐民志的出租车实施抢劫,在时间上紧密相连、空间上亦具有连续性,应以一次抢劫犯罪处罚,不再单独定罪量刑。[No.5-263-111 夏洪生抢劫、破坏电力设备案]

△为劫取财物而预谋故意杀人,或在劫取财物过程中,为制服被害人反抗而故意杀人的,应以抢劫罪一罪论处。

在抢劫杀人犯罪中,认定抢劫罪一罪还是抢劫罪、故意杀人罪两罪的关键在于,行为人是否基于一个抢劫故意,为非法占有他人财物排除障碍而杀人。从被告人夏洪生抢劫刘亚芹的过程看,夏洪生产生犯意后持刀威胁被害人劫取财物,又捅刺被害人系连续发展行为,没有证据表明其在抢劫犯意之外再生故意杀人的犯意,应以抢劫罪一罪论处。[No.5-263-112 夏洪生抢劫、破坏电力设备案]

△作为犯罪工具而劫取但事后予以焚毁的机动车,应计入抢劫数额。

在类似劫取机动车辆作为犯罪工具或逃跑工具的情形中,行为人以暴力、胁迫手段劫取机动车并不是出于法律上的使用目的,而是作为实施其他犯罪的工具或用于犯罪后逃跑,一般用后即予毁弃,基本上不存在返还的可能。因此,可以认定行为人仍是以非法占有为目的控制和利用机动车辆,在客观上也侵害了被害人的财产法益。行为人毁弃机动车辆,属于"非法占有"之后的处分行为,并不阻碍非法占有的成立。因此劫取机动车作为犯罪工具亦成立抢劫罪,其价值应计入抢劫数额。[No.5-263-113 夏洪生抢劫、破坏电力设备案]

△实施盗窃行为后,持枪抗拒抓捕的,应认定为持枪抢劫。

对盗窃后持枪抗拒抓捕行为的司法认定,涉及《刑法》第二百六十三条第(七)项持枪抢劫与第二百六十九条的为抗拒抓捕而当场使用暴力或者以暴力相威胁的理解问题。《最高人民法院关于审理抢劫案件具体应用法律若干问题的解释》第一条第二款明确规定:"对于入户实施盗窃,因被发现而当场使用暴力或者以暴力相威胁的行为,应当认定为入户抢劫。"入户抢劫与持枪抢劫均为刑法所规定的抢劫罪的八种加重处罚情节,二者的法律地位与法律效果相当,因此司法解释关于入户抢劫的规定,对持枪抢劫情节的认定具有非常重要的参考意义。此外就立法目的而言,刑法之所以将持枪抢劫规定为加重情节,主要是因为枪支比刀具、棍棒具有更大的威慑力与杀伤力,对他人生命、健康等人身权利之危害尤甚,严重危及社会公共安全。行为人在盗窃过程中随身携带枪支,其主观目的已经包含了为确保顺利取得财物并逃离现场而使用枪支的意图。因此,在考察行为人持枪抢劫的目的时,应综合考量行为人非法占有财物的概括性故意与行为的整体性。

盗窃后持枪抗拒抓捕的行为认定为持枪抢劫,符合罪刑相适应原则。行为人在实施盗窃行为时,携带了国家明令禁止的枪支以备用,并且在被他人发现以后持枪抗拒抓捕,其社会危害性和人身危险性较大,如果适用一般抢劫行为的法定刑则难以实现罪刑均衡。[No. 5-263-115　刘兴明等抢劫、盗窃案]

△在行为引起被害人死亡结果发生的可能性较大时,医院救治行为中的失误不能中断该行为与被害人死亡结果之间的因果关系,也不影响对被告人的量刑。

我国对结果加重犯的规定在《刑法》分则的具体罪状中多以致使或造成某种后果予以表述,行为人实施了基本犯罪,引起了可归责于行为人的加重结果,刑法就会规定比基本犯罪更严重的法定刑。结果加重犯的构成,除了要具备基本犯罪行为和加重结果外,还要求有主观罪过、基本犯罪行为和加重结果之间的因果关系。在通常情况下,只要犯罪行为合乎规律地引起了危害结果的发生,即可认定行为与后果间有刑法上的因果关系。但对于结果加重犯,犯罪行为与危害后果间有其他要素介入时,如何判断行为与结果间的因果关系以及确定行为人的刑事责任则是一个难题。

张校抢劫案中,被害人的死亡与被告人的抢劫行为之间是否具有刑法上的因果关系是本案争议的焦点。刑法关于结果加重犯的罪状描述中的“致”必须达到招引、引来、招致的程度。换言之,这种程度应达到主要原因才能成立。在结果加重犯的抢劫罪中,致人死亡是抢劫这个基本犯罪所引起的加重结果,关于致人死亡与抢劫犯罪之间的因果关系,客观上要求抢劫犯罪必须具有引起加重结果发生的内在危险;主观上要求行为人对死亡结果至少具有过失,也可以是故意。本案中,被告人以非法占有为目的,采用持刀捅刺被害人身体的手段劫取被害人财物,其行为已构成抢劫的基本犯罪。被害人在被害前身体无异常情况,被害后左髂总静脉、动脉等部位出现锐器创口,均属被告人抢劫行为所致,抢劫行为是被害人死亡的先行行为,两者之间存在因果关系,被告人应对被害人的死亡结果承担刑事责任。

所谓中断因果关系,是指某种危害行为引起或正在引起某种危害结果,在因果关系发展过程中,介入了另一原因,从而切断了原来的因果关系。成立中断的因果关系,必须具备以下条件:其一,须有另一原因介入;其二,介入原因须为异常原因;其三,中途介入的原因须合乎规律地引起结果的发生。其具体的判断标准为:一是先前行为对结果发生所起作用的大小。二是介入因素的异常性大小。三是介入因素本身对结果发生所起作用的大小。本案中所要讨论的医院救治中的失误则属于上述介入因素,必须考察被告人抢劫这一先前行为与介入因素——医疗行为对于被害人死亡的结果各自作用的大小、医疗行为异常性大小。

本案经法医鉴定,被害人赵彦君系左髂总静脉破裂致失血性休克导致死亡,从该结论可以看出,被害人的死因是因左髂总静脉破裂,而左髂总静脉破裂是由被告人所捅刺的。在本案的因果关系中,被告人实施的行为本身就具有足以造成危害结果产生的效力,至少是被害人死亡的主要原因,医院救治的失误,并没有使抢劫行为的效果缓和或超越替代了抢劫行为而引起结果发生。在被告人行为引起被害人死亡结果发生的可能性较大而医院抢救行为对结果发生的影响力并非主要的情况下,医院的抢救行为不能中断被告人的抢劫行为与被害人死亡结果之间的因果关系。

一般而言,在被告人行为引起危害结果发生的可能性大而介入因素对危害结果发生的影响力较小的情况下,可以考虑从轻或减轻被告人的刑事责任。但本案中,被告人预谋抢劫,选择在居民区作案,且尾随被害人到家门口实施抢劫,为排除被害人反抗,持类似杀猪刀样式的刀具攻击被害人胸腹背部等要害部位十余刀,行为没有节制,手段特别残忍,主观恶性极深。尽管医院在抢救过程中存在失误之处,但这种失误并非明显失误,且可能存在于一切抢救过程中,不足以影响量刑。[No. 5-263-116　张校抢劫案]

△既未劫取财物,又未造成他人人身轻伤伤害后果的,应以抢劫未遂论处。

转化型抢劫罪中是存在既遂、未遂的犯罪形态的。但是不能简单地以基本犯罪的既未遂来作为认定转化型抢劫犯罪既未遂的标准,而应该根据转化型抢劫行为本身的形态来认定。犯罪最基本的特征是具有社会危害性,社会危害性是通过犯罪客体和行为特征综合反映出来的。转化犯的本质并不仅仅是犯罪行为的简单增加或者犯罪结果的加重,而是犯罪行为性质的根本改变。盗窃等基本行为侵犯的只是财产权利,而抢劫罪侵犯的是财产权利和人身权利双重客体。转化型抢劫之所以按照抢劫罪来论处,是因为其先前的盗窃、诈骗、抢夺行为在侵犯财产权利的同时,因使用了暴力或以暴力相威胁而对人身权利造成了侵犯,从而与抢劫罪的客体重合,具有同样的社会危害性。转化型抢劫罪虽然是法律拟制的抢劫罪,但其行为的性质就是抢劫罪,与普通抢劫罪的罪质完全相同。所以,也应该按照普通抢劫罪的犯罪构成要件和停止形态来评价。之前的盗窃、诈骗、抢夺行为只是转化的前提条件，而不应作为认定转化抢劫罪是否既遂、未遂的依据。

当盗窃、诈骗、抢夺的犯罪既遂，意味着财物已经取得，则转化为抢劫罪时亦构成既遂，孙敢胜抢劫案即属于这种情况。当盗窃、诈骗、抢夺犯罪未遂，虽然基本行为未取得财物，但在使用暴力或者以暴力相威胁时，如果造成了人身轻伤以上的后果或者在抗拒抓捕的过程中劫得了财物，则转化的抢劫罪也是成立既遂的。因此，转化型抢劫罪既遂、未遂的形态，应该根据转化后的行为本身的形态来分析，应与认定普通抢劫罪的既遂、未遂标准相一致。即具备劫取财物或者造成他人轻伤以上后果两者之一的，均属抢劫既遂；既未劫取财物，又未造成他人人身轻伤伤害后果的，属抢劫未遂。[No. 5-263-122　孙敢胜抢劫案]

△在诈骗过程中，尚未取得财物就被他人发现，为了继续非法占有财物而使用暴力或以暴力相威胁的，构成抢劫罪，而非转化型抢劫罪。

《刑法》第二百六十三条规定的抢劫罪与《刑法》第二百六十九条规定的转化型抢劫罪，关键是从行为人的主观方面进行区分。抢劫罪中行为人当场实施暴力或者以暴力相威胁的行为具有不法占有他人财物的目的，而转化型抢劫罪中行为人当场实施暴力或者以暴力相威胁的目的，是为了窝藏赃物、抗拒抓捕或者毁灭罪证。所谓窝藏赃物，是指行为人在实施盗窃、诈骗、抢夺时，已经将他人财物置于自己的实际控制之下，但被人发现，为了阻止他人取回赃物，当场实施暴力或者以暴力相威胁；所谓抗拒抓捕，是指行为人在实施盗窃、诈骗、抢夺过程中或得手后，被人发现，为了不被被害人、公安人员、群众等抓获归案而对抓捕者实施暴力或者以暴力相威胁；所谓毁灭罪证，是指行为人盗窃、诈骗、抢夺过程中，为了不受法律追究、毁灭与犯罪有关的证据时，而当场对他人实施暴力或者以暴力相威胁。据此，如果行为人不是在窝藏赃物、抗拒抓捕或毁灭罪证的目的支配下实施暴力或者以暴力相威胁的行为，则不能构成转化型抢劫罪。比如，行为人在盗窃、诈骗、抢夺过程中被发现后，为排除妨碍进而占有财物而实施暴力或者以暴力相威胁的，应直接认定构成《刑法》第二百六十三条规定的抢劫罪。龚文彬等抢劫、贩卖毒品案中，各被告人在实施诈骗过程中，被害人发现被骗不愿交付钱款，各被告人即上前围住并胁迫对方交付钱款，此时各被告人以暴力相威胁的目的是欲从被害人处获得财物，而不是为了窝藏赃物、抗拒抓捕、毁灭罪证，故各被告人不具备转化型抢劫罪的主观要件，其行为符合抢劫罪的主观要件，应以《刑法》第二百六十三条规定的抢劫罪来认定。[No. 5-263-124　龚文彬等抢劫、贩卖毒品案]

△在以各种名目诱骗被害人消费购物，通过抬高消费金额等手段谋取高额利润的过程中，若以非法占有为目的，当场实施暴力相威胁或直接实施暴力而劫取财物的，应以抢劫罪论处。

吊模宰客，是指一些地方形容不法分子以各种名目诱骗游客到酒吧、咖啡厅、KTV、美容院等场所消费、购物，通过抬高消费金额等手段谋取高额利润，吊模则从消费金额中抽取一定比例的违法犯罪活动。实践中对吊模宰客行为认定罪名不一，通常涉及诈骗罪、强迫交易罪、敲诈勒索罪、抢劫罪。行为人采取何种手段往往视被害人的反应而变化，吊模宰客的具体行为止步于不同阶段，所对应罪名也会不同，不能千篇一律地用一个罪名去套所有的吊模宰客犯罪，要严格根据查明的事实来分析行为特征以及与相关犯罪构成要件的契合度。行为人在吊模宰客的过程中，如果以当场实施暴力相威胁或直接实施暴力劫取财物则构成抢劫罪。

被告人陈惠忠等人利用经营幌子索取被害人钱财，被害人接受异性服务的费用是单独与陈炜和卖淫女结算，并已实际结清。陈惠忠等人开出的账单项目绝大部分不是被害人实际消费，而是虚构的，账单金额更是根据对被害人经济实力的判断虚开的，由此表明，陈惠忠等人显然不具有正常经营的性质，其吊模宰客行为不是为了获取基本合理的对价，而是为了非法占有被害人钱财。陈惠忠等人在犯罪过程中同时实施了以握有嫖娼把柄相威胁以及多人围堵、殴打的行为，综合案发环境、被害人反应等因素分析，陈惠忠等人采用的暴力手段已经当场对被害人人身造成了伤害。被害人被多人围在较为封闭的空间内无法脱身，一有反抗或不配合即遭殴打，人身安全及行动自由均遭到严重侵害，处于现实的危险中。被害人客观上处于无力反抗的状态，主观上处于不得不从的心理劣势。被害人脱身后随即报警，说明被害人交付财物主要是急于摆脱正在遭受的人身危险而非顾虑接受异性服务的负面影响。综上，陈惠忠等人的行为系当场实施暴力，并当场取得钱财，符合抢劫罪的特征，应认定为抢劫罪。[No. 5-263-127　陈惠忠等抢劫案]

△以借钱为名使用暴力手段劫取财物使用后归还并支付利息的，属于抢劫既遂后的后续行为，仍应以抢劫罪论处。

行为人是否具有非法占有目的，应当从犯罪动机、是否具有还款意愿以及犯罪形态等角度进行分析。

第一，从犯罪动机分析。在犯罪预备阶段，蔡苏卫、赵磊为了获取巨额钱款去澳门从事赌博活动，商议以竞标为由去湖南省汝城县向被害人胡玉龙借款，并作了具体分工，准备了枪支等作案工具，租赁房屋作为关押被害人的场所。可见，蔡苏卫等人明知胡不会同意借款，从一开始就是以借为名实现非法占有的目的。

第二，从是否具有归还借款的意愿分析。蔡苏卫和赵磊此前在澳门赌博已经输了几千万元，根本没有归还巨额借款的经济能力。蔡等人明知赌博是高风险的行为，且本身就是非法行为，还以通过不法手段获取的汇票在澳门换作筹码从事赌博活动，其对最终不能归还借款已有心理预期，只是如果侥幸赌博赢利就归还借款并偿付利息。

第三，从犯罪形态分析。最后归还借款并偿付利息只是犯罪既遂后的行为，不能因为蔡苏卫等人事后归还借款并偿付利息而否定三被告人此前的暴力占有他人财物及非法占有的目的。经由上述分析，应当认定蔡苏卫等三被告人主观上具有非法占有目的。

以借钱为名，通过暴力手段劫取财物使用后归还并偿付利息的行为，应当以抢劫罪定罪处罚。值得指出的是，被告人事后归还抢劫财物并偿付利息的行为，作为犯罪既遂后恢复原状、减轻或避免被害人更大损失的行为，可作为酌定量刑情节予以考虑。

蔡苏卫等三被告人强行将被害人从湖南省汝城县带到江西省南昌市早已准备好的出租屋内，以借钱为名，采用暴力威胁手段，逼迫被害人以帮他人借钱竞标为由打电话向亲友筹集银行承兑汇票 11 张（价值 2000 万元），并指示其公司员工熊小贞将汇票交给蔡苏卫。蔡苏卫等三被告人的行为已经构成抢劫罪。蔡苏卫持汇票前往澳门赌博，虽然赢利后将汇票返还被害人并偿付利息，然后将其释放，但这些行为属于抢劫既遂后的后续行为，不影响对蔡苏卫等三被告人行为的定性。［No. 5-263-128 蔡苏卫等抢劫案］

△实施故意伤害行为后，若并非利用被害人不能反抗或不敢反抗的处境，临时起意取走被害人逃离后遗留在现场的财物的，不构成抢劫罪，应以抢夺罪论处，并与故意伤害罪实行并罚。

2005 年《最高人民法院关于审理抢劫、抢夺刑事案件适用法律若干问题的意见》第八条规定："行为人实施伤害、强奸等犯罪行为，在被害人未失去知觉，利用被害人不能反抗、不敢反抗的处境，临时起意劫取他人财物的，应以此前所实施的具体犯罪与抢劫罪实行数罪并罚；在被害人失去知觉或者没有发觉的情形下，以及实施故意杀人犯罪行为之后，临时起意拿走他人财物的，应以此前所实施的具体犯罪与盗窃罪实行数罪并罚。"上述意见第八条规定的第一种情形，体现在以下四个方面：一是行为人在取走财物前实施了故意伤害或强奸等暴力行为；二是行为人取走财产属于临时起意；三是行为人取走被害人财物时，被害人有一定的知觉；四是行为人取走财物时，利用了先前的暴力行为对被害人的影响力，并使被害人处于不能反抗或不敢反抗的状态。其中第四个因素是关键因素，如果行为人实施暴力行为时或完毕后，由于时空转换或救助机会出现等原因，被害人的人身危险已经解除，行为人的先行暴力行为对被害人的影响力已消失或中断，不会再使被害人不敢反抗或不能反抗后，行为人临时起意将被害人财物取走的，其取财行为并不具有暴力性特征，故不能认定为抢劫行为。

从郭学周故意伤害、抢夺案的案卷材料及现场情况看，被告人郭学周在持刀砍伤被害人后，虽然持刀追赶，但随即放弃。被害人进入工厂后随即叫工友帮其报警，郭学周慑于被害人工友追赶而折返。此时，被害人的人身安全已得到完全保障，郭学周先前的暴力伤害行为已告中断，其对被害人的人身侵害在时间上和空间上不具有延续性，其折返现场后将摩托车开走的行为不具备有暴力取财的特征，不符合上述意见第八条的规定，不能据此认定为抢劫罪。

被告人郭学周的行为也不符合"携带凶器抢夺构成抢劫罪"的情形。2000 年《最高人民法院关于审理抢劫案件具体应用法律若干问题的解释》第六条规定，"携带凶器抢夺，是指行为人随身携带枪支、爆炸物、管制刀具等国家禁止个人携带的器械进行抢夺或者为了实施犯罪而携带其他器械进行抢夺的行为"，该规定将携带凶器抢夺行为界定为两种情形：一是行为人随身携带枪支、爆炸物、管制刀具等国家禁止个人携带的器械进行抢夺的行为，携带这些器械实施抢夺行为的，应当认定为携带凶器抢夺，以抢劫罪定罪；二是行为人为了实施犯罪而携带其他器械进行抢夺的行为。对这种行为的认定不能一概而论，而应当从行为人携带器械的主观目的方面进行分析。只有对行为人为了实施犯罪而携带其他器械进行抢夺的行为，才能认定为抢劫罪。

本案证据证实，被告人郭学周携带菜刀是为了砍伤被害人，在被害人逃入工厂后，携刀返回，回到砍击现场才临时起意将被害人摩托车开走。郭学周返回现场这一段行为，并没有再次携刀犯罪的目的，而是完成伤害犯罪后携带凶器离开现场的必然伴随行为。故其行为不符合《刑法》第二百六十七条及前述解释第六条规定的携带凶器抢夺的情形,不能据此认定为构成抢劫罪。

抢夺罪,是指以非法占有为目的,当场夺取他人数额较大的财物的行为。该罪的客观方面具体表现为以下三种形式:(1)乘人不备而夺取;(2)在他人来不及夺回时而夺取;(3)制造他人不能夺回的机会而夺取。由此可见,乘人不备而夺取财物只是抢夺罪的一种最常见的表现形式,而非唯一表现形式,也不意味着它是抢夺罪的必然客观构成要件。只要行为人以非法占有为目的,采取了公然夺取的手段,且夺取的财物达到抢夺罪的数额构成标准后,就可认定该行为构成抢夺罪。

本案被告人郭学周在持刀砍伤被害人后,返回现场将摩托车开走的行为虽不具备乘人不备这一要件,但主观上有非法占有他人财物的目的,客观上实施的是利用被害人来不及夺回的情形而公然夺取财物,其行为完全符合抢夺罪的构成要件。[No. 5-263-129 郭学周故意伤害、抢夺案]

△行为人未停止暴力侵害的情况下,被害人的介入行为不中断暴力侵害行为与人身伤害结果之间的因果关系。

刑法上的因果关系,是指在一定的条件下,行为合乎规律地引起危害结果发生的关系。一方面,作为原因的实行行为,必然具有引起危害结果发生的实在可能性,即作为原因的危害行为一定包含着引起某种结果发生的根据和内容;另一方面,作为原因的实行行为,必须合乎规律地引起危害结果。刑法上的因果关系是特定条件下一种不以人的意志为转移的客观联系。由于因果关系的复杂性,现实中存在多因一果、一因多果等复杂情形。在因果关系的发展进程中,如果介入了第三方的因素,如被害人的行为,则应当在进一步考察行为人的行为是否合乎规律地引发了犯罪结果的发生、介入因素与行为人的行为的关联程度、介入因素是否异常以及对结果发生的原因力大小等基础上,综合判断行为人的行为与危害结果之间是否存在刑法上的因果关系。在具体案件中,一般将行为人的行为与介入因素之间的关联依照紧密程度大小依次排列为必然、经常、偶然、无关等情形,行为与结果在刑法上的因果关系也依照上述次序而递减。

在抢劫、强奸等暴力犯罪中,行为人实施的暴力行为通常会引起被害人的反抗或逃离行为。被害人唐某作为一名女性,独自面对身体素质远强于自己的被告人刘某,在刘某不停地穿插对其实施一系列殴打、强奸等暴力行为的情况下,其跳楼逃离的行为符合常识常情。在此种情况下,刘某的暴力侵害行为与唐某的介入行为之间存在必然关联,由此造成的被害人重伤后果与刘某的暴力行为之间存在必然直接联系,刘某的暴力行为能够合乎规律地引发唐某的跳楼逃跑行为,唐某的跳楼逃跑行为未中断刘某的暴力行为与重伤后果之间刑法上的因果关系。[No. 5-263-136 刘某抢劫、强奸案]

△行为人实施多个暴力行为导致被害人人身伤害后果的,构成不同犯罪的,该伤害后果可在各犯罪构成中分别予以评价。

被害人唐某的重伤后果与被告人刘某的抢劫行为、强奸行为均有刑法上的因果关系,将重伤后果在抢劫罪、强奸罪中分别予以评价,不属于禁止重复评价的情形。鉴于多种暴力手段只造成了一个伤害后果,在对被告人实行数罪并罚时应当尽可能根据罪责刑相适应原则把握罪刑的整体平衡。[No. 5-263-137 刘某抢劫、强奸案]

△行为人提供钥匙给同伙让同伙抢劫共同居住者的,行为人与同伙均成立入户抢劫。

首先,对于"户"的理解,《最高人民法院关于审理抢劫、抢夺刑事案件适用法律若干问题的意见》第一条规定,"户"在这里是指住所,其特征表现为供他人家庭生活和与外界相对隔离两个方面,前者为功能特征,后者为场所特征。根据相关规范性文件的规定,入户抢劫的认定主要考虑两个方面:一是入户目的的非法性,即进入他人住所须以实施抢劫等犯罪为目的;二是暴力或者暴力胁迫行为必须发生在户内。

尹志刚、李龙云抢劫案中,被告人尹志刚与李龙云事先预谋抢劫,李龙云进入屋内捆绑被害人李静,并暴力胁迫劫取户内钱财。很显然,李龙云入户目的的非法性暴露无遗,暴力胁迫行为也发生在户内,且对被害人李静而言,非同住人李龙云以抢劫等犯罪目的入户对另一同住人实施抢劫,后者家庭生活安全性、私密性以及住宅不受侵犯的权利均被实际侵害。这种侵害并不因同住人尹志刚的参与而消减。因此,李龙云的行为应当认定为入户抢劫。

其次,在共同犯罪中,共同犯罪人应当对不超出其共同犯意的犯罪后果承担共同的刑事责任,同住人与其他非同住人共同预谋入户对其他同住人实施抢劫,对共同造成的侵犯他人家庭生活安全性、私密性的加重后果均应当承担刑事责任。至于同住人是带领他人入户还是帮助他人入户,只是具体行为方式的不同,不影响入户抢劫的认定。因此,二被告人都应当认定为入户抢劫,尹志刚也应当对入户抢劫的加重后果承担刑事责任。[No. 5-263-138 尹志刚、李龙云抢劫案]

△共同居住的情形下，财物处于共同居住人共同占有之下，无论该财物是否由行为人代为保管，行为人与同伙抢劫共同居住人财物的行为均成立抢劫罪。

尹志刚、李龙云抢劫案在定性上产生分歧，主要源于对57 000元处于何人占有的状态存在不同的理解。一般而言，财物所有权人亦是占有人，二者是重合的，但随着社会经济的发展，财物在流转过程中可能产生占有权与所有权的分离。对共同居住情形下财物占有、控制的认定，应当结合居住空间的私有性和整体性两方面进行考量：首先，各居住人基于财物所有权及生活空间的私密性，当然地占有各自生活空间内的财物。其次，由于共同居住空间的统一性，其对外是作为单一空间被整体评价，根据人们对于整体性空间安全的一般性认识，各共同居住人（无论是寄住人还是共同承租人）均被视为整体空间财物的看管人。在某共同居住人离开空间时，其财物既处于财物所有权人的控制、支配之下，也处于空间内的其他共同居住人的看管下，在空间内其他共同居住人为多人的情况下，相互之间为共同看管关系，而非排斥性独占，除非财物所有权人在离开时作出明确交代。简言之，在共同居住人外出的情况下，其财物实际处于双重占有、控制之下：一是本人基于财物所有权而当然占有和控制着财物；二是根据一般的空间安全观念，其他共同居住人亦被认为是财物看管人，对财物具有临时的控制力。如果有人（包括共同居住人）采用暴力、胁迫等手段当场劫取其他共同居住人的财物，符合抢劫罪的犯罪构成，应当认定构成抢劫罪，而不论被抢财物的所有权人是否在场。

本案中，李静、尹志刚寄住在王红岩承租的房屋中，三人形成共同居住关系。王红岩起初委托尹志刚将57000元带回共同居住处，尹志刚因该委托而成为该钱款的临时占有人，且属排除所有权人王红岩本人的单独占有。尹志刚将钱款带回共同居住处后，虽还没有进行相关交付，但王红岩作为所有权人和房屋的承租人对该钱款已恢复一定程度的占有状态，该笔钱款已不再处于尹志刚的单独占有之下。同时，李静、尹志刚作为共同居住人，二人在王红岩不在场时，不仅对室内其他财物，且对该57000元钱款，均具有共同看管责任。尹志刚和李龙云基于非法占有王红岩57000元钱财的目的，相互配合，使用暴力手段控制王红岩财物看管人之一的李静之后，将李静的财物及其房屋内尹志刚身上所带王红岩所有的57000元钱款非法占为己有，该行为系"使用暴力劫取他人财物"，符合抢劫罪的行为特征。同时，由于二被告人系当着财产保管人的面取得财产，而非"秘密窃取他人财物"，故不构成盗窃罪；二被告人所劫得的钱款亦非完全处于尹志刚代管之下，故亦不符合侵占罪的构成特征。[No. 5-263-139　尹志刚、李龙云抢劫案]

△被害人被过路车辆撞死，不中断抢劫行为与死亡结果之间的因果关系。

被告人徐伟采用刀具威胁、掐脖子等手段实施抢劫行为，不仅实际造成了被害人右侧肩部一处5厘米的创口，且对被害人的精神形成了巨大的威胁。也就是说，暴力抢劫行为已经对被害人造成实际的身体伤害和精神威胁，在这一特定的时空环境下，被告人徐伟的暴力抢劫行为是迫使被害人朱金芳出于本能而选择仓皇逃生并积极呼救的唯一外在因素。被告人徐伟与被害人朱金芳几乎同时下车，被害人下车呼救时不法侵害并未结束，被害人尚未脱离被告人的控制领域，此时被害人由于被告人的抢劫行为而慌乱无措，被害人跑上快车道呼救实属别无选择。法律不能苛求被害人朱金芳在面临重大而紧迫的生命威胁时仍保持足够的理性与镇定，以谨慎选择其他更好的处置方案。没有徐伟的暴力劫取财物行为，被害人就不会慌不择路地逃向快车道。所以，被告人徐伟的抢劫行为与朱金芳仓皇逃离行为之间具有直接的因果关系。

刑法上的因果关系是考查犯罪构成的重要内容之一，只有行为和结果之间具备了刑法上的因果关系，行为才具备被认定为刑事犯罪的可能性。如果行为和结果之间没有引起与被引起的关系，只是时间或者其他情形下的巧合偶遇，则不能将该行为评价为引起该危害结果的原因，进而认定为犯罪。根据刑法因果关系中断的理论，其他车辆撞死被害人这一外在因素的介入，并不能中断徐伟抢劫与发生被害人死亡结果之间的因果关系。因为判断因果关系是否中断，关键要认定介入的原因是否属于异常原因，如果介入的原因属于通常的介入因素，则不能中断因果关系的发展。本案中，被害人朱金芳在夜深人静的高速公路上突然遭受暴力抢劫受伤，且被告人的暴力威胁还在继续，尽快脱离危险境地是人的本能反应，其本身并无过错；虽是夜晚，但高速路上车流量仍很大，过往车辆司机也无法预料会突然有人闯入快车道；司机本身无过错，其驾车行为属于通常的介入因素。如果没有被告人徐伟的抢劫行为，被害人的死亡结果便不可能发生。所以，被告人徐伟的抢劫行为与被害人朱金芳的死亡结果之间具有引起与被引起的关系，即过路车辆撞死被害人并不能中断被告人徐伟抢劫与死亡结果之间的因果关系，被害人死亡应认定系抢劫的结果。

对于“抢劫致人死亡”这一结果加重犯的认定，首先必须要求行为人对该死亡结果的发生存在主观过错，即要求行为人对被害人的死亡结果具有预见可能性，以行为人“应当和可能预见被害人死亡的结果”为限，对于没有预见可能性而发生被害人死亡的加重结果的，不能将加重结果的罪责归于行为人，只能将其作为一种量刑情节加以考虑。被告人徐伟选择在夜晚的全封闭高速公路这一特定时间、特定地点持刀抢劫，并且已经用事先准备的水果刀刺伤了被害人朱金芳，被告人徐伟应当预见到被害人朱金芳极有可能会下车呼救，对被害人下车呼救时可能因慌不择路不遵守交通规则，而被高速公路上高速行驶的来往车辆撞死存在预见可能性。[No. 5-263-140　徐伟抢劫案]

△卖淫女从事卖淫活动时其出租房不属于《刑法》第二百六十三条意义上的“户”，行为人在出租房内实施抢劫行为不构成入户抢劫。

根据《最高人民法院关于审理抢劫案件具体应用法律若干问题的解释》和《最高人民法院关于审理抢劫、抢夺刑事案件适用法律若干问题的意见》的相关规定，认定“入户抢劫”，行为必须具备以下三个要件：一是符合“户”的范围。“户”是指住所，其特征表现为供他人家庭生活和与外界相对隔离两个方面，前者为功能特征，后者为场所特征。二是“入户”目的的非法性。进入他人住所须以实施抢劫等犯罪为目的。三是暴力或者暴力胁迫行为必须发生在户内。

“户”的构成需同时具备场所和功能两方面特征。换言之，“户”既要具备与外界相对隔离，具有一定的封闭性的场所特征，也要具备供家庭生活起居使用的功能特征。本案在审理过程中，主要有以下两种观点：一种观点认为，卖淫女虽然在其住所内从事卖淫活动，但这仅能表明其住所兼具性交易场所的性质，其作为住所主要发挥的仍是生活功能，因而应当认定为刑法意义上的“户”。另一种观点认为，卖淫女出租房的性质必须结合抢劫行为实施当时的实际状况进行区分判断。对于以家居场所掩盖非法营利活动的住所，抢劫行为发生时该场所实际承载的功能特征即是该场所的实质功能特征。

卖淫女出租房兼具卖淫活动场所和家居生活住所的性质。详言之，卖淫女在从事卖淫活动时，其出租房所承载的功能性质表现为卖淫活动场所；卖淫女在不从事卖淫活动时，其出租房所承载的功能性质表现为家居生活住所。该出租房表现为卖淫活动场所和家居生活住所的双重功能特征，在一定条件下两个特征可以相互转化。当没有嫖客进入出租房时，该出租房供卖淫女进行日常生活起居之用，同时具有相对封闭性和私密性，应当被认定为刑法意义上的“户”。相反，当卖淫女决定在该出租房内接纳嫖客时，该出租房实际承载的功能便转化为淫乱牟利的场所。此时，该出租房虽然具有“户”的场所特征，但不具有户的功能特征。

现实生活中，入户包括合法入户和违法入户。违法入户抢劫的情况比较简单，构成入户抢劫也没有疑问，如破门而入、冒充军警人员入户、用欺骗等手段入户等。因其入户不合法，无论其入户目的是否为抢劫，只要入户后实施了抢劫犯罪，均应当认定为“入户抢劫”。合法入户后，因为某种原因而进行抢劫，是否构成“入户抢劫”，情况比较复杂。笔者认为，对合法入户后因为某种原因而实施抢劫的，对其入户非法性的认定不能一概而论，需要进一步区分两种情况：一种情况是入户前或者入户时就有抢劫犯罪动机的，即以合法形式掩盖非法目的，此种情况下即使是合法入户也应当认定具有入户的非法性，如利用债务关系、利用亲属关系、利用水电等物业管理维修人员身份作掩护有预谋地实施“入户抢劫”等情形。对于这些行为，行为人在入户时已具有抢劫犯意，虽然其入户行为得到主人的邀请或者许可，且是以平和的方式入户，但这是由于其以合法形式掩盖了非法目的，主人的邀请或者许可是受蒙骗而作出的非真实的意思表示。入户作为其犯罪行为的步骤之一，一开始就具有欺骗性和非法性。因此，以欺骗方式“合法”入户只是刑法上的手段行为，应当认定为具有入户的非法性。另一种情况是合法入户时没有抢劫犯罪动机，临时起意抢劫，即以合法行为开始，以犯罪行为告终的，这种情况不宜认定为“入户抢劫”，如讨债不成激愤抢劫，以及亲属之间临时起意抢劫的，应当按照一般抢劫犯罪处理。值得注意的是，在合法入户的情况下，行为人一般为亲属、朋友、房屋设施维修人员等，审查合法入户的被告人事前有无抢劫动机比较复杂，要结合入户原因、犯罪预备、抢劫手段和数额等因素，综合认定。

被告人黄卫松在入户之前既有嫖娼的故意，也有抢劫的故意。黄卫松以嫖娼的方式，诱使卖淫女带其到出租房内。黄卫松的行为与上述以合法形式掩盖非法目的的情形相似（黄卫松的嫖宿行为本身就是违法的，但“入户抢劫”中的非法性是指侵入的非法性）。黄卫松的嫖宿故意与其以平和方式进入出租房存在因果关系，其以平和方式入户与抢劫行为存在手段和目的的关系。因此，黄卫松具有入户目的的非法性。

综上所述，被告人黄卫松虽然具有入户目的

的非法性、暴力发生在户内两个要件,但是由于卖淫女的出租房在犯罪时不属于刑法意义上的“户”,因此,不属于“入户抢劫”。[No. 5-263-141　黄卫松抢劫案]

△行为人从户外追赶被害人进入户内实施抢劫,应认定为入户抢劫。

根据2005年6月8日发布的《最高人民法院关于审理抢劫、抢夺刑事案件适用法律若干问题的意见》的规定,认定“入户抢劫”时,应当注意以下三个问题:一是“户”的范围。“户”在这里是指住所,其特征表现为供他人家庭生活和与外界相对隔离两个方面,前者为功能特征,后者为场所特征。二是“入户”目的的非法性。进入他人住所须以实施抢劫等犯罪为目的。三是暴力或者暴力胁迫行为必须发生在户内。基于上述规定,笔者认为,“入户抢劫”的基本结构为:入户前持有非法的入户目的→入户行为→户内以暴力或者暴力胁迫行为实施抢劫或者转化型抢劫。换言之,只有先后满足上述三个条件,才能构成“入户抢劫”加重情节。

抢劫行为虽然发生在户内,但行为人不以实施抢劫等犯罪为目的进入他人住所,而是在户内临时起意实施抢劫的,不属于入户抢劫。理论界和实务界对如何理解此处的“进入他人住所须以实施抢劫等犯罪为目的”尚未达成统一认识,大致存在以下三种观点:第一种意见认为,进入他人住所必须以实施抢劫为目的,其他任何目的都不能认定为“入户抢劫”。第二种意见认为,只要入户目的具有非法性,即可认定为“入户抢劫”。第三种意见认为,“入户”应当以实施犯罪为目的,即行为人进入他人住所的目的及后续行为应当达到刑罚处罚的程度。

笔者同意第三种意见,理由是:(1)《最高人民法院关于审理抢劫、抢夺刑事案件适用法律若干问题的意见》明确规定进入他人住所须以实施抢劫等犯罪为目的。其中的“等”字便说明“入户”的目的不局限于抢劫犯罪一种,这是文义解释的应有之义。第一种意见显然缩小了“入户抢劫”的范围。(2)如以其他非法目的,如讨要赌债进入他人住宅而临时起意实施抢劫,尽管抢劫行为也发生在户内,客观上也侵犯了他人的住宅权利以及人身、财产权利,但该行为表现出的行为人的主观恶性与人身危险性,尚难以成为适用“入户抢劫”在十年以上有期徒刑、无期徒刑或者死刑范围内量刑的理由。换言之,若对任何持非法目的进入被害者家中实施抢劫的行为,均认定为“入户抢劫”,并适用十年以上有期徒刑、无期徒刑或者死刑,必然会导致量刑畸重,有违罪责刑相适应原则。因此,将“入户抢劫”的目的扩大理解为“入户”的“非法性”,明显扩大了“入户抢劫”的范围,容易造成罚不当罪的情况。(3)就体系解释的角度而言,限定“入户”目的达到犯罪的程度,而又不局限于抢劫一种情形,与《最高人民法院关于审理抢劫、抢夺刑事案件适用法律若干问题的意见》关于“入户盗窃”转化为“入户抢劫”的规定精神保持一致。

被告人刘长庚在户外持刀威胁被害人劫取财物,见被害人吴某逃跑后,遂将吴某追赶至吴某家中,并继续采用捂嘴、持刀划伤吴某等暴力手段实施抢劫。这些事实足以表明刘长庚在“入户”前已经对吴某实施了抢劫行为,在吴某躲进家中后仍尾随其后,继续在室内实施抢劫,因此,其“入户”目的应当认定为实施抢劫。

“入”的判断应当从客观和主观两个方面进行。客观方面,所谓“入”,《现代汉语词典》中解释为“进去”或者“进来”,与“出”相对,作为一个动词,“入”在时间上应当为一个点。由于刑法不仅处罚犯罪既遂、未遂行为,而且处罚预备行为,所以,广义的行为概念既包含实行行为,也包含预备行为。换言之,无论是在犯罪预备阶段还是犯罪着手实行阶段,行为人以实施抢劫等犯罪为目的进入他人住所,均应当认定为“入户”。实践中,抢劫这一犯罪过程从着手实施,到最终犯罪实施完毕,持续的时间可能从几个小时到几天。例如,犯罪分子在外地抢劫被害人,后又劫持被害人至其家中继续实施抢劫。又如,犯罪分子入户实施抢劫中,使用劫得的信用卡外出取钱。主观方面,“入”户必须是未经被害人同意的,是一种未经许可的进入行为。

从刑事政策的角度分析,“入户”的判断应当采取严格解释,强调入户与抢劫之间的关联关系,只有入户时具有非法目的才符合“入户抢劫”的主观要件。因为刑法之所以将“入户抢劫”单独列出来,作为加重情节规定更为严重的刑罚,主要是因为“入户抢劫”不仅侵犯了公民的人身和财产安全,而且侵犯了公民的住宅安全。申言之,“入户抢劫”是非法侵入他人住宅与抢劫他人财物两种违法犯罪行为的结合。“入户”行为本身已具有独立的社会危害性,且这种危害与抢劫的危害相结合,使其具有了较户外抢劫更大的社会危害性,因而应当得到法律的加重处罚。

被告人刘长庚追赶吴某进入其日常生活的出租屋,主观上没有得到吴某的同意而进入,客观上实施了进入“户”内行为,且“入户”是为了实施抢劫行为,完全符合“入户”的法律特征。

“入户抢劫”的强制性手段应当以发生在户

内为必要。法律规范意义上的行为与日常生活中单个的动作有别,刑法上的行为一般由多个动作组成,如持枪杀人,不是仅指扣扳机一个单一的动作。抢劫行为从着手实施到最终犯罪实施完毕的整个过程,包括多个动作,如手持工具的动作、言语威胁的动作、追赶被害人的动作等。这些动作可能发生在不同的场合,如有的在户外、有的在户内。“入户抢劫”中“在户内实施暴力或者暴力胁迫行为”,不应机械地理解为整个抢劫行为在户内开始实施并在户内结束,否则将大大缩小对“入户抢劫”犯罪的打击面,甚至为一些不法分子规避法律提供了“挡箭牌”。根据相关法律对住宅权利特殊保护规定的精神,笔者认为,对“在户内实施暴力或者暴力胁迫行为”不应作过于严格的解释,即只要行为人的抢劫暴力行为有一部分发生在户内,就应当认定为“入户抢劫”。

被告人刘长庚携带工具从户外开始对吴某实施抢劫,并追赶吴某到户内,在户内继续实施暴力行为,符合在户内实施暴力行为的要件,应当认定为“户内实施暴力抢劫行为”。[No. 5-263-142 刘长庚抢劫案]

△借“碰瓷”行为获取钱财的行为应当根据具体案件中行为人获取钱财的方式准确认定。“碰瓷”行为后又使用暴力或实施暴力相威胁而索取财物的,应以抢劫罪论处。

第一种情形:如果行为人以非法占有为目的,故意制造交通事故,并造成事故系被害人过错所致的假象,继而以此为要挟,迫使被害人赔偿,行为整体上符合敲诈勒索罪的要挟、强迫特征,应当以敲诈勒索罪论处。

第二种情形:如果行为人故意制造交通事故,隐瞒事故真相,使被害人基于事故产生原因的错误认识而给付“赔偿”,行为人的行为就符合诈骗罪的构成特征,应当以诈骗罪论处。

第三种情形:行为人兼有欺骗与胁迫行为的,应根据行为人主要取财手段的特征,以敲诈勒索罪或者诈骗罪论处,而不宜进行数罪并罚。

第四种情形:如果行为人驾车碰撞他人车辆后,又以暴力或实施暴力相威胁而索取钱财的,构成抢劫罪。

第五种情形:“碰瓷”之后没有进一步实施诈骗、敲诈勒索或抢劫行为的,对于只撞毁车辆,符合故意毁坏财物罪构成要件的,可以故意毁坏财物罪论处;致人伤亡的,根据具体情况,可以故意伤害罪或故意杀人罪论处;既符合故意毁坏财物罪,同时符合故意伤害罪或故意杀人罪的,按照想象竞合犯的原则处理。

被告人刘飞等人预谋“碰瓷”敲诈勒索被害人,同时又准备了西瓜刀和镐把等作案工具。在碰撞发生后,刘飞同伙吴乃刚对被害人进行敲诈,被害人拒绝交付钱财,准备打电话报警,同案犯吴乃刚即从车里取出一把西瓜刀对被害人进行威胁,向其索要钱财;遭遇被害人反抗时,刘飞又持镐把先后击打两名被害人,并致一死一伤。因此,吴乃刚的行为从起初的敲诈勒索转变为直接实施抢劫,且其行为不属于诈骗过程中为窝藏赃物、抗拒抓捕、毁灭罪证实施暴力转化为抢劫罪的情形;其敲诈勒索被害人的事实,在量刑时可作为酌定量刑情节考虑,无须再单独定罪。根据共同犯罪的规定和基本原理,刘飞具有敲诈不成即抢劫的概括的共同预谋,又在同伙着手实行抢劫时,加入实施暴力行为,故即使其实施暴力后未进一步实际劫取财物,也不能割裂暴力行为与非法占有财物目的的内在联系,其行为完全符合抢劫罪的构成特征,应当以抢劫罪论处。[No. 5-263-131 刘飞抢劫案]

△行为人赌博完毕后返回现场抢走远远超出其所输赌资数额的财物的行为,成立抢劫罪。

2005年6月8日发布的《最高人民法院关于审理抢劫、抢夺刑事案件适用法律若干问题的意见》第七条第二款规定:“抢劫赌资、犯罪所得的赃款赃物的,以抢劫罪定罪,但行为人仅以其所输赌资或所赢赌债为抢劫对象,一般不以抢劫罪定罪处罚。构成其他犯罪的,依照刑法的相关规定处罚。”

对赌博完毕后返回赌博现场抢走赌资行为的定性,在适用《最高人民法院关于审理抢劫、抢夺刑事案件适用法律若干问题的意见》第七条的规定时,应当重点审查以下两个方面的要素:

一是时空条件。《最高人民法院关于审理抢劫、抢夺刑事案件适用法律若干问题的意见》第七条规定的仅以其所输赌资或者所赢赌债作为抢劫对象的行为,应当发生在赌博现场。《最高人民法院关于审理抢劫、抢夺刑事案件适用法律若干问题的意见》之所以规定抢劫所输赌资或者所赢赌债行为不构成抢劫罪,是基于抢回所输赌资或者所赢赌债行为的主观故意内容不符合抢劫罪的主观特征。抢回所输赌资或者所赢赌债的行为人对所输赌资或者所赢赌债的权属性质存在模糊认识,而实施抢劫的行为人对于他人财物的权属性质认识很明确。对赌博现场的理解,与犯罪现场一样,要适度作扩大解释,不能严格从文义角度作限制理解。那种认为只要赌博完毕,离开了或者离开过赌博场所,就不认定为“赌博现场”的观点,值得商榷。笔者认为,如果时间上、空间上具有一定的接续性、邻接性,如行为人仅离开半小时就返回赌博场所，或者仅离开赌博房间不远，在宾馆同层走廊或者大堂处，实施抢回所输赌资或者所赢赌债的行为，也应认定为在赌博现场实施的行为。基于这一思路，笔者认为，本案被告人张超虽然是在赌博完毕离开后返回原赌博房间实施抢劫，但仍应当认定其行为发生在赌博现场。

二是数额条件，即抢取财物没有明显超出自己所输赌资或者所赢赌债的范围。在司法实践中，不能强求行为人在慌乱之中抢回的数额刚好与自己所输赌资或者所赢赌债的数额相等。然而，也不能将所抢数额与所输赌资或者所赢赌债数额的差距无限放大，即在所抢数额明显超出自己所输赌资或者所赢赌债数额时，也不以抢劫罪论处。被告人张超所输赌资为200余元，但其指使李军等人持水果刀、木棒返回到新越招待所303房（赌博现场）抢走陈杨杨现金1350元和三星牌S8300型手机一部，所抢现金数额明显超出其所输赌资，所抢手机更不属于其所输赌资。上述事实体现出张超具有非法明显的占有他人财物的主观故意，其行为不适用《最高人民法院关于审理抢劫、抢夺刑事案件适用法律若干问题的意见》关于赌博者抢回所输赌资的相关规定，应当以抢劫罪论处。［No. 5-263-135　张超抢劫案］

△在拖欠被害人欠款的情况下，以暴力胁迫手段逼迫被害人写下收条的行为，构成抢劫罪既遂。

我国现行《刑法》中并没有直接规定侵犯财产罪的犯罪对象包括财产性利益，也没有单独设立利益罪，但是，刑法理论界普遍的观点认为，财产性利益可以作为财产犯罪的对象。随着社会交易方式、财产形态的日渐多样化，作为刑法中的财产犯罪的对象，"财产"概念的内涵和外延也呈现逐渐扩张趋势。财产既包括有形的财物，也包括各种财产性利益。加强对财产性利益的法律保护，是市场经济发展的必然要求。我国《刑法》第五章规定的侵犯财产罪，对相关罪名的罪状表述多采用"财物"这一概念，如"以暴力、胁迫或者其他方法抢劫公私财物的"，构成抢劫罪。单从文义来看，相关罪状表述似乎将财产犯罪的对象限定为有形的"财物"，但是，财产性利益具有财产价值，可以转化为现金或者其他财物，因此，从对财产权的法益保护角度来看，此处所谓的"财物"，不仅包括有形的"财物"，也应当包括以其他形式存在的财产性利益。抢劫有形财物与抢劫财产性利益所侵害的对象都是财产，如仅因财产的表现形式不同就加以区别对待，显然是不公平的。被告人习海珠等人以暴力、胁迫手段逼迫被害人彭桂根书写75万元收条，侵犯的就是彭桂根的财产性利益。

以财产性利益为犯罪对象的抢劫案件，应当以财产性权益是否在客观上受到实际侵害作为判断既遂和未遂的标准。本案在犯罪既遂和未遂的问题上产生争议，主要是由于抢劫对象特殊，并非实实在在的75万元现金，而是能够体现消除75万元债权的收条。即使在以有形财物作为犯罪对象的抢劫犯罪中，被害人对被抢财物的所有权也没有丧失，只是丧失了占有而已，对此，显然不能以被害人可以通过提起民事诉讼主张自己对被抢财物的所有权为由认定本案情形属于犯罪未遂。此外，即使彭桂根提起民事诉讼，是否能够胜诉，也并不确定。因此，不能以被害人可以通过民事诉讼等方式获得救济为由认定本案情形属于犯罪未遂。从对财产权的侵犯角度来看，对于以有形财物作为抢劫对象的案件，被害人拥有财产权的主要方式就是对财物的占有，一旦被害人因犯罪行为丧失对财物的占有，其财产权就遭到了实际侵害，对此类案件，应当以行为人是否实际劫取财物作为判断既遂和未遂的标准。对于以财产性利益作为抢劫对象的案件，被害人的财产权并不直接体现为对有形财物的实际占有，而是体现为各种财产权利义务关系，如果因犯罪行为改变了原有的财产权利关系，导致被害人丧失了财产性利益，被害人的财产权就遭到了实际侵害，对此类案件，应当以行为人是否改变了原有的财产权利关系作为判断既遂和未遂的标准。［No. 5-263-145　习海珠抢劫案］

△对于被判处管制或宣告缓刑的被告人，可以根据其犯罪的具体情况以及禁止事项与所犯罪行的关联程度，对其适用"禁止令"。

董某某、宋某某抢劫案中，被告人主要是因上网吧需要网费而诱发了抢劫犯罪；二被告人长期迷恋网络游戏，网吧等场所与其犯罪有密切联系；如果将被告人与引发其犯罪的场所相隔离，有利于家长和社区在缓刑期间对其进行有效管教，预防再次犯罪；被告人犯罪时不满十八周岁，平时自我控制能力较差，对其适用禁止令的期限确定为与缓刑考验期相同的三年，有利于其改过自新。［No. 5-263-146　董某某、宋某某抢劫案］

△为实施抢劫而偷开他人机动车，使用完毕后遗弃的行为，即使事后被公安机关追回并发还被害人，也应当以抢劫罪与盗窃罪数罪并罚。

《最高人民法院、最高人民检察院关于办理盗窃刑事案件适用法律若干问题的解释》第十条中所规定的"偷开机动车……将车辆遗弃导致丢失的"中的"丢失"是指失去、遗失的状态，而非永远失去的结果。被告人焦某某等人将被盗面包车使

分则　第五章

用完毕后遗弃到远离原处的地方，对于被害人来说面包车就处于丢失、失控的状态。虽然公安机关最终将被盗车辆追回，并发还给被害人但仍然不能阻碍“丢失”这种状态的发生。故被告人焦某某等人的行为属于将车辆遗弃导致丢失的情形，应当以抢劫、盗窃罪数罪并罚。[No. 5-263-147　焦某某等人抢劫、盗窃、寻衅滋事案]

第二百六十四条　【盗窃罪】

盗窃公私财物，数额较大的，或者多次盗窃、入户盗窃、携带凶器盗窃、扒窃的，处三年以下有期徒刑、拘役或者管制，并处或者单处罚金；数额巨大或者有其他严重情节的，处三年以上十年以下有期徒刑，并处罚金；数额特别巨大或者有其他特别严重情节的，处十年以上有期徒刑或者无期徒刑，并处罚金或者没收财产。

【立法沿革】

《中华人民共和国刑法》（1997年修订，自1997年10月1日起施行）

第二百六十四条

盗窃公私财物，数额较大或者多次盗窃的，处三年以下有期徒刑、拘役或者管制，并处或者单处罚金；数额巨大或者有其他严重情节的，处三年以上十年以下有期徒刑，并处罚金；数额特别巨大或者有其他特别严重情节的，处十年以上有期徒刑或者无期徒刑，并处罚金或者没收财产；有下列情形之一的，处无期徒刑或者死刑，并处没收财产：

（一）盗窃金融机构，数额特别巨大的；

（二）盗窃珍贵文物，情节严重的。

《中华人民共和国刑法修正案（八）》（自2011年5月1日起施行）

三十九、将刑法第二百六十四条修改为：

“盗窃公私财物，数额较大的，或者多次盗窃、入户盗窃、携带凶器盗窃、扒窃的，处三年以下有期徒刑、拘役或者管制，并处或者单处罚金；数额巨大或者有其他严重情节的，处三年以上十年以下有期徒刑，并处罚金；数额特别巨大或者有其他特别严重情节的，处十年以上有期徒刑或者无期徒刑，并处罚金或者没收财产。”

【立法理由】

1. 1979年立法的情况。盗窃罪是我国历史上最早出现并沿用至今的罪名之一。制定1979年刑法时，立法机关考虑到盗窃、诈骗、抢夺这三种罪的轻重程度大体相同，规定的法定刑也相同，而且犯罪分子兼犯其中两种行为的为数不少，为处理上的方便，便合成一个条文予以规定，并另行规定了盗窃罪、诈骗罪、抢夺罪的加重处罚情节。1979年《刑法》第一百五十一条规定：“盗窃、诈骗、抢夺公私财物数额较大的，处五年以下有期徒刑、拘役或者管制”。第一百五十二条规定：“惯窃、惯骗或者盗窃、诈骗、抢夺公私财物数额巨大的，处五年以上十年以下有期徒刑；情节特别严重的，处十年以上有期徒刑或者无期徒刑，可以并处没收财产。”

2. 1979年之后至1997年刑法修订前的立法情况。1979年《刑法》颁布实施以后，鉴于盗窃公共财物等犯罪活动日趋猖獗，危害日趋严重，第五届全国人大常委会第二十二次会议于1982年3月8日通过了《全国人民代表大会常务委员会关于严惩严重破坏经济的罪犯的决定》，对盗窃罪作了补充，规定盗窃罪情节特别严重的，可以判处死刑。这部单行刑法中关于盗窃罪的规定对于在特定形势下打击日益猖獗、情节特别严重的盗窃犯罪分子，保护公私财产，维护社会治安起到了积极作用。

3. 1997年修订刑法的情况。1979年刑法将盗窃罪与诈骗罪、抢夺罪合在一起，共用两个条文来规定，不方便三种犯罪立法的细化和司法适用。随着立法技术的成熟，1997年修订刑法时，在总结司法实践经验及刑法理论界的研究成果的基础上，以第二百六十四条单条规定了盗窃罪，并作了进一步的修改：一是明确了盗窃罪的构成要件，须达到“数额较大或者多次盗窃”的；二是取消了惯窃罪，只在量刑中加以考虑；三是调整法定刑为“三年以下有期徒刑、拘役或者管制”“三年以上十年以下有期徒刑”“十年以上有期徒刑或者无期徒刑”；四是增加了罚金刑，对上述三档刑罚分别规定了“并处或者单处罚金”“并处罚金”和“并处罚金或者没收财产”。此外，还根据盗窃罪的社会危害性，取消了此前有关单行刑法关于盗窃罪情节特别严重的可以判处死刑的规定，仅对盗窃金融机构数额特别巨大的和盗窃珍贵文物情节严重的两种行为保留了死刑。

4. 2011年《刑法修正案（八）》对本条的修改

分则　第五章

情况。近年来,有关部门以及一些全国人大代表和专家多次提出,盗窃罪属于非暴力的财产性犯罪,一般情况下不会造成人身或者其他方面的严重损害。1997年刑法保留死刑的两种情形,也不属于社会危害性最严重的犯罪,建议取消盗窃罪可以判处死刑的规定。同时,有关部门提出,实际中一些盗窃行为,虽然达不到"数额较大或者多次盗窃"的入罪门槛,但严重危害到广大人民群众的财产安全,并对群众人身安全形成威胁,具有严重的社会危害性,应当予以刑事处罚。立法机关经研究认为,完全取消盗窃罪的死刑,不会给社会稳定大局和治安形势带来负面影响。对于1997年刑法保留死刑的两种情形,依法判处无期徒刑或者其他刑罚是可以起到惩罚和震慑的作用的。2011年2月25日第十一届全国人大常委会第十九次会议通过的《刑法修正案(八)》对本条作了修改,删去了对盗窃罪可以判处死刑的规定,同时增加了入户盗窃、携带凶器盗窃、扒窃三类行为直接构成盗窃罪的规定。

【条文说明】

本条是关于盗窃罪及其处罚的规定。

本条规定的"**盗窃**",是指以非法占有为目的,秘密窃取公私财物①的行为。本罪的主体是一般犯罪主体。构成盗窃罪必须具备以下条件:

1. 行为人具有**非法占有公私财物的目的**。②

2. 行为人实施了**秘密窃取公私财物的行为**。"**秘密窃取**"是指采用不易被财物所有人、保管人或者其他人发现的方法,将公私财物占为己有的行为。③ 如溜门撬锁、挖洞跳墙、潜入他人室内、掏兜割包、利用网络技术窃取等。秘密窃取是盗窃罪的重要特征,也是区别其他侵犯财产罪的主要标志。盗窃的公私财物,既包括有形的货币、金银首饰等财物,也包括电力、煤气、天然气等无形的财产。盗窃毒品等违禁品的,也应当按照盗窃罪处理,根据情节轻重量刑。

3. **盗窃的公私财物数额较大的,或者多次盗窃、入户盗窃、携带凶器盗窃、扒窃的**。"**数额较大**",是盗窃行为构成犯罪的基本要件。如果盗窃的财物数额较小,一般应当依照治安管理处罚法的规定予以处罚,不需要动用刑罚。但对于一些特定的盗窃行为,只要实施了该盗窃行为,即使达不到数额较大的条件,因该行为本身的社会危害性,本条也规定其构成犯罪。这些行为包括:

(1)**多次盗窃**。盗窃犯罪具有常习性,且犯罪分子又具有一定的反侦查能力,一经抓获,往往只能认定现场查获的数额,而对其以往数额的交代也难以查证。将多次盗窃规定为犯罪正是针对盗窃犯罪的这一特点。根据2013年《最高人民法院、最高人民检察院关于办理盗窃刑事案件适用法律若干问题的解释》第三条的规定,对于二年内盗窃三次以上的,应当认定为"**多次盗窃**",以盗窃罪定罪处罚。

(2)**入户盗窃**。入户盗窃不仅侵犯了公民的财产,还侵犯了公民的住宅,并对公民的人身安全形成严重威胁,应当予以严厉打击。这里所说的"**户**",是指公民日常生活的住所,包括用于生活的与外界相对隔离的封闭的院落、牧民的帐篷、渔民生活的渔船等,不包括办公场所。根据《最高人民法院、最高人民检察院关于办理盗窃刑事案件适用法律若干问题的解释》,非法进入供他人家庭生活的与外界相对隔离的住所盗窃的,应当认定为"入户盗窃"。

(3)**携带凶器盗窃**。行为人携带凶器盗窃,往往有恃无恐,一旦被发现或者被抓捕时,则使用凶器进行反抗。这种行为以暴力为后盾,不仅

① 我国学者指出,盗窃罪的行为对象还包括财产性利益,必须是行为人的行为现实、具体地取得了该条文中所具体保护的财产性利益,而不是假定的、附条件地取得了该种利益。参见黎宏:《刑法学各论》(第2版),法律出版社2016年版,第320页;张明楷:《刑法学》(第6版),法律出版社2021年版,第1230页。

② 我国学者指出,非法占有目的,乃指排除权利人,将他人的财物作为自己的财物进行支配,并遵从财物的用途进行利用、处分的意思。非法占有目的由"排除意思"与"利用意思"构成,前者侧重于法的层面,后者着重于经济的层面,二者机能不同。参见张明楷:《刑法学》(第6版),法律出版社2021年版,第1248页。

③ 我国学者指出,秘密窃取乃指行为人自认为被害人没有发觉而取得财物的行为。参见赵秉志、李希慧主编:《刑法各论》(第3版),中国人民大学出版社2016年版,第246页;高铭暄、马克昌主编:《刑法学》(第7版),北京大学出版社、高等教育出版社2016年版,第500页;陈兴良主编:《刑法各论精释》,人民法院出版社2015年版,第231—232页。另有学者指出,窃取只要是以非暴力的手段,未经占有人同意或者违背占有人的意思,取走他人财物即已构成本罪。至于行为是否秘密,则在所不问。参见张明楷:《刑法学》(第6版),法律出版社2021年版,第1235页;黎宏:《刑法学各论》(第2版),法律出版社2016年版,第317页;周光权:《刑法各论》(第4版),中国人民大学出版社2021年版,第134页;黎宏:《刑法学各论》(第2版),法律出版社2016年版,第317—318页。对此,也有批评见解指出,窃取系出于和平的看法,与窃取通常是秘密进行的说法一样,只是说明窃取的通常现象,而非窃取在法律上的定义。更何况,"和平"也是难以定义与操作的概念,最多还是只能以排除强暴或胁迫作为和平的内容。

侵犯他人的财产，而且对他人的人身形成严重威胁，应当予以刑事处罚。“**凶器**”是指枪支、爆炸物、管制刀具等可用于实施暴力的器具。根据《最高人民法院、最高人民检察院关于办理盗窃刑事案件适用法律若干问题的解释》的规定，携带枪支、爆炸物、管制刀具等国家禁止个人携带的器械盗窃，或者为了实施违法犯罪携带其他足以危害他人人身安全的器械盗窃的，应当认定为“携带凶器盗窃”。需要明确的是，本条规定的构成盗窃罪的“携带凶器盗窃”，是指行为人携带凶器进行盗窃而未使用的情况，如果行为人在携带凶器盗窃时，为窝藏赃物、抗拒抓捕或者毁灭罪证而当场使用凶器施暴或者威胁的，根据《刑法》第二百六十九条的规定，应当以抢劫罪定罪处罚。

(4)**扒窃**。“扒窃”是指在公共场所或者公共交通工具上窃取他人随身携带的财物。① 扒窃行为往往采取掏兜、割包等手法，严重侵犯公民财产和人身安全，扰乱公共场所秩序，且技术性强，多为屡抓屡放的惯犯②，应当予以严厉打击。《刑法修正案(八)》将入户盗窃、携带凶器盗窃和扒窃增加规定为犯罪，体现了刑法对人民群众人身财产安全的切实关注和严格保护，为打击盗窃犯罪提供了更有力的法律武器。

本条对盗窃罪量刑档次的划分采取了**数额加情节的标准**。根据本条规定，对盗窃公私财物，数额较大的，或者多次盗窃、入户盗窃、携带凶器盗窃、扒窃的，处三年以下有期徒刑、拘役或者管制，并处或者单处罚金；数额巨大或者有其他严重情节的，处三年以上十年以下有期徒刑，并处罚金；数额特别巨大或者有其他特别严重情节的，处十年以上有期徒刑或者无期徒刑，并处罚金或者没收财产。关于盗窃数额的具体认定，《最高人民法院、最高人民检察院关于办理盗窃刑事案件适用法律若干问题的解释》第一条第一款规定：“盗窃公私财物价值一千元至三千元以上、三万元至十万元以上、三十万元至五十万元以上的，应当分别认定为刑法第二百六十四条规定的‘**数额较大**’、‘**数额巨大**’、‘**数额特别巨大**’。”该解释第一条第二、三、四款同时规定：“各省、自治区、直辖市高级人民法院、人民检察院可以根据本地区经济发展状况，并考虑社会治安状况，在前款规定的数额幅度内，确定本地区执行的具体数额标准，报最高人民法院、最高人民检察院批准。在跨地区运行的公共交通工具上盗窃，盗窃地点无法查证的，盗窃数额是否达到‘数额较大’、‘数额巨大’、‘数额特别巨大’，应当根据受理案件所在地省、自治区、直辖市高级人民法院、人民检察院确定的有关数额标准认定。盗窃毒品等违禁品，应当按照盗窃罪处理的，根据情节轻重量刑。”关于盗窃文物的具体认定，《最高人民法院、最高人民检察院关于办理妨害文物管理等刑事案件适用法律若干问题的解释》第二条规定：“盗窃一般文物、三级文物、二级以上文物的，应当分别认定为刑法第二百六十四条规定的‘数额较大’‘数额巨大’‘数额特别巨大’。盗窃文物，无法确定文物等级，或者按照文物等级定罪量刑明显过轻或者过重的，按照盗窃的文物价值定罪量刑。”

关于“其他严重情节”和“其他特别严重情节”的具体认定，《最高人民法院、最高人民检察院关于办理盗窃刑事案件适用法律若干问题的解释》规定，盗窃公私财物，具有下列情形之一，或者入户盗窃、携带凶器盗窃，数额达到“数额巨大”“数额特别巨大”百分之五十的，可以分别认定为《刑法》第二百六十四条规定的“**其他严重情节**”或者“**其他特别严重情节**”：①组织、控制未成年人盗窃的；②自然灾害、事故灾害、社会安全事件等突发事件期间，在事件发生地盗窃的；③盗窃残疾人、孤寡老人、丧失劳动能力人的财物的；④在医院盗窃病人或者其亲友财物的；⑤盗窃救灾、抢险、防汛、优抚、扶贫、移民、救济款物的；⑥因盗窃造成严重后果的。

实践中需要注意以下两个方面的问题：

1. **正确处理罪与非罪的问题**。盗窃行为作为传统型违法犯罪活动，发生原因多样，不同行为之间的社会危险性差异较大。从社会治理的角度来讲，一般的小偷小摸或者情节轻微的偶犯、初犯，可不作犯罪处罚。《治安管理处罚法》第四十九条关于行为人盗窃最高可处十五日行政拘留、可以并处罚款的规定，为惩治盗窃行为提供了行政处罚路径。根据《最高人民法院、最高人民检察院关于办理盗窃刑事案件适用法律若干问题的解释》第七条的规定，盗窃公私财物数额较大，行为人认罪、悔罪，退赃、退赔，且具有下列情形之一，

① 我国学者指出，不能将“随身携带”的财物狭隘地理解为贴身财物。被害人置于身边且稍作努力就随手可得范围内的财物，实质上被害人可依其意思进行物理支配的财物，均属于随身携带。参见周光权：《刑法各论》(第4版)，中国人民大学出版社2021年版，第137页。

② 扒窃不要求行为人具有惯常性，否则，即意味着在多次盗窃的基础上提出了更高的入罪标准，不符合增加扒窃规定的立法宗旨。参见张明楷：《刑法学》(第6版)，法律出版社2021年版，第1246页。

情节轻微的，**可以不起诉或者免予刑事处罚**；必要时，由有关部门予以行政处罚：①具有法定从宽处罚情节的；②没有参与分赃或者获赃较少且不是主犯的；③被害人谅解的；④其他情节轻微、危害不大的。此外，对于偷拿家庭成员或者近亲属的财物，获得谅解的，一般可以不认为是犯罪；需要追究刑事责任的，应当酌情从宽。

2. 本罪与其他关联行为的定罪处罚。

偷开他人机动车的，按照下列规定处理：①偷开机动车，导致车辆丢失的，以盗窃罪定罪处罚。②为盗窃其他财物，偷开机动车作为犯罪工具使用后非法占有车辆，或者将车辆遗弃导致丢失的，被盗车辆的价值计入盗窃数额。③为实施其他犯罪，偷开机动车作为犯罪工具使用后非法占有车辆，或者将车辆遗弃导致丢失的，以盗窃罪和其他犯罪数罪并罚；将车辆送回未造成丢失的，按照其所实施的其他犯罪从重处罚。

盗窃公私财物并造成财物损毁的，按照下列规定处理：①采用破坏性手段盗窃公私财物，造成其他财物损毁的，以盗窃罪从重处罚；同时构成盗窃罪和其他犯罪的，择一重罪从重处罚。②实施盗窃犯罪后，为掩盖罪行或者报复等，故意毁坏其他财物构成犯罪的，以盗窃罪和构成的其他犯罪数罪并罚。③盗窃行为未构成犯罪，但损毁财物构成其他犯罪的，以其他犯罪定罪处罚。

【司法解释】

《最高人民法院关于审理扰乱电信市场管理秩序案件具体应用法律若干问题的解释》（法释〔2000〕12 号，自 2000 年 5 月 24 日起施行）

△（**将电信卡非法充值后使用；盗窃罪**）将电信卡非法充值后使用，造成电信资费损失数额较大的，依照刑法第二百六十四条的规定，以盗窃罪定罪处罚。（§ 7）

△（**盗用他人公共信息网络上网账号、密码上网；盗窃罪**）盗用他人公共信息网络上网账号、密码上网，造成他人电信资费损失数额较大的，依照刑法第二百六十四条的规定，以盗窃罪定罪处罚。（§ 8）

《最高人民法院关于审理破坏森林资源刑事案件具体应用法律若干问题的解释》（法释〔2000〕36 号，自 2000 年 12 月 11 日起施行）

△（**盗窃林木；盗窃罪**）将国家、集体、他人所有并已经伐倒的树木窃为己有，以及偷砍他人房前屋后、自留地种植的零星树木，数额较大的，依照刑法第二百六十四条的规定，以盗窃罪定罪处罚。（§ 9）

△（**非法实施采种、掘根等破坏森林资源；盗窃罪**）非法实施采种、采脂、挖笋、掘根、剥树皮等行为，牟取经济利益数额较大的，依照刑法第二百六十四条的规定，以盗窃罪定罪处罚。同时构成其他犯罪的，依照处罚较重的规定定罪处罚。（§ 15）

《最高人民检察院关于单位有关人员组织实施盗窃行为如何适用法律问题的批复》（高检发释字〔2002〕5 号，自 2002 年 8 月 13 日起施行）

△（**为谋取单位利益组织实施盗窃；直接责任人员**）单位有关人员为谋取单位利益组织实施盗窃行为，情节严重的，应当依照刑法第二百六十四条的规定以盗窃罪追究直接责任人员的刑事责任。

《最高人民法院关于审理未成年人刑事案件具体应用法律若干问题的解释》（法释〔2006〕1 号，自 2006 年 1 月 23 日起施行）

△（**未成年人；"情节显著轻微危害不大"；盗窃未遂或者中止；盗窃自己家庭或者亲属财物**）已满十六周岁不满十八周岁的人实施盗窃行为未超过三次，盗窃数额虽已达到"数额较大"标准，但案发后能如实供述全部盗窃事实并积极退赃，且具有下列情形之一的，可以认定为"情节显著轻微危害不大"，不认为是犯罪：

（一）系又聋又哑的人或者盲人；

（二）在共同盗窃中起次要或者辅助作用，或者被胁迫；

（三）具有其他轻微情节的。

已满十六周岁不满十八周岁的人盗窃未遂或者中止的，可不认为是犯罪。

已满十六周岁不满十八周岁的人盗窃自己家庭或者近亲属财物，或者盗窃其他亲属财物但其他亲属要求不予追究的，可不按犯罪处理。（§ 9）

《最高人民法院、最高人民检察院关于办理盗窃油气、破坏油气设备等刑事案件具体应用法律若干问题的解释》（法释〔2007〕3 号，自 2007 年 1 月 19 日起施行）

△（**盗窃油气或者正在使用的油气设备；盗窃未遂；盗窃罪的共犯**）盗窃油气或者正在使用的油气设备，构成犯罪，但未危害公共安全的，依照刑法第二百六十四条的规定，以盗窃罪定罪处罚。

盗窃油气，数额巨大但尚未运离现场的，以盗窃未遂定罪处罚。

为他人盗窃油气而偷开油气井、油气管道等油气设备阀门排放油气或者提供其他帮助的，以盗窃罪的共犯定罪处罚。（§ 3）

△（**想象竞合犯；盗窃罪；破坏易燃易爆设备**

罪）盗窃油气同时构成盗窃罪和破坏易燃易爆设备罪的，依照刑法处罚较重的规定定罪处罚。（§ 4）

△（**掩饰、隐瞒犯罪所得、犯罪所得收益罪；事前通谋；盗窃罪的共犯**）明知是盗窃犯罪所得的油气或者油气设备，而予以窝藏、转移、收购、加工、代为销售或者以其他方法掩饰、隐瞒的，依照刑法第三百一十二条的规定定罪处罚。

实施前款规定的犯罪行为，事前通谋的，以盗窃犯罪的共犯定罪处罚。（§ 5）

《最高人民法院、最高人民检察院关于办理与盗窃、抢劫、诈骗、抢夺机动车相关刑事案件具体应用法律若干问题的解释》（法释〔2007〕11号，自2007年5月11日起施行）

△（**事前通谋；盗窃罪的共犯**）实施本解释第一条、第二条、第三条第一款或者第三款规定①的行为，事前与盗窃、抢劫、诈骗、抢夺机动车的犯罪分子通谋的，以盗窃罪、抢劫罪、诈骗罪、抢夺罪的共犯论处。（§ 4）

《最高人民法院关于审理破坏电力设备刑事案件具体应用法律若干问题的解释》（法释〔2007〕15号，自2007年8月21日起施行）

△（**盗窃电力设备；想象竞合犯；破坏电力设备罪**）盗窃电力设备，危害公共安全，但不构成盗窃罪的，以破坏电力设备罪定罪处罚；同时构成盗窃罪和破坏电力设备罪的，依照刑法处罚较重的规定定罪处罚。

盗窃电力设备，没有危及公共安全，但应当追究刑事责任的，可以根据案件的不同情况，按照盗窃罪等犯罪处理。（§ 3）

《最高人民法院、最高人民检察院关于办理盗窃刑事案件适用法律若干问题的解释》（法释〔2013〕8号，自2013年4月4日起施行）

---

① 《最高人民法院、最高人民检察院关于办理与盗窃、抢劫、诈骗、抢夺机动车相关刑事案件具体应用法律若干问题的解释》（法释〔2007〕11号，自2007年5月11日起施行）

第一条

Ⅰ明知是盗窃、抢劫、诈骗、抢夺的机动车，实施下列行为之一的，依照刑法第三百一十二条的规定，以掩饰、隐瞒犯罪所得、犯罪所得收益罪定罪，处三年以下有期徒刑、拘役或者管制，并处或者单处罚金：

（一）买卖、介绍买卖、典当、拍卖、抵押或者用其抵债的；

（二）拆解、拼装或者组装的；

（三）修改发动机号、车辆识别代号的；

（四）更改车身颜色或者车辆外形的；

（五）提供或者出售机动车来历凭证、整车合格证、号牌以及有关机动车的其他证明和凭证的；

（六）提供或者出售伪造、变造的机动车来历凭证、整车合格证、号牌以及有关机动车的其他证明和凭证的。

Ⅱ实施第一款规定的行为涉及盗窃、抢劫、诈骗、抢夺的机动车五辆以上或者价值总额达到五十万元以上的，属于刑法第三百一十二条规定的"情节严重"，处三年以上七年以下有期徒刑，并处罚金。

第二条

Ⅰ伪造、变造、买卖机动车行驶证、登记证书，累计三本以上的，依照刑法第二百八十条第一款的规定，以伪造、变造、买卖国家机关证件罪定罪，处三年以下有期徒刑、拘役、管制或者剥夺政治权利。

Ⅱ伪造、变造、买卖机动车行驶证、登记证书，累计达到第一款规定数量标准五倍以上的，属于刑法第二百八十条第一款规定中的"情节严重"，处三年以上十年以下有期徒刑。

第三条

Ⅰ国家机关工作人员滥用职权，有下列情形之一，致使盗窃、抢劫、诈骗、抢夺的机动车被办理登记手续，数量达到三辆以上或者价值总额达到三十万元以上的，依照刑法第三百九十七条第一款的规定，以滥用职权罪定罪，处三年以下有期徒刑或者拘役：

（一）明知是登记手续不全或者不符合规定的机动车而办理登记手续的；

（二）指使他人为明知是登记手续不全或者不符合规定的机动车办理登记手续的；

（三）违规或者指使他人违规更改、调换车辆档案的；

（四）其他滥用职权的行为。

Ⅱ国家机关工作人员疏于审查或者审查不严，致使盗窃、抢劫、诈骗、抢夺的机动车被办理登记手续，数量达到五辆以上或者价值总额达到五十万元以上的，依照刑法第三百九十七条第一款的规定，以玩忽职守罪定罪，处三年以下有期徒刑或者拘役。

Ⅲ国家机关工作人员实施前两款规定的行为，致使盗窃、抢劫、诈骗、抢夺的机动车被办理登记手续，分别达到前两款规定数量、数额标准五倍以上的，或者明知是盗窃、抢劫、诈骗、抢夺的机动车而办理登记手续的，属于刑法第三百九十七条第一款规定的"情节特别严重"，处三年以上七年以下有期徒刑。

Ⅳ国家机关工作人员徇私舞弊，实施上述行为，构成犯罪的，依照刑法第三百九十七条第二款的规定定罪处罚。

△(**“数额较大”;“数额巨大”;“数额特别巨大”;具体数额标准;盗窃地点无法查证;盗窃违禁品**)盗窃公私财物价值一千元至三千元以上、三万元至十万元以上、三十万元至五十万元以上的,应当分别认定为刑法第二百六十四条规定的“数额较大”、“数额巨大”、“数额特别巨大”。

各省、自治区、直辖市高级人民法院、人民检察院可以根据本地区经济发展状况,并考虑社会治安状况,在前款规定的数额幅度内,确定本地区执行的具体数额标准,报最高人民法院、最高人民检察院批准。

在跨地区运行的公共交通工具上盗窃,盗窃地点无法查证的,盗窃数额是否达到“数额较大”、“数额巨大”、“数额特别巨大”,应当根据受理案件所在地省、自治区、直辖市高级人民法院、人民检察院确定的有关数额标准认定。

盗窃毒品等违禁品,应当按照盗窃罪处理的,根据情节轻重量刑。(§ 1)

△(**数额标准降低事由;百分之五十**)盗窃公私财物,具有下列情形之一的,“数额较大”的标准可以按照前条规定标准的百分之五十确定①:

(一)曾因盗窃受过刑事处罚的②;

(二)一年内曾因盗窃受过行政处罚的;

(三)组织、控制未成年人盗窃的;

(四)自然灾害、事故灾害、社会安全事件等突发事件期间,在事件发生地盗窃的;

(五)盗窃残疾人、孤寡老人、丧失劳动能力人的财物的;

(六)在医院盗窃病人或者其亲友财物的;

(七)盗窃救灾、抢险、防汛、优抚、扶贫、移民、救济款物的;

(八)因盗窃造成严重后果的。(§ 2)

△(**“多次盗窃”;“入户盗窃”;“携带凶器盗窃”;“扒窃”**)二年内盗窃三次以上的,应当认定为“多次盗窃”③。

非法进入供他人家庭生活,与外界相对隔离的住所盗窃的,应当认定为“入户盗窃”④。

携带枪支、爆炸物、管制刀具等国家禁止个人携带的器械盗窃,或者为了实施违法犯罪携带其他足以危害他人人身安全的器械盗窃的,应当认定为“携带凶器盗窃”⑤。

在公共场所或者公共交通工具上盗窃他人随身携带的财物的,应当认定为“扒窃”。(§ 3)

△(**盗窃数额之认定**)盗窃的数额,按照下列方法认定:

(一)被盗财物有有效价格证明的,根据有效价格证明认定;无有效价格证明,或者根据价格证明认定盗窃数额明显不合理的,应当按照有关规定委托估价机构估价;

(二)盗窃外币的,按照盗窃时中国外汇交易

---

① 我国学者指出,本条第(一)、(二)项规定的内容只是表明行为人再犯可能性较大。直接将再犯可能性视作不法内容,此做法明显不当,会导致诸多不公平的现象。参见张明楷:《刑法学》(第6版),法律出版社2021年版,第1242页。

② 此处的“盗窃”应作广义解释,乃指符合盗窃罪构成要件的行为。参见黎宏:《刑法学各论》(第2版),法律出版社2016年版,第319页。

③ “多次盗窃”是否要求每次均构成犯罪,目前仍未有明确的法律规定或司法解释。学说上多倾向否定说,因为多次盗窃是作为盗窃罪成立的要素进行考量的(为了扩大该罪的处罚范围),而非法定刑升格或者加重处罚的量刑情节(为了限制该法定刑的适用),故而不应作出与抢劫罪相类似的处理(多次抢劫要求每一次的抢劫行为均已构成犯罪为前提)。参见张明楷:《刑法学》(第6版),法律出版社2021年版,第1242—1243页;陈兴良主编:《刑法各论精释》,人民法院出版社2015年版,第235—236页;黎宏:《刑法学各论》(第2版),法律出版社2016年版,第319页。

④ 我国学者指出,没有必要将“户”限定为“供他人家庭生活”的住所。倘若不具有家庭成员关系的人员一起共同生活,其住所也应当认定为“户”。参见张明楷:《刑法学》(第6版),法律出版社2021年版,第1243页。

⑤ 我国学者指出,此司法解释会不当地缩小盗窃罪中凶器的范围。凶器,乃指在性质上或者用法上,足以杀伤他人的器物(分为“性质上的凶器”与“用法上的凶器”)。认定是否构成凶器,主要考量如下指标:(1)物品杀伤机能的高低;(2)物品供杀伤他人使用的概然性程度;(3)根据一般社会观念,该物品所具有的对生命、身体的危险感程度;(4)物品被携带的可能性大小。参见张明楷:《刑法学》(第6版),法律出版社2021年版,第1244—1245页。

江溯教授则认为,携带凶器盗窃中的“凶器”与携带凶器抢夺下的“凶器”,不必作相似性理解,且不要求行为人主观上具有使用凶器的意思。因为携带凶器对于盗窃罪而言,既不是法定刑升格的考量要素,亦非属加重处罚的量刑情节,而是构成盗窃罪的基本行为类型之一;而携带凶器抢夺以抢劫罪论处是法律上的拟制。这使得携带凶器抢夺在刑法评价上直接发生改变,变成性质更加严重、法定刑升格的抢劫行为。参见陈兴良主编:《刑法各论精释》,人民法院出版社2015年版,第240—241页。

亦有学者从携带行为危险性的角度来区分两者。相较于携带凶器盗窃,携带凶器抢夺情形中的“凶器”,应该给予更多限制,凶器范围也更小。在携带凶器抢夺的情形下,携带行为仅对被害人有具体的、现实的、紧迫的危险;在携带凶器盗窃的状况中,携带行为仅对被害人有相对抽象的、立法上设定的、并不紧迫的危险,因此对凶器危险性的要求不是很高。参见周光权:《刑法各论》(第4版),中国人民大学出版社2021年版,第136页。

中心或者中国人民银行授权机构公布的人民币对该货币的中间价折合成人民币计算；中国外汇交易中心或者中国人民银行授权机构未公布汇率中间价的外币，按照盗窃时境内银行人民币对该货币的中间价折算成人民币，或者该货币在境内银行、国际外汇市场对美元汇率，与人民币对美元汇率中间价进行套算；

（三）盗窃电力、燃气、自来水等财物，盗窃数量能够查实的，按照查实的数量计算盗窃数额；盗窃数量无法查实的，以盗窃前六个月月均正常用量减去盗窃后计量仪表显示的月均用量推算盗窃数额；盗窃前正常使用不足六个月的，按照正常使用期间的月均用量减去盗窃后计量仪表显示的月均用量推算盗窃数额；

……

盗窃行为给失主造成的损失大于盗窃数额的，损失数额可以作为量刑情节考虑。（§ 4）

△（**盗窃有价支付凭证、有价证券、有价票证；盗窃数额**）盗窃有价支付凭证、有价证券、有价票证的，按照下列方法认定盗窃数额：

（一）盗窃不记名、不挂失的有价支付凭证、有价证券、有价票证的，应当按票面数额和盗窃时应得的孳息、奖金或者奖品等可得收益一并计算盗窃数额；

（二）盗窃记名的有价支付凭证、有价证券、有价票证，已经兑现的，按照兑现部分的财物价值计算盗窃数额；没有兑现，但失主无法通过挂失、补领、补办手续等方式避免损失的，按照给失主造成的实际损失计算盗窃数额。[①]（§ 5）

△（**其他严重情节；其他特别严重情节**）盗窃公私财物，具有本解释第二条第三项至第八项规定情形之一，或者入户盗窃、携带凶器盗窃，数额达到本解释第一条规定的"数额巨大"、"数额特别巨大"百分之五十的，可以分别认定为刑法第二百六十四条规定的"其他严重情节"或者"其他特别严重情节"。（§ 6）

△（**不起诉或者免予刑事处罚事由**）盗窃公私财物数额较大，行为人认罪、悔罪，退赃、退赔，且具有下列情形之一，情节轻微的，可以不起诉或者免予刑事处罚；必要时，由有关部门予以行政处罚：

（一）具有法定从宽处罚情节的；

（二）没有参与分赃或者获赃较少且不是主犯的；

（三）被害人谅解的；

（四）其他情节轻微、危害不大的。（§ 7）

△（**家庭成员或者近亲属的财物**）偷拿家庭成员或者近亲属的财物，获得谅解的，一般可不认为是犯罪；追究刑事责任的，应当酌情从宽。（§ 8）

△（**盗窃国有馆藏文物；三件同级文物；盗窃民间收藏的文物**）盗窃国有馆藏一般文物、三级文物、二级以上文物的，应当分别认定为刑法第二百六十四条规定的"数额较大"、"数额巨大"、"数额特别巨大"。

盗窃多件不同等级国有馆藏文物的，三件同级文物可以视为一件高一级文物。

盗窃民间收藏的文物的，根据本解释第四条第一款第一项的规定认定盗窃数额。（§ 9）

△（**偷开他人机动车；盗窃罪**）偷开他人机动车的，按照下列规定处理：

（一）偷开机动车，导致车辆丢失的，以盗窃罪定罪处罚；

（二）为盗窃其他财物，偷开机动车作为犯罪工具使用后非法占有车辆，或者将车辆遗弃导致丢失的，被盗车辆的价值计入盗窃数额；

（三）为实施其他犯罪，偷开机动车作为犯罪工具使用后非法占有车辆，或者将车辆遗弃导致丢失的，以盗窃罪和其他犯罪数罪并罚；将车辆送回未造成丢失的，按照其所实施的其他犯罪从重处罚。（§ 10）

△（**盗窃公私财物并造成财物损毁；想象竞合犯；数罪并罚**）盗窃公私财物并造成财物损毁的，按照下列规定处理：

（一）采用破坏性手段盗窃公私财物，造成其他财物损毁的，以盗窃罪从重处罚；同时构成盗窃罪和其他犯罪的，择一重罪从重处罚；

（二）实施盗窃犯罪后，为掩盖罪行或者报复等，故意毁坏其他财物构成犯罪的，以盗窃罪和构成的其他犯罪数罪并罚；

（三）盗窃行为未构成犯罪，但损毁财物构成其他犯罪的，以其他犯罪定罪处罚。（§ 11）

△（**盗窃未遂；盗窃既有既遂，又有未遂**）盗窃未遂，具有下列情形之一的，应当依法追究刑事

---

① 有论者认为，对上述案件仅以盗窃罪论处，所采用的是综合判断的做法，没有分别判断相关犯罪的构成要件要素，没有仔细分析案件的具体细节（行为人盗窃存折后，并没有窃取被害人对银行享有的债权；行为人冒领存折所取得的现金，不是窃取的，而是骗取的），有违罪刑法定原则之嫌。更为详细的批评，参见张明楷：《刑法学》（第6版），法律出版社2021年版，第1252页。

责任①②：

（一）以数额巨大的财物为盗窃目标的；

（二）以珍贵文物为盗窃目标的；

（三）其他情节严重的情形。

盗窃既有既遂，又有未遂，分别达到不同量刑幅度的，依照处罚较重的规定处罚；达到同一量刑幅度的，以盗窃罪既遂处罚。③（§ 12）

△（**单位组织、指使盗窃**）单位组织、指使盗窃，符合刑法第二百六十四条及本解释有关规定的，以盗窃罪追究组织者、指使者、直接实施者的刑事责任。（§ 13）

△（**罚金刑**）因犯盗窃罪，依法判处罚金刑的，应当在一千元以上盗窃数额的二倍以下判处罚金；没有盗窃数额或者盗窃数额无法计算的，应当在一千元以上十万元以下判处罚金。（§ 14）

《最高人民法院关于审理掩饰、隐瞒犯罪所得、犯罪所得收益刑事案件适用法律若干问题的解释》（法释〔2015〕11 号，自 2015 年 6 月 1 日起施行）

△（**事前通谋；掩饰、隐瞒犯罪所得、犯罪所得收益；盗窃罪的共犯**）事前与盗窃、抢劫、诈骗、抢夺等犯罪分子通谋，掩饰、隐瞒犯罪所得及其产生的收益的，以盗窃、抢劫、诈骗、抢夺等犯罪的共犯论处。（§ 5）

△（**对犯罪所得及其产生的收益实施盗窃；盗窃罪**）对犯罪所得及其产生的收益实施盗窃、抢劫、诈骗、抢夺等行为，构成犯罪的，分别以盗窃罪、抢劫罪、诈骗罪、抢夺罪等定罪处罚。（§ 6）

《最高人民法院、最高人民检察院关于办理妨害文物管理等刑事案件适用法律若干问题的解释》（法释〔2015〕23 号，自 2016 年 1 月 1 日起施行）

△（**盗窃文物；文物等级；文物价值**）盗窃一般文物、三级文物、二级以上文物的，应当分别认定为刑法第二百六十四条规定的“数额较大”“数额巨大”“数额特别巨大”。

盗窃文物，无法确定文物等级，或者按照文物等级定罪量刑明显过轻或者过重的，按照盗窃的文物价值定罪量刑。（§ 2）

△（**采用破坏性手段盗窃古文化遗址、古墓葬以外的不可移动文物**）

采用破坏性手段盗窃古文化遗址、古墓葬以外的古建筑、石窟寺、石刻、壁画、近代现代重要史迹和代表性建筑等其他不可移动文物的，依照刑法第二百六十四条的规定，以盗窃罪追究刑事责任。（§ 8Ⅲ）

△（**公司、企业、事业单位、机关、团体等单位盗窃文物；组织者、策划者、实施者**）

公司、企业、事业单位、机关、团体等单位实施盗窃文物，故意损毁文物、名胜古迹，过失损毁文物，盗掘古文化遗址、古墓葬等行为的，依照本解释规定的相应定罪量刑标准，追究组织者、策划者、实施者的刑事责任。（§ 11Ⅱ）

△（**盗窃不可移动文物整体；量刑情节**）针对不可移动文物整体实施走私、盗窃、倒卖等行为的，根据所属不可移动文物的等级，依照本解释第一条、第二条、第六条的规定定罪量刑：

（一）尚未被确定为文物保护单位的不可移动文物，适用一般文物的定罪量刑标准；

（二）市、县级文物保护单位，适用三级文物的定罪量刑标准；

（三）全国重点文物保护单位、省级文物保护单位，适用二级以上文物的定罪量刑标准。

针对不可移动文物中的建筑构件、壁画、雕塑、石刻等实施走私、盗窃、倒卖等行为的，根据建筑构件、壁画、雕塑、石刻等文物本身的等级或者价值，依照本解释第一条、第二条、第六条的规定定罪量刑。建筑构件、壁画、雕塑、石刻等所属不可移动文物的等级，应当作为量刑情节予以考虑。（§ 12）

△（**不同等级的文物；五件同级文物**）案件涉及不同等级的文物的，按照高级别文物的量刑幅度量刑；有多件同级文物的，五件同级文物视为一件高一级文物，但是价值明显不相当的除外。（§ 13）

△（**文物价值之认定；根据涉案文物的有效价**

① 盗窃未遂的情形包括：（1）完全未取得财物；（2）取得财物但价值极其低廉，与行为人追求的结果相去甚远。参见周光权：《刑法各论》（第 4 版），中国人民大学出版社 2021 年版，第 139 页；张明楷：《刑法学》（第 6 版），法律出版社 2021 年版，第1258 页。

② 我国学者指出，应按盗窃数额较大的量刑档次处罚，而非按照数额巨大的量刑档次处罚。理由在于，如果以盗窃数额巨大的量刑档次作为量刑基准，实际上就是将盗窃目标数额巨大既作为盗窃罪的定罪情节，又作为量刑情节，违反了禁止重复评价的刑法原则。参见黎宏：《刑法学各论》（第 2 版），法律出版社 2016 年版，第 325 页。

③ 我国学者指出，《刑法》第二百六十四条所规定的法定刑升格条件，并不是真实意义上的加重构成要件，而只是量刑规则。因此，不存在加重犯罪的未遂类型。如果行为人的多次盗窃行为中，既有既遂又有未遂，只能按既遂数额选择法定刑，未遂行为作为量刑情节考虑。参见张明楷：《刑法学》（第 6 版），法律出版社 2021 年版，第 1259 页。

格证明认定;根据销赃数额认定;结合鉴定意见、报告认定)依照文物价值定罪量刑的,根据涉案文物的有效价格证明认定文物价值;无有效价格证明,或者根据价格证明认定明显不合理的,根据销赃数额认定,或者结合本解释第十五条规定的鉴定意见、报告认定。(§ 14)

△(**鉴定意见**)在行为人实施有关行为前,文物行政部门已对涉案文物及其等级作出认定的,可以直接对有关案件事实作出认定。

对案件涉及的有关文物鉴定、价值认定等专门性问题难以确定的,由司法鉴定机构出具鉴定意见,或者由国务院文物行政部门指定的机构出具报告。其中,对于文物价值,也可以由有关价格认证机构作出价格认证并出具报告。(§ 15)

△(**犯罪情节轻微;不起诉或者免予刑事处罚**)实施本解释第一条、第二条、第六条至第九条规定的行为,虽已达到应当追究刑事责任的标准,但行为人系初犯,积极退回或者协助追回文物,未造成文物损毁,并确有悔罪表现的,可以认定为犯罪情节轻微,不起诉或者免予刑事处罚。(§ 16 Ⅰ)

△(**盗窃具有科学价值的古脊椎动物化石、古人类化石**)走私、盗窃、损毁、倒卖、盗掘或者非法转让具有科学价值的古脊椎动物化石、古人类化石的,依照刑法和本解释的有关规定定罪量刑。(§ 17)

【司法解释性文件】

《最高人民法院、最高人民检察院、公安部关于铁路运输过程中盗窃罪数额认定标准问题的规定》(公发〔1999〕4 号,1999 年 2 月 4 日公布)

△(**铁路运输过程中盗窃罪数额**)根据《刑法》第二百六十四条的规定,结合铁路运输的治安状况和盗窃案件特点,现对铁路运输过程中盗窃罪数额认定标准规定如下:

一、个人盗窃公私财物"数额较大",以一千元为起点;

二、个人盗窃公私财物"数额巨大",以一万元为起点;

三、个人盗窃公私财物"数额特别巨大",以六万元为起点。

《最高人民检察院关于非法制作、出售、使用IC 电话卡行为如何适用法律问题的答复》(〔2003〕高检研发第 10 号,2003 年 4 月 2 日公布)

△(**非法制作的 IC 电话卡;盗窃罪**)……明知是非法制作的 IC 电话卡而使用或者购买并使用,造成电信资费损失数额较大的,应当依照刑法第二百六十四条的规定,以盗窃罪追究刑事责任。

《最高人民法院、最高人民检察院、公安部关于办理盗窃油气、破坏油气设备等刑事案件适用法律若干问题的意见》(法发〔2018〕18 号,2018 年 9 月 28 日公布)

△(**盗窃油气;盗窃罪;未遂**)着手实施盗窃油气行为,由于意志以外的原因未得逞,具有下列情形之一的,以盗窃罪(未遂)追究刑事责任:

(一)以数额巨大的油气为盗窃目标的;

(二)已将油气装入包装物或者运输工具,达到"数额较大"标准三倍以上的;

(三)携带盗油卡子、手摇钻、电钻、电焊枪等切割、打孔、撬砸、拆卸工具的;

(四)其他情节严重的情形。(§2)

△(**盗窃油气;破坏油气设备;主犯;共同犯罪**)在共同盗窃油气、破坏油气设备等犯罪中,实际控制、为主出资或者组织、策划、纠集、雇佣、指使他人参与犯罪的,应当依法认定为主犯;对于其他人员,在共同犯罪中起主要作用的,也应当依法认定为主犯。

在输油输气管道投入使用前擅自安装阀门,在管道投入使用后将该阀门提供给他人盗窃油气的,以盗窃罪、破坏易燃易爆设备罪等有关犯罪的共同犯罪论处。(§3)

△(**内外勾结盗窃油气;共同犯罪;竞合**)行为人与油气企业人员勾结共同盗窃油气,没有利用油气企业人员职务便利,仅仅是利用其易于接近油气设备、熟悉环境等方便条件的,以盗窃罪的共同犯罪论处。

实施上述行为,同时构成破坏易燃易爆设备罪的,依照处罚较重的规定定罪处罚。(§4)

△(**专门性问题**)对于油气的质量、标准等专门性问题,综合油气企业提供的证据材料、犯罪嫌疑人、被告人及其辩护人所提辩解、辩护意见等认定;难以确定的,依据司法鉴定机构出具的鉴定意见或者国务院公安部门指定的机构出具的报告,结合其他证据认定。

油气企业提供的证据材料,应当有工作人员签名和企业公章。(§7)

《最高人民法院、最高人民检察院、公安部关于办理涉窨井盖相关刑事案件的指导意见》(高检发〔2020〕3 号,2020 年 3 月 16 日发布)

△(**窨井盖;盗窃罪**)盗窃本意见第一条、第二条规定以外的其他场所的窨井盖,且不属于本意见第三条规定的情形,数额较大,或者多次盗窃的,依照刑法第二百六十四条的规定,以盗窃罪定罪处罚。(§ 4Ⅰ)

△(窨井盖)本意见所称的“窨井盖”,包括城市、城乡结合部和乡村等地的窨井盖以及其他井盖。(§ 12)

《最高人民法院、最高人民检察院关于常见犯罪的量刑指导意见(试行)》(法发〔2021〕21号,2021年6月6日发布)

△(盗窃罪;量刑)

1. 构成盗窃罪的,根据下列情形在相应的幅度内确定量刑起点:

(1)达到数额较大起点的,二年内三次盗窃的,入户盗窃的,携带凶器盗窃的,或者扒窃的,在一年以下有期徒刑、拘役幅度内确定量刑起点。

(2)达到数额巨大起点或者有其他严重情节的,在三年至四年有期徒刑幅度内确定量刑起点。

(3)达到数额特别巨大起点或者有其他特别严重情节的,在十年至十二年有期徒刑幅度内确定量刑起点。依法应当判处无期徒刑的除外。

2. 在量刑起点的基础上,根据盗窃数额、次数、手段等其他影响犯罪构成的犯罪事实增加刑罚量,确定基准刑。

多次盗窃,数额达到较大以上的,以盗窃数额确定量刑起点,盗窃次数可以作为调节基准刑的量刑情节;数额未达到较大的,以盗窃次数确定量刑起点,超过三次的次数作为增加刑罚量的事实。

3. 构成盗窃罪的,根据盗窃的数额、次数、手段、危害后果等犯罪情节,综合考虑被告人缴纳罚金的能力,在一千元以上盗窃数额二倍以下决定罚金数额;没有盗窃数额或者盗窃数额无法计算的,在一千元以上十万元以下判处罚金。

4. 构成盗窃罪的,综合考虑盗窃的起因、数额、次数、手段、退赃退赔等犯罪事实、量刑情节,以及被告人的主观恶性、人身危险性、认罪悔罪表现等因素,决定缓刑的适用。

【附属刑法】

《中华人民共和国公证法》(2005年8月28日通过,2017年9月1日第二次修正)

第四十二条

Ⅰ公证机构及其公证员有下列行为之一的,由省、自治区、直辖市或者设区的市人民政府司法行政部门对公证机构给予警告,并处二万元以上十万元以下罚款,并可以给予一个月以上三个月以下停业整顿的处罚;对公证员给予警告,并处二千元以上一万元以下罚款,并可以给予三个月以上十二个月以下停止执业的处罚;有违法所得的,没收违法所得;情节严重的,由省、自治区、直辖市人民政府司法行政部门吊销公证员执业证书;构成犯罪的,依法追究刑事责任:

……

(三)侵占、挪用公证费或者侵占、盗窃公证专用物品的;

……

Ⅱ因故意犯罪或者职务过失犯罪受刑事处罚的,应当吊销公证员执业证书。

Ⅲ被吊销公证员执业证书的,不得担任辩护人、诉讼代理人,但系刑事诉讼、民事诉讼、行政诉讼当事人的监护人、近亲属的除外。

《中华人民共和国促进科技成果转化法》(1996年5月15日通过,2015年8月29日修正)

第五十条

违反本法规定,以唆使窃取、利诱胁迫等手段侵占他人的科技成果,侵犯他人合法权益的,依法承担民事赔偿责任,可以处以罚款;构成犯罪的,依法追究刑事责任。

《中华人民共和国文物保护法》(1982年11月19日通过,2017年11月4日第五次修正)

第六十四条

违反本法规定,有下列行为之一,构成犯罪的,依法追究刑事责任:

……

(七)盗窃、哄抢、私分或者非法侵占国有文物的;

……

《中华人民共和国矿产资源法》(1986年3月19日通过,2009年8月27日第二次修正)

第四十一条

盗窃、抢夺矿山企业和勘查单位的矿产品和其他财物的,破坏采矿、勘查设施的,扰乱矿区和勘查作业区的生产秩序、工作秩序的,分别依照刑法有关规定追究刑事责任;情节显著轻微的,依照治安管理处罚法有关规定予以处罚。

《中华人民共和国电力法》(1995年12月28日通过,2018年12月29日第三次修正)

第七十一条

盗窃电能的,由电力管理部门责令停止违法行为,追缴电费并处应交电费五倍以下的罚款;构成犯罪的,依照刑法有关规定追究刑事责任。

第七十二条

盗窃电力设施或者以其他方法破坏电力设施,危害公共安全的,依照刑法有关规定追究刑事责任。

《中华人民共和国渔业法》(1986年1月20日通过,2013年12月28日第四次修正)

第三十九条

偷捕、抢夺他人养殖的水产品的，或者破坏他人养殖水体、养殖设施的，责令改正，可以处二万元以下的罚款；造成他人损失的，依法承担赔偿责任；构成犯罪的，依法追究刑事责任。

《中华人民共和国红十字会法》（1993年10月31日通过，2017年2月24日修订）

第二十七条

Ⅰ自然人、法人或者其他组织有下列情形之一，造成损害的，依法承担民事责任；构成违反治安管理行为的，依法给予治安管理处罚；构成犯罪的，依法追究刑事责任：

……

（四）盗窃、损毁或者以其他方式侵害红十字会财产的；

……

Ⅱ红十字会及其工作人员有前款第一项、第二项所列行为的，按照前款规定处罚。

《中华人民共和国老年人权益保障法》（1996年8月29日通过，2018年12月29日第三次修正）

第七十七条

家庭成员盗窃、诈骗、抢夺、侵占、勒索、故意损毁老年人财物，构成违反治安管理行为的，依法给予治安管理处罚；构成犯罪的，依法追究刑事责任。

《中华人民共和国铁路法》（1990年9月7日通过，2015年4月24日第二次修正）

第六十二条

盗窃铁路线路上行车设施的零件、部件或者铁路线路上的器材，危及行车安全的，依照刑法有关规定追究刑事责任。

《中华人民共和国邮政法》（1986年12月2日通过，2015年4月24日第二次修正）

第八十条

有下列行为之一，尚不构成犯罪的，依法给予治安管理处罚：

（一）盗窃、损毁邮政设施或者影响邮政设施正常使用的；

……

第八十二条

违反本法规定，构成犯罪的，依法追究刑事责任。

【指导性案例】

最高人民法院指导案例第27号：臧进泉等盗窃、诈骗案（2014年6月23日发布）

△**（诱骗他人点击虚假链接；盗窃罪）**行为人利用信息网络，诱骗他人点击虚假链接而实际通过预先植入的计算机程序窃取财物构成犯罪的，以盗窃罪定罪处罚；虚构可供交易的商品或者服务，欺骗他人点击付款链接而骗取财物构成犯罪的，以诈骗罪定罪处罚。

最高人民检察院指导性案例第17号：陈邓昌抢劫、盗窃，付志强盗窃案（2014年9月10日发布）

△**（入户盗窃；入户抢劫）**对于入户盗窃，因被发现而当场使用暴力或者以暴力相威胁的行为，应当认定为“入户抢劫”。

最高人民检察院指导性案例第37号：张四毛盗窃案（2017年10月12日发布）

△**（盗窃；网络域名；财产属性；域名价值）**网络域名具备法律意义上的财产属性，盗窃网络域名可以认定为盗窃行为。

【公报案例】

△**（利用病毒程序盗取他人网上银行存款；盗窃罪）**根据《刑法》第二百六十四条的规定，被告人利用编写、传播病毒程序在网上截取他人的银行账号、密码，窃取或实际控制他人网上银行账户内存款的行为，构成盗窃罪。[《最高人民法院公报》2005年第8期　余刚等四人盗窃案]

△**（机动车；遗忘物；盗窃罪）**机动车为具有特殊属性的物，所有权人必须以所有权凭证来主张自己的所有权。机动车交易只有在办理过户登记手续后，才发生所有权的转移。同时，机动车牌号登记制度也进一步增强了所有人或占有人对车辆的控制力。因此。即使机动车所有人或者占有人在离开车辆时忘记关闭车窗、车灯，将车钥匙忘记在车上，也不能认定其完全丧失对车辆的控制，并由此推定该机动车属于遗忘物。在此情形下，行为人出于非法占有的目的，以秘密窃取的方式取得该机动车辆的，应当以盗窃罪定罪处罚。[《最高人民法院公报》2006年第4期　韦国权盗窃案]

△**（通过网络实施的虚拟行为）**行为人通过网络实施的虚拟行为如果对现实生活中刑法所保护的客体造成危害构成犯罪的，应当受刑罚惩罚。[《最高人民法院公报》2006年第11期　孟动、何立康网络盗窃案]

△**（秘密窃取网络环境中的虚拟财产；盗窃数额）**秘密窃取网络环境中的虚拟财产构成盗窃罪的，应当按该虚拟财产在现实生活中对应的实际财产遭受损失的数额确定盗窃数额。虚拟财产在

现实生活中对应的财产数额，可以通过该虚拟财产在现实生活中的实际交易价格来确定。[①]［《最高人民法院公报》2006年第11期　孟动、何立康网络盗窃案］

△（**盗窃既遂**）盗窃罪的犯罪对象是种类繁多的公私财物，盗窃公私财物的种类不同，认定盗窃既遂、未遂的方法就会不同。[②] 审判实践中，不存在唯一的具体案件盗窃未遂认定标准，应当根据《刑法》第二十三条规定的“着手实行犯罪”、犯罪“未得逞”、犯罪未得逞是“由于犯罪分子意志以外的原因”三个条件，结合盗窃财物种类等具体情况，认定盗窃犯罪行为是否未遂。行为人在网络中盗窃他人的虚拟财产，只要盗窃行为已实现了非法占有该虚拟财产在现实生活中所对应的被害人财产，理当认定为犯罪既遂。至于行为人是否对赃物作出最终处理，以及被害人事后是否追回该虚拟财产，均与行为人已完成的犯罪形态无关。［《最高人民法院公报》2006年第11期　孟动、何立康网络盗窃案］

△（**职务侵占罪；利用职务上的便利；盗窃罪**）根据《刑法》第二百七十一条关于职务侵占罪的规定，所谓“利用职务上的便利”，是指行为人在实施犯罪时，利用自身的职权，或者利用自身因执行职务而获取的主管、管理、经手本单位财物的便利条件。这里的“主管”，是指行为人在一定范围内拥有调配、处置本单位财产的权力；所谓“管理”，是指行为人对本单位财物直接负有保管、处理、使用的职责，亦即对本单位财产具有一定的处分权；所谓“经手”，是指行为人虽然不负有主管或者管理本单位财物的职责，但因工作需要而在特定的时间、空间内实际控制本单位的财物。因此，构成职务侵占罪，就必然要求行为人在非法占有本单位财物时，以其本人职务范围内的权限、职责为基础，利用其对本单位财物具有一定的主管、管理或者经手的职责，在实际支配、控制、处置本单位财物时实施非法占有行为。如果行为人仅仅是在自身工作中易于接触他人主管、管理、经手的本单位财物，或者熟悉作案环境，而利用上述工作中形成的便利条件秘密窃取本单位的财物，则不属于“利用职务上的便利”，应依照《刑法》第二百六十四条的规定，以盗窃罪定罪处罚。［《最高人民法院公报》2008年第11期　杨志成盗窃案］

△（**通过挂失、补卡等手段将银行卡内租用人的存款取出并占为己有；盗窃罪**）行为人将银行卡出租给他人使用，租用人更改银行卡密码后，因使用不慎，银行卡被ATM机吞掉。行为人出于非法占有的目的，利用租用人请求其帮助取卡之机，在租用人掌握密码并实际占有、控制银行卡内存款的情况下，通过挂失、补卡等手段将银行卡内租用人的存款取出并占为己有，其行为属于秘密窃取他人财物，应以盗窃罪定罪处罚。［《最高人民法院公报》2011年第9期　崔勇、仇国宾、张志国盗窃案］

---

① 我国学者指出，对于虚拟财产的数额，应按照虚拟财产与法益主体的不同类型分别判断：(1)对于用户从网络服务商或者第三者购买的价格相对稳定、价值不因用户行为而产生变化的虚拟财产（如Q币、游戏币等），应按照网络服务商的官方价格计算财产价值（而非行为人的销赃数额）；(2)对于用户从网络服务商或第三者购买的，经过加工后使之升级的虚拟财产（如游戏装备），可以按照市场平均价格加以确定；(3)对于网络服务商的虚拟财产，则在具备数额较大（可以按照官方价格计算）或者其他成立犯罪所必需的条件（如多次盗窃虚拟财产）的前提下，按情节量刑而不按数额量刑（综合考量行为的次数、持续的时间、非法获取虚拟财产的种类与数量、销赃数额等），但原则上应尽可能地避免使用情节特别严重的法定刑。参见张明楷：《刑法学》（第6版），法律出版社2021年版，第1255—1256页。

② 黄京平教授认为，盗窃罪是结果犯，应以给公私财产所有权造成直接损失结果为构成要件齐备的标准。以财物的所有人或持有人失去对被盗物的控制作为既遂的标准，符合盗窃罪既遂的本质特征。参见高铭暄、马克昌主编：《刑法学》（第7版），北京大学出版社、高等教育出版社2016年版，第502—503页。

另有学者主张控制说作为既遂的标准。对某种行为予以何种刑罚处罚，不能仅仅看该行为是否侵害了法益，还必须遵循罪刑法定原则的要求。盗窃罪，从其内部构成来看，是由破坏他人占有之后，建立新的占有而成立。并且，对控制的意义应作实质性的理解，即行为人在事实上能够控制该财物。实际控制的具体认定，应根据行为当时的事实，从一般社会观念进行判断。参见黎宏：《刑法学各论》（第2版），法律出版社2016年版，第324—325页；张明楷：《刑法学》（第6版），法律出版社2021年版，第1257—1258页。

刘志伟教授则坚持“失控加控制说”的标准。构成盗窃罪既遂的法定结果，既可以说是发生行为人非法占有了他人财物的结果，也可以说是财物所有人或保管人对其财物失去了控制或者财物所有人或保管人的财产遭受了损失。参见赵秉志、李希慧主编：《刑法各论》（第3版），中国人民大学出版社2016年版，第248页。

亦有学者认为，盗窃罪既遂的认定应当以取得说为原则，在取得说不能适用时，考虑采用失控说。至于具体案件中盗窃既遂与否，应当结合财物的性质、形状、他人占有财物的状态、盗窃行为的态样与社会生活的一般见解作个别考察：(1)对容量大、搬出较为困难的财物，一般以搬出时为既遂；(2)对形状较小、容易搬动的财物，接触该财物并控制，即告既遂。参见周光权：《刑法各论》（第4版），中国人民大学出版社2021年版，第138页。

【参考案例】

△以破坏性手段盗窃正在使用的电力设备的，应以破坏电力设备罪与盗窃罪择一重罪处断。在选择何者为重罪时，应当以可能判处的宣告刑进行比较。

夏洪生抢劫、破坏电力设备案中，正在使用的变压器属于关涉公共电力安全的设备。被告人夏洪生以破坏性手段窃取变压器内铜芯，同时符合破坏电力设备罪的犯罪构成与盗窃罪的犯罪构成，系想象竞合，一般应择一重罪处罚。

根据《最高人民法院关于审理破坏电力设备刑事案件具体应用法律若干问题的解释》第三条第一款的规定，依照刑法处罚较重的规定定罪处罚，因此择一重罪应当根据具体量刑情节，考虑判处不同罪名可能的宣告刑，并选择较重的罪名判处。在本案中，如果对夏洪生判处破坏电力设备罪，应处三年以上十年以下有期徒刑，而如果判处盗窃罪，则需要确定盗窃数额并选择相应的法定刑，涉及变压器的价值、铜芯的价值以及最后的销赃数额三个数额。盗窃罪的主观方面必须具有非法占有目的，夏洪生以破坏性手段盗拆变压器，目的是取得铜芯，因此以铜芯的价值作为盗窃数额较为合理，其对应的法定刑为三年以下有期徒刑。因此对被告人夏洪生应当选择破坏电力设备罪定罪处罚。［No. 5-263-114　夏洪生抢劫、破坏电力设备案］

△对盗窃的财物存在重大认识错误，严重低估财物价值，不应按被盗窃财物的实际价值定罪处罚，而应依行为人主观认知的财物价值认定。①

判断行为人是否对所盗物品价值存在重大认识错误，主要应从行为人的个人情况及其行为前后的表现来综合分析：被告人沈某某出生于贫困山区，从没有见过此类手表，也不知道或者听说过有此类名贵手表；沈某某年龄不大，从偏远农村来到城市时间不长，其工作环境又是一普通发廊，接触外界人、事、物相当有限，基本上无从接触到带有如此昂贵手表的人；案发地附近的市场上也没有此类名表出售，最好的商场内出售的最好的手表也不过千元左右。因此，以本案沈某某的出身、作案时的年龄、职业、见识、阅历等状况来看，其对所盗手表的实际价值没有明确或概括的认识是有可信基础的。被害人将价值如此巨大的手表与几百元的嫖资随便放在一起，也有使对手表本来就缺乏认识的沈某某产生该表价值一般（而非巨大）错误认识的客观条件。被告人沈某某到案后，在历次讯问中，始终不能准确说出该表的牌号、型号等具体特征，而且一直认为该表只值几百元钱。这表明其对名表确实一无所知，也不关心该表的实际价值。在盗得手表后，沈某某既没有马上逃走，也没有将财物及时处理掉，乃至收拾好行李准备离开某市时手表仍在灶台内，未予随身携带或藏入行李，也说明被告人对该表的实际价值既没有明确的认识，也没有概括的认识。如果被告人对该表的实际价值有所认识，按常理是不可能不随身带走或转卖的。被害人在追索手表的过程中，虽表示愿意以 2000 元换回手表，但其仅称该表“对自己意义重大”，并未明确表明该表的实际价值，而只表示该表并不太值钱。此节事实，并不足以使被告人对所盗手表的实际价值产生新的认识，相反却更可能加深被告人对该表价值的误认。综上，被告人顺手拿走他人手表的行为，主观上虽有非法占有他人财物的目的，但被告人当时确实没有认识到（包括概括的认识）其所盗手表的实际价值。其认识到的所盗手表的价值只是数额较大而已，而非事实上的数额特别巨大。也就是说，被告人主观上只有非法占有他人数额较大财物的故意，而无非法占有数额特别巨大财物的故意。因此，被告人对其所盗手表存在重大的认识错误，是可以确认的。［No. 5-264-4　沈某某盗窃案］

△盗窃毒品等违禁品的，应以情节轻重作为定罪量刑的主要依据，违禁品的种类、数量是判断情节轻重的主要依据。

对于毒品等违禁品，因其本身不为法律所保护，没有合法的市场交易价格，故《最高人民法院关于审理盗窃案件具体应用法律若干问题的解释》②第五条第（八）项规定，盗窃违禁品，按盗窃罪处理的，不计数额，根据情节轻重量刑。但是，盗窃违禁品的数量大小也是认定情节的一个重要参考。考虑到情节轻重的弹性较大，具体认定起来较为困难，实践中掌握的标准也不尽一致，最高人民法院于 2000 年公布的《全国法院审理毒品犯

---

① 我国学者指出，就普通盗窃而言，除要求行为人认识到自己所窃取的是他人占有的财物外，盗窃故意还要求行为人认识到自己盗窃的财物数额较大。行为人将数额较大、巨大乃至特别巨大的财物误以为是价值微薄的财物而加以窃取，又不属于多次盗窃、入户盗窃、携带凶器盗窃、扒窃，不应认定为盗窃罪。参见张明楷：《刑法学》（第 6 版），法律出版社 2021 年版，第 1247 页。

② 系争解释已被《最高人民法院、最高人民检察院关于办理盗窃刑事案件适用法律若干问题的解释》（法释〔2013〕8 号）废止。

分则　第五章

罪案件工作座谈会纪要》(已废止)规定了一个参考标准,即认定盗窃毒品犯罪数额,可以参考当地毒品非法交易的价格。被告人盗窃安非他明类毒品 MDA 十余千克、4 万余片,数量属于特别巨大。即使参考北京地区毒品黑市交易价格计算,其盗窃毒品的参考数额亦属特别巨大,根据本案的犯罪情节,一、二审法院在情节特别严重的法定刑幅度内追究被告人的刑事责任是适当的。[No. 5-264-8　薛佩军等盗窃案]

△以非法占有为目的,利用虚构事实的方法引诱他人取出财物,而后以调包的手段将财物秘密窃取的,应以盗窃罪论处。

首先,朱影盗窃案中被害人暂时交付财物的目的是让被告人利用财物"施法驱鬼",虽然形式上财物已经交付被告人实际持有不在被害人手中,但仍在被害人法律意义上的控制范围内。因为在当时的情况下,行为过程均发生在被害人的家中,被害人对于其家中的财物当然具有实际的控制,被害人即使将财物交给被告人,根据社会的一般观念,被害人仍然支配和控制着该财物,即被害人暂时交付财物而没有转移财物控制权。因此,这种交付不能认定为具有处分财物的意思和行为。对被害人来说,被告人趁被害人不备调包取走财物,被害人当时不知情、事后才知道,在这种情况下,虽然财物在被告人手中暂时持有,但被害人在主观上既没有让被告人取得财物控制权的意思,客观上被告人也没有取得财物的实际控制,被害人仅是让其利用财物施法驱鬼,并不带走财物,因而被害人虽然受骗了,但他并没有因此而具有将财物转移给被告人支配与控制的处分意思和行为。被告人取得财物的支配与控制完全是后来的掉包秘密窃取行为所致。

其次,被告人非法取得财物主要是以调包的秘密窃取手段来实现的。被告人以施法驱鬼诱使被害人将财物作为道具交给被告人,属于欺诈的性质,但被告人并非依靠该欺诈行为直接取得财物,这只是为其之后实施秘密窃取行为创造条件。其对财物只是暂时持有,被告人施法驱鬼时,被害人仍然没有失去财物占有权,随时可以让被告人停止施法交还财物。因此,通过欺诈取得对财物的暂时持有,不是被告人的目的行为,只是其实现占有财物目的的辅助手段行为。相对于前述欺诈行为而言,被告人的调包行为属于秘密窃取的性质。因而被告人最终通过调包手法取得财物控制的行为符合盗窃罪秘密窃取的行为特征。[No. 5-264-10　朱影盗窃案]

△未与盗窃犯通谋,事后出资收购赃物的,不构成盗窃罪的共犯,应以隐瞒犯罪所得罪论处。

在认定销赃行为人与盗窃实行犯是否有事前通谋时,需要特别注意以下三点:一是事前通谋的时间仅限于犯罪既遂之前,销赃行为人必须在盗窃犯罪未完成之前与盗窃实行犯存在意思联络,在盗窃犯罪既遂之后才进行意思联络的,不属事前通谋;二是销赃行为人仅知道盗窃实行犯可能要去实施盗窃,但在盗窃前未与盗窃实行犯形成意思联络,在盗窃完成后才与盗窃实行犯共谋实施销赃等行为的,不属于事前通谋;三是只要销赃行为人在盗窃前向盗窃实行犯承诺,盗窃完成后为实行犯收购、销售盗窃所得的赃物,就可认定双方存在事前通谋,不要求销赃行为人对盗窃犯罪的时间、地点、方法、对象、目标等具体情节都参与共谋或全面了解。

马俊等盗窃、隐瞒犯罪所得案的盗窃实行犯是余大贵、马俊等人,王伟环只是在盗窃前与余共谋,答应事后收购余等人所盗的赃物,其未参与盗窃作案,因此,王伟环只是构成共同盗窃的帮助犯,并非盗窃的实行犯。陈小灵在余大贵等人盗窃以前,没有就收购赃物一事与余等人有过直接事前联系;而王伟环让陈小灵购买赃物一事,系王伟环个人决定,余大贵等人在盗窃前、盗窃中均不知道陈小灵将向王伟环收购所盗赃物,因此,就王、陈事先商定收购赃物的行为,不能认定为陈小灵与余大贵等盗窃实行犯的事前通谋;同时本案也没有证据证明陈小灵就收购赃物一事,与余大贵等人形成长期、稳定、默契的"合作关系"。因此可以认定,被告人陈小灵在余大贵等人盗窃实施前以及实施中,均没有与余大贵等盗窃实行犯有过共同盗窃的意思联络,因此,陈小灵不具备成立共同盗窃中帮助犯的主观要件。

对于被告人陈小灵而言,其在王伟环与其联系时,已明确得知其即将收购的赃物是余大贵一伙将要盗窃的工艺玻璃珠。因此,陈在收购赃物前,已经认识到余大贵等人将要实施盗窃行为。但是,陈小灵收购赃物之前,余等人盗窃的犯罪决意在此之前早已形成,陈的行为对此决意并不产生强化作用(即心理帮助);余大贵等在盗窃前以及盗窃中,也均不知道陈小灵即将购买赃物一事,陈的行为也没有使余等实行犯在行窃过程中产生一定心理上的鼓励。因此,可以认定,陈小灵在本案中没有对余等实行犯实施心理帮助行为。

综上,被告人陈小灵没有与余大贵等盗窃实行犯事前通谋;在余等人盗窃过程中,陈的主观上也没有帮助余等实行犯盗窃的犯罪故意;客观上对余等实行犯实施的盗窃行为既没有实施心理帮助行为,也没有实施物理帮助行为;其收购赃物的行为也不是对余等实行犯实施盗窃的帮助行为,而是单纯的事后销赃行为，故其行为不属于共同盗窃的帮助行为，不构成盗窃共犯。[No. 5-264-11 马俊等盗窃、隐瞒犯罪所得案]

△非法侵入他人股票账户，利用窃取的账号、密码与自己的股票账户进行交易非法牟利的，应以盗窃罪论处。

在传统的盗窃案件中，盗窃罪在客观上表现为行为人通过秘密手段直接非法占有公私财物，被告人钱炳良不是直接非法占有被害人账户上的股票和资金，而是通过支付"对价"秘密窃取被害人账户上的股票，将被害人股票账户上的资金转归己有，即通过买、卖股票的形式非法占有了其中的差价款。这种作案手段虽与传统的盗窃手段不同，但仍符合盗窃罪的构成特征：在主观上，钱炳良是为了通过盗买盗卖股票非法占有被害人的财产；在客观上，钱炳良是在被害人不知情的情况下，非法占有了被害人的财产。由于钱炳良非法占有盗买盗卖股票的"获利"款，直接来源于被害人的财产损失，这种盗窃手段与直接非法占有被害人的财产在本质上是相同的，其行为符合盗窃罪的主、客观构成要件，应以盗窃罪定罪处罚。[No. 5-264-12 钱炳良盗窃案]

△对于非法侵入他人股票账户，利用窃取的账号、密码与自己的股票账户进行交易非法牟利的，应将获利数额认定为盗窃数额。

行为人秘密侵入被害人账户后，通过被害人账户与自己账户的对应买卖即通过自己账户高抛或低吸，被害人账户低抛或高吸完成一次盗窃。由于证券市场的集合竞价方式，交易成功与否有多种因素决定，行为人意图使被害人账户与自己账户进行相对买卖的委托不可能均算成功，导致被害人账户低抛（或高吸）的委托与市场其他客户成交，这样，很多次交易使被害人遭受了损失，但行为人却没有获利。因此，以行为人的获利数额来认定盗窃数额较为妥当。对于被害人的损失，可以按照《最高人民法院关于审理盗窃案件具体应用法律若干问题的解释》①第五条第（十三）项的规定，作为量刑情节予以考虑。[No. 5-264-13 钱炳良盗窃案]

△事前与盗窃犯通谋，虽未参与盗窃，但事后参与销赃的，应以盗窃罪的共犯论处。

认定事前通谋的共犯，必须同时具备两个要件：一是加入犯必须在本犯未完成犯罪之前与其有意思联络；二是加入犯必须在事后实施了销赃的犯罪构成要件的行为。行为人仅知道某人可能要盗窃，但事前未与其形成意思联络、事后与之共谋销赃的，或者虽与盗窃犯有事前意思联络，但事后未再实施销赃等行为的，均不能构成盗窃共犯。

就陈家鸣等盗窃、销赃案而言，陈家鸣亲往天津向经俊杰等人要求购车，陈家鸣在经氏兄弟等人盗窃第一辆桑塔纳轿车时，事先与他们有过通谋活动，在盗窃得手后安排销赃等行为均有证据证明，尽管这一事先通谋活动，不是典型的相互明示，但双方应该是默示的、心照不宣的。这一点可从以下情况得以验证：

1. 陈家鸣此前已为经氏兄弟销售过赃车，该次又主动要求购车是在明知经氏兄弟只会通过盗窃获得其所要轿车的前提下提出的，且是在经氏兄弟实施盗窃行为前提出的。

2. 经氏兄弟盗窃桑塔纳轿车的犯意系由陈家鸣的要求所引起，而且是完全按陈所要求的品牌、颜色、车型盗窃的。

3. 陈家鸣在提车时，制止经氏兄弟言明车的来源，恰恰表明其明知的心态，不能以此否认双方已实际形成的事先意思联络。因此，就经俊杰等人盗窃得手的那一辆桑塔纳轿车而言，陈家鸣与经俊杰等人构成事前通谋的盗窃共犯。[No. 5-264-14 陈家鸣等盗窃、销赃案]

△利用熟悉工作环境或工作条件的便利，采用侵占、窃取、骗取或其他手段，将单位财物非法据为己有，数额较大的，不构成职务侵占罪，应以盗窃罪论处。

康金东盗窃案中，根据河南省中南机械厂的规定，对金刚石负有保管、管理职责的是李国忠、张勇，被告人康金东作为从事运输劳务的人员没有保管、管理金刚石的职责。康金东盗窃金刚石实际上是利用工作上的便利条件，将本单位的财物窃为己有。利用职务上的便利与利用工作上的便利有着本质上的差别：所谓利用职务上的便利，是指利用自己主管、管理、经手、经营财物的便利条件；而利用工作上的便利，是指行为人无职务，只是利用熟悉工作环境或工作条件的便利。这种便利与职务没有关系。对于利用工作上的便利条件，将本单位财物非法据为己有的，由于不符合职务侵占罪的构成条件，不能以职务侵占罪定罪处罚。因此，康金东的行为不能构成职务侵占罪。[No. 5-264-15 康金东盗窃案]

△以欺骗方式取得他人财物的保管权，而后秘密窃取代为保管的财物，数额较大的，应以盗窃

---

① 系争解释已被《最高人民法院、最高人民检察院关于办理盗窃刑事案件适用法律若干问题的解释》（法释〔2013〕8号）废止。

罪论处。

康金东盗窃案中,从被告人康金东非法占有金刚石的经过来看,康金东趁李国忠、张勇吃饭之际,以修轮胎为由,并婉拒李、张二人陪同前往,单独将车开走,骗得了金刚石的代为保管权;又趁修理人员修理轮胎时进入车内,用小刀将装有金刚石的纸箱胶带划开,用事先准备好的河沙调换金刚石。虽然康金东取得了对金刚石的合法持有权,但并非简单地将合法持有转变为非法占有,而是利用了合法持有的便利条件实施其秘密窃取行为。同时,康金东在得知本厂业务员李国忠、张勇要去福建泉州送货(人造金刚石)时,便产生了非法占有的故意,并准备了作案工具——用于调换金刚石的10个黑色塑料袋和河沙。其非法占有的主观故意明显产生于其取得代为保管金刚石之前,其代为保管不过是为其实施秘密窃取行为创造的便利条件。因此,被告人康金东的行为不符合职务侵占罪的构成特征,而构成盗窃罪。[No. 5-264-16 康金东盗窃案]

△非国家工作人员与国家工作人员相勾结,利用国家工作人员提供的便利条件,窃取国家工作人员与其他国家工作人员共同保管的财物的,对非国家工作人员应以盗窃罪论处。

共同犯罪案件性质的确定取决于共同故意与共同行为是否符合法定某一具体犯罪的构成要件。虽然被告人高金有与在逃犯罪嫌疑人申玉生都具有共同将银行现金非法占为己有的共同犯意,但如确定本案系共同贪污犯罪,还必须具备行为人共同利用职务便利侵吞、窃取、骗取或者以其他方法非法占有公共财物的共同行为。这种共同行为可从以下两个方面来考察:

一是各共同犯罪人实施犯罪都利用了职务上的便利,对于不具备特定身份的其他共犯则必须利用了有特定身份的犯罪人的职务之便。本案被告人高金有利用申玉生的职务之便熟悉了作案现场的环境,掌握了打开保险柜的另一把钥匙的存放处,以及巨额现金存放的具体部位。但是高金有撬开另一出纳员的办公桌窃取钥匙,以及用两把钥匙打开保险柜,窃走巨额现金的行为,虽与利用申玉生的职务之便有联系,但并不是全部利用了申玉生的职务便利。换句话说,仅仅利用申玉生的职务便利,尚不能顺利地窃取存放在申玉生与他人共同保管的保险柜内的巨额现金。

二是各共同犯罪人实施了共同的贪污行为。在共同犯罪中,虽然存在着不同的分工和不同共犯参与犯罪的程度不同,以及各自发挥的作用不同的情况,但是所有行为都必须围绕着一个犯罪目的而彼此配合、互相衔接。本案被告人高金有撬开办公桌、窃取钥匙、窃走现金的行为过程,不是申玉生的职务行为,也不在申的职务所及范围内,与申的职务无关。此一行为无论是申本人实施,还是申与高共同实施,或如本案,仅是申提供前提条件,由高单独实施,都不是刑法规定的职务犯罪行为,而是典型的盗窃行为。[No. 5-264-19 高金有盗窃案]

△骗取持卡人的银行卡及其密码后,未经持卡人知晓而取款的,不构成诈骗罪,应以盗窃罪论处。

诈骗罪的基本流程是:行为人以非法占有为目的实施欺诈行为—被害人产生错误认识—被害人基于错误认识处分财产—行为人取得财产—被害人受到财产上的损害。刘作友等人盗窃案中,被害人是产生了错误认识,但是被害人基于这种错误认识只交付了借记卡和告知了密码,并没有基于所有人的意思而放弃借记卡,更没有处分借记卡上的钱款的意思,因此不能算是一种处分行为。所以,对本案被告人骗取被害人的信任交出借记卡和告知密码的行为不能认定为诈骗罪。

区分诈骗罪与盗窃罪的一个关键在于究竟是哪一行为使被告人实现了非法占有。在本案中,被害人交付借记卡和告知密码的行为并未使被告人实现对钱款的占有,使被告人真正实现非法占有的是被告人从取款机取款的行为。未经持卡人知晓,非法持有他人借记卡从取款机取款的行为完全符合秘密窃取的性质,因此本案被告人的行为完全符合盗窃罪的客观构成要件要素,另外也完全符合客体、主体与主观方面的构成要件要素,所以可以认定被告等人盗窃罪名成立。[No. 5-264-20 刘作友等人盗窃案]

△在盗窃案件中,没有取得财物的完全控制,应以盗窃未遂论处。

《刑法》第二十三条第一款规定:"已经着手实行犯罪,由于犯罪分子意志以外的原因而未得逞的,是犯罪未遂。"根据这一规定,犯罪未遂必须具备以下特征:(1)行为人已经着手实行犯罪。(2)犯罪未得逞。所谓犯罪未得逞,是指行为人所追求的、行为性质所决定的危害结果没有发生。按照主客观相一致的原则,它既要求行为人所追求的危害结果没有发生,又要求行为性质所决定的危害结果没有发生。(3)犯罪未得逞是由于犯罪人意志以外的原因。盗窃罪作为《刑法》分则的一个具体罪名,盗窃未遂无疑应当符合《刑法》总则规定的犯罪未遂的条件。因此,我们可以将盗窃未遂的特征综合概括为:行为人已经着手实施了盗窃行为,但由于意志以外的原因,其主观的盗窃犯罪意图未能全部展开，客观的盗窃结果未能发生，从而使盗窃犯罪在未完成的状态下停止下来。

盗窃是指以不为受害人察觉的方法窃取财物的行为。任何盗窃本身都具有隐蔽性的特点。申宇将手机藏在库房角落中应当是其进行盗窃时选择的一种方法，或者说是其盗窃行为的一个组成部分，而不是其追求的结果。如前所述，单次盗窃作为结果犯，其犯罪未遂的基本特征是行为人主观的犯罪意图未能全部展开，客观的盗窃结果未能发生。这也是主客观相一致刑法原则的要求。申宇盗窃案中，正是由于崔晓宝、李鹏的积极寻找并且报警，才获取了藏匿的手机。这直接导致了客观上申宇藏匿手机的行为没有造成危害结果，主观上他的犯罪意图未能完全实现。［No. 5-264-21　申宇盗窃案］

△利用对环境熟悉的便利条件，窃取本单位财物的，不构成职务侵占罪，应以盗窃罪论处。

职务侵占罪和盗窃罪都是以非法占有为目的，将财物占为己有的行为，且盗窃为职务侵占罪的犯罪手段之一，两罪之间有一定的相似之处，但两罪之间又存在着本质的区别。职务侵占罪的主体为公司、企业或其他单位的人员；盗窃罪的主体则是一般主体，一般自然人即可。职务侵占罪的犯罪客观方面是利用职务上的便利，对于利用工作上的便利，占有本单位财物的行为，不能认定为职务侵占罪；而盗窃罪则不要求利用职务上的便利。职务侵占罪必须以数额较大为构成要件；而盗窃罪不仅可以由数额较大构成，还可以由实施盗窃的次数即多次盗窃构成。

三被告人的行为究竟属何种行为，首先应确定三被告人下班后返回工作场所实施盗窃的行为是否利用了职务上的便利。三被告人的工作单位常村镇固南砖厂的企业登记系个体工商户，该砖厂招收多名雇员从事劳务工作，且砖厂对外没有围墙，是开放性的。三被告人在砖厂均从事驾驶铲车的劳务工作，领取相应的工作报酬，铲车使用的柴油在该砖厂用油桶存放，工作时间由三被告人自行开锁加油，下班后，该砖厂雇员均回砖厂临时搭建的宿舍休息，砖厂内的所有物品均由负责看场的人员在夜间看管，应包括铲车和加油用的油桶。三被告人下班后对铲车和给铲车加油用的油桶的看管行为即行终止，实际的看管职责应由砖厂看场的人负责，其实施秘密窃取的行为没有利用职务上的便利，仅是利用了白天工作的便利条件，便于及时作案后离开现场。故三被告人下班后实施的秘密窃取本单位财物的行为应认定为盗窃罪，辉县市人民法院的判决是正确的。［No. 5-264-22　董磊等盗窃案］

△采取自认为隐蔽的方式使财物脱离所有人、保管人的有效控制，而置于本人的控制之下的，属于盗窃罪的秘密窃取方式之一，构成盗窃罪。

盗窃罪是以非法占有为目的，秘密窃取数额较大的公私财物的行为。梁四海盗窃案中，被告人在主观方面具有非法占有目的，即明知是他人所有之物，而有意通过破坏财物所有人对财物的合法控制，使之置于自己控制之下。在客观方面，被告人实施了秘密窃取的行为，即采取了自认为不会被财物所有者发觉的方法，暗中窃取财物。本案中，被告人虽然不是趁被害人未觉察而直接从被害人身上将手机拿走，但当被告人见到被害人的手机掉在地上时，其已明知是被害人的手机，但没有想到及时归还失主，而是产生了占为己有的念头，采取用脚把该手机踩住，在被害人等人散去后，将手机盗走这一秘密手段。被告人在主观上表现为故意并非法占有他人财物，客观上也采取了秘密窃取的方式，完全符合盗窃罪的构成要件。所以，应以盗窃罪定罪量刑。［No. 5-264-23　梁四海盗窃案］

△骗用他人手机，乘机占为己有的，应以盗窃罪论处。

盗窃罪是以非法占有为目的，秘密窃取数额较大公私财物的行为；而诈骗罪是以非法占有为目的，用虚构事实或者隐瞒真相的方法，骗取数额较大公私财物的行为。诈骗罪与盗窃罪的关键区别在于：受骗人是否基于认识错误处分了财物，也就是说，是否将财物转移给行为人占有和支配，倘若被害人自愿处分了财物，则构成诈骗罪；倘若被害人没有处分财物，则构成盗窃罪。具体到孙莹等盗窃案：

首先，从主观上看，受骗人没有将手机转移给被告人支配和控制的意思。受骗人将手机交给被告人，只是让他暂时使用，等接听或者呼叫结束，就要当场归还。

其次，从社会的一般理念看，在当时的情况下，虽然手机已交由被告人使用，但是被害人仍然没有丧失对手机的支配和控制，被告人并没有占有手机，其取得手机的支配与控制完全是后来的秘密逃离行为所致。

最后，从物的特性看，手机的用途是用来打电话的，借手机“使用一下”意味着在很短的时间内用后即还，被告人不可能因假借行为而取得对手机的支配和控制，所以，本案不应定性为诈骗。但是，倘若被告人欺骗被害人说借手机使用一天，或者一周、一月等，则应定性为诈骗。再假设被告人欺骗被害人,借被害人的摩托车使用一下而后非法占有,则由于摩托车的特性不同于手机,只要被害人将摩托车交由被告人使用,则被害人就丧失了对摩托车的支配和控制,被告人的行为只能构成诈骗,不可能构成盗窃。[No. 5-264-24　孙莹等盗窃案]

△以欺骗手段令他人交出财物后,采取调包的方式将财物秘密窃取的,应以盗窃罪论处。

李志良等诈骗案中,被告人欺骗被害人,在被害人主动交出财物后,在被害人面前做法事,在此过程中,被告人并没有实际占有和控制财物,被害人也没有实际失去对财物的控制权。其最终取得财物并非出于被害人的受骗而自愿给付,而是在被害人未发觉的情况下暗中将财物调包,采取的是秘密窃取的方式,行为符合盗窃罪的犯罪特征,依法应认定为盗窃罪。具体理由是:

首先,本案的欺诈行为并不能单独直接成立诈骗犯罪。本案中,三被告人虽然实施了欺诈行为,并使得被害人信以为真,从而仿佛自愿地交出财物。乍一看,此行为似乎完全符合诈骗罪的客观行为特征,可以单独成立诈骗犯罪。但通过进一步分析犯罪行为的进程,我们不难看出,其实被害人虽然主动交出财物让被告人为其做法事,但被害人将财物交给被告人的本意并非欲将其财物所有权自愿地交付被告人所有,而只是要让被告人暂时保管作为做法事的一种道具,待做完法事后仍欲将其财物取回。而被告人李志良在欺骗被害人时也声称做完法事之后,需将塑料袋带回家中存放几天方可免灾,而并非要求被害人将财物直接交付给他所有。所以被告人李志良的欺骗行为只是后续盗窃行为最终实现的一种过渡方式和手段,是一种手段行为,并不能单独直接成立诈骗犯罪。

其次,从犯罪进程进一步分析,本案被害人不仅没有直接将财物所有权交付被告人所有的意思,同时在被害人主动交出财物后,被告人也没有因此实际占有或控制被害人的财物。被告人李志良虚构被害人家人有灾的事实,虽然达到了欺骗被害人并使之交出财物的效果。但这个欺骗行为本身并没有使被告人实际占有或控制被害人的财物。因为被告人李志良拿到装有财物的黑色塑料袋后,是当着被害人的面在被害人面前做法事的,此时被害人并没有脱离对财物的实际占有和控制,被告人也没有因此而实际占有或控制财物。也就是说,这个行为在本质上并不符合被害人基于对事实的认识错误,而自愿交出财物,后让被告人实际占有和控制财物的诈骗犯罪的客观行为特征,所以从这个层面上分析,本案的行为也不能成立诈骗犯罪。

最后,被告人最终实际取得财物的目的行为是采取调包方式的秘密窃取行为。本案中被告人李志良实施的欺骗被害人,并假装替被害人做法事消灾等一系列行为,只是本案犯罪的手段行为,都是为目的行为服务的。其最终实际取得财物的目的行为,是在做法事消灾时,趁被害人不注意没有发觉的情况下,采取将塑料袋调包的方式,使被害人最后带走了一个没有装钱的塑料袋,从而秘密窃得被害人的财物非法占为己有。所以,被告人最终实际取得被害人财物的直接关键的目的行为并不是被害人基于受骗而自愿给付的行为,而是被告人主动实施调包方式的秘密窃取行为,该行为完全符合盗窃犯罪的行为特征,所以应认定为盗窃罪。[No. 5-264-25　李志良等诈骗案]

△在公共场所拾取他人遗忘物,事后予以返还的,不构成犯罪。

阮玉玲盗窃案的事实是汪某将手机遗忘在填写单据的桌子上,而银行是一个公共场所,并不属于汪某的私人空间,在这种情况下,财物已完全脱离财物所有人或监管人占有。被告人阮玉玲从桌子上拾取汪某丢失的手机的行为并不违法,是合法的持有,未采用秘密手段窃取财物,所以行为不构成盗窃罪;事后又退还了财物,依照刑法的规定不构成盗窃罪。[No. 5-264-27　阮玉玲盗窃案]

△以勒索财物为目的,秘密窃取财物后,以所窃财物作为交换条件,向被害人索取钱财,符合盗窃罪和敲诈勒索罪构成特征的,应按照牵连犯的处理原则,从一重罪处断。

杨光炎实施的第一个盗窃行为,从其后续行为看,系其实现敲诈勒索的手段行为,即杨光炎盗窃照相器材和电脑,真正的目的不在于占有这些财物,而是以所盗取的财物为对价,换取被害人的现金,即犯罪人的真实意图在现金。从整个犯罪过程看,盗窃财物的目的是为敲诈,因此在盗窃行为与敲诈行为之间存在着手段和目的的关系,构成广义上的牵连犯。牵连犯是实质的数罪,无论是刑法还是司法解释,对牵连犯处罚的原则尚未明确,表现在对不同情形下的牵连犯,有的规定数罪并罚,有的是择一重罪从重处罚。按照我国目前通行的理论,牵连犯属处断上的一罪,即牵连犯是实质的数罪,但考虑到几个行为之间的内在联系,故不再数罪并罚,而是择一重罪处罚,本案中,一、二审法院就是持此种观点。[No. 5-264-28　杨光炎盗窃案]

△盗卖他人即时通讯软件用户号码,不构成盗窃罪,情节严重的,应以侵犯通信自由罪论处。

QQ号码不是现行《刑法》意义上所称的财产，理由是：(1)QQ号码是否有价值，争议很大，如何用一般等价物计量换算，标准不一。(2)对财物作出民法意义或者刑法意义的区分，符合法律原则和立法精神。特别是成文法体系，因为法律的天然滞后，以调整平等主体之间人身关系和财产关系为已任的民法，必然以开放的姿态面对急剧变化的社会现实；而奉行"罪刑法定"的刑法则必须始终保持谦抑消极的面孔。因此，对财物作出民法意义或者刑法意义的区分不仅在法理上顺理成章，在司法实践中也应当一以贯之。(3)刑法体系是相对封闭的，刑法的解释不能等同类推。QQ号码是否是刑法意义上的财物只能根据现行《刑法》及其有关司法解释作出是否相符的判断。《刑法》第九十二条第(四)项规定的"其他财产"，根据文义解释，应理解为与股份等并列而未罗列的其他财产权利凭证。QQ号码显然不是与股票相并列的财产权利凭证。现行最相关的盗窃罪的规定是《最高人民法院关于审理盗窃案件具体应用法律若干问题的解释》①中的关于盗接他人通讯线路、复制他人电信号码的规定，显然曾智峰等侵犯通信自由案被告人的行为不符合上述规定。因此在现行法律体系内，QQ号码是民法意义上的物，但不是刑法意义上的财物，被告人不能被定为盗窃罪。

《刑法》第二百五十二条规定："隐匿、毁弃或者非法开拆他人信件，侵犯公民通信自由权利，情节严重的，处一年以下有期徒刑或者拘役。"随着科技的进步和互联网的普及，书信在通信方式上的统治地位逐渐削弱，而以互联网为媒介的电子邮件和其他文字、语音、视频日益成为重要的通信联络方式。为此，2000年12月28日通过的《全国人民代表大会常务委员会关于维护互联网安全的决定》(2009年8月27日修正)第四条第(二)项规定，非法截获、篡改、删除他人电子邮件或者其他数据资料，侵犯公民通信自由和通信秘密的，依照刑法有关规定追究刑事责任。本案中，二被告人作为熟悉互联网和计算机操作的QQ用户，篡改了130余个QQ号码的密码，使原注册的QQ用户无法使用本人的QQ号与他人联系，造成侵犯他人通信自由的后果，情节严重，其行为符合上述法律规定，应构成侵犯通信自由罪。原审判决综合考虑本案属于新类型案件以及二被告人的基本情况，根据罪刑相当的原则，以侵犯通信自由罪判处二被告人拘役六个月的刑罚是合适的。事实上，本案判决后，二被告服判，公诉机关未抗诉，受害人QQ号码用户和腾讯公司对判决也是基本满意的，该案的审判取得了法律效果和社会效果的统一。[No. 5-264-29 曾智峰等侵犯通信自由案]

△在盗窃过程中被人发现，为灭口而杀害被害人的，应当以故意杀人罪论处；以数额巨大的财物或者国家珍贵文物等为盗窃对象的，应以盗窃罪和故意杀人罪实行并罚，不能以抢劫罪和故意杀人罪并罚。

在盗窃过程中，为灭口而故意杀人的行为，应定故意杀人罪。根据《刑法》第二百六十九条的规定，在盗窃过程中实施暴力，转化为抢劫的情形，要求行为人在主观目的方面必须是为了窝藏赃物、抗拒抓捕或者毁灭罪证。窝藏赃物，是指保护已经取得的赃物不被恢复到应有状态；抗拒抓捕，是指拒绝司法人员的拘捕或公民的扭送；毁灭罪证，是指毁坏、消灭本人犯罪证据。肖明明故意杀人案中，被告人肖明明与被害人系邻居，彼此互相熟识；被害人系年仅十四岁的弱小女孩，并无抓捕被告人的意思和能力；根据被告人的供述，其杀人的原因就是担心被害人将其盗窃的事情说出去，意图杀人灭口。综合上述情况，可见肖明明的杀人灭口目的是非常明确的，其实施暴力的主观目的已不是为了强行劫走财物，而是单纯地为了剥夺他人的生命，具有杀人的故意而非抢劫的故意，不符合《刑法》第二百六十九条规定的转化抢劫的目的要件，应以故意杀人罪定罪处刑。而且，对于行为人的同一犯罪事实，不能援用不同的构成要件重复论罪；在某种因素(如行为、结果)已经被评价为一个犯罪的事实根据时，不能再将该因素作为另一个犯罪的事实根据进行评价。本案被告人仅实施了一个暴力行为，即杀人行为，此行为已作为故意杀人罪的构成要件进行了评价，不能再据此作为认定抢劫罪的根据。本案被告人系在盗窃过程中为灭口而杀人，并非为劫取财物而预谋故意杀人或者在劫取财物过程中为制服被害人反抗而故意杀人，以及实施抢劫后为灭口而故意杀人，不符合《最高人民法院关于抢劫过程中故意杀人案件如何定罪问题的批复》的规定，因此，本案被告人的行为不能以抢劫罪和故意杀人罪并罚。

需要指出的是，本案被告人肖明明的盗窃行为，情节轻微、危害不大，又属未遂，可不认定为犯

① 系争解释已被《最高人民法院、最高人民检察院关于办理盗窃刑事案件适用法律若干问题的解释》(法释〔2013〕8号)废止。

罪。1998 年 3 月 17 日公布的《最高人民法院关于审理盗窃案件具体应用法律若干问题的解释》(已失效)第一条第(二)项规定:“盗窃未遂,情节严重,如以数额巨大的财物或者国家珍贵文物等为盗窃目标的,应当定罪处罚。”结合本案的具体情节,被告人肖明明至其邻居家盗窃财物,并无明确的盗窃目标,且其邻居家为普通农民家庭,经济条件并不好,故被告人的盗窃数额难以认定为巨大,被告人在杀人灭口后,并未取走其邻居家的财物,故其盗窃行为可不认定为犯罪。[No. 5-264-33　肖明明故意杀人案]

△盗取自己被公安机关依法查扣的机动车辆的,不构成盗窃罪①;为排除妨碍而实施暴力致人伤亡的,不构成转化型抢劫罪,应认定为故意杀人罪或者故意伤害罪。

第一,王彬欲从公安交通管理机关院内将自己已被查扣的车辆秘密开走的行为不同于盗窃。首先,王彬不具有非法占有的目的。尽管私人财产在被国家机关、国有公司、企业、集体企业、人民团体管理、运输、使用时以公共财产对待,但所有权仍属于原所有权人。② 因此,王彬对于自己的被公安机关查扣的机动车辆,应当具有所有权。在本案中,王彬黑夜潜入交警中队院内,主观上是想取回自己被公安机关查扣的车辆,也就是自己拥有所有权的财产,而不是非法占有自己不享有所有权的财产。其次,从客观上看,王彬在现场并未实施侵犯其他公私财产权的行为。因此,王彬盗取自己被扣机动车的行为不同于盗窃。这也就决定了王彬在盗取自己被扣车辆过程中致人死亡的行为,不能适用 1979 年《刑法》第一百五十三条的规定认定为抢劫。因为适用该规定的前提必须是被告人已实施了盗窃、诈骗或抢夺犯罪行为。王彬故意伤害案中,由于王彬主观上不具有非法占有的目的,客观上未实施盗窃、诈骗、抢夺行为,其行为也就不存在转化为抢劫的问题。

第二,从本案事实看,王彬黑夜进入交警中队院内,没有携带任何凶器,进入现场后径直偷取钥匙准备将车开走,因此,王彬的目的是开走自己被查扣的车辆。对王彬而言,其被值班人员吕某发现并受到制止是意料之外的事情。为盗取自己被查扣的车,王彬虽对吕某使用了暴力,但从主观上看,王彬意图在于排除被害人妨碍自己盗取车,这一主观意志可从其打击的部位、手段和凶器得到证明。王彬不具有杀人动机,亦无希望或放任被害人死亡后果发生的故意,但王彬对自己的行为将产生伤害被害人的后果是明知且希望的。所以,王彬在盗取自己被公安机关依法查扣的机动车辆过程中致人伤亡的行为构成了故意伤害罪。山东省高级人民法院依法改判,认定王彬犯故意伤害罪是正确的。[No. 5-264-35　王彬故意伤害案]

△窃取他人股票账户号码、密码后侵入该账户,利用该账户与自己或第三人的股票账户进行交易并从中牟利的,应以盗窃罪论处。

孔庆涛行为的特点有二:一是在他人进行股票交易操作时从旁观看,有意识地窃记下他人的股票账户号码和交易密码。这是其后续行为的重要前提,不知道别人的账户号码和交易密码是无法冒充他人在他人股票账户内实施股票交易操作的。本案被害单位在实施股票交易操作时不注意对其股票账户号码和交易密码进行保密,是本案发生的重要原因。二是在被害单位不知情的情况下,利用被害单位的账户号码和交易密码,以被害单位的名义向被害单位所开户的证券公司下达高价买进某种股票的委托指令,包括自己朋友所高价委托卖出的同种股票,从中谋取交易差价。其实质,就是要将被害单位股票账户上所拥有的资金转移到自己朋友的股票账户上,进而实现自己非法占有该笔股票交易差价(一部分)的目的,侵犯了被害单位的财产所有权,且数额巨大,符合侵犯财产犯罪的基本特征,应予定罪处罚。[No. 5-264-36　孔庆涛盗窃案]

△盗取他人股票账户号码、密码并利用该账户与第三人交易非法牟利的,其交易数额应以行为人在股票交易中获利的金额认定,被害单位被盗用的资金数额及其损失金额可作为量刑情节考虑。

就孔庆涛盗窃案而言,孔庆涛利用窃取的他人股票账户号码和交易密码,电话委托他人的开户证券公司高价买进 20 万股“渝钛白”股票,包括其朋友抛卖的同种股票 14500 股,共盗用他人账

① 我国学者指出,本人财物在特殊情形下可以成为盗窃客体,但还需要看事后有无索赔行为。参见陈兴良:《判例刑法学(教学版)》,中国人民大学出版社 2012 年版,第 273—274 页。另有学者指出,事后的索赔行为是新的诈骗行为,不能将新的诈骗行为及其非法占有目的作为前一盗窃罪的非法占有目的的内容。否则,即意味着非法占有目的能够产生于盗窃既遂之后。参见张明楷:《刑法学》(第 6 版),法律出版社 2021 年版,第 1251 页。

② 我国学者指出,《刑法》第九十一条第二款规定:“在国家机关、国有公司、企业、集体企业和人民团体管理、使用或者运输中的私人财产,以公共财产论。”据此,虽然行为人(或权利主体)在民法上对某种财产享有所有权,但根据前述的拟制规定,行为人(或权利主体)在刑法上并不享有所有权。参见张明楷:《刑法学》(第 6 版),法律出版社 2021 年版,第 1251 页。

上资金人民币1172617元(实际成交数额);其与周劲、宋健共赚得股票交易差价人民币29717.71元,孔庆涛从中分得赃款人民币12400元,最终造成被害单位直接经济损失人民币45万元。孔庆涛盗用的他人账上资金数额,虽也在一定程度上反映了其行为的社会危害性,但其并非将他人账上资金全部窃为己有。也就是说,被害单位并未丧失全部被盗用资金的所有权,被盗用的资金不是也不可能全部成为盗窃所占有的数额,因而,不能作为盗窃数额。孔庆涛与周劲、宋健在本案股票交易行为中共获得的差价数额,是孔庆涛实施本案所占有的实际数额,应当为本案的盗窃数额。至于被害单位的损失数额,虽准确反映了被害单位的受害程度,但根据《最高人民法院关于审理盗窃案件具体应用法律若干问题的解释①》第五条第(十三)项关于盗窃行为给失主造成的损失大于盗窃数额的,损失数额可作为量刑的情节的规定,只能作为犯罪情节在量刑时予以考虑。[No.5-264-37　孔庆涛盗窃案]

△**非法侵入银行计算机系统,将银行资金划入自己或他人账户,而后到储蓄所提取现金的,应以盗窃罪论处。**

被告人将银行资金划入个人存款账户后,已经非法取得了该款的所有权,到储蓄所支取现金只是盗窃行为的自然延续。储户将个人的资金存入银行,由银行占有资金,储户则通过存单实现其对该款的所有权,即通过存单来实现其对该款的处分权——可随时支取该款。这是银行储蓄业务的特点。被告人郝景文、郝景龙通过非法操纵计算机将银行资金72万元划入个人存款账户,自该资金被划入个人存款账户时起,二被告人已经在事实上通过该存款账户取得了划入款项的所有权,即被告人可凭存单随时支取存款账户内的钱款,其盗窃犯罪行为已经实施终了。被告人支取款项只是其盗窃行为的自然延续,不影响其行为的性质。

银行职员向储户兑付储蓄金额现金的行为不是被诈骗。被告人操纵计算机将银行资金划入自己的个人活期存款账户,然后持活期储蓄存折公开到储蓄所支取现金,储蓄所的工作人员根据存折将钱款交给被告人。

被告人所持的个人活期储蓄存折是事先在工商银行储蓄所开立的真实的存折,存折内输入的存钱金额虽然是被告人通过非法手段输入的,但储蓄所的工作人员按照其正常的工作程序,不可能审查发现其已实施完毕的非法输入行为。被告人持存折取钱时,储蓄所的工作人员只是按照其账户内显示的储蓄金额支付被告人所支取的现金,存款账户内有相应的储蓄金额这一事实在储蓄所工作人员眼中是真实存在的。也就是说,储蓄所工作人员基于其不可能知晓的银行资金已被窃取的事实,兑付已被行为人窃取的金额,他并未被诈骗,对于资金合法所有人银行来说,其资金也是被盗,只是行为人采用了高科技手段,而非传统的撬门入室将他人资金装入自己包内罢了。[No.5-264-38　郝景文等盗窃案]

△**秘密窃取他人财物,事后留言表明自己身份并表示日后归还的,应以盗窃罪论处。**

首先,范军具有非法占有目的。范军秘密取得现金后将赃款带离该公司时,即已完全排除了权利人对该笔资金的支配,实现了非法占有目的;其取得赃款后,将159000元还给被害人的做法,只是其对赃款的一种处分方式,并不影响对其行为时非法占有目的的认定。

其次,范军采取了秘密窃取的作案手段。范军采取的私自偷配钥匙一把,并趁公司午休无人注意之机,进入财务室,打开壁橱,取走现金后又将壁橱锁好的系列行为,均是在该资金的所有人永丰源公司及其老板刘石丰和保管人曾再求未察觉的情况下所为,因此,范军的行为符合盗窃罪中"秘密"窃取的行为特征。其事后留下字条表明作案人身份并声称会连本带利归还给被害人的行为,只能使被害人"事后"知情,而不影响其作案时"秘密"窃取事实的成立。

最后,范军的行为已经构成盗窃罪既遂,且数额特别巨大。范军作案后携款潜逃,已经使公司丧失了对款项的控制,其行为构成盗窃罪既遂。范军在作案后十几天将绝大部分赃款归还的行为,使公司在最终意义上没有受到很大损失,只是属于事后的悔罪表现,不影响盗窃既遂事实的认定。[No.5-264-39　范军盗窃案]

△**利用担任私营企业财务人员的工作便利,窃取企业财物的,不构成职务侵占罪,应以盗窃罪论处。**

在单位内部人员窃取本单位财物的情况下,极易发生定盗窃罪与定职务侵占罪、贪污罪的混淆。但需要指出的是,对于上述行为以何种罪名定罪处罚,除准确认定犯罪主体身份外,关键要看行为人实施窃取行为时是利用了职务上的便利还

① 系争解释已被《最高人民法院、最高人民检察院关于办理盗窃刑事案件适用法律若干问题的解释》(法释〔2013〕8号)废止。

是工作上的便利。应当说,利用职务上的便利与利用工作上的便利两者间有着本质上的差别:所谓利用职务上的便利,是指利用自己主管、管理、经手、经营财物的便利条件;而利用工作上的便利,是指利用自己熟悉工作环境,了解财物保管情况,有机会接近财物保管人或不容易引起怀疑等工作或工作上形成的便利,这种便利与其职务之间没有关系。行为人如果是利用工作上的便利条件窃取本单位财物的,应以盗窃罪定罪处罚;如果是利用职务上的便利的,应以职务侵占罪或贪污罪定罪处罚。

范军盗窃案中,范军作为私营企业财务室里一个负责成本核算业务的会计,他不具有主管或管理涉案财物的权力,也不具有经手涉案财物的便利,因为范军自己供述称工资放进保险柜以后,主管会计曾再求就上锁,上锁后钥匙由曾再求保管(正由于如此,其才要偷配一把钥匙);证人曾再求也证实称工资被锁进财务室的保险柜后,钥匙由其一人保管,钥匙被其带走。综上可见,范军在本案中不具有主管、管理或经手涉案财物的便利,即不存在职务上的便利。

既然范军在本案中不具有职务上的便利,那么本案中范军所利用的是否是其工作上的便利呢?纵观全案证据,可以认定本案中范军所利用的正是其工作上的便利,理由是:首先,范军本人在公司财务室工作,对作案环境非常熟悉。其次,范军本人有参与公司清点工资、分装工资的工作,而且公司的工资分装后就放在财务室。最后,范军具体盗窃的时机,是选择在中午公司无人之机,此时,壁橱里的现金应属于主管会计曾再求管理,范军此时所窃取的财物并不是其本人经手、主管或管理的财物。综上可见,本案中范军实施盗窃正是利用其因工作关系熟悉作案环境、容易接近单位财物等方便条件,属于利用了其工作上的便利。

综上所述,由于范军在本案中盗窃财物是利用了其工作上的便利而非其职务上的便利,因此其行为构成盗窃罪而非职务侵占罪。[No. 5-264-40　范军盗窃案]

△以非法占有为目的,私自开走他人忘记锁闭的机动车辆的,应以盗窃罪论处。

侵犯他人财产的所有权,仅属于民事纠纷,不应通过刑法干预。但韦国权盗窃案中,被告人韦国权将被害人的汽车开走后,即发现了车主的身份证和联系电话,且其兄也多次敦促其归还,韦国权不是积极联系被害人归还车辆,而是藏匿汽车,并抛弃能够证实该车合法身份的车辆行驶证和牌照。为达到非法占有该车辆的目的,又更换汽车牌照,对车辆进行伪装。韦国权的非法占有目的明显,已严重侵犯了他人财产的所有权,具有较大的社会危害性,应当按照刑法的有关规定追究其刑事责任。

韦国权盗窃案中的汽车确系驾驶人郑伟因其饮酒过量的特殊原因,有意识地将车辆停在其住处附近的公路上,并且未关车门和车窗,钥匙遗留在车上,为被告人韦国权将该车开走创造了便利条件,但汽车作为财物,具有财物的特殊属性,即驾驶人在离开时不仅不可能将其带走,而且是有意识地让其保留在停放处,经常要与驾驶人分离。如果不考虑汽车这种特殊的物质属性,将因驾驶人忘记关车窗、车门、没拔钥匙、便于他人开走的汽车认定为遗忘物,既有悖常理,还会使人们对汽车这种财产所有关系的认识产生混乱。因此,汽车不同于《刑法》第二百七十条第二款规定的遗忘物,对本案不能以侵占罪定罪处罚。[No. 5-264-41　韦国权盗窃案]

△邮政局工作人员利用其对邮局储蓄资金存放环境的熟悉以及其他邮局工作人员对其身份的信任,窃取邮政储蓄资金,数额较大的,不构成职务侵占罪,应以盗窃罪论处。

从陈建伍盗窃案案情出发,被告人陈建伍仅仅利用的是其担任邮政局的经警队长的工作条件便利,而非其职务便利。具体分析如下:

1. 邮政局的经警队长的职责是负责邮政局的相关工作人员及财物的安全保卫工作,其职责范围内不具备对邮政储蓄资金的管理、主管、经手的权力,其对邮政储蓄资金没有支配、决定、处置或者实际控制权。邮政局的经警队长的工作性质不能与邮政储蓄资金直接接触,其直接接触邮政储蓄资金的行为,与其经警队长的职务无关。

2. 邮政局的经警队长没有持有金库钥匙的权力。陈建伍利用邮政局出纳员对他身份的信任,骗出金库钥匙,私自配制并持有金库钥匙的行为,与其经警队长的职务无关。

3. 邮政局的经警队长没有擅自打开邮政局金库和各金柜门的权力。从陈建伍替同事值班负责看守金库,用电钻切割开一、二层金柜的门,用办公室的斧子砸开四个密码箱,盗走邮政储蓄资金的系列行为看,也与其经警队长职务无关。

综上,本案被告人陈建伍在实施犯罪行为过程中,仅仅利用了他人对其身份的信任以及其因任经警队长熟悉作案环境的便利条件,而上述条件均不属于其职务之便利,因此其行为构成盗窃罪,而不构成职务侵占罪。[No. 5-264-42　陈建伍盗窃案]

△盗窃邮政局金库内存放的邮政储蓄资金

的,应认定为盗窃金融机构。

某县邮政局的储蓄专柜,已经获准取得中华人民共和国金融许可证及营业执照,依法从事吸收公众存款、办理结算业务等金融业务,因此,该储蓄专柜属于国家批准成立的其他金融机构。

由于邮政储蓄专柜是国家的金融机构,其储汇业务是金融业务的一种,储汇资金当然也就是金融资金的一种。从陈建伍盗窃案的现场勘查笔录和某县邮政局出具的说明来看,现场只有储蓄保险柜和四个储蓄网点保险箱被盗,被盗的资金全部是邮政储蓄专柜的储汇资金。因此,陈建伍盗窃的是金融机构的金融资金。[No. 5-264-43 陈建伍盗窃案]

△将消费者遗留在娱乐场所包厢内的财物,非法占为己有的,应以盗窃罪论处。

罗忠兰盗窃案发生地点在歌舞厅的包厢内,这里虽属公共娱乐场所,但系专人经营管理,具有空间上的封闭性和使用上的独占性,与人人皆可自由往来的广场、道路、海滩等公共场所有所区别。如同旅馆的客房一样,消费者在使用包厢期间,该包厢原则上即由消费者暂时控制,消费者对存放在包厢内的自有物品具有实际的控制权。在消费者独占使用包厢期间,即便消费者因故临时离开,其对放在包厢内的随身携带的物品仍具有实际的控制权。期间任何人进入该独占空间以非法占有为目的取走消费者存放在此的财物的行为,均属盗窃行为。当消费者正式结账离开包厢后,包厢内的一切物品包括消费者遗留的物品,又复归经营者的控制之下,经营者对消费者遗留的物品负有清点、保管、退还的义务。如经营者对消费者的遗留物拒不退还,属侵占行为。但经营者之外的其他人如以非法占有为目的擅自进入该包厢取走消费者遗留财物的,则仍属盗窃行为,而非侵占行为。[No.5-264-44　罗忠兰盗窃案]

△盗窃他人定期存单并冒名从银行取款,数额较大的,应以盗窃罪论处。

对于盗窃与诈骗手法相交织的非法取财行为如何定性,应当主要看行为人非法取得财物时起决定作用的手段。如果起决定作用的手段是秘密窃取,就应当定盗窃罪;如果起决定作用的手段系利用骗术,就应当认定为诈骗罪。定期存单作为一种记名有价支付凭证,在存款未取出之前,其票面数额只具有财产权利上的象征意义,仅仅盗窃定期存单并不能实现对财产所有人的财产权益的侵犯。只有将存单票面金额内的资金兑现或者转账才能真正占有他人财产,从而实现非法占有他人财产的犯罪目的。被告人张泽容把他人的定期存单偷出仅仅是完成了盗窃行为的一部分,并没有实现其非法占有他人财产的目的,而张泽容后来伪造身份证,指使屈自强到银行取款,最终取出存单上现金的行为虽然使用了骗术,但该存单是张泽容采取秘密手段盗窃的,骗术是在盗窃行为后实施的,考察被告人非法取得财物的主要手段或者说被害人丧失对财物控制的根本原因在于被害人存单的被盗,也就是说,盗窃在被告人非法占有财物过程中起了决定作用。同时,从财产被害人来看,该财产的真正受害者是失主刘德彬而不是银行,刘德彬财产受侵犯不是因为受到诈骗所致,而是因为存单被秘密盗窃所致,因此被告人行为的基本特征是盗窃而不是诈骗,应当认定为盗窃罪。[No. 5-264-45　张泽容等盗窃案]

△轮流值班管理公司服务台现金的收银员,在自己当值期间私配服务台现金抽屉的钥匙,在他人值班期间侵占服务台现金,不构成职务侵占罪,应以盗窃罪论处。

赵某盗窃案是一起单位内部人窃取本单位财物的典型案例。被告人赵某是腾龙大厦总服务台收银员,符合职务侵占罪的主体身份,当然也可以成为盗窃罪的主体;侵犯的对象是腾龙大厦的财物,可以成为职务侵占罪的对象,也可以成为盗窃罪的对象。以上两方面均相同,该以哪种罪名定罪,关键看被告人赵某实施盗窃时是否利用了其职务上的便利。所谓职务之便,如上所述,应当是指直接经手、管理本单位某项财物的职权所形成的便利。腾龙大厦总服务台收银员实行的是轮流值班制,现金抽屉的钥匙也是轮流掌管,被告人赵某利用其掌管钥匙之机配制了钥匙伺机作案,这种准备作案工具的行为不妨认为是利用了职务上的便利。但他具体实施盗窃的时机,是选择在他人值班之时,此时,抽屉里的现金应属于当值的收银员直接经手、管理,被告人赵某此时窃取的财物并不是其本人经手、管理的财物,故其盗窃行为不是利用其职务之便。因此,被告人赵某的行为不构成职务侵占罪,应按盗窃罪处理。假如被告人赵某是在其本人值班时窃取其直接经手、管理的现金,则构成职务侵占罪。[No. 5-264-46　赵某盗窃案]

△盗窃网络虚拟财产的,其数额认定应参照被害人的实际财产损失,而不能将销赃金额认定为盗窃数额。

衡量孟动等盗窃案中被害单位被窃 Q 币和游戏点卡的价格,主要有:(1)运营商腾讯公司和网易公司在线销售价格;(2)玩家之间的离线交易价格;(3)被害单位与运营商腾讯公司和网易公司的合同价;(4)被告人销赃价格。应以第三种价格作为计算被盗 Q 币和游戏点卡价值的标准。主要理由在于：第一，盗窃罪所侵犯的客体是公私财产的所有权，行为人实施盗窃行为，被害人的财产就可能受到损失。本案中，Q币和游戏点卡是腾讯公司和网易公司在网上发行的，通过银行、手机、固定电话等方式，用真实货币购买或充值的一种有价虚拟货币和票证，用户可以用这些虚拟货币和票证获取相关增值服务或购买相关公司提供的等值服务。被害公司作为腾讯、网易公司的代销商，其销售的Q币和游戏点卡是通过支付真实货币并按双方合同约定的折扣购买的，一旦失窃便意味着被害单位丧失对其的占有、使用、处分和收益等全部财产权利。从财产损失的角度，通过合同约定的价格来衡量这些Q币和游戏点卡的价值无疑是最适合的。第二，用前两种价格衡量盗窃数额存在不足。如以运营商销售价格为准，这种价格的高低大多取决于特定游戏的运营和利润状况以及运营商的营销发展策略，具有随时间的变动性；如以玩家之间的离线交易为准，其价格的确定往往具有无序性和不稳定性的特点，难以认定，并带有很强的感情色彩。第三，本案被告人销赃价格高低不等，每只Q币最高0.6元，最低0.2元，而被害单位与运营商腾讯公司和网易公司的合同价是0.8元。其销赃价格明显低于被害单位与网络公司的合同价，况且被告人还先后为自己及其朋友充入数量不等的Q币，其销赃数额远低于被害人的实际损失数额。因此，依照相关司法解释的规定，也不应当以被告人销赃数额来计算盗窃数额。第四，从刑法谦抑角度出发，本案中被害单位与运营商腾讯公司和网易公司的合同价低于运营商腾讯公司和网易公司在线销售价格，以合同价作为计算的标准也是适宜的。［No.5-264-47　孟动等盗窃案］

△虚构事实，欺骗他人使其拿走第三人财物的，不构成诈骗罪，应以盗窃罪论处。

盗窃罪与诈骗罪都是侵犯财产罪，其客体是公共财产和公民财产的所有权，客观方面表现为以各种手段侵害公私财产的行为。盗窃罪是指以非法占有为目的，窃取他人占有的数额较大的财物，或者多次窃取的行为。客观方面表现为秘密窃取数额较大的公私财物或者多次窃取的行为。秘密窃取是指行为人主观上自认为采用了不会被财物所有者、保管者、经手者发觉的方法，暗中窃取财物。林志飞盗窃案中，废品收购店老板因受骗而组织雇请民工对联通公司铁塔进行拆除的行为，虽然是在白天公然进行，但作为所有权人的联通公司并不知情，是被告人用虚假手段，背着联通公司实施的企图占有该两座铁塔的不法行为，被告人的行为符合盗窃罪的基本特征。

关于诈骗罪的基本构造是：行为人实施欺骗行为—对方（受骗者）产生错误认识—对方基于错误认识处分财产—行为人或第三者取得财产—被害人遭受财产损害。诈骗罪的客观行为应当具有一定的逻辑顺序，即应包括四个必不可少的环节：(1)行为人实施了欺骗行为；(2)由此受害人产生了错误认识；(3)受害人基于错误认识自愿处分了财产；(4)行为人从中获取了财物或者财产性利益，且数额较大。其中处分财产的行为是诈骗罪区别于盗窃罪的关键。本案中，产生错误认识的是废品收购店老板，遭受财产损害的则是联通公司，所以并不符合诈骗罪中受害者因陷入错误认识而处分财产、遭受财产损害的基本构造。那么本案又是否属于三角诈骗呢？通常的诈骗行为只有行为人与被害人，被害人因为被欺骗而产生认识错误，自己处分自己的财产。但诈骗罪也可能存在被害人与被骗人不是同一人的情况。例如：C作为B的代理人，就B的货物买卖与A进行洽谈，A欺骗C，使C处分了B的货物，从而导致B遭受财产损失。C是受骗者，也是财产处分人，被害人却是B，但A的行为仍然成立。三角诈骗属于特殊类型的诈骗行为，但是在这种行为下，要求被骗人必须具有处分被害人财产的权限或处于可以处分被害人财产的地位。林志飞盗窃案中，废品收购店老板属于被骗人的地位，但其并不具有处分联通公司铁塔的权限，将其视为被告人实施犯罪行为的犯罪工具更为恰当。因此，本案不属于诈骗罪或其特殊类型三角诈骗的基本构造。

根据定罪必须坚持主客观相统一的原则，应当研讨被告人主观上是想非法占有铁塔，还是想诈骗废品收购店的老板财物。被告人先后两次假冒中国联通公司的工作人员，伪造证明，将联通公司通信发射铁塔擅自卖给废品收购店老板，并采取拆除通信铁塔前、后分期付款方式取得废品收购店老板62000元人民币，其目的应是非法占有铁塔，而不仅是诈骗废品收购店老板财物。犯罪手段方面，被告人一方面表现为以秘密的手段非法占有了联通公司的财物，另一方面又表现为用虚构事实的方法骗取了废品收购店老板的财物。本案被告人的行为符合刑法理论上的以别人为自己的犯罪工具的犯罪行为，是间接正犯。间接正犯是指利用合法行为人或无责任能力者，或无犯罪故意者来实行自己的犯罪的情况。由于利用者与被利用者没有共同的犯罪故意，所以利用者与被利用者不成立共同犯罪，视同间接正犯单独实施犯罪。被告人是盗窃罪的间接正犯，废品收购店老板是被告人的工具，其行为就是被告人的行为，当废品收购店老板组织雇请民工进行拆除，并将拆下角铁运回，使物品脱离失主控制时，被告人的盗窃行为就既遂了。[No. 5-264-50　林志飞盗窃案]

△以敲诈钱财为目的，盗窃机动车号牌的，属于敲诈勒索罪与盗窃罪的牵连犯，应从一重罪处断；未能敲诈到钱财而将车牌随意丢弃的，应以盗窃罪论处。

杨聪慧等盗窃案中，被告人杨聪慧、马文明盗窃他人机动车号牌是为了以此向有关号牌所有人勒索钱财，因为单纯的盗窃机动车号牌对其而言并不具有实质性的意义，机动车号牌本身没有什么经济价值，其盗窃机动车号牌系为了向号牌所有人实施敲诈勒索的行为，达到非法获取钱财的目的。因此，盗窃机动车号牌的行为属于手段行为，勒索钱财行为属于目的行为，所以将盗窃行为认定为与勒索行为具有牵连关系比较妥当。对于牵连犯，一般应择一重罪进行定罪处罚。如果行为人敲诈得手后归还所窃取的车牌，并达到追诉标准的，以敲诈勒索予以定罪是无异议的。如果行为人未能敲诈到钱财并且将车牌随意丢弃的，在此情况下可以盗窃罪予以定罪。或许有人会认为，行为人主观上仅有敲诈勒索的目的，并没有非法占有的目的，处以盗窃罪似乎比较牵强。其实，盗窃的经典表述是以和平手段永久剥夺他人对财物的所有或占有。因此，如果行为人在未能敲诈得手的情况下，将车牌任意丢弃，主观上虽然没有实现非法取财的目的，但其主观上对于造成他人财产损失是故意的，客观上亦造成了被害人为补办车牌带来的利益损失，具有一定的社会危害性，故以盗窃罪予以处罚符合刑法原理。在此涉及的一个问题是盗窃数额如何认定，因为刑法规定一般盗窃行为达到数额较大的才构成犯罪。盗窃罪属于侵财犯罪，其盗窃财产的数额一般就是被害人的财产损失数额。机动车号牌本身不能买卖，不具有经济价值，但其具有使用价值，所有人需支付相应办理机动车号牌的费用才能获取，从这个意义上讲，被害人因盗窃所遭受的经济损失就是需支付的补办机动车号牌费用，虽然此部分费用被告人并未获取，但确属被害人遭受的经济损失，由于侵财犯罪中有些情况下犯罪人非法获财情况与被害人损失情况并不一致，但并不妨碍将其未实际获取的部分认定为犯罪数额，因此本案中以被害人补办号牌所需的费用作为盗窃数额符合侵财犯罪的本质原理。《最高人民法院关于审理盗窃案件具体应用法律若干问题的解释》①第十二条第(四)项规定了为练习开车、游乐等目的，多次偷开机动车辆，并将机动车辆丢失的，以盗窃罪定罪处罚。据此，举重以明轻，对盗窃机动车号牌处以盗窃罪也是有法律依据的。如果行为人既敲诈钱财得手又有任意丢弃机动车号牌行为的，可视具体情形处断为一罪或数罪并罚，此处不再赘述。

综上，本案二被告人以勒索钱财为目的多次盗窃他人机动车号牌，未来得及向有关号牌所有人勒索钱财即被抓，虽未实现勒索钱财的目的，但其盗窃行为已经既遂，因此法院对其二人以盗窃罪进行定罪处罚是正确的。[No. 5-264-52　杨聪慧等盗窃案]

△非法侵入移动公司充值中心修改充值卡数据，并将充值卡明文密码出售的，属于将电信卡非法充值后使用，应以盗窃罪论处。

充值卡的明文密码作为充值卡有效充值的依据，代表着一定金额的电信服务，所以该密码本身具有一定的财产价值，属于财物范畴，能够作为盗窃罪的对象。被告人程稚瀚非法侵入移动公司充值中心数据库修改数据、生成密码后，将充值密码予以销售的行为属于将电信卡非法充值后使用，符合《最高人民法院关于审理扰乱电信市场管理秩序案件具体应用法律若干问题的解释》第七条所规定的行为特征，法院依法以盗窃罪追究其刑事责任是正确的。[No. 5-264-53　程稚瀚盗窃案]

△在地方指导性意见对入户盗窃和普通盗窃设置了不同量刑标准的情况下，入户盗窃信用卡后所取款项数额，应当计入入户盗窃的数额之中。

上海市高级人民法院的相关指导意见中对普通盗窃和入户盗窃设置了不同的量刑标准，因而在本案中产生了入户盗窃信用卡后取款的数额应当计入入户盗窃数额还是普通盗窃数额之中的问题。

在入户盗窃中存在非法侵入住宅和盗窃两种行为，二者之间属于牵连关系。对于入户盗窃行为而言，非法侵入住宅是从行为、手段行为，盗窃是主行为、目的行为，但两者都是犯罪行为，均存在严重的社会危害性。特别是在现代社会，公民的住宅是私人生活的载体，是最安全、最隐秘、最独立的私生活空间。以非法侵入他人住宅的手段实施其他犯罪行为的，在侵犯公民人身、财产等权

① 系争解释已被《最高人民法院、最高人民检察院关于办理盗窃刑事案件适用法律若干问题的解释》(法释〔2013〕8号)废止。

分则　第五章

利的同时还侵扰了居住者在住宅内的生活安宁，使公民的正常生活受到干扰，社会安全降低。因此，刑法除单独规定非法侵入住宅罪外，对以入户手段实施的犯罪也体现出从严惩处的精神。如《刑法》第二百六十三条将入户抢劫作为抢劫罪加重处罚的情节之一，要判处十年以上有期徒刑的重刑。《最高人民法院关于审理盗窃案件具体应用法律若干问题的解释①》第四条对入户盗窃设置了比普通盗窃相对较低的定罪标准，也体现了这种从严惩处的精神。因此在盗窃的过程中只要存在入户这一情节，就应当将入户情节纳入刑法评价。行为人入户盗窃信用卡后取款，与典型的入户盗窃财物的行为相比，在社会危害性方面并没有明显区别，既侵犯了公民财产权利又侵犯了公民的正常生活和居住安宁。将这种行为认定为入户盗窃才能体现法律和司法解释的从严处罚原则。

根据《刑法》第一百九十六条第三款的规定，盗窃信用卡并使用的，依照盗窃罪定罪处罚。根据这一规定，我们应当将盗窃并使用信用卡的行为作为一个整体来评价。行为人的盗窃行为从窃取信用卡时就已经开始，到使用信用卡获取卡内财物时结束。尤其是行为人在盗窃之前或同时获得了信用卡的密码，此时被害人信用卡内的财产实际已经被行为人所控制，而行为人之后到金融机构取现的行为可以看作盗窃的一个持续行为，目的是最终实现不正当利益。因此入户盗窃信用卡和使用信用卡应当作为统一不可分割的整体在刑法上进行评价。如果仅因为行为人获取财物的行为是在户外完成的，而不去评价其先前为了窃取信用卡非法侵入住宅的行为，显然是不合理的。

被告人李春旺的盗窃行为从其进入被害人的房屋内实施盗窃时就已经开始，至其利用信用卡获取卡内财物时结束，这是盗窃的整个过程。利用信用卡取现从而最终获取卡内财物的行为是盗窃罪行为的持续。虽然盗窃行为与使用行为具有空间上的距离，但因两者之间具有延续性，应将其作为一个整体来评价。[No. 5-264-55　李春旺盗窃案]

△以非法占有为目的，通过挂失、补卡等手段将银行卡内租用人的存款取出并占为己有，符合转移占有和秘密窃取的基本特征的，应以盗窃罪论处。

盗窃罪中的秘密窃取是指行为人采用自认为不被财物所有者或保管者当场发觉的手段，违背财物所有者或保管者的意志，将财物转移为自己或第三者占有的行为。盗窃罪中的秘密窃取具有主观性、相对性、当场性的特征。主观性是指行为人主观上自认为盗窃行为不会被发觉，至于实际上是否被发觉，不影响秘密窃取的成立；相对性是指行为人自认为盗窃行为不会被财物的所有者或保管者发觉，至于是否会被第三者发觉，不影响秘密窃取的成立；当场性是指行为人自认为在实施盗窃行为当时不会被发觉，至于事后是否被发觉，不影响“秘密窃取”的成立。

崔勇、仇国宾、张志国盗窃案中，三被告人虽然是公然实施挂失、补卡、取款、转账等行为，但被害人并没有当场发觉，更无法阻止三被告人的行为。被害人虽然对三被告人可能侵犯其财产存在怀疑和猜测，并在案发后第一时间察觉了三被告人的犯罪行为，但这与被害人当场发觉犯罪行为具有本质区别。因此，三被告人的行为完全符合盗窃罪秘密窃取的特征。

盗窃罪的基本特征在于转移占有，银行卡租用人虽然失去对银行卡的实际控制，但基于掌握密码，并未丧失对卡内钱款的占有和控制，行为人不能直接控制卡内钱款。但如果行为人通过挂失、补办新卡、转账等行为，则实现了对银行卡内钱款的控制和占有，符合盗窃罪转移占有的法律特征。

崔勇、仇国宾、张志国案中，涉案银行卡被吞后，被害人牟驰敏虽然失去了对卡的实际控制，但掌握密码并未丧失对卡内钱款的占有和控制。被告人崔勇、仇国宾、张志国如果仅仅协助被害人取回涉案银行卡，不可能控制卡内钱款。三被告人是通过积极地实施挂失、补办新卡、转账等行为，实现了对涉案银行卡内钱款的控制和占有。上述行为完全符合盗窃罪转移占有的法律特征。[No. 5-264-57　崔勇、仇国宾、张志国盗窃案]

△将借用的他人之物用于质押，得款后又从质押权人处窃回的，应以盗窃罪论处。

孙伟勇盗窃案中，薛春强基于善意取得制度取得对小汽车的占有权，但根据风险责任承担规则，占有期间，风险一般由占有人承担。本案中，在薛春强占有小汽车期间，该小汽车的毁损、灭失风险，包括被盗的风险，由薛春强承担。孙伟勇等人从薛春强处盗窃质押的小汽车，客观上造成小汽车在质押期间灭失的既成事实，导致薛春强要为此承担抵押物灭失的责任。换言之，孙伟勇等人的盗窃行为，使薛春强因质押物的灭失而无法

① 系争解释已被《最高人民法院、最高人民检察院关于办理盗窃刑事案件适用法律若干问题的解释》(法释〔2013〕8号)废止。

通过回赎收回先前支付的72000元，又失去了质押物，致使薛春强受到财产损失；而孙伟勇等人窃取小汽车后归还给弓寿喜，免除了向弓寿喜的赔偿义务，又谋取了72000元的非法所得。因此，孙伟勇盗窃质押物的行为应构成盗窃罪。虽然孙伟勇等人在作案前即预谋通过假冒他人证件的方式质押车辆，然后再窃取该质押物。整个作案过程是在一个统一的主观故意指导下实施的。但正如前文所分析，孙伟勇等人先前的冒名质押行为并未造成薛春强财产损失，并未损害实际的法益，不能以诈骗罪论处。而牵连犯的前提是行为人实施的数个行为均构成犯罪且触犯不同的罪名，否则不能以牵连犯论处。在虚构事实时，孙伟勇并未非法占有被害人的财产，其非法占有被害人的财产是在盗窃后才得逞的，因此，不能将盗窃侵犯的财产也归入虚构事实的结果中进行评价，否则就是将一个危害结果进行了两次评价。因此，孙伟勇等人的行为仅构成一个盗窃罪。[No.5-264-59　孙伟勇盗窃案]

△利用工作上的便利，将本单位工作场所内他人遗落的财物秘密占为己有的，应以盗窃罪论处。

刑法意义上的遗忘物本质特征是此财物是否实际失控，而并非只要财物所有人或持有人主观上对财物的忘记即可构成。10万元现金是因为内勤出纳李兴荣的疏忽而将它遗忘在通道上，而此通道在邮政局特定的封闭场所之内，款项尚在安化县邮政局的控制范围内，故该10万元现金不属于遗忘物。因此，行为人的行为不符合侵占罪的特征。

在单位内部人员窃取本单位财物的情况下，行为人的主体身份和行为人实施窃取行为时是否利用了职务上的便利与利用了工作上的便利是确定罪名的关键。谌升炎侵占案中，谌升炎系安化县邮政局外勤出纳，负责东坪城区头寸箱的发放及收缴，对李兴荣遗忘在楼梯间的10万元既没有职务上的主管、管理职责，也没有经手此财物的便利。其利用担任外勤出纳可以进入现场的便利条件，窃取由其他工作人员保管的款项，故谌升炎不是利用职务上的便利，而是利用工作上的便利，其行为不构成职务侵占罪。所谓秘密窃取是指行为人采取自认为不为财物所有者、保管者或者经手者发觉的方法，暗中将财物取走的行为。其有三个特征：一是取得财物的过程未被发现，是在暗中进行的。二是秘密窃取是针对财物所有人、保管人、经手人而言的，即财物的所有人、保管人、经手人没有发觉。在窃取财物的过程中，只要财物所有人、保管人、经手人没有发觉，即使被他人发现的，也应属秘密窃取。三是行为人自认为没有被财物所有人、保管人、经手人发觉。至于方式则多种多样，如撬锁破门、割包掏兜、顺手牵羊等，不论形式如何，只要本质上属于秘密窃取，即构成盗窃罪。谌升炎在给李兴荣打电话确认李兴荣未发现10万元遗忘在通道上后，趁无人注意之机，将10万元提出办公楼，然后藏入摩托车尾箱后带离。其行为符合秘密窃取的特征。

由于财物在行为人采取秘密手段盗离邮政局之前，仍在邮政局特定的封闭场所之内，并且没有脱离邮政局其他责任人，如保安、经警等的控制，谌升炎在本案中利用了其工作的便利而非职务上的便利，因此其行为构成盗窃罪，而非职务侵占罪或者无罪。[No.5-271-21　谌升炎侵占案]

△交通协管员为他人代办违章罚款业务收取他人财物后，盗用他人警号非法处理违章记录的行为，将收取的罚款据为己有的，侵犯了国家公共财产权，构成盗窃罪。

何伟城等盗窃案中，被告人通过盗用民警账号和密码非法进入管理系统，并对违章记录进行非法处理，达到了非法占有国家罚没款的目的，其行为相对于国家来说具有秘密性，符合盗窃罪的构成要件。被告人以这种方式秘密窃取了本应上缴国家的违章罚款，致使国家财产遭受损失，对交警部门对交通违章的执法和管理没有造成实质影响。需要明确的是，被告人非法占有的财物的性质是国家的罚没款，而不是何伟城、李剑兰的个人财物。理由是：(1)涉案款项是违章行车人员因为违反交通法规而受到的处罚，其依法应当向国家缴纳。(2)何伟城、李剑兰为他人代办违章处罚业务，在收取违章行车人员应缴纳的罚款后，应当将这些款项转交给国家财政。这些款项的国有性质并没有因为何伟城、李剑兰的收取而改变。(3)何伟城、李剑兰在收取违章行车人员应缴纳的罚款后据为己有并分赃，是共同非法占有国家财产的行为，并不是用自己或他人的钱财实施行贿。[No.5-264-60　何伟城等盗窃案]

△可以兑换成现金的网站积分属于盗窃罪的犯罪对象。行为人利用网站系统漏洞兑换积分并取现的行为构成盗窃罪。

首先，梁伟盗窃案中的网站积分，因其可以兑换为现金，具有价值可即时兑现，故属于具有价值和使用价值的财物，属于我国刑法所保护的财产范畴。被告人梁伟的行为客观上侵害了他人的财产所有权和占有权，使他人财物转归其本人所有，造成了他人财产的损失。其次，被告人梁伟在发现网站系统漏洞后连续积极反复兑换积分，主观上非法占有的故意是明显的。被告人利用网站系

统漏洞实施的行为，对于网站所有人而言无疑具有秘密性，应当认定为盗窃行为。［No. 5-264-62　梁伟盗窃案］

△网吧管理员与黑客内外勾结向服务器计费系统植入木马程序修改计费数据窃取多余钱款的行为，虽然利用了职务便利，仍然应以盗窃罪定罪处罚。

盗窃罪与职务侵占罪的犯意产生时间有所区别，职务侵占罪的犯意产生时间一般在犯罪人获得单位职务之后，而盗窃罪的犯意则产生于获得职务之前。犯罪人产生非法占有单位财物的故意后设法进入单位谋取职位，再利用职务便利实施犯罪行为，则其谋求职务利用职务行为应当认定为犯罪手段，应定性为盗窃罪。被告人王克辉等人身为网吧工作人员，利用职务上的便利将木马程序植入服务器网吧计费系统，删除、修改计费数据，并利用网吧收银员的特殊身份，将数据修改后多余的钱款窃取后私分，看似十分符合职务侵占罪的犯罪构成。但是，犯罪人的犯罪行为并非一次即止，而是反复实施，同时对多家网吧实施、数家网吧不间断实施。犯罪人主观上目的指向是多家网吧的财产所有权，对职位本身已无丝毫的尊重和爱惜。客观上的行为已经表明其把获得单位的职位当作犯罪的手段。此时再对犯罪行为人获取职位、利用职务的行为评价为“利用职务上的便利”失之偏颇。［No. 5-264-63　王克辉、陈利等盗窃案］

△单位保安只拥有概括的保护本单位财产安全的义务或只处于占有辅助人地位时，其窃取本单位财物的行为，应成立盗窃罪，而非职务侵占罪。

职务侵占罪与盗窃罪的本质区别在于前者是变合法的管理控制为非法的占有。张益、高华盗窃案中，罗天伟等人作为运输站员工，与中天钢铁之间存在上下位关系，负责运输的面包铁处于中天钢铁的管理控制之下，罗天伟等人只是财物的辅助占有人，不构成职务侵占罪。

对于公司保安、门卫盗窃本单位财物的行为，应当根据保安、门卫的具体职责进行分析，判断行为人非法占有单位财物时是否利用了职务便利。当保安对特定场所的特定财物有保管职责时，可以认定其利用了职务便利。如果单位财物有明确的管理者、控制者，保安只是具有概括的保护单位财产安全的义务，或只是处于占有辅助人的地位，则不能认定其利用了职务便利。张益、高华盗窃案中，车上的财物有确定的经手人，张益对财物不存在实际的控制，其是利用其看守厂门的便利条件将车辆放行的，此职务之便与单位财物不存在主管、管理、经手的关系，只能认为是工作便利。［No. 5-264-64　张益、高华盗窃案］

△出于实现债权的目的，误将非债务人的财物作为债务人的财物予以盗窃的，不能否认非法占有的目的，成立盗窃罪。

非法占有不仅包括目的的非法性，同时也包含手段的非法性。行为人主观上以非法手段占有他人财物的故意，仍可视为具有非法占有目的，否则便是对该类违法行为的放纵。当然，在个别情况下，因目的具有正当性，以致手段的非法性所反映的行为的社会危害性大大降低，可以认定为犯罪情节显著轻微危害不大，不作为犯罪处理。如债权人为实现债权而实施盗窃，在盗窃行为实施完毕后，及时告知债务人盗窃事宜，并声明只要债务人还款即归还所窃之物。在这种情形下，由于实现债权目的的正当性及后续实现债权的跟进行为对之前不法手段具有补救功能，使占有的非法性得到一定程度的“漂白”，故对此种情形可以不作为犯罪处理。但被告人关盛艺可以通过合法途径实现其债权，但其却采用秘密窃取手段获取财物，其具备非法占有的目的。同时，关盛艺所窃取的财物价值明显高于其债权数额，其后续亦未实施实现债权的跟进行为，如通知债务人、向人民法院起诉对所窃财物进行诉讼保全等，其占有的非法性明显，故法庭认定其因追债未果而产生非法占有目的适当。［No. 5-264-77　关盛艺盗窃案］

△明知未成年人盗卖自己或他人家中财物而仍予以帮助并上门收购的，成立盗窃罪。

在共同盗窃行为中，由于分工不同，部分行为人承担的角色可能是转移、收购、变卖赃物等行为，而掩饰、隐瞒犯罪所得罪的客观行为表现也包括明知是犯罪所得赃物而予以收购、转移、销售等行为。区分两罪的关键，在于行为人的犯罪主观方面内容不同：在盗窃罪中，行为人承担转移、变卖赃物等行为，是基于参与、配合、协助其他共犯完成盗窃的认识而实施的，这种认识和故意的产生时间应当是在盗窃行为实施前，或者是在盗窃行为实施过程中。在他人已经开始盗窃，行为人才参与到盗窃过程中的，只要与前行为人形成了相互配合、协作关系，促成了盗窃的完成，也可以认定为盗窃罪的共犯。而掩饰、隐瞒犯罪所得罪是在盗窃行为已经完成的情况下，行为人明知是犯罪所得的赃物而予以转移、收购或者销售，掩饰、隐瞒犯罪所得罪的行为人与盗窃行为人之间并无事先通谋，对于盗窃行为事先也无认识，其对赃物的认识及帮助转移、收购、销售的故意产生于盗窃行为既遂后，因此不是盗窃的共同犯罪，而单独构成掩饰、隐瞒犯罪所得罪。

熊海涛盗窃案中,戚某多次找熊海涛上门收购,即便熊海涛在第一次行为时因时间问题没有充分考虑,没有认识到戚某是在实施盗窃,可以认定为不当得利,但其在后来的两次行为中,有足够的时间和信息来分析判断戚某行为的合理性,应当认识到戚某可能在盗窃自己家或者他人家的财物,仍然同意帮助拆卸、转移、收购,其犯罪故意产生于盗窃行为开始之前,与掩饰、隐瞒犯罪所得罪所要求的在他人盗窃后明知是赃物而帮助转移、收购是不同的。从客观上看,熊海涛不仅实施了收购、转移赃物的行为,还实施了帮助拆卸电器等行为,已经在事实上参与了具体盗窃行为的实施,而不是单纯的事后帮助转移、销售赃物。因此,本案中,公安机关、检察机关对于熊海涛第一次上门拆卸并收购一台联想电脑的行为没有认定为盗窃,而仅将第二次和第三次所获得的物品作为赃物进行估价,认定犯罪数额,人民法院对该两次行为以盗窃罪定罪处罚是准确的。[No. 5-264-78 熊海涛盗窃案]

△入户盗窃行为中仍以是否实际取财为既遂标准,盗窃过程受到监视并不影响盗窃既遂的成立。

《刑法修正案(八)》将达不到数额较大但有入户盗窃等情节的行为入罪,降低了入户盗窃等特殊盗窃行为的构罪标准,但是该修正并不等于一并修改了入户盗窃的既未遂标准。盗窃罪属于结果犯,只有实际窃得财物的才能认定盗窃既遂。《刑法修正案(八)》进一步将入户盗窃增加规定为盗窃罪的入罪条件之后,也应以行为人取得财物作为入户盗窃既遂的标准。当被告人花荣进入被害人家中窃得形状、体积较小的现金和香烟放于口袋内,走出房门后就已经取得对被窃财物的控制,而被害人则失去了对被窃财物的控制,财产所有权已受到实质侵害。虽然花荣在实施盗窃的过程中被群众发现,之后处于群众的监视之下,但是群众在户外的监视不能等同于被害人对财物的控制。虽然最终花荣被人赃俱获,但是并不影响之前他已经取得对被窃财物的控制。[No. 5-264-81 花荣盗窃案]

△盗窃罪中数额巨大与减半认定情节并存时,应当根据数额巨大标准确定刑格,减半认定情节作为酌定情节加以考虑。

《最高人民法院、最高人民检察院关于办理盗窃刑事案件适用法律若干问题的解释》第一条和第二条对盗窃罪的入罪和法定刑升格标准采取了"数额+情节"的规定方式。在盗窃罪量刑中,虽然数额仍然处于首要的地位,其他情节主要是对"唯数额论"不足的矫正,但其他情节仍然处于相对次要的地位。盗窃罪所侵犯的法益决定了数额在量刑中的首要地位。我国刑法将盗窃罪规定在侵犯财产罪一章中,表明其所侵犯的主要法益为财产权,而财产权最重要的衡量标准便是数额大小。因为,一方面,被盗财物的经济价值越高,被害人所遭受的损失就越大,行为的社会危害性也就越大,故盗窃数额是衡量盗窃行为社会危害性大小最直观的标尺。正确区别盗窃违法行为与盗窃犯罪行为的基本界限,主要是盗窃数额。另一方面,盗窃数额也是盗窃罪法定刑升格的重要标准之一,只有达到数额巨大、数额特别巨大或者有其他相应情节时才可能判处更高的刑罚。语言间的逻辑结构决定了数额相对于其他情节的首要地位。根据逻辑规则,特殊+排除特殊的其他=全部,即数额巨大+排除数额巨大的其他严重情节=严重情节,数额特别巨大+排除数额特别巨大的其他特别严重情节=特别严重情节。换言之,盗窃罪中法定刑升格的标准为严重情节和特别严重情节,鉴于数额在盗窃罪中的特殊地位,数额巨大和数额特别巨大作为严重情节和特别严重情节中的主要情形,在罪状中予以特别规定。从语言间的逻辑结构也可见立法者的用意所在。在审理盗窃案件时,若行为人的涉案财物数额已达到相应数额标准,应当直接在相应的刑罚幅度内量刑;只有盗窃数额未达到相应标准,才根据相关司法解释的规定进行二次判断,如是否有减半认定的情形等。张万盗窃案中,行为人盗窃的财物价值已达53000元,符合所在地区数额巨大的标准,直接在三年以上十年以下有期徒刑的幅度内量刑即可。[No. 5-264-82 张万盗窃案]

△利用第三方支付平台的网络系统故障无偿获取游戏点数,造成他人损失数额较大的行为,应以盗窃罪论处。

盗窃罪与诈骗罪在犯罪行为客观方面的表现不同。盗窃罪客观方面的表现是秘密窃取,即行为人采取不为财产权利人或保管人所知的秘密方式将所有人或保管人的财物占为己有。诈骗罪客观方面则表现为行为人通过虚构事实或者隐瞒真相的方法,使被害人产生错误认识,从而自愿交付财物、处分财产。

根据刑法理论上的通说观点,诈骗罪中的被害人必须是能够表示自己真实意思的人,即具有一定认识能力和意志能力的主体,否则就无从判断被害人是否有"错误认识"。对于机器是否属于"有意识的主体",在"许霆盗窃案"的讨论中曾经展开过热烈的讨论,笔者认为,人工智能及其操作系统和硬件(设施)如果处于正常工作状态,应当视为管理者意志的体现,可以认为是属于"有意识的主体”,故可以成为诈骗的对象。然而,处于故障状态的人工智能系统和机器因已经丧失独立的意思表示能力,不能正确识别相关代码,作出的决定不能代表其管理者的真实意志,不能代表其管理者真正“处分”财物,如同没有行为能力的精神病患者、婴儿、幼儿一样,不能成为诈骗的对象。据此,一般认为,行为人从出现故障的 ATM 机中恶意取走钱款,ATM 机因为未能识别银行卡信息和指令、完全违背其智能操作系统和管理者的要求,吐出存款,不能视为银行的真实意思表示,故而不能认定为诈骗,只能认定为盗窃。邓玮铭盗窃案中的“易宝支付”平台类似于出故障的 ATM 机器。出现故障的“易宝支付”未能正确识别支付代码,其下达的发货指令不能看作其管理者和操作系统正常的意思表示和财产处分行为,因此邓玮铭的行为不构成诈骗罪。[No. 5-264-67　邓玮铭盗窃案]

△网络虚拟财产的价值可以参照网络运营商对互联网财产的定价方法计算。

最高人民法院 1998 年 3 月 17 日印发的《关于审理盗窃案件具体应用法律若干问题的解释》(已失效)第五条列举了多种被盗物品的价值计算方法,但未涉及游戏点数的价值计算。司法实践中,对游戏点数等互联网上的财产的价值计算方法主要有:(1)以社会必要劳动时间为准计算互联网财产的价值;(2)根据用户真实货币的投入计算互联网财产价值;(3)根据市场交易价格来确定互联网财产价值;(4)网络运营商对互联网财产的定价;(5)根据受害者的直接损失和间接损失来确定互联网财产价值。邓玮铭盗窃案中,网络运营商对游戏点数有明确的定价,因此可以按照上述第四种方法确定邓玮铭获得的财产的价值。[No. 5-264-68　邓玮铭盗窃案]

△窃取密保卡数据非法充值,导致相应的服务资费损失,应认定成立盗窃罪。

从客体分析,充值后的 QQ 密保卡承载腾讯公司提供的等值服务资费,具有财产属性,属于公私财物。

首先,QQ 密保卡是持卡人支付对价后取得有偿网络服务的指令媒介。陈某盗窃案中,某公司为腾讯公司制作的 QQ 密保卡本身不具有财产性,但该密保卡是为 QQ 用户提供充值服务的一种服务卡,QQ 用户通过向腾讯公司支付一定的人民币购买 QQ 密保卡后就能对其 QQ 账户进行充值,进而获得腾讯公司提供的等值服务,这种有偿服务使密保卡具备了财产性。被告人陈某利用其复制的 QQ 密保卡对 QQ 账户进行非法充值,使其本人和朋友可以获得腾讯公司提供的 5030 元的等值服务,导致腾讯公司对应的等值服务资费 5030 元遭受损失。

其次,QQ 密保卡对应的等值服务资费应当纳入刑法保护的范围。刑法规定的财物,通常是指传统观念中以实物形态存在的、有形的、具有经济价值的物质。然而,随着经济社会的发展,财物的存在形态发生了巨大的变化,部分财物开始以非实物形态存在。如随着通讯技术的发展,网民可以随时利用网络服务卡消费相当于货币使用的有价财产权益,网络服务卡基于其便利、安全的充值功能,已受到网民的广泛使用。虚拟财产作为盗窃的犯罪对象已日渐得到司法部门的认同,如相关司法解释已经将电力、煤气等无形财产以及代表一定财产权益的电信卡等作为盗窃的对象。2000 年 5 月 12 日出台的《最高人民法院关于审理扰乱电信市场管理秩序案件具体应用法律若干问题的解释》第七条规定:“将电信卡非法充值后使用,造成电信资费损失数额较大的,依照刑法第二百六十四条的规定,以盗窃罪定罪处罚。”第八条规定:“盗用他人公共信息网络上网账号、密码上网,造成他人电信资费损失数额较大的,依照刑法第二百六十四条的规定,以盗窃罪定罪处罚。”本案 QQ 密保卡上的数据与《最高人民法院关于审理扰乱电信市场管理秩序案件具体应用法律若干问题的解释》规定的公共信息网络上网的账号、密码在本质上相似,具备承载和保护一定数额的无形财产的功能,具有普通财物所具有的使用价值和交换价值。因此,陈某盗窃 QQ 密保卡上的数据并进行非法充值,致使腾讯公司对应的等值服务资费遭受损失的行为,也可以按盗窃罪定罪处罚。

从主观方面分析,陈某具有非法占有的目的。陈某利用复制的 QQ 密保卡数据为本人及他人的 QQ 账户进行充值,其目的是无偿获得腾讯公司提供的 5030 元等值服务,其主观上具有非法占有目的。

从客观方面分析,陈某的行为符合秘密窃取特征。陈某将密保卡数据秘密复制到 TransFlash 卡,并通过密保卡对其本人及其朋友的 QQ 账号进行充值,是在其本人所在公司和腾讯公司都不知情的情况下实施的,因此陈某的行为符合秘密窃取的本质特征。[No. 5-264-70　陈某盗窃案]

△窃取密保卡信息并充值,盗窃行为既已达到既遂,数额应当以实际充值的数额计算。

“失控加控制说”主张以被盗财物是否脱离所有人或者保管人的控制并且实际置于行为人控制之下为标准,如果被盗财物已脱离所有人或者保管人控制并且已实际置于行为人控制之下,应当认定为盗窃罪既遂;反之,就应认定为盗窃罪未遂。陈某盗窃案中,密保卡本身不是财产,但因获得腾讯公司的等值服务而具有财产属性。被害单位实际失去控制的是与密保卡对应的等值服务资费(5030元)。陈某秘密窃取密保卡的数额并非法充值后,该部分财产即脱离了公司的控制,即已实际处于陈某可自由支配的状态,故此时盗窃行为即告完成,在停止形态上应当认定为既遂。另外,一个犯罪行为既遂之后就不可能再存在预备、中止、未遂等犯罪形态,更不可能出现部分行为既遂、部分行为未遂的情况。既然陈某的犯罪行为已经既遂,行为人事后对赃物的处理以及被害人事后为防止损失扩大而采取的止损措施,都是犯罪实施后的行为,对盗窃行为人的犯罪停止形态不构成任何影响。因此,行为人是否将全部密保卡充值使用,只能作为量刑情节予以考虑,不会改变行为本身的性质与犯罪停止形态。

按照实际财产损失认定盗窃数额更有利于实现罪刑均衡。首先,如果以复制数据所涉密保卡的卡面金额认定盗窃数额,则充值金额与卡面金额差距越大,对行为人的处罚就显偏重,这与当前刑事审判量刑规范化的精神是背道而驰的。其次,根据《最高人民法院关于审理盗窃案件具体应用法律若干问题的解释》(已失效)第一条的规定,盗窃数额,是指行为人窃取的公私财物的数额。行为人窃取的财物数额,应当是指被害方因行为人的窃取行为而实际失去控制的财产损失。本案中,陈某通过秘密手段窃取QQ密保卡上的数据进行充值,其行为实质上是使腾讯公司本应获得的等值服务资费(5030元)遭受损害。再次,根据《最高人民法院关于审理盗窃案件具体应用法律若干问题的解释》(已失效)第十条的规定,盗窃信用卡使用的,以盗窃罪定罪处罚,其盗窃数额应当根据行为人盗窃信用卡使用的数额认定。被盗无记名信用卡一旦到手,行为人即达到非法控制的目的,这与窃取密保卡数据进行非法充值的性质比较相似,因此,可以比照《最高人民法院关于审理盗窃案件具体应用法律若干问题的解释》的规定认定陈某的盗窃数额。最后,根据《最高人民法院关于审理扰乱电信市场管理秩序案件具体应用法律若干问题的解释》第七条的规定,将电信卡非法充值后使用,造成电信资费损失数额较大的,按照电信资费损失数额以盗窃罪定罪处罚。电信资费与本案密保卡对应的等值服务资费都属于非实体财产,因此参照非法充值电信资费的相关规定,以实际财产损失认定本案盗窃数额比较符合实践做法,有利于量刑平衡。[No. 5-264-71　陈某盗窃案]

△盗窃罪数额计算应当贯彻实事求是与存疑有利于被告人的原则,在被害单位存在返利的情况下,返利应当从盗窃罪数额中扣除。

根据1998年出台的《最高人民法院关于审理盗窃案件具体应用法律若干问题的解释》(已失效)第五条的规定,被盗物品的价格,应当以被盗物品价格的有效证明确定。对于不能确定的,应当区别情况,根据作案当时、当地的同类物品的价格以人民币核价计算。对于流通领域的商品,按市场零售价的中等价格计算;属于国家定价的,按国家定价计算;属于国家指导价的,按指导价的最高限价计算。单位和公民的生产资料、生活资料等物品,原则上按购进价计算,但作案当时市场价高于原购进价的,按当时市场价的中等价格计算。《最高人民法院关于审理盗窃案件具体应用法律若干问题的解释》(已失效)第五条虽然规定以被盗物品价格的有效证明确定被盗物品价值,未考虑个别情况下返利对个体定价的调整影响,但其精神主旨贯彻了实事求是和存疑有利于被告人的认定原则。

资产评估的基本方法有市场比较法、成本法、收益法三种。在刑事案件中,资产评估往往是被告人定罪量刑的重要依据,以估测被评估资产的未来预期收益为方法的收益法不适用于刑事案件,价格认证机构通常采取市场比较法或者成本法评估涉案物品的价值。上海市价格认证中心认为:(1)移动公司确定的55元(标准卡、新畅听卡)和35元(轻松卡)的价格,仅仅是一种价格符号,其代理商在市场上的实际公开售价远远低于上述价格,因此本案无论采用何种方法进行价格鉴定,都不可能得出17万余元的价格鉴定意见。(2)价格鉴定的主要方法有市场比较法、成本法和收益法三种,具体选择何种方法对涉案物品财产进行价格鉴定,目前尚无有关法律法规明确规定,实践中一般是由价格认证机构根据涉案物品的具体情况和委托方的要求选择使用。本案手机SIM卡的市场销售价格各不相同,且代理商可能以涉及商业秘密为由拒绝提供手机SIM卡的具体销售信息,因此以市场法进行估价鉴定在技术条件上存在障碍,采用成本法进行价格鉴定更接近于客观事实。

汪李芳盗窃案中,手机SIM卡的成本价为32元(标准卡、新畅听卡)和18元(轻松卡),在不夜城手机市场的售价接近成本价,可能高于成本价2元至3元销售。由于代理商不愿或者无法提供其销售手机SIM卡的具体数量和相应价格,使上述手机SIM卡的“市场零售价的中等价格”无法确定,但可以肯定的是上述手机SIM卡的成本价

分则　第五章

非常接近“市场零售价的中等价格”，基本等于“市场零售价的中等价格”。因此，以成本价32元（标准卡、新畅听卡）和18元（轻松卡）认定本案被窃手机SIM卡的价值，符合资产评估原理。金舟公司从移动公司购进的SIM卡的定价明显高于公开市场成本价，返利后的SIM卡价格与市场公开成本价基本维系平衡。因此，一审法院在认定被窃手机SIM卡价值时扣除返利，以成本价认定被窃手机SIM卡价值9万余元是正确的。[No.5-264-72　汪李芳盗窃案]

△行为人帮助他人盗回自己公司经营的财物，应认定为盗窃罪的帮助犯。

廖承龙将骗得的租赁汽车质押给债权人廖梅，该处分行为未征得车主的同意，事后也未获得车主的追认，因此其与廖梅对质押汽车的处分无效。关于廖梅是否合法取得该车的质押权，需要首先进一步分析其取得行为是否属于善意取得。《物权法》（已失效）第一百零六条规定：“无处分权人将不动产或者动产转让给受让人的，所有权人有权追回；除法律另有规定外，符合下列情形的，受让人取得该不动产或者动产的所有权：（一）受让人受让该不动产或者动产时是善意的；（二）以合理的价格转让；（三）转让的不动产或者动产依照法律规定应当登记的已经登记，不需要登记的已经交付给受让人。受让人依照前款规定取得不动产或者动产的所有权的，原所有权人有权向无处分权人请求赔偿损失。当事人善意取得其他物权的，参照前两款规定。”廖承龙、张文清盗窃案中，廖梅查看过车辆行驶证，明知该车车主并非廖承龙，还轻信廖承龙有权质押该车，其取得质押权的行为不属于善意取得，不能依照善意取得制度取得该车的质押权。但是，值得强调的是，虽然廖梅不享有该车的质押权，但鉴于其是基于合法借贷关系而占有该车，并履行了约定的对价给付义务，故其取得该车的临时监管权是合法的，而且这种监管权受刑法保护。同时，廖承龙盗窃后并未向廖梅声明是其将车盗回，意味着不论廖梅是否最终有权取得质押车的质权，其根据质押合同应当向廖承龙承担质押车被盗的损失。即不论廖梅是否合法取得质押权，如果廖承龙盗车事实未被发现，则廖承龙的盗窃行为将为自己带来一定的财产收益。正因如此，廖承龙的秘密窃取行为具有非法占有目的，符合盗窃罪的构成特征。

张文清为索回本属于自己公司经营的汽车，其不具有通过秘密窃取行为主张增加自己财产利益的目的，因此不具有非法占有目的。但因廖承龙具有非法占有目的，张文清明知廖承龙具有非法占有目的，还积极实施帮助行为，属于盗窃共同犯罪中的帮助犯。

张文清的行为也不构成自救行为。所谓自救行为，也称自助行为、自力救济，是指权利受到侵害的人，在无法或者不能及时按照正当法律程序获得公力救济时，实施恢复权利的行为。自救行为的最主要特征是恢复权利的紧迫性，即一旦错失良机，即使事后积极寻求公力救济也于事无补。因此，自救行为虽然对他人的合法权益乃至社会造成一定损害，但属于阻却犯罪的正当事由。本案中，张文清得知本公司出租的汽车被廖承龙非法质押后，为尽快挽回损失，遂要求并协助廖承龙将该车盗走。当时占有汽车的廖梅系通过合法途径占有该车，并进行了妥善保管。张文清返还汽车的权利要求完全可以通过诉讼、行政调解等方式实现，事后公安机关将该车返还车主的事实也证明了这一点。张文清擅自采用盗窃手段实现非法移转占有的目的，虽然其目的具有一定正当性，但因不具有恢复权利的紧迫性，故不应认定是自救行为，应当承担相应的法律责任。

本案中，张文清放弃公力救济，转而在不具有迫切需求的情况下采用私力救济手段取回财物，这种私力救济手段如被滥用，将破坏社会正常秩序，损害法律尊严，也必然会引发新的社会矛盾，因此在法律上应当对张文清的行为给予否定评价。但张文清的犯罪行为毕竟有其特殊性，不同于常见的盗窃犯罪，如何对其合理处罚，是值得探讨的重要问题。对张文清量刑时，应当考虑以下几点：第一，本案的起因是张文清所属公司的租赁车辆被骗租，张文清作为廖承龙诈骗行为的受害者，为尽快挽回损失遂伙同廖承龙共同盗窃该车，属于事出有因，主观恶性和人身危险性较小。第二，张文清的盗窃行为虽然不具有自救行为要求的急迫性，但其最终目的是恢复受损的合法权益，在情理上具有目的正当性，只是采用的方法不当。第三，在伙同廖承龙实施盗窃行为的过程中，张文清始终基于恢复自身权利的目的对廖承龙进行帮助，要求廖承龙承担返还骗取汽车的责任，自己未直接动手盗窃。二审法院综合考虑张文清的行为目的及其在共同犯罪中的地位、作用，改判其免予刑事处罚是适当的。这样处理，既能惩戒不当的私力救济行为，又充分考虑了行为人的具体情况，具有较好的法律效果和社会效果。[No.5-264-73　廖承龙、张文清盗窃案]

△盗窃金砂加工成黄金后销赃的，盗窃数额应当以所盗金砂的价值计算。

1998年3月17日公布的《最高人民法院关于审理盗窃案件具体应用法律若干问题的解释》（已失效）规定“销赃数额高于按本解释计算的盗

窃数额的，盗窃数额按销赃数额计算”，其中销赃数额是指盗窃财物后直接销赃的数额，而不是指将盗窃的财物改装、加工后销赃的数额。饶继军等人盗窃金砂后，使用加工设施，由他人经过加工后才提炼出黄金，其销赃款中不仅包含了金砂本身的价值，还包含了其用于将金砂加工提炼出黄金的相关成本和人工费用。因此，将被盗物品进行加工提炼后的产品销售，不属于《最高人民法院关于审理盗窃案件具体应用法律若干问题的解释》规定的按销赃数额计算的情形。

刑法理论界关于《最高人民法院关于审理盗窃案件具体应用法律若干问题的解释》规定销赃数额高于被盗物价值，盗窃数额按销赃数额计算的合理性一直存在较大争议。有观点认为，盗窃罪的社会危害性，除犯罪手段等情节外，主要是行为人非法占有的公私财物的数额大小，至于行为人事后销赃所得数额多少，甚至毁弃所窃财物，都对行为人的盗窃行为的社会危害性无任何影响，属于事后不可罚行为。因此，把销赃数额作为定罪量刑的标准是不科学的。饶继军等盗窃案审结后，于2013年4月2日公布的《最高人民法院、最高人民检察院关于办理盗窃刑事案件适用法律若干问题的解释》，而《最高人民法院关于审理盗窃案件具体应用法律若干问题的解释》同时废止。《最高人民法院、最高人民检察院关于办理盗窃刑事案件适用法律若干问题的解释》取消了销赃数额高于被盗物价值，按销赃数额计算盗窃数额的规定，使盗窃数额的认定还原于被盗物品本身的价值。同时，《最高人民法院、最高人民检察院关于办理盗窃刑事案件适用法律若干问题的解释》对盗窃数额的认定更加简单明确，盗窃数额的认定标准为：被盗财物有有效价格证明的，根据有效价格证明认定；无有效价格证明，或者根据价格证明认定盗窃数额明显不合理的，应当按照有关规定委托估价机构估价。[No. 5-264-74　饶继军等盗窃案]

△对于智力处于边缘水平的行为人，应当结合其作案动机、作案后表现、社会适应能力、犯罪性质以及有无前科行为等方面综合判断其刑事责任能力。

司法鉴定实践中，极重度和重度精神发育迟滞者（智商值34以下）一般被评定为无责任能力，中度（智商值35～49）多属限制责任能力，轻度（智商值50～69）及边缘智力（智商值70～86）多属完全责任能力，对部分初犯者可酌情评定为限制责任能力。

对智力障碍行为人的刑事责任能力的判断并非易事，在通过智商测试确定行为人有智力缺陷的基础上（即医学标准），刑法还规定了辨认、控制能力标准（即法学标准）。辨认能力是指对行为的物理性质、社会危害性、必要性的认识，控制能力则体现了主观意志对客观行为的支配程度，其与辨认能力紧密相连，一般没有辨认能力就不会有控制能力，但存在辨认能力尚存，因情感、意志等方面的障碍，导致控制能力缺失的情况。辨认、控制能力是人的主观心理状态，很多时候主观心理和外在行为存在背离现象，探究智力障碍行为人主观心理的难度更大，但仍有迹可循，通常可以从以下方面审查智力障碍行为人的辨认、控制能力，以判断被告人的责任能力：

1. 犯罪动机是否有现实基础。智力障碍者的犯罪动机可分为四种情形：（1）动机不明。对于智力障碍者来说，如果智力缺损严重到使行为人意识不到自己在做什么，或者不能意识到自己真正在做什么，即属于无作案动机。（2）病理性动机。有些智力障碍者合并出现其他精神障碍，如智力障碍者并发精神分裂症、偏执型精神病等，就可能出现幻觉、妄想等知觉、思维障碍，虽然此类行为人存在明确的动机，但他们的动机是出于虚幻的需要，正常人无法理解，比较容易识别。（3）现实动机。此种动机与精神正常者产生的动机区别不大，都是出于生理、社会、心理等需要，即便这种需求不是合理合法的需求，也属于现实动机，对于智力障碍者来说，他们有可能不能采取正确、恰当的方式满足自己的需求，或者难以控制自己的欲望从而实施犯罪行为。对于基于现实动机作案的智力障碍行为人需要仔细甄别，防止将严重智力障碍者视为普通人犯罪。有些智力障碍行为人由于思维能力差，推理判断往往不符合逻辑，虽然动机是现实的，但多少显得荒谬可笑，对基于现实动机作案的智力障碍行为人的审查，不在于行为的动机方面，而在于行为的控制、行为方式方面，即行为人是否能支配自己的情绪、行为，是否能以正常的方式满足自己的欲望。（4）混合动机，即病理性动机和现实动机的混杂，审查时需要特别注意行为人作案时是否具有深层次病理性的原因，而不能仅仅根据直接、现实的原因认定其作案动机。具体到本案，被告人李鹏虽然智力偏低，但其实施盗窃犯罪的动机明确，主观上是为了非法占有他人财物以满足自己的物质需求，综合看来，李鹏盗窃案未发现李鹏有任何虚幻的、不明确的动机，可以认定其作案时出于现实动机。

2. 作案后的表现。犯罪行为人犯罪后的表现主要体现在两点：（1）自我保护行为。自我保护行为反映了行为人对自己行为性质和后果的认识，较好地体现了行为人辨认、控制能力的强弱。

但也要看到，具备自我保护意识和行为不能说明被告人一定没有精神障碍，有自我保护意识和行为只是衡量行为人辨认控制能力的重要依据之一，但还要结合其他依据综合判断。(2)对犯罪的认识。智力障碍者较为常见的情形是认罪服法，他们对自己的行为后果可能缺乏深入的认识，对司法人员的讯问通常有问必答，有的轻度智力障碍者甚至会夸大自己的犯罪行为；较为严重的智力障碍者对自己的犯罪细节通常不能完整的回忆，有时对犯罪后果表现出冷漠、无动于衷的情绪。

本案中，被告人李鹏懂得作案时避开行人、盗窃后迅速逃离现场，将窃得的赃物拿到礼品回收店卖钱时，店主询问赃物来源，李鹏编造谎言说是朋友送的。对李鹏进行司法精神病鉴定时，其称自己计算了一下盗窃金额只有1000多元，最多判半年，自己被判过刑，最多再加半年，如果判重了会上诉。从上述表现看，李鹏有自我保护意识，知道自己的行为是犯罪行为，对案件的性质和后果能够正确认识。

3.社会适应能力。社会适应能力是对被鉴定人的职业工作、婚姻家庭、社会交往、个人生活能力、对外界的兴趣等多个方面的综合性评价。特别是评定轻度精神发育迟滞和边缘智力行为人的责任能力时，智力水平不能完全反映出他们对犯罪行为的认识程度，而社会适应能力是更有价值的评定标准。本案中，被告人李鹏虽然幼时生长发育迟缓，学龄期学习成绩差，初中一年级未读完即辍学，一直未从事稳定工作。但其盗窃汽车后备厢的犯罪手段具备相当的技术含量，知道赃物拿去礼品回收店卖钱，能编造赃物来源欺骗店主，且长期混迹于网吧、游戏厅，懂得操作电脑、游戏机。综上，可以判断其社会适应能力基本正常。

4.犯罪性质。有精神医学学者指出，有智力障碍的人只是在一些高难度的问题上表现出与常人的差异，但在基本的社会道德问题上他们应该有行为能力，所以他们应当对自己的行为后果负责。犯罪性质与智力障碍者刑事责任能力存在紧密关联，可以用自然犯和法定犯的区分予以说明，自然犯是指侵害法益的同时明显违反伦理道德的犯罪；法定犯则是与自然犯相对应的概念。对于实施了不同性质犯罪的智力障碍者的刑事责任能力需要区分对待。通常认为，只要智力障碍行为人具备了基本的认识能力，就能判断自己的行为是否违背社会道德，从而不会去实施杀人、放火、强奸等自然犯。智力障碍行为人的智力水平达到一定程度后，可以认为他们对基本的社会伦理道德有充分的认识，只是对更为复杂的社会规则认识程度可能不足。本案中被告人李鹏所实施的盗窃犯罪是典型的自然犯，其智商达到了边缘智力水平，能充分认识到盗窃他人财物的行为是社会规范和法律不允许的，会受到严厉的惩罚。

5.行为人的一贯品质和前科行为。本案中被告人李鹏以前也曾因盗窃他人车内财物被判处有期徒刑二年，其明知盗窃他人财物的行为是犯罪行为，又再次实施，说明其道德水平低，主观上完全放弃对自己行为的约束。因此，在判断其刑事责任能力时应当从严考虑。

本案中被告人李鹏的精神活动正常，其智力虽然处于边缘水平，抽象思维能力较差，但根据其作案的动机、手段、过程、作案前后的表现等，李鹏作案时辨认、控制能力均存在，对盗窃案具有完全刑事责任能力。[No. 5-264-75　李鹏盗窃案]

△网络钓鱼案件中，区分盗窃与诈骗的关键在于被害人有无财产处分意识。被告人植入虚假链接骗取被害人货款的，构成诈骗罪；被告人植入与被害人处分意识不同的链接取得财物的，构成盗窃罪。

被告人臧进泉等人的两种作案手段在被害人处分意识上存在差别，在非法获取小额货款的行为中，被害人具有支付被骗货款的意识，而在非法获取30.5万元的行为中，被害人仅有支付付款链接中所标注的“1元”的意识，并无支付30.5万元的意识。前者符合诈骗罪的构成要件，后者则应当以盗窃罪定罪处罚。

以本案为分析样本，笔者认为，网络钓鱼类案件应区分两种情况认定：

1.被告人实施欺骗行为，诱骗被害人同意为购买商品而支付货款，因被害人具有处分货款的意识，被告人获取货款系基于被害人的处分行为，应定诈骗罪。

2.被告人采取欺骗方法，诱骗被害人同意支付小额钱款，但同时使用计算机程序秘密窃取被害人网上银行账户内巨额存款，被告人获取该存款系在被害人未察觉的情况下秘密窃得而非被害人的自愿处分，故被告人的行为符合盗窃罪的构成要件，应定盗窃罪。[No. 5-266-20　臧进泉等盗窃、诈骗案]

第二百六十五条 【盗窃罪】

以牟利为目的，盗接他人通信线路、复制他人电信码号或者明知是盗接、复制的电信设备、设施而使用的，依照本法第二百六十四条的规定定罪处罚。

【立法理由】

本条犯罪是伴随着现代通信手段而产生的。二十世纪八九十年代，一些人在我国电信行业发展过程中，利用电信设施设备发展及监管尚不完善，采用偷接他人电话线路以及复制他人移动电话码号、非法并机等手段，非法牟取经济利益，这种行为不仅造成电信主管部门和相关用户经济损失，而且危害电信管理秩序，危及信息安全。**1997年修订刑法时**，在总结以往立法与司法实践经验基础上，针对这类破坏通信业务正常运行，侵犯他人财产利益的行为如何适用刑罚作出了专门的规定，即依照《刑法》第二百六十四条盗窃罪的规定定罪处罚。

【条文说明】

本条是关于盗接他人通信线路、复制他人电信码号以及明知而使用行为的定罪处罚规定。

本条对盗用电信码号、非法并机的犯罪行为作了专门规定。这里所说的“**盗接**”，是指以牟利为目的，未经权利人的许可，采取秘密的方法连接他人的通信线路，无偿使用或者转给他人使用，从而给权利人造成较大损失的行为。“**复制他人电信码号**”主要是指以牟利为目的，取得他人的电信码号后，非法加以复制，无偿使用或者非法出租、出借、转让的行为。这里所说的“**电信码号**”是广义的，包括电话磁卡、长途电话帐号和移动通信码号，如移动电话的出厂号码、电话号码、用户密码。“**电信设备、设施**”主要是指交换机、电话机、通信线路等。盗窃罪的对象为公私财物，本条犯罪行为针对的对象实质上是一种财产性权益，将这种财产性利益规定为盗窃罪的犯罪对象，是立法上的一种突破。

构成本罪，必须符合以下三个条件：(1)行为人主观上必须**以牟利为目的**，这种牟利是广义的，包括出租、出卖获取利润等行为，也包括无偿使用节省支出等牟取非法经济利益的行为。对于不具有牟利目的的行为，不适用本条。例如，为获取他人通信秘密而盗接他人通信线路、复制他人电信码号；违反规定，个人自行并用移动电话等。(2)行为人必须具有**盗接他人通信线路、复制他人电信码号或者明知是盗接、盗窃复制的电信设备、设施而使用的行为之一**，才可能构成本罪，如果行为人不知道自己使用的通信设备是盗接或者盗窃复制的，不构成犯罪。(3)盗用他人长途电话帐号、移动电话码号造成的经济损失，**必须达到数额较大**，才能构成本罪。根据2013年《最高人民法院、最高人民检察院关于办理盗窃刑事案件适用法律若干问题的解释》第四条的规定，盗接他人通信线路、复制他人电信码号出售的，按照销赃数额认定盗窃数额；明知是盗接他人通信线路、复制他人电信码号的电信设备、设施而使用的，按照合法用户为其支付的费用认定盗窃数额；无法直接确认的，以合法用户的电信设备、设施被盗接、复制后的月缴费额减去被盗接、复制前六个月的月均电话费推算盗窃数额；合法用户使用电信设备、设施不足六个月的，按照实际使用的月均电话费推算盗窃数额。

根据本条规定，以牟利为目的盗接他人通信线路、复制他人电信码号或者明知是盗接、复制的电信设备、设施而使用的，处三年以下有期徒刑、拘役或者管制，并处或者单处罚金；数额巨大或者有其他严重情节的，处三年以上十年以下有期徒刑，并处罚金；数额特别巨大或者有其他特别严重情节的，处十年以上有期徒刑或者无期徒刑，并处罚金或者没收财产。

【司法解释】

《最高人民法院、最高人民检察院关于办理盗窃刑事案件适用法律若干问题的解释》（法释〔2013〕8号，自2013年4月4日起施行）

△(**盗窃数额之认定**)盗窃的数额，按照下列方法认定：

……

（四）明知是盗接他人通信线路、复制他人电信码号的电信设备、设施而使用的，按照合法用户为其支付的费用认定盗窃数额；无法直接确认的，以合法用户的电信设备、设施被盗接、复制后的月缴费额减去被盗接、复制前六个月的月均电话费推算盗窃数额；合法用户使用电信设备、设施不足六个月的，按照实际使用的月均电话费推算盗窃数额；

（五）盗接他人通信线路、复制他人电信码号出售的，按照销赃数额认定盗窃数额。

盗窃行为给失主造成的损失大于盗窃数额

的，损失数额可以作为量刑情节考虑。（§ 4）

【司法解释性文件】

《最高人民法院研究室关于盗用他人长话帐号如何定性问题的复函》[①]（1991 年 9 月 14 日公布）

△（**盗用他人长话帐号**）你司 8 月 16 日函询我们对盗用他人长话帐号行为的定性意见。经研究，我们认为，这类案件一般来说符合盗窃罪的特征。但是，由于这类案件情况比较复杂，是否都追究刑事责任，还要具体案件具体分析。

第二百六十六条　【诈骗罪】

诈骗公私财物，数额较大的，处三年以下有期徒刑、拘役或者管制，并处或者单处罚金；数额巨大或者有其他严重情节的，处三年以上十年以下有期徒刑，并处罚金；数额特别巨大或者有其他特别严重情节的，处十年以上有期徒刑或者无期徒刑，并处罚金或者没收财产。本法另有规定的，依照规定。

【立法解释】

《全国人民代表大会常务委员会关于〈中华人民共和国刑法〉第二百六十六条的解释》（2014 年 4 月 24 日第十二届全国人民代表大会常务委员会第八次会议通过）

△（**社会保险金；其他社会保障待遇；诈骗罪**）以欺诈、伪造证明材料或者其他手段骗取养老、医疗、工伤、失业、生育等社会保险金或者其他社会保障待遇的，属于刑法第二百六十六条规定的诈骗公私财物的行为。

【立法理由】

1. **1979 年立法的情况**。诈骗罪是我国最早出现并沿用至今的罪名之一，作为典型的侵犯财产犯罪，我国十分重视并一直将其作为主要犯罪加以惩治和防范。制定 1979 年刑法时，立法机关考虑到盗窃、诈骗、抢夺这三种罪的轻重程度大体相同，规定的法定刑也相同，而且犯罪分子兼犯其中两种行为的为数不少，为处理上的方便，因此就合成一个条文予以规定，并另行规定了盗窃罪、诈骗罪、抢夺罪的加重处罚情节。1979 年《刑法》第一百五十一条规定："盗窃、诈骗、抢夺公私财物数额较大的，处五年以下有期徒刑、拘役或者管制。"第一百五十二条规定："惯窃、惯骗或者盗窃、诈骗、抢夺公私财物数额巨大的，处五年以上十年以下有期徒刑；情节特别严重的，处十年以上有期徒刑或者无期徒刑，可以并处没收财产。"

2. **1979 年之后至 1997 年刑法修订前的立法情况**。20 世纪 80 年代之后，随着改革开放的逐步深入和经济的迅猛发展，诈骗犯罪的手段不断更新，诈骗的数额日趋巨大，如信用证诈骗、信用卡诈骗、金融票据诈骗、诈骗贷款、保险诈骗、合同诈骗、骗取出口退税等。为此，1992 年 9 月 4 日第七届全国人大常委会第二十七次会议通过的《全国人民代表大会常务委员会关于惩治偷税、抗税犯罪的补充规定》将企业事业单位骗取出口退税行为从诈骗罪中分离出来，独立成罪。1995 年 6 月 30 日第八届全国人大常委会第十四次会议通过的《全国人民代表大会常务委员会关于惩治破坏金融秩序犯罪的决定》则将集资诈骗、贷款诈骗、金融票据诈骗、信用证诈骗、信用卡诈骗、保险诈骗从诈骗罪中分离出来，独立成罪。

3. **1997 年修订刑法的情况**。1979 年刑法将盗窃罪与诈骗罪、抢夺罪合在一起，共用两个条文来规定，不方便三种犯罪立法的细化和司法适用。随着立法技术的成熟，1997 年修订刑法时，在总结十余年来的司法实践经验及刑法理论界的研究成果的基础上，以第二百六十六条单条规定了诈骗罪，并对本条作了进一步的修改。一是调整诈骗罪的加重情节：入罪门槛仍须达到"数额较大"，但两种加重情节分别调整为"数额巨大或者有其他严重情节的""数额特别巨大或者有其他特别严重情节的"。二是调整刑罚为"三年以下有期徒刑、拘役或者管制""三年以上十年以下有期徒刑""十年以上有期徒刑或者无期徒刑"。三是增加了罚金刑，对上述三档刑罚分别规定了"并处或者单处罚金""并处罚金"和"并处罚金或者没收财产"。四是增加了"本法另有规定的，依照规定"的指引性规定，以适应集资诈骗罪等特殊性诈骗类犯罪的规定。

---

① 关于系争司法解释性文件的适用效力，可参照《最高人民法院关于认真学习宣传贯彻修订的〈中华人民共和国刑法〉的通知》（法发〔1997〕3 号，1997 年 3 月 25 日公布）第五条之规定。

分则　第五章

【条文说明】

本条是关于诈骗罪及其处罚的规定。

诈骗，主要是指以非法占有为目的，用虚构事实或者隐瞒真相的方法，骗取公私财物的行为。诈骗罪具有以下特征：(1)行为人主观上是**出于故意，并且具有非法占有公私财物的目的**。(2)行为人实施了**欺诈行为，包括虚构事实或者隐瞒真相**①**，并且这种欺诈行为使得被害人陷入错误认识，从而作出财产处置**；至于诈骗的财物是归自己挥霍享用，还是转归第三人，不影响本罪的成立。(3)诈骗公私财物**数额较大才能构成犯罪**；诈骗罪并不限于骗取实体财物，还包括骗取无形物与财产性利益。

根据本条规定，诈骗公私财物，数额较大的，处三年以下有期徒刑、拘役或者管制，并处或者单处罚金；数额巨大或者有其他严重情节的，处三年以上十年以下有期徒刑，并处罚金；数额特别巨大或者有其他特别严重情节的，处十年以上有期徒刑或者无期徒刑，并处罚金或者没收财产。在司法实践中，2011年4月8日起施行的《最高人民法院、最高人民检察院关于办理诈骗刑事案件具体应用法律若干问题的解释》第一条规定："诈骗公私财物价值三千元至一万元以上、三万元至十万元以上、五十万元以上的，应当分别认定为刑法第二百六十六条规定的'**数额较大**'、'**数额巨大**'、'**数额特别巨大**'。各省、自治区、直辖市高级人民法院、人民检察院可以结合本地区经济社会发展状况，在前款规定的数额幅度内，共同研究确定本地区执行的具体数额标准，报最高人民法院、最高人民检察院备案。"同时，司法解释还规定了**诈骗罪的从重情节**，规定达到数额标准且具有下列情形之一的，可以酌情从严惩处：(1)通过发送短信、拨打电话或者利用互联网、广播电视、报纸杂志等发布虚假信息，对不特定多数人实施诈骗的；(2)诈骗救灾、抢险、防汛、优抚、扶贫、移民、救济、医疗款物的；(3)以赈灾募捐名义实施诈骗的；(4)诈骗残疾人、老年人或者丧失劳动能力人的财物的；(5)造成被害人自杀、精神失常或者其他严重后果的。

近年来，利用通讯工具、互联网等技术手段实施的电信网络诈骗犯罪活动持续高发，侵犯公民个人信息，扰乱无线电通讯管理秩序，掩饰、隐瞒犯罪所得、犯罪所得收益等上下游关联犯罪不断蔓延。此类犯罪严重侵害人民群众财产安全和其他合法权益，严重干扰电信网络秩序，严重破坏社会诚信，严重影响人民群众安全感和社会和谐稳定，社会危害性大，人民群众反映强烈。2016年12月20日实施的《最高人民法院、最高人民检察院、公安部关于办理电信网络诈骗等刑事案件适用法律若干问题的意见》对**电信网络诈骗**的认定、处罚标准以及关联犯罪的适用问题作了详细规定。根据该解释的规定，实施电信网络诈骗犯罪，达到相应数额标准，具有下列情形之一的，酌情从重处罚：(1)造成被害人或其近亲属自杀、死亡或者精神失常等严重后果的；(2)冒充司法机关等国家机关工作人员实施诈骗的；(3)组织、指挥电信网络诈骗犯罪团伙的；(4)在境外实施电信网络诈骗的；(5)曾因电信网络诈骗犯罪受过刑事处罚或者二年内曾因电信网络诈骗受过行政处罚的；(6)诈骗残疾人、老年人、未成年人、在校学生、丧失劳动能力人的财物，或者诈骗重病患者及其亲属财物的；(7)诈骗救灾、抢险、防汛、优抚、扶贫、移民、救济、医疗等款物的；(8)以赈灾、募捐等社会公益、慈善名义实施诈骗的；(9)利用电话追呼系统等技术手段严重干扰公安机关等部门工作的；(10)利用"钓鱼网站"链接、"木马"程序链接、网络渗透等隐蔽技术手段实施诈骗的。该解释还规定，对实施电信网络诈骗犯罪的被告人，应当严格控制适用缓刑的范围和条件，并更加注重依法适用财产刑，加大经济上的惩罚力度，最大限度剥夺被告人再犯的能力。

本条所说的"**本法另有规定的**"，是指刑法对某些特定的诈骗犯罪专门作了具体规定，如分则第三章第五节规定的金融诈骗罪、第二百零四条规定的骗取出口退税罪、第二百二十四条规定的合同诈骗罪等，对这些诈骗犯罪一般应当适用这些专门的规定，不适用本条规定。

需要特别说明的是，2014年4月24日通过的《全国人民代表大会常务委员会关于〈中华人民共和国刑法〉第二百六十六条的解释》对以欺诈、伪造证明材料或者其他手段骗取养老、医疗、工伤、失业、生育等社会保险金或者其他社会保障待遇的，明确适用本条规定。全国人大常委会作出这一法律解释的背景是：近年来，骗取养老、医疗、工伤、失业、生育等社会保险金或者其他社会保险待遇的情况时有发生，有的地方甚至出现有组织

① 我国学者将诈骗手段概括为虚构事实及隐瞒真相两种。参见高铭暄、马克昌主编：《刑法学》(第7版)，北京大学出版社、高等教育出版社2016年版，第504页；黎宏：《刑法学各论》(第2版)，法律出版社2016年版，第319页；张明楷：《刑法学》(第6版)，法律出版社2021年版，第1303页。

地骗取社会保险金或者其他社会保险待遇的行为。司法实践中对于这类违法犯罪行为如何适用法律认识不一致,有的按诈骗罪追究刑事责任,有的给予行政处分,有的在追回社会保险金或者待遇后不予处理。社会保险资金的安全,关系到全体人民福祉和社会的和谐稳定。《社会保险法》在"法律责任"一章中对以欺诈、伪造证明材料或者其他手段骗取社会保险金或其他社会保险待遇的行为规定了行政处罚的同时,规定构成犯罪的,依法追究刑事责任。全国人大常委会经研究认为,上述行为,从性质上讲,与刑法规定的诈骗公私财物的行为是相同的,具有较大的社会危害性,对于构成犯罪的,应当依法追究刑事责任。为明确对骗取社会保险金或其他社会保险待遇行为的法律适用,2014 年 4 月 24 日第十二届全国人大常委会第八次会议通过了关于本条的解释,**即行为人以欺诈、伪造证明材料或者其他手段骗取养老、医疗、工伤、失业、生育等社会保险金或者其他社会保险待遇的行为,属于《刑法》第二百六十六条规定的诈骗公私财物的行为**。

实践中需要注意以下几个方面的问题:

1. 要注意区分本罪与**普通债务纠纷**,尤其是民间借贷纠纷的界限。二者的根本区别在于后者不具有非法占有他人财物的目的,只是由于客观原因或者情况的变化,一时无法偿还。诈骗罪是以非法占有他人财物为目的,不是因为不能归还,而是根本不打算偿还。如果行为人并无非法占有公私财物的目的,即使借款时使用了一些欺骗方法,后期又一时无力偿还的,也不宜以诈骗罪处理。

2. 本罪与**招摇撞骗罪**的区别。虽然两者都使用了欺骗方法,后者也可能获得财产利益,但是招摇撞骗罪是以骗取各种非法利益为目的,冒充国家工作人员,进行招摇撞骗活动,是损害国家机关的威信、公共利益或者公民合法权益的行为,它所骗取的不仅包括财物,还包括工作、职务、地位、荣誉等,属于妨害社会管理秩序罪。当犯罪分子冒充国家工作人员骗取公私财物时,它就既侵犯了财产权利,又损害了国家机关的威信和正常活动,一般应当从一重罪处罚:如果骗取财物数额不大,却严重损害了国家机关的威信,应按招摇撞骗罪论处;反之,则定为诈骗罪。

3. 本罪与**盗窃罪**的区别。诈骗罪与盗窃罪都属于侵犯财产犯罪,但二者区别巨大,因而一般情况下区分两者之间的界限也较为容易。但是,随着互联网技术的发展和网络支付技术使用范围的日益扩大,传统侵犯财产犯罪行为随之有了新的表现形式,网络支付方式下财产案件的定性标准也愈发模糊,比如实践中出现的网络支付方式下"**偷换商家二维码**"案件,诈骗行为与盗窃行为有所交叉,容易对案件定性有所争议,需要对诈骗罪与盗窃罪的区别予以进一步辨析。就盗窃罪而言,秘密窃取是盗窃罪的本质特征,偷拿、暗取是其典型的手段特征,行为人和被害人之间缺乏信息沟通、交流。与此相对,诈骗罪的基本特征是被害人在行为人的欺骗之下陷入错误认识,进而行使对财物或财产性利益的支配或控制的变更权,导致财产损失。行为人欺骗行为(包括作为和不作为)和被害人之间的信息交互是诈骗罪的核心要素。基于此,前述"偷换商家二维码"案件,行为人采取秘密手段偷换了商家的收款码,导致顾客所付钱款在商家和顾客都不知情的状况下直接进入行为人帐户的情形,缺乏诈骗罪所必需的有主观意识的财产处分行为,从构成要件上更符合盗窃罪的犯罪构成。

【司法解释】

《最高人民法院关于审理扰乱电信市场管理秩序案件具体应用法律若干问题的解释》(法释〔2000〕12 号,自 2000 年 5 月 24 日起施行)

△(**以虚假、冒用的身份证件办理入网手续并使用移动电话;诈骗罪**)以虚假、冒用的身份证件办理入网手续并使用移动电话,造成电信资费损失数额较大的,依照刑法第二百六十六条的规定,以诈骗罪定罪处罚。(§ 9)

《最高人民法院、最高人民检察院关于办理妨害预防、控制突发传染病疫情等灾害的刑事案件具体应用法律若干问题的解释》(法释〔2003〕8 号,自 2003 年 5 月 15 日起施行)

△(**假借研制、生产或者销售灾害用品的名义;诈骗罪**)在预防、控制突发传染病疫情等灾害期间,假借研制、生产或者销售用于预防、控制突发传染病疫情等灾害用品的名义,诈骗公私财物数额较大的,依照刑法有关诈骗罪的规定定罪,依法从重处罚。(§ 7)

《最高人民法院、最高人民检察院关于办理与盗窃、抢劫、诈骗、抢夺机动车相关刑事案件具体应用法律若干问题的解释》(法释〔2007〕11 号,自 2007 年 5 月 11 日起施行)

△(**事前共谋;诈骗罪的共犯**)实施本解释第

一条、第二条、第三条第一款或者第三款规定①的行为，事前与盗窃、抢劫、诈骗、抢夺机动车的犯罪分子通谋的，以盗窃罪、抢劫罪、诈骗罪、抢夺罪的共犯论处。（§4）

《最高人民法院关于审理伪造货币等案件具体应用法律若干问题的解释（二）》（法释〔2010〕14号，自2010年11月3日起施行）

△（**停止流通的货币；诈骗罪**）以使用为目的，伪造停止流通的货币②，或者使用伪造的停止流通的货币的，依照刑法第二百六十六条的规定，以诈骗罪定罪处罚。（§5）

《最高人民法院、最高人民检察院关于办理诈骗刑事案件具体应用法律若干问题的解释》（法释〔2011〕7号，自2011年4月8日起施行）

△（**"数额较大"；"数额巨大"；"数额特别巨大"；具体数额标准**）诈骗公私财物价值三千元至一万元以上、三万元至十万元以上、五十万元以上的，应当分别认定为刑法第二百六十六条规定的"数额较大"、"数额巨大"、"数额特别巨大"。

各省、自治区、直辖市高级人民法院、人民检察院可以结合本地区经济社会发展状况，在前款规定的数额幅度内，共同研究确定本地区执行的具体数额标准，报最高人民法院、最高人民检察院备案。（§1）

△（**酌情从严处罚事由；其他严重情节；其他特别严重情节**）诈骗公私财物达到本解释第一条规定的数额标准，具有下列情形之一的，可以依照刑法第二百六十六条的规定酌情从严惩处：

（一）通过发送短信、拨打电话或者利用互联网、广播电视、报刊杂志等发布虚假信息，对不特

---

① 《最高人民法院、最高人民检察院关于办理与盗窃、抢劫、诈骗、抢夺机动车相关刑事案件具体应用法律若干问题的解释》（法释〔2007〕11号，自2007年5月11日起施行）

第一条

Ⅰ明知是盗窃、抢劫、诈骗、抢夺的机动车，实施下列行为之一的，依照刑法第三百一十二条的规定，以掩饰、隐瞒犯罪所得、犯罪所得收益罪定罪，处三年以下有期徒刑、拘役或者管制，并处或者单处罚金：

（一）买卖、介绍买卖、典当、拍卖、抵押或者用其抵债的；

（二）拆解、拼装或者组装的；

（三）修改发动机号、车辆识别代号的；

（四）更改车身颜色或者车辆外形的；

（五）提供或者出售机动车来历凭证、整车合格证、号牌以及有关机动车的其他证明和凭证的；

（六）提供或者出售伪造、变造的机动车来历凭证、整车合格证、号牌以及有关机动车的其他证明和凭证的。

Ⅱ实施第一款规定的行为涉及盗窃、抢劫、诈骗、抢夺的机动车五辆以上或者价值总额达到五十万元以上的，属于刑法第三百一十二条规定的"情节严重"，处三年以上七年以下有期徒刑，并处罚金。

第二条

Ⅰ伪造、变造、买卖机动车行驶证、登记证书，累计三本以上的，依照刑法第二百八十条第一款的规定，以伪造、变造、买卖国家机关证件罪定罪，处三年以下有期徒刑、拘役、管制或者剥夺政治权利。

Ⅱ伪造、变造、买卖机动车行驶证、登记证书，累计达到第一款规定数量标准五倍以上的，属于刑法第二百八十条第一款规定中的"情节严重"，处三年以上十年以下有期徒刑。

第三条

Ⅰ国家机关工作人员滥用职权，有下列情形之一，致使盗窃、抢劫、诈骗、抢夺的机动车被办理登记手续，数量达到三辆以上或者价值总额达到三十万元以上的，依照刑法第三百九十七条第一款的规定，以滥用职权罪定罪，处三年以下有期徒刑或者拘役：

（一）明知是登记手续不全或者不符合规定的机动车而办理登记手续的；

（二）指使他人为明知是登记手续不全或者不符合规定的机动车办理登记手续的；

（三）违规或者指使他人违规更改、调换车辆档案的；

（四）其他滥用职权的行为。

Ⅱ国家机关工作人员疏于审查或者审查不严，致使盗窃、抢劫、诈骗、抢夺的机动车被办理登记手续，数量达到五辆以上或者价值总额达到五十万元以上的，依照刑法第三百九十七条第一款的规定，以玩忽职守罪定罪，处三年以下有期徒刑或者拘役。

Ⅲ国家机关工作人员实施前两款规定的行为，致使盗窃、抢劫、诈骗、抢夺的机动车被办理登记手续，分别达到前两款规定数量、数额标准五倍以上的，或者明知是盗窃、抢劫、诈骗、抢夺的机动车而办理登记手续的，属于刑法第三百九十七条第一款规定的"情节特别严重"，处三年以上七年以下有期徒刑。

Ⅳ国家机关工作人员徇私舞弊，实施上述行为，构成犯罪的，依照刑法第三百九十七条第二款的规定定罪处罚。

② 我国学者指出，以使用为目的伪造停止流通的货币的行为，并非诈骗罪的着手，而是诈骗的预备行为。参见张明楷：《刑法学》（第6版），法律出版社2021年版，第1328页。

定多数人实施诈骗的;

(二)诈骗救灾、抢险、防汛、优抚、扶贫、移民、救济、医疗款物的;

(三)以赈灾募捐名义实施诈骗的;

(四)诈骗残疾人、老年人或者丧失劳动能力人的财物的;

(五)造成被害人自杀、精神失常或者其他严重后果的。

诈骗数额接近本解释第一条规定的“数额巨大”、“数额特别巨大”的标准,并具有前款规定的情形之一或者属于诈骗集团首要分子的,应当分别认定为刑法第二百六十六条规定的“其他严重情节”、“其他特别严重情节”。(§ 2)

△(**不起诉或者免予刑事处罚事由**)诈骗公私财物虽已达到本解释第一条规定的“数额较大”的标准,但具有下列情形之一,且行为人认罪、悔罪的,可以根据刑法第三十七条、刑事诉讼法第一百四十二条[①]的规定不起诉或者免予刑事处罚:

(一)具有法定从宽处罚情节的;

(二)一审宣判前全部退赃、退赔的;

(三)没有参与分赃或者获赃较少且不是主犯的;

(四)被害人谅解的;

(五)其他情节轻微、危害不大的。(§ 3)

△(**诈骗近亲属的财物;谅解;酌情从宽事由**)诈骗近亲属的财物,近亲属谅解的,一般可不按犯罪处理。

诈骗近亲属的财物,确有追究刑事责任必要的,具体处理也应酌情从宽。(§ 4)

△(**诈骗未遂;其他严重情节;其他特别严重情节**)诈骗未遂,以数额巨大的财物为诈骗目标的,或者具有其他严重情节的,应当定罪处罚。

利用发送短信、拨打电话、互联网等电信技术手段对不特定多数人实施诈骗,诈骗数额难以查证,但具有下列情形之一的,应当认定为刑法第二百六十六条规定的“其他严重情节”,以诈骗罪(未遂)定罪处罚:

(一)发送诈骗信息五千条以上的;

(二)拨打诈骗电话五百人次以上的;

(三)诈骗手段恶劣、危害严重的。

实施前款规定行为,数量达到前款第(一)、(二)项规定标准十倍以上的,或者诈骗手段特别恶劣、危害特别严重的,应当认定为刑法第二百六十六条规定的“其他特别严重情节”,以诈骗罪(未遂)定罪处罚。(§ 5)

△(**诈骗既有既遂,又有未遂;量刑幅度**)诈骗既有既遂,又有未遂,分别达到不同量刑幅度的,依照处罚较重的规定处罚;达到同一量刑幅度的,以诈骗罪既遂处罚。[②](§ 6)

△(**诈骗罪的共同犯罪**)明知他人实施诈骗犯罪,为其提供信用卡、手机卡、通讯工具、通讯传输通道、网络技术支持、费用结算等帮助的,以共同犯罪论处。(§ 7)

△(**想象竞合犯;诈骗罪;招摇撞骗罪**)冒充国家机关工作人员进行诈骗,同时构成诈骗罪和招摇撞骗罪的,依照处罚较重的规定定罪处罚。(§ 8)

△(**诈骗财物及其孳息之发还**)案发后查封、扣押、冻结在案的诈骗财物及其孳息,权属明确的,应当发还被害人;权属不明确的,可按被骗款物占查封、扣押、冻结在案的财物及其孳息总额的比例发还被害人,但已获退赔的应予扣除。(§ 9)

△(**追缴;他人善意取得**)行为人已将诈骗财物用于清偿债务或者转让给他人,具有下列情形之一的,应当依法追缴:

(一)对方明知是诈骗财物而收取的;

(二)对方无偿取得诈骗财物的;

(三)对方以明显低于市场的价格取得诈骗财物的;

(四)对方取得诈骗财物系源于非法债务或者违法犯罪活动的。

他人善意取得诈骗财物的,不予追缴。(§ 10)

《最高人民法院关于审理掩饰、隐瞒犯罪所得、犯罪所得收益刑事案件适用法律若干问题的解释》(法释〔2015〕11号,自2015年6月1日起施行)

△(**事前通谋;掩饰、隐瞒犯罪所得、犯罪所得收益;诈骗罪的共犯**)事前与盗窃、抢劫、诈骗、抢夺等犯罪分子通谋,掩饰、隐瞒犯罪所得及其产生的收益的,以盗窃、抢劫、诈骗、抢夺等犯罪的共犯论处。(§ 5)

△(**对犯罪所得及其产生的收益实施诈骗**)

---

① 2018年修正后的《刑事诉讼法》第一百七十七条。

② 我国学者指出,诈骗罪中的“数额巨大”与“数额特别巨大”以及“情节严重”与“情节特别严重”,均非加重的构成要件,而是量刑规则。如果客观上未能达到数额巨大与情节严重,就不得适用数额巨大与情节严重的法定刑。换言之,只能按照既遂的数额选择法定刑,未遂事实则作为量刑情节。参见张明楷:《刑法学》(第6版),法律出版社2021年版,第1329页。

对犯罪所得及其产生的收益实施盗窃、抢劫、诈骗、抢夺等行为,构成犯罪的,分别以盗窃罪、抢劫罪、诈骗罪、抢夺罪等定罪处罚。(§ 6)

《最高人民法院关于审理拐卖妇女儿童犯罪案件具体应用法律若干问题的解释》(法释〔2016〕28号,自2017年1月1日起施行)

△(**以介绍婚姻为名;诈骗罪**)以介绍婚姻为名,与被介绍妇女串通骗取他人钱财,数额较大的,应当以诈骗罪追究刑事责任。(§ 3Ⅱ)

《最高人民法院、最高人民检察院关于办理危害食品安全刑事案件适用法律若干问题的解释》(法释〔2021〕24号,自2022年1月1日起施行)

△(**保健食品或者其他食品;虚假广告罪;诈骗罪;竞合**)违反国家规定,利用广告对保健食品或者其他食品作虚假宣传,符合刑法第二百二十二条规定的,以虚假广告罪定罪处罚;以非法占有为目的,利用销售保健食品或者其他食品诈骗财物,符合刑法第二百六十六条规定的,以诈骗罪定罪处罚。同时构成生产、销售伪劣产品罪等其他犯罪的,依照处罚较重的规定定罪处罚。(§ 19)

△(**禁止令;行政处罚**)对实施本解释规定之犯罪的犯罪分子,应当依照刑法规定的条件,严格适用缓刑、免予刑事处罚。对于依法适用缓刑的,可以根据犯罪情况,同时宣告禁止令。

对于被不起诉或者免予刑事处罚的行为人,需要给予行政处罚、政务处分或者其他处分的,依法移送有关主管机关处理。(§ 22)

《最高人民法院、最高人民检察院关于办理危害药品安全刑事案件适用法律若干问题的解释》(高检发释字〔2022〕1号,自2022年3月6日起施行)

△(**利用医保骗保;掩饰、隐瞒犯罪所得罪;诈骗罪**)明知系利用医保骗保购买的药品而非法收购、销售,金额五万元以上的,应当依照刑法第三百一十二条的规定,以掩饰、隐瞒犯罪所得罪定罪处罚;指使、教唆、授意他人利用医保骗保购买药品,进而非法收购、销售,符合刑法第二百六十六条规定的,以诈骗罪定罪处罚。

对于利用医保骗保购买药品的行为人是否追究刑事责任,应当综合骗取医保基金的数额、手段、认罪悔罪态度等案件具体情节,依法妥当决定。利用医保骗保购买药品的行为人是否被追究刑事责任,不影响对非法收购、销售有关药品的行为人定罪处罚。

对于第一款规定的主观明知,应当根据药品标志、收购渠道、价格、规模及药品追溯信息等综合认定。(§ 13)

【司法解释性文件】

《最高人民法院研究室关于申付强诈骗案如何认定诈骗数额问题的电话答复》[①](1991年4月23日公布)

△(**犯罪数额;扣除;最后实际诈骗所得数额**)在具体认定诈骗犯罪数额时,应把案发前已被追回的被骗款额扣除,按最后实际诈骗所得数额计算。但在处罚时,对于这种情况应当做为从重情节予以考虑。[②]

《最高人民检察院法律政策研究室关于通过伪造证据骗取法院民事裁判占有他人财物的行为如何适用法律问题的答复》(〔2002〕高检研发第18号,2002年10月24日公布)

△(**通过伪造证据骗取法院民事裁判占有他人财物;诈骗罪**)以非法占有为目的,通过伪造证据骗取法院民事裁判占有他人财物的行为所侵害的主要是人民法院正常的审判活动[③],可以由人民法院依照民事诉讼法的有关规定作出处理,不宜以诈骗罪追究行为人的刑事责任。[④] 如果行为人伪造证据时,实施了伪造公司、企业、事业单位、人民团体印章的行为,构成犯罪的,应当依照刑法第二百八十条第二款的规定,以伪造公司、企业、事业单位、人民团体印章罪追究刑事责任;如果行为人有指使他人作伪证行为,构成犯罪的应当依照刑法第三百零七条第一款的规定,以妨害作证

① 关于系争司法解释性文件的适用效力,可参照《最高人民法院关于认真学习宣传贯彻修订的〈中华人民共和国刑法〉的通知》(法发〔1997〕3号,1997年3月25日公布)第五条之规定。

② 诈骗数额的计算,即财产损失的判断,存在个人财产损害说或整体财产损害说的争议。参见周光权:《刑法各论》(第4版),中国人民大学出版社2021年版,第144—145页;黎宏:《刑法学各论》(第2版),法律出版社2016年版,第330页。

③ 我国学者指出,民事审判的重要目的在于保护当事人的财产。参见张明楷:《刑法学》(第6版),法律出版社2021年版,第1316页。

④ 我国学者指出,此答复未能正确理解诈骗罪的构造,没有考虑到对被害人财产的保护问题。对大量的诉讼诈骗,都应当以诈骗罪论处。参见周光权:《刑法各论》(第4版),中国人民大学出版社2021年版,第150页;张明楷:《刑法学》(第6版),法律出版社2021年版,第1316页。

罪追究刑事责任。[1]

《公安部关于对伪造学生证及贩卖、使用伪造学生证的行为如何处理问题的批复》(公刑〔2002〕1046 号,2002 年 6 月 26 日公布)

△(**使用伪造的学生证购买半价火车票;诈骗罪**)对使用伪造的学生证购买半价火车票,数额较大的,应当依照《中华人民共和国刑法》第 266 条的规定,以诈骗罪立案侦查;尚不够刑事处罚的,应当依照《中华人民共和国治安管理处罚条例》第 23 条第(一)项的规定以诈骗定性处罚。(§ 3)

《最高人民法院、最高人民检察院、公安部关于办理电信网络诈骗等刑事案件适用法律若干问题的意见》(法发〔2016〕32 号,2016 年 12 月 19 日公布)

△(**电信网络诈骗;数额较大;数额巨大;数额特别巨大;数额累计计算**)根据《最高人民法院、最高人民检察院关于办理诈骗刑事案件具体应用法律若干问题的解释》第一条的规定,利用电信网络技术手段实施诈骗,诈骗公私财物价值三千元以上、三万元以上、五十万元以上的,应当分别认定为刑法第二百六十六条规定的"数额较大""数额巨大""数额特别巨大"。

二年内多次实施电信网络诈骗未经处理,诈骗数额累计计算构成犯罪的,应当依法定罪处罚。(§ 2Ⅰ)

△(**电信网络诈骗;酌情从重处罚事由**)实施电信网络诈骗犯罪,达到相应数额标准,具有下列情形之一的,酌情从重处罚:

1. 造成被害人或其近亲属自杀、死亡或者精神失常等严重后果的;

2. 冒充司法机关等国家机关工作人员实施诈骗的;

3. 组织、指挥电信网络诈骗犯罪团伙的;

4. 在境外实施电信网络诈骗的;

5. 曾因电信网络诈骗犯罪受过刑事处罚或者二年内曾因电信网络诈骗受过行政处罚的;

6. 诈骗残疾人、老年人、未成年人、在校学生、丧失劳动能力人的财物,或者诈骗重病患者及其亲属财物的;

7. 诈骗救灾、抢险、防汛、优抚、扶贫、移民、救济、医疗等款物的;

8. 以赈灾、募捐等社会公益、慈善名义实施诈骗的;

9. 利用电话追呼系统等技术手段严重干扰公安机关等部门工作的;

10. 利用"钓鱼网站"链接、"木马"程序链接、网络渗透等隐蔽技术手段实施诈骗的。(§ 2Ⅱ)

△(**电信网络诈骗;其他严重情节;其他特别严重情节;**)实施电信网络诈骗犯罪,诈骗数额接近"数额巨大""数额特别巨大"的标准,具有前述第(二)条规定的情形之一的,应当分别认定为刑法第二百六十六条规定的"其他严重情节""其他特别严重情节"。

上述规定的"接近",一般应掌握在相应数额标准的百分之八十以上。(§ 2Ⅲ)

△(**电信网络诈骗;其他特别严重情节;未遂;拨打诈骗电话;证据难以收集**)实施电信网络诈骗犯罪,犯罪嫌疑人、被告人实际骗得财物的,以诈骗罪(既遂)定罪处罚。诈骗数额难以查证,但具有下列情形之一的,应当认定为刑法第二百六十六条规定的"其他严重情节",以诈骗罪(未遂)定罪处罚:

1. 发送诈骗信息五千条以上的,或者拨打诈骗电话五百人次以上的;

2. 在互联网上发布诈骗信息,页面浏览量累计五千次以上的。

具有上述情形,数量达到相应标准十倍以上的,应当认定为刑法第二百六十六条规定的"其他特别严重情节",以诈骗罪(未遂)定罪处罚。

上述"拨打诈骗电话",包括拨出诈骗电话和接听被害人回拨电话。反复拨打、接听同一电话号码,以及反复向同一被害人发送诈骗信息的,拨打、接听电话次数、发送信息条数累计计算。

因犯罪嫌疑人、被告人故意隐匿、毁灭证据等原因,致拨打电话次数、发送信息条数的证据难以收集的,可以根据经查证属实的日拨打人次数、日发送信息条数,结合犯罪嫌疑人、被告人实施犯罪的时间、犯罪嫌疑人、被告人的供述等相关证据,综合予以认定。(§ 2Ⅳ)

△(**电信网络诈骗;既有既遂,又有未遂;量刑幅度**)电信网络诈骗既有既遂,又有未遂,分别达到不同量刑幅度的,依照处罚较重的规定处罚;达到同一量刑幅度的,以诈骗罪既遂处罚。(§ 2Ⅴ)

△(**电信网络诈骗;量刑;就高选择;宣告刑**)对实施电信网络诈骗犯罪的被告人裁量刑罚,在确定量刑起点、基准刑时,一般应就高选择。确定宣告刑时,应当综合全案事实情节,准确把握从重、从轻量刑情节的调节幅度,保证罪责刑相适

[1] 《刑法修正案(九)》通过生效之后,应当按照修订后的《刑法》第三百零七条之一的规定来处理此类案件。

应。（§ 2Ⅵ）

△**（电信网络诈骗；缓刑）**对实施电信网络诈骗犯罪的被告人，应当严格控制适用缓刑的范围，严格掌握适用缓刑的条件。（§ 2Ⅶ）

△**（电信网络诈骗；财产刑）**对实施电信网络诈骗犯罪的被告人，应当更加注重依法适用财产刑，加大经济上的惩罚力度，最大限度剥夺被告人再犯的能力。（§ 2Ⅷ）

△**（电信网络诈骗；诈骗犯罪集团；首要分子；从犯；犯罪集团首要分子以外的主犯）**三人以上为实施电信网络诈骗犯罪而组成的较为固定的犯罪组织，应依法认定为诈骗犯罪集团。对组织、领导犯罪集团的首要分子，按照集团所犯的全部罪行处罚。对犯罪集团中组织、指挥、策划者和骨干分子依法从严惩处。

对犯罪集团中起次要、辅助作用的从犯，特别是在规定期限内投案自首、积极协助抓获主犯、积极协助追赃的，依法从轻或减轻处罚。

对犯罪集团首要分子以外的主犯，应当按照其所参与的或者组织、指挥的全部犯罪处罚。全部犯罪包括能够查明具体诈骗数额的事实和能够查明发送诈骗信息条数、拨打诈骗电话人次数、诈骗信息网页浏览次数的事实。（§ 4Ⅰ）

△**（电信网络诈骗；共同犯罪；主犯；从犯；参与期间）**多人共同实施电信网络诈骗，犯罪嫌疑人、被告人应对其参与期间该诈骗团伙实施的全部诈骗行为承担责任。在其所参与的犯罪环节中起主要作用的，可以认定为主犯；起次要作用的，可以认定为从犯。

上述规定的“参与期间”，从犯罪嫌疑人、被告人着手实施诈骗行为开始起算。（§ 4Ⅱ）

△**（电信网络诈骗；共同犯罪；明知他人实施电信网络诈骗犯罪）**明知他人实施电信网络诈骗犯罪，具有下列情形之一的，以共同犯罪论处，但法律和司法解释另有规定的除外：

1. 提供信用卡、资金支付结算账户、手机卡、通讯工具的；

2. 非法获取、出售、提供公民个人信息的；

3. 制作、销售、提供“木马”程序和“钓鱼软件”等恶意程序的；

4. 提供“伪基站”设备或相关服务的；

5. 提供互联网接入、服务器托管、网络存储、通讯传输等技术支持，或者提供支付结算等帮助的；

6. 在提供改号软件、通话线路等技术服务时，发现主叫号码被修改为国内党政机关、司法机关、公共服务部门号码，或者境外用户改为境内号码，仍提供服务的；

7. 提供资金、场所、交通、生活保障等帮助的；

8. 帮助转移诈骗犯罪所得及其产生的收益，套现、取现的。

上述规定的“明知他人实施电信网络诈骗犯罪”，应当结合被告人的认知能力，既往经历，行为次数和手段，与他人关系，获利情况，是否曾因电信网络诈骗受过处罚，是否故意规避调查等主客观因素进行综合分析认定。（§ 4Ⅲ）

△**（电信网络诈骗；共同犯罪）**负责招募他人实施电信网络诈骗犯罪活动，或者制作、提供诈骗方案、术语清单、语音包、信息等的，以诈骗共同犯罪论处。（§ 4Ⅳ）

△**（电信网络诈骗；共同犯罪；同案犯在逃）**部分犯罪嫌疑人在逃，但不影响对已到案共同犯罪嫌疑人、被告人的犯罪事实认定的，可以依法先行追究已到案共同犯罪嫌疑人、被告人的刑事责任。（§ 4Ⅴ）

△**（电信网络诈骗；立案侦查；犯罪地；犯罪行为发生地；犯罪结果发生地）**电信网络诈骗犯罪案件一般由犯罪地公安机关立案侦查，如果由犯罪嫌疑人居住地公安机关立案侦查更为适宜的，可以由犯罪嫌疑人居住地公安机关立案侦查。犯罪地包括犯罪行为发生地和犯罪结果发生地。

“犯罪行为发生地”包括用于电信网络诈骗犯罪的网站服务器所在地，网站建立者、管理者所在地，被侵害的计算机信息系统或其管理者所在地，犯罪嫌疑人、被害人使用的计算机信息系统所在地，诈骗电话、短信息、电子邮件等的拨打地、发送地、到达地、接受地，以及诈骗行为持续发生的实施地、预备地、开始地、途经地、结束地。

“犯罪结果发生地”包括被害人被骗时所在地，以及诈骗所得财物的实际取得地、藏匿地、转移地、使用地、销售地等。（§ 5Ⅰ）

△**（电信网络诈骗；立案侦查；后续累计达到“数额较大”标准；最初发现地公安机关）**电信网络诈骗最初发现地公安机关侦办的案件，诈骗数额当时未达到“数额较大”标准，但后续累计达到“数额较大”标准，可由最初发现地公安机关立案侦查。（§ 5Ⅱ）

△**（电信网络诈骗；并案侦查）**具有下列情形之一的，有关公安机关可以在其职责范围内并案侦查：

1. 一人犯数罪的；

2. 共同犯罪的；

3. 共同犯罪的犯罪嫌疑人还实施其他犯罪的；

4. 多个犯罪嫌疑人实施的犯罪存在直接关联，并案处理有利于查明案件事实的。（§ 5Ⅲ）

分则 第五章

△(**多层级链条、跨区域的电信网络诈骗;共同上级公安机关;指定立案侦查**)对因网络交易、技术支持、资金支付结算等关系形成多层级链条、跨区域的电信网络诈骗等犯罪案件,可由共同上级公安机关按照有利于查清犯罪事实、有利于诉讼的原则,指定有关公安机关立案侦查。(§5Ⅳ)

△(**电信网络诈骗;立案侦查**)多个公安机关都有权立案侦查的电信网络诈骗等犯罪案件,由最初受理的公安机关或者主要犯罪地公安机关立案侦查。有争议的,按照有利于查清犯罪事实、有利于诉讼的原则,协商解决。经协商无法达成一致的,由共同上级公安机关指定有关公安机关立案侦查。(§5Ⅴ)

△(**在境外实施的电信网络诈骗;指定立案侦查**)在境外实施的电信网络诈骗等犯罪案件,可由公安部按照有利于查清犯罪事实、有利于诉讼的原则,指定有关公安机关立案侦查。(§5Ⅵ)

△(**提请批准逮捕、移送审查起诉、提起公诉;通报同级人民检察院、人民法院**)公安机关立案、并案侦查,或因有争议,由共同上级公安机关指定立案侦查的案件,需要提请批准逮捕、移送审查起诉、提起公诉的,由该公安机关所在地的人民检察院、人民法院受理。

对重大疑难复杂案件和境外案件,公安机关应在指定立案侦查前,向同级人民检察院、人民法院通报。(§5Ⅶ)

△(**电信诈骗共同犯罪;在逃的犯罪嫌疑人归案;管辖**)已确定管辖的电信诈骗共同犯罪案件,在逃的犯罪嫌疑人归案后,一般由原管辖的公安机关、人民检察院、人民法院管辖。(§5Ⅷ)

△(**电信网络诈骗;被害人人数及诈骗资金数额等犯罪事实之认定**)办理电信网络诈骗案件,确因被害人人数众多等客观条件的限制,无法逐一收集被害人陈述的,可以结合已收集的被害人陈述,以及经查证属实的银行账户交易记录、第三方支付结算账户交易记录、通话记录、电子数据等证据,综合认定被害人人数及诈骗资金数额等犯罪事实。(§6Ⅰ)

△(**电信网络诈骗;技术侦查**)公安机关采取技术侦查措施收集的案件证明材料,作为证据使用的,应当随案移送批准采取技术侦查措施的法律文书和所收集的证据材料,并对其来源等作出书面说明。(§6Ⅱ)

△(**电信网络诈骗;请求境外取证;来自境外的证据材料;证据使用**)依照国际条约、刑事司法协助、互助协议或平等互助原则,请求证据材料所在地司法机关收集,或通过国际警务合作机制、国际刑警组织启动合作取证程序收集的境外证据材料,经查证属实,可以作为定案的依据。公安机关应对其来源、提取人、提取时间或者提供人、提供时间以及保管移交的过程等作出说明。

对其他来自境外的证据材料,应当对其来源、提供人、提供时间以及提取人、提取时间进行审查。能够证明案件事实且符合刑事诉讼法规定的,可以作为证据使用。(§6Ⅲ)

△(**电信网络诈骗;涉案赃款赃物之移送、移交**)公安机关侦办电信网络诈骗案件,应当随案移送涉案赃款赃物,并附清单。人民检察院提起公诉时,应一并移交受理案件的人民法院,同时就涉案赃款赃物的处理提出意见。(§7Ⅰ)

△(**电信网络诈骗;涉案银行账户或者涉案第三方支付账户;追缴**)涉案银行账户或者涉案第三方支付账户内的款项,对权属明确的被害人的合法财产,应当及时返还。确因客观原因无法查实全部被害人,但有证据证明该账户系用于电信网络诈骗犯罪,且被告人无法说明款项合法来源的,根据刑法第六十四条的规定,应认定为违法所得,予以追缴。(§7Ⅱ)

△(**电信网络诈骗;追缴;他人善意取得**)被告人已将诈骗财物用于清偿债务或者转让给他人,具有下列情形之一的,应当依法追缴:

1. 对方明知是诈骗财物而收取的;

2. 对方无偿取得诈骗财物的;

3. 对方以明显低于市场的价格取得诈骗财物的;

4. 对方取得诈骗财物系源于非法债务或者违法犯罪活动的。

他人善意取得诈骗财物的,不予追缴。(§7Ⅲ)

《最高人民法院关于依法妥善审理民间借贷案件的通知》(法〔2018〕215号,2018年8月1日公布)

△(**民间借贷;诈骗罪;"套路贷"**)严格区分民间借贷行为与诈骗等犯罪行为。人民法院在审理民间借贷纠纷案件中,要切实提高对"套路贷"诈骗等犯罪行为的警觉,加强对民间借贷行为与诈骗等犯罪行为的甄别,发现涉嫌违法犯罪线索、材料的,要及时按照《最高人民法院关于在审理经济纠纷案件中涉及经济犯罪嫌疑若干问题的规定》和《最高人民法院关于审理民间借贷案件适用法律若干问题的规定》依法处理。民间借贷行为本身涉及违法犯罪的,应当裁定驳回起诉,并将涉嫌犯罪的线索、材料移送公安机关或检察机关,切实防范犯罪分子将非法行为合法化,利用民事

判决堂而皇之侵占被害人财产。刑事判决认定出借人构成“套路贷”诈骗等犯罪的，人民法院对已按普通民间借贷纠纷作出的生效判决，应当及时通过审判监督程序予以纠正。

《最高人民法院、最高人民检察院、公安部、司法部关于办理黑恶势力犯罪案件若干问题的指导意见》（法发〔2018〕1 号，2018 年 1 月 16 日公布）

△（**假借民间借贷之名；诈骗罪；强迫交易罪；敲诈勒索罪；抢劫罪；虚假诉讼罪；违法所得**）对于以非法占有为目的，假借民间借贷之名，通过“虚增债务”“签订虚假借款协议”“制造资金走账流水”“肆意认定违约”“转单平账”“虚假诉讼”等手段非法占有他人财产，或者使用暴力、威胁手段强立债权、强行索债的，应当根据案件具体事实，以诈骗、强迫交易、敲诈勒索、抢劫、虚假诉讼等罪名侦查、起诉、审判。对于非法占有的被害人实际所得借款以外的虚高“债务”和以“保证金”“中介费”“服务费”等各种名目扣除或收取的额外费用，均应计入违法所得。对于名义上为被害人所得、但在案证据能够证明实际上却为犯罪嫌疑人、被告人实施后续犯罪所使用的“借款”，应予以没收。（§ 20）

《最高人民法院、最高人民检察院、公安部、司法部关于办理“套路贷”刑事案件若干问题的意见》（法发〔2019〕11 号，2019 年 2 月 28 日公布）

△（**“套路贷”**）“套路贷”，是对以非法占有为目的，假借民间借贷之名，诱使或迫使被害人签订“借贷”或变相“借贷”“抵押”“担保”等相关协议，通过虚增借贷金额、恶意制造违约、肆意认定违约、毁匿还款证据等方式形成虚假债权债务，并借助诉讼、仲裁、公证或者采用暴力、威胁以及其他手段非法占有被害人财物的相关违法犯罪活动的概括性称谓。（§ 1）

△（**“套路贷”；民事借贷关系；非法讨债**）“套路贷”与平等主体之间基于意思自治而形成的民事借贷关系存在本质区别，民间借贷的出借人是为了到期按照协议约定的内容收回本金并获取利息，不具有非法占有他人财物的目的，也不会在签订、履行借贷协议过程中实施虚增借贷金额、制造虚假给付痕迹、恶意制造违约、肆意认定违约、毁匿还款证据等行为。

司法实践中，应当注意非法讨债引发的案件与“套路贷”案件的区别，犯罪嫌疑人、被告人不具有非法占有目的，也未使用“套路”与借款人形成虚假债权债务，不应视为“套路贷”。因使用暴力、威胁以及其他手段强行索债构成犯罪的，应当根据具体案件事实定罪处罚。（§ 2）

△（**“套路贷”；常见犯罪手法**）实践中，“套路贷”的常见犯罪手法和步骤包括但不限于以下情形：

（1）制造民间借贷假象。犯罪嫌疑人、被告人往往以“小额贷款公司”“投资公司”“咨询公司”“担保公司”“网络借贷平台”等名义对外宣传，以低息、无抵押、无担保、快速放款等为诱饵吸引被害人借款，继而以“保证金”“行规”等虚假理由诱使被害人基于错误认识签订金额虚高的“借贷”协议或相关协议。有的犯罪嫌疑人、被告人还会以被害人先前借贷违约等理由，迫使对方签订金额虚高的“借贷”协议或相关协议。

（2）制造资金走账流水等虚假给付事实。犯罪嫌疑人、被告人按照虚高的“借贷”协议金额将资金转入被害人账户，制造已将全部借款交付被害人的银行流水痕迹，随后便采取各种手段将其中全部或者部分资金收回，被害人实际上并未取得或者完全取得“借贷”协议、银行流水上显示的钱款。

（3）故意制造违约或者肆意认定违约。犯罪嫌疑人、被告人往往会以设置违约陷阱、制造还款障碍等方式，故意造成被害人违约，或者通过肆意认定违约，强行要求被害人偿还虚假债务。

（4）恶意垒高借款金额。当被害人无力偿还时，有的犯罪嫌疑人、被告人会安排其所属公司或者指定的关联公司、关联人员为被害人偿还“借款”，继而与被害人签订金额更大的虚高“借贷”协议或相关协议，通过这种“转单平账”“以贷还贷”的方式不断垒高“债务”。

（5）软硬兼施“索债”。在被害人未偿还虚高“借款”的情况下，犯罪嫌疑人、被告人借助诉讼、仲裁、公证或者采用暴力、威胁以及其他手段向被害人或者被害人的特定关系人索取“债务”。（§ 3）

△（**“套路贷”；诈骗罪；敲诈勒索罪；非法拘禁罪；虚假诉讼罪；寻衅滋事罪；强迫交易罪；抢劫罪；绑架罪**）实施“套路贷”过程中，未采用明显的暴力或者威胁手段，其行为特征从整体上表现为以非法占有为目的，通过虚构事实、隐瞒真相骗取被害人财物的，一般以诈骗罪定罪处罚；对于在实施“套路贷”过程中多种手段并用，构成诈骗、敲诈勒索、非法拘禁、虚假诉讼、寻衅滋事、强迫交易、抢劫、绑架等多种犯罪的，应当根据具体案件事实，区分不同情况，依照刑法及有关司法解释的规定数罪并罚或者择一重处。（§ 4）

△（**共同犯罪；“套路贷”犯罪**）多人共同实施“套路贷”犯罪，犯罪嫌疑人、被告人在所参与的犯罪中起主要作用的，应当认定为主犯，对其参与

或组织、指挥的全部犯罪承担刑事责任;起次要或辅助作用的,应当认定为从犯。

明知他人实施“套路贷”犯罪,具有以下情形之一的,以相关犯罪的共犯论处,但刑法和司法解释等另有规定的除外:

(1)组织发送“贷款”信息、广告,吸引、介绍被害人“借款”的;

(2)提供资金、场所、银行卡、账号、交通工具等帮助的;

(3)出售、提供、帮助获取公民个人信息的;

(4)协助制造走账记录等虚假给付事实的;

(5)协助办理公证的;

(6)协助以虚假事实提起诉讼或者仲裁的;

(7)协助套现、取现、办理动产或不动产过户等,转移犯罪所得及其产生的收益的;

(8)其他符合共同犯罪规定的情形。

上述规定中的“明知他人实施‘套路贷’犯罪”,应当结合行为人的认知能力、既往经历、行为次数和手段、与同案人、被害人的关系、获利情况、是否曾因“套路贷”受过处罚、是否故意规避查处等主客观因素综合分析认定。(§ 5)

△(**“套路贷”犯罪数额;未遂**)在认定“套路贷”犯罪数额时,应当与民间借贷相区别,从整体上予以否定性评价,“虚高债务”和以“利息”“保证金”“中介费”“服务费”“违约金”等名目被犯罪嫌疑人、被告人非法占有的财物,均应计入犯罪数额。

犯罪嫌疑人、被告人实际给付被害人的本金数额,不计入犯罪数额。

已经着手实施“套路贷”,但因意志以外原因未得逞的,可以根据相关罪名所涉及的刑法、司法解释规定,按照已着手非法占有的财物数额认定犯罪未遂。既有既遂,又有未遂,犯罪既遂部分与未遂部分分别对应不同法定刑幅度的,应当先决定对未遂部分是否减轻处罚,确定未遂部分对应的法定刑幅度,再与既遂部分对应的法定刑幅度进行比较,选择处罚较重的法定刑幅度,并酌情从重处罚;二者在同一量刑幅度的,以犯罪既遂酌情从重处罚。(§ 6)

△(**追缴或者责令退赔;没收**)犯罪嫌疑人、被告人实施“套路贷”违法所得的一切财物,应当予以追缴或者责令退赔;对被害人的合法财产,应当及时返还。有证据证明是犯罪嫌疑人、被告人为实施“套路贷”而交付给被害人的本金,赔偿被害人损失后如有剩余,应依法予以没收。

犯罪嫌疑人、被告人已将违法所得的财物用于清偿债务、转让或者设置其他权利负担,具有下列情形之一的,应当依法追缴:

(1)第三人明知是违法所得财物而接受的;

(2)第三人无偿取得或者以明显低于市场的价格取得违法所得财物的;

(3)第三人通过非法债务清偿或者违法犯罪活动取得违法所得财物的;

(4)其他应当依法追缴的情形。(§ 7)

△(**从重处罚情形**)以老年人、未成年人、在校学生、丧失劳动能力的人为对象实施“套路贷”,或者因实施“套路贷”造成被害人或其特定关系人自杀、死亡、精神失常、为偿还“债务”而实施犯罪活动的,除刑法、司法解释另有规定的外,应当酌情从重处罚。

在坚持依法从严惩处的同时,对于认罪认罚、积极退赃、真诚悔罪或者具有其他法定、酌定从轻处罚情节的被告人,可以依法从宽处罚。(§ 8)

△(**财产刑;从业禁止**)对于“套路贷”犯罪分子,应当根据其所触犯的具体罪名,依法加大财产刑适用力度。符合刑法第三十七条之一规定的,可以依法禁止从事相关职业。(§ 9)

《最高人民法院、最高人民检察院、公安部办理跨境赌博犯罪案件若干问题的意见》(公通字〔2020〕14 号,2020 年 10 月 16 日发布)

△(**赌博;诈骗罪**)使用专门工具、设备或者其他手段诱使他人参赌,人为控制赌局输赢,构成犯罪的,依照刑法关于诈骗犯罪的规定定罪处罚。

网上开设赌场,人为控制赌局输赢,或者无法实现提现,构成犯罪的,依照刑法关于诈骗犯罪的规定定罪处罚。部分参赌者赢利、提现不影响诈骗犯罪的认定。(§ 4 Ⅰ)

《最高人民法院、最高人民检察院、公安部、司法部关于依法惩治妨害新型冠状病毒感染肺炎疫情防控违法犯罪的意见》(法发〔2020〕7 号,2020 年 2 月 6 日发布)

△(**肺炎疫情防控;诈骗罪;虚假广告罪;聚众哄抢罪**)依法严惩诈骗、聚众哄抢犯罪。在疫情防控期间,假借研制、生产或者销售用于疫情防控的物品的名义骗取公私财物,或者捏造事实骗取公众捐赠款物,数额较大的,依照刑法第二百六十六条的规定,以诈骗罪定罪处罚。

在疫情防控期间,违反国家规定,假借疫情防控的名义,利用广告对所推销的商品或者服务作虚假宣传,致使多人上当受骗,违法所得数额较大或者有其他严重情节的,依照刑法第二百二十二条的规定,以虚假广告罪定罪处罚。

在疫情防控期间,聚众哄抢公私财物特别是疫情防控和保障物资,数额较大或者有其他严重情节的,对首要分子和积极参加者,依照刑法第二

百六十八条的规定，以聚众哄抢罪定罪处罚。（§2Ⅴ）

△（**治安管理处罚；从重情节**）依法严惩妨害疫情防控的违法行为。实施上述（一）至（九）规定的行为，不构成犯罪的，由公安机关根据治安管理处罚法有关虚构事实扰乱公共秩序，扰乱单位秩序、公共场所秩序、寻衅滋事，拒不执行紧急状态下的决定、命令，阻碍执行职务，冲闯警戒带、警戒区，殴打他人，故意伤害，侮辱他人，诈骗，在铁路沿线非法挖掘坑穴、采石取沙，盗窃、损毁路面公共设施，损毁铁路设施设备，故意损毁财物、哄抢公私财物等规定，予以治安管理处罚，或者由有关部门予以其他行政处罚。

对于在疫情防控期间实施有关违法犯罪的，要作为从重情节予以考量，依法体现从严的政策要求，有力惩治震慑违法犯罪，维护法律权威，维护社会秩序，维护人民群众生命安全和身体健康。（§2Ⅹ）

《最高人民法院、最高人民检察院关于常见犯罪的量刑指导意见（试行）》（法发〔2021〕21号，2021年6月6日发布）

△（**诈骗罪；量刑**）

1. 构成诈骗罪的，根据下列情形在相应的幅度内确定量刑起点：

（1）达到数额较大起点的，在一年以下有期徒刑、拘役幅度内确定量刑起点。

（2）达到数额巨大起点或者有其他严重情节的，在三年至四年有期徒刑幅度内确定量刑起点。

（3）达到数额特别巨大起点或者有其他特别严重情节的，在十年至十二年有期徒刑幅度内确定量刑起点。依法应当判处无期徒刑的除外。

2. 在量刑起点的基础上，根据诈骗数额等其他影响犯罪构成的犯罪事实增加刑罚量，确定基准刑。

3. 构成诈骗罪的，根据诈骗的数额、手段、危害后果等犯罪情节，综合考虑被告人缴纳罚金的能力，决定罚金数额。

4. 构成诈骗罪的，综合考虑诈骗的起因、手段、数额、危害后果、退赃退赔等犯罪事实、量刑情节，以及被告人的主观恶性、人身危险性、认罪悔罪表现等因素，决定缓刑的适用。对实施电信网络诈骗的，从严把握缓刑的适用。

《最高人民法院、最高人民检察院、公安部关于办理电信网络诈骗等刑事案件适用法律若干问题的意见（二）》（法发〔2021〕22号，2021年6月17日发布）

△（**电信网络诈骗犯罪；诈骗罪；其他严重情节**）有证据证实行为人参加境外诈骗犯罪集团或犯罪团伙，在境外针对境内居民实施电信网络诈骗犯罪行为，诈骗数额难以查证，但一年内出境赴境外诈骗犯罪窝点累计时间30日以上或多次出境赴境外诈骗犯罪窝点的，应当认定为刑法第二百六十六条规定的“其他严重情节”，以诈骗罪依法追究刑事责任。有证据证明其出境从事正当活动的除外。（§3）

△（**实施诈骗的行为人尚未到案**）为他人实施电信网络诈骗犯罪提供技术支持、广告推广、支付结算等帮助，或者窝藏、转移、收购、代为销售及以其他方法掩饰、隐瞒电信网络诈骗犯罪所得及其产生的收益，诈骗犯罪行为可以确认，但实施诈骗的行为人尚未到案，可以依法先行追究已到案的上述犯罪嫌疑人、被告人的刑事责任。（§12）

△（**调取异地公安机关依法制作、收集的证据材料**）办案地公安机关可以通过公安机关信息化系统调取异地公安机关依法制作、收集的刑事案件受案登记表、立案决定书、被害人陈述等证据材料。调取时不得少于两名侦查人员，并应记载调取的时间、使用的信息化系统名称等相关信息，调取人签名并加盖办案地公安机关印章。经审核证明真实的，可以作为证据使用。（§13）

△（**境外证据材料；证据使用**）通过国（区）际警务合作收集或者境外警方移交的境外证据材料，确因客观条件限制，境外警方未提供相关证据的发现、收集、保管、移交情况等材料的，公安机关应当对上述证据材料的来源、移交过程以及种类、数量、特征等作出书面说明，由两名以上侦查人员签名并加盖公安机关印章。经审核能够证明案件事实的，可以作为证据使用。（§14）

△（**境外抓获并羁押；折抵刑期**）对境外司法机关抓获并羁押的电信网络诈骗犯罪嫌疑人，在境内接受审判的，境外的羁押期限可以折抵刑期。（§15）

△（**宽严相济刑事政策**）办理电信网络诈骗犯罪案件，应当充分贯彻宽严相济刑事政策。在侦查、审查起诉、审判过程中，应当全面收集证据、准确甄别犯罪嫌疑人、被告人在共同犯罪中的层级地位及作用大小，结合其认罪态度和悔罪表现，区别对待，宽严并用，科学量刑，确保罚当其罪。

对于电信网络诈骗犯罪集团、犯罪团伙的组织者、策划者、指挥者和骨干分子，以及利用未成年人、在校学生、老年人、残疾人实施电信网络诈骗的，依法从严惩处。

对于电信网络诈骗犯罪集团、犯罪团伙中的从犯，特别是其中参与时间相对较短、诈骗数额相对较低或者从事辅助性工作并领取少量报酬，以及初犯、偶犯、未成年人、在校学生等，应当综合考虑其在共同犯罪中的地位作用、社会危害程度、主观恶性、人身危险性、认罪悔罪表现等情节，可以依法从轻、减轻处罚。犯罪情节轻微的，可以依法不起诉或者免予刑事处罚；情节显著轻微危害不大的，不以犯罪论处。（§ 16）

△**（查扣涉案账户资金；优先返还）**查扣的涉案账户内资金，应当优先返还被害人，如不足以全额返还的，应当按照比例返还。（§ 17）

【附属刑法】

《中华人民共和国税收征收管理法》（1992 年 9 月 4 日通过，2015 年 4 月 24 日第三次修正）

第七十八条

未经税务机关依法委托征收税款的①，责令退还收取的财物，依法给予行政处分或者行政处罚；致使他人合法权益受到损失的，依法承担赔偿责任；构成犯罪的，依法追究刑事责任。

《中华人民共和国公司法》（1993 年 12 月 29 日通过，2018 年 10 月 26 日第四次修正）

第二百一十条

未依法登记为有限责任公司或者股份有限公司，而冒用有限责任公司或者股份有限公司名义的，或者未依法登记为有限责任公司或者股份有限公司的分公司，而冒用有限责任公司或者股份有限公司的分公司名义的，由公司登记机关责令改正或者予以取缔，可以并处十万元以下的罚款。

第二百一十五条

违反本法规定，构成犯罪的，依法追究刑事责任。

《中华人民共和国中国人民银行法》（1995 年 3 月 18 日通过，2003 年 12 月 27 日修正）

第四十三条

购买伪造、变造的人民币或者明知是伪造、变造的人民币而持有、使用，构成犯罪的，依法追究刑事责任；尚不构成犯罪的，由公安机关处十五日以下拘留、一万元以下罚款。

《中华人民共和国反不正当竞争法》（1993 年 9 月 2 日通过，2019 年 4 月 23 日修正）

第十八条

Ⅰ经营者违反本法第六条②规定实施混淆行为的，由监督检查部门责令停止违法行为，没收违法商品。违法经营额五万元以上的，可以并处违法经营额五倍以下的罚款；没有违法经营额或者违法经营额不足五万元的，可以并处二十五万元以下的罚款。情节严重的，吊销营业执照。

Ⅱ经营者登记的企业名称违反本法第六条规定的，应当及时办理名称变更登记；名称变更前，由原企业登记机关以统一社会信用代码代替其名称。

第二十二条

经营者违反本法第十条③规定进行有奖销售的，由监督检查部门责令停止违法行为，处五万元以上五十万元以下的罚款。

第三十一条

违反本法规定，构成犯罪的，依法追究刑事责任。

《中华人民共和国消费者权益保护法》（1993 年 10 月 31 日通过，2013 年 10 月 25 日第二次修正）

---

① 《中华人民共和国税收征收管理法》（1992 年 9 月 4 日通过，2015 年 4 月 24 日第三次修正）

第二十九条

除税务机关、税务人员以及经税务机关依照法律、行政法规委托的单位和人员外，任何单位和个人不得进行税款征收活动。

② 《中华人民共和国反不正当竞争法》（1993 年 9 月 2 日通过，2019 年 4 月 23 日修正）

第六条

经营者不得实施下列混淆行为，引人误认为是他人商品或者与他人存在特定联系：

（一）擅自使用与他人有一定影响的商品名称、包装、装潢等相同或者近似的标识；

（二）擅自使用他人有一定影响的企业名称（包括简称、字号等）、社会组织名称（包括简称等）、姓名（包括笔名、艺名、译名等）；

（三）擅自使用他人有一定影响的域名主体部分、网站名称、网页等；

（四）其他足以引人误认为是他人商品或者与他人存在特定联系的混淆行为。

第十条

经营者进行有奖销售不得存在下列情形：

（一）所设奖的种类、兑奖条件、奖金金额或者奖品等有奖销售信息不明确，影响兑奖；

（二）采用谎称有奖或者故意让内定人员中奖的欺骗方式进行有奖销售；

（三）抽奖式的有奖销售，最高奖的金额超过五万元。

③ 《中华人民共和国反不正当竞争法》（1993 年 9 月 2 日通过，2019 年 4 月 23 日修正）

第五十六条

Ⅰ经营者有下列情形之一，除承担相应的民事责任外，其他有关法律、法规对处罚机关和处罚方式有规定的，依照法律、法规的规定执行；法律、法规未作规定的，由工商行政管理部门或者其他有关行政部门责令改正，可以根据情节单处或者并处警告、没收违法所得、处以违法所得一倍以上十倍以下的罚款，没有违法所得的，处以五十万元以下的罚款；情节严重的，责令停业整顿、吊销营业执照：

……

（四）伪造商品的产地，伪造或者冒用他人的厂名、厂址，篡改生产日期，伪造或者冒用认证标志等质量标志的；

……

Ⅱ经营者有前款规定情形的，除依照法律、法规规定予以处罚外，处罚机关应当记入信用档案，向社会公布。

第五十七条

经营者违反本法规定提供商品或者服务，侵害消费者合法权益，构成犯罪的，依法追究刑事责任。

《中华人民共和国国防教育法》（2001年4月28日通过，2018年4月27日修正）

第三十五条

Ⅰ侵占、破坏国防教育基地设施、损毁展品的，由有关主管部门给予批评教育，并责令限期改正；有关责任人应当依法承担相应的民事责任。

Ⅱ有前款所列行为，违反治安管理规定的，由公安机关依法给予治安管理处罚；构成犯罪的，依法追究刑事责任。

《中华人民共和国公证法》（2005年8月28日通过，2017年9月1日第二次修正）

第四十四条

当事人以及其他个人或者组织有下列行为之一，给他人造成损失的，依法承担民事责任；违反治安管理的，依法给予治安管理处罚；构成犯罪的，依法追究刑事责任：

……

（二）利用虚假公证书从事欺诈活动的；

……

《中华人民共和国民办教育促进法》（2002年12月28日通过，2018年12月29日第三次修正）

第六十二条

民办学校有下列行为之一的，由县级以上人民政府教育行政部门、人力资源社会保障行政部门或者其他有关部门责令限期改正，并予以警告；有违法所得的，退还所收费用后没收违法所得；情节严重的，责令停止招生、吊销办学许可证；构成犯罪的，依法追究刑事责任：

……

（三）发布虚假招生简章或者广告，骗取钱财的；

……

《中华人民共和国促进科技成果转化法》（1996年5月15日通过，2015年8月29日修正）

第四十七条

违反本法规定，在科技成果转化活动中弄虚作假，采取欺骗手段，骗取奖励和荣誉称号、诈骗钱财、非法牟利的，由政府有关部门依照管理职责责令改正，取消该奖励和荣誉称号，没收违法所得，并处以罚款。给他人造成经济损失的，依法承担民事赔偿责任。构成犯罪的，依法追究刑事责任。

第四十八条

Ⅰ科技服务机构及其从业人员违反本法规定，故意提供虚假的信息、实验结果或者评估意见等欺骗当事人，或者与当事人一方串通欺骗另一方当事人的，由政府有关部门依照管理职责责令改正，没收违法所得，并处以罚款；情节严重的，由工商行政管理部门依法吊销营业执照。给他人造成经济损失的，依法承担民事赔偿责任；构成犯罪的，依法追究刑事责任。

《中华人民共和国科学技术普及法》（2002年6月29日通过）

第三十条

以科普为名进行有损社会公共利益的活动，扰乱社会秩序或者骗取财物，由有关主管部门给予批评教育，并予以制止；违反治安管理规定的，由公安机关依法给予治安管理处罚；构成犯罪的，依法追究刑事责任。

《中华人民共和国计量法》（1985年9月6日通过，2018年10月26日第五次修正）

第二十七条

制造、销售、使用以欺骗消费者为目的的计量器具的，没收计量器具和违法所得，处以罚款；情节严重的，并对个人或者单位直接责任人员依照刑法有关规定追究刑事责任。

《中华人民共和国城乡规划法》（2007年10月28日通过，2019年4月23日第二次修正）

第六十二条

Ⅰ城乡规划编制单位有下列行为之一的，由

所在地城市、县人民政府城乡规划主管部门责令限期改正,处合同约定的规划编制费一倍以上二倍以下的罚款;情节严重的,责令停业整顿,由原发证机关降低资质等级或者吊销资质证书;造成损失的,依法承担赔偿责任:

(一)超越资质等级许可的范围承揽城乡规划编制工作的;

(二)违反国家有关标准编制城乡规划的。

Ⅱ未依法取得资质证书承揽城乡规划编制工作的,由县级以上地方人民政府城乡规划主管部门责令停止违法行为,依照前款规定处以罚款;造成损失的,依法承担赔偿责任。

Ⅲ以欺骗手段取得资质证书承揽城乡规划编制工作的,由原发证机关吊销资质证书,依照本条第一款规定处以罚款;造成损失的,依法承担赔偿责任。

第六十九条

违反本法规定,构成犯罪的,依法追究刑事责任。

《中华人民共和国统计法》(1983 年 12 月 8 日通过,2009 年 6 月 27 日修订)

第四十五条

违反本法规定,利用虚假统计资料骗取荣誉称号、物质利益或者职务晋升的,除对其编造虚假统计资料或者要求他人编造虚假统计资料的行为依法追究法律责任外,由作出有关决定的单位或者其上级单位、监察机关取消其荣誉称号,追缴获得的物质利益,撤销晋升的职务。

第四十七条

违反本法规定,构成犯罪的,依法追究刑事责任。

《中华人民共和国节约能源法》(1997 年 11 月 1 日通过,2018 年 10 月 26 日第二次修正)

第八十条

房地产开发企业违反本法规定,在销售房屋时未向购买人明示所售房屋的节能措施、保温工程保修期等信息的,由建设主管部门责令限期改正,逾期不改正的,处三万元以上五万元以下罚款;对以上信息作虚假宣传的,由建设主管部门责令改正,处五万元以上二十万元以下罚款。

第八十五条

违反本法规定,构成犯罪的,依法追究刑事责任。

《中华人民共和国农产品质量安全法》(2006 年 4 月 29 日通过,2018 年 10 月 26 日修正)

第四十七条

农产品生产企业、农民专业合作经济组织未建立或者未按照规定保存农产品生产记录的,或者伪造农产品生产记录的,责令限期改正;逾期不改正的,可以处二千元以下罚款。

第五十一条

违反本法第三十二条[①]规定,冒用农产品质量标志的,责令改正,没收违法所得,并处二千元以上二万元以下罚款。

第五十三条

违反本法规定,构成犯罪的,依法追究刑事责任。

《中华人民共和国旅游法》(2013 年 4 月 25 日通过,2018 年 10 月 26 日第二次修正)

第一百条

旅行社违反本法规定,有下列行为之一的,由旅游主管部门责令改正,处三万元以上三十万元以下罚款,并责令停业整顿;造成旅游者滞留等严重后果的,吊销旅行社业务经营许可证;对直接负责的主管人员和其他直接责任人员,处二千元以上二万元以下罚款,并暂扣或者吊销导游证:

(一)在旅游行程中擅自变更旅游行程安排,严重损害旅游者权益的;

(二)拒绝履行合同的;

(三)未征得旅游者书面同意,委托其他旅行社履行包价旅游合同的。

第一百一十条

违反本法规定,构成犯罪的,依法追究刑事责任。

《中华人民共和国红十字会法》(1993 年 10 月 31 日通过,2017 年 2 月 24 日修订)

第二十七条

Ⅰ自然人、法人或者其他组织有下列情形之一,造成损害的,依法承担民事责任;构成违反治安管理行为的,依法给予治安管理处罚;构成犯罪的,依法追究刑事责任:

(一)冒用、滥用、篡改红十字标志和名称的;

---

① 《中华人民共和国农产品质量安全法》(2006 年 4 月 29 日通过,2018 年 10 月 26 日修正)

第三十二条

Ⅰ销售的农产品必须符合农产品质量安全标准,生产者可以申请使用无公害农产品标志。农产品质量符合国家规定的有关优质农产品标准的,生产者可以申请使用相应的农产品质量标志。

Ⅱ禁止冒用前款规定的农产品质量标志。

(二)利用红十字标志和名称牟利的;

……

Ⅱ红十字会及其工作人员有前款第一项、第二项所列行为的,按照前款规定处罚。

《中华人民共和国老年人权益保障法》(1996年8月29日通过,2018年12月29日第三次修正)

第七十七条

家庭成员盗窃、诈骗、抢夺、侵占、勒索、故意损毁老年人财物,构成违反治安管理行为的,依法给予治安管理处罚;构成犯罪的,依法追究刑事责任。

《中华人民共和国军人保险法》(2012年4月27日通过)

第四十七条

以欺诈、伪造证明材料等手段骗取军人保险待遇的,由军队后勤(联勤)机关和社会保险行政部门责令限期退回,并依法给予处分。

第四十八条

违反本法规定,构成犯罪的,依法追究刑事责任。

《中华人民共和国社会保险法》(2010年10月28日通过,2018年12月29日修正)

第八十七条

社会保险经办机构以及医疗机构、药品经营单位等社会保险服务机构以欺诈、伪造证明材料或者其他手段骗取社会保险基金支出的,由社会保险行政部门责令退回骗取的社会保险金,处骗取金额二倍以上五倍以下的罚款;属于社会保险服务机构的,解除服务协议;直接负责的主管人员和其他直接责任人员有执业资格的,依法吊销其执业资格。

第八十八条

以欺诈、伪造证明材料或者其他手段骗取社会保险待遇的,由社会保险行政部门责令退回骗取的社会保险金,处骗取金额二倍以上五倍以下的罚款。

第九十四条

违反本法规定,构成犯罪的,依法追究刑事责任。

《中华人民共和国基本医疗卫生与健康促进法》(2019年12月28日通过)

第一百零四条

违反本法规定,以欺诈、伪造证明材料或者其他手段骗取基本医疗保险待遇,或者基本医疗保险经办机构以及医疗机构、药品经营单位等以欺诈、伪造证明材料或者其他手段骗取基本医疗保险基金支出的,由县级以上人民政府医疗保障主管部门依照有关社会保险的法律、行政法规规定给予行政处罚。

第一百零六条

违反本法规定,构成犯罪的,依法追究刑事责任;造成人身、财产损害的,依法承担民事责任。

《中华人民共和国退役军人保障法》(2020年11月11日通过)

第七十八条

退役军人弄虚作假骗取退役相关待遇的,由县级以上地方人民政府退役军人工作主管部门取消相关待遇,追缴非法所得,并由其所在单位或者有关部门依法给予处分。

第八十条

违反本法规定,构成违反治安管理行为的,依法给予治安管理处罚;构成犯罪的,依法追究刑事责任。

《中华人民共和国军人地位和权益保障法》(2021年6月10日通过)

第六十六条

冒领或者以欺诈、伪造证明材料等手段骗取本法规定的相关荣誉、待遇或者抚恤优待的,由有关部门予以取消,依法给予没收违法所得等行政处罚。

第六十七条

Ⅰ违反本法规定,侵害军人的合法权益,造成财产损失或者其他损害的,依法承担民事责任。

Ⅱ违反本法规定,构成违反治安管理行为的,依法给予治安管理处罚;构成犯罪的,依法追究刑事责任。

《中华人民共和国科学技术进步法》(1993年7月2日通过,2021年12月24日第二次修订)

第一百一十二条

Ⅰ违反本法规定,进行危害国家安全、损害社会公共利益、危害人体健康、违背科研诚信和科技伦理的科学技术研究开发和应用活动的,由科学技术人员所在单位或者有关主管部门责令改正;获得用于科学技术进步的财政性资金或者有违法所得的,由有关主管部门终止或者撤销相关科学技术活动,追回财政性资金,没收违法所得;情节严重的,由有关主管部门向社会公布其违法行为,依法给予行政处罚和处分,禁止一定期限内承担或者参与财政性资金支持的科学技术活动、申请相关科学技术活动行政许可;对直接负责的主管人员和其他直接责任人员依法给予行政处罚和处分。

Ⅱ违反本法规定，虚构、伪造科研成果，发布、传播虚假科研成果，或者从事学术论文及其实验研究数据、科学技术计划项目申报验收材料等的买卖、代写、代投服务的，由有关主管部门给予警告或者通报批评，处以罚款；有违法所得的，没收违法所得；情节严重的，吊销许可证件。

第一百一十四条

Ⅰ违反本法规定，骗取国家科学技术奖励的，由主管部门依法撤销奖励，追回奖章、证书和奖金等，并依法给予处分。

Ⅱ违反本法规定，提名单位或者个人提供虚假数据、材料，协助他人骗取国家科学技术奖励的，由主管部门给予通报批评；情节严重的，暂停或者取消其提名资格，并依法给予处分。

第一百一十五条

违反本法规定的行为，本法未作行政处罚规定，其他有关法律、行政法规有规定的，依照其规定；造成财产损失或者其他损害的，依法承担民事责任；构成违反治安管理行为的，依法给予治安管理处罚；构成犯罪的，依法追究刑事责任。

【指导性案例】

最高人民法院指导案例第27号：臧进泉等盗窃、诈骗案（2014年6月23日发布）

△**（欺骗他人点击付款链接；诈骗罪）**行为人利用信息网络，诱骗他人点击虚假链接而实际通过预先植入的计算机程序窃取财物构成犯罪的，以盗窃罪定罪处罚；虚构可供交易的商品或者服务，欺骗他人点击付款链接而骗取财物构成犯罪的，以诈骗罪定罪处罚。

最高人民法院指导案例第38号：董亮等四人诈骗案（2017年10月12日发布）

△**（诈骗；自我交易；打车软件；骗取补贴）**以非法占有为目的，采用自我交易方式，虚构提供服务事实，骗取互联网公司垫付费用及订单补贴，数额较大的行为，应认定为诈骗罪。

最高人民检察院指导性案例第67号：张凯闵等52人电信网络诈骗案（2020年3月28日发布）

△**（跨境电信网络诈骗；境外证据审查；犯罪集团）**跨境电信网络诈骗犯罪往往涉及大量的境外证据和庞杂的电子数据。对境外获取的证据应着重审查合法性，对电子数据应着重审查客观性。主要成员固定，其他人员有一定流动性的电信网络诈骗犯罪组织，可认定为犯罪集团。

最高人民检察院指导性案例第87号：李卫俊等"套路贷"虚假诉讼案（2020年12月14日发布）

△**（虚假诉讼；套路贷；刑民检察协同；类案监督；金融监管）**检察机关办理涉及"套路贷"案件时，应当查清是否存在通过虚假诉讼行为实现非法利益的情形。对虚假诉讼中涉及的民事判决、裁定、调解协议书等，应当依法开展监督。针对办案中发现的非法金融活动和监管漏洞，应当运用检察建议等方式，促进依法整治并及时堵塞行业监管漏洞。

【公报案例】

△**（以欺诈手段控制赌局；诈骗罪）**行为人出于非法占有他人财产的目的，采取虚构事实、隐瞒真相、设置圈套的方法诱使他人参加赌博，并以欺诈手段控制赌局的输赢结果，从而骗取他人财物，数额较大的，构成诈骗罪，应当依照《刑法》第二百六十六条的规定定罪处罚。[《最高人民法院公报》2007年第8期 黄艺、袁小军等诈骗案]

△**（虚构"医院、专家、神药"；诈骗罪）**出于非法占有他人财物的目的，以虚构"医院、专家、神药"，假冒病患、导医、医生、收费员、药品发放员等身份，骗取被害人财物的行为，应当依照《刑法》第二百六十六条的规定，以诈骗罪定罪处罚。[《最高人民法院公报》2012年第12期 陈新金、余明觉等诈骗案]

△**（虚拟现货交易平台；诈骗罪）**行为人在明知自己控制的为虚拟现货交易平台，客户注入资金并未真正进入现货交易市场的情况下，通过虚构事实、隐瞒真相的方式骗取客户资金占为己有的，应认定为诈骗罪。[《最高人民法院公报》2016年第2期 刘国义等诈骗案]

【参考案例】

△**伪造证件将他人财物用作质押的行为，不构成诈骗罪。**

诈骗罪是指以非法占有为目的，用虚构事实或者隐瞒真相的方法，骗取公私财物，数额较大的行为。在客观方面，诈骗罪的既遂表现为行为人采取虚构事实和隐瞒真相的欺骗方法，使受害人陷入认识错误，并基于该错误认识而实施了处分财产的行为，行为人因此获取数额较大的财物。在诈骗罪中，被害人处分财产必须是基于行为人虚构事实的欺骗行为，导致认识错误，从而表现为仿佛自愿处分财产。如果被害人处分其财产，不是基于这种认识错误，而是基于对价或者真实意愿，则不能认定构成诈骗罪的既遂。

被告人孙伟勇等人伪造了弓寿喜的身份证、机动车辆登记证等证件，并由刘古银冒充弓寿喜对小汽车进行质押,对此,薛春强并不知情。薛春强在质押过程中对孙伟勇提供的证件进行了认真、必要的审查,并未发现有任何异常,已经尽到了合理的注意义务。该车辆质押的价款与实际价值之间差异不大,质押价格合理。因此,应当认定薛春强在设立质押时是善意的。虽然孙伟勇等人无权对该小汽车设置质押,但薛春强支付了72000元的对价,基于善意取得制度,依法仍然能够取得对小汽车的质押权,且因小汽车已实际交付给薛春强占有,此时对薛春强来说,已经取得对小汽车的占有权,并不存在财产损失。

孙伟勇如果仅实施上述伪造证件进行冒名质押的行为,客观上不能造成薛春强的财产损失,主观上也是企图借助其后的盗窃行为,给被害人造成损失,达到非法占有财物的目的。换言之,孙伟勇虚构事实,仅是为今后实施盗窃设置条件,因为这种行为只是造成民事法律关系,并未实际损害法益,故不能认定为诈骗犯罪。[No. 5-264-58 孙伟勇盗窃案]

△彩票经销商采用操纵抽奖、找人冒领大奖等手段,非法占有巨额奖品、奖金的,应以诈骗罪论处。

根据我国《刑法》第二百六十六条的规定,诈骗罪是指以非法占有为目的,用虚构事实或隐瞒真相的方法,骗取数额较大的公私财物的行为。被告人杨永明、孙承贵等人的行为实质上符合诈骗罪的构成要件。首先,杨永明、孙承贵等被告人主观上具有非法占有他人财物的故意。杨永明、孙承贵二人均供述,为了规避承销体育彩票的风险,增加销售利润,他们曾共谋采取操纵二次抽奖、找人冒领大奖的手段,以达到骗取大奖的目的。其次,他们在客观上实施了虚构事实、隐瞒真相,骗取体彩大奖的行为。具体表现在以下几个方面:(1)杨永明、孙承贵经预谋,事先采用强光照射等手段,确定体彩大奖的信封编号,向广大彩民隐瞒了他们已实际控制大奖的事实;(2)在兑奖现场,阻止公证人员对中奖彩票号码进行登记,隐瞒了其事先联系好的人上台兑奖时所持奖票是已兑过奖的事实;(3)对获取二次抽奖机会的彩民隐瞒了大奖已被他们事先控制,根本不可能再摸到大奖的事实;(4)将没有购买彩票的"票托"刘晓莉、岳斌、王长利、白勤生虚构为中奖的彩民,安排其上台摸取大奖;(5)为"票托"王长利、岳斌办理了假身份证,虚构了王军、杨小兵等身份;在榆林、延安诈骗时,他们所联系的人均虚构了姓名、住址,上述冒领人员在中奖登记时对姓名、住址、联系电话等均作了不实登记;(6)被告人杨永明、孙承贵还向有机会进行二次抽奖的部分彩民虚构了大奖已被抽走的情况,进而用现金从这些人手中回收了三张特等奖彩票以填平总票数,掩盖了冒领大奖的事实真相。综上,被告人以非法占有为目的,采取虚构事实、隐瞒真相的方法,诈骗体彩大奖轿车、现金,共计价值314.4万余元,符合诈骗罪的构成要件。[No. 5-266-2 杨永明等诈骗、行贿、盗窃案]

△利用赌局诱使他人参赌并通过虚构事实、隐瞒真相的方法骗取参赌方财物的,应以诈骗罪论处。

李海波等诈骗案中,被告人谎称租车,到达目的地后又谎称待向人收取欠账后才能付车费,而此人正好外出。因此,让被害人打牌等待。从而,引诱被害人参与他们事先已经设置好的牌局。开始时,会让被害人赢些钱,引诱其下更大赌注,并安排专人在旁边借钱给被害人。一旦时机成熟,则用排好顺序的牌赢走桌上所有钱款,并逼迫被害人写下欠条。随后,扣下摩托车、手机、身份证、驾驶证等物,让被害人回家取钱来赎,并安排人员监视。四名被告人完全出于非法占有的诈骗意图,丝毫没有与对方赌博的想法。通过他们的默契配合,赌博的输赢已经完全由他们掌控,被害人一旦入局,必定有输无赢,完全不符合赌博行为凭借偶然事实决定输赢的特性。所以,应以诈骗罪认定。[No. 5-266-3 李海波等诈骗案]

△以伪造的学历应聘并骗取钱财,数额巨大,应以诈骗罪论处。

诈骗罪是以非法占有为目的,采用虚构事实或者隐瞒真相的方法,骗取数额较大的公私财物的行为。该罪主观上要求是直接故意,并且具有非法占有公私财物的目的,客观方面表现为使用骗术,即虚构事实或者隐瞒真相的手段,使财物所有人信以为真,自愿交出财物的行为。就刘志刚诈骗案而言,学校招聘人才,注重的是被招聘人的学识是否符合自己的需要,在对学识的判断标准中,学历是其中重要乃至关键的因素。本案被告人刘志刚明知以自己的真实身份不可能和用人单位建立劳动关系,却利用被害单位迫切求取人才的心理,冒充北大博士,最终骗取了被害单位钱财。其主观上具有非法占有的故意,客观上实施了诈骗行为,且骗取数额巨大,其行为完全符合诈骗罪的本质特征和构成要件,应以诈骗罪追究其刑事责任。[No. 5-266-4 刘志刚诈骗案]

△故意制造虚假的保险事故,导致被害人基于错误认识而支付赔偿款的,不构成敲诈勒索罪,应以诈骗罪论处。

敲诈勒索罪与抢劫罪均属于侵犯财产罪,行为人主观上都以非法占有他人财物为目的,在客观上均可表现为对被害人实施暴力威胁或者要挟的方法,迫使其交出较大数额的公私财物的行为。在这种情况下,两者之间的界限非常模糊。抢劫罪的胁迫具有以下五个特点:一是当面向被害人发出;二是以立即实施暴力相威胁;三是暴力的内容以明确的语言、示意或动作来体现;四是当场劫取财物;五是如遇反抗则立即施以暴力。而敲诈勒索罪的威胁和要挟的程度比之于抢劫罪的胁迫程度相对较轻,威胁行为仅使被害人产生畏惧心理,并以交出公私财物为限,威胁施以暴力的对象既可以是人也可以是物,一般只是使被害人产生恐惧或压迫感,精神强制不如前者急迫,被害人在决定是否交出财物时仍然有选择的余地。

仲越等诈骗案中,被害人所驾驶的车辆的确从被告人的脚部碾过,表面上看交通事故是确实存在的,但事实真相却是,被告人的脚部被车碾压是被告人故意所为,不属于意外事件。交通事故系被告人为了达到非法占有他人钱财的目的而人为制造,之后被告人故意隐瞒了这一事实真相,对被害人称是因为被害人的过失行为造成,并以此为由索要钱财,被害人错误地认为确实是自己的不慎造成了交通事故,给对方的身体造成了损伤和痛苦,于情于理均应向对方支付一定的钱款作为经济赔偿或补偿,并基于这种错误认识而自愿地向被告人支付钱款。被告人仲越、伏跃忠的行为完全符合诈骗罪的构成要件,依法应当以诈骗罪追究两被告人的刑事责任。[No. 5-266-5　仲越等诈骗案]

△以借用财物为名,骗取财物后乘人不备公然携财物逃跑的,不构成诈骗罪,应以抢夺罪论处。

诈骗罪的特点是采用虚构事实或隐瞒真相的欺骗方法,使被害人陷入认识错误并"自愿"交出财物,从而骗取公私财物的行为。王成文抢夺案中,从表面上看,被告人王成文和靳某以非法占有为目的,客观上也采取了虚构事实的手段,并从屠某处骗得了手机,屠某也是自愿将手机交给两被告人。两被告人的行为似乎符合诈骗罪的构成。但是,实质上,两被告人虚构事实的结果只是从屠某处借得手机暂时使用,屠某在将手机借给两被告人后,始终在一旁等待两被告人使用完毕后及时归还。虽然,屠某的手机由两被告人在使用,但是,屠某一直密切注视着手机的动向。在本案中,两被告人非法占有了屠某的手机,取得的手段主要不是通过诈骗,而是通过公然夺取而实现。两被告人骗得手机进行暂时使用是为下一步公然夺取手机做准备的。公然夺取应理解为在财产所有人或保管人在场的情况下,当着财产所有人或保管人的面,采用使其可以立即发觉的方法夺取财物。在本案中,被告人靳某边打手机边往门口走时已引起屠某的警觉,当靳某拔腿而逃时,两被告人非法占有手机的目的立即得到反映。屠某发觉两被告人欲非法占有其手机,就立即追赶。此时,手机虽然已经离开手机所有人屠某直接控制的范围,但是,屠某一直密切注视着手机,手机始终处于屠某的视线范围内,屠某随时可以要求被告人将手机归还。应该认为,手机一直处于屠某的支配、控制之下。两被告人为了摆脱屠某对手机的有效控制,采用公然携机逃跑的办法,从而非法占有屠某的手机,两被告人的行为构成抢夺罪。[No. 5-266-6　王成文抢夺案]

△以签订虚假合同为诱饵骗取他人钱财的,不构成合同诈骗罪,应以诈骗罪论处。

合同诈骗罪与诈骗罪虽然同属诈骗类犯罪,在构成要件上有一定的相近之处,但两罪在犯罪客体、犯罪主体、客观方面还是存在诸多不同:一是犯罪客体不同。诈骗罪侵犯的是公私财物所有权,合同诈骗罪侵犯的客体为复杂客体,即公私财物所有权和国家对合同的管理制度。二是犯罪主体不同。诈骗罪与合同诈骗罪都可以由自然人构成,但是合同诈骗罪的主体可以是单位,而诈骗罪的主体只能是自然人。三是犯罪手段不同。合同诈骗罪只限于利用签订、履行合同的方式和手段进行诈骗,而诈骗罪在手段与方式上则没有限制,只要行为人在主观上具备非法占有的目的,客观上通过虚构事实或者隐瞒真相的手段骗取数额较大财物的行为,就构成诈骗罪。当行为人既实施了合同诈骗行为,又实施了普通诈骗行为,而且两种行为都构成犯罪时,就应当适用刑法中数罪并罚的规定,分别定合同诈骗罪和诈骗罪,实行并罚。

合同诈骗罪是一种利用合同进行诈骗的犯罪,诈骗行为发生在合同的签订、履行过程中,诈骗行为伴随着合同的签订、履行是此罪区别于诈骗罪的一个主要客观特征。我国《合同法》(已失效)规定了多种类型的合同,但并非任何利用合同进行诈骗的行为都构成合同诈骗罪。这是因为,从合同诈骗罪的客体出发,合同诈骗罪处于《刑法》分则第三章破坏社会主义市场经济秩序罪之第八节扰乱市场秩序罪中,合同诈骗罪不仅侵犯他人财产所有权,而且侵犯国家合同管理制度,破坏了社会主义市场经济秩序,这是立法设立该罪以专惩此类犯罪的初衷,因而合同诈骗罪中的合同,必须存在于合同诈骗罪保护客体的范围内,能够体现一定的市场秩序,才能满足合同诈骗罪中的合同的要求,这种诈骗行为也才应以合同诈骗罪论处，而与这种法益无关的收养、婚姻等身份关系的协议、赠与等合同均不是合同诈骗罪中所指的合同，以这些合同为内容进行诈骗的行为应当以诈骗罪定罪处罚。[No. 5-266-7　王贺军合同诈骗案]

△**为获取回扣，以虚假身份证件办理入网手续并使用移动电话造成电信资费损失，数额较大的，应以诈骗罪论处。**

诈骗罪本质上是指以非法占有为目的，使用虚构事实或者隐瞒真相的方法，骗取公私财物的行为。移动电话服务收费有其自身特点，即在购买GSM卡，办理入网手续后，先行使用该移动电话，再按期与电信公司结算通话费。电信公司为保证其对客户收费，要求行为人在购买GSM卡，办理入网手续时，必须提供真实的身份证明。如果行为人以虚假或冒用的身份证件办理入网手续，则属于隐瞒真相的诈骗方法。刑法规定诈骗罪的犯罪对象为公私财物，但随着现代生活的日益丰富，我们对财物的理解绝不能过于狭隘。财物既包括物，也包括财，即财产、财产收益。有形体的物或无形体的液体、气体、电气、核能等固然是财物，信用卡、工资卡、债券、股票、认股权证、投资基金券、车票、船票、邮票、税票等有价支付凭证、有价证券、有价票证等代表一定财产权利以及财产利益的凭证也是财物。电信服务虽属服务性质，但其是有偿的，是可以用金钱衡量和计算的。提供电信服务需要收取一定的费用，当然具有财的属性。因此，电信服务完全可以成为诈骗罪的对象。行为人以非法占有应缴纳的电信服务费为目的，使用虚假或冒用的身份证件骗购GSM卡，办理入网手续（隐瞒真相的诈骗手段）并使用移动电话，造成电信资费损失的行为，完全符合诈骗罪的一般特征，自当以诈骗罪论处。[No. 5-266-8　刘国芳等诈骗案]

△**诈骗罪的损失数额高于诈骗罪的所得数额，该差额可归因于诈骗行为的，诈骗数额应以损失数额认定。**

刘国芳等诈骗案中有人认为刘国芳、高登基的诈骗数额应为其从国际声讯台所获得的回扣，也有人认为应是以犯罪人拨打国际声讯台所产生的话费减去电信部门利润的差额。上述两种观点都是错误的。本案的犯罪对象为通讯服务，在一般情况下，购买、使用手机后都要按规定缴纳费用。两被告人利用虚构的主体（假身份）购买手机卡，逃避电话费缴纳义务，实质上是非法占有了电信公司的电信资费，诈骗行为在拨打后就已完成，属犯罪既遂。490万元话费是受害者电信公司本应收到而损失的数额。诈骗行为人应当支出490万元话费而没有支出，应视为非法占有。这里，被骗人的损失数额与诈骗人的所得数额是一致的。扣除电信公司的利润来计算诈骗数额是没有道理的。至于两被告人由此获得多少回扣费不在诈骗数额考察范围之内，对诈骗罪的定罪量刑没有意义。[No. 5-266-9　刘国芳等诈骗案]

△**故意制造交通事故，造成系被害人过错所致的假象，借机骗取被害人赔偿款，数额较大的，应以诈骗罪论处。**

《道路交通事故处理办法》（已失效）第二条规定："本办法所称道路交通事故（以下简称交通事故），是指车辆驾驶人员、行人、乘车人以及其他在道路上进行与交通有关活动的人员，因违反《中华人民共和国道路交通管理条例》和其他道路交通管理法规、规章的行为（以下简称违章行为），过失造成人身伤亡或者财产损失的事故。"据此，本案所谓的交通事故，不属于道路交通管理法规、规章所调整的道路交通事故。因为，事故并非被害人违反交通规则中关于路权优先规定而过失所致，而是被告人为获取赔偿款故意所为。对此事故，被害人原本无须承担任何赔偿责任，但由于被告人隐瞒了事故的真实原因及制造事故的真实目的，致使被害人及负责事故处理的交警部门均误认为事故系被害人的过失行为所致，并据此作出由被害人承担赔偿责任的调处决定。从被告人一方来看，主观上具有通过索取赔偿款而非法占有他人钱款的主观目的，客观上隐瞒了事实的真相；从被害方来看，被害人基于对事故原因的错误认识，误认为责任确实在于自己，同意交警部门所作出的调处决定，自愿地向被告人支付赔偿款，完全符合诈骗罪的构成要件，故法院关于被告人的行为构成诈骗罪的判决是正确的。需要补充说明的是，被告人的诈骗行为虽然是通过第三方即交警部门的介入才得以实施完毕的，但交警部门的决定并不违反被害人的意愿，交警部门的调解决定只是对双方当事人的意思表示通过法律程序加以确认而已，这与通常所谓的一方当事人明知对方当事人虚构事实、隐瞒真相的诉讼诈骗行为具有质的不同。[No. 5-266-10　李品华等诈骗案]

△**银行出纳员自制高额利率订单，对外虚构单位内部有高额利率存款的事实，吸存亲朋好友的现金并占为己有，数额较大的，应以诈骗罪论处。**

根据《刑法》第一百七十六条的规定，非法吸收公众存款罪是指违反国家金融管理规定，非法吸收公众存款或者变相吸收公众存款，扰乱金融秩序的行为。关于非法吸收公众存款或者变相吸收公众存款，1998年7月国务院公布的《非法金融机构和非法金融业务活动取缔办法》(2011 年 1 月 8 日修订)第四条第二款对其作出了行业性的解释:非法吸收公众存款,是指未经中国人民银行批准,向社会不特定对象吸收资金,出具凭证,承诺在一定期限内还本付息的活动;变相吸收公众存款,是指未经中国人民银行批准,不以吸收公众存款的名义,向社会不特定对象吸收资金,但承诺履行的义务与吸收公众存款性质相同的活动。被告人田亚平吸收资金的对象,涉及人数十一人,固然众多,但经查明均是其亲朋好友,是向特定的多数人吸收资金,而不是“向社会不特定对象吸收资金”,不属于吸收或变相吸收公众存款,因此,不符合非法吸收公众存款罪客观方面的要件,不构成非法吸收公众存款罪。

就田亚平诈骗案而言,主观上,被告人田亚平具有非法占有他人财物的目的。本案至案发时扣除已还部分款项和利息,累计吸收的现金高达 90.1 万元,除被告人归案后退赃 41.4 万元,其余款项均被用于个人消费。分析田亚平在主观上是否具有非法占有他人财物的故意,除了其个人供述,还要结合其行为来看。根据田亚平的供述,她开始是想利用银行出纳员的身份来取得亲朋好友的信任,使他们将现金交给她,这样她就可以用于偿还个人债务。可是,田亚平连个人债务都无法偿还,那么,银行出纳员的工资就更不可能使她将取得的亲朋好友的大量资金还上。田亚平明知这种情况,却仍向多人推荐高额利率订单,取得了近百万资金,而且这些资金除还债外,主要都被用于购买、装修房屋,购买汽车等高消费上,可见,其主观占有目的十分明显。在客观上,被告人田亚平实施了诈骗的行为。田亚平分别向众多的亲朋好友虚构了银行内部有高额利率存款的事实,使亲朋好友信以为真,主动把现金交给她以取得高额利率的回报。田亚平自制虚假的高额利率订单,偷盖储蓄业务专用章和同班人员印鉴等行为,是为了让亲朋好友相信银行确有高额利率存款的事实,以达到取得亲朋好友资金的目的,这些都是骗取财物所采取的手段,完全符合诈骗罪的客观要件构成。因此,田亚平的行为符合诈骗罪的主客观构成要件。[No. 5-266-11　田亚平诈骗案]

△盖有付讫章的有价证券已丧失可兑付性的,不再认定为有价证券。

原一审、二审法院认为,盖有付讫章的国库券仍是有价证券。主要理由是,国库券是银行代理国家财政部兑付的,银行代理兑付后并未完结,需要经财政部核销。因此兑付后的国库券虽然盖有付讫章,但在国家财政部没有核销时,仍属有效证券。同时,如果盖有付讫章的国库券丢失或者被盗,就会因失去报账凭证而蒙受损失,而这种损失数额也正是国库券券面数额之总和。所以国库券经兑付并盖有“付讫”章,并未改变其有价证券的特征。

盖有付讫章的国库券已不再是有价证券,因为它已经失去了有价证券可以转让、兑付的基本特征。

第一,虽然有价证券券面所表示的权利与证券不可分离,但是权利的行使与转移,是以背书或交付证券为条件的,也就是说,执票人一旦向银行交付国库券,银行据券兑付后,该国库券所表示的有价证券属性即行消灭,剩下的只不过是盖有付讫章的一张废券。因此“付讫”二字不仅表明有价证券所表现的权利已被执票人实现,而且也表明此券已丧失了它原有的有价属性,即可兑付性。

第二,确定国库券在盖了付讫章后是否仍具有价属性,不应以是否造成损失为标准。就其基本含义而言,损失是指财产利益的减少或者灭失。已付讫的国库券丢失、被盗,国家、银行的财产实际没有丢失、被盗。银行的损失实际是一种内部核销凭证不存在而无法予以核销的损失,充其量只是银行账面上的损失,国家并未有实际财产的损失。[No. 5-266-12　章杨诈骗案]

△窃取、伪造已付讫的有价证券的,应以诈骗罪论处。

被告人章杨将银行盖有付讫章的国库券,从银行金库内盗出后,携至张××的宿舍内用化学药剂清洗掉券面上的付讫二字。再持经变造了的国库券在市内数家储蓄所、信用社共兑得现金 8.16 万元人民币。其实质是将盗得的已失效(作废)有价证券进行变造,使其与尚未兑付的国库券在形式上完全相同,以此隐瞒事实真相的方法,欺骗兑付银行,诈骗银行兑付款。这一行为,完全符合诈骗罪的特征。行为人在本案中实施诈骗犯罪的手段,又触犯了 1979 年《刑法》第一百二十三条伪造有价证券罪的规定,按照处理牵连犯的原则,本案应以诈骗罪定罪处刑。具体定罪适用的法律,根据 1997 年《刑法》第十二条第二款的精神,应依照 1979 年《刑法》第一百五十二条的规定处罚。[No. 5-266-13　章杨诈骗案]

△以原始股为诱饵低买高卖骗取股民钱财的,不构成非法经营罪,应以诈骗罪论处。

诈骗罪是以非法占有为目的,采取诈骗手段骗取数额较大的公私财物的行为。诈骗罪的基本构造为行为人实施虚构事实和隐瞒真相的诈骗行为—对方(受骗者)产生错误认识—对方基于错误认识而自愿交付财物—行为人或第三人取得财产—被害人财产受损。其中,行为人在主观上是否具有非法占有的目的,能否判定其具有诈骗犯罪的主观故意,是认定诈骗罪的关键。根据非法占有目的形成、存续的心理机制,尽管非法占有目的属于行为人的主观心理状态,但它必然通过一系列外化的客观行为表现出来,在判断行为人主观心理态度时,必须以其外化行为要素作为基础事实加以推定。

殷宏伟诈骗案中,被告人殷宏伟的诈骗犯罪行为,主要表现在以下几个方面:

1. 其在没有从事证券业务资质的情况下,经事先预谋,使用化名、冒名和伪造的居民身份证件,先后流窜至巨田证券有限责任公司杭州文三路营业部、恒泰证券有限责任公司杭州凤起路营业部、联合证券有限责任公司杭州庆春路营业部等多家证券公司营业部,与有关营业部达成合作协议,骗取在有关营业部办公场所非法从事证券经纪业务的机会。

2. 其利用证券公司提供的办公室等便利条件,对外谎称证券公司营业部客户经理,明知委托成都托管中心托管的中城网络、鑫炬矿业、华茂农科等企业股权为非上市公司股权且严禁私下买卖交易,采取虚构上述公司的股票将于短期内在深圳中小企业板或美国纳斯达克上市交易、可获丰厚原始股利润回报等事实,伪造有关企业印章、公司董事会文件,冒用有关公司的名义散布分红配股的虚假消息,虚假承诺如不能上市交易即对股权进行回购或由辅导方方正证券公司退还全部投资款等手段,诱骗不明真相的中老年股民提供资金委托其代理购买。

3. 非法占有他人钱财数额特别巨大。被告人将上述非上市公司实际每股人民币 0. 3 元至 2. 2 元的股权分别以 4 元至 5 元的高价卖给股民,这种低买高卖行为,由于“差价”巨大,明显与股票的实际价值相违背,违反了市场交易的本质特征,不是一般意义上的赚取差价。被告人实际骗取股民钱财合计人民币 106 万余元,数额特别巨大。

4. 隐匿赃款、拒不退还。案情显示,被告人骗钱得手后即转移地方,或携款潜逃、隐匿赃款。

综上,被告人主观上显然具有非法占有他人钱财的诈骗犯罪故意,客观上实施了一系列诈骗犯罪行为,符合诈骗罪的构成特征,应以诈骗罪定罪处罚。

非法经营罪的主观动机和侵犯的客体与诈骗罪有着本质的不同。前者是通过非法经营活动赚取差价,侵犯的是市场管理秩序;后者是通过设置骗局,非法占有他人钱财,侵犯的是公私财产的所有权。

非法代理买卖未上市公司股票行为类型的非法经营罪应当具备未经批准经营证券业务和收取代理费等费用的特点,后者与诈骗罪的非法占有目的的特征有明显的区别。被告人以非法经营证券业务为平台,表面上看似乎与非法经营罪确有相似之处,但我们看问题不能仅看表象,必须分析其本质,从本质上看,被告人并非从经营活动中获利。其隐瞒真实身份,制造一系列假证明文件,采取虚构未上市公司即将在境内外上市等事实,以获得高额回报为诱饵诱骗投资者购买,虚构股份价值和预期收益,将每股实际价格只有0. 3 元到 2. 2 元的股份,以每股 4 元到 5 元的高价出卖,骗股民上钩。其从中非法获取累计上百万元的巨额差价,从本质上不是非法经营所得,而是靠其虚构事实、隐瞒真相骗得。其一系列行为也反映出其主观目的不是所谓的收取代理费用,而是非法占有他人财物。故其非法经营的表象不能影响诈骗犯罪的成立。[No. 5-266-14　殷宏伟诈骗案]

△非法侵入银行信息管理系统,采用向作为金融机构管理设备的计算机输入虚假信息或以不正当指令的手段,直接向自己账户上划拨资金的,构成盗窃罪;向作为电子代理人的计算机输入虚假信息和不正当指令的,应以诈骗罪论处。

利用计算机进行侵财犯罪行为所指向的计算机可分为两类,一类是作为支付设备的计算机,另一类是作为金融机构信息管理设备的计算机。这两类计算机的功能有明显不同。

作为支付设备的计算机又被称为电子代理人,电子代理人是美国《统一计算机信息交易法》中的概念,是指在没有人检查的情况下,独立采取某种措施,对某个电子信息或者履行作出反应的某个计算机程序或者其他手段。电子代理人是计算机程序或者机电一体化的设备设施,不具备责任能力,不能成为法律关系主体。其最大特点是交易主体事先设置好需要进行的目标行为及逻辑条件,交易双方按照要求进行预定的活动,如 ATM 机在用户正确输入密码后就可以进行存取现金活动。我们可以认为,电子代理人的行为是经过其权利人所希望和默认的,电子行为人的行为逻辑是其权利人的意志反映,由电子代理人的行为所产生的一切后果也应当由其权利人承担。由此分析,行为人给电子代理人输入虚假的信息或者不正当的指令后,电子代理人自愿交出财物的行为可以看作基于其权利人的默认所做出的,欺诈行为的实际对象是电子代理人的权利人。因此,向作为电子代理人的计算机输入虚假信息或不正当指令获取财产的行为可以被定性为诈骗行为。

而对于作为金融机构信息管理设备的计算机

的法律地位我们应该作出不同的理解。如果把银行等金融机构看作一个保管人,那么作为银行信息管理系统设备的计算机则可以看作一个大的电子仓库,存款人的账户则可以看作仓库里面放置的写着寄存人姓名的纸箱,里面装着各个寄存人的财物。行为人破译作为金融机构信息管理设备的计算机的密码,进入银行信息管理系统进行非法操作就相当于行为人偷配了电子仓库大门的钥匙进入了电子仓库,行为人把别人账户上的资金划拨到自己的账户上就好比拿别人箱子里的东西放到自己的箱子里。从整个过程来看,向计算机输入虚假信息或不正当指令获取财产的行为更符合盗窃行为的表现形式。

因此,对于向计算机输入虚假信息或不正当指令获取财产的行为的犯罪性质不应该全部定性为盗窃罪或者诈骗罪,而应当根据被输入虚假信息或不正当指令的计算机在整个财产转移过程中的地位和作用有所区分。对于向作为金融机构管理设备的计算机输入虚假信息或不正当指令的,如犯罪行为人通过破译密码进入银行信息管理系统,非法向自己账户上划拨电子资金的行为,应当认定为盗窃行为;对于向作为电子代理人的计算机输入虚假信息和不正当指令的行为,如向 ATM 机插入信用卡取得财产的行为,应当认定为诈骗行为。[No. 5-266-15　金星等信用卡诈骗、盗窃罪]

△骗取财物行为虽与其工作存在一定的关联,但未利用职务上便利的,不构成职务侵占罪,应以诈骗罪论处。

胡朕诈骗案的争议焦点是上诉人胡朕假借客户自提的名义取得送货单、提出货物并销售的行为如何定性的问题。对此问题,不仅要考察诈骗罪与职务侵占罪构成要件的异同,还应重点考察“职务便利”存在与否及关联性,从而得出正确的结论。在本案中,上诉人胡朕在担任北京必旺食品有限公司沈阳分公司业务员期间,用私刻的被害人刘桂红开办的辽中县曙光综合商店公章,先后六次以该商店名义向其所属公司下达订购相关商品的订单,这是其作为业务员的工作内容,属于职务上的便利。胡朕利用这个职务上的便利条件,为进一步犯罪做了前期准备。但是,胡朕最终能够提出订购货物的关键在于其取得了送货单。沈阳储运集团第五分公司配送科的工作人员可证实胡朕从该公司处取得送货单的行为违反了公司规定的客户自提货物的相关程序,胡朕能够假借客户自提的名义取得送货单只是利用了其与该单位工作人员间的熟悉与信任,而相关人员省略审核程序属于严重违反公司章程规定的操作程序。因此,工作上的便利(而非职务便利)是上诉人胡朕能够提出货物并销售的主要原因,该行为不属于其作为北京必旺食品有限公司沈阳分公司业务员的职权范围,其行为不符合职务侵占罪的构成要件,故原判认定上诉人胡朕犯诈骗罪定罪准确,适用法律正确。[No. 5-266-16　胡朕诈骗案]

△采用非法手段将他人手机号码过户并转让获取钱财的,应以诈骗罪论处。

单纯的手机号码没有价值,因而没有财物属性。盗窃罪属于侵财犯罪,其犯罪对象是财物,财物是有价值的,是能够使实施盗窃的行为人获得利益而使原所有人受到财产损失的有体物或无体物。虽然我国《刑法》第二百六十五条规定以牟利为目的,盗接他人通信线路、复制他人电信号码或者明知是盗接、复制的电信设备、设施而使用的,依照盗窃罪的规定定罪处罚,但该条规定主要适用于两种情况:

一是使被害人产生初装费、入网费损失的。根据《最高人民法院关于审理盗窃案件具体应用法律若干问题的解释》①第五条的规定,盗接他人通信线路、复制他人电信号码的行为按照当地邮电部门规定的电话初装费、移动电话入网费计算盗窃数额,只有在销赃数额高于电话初装费、移动电话入网费的,才按销赃数额计算。由此可见,盗接他人通信线路、复制他人电信号码的行为以盗窃罪定罪处罚是因为行为人的行为导致逃避缴纳邮电部门的电话初装费、移动电话入网费,从而使自己获利并给邮电部门造成损失。这种情况定盗窃罪是以电话初装费、移动电话入网费的存在为前提,且行为人盗窃侵害的对象不是电信号码本身,而是电信号码所承载的入网费用。但在本案中,在移动电话已经取消入网费的前提下,手机号码本身只是一种通讯代码,不具有价值,不具备财物的属性。行为人取得手机号码后,不会由于逃避应当缴纳的入网费从而带来收益,原所有人失去号码后再次办理新号时,也不会因缴纳入网费而产生财产上的损失,所以单纯非法过户他人手机号码不构成盗窃罪。

二是被害人产生话费损失的。上述解释第五条还规定,明知是盗接他人通信线路、复制他人电信号码的电信设备、设施而使用的,盗窃数额按合

① 系争解释已被《最高人民法院、最高人民检察院关于办理盗窃刑事案件适用法律若干问题的解释》(法释〔2013〕8号)废止。

法用户为其支付的电话费计算。这种情形之所以以盗窃罪定罪，是因为行为人盗接他人通信线路、使用复制的电信号码后产生的电话费由合法用户支付，从而导致行为人不交话费而获利，使他人受到话费损失，因此这里盗窃罪侵害的对象是他人的电信资费而不是号码本身。因为单纯复制号码本身并不能造成他人财产损失，也不能使自己获利，只有通过使用这些号码，才能造成他人电信资费的损失从而获利，电信号码只是作为电信资费的载体存在的。王微等诈骗案中，二被告人非法将他人手机号码过户出售后，由于原号码所有者不能继续正常使用该号码，故及时到移动公司查询导致案发，本案从二被告人手中购买有关手机号码的人尚未使用该手机号码，因此并未给原号码所有者造成话费损失，所以也不符合此种以盗窃罪定罪处罚的情形。

手机号码非法过户后进行转让才是实现获利的关键。盗窃罪只要将财物秘密窃取后就实现了财产利益，所窃取的财物可以自己使用，也可以给他人使用，并且这种使用完全具备经济学意义上的使用价值的特征。这体现在，行为人不必付出经济成本就可以使用所窃取的财物，而这一经济成本原来是应该付出的；或者行为人窃取财物后予以销赃，从而得到了经济利益。但就本案而言，被告人非法过户手机号码后没有自己使用，而是通过转让才获得了经济利益，也即本案二被告人实现获利的关键在于将非法过户的他人手机号码出售的行为。本案被告人非法转让他人手机号码获得利益的第一阶段是将他人名下的手机号码非法过户到自己名下，第二阶段是以本人名义将非法过户的手机号码转让给他人获利。上述两个阶段的行为是一个完整不可分割的整体，行为人将号码过户的目的在于转让获利，转让才是整个行为的关键，故不能将号码过户行为与转让行为割裂开来单独在刑法上进行评价。因此，本案中的非法过户行为与转让行为之间的关系和盗窃犯罪中的窃取行为与销赃行为之间的关系具有实质性的不同。区分侵财犯罪的本质在于侵财的手段，以秘密窃取的手段实现侵财的是盗窃，以欺骗手段实现侵财的是诈骗。由于手机号码自身没有价值，因此一般非法过户的行为不构成盗窃罪；从被害人确定的角度看，原手机号码所有者没有因此受到财产损害，真正受到财产损害的是出钱购买这些手机号码的人，而其财产受到侵害的关键在于被告人隐瞒了这些手机号码属于非法过户的事实，故本案属于以骗侵财，不符合盗窃罪的构成要件。

非法过户手机号码并转让获利的行为符合诈骗罪的犯罪构成。诈骗罪的犯罪构成有四个要素：行为人的欺诈行为—被害人产生错误认识—被害人基于错误认识而交付（或处分）财产—被害人遭受财产损害。本案被告人的行为完全符合上述要素，被告人先利用伪造的身份证将他人手机号码过户到自己名下，然后隐瞒自己非该号码真正机主的真相，使被害人误以为该号码是被告人所有，产生错误认识，接着被害人基于这一错误认识购买该手机号码，使被告人获得财产利益，最后被害人发现手机号码因被真正机主取回而不能用，因此蒙受经济损失，整个过程符合诈骗罪的构成特征。［No. 5-266-17　王微等诈骗案］

△已经实施了诈骗行为，但未取出卡内他人所汇款项的，应以诈骗罪的未遂论处。

短信诈骗犯罪有别于传统诈骗犯罪，被告人利用手机群发诈骗短信，采用“撒网式”的方法对不特定人群进行诈骗，并通过银行卡实现对财物的占有，行为人与被害人之间存在银行这一媒介。其模式为行为人—银行—被害人，行为人对被害人财物的非法占有必须通过控制银行卡才能实现，即被害人对财物的失控不等于行为人立即掌控、占有该财物，银行对财物的暂时保管为行为人实际占有财物设置了必要的障碍，行为人必须持合法、有效的凭证（银行卡、存折等）才能实现对财物的非法占有。

詹群忠等诈骗案中，被告人詹群忠将银行卡丢弃在前，徐淑英将9万元汇入该卡账户在后，詹群忠失去了对工具的控制，也就无法最终占有该钱款，且因该银行卡的户名不是被告人詹群忠，不能通过银行卡挂失等途径恢复对该银行卡的控制。被告人詹群忠在持该银行卡购买6万余元黄金饰品后应营业员要求不得已留下自己的真实姓名和身份证号，担心会被警察查到，为逃避侦查而不得不将银行卡弃用，且詹虽然丢弃了银行卡但并未自动有效地防止犯罪结果的发生，因而詹丢弃银行卡的行为不能认定为犯罪中止，而系因意志以外的原因而放弃犯罪，属于犯罪未遂。［No. 5-266-18　詹群忠等诈骗罪］

△利用刷卡消费时差，在同伙异地刷卡消费后，谎称存款出错，要求银行办理存款冲正业务并将钱取走，给银行造成财产损失的，应以诈骗罪论处。

诈骗罪的基本模式是，行为人以非法占有为目的，采取虚构事实或隐瞒真相的方法实施欺诈行为，使对方产生认识错误，对方基于该认识错误交付财物，进而造成损失。据此，判断一行为是否构成诈骗罪，客观上要看行为人是否实施了欺诈行为给被害人造成经济损失，主观上要看行为人是否具有非法占有目的。

张航军等诈骗案中,被告人张航军等人利用异地刷卡消费的时间延迟漏洞,隐瞒其存入他人名下的钱已被同伙在异地刷卡取走的真相,让营业员将钱转存入他人另一个银行卡账号中,随后迅速取走。该行为包含了前后两个紧密相关的环节。张航军等人在银行存钱后通知同伙在异地刷卡消费,因为卡内有现金,该刷卡消费行为具有正当性,也不会给银行造成损失,独立地看不具有违法性。但当同伙在刷卡消费后,要求营业员办理存款冲正业务,将客观上已经被消费的钱存入另一账号中,实际是将银行的自有资金存入了被告人指定的账号,由此给银行造成损失。正是被告人实施了隐瞒真相的诈骗行为,导致银行营业员陷入认识错误,认为被告人的钱没有转移,进而实施财物处分行为,直接造成银行的损失。此行为过程完全符合诈骗罪的客观特征。

从主观方面看,被告人具有非法占有目的,本案中尽管被告人与持卡人约定由持卡人偿还钱款,但其收取的手续费极不合理甚至超过了民间高利贷的利息,且采取欺骗手段获取银行资金,不能认定持卡人具有还款意图。这种骗取银行资金的做法,是被告人与持卡人共同预谋的结果,持卡人的还款保证书不能否定被告人与持卡人具有共同的非法占有目的。

区分盗窃罪与诈骗罪的关键在于是否存在被害人因欺骗而陷入认识错误并主动交付财物的行为。在以财物交付行为的有无区分诈骗罪与盗窃罪的基本视角下,不能机械地理解交付行为,还要注重对行为人取得财物的主要手段的整体考察。如果行为人是以欺骗手段取得财物,应当认定为诈骗罪,反之,行为人虽使用了欺骗手段但受骗人并没有交付财物,行为人是通过秘密窃取取得财物的,应当认定为盗窃罪。

张航军等诈骗案中,被告人欺骗的内容就是使银行营业员认识不到钱已经被刷卡取走的事实,从而使营业员将本属银行所有的钱存入被告人提供的另一个银行卡账户内。被告人取得财物的手段是诈骗而非窃取,应当认定为诈骗罪。[No. 5-266-19 张航军等诈骗案]

△以非法占有为目的,使用虚假身份证明应聘担任职务,利用职务之便,非法占有本单位财物的,应以诈骗罪论处。

被告人成俊彬自始即具有骗取财产的目的,只是骗取的环节和流程具有一定的特殊性:伪造证件—骗取身份—被害单位基于错误认识承认身份—被告人开走车辆—被害人单位遭受损失,不能机械比照适用《最高人民法院研究室关于对行为人通过伪造国家机关公文、证件担任国家工作人员职务并利用职务上的便利侵占本单位财物、收受贿赂、挪用本单位资金等行为如何适用法律问题的答复》。该答复中侵占本单位财物的行为是随机的,即行为人骗取身份时并不具有侵占本单位财物的故意,行为人的侵占行为与骗取身份、伪造证件行为是难以形成牵连关系的。[No. 5-271-15 成俊彬诈骗案]

△设置圈套控制赌博输赢获取钱财的行为,应成立诈骗罪。

从法理分析,设置圈套控制赌博输赢并从中获取钱财的行为符合诈骗的特征。设置圈套诱骗他人参赌的行为是构成诈骗罪还是赌博罪,关键在于赌博圈套中的欺骗程度。如果行为人仅采取了较为轻微的欺骗行为,赌博输赢主要是依靠各自运气、技术,即赌博各方均不能控制、主导赌博输赢结果,则其行为仍然符合赌博特征,因为赌博在本质上是一种射幸行为,其结果具有偶然性;如果行为人在赌博过程中采取作弊手段控制赌博输赢,则赌博成了掩盖事实的手段,该行为本质上符合诈骗的特征。王红柳、黄叶峰诈骗案中,被告人王红柳等人完全控制了赌博输赢结果,被害人程某以为是在赌博,实际上王红柳等人是在骗取钱财。

从具体犯罪构成要件分析,王红柳在主观上得知程某有赌博的意思后,即产生了与他人合作通过在赌博机上做手脚的方式骗取钱财的犯意,并付诸行动,经与被告人黄叶峰共谋后,由黄叶峰等人通过在赌博机上安装控制器等方式实现控制赌博输赢的结果,并通过此种方式成功"赢"得程某较大数额的钱款,可见王红柳等人具有非法占有程某钱财的犯罪目的,符合诈骗罪的主观特征。客观上,王红柳、黄叶峰等人一方面在赌博机上做手脚,另一方面让同案犯假扮赌客以骗取程某的信任,从而使程某误认为自己是在正常赌博中因为运气不好而"输钱",不仅将自己带来的 19000 余元输光,还欠下赌债 4 万元。因此,本案中所谓的赌博只是王红柳等人行骗的形式,是以赌博为名行欺骗之实,符合诈骗罪的客观特征。

关于赌博罪中的欺骗行为与诈骗罪中的欺骗行为的区分,有观点认为,赌博罪中往往也伴有欺骗活动,但这种欺骗与诈骗罪中的欺骗不同。赌博罪中的欺骗是制造虚假事实,引诱他人参加赌博,但是赌博是依偶然决定输赢,其目的是营利,而不是非法占有。但是以赌博为名,在赌博中弄虚作假、案中串通,操纵赌博输赢并以此占有被骗者财物的,则成立诈骗罪。该观点获取了理论界和实务界的普遍认同。参照这种观点,本案中,由于赌博输赢完全控制在王红柳等人手中,王红柳等人是以赌博为名,操作赌博输赢并以此非法占有程某财物,且数额较大,因此,其行为构成诈骗罪。当然,在数额认定上,应当以实际损失数额为准,即19000元。

关于“设置圈套诱骗他人参赌”的行为定性,1991年3月12日公布的《最高人民法院研究室关于设置圈套诱骗他人参赌获取钱财的案件应如何定罪问题的电话答复》(已失效)指出:“对于行为人以营利为目的,设置圈套,诱骗他人参赌的行为,需要追究刑事责任的,应以赌博罪论处。”1995年11月6日公布的《最高人民法院关于对设置圈套诱骗他人参赌又向索还钱财的受骗者施以暴力或暴力威胁的行为应如何定罪问题的批复》规定:“行为人设置圈套诱骗他人参赌获取钱财,属赌博行为,构成犯罪的,应当以赌博罪定罪处罚。”对于《最高人民法院研究室关于设置圈套诱骗他人参赌获取钱财的案件应如何定罪问题的电话答复》《最高人民法院关于对设置圈套诱骗他人参赌又向索还钱财的受骗者施以暴力或暴力威胁的行为应如何定罪问题的批复》中设置圈套诱骗他人参赌的行为,实践中理解不一:一种意见认为,上述两个文件中设置圈套诱骗他人参赌的行为是指行为人设置圈套诱骗他人“参加赌博”,而具体赌博行为与平常无异;另一种意见认为,上述两个文件中设置圈套诱骗他人参赌的行为不仅包括前种意见所指的行为,还包括行为人在具体赌博中使用欺骗手段控制赌博输赢。

笔者认为,对上述两个文件中设置圈套诱骗他人参赌的行为,应当结合文件出台的背景及相关高级人民法院请示的具体案件内容来理解。

《最高人民法院研究室关于设置圈套诱骗他人参赌获取钱财的案件应如何定罪问题的电话答复》是针对四川省高级人民法院《关于设置圈套诱骗他人参赌获取钱财的案件应如何定罪的请示》作出的,该请示主要针对的是在公共汽车、火车等公共场所公开结伙进行的猜红、蓝铅笔现象。设赌者以猜中者赢猜不中者为输诱骗他人参赌,由于涉赌人在红、蓝铅笔上做手脚,设机关,以致猜红变蓝,猜蓝变红,参赌者有输无赢,设赌者包赢不输。设赌者为骗取参赌者的信任,还常以同伙参赌“赢钱”为诱饵,诱使他人就范。最高人民法院研究室当时主要考虑到此类行为发生在公共汽车站、火车站等公共场所,犯罪分子设局诱骗的对象是不特定的被害人,主要侵害的是社会管理秩序,且犯罪分子主要采用赌博形式赢钱,虽然存在一定欺诈手段,但十赌九骗,赌博中采用一些欺骗手段也很正常,因此,《最高人民法院研究室关于设置圈套诱骗他人参赌获取钱财的案件应如何定罪问题的电话答复》认为此种行为应当定性为赌博罪。《最高人民法院关于对设置圈套诱骗他人参赌又向索还钱财的受骗者施以暴力或暴力威胁的行为应如何定罪问题的批复》的意见与《最高人民法院研究室关于设置圈套诱骗他人参赌获取钱财的案件应如何定罪问题的电话答复》一致。笔者认为,两个文件针对的都是发生在公共场所,即被害对象为不特定被害人的情形,这种情形下行为主要妨害的是社会管理秩序,因此,两个文件将这种情形下的行为明确认定为赌博罪有其合理性。然而,本案中,王红柳等人在宾馆客房内设置赌局欺骗他人钱财的作案地点具有不公开性,其欺骗对象具有特定性,因此,不能适用两个文件的规定。现《最高人民法院研究室关于设置圈套诱骗他人参赌获取钱财的案件应如何定罪问题的电话答复》已被废止,另据了解,最高人民法院研究室已就《最高人民法院关于对设置圈套诱骗他人参赌又向索还钱财的受骗者施以暴力或暴力威胁的行为应如何定罪问题的批复》规定的合理性开展了专项调研,拟对文件规定的内容进行修正,即对以控制输赢的方式诱骗他人参赌的行为,不管是否发生在公共场所,均以诈骗罪定性。[No. 5-266-28　王红柳、黄叶峰诈骗案]

△使用自己准备的赌具控制赌博输赢获取他人钱财的,成立诈骗罪。

诈骗,是指行为人以非法占有为目的,采用虚构事实或者隐瞒真相的方式,骗取他人财物的行为。诈骗的实质在于被害人基于行为人的欺诈行为产生错误认识,进而“自愿”处分财物。而赌博遵循的是一种射幸规则,其输赢带有相当大的不确定性和偶然性,是行为人所不能掌控的。赌博活动有时虽然也掺杂一些欺诈行为,特别是在利用赌博骗取钱财的犯罪案件中,赌博行为与欺诈行为交织在一起,导致定性困难。对于设置圈套诱骗他人参赌获取钱财的行为,不能简单机械地套用《最高人民法院研究室关于设置圈套诱骗他人参赌获取钱财的案件应如何定罪问题的电话答复》(已失效)和《最高人民法院关于对设置圈套诱骗他人参赌又向索还钱财的受骗者施以暴力或暴力威胁的行为应如何定罪问题的批复》,而应当结合赌博罪和诈骗罪的基本特征,根据欺诈行为在整个犯罪过程中的地位和作用进行分析。

司法实践中,根据欺诈行为在犯罪过程中的地位和作用不同,可以将利用赌博骗取钱财的犯罪行为分为圈套型赌博犯罪和赌博型诈骗犯罪。圈套型赌博犯罪,即《最高人民法院研究室关于设置圈套诱骗他人参赌获取钱财的案件应如何定罪问题的电话答复》和《最高人民法院关于对设置圈套诱骗他人参赌又向索还钱财的受骗者施以暴力或暴力威胁的行为应如何定罪问题的批复》中规定的犯罪类型，是指通过采用设置圈套的方式诱骗他人参赌的犯罪，行为人实施犯罪的目的在于通过赌博进行营利，虽然行为人在赌博过程中采用了一些欺诈行为，但是该欺诈行为是为了诱骗他人参赌，保证赌博的顺利进行而实施的，赌博的输赢主要还是靠行为人掌握的娴熟的赌博技巧，并且依靠一定偶然性来完成的，行为人并不必然控制赌博输赢。对于此种类型的犯罪行为，应当以赌博罪定罪处罚。而赌博型诈骗犯罪又称为“诈赌”犯罪，其与圈套型赌博犯罪的相同之处在于行为人在赌博过程中也采用了欺诈的手段，但是二者具有本质的区别。在赌博型诈骗犯罪中，行为人在主观上是以非法占有为目的的，客观上采用了欺诈的手段弄虚作假，支配、控制赌局的输赢，单方面确定赌博胜败的结果，使被害人基于错误认识，误认为自己运气不佳而“自愿”交付财物给行为人。此种行为属于以赌博之名，行诈骗之实的行为，实质上符合诈骗罪的构成要件。

具体联系史兴其诈骗案，被告人史兴其以非法占有为目的，事先购买了诈赌所用的透视扑克牌和特制隐形眼镜，并提前将扑克牌放入赌博的场所。在赌博过程中，史兴其佩戴特制隐形眼镜，能够看到其他人手中的扑克牌和桌面上的扑克牌的点数，并根据牌的点数大小决定是否加注；而且按照被害人供述和证人证言中提到的“其中有几局牌按照常理史兴其是不可能赢的”情况分析，史兴其采用欺诈手段已经掌控了赌局输赢的结果，被害人是在完全不知情的情况下“愿赌服输”，而“自愿”按照赌博规则将钱财交给史兴其。因此，史兴其的行为不符合《最高人民法院研究室关于设置圈套诱骗他人参赌获取钱财的案件应如何定罪问题的电话答复》和《最高人民法院关于对设置圈套诱骗他人参赌又向索还钱财的受骗者施以暴力或暴力威胁的行为应如何定罪问题的批复》中规定的情形，而是属于典型的赌博型诈骗犯罪，符合诈骗罪的构成要件，应当以诈骗罪定罪处罚。二审法院对其以诈骗罪定罪处罚是正确的。［No. 5-266-29　史兴其诈骗案］

△受托代办家电下乡补贴的申领与垫付的经销商不属于受国家机关委托管理国有财产的人员，其编造虚假的销售垫付信息，骗取国家家电下乡补贴资金的行为，不成立贪污罪，应当以诈骗罪论处。

家电下乡主要有五种操作方式：(1)农民申领、乡镇财政所审核并兑付；(2)农民申领、金融机构审核并兑付；(3)销售网点代办申领、乡镇财政所审核确认并兑付；(4)销售网点代办申领、金融机构审核确认并兑付；(5)销售网点代办申领并垫付。实践中，随着家电下乡产品的不断增多和政策的不断深化，各地财政部门一般都是以财政部规定的第五种方式为基础，让农民在购买家电时直接享受价格优惠，再由网点去财政部门申领补贴款，大致流程是：首先，农民持身份证及户口簿到指定的销售网点购买家电下乡产品，销售网点当场审核农民相关身份证件，为购买人开具发票并将相关信息录入计算机专门系统，审核后将农民相关证件退还，对符合补贴条件的，直接将补贴资金垫付给购买人。其次，销售网点售出家电后，将产品标识卡原件以及发票、身份证、户口簿等证件复印整理，及时汇总填写家电下乡补贴资金结算表格，然后到指定的乡镇财政所办理结算手续。最后，乡镇财政所收到销售网点结算材料后，审核农民相关证件及购买资料，对农民身份进行核实，并对销售网点垫付情况进行审核，在此基础上进行补贴资金结算。对不符合条件的，乡镇财政所不得结算，由此发生的损失由销售网点自行承担。

由于销售网点负责国家财政补贴款的事前垫付和事后申领，近年来出现了销售网点虚报或者作假套取家电下乡补贴资金的犯罪行为。套取补贴资金的手段有：将未销售出的家电下乡产品标识卡取下，录入虚假农民信息；将城镇居民购买的家电下乡产品标识卡取下，录入虚假农民信息；直接从市场购买家电下乡产品标识卡，录入虚假农民信息；反复录入农民信息或者直接录入城镇居民（非家电下乡补贴对象）身份信息骗取等。全国各地司法机关针对家电下乡补贴犯罪的猖獗势头，集中开展了一项专项整治，检察机关以贪污罪起诉了一批案件至法院，在社会上引起了广泛关注。

参与家电下乡销售的经销商虽然与各县、乡财政部门签订授权委托书，但并不意味着各经销商受托管理国有财产。

首先，这种委托并不意味着财政部门将审核兑付家电下乡补贴资金的行政管理职权委托给销售网点。一是家电经销网点并没有以财政部门的名义实施审核及垫付家电下乡补贴资金，其审核、垫付所产生的效果对财政部门的审核没有任何影响。按照文件规定，乡镇财政所收到销售网点的结算材料后，仍要对购买农户的相关证件、身份及购买资料进行进一步核实，并对销售网点垫付情况进行审核，在此基础上才进行补贴资金结算。对不符合条件的，财政部门不得结

分则　第五章

算，发生的损失由销售网点自行承担。这一规定表明，销售网点的审核仅是一种形式审核，其所垫付的补贴也只是拟制兑付，家电下乡补贴资金的实质审核权及发放权仍然在财政部门手中。二是实践中各地对家电下乡补贴资金的最终审核确认机关均有明文规定。由此可见，国家虽然把前置性审核下放给家电销售商，但最终的审核确认权并没有下放。

其次，被告人苗辉不属于“受国家机关委托管理、经营国有财产的人员”。2003年印发的《全国法院审理经济犯罪案件工作座谈会纪要》对“受委托管理、经营国有财产”的外延进行了明确，即指“因承包、租赁、临时聘用等管理、经营国有财产”。也就是说，刑法此处规定的委托，是指国有单位就国有财产的管理、经营与被委托人达成协议，双方地位平等，本质上是一种民事委托。虽然受托者基于委托而取得一定的职务行为，即一定时期内对国有财产进行管理、经营，但这种管理、经营主要是围绕国有财产的保值、增值而进行的动态的经济行为。而在本案中，与财政部门签约的家电销售网点众多，而家电补贴款数额并不确定，财政部门也未就此一笔专门款项的收入、支出、保值、增值而与某一主体达成民事委托，对家电补贴款项的管理支出仍然是一项行政职能。因此，家电经销网点的负责人不属于“受国家机关委托管理、经营国有财产的人员”。

最后，如果认为家电销售商系“受委托管理、经营国有财产”的人员，还会造成其身份认定上的混淆。因为按照相关文件的规定，家电销售商不仅与财政部门签订委托书，在发放补贴资金时，还要与农民消费者签订《家电下乡补贴资金代垫直补申领委托书》，内容是农民消费者已从销售网点先行领取到补贴资金，现委托销售网点代理其到财政部门办理家电下乡补贴资金的申报与领取。从家电销售网点同时接受财政部门和农民消费者双方委托的情况来看，更说明其不属于受国家机关委托管理、经营国有财产的人员。

基于上述分析，苗辉作为家电经销商，既不属于国家工作人员，也不属于受国家机关委托管理国有财产的人员，其不具备构成贪污罪的主体身份要件。

笔者认为，苗辉所从事的是一种劳务行为，而非公务行为或者职务行为。《全国法院审理经济犯罪案件工作座谈会纪要》对“从事公务”的理解有比较明确的规定。根据《全国法院审理经济犯罪案件工作座谈会纪要》的规定：“从事公务，是指代表国家机关、国有公司、企业、事业单位、人民团体等履行组织、领导、监督、管理等职责。公务主要表现为与职权相联系的公共事务以及监督、管理国有财产的职务活动。如国家机关工作人员依法履行职责，国有公司的董事、经理、监事、会计、出纳人员等管理、监督国有财产等活动，属于从事公务。那些不具备职权内容的劳务活动、技术服务工作，如售货员、售票员等所从事的工作，一般不认为是公务。”

被告人苗辉的家电销售网点所进行的审核仅是形式上的审核，在财政部规定的第三、四种方式中，销售网点也同样负有审核相关材料的职责。但这种审核更多的是起收集、汇总材料的作用，其先垫付后领取资金的行为也类似于一种经手，而不具备职权或者职务内容，本质上是一种单纯的劳务活动，不具有管理国有财产的性质。销售网点受财政部门委托进行形式审核并垫付补贴资金后，又取得了农民的委托代为向财政部门申领国家补贴资金，之所以会这样设计，是为了最大限度地简化流程、方便农民，而不是出于行政管理职权行使的必要。因此，苗辉套取补贴利用的是其劳务上的便利，是经手补贴款流转事务的便利，不具有管理、经营的内容，因而不属于职务上的便利。

综上，被告人苗辉虽然受太和县财政局委托审核农户的身份信息及购买资料，并在农户购买家电下乡产品时把补贴资金垫付给符合购买条件的农户，但其不是基于财政部门的委托管理、经营国有财产。苗辉在家电下乡产品销售过程中，以非法占有为目的，虚报冒领国家家电下乡补贴资金，数额较大，其行为符合诈骗罪的构成特征。［No.5-266-30　苗辉诈骗案］

△公司化运作的诈骗集团中，集团成员均应对集团全部诈骗数额承担刑事责任。

公司化运作的犯罪集团实施的诈骗行为具有整体性，范裕榔等诈骗案其余40名被告人亦应对全案诈骗数额承担刑事责任。主要理由包括：第一，奇盛公司既是组织严密、结构完整、较为固定的犯罪集团，又是完全按照公司管理模式运作的实体。范裕榔等人以公司名义租用场地，统一编配诈骗台词，安装用于诈骗的电信设备，统一向成员分发台湾地区居民信息资料。公司实行分组只是为了便于管理，各组皆受公司领导，分组并不影响对公司犯罪行为整体性的认定。第二，扮演不同角色的各被告人在主观上受共同诈骗故意支配，客观上相互配合实施了共同诈骗行为。在实施诈骗过程中，奇盛公司各组成员间并无严格的界限，存在穿插配合实施诈骗的情况，体现了公司行动的整体性和目标的一致性。第三，最为关键的是，诈骗成员根据公司制定的分配制度，共享诈骗利益。具体表现在:(1)该诈骗集团在一周内的诈骗总金额达到200万元新台币时,台湾地区行为人每人会分得1000元人民币的奖金;(2)扮演护士的内地女被告人不论诈骗是否成功,每月基本工资为人民币2500元,全勤奖为人民币500元;(3)公司统一负责所有被告人的食宿。由此可见,各被告人实施的诈骗行为均系奇盛公司诈骗犯罪的组成部分,行为性质相同,目标一致,故不论"工作业绩"如何,均应对奇盛公司的全部犯罪数额承担刑事责任。[No. 5-266-32　范裕榔等诈骗案]

△受托人擅自使用委托人证件、以委托人名义提取委托人在证券公司开设的股票账户下的款项,成立诈骗罪。

在诈骗罪中,也存在受骗者(财产处分人)与被害人不是同一人(或不具有同一性)的现象。这种情况在刑法理论上称为"三角诈骗",也叫"三者间的诈骗"。伍华诈骗案中,认定伍华的行为构成诈骗罪的关键就在于其属于"三者间诈骗",被告人伍华的"三角诈骗"行为符合诈骗罪的行为特征:

1. 伍华实施了隐瞒真相的行为。伍华隐瞒真相的行为表现为,伍华在没有受委托的情况下,持岑露的银行存折、身份证、股东卡去证券营业部柜台提取岑露的上述股票款项时,在证券业务人员存在误解的情况下,向证券业务人员隐瞒了岑露未委托其提取该股票款项的真相。

2. 因伍华隐瞒真相的欺骗行为使证券业务人员陷入了认识错误。伍华作为岑露的受委托炒股人,同时持有岑露的身份证、股东卡、银行存折,完全符合提取股票款项的条件,从而使证券业务人员误以为是岑露委托伍华提取其上述股票款项。虽然岑露没有陷入认识错误,但只要具有财产处分权限或者地位的人陷入认识错误进而处分财产即可。

3. 作为受骗者的证券业务人员处分了被害人岑露的财产。证券业务人员基于上述认识错误,为伍华办理了提取岑露的上述股票款项的业务,从而使岑露的上述股票款项脱离了其股票账户。虽然岑露没有处分财产,但刑法没有将诈骗罪的财产处分人限定为被害人。因为一方面,诈骗中的处分行为,并非仅指民法上作为所有权权能之一的处分,而是意味着将财产转移给行为人或者第三者占有,即由行为人或者第三者事实上支配财产;另一方面,在财产关系日益复杂的情况下,财产的单纯占有者,也可能处分(交付)财产。所以,即使不是财产的所有人,也完全可能因为认识错误等原因而处分财产。

4. 作为受骗者的证券业务人员基于上述认识错误处分了岑露的上述股票款项,使伍华获取了该股票款项,使岑露遭受了财产损失。证券业务人员将岑露的上述股票款项转入伍华新开的上述户名为岑露的银行账户后,使得伍华顺利从该银行账户提走了该股票款项,导致岑露遭受股票款项损失。综上所述,作为受委托炒股的被告人伍华擅自取走委托人岑露股款的行为,完全符合诈骗罪的主客观要件,应当认定构成诈骗罪。佛山市中级人民法院依法改判为诈骗罪是正确的。[No. 5-266-33　伍华诈骗案]

△诈骗罪中的财产处分行为以被骗者具有处分意识为必要,被骗者对所交付财物的外观物理特征没有认识错误不影响处分行为的认定。采取欺骗手段使被害人对所交付财物的重量发生认识错误进而处分财物,构成诈骗罪。

处分财产行为系一种民事法律行为,由客观行为和意思表示两部分构成。这就要求在认定处分行为时,要坚持主客观相统一的原则。除了从客观上分析有无"交付"行为,还要从主观上分析受骗者对所交付的财产是否存在认识以及认识到何种程度。被害人认识的内容不仅包括被骗财物的种类、名称、数量、颜色等外观物理特征,还包括财物的性质、质量、重量、价值等内在属性。笔者认为,被害人至少需要认识到所处分财物的种类、名称等外观物理特征,即知道自己是在对什么东西进行处分。当被害人对自己所处分财物的上述物理外观存在认识时,尽管由于行为人的欺骗行为而对财物的质量、价格等内在属性产生了错误认识,仍然不影响处分意识的成立,成立诈骗罪;反之,如果行为人直接针对财物本身采取秘密欺骗手段,使受骗者对所转移财产的外观物理特征亦没有认识,即不知道自己处分的是何种财物,甚至不知道已经处分了自己的财物。由于不存在处分意识,故不成立诈骗罪,而应当以盗窃罪论处。司法实践中主要存在以下两种情形:一是当被害人知道交付的财物是甲财物,并且实际交付的是甲财物时,尽管犯罪人采取欺骗手段隐瞒了财物的实际价值等内在属性,但被害人对所交付财物的种类、名称等外观物理特征并没有发生认识错误,故不影响处分行为的认定。二是行为人采用秘密"调包"或者其他隐蔽方法,使被害人对自己所交付财物的种类、名称等物理外观都没有认识到,即不知道自己对某财物进行了处分,此时被害人不存在处分意识,故不能认定其实施了处分行为。葛玉友等诈骗案中,被告人葛玉友、姜闯、张福生采用事先偷偷在运输车辆上装入石头、水,在"空车"过磅之后偷偷把石头、水卸掉,去装载碎布料再满载车辆过磅，然后根据两次过磅结果计算车上碎布料重量的方法，在被害公司工作人员林祥云不知情的情况下额外多运走价值数万元的碎布料。行为人采取一种秘密的欺骗手段，该行为直接针对的是“空车”重量，所改变的只是计量标准，使被害人对车载碎布料的重量产生错误认识，进而作出了处分决定。由于行为人的秘密欺骗行为并非直接针对碎布料进行，即并没有将碎布料进行秘密藏匿，被害人也并没有因此而对车上碎布料的物理外观发生错误认识，故被告人的行为符合诈骗罪的构成结构特征。[No. 5-266-34　葛玉友等诈骗案]

△利用信息网络篡改发布虚假募捐信息，骗取他人财物的行为，同时成立破坏计算机信息系统罪与诈骗罪，应按照牵连犯的处罚原则从一重处断。

被告人杨丽涛在汶川地震期间，利用昆山市红十字会网站源代码漏洞，采取“SQL”漏洞注入的方式非法获取了该网站后台登录页面路径和管理员用户名及密码后，植入网页木马程序，删除管理后台文件夹，并访问添加和编辑新闻页面，篡改该网站上内容，发布虚假募捐消息，导致网站管理员无法登录后台管理界面，无法正常管理网站，网站被迫关闭 24 小时以上，影响了昆山市红十字会向地震灾区正常的募捐行为，其行为完全符合“对计算机信息系统功能进行删除、修改、增加、干扰，造成计算机信息系统不能正常运行”的行为方式，且属“后果严重”情形，构成破坏计算机信息系统罪。

诈骗罪，是指以非法占有为目的，使用欺骗方法，骗取数额较大的公私财物的行为。首先，杨丽涛主观上有非法占有的目的。杨丽涛非法侵入和控制昆山市红十字会网站后，篡改网站上内容，发布虚假的募捐消息，并将自己持有的户名为“庞土贤”的银行账号设为募捐账户，足以体现出其有非法占有他人财物的目的。其次，杨丽涛实施了虚构事实、隐瞒真相的欺骗行为。杨丽涛非法侵入昆山市红十字会网站后，在网站页面上发布“昆山市红十字会紧急呼吁：援助四川地震灾区群众！”的募捐消息，并将自己持有的银行账号设为募捐账号，其发布募捐消息的行为，属于虚构事实、隐瞒真相。此外，杨丽涛已经着手实行诈骗行为，由于意志以外的原因而未获取财物，虽系诈骗未遂，但属“情节严重”。杨丽涛在汶川地震时期，以赈灾募捐的名义，采用破坏计算机信息系统的手段，通过互联网向不特定多数人实施诈骗，致使昆山市红十字会网站被迫关闭 24 小时以上，影响了该网站的正常运行，也影响了昆山市红十字会为地震灾区正常的募捐行为，其犯罪行为属于“情节严重”。因此，杨丽涛以非法占有为目的，通过发布虚假募捐消息，骗取他人财物的行为，构成诈骗罪（未遂）。[No. 5-266-35　杨丽涛诈骗案]

△行为人利用信息网络，诱骗他人点击虚假链接而实际通过预先植入的计算机程序窃取财物构成犯罪的，以盗窃罪定罪处罚；虚构可供交易的商品或者服务，欺骗他人点击付款链接而骗取财物构成犯罪的，以诈骗罪定罪处罚。

盗窃是指以非法占有为目的，秘密窃取公私财物的行为；诈骗是指以非法占有为目的，采用虚构事实或者隐瞒真相的方法，骗取公私财物的行为。对既采取秘密窃取手段又采取欺骗手段非法占有财物行为的定性，应从行为人采取主要手段和被害人有无处分财物意识方面区分盗窃与诈骗。如果行为人获取财物时起决定性作用的手段是秘密窃取，诈骗行为只是为盗窃创造条件或作掩护，被害人也没有“自愿”交付财物的，就应当认定为盗窃；如果行为人获取财物时起决定性作用的手段是诈骗，被害人基于错误认识而“自愿”交付财物，盗窃行为只是辅助手段的，就应当认定为诈骗。在信息网络情形下，行为人利用信息网络，诱骗他人点击虚假链接而实际上通过预先植入的计算机程序窃取他人财物构成犯罪的，应当以盗窃罪定罪处罚；行为人虚构可供交易的商品或者服务，欺骗他人为支付货款点击付款链接而获取财物构成犯罪的，应当以诈骗罪定罪处罚。被告人臧进泉、郑必玲使用预设计算机程序并植入的方法，秘密窃取他人网上银行账户内巨额钱款，其行为均已构成盗窃罪。臧进泉、郑必玲和被告人刘涛以非法占有为目的，通过开设虚假的网络店铺和利用伪造的购物链接骗取他人数额较大的货款，其行为均已构成诈骗罪。对臧进泉、郑必玲所犯数罪，应依法并罚。[No. 5-266-21　臧进泉等盗窃、诈骗案]

△虽然与被害人签订房屋购买合同，但对购买的房屋未作具体、明确约定的，不能认为诈骗发生在合同签订履行过程中，不成立合同诈骗罪，仅成立诈骗罪。

区分诈骗罪与合同诈骗罪的关键在于诈骗行为是否发生在签订、履行合同过程中。合同诈骗罪的手段仅限于在签订、履行合同过程中，利用合同手段骗取公私财物。合同诈骗罪中的“合同”，按照罪刑法定原则要求，不能随意扩大化解释，应限定为符合《合同法》（已失效）意义上的“合同”，而不能仅以有合同要件出现就定合同诈骗罪。梁四昌诈骗案中，虽然能够证实梁四昌与受害人约

分则　第五章

定了楼层及户型，开具加盖“河南省上蔡县百尺建筑公司”和“梁四昌”印章的收据，但是梁四昌与受害人没有对所购买的商品房作出具体、确定的约定，对购买房屋的约定并不具有明确性、唯一性。房屋系重要的生活资料，与一般商品不同，没有具体、明确约定房屋价款、履行期限、地点等购买房屋所应包含的内容，不能确认被告人梁四昌与被害人之间的约定，成立了合同，也不能确认被告人梁四昌实施的诈骗行为，是在签订、履行购买商品房合同过程中，因此梁四昌犯合同诈骗罪的证据不足。［No. 5-266-22　梁四昌诈骗案］

△个体工商户的雇员不是职务侵占罪的主体，虚开借条骗取借款的行为应认定为诈骗罪。

根据我国《刑法》第二百七十一条的规定，职务侵占罪的主体是特殊主体，即公司、企业或者其他单位的人员。赵军诈骗案中，贤庄调剂商行是由沙贤龙与邱敏合开，申领了个体工商户营业执照，注册为个体工商户。被告人赵军系贤庄调剂商行的一名雇员，能否成为职务侵占罪的主体，关键看贤庄调剂商行是否属于《刑法》第二百七十一条规定的公司、企业或其他单位。

公司一般是指依法设立的，全部资本由股东出资，以营利为目的的企业法人。企业一般是指以盈利为目的，运用各种生产要素（土地、劳动力、资本、技术和企业家才能等），向市场提供商品或服务，实行自主经营、自负盈亏、独立核算的具有法人资格的社会经济组织。显然，贤庄调剂商行不属于上述公司、企业的范畴，那么是否属于《刑法》第二百七十一条规定的“其他单位”的范围呢？

单位一般是指依法成立的具有一定经费和财产，有相对独立性的社会组织。而个体工商户是具有自然人全部特征的特殊民事主体，既可以是公民个人投资经营，也可以由家庭成员部分或全部投资经营，以其个人全部财产承担法律责任，包括其私人的住房等与配偶共同拥有的财产。因此，笔者认为，个体工商户不具备企业或单位的组织性特点，是实质的个人，在刑法意义上，其法律地位仅相当于自然人，不属于《刑法》第二百七十一条中规定的“其他单位”，所以，个体工商户所雇用的工作人员，亦不能成为职务侵占罪的主体。本案被告人赵军实际是骗取了贤庄调剂商行老板沙贤龙、邱敏的个人财产，其行为不构成职务侵占罪。

被告人采取虚构事实的方法使财物所有人或者管理人“自愿”交付财物的行为，构成诈骗罪。行为人以非法占有为目的，采取虚构事实或者隐瞒真相的方法实施欺诈行为，使对方产生认识错误，对方基于该认识错误交付财物，进而造成损失的行为构成诈骗罪。其主要特征是：行为人主观上只能是故意，且具有不法占有公私财物的目的；客观上采用了虚构事实或隐瞒真相的方法，使财物所有人、管理人或持有人基于对真实情况不了解，为诈骗人所制造的假象所迷惑、蒙蔽，陷于错误认识，从而“自愿”将财物交出的行为。

非法占有是指永久性地非法掌握、控制他人财物的意图，在司法实践中的具体判断需紧密结合案情，坚持主客观相一致原则。本案中，被告人赵军主观上基于故意，且以骗取商行钱财为目的，向被害人出具的借条均是冒用他人名义，完全是虚假的，实际上真正的借款并不存在，赵军以此来向被害人骗取钱财，其主观上的非法占有意图是明显的。

赵军客观上采用出具虚假借条，冒名签署借款人姓名，谎称他人借款的手段，从而向该商行隐瞒了真相，使该商行的所有人、管理人信以为真，产生错误认识。该商行的所有人、管理人正是由于赵军的欺骗行为，陷于错误认识，误认为存在他人合法借款的事实而“自愿”将钱款交出。赵军虚构借条、隐瞒真相的行为与该商行交付钱款之间存在刑法上的因果关系，其在负责宁波市鄞州区五乡镇点的放贷业务时，向该商行冒用他人名义出具虚假借条八张，从而骗取了该商行的钱款，使被害人的财产遭受了损失，应以诈骗罪定罪处罚。［No. 5-266-23　赵军诈骗案］

△签发空头支票作为债务抵押，并未通过交付票据直接获取对价的，不符合票据诈骗罪的构成要件，应认定为诈骗罪。

票据诈骗罪与普通诈骗罪在主观罪过上都是故意，都具有非法占有公私财产的目的，在客观方面都有虚构事实、制造假象的诈骗行为，在犯罪客体上都侵犯了公私财产所有权，两者属于特殊与一般的关系，构成票据诈骗罪也必然符合诈骗罪的构成特征。要区别这两类不同的诈骗罪，需要把握以下两点：

第一，侵犯的客体不同。票据诈骗罪所侵害的客体是双重客体。首先，它侵犯了我国经济制度中的票据管理制度。在我国当前，票据管理制度是确保社会主义市场经济正常运行的重要调控手段，在票据行业这一特殊领域内的经济活动，具有严格的程序性。票据诈骗罪犯罪行为所直接作用的物具有明显的特定性，即《票据法》中特指的汇票、本票、支票，且犯罪数额一般都是以犯罪时所使用的票据上所虚设记载的数额为指向目标。其次，由于票据诈骗之最终目的都是为了非法占有公私财产，所以票据诈骗罪所侵犯的客体还包括公私财产所有权,即通过犯罪行为所首先、直接侵害的金融管理制度来侵害公私财产所有权。票据诈骗罪所侵害的对象既有票据,也包括公私财产,但它更显著、更直接的是以票据为侵犯对象,进而才是间接也是必然地侵害公私财产。普通诈骗罪所侵害的客体只是单一的公私财产所有权,其犯罪行为并没有进入金融领域这一特有的货币、资金融通流转过程中,没有侵害票据管理制度,只是把伪造、变造的票据凭证作为向金融流通领域之外的人展示的假象,且犯罪数额也不是票据凭证上所记载的数额。

第二,犯罪客观方面不同。票据诈骗罪在客观方面表现为使用、冒用、签发等一系列行为。所谓使用等客观行为,就是指犯罪行为人将这些伪造、变造、作废、冒用他人、虚假的、空头的票据,通过银行等金融机构实际投入或进入商品的交换、流通或资金货币的结算运转途径中以及金融机构的往来活动中,利用票据特殊的功能来达到诈取钱财的目的。反之,若没有上述使用等客观行为,也即没有实际进入国家金融管理的流转过程中,那么即使在犯罪手段上伪造、变造了票据也不能以票据诈骗罪定罪处罚。

被告人俞辉以非法占有为目的,以购买汽车为由向被害人借款,借款后虽给付被害人两张空头支票,但票据的作用只是将来还款的一种手段以及双方在形式上的一种保证,或者也可以看作被告人向被害人展示的幌子,作为普通诈骗罪中形形色色的手段之一,而并非以票据为直接侵犯对象,只是在诈骗过程中打了擦边球,实质上所直接侵犯的是公民的财产所有权,并非以票据管理制度为侵犯对象,应以诈骗罪定罪处罚。[No. 5-266-24 俞辉诈骗案]

△以不合格酒或廉价酒冒充高档酒,利用酒托诱使被害人自愿处分财物的,构成诈骗罪。

李军、陈富海等 28 人诈骗案中,被告人虚构了两部分事实,一部分是由键盘手与酒托女联手虚构的酒托女与被害人交朋友、谈恋爱或将发生一夜情等;另一部分则是酒廊经营者虚构、酒托女协助完成的以不合格酒或廉价酒冒充高档酒让被害人消费、付款的行为。两部分事实虽然表面上相互独立,但相辅相成,指向共同目的,即骗取被害人的钱款。因此必须将钓鱼与宰客结合起来作为一个整体行为。如果没有前面的钓鱼行为,被害人便不会到该酒廊进行高额的酒水消费,即使消费了,在发现消费金额异常时,如果不是为了不在酒托女面前失面子,他们也不会轻易付款。同样,如果没有酒廊将不合格酒或廉价酒冒充高档酒,被告人也不可能取得被害人钱款,从而获利。因此被告人虚构事实与被害人自愿付款之间当然存在因果关系。本案中被告人以骗取被害人财物为目的,通过虚构交朋友、谈恋爱等手段,以消费为幌子,使被害人产生错误认识,符合诈骗罪的构成要件。[No. 5-266-25 李军、陈富海等 28 人诈骗案]

△在网络购物骗局中,区分盗窃与诈骗的关键在于行为人对于财物的实际取得是否基于被害人对于财物的自愿处分。

判断一个行为应当构成诈骗罪还是盗窃罪,要看行为人对财物的实际取得是否基于被害人对于财物的自愿处分(自愿交付)。至于行为人为了实现转移占有是否进行了欺骗行为,以及进行了多少欺骗行为不予考虑,因为刑法关注的是财物以怎么样的方式转移。很多案件被定性为盗窃,是因为案件中的诈骗行为只是犯罪行为人实施盗窃的辅助行为,它不是刑法评价的基点。行为应当认定为盗窃还是诈骗,应当从被害人对财物的处分意识来考量,当财物的转移占有系被害人自愿处分的结果,应认定为诈骗,当财物的转移占有违背被害人的意思表示的,应认定为盗窃。具体到本案中,可以结合涉案资金来源的不同形式来考查黄某某、孙磊盗窃、诈骗案二被告人相应行为的定性。

第一种资金来源是被害人支付宝或者银行卡内原有的资金余额。被告人黄某某、孙磊等人通过截取被害人的手机短信并对被害人的支付宝密码进行修改,而后进一步非法获取被害人银行卡号、身份证号码,并以此在财付通等支付平台上申请新的账号,以实现将被害人支付宝内及银行卡内的资金进行转移,这种资金的转移是不为被害人所知情的,即被害人没有自愿处分该财产的意思表示,资金的转移占有是违背被害人的意愿的,并最终使被害人遭受了财产的损失,故二被告人非法获取被害人支付宝内余额及将银行卡内余额进行非法转移的方式,符合盗窃罪的秘密窃取特征,故应当认定为盗窃罪。

第二种资金来源是二被告人以被害人的名义向淘宝贷款。被告人以被害人的名义向淘宝贷款,淘宝误以为是被害人本人申请,并在这种错误认识下,基于对被害人的商业活动的信誉等条件审核后,认为符合贷款申请条件的,向被害人发放贷款。对此,淘宝是自愿处分该贷款资金的。而最终承担该贷款损失的是淘宝(比如邱某某的 8600 元贷款由淘宝买单)。关于诈骗的数额,其中被告人黄某某以被害人高某的名义向淘宝贷款 20800 元,该资金最终流向被害人高某的银行卡内,后被告人黄某某从中非法获取了 19990 元,因为诈骗的被害人是淘宝，故相应部分的犯罪数额应认定为 20800 元，而非行为人最终获取的 19990 元；与此相同，被告人黄某某、孙磊以被害人邱某某名义向淘宝贷款 9000 元，根据银行明细该 9000 元发放到邱某某银行卡内，虽然据邱某某称扣除手续费等后实际是 8600 元，但二被告人骗取淘宝贷款的犯罪数额应认定为 9000 元。［No. 5-266-26 黄某某、孙磊盗窃、诈骗案］

△购买商品后谎称未带钱趁卖方不备而溜走的行为，成立诈骗罪。

对于使用欺诈手段的诈骗罪与盗窃罪，一般在以下三个方面存在明显区别：

1. 行为人实施欺诈行为的目的。

盗窃案件中经常伴有欺诈行为，行为人通过欺诈掩盖盗窃行为，从而使盗窃行为得以顺利实施。诈骗案件中的欺诈行为也经常伴有隐蔽手段，不使用隐蔽手段就容易被揭穿诈术。在盗窃案件和诈骗案件中，隐蔽手段和欺诈手段可能会交叉使用，但隐蔽和欺诈的具体目的有所不同。在盗窃案件中，行为人使用欺诈手段的目的在于为实施盗窃创造条件，即行为人实施欺诈行为是为了让被害人放松对财物的监管控制，一旦财物的监管控制出现松懈就着手实施秘密窃取行为，实践中一般将这种盗窃称作“诈术盗窃”。在诈骗案件中，行为人使用欺诈行为是为了使对方陷入错误认识而自愿交付财产。虽然在两类案件中，行为人的欺诈行为都会导致对方放松警惕，但盗窃案件中的放松主要体现为物理层面监管控制的放松，而诈骗案件中的放松主要体现为精神层面的放松。

2. 受骗人错误认识的内容。

在诈骗案件中，处分行为直接体现了错误认识的内容。错误认识，是指欺诈行为使对方产生交付财物动机的错误，是受骗人对交付财物的原因产生错误认识，而不是对所交付的财物本身存在错误认识。实践中，这种典型错误认识的内容主要包括：认为应当将自己占有的财物转移给他人；认为自己占有的财物本身就属于他人所有，应当归还；认为将自己的财物转移给他人后会产生更大的回报；认为将自己的财物转移给他人后，他人会按承诺时间归还。在盗窃案件中，即使行为人实施了欺诈行为，被害人也不会产生处分财产的错误认识。如刘二与张三同在一公园锻炼，刘二借张三手机打电话，后趁张三不注意携手机逃离并占为己有。虽然张三将手机交到刘二手中，但该交付行为不是刑法意义上的财物处分行为，并不导致“占有”关系的转移。张三错误认识的内容是暂时性的借用，并非处分财产。根据社会的一般观念，张三在事实上仍然支配和控制着手机，而刘二是采取趁张三不注意的方式拿走手机并占为己有，应认定刘二构成盗窃罪。

3. 受骗人的财物处分意思。

受骗人必须具有转移占有的财物处分意思。财物处分意思不能仅从客观上是否转移占有进行判断，而应以受骗人对转移占有行为本身是否存在认识为认定标准。如果受骗人有认识就可以认定具有财物处分意思，从而认定实施了财物处分行为；如果对交付行为本身没有认识，则不能认定为实施了财物处分行为。例如，幼儿或精神病患者由于不可能具有转移占有的财物处分意思，他们的行为也因此不能被认定为诈骗罪中的财物处分行为。

在诈骗犯罪案件中，行为人的欺骗行为必须与受骗人的财物处分行为之间具有直接的因果关系，而财物处分行为与被害人财产损害之间具有直接的因果关系。两个因果关系之间都不得介入其他因素，即不得介入行为人进一步的违法犯罪行为。

被告人曹海平为使被害人王勇自愿交付财物而谎称其姊妹小孩“对周”且身上未带钱，此欺诈行为致使王勇误认为曹海平确需购买金饰品，亦会按承诺时间、地点付款。基于此错误认识，王勇自愿将金饰品包装后交给曹海平。从此后王勇随曹海平一起去曹家取钱的事实分析，王勇具有永久将金饰品转移给曹海平占有的意思表示，应看作财物处分行为，并非仅是想让曹海平临时拿一下。曹海平利用王勇的意思表示占有金饰品之后，趁王勇不注意溜走仅是曹海平犯罪行为实施完毕逃离现场的后续行为，属于曹海平诈骗既遂后的事后行为，对本案的定罪没有任何影响。总之，被告人曹海平的欺骗行为使被害人王勇陷入了认识错误，从而将金饰品自愿交给曹海平，两者之间具有直接的因果关系。王勇本人的财物处分行为导致其失去金饰品的所有权与控制权，其财物处分行为与其遭受财产损失具有直接因果关系。因此，曹海平的欺骗行为对危害结果起到关键性的作用，欺骗行为与财产损害之间具有刑法上的因果关系。［No. 5-266-27 曹海平诈骗案］

△虚构注册公司欺骗他人将垫资款打入银行账户后，又借助法院强制执行冻结账户内垫资款的行为，构成诈骗罪未遂。

王先杰诈骗案中，行为对象具有财物与财产性利益的交叉属性：被害人基于错误认识，将垫资款项打入被告人王先杰的个人银行账户，但为预防不测，被害人始终实际掌控着打入垫资款项的银行卡和用于开卡的身份证，王先杰实质上并不能处置该垫资款项，反而是被害人可以利用银行卡、用于开卡的身份证和自己的身份证等实际处置该笔款项，该笔款项的实际占有者仍为被害人，名义占有者为王先杰，但其并无实质处分权。此时，并不能认定王先杰已经取得了财产。王先杰为了实现其实际处置该笔款项的目的，借助了国家公权力——法院强制执行措施，意图根据《民事诉讼法》第二百四十二条的规定，由法院通过执行措施将被害人的钱款扣划给执行申请人，只有当法院通过强制执行措施将该钱款扣划给执行申请人，行为人才实际取得了被害人的财产。人民法院根据执行申请人的申请，对于被申请执行人的银行款项既可以冻结，也可以划拨，不论哪一种方式，其结果均会导致涉案财产脱离被害人和被告人王先杰的控制，但并不意味着被害人必然遭受财产损害。本案中，法院只是冻结相应款项，涉案财物尚处于国家公权力控制之下，被害人只是暂时失去了处分权，并未实际遭受财产损害。被害人得知款项被冻结后立即报案，相关法院并未将已冻结的款项发放给申请执行人，也未进行其他处理，因此，王先杰的诈骗行为处于未完成状态，属于因案发等意志以外的因素未完成，系未遂。如果人民法院已将相应款项划拨，不论是发放给申请执行人，抑或作其他处理，被害人财产损害均已实际发生，行为人的行为即构成诈骗罪的既遂。［No. 5-266-36　王先杰诈骗案］

△犯罪分子在实施电话诈骗中，针对不特定对象拨打的电话号码，存在拨通后不信、拨错或没有拨通等情形，属于因意志以外的原因诈骗犯罪未能得逞情形，应认定为诈骗未遂。拨通后不信、拨错或没有拨通的电话，均应计入拨打次数予以量刑。

2011年3月1日公布的《最高人民法院、最高人民检察院关于办理诈骗刑事案件具体应用法律若干问题的解释》第五条第一款规定，诈骗未遂，以数额巨大的财物为诈骗目标的，或者具有其他严重情节的，应当定罪处罚。利用拨打电话手段对不特定多数人实施诈骗，诈骗数额难以查证，但拨打诈骗电话500人次以上的，应认定为"其他严重情节"，以诈骗罪（未遂）定罪处罚。电信诈骗的必要环节和手段是拨打电话，着手拨打电话是实施犯罪的开始，拨打后因空号、错号、无人接听、拨通后不信而导致诈骗钱财的目的不能得逞，系因意志以外的原因而没有得逞，行为人希望发生危害结果的意志并没有改变与放弃，构成犯罪未遂，而非犯罪预备。［No. 5-266-37　肖群、张红梅、刘娜、胡美连、刘生媛、毛双萍诈骗案］

△被告人因工作调动不再行使管理、监督国有财产的职权时，利用工作上的便利骗取单位公共财物的，构成诈骗罪。

诈骗罪的犯罪主体为一般主体，骗取型贪污罪的犯罪主体则为特殊主体，即国家工作人员以及受国家机关、国有公司、企业、事业单位、人民团体委托管理、经营国有财产的人员。被告人王媛在第五六起犯罪时间段内，已不再担任劳保用品计划综合管理员一职，而是被调到环境监测站工作。其隐瞒了自己已调岗的事实真相，利用之前自己擅自保留的空白的盖有安环部印章的《材料领用单》骗取了仓库保管员黄某的信任，才得以将公共财物骗领到手，非法占为己有。王媛当时骗领公司财物不是利用本人职务上的便利，而是工作上的便利，不具有特定主体身份，该两起犯罪行为应当按照诈骗罪定罪处罚。［No. 5-266-38　王媛、李洁等贪污，诈骗，掩饰、隐瞒犯罪所得案］

第二百六十七条　【抢夺罪】

抢夺公私财物，数额较大的，或者多次抢夺的，处三年以下有期徒刑、拘役或者管制，并处或者单处罚金；数额巨大或者有其他严重情节的，处三年以上十年以下有期徒刑，并处罚金；数额特别巨大或者有其他特别严重情节的，处十年以上有期徒刑或者无期徒刑，并处罚金或者没收财产。

携带凶器抢夺的，依照本法第二百六十三条的规定定罪处罚。

【立法沿革】

《中华人民共和国刑法》（1997年修订，自1997年10月1日起施行）

第二百六十七条

抢夺公私财物，数额较大的，处三年以下有期徒刑、拘役或者管制，并处或者单处罚金；数额巨大或者有其他严重情节的，处三年以上十年以下有期徒刑，并处罚金；数额特别巨大或者有其他特别严重情节的，处十年以上有期徒刑或者无期徒刑，并处罚金或者没收财产。

携带凶器抢夺的，依照本法第二百六十三条

的规定定罪处罚。

《中华人民共和国刑法修正案(九)》(自2015年11月1日起施行)

二十、将刑法第二百六十七条第一款修改为：

“抢夺公私财物,数额较大的,或者多次抢夺的,处三年以下有期徒刑、拘役或者管制,并处或者单处罚金;数额巨大或者有其他严重情节的,处三年以上十年以下有期徒刑,并处罚金;数额特别巨大或者有其他特别严重情节的,处十年以上有期徒刑或者无期徒刑,并处罚金或者没收财产。”

【立法理由】

1. **1979年立法的情况**。抢夺财物是一种比较常见的侵犯财产权利的犯罪行为。我国明律、清律这些封建法律中已设有区别于强盗罪和盗窃罪的“白昼抢夺罪”的条文。在制定1979年刑法时,立法机关考虑到盗窃、诈骗、抢夺这三种罪的轻重程度大体相同,规定的法定刑也相同,而且犯罪分子兼犯其中两种行为的为数不少,为处理上的方便,就合成一个条文予以规定,并另行规定了盗窃罪、诈骗罪、抢夺罪的加重处罚情节。1979年《刑法》第一百五十一条规定:“盗窃、诈骗、抢夺公私财物数额较大的,处五年以下有期徒刑、拘役或者管制。”第一百五十二条规定:“惯窃、惯骗或者盗窃、诈骗、抢夺公私财物数额巨大的,处五年以上十年以下有期徒刑;情节特别严重的,处十年以上有期徒刑或者无期徒刑,可以并处没收财产。”

2. **1997年修订刑法的情况**。1979年刑法将盗窃罪与诈骗罪、抢夺罪合在一起,共用两个条文来规定,不方便三种犯罪立法的细化和司法适用。随着立法技术的成熟,1997年修订刑法时,在总结十余年来的司法实践经验及刑法理论界的研究成果的基础上,以第二百六十七条单条规定了抢夺罪,并对本条作了进一步的修改。一是调整了抢夺罪的加重情节:入罪门槛仍须达到“数额较大”,但两种加重情节分别调整为“数额巨大或者有其他严重情节的”“数额特别巨大或者有其他特别严重情节的”。二是调整刑罚为“三年以下有期徒刑、拘役或者管制”“三年以上十年以下有期徒刑”“十年以上有期徒刑或者无期徒刑”。三是增加了罚金刑,对上述三档刑罚分别规定了“并处或者单处罚金”“并处罚金”和“并处罚金或者没收财产”。四是增加了一款作为第二款,规定“携带凶器抢夺的”,依照《刑法》第二百六十三条抢劫罪的规定定罪处罚。这主要是考虑到携带凶器抢夺具有很大的危险,行为性质本身已经包含了以暴力、威胁方法侵犯他人财产权,为了严厉打击这类犯罪行为,以抢劫罪定罪处罚较为合适。

3. **2015年《刑法修正案(九)》对本条的修改情况**。《刑法修正案(九)》在本条第一款中增加规定“多次抢夺的”构成抢夺罪,处三年以下有期徒刑、拘役或者管制,并处或者单处罚金。增加规定“多次抢夺的”构成抢夺罪,主要基于以下考虑:一是多次抢夺的,甚至光天化日之下公然抢夺的,严重破坏社会秩序,影响群众的安全感。二是多次抢夺具有常习性,行为人主观恶性大,必须予以严厉打击。实践中往往有些案件能够查证行为人抢夺次数,但难以查证每次具体抢夺财物的数额,造成了执法上的困难。三是多次抢夺的,往往伴随对被害人人身的侵犯,如抢夺他人佩戴的耳环、项链等物品致使被害人摔倒等,都有可能造成被害人伤亡的严重后果。鉴于多次抢夺行为社会危害性大,对于多次抢夺的,以往除依据治安管理处罚法给予治安管理处罚外,符合条件的还可以予以劳动教养。2013年12月28日,第十二届全国人大常委会第六次会议通过《全国人民代表大会常务委员会关于废止有关劳动教养法律规定的决定》**废止了劳动教养制度**,对于多次抢夺没有达到数额较大或者情节严重的只能给予治安管理处罚,难以满足打击和震慑这类违法行为的需要。为了在劳动教养制度废止后,对有关危害社会治安行为的打击不弱化,有必要将这类行为纳入刑法予以惩治。根据公安部等部门的意见,《刑法修正案(九)》将“多次抢夺的”增加规定为犯罪,与修改前相比在一定程度上降低了抢夺犯罪的入罪门槛,充分体现了刑法对人民群众人身财产安全的切实关注和严格保护,为打击抢夺犯罪提供了更有力的法律武器。

【条文说明】

本条是关于抢夺罪及其处罚和携带凶器抢夺如何定罪处罚的规定。

本条共分为两款。

第一款是关于抢夺罪的规定。**“抢夺”**是指以非法占有为目的,公然夺取公私财物的行为。[①] 抢夺罪的主体是一般主体,具有以下特征:(1)行

① 我国学者指出,尽管多数抢夺罪是公然实施的,但抢夺罪的成立不以公然实施为限。参见周光权:《刑法各论》(第4版),中国人民大学出版社2021年版,第128页;黎宏:《刑法学各论》(第2版),法律出版社2016年版,第305—306页。

为人主观上具有非法占有公私财物的目的。(2)行为人客观上实施了夺取他人财物的行为,如趁本人不备夺取其财物等。[①] 抢夺罪以没有针对被害人人身使用暴力或者胁迫为前提,如果以针对人身使用暴力或者胁迫的方法夺取他人财物,应当以抢劫罪定罪处罚。[②] (3)抢夺公私财物数额较大的,或多次抢夺的,才构成犯罪,抢夺"数额巨大""数额特别巨大"或者有"其他严重情节""其他特别严重情节"的,要加重处罚。具体"数额较大""数额巨大""数额特别巨大"以及"有其他严重情节""有其他特别严重情节"的标准,有关司法解释进行了明确。2013 年《最高人民法院、最高人民检察院关于办理抢夺刑事案件适用法律若干问题的解释》第一条规定:"抢夺公私财物价值一千元至三千元以上、三万元至八万元以上、二十万元至四十万元以上的,应当分别认定为刑法第二百六十七条规定的'**数额较大**''**数额巨大**''**数额特别巨大**'。各省、自治区、直辖市高级人民法院、人民检察院可以根据本地区经济发展状况,并考虑社会治安状况,在前款规定的数额幅度内,确定本地区执行的具体数额标准,报最高人民法院、最高人民检察院批准。"该解释同时对本条"其他严重情形"和"其他特别严重情形"作出了认定。该解释第三条规定:"抢夺公私财物,具有下列情形之一的,应当认定为刑法第二百六十七条规定的'**其他严重情节**':(一)导致他人重伤的;(二)导致他人自杀的;(三)具有本解释第二条第三项至第十项规定的情形之一,数额达到本解释第一条规定的'数额巨大'百分之五十的。"第四条规定:"抢夺公私财物,具有下列情形之一的,应当认定为刑法第二百六十七条规定的'**其他特别严重情节**':(一)导致他人死亡的;(二)具有本解释第二条第三项至第十项规定的情形之一,数额达到本解释第一条规定的'数额特别巨大'百分之五十的。"第二条规定了**特殊情形下降低入罪门槛的规定**:"抢夺公私财物,具有下列情形之一的,'数额较大'的标准按照前条规定标准的百分之五十确定:(一)曾因抢劫、抢夺或者聚众哄抢受过刑事处罚的;(二)一年内曾因抢夺或者哄抢受过行政处罚的;(三)一年内抢夺三次以上的;(四)驾驶机动车、非机动车抢夺的;(五)组织、控制未成年人抢夺的;(六)抢夺老年人、未成年人、孕妇、携带婴幼儿的人、残疾人、丧失劳动能力人的财物的;(七)在医院抢夺病人或者其亲友财物的;(八)抢夺救灾、抢险、防汛、优抚、扶贫、移民、救济款物的;(九)自然灾害、事故灾害、社会安全事件等突发事件期间,在事件发生地抢夺的;(十)导致他人轻伤或者精神失常等严重后果的。"

"多次抢夺"构成抢夺罪是《刑法修正案(九)》新增加的内容,具体如何认定可由司法机关根据案件具体情况掌握或者通过司法解释予以明确。

第一款对抢夺公私财物构成抢夺罪的规定了三档刑罚:**第一档刑罚**为数额较大的,或者多次抢夺的,处三年以下有期徒刑、拘役或者管制,并处或者单处罚金;**第二档刑罚**为数额巨大或者有其他严重情节的,处三年以上十年以下有期徒刑,并处罚金;**第三档刑罚**为数额特别巨大或者有其他特别严重情节的,处十年以上有期徒刑或者无期徒刑,并处罚金或者没收财产。其中"并处或者单处罚金"包括只判处罚金和既判处主刑又判处罚金两种情况,实践中由人民法院根据案件具体情况决定如何适用。

第二款是关于携带凶器进行抢夺按抢劫罪定罪处罚的规定。[③] 行为人携带凶器进行抢夺的,意图在于抢夺不成时加以使用,具有抢劫的心理准备,这种行为以暴力做后盾,不仅侵犯了他人的财产,而且对他人的人身也构成了严重威胁,危害程度较普通的抢夺行为大得多,具有抢劫罪的特征。为了更好地保护公民的人身权利、财产权利,本款规定,对携带凶器抢夺的,依照《刑法》第二百六十三条关于抢劫罪的规定定罪处罚。这里的**"携带凶器抢夺"**,2005 年 6 月 8 日发布的《最高人民法院关于审理抢劫、抢夺刑事案件适用法律若干问题的意见》进行了具体界定,是指行为人随身携带枪支、爆炸物、管制刀具等国家禁止个人携

① 我国学者指出,不能将乘人不备作为抢劫罪的客观要素,否则无法区分盗窃与抢夺行为。抢夺的具体方式包括两种类型:之一,乘人不备的抢夺;之二,创造他人不注意的机会然后夺取财物。参见周光权:《刑法各论》(第 4 版),中国人民大学出版社 2021 年版,第 128 页。

② 我国学者指出,抢夺罪的成立需要达到一定程度的暴力,此种暴力只是针对物实施,暴力手段的采用也不是为了压制被害人的反抗。参见周光权:《刑法各论》(第 4 版),中国人民大学出版社 2021 年版,第 129 页。黄京平教授则认为,抢夺罪是不采用暴力、胁迫等强迫方法而公然夺取财物。参见高铭暄、马克昌主编:《刑法学》(第 7 版),北京大学出版社、高等教育出版社 2016 年版,第 507 页。

③ 我国学者指出,本款规定为法律拟制,而非注意规定。只要行为人携带凶器抢夺,就以抢劫罪论处,不要求行为人使用暴力、胁迫或者其他方法。参见周光权:《刑法各论》(第 4 版),中国人民大学出版社 2021 年版,第 130 页。

带的器械进行抢夺或者为了实施犯罪而携带其他器械进行抢夺的行为。①②行为人随身携带国家禁止个人携带的器械以外的其他器械抢夺，但有证据证明该器械确实不是为了实施犯罪准备的，不以抢劫罪定罪。

需要注意的是，在司法实践中，要注意划清抢夺罪与**抢劫罪**的界限，二者的区别在于行为人在夺取财物的过程中是否对被害人采取暴力、胁迫或者其他强制方法。如果行为人随身携带凶器并在“抢夺”时将凶器有意加以显示，能为被害人察觉，会使被害人产生恐惧感或者精神强制，不敢进行反抗，实质上是一种胁迫行为，应当直接适用刑法关于抢劫罪的规定定罪处罚。此外，根据《最高人民法院、最高人民检察院关于办理抢夺刑事案件适用法律若干问题的解释》第六条的规定，驾驶机动车、非机动车夺取他人财物，具有下列情形之一的，应当以抢劫罪定罪处罚：(1)夺取他人财物时因被害人不放手而强行夺取的；(2)驾驶车辆逼挤、撞击或者强行逼倒他人夺取财物的；(3)明知会致人伤亡仍然强行夺取并放任造成财物持有人轻伤以上后果的。

【司法解释】

《最高人民法院关于审理抢劫案件具体应用法律若干问题的解释》(法释〔2000〕35号，自2000年11月28日起施行)

△(**携带凶器抢夺**)刑法第二百六十七条第二款规定的“携带凶器抢夺”，是指行为人随身携带枪支、爆炸物、管制刀具等国家禁止个人携带的器械进行抢夺或者为了实施犯罪而携带其他器械进行抢夺的行为。(§ 6)

《最高人民法院、最高人民检察院关于办理与盗窃、抢劫、诈骗、抢夺机动车相关刑事案件具体应用法律若干问题的解释》(法释〔2007〕11号，自2007年5月11日起施行)

△(**事前共谋；抢夺罪的共犯**)实施本解释第一条、第二条、第三条第一款或者第三款规定③的

① 我国学者指出，凶器可以区分“性质上的凶器”和“用法上的凶器”。其中，周光权教授认为，某一器具能否评价为凶器，应考虑如下要素：之一，根据一般社会观念，一般人在面对该器具时，是否会产生危险感觉；之二，该器具本身杀伤力的高低；之三，在司法认定上，该器具用于杀伤目的的可能性程度；之四，器具被携带的必要性、可能性大小。参见周光权：《刑法各论》(第4版)，中国人民大学出版社2021年版，第131页。另有学者指出，认定过程中需要考虑以下两点：之一，是否为凶器，必须就在实施抢夺行为之前的阶段加以判断；之二，是否为凶器，必须结合一般人观念上的“凶器”来加以判断。参见黎宏：《刑法学各论》(第2版)，法律出版社2016年版，第301页。

② 我国学者指出，此种凶器必须处于能够使用的状态。参见黎宏：《刑法学各论》(第2版)，法律出版社2016年版，第300页；张明楷：《刑法学》(第6版)，法律出版社2021年版，第1297页。亦有学者指出，“携带凶器抢夺”不要求行为人显示凶器(将凶器暴露在身体外部)，也不要求行为人向被害人暗示自己携带凶器，更不要求行为人使用所携带的凶器。参见周光权：《刑法各论》(第4版)，中国人民大学出版社2021年版，第132页。

③ 《最高人民法院、最高人民检察院关于办理与盗窃、抢劫、诈骗、抢夺机动车相关刑事案件具体应用法律若干问题的解释》(法释〔2007〕11号，自2007年5月11日起施行)

第一条

Ⅰ明知是盗窃、抢劫、诈骗、抢夺的机动车，实施下列行为之一的，依照刑法第三百一十二条的规定，以掩饰、隐瞒犯罪所得、犯罪所得收益罪定罪，处三年以下有期徒刑、拘役或者管制，并处或者单处罚金：

(一)买卖、介绍买卖、典当、拍卖、抵押或者用其抵债的；

(二)拆解、拼装或者组装的；

(三)修改发动机号、车辆识别代号的；

(四)更改车身颜色或者车辆外形的；

(五)提供或者出售机动车来历凭证、整车合格证、号牌以及有关机动车的其他证明和凭证的；

(六)提供或者出售伪造、变造的机动车来历凭证、整车合格证、号牌以及有关机动车的其他证明和凭证的。

Ⅱ实施第一款规定的行为涉及盗窃、抢劫、诈骗、抢夺的机动车五辆以上或者价值总额达到五十万元以上的，属于刑法第三百一十二条规定的“情节严重”，处三年以上七年以下有期徒刑，并处罚金。

第二条

Ⅰ伪造、变造、买卖机动车行驶证、登记证书，累计三本以上的，依照刑法第二百八十条第一款的规定，以伪造、变造、买卖国家机关证件罪定罪，处三年以下有期徒刑、拘役、管制或者剥夺政治权利。

Ⅱ伪造、变造、买卖机动车行驶证、登记证书，累计达到第一款规定数量标准五倍以上的，属于刑法第二百八十条第一款规定中的“情节严重”，处三年以上十年以下有期徒刑。

第三条

Ⅰ国家机关工作人员滥用职权，有下列情形之一，致使盗窃、抢劫、诈骗、抢夺的机动车被办理登记手续，数量达到三辆以上或者价值总额达到三十万元以上的，依照刑法第三百九十七条第一款的规定，以滥用职权罪定罪，处三年以下有期徒刑或者拘役：(转下页)

分则　第五章

行为，事前与盗窃、抢劫、诈骗、抢夺机动车的犯罪分子通谋的，以盗窃罪、抢劫罪、诈骗罪、抢夺罪的共犯论处。（§ 4）

《最高人民法院、最高人民检察院关于办理抢夺刑事案件适用法律若干问题的解释》（法释〔2013〕25号，自2013年11月18日起施行）

△（**抢夺；数额较大；数额巨大；数额特别巨大**）抢夺公私财物价值一千元至三千元以上、三万元至八万元以上、二十万元至四十万元以上的，应当分别认定为刑法第二百六十七条规定的“数额较大”“数额巨大”“数额特别巨大”。

各省、自治区、直辖市高级人民法院、人民检察院可以根据本地区经济发展状况，并考虑社会治安状况，在前款规定的数额幅度内，确定本地区执行的具体数额标准，报最高人民法院、最高人民检察院批准。（§ 1）

△（**降低数额较大标准；百分之五十**）抢夺公私财物，具有下列情形之一的，“数额较大”的标准按照前条规定标准的百分之五十①确定：

（一）曾因抢劫、抢夺或者聚众哄抢受过刑事处罚的；

（二）一年内曾因抢夺或者哄抢受过行政处罚的；

（三）一年内抢夺三次以上的；

（四）驾驶机动车、非机动车抢夺的；

（五）组织、控制未成年人抢夺的；

（六）抢夺老年人、未成年人、孕妇、携带婴幼儿的人、残疾人、丧失劳动能力人的财物的；

（七）在医院抢夺病人或者其亲友财物的；

（八）抢夺救灾、抢险、防汛、优抚、扶贫、移民、救济款物的；

（九）自然灾害、事故灾害、社会安全事件等突发事件期间，在事件发生地抢夺的；

（十）导致他人轻伤或者精神失常等严重后果的。（§ 2）

△（**其他严重情节；致人重伤；致人自杀；降低数额巨大标准**）抢夺公私财物，具有下列情形之一的，应当认定为刑法第二百六十七条规定的“其他严重情节”：

（一）导致他人重伤的；

（二）导致他人自杀的；

（三）具有本解释第二条第三项至第十项规定的情形之一，数额达到本解释第一条规定的“数额巨大”百分之五十的。（§ 3）

△（**其他特别严重情节；致人死亡；降低数额特别巨大标准**）抢夺公私财物，具有下列情形之一的，应当认定为刑法第二百六十七条规定的“其他特别严重情节”：

（一）导致他人死亡的；

（二）具有本解释第二条第三项至第十项规定的情形之一，数额达到本解释第一条规定的“数额特别巨大”百分之五十的。（§ 4）

△（**犯罪情节轻微；不起诉或者免予刑事处罚**）抢夺公私财物数额较大，但未造成他人轻伤以上伤害，行为人系初犯，认罪、悔罪，退赃、退赔，且具有下列情形之一的，可以认定为犯罪情节轻微，不起诉或者免予刑事处罚；必要时，由有关部门依法予以行政处罚：

（一）具有法定从宽处罚情节的；

（二）没有参与分赃或者获赃较少，且不是主犯的；

（三）被害人谅解的；

（四）其他情节轻微、危害不大的。（§ 5）

△（**驾驶车辆夺取他人财物；抢劫罪**）驾驶机动车、非机动车夺取他人财物，具有下列情形之一

（接上页）

（一）明知是登记手续不全或者不符合规定的机动车而办理登记手续的；

（二）指使他人为明知是登记手续不全或者不符合规定的机动车办理登记手续的；

（三）违规或者指使他人违规更改、调换车辆档案的；

（四）其他滥用职权的行为。

Ⅱ国家机关工作人员疏于审查或者审查不严，致使盗窃、抢劫、诈骗、抢夺的机动车被办理登记手续，数量达到五辆以上或者价值总额达到五十万元以上的，依照刑法第三百九十七条第一款的规定，以玩忽职守罪定罪，处三年以下有期徒刑或者拘役。

Ⅲ国家机关工作人员实施前两款规定的行为，致使盗窃、抢劫、诈骗、抢夺的机动车被办理登记手续，分别达到前两款规定数量、数额标准五倍以上的，或者明知是盗窃、抢劫、诈骗、抢夺的机动车而办理登记手续的，属于刑法第三百九十七条第一款规定的“情节特别严重”，处三年以上七年以下有期徒刑。

Ⅳ国家机关工作人员徇私舞弊，实施上述行为，构成犯罪的，依照刑法第三百九十七条第二款的规定定罪处罚。

①　我国学者指出，本条第（一）、（二）项所规定的内容只是表明行为人再犯可能性较大的要素，将其再犯罪可能性较大作为不法内容看待，明显不当。另外，多次抢夺构成犯罪，也不应当要求达到普通数额标准的百分之五十。参见张明楷：《刑法学》（第6版），法律出版社2021年版，第1296页。

的，应当以抢劫罪定罪处罚：

（一）夺取他人财物时因被害人不放手而强行夺取的；

（二）驾驶车辆逼挤、撞击或者强行逼倒他人夺取财物的；

（三）明知会致人伤亡仍然强行夺取并放任造成财物持有人轻伤以上后果的。（§ 6）

《最高人民法院关于审理掩饰、隐瞒犯罪所得、犯罪所得收益刑事案件适用法律若干问题的解释》（法释〔2015〕11 号，自 2015 年 6 月 1 日起施行）

△（**事前通谋；掩饰、隐瞒犯罪所得、犯罪所得收益；抢夺罪的共犯**）事前与盗窃、抢劫、诈骗、抢夺等犯罪分子通谋，掩饰、隐瞒犯罪所得及其产生的收益的，以盗窃、抢劫、诈骗、抢夺等犯罪的共犯论处。（§ 5）

△（**对犯罪所得及其产生的收益实施抢夺**）对犯罪所得及其产生的收益实施盗窃、抢劫、诈骗、抢夺等行为，构成犯罪的，分别以盗窃罪、抢劫罪、诈骗罪、抢夺罪等定罪处罚。（§ 6）

【司法解释性文件】

《最高人民法院关于审理抢劫、抢夺刑事案件适用法律若干问题的意见》（法发〔2005〕8 号，2005 年 6 月 8 日公布）

△（**携带凶器抢夺；管制器械；非管制器械；抢劫罪；转化型抢劫**）"携带凶器抢夺"，是指行为人随身携带枪支、爆炸物、管制刀具等国家禁止个人携带的器械进行抢夺或者为了实施犯罪而携带其他器械进行抢夺的行为。行为人随身携带国家禁止个人携带的器械以外的其他器械抢夺，但有证据证明该器械确实不是为了实施犯罪准备的，不以抢劫罪定罪；行为人将随身携带凶器有意加以显示、能为被害人察觉到的，直接适用刑法第二百六十三条的规定定罪处罚；行为人携带凶器抢夺后，在逃跑过程中为窝藏赃物、抗拒抓捕或者毁灭罪证而当场使用暴力或者以暴力相威胁的，适用刑法第二百六十七条第二款的规定定罪处罚。（§ 4）

△（**驾驶机动车、非机动车夺取他人财物；抢夺罪**）对于驾驶机动车、非机动车（以下简称"驾驶车辆"）夺取他人财物的，一般以抢夺罪从重处罚。① 但具有下列情形之一，应当以抢劫罪定罪处罚②：

（1）驾驶车辆，逼挤、撞击或强行逼倒他人以排除他人反抗，乘机夺取财物的；

（2）驾驶车辆强抢财物时，因被害人不放手而采取强拉硬拽方法劫取财物的；

（3）行为人明知其驾驶车辆强行夺取他人财物的手段会造成他人伤亡的后果，仍然强行夺取并放任造成财物持有人轻伤以上后果的。（§ 11）

《最高人民法院、最高人民检察院关于常见犯罪的量刑指导意见（试行）》（法发〔2021〕21 号，2021 年 6 月 6 日发布）

△（**抢夺罪；量刑**）

1. 构成抢夺罪的，根据下列情形在相应的幅度内确定量刑起点：

（1）达到数额较大起点或者二年内三次抢夺的，在一年以下有期徒刑、拘役幅度内确定量刑起点。

（2）达到数额巨大起点或者有其他严重情节的，在三年至五年有期徒刑幅度内确定量刑起点。

（3）达到数额特别巨大起点或者有其他特别严重情节的，在十年至十二年有期徒刑幅度内确定量刑起点。依法应当判处无期徒刑的除外。

2. 在量刑起点的基础上，根据抢夺数额、次数等其他影响犯罪构成的犯罪事实增加刑罚量，确定基准刑。

多次抢夺，数额达到较大以上的，以抢夺数额确定量刑起点，抢夺次数可以作为调节基准刑的量刑情节；数额未达到较大的，以抢夺次数确定量刑起点，超过三次的次数作为增加刑罚量的事实。

3. 构成抢夺罪的，根据抢夺的数额、次数、手段、危害后果等犯罪情节，综合考虑被告人缴纳罚金的能力，决定罚金数额。

4. 构成抢夺罪的，综合考虑抢夺的起因、数

① 我国学者指出，主要原因在于：一方面，抢劫罪是直接对被害人人身实施暴力，抢夺罪是直接对被害人财物实施暴力。虽然实践中飞车抢夺经常造成被害人人身受到伤害的后果，但此仅仅是行为人过失造成的结果，不能由此否定行为人故意行为的侵犯对象只是被害人的财物；另一方面，抢夺罪的法定最高刑是无期徒刑，对于飞车抢夺以抢夺罪加重处罚，完全可以满足惩罚犯罪的需要。参见周光权：《刑法各论》（第 4 版），中国人民大学出版社 2021 年版，第 133 页。

② 方鹏教授认为，《最高人民法院关于审理抢劫、抢夺刑事案件适用法律若干问题的意见》中的"飞车抢夺"规定是注意性规定，而非法律拟制。三种飞车抢夺情形的共同之处在于，均是利用飞车作为对人身实施暴力的手段，通过人身暴力取得财物，情形一中的排除他人反抗、情形二中的强拉硬拽、情形三中的造成他人伤亡的手段，均是如此。顺带一提的是，在情形二中，仍可能存在着犯行、犯意转化；而情形三所针对的是行为人只实施了夺取行为，但主观上对被害人死亡结果持有间接故意的情况。参见陈兴良主编：《刑法各论精释》，人民法院出版社 2015 年版，第 388 页。

额、手段、次数、危害后果、退赃退赔等犯罪事实、量刑情节，以及被告人的主观恶性、人身危险性、认罪悔罪表现等因素，决定缓刑的适用。

【附属刑法】

《中华人民共和国矿产资源法》(1986 年 3 月 19 日通过,2009 年 8 月 27 日第二次修正)

第四十一条

盗窃、抢夺矿山企业和勘查单位的矿产品和其他财物的，破坏采矿、勘查设施的，扰乱矿区和勘查作业区的生产秩序、工作秩序的，分别依照刑法有关规定追究刑事责任；情节显著轻微的，依照治安管理处罚法有关规定予以处罚。

《中华人民共和国水法》(1988 年 1 月 21 日通过,2016 年 7 月 2 日第二次修正)

第七十四条

在水事纠纷发生及其处理过程中煽动闹事、结伙斗殴、抢夺或者损坏公私财物、非法限制他人人身自由，构成犯罪的，依照刑法的有关规定追究刑事责任；尚不够刑事处罚的，由公安机关依法给予治安管理处罚。

《中华人民共和国老年人权益保障法》(1996 年 8 月 29 日通过,2018 年 12 月 29 日第二次修正)

第七十七条

家庭成员盗窃、诈骗、抢夺、侵占、勒索、故意损毁老年人财物，构成违反治安管理行为的，依法给予治安管理处罚；构成犯罪的，依法追究刑事责任。

【参考案例】

△携带凶器抢夺当场被抓获的，应以抢劫未遂论处。

抢劫罪侵犯的是复杂客体，既侵犯财产权利又侵犯人身权利，具备劫取财物或者造成他人人身伤害后果两者之一的，均属抢劫既遂；既未劫取财物，又未造成他人人身伤害后果的，属抢劫未遂。同理，《刑法》第二百六十三条规定的八种加重处罚情节中除“抢劫致人重伤、死亡的”这一结果加重情节之外，其余七种加重处罚情节也存在既遂、未遂问题，其中属抢劫未遂的，应当根据刑法关于加重情节的法定刑规定，结合未遂犯的处理原则量刑。被告人曾贤勇未实施暴力，不存在人身伤害问题，既遂、未遂问题应从是否取得财物方面来认定。被告人曾贤勇乘被害人等待存款之机，从被害人手中抢得现金，在此瞬间，从被害人的角度似乎已失去对该现金的控制，但是从行为人曾贤勇的角度结合银行营业大厅这一特定环境，被告人并未实际控制、取得该财物，且在其尚未跑出银行营业大厅即被当场抓获，故仍属犯罪未遂。[No. 5-263-37　曾贤勇抢劫案]

△携带凶器在抢夺过程中未使用暴力，且系未遂的，不宜判处死刑。

对于符合八种加重处罚情节的抢劫行为的具体量刑，仍需根据具体案情区别对待。其中，是否使用暴力以及暴力方式、暴力程度如何，应当加以充分考虑。另外，符合八种处罚情节的抢劫行为，如果具有自首、立功等法定从轻、减轻情节的，或者属于犯罪未遂的，仍然应当依法从轻、减轻处罚。被告人曾贤勇携带凶器抢夺，虽依法按照抢劫论处，且抢劫数额巨大，但被告人自始至终未使用暴力或者以暴力相威胁，未对被害人造成任何人身上的伤害，且具有未遂这一法定从轻、减轻处罚情节，故二审撤销对被告人的死刑判决是正确的。[No. 5-263-38　曾贤勇抢劫案]

△抢夺因质押而由第三人保管的本人财物，成立抢夺罪。

不动产被质押后，其所有权不因质押而改变，但质物的占有权却由出质人转至质权人。质权人有权将其合法取得的占有权转委托第三人代为行使，如委托第三人代为保管该质物。出质人在质押关系消灭前不能侵犯质权人、第三人的占有权，即不能强行改变占有状态，否则即便其取得质物的占有，也不能以其享有对质物的所有权而否定这种占有的非法性。被告人李丽波虽然仍然享有对涉案质物——起亚牌小轿车的所有权，但其占有权经质押权人——广东邦润典当有限责任公司转至越秀区文园停车场，文园停车场取得对质押物小轿车的合法占有权。无论是质押权人自己占有该小汽车，还是质权人委托的第三人占有该小汽车，都应当受到法律保护。如果李丽波强行改变占有关系，必然会使自己受益，使质权人或者第三人遭受经济损失，故此种非法占有行为在法律上应当予以禁止，社会危害性较大的，应当纳入刑法规制范围。

在财产犯罪案件中，有无被害人往往是认定犯罪是否成立的一个重要要件。特别是在三角债权关系中，被害人的确定往往对行为的定性起着决定性的影响。在侵犯财产犯罪中，一般而言，因行为人非法改变占有关系而实际遭受人身和经济损失的一方系被害人。具体到李丽波抢夺案中，被告人李丽波乘人不备，强行将车开走，在未造成人身损害的情况下，实际遭受经济损失的一方系被害人。文园停车场受质权人的委托，取得对小轿车的保管权，根据相关规定，其在保管质押财产期间,应当对质押财产的毁损、灭失承担赔偿责任。在案证据显示,文园停车场基于保管合同而遭受了 90206 元的经济损失,包括赔偿质权人的 65000 元和诉讼费 25206 元。可见,作为保管人员的文园停车场系本案的被害人。

无论是采取理论界的"所有权说"还是"占有权说",都不能仅从表面上分析被告人的行为所针对的是被害人的合法占有物还是所有物,而应当分析被告人的行为是否实际导致被害人遭受财产损害。显然,本案被告人李丽波的行为,在行为的社会危害性上,与抢夺他人所有财物的行为无异,都会导致他人遭受财产损害,而且都有可能导致人身伤害后果。对这类行为如不通过刑法予以规制,必将导致对这类行为的放纵。"孙伟勇盗窃案"具有一定参考意义。在该案中,人民法院将"伪造证明材料将借用的他人车辆质押,得款后又秘密窃回的行为"认定为盗窃行为。笔者认为,这样的认定,符合社会公平正义观念,也不违背法律的规定。基于上述分析,笔者认为,对李丽波的行为以抢夺罪论处符合刑法原理。[No. 5-267(1)-1　李丽波抢夺案]

△在加油站加油之后为逃避支付油费,趁加油站工作人员不备驶离加油站,应认定为抢夺罪。

1."加霸王油"的行为缺少秘密性的要件,不成立盗窃罪。

我国刑法中,盗窃罪以秘密性为成立要件。(1)从立法结构分析,"公开窃取"在我国刑法中并无存在的空间。虽然英美法系的英国、美国以及大陆法系的德国、法国、日本在理论上多认可"公然窃取"的存在,但那是因为上述国家在刑法中都没有将抢夺作为独立犯罪类型加以规定。如将未使用暴力的公然夺取行为归入盗窃罪的范畴,将使用暴力的抢夺行为纳入抢劫罪名下,从而使抢夺行为分别列入盗窃罪和抢劫罪。而我国刑法中存在抢夺罪的立法规定,公然夺取行为可以通过抢夺罪进行规制,故"公然窃取"没有存在的空间。(2)从刑法解释学分析,"公开窃取"逾越了刑法解释的边界。我国刑法对"盗窃"的文义解释为"用不合法的手段秘密地取得","公开窃取"的观点与盗窃"秘密取得"的本义不符。(3)从司法实践分析,盗窃罪和抢夺罪区分的关键在于盗窃罪是秘密取得他人财物,抢夺罪是公然夺取他人财物。秘密性作为盗窃罪的必备要件,存在两个认定标准:一是客观标准,即盗窃行为在客观上具有不为他人发觉的可能性,这主要是针对被害人而言。行为人采取被害人及周围其他人都难以发觉的方式取得财物是秘密窃取,行为人采取被害人难以发觉而周围其他人能够发觉的方式取得财物也是秘密窃取。二是主观标准,盗窃行为人在主观上具有不为他人发觉的意思,即自认为其盗窃行为是秘密进行的。行为人采取自认为被害人不能发觉的方式取得财物,即使实际上被害人已经发觉,只要该行为客观上同时存在被害人难以发觉的可能性,该行为仍然不丧失秘密性。

被告人李培峰在加油站为集装箱卡车加油后,为逃避支付油费,多次乘被害单位员工不备驾车驶离加油站,该行为在客观上不具有秘密性,能够为被害单位的员工及时发现,故不能被认定为盗窃罪。

2."加霸王油"的行为中,行为人既未虚构事实或隐瞒真相,加油站工作人员也并未陷入认识错误而处分财产,不成立诈骗罪。[①]

在"加霸王油"情形下,行为人不存在虚构事实或者隐瞒真相的行为。行为人加油但不想付钱的意图是一种主观意识状态,那种认为这种加油不想付钱的意图属于事实或真相的观点是失之偏颇的。事实是指事情的真实情况,真相是指事物的真实面貌,它们都是事情或事物的客观存在状态。本案中,李培峰加油但不想付钱的意图是一种主观意识活动,不属于事实或真相。

在"加霸王油"情形下,被害单位的员工并未基于错误认识而处分财物。区分诈骗罪和其他侵财犯罪的重要标准是看"受骗人是否基于认识错误处分(交付)财产",而"交给"行为不能与"交付(处分)"行为混为一谈,"交出"并不等于失控。本案中,被害单位员工将油加入被告人的油箱,并非基于认识错误而交付财物,只是依照惯例先加油再收款。从主观上看,被害人没有放弃财物的意思表示;从客观上看,虽然油已经在被告人的油箱,但如果行为人不支付对价,被害人可以随时追索并恢复对财物的直接控制,其并未丧失对财物的控制和支配力。

在"加霸王油"情形下,被告人并未取得财物。刑法中的取得并不完全等同于民法中的占有。加油之后,根据民法上占有的观念,被告人已经占有了该财物,但从行使效力上看,被告人并未取得对该财物占有的绝对性和排他性。在行为人

---

① 我国学者认为,加"霸王油"的情形属于以作为方式实施的诈骗,诈骗的行为对象是汽油。因为行为人开车到加油站装作有付钱的意思让加油站工作人员加油的举动,会使加油站工作人员产生行为人加完油后会付钱的事实性判断。参见周光权主编:《如何解答刑法题》,北京大学出版社 2021 年版,第 323 页。

支付对价之前，被害单位仍然保持着对该财物的控制，因此不能认为行为人已经取得了财物。

基于上述三点，被告人李培峰在加油站为卡车加油后，为逃避支付油费，多次乘被害单位财物管理人不备驾车驶离加油站的行为，不符合诈骗罪的行为特征，其行为不构成诈骗罪。

3.“加霸王油”的行为成立抢夺罪。

抢夺罪是指乘人不备、公然夺取公私财物的行为。公然夺取，是指行为人当着公私财物所有人、管理人或者其他人的面，乘人不防备，将公私财物据为己有或者给第三人所有；也有的采取可以使被害人立即发现的方式，公然把财物抢走，但不使用暴力或者以暴力相威胁。从客观方面看，被告人李培峰采取了乘人不备、公然夺取被害单位财物的行为。被告人李培峰当着被害单位财物管理人的面，乘人不防备驾车逃跑，并将被害单位的财物据为己有，其间并未使用暴力或者以暴力相威胁，完全符合公然夺取的特征，应以抢夺罪追究其刑事责任。

同时，值得注意的是，在加油站工作人员抓住驾驶室门或者座椅阻拦时，李培峰继续加速行驶以迫使工作人员放手，甚至导致工作人员倒地受伤，此时李培峰的行为性质发生了转化，应当依照《刑法》第二百六十九条的规定构成转化型抢劫，以抢劫罪论处。[No. 5-263-143　李培峰抢劫、抢夺案]

第二百六十八条　【聚众哄抢罪】

聚众哄抢公私财物，数额较大或者有其他严重情节的，对首要分子和积极参加的，处三年以下有期徒刑、拘役或者管制，并处罚金；数额巨大或者有其他特别严重情节的，处三年以上十年以下有期徒刑，并处罚金。

【立法理由】

1979年刑法并未规定聚众哄抢罪，但一些地方聚众哄抢公私财物的案件时有发生，个别地方甚至聚众哄抢成风，尤其在哄抢国家、集体所有的煤炭、林木、仓储、运输的货物、物资、铁路器材等方面的问题较为突出。1986年通过的《治安管理处罚条例》第二十三条规定，对哄抢国家、集体、个人财物的，尚不够刑事处罚的，处十五日以下拘留或者警告，可以单处或者并处二百元以下罚款。1987年通过的《渔业法实施细则》第三十九条、1990年通过的《盐业管理条例》第十二条、1990年通过的《铁路法》第六十四条规定等，均要求对聚众哄抢，情节严重，构成犯罪的，依法追究刑事责任。然而，由于1979年刑法中没有针对聚众哄抢行为的具体处罚规定和罪名，因而司法机关在司法实践中对此类行为往往是以抢劫罪、抢夺罪、流氓罪等罪名加以处罚的。对公共财产或者个人财产进行哄抢的行为，严重侵害了他人的财产权利，同时也破坏了社会秩序，必须予以惩处。**1997年修订刑法时**，在总结以往立法与司法实践经验的基础上，增加了本条规定，对聚众哄抢公私财物，数额较大或者有其他严重情节的，对首要分子和积极参加的，处三年以下有期徒刑、拘役或者管制，并处罚金；数额巨大或者有其他特别严重情节的，处三年以上十年以下有期徒刑，并处罚金。

【条文说明】

本条是关于聚众哄抢罪及其处罚的规定。

聚众哄抢，主要是指聚集多人，公然夺取数额较大的公私财物的行为。聚众哄抢的行为不仅侵犯了国家、集体、公民个人的财产所有权，而且侵犯了社会正常的管理秩序。构成聚众哄抢罪，必须符合以下几个条件：(1)犯罪主体是**聚众哄抢的首要分子和其他积极参加的人**。这里的“**首要分子**”，是指在聚众哄抢中起组织、策划、指挥作用的人。“**积极参加的**”是指主动参与哄抢，在哄抢中起主要作用以及哄抢财物多的人。考虑到这类犯罪带有聚众性、盲目性，其中多数的参与者是在不明真相的情况下参加的，或者是由于某种原因追随他人进行的，对这些参与者可以通过行政处罚和思想教育解决，一般不作为犯罪对待。(2)行为人客观方面表现为**纠集多人，采取哄闹、滋扰或者其他手段**①，**公然夺**

① 我国学者指出，本罪一般不针对人身使用暴力或只轻微使用暴力，此乃聚众哄抢罪和抢劫罪区分的关键。参见周光权：《刑法各论》(第4版)，中国人民大学出版社2021年版，第133页。另有学者指出，聚众哄抢通常是因为某种偶然事件所致，与数人事先通谋主张寻找机会抢夺作案的情形明显有别。参见黎宏：《刑法学各论》(第2版)，法律出版社2016年版，第308页。

取数额较大的公私财物。[①] 纠集多人是行为的主要特征。[②] (3)行为人主观方面是**出于故意，具有非法占有公私财物的目的**。

根据本条规定，聚众哄抢公私财物，数额较大或者有其他严重情节的，对首要分子和积极参加的，处三年以下有期徒刑、拘役或者管制，并处罚金；数额巨大或者有其他特别严重情节的，处三年以上十年以下有期徒刑，并处罚金。本条没有对“数额较大”“数额巨大”以及“严重情节”和“特别严重情节”作出具体规定，实践中，可以由司法机关依据各地的具体情况作出具体的规定。一般情况下，参与人数众多、哄抢重要物资、社会影响大、哄抢次数多、造成公私财产损失较大、造成人员重伤或死亡的，均属于本条规定的“其他严重情节”“其他特别严重情节”需要考虑的因素。

【司法解释】

《最高人民法院关于审理破坏森林资源刑事案件具体应用法律若干问题的解释》(法释〔2000〕36号，自2000年12月11日起施行)

△(**聚众哄抢林木；数额较大；数额巨大**)聚众哄抢林木五立方米以上的，属于聚众哄抢“数额较大”；聚众哄抢林木二十立方米以上的，属于聚众哄抢“数额巨大”，对首要分子和积极参加的，依照刑法第二百六十八条的规定，以聚众哄抢罪定罪处罚。(§ 14)

【司法解释性文件】

《最高人民法院、最高人民检察院、公安部、司法部关于依法惩治妨害新型冠状病毒感染肺炎疫情防控违法犯罪的意见》(法发〔2020〕7号，2020年2月6日发布)

△(**肺炎疫情防控；诈骗罪；虚假广告罪；聚众哄抢罪**)依法严惩诈骗、聚众哄抢犯罪。在疫情防控期间，假借研制、生产或者销售用于疫情防控的物品的名义骗取公私财物，或者捏造事实骗取公众捐赠款物，数额较大的，依照刑法第二百六十六条的规定，以诈骗罪定罪处罚。

在疫情防控期间，违反国家规定，假借疫情防控的名义，利用广告对所推销的商品或者服务作虚假宣传，致使多人上当受骗，违法所得数额较大或者有其他严重情节的，依照刑法第二百二十二条的规定，以虚假广告罪定罪处罚。

在疫情防控期间，聚众哄抢公私财物特别是疫情防控和保障物资，数额较大或者有其他严重情节的，对首要分子和积极参加者，依照刑法第二百六十八条的规定，以聚众哄抢罪定罪处罚。(§ 2Ⅴ)

△(**治安管理处罚；从重情节**)依法严惩妨害疫情防控的违法行为。实施上述(一)至(九)规定的行为，不构成犯罪的，由公安机关根据治安管理处罚法有关虚构事实扰乱公共秩序，扰乱单位秩序、公共场所秩序、寻衅滋事，拒不执行紧急状态下的决定、命令，阻碍执行职务，冲闯警戒带、警戒区，殴打他人，故意伤害，侮辱他人，诈骗，在铁路沿线非法挖掘坑穴、采石取沙，盗窃、损毁路面公共设施，损毁铁路设施设备，故意损毁财物、哄抢公私财物等规定，予以治安管理处罚，或者由有关部门予以其他行政处罚。

对于在疫情防控期间实施有关违法犯罪的，要作为从重情节予以考量，依法体现从严的政策要求，有力惩治震慑违法犯罪，维护法律权威，维护社会秩序，维护人民群众生命安全和身体健康。(§ 2Ⅹ)

【附属刑法】

《中华人民共和国铁路法》(1990年9月7日通过，2015年4月24日第二次修正)

第六十四条

Ⅰ聚众哄抢铁路运输物资的，对首要分子和骨干分子依照刑法有关规定追究刑事责任。

Ⅱ铁路职工与其他人员勾结犯前款罪的，从重处罚。

① 本罪的行为对象是他人占有的财物，只限于动产以及不动产中可以拆分的部分。参见周光权：《刑法各论》(第4版)，中国人民大学出版社2021年版，第133页。

② 我国学者指出，聚众哄抢是一种行为方式，并不要求存在所谓的“聚众”与“哄抢”两个行为。参见张明楷：《刑法学》(第6版)，法律出版社2021年版，第1302页。

第二百六十九条　【抢劫罪】

犯盗窃、诈骗、抢夺罪，为窝藏赃物、抗拒抓捕或者毁灭罪证而当场使用暴力或者以暴力相威胁的，依照本法第二百六十三条的规定定罪处罚。

【立法理由】

1. **1979年立法的情况。**转化型抢劫的规定自古有之,《大清新刑律》第三百七十一条即规定,先行盗窃,又因护赃、免捕、灭证而当场实施暴力、胁迫者,以强盗论罪。在外国刑法中,对先行实施盗窃、抢夺财物,后又为窝赃、拒捕或者毁灭罪证而当场实施暴力或者以暴力相威胁的行为,一般也规定为抢劫罪(强盗罪)或者以抢劫罪(强盗罪)论处。我国在制定1979年刑法过程中,借鉴了国内外有关立法经验。同时,实践中一些转化成抢劫的先犯罪行为不仅包括盗窃、抢夺,还包括诈骗,而犯罪分子为窝藏赃物、抗拒抓捕或者毁灭罪证,当场使用暴力或者以暴力相威胁,其针对的对象既可能是司法工作人员,也可能是被害人,或者是其他人民群众,社会危害性大,应当对盗窃、诈骗、抢夺这三类侵犯公私财产权利的犯罪的暴力转化予以严惩。因此,1979年《刑法》第一百五十三条专门规定对这种行为以抢劫罪论处:"犯盗窃、诈骗、抢夺罪,为窝藏赃物、抗拒逮捕或者毁灭罪证而当场使用暴力或者以暴力相威胁的,依照本法第一百五十条抢劫罪处罚。"

2. **1997年修订刑法的情况。**1997年修订刑法时,基本吸收了1979年刑法的规定,仅在文字表述上作了修改:按照调整后的条文序号,将"依照本法第一百五十条抢劫罪处罚"修改为"依照本法第二百六十三条的规定定罪处罚"。

【条文说明】

本条是关于转化的抢劫罪及其处罚的规定。

根据本条规定,犯盗窃、诈骗、抢夺罪后,因使用暴力或者以暴力相威胁转化为抢劫罪必须符合以下三个条件:

1. 转化为抢劫罪的前提条件是**行为人构成"盗窃、诈骗、抢夺罪"**。[①][②] 2005年《最高人民法院关于审理抢劫、抢夺刑事案件适用法律若干问题的意见》对实践中转化抢劫的认定规定,行为人实施盗窃、诈骗、抢夺行为未达到"数额较大",为窝藏赃物、抗拒抓捕或者毁灭罪证当场使用暴力或者以暴力相威胁,情节较轻、危害不大的,一般不以犯罪论处,但具有下列情节之一的,可以抢劫罪定罪处罚:(1)盗窃、诈骗、抢夺接近"数额较大"标准的;(2)入户或在公共交通工具上盗窃、诈骗、抢夺后在户外或交通工具外实施上述行为的;(3)使用暴力致人轻微伤以上后果的;(4)使用凶器或以凶器相威胁的;(5)具有其他严重情节的。

2. 必须具有**"窝藏赃物、抗拒抓捕或者毁灭罪证"的目的**。所谓**"窝藏赃物"**,是指转移、隐匿盗窃、诈骗、抢夺所得到的公私财物的行为。所谓**"抗拒抓捕"**,是指犯罪分子抗拒司法机关依法对其采取的拘留、逮捕等强制措施,以及在犯罪时或者犯罪后被及时发现,抗拒群众将其扭送到司法机关的行为。所谓**"毁灭罪证"**,是指犯罪分子为逃避罪责,湮灭作案现场遗留的痕迹、物品以及销毁可以证明其罪行的各种证据。

3. 必须具有**"当场使用暴力或者以暴力相威胁"的行为**。这里所谓**"当场"**,一般是指实施盗窃、诈骗、抢夺犯罪行为的作案现场。[③] 如果犯罪分子在逃离现场时被人发现,在受到追捕或者围

---

① 我国学者指出,刑法虽然将准抢劫罪的前提条件表述为"犯盗窃、诈骗、抢夺罪",但并不是要求先行的犯罪必须符合相应犯罪的既遂条件。参见周光权:《刑法各论》(第4版),中国人民大学出版社2021年版,第122页;黎宏:《刑法学各论》(第2版),法律出版社2016年版,第299页。另有学者指出,只有当前行为能被评价为犯盗窃、诈骗、抢夺"罪"(不管这种"罪"是既遂还是未遂),才能进而成立事后抢劫。参见张明楷:《刑法学》(第6版),法律出版社2021年版,第1275页。

② 我国学者指出,"盗窃、诈骗、抢夺罪"不仅包括《刑法》分则第五章中规定的相关犯罪,也包括其他类似犯罪,如盗伐林木、以盗窃手段实施的破坏电力设备、以诈骗手段实施的信用卡诈骗。参见黎宏:《刑法学各论》(第2版),法律出版社2016年版,第299页。

另有学者指出,《刑法》第二百六十九条所规定的"犯盗窃、诈骗、抢劫罪"应当限定为犯第二百六十四条之盗窃罪、第二百六十六条之诈骗罪、第二百六十七条之抢夺罪。但与此同时,凡是可以评价为盗窃、诈骗、抢夺罪的行为,都可能再成立事后抢劫罪。参见张明楷:《刑法学》(第6版),法律出版社2021年版,第1278页。

③ 我国学者指出,当场是一个综合了时间与空间的概念。只有当暴力、胁迫与盗窃等行为具有时间与空间上的紧密性时,才能认定为"当场"。参见张明楷:《刑法学》(第6版),法律出版社2021年版,第1281页。

堵的情况下使用暴力的，也应视为当场使用暴力。① 如果犯罪分子作案时没有被及时发现，而是在其他时间、地点被发现，在抓捕过程中行凶拒捕或者在事后为掩盖罪行杀人灭口的，不适用本条规定，应依其行为所触犯的罪名定罪。所谓**"使用暴力或者以暴力相威胁"**，是指犯罪分子对他人故意实施撞击、殴打、伤害等危及人体健康和生命安全的行为或者以立即实施这些行为相威胁。对于以摆脱的方式逃脱抓捕，暴力强度较小，未造成轻伤以上后果的，可不认定为"使用暴力"，不以抢劫罪论处。

此外，关于两人以上共同实施盗窃、诈骗、抢夺犯罪，其中部分行为人为窝藏赃物、抗拒抓捕或者毁灭罪证而当场使用暴力或者以暴力相威胁的，对于其余行为人是否以抢劫罪共犯论处，2016年《最高人民法院关于审理抢劫刑事案件适用法律若干问题的指导意见》第三条中提出，主要看**其对实施暴力或者以暴力相威胁的行为人是否形成共同犯意或提供帮助**。基于一定意思联络，对实施暴力或者以暴力相威胁的行为人提供帮助或实际成为帮凶的，可以抢劫罪共犯论处。根据本条规定，构成转化型抢劫罪的，处三年以上十年以下有期徒刑，并处罚金；入户抢劫的，在公共交通工具上抢劫的，抢劫银行或者其他金融机构的，多次抢劫或者抢劫数额巨大的，抢劫致人重伤、死亡的，冒充军警人员抢劫的，持枪抢劫的，抢劫军用物资或者抢险、救灾、救济物资的，处十年以上有期徒刑、无期徒刑或者死刑，并处罚金或者没收财产。需要说明的是，行为人"入户"或者"在公共交通工具上"盗窃、诈骗、抢夺后，为了窝藏赃物、抗拒抓捕或者毁灭罪证，在户内或者公共交通工具上当场使用暴力或者以暴力相威胁的，构成"入户抢劫"或者"在公共交通工具上抢劫"，**按照抢劫罪的加重情节处罚**。

【司法解释】

《最高人民法院关于审理未成年人刑事案件具体应用法律若干问题的解释》（法释〔2006〕1号，自2006年1月23日起施行）

△（**已满十四周岁不满十六周岁的人；故意伤害罪或者故意杀人罪；已满十六周岁不满十八周岁的人；转化型抢劫；情节轻微**）已满十四周岁不满十六周岁的人盗窃、诈骗、抢夺他人财物，为窝藏赃物、抗拒抓捕或者毁灭罪证，当场使用暴力，故意伤害致人重伤或者死亡，或者故意杀人的，应当分别以故意伤害罪或者故意杀人罪定罪处罚。②

已满十六周岁不满十八周岁的人犯盗窃、诈骗、抢夺罪，为窝藏赃物、抗拒抓捕或者毁灭罪证而当场使用暴力或者以暴力相威胁的，应当依照刑法第二百六十九条的规定定罪处罚；情节轻微的，可不以抢劫罪定罪处罚。（§10）

【司法解释性文件】

《最高人民检察院关于相对刑事责任年龄的人承担刑事责任范围有关问题的答复》（〔2003〕高检研发第13号，2003年4月18日公布）

△（**相对刑事责任年龄；转化型抢劫；但书；情节显著轻微，危害不大**）相对刑事责任年龄的人实施了刑法第二百六十九条规定的行为的，应当依照刑法第二百六十三条的规定，以抢劫罪追究刑事责任。但对情节显著轻微，危害不大的，可根据刑法第十三条的规定，不予追究刑事责任。

《最高人民法院关于审理抢劫、抢夺刑事案件适用法律若干问题的意见》（法发〔2005〕8号，2005年6月8日公布）

△（**转化型抢劫**）行为人实施盗窃、诈骗、抢夺行为，未达到"数额较大"，为窝藏赃物、抗拒抓捕或者毁灭罪证当场使用暴力或者以暴力相威胁，情节较轻、危害不大的，一般不以犯罪论处；但具有下列情节之一的，可依照刑法第二百六十九

① 我国学者指出，当场包括实施盗窃、诈骗、抢夺行为的现场，以及从现场延伸的场所，需结合行为的场所、时间的间隔大小、对财产犯罪人追捕的可能性等作具体判断。参见周光权：《刑法各论》（第4版），中国人民大学出版社2021年版，第122页；黎宏：《刑法学各论》（第2版），法律出版社2016年版，第300页。

② 系争解释与《最高人民检察院法律政策研究室关于相对刑事责任年龄的人承担刑事责任范围有关问题的答复》的结论（以抢劫罪论处）相互矛盾。对此，林维教授批评该司法解释将不法与罪责混为一谈。立法者将几种典型的危险行为拟制为抢劫行为，是关于构成要件之不法内涵的拟制。《刑法》第十七条第二款是关于责任年龄的规定，其只是表明相对刑事责任年龄者应对抢劫行为的不法负责，与不法内涵本身为何无涉。因此，相对刑事责任年龄者仍应对三种拟制性抢劫负责。参见陈兴良主编：《刑法各论精释》，人民法院出版社2015年版，第308页；张明楷：《刑法学》（第6版），法律出版社2021年版，第1279—1281页。

条的规定，以抢劫罪定罪处罚[①]：

(1)盗窃、诈骗、抢夺接近“数额较大”标准的；

(2)入户或在公共交通工具上盗窃、诈骗、抢夺后在户外或交通工具外实施上述行为的；

(3)使用暴力致人轻微伤以上后果的；

(4)使用凶器或以凶器相威胁的；

(5)具有其他严重情节的。(§ 5)

《最高人民法院关于审理抢劫刑事案件适用法律若干问题的指导意见》(法发〔2016〕2号，2016年1月6日公布)

△(**转化型抢劫；犯盗窃、诈骗、抢夺罪；当场；使用暴力；入户抢劫；在公共交通工具上抢劫；抢劫共犯**)根据刑法第二百六十九条的规定，“犯盗窃、诈骗、抢夺罪，为窝藏赃物、抗拒抓捕或者毁灭罪证而当场使用暴力或者以暴力相威胁的”，依照抢劫罪定罪处罚。“犯盗窃、诈骗、抢夺罪”，主要是指行为人已经着手实施盗窃、诈骗、抢夺行为，一般不考察盗窃、诈骗、抢夺行为是否既遂。但是所涉财物数额明显低于“数额较大”的标准，又不具有《两抢意见》[②]第五条所列五种情节之一的，不构成抢劫罪。“当场”是指在盗窃、诈骗、抢夺的现场以及行为人刚离开现场即被他人发现并抓捕的情形。

对于以摆脱的方式逃脱抓捕，暴力强度较小，未造成轻伤以上后果的，可不认定为“使用暴力”，不以抢劫罪论处。

入户或者在公共交通工具上盗窃、诈骗、抢夺后，为了窝藏赃物、抗拒抓捕或者毁灭罪证，在户内或者公共交通工具上当场使用暴力或者以暴力相威胁的，构成“入户抢劫”或者“在公共交通工具上抢劫”。

两人以上共同实施盗窃、诈骗、抢夺犯罪，其中部分行为人为窝藏赃物、抗拒抓捕或者毁灭罪证而当场使用暴力或者以暴力相威胁的，对于其余行为人是否以抢劫罪共犯论处，主要看其对实施暴力或者以暴力相威胁的行为人是否形成共同犯意、提供帮助。基于一定意思联络，对实施暴力或者以暴力相威胁的行为人提供帮助或实际成为帮凶的，可以抢劫共犯论处。(§ 3)

《最高人民法院、最高人民检察院、公安部、司法部关于办理黑恶势力犯罪案件若干问题的指导意见》(法发〔2018〕1号，2018年1月16日公布)

△(**假借民间借贷之名；诈骗罪；强迫交易罪；敲诈勒索罪；抢劫罪；虚假诉讼罪；违法所得**)对于以非法占有为目的，假借民间借贷之名，通过“虚增债务”“签订虚假借款协议”“制造资金走账流水”“肆意认定违约”“转单平账”“虚假诉讼”等手段非法占有他人财产，或者使用暴力、威胁手段强立债权、强行索债的，应当根据案件具体事实，以诈骗、强迫交易、敲诈勒索、抢劫、虚假诉讼等罪名侦查、起诉、审判。对于非法占有的被害人实际所得借款以外的虚高“债务”和以“保证金”“中介费”“服务费”等各种名目扣除或收取的额外费用，均应计入违法所得。对于名义上为被害人所得、但在案证据能够证明实际上却为犯罪嫌疑人、被告人实施后续犯罪所使用的“借款”，应予以没收。(§ 20)

【参考案例】

△**在盗窃过程中为防止被害人发觉，对被害人实施暴力行为的，应以抢劫罪论处。**

行为人在实施盗窃过程中被发现等情况的发生，完全属于意志以外的原因，行为人必然意识到其已不可能继续通过秘密窃取方法达到非法占有他人财物的目的，此时无论其选择逃跑还是改变犯罪手段以继续实现非法占有他人财物的目的，其实施的前期行为业已构成盗窃未遂。如果行为人为了排除被害人的反抗转而对被害人实施暴力或以暴力相威胁，从而达到非法强行占有他人财物的目的，则属于犯意转化，其后续行为完全符合《刑法》第二百六十三条规定的典型的抢劫罪的构成要件，而不宜认定为转化的抢劫罪。

被告人朱永友在盗窃过程中，由于担心其盗窃行为被正在熟睡的被害人发现而当场使用暴力，导致一人重伤、一人轻微伤的后果，其主观目的并非为了窝藏赃物、抗拒抓捕或者毁灭罪证，而是为了非法强行占有被害人财物。换言之，朱永友的主观犯意已由秘密窃取公私财物转化为当场使用暴力手段劫取公私财物，已构成了抢劫罪。[No. 5-263-49　朱永友抢劫案]

△**在盗窃电力设备过程中，为抗拒抓捕而当场使用暴力或者以暴力相威胁的，构成转化型的抢劫罪。**

---

① 系争规定值得商榷：之一，将“犯盗窃、诈骗、抢夺罪”的判断转换为“使用暴力或者以暴力相威胁”的判断，并不妥当。之二，对于“使用暴力或者以暴力相威胁”的判断，应以行为是否足以压制被害人的反抗作为标准，而不能以所谓的情节是否严重作为标准。参见张明楷：《刑法学》(第6版)，法律出版社2021年版，第1275页。

② 即《最高人民法院关于审理抢劫、抢夺刑事案件适用法律若干问题的意见》(法发〔2005〕8号，2005年6月8日公布)。

首先,转化型抢劫罪的成立并不以前行为构成犯罪为必要。尽管《刑法》第二百六十九条表述的是犯盗窃、诈骗、抢夺罪,但并不意味着要求这些行为事实上已经构成犯罪。因为抢劫罪的成立没有数额限制,故转化型抢劫罪的成立也不应有数额限制,由于转化型抢劫行为人也是当场使用暴力或以暴力相威胁,与普通抢劫并无本质区别,所以只能将其理解为行为人有犯盗窃罪、诈骗罪、抢夺罪的故意和行为,才谈得上向抢劫罪的转化,否则会不当缩小转化型抢劫罪的打击范围,有违立法意图。对此,有关司法解释也予以了肯定。1988 年 3 月 16 日公布的《最高人民法院、最高人民检察院关于如何适用刑法第一百五十三条的批复》(已失效)指出:“在司法实践中,有的被告人实施盗窃、诈骗、抢夺行为,虽未达到‘数额较大’,但为窝藏赃物、抗拒逮捕或者毁灭罪证而当场使用暴力或者以暴力相威胁,情节严重的,可按照刑法第一百五十三条的规定,依照刑法(注:1979 年《刑法》)第一百五十条抢劫罪处罚……”2005 年 6 月 8 日公布的《最高人民法院关于审理抢劫、抢夺刑事案件适用法律若干问题的意见》中也再次对此予以明确。据此,只要行为人故意实施了盗窃、诈骗、抢夺行为,无论是否达到构成犯罪的标准,都符合转化型抢劫罪成立的前提条件。

其次,《刑法》第二百六十九条规定的盗窃、诈骗、抢夺罪应理解为类罪。上述否定说的论据之一为,盗窃罪、诈骗罪、抢劫罪都规定在侵犯财产罪一章,其侵犯的共同客体是公私财物的所有权,因此,具有转化为抢劫罪的客体基础;而破坏电力设备罪规定在危害公共安全罪一章,与财产犯罪侵犯的客体不同,不能转化。抢劫罪属于侵犯财产犯罪,因此,转化型抢劫罪,其先行行为之对象必须是公私财物,犯罪主观方面也必须具有非法占有的目的。以特定财物为犯罪对象,如盗窃电力设备,与盗窃普通财物在侵犯公私财物所有权这一客体上并无本质的不同,只是罪名有差异。在此情况下,盗窃电力设备的行为构成破坏电力设备罪与盗窃罪的想象竞合,虽然有的情况下不以盗窃罪定罪而以破坏电力设备罪定罪,这是因为在想象竞合的情况下,某一行为同时触犯两个罪名应择一重罪论处,并非其行为不属盗窃行为,不构成盗窃罪,而是根据相关法律适用原则,不以盗窃罪定罪处罚而已。且如前所述,应将《刑法》第二百六十九条规定的犯盗窃、诈骗、抢夺罪理解为实施了盗窃、诈骗、抢夺性质的行为,而不拘泥于罪名,此外,从转化抢劫的立法意图出发,这些特殊盗窃、诈骗、抢夺虽在罪名上有所区别,侵犯的对象有所区别,而其本质上是一样的,都以非法占有为目的,秘密窃取公私财物,或以虚构事实或隐瞒真相的方法骗取他人财物,或公开抢夺公私财物,因此,从理论上讲,普通的盗窃罪、诈骗罪、抢夺罪可以转化为抢劫罪,那么,特殊的盗窃罪、诈骗罪、抢夺罪更可以转化为抢劫罪。如果因为刑法将特殊的盗窃罪、诈骗罪、抢夺罪从普通盗窃罪、诈骗罪、抢夺罪种中分离出来规定为不同罪名,反而使得这些特殊罪不能转化为抢劫罪,这显然破坏了刑法体系解释的当然结论,有违罪刑相适应的原则。因此,《刑法》第二百六十九条规定的盗窃、诈骗、抢夺罪应理解为类罪,而非特指盗窃、诈骗、抢夺三个个罪。

需要指出的是,肯定盗窃电力设备的行为在法定条件下可以转化为抢劫罪,并不意味着最终对行为人以抢劫罪定罪处罚。根据《最高人民法院关于审理盗窃案件具体应用法律若干问题的解释》[①]第十二条的规定,盗窃使用中的电力设备,同时构成盗窃罪和破坏电力设备罪的,应择一重罪处罚。因此,当对盗窃行为选择破坏电力设备罪处罚较重,而盗窃行为又具备转化型抢劫罪的构成时,对行为人应在破坏电力设备罪和抢劫罪中择一重罪处罚。[No. 5-263-93　杨辉等破坏电力设备案]

△不满十六周岁的人犯抢夺罪,为抗拒抓捕而当场实施暴力致人轻伤的,应负刑事责任,以抢劫罪论处。

不满十六周岁的人犯抢夺罪虽依法不负刑事责任,但当其行为符合转化型抢劫罪的构成时,则需对其抢劫罪承担刑事责任,不能因为行为人不满十六周岁,对其抢夺罪不负刑事责任进而否认其不可以构成转化型抢劫犯罪,甚至得出其对转化型抢劫罪也不负刑事责任的结论。抢劫罪较之单纯侵犯他人财产权的抢夺罪具有更为严重的社会危害性,法律并不要求构成抢劫罪要具备数额较大的条件,且规定凡年满十四周岁具有刑事责任能力的自然人都应当承担刑事责任。将抢夺后又当场实施暴力抗拒抓捕致人轻伤或重伤等行为,刑法规定转以抢劫罪论处,而不是分别论罪并罚,体现了立法者对转化型抢劫从严评价的意图。因此,尽管将姜金福的行为分隔开来看,即其先行

① 系争解释已被《最高人民法院、最高人民检察院关于办理盗窃刑事案件适用法律若干问题的解释》(法释〔2013〕8号)废止。

的抢夺行为依法不负刑事责任，其后续的伤害行为依法亦不负刑事责任，但如果将其行为作为连续的、整体的来看，就应对其适用转化型抢劫犯罪的规定，要负刑事责任。［No. 5-263-97　姜金福抢劫案］

△转化型抢劫的当场，是指犯罪现场以及行为人刚离开即被发觉而被追捕的过程。

行为人因在盗窃、诈骗或者抢夺公私财物过程中被发现而当场使用暴力或以暴力相威胁的，才构成转化型抢劫罪。所谓当场，应是行为人实施盗窃、诈骗或者抢夺犯罪的现场，行为人刚一离开现场就被发觉而被追捕的过程，是其犯罪现场的延伸，也应视为当场。也就是说，如果犯罪分子在逃离现场时被人发现，在受到追捕或者围堵的情况下使用暴力的，也应认定为当场使用暴力。如果行为人在实施盗窃、诈骗、抢夺犯罪过程中未被发觉，而是隔了一段时间以后，在其他地方被抓捕而行凶拒捕，则不适用《刑法》第二百六十九条的规定，而应按所触犯的罪名单独定罪，再与原来的罪实行并罚。［No. 5-263-98　王国清等抢劫、故意伤害、盗窃案］

△在盗窃、诈骗或抢夺公私财物过程中，单纯为了挣脱抓捕而冲撞他人并未造成严重后果的，不能认定为使用暴力或者以暴力相威胁，不构成转化型抢劫罪。①

使用暴力和以暴力相威胁，是指犯罪分子对被害人或者抓捕人故意实施撞击、殴打、伤害等具有一定强度的危及人体健康和生命安全的行为，或以立即实施这种暴力相威胁。如果暴力强度很小，情节显著轻微，或者无加害他人的意图，只是为了挣脱抓捕而冲撞了他人并未造成严重后果的，可不认为是使用暴力，不以抢劫罪论处。［No. 5-263-99　王国清等抢劫、故意伤害、盗窃案］

△盗窃罪转化为抢劫罪之后，盗窃财物的数额、对象和使用暴力的程度和后果，均视为抢劫罪的量刑情节。

针对转化型抢劫罪的法定刑，《刑法》第二百六十九条规定，依照第二百六十三条的规定处刑。但《刑法》第二百六十三条规定了两个量刑档次，被告人王国清在盗窃后为抗拒抓捕使用暴力致抓捕人袁时光死亡的行为，是否属于《刑法》第二百六十三条规定的抢劫致人死亡，直接关系到对被告人王国清的量刑。为抗拒抓捕而当场使用暴力或者以暴力相威胁，是盗窃罪转化为抢劫罪的条件，在盗窃罪转化为抢劫罪之后，盗窃的财物数额、对象和使用暴力的程度和后果，均应视为抢劫罪的量刑情节。也就是说，盗窃财物后为抗拒抓捕而当场使用暴力致抓捕人死亡的行为，应当认定为《刑法》第二百六十三条规定的抢劫致人死亡，并应对被告人在十年以上有期徒刑、无期徒刑或者死刑，并处罚金或者没收财产的档次和幅度内量刑。一、二审法院根据本案被告人王国清在盗窃他人财物被发现后当场使用暴力抗拒抓捕致人死亡的犯罪事实、情节、后果和对社会的危害程度，依法以抢劫罪判处其死刑，是符合刑法规定的。［No. 5-263-100　王国清等抢劫、故意伤害、盗窃案］

△在盗窃共同犯罪中，部分共犯因为抗拒抓捕当场实施暴力而转化为抢劫罪的，其他共犯若未参与或未赞同的，不构成转化型抢劫罪。

由盗窃罪转化为抢劫罪的特征是先窃取财物后使用暴力，要认定各个盗窃共犯的行为是否转化成为抢劫罪，关键要看行为人在窃取财物之后是否当场使用暴力或者以暴力相威胁。其中，对部分没有当场使用暴力或者以暴力相威胁的行为人，则要看其是否同意其他共犯当场使用暴力或者以暴力相威胁。如果是，其行为就由盗窃转化为抢劫；反之，其行为就不发生转化，仅负盗窃罪的刑事责任。从张某某抢劫、李某某盗窃案的全过程来看，张某良、张某某先后上车盗窃白糖，李某某在下面路上将扒下的白糖往路边转移，此时三人的行为属共同盗窃。当司机从后视镜发现有人扒货时，即停车查看，将从车上刚下来的被告人张某某当场抓住。张某某为了脱身，用随身携带的镰刀将司机的面部砍伤，张某良为帮助张某某脱身，也过来捡起石头威胁司机及货主。至此，张某某、张某良的犯罪性质已经发生了转化。而此时李某某正在距现场几十米远的地方搬运赃物，李某某既没有赶赴现场对被害人使用暴力或者以暴力相威胁，也没有对张某某、张某良使用暴力表示认同的意思表示。由此可见，在对被害人使用暴力和以暴力相威胁这个关键环节上，李某某与张某某、张某良之间既无共同的故意，也无共同的行为，不具备共同犯罪的要件。因此，李某某的行为不符合转化型抢劫罪的特征，法院判决认定其犯盗窃罪而没有认定其犯抢劫罪是正确的。［No. 5-263-103　张某某抢劫、李某某盗窃案］

① 相同的学说见解指出，转化型抢劫罪中当场实施的暴力、胁迫程度，必须和抢劫罪的暴力、胁迫相当，都应当达到足以压制被害人反抗的程度。参见周光权：《刑法各论》（第4版），中国人民大学出版社2021年版，第122页；张明楷：《刑法学》（第6版），法律出版社2021年版，第1282页。

△在实施盗窃等犯罪行为以后，虽然已离开犯罪现场，但在相隔短暂的时空范围内该犯罪行为仍处于继续状态，以暴力或以暴力相威胁抗拒抓捕的，应以转化型抢劫罪论处。

在犯盗窃等罪的现场使用暴力或者以暴力相威胁的，固然应当认定符合转化型抢劫罪的当场要件；但即便是已离开犯盗窃等罪的现场，只要其后的暴力或以暴力相威胁的行为是在相隔短暂的时空范围内实施的，只要一般的社会观念认为行为人先前的盗窃等行为在该时空范围内仍处于继续状态，则也应认定行为人的行为符合转化型抢劫罪的当场要件。

贺喜民抢劫案中，根据现有证据，被告人贺喜民实际有两次盗窃行为，前一次盗窃行为是在麦当劳快餐厅实施，已构成既遂；后一次是在相邻的肯德基快餐厅，属于犯罪预备。贺喜民的两次盗窃，符合连续犯的特点。作为裁判上的一罪，对连续犯，是作为一个整体进行刑法评价的。申言之，对贺喜民的两次盗窃行为在裁判上是作为一个盗窃罪评价的。基于此，在判断贺喜民后来实施的暴力行为是否在其犯盗窃罪的当场时，应当以其后一次盗窃行为的实施现场为基点并适当向前延伸进行考察。而从本案案情来看，在贺喜民正欲离开肯德基快餐厅所在商厦时，也即刚走出其第二次盗窃行为的现场时即遭到了公安人员的抓捕，贺随后便以暴力抗拒。由此可见，在贺喜民的暴力拒捕行为与其先前实施的盗窃行为之间虽然存在一定的时空间隔，但此种间隔是极为短暂的；而且，贺的两次盗窃行为实质均处于公安人员的监控之下。据此，依照以上分析，应当认定贺的暴力拒捕行为是在其盗窃当场实施的，应当认定贺的行为已完全充足转化型抢劫罪的构成条件，有关法院以抢劫罪追究其刑事责任是正确的。［No. 5-263-104　贺喜民抢劫案］

△在盗窃未遂的情况下，为抗拒抓捕而当场使用暴力或者以暴力相威胁的，应以抢劫罪论处。

穆文军抢劫案中，被告人穆文军在运行中的列车上盗窃，被发现后为抗拒抓捕又持凶器行凶，不仅侵犯了公民的财产权利、人身权利，还严重扰乱了社会治安，使广大旅客对乘火车旅行产生极大的不安全感，行为本身足以反映了其社会危害性程度。如果要求以成立盗窃罪作为构成抢劫罪的前提条件，则由于盗窃罪以盗窃数额作为定罪量刑的主要依据，而本案没有盗窃到具体财物，盗窃数额无法确定，对抓捕人的伤害也没有达到构成故意伤害罪的程度，那么本案就难以按照犯罪处理。这显然与本案的社会危害性程度及法律规定不相符合。

成立转化型抢劫罪的前提条件是实施盗窃、诈骗、抢夺行为，因此，只要行为人在实施盗窃行为过程中，为窝藏赃物、抗拒抓捕或者毁灭罪证而当场使用暴力或者以暴力相威胁的，就应当以抢劫罪定罪处罚，盗窃是否既遂不影响抢劫罪的成立。［No. 5-263-105　穆文军抢劫案］

△在公共交通工具上盗窃，为抗拒抓捕而当场使用暴力，转化为抢劫罪的，应认定为在公共交通工具上抢劫。

对于在公共交通工具上盗窃，为窝藏赃物、抗拒抓捕或者毁灭罪证并在公共交通工具上当场使用暴力的，认定为在公共交通工具上抢劫，既没有违背抢劫加重犯的构成理论，也没有违反禁止重复评价原则。同时，由于公共交通工具是绝大多数公民的主要出行方式，也是国家鼓励的出行方式，在公共交通工具上盗窃，并为窝藏赃物、抗拒抓捕或者毁灭罪证当场使用暴力或者以暴力相威胁的，不仅使公民对乘公共交通工具出行产生极大的不安全感，还易引起社会的恐慌心理，具有严重的社会危害性，对该行为认定为在公共交通工具上抢劫是适当的。［No. 5-263-106　穆文军抢劫案］

△在转化型抢劫中，对于未抢得财物或未造成他人轻伤以上伤害后果的，应以转化型抢劫罪的未遂论处。

转化型抢劫与普通抢劫同属一罪，犯罪构成要件完全相同，故其既遂、未遂区分标准也应当一致。换言之，只要具备劫取财物或者造成他人轻伤以上后果两者之一的，均属犯罪既遂；如果行为人并未实际劫得财物，也未造成他人轻伤以上伤害，则不能认为行为人的行为已齐备抢劫罪构成的全部要件，不能认定为犯罪既遂，而应认定构成犯罪未遂。①

被告人谷贵成被当场抓获，所盗窃的财物被当场起获并已发还，其并未实际劫取到财物；在抓获过程中，谷贵成实施暴力抗拒抓捕的行为致一人轻微伤的后果，根据《最高人民法院关于审理抢

---

① 我国学者指出，转化型抢劫罪的既遂以实施暴力、胁迫之后是否取得财物作为判断标准，而不能以先前的盗窃、诈骗、抢夺罪是否既遂为标准。参见周光权：《刑法各论》（第 4 版），中国人民大学出版社 2021 年版，第 123 页。另有学者指出，将行为人最终取得财物作为既遂标准的观点，会导致事后抢劫的既遂时间过于迟延。故而，先前的盗窃等行为未遂的，应认定为事后抢劫未遂；先前的盗窃等行为既遂的，应认定为事后抢劫既遂。参见张明楷：《刑法学》（第 6 版），法律出版社 2021 年版，第 1288 页。

劫、抢夺刑事案件适用法律若干问题的意见》第十条关于既未劫取财物，又未造成他人人身伤害后果的，属抢劫未遂的规定，谷贵成的行为不属于劫取财物或者造成他人轻伤以上后果之一的情形，不符合抢劫既遂的特征，因此，对谷贵成的行为应认定为抢劫未遂。综上，二审法院认定被告人谷贵成构成抢劫罪未遂，并对其减轻处罚是正确的。[No. 5-263-107 谷贵成抢劫案]

△**盗窃财物后为抗拒抓捕而当场使用暴力，既未劫取财物，也未造成他人轻伤以上后果的，应以转化型抢劫的未遂论处。)**

从刑法理论分析，转化型抢劫罪存在未遂形态，转化型抢劫罪的成立条件有三：一是行为人先实施盗窃、抢夺、诈骗行为；二是行为人当场使用暴力或以暴力相威胁；三是实施暴力或以暴力威胁的目的是窝藏赃物、抗拒抓捕或毁灭证据。由于行为人已实施了盗窃等行为，且具备当场实施暴力或以暴力相威胁的客观条件，显然属于“已经着手实行犯罪”，同时转化型抢劫罪从基本犯罪到实施新行为，再到新行为完成需要一定的时间和空间，也就使犯罪中止或未遂的存在具有现实可能性。

罪刑相适应原则要求对转化型抢劫罪区分既遂、未遂形态。如果对转化型抢劫犯罪不论结果均认定为既遂，就可能导致量刑偏重。杨飞飞、徐某抢劫案中二被告人造成被害人轻微伤，且未取得财物，如果没有转化抢劫的行为，只成立普通盗窃罪的未遂，但若因系转化型抢劫而不论结果地认定为抢劫既遂，其处刑就重于普通抢劫，明显罪刑不相适应。

《刑法》第二百六十九条并未否定未遂形态存在。《刑法》第二百六十九条规定的“当场使用暴力或者以暴力相威胁”仅是转化型抢劫罪成立的标志，并不能以此否认既遂、未遂形态的划分。根据《刑法》第二百六十九条的规定，在确定盗窃等行为转化为抢劫罪之后，仍然需要考虑对转化后的抢劫行为能否认定为未遂的问题。认为转化型抢劫罪不存在未遂形态的观点其实是将转化行为本身看作抢劫罪既遂的成立条件，而没有认识到转化行为只是导致整个行为性质的改变，但不能阻却抢劫罪既遂、未遂形态的划分。

转化型抢劫罪与普通抢劫罪的主要区别就在于普通抢劫罪使用暴力、胁迫在先，劫财在后，而转化型抢劫罪占有财物在先，使用暴力、胁迫在后，两者只是占有财物行为先后顺序有差异，在犯罪构成上并未实质区别。

根据《最高人民法院关于审理抢劫、抢夺刑事案件适用法律若干问题的意见》的规定，抢劫罪侵犯的是复杂客体，既侵犯财产权利又侵犯人身权利，具备劫取财物或造成他人轻伤以上后果两者之一的，均属抢劫既遂。同样对于转化型抢劫罪，认定既遂的标准是劫取财物或造成他人轻伤以上后果，未造成上述后果的，应属于未遂。本案中，二被告人虽已经将电瓶拿走，非法占有了该财物，但在抗拒抓捕过程中，二人逃离现场时将电瓶遗留在现场，并未实际劫获财物。行为人的暴力仅造成被害人轻微伤，没有达到造成他人轻伤以上后果，因而应当认定为未遂。[No. 5-263-117 杨飞飞、徐某抢劫案]

△**两人以上共同故意实施盗窃、诈骗、抢夺行为，为窝藏赃物、抗拒抓捕或者毁灭罪证而共同当场使用暴力或以暴力相威胁的，应以转化型抢劫罪的共犯论处。**

认定转化型抢劫罪中的共同犯罪，不能一概而论。共同犯罪，不仅要有共同的故意，还要有共同的行为，要从主观和客观方面共同来认定。如果共同犯罪人只有共同盗窃的故意，在逃逸过程中某一行为人实施了暴力或以暴力相威胁的行为，而其他共同犯罪人对此全然不知情，抢劫行为是超出其共同犯意之外的，则不能认定其他的共犯人一起转化为抢劫罪。在实施盗窃、诈骗、抢夺的共同犯罪中，共同转化为抢劫罪的行为人必须是主观上有使用暴力或者以暴力相威胁的故意，或者有证据可以推定其明知其他共犯有实施暴力或者以暴力相威胁的故意，客观上实施了暴力或者以暴力相威胁的行为，或利用其他共犯抗拒抓捕制造的便利条件逃避处罚的，才应认定为转化型抢劫罪的共犯。[No. 5-263-123 孙敢胜抢劫案]

△**入室盗窃后，为抗拒抓捕在室外使用暴力的，应以抢劫罪论处，但不能认定为入户抢劫。**

《最高人民法院关于审理抢劫案件具体应用法律若干问题的解释》第一条规定的入户抢劫是指实施抢劫行为而进入他人生活的与外界相对隔离的住所，包括封闭的院落、牧民的帐篷、渔民作为家庭生活场所的渔船、为生活租用的房屋等进行抢劫的行为。对于入户盗窃，因被发现而当场使用暴力或以暴力相威胁的行为，应当认定为入户抢劫。根据这一解释精神，应理解为入户盗窃转化为入户抢劫，其暴力或暴力胁迫行为必须发生在户内。而被告人程森园虽是入户盗窃，但是在逃跑时被被害人吕挺炜追至户外，被告人才为抗拒抓捕而当场使用暴力，其行为的时间和空间都发生了转移，不符合入户抢劫的犯罪特征，不能认定为入户抢劫。[No. 5-264-31 程森园抢

劫案]

△入户盗窃被发现后为窝藏赃物、抗拒抓捕或者毁灭罪证而当场使用暴力或者以暴力相威胁的,应当认定为入户抢劫。

2000年11月28日施行的《最高人民法院关于审理抢劫案件具体应用法律若干问题的解释》第一条规定:“刑法第二百六十三条第(一)项规定的‘入户抢劫’,是指为实施抢劫行为而进入他人生活的与外界相对隔离的住所,包括封闭的院落、牧民的帐篷、渔民作为家庭生活场所的渔船、为生活租用的房屋等进行抢劫的行为。对于入户盗窃,因被发现而当场使用暴力或者以暴力相威胁的行为,应当认定为入户抢劫。”

上述解释是依据刑法作出的,在理解和适用时不能违背刑法的基本要求和立法精神。根据刑法的规定,一罪的构成,要具备包括主观方面在内的全部构成要件,坚持主观与客观相统一。刑法的司法解释必须以《刑法》条文为依据,并忠实于《刑法》条文的立法原意和精神。因此,对该司法解释中关于入户盗窃转化为入户抢劫规定的理解,应以刑法关于转化抢劫的规定为前提。《刑法》第二百六十九条既已明确转化的前提只能是窝藏赃物、抗拒抓捕或者毁灭罪证三种情形,上述解释的规定自然也不能超出这三种。另外,对于《刑法》条文中已经明确且没有歧义的,司法解释也不必加以解释。因此,上述司法解释并未重复列举这三种情形也是合理的,不能因为上述解释没有明确表述这三种情形而片面地理解为所有入户盗窃,因被发现而当场使用暴力或者以暴力相威胁的行为不问具体情况,均一概认定为入户抢劫。因此,在适用上述解释时,入户盗窃转化为入户抢劫,仍必须符合《刑法》第二百六十九条关于转化抢劫的规定。如果行为人在实施暴力时,不具备《刑法》第二百六十九条规定的三种情形,就不能机械地套用解释,将其行为认定为抢劫。

当然,在处理此类案件时,必须根据案件的具体情况,准确分析主客观要件,才能对案件进行准确的定性。例如,行为人不是为了灭口,而是为了抗拒抓捕而杀人的,行为人为强行劫走财物而杀人的,行为人盗窃的标的物为巨额财产的,行为人盗窃行为情节严重的,在具体定罪上均与肖明明故意杀人案有所不同,应当予以注意。[No. 5-264-34　肖明明故意杀人案]

△暴力劫财行为开始发生在户外,但持续至户内的,仍应认定为入户抢劫。

首先,被害人王某居住的尽管是暂住处,但属于供其生活起居使用的,应当属于刑法意义上的“户”。其次,被告人夏鹏飞、汪宣峰的最初目的是为实施敲诈勒索犯罪行为而进入被害人住处即户内的;在案件发生过程中,被告人又产生了抢劫财物的主观故意。无论从哪一方面分析,被告人的入户目的都是非法的。最后,夏鹏飞、汪宣峰在户内使用暴力手段劫得了财物。劫财行为从户外开始,又延续到户内完成,符合入户抢劫的暴力或者暴力胁迫行为发生在户内的特征,故仍应认定为入户抢劫。[No. 5-274-8　夏鹏飞等抢劫、敲诈勒索、盗窃案]

△已满十四周岁不满十六周岁的人盗窃、诈骗、抢夺他人财物,为窝藏赃物、抗拒抓捕或者毁灭罪证,当场使用暴力,不成立转化型抢劫。

从现有司法解释的规定也可以推导出相对刑事责任年龄的人不能成为转化型抢劫罪的犯罪主体。《最高人民法院关于审理未成年人刑事案件具体应用法律若干问题的解释》第十条第一款规定:“已满十四周岁不满十六周岁的人盗窃、诈骗、抢夺他人财物,为窝藏赃物、抗拒抓捕或者毁灭罪证,当场使用暴力,故意伤害致人重伤或者死亡,或者故意杀人的,应当分别以故意伤害罪或者故意杀人罪定罪处罚。”可见,相对刑事责任年龄的人实施了转化型抢劫的行为,形式上符合转化型抢劫罪的要件,只对暴力行为造成重伤或死亡结果的,以故意伤害罪或者故意杀人罪定罪处罚。该规定严格限缩了相对刑事责任年龄的人实施此类行为的处罚范围,处罚罪名上也不以抢劫罪论处,体现了刑法对未成年人犯罪从宽处罚的立法精神。本案被告人王伟华虽然有咬伤被害人的行为,但由于被害人的伤情并不构成重伤,因此,被告人也不构成故意伤害罪。[No. 5-263-134　王伟华抢劫案]

第二百七十条　【侵占罪】

将代为保管的他人财物非法占为己有，数额较大，拒不退还的，处二年以下有期徒刑、拘役或者罚金；数额巨大或者有其他严重情节的，处二年以上五年以下有期徒刑，并处罚金。

将他人的遗忘物或者埋藏物非法占为己有，数额较大，拒不交出的，依照前款的规定处罚。

本条罪，告诉的才处理。

【立法理由】

公有制经济曾在我国社会经济发展中起到了重要作用，起草 1979 年刑法时，考虑到司法实践中的实际情况，规定国家工作人员或受国家机关、企业、事业单位、人民团体委托从事公务的人员利用职务上的便利侵占公共财物的，按贪污罪论处。而对其他侵占公私财物的行为未作规定，一般可以不作犯罪论处。改革开放以来，我国市场经济迅猛发展，人民生活水平逐渐提高，公民私人所有的财产无论是数量还是种类都大幅度增加，随之而来的是侵占公民个人或者非公有制单位财物的案件愈来愈多，有的行为人将自己代为保管的他人财物非法据为己有，有的行为人拾得他人遗忘物或者埋藏物非法占为己有，其中有些数额已十分巨大，社会危害性也相当严重，如果不对其进行处理，则不利于保护公私财产所有权，不利于社会的稳定和经济的发展。为了维护公民、法人之间正常的财产关系，保护合法的财产所有权，**1997 年修订刑法时**，在总结以往立法与司法实践经验的基础上，规定了侵占罪。根据本条规定，将代为保管的他人财物非法占为己有，数额较大，拒不退还的，或者将他人的遗忘物或者埋藏物非法占为己有，数额较大，拒不交出的，均可构成本罪；同时规定了“不告不理”原则。

【条文说明】

本条是关于侵占罪及其处罚的规定。

本条共分为三款。

第一款是关于将代为保管的他人财物非法占为己有的犯罪的规定。构成本罪必须符合三个条件：(1)**行为人因代为保管他人财物而将他人财物合法占有**。这里所说的“**保管**”，主要是指基于委托合同关系，或者是根据事实上的管理，以及因习惯或信任关系而拥有对他人财物的持有、管理的权利。这种保管必须是合法的[①]，如果不是合法的保管，而是使用盗窃、抢夺、诈骗、敲诈勒索等手段占有他人财物，则构成别的犯罪。行为人合法占有他人的财物，是构成本罪的前提条件。[②] (2)**行为人主观上以非法占为己有为目的**。[③] 如果行为人不是意图非法占为己有，而是由于对合同或者事实认识上的错误等而将其保管的他人财物占为己有，不能构成本罪。(3)**行为人实施了将他人财物非法占为己有，拒不退还[④]的行为，且非法占有的财物数额达到较大以上**。构成本罪必须同时具备以上三个条件。

第二款是将他人的遗忘物或者埋藏物非法占为己有的犯罪的规定。构成本罪也必须符合三个条件：(1)行为人主观上必须是**故意，且以非法占为己有为目的**。(2)行为人实施了**将他人的遗忘**

① 不法委托的情形(如甲委托乙向丙行贿，但乙未交付该金钱且拒不退还)能否成立侵占罪？有论者认为，虽然不法委托物的委托人在民法上确实没有返还请求权，但刑法对委托返还请求权的理解，未必要完全坚守民法的立场。在刑法上完全可以认为，对于不法委托物，在国家没有及时追缴，或者难以发现不法委托事项而不能追缴时，应当在事实上允许委托人向接受方提出返还请求。委托人事实上的返还请求，只是实现司法追缴的一个环节，故而，可以成立侵占罪。参见周光权：《刑法各论》(第 4 版)，中国人民大学出版社 2021 年版，第 159 页。另有学者指出，一方面，因为甲毕竟没有财产返还请求权，不能认定乙侵占了甲的财物；另一方面，由于财物由乙占有，也不能认为该财产已经属于国家财产。认定行为构成侵占罪的说法，有损法秩序的统一性。参见张明楷：《刑法学》(第 6 版)，法律出版社 2021 年版，第 1263 页。

② 我国学者指出，在委托契约无效或者可撤销的情形中，基于此委托而取得的财产占有，仍然属于受他人委托保管财物。参见周光权：《刑法各论》(第 4 版)，中国人民大学出版社 2021 年版，第 157 页。

③ 方鹏教授认为，侵占罪的“非法占有目的”与抢劫罪、盗窃罪、诈骗罪等攫取型财产犯罪中的“非法占有目的”有所不同。侵占罪中“非法占有目的”的内容不包括通过非法手段转移占有的意思，而只包括非法所有的意思。因此，侵占罪非法占有目的实为非法所有目的，侧重于利用意思。参见陈兴良主编：《刑法各论精释》，人民法院出版社 2015 年版，第 543 页。

④ 关于拒不退还的认定，我国学者指出，基于非法占为己有的意图，在权利人要求返还时公开表示拒不返还；或者故意编造各种借口或制造各种骗局以达到不返还的目的，当属拒不退还、拒不交出(“公然型”)。另外，将自己视为财物的所有人，而对财物加以使用、收益或者处分，即使从未作出拒绝退还或者交出的表示，仍然属于拒不退还、拒不交出(“推定型”)。参见周光权：《刑法各论》(第 4 版)，中国人民大学出版社 2021 年版，第 156—157 页。

物或者埋藏物非法占为己有，数额较大，且拒不交出的行为。这里所说的“**遗忘物**”，是指由于财产的所有人、占有人的疏忽，遗忘在某处的物品。在实践中，遗忘物和遗失物是有区别的，遗忘物一般是指被害人明确知道自己遗忘在某处的物品，而**遗失物**则是失主丢失的物品，对于拾得遗失物未交还失主的不得按本罪处理。① “**埋藏物**”是指所有权不明的埋藏于地下的财物、物品。遗忘物的所有权属于遗忘该财物的公民个人或者单位。埋藏物的所有权，依法属于国家所有。(3)行为人所侵占的埋藏物或者他人的遗忘物**必须达到数额较大**，否则不能构成犯罪。至于具体数额多少才是“数额较大”，由司法机关根据案件具体情况确定。

根据第一款的规定，将代为保管的他人财物非法占为己有，数额较大，拒不退还的，以及将他人的遗忘物或者埋藏物非法占为己有，数额较大，拒不交出的，处二年以下有期徒刑、拘役或者罚金；数额巨大或者有其他严重情节的，处二年以上五年以下有期徒刑，并处罚金。

第三款规定，**构成本罪，必须经过告诉才能处理**。考虑到在这种犯罪行为中，有些行为人往往是基于一时的贪欲，临时产生犯意；代为保管他人财物，当事人之间往往是邻居、同事，甚至是朋友关系；拾得他人遗忘物、埋藏物，与故意占有他人财物的性质也大不相同，如果事后能够协商解决，没有必要定罪处罚。因此，本条对侵占罪的构成条件予以严格的限制，并规定犯侵占罪属于告诉才处理。如果当事人本身没有告诉，不予以处理，即不告不理。

根据这一规定，本罪属自诉案件。如果被害人不向人民法院起诉，就不会对行为人追究刑事责任。在被害人向人民法院起诉后，根据《刑事诉讼法》第二百一十二条的规定，人民法院审理自诉案件，可以进行调解；自诉人在判决宣告前，也可以同被告人自行和解或者撤回自诉。根据这一规定，只要在判决宣告前，被告人与自诉人达成了调解协议或者和解协议，将占有的财物返还给自诉人，则可结束诉讼程序，不追究被告人的刑事责任。对于自诉案件，通过调解结案，或者双方当事人和解，既有利于减少当事人的讼累，提高诉讼效率，节约诉讼资源，又能防止矛盾激化，解决实际问题。但不论调解或和解，都应遵循双方当事人自愿原则，不得强制。

【附属刑法】

《中华人民共和国老年人权益保障法》(1996年8月29日通过，2018年12月29日第三次修正)

第七十七条

家庭成员盗窃、诈骗、抢夺、侵占、勒索、故意损毁老年人财物，构成违反治安管理行为的，依法给予治安管理处罚；构成犯罪的，依法追究刑事责任。

【参考案例】

△雇员利用职务上的便利，将个体工商户的财物非法占为己有，数额较大的，应以侵占罪论处。

个体工商户是《民法通则》(已失效)所规范的，属于个人投资经营，用个人财产承担责任的特殊民事主体。首先，个体工商户与《个人独资企业法》中提到的个人独资企业有所不同，它不属于企业。其次，作为特殊民事主体的个体工商户在民事法律上之所以不同于自然人，其中一个特征就是，个体工商户既可以是公民个人投资经营，也可以由家庭成员部分或全部投资经营。就前者而言，个体工商户在刑法意义上应视为个人；就后者而言，从刑法意义上看也不能视为单位。最后，刑法意义上的单位有两种类型：一是作为犯罪主体的单位(《刑法》第三十条)；二是作为特定犯罪被害人的单位，如职务侵占罪等。对这两类单位是作同一解释还是作区别解释，目前仍未定论。但无论如何，能称其为单位的，都必须是依法成立的具有一定经费和财产，有相对独立性的社会组织。个体工商户是特殊的民事主体，具有自然人的全部特征，却不具备单位的组织性特点。因此，在刑法意义上，个体工商户是实质的个人，而不是企业或单位，个体工商户所聘的雇员、帮工、学徒，无论其称谓如何，均不能成为职务侵占罪的主体。张

① 黄京平教授认为，遗忘物与遗失物之间区分的标准是能否记起财物遗失地点以及遗失时间的长短。参见高铭暄、马克昌主编：《刑法学》(第7版)，北京大学出版社、高等教育出版社2016年版，第510页。另有学者指出，两者之间无显著性区分。遗失物与遗忘物同为一物，遗失物与遗忘物的共同本质在于，都是财物所有人非出于本意而丧失对财物的控制。至于丧失控制时间的长短，能否回忆起财物遗失的时间、地点，均不足以将两者区分开。参见张明楷：《刑法学》(第6版)，法律出版社2021年版，第1265页；陈兴良主编：《刑法各论精释》，人民法院出版社2015年版，第524—525页；周光权：《刑法各论》(第4版)，中国人民大学出版社2021年版，第157—158页；黎宏：《刑法学各论》(第2版)，法律出版社2016年版，第335页。

建忠侵占案中，个体工商户红太阳加工厂虽然规模较大，管理方式类似于企业，但法律意义上仍为个人。因此，该加工厂所聘用的专职司机，不属于职务侵占罪的主体，其利用职务之便侵吞本厂的财物不构成职务侵占罪。

本案定为侵占罪，理由就在于被告人张建忠不是采用秘密窃取的方法将他人占有下的财物占为己有，其行为的实质是将自己临时代为保管的财物非法占为己有且拒不退还。实践中，能够就他人财物形成刑法意义上的代为保管关系的情形很多，而不仅限于由于正式的保管合同所产生的代为保管关系。本案被告人张建忠作为个体工商户户主朱绚丽所雇佣的司机，受托负责将户主所有的货物运交他人，这种雇佣委托关系，使双方就所交运的货物已形成一种实质意义上的代为保管关系。很明显，被告人张建忠作为为个体工商户送货的司机，对车上的货物负有代为保管的义务，但其非法占有代为保管的他人财物而逃匿，拒不退还或拒不交出，侵犯了个体工商户朱绚丽的财产所有权，完全符合侵占罪的构成。[No. 5-270-1　张建忠侵占案]

△对他人财物不存在事实上的占有关系，不属于侵占罪中代为保管的他人财物，不构成侵占罪。

《刑法》第二百七十条第一款规定，将代为保管的他人财物非法占为己有，数额较大，拒不退还的，是侵占罪。据此，代为保管他人财物和拒不退还，是构成侵占罪的两个重要条件。具体而言，首先，构成侵占罪要求行为人对他人的财物存在代为保管事实。如不具有这种主体身份特征，则缺乏构成侵占罪的基本条件。典型意义上的代为保管关系产生于保管合同之中，此外，加工承揽合同、委托合同、租赁合同、使用借贷合同、担保合同等众多的合同关系均可能存在代为保管关系。杨飞侵占案中的代为保管关系产生于加工承揽合同，即承揽人按照定作人的要求完成工作、交付成果，定作人给付报酬的合同。承揽合同有两种情形，一种是加工的原材料由承揽人自己选用；另一种是加工的原材料由定作人提供。在第一种情形下，定作人不负责提供原材料，承揽人先行支付购买材料费用，对自己选用的材料享有所有权，对于利用该材料加工完成的工作成果，若承揽人不将其交付给定作人，不成立侵占罪，只构成民事上的违约。在第二种情形下，即定作人提供原材料的情形下，原材料被交付给承揽人之后并未发生所有权转移，承揽人只是暂时地享有占有、支配、按照合同目的使用原材料的权利。在履行合同时，承揽人负有返还利用原材料加工完毕的工作成果的义务，此时原材料就处于代为保管的状态，拒不返还便属于侵占。

本案自诉人赵伟良与被告人杨飞的父亲杨作新之间存在加工承揽合同，究其合同约定内容属于上述第二种承揽模式。虽然杨作新的袜子加工厂系家庭经营模式，杨飞系家庭成员之一，但由于杨作新的袜子加工厂的实际经营者是杨作新夫妇，杨飞并未参与到经营活动中，对家庭经营活动中所涉及的财物没有控制管理的权利，故事实上并不占有这些财物。而侵占罪中的代为保管关系要求被告人对他人财物存在事实上的占有关系。故对于自诉人赵伟良委托加工的袜子，只有从事经营并实际占有这些袜子的杨作新夫妇才有可能构成侵占罪的主体，杨飞不具有构成侵占罪的主体资格，其行为不符合侵占罪中代为保管他人财物的主体特征。

其次，被告人杨飞不具有拒不退还的情节。认定行为人拒不退还，要求行为人主观上不想退还，客观上以实际行动表明不退还的意思。如果行为人以出卖、赠与、使用等形式实际处分代为保管的他人财物后，表示愿意赔偿财物所有人的经济损失的，一般不能认定为拒不返还。因为多数情况下，财物的价值可以通过货币来体现，在原物不能退还时，行为人愿意用货币或者种类物来赔偿的，表明其不具有非法占有的意思，不应认定为侵占罪。本案中，公安机关在自诉人报案后，即根据被告人杨飞的交代，从该批袜子的收购处将袜子追回并已退还给自诉人，没有发生自诉人要求杨飞或者其父杨作新返还袜子而他们拒不返还的情况。相反，案件发生后，被告人及其家属从一开始就表示愿意进行等价赔偿，但遭到自诉人拒绝。由于袜子是种类物，自诉人委托杨作新加工袜子的目的也是为了出售牟利，被告人以货币形式完全可以赔偿自诉人的经济损失，故自诉人虽拒绝接受赔偿，但不能由此否定被告人具有赔偿意愿和赔偿能力。据此，被告人杨飞的行为也不符合侵占罪所要求的拒不退还的要件，其行为不构成侵占罪。[No. 5-270-2　杨飞侵占案]

△行为人通过挂失、补办银行卡，取走存放在自己名下银行卡内的他人资金的行为，成立侵占罪。

盗窃罪的犯罪对象为他人控制的财物，对于自己已实际控制的他人财物一般不能成立盗窃罪，行为人在实施盗窃行为之前，尚未实际控制他人财物。侵占罪的犯罪对象为行为人代为保管的他人财物或者他人的遗忘物、埋藏物，行为人在实施侵占行为之前，已经控制他人财物，其特征是将自己控制的财产不法"占为己有"。控制是指人对财物的支配、管理状态。控制属于事实上和物理意义上的掌控,不等于法律意义上的占有,即“占为己有”。侵占罪不仅可能侵占自己直接控制的他人财物,而且可能侵占法律形式上控制的他人财物。就曹成洋侵占案而言,由于我国对银行卡实行实名制,必须由本人携带身份证才能申领,银行卡内资金交易的权利、义务由持证申领人享有和承担,即银行卡申领人被视为银行卡的全部权利的所有人,其具有支配、使用卡内全部资金,冻结卡内资金,申请挂失及停止银行卡的使用等各项权利。无论银行卡由谁实际持有并使用,银行卡的权利义务都由申领人承受,卡内资金在法律形式上都处于申领人的控制之下。因此,借用人虽持有银行卡并掌握银行卡的密码,但其一旦将资金存放到借来的卡内,该资金就在法律形式上处于银行卡申领人的控制之下。

本案中,虽然曹成洋的母亲杨春梅名下的银行卡及密码一直由张聪本人持有和掌握,但该银行卡内的资金在法律形式上处在曹成洋及其家人的控制之下,曹成洋及其家人可随时通过将该银行卡挂失的方式实际控制该银行卡内的资金。曹成洋和其母亲到银行办理挂失、补卡及支取卡内资金的行为,正是对银行卡及卡内资金行使支配控制权的体现。

侵占罪的手段,既可以是秘密的,也可以是公开的或半公开的。而盗窃罪中,非法占有他人财物之前,该财物并不在行为人的实际控制之下,行为人必须通过秘密窃取的手段才能实现非法占有。所谓秘密窃取,是指行为人采取自认为不为财物所有者、保管者或者经手者所发觉的方法,暗中将财物取走的行为,具有不可否认的主观性特征,行为人的主观内容包括对于手段行为秘密性的认识,即行为人主观上认为其行为是在他人未察觉的情况下实施的,它不仅能反映出盗窃罪秘密性的行为特征,而且也是判断行为秘密性不可缺少的要素。

本案中,曹成洋及其母亲杨春梅等人将银行卡挂失后,张聪即知晓并与曹成洋协商让其取消挂失,双方协商未果。在此情况下,曹成洋重新办理银行卡并将卡内现金转账的行为,属公然据为己有,主观上不具有秘密性,不符合盗窃罪的构成特征。[No. 5-270-3　曹成洋侵占案]

第二百七十一条　【职务侵占罪】

公司、企业或者其他单位的工作人员，利用职务上的便利，将本单位财物非法占为己有，数额较大的，处三年以下有期徒刑或者拘役，并处罚金；数额巨大的，处三年以上十年以下有期徒刑，并处罚金；数额特别巨大的，处十年以上有期徒刑或者无期徒刑，并处罚金。

国有公司、企业或者其他国有单位中从事公务的人员和国有公司、企业或者其他国有单位委派到非国有公司、企业以及其他单位从事公务的人员有前款行为的，依照本法第三百八十二条、第三百八十三条的规定定罪处罚。

【立法沿革】

《中华人民共和国刑法》(1997年修订,自1997年10月1日起施行)

第二百七十一条

公司、企业或者其他单位的人员,利用职务上的便利,将本单位财物非法占为己有,数额较大的,处五年以下有期徒刑或者拘役;数额巨大的,处五年以上有期徒刑,可以并处没收财产。

国有公司、企业或者其他国有单位中从事公务的人员和国有公司、企业或者其他国有单位委派到非国有公司、企业以及其他单位从事公务的人员有前款行为的,依照本法第三百八十二条、第三百八十三条的规定定罪处罚。

《中华人民共和国刑法修正案(十一)》(自2021年3月1日起施行)

二十九、将刑法第二百七十一条第一款修改为:

“公司、企业或者其他单位的工作人员,利用职务上的便利,将本单位财物非法占为己有,数额较大的,处三年以下有期徒刑或者拘役,并处罚金;数额巨大的,处三年以上十年以下有期徒刑,并处罚金;数额特别巨大的,处十年以上有期徒刑或者无期徒刑,并处罚金。”

【立法理由】

1. 1979年之后至1997年刑法修订前的立法情况。1979年刑法只规定了贪污罪,未规定职务侵占罪。1988年《全国人民代表大会常务委员会关于惩治贪污罪贿赂罪的补充规定》将贪污罪的犯罪主体规定为“国家工作人员、集体经济组织工作人员或者其他经手、管理公共财物的人员”。

1993年12月第八届全国人大常委会第五次会议通过了《公司法》。在公司法执行过程中，有的公司董事、监事或者职工利用职务或者工作上的便利，侵占本公司财物，侵犯了公司的财产权利和公司股东的合法权益，破坏了社会主义市场经济的健康发展。① 为此，1995年2月28日第八届全国人大常委会第十二次会议通过的《全国人民代表大会常务委员会关于惩治违反公司法的犯罪的决定》对公司董事、监事或者职工侵占公司财物的行为作了规定，对刑法予以补充。该决定第十条规定："公司董事、监事或者职工利用职务或者工作上的便利，侵占本公司财物，数额较大的，处五年以下有期徒刑或者拘役；数额巨大的，处五年以上有期徒刑，可以并处没收财产。"第十四条规定："有限责任公司、股份有限公司以外的企业职工有本决定第九条、第十条、第十一条规定的犯罪行为的，适用本决定。"第十二条规定："国家工作人员犯本决定第九条、第十条、第十一条规定之罪的，依照《关于惩治贪污罪贿赂罪的补充规定》的规定处罚。"

2. 1997年修订刑法的情况。1997年修订刑法时，一方面随着社会主义市场经济的进一步发展和现代企业制度的逐步建立，对于企业工作人员利用职务便利侵占、挪用企业财产等损害企业利益的危害行为，愈发有必要作为犯罪加以规定，以加大对企业财产权益的刑事保护力度。另一方面，一些国有公司、企业的管理人员利用经手管理着国家财产的便利，侵吞企业财产的情况也比较突出，《刑法》第九十三条对"以国家工作人员论"作出了规定。按此原则，国有公司、企业人员有贪污受贿、侵害公私财产行为的，应当依照刑法关于贪污贿赂、挪用公款罪追究。因此。1997年刑法将1995年《全国人民代表大会常务委员会关于惩治违反公司法的犯罪的决定》第十条、第十二条、第十四条规定调整合并至本条，并作了进一步修改：一是完善第一款职务侵占罪的主体范围，规定为公司、企业或者其他单位的人员；二是将原决定第十二条中的"国家工作人员"明确为"国有公司、企业或者其他国有单位中从事公务的人员和国有公司、企业或者其他国有单位委派到非国有公司、企业以及其他单位从事公务的人员"，作为本条第二款，明确该类人员适用刑法关于贪污罪的规定。职务侵占罪的确立，将非国家工作人员的公司、企业或者其他单位的人员侵占本单位财物的行为规定为犯罪，使我国的刑事立法更加趋于完善。

3. 2020年《刑法修正案（十一）》对本条的修改情况。党的十八届四中全会提出，"健全以公平为核心原则的产权保护制度，加强对各种所有制经济组织和自然人财产权的保护，清理有违公平的法律法规条款"。加大非公有制经济刑法保护力度，是贯彻落实中央要求，完善产权保护法律制度的重要内容。随着我国社会主义市场经济的发展，近年来，围绕非公有制经济平等保护，一些全国人大代表、专家学者和有关方面提出对于国家工作人员与非国家工作人员的贪污、贿赂、侵占、挪用等腐败行为，应当统一罪名和入罪条件，实行同罪同罚。立法机关经研究认为，在市场经济中，法律应当平等保护公有制经济、非公有制经济等所有市场主体，按照中央要求不断完善法律规定。同时也要注意，落实平等保护的具体措施要有利于真正体现中央提出的"以公平为核心原则"的要求，不能简单将"平等保护"等同为"一模一样惩治"，而不考虑实际情况的差异。

一是根据现有法律规定，国家工作人员（包括以国家工作人员论的人员）实施某个行为，非国家工作人员实施相应行为的，存在后罪的最高法定刑较前罪轻的情况。这是因为在刑法中，身份往往是影响定罪量刑的一个重要情节，因行为主体或者行为对象的身份不同，其承担的责任往往也有差异，与此相应，实际造成的危害后果会有轻重之别，因此，在是否定罪、定什么罪、量什么刑上可能会有所不同，关键取决于不同的身份是否影响到行为社会危害性的轻重，这样也符合权责一致和罪责刑相适应的原则。

二是根据我国当前经济发展不平衡的实际情况，非公有制经济主体在规模、组织形式、管理水平等方面差异较大。我国有大量的非公有制经济仍是个人企业、家族企业，企业产权不清晰、经营不规范、资产处置较为随意等问题较为普遍。刑法是国家公器，刑罚手段是把双刃剑，如作"一刀切"规定，公权力特别是刑事司法力量深度介入民营经济经营管理活动，是否符合当前我国非公有制经济发展的实际情况和特点，是否真正有利于保护民营经济，能否划清罪与非罪的界限等，都还需要慎重和深入的研究。

① 我国学者指出，本罪的保护法益是公司、企业或者其他单位的财产权或者财产占有关系。本罪中的侵占是广义的，不以侵害合法持有为前提。如果公司、企业尚未依法成立，或者业务行为本身有重大缺陷，乃至公司业务违法（此情形下的侵占行为对司法机关依法追缴犯罪赃物也有所妨害），侵占行为仍可能成立本罪。参见周光权：《刑法各论》（第4版），中国人民大学出版社2021年版，第162页。

三是从当前我国非公有制经济保护的情况来看，实践中确实还存在对国有企业与民营企业腐败案件不一视同仁，随意扩大查封、扣押、冻结财产范围，动辄抓人、封帐，忽视民营企业可持续发展等不良现象。这些执法司法方面的不平等对待，并不能够一味地通过提高法定刑来解决。

四是随着近年来非公有制经济的快速发展，职务侵占的涉案数额也由几万元到上亿元不等，个别案件造成的社会影响较为恶劣，也确实存在加大打击侵害非公有制经济犯罪行为的需求。立法机关经研究认为，出于加大对非公有制经济刑法保护力度的考虑，可以适当调整法定刑尤其是最高法定刑的范围，同时增加罚金刑，作为经济犯罪的财产惩罚措施。

综上，《刑法修正案（十一）》对本条作了两处修改：一是调整了刑罚，将原条文的两档刑罚调整为“数额较大的，处三年以下有期徒刑或者拘役”；“数额巨大的，处三年以上十年以下有期徒刑”；“数额特别巨大的，处十年以上有期徒刑或者无期徒刑”三档刑罚。二是相应调整了罚金刑，对三档刑罚的财产刑均修改为“并处罚金”。同时，《刑法修正案（十一）》保留了原条文第二款以国家工作人员论的主体依法适用贪污罪的规定。

【条文说明】

本条是关于职务侵占罪及其处罚的规定。

本条共分为两款。

第一款是关于公司、企业或者其他单位的工作人员利用职务便利侵占单位财物的规定。“**利用职务便利侵占**”是指公司、企业或者其他单位的工作人员利用职务上的便利，侵吞、窃取、骗取或者以其他手段非法占有本单位的财物的行为。这里所规定的“**公司**”，是指依照公司法在中国境内设立的有限责任公司和股份有限公司。“**企业**”是指进行企业登记从事经营活动的非以公司形式组成的经济实体，如厂矿、商店、宾馆、饭店以及其他服务性企业等。[①] “**单位财物**”，包括动产和不动产，不仅仅指单位所有的，还包括单位依法或者依约定而占有、管理、使用、运输中的财物。[②]

构成职务侵占罪必须符合以下四个条件。(1)主体是**公司、企业或者其他单位的工作人员**。[③] (2)行为人必须**利用职务上的便利**。“**利用职务上的便利**”，主要是指利用自己在职务上所具有的主管、管理或者经手本单位财物的便利条件[④]，如公司的经理在一定范围内调配、处置单位财产的权力，企业的会计有管理财务的职责，出纳有经手、管理钱财的职责等。应当注意的是，利用职务上的便利，不是指利用与其职责无关的，只因工作关系而熟悉作案环境、条件，或者凭工作人员身份便于出入某单位，较易接近作案目标或者对象等便利条件。例如公司会计利用管帐机会，作假帐骗取公司财物；出纳利用管钱机会侵吞公司钱款，均属于职务侵占行为。而如果公司会计利用与出纳一起工作的机会，趁出纳不在将其所保管的钱柜中的现金取走占为己有的，则因为没有利用其会计职务的便利而不能构成职务侵占罪。(3)**以非法占有为目的，实施了侵占行为**。一般是指采用侵吞、窃取、骗取等各种手段将本单位财物占为己有，既包括将合法已持有的单位财物视为己物而加以处分、使用、变持有为所有等行为，又包括不占有单位财物但利用职务之便骗取、窃取、侵吞、私分单位财物的行为。(4)**达到数额较大的标准**。

第二款是关于国有公司、企业或者其他国有单位中从事公务的人员和国有公司、企业或者其他国有单位委派到非国有公司、企业以及

① 单纯从事个人经营或者家庭经营的个体工商户，不属于此处的“公司、企业或者其他单位”，其从业人员不具备本罪主体资格。参见周光权：《刑法各论》（第4版），中国人民大学出版社2021年版，第163页。

② 作为职务侵占罪行为对象的“本单位财物”，既包括单位现存的财物，也包括确定的收益；既包括财物，也包括财产性利益。参见张明楷：《刑法学》（第6版），法律出版社2021年版，第1339页。

③ 我国学者指出，本罪的行为主体是双重意义上的复合身份犯，一方面是单位财产的占有者（真正身份犯），另一方面是特定业务的从事者（不真正身份犯）。参见周光权：《刑法各论》（第4版），中国人民大学出版社2021年版，第163页。

④ 我国学者指出，所谓“职务上的便利”乃指，行为人在公司、企业或者其他单位担任的职权，或者因执行职务而产生的主管、经手、管理单位财物的便利条件。参见周光权：《刑法各论》（第4版），中国人民大学出版社2021年版，第163页；高铭暄、马克昌主编：《刑法学》（第7版），北京大学出版社、高等教育出版社2016年版，第511页；张明楷：《刑法学》（第6版），法律出版社2021年版，第1338页。另有学者指出，利用职务上的便利，不仅指利用自己职务上形成的权力便利，还包括利用自己从事劳务、持有单位财产的便利。参见黎宏：《刑法学各论》（第2版），法律出版社2016年版，第337页。

其他单位[1]从事公务的人员利用职务便利侵占单位财物的,应当如何处理的规定。《刑法》第九十三条第二款规定,国有公司、企业、事业单位、人民团体中从事公务的人员和国家机关、国有公司、企业、事业单位委派到非国有公司、企业、事业单位、社会团体从事公务的人员,以及其他依照法律从事公务的人员,以国家工作人员论。本款规定的人员,属于《刑法》第九十三条第二款规定的"**以国家工作人员论**"的范围。根据本款规定,应当按照《刑法》第三百八十二条认定为**贪污罪**。《刑法》第三百八十三条规定,"(一)贪污数额较大或者有其他较重情节的,处三年以下有期徒刑或者拘役,并处罚金;(二)贪污数额巨大或者有其他严重情节的,处三年以上十年以下有期徒刑,并处罚金或者没收财产;(三)贪污数额特别巨大或者有其他特别严重情节的,处十年以上有期徒刑或者无期徒刑,并处罚金或者没收财产;数额特别巨大,并使国家和人民利益遭受特别重大损失的,处无期徒刑或者死刑,并处没收财产。对多次贪污未经处理的,按照累计贪污数额处罚。犯第一款罪,在提起公诉前如实供述自己罪行、真诚悔罪、积极退赃,避免、减少损害结果的发生,有第一项规定情形的,可以从轻、减轻或者免除处罚;有第二项、第三项规定情形的,可以从轻处罚。犯第一款罪,有第三项规定情形被判处死刑缓期执行的,人民法院根据犯罪情节等情况可以同时决定在其死刑缓期执行二年期满依法减为无期徒刑后,终身监禁,不得减刑、假释"。

需要注意的是,只有符合《刑法》第九十三条第二款规定的人员才能以贪污罪论处。对于其他身份的人员,根据《最高人民法院关于在国有资本控股、参股的股份有限公司中从事管理工作的人员利用职务便利非法占有本公司财物如何定罪问题的批复》,在国有资本控股、参股的股份有限公司中从事管理工作的人员,除受国家机关、国有公司、企业、事业单位委派从事公务的以外,不属于国家工作人员。对其利用职务上的便利,将本单位财物非法占为己有,数额较大的,应当依照《刑法》第二百七十一条第一款的规定,以职务侵占罪定罪处罚。根据《最高人民法院关于村民小组组长利用职务便利非法占有公共财物行为如何定性问题的批复》的规定,对村民小组组长利用职务上的便利,将村民小组集体财产非法占为己有,数额较大的,应当依照《刑法》第二百七十一条第一款的规定,以职务侵占罪定罪处罚。

实践中需要注意以下两个方面的问题:

1. 关于贪污罪和职务侵占罪案件中的**共同犯罪问题**。根据2000年《最高人民法院关于审理贪污、职务侵占案件如何认定共同犯罪几个问题的解释》的规定:(1)行为人与国家工作人员勾结,利用国家工作人员的职务便利,共同侵吞、窃取、骗取或者以其他手段非法占有公共财物的,以贪污罪共犯论处;(2)行为人与公司、企业或者其他单位的人员勾结,利用公司、企业或者其他单位人员的职务便利,共同将该单位财物非法占为己有,数额较大的,以职务侵占罪共犯论处;(3)公司、企业或者其他单位中,不具有国家工作人员身份的人与国家工作人员勾结,分别利用各自的职务便利,共同将本单位财物非法占为己有的,按照主犯的犯罪性质定罪。

2. 关于职务侵占罪与**侵占罪**的区别。职务侵占罪与侵占罪都以非法占有为目的,都侵犯了他人的财物所有权,二者最大的区别在于是否利用了职务之便。具体而言,二者存在以下四个方面的不同。(1)犯罪对象不同。职务侵占罪的犯罪对象是公司、企业或其他单位的财物。侵占罪的犯罪对象是"代为保管的他人财物"或"他人的遗忘物或埋藏物"。(2)客观行为表现不同。职务侵占罪在客观方面表现为行为人利用职务上的便利将本单位财物加以侵占,数额较大的行为。侵占罪在客观方面表现为行为人将代为保管的他人财物非法占为己有,数额较大,拒不退还或者将他人的遗忘物、埋藏物非法占为己有,数额较大,拒不交出的行为。进一步分析,职务侵占罪要求行为人必须利用了"职务上的便利"这一条件,而侵占罪的行为人则不要求这一点。另外,侵占罪的行为人只有在将代为保管的他人财物拒不退还或者将他人的遗忘物、埋藏物非法占为己有,拒不交出的情况下,才构成本罪。如果行为人在财物的所有人及他人提起自诉之前,已经退还或交出他人的财物,则不构成犯罪。而职务侵占罪,只要行为人实施了侵占本单位财物的行为,并达到数

[1] 我国学者指出,本款中的"非国有公司、企业以及其他单位"乃指国有单位以外其他任何经济形式的单位,法律并未附加其他限制条件。非国有公司、企业以及其他单位的工作人员利用职务之便非法占有该单位的财物,其行为构成贪污罪抑或职务侵占罪,关键不在于是否将财物认定为公共财产,也不在于该单位的财产中公共财产占多大的比例,而在于行为人是否属于受国有单位委派到该单位从事公务的国家工作人员,以及其非法占有该单位的财物是否利用了其职务的便利,是否侵犯了其职务行为的廉洁性。因此,《刑法》第三百八十二条与第二百七十一条第二款的规定,实际上是两种不同类型的贪污。参见王作富主编:《刑法分则实务研究(下)》(第5版),中国方正出版社2013年版,第1544页。

额较大，就构成了犯罪，对于退赃退赔，只能作为量刑情节予以考虑。(3)犯罪主体不同。职务侵占罪的犯罪主体是公司、企业或者其他单位的工作人员(但不包括公司、企业或其他单位中从事公务的国家工作人员)；而侵占罪的犯罪主体则是一般主体。(4)侵占罪属于告诉才处理的犯罪，而职务侵占罪则无此规定。

【司法解释】

《最高人民法院关于村民小组组长利用职务便利非法占有公共财物行为如何定性问题的批复》(法释〔1999〕12号，自1999年7月3日起施行)

△(**村民小组组长；村民小组集体财产；职务侵占罪**)对村民小组组长利用职务上的便利，将村民小组集体财产非法占为己有，数额较大的行为，应当依照刑法第二百七十一条第一款的规定，以职务侵占罪定罪处罚。

《最高人民法院关于审理贪污、职务侵占案件如何认定共同犯罪几个问题的解释》(法释〔2000〕15号，自2000年7月8日起施行)

△(**勾结；职务侵占罪共犯**)行为人与公司、企业或者其他单位的人员勾结，利用公司、企业或者其他单位人员的职务便利，共同将该单位财物非法占为己有，数额较大的，以职务侵占罪共犯论处。[①]（§ 2)

△(**勾结；共同犯罪；主犯的犯罪性质**)公司、企业或者其他单位中，不具有国家工作人员身份的人与国家工作人员勾结，分别利用各自的职务便利，共同将本单位财物非法占为己有的，按照主犯的犯罪性质定罪。[②]（§ 3)

《最高人民法院关于在国有资本控股、参股的股份有限公司中从事管理工作的人员利用职务便利非法占有本公司财物如何定罪问题的批复》(法释〔2001〕17号，自2001年5月26日起施行)

△(**国有资本控股、参股的股份有限公司；从事管理工作的人员；职务侵占罪**)在国有资本控股、参股的股份有限公司中从事管理工作的人员，除受国家机关、国有公司、企业、事业单位委派从事公务的以外，不属于国家工作人员。对其利用职务上的便利，将本单位财物非法占为己有，数额较大的，应当依照刑法第二百七十一条第一款的规定，以职务侵占罪定罪处罚。

《最高人民法院、最高人民检察院关于办理妨害预防、控制突发传染病疫情等灾害的刑事案件具体应用法律若干问题的解释》(法释〔2003〕8号，自2003年5月15日起施行)

△(**用于预防、控制突发传染病疫情等灾害的款物；职务侵占罪**)贪污、侵占用于预防、控制突发传染病疫情等灾害的款物或者挪用归个人使用，构成犯罪的，分别依照刑法第三百八十二条、第三百八十三条、第二百七十一条、第三百八十四条、第二百七十二条的规定，以贪污罪、职务侵占罪、挪用公款罪、挪用资金罪定罪，依法从重处罚。(§ 14 Ⅰ)

《最高人民法院、最高人民检察院关于办理贪污贿赂刑事案件适用法律若干问题的解释》(法释〔2016〕9号，自2016年4月18日起施行)

△(**职务侵占罪；数额较大；数额巨大**)刑法第一百六十三条规定的非国家工作人员受贿罪、第二百七十一条规定的职务侵占罪中的“数额较大”“数额巨大”的数额起点，按照本解释关于受贿罪、贪污罪相对应的数额标准规定的二倍、五倍执行。[③]（§ 11 Ⅰ)

【司法解释性文件】

《全国法院维护农村稳定刑事审判工作座谈会纪要》(法〔1999〕217号，1999年10月27日公布)

△(**村委会和村党支部成员；集体财产；职务侵占罪**)关于村委会和村党支部成员利用职务便利侵吞集体财产犯罪的定性问题

为了保证案件的及时审理，在没有司法解释规定之前，对于已起诉到法院的这类案件，原则上以职务侵占罪定罪处罚。

① 我国学者指出，业务上占有者和一般人(即无业务且未占有财物者)共同侵占单位财物，由于本罪是真正的身份犯，即使一般人实施了侵占行为，但其欠缺本罪的实行行为性，不成立共同正犯，而只能成立教唆犯或者帮助犯。参见周光权：《刑法各论》(第4版)，中国人民大学出版社2021年版，第163页。

② 刘志伟教授认为，如果共同犯罪的实施既利用了国家工作人员的职务便利，也利用了非国家工作人员的职务便利，应以贪污罪论处。因为，从整个共同犯罪的性质来看，其间既包括贪污罪的性质，也包含职务侵占罪的性质。将其认定为贪污罪，既不会违背整个共同犯罪的性质，同时也起到严惩国家工作人员渎职犯罪的作用。参见赵秉志、李希慧主编：《刑法各论》(第3版)，中国人民大学出版社2016年版，第253页。

③ 即6万元为职务侵占“数额较大”的数额起点，100万元为职务侵占“数额巨大”的数额起点。参见张明楷：《刑法学》(第6版)，法律出版社2021年版，第1339页。

《公安部经侦局关于对非法占有他人股权是否构成职务侵占罪问题的工作意见》(2005年6月24日公布)

△(**非法占有公司股东股权;职务侵占罪**)对于公司股东之间或者被委托人利用职务便利,非法占有公司股东股权的行为,如果能够认定行为人主观上具有非法占有他人财物的目的,则可对其利用职务便利,非法占有公司管理中的股东股权的行为以职务侵占罪论处。①

《最高人民法院、最高人民检察院、公安部、司法部关于依法惩治妨害新型冠状病毒感染肺炎疫情防控违法犯罪的意见》(法发〔2020〕7号,2020年2月6日发布)

△(**肺炎疫情防控;滥用职权罪或者玩忽职守罪;传染病防治失职罪;传染病毒种扩散罪;贪污罪;职务侵占罪;挪用公款罪;挪用资金罪;挪用特定款物罪**)依法严惩疫情防控失职渎职、贪污挪用犯罪。在疫情防控工作中,负有组织、协调、指挥、灾害调查、控制、医疗救治、信息传递、交通运输、物资保障等职责的国家机关工作人员,滥用职权或者玩忽职守,致使公共财产、国家和人民利益遭受重大损失的,依照刑法第三百九十七条的规定,以滥用职权罪或者玩忽职守罪定罪处罚。

卫生行政部门的工作人员严重不负责任,不履行或者不认真履行防治监管职责,导致新型冠状病毒感染肺炎传播或者流行,情节严重的,依照刑法第四百零九条的规定,以传染病防治失职罪定罪处罚。

从事实验、保藏、携带、运输传染病菌种、毒种的人员,违反国务院卫生行政部门的有关规定,造成新型冠状病毒毒种扩散,后果严重的,依照刑法第三百三十一条的规定,以传染病毒种扩散罪定罪处罚。

国家工作人员,受委托管理国有财产的人员,公司、企业或者其他单位的人员,利用职务便利,侵吞、截留或者以其他手段非法占有用于防控新型冠状病毒感染肺炎的款物,或者挪用上述款物归个人使用,符合刑法第三百八十二条、第三百八十三条、第二百七十一条、第三百八十四条、第二百七十二条规定的,以贪污罪、职务侵占罪、挪用公款罪、挪用资金罪定罪处罚。挪用用于防控新型冠状病毒感染肺炎的救灾、优抚、救济等款物,符合刑法第二百七十三条规定的,对直接责任人员,以挪用特定款物罪定罪处罚。(§ 2Ⅶ)

△(**治安管理处罚;从重情节**)依法严惩妨害疫情防控的违法行为。实施上述(一)至(九)规定的行为,不构成犯罪的,由公安机关根据治安管理处罚法有关虚构事实扰乱公共秩序,扰乱单位秩序、公共场所秩序、寻衅滋事,拒不执行紧急状态下的决定、命令,阻碍执行职务,冲闯警戒带、警戒区,殴打他人,故意伤害,侮辱他人,诈骗,在铁路沿线非法挖掘坑穴、采石取沙,盗窃、损毁路面公共设施,损毁铁路设施设备,故意损毁财物、哄抢公私财物等规定,予以治安管理处罚,或者由有关部门予以其他行政处罚。

对于在疫情防控期间实施有关违法犯罪的,要作为从重情节予以考量,依法体现从严的政策要求,有力惩治震慑违法犯罪,维护法律权威,维护社会秩序,维护人民群众生命安全和身体健康。(§ 2Ⅹ)

《最高人民法院、最高人民检察院关于常见犯罪的量刑指导意见(试行)》(法发〔2021〕21号,2021年6月6日发布)

△(**职务侵占罪;量刑**)

1. 构成职务侵占罪的,根据下列情形在相应的幅度内确定量刑起点:

(1)达到数额较大起点的,在一年以下有期徒刑、拘役幅度内确定量刑起点。

(2)达到数额巨大起点的,在三年至四年有期徒刑幅度内确定量刑起点。

(3)达到数额特别巨大起点的,在十年至十一年有期徒刑幅度内确定量刑起点。依法应当判处无期徒刑的除外。

2. 在量刑起点的基础上,根据职务侵占数额等其他影响犯罪构成的犯罪事实增加刑罚量,确定基准刑。

3. 构成职务侵占罪的,根据职务侵占的数额、危害后果等犯罪情节,综合考虑被告人缴纳罚金的能力,决定罚金数额。

4. 构成职务侵占罪的,综合考虑职务侵占的数额、手段、危害后果、退赃退赔等犯罪事实、量刑情节,以及被告人的主观恶性、人身危险性、认罪悔罪表现等因素,决定缓刑的适用。

《最高人民检察院、公安部关于公安机关管辖的刑事案件立案追诉标准的规定(二)》(公通字〔2022〕12号,2022年4月6日公布)

△(**职务侵占罪;立案追诉标准**)公司、企业

分则　第五章

① 我国学者指出,自然人股东持有的股份不是单位财物,而是个人财物,因此,不成立职务侵占罪,而只能视行为的具体表现认定为盗窃罪、诈骗罪或者侵占罪。参见张明楷:《刑法学》(第6版),法律出版社2021年版,第1339页。

或者其他单位的人员，利用职务上的便利，将本单位财物非法占为己有，数额在三万元以上的，应予立案追诉。（§ 76）

【附属刑法】

《中华人民共和国公司法》（1993年12月29日通过，2018年10月26日第四次修正）

第二百零六条

Ⅱ清算组成员利用职权徇私舞弊、谋取非法收入或者侵占公司财产的，由公司登记机关责令退还公司财产，没收违法所得，并可以处以违法所得一倍以上五倍以下的罚款。

第二百一十五条

违反本法规定，构成犯罪的，依法追究刑事责任。

《中华人民共和国商业银行法》（1995年5月10日通过，2015年8月29日第二次修正）

第八十五条

商业银行工作人员利用职务上的便利，贪污、挪用、侵占本行或者客户资金，构成犯罪的，依法追究刑事责任；尚不构成犯罪的，应当给予纪律处分。

《中华人民共和国合伙企业法》（1997年2月23日通过，2006年8月27日修订）

第九十六条

合伙人执行合伙事务，或者合伙企业从业人员利用职务上的便利，将应当归合伙企业的利益据为己有的，或者采取其他手段侵占合伙企业财产的，应当将该利益和财产退还合伙企业；给合伙企业或者其他合伙人造成损失的，依法承担赔偿责任。

第一百零一条

清算人执行清算事务，牟取非法收入或者侵占合伙企业财产的，应当将该收入和侵占的财产退还合伙企业；给合伙企业或者其他合伙人造成损失的，依法承担赔偿责任。

第一百零五条

违反本法规定，构成犯罪的，依法追究刑事责任。

《中华人民共和国个人独资企业法》（1999年8月30日通过）

第二十条

投资人委托或者聘用的管理个人独资企业事务的人员不得有下列行为：

……

（二）利用职务或者工作上的便利侵占企业财产；

……

第四十条

投资人委托或者聘用的人员违反本法第二十条规定，侵犯个人独资企业财产权益的，责令退还侵占的财产；给企业造成损失的，依法承担赔偿责任；有违法所得的，没收违法所得；构成犯罪的，依法追究刑事责任。

《中华人民共和国农民专业合作社法》（2006年10月31日通过，2017年12月27日修订）

第六十九条

侵占、挪用、截留、私分或者以其他方式侵犯农民专业合作社及其成员的合法财产，非法干预农民专业合作社及其成员的生产经营活动，向农民专业合作社及其成员摊派，强迫农民专业合作社及其成员接受有偿服务，造成农民专业合作社经济损失的，依法追究法律责任。

《中华人民共和国公证法》（2005年8月28日通过，2017年9月1日第二次修正）

第四十二条

Ⅰ公证机构及其公证员有下列行为之一的，由省、自治区、直辖市或者设区的市人民政府司法行政部门对公证机构给予警告，并处二万元以上十万元以下罚款，并可以给予一个月以上三个月以下停业整顿的处罚；对公证员给予警告，并处二千元以上一万元以下罚款，并可以给予三个月以上十二个月以下停止执业的处罚；有违法所得的，没收违法所得；情节严重的，由省、自治区、直辖市人民政府司法行政部门吊销公证员执业证书；构成犯罪的，依法追究刑事责任：

……

（三）侵占、挪用公证费或者侵占、盗窃公证专用物品的；

……

Ⅱ因故意犯罪或者职务过失犯罪受刑事处罚的，应当吊销公证员执业证书。

Ⅲ被吊销公证员执业证书的，不得担任辩护人、诉讼代理人，但系刑事诉讼、民事诉讼、行政诉讼当事人的监护人、近亲属的除外。

《中华人民共和国电力法》（1995年12月28日通过，2018年12月29日第三次修正）

第七十四条

Ⅲ电力企业的管理人员和查电人员、抄表收费人员勒索用户、以电谋私，构成犯罪的，依法追究刑事责任；尚不构成犯罪的，依法给予行政处分。

《中华人民共和国保险法》（1995年6月30日通过，2015年4月24日第三次修正）

第一百六十一条

保险公司有本法第一百一十六条①规定行为之一的，由保险监督管理机构责令改正，处五万元以上三十万元以下的罚款；情节严重的，限制其业务范围、责令停止接受新业务或者吊销业务许可证。

第一百六十五条

保险代理机构、保险经纪人有本法第一百三十一条②规定行为之一的，由保险监督管理机构责令改正，处五万元以上三十万元以下的罚款；情节严重的，吊销业务许可证。

第一百七十九条

违反本法规定，构成犯罪的，依法追究刑事责任。

《中华人民共和国证券投资基金法》(2003 年 10 月 28 日通过，2015 年 4 月 24 日修正)

第一百二十三条

Ⅰ基金管理人、基金托管人及其董事、监事、高级管理人员和其他从业人员有本法第二十条③所列行为之一的，责令改正，没收违法所得，并处违法所得一倍以上五倍以下罚款；没有违法所得或者违法所得不足一百万元的，并处十万元以上一百万元以下罚款；基金管理人、基金托管人有上述行为的，还应当对其直接负责的主管人员和其他直接责任人员给予警告，暂停或者撤销基金从业资格，并处三万元以上三十万元以下罚款。

第一百四十九条

违反本法规定，构成犯罪的，依法追究刑事责任。

《中华人民共和国企业国有资产法》(2008 年 10 月 28 日通过)

第七十一条

Ⅰ国家出资企业的董事、监事、高级管理人员有下列行为之一，造成国有资产损失的，依法承担赔偿责任；属于国家工作人员的，并依法给予处分：

……

(二)侵占、挪用企业资产的；

……

Ⅱ国家出资企业的董事、监事、高级管理人员因前款所列行为取得的收入，依法予以追缴或者归国家出资企业所有。

Ⅲ履行出资人职责的机构任命或者建议任命的董事、监事、高级管理人员有本条第一款所列行为之一，造成国有资产重大损失的，由履行出资人职责的机构依法予以免职或者提出免职建议。

第七十五条

违反本法规定，构成犯罪的，依法追究刑事

---

① 《中华人民共和国保险法》(1995 年 6 月 30 日通过，2015 年 4 月 24 日第三次修正)

第一百一十六条

保险公司及其工作人员在保险业务活动中不得有下列行为：

……

(七)挪用、截留、侵占保险费；

……

(十)利用保险代理人、保险经纪人或者保险评估机构，从事以虚构保险中介业务或者编造退保等方式套取费用等违法活动；

……

② 《中华人民共和国保险法》(1995 年 6 月 30 日通过，2015 年 4 月 24 日第三次修正)

第一百三十一条

保险代理人、保险经纪人及其从业人员在办理保险业务活动中不得有下列行为：

……

(七)挪用、截留、侵占保险费或者保险金；

……

③ 《中华人民共和国证券投资基金法》(2003 年 10 月 28 日通过，2015 年 4 月 24 日修正)

第二十条

公开募集基金的基金管理人及其董事、监事、高级管理人员和其他从业人员不得有下列行为：

(一)将其固有财产或者他人财产混同于基金财产从事证券投资；

(二)不公平地对待其管理的不同基金财产；

(三)利用基金财产或者职务之便为基金份额持有人以外的人牟取利益；

(四)向基金份额持有人违规承诺收益或者承担损失；

(五)侵占、挪用基金财产；

(六)泄露因职务便利获取的未公开信息、利用该信息从事或者明示、暗示他人从事相关的交易活动；

(七)玩忽职守，不按照规定履行职责；

(八)法律、行政法规和国务院证券监督管理机构规定禁止的其他行为。

责任。

《中华人民共和国土地管理法》(1986年6月25日通过,2019年8月26日第三次修正)

第八十条

侵占、挪用被征收土地单位的征地补偿费用和其他有关费用,构成犯罪的,依法追究刑事责任;尚不构成犯罪的,依法给予处分。

【公报案例】

△**(利用职务上的便利;普通货物运输的承运人;职务侵占)**根据《刑法》第二百七十一条的规定,职务侵占罪是指公司、企业或者其他单位的人员,利用职务上的便利,将本单位数额较大的财物非法占为己有的行为。所谓"利用职务上的便利",是指行为人在实施犯罪时,利用自身的职权,或者利用自身因执行职务而获取的主管、管理、经手本单位财物的便利条件。

普通货物运输的承运人不仅负有将货物安全及时地送达目的地的职责,同时对该货物负有直接保管的义务。货运驾驶员在运输途中,利用其运输、保管货物的职务便利窃取货物的行为,构成职务侵占罪。[《最高人民法院公报》2009年第8期　李江职务侵占案]

【参考案例】

△**虽无经营、管理单位财产的权限,但在劳务活动中经手单位财物的,应当认定为具有职务侵占罪的职务便利。**

被告人张珍贵、黄文章在实施窃取行为过程中:一是被告人张珍贵利用当班之机按约通知被告人黄文章联系拖车前来行窃,在被告人黄文章带着联系好的拖车前往海关验货场后,被告人张珍贵积极配合,将验货场中的三个集装箱货柜和三个车架(总价值计人民币659878元)偷运出验货场;二是黄文章利用工作之便窃取厦门象屿胜狮货柜公司的货物出场单,进而顺利地将三个货柜偷运出保税区大门;三是在被告人黄文章将货柜运出保税区大门后,被告人张珍贵到保税区门岗室,乘值班经警不备,将上述三个货柜的出场单及货物出区登记表偷出销毁。该三个行为是否属于职务上的便利,直接关系到本案的定性,即究竟是职务侵占罪还是盗窃罪。职务侵占罪中的利用职务便利,是指行为人利用主管、管理、经营、经手本单位财物之职的便利条件,这里的职务不限于经营、管理活动,同时还包括劳务活动。工作过程中形成的对环境及人员较为熟悉的有利条件不能视为职务便利。黄文章窃取货物出场单及张珍贵将门岗室里的货物出场单及货物出区登记表偷出销毁的行为,所利用的是工作中形成的对环境及人员较为熟悉的方便条件,不属于职务便利。但张珍贵利用门卫之职,与黄文章合谋把货柜偷运出验货场的行为,虽然利用的是从事劳务的便利,但仍属职务便利。[No. 5-271-2　张珍贵等职务侵占案]

△**临时聘用人员利用职务上的便利,窃取本单位财物数额较大的,应以职务侵占罪论处。**

被告人贺豫松系火车站行包房装卸工,其在车站行包房的职责是根据行李员方向清单进行清点与接车,对列车所卸入库的货物装卸办理交接手续等,其对中转的货物具有一定的管理权和经手权。被告人贺豫松的盗窃行为,就是利用其当班管理、经手这些财物的职务之便,在自己负责的中转货物的库区对其管理、经手的货物实施掏芯手段将财物非法占为已有,完全可以认定为利用了职务上的便利而窃取单位财产,从而构成职务侵占罪。[No. 5-271-3　贺豫松职务侵占案]

△**网络公司职员利用职务上的便利,通过修改数据生成网络虚拟财物并出售给其他玩家,获利数额较大的,应以职务侵占罪论处。**

被告人王一辉作为上海盛大网络发展有限公司(以下简称"盛大公司")游戏项目管理中心运维部副经理,负有维护服务器、游戏软件,更新游戏环境内容等职责,其拥有的数据修改权是其职务直接赋予的权利,因此王一辉的行为符合利用职务上的便利这一构成要件。盛大公司通过许可取得了热血传奇游戏在一定时间内的独家运营权,在此期间,盛大公司对游戏武器、装备享有所有权和处分权,因而王一辉非法侵占的游戏武器、装备属于盛大公司所有。这些游戏武器、装备本质上属于盛大公司通过购买获得的智力成果,虽然盛大公司没有单独出售"武器、装备"的业务内容,但玩家要获得有关不同级别的武器、装备,一般只能通过不断投入时间、精力、上网费、点卡费等成本进行持续参与游戏才能获得,因此盛大公司作为独家运营商没有采取直接销售武器、装备的方式,正是看重了通过吸引玩家持续参与网络游戏来无偿获取这些武器、装备的赢利方式要比直接销售武器、装备的方式更能实现经济利益的最大化,因而盛大公司所合法拥有的这些游戏武器、装备是独家经营该网络游戏能够给其带来巨大经济收益的直接因素,如果这些游戏武器、装备被盗卖,盛大公司的财产权益必然会受到侵害,在此意义上,这些游戏武器、装备因具备了可以为盛大公司带来巨大经济收益的性质,与传统财产没有本质上的差别,可以视为盛大公司独有的虚拟财产,应当予以全方位的法律保护。综上,被告人王一辉利用职务上的便利将所在单位的财产盗出后出售牟利的行为构成职务侵占罪。对于被告人金珂、汤明,虽然不属于被害单位的工作人员,但其与被告人王一辉共同勾结、相互配合,共同利用王一辉的职务便利实施了侵占盛大公司财产的犯罪行为,符合2000年6月30日公布的《最高人民法院关于审理贪污、职务侵占案件如何认定共同犯罪几个问题的解释》第二条的规定,三被告人属于共同犯罪,应当以职务侵占罪的共犯论处,因此法院以职务侵占罪对本案三被告人进行定罪处罚是正确的。[No. 5-271-4 王一辉等职务侵占案]

△混合所有制公司负责人利用关联交易行为为共同具有财产的近亲属开办公司并非法牟利的,不构成贪污罪或为亲友非法牟利罪,应以职务侵占罪论处。

为亲友非法牟利罪与贪污罪或者职务侵占罪之间,在手段方式上存在着一定的交叉。一般来说,如果行为人利用职务便利,以明显高于或者以明显低于市场的价格向亲友经营管理的单位采购或者销售商品,致使国家利益遭受重大损失的,实际上也是一种损公肥私,变相转移、侵吞公共财物的行为,这点类似于职务侵占罪或者贪污罪的犯罪行为特点。但是,在通常情况下,前者和后两者还是比较好区分的,因为对于为亲友非法牟利罪这样的罪名来说,犯罪行为人一般在公司内部是以合法的方法与亲友经营管理的公司进行公开交易的,虽然犯罪行为人不一定会暴露关联交易行为的公司与自己本人的真实关系,但至少在交易过程中,财务上不会也不需要采取涂改账册等欺骗单位的秘密行为,因为该种公开的关联交易,名义上已是犯罪行为人所在单位"知晓和认可"的行为,这种手段方式上的公开性特征,与贪污罪、职务侵占罪的手段方式上秘密性的特征显然是不一样的。但是,前者和后两者的界限也不是绝对分明的。在一些特殊情况下,原本貌似为亲友非法牟利罪的行为实际上是一种贪污行为或者职务侵占行为。比如被告人利用在公司中的职务便利条件或者职务所形成的地位,采用公司关联交易的方式,以明显高于或者以明显低于市场的价格向亲友经营管理的单位采购或者销售商品,然后约定与该亲友分割关联交易所得的利润(并非只是收受亲友提供的一定好处费)的,其行为应构成贪污罪或者职务侵占罪,而非为亲友非法牟利罪。这是因为,这实际上是犯罪行为人利用自身负责公司经营管理的职务便利的条件,以关联交易这样一种比较迂回的手段来达到自己非法占有本单位财物的犯罪目的,并非仅仅是为亲友经营管理的公司牟利那么简单。故基于该犯罪目的指导下的行为,实际上是一种主要为个人谋利的行为,应当以贪污罪或者职务侵占罪论处,即便三者罪名在该行为上产生了一定程度上的竞合关系,按照牵连犯的处理原则,也应以重罪(贪污罪、职务侵占罪)论处。基于上述理念,犯罪行为人在与近亲属同财共居的场合,为亲友牟利实际上也就是为自己牟利,用不着事先约定对关联交易行为产生的利润如何分割就可直接推定为贪污或者职务侵占的犯罪行为。相反,在别财分居的情况下,必须有足够的证据认定犯罪行为人与亲友有事先或事后分利约定和行为的事实,才能认定为是一种通过关联交易这样的方式迂回地贪污或者职务侵占。司法实践中,由于在这种情况下,犯罪行为人和亲友是利益上的共同体,分割利润的事实往往是不容易发现和查实的,在无法查实时,只能本着"就低不就高"的原则,以为亲友非法牟利罪论处。

结合前述所言,任祖翰等职务侵占案中,被告人任祖翰和刘岭系合法夫妻关系,对夫妻财产没有特别约定,按照有关民事法律,祺捷公司(刘岭设立、经营)的资产和盈利属于被告人任祖翰和刘岭的夫妻共同财产,不分彼此,故被告人任祖翰与刘岭结伙,利用任祖翰所负责的方富公司以关联交易的形式牟取差价,侵占方富公司资产的行为,实际上也是为被告人本人牟利的行为,因为将方富公司资产侵吞、转移为祺捷公司的利润后,该部分利润即成为被告人夫妻的合法共同财产,两被告人就达到了共同非法占有犯罪所得财产的目的,这显然是不同于单纯地利用关联交易,收受亲友一定好处费,为亲友非法牟利的行为,同时基于两被告人的主体身份关系和方富公司的性质,两被告人均构成职务侵占罪,而非为亲友非法牟利罪。[No. 5-271-5 任祖翰等职务侵占案]

△公司职员利用代理公司业务的职务便利,将签订合同所得财物非法占为己有,数额较大的,应以职务侵占罪论处。

被告人虞秀强侵占的是本单位财物而非合同相对人财物。在本案中,被告人虞秀强是金维公司专门负责原材料采购的副总经理,有权直接代表公司购进生产原材料。案发前(2004年)虞秀强作为金维公司直接负责的主管人员已多次代表金维公司向锦纶厂采购原材料己内酰胺,最多的时候订货量达三四十吨。其简便的口头订货方式(即不签订书面合同,只需虞秀强电话通知,锦纶厂即可发货,从未需要出具公司授权委托书)及赊购的结算方式,足以反映虞秀强在采购原材料方

分则 第五章

面具有的充分、完全的职权及代理权，同时也反映合同相对人锦纶厂对于虞秀强的职权已予以充分认可。在此情形下，虞秀强于 2005 年 1 月再次以公司名义从锦纶厂订购 38 吨己内酰胺的行为，应属职务行为及有权代理，依《民法通则》及《合同法》（均已失效）之规定，被告人虞秀强在职务范围内与相对人签订的上述订购 38 吨己内酰胺的（口头）合同业已成立，且系有效、合法的买卖合同。

因而，后来为虞秀强所支配并擅自处置的 35 吨己内酰胺及最后变现的 702000 元人民币，均是金维公司依法所有的财物，虞秀强利用职务便利侵占其中 444310 元货款，侵犯的是本单位的财物所有权。也就是说，虞秀强与锦纶厂签订的是有效合同，通过该有效合同从锦纶厂处取得的财产，已经成为金维公司的财产，而不再是锦纶厂的财产。锦纶厂对已交付的货物依合同享有要求金维公司支付对价的权利，金维公司也应当承担由此引起的合同义务，因而虞秀强擅自支配 35 吨货物并占有其变现后的部分金钱侵害的是其所在单位金维公司的利益。

被告人虞秀强擅自支配 35 吨货物并占有其变现后的部分金钱，是利用了其代理公司业务的职务之便。从本案事实考察，被告人虞秀强非法占有财物目的的实现是以其所担任的公司职务为保障的。在与合同相对方锦纶厂签订、履行（口头）合同环节，虞秀强能轻易地以公司名义取得 38 吨货物，归于其作为负责原材料采购业务的副总经理职务之便。具体说来，表现在：一是根据金维公司允许的惯例做法，虞秀强作为公司副总经理有权决定将所订购的货物不通过本公司而直接转手卖给他人，其主要目的是减少征税环节，逃避税收，事实上案发前金维公司已有多批外购货物（包括从锦纶厂所购的己内酰胺）采取该形式销给劲大公司及陈劲宏等。二是虞秀强有权直接代表金维公司向劲大公司等买主收取货款，然后再交付公司，这是虞秀强能轻易获得 702 000 元货款现金支配权的最重要之便利条件。[No. 5-271-6　虞秀强职务侵占案]

△单位职员的犯罪行为发生在其用工合同到期之后，但案发时该职员仍在实际行使对单位财物的管理职权，并利用职务便利侵占单位财物数额较大的，应以职务侵占罪论处。

职务侵占罪的主体是公司、企业或者其他单位中不具有国家工作人员身份的工作人员。刑法注重的是实质合理性，评判一个人是否为单位工作人员，实质性的依据是其是否在单位中具有一定工作职责或者承担一定业务活动，至于是否与用工单位签订了用工合同，以及是否在用工合同期内只是属于审查判断其主体身份的形式考察内容。也就是说，界定职务侵占罪主体应当关注的是实施侵占行为的行为人的职务或职责，行为人实际担负一定的职务或职责，并利用其职务便利非法侵占本单位财物的，就属于职务侵占行为。

被告人刘宏与他人共同负责保管车间和仓库大门的钥匙，且其系金加工车间的代理主任，显然对仓库财物负有保管职责。虽然刘宏与艾米公司签订的用工合同已于 2007 年 7 月到期，但艾米公司负责人及刘宏均证实，艾米公司打算在恢复生产后与刘宏续签合同，且艾米公司也未收回刘宏保管的钥匙，刘宏对仓库财物保管的职责并未因此而中断，刘宏实际仍在继续履行公司赋予的保管仓库财物的职责，双方事实劳动关系依然存在。因此，没有续签用工合同，并不影响刘宏是艾米公司员工事实的成立，刘宏仍然符合职务侵占罪主体的要求。[No. 5-271-7　刘宏职务侵占案]

△职员对财物不具有独立管理权，却单独利用共同管理权窃取本单位财物的，应当认定为具有职务侵占罪的利用职务便利。

在实践中，主管、管理、经手单位财物的通常不是一人，出于相互制约、相互监督的需要，单位财物的支配权、处置权及管理权往往由两人或两人以上共同行使。这种情况下，行为人对单位财物的管理权限仍及于职责范围的全部，其管理权能以及因该管理权所产生的便利亦不因有其他共同管理人而受到影响，其单独利用管理职务便利窃取本单位财物的行为不影响利用职务上的便利的认定。

刘宏职务侵占案中，艾米公司车间及仓库大门的钥匙分别由被告人刘宏和车工组组长刘世文共同保管。虽然管理权由刘宏和刘世文共同行使，但刘宏对车间仓库财物的管理范围及于仓库财物全部，并不因有刘世文作为共同管理人而使管理职责降低。本案的特殊性在于，要进入艾米公司金加工车间内的仓库必须同时使用刘宏和刘世文各自保管的两把钥匙，打开车间和仓库两道大门上的挂锁。因此，刘宏采取了用自己保管的两把钥匙打开挂锁，同时撬开另外两把挂锁的方式，窃取自己所保管的公司仓库的财物。从刘宏行为的外在特征分析，其使用自己保管的钥匙打开挂锁的行为自不待言，属于利用职务便利的行为，但其同时使用撬锁的方式打开另外两把挂锁的行为又与一般盗窃行为无异。从整个行为过程来分析，刘宏能够顺利实现非法占有单位财物的目的关键还是利用了其作为车间主任对仓库财物直接负有保管职责的便利，换句话说，没有其职务便利，其犯罪不可能顺利得逞。因为本案发生在车间停产期间，由于车间大门紧锁，非本单位人员进出厂区是被门卫限制的，正是由于刘宏担任金加工车间的代理主任，持有车间钥匙，又负有保管车间仓库财物的职责，才可以在车间停产期间多次驾车进出厂区并接近作案目标实施犯罪，这与盗窃罪中的行为人熟悉作案环境及在工作中容易接近单位财物的方便条件是有区别的。由此出发，刘宏具有的职务便利才是其实现犯罪顺利得逞的本质特征，这一点决定了其与那些普通撬锁盗窃行为具有本质区别。[No. 5-271-8　刘宏职务侵占案]

△公司、企业或者其他单位人员未经单位授权，私自收取他人费用，并予以非法占有的，应以职务侵占罪论处。

职务侵占罪是指公司、企业或者其他单位的人员，利用职务上的便利，将本单位财物非法占为己有，数额较大的行为。被告人王某是房管中心派到社区水暖收费办公室负责人，属于该房管中心的工作人员，因此符合职务侵占罪的主体要件。

被告人王某私自收取 3 号楼 12 户居民的暖气初装费，非法占有并挥霍的行为侵犯的客体是房管中心的财产所有权。房管中心以通知的形式将暖气初装费的收费标准告知了 3 号楼的居民，由于王某既参与了该楼安装暖气的调查摸底工作，又是房管中心派驻该社区水暖收费办公室的负责人，徐某、贺某有充分理由相信将暖气初装费交给王某就是交给了房管中心，而不是交给王某个人。《合同法》(已失效)第四十九条规定："行为人没有代理权、超越代理权或者代理权终止后以被代理人名义订立合同，相对人有理由相信行为人有代理权的，该代理行为有效。"《最高人民法院关于贯彻执行〈中华人民共和国民法通则〉若干问题的意见(试行)》(已失效)第五十八条规定："企业法人的法定代表人和其他工作人员，以法人名义从事的经营活动，给他人造成经济损失的，企业法人应当承担民事责任。"在民商事活动中，对职务行为的认定适用客观主义原则，只要在客观上具备执行职务的特征，又以法人名义实施，相对人有理由相信该行为是执行职务的行为，即形成职务上的表见代理。王某职务侵占案中，对徐某、贺某将 100241 元交给王某的行为是向房管中心发出安装暖气合同的承诺，虽然王某隐瞒了自己无权收取暖气初装费的事实，但是房管中心没有明确何时收取，在今年不能安装暖气的情况下也未通知 3 号楼居民不再收费用，因此徐某、贺某将暖气初装费交给王某的行为属于善意且无过错，王某的行为已经构成表见代理，即王某收了暖气初装费的行为是代表房管中心的职务行为。货币是特殊的动产。根据我国《民法通则》(已失效)第七十二条第二款的规定："按照合同或者其他合法方式取得财产的，财产所有权从财产交付时起移转，法律另有规定或者当事人另有约定的除外。"我国动产所有权的移转以交付为原则，因此在一般情况下，当事人之间虽然就动产的买卖达成了协议，但尚未交付时，不发生所有权的移转。《民法通则》(已失效)的规定属于任意性规范，得由当事人约定排除适用；法律有特殊规定的，还应依法律的特别规定。本案中，徐某、贺某已经将暖气初装费交给王某，双方之间又无其他特别的约定，因此可视为此款的所有权已经转移给了房管中心，已属单位财产。

被告人王某将居民交纳的 100241 元非法占为己有，客观上利用了其职务之便。王某作为水暖收费办公室的负责人，收取初装费应是其职务的一部分，至于是否得到单位授权，不是本案的关键，王某具有收取费用的职权是客观事实，如果不是王某的这种特殊身份，他不可能收取居民的暖气初装费。根据法律规定，只要行为人具有并利用其特定的职务将本单位财物非法占为己有，无论其职务是如何获得，均不影响其构成职务侵占罪。首先，王某利用工作上的便利条件，将该款非法占为己有且全部挥霍，其行为符合职务侵占罪的主客观构成要件。至于王某在没有单位授权的情况下，私自决定收取该笔费用，只能说明该单位在管理上存在纰漏。其次，本案被告人王某在社区的调查摸底工作是正常职务行为，并非为其实施诈骗做预备工作。徐某、贺某积极组织 3 号楼的居民交纳暖气初装费，是基于房管中心在社区宣传集中供暖，并告知居民收费标准这一事实。后因用户数量没有达到安装标准而未予安装，王某亦未使用任何虚构的事实或者隐瞒真相的欺骗方法，让徐某、贺某等 12 户居民向其交出财物。王某犯意的产生与犯罪行为的实施，均发生于取得存折之后，而诈骗的犯罪意思表示和行为只能发生在持有他人财物之前，通过诈骗从而取得持有，故王某的行为不构成诈骗罪。最后，王某与 12 户居民之间亦没有合法的委托或保管关系，由于侵占罪的犯罪对象仅限于代为保管的他人财物、他人遗忘物、他人埋藏物，该款显然不属于以上三种中的任何一种，由于王某的行为已经构成表见代理，该款所有权已经转移给了房管中心，因此其行为不构成侵占罪。[No. 5-271-9　王某职务侵占案]

△村民委员会等村基层自治组织人员在履行集体管理事务中，利用职务上的便利，将集体财产占为己有的，应以职务侵占罪论处。

根据《村民委员会组织法》《农业法》《土地管理法》的规定，村民委员会是村民自我管理、自我教育、自我服务的基层群众性自治组织，村民委员会管理本村属于村农民集体所有的土地的承包经营、管理宅基地和其他财产，以及其他村公共事务和公益事业。林连枝职务侵占案中，新村建设应由上一级政府进行规划，但没有改变该土地集体所有性质，仍是村民委员会在依法对本村集体所有土地进行管理，是村务。同时，外山乡政府出具的书面证明，证实经乡党政联席会研究决定，墘溪村旧村改造新村建设由墘溪村组织实施，该区改造收入及补偿由墘溪村自理；又证实墘溪村的土地属农村集体所有，政府并没有进行征用，开发前后均属农民宅基地和杂地。该书证进一步证实上述项目工程非乡政府委托给村委会的，而是村务。

墘溪村对瓦辽口角落进行改造建设，是村务，该村委会主任林连枝管理村务过程中的犯罪，不属于国有土地的经营和管理等协助政府从事行政管理工作情形，不符合贪污罪的主体要件。林连枝在管理村务的过程中，利用其任村委员会主任的职务便利，多报支工程款 32606 元据为己有，其行为构成职务侵占罪。法院以职务侵占罪对被告人定罪量刑是准确的。[No. 5-271-10　林连枝职务侵占案]

△利用职务上的便利侵占本单位财产性利益的，不构成职务侵占罪。

在朱文博公司人员受贿案审理过程中，有意见认为，本案被告人朱文博侵犯了单位利益，因为虽然牌照本身没有价值，但牌照的价值可以体现在所附的机动车辆上，如公司将机动车辆连同牌照出卖或抵押时，此车比不带牌照的车的价值高；且由于被害单位享受的优惠政策已被被告人侵占，被害单位的机动车辆若再要上牌照时，只能出钱参加私车牌照拍卖，在此情况下，牌照就是财产，故朱文博利用职务上的便利，将本单位财产非法占为己有，构成职务侵占罪；高毅、张文洁利用朱文博的职务便利，共同将公司财产非法占为已有，可以以职务侵占罪的共犯论处。

但是，被告人不构成职务侵占罪。主要理由是，构成本罪行为人侵犯的对象应当是本单位的财物，而外资企业享受的优惠政策是否可以视为财物？答案是否定的，因为如果将其等同于财物，那么，对被告人退赔的非法所得就应发还被害单位，这样就会形成通过司法程序把行政优惠政策兑换成财产的不合理状况。因此，在上海目前的特殊情况下，相关企业享受的优惠政策，包括本案中的机动车辆的牌照额度和牌照应视为一种财产性利益，而不能将之扩大解释为财物。[No. 5-271-11　朱文博公司人员受贿案]

△利用职务上的便利侵吞公司财产的，即使该公司系家族企业，亦构成职务侵占罪。

从犯罪的构成要件来看：(1)职务侵占罪在主观上必须是出于故意，并具有将本单位财物非法占为已有的目的。李爽职务侵占案中，被告人李爽身为公司副总经理，从事企业的经营、管理工作，对公司由若干股东构成是明知的，却非法侵吞有限责任公司 25 万余元款项归已所有，显见其非法占有公司财物的主观故意是客观存在的，同时由于现行法律对家族公司没有特别规定，其认为自己侵犯的是家族公司利益的抗辩于法无据。(2)职务侵占是以职务为便利，具有一定的隐蔽性。证人孙旭及高枫等人的证言均证实不知道李爽提现金归己一事，被告人李爽亦多次供述公司的人不知道此事，其行为符合职务侵占罪的客观构成要件。(3)职务侵占罪的客体是公司的财产所有权。工商部门核发的企业营业执照证明被告人李爽所在的天旭达公司系有限责任公司，由多个股东构成，案发时公司股东以及董事会、监事会成员虽发生了变化，但企业性质仍未发生变化，故被告人李爽的行为侵犯了天旭达公司的财产利益，而非某人个人的财产利益。

综上所述，李爽以非法占有为目的侵占公司财产的行为构成职务侵占罪，其行为侵犯了公司股东的利益，损害了公司的管理秩序，应当受到法律的制裁。鉴于李爽的父母已经替其退还所侵占企业的财产，可以作为从轻情节予以考虑。故法院的判决是正确的。[No. 5-271-12　李爽职务侵占案]

△利用职务之便，采取非隐秘手段侵吞本单位财物的，应以职务侵占罪论处。

从立法规定上看，我国《刑法》第二百七十一条并没有对职务侵占罪的犯罪手段作出任何规定，也就是说，手段隐秘与否和行为人是否构成职务侵占罪并没有刑法意义上的关系。从司法实践中看，虽然职务侵占行为人往往会尽可能地采用隐秘的手段实施犯罪，以期在实现犯罪目的的同时能够有效地隐藏自己的犯罪事实。这一点在职务犯罪的司法实践中体现得更为淋漓尽致，职务侵占罪也不例外。在大多数情况下，职务侵占行为人都会尽可能采取较为隐秘的手段实施犯罪，比较常见的方法就是在账目上作假，例如瞒报收入、虚列开支等以使其犯罪变得难以被人察觉。但是，这并不排除在某些情况下，职务侵占行为人没有合适的身份或者机会使其能够采取较为隐秘的手段实施职务侵占的行为。在实践中，行为人直接卷走账内资金潜逃的现象比比皆是。鉴于此，行为人在实施职务侵占时所采用的手段是否隐秘不应成为行为人是否构成职务侵占罪的硬性标准。

被告人何华兵是一名业务员，日常并不负责财务工作，其并没有合适的身份使其能够以虚列开支等手段实施犯罪。但其作为业务员，平常负责收取货款，公然卷走货款对其来说是一个比较便捷的侵吞手段。被告人何华兵采用公然卷走货款这一方式侵吞货款，应构成职务侵占罪。[No. 5-271-13 何华兵职务侵占案]

△未与单位办理任何财务交接手续，携款擅自离开单位去向不明，在司法机关发现后尽管辩称其打算归还单位资金，仍可认定为职务侵占罪。

首先，从立法规定上分析，《最高人民法院关于审理挪用公款案件具体应用法律若干问题的解释》第六条规定："携带挪用的公款潜逃的，依照刑法第三百八十二条、第三百八十三条的规定定罪处罚。"由此我们可以看出，只要挪用公款者携款潜逃便应当推断其具有占有单位财物的故意，直接以贪污论。而挪用资金罪与挪用公款罪在犯罪的主观方面、客观方面极其类似，最高人民法院关于挪用公款案件的司法解释，可以作为办理挪用资金案件的重要参考，因此，若行为人携带单位资金潜逃，应直接推断其具有侵占单位财物的故意。被告人何华兵的行为，具有职务侵占的故意，以职务侵占罪论处应无异议。

其次，从证据认定上分析，认定行为人犯罪的主观方面，不能过分依赖行为人的口供，检验、判断犯罪主观方面的标准只能是犯罪行为等客观因素。因为行为人的主观心理态度虽然存在于行为人的内心，看似难以捉摸，但是行为人的主观方面一定会外化为客观的行为，只有那些与行为人客观行为等客观因素相吻合、相印证的行为人的口供才应当予以采信。虽然被告人何华兵辩称其一直打算归还其占用的单位资金，但是通过一系列的证据显示，被告人何华兵在未与单位办理任何财务交接手续的情况下，离开单位长达一年之久，且在中途没有向单位表示过任何归还意愿，至其被公安机关抓获时已将所有货款挥霍一空，这与其辩称的其一直打算将货款归还给单位显然是自相矛盾。

最后，从常情、常理推断，一般人之所以挪用资金通常是出于应急、投资两方面的原因，而不会将挪用资金用于生活消费。而被告人何华兵却是将其所收货款全部用于挥霍，不符合常情、常理，可见，何华兵并不仅仅是打算非法取得单位资金的使用权，而是打算获得单位资金的所有权，其行为应构成职务侵占罪。[No. 5-271-14 何华兵职务侵占案]

△以共同发起设立公司的方式进行投资的，后投资不成，投资人之一利用职务便利冒领其他投资人垫付的投资款拒不归还数额较大的，应以职务侵占罪论处。

被告人吴定岳作为合伙人之一，在投资合同终止之后，有权取回河洲街道办事处应退回的合伙资金，其行为是合法的。但吴定岳在投资不成后，利用其系合伙股东的身份，且系加拿大瑞丰实业集团公司董事长的职务便利，瞒着其他合伙人，将合伙资金领回后据为己有，在被合伙人发觉后，虽经追问，仍仅归还小部分，余款77.4万元拒不归还，其行为构成职务侵占罪。[No. 5-271-16 吴定岳职务侵占案]

△利用易于接近作案目标的工作条件便利而非职务上的便利盗窃公私财物的，不构成职务侵占罪，应以盗窃罪论处。

对于如何认定职务侵占罪的利用职务上的便利，实践中存在争议。持狭义观点的人认为，所谓利用职务上的便利，必须是利用行为人所担任的具有一定管理性质的职务上的便利，而单纯提供劳务性的人员，如一般工人、售货员等，则不存在利用职务上的便利问题。持广义观点的人认为，利用职务上的便利不但包括管理人员利用其职权的便利，也包括一般劳务人员利用其工作上持有、经手单位财物的便利。但就赵卫明等盗窃案而言，这样的争议却并不影响本案的定性，因为即使持广义观点的人也同样认为，利用职务上的便利，只能是利用自己在职务上所具有的主管、管理、经手本单位财物的便利，而不是指利用与其职责无关，只因工作关系而熟悉作案环境、条件或者较易接近作案目标或对象等便利条件。对被告人来说，其并没有看管、保管工厂煤炭的职责，也不负责运输煤炭，而仅仅是利用了在工作中较易接触到作案目标的方便条件，故其在犯罪过程中所利用的不是职务之便，而是因工作关系产生的便利条件。因此，被告人的行为不构成职务侵占罪，法院以盗窃罪对被告人定罪量刑是正确的。[No. 5-271-17 赵卫明等盗窃案]

△经公司正式聘用并赋予其主管、管理或者经手单位财物权力的临时工，可以成为职务侵占罪的主体。

根据《刑法》第二百七十一条第一款的规定，公司、企业或者其他单位的工作人员，利用职务上的便利，将本单位财物非法占为己有，构成职务侵占罪。被告人于庆伟是北京市联运公司海淀分公司聘用的临时工。按照《刑法》第二百七十一条第一款的规定，职务侵占罪的主体是公司、企业或者其他单位的人员。在我国社会的现实经济生活中,公司、企业或者其他单位的人员,一般包括正式职工、合同工和临时工三种。是否构成职务侵占罪,关键在于公司、企业或者其他单位人员非法占有单位财物(包括单位管理、使用、运输中的其他单位财产和私人财产)是否利用了职务上的便利,而不是行为人在单位的身份。单位正式职工作案,没有利用职务便利的,依法不能定职务侵占罪;即使是临时工,有职务上的便利,并利用职务上的便利非法占有单位财物的,也应当认定属于职务侵占行为。《刑法》第二百七十一条第一款关于职务侵占罪的规定,并没有对单位工作人员的成分作出划分,并未将临时工排除在职务侵占罪的犯罪主体之外。

认定是否具有职务上的便利,不能以行为人是正式工、合同工还是临时工为划分标准,而应当从其所在的岗位和所担负的工作上看其有无主管、管理或者经手单位财物的职责。所谓"主管",一般是指对单位财物有调拨、安排、使用、决定的权力。所谓"管理",是指具有决定、办理、处置某一事务的权力并由此权力而对人事、财物产生制约和影响。所谓"经手",是指因工作需要在一定时间内控制单位的财物,包括因工作需要合法持有单位财物的便利,而不包括因工作关系熟悉作案环境、容易接近单位财物等方便条件。在本案中,被告人于庆伟作为北京市联运公司海淀分公司的上站业务员,依其岗位、职责,在负责办理货物托运工作中具有对相关货物的控制权。于庆伟正是利用了单位委托其负责托运货物和掌管货票的职务便利,采取虚构事实、隐瞒真相的方法将临时经手的单位财物非法占为己有。其行为完全符合职务侵占罪的构成特征。[No. 5-271-18 于庆伟职务侵占案]

△没有经手单位财物的职权,但单位违规授权使行为人实际上具有经手财物的职权,其利用该实际职权,侵吞单位财产的,应以职务侵占罪论处。

林通在作案时的名义职务是押钞员,根据《中国农业银行押运管理手册》的有关规定,押钞员的工作职责是保卫运钞车的运行安全,押运员不能直接接触钱款,更不能保管金库的钥匙。但案发时鼓山信用社押钞员的实际工作职责除押运保卫外,同时身兼多种职责:(1)鼓山信用社于2001年8月13日出具的有关林通工作职务的证明证实,林通除押钞工作外还兼任分社上存、下拨现金及企业上门收款员并负责现金出入库等工作。(2)鼓山信用社另一押钞员林志宏证实,押钞员的工作任务是每天上午从金库内提出现金送往各个营业网点,晚上再从各营业网点收取现金后放到金库内,押钞员在提出、收取现金过程中都直接点收现金,实际上兼有了出纳的工作职责。(3)信用社日常押运交接登记表证实,林通平常从信用社下属营业网点接收钱箱等物时,登记表接收人栏中仅有其一人签名。(4)农业银行鼓山支行案发后出具的《情况说明》及守库员高宪宏在二审期间所作证言均证实,鼓山信用社平常的现金出入库是由押钞员林通、涂能雄等人负责,信用社押钞员同时又兼任管库员职责。(5)鼓山信用社原主任郑昭、副主任张国平在二审期间所作证言证明,案发时鼓山信用社的押钞员有现金出入库的职责,且整个福州市城区联合信用社都是如此做法。上述证据表明,鼓山信用社是把押钞员与出纳的某些职责归于一人,这种做法是违反金融规章的。但该违章行为的责任在于信用社,林通作为受聘人员,只有遵从所在单位的工作任务分配。因此,在把握本案的定性时,应认定林通受单位委托兼有出纳、负责现金出入库等项职责。被告人林通窃取信用社巨款得逞是利用了保管保险柜的钥匙以及能够进出金库这两个职务上的便利,尽管其行为同时也利用了信用社管理制度上的混乱和漏洞,但就其窃取钱款的行为本质而言,仍然是一种利用职务便利的行为,符合《刑法》第二百七十一条关于职务侵占罪的犯罪构成要件,故被告人林通窃取信用社70万元人民币之行为应定性为职务侵占罪。[No. 5-271-19 林通职务侵占案]

△国有事业单位改制为国有控股事业单位后,原来从事公务的人员,继续在原岗位从事公务,如与国有事业单位间不具有委派关系,其利用职务上的便利,将本单位财物非法占为己有,数额巨大的,不构成贪污罪,应以职务侵占罪论处。

国有事业单位是指由国家财政全额拨款的,全部资产归国家所有的事业单位。卫生院改制过程中将49%的国有资本退出,代之以相应职工股的加入,这部分职工股即非国有资本的注入使卫生院的资产发生了实质性的变化。虽然后来随着国有资本(政府拨款)的增大,职工股在其中所占比例逐渐缩小,国有资本已占绝对控股地位,但不可否认的是,由于有非国有成分的注入,卫生院的资产所有权不再全部属于国家,故改制后卫生院性质已发生变化,属于非国有事业单位。

对石锡香的身份性质的认定问题,实则是对委派的理解问题。具体到本案,即石锡香是否系国有事业单位委派到国有控股事业单位从事公务的人员。关于委派,2001年最高人民法院有关批复及2003年《全国法院审理经济犯罪案件工作座谈会纪要》都加以明确规定,在国有资本控股、参股的股份有限公司中从事管理工作的人员,除受国家机关、国有公司、企业、事业单位委派从事公务的以外,不属于国家工作人员。不论被委派的人身份如何,只要是接受国家机关、国有公司、企业、事业单位委派,代表国家机关、国有公司、企业、事业单位在非国有公司、企业、事业单位、社会团体中从事组织、领导、监督、管理等工作,都可以认定为国家机关、国有公司、企业、事业单位委派到非国有公司、企业、事业单位、社会团体从事公务的人员。国有公司、企业改制为股份有限公司后,原国有公司、企业中的工作人员和股份有限公司新任命的人员中,除代表国有投资主体行使监督、管理职权的人以外,不以国家工作人员论。

所谓委派,是指一个单位向另外一个单位派遣、任命工作人员。从法律认定来说,委派应当具备形式要件和实质要件:第一,委派的主体一定是特定的,包括国家机关、国有公司、企业、事业单位,委派必须以上述单位的名义作出,而不是以个人名义作出。第二,委派的内容,即实质要件,是指受委派后从事公务,监督管理国有资产,保证国有资产不要流失,保证国有资产的保值增值。不管被委派人原先具有什么身份,只要经过国有单位委派,担任一定职务,具有监督管理职权,就具有国家工作人员的身份。第三,委派的形式。委派的形式是多样的,纪要中列举的任命、指派、提名、批准几种形式,并没有涵盖委派的所有形式。但一般认为,委派通常应采取书面的形式。有些可能是规范的,如有任命书,有些可能不规范,有可能体现在会议记录、纪要及一些书面文件中。

从石锡香等职务侵占案来看,首先,从委派的形式要件来看,石锡香不属于国家工作人员范围。本案中,卫生院改制后对人员的去留问题并没有通过任何文件或会议纪要等书面形式体现出来。卫生院的最高领导层由它的上级主管单位卫生局任命,它的高层领导毋庸置疑是上级委派的,但石锡香这样的一般管理人员是否也可认定为委派,从本案来讲并没有书面证据证明,故笔者认为不符合委派的形式要件。其次,从委派的实质要件来看,石锡香不属于国家工作人员范围。委派的实质要件,应从上述纪要规定的代表国有投资主体行使监督、管理职权来理解,从受委派人员在国有控股、参股单位中的任务和职能来判断是否委派。从本案来看,石锡香在卫生院改制后,其本人也持有卫生院的一小部分股份,并按照固定的额度进行收益。作为股东的身份和利益决定了其不可能具有双重身份,同时代表国有投资主体行使监督、管理职权。最后,在对是否符合委派存在争议的情形下,应从有利于被告人的原则出发,对石锡香的身份应以非国家工作人员论处较妥。

综上,被告人石锡香、顾红英作为非国家工作人员,利用各自的职务之便,共同侵吞单位财产,其行为均已构成职务侵占罪,属共同犯罪。[No. 5-271-20　石锡香等职务侵占案]

△村基层组织人员以村集体的名义,处理村集体组织事务的,不属于从事公务,不应以国家工作人员论。利用职务的便利侵占相应财物的,应以职务侵占罪论处。

贪污罪的主体要求是国家工作人员或受国家机关、国有公司、企业、事业单位、人民团体委托经营管理国有财产的人员。钱银元的行为构成贪污罪还是职务侵占罪的关键在于其是否属于其他依照法律从事公务的人员,根据《全国人民代表大会常务委员会关于〈中华人民共和国刑法〉第九十三条第二款的解释》的内容,判定本案被告人是否属于其他依照法律从事公务的人员,关键在于其行为是否属于协助人民政府从事国有土地的经营管理。

所谓协助政府从事行政管理工作,是指以政府的名义参与、组织、领导、监督、管理涉及人民利益和社会发展的相关国家事务和政府事务的活动。村民委员会系基层群众自治性组织,主要是管理村集体性事务,只有在以政府名义代行部分行政管理事务时才应被认定为协助从事行政管理工作,被告人基于租赁关系向对方当事人增收租金,是以村委会的名义而不是以政府名义进行的。其所从事的是本集体组织的事务,而非公务,不应当以国家工作人员论。

争议部分被告人所占有的财产,属于集体收取的土地租金。被告人钱银元系鸿声村委党支部书记,具有管理本村财产的职权,利用该职务便利,将集体财产非法占为已有,符合职务侵占罪的构成要件,应当以职务侵占罪定罪处罚。[No. 5-271-22　钱银元贪污、职务侵占案]

△网络虚拟财产的定价存在不确定性,对于以虚拟财产为对象的财产犯罪,在计算数额时,应以行为人在网上贩卖的价格认定为宜。

网络虚拟财产尤其是网络游戏虚拟财产,有以下特点:(1)定价机制不完善。游戏币的定价由开发此款游戏的公司根据其开发、运营、宣传等成本,确定游戏币与人民币的兑换比例,其定价主体相对单一,市场较小,价格不能充分反映其价值。(2)使用范围受限。游戏币仅在本游戏中使用,相对于普通的财物,大众认可度低,且目前不能继承。(3)价值不稳定,贬值空间巨大。由于游戏币是游戏公司单方定价,那么游戏公司可能在特定时间采取尺度很大的促销活动甚至免费赠送，其确定的兑换比例并不是相对恒久稳定的。游戏币由游戏公司生成，在开发、运营成本确定后，游戏币的生成是无限的，如果过量，就会像货币发行过量一样贬值，而这种生成并不像货币发行一样有完善的机制，在游戏的王国里，它几乎无法控制。并且一旦游戏公司停止运营，赎回渠道无法保证。(4)取得渠道不唯一。除了使用人民币兑换，游戏玩家还可以在游戏中免费取得游戏币及其他虚拟道具或者通过活动赠送获得游戏币，即其与人民币并非准确的对应关系。

现有法律、司法解释没有对如何认定此类案件犯罪数额作出规定，也无法对虚拟财产进行价格鉴定。司法实践中，网络虚拟财产的价值计算方法主要有：(1)以社会必要劳动时间为准计算互联网财产价值；(2)根据用户真实货币的投入计算互联网财产的价值；(3)根据市场交易价格来确定互联网财产价值；(4)网络运营商对互联网财产的定价；(5)根据受害者的直接损失和间接损失来确定互联网财产价值。

网络虚拟财产犯罪最为常见的是盗窃玩家用人民币充值、兑换的道具。在此种情况下，应按照该虚拟财产兑换成人民币的价值作为犯罪数额，即上述第二种计价方法。本案则有所不同，雒彬彬盗窃的并非玩家的网络虚拟财产，而是通过工具刷游戏公司的“金锭”转而兑换成道具出售。如果按照上述第五种计算方法，根据受害者的直接损失和间接损失来确定互联网财产价值，雒彬彬通过工具盗刷的“金锭”是由游戏软件产生的，通过软件生成的“金锭”是无限的，雒彬彬取得的这些“金锭”在生成时，成本几乎可以忽略不计，因此其给武神公司造成的并非实物损失，而是期待利益的损失，即如果武神公司出售这些“金锭”会获取相应的利益。武神公司并没有直接利益损失，只有间接利益损失。这种期待利益的损失数额在刑法上很难确定。二审法院认为，鉴于网络虚拟财产的特殊性，受害者武神公司的间接损失不宜直接以其定价确定。雒彬彬将盗刷的“金锭”兑换成游戏道具在网上商城以原价2.5折的低价出售，才导致其交易量巨大，这一方面反映出武神游戏的市场认可度，但也与雒彬彬出售的价格之低不无关系。假如雒彬彬以原价销售道具，那么他基本上是卖不出去的。如果他以七折销售，交易量可能只有现在的三成。因此，不能说雒彬彬的交易量反映了武神游戏道具正常的市场供需关系，即假如雒彬彬没有盗刷“金锭”换取游戏道具出卖，武神公司本身也不会在此时间段售出这么大量的道具。如果现在以游戏公司之前的定价按照1元人民币=15“金锭”的比例判令雒彬彬赔偿武神公司损失，那么被害人有因之得利之嫌。本案本着对被告人有利原则，二审法院认为以市场交易价格即雒彬彬销赃数额来计算更为合适。［No.5-271-23　雒彬彬职务侵占案］

△在土地征用补偿费用补偿到位后，村干部将其非法侵吞的，不成立贪污罪，应认定为职务侵占罪。

村民委员会等村基层组织人员利用职务便利非法占有土地征用补偿费用，以贪污罪论处，必须符合以下条件：一是该人员系村基层组织人员；二是系在从事公务，即协助人民政府进行特定行政管理工作；三是利用职务便利侵吞了公共财产。本案五被告人均系曹公村村委会干部，其所侵吞的款项来源于土地征用补偿费用，因而对其能否以贪污罪定罪的关键在于其行为是否符合上述后两个要件，即是否从事公务和利用职务便利侵吞了公共财物。

实践中，村民委员会等村基层组织人员侵吞土地征用补偿费用的行为并非都认定为贪污行为。由于土地征用补偿费用在拨付和分配阶段性质不同，故准确认定协助人民政府进行土地征收补偿费用的管理阶段，是准确认定案件性质的前提。如果村干部是在协助人民政府进行土地征收补偿费用的管理阶段，侵吞了土地征收补偿费用，那么就符合《全国人民代表大会常务委员会关于〈中华人民共和国刑法〉第九十三条第二款的解释》的相关规定，构成犯罪的，应当以贪污罪论处；如果村干部并非协助人民政府对土地征收补偿费用进行管理，此时，村干部并不具有从事协助政府进行行政管理的职权，并非从事公务，意味着其没有侵犯国家工作人员的职务廉洁性，在这个阶段，即使侵吞了土地征收补偿费用，也不能以贪污罪论处。

土地征用补偿费用本质上是土地所有权由集体所有转为国家所有的利益补偿，一旦被征用方的损失依法得到填补，所有权转移的法律效果便已实现，针对土地征用补偿费用进行管理的国家公权力的行使即告终止。因此，《全国人民代表大会常务委员会关于〈中华人民共和国刑法〉第九十三条第二款的解释》第(四)项所列的协助人民政府从事“土地征收、征用补偿费用的管理”的公务，应当限于协助政府核准、测算以及向因土地征用受损方发放补偿费用的环节。一旦补偿到位，来源于政府的补偿费用就转变为因出让集体土地所有权和个人土地使用权而获得的集体财产和个人财产，之后对该款项的处理属于对村自治事务和个人财产的处置。此时，村干部的协助政府管理土地征用补偿费用的公务职责也就相应终结。

曹建亮等职务侵占案中，五被告人私分的197 500元款项，均来自福银高速路征用曹公村土地期间，长武县国土局拨付给洪家镇政府，再由镇政府下拨给曹公村的土地补偿费用，此点无异议。在案证据证实，2005年，洪家镇政府拨付给曹公村征地款1026607元和青苗补偿费19592元，曹公村村委会在已经足额分配给村民相应征地补偿款和青苗补偿费之后，由于分配方式的原因，有19592元结余下来，此时土地征用补偿费用已经按照曹公村人口发放完毕，也即所谓的协助政府"管理"该款项的职权已经终止；而2007年第二次补偿给曹公村73602元以及2007年6月账面余额104426.60元均系该高速路占用曹公村生产路、公用地及便道的补偿款，该款的补偿受让方是曹公村，即意味着该款已补偿到位。至于该款入账后如何处理，是作为集体财产由村委会安排使用还是在全体村民中进行分配，则属于曹公村自治管理的范畴，而非协助人民政府从事行政管理工作。五被告人所私分的款项虽然来源于政府拨付的土地补偿费用，但是鉴于相应费用均已依法发放和补偿到村集体账户，因而五被告人作为村干部在福银高速路征用曹公村土地期间协助政府管理土地征用补偿费用的公务已经履行完毕，不再具有《刑法》第九十三条第二款规定的准国家工作人员的身份，不符合《全国人民代表大会常务委员会关于〈中华人民共和国刑法〉第九十三条第二款的解释》规定的以国家工作人员论的从事公务的条件。

如果村干部在协助政府管理土地征用补偿费用过程中，采用虚报冒领的手段，套取超额土地补偿费用的，因这种情况实质上是利用公务便利侵吞了国家财产，故构成贪污罪；而如果村干部在土地征用补偿费用补偿到位后，没有利用公务便利，侵吞的只是属于村民集体所有的财产，由于侵犯的是集体财产权，故只能构成职务侵占罪。本案中，五被告人所私分的三笔共计197500元款项，从证据上分析，虽然源于政府拨付的土地补偿费用，但是鉴于相应费用均依法发放和补偿到位，其在归属上应当界定为曹公村的集体财产，其五人的行为侵犯的是集体财产权而非国有财产权，所以从该行为侵犯的财产性法益看，不符合贪污罪的对象特征。

综上，在认定是否属于《全国人民代表大会常务委员会关于〈中华人民共和国刑法〉第九十三条第二款的解释》所规定的协助人民政府从事"土地征收、征用补偿费用的管理"时，应当准确理解立法本意，注意把握"协助"的时间点，避免对"从事公务"的范围作过于宽泛的认定。具体到本案中，五被告人在实施犯罪行为时，其协助政府管理土地征用补偿费用的工作已经完成，不属于"其他依照法律从事公务的人员"，其实施犯罪利用的是村干部的职务便利，共同私分的是村集体财产，侵犯了村集体财产权，应当以职务侵占罪定罪处罚。[No. 5-271-24 曹建亮等职务侵占案]

△职务侵占罪同时侵犯了本单位财物所有权与诚实信用信托关系双重客体，"职务"的范围不仅包括管理性事务、经常性持续性业务，也可以包括非管理性普通业务和临时授权性业务。通过对"行为人从事的事务与控制、支配本单位财物的地位"和"利用控制、支配本单位财物的地位与非法将本单位财物占为己有之间"两个因果关系的判定，界定"利用职务便利"的实质内涵。

对职务侵占罪中"职务"范围的界定，不能局限于仅用管理性、劳务性、持续性的客观、外在表现形式阐述，将"非管理性普通业务"和"临时授权性业务"排除在"职务"范围之外，而应以是否具有侵犯职务侵占罪"诚实信用信托关系"客体的可能性作为指导原则。凡是不具有"侵犯可能性"的，不作为职务侵占罪的评价对象；具有"侵犯可能性"的，则应分析行为人从事的事务是否对侵占的本单位财物具有控制、支配地位，具有控制、支配地位的，则属于职务侵占罪之职务；不具有控制、支配地位的，则不属于职务侵占罪之职务。并且，这种控制、支配地位可以表现为主管、管理、保管、经手、占有、处分等多种形式。综上所述，职务侵占罪中"职务"的范围应在"本单位财物所有权"和"诚实信用信托关系"双重客体立场下，分析从事的事务是否对本单位财物具有控制、支配地位，其范围不仅涵盖管理性事务和非管理性普通业务，还包括经常性持续性业务和临时授权性业务。

为确保"利用职务上的便利"的实质内涵在司法实践中得以实现，可以通过对"行为人从事的事务与控制、支配本单位财物的地位"和"利用控制、支配本单位财物的地位与非法将本单位财物占为已有之间"两个因果关系的判定，构建"利用控制、支配本单位财物"的识别规则，即一旦判定两个因果关系成立，即可确认属于职务侵占罪中的"利用职务上的便利"。上述两个因果关系的判定能为"利用职务上的便利"的认定，提供普遍适用性之认定规则的内在根据为：若第一个因果关系判定成立，即行为人因从事的事务具有控制、支配本单位财物的地位，相对应的，该行为人就应基于诚实信用的信托关系，负有不得侵占单位财产的忠诚义务和保证单位财物免遭损害的奉公义务。如果行为人背离这种义务，利用控制、支配本单位财物的地位将本单位财物非法占为己有，即第二个因果关系判定成立，不仅侵犯了本单位财物所有权，还侵犯了相互之间诚实信用的信托关系。这也与职务侵占罪侵犯的"将本单位财物非法占为己有"和"诚实信用信托关系"两客体相一致。

詹承钰虽然没有被中国石油天然气股份有限公司福建沙县中联加油站授权保管加油站保险柜钥匙及柜内营业款，但其在实际工作中履行的是值班经理的职务，根据单位授权负责保管保险柜密码，且具有向现金押运公司移交营业款的职责，据此可认定，詹承钰因为其从事值班经理的事务，实际上已经对营业款具有支配、控制的地位（第一个因果关系判定成立）；在盗得经理黄传智保管的保险柜钥匙后，其又利用值班经理支配、控制营业款的地位，将营业款非法占为己有（第二个因果关系判定成立）。据此，理应认定詹承钰属于职务侵占罪中的"利用职务上的便利"，构成职务侵占罪。通过以上的分析结论，我们可以得出，詹承钰构成职务侵占罪的定性更加全面准确，也更符合刑法设定该罪的立法本意和内在精神。而一审法院判定詹承钰犯盗窃罪，否定其"利用职务上的便利"定性，有所偏颇。［No. 5-271-25　詹承钰职务侵占案］

△非国家工作人员利用本单位业务合作方的收费系统漏洞，截留本单位受托收取的业务合作方现金费用的行为，成立职务侵占罪。

司法实践中，对单位职工将本单位财物占为己有的行为如何定性，要视单位性质、行为人的身份、犯罪手段、涉案财物属性等因素综合判定。本案中，美霖公司与中国电信广州公司存在合作关系，受中国电信广州公司委托代收客户电信费用，被告人谭世豪在美霖公司具体负责该项工作。谭世豪利用中国电信广州公司的 MBOSS CRM 收费系统漏洞，通过虚构客户错缴电信费及滞纳金的事实进行"返销账"操作，向收费系统申请退费后又重新缴纳电信费，将该收费系统在处理上述操作中自动返还的客户原缴纳的滞纳金冲抵其应代表美霖公司通过银行上交给中国电信广州公司的其他客户缴纳的电信费用现金。被告人谭世豪截留的电信费用属于美霖公司管理、控制的财物。谭世豪在美霖公司任职期间，其工作职责包括利用工号通过 MBOSS CRM 收费系统代收客户缴纳给中国电信广州公司的电信费用。根据美霖公司与中国电信广州公司的外包协议及工号使用人承诺书，每个合作网点的员工都有对应的工号，并利用工号获得使用 MBOSS CRM 收费系统的权限。谭世豪利用中国电信广州公司的 MBOSS CRM 收费系统漏洞，将其经手控制的电信费代收款截留占为己有的行为，属于利用职务便利侵占本单位管理控制的财物的行为，符合职务侵占罪的构成要件。［No. 5-271-26　谭世豪职务侵占案］

△村基层组织人员在发放村民小组集体土地征用补偿费过程中，将财产非法占为己有的，成立职务侵占罪。

村民小组组长利用职务便利，在协助人民政府处理特定公务时非法占有公共财产的，应当认定为贪污罪。村民小组组长利用职务便利，在处理集体自治范围内的事务过程中非法占有集体财产的情形，因不涉及特定公务，故不能认定为贪污罪，可认定为职务侵占罪。村民委员会等村基层组织人员协助人民政府从事的土地征收、征用补偿费用管理等行政管理工作已经结束，土地补偿费已经拨付给村集体。村民小组组长在管理村集体事务过程中侵吞集体财产的，因其行为不属于协助政府从事特定公务，故不构成贪污罪，而应构成职务侵占罪。赵玉生、张书安职务侵占案中，新郑市城关乡沟张村的南水北调工程永久用地补偿费下拨至河南省新郑市城关乡"三资"委托代理服务中心后，系由新郑市城关乡沟张村二组制定本村组的补偿费发放标准，该村组扣发了户口迁来晚的、出嫁姑娘户口没迁出的等情形的部分土地补偿款，即由村民小组集体决定本组土地补偿费的发放及相关标准。在该款项发放过程中，二被告人以在补偿费分配表中添加非本组成员的方式套取财产，进而非法占为己有。鉴于南水北调工程永久用地补偿费系因新郑市城关乡沟张村集体土地被国家征用而支付给该村组集体的补偿费用，该款进入新郑市城关乡"三资"委托代理服务中心账户后，即成为该中心代为管理的村组集体财产。被告人赵玉生身为村民小组组长，利用职务便利，伙同被告人张书安将本村民小组集体财产非法占为己有，数额巨大，其行为应当认定为职务侵占罪。［No. 5-271-27　赵玉生、张书安职务侵占案］

第二百七十二条　【挪用资金罪】

公司、企业或者其他单位的工作人员，利用职务上的便利，挪用本单位资金归个人使用或者借贷给他人，数额较大、超过三个月未还的，或者虽未超过三个月，但数额较大、进行营利活动的，或者进行非法活动的，处三年以下有期徒刑或者拘役；挪用本单位资金数额巨大的，处三年以上七年以下有期徒刑；数额特别巨大的，处七年以上有期徒刑。

国有公司、企业或者其他国有单位中从事公务的人员和国有公司、企业或者其他国有单位委派到非国有公司、企业以及其他单位从事公务的人员有前款行为的，依照本法第三百八十四条的规定定罪处罚。

有第一款行为，在提起公诉前将挪用的资金退还的，可以从轻或者减轻处罚。其中，犯罪较轻的，可以减轻或者免除处罚。

【立法解释性文件】

《全国人民代表大会常务委员会法制工作委员会刑法室关于挪用资金罪有关问题的答复》(法工委刑发〔2004〕第28号,2004年9月8日)

△(**归个人使用;借贷给他人**)刑法第二百七十二条规定的挪用资金罪中的“归个人使用”与刑法第三百八十四条规定的挪用公款罪中的“归个人使用”的含义基本相同。97年修改刑法时,针对当时挪用资金中比较突出的情况,在规定“归个人使用时”的同时,进一步明确了“借贷给他人”属于挪用资金罪的一种表现形式。

【立法沿革】

《中华人民共和国刑法》(1997年修订,自1997年10月1日起施行)

第二百七十二条

公司、企业或者其他单位的工作人员,利用职务上的便利,挪用本单位资金归个人使用或者借贷给他人,数额较大、超过三个月未还的,或者虽未超过三个月,但数额较大、进行营利活动的,或者进行非法活动的,处三年以下有期徒刑或者拘役;挪用本单位资金数额巨大的,或者数额较大不退还的,处三年以上十年以下有期徒刑。

国有公司、企业或者其他国有单位中从事公务的人员和国有公司、企业或者其他国有单位委派到非国有公司、企业以及其他单位从事公务的人员有前款行为的,依照本法第三百八十四条的规定定罪处罚。

《中华人民共和国刑法修正案(十一)》(自2021年3月1日起施行)

三十、将刑法第二百七十二条修改为:

“公司、企业或者其他单位的工作人员,利用职务上的便利,挪用本单位资金归个人使用或者借贷给他人,数额较大、超过三个月未还的,或者虽未超过三个月,但数额较大、进行营利活动的,或者进行非法活动的,处三年以下有期徒刑或者拘役;挪用本单位资金数额巨大的,处三年以上七年以下有期徒刑;数额特别巨大的,处七年以上有期徒刑。

“国有公司、企业或者其他国有单位中从事公务的人员和国有公司、企业或者其他国有单位委派到非国有公司、企业以及其他单位从事公务的人员有前款行为的,依照本法第三百八十四条的规定定罪处罚。

“有第一款行为,在提起公诉前将挪用的资金退还的,可以从轻或者减轻处罚。其中,犯罪较轻的,可以减轻或者免除处罚。”

【立法理由】

1. **1997年刑法修订前的立法情况**。1979年刑法未规定挪用资金罪。随着改革开放和社会主义市场经济体制的建立和发展,实践中也出现了一些公司、企业或者单位的工作人员非法挪用本单位资金的案件,我国对非国有财产的保护也日益重视。1993年12月第八届全国人大常委会第五次会议通过了《公司法》。在公司法执行过程中,有的公司董事、监事或者职工利用职务或者工作上的便利,侵占本公司财物,侵犯了公司的财产权利和公司股东的合法权益,破坏了社会主义市场经济的健康发展。为此,1995年2月28日第八届全国人大常委会第十二次会议通过的《全国人民代表大会常务委员会关于惩治违反公司法的犯罪的决定》对公司董事、监事或者职工侵占公司财物的行为作了规定,对刑法予以补充。该决定第十一条规定:“公司董事、监事或者职工利用职务上的便利,挪用本单位资金归个人使用或者借贷给他人,数额较大、超过三个月未还的,或者虽未超过三个月,但数额较大、进行营利活动的,或者进行非法活动的,处三年以下有期徒刑或者拘役。挪用本单位资金数额较大不退还的,依照本决定

第十条规定的侵占罪论处。”第十四条规定：“有限责任公司、股份有限公司以外的企业职工有本决定第九条、第十条、第十一条规定的犯罪行为的，适用本决定。”第十二条规定：“国家工作人员犯本决定第九条、第十条、第十一条规定之罪的，依照《关于惩治贪污罪贿赂罪的补充规定》的规定处罚。”

2. **1997 年修订刑法的情况**。1997 年修订刑法时，一方面，随着社会主义市场经济的进一步发展和现代企业制度的逐步建立，对于实践中侵占、挪用企业财产等损害企业利益的危害行为，也愈发需要依法予以惩处。另一方面，国有公司、企业的管理人员，利用经手管理国家财产的便利条件，非法挪用的情况也比较突出，《刑法》第九十三条对“以国家工作人员论”作出了规定，按此原则，国有公司、企业人员有挪用企业款项行为的，应当依照刑法关于挪用公款罪的规定追究。因此。1997 年刑法将 1995 年《全国人民代表大会常务委员会关于惩治违反公司法的犯罪的决定》第十一条、第十二条、第十四条规定调整合并至本条，并作了进一步修改：一是完善了挪用资金罪的主体范围，修改为“公司、企业或者其他单位的人员”；二是在第二档法定刑中增加“挪用本单位资金数额巨大的”情形，并将第二档刑罚明确为“处三年以上十年以下有期徒刑”；三是将上述 1995 年决定第十二条的“国家工作人员”明确为“国有公司、企业或者其他国有单位中从事公务的人员和国有公司、企业或者其他国有单位委派到非国有公司、企业以及其他单位从事公务的人员”，作为第二款，明确该类人员适用刑法关于挪用公款罪的规定。

3. **2020 年《刑法修正案（十一）》对本条的修改情况**。党的十八届四中全会提出，“健全以公平为核心原则的产权保护制度，加强对各种所有制经济组织和自然人财产权的保护，清理有违公平的法律法规条款”。加大非公有制经济刑法保护力度，是贯彻落实中央要求、完善产权保护法律制度的重要内容。同时，随着近年来非公有制经济的快速发展，实践中挪用资金的涉案数额也由几万元到上亿元不等，一些案件涉案金额甚至影响到公司的正常运转，给企业造成特别严重的损失。为此，有必要加大对这类侵害非公有制经济犯罪的惩处力度。立法机关经研究认为，出于加大对非公有制经济刑法保护力度的考虑，可以适当调整法定刑，提高刑罚。同时，考虑到挪用行为的具体情况，为更有利于保护非公有制经济主体权益，保证资金追回，增加了退还从宽的规定。

综上，《刑法修正案（十一）》对本条作了三处修改：一是删除了第一款第二档刑罚中“或者数额较大不退还的”情形；二是调整了第一款刑罚，将第二档法定刑调整为“处三年以上七年以下有期徒刑”，增加一档刑罚为“数额特别巨大的，处七年以上有期徒刑”；三是增加一款作为第三款，“有第一款行为，在提起公诉前将挪用的资金退还的，可以从轻或者减轻处罚。其中，犯罪较轻的，可以减轻或者免除处罚”。

【条文说明】

本条是关于挪用资金罪及其处罚的规定。

本条共分为三款。

第一款是关于公司、企业或者其他单位的工作人员，利用职务上的便利，挪用本单位资金的规定。根据本款规定，构成挪用资金罪，必须符合以下几个条件：

1. 行为人必须是**公司、企业或者其他单位的工作人员**。国有公司、企业或者其他国有单位中从事公务的人员和国有公司、企业或者其他国有单位委派到非国有公司、企业以及其他单位的从事公务的人员不能构成本款规定的犯罪。对于上述人员挪用本单位资金的，应该按照第二款规定，即按照挪用公款罪定罪处罚。对于受国家机关、国有公司、企业、事业单位、人民团体委托，管理、经营国有财产的非国家工作人员，利用职务上的便利，挪用国有资金归个人使用的，根据 2000 年《最高人民法院关于对受委托管理、经营国有财产人员挪用国有资金如何定罪问题的批复》的规定，应当依照本条第一款的规定定罪处罚。

2. 行为人必须**利用职务上的便利**。“**利用职务上的便利**”，主要是指利用自己在职务上所具有的主管、管理或者经手本单位财物的便利条件。应当注意的是，利用与其职责无关，只因工作关系而熟悉作案环境、条件，或者凭工作人员身份便于出入某单位，较易接近作案目标或者对象等便利条件的，不属于利用职务上的便利。

3. 行为人实施了**挪用本单位资金的行为**。“**挪用**”是指利用职务上的便利，非法擅自动用单位资金归本人或他人使用，但准备日后退还。“**本单位资金**”，包括本单位所有的资金，也包括因为经营管理的需要，由本单位实际控制使用中的资金。如对于本单位在经济往来中暂收、预收、暂存其他单位或个人的款项、物品，或者对方支付的货款、交付的货物等，如接收人已以单位名义履行接收手续的，所接收的财、物应视为该单位资产。

本款对挪用本单位资金行为规定了以下几种情况：

（1）**挪用本单位资金归个人使用或者借贷给**

他人,数额较大、超过三个月未还的。适用此种情况的前提是挪用本单位资金既不是进行非法活动,也不是进行营利活动,而是进行其他活动,如用于个人消费、家庭支出等。这里所说的“归个人使用”,根据2010年《最高人民检察院、公安部关于公安机关管辖的刑事案件立案追诉标准的规定(二)》第八十五条第二款的规定,包括以下几种情形:①将本单位资金供本人、亲友或者其他自然人使用;②以个人名义将本单位资金供其他单位使用;③个人决定以单位名义将本单位资金供其他单位使用,谋取个人利益。这里所说的“**借贷给他人**”,是指挪用人以个人名义将所挪用的资金借给其他自然人和单位。“**超过三个月未还的**”是指挪用资金的时间自挪用行为发生之日已经超过三个月并且未归还。这里不仅包括案发时尚未归还挪用款项并且时间已经超过三个月,还包括发案时已经归还,但归还时已经超过三个月两种情况。至于挪用公款超过三个月但在案发时已经归还的,可以作为一种犯罪情节加以考量。

(2)**挪用本单位资金归个人使用或者借贷给他人,数额较大、进行营利活动的**。“**进行营利活动**”是指用所挪用的资金进行经营或者其他获取利润的行为[①],至于其是否实际获得利益不影响本罪的成立。[②]

(3)**挪用本单位资金归个人使用或者借贷给他人,进行非法活动的**。这里的“**非法活动**”是广义的,既包括一般的违法行为,如赌博、嫖娼,也包括犯罪行为,如走私、贩毒等。[③] 根据本款规定,挪用资金进行非法活动的,由于该行为本身就具有严重的社会危害性,所以刑法未对其在数额及挪用时间上明确加以限制。但这并不等于说只要挪用资金进行非法活动即构成犯罪,并可以完全不考虑数额。

根据本款规定,公司、企业或者其他单位的工作人员,利用职务上的便利,挪用本单位资金归个人使用或者借贷给他人,数额较大、超过三个月未还的,或者虽未超过三个月,但数额较大、进行营利活动的,或者进行非法活动的,处三年以下有期徒刑或者拘役;挪用本单位资金数额巨大的,处三年以上七年以下有期徒刑;数额特别巨大的,处七年以上有期徒刑。

第二款规定的是国有公司、企业或者其他国有单位中从事公务的人员和国有公司、企业或者其他国有单位委派到非国有公司、企业以及其他单位从事公务的人员挪用本单位资金的,依照《刑法》第三百八十四条的规定处罚,即依照关于**挪用公款罪**的规定定罪处罚。《刑法》第三百八十四条规定:“国家工作人员利用职务上的便利,挪用公款归个人使用,进行非法活动的,或者挪用公款数额较大、进行营利活动的,或者挪用公款数额较大、超过三个月未还的,是挪用公款罪,处五年以下有期徒刑或者拘役;情节严重的,处五年以上有期徒刑。挪用公款数额巨大不退还的,处十年以上有期徒刑或者无期徒刑。挪用用于救灾、抢险、防汛、优抚、扶贫、移民、救济款物归个人使用的,从重处罚。”

第三款是关于对挪用资金犯罪可以从宽处理的规定。对挪用资金犯罪从宽处理必须同时符合以下两个条件。一是**在提起公诉前**。“提起公诉”是人民检察院经全面审查,对事实清楚、证据确实充分的案件,依法应当对犯罪嫌疑人判处刑罚的,提交人民法院审判的诉讼活动。二是**行为人必须将挪用的资金退还**。这里的退还挪用资金,应当是退还全部的挪用资金。在同时具备以上前提的条件下,根据本款规定,可以从轻或者减轻处罚。其中,犯罪较轻的,可以减轻或者免除处罚。当然,实践中也存在行为人因为经济状况等原因,积极退赔部分赃款,确实无力退还全部赃款的情况,对于这种退还部分挪用资金的,也可以结合案件的具体情况,行为人退赔金额对于减少损害结果的实际效果等,依法予以从宽处理,以体现罪责刑相适应。本款关于退还挪用资金的,予以从宽处理的规定,是针对挪用资金犯罪所作的特别规定,是考虑到实践中追赃工作的实际情况和更有利于保护涉案企业财产权益的需要,也与实践中司法机关对量刑情节的考虑和刑法总则中的从宽精神是一致的。

实践中需要注意以下两个方面的问题:

1. **罪与非罪的界限**。挪用本单位的资金,并非一经挪用即构成犯罪,只有情节严重、危害较大的挪用行为才构成犯罪,并依法追究刑事责任。对情节轻微危害不大的挪用行为,可以作为一般违法和违反公司财经纪律的行为,通过民事途径解决。如《公司法》第一百四十八条规定,董事、

① 譬如,以挪用的资金作为资本,从事生产、经商、入股分红、存入银行或者借贷给他人收取利息。参见周光权:《刑法各论》(第4版),中国人民大学出版社2021年版,第165页。

② 相同的学说见解,参见周光权:《刑法各论》(第4版),中国人民大学出版社2021年版,第165页。

③ 行为人挪用资金以后所实施的非法行为另外构成犯罪,应当将其与挪用资金罪数罪并罚。参见周光权:《刑法各论》(第4版),中国人民大学出版社2021年版,第165页。

高级管理人员不得挪用公司资金，违反规定的，所得收入应当归公司所有。第一百四十九条、第一百五十二条规定，董事、监事、高级管理人员执行公司职务时违反法律、行政法规或者公司章程的规定，给公司造成损失的，应当承担赔偿责任；损害股东利益的，股东可以向人民法院提起诉讼。

挪用本单位资金是否构成犯罪，主要应考虑以下两个方面：第一，**挪用资金的数额**。挪用资金的数额大小是衡量挪用资金行为社会危害程度的关键因素。按照本条规定，除行为人进行非法活动外，挪用本单位资金达到较大数额，是继续判断挪用行为是否构成犯罪的前提条件。至于挪用资金进行非法活动的情形，由于该行为本身就具有社会危害性，所以刑法未对其在数额及挪用时间上加以明确限制。但这并不等于说只要挪用资金进行非法活动即构成犯罪，而根本不考虑数额。如果行为人挪用资金数额较小或者只进行危害性小的非法活动，则显然不宜以犯罪论处。第二，**挪用资金的时间**。挪用本单位资金行为的社会危害性的重要体现之一，是挪用时间的长短。根据本条规定，挪用数额较大的资金从事非法活动、营利活动以外的其他活动的，挪用时间须超过三个月才构成犯罪。如果未满三个月就主动归还的，不构成犯罪。关于挪用资金进行非法活动或者营利活动的案件，刑法没有挪用时间的具体规定和限制，但挪用时间的长短对定罪也存在一定的影响。如果挪用时间较短，综合全案的情况，确属情节显著轻微危害不大的，也可以不认为是犯罪。

2. 挪用资金罪与**职务侵占罪**的区别。

首先，侵犯的对象不同。挪用资金罪侵犯的是公司、企业或者其他单位对资金的使用权，在实践中要判断该挪用行为是否使得单位对资金暂时失去了控制；职务侵占罪侵犯的是公司、企业或者其他单位对包含资金在内的全部财物的所有权。

其次，犯罪行为不同。挪用资金罪表现为公司、企业或者其他单位的工作人员，利用职务上的便利，挪用本单位资金归个人使用或者借贷给他人，数额较大、超过三个月未还的，或者虽未超过三个月，但数额较大、进行营利活动的，或者进行非法活动的行为；职位侵占罪表现为公司、企业或者其他单位的人员，利用职务上的便利，将本单位财物非法占为己有，数额较大的行为。虽然都是利用职务之便，但挪用资金罪的行为方式是挪用，即未经合法批准或许可而擅自挪归自己使用或者借贷给他人；职务侵占罪的行为方式是侵占，即行为人利用职务上的便利，侵吞、窃取、骗取或者以其他手段非法占有本单位财物。职务侵占罪必须要求侵占本单位财物数额较大的，才能构成犯罪。

最后，二者最关键的区别在于主观目的不同。挪用资金罪行为人的目的在于非法取得本单位资金的使用权，但并不企图永久占有，而是准备用后归还；职务侵占罪行为人的目的在于非法取得本单位财物的所有权，而非暂时使用。

【司法解释】

《最高人民法院关于对受委托管理、经营国有财产人员挪用国有资金行为如何定罪问题的批复》（法释〔2000〕5 号，自 2000 年 2 月 24 日起施行）

△（**受委托管理、经营国有财产人员；非国家工作人员；挪用资金罪**）对于受国家机关、国有公司、企业、事业单位、人民团体委托，管理、经营国有财产的非国家工作人员，利用职务上的便利，挪用国有资金归个人使用构成犯罪的，应当依照刑法第二百七十二条第一款的规定定罪处罚。①

《最高人民法院关于如何理解刑法第二百七十二条规定的“挪用本单位资金归个人使用或者借贷给他人”问题的批复》（法释〔2000〕22 号，自 2000 年 7 月 27 日起施行）

△（**挪用本单位资金归个人使用或者借贷给他人；挪用资金罪**）公司、企业或者其他单位的非国家工作人员，利用职务上的便利，挪用本单位资金归本人或者其他自然人使用，或者挪用人以个人名义将所挪用的资金借给其他自然人和单位，构成犯罪的，应当依照刑法第二百七十二条第一款的规定定罪处罚。

《最高人民法院、最高人民检察院关于办理妨害预防、控制突发传染病疫情等灾害的刑事案件具体应用法律若干问题的解释》（法释〔2003〕8 号，自 2003 年 5 月 15 日起施行）

△（**用于预防、控制突发传染病疫情等灾害的款物；挪用资金罪**）贪污、侵占用于预防、控制突发传染病疫情等灾害的款物或者挪用归个人使用，构成犯罪的，分别依照刑法第三百八十二条、第三百八十三条、第二百七十一条、第三百八十四条、第二百七十二条的规定，以贪污罪、侵占罪、挪用公款罪、挪用资金罪定罪，依法从重处罚。（§ 14 Ⅰ）

分则　第五章

---

① 我国学者指出，受委托管理、经营国有财产人员可以成为贪污罪的行为主体，却无法成为挪用公款罪的行为主体，在立法理由上是难以理解的。参见王作富主编：《刑法分则实务研究（下）》（第 5 版），中国方正出版社 2013 年版，第 1567 页。

《最高人民法院、最高人民检察院关于办理贪污贿赂刑事案件适用法律若干问题的解释》（法释〔2016〕9号，自2016年4月18日起施行）

△（**挪用资金罪；数额较大；数额巨大；进行非法活动**）刑法第二百七十二条规定的挪用资金罪中的“数额较大”“数额巨大”以及“进行非法活动”情形的数额起点，按照本解释关于挪用公款罪“数额较大”“情节严重”以及“进行非法活动”的数额标准规定的二倍执行。①（§ 11Ⅱ）

【司法解释性文件】

《最高人民检察院关于挪用尚未注册成立公司资金的行为适用法律问题的批复》（高检发研字〔2000〕19号，2000年10月9日公布）

△（**准备设立的公司；挪用资金罪**）筹建公司的工作人员在公司登记注册前，利用职务上的便利，挪用准备设立的公司在银行开设的临时账户上的资金，归个人使用或者借贷给他人，数额较大、超过三个月未还的，或者虽未超过三个月，但数额较大、进行营利活动的，或者进行非法活动的，应当根据刑法第二百七十二条的规定，追究刑事责任。

《公安部关于村民小组组长以本组资金为他人担保贷款如何定性处理问题的批复》（公法〔2001〕83号，2001年4月26日公布）

△（**村民小组组长；担保贷款；集体财产；挪用资金罪**）村民小组组长利用职务上的便利，擅自将村民小组的集体财产为他人担保贷款，并以集体财产承担担保责任的，属于挪用本单位资金归个人使用的行为。构成犯罪的，应当依照刑法第二百七十二条第一款的规定，以挪用资金罪追究行为人的刑事责任。

《最高人民法院研究室关于挪用退休职工社会养老金行为如何适用法律问题的复函》（法研〔2004〕102号，2004年7月9日公布）

△（**退休职工养老保险金；挪用资金罪**）退休职工养老保险金不属于我国刑法中的救灾、抢险、防汛、优抚、扶贫、移民、救济等特定款物的任何一种。因此，对于挪用退休职工养老保险金的行为，构成犯罪时，不能以挪用特定款物罪追究刑事责任，而应当按照行为人身份的不同，分别以挪用资金罪或者挪用公款罪追究刑事责任。

《最高人民法院、最高人民检察院、公安部、司法部关于依法惩治妨害新型冠状病毒感染肺炎疫情防控违法犯罪的意见》（法发〔2020〕7号，2020年2月6日发布）

△（**肺炎疫情防控；滥用职权罪或者玩忽职守罪；传染病防治失职罪；传染病毒种扩散罪；贪污罪；职务侵占罪；挪用公款罪；挪用资金罪；挪用特定款物罪**）依法严惩疫情防控失职渎职、贪污挪用犯罪。在疫情防控工作中，负有组织、协调、指挥、灾害调查、控制、医疗救治、信息传递、交通运输、物资保障等职责的国家机关工作人员，滥用职权或者玩忽职守，致使公共财产、国家和人民利益遭受重大损失的，依照刑法第三百九十七条的规定，以滥用职权罪或者玩忽职守罪定罪处罚。

卫生行政部门的工作人员严重不负责任，不履行或者不认真履行防治监管职责，导致新型冠状病毒感染肺炎传播或者流行，情节严重的，依照刑法第四百零九条的规定，以传染病防治失职罪定罪处罚。

从事实验、保藏、携带、运输传染病菌种、毒种的人员，违反国务院卫生行政部门的有关规定，造成新型冠状病毒毒种扩散，后果严重的，依照刑法第三百三十一条的规定，以传染病毒种扩散罪定罪处罚。

国家工作人员，受委托管理国有财产的人员，公司、企业或者其他单位的人员，利用职务便利，侵吞、截留或者以其他手段非法占有用于防控新型冠状病毒感染肺炎的款物，或者挪用上述款物归个人使用，符合刑法第三百八十二条、第三百八十三条、第二百七十一条、第三百八十四条、第二百七十二条规定的，以贪污罪、职务侵占罪、挪用公款罪、挪用资金罪定罪处罚。挪用用于防控新型冠状病毒感染肺炎的救灾、优抚、救济等款物，符合刑法第二百七十三条规定的，对直接责任人员，以挪用特定款物罪定罪处罚。（§ 2Ⅶ）

△（**治安管理处罚；从重情节**）依法严惩妨害疫情防控的违法行为。实施上述（一）至（九）规定的行为，不构成犯罪的，由公安机关根据治安管理处罚法有关虚构事实扰乱公共秩序，扰乱单位秩序、公共场所秩序、寻衅滋事，拒不执行紧急状态下的决定、命令，阻碍执行职务，冲闯警戒带、警戒区，殴打他人，故意伤害，侮辱他人，诈骗，在铁

分则　第五章

① 10万元以上为挪用资金“数额较大”，400万元以上为挪用资金“数额巨大”，200万元以上为挪用资金“数额较大不退还”；6万元以上为挪用资金进行非法活动的入罪数额标准，200万元以上为挪用资金进行非法活动“数额巨大”，100万元以上为挪用资金进行非法活动“数额较大不退还”。

路沿线非法挖掘坑穴、采石取沙,盗窃、损毁路面公共设施,损毁铁路设施设备,故意损毁财物、哄抢公私财物等规定,予以治安管理处罚,或者由有关部门予以其他行政处罚。

对于在疫情防控期间实施有关违法犯罪的,要作为从重情节予以考量,依法体现从严的政策要求,有力惩治震慑违法犯罪,维护法律权威,维护社会秩序,维护人民群众生命安全和身体健康。(§ 2X)

《最高人民检察院、公安部关于公安机关管辖的刑事案件立案追诉标准的规定(二)》(公通字〔2022〕12 号,2022 年 4 月 6 日公布)

△**(挪用资金罪;立案追诉标准)**公司、企业或者其他单位的工作人员,利用职务上的便利,挪用本单位资金归个人使用或者借贷给他人,涉嫌下列情形之一的,应予立案追诉:

(一)挪用本单位资金数额在五万元以上,超过三个月未还的;

(二)挪用本单位资金数额在五万元以上,进行营利活动的;

(三)挪用本单位资金数额在三万元以上,进行非法活动的。

具有下列情形之一的,属于本条规定的“归个人使用”:

(一)将本单位资金供本人、亲友或者其他自然人使用的;

(二)以个人名义将本单位资金供其他单位使用的;

(三)个人决定以单位名义将本单位资金供其他单位使用,谋取个人利益的。(§ 77)

【附属刑法】

《中华人民共和国个人独资企业法》(1999 年 8 月 30 日通过)

第二十条

投资人委托或者聘用的管理个人独资企业事务的人员不得有下列行为:

……

(三)挪用企业的资金归个人使用或者借贷给他人;

(四)擅自将企业资金以个人名义或者以他人名义开立账户储存;

(五)擅自以企业财产提供担保;

……

第四十条

投资人委托或者聘用的人员违反本法第二十条规定,侵犯个人独资企业财产权益的,责令退还侵占的财产;给企业造成损失的,依法承担赔偿责任;有违法所得的,没收违法所得;构成犯罪的,依法追究刑事责任。

《中华人民共和国公证法》(2005 年 8 月 28 日通过,2017 年 9 月 1 日第二次修正)

第四十二条

Ⅰ公证机构及其公证员有下列行为之一的,由省、自治区、直辖市或者设区的市人民政府司法行政部门对公证机构给予警告,并处二万元以上十万元以下罚款,并可以给予一个月以上三个月以下停业整顿的处罚;对公证员给予警告,并处二千元以上一万元以下罚款,并可以给予三个月以上十二个月以下停止执业的处罚;有违法所得的,没收违法所得;情节严重的,由省、自治区、直辖市人民政府司法行政部门吊销公证员执业证书;构成犯罪的,依法追究刑事责任:

……

(三)侵占、挪用公证费或者侵占、盗窃公证专用物品的;

……

Ⅱ因故意犯罪或者职务过失犯罪受刑事处罚的,应当吊销公证员执业证书。

Ⅲ被吊销公证员执业证书的,不得担任辩护人、诉讼代理人,但系刑事诉讼、民事诉讼、行政诉讼当事人的监护人、近亲属的除外。

《中华人民共和国农民专业合作社法》(2006 年 10 月 31 日通过,2017 年 12 月 27 日修订)

第六十九条

侵占、挪用、截留、私分或者以其他方式侵犯农民专业合作社及其成员的合法财产,非法干预农民专业合作社及其成员的生产经营活动,向农民专业合作社及其成员摊派,强迫农民专业合作社及其成员接受有偿服务,造成农民专业合作社经济损失的,依法追究法律责任。

《中华人民共和国证券投资基金法》(2003 年 10 月 28 日通过,2015 年 4 月 24 日修正)

第一百二十八条

违反本法第五十九条[①]规定,动用募集的资

① 《中华人民共和国证券投资基金法》(2003 年 10 月 28 日通过,2015 年 4 月 24 日修正)
第五十九条
基金募集期间募集的资金应当存入专门账户,在基金募集行为结束前,任何人不得动用。

金的,责令返还,没收违法所得,并处违法所得一倍以上五倍以下罚款;没有违法所得或者违法所得不足五十万元的,并处五万元以上五十万元以下罚款;对直接负责的主管人员和其他直接责任人员给予警告,并处三万元以上三十万元以下罚款。

第一百三十九条

挪用基金销售结算资金或者基金份额的,责令改正,没收违法所得,并处违法所得一倍以上五倍以下罚款;没有违法所得或者违法所得不足一百万元的,并处十万元以上一百万元以下罚款。对直接负责的主管人员和其他直接责任人员给予警告,并处三万元以上三十万元以下罚款。

第一百四十九条

违反本法规定,构成犯罪的,依法追究刑事责任。

《中华人民共和国民办教育促进法》(2002年12月28日通过,2018年12月29日第三次修正)

第六十二条

民办学校有下列行为之一的,由县级以上人民政府教育行政部门、人力资源社会保障行政部门或者其他有关部门责令限期改正,并予以警告;有违法所得的,退还所收费用后没收违法所得;情节严重的,责令停止招生、吊销办学许可证;构成犯罪的,依法追究刑事责任:

……

(八)恶意终止办学、抽逃资金或者挪用办学经费的。

【公报案例】

△**(企业经济性质不明;企业负责人移转企业资金至个人账户)**在无法查明企业经济性质的情况下,对企业负责人将企业资金转移到个人账户进行股票交易的行为,不应按《刑法》第二百七十二条第一款的规定认定为挪用资金罪。[《最高人民法院公报》2004年第8期 刘国平挪用资金案]

△**(福利彩票;以不交纳彩票投注金的方式擅自打印并获取彩票)**福利彩票是国家为筹集社会福利事业发展资金,特许中国福利彩票发行中心垄断发行的有价凭证。受彩票发行机构委托,在彩票投注站代销福利彩票的非国家工作人员,如果以不交纳彩票投注金的方式擅自打印并获取彩票,是侵犯彩票发行机构管理的社会公益性财产的行为。根据《刑法》第二百七十二条第一款的规定,对这种行为应当按挪用资金罪定罪处罚。[《最高人民法院公报》2006年第2期 刘必仲合同诈骗案]

【参考案例】

△**村民委员会成员在实施协助政府执行公务以外的其他公共业务的过程中,利用职务上的便利,挪用本单位资金归个人使用或者借贷给他人构成犯罪的,应以挪用资金罪论处。**

根据《村民委员会组织法》的规定,村民委员会是村民自我管理、自我教育、自我服务的基层群众性自治组织,实行民主选举、民主决策、民主管理、民主监督。村民委员会办理本村的公共事务和公益事业,调解民间纠纷,协助维护社会治安,向人民政府反映村民的意见、要求和提出建议。村民委员会依照法律规定,管理本村属于村民集体所有的土地和其他财产,教育村民合理利用自然资源,保护和改善生态环境。对于涉及村民利益的事项,如乡统筹的收缴方法,村提留的收缴及使用,村集体经济所得收益的使用,村办学校、村建道路等村公益事业的经费筹集方案,宅基地的使用方案等,必须提请村民委员会议讨论决定,方可办理。乡、民族乡、镇的人民政府对村民委员会的工作给予指导、支持和帮助,但是不得干预依法属于村民自治范围内的事项。因此,从村民委员会的职能来看,村民委员会成员从事的村自治范围内的管理村公共事务和公益事业工作,虽然属于公务,但不同于以国家或者政府名义实施的组织、领导、监督、管理与人民群众利益及社会的发展相关的各种国家事务和公共事务,不属于《刑法》第九十三条第二款规定的依照法律从事公务。从村民委员会成员的组成看,是由村民直接选举产生,并且《村民委员会组织法》明确规定:"任何组织或者个人不得指定、委派或者撤换村民委员会成员。"再从村民委员会成员的身份来看,主要是农民,不脱离生产,不享有国家工作人员的待遇,不具有国家工作人员的权利,犯罪后按国家工作人员处理,权利义务不对等。因此,村民委员会成员不是刑法意义上的国家工作人员。

《刑法》第二百七十二条第一款规定的其他单位,范围非常广泛,既包括非国有事业单位,也包括其他依法成立的非国有社会组织、群众团体。村民委员会作为村民自我管理、自我教育、自我服务的基层群众性自治组织,是经县级人民政府批准设立、不需要登记的社会团体,当然属于《刑法》第二百七十二条第一款规定的其他单位。被告人丁钦宇身为潮安县磷溪镇埔涵管理区办事处副主任,负责财经工作,其利用职务上的便利,挪用本单位资金归个人使用或者借贷给他人,数额较大，进行营利活动，其行为完全符合挪用资金罪的构成要件，应当以挪用资金罪追究刑事责任。［No. 5-272-1　丁钦宇挪用资金案］

△彩票销售人员利用经营彩票投注站的职务便利，不交纳投注金而购买彩票，且事后无力偿付购买彩票款的，应以挪用资金罪论处。

刘必仲作为受委托管理、经营国有财产的人员，利用承包经营福利彩票投注站、销售福利彩票的职务便利，不交纳投注金购买彩票的行为，与直接挪用福利彩票投注站的资金购买彩票，在性质上是相同的，可视为挪用本单位资金购买彩票，应当根据《刑法》第二百七十二条第一款规定的挪用资金罪追究刑事责任。

第一，刘必仲作为福利彩票投注站的承包经营人员，属于《刑法》第二百七十二条第一款规定的其他单位的工作人员，具有挪用资金罪的主体身份。

第二，彩票销售人员利用职务上的便利，不交纳投注金购买彩票，类似于证券、期货公司工作人员利用职务上的便利，挪用本单位资金或者客户资金用于炒股、购买期货等高风险投资，属于《刑法》第二百七十二条第一款规定的挪用本单位资金归个人使用，事后无力偿付购买彩票款是挪用后不退还的具体表现。虽然与典型的挪用手段相比，有一定程度的差异，但与挪用本单位资金购买彩票在性质上是相同的，仍具备了挪用资金罪的本质特征，不影响挪用资金罪的认定。［No. 5-272-2　刘必仲挪用资金案］

△村民委员会等基层自治组织人员挪用的款项无法区分是公款还是集体资金的，应以挪用资金罪论处。

根据刑法的规定，挪用公款罪与挪用资金罪除犯罪主体上的区别外，在行为对象和行为特征上也存在明显不同：挪用公款罪的行为对象必须是公款，而挪用资金罪的行为对象则为公司、企业或其他单位的资金；挪用公款利用的是从事公务之便，而挪用资金利用的则是从事公司、企业或其他单位的特定职务之便。根据全国人大常委会的立法解释，对于协助人民政府从事行政管理工作的七项事务，村基层组织人员以国家工作人员论。由于七项事务中所涉及的款项为公款，利用的是从事公务之便，故村基层组织人员利用此职务之便挪用这些款项的构成挪用公款罪；如果村基层组织人员从事的并非上述立法解释规定的七项事务，而是村内自治管理服务工作，其所利用的是村内自治管理服务工作之便，故利用此职务之便挪用村集体资金的构成挪用资金罪。当然，在能够准确区分所挪用的款项来源，确定所利用的职务便利性质的情况下，按照上述原则定罪处罚是比较明晰的，而在农村基层组织人员所挪用款项的具体性质以及利用何种职务之便无法查明的情况下，由于无法区分他们究竟是利用何种职务便利挪用何种款项，主体身份无法明确，因此根据刑法的谦抑原则，应该从有利于被告人的角度出发，以刑罚较轻的罪名对被告人进行定罪处罚。

被告人陈焕林、杨茂浩在 2000 年 11 月任职时，潮安县彩塘镇和平村结余现金合计人民币 1317532.09 元。同年 12 月至 2005 年 2 月二被告人任职期间，和平村的集体经济收入共计人民币 29345607.01 元。上述两项资金总额合计 30663139.10 元，本案现有证据显示上述款项除 1114874.30 元征地补偿款属于公款性质以外，其他款项均为该村的集体资金。本案证据还证明，该村 1114874.30 元征地补偿款中的 314874.30 元由和平村村委会委托彩塘镇财政所直接转账用于缴交农业税和生活用地基础设施配套费外（即没有实际划入和平村的资金账户），只有 80 万元实际划入和平村的资金账户。由于这 80 万元征地补偿款在账务上只记入该村总账，而没有设独立科目，也没有存入专项账户，而是与该村的集体资金混合使用，没有与其他集体资金区分开来，导致本案中二被告人每次所挪用的资金性质不明，它们既可能均是集体资金，也有可能均是征地补偿款，或者两者兼有。由于公诉机关无法举证证明二被告人所具体挪用的六笔资金的性质，二被告人所挪用的资金来源既有村出租集体土地的租金收入，又有征地补偿款，因此不能确定村委会对上述款项的管理是纯粹属于协助人民政府从事行政管理工作，还是从事村自治范围内的管理村公共事务和公益事业的工作，也就是说，无法查明二被告人挪用有关款项利用的是从事特定公务之便还是村内自治管理服务工作之便，无从确定其主体身份，因此，根据刑法的谦抑原则，从有利于被告人的角度出发，应以挪用资金罪追究本案二被告人的刑事责任，所以本案检察院有关挪用公款罪的指控有误，法院改变指控罪名以挪用资金罪对二被告人的定罪处罚是正确的。［No. 5-272-3　陈焕林等挪用资金、贪污案］

△农村基层组织人员所从事的村民自治范围内的集体经济事务，不属于公务范畴，不应以国家工作人员论处。

村基层组织成员所私分的征地补偿款虽然来源于政府拨付的土地补偿费用，但相应费用已经发放、补偿到位，在归属上应认定为村集体财产。本案中被告人所挪用的土地征用补偿费用是已经发放后的土地征用补偿款，属于集体经济组织收益，其管理仅是村集体经济事务，属于村民自治范围内的集体事务，不属于从事公务。二被告人的行为应认定为挪用资金罪。[No. 5-272-7　王忠良、王亚军挪用资金案]

第二百七十三条　【挪用特定款物罪】

挪用用于救灾、抢险、防汛、优抚、扶贫、移民、救济款物，情节严重，致使国家和人民群众利益遭受重大损害的，对直接责任人员，处三年以下有期徒刑或者拘役；情节特别严重的，处三年以上七年以下有期徒刑。

【立法理由】

1. **1979 年立法的情况**。救灾、抢险、防汛、优抚、扶贫、移民、救济款物，是国家用于抢险救灾或者解决特殊贫困地区生活困难群众的社会救助物资。为了保障社会救助物资的安全，1979 年《刑法》第一百二十六条专门规定："挪用国家救灾、抢险、防汛、优抚、救济款物，情节严重，致使国家和人民群众利益遭受重大损害的，对直接责任人员，处三年以下有期徒刑或者拘役；情节特别严重的，处三年以上七年以下有期徒刑。"

2. **1997 年修订刑法的情况**。1997 年修订刑法时，根据司法实践出现的新情况和新问题，对本条作了进一步的修改：一是将挪用款物对象增加规定了扶贫、移民款物，根据实际情况适当扩大了特定款物的范围；二是删除了"挪用国家救灾、抢险、防汛、优抚、救济款物"中的"国家"，改为"挪用用于救灾"，扩大了本罪的犯罪对象，使得公众捐助、慈善基金、外国援助等其他公益资金也可以成为本罪的犯罪对象；三是调整了本罪的条文位置，由第三章"破坏社会主义经济秩序罪"移到第五章"侵犯财产罪"，突出本罪的立法意图在于**保护对国家和人民群众利益有重大关系的特定款物的专款专用制度**。

【条文说明】

本条是关于挪用特定款物罪及其处罚的规定。

挪用特定款物罪，是指违反国家财经管理制度和民政事业制度，挪用国家和社会救灾、抢险、防汛、优抚、扶贫、移民、救济款物，情节严重，致使国家和人民群众利益遭受重大损害的行为。根据国家的有关规定，**救灾款**应重点用于灾情严重地区自力无法克服生活困难的灾民的分配和发放。**抢险、防汛款**用于购买抢险、防汛的物资、通讯器材、设备和其他有关开支。**优抚款**主要用于烈属、军属、残废军人等的抚恤、生活补助，以及疗养、安置等。**救济款**主要用于农村中由集体供给、补助后生活仍有困难的五保户、贫困户的生活救济；城镇居民中无依无靠、无生活来源的孤老、残、幼和无固定职业、无固定收入的贫困户的生活救济；无依无靠、无生活来源的散居归侨、外侨以及其他人员的生活困难救济等。为了救灾、抢险、防汛、优抚、扶贫、移民、救济等方面的需要，国家临时调拨、募捐或者用上述专款购置的食品、被服、药品、器材设备以及其他物资，也属于作为本罪对象的特定专用物资。特定款物不得挪作他用，也不得混用。

根据本条规定，构成挪用特定款物罪必须符合以下几个条件：

1. 犯罪主体只能是**对挪用行为负有责任的主管人员、直接实施挪用行为的人员**，一般是经手、掌管国家救灾、抢险、防汛、优抚、扶贫、移民、救济款物的人员，包括国家工作人员、集体经济组织工作人员、事业单位工作人员、社会团体工作人员，以及受上述单位委托经手、管理特定款物的人员。

2. 客观表现为**挪用救灾、抢险、防汛、优抚、扶贫、移民、救济款物，情节严重，致使国家和人民群众的利益遭受重大损害的行为**。这里所说的"**挪用**"，是指不经合法批准，擅自将自己经手、管理的救灾、抢险、防汛、优抚、扶贫、移民、救济款物调拨、使用到其他方面，例如将用于救灾、抢险、防汛、优抚、扶贫、移民、救济等事项的款物挪作修建楼堂馆所、从事商业经营、投资的行为等。"**情节严重**"，主要是指挪用上述款物数额较大的；挪用行为给人民群众的生产和生活造成严重危害的；挪用特别重要紧急款物的；挪用手段特别恶劣，造成极坏影响等。

3. 行为人主观上必须是**故意**，过失不构成本罪。

4. **挪用款物的目的是用于单位的其他项目**，如果挪用上述特定款物归个人使用，构成犯罪的，应按挪用公款罪从重处罚。①

① 相同的学说见解，参见赵秉志、李希慧主编：《刑法各论》（第 3 版），中国人民大学出版社 2016 年版，第 256 页。

根据本条规定，挪用上述专用款物，情节严重，致使国家和人民群众利益遭受重大损害的，对直接责任人员，处三年以下有期徒刑或者拘役；情节特别严重的，处三年以上七年以下有期徒刑。构成本条规定的犯罪，需要同时满足“情节严重”和“重大损失”两个条件。根据《最高人民检察院、公安部关于公安机关管辖的刑事案件立案追诉标准的规定（二）》第八十六条的规定，挪用用于救灾、抢险、防汛、优抚、扶贫、移民、救济款物，涉嫌下列情形之一的，**应予立案追诉**：(1)挪用特定款物数额在五千元以上的；(2)造成国家和人民群众直接经济损失数额在五万元以上的；(3)虽未达到上述数额标准，但多次挪用特定款物的，或者造成人民群众的生产、生活严重困难的；(4)严重损害国家声誉，或者造成恶劣社会影响的；(5)其他致使国家和人民群众利益遭受重大损害的情形。

【司法解释】

《最高人民检察院关于挪用失业保险基金和下岗职工基本生活保障资金的行为适用法律问题的批复》（高检发释字〔2003〕1号，自2003年1月30日起施行）

△（**失业保险基金和下岗职工基本生活保障资金；挪用特定款物罪**）挪用失业保险基金和下岗职工基本生活保障资金属于挪用救济款物。挪用失业保险基金和下岗职工基本生活保障资金，情节严重，致使国家和人民群众利益遭受重大损害的，对直接责任人员，应当依照刑法第二百七十三条的规定，以挪用特定款物罪追究刑事责任；国家工作人员利用职务上的便利，挪用失业保险基金和下岗职工基本生活保障资金归个人使用，构成犯罪的，应当依照刑法第三百八十四条的规定，以挪用公款罪追究刑事责任。

《最高人民法院、最高人民检察院关于办理妨害预防、控制突发传染病疫情等灾害的刑事案件具体应用法律若干问题的解释》（法释〔2003〕8号，自2003年5月15日起施行）

△（**用于预防、控制突发传染病疫情等灾害的款物；挪用特定款物罪**）挪用用于预防、控制突发传染病疫情等灾害的救灾、优抚、救济等款物，构成犯罪的，对直接责任人员，依照刑法第二百七十三条的规定，以挪用特定款物罪定罪处罚。（§ 14Ⅱ）

【司法解释性文件】

《最高人民法院研究室关于挪用民族贸易和民族用品生产贷款利息补贴行为如何定性问题的复函》（法研〔2003〕16号，2003年2月24日公布）

△（**民族贸易和民族用品生产贷款的利息补贴**）中国人民银行给予中国农业银行发放民族贸易和民族用品生产贷款的利息补贴，不属于刑法第二百七十三条规定的特定款物。

《最高人民法院、最高人民检察院、公安部、司法部关于依法惩治妨害新型冠状病毒感染肺炎疫情防控违法犯罪的意见》（法发〔2020〕7号，2020年2月6日发布）

△（**肺炎疫情防控；滥用职权罪或者玩忽职守罪；传染病防治失职罪；传染病毒种扩散罪；贪污罪；职务侵占罪；挪用公款罪；挪用资金罪；挪用特定款物罪**）依法严惩疫情防控失职渎职、贪污挪用犯罪。在疫情防控工作中，负有组织、协调、指挥、灾害调查、控制、医疗救治、信息传递、交通运输、物资保障等职责的国家机关工作人员，滥用职权或者玩忽职守，致使公共财产、国家和人民利益遭受重大损失的，依照刑法第三百九十七条的规定，以滥用职权罪或者玩忽职守罪定罪处罚。

卫生行政部门的工作人员严重不负责任，不履行或者不认真履行防治监管职责，导致新型冠状病毒感染肺炎传播或者流行，情节严重的，依照刑法第四百零九条的规定，以传染病防治失职罪定罪处罚。

从事实验、保藏、携带、运输传染病菌种、毒种的人员，违反国务院卫生行政部门的有关规定，造成新型冠状病毒毒种扩散，后果严重的，依照刑法第三百三十一条的规定，以传染病毒种扩散罪定罪处罚。

国家工作人员，受委托管理国有财产的人员，公司、企业或者其他单位的人员，利用职务便利，侵吞、截留或者以其他手段非法占有用于防控新型冠状病毒感染肺炎的款物，或者挪用上述款物归个人使用，符合刑法第三百八十二条、第三百八十三条、第二百七十一条、第三百八十四条、第二百七十二条规定的，以贪污罪、职务侵占罪、挪用公款罪、挪用资金罪定罪处罚。挪用用于防控新型冠状病毒感染肺炎的救灾、优抚、救济等款物，符合刑法第二百七十三条规定的，对直接责任人员，以挪用特定款物罪定罪处罚。（§ 2Ⅶ）

△（**治安管理处罚；从重情节**）依法严惩妨害疫情防控的违法行为。实施上述（一）至（九）规定的行为，不构成犯罪的，由公安机关根据治安管理处罚法有关虚构事实扰乱公共秩序，扰乱单位秩序、公共场所秩序、寻衅滋事，拒不执行紧急状态下的决定、命令，阻碍执行职务，冲闯警戒带、警

戒区,殴打他人,故意伤害,侮辱他人,诈骗,在铁路沿线非法挖掘坑穴、采石取沙,盗窃、损毁路面公共设施,损毁铁路设施设备,故意损毁财物、哄抢公私财物等规定,予以治安管理处罚,或者由有关部门予以其他行政处罚。

对于在疫情防控期间实施有关违法犯罪的,要作为从重情节予以考量,依法体现从严的政策要求,有力惩治震慑违法犯罪,维护法律权威,维护社会秩序,维护人民群众生命安全和身体健康。(§ 2X)

第二百七十四条　【敲诈勒索罪】

敲诈勒索公私财物,数额较大或者多次敲诈勒索的,处三年以下有期徒刑、拘役或者管制,并处或者单处罚金;数额巨大或者有其他严重情节的,处三年以上十年以下有期徒刑,并处罚金;数额特别巨大或者有其他特别严重情节的,处十年以上有期徒刑,并处罚金。

【立法沿革】

《中华人民共和国刑法》(1997年修订,自1997年10月1日起施行)

第二百七十四条

敲诈勒索公私财物,数额较大的,处三年以下有期徒刑、拘役或者管制;数额巨大或者有其他严重情节的,处三年以上十年以下有期徒刑。

《中华人民共和国刑法修正案(八)》(自2011年5月1日起施行)

四十、将刑法第二百七十四条修改为:

"敲诈勒索公私财物,数额较大或者多次敲诈勒索的,处三年以下有期徒刑、拘役或者管制,并处或者单处罚金;数额巨大或者有其他严重情节的,处三年以上十年以下有期徒刑,并处罚金;数额特别巨大或者有其他特别严重情节的,处十年以上有期徒刑,并处罚金。"

【立法理由】

1. **1979年立法的情况**。敲诈勒索罪是我国刑法上的传统犯罪之一,为了有效地同这种犯罪行为作斗争,确保公共财产的安全,1979年《刑法》第一百五十四条规定:"敲诈勒索公私财物的,处三年以下有期徒刑或者拘役;情节严重的,处三年以上七年以下有期徒刑。"

2. **1997年修订刑法的情况**。1997年修订刑法时,在总结以往立法与司法实践经验的基础上,为更有效地同敲诈勒索犯罪作斗争,惩治情节严重的敲诈勒索行为,对本条作了进一步的修改:一是增加"数额较大"规定,作为敲诈勒索罪的入罪门槛;二是增设了管制刑;三是将第二档刑罚由"情节严重的,处三年以上七年以下有期徒刑"修改为"数额巨大或者有其他严重情节的,处三年以上十年以下有期徒刑"。

3. **2011年《刑法修正案(八)》对本条的修改情况**。近年来,敲诈勒索犯罪方面出现了一些新的情况。一些地方的黑社会性质组织和恶势力团伙,把敲诈勒索行为作为他们称霸一方,欺压、残害群众的经常性手段。有的犯罪分子频繁实施敲诈勒索行为,被害群众敢怒不敢言。他们敲诈勒索的具体方法也多是以明确的暴力相威胁。这些犯罪行为严重侵犯了人民群众的人身财产权益,破坏了社会稳定。1997年《刑法》第二百七十四条的规定在一定程度上已不能完全适应打击现实中敲诈勒索犯罪的需要:一是单纯以数额为依据的入罪门槛不够科学;二是未规定财产刑,不能在经济上打击犯罪分子;三是对于敲诈勒索数额特别巨大或者情节特别严重的,最高十年有期徒刑的法定刑偏轻。有关部门和专家学者多次提出修改完善敲诈勒索罪规定的建议。2011年《刑法修正案(八)》对本条的规定进行了修改,增加了多次敲诈勒索构成犯罪的规定,增设了第三个量刑档次,增加规定了财产刑。

【条文说明】

本条是关于敲诈勒索罪及其处罚的规定。

本条规定的"**敲诈勒索**",是指以非法占有为目的,对公私财物的所有人、保管人使用威胁或者要挟的方法,勒索公私财物的行为。敲诈勒索罪的主体是一般犯罪主体。构成敲诈勒索罪必须具备以下条件:

1. 行为人具有**非法占有他人财物的目的**。

2. 行为人实施了**以威胁或者要挟的方法勒**

索财物的行为，这是敲诈勒索罪最主要的特点。[①] 威胁和要挟，是指通过对被害人及其关系密切的人精神上的强制，对其在心理上造成恐惧，产生压力。[②] 威胁或者要挟的方法多种多样，如以将要实施暴力；揭发隐私、违法犯罪活动；毁坏名誉相威胁等。其形式可以是口头的，也可以是书面的，还可以通过第三者转达；可以是明示，也可以是暗示。[③] 在取得他人财物的时间上，既可以迫使对方当场交出，也可以限期交出。[④] 总之，是通过对公私财物的所有人、保管人实施精神上的强制，使其产生恐惧、畏惧心理，不得已而交出财物。

3. **敲诈勒索的财物数额较大或者多次敲诈勒索**。**数额较大**，是敲诈勒索行为构成犯罪的基本要件。如果敲诈勒索的财物数额较小，一般应当依照治安管理处罚法的规定予以处罚，不需要动用刑罚。**多次敲诈勒索**，是《刑法修正案（八）》增加规定的构成犯罪的条件。有的犯罪分子，特别是黑社会性质组织和恶势力团伙成员，凭借其组织或团伙的非法控制或影响，频繁实施敲诈勒索行为，欺压群众，扰乱社会治安，具有严重的社会危害性。对多次敲诈勒索的行为，即使敲诈勒索的财物数额没有达到较大的标准，也应当依法定罪处罚。

本条对敲诈勒索罪量刑档次的划分采取了**数额加情节的标准**。《刑法修正案（八）》对敲诈勒索罪的量刑作了两处修改。一是为适应打击实际中一些敲诈勒索财物数额特别巨大或者情节特别严重的犯罪的需要，增设了“十年以上有期徒刑，并处罚金”这一量刑档次。二是为在经济上打击敲诈勒索这一财产性犯罪，在每一量刑档次都增加规定了**财产刑**。根据《最高人民法院、最高人民检察院关于办理敲诈勒索刑事案件适用法律若干问题的解释》第一条的规定，敲诈勒索公私财物“**数额较大**”，以二千元至五千元为起点；“**数额巨大**”，以三万元至十万元为起点；“**数额特别巨大**”，以三十万元至五十万元为起点；各省、自治区、直辖市高级人民法院、人民检察院可以根据本地区经济发展状况和社会治安状况，在上述数额幅度内，共同研究确定本地区执行的具体数额标准，并报最高人民法院、最高人民检察院批准。根据该司法解释，敲诈勒索的犯罪分子是否“**有其他严重情节**”“**有其他特别严重情节**”，应当考虑犯罪分子是否是累犯或者惯犯，是否是共同犯罪的首要分子或者黑社会性质组织、恶势力团伙的组织领导者，敲诈勒索手段是否恶劣，敲诈勒索对象是否系未成年人等弱势群体，是否有冒充国家工作人员进行敲诈勒索等情节，是否造成严重后果等。二年内敲诈勒索三次以上的，应当认定为《刑法》第二百七十四条规定的“**多次敲诈勒索**”。

根据本条规定，敲诈勒索公私财物，数额较大或者多次敲诈勒索的，处三年以下有期徒刑、拘役或者管制，并处或者单处罚金；数额巨大或者有其他严重情节的，处三年以上十年以下有期徒刑，并处罚金；数额特别巨大或者有其他特别严重情节的，处十年以上有期徒刑，并处罚金。

实践中需要注意以下两个方面的问题：

1. 区分敲诈勒索罪和**抢劫罪**的界限。抢劫罪与敲诈勒索罪均属侵犯财产罪，从犯罪客体来看，不仅侵犯了他人财物的所有权关系，有时还同时侵犯公民的人身权利。从主观方面来看，两者都具有非法占有公私财物的目的。客观方面也存在相似之处，例如可能都以当场使用威胁方式，恐吓被害人，迫使其立即交付财物。但是二者也存在许多重要的区别：（1）威胁的实施方式不同。抢劫罪的威胁，是当场直接向被害人发出的，具有直接的公开性；而敲诈勒索罪的威胁可以是面对被害人公开实行，也可以是利用书信、通讯设备通知或者通过第三人转告被害人的间接实施。（2）威胁的紧迫性不同。这是两者之间的重要区别。抢劫罪的威胁，都是直接侵犯人的生命健康的暴力威胁，如以杀害、伤害相威胁，对被害人产生了现实威胁，达到使被害人不能反抗的地步；敲诈勒

---

① 暴力能否成为敲诈勒索的手段，学说上尚未有定见。传统刑法理论认为，敲诈勒索罪仅限于威胁或要挟，不包括暴力。但另有论者认为，敲诈勒索的手段可以包括暴力。不过，学者之间对于暴力的界定方式不尽相同。其中，有论者主张，暴力仅限于非当场取得财物的场合；陈兴良教授则认为，关键在于所使用的暴力必须较为轻微，尚未达到使被害人不能反抗的程度。参见陈兴良主编：《刑法各论精释》，人民法院出版社 2015 年版，第 571—573 页。亦有论者认为，比较准确的说法应该是，敲诈勒索罪的成立，不要求暴力、胁迫手段达到足以压制他人反抗的程度；如果暴力、胁迫手段达到足以压制他人反抗的程度，则以抢劫罪论处。参见张明楷：《刑法学》（第 6 版），法律出版社 2021 年版，第 1334—1335 页。

② 黄京平教授认为，威胁和要挟的区别在于：前者可以用任何侵害他人的方法相恐吓；后者通常是指抓住他人的把柄，以揭露其隐私相恐吓。参见高铭暄、马克昌主编：《刑法学》（第 7 版），北京大学出版社、高等教育出版社 2016 年版，第 516 页。

③ 相同的学说见解，参见周光权：《刑法各论》（第 4 版），中国人民大学出版社 2021 年版，第 151 页。

④ 相同的学说见解，参见周光权：《刑法各论》（第 4 版），中国人民大学出版社 2021 年版，第 152 页。

索罪威胁的内容较广泛，可以针对人身实施暴力、伤害相威胁，也可以毁人名誉、毁其前途、设置困境等相威胁，例如采用揭发隐私、举报犯罪行为等相威胁，虽然使被害人产生恐惧感和压迫感，但是并没有达到使被害人不能反抗的地步，被害人在决定是否交付财物上尚有考虑、选择的余地。(3)威胁索取的利益性质不同。抢劫罪索取的利益之性质，一般只是财物；而敲诈勒索罪索取利益之性质，可以是财物，包括动产和不动产，也可以是其他财产性利益。(4)非法取得利益的时间不同。抢劫罪非法取得利益的时间只能是当场取得；敲诈勒索罪非法取得利益的时间，有时是当场，有时是特定时间以后。

2. 区分敲诈勒索罪与**绑架罪**的界限。敲诈勒索罪与绑架罪均以非法占有为目的，均有勒索财物的行为，均既侵犯公私财产所有权，又侵犯公民的人身权利，因此两罪存在相似之处。但敲诈勒索罪与绑架罪仍存在较大的区别，主要表现在：(1)犯罪客体不同。两者的犯罪客体均是复杂客体，但是敲诈勒索罪侵犯的主要客体是公私财产的所有权，因而该罪在刑法分则体系上被归属于侵犯财产罪的一种；而绑架罪侵犯的主要客体则是公民的人身权利，虽然其也在某种程度上侵犯公私财产所有权，但其属于次要客体，因而在刑法分则体系上被归属于侵犯公民人身权利罪的一种。(2)犯罪行为特征不同。敲诈勒索罪是以将要实施的侵害相威胁，勒索数额较大的公私财物或者财产性利益，而没有实施绑架行为；绑架罪则主要是通过绑架人质，以交换人质为条件，逼人质亲友交出财物。(3)行为暴力程度不同。敲诈勒索罪的威胁既可以是暴力侵害，也可以是非暴力侵害；绑架罪则是以杀害、伤害人质相威胁，而且因发出勒索口令时人质已在其绑架掌握之中，这种威胁内容随时都可能付诸实施，具有加害的现实性和紧迫性。

【司法解释】

《最高人民法院、最高人民检察院关于办理敲诈勒索刑事案件适用法律若干问题的解释》(法释〔2013〕10号，自2013年4月27日起施行)

△(**数额较大；数额巨大；数额特别巨大；具体数额标准**)敲诈勒索公私财物价值二千元至五千元以上、三万元至十万元以上、三十万元至五十万元以上的，应当分别认定为刑法第二百七十四条规定的“数额较大”“数额巨大”“数额特别巨大”。

各省、自治区、直辖市高级人民法院、人民检察院可以根据本地区经济发展状况和社会治安状况，在前款规定的数额幅度内，共同研究确定本地区执行的具体数额标准，报最高人民法院、最高人民检察院批准。(§1)

△(**降低数额较大标准；百分之五十**)敲诈勒索公私财物，具有下列情形之一的，“数额较大”的标准可以按照本解释第一条规定标准的百分之五十确定①：

(一)曾因敲诈勒索受过刑事处罚的；

(二)一年内曾因敲诈勒索受过行政处罚的；

(三)对未成年人、残疾人、老年人或者丧失劳动能力人敲诈勒索的；

(四)以将要实施放火、爆炸等危害公共安全犯罪或者故意杀人、绑架等严重侵犯公民人身权利犯罪相威胁敲诈勒索的；

(五)以黑恶势力名义敲诈勒索的；

(六)利用或者冒充国家机关工作人员、军人、新闻工作者等特殊身份敲诈勒索的；

(七)造成其他严重后果的。(§2)

△(**多次敲诈勒索**)二年内敲诈勒索三次以上的，应当认定为刑法第二百七十四条规定的“多次敲诈勒索”。(§3)

△(**其他严重情节；其他特别严重情节**)敲诈勒索公私财物，具有本解释第二条第三项至第七项规定的情形之一，数额达到本解释第一条规定的“数额巨大”、“数额特别巨大”百分之八十的，可以分别认定为刑法第二百七十四条规定的“其他严重情节”、“其他特别严重情节”。(§4)

△(**犯罪情节轻微；不起诉或者免予刑事处罚**)敲诈勒索数额较大，行为人认罪、悔罪，退赃、退赔，并具有下列情形之一的，可以认定为犯罪情节轻微，不起诉或者免予刑事处罚，由有关部门依法予以行政处罚：

(一)具有法定从宽处罚情节的；

(二)没有参与分赃或者获赃较少且不是主犯的；

(三)被害人谅解的；

(四)其他情节轻微、危害不大的。(§5)

△(**近亲属；谅解；酌情从宽处罚；被害人过错；情节显著轻微危害不大**)敲诈勒索近亲属的财物，获得谅解的，一般不认为是犯罪；认定为犯罪的，应当酌情从宽处理。

被害人对敲诈勒索的发生存在过错的，根据

① 我国学者指出，本条第(一)、(二)项的规定混淆了不法与特殊预防必要性，明显不当。参见张明楷：《刑法学》(第6版)，法律出版社2021年版，第1331页。

被害人过错程度和案件其他情况，可以对行为人酌情从宽处理；情节显著轻微危害不大的，不认为是犯罪。（§6）

△（**共同犯罪**）明知他人实施敲诈勒索犯罪，为其提供信用卡、手机卡、通讯工具、通讯传输通道、网络技术支持等帮助的，以共同犯罪论处。（§7）

△（**罚金刑**）对犯敲诈勒索罪的被告人，应当在二千元以上、敲诈勒索数额的二倍以下判处罚金；被告人没有获得财物的，应当在二千元以上十万元以下判处罚金。（§8）

《最高人民法院、最高人民检察院关于办理利用信息网络实施诽谤等刑事案件适用法律若干问题的解释》（法释〔2013〕21号，自2013年9月10日起施行）

△（**信息网络；敲诈勒索罪**）以在信息网络上发布、删除等方式处理网络信息为由，威胁、要挟他人，索取公私财物，数额较大，或者多次实施上述行为的，依照刑法第二百七十四条的规定，以敲诈勒索罪定罪处罚。（§6）

△（**帮助；共同犯罪**）明知他人利用信息网络实施诽谤、寻衅滋事、敲诈勒索、非法经营等犯罪，为其提供资金、场所、技术支持等帮助的，以共同犯罪论处。（§8）

△（**想象竞合犯；损害商业信誉、商品声誉罪；煽动暴力抗拒法律实施罪；编造、故意传播虚假恐怖信息罪**）利用信息网络实施诽谤、寻衅滋事、敲诈勒索、非法经营犯罪，同时又构成刑法第二百二十一条规定的损害商业信誉、商品声誉罪，第二百七十八条规定的煽动暴力抗拒法律实施罪，第二百九十一条之一规定的编造、故意传播虚假恐怖信息罪等犯罪的，依照处罚较重的规定定罪处罚。（§9）

△（**信息网络**）本解释所称信息网络，包括以计算机、电视机、固定电话机、移动电话机等电子设备为终端的计算机互联网、广播电视网、固定通信网、移动通信网等信息网络，以及向公众开放的局域网络。（§10）

【司法解释性文件】

《最高人民法院关于审理抢劫、抢夺刑事案件适用法律若干问题的意见》（法发〔2005〕8号，2005年6月8日公布）

△（**以抓卖淫嫖娼、赌博等违法行为为名非法占有财物；人民警察**）行为人冒充正在执行公务的人民警察“抓赌”“抓嫖”，没收赌资或者罚款的行为，构成犯罪的，以招摇撞骗罪从重处罚；在实施上述行为中使用暴力或者暴力威胁的，以抢劫罪定罪处罚。行为人冒充治安联防队员“抓赌”、“抓嫖”、没收赌资或者罚款的行为，构成犯罪的，以敲诈勒索罪定罪处罚；在实施上述行为中使用暴力或者暴力威胁的，以抢劫罪定罪处罚。（§9Ⅰ）

《最高人民法院、最高人民检察院、公安部、司法部关于办理黑恶势力犯罪案件若干问题的指导意见》（法发〔2018〕1号，2018年1月16日公布）

△（**黑恶势力；寻衅滋事罪；强迫交易罪；敲诈勒索罪；“以黑恶势力名义敲诈勒索”；想象竞合；雇佣、指使；民间矛盾**）黑恶势力为谋取不法利益或形成非法影响，有组织地采用滋扰、纠缠、哄闹、聚众造势等手段侵犯人身权利、财产权利，破坏经济秩序、社会秩序，构成犯罪的，应当分别依照《刑法》相关规定处理：

（1）有组织地采用滋扰、纠缠、哄闹、聚众造势等手段扰乱正常的工作、生活秩序，使他人产生心理恐惧或者形成心理强制，分别属于《刑法》第二百九十三条第一款第（二）项规定的“恐吓”、《刑法》第二百二十六条规定的“威胁”，同时符合其他犯罪构成条件的，应分别以寻衅滋事罪、强迫交易罪定罪处罚。

《关于办理寻衅滋事刑事案件适用法律若干问题的解释》第二条至第四条中的“多次”一般应当理解为二年内实施寻衅滋事行为三次以上。二年内多次实施不同种类寻衅滋事行为的，应当追究刑事责任。

（2）以非法占有为目的强行索取公私财物，有组织地采用滋扰、纠缠、哄闹、聚众造势等手段扰乱正常的工作、生活秩序，同时符合《刑法》第二百七十四条规定的其他犯罪构成条件的，应当以敲诈勒索罪定罪处罚。同时由多人实施或者以统一着装、显露纹身、特殊标识以及其他明示或者暗示方式，足以使对方感知相关行为的有组织性的，应当认定为《关于办理敲诈勒索刑事案件适用法律若干问题的解释》第二条第（五）项规定的“以黑恶势力名义敲诈勒索”。

采用上述手段，同时又构成其他犯罪的，应当依法按照处罚较重的规定定罪处罚。

雇佣、指使他人有组织地采用上述手段强迫交易、敲诈勒索，构成强迫交易罪、敲诈勒索罪的，对雇佣者、指使者，一般应当以共同犯罪中的主犯论处。为强索不受法律保护的债务或者因其他非法目的，雇佣、指使他人有组织地采用上述手段寻衅滋事，构成寻衅滋事罪的，对雇佣者、指使者，一般应当以共同犯罪中的主犯论处；为追讨合法债务或者因婚恋、家庭、邻里纠纷等民间矛盾而雇佣、指使,没有造成严重后果的,一般不作为犯罪处理,但经有关部门批评制止或者处理处罚后仍继续实施的除外。(§ 17)

△(**假借民间借贷之名;诈骗罪;强迫交易罪;敲诈勒索罪;抢劫罪;虚假诉讼罪;违法所得**)对于以非法占有为目的,假借民间借贷之名,通过"虚增债务""签订虚假借款协议""制造资金走账流水""肆意认定违约""转单平账""虚假诉讼"等手段非法占有他人财产,或者使用暴力、威胁手段强立债权、强行索债的,应当根据案件具体事实,以诈骗、强迫交易、敲诈勒索、抢劫、虚假诉讼等罪名侦查、起诉、审判。对于非法占有的被害人实际所得借款以外的虚高"债务"和以"保证金""中介费""服务费"等各种名目扣除或收取的额外费用,均应计入违法所得。对于名义上为被害人所得、但在案证据能够证明实际上却为犯罪嫌疑人、被告人实施后续犯罪所使用的"借款",应予以没收。(§ 20)

《最高人民法院、最高人民检察院、公安部、司法部关于办理"套路贷"刑事案件若干问题的意见》(法发〔2019〕11 号,2019 年 2 月 28 日公布)

△(**"套路贷";诈骗罪;敲诈勒索罪;非法拘禁罪;虚假诉讼罪;寻衅滋事罪;强迫交易罪;抢劫罪;绑架罪**)实施"套路贷"过程中,未采用明显的暴力或者威胁手段,其行为特征从整体上表现为以非法占有为目的,通过虚构事实、隐瞒真相骗取被害人财物的,一般以诈骗罪定罪处罚;对于在实施"套路贷"过程中多种手段并用,构成诈骗、敲诈勒索、非法拘禁、虚假诉讼、寻衅滋事、强迫交易、抢劫、绑架等多种犯罪的,应当根据具体案件事实,区分不同情况,依照刑法及有关司法解释的规定数罪并罚或者择一重处。(§ 4)

《最高人民法院、最高人民检察院、公安部、司法部关于办理实施"软暴力"的刑事案件若干问题的意见》(2019 年 4 月 9 日公布)

△(**软暴力;敲诈勒索罪;"二年内敲诈勒索三次以上"**)以非法占有为目的,采用"软暴力"手段强行索取公私财物,同时符合《刑法》第二百七十四条规定的其他犯罪构成要件的,应当以敲诈勒索罪定罪处罚。

《关于办理敲诈勒索刑事案件适用法律若干问题的解释》第三条中"二年内敲诈勒索三次以上",包括已受行政处罚的行为。(§ 8)

△(**想象竞合**)采用"软暴力"手段,同时构成两种以上犯罪的,依法按照处罚较重的犯罪定罪处罚,法律另有规定的除外。(§ 9)

△(**行政处罚;折抵刑期;抵扣罚金**)根据本意见第五条、第八条规定,对已受行政处罚的行为追究刑事责任的,行为人先前所受的行政拘留处罚应当折抵刑期,罚款应当抵扣罚金。(§ 10)

△(**雇佣、指使;主犯;强迫交易罪;敲诈勒索罪;非法侵入住宅罪;寻衅滋事罪;民间矛盾**)雇佣、指使他人采用"软暴力"手段强迫交易、敲诈勒索,构成强迫交易罪、敲诈勒索罪的,对雇佣者、指使者,一般应当以共同犯罪中的主犯论处。

为强索不受法律保护的债务或者因其他非法目的,雇佣、指使他人采用"软暴力"手段非法剥夺他人人身自由构成非法拘禁罪,或者非法侵入他人住宅、寻衅滋事,构成非法侵入住宅罪、寻衅滋事罪的,对雇佣者、指使者,一般应当以共同犯罪中的主犯论处;因本人及近亲属合法债务、婚恋、家庭、邻里纠纷等民间矛盾而雇佣、指使,没有造成严重后果的,一般不作为犯罪处理,但经有关部门批评制止或者处理处罚后仍继续实施的除外。(§ 11)

《最高人民法院、最高人民检察院关于常见犯罪的量刑指导意见(试行)》(法发〔2021〕21 号,2021 年 6 月 6 日发布)

△(**敲诈勒索罪;量刑**)

1. 构成敲诈勒索罪的,根据下列情形在相应的幅度内确定量刑起点:

(1)达到数额较大起点的,或者二年内三次敲诈勒索的,在一年以下有期徒刑、拘役幅度内确定量刑起点。

(2)达到数额巨大起点或者有其他严重情节的,在三年至五年有期徒刑幅度内确定量刑起点。

(3)达到数额特别巨大起点或者有其他特别严重情节的,在十年至十二年有期徒刑幅度内确定量刑起点。

2. 在量刑起点的基础上,根据敲诈勒索数额、次数、犯罪情节严重程度等其他影响犯罪构成的犯罪事实增加刑罚量,确定基准刑。

多次敲诈勒索,数额达到较大以上的,以敲诈勒索数额确定量刑起点,敲诈勒索次数可以作为调节基准刑的量刑情节;数额未达到较大的,以敲诈勒索次数确定量刑起点,超过三次的次数作为增加刑罚量的事实。

3. 构成敲诈勒索罪的,根据敲诈勒索的数额、手段、次数、危害后果等犯罪情节,综合考虑被告人缴纳罚金的能力,在二千元以上敲诈勒索数额的二倍以下决定罚金数额;被告人没有获得财物的,在二千元以上十万元以下判处罚金。

4. 构成敲诈勒索罪的,综合考虑敲诈勒索的手段、数额、次数、危害后果、退赃退赔等犯罪事实、量刑情节,以及被告人的主观恶性、人身危险性、认罪悔罪表现等因素,决定缓刑的适用。

【附属刑法】

《中华人民共和国铁路法》(1990年9月7日通过,2015年4月24日第二次修正)

第六十五条

Ⅱ在列车内,寻衅滋事,侮辱妇女,情节恶劣的,依照刑法有关规定追究刑事责任;敲诈勒索旅客财物的,依照刑法有关规定追究刑事责任。

《中华人民共和国电力法》(1995年12月28日通过,2018年12月29日第三次修正)

第七十四条

Ⅲ电力企业的管理人员和查电人员、抄表收费人员勒索用户、以电谋私,构成犯罪的,依法追究刑事责任;尚不构成犯罪的,依法给予行政处分。

《中华人民共和国老年人权益保障法》(1996年8月29日通过,2018年12月29日第三次修正)

第七十七条

家庭成员盗窃、诈骗、抢夺、侵占、勒索、故意损毁老年人财物,构成违反治安管理行为的,依法给予治安管理处罚;构成犯罪的,依法追究刑事责任。

【公报案例】

△(**敲诈勒索罪;绑架罪**)根据《刑法》第二百七十四条的规定,敲诈勒索罪是指以非法占有为目的,对被害人使用威胁或要挟的方法,强行索要公私财物的行为。本罪在客观方面表现为行为人采用威胁、要挟等方法,向公私财物的所有者、保管者强索公私财物的行为。所谓威胁、要挟等方法,是指对公私财物的所有者、保管者进行精神上的强制,造成心理上的恐惧,不敢抗拒,从而迫使其交出财物的方法。

根据《刑法》第二百三十九条的规定,绑架罪是指以勒索财物为目的,或者以他人作为人质,使用暴力、胁迫、麻醉或者其他方法劫持他人的行为。本罪在客观方面表现为以暴力、胁迫、麻醉或其他方法劫持他人的行为。

行为人以被害人预谋犯罪为由,对被害人加以控制,并以报警将被害人送交公安机关处理为要挟,向被害人及其亲属强索财物。在实施上述犯罪过程中,行为人虽然在一定程度上限制了被害人的人身自由,并且为控制被害人而采取了轻微暴力,但并未使用暴力、胁迫、麻醉或者其他方法劫持被害人,亦未将被害人藏匿,其行为不构成绑架罪,应当以敲诈勒索罪定罪处罚。[《最高人民法院公报》2009年第10期 谢家海等敲诈勒索案]

【参考案例】

△将被害人杀死后,以被害人被绑架为名向被害人亲属勒索钱财的,不构成绑架罪和诈骗罪,应以敲诈勒索罪论处。

首先,被告人陈宗发根本没有实施过使被害人失去人身自由的绑架行为,也没有限制过被害人的人身自由。被告人因制作假文凭的价格同被害人产生争执,而杀死被害人,显然其行为构成故意杀人罪,至于被告人将被害人杀死之后,以绑架为名勒索钱款的行为,因为被害人已经死亡,不可能成为绑架罪的被绑架对象,没有被绑架人,这与绑架罪的最基本特征,即以暴力、胁迫等手段绑架他人,使之失去人身自由的特征不相符合。所以,本案被告人陈宗发在故意杀人后,以绑架为名,勒索钱款的行为不构成绑架罪。

其次,诈骗罪是指以非法占有为目的,用虚构事实或隐瞒真相的方法,骗取数额较大的公私财物的行为。诈骗罪在客观方面的主要表现为采用虚构事实或者隐瞒真相的欺骗方法,使财物所有人、保管人等产生错觉,信以为真,而仿佛自愿地将财物交出。也就是说,诈骗犯罪的被害人是仿佛自愿地交出其掌有的财物的,其被骗而交出财物的当时似乎是自愿的,这是诈骗罪同抢劫罪、盗窃罪、敲诈勒索罪相区别的一个主要特征。本案被告人将被害人杀死后,以绑架为名,向被害人的亲属勒索钱款,其亲属在当时特定的环境条件下,尽管其完全可能相信被告人虚构的被害人被绑架的事实,但其决不会自愿地向被告人交出钱款,如果向被告人交出被索要的钱款,也只能是在精神上受到胁迫,出于无奈才交出的。所以本案被告人的行为不构成诈骗罪。

最后,行为人是用虚构事实或隐瞒真相的方法,使人受蒙蔽而自愿交付财物,还是用威胁或要挟的方法,使人受到精神强制而被迫交付财物,是诈骗罪同敲诈勒索罪最本质的区别。

被告人陈宗发在自己的暂住处将两被害人杀死后,又通过手机,告知两被害人的亲属李建兰:"女人和小孩已被绑架,要10万元钱,不能报案,否则撕票。"作为两被害人的利害关系人,李建兰深为两被害人的安危而担忧,严重地受到了精神的强制。被告人虚构绑架事实,胁迫李建兰,意在勒索其10万元人民币,被告人的行为符合敲诈勒索

索罪的构成要件。[No. 4-232-36　陈宗发故意杀人、敲诈勒索案]

△以实施暴力或毁坏财物、名誉为要挟，造成被害人精神上的恐惧，并被迫当场或事后交出财物的，应以敲诈勒索罪论处。

林华明等敲诈勒索案中，笔者认为区分抢劫罪与敲诈勒索罪主要看被害人交出财物的心理状态。抢劫是被害人迫于暴力或者将要实施的暴力而造成精神上的恐惧，被迫当场交出财物；敲诈勒索则是被害人迫于将要实施的暴力或者毁坏财物、名誉等造成精神上的恐惧，出于无奈，被迫于当场或者事后交出财物或者出让其他财产权利。本案是因被害人盗窃了被告人宿舍财物而起，事出有因。林华明打被害人两巴掌是因为被害人对其盗窃305宿舍皮带一事态度反复，一会儿承认，一会儿又否认，出于气愤才殴打他的，被害人被打后，承认了盗窃皮带的事实。这时，被告人提出因为之前305宿舍曾多次失窃，要其赔偿305宿舍失窃财物损失的要求，并以要把其盗窃皮带一事向厂保卫部门报告相要挟，迫使被害人同意赔偿并且写下欠条，之后又一起回单位上班。当天下午，被害人主动到四被告人的宿舍门口，交给被告人林华明2000元。被告人非法占有被害人财物，既使用了暴力，又使用了要挟手段。从事发原因、案件的发展过程和被害人与被告人是同厂工友关系等情节分析，被害人并非因为被林华明打了两巴掌被迫交出财物的，而是因为被告人掌握了其在单位盗窃皮带的事实，害怕他们告发被单位除名才被迫交出财物的，即被告人主要是以要挟手段非法占有被害人财物，其行为符合敲诈勒索罪的特征，法院对其以敲诈勒索罪定罪处罚是正确的。[No. 5-274-1　林华明等敲诈勒索案]

△利用被害人年幼将其哄骗到外地，但并未限制其人身自由，同时谎称其被绑架向家属勒索财物的，不构成绑架罪，应以敲诈勒索罪论处。①

就张舒娟敲诈勒索案而言，被告人张舒娟能够顺利将被害人戴磊带到南京，主要是利用戴磊年龄较小、社会经验不足的特点，对其进行哄骗所致。从现有证据看，被告人在实施犯罪过程中，除对被害人本人使用了一些威吓性语言外，主要采取的是对被害人欺骗的手段，使其自愿跟随她去南京，且被告人对被害人从未实施暴力或以暴力相威胁，其左右被害人对之实施控制的手段中欺骗的成分大于威胁的成分，亦未对其人身实施任何实质性的限制，只是把他哄到南京，花钱供他吃住，出门的时候也只是将戴磊一个人丢在房间里，致使被害人可以乘被告人外出之机与家人电话联系。后在家人的指点下离开酒店到当地公安机关求助。作为一个正常的成年人，被告人对于像被害人(十二岁)那样大的学生能否实施打电话、离开房间等自主行动应当是有明确的判断的，其当时也完全有条件对被害人采取一些强制手段，限制或剥夺其人身自由，使他无法实施这些自救行为，但她并未采取任何有效的措施，可见被告人并不是真的要将被害人完全控制起来，并未真正剥夺被害人的人身自由。在这种情况下，被害人戴磊的行动实际上是自由的，既没有被看押、捆绑、殴打，更没有被伤害，除受到被告人谎言的吓唬而随其来到南京之外，其人身自由事实上并未受到什么影响。当然，如果被害人年龄过小，如三四岁的幼儿，尚不足以控制和支配自己的自主行动，无法自觉地摆脱被告人的实际控制，则另当别论。综上，本案现有证据不能认定被告人张舒娟主观上具有要绑架戴磊的故意，其也未真正对戴磊的人身自由实行完全的控制并有危及其人身安全的意图和行为，不符合绑架罪的特征，不能构成绑架罪。同时，正因为被告人张舒娟并未完全限制戴磊的人身自由，其行为亦不构成非法拘禁罪。

被告人张舒娟主观上敲诈勒索财物的犯罪故意非常明显，客观上实施了用戴磊的安全来对其父母进行恐吓，使其产生恐惧心理，试图敲诈戴磊家里8万元的犯罪行为，没有对戴磊进行人身强制，其行为侵害的客体主要应当为戴磊家人的财产权利，因此，被告人张舒娟的行为完全符合敲诈勒索罪的构成特征。只是本案被告人的行为比一般的敲诈勒索犯罪多了一个拐骗戴磊的情节，但这一情节只是其实施敲诈行为的辅助手段，且并未达到完全限制被害人人身自由的实际控制程度，即尚未上升为绑架他人作为人质进行勒索的绑架行为，故对本案被告人的行为以敲诈勒索罪定罪处罚，更符合主客观相一致的原则。[No. 5-274-2　张舒娟敲诈勒索案]

△拆迁户以举报开发商违法行为为手段索取补偿款的，不宜认定为敲诈勒索罪。②

夏某理等人重新索取拆迁补偿费用，属于被

---

① 相同的学说见解，参见张明楷：《刑法学》(第6版)，法律出版社2021年版，第1335页。

② 学说上关于权利行使(包括行为人自认为存在的权利)和敲诈勒索界限的讨论，参见周光权：《刑法各论》(第4版)，中国人民大学出版社2021年版，第153—155页；黎宏：《刑法学各论》(第2版)，法律出版社2016年版，第309—310页；张明楷：《刑法学》(第6版)，法律出版社2021年版，第1333—1334页。

拆迁方对拆迁补偿重新提出主张,属于法律许可的范畴。夏某理等人重新索取拆迁补偿费,虽然数额巨大,但并非没有任何事实依据,也就是说,争议的补偿费,并非明显地不属于夏某理等人所有,而是处于不确定状态。对于这样的争议利益,夏某理予以索取,实际上是行使民事权利的一种方式,不属于"以非法占有为目的"。如前所述,非法占有必须是财物明显不属于行为人,而行为人采取了刑法禁止的取得方式,常见的盗窃、诈骗、抢劫等即是典型的以非法占有为目的。但夏某理等敲诈勒索案中,夏某理等人对拆迁补偿费有异议,为了取得更多的拆迁补偿费而向开发商索取,不能认定为以非法占有为目的。并且,如果认定属于非法占有,那么,非法占有的数额也无法确定,因为夏某理等人可以向开发商要求重新赔偿的数额无法确定。本案不同于为公用设施、国家利益进行的拆迁、迁坟赔偿,价格由政府统一确定,而系为商业目的所进行的开发,所涉房屋拆迁特别是迁移祖坟应赔多少,没有法律强制性标准,具体补偿标准应是双方合意的结果。在夏某理等人依法可以提出重新索赔补偿费的情况下,多少补偿费是合法的,多少是不合法的,难以确定。综上,不能认定夏某理等人与开发商达成协议的25万元补偿费主观上具有非法占有的目的。

夏某理等人的行为不符合敲诈勒索罪的客观行为要件。理由在于:(1)夏某理等人向开发商提出索赔,是在行使正当权利。夏某理向开发商提出索赔时并没有以举报为条件,而是将索赔材料与举报材料分别交给开发区管委会和县信访局,且未告知开发商其已经向信访局举报。也就是说,夏某理等人并没有直接向开发商以举报为条件进行所谓的"威胁、要挟"。(2)开发商得到夏某理举报的信息来源于开发商的不当打听及开发区工作人员的不当告知,而不是来源于夏某理主动告知,更不是夏某理附举报条件地向开发商提出索赔。受理举报机关不应将举报信息告知被举报人是一个最基本的工作原则。但开发商不仅从受理举报机关处得到被举报的信息,而且通过开发区有关人员知道了夏某理等人的联系方式,出于了解夏某理等人真实意思的目的,主动约见夏某理等人。夏某理在按约会见开发商后才将举报信、索赔材料交予开发商。也就是说,将举报信与索赔材料联系在一起是开发商主动行为的结果。(3)夏某理与开发商谈判是一个民事谈判过程,谈判的结果也不是敲诈勒索的结果。被告人一开始并不同意签订承诺书,经过谈判才与开发商签订了开发商以出资25万元来换取被告人同意停止对工程项目的伤害、影响的承诺书。此承诺书的签订是由于开发商再三保证不会让人知道,并称大家都要遵守承诺。而开发商方面的谈判人唐某某的证人证言也称,"要让被告人在不利于他们的承诺书上签字,一旦被告人拿到钱后仍举报,可以利用承诺书向有关部门举报他们的不法行为,用承诺书保护企业的自身利益"。从此可以看出,被告人签订承诺书,完全是出于民事谈判的结果,而开发商却是以制造夏某理敲诈勒索的证据为目的而签订承诺书的。(4)夏某理事后的表现也体现了其索赔行为不符合敲诈勒索罪的特征。当夏某理感到签下承诺书对己不利,要求退还已索得的10万元时,被开发商所拒绝。这也表明,夏某理的初始索赔意图并不以举报为手段和条件。综上,夏某理等人的行为不符合敲诈勒索罪的客观行为特征。[No.5-274-4　夏某理等敲诈勒索案]

△没有债权的事实基础,胁迫他人出具债务凭证的,应以敲诈勒索罪论处。

借条作为一种债权的凭证,它的产生应当有债的发生的事实基础。具体说,要有出借人给借用人出借金钱或者实物的行为事实。否则,没有这种债的发生的事实基础,该借条的产生仅在形式上就不合法。孙吉勇敲诈勒索案事实表明,被告人孙吉勇并未出借给被害人宋新华人民币54800元,宋新华之所以给被告人出具54800元的借条,是因为其与被告人的妻子的性关系被发觉,是受被告人逼迫所为,这说明该借条的产生并无借贷之事实基础,即使从民法角度考量,该借条也是违法的。被告人孙吉勇凭借这张违法借条,先是私下向被害人宋新华索要,后又让妻子起诉索要,图谋从宋新华手里得到54800元。这些事实,清楚地表明了被告人孙吉勇有非法占有宋新华财产的目的。

一、二审法院确认的事实清楚地表明,被告人孙吉勇出于直接故意,以非法占有为目的,抓住被害人宋新华与其妻子有不正当性关系的把柄,并有意将手枪显露在被害人的眼前,以极端伤害身体的语言对被害人进行威胁、要挟、恫吓,迫使被害人给其出具54800元的欠条,依据《刑法》第二百七十四条的规定和犯罪构成理论,被告人的行为无疑构成敲诈勒索罪。[No.5-274-5　孙吉勇敲诈勒索案]

△设立赌博骗局,并向被骗的被害人胁迫索要赌债,迫使其交付财物的,应以敲诈勒索罪论处。

被告人梁成志、李耀庭、陈鑫、梁成驹、欧阳悦荣以非法占有为目的,采用欺骗手段诱骗被害人到香港特区、珠海,假冒知名企业负责人佯装洽谈投资事项，设“天仙局”让被害人输钱，获取被害人钱财。从犯罪客观方面看，被告人通过对被害人采取威胁、胁迫的方法，非法占有被害人财物。被告人梁成志等人利用内地党政领导及企业老总招商引资的迫切心理，采取假冒他人名义、虚构投资事由、诱骗他们到香港等地参赌，设局使被害人输钱后，以举报参赌、实施暴力等方法，给被害人造成精神上的恐惧，迫使其安排亲友汇款。被告人精心设计的前期一系列欺骗行为实际上都是为勒索钱财创造条件，并借助这些条件胁迫被害人以获取钱财。并且，被害人交付财物并非自愿。从梁成志等敲诈勒索案来看，被害人在赌钱结束被索款时，认识到是个骗局，都是在被逼无奈的情况下交付钱款的。因此，本案不符合诈骗犯罪以虚构事实或者隐瞒真相的方法，使被害人信以为真，自愿交出财物的情况。

另外，被告人在逼迫被害人汇款过程中，虽然也使用了一定的暴力，如掐脖子、推搡、动手打、用脚踢，但从被告人的直接故意看，就是设局勒索钱财，使用一定的暴力是为了便于勒索钱财，这种暴力与抢劫罪的暴力相比程度要轻。另外，被告人在逼迫被害人汇款过程中也进行过威胁，但从威胁的内容看，是以揭发赌博隐私、带去澳门扣押、丢到海里喂鱼、砍手砍脚等相威胁；从实现威胁内容的时间看，不是当场实施，而是将来实施。因此，本案不构成抢劫犯罪，应构成敲诈勒索罪。［No. 5-274-6　梁成志等敲诈勒索案］

△在实施抢劫过程中又对被害人进行敲诈勒索的，分别构成抢劫罪和敲诈勒索罪，应当实行并罚。

夏鹏飞等抢劫、敲诈勒索、盗窃案不属于牵连犯，应以抢劫罪和敲诈勒索罪对被告人夏鹏飞、汪宣峰实行数罪并罚。理由是：

第一，从犯罪动机看，本案是先后两个互不包容的犯罪故意。被告人夏鹏飞、汪宣峰两人参与共谋敲诈，当得知曹某用以拍摄裸照的照相机没有搞到时，又产生了劫财的犯意。由此，虽然两者都存在图财的动机，但敲诈行为是纯粹的图财犯意，而抢劫行为必须以暴力为获取财物的手段，其不仅仅是图财，还可能直接威胁公民的人身安全，有时会直接造成人身伤亡的结果，两者图财的内涵是不同的，已非一个单纯的犯罪动机或目的，相互之间难以包容和吸收。

第二，从两种行为性质的轻重而言，抢劫犯罪重于敲诈勒索犯罪。抢劫罪是重罪，直接威胁公民的人身安全，具有入户抢劫加重情节的，应处十年以上有期徒刑、无期徒刑直至死刑。而从敲诈勒索罪的犯罪构成看，则是单一性质的行为，威胁内容一般不涉及人身安全。本案中，被告人夏鹏飞、汪宣峰先实施了入户抢劫的行为，劫得钱财后购买照相机，并用相机拍摄裸照后以此实施敲诈，其中，劫取钱财后购买相机并拍摄裸照以敲诈，是由几个环节形成的一个过程，但购买相机并不能直接用以敲诈。劫财本身已包含了暴力和非法取财两个行为，其威胁内容的程度要重于敲诈犯罪，与敲诈之间不存在对应的手段和目的的牵连。

第三，从两种行为实施的时间和地点看，虽是在同一地点和时间段实施犯罪，但两种性质不同的行为先后实施，尚不成立手段和目的的牵连。本案中，夏鹏飞、汪宣峰等人几乎是在同一时间段以敲诈起意，随着事态的发展，又产生了抢劫钱财的犯意，虽有交叉，但是两个性质不同的犯罪故意，于同一地点分别实施了两种犯罪，且抢劫行为实施完毕以后，另一敲诈勒索行为仍在继续实施，行为之间无法形成吸收关系。

第四，从数个犯罪行为的主客观方面是否一致予以考察判断。是否成立牵连犯罪，不仅要看手段和目的、原因与结果行为之间有牵连关系，而且行为人在犯罪的主客观方面亦须一致。本案中，夏鹏飞、汪宣峰两人在主观上可能有以下认识，即以劫取的钱财购买照相机而作为拍摄裸照的工具，似乎以此作为敲诈勒索的手段，但客观上劫取钱财的手段并不能直接使夏、汪两人达到敲诈更多钱财的目的，两者之间缺乏内在的联系。［No. 5-274-7　夏鹏飞等抢劫、敲诈勒索、盗窃案］

△以利用领导权势损害被害人切身利益的手段进行要挟，迫使被害人交出财物的，应以敲诈勒索罪论处。

被告人彭文化在认识王岸洋时就声称自己是省委主要领导的外甥，有能力办理别人办不了的事情，使王岸洋信以为真。公安人员在抓获彭文化后，扣押的物品中有一个通讯录记载了很多省、市领导以及公检法部门湖北籍人士的名录，可见其一贯以与某领导是亲戚、老乡的身份骗取他人的信任。而实际上，其只是具有小学文化的农民。王岸洋带彭文化等人去三亚看工地，费用并非作为中间人彭文化所花。而在双方因价格问题就工程未达成协议后，彭文化多次以其为工程花费了金钱，损失了面子为由，向王岸洋索要5万元，并声称不给的话，以找省委领导阻挠王的工程相要挟。而被害人王岸洋在误以为彭文化真有本事可能造成其利益损失的情况下，产生了害怕、恐惧的心理，不得已答应给彭文化2万元。可见，彭文化以此种方式进行要挟，足以构成对王岸洋的胁迫。其在没有帮过王岸洋的忙、为工程未花钱的情况下所实施的上述行为，在主观上具有非法占有他

人财物的目的，客观上实施了要挟的行为，应以敲诈勒索罪定罪处罚。[No. 5-274-9　彭文化敲诈勒索案]

△使用暴力没有对被害人造成伤害，而使其内心产生恐惧心理，以揭露隐私为手段的当场胁迫行为，应以敲诈勒索罪论处。

在司法实践中，不可因当场使用暴力手段一概认定为抢劫。抢劫罪以当场实施暴力侵害相威胁，如果被害人不当场交出财物，行为人将“当场”把威胁的内容付诸实施，强调方法手段行为与目的结果行为的时空同一性，被害人受到侵犯是现实直接的。敲诈勒索罪的威胁不具有紧迫性，行为人往往扬言如不满足要求将把威胁内容变成现实，通常设定某种不利后果转为现实的时间间隔，时空跨度一般较大，一定程度上为被害人遭受物质或精神上的伤害提供了缓冲的余地。“当场”的法律意义不仅指空间，关键更在于时间，而且要从抢劫的手段行为和目的行为的承接关系上去理解它。行为人胁迫被害人当场交付财物，否则日后将侵害被害人的，应认定为敲诈勒索罪。行为人对被害人当场实施暴力或以当场实施暴力相威胁，其目的不在于对被害人造成人身伤害，而在于使被害人内心产生恐惧心理，利用其担心受到更为严重侵害的心理，使其确定地在将来某个时间交付财物，这样的暴力应是敲诈勒索罪中要挟手段的强化，而非抢劫罪中的暴力，应以敲诈勒索罪定罪处罚。

被告人李书辉等人都具有非法占有鞠尊洲财物的故意，并且为此进行预谋。在实施犯罪过程中，被告人虽然对鞠尊洲实施暴力，但综观全案，这里的暴力目的不在于对被害人造成人身伤害，而在于使被害人内心产生恐惧心理，特别是后来以到派出所报案并通知其妻子为由实施威胁，向鞠尊洲索要现金的行为更表明其主观上具有敲诈勒索的意图，其行为完全符合敲诈勒索罪的构成要件，应以敲诈勒索罪定罪量刑。[No. 5-274-10　李书辉等敲诈勒索案]

△以胁迫方式索取并未超出自己产权的财产的，不构成敲诈勒索罪。

敲诈勒索罪要求行为人必须具有非法占有的故意，客观上有非法占有的行为。我们不仅要注意故意与行为，还要注意被告人对于财产的占有必须是非法的状态。王明雨敲诈勒索案中，被告人与被害人之间的婚姻关系虽然已经结束，但二人之间有大量财产并未分割。被告人尽管在索要财产的过程中采取了敲诈的手段，但其对所得财产(20 万元)的占有，在二人财产关系得到明确划分之前无法确定为是非法占有状态，故不宜认定被告人犯有敲诈勒索罪。

本案被告人虽然存在胁迫的行为，但这种胁迫的背后隐藏的事实是一个弱者为了追讨自己的合法产权，虽然手段上违反了法律，但是没有非法占有的故意，因此不应认定构成敲诈勒索罪。[No. 5-274-11　王明雨敲诈勒索案]

△在抢劫被害人后又挟持被害人前往其亲友处取钱，但不是以被害人被挟持的意思向被害人亲友进行勒索的，应以抢劫罪论处。

三被告人采用殴打、持刀威胁手段当场抢走被害人随身携带的财物后，又继续威胁被害人索取财物，并将被害人挟持到其兄的餐馆，谎称被害人开车时撞到人需要钱交押金，由被害人向其兄拿钱和存折交给被告人。由于被告人并未向被害人之兄表示被害人已被绑架，也非直接向被害人之兄实施勒索，被害人之兄并不知道被害人此时正被挟持，也未感受到被勒索，出钱的目的是帮助被害人解决因为撞人的治疗押金问题，而非受到被告人的要挟或勒索。故应认定被告人是在向被害人本人索取钱财，而非转向被害人之兄进行勒索，被告人侵害的对象始终是被害人本人。

三被告人虽将被害人挟持，时间长达几个小时，空间也在不断改变，但客观方面并不符合绑架罪的构成要件，而应视为是第一阶段抢劫行为的继续。也就是说，本案被告人对被害人采用挟持取财的手段，并非绑架罪构成要件所要求的绑架行为，而只是为完成其抢劫目的所使用的一种比较特殊的犯罪手段，因此，将这一犯罪手段看作构成抢劫罪客观方面所要求的暴力手段是适宜的。且三被告人在第二阶段的行为也不违背抢劫罪“当场实施暴力或以暴力相威胁当场劫取被害人财物”的本质特征。换言之，“当场”并非一个绝对的时间、空间概念，它允许具有一定的时间连续性和空间的可转换性。本案不存在构成绑架罪的问题，不能因为本案存在挟持、控制被害人的因素就简单地认定构成绑架罪。对挟持被害人前往其亲友处取钱的行为，是定绑架罪还是定抢劫罪，关键要看被告人是否以被害人被挟持的意思向被害人亲友进行勒索。如果被害人的亲友不知被害人被挟持，而因为其他缘故向被害人支付钱财，或被害人自己借故借钱的，均不能认定被告人构成绑架罪，而应把相应的挟持手段看作被告人为抢劫被害人钱财所实施的一种暴力手段。[No. 5-263-43　王团结等抢劫、敲诈勒索案]

△在农村征地纠纷中，行为人使用胁迫手段要求提高征地补偿费的行为，符合敲诈勒索的客观构成要件，但主观上缺少非法占有目的，不成立敲诈勒索罪。

廖举旺等被告人以堵井口、公路，让煤矿无法正常生产，把煤矿搞垮，提几十斤汽油焚灭煤矿等语言相威胁，迫使被害人支付各种赔偿款、补偿款12万元，具备敲诈勒索罪的客观要件。但要正确认定被告人的行为性质，关键在于对其主观故意的认定。如果被告人具有非法占有被害人赵成山财物的主观目的，他们的行为构成敲诈勒索罪；如果不具备非法占有的目的，则不能认定其构成敲诈勒索罪。结合本案的具体事实，笔者认为，不能认定廖举旺等被告人具有非法占有赵成山财物的主观目的，其行为不构成敲诈勒索罪。廖举旺等敲诈勒索案事出有因，系农村发展中企业征地引起的权利纠纷。聂家煤矿征用了被告人所在村组的土地，支付了补偿款，但是，廖举旺等被告人认为补偿标准过低，一直要求增加补偿金额，同时还认为煤矿实际多占了村集体土地，应当对此补偿。客观上，确因补偿标准过低，在梁平县虎城镇人民调解委员会的调解下，聂家煤矿两次提高补偿标准。各被告人系基于与聂家煤矿之间的土地征用关系主张权利，这种权利冲突属于民事争讼的常发案例。从廖举旺等被告人的行为来看，廖举旺拒绝领取煤矿关于春芽土所给予的补偿，还就煤矿多占土地、侵犯村民权利提起诉讼，被一审法院驳回起诉，他们又提出了上诉。由此可知，被告人并没有蔑视法律的存在，他们具有通过法律裁断维护权利的主观意愿。[No. 5-274-18　廖举旺等敲诈勒索案]

△为维护自身合法权益索取高额赔偿款的行为，其手段不属于敲诈勒索罪所要求的“威胁或要挟”，不构成敲诈勒索罪。

敲诈勒索罪中的“威胁或者要挟”应当具备三个方面的特征。

1. 行为的不正当性，即对被害人及其亲属精神上实施了非法的强制行为，造成其心理上的恐惧和压力，如以将要实行暴力、揭发隐私、毁坏名誉相威胁等。这些行为都是法律所不允许的行为。如果实施的行为并不被法律所禁止，则不构成本罪。

2. 后果的不正当性，即被害人要么被迫交付财物，要么正当利益受到损害，而这两种后果的选择都会使被害人受到损害。交付财物，则侵犯了被害人的财产权利；不交付财物，被害人的人身、名誉等正当权利将受到损害。

3. 行为与后果之间存在必然的因果关系，即被害人基于犯罪人的威胁或要挟，而被迫交付财物，否则自己的人身、名誉等正当权利将受到损害。被害人为了自己的正当权利，在没有其他选择的情况下，必须满足犯罪人的要求。

被告人陈曙光的维权行为是法律赋予公民的权利，不具备“威胁或要挟”行为的不正当性的特征。SP商的超倍赔偿也没有被迫性，与陈曙光的“威胁与要挟”之间没有必然的因果联系。SP商向消费者发送诱惑性和不健康短信，本身就违反了国家信息部的相关规定，侵犯了消费者的权益，并且在遭到消费者投诉时，违法的SP商完全可以不必理会这种过高的赔偿要求，而是按照相关部门的规定来承担责任，如赔偿消费者合理损失、接受相关部门的处罚、采取有效的整改措施，等等。再者，如果SP商不答应陈曙光的要求，面临的只是因其违法营业所应受到的处罚，其正常的营业权并不会受到损害。[No. 5-274-14　陈曙光敲诈勒索案]

△因赌博发生的损失费不属于《最高人民法院关于对为索取法律不予保护的债务非法拘禁他人行为如何定罪问题的解释》中的“赌债”范围，使用非法拘禁手段索要此种损失费的，成立敲诈勒索罪。

赌债是指双方在赌博过程中产生的债务，赌博者系以偶然之机会决定财物之输赢。本案中，被告人并未参与赌博，其所损失的抽头渔利不属于《最高人民法院关于对为索取法律不予保护的债务非法拘禁他人行为如何定罪问题的解释》中规定的非法债务。《最高人民法院关于对为索取法律不予保护的债务非法拘禁他人行为如何定罪问题的解释》中规定的法律不予保护的债务仅指真实存在的自然之债或合同之债，不能是行为人随意捏造或强行勒索的结果。被告人并非出于索债目的，而是基于非法占有目的勒索他人财物，成立敲诈勒索罪。其所使用的非法拘禁手段与敲诈勒索之间成立目的与手段的牵连关系，应当从一重处断。[No. 5-274-15　徐改革等敲诈勒索案]

△以不雅视频相要挟，向他人提出借款要求且到期不还的行为，成立敲诈勒索。

涉案300万元看似华伦达公司与勇智公司之间的民间借贷款，实质是肖烨假借华伦达公司的名义使自己占有该款。雷政富受贿案中，明勇智应雷政富的要求向肖烨提供资金时，肖烨以华伦达公司的名义向勇智公司出具借条，约定还款期限、利息等。从表面上看与肖烨无关，但认真分析该300万元的获得过程，综合偷拍不雅视频、设计“捉奸”、提出“借款”要求、还款期满后有钱不还等情况，实质上所谓的“借款”均系在肖烨的直接安排下进行，并非单位经营所需及其意志的体现，资金进入华伦达公司后，即转入了肖烨个人账户，由肖烨直接支配使用。

肖烨为取得财物，采用胁迫手段，使被告人陷入恐惧心理。雷政富之所以答应帮助肖烨“借款”300万元，并非出于与肖烨个人间的感情或者对肖烨及其公司经营状况的信任，而是出于对其被拍摄性爱视频事情败露的担心，被迫答应。

肖烨表面上采用“借款”形式，实质上是掩盖敲诈本质。肖烨、赵某等人色诱领导干部，拍摄不雅视频，目的就是对有关人员进行威胁，获取非法利益。在通过胁迫方式获得巨额资金后，肖烨既未按照事前的说法交给张进，亦未投入所谓的工程，而是很快转入私人账户。在“借款”到期后，其将巨额资金借给他人获取高息、进行高档消费，拒不归还涉案款项。后因利用不雅视频进行敲诈勒索被司法机关调查，雷政富、肖烨感受到自身危险，为了逃避打击，掩盖犯罪行为，二人商议后，肖烨被迫退还勇智公司100万元。可见，涉案300万元名为公司之间的借贷，实为敲诈财物。华伦达公司是否向勇智公司出具借条、有关款项是否在华伦达公司和勇智公司账上有所体现，不影响对相关款项性质的认定。

肖烨敲诈是以被拍摄不雅视频的雷政富为对象。肖烨等人在赵某拍摄雷政富的不雅视频后，通过设局“捉奸”，让雷意识到被人抓住了把柄，使雷陷入担心不雅视频曝光、张进闹事的恐惧心理。至于真正支付该款的明勇智是否基于雷政富利用职务便利为其谋利的考虑才将300万元出借给肖烨，不影响对肖烨行为的敲诈勒索性质的认定。[No. 8-385-44　雷政富受贿案]

第二百七十五条　【故意毁坏财物罪】

故意毁坏公私财物，数额较大或者有其他严重情节的，处三年以下有期徒刑、拘役或者罚金；数额巨大或者有其他特别严重情节的，处三年以上七年以下有期徒刑。

【立法理由】

1. **1979年立法的情况**。故意毁坏公私财物，是一种比较常见的危害社会的行为。该行为的社会危害性不仅仅在于由于公私财物被毁灭、损坏而使社会财富减少，给国家和公民个人造成一定的损失，而且还在于经常给社会带来不安定因素，引发其他犯罪案件。为保护公私财物所有权，维护社会稳定，1979年《刑法》第一百五十六条规定了故意毁坏财物罪：“故意毁坏公私财物，情节严重的，处三年以下有期徒刑、拘役或者罚金。”

2. **1997年修订刑法的情况**。1997年修订刑法时，在总结以往立法与司法实践经验的基础上，对本条作了进一步的修改：一是调整了入罪情节，将“情节严重”修改为“数额较大或者有其他严重情节”，这样修改提供了数额标准，便于司法实践中具体执行；二是增加了一档刑罚，规定“数额巨大或者有其他特别严重情节的，处三年以上七年以下有期徒刑”，提高了刑罚，以加大对毁坏公私财物犯罪的惩治力度。

【条文说明】

本条是关于故意毁坏财物罪及其处罚的规定。

故意毁坏财物罪，是指故意毁灭或者损坏公私财物，数额较大或者有其他严重情节的行为。根据我国刑法规定，故意毁坏财物罪属于侵犯财产罪的一种，此类犯罪与其他侵犯财产犯罪不同的主要特点在于，一方面行为人使公私财物受到损失，另一方面行为人没有将财物占为己有或转归第三者所有的目的，即其本人或第三者并未得到任何物质上的利益，而是使某项财物价值或者使用价值完全丧失或部分丧失的行为。

根据本条规定，构成故意毁坏财物罪，必须符合下列条件：

1. 故意毁坏财物罪**主观上必须是故意，犯罪目的只是毁坏公私财物**，不具有非法占有的目的，这是本罪与其他侵犯财产罪的本质区别。过失毁坏公私财物的，不构成本罪。

2. 行为人客观上实施**故意毁坏公私财物数额较大或者有其他严重情节的行为**。所采用的方式主要是毁灭和损坏。其中“**毁灭**”是指使用各种方法故意使公私财物的价值和使用价值全部丧失。“**损坏**”是指将某项公私财物部分毁坏，使其部分丧失价值和使用价值。① 如果用放火、爆炸等危险方法毁坏公私财物，而且足以危及公共安

分则、第五章

① 关于毁坏行为的认定，学说上尚未有定见。其中，“实体破坏说”重视对实物、实体的损坏；“功能妨害说”则认为，即使没有破坏实物，但对财物的正常功能发挥有所影响，也是毁坏。参见周光权：《刑法各论》（第4版），中国人民大学出版社2021年版，第167页；黎宏：《刑法学各论》（第2版），法律出版社2016年版，第342页；张明楷：《刑法学》（第6版），法律出版社2021年版，第1342—1343页。

全的，则应以放火罪、爆炸罪等危害公共安全罪论处。同时，故意毁坏公私财物必须达到数额较大或者有其他严重情节的程度。如果情节轻微或者数额较小，不构成犯罪。**“其他严重情节”**，一般是指以下几种情况：毁灭重要财物或者物品，损失严重的；造成严重后果的；动机和手段特别恶劣的；等等。

3. 故意毁坏财物罪侵犯的客体是**公私财物所有权**，侵犯对象是**各种公私财物**。但是破坏某些特定的公私财物，侵犯了其他客体，则不能以故意毁坏财物罪论处，例如，故意毁坏使用中的交通设备、交通工具、电力煤气易燃易爆设备，危害公共安全的，以危害公共安全罪中的有关犯罪论处；故意毁坏机器设备、残害耕畜，破坏生产经营的，以破坏生产经营罪论处。根据《最高人民法院关于审理破坏公用电信设施刑事案件具体应用法律若干问题的解释》第三条第一款的规定，故意破坏正在使用的公用电信设施尚未危害公共安全，或者故意毁坏尚未投入使用的公用电信设施，造成财产损失，构成犯罪的，以故意毁坏财物罪定罪处罚。

根据本条规定，故意毁坏公私财物，数额较大或者有其他严重情节的，处三年以下有期徒刑、拘役或者罚金；数额巨大或者有其他特别严重情节的，处三年以上七年以下有期徒刑。《最高人民检察院、公安部关于公安机关管辖的刑事案件立案追诉标准的规定（一）》第三十三条规定，故意毁坏公私财物，涉嫌下列情形之一的，**应予立案追诉**：(1)造成公私财物损失五千元以上的；(2)毁坏公私财物三次以上的；(3)纠集三人以上公然毁坏公私财物的；(4)其他情节严重的情形。

实践中需要注意以下两个方面的问题：

1. 故意毁坏财物罪与**破坏生产经营罪**的区别。根据《刑法》第二百七十六条的规定，破坏生产经营罪是指由于泄愤报复或者其他个人目的，毁坏机器设备、残害耕畜或者以其他方法破坏生产经营的行为。二者的主要区别在于：

(1)侵犯的客体不同。破坏生产经营罪的犯罪客体是生产经营的正常进行，而故意毁坏财物罪所侵犯的客体是公私财产所有权。客体的不同使二罪的犯罪对象也有所不同。破坏生产经营罪所侵犯的对象与生产经营有直接联系，而故意毁坏公私财物罪所侵犯的对象一般与生产经营无直接关系。具体来说，破坏已经或正要投入生产的机器设备，必然使生产停顿，残害使役期间的耕畜，势必影响耕作，可以以破坏生产经营罪论处；而破坏了未使用的或保存中的生产工具或设备，不影响生产经营活动正常进行的，则一般构成故意毁坏财物罪。另外，一般来说，破坏生产经营罪所毁坏的主要是公共财物，而故意毁坏财物罪所毁坏的财物既有公共财物，也有公民个人所有的财物。

(2)犯罪行为的具体表现不同。破坏生产经营罪既可以由积极的作为构成，也可以由消极的不作为构成，而且破坏行为只要足以使生产无法正常进行或者使已经进行的生产归于失败即可，并不要求达到数额较大或者有其他严重情节的程度。而故意毁坏财物罪则只能由积极的作为构成，消极的不作为不能构成此罪，并且，故意毁坏公私财物的行为必须是数额较大或者有其他严重情节的才构成犯罪；如未达到数额较大或者情节较轻的，就不以犯罪论处。另外，从危害结果上看，破坏生产经营罪对生产经营所造成的实际损失往往大于被毁坏的机器设备或残害的耕畜等财物本身的价值，而故意毁坏财物罪所造成的损失只有被毁坏的财物本身的价值。

2. 故意毁坏财物罪与**寻衅滋事罪中的故意毁损公私财物行为**的区别。《刑法》第二百九十三条规定的寻衅滋事罪，主要表现形式为随意殴打他人，追逐、拦截、辱骂他人，强拿硬要或者任意损毁、占用公私财物，在公共场所起哄闹事，情节严重的行为。在寻衅滋事罪中，毁坏公私财物是常见后果之一，但寻衅滋事罪是一种性质恶劣、危害广泛、严重破坏公共秩序的犯罪，它与故意毁坏财物罪有着本质的不同。具体而言，二者的主要区别是：

(1)侵害的客体不同。故意毁坏财物罪侵害的客体只限于公私财物的所有权，而寻衅滋事罪侵害的客体是公共秩序。

(2)犯罪行为的具体表现不同。任意毁坏公私财物是寻衅滋事的行为表现之一，它不是对特定的个人或财产实施危害，而是对不特定公民的人身权利和公私财产进行危害，即其所毁损的公私财物是不特定的、任意的。而故意毁坏财物罪在客观方面则表现为故意毁坏特定对象（单位或者个人）的财物，而不是不分对象任意毁坏。

(3)虽然故意毁坏财物罪和寻衅滋事罪都是故意犯罪，但二者的犯罪目的不同。前者是以毁坏公私财物为目的，而后者则只是把毁坏公私财物作为手段之一，以达到寻求精神刺激、填补精神空虚、藐视国家法纪和社会公德、破坏公共秩序的目的。因此，故意毁坏公私财物的犯罪，通常要以被毁坏的公私财物达到一定的数额或具备一定的情节才构成犯罪，而寻衅滋事罪由于目的不同，不需要达到一定的数额，而只要具备情节恶劣，就构成犯罪。

分则　第五章

【司法解释】

《最高人民法院关于审理破坏公用电信设施刑事案件具体应用法律若干问题的解释》(法释〔2004〕21号,自2005年1月11日起施行)

△(**正在使用的公用电信设施;公共安全;故意毁坏财物罪;竞合;盗窃罪**)故意破坏正在使用的公用电信设施尚未危害公共安全,或者故意毁坏尚未投入使用的公用电信设施,造成财物损失,构成犯罪的,依照刑法第二百七十五条规定,以故意毁坏财物罪定罪处罚。

盗窃公用电信设施价值数额不大,但是构成危害公共安全犯罪的,依照刑法第一百二十四条的规定定罪处罚;盗窃公用电信设施同时构成盗窃罪和破坏公用电信设施罪的,依照处罚较重的规定定罪处罚。(§ 3)

《最高人民法院关于审理破坏广播电视设施等刑事案件具体应用法律若干问题的解释》(法释〔2011〕13号,自2011年6月13日起施行)

△(**破坏广播电视设施;公共安全;故意毁坏财物罪**)破坏正在使用的广播电视设施未危及公共安全,或者故意毁坏尚未投入使用的广播电视设施,造成财物损失数额较大或者有其他严重情节的,以故意毁坏财物罪定罪处罚。(§ 6)

【司法解释性文件】

《最高人民检察院、公安部关于公安机关管辖的刑事案件立案追诉标准的规定(一)》(公通字〔2008〕36号,2008年6月25日公布)

△(**故意毁坏财物罪;立案追诉标准**)故意毁坏公私财物,涉嫌下列情形之一的,应予立案追诉:

(一)造成公私财物损失五千元以上的;

(二)毁坏公私财物三次以上的;

(三)纠集三人以上公然毁坏公私财物的;

(四)其他情节严重的情形。(§ 33)

《最高人民法院、最高人民检察院、公安部、司法部关于办理黑恶势力犯罪案件若干问题的指导意见》(法发〔2018〕1号,2018年1月16日公布)

△(**民间借贷;擅自设立金融机构罪;非法吸收公众存款罪;骗取贷款罪;高利转贷罪;故意杀人罪;故意伤害罪;非法拘禁罪;故意毁坏财物罪;数罪并罚**)在民间借贷活动中,如有擅自设立金融机构、非法吸收公众存款、骗取贷款、套取金融机构资金发放高利贷以及为强索债务而实施故意杀人、故意伤害、非法拘禁、故意毁坏财物等行为的,应当按照具体犯罪侦查、起诉、审判。依法符合数罪并罚条件的,应当并罚。(§ 19)

《最高人民法院、最高人民检察院、公安部办理跨境赌博犯罪案件若干问题的意见》(公通字〔2020〕14号,2020年10月16日发布)

△(**赌博犯罪;故意杀人罪;故意伤害罪;非法拘禁罪;故意毁坏财物罪;寻衅滋事罪**)实施赌博犯罪,为强行索要赌债,实施故意杀人、故意伤害、非法拘禁、故意毁坏财物、寻衅滋事等行为,构成犯罪的,应当依法数罪并罚。(§ 4Ⅳ)

《最高人民法院、最高人民检察院、公安部关于办理涉窨井盖相关刑事案件的指导意见》(高检发〔2020〕3号,2020年3月16日发布)

△(**窨井盖;故意毁坏财物罪**)故意毁坏本意见第一条、第二条规定以外的其他场所的窨井盖,且不属于本意见第三条规定的情形,数额较大或者有其他严重情节的,依照刑法第二百七十五条的规定,以故意毁坏财物罪定罪处罚。(§ 4Ⅱ)

△(**窨井盖**)本意见所称的"窨井盖",包括城市、城乡结合部和乡村等地的窨井盖以及其他井盖。(§ 12)

【附属刑法】

《中华人民共和国人民防空法》(1996年10月29日通过,2009年8月27日修正)

第五十条

违反本法规定,故意损坏人民防空设施或者在人民防空工程内生产、储存爆炸、剧毒、易燃、放射性等危险品,尚不构成犯罪的,依照治安管理处罚法的有关规定处罚;构成犯罪的,依法追究刑事责任。

《中华人民共和国国防教育法》(2001年4月28日通过,2018年4月27日修正)

第三十五条

Ⅰ侵占、破坏国防教育基地设施、损毁展品的,由有关主管部门给予批评教育,并责令限期改正;有关责任人应当依法承担相应的民事责任。

Ⅱ有前款所列行为,违反治安管理规定的,由公安机关依法给予治安管理处罚;构成犯罪的,依法追究刑事责任。

《中华人民共和国监狱法》(1994年12月29日通过,2012年10月26日修正)

第五十八条

Ⅰ罪犯有下列破坏监管秩序情形之一的,监狱可以给予警告、记过或者禁闭:

……

(七)在生产劳动中故意违反操作规程,或者有意损坏生产工具的;

……

Ⅱ依照前款规定对罪犯实行禁闭的期限为七天至十五天。

Ⅲ罪犯在服刑期间有第一款所列行为，构成犯罪的，依法追究刑事责任。

《中华人民共和国科学技术普及法》（2002年6月29日通过）

第三十二条

Ⅰ擅自将政府财政投资建设的科普场馆改为他用的，由有关主管部门责令限期改正；情节严重的，对负有责任的主管人员和其他直接责任人员依法给予行政处分。

Ⅱ扰乱科普场馆秩序或者毁损科普场馆、设施的，依法责令其停止侵害、恢复原状或者赔偿损失；构成犯罪的，依法追究刑事责任。

《中华人民共和国体育法》（1995年8月29日通过，2016年11月7日第二次修正）

第五十条

Ⅰ侵占、破坏公共体育设施的，由体育行政部门责令限期改正，并依法承担民事责任。

Ⅱ有前款所列行为，违反治安管理的，由公安机关依照治安管理处罚法的有关规定给予处罚；构成犯罪的，依法追究刑事责任。

《中华人民共和国归侨侨眷权益保护法》（1990年9月7日通过，2009年8月27日第二次修正）

第二十五条

任何组织或者个人侵害归侨、侨眷的合法权益，造成归侨、侨眷财产损失或者其他损害的，依法承担民事责任；构成犯罪的，依法追究刑事责任。

《中华人民共和国矿产资源法》（1986年3月19日通过，2009年8月27日第二次修正）

第四十一条

盗窃、抢夺矿山企业和勘查单位的矿产品和其他财物的，破坏采矿、勘查设施的，扰乱矿区和勘查作业区的生产秩序、工作秩序的，分别依照刑法有关规定追究刑事责任；情节显著轻微的，依照治安管理处罚法有关规定予以处罚。

《中华人民共和国水法》（1988年1月21日通过，2016年7月2日第二次修正）

第七十二条

有下列行为之一，构成犯罪的，依照刑法的有关规定追究刑事责任；尚不够刑事处罚，且防洪法未作规定的，由县级以上地方人民政府水行政主管部门或者流域管理机构依据职权，责令停止违法行为，采取补救措施，处一万元以上五万元以下的罚款；违反治安管理处罚法的，由公安机关依法给予治安管理处罚；给他人造成损失的，依法承担赔偿责任：

（一）侵占、毁坏水工程及堤防、护岸等有关设施，毁坏防汛、水文监测、水文地质监测设施的；

（二）在水工程保护范围内，从事影响水工程运行和危害水工程安全的爆破、打井、采石、取土等活动的。

第七十四条

在水事纠纷发生及其处理过程中煽动闹事、结伙斗殴、抢夺或者损坏公私财物、非法限制他人人身自由，构成犯罪的，依照刑法的有关规定追究刑事责任；尚不够刑事处罚的，由公安机关依法给予治安管理处罚。

《中华人民共和国非物质文化遗产法》（2011年2月25日通过）

第四十条

违反本法规定，破坏属于非物质文化遗产组成部分的实物和场所[①]的，依法承担民事责任；构成违反治安管理行为的，依法给予治安管理处罚。

第四十二条

违反本法规定，构成犯罪的，依法追究刑事责任。

《中华人民共和国防震减灾法》（1997年12月29日通过，2008年12月27日修订）

① 《中华人民共和国非物质文化遗产法》（2011年2月25日通过）

第二条

Ⅰ本法所称非物质文化遗产，是指各族人民世代相传并视为其文化遗产组成部分的各种传统文化表现形式，以及与传统文化表现形式相关的实物和场所。包括：

（一）传统口头文学以及作为其载体的语言；

（二）传统美术、书法、音乐、舞蹈、戏剧、曲艺和杂技；

（三）传统技艺、医药和历法；

（四）传统礼仪、节庆等民俗；

（五）传统体育和游艺；

（六）其他非物质文化遗产。

Ⅱ属于非物质文化遗产组成部分的实物和场所，凡属文物的，适用《中华人民共和国文物保护法》的有关规定。

第八十四条

Ⅰ违反本法规定，有下列行为之一的，由国务院地震工作主管部门或者县级以上地方人民政府负责管理地震工作的部门或者机构责令停止违法行为，恢复原状或者采取其他补救措施；造成损失的，依法承担赔偿责任：

（一）侵占、毁损、拆除或者擅自移动地震监测设施的；

（二）危害地震观测环境的；

（三）破坏典型地震遗址、遗迹的。

Ⅱ单位有前款所列违法行为，情节严重的，处二万元以上二十万元以下的罚款；个人有前款所列违法行为，情节严重的，处二千元以下的罚款。构成违反治安管理行为的，由公安机关依法给予处罚。

第九十一条

违反本法规定，构成犯罪的，依法追究刑事责任。

《中华人民共和国气象法》（1999 年 10 月 31 日通过，2016 年 11 月 7 日第三次修正）

第三十五条

Ⅰ违反本法规定，有下列行为之一的，由有关气象主管机构按照权限责令停止违法行为，限期恢复原状或者采取其他补救措施，可以并处五万元以下的罚款；造成损失的，依法承担赔偿责任；构成犯罪的，依法追究刑事责任：

（一）侵占、损毁或者未经批准擅自移动气象设施的；

（二）在气象探测环境保护范围内从事危害气象探测环境活动的。

Ⅱ在气象探测环境保护范围内，违法批准占用土地的，或者非法占用土地新建建筑物或者其他设施的，依照《中华人民共和国城乡规划法》或者《中华人民共和国土地管理法》的有关规定处罚。

《中华人民共和国防洪法》（1997 年 8 月 29 日通过，2016 年 7 月 2 日第三次修正）

第六十条

违反本法规定，破坏、侵占、毁损堤防、水闸、护岸、抽水站、排水渠系等防洪工程和水文、通信设施以及防汛备用的器材、物料的，责令停止违法行为，采取补救措施，可以处五万元以下的罚款；造成损坏的，依法承担民事责任；应当给予治安管理处罚的，依照治安管理处罚法的规定处罚；构成犯罪的，依法追究刑事责任。

《中华人民共和国渔业法》（1986 年 1 月 20 日通过，2013 年 12 月 28 日第四次修正）

第三十九条

偷捕、抢夺他人养殖的水产品的，或者破坏他人养殖水体、养殖设施的，责令改正，可以处二万元以下的罚款；造成他人损失的，依法承担赔偿责任；构成犯罪的，依法追究刑事责任。

《中华人民共和国煤炭法》（1996 年 8 月 29 日通过，2016 年 11 月 7 日第四次修正）

第六十三条

有下列行为之一的，由公安机关依照治安管理处罚法的有关规定处罚；构成犯罪的，由司法机关依法追究刑事责任：

……

（二）故意损坏煤矿矿区的电力、通讯、水源、交通及其他生产设施的；

……

《中华人民共和国邮政法》（1986 年 12 月 2 日通过，2015 年 4 月 24 日第二次修正）

第八十条

有下列行为之一，尚不构成犯罪的，依法给予治安管理处罚：

（一）盗窃、损毁邮政设施或者影响邮政设施正常使用的；

……

第八十二条

违反本法规定，构成犯罪的，依法追究刑事责任。

《中华人民共和国红十字会法》（1993 年 10 月 31 日通过，2017 年 2 月 24 日修订）

第二十七条

Ⅰ自然人、法人或者其他组织有下列情形之一，造成损害的，依法承担民事责任；构成违反治安管理行为的，依法给予治安管理处罚；构成犯罪的，依法追究刑事责任：

……

（四）盗窃、损毁或者以其他方式侵害红十字会财产的；

……

Ⅱ红十字会及其工作人员有前款第一项、第二项所列行为的，按照前款规定处罚。

【公报案例】

△**（非法侵入他人股票交易账户，采用高进低出股票的手段，造成他人资金损失；故意毁坏财物罪）**被告人为泄私愤，侵入他人股票交易账户并修改密码，在他人股票交易账户内，采用高进低出股票的手段，造成他人资金损失数额巨大的行为，构成《刑法》第二百七十五条规定的故意毁坏财物

罪。[《最高人民法院公报》2004 年第 4 期　朱建勇故意毁坏财物案]

△(**出于其他目的偷开机动车;故意毁坏财物罪**)根据《最高人民法院关于审理盗窃案件具体应用法律若干问题的解释》①第十二条第(四)项的规定,行为人不具有非法占有公私财产的目的,而是出于其他目的偷开机动车辆造成车辆损坏的,应当按照《刑法》第二百七十五条的规定,以故意毁坏财物罪定罪处罚。[《最高人民法院公报》2007 年第 4 期　李焕强故意毁坏财物案]

△(**刑事附带民事诉讼**)行为人从停车场将他人的机动车偷开后造成车辆损坏,构成故意毁坏财物罪的,虽然开办停车场的单位与车主之间存在车辆保管合同关系,但该单位不属于依法负有刑事附带民事赔偿责任的主体,其与车主之间发生的合同纠纷同因犯罪行为引起的刑事附带民事赔偿责任系不同的法律关系。车主以该单位为刑事附带民事诉讼被告,并主张该单位对犯罪人应负的刑事附带民事赔偿责任承担连带责任的,依法不予支持。[《最高人民法院公报》2007 年第 4 期　李焕强故意毁坏财物案]

△(**刑事附带民事赔偿的范围;直接经济损失**)根据《最高人民法院关于刑事附带民事诉讼范围问题的规定》②第一条、第二条的规定,因人身权利受到犯罪侵犯而遭受物质损失或者财物被犯罪分子毁坏而遭受物质损失的,可以提起刑事附带民事诉讼。被害人因犯罪行为遭受的物质损失,是指被害人因犯罪行为已经遭受的实际损失和必然遭受的损失。据此,刑事附带民事赔偿的范围应当限定为被害人因犯罪行为遭受的直接经济损失。[《最高人民法院公报》2007 年第 4 期　李焕强故意毁坏财物案]

【参考案例】

△为创造经营业绩而虚构产品供货需求,将单位产品占有后予以销毁的,不构成职务侵占罪,应以故意毁坏财物罪论处。

被告人孙静并未占有牛奶和遵从作为食品或商品的牛奶的本来用途加以利用或处分,既未供自己或他人饮用,也未变卖牛奶占有货款,而是让其母亲将牛奶倒掉和让邻居将牛奶拉去喂猪,这与通常意义上的以实现财物的价值和使用价值为目的的非法占有具有本质区别。公诉机关认定孙静的行为是非法占有性质的职务侵占行为于法欠妥,孙静的行为不符合职务侵占罪要求的非法占有的主客观要件。孙静虽然将牛奶从公司骗出,其动机是为了讨好领导,为领导创造经营业绩,让他人将牛奶销毁是一种毁弃行为,符合毁坏公私财物罪的特征,法院依法以毁坏公私财物罪定罪处罚是正确的。[No. 5-275-1　孙静故意毁坏公私财物案]

第二百七十六条　【破坏生产经营罪】

由于泄愤报复或者其他个人目的,毁坏机器设备、残害耕畜或者以其他方法破坏生产经营的,处三年以下有期徒刑、拘役或者管制;情节严重的,处三年以上七年以下有期徒刑。

【立法理由】

1. **1979 年立法的情况**。为保护社会主义全民所有的财产和劳动群众集体所有的财产,维护社会秩序、生产秩序、工作秩序,1979 年《刑法》第一百二十五条规定:"由于泄愤报复或者其他个人目的,毁坏机器设备、残害耕畜或者以其他方法破坏集体生产的,处二年以下有期徒刑或者拘役;情节严重的,处二年以上七年以下有期徒刑。"

2. **1997 年修订刑法的情况**。随着改革开放的逐步深化,我国由计划经济向市场经济过渡,各种经营主体形式多样,刑法原来规定的破坏集体生产罪也要适时调整。1997 年修订刑法时,在总结以往立法与司法实践经验的基础上,将其规定为破坏生产经营罪,并调整了条文位置,由第三章"破坏社会主义市场经济秩序罪"调整到第五章"侵犯财产罪",同时对本条作了进一步的修改:一是将"破坏集体生产的"修改为"破坏生产经营的";二是调整了法定刑,将两档刑罚分别调整为

① 系争解释已被《最高人民法院、最高人民检察院关于办理盗窃刑事案件适用法律若干问题的解释》(法释〔2013〕8 号)废止。

② 系争解释已被《最高人民法院关于废止部分司法解释和司法解释性质文件(第十一批)的决定》(法释〔2015〕2 号)废止。

“处三年以下有期徒刑、拘役或者管制”“处三年以上七年以下有期徒刑”，以适应惩治犯罪的需要。

【条文说明】

本条是关于破坏生产经营罪及其处罚的规定。

破坏生产经营罪是指由于泄愤报复或者其他个人目的，毁坏机器设备、残害耕畜或者以其他方法破坏生产经营[①]的行为。本罪侵害的是生产经营的正常活动秩序。根据本条规定，构成破坏生产经营罪，必须符合下列条件：

1. 行为人为**一般主体**，即达到刑事责任年龄且具有刑事责任能力的自然人。

2. 行为人必须具有**毁坏机器设备、残害耕畜或者以其他方法破坏生产经营的行为**。这里所说的“**其他方法**”，是指除本条所列举的方法以外的其他任何方法。例如切断水源、颠倒生产程序、破坏生产机械及设备以及破坏运输、储存工具等破坏生产经营的方法。[②] 至于其方式，则既可以表现为积极的作为，如砸碎、烧毁，又可以表现为消极的不作为，如明知有故障而不加排除。但不论方式如何，采用的手段怎样，破坏的对象都必须与生产经营活动直接相联系，破坏用于生产经营的生产工具、生产工艺、生产对象等。如果是毁坏闲置不用或在仓库备用的机器设备，或者已经收获并未用于加工生产的粮食、水果，残害已经丧失畜役力的待售肉食牲畜的行为，则由于它们与生产经营活动没有直接联系，因此不能构成本罪。

3. **行为人主观上是故意犯罪，并且具有泄愤报复或者其他个人目的**。这里所说的“**其他个人目的**”，主要是指为了打击竞争对手或者牟取其他不正当的利益等目的。[③]

根据本条规定，破坏生产经营的，处三年以下有期徒刑、拘役或者管制；情节严重的，处三年以上七年以下有期徒刑。根据《最高人民检察院、公安部关于公安机关管辖的刑事案件立案追诉标准的规定（一）》第三十四条的规定，由于泄愤报复或者其他个人目的，毁坏机器设备、残害耕畜或者以其他方法破坏生产经营，涉嫌下列情形之一的，**应予立案追诉**：（1）造成公私财物损失五千元以上的；（2）破坏生产经营三次以上的；（3）纠集三人以上公然破坏生产经营的；（4）其他破坏生产经营应予追究刑事责任的情形。本条所说的“情节严重”，一般是指手段特别恶劣，引起生产停顿、间接造成巨大经济损失的，或直接造成较大的经济损失、后果严重等情节。

需要注意的是，实际执行中应当注意区分破坏生产经营罪与**破坏交通工具罪、破坏交通设施罪、破坏电力设备罪及破坏易燃易爆设备罪**的界限。由于破坏上述特定对象往往会直接或者间接地使生产经营遭到破坏，因此对这种破坏行为的定性，需要从犯罪对象和犯罪行为上进行区分：凡破坏生产过程中的上述工具、设备，危害的主要是生产经营的，一般以破坏生产经营罪定罪处罚；凡破坏的是用于公共生活的上述工具、设备，危害的主要是公共安全的，分别按破坏交通工具罪、破坏交通设施罪、破坏电力设备罪和破坏易燃易爆设备罪定罪处罚。

【司法解释性文件】

《最高人民检察院、公安部关于公安机关管辖的刑事案件立案追诉标准的规定（一）》（公通字〔2008〕36号，2008年6月25日公布）

△（**破坏生产经营罪；立案追诉标准**）由于泄愤报复或者其他个人目的，毁坏机器设备、残害耕畜或者以其他方法破坏生产经营，涉嫌下列情形之一的，应予立案追诉：

（一）造成公私财物损失五千元以上的；

（二）破坏生产经营三次以上的；

（三）纠集三人以上公然破坏生产经营的；

（四）其他破坏生产经营应予追究刑事责任的情形。（§ 34）

【附属刑法】

《中华人民共和国渔业法》（1986年1月20日通过，2013年12月28日第四次修正）

第三十九条

偷捕、抢夺他人养殖的水产品的，或者破坏他人养殖水体、养殖设施的，责令改正，可以处二万元以下的罚款；造成他人损失的，依法承担赔偿责任；构成犯罪的，依法追究刑事责任。

《中华人民共和国煤炭法》（1996年8月29日通过，2016年11月7日第四次修正）

① 生产经营活动既包括国有公司和集体所有制单位的生产经营活动，也包括个人经营户、私有经济、外资企业等非公有制经济单位的生产经营活动。参见周光权：《刑法各论》（第4版），中国人民大学出版社2021年版，第168页。

② 相同的学说见解，参见周光权：《刑法各论》（第4版），中国人民大学出版社2021年版，第168页。

③ 相同的学说见解，参见周光权：《刑法各论》（第4版），中国人民大学出版社2021年版，第169页。

第六十三条

有下列行为之一的，由公安机关依照治安管理处罚法的有关规定处罚；构成犯罪的，由司法机关依法追究刑事责任：

（一）阻碍煤矿建设，致使煤矿建设不能正常进行的；

（二）故意损坏煤矿矿区的电力、通讯、水源、交通及其他生产设施的；

……

《中华人民共和国邮政法》（1986年12月2日通过，2015年4月24日第二次修正）

第八十条

有下列行为之一，尚不构成犯罪的，依法给予治安管理处罚：

（一）盗窃、损毁邮政设施或者影响邮政设施正常使用的；

……

第八十二条

违反本法规定，构成犯罪的，依法追究刑事责任。

【参考案例】

△出于图财或其他个人目的，窃取彩票摇奖专用彩球改变其重量并投入使用的，应以破坏生产经营罪论处。

章国新破坏生产经营案行为能否认定为破坏生产经营罪，关键在于如何理解下述三个具有争议的问题：一是体彩发行销售是否属于经营行为；二是被告人章国新意图中大奖及试一下体彩摇奖是否有假的主观心态能否包括在破坏生产经营罪中的其他个人目的中；三是被告人章国新窃取体彩摇奖专用彩球改变其重量，并投入使用的行为是否属于破坏生产经营罪中的其他方法。

第一，从体彩发行销售的特点及有关国家规定来看，体彩发行销售属于政府严格控制和管理下的一种特殊经营行为。体育彩票尽管不是商品，其发行销售与国家对烟草、酒类、食盐等商品进行专营专卖虽然有所不同，但作为政府批准和管理下的一种公益性博彩行业，体彩发行销售也应当认定为一种经营行为。考虑到体彩发行的公益性，财政部、国家税务总局规定对体育彩票的发行收入不征营业税，但应照章征收企业所得税。根据《企业所得税暂行条例实施细则》（已失效）第二条之规定，体育彩票发行收入（营利事业收入）属于经营所得。因此，体彩发行销售可以成为破坏生产经营罪的犯罪对象。

第二，在一定情形下，非法获取财产利益的目的可以为破坏生产经营罪中的其他个人目的所包容。《刑法》第二百七十六条对破坏生产经营罪目的的规定采用了例举与概括相结合的方式，即除泄愤报复外，还包括其他个人目的。章国新破坏彩球的目的是获取大奖，这在主观上排除了其泄愤报复的目的，但不能因此而否定其具有其他个人目的。

第三，窃取体彩摇奖专用彩球改变其重量并投入使用的行为属于破坏生产经营罪中的其他方法。《刑法》第二百七十六条对破坏生产经营罪犯罪方法的规定也采用了例举与概括相结合的方式，即除毁坏机器设备、残害耕畜外，还包括其他方法。这里的其他方法，在解释上可以理解为除本条所列方法即毁坏机器设备、残害耕畜以外的破坏生产经营的其他任何方法。对生产经营的破坏，既可以是对生产经营的全过程进行破坏，也可以是对生产经营中的某一环节进行破坏。同时，生产经营遭到破坏，一方面可以表现为生产经营不能进行下去，被迫中断，另一方面还可以表现为生产经营虽然在进行，但不是按正常程序进行或者属于非正常进行。本案被告人章国新窃取体彩摇奖专用彩球改变其重量并投入使用的行为，虽然并不是要中止摇奖活动——相反，他希望摇奖活动能够进行下去并摇出基于造假而产生他所希望的号码，但由于他对作为摇奖设备组成部分的彩球实施了破坏行为，扰乱了作为体彩发行销售环节之一的正常的摇奖活动，进而严重影响了体育彩票的发行销售，应当认定属于破坏生产经营罪中的其他方法。［No. 5-276-1　章国新破坏生产经营案］

△非国有公司工作人员以低于限价价格销售公司产品，造成重大损失，不构成破坏生产经营罪或故意毁坏财物罪。

根据《刑法》第二百七十六条的规定，破坏生产经营罪，是指行为人出于泄愤报复或其他个人目的，毁坏机器设备、残害耕畜或以其他方法破坏生产经营。刑法关于破坏生产经营罪的规定，侧重于对生产经营活动赖以正常进行的生产资料、生产工具、机器设备及其他生产经营条件的保护，其规制对象是对生产经营条件进行破坏的行为。被告人刘俊低价销售公司产品的行为不是对生产经营条件的破坏，而是对生产经营对象的处理，属于生产经营行为的一种方式，其主观上是为了扩大销售业绩，实现个人升职的目的，与泄愤报复等恶意目的在本质上有所不同，因此无论主观方面还是客观方面均不符合破坏生产经营罪的构成要件。①

根据《刑法》第二百七十五条的规定,故意毁坏财物罪是指故意毁坏公私财物,数额较大或情节严重的行为。被告人刘俊擅自低价销售确实致使公司遭受损失,但被销售的电脑产品的使用价值并未因此丧失,这与通过焚烧、摔砸电脑产品致其使用价值完全或部分丧失的毁坏财物行为有本质区别。其主观上并没有毁损电脑产品使用价值的故意,不符合故意毁坏公私财物罪的主观要件。[No. 5-276-2　刘俊破坏生产经营案]

△公司职员出于泄愤报复的目的,利用职务权限删改计算机系统信息、关闭计算机通讯功能,成立破坏生产经营罪。

从客观行为上看,被告人马昕炜实施的行为与一般的破坏计算机信息系统罪强调利用黑客手段等技术性破坏因素有本质的区别。首先,马昕炜增加网络页面内容“我栗鹏工资 11000 呢”等字样的行为并未影响系统的正常运行,只是造成对公司形象的影响,无法以破坏计算机信息系统罪来评价。其次,其关闭软电话功能、删除路由表的行为均采取以职务权限登录系统后的破坏手段,这与一般的破坏计算机信息系统罪强调利用黑客、病毒等技术性手段破坏因素有着本质的区别。

被告人马昕炜的行为侵犯的客体是公司的生产经营活动,而非计算机信息系统本身。被告人关闭软电话功能、删除路由表的行为,只是对本公司的计算机系统造成了暂时的混乱,直接影响的是本公司的生产经营活动。由于被删除的路由表所在的核心交换机、SAP 系统,只是负责公司内部进货、存货、销货的工作系统,而非直接对外提供网络服务,并不会对社会上的其他计算机系统造成危害,因此也不符合《最高人民法院、最高人民检察院关于办理危害计算机信息系统安全刑事案件应用法律若干问题的解释》的立案标准。《最高人民法院、最高人民检察院关于办理危害计算机信息系统安全刑事案件应用法律若干问题的解释》第四条第一款第(四)项对构成破坏计算机信息系统罪规定了追诉标准,即“为一万以上用户提供服务的计算机信息系统不能正常运行”,指的是对外向多个用户提供网络服务的计算机信息系统,而本案中被害单位的计算机信息系统只为本单位一个用户服务,所以本案难以用破坏计算机信息系统罪加以规范。

马昕炜盗用同事用户名在公司网页上添加“我栗鹏工资 11000 呢”等字样,虽未直接造成经济损失,但对公司管理、公司形象造成不良影响,应属于破坏公司经营的行为。其关闭软电话功能,造成电话订购失败比例提高或者订购系统中断,使得当日销售额比日平均销售额明显减少,造成公司销售毛利损失和商家返利损失,亦属于破坏公司经营的行为。其删除路由表的行为造成内部通讯阻断,使计算机系统不能正常运行,造成工作延误,损失虽然难以计算,但亦破坏了公司经营。上述行为给公司网站造成了一定程度的不利影响和混乱,直接影响了公司的生产经营,其行为更符合破坏生产经营的行为特征,而且符合《最高人民检察院、公安部关于公安机关管辖的刑事案件立案追诉标准的规定(一)》第三十四条第(二)项即“破坏生产经营三次以上”的追诉标准,应以破坏生产经营罪追究其刑事责任。[No. 5-276-3　马昕炜破坏生产经营案]

---

① 我国学者指出,只要是在生产和经营活动中,对公司、企业等的财物(包括已经生产出来的产品)进行有形或者无形的破坏(如违反规定对公司产品进行贱卖),达到一定标准的,均能构成破坏生产经营罪。参见黎宏:《刑法学各论》(第 2 版),法律出版社 2016 年版,第 343 页。

第二百七十六条之一　【拒不支付劳动报酬罪】

以转移财产、逃匿等方法逃避支付劳动者的劳动报酬或者有能力支付而不支付劳动者的劳动报酬，数额较大，经政府有关部门责令支付仍不支付的，处三年以下有期徒刑或者拘役，并处或者单处罚金；造成严重后果的，处三年以上七年以下有期徒刑，并处罚金。

单位犯前款罪的，对单位判处罚金，并对其直接负责的主管人员和其他直接责任人员，依照前款的规定处罚。

有前两款行为，尚未造成严重后果，在提起公诉前支付劳动者的劳动报酬，并依法承担相应赔偿责任的，可以减轻或者免除处罚。

【立法沿革】

《中华人民共和国刑法修正案(八)》(自2011年5月1日起施行)

四十一、在刑法第二百七十六条后增加一条，作为第二百七十六条之一：

"以转移财产、逃匿等方法逃避支付劳动者的劳动报酬或者有能力支付而不支付劳动者的劳动报酬，数额较大，经政府有关部门责令支付仍不支付的，处三年以下有期徒刑或者拘役，并处或者单处罚金；造成严重后果的，处三年以上七年以下有期徒刑，并处罚金。

"单位犯前款罪的，对单位判处罚金，并对其直接负责的主管人员和其他直接责任人员，依照前款的规定处罚。

"有前两款行为，尚未造成严重后果，在提起公诉前支付劳动者的劳动报酬，并依法承担相应赔偿责任的，可以减轻或者免除处罚。"

【立法理由】

1979年刑法和1997年刑法对本条都未作规定。2011年《刑法修正案(八)》增加了本条规定。近些年来，一些地方用工单位恶意拖欠劳动者工资的现象比较突出，大量务工人员工资被拖欠，严重侵犯劳动者的合法权益，有的甚至引发群体性事件和诸多社会矛盾，成为影响社会稳定的重要隐患。鉴于上述情况，近年来一些全国人大代表多次提出议案、建议，要求对一些严重损害广大人民群众利益的行为，加大惩处力度。经征求社会各方面的意见，为加强民生保护、促进社会和谐，《刑法修正案(八)》将一些社会危害严重，人民群众反映强烈，原来由行政管理手段或者民事手段调整的违法行为规定为犯罪，逃避支付或者不支付劳动报酬的犯罪就是其中之一。

【条文说明】

本条是关于拒不支付劳动报酬罪及其处罚的规定。

本条共分为三款。

第一款是关于以转移财产、逃匿等手段，逃避支付或不支付劳动者的劳动报酬的犯罪及其处罚的规定。本款规定的逃避支付或者不支付劳动者报酬的犯罪是故意犯罪，主体是自然人。主观方面必须有**逃避支付或者不支付劳动者的劳动报酬的故意**。其侵犯的客体为双重客体，**既侵犯了劳动者的财产权，又扰乱了市场经济秩序**。客观方面，行为人实施了以转移财产或逃匿等手段，逃避支付劳动者的劳动报酬或者虽没有转移财产和逃匿等行为，但有能力支付而故意不支付劳动者的劳动报酬的行为。

本款所说的"**转移财产**"，是指行为人为逃避欠薪将所经营的收益转移到他处，以使行政机关、司法机关或被欠薪者无法查找到。"**逃匿**"是指行为人为逃避行政机关或司法机关的追究而逃离当地或躲藏起来。"**劳动报酬**"是指劳动者按照劳动法和劳动合同法的规定，通过自己的劳动而应得的报酬，其范围不限于工资。根据原劳动部《关于贯彻执行〈中华人民共和国劳动法〉若干问题的意见》的规定，工资是劳动者劳动报酬的主要组成部分。但劳动者的以下劳动报酬不属于工资的范围：(1)单位支付给劳动者个人的社会保险福利费用，如丧葬抚恤救济费、生活困难补助费、计划生育补贴等；(2)劳动保护方面的费用，如用人单位支付给劳动者的工作服、解毒剂、清凉饮料费用等；(3)按规定未列入工资总额的各种劳动报酬及其他劳动收入，如根据国家规定发放的创造发明奖、国家星火奖、自然科学奖、科学技术进步奖、合理化建议和技术改进奖、中华技能大奖等，以及稿费、讲课费、翻译费等。"**有能力支付**"是指经调查有事实证明企业或单位确有以资金支付劳动者工资的能力。[①]“经政府有关部门责令支付仍不支付的”，这里的“**政府有关部门**”，一般是指县级以上政府劳动行政部门。劳动法明确了劳动行政部门在劳动工作中的地位和职责，即国务院劳动行政部门主管全国的劳动工作，县级以上地方人民政府劳动行政部门主管本行政区域内的劳动工作。这里的“**责令支付仍不支付**”是指经政府劳动行政部门责令支付一次仍没有支付的情况。根据《劳动法》第九十一条的规定，用人单位违反劳动法的规定，政府劳动行政部门有对其的责令权，即用人单位具有克扣或者无故拖欠劳动者工资、拒不支付劳动者延长工作时间工资报酬、低于当地最低工资标准支付劳动者工资、解除劳动合同后未依照劳动法规定给予劳动者经济补偿等侵害劳动者合法权益情形之一的，由劳动行政部门责令支付劳动者的工资报酬、经济补偿，并可以责令支付赔偿金。[②]

根据本款规定，“数额较大，经政府有关部门责令支付仍不支付”是构成拒不支付劳动报酬罪的必备条件，缺一不可。也就是说，行为人采取转移财产、逃匿等方法逃避支付劳动者的劳动报酬，或者有能力支付而不支付劳动者的劳动报酬，都必须达到数额较大且经政府有关部门责令支付仍不支付的，才能构成本罪。仅符合数额较大的条件或者经政府有关部门责令支付仍不支付的条件之一都不构成本罪。本条所称“**造成严重后果的**”，一般是指以下几种情况：(1)由于不支付或没有及时支付劳动者报酬，以至于影响到劳动者家庭的生活或生存；(2)导致劳动者自伤、精神失常或实施犯罪行为，如偷盗、伤人等；(3)引发群体性事件等严重后果。

第二款是关于**单位犯罪**的处罚规定。本款所说的“**单位**”，是指劳动合同法中规定的用人单位，包括具备合法经营资格的用人单位和不具备合法经营资格的用人单位以及劳务派遣单位。对于个人承包经营者犯罪的，应当以个人犯罪追究其刑事责任。

第三款是关于**减轻或者免除处罚**的规定。本款中的“**有前两款行为**”，是指有第一款关于个人犯罪和第二款关于单位犯罪的规定。也就是说，本款规定的犯罪主体是个人或单位。“**尚未造成严重后果**”，一般是指：(1)虽然没有支付或没有及时支付劳动者报酬，但没有影响到劳动者家庭的生活或生存；(2)没有造成劳动者自伤、精神失常或者实施犯罪行为；(3)没有引发群体性事件等严重后果。“**在提起公诉前支付劳动者的劳动报酬**”是指在人民检察院提起公诉前，欠薪的单位或个人全额支付了劳动者报酬的情况。“**依法承担相应赔偿责任**”中的“赔偿责任”，主要是指《劳动合同法》第八十五条规定的赔偿金和经济补偿责任：“用人单位有下列情形之一的，由劳动行政部门责令限期支付劳动报酬、加班费或者经济补偿；劳动报酬低于当地最低工资标准的，应当支付其差额部分；逾期不支付的，责令用人单位按应付金额百分之五十以上百分之一百以下的标准向劳动者加付赔偿金：(一)未按照劳动合同的约定或者国家规定及时足额支付劳动者劳动报酬的；(二)低于当地最低工资标准支付劳动者工资的；(三)安排加班不支付加班费的；(四)解除或者终止劳动合同，未依照本法规定向劳动者支付经济补偿的。”关于经济补偿的标准，应当按照《劳动合同法》第四十七条的规定，即按劳动者在该单位工作的年限，每满一年支付一个月工资的标准向劳动者支付；六个月以上不满一年的，按一年计算；不满六个月的，向劳动者支付半个月工资的经济补偿。劳动者月工资高于用人单位所在的直辖市、设区的市级人民政府公布的本地区上年度职工月平均工资三倍的，向其支付经济补偿的标准按职工月平均工资三倍的数额支付，向其支付经济补偿的年限最高不超过十二年。这里的月工资是指劳动者在劳动合同解除或者终止前十二个月的平均工资。对于用人单位违反劳动合同法规定，解除或者终止劳动合同的，应当按照《劳动合同法》第四十七条规定的经济补偿标准的二倍向劳动者支付赔偿金。

根据本款规定，对逃避支付或不支付劳动者的劳动报酬的个人或单位，可以减轻或者免除处罚的必须同时具备以下三个条件，缺一不可：(1)在人民检察院提起公诉前全部支付了劳动者劳动报酬；(2)在人民检察院提起公诉前依法承担了相应的赔偿责任；(3)欠薪行为尚未造成严重后果。本款作这样的规定，其出发点是保护民

---

① 我国学者指出，本罪行为的实质是不履行支付劳动报酬的义务，属于不作为犯。故而，无论行为是以转移财产、逃匿等方法逃避支付劳动者的劳动报酬，或者不支付劳动者的劳动报酬，均以行为人有支付能力作为前提。参见张明楷：《刑法学》(第6版)，法律出版社2021年版，第1346—1347页。

② 关于本罪的举证责任分配，我国学者指出，既然立法者将侵害劳动者权益的恶意欠薪行为纳入更为严厉的刑法保护体系，则在对劳动者保护的宗旨上应当与劳动法一脉相承。故而，应当免除劳动者的举证责任，由司法机关介入，证明劳资关系和不支付工资事实的存在。参见黎宏：《刑法学各论》(第2版)，法律出版社2016年版，第344—345页。

生,促进社会和谐,最终目的是让欠薪者能够全额支付劳动者应得到的报酬,从真正意义上保障劳动者合法权益的实现。这里的"**减轻或者免除处罚**",是指个人或单位逃避支付或不支付劳动者的劳动报酬构成犯罪,但同时又具备上述三个条件的,可以依法予以减轻或者免除处罚。如果只具备以上三个条件中的一个或两个,仍应分别以前两款的规定,追究个人或单位的刑事责任。但法院可以作为犯罪的从轻情节予以考虑。

根据本条规定,拒不支付劳动报酬,数额较大,经政府有关部门责令支付仍不支付的,处三年以下有期徒刑或者拘役,并处或者单处罚金;造成严重后果的,处三年以上七年以下有期徒刑,并处罚金。单位犯第一款罪的,对单位判处罚金,并对其直接负责的主管人员和其他直接责任人员,依照第一款的规定处罚。根据《最高人民检察院、公安部关于公安机关管辖的刑事案件立案追诉标准的规定(一)的补充规定》第七条的规定,以转移财产、逃匿等方法逃避支付劳动者的劳动报酬或者有能力支付而不支付劳动者的劳动报酬,经政府有关部门责令支付仍不支付,涉嫌下列情形之一的,**应予立案追诉**:(1)拒不支付一名劳动者三个月以上的劳动报酬且数额在五千元至二万元以上的;(2)拒不支付十名以上劳动者的劳动报酬且数额累计在三万元至十万元以上的。同时,不支付劳动者的劳动报酬,尚未造成严重后果,在刑事立案前支付劳动者的劳动报酬,并依法承担相应赔偿责任的,可以不予立案追诉。

实践中需要注意以下几个方面的问题:

1. 正确区分刑事犯罪与**民事纠纷**的界限。既不能都以犯罪处理,造成打击面过宽,也不能都以民事纠纷处理,使犯罪分子得不到应有的惩罚。

2. 严格把握以下三个问题:一是正确区分恶意欠薪行为和**一般欠薪行为**。对于因用人单位在经营中遇到困难、资金周转不开或经营不善等原因而暂时无法支付劳动者劳动报酬,主观上并不具有故意或恶意的,不宜将其纳入刑法调整的范围,劳动者可以通过现行法律规定的救济途径去维护其合法权益;二是对有能力支付而不支付复杂情况的判定和把握;三是对本条第三款规定的三个条件应严肃执法,当严则严,该宽则宽。

3. 刑法虽然规定了恶意欠薪罪,但并不影响劳动者按照劳动管理等法律,通过民事途径维护自己的合法权益。

【司法解释】

《最高人民法院关于审理拒不支付劳动报酬刑事案件适用法律若干问题的解释》(法释〔2013〕3号,自2013年1月23日起施行)

△(**劳动者的劳动报酬**)劳动者依照《中华人民共和国劳动法》和《中华人民共和国劳动合同法》等法律的规定应得的劳动报酬,包括工资、奖金、津贴、补贴、延长工作时间的工资报酬及特殊情况下支付的工资等,应当认定为刑法第二百七十六条之一第一款规定的"劳动者的劳动报酬"①。(§1)

△(**以转移财产、逃匿等方法逃避支付劳动者的劳动报酬**)以逃避支付劳动者的劳动报酬为目的,具有下列情形之一的,应当认定为刑法第二百七十六条之一第一款规定的"以转移财产、逃匿等方法逃避支付劳动者的劳动报酬":

(一)隐匿财产、恶意清偿、虚构债务、虚假破产、虚假倒闭或者以其他方法转移、处分财产的;

(二)逃跑、藏匿的;

(三)隐匿、销毁或者篡改账目、职工名册、工资支付记录、考勤记录等与劳动报酬相关的材料的;

(四)以其他方法逃避支付劳动报酬的。(§2)

△(**数额较大;具体数额标准**)具有下列情形之一的,应当认定为刑法第二百七十六条之一第一款规定的"数额较大":

(一)拒不支付一名劳动者三个月以上的劳动报酬且数额在五千元至二万元以上的;

(二)拒不支付十名以上劳动者的劳动报酬且数额累计在三万元至十万元以上的。

各省、自治区、直辖市高级人民法院可以根据本地区经济社会发展状况,在前款规定的数额幅度内,研究确定本地区执行的具体数额标准,报最高人民法院备案。(§3)

△(**经政府有关部门责令支付仍不支付;经政府有关部门责令支付**)经人力资源社会保障部门或者政府其他有关部门依法以限期整改指令书、行政处理决定书等文书责令支付劳动者的劳动报酬后,在指定的期限内仍不支付的,应当认定为刑法第二百七十六条之一第一款规定的"经政府有

① "劳动报酬"中是否包含社会保险福利、劳动保护等方面的费用,尚存争议。我国学者指出,社会保险福利、劳动保护等属于行政法调整的范围,具有较强的行政政策性,其产生的主要依据并非《劳动法》或《劳动合同法》,并且社会保险福利在各地有不同的统筹标准和方式。如果现阶段将社会保险福利、劳动保护等费用纳入劳动报酬中予以保护,并不符合社会现实情况。参见黎宏:《刑法学各论》(第2版),法律出版社2016年版,第344页。

关部门责令支付仍不支付”，但有证据证明行为人有正当理由未知悉责令支付或者未及时支付劳动报酬的除外。

行为人逃匿，无法将责令支付文书送交其本人、同住成年家属或者所在单位负责收件的人的，如果有关部门已通过在行为人的住所地、生产经营场所等地张贴责令支付文书等方式责令支付，并采用拍照、录像等方式记录的，应当视为“经政府有关部门责令支付”。（§ 4）

△（**造成严重后果**）拒不支付劳动者的劳动报酬，符合本解释第三条的规定，并具有下列情形之一的，应当认定为刑法第二百七十六条之一第一款规定的“造成严重后果”：

（一）造成劳动者或者其被赡养人、被扶养人、被抚养人的基本生活受到严重影响、重大疾病无法及时医治或者失学的；

（二）对要求支付劳动报酬的劳动者使用暴力或者进行暴力威胁的；

（三）造成其他严重后果的。（§ 5）

△（**情节显著轻微危害不大；减轻或免除刑事处罚；酌情从宽处罚**）拒不支付劳动者的劳动报酬，尚未造成严重后果，在刑事立案前支付劳动者的劳动报酬，并依法承担相应赔偿责任的，可以认定为情节显著轻微危害不大，不认为是犯罪；在提起公诉前支付劳动者的劳动报酬，并依法承担相应赔偿责任的，可以减轻或者免除刑事处罚；在一审宣判前支付劳动者的劳动报酬，并依法承担相应赔偿责任的，可以从轻处罚。

对于免除刑事处罚的，可以根据案件的不同情况，予以训诫、责令具结悔过或者赔礼道歉。

拒不支付劳动者的劳动报酬，造成严重后果，但在宣判前支付劳动者的劳动报酬，并依法承担相应赔偿责任的，可以酌情从宽处罚。（§ 6）

△（**不具备用工主体资格的单位或者个人**）不具备用工主体资格的单位或者个人，违法用工且拒不支付劳动者的劳动报酬，数额较大，经政府有关部门责令支付仍不支付的，应当依照刑法第二百七十六条之一的规定，以拒不支付劳动报酬罪追究刑事责任。（§ 7）

△（**用人单位的实际控制人**）用人单位的实际控制人实施拒不支付劳动报酬行为，构成犯罪的，应当依照刑法第二百七十六条之一的规定追究刑事责任。（§ 8）

△（**单位犯罪**）单位拒不支付劳动报酬，构成犯罪的，依照本解释规定的相应个人犯罪的定罪量刑标准，对直接负责的主管人员和其他直接责任人员定罪处罚，并对单位判处罚金。（§ 9）

【司法解释性文件】

《最高人民法院、最高人民检察院、人力资源和社会保障部、公安部关于加强涉嫌拒不支付劳动报酬犯罪案件查处衔接工作的通知》（人社部发〔2014〕100 号，2014 年 12 月 23 日公布）

△（**以逃匿方法逃避支付劳动者的劳动报酬**）行为人拖欠劳动者劳动报酬后，人力资源社会保障部门通过书面、电话、短信等能够确认其收悉的方式，通知其在指定的时间内到指定的地点配合解决问题，但其在指定的时间内未到指定的地点配合解决问题或明确表示拒不支付劳动报酬的，视为刑法第二百七十六条之一第一款规定的“以逃匿方法逃避支付劳动者的劳动报酬”。但是，行为人有证据证明因自然灾害、突发重大疾病等非人力所能抗拒的原因造成其无法在指定的时间内到指定的地点配合解决问题的除外。（§ 1Ⅱ）

《最高人民检察院、公安部关于公安机关管辖的刑事案件立案追诉标准的规定（一）的补充规定》（公通字〔2017〕12 号，2017 年 4 月 27 日公布）

△（**拒不支付劳动报酬罪；立案追诉标准**）以转移财产、逃匿等方法逃避支付劳动者的劳动报酬或者有能力支付而不支付劳动者的劳动报酬，经政府有关部门责令支付仍不支付，涉嫌下列情形之一的，应予立案追诉：

（一）拒不支付一名劳动者三个月以上的劳动报酬且数额在五千元至二万元以上的；

（二）拒不支付十名以上劳动者的劳动报酬且数额累计在三万元至十万元以上的。

不支付劳动者的劳动报酬，尚未造成严重后果，在刑事立案前支付劳动者的劳动报酬，并依法承担相应赔偿责任的，可以不予立案追诉。（§ 7）

【附属刑法】

《中华人民共和国教师法》（1993 年 10 月 31 日通过，2009 年 8 月 27 日修正）

第三十八条

地方人民政府对违反本法规定，拖欠教师工资或者侵犯教师其他合法权益的，应当责令其限期改正。

违反国家财政制度、财务制度，挪用国家财政用于教育的经费，严重妨碍教育教学工作，拖欠教师工资，损害教师合法权益的，由上级机关责令限期归还被挪用的经费，并对直接责任人员给予行政处分；情节严重，构成犯罪的，依法追究刑事责任。

【指导性案例】

最高人民法院指导案例第28号:胡克金拒不支付劳动报酬案(2014年6月23日发布)

△(**不具备用工主体资格的单位或者个人;拒不支付劳动报酬罪**)不具备用工主体资格的单位或者个人(包工头),违法用工且拒不支付劳动者报酬,数额较大,经政府有关部门责令支付仍不支付的,应当以拒不支付劳动报酬罪追究刑事责任。

△(**刑事立案前;垫付劳动报酬;拒不支付劳动报酬罪**)不具备用工主体资格的单位或者个人(包工头)拒不支付劳动报酬,即使其他单位或者个人在刑事立案前为其垫付了劳动报酬的,也不影响追究该用工单位或者个人(包工头)拒不支付劳动报酬罪的刑事责任。

【参考案例】

△用工单位或个人不具备合法用工资格而违法招用民工进行施工,不影响拒不支付劳动报酬罪的成立。

被告人胡克金虽然不具有合法的用工资格,又属于没有相应建筑工程施工资质而承包建筑工程施工项目,且违法招用民工进行施工,上述情况不影响以拒不支付劳动报酬罪追究其刑事责任。本案中,胡克金逃匿后,工程总承包企业按照有关规定清偿了胡克金拖欠的民工工资,其清偿拖欠民工工资的行为属于为胡克金垫付,这一行为虽然消减了胡克金拖欠行为的社会危害性,但并不能免除胡克金应当支付劳动报酬的责任,因此,对胡克金仍应当以拒不支付劳动报酬罪追究刑事责任。[No. 5-276之一-1 胡克金拒不支付劳动报酬案]

第六章　妨害社会管理秩序罪

第一节　扰乱公共秩序罪

第二百七十七条　【妨害公务罪】【袭警罪】

以暴力、威胁方法阻碍国家机关工作人员依法执行职务的，处三年以下有期徒刑、拘役、管制或者罚金。

以暴力、威胁方法阻碍全国人民代表大会和地方各级人民代表大会代表依法执行代表职务的，依照前款的规定处罚。

在自然灾害和突发事件中，以暴力、威胁方法阻碍红十字会工作人员依法履行职责的，依照第一款的规定处罚。

故意阻碍国家安全机关、公安机关依法执行国家安全工作任务，未使用暴力、威胁方法，造成严重后果的，依照第一款的规定处罚。

暴力袭击正在依法执行职务的人民警察的，处三年以下有期徒刑、拘役或者管制；使用枪支、管制刀具，或者以驾驶机动车撞击等手段，严重危及其人身安全的，处三年以上七年以下有期徒刑。

【立法沿革】

《中华人民共和国刑法》（1997年修订，自1997年10月1日起施行）

第二百七十七条

以暴力、威胁方法阻碍国家机关工作人员依法执行职务的，处三年以下有期徒刑、拘役、管制或者罚金。

以暴力、威胁方法阻碍全国人民代表大会和地方各级人民代表大会代表依法执行代表职务的，依照前款的规定处罚。

在自然灾害和突发事件中，以暴力、威胁方法阻碍红十字会工作人员依法履行职责的，依照第一款的规定处罚。

故意阻碍国家安全机关、公安机关依法执行国家安全工作任务，未使用暴力、威胁方法，造成严重后果的，依照第一款的规定处罚。

《中华人民共和国刑法修正案（九）》（自2015年11月1日起施行）

二十一、在刑法第二百七十七条中增加一款作为第五款：

“暴力袭击正在依法执行职务的人民警察的，依照第一款的规定从重处罚。”

《中华人民共和国刑法修正案（十一）》（自2021年3月1日起施行）

三十一、将刑法第二百七十七条第五款修改为：

“暴力袭击正在依法执行职务的人民警察的，处三年以下有期徒刑、拘役或者管制；使用枪支、管制刀具，或者以驾驶机动车撞击等手段，严重危及其人身安全的，处三年以上七年以下有期徒刑。”

【立法理由】

（一）立法相关背景及修改情况

1. **1979年立法的情况**。社会正常有序发展的一个重要前提就是国家的正常管理活动能够得以顺利开展，这在很大程度上需要依赖国家机关工作人员依法执行职务来实现。为此，在要求国家工作人员忠于职守，积极履行职责的同时，也需要采取有效措施，保障国家工作人员依法执行职务，惩治干扰、妨碍国家工作人员依法执行职务的行为。为此，1979年《刑法》第一百五十七条规定：“以暴力、威胁方法阻碍国家工作人员依法执行职务的，或者拒不执行人民法院已经发生法律效力的判决、裁定的，处三年以下有期徒刑、拘役、罚金或者剥夺政治权利。”

2. **1979年之后至1997年刑法修订前的立法情况**。随着改革开放的深入，我国政治、经济、文化等方面也发生了深刻的变化，妨害公务的犯罪也出现了新情况和新特点。立法机关通过决定和有关法律对妨害公务罪进行了修改和补充。一是1982年3月8日通过的《全国人民代表大会关于严惩严重破坏经济的罪犯的决定》第一条第(三)项规定，对执法人员和揭发检举作证人员进行阻挠、威胁、打击报复的，可以按1979年《刑法》第一百五十七条的规定处罚。二是1992年4月3日通过的《全国人民代表大会和地方各级人民代表大会代表法》第三十九条规定，以暴力、威胁方法阻碍代表依法执行代表职务的，依照1979年《刑法》第一百五十七条的规定追究刑事责任。三是1993年2月22日通过的《国家安全法》第二十七条规定，以暴力、威胁方法阻碍国家安全机关依法执行国家安全工作任务的，依照1979年《刑法》第一百五十七条的规定处罚；故意阻碍国家安全机关依法执行国家安全工作任务，未使用暴力、威胁方法，造成严重后果的，比照1979年《刑法》第一百五十七条的规定处罚。四是1993年10月31日通过的《红十字会法》第十五条规定，在自然灾害和突发事件中，以暴力、威胁方法阻碍红十字会工作人员依法履行职责的，比照1979年《刑法》第一百五十七条的规定追究刑事责任。此外，还有一些法律对1979年《刑法》第一百五十七条的适用作了规定，如1988年4月13日通过的《全民所有制工业企业法》第六十四条、1993年2月22日通过的《产品质量法》第四十九条等。

3. **1997年修订刑法的情况**。1979年刑法将妨害公务罪与拒不执行判决、裁定罪两个罪规定在同一条文中。1997年修订刑法时，在总结以往立法与司法实践经验以及法学理论研究的基础上，对本条作了进一步的修改：一是将“拒不执行人民法院已经发生法律效力的判决、裁定”的犯罪移至妨害司法罪第三百一十三条中；二是将“国家工作人员”修改为“国家机关工作人员”，这样规定主要是与渎职罪的主体相衔接；三是增加了管制刑；四是取消了可以单处剥夺政治权利的规定。同时，考虑到实践中，有时发生以暴力、威胁方法阻碍全国人大代表和地方各级人大代表依法执行代表职务、阻碍红十字会工作人员依法履行职责，以及非暴力故意阻碍国家安全机关、公安机关依法执行国家安全工作任务的案件，这些案件，按照相关法律的规定比照妨害公务罪定罪处罚，有必要将相关规定统一纳入妨害公务罪。因此，将1992年《全国人民代表大会和地方各级人民代表大会代表法》第三十九条的有关规定纳入本条作为第二款；将1993年《红十字会法》第十五条的有关规定纳入本条作为第三款；将1993年《国家安全法》第二十七条的有关规定纳入本条作为第四款。

4. **2015年《刑法修正案(九)》对本条的修改情况**。增加一款作为第五款：“暴力袭击正在依法执行职务的人民警察的，依照第一款的规定从重处罚。”

在《刑法修正案(九)(草案)》研究起草过程中，一些全国人大代表、全国人大常委会委员、公安部等有关部门提出，针对当前暴力袭警犯罪多发的实际情况，在刑法中单独规定袭警罪。是否单独规定袭警罪，是一个在刑法修改过程中多次提出并反复研究的问题，有意见认为应当慎重，主要理由是：

其一，我国刑法规定了妨害公务罪，这一罪名的外延比袭警罪宽，涵盖了袭警行为。目前，司法实践中对袭警行为是区别其行为的不同方式、后果、危害等，依照刑法等法律的规定从严惩处的。如对于从事犯罪活动，抗拒警察依法处置而袭警的，依其所犯罪行与《刑法》第二百七十七条规定的妨害公务罪数罪并罚；对在警察正常执行职务时袭警造成警察伤亡的，以故意伤害罪、故意杀人罪从重处罚；未造成伤亡的，依照妨害公务罪定罪处罚；情节轻微不构成犯罪的，依照治安管理处罚法予以治安处罚。总体看来，现行法律规定基本可以适应保护人民警察依法执行职务的需要。

其二，除人民警察外，还有一些执法人员如法官、检察官以及工商管理、税收征管、城管等工作人员由于其在履行职责时直接面对群众甚至违法犯罪人员，在执法过程中遭到暴力抗拒甚至被袭击的情况时有发生，比较而言，警察的自我防护手段、执法装备保障、对暴力抗法或袭警人的追究能力等相比其他执法主体更强。

其三，当前突出的问题是遇到实际发生的袭警行为，有些警察果断处置能力不强，有些机关严格依法追究袭警人员法律责任的意识不足，对人民警察严格执法的支持力度不够，致使在个别案件中出现警察“流血又流泪”的情况。为此，需要进一步完善警察警械配置、使用的有关规定，明确赋予其果断处置的权力。同时，有关机关在对这类案件的追究上也要予以支持配合。

其四，单独规定袭警罪的国家与其警察执法环境有关，这些国家往往对枪支、弹药、管制刀具等管控宽松，警察在执法活动中面临着较大的人身危险，并且这些国家一般是将较轻的袭警行为单独规定为犯罪，对造成严重后果的袭警行为以其他重罪定罪处罚。

其五，当前我国社会矛盾多发、凸显，有些地方的警察执法能力和文明执法、严格执法水平尚有待提高。

其六，经充分调查研究，听取各方面意见，《刑法修正案（九）》在妨害公务罪中将“暴力袭警”行为明确加以列举，作为从重处罚的情形，这样有利于对执法机关依法执行职务的行为给予一体保护；同时针对当前社会矛盾多发、暴力袭警案件时有发生的情况，对暴力袭警行为明确作出规定，能够更好地震慑和预防这类犯罪，积极回应各方面的关切。

5. 2020年《刑法修正案（十一）》对本条的修改情况。《刑法修正案（九）》通过后，为进一步明确法律适用，2020年颁布的《最高人民法院、最高人民检察院、公安部关于依法惩治袭警违法犯罪行为的指导意见》对于依法惩治袭警的违法犯罪行为，保障警察依法执行职务具有积极意义。从实践情况来看，当前公安工作面临的工作任务日益繁重，执法环境日益复杂，公安警察遭受暴力袭击等不法侵害时有发生，暴力袭击警察事件呈现不断递增趋势，特别是派出所和交通警察等身处执勤执法第一线的警种，在执法执勤、处置群体性事件、盘查嫌疑人过程中，最容易遭受侵害；实践中某些妨害公安警察执行职务的行为人，从口头挑衅、谩骂、侮辱演变为直接使用棍棒、凶器或者驾驶机动车撞击等手段袭击警察，对警察的身心造成严重伤害，严重影响了公安机关依法履行保障社会治安稳定的职责。

在《刑法修正案（十一）》征求意见过程中，对于是否单独增设袭警罪仍然存在较大争议，有的建议单独增设袭警罪并提高刑罚。有的提出，增设袭警罪应当慎重，通盘考虑，进一步加强论证。主要理由是：

其一，惩治袭警行为法律依据充分，实践中没有问题。根据《刑法》第二百七十七条的规定，袭警行为依照妨害公务罪从重处罚，其中对于严重暴力袭警行为，造成人员伤亡或者抢夺、抢劫枪支等，依照故意杀人罪、故意伤害罪、抢夺枪支罪等犯罪处理；《刑法》第一百五十七条还规定，对以暴力、威胁方法抗拒缉私的，以走私罪和本条规定的犯罪，依照数罪并罚的规定处罚。同时，立法上已经考虑到警察职责和执法工作的特殊性，较其他执行公务人员作了特别规定，《刑法修正案（九）》规定暴力袭警从重处罚，已回应了有关方面的关切。

其二，单设袭警罪的主要作用是突出对警察的保护，提高对犯罪分子的威慑，但是刑法威慑作用主要是通过刑罚体现的，依靠增加罪名进行威慑，这种看法未经证实，片面理解和强调威慑反而可能增加社会对抗，增加社会治理成本。解决袭警问题需要标本兼治、综合施策，包括完善警察权利保护相关制度，进一步完善警察警械配置、使用的有关规定，明确赋予其果断处置的权力等。

其三，我国人民警察的职责、使命与外国的警察不同。根据人民警察法的规定，人民警察的职责和权限不但涉及公民的人身自由，而且涉及公民社会生活的许多方面，如管理交通、户籍等相当领域的直接面对人民群众的社会事务，与公民的合法权利和利益密切相关。这些权利行使得好，可以有效地管理社会并惩治违法犯罪，行使得不好甚至滥用职权，就会侵犯公民的合法权益，违背人民警察的根本宗旨。很多袭警行为因琐事引发，有些群众法治观念淡薄，不能正确理解有关执法要求、方式，有些也与当前一些地方警察执法规范化、队伍建设还需进一步提高以及用警过度等有关，更多的属于人民内部矛盾，有的予以拘留即可，增加袭警罪并进一步加重刑罚，是否会激化警民矛盾，是否有利于警民关系和谐等，需要进一步评估。

其四，借鉴英美法系国家袭警罪的规定，应当立足我国国情。多数国家对袭警行为都是作为妨害公务罪处理的，只有部分英美法系国家单独规定了袭警罪，而且英美法系国家的犯罪概念与我国也不一样，它们没有治安处罚这层法律责任，在我国违法和犯罪严格区分的二元法律责任制度下，对于轻微的袭警行为予以治安管理处罚，实质处罚范围与英美国家相当。

经与各方面反复研究，考虑到暴力袭击警察的行为**不仅对警察的身心造成严重侵害，严重影响公安机关依法履行维护人民群众合法权益，保障社会治安稳定的职责，还破坏了社会正常管理秩序，损害国家法律的尊严**，应当依法严惩。2020年12月26日第十三届全国人大常委会第二十四次会议通过的《刑法修正案（十一）》对本条作了第二次修改，对暴力袭击警察的犯罪单独规定了刑罚。

（二）立法时争议的主要问题

在《刑法修正案（十一）》征求意见过程中，有的建议增加侵袭法官等司法人员的犯罪。实践中，扰乱法庭秩序罪仅适用于法庭，对于在法庭外，如立案大厅、执行场所等袭击法官的行为，较难适用，建议对袭击法官的行为一律规定为犯罪，以加强对法官的保护。有的建议加强对检察人员执法的保护力度，增加侵袭检察官的犯罪。有的提出，需要通盘考虑法官、检察官、海关、税务、市场监管、应急管理等其他执法主体的类似需求，相对于警察拥有执法权，法官、检察官以及直接面对群众的税务、市场管理、应急管理等国家公职人员，在执法中的自身防护更弱，更有理由予以特殊保护。考虑到人民警察代表国家行使执法权，肩负着打击违法犯罪、维护社会稳定、维持司法秩序、执行生效裁判等重要职责，在依法履职过程中，更容易遭受违法犯罪分子暴力侵害，对暴力袭击警察的犯罪单独规定刑罚也是在《刑法修正案（九）》修改基础上的进一步完善。

（三）有关国家和地区的规定

为研究对袭警行为的刑事处罚问题，笔者查阅了英国、美国、德国、法国、日本等有关国家和地区的刑事法律及其他相关文献资料。从各国和地区关于袭警犯罪的立法模式看，大致分为单独规定袭警罪和规定在妨害公务犯罪中两大类：

1. **将威胁、袭击和伤害警察的行为规定为妨害公务的犯罪**。多数大陆法系国家和地区采用这种立法模式，在刑法中概括地规定了妨害公务犯罪，对警察与其他公务人员一并进行保护。

《法国刑法典》规定，对司法官、宪兵军职人员、警察、海关官员、监狱机构管理人员以及其他任何行使公共权力或者负责公共事业的人，在其履行职责时，对其财产或者人身以实施犯罪相威胁的，最高可处五年监禁并处七万五千欧元罚金。暴力抗拒执法的，处六个月监禁并处七千五百欧元罚金；聚众暴力抗拒执法的，处一年监禁并处一万欧元罚金；武装暴力抗拒执法的，处三年监禁并处四万五千欧元罚金；聚众武装暴力抗拒执法的，处七年监禁并处十万欧元罚金。

《德国刑法典》规定，行为人使用暴力或者通过暴力威胁，对被委托执行法律、法律命令、判决、法院决定或者规定的公务员或者联邦军队的军人，在其从事职务活动时进行抵抗或者暴力攻击的，构成抵抗执行官员罪，最高可处五年自由刑。

《日本刑法典》规定，在公务员执行职务时，对其实施暴行或者胁迫的，构成妨碍执行公务罪，可处三年以下惩役或者监禁。

2. **将威胁、袭击和伤害警察的行为规定为单独的袭警罪**。英美法系有的国家和地区将较轻的袭警行为单独规定为犯罪，对造成严重后果的袭警行为以其他重罪定罪处罚。如美国很多州的刑法对袭警罪的量刑标准基本相同：凡是袭击警察未造成伤害后果的，可被判处三年以下有期徒刑；袭击警察造成一定的伤害，但并未达到重伤程度的，处十年以下有期徒刑；造成严重后果或者导致死亡的，分别以 B 级重罪或者 A 级重罪处罚，其中，B 级重罪包括严重伤害罪或者基于激情实施的杀人罪；A 级重罪包括Ⅰ级谋杀和Ⅱ级谋杀两种犯罪。按照部分州刑法的规定，对于袭击警察造成死亡后果的，还可以适用死刑。

英国 1996 年《警察法》明确规定袭击、抗拒或者故意妨害正在执行职务的警察或者正在协助警察执行职务者，构成袭警罪。其中，袭击警察的，处六个月以下监禁，单处或者并处不超过标准罚金额度第五等级的罚金；抗拒或者故意妨害正在执行职务的警察或者正在协助警察执行职务者，处一个月以下监禁，单处或者并处不超过标准罚金额度第三等级的罚金。上述妨害等行为以使警察执行职务更加困难为目的，行为人的主观意图如果超出了这一范围，可能适用造成人身伤害的威胁罪等其他犯罪处罚。

我国香港特区《侵害人身罪条例》第三十六条规定，袭击、抗拒或者故意阻挠在正当执行职务的任何警务人员或者协助该警务人员的人，可处监禁二年。《警队条例》第六十三条规定，协助或煽动任何人袭击或抗拒执行职责的警务人员，可处罚款五千港币及监禁六个月。根据行为人主观故意的不同，对袭击警察的行为可以适用其他法律条文追究刑事责任，如《盗窃罪条例》第十条第（二）款规定，意图抢劫而袭击他人的，可处终身监禁。

此外，还有个别国家规定，**对较重的袭警行为以妨害公务犯罪处罚，对较轻的阻碍警察执行公务行为规定为单独的犯罪**。采用这种双重规范体例的代表国家为芬兰。《芬兰刑法典》第十六章“妨碍公众机关的犯罪”中规定了暴力抵抗公共官员、抵抗公共官员和阻碍公共官员三种犯罪，同时在同一章节中规定了拒不服从警察的犯罪。根据芬兰刑法典的规定，对使用暴力或者以暴力相威胁，强迫官员实施或者不实施行使公共权力的公务行为的，处四个月以上四年以下监禁。如果暴力抵抗公共官员的行为情节轻微，可以抵抗公共官员罪论处，处罚金或者六个月以下监禁。未使用暴力的，以阻碍公共官员罪论处，处罚金。对不服从警署官员为维护公共秩序和安全或者执行职责，在其职权范围内发布的命令和禁令的，以拒不服从警察罪论处，处罚金或者三个月以下监禁。

【条文说明】

本条是关于妨害公务罪、袭警罪及其处罚的规定。

本条共分为五款。

第一款是关于以暴力、威胁方法阻碍国家机关工作人员依法执行职务的，构成妨害公务罪及其处罚的规定。构成本款规定的犯罪应当具备以下两个条件：

1. **以暴力、威胁方法实施的行为**。这里的“**暴力**”，是指对国家机关工作人员的身体实行打击或者强制，如捆绑、殴打、伤害；[①]“**威胁**”是指以杀害、伤害、毁坏财产、损坏名誉等相威胁。[②] 构成本罪，行为人必须是采取暴力、威胁的方法，如果行为人没有实施暴力、威胁的阻碍行为，只是吵闹、谩骂、不服管理等，不构成犯罪，可以依法予以治安处罚。[③]

2. **实施了阻碍国家机关工作人员依法执行职务的行为**。“**阻碍国家机关工作人员依法执行职务**”是指阻挠、妨碍国家机关工作人员依照法律规定执行自己的职务，致使依法执行职务的活动无法正常进行。[④] 其中，“**国家机关工作人员**”是指中央及地方各级权力机关、党政机关[⑤]、司法机关和军事机关的工作人员；[⑥]“**依法执行职务**”是指国家机关工作人员依照法律、法规规定所进行的职务活动。如果阻碍的不是国家机关工作人员的活动，或者不是职务活动，或者不是依法进行的职务活动，都不构成本罪。[⑦][⑧]

根据本款规定，犯本罪的，处三年以下有期徒刑、拘役、管制或者罚金。

第二款是关于以暴力、威胁方法阻碍全国人大代表和地方各级人大代表依法执行代表职务

---

① 我国学者指出，本罪的暴力不以直接暴力为限。如果针对与国家机关工作人员执行职务具有密不可分关系的辅助者实施暴力，或是通过对物行使有形力，从而给国家机关工作人员的身体以武力影响（间接暴力），亦同。参见张明楷：《刑法学》（第6版），法律出版社2021年版，第1352页；黎宏：《刑法学各论》（第2版），法律出版社2016年版，第350页。

柏浪涛教授强调，即便是间接影响，也必须对国家机关工作人员本人造成一定精神性强制效果，并由此导致其无法执行职务。如果没有对国家机关工作人员本人造成一定的精神性强制，而是通过其他手段导致其无法执行职务，非属妨害公务罪的实行行为。参见陈兴良主编：《刑法各论精释》，人民法院出版社2015年版，第911—912页。

② 恶害内容既包括暴力性的内容（例如“如果不答应，就绑架你家小孩”），也包括非暴力性的内容（“如果不答应，就将你的裸照曝光”）。另外，实践中时而发生的案件是行为人以自残、自杀方式抗拒执法的情形。柏浪涛教授认为，对于自焚，需要考察场所。如果在公共场合，可能威胁公众安全的，无疑对执法人员会产生恐惧心理，应属以暴力相威胁；如果是不会威胁公众安全的单纯自杀、自焚，执法人员担心可能受到行政处分的心理机制不属于威胁中的被害人产生的恐惧心理。因为行为人的自杀威胁与执法人员的担忧之间存在行政机关的行政决定，两者之间不存在直接的因果关系。参见陈兴良主编：《刑法各论精释》，人民法院出版社2015年版，第912—913页。

③ 关于暴力、威胁的程度，理论上有抽象危险说、具体危险说及实害说。其中，柏浪涛教授采具体危险说，认为对暴力、威胁程度的判断应当考虑行为的情状、执行职务的样态等，必须明显或足以妨害国家机关工作人员依法执行职务。如此，才能合理协调保护公务行为与保障公民权利之间的关系。参见陈兴良主编：《刑法各论精释》，人民法院出版社2015年版，第914页。

④ 妨害公务罪的保护对象仅及于当下正在执行的职务。因此，如果是职务强要行为，即行为人使用暴力、威胁方法强迫国家机关工作人员将来作出或者不作出某项决定（如行为人手持炸弹要求典狱长释放罪犯，否则将引爆炸弹），不构成妨害公务罪。参见陈兴良主编：《刑法各论精释》，人民法院出版社2015年版，第915页。

⑤ 将在党政机关（如中国共产党的各级机关、中国人民政治协商会议的各级机关）中从事公务的人员纳入国家机关工作人员的范围，是基于一种现实考量。参见张明楷：《刑法学》（第6版），法律出版社2021年版，第1350页；黎宏：《刑法学各论》（第2版），法律出版社2016年版，第349页；陈兴良主编：《刑法各论精释》，人民法院出版社2015年版，第916页。

⑥ 本罪的行为对象不包括外国公务员和在军事机关中从事公务的人员（阻碍军人执行职务罪）。参见张明楷：《刑法学》（第6版），法律出版社2021年版，第1350页；陈兴良主编：《刑法各论精释》，人民法院出版社2015年版，第916页。

⑦ 我国学者进一步指出，必须符合以下条件才能认定为“依法执行公务”：第一，国家机关工作人员所实施的行为，属于该国家机关工作人员的抽象职务权限或一般职务权限；第二，国家机关工作人员具有实施该职务行为的具体职务权限；第三，国家机关工作人员的职务行为必须符合法律上的重要条件、方式与程序。

此外，关于职务行为合法性的判断标准，刑法理论上有主观说（根据该国家工作人员是否确信自己的行为合法）、客观说（法院通过对法律、法规进行解释，并作出客观判断）、折中说（社会一般人的见解）三种。学说上有论者在采取客观说的前提下，主张必须以裁判时为基准进行判断。因为妨害公务罪的职务行为合法与否，并不取决于国家机关内部应否追责，而是必须在包含被执行人在内的整体法秩序视野下，判断职务行为合法与否，否则就忽视了刑法的人权保障技能。并且，退万步而言，即便采取行为时基准说而肯认警察的先行行为合法，被拘留人抗拒拘留行为本身欠缺妨害公务罪的故意与期待可能性。另有学者指出，职务行为是否合法，应当以实施职务行为当时的情况进行判断。参见张明楷：《刑法学》（第6版），法律出版社2021年版，第1350—1352页；周光权：《刑法各论》（第4版），中国人民大学出版社2021年版，第378—388页；黎宏：《刑法学各论》（第2版），法律出版社2016年版，第350—351页；陈兴良主编：《刑法各论精释》，人民法院出版社2015年版，第919—925页。

⑧ 我国学者指出，准备着手执行职务之时，以及与执行具有密切关系的待命状态，均在“依法执行职务”之际的射程范围之内。参见黎宏：《刑法学各论》（第2版），法律出版社2016年版，第351页；陈兴良主编：《刑法各论精释》，人民法院出版社2015年版，第926—927页。

的，构成妨害公务罪及其处罚的规定。[①] 这里规定的“**阻碍**”，必须是以暴力、威胁方法进行。其中规定的“**代表**”，是指依照法律规定选举产生的全国人大代表和地方各级人大代表；“**代表职务**”是指宪法和法律赋予人大代表行使国家权力的职责和任务；“**依照前款的规定处罚**”是指犯本款规定之罪的，处三年以下有期徒刑、拘役、管制或者罚金。

第三款是关于在自然灾害和突发事件中，以暴力、威胁方法阻碍红十字会工作人员依法履行职责的，构成妨害公务罪及其处罚的规定。这里的阻碍方法，必须是暴力、威胁方法。其中规定的“**红十字会**”，根据红十字会法的规定，是指中华人民共和国统一的红十字组织，是从事人道主义工作的社会救助团体；“**依法履行职责**”，根据红十字会法的规定，红十字会有九项职责，这里主要是指在战争、武装冲突和自然灾害等突发事件中，履行对伤病人员和其他受害者进行紧急救援和人道救助等职责；“**依照第一款的规定处罚**”是指犯本款规定之罪的，处三年以下有期徒刑、拘役、管制或者罚金。

第四款是关于故意阻碍国家安全机关、公安机关依法执行国家安全工作任务的，构成妨害公务罪及其处罚的规定。根据本款规定，构成本罪应当具备以下条件：

1. **实施了故意阻碍的行为**。“故意阻碍”是指明知国家安全机关、公安机关正在依法执行国家安全工作任务而进行阻挠、妨害。

2. **行为人阻碍的是国家安全机关、公安机关依法执行国家安全工作任务**。如果阻碍的不是上述两个机关或者上述两个机关执行的不是国家安全工作任务，都不构成本款犯罪。

3. **本罪不要求以使用暴力、威胁方法为条件**。考虑到国家安全工作的重要性，对造成严重后果的，只要是实施故意阻碍行为，即使未使用暴力、威胁方法，也要追究刑事责任。[②]

4. **必须造成严重后果**。这里所说的“严重后果”，主要是指致使国家安全机关、公安机关执行国家安全工作任务受到严重妨害，如严重妨害对危害国家安全犯罪案件的侦破，或者造成严重的政治影响。

犯本款规定之罪的，“**依照第一款的规定处罚**”，即处三年以下有期徒刑、拘役、管制或者罚金。需要指出的是，只要以暴力、威胁方法阻碍国家安全机关、公安机关依法执行国家安全工作任务的，即构成妨害公务罪；对于以非暴力、威胁方式故意阻碍国家安全机关、公安机关依法执行国家安全工作任务，必须是造成严重后果的，才能构成妨害公务罪。

第五款是关于暴力袭击正在依法执行职务的人民警察的犯罪及其处罚的规定。根据本款规定，构成本款规定的犯罪应当具备以下条件：

1. **必须是实施了暴力袭击的行为**。这里所说的“暴力袭击”人民警察，根据《最高人民法院、最高人民检察院、公安部关于依法惩治袭警违法犯罪行为的指导意见》第一条的规定，对正在依法执行职务的民警实施下列行为的，属于“**暴力袭击正在依法执行职务的人民警察**”：（1）实施撕咬、踢打、抱摔、投掷等，对民警人身进行攻击的行为；（2）实施打砸、毁坏、抢夺民警正在使用的警用车辆、警械等警用装备，对民警人身进行攻击的行为。

2. **暴力袭击的对象必须是正在依法执行职务的人民警察**，如果行为人袭击的对象不是人民警察而是其他国家机关工作人员，或者袭击的人民警察不是正在依法执行职务，都不构成本款规定的犯罪，对于袭击其他依法执行职务的国家机关工作人员，构成妨害公务罪的，依照第一款的规定处罚。

根据本款规定，对暴力袭击警察的犯罪规定了两档刑罚：**第一档刑罚**，处三年以下有期徒刑、拘役或者管制；**第二档刑罚**，对于使用枪支、管制刀具，或者以驾驶机动车撞击等手段，严重危及其人身安全的，处三年以上七年以下有期徒刑。这里所说的“**使用枪支、管制刀具，或者以驾驶机动车撞击等手段**”是指行为人袭击警察时使用了枪支、管制刀具，或者采用驾驶机动车撞击等手段进行。所谓“**严重危及其人身安全**”，是指行为人使用枪支、管制刀具，或者以驾驶机动车撞击等手段，必须要达到严重危及警察人身安全的程度，如果只是使用玩具枪甚至一些伤害能力很低的仿真枪等，不可能危及警察的人身安全，则不能适用第

---

① 柏浪涛教授认为，《刑法》第二百七十七条第二款属于注意规定，并未改变原有的犯罪构成，只是重申对人大代表执行公务行为的保护。参见陈兴良主编：《刑法各论精释》，人民法院出版社 2015 年版，第 931 页。

② 我国学者指出，本款中的“未使用暴力、威胁方法”不是真正的构成要件要素，而是表面要素。故而，如果行为人使用了暴力、威胁方法，故意阻碍国家安全机关、公安机关依法执行国家安全工作任务，造成严重后果，当然更应构成妨害公务罪。参见张明楷：《刑法学》（第 6 版），法律出版社 2021 年版，第 1354 页；陈兴良主编：《刑法各论精释》，人民法院出版社 2015 年版，第 936—937 页。

二档刑罚。

实践中需要注意以下几个方面的问题：

1. 本条规定的是阻碍国家机关工作人员依法执行职务的犯罪行为，对于阻碍非国家机关工作人员执行职务的行为不构成本罪，对于阻碍依照法律、法规规定行使国家行政管理职权的组织中从事公务的人员，或者阻碍在受国家机关委托代表国家机关行使职权的组织中从事公务的人员，或者虽未列入国家机关人员编制但在国家机关中从事公务的人员，在代表国家机关行使职权时的行为，是否构成本罪，不能一概而论，**一般情况下不能适用妨害公务罪**。妨害公务罪是针对特定对象所作的规定，如阻碍国家机关工作人员、人大代表、红十字会工作人员、执行国家安全工作任务的国家安全机关或公安机关人员等依法履行职务的行为。对于特殊情况下需要适用本条，也应当从严把握，如2020年《最高人民法院、最高人民检察院、公安部、司法部关于依法惩治妨害新型冠状病毒感染肺炎疫情防控违法犯罪的意见》规定，以暴力、威胁方法阻碍国家机关工作人员（含在依照法律、法规规定行使国家有关疫情防控行政管理职权的组织中从事公务的人员，在受国家机关委托代表国家机关行使疫情防控职权的组织中从事公务的人员，虽未列入国家机关人员编制但在国家机关中从事疫情防控公务的人员）依法履行为防控疫情而采取的防疫、检疫、强制隔离、隔离治疗等措施的，依照《刑法》第二百七十七条第一款、第三款的规定，**以妨害公务罪定罪处罚**。

2. 行为人以暴力方法阻碍国家机关工作人员、人大代表、红十字会工作人员等依法执行职务，如果实施了故意伤害、故意杀人等行为的，**依照处罚较重的规定定罪处罚**。行为人阻碍非国家机关工作人员依法执行职务，如果实施了故意伤害、故意杀人等行为的，**应当依照故意伤害罪、故意杀人罪等定罪处罚**。

3. 行为人实施的阻碍国家机关工作人员依法执行职务的行为，有的情节较轻，尚不构成犯罪的，应当根据情况予以**治安处罚**。我国《治安管理处罚法》第五十条规定："有下列行为之一的，处警告或者二百元以下罚款；情节严重的，处五日以上十日以下拘留，可以并处五百元以下罚款：……（二）阻碍国家机关工作人员依法执行职务的……阻碍人民警察依法执行职务的，从重处罚。"

4. 在适用本条第五款规定的暴力袭击警察的犯罪时需要注意以下六点：一是本款规定的警察既包括执行刑事追诉相关侦查职责的警察，也包括根据其他法律执行治安管理等职责的警察；既包括公安机关、国家安全机关、监狱的人民警察，也包括人民法院、人民检察院的司法警察。二是实践中对正在依法执行职务的民警虽未实施暴力袭击，但以实施暴力相威胁，或者采用其他方法阻碍人民警察执行职务的，则不构成暴力袭击警察的犯罪，符合《刑法》第二百七十七条第一款规定的，应当以妨害公务罪定罪处罚。三是行为人只是辱骂民警，或者实施袭警情节轻微，如抓挠、一般的肢体冲突等，尚不构成犯罪，但构成违反治安管理行为的，应当依法给予治安管理处罚。四是行为人暴力袭击正在执行职务的人民警察，造成人民警察重伤、死亡或者其他严重后果，构成故意伤害罪、故意杀人罪等犯罪的，依照处罚较重的规定定罪处罚。五是行为人如果以暴力方法抗拒缉私的，根据《刑法》第一百五十七条的规定，以走私罪和本条规定的阻碍国家机关工作人员依法执行职务罪，依照数罪并罚的规定处罚。也就是说，如果行为人以暴力方法抗拒人民警察缉私的，应当依照走私罪和本条第五款规定的暴力袭击警察罪数罪并罚；如果行为人以暴力方法抗拒其他国家机关工作人员缉私的，应当依照走私罪和妨害公务罪数罪并罚。六是本款规定的核心在于通过维护警察执法权威进而维护法律的权威，这里的法律既包括作为执法依据的法律，也包括规范管理对象的实体与程序权利的法律。因此，在执行中要统筹考虑合理用警，规范执法与渎职追责，避免暴力执法、情绪执法，要注意公权力违法对法治权威的损害甚至更大。执法要有力度，也要有温度，要充分重视发挥包括警察在内的执法主体对于维护和促进社会和谐、化解社会矛盾方面的重要作用。

5. 犯本条规定的妨害公务罪，在国家机关工作人员执行职务过程中，致其重伤甚至造成死亡结果的，应当根据案件的具体情况按重罪处罚或者数罪并罚。

【司法解释】

《最高人民检察院关于以暴力威胁方法阻碍事业编制人员依法执行行政执法职务是否可对侵害人以妨害公务罪论处的批复》（高检发释字〔2000〕2号，2000年4月24日公布）

△**（事业编制人员；妨害公务罪）**对于以暴力、威胁方法阻碍国有事业单位人员依照法律、行政法规的规定执行行政执法职务的，或者以暴力、威胁方法阻碍国家机关中受委托从事行政执法活动的事业编制人员执行行政执法职务的，可以对侵害人以妨害公务罪追究刑事责任。

《最高人民法院、最高人民检察院关于办理妨害预防、控制突发传染病疫情等灾害的刑事案件具体应用法律若干问题的解释》（法释〔2003〕8号，自2003年5月15日起施行）

△（**防疫、检疫、强制隔离、隔离治疗等预防、控制措施；妨害公务罪**）以暴力、威胁方法阻碍国家机关工作人员、红十字会工作人员依法履行为防治突发传染病疫情等灾害而采取的防疫、检疫、强制隔离、隔离治疗等预防、控制措施的，依照刑法第二百七十七条第一款、第三款的规定，以妨害公务罪定罪处罚。（§8）

《最高人民法院、最高人民检察院关于办理非法生产、销售烟草专卖品等刑事案件具体应用法律若干问题的解释》（法释〔2010〕7号，自2010年3月26日起施行）

△（**烟草专卖执法人员；妨害公务罪**）以暴力、威胁方法阻碍烟草专卖执法人员依法执行职务，构成犯罪的，以妨害公务罪追究刑事责任。（§8Ⅰ）

《最高人民法院关于审理破坏草原资源刑事案件应用法律若干问题的解释》（法释〔2012〕15号，自2012年11月22日起施行）

△（**草原监督检查人员；妨害公务罪**）以暴力、威胁方法阻碍草原监督检查人员依法执行职务，构成犯罪的，依照刑法第二百七十七条的规定，以妨害公务罪追究刑事责任。（§4Ⅰ）

《最高人民法院关于审理发生在我国管辖海域相关案件若干问题的规定（二）》（法释〔2016〕17号，自2016年8月2日起施行）

△（**数罪并罚；妨碍公务罪；破坏海洋资源犯罪**）有破坏海洋资源犯罪行为，又实施走私、妨害公务等犯罪的，依照数罪并罚的规定处理。（§8Ⅱ）

《最高人民法院关于审理拐卖妇女儿童犯罪案件具体应用法律若干问题的解释》（法释〔2016〕28号，自2017年1月1日起施行）

△（**数罪并罚；妨碍公务罪；收买被拐卖的妇女、儿童罪**）收买被拐卖的妇女、儿童，又以暴力、威胁方法阻碍国家机关工作人员解救被收买的妇女、儿童，或者聚众阻碍国家机关工作人员解救被收买的妇女、儿童，构成妨害公务罪、聚众阻碍解救被收买的妇女、儿童罪的，依照数罪并罚的规定处罚。（§7）

【司法解释性文件】

《最高人民法院、最高人民检察院、公安部、国家工商行政管理局关于依法查处盗窃、抢劫机动车案件的规定》（公通字〔1998〕31号，1998年5月8日公布）

△（**依法查处盗窃、抢劫机动车案件；妨害公务罪**）司法机关依法查处盗窃、抢劫机动车案件，任何单位和个人都应当予以协助。以暴力、威胁方法阻碍司法工作人员依法办案的，依照《刑法》第二百七十七条第一款的规定处罚。（§1）

《最高人民法院、最高人民检察院、公安部、国家烟草专卖局关于印发〈关于办理假冒伪劣烟草制品等刑事案件适用法律问题座谈会纪要〉的通知》（商检会〔2003〕4号，2003年12月23日公布）

△（**烟草专卖执法人员；妨害公务罪**）以暴力、威胁方法阻碍烟草专卖执法人员依法执行职务的，依照刑法第二百七十七条的规定，以妨害公务罪定罪处罚。（§8）

《最高人民法院、最高人民检察院、公安部关于依法严肃查处拒不执行判决裁定和暴力抗拒法院执行犯罪行为有关问题的通知》（法发〔2007〕29号，2007年8月30日公布）

△（**暴力抗拒执行行为；妨害公务罪**）对下列暴力抗拒执行的行为，依照刑法第二百七十七条的规定，以妨害公务罪论处①：

（一）聚众哄闹、冲击执行现场，围困、扣押、殴打执行人员，致使执行工作无法进行的；

（二）毁损、抢夺执行案件材料、执行公务车辆和其他执行器械、执行人员服装以及执行公务证件，造成严重后果的；

（三）其他以暴力、威胁方法妨害或者抗拒执行，致使执行工作无法进行的。（§2）

△（**负有执行人民法院判决、裁定义务的单位；直接负责的主管人员和其他直接责任人员；妨害公务罪**）负有执行人民法院判决、裁定义务的单位直接负责的主管人员和其他直接责任人员，为

分则　第六章

① 需要注意的是，系争规定与《最高人民法院关于审理拒不执行判决、裁定刑事案件适用法律若干问题的解释》第二条不一致，其将该通知第二条中的行为纳入“拒不执行判决、裁定罪”的范围之中。

了本单位的利益实施本《通知》第一条①、第二条所列行为之一的，对该主管人员和其他直接责任人员，依照刑法第三百一十三条和第二百七十七条的规定，分别以拒不执行判决、裁定罪和妨害公务罪论处。（§ 3）

《最高人民法院、最高人民检察院、公安部、司法部关于依法惩治妨害新型冠状病毒感染肺炎疫情防控违法犯罪的意见》（法发〔2020〕7 号，2020 年 2 月 6 日发布）

△（**肺炎疫情防控；以危险方法危害公共安全罪；妨害传染病防治罪；妨害公务罪**）依法严惩抗拒疫情防控措施犯罪。故意传播新型冠状病毒感染肺炎病原体，具有下列情形之一，危害公共安全的，依照刑法第一百一十四条、第一百一十五条第一款的规定，以以危险方法危害公共安全罪定罪处罚：

1. 已经确诊的新型冠状病毒感染肺炎病人、病原携带者，拒绝隔离治疗或者隔离期未满擅自脱离隔离治疗，并进入公共场所或者公共交通工具的；

2. 新型冠状病毒感染肺炎疑似病人拒绝隔离治疗或者隔离期未满擅自脱离隔离治疗，并进入公共场所或者公共交通工具，造成新型冠状病毒传播的。

其他拒绝执行卫生防疫机构依照传染病防治法提出的防控措施，引起新型冠状病毒传播或者有传播严重危险的，依照刑法第三百三十条的规定，以妨害传染病防治罪定罪处罚。

以暴力、威胁方法阻碍国家机关工作人员（含在依照法律、法规规定行使国家有关疫情防控行政管理职权的组织中从事公务的人员，在受国家机关委托代表国家机关行使疫情防控职权的组织中从事公务的人员，虽未列入国家机关人员编制但在国家机关中从事疫情防控公务的人员）依法履行为防控疫情而采取的防疫、检疫、强制隔离、隔离治疗等措施的，依照刑法第二百七十七条第一款、第三款的规定，以妨害公务罪定罪处罚。暴力袭击正在依法执行职务的人民警察的，以妨害公务罪定罪，从重处罚。（§ 2 I）

△（**治安管理处罚；从重情节**）依法严惩妨害疫情防控的违法行为。实施上述（一）至（九）规定的行为，不构成犯罪的，由公安机关根据治安管理处罚法有关虚构事实扰乱公共秩序，扰乱单位秩序、公共场所秩序、寻衅滋事，拒不执行紧急状态下的决定、命令，阻碍执行职务，冲闯警戒带、警戒区，殴打他人，故意伤害，侮辱他人，诈骗，在铁路沿线非法挖掘坑穴、采石取沙，盗窃、损毁路面公共设施，损毁铁路设施设备，故意损毁财物、哄抢公私财物等规定，予以治安管理处罚，或者由有关部门予以其他行政处罚。

对于在疫情防控期间实施有关违法犯罪的，要作为从重情节予以考量，依法体现从严的政策要求，有力惩治震慑违法犯罪，维护法律权威，维护社会秩序，维护人民群众生命安全和身体健康。（§ 2X）

《最高人民法院、最高人民检察院关于常见犯罪的量刑指导意见（试行）》（法发〔2021〕21 号，2021 年 6 月 6 日发布）

△（**妨害公务罪；量刑**）

1. 构成妨害公务罪的，在二年以下有期徒刑、拘役幅度内确定量刑起点。

2. 在量刑起点的基础上，根据妨害公务造成的后果、犯罪情节严重程度等其他影响犯罪构成的犯罪事实增加刑罚量，确定基准刑。

3. 构成妨害公务罪，依法单处罚金的，根据妨害公务的手段、危害后果、造成的人身伤害以及财物毁损情况等犯罪情节，综合考虑被告人缴纳罚金的能力，决定罚金数额。

4. 构成妨害公务罪的，综合考虑妨害公务的手段、造成的人身伤害、财物的毁损及社会影响等犯罪事实、量刑情节，以及被告人的主观恶性、人身危险性、认罪悔罪表现等因素，决定缓刑的适用。

---

① 《最高人民法院、最高人民检察院、公安部关于依法严肃查处拒不执行判决裁定和暴力抗拒法院执行犯罪行为有关问题的通知》（法发〔2007〕29 号，2007 年 8 月 30 日公布）

一、对下列拒不执行判决、裁定的行为，依照刑法第三百一十三条的规定，以拒不执行判决、裁定罪论处。

（一）被执行人隐藏、转移、故意毁损财产或者无偿转让财产、以明显不合理的低价转让财产，致使判决、裁定无法执行的；

（二）担保人或者被执行人隐藏、转移、故意毁损或者转让已向人民法院提供担保的财产，致使判决、裁定无法执行的；

（三）协助执行义务人接到人民法院协助执行通知书后，拒不协助执行，致使判决、裁定无法执行的；

（四）被执行人、担保人、协助执行义务人与国家机关工作人员通谋，利用国家机关工作人员的职权妨害执行，致使判决、裁定无法执行的；

（五）其他有能力执行而拒不执行，情节严重的情形。

【附属刑法】

《中华人民共和国保险法》(1995年6月30日通过,2015年4月24日第三次修正)

第一百七十条

违反本法规定,有下列行为之一的,由保险监督管理机构责令改正,处十万元以上五十万元以下的罚款;情节严重的,可以限制其业务范围、责令停止接受新业务或者吊销业务许可证:

……

(二)拒绝或者妨碍依法监督检查的;

……

第一百七十九条

违反本法规定,构成犯罪的,依法追究刑事责任。

《中华人民共和国银行业监督管理法》(2003年12月27日通过,2006年10月31日修正)

第四十九条

阻碍银行业监督管理机构工作人员依法执行检查、调查职务的,由公安机关依法给予治安管理处罚;构成犯罪的,依法追究刑事责任。

《中华人民共和国行政诉讼法》(1989年4月4日通过,2017年6月27日第二次修正)

第五十九条

Ⅰ诉讼参与人或者其他人有下列行为之一的,人民法院可以根据情节轻重,予以训诫、责令具结悔过或者处一万元以下的罚款、十五日以下的拘留;构成犯罪的,依法追究刑事责任:

……

(六)以暴力、威胁或者其他方法阻碍人民法院工作人员执行职务,或者以哄闹、冲击法庭等方法扰乱人民法院工作秩序的;

(七)对人民法院审判人员或者其他工作人员、诉讼参与人、协助调查和执行的人员恐吓、侮辱、诽谤、诬陷、殴打、围攻或者打击报复的。

Ⅱ人民法院对有前款规定的行为之一的单位,可以对其主要负责人或者直接责任人员依照前款规定予以罚款、拘留;构成犯罪的,依法追究刑事责任。

Ⅲ罚款、拘留须经人民法院院长批准。当事人不服的,可以向上一级人民法院申请复议一次。复议期间不停止执行。

《中华人民共和国全国人民代表大会和地方各级人民代表大会代表法》(1992年4月3日通过,2015年8月29日第三次修正)

第四十四条

Ⅲ阻碍代表依法执行代表职务的,根据情节,由所在单位或者上级机关给予行政处分,或者适用《中华人民共和国治安管理处罚法》第五十条的处罚规定;以暴力、威胁方法阻碍代表依法执行代表职务的,依照刑法有关规定追究刑事责任。

《中华人民共和国人民警察法》(1995年2月28日通过,2012年10月26日修正)

第三十五条

Ⅰ拒绝或者阻碍人民警察依法执行职务,有下列行为之一的,给予治安管理处罚:

(一)公然侮辱正在执行职务的人民警察的;

(二)阻碍人民警察调查取证的;

(三)拒绝或者阻碍人民警察执行追捕、搜查、救险等任务进入有关住所、场所的;

(四)对执行救人、救险、追捕、警卫等紧急任务的警车故意设置障碍的;

(五)有拒绝或者阻碍人民警察执行职务的其他行为的。

Ⅱ以暴力、威胁方法实施前款规定的行为,构成犯罪的,依法追究刑事责任。

《中华人民共和国反垄断法》(2007年8月30日通过)

第五十二条

对反垄断执法机构依法实施的审查和调查,拒绝提供有关材料、信息,或者提供虚假材料、信息,或者隐匿、销毁、转移证据,或者有其他拒绝、阻碍调查行为的,由反垄断执法机构责令改正,对个人可以处二万元以下的罚款,对单位可以处二十万元以下的罚款;情节严重的,对个人处二万元以上十万元以下的罚款,对单位处二十万元以上一百万元以下的罚款;构成犯罪的,依法追究刑事责任。

《中华人民共和国矿产资源法》(1986年3月19日通过,2009年8月27日第二次修正)

第四十八条

以暴力、威胁方法阻碍从事矿产资源勘查、开采监督管理工作的国家工作人员依法执行职务的,依照刑法有关规定追究刑事责任;拒绝、阻碍从事矿产资源勘查、开采监督管理工作的国家工作人员依法执行职务未使用暴力、威胁方法的,由公安机关依照治安管理处罚法的规定处罚。

《中华人民共和国防洪法》(1997年8月29日通过,2016年7月2日第三次修正)

第六十一条

阻碍、威胁防汛指挥机构、水行政主管部门或者流域管理机构的工作人员依法执行职务,构成犯罪的,依法追究刑事责任;尚不构成犯罪,应当给予治安管理处罚的,依照治安管理处罚法的规定处罚。

《中华人民共和国烟草专卖法》（1991 年 6 月 29 日通过，2015 年 4 月 24 日第三次修正）

第三十八条

烟草专卖行政主管部门有权对本法实施情况进行检查。以暴力、威胁方法阻碍烟草专卖检查人员依法执行职务的，依法追究刑事责任；拒绝、阻碍烟草专卖检查人员依法执行职务未使用暴力、威胁方法的，由公安机关依照治安管理处罚法的规定处罚。

《中华人民共和国产品质量法》（1993 年 2 月 22 日通过，2018 年 12 月 29 日第三次修正）

第六十九条

以暴力、威胁方法阻碍市场监督管理部门的工作人员依法执行职务的，依法追究刑事责任；拒绝、阻碍未使用暴力、威胁方法的，由公安机关依照治安管理处罚法的规定处罚。

《中华人民共和国水污染防治法》（1984 年 5 月 11 日通过，2017 年 6 月 27 日第二次修正）

第八十一条

以拖延、围堵、滞留执法人员等方式拒绝、阻挠环境保护主管部门或者其他依照本法规定行使监督管理权的部门的监督检查，或者在接受监督检查时弄虚作假的，由县级以上人民政府环境保护主管部门或者其他依照本法规定行使监督管理权的部门责令改正，处二万元以上二十万元以下的罚款。

第一百零一条

违反本法规定，构成犯罪的，依法追究刑事责任。

《中华人民共和国邮政法》（1986 年 12 月 2 日通过，2015 年 4 月 24 日第二次修正）

第七十七条

邮政企业、快递企业拒绝、阻碍依法实施的监督检查，尚不构成犯罪的，依法给予治安管理处罚；对快递企业，邮政管理部门还可以责令停业整顿直至吊销其快递业务经营许可证。

第八十二条

违反本法规定，构成犯罪的，依法追究刑事责任。

《中华人民共和国红十字会法》（1993 年 10 月 31 日通过，2017 年 2 月 24 日修订）

第二十七条

Ⅰ自然人、法人或者其他组织有下列情形之一，造成损害的，依法承担民事责任；构成违反治安管理行为的，依法给予治安管理处罚；构成犯罪的，依法追究刑事责任：

……

（五）阻碍红十字会工作人员依法履行救援、救助、救护职责的；

（六）法律、法规规定的其他情形。

Ⅱ红十字会及其工作人员有前款第一项、第二项所列行为的，按照前款规定处罚。

《中华人民共和国证券法》（1998 年 12 月 29 日通过，2019 年 12 月 28 日第二次修订）

第二百一十八条

拒绝、阻碍证券监督管理机构及其工作人员依法行使监督检查、调查职权，由证券监督管理机构责令改正，处以十万元以上一百万元以下的罚款，并由公安机关依法给予治安管理处罚。

第二百一十九条

违反本法规定，构成犯罪的，依法追究刑事责任。

《中华人民共和国森林法》（1984 年 9 月 20 日通过，2019 年 12 月 28 日修订）

第八十条

违反本法规定，拒绝、阻碍县级以上人民政府林业主管部门依法实施监督检查的，可以处五万元以下的罚款，情节严重的，可以责令停产停业整顿。

第八十二条

Ⅰ公安机关按照国家有关规定，可以依法行使本法第七十四条第一款、第七十六条、第七十七条、第七十八条规定的行政处罚权。

Ⅱ违反本法规定，构成违反治安管理行为的，依法给予治安管理处罚；构成犯罪的，依法追究刑事责任。

《中华人民共和国广告法》（1994 年 10 月 27 日通过，2021 年 4 月 29 日第二次修正）

第七十条

违反本法规定，拒绝、阻挠市场监督管理部门监督检查，或者有其他构成违反治安管理行为的，依法给予治安管理处罚；构成犯罪的，依法追究刑事责任。

《中华人民共和国消防法》（1998 年 4 月 29 日通过，2021 年 4 月 29 日第二次修正）

第六十二条

有下列行为之一的，依照《中华人民共和国治安管理处罚法》的规定处罚：

……

（五）阻碍消防救援机构的工作人员依法执行职务的。

第七十二条

违反本法规定,构成犯罪的,依法追究刑事责任。

《中华人民共和国安全生产法》(2002年6月29日通过,2021年6月10日第三次修正)

第一百零八条

违反本法规定,生产经营单位拒绝、阻碍负有安全生产监督管理职责的部门依法实施监督检查的,责令改正;拒不改正的,处二万元以上二十万元以下的罚款;对其直接负责的主管人员和其他直接责任人员处一万元以上二万元以下的罚款;构成犯罪的,依照刑法有关规定追究刑事责任。

《中华人民共和国种子法》(2000年7月8日通过,2021年12月24日第三次修正)

第八十六条

违反本法第四十九条规定,拒绝、阻挠农业农村、林业草原主管部门依法实施监督检查的,处二千元以上五万元以下罚款,可以责令停产停业整顿;构成违反治安管理行为的,由公安机关依法给予治安管理处罚。

第八十九条

违反本法规定,构成犯罪的,依法追究刑事责任。

《中华人民共和国海警法》(2021年1月22日通过)

第七十三条

有下列阻碍海警机构及其工作人员依法执行职务的行为之一,由公安机关或者海警机构依照《中华人民共和国治安管理处罚法》关于阻碍人民警察依法执行职务的规定予以处罚:

(一)侮辱、威胁、围堵、拦截、袭击海警机构工作人员的;

(二)阻碍调查取证的;

(三)强行冲闯海上临时警戒区的;

(四)阻碍执行追捕、检查、搜查、救险、警卫等任务的;

(五)阻碍执法船舶、航空器、车辆和人员通行的;

(六)采取危险驾驶、设置障碍等方法驾驶船舶逃窜,危及执法船舶、人员安全的;

(七)其他严重阻碍海警机构及其工作人员执行职务的行为。

第七十五条

违反本法规定,构成犯罪的,依法追究刑事责任。

《中华人民共和国民事诉讼法》(1991年4月9日通过,2021年12月24日第四次修正)

第一百一十四条

Ⅰ诉讼参与人或者其他人有下列行为之一的,人民法院可以根据情节轻重予以罚款、拘留;构成犯罪的,依法追究刑事责任:

……

(五)以暴力、威胁或者其他方法阻碍司法工作人员执行职务的;

……

Ⅱ人民法院对有前款规定的行为之一的单位,可以对其主要负责人或者直接责任人员予以罚款、拘留;构成犯罪的,依法追究刑事责任。

《中华人民共和国人口与计划生育法》(2001年12月29日通过,2021年8月20日第二次修正)

第四十五条

拒绝、阻碍卫生健康主管部门及其工作人员依法执行公务的,由卫生健康主管部门给予批评教育并予以制止;构成违反治安管理行为的,依法给予治安管理处罚;构成犯罪的,依法追究刑事责任。

《中华人民共和国人民武装警察法》(2009年8月27日通过,2020年6月20日修订)

第四十四条

妨碍人民武装警察依法执行任务,有下列行为之一的,由公安机关依法给予治安管理处罚:

(一)侮辱、威胁、围堵、拦截、袭击正在执行任务的人民武装警察的;

(二)强行冲闯人民武装警察部队设置的警戒带、警戒区的;

(三)拒绝或者阻碍人民武装警察执行追捕、检查、搜查、救险、警戒等任务的;

(四)阻碍执行任务的人民武装警察部队的交通工具和人员通行的;

(五)其他严重妨碍人民武装警察执行任务的行为。

第四十六条

违反本法规定,构成犯罪的,依法追究刑事责任。

《中华人民共和国固体废物污染环境防治法》(1995年10月30日通过,2020年4月29日第二次修订)

第一百零三条

违反本法规定,以拖延、围堵、滞留执法人员等方式拒绝、阻挠监督检查,或者在接受监督检查时弄虚作假的,由生态环境主管部门或者其他负有固体废物污染环境防治监督管理职责的部门责令改正，处五万元以上二十万元以下的罚款；对直接负责的主管人员和其他直接责任人员，处二万元以上十万元以下的罚款。

第一百二十三条

违反本法规定，构成违反治安管理行为的，由公安机关依法给予治安管理处罚；构成犯罪的，依法追究刑事责任；造成人身、财产损害的，依法承担民事责任。

【参考案例】

△驾车强行闯关逃避检查，并造成检查人员轻伤的，属于以暴力、威胁方法阻碍国家机关工作人员依法执行职务，应以妨害公务罪论处。①

妨害公务罪的暴力、威胁方法是多种多样的，可以包括驾车强行闯关逃避检查，威胁检查人员人身安全并造成其人身伤害的行为。在宋永强妨害公务案中，被告人通过高速驾车的危险方法胁迫交警放弃正常执行公务，且造成交警轻伤的后果，其行为阻碍了国家机关工作人员依法履行职务，构成妨害公务罪应该没有疑义。值得注意的是，本案被告人的行为并不构成故意伤害罪。纵观本案发生的全过程，被告人的主观心态是想通过高速驾车冲过关卡的方式迫使交警放弃正常执行公务，以图逃避检查处罚，但其并不希望真正造成交警的死伤，且力图避免发生这样的结果，这从被告人在距交警 10 米处采取紧急刹车措施即可看出。因此，被告人的行为并不构成故意伤害罪。而即使被告人的行为成立故意伤害罪，由于其仅造成被害人轻伤的后果，按照想象竞合犯的处断原则，并综合考虑被告人的犯罪目的，还是以妨害公务罪处罚为宜。[No. 6-1-277-1　宋永强妨害公务案]

△以放火的方式阻碍国家工作人员执行职务，行为并非针对不特定多数人，在行为当时特定的客观环境下该行为不可能形成引发危害公共安全的燃烧状态，且主观上并无危害公共安全的故意的，应以妨害公务罪论处。

放火罪中的放火行为针对不特定多数人的生命、身体或财产的公共危险性，必须足以引起在时间上和空间上失去控制的燃烧状态，这种引发失控的燃烧状态是危害公共安全的体现。放火罪的行为人主观上须明知自己的行为会发生一定的危害社会的结果，并且希望或放任这种结果的发生。此外，放火罪是刑事犯罪中社会危害性最大的一类犯罪，实践中对此类案件的认定应当慎重。

周洪宝妨害公务案中，被告人周洪宝的行为客观上是针对特定的被害人，即正在实施强拆的城管队员周奇伟，在当时特定环境下不可能形成引发危害公共安全的燃烧状态，在客观上没有危及不特定多数人的生命、健康或重大公私财产安全。周洪宝主观上是为了阻止城管队员强拆，没有报复社会、危害不特定多数人的犯罪动机，并且其自始辩解从未想过要制造火灾，并不希望也不放任燃烧瓶引发大规模燃烧进而漫及他人房屋，甚至危害他人的生命安全。此外以放火罪追究本案被告人的刑事责任容易造成罪责刑不相适应，也不利于社会矛盾的化解，因此不宜以放火罪论处。其行为本质在于以轻度纵火妨害行政机关工作人员履行职务，应以妨害公务罪论处。[No. 6-1-277-2　周洪宝妨害公务案]

第二百七十八条　【煽动暴力抗拒法律实施罪】

煽动群众暴力抗拒国家法律、行政法规实施的，处三年以下有期徒刑、拘役、管制或者剥夺政治权利；造成严重后果的，处三年以上七年以下有期徒刑。

【立法理由】

1. **1979 年立法的情况**。1979 年《刑法》第一百零二条规定："以反革命为目的，进行下列行为之一的，处五年以下有期徒刑、拘役、管制或者剥夺政治权利；首要分子或者其他罪恶重大的，处五年以上有期徒刑：(一)煽动群众抗拒、破坏国家法律、法令实施的；(二)以反革命标语、传单或者其他方法宣传煽动推翻无产阶级专政的政权和社会主义制度的。"1979 年刑法规定了**反革命宣传煽动罪**，即以反革命为目的煽动群众抗拒、破坏国家法律、法令实施的犯罪，对普遍刑事犯罪的煽动暴力抗拒法律实施的行为没有

① 我国学者指出，妨害公务罪中的暴力包括致人轻伤。致人轻伤时仍以妨害公务罪论处，而不应以故意伤害罪论处，否则妨害公务罪便几乎丧失适用余地。参见陈兴良主编：《刑法各论精释》，人民法院出版社 2015 年版，第 945 页。

规定为犯罪。

2. **1997年修订刑法的情况**。1997年修订刑法时,根据其宣传煽动的内在危害性质,对1979年刑法规定的反革命宣传煽动罪作了进一步划分,对于危害国家安全的煽动行为,规定在《刑法》分则第一章第一百零三条、第一百零五条中,同时,为维护国家法律统一和有效实施,建立良好的社会秩序,将煽动群众抗拒、破坏国家法律、法令实施的行为在《刑法》分则第六章第一节中单独作出规定,并作出以下修改:一是将“抗拒、破坏”修改为“暴力抗拒”,作出更加严格的规定,有利于保护公民的民主权利;二是将“国家法律、法令”修改为“国家法律、行政法规”,由于1982年宪法已经将“法令”修改为“行政法规”,“法令”一词不再使用;三是调整了量刑幅度,将第一档刑罚“五年以下有期徒刑”修改为“三年以下有期徒刑”,第二档刑罚“五年以上有期徒刑”修改为“三年以上七年以下有期徒刑”,并将第二档刑罚适用的条件由“首要分子或者其他罪恶重大的”修改为“造成严重后果的”,对由于煽动行为造成实际危害后果规定了更重的刑罚。

【条文说明】

本条是关于煽动暴力抗拒法律实施罪及其处罚的规定。

构成本罪应当同时具备以下条件:一是**行为人实施了具体煽动行为**。这里所说的“煽动”,是指故意以语言、文字、图形、音频、视频等方式公然诱惑、鼓动群众的行为。[①] 煽动的方式多种多样,既可以采用张贴标语、分发传单、发送书信等书面形式,也可以采取劝说、发表演讲等口头形式,还可以通过广播、电视、录像、报刊、计算机网络、移动通讯等媒体传播的方式。二是**煽动的对象是群众**。这里所说的“群众”,是指不特定的人群,对于群众的认定,应当具体情况具体分析,不能简单以人数多少进行衡量,需要从被煽动的对象和范围、煽动的方式和煽动的内容等方面综合判断。三是**煽动的内容应当是暴力抗拒国家法律、行政法规的实施**。所谓“暴力抗拒国家法律、行政法规实施”,是指以伤害、杀害执法人员等暴力方式,抗拒国家法律、行政法规的执行。这里的“抗拒”,是指抵抗、公然对抗等;“国家法律”是指全国人民代表大会及其常务委员会通过的法律和法律性文件;“行政法规”是指国务院制定的行政法规。[②③]本条规定的犯罪,煽动的内容必须是试图使群众使用暴力手段来抗拒国家法律、行政法规的实施,如果不是鼓动群众使用暴力抗拒,不构成本罪。[④]

在处刑上,本条根据犯罪情节轻重,规定了两档刑罚:一是**构成犯罪的**,处三年以下有期徒刑、拘役、管制或者剥夺政治权利;二是**造成严重后果的**,处三年以上七年以下有期徒刑。所谓“造成严重后果”,主要是指由于煽动行为,严重妨碍了法律、行政法规的实施;或者导致被煽动的群众在使用暴力抗拒国家法律实施过程中,造成人身伤亡或者财产损失;造成工作、生产、教学、科研活动不能正常进行;导致部分地区社会秩序混乱、社会动荡不安;煽动行为造成了十分恶劣的社会影响;等等。

实践中需要注意以下两个方面的问题:

1. 根据本条规定,行为人必须实施了煽动群众暴力抗拒国家法律、行政法规实施的行为才构成犯罪,如果行为人虽有煽动行为,但煽动的内容不是暴力抗拒国家法律、行政法规的实施,而是**以正当合法的方式表达对国家法律、行政法规的不同见解和看法**,不构成本条规定的犯罪。随着我国经济社会的发展,在社会转型过程中难免会出现社会矛盾,实践中要把群众对国家法律、行政法规有意见或者对执法机关的某些行为一时不满,在群众中讲一些不满或者过激的言语,以及鼓动群众提出正当诉求,与煽动群众暴力抗拒国家法律、行政法规实施的行为区分开,认定煽动暴力抗拒法律实施罪,需要根据行为人煽动的方式、内容等,可能导致被煽动者实施暴力抗拒国家法律、行政法规的结果来确定,严格划分罪与非罪的界限。

---

① 单纯描述某种事实的言论,即便可能引起他人的非法行动,也不能认定为“煽动”。参见张明楷:《刑法学》(第6版),法律出版社2021年版,第1357页。

② 学说见解指出,法律、行政法规的内容必须具有合宪性。法治应当是良法之治,而不应当是恶法之治。因此,如果法律、行政法规的内容存在合宪性问题,煽动他人抗拒法律实施的行为,不应当作为犯罪处理。参见张明楷:《刑法学》(第6版),法律出版社2021年版,第1356页。

③ 学说上有论者将“国家法律、行政法规”的范围扩张到与国家法律、行政法规不相冲突的地方性法规。参见黎宏:《刑法学各论》(第2版),法律出版社2016年版,第352页。

④ 如果只是煽动群众单纯抵制法律、行政法规实施,不构成煽动暴力抗拒法律实施罪。另外,只有当不特定或者多数人因行为人的煽动而产生了实施被煽动行为的紧迫危险时,才能以煽动暴力抗拒法律实施罪论处。参见张明楷:《刑法学》(第6版),法律出版社2021年版,第1356—1357页。

2. 要注意区分煽动暴力抗拒法律实施罪与**教唆他人犯罪**的界限,两种犯罪行为的手段方式相同,但也存在不同。煽动暴力抗拒法律实施罪具有广泛的蛊惑性,其目的是通过怂恿、鼓动群众暴力抗拒国家法律、行政法规的实施,其犯罪的指向是对抗国家法律、行政法规的实施;而教唆他人犯罪一般就具体的犯罪行为进行唆使、怂恿、威胁、利诱,或者通过各种方式向他人灌输犯罪思想,促使他人实施犯罪行为,其犯罪的指向不是对抗国家法律、行政法规的实施。

【司法解释】

《最高人民法院、最高人民检察院关于办理非法生产、销售烟草专卖品等刑事案件具体应用法律若干问题的解释》(法释〔2010〕7号,自2010年3月26日起施行)

△(**抗拒烟草专卖法律实施**)煽动群众暴力抗拒烟草专卖法律实施,构成犯罪的,以煽动暴力抗拒法律实施罪追究刑事责任。(§ 8Ⅱ)

《最高人民法院关于审理破坏草原资源刑事案件应用法律若干问题的解释》(法释〔2012〕15号,自2012年11月22日起施行)

△(**抗拒草原法律、行政法规实施**)煽动群众暴力抗拒草原法律、行政法规实施,构成犯罪的,依照刑法第二百七十八条的规定,以煽动暴力抗拒法律实施罪追究刑事责任。(§ 4Ⅱ)

《最高人民法院、最高人民检察院关于办理利用信息网络实施诽谤等刑事案件适用法律若干问题的解释》(法释〔2013〕21号,自2013年9月10日起施行)

△(**利用信息网络实施诽谤等;想象竞合犯**)利用信息网络实施诽谤、寻衅滋事、敲诈勒索、非法经营犯罪,同时又构成刑法第二百二十一条规定的损害商业信誉、商品声誉罪,第二百七十八条规定的煽动暴力抗拒法律实施罪,第二百九十一条之一规定的编造、故意传播虚假恐怖信息罪等犯罪的,依照处罚较重的规定定罪处罚。(§ 9)

△(**信息网络**)本解释所称信息网络,包括以计算机、电视机、固定电话机、移动电话机等电子设备为终端的计算机互联网、广播电视网、固定通信网、移动通信网等信息网络,以及向公众开放的局域网络。(§ 10)

【司法解释性文件】

《最高人民法院、最高人民检察院、公安部、国家烟草专卖局关于办理假冒伪劣烟草制品等刑事案件适用法律问题座谈会纪要》(商检会〔2003〕4号,2003年12月23日公布)

△(**抗拒烟草专卖法律实施**)煽动群众暴力抗拒烟草专卖法律实施的,依照刑法第二百七十八条的规定,以煽动暴力抗拒法律实施罪定罪处罚。(§ 9)

第二百七十九条　【招摇撞骗罪】

冒充国家机关工作人员招摇撞骗的,处三年以下有期徒刑、拘役、管制或者剥夺政治权利;情节严重的,处三年以上十年以下有期徒刑。

冒充人民警察招摇撞骗的,依照前款的规定从重处罚。

【立法理由】

1. **1979年立法的情况**。1979年《刑法》第一百六十六条规定:"冒充国家工作人员招摇撞骗的,处三年以下有期徒刑、拘役、管制或者剥夺政治权利;情节严重的,处三年以上十年以下有期徒刑。"国家工作人员是指在国家机关、国有公司、企业、事业单位、人民团体中从事公务的人员和其他依照法律从事公务的人员。国家工作人员依法享有一定的职权,而这种职权是国家和人民赋予的,冒充国家工作人员招摇撞骗的行为,是利用人民群众对国家工作人员的信任而实施的犯罪行为,**严重损害国家的威信,影响和破坏了国家机关的正常活动**,必须予以惩处。

2. **1997年修订刑法的情况**。1997年修订刑法时,对本条作了修改:一是将"国家工作人员"修改为"国家机关工作人员",限制了冒充对象的范围,这样规定,主要是考虑到,随着经济社会的发展,社会分工更加规范完善,行使国家管理职权主要由国家机关承担,而国有公司、企业、事业单位、人民团体等单位基本不再从事国家管理职责,冒充国有公司、企业、事业单位、人民团体等单位工作人员的危害性与冒充国家机关工作人员明显不同,单纯地冒充国有公司、企业、事业单位、人民团体等单位人员招摇撞骗行为,不再作为犯罪处理,而是根据其具体犯罪行为,适用刑法的相应罪名惩处,对构成违反治安管理的,可以依照治安管理处罚法的规定予以处罚。二是增加了冒充人民警察招摇撞骗的，从重处罚的规定。主要是考虑到人民警察肩负着维护国家安全，维护社会治安秩序，保护公民的人身和财产安全，保护公共财产，预防、制止和惩治违法犯罪活动的职责，享有国家法律赋予其维护社会治安的权利和义务，他们与人民群众的生活有着特别密切的关系，**有必要对人民警察的声誉和威信给予特别维护**，对冒充人民警察招摇撞骗的行为，必须予以严厉惩处。

【条文说明】

本条是关于招摇撞骗罪及其处罚的规定。

本条共分为两款。

第一款是关于冒充国家机关工作人员招摇撞骗的犯罪及其处罚的规定。根据本款规定，**招摇撞骗罪**，是指为牟取非法利益，假冒国家机关工作人员进行招摇撞骗活动，损害国家机关形象、威信和正常活动，扰乱社会公共秩序的行为。构成本罪应当具备以下条件：

1. **行为人实施了冒充国家机关工作人员的行为**。这里规定的"**冒充国家机关工作人员**"，是指非国家机关工作人员假冒国家机关工作人员的身份、职位，或者某一国家机关工作人员冒用其他国家机关工作人员的身份、职位的行为。冒充的国家工作人员既可以是确有其人也可以是行为人杜撰、虚构的职务和人员。这里的"国家机关工作人员"，是指在国家机关中从事公务的人员。其中国家机关包括国家权力机关、行政机关、司法机关、军事机关，根据我国的政治生活实际情况，中国共产党的各级机关、政治协商会议各级机关也属于国家机关的范围。国家机关是依据宪法和法律设立的，依法承担一定的国家和社会公共事务的管理职责和权力的组织，国家机关工作人员也相应依据宪法和法律享有一定职权。本款规定的犯罪，行为人冒充的对象必须是国家机关工作人员，如果冒充的是非国家机关工作人员，如冒充高干子弟、企业家、教师等，不构成本罪。

2. **行为人实施了招摇撞骗的行为**。这里的"**招摇撞骗**"，是指行为人为牟取非法利益①，以假冒的国家机关工作人员的身份到处炫耀，利用人们对国家机关工作人员的信任，骗取地位、荣誉、待遇以及玩弄女性等非法利益。如果行为人冒充国家机关工作人员不是为了获取非法利益；或者行为人只是出于满足虚荣心，仅仅实施了冒充国家机关工作人员的行为，但并未借此实施骗取非法利益的行为，则不构成本罪。

在刑罚设置上，根据情节轻重，本款对冒充国家机关工作人员招摇撞骗犯罪规定了两档刑罚：**构成犯罪的**，处三年以下有期徒刑、拘役、管制或者剥夺政治权利；**情节严重的**，处三年以上十年以下有期徒刑。所谓"情节严重的"，主要是指多次冒充国家机关工作人员进行招摇撞骗的；或者造成恶劣影响，严重损害国家机关形象和威信的；或者造成被骗人精神失常、自杀等严重后果的；等等。

第二款是关于冒充人民警察招摇撞骗从重处罚的规定。本款所说的"**人民警察**"，是指公安机关、国家安全机关、监狱、戒毒场所的人民警察和人民法院、人民检察院的司法警察。根据《人民警察法》第六条的规定，公安机关的人民警察依法履行下列职责：预防、制止和侦查违法犯罪活动；维护社会治安秩序，制止危害社会治安秩序的行为；维护交通安全和交通秩序，处理交通事故；组织、实施消防工作，实施消防监督；管理枪支弹药、管制刀具和易燃易爆、剧毒、放射性等危险物品；对法律、法规规定的特种行业进行管理；警卫国家规定的特定人员，守卫重要的场所和设施；管理集会、游行、示威活动；管理户政、国籍、入境出境事务和外国人在中国境内居留、旅行的有关事务；维护国（边）境地区的治安秩序；对被判处拘役、剥夺政治权利的罪犯执行刑罚；监督管理计算机信息系统的安全保护工作；指导和监督国家机关、社会团体、企业事业组织和重点建设工程的治安保卫工作，指导治安保卫委员会等群众性组织的治安防范工作；法律、法规规定的其他职责。《监狱法》第五条规定，监狱的人民警察依法管理监狱、执行刑罚、对罪犯进行教育改造。《人民法院组织法》第五十条第一款规定，人民法院的司法警察负责法庭警戒、人员押解和看管等警务事项。《人民检察院组织法》第四十五条第一款规定，人民检察院的司法警察负责办案场所警戒、人员押解和看管等警务事项。为了便于人民警察依法履行职责，人民警察配备专用的警用标志、制式服装和警械，同时，刑事诉讼法、治安管理处罚法、人民警察法、反恐怖主义法、监狱法、枪支管理法等有关法律还赋予人民警察一定的职权，如有权盘问、检查、搜查，查封、扣押、冻结财物，采取监控等技术

① 我国学者指出，"招摇撞骗"是指以假冒的身份进行炫耀、欺骗，但不以骗取某种利益为要件。参见张明楷：《刑法学》（第6版），法律出版社2021年版，第1357页。

侦查措施，采取拘留、逮捕等措施，有权使用警械、枪支等。因此，冒充人民警察进行招摇撞骗的，既损害人民警察的尊严，破坏人民警察在群众中的形象，又损害国家司法机关的权威，严重危害社会管理秩序，应当从重惩处。

根据本款规定，**冒充人民警察招摇撞骗的，依照前款的规定从重处罚**，也就是说，冒充人民警察招摇撞骗的，在“三年以下有期徒刑、拘役、管制或者剥夺政治权利”这一档刑罚幅度内适用相对较重的刑种或者处以相对较长的刑期；对符合情节严重的，在“三年以上十年以下有期徒刑”这一档刑罚幅度内处以相对较长的刑期，体现从重处罚的立法精神。

实践中需要注意以下几个方面的问题：

1. 应当注意区分招摇撞骗罪与**诈骗罪**的界限。[①] 两罪主要有以下不同：一是侵犯的客体不同。诈骗罪侵犯的客体是公私合法财产利益；而招摇撞骗罪侵犯的客体是国家机关的威信和形象。二是行为手段不同。招摇撞骗罪的行为人使用的手段只限于冒充国家机关工作人员的身份和职权；而诈骗罪的手段并无此限制，可以是以任何虚构事实、隐瞒真相的方式、手段，骗取被害人的信任，获取财物。三是骗取的对象不同。诈骗罪骗取的对象只限于公私财物，并且要求骗取财物达到一定的数额；招摇撞骗罪骗取的对象主要不是财产，而是财产以外的其他利益，如地位、待遇、荣誉等，即使骗取一定数量的财产，也没有数额的限制，如果行为人冒充国家机关工作人员的目的是骗取财物，应当以诈骗罪处罚。此外，根据《最高人民法院、最高人民检察院关于办理诈骗刑事案件具体应用法律若干问题的解释》第八条的规定，冒充国家机关工作人员进行诈骗，同时构成诈骗罪和招摇撞骗罪的，依照处罚较重的规定定罪处罚。

2. 对于**已经离休、退休、离职、辞职、被辞退、被开除等曾在国家机关从事公务活动的人员**，如果不再享有依法履行公务的职权，这类人员冒充现职的国家机关工作人员进行招摇撞骗的，也应以招摇撞骗罪论处。

3. 实践中，有的地方根据社会治安形势发展和公安工作实际需要，由地方人民政府或者公安机关通过向社会力量购买服务的方式，招聘相关人员，为公安机关日常运转和警务活动提供辅助支持的警务辅助人员，也称为“**辅警**”。虽然根据有关规定，辅警承担协助警察开展工作的部分职责，但他们不属于人民警察，如果行为人冒充辅警实施招摇撞骗，不属于冒充人民警察的犯罪，不能适用本条第二款关于冒充人民警察招摇撞骗从重处罚的规定。

【司法解释】

《最高人民法院、最高人民检察院关于办理诈骗刑事案件具体应用法律若干问题的解释》（法释〔2011〕7 号，自 2011 年 4 月 8 日起施行）

△（**想象竞合犯；招摇撞骗罪；诈骗罪**）冒充国家机关工作人员进行诈骗，同时构成诈骗罪和招摇撞骗罪的，依照处罚较重的规定定罪处罚。（§ 8）

【司法解释性文件】

《最高人民法院关于审理抢劫、抢夺刑事案件适用法律若干问题的意见》（法发〔2005〕8 号，2005 年 6 月 8 日公布）

△（**以抓卖淫嫖娼、赌博等违法行为为名非法占有财物；招摇撞骗；人民警察**）行为人冒充正在执行公务的人民警察“抓赌”、“抓嫖”，没收赌资或者罚款的行为，构成犯罪的，以招摇撞骗罪从重处罚；在实施上述行为中使用暴力或者暴力威胁的，以抢劫罪定罪处罚。行为人冒充治安联防队员“抓赌”、“抓嫖”、没收赌资或者罚款的行为，构成犯罪的，以敲诈勒索罪定罪处罚；在实施上述行为中使用暴力或者暴力威胁的，以抢劫罪定罪处罚。（§9 Ⅰ）

《最高人民法院、最高人民检察院、公安部关于办理电信网络诈骗等刑事案件适用法律若干问题的意见》（法发〔2016〕32 号，2016 年 12 月 19 日公布）

△（**电信诈骗；想象竞合犯；招摇撞骗；诈骗罪**）冒充国家机关工作人员实施电信网络诈骗犯

---

① 传统学说见解认为，当行为人冒充国家机关工作人员实施诈骗犯罪时，属于招摇撞骗罪与诈骗罪的法条竞合。参见高铭暄、马克昌主编：《刑法学》（第 7 版），北京大学出版社、高等教育出版社 2016 年版，第 527 页；赵秉志、李希慧主编：《刑法各论》（第 3 版），中国人民大学出版社 2016 年版，第 266 页。

不过，前开说法除了前后不一贯（一般情况下认定为招摇撞骗罪；骗取财物数额特别巨大或是有其他特别严重情节，则认定为诈骗罪）之外，还会造成明显的罪刑不均衡现象。因为诈骗罪的法定最高刑为无期徒刑，而招摇撞骗罪的法定刑则为十年有期徒刑。因此，另有学者指出，行为人冒充国家机关工作人员骗取财物，属于择一关系的法条竞合，可以直接采用重法优于轻法的原则。参见陈兴良：《判例刑法学》（上卷），中国人民大学出版社 2009 年版，第 510 页。

罪，同时构成诈骗罪和招摇撞骗罪的，依照处罚较重的规定定罪处罚。（§3 Ⅲ）

【参考案例】

△冒充国家机关工作人员骗取他人财物数额较大的，构成招摇撞骗罪与诈骗罪的法条竞合。

从《刑法》第二百六十六条和第二百七十九条所规定的两个罪的犯罪构成可以看出：在犯罪手段上，诈骗罪可以采取任何一种虚构事实或者隐瞒真相的方法，当然可以涵盖招摇撞骗罪中冒充国家机关工作人员这一特殊手段。而在犯罪目的上，招摇撞骗罪的目的可以是骗取多种类型的非法利益，法条中对行为人所骗取的非法利益类型并无明确、特别的限制，因此，自然也可以包含诈骗罪中骗取公私财物目的在内。当行为人以冒充国家机关工作人员身份的手段，骗得他人信任，非法占有他人数额较大以上财物时，就会出现既符合诈骗罪的犯罪构成，又符合招摇撞骗罪的犯罪构成的情况，这就是刑法理论上所讲的法条竞合。

所谓法条竞合，是指一个犯罪行为，同时符合数个法条的数个罪名构成，以致有数个法条可以同时适用，但只能适用其中的一个法条，而不再适用其他法条，实行数罪并罚的情形。法条竞合具有以下基本特征：(1)实施了一个犯罪行为；(2)同时触犯了数个法条规定的数个罪名；(3)数个法条间存在包含或交叉关系；(4)由于只有一个犯罪行为，所以是实质的一罪，因此，只能适用其中的一个法条，而不能实行数罪并罚。[No. 6-1-279-1 李志远招摇撞骗、诈骗案]

△当招摇撞骗罪与诈骗罪发生交叉竞合时，应当适用重法优于轻法原则。

当出现交叉竞合的情况时，其适用原则是重法条优于轻法条，即选择适用法定刑较重的那一个法条。因为只有这样才能做到罚当其罪，实现罪责刑相适应原则。

当诈骗罪和以骗取财物为目的的招摇撞骗罪出现交叉竞合时，如何适用重法条优于轻法条的原则，可具体分析如下：

骗取财物数额较大的。此时，招摇撞骗罪有两档法定刑：情节一般的，法定刑为三年以下有期徒刑、拘役、管制或者剥夺政治权利；情节严重的，法定刑为三年以上十年以下有期徒刑。而诈骗罪的法定刑为三年以下有期徒刑、拘役和管制，并处或者单处罚金，重于情节一般的招摇撞骗罪的法定刑，又轻于情节严重的招摇撞骗罪的法定刑。由此，根据具体案情，如判定属于情节严重的招摇撞骗行为应以招摇撞骗罪论处，反之，则应以诈骗罪论处。通常而言，招摇撞骗罪同时又是一种破坏国家机关威信的行为，当行为人冒充国家机关工作人员招摇撞骗的同时骗取数额较大的财物的，从责任评价上理应重于不是采用冒充国家机关工作人员的方法骗取同等数额财物的普通诈骗罪，因而，在这种情况下，可视为招摇撞骗情节严重，适用招摇撞骗罪的第二档法定刑来定罪量刑。

骗取财物数额巨大的。此时，诈骗罪的法定刑为三年以上十年以下有期徒刑，并处罚金，而招摇撞骗罪没有罚金的规定，因此，诈骗罪是重法条，应以诈骗罪论处。同理，当骗取财物数额特别巨大的，更是应以诈骗罪来论处。当然，如果行为人招摇撞骗行为骗取的财物没有达到数额较大的程度，自然也就没有交叉竞合和诈骗罪适用的余地，如需要定罪处罚的话，直接以招摇撞骗罪论处就可以了。[No. 6-1-279-2 李志远招摇撞骗、诈骗案]

△冒充国家机关工作人员骗取财物，又骗取其他非法利益的，是基于一个概括故意实施的连续性的行为，应以一罪论处。

李志远招摇撞骗、诈骗案的特点是，被告人李志远冒充国家机关工作人员多次进行招摇撞骗，其中有些行为骗取了他人的财物，有些行为骗取了财物以外的非法利益，即骗取了他人信任而与之非法同居。对此，公诉机关认为，这是数个行为，既构成招摇撞骗罪，又构成诈骗罪，应当数罪并罚。笔者不同意这一观点。

首先，被告人李志远是基于一个概括的故意，在前后不长的几个月时间内，频频冒充国家机关工作人员，连续对多人进行多次行骗，既骗财骗物，又骗色。所骗的内容虽然不同，但均未超出招摇撞骗罪行骗内容的范围。虽然在被告人李志远一系列的行骗行为中，骗财骗物的行为符合诈骗罪的构成，骗取其他非法利益的行为也符合招摇撞骗罪的构成，但由于行为人是基于一个概括的故意，实施的都是以冒充国家机关工作人员为同样手段的连续性的招摇撞骗行为，因此，属于刑法理论上所讲的连续犯的情形，在处断上应作为一罪处理。

其次，如前所述，本案被告人李志远冒充国家机关工作人员招摇撞骗骗取他人财物的行为，虽然既符合招摇撞骗罪的犯罪构成，又符合诈骗罪的犯罪构成，形成交叉竞合关系，但其所骗取财物的数额仅仅达到较大的程度，因此，依照交叉竞合情况下重法条优于轻法条的适用原则，应按招摇撞骗罪定罪，其中骗取他人财物的行为可视为情节严重，依该罪第二档法定刑处罚。如此一来，被告人所骗内容不同的两部分行为均构成招摇撞骗罪，属于同种数罪。根据司法实践，判决前的同种

分则 第六章

数罪不适用数罪并罚。综上,就本案实际情况看,没有数罪并罚的充分理由和必要。因此,人民法院对被告人李志远以犯招摇撞骗罪在三年到十年有期徒刑的法定刑幅度内判处被告人有期徒刑四年,在定性上是准确的,在量刑上是适当的。[No.6-1-279-3　李志远招摇撞骗、诈骗案]

第二百八十条　【伪造、变造、买卖国家机关公文、证件、印章罪】【盗窃、抢夺、毁灭国家机关公文、证件、印章罪】【伪造公司、企业、事业单位、人民团体印章罪】【伪造、变造、买卖身份证件罪】

伪造、变造、买卖或者盗窃、抢夺、毁灭国家机关的公文、证件、印章的,处三年以下有期徒刑、拘役、管制或者剥夺政治权利,并处罚金;情节严重的,处三年以上十年以下有期徒刑,并处罚金。

伪造公司、企业、事业单位、人民团体的印章的,处三年以下有期徒刑、拘役、管制或者剥夺政治权利,并处罚金。

伪造、变造、买卖居民身份证、护照、社会保障卡、驾驶证等依法可以用于证明身份的证件的,处三年以下有期徒刑、拘役、管制或者剥夺政治权利,并处罚金;情节严重的,处三年以上七年以下有期徒刑,并处罚金。

【单行刑法】

《全国人民代表大会常务委员会关于惩治骗购外汇、逃汇和非法买卖外汇犯罪的决定》(自1998年12月29日起施行)

二、买卖伪造、变造的海关签发的报关单、进口证明、外汇管理部门核准件等凭证和单据或者国家机关的其他公文、证件、印章的,依照刑法第二百八十条的规定定罪处罚。

【立法沿革】

《中华人民共和国刑法》(1997年修订,自1997年10月1日起施行)

第二百八十条

伪造、变造、买卖或者盗窃、抢夺、毁灭国家机关的公文、证件、印章的,处三年以下有期徒刑、拘役、管制或者剥夺政治权利;情节严重的,处三年以上十年以下有期徒刑。

伪造公司、企业、事业单位、人民团体的印章的,处三年以下有期徒刑、拘役、管制或者剥夺政治权利。

伪造、变造居民身份证的,处三年以下有期徒刑、拘役、管制或者剥夺政治权利;情节严重的,处三年以上七年以下有期徒刑。

《中华人民共和国刑法修正案(九)》(自2015年11月1日起施行)

二十二、将刑法第二百八十条修改为:

"伪造、变造、买卖或者盗窃、抢夺、毁灭国家机关的公文、证件、印章的,处三年以下有期徒刑、拘役、管制或者剥夺政治权利,并处罚金;情节严重的,处三年以上十年以下有期徒刑,并处罚金。

"伪造公司、企业、事业单位、人民团体的印章的,处三年以下有期徒刑、拘役、管制或者剥夺政治权利,并处罚金。

"伪造、变造、买卖居民身份证、护照、社会保障卡、驾驶证等依法可以用于证明身份的证件的,处三年以下有期徒刑、拘役、管制或者剥夺政治权利,并处罚金;情节严重的,处三年以上七年以下有期徒刑,并处罚金。"

【立法理由】

1. 1979年立法的情况。1979年《刑法》第一百六十七条规定:"伪造、变造或者盗窃、抢夺、毁灭国家机关、企业、事业单位、人民团体的公文、证件、印章的,处三年以下有期徒刑、拘役、管制或者剥夺政治权利;情节严重的,处三年以上十年以下有期徒刑。"国家机关、企业、事业单位、人民团体制作的公文、证件、印章是用来管理国家事务和企业、事业单位、人民团体事务的重要凭证和手段,公文、证件、印章的合法使用,关系到国家机关和企业、事业单位、人民团体的信誉和正常活动,任何伪造、变造或者盗窃、抢夺、毁灭行为都会妨碍国家机关、企业、事业单位、人民团体的正常管理活动,破坏社会管理秩序,必须予以打击。

2. 1979年之后至1997年刑法修订前的立法情况。1985年9月6日第六届全国人大常委会第十二次会议通过的《居民身份证条例》第十六条规定,伪造、变造居民身份证的或者窃取居民身份证情节严重的,依照1979年《刑法》第一百六十七条的规定处罚。居民身份证制度,是为了证明居住在中华人民共和国境内的公民的身份，是维护良好社会秩序的需要，也是有效保障公民合法权益，便利公民进行社会活动的一项重要措施。因此，该条例明确规定对伪造、变造居民身份证或者窃取居民身份证，情节严重的行为，依照1979年《刑法》第一百六十七条伪造、变造、盗窃公文、证件、印章罪的规定处罚。

3. 1997年修订刑法的情况。1997年修订刑法时，根据实践发展和需要，对本条作了修改：一是增加了"买卖"国家机关公文、证件、印章的犯罪行为。由于实践中出现了一些不法分子为了牟取非法利益买卖公文、证件、印章的行为，为了及时惩治此类犯罪，增加了这一规定。二是考虑到公司、企业、事业单位、人民团体的文件、证件、印章与国家机关公文、证件、印章有所不同，造成的危害也有较大区别，而且情况比较复杂，因此在第二款中单独作出规定，并且只规定了伪造公司、企业、事业单位、人民团体印章的犯罪行为，同时设立了较低的刑罚，最高刑为三年有期徒刑。三是增加"伪造、变造居民身份证"的犯罪。一段时间以来，伪造、变造居民身份证的违法犯罪活动越来越突出，这些犯罪活动严重危害了居民身份证制度的实施，影响了社会治安秩序，为了维护国家法定证件的严肃性，加强对居民身份证的管理，将《居民身份证条例》第十六条规定的伪造、变造居民身份证的犯罪行为纳入刑法。

4. 1998年立法的情况。1998年在打击骗购外汇犯罪活动中，发现了一些专门伪造、变造海关签发的报关单、进口证明、外汇管理部门核准件等凭证和单据的"专业公司"和"专业户"。它们制作假的海关、外汇管理部门出具的各种各样的单证和凭证，出售给骗购外汇、骗取出口退税或者进行走私的单位和个人，从中牟利。这些行为严重扰乱了外汇管理秩序，危害极大。但在实践中，对于买卖假的国家机关公文、证件、印章能否依照1997年《刑法》第二百八十条的规定定罪处罚，执行中认识不一致。为了明确这一问题，1998年12月29日第九届全国人大常委会第六次会议通过的《全国人民代表大会常务委员会关于惩治骗购外汇、逃汇和非法买卖外汇犯罪的决定》第二条规定："买卖伪造、变造的海关签发的报关单、进口证明、外汇管理部门核准件等凭证和单据或者国家机关的其他公文、证件、印章的，依照刑法第二百八十条的规定定罪处罚。"也就是说，此类行为均以《刑法》第二百八十条规定的买卖国家机关公文、证件、印章罪定罪量刑。应当指出的是，根据以上规定，不仅对买卖假的海关或者外汇管理部门出具的凭证或者单据的行为，而且对所有买卖伪造、变造的国家机关公文、证件、印章的行为，都应当依照《刑法》第二百八十条的规定定罪处罚。

5. 2015年《刑法修正案（九）》对本条的修改情况。一是将证明身份证件的范围扩大为"居民身份证、护照、社会保障卡、驾驶证等依法可以用于证明身份的证件"。为了维护居民身份证管理秩序，惩处伪造、变造居民身份证违法犯罪行为，1997年刑法规定了伪造、变造居民身份证罪。随着经济社会的发展和改革开放的不断深入，除居民身份证外，公民持有护照等身份证件的数量出现较大增长。社会保障卡、机动车驾驶证等证件，除用于专门领域和用途外，在实际生活特别是在相关社会管理中，也越来越多地用于证明身份。伪造、变造护照、社会保障卡、机动车驾驶证的行为，其社会危害性与伪造、变造居民身份证具有相当性，基于这一现实情况，《刑法修正案（九）》对伪造、变造证明身份证件的范围作了补充。二是增加了买卖居民身份证、护照、社会保障卡、驾驶证的犯罪行为。买卖居民身份证的情况在一些地方也比较突出，大量遗失、被盗的居民身份证被非法交易，还有的直接收购他人的居民身份证用以出售。买卖居民身份证的行为，严重危害了身份证管理秩序，为他人逃避实名监管，从事诈骗、洗钱、操纵证券市场、非法经营等违法犯罪活动提供便利，社会危害性大，有必要作为犯罪予以追究。三是对本条犯罪增加了罚金刑，以加大惩处力度。主要是考虑到实践中伪造、变造、买卖证件类的犯罪，多是逐利型的犯罪，有必要对行为人予以经济上的惩罚，以剥夺其犯罪收益和再犯罪的能力。

【条文说明】

本条是关于伪造、变造、买卖国家机关公文、证件、印章罪，盗窃、抢夺、毁灭国家机关公文、证件、印章罪，伪造公司、企业、事业单位、人民团体印章罪，伪造、变造、买卖身份证件罪及其处罚的规定。

本条共分为三款。

第一款是关于伪造、变造、买卖国家机关公文、证件、印章罪，盗窃、抢夺、毁灭国家机关公文、证件、印章罪及其处罚的规定。构成本款规定的犯罪须具备以下条件：一是**行为人在主观上是出于故意**，至于行为人出于何种动机不影响本罪的成立。[①] 二是**行为人在客观上实施了伪造、变造、买卖或者盗窃、抢夺、毁灭国家机关公文、证件、印章的行为**。本款规定的“**伪造**”，是指没有制作权的人，冒用名义，非法制作国家机关的公文、证件、印章的行为；[②]“**变造**”，是指用涂改、擦消、拼接等方法，对真实的公文、证件、印章进行改制，变更其原来真实内容的行为；[③]“**买卖**”，是指非法购买或者出售国家机关公文、证件、印章的行为；[④]“**盗窃**”，是指秘密窃取国家机关公文、证件、印章的行为；“**抢夺**”，是指趁保管或者经手人员不备，公然非法夺取国家机关公文、证件、印章的行为；“**毁灭**”，是指以烧毁、撕烂、砸碎或者其他方法，故意损毁国家机关公文、证件、印章，使其完全毁灭或者失去效用的行为。[⑤] 本款规定的以上几种妨害国家机关公文、证件、印章管理的犯罪行为，行为人可能只实施其中一种，也可能实施几种，行为人只要实施了上述行为之一就构成犯罪。本款规定的“国家机关”，是指各级国家权力机关、党政机关、司法机关、军事机关。三是**本款规定的犯罪行为侵害的对象，是国家机关公文、证件、印章**。[⑥] 这里的“**公文**”，是指国家机关在其职权范围内，以其名义制作的用以指示工作、处理问题或者联系事务的各种书面文件，如决定、命令、议案、决议、指示、公告、通告、通知、通报、报告、请示、批复、信函、电文、会议纪要等；“**证件**”，是指国家机关制作颁发的用以证明身份、权利义务关系或者有关事实的凭证，主要包括工作证、结婚证、户口簿、营业执照等证件、证书；[⑦]“**印章**”，是指刻有国家机关组织名称的公章或者某种特殊用途的专用章。[⑧]

根据犯罪情节轻重，本款对妨害国家机关公文、证件、印章管理的犯罪规定了两档刑罚：**对实施该款行为的**，处三年以下有期徒刑、拘役、管制或者剥夺政治权利，并处罚金；**情节严重的**，处三年以上十年以下有期徒刑，并处罚金。这里的“情节严重”，主要是指多次或者大量伪造、变造、买卖、盗窃、抢夺、毁灭国家机关公文、证件、印章的；妨害国家机关重要的公文、证件、印章的管理的；造成恶劣的政治影响、重大的经济损失等严重危害后果的；动机、目的恶劣的，如出于打击报复或者诬陷他人的目的；等等。

第二款是关于伪造公司、企业、事业单位、人民团体印章犯罪及其处罚的规定。公司、企业、事业单位、人民团体在经济活动、社会事务中需要通过某种文书确定一定的权利义务关系，并加盖单位的印章确认这些文书的法律效力，伪造上述单位的印章具有一定的社会危害性，会影响它们在社会活动中的信誉，因此，本款将这类行为规定为犯罪。构成本款规定的犯罪应当具备以下条件：一是**行为人在主观上是出于故意**，至于行为人出

分则　第六章

---

① 虽然现行刑法并未规定，本罪之成立必须以行使为目的，但亦有学者认为，只有当行为人认识到所伪造的公文、证件、印章可能被人使用时，才宜认定为犯罪。参见张明楷：《刑法学》（第6版），法律出版社2021年版，第1360页。

② 我国学者指出，除了“有形伪造”（没有制作权限的人，冒用国家机关名义制作公文、证件）外，伪造行为还包括“无形伪造”，即有制作权限的人，擅自以国家机关的名义制作与事实不相符合的公文、证件。另外，伪造的公文、证件、印章，足以使一般人信以为真时，即告本罪之既遂。本罪并不要求所伪造的公文、证件、印章与原本或原物没有任何区别。参见张明楷：《刑法学》（第6版），法律出版社2021年版，第1359页；黎宏：《刑法学各论》（第2版），法律出版社2016年版，第354页。

③ “伪造”与“变造”之间的区别，取决于公文、证件、印章的变动内容。如果改变公文、证件、印章的非本质内容，则属于变造行为。反之，则是伪造行为。参见张明楷：《刑法学》（第6版），法律出版社2021年版，第1360页。

④ 胜诉一方出卖胜诉的民事判决书，由于行为没有侵害民事判决本身的公共信用，行为人也没有损害国家机关公文的公共信用之故意，故而不构成买卖国家机关公文罪。参见张明楷：《刑法学》（第6版），法律出版社2021年版，第1362页。

⑤ 盗窃、抢夺、毁灭公文、证件的复印件或者伪造、变造的公文、证件、印章，不成立盗窃、抢夺、毁灭国家机关公文、证件、印章罪。如果盗窃、抢夺、毁灭行为对公文、证件的证明作用不生任何影响，也不会成立本罪。另外，由于刑法已经将居民身份证件从国家机关证件中独立出来，因此，盗窃、抢夺居民身份证件的行为，不会构成盗窃、抢夺国家机关证件罪，但可能成立盗窃罪、抢劫罪。参见张明楷：《刑法学》（第6版），法律出版社2021年版，第1362、1364页。

⑥ 买卖外国政府的公文、证件，不成立买卖国家机关公文、证件罪。参见张明楷：《刑法学》（第6版），法律出版社2021年版，第1361页；黎宏：《刑法学各论》（第2版），法律出版社2016年版，第355页。

⑦ 公文、证件原本的复印件是否属于公文、证件，学说上有肯定、否定两说。其中，采取肯定说的学者指出，因为伪造公文、证件只能是伪造应当由国家机关制作的公文、证件。至于是以复印形式伪造，还是以其他方式伪造，在所不论。并且，复印件本身也具有证明力。参见张明楷：《刑法学》（第6版），法律出版社2021年版，第1361页。

⑧ 我国学者进一步补充，印章包括印形与印影，前者是指固定了国家机关名称等内容并可以通过一定方式表示在其他物体上的图章；后者则指印形加盖在纸张等物体上所呈现的图像。并且，所伪造的印章不需要存在与之对应的真实印章。没有制作权限的人擅自制作非真实的国家机关印章，如行为人伪造“中华人民共和国农业部”的印章并加以使用，由于系争行为侵犯了国家机关印章的公共信用，故有本罪之成立。参见张明楷：《刑法学》（第6版），法律出版社2021年版，第1359—1361页。

于何种动机不影响本罪的成立。二是**行为人实施了伪造公司、企业、事业单位、人民团体印章的行为**。这里所说的“**公司**”，是指根据《公司法》第二条的规定，依照公司法在中国境内设立的有限责任公司和股份有限公司；“**企业**”，是指以营利为目的，从事生产、流通、科技、服务等活动的社会经济组织；“**事业单位**”，是指依照法律、行政法规或有关规定成立，从事教育、科技、文化、卫生等社会服务的组织，事业单位一般不以营利为目的；“**人民团体**”，是指人民群众团体，包括工会、共青团、妇联、科协、侨联、台联、青联、工商联等单位。三是**本款规定的犯罪行为侵害的对象，是公司、企业、事业单位、人民团体的印章**。这里所说的“**印章**”，是指刻有公司、企业、事业单位、人民团体组织名称的图章或者某种特殊用途的专用章。①1997年修订刑法时，考虑到公司、企业、事业单位、人民团体的公文、证件较为复杂，对于伪造、变造、盗窃、抢夺、毁灭公司、企业、事业单位、人民团体的公文、证件以及变造、盗窃、抢夺、毁灭公司、企业、事业单位、人民团体的印章等行为不再作为犯罪处理。

根据本款规定，对犯伪造公司、企业、事业单位、人民团体印章罪的，处三年以下有期徒刑、拘役、管制或者剥夺政治权利，并处罚金。

第三款是关于伪造、变造、买卖居民身份证、护照、社会保障卡、驾驶证等依法可以用于证明身份的证件犯罪的规定。构成本款规定的犯罪须具备以下条件：一是**行为人在主观上是出于故意**，至于行为人出于何种动机不影响本罪的成立。二是**行为人在客观上实施了“伪造、变造、买卖”居民身份证、护照、社会保障卡、驾驶证等依法可以用于证明身份的证件的行为**。其中，“**伪造**”是指制作虚假的居民身份证等依法可以用于证明身份的证件；“**变造**”是指对真的身份证件进行改制，变更其原有真实内容的行为；“**买卖**”是指为了某种目的，非法购买或者销售这些身份证件的行为。②三是**本款规定的犯罪行为侵害的对象，是居民身份证、护照、社会保障卡、驾驶证等依法可以用于证明身份的证件**。

“**居民身份证**”，是具有中华人民共和国国籍并定居在中国境内的居民的有效证件，由公安机关依照居民身份证法制作、发放，因其信息直接来源于全国人口基本信息库，信息真实可靠，携带方便，运用最为广泛，是专门供公民在参与各项社会事务和社会活动时用于证明身份的证件。《居民身份证法》第十三条第一款规定，公民从事有关活动，需要证明身份的，有权使用居民身份证证明身份，有关单位及其工作人员不得拒绝。

“**护照**”，是由公民国籍所在国发给公民的一种能在国外证明自己身份的证件，是公民出入本国国境口岸和到国外旅行、居留时的必备证件。这里的护照，既包括中国公民依法申领的由中国有关主管部门发放的护照，也包括外国人持有的相关国家主管部门发放的护照，我国护照法对护照作为身份证明文件有明确规定。《护照法》第二条第一款规定，中华人民共和国护照是中华人民共和国公民出入国境和在国外证明国籍和身份的证件。《出境入境管理法》第十四条规定，定居国外的中国公民在中国境内办理金融、教育、医疗、交通、电信、社会保险、财产登记等事务需要提供身份证明的，可以凭本人的护照证明其身份。

“**社会保障卡**”，是社会保障主管部门依照规定向社会保障对象发放的拥有多种功能的证件。根据我国《居民身份证法》第十四条的规定，除以居民身份证证明身份外，在特定情况下，可以使用符合国家规定的其他证明方式证明身份。《社会保险法》第五十八条第三款规定，国家建立全国统一的个人社会保障号码，个人社会保障号码为公民身份证号码。社会保障卡以公民身份证号码为统一的信息标识，公民持卡可以进行医疗保险个人帐户结算，领取社会保险金，享受其他社会保险待遇等。有关社会保障部门开展相关管理工作时，医院、养老金发放机构等组织为持卡公民办理结算、支付等业务时，都需要以社会保障卡作为对权利人进行身份识别的凭证；采用计算机技术管理的社会保障相关信息系统，往往也需要以社会保障卡作为身份识别的工具。如按照人力资源和社会保障部、国家卫生与计划生育委员会制定的《工伤职工劳动能力鉴定管理办法》第八条的规定，申请劳动能力鉴定应当提交工伤职工的居民身份证或者社会保障卡等其他有效身份证明原件。因此，社会保障卡既是公民享受社会保障待遇的权利凭证，同时也具有社会保障权利人身份证明的属性。

① 由于我国刑法只有伪造公司、企业、事业单位、人民团体印章罪而没有伪造私文书罪，因此，必须注意印章与省略文书的区分。伪造、变造省略文书，不会成立本罪。参见张明楷：《刑法学》（第6版），法律出版社2021年版，第1362页。

② 我国学者指出，本款中的“买卖”，应当只是指单纯购买了伪造、变造的身份证件后，进行贩卖的行为，其主要特点是为了非法利益而在造假者和购买者之间充当媒介，而没有亲自参与伪造、变造身份证件的行为。参见黎宏：《刑法学各论》（第2版），法律出版社2016年版，第357页。

“驾驶证”，是指机动车驾驶证。我国机动车驾驶证是道路交通管理部门依照道路交通安全法的规定发放的，用于证明持证人具有相应驾驶资格的凭证。驾驶证也是采用全国统一的公民身份证号码作为身份识别标识。在社会生活中，驾驶证除作为驾驶资格的证明外，在与交通管理有关的很多场合也被作为身份证明加以使用。比如，一些地方以摇号方式发放机动车号牌的，规定申请人要同时登记驾驶证和居民身份证号码；又如，在有交通违章时，车辆驾驶人凭行驶证和驾驶证去交通管理部门接受处理，这时的驾驶证也起证明车辆驾驶人身份的作用。因此，与社会保障卡类似，驾驶证也属于依法可以用于证明身份的证件。①

本款根据犯罪情节轻重，对伪造、变造、买卖居民身份证、护照、社会保障卡、驾驶证等依法可以用于证明身份的证件的犯罪规定了两档刑罚：**对实施该款行为的**，处三年以下有期徒刑、拘役、管制或者剥夺政治权利，并处罚金。**情节严重的**，处三年以上七年以下有期徒刑，并处罚金。这里的“情节严重”，司法实践中可以主要根据行为人伪造、变造、买卖的证件的数量、非法牟利的数额、给他人造成的经济损失等情节确定。

实践中需要注意以下两个方面的问题：

1. 在实际生活中，除居民身份证、护照、社会保障卡、驾驶证这四类证件外，还有一些被单位或者个人在一定范围、领域内使用，实际起到证明身份作用的证件，如各种会员卡、会员证、上岗证等，这些证件能否认定为本款规定的“依法可以用于证明身份的证件”，对此需要慎重研究。本款明确规定的依法可以用于证明身份的证件包括居民身份证、护照、社会保障卡、驾驶证这四类证件，其中护照、社会保障卡、驾驶证是《刑法修正案（九）》增加的。关于证件的范围，在《刑法修正案（九）》研究、审议过程中，是经广泛听取意见，在各方面达成共识的基础上确定的。居民身份证、护照可以说是专门用于证明身份的证件，社会保障卡、驾驶证则属于兼具证明身份功能的，在社会生活和相关管理活动中被广泛使用的，且其证明效力也为法律所认可的证件。

上述四类证件之所以被社会广泛认可，是因为它们有一些共同的属性：一是具有权威性，由国家有关主管部门依法统一制作发放。二是具有统一性，采用全国统一标准，以具有唯一性的居民身份证号码作为识别信息，并附有照片等重要身份识别信息，可识别性强。三是持证人的广泛性，发放数量大，具有较好的应用基础。目前居民身份证的实有持证人数已经超过十亿，社会保障卡的持有人数已经超过七亿，驾驶证的持有人数已经超过三亿。因此，**对“依法可以用于证明身份的证件”的范围，实践中应当严格按照法律规定的范围掌握**。如果在实践中，在权威性、统一性、广泛性等方面与法律明确列举的四类证件具有相当性，确属应当作为“依法可以用于证明身份的证件”，可通过法律解释等方式予以明确。需要强调的是，对证件的范围严格按照法律规定掌握，并非对伪造、变造、买卖这四类证件之外的其他证件的行为不能够依法处理。实际上多数行为可以根据本条第一款、第二款的规定，以伪造、变造、买卖国家机关公文、证件、印章罪，伪造公司、企业、事业单位、人民团体印章罪追究。还有一些情形，可以根据治安管理处罚法的规定处理。

2. 根据本条第三款的规定，**买卖居民身份证、护照、社会保障卡、驾驶证，既包括买卖真证，也包括买卖伪造、变造的证件**。实际上本条第一款关于买卖国家机关公文、证件、印章犯罪的规定也存在这一问题。为明确该问题，1998 年 12 月 29 日《全国人民代表大会常务委员会关于惩治骗购外汇、逃汇和非法买卖外汇犯罪的决定》第二条明确规定，买卖伪造、变造的海关签发的报关单、进口证明、外汇管理部门核准件等凭证和单据或者国家机关的其他公文、证件、印章的，依照《刑法》第二百八十条的规定定罪处罚。即无论买卖真实的国家机关公文、证件、印章，还是买卖伪造、变造的国家机关公文、证件、印章，都属于刑法规定的买卖国家机关公文、证件、印章犯罪。这一规定的精神也同样适用于本条第三款。对于买卖伪造的国家机关证件的行为，应当如何适用刑法，《最高人民检察院法律政策研究室关于买卖伪造的国家机关证件行为是否构成犯罪问题的答复》明确规定，对于买卖伪造的国家机关证件的行为，依法应当追究刑事责任的，可适用《刑法》第二百八十条第一款的规定以买卖国家机关证件罪追究刑事责任。

【司法解释】

《最高人民法院关于审理骗购外汇、非法买卖外汇刑事案件具体应用法律若干问题的解释》

（法释〔1998〕20 号，自 1998 年 9 月 1 日起施行）

① 我国学者指出，虽然有身份证号但没有持证人照片的机动车驾驶证，不属于身份证件。参见张明楷：《刑法学》（第 6 版），法律出版社 2021 年版，第 1363 页。

△(**海关签发的报关单、进口证明、外汇管理机关的核准件等凭证;伪造、变造、买卖国家机关公文、证件罪**)伪造、变造、买卖海关签发的报关单、进口证明、外汇管理机关的核准件等凭证或者购买伪造、变造的上述凭证的,按照刑法第二百八十条第一款的规定定罪处罚。(§2)

《最高人民法院关于审理破坏森林资源刑事案件具体应用法律若干问题的解释》(法释〔2000〕36号,自2000年12月11日起施行)

△(**林业证件;经营许可证明;伪造、变造、买卖国家机关公文、证件罪;想象竞合犯;非法经营罪**)对于伪造、变造、买卖林木采伐许可证、木材运输证件,森林、林木、林地权属证书,占用或者征用林地审核同意书、育林基金等缴费收据以及其他国家机关批准的林业证件构成犯罪的,依照刑法第二百八十条第一款的规定,以伪造、变造、买卖国家机关公文、证件罪定罪处罚。

对于买卖允许进出口证明书等经营许可证明,同时触犯刑法第二百二十五条、第二百八十条规定之罪的,依照处罚较重的规定定罪处罚。(§13)

《最高人民法院、最高人民检察院关于办理伪造、贩卖伪造的高等院校学历、学位证明刑事案件如何适用法律问题的解释》(法释〔2001〕22号,自2001年7月5日起施行)

△(**伪造高等院校印章;假学历、学位证明;伪造事业单位印章罪;明知;共犯**)对于伪造高等院校印章制作学历、学位证明的行为,应当依照刑法第二百八十条第二款的规定,以伪造事业单位印章罪定罪处罚。

明知是伪造高等院校印章制作的学历、学位证明而贩卖的,以伪造事业单位印章罪的共犯论处。①

《最高人民法院、最高人民检察院关于办理与盗窃、抢劫、诈骗、抢夺机动车相关刑事案件具体应用法律若干问题的解释》(法释〔2007〕11号,自2007年5月11日起施行)

△(**机动车行驶证、登记证书;伪造、变造、买卖国家机关证件罪;情节严重**)伪造、变造、买卖机动车行驶证、登记证书,累计三本以上的,依照刑法第二百八十条第一款的规定,以伪造、变造、买卖国家机关证件罪定罪,处三年以下有期徒刑、拘役、管制或者剥夺政治权利。

伪造、变造、买卖机动车行驶证、登记证书,累计达到第一款规定数量标准五倍以上的,属于刑法第二百八十条第一款规定中的"情节严重",处三年以上十年以下有期徒刑。(§2)

《最高人民法院、最高人民检察院关于办理妨害信用卡管理刑事案件具体应用法律若干问题的解释》(法释〔2018〕19号,自2018年12月1日起施行)

△(**资信证明材料;伪造、变造、买卖国家机关公文、证件、印章罪;伪造公司、企业、事业单位、人民团体印章罪**)为信用卡申请人制作、提供虚假的财产状况、收入、职务等资信证明材料,涉及伪造、变造、买卖国家机关公文、证件、印章,或者涉及伪造公司、企业、事业单位、人民团体印章,应当追究刑事责任的,依照刑法第二百八十条的规定,分别以伪造、变造、买卖国家机关公文、证件、印章罪和伪造公司、企业、事业单位、人民团体印章罪定罪处罚。(§4Ⅰ)

【司法解释性文件】

《最高人民法院、最高人民检察院、公安部、国家工商行政管理局关于依法查处盗窃、抢劫机动车案件的规定》(公通字〔1998〕31号,1998年5月8日公布)

△(**机动车牌证;机动车入户、过户、验证的有关证明文件;伪造、变造、买卖国家机关公文、证件、印章罪**)伪造、变造、买卖机动车牌证②及机动车入户、过户、验证的有关证明文件的,依照《刑法》第二百八十条第一款的规定处罚。(§7)

《最高人民检察院法律政策研究室关于买卖伪造的国家机关证件行为是否构成犯罪问题的答复》(〔1999〕高检研发第5号,1999年6月21日公布)

---

① 此规定作出的背景是社会上假文凭泛滥成灾,但由于假文凭属于事业单位的公文,难以对造假行为进行处罚。参见黎宏:《刑法学各论》(第2版),法律出版社2016年版,第356页。

另有学者指出,只有事前与伪造者通谋,才能认定为伪造事业单位印章罪的共犯。如果在伪造者伪造学历、学位证明后再予以贩卖,即便行为人明知是伪造的学历、学位证明,也无法以伪造事业单位印章罪的共犯论处。否则,将有悖于刑法总则中共同犯罪的规定。参见张明楷:《刑法学》(第6版),法律出版社2021年版,第1363页。

② 我国学者指出,不宜将机动车号牌认定为国家机关的证件,原因在于:从车牌的性质和作用来看,其目的是便于交通管理部门实施管理和社会公众监督,所起的作用主要是识别作用而非证明作用,应当归入标志范畴;从实定法规定来看,《刑法》第三百七十五条第二款之非法生产、买卖军用标志罪将武装部队的机动车号牌列为专用标志的一种(而非证件)。普通居民的机动车号牌自然也没有理由成为国家机关证件。否则,会造成处罚上的失衡。参见黎宏:《刑法学各论》(第2版),法律出版社2016年版,第354页。

△(**伪造的国家机关证件；买卖国家机关证件罪**)对于买卖伪造的国家机关证件的行为，依法应当追究刑事责任的，可适用刑法第二百八十条第一款的规定以买卖国家机关证件罪追究刑事责任。

《公安部关于盗窃空白因私护照有关问题的批复》(公境出〔2000〕881号，2000年5月16日公布)

△(**空白护照**)李博日韦、万明亮等人所盗取的空白护照属于出入境证件。护照不同于一般的身份证件，它是公民国际旅行的身份证件和国籍证明。在我国，公民因私护照的设计、研制、印刷统一由公安部出入境管理局负责。护照上设计了多项防伪措施，每本护照(包括空白护照)都有一个统一编号，空白护照是签发护照的重要构成因素，对空白护照的发放、使用有严格的管理程序。空白护照丢失，与已签发的护照一样，也由公安部出入境管理局宣布作废，空白护照是作为出入境证件加以管理的。因此，空白护照既是国家机关的证件，也是出入境证件。(§1)

△(**情节严重；盗窃国家机关证件罪**)李博日韦、万明亮等人所盗护照不同于一般商品，在认定其盗窃情节时，不能简单依照护照本身的研制、印刷费用计算盗窃数额，而应依照所盗护照的本数计算。一次盗窃2 000本护照，在建国以来是第一次，所造成的影响极其恶劣。应当认定为"情节严重"，不是一般的盗窃，而应按照刑法第280条规定处理。(§2)

《公安部关于对伪造学生证及贩卖、使用伪造学生证的行为如何处理问题的批复》(公刑〔2002〕1046号，2002年6月26日公布)

△(**伪造学生证；伪造事业单位印章罪**)对伪造高等院校印章制作学生证的行为，应当依照《中华人民共和国刑法》第280条第2款的规定，以伪造事业单位印章罪立案侦查。(§1)

△(**贩卖伪造学生证；明知；共犯**)对明知是伪造高等院校印章制作的学生证而贩卖的，应当以伪造事业单位印章罪的共犯立案侦查；对贩卖伪造的学生证，尚不够刑事处罚的，应当就其明知是伪造的学生证而购买的行为，依照《中华人民共和国治安管理处罚条例》第24条第(一)项的规定，以明知是赃物而购买处罚。(§2)

《最高人民检察院研究室关于买卖尚未加盖印章的空白〈边境证〉行为如何适用法律问题的答复》(〔2002〕高检研发第19号，2002年9月25日公布)

△(**尚未加盖印章的空白《边境证》**)对买卖尚未加盖发证机关的行政印章或者通行专用章印鉴的空白《中华人民共和国边境管理区通行证》的行为，不宜以买卖国家机关证件罪追究刑事责任。国家机关工作人员实施上述行为，构成犯罪的，可以按滥用职权等相关犯罪依法追究刑事责任。

《最高人民检察院法律政策研究室关于通过伪造证据骗取法院民事裁判占有他人财物的行为如何适用法律问题的答复》(〔2002〕高检研发第18号，2002年10月24日公布)

△(**伪造证据；伪造公司、企业、事业单位、人民团体印章罪；妨害作证罪**)以非法占有为目的，通过伪造证据骗取法院民事裁判占有他人财物的行为所侵害的主要是人民法院正常的审判活动可以由人民法院依照民事诉讼法的有关规定作出处理，不宜以诈骗罪追究行为人的刑事责任。如果行为人伪造证据时，实施了伪造公司、企业、事业单位、人民团体印章的行为，构成犯罪的，应当依照刑法第二百八十条第二款的规定，以伪造公司、企业、事业单位、人民团体印章罪追究刑事责任；如果行为人有指使他人作伪证行为，构成犯罪的应当依照刑法第三百零七条第一款的规定，以妨害作证罪追究刑事责任。

《最高人民检察院研究室关于伪造、变造、买卖政府设立的临时性机构的公文、证件、印章行为如何适用法律问题的答复》(2003年6月3日公布)

△(**临时性机构的公文、证件、印章；伪造、变造、买卖国家机关公文、证件、印章罪**)伪造、变造、买卖各级人民政府设立的行使行政管理权的临时性机构的公文、证件、印章行为，构成犯罪的，应当依照刑法第二百八十条第一款的规定，以伪造、变造、买卖国家机关公文、证件、印章罪追究刑事责任。

《最高人民法院研究室关于对行为人通过伪造国家机关公文、证件担任国家工作人员职务并利用职务上的便利侵占本单位的财物、收受贿赂、挪用本单位资金等行为如何适用法律问题的答复》(法研〔2004〕38号，2004年3月20日公布)

△(**数罪并罚；伪造国家机关公文、证件罪；贪污罪、受贿罪、挪用公款罪**)行为人通过伪造国家机关公文、证件担任国家工作人员职务以后，又利用职务上的便利实施侵占本单位财务、收受贿赂、挪用本单位资金等行为，构成犯罪的，应当分别以伪造国家机关公文、证件罪和相应的贪污罪、受贿罪、挪用公款罪等追究刑事责任，实行数罪并罚。

《最高人民法院研究室〈关于伪造、变造、买卖民用机动车号牌行为能否以伪造、变造、买卖国家机关证件罪定罪处罚问题的请示〉的答复》(法研〔2009〕68号,2009年1月1日公布)

△(**民用机动车号牌**)同意你院审委会讨论中的多数人意见,伪造、变造、买卖民用机动车号牌行为不能以伪造、变造、买卖国家机关证件罪定罪处罚。你院所请示问题的关键在于能否将机动车号牌认定为国家机关证件,从当前我国刑法的规定看,不能将机动车号牌认定为国家机关证件。理由在于:

一、刑法第280条第1款规定了伪造、变造、买卖国家机关公文、证件、印章罪,第281条规定了非法生产、买卖警用装备罪,将警用车辆号牌归属于警察专用标志,属于警用装备的范围。从这一点分析,证件与车辆号牌不具有同一性。如果具有同一性,刑法第280条中的证件就包括了警用车辆号牌,也就没有必要在第281条中单独明确列举警用车辆号牌了。同样的道理适用于刑法第375条的规定(刑法第375条第1款规定了伪造、变造、买卖武装部队公文、证件、印章罪,盗窃、抢夺武装部队公文、证件、印章罪,第2款规定了非法生产、买卖军用标志罪,而军用标志包括武装部队车辆号牌)。刑法规定非法生产、买卖警用装备罪和非法生产、买卖军用标志罪,明确对警用车辆号牌和军用车辆号牌进行保护,目的在于维护警用、军用标志性物品的专用权,而不是将警用和军用车辆号牌作为国家机关证件来保护。如果将机动车号牌认定为证件,那么非法买卖警用机动车号牌的行为,是认定为非法买卖国家机关证件罪还是非法买卖警用装备罪?这会导致刑法适用的混乱。

二、从刑罚处罚上看,如果将机动车号牌认定为国家机关证件,那么非法买卖的机动车号牌如果分别属于人民警察车辆号牌、武装部队车辆号牌、普通机动车号牌,同样一个行为就会得到不同的处理结果:对于前两者,根据刑法第281条、第375条第2款的规定,情节严重的,分别构成非法买卖警用装备罪、非法买卖军用标志罪,法定刑为三年以下有期徒刑、拘役或者管制,并处或者单处罚金。对于非法买卖民用机动车号牌,根据刑法第280条第1款的规定,不论情节是否严重,均构成买卖国家机关证件罪,情节一般的,处三年以下有期徒刑、拘役、管制或者剥夺政治权利;情节严重的,处三年以上十年以下有期徒刑。可见,将机动车号牌认定为证件,将使对非法买卖普通机动车号牌的刑罚处罚重于对非法买卖人民警察、武装部队车辆号牌的刑罚处罚,这显失公平,也有悖立法本意。

《最高人民法院、最高人民检察院、公安部关于办理电信网络诈骗等刑事案件适用法律若干问题的意见(二)》(法发〔2021〕22号,2021年6月17日发布)

△(**电信网络诈骗犯罪;办理手机卡、信用卡、银行账户、非银行支付账户;伪造身份证件罪;竞合**)在网上注册办理手机卡、信用卡、银行账户、非银行支付账户时,为通过网上认证,使用他人身份证件信息并替换他人身份证件相片,属于伪造身份证件行为,符合刑法第二百八十条第三款规定的,以伪造身份证件罪追究刑事责任。

实施上述两款行为,同时构成其他犯罪的,依照处罚较重的规定定罪处罚。法律和司法解释另有规定的除外。(§6Ⅰ、Ⅲ)

△(**调取异地公安机关依法制作、收集的证据材料**)办案地公安机关可以通过公安机关信息化系统调取异地公安机关依法制作、收集的刑事案件受案登记表、立案决定书、被害人陈述等证据材料。调取时不得少于两名侦查人员,并应记载调取的时间、使用的信息化系统名称等相关信息,调取人签名并加盖办案地公安机关印章。经审核证明真实的,可以作为证据使用。(§13)

△(**境外证据材料;证据使用**)通过国(区)际警务合作收集或者境外警方移交的境外证据材料,确因客观条件限制,境外警方未提供相关证据的发现、收集、保管、移交情况等材料的,公安机关应当对上述证据材料的来源、移交过程以及种类、数量、特征等作出书面说明,由两名以上侦查人员签名并加盖公安机关印章。经审核能够证明案件事实的,可以作为证据使用。(§14)

△(**境外抓获并羁押;折抵刑期**)对境外司法机关抓获并羁押的电信网络诈骗犯罪嫌疑人,在境内接受审判的,境外的羁押期限可以折抵刑期。(§15)

△(**宽严相济刑事政策**)办理电信网络诈骗犯罪案件,应当充分贯彻宽严相济刑事政策。在侦查、审查起诉、审判过程中,应当全面收集证据、准确甄别犯罪嫌疑人、被告人在共同犯罪中的层级地位及作用大小,结合其认罪态度和悔罪表现,区别对待,宽严并用,科学量刑,确保罚当其罪。

对于电信网络诈骗犯罪集团、犯罪团伙的组织者、策划者、指挥者和骨干分子,以及利用未成年人、在校学生、老年人、残疾人实施电信网络诈骗的,依法从严惩处。

对于电信网络诈骗犯罪集团、犯罪团伙中的从犯,特别是其中参与时间相对较短、诈骗数额相对较低或者从事辅助性工作并领取少量报酬，以及初犯、偶犯、未成年人、在校学生等，应当综合考虑其在共同犯罪中的地位作用、社会危害程度、主观恶性、人身危险性、认罪悔罪表现等情节，可以依法从轻、减轻处罚。犯罪情节轻微的，可以依法不起诉或者免予刑事处罚；情节显著轻微危害不大的，不以犯罪论处。（§ 16）

△（**查扣涉案账户资金；优先返还**）查扣的涉案账户内资金，应当优先返还被害人，如不足以全额返还的，应当按照比例返还。（§ 17）

【附属刑法】

《中华人民共和国行政许可法》（2003年8月27日通过，2019年4月23日修正）

第八十条

被许可人有下列行为之一的，行政机关应当依法给予行政处罚；构成犯罪的，依法追究刑事责任：

（一）涂改、倒卖、出租、出借行政许可证件，或者以其他形式非法转让行政许可的；

……

《中华人民共和国电子签名法》（2004年8月28日通过，2019年4月23日第二次修正）

第三十二条

伪造、冒用、盗用他人的电子签名[①]，构成犯罪的，依法追究刑事责任；给他人造成损失的，依法承担民事责任。

《中华人民共和国个人独资企业法》（1999年8月30日通过）

第三十五条

Ⅰ涂改、出租、转让营业执照的，责令改正，没收违法所得，处以三千元以下的罚款；情节严重的，吊销营业执照。

Ⅱ伪造营业执照的，责令停业，没收违法所得，处以五千元以下的罚款。构成犯罪的，依法追究刑事责任。

《中华人民共和国户口登记条例》（1958年1月9日通过）

第二十条

有下列情形之一的，根据情节轻重，依法给予治安管理处罚或者追究刑事责任：

（一）不按照本条例的规定申报户口的；

（二）假报户口的；

（三）伪造、涂改、转让、出借、出卖户口证件的；

（四）冒名顶替他人户口的；

（五）旅店管理人不按照规定办理旅客登记的。

《中华人民共和国居民身份证法》（2003年6月28日通过，2011年10月29日修正）

第十七条

Ⅰ有下列行为之一的，由公安机关处二百元以上一千元以下罚款，或者处十日以下拘留，有违法所得的，没收违法所得：

……

（二）购买、出售、使用伪造、变造的居民身份证的。[②]

Ⅱ伪造、变造的居民身份证和骗领的居民身份证，由公安机关予以收缴。

第十八条

Ⅰ伪造、变造居民身份证的，依法追究刑事责任。

Ⅱ有本法第十六条、第十七条所列行为之一，从事犯罪活动的，依法追究刑事责任。

---

① 《中华人民共和国电子签名法》（2004年8月28日通过，2019年4月23日第二次修正）

第二条

Ⅰ本法所称电子签名，是指数据电文中以电子形式所含、所附用于识别签名人身份并表明签名人认可其中内容的数据。

② 《中华人民共和国居民身份证法》（2003年6月28日通过，2011年10月29日修正）

第十三条

Ⅰ公民从事有关活动，需要证明身份的，有权使用居民身份证证明身份，有关单位及其工作人员不得拒绝。

Ⅱ有关单位及其工作人员对履行职责或者提供服务过程中获得的居民身份证记载的公民个人信息，应当予以保密。

第十四条

Ⅰ有下列情形之一的，公民应当出示居民身份证证明身份：

（一）常住户口登记项目变更；

（二）兵役登记；

（三）婚姻登记、收养登记；

（四）申请办理出境手续；

（五）法律、行政法规规定需要用居民身份证证明身份的其他情形。

Ⅱ依照本法规定未取得居民身份证的公民，从事前款规定的有关活动，可以使用符合国家规定的其他证明方式证明身份。

《中华人民共和国公证法》(2005年8月28日通过,2017年9月1日第二次修正)

第四十四条

当事人以及其他个人或者组织有下列行为之一,给他人造成损失的,依法承担民事责任;违反治安管理的,依法给予治安管理处罚;构成犯罪的,依法追究刑事责任:

……

(三)伪造、变造或者买卖伪造、变造的公证书、公证机构印章的。

《中华人民共和国商标法》(1982年8月23日通过,2019年4月23日第四次修正)

第六十八条

Ⅰ商标代理机构有下列行为之一的,由工商行政管理部门责令限期改正,给予警告,处一万元以上十万元以下的罚款;对直接负责的主管人员和其他直接责任人员给予警告,处五千元以上五万元以下的罚款;构成犯罪的,依法追究刑事责任:

(一)办理商标事宜过程中,伪造、变造或者使用伪造、变造的法律文件、印章、签名的;

……

《中华人民共和国对外贸易法》(1994年5月12日通过,2016年11月7日修正)

第六十三条

Ⅰ违反本法第三十四条规定①,依照有关法律、行政法规的规定处罚;构成犯罪的,依法追究刑事责任。

《中华人民共和国民办教育促进法》(2002年12月28日通过,2018年12月29日第三次修正)

第六十二条

民办学校有下列行为之一的,由县级以上人民政府教育行政部门、人力资源社会保障行政部门或者其他有关部门责令限期改正,并予以警告;有违法所得的,退还所收费用后没收违法所得;情节严重的,责令停止招生、吊销办学许可证;构成犯罪的,依法追究刑事责任:

……

(四)非法颁发或者伪造学历证书、结业证书、培训证书、职业资格证书的;

……

(六)提交虚假证明文件或者采取其他欺诈手段隐瞒重要事实骗取办学许可证的;

(七)伪造、变造、买卖、出租、出借办学许可证的;

……

《中华人民共和国大气污染防治法》(1987年9月5日通过,2018年10月26日第二次修正)

第一百一十二条

Ⅰ违反本法规定,伪造机动车、非道路移动机械排放检验结果或者出具虚假排放检验报告的,由县级以上人民政府生态环境主管部门没收违法所得,并处十万元以上五十万元以下的罚款;情节严重的,由负责资质认定的部门取消其检验资格。

Ⅱ违反本法规定,伪造船舶排放检验结果或者出具虚假排放检验报告的,由海事管理机构依法予以处罚。

Ⅲ违反本法规定,以临时更换机动车污染控制装置等弄虚作假的方式通过机动车排放检验或者破坏机动车车载排放诊断系统的,由县级以上人民政府生态环境主管部门责令改正,对机动车所有人处五千元的罚款;对机动车维修单位处每辆机动车五千元的罚款。

第一百二十七条

违反本法规定,构成犯罪的,依法追究刑事责任。

《中华人民共和国野生动物保护法》(1988年11月8日通过,2018年10月26日第三次修正)

第五十五条

违反本法第三十九条第一款规定②,伪造、变

---

① 《中华人民共和国对外贸易法》(1994年5月12日通过,2016年11月7日修正)

第三十四条

在对外贸易活动中,不得有下列行为:

(一)伪造、变造进出口货物原产地标记,伪造、变造或者买卖进出口货物原产地证书、进出口许可证、进出口配额证明或者其他进出口证明文件;

……

② 《中华人民共和国野生动物保护法》(1988年11月8日通过,2018年10月26日第三次修正)

第三十九条

Ⅰ禁止伪造、变造、买卖、转让、租借特许猎捕证、狩猎证、人工繁育许可证及专用标识,出售、购买、利用国家重点保护野生动物及其制品的批准文件,或者允许进出口证明书、进出口等批准文件。

造、买卖、转让、租借有关证件、专用标识或者有关批准文件的，由县级以上人民政府野生动物保护主管部门没收违法证件、专用标识、有关批准文件和违法所得，并处五万元以上二十五万元以下的罚款；构成违反治安管理行为的，由公安机关依法给予治安管理处罚；构成犯罪的，依法追究刑事责任。

《中华人民共和国进出境动植物检疫法》(1991 年 10 月 30 日通过，2009 年 8 月 27 日修正)

第四十三条

伪造、变造检疫单证、印章、标志、封识，依照刑法有关规定追究刑事责任。

《中华人民共和国渔业法》(1986 年 1 月 20 日通过，2013 年 12 月 28 日第四次修正)

第四十三条

涂改、买卖、出租或者以其他形式转让捕捞许可证的，没收违法所得，吊销捕捞许可证，可以并处一万元以下的罚款；伪造、变造、买卖捕捞许可证，构成犯罪的，依法追究刑事责任。

《中华人民共和国烟草专卖法》(1991 年 6 月 29 日通过，2015 年 4 月 24 日第三次修正)

第三十六条

Ⅰ伪造、变造、买卖本法规定的烟草专卖生产企业许可证、烟草专卖经营许可证等许可证件和准运证的，依照刑法有关规定追究刑事责任。

Ⅱ烟草专卖行政主管部门和烟草公司工作人员利用职务上的便利犯前款罪的，依法从重处罚。

《中华人民共和国畜牧法》(2005 年 12 月 29 日通过，2015 年 4 月 24 日修正)

第六十二条

违反本法有关规定，无种畜禽生产经营许可证或者违反种畜禽生产经营许可证的规定生产经营种畜禽的，转让、租借种畜禽生产经营许可证的，由县级以上人民政府畜牧兽医行政主管部门责令停止违法行为，没收违法所得；违法所得在三万元以上的，并处违法所得一倍以上三倍以下罚款；没有违法所得或者违法所得不足三万元的，并处三千元以上三万元以下罚款。违反种畜禽生产经营许可证的规定生产经营种畜禽或者转让、租借种畜禽生产经营许可证，情节严重的，并处吊销种畜禽生产经营许可证。

第六十八条

Ⅰ违反本法有关规定，销售的种畜禽未附具种畜禽合格证明、检疫合格证明、家畜系谱的，销售、收购国务院畜牧兽医行政主管部门规定应当加施标识而没有标识的畜禽的，或者重复使用畜禽标识的，由县级以上地方人民政府畜牧兽医行政主管部门或者工商行政管理部门责令改正，可以处二千元以下罚款。

Ⅱ违反本法有关规定，使用伪造、变造的畜禽标识的，由县级以上人民政府畜牧兽医行政主管部门没收伪造、变造的畜禽标识和违法所得，并处三千元以上三万元以下罚款。

第七十一条

违反本法规定，构成犯罪的，依法追究刑事责任。

《中华人民共和国就业促进法》(2007 年 8 月 30 日通过，2015 年 4 月 24 日修正)

第六十五条

违反本法规定，职业中介机构提供虚假就业信息，为无合法证照的用人单位提供职业中介服务，伪造、涂改、转让职业中介许可证的，由劳动行政部门或者其他主管部门责令改正；有违法所得的，没收违法所得，并处一万元以上五万元以下的罚款；情节严重的，吊销职业中介许可证。

第六十八条

违反本法规定，侵害劳动者合法权益，造成财产损失或者其他损害的，依法承担民事责任；构成犯罪的，依法追究刑事责任。

《中华人民共和国特种设备安全法》(2013 年 6 月 29 日通过)

第八十一条

Ⅲ特种设备生产单位涂改、倒卖、出租、出借生产许可证的，责令停止生产，处五万元以上五十万元以下罚款；情节严重的，吊销生产许可证。

第九十八条

违反本法规定，构成违反治安管理行为的，依法给予治安管理处罚；构成犯罪的，依法追究刑事责任。

《中华人民共和国基本医疗卫生与健康促进法》(2019 年 12 月 28 日通过)

第九十九条

Ⅱ违反本法规定，伪造、变造、买卖、出租、出借医疗机构执业许可证的，由县级以上人民政府卫生健康主管部门责令改正，没收违法所得，并处违法所得五倍以上十五倍以下的罚款，违法所得不足一万元的，按一万元计算；情节严重的，吊销医疗机构执业许可证。

第一百零六条

违反本法规定，构成犯罪的，依法追究刑事责任；造成人身、财产损害的，依法承担民事责任。

《中华人民共和国药品管理法》(1984年9月20日通过,2019年8月26日第二次修订)

第一百二十二条

伪造、变造、出租、出借、非法买卖许可证或者药品批准证明文件的,没收违法所得,并处违法所得一倍以上五倍以下的罚款;情节严重的,并处违法所得五倍以上十五倍以下的罚款,吊销药品生产许可证、药品经营许可证、医疗机构制剂许可证或者药品批准证明文件,对法定代表人、主要负责人、直接负责的主管人员和其他责任人员,处二万元以上二十万元以下的罚款,十年内禁止从事药品生产经营活动,并可以由公安机关处五日以上十五日以下的拘留;违法所得不足十万元的,按十万元计算。

第一百一十四条

违反本法规定,构成犯罪的,依法追究刑事责任。

《中华人民共和国森林法》(1984年9月20日通过,2019年12月28日修订)

第七十七条

违反本法规定,伪造、变造、买卖、租借采伐许可证的,由县级以上人民政府林业主管部门没收证件和违法所得,并处违法所得一倍以上三倍以下的罚款;没有违法所得的,可以处二万元以下的罚款。

第八十二条

Ⅰ公安机关按照国家有关规定,可以依法行使本法第七十四条第一款、第七十六条、第七十七条、第七十八条规定的行政处罚权。

Ⅱ违反本法规定,构成违反治安管理行为的,依法给予治安管理处罚;构成犯罪的,依法追究刑事责任。

《中华人民共和国道路交通安全法》(2003年10月28日通过,2021年4月29日第三次修正)

第九十六条

Ⅰ伪造、变造或者使用伪造、变造的机动车登记证书、号牌、行驶证、驾驶证的,由公安机关交通管理部门予以收缴,扣留该机动车,处十五日以下拘留,并处二千元以上五千元以下罚款;构成犯罪的,依法追究刑事责任。

Ⅱ伪造、变造或者使用伪造、变造的检验合格标志、保险标志的,由公安机关交通管理部门予以收缴,扣留该机动车,处十日以下拘留,并处一千元以上三千元以下罚款;构成犯罪的,依法追究刑事责任。

Ⅲ使用其他车辆的机动车登记证书、号牌、行驶证、检验合格标志、保险标志的,由公安机关交通管理部门予以收缴,扣留该机动车,处二千元以上五千元以下罚款。

Ⅳ当事人提供相应的合法证明或者补办相应手续的,应当及时退还机动车。

《中华人民共和国教育法》(1995年3月18日通过,2021年4月29日第三次修正)

第八十二条

Ⅰ学校或者其他教育机构违反本法规定,颁发学位证书、学历证书或者其他学业证书的,由教育行政部门或者其他有关行政部门宣布证书无效,责令收回或者予以没收;有违法所得的,没收违法所得;情节严重的,责令停止相关招生资格一年以上三年以下,直至撤销招生资格、颁发证书资格;对直接负责的主管人员和其他直接责任人员,依法给予处分。

Ⅱ前款规定以外的任何组织或者个人制造、销售、颁发假冒学位证书、学历证书或者其他学业证书,构成违反治安管理行为的,由公安机关依法给予治安管理处罚;构成犯罪的,依法追究刑事责任。

Ⅲ以作弊、剽窃、抄袭等欺诈行为或者其他不正当手段获得学位证书、学历证书或者其他学业证书的,由颁发机构撤销相关证书。购买、使用假冒学位证书、学历证书或者其他学业证书,构成违反治安管理行为的,由公安机关依法给予治安管理处罚。

《中华人民共和国种子法》(2000年7月8日通过,2021年12月24日第三次修正)

第七十六条

Ⅰ违反本法第三十二条、第三十三条、第三十四条规定,有下列行为之一的,由县级以上人民政府农业农村、林业草原主管部门责令改正,没收违法所得和种子;违法生产经营的货值金额不足一万元的,并处三千元以上三万元以下罚款;货值金额一万元以上的,并处货值金额三倍以上五倍以下罚款;可以吊销种子生产经营许可证:

(一)未取得种子生产经营许可证生产经营种子的;

(二)以欺骗、贿赂等不正当手段取得种子生产经营许可证的;

(三)未按照种子生产经营许可证的规定生产经营种子的;

(四)伪造、变造、买卖、租借种子生产经营许可证的;

(五)不再具有繁殖种子的隔离和培育条件,或者不再具有无检疫性有害生物的种子生产地点或者县级以上人民政府林业草原主管部门确定的

采种林,继续从事种子生产的;

(六)未执行种子检验、检疫规程生产种子的。

Ⅱ被吊销种子生产经营许可证的单位,其法定代表人、直接负责的主管人员自处罚决定作出之日起五年内不得担任种子企业的法定代表人、高级管理人员。

第八十九条

违反本法规定,构成犯罪的,依法追究刑事责任。

《中华人民共和国进出口商品检验法》(1989年2月21日通过,2021年4月29日第五次修正)

第三十四条

伪造、变造、买卖或者盗窃商检单证、印章、标志、封识、质量认证标志的,依法追究刑事责任;尚不够刑事处罚的,由商检机构、认证认可监督管理部门依据各自职责责令改正,没收违法所得,并处货值金额等值以下的罚款。

《中华人民共和国动物防疫法》(1997年7月3日通过,2021年1月22日第二次修订)

第一百零三条

Ⅰ违反本法规定,转让、伪造或者变造检疫证明、检疫标志或者畜禽标识的,由县级以上地方人民政府农业农村主管部门没收违法所得和检疫证明、检疫标志、畜禽标识,并处五千元以上五万元以下罚款。

Ⅱ持有、使用伪造或者变造的检疫证明、检疫标志或者畜禽标识的,由县级以上人民政府农业农村主管部门没收检疫证明、检疫标志、畜禽标识和对应的动物、动物产品,并处三千元以上三万元以下罚款。

《中华人民共和国噪声污染防治法》(2021年12月24日通过)

第七十一条

违反本法规定,拒绝、阻挠监督检查,或者在接受监督检查时弄虚作假的,由生态环境主管部门或者其他负有噪声污染防治监督管理职责的部门责令改正,处二万元以上二十万元以下的罚款。

第八十七条

Ⅰ违反本法规定,产生社会生活噪声,经劝阻、调解和处理未能制止,持续干扰他人正常生活、工作和学习,或者有其他扰乱公共秩序、妨害社会管理等违反治安管理行为的,由公安机关依法给予治安管理处罚。

Ⅱ违反本法规定,构成犯罪的,依法追究刑事责任。

【公报案例】

△**(诈骗罪;指使他人伪造企业印章;伪造公司印章罪)**被告人借款后,私自改变借款用途,将借款用于其他商业活动,且为应付借款人的催讨,指使他人伪造与其合作开发工程项目的企业印章和收款收据的,因对借款不具有非法占有的目的,不构成诈骗罪。但其指使他人伪造企业印章的行为,根据《刑法》第二百八十条第二款的规定构成伪造公司印章罪。[《最高人民法院公报》2005年第2期　胡祥祯诈骗案]

【参考案例】

△**伪造虚构的国家机关文件的,应以伪造国家机关公文罪论处。**

根据《刑法》第二百八十条第一款的规定,伪造国家机关公文罪,是指违反法律规定,故意伪造国家机关公文的行为。一般认为,伪造国家机关公文罪所侵犯的客体是国家机关的信誉及其正常管理活动。在认定伪造非真实存在的国家机关公文的行为是否构成犯罪时,应当从本罪的客体出发,考察其行为是否危害到社会公众对国家机关公文的信任以及国家机关对社会的正常管理活动。

首先,从危害社会公众对国家机关公文的合理信赖看,伪造不真实或者不存在的国家机关的公文也可能侵害社会公众的合理信赖。通常认为,判断此类行为是否会侵害社会公众对国家机关公文的信赖的时候,应以一般社会公众的认知水平为标准。如果伪造的国家机关公文达到足以使一般社会公众认为是真实存在的国家机关公文的时候,就可以认为侵害到了公众的普遍信赖。从实践看,在两种情况下,一般社会公众容易信以为真:一是虚构的机构在现实中有着与其名称近似、职能对应的国家机关;二是虚构的机构所属单位系现实存在的国家机关。这两种情况下的伪造公文行为,往往会对具体的、特定的国家机关公文的效用产生直接影响,故依法应以犯罪论处。张金波伪造国家机关公文案张金波伪造国家机关公文案中,被告人张金波伪造的国务院扶贫开发办公室与真实存在的国务院扶贫开发领导小组办公室极为近似,根据国务院扶贫开发领导小组办公室出具的证明可以看出,该单位是国务院扶贫领导小组的办事机构,是国务院批准单独设置的,一般社会公众对此很难有全面的认识,而且其规范的简称是国务院扶贫办,非常容易让人将国务院扶贫办公室等同于国务院扶贫办。因此,应当认定被告人的行为侵害了国家机关的信誉。至于并

分则　第六章

不真实存在的中国教育扶贫慈善协会,因为一般社会公众会认识到其可能是一种社会性组织,而不是特定的国家机关,伪造其公文的行为也就不会造成对国家机关信誉的侵害。

其次,伪造国家机关公文的行为虽然不会对虚构的国家机关的信誉造成侵害,但却可能侵害到真实的国家机关的正常管理活动。我国幅员辽阔,国家机关数量众多,一般社会公众难以区分辨别某个具体地区、具体种类的国家机关是真实的还是虚构的,故伪造虚构的或者不真实的国家机关公文所产生的危害性可能与伪造真实的国家机关公文的危害性相当。特别是,当虚构的机构在现实中有着与其名称近似、职能对应的国家机关以及其所属单位系真实的国家机关时,伪造该机构公文的行为便会对具体的、特定的国家机关的信誉及其正常管理活动直接造成侵害,使国家以及代表国家行使管理职能的国家机关在社会公众中的威信降低,甚至有可能造成国家机关的正常活动由于社会成员怀疑其真伪而受到严重影响,故依法可以伪造国家机关公文罪论处。

最后,体系解释要求应根据关联条文阐明刑法规范的含义,以保持刑法条文语义的前后一致,但条文语义的同一性不是绝对的,而是相对的,在不同条文中或者在同一条文中的不同款项中,可以也应当允许对相同的刑法用语作不同的理解,其目的在于实现刑法的正义理念。在《刑法》第二百八十条第一款中,国家机关的公文这一用语虽然只出现一次,但它们相对于伪造、变造、买卖与盗窃、抢夺、毁灭时,实际上具有不同的意义。相对于盗窃、抢夺、毁灭而言,必须是真实的国家机关的公文;相对于变造而言,通常也应当是真实的国家机关公文,对伪造的国家机关公文再进行变造的,不可能构成变造国家机关公文罪(触犯其他罪名的,是另一回事);相对于买卖而言,则不仅包括真实的国家机关公文,也包括伪造、变造的国家机关公文,比如《全国人民代表大会常务委员会关于惩治骗购外汇、逃汇和非法买卖外汇犯罪的决定》第二条就规定买卖伪造、变造的海关签发的报关单、进口证明、外汇管理部门核准件等凭证和单据或者国家机关的其他公文、证件、印章的,以《刑法》第二百八十条的规定定罪处罚。因此,伪造非真实存在的国家机关的公文也可以构成伪造国机关公文罪,并不违反体系解释的内在要求。事实上,如果将《刑法》第二百八十条第一款中的国家机关的公文作单一的解释,而否认其相对性,就不可能使本罪的处罚范围合理化,从而有损刑法的正义性。

综上所述,法院对本案被告人张金波伪造虚构的国家机关文件的行为以伪造国家机关公文罪定罪处罚,是恰当的。[No. 6-1-280(1)-1-1 张金波伪造国家机关公文案]

△通过伪造公司印章的手段,为他人引存放贷获取报酬的,其行为同时构成伪造公司印章罪和诈骗罪的,按牵连犯的处理原则从一重罪处断;其行为不构成诈骗罪的,应以伪造公司印章罪论处。

在处理经济关系比较复杂的涉嫌诈骗的刑事案件时,必须注意诈骗罪中行为人使用虚构事实、隐瞒真相的欺骗手段是针对给付财物的被害人而言,也就是说,这种欺骗使被害人产生错误认识,从而给付财物但不能取得行为人所许诺的对价。如果其给付财物并取得了约定的对价,则不能认定为诈骗罪。在石红军伪造公司印章案中,被告人伪造公司印章的欺骗对象是银行,而不是给付报酬的凌桥公司,其所产生的社会危害也不是非法占有了他人财物,而是增大了银行的贷款风险。并且,凌桥公司给付酬金是基于先前的约定,而并非因受欺诈违背真实意思而支付该款。因此,被告人的行为不构成诈骗罪,被告人石红军采用了伪造印章等手段将他人存款非法质押,并办理贷款获取报酬。被告人的手段行为构成伪造公司印章罪,但目的行为并不构成诈骗罪,因此也就不能成立牵连犯。虽然从整个过程看,被告人石红军的72万元中介报酬是在伪造印章办理质押贷款手续后才取得的,被告人从事的伪造印章的手段行为与获取报酬的目的行为具有牵连关系,但这种牵连关系仅是事态发展上的牵连关系,与牵连犯中手段与目的行为构成犯罪后的牵连关系,在性质上是明显不同的。[No. 6-1-280(1)-1-2 石红军伪造公司印章案]

第二百八十条之一　【使用虚假身份证件、盗用身份证件罪】

在依照国家规定应当提供身份证明的活动中，使用伪造、变造的或者盗用他人的居民身份证、护照、社会保障卡、驾驶证等依法可以用于证明身份的证件，情节严重的，处拘役或者管制，并处或者单处罚金。

有前款行为，同时构成其他犯罪的，依照处罚较重的规定定罪处罚。

【立法沿革】

《中华人民共和国刑法修正案(九)》(自2015年11月1日起施行)

二十三、在刑法第二百八十条后增加一条作为第二百八十条之一：

“在依照国家规定应当提供身份证明的活动中，使用伪造、变造的或者盗用他人的居民身份证、护照、社会保障卡、驾驶证等依法可以用于证明身份的证件，情节严重的，处拘役或者管制，并处或者单处罚金。”

【立法理由】

随着经济社会的发展，公民在越来越多的经济社会活动中需要以居民身份证等身份证明文件证明身份。同时，为了加强社会管理，保障公民人身财产安全，电信、网络、金融、寄递、铁路、航空运输、医疗、教育、住宿等多种行业逐渐需要实行实名制管理。同时，随着身份证明应用越来越广泛，实践中身份证件作假的情况也日渐增多。一方面，伪造、变造、买卖居民身份证、护照、社会保障卡、驾驶证等依法可以用于证明身份的证件的行为，为不法分子使用伪造、变造的或者盗用他人的身份证件提供了便利。另一方面，使用伪造、变造的或者盗用他人身份证件的行为，也为不法分子伪造、变造、买卖相关身份证件的行为提供了市场需求和驱动力。造假者和用假者形成非法的利益链条，危害身份证件管理秩序，进而使得相关以实名制为基础的社会管理制度难以落实。实践中，使用伪造、变造的或者盗用他人的身份证件的行为，又往往与诈骗、洗钱、非法经营等其他犯罪相关联，大量从事诈骗、洗钱、非法经营等违法犯罪活动的不法分子，往往利用虚假身份，逃避法律追究。因此，除了对伪造、变造、买卖居民身份证等身份证件的行为应当依法予以刑事追究外，对于使用伪造、变造的居民身份证以及盗用他人身份证件，情节严重的，也有必要作为犯罪追究。

良好的诚信体系是经济社会正常运转的前提和保障，加强社会诚信体系建设是提高社会治理能力的重要方面。针对当前社会诚信缺失，欺诈等背信行为多发，社会危害严重的实际情况，为回应社会关切，2015年8月29日第十二届全国人大常委会第十六次会议通过的《刑法修正案(九)》中，从加强诚信建设，惩处严重背信失信行为入手，增加了使用伪造、变造的或者盗用他人的居民身份证等依法可以用于证明身份的证件的犯罪，以刑事手段惩治在身份相关证件的使用环节弄虚作假，情节严重的行为，以进一步维护相关身份证件的管理秩序，发挥刑法在**维护社会诚信、惩治失信和背信行为方面的功能和对公民行为价值取向的引领作用**。

【条文说明】

本条是关于使用虚假身份证件、盗用身份证件罪及其处罚的规定。

本条共分为两款。

第一款是关于使用伪造、变造的或者盗用他人的居民身份证、护照、社会保障卡、驾驶证等依法可以用于证明身份的证件的处罚规定。构成本款规定的犯罪须具备以下条件：

1. **行为人在主观上是故意**，至于行为人出于何种动机不影响本罪的成立。包括两种情形：一种是行为人明知这些身份证件是伪造、变造的或者可能是伪造、变造的，仍然予以使用；另一种是行为人明知是他人的身份证件，仍然盗用他人名义予以使用。

2. **行为人客观上在依照国家规定应当提供身份证明的活动中，实施了使用伪造、变造的或者盗用他人的居民身份证、护照、社会保障卡、驾驶证等依法可以用于证明身份的证件的行为。**

“依照国家规定应当提供身份证明”中的“**国家规定**”，是指全国人民代表大会及其常务委员会制定的法律和决定，国务院制定的行政法规、规定的行政措施、发布的决定和命令。这里的“**使用**”是指出示、提供等，也就是行为人为了某种特定的目的而向查验的单位和人员出示、提供伪造、变造的身份证件的行为。实际生活中需要出示身份证件以证明身份的情况很多，相应的在这些活动中使用假身份证件的情形也很多，刑法之所以规定在“依照国家规定应当提供身份证明”的活动中使用伪造、变造、盗用的他人身份证件构成犯罪，主要是因为国家规定应当提供身份证明的活动都是比较重要的经济社会活动或者管理事项活动，在这些活动中使用虚假身份证件，会严重扰乱相关管理秩序，具有较为严重的社会危害性。如《居民身份证法》第十四条规定，公民在常住户口登记项目变更，兵役、婚姻、收养登记以及申请办理出境手续等事项中，应当出示居民身份证证明身份；依法未取得居民身份证的公民可以使用国家规定的其他证明方式证明身份。《出境入境管理法》第十一条规定，中国公民出境入境，应当向出入境边防检查机关交验本人的护照或者其他旅行证件等出境入境证件。《反洗钱法》第十六条规定，金融机构在与客户建立业务关系或者为客户提供规定金额以上的现金汇款、现钞兑换、票据兑付等一次性金融服务时，应当要求客户出示真实有效的身份证件或者其他身份证明文件。《危险化学品安全管理条例》第三十九条规定，申请取得剧毒化学品购买许可证，申请人应当提交经办人的身份证明。《易制毒化学品管理条例》第十八条规定，经营单位销售第一类易制毒化学品时，应当查验购买许可证和经办人的身份证明。在上述这些活动中，如果使用伪造、变造的或者盗用他人的身份证件，情节严重，构成犯罪的，就应当依照本款规定追究刑事责任。需要补充说明的是，在正常经济社会活动中需要证明自己身份时，使用虚假身份证件或者盗用他人名义以冒充他人身份的行为，都是违法行为。对这些行为，即使按照本款上述规定不属于"依照国家规定应当提供身份证明"的活动，因而不构成本款规定的犯罪，也并不意味着对这些行为不依法作相应处理。从实际情况看，其中很多行为属于违反治安管理处罚法和相关证件管理或者行政管理事项的法律法规的行为，对这些行为应当区别不同情况，依照治安管理处罚法和居民身份证法、护照法等相关法律法规规定予以**治安管理处罚或者其他行政处罚**。

"伪造、变造"，在对《刑法》第二百八十条的解释中已作说明，这里不再赘述。**"盗用"**是指盗用他人名义，使用他人的居民身份证、护照、社会保障卡、驾驶证等依法可以用于证明身份的证件的行为。盗用的一般是他人真实的身份证件，包括捡到他人的身份证件后冒用，购买他人的身份证件后冒用，也包括盗窃他人的身份证件后冒用等。实际生活中，还有一些是经过身份证件持有人本人同意或者与其串通，冒用证件所有人名义从事相关经济社会活动的情况，这种行为因为不存在盗用本人名义的情况，因而不属于本款规定的"盗用"①，但对这些行为并非一律不作处理，具体要视冒用的情况而定，有的可以根据相关法律规定予以行政处罚。如《居民身份证法》第十七条规定，冒用他人居民身份证的，由公安机关罚款或者拘留，并没收违法所得。《治安管理处罚法》第五十一条规定，冒充国家机关工作人员或者以其他虚假身份招摇撞骗的，处五日以上十日以下拘留，可以并处五百元以下罚款；情节较轻的，处五日以下拘留或者五百元以下罚款。此外，为实施违法犯罪行为而冒用他人名义的，还可能构成其他犯罪。在这种情况下，对其冒用身份证件的行为虽然不能依照本款处理，但其所实施的具体犯罪行为应当依照刑法相关规定处理，如与上游犯罪行为人串通，冒用其名义实施洗钱行为的，应当依照《刑法》第一百九十一条的规定追究其洗钱罪的刑事责任。

关于本款规定的犯罪行为的对象，即**居民身份证、护照、社会保障卡、驾驶证等依法可以用于证明身份的证件**，在对《刑法》第二百八十条的解释中已作说明，这里不再赘述。需要注意的是，关于依法可以用于证明身份的证件的范围，为防止出现打击面过大的情况，目前列明的是居民身份证、护照、社会保障卡、驾驶证这四类证件，实践中应当从严掌握。

3. **必须达到情节严重**。这是给该罪名设定了入罪门槛，只有情节严重的才能构成本罪，情节一般，危害不大的，不作为犯罪处理。具体可视情况依照相关法律法规的规定处理。这里的"情节严重"，主要是指使用伪造、变造的或者盗用他人证件次数多、数量大；非法牟利数额大；严重扰乱相关事项的管理秩序；严重损害第三人的人身或者财产权益；使用伪造、变造身份证件从事违法犯罪活动；等等。

根据本款规定，构成本罪的，处拘役或者管制，并处或者单处罚金。

第二款是关于有使用伪造、变造的或者盗用

---

① 相同的学说见解，参见周光权：《刑法各论》(第4版)，中国人民大学出版社2021年版，第396页。另有学者指出，征得持有人同意或者与持有人串通而冒用持有人的身份证件，也不能排除在盗用之外。盗用不是相对于身份证件的持有人，而是相对于验证身份的一方而言。并且，本罪的设立是为了保护身份证件的公共信用，而不只是为了保护身份证件持有人的利益。另外，在相对方明知的情形中，不会影响使用者的行为构成本罪，相对方也可能成立本罪的共犯，如甲利用伪造的身份证件申请开设银行账户，银行工作人员乙明知是伪造的身份证件而为其开设账户。参见张明楷：《刑法学》(第6版)，法律出版社2021年版，第1364—1365页。

他人的依法可以用于证明身份的证件的行为，同时又构成其他犯罪的，如何适用法律的规定。这里主要涉及**本条规定的犯罪与诈骗、非法经营、洗钱等犯罪的竞合问题**。从实践中的情况看，使用伪造、变造的或者盗用他人身份证件的行为，往往与诈骗、洗钱、非法经营等违法犯罪行为相联系，很多情况下，本款规定的行为往往是行为人实施相关犯罪的手段，行为人的行为同时符合本款规定的犯罪和相关犯罪。在这种情况下，根据本款规定，对行为人应当依照处罚较重的规定定罪处罚。例如，根据2014年4月24日《全国人民代表大会常务委员会关于〈中华人民共和国刑法〉第二百六十六条的解释》的规定，行为人以欺诈、伪造证明材料或者其他手段骗取养老、医疗、工伤、失业、生育等社会保险金或者其他社会保险待遇的行为，属于《刑法》第二百六十六条规定的诈骗公私财物的行为。该解释中明确列举的诈骗手段就包括使用伪造、变造的或者盗用他人的社会保障卡、居民身份证的行为。在这种情况下，如果行为人的行为构成本款规定的犯罪，又构成诈骗罪的，**应当择一重罪定罪处罚**。

需要注意的是，**借用他人身份证件**是否构成盗用身份证件的犯罪，实践中有不同认识。肯定的观点认为，本罪保护的客体是身份证件的公共信用，借用尽管取得持件人同意，但本质上仍然属于侵害身份证件的违法行为；否定的观点认为，身份证件是用于证明个人身份的证件类型，身份信息往往与持件人的声誉、财产等权益息息相关，借用行为由于事先取得持件人的同意，并未侵害持件人的个人身份信息安全，不属于盗用。

笔者认为，借用是否属于盗用不能一概而论，需要具体情况具体分析。行为人向持件人借用身份证件，如果明确说明借用的目的，且按照该目的使用的，考虑到该借用行为经持件人同意，且没有违背持件人的意愿，一般不宜认定为“盗用”，虽然该行为违反有关证件管理的规定，可以按照其他有关法律规定予以处理。如果行为人借用持件人身份证件，没有按照借用的目的进行使用，或者超越了借用目的使用的，或者使用该身份证件从事违法犯罪活动的，则属于本条规定的“盗用”行为，构成犯罪的，应当依照本条的规定予以处理。

【附属刑法】

《中华人民共和国居民身份证法》（2003年6月28日通过，2011年10月29日修正）

第十七条

Ⅰ有下列行为之一的，由公安机关处二百元以上一千元以下罚款，或者处十日以下拘留，有违法所得的，没收违法所得：

（一）冒用他人居民身份证或者使用骗领的居民身份证的①；

……

Ⅱ伪造、变造的居民身份证和骗领的居民身份证，由公安机关予以收缴。

第十八条

Ⅰ伪造、变造居民身份证的，依法追究刑事责任。

Ⅱ有本法第十六条、第十七条所列行为之一，从事犯罪活动的，依法追究刑事责任。

【司法解释性文件】

《最高人民法院、最高人民检察院、公安部关于办理电信网络诈骗等刑事案件适用法律若干问题的意见（二）》（法发〔2021〕22号，2021年6月17日发布）

△**（电信网络诈骗犯罪；办理手机卡、信用卡、银行账户、非银行支付账户；使用虚假身份证件、盗用身份证件罪；竞合）**使用伪造、变造的身份证件或者盗用他人身份证件办理手机卡、信用卡、银行账户、非银行支付账户，符合刑法第二百八十条

① 《中华人民共和国居民身份证法》（2003年6月28日通过，2011年10月29日修正）

第十三条

Ⅰ公民从事有关活动，需要证明身份的，有权使用居民身份证证明身份，有关单位及其工作人员不得拒绝。

Ⅱ有关单位及其工作人员对履行职责或者提供服务过程中获得的居民身份证记载的公民个人信息，应当予以保密。

第十四条

Ⅰ有下列情形之一的，公民应当出示居民身份证证明身份：

（一）常住户口登记项目变更；

（二）兵役登记；

（三）婚姻登记、收养登记；

（四）申请办理出境手续；

（五）法律、行政法规规定需要用居民身份证证明身份的其他情形。

Ⅱ依照本法规定未取得居民身份证的公民，从事前款规定的有关活动，可以使用符合国家规定的其他证明方式证明身份。

之一第一款规定的,以使用虚假身份证件、盗用身份证件罪追究刑事责任。

实施上述两款行为,同时构成其他犯罪的,依照处罚较重的规定定罪处罚。法律和司法解释另有规定的除外。(§ 6Ⅱ、Ⅲ)

△(**调取异地公安机关依法制作、收集的证据材料**)办案地公安机关可以通过公安机关信息化系统调取异地公安机关依法制作、收集的刑事案件受案登记表、立案决定书、被害人陈述等证据材料。调取时不得少于两名侦查人员,并应记载调取的时间、使用的信息化系统名称等相关信息,调取人签名并加盖办案地公安机关印章。经审核证明真实的,可以作为证据使用。(§ 13)

△(**境外证据材料;证据使用**)通过国(区)际警务合作收集或者境外警方移交的境外证据材料,确因客观条件限制,境外警方未提供相关证据的发现、收集、保管、移交情况等材料的,公安机关应当对上述证据材料的来源、移交过程以及种类、数量、特征等作出书面说明,由两名以上侦查人员签名并加盖公安机关印章。经审核能够证明案件事实的,可以作为证据使用。(§ 14)

△(**境外抓获并羁押;折抵刑期**)对境外司法机关抓获并羁押的电信网络诈骗犯罪嫌疑人,在境内接受审判的,境外的羁押期限可以折抵刑期。(§ 15)

△(**宽严相济刑事政策**)办理电信网络诈骗犯罪案件,应当充分贯彻宽严相济刑事政策。在侦查、审查起诉、审判过程中,应当全面收集证据、准确甄别犯罪嫌疑人、被告人在共同犯罪中的层级地位及作用大小,结合其认罪态度和悔罪表现,区别对待,宽严并用,科学量刑,确保罚当其罪。

对于电信网络诈骗犯罪集团、犯罪团伙的组织者、策划者、指挥者和骨干分子,以及利用未成年人、在校学生、老年人、残疾人实施电信网络诈骗的,依法从严惩处。

对于电信网络诈骗犯罪集团、犯罪团伙中的从犯,特别是其中参与时间相对较短、诈骗数额相对较低或者从事辅助性工作并领取少量报酬,以及初犯、偶犯、未成年人、在校学生等,应当综合考虑其在共同犯罪中的地位作用、社会危害程度、主观恶性、人身危险性、认罪悔罪表现等情节,可以依法从轻、减轻处罚。犯罪情节轻微的,可以依法不起诉或者免予刑事处罚;情节显著轻微危害不大的,不以犯罪论处。(§ 16)

△(**查扣涉案账户资金;优先返还**)查扣的涉案账户内资金,应当优先返还被害人,如不足以全额返还的,应当按照比例返还。(§ 17)

第二百八十条之二 【冒名顶替罪】

盗用、冒用他人身份,顶替他人取得的高等学历教育入学资格、公务员录用资格、就业安置待遇的,处三年以下有期徒刑、拘役或者管制,并处罚金。

组织、指使他人实施前款行为的,依照前款的规定从重处罚。

国家工作人员有前两款行为,又构成其他犯罪的,依照数罪并罚的规定处罚。

【立法沿革】

《中华人民共和国刑法修正案(十一)》(自2021年3月1日起施行)

三十二、在刑法第二百八十条之一后增加一条,作为第二百八十条之二:

"盗用、冒用他人身份,顶替他人取得的高等学历教育入学资格、公务员录用资格、就业安置待遇的,处三年以下有期徒刑、拘役或者管制,并处罚金。

"组织、指使他人实施前款行为的,依照前款的规定从重处罚。

"国家工作人员有前两款行为,又构成其他犯罪的,依照数罪并罚的规定处罚。"

【立法理由】

2020年**《刑法修正案(十一)》**增加了本条规定。

2020年6月,山东等地陆续曝光陈春秀等多起冒名顶替上大学事件,性质十分恶劣,严重损害了教育公平的公信力,引起舆论高度关注。对此,山东等地开展高等教育学历清查工作,发现数百人存在冒名顶替的情况。河南、湖北等地也陆续曝光多起冒名顶替上大学事件。结合此前曾出现的2001年山东滕州齐玉苓案、2009年湖南邵东罗彩霞案,冒名顶替上大学等违法行为在一段时期内呈现多发态势,引起各方高度重视。

随着相关案件持续曝光,该类案件的基本情况和后续处置结果也进一步引发舆论关注。从曝光的冒名顶替上大学案件来看,涉及多个环节和多方主体。在环节上,主要包括截取冒领录取通知书、伪造或者违规办理学籍档案、伪造变造户籍和居民身份证、通过高校入学资格审查等。在主体上,涉及冒名顶替者和被冒名顶替者本人及其近亲属,相关中学、高校的教师和管理人员,生源地教育行政部门、招生考试机构、户籍管理机关、邮局及其工作人员等。相关事件暴露出当时考试招生制度存在的漏洞,为一些公职人员权力寻租、涉考部门违规违纪操作、相关责任人员不积极履职等提供了可乘之机。

2020年6月,十三届全国人大常委会第二十次会议对《刑法修正案(十一)(草案)》进行了**初次审议**。在此次审议过程中,有些常委会组成人员提出,**冒名顶替上大学行为严重损害了他人利益,破坏教育公平和社会公平正义底线**,建议在《刑法修正案(十一)》中增加专门罪名,从严惩处冒名顶替行为,以守护人民群众的"前途安全"。同时,在《刑法修正案(十一)(草案)》征求意见过程中,中央有关部门、地方和社会公众也建议就冒名顶替行为入刑问题作进一步研究。2020年8月,全国人大常委会法制工作委员会新闻发言人就立法工作有关问题举行记者会回应,全国人大常委会法工委将根据全国人大常委会的审议意见和社会公众意见,积极研究冒名顶替行为入刑问题,进一步做好《刑法修正案(十一)(草案)》的修改完善工作。

2020年10月,十三届全国人大常委会第二十二次会议对《刑法修正案(十一)(草案)》进行了**二次审议**。此次会议形成的《全国人民代表大会宪法和法律委员会关于〈中华人民共和国刑法修正案(十一)(草案)〉修改情况的汇报》指出,社会上发生的冒名顶替上大学等事件,严重损害了他人利益,破坏教育公平和社会公平正义底线,应当专门规定为犯罪。《刑法修正案(十一)(草案二次审议稿)》在《刑法》第二百八十条之一后增加一条,将盗用、冒用他人身份,顶替他人取得的高等学历教育入学资格、公务员录用资格、就业安置待遇的行为规定为犯罪,同时规定组织、指使他人实施的,从重处罚。在此次会议审议过程中,有的常委会组成人员提出,要对"冒名顶替"犯罪背后的"公权力"滥用加大处罚力度,建议对国家机关工作人员组织、指使或者帮助实施冒名顶替的行为进一步明确法律适用并从严惩处。

2020年12月,十三届全国人大常委会第二十四次会议对《刑法修正案(十一)(草案)》进行了**三次审议**。此次会议形成的《全国人民代表大会宪法和法律委员会关于〈中华人民共和国刑法修正案(十一)(草案)〉审议结果的报告》指出,三次审议稿对本条增加一款规定,国家机关工作人员有前两款行为,又构成其他犯罪的,依照数罪并罚的规定处罚。在此次会议的审议过程中,有的部门和专家反映,实践中"冒名顶替"也有高校管理人员等共同参与,考虑到这些负责招录、安置的人员不是国家机关工作人员,而是接受公务委托承担招录、安置工作的相关人员。对于该类从事公务的人员也应加大惩处力度,予以数罪并罚。因此将草案中本条第三款规定的"国家机关工作人员"修改为"国家工作人员",以涵盖因从事公务以国家工作人员论的人员。

【条文说明】

本条是关于冒名顶替罪及其处罚的规定。

本条共分为三款。

第一款是关于个人实施冒名顶替行为构成犯罪及其处罚的规定。根据本款规定,盗用、冒用他人身份,顶替他人取得的高等学历教育入学资格、公务员录用资格、就业安置待遇的,追究刑事责任。本款有以下三层意思:

1. "**盗用、冒用他人身份**"。这里规定的"盗用、冒用他人身份",是指盗用、冒用能够证明他人身份的证件、证明文件、身份档案、材料信息以达到自己替代他人的社会或法律地位,行使他人相关权利的目的。这里的"**盗用、冒用**"包括采用非法手段获取用于证明他人身份的证件、证明文件、身份档案、材料信息后使用,如以伪造、变造、盗窃、骗取、收买或者胁迫他人的方式获取用于证明他人身份的证件、证明文件、身份档案、材料信息后使用;也包括以其他方式获取用于证明他人身份的证件、证明文件、身份档案、材料信息后使用,如捡到他人能够证明身份的身份证件、证明文件、身份档案、材料信息后以他人名义活动;受他人委托代为保管或因职责保管用于证明他人身份的证件、证明文件、身份档案、信息材料而未经同意使用;他人授权或者同意使用,但是超出授权及同意使用的范围使用他人的能够证明他人身份的证件、证明文件、身份档案、信息材料;经与他人交易或者串通,使用他人的能够证明他人身份的证件、证明文件、身份档案、信息材料;取得用于证明他人身份的特定数据信息后以他人身份登录数据信息系统;等等。这里的"**他人身份**"是指通过证件、证明文件、身份档案、信息材料等方式予以核实和证实的他人的法律地位。根据实践中的情况,这些证件、证明文件、身份档案、信息材料等包括出生证明、身份证、户口簿、护照、军官证、学籍档案、录取通知书、数字证件等。盗用、冒用的一

分则　第六章

般是他人真实的身份。

2. **“顶替他人取得的高等学历教育入学资格、公务员录用资格、就业安置待遇”**。关于“高等学历教育入学资格”,《高等教育法》第十五条第一款规定,高等教育包括学历教育和非学历教育。第十六条第一款规定,高等学历教育分为专科教育、本科教育和研究生教育。第十九条规定:“高级中等教育毕业或者具有同等学力的,经考试合格,由实施相应学历教育的高等学校录取,取得专科生或者本科生入学资格。本科毕业或者具有同等学力的,经考试合格,由实施相应学历教育的高等学校或者经批准承担研究生教育任务的科学研究机构录取,取得硕士研究生入学资格。硕士研究生毕业或者具有同等学力的,经考试合格,由实施相应学历教育的高等学校或者经批准承担研究生教育任务的科学研究机构录取,取得博士研究生入学资格。允许特定学科和专业的本科毕业生直接取得博士研究生入学资格,具体办法由国务院教育行政部门规定。”因此这里的“**高等学历教育入学资格**”是指经过考试合格等程序依法获取的高等学历教育(专科教育、本科教育和研究生教育)的入学资格。

“公务员录用资格”主要是根据公务员法规定的公务员录用程序取得的公务员录用资格。《公务员法》第一百零九条规定,在公务员录用、聘任等工作中,有隐瞒真实信息、弄虚作假、考试作弊、扰乱考试秩序等行为的,由公务员主管部门根据情节作出考试成绩无效、取消资格、限制报考等处理;情节严重的,依法追究法律责任。因此“公务员录用资格”是受法律保护的。

“就业安置待遇”是根据法律法规和相关政策规定由各级人民政府对特殊主体予以安排就业、照顾就业等优待。如《退役军人保障法》第二十二条第四款规定的对退役军士以安排工作方式的安置;《英雄烈士保护法》第二十一条规定的对英雄烈士遗属按照国家规定享受的就业方面的优待,可能涉及的就业安置;以及国家或地方的相关政策规定的对饮用水水源地迁出原住民的就业安置待遇、受地震等自然灾害袭击地区的受灾群众的就业安置待遇等。特殊主体往往要经过严格的程序审核,才能实现落实工作的福利待遇。安置前必须核实身份,如果身份不符合,不能够获得就业安置待遇。此外,实践中,广泛存在提供就业信息、争取上岗机会、帮助岗前培训等一般性的就业服务。这些就业服务面向不特定主体,起到提供就业机会,提高就业成功率的辅助性作用,不能够确保落实工作,与就业安置待遇有性质上的差异。因此**不能将一般性的就业服务等同于这里的“就业安置待遇”**。

还需要注意,本条规定的“高等学历教育入学资格、公务员录用资格、就业安置待遇”是“他人取得的”,即相关资格和待遇与他人的身份一一对应。行为人要实施“顶替”他人取得的资格和待遇,才能构成本罪。

3. **行为人实施冒名顶替行为的处罚**。行为人触犯本罪的,处三年以下有期徒刑、拘役或者管制,并处罚金。

第二款是关于组织、指使实施冒名顶替行为,予以从重处罚的规定。相关案例反映出冒名顶替犯罪往往具有较长的犯罪链条,涉及多个环节和多个主体。不少环节上的行为人客观上帮助和推动了冒名顶替行为,主要是受他人的组织和指使。特别是冒名顶替上大学等案件反映出,冒名顶替者本人在实施顶替行为时多数还是学生,有的还是未成年人,实施冒名顶替行为是受家长、学校等其他行为人的安排和指使。因此,有必要对冒名顶替的“幕后”行为人加大处罚力度。本款规定,对组织、指使实施冒名顶替行为的,从重处罚。这里的“**组织、指使他人实施前款行为**”,实践中主要是组织、指使他人帮助实现冒名顶替,即构成冒名顶替行为的共同犯罪,如伪造、变造、买卖国家机关公文、证件、印章及身份证件等行为。本款规定,组织、指使他人实施冒名顶替行为的,依照第一款的规定从重处罚。

第三款是关于国家工作人员实施冒名顶替相关行为如何处罚的规定。这里的“**国家工作人员**”,根据《刑法》第九十三条的规定,是指国家机关中从事公务的人员,国有公司、企业、事业单位、人民团体中从事公务的人员和国家机关、国有公司、企业、事业单位委派到非国有公司、企业、事业单位、社会团体从事公务的人员,以及其他依照法律从事公务的人员,以国家工作人员论。实践中,国家工作人员可能使用其公职、公务带来的影响力实施冒名顶替犯罪,或者组织、指使他人实施冒名顶替犯罪。在公职、公务的影响力下,冒名顶替犯罪更容易实施,也更难被发现,具有更加严重的社会危害性,需要予以严惩。

根据本款规定,国家工作人员实施冒名顶替犯罪或者组织、指使他人实施冒名顶替犯罪,同时构成其他犯罪的,**依照数罪并罚的规定处罚**。从相关案件可见,冒名顶替行为涉及的环节和行为较多,可能涉嫌多个罪名。如国家机关工作人员在招收公务员、学生工作中徇私舞弊的,可能构成《刑法》第四百一十八条规定的“招收公务员、学生徇私舞弊罪”;存在行贿、受贿等腐败行为的,可能涉嫌《刑法》第一百六十三条规定的“非国家工作人员受贿罪”、第一百六十四条规定的“对非国家工作人员行贿罪”、第三百八十五条规定的“受贿罪”、第三百八十九条规定的“行贿罪”等;存在伪造学籍档案、公文、证件、印章等行为的,可能涉嫌《刑法》第二百八十条规定的“伪造、变造、买卖国家机关公文、证件、印章罪”“伪造、变造、买卖身份证件罪”;存在截留、隐匿他人录取通知书的,可能涉嫌《刑法》第二百五十二条规定的“侵犯通信自由罪”、第二百五十三条规定的“私自开拆、隐匿、毁弃邮件、电报罪”;泄露考生相关信息、篡改考生电子数据信息等行为,可能涉嫌《刑法》第二百五十三条之一规定的“侵犯公民个人信息罪”、第二百八十五条规定的“非法侵入计算机信息系统罪”“非法获取计算机信息系统数据罪”、第二百八十六条规定的“破坏计算机信息系统罪”;等等。对此,本款明确,国家工作人员实施本条前两款行为,又构成其他犯罪的,依照数罪并罚的规定处罚。

需要注意的是,从曝光出来的冒名顶替上大学案件来看,情况较为复杂。实践中,需要根据案件的具体情况,分类处理。大体分为以下几种情况:

一是**顶替他人入学资格的**。主要表现为受害人获得入学资格,但是被其他人通过截留录取通知、篡改学籍档案等方法,冒名顶替入学。受害人一方完全不知情。这些案件数量少,但性质极其恶劣。冒名顶替行为严重损害了受害人的受教育权,严重损害了教育公平的公信力,具有严重的社会危害性,各方对于该种行为应予以刑事处罚,均不持异议。

二是**顶替他人放弃的入学资格的**。因当事人主动放弃入学资格或者将该入学资格交易、赠送的,当事人的受教育权未受到直接侵害。有的观点认为,该种情形情况复杂,当事人自己知悉其入学资格被他人占用,不构成受害人,有时还因交易获利,对于该类无受害者的冒名顶替行为不宜入刑。也有观点认为,虽然获取入学资格的当事人未受侵害,但是顶替行为让没有参加考试或者考试成绩较低的人可以直接入学,损害了考试招录制度的公平和公信力,同时让因他人弃权而按照规则能够递补录取的人员丧失了机会,又侵害了特定对象的利益。这种顶替他人放弃的入学资格的行为,也具有一定的社会危害性,也应予以惩处。

三是**冒名但未顶替的**。据媒体报道,我国有些地方因教育政策原因,一度只允许高中应届生参加高考,因此出现一些冒用他人学籍,使用他人学籍身份参加高考,冒名者自己通过正常考试入学、升学,没有顶替他人的入学资格的情况。对于该类行为,冒用他人身份虽然违反了学籍管理制度,但是没有顶替他人的录取资格,也没有考试作弊、招录舞弊等情况,并未对特定或不特定对象的考试公平和招录公平产生影响。该类行为的社会危害性较低,通过行政处罚可以达到较好的社会效果,没有必要入刑。对此,各方面也不持异议。总体上,本罪的处罚重点应集中在冒用他人身份而顶替入学资格的行为,以切实维护考试招录制度的公平和公信力。

【附属刑法】

《中华人民共和国教育法》(1995 年 3 月 18 日通过,2021 年 4 月 29 日第三次修正)

第七十七条

Ⅰ在招收学生工作中滥用职权、玩忽职守、徇私舞弊的,由教育行政部门或者其他有关行政部门责令退回招收的不符合入学条件的人员;对直接负责的主管人员和其他直接责任人员,依法给予处分;构成犯罪的,依法追究刑事责任。

Ⅱ盗用、冒用他人身份,顶替他人取得的入学资格的,由教育行政部门或者其他有关行政部门责令撤销入学资格,并责令停止参加相关国家教育考试二年以上五年以下;已经取得学位证书、学历证书或者其他学业证书的,由颁发机构撤销相关证书;已经成为公职人员的,依法给予开除处分;构成违反治安管理行为的,由公安机关依法给予治安管理处罚;构成犯罪的,依法追究刑事责任。

Ⅲ与他人串通,允许他人冒用本人身份,顶替本人取得的入学资格的,由教育行政部门或者其他有关行政部门责令停止参加相关国家教育考试一年以上三年以下;有违法所得的,没收违法所得;已经成为公职人员的,依法给予处分;构成违反治安管理行为的,由公安机关依法给予治安管理处罚;构成犯罪的,依法追究刑事责任。

Ⅳ组织、指使盗用或者冒用他人身份,顶替他人取得的入学资格的,有违法所得的,没收违法所得;属于公职人员的,依法给予处分;构成违反治安管理行为的,由公安机关依法给予治安管理处罚;构成犯罪的,依法追究刑事责任。

Ⅴ入学资格被顶替权利受到侵害的,可以请求恢复其入学资格。

第二百八十一条　【非法生产、买卖警用装备罪】

非法生产、买卖人民警察制式服装、车辆号牌等专用标志、警械，情节严重的，处三年以下有期徒刑、拘役或者管制，并处或者单处罚金。

单位犯前款罪的，对单位判处罚金，并对其直接负责的主管人员和其他直接责任人员，依照前款的规定处罚。

【立法理由】

人民警察的制式服装、车辆号牌等专用标志、警械，是为适应人民警察职责的严肃性、权威性和强制性，保证人民警察依法执行职务的需要而专门制作的。为此，国家对人民警察制式服装、车辆号牌等专用标志、警械的生产、买卖和使用都作了严格的规定。《人民警察法》第三十六条规定："人民警察的警用标志、制式服装和警械，由国务院公安部门统一监制，会同其他有关国家机关管理，其他个人和组织不得非法制造、贩卖。人民警察的警用标志、制式服装、警械、证件为人民警察专用，其他个人和组织不得持有和使用。违反前两款规定的，没收非法制造、贩卖、持有、使用的人民警察警用标志、制式服装、警械、证件，由公安机关处十五日以下拘留或者警告，可以并处违法所得五倍以下的罚款；构成犯罪的，依法追究刑事责任。"实践中，一些犯罪分子为了谋取非法利益，非法制造、买卖人民警察制式服装、专用标志、警械，**不仅严重损害了人民警察的形象和荣誉，也使人民群众真伪难辨，缺乏安全感，严重破坏了人民警察制式服装、车辆号牌等专用标志、警械的管理秩序，破坏了社会秩序**，应当予以惩处。为此，1997年修订刑法时，专门增加规定了非法生产、买卖警用装备罪。

【条文说明】

本条是关于非法生产、买卖警用装备罪及其处罚的规定。

本条共分为两款。

第一款是关于非法生产、买卖人民警察制式服装、车辆号牌等专用标志、警械的犯罪及其处罚规定。根据本款规定，构成本罪应当具备以下条件：

1. **行为侵犯的对象是人民警察制式服装、车辆号牌等专用标志、警械**。根据人民警察法等有关规定，人民警察制式服装、警用标志、警械由国务院公安部门统一监制；最高人民法院、最高人民检察院、国家安全部、司法部各自负责本系统警服生产计划，报公安部备案，在公安部指定生产厂的范围内，进行办理；人民警察的警服和警用标志，包括警服纽扣、专用色布以及帽徽、符号、领带、领带卡等，由公安部颁发生产许可证定点生产；警服和警用标志一律不得在市场上买卖；定点生产的工厂要严格按照公安部下达的指标生产，不准计划外私自加工生产、销售。这里规定的"**人民警察制式服装**"，是指国家专门为人民警察制作的服装。人民警察制式服装是人民警察的重要标志，人民警察穿着警服是依法执行警务的需要，非人民警察一律不准穿着警服。"**专用标志**"是指为便于社会外界识别，用来表明人民警察身份或用于表明警察机关的场所、车辆等的外形标记，主要包括车辆号牌、臂章、警徽、警衔标志等。"**警械**"是指人民警察在从事执行逮捕、拘留、押解人犯以及值勤、巡逻、处理治安案件等警务时，依法使用的警用器具。根据《人民警察使用警械和武器条例》第三条的规定，警械包括警棍、催泪弹、高压水枪、特种防暴枪、手铐、脚镣、警绳等。

2. **行为人实施了非法生产、买卖人民警察制式服装、车辆号牌等专用标志、警械的行为**。这里规定的"**非法生产、买卖**"，是指无生产、经营、使用权的单位或个人擅自生产、销售、购买人民警察制式服装、车辆号牌等专用标志、警械；或者虽有生产、经营权，但违反有关规定擅自进行生产、销售的行为。

3. **必须达到情节严重才构成本罪**。这里规定的"**情节严重**"，主要是指多次非法生产、买卖人民警察制式服装、车辆号牌等专用标志、警械或者非法生产、买卖的数量较大或者持续时间较长的；经有关部门责令停止生产、销售、购买，拒不听从的；影响恶劣的；造成其他严重后果的；等等。情节严重是构成本罪的条件，不具有严重情节的不构成本罪。《最高人民检察院、公安部关于公安机关管辖的刑事案件立案追诉标准的规定(一)》第三十五条规定："非法生产、买卖人民警察制式服装、车辆号牌等专用标志、警械，涉嫌下列情形之一的，**应予立案追诉**：(一)成套制式服装三十套以上，或者非成套制式服装一百件以上的；(二)手铐、脚镣、警用抓捕网、警用催泪喷射器、警灯、警报器单种或者合计十件以上的；(三)警棍五十根以上的；(四)警衔、警号、胸章、臂章、帽徽等警用标志单种或者合计一百件以上的；(五)警用号牌、省级以上公安机关专段民用车辆号牌

分则　第六章

一副以上，或者其他公安机关专段民用车辆号牌三副以上的；（六）非法经营数额五千元以上，或者非法获利一千元以上的；（七）被他人利用进行违法犯罪活动的；（八）其他情节严重的情形。"

根据本条规定，犯本条规定之罪的，处三年以下有期徒刑、拘役或者管制，并处或者单处罚金。

第二款是关于单位进行非法生产、买卖人民警察制式服装、车辆号牌等专用标志、警械的犯罪及其处罚的规定。

根据本款规定，单位犯本条罪的，对单位判处罚金，并对其直接负责的主管人员和其他直接责任人员，依照前款的规定处罚。对于单位犯罪的实行**双罚制**，即对单位判处罚金，同时对单位的直接负责的主管人员和其他直接责任人员，"**依照前款的规定处罚**"，即处三年以下有期徒刑、拘役或者管制，并处或者单处罚金。

【司法解释性文件】

《最高人民检察院、公安部关于公安机关管辖的刑事案件立案追诉标准的规定（一）》（公通字〔2008〕36号，2008年6月25日公布）

△（**非法生产、买卖警用装备罪；立案追诉标准**）非法生产、买卖人民警察制式服装、车辆号牌等专用标志、警械，涉嫌下列情形之一的，应予立案追诉：

（一）成套制式服装三十套以上，或者非成套制式服装一百件以上的；

（二）手铐、脚镣、警用抓捕网、警用催泪喷射器、警灯、警报器单种或者合计十件以上的；

（三）警棍五十根以上的；

（四）警衔、警号、胸章、臂章、帽徽等警用标志单种或者合计一百件以上的；

（五）警用号牌、省级以上公安机关专段民用车辆号牌一副以上，或者其他公安机关专段民用车辆号牌三副以上的；

（六）非法经营数额五千元以上，或者非法获利一千元以上的；

（七）被他人利用进行违法犯罪活动的；

（八）其他情节严重的情形。（§ 35）

△（**单位犯罪；立案追诉标准**）本规定中的立案追诉标准，除法律、司法解释另有规定的以外，适用于相关的单位犯罪。（§ 100）

【附属刑法】

《中华人民共和国人民警察法》（1995年2月28日通过，2012年10月26日修正）

第三十六条

Ⅰ人民警察的警用标志、制式服装和警械，由国务院公安部门统一监制，会同其他有关国家机关管理，其他个人和组织不得非法制造、贩卖。

Ⅱ人民警察的警用标志、制式服装、警械、证件为人民警察专用，其他个人和组织不得持有和使用。

Ⅲ违反前两款规定的，没收非法制造、贩卖、持有、使用的人民警察警用标志、制式服装、警械、证件，由公安机关处十五日以下拘留或者警告，可以并处违法所得五倍以下的罚款；构成犯罪的，依法追究刑事责任。

《中华人民共和国人民武装警察法》（2009年8月27日通过，2020年6月20日修订）

第四十五条

非法制造、买卖、持有、使用人民武装警察部队专用标志、警械装备、证件、印章的，由公安机关处十五日以下拘留或者警告，可以并处违法所得一倍以上五倍以下的罚款。

第四十六条

违反本法规定，构成犯罪的，依法追究刑事责任。

第二百八十二条　【非法获取国家秘密罪】【非法持有国家绝密、机密文件、资料、物品罪】

以窃取、刺探、收买方法，非法获取国家秘密的，处三年以下有期徒刑、拘役、管制或者剥夺政治权利；情节严重的，处三年以上七年以下有期徒刑。

非法持有属于国家绝密、机密的文件、资料或者其他物品，拒不说明来源与用途的，处三年以下有期徒刑、拘役或者管制。

【立法理由】

1. 1979年之后至1997年刑法修订前的立法情况。1979年《刑法》第九十七条规定了为敌人窃取、刺探、提供情报的间谍或者资敌行为，该条规定在**反革命罪**一章。随着改革开放的不断深入和国家保密制度的发展，实践中不是出于反革命目的而为境外机构、组织、人员窃取、刺探、收买、非法提供国家秘密的情况增加，危害十分严重，且境外机构、组织、人员情况较为复杂，有的难以认定为敌人。为此，1988年9月5日第七届全国人大常委会第三次会议通过的《全国人民代表大会常务委员会关于惩治泄露国家秘密犯罪的补充规定》增设了为境外的机构、组织、人员窃取、刺探、收买、非法提供国家秘密的犯罪行为，并规定了较高的法定刑。实践中，一些非法持有属于国家秘密的文件、资料和其他物品的行为，潜在危害性相当大，为了有效防止国家秘密的泄露，必须予以惩处。1993年2月22日第七届全国人大常委会第三十次会议通过的《国家安全法》第二十九条规定："对非法持有属于国家秘密的文件、资料和其他物品的，以及非法持有、使用专用间谍器材的，国家安全机关可以依法对其人身、物品、住处和其他有关的地方进行搜查；对其非法持有的属于国家秘密的文件、资料和其他物品，以及非法持有、使用的专用间谍器材予以没收。非法持有属于国家秘密的文件、资料和其他物品，构成泄露国家秘密罪的，依法追究刑事责任。"

2. **1997年修订刑法的情况**。1997年修订刑法时，考虑到国家秘密直接关系到国家的安全和利益，国家秘密一旦泄露，被境内外敌对势力、间谍组织和其他不应知悉的人员掌握，既会损害国家经济、科学技术、社会的发展，妨害国家机关的正常工作，影响国家利益，又将危害国家政权的巩固、国家的统一和民族的团结，危及国家安全。为了加强对国家秘密的管理，我国先后制定了一系列法律、法规和规范性文件，如国家安全法、保守国家秘密法等，构建了严密的国家保密制度。为了惩治妨害国家秘密的犯罪行为，《刑法》第一百一十一条规定了为境外窃取、刺探、收买、非法提供国家秘密、情报罪；第三百九十八条规定了故意泄露国家秘密罪、过失泄露国家秘密罪。考虑到非法获取国家秘密，严重危害国家安全和利益，破坏国家的保密制度，具有很大的社会危害性，应当规定为犯罪。同时，考虑到实践中有些人非法持有属于国家绝密、机密的文件、资料或者其他物品，拒不说明来源与用途，但又难以查证其行为构成非法窃取国家秘密或者泄露国家秘密等犯罪，这种行为的危害性也相当大，有可能导致国家绝密级、机密级事项的泄露。1997年修订刑法时，增设了非法获取国家秘密罪和非法持有国家绝密、机密文件、资料、物品罪。

【条文说明】

本条是关于非法获取国家秘密罪及非法持有国家绝密、机密文件、资料、物品罪及其处罚的规定。

本条共分为两款。

第一款是关于非法获取国家秘密罪及其处罚的规定。根据本款规定，**非法获取国家秘密犯罪**是指以窃取、刺探、收买方法，非法获取国家秘密的行为。构成本款规定的犯罪应当具备以下条件：

1. **行为人实施了非法获取国家秘密的行为**。这里的"**国家秘密**"，在保守国家秘密法中已有明确规定，是指关系国家的安全和利益，依照法定程序确定，在一定时间内只限一定范围的人知悉的事项。《保守国家秘密法》第九条规定："下列涉及国家安全和利益的事项，泄露后可能损害国家在政治、经济、国防、外交等领域的安全和利益的，应当确定为国家秘密：（一）国家事务重大决策中的秘密事项；（二）国防建设和武装力量活动中的秘密事项；（三）外交和外事活动中的秘密事项以及对外承担保密义务的秘密事项；（四）国民经济和社会发展中的秘密事项；（五）科学技术中的秘密事项；（六）维护国家安全活动和追查刑事犯罪中的秘密事项；（七）经国家保密行政管理部门确定的其他秘密事项。政党的秘密事项中符合前款规定的，属于国家秘密。"第十条规定，国家秘密的密级分为三级：绝密、机密、秘密。[①] 绝密级国家秘密是最重要的国家秘密，泄露会使国家安全和利益遭受特别严重的损害；机密级国家秘密是重要的国家秘密，泄露会使国家安全和利益遭受严重的损害；秘密级国家秘密是一般的国家秘密，泄露会使国家安全和利益遭受损害。第十一条规定，国家秘密及其密级的具体范围，由国家保密行政管理部门分别会同外交、公安、国家安全和其他中央有关机关规定；军事方面的国家秘密及其密级的具体范围，由中央军事委员会规定；国家秘密及其密级的具体范围的规定，应当在有关范围内公布，并根据情况变化及时调整。

根据本款规定，本罪的犯罪对象仅限于国家秘密，未列入国家秘密的情报，以及商业秘密、个人隐私等均不属于本罪的犯罪对象。

2. **行为人获取国家秘密的手段是采用窃取、刺探、收买等非法方法**。本款规定的"**窃取**"，是

① 关于主观故意，只要行为人认识到自己非法获取的是或者可能是国家秘密，即为已足。本罪不要求行为人认识到国家秘密的密级，也不要求具有特定的目的。参见张明楷：《刑法学》（第6版），法律出版社2021年版，第1368页。

指行为人采取非法手段秘密取得国家秘密的行为，如盗窃国家秘密的文件、资料、物品原件，偷拍、偷照、窃听、窃录、电子侦听或者非法侵入网络系统窃取国家秘密文件、资料等；**“刺探”**，是指行为人通过各种途径和手段非法探知国家秘密的行为，如通过交友、闲聊等方式打听、套取国家秘密，以采访、参观、学习、考察等名目，搜集国家秘密，在军事禁区、国家保密单位附近观察、搜集信息等；**“收买”**，是指行为人以给予金钱或者其他物质利益的方法非法得到国家秘密的行为，如用金钱、股票、文物、房产等拉拢保密人员获取国家秘密，或者用美色、帮助安排工作等勾引相关人员获取国家秘密。

根据本款规定，**对非法获取国家秘密的犯罪**，处三年以下有期徒刑、拘役、管制或者剥夺政治权利；**情节严重的**，处三年以上七年以下有期徒刑。是否情节严重，可以从行为人非法获取国家秘密的重要程度、犯罪手段、危害后果等方面衡量。这里所说的“情节严重的”，主要是指非法获取的绝密级、机密级国家秘密；国家秘密的内容涉及非常重大的事项；非法获取国家秘密已经造成或者有可能造成严重后果；多次非法获取国家秘密或者非法获取大量国家秘密；其他严重损害国家安全和利益等情形。

第二款是关于非法持有国家绝密、机密文件、资料、物品罪及其处罚的规定。根据本款规定①，构成本罪需要具备以下条件：

1. **行为人非法持有属于国家绝密、机密的文件、资料或者其他物品**。《反间谍法》第二十四条规定，任何个人和组织都不得非法持有属于国家秘密的文件、资料和其他物品。《反间谍法实施细则》第十七条规定，所称“非法持有属于国家秘密的文件、资料和其他物品”是指：(1)不应知悉某项国家秘密的人员携带、存放属于该项国家秘密的文件、资料和其他物品的；(2)可以知悉某项国家秘密的人员，未经办理手续，私自携带、留存属于该项国家秘密的文件、资料和其他物品的。根据上述规定，本款所说的“**非法持有属于国家绝密、机密的文件、资料或者其他物品**”，是指根据保守国家秘密法以及其他有关规定，不应知悉某项国家绝密、机密的人员持有属于该项国家绝密、机密的文件、资料和其他物品的，或者可以知悉某项国家绝密、机密的人员，未经办理手续，私自持有属于该项国家绝密、机密的文件、资料和其他物品的。具体表现为传递、携带、保存这些文件、资料和物品。**属于国家绝密、机密的“文件、资料”**，是指依照法定程序确定并且标明为绝密、机密两个密级的文件、资料，不包括秘密一级的文件、资料；**属于国家绝密、机密的“其他物品”**，是指依照有关法律被确定为国家绝密、机密的物品，如被确定为国家绝密或者机密的先进设备、高科技产品、军工产品等。

2. **行为人拒不说明来源与用途**。所谓“**拒不说明来源与用途**”，是指在有关机关责令说明其非法持有的属于国家绝密、机密的文件、资料和其他物品的来源和用途时，行为人拒不回答或者作虚假回答。

根据本款规定，对非法持有国家绝密、机密文件、资料或者其他物品拒不说明来源与用途的犯罪，处三年以下有期徒刑、拘役或者管制。

实践中需要注意以下几个方面的问题：

1. 非法获取国家秘密罪与**为境外窃取、刺探、收买、非法提供国家秘密、情报罪**的区别。一是犯罪手段不同。非法获取国家秘密罪的犯罪手段仅限于窃取、刺探、收买；而为境外窃取、刺探、收买、非法提供国家秘密、情报罪的犯罪手段不限于窃取、刺探、收买。二是犯罪对象不同。非法获取国家秘密罪的犯罪对象仅限于国家秘密；而为境外窃取、刺探、收买、非法提供国家秘密、情报罪的犯罪对象不限于国家秘密，还包括情报。三是犯罪动机和目的不同。行为人非法获取国家秘密的动机和目的各种各样，有的出于贪财，有的出于好奇，有的出于对国家、社会的不满等，一般来说，只要行为人实施了窃取、刺探、收买国家秘密的行为，即可构成本条第一款规定的非法获取国家秘密罪，而不管其动机、目的如何。但司法实践中应当查明行为人非法获取国家秘密的动机和目的，如果行为人窃取、刺探、收买国家秘密是为了提供给境外的机构、组织、人员的，则应当以为境外窃取、刺探、收买、非法提供国家秘密罪定罪处罚。②

① 相较于非法获取国家秘密罪，非法持有国家绝密、机密文件、资料、物品罪是一个补漏性质的犯罪。如果能够查明行为人所持有的绝密、机密文件、资料或者其他物品是通过窃取、刺探、收买方法非法获取的，就应当以非法获取国家秘密罪论处。参见黎宏：《刑法学各论》(第2版)，法律出版社2016年版，第359页。

② 如果行为人在实施窃取、刺探、收买国家秘密时，没有非法提供给境外机构、组织、人员的故意，但在非法获取国家秘密之后，非法提供给境外机构、组织或人员，由于侵害的法益具有同一性，属于包括的一罪，应以为境外机构、组织、人员窃取、刺探国家秘密罪论处，不必实行数罪并罚。参见张明楷：《刑法学》(第6版)，法律出版社2021年版，第1368页；周光权：《刑法各论》(第4版)，中国人民大学出版社2021年版，第397页。

2. 非法获取国家秘密罪与**故意泄露国家秘密罪**的区别。一是犯罪主体不同。非法获取国家秘密罪的主体是一般主体；而故意泄露国家秘密罪的主体是因工作或职务之便掌握、保管国家秘密的国家机关工作人员或者其他人员，这些人员利用职务之便，窃取国家秘密，非法提供给他人的，构成故意泄露国家秘密罪。二是犯罪手段不同。非法获取国家秘密罪的犯罪手段仅限于窃取、刺探、收买；而故意泄露国家秘密罪对犯罪手段没有限制。三是构成非法获取国家秘密罪没有情节严重的要求，故意泄露国家秘密罪必须达到情节严重才构成犯罪。

3. 实践中，在认定本条第二款规定的非法持有属于国家绝密、机密的文件、资料或者其他物品犯罪，行为人拒不说明国家绝密、机密的文件、资料或者其他物品的来源用途时，**司法机关应当认真调查其来源与用途**，行为人如果具有间谍身份，或者为境外机构、组织、人员非法提供国家秘密，或者以窃取、刺探、收买方法非法获取国家秘密等犯罪行为的，应当依各罪定罪处罚，从而防止由于行为人拒不说明来源与用途而放纵罪犯。同时，司法机关在处理此类犯罪时也应当慎重，需要认真听取行为人的说明和辩解，对于确实不知情的，不能以本罪论处。

【司法解释】

《最高人民法院、最高人民检察院关于办理组织考试作弊等刑事案件适用法律若干问题的解释》（法释〔2019〕13号，自2019年9月4日起施行）

△（**窃取、刺探、收买方法；非法获取国家秘密罪；组织考试作弊罪；非法出售、提供试题、答案罪；数罪并罚**）以窃取、刺探、收买方法非法获取法律规定的国家考试的试题、答案，又组织考试作弊或者非法出售、提供试题、答案，分别符合刑法第二百八十二条和刑法第二百八十四条之一规定的，以非法获取国家秘密罪和组织考试作弊罪或者非法出售、提供试题、答案罪数罪并罚。（§ 9）

△（**非法获取国家秘密罪；非法生产、销售窃听、窃照专用器材罪；非法使用窃听、窃照专用器材罪；非法利用信息网络罪；扰乱无线电通讯管理秩序罪**）在法律规定的国家考试以外的其他考试中，组织作弊，为他人组织作弊提供作弊器材或者其他帮助，或者非法出售、提供试题、答案，符合非法获取国家秘密罪、非法生产、销售窃听、窃照专用器材罪、非法使用窃听、窃照专用器材罪、非法利用信息网络罪、扰乱无线电通讯管理秩序罪等犯罪构成要件的，依法追究刑事责任。（§ 10）

△（**非法利用信息网络罪；组织考试作弊罪；非法出售、提供试题、答案罪；非法获取国家秘密罪**）设立用于实施考试作弊的网站、通讯群组或者发布有关考试作弊的信息，情节严重的，应当依照刑法第二百八十七条之一的规定，以非法利用信息网络罪定罪处罚；同时构成组织考试作弊罪、非法出售、提供试题、答案罪、非法获取国家秘密罪等其他犯罪的，依照处罚较重的规定定罪处罚。（§ 11）

【附属刑法】

《中华人民共和国保守国家秘密法》（1988年9月5日通过，2010年4月29日修订）

第四十八条

Ⅰ违反本法规定，有下列行为之一的，依法给予处分；构成犯罪的，依法追究刑事责任①：

（一）非法获取、持有国家秘密载体的；

（二）买卖、转送或者私自销毁国家秘密载体的；

（三）通过普通邮政、快递等无保密措施的渠道传递国家秘密载体的；

---

① 《中华人民共和国保守国家秘密法》（1988年9月5日通过，2010年4月29日修订）

第二条

国家秘密是关系国家安全和利益，依照法定程序确定，在一定时间内只限一定范围的人员知悉的事项。

第三条

Ⅰ国家秘密受法律保护。

Ⅱ一切国家机关、武装力量、政党、社会团体、企业事业单位和公民都有保守国家秘密的义务。

Ⅲ任何危害国家秘密安全的行为，都必须受到法律追究。

第九条

Ⅰ下列涉及国家安全和利益的事项，泄露后可能损害国家在政治、经济、国防、外交等领域的安全和利益的，应当确定为国家秘密：

（一）国家事务重大决策中的秘密事项；

（二）国防建设和武装力量活动中的秘密事项；

（三）外交和外事活动中的秘密事项以及对外承担保密义务的秘密事项；

（四）国民经济和社会发展中的秘密事项；（转下页）

（四）邮寄、托运国家秘密载体出境，或者未经有关主管部门批准，携带、传递国家秘密载体出境的；

（五）非法复制、记录、存储国家秘密的；

（六）在私人交往和通信中涉及国家秘密的；

（七）在互联网及其他公共信息网络或者未采取保密措施的有线和无线通信中传递国家秘密的；

（八）将涉密计算机、涉密存储设备接入互联网及其他公共信息网络的；

（九）在未采取防护措施的情况下，在涉密信息系统与互联网及其他公共信息网络之间进行信息交换的；

（十）使用非涉密计算机、非涉密存储设备存储、处理国家秘密信息的；

（十一）擅自卸载、修改涉密信息系统的安全技术程序、管理程序的；

（十二）将未经安全技术处理的退出使用的涉密计算机、涉密存储设备赠送、出售、丢弃或者改作其他用途的。

Ⅱ有前款行为尚不构成犯罪，且不适用处分的人员，由保密行政管理部门督促其所在机关、单位予以处理。

《中华人民共和国反间谍法》（2014 年 11 月 1 日通过）

第三十二条

对非法持有属于国家秘密的文件、资料和其他物品的，以及非法持有、使用专用间谍器材的，国家安全机关可以依法对其人身、物品、住处和其他有关的地方进行搜查；对其非法持有的属于国家秘密的文件、资料和其他物品，以及非法持有、使用的专用间谍器材予以没收。非法持有属于国家秘密的文件、资料和其他物品[①]，构成犯罪的，

（接上页）

（五）科学技术中的秘密事项；

（六）维护国家安全活动和追查刑事犯罪中的秘密事项；

（七）经国家保密行政管理部门确定的其他秘密事项。

Ⅱ政党的秘密事项中符合前款规定的，属于国家秘密。

第十条

Ⅰ国家秘密的密级分为绝密、机密、秘密三级。

Ⅱ绝密级国家秘密是最重要的国家秘密，泄露会使国家安全和利益遭受特别严重的损害；机密级国家秘密是重要的国家秘密，泄露会使国家安全和利益遭受严重的损害；秘密级国家秘密是一般的国家秘密，泄露会使国家安全和利益遭受损害。

第十一条

Ⅰ国家秘密及其密级的具体范围，由国家保密行政管理部门分别会同外交、公安、国家安全和其他中央有关机关规定。

Ⅱ军事方面的国家秘密及其密级的具体范围，由中央军事委员会规定。

Ⅲ国家秘密及其密级的具体范围的规定，应当在有关范围内公布，并根据情况变化及时调整。

第二十一条

Ⅰ国家秘密载体的制作、收发、传递、使用、复制、保存、维修和销毁，应当符合国家保密规定。

Ⅱ绝密级国家秘密载体应当在符合国家保密标准的设施、设备中保存，并指定专人管理；未经原定密机关、单位或者其上级机关批准，不得复制和摘抄；收发、传递和外出携带，应当指定人员负责，并采取必要的安全措施。

第二十四条

机关、单位应当加强对涉密信息系统的管理，任何组织和个人不得有下列行为：

（一）将涉密计算机、涉密存储设备接入互联网及其他公共信息网络；

（二）在未采取防护措施的情况下，在涉密信息系统与互联网及其他公共信息网络之间进行信息交换；

（三）使用非涉密计算机、非涉密存储设备存储、处理国家秘密信息；

（四）擅自卸载、修改涉密信息系统的安全技术程序、管理程序；

（五）将未经安全技术处理的退出使用的涉密计算机、涉密存储设备赠送、出售、丢弃或者改作其他用途。

第二十五条

机关、单位应当加强对国家秘密载体的管理，任何组织和个人不得有下列行为：

（一）非法获取、持有国家秘密载体；

（二）买卖、转送或者私自销毁国家秘密载体；

（三）通过普通邮政、快递等无保密措施的渠道传递国家秘密载体；

（四）邮寄、托运国家秘密载体出境；

（五）未经有关主管部门批准，携带、传递国家秘密载体出境。

① 《中华人民共和国反间谍法》（2014 年 11 月 1 日通过）

第二十四条

任何个人和组织都不得非法持有属于国家秘密的文件、资料和其他物品。

依法追究刑事责任;尚不构成犯罪的,由国家安全机关予以警告或者处十五日以下行政拘留。

《中华人民共和国测绘法》(1992 年 12 月 28 日通过,2017 年 4 月 27 日第二次修订)

第十四条

Ⅰ卫星导航定位基准站的建设和运行维护应当符合国家标准和要求,不得危害国家安全。

Ⅱ卫星导航定位基准站的建设和运行维护单位应当建立数据安全保障制度,并遵守保密法律、行政法规的规定。

Ⅲ县级以上人民政府测绘地理信息主管部门应当会同本级人民政府其他有关部门,加强对卫星导航定位基准站建设和运行维护的规范和指导。

第五十一条

违反本法规定,外国的组织或者个人未经批准,或者未与中华人民共和国有关部门、单位合作,擅自从事测绘活动的,责令停止违法行为,没收违法所得、测绘成果和测绘工具,并处十万元以上五十万元以下的罚款;情节严重的,并处五十万元以上一百万元以下的罚款,限期出境或者驱逐出境;构成犯罪的,依法追究刑事责任。

第五十二条

违反本法规定,未经批准擅自建立相对独立的平面坐标系统,或者采用不符合国家标准的基础地理信息数据建立地理信息系统的,给予警告,责令改正,可以并处五十万元以下的罚款;对直接负责的主管人员和其他直接责任人员,依法给予处分。

第六十五条

Ⅱ违反本法规定,获取、持有、提供、利用属于国家秘密的地理信息的,给予警告,责令停止违法行为,没收违法所得,可以并处违法所得二倍以下的罚款;对直接负责的主管人员和其他直接责任人员,依法给予处分;造成损失的,依法承担赔偿责任;构成犯罪的,依法追究刑事责任。

第二百八十三条 【非法生产、销售专用间谍器材、窃听、窃照专用器材罪】

非法生产、销售专用间谍器材或者窃听、窃照专用器材的,处三年以下有期徒刑、拘役或者管制,并处或者单处罚金;情节严重的,处三年以上七年以下有期徒刑,并处罚金。

单位犯前款罪的,对单位判处罚金,并对其直接负责的主管人员和其他直接责任人员,依照前款的规定处罚。

【立法沿革】

《中华人民共和国刑法》(1997 年修订,自 1997 年 10 月 1 日起施行)

第二百八十三条

非法生产、销售窃听、窃照等专用间谍器材的,处三年以下有期徒刑、拘役或者管制。

《中华人民共和国刑法修正案(九)》(自 2015 年 11 月 1 日起施行)

二十四、将刑法第二百八十三条修改为:

“非法生产、销售专用间谍器材或者窃听、窃照专用器材的,处三年以下有期徒刑、拘役或者管制,并处或者单处罚金;情节严重的,处三年以上七年以下有期徒刑,并处罚金。

“单位犯前款罪的,对单位判处罚金,并对其直接负责的主管人员和其他直接责任人员,依照前款的规定处罚。”

【立法理由】

1. **1997 年修订刑法的情况**。间谍专用器材是从事间谍活动特殊需要的专门工具。间谍专用器材流入社会,会给国家安全利益和社会公共利益以及公民个人的合法权益造成严重危害。因此,对间谍专用器材的生产、销售必须严格管理。1979 年制定刑法时,经济发展水平不高,此类违法犯罪行为并不突出,因此,刑法没有将非法生产、销售间谍专用器材的行为规定为犯罪。随着市场经济的快速发展,公司、企业间的竞争日趋激烈,一些不法之徒通过非法手段刺探他人的经济情报,有的还涉及政治情报和个人隐私等,这些现象日益突出,为了防止间谍专用器材的非法使用,1993 年《国家安全法》第二十一条明确规定,任何个人和组织都不得非法持有、使用窃听、窃照等专用间谍器材。第二十九条规定,对非法持有、使用专用间谍器材的,国家安全机关可以依法对其人身、物品、住处和其他有关的地方进行搜查,对非法持有、使用的专用间谍器材予以没收。实践中,由于非法使用专用间谍器材的需求增长,使得通过走私等非法渠道流入社会的窃听、窃照等专用间谍器材增多,有些地方非法生产、销售窃听、窃照等专用间谍器材的活动愈演愈烈,对国家安全和社会秩序等都造成了危害。为了对窃听、窃照等专用间谍器材的生产和销售进行严格、有效的管理，维护正常的社会、生产、生活秩序，必须严厉惩治这类违法犯罪行为。1997 年修订刑法时，将非法生产、销售窃听、窃照等专用间谍器材的行为规定为犯罪。此外，针对实践中非法使用窃听、窃照器材，侵犯公民人身权利，引发社会纠纷，甚至造成严重后果的情况，《刑法》还在第二百八十四条规定了非法使用窃听、窃照专用器材的犯罪。

2. 2015 年《刑法修正案（九）》对本条的修改情况。随着电子信息技术的不断发展，不法分子利用窃听、窃照专用器材从事违法犯罪活动的情况更为严重，窃听、窃照专用器材的生产、销售、非法使用者之间甚至形成了违法犯罪利益链条。密拍密录、跟踪定位等窃听、窃照专用器材功能越来越强、种类繁多、市场庞大，社会危害后果严重：有的窃听、窃照专用器材隐蔽性很强，被伪装成日常生活中的各物品；有的窃听、窃照专用器材可以全天不间断地远距离窃取他人信息；利用窃听、窃照专用器材从事非法调查、非法讨债、敲诈勒索、绑架等违法犯罪活动的情况比较严重。非法使用窃听、窃照专用器材的行为，严重侵害了公民的隐私等人身权利，扰乱了社会管理秩序，有的还会危害公共安全和国家安全。为了从源头上遏制此类违法犯罪行为的发生，有必要进一步加大对非法生产、销售窃听、窃照专用器材活动的惩处和治理力度。从实际情况看，由于司法实践中对“窃听、窃照专用间谍器材”与“窃听、窃照专用器材”的界限如何划分存在不同认识，影响了对这类违法犯罪行为的打击。另外，在电子信息技术快速发展的背景下，一些新出现的窃听、窃照器材，其性能、微型化程度等技术指标直逼昔日的间谍专用器材，其所带来的社会危害，并不明显小于间谍专用器材。

为此，2015 年 8 月 29 日第十二届全国人大常委会第十六次会议通过的《刑法修正案（九）》对本条规定进行了修改完善。一是将非法生产、销售窃听、窃照专用器材的行为规定为犯罪。二是完善了本罪的法定刑配置，增加了一档刑罚，提高了本罪的法定刑，将法定刑最高刑由三年有期徒刑提高到七年有期徒刑，以加大惩处力度。三是增加了罚金刑，以剥夺犯罪人或者单位的犯罪收益，使其在经济上占不到便宜，并剥夺其再犯能力，防止重新犯罪。四是针对实践中非法生产、销售专用间谍器材或者窃听、窃照专用器材的行为多由单位实施的实际情况，增加了单位犯罪。

【条文说明】

本条是关于非法生产、销售专用间谍器材、窃听、窃照专用器材罪及其处罚的规定。

本条共分为两款。

第一款是关于个人非法生产、销售专用间谍器材或者窃听、窃照专用器材犯罪及其处罚的规定。构成本款规定的犯罪需具备以下条件：

1. 行为人在主观上是故意，即明知自己无权生产、销售专用器材而生产、销售专用器材的，或者违反规定生产、销售专用器材的。至于行为人出于何种动机，不影响本罪的成立。

2. 行为人实施了非法生产、销售专用间谍器材或者窃听、窃照专用器材的行为。这里的规定的“**非法生产、销售**”，是指未经有关主管部门批准、许可，擅自生产、销售专用间谍器材或者窃听、窃照专用器材，或者虽经有关主管部门批准、许可生产、销售，但在实际生产、销售过程中违反有关主管部门关于数量、规格、范围等的要求，非法生产、销售。《反间谍法》第二十五条规定，任何个人和组织都不得非法持有、使用间谍活动特殊需要的专用间谍器材。根据有关规定，专用间谍器材或者窃听、窃照专用器材的生产、销售都应当由有关主管部门批准。因此，非法生产、销售的行为违反了国家有关规定，扰乱了国家对专用器材的管理，专用器材流入社会，可能严重侵犯公民个人隐私，公司、企业的商业秘密，严重的可能危及国家安全和利益。

3. 本罪的犯罪对象是专用间谍器材或者窃听、窃照专用器材。由于专用间谍器材或者窃听、窃照专用器材的特殊性，国家对这类专用专业器材的生产、销售、管理和使用都有严格的规定。专业器材的种类很多，这里规定的“**专用间谍器材**”是指专门用于实施间谍活动的工具。对于专用间谍器材的范围，1994 年国务院颁布的《国家安全法实施细则》中已有明确规定。虽然 1993 年《国家安全法》已于 2014 年修改为《反间谍法》，但《反间谍法》的有关规定与 1993 年《国家安全法》的规定是一致的。2017 年国务院颁布的《反间谍法实施细则》对专用间谍器材的定义也基本延续了 1994 年《国家安全法实施细则》的规定。根据《反间谍法实施细则》第十八条的规定，“专用间谍器材”是指进行间谍活动特殊需要的下列器材：(1)暗藏式窃听、窃照器材；(2)突发式收发报机、一次性密码本、密写工具；(3)用于获取情报的电子监听、截收器材；(4)其他专用间谍器材。此外，该条还规定，专用间谍器材的确认，由国务院国家安全主管部门负责。这里规定的“**窃听、窃照专用器材**”，是指具有窃听、窃照功能，并专门用于窃听、窃照的器材，如专用于窃听、窃照的窃听器、微型录音机、微型照相机等。所谓“**窃听**”，是指使用专用器材、设备，在当事人未察觉、不知晓或无法防范的情况下，偷听其谈话或者通话以及其他活动的行为；所谓"**窃照**"，是指使用专用器材、设备，对窃照对象的形象或者活动进行的秘密拍照摄录的活动。

根据犯罪情节轻重，本款对生产、销售专用间谍器材或者窃听、窃照专用器材犯罪规定了两档刑罚：第一，**对实施本款行为的**，处三年以下有期徒刑、拘役、管制，并处或者单处罚金。第二，**情节严重的**，处三年以上七年以下有期徒刑，并处罚金。这里的"情节严重"，主要是指非法生产、销售的间谍专用器材以及窃听、窃照专用器材的数量较多；谋取的非法利益的数额较大；生产、销售的间谍专用器材以及窃听、窃照专用器材流入社会的数量较多；因他人非法使用而对国家安全利益、社会公共利益、公民合法权益造成的实际损害较大等。

第二款是关于单位非法生产、销售专用间谍器材或者窃听、窃照专用器材的处罚规定。对单位犯本罪的，采取了**双罚制原则**，即对单位判处罚金，并对单位的直接负责的主管人员和其他直接责任人员，按照第一款对个人犯本罪的处刑规定处罚，即处三年以下有期徒刑、拘役或者管制，并处或者单处罚金；情节严重的，处三年以上七年以下有期徒刑，并处罚金。对于单位判处罚金的数额，法律未作具体规定，司法实践中可由司法机关根据案件的具体情况，本着罪责刑相适应的原则依法确定。

实际执行中需要注意的是：有些专用间谍器材或者窃听、窃照专用器材本身就属于国家秘密，行为人非法生产、销售可能构成泄露国家秘密的犯罪，认定本罪与**泄露国家秘密的犯罪**需要根据行为人在主观方面、客观方面的不同表现予以判断。对于明知买方是境外的机构、组织、人员而故意为其生产、销售涉及国家秘密的专用器材，导致国家秘密的泄露，应以为境外机构、组织、人员非法提供国家秘密或情报罪论处；对于其他非法生产、销售专用间谍器材或者窃听、窃照专用器材而导致故意或过失泄露国家秘密的，应作为非法生产、销售专用间谍器材罪、窃听、窃照专用器材罪与泄露国家秘密罪的牵连犯，从一重罪处罚。

【司法解释】

《最高人民法院、最高人民检察院关于办理组织考试作弊等刑事案件适用法律若干问题的解释》（法释〔2019〕13号，自2019年9月4日起施行）

△（**非法获取国家秘密罪；非法生产、销售窃听、窃照专用器材罪；非法使用窃听、窃照专用器材罪；非法利用信息网络罪；扰乱无线电通讯管理秩序罪**）在法律规定的国家考试以外的其他考试中，组织作弊，为他人组织作弊提供作弊器材或者其他帮助，或者非法出售、提供试题、答案，符合非法获取国家秘密罪、非法生产、销售窃听、窃照专用器材罪、非法使用窃听、窃照专用器材罪、非法利用信息网络罪、扰乱无线电通讯管理秩序罪等犯罪构成要件的，依法追究刑事责任。（§ 10）

【司法解释性文件】

《最高人民法院、最高人民检察院、公安部、国家安全部关于依法办理非法生产销售使用"伪基站"设备案件的意见》（公通字〔2014〕13号，2014年3月14日公布）

△（**"伪基站"设备；非法生产、销售间谍专用器材罪；非法经营罪**）非法生产、销售"伪基站"设备，经鉴定为专用间谍器材的，依照《刑法》第二百八十三条的规定，以非法生产、销售间谍专用器材罪追究刑事责任；同时构成非法经营罪的，以非法经营罪追究刑事责任。

第二百八十四条　【非法使用窃听、窃照专用器材罪】
非法使用窃听、窃照专用器材，造成严重后果的，处二年以下有期徒刑、拘役或者管制。

【立法理由】

（一）立法相关背景

窃听、窃照专用器材是有关国家机关在执行特别公务时使用的专用工具，窃听、窃照涉及国家秘密、商业秘密和个人隐私，非法窃听、窃照行为，**针对公民个人生活而言**，严重侵犯其个人隐私；**针对公司、企业而言**，严重危害公司、企业的商业活动、技术手段等商业秘密；**针对国家秘密而言**，严重损害国家安全和利益。为了加强对专用器材使用的管理，1993年《国家安全法》规定，任何个人和组织都不得非法使用窃听、窃照等专用间谍器材，对非法使用专用间谍器材的，国家安全机关可以依法对其人身、物品、住处和其他有关的地方进行搜查，对非法使用的专用间谍器材予以没收。随着市场经济的发展，公司、企业间的竞争日益激烈，有些社会利益关系也变得更为复杂，一些人非法使用窃听、窃照专用器材，刺探他人的经营信息甚至个人隐私等，用于非法的或者不正当的竞争，或者为了实现其他个人目的，给单位和公民的正常工作、生活带来不利影响，有的被窃听、窃照的单位或者个人名誉、声誉或者其他合法权益受到严重损害，严重扰乱了社会正常的管理秩序，对这种行为必须予以刑事制裁。1997 年修订刑法时，专门增加规定了非法使用窃听、窃照专用器材的犯罪。

（二）有关国家和地区的规定

有关国家和地区对于非法使用窃听、窃照专用器材的犯罪行为也有相关规定，如《意大利刑法典》第六百一十五条规定，使用录像或录音工具非法获取在住宅进行的与私人生活有关的消息或图像，以及通过任何报道手段将上述消息或者图像向公众泄露或者传播，构成"非法干涉私生活罪"，处六个月至四年有期徒刑。《法国刑法典》"侵犯私生活罪"规定，未经本人同意，监听、拍摄私人性质的谈话或在私人场所得到的录音、录像资料，以任何方式使用，处一年监禁并科四万五千欧元罚金。《芬兰刑法典》规定，使用技术设备非法收听、记录他人关于私生活的讨论、谈话或者其他声音，或者非法监视、监控非开放场所的他人隐私构成"窃听罪""非法监视罪"，判处罚金或者最高一年监禁。我国台湾地区"刑法"第三百一十五条之一规定，无故利用工具或设备窥视、窃听他人非公开之活动、言论、谈话或身体隐私部位者，或者无故以录音、照相、录影或电磁记录窃录他人非公开之活动、言论、谈话或身体隐私部位者，处三年以下有期徒刑、拘役或三十万元以下罚金。

【条文说明】

本条是关于非法使用窃听、窃照专用器材罪及其处罚的规定。

根据本条的规定，**非法使用窃听、窃照专用器材的犯罪**，是指非法使用窃听、窃照专用器材，造成严重后果的行为。构成本罪需要具备以下条件：一是**行为人必须实施了非法使用窃听、窃照专用器材的行为**。本条规定的"非法使用"，是指违反国家规定使用窃听、窃照专用器材，包括无权使用的人使用以及有权使用的人违反规定使用。"窃听"，是指使用专用器材、设备，在当事人未察觉，不知晓或者无法防范的情况下，偷听其谈话、通话以及其他活动的行为；"窃照"，是指使用专用器材、设备，对窃照对象的形象或者活动进行秘密拍照摄录的活动。二是**本罪的犯罪对象是窃听、窃照专用器材**。这里的"窃听、窃照专用器材"，是指具有窃听、窃照功能，并专门用于窃听、窃照活动的器材，如专用于窃听、窃照的窃听器、微型录音机、微型照相机等。三是**非法使用窃听、窃照专用器材，造成严重后果的才构成犯罪**。这里所说的"造成严重后果"，是指由于非法使用窃听、窃照专用器材，导致窃听、窃照内容被广泛传播；造成他人自杀、精神失常；引起杀人、伤害等犯罪发生；造成被窃听、窃照单位商业秘密泄露；造成重大经济损失；严重损害国家利益等严重后果。

根据本条规定，构成本罪的，处二年以下有期徒刑、拘役或者管制。

实践中需要注意以下两个方面的问题：

1. 非法使用窃听、窃照专用器材罪与**为境外窃取、刺探、收买、非法提供国家秘密、情报罪**的界限。一是两罪的目的和手段不同。非法使用窃听、窃照专用器材罪，行为人的目的是偷听、偷录、偷拍、偷摄个人或单位的谈话、电话、日常生活、经营活动等个人隐私、商业秘密，采用的是非法使用的手段；为境外窃取、刺探、收买、非法提供国家秘密、情报罪，行为人的目的是为境外机构、组织、个人提供国家秘密、情报，采用的是窃取、刺探、收买、非法提供的手段。二是两罪对后果的要求不同。非法使用窃听、窃照专用器材罪必须造成严重后果才构成犯罪；构成为境外窃取、刺探、收买、非法提供国家秘密、情报罪并不要求造成严重后果，只要行为人实施了为境外机构、组织、个人窃取、刺探、收买、非法提供国家秘密、情报的行为就构成犯罪。

2. 行为人既实施了非法使用窃听、窃照专用器材的行为，又实施了非法获取国家秘密，或者为境外窃取、刺探、收买、非法提供国家秘密、情报的行为，或者组织考试作弊及非法出售、提供考试试题、答案的行为应当如何处理。

实践中需要具体情况具体分析。行为人虽然实施了非法使用窃听、窃照专用器材，但其目的是非法获取国家秘密，或者为境外机构、组织、个人提供国家秘密、情报的，这时行为人只有一个犯罪行为，非法使用窃听、窃照专用器材只是手段，**一般应当按照非法获取国家秘密罪或为境外窃取、刺探、收买、非法提供国家秘密、情报罪定罪处罚**。如果行为人以窃取、刺探、收买方法非法获取法律规定的国家考试的试题、答案，又组织考试作弊或者非法出售、提供试题、答案的，根据《最高人民法院、最高人民检察院关于办理组织考试作弊等刑事案件适用法律若干问题的解释》第九条的规定，符合《刑法》第二百八十二条和第二百八十四条之一规定的，**以非法获取国家秘密罪和组织考试作弊罪或者非法出售、提供试题、答案罪数罪并罚。**

【司法解释】

《最高人民法院、最高人民检察院关于办理组织考试作弊等刑事案件适用法律若干问题的解释》（法释〔2019〕13号，自2019年9月4日起施行）

△（**非法获取国家秘密罪；非法生产、销售窃听、窃照专用器材罪；非法使用窃听、窃照专用器材罪；非法利用信息网络罪；扰乱无线电通讯管理秩序罪**）在法律规定的国家考试以外的其他考试中，组织作弊，为他人组织作弊提供作弊器材或者其他帮助，或者非法出售、提供试题、答案，符合非法获取国家秘密罪、非法生产、销售窃听、窃照专用器材罪、非法使用窃听、窃照专用器材罪、非法利用信息网络罪、扰乱无线电通讯管理秩序罪等犯罪构成要件的，依法追究刑事责任。（§ 10）

《最高人民法院关于审理走私、非法经营、非法使用兴奋剂刑事案件适用法律若干问题的解释》（法释〔2019〕16号，自2020年1月1日起施行）

△（**组织考生非法使用兴奋剂；组织考试作弊罪；提供兴奋剂**）在普通高等学校招生、公务员录用等法律规定的国家考试涉及的体育、体能测试等体育运动中，组织考生非法使用兴奋剂的，应当依照刑法第二百八十四条之一的规定，以组织考试作弊罪定罪处罚。

明知他人实施前款犯罪而为其提供兴奋剂的，依照前款的规定定罪处罚。（§ 4）

△（**"兴奋剂""兴奋剂目录所列物质""体育运动""国内、国际重大体育竞赛"等专门性问题；认定意见**）对于是否属于本解释规定的"兴奋剂""兴奋剂目录所列物质""体育运动""国内、国际重大体育竞赛"等专门性问题，应当依据《中华人民共和国体育法》《反兴奋剂条例》等法律法规，结合国务院体育主管部门出具的认定意见等证据材料作出认定。（§ 8）

第二百八十四条之一　【组织考试作弊罪】【非法出售、提供试题、答案罪】【代替考试罪】

在法律规定的国家考试中，组织作弊的，处三年以下有期徒刑或者拘役，并处或者单处罚金；情节严重的，处三年以上七年以下有期徒刑，并处罚金。

为他人实施前款犯罪提供作弊器材或者其他帮助的，依照前款的规定处罚。

为实施考试作弊行为，向他人非法出售或者提供第一款规定的考试的试题、答案的，依照第一款的规定处罚。

代替他人或者让他人代替自己参加第一款规定的考试的，处拘役或者管制，并处或者单处罚金。

【立法沿革】

《中华人民共和国刑法修正案（九）》（自2015年11月1日起施行）

二十五、在刑法第二百八十四条后增加一条，作为第二百八十四条之一：

"在法律规定的国家考试中，组织作弊的，处三年以下有期徒刑或者拘役，并处或者单处罚金；情节严重的，处三年以上七年以下有期徒刑，并处罚金。

"为他人实施前款犯罪提供作弊器材或者其他帮助的，依照前款的规定处罚。

"为实施考试作弊行为，向他人非法出售或者提供第一款规定的考试的试题、答案的，依照第一款的规定处罚。

"代替他人或者让他人代替自己参加第一款规定的考试的，处拘役或者管制，并处或者单处罚金。"

【立法理由】

（一）立法相关背景

考试作弊行为破坏考试制度和人才选拔制度，妨碍公平竞争，破坏社会诚信，败坏社会风气，同时还会诱发其他违法犯罪行为，具有较为严重的社会危害性。从刑法的规定看，1997年刑法没有专门针对破坏国家考试制度的犯罪规定，对于实践中破坏考试秩序的犯罪，一般是根据作弊行为的具体情况，分别依照刑法的有关规定处理的。从法律适用的具体情况看，常用的罪名主要是，伪造公文、证件、印章罪，非法使用窃听、窃照专用器材罪,泄露国家秘密罪等。近年来,破坏考试秩序犯罪的情况出现了一些变化:一是考试作弊活动愈来愈猖獗;二是考试作弊的组织化程度越来越高,涉及面也越来越大;三是随着电子信息技术的快速发展,考试作弊活动越来越多地使用各种科技手段,使得考试组织者难以防范;四是围绕考试作弊,形成了各种违法犯罪活动相互依赖、分工严密的利益链条,惩处难度越来越大。

为了保证依法举行的国家考试的正常进行,维护社会诚信,依法惩治失信、背信行为,根据有关方面的建议,2015 年 8 月 29 日第十二届全国人大常委会第十六次会议通过的《**刑法修正案(九)**》在刑法中增加了本条,对在依照法律规定举办的考试中组织考试作弊等各种破坏考试秩序的行为作出专门规定。这一规定体现了刑法在维护社会主义核心价值观、规范社会生活方面的引领和推动作用,对于净化社会风气、维护社会诚信具有积极意义。

(二)立法时争议的主要问题

1. 代替他人或者让他人代替自己参加考试是否入刑的问题。在《刑法修正案(九)》研究、审议过程中,有意见认为,对替考的可以通过取消考试成绩、限考、禁考等方式处理。如《公务员考试录用违纪违规行为处理办法》第八条规定,代替他人或者让他人代替自己参加考试的,由中央公务员主管部门或者省级公务员主管部门给予其取消本次考试资格的处理,并记入公务员考试录用诚信档案库,长期记录。《国家教育考试违规处理办法》第九条规定,伪造、变造身份证、准考证及其他证明材料,由他人代替或者代替考生参加考试的,其所报名参加考试的各阶段、各科成绩无效,参加高等教育自学考试的,当次考试各科成绩无效;还可以视情节轻重,同时给予暂停参加该项考试一至三年的处理,情节特别严重的,可以同时给予暂停参加各种国家教育考试一至三年的处理。第十二条规定,在校学生、在职教师有代替考生或者由他人代替参加考试的情形的,教育考试机构应当通报其所在学校,由学校根据有关规定严肃处理,直至开除学籍或者予以解聘。根据上述规定,对替考的人员给予终身禁考、开除、解聘等处理,足以达到惩戒的效果,从刑法谦抑性的角度考虑,不作犯罪处理为妥。

审议中经反复研究,考虑到替考行为破坏国家考试管理秩序和制度,动摇了社会诚信的道德基础,严重损害了国家考试制度的权威和公信力;替考行为是对国家培养和选拔人才公正机制的严重挑战,违反了公平、公正、公开原则,严重影响社会人才评价、选报机制的正常运行;替考行为不但侵害他人参与公平竞争的合法权益,还会毒化社会风气,破坏和谐有序的社会环境;替考行为也是比较严重的考试舞弊行为,很多替考的人员本身就是组织考试作弊犯罪团伙指派的,考试的范围也已经严格限定为法律规定的国家考试,因此,从维护社会诚信,惩治失信、背信行为的角度,**对代替他人或者让他人代替自己参加考试的,作为犯罪加以规定也是必要和可行的**,有助于确保平等、公开、竞争、择优的考试选拔机制顺利运行。

2. 根据本条规定,考试范围限定在"法律规定的国家考试",即在法律中明确规定的国家考试。对这一考试范围的确定,在法律草案审议过程中曾作过专门研究。在《刑法修正案(九)(草案)》初次审议时,草案规定的范围是"国家规定的考试"。在就该方案征求意见过程中,有的建议对"国家规定的考试"作出明确界定,以便在司法实践中准确掌握、严格适用法律。有的提出"国家规定的考试"的表述有歧义,可以理解为"国家规定"中的考试,也可以理解为国家"规定的考试"。对第一种理解,按照《刑法》第九十六条关于"国家规定"的解释,包括法律、行政法规规定的考试。据统计,这类考试的种类众多。如果按照第二种理解,即国家"规定的考试",则范围还包括部门规章规定的考试,范围更宽。

考虑到增加本罪主要是从维护社会诚信、惩治失信背信行为的角度出发,对组织考试作弊犯罪等专门作出规定,对考试的范围有相对明确的限定是必要的。同时,本条还规定了让他人替考、为他人替考的行为,也需要对考试的范围有一个明确限定。此外,国务院正在进行行政审批项目清理,据主管部门提供的情况,今后要取消没有法律法规依据的准入类职业资格;有法律法规依据的准入类资格,如果与国家安全、公共安全、人民生命财产安全关系并不密切,或者自身不宜采取职业资格方式进行管理的,将按程序提请修改法律法规后,予以取消。根据下一步的清理计划,国务院行业部门、全国性的行业协会、学会自行设置的水平评价类职业资格,原则上予以取消,确实需要保留的,经过批准后,纳入国家统一的职业资格制度管理。为此,为与行政审批制度改革相衔接,也需要对本条规定的考试的范围作合理限定。经综合考虑,本条对纳入组织考试作弊等犯罪予以刑事处罚的考试的范围作了限定,即**仅限于依照法律规定举行的考试**。

【条文说明】

本条是关于组织考试作弊罪,非法出售、提供试题、答案罪,代替考试罪及其处罚的规定。

本条共分为四款。

第一款是关于**组织考试作弊罪**及其处罚的规定。组织考试作弊罪是本条规定的重点内容。本款规定有以下方面问题需要注意：

1. **关于“组织作弊”的行为**。根据本款规定，构成组织作弊的犯罪要求行为人客观上实施了“组织作弊”的行为。这里所说的**“组织”作弊**，即组织、指挥、策划进行考试作弊的行为，既包括构成犯罪集团的情况，也包括比较松散的犯罪团伙，还可以是个人组织他人进行作弊的情况；组织者可以是一个人，也可以是多人；可以有比较严密的组织结构，也可以是为了进行一次考试作弊行为临时纠集在一起；既包括组织一个考场内的考生作弊的简单形态，也包括组织大范围的考生集体作弊的复杂情形。[①]**“作弊”**是指在考试中弄虚作假的行为，具体作弊方式花样很多，需要结合考试的具体情况确定。对于考试作弊，在相关考试的规定中一般都有明确的认定规定，如《国家教育考试违规处理办法》第六条规定，国家教育考试中作弊包括：(1)携带与考试内容相关的材料或者存储有与考试内容相关资料的电子设备参加考试的；(2)抄袭或者协助他人抄袭试题答案或者与考试内容相关的资料的；(3)抢夺、窃取他人试卷、答卷或者胁迫他人为自己抄袭提供方便的；(4)携带具有发送或者接收信息功能的设备的；(5)由他人冒名代替参加考试的；(6)故意销毁试卷、答卷或者考试材料的；(7)在答卷上填写与本人身份不符的姓名、考号等信息的；(8)传、接物品或者交换试卷、答卷、草稿纸的；(9)其他以不正当手段获得或者试图获得试题答案、考试成绩的行为。《公务员录用考试违纪违规处理办法(试行)》对公务员考试中的作弊及处理也有明确规定。

本款之所以对“组织作弊”作出明确规定，主要是体现对有组织的团伙作弊行为的从严惩处。从司法实践中的情况看，一些案件中，考试作弊团伙化、产业化特征明显，“助考”团伙分工明确，有专门制售作弊器材的，有专门偷题的，有专门做题的，有专门负责广告的，有专门负责销售试题及答案的，涉及考试作弊的各个环节，形成制售作弊器材、考试前或考试中窃取试题内容、雇用枪手做答、传播答案等“一条龙”产业链。在作弊的手段上，也日益高科技化，有的犯罪团伙使用密拍设备窃取考题，使用远程通讯设备将答案传入考场，采用可以植入牙齿的耳机接收答案，等等。传统的有组织作弊主要是在考场内组织实施，而近年来高科技化的组织作弊，往往通过包括互联网、无线电技术手段在内的多种技术手段，将考场内外，考生、家长、枪手等各主体，试题、答案各要素紧密联系在一起，使得考试组织者防不胜防。此类行为严重扰乱了考试活动的正常进行，社会危害严重，应当作为打击的重点予以从严惩处。

2. **关于考试的范围**。根据本款规定，考试范围限定在“法律规定的国家考试”，即在法律中明确规定的国家考试。[②] 2019年《最高人民法院、最高人民检察院关于办理组织考试作弊等刑事案件适用法律若干问题的解释》第一条规定，“‘**法律规定的国家考试**’，仅限于全国人民代表大会及其常务委员会制定的法律所规定的考试。根据有关法律规定，下列考试属于‘法律规定的国家考试’：(一)普通高等学校招生考试、研究生招生考试、高等教育自学考试、成人高等学校招生考试等国家教育考试；(二)中央和地方公务员录用考试；(三)国家统一法律职业资格考试、国家教师资格考试、注册会计师全国统一考试、会计专业技术资格考试、资产评估师资格考试、医师资格考试、执业药师职业资格考试、注册建筑师考试、建造师执业资格考试等专业技术资格考试；(四)其他依照法律由中央或者地方主管部门以及行业组织的国家考试。前款规定的考试涉及的特殊类型招生、特殊技能测试、面试等考试，属于‘法律规定的国家考试’”。

从现有规定看，近二十部法律对“法律规定的国家考试”作了规定。如2018年修订的《公务员法》第三十条规定，公务员录用考试采取笔试和面试等方式进行，考试内容根据公务员应当具备的基本能力和不同职位类别、不同层级机关分别设置。2019年修订的《法官法》第十二条规定，初任法官应当通过国家统一法律职业资格考试取得法律职业资格。上述规定就是通常所说的公务员考试和法律职业资格考试，都属于本款规定的“法律规定的国家考试”。检察官法、律师法也分别对担任检察官、申请律师执业规定了要通过国家统一法律职业资格考试。此外，人民警察法、教师法、执业医师法、注册会计师法、道路交通安全法、海关法、动物防疫法、旅游法、证券投资基金法、统计法、公证法等也都对相应行业、部门的从业人员应

---

① 相同的学说见解，参见张明楷：《刑法学》(第6版)，法律出版社2021年版，第1369页。

② 左坚卫教授将“法律规定的国家考试”细分为学历考试、资格考试、公务员考试及测试水平等级考试四种。参见赵秉志、李希慧主编：《刑法各论》(第3版)，中国人民大学出版社2016年版，第271—272页。

当通过考试取得相应资格或入职条件作了规定。需要注意的是，对于教育类考试，目前社会上关注度高、影响大、涉及面广的高考、研究生入学考试等都是有相应法律依据的。2015 年修正的《教育法》第二十一条规定："国家实行国家教育考试制度。国家教育考试由国务院教育行政部门确定种类，并由国家批准的实施教育考试的机构承办。"2018 年修正的《高等教育法》第十九条规定，高级中等教育毕业或者具有同等学力的，经考试合格，由实施相应学历教育的高等学校录取，取得专科生或者本科生入学资格。本科毕业或者具有同等学力的，经考试合格，由实施相应学历教育的高等学校或者经批准承担研究生教育任务的科学研究机构录取，取得硕士研究生入学资格。硕士研究生毕业或者具有同等学力的，经考试合格，由实施相应学历教育的高等学校或者经批准承担研究生教育任务的科学研究机构录取，取得博士研究生入学资格。允许特定学科和专业的本科毕业生直接取得博士研究生入学资格，具体办法由国务院教育行政部门规定。第二十一条规定，国家实行高等教育自学考试制度，经考试合格的，发给相应的学历证书或者其他学业证书。

对于"法律规定的国家考试"还需要注意的是，**这里的国家考试并不要求"统一由国家一级组织的考试"**。有些法律规定的考试，依照规定不是由国家一级统一组织，而是由地方根据法律规定组织实施，这些考试也属于"法律规定的国家考试"。① 如根据《公务员法》的规定，公务员录用考试属于国家考试，但关于公务员录用考试的具体组织，该法第二十四条规定，中央机关及其直属机构公务员的录用，由中央公务员主管部门负责组织；地方各级机关公务员的录用，由省级公务员主管部门负责组织，必要时省级公务员主管部门可以授权设区的市级公务员主管部门组织。根据该规定，公务员录用考试，既包括国家统一组织的招录中央机关及其直属机构公务员的考试，也包括各省、市等地方组织的录用地方各级机关公务员的考试。再如高考既有全国统一考试，也有各省依照法律规定组织的考试。

根据本款规定，**对组织考试作弊的**，处三年以下有期徒刑或者拘役，并处或者单处罚金；**情节严重的**，处三年以上七年以下有期徒刑，并处罚金。这里所说的"情节严重的"，根据《最高人民法院、最高人民检察院关于办理组织考试作弊等刑事案件适用法律若干问题的解释》第二条的规定，在法律规定的国家考试中，组织作弊，具有下列情形之一的，应当认定"**情节严重**"：(1)在普通高等学校招生考试、研究生招生考试、公务员录用考试中组织考试作弊的；(2)导致考试推迟、取消或者启用备用试题的；(3)考试工作人员组织考试作弊的；(4)组织考生跨省、自治区、直辖市作弊的；(5)多次组织考试作弊的；(6)组织三十人次以上作弊的；(7)提供作弊器材五十件以上的；(8)违法所得三十万元以上的；(9)其他情节严重的情形。

第二款是关于**为他人实施组织考试作弊提供作弊器材或者其他帮助**如何处罚的规定。根据本款规定，为他人实施组织作弊提供作弊器材或者其他帮助的，依照第一款的规定处罚，即处三年以下有期徒刑或者拘役，并处或者单处罚金；情节严重的，处三年以上七年以下有期徒刑，并处罚金。通常情况下，本款规定的犯罪行为，实际上也是第一款规定的**组织考试作弊犯罪的帮助行为**。因此，对这些行为一般可以按照刑法总则关于共同犯罪的规定，以组织作弊罪的共犯处理，按其在共同犯罪中的地位、作用追究刑事责任。本款之所以对这种行为专门作出规定，主要是考虑到实践中提供作弊器材等帮助的行为，越来越具有独立性，已经成为有组织作弊中的重要环节，社会危害严重；同时，司法实践中，组织作弊犯罪各环节分工越来越细、独立性越来越强，有的案件中已经查明行为人明知他人组织作弊而且其提供作弊器材，但要进一步证明双方为共同组织作弊而实施犯意联络存在一定困难。因此，对这种组织作弊犯罪活动中具有典型性的行为，在法律中作出明确规定，严密刑事法网，有利于准确适用法律。②

本款规定的帮助行为主要分为两大类：一是**提供作弊器材**。互联网和无线考试作弊器材是高科技作弊的关键环节，通过互联网，试题和答案得以大面积传播；有了无线考试作弊器材，试题和答案才得以在考场内外顺利传递。从功能上看，作弊器材的作用就是将考场内的试题传出去或将答

分则　第六章

---

① 相同的学说见解，参见张明楷：《刑法学》(第 6 版)，法律出版社 2021 年版，第 1369 页。

② 我国学者指出，尽管帮助组织作弊行为是组织作弊考试罪的帮助犯，二者之间构成共同犯罪，但既然刑法将其和正犯行为(即组织行为)分别加以规定，同等对待，因此，二者之间不再存在共犯关系。参见黎宏：《刑法学各论》(第 2 版)，法律出版社 2016 年版，第 361 页。另有学者指出，本款规定不是帮助犯的正犯化，而是帮助犯量刑的正犯化。如果乙为甲组织作弊提供了作弊器材，但甲并没有实施组织作弊行为，由于不存在任何法益侵害与危险，对乙的行为不能以本罪论处。参见张明楷：《刑法学》(第 6 版)，法律出版社 2021 年版，第 1369—1370 页。

案发送给考生，相应的，相关器材包括密拍、发送和接收设备三大类。密拍设备日益小型化，伪装也更加先进，如纽扣式数码相机、眼镜式和手表式密拍设备，其发射天线通常采用背心、腰带、发卡等形式；发送设备包括各种大功率发射机，负责将答案传送到考场中，实践中有的发射距离可达数公里；接收设备包括语音和数据接收器，语音接收器包括米粒耳机、牙齿接收机、颅骨接收机等；数据接收器则出现了尺子、橡皮、眼镜、签字笔等多种伪装。这里规定的“提供”作弊器材包括为他人生产，向他人销售、出租、出借等多种方式。关于“作弊器材”如何认定，《最高人民法院、最高人民检察院关于办理组织考试作弊等刑事案件适用法律若干问题的解释》第三条规定，具有避开或者突破考场防范作弊的安全管理措施，获取、记录、传递、接收、存储考试试题、答案等功能的程序、工具，以及专门设计用于作弊的程序、工具，应当认定为“**作弊器材**”。对于是否属于“作弊器材”难以确定的，依据省级以上公安机关或者考试主管部门出具的报告，结合其他证据作出认定；涉及专用间谍器材、窃听、窃照专用器材、“伪基站”等器材的，依照相关规定作出认定。二是**提供其他帮助**。包括进行无线考试作弊器材的使用培训，窃取、出售考生信息，以及作弊网站的设立与维护等。

第三款是关于**非法出售、提供试题、答案罪**及其处罚的规定。根据本款规定，为实施考试作弊行为，向他人非法出售或者提供法律规定的国家考试的试题、答案的，依照第一款的规定处罚，即处三年以下有期徒刑或者拘役，并处或者单处罚金；情节严重的，处三年以上七年以下有期徒刑，并处罚金。关于“情节严重”，根据《最高人民法院、最高人民检察院关于办理组织考试作弊等刑事案件适用法律若干问题的解释》第五条规定，为实施考试作弊行为，非法出售或者提供法律规定的国家考试的试题、答案，具有下列情形之一的，应当认定为“**情节严重**”：（1）非法出售或者提供普通高等学校招生考试、研究生招生考试、公务员录用考试的试题、答案的；（2）导致考试推迟、取消或者启用备用试题的；（3）考试工作人员非法出售或者提供试题、答案的；（4）多次非法出售或者提供试题、答案的；（5）向三十人次以上非法出售或者提供试题、答案的；（6）违法所得三十万元以上的；（7）其他情节严重的情形。第六条规定，为实施考试作弊行为，向他人非法出售或者提供法律规定的国家考试的试题、答案，试题不完整或者答案与标准答案不完全一致的，不影响非法出售、提供试题、答案罪的认定。本款规定需要注意的是，行为人提供试题、答案的对象不限于组织作弊的团伙或个人①，也包括参加考试的人员及其亲友，这一点不同于第二款规定的为组织考试作弊提供器材的犯罪。

第四款是关于**代替考试罪**及其处罚的规定。构成本罪应当具备以下条件：一是犯罪的主体，既包括应考者，也包括替考者，俗称“枪手”。二是行为人实施了代替他人或者让他人代替自己参加法律规定的国家考试的行为。本款规定了两种行为：第一，**行为人代替他人参加考试**。这里的“代替他人”参加考试，是指冒名顶替应当参加考试的人去参加考试，包括携带应考者的真实证件参加考试；携带伪造、变造的应考者的证件参加考试；替考者与应考者一同入场考试，但互填对方的考试信息等。第二，**行为人让他人代替自己参加考试**。这里所说的“让他人代替自己”参加考试，是指指使他人冒名顶替自己参加考试。让他人代替自己参加考试的方式多种多样，如发布广告寻找替考者、委托他人寻找替考者、向替考者支付定金，等等。三是行为人代替他人或者让他人代替自己参加的考试必须是法律规定的国家考试。所谓“法律规定的国家考试”在本条第一款中已经详细论述，不再赘述。

根据本款规定，代替他人或者让他人代替自己参加法律规定的国家考试的，处拘役或者管制，并处或者单处罚金。

实践中需要注意以下两个方面的问题：

1. 本条第一款将组织考试作弊犯罪限于“法律规定的国家考试”，并非意味着对这些考试范围之外的其他考试中作弊的行为都不予追究。司法实践中，对其他作弊行为还需要根据案件的具体情况，依照相关法律规定处理。对其中某些行为，可以依照《刑法》第二百五十三条之一侵犯公民个人信息罪，第二百八十条第一款伪造、变造、买卖国家机关公文、证件、印章罪，第二百八十二条第一款非法获取国家秘密罪，第二百八十四条非法使用窃听、窃照专用器材罪，第二百八十八条扰乱无线电通讯管理秩序罪等规定追究刑事责任。对其中尚不构成犯罪的，可以依照治安管理处罚

---

① 行为人向组织作弊的人员提供试题、答案，同时触犯了非法提供试题、答案罪（正犯行为）与组织考试作弊罪（帮助行为），属于包括的一罪，按照非法提供试题、答案罪论处，更为合适。参见张明楷：《刑法学》（第6版），法律出版社2021年版，第1370—1371页。

法的规定处理。

2. 对于代替考试，首先要根据《国家教育考试违规处理办法》《公务员考试录用违纪违规行为处理办法》等相关规定予以取消考试资格、禁考等处理。同时，考虑到实践中代替考试的情形较为复杂，所涉考试的类型有所不同，不区分情形一律定罪处罚过于严苛，根据**宽严相济刑事政策**的要求，《最高人民法院、最高人民检察院关于办理组织考试作弊等刑事案件适用法律若干问题的解释》第七条规定，对于行为人犯罪情节较轻，确有悔罪表现，综合考虑行为人替考情况以及考试类型等因素，认为符合缓刑适用条件的，可以宣告缓刑；犯罪情节轻微的，可以不起诉或者免予刑事处罚；情节显著轻微危害不大的，不以犯罪论处。

【司法解释】

《最高人民法院关于〈中华人民共和国刑法修正案(九)〉时间效力问题的解释》(法释〔2015〕19号，自2015年11月1日起施行)

△(**时间效力；从旧兼从轻原则**)对于2015年10月31日以前组织考试作弊，为他人组织考试作弊提供作弊器材或者其他帮助，以及非法向他人出售或者提供考试试题、答案，根据修正前刑法应当以非法获取国家秘密罪、非法生产、销售间谍专用器材罪或者故意泄露国家秘密罪等追究刑事责任的，适用修正前刑法的有关规定。但是，根据修正后刑法第二百八十四条之一的规定处刑较轻的，适用修正后刑法的有关规定。(§ 6)

《最高人民法院、最高人民检察院关于办理组织考试作弊等刑事案件适用法律若干问题的解释》(法释〔2019〕13号，自2019年9月4日起施行)

△(**法律规定的国家考试**)刑法第二百八十四条之一规定的“法律规定的国家考试”，仅限于全国人民代表大会及其常务委员会制定的法律所规定的考试。

根据有关法律规定，下列考试属于“法律规定的国家考试”：

(一)普通高等学校招生考试、研究生招生考试、高等教育自学考试、成人高等学校招生考试等国家教育考试；

(二)中央和地方公务员录用考试；

(三)国家统一法律职业资格考试、国家教师资格考试、注册会计师全国统一考试、会计专业技术资格考试、资产评估师资格考试、医师资格考试、执业药师职业资格考试、注册建筑师考试、建造师执业资格考试等专业技术资格考试；

(四)其他依照法律由中央或者地方主管部门以及行业组织的国家考试。

前款规定的考试涉及的特殊类型招生、特殊技能测试、面试等考试，属于“法律规定的国家考试”。(§ 1)

△(**情节严重**)在法律规定的国家考试中，组织作弊，具有下列情形之一的，应当认定为刑法第二百八十四条之一第一款规定的“情节严重”：

(一)在普通高等学校招生考试、研究生招生考试、公务员录用考试中组织考试作弊的；

(二)导致考试推迟、取消或者启用备用试题的；

(三)考试工作人员组织考试作弊的；

(四)组织考生跨省、自治区、直辖市作弊的；

(五)多次组织考试作弊的；

(六)组织三十人次以上作弊的；

(七)提供作弊器材五十件以上的；

(八)违法所得三十万元以上的；

(九)其他情节严重的情形。(§ 2)

△(**作弊器材**)具有避开或者突破考场防范作弊的安全管理措施，获取、记录、传递、接收、存储考试试题、答案等功能的程序、工具，以及专门设计用于作弊的程序、工具，应当认定为刑法第二百八十四条之一第二款规定的“作弊器材”。

对于是否属于刑法第二百八十四条之一第二款规定的“作弊器材”难以确定的，依据省级以上公安机关或者考试主管部门出具的报告，结合其他证据作出认定；涉及专用间谍器材、窃听、窃照专用器材、“伪基站”等器材的，依照相关规定作出认定。(§ 3)

△(**考试开始之前被查获；组织考试作弊罪既遂**)组织考试作弊，在考试开始之前被查获，但已经非法获取考试试题、答案或者具有其他严重扰乱考试秩序情形的，应当认定为组织考试作弊罪既遂。(§ 4)

△(**情节严重**)为实施考试作弊行为，非法出售或者提供法律规定的国家考试的试题、答案，具有下列情形之一的，应当认定为刑法第二百八十四条之一第三款规定的“情节严重”：

(一)非法出售或者提供普通高等学校招生考试、研究生招生考试、公务员录用考试的试题、答案的；

(二)导致考试推迟、取消或者启用备用试题的；

(三)考试工作人员非法出售或者提供试题、答案的；

(四)多次非法出售或者提供试题、答案的；

(五)向三十人次以上非法出售或者提供试

题、答案的;

(六)违法所得三十万元以上的;

(七)其他情节严重的情形。(§5)

△(**试题不完整;答案与标准答案不完全一致;非法出售、提供试题、答案罪**)为实施考试作弊行为,向他人非法出售或者提供法律规定的国家考试的试题、答案,试题不完整或者答案与标准答案不完全一致的,不影响非法出售、提供试题、答案罪的认定。(§6)

△(**代替考试罪**)代替他人或者让他人代替自己参加法律规定的国家考试的,应当依照刑法第二百八十四条之一第四款的规定,以代替考试罪定罪处罚。

对于行为人犯罪情节较轻,确有悔罪表现,综合考虑行为人替考情况以及考试类型等因素,认为符合缓刑适用条件的,可以宣告缓刑;犯罪情节轻微的,可以不起诉或者免予刑事处罚;情节显著轻微危害不大的,不以犯罪论处。(§7)

△(**单位**)单位实施组织考试作弊、非法出售、提供试题、答案等行为的,依照本解释规定的相应定罪量刑标准,追究组织者、策划者、实施者的刑事责任。(§8)

△(**窃取、刺探、收买方法;非法获取国家秘密罪;组织考试作弊罪;非法出售、提供试题、答案罪;数罪并罚**)以窃取、刺探、收买方法非法获取法律规定的国家考试的试题、答案,又组织考试作弊或者非法出售、提供试题、答案,分别符合刑法第二百八十二条和刑法第二百八十四条之一规定的,以非法获取国家秘密罪和组织考试作弊罪或者非法出售、提供试题、答案罪数罪并罚。(§9)

△(**非法获取国家秘密罪;非法生产、销售窃听、窃照专用器材罪;非法使用窃听、窃照专用器材罪;非法利用信息网络罪;扰乱无线电通讯管理秩序罪**)在法律规定的国家考试以外的其他考试中,组织作弊,为他人组织作弊提供作弊器材或者其他帮助,或者非法出售、提供试题、答案,符合非法获取国家秘密罪、非法生产、销售窃听、窃照专用器材罪、非法使用窃听、窃照专用器材罪、非法利用信息网络罪、扰乱无线电通讯管理秩序罪等犯罪构成要件的,依法追究刑事责任。(§10)

△(**非法利用信息网络罪;组织考试作弊罪;非法出售、提供试题、答案罪;非法获取国家秘密罪**)设立用于实施考试作弊的网站、通讯群组或者发布有关考试作弊的信息,情节严重的,应当依照刑法第二百八十七条之一的规定,以非法利用信息网络罪定罪处罚;同时构成组织考试作弊罪、非法出售、提供试题、答案罪、非法获取国家秘密罪等其他犯罪的,依照处罚较重的规定定罪处罚。(§11)

△(**职业禁止;禁止令**)对于实施本解释规定的犯罪被判处刑罚的,可以根据犯罪情况和预防再犯罪的需要,依法宣告职业禁止;被判处管制、宣告缓刑的,可以根据犯罪情况,依法宣告禁止令。(§12)

△(**罚金**)对于实施本解释规定的行为构成犯罪的,应当综合考虑犯罪的危害程度、违法所得数额以及被告人的前科情况、认罪悔罪态度等,依法判处罚金。(§13)

【附属刑法】

《中华人民共和国教育法》(1995年3月18日通过,2021年4月29日第三次修正)

第七十九条

考生在国家教育考试中有下列行为之一的,由组织考试的教育考试机构工作人员在考试现场采取必要措施予以制止并终止其继续参加考试;组织考试的教育考试机构可以取消其相关考试资格或者考试成绩;情节严重的,由教育行政部门责令停止参加相关国家教育考试一年以上三年以下;构成违反治安管理行为的,由公安机关依法给予治安管理处罚;构成犯罪的,依法追究刑事责任:

(一)非法获取考试试题或者答案的;

(二)携带或者使用考试作弊器材、资料的;

(三)抄袭他人答案的;

(四)让他人代替自己参加考试的;

(五)其他以不正当手段获得考试成绩的作弊行为。

第八十条

任何组织或者个人在国家教育考试中有下列行为之一,有违法所得的,由公安机关没收违法所得,并处违法所得一倍以上五倍以下罚款;情节严重的,处五日以上十五日以下拘留;构成犯罪的,依法追究刑事责任;属于国家机关工作人员的,还应当依法给予处分:

(一)组织作弊的;

(二)通过提供考试作弊器材等方式为作弊提供帮助或者便利的;

(三)代替他人参加考试的;

(四)在考试结束前泄露、传播考试试题或者答案的;

(五)其他扰乱考试秩序的行为。

第二百八十五条　【非法侵入计算机信息系统罪】【非法获取计算机信息系统数据、非法控制计算机信息系统罪】【提供侵入、非法控制计算机信息系统程序、工具罪】

违反国家规定，侵入国家事务、国防建设、尖端科学技术领域的计算机信息系统的，处三年以下有期徒刑或者拘役。

违反国家规定，侵入前款规定以外的计算机信息系统或者采用其他技术手段，获取该计算机信息系统中存储、处理或者传输的数据，或者对该计算机信息系统实施非法控制，情节严重的，处三年以下有期徒刑或者拘役，并处或者单处罚金；情节特别严重的，处三年以上七年以下有期徒刑，并处罚金。

提供专门用于侵入、非法控制计算机信息系统的程序、工具，或者明知他人实施侵入、非法控制计算机信息系统的违法犯罪行为而为其提供程序、工具，情节严重的，依照前款的规定处罚。

单位犯前三款罪的，对单位判处罚金，并对其直接负责的主管人员和其他直接责任人员，依照各该款的规定处罚。

【立法沿革】

《中华人民共和国刑法》(1997年修订，自1997年10月1日起施行)

第二百八十五条

违反国家规定，侵入国家事务、国防建设、尖端科学技术领域的计算机信息系统的，处三年以下有期徒刑或者拘役。

《中华人民共和国刑法修正案(七)》(自2009年2月28日起施行)

九、在刑法第二百八十五条中增加两款作为第二款、第三款：

"违反国家规定，侵入前款规定以外的计算机信息系统或者采用其他技术手段，获取该计算机信息系统中存储、处理或者传输的数据，或者对该计算机信息系统实施非法控制，情节严重的，处三年以下有期徒刑或者拘役，并处或者单处罚金；情节特别严重的，处三年以上七年以下有期徒刑，并处罚金。

"提供专门用于侵入、非法控制计算机信息系统的程序、工具，或者明知他人实施侵入、非法控制计算机信息系统的违法犯罪行为而为其提供程序、工具，情节严重的，依照前款的规定处罚。"

《中华人民共和国刑法修正案(九)》(自2015年11月1日起施行)

二十六、在刑法第二百八十五条中增加一款作为第四款：

"单位犯前三款罪的，对单位判处罚金，并对其直接负责的主管人员和其他直接责任人员，依照各该款的规定处罚。"

【立法理由】

1. **1997年修订刑法的情况。**随着现代信息技术和互联网产业的飞速发展，计算机网络在经济社会生活中的作用日益重要，大量的经济活动、社会活动依赖计算机网络的正常运行，特别是国家事务管理、国防、外交、尖端科学技术等重要领域，相当广泛地应用计算机技术；民航、电力、铁路、银行、军事、科研等部门和领域，都建立了计算机信息系统。计算机网络在给人们的生活带来极大便利的同时，安全问题也日益突出，尤其是国家事务、国防建设、尖端科学技术领域的计算机信息系统，一旦被非法侵入，很可能导致其中的重要数据遭到破坏或者某些重要、敏感的信息被泄露，并可能造成严重的政治、经济损失，甚至还可能危及国家安全和人民生命财产安全。为了保护计算机信息系统的安全，1997年修订刑法时，对危害计算机信息系统安全的犯罪作了规定，其中《刑法》第二百八十五条将非法侵入国家事务、国防建设、尖端科学技术领域的计算机信息系统的行为规定为犯罪。

2. **2009年《刑法修正案(七)》对本条的修改情况。**随着经济社会的发展，维护计算机信息系统安全方面出现了一些新的情况和特点。一是刑法保护的计算机信息系统的领域需要根据实际情况的变化加以扩展。如随着计算机信息技术在金融、电信、医疗、教育等各个方面应用的普及，这些领域的计算机信息系统的安全问题日益突出，有的需要加以刑法保护。二是对一些新类型的侵犯计算机信息系统安全的行为，有必要通过修改、补充刑法，增加规定为犯罪。为此，2009年2月28日第十届全国人大常委会第七次会议通过的《刑法修正案(七)》对1997年刑法关于危害计算机信息系统安全的犯罪的规定作了补充，增加了非法获取计算机信息系统数据、非法控制计算机信息系统以及提供侵入、非法控制计算机信息系统程序、工具的犯罪行为。

3. 2015 年《刑法修正案(九)》对本条的修改情况。2015 年 8 月 29 日第十二届全国人大常委会第十六次会议通过的《刑法修正案(九)》增加了单位犯罪的规定。《刑法修正案(九)》出台之前,本条前三款规定的非法侵入计算机信息系统罪,非法获取计算机信息系统数据、非法控制计算机信息系统罪和提供侵入、非法控制计算机信息系统程序、工具罪只规定了自然人犯罪,没有规定单位犯罪。实践中,存在单位实施上述犯罪的情况,单位实施上述犯罪往往影响范围更广、危害更为严重,除追究有关责任人员的刑事责任,还应当对单位给予经济制裁。将前三款犯罪增加规定单位犯罪,采取"**双罚制**",对单位判处罚金,使其不能通过犯罪得到非法利益,并对单位直接负责的主管人员和其他直接责任人员判处相应的刑罚,能够全面准确地体现罪刑相适应原则,对单位犯罪起到足够的警戒作用,有利于更好地预防、打击和惩治单位实施上述犯罪。

【条文说明】

本条是关于非法侵入计算机信息系统罪,非法获取计算机信息系统数据、非法控制计算机信息系统罪,提供侵入、非法控制计算机信息系统程序、工具罪及其处罚的规定。

本条共分为四款。

第一款是关于**非法侵入计算机信息系统罪**及其处罚的规定。构成本罪应当符合以下条件:

1. **必须是违反国家规定**。这里所说的"**违反国家规定**",是指违反国家关于保护计算机安全的法律和行政法规。如《计算机信息系统安全保护条例》第四条规定,计算机信息系统的安全保护工作,重点维护国家事务、经济建设、国防建设、尖端科学技术等重要领域的计算机信息系统的安全。

2. **行为人实施了侵入国家事务、国防建设、尖端科学技术领域的计算机信息系统的行为**。所谓"**侵入**",是指未取得国家有关主管部门合法授权或批准,通过计算机终端访问国家重要计算机信息系统或者进行数据截收的行为。实践中,主要表现为行为人利用自己所掌握的计算机知识、技术,通过非法手段获取指令或者许可证明,冒充合法使用者进入国家重要计算机信息系统;采用计算机技术进行攻击,闯过或者避开安全防卫进入计算机信息系统;有的甚至将自己的计算机与国家重要计算机信息系统联网。这里的"侵入"是故意行为,即行为人明知自己的行为违反国家规定会产生非法侵入的危害结果,而希望这种结果发生;如果行为人过失进入国家重要的计算机信息系统的,不构成本罪。

3. **本罪的犯罪对象仅限于国家事务、国防建设、尖端科学技术领域的计算机信息系统**。这里所说的"**计算机信息系统**",根据《计算机信息系统安全保护条例》第二条的规定,是指由计算机及其相关的和配套的设备、设施(含网络)构成的,按照一定的应用目标和规则对信息进行采集、加工、存储、传输、检索等处理的人机系统。国家事务、国防建设、尖端科学技术领域的计算机信息系统,涉及国家秘密等事关国家安全等重要事项的信息的处理,应当予以特殊保护。因此,行为人不论其侵入的动机和目的如何,也不需要在侵入后又实施窃取信息、进行攻击等侵害行为,只要侵入国家事务、国防建设、尖端科学技术领域的计算机信息系统即构成犯罪。[①] 对于侵入国家事务、国防建设、尖端科学技术领域以外的其他计算机信息系统,不构成本罪。

根据本款规定,构成本罪的,处三年以下有期徒刑或者拘役。

第二款是关于**非法获取计算机信息系统数据、非法控制计算机信息系统罪**及其处罚的规定。根据本款规定,行为人构成本罪需要同时具备以下条件:

1. **行为人实施了非法获取他人计算机信息系统中存储、处理或者传输的数据的行为,或者实施了对他人计算机信息系统进行非法控制的行为**。

一是**非法获取他人计算机信息系统中存储、处理或者传输的数据的行为**。"**获取**"包括从他人计算机信息系统中窃取,如直接侵入他人计算机信息系统,秘密复制他人存储的信息;也包括骗取,如设立假冒网站,在受骗用户登录时,要求用户输入帐号、密码等信息。计算机信息系统中"**存储**"的数据,是指在用户计算机信息系统的硬盘或其他存储介质中保存的信息,如用户计算机中存储的文件。计算机信息系统中"**处理**"的数据,是指他人计算机信息系统正在运算中的信息。计算机信息系统中"**传输**"的数据,是指他人计算机信息系统各设备、设施之间,或者与其他计算机信息系统之间正在交换、输送中的信息,如敲击键盘、移动鼠标向主机发出操作指令,就会在键盘、鼠标与计算机主机之间产生数据的传输。"存储""处理"和"传输"这三种形态,涵

① 相同的学说见解,参见黎宏:《刑法学各论》(第 2 版),法律出版社 2016 年版,第 362 页。

括了计算机信息系统中所有的数据形态，不论行为人非法获取处于哪种形态的数据，均符合法律的规定。①

二是**对他人计算机信息系统实施非法控制**。“**非法控制**”是指通过各种技术手段，使他人计算机信息系统处于其掌控之中，能够接收其发出的指令，完成相应的操作活动。例如，通过给他人计算机信息系统植入“木马”程序对他人计算机信息系统加以控制，可以“指挥”被控制的计算机实施网络攻击等活动。“非法控制”包括对他人计算机信息系统实现完全控制，也包括只实现对他人计算机信息系统的部分控制，不论实际控制的程度如何，只要能够使他人计算机信息系统执行其发出的指令即可。非法控制他人计算机信息系统，只要求行为人采用侵入等技术手段对他人计算机信息系统进行了实际控制，行为人对他人计算机信息系统加以控制的，即可构成犯罪，并不要求一定实施进一步的侵害行为。这样规定是考虑到，非法控制他人计算机信息系统往往是为进一步实施其他违法犯罪行为做准备，具有很大的潜在危险性。有的案件中行为人非法控制数十万台甚至上百万台联网计算机，组建“僵尸网络”。如果行为人操纵这些被控制的计算机实施拒绝服务攻击等网络破坏活动，后果将非常严重。因此，对非法控制他人计算机信息系统的行为，情节严重的，有必要在其尚未实施进一步的侵害活动时，即予以打击。

需要说明的是，本款是针对非法控制计算机信息系统行为作出的规定，如果行为人实施非法控制后，进一步实施其他危害行为，可能构成刑法规定的其他犯罪。例如，非法获取他人网上银行帐号、密码用于盗窃财物的，对电力、电信等计算机信息系统实施非法控制并从事危害公共安全的破坏活动的，这就需要司法机关根据案件的具体情况，选择适用相应的法律规定。

2. 行为人非法获取他人计算机信息系统中的数据或者对他人计算机信息系统加以非法控制，是基于“侵入”或者“其他技术手段”。这里所说的“**侵入**”，是指未经授权或者他人同意，通过技术手段进入计算机信息系统。例如，通过技术手段突破他人计算机信息系统安全防护设置，进入他人计算机信息系统；入侵他人网站并植入“木马程序”，在用户访问该网站时，伺机侵入用户计算机信息系统；建立色情、免费软件下载等网站，吸引用户访问并在用户计算机信息系统中植入事先“挂”好的“木马”程序。不论行为人采用何种手法，其实质是违背他人意愿，进入他人计算机信息系统。违背他人意愿，包括行为人采用技术手段强行进入，如破坏他人计算机安全防护系统进入，也包括未征得他人同意或者授权擅自进入。“**其他技术手段**”是关于行为人可能采用的手段的兜底性规定，是针对实践中随着计算机技术的发展可能出现的各种手段作出的规定。刑法之所以将行为人非法获取他人计算机信息系统中的数据或者对他人计算机信息系统实施非法控制的手段限定为“侵入”或“其他技术手段”，是因为本罪是针对互联网上各种危害计算机网络安全的犯罪作出的规定。至于采用网络技术手段以外的其他手段，如进入他人办公室直接实施秘密复制行为的，不属于本款规定的行为。

3. 行为人的行为达到“情节严重”的，才构成犯罪。《最高人民法院、最高人民检察院关于办理危害计算机信息系统安全刑事案件应用法律若干问题的解释》第一条第一款规定：“非法获取计算机信息系统数据或者非法控制计算机信息系统，具有下列情形之一的，应当认定为刑法第二百八十五条第二款规定的‘**情节严重**’：（一）获取支付结算、证券交易、期货交易等网络金融服务的身份认证信息十组以上的；（二）获取第（一）项以外的身份认证信息五百组以上的；（三）非法控制计算机信息系统二十台以上的；（四）违法所得五千元以上或者造成经济损失一万元以上的；（五）其他情节严重的情形。”

构成本款规定的犯罪，处三年以下有期徒刑或者拘役，并处或者单处罚金；情节特别严重的，处三年以上七年以下有期徒刑，并处罚金。这里所说的“情节特别严重”，根据《最高人民法院、最高人民检察院关于办理危害计算机信息系统安全刑事案件应用法律若干问题的解释》第一条第二款的规定：“实施前款规定行为，具有下列情形之一的，应当认定为刑法第二百八十五条第二款规定的‘**情节特别严重**’：（一）数量或者数额达到前款第（一）项至第（四）项规定标准五倍以上的；（二）其他情节特别严重的情形。”

第三款是关于**提供侵入、非法控制计算机信息系统程序、工具罪**及其处罚的规定。本款中的“提供”包括出售等有偿提供，也包括提供免费下载等行为；包括直接提供给他人，也包括在网上供他人下载等。根据本款规定，为他人提供实施侵

① 已经脱离计算机信息系统的计算机数据，如光盘、U盘中的计算机数据不属于本罪的保护对象。参见黎宏：《刑法学各论》（第2版），法律出版社2016年版，第364页。

入、非法控制计算机信息系统的程序、工具的行为包括两种情形：

1. **提供专用程序、工具**。这是指行为人所提供的程序、工具只能用于实施非法侵入、非法控制计算机信息系统的用途。例如，为他人提供专门用于窃取网上银行帐号的“网银木马”程序。由于所提供程序、工具的用途本身足以表明该程序、工具的违法性，进而表明行为人主观上对其所提供程序将被用于非法侵入、控制他人计算机信息系统的情况是明知的，因此法律规定提供实施侵入、非法控制计算机信息系统专用程序、工具的，即可构成犯罪。根据《最高人民法院、最高人民检察院关于办理危害计算机信息系统安全刑事案件应用法律若干问题的解释》第二条的规定：“具有下列情形之一的程序、工具，应当认定为刑法第二百八十五条第三款规定的‘**专门用于侵入、非法控制计算机信息系统的程序、工具**’：(一)具有避开或者突破计算机信息系统安全保护措施，未经授权或者超越授权获取计算机信息系统数据的功能的；(二)具有避开或者突破计算机信息系统安全保护措施，未经授权或者超越授权对计算机信息系统实施控制的功能的；(三)其他专门设计用于侵入、非法控制计算机信息系统、非法获取计算机信息系统数据的程序、工具。”

2. **行为人明知他人实施侵入、非法控制计算机信息系统的违法犯罪行为而为其提供程序、工具**。这是指从行为人所提供的程序、工具本身的属性看，可以用于非法用途，也可以用于合法用途，即仅凭程序、工具本身的性质尚不能够完全确定行为人所实施行为的违法性。在这种情况下，行为人是否构成犯罪，需要考虑其主观方面对其行为的性质是否有明确的认识。明知而故犯的，应当依照本款的规定予以追究。对确实不知他人将其所提供的程序、工具用于实施非法侵入、非法控制计算机信息系统的违法犯罪行为的，不构成犯罪。根据本款规定，**行为人的行为“情节严重”的，才构成犯罪**。《最高人民法院、最高人民检察院关于办理危害计算机信息系统安全刑事案件应用法律若干问题的解释》第三条第一款规定：“提供侵入、非法控制计算机信息系统的程序、工具，具有下列情形之一的，应当认定为刑法第二百八十五条第三款规定的‘**情节严重**’：(一)提供能够用于非法获取支付结算、证券交易、期货交易等网络金融服务身份认证信息的专门性程序、工具五人次以上的；(二)提供第(一)项以外的专门用于侵入、非法控制计算机信息系统的程序、工具二十人次以上的；(三)明知他人实施非法获取支付结算、证券交易、期货交易等网络金融服务身份认证信息的违法犯罪行为而为其提供程序、工具五人次以上的；(四)明知他人实施第(三)项以外的侵入、非法控制计算机信息系统的违法犯罪行为而为其提供程序、工具二十人次以上的；(五)违法所得五千元以上或者造成经济损失一万元以上的；(六)其他情节严重的情形。”

根据本款规定，构成犯罪的，依照前款的规定处罚，即处三年以下有期徒刑或者拘役，并处或者单处罚金；情节特别严重的，处三年以上七年以下有期徒刑，并处罚金。这里所说的“情节特别严重”，根据《最高人民法院、最高人民检察院关于办理危害计算机信息系统安全刑事案件应用法律若干问题的解释》第三条第二款的规定：“实施前款规定行为，具有下列情形之一的，应当认定为提供侵入、非法控制计算机信息系统的程序、工具‘**情节特别严重**’：(一)数量或者数额达到前款第(一)项至第(五)项规定标准五倍以上的；(二)其他情节特别严重的情形。”

第四款是关于单位犯罪的规定。单位实施前三款规定的行为，根据本款规定构成相应的单位犯罪，采取“**双罚制**”，既要对单位判处罚金，又要追究单位直接负责的主管人员和其他直接责任人员的刑事责任。根据最高人民法院2001年印发供法院参照执行的《全国法院审理金融犯罪案件工作座谈会纪要》的规定，“**直接负责的主管人员**”，是指在单位实施的犯罪中起决定、批准、授意、纵容、指挥等作用的人员，一般是单位的主管负责人，包括法定代表人。“**其他直接责任人员**”，是指在单位犯罪中具体实施犯罪并起较大作用的人员，既可以是单位的经营管理人员，也可以是单位的职工，包括聘任、雇用的人员。对单位犯罪中的直接负责的主管人员和其他直接责任人员，应根据其在单位犯罪中的地位、作用和犯罪情节，分别处以相应的刑罚。主管人员与直接责任人员，在个案中，不是当然的主、从犯关系，有的案件中，主管人员与直接责任人员实施犯罪行为的主从关系不明显的，可以不分主、从犯；但具体案件可以分清主、从犯，且不分清主、从犯，在同一法定刑档次、幅度内量刑无法做到罪刑相适应的，应当分清主、从犯，依法处罚。

需要注意的是，本条第一款的规定，体现了对国家事务、国防建设、尖端科学技术领域的计算机信息系统安全的特殊保护。需要说明的是，从法定刑的设置看，有本条第一款行为的，最高判处三年有期徒刑，有本条第二款行为的，即侵入国家事务、国防建设、尖端科学技术领域的计算机信息系统以外的其他普通计算机信息系统的，最高判处七年有期徒刑，似乎侵入需要加以特殊保护的国家事务、国防建设、尖端科学技术领域的计算机信息系统，其法定刑还不如侵入这些重要信息系统之外的其他普通计算机信息系统的法定刑高。实际上本条第一款规定的犯罪与第二款规定的犯罪在构成犯罪的条件上具有较大差别。侵入国家事务、国防建设、尖端科学技术领域的计算机信息系统犯罪，只要行为人实施了侵入行为，即可构成。而本条第二款规定的犯罪，不仅要有侵入行为，还要有侵入计算机信息系统后从事非法获取计算机信息系统中的信息，或者对计算机信息系统实施非法控制的行为，仅实施侵入行为不构成本罪。因此，从构成犯罪的条件看，侵入国家事务、国防建设、尖端科学技术领域的计算机信息系统犯罪的入罪门槛更低。另外，如果行为人侵入国家事务、国防建设、尖端科学技术领域的计算机信息系统后，从事非法获取这些计算机信息系统中存储、处理或者传输的信息的，还可能构成窃取、刺探国家秘密罪、间谍罪等严重犯罪，**应当依照处罚较重的相关犯罪追究刑事责任**[①]**，而不再按照本条第一款的规定处罚**，因此，其实际适用的刑罚远重于本条第二款规定的刑罚。[②]

【司法解释】

《最高人民法院关于审理危害军事通信刑事案件具体应用法律若干问题的解释》（法释〔2007〕13号，自2007年6月29日起施行）

△（**军事通信计算机信息系统；非法侵入计算机信息系统罪**）违反国家规定，侵入国防建设、尖端科学技术领域的军事通信计算机信息系统，尚未对军事通信造成破坏的，依照刑法第二百八十五条的规定定罪处罚；对军事通信造成破坏，同时构成刑法第二百八十五条、第二百八十六条、第三百六十九条第一款规定的犯罪的，依照处罚较重的规定定罪处罚。（§ 6Ⅲ）

△（**重要军事通信；军事通信的具体范围、通信中断和严重障碍的标准**）本解释所称“重要军事通信”，是指军事首脑机关及重要指挥中心的通信，部队作战中的通信，等级战备通信，飞行航行训练、抢险救灾、军事演习或者处置突发性事件中的通信，以及执行试飞试航、武器装备科研试验或者远洋航行等重要军事任务中的通信。

本解释所称军事通信的具体范围、通信中断和严重障碍的标准，参照中国人民解放军通信主管部门的有关规定确定。（§ 7）

《最高人民法院、最高人民检察院关于办理危害计算机信息系统安全刑事案件应用法律若干问题的解释》（法释〔2011〕19号，自2011年9月1日起施行）

△（**非法获取计算机信息系统数据、非法控制计算机信息系统罪；情节严重；情节特别严重；明知**）非法获取计算机信息系统数据或者非法控制计算机信息系统，具有下列情形之一的，应当认定为刑法第二百八十五条第二款规定的“情节严重”：

（一）获取支付结算、证券交易、期货交易等网络金融服务的身份认证信息十组以上的；

（二）获取第（一）项以外的身份认证信息五百组以上的；

（三）非法控制计算机信息系统二十台以上的；

（四）违法所得五千元以上或者造成经济损失一万元以上的；

（五）其他情节严重的情形。

实施前款规定行为，具有下列情形之一的，应当认定为刑法第二百八十五条第二款规定的“情节特别严重”：

（一）数量或者数额达到前款第（一）项至第（四）项规定标准五倍以上的；

（二）其他情节特别严重的情形。

明知是他人非法控制的计算机信息系统，而对该计算机信息系统的控制权加以利用的，依照前两款的规定定罪处罚。（§ 1）

△（**专门用于侵入、非法控制计算机信息系统的程序、工具**）具有下列情形之一的程序、工具，应当认定为刑法第二百八十五条第三款规定的“专门用于侵入、非法控制计算机信息系统的程序、工具”：

分则　第六章

① 左坚卫教授认为，应按数罪并罚处理。如果非法侵入国家事务、国防建设、尖端科学技术领域的计算机信息系统后窃取国家秘密的，应当以非法侵入计算机信息系统罪和非法获取国家秘密罪数罪并罚；如果是为境外的机构、组织、人员窃取国家秘密，应当以非法侵入计算机信息系统罪和为境外窃取国家秘密罪数罪并罚。参见赵秉志、李希慧主编：《刑法各论》（第3版），中国人民大学出版社2016年版，第273页。

② 我国学者指出，为了避免《刑法》第二百八十五条第一款与第二款之间的不协调、不均衡，《刑法》第二百八十五条第二款中的“前款规定之外”并不是真正的构成要件要素，而只是表面要素或者界限要素。如果行为人侵入国家事务、国防建设、尖端科学技术领域的计算机信息系统，获取该计算机信息系统中存储、处理或者传输的数据，或者对该计算机信息系统实施非法控制，情节特别严重，应认定为非法获取计算机信息系统数据、非法控制计算机信息系统罪。参见张明楷：《刑法学》（第6版），法律出版社2021年版，第1372页。

(一)具有避开或者突破计算机信息系统安全保护措施,未经授权或者超越授权获取计算机信息系统数据的功能的;

(二)具有避开或者突破计算机信息系统安全保护措施,未经授权或者超越授权对计算机信息系统实施控制的功能的;

(三)其他专门设计用于侵入、非法控制计算机信息系统、非法获取计算机信息系统数据的程序、工具。(§ 2)

△(**提供侵入、非法控制计算机信息系统程序、工具罪;情节特别严重**)提供侵入、非法控制计算机信息系统的程序、工具,具有下列情形之一的,应当认定为刑法第二百八十五条第三款规定的"情节严重":

(一)提供能够用于非法获取支付结算、证券交易、期货交易等网络金融服务身份认证信息的专门性程序、工具五人次以上的;

(二)提供第(一)项以外的专门用于侵入、非法控制计算机信息系统的程序、工具二十人次以上的;

(三)明知他人实施非法获取支付结算、证券交易、期货交易等网络金融服务身份认证信息的违法犯罪行为而为其提供程序、工具五人次以上的;

(四)明知他人实施第(三)项以外的侵入、非法控制计算机信息系统的违法犯罪行为而为其提供程序、工具二十人次以上的;

(五)违法所得五千元以上或者造成经济损失一万元以上的;

(六)其他情节严重的情形。

实施前款规定行为,具有下列情形之一的,应当认定为提供侵入、非法控制计算机信息系统的程序、工具"情节特别严重":

(一)数量或者数额达到前款第(一)项至第(五)项规定标准五倍以上的;

(二)其他情节特别严重的情形。(§ 3)

△(**以单位名义或者单位形式**)以单位名义或者单位形式实施危害计算机信息系统安全犯罪,达到本解释规定的定罪量刑标准的,应当依照刑法第二百八十五条、第二百八十六条的规定追究直接负责的主管人员和其他直接责任人员的刑事责任。(§ 8)

△(**共同犯罪;情节特别严重**)明知他人实施刑法第二百八十五条、第二百八十六条规定的行为,具有下列情形之一的,应当认定为共同犯罪,依照刑法第二百八十五条、第二百八十六条的规定处罚:

(一)为其提供用于破坏计算机信息系统功能、数据或者应用程序的程序、工具,违法所得五千元以上或者提供十人次以上的;

(二)为其提供互联网接入、服务器托管、网络存储空间、通讯传输通道、费用结算、交易服务、广告服务、技术培训、技术支持等帮助,违法所得五千元以上的;

(三)通过委托推广软件、投放广告等方式向其提供资金五千元以上的。

实施前款规定行为,数量或者数额达到前款规定标准五倍以上的,应当认定为刑法第二百八十五条、第二百八十六条规定的"情节特别严重"或者"后果特别严重"。(§ 9)

△(**委托检验;省级以上负责计算机信息系统安全保护管理工作的部门**)对于是否属于刑法第二百八十五条、第二百八十六条规定的"国家事务、国防建设、尖端科学技术领域的计算机信息系统"、"专门用于侵入、非法控制计算机信息系统的程序、工具"、"计算机病毒等破坏性程序"难以确定的,应当委托省级以上负责计算机信息系统安全保护管理工作的部门检验。司法机关根据检验结论,并结合案件具体情况认定。(§ 10)

△(**计算机信息系统;计算机系统;身份认证信息;经济损失**)本解释所称"计算机信息系统"和"计算机系统",是指具备自动处理数据功能的系统,包括计算机、网络设备、通信设备、自动化控制设备等。

本解释所称"身份认证信息",是指用于确认用户在计算机信息系统上操作权限的数据,包括账号、口令、密码、数字证书等。

本解释所称"经济损失",包括危害计算机信息系统犯罪行为给用户直接造成的经济损失,以及用户为恢复数据、功能而支出的必要费用。(§ 11)

【附属刑法】

《全国人民代表大会常务委员会关于维护互联网安全的决定》(2000 年 12 月 28 日通过,2009 年 8 月 27 日修正)

一、为了保障互联网的运行安全,对有下列行为之一,构成犯罪的,依照刑法有关规定追究刑事责任:

(一)侵入国家事务、国防建设、尖端科学技术领域的计算机信息系统;

……

【指导性案例】

最高人民检察院指导性案例第 36 号:卫梦龙、龚旭、薛东东非法获取计算机信息系统数据案(2017 年 10 月 12 日发布)

△(**非法获取计算机信息系统数据;超出授权**

范围登录；侵入计算机信息系统）超出授权范围使用账号、密码登录计算机信息系统，属于侵入计算机信息系统的行为；侵入计算机信息系统后下载其储存的数据，可以认定为非法获取计算机信息系统数据。

最高人民检察院指导性案例第 68 号：叶源星、张剑秋提供侵入计算机信息系统程序、谭房妹非法获取计算机信息系统数据案（2020 年 3 月 28 日发布）

△（**专门用于侵入计算机信息系统的程序；检验或鉴定**）对有证据证明用途单一，只能用于侵入计算机信息系统的程序，司法机关可依法认定为"专门用于侵入计算机信息系统的程序"；难以确定的，应当委托专门部门或司法鉴定机构作出检验或鉴定。

最高人民法院指导案例第 145 号：张竣杰等非法控制计算机信息系统案（2020 年 12 月 29 日发布）

△（**采用其他技术手段；修改、增加数据；木马程序**）通过植入木马程序的方式，非法获取网站服务器的控制权限，进而通过修改、增加计算机信息系统数据，向相关计算机信息系统上传网页链接代码的，应当认定为刑法第二百八十五条第二款"采用其他技术手段"非法控制计算机信息系统的行为。

△（**非法控制计算机信息系统罪；破坏计算机信息系统罪**）通过修改、增加计算机信息系统数据，对该计算机信息系统实施非法控制，但未造成系统功能实质性破坏或者不能正常运行的，不应当认定为破坏计算机信息系统罪，符合刑法第二百八十五条第二款规定的，应当认定为非法控制计算机信息系统罪。

【参考案例】

△利用木马程序获取他人账号信息将账号内的虚拟财产转移至自己账号出售牟利的行为，应当以非法获取计算机信息系统数据罪定罪处罚。

在非法获取计算机信息系统数据罪入罪前，对于网游盗号类案件，一般有两种处理方式：一是以盗窃罪来认定和追究刑事责任；二是以破坏计算机信息系统罪来认定和追究刑事责任。虽然两罪名均不能准确概括网游盗号行为的特征，但以这两个罪名进行处理，主要是因为网游盗号行为具有客观的社会危害，因此司法机关扩大了对刑法条文内涵的理解，以达到以刑法进行规制的目的。在非法获取计算机信息系统数据罪出台前，学界及实务界均存在认为虚拟财产可认定为盗窃对象的观点，并形成相关判例。造成该情况的原因，与现实中缺乏对网游盗号行为进行准确认定的法律依据直接相关。

网游中的虚拟财产究竟是财物还是数据，成为决定网游盗号类案件定性的关键问题。

虚拟财产与普通意义上的财产存在明显区别：首先，游戏中的虚拟财产具有依赖性，即其不能脱离网络虚拟环境而独立存在。网游中虚拟财产的实质就是其在计算机信息系统中表现出来的数据，是以 0 和 1 两种代码标识的电磁记录。尽管这种数据在游戏中能给人带来财产般的感受，但终究不能改变其虚拟的性质。其次，虚拟财产处于游戏运营商的直接管控下，其价值可随运营商的意愿而变动，具有不稳定性。最后，玩家玩游戏的过程实质上是接收网游服务的性质，玩家在虚拟财产上的付出是为了享受到更为优质的游戏服务。几乎所有网络游戏用户协议中均有关于游戏账号和账号中人物、道具、装备等都属于运营商所有的格式条款。对于该条款是否合法，存在争议。并且，尽管这些虚拟财产确实是由玩家用金钱或时间精力取得的，但仍然难以直接将其等同于现实中的财物。

在司法实践中，无论是以盗窃罪还是破坏计算机信息系统罪追究刑事责任，都存在价格鉴定的取证困难：被盗虚拟财产的价值如何计算。因为网游中的游戏道具等具有虚拟性特征，其体现出的现实价值并不稳定。只有通过变卖产生有据可查的获利情况后才会有相对明确的价值，但变卖数值也是仅供参考，客观依据仍不充分。所以在非法获取计算机信息系统数据罪被《刑法修正案（七）》设定之后，学界以及实务界越来越多的观点认为，网游盗号行为正是该罪规制的对象之一。该罪不仅能更全面地反映出网游盗号行为的特征，而且还能有效防止出现侵财类犯罪因取证难而无法追究的困境。

董勇、李文章非法获取计算机信息系统数据案中，被告人董勇、李文章利用多台计算机进行操作，通过吸引网游玩家点击木马程序，进入网游运营服务器获取游戏玩家的账号及密码后，将他人游戏注册账号内的虚拟财产转移至自己及同伙的游戏账号并通过网络出售牟利的行为，应当以非法获取计算机信息系统数据罪定罪处罚。[No. 6-1-285-1　董勇、李文章非法获取计算机信息系统数据案]

△购买网络游戏账号及密码侵入他人游戏空间窃取游戏金币并出售的行为，构成非法获取计算机信息系统数据罪。

游戏金币存在于虚拟网络空间之中，缺少普

遍接受的价值计算方式,在技术上可以恢复,被害人不存在实际损失,盗窃游戏金币行为的社会危害性无法衡量。因此,游戏金币的法律属性应当是计算机信息系统数据,而非盗窃罪的犯罪对象"公私财物"。岳曾伟等人非法获取计算机信息系统数据案中,岳曾伟等人实施了两个具体行为,一是收购游戏账号、密码的行为;二是侵入他人游戏空间盗取游戏金币并出售的行为,分别构成掩饰、隐瞒犯罪所得罪与非法获取计算机信息系统数据罪,前后行为构成手段与目的关系,应当依据牵连犯理论从一重处罚。[No. 6-1-285-2　岳曾伟等人非法获取计算机信息系统数据案]

第二百八十六条　【破坏计算机信息系统罪】

违反国家规定，对计算机信息系统功能进行删除、修改、增加、干扰，造成计算机信息系统不能正常运行，后果严重的，处五年以下有期徒刑或者拘役；后果特别严重的，处五年以上有期徒刑。

违反国家规定，对计算机信息系统中存储、处理或者传输的数据和应用程序进行删除、修改、增加的操作，后果严重的，依照前款的规定处罚。

故意制作、传播计算机病毒等破坏性程序，影响计算机系统正常运行，后果严重的，依照第一款的规定处罚。

单位犯前三款罪的，对单位判处罚金，并对其直接负责的主管人员和其他直接责任人员，依照第一款的规定处罚。

【立法沿革】

《中华人民共和国刑法》(1997年修订,自1997年10月1日起施行)

第二百八十六条

违反国家规定,对计算机信息系统功能进行删除、修改、增加、干扰,造成计算机信息系统不能正常运行,后果严重的,处五年以下有期徒刑或者拘役;后果特别严重的,处五年以上有期徒刑。

违反国家规定,对计算机信息系统中存储、处理或者传输的数据和应用程序进行删除、修改、增加的操作,后果严重的,依照前款的规定处罚。

故意制作、传播计算机病毒等破坏性程序,影响计算机系统正常运行,后果严重的,依照第一款的规定处罚。

《中华人民共和国刑法修正案(九)》(自2015年11月1日起施行)

二十七、在刑法第二百八十六条中增加一款作为第四款:

"单位犯前三款罪的,对单位判处罚金,并对其直接负责的主管人员和其他直接责任人员,依照第一款的规定处罚。"

【立法理由】

1. 1997年修订刑法的情况。随着互联网技术的快速发展,计算机的运用已经渗透到日常生活和生产的各个领域,紧随而来的计算机类犯罪案件也出现了上升的趋势。为了加强对计算机信息系统的管理和保护,保障计算机信息系统安全和功能的正常发挥,维护计算机信息系统安全运行,对违反国家规定,破坏计算机信息系统功能,后果严重的行为,有必要予以刑事制裁。为此,1997年修订刑法时,针对实践中发生的几种常见的破坏计算机信息系统的情况,增加规定了破坏计算机信息系统罪。

2. 2015年《刑法修正案(九)》对本条的修改情况。2015年8月29日第十二届全国人民代表大会常务委员会第十六次会议通过的《刑法修正案(九)》增加了单位犯罪的规定。在《刑法修正案(九)》出台之前,本条前三款规定的破坏计算机信息系统罪只规定了自然人犯罪,没有规定单位犯罪。实践中,存在单位实施以上犯罪的情况,单位实施以上犯罪往往影响范围更广,危害更为严重,除追究有关责任人员的刑事责任外,还应当对单位给予经济制裁。将前三款犯罪增加规定单位犯罪,采取**"双罚制"**,对单位判处罚金,使其不能通过犯罪得到非法利益,并对单位直接负责的主管人员和其他直接责任人员判处相应的刑罚,能够全面准确地体现罪刑相适应原则,对单位犯罪起到足够的警戒作用,有利于更好地预防、打击和惩治单位实施上述犯罪。

【条文说明】

本条是关于破坏计算机信息系统罪及其处罚的规定。

本条共分为四款。

第一款是关于破坏计算机信息系统功能的犯罪及其处罚的规定。根据本款规定，**破坏计算机信息系统功能犯罪**，是指违反国家规定，对计算机信息系统功能进行删除、修改、增加、干扰，造成计算机信息系统不能正常运行，后果严重的行为。构成本罪应当具备以下条件：

1. **必须是违反国家规定**。这里的“**违反国家规定**”，是指违反国家关于保护计算机安全的有关规定，主要是指违反《计算机信息系统安全保护条例》的规定。

2. **行为人实施了对计算机信息系统功能进行删除、修改、增加、干扰的行为**。“**计算机信息系统功能**”是指在计算机中，按照一定的应用目标和规则对信息进行采集、加工、存储、传输、检索的功用和能力。“**删除**”是指将原有的计算机信息系统功能除去，使之不能正常运行。“**修改**”是指对原有的计算机信息系统功能进行改动，使之不能正常运行。“**增加**”是指在计算机信息系统中增加某种功能，致使原有的功能受到影响或者破坏，无法正常运行。“**干扰**”是指用删除、修改、增加以外的其他方法，破坏计算机信息系统功能，使其不能正常运行。

3. **必须造成计算机信息系统不能正常运行**。所谓“**不能正常运行**”，是指计算机信息系统失去功能，不能运行或者计算机信息系统功能不能按原来设计的要求运行。

4. **必须达到后果严重的程度**。所谓“后果严重”是构成本罪的要件，没有造成严重后果的，不构成本罪。《最高人民法院、最高人民检察院关于办理危害计算机信息系统安全刑事案件应用法律若干问题的解释》第四条第一款规定：“破坏计算机信息系统功能、数据或者应用程序，具有下列情形之一的，应当认定为刑法第二百八十六条第一款和第二款规定的‘**后果严重**’：（一）造成十台以上计算机信息系统的主要软件或者硬件不能正常运行的；（二）对二十台以上计算机信息系统中存储、处理或者传输的数据进行删除、修改、增加操作的；（三）违法所得五千元以上或者造成经济损失一万元以上的；（四）造成为一百台以上计算机信息系统提供域名解析、身份认证、计费等基础服务或者为一万以上用户提供服务的计算机信息系统不能正常运行累计一小时以上的；（五）造成其他严重后果的。”

本款根据犯罪后果轻重，规定了两档刑罚：一是“**后果严重的**”，处五年以下有期徒刑或者拘役；二是“**后果特别严重的**”，处五年以上有期徒刑。根据《最高人民法院、最高人民检察院关于办理危害计算机信息系统安全刑事案件应用法律若干问题的解释》第四条第二款的规定：“实施前款规定行为，具有下列情形之一的，应当认定为破坏计算机信息系统‘**后果特别严重**’：（一）数量或者数额达到前款第（一）项至第（三）项规定标准五倍以上的；（二）造成为五百台以上计算机信息系统提供域名解析、身份认证、计费等基础服务或者为五万以上用户提供服务的计算机信息系统不能正常运行累计一小时以上的；（三）破坏国家机关或者金融、电信、交通、教育、医疗、能源等领域提供公共服务的计算机信息系统的功能、数据或者应用程序，致使生产、生活受到严重影响或者造成恶劣社会影响的；（四）造成其他特别严重后果的。”

第二款是关于**故意破坏计算机信息系统中存储、处理或者传输的数据和应用程序的犯罪**及其处罚的规定。根据本款规定，这一犯罪是指违反国家规定，对计算机信息系统中存储、处理或者传输的数据和应用程序进行删除、修改、增加的操作，后果严重的行为。这里的“**违反国家规定**”，是指违反国家对计算机管理的有关规定，主要是违反《计算机信息系统安全保护条例》的规定；“**计算机信息系统中存储、处理或者传输的数据**”，是指在计算机信息系统中实际处理的一切文字、符号、声音、图像等内容的有意义的组合；所谓计算机“**程序**”，是指为了得到某种结果而可以由计算机等具有信息处理能力的装置执行的代码化指令序列，或者可被自动转换成代码化指令序列的符号化指令序列或者符号化语句序列；**计算机“应用程序”**，是指用户使用数据库的一种方式，是用户按数据库授予的子模式的逻辑结构，书写对数据进行操作和运算的程序；**“删除”操作**，是指将计算机信息系统中存储、处理或者传输的数据和应用程序的全部或者一部分删去；**“修改”操作**，是指对上述数据和应用程序进行改动；**“增加”操作**，是指在计算机信息系统中增加新的数据和应用程序。根据本款规定，**行为人的行为“后果严重的”才构成犯罪**，没有造成严重后果的不构成本罪。“**依照前款的规定处罚**”是指对本款规定的犯罪，处五年以下有期徒刑或者拘役；后果特别严重的，处五年以上有期徒刑。

第三款是关于**故意制作、传播破坏性程序的犯罪**及其处罚的规定。根据本款规定，这一犯罪是指故意制作、传播计算机病毒等破坏性程序，影响计算机系统正常运行，后果严重的行为。

“计算机系统”是指具备自动处理数据功能的系统，包括计算机、网络设备、通信设备、自动化控制设备等。

故意“制作”，是指通过计算机，编制、设计针

分则　第六章

对计算机信息系统的破坏性程序的行为;故意“传播”,是指通过计算机信息系统(含网络),直接输入、输出破坏性程序,或者将已输入破坏性程序的软件加以派送、散发、销售的行为。

计算机“破坏性程序”,是指隐藏在可执行程序中或数据文件中,在计算机内部运行的一种干扰程序,破坏性程序的典型是计算机病毒。

“计算机病毒”,是指在计算机中编制的或者在计算机程序中插入的破坏计算机功能或者毁坏数据,影响计算机使用,并能自我复制的一组计算机指令或者程序代码。计算机病毒具有可传播性、可激发性和潜伏性,对于大、中、小、微型计算机和计算机网络具有巨大的危害和破坏性,是计算机犯罪者对计算机进行攻击的最严重的方法,可以破坏各种文件及数据,致使机器瘫痪,造成难以挽回的损失。计算机病毒同一般生物病毒一样,具有多样性和传染性,可以“繁殖”和传播,有些病毒传播很快,并且一旦侵入系统就会马上摧毁系统;另一些病毒则有较长的潜伏期,在潜伏一段时间以后才发作。根据《最高人民法院、最高人民检察院关于办理危害计算机信息系统安全刑事案件应用法律若干问题的解释》第五条的规定:“具有下列情形之一的程序,应当认定为刑法第二百八十六条第三款规定的‘**计算机病毒等破坏性程序**’:(一)能够通过网络、存储介质、文件等媒介,将自身的部分、全部或者变种进行复制、传播,并破坏计算机系统功能、数据或者应用程序的;(二)能够在预先设定条件下自动触发,并破坏计算机系统功能、数据或者应用程序的;(三)其他专门设计用于破坏计算机系统功能、数据或者应用程序的程序。”

所谓“**影响计算机系统正常运行**”,是指计算机病毒等破坏性程序发作后,导致原有的计算机信息系统和应用程序不能正常运行。“后果严重”是构成本罪的要件。根据《最高人民法院、最高人民检察院关于办理危害计算机信息系统安全刑事案件应用法律若干问题的解释》第六条第一款的规定:“故意制作、传播计算机病毒等破坏性程序,影响计算机系统正常运行,具有下列情形之一的,应当认定为刑法第二百八十六条第三款规定的‘**后果严重**’:(一)制作、提供、传输第五条第(一)项规定的程序,导致该程序通过网络、存储介质、文件等媒介传播的;(二)造成二十台以上计算机系统被植入第五条第(二)、(三)项规定的程序的;(三)提供计算机病毒等破坏性程序十人次以上的;(四)违法所得五千元以上或者造成经济损失一万元以上的;(五)造成其他严重后果的。”

根据本款规定,构成本条规定的犯罪,“**依照第一款的规定处罚**”,即处五年以下有期徒刑或者拘役;后果特别严重的,处五年以上有期徒刑。这里的“后果特别严重”,根据《最高人民法院、最高人民检察院关于办理危害计算机信息系统安全刑事案件应用法律若干问题的解释》第六条第二款的规定:“实施前款规定行为,具有下列情形之一的,应当认定为破坏计算机信息系统‘**后果特别严重**’:(一)制作、提供、传输第五条第(一)项规定的程序,导致该程序通过网络、存储介质、文件等媒介传播,致使生产、生活受到严重影响或者造成恶劣社会影响的;(二)数量或者数额达到前款第(二)项至第(四)项规定标准五倍以上的;(三)造成其他特别严重后果的。”

第四款是关于单位犯罪的规定。单位实施前三款规定的行为,根据本款规定构成单位犯罪,采取“**双罚制**”,既要对单位判处罚金,又要对单位直接负责的主管人员和其他直接责任人员追究刑事责任,即后果严重的,处五年以下有期徒刑或者拘役;后果特别严重的,处五年以上有期徒刑。

需要注意的是,对于本条第三款规定的制作、传播计算机病毒等破坏性程序的犯罪,由于计算机病毒等破坏性程序是一种特殊的具有相当难度的计算机程序,**一般来说必须是人为故意制作的**,因此,制作计算机病毒等破坏性程序只能是故意的,即使行为人设计的病毒是自动触发,也属于故意行为,而不可能是出于过失或者意外事件的情况;而传播计算机病毒等破坏性程序,本条规定的主观方面是故意,也可能存在过失或者意外事件的情况,对于过失或意外导致计算机病毒等破坏性程序的传播则不构成本罪。

【司法解释】

《最高人民法院关于审理危害军事通信刑事案件具体应用法律若干问题的解释》(法释〔2007〕13号,自2007年6月29日起施行)

△(**军事通信计算机信息系统;破坏计算机信息系统罪**)违反国家规定,侵入国防建设、尖端科学技术领域的军事通信计算机信息系统,尚未对军事通信造成破坏的,依照刑法第二百八十五条的规定定罪处罚;对军事通信造成破坏,同时构成刑法第二百八十五条、第二百八十六条、第三百六十九条第一款规定的犯罪的,依照处罚较重的规定定罪处罚。(§6Ⅲ)

△(**重要军事通信;军事通信的具体范围、通信中断和严重障碍的标准**)本解释所称“重要军事通信”,是指军事首脑机关及重要指挥中心的通信,部队作战中的通信,等级战备通信,飞行航行

分则　第六章

训练、抢险救灾、军事演习或者处置突发性事件中的通信,以及执行试飞试航、武器装备科研试验或者远洋航行等重要军事任务中的通信。

本解释所称军事通信的具体范围、通信中断和严重障碍的标准,参照中国人民解放军通信主管部门的有关规定确定。(§ 7)

《最高人民法院、最高人民检察院关于办理危害计算机信息系统安全刑事案件应用法律若干问题的解释》(法释〔2011〕19 号,自 2011 年 9 月 1 日起施行)

△(**后果严重;后果特别严重**)破坏计算机信息系统功能、数据或者应用程序,具有下列情形之一的,应当认定为刑法第二百八十六条第一款和第二款规定的"后果严重":

(一)造成十台以上计算机信息系统的主要软件或者硬件不能正常运行的;

(二)对二十台以上计算机信息系统中存储、处理或者传输的数据进行删除、修改、增加操作的;

(三)违法所得五千元以上或者造成经济损失一万元以上的;

(四)造成为一百台以上计算机信息系统提供域名解析、身份认证、计费等基础服务或者为一万以上用户提供服务的计算机信息系统不能正常运行累计一小时以上的;

(五)造成其他严重后果的。

实施前款规定行为,具有下列情形之一的,应当认定为破坏计算机信息系统"后果特别严重":

(一)数量或者数额达到前款第(一)项至第(三)项规定标准五倍以上的;

(二)造成为五百台以上计算机信息系统提供域名解析、身份认证、计费等基础服务或者为五万以上用户提供服务的计算机信息系统不能正常运行累计一小时以上的;

(三)破坏国家机关或者金融、电信、交通、教育、医疗、能源等领域提供公共服务的计算机信息系统的功能、数据或者应用程序,致使生产、生活受到严重影响或者造成恶劣社会影响的;

(四)造成其他特别严重后果的。(§ 4)

△(**计算机病毒等破坏性程序**)具有下列情形之一的程序,应当认定为刑法第二百八十六条第三款规定的"计算机病毒等破坏性程序":

(一)能够通过网络、存储介质、文件等媒介,将自身的部分、全部或者变种进行复制、传播,并破坏计算机系统功能、数据或者应用程序的;

(二)能够在预先设定条件下自动触发,并破坏计算机系统功能、数据或者应用程序的;

(三)其他专门设计用于破坏计算机系统功能、数据或者应用程序的程序。(§ 5)

△(**后果严重;后果特别严重**)故意制作、传播计算机病毒等破坏性程序,影响计算机系统正常运行,具有下列情形之一的,应当认定为刑法第二百八十六条第三款规定的"后果严重":

(一)制作、提供、传输第五条第(一)项规定的程序,导致该程序通过网络、存储介质、文件等媒介传播的;

(二)造成二十台以上计算机系统被植入第五条第(二)、(三)项规定的程序的;

(三)提供计算机病毒等破坏性程序十人次以上的;

(四)违法所得五千元以上或者造成经济损失一万元以上的;

(五)造成其他严重后果的。

实施前款规定行为,具有下列情形之一的,应当认定为破坏计算机信息系统"后果特别严重":

(一)制作、提供、传输第五条第(一)项规定的程序,导致该程序通过网络、存储介质、文件等媒介传播,致使生产、生活受到严重影响或者造成恶劣社会影响的;

(二)数量或者数额达到前款第(二)项至第(四)项规定标准五倍以上的;

(三)造成其他特别严重后果的。(§ 6)

△(**以单位名义或者单位形式**)以单位名义或者单位形式实施危害计算机信息系统安全犯罪,达到本解释规定的定罪量刑标准的,应当依照刑法第二百八十五条、第二百八十六条的规定追究直接负责的主管人员和其他直接责任人员的刑事责任。(§ 8)

△(**共同犯罪;后果特别严重**)明知他人实施刑法第二百八十五条、第二百八十六条规定的行为,具有下列情形之一的,应当认定为共同犯罪,依照刑法第二百八十五条、第二百八十六条的规定处罚:

(一)为其提供用于破坏计算机信息系统功能、数据或者应用程序的程序、工具,违法所得五千元以上或者提供十人次以上的;

(二)为其提供互联网接入、服务器托管、网络存储空间、通讯传输通道、费用结算、交易服务、广告服务、技术培训、技术支持等帮助,违法所得五千元以上的;

(三)通过委托推广软件、投放广告等方式向其提供资金五千元以上的。

实施前款规定行为,数量或者数额达到前款规定标准五倍以上的,应当认定为刑法第二百八十五条、第二百八十六条规定的"情节特别严重"

或者“后果特别严重”。(§ 9)

△(**委托检验;省级以上负责计算机信息系统安全保护管理工作的部门**)对于是否属于刑法第二百八十五条、第二百八十六条规定的“国家事务、国防建设、尖端科学技术领域的计算机信息系统”、“专门用于侵入、非法控制计算机信息系统的程序、工具”、“计算机病毒等破坏性程序”难以确定的,应当委托省级以上负责计算机信息系统安全保护管理工作的部门检验。司法机关根据检验结论,并结合案件具体情况认定。(§ 10)

△(**计算机信息系统;计算机系统;身份认证信息;经济损失**)本解释所称“计算机信息系统”和“计算机系统”,是指具备自动处理数据功能的系统,包括计算机、网络设备、通信设备、自动化控制设备等。

本解释所称“身份认证信息”,是指用于确认用户在计算机信息系统上操作权限的数据,包括账号、口令、密码、数字证书等。

本解释所称“经济损失”,包括危害计算机信息系统犯罪行为给用户直接造成的经济损失,以及用户为恢复数据、功能而支出的必要费用。(§ 11)

《最高人民法院、最高人民检察院关于办理环境污染刑事案件适用法律若干问题的解释》(法释〔2016〕29号,自2017年1月1日起施行)

△(**环境污染;监测数据;重点排污单位;从事环境监测设施维护、运营的人员;从重处罚**)违反国家规定,针对环境质量监测系统实施下列行为,或者强令、指使、授意他人实施下列行为的,应当依照刑法第二百八十六条的规定,以破坏计算机信息系统罪论处:

(一)修改参数或者监测数据的;

(二)干扰采样,致使监测数据严重失真的①;

(三)其他破坏环境质量监测系统的行为。

重点排污单位篡改、伪造自动监测数据或者干扰自动监测设施,排放化学需氧量、氨氮、二氧化硫、氮氧化物等污染物,同时构成污染环境罪和破坏计算机信息系统罪的,依照处罚较重的规定定罪处罚。

从事环境监测设施维护、运营的人员实施或者参与实施篡改、伪造自动监测数据、干扰自动监测设施、破坏环境质量监测系统等行为的,应当从重处罚。(§ 10)

【司法解释性文件】

《公安部关于对破坏未联网的微型计算机信息系统是否适用〈刑法〉第286条的请示的批复》(公复字〔1998〕7号,1998年11月25日公布)

△(**未联网的微型计算机信息系统;违反国家规定**)《刑法》第286条中的“违反国家规定”是指包括《中华人民共和国计算机信息系统安全保护条例》(以下简称《条例》)在内的有关行政法规、部门规章的规定。《条例》第5条第2款规定的“未联网的微型计算机的安全保护办法,另行规定”,主要是考虑到未联入网络的单台微型计算机系统所处环境和使用情况比较复杂,且基本无安全功能,需针对这些特点另外制定相应的安全管理措施。然而,未联网的计算机信息系统也属计算机信息系统,《条例》第2、3、7条的安全保护原则、规定,对未联网的微型计算机系统完全适用。因此破坏未联网的微型计算机信息系统适用《刑法》第286条。

【附属刑法】

《全国人民代表大会常务委员会关于维护互联网安全的决定》(2000年12月28日通过,2009年8月27日修正)

一、为了保障互联网的运行安全,对有下列行为之一,构成犯罪的,依照刑法有关规定追究刑事责任:

……

(二)故意制作、传播计算机病毒等破坏性程序,攻击计算机系统及通信网络,致使计算机系统及通信网络遭受损害;

(三)违反国家规定,擅自中断计算机网络或者通信服务,造成计算机网络或者通信系统不能正常运行。

【指导性案例】

最高人民检察院指导性案例第33号:李丙龙破坏计算机信息系统案(2017年10月12日发布)

△(**破坏计算机信息系统;劫持域名**)以修改域名解析服务器指向的方式劫持域名,造成计算机信息系统不能正常运行,是破坏计算机信息系统的行为。

---

① 我国学者指出,基于罪刑法定原则,对于干扰监测系统采样的行为论以破坏计算机信息系统罪,同样必须要求行为人以技术手段侵入监测系统的内部,通过对系统本身的功能进行干扰、删除等方式影响检测结果,并且同时还要造成监测系统不能正常运行。参见周光权主编:《如何解答刑法题》,北京大学出版社2021年版,第417—418页。

最高人民检察院指导性案例第 34 号：李骏杰等破坏计算机信息系统案(2017 年 10 月 12 日发布)

△(**破坏计算机信息系统；删改购物评价；购物网站评价系统**)冒用购物网站买家身份进入网站内部评价系统删改购物评价，属于对计算机信息系统内存储数据进行修改操作，应当认定为破坏计算机信息系统的行为。

最高人民检察院指导性案例第 35 号：曾兴亮、王玉生破坏计算机信息系统案(2017 年 10 月 12 日发布)

△(**破坏计算机信息系统；智能手机终端；远程锁定**)智能手机终端，应当认定为刑法保护的计算机信息系统。锁定智能手机导致不能使用的行为，可认定为破坏计算机信息系统。

最高人民法院指导案例第 102 号：付宣豪、黄子超破坏计算机信息系统案(2018 年 12 月 25 日发布)

△(**破坏计算机信息系统罪；DNS 劫持**)通过修改路由器、浏览器设置、锁定主页或者弹出新窗口等技术手段，强制网络用户访问指定网站的“DNS 劫持”行为，属于破坏计算机信息系统，后果严重的，构成破坏计算机信息系统罪。

△(**后果严重；后果特别严重**)对于“DNS 劫持”，应当根据造成不能正常运行的计算机信息系统数量、相关计算机信息系统不能正常运行的时间，以及所造成的损失或者影响等，认定其是“后果严重”还是“后果特别严重”。

最高人民法院指导案例第 103 号：徐强破坏计算机信息系统案(2018 年 12 月 25 日发布)

△(**破坏计算机信息系统罪；机械远程监控系统**)企业的机械远程监控系统属于计算机信息系统。违反国家规定，对企业的机械远程监控系统功能进行破坏，造成计算机信息系统不能正常运行，后果严重的，构成破坏计算机信息系统罪。

最高人民法院指导案例第 104 号：李森、何利民、张锋勃等人破坏计算机信息系统案(2018 年 12 月 25 日发布)

△(**破坏计算机信息系统罪；干扰环境质量监测采样；数据失真；后果严重**)环境质量监测系统属于计算机信息系统。用棉纱等物品堵塞环境质量监测采样设备，干扰采样，致使监测数据严重失真的，构成破坏计算机信息系统罪。①

【公报案例】

△(**攻击劫持互联网运营商的公共域名服务器；植入木马病毒；破坏计算机信息系统罪**)根据《刑法》第二百八十六条的规定，违反国家规定，对计算机信息系统功能进行删除、修改、增加、干扰或者对计算机信息系统中存储、处理或者传输的数据和应用程序进行删除、修改、增加的操作或者故意制作、传播计算机病毒等破坏性程序，造成计算机信息系统不能正常运行，后果严重的，构成破坏计算机信息系统罪。

行为人违反国家规定，采用干扰的技术手段攻击劫持互联网运营商的公共域名服务器，在域名服务器中添加指令，在大量个人计算机信息系统中植入木马病毒，造成计算机信息系统不能正常运行，后果严重的，应以破坏计算机信息系统罪定罪处罚。[《最高人民法院公报》2009 年第 2 期马志松等破坏计算机信息系统案]

【参考案例】

△**破坏计算机信息系统的三种行为，在同时实施的情况下，每一种行为都必须具备后果严重这一要件，才能以实施上述三种行为而构成破坏计算机信息系统罪。**

《刑法》第二百八十六条规定的三种破坏计算机信息系统的行为，每一种行为都能单独构成破坏计算机信息系统罪，如果被告人同时实施三种或者两种犯罪行为的，必须查明被告人所实施的每一种行为是否都具有后果严重这一要件。对于仅有破坏计算机信息系统的行为，而没有达到后果严重程度的，不能以犯罪论处，也不能引用相关的法律条文。因此，吕薛文破坏计算机信息系统案被告人吕薛文入侵蓝天 BBS 主机后，在蓝天 BBS 主机上将 LP 账号提升为最高权限用户账号，以及在广州主机上非法安装和调试网络安全监测软件(未遂)，即对蓝天 BBS 主机和广州主机信息系统中的应用程序进行删改、增加的行为，因没有造成严重后果，不应认定为犯罪，本案裁判文书中也不应引用《刑法》第二百八十六条第二款。[No. 6-1-286-1　吕薛文破坏计算机信息系统案]

△**明知自己的行为会导致计算机信息系统不能正常运转的危害后果而放任其发生的，构成破**

① 我国学者指出，通过改变环境监测设备外部物理取样的方式改变环境监测数据，并未进入计算机信息系统“干扰采样，致使监测数据严重失真”，不符合《刑法》第二百八十六条规定的破坏计算机信息系统罪的构成要件，否则就有违反罪刑法定原则的嫌疑。参见周光权主编：《如何解答刑法题》，北京大学出版社 2021 年版，第 413—418 页。

坏计算机信息系统罪，动机不影响本罪的成立。

破坏计算机信息系统罪是故意犯罪，包括直接故意和间接故意。但行为人的动机和目的可以多种多样，例如炫耀、泄愤报复、不正当竞争、妒贤嫉能等。无论出于什么动机和目的，只要行为人明知自己的行为会导致计算机信息系统不能正常运行的危害后果，仍然放任或者希望这种结果发生，以致发生了这种结果，并且后果严重的，就构成本罪。吕薛文破坏计算机信息系统案被告人吕薛文增加、修改广州主机信息系统功能，以及删除、修改广州主机信息系统中存储、处理和传输的数据的目的是尝试进入别人主机的方法是否可行，从中学习如何保障网络安全。被告人吕薛文作为一个懂得计算机技术的人，在实施上述操作行为时，对在客观上会造成广州主机信息系统不能正常运行的严重后果，是在其意料之中的，却放任这种后果的发生，以致发生了严重后果，其行为已构成了破坏计算机信息系统罪。[No. 6-1-286-2　吕薛文破坏计算机信息系统案]

△交通协管员非法侵入道路交通违法信息管理系统，清除车辆违章信息，成立破坏计算机信息系统罪。

《刑法》将破坏计算机信息系统罪规定在分则妨害社会管理秩序罪一章中，表明该罪侵犯的同类客体是正常的社会管理秩序，侵犯的具体客体是国家关于计算机信息系统的管理秩序以及计算机信息系统所涉及的某一领域的社会管理秩序。童莉、蔡少英破坏计算机信息系统案中，二被告人违反国家规定，通过删除交通管理部门计算机信息系统中存储的违章记录，造成罚款已缴纳的假象，且利用邹明富等人公开向社会宣称，收取好处费后其可将违章记录作内部处理，造成了恶劣的社会影响，严重扰乱了交管部门对违章车辆的正常管理秩序。因此，本案侵害的客体主要是国家正常的社会管理秩序，应属于妨害社会管理秩序类犯罪。

《刑法》第二百八十六条破坏计算机信息系统罪的行为方式有三种：一是违反国家规定，对计算机信息系统功能进行删除、修改、增加、干扰，造成计算机信息系统不能正常运行，其特征是进行“删除、修改、增加、干扰”的非法操作，针对的对象是“计算机信息系统功能”。具体而言，主要是对计算机的系统文件进行上述非法操作，使系统紊乱、丧失部分或全部运行功能，甚至崩溃。二是违反国家规定，对计算机信息系统中存储、处理或者传输的数据和应用程序进行删除、修改、增加的操作，其特征是进行“删除、修改、增加”的非法操作，操作的对象是“计算机信息系统中存储、处理或者传输的数据和应用程序”。具体而言，主要是对数据和应用程序（不包括系统文件和系统程序）进行上述非法操作，使相应的数据或程序丢失、更改、损坏。三是故意制作、传播计算机病毒等破坏性程序，影响计算机系统正常运行，此种行为既可能破坏系统功能，又可能破坏数据和应用程序。

本案中，二被告人非法侵入交通管理计算机系统，对存储的违章记录、罚款数据进行非法删除，造成罚款已缴纳的假象，其行为完全符合破坏计算机信息系统罪的第二种行为方式，且属“后果严重”情形。根据《最高人民法院、最高人民检察院关于办理危害计算机信息系统安全刑事案件应用法律若干问题的解释》第四条的规定，破坏计算机信息系统功能、数据或者应用程序，具有下列情形之一的，应当认定为《刑法》第二百八十六条第一款和第二款规定的“后果严重”：“……（三）违法所得五千元以上或者造成经济损失一万元以上的……”《最高人民法院、最高人民检察院关于办理危害计算机信息系统安全刑事案件应用法律若干问题的解释》第十一条对“经济损失”的范围进行了明确。根据该解释的规定，破坏计算机信息系统犯罪案件中，经济损失包括危害计算机信息系统犯罪行为给用户直接造成的经济损失，以及用户为恢复数据、功能而支出的必要费用。本案中，撇开二被告人的行为给国家造成的经济损失以及恢复计算机系统的费用不说，仅二被告人的非法获利就有25000余元。该数额已达到《最高人民法院、最高人民检察院关于办理危害计算机信息系统安全刑事案件应用法律若干问题的解释》确定的“后果特别严重”数额标准，应当按“后果特别严重”情形进行处罚。

破坏计算机信息系统的行为往往是手段行为，行为人主观上常具有盗窃、诈骗等目的，当然也有为破坏而破坏的单纯破坏计算机信息系统的情形，但无论何种情况，行为人对于破坏计算机信息系统这一结果都是明知的，即行为人都具有希望或放任破坏计算机信息系统的结果发生这一共性。本案中，二被告人明知非法删除交通管理系统中的违章记录是对计算机存储信息的破坏，但为了牟利，积极追求这种破坏结果的发生。因此，二被告人具有犯罪的直接故意，符合破坏计算机信息系统罪的主观特征。

破坏计算机信息系统罪的主体为一般主体，二被告人符合该罪的主体特征。[No. 6-1-286-3　童莉、蔡少英破坏计算机信息系统案]

△《刑法》第二百八十六条破坏计算机信息系统罪中的经济损失，指的是犯罪行为所造成的

直接经济损失。非法删除违章信息所对应的行政罚款损失尚未现实化，不应计入直接经济损失之中。

2011年8月1日公布的《最高人民法院、最高人民检察院关于办理危害计算机信息系统安全刑事案件应用法律若干问题的解释》第十一条第三款规定："本解释所称'经济损失'，包括危害计算机信息系统犯罪行为给用户直接造成的经济损失，以及用户为恢复数据、功能而支出的必要费用。"该条明确规定了危害计算机信息系统安全犯罪中的经济损失是指犯罪行为所造成的直接经济损失。间接经济损失或者实施犯罪行为时尚未实际发生的可能经济损失，不能认定为直接经济损失，从而不能计入犯罪行为所造成的经济损失。笔者认为，孙小虎破坏计算机信息系统案涉及的14万余元罚款不能认定为被告人孙小虎犯罪行为所造成的经济损失。

首先，本案中的14万余元是公安机关拟行政处罚的罚款，需要公安机关在相关车辆进行年检时，对车辆违章行为作出行政处罚，在当事人缴纳罚款之后，才能获取该项利益。孙小虎在非法处理违章数据的时候，因违章车辆当事人还没有实际缴纳罚款，公安机关还没有实际取得该14万余元的罚款。孙小虎非法处理违章数据的行为本身并不直接导致14万余元的必然损失。因此，该14万元不是直接经济损失。

其次，孙小虎非法处理的违章信息所对应的14万余元罚款具有不确定性。该14万余元只是违章行为所对应的应当处以罚款的数额，公安机关是否最终对上述所有违章行为都作出处罚，处罚所对应的罚款是否能够全部征收到位，都处于或然状态。以一个不确定的数额作为孙小虎的行为造成的直接经济损失数额，在逻辑上说服力不够。

最后，公安机关可以通过对孙小虎修改的数据进行恢复，对有关车辆违章行为作出处罚。所有经孙小虎非法处理的车辆违章数据并没被孙小虎删除，而是仍然存放于电脑系统中，孙小虎只是将数据处理的状态由原来的"未处理"修改为"已处理"。经查，公安机关随时可以把有关数据恢复到孙小虎修改前的状态，并据此实事求是地对违章行为进行处理。如果公安机关不及时修复数据，或者虽然修复数据，但没有及时对违章车辆进行处罚，导致应该收取的罚款没有收取的，由此导致的损失更不能归责于孙小虎的行为。

本案中应当以被告人的违法所得数额作为定罪量刑的依据。《最高人民法院、最高人民检察院关于办理危害计算机信息系统安全刑事案件应用法律若干问题的解释》对后果严重、后果特别严重的数额标准作出明确规定：违法所得5000元以上或者造成经济损失1万元以上的，属于后果严重；数额达到上述标准五倍以上的，属于后果特别严重。本案中，因不能认定14万余元是孙小虎犯罪行为所造成的经济损失，一审法院按照其违法所得数额对其定罪量刑，完全符合《刑法》和《最高人民法院、最高人民检察院关于办理危害计算机信息系统安全刑事案件应用法律若干问题的解释》的相关规定，同时结合本案的具体证据情况以及孙小虎的认罪态度、积极退赃等情节，一审法院对其判处有期徒刑三年六个月罚当其罪。

需要说明的是，经济损失数额和违法所得数额都是破坏计算机信息系统犯罪中定罪量刑的标准，公安机关和检察机关对上述两个数额都应当进行侦查。如果这两个数额分别属于后果严重、后果特别严重的情节，导致量刑上的冲突时，应当按照处罚较重的数额对被告人进行量刑，另一数额可作为量刑的酌定情节予以考虑，如此才能真正在具体案件中实现罪责刑相适应。[No. 6-1-286-4　孙小虎破坏计算机信息系统案]

第二百八十六条之一　【拒不履行信息网络安全管理义务罪】

网络服务提供者不履行法律、行政法规规定的信息网络安全管理义务，经监管部门责令采取改正措施而拒不改正，有下列情形之一的，处三年以下有期徒刑、拘役或者管制，并处或者单处罚金：

（一）致使违法信息大量传播的；

（二）致使用户信息泄露，造成严重后果的；

（三）致使刑事案件证据灭失，情节严重的；

（四）有其他严重情节的。

单位犯前款罪的，对单位判处罚金，并对其直接负责的主管人员和其他直接责任人员，依照前款的规定处罚。

有前两款行为，同时构成其他犯罪的，依照处罚较重的规定定罪处罚。

【立法沿革】

《中华人民共和国刑法修正案（九）》（自2015年11月1日起施行）

二十八、在刑法第二百八十六条后增加一条，作为第二百八十六条之一：

“网络服务提供者不履行法律、行政法规规定的信息网络安全管理义务，经监管部门责令采取改正措施而拒不改正，有下列情形之一的，处三年以下有期徒刑、拘役或者管制，并处或者单处罚金：

“（一）致使违法信息大量传播的；

“（二）致使用户信息泄露，造成严重后果的；

“（三）致使刑事案件证据灭失，情节严重的；

“（四）有其他严重情节的。

“单位犯前款罪的，对单位判处罚金，并对其直接负责的主管人员和其他直接责任人员，依照前款的规定处罚。

“有前两款行为，同时构成其他犯罪的，依照处罚较重的规定定罪处罚。”

【立法理由】

随着信息技术的快速发展和在经济社会生活中的广泛应用，网络在给人们生活带来巨大便利的同时，网络安全问题也日益突出。为加强和规范网络安全技术防范工作，保障网络系统安全和网络信息安全，有关法律、行政法规对网络服务提供者规定了必要的网络安全管理义务。实践中，一些网络服务提供者不履行法律、行政法规规定的信息网络安全管理义务的情况比较常见，其中有的甚至造成了严重的危害后果。为此，2015年8月29日第十二届全国人大常委会第十六次会议通过的《刑法修正案（九）》根据有关方面的意见，增加了本条规定，**以促使网络服务提供者切实履行安全管理义务，保障网络安全和网络服务业的健康、有序发展**。

互联网服务提供者不履行网络安全管理义务的社会危害性，主要体现在以下几个方面：一是**为不法分子利用网络实施违法犯罪提供了条件**。实践中，一些网络服务提供者因受利益驱动等原因，故意不落实法律法规确定的安全管理义务，如有的对违法信息不采取屏蔽过滤措施，不审核、查验接入网站主体资格，有的明知他人利用网络从事违法犯罪活动仍为其提供加密代理等服务，导致大量网络资源被用于违法犯罪活动。二是**妨碍公安机关查处和打击网络违法犯罪行为**。网络违法犯罪的证据多以电子数据的形式存在，电子数据具有难固定、难恢复、难提取、易删除、易篡改、易丢失的特点。如有的网络服务提供者不按照规定对网上信息内容和网络日志信息记录进行备份和留存，使得相关证据缺失，影响公安机关依法查处网络违法犯罪。有的网络服务提供者非法为他人提供反侦查技术，如VPN代理（隐匿上网记录和登录IP）、VPS（逃避网警追踪）和电话透传服务（修改或者冒用任何电话号码）等，使不法分子借以逃避追究和取证。三是**危害公民的个人信息安全**。网络服务提供者在为客户提供服务的过程中，收集、保存有大量的公民个人信息。按照有关法律法规的规定，网络服务提供者有义务采取相应的保护措施，妥善保管这些信息，如果其不履行安全防范义务，就可能导致公民个人信息泄露，被不法分子用于实施诈骗等违法犯罪活动，危及公民人身和财产安全。

【条文说明】

本条是关于拒不履行信息网络安全管理义务罪及其处罚的规定。

本条共分为三款。

第一款是关于对网络服务提供者不履行法

律、行政法规规定的安全管理义务如何定罪处罚的规定。根据本款规定，不履行网络安全管理义务犯罪具有以下特征：

1. **犯罪的主体是网络服务提供者**，包括通过计算机互联网、广播电视网、固定通信网、移动通信网等信息网络，向公众提供网络服务的机构和个人。根据其提供的服务内容，可以分为互联网接入服务提供者和互联网内容服务提供者。其中，互联网接入服务提供者为终端用户提供专线、拨号上网或者其他接入互联网的服务，包括物理网络提供商和网络接口提供商；互联网内容服务提供者向用户提供新闻、信息、资料、音视频等内容服务，如新浪、搜狐、网易等国内知名互联网企业就是典型的互联网内容提供商。此外，按照服务对象和提供的信息的不同，还可以进一步分为网上媒体运营商、数据库运营商、信息咨询商和信息发布代理商等。《最高人民法院、最高人民检察院关于办理非法利用信息网络、帮助信息网络犯罪活动等刑事案件适用法律若干问题的解释》对如何认定网络服务提供者作了明确规定，即第一条规定："提供下列服务的单位和个人，应当认定为刑法第二百八十六条之一规定的'**网络服务提供者**'：(一)网络接入、域名注册解析等信息网络接入、计算、存储、传输服务；(二)信息发布、搜索引擎、即时通讯、网络支付、网络预约、网络购物、网络游戏、网络直播、网站建设、安全防护、广告推广、应用商店等信息网络应用服务；(三)利用信息网络提供的电子政务、通信、能源、交通、水利、金融、教育、医疗等公共服务。"

2. 犯罪客观方面，须具备下列条件：

第一，**行为人不履行法律、行政法规规定的信息网络安全管理义务**。根据本款规定，网络服务提供者不履行网络安全管理义务，是指不履行法律和行政法规规定的义务。司法实践中，在认定行为人是否有不履行相关安全管理义务的行为时，需要结合相关法律、行政法规关于安全管理义务的具体规定和要求认定。这方面的法律、行政法规主要有《网络安全法》《全国人民代表大会常务委员会关于加强网络信息保护的决定》《互联网信息服务管理办法》《计算机信息网络国际联网安全保护管理办法》《电信条例》等。根据这些法律、行政法规的规定，网络服务提供者应当按照网络安全等级保护制度的要求，履行安全保护义务，主要有：

一是制定内部安全管理制度和操作规程，确定网络安全负责人，落实网络安全保护责任。网络服务提供者应当建立相应的管理制度，包括网站安全保障制度、信息安全保密管理制度、用户信息安全管理制度等。如《关于加强网络信息保护的决定》要求网络服务提供者为用户办理网站接入服务，办理固定电话、移动电话等入网手续，或者为用户提供信息发布服务，应当在与用户签订协议或者确认提供服务时，要求用户提供真实身份信息；应当采取技术措施和其他必要措施，确保信息安全，防止在业务活动中收集的公民个人电子信息泄露、毁损、丢失；在发生或者可能发生信息泄露、毁损、丢失的情况时，应当立即采取补救措施。

二是采取防范计算机病毒和网络攻击、网络侵入等危害网络安全行为的技术措施。2016年《网络安全法》第二十五条规定，网络运营者应当制定网络安全事件应急预案，及时处置系统漏洞、计算机病毒、网络攻击、网络侵入等安全风险；在发生危害网络安全的事件时，立即启动应急预案，采取相应的补救措施，并按照规定向有关主管部门报告。《电信条例》《互联网信息服务管理办法》等规定，互联网信息服务提供者应当向上网用户提供良好的服务，并保证所提供的信息内容合法。任何单位和个人不得利用互联网制作、复制、查阅和传播违法信息，网络服务提供者发现上述信息，应当立即停止传输该信息，采取删除网络中含有上述内容的地址、目录或者关闭服务器等处置措施，同时保留有关原始记录，并向主管部门报告。

三是采取监测、记录网络运行状态、网络安全事件的技术措施，并按照规定留存相关的网络日志不少于六个月。如《互联网信息服务管理办法》要求从事新闻、出版以及电子公告等服务项目的互联网信息服务提供者，应当记录提供的信息内容及其发布时间、互联网地址或者域名；互联网接入服务提供者应当记录上网用户的上网时间、用户帐号、互联网地址或者域名、主叫电话号码等信息。互联网信息服务提供者和互联网接入服务提供者的记录备份应当保存六十日，并在国家有关机关依法查询时，予以提供。

四是采取数据分类、重要数据备份和加密等措施。

五是法律、行政法规规定的其他义务。

第二，**行为人经监管部门责令采取改正措施而拒不改正**。"**监管部门**"是指依据法律、行政法规的规定对网络服务提供者负有监督管理职责的各个部门。由于信息网络安全涉及面较广，相关监管部门也涉及各个领域。如《互联网信息服务管理办法》第十八条规定，国务院信息产业主管部门和省、自治区、直辖市电信管理机构，依法对互联网信息服务实施监督管理。新闻、出版、教育、卫生、药品监督管理、工商行政管理和公安、国家安全等有关主管部门，在各自职责范围内依法对互联网信息内容实施监督管理。《国务院关于授权国家互联网信息办公室负责互联网信息内容管理工作的通知》授权国家互联网信息办公室负责全国互联网信息内容管理工作，并负责监督管理执法。《计算机信息网络国际联网安全保护管理办法》规定，公安部计算机管理监察机构负责计算机信息网络国际联网的安全保护管理工作。

"责令采取改正措施"是指负有监督管理职责的部门，根据相关网络服务提供者在安全管理方面存在的问题，依法提出的改正错误，堵塞漏洞，加强防范等要求。即责令的主体，责令的方式和程序，都要有法律、行政法规的依据，符合依法行政的要求。至于监管部门"责令采取改正措施"的形式和内容，往往要视具体情况而定。有的是监管部门发现网络服务提供者安全防范措施不符合要求，要求其采取加强措施；有的是发现网络服务提供者没有严格执行相关安全管理制度，如对网上信息内容和网络日志信息记录备份不全或留存时间过短等；有的是在日常安全检查时发现网络上出现违法信息，要求网络服务提供者采取临时性补救措施，如监管部门发现传播违法信息的网址、目录或者服务器，通知网络服务提供者删除信息、关闭服务，防止信息进一步扩散；有的是依法采取相关处罚措施，如责令停业整顿或者暂时关闭网站；等等。

"拒不改正"是指明知而故意加以拒绝。实践中，认定网络服务提供者是否"拒不改正"，应当考虑以下因素：网络服务提供者是否收到监管部门提出的责令采取改正措施的要求，相关责令整改要求是否明确、具体；网络服务提供者对监管部门提出的采取改正措施的要求，在主观上是否具有拖延或者拒绝执行的故意；网络服务提供者是否具有依照监管部门提出的要求，采取相应改正措施的能力。对于确实因为资源、技术等条件限制，没有或者一时难以达到监管部门要求的，不能认定为是本款规定的"拒不改正"。

根据《最高人民法院、最高人民检察院关于办理非法利用信息网络、帮助信息网络犯罪活动等刑事案件适用法律若干问题的解释》第二条的规定，"**监管部门责令采取改正措施**"，是指网信、电信、公安等依照法律、行政法规的规定承担信息网络安全监管职责的部门，以责令整改通知书或者其他文书形式，责令网络服务提供者采取改正措施。认定"**经监管部门责令采取改正措施而拒不改正**"，应当综合考虑监管部门责令改正是否具有法律、行政法规依据，改正措施及期限要求是否明确、合理，网络服务提供者是否具有按照要求采取改正措施的能力等因素进行判断。

第三，**必须导致特定危害后果的发生**。根据本款规定，网络服务提供者拒不采取改正措施，导致下列危害后果发生的，才能追究其刑事责任：①

一是**致使违法信息大量传播**。违法信息是指其内容违反相关法律法规规定的信息。如《电信条例》第五十六条规定，"违法信息"是指含有反对宪法所确定的基本原则；危害国家安全，泄露国家秘密，颠覆国家政权，破坏国家统一；损害国家荣誉和利益；煽动民族仇恨、民族歧视，破坏民族团结；破坏国家宗教政策，宣扬邪教和封建迷信；散布谣言，扰乱社会秩序，破坏社会稳定；散布淫秽、色情、赌博、暴力、凶杀、恐怖或者教唆犯罪；侮辱或者诽谤他人，侵害他人合法权益；含有法律、行政法规禁止的其他内容等的信息。违法信息大量传播，会对公民的人身权利、财产权利以及国家安全、社会稳定等造成严重损害，因此，网络服务提供者拒不采取改正措施，致使发生违法信息大量传播的危害后果的，应当依照本款规定追究刑事责任。

需要注意的是，造成违法信息大量传播本身就是其行为造成的危害后果，只要事实上造成了违法信息大量传播，即可构成本罪，而不是一定要发生具体的实害性的犯罪结果。认定违法信息大量传播，主要可根据违法信息的数量、被转载的次数、受众的人数以及传播的具体渠道等因素综合考量。《最高人民法院、最高人民检察院关于办理非法利用信息网络、帮助信息网络犯罪活动等刑事案件适用法律若干问题的解释》第三条规定："拒不履行信息网络安全管理义务，具有下列情形之一的，应当认定为刑法第二百八十六条之一第一款第一项规定的'**致使违法信息大量传播**'：（一）致使传播违法视频文件二百个以上的；（二）致使传播违法视频文件以外的其他违法信息二千个以上的；（三）致使传播违法信息，数量虽未达到第一项、第二项规定标准，但是按相应比例折算合计达到有关数量标准的；（四）致使向二千个以上用户账号传播违法信息的；（五）致使利用群组成员账号数累计三千以上的通讯群组或者关注人员账号数累计三万以上的社交网络传播违法信息

① 我国学者指出，在合理改正期限之前已经形成的事实，不能作为本罪的情节。譬如，在收到责令通知之前，已经传播的违法信息，不能计入"违法信息大量传播"之内。参见张明楷：《刑法学》（第6版），法律出版社2021年版，第1037页。

分则　第六章

的;(六)致使违法信息实际被点击数达到五万以上的;(七)其他致使违法信息大量传播的情形。”

二是**致使用户信息泄露,造成严重后果的**。这里的“用户信息”主要包括三类:一为**用户的基本情况信息**,如网络服务提供者在提供服务过程中收集的个人用户的姓名、出生日期、身份证号码、住址、电话号码等,以及企业用户商业信息等。这类信息通常涉及用户个人隐私,也是法律保护的重点。二为**用户的行为类信息**,如用户购买服务或者产品的记录;与企业的联络记录;用户的消费行为、偏好、生活方式等相关信息。例如,电子商务网站记录的用户购买的商品、交易的时间、频率等;移动通讯公司记录的用户的通话时间、时长、呼叫号码、状态、通话频率等。三为**与用户行为相关的,反映和影响用户行为和心理的相关信息**,包括用户的满意度、忠诚度、对产品或服务的偏好、竞争对手行为等。上述用户信息有的涉及公民个人隐私,有的属于企业商业秘密,根据相关法律、行政法规的规定,网络服务提供者应当对其收集或者保存的用户信息采取保护措施,防止信息的泄露。“造成严重后果”包括导致用户遭到人身伤害、名誉受到严重损害、受到较大经济损失、正常生活或者生产经营受到严重影响等。《最高人民法院、最高人民检察院关于办理非法利用信息网络、帮助信息网络犯罪活动等刑事案件适用法律若干问题的解释》第四条规定:“拒不履行信息网络安全管理义务,致使用户信息泄露,具有下列情形之一的,应当认定为刑法第二百八十六条之一第一款第二项规定的‘**造成严重后果**’:(一)致使泄露行踪轨迹信息、通信内容、征信信息、财产信息五百条以上的;(二)致使泄露住宿信息、通信记录、健康生理信息、交易信息等其他可能影响人身、财产安全的用户信息五千条以上的;(三)致使泄露第一项、第二项规定以外的用户信息五万条以上的;(四)数量虽未达到第一项至第三项规定标准,但是按相应比例折算合计达到有关数量标准的;(五)造成他人死亡、重伤、精神失常或者被绑架等严重后果的;(六)造成重大经济损失的;(七)严重扰乱社会秩序的;(八)造成其他严重后果的。”

三是**致使刑事案件证据灭失,情节严重的**。主要是指网络服务提供者未按照要求保存用户信息或者采取其他安全防护措施,导致相关刑事追诉活动因为重要证据灭失而遭受严重障碍。这里的“情节严重”,主要可以根据所涉及案件的重大程度、灭失的证据的重要性、证据灭失是否可补救、对刑事追诉活动的影响等因素综合考量。《最高人民法院、最高人民检察院关于办理非法利用信息网络、帮助信息网络犯罪活动等刑事案件适用法律若干问题的解释》第五条规定:“拒不履行信息网络安全管理义务,致使影响定罪量刑的刑事案件证据灭失,具有下列情形之一的,应当认定为刑法第二百八十六条之一第一款第三项规定的‘**情节严重**’:(一)造成危害国家安全犯罪、恐怖活动犯罪、黑社会性质组织犯罪、贪污贿赂犯罪案件的证据灭失的;(二)造成可能判处五年有期徒刑以上刑罚犯罪案件的证据灭失的;(三)多次造成刑事案件证据灭失的;(四)致使刑事诉讼程序受到严重影响的;(五)其他情节严重的情形。”

四是**有其他严重情节的**。这一规定是为了应对实践中可能出现的各种复杂情况所作的一项兜底规定。在司法实践中具体适用时,可以参考本款前三项规定的情形造成的社会危害程度,结合行为人拒不采取改正措施给公民合法权益、社会公共利益以及国家利益造成的危害后果的具体情况认定。《最高人民法院、最高人民检察院关于办理非法利用信息网络、帮助信息网络犯罪活动等刑事案件适用法律若干问题的解释》第六条规定:“拒不履行信息网络安全管理义务,具有下列情形之一的,应当认定为刑法第二百八十六条之一第一款第四项规定的‘**有其他严重情节**’:(一)对绝大多数用户日志未留存或者未落实真实身份信息认证义务的;(二)二年内经多次责令改正拒不改正的;(三)致使信息网络服务被主要用于违法犯罪的;(四)致使信息网络服务、网络设施被用于实施网络攻击,严重影响生产、生活的;(五)致使信息网络服务被用于实施危害国家安全犯罪、恐怖活动犯罪、黑社会性质组织犯罪、贪污贿赂犯罪或者其他重大犯罪的;(六)致使国家机关或者通信、能源、交通、水利、金融、教育、医疗等领域提供公共服务的信息网络受到破坏,严重影响生产、生活的;(七)其他严重违反信息网络安全管理义务的情形。”

对于本罪的刑罚,根据第一款的规定,网络服务提供者不履行安全管理义务,构成犯罪的,处三年以下有期徒刑、拘役或者管制,并处或者单处罚金。

第二款是关于单位不履行网络安全管理义务的处罚规定。实践中,网络服务提供者多数为互联网企业,现行法律、行政法规对互联网企业的安全管理义务都有明确具体的规定,只有互联网企业切实履行法律、行政法规赋予的安全管理义务,网络安全才能够真正落到实处,因此,本款对单位犯罪的处罚作了规定。根据本款规定,单位犯本罪的,实行“**双罚制**”,即对不履行网络安全管理义务的单位判处罚金,并对其直接负责的主管人员和其他直接责任人员,依照第一款的规定,处三年以下有期徒刑、拘役或者管制,并处或者单处罚金。

第三款是关于有前两款行为,同时构成其他犯罪的,如何定罪处罚的规定。本款是对网络服务提供者拒不履行安全管理义务犯罪的专门规定,实践中网络服务提供者拒不履行安全管理义务的行为,根据其具体情况还可能构成刑法规定的其他犯罪,如《刑法》第一百二十条之三规定的宣扬恐怖主义、极端主义、煽动实施恐怖活动的犯罪,第三百六十四条第一款规定的传播淫秽物品罪,第三百九十八条规定的故意或者过失泄露国家秘密罪,第三百零七条第二款规定的帮助毁灭、伪造证据罪,第三百一十一条规定的拒绝提供间谍犯罪、恐怖主义、极端主义犯罪证据罪等。根据本款规定,对网络服务提供者不履行网络安全管理义务,构成其他犯罪的,**依照处罚较重的规定定罪处罚,即从一重罪定罪处罚**。

【司法解释】

《最高人民法院、最高人民检察院关于办理侵犯公民个人信息刑事案件适用法律若干问题的解释》(法释〔2017〕10号,自2017年6月1日起施行)

△(**公民个人信息;拒不履行信息网络安全管理义务罪**)网络服务提供者拒不履行法律、行政法规规定的信息网络安全管理义务,经监管部门责令采取改正措施而拒不改正,致使用户的公民个人信息泄露,造成严重后果的,应当依照刑法第二百八十六条之一的规定,以拒不履行信息网络安全管理义务罪定罪处罚。(§ 9)

《最高人民法院、最高人民检察院关于办理非法利用信息网络、帮助信息网络犯罪活动等刑事案件适用法律若干问题的解释》(法释〔2019〕15号,自2019年11月1日起施行)

△(**网络服务提供者**)提供下列服务的单位和个人,应当认定为刑法第二百八十六条之一第一款规定的"网络服务提供者":

(一)网络接入、域名注册解析等信息网络接入、计算、存储、传输服务;

(二)信息发布、搜索引擎、即时通讯、网络支付、网络预约、网络购物、网络游戏、网络直播、网站建设、安全防护、广告推广、应用商店等信息网络应用服务;

(三)利用信息网络提供的电子政务、通信、能源、交通、水利、金融、教育、医疗等公共服务。(§ 1)

△(**监管部门责令采取改正措施;经监管部门责令采取改正措施而拒不改正**)刑法第二百八十六条之一第一款规定的"监管部门责令采取改正措施",是指网信、电信、公安等依照法律、行政法规的规定承担信息网络安全监管职责的部门,以责令整改通知书或者其他文书形式,责令网络服务提供者采取改正措施。

认定"经监管部门责令采取改正措施而拒不改正",应当综合考虑监管部门责令改正是否具有法律、行政法规依据,改正措施及期限要求是否明确、合理,网络服务提供者是否具有按照要求采取改正措施的能力等因素进行判断。(§ 2)

△(**致使违法信息大量传播**)拒不履行信息网络安全管理义务,具有下列情形之一的,应当认定为刑法第二百八十六条之一第一款第一项规定的"致使违法信息大量传播":

(一)致使传播违法视频文件二百个以上的;

(二)致使传播违法视频文件以外的其他违法信息二千个以上的;

(三)致使传播违法信息,数量虽未达到第一项、第二项规定标准,但是按相应比例折算合计达到有关数量标准的;

(四)致使向二千个以上用户账号传播违法信息的;

(五)致使利用群组成员账号数累计三千以上的通讯群组或者关注人员账号数累计三万以上的社交网络传播违法信息的;

(六)致使违法信息实际被点击数达到五万以上的;

(七)其他致使违法信息大量传播的情形。(§ 3)

△(**造成严重后果**)拒不履行信息网络安全管理义务,致使用户信息泄露,具有下列情形之一的,应当认定为刑法第二百八十六条之一第一款第二项规定的"造成严重后果":

(一)致使泄露行踪轨迹信息、通信内容、征信信息、财产信息五百条以上的;

(二)致使泄露住宿信息、通信记录、健康生理信息、交易信息等其他可能影响人身、财产安全的用户信息五千条以上的;

(三)致使泄露第一项、第二项规定以外的用户信息五万条以上的;

(四)数量虽未达到第一项至第三项规定标准,但是按相应比例折算合计达到有关数量标准的;

(五)造成他人死亡、重伤、精神失常或者被绑架等严重后果的;

（六）造成重大经济损失的；

（七）严重扰乱社会秩序的；

（八）造成其他严重后果的。（§ 4）

△（**情节严重**）拒不履行信息网络安全管理义务，致使影响定罪量刑的刑事案件证据灭失，具有下列情形之一的，应当认定为刑法第二百八十六条之一第一款第三项规定的“情节严重”：

（一）造成危害国家安全犯罪、恐怖活动犯罪、黑社会性质组织犯罪、贪污贿赂犯罪案件的证据灭失的；

（二）造成可能判处五年有期徒刑以上刑罚犯罪案件的证据灭失的；

（三）多次造成刑事案件证据灭失的；

（四）致使刑事诉讼程序受到严重影响的；

（五）其他情节严重的情形。（§ 5）

△（**有其他严重情节**）拒不履行信息网络安全管理义务，具有下列情形之一的，应当认定为刑法第二百八十六条之一第一款第四项规定的“有其他严重情节”：

（一）对绝大多数用户日志未留存或者未落实真实身份信息认证义务的；

（二）二年内经多次责令改正拒不改正的；

（三）致使信息网络服务被主要用于违法犯罪的；

（四）致使信息网络服务、网络设施被用于实施网络攻击，严重影响生产、生活的；

（五）致使信息网络服务被用于实施危害国家安全犯罪、恐怖活动犯罪、黑社会性质组织犯罪、贪污贿赂犯罪或者其他重大犯罪的；

（六）致使国家机关或者通信、能源、交通、水利、金融、教育、医疗等领域提供公共服务的信息网络受到破坏，严重影响生产、生活的；

（七）其他严重违反信息网络安全管理义务的情形。（§ 6）

△（**单位**）单位实施本解释规定的犯罪的，依照本解释规定的相应自然人犯罪的定罪量刑标准，对直接负责的主管人员和其他直接责任人员定罪处罚，并对单位判处罚金。（§ 14）

△（**不起诉或者免予刑事处罚；不以犯罪论处**）综合考虑社会危害程度、认罪悔罪态度等情节，认为犯罪情节轻微的，可以不起诉或者免予刑事处罚；情节显著轻微危害不大的，不以犯罪论处。（§ 15）

△（**多次；累计计算**）多次拒不履行信息网络安全管理义务、非法利用信息网络、帮助信息网络犯罪活动构成犯罪，依法应当追诉的，或者二年内多次实施前述行为未经处理的，数量或者数额累计计算。（§ 16）

△（**职业禁止；禁止令**）对于实施本解释规定的犯罪被判处刑罚的，可以根据犯罪情况和预防再犯罪的需要，依法宣告职业禁止；被判处管制、宣告缓刑的，可以根据犯罪情况，依法宣告禁止令。（§ 17）

△（**罚金**）对于实施本解释规定的犯罪的，应当综合考虑犯罪的危害程度、违法所得数额以及被告人的前科情况、认罪悔罪态度等，依法判处罚金。（§ 18）

【司法解释性文件】

《最高人民法院、最高人民检察院、公安部关于办理电信网络诈骗等刑事案件适用法律若干问题的意见》（法发〔2016〕32号，2016年12月19日公布）

△（**诈骗信息；想象竞合犯；诈骗罪**）网络服务提供者不履行法律、行政法规规定的信息网络安全管理义务，经监管部门责令采取改正措施而拒不改正，致使诈骗信息大量传播，或者用户信息泄露造成严重后果的，依照刑法第二百八十六条之一的规定，以拒不履行信息网络安全管理义务罪追究刑事责任。同时构成诈骗罪的，依照处罚较重的规定定罪处罚。（§ 3Ⅵ）

△（**金融机构、网络服务提供者、电信业务经营者**）金融机构、网络服务提供者、电信业务经营者等在经营活动中，违反国家有关规定，被电信网络诈骗犯罪分子利用，使他人遭受财产损失的，依法承担相应责任。构成犯罪的，依法追究刑事责任。（§ 3Ⅷ）

《最高人民法院、最高人民检察院、公安部、司法部关于依法惩治妨害新型冠状病毒感染肺炎疫情防控违法犯罪的意见》（法发〔2020〕7号，2020年2月6日发布）

△（**肺炎疫情防控；编造、故意传播虚假信息罪；寻衅滋事罪；煽动分裂国家罪；煽动颠覆国家政权罪；拒不履行信息网络安全管理义务罪**）依法严惩造谣传谣犯罪。编造虚假的疫情信息，在信息网络或者其他媒体上传播，或者明知是虚假疫情信息，故意在信息网络或者其他媒体上传播，严重扰乱社会秩序的，依照刑法第二百九十一条之一第二款的规定，以编造、故意传播虚假信息罪定罪处罚。

编造虚假信息，或者明知是编造的虚假信息，在信息网络上散布，或者组织、指使人员在信息网络上散布，起哄闹事，造成公共秩序严重混乱的，依照刑法第二百九十三条第一款第四项的规定，以寻衅滋事罪定罪处罚。

利用新型冠状病毒感染肺炎疫情，制造、传播谣言，煽动分裂国家、破坏国家统一，或者煽动颠覆国家政权、推翻社会主义制度的，依照刑法第一百零三条第二款、第一百零五条第二款的规定，以煽动分裂国家罪或者煽动颠覆国家政权罪定罪处罚。

网络服务提供者不履行法律、行政法规规定的信息网络安全管理义务，经监管部门责令采取改正措施而拒不改正，致使虚假疫情信息或者其他违法信息大量传播的，依照刑法第二百八十六条之一的规定，以拒不履行信息网络安全管理义务罪定罪处罚。

对虚假疫情信息案件，要依法、精准、恰当处置。对恶意编造虚假疫情信息，制造社会恐慌，挑动社会情绪，扰乱公共秩序，特别是恶意攻击党和政府，借机煽动颠覆国家政权、推翻社会主义制度的，要依法严惩。对于因轻信而传播虚假信息，危害不大的，不以犯罪论处。（§ 2Ⅵ）

△（**治安管理处罚；从重情节**）依法严惩妨害疫情防控的违法行为。实施上述（一）至（九）规定的行为，不构成犯罪的，由公安机关根据治安管理处罚法有关虚构事实扰乱公共秩序，扰乱单位秩序、公共场所秩序、寻衅滋事，拒不执行紧急状态下的决定、命令，阻碍执行职务，冲闯警戒带、警戒区，殴打他人，故意伤害，侮辱他人，诈骗，在铁路沿线非法挖掘坑穴、采石取沙，盗窃、损毁路面公共设施，损毁铁路设施设备，故意损毁财物、哄抢公私财物等规定，予以治安管理处罚，或者由有关部门予以其他行政处罚。

对于在疫情防控期间实施有关违法犯罪的，要作为从重情节予以考量，依法体现从严的政策要求，有力惩治震慑违法犯罪，维护法律权威，维护社会秩序，维护人民群众生命安全和身体健康。（§ 2Ⅹ）

【附属刑法】

《全国人民代表大会常务委员会关于加强网络信息保护的决定》（2012年12月28日通过）

三、网络服务提供者和其他企业事业单位及其工作人员对在业务活动中收集的公民个人电子信息必须严格保密，不得泄露、篡改、毁损，不得出售或者非法向他人提供。

四、网络服务提供者和其他企业事业单位应当采取技术措施和其他必要措施，确保信息安全，防止在业务活动中收集的公民个人电子信息泄露、毁损、丢失。在发生或者可能发生信息泄露、毁损、丢失的情况时，应当立即采取补救措施。

五、网络服务提供者应当加强对其用户发布的信息的管理，发现法律、法规禁止发布或者传输的信息的，应当立即停止传输该信息，采取消除等处置措施，保存有关记录，并向有关主管部门报告。

六、网络服务提供者为用户办理网站接入服务，办理固定电话、移动电话等入网手续，或者为用户提供信息发布服务，应当在与用户签订协议或者确认提供服务时，要求用户提供真实身份信息。

十、有关主管部门应当在各自职权范围内依法履行职责，采取技术措施和其他必要措施，防范、制止和查处窃取或者以其他非法方式获取、出售或者非法向他人提供公民个人电子信息的违法犯罪行为以及其他网络信息违法犯罪行为。有关主管部门依法履行职责时，网络服务提供者应当予以配合，提供技术支持。

国家机关及其工作人员对在履行职责中知悉的公民个人电子信息应当予以保密，不得泄露、篡改、毁损，不得出售或者非法向他人提供。

十一、对有违反本决定行为的，依法给予警告、罚款、没收违法所得、吊销许可证或者取消备案、关闭网站、禁止有关责任人员从事网络服务业务等处罚，记入社会信用档案并予以公布；构成违反治安管理行为的，依法给予治安管理处罚。构成犯罪的，依法追究刑事责任。侵害他人民事权益的，依法承担民事责任。

第二百八十七条　【利用计算机实施相关犯罪的处罚规定】

利用计算机实施金融诈骗、盗窃、贪污、挪用公款、窃取国家秘密或者其他犯罪的，依照本法有关规定定罪处罚。

【立法理由】

随着计算机技术的广泛运用，整个社会对计算机信息系统的依赖程度也越来越高，计算机已经进入人们工作、生活的各个领域，这种现象使得利用计算机犯罪的问题也随之产生。**计算机犯罪**，主要表现在两个方面：一方面是对计算机本身的硬件、软件或者计算机网络进行攻击和破坏；另一方面是利用计算机或者计算机网络进行犯罪。利用计算机或者计算机网络进行犯罪，就是以计算机或者计算机网络作为工具实施其他犯罪活动，如以计算机作为工具进行金融诈骗、盗窃、贪污、挪用公款、窃取国家秘密等犯罪。我国自1986年首次发现利用计算机仿造银行存折和隐形印鉴诈骗银行巨款案以来，利用计算机实施盗窃、贪污、挪用公款等犯罪案件时有发生，犯罪的涉案金额也越来越大。随着网络技术的发展，网上银行、手机银行、网上购物、手机购物等网络经营活动越来越普及，同时也给利用计算机犯罪提供了更大的空间。这些犯罪往往利用高科技手段进行，隐蔽性很强，是刑事犯罪的新趋向。为了有力打击这类犯罪行为，进一步明确法律界限，**1997年修订刑法时**，专门对利用计算机实施金融诈骗、盗窃、贪污、挪用公款、窃取国家秘密或者其他犯罪如何定罪处罚作出明确规定，便于实践中遵循。

【条文说明】

本条是关于利用计算机实施犯罪的规定。

根据本条规定，本条规定的“**利用计算机实施金融诈骗、盗窃、贪污、挪用公款、窃取国家秘密或者其他犯罪**”，是指犯罪分子以计算机为犯罪工具和手段，直接或者通过他人向计算机输入非法指令，进行金融诈骗、盗窃、贪污、挪用公款、窃取国家秘密等犯罪活动。这里规定的“**其他犯罪**”，是指利用计算机实施的金融诈骗、盗窃、贪污、挪用公款、窃取国家秘密犯罪以外的犯罪，常见的有间谍，侮辱，诽谤，窃取商业秘密，侵占，挪用公司资金，非法吸收公众存款，电信诈骗，敲诈勒索，洗钱，传授犯罪方法，制作、传播淫秽物品，网络淫秽表演，网络赌博，非法出售、提供试题、答案，买卖公文、证件、印章、身份证件以及有关恐怖活动等犯罪。“**依照本法有关规定定罪处罚**”，是指对于利用计算机实施金融诈骗、盗窃、贪污、挪用公款、窃取国家秘密或者其他犯罪的，应当依照本法有关金融诈骗犯罪、盗窃犯罪、贪污犯罪、挪用公款犯罪、非法获取国家秘密犯罪的规定以及其他犯罪的规定处罚。具体实施什么犯罪行为，就以该罪定罪处刑，如行为人利用计算机进行盗窃犯罪的，应当依照《刑法》第二百六十四条的规定，以盗窃罪定罪处刑。

第二百八十七条之一　【非法利用信息网络罪】

利用信息网络实施下列行为之一，情节严重的，处三年以下有期徒刑或者拘役，并处或者单处罚金：

（一）设立用于实施诈骗、传授犯罪方法、制作或者销售违禁物品、管制物品等违法犯罪活动的网站、通讯群组的；

（二）发布有关制作或者销售毒品、枪支、淫秽物品等违禁物品、管制物品或者其他违法犯罪信息的；

（三）为实施诈骗等违法犯罪活动发布信息的。

单位犯前款罪的，对单位判处罚金，并对其直接负责的主管人员和其他直接责任人员，依照第一款的规定处罚。

有前两款行为，同时构成其他犯罪的，依照处罚较重的规定定罪处罚。

【立法沿革】

《中华人民共和国刑法修正案（九）》（自2015年11月1日起施行）

二十九、在刑法第二百八十七条后增加二条，作为第二百八十七条之一……：

“第二百八十七条之一　利用信息网络实施下列行为之一，情节严重的，处三年以下有期徒刑或者拘役，并处或者单处罚金：

“（一）设立用于实施诈骗、传授犯罪方法、制作或者销售违禁物品、管制物品等违法犯罪活动的网站、通讯群组的；

“（二）发布有关制作或者销售毒品、枪支、淫秽物品等违禁物品、管制物品或者其他违法犯罪信息的；

“（三）为实施诈骗等违法犯罪活动发布信息的。

“单位犯前款罪的，对单位判处罚金，并对其直接负责的主管人员和其他直接责任人员，依照第一款的规定处罚。

“有前两款行为，同时构成其他犯罪的，依照处罚较重的规定定罪处罚。

"……"

【立法理由】

随着互联网应用的普及，一些传统犯罪出现了网络时代的新特点，**实践中打击网络犯罪在证据提取、事实认定、法律适用等方面，也面临着新的问题和困难**，需要有针对性地对刑法相关规定作出调整和完善，以适应这种新的情况和变化。如由于互联网犯罪的跨地域性，行为人很容易在短时间内组织不特定人共同实施违法犯罪，或者针对不特定人群实施违法犯罪行为。大量案件仅能查实行为人在网络上实施联络或者其他活动，对于分布在不同地点的人员在网络下实际实施的各种危害行为，很难一一查实、查全。同时，网络犯罪的被害人往往分布得比较分散，对被害人及其被害的具体情况难以一一查证。由于完全查清楚网络犯罪的全链条存在困难，司法实践中，有的案件被当作行政案件处理，相关犯罪人没有得到应有的刑事追究。

为解决这一问题，《最高人民法院、最高人民检察院关于办理诈骗刑事案件具体应用法律若干问题的解释》规定，利用发送短信、拨打电话、互联网等电信技术手段对不特定多数人实施诈骗，诈骗数额难以查证，具有发送诈骗信息五千条以上，拨打诈骗电话五百人次以上，诈骗手段恶劣、危害严重等情形的，应当认定为《刑法》第二百六十六条规定的"其他严重情节"，以**诈骗罪（未遂）**定罪处罚。上述规定部分解决了网络诈骗犯罪中带有预备性质的行为如何处罚的问题，从网络违法犯罪的实际情况看，还有一些其他犯罪也存在类似问题，**需要将刑法规制的环节前移**，以适应惩治犯罪的需要。为此，2015年8月29日第十二届全国人大常委会第十六次会议通过的《**刑法修正案（九）**》增加了本条规定，将为实施犯罪设立网站、发布信息等行为规定为犯罪。

【条文说明】

本条是关于非法利用信息网络罪及其处罚的规定。

本条共分为三款。

第一款是关于非法利用信息网络罪及其处罚的规定。根据本款规定，利用信息网络实施以下三类行为，且情节严重的，构成本款规定的犯罪：

1. **设立用于实施诈骗、传授犯罪方法、制作或者销售违禁物品、管制物品等违法犯罪活动的网站、通讯群组的行为**。这里的"**网站**"是设立者或者维护者制作的用于展示特定内容的相关网页的集合，便于使用者在其上发布信息或者获取信息；"**通讯群组**"是网上供具有相同需求的人群集合在一起进行交流的平台和工具，如QQ、微信等。网站和通讯群组为人们获取资讯、从事经济社会活动、相互通讯提供了极大便利，同时也成为一些违法犯罪人员纠集聚合、实施犯罪的工具和手段。根据《最高人民法院、最高人民检察院关于办理非法利用信息网络、帮助信息网络犯罪活动等刑事案件适用法律若干问题的解释》第八条的规定，以实施违法犯罪活动为目的而设立或者设立后主要用于实施违法犯罪活动的网站、通讯群组，应当认定为"**用于实施诈骗、传授犯罪方法、制作或者销售违禁物品、管制物品等违法犯罪活动的网站、通讯群组**"。第七条规定，"**违法犯罪**"包括犯罪行为和属于刑法分则规定的行为类型但尚未构成犯罪的违法行为。

2. **发布有关制作或者销售毒品、枪支、淫秽物品等违禁物品、管制物品或者其他违法犯罪信息的行为**。本款第（一）项对设立网站、通讯群组用于违法犯罪活动作了规定，本项则是对发布相关违法犯罪信息的行为作了规定。这里的违法犯罪信息主要是指制作、销售毒品、枪支、淫秽物品等违禁物品、管制物品的信息，但不限于这些信息，即还包括"其他违法犯罪信息"。实践中比较常见的发布"**其他违法犯罪信息**"的行为，有发布招嫖、销售假证、假发票、赌博、传销的信息等。根据《最高人民法院、最高人民检察院关于办理非法利用信息网络、帮助信息网络犯罪活动等刑事案件适用法律若干问题的解释》第九条的规定，利用信息网络提供信息的链接、截屏、二维码、访问账号密码及其他指引访问服务的，应当认定为"**发布信息**"。《最高人民法院、最高人民检察院关于办理组织、强迫、引诱、容留、介绍卖淫刑事案件适用法律若干问题的解释》第八条第二款规定，利用信息网络发布招嫖违法信息，情节严重的，依照本罪定罪处罚。此外，需要说明的是，与第（一）项不同，本项规定的发布违法犯罪信息，其发布途径更为广泛，不仅包括在网站、通讯群组中发布违法犯罪信息，还包括通过广播、电视等其他信息网络发布信息。

3. **为实施诈骗等违法犯罪活动发布信息**。从行为方式上看，本款第（二）项、第（三）项都是发布信息，不同之处在于：第（二）项中行为人发布的信息本身具有明显的违法犯罪性质，如制作、销售毒品、淫秽物品等信息；第（三）项中行为人发布的信息，从表面上看往往不具有违法性，但行为人发布信息的目的，是吸引他人关注，借以实施诈骗等违法犯罪活动，相关信息只是其从事犯罪的幌子。如通过发布低价机票、旅游产品、保健品等商品信息，吸引他人购买，进而实施诈骗、传销等违法犯罪行为。这样规定，主要是针对网络诈骗犯罪跨地域、受害者众多、取证难等问题，将诈骗等违法犯罪行为人为实施犯罪在网络上发布信息的行为单独作为犯罪加以明确规定，实际上是将刑法惩治犯罪的环节前移，便于司法机关有效打击网络诈骗等违法犯罪活动，及时切断犯罪链条，防止更为严重的危害后果发生。因此，司法实践中，办案部门在查办具体案件时，应当依据掌握的线索，尽力查明行为人线下实际实施的各种犯罪行为。对经过深入细致查证，有足够证据证明行为人实施了诈骗等犯罪的，应当依照诈骗罪等定罪处罚。如果经过深入工作，因为证据等原因，确实难以按照诈骗等犯罪追究的，可以根据本条规定，针对其所实际实施的为实施诈骗等犯罪而发布信息的行为，依法追究刑事责任。这样，才能做到罪责刑相适应，避免行为人因本条的规定而逃避诈骗等犯罪的追究。

根据本款规定，**实施以上行为"情节严重"的，构成犯罪**。关于"情节严重"的具体认定，可以结合行为人所发布信息的具体内容、数量、扩散范围、获取非法利益的数额、受害人的多少、造成的社会影响等因素综合考量。《最高人民法院、最高人民检察院关于办理非法利用信息网络、帮助信息网络犯罪活动等刑事案件适用法律若干问题的解释》第十条规定："非法利用信息网络，具有下列情形之一的，应当认定为刑法第二百八十七条之一第一款规定的'**情节严重**'：(一)假冒国家机关、金融机构名义，设立用于实施违法犯罪活动的网站的；(二)设立用于实施违法犯罪活动的网站，数量达到三个以上或者注册账号数累计达到二千以上的；(三)设立用于实施违法犯罪活动的通讯群组，数量达到五个以上或者群组成员账号数累计达到一千以上的；(四)发布有关违法犯罪的信息或者为实施违法犯罪活动发布信息，具有下列情形之一的：1. 在网站上发布有关信息一百条以上的；2. 向二千个以上用户账号发送有关信息的；3. 向群组成员数累计达到三千以上的通讯群组发送有关信息的；4. 利用关注人员账号数累计达到三万以上的社交网络传播有关信息的；(五)违法所得一万元以上的；(六)二年内曾因非法利用信息网络、帮助信息网络犯罪活动、危害计算机信息系统安全受过行政处罚，又非法利用信息网络的；(七)其他情节严重的情形。"

关于本罪的刑罚，根据本款规定，行为人构成犯罪的，处三年以下有期徒刑或者拘役，并处或者单处罚金。

第二款是关于单位犯罪的规定。根据本款规定，对单位犯第一款规定之罪的实行"**双罚制**"，对单位判处罚金，并对其直接负责的主管人员和其他直接责任人员，依照第一款的规定，处三年以下有期徒刑或者拘役，并处或者单处罚金。

第三款是关于实施本条规定的行为，同时又构成其他犯罪的，如何定罪处罚的规定。本条规定的犯罪，是针对行为人为实施违法犯罪活动而设立网站、发布信息等行为所作的规定。只要行为人实施了本条规定的行为，达到情节严重的程度，即构成犯罪，并不要求行为人实际上已实现了其具体的犯罪目的。如果行为人设立网站、发布信息，并且实际实施了相关的犯罪行为，则还可能构成相关犯罪，如设立销售毒品的网站，发布销售毒品的信息，并且实际销售了毒品，则还构成贩卖毒品罪。在这种情况下，其设立销售毒品网站的行为成为其实施贩毒活动的途径或手段，对于这种情况，根据本款规定，**应当按照择一重罪论处的原则处理，即依照处罚较重的规定定罪处罚**。如《最高人民法院关于审理毒品犯罪案件适用法律若干问题的解释》第十四条第二款规定，实施《刑法》第二百八十七条之一、第二百八十七条之二规定的行为，同时构成贩卖毒品罪、非法买卖制毒物品罪、传授犯罪方法罪等犯罪的，依照处罚较重的规定定罪处罚。

本条第一款第(一)项规定了"设立用于实施诈骗、传授犯罪方法、制作或者销售违禁物品、管制物品等违法犯罪活动的网站、通讯群组"的犯罪行为，在实践中认定这类行为有以下两点需要注意：

一是行为人设立网站、通讯群组的目的是用于实施违法犯罪活动。如果行为人是出于发布合法信息，从事正常的社交或者网络经营行为等目的设立网站、通讯群组，事后被他人用于从事违法犯罪行为的，**不属于本项规定的设立用于违法犯罪活动的网站、通讯群组**。当然，如果行为人事后知道他人利用其设立的网站、通讯群组从事违法犯罪活动，而为其提供技术支持的，可以适用《刑法修正案(九)》增设的第二百八十七条之二关于**帮助实施网络犯罪**的规定追究刑事责任。此外，也不排除当事人设立网站或者通讯群组的初始目的是正当的，但在以后将这一网站或者通讯群组逐步演化为用以实施违法犯罪的信息平台的情况。这种情况，也属于本条第一款第(一)项规定的设立用于实施违法犯罪活动的网站、通讯群组。

二是行为人设立违法犯罪网站、通讯群组，主要是从事诈骗、传授犯罪方法、制作或者销售违禁物品、管制物品，**但并不限于法律明确列举的这几**

类违法犯罪活动。司法实践中,如果行为人设立网站是为了实施其他违法犯罪行为的,也可以构成本罪,刑法列举的是比较常见、多发的几类违法犯罪活动。

为实施诈骗而设立网站和通讯群组,是实践中最为常见的一种犯罪情形。典型的如设立“钓鱼网站”,通过钓鱼网站窃取、记录用户网上银行帐号、密码等数据,进而用于诈骗、窃取用户网银资金;假冒网上购物、在线支付网站,欺骗用户直接将钱打入专门帐户;通过假冒产品和广告宣传获取用户信任,骗取用户财物;恶意团购网站或购物网站,假借“限时抢购”“秒杀”“团购”等噱头,骗取个人信息和银行帐号等。设立传授犯罪方法的网站和通讯群组,如利用网站或者网络通讯工具传授杀人技巧、制造毒品技术等犯罪方法,有的甚至建立通讯群组专门买卖人体器官、交流奸淫猥亵幼女的经验等。这些违法犯罪网站使得很多犯罪技巧可以轻易在网上学到,从而降低了犯罪门槛,增加了公安机关侦查办案的难度。设立用于制作或者销售违禁物品、管制物品的网站和通讯群组,也是网络违法犯罪的常见类型。近年来,各地司法机关陆续办理了多起通过互联网论坛、博客、公共通讯群组或者专门建立的网站发布制作、贩卖枪支弹药、毒品、迷幻剂、假币、爆炸物、管制刀具、窃听、窃照器材等违禁物品或者管制物品的案件。这些行为,严重破坏了国家对相关物品的管制秩序,相关物品流入社会,成为不法分子从事违法犯罪活动的工具,对公民的人身财产安全、公共安全以及国家安全造成严重威胁。

此外,根据《最高人民法院、最高人民检察院关于办理侵犯公民个人信息刑事案件适用法律若干问题的解释》第八条的规定,设立用于实施非法获取、出售或者提供公民个人信息违法犯罪活动的网站、通讯群组,情节严重的,以非法利用信息网络罪定罪处罚。《最高人民法院关于审理毒品犯罪案件适用法律若干问题的解释》第十四条第一款规定,利用信息网络,设立用于实施传授制造毒品、非法生产制毒物品的方法,贩卖毒品,非法买卖制毒物品或者组织他人吸食、注射毒品等违法犯罪活动的网站、通讯群组,或者发布实施前述违法犯罪活动的信息,情节严重的,应当依照《刑法》第二百八十七条之一的规定,以非法利用信息网络罪定罪处罚。《最高人民法院、最高人民检察院关于办理组织考试作弊等刑事案件适用法律若干问题的解释》第十一条规定,设立用于实施考试作弊的网站、通讯群组或者发布有关考试作弊的信息,情节严重的,应当依照《刑法》第二百八十七条之一的规定,以非法利用信息网络罪定罪处罚;同时构成组织考试作弊罪、非法出售、提供试题、答案罪、非法获取国家秘密罪等其他犯罪的,依照处罚较重的规定定罪处罚。

【司法解释】

《最高人民法院、最高人民检察院关于办理利用信息网络实施诽谤等刑事案件适用法律若干问题的解释》(法释〔2013〕21 号,自 2013 年 9 月 10 日起施行)

△(**信息网络**)本解释所称信息网络,包括以计算机、电视机、固定电话机、移动电话机等电子设备为终端的计算机互联网、广播电视网、固定通信网、移动通信网等信息网络,以及向公众开放的局域网络。(§ 10)

《最高人民法院关于审理毒品犯罪案件适用法律若干问题的解释》(法释〔2016〕8 号,自 2016 年 4 月 11 日起施行)

△(**毒品犯罪;非法利用信息网络罪;想象竞合犯;贩卖毒品罪;非法买卖制毒物品罪;传授犯罪方法罪**)利用信息网络,设立用于实施传授制造毒品、非法生产制毒物品的方法,贩卖毒品,非法买卖制毒物品或者组织他人吸食、注射毒品等违法犯罪活动的网站、通讯群组,或者发布实施前述违法犯罪活动的信息,情节严重的,应当依照刑法第二百八十七条之一的规定,以非法利用信息网络罪定罪处罚。

实施刑法第二百八十七条之一、第二百八十七条之二规定的行为,同时构成贩卖毒品罪、非法买卖制毒物品罪、传授犯罪方法罪等犯罪的,依照处罚较重的规定定罪处罚。(§ 14)

《最高人民法院、最高人民检察院关于办理侵犯公民个人信息刑事案件适用法律若干问题的解释》(法释〔2017〕10 号,自 2017 年 6 月 1 日起施行)

△(**公民个人信息;想象竞合犯;侵犯公民个人信息罪**)设立用于实施非法获取、出售或者提供公民个人信息违法犯罪活动的网站、通讯群组,情节严重的,应当依照刑法第二百八十七条之一的规定,以非法利用信息网络罪定罪处罚;同时构成侵犯公民个人信息罪的,依照侵犯公民个人信息罪定罪处罚。(§ 8)

《最高人民法院、最高人民检察院关于办理扰乱无线电通讯管理秩序等刑事案件适用法律若干问题的解释》(法释〔2017〕11 号,自 2017 年 7 月 1 日起施行)

△(**单位犯罪**)单位犯本解释规定之罪的,对单位判处罚金,并对直接负责的主管人员和其他直接责任人员,依照本解释规定的自然人犯罪的

定罪量刑标准定罪处罚。（§ 5）

△（**想象竞合犯**）明知他人实施诈骗等犯罪，使用“黑广播”“伪基站”等无线电设备为其发送信息或者提供其他帮助，同时构成其他犯罪的，按照处罚较重的规定定罪处罚。（§ 6Ⅱ）

《最高人民法院、最高人民检察院关于办理组织考试作弊等刑事案件适用法律若干问题的解释》（法释〔2019〕13号，自2019年9月4日起施行）

△（**非法利用信息网络罪；组织考试作弊罪；非法出售、提供试题、答案罪；非法获取国家秘密罪**）设立用于实施考试作弊的网站、通讯群组或者发布有关考试作弊的信息，情节严重的，应当依照刑法第二百八十七条之一的规定，以非法利用信息网络罪定罪处罚；同时构成组织考试作弊罪、非法出售、提供试题、答案罪、非法获取国家秘密罪等其他犯罪的，依照处罚较重的规定定罪处罚。（§ 11）

《最高人民法院、最高人民检察院关于办理非法利用信息网络、帮助信息网络犯罪活动等刑事案件适用法律若干问题的解释》（法释〔2019〕15号，自2019年11月1日起施行）

△（**违法犯罪**）刑法第二百八十七条之一规定的“违法犯罪”，包括犯罪行为和属于刑法分则规定的行为类型但尚未构成犯罪的违法行为。（§ 7）

△（**用于实施诈骗、传授犯罪方法、制作或者销售违禁物品、管制物品等违法犯罪活动的网站、通讯群组**）以实施违法犯罪活动为目的而设立或者设立后主要用于实施违法犯罪活动的网站、通讯群组，应当认定为刑法第二百八十七条之一第一款第一项规定的“用于实施诈骗、传授犯罪方法、制作或者销售违禁物品、管制物品等违法犯罪活动的网站、通讯群组”。（§ 8）

△（**发布信息**）利用信息网络提供信息的链接、截屏、二维码、访问账号密码及其他指引访问服务的，应当认定为刑法第二百八十七条之一第一款第二项、第三项规定的“发布信息”。（§ 9）

△（**情节严重**）非法利用信息网络，具有下列情形之一的，应当认定为刑法第二百八十七条之一第一款规定的“情节严重”：

（一）假冒国家机关、金融机构名义，设立用于实施违法犯罪活动的网站的；

（二）设立用于实施违法犯罪活动的网站，数量达到三个以上或者注册账号数累计达到二千以上的；

（三）设立用于实施违法犯罪活动的通讯群组，数量达到五个以上或者群组成员账号数累计达到一千以上的；

（四）发布有关违法犯罪的信息或者为实施违法犯罪活动发布信息，具有下列情形之一的：

1. 在网站上发布有关信息一百条以上的；

2. 向二千个以上用户账号发送有关信息的；

3. 向群组成员数累计达到三千以上的通讯群组发送有关信息的；

4. 利用关注人员账号数累计达到三万以上的社交网络传播有关信息的；

（五）违法所得一万元以上的；

（六）二年内曾因非法利用信息网络、帮助信息网络犯罪活动、危害计算机信息系统安全受过行政处罚，又非法利用信息网络的；

（七）其他情节严重的情形。（§ 10）

△（**单位**）单位实施本解释规定的犯罪的，依照本解释规定的相应自然人犯罪的定罪量刑标准，对直接负责的主管人员和其他直接责任人员定罪处罚，并对单位判处罚金。（§ 14）

△（**不起诉或者免予刑事处罚；不以犯罪论处**）综合考虑社会危害程度、认罪悔罪态度等情节，认为犯罪情节轻微的，可以不起诉或者免予刑事处罚；情节显著轻微危害不大的，不以犯罪论处。（§ 15）

△（**多次；累计计算**）多次拒不履行信息网络安全管理义务、非法利用信息网络、帮助信息网络犯罪活动构成犯罪，依法应当追诉的，或者二年内多次实施前述行为未经处理的，数量或者数额累计计算。（§ 16）

△（**职业禁止；禁止令**）对于实施本解释规定的犯罪被判处刑罚的，可以根据犯罪情况和预防再犯罪的需要，依法宣告职业禁止；被判处管制、宣告缓刑的，可以根据犯罪情况，依法宣告禁止令。（§ 17）

△（**罚金**）对于实施本解释规定的犯罪的，应当综合考虑犯罪的危害程度、违法所得数额以及被告人的前科情况、认罪悔罪态度等，依法判处罚金。（§ 18）

【司法解释性文件】

《最高人民法院、最高人民检察院、公安部关于办理电信网络诈骗等刑事案件适用法律若干问题的意见》（法发〔2016〕32号，2016年12月19日公布）

△（**想象竞合犯；诈骗罪**）实施刑法第二百八十七条之一、第二百八十七条之二规定之行为，构成非法利用信息网络罪、帮助信息网络犯罪活动罪，同时构成诈骗罪的，依照处罚较重的规定定罪处罚。（§ 3Ⅶ）

△（**金融机构、网络服务提供者、电信业务经**

营者）金融机构、网络服务提供者、电信业务经营者等在经营活动中，违反国家有关规定，被电信网络诈骗犯罪分子利用，使他人遭受财产损失的，依法承担相应责任。构成犯罪的，依法追究刑事责任。（§ 3Ⅷ）

《最高人民法院、最高人民检察院、公安部办理跨境赌博犯罪案件若干问题的意见》（公通字〔2020〕14号，2020年10月16日发布）

△**（赌博犯罪共犯；非法经营罪、妨害信用卡管理罪；窃取、收买、非法提供信用卡信息罪；掩饰、隐瞒犯罪所得、犯罪收益罪；非法利用信息网络罪；帮助信息网络犯罪活动罪；侵犯公民个人信息罪）**为赌博犯罪提供资金、信用卡、资金结算等服务，构成赌博犯罪共犯，同时构成非法经营罪、妨害信用卡管理罪、窃取、收买、非法提供信用卡信息罪、掩饰、隐瞒犯罪所得、犯罪收益罪等罪的，依照处罚较重的规定定罪处罚。

为网络赌博犯罪提供互联网接入、服务器托管、网络存储、通讯传输等技术支持，或者提供广告推广、支付结算等帮助，构成赌博犯罪共犯，同时构成非法利用信息网络罪、帮助信息网络犯罪活动罪等罪的，依照处罚较重的规定定罪处罚。

为实施赌博犯罪，非法获取公民个人信息，或者向实施赌博犯罪者出售、提供公民个人信息，构成赌博犯罪共犯，同时构成侵犯公民个人信息罪的，依照处罚较重的规定定罪处罚。（§ 4Ⅴ）

第二百八十七条之二　【帮助信息网络犯罪活动罪】

明知他人利用信息网络实施犯罪，为其犯罪提供互联网接入、服务器托管、网络存储、通讯传输等技术支持，或者提供广告推广、支付结算等帮助，情节严重的，处三年以下有期徒刑或者拘役，并处或者单处罚金。

单位犯前款罪的，对单位判处罚金，并对其直接负责的主管人员和其他直接责任人员，依照第一款的规定处罚。

有前两款行为，同时构成其他犯罪的，依照处罚较重的规定定罪处罚。

【立法沿革】

《中华人民共和国刑法修正案（九）》（自2015年11月1日起施行）

二十九、在刑法第二百八十七条后增加二条，作为……第二百八十七条之二：

“……

“第二百八十七条之二　明知他人利用信息网络实施犯罪，为其犯罪提供互联网接入、服务器托管、网络存储、通讯传输等技术支持，或者提供广告推广、支付结算等帮助，情节严重的，处三年以下有期徒刑或者拘役，并处或者单处罚金。

“单位犯前款罪的，对单位判处罚金，并对其直接负责的主管人员和其他直接责任人员，依照第一款的规定处罚。

“有前两款行为，同时构成其他犯罪的，依照处罚较重的规定定罪处罚。”

【立法理由】

随着互联网技术的快速发展和在经济社会生活各领域的广泛应用，信息网络已经成为信息传递交流的主要方式和社会经济生活的重要平台。与信息网络快速发展相伴随，一些犯罪分子利用信息网络实施犯罪的情况也日益严重。**由于网络自身的特性，网络犯罪与传统犯罪相比，呈现出很多不同特点**，这些不同特点对犯罪追诉模式带来了一定的挑战，为此，需要根据情况的变化及时研究调整刑法惩处网络犯罪的策略。如实践中网络犯罪往往带有跨地域、跨领域整合信息和资源以用于犯罪的特点。一些犯罪以利益链为脉络，逐渐形成比较完整的产业链，犯罪的实行行为被分为若干个环节，由不同人员完成，分工细致，相互紧密联系，又带有相对独立性，一定意义上不同于传统共犯的特征；从犯罪的组织结构看，网络犯罪的帮助行为相较于传统的帮助行为，其对于完成犯罪起着越来越大的决定性作用，社会危害性凸显，如果全案衡量，有些帮助行为的社会危害性甚至超过实行行为。这种以互联网为纽带，分工配合实施犯罪的方式，大大降低了网络犯罪的门槛和成本。以钓鱼网站诈骗为例，从域名注册和服务器的租用、网站的制作与推广、盗取他人帐户信息、销售盗取的信息、实施诈骗、冒名办理银行卡、赃款提取等，每个环节都由不同群体的人员实施，之间往往互不相识。这种情况，给依法打击犯罪带来很大困难。一方面，查处案件存在侦办难、取证难、打击成本高的问题；另一方面，法律适用方面也存在一些不同认识。如按照传统的认定诈骗罪的做法，需要对诈骗所得逐笔核对，且诈骗犯罪嫌疑人和被害人之间要一一对应，但网络诈骗往往不是传统的“一对一”，而是“一对多”“多对多”，犯罪链条比较复杂，被害人也具有不特定性，有时很难查清楚全案各个环节。

另外，网络诈骗虽然往往是多人分工实施，但要按照刑法共同犯罪规定追究，也存在困难，如按照共犯处理，一般需要查明帮助者的共同犯罪故意，但网络犯罪不同环节人员之间往往互不相识，没有明确的犯意联络。如窃取公民个人信息者，倒卖公民个人信息者，并不确切了解从其手中购买信息的人具体要实施诈骗、盗窃等犯罪行为，还是要发放小广告，很难按照诈骗、盗窃的共犯处理。还有一些搜索引擎公司、支付结算平台、互联网接入服务商等，常常以不知道他人实施犯罪为由逃避法律追究。同时，从行为的社会危害性看，很多网络诈骗的帮助者，才是整个网络犯罪链条中获益最大的，其在某些案件中犯罪所得数额惊人。

针对实践中的突出问题，最高人民法院、最高人民检察院陆续出台了有关司法解释，部分解决了网络帮助行为的定罪量刑问题。如《最高人民法院、最高人民检察院、公安部关于办理网络赌博犯罪案件适用法律若干问题的意见》中规定，对明知是赌博网站，而为其提供互联网接入、服务器托管、网络存储空间、通讯传输通道、投放广告、发展会员、软件开发、技术支持等服务，或者提供资金支付结算、广告投放等帮助的，属于开设赌场罪的共同犯罪，依照《刑法》第三百零三条第二款的规定处罚。在办理网络传播淫秽物品、网络诈骗案件的司法解释中也有类似规定。这些解释虽解决了对这类行为的定性问题，但在具体犯罪情节的认定、主犯的认定等问题上仍存在一定困难。在《刑法修正案（九）（草案）》研究修改过程中，有关方面建议在刑法中对各种网络犯罪帮助行为作出专门规定。经研究，在通过的**《刑法修正案（九）》**中增加了本条规定，以更准确、有效地打击各种网络犯罪帮助行为，保护公民人身权利、财产权利和社会公共利益，维护信息网络秩序，保障信息网络健康发展。

【条文说明】

本条是关于帮助信息网络犯罪活动罪及其处罚的规定。

本条共分为三款。

第一款是关于对为他人实施网络犯罪提供帮助如何定罪处罚的规定。根据本款规定，构成犯罪应当具备以下条件：

1. **行为人主观上明知他人利用网络实施犯罪**。如果行为人对他人利用自己所提供的产品、服务进行犯罪不知情的，则不能依据本款的规定追究刑事责任。司法实践中，认定行为人主观上是否“明知”，可以结合其对他人所实际从事活动的认知情况，之间往来、联络的情况，收取费用的情况等证据，综合审查判断。如《最高人民法院、最高人民检察院、公安部关于办理网络赌博犯罪案件适用法律若干问题的意见》规定，行为人在收到行政主管机关书面等方式的告知后，仍然实施帮助行为的；为赌博网站提供互联网接入、服务器托管、网络存储空间、通讯传输通道、投放广告、软件开发、技术支持、资金支付结算等服务，收取服务费明显异常的；在执法人员调查时，通过销毁、修改数据、帐本等方式故意规避调查或者向犯罪嫌疑人通风报信的；有其他证据证明行为人明知的，即可认定行为人符合“**明知**”的主观条件。对于如何认定行为人“明知”，根据《最高人民法院、最高人民检察院关于办理非法利用信息网络、帮助信息网络犯罪活动等刑事案件适用法律若干问题的解释》第十一条的规定：“为他人实施犯罪提供技术支持或者帮助，具有下列情形之一的，可以认定**行为人明知他人利用信息网络实施犯罪**，但是有相反证据的除外：（一）经监管部门告知后仍然实施有关行为的；（二）接到举报后不履行法定管理职责的；（三）交易价格或者方式明显异常的；（四）提供专门用于违法犯罪的程序、工具或者其他技术支持、帮助的；（五）频繁采用隐蔽上网、加密通信、销毁数据等措施或者使用虚假身份，逃避监管或者规避调查的；（六）为他人逃避监管或者规避调查提供技术支持、帮助的；（七）其他足以认定行为人明知的情形。”

2. **行为人实施了帮助他人利用信息网络实施犯罪的行为**。根据本款规定，帮助行为主要有以下几种具体形式：第一，**为他人实施网络犯罪提供互联网接入、服务器托管、网络存储、通讯传输等技术支持**。其中，“**互联网接入**”是指为他人提供访问互联网或者在互联网发布信息的通路。目前常用的互联网接入服务有电话线拨号接入、ADSL接入、光纤宽带接入、无线网络等方式。用户只有通过这些特定的通信线路连接到互联网服务提供商，享受其提供的互联网入网连接和信息服务，才能连接使用互联网或者建立服务器发布消息。这一规定主要针对互联网接入服务提供商，如果其明知他人利用其接入服务实施犯罪，仍继续让对方使用，情节严重的，构成本款规定的犯罪。“**服务器托管**”是指将服务器及相关设备托管到具有专门数据中心的机房。托管的服务器一般由客户通过远程方式自行维护，由机房负责提供稳定的电源、带宽、温湿度等物理环境。"**网络存储**"通常是指通过网络存储、管理数据的载体空间，如常用的百度网盘、QQ中转站等。"**通讯传输**"是指用户之间传输信息的通路。比如电信诈骗犯罪中犯罪分子常用的VOIP电话，这种技术能将语音信号经技术处理后通过互联网传输出去。另一种常用的通讯传输通道是VPN（虚拟专用网络），该技术能在公用网络上建立专用网络，进行加密通讯。目前很多网络犯罪嫌疑人使用VPN技术隐藏其真实位置。此外，除上述明确列举的几种技术支持外，常见的为他人实施网络犯罪提供技术支持的行为方式还有销售赌博网站代码，为病毒、木马程序提供免杀服务，为网络盗窃、QQ视频诈骗制作专用木马程序，为设立钓鱼网站等提供技术支持等行为。第二，**为他人利用信息网络实施犯罪提供广告推广**。这里的广告推广包括两种情况：一种是为利用网络实施犯罪的人作广告，拉客户；另一种是为他人设立的犯罪网站拉广告客户，帮助该犯罪网站获得广告收入，以支持犯罪网站的运营。打击此类行为，有利于切断犯罪网站的收入来源。第三，**为他人利用信息网络实施犯罪提供支付结算帮助**。从实践的情况看，网络犯罪大多是为了直接或者间接获取经济利益。由于网络自身的特点，网络犯罪行为人要最终获得犯罪收益，往往需要借助第三方支付等各种网络支付结算服务提供者，以完成收款、转帐、取现等活动。实践中甚至有一些人员，专门为网络诈骗集团提供收付款、转帐、结算、现金提取服务等帮助。《刑法修正案（九）》增加对为他人利用信息网络实施犯罪提供"支付结算帮助"的规定，就是针对这种情况，这一规定有利于切断网络犯罪的资金流动。

3. **明知他人利用信息网络实施犯罪，而为其提供帮助，"情节严重"的，构成犯罪**。对情节严重的认定，主要可结合行为人所帮助的具体网络犯罪的性质、危害后果、其帮助行为在相关网络犯罪中起到的实际作用、帮助行为非法获利的数额等情况综合考量。《最高人民法院、最高人民检察院关于办理非法利用信息网络、帮助信息网络犯罪活动等刑事案件适用法律若干问题的解释》第十二条规定："明知他人利用信息网络实施犯罪，为其犯罪提供帮助，具有下列情形之一的，应当认定为刑法第二百八十七条之二第一款规定的'**情节严重**'：（一）为三个以上对象提供帮助的；（二）支付结算金额二十万元以上的；（三）以投放广告等方式提供资金五万元以上的；（四）违法所得一万元以上的；（五）二年内曾因非法利用信息网络、帮助信息网络犯罪活动、危害计算机信息系统安全受过行政处罚，又帮助信息网络犯罪活动的；（六）被帮助对象实施的犯罪造成严重后果的；（七）其他情节严重的情形。实施前款规定的行为，确因客观条件限制无法查证被帮助对象是否达到犯罪的程度，但相关数额总计达到前款第二项至第四项规定标准五倍以上，或者造成特别严重后果的，应当以帮助信息网络犯罪活动罪追究行为人的刑事责任。"

根据本款规定，构成本罪的，处三年以下有期徒刑或者拘役，并处或者单处罚金。

第二款是关于单位犯罪的规定。

从实践中的情况看，本罪很多是一些提供互联网服务的公司、企业，为了牟取非法利益而实施的，为此，本款对**单位犯罪**作了规定。根据本款规定，单位犯第一款规定之罪的，对单位判处罚金，并对其直接负责的主管人员和其他直接责任人员，依照第一款的规定处罚，即处以三年以下有期徒刑或者拘役，并处或者单处罚金。

第三款是关于实施本条规定的犯罪，同时构成其他犯罪的，如何定罪处罚的规定。

根据刑法的相关规定，行为人为他人实施网络犯罪提供帮助的行为，可能构成相关犯罪的共犯；同时，技术支持、广告推广或者支付结算等帮助行为，还可能构成《刑法》第二百八十五条规定的提供侵入、非法控制计算机信息系统程序、工具罪以及第一百九十一条规定的洗钱罪等其他犯罪。为此，本款对这种情况下如何适用法律作出规定。根据本款规定，有前两款行为，同时构成其他犯罪的，**依照处罚较重的规定定罪处罚，即按照从一重罪论处的原则处理**。①

需要注意的是，刑法分则规定的为网络犯罪提供技术类支持的罪名主要有三个：一是提供侵入、非法控制计算机信息系统程序、工具罪（第二

① 我国学者指出，本款中的"同时构成其他犯罪"，是指法定刑高于本条第一款法定刑的犯罪，而不包括法定刑低于本条第一款的犯罪，否则会违反罪刑相适应原则。举例而言，甲明知乙利用网络广告对商品或服务作虚假宣传，却仍然为其提供广告推广且情节严重。尽管帮助信息网络犯罪活动罪的法定刑高于虚假广告罪的法定刑，但对于甲的行为，无法以帮助信息网络犯罪活动罪论处。因为即便甲的行为构成虚假广告罪（共同正犯），最高只能处二年以下有期徒刑。举重以明轻，若甲的行为仅属于帮助行为，更不可能适用《刑法》第二百八十七条之二第一款的规定，否则，就违反了罪刑相适应原则。参见张明楷：《刑法学》（第6版），法律出版社2021年版，第1386页。

百八十五条)；二是非法利用信息网络罪(第二百八十七条之一)；三是帮助信息网络犯罪活动罪(第二百八十七条之二)。三个罪名都是以行为人主观明知为构成要件，且都是以情节严重作为罪与非罪的界限。不同之处在于，提供侵入、非法控制计算机信息系统程序、工具罪的帮助行为表现为提供专门用于侵入、非法控制计算机信息系统的程序、工具，比如"抢票软件""秒杀软件"等非法的计算机应用程序或者工具。非法利用信息网络罪的帮助行为是开设用于实施违法犯罪活动的网站、通讯群组，或者帮助发布违法犯罪信息。帮助信息网络犯罪活动罪的帮助行为是更为广泛的技术支持和帮助。

【司法解释】

《最高人民法院关于审理毒品犯罪案件适用法律若干问题的解释》(法释〔2016〕8号，自2016年4月11日起施行)

△(**想象竞合犯；贩卖毒品罪；非法买卖制毒物品罪；传授犯罪方法罪**)实施刑法第二百八十七条之一、第二百八十七条之二规定的行为，同时构成贩卖毒品罪、非法买卖制毒物品罪、传授犯罪方法罪等犯罪的，依照处罚较重的规定定罪处罚。(§14Ⅱ)

《最高人民法院、最高人民检察院关于办理非法利用信息网络、帮助信息网络犯罪活动等刑事案件适用法律若干问题的解释》(法释〔2019〕15号，自2019年11月1日起施行)

△(**行为人明知他人利用信息网络实施犯罪**)为他人实施犯罪提供技术支持或者帮助，具有下列情形之一的，可以认定行为人明知他人利用信息网络实施犯罪，但是有相反证据的除外：

(一)经监管部门告知后仍然实施有关行为的；

(二)接到举报后不履行法定管理职责的；

(三)交易价格或者方式明显异常的；

(四)提供专门用于违法犯罪的程序、工具或者其他技术支持、帮助的；

(五)频繁采用隐蔽上网、加密通信、销毁数据等措施或者使用虚假身份，逃避监管或者规避调查的；

(六)为他人逃避监管或者规避调查提供技术支持、帮助的；

(七)其他足以认定行为人明知的情形。(§11)

△(**情节严重；帮助信息网络犯罪活动罪**)明知他人利用信息网络实施犯罪，为其犯罪提供帮助，具有下列情形之一的，应当认定为刑法第二百八十七条之二第一款规定的"情节严重"：

(一)为三个以上对象提供帮助的；

(二)支付结算金额二十万元以上的；

(三)以投放广告等方式提供资金五万元以上的；

(四)违法所得一万元以上的；

(五)二年内曾因非法利用信息网络、帮助信息网络犯罪活动、危害计算机信息系统安全受过行政处罚，又帮助信息网络犯罪活动的；

(六)被帮助对象实施的犯罪造成严重后果的；

(七)其他情节严重的情形。

实施前款规定的行为，确因客观条件限制无法查证被帮助对象是否达到犯罪的程度，但相关数额总计达到前款第二项至第四项规定标准五倍以上，或者造成特别严重后果的，应当以帮助信息网络犯罪活动罪追究行为人的刑事责任。(§12)

△(**被帮助对象实施的犯罪行为因故而未予追究刑事责任；帮助信息网络犯罪活动罪**)被帮助对象实施的犯罪行为可以确认，但尚未到案、尚未依法裁判或者因未达到刑事责任年龄等原因依法未予追究刑事责任的，不影响帮助信息网络犯罪活动罪的认定。(§13)

△(**单位**)单位实施本解释规定的犯罪的，依照本解释规定的相应自然人犯罪的定罪量刑标准，对直接负责的主管人员和其他直接责任人员定罪处罚，并对单位判处罚金。(§14)

△(**不起诉或者免予刑事处罚；不以犯罪论处**)综合考虑社会危害程度、认罪悔罪态度等情节，认为犯罪情节轻微的，可以不起诉或者免予刑事处罚；情节显著轻微危害不大的，不以犯罪论处。(§15)

△(**多次；累计计算**)多次拒不履行信息网络安全管理义务、非法利用信息网络、帮助信息网络犯罪活动构成犯罪，依法应当追诉的，或者二年内多次实施前述行为未经处理的，数量或者数额累计计算。(§16)

△(**职业禁止；禁止令**)对于实施本解释规定的犯罪被判处刑罚的，可以根据犯罪情况和预防再犯罪的需要，依法宣告职业禁止；被判处管制、宣告缓刑的，可以根据犯罪情况，依法宣告禁止令。(§17)

△(**罚金**)对于实施本解释规定的犯罪的，应当综合考虑犯罪的危害程度、违法所得数额以及被告人的前科情况、认罪悔罪态度等，依法判处罚金。(§18)

【司法解释性文件】

《最高人民法院、最高人民检察院、公安部关于办理电信网络诈骗等刑事案件适用法律若干问题的意见》(法发〔2016〕32号,2016年12月19日公布)

△(**想象竞合犯;诈骗罪**)实施刑法第二百八十七条之一、第二百八十七条之二规定之行为,构成非法利用信息网络罪、帮助信息网络犯罪活动罪,同时构成诈骗罪的,依照处罚较重的规定定罪处罚。(§3Ⅶ)

△(**金融机构、网络服务提供者、电信业务经营者**)金融机构、网络服务提供者、电信业务经营者等在经营活动中,违反国家有关规定,被电信网络诈骗犯罪分子利用,使他人遭受财产损失的,依法承担相应责任。构成犯罪的,依法追究刑事责任。(§3Ⅷ)

《最高人民法院、最高人民检察院、公安部办理跨境赌博犯罪案件若干问题的意见》(公通字〔2020〕14号,2020年10月16日发布)

△(**赌博犯罪共犯;非法经营罪、妨害信用卡管理罪;窃取、收买、非法提供信用卡信息罪;掩饰、隐瞒犯罪所得、犯罪收益罪;非法利用信息网络罪;帮助信息网络犯罪活动罪;侵犯公民个人信息罪**)为赌博犯罪提供资金、信用卡、资金结算等服务,构成赌博犯罪共犯,同时构成非法经营罪、妨害信用卡管理罪、窃取、收买、非法提供信用卡信息罪、掩饰、隐瞒犯罪所得、犯罪收益罪等罪的,依照处罚较重的规定定罪处罚。

为网络赌博犯罪提供互联网接入、服务器托管、网络存储、通讯传输等技术支持,或者提供广告推广、支付结算等帮助,构成赌博犯罪共犯,同时构成非法利用信息网络罪、帮助信息网络犯罪活动罪等罪的,依照处罚较重的规定定罪处罚。

为实施赌博犯罪,非法获取公民个人信息,或者向实施赌博犯罪者出售、提供公民个人信息,构成赌博犯罪共犯,同时构成侵犯公民个人信息罪的,依照处罚较重的规定定罪处罚。(§4Ⅴ)

《最高人民法院、最高人民检察院、公安部关于办理电信网络诈骗等刑事案件适用法律若干问题的意见(二)》(法发〔2021〕22号,2021年6月17日发布)

△(**电信网络诈骗犯罪;帮助行为**)为他人利用信息网络实施犯罪而实施下列行为,可以认定为刑法第二百八十七条之二规定的“帮助”行为:

(一)收购、出售、出租信用卡、银行账户、非银行支付账户、具有支付结算功能的互联网账号密码、网络支付接口、网上银行数字证书的;

(二)收购、出售、出租他人手机卡、流量卡、物联网卡的。(§7)

△(**综合认定;其他足以认定行为人明知的情形**)认定刑法第二百八十七条之二规定的行为人明知他人利用信息网络实施犯罪,应当根据行为人收购、出售、出租前述第七条规定的信用卡、银行账户、非银行支付账户、具有支付结算功能的互联网账号密码、网络支付接口、网上银行数字证书,或者他人手机卡、流量卡、物联网卡等的次数、张数、个数,并结合行为人的认知能力、既往经历、交易对象、与实施信息网络犯罪的行为人的关系、提供技术支持或者帮助的时间和方式、获利情况以及行为人的供述等主客观因素,予以综合认定。

收购、出售、出租单位银行结算账户、非银行支付机构单位支付账户,或者电信、银行、网络支付等行业从业人员利用履行职责或提供服务便利,非法开办并出售、出租他人手机卡、信用卡、银行账户、非银行支付账户等的,可以认定为《最高人民法院、最高人民检察院关于办理非法利用信息网络、帮助信息网络犯罪活动等刑事案件适用法律若干问题的解释》第十一条第(七)项规定的“其他足以认定行为人明知的情形”。但有相反证据的除外。(§8)

△(**其他情节严重的情形**)明知他人利用信息网络实施犯罪,为其犯罪提供下列帮助之一的,可以认定为《最高人民法院、最高人民检察院关于办理非法利用信息网络、帮助信息网络犯罪活动等刑事案件适用法律若干问题的解释》第十二条第一款第(七)项规定的“其他情节严重的情形”:

(一)收购、出售、出租信用卡、银行账户、非银行支付账户、具有支付结算功能的互联网账号密码、网络支付接口、网上银行数字证书5张(个)以上的;

(二)收购、出售、出租他人手机卡、流量卡、物联网卡20张以上的。(§9)

△(**经销商;电信网络诈骗犯罪;帮助信息网络犯罪活动罪**)电商平台预付卡、虚拟货币、手机充值卡、游戏点卡、游戏装备等经销商,在公安机关调查案件过程中,被明确告知其交易对象涉嫌电信网络诈骗犯罪,仍与其继续交易,符合刑法第二百八十七条之二规定的,以帮助信息网络犯罪活动罪追究刑事责任。同时构成其他犯罪的,依照处罚较重的规定定罪处罚。(§10)

△(**实施诈骗的行为人尚未到案**)为他人实施电信网络诈骗犯罪提供技术支持、广告推广、支付结算等帮助,或者窝藏、转移、收购、代为销售及以其他方法掩饰、隐瞒电信网络诈骗犯罪所得及其产生的收益,诈骗犯罪行为可以确认,但实施诈

骗的行为人尚未到案,可以依法先行追究已到案的上述犯罪嫌疑人、被告人的刑事责任。(§ 12)

△(**调取异地公安机关依法制作、收集的证据材料**)办案地公安机关可以通过公安机关信息化系统调取异地公安机关依法制作、收集的刑事案件受案登记表、立案决定书、被害人陈述等证据材料。调取时不得少于两名侦查人员,并应记载调取的时间、使用的信息化系统名称等相关信息,调取人签名并加盖办案地公安机关印章。经审核证明真实的,可以作为证据使用。(§ 13)

△(**境外证据材料;证据使用**)通过国(区)际警务合作收集或者境外警方移交的境外证据材料,确因客观条件限制,境外警方未提供相关证据的发现、收集、保管、移交情况等材料的,公安机关应当对上述证据材料的来源、移交过程以及种类、数量、特征等作出书面说明,由两名以上侦查人员签名并加盖公安机关印章。经审核能够证明案件事实的,可以作为证据使用。(§ 14)

△(**境外抓获并羁押;折抵刑期**)对境外司法机关抓获并羁押的电信网络诈骗犯罪嫌疑人,在境内接受审判的,境外的羁押期限可以折抵刑期。(§ 15)

△(**宽严相济刑事政策**)办理电信网络诈骗犯罪案件,应当充分贯彻宽严相济刑事政策。在侦查、审查起诉、审判过程中,应当全面收集证据、准确甄别犯罪嫌疑人、被告人在共同犯罪中的层级地位及作用大小,结合其认罪态度和悔罪表现,区别对待,宽严并用,科学量刑,确保罚当其罪。

对于电信网络诈骗犯罪集团、犯罪团伙的组织者、策划者、指挥者和骨干分子,以及利用未成年人、在校学生、老年人、残疾人实施电信网络诈骗的,依法从严惩处。

对于电信网络诈骗犯罪集团、犯罪团伙中的从犯,特别是其中参与时间相对较短、诈骗数额相对较低或者从事辅助性工作并领取少量报酬,以及初犯、偶犯、未成年人、在校学生等,应当综合考虑其在共同犯罪中的地位作用、社会危害程度、主观恶性、人身危险性、认罪悔罪表现等情节,可以依法从轻、减轻处罚。犯罪情节轻微的,可以依法不起诉或者免予刑事处罚;情节显著轻微危害不大的,不以犯罪论处。(§ 16)

△(**查扣涉案账户资金;优先返还**)查扣的涉案账户内资金,应当优先返还被害人,如不足以全额返还的,应当按照比例返还。(§ 17)

第二百八十八条　【扰乱无线电通讯管理秩序罪】

违反国家规定,擅自设置、使用无线电台(站),或者擅自使用无线电频率,干扰无线电通讯秩序,情节严重的,处三年以下有期徒刑、拘役或者管制,并处或者单处罚金;情节特别严重的,处三年以上七年以下有期徒刑,并处罚金。

单位犯前款罪的,对单位判处罚金,并对其直接负责的主管人员和其他直接责任人员,依照前款的规定处罚。

【立法沿革】

《中华人民共和国刑法》(1997年修订,自1997年10月1日起施行)

第二百八十八条

违反国家规定,擅自设置、使用无线电台(站),或者擅自占用频率,经责令停止使用后拒不停止使用,干扰无线电通讯正常进行,造成严重后果的,处三年以下有期徒刑、拘役或者管制,并处或者单处罚金。

单位犯前款罪的,对单位判处罚金,并对其直接负责的主管人员和其他直接责任人员,依照前款的规定处罚。

《中华人民共和国刑法修正案(九)》(自2015年11月1日起施行)

三十、将刑法第二百八十八条第一款修改为:

"违反国家规定,擅自设置、使用无线电台(站),或者擅自使用无线电频率,干扰无线电通讯秩序,情节严重的,处三年以下有期徒刑、拘役或者管制,并处或者单处罚金;情节特别严重的,处三年以上七年以下有期徒刑,并处罚金。"

【立法理由】

1. **1997年修订刑法的情况。**无线电及其通讯技术是现代科学技术发展的结果,无线电在政治、国家安全、军事、经济和社会生活等领域都有十分重要的作用,无线电通讯的安全、正常和有序,关系着国家的安全和社会生活的正常进行。无线电频谱是有限的资源,无线电如果被非法占有、使用,不仅会造成资源的浪费,还可能影响国家的安全,扰乱正常的社会秩序。

为了维护无线电通讯秩序,加强无线电频谱

资源的管理，保证无线电通讯活动的正常进行和有效利用无线电频谱资源，国家专门设立了无线电管理委员会，并制定了《无线电管理条例》。该条例明确规定，无线电频谱资源属于国家所有。国家对无线电频谱资源实行统一规划、合理开发、有偿使用的原则。同时，对在我国境内设置、使用无线电台（站）以及无线电频谱资源的管理、使用等，都作出了明确、具体的规定。随着无线电通讯技术的飞速发展，一些单位和个人为了牟取非法利益，违反国家相关规定，擅自设置、使用无线电台（站），或者擅自占用频率资源，严重危害了无线电管理秩序，甚至给国家、集体和个人造成重大经济损失。为了更加有力地加强无线电管理，1997年修订刑法时增加了扰乱无线电通讯管理秩序的犯罪。

2. **2015年《刑法修正案（九）》对本条的修改情况**。近年来，无线电通讯快速发展，无线电应用深入到经济社会生活的方方面面。仅就无线电台（站）来说，据有关方面统计，截至2012年年底，我国已办理电台执照的无线电台（站）将近289万个。无线电通讯的广泛应用极大地便利了生产经营活动和人们的日常生活，但也使得无线电频率资源日益紧张，无线电电磁环境日益复杂。实际生活中，违反规定擅自设置、使用无线电台（站），干扰无线电通讯活动正常进行的行为也日益增多，有的甚至造成严重后果。有关方面提出，在无线电通讯技术快速发展和广泛应用的情况下，扰乱无线电通讯管理秩序行为出现了一些新的情况和特点，司法实践中在追究此类犯罪时法律适用上有一些困难，建议对刑法的相关规定作相应调整，以适应实践的需要。如1997年刑法对扰乱无线电通讯管理秩序罪的构成条件规定得比较严格，对行为人擅自设置、使用无线电台（站）或者擅自占用频率的，要经过主管部门责令停止使用后拒不停止使用，因而干扰无线电通讯正常进行，造成严重后果的，才追究刑事责任。这样规定，有利于做好行政管理与刑事处罚之间的衔接，是符合当时的实际情况的。近年来，这方面的违法犯罪行为的数量增长很快，监管部门很难做到实时监管，很多时候已经造成严重后果才被发现。有的利用无线电从事违法犯罪活动的人员，将无线电台（站）放置在隐蔽的地点，本人远程遥控无线电台（站）工作，监管机构工作人员能查找到无线电台（站），却无法对设置电台（站）的行为人发出“责令停止使用”的通知。对于这些行为，由于缺少“责令”环节，难以追究刑事责任，仅予以行政处罚，惩处力度不够，致使此类行为有蔓延之势。

为此，2015年8月29日第十二届全国人大常委会第十六次会议通过的《刑法修正案（九）》，根据有关方面的意见对本条规定作了修改。一是将“擅自占用频率”修改为“擅自使用无线电频率”，表述更准确；二是取消了原来“经责令停止使用后拒不停止使用”的规定，降低了构成犯罪的门槛；三是将“干扰无线电通讯正常进行”修改为“干扰无线电通讯秩序”；四是将“造成严重后果”修改为“情节严重”；五是增加了一档刑罚，将法定最高刑由三年有期徒刑提高到七年有期徒刑，即规定“情节特别严重的，处三年以上七年以下有期徒刑，并处罚金”，加大对这类犯罪的打击力度。

【条文说明】

本条是关于扰乱无线电通讯管理秩序罪及其处罚的规定。

本条共分为两款。

第一款是关于扰乱无线电通讯管理秩序罪及其处罚的规定。构成本罪应当具备以下条件：

1. **必须违反国家规定**。这里的“**违反国家规定**”，是指违反法律、行政法规等有关无线电管理的规定。如军事设施保护法、民用航空法等法律中都有关于无线电管理的规定；有关无线电管理的行政法规比较多，如电信条例、无线电管理条例、无线电管制规定、民用机场管理条例等都有关于无线电管理的规定。

2. **行为人实施了擅自设置、使用无线电台（站）或者擅自使用无线电频率，干扰无线电通讯秩序的行为**。这里规定了两种犯罪行为：

第一，**擅自设置、使用无线电台（站）的行为**。“擅自设置、使用无线电台（站）”，是指行为人违反国家有关无线电台（站）设置方面的管理规定，未经申请、未办理设置无线电台（站）的审批手续或者未领取电台执照而设置、使用无线电台（站）的行为。2016年修订的《无线电管理条例》第二十七条规定：“设置、使用无线电台（站）应当向无线电管理机构申请取得无线电台执照，但设置、使用下列无线电台（站）的除外：（一）地面公众移动通信终端；（二）单收无线电台（站）；（三）国家无线电管理机构规定的微功率短距离无线电台（站）。”第二十八条规定：“除本条例第二十九条规定的业余无线电台外，设置、使用无线电台（站），应当符合下列条件：（一）有可用的无线电频率；（二）所使用的无线电发射设备依法取得无线电发射设备型号核准证且符合国家规定的产品质量要求；（三）有熟悉无线电管理规定、具备相关业务技能的人员；（四）有明确具体的用途，且技术方案可行；（五）有能够保证无线电台（站）正常使用的电磁环境，拟设置的无线电台（站）对依法使用的其他无线电台（站）不会产生有害干扰。申请设置、使用空间无线电台,除应当符合前款规定的条件外,还应当有可利用的卫星无线电频率和卫星轨道资源。”第二十九条规定:“申请设置、使用业余无线电台的,应当熟悉无线电管理规定,具有相应的操作技术能力,所使用的无线电发射设备应当符合国家标准和国家无线电管理的有关规定。”

第二,**擅自使用无线电频率的行为**。“擅自使用无线电频率”,主要是指违反国家有关无线电使用的管理规定,未经批准获得使用权而使用无线电频率的行为。根据《无线电管理条例》第六条的规定,任何单位或者个人不得擅自使用无线电频率,不得对依法开展的无线电业务造成有害干扰,不得利用无线电台(站)进行违法犯罪活动。第十三条第一款规定,国家无线电管理机构负责制定无线电频率划分规定,并向社会公布。第十四条规定:“使用无线电频率应当取得许可,但下列频率除外:(一)业余无线电台、公众对讲机、制式无线电台使用的频率;(二)国际安全与遇险系统,用于航空、水上移动业务和无线电导航业务的国际固定频率;(三)国家无线电管理机构规定的微功率短距离无线电发射设备使用的频率。”行为人擅自使用无线电频率,包括行为人的无线电台(站)本身属于未经批准而设置的,也包括行为人的无线电台(站)虽经依法批准设立,但在使用过程中,违反国家有关无线电使用的管理规定,擅自改变主管部门为其指配的频率而非法使用其他频率的情形。《最高人民法院、最高人民检察院关于办理扰乱无线电通讯管理秩序等刑事案件适用法律若干问题的解释》第一条规定:“具有下列情形之一的,应当认定为刑法第二百八十八条第一款规定的‘**擅自设置、使用无线电台(站),或者擅自使用无线电频率,干扰无线电通讯秩序**’:(一)未经批准设置无线电广播电台(以下简称‘黑广播’),非法使用广播电视专用频段的频率的;(二)未经批准设置通信基站(以下简称‘伪基站’),强行向不特定用户发送信息,非法使用公众移动通信频率的;(三)未经批准使用卫星无线电频率的;(四)非法设置、使用无线电干扰器的;(五)其他擅自设置、使用无线电台(站),或者擅自使用无线电频率,干扰无线电通讯秩序的情形。”

3. **必须达到情节严重的,才构成本罪**。这里的“情节严重”,可主要根据行为人擅自设置、使用无线电台(站)、擅自使用无线电频率的行为,对无线电通讯秩序造成干扰的程度、范围、时间,被其干扰的无线电通讯活动的性质、领域、重要程度等因素综合判断。《最高人民法院、最高人民检察院关于办理扰乱无线电通讯管理秩序等刑事案件适用法律若干问题的解释》第二条规定:“违反国家规定,擅自设置、使用无线电台(站),或者擅自使用无线电频率,干扰无线电通讯秩序,具有下列情形之一的,应当认定为刑法第二百八十八条第一款规定的‘**情节严重**’:(一)影响航天器、航空器、铁路机车、船舶专用无线电导航、遇险救助和安全通信等涉及公共安全的无线电频率正常使用的;(二)自然灾害、事故灾难、公共卫生事件、社会安全事件等突发事件期间,在事件发生地使用‘黑广播’‘伪基站’的;(三)举办国家或者省级重大活动期间,在活动场所及周边使用‘黑广播’‘伪基站’的;(四)同时使用三个以上‘黑广播’‘伪基站’的;(五)‘黑广播’的实测发射功率五百瓦以上,或者覆盖范围十公里以上的;(六)使用‘伪基站’发送诈骗、赌博、招嫖、木马病毒、钓鱼网站链接等违法犯罪信息,数量在五千条以上,或者销毁发送数量等记录的;(七)雇佣、指使未成年人、残疾人等特定人员使用‘伪基站’的;(八)违法所得三万元以上的;(九)曾因扰乱无线电通讯管理秩序受过刑事处罚,或者二年内曾因扰乱无线电通讯管理秩序受过行政处罚,又实施刑法第二百八十八条规定的行为的;(十)其他情节严重的情形。”

根据本款规定,构成本罪的,处三年以下有期徒刑、拘役或者管制,并处或者单处罚金;情节特别严重的,处三年以上七年以下有期徒刑,并处罚金。根据《最高人民法院、最高人民检察院关于办理扰乱无线电通讯管理秩序等刑事案件适用法律若干问题的解释》第三条的规定:“违反国家规定,擅自设置、使用无线电台(站),或者擅自使用无线电频率,干扰无线电通讯秩序,具有下列情形之一的,应当认定为刑法第二百八十八条第一款规定的‘**情节特别严重**’:(一)影响航天器、航空器、铁路机车、船舶专用无线电导航、遇险救助和安全通信等涉及公共安全的无线电频率正常使用,危及公共安全的;(二)造成公共秩序混乱等严重后果的;(三)自然灾害、事故灾难、公共卫生事件和社会安全事件等突发事件期间,在事件发生地使用‘黑广播’‘伪基站’,造成严重影响的;(四)对国家或者省级重大活动造成严重影响的;(五)同时使用十个以上‘黑广播’‘伪基站’的;(六)‘黑广播’的实测发射功率三千瓦以上,或者覆盖范围二十公里以上的;(七)违法所得十五万元以上的;(八)其他情节特别严重的情形。”

第二款是关于对**单位犯罪**的处罚规定。根据本款规定,单位犯扰乱无线电通讯管理秩序犯罪的,对单位判处罚金,并对其直接负责的主管人员和其他直接责任人员,依照前款的规定处罚,即对单位直接负责的主管人员和其他直接责任人员,处三年以下有期徒刑、拘役或者管制,并处或者单处罚金;情节特别严重的,处三年以上七年以下有期徒刑,并处罚金。

需要注意的是,本条规定的是擅自设置、使用无线电通讯设备的犯罪,对于**非法生产、销售伪基站等无线电设备**,根据《最高人民法院、最高人民检察院关于办理扰乱无线电通讯管理秩序等刑事案件适用法律若干问题的解释》的规定,应以**非法经营罪**追究刑事责任。该解释第四条规定:"非法生产、销售'黑广播''伪基站'、无线电干扰器等无线电设备,具有下列情形之一的,应当认定为刑法第二百二十五条规定的'情节严重':(一)非法生产、销售无线电设备三套以上的;(二)非法经营数额五万元以上的;(三)其他情节严重的情形。实施前款规定的行为,数量或者数额达到前款第一项、第二项规定标准五倍以上,或者具有其他情节特别严重的情形的,应当认定为刑法第二百二十五条规定的'情节特别严重'。在非法生产、销售无线电设备窝点查扣的零件,以组装完成的套数以及能够组装的套数认定;无法组装为成套设备的,每三套广播信号调制器(激励器)认定为一套'黑广播'设备,每三块主板认定为一套'伪基站'设备。"

【司法解释】

《最高人民法院关于审理扰乱电信市场管理秩序案件具体应用法律若干问题的解释》(法释〔2000〕12号,自2000年5月24日起施行)

△(**想象竞合犯;非法经营罪**)违反国家规定,擅自设置、使用无线电台(站),或者擅自占用频率,非法经营国际电信业务或者涉港澳台电信业务进行营利活动,同时构成非法经营罪和刑法第二百八十八条规定的扰乱无线电通讯管理秩序罪的,依照处罚较重的规定定罪处罚。(§5)

《最高人民法院关于审理危害军事通信刑事案件具体应用法律若干问题的解释》(法释〔2007〕13号,自2007年6月29日起施行)

△(**军事通信;想象竞合犯;破坏军事通信罪**)违反国家规定,擅自设置、使用无线电台、站,或者擅自占用频率,经责令停止使用后拒不停止使用,干扰无线电通讯正常进行,构成犯罪的,依照刑法第二百八十八条的规定定罪处罚;造成军事通信中断或者严重障碍,同时构成刑法第二百八十八条、第三百六十九条第一款规定的犯罪的,依照处罚较重的规定定罪处罚。(§6Ⅳ)

《最高人民法院、最高人民检察院关于办理扰乱无线电通讯管理秩序等刑事案件适用法律若干问题的解释》(法释〔2017〕11号,自2017年7月1日起施行)

△[**擅自设置、使用无线电台(站),或者擅自使用无线电频率,干扰无线电通讯秩序**]具有下列情形之一的,应当认定为刑法第二百八十八条第一款规定的"擅自设置、使用无线电台(站),或者擅自使用无线电频率,干扰无线电通讯秩序":

(一)未经批准设置无线电广播电台(以下简称"黑广播"),非法使用广播电视专用频段的频率的;

(二)未经批准设置通信基站(以下简称"伪基站"),强行向不特定用户发送信息,非法使用公众移动通信频率的;

(三)未经批准使用卫星无线电频率的;

(四)非法设置、使用无线电干扰器的;

(五)其他擅自设置、使用无线电台(站),或者擅自使用无线电频率,干扰无线电通讯秩序的情形。(§1)

△(**情节严重**)违反国家规定,擅自设置、使用无线电台(站),或者擅自使用无线电频率,干扰无线电通讯秩序,具有下列情形之一的,应当认定为刑法第二百八十八条第一款规定的"情节严重":

(一)影响航天器、航空器、铁路机车、船舶专用无线电导航、遇险救助和安全通信等涉及公共安全的无线电频率正常使用的;

(二)自然灾害、事故灾难、公共卫生事件、社会安全事件等突发事件期间,在事件发生地使用"黑广播""伪基站"的;

(三)举办国家或者省级重大活动期间,在活动场所及周边使用"黑广播""伪基站"的;

(四)同时使用三个以上"黑广播""伪基站"的;

(五)"黑广播"的实测发射功率五百瓦以上,或者覆盖范围十公里以上的;

(六)使用"伪基站"发送诈骗、赌博、招嫖、木马病毒、钓鱼网站链接等违法犯罪信息,数量在五千条以上,或者销毁发送数量等记录的;

(七)雇佣、指使未成年人、残疾人等特定人员使用"伪基站"的;

(八)违法所得三万元以上的;

(九)曾因扰乱无线电通讯管理秩序受过刑事处罚,或者二年内曾因扰乱无线电通讯管理秩序受过行政处罚,又实施刑法第二百八十八条规定的行为的;

(十)其他情节严重的情形。(§2)

△(**情节特别严重**)违反国家规定,擅自设置、使用无线电台(站),或者擅自使用无线电频率,干扰无线电通讯秩序,具有下列情形之一的,应当认定为刑法第二百八十八条第一款规定的

"情节特别严重"：

(一)影响航天器、航空器、铁路机车、船舶专用无线电导航、遇险救助和安全通信等涉及公共安全的无线电频率正常使用,危及公共安全的;

(二)造成公共秩序混乱等严重后果的;

(三)自然灾害、事故灾难、公共卫生事件和社会安全事件等突发事件期间,在事件发生地使用"黑广播""伪基站",造成严重影响的;

(四)对国家或者省级重大活动造成严重影响的;

(五)同时使用十个以上"黑广播""伪基站"的;

(六)"黑广播"的实测发射功率三千瓦以上,或者覆盖范围二十公里以上的;

(七)违法所得十五万元以上的;

(八)其他情节特别严重的情形。(§ 3)

△(**单位犯罪**)单位犯本解释规定之罪的,对单位判处罚金,并对直接负责的主管人员和其他直接责任人员,依照本解释规定的自然人犯罪的定罪量刑标准定罪处罚。(§ 5)

△(**想象竞合犯**)擅自设置、使用无线电台(站),或者擅自使用无线电频率,同时构成其他犯罪的,按照处罚较重的规定定罪处罚。

明知他人实施诈骗等犯罪,使用"黑广播""伪基站"等无线电设备为其发送信息或者提供其他帮助,同时构成其他犯罪的,按照处罚较重的规定定罪处罚。(§ 6)

△(**事先通谋;共同犯罪**)有查禁扰乱无线电管理秩序犯罪活动职责的国家机关工作人员,向犯罪分子通风报信、提供便利,帮助犯罪分子逃避处罚的,应当依照刑法第四百一十七条的规定,以帮助犯罪分子逃避处罚罪追究刑事责任;事先通谋的,以共同犯罪论处。(§ 7Ⅱ)

△(**情节轻微;不起诉或者免予刑事处罚事由;从宽处罚**)为合法经营活动,使用"黑广播""伪基站"或者实施其他扰乱无线电通讯管理秩序的行为,构成扰乱无线电通讯管理秩序罪,但不属于"情节特别严重",行为人系初犯,并确有悔罪表现的,可以认定为情节轻微,不起诉或者免予刑事处罚;确有必要判处刑罚的,应当从宽处罚。(§ 8)

△(**鉴定意见;移动终端用户受影响情况之认定**)对案件所涉的有关专门性问题难以确定的,依据司法鉴定机构出具的鉴定意见,或者下列机构出具的报告,结合其他证据作出认定:

(一)省级以上无线电管理机构、省级无线电管理机构依法设立的派出机构、地市级以上广播电视主管部门就是否系"伪基站""黑广播"出具的报告;

(二)省级以上广播电视主管部门及其指定的检测机构就"黑广播"功率、覆盖范围出具的报告;

(三)省级以上航空、铁路、船舶等主管部门就是否干扰导航、通信等出具的报告。

对移动终端用户受影响的情况,可以依据相关通信运营商出具的证明,结合被告人供述、终端用户证言等证据作出认定。(§ 9)

【司法解释性文件】

《最高人民法院、最高人民检察院、公安部关于办理电信网络诈骗等刑事案件适用法律若干问题的意见》(法发〔2016〕32号,2016年12月19日公布)

△(**电信网络诈骗;"伪基站""黑广播";想象竞合犯;诈骗罪**)在实施电信网络诈骗活动中,非法使用"伪基站""黑广播",干扰无线电通讯秩序,符合刑法第二百八十八条规定的,以扰乱无线电通讯管理秩序罪追究刑事责任。同时构成诈骗罪的,依照处罚较重的规定定罪处罚。(§ 3Ⅰ)

第二百八十九条　【聚众"打砸抢"的处罚规定】

聚众"打砸抢",致人伤残、死亡的,依照本法第二百三十四条、第二百三十二条的规定定罪处罚。毁坏或者抢走公私财物的,除判令退赔外,对首要分子,依照本法第二百六十三条的规定定罪处罚。

【立法理由】

1. **1979年立法的情况**。1979年《刑法》第一百三十七条规定:"严禁聚众'打砸抢',因'打砸抢'致人伤残、死亡的,以伤害罪、杀人罪论处。毁坏或者抢走公私财物的,除判令退赔外,首要分子以抢劫罪论处。犯前款罪,可以单独判处剥夺政治权利。"1979年刑法在侵犯公民人身权利、民主权利罪一章中,对聚众"打砸抢"行为的刑事责任作出规定,主要是针对在"文化大革命"期间,无法无天、大搞"打砸抢",严重破坏了国家工作、生产、生活秩序的教训所作的专门规定。

2. **1997年修订刑法的情况**。1997年修订刑法时,考虑到维护法律的稳定性和连续性,有利于惩治犯罪,维护正常的社会秩序,保留了本条规定,但将其规定在妨害社会管理秩序罪一章,并作了适当的修改补充。一是删去了"严禁聚众'打砸抢'"的表述,这是针对特定历史时期的实践情况作出的宣言式规定,没有实质性的内容。二是将"以伤害罪、杀人罪论处"和"以抢劫罪论处"修改为"依照本法第二百三十四条、第二百三十二条的规定定罪处罚"和"依照本法第二百六十三条的规定定罪处罚",实质内容没有变化,便于与刑法有关条文表述相衔接。三是删去"犯前款罪,可以单独判处剥夺政治权利"的规定。

【条文说明】

本条是关于聚众"打砸抢"的刑事责任的规定。

"聚众'打砸抢'",是指聚集多人肆意打人、毁坏或者抢走公私财物,严重危害社会秩序的行为。这里的"**聚众**",是指聚集多人进行"打砸抢"的行为。"**致人伤残、死亡的,依照本法第二百三十四条、第二百三十二条的规定定罪处罚**",是指聚众"打砸抢"造成他人轻伤、重伤的,依照《刑法》第二百三十四条关于故意伤害罪的规定定罪处罚;造成他人死亡的,依照《刑法》第二百三十二条关于故意杀人罪的规定定罪处罚。[①] "**毁坏或者抢走公私财物的,除判令退赔外,对首要分子,依照本法第二百六十三条的规定定罪处罚**",是指毁坏或者抢走公私财物,应当判令退还原物或者按价赔偿,对首要分子,依照《刑法》第二百六十三条关于抢劫罪的规定定罪处罚。

需要注意的是,实践中聚众"打砸抢"的情况一般比较复杂,要具体分析其引起的原因、危害后果及其他情节,对首要分子要予以严厉打击;对其他参加者,罪行严重的,也应依法追究刑事责任;对于虽然参与"打砸抢",但情节较轻的,可以进行批评教育,必要时给予治安处罚。对于聚众"打砸抢",毁坏、抢走公私财物的,只对首要分子依照抢劫罪的规定追究刑事责任。

【司法解释】

《最高人民法院、最高人民检察院关于办理妨害预防、控制突发传染病疫情等灾害的刑事案件具体应用法律若干问题的解释》(法释〔2003〕8号,自2003年5月15日起施行)

△**(预防、控制突发传染病疫情等灾害;聚众"打砸抢";故意伤害罪;故意杀人罪;抢劫罪)**在预防、控制突发传染病疫情等灾害期间,聚众"打砸抢",致人伤残、死亡的,依照刑法第二百八十九条、第二百三十四条、第二百三十二条的规定,以故意伤害罪或者故意杀人罪定罪,依法从重处罚。对毁坏或者抢走公私财物的首要分子,依照刑法第二百八十九条、第二百六十三条的规定,以抢劫罪定罪,依法从重处罚。(§ 9)

第二百九十条　【聚众扰乱社会秩序罪】【聚众冲击国家机关罪】【扰乱国家机关工作秩序罪】【组织、资助非法聚集罪】

聚众扰乱社会秩序,情节严重,致使工作、生产、营业和教学、科研、医疗无法进行,造成严重损失的,对首要分子,处三年以上七年以下有期徒刑;对其他积极参加的,处三年以下有期徒刑、拘役、管制或者剥夺政治权利。

聚众冲击国家机关,致使国家机关工作无法进行,造成严重损失的,对首要分子,处五年以上十年以下有期徒刑;对其他积极参加的,处五年以下有期徒刑、拘役、管制或者剥夺政治权利。

多次扰乱国家机关工作秩序,经行政处罚后仍不改正,造成严重后果的,处三年以下有期徒刑、拘役或者管制。

多次组织、资助他人非法聚集,扰乱社会秩序,情节严重的,依照前款的规定处罚。

【立法沿革】

《中华人民共和国刑法》(1997年修订,自1997年10月1日起施行)

第二百九十条

聚众扰乱社会秩序,情节严重,致使工作、生产、营业和教学、科研无法进行,造成严重损失的,

① 我国学者指出,本款规定属于拟制规定而非注意规定。因此,不需要行为人对死亡或伤害具有故意。但根据责任主义原理,行为人至少对死亡或伤害必须有过失。参见张明楷:《刑法学》(第6版),法律出版社2021年版,第1110页。

对首要分子，处三年以上七年以下有期徒刑；对其他积极参加的，处三年以下有期徒刑、拘役、管制或者剥夺政治权利。

聚众冲击国家机关，致使国家机关工作无法进行，造成严重损失的，对首要分子，处五年以上十年以下有期徒刑；对其他积极参加的，处五年以下有期徒刑、拘役、管制或者剥夺政治权利。

《中华人民共和国刑法修正案（九）》（自2015年11月1日起施行）

三十一、将刑法第二百九十条第一款修改为：

“聚众扰乱社会秩序，情节严重，致使工作、生产、营业和教学、科研、医疗无法进行，造成严重损失的，对首要分子，处三年以上七年以下有期徒刑；对其他积极参加的，处三年以下有期徒刑、拘役、管制或者剥夺政治权利。”

增加二款作为第三款、第四款：

“多次扰乱国家机关工作秩序，经行政处罚后仍不改正，造成严重后果的，处三年以下有期徒刑、拘役或者管制。

“多次组织、资助他人非法聚集，扰乱社会秩序，情节严重的，依照前款的规定处罚。”

【立法理由】

1. **1979年立法的情况**。1979年《刑法》第一百五十八条规定：“禁止任何人利用任何手段扰乱社会秩序。扰乱社会秩序情节严重，致使工作、生产、营业和教学、科研无法进行，国家和社会遭受严重损失的，对首要分子处五年以下有期徒刑、拘役、管制或者剥夺政治权利。”社会秩序是社会生活的一种有序化状态，社会秩序的稳定是一个社会赖以生存和发展的前提，对于扰乱社会秩序，致使机关、企业、事业单位、社会团体等无法正常活动的行为，必须予以处罚。1979年刑法规定了扰乱社会秩序的犯罪，对扰乱社会秩序情节严重，致使国家和社会遭受严重损失的，对首要分子依法追究刑事责任。

2. **1979年之后至1997年刑法修订前的立法情况**。国家机关是从事国家管理和行使国家权力的机关，国家机关依法在各自职权范围内进行的各项管理活动是维护国家安全和社会稳定的前提，对于干扰、破坏国家机关正常工作秩序的行为，必须予以惩处。1989年10月31日第七届全国人大常委会第十一次会议通过的《集会游行示威法》第二十九条第四款规定，“包围、冲击国家机关，致使国家机关的公务活动或者国事活动不能正常进行的，对集会、游行、示威的负责人和直接责任人员依照刑法第一百五十八条的规定追究刑事责任”，即依照1979年《刑法》第一百五十八条规定的扰乱社会秩序管理罪定罪处罚。

3. **1997年修订刑法的情况**。1997年修订刑法时，总结以往司法实践的经验，针对实践中存在的问题对本条作了修改：一是删去了“禁止任何人利用任何手段扰乱社会秩序”的规定，这是宣言式的规定，没有实质性的内容。二是将“扰乱社会秩序”修改为“聚众扰乱社会秩序”，主要考虑到本条针对的是聚众型犯罪。三是将“国家和社会遭受严重损失的”修改为“造成严重损失的”，表述更准确、精练。四是提高了对首要分子的处刑，由“五年以下有期徒刑、拘役、管制或者剥夺政治权利”修改为“三年以上七年以下有期徒刑”，不仅提高了法定最低刑，还提高了法定最高刑。五是增加了对其他积极参加的人员的处刑，规定“对其他积极参加的，处三年以下有期徒刑、拘役、管制或者剥夺政治权利”，主要考虑到只追究首要分子不足以震慑聚众扰乱社会秩序的犯罪，对那些积极参与聚众扰乱社会秩序的人员也必须予以惩处。六是将1989年《集会游行示威法》第二十九条规定的冲击国家机关依法追究刑事责任的有关内容经修改纳入本条作为第二款。增加这一规定，主要是考虑到，由于国家机关是具有特定职权、管理国家某一方面事务的具体工作部门，是国家机构的组成部分，聚众冲击国家机关，必然要破坏其正常的工作秩序，致使国家机关的工作受到严重的破坏和影响，因此，对聚众冲击国家机关，致使国家机关工作无法进行，造成严重损失的行为，必须规定为犯罪予以刑事处罚。

4. **2015年《刑法修正案（九）》对本条的修改情况**。一是在第一款聚众扰乱社会秩序保护范围的规定中增加了“医疗”，将致使“工作、生产、营业和教学、科研”无法进行，修改为致使“工作、生产、营业和教学、科研、医疗”无法进行。主要是针对当前扰乱医疗单位案件多发的实际情况，在聚众扰乱社会秩序保护范围的规定中增加了“医疗”的表述，这是一个明确法律适用的规定。二是增加了多次扰乱国家机关工作秩序，经行政处罚后仍不改正，造成严重后果的犯罪行为。这样规定，主要是针对实践中时有发生的，行为人没有采取聚集众人的方式，而是个人以各种极端方式冲击、扰乱国家机关工作秩序的情况。在草案审议过程中，有的意见提出，从实践中发生的一些个案情况看，个人采取极端方式制造事端，扰乱国家机关工作秩序，造成严重后果的，仅予以治安管理处罚，惩戒、震慑效果有限，有的人被多次处罚仍继续实施扰乱国家机关工作秩序的行为，建议在刑法中增加相应规定。三是增加了多次组织、资助他人非法聚集，扰乱社会秩序，情节严重的犯罪行为。

【条文说明】

本条是关于聚众扰乱社会秩序罪、聚众冲击国家机关罪、扰乱国家机关工作秩序罪以及组织、资助非法聚集罪及其处罚的规定。

本条共分为四款。

第一款是关于聚众扰乱社会秩序罪及其处罚的规定。根据本款规定，**聚众扰乱社会秩序犯罪**，是指聚众扰乱社会秩序，情节严重，致使工作、生产、营业和教学、科研、医疗无法进行，造成严重损失的行为。构成本罪应当具备以下条件：

1. **行为人实施了聚众扰乱社会秩序的行为**。这里的"**聚众扰乱社会秩序**"，是指纠集多人扰乱机关、公司、企业、事业单位、人民团体、社会团体等有关社会组织的工作、生产、营业和教学、科研、医疗秩序，如聚众侵入、占领机关、单位、团体的工作场所以及封闭其出入通道；对工作人员进行纠缠、哄闹、辱骂、殴打；毁坏财物、设备；强行切断电源、水源等。[①]《刑法修正案(九)》在本条中增加了有关扰乱医疗场所秩序，致使医疗无法进行的规定。这一规定是根据草案审议中的意见增加的规定，主要是针对实践中频繁发生扰乱医疗场所秩序的情况。需要特别说明的是，《刑法修正案(九)》对本条的修改并不是增加新的犯罪情形，只是对刑法原有规定作进一步明确规定。这样规定，有利于增强法律的针对性，提高对扰乱医疗秩序犯罪的震慑力。单纯从法律适用来说，实践中所谓"医闹"等案件，是一种比较典型的聚众扰乱社会秩序的案件，对其中情节严重的，应当严格按照刑法的规定追究首要分子和积极参加者的刑事责任。对这一问题，司法机关和社会各方面的认识也是一致的，有关司法解释对具体法律适用问题也有明确规定，司法实践中也是这样处理的。如2014年4月22日《最高人民法院、最高人民检察院、公安部、司法部、国家卫生和计划生育委员会关于依法惩处涉医违法犯罪维护正常医疗秩序的意见》中明确、细化的规定，即对聚众实施的在医疗机构私设灵堂、摆放花圈、焚烧纸钱、悬挂横幅、堵塞大门或者以其他方式扰乱医疗秩序行为，造成严重损失或者扰乱其他公共秩序情节严重，以及在医疗机构的病房、抢救室、重症监护室等场所及医疗机构的公共开放区域违规停放尸体，情节严重，构成犯罪的，可以根据聚众扰乱社会秩序罪，聚众扰乱公共场所秩序、交通秩序罪，寻衅滋事罪等追究刑事责任。

2. **行为必须达到情节严重，致使工作、生产、营业和教学、科研、医疗无法进行，造成严重损失，这是构成本罪的必要条件之一**。本款规定的"**情节严重**"，一般表现为扰乱的时间长、次数多、纠集的人数多，扰乱重要的工作、生产、营业和教学、科研、医疗活动，造成的影响比较恶劣，等等。"**致使工作、生产、营业和教学、科研、医疗无法进行**"，是指聚众扰乱机关、公司、企业、教学科研单位、医院等的行为，导致该单位正常的工作、生产、营业和教学、科研、医疗无法进行。"**造成严重损失**"，主要是指使经济建设、教学、科研、医疗等受到严重的破坏和损失。需要注意的是，情节严重，致使机关、单位、团体的工作、生产、营业和教学、科研、医疗无法进行，造成严重损失，都是构成本罪的要件，缺一不可。对于一般违法行为，情节较轻，没有造成严重损失，危害不大的，不构成本罪，可以依照治安管理处罚法的规定处理。

3. **本罪的犯罪主体包括首要分子和其他积极参加的人**。这里所谓"**首要分子**"，主要是指在聚众犯罪中起组织、策划、指挥作用的犯罪分子，首要分子既可能只进行幕后策划而不亲自参与实施扰乱社会秩序的行为，也可能不但组织策划，还现场坐镇指挥，积极实施扰乱社会秩序的行为，实践中要注意正确认定，准确打击。"**其他积极参加的**"，是指在共同犯罪中，积极、主动参加的或者在共同犯罪中起重要作用的犯罪分子。

根据本款规定，犯本款规定之罪的，对首要分子处三年以上七年以下有期徒刑；对其他积极参加的，处三年以下有期徒刑、拘役、管制或者剥夺政治权利。

第二款是关于聚众冲击国家机关罪及其处罚的规定。根据本款规定，**聚众冲击国家机关的犯罪**，是指聚众冲击国家机关，致使国家机关工作无法进行，造成严重损失的行为。这里规定的"**国家机关**"，是指管理国家某一方面事务的具体工作部门，包括各级国家权力机关、党政机关、司法机关和军事机关。[②]"**聚众冲击国家机关**"，主要是指

---

① 我国学者指出，聚众行为本身具有公然性，表现为众人处于集合状态的形式。参见周光权：《刑法各论》(第4版)，中国人民大学出版社2021年版，第414页。

② 作为本罪对象的国家机关，只限于禁止一般人任意出入的国家机关。一般人可以任意出入的国家机关，不能成为本罪的对象。参见张明楷：《刑法学》(第6版)，法律出版社2021年版，第1389页。

聚集多人强行包围、堵塞、冲入各级国家机关的行为。[①]“**致使国家机关工作无法进行**”，是指国家机关及其工作人员行使管理职权、执行职务的活动时，因受到聚众冲击而被迫中断或者停止。“**造成严重损失**”，是指造成的社会影响很恶劣，严重损害国家机关的权威；致使国家机关长时间无法行使管理职能，严重影响到工作秩序；给国家、集体和个人造成严重经济损失；等等。

根据本款规定，犯本款规定之罪的，对首要分子处五年以上十年以下有期徒刑；对其他积极参加的，处五年以下有期徒刑、拘役、管制或者剥夺政治权利。

第三款是关于**扰乱国家机关工作秩序罪**及其处罚的规定。构成本罪应当具备以下条件：一是**行为人多次实施扰乱国家机关工作秩序的行为**。这里所说的“多次”，一般指三次以上。“扰乱国家机关工作秩序”，不是以聚众的方式，而是以个人方式扰乱、冲击国家机关，破坏国家机关的正常工作秩序。二是**经行政处罚后仍不改正**。所谓“经行政处罚后仍不改正”，是指行为人因扰乱国家机关秩序被行政处罚后，又实施扰乱国家机关秩序的行为。根据《治安管理处罚法》第二十三条第一款的规定，扰乱机关、团体、企业、事业单位秩序，致使工作、生产、营业、医疗、教学、科研不能正常进行，尚未造成严重损失的，由公安机关处警告或者二百元以下罚款；情节较重的，处五日以上十日以下拘留，可以并处五百元以下罚款。三是**必须造成严重后果**。“造成严重后果”，是指扰乱行为导致国家机关正常工作秩序受到严重影响，无法正常开展工作；或者造成国家机关人员、财产损失等。需要注意的是，构成本罪需要同时具备多次扰乱国家机关工作秩序、经行政处罚后仍不改正、造成严重后果三个方面的要件。

根据本款规定，构成本罪的，处三年以下有期徒刑、拘役或者管制。

第四款是关于**组织、资助非法聚集罪**及其处罚的规定。构成本罪必须具备以下要件：一是**本罪的犯罪主体是组织、资助他人聚集的人员**。“**组织**”是指组织、策划、指挥、协调非法聚集活动的行为；“**资助**”是指筹集、提供活动经费、物资以及其他物质便利的行为。[②] 二是**行为人多次实施组织、资助他人非法聚集，扰乱社会秩序的行为**。这里的“**多次**”，一般指三次以上。“**非法聚集**”是指未经批准在公共场所集会、集结的行为。“**扰乱社会秩序**”是指造成社会秩序混乱，致使工作、生产、营业和教学、科研、医疗等活动受到严重干扰，甚至无法进行的情况。如致使机场、车站、码头、商场、影剧院、运动场馆等人员密集场所秩序混乱，影响航空器、列车、船舶等大型客运交通工具正常运行的，致使国家机关、学校、医院、厂矿企业等单位的工作、生产、营业和教学、科研、医疗等活动中断等。三是**必须达到情节严重，这是罪与非罪的界限**。所谓“情节严重”，主要是指组织、资助非法聚集的次数多、纠集的人数多、资助的金额多；非法聚集扰乱重要的工作、生产、营业和教学、科研、医疗活动，造成的影响比较恶劣等。

根据本款规定，对多次组织、资助他人非法聚集，扰乱社会秩序，情节严重的，处三年以下有期徒刑、拘役或者管制。

实践中需要注意以下两个方面的问题：

1. 本条第一款、第二款规定的聚众扰乱社会秩序罪、聚众冲击国家机关罪，是聚众实施的犯罪，重点惩治的应当是首要分子，本条对首要分子规定了较重的刑罚，同时考虑到其他积极参加的人员中有一些骨干分子，因此，本条对其他积极参加的人员也规定了刑罚，但实践中其他积极参加的情况较为复杂，**应从行为人在扰乱社会秩序活动中的表现、地位和作用等方面判断**。一般来说，包括在聚众扰乱活动中表现积极、主动；参与了大多数扰乱活动；在扰乱活动中直接造成严重损失的人。对于一般围观起哄的人，如果没有其他违法行为，或者有的虽然参与扰乱行为，但没有直接造成严重损失的人等不宜以犯罪论处。

2. 本条第三款规定的扰乱国家机关工作秩序罪是针对实践中一些个人，以各种极端方式冲击、扰乱国家机关工作秩序，且屡教不改，严重扰乱国家机关工作秩序的情况增加的规定。实践中要严格掌握对信访行为适用本罪的条件。申诉权是公民的基本权利，上访是公民行使申诉权利，表达利益诉求，寻求救济的一种方式，而回应和解决公民诉求本身就是国家机关工作的一部分，有的行为人由于合法权益受到侵害，通过正常程序无法得到解决，也有可能走上缠访、闹访之路。因此，司法机关在认定本罪时，需要严格把握罪与非

---

① 在国家机关周围静坐、示威的行为，以及单纯包围国家机关的行为，不成立本罪。参见张明楷：《刑法学》（第6版），法律出版社2021年版，第1389页。

② 左坚卫教授指出，资助应当限定为物质资助，而不包括精神方面给予的故意、声援以及发表文章予以支持等。资助可以是事先提供，也可以是事后提供。参见赵秉志、李希慧主编：《刑法各论》（第3版），中国人民大学出版社2016年版，第281页。

罪的界限。缠访、闹访并非一个法律概念，对于在国家机关门口缠访、闹访的，不能不加区分一概入罪，要考虑到行为人是否属于正当维权，是否扰乱了国家机关工作秩序，是否给国家机关造成严重后果，**在适用本罪时需要慎重，避免使具有正当诉求的上访者、申诉者受到刑罚处罚**。对于相关国家工作人员失职、渎职行为引起的此类行为，也应依法追究相关人员的行政及刑事责任。要防止实践中有的人员为了达到对信访人适用本条规定的目的，违反法律规定精神，放宽行政处罚条件，对信访人予以行政处罚的情况。也要注意对于在信访场所的缠访等行为与扰乱国家机关工作秩序的界限，应严格掌握，避免申诉不畅甚至客观上纵容违法作为、不作为情况的发生。

【司法解释性文件】

《最高人民法院、最高人民检察院、公安部、司法部、国家卫生和计划生育委员会关于依法惩处涉医违法犯罪维护正常医疗秩序的意见》（法发〔2014〕5号，2014年4月22日公布）

△（**涉医违法犯罪；扰乱医疗秩序**）对涉医违法犯罪行为，要依法严肃追究、坚决打击。公安机关要加大对暴力杀医、伤医、扰乱医疗秩序等违法犯罪活动的查处力度，接到报警后应当及时出警、快速处置，需要追究刑事责任的，及时立案侦查，全面、客观地收集、调取证据，确保侦查质量。人民检察院应当及时依法批捕、起诉，对于重大涉医犯罪案件要加强法律监督，必要时可以对收集证据、适用法律提出意见。人民法院应当加快审理进度，在全面查明案件事实的基础上依法准确定罪量刑，对于犯罪手段残忍、主观恶性深、人身危险性大的被告人或者社会影响恶劣的涉医犯罪行为，要依法从严惩处。

△（**扰乱医疗秩序；聚众扰乱社会秩序罪**）在医疗机构私设灵堂、摆放花圈、焚烧纸钱、悬挂横幅、堵塞大门或者以其他方式扰乱医疗秩序，尚未造成严重损失，经劝说、警告无效的，要依法驱散，对拒不服从的人员要依法带离现场，依照治安管理处罚法第二十三条的规定处罚；聚众实施的，对首要分子和其他积极参加者依法予以治安处罚；造成严重损失或者扰乱其他公共秩序情节严重，构成寻衅滋事罪、聚众扰乱社会秩序罪、聚众扰乱公共场所秩序、交通秩序罪的，依照刑法的有关规定定罪处罚。

在医疗机构的病房、抢救室、重症监护室等场所及医疗机构的公共开放区域违规停放尸体，影响医疗秩序，经劝说、警告无效的，依照治安管理处罚法第六十五条的规定处罚；严重扰乱医疗秩序或者其他公共秩序，构成犯罪的，依照前款的规定定罪处罚。

【附属刑法】

《中华人民共和国集会游行示威法》（1989年10月31日通过，2009年8月27日修正）

第二十九条

Ⅳ包围、冲击国家机关，致使国家机关的公务活动或者国事活动不能正常进行的，对集会、游行、示威的负责人和直接责任人员依照刑法有关规定追究刑事责任。

《中华人民共和国电力法》（1995年12月28日通过，2018年12月29日第三次修正）

第七十条

有下列行为之一，应当给予治安管理处罚的，由公安机关依照治安管理处罚法的有关规定予以处罚；构成犯罪的，依法追究刑事责任：

（一）阻碍电力建设或者电力设施抢修，致使电力建设或者电力设施抢修不能正常进行的；

（二）扰乱电力生产企业、变电所、电力调度机构和供电企业的秩序，致使生产、工作和营业不能正常进行的；

（三）殴打、公然侮辱履行职务的查电人员或者抄表收费人员的；

（四）拒绝、阻碍电力监督检查人员依法执行职务的。

《中华人民共和国科学技术普及法》（2002年6月29日通过）

第三十条

以科普为名进行有损社会公共利益的活动，扰乱社会秩序或者骗取财物，由有关主管部门给予批评教育，并予以制止；违反治安管理规定的，由公安机关依法给予治安管理处罚；构成犯罪的，依法追究刑事责任。

《中华人民共和国煤炭法》（1996年8月29日通过，2016年11月7日第四次修正）

第六十三条

有下列行为之一的，由公安机关依照治安管理处罚法的有关规定处罚；构成犯罪的，由司法机关依法追究刑事责任：

（一）阻碍煤矿建设，致使煤矿建设不能正常进行的；

（二）故意损坏煤矿矿区的电力、通讯、水源、交通及其他生产设施的；

（三）扰乱煤矿矿区秩序，致使生产、工作不能正常进行的；

（四）拒绝、阻碍监督检查人员依法执行职

分则　第六章

务的。

《**中华人民共和国教育法**》(1995 年 3 月 18 日通过,2021 年 4 月 29 日第三次修正)

第七十二条

Ⅰ结伙斗殴、寻衅滋事,扰乱学校及其他教育机构教育教学秩序或者破坏校舍、场地及其他财产的,由公安机关给予治安管理处罚;构成犯罪的,依法追究刑事责任。

Ⅱ侵占学校及其他教育机构的校舍、场地及其他财产的,依法承担民事责任。

第二百九十一条　【聚众扰乱公共场所秩序、交通秩序罪】

聚众扰乱车站、码头、民用航空站、商场、公园、影剧院、展览会、运动场或者其他公共场所秩序,聚众堵塞交通或者破坏交通秩序,抗拒、阻碍国家治安管理工作人员依法执行职务,情节严重的,对首要分子,处五年以下有期徒刑、拘役或者管制。

【立法理由】

1. **1979 年立法的情况**。1979 年《刑法》第一百五十九条规定:“聚众扰乱车站、码头、民用航空站、商场、公园、影剧院、展览会、运动场或者其他公共场所秩序,聚众堵塞交通或者破坏交通秩序,抗拒、阻碍国家治安管理工作人员依法执行职务,情节严重的,对首要分子处五年以下有期徒刑、拘役、管制或者剥夺政治权利。”车站、码头、商场、公园、影剧院、运动场等公共场所,人员密集、人员流动性大,能否安全、稳健运行,关系着公共安全和社会生产、生活的正常进行。为了维护公共安全,1979 年《刑法》第一百五十九条规定了聚众扰乱公共场所秩序或者交通秩序罪,对聚众扰乱公共场所秩序、交通秩序的犯罪行为规定了相应的刑罚。

2. **1997 年修订刑法的情况**。1997 年修订刑法时,对该条规定进行了适当修改,删去了单处剥夺政治权利的规定。

【条文说明】

本条是关于聚众扰乱公共场所秩序、交通秩序罪及其处罚的规定。

根据本条规定,**聚众扰乱公共场所秩序、交通秩序罪**,是指聚众扰乱车站、码头、民用航空站、商场、公园、影剧院、展览会、运动场或者其他公共场所秩序,聚众堵塞交通或者破坏交通秩序,抗拒、阻碍国家治安管理工作人员依法执行职务,情节严重的行为。构成本罪必须具备以下条件:

1. **犯罪主体是首要分子**。本罪是聚众性犯罪,处罚的对象仅限于首要分子。“**首要分子**”,主要是指在聚众犯罪中起组织、策划、指挥作用的犯罪分子,对其他参加的,主要是进行批评教育,必要时给予治安处罚。根据《治安管理处罚法》第二十三条第一款的规定,扰乱车站、港口、码头、机场、商场、公园、展览馆或者其他公共场所秩序的,由公安机关处警告或者二百元以下罚款;情节较重的,处五日以上十日以下拘留,可以并处五百元以下罚款。

2. **行为人实施了聚众扰乱公共场所秩序、聚众堵塞交通或者破坏交通秩序的行为**。这里规定了两种犯罪行为:第一,**聚众扰乱公共场所秩序的行为**。这里规定的“聚众扰乱”公共场所秩序,是指纠集多人以各种方法对公共场所秩序进行干扰和捣乱,主要是故意在公共场所聚众起哄闹事。所谓“公共场所”,是指具有公共性特点,对公众开放,供不特定的多数人随时出入、停留、使用的场所,包括车站、码头、民用航空站、商场、公园、影剧院、展览会、运动场所等。“其他公共场所”,主要是指礼堂、公共食堂、游泳池、浴池、农村集市等。“公共场所秩序”是指为保证公众顺利地出入、使用公共场所以及在公共场所停留而规定的公共行为规则。第二,**聚众堵塞交通或者破坏交通秩序的行为**。所谓“聚众堵塞交通或者破坏交通秩序”,是指纠集多人堵塞交通,使车辆、行人不能通过,或者故意违反交通规则,破坏正常的交通秩序,影响顺利通行和通行安全的行为。其中“交通秩序”,是指交通工具与行人依照交通规则在交通线路上安全顺利通行的正常状态。

3. **行为人实施聚众行为,同时必须抗拒、阻碍国家治安管理工作人员依法执行职务**。本条规定的“抗拒、阻碍国家治安管理工作人员依法执行职务”,是指抗拒、阻碍治安民警、交通民警等执行治安管理职务的工作人员依法维护公共场所秩序或者交通秩序的行为。①

① 我国学者指出,“抗拒、阻碍国家治安管理人员依法执行职务”属于独立的第三种行为类型。参见张明楷:《刑法学》(第 6 版),法律出版社 2021 年版,第 1390 页。

4. **必须达到情节严重,才构成本罪**。这里规定的“情节严重”,主要是指聚众扰乱公共场所秩序或者聚众破坏交通秩序,人数多或者时间长;造成人员伤亡、建筑物损坏、公私财物受到重大损失等严重后果;影响或者行为手段恶劣;等等。

根据本条规定,犯本条规定之罪的,对首要分子处五年以下有期徒刑、拘役或者管制。

【司法解释性文件】

《最高人民法院、最高人民检察院、公安部、司法部、国家卫生和计划生育委员会关于依法惩处涉医违法犯罪维护正常医疗秩序的意见》(法发〔2014〕5号,2014年4月22日公布)

△(**涉医违法犯罪;扰乱医疗秩序**)对涉医违法犯罪行为,要依法严肃追究、坚决打击。公安机关要加大对暴力杀医、伤医、扰乱医疗秩序等违法犯罪活动的查处力度,接到报警后应当及时出警、快速处置,需要追究刑事责任的,及时立案侦查,全面、客观地收集、调取证据,确保侦查质量。人民检察院应当及时依法批捕、起诉,对于重大涉医犯罪案件要加强法律监督,必要时可以对收集证据、适用法律提出意见。人民法院应当加快审理进度,在全面查明案件事实的基础上依法准确定罪量刑,对于犯罪手段残忍、主观恶性深、人身危险性大的被告人或者社会影响恶劣的涉医犯罪行为,要依法从严惩处。

△(**扰乱医疗秩序;聚众扰乱公共场所秩序、交通秩序罪**)在医疗机构私设灵堂、摆放花圈、焚烧纸钱、悬挂横幅、堵塞大门或者以其他方式扰乱医疗秩序,尚未造成严重损失,经劝说、警告无效的,要依法驱散,对拒不服从的人员要依法带离现场,依照治安管理处罚法第二十三条的规定处罚;聚众实施的,对首要分子和其他积极参加者依法予以治安处罚;造成严重损失或者扰乱其他公共秩序情节严重,构成寻衅滋事罪、聚众扰乱社会秩序罪、聚众扰乱公共场所秩序、交通秩序罪的,依照刑法的有关规定定罪处罚。

在医疗机构的病房、抢救室、重症监护室等场所及医疗机构的公共开放区域违规停放尸体,影响医疗秩序,经劝说、警告无效的,依照治安管理处罚法第六十五条的规定处罚;严重扰乱医疗秩序或者其他公共秩序,构成犯罪的,依照前款的规定定罪处罚。

【附属刑法】

《中华人民共和国集会游行示威法》(1989年10月31日通过,2009年8月27日修正)

第二十九条

Ⅴ占领公共场所、拦截车辆行人或者聚众堵塞交通,严重破坏公共场所秩序、交通秩序的,对集会、游行、示威的负责人和直接责任人员依照刑法有关规定追究刑事责任。

《中华人民共和国铁路法》(1990年9月7日通过,2015年4月24日第二次修正)

第六十三条

聚众拦截列车、冲击铁路行车调度机构不听制止的,对首要分子和骨干分子依照刑法有关规定追究刑事责任。

《中华人民共和国邮政法》(1986年12月2日通过,2015年4月24日第二次修正)

第八十条

有下列行为之一,尚不构成犯罪的,依法给予治安管理处罚:

……

(三)扰乱邮政营业场所、快递企业营业场所正常秩序的;

(四)非法拦截、强登、扒乘运送邮件、快件的车辆的。

第八十二条

违反本法规定,构成犯罪的,依法追究刑事责任。

《中华人民共和国基本医疗卫生与健康促进法》(2019年12月28日通过)

第一百零五条

违反本法规定,扰乱医疗卫生机构执业场所秩序,威胁、危害医疗卫生人员人身安全,侵犯医疗卫生人员人格尊严,非法收集、使用、加工、传输公民个人健康信息,非法买卖、提供或者公开公民个人健康信息等,构成违反治安管理行为的,依法给予治安管理处罚。

第一百零六条

违反本法规定,构成犯罪的,依法追究刑事责任;造成人身、财产损害的,依法承担民事责任。

《中华人民共和国民用航空法》(1995年10月30日通过,2021年4月29日第六次修正)

第一百九十八条

聚众扰乱民用机场秩序的,依照刑法有关规定追究刑事责任。

【参考案例】

△聚众扰乱交通秩序罪的成立,要求行为人同时实施了“聚众堵塞交通或者破坏交通秩序”与“抗拒、阻碍国家治安管理工作人员依法执行职务”的行为,但并不要求后者必须达到情节严重的程度。

“抗拒、阻碍国家治安管理工作人员依法执行职务”是聚众扰乱交通秩序罪必须齐备的构成要件行为，但不是必须达到情节严重的程度。

根据《刑法》第二百九十一条的规定，聚众扰乱交通秩序罪的客观要件中包含两类行为：其一，聚众堵塞交通或者破坏交通秩序，即纠集多人堵塞交通道路，使过往车辆、行人不能顺利通过，或者故意以其他方法破坏正常的交通秩序，妨碍车辆、行人的通行安全和便利。其二，抗拒、阻碍国家治安管理工作人员依法执行职务，即抗拒、阻碍依法执行治安管理职务的警察或其他国家机关工作人员依法维护交通秩序的行为。上述两种行为必须同时齐备，方可构成犯罪。具体分析如下：

首先，“抗拒、阻碍国家治安管理工作人员依法执行职务”在本罪中不是选择性行为，故不要求单行为达到情节严重的程度。从“抗拒、阻碍”的对象来看，“国家治安管理工作人员”就是指代表国家机关履行治安管理职责的人民警察以及治安队员、联防队员等，从身份性质角度而言，均属于国家机关工作人员。对于阻碍包括国家治安管理工作人员在内的国家机关工作人员履行职务的行为，《刑法》第二百七十七条规定的妨害公务罪已作了相关规定，即对这类情形的阻碍情形，行为人使用暴力、威胁方法，情节严重的，可以适用妨害公务罪的罪名。因此，对于“聚众堵塞交通或者破坏交通秩序”的情形，不必要求“抗拒、阻碍国家治安管理工作人员依法执行职务”也达到情节严重。

其次，“抗拒、阻碍国家治安管理工作人员依法执行职务”不是复合实行行为，故不要求单行为达到情节严重的程度。复合实行行为是刑法理论界的一种分类。《刑法》规定的复合实行行为包括牵连式和递进式两类。在牵连式的复合实行行为中，诸要素行为之间存在手段与目的或者原因与结果的关系，且手段、原因行为在前，目的、结果行为在后，后一行为直接导致行为人追求的结果发生。在聚众扰乱交通秩序罪中，“聚众堵塞交通或者破坏交通秩序”与“抗拒、阻碍国家治安管理工作人员依法执行职务”之间显然不具有手段与目的、原因与结果的牵连关系，也不属于当然的递进关系。在排除“抗拒、阻碍国家治安管理工作人员依法执行职务”是复合实行行为的前提下，鉴于“聚众堵塞交通或者破坏交通秩序”的行为一经实施就直接侵害到交通秩序这一客体，可以不对“抗拒、阻碍国家治安管理工作人员依法执行职务”的严重程度进行单独评价，即聚众扰乱交通秩序罪不要求“抗拒、阻碍国家治安管理工作人员依法执行职务”达到情节严重的程度。

“情节严重”是一种概括性的定罪情节，体现了刑法对聚众扰乱交通秩序行为在入罪问题上的社会危害性程度要求。在聚众扰乱交通秩序案件中，比较通行的做法是，对具有交通堵塞严重、持续时间长、聚集人数多、社会影响恶劣、公私财产损失大、发生人员伤亡等情形的，都可以认定为聚众扰乱交通秩序罪中的“情节严重”。当然，具体个案中还应当根据个案的特殊情况进行个性化和综合性的分析。具体到余胜利、尤庆波聚众扰乱交通秩序案中，笔者认为，认定被告人余胜利、尤庆波的行为是否达到“情节严重”，可以从以下三个方面进行分析：

1. 犯罪动机。聚众扰乱交通秩序罪的主观方面是故意，且行为人通常是通过聚众堵塞交通或者破坏交通秩序向有关单位或者部门施加压力，寻求解决相关问题。余胜利、尤庆波等人与荣欣酒店有人事纠纷，进而以讨要工资为名向荣欣酒店施压以实现个人目的。可见，余胜利、尤庆波等人的行为动机并不正当，相对于为索要被拖欠工资而实施的过激行为来说，体现的主观恶性要大得多。

2. 聚集人数。聚众扰乱交通秩序罪为典型的聚众型犯罪，只处罚起组织、策划、指挥作用的首要分子，而对于积极参加者和其他一般参加者一般不以犯罪论处。因此，在客观要件上，不仅要求行为人自己实施扰乱交通秩序的行为，还要求其纠集特定或者不特定的多人于一定时间聚集于一定的地点，共同实施特定的扰乱交通行为。可见，聚集人数的多少是认定情节是否严重的重要因素之一。本案中，余胜利、尤庆波策划并组织了荣欣酒店厨房内工作人员近四十人截堵交通，从聚集人数分析，可以认定为情节严重。

3. 行为影响。具体包括交通被堵塞的严重程度、交通秩序的混乱程度及持续时间、社会影响等方面，这是聚众扰乱交通秩序罪对交通秩序这一客体侵害的最直接体现，也是反映个案情节是否严重的最重要的考量因素。余胜利、尤庆波等人在上海市四川北路商业街上海市第一人民医院分院门口至四川北路 1851 号荣欣酒店门口处一字排开，将马路车行道横向截断，造成该时段四川北路沿线海伦西路至溧阳路段严重拥堵，车辆无法通行约 15 分钟，造成交通秩序严重混乱，社会影响恶劣。

笔者认为，本案被告人余胜利、尤庆波聚众扰乱交通秩序的行为符合“情节严重”的认定标准，且具有“抗拒、阻碍国家治安管理工作人员依法执行职务”的表现，应当追究其聚众扰乱交通秩序罪的刑事责任。［No. 6-1-291-1　余胜利、尤庆波聚众扰乱交通秩序案］

第二百九十一条之一　【投放虚假危险物质罪】【编造、故意传播虚假恐怖信息罪】【编造、故意传播虚假信息罪】

投放虚假的爆炸性、毒害性、放射性、传染病病原体等物质，或者编造爆炸威胁、生化威胁、放射威胁等恐怖信息，或者明知是编造的恐怖信息而故意传播，严重扰乱社会秩序的，处五年以下有期徒刑、拘役或者管制；造成严重后果的，处五年以上有期徒刑。

编造虚假的险情、疫情、灾情、警情，在信息网络或者其他媒体上传播，或者明知是上述虚假信息，故意在信息网络或者其他媒体上传播，严重扰乱社会秩序的，处三年以下有期徒刑、拘役或者管制；造成严重后果的，处三年以上七年以下有期徒刑。

【立法沿革】

《中华人民共和国刑法修正案(三)》(自2001年12月29日起施行)

八、刑法第二百九十一条后增加一条,作为第二百九十一条之一:

"投放虚假的爆炸性、毒害性、放射性、传染病病原体等物质,或者编造爆炸威胁、生化威胁、放射威胁等恐怖信息,或者明知是编造的恐怖信息而故意传播,严重扰乱社会秩序的,处五年以下有期徒刑、拘役或者管制;造成严重后果的,处五年以上有期徒刑。"

《中华人民共和国刑法修正案(九)》(自2015年11月1日起施行)

三十二、在刑法第二百九十一条之一中增加一款作为第二款:

"编造虚假的险情、疫情、灾情、警情,在信息网络或者其他媒体上传播,或者明知是上述虚假信息,故意在信息网络或者其他媒体上传播,严重扰乱社会秩序的,处三年以下有期徒刑、拘役或者管制;造成严重后果的,处三年以上七年以下有期徒刑。"

【立法理由】

1. 2001年《刑法修正案(三)》增加了本条规定。"9·11"事件后,在美国出现了投放炭疽菌病毒的恐怖活动,继而出现以假的炭疽菌病毒制造恐慌的事件。这种投放假炭疽菌病毒的行为虽然不能造成炭疽病的传播,但会造成一定范围内的恐慌,严重扰乱社会秩序,特别是在恐怖分子投放真的炭疽菌的情况下,这种投放假炭疽菌的行为,会使人们难辨真假,危害更大,应当予以刑事处罚。由于这种行为不可能实际造成传染病的传播,**不构成危害公共安全方面投放危险物质的犯罪**,难以适用刑法相应的规定追究刑事责任,因此,2001年12月29日第九届全国人大常委会第二十五次会议通过的《刑法修正案(三)》在刑法中增加了对这种犯罪的规定。

2. 2015年《刑法修正案(九)》对本条的修改情况。对散布谣言,谎报险情、疫情、警情或者以其他方法故意扰乱公共秩序的,《治安管理处罚法》第二十五条规定:"有下列行为之一的,处五日以上十日以下拘留,可以并处五百元以下罚款;情节较轻的,处五日以下拘留或者五百元以下罚款:(一)散布谣言,谎报险情、疫情、警情或者以其他方法故意扰乱公共秩序的;(二)投放虚假的爆炸性、毒害性、放射性、腐蚀性物质或者传染病病原体等危险物质扰乱公共秩序的;(三)扬言实施放火、爆炸、投放危险物质扰乱公共秩序的。"随着信息技术的快速发展,尤其是微博、微信等平台中自媒体的兴起,极大改变了原来的信息传播渠道和方式。由于信息网络以及广播、报纸等媒体传播信息速度快、范围广、影响大,利用信息网络散布虚假信息,其危害也会成倍放大,此类案件时有发生,危害严重,如某地化工厂爆炸谣言引发群众大逃亡,致四人遇难;某地地震谣言使得数百万人街头"避难"。这些案件轻则损害他人人格和名誉,重则造成人民群众生命财产损失,引发公众恐慌和社会秩序混乱甚至影响社会稳定,如仅予以治安管理处罚,处罚力度过轻,不足以起到惩戒作用。为此,2015年8月29日第十二届全国人大常委会第十六次会议通过的《刑法修正案(九)》对本条作了修改,增加了编造虚假的险情、疫情、灾情、警情的犯罪。

【条文说明】

本条是关于投放虚假危险物质罪,编造、故意传播虚假恐怖信息罪,编造、故意传播虚假信息罪及其处罚的规定。

本条共分为两款。

第一款是关于**投放虚假危险物质罪,编造、故意传播虚假恐怖信息罪**及其处罚的规定。根据本款规定,构成本罪应当同时具备以下两个方面的条件:

1. 行为人实施了投放虚假的爆炸性、毒害

性、放射性、传染病病原体等物质，或者编造爆炸威胁、生化威胁、放射威胁等恐怖信息，或者明知是编造的恐怖信息而故意传播的行为。本款列举了三种犯罪行为。一是**投放虚假的爆炸性、毒害性、放射性、传染病病原体等物质的行为**。所谓“投放虚假的爆炸性、毒害性、放射性、传染病病原体等物质”，是指以邮寄、放置、丢弃等方式将假的类似于爆炸性、毒害性、放射性、传染病病原体等物质的物品置于他人或者公众面前或者周围。二是**编造爆炸威胁、生化威胁、放射威胁等恐怖信息的行为**。所谓“编造爆炸威胁、生化威胁、放射威胁等恐怖信息”，是指行为人编造假的要发生爆炸、生物化学物品泄漏、放射性物品泄漏以及使用生化、放射性武器等信息。[①] 三是**明知是编造的恐怖信息而故意传播的行为**。所谓“明知是编造的恐怖信息而故意传播”，是指明知该恐怖信息出于他人编造，是假的信息，而故意向他人传播的行为。关于“恐怖信息”的范围，2013 年《最高人民法院关于审理编造、故意传播虚假恐怖信息刑事案件适用法律若干问题的解释》作了进一步的细化。根据该解释第六条的规定，虚假恐怖信息包括以发生爆炸威胁、生化威胁、放射威胁、劫持航空器威胁、重大灾情、重大疫情等严重威胁公共安全的事件为内容，可能引起社会恐慌或者公共安全危机的不真实信息。上述三种犯罪行为，只要实施其中一种即构成本罪。

2. **行为人的行为严重扰乱社会秩序**。“严重扰乱社会秩序”，主要是指该行为造成社会恐慌，严重影响生产、工作和社会生活的正常进行。2013 年《最高人民法院关于审理编造、故意传播虚假恐怖信息刑事案件适用法律若干问题的解释》第二条规定，编造、故意传播虚假恐怖信息，具有下列情形之一的，应当认定为“**严重扰乱社会秩序**”：(1)致使机场、车站、码头、商场、影剧院、运动场馆等人员密集场所秩序混乱，或者采取紧急疏散措施的；(2)影响航空器、列车、船舶等大型客运交通工具正常运行的；(3)致使国家机关、学校、医院、厂矿企业等单位的工作、生产、经营、教学、科研等活动中断的；(4)造成行政村或者社区居民生活秩序严重混乱的；(5)致使公安、武警、消防、卫生检疫等职能部门采取紧急应对措施的；(6)其他严重扰乱社会秩序的。

本款规定的犯罪为**故意犯罪**，行为人只要故意实施本款规定的行为，且严重扰乱社会秩序的，即构成本罪。在实践中，行为人实施本款规定行为的动机和目的是多方面的，有的是为了报复某个人，有的是对社会不满，有的甚至是搞恶作剧，无论动机如何，都不影响本罪的成立。

根据情节的轻重，本款规定了两档刑罚：**构成犯罪的**，判处五年以下有期徒刑、拘役或者管制；**造成严重后果的**，处五年以上有期徒刑。其中“造成严重后果”，主要是指该行为给公民、集体、国家造成重大经济损失、造成重大社会影响或由于恐慌而造成人员伤亡等情况。2013 年《最高人民法院关于审理编造、故意传播虚假恐怖信息刑事案件适用法律若干问题的解释》第四条规定：“编造、故意传播虚假恐怖信息，严重扰乱社会秩序，具有下列情形之一的，应当认定为刑法第二百九十一条之一的‘**造成严重后果**’，处五年以上有期徒刑：(一)造成 3 人以上轻伤或者 1 人以上重伤的；(二)造成直接经济损失 50 万元以上的；(三)造成县级以上区域范围居民生活秩序严重混乱的；(四)妨碍国家重大活动进行的；(五)造成其他严重后果的。”

第二款是关于**编造、故意传播虚假信息罪**及其处罚的规定。对本款规定需要注意以下几个方面的内容：一是**虚假信息的范围包括险情、疫情、灾情、警情**。“险情”包括突发可能造成重大人员伤亡或者财产损失的情况以及其他危险情况；“疫情”包括疫病尤其是传染病的发生、发展等情况；“灾情”包括火灾、水灾、地质灾害等灾害情况；“警情”包括有违法犯罪行为发生需要出警等情况。二是**行为方式上包括编造虚假信息后传播和明知是虚假信息故意传播两种情况**。所谓“编造”是指出于各种目的故意虚构并不存在的险情、疫情、灾情、警情的情况。“传播”虚假信息，是对编造的虚假信息在信息网络上发布、转发、转帖，在其他媒体上登载、刊发等情况。[②] 三是**传播方式为在信息网络或者其他媒体发布或者传播**。关于信息网络，2013 年《最高

---

① 关于恐怖信息的认定，我国学者罗列出三个条件，分别是：(1)可感性，即需要被足够多人知道；(2)可信性或者误导性，即需要使人相信它们是真的；(3)紧迫性，即其预报的“危险”往往一触即发，人们在极短的时间内根本来不及判断真假，对避免“灾难”的可能性严重缺乏信心，因而陷于高度恐惧之中。参见黎宏：《刑法学各论》(第 2 版)，法律出版社 2016 年版，第 374 页。

② 我国学者指出，编造、故意传播虚假恐怖信息罪不是复数行为犯，而是单一行为犯，构成要件行为是传播、散布虚假恐怖信息。故而，传播是本罪构成要件行为的着手，编造只是预备行为。参见周光权：《刑法各论》(第 4 版)，中国人民大学出版社 2021 年版，第 418 页。

人民法院、最高人民检察院关于办理利用信息网络实施诽谤等刑事案件适用法律若干问题的解释》第十条有具体界定，包括以计算机、电视机、固定电话机、移动电话机等电子设备为终端的计算机互联网、广播电视网、固定通信网、移动通信网等信息网络，以及向公众开放的局域网络。其他媒体，是指除了信息网络之外的报纸等传统媒体。四是**本款规定的犯罪为故意犯罪**。对行为人确实无法辨别信息真伪，主观上认为是真实的信息而误传播的，不适用本罪。实践中，有的是出于吸引他人关注的动机而编造虚假信息，有的是为了恶意中伤、诽谤他人或者单位，还有的是出于经济目的而编造虚假信息。何种动机通常并不影响对本罪的定性。五是**构成本罪需要达到"严重扰乱社会秩序"的程度**。"严重扰乱社会秩序"是指造成社会秩序严重混乱，致使工作、生产、营业和教学、科研、医疗等活动受到严重干扰甚至无法进行的情况，如致使车站、码头等人员密集场所秩序严重混乱或采取紧急疏散措施，影响航空器、列车、船舶等大型客运交通工具正常运行，致使厂矿企业等单位的生产、经营活动中断，造成人民群众生活秩序严重混乱等。

根据本款规定，**构成本罪的**，处三年以下有期徒刑、拘役或者管制；**造成严重后果的**，处三年以上七年以下有期徒刑。

需要注意的是，在实践中，对第二款规定的传播虚假的险情、疫情、灾情、警情的犯罪，应注意区**分明知是虚构或者编造的信息而传播和因为误听、误信而传播的界限**。有的情况下，信息真伪确实难以辨别，行为人主观上认为是真实的信息而传播；有的时候还存在被传播的信息开始被辟谣，事后被证实为真的情况。根据本款规定，只有故意编造并且将自己编造的相关信息在网络或其他媒体上传播的行为，以及明知道是他人编造的信息而故意在网络或其他媒体上传播的，才构成犯罪。确实不知相关信息为谣言而误传播的，不构成犯罪。

【司法解释】

《最高人民法院、最高人民检察院关于办理妨害预防、控制突发传染病疫情等灾害的刑事案件具体应用法律若干问题的解释》(法释〔2003〕8号，自2003年5月15日起施行)

△(**与突发传染病疫情等灾害有关的恐怖信息**)编造与突发传染病疫情等灾害有关的恐怖信息，或者明知是编造的此类恐怖信息而故意传播，严重扰乱社会秩序的，依照刑法第二百九十一条之一的规定，以编造、故意传播虚假恐怖信息罪定罪处罚。[①] (§10Ⅰ)

《最高人民法院、最高人民检察院关于办理利用信息网络实施诽谤等刑事案件适用法律若干问题的解释》(法释〔2013〕21号，自2013年9月10日起施行)

△(**编造、故意传播虚假恐怖信息罪；想象竞合犯；利用信息网络；诽谤罪；寻衅滋事罪；敲诈勒索罪；非法经营犯罪**)利用信息网络实施诽谤、寻衅滋事、敲诈勒索、非法经营犯罪，同时又构成刑法第二百二十一条规定的损害商业信誉、商品声誉罪，第二百七十八条规定的煽动暴力抗拒法律实施罪，第二百九十一条之一规定的编造、故意传播虚假恐怖信息罪等犯罪的，依照处罚较重的规定定罪处罚。(§9)

《最高人民法院关于审理编造、故意传播虚假恐怖信息刑事案件适用法律若干问题的解释》(法释〔2013〕24号，自2013年9月30日起施行)

△(**编造虚假恐怖信息罪；故意传播虚假恐怖信息罪**)编造恐怖信息，传播或者放任传播，严重扰乱社会秩序的，依照刑法第二百九十一条之一的规定，应认定为编造虚假恐怖信息罪。

明知是他人编造的恐怖信息而故意传播，严重扰乱社会秩序的，依照刑法第二百九十一条之一的规定，应认定为故意传播虚假恐怖信息罪。(§1)

△(**严重扰乱社会秩序**)编造、故意传播虚假恐怖信息，具有下列情形之一的，应当认定为刑法第二百九十一条之一的"严重扰乱社会秩序"：

(一)致使机场、车站、码头、商场、影剧院、运动场馆等人员密集场所秩序混乱，或者采取紧急疏散措施的；

(二)影响航空器、列车、船舶等大型客运交通工具正常运行的；

(三)致使国家机关、学校、医院、厂矿企业等单位的工作、生产、经营、教学、科研等活动中断的；

(四)造成行政村或者社区居民生活秩序严重混乱的；

① 在《刑法修正案(九)》生效之前，以往的司法解释扩大《刑法》第二百九十一条之一第一款的"恐怖信息"的范围，将灾情、疫情等也列入恐怖信息中。但自《刑法修正案(九)》在第二百九十一条之一增设第二款后，对于此类行为，应认定为第二款的编造、故意传播虚假信息罪，而非第一款的编造、故意传播虚假恐怖信息罪。否则，会导致法条之间的不协调。参见张明楷：《刑法学》(第6版)，法律出版社2021年版，第1392—1393页。

（五）致使公安、武警、消防、卫生检疫等职能部门采取紧急应对措施的；

（六）其他严重扰乱社会秩序的。（§ 2）

△（**酌情从重处罚事由**）编造、故意传播虚假恐怖信息，严重扰乱社会秩序，具有下列情形之一的，应当依照刑法第二百九十一条之一的规定，在五年以下有期徒刑范围内酌情从重处罚：

（一）致使航班备降或返航；或者致使列车、船舶等大型客运交通工具中断运行的；

（二）多次编造、故意传播虚假恐怖信息的；

（三）造成直接经济损失 20 万元以上的；

（四）造成乡镇、街道区域范围居民生活秩序严重混乱的；

（五）具有其他酌情从重处罚情节的。（§ 3）

△（**造成严重后果**）编造、故意传播虚假恐怖信息，严重扰乱社会秩序，具有下列情形之一的，应当认定为刑法第二百九十一条之一的“造成严重后果”，处五年以上有期徒刑：

（一）造成 3 人以上轻伤或者 1 人以上重伤的；

（二）造成直接经济损失 50 万元以上的；

（三）造成县级以上区域范围居民生活秩序严重混乱的；

（四）妨碍国家重大活动进行的；

（五）造成其他严重后果的。（§ 4）

△（**想象竞合犯**）编造、故意传播虚假恐怖信息，严重扰乱社会秩序，同时又构成其他犯罪的，择一重罪处罚。（§ 5）

△（**虚假恐怖信息**）本解释所称的“虚假恐怖信息”，是指以发生爆炸威胁、生化威胁、放射威胁、劫持航空器威胁、重大灾情、重大疫情等严重威胁公共安全的事件为内容，可能引起社会恐慌或者公共安全危机的不真实信息。（§ 6）

【司法解释性文件】

《最高人民检察院关于依法严厉打击编造、故意传播虚假恐怖信息威胁民航飞行安全犯罪活动的通知》（高检发侦监字〔2013〕5 号，2013 年 5 月 31 日公布）

△（**民航飞行安全；编造、故意传播虚假恐怖信息罪；严重扰乱社会秩序**）准备把握犯罪构成要件，确保从重打击。根据刑法第 291 条之一的有关规定，编造虚假恐怖信息并向特定对象散布，严重扰乱社会秩序的，即构成编造虚假恐怖信息罪。编造虚假恐怖信息以后向不特定对象散布，严重扰乱社会秩序的，构成编造、故意传播虚假恐怖信息罪。对于编造、故意传播虚假恐怖信息，引起公众恐慌，或者致使航班无法正常起降，破坏民航正常运输秩序的，应当认定为“严重扰乱社会秩序”。工作中，要准确把握犯罪构成要件，依法引导取证，加强法律监督，防止打击不力。（§ 2）

《最高人民法院、最高人民检察院、公安部、司法部关于依法惩治妨害新型冠状病毒感染肺炎疫情防控违法犯罪的意见》（法发〔2020〕7 号，2020 年 2 月 6 日发布）

△（**肺炎疫情防控；编造、故意传播虚假信息罪；寻衅滋事罪；煽动分裂国家罪；煽动颠覆国家政权罪；拒不履行信息网络安全管理义务罪**）依法严惩造谣传谣犯罪。编造虚假的疫情信息，在信息网络或者其他媒体上传播，或者明知是虚假疫情信息，故意在信息网络或者其他媒体上传播，严重扰乱社会秩序的，依照刑法第二百九十一条之一第二款的规定，以编造、故意传播虚假信息罪定罪处罚。

编造虚假信息，或者明知是编造的虚假信息，在信息网络上散布，或者组织、指使人员在信息网络上散布，起哄闹事，造成公共秩序严重混乱的，依照刑法第二百九十三条第一款第四项的规定，以寻衅滋事罪定罪处罚。

利用新型冠状病毒感染肺炎疫情，制造、传播谣言，煽动分裂国家、破坏国家统一，或者煽动颠覆国家政权、推翻社会主义制度的，依照刑法第一百零三条第二款、第一百零五条第二款的规定，以煽动分裂国家罪或者煽动颠覆国家政权罪定罪处罚。

网络服务提供者不履行法律、行政法规规定的信息网络安全管理义务，经监管部门责令采取改正措施而拒不改正，致使虚假疫情信息或者其他违法信息大量传播的，依照刑法第二百八十六条之一的规定，以拒不履行信息网络安全管理义务罪定罪处罚。

对虚假疫情信息案件，要依法、精准、恰当处置。对恶意编造虚假疫情信息，制造社会恐慌，挑动社会情绪，扰乱公共秩序，特别是恶意攻击党和政府，借机煽动颠覆国家政权、推翻社会主义制度的，要依法严惩。对于因轻信而传播虚假信息，危害不大的，不以犯罪论处。（§ 2Ⅵ）

△（**治安管理处罚；从重情节**）依法严惩妨害疫情防控的违法行为。实施上述（一）至（九）规定的行为，不构成犯罪的，由公安机关根据治安管理处罚法有关虚构事实扰乱公共秩序，扰乱单位秩序、公共场所秩序、寻衅滋事，拒不执行紧急状态下的决定、命令，阻碍执行职务，冲闯警戒带、警戒区，殴打他人，故意伤害，侮辱他人，诈骗，在铁

路沿线非法挖掘坑穴、采石取沙，盗窃、损毁路面公共设施，损毁铁路设施设备，故意损毁财物、哄抢公私财物等规定，予以治安管理处罚，或者由有关部门予以其他行政处罚。

对于在疫情防控期间实施有关违法犯罪的，要作为从重情节予以考量，依法体现从严的政策要求，有力惩治震慑违法犯罪，维护法律权威，维护社会秩序，维护人民群众生命安全和身体健康。（§ 2X）

【附属刑法】

《中华人民共和国突发事件应对法》（2007年8月30日通过）

第六十五条

违反本法规定，编造并传播有关突发事件事态发展或者应急处置工作的虚假信息，或者明知是有关突发事件事态发展或者应急处置工作的虚假信息而进行传播的，责令改正，给予警告；造成严重后果的，依法暂停其业务活动或者吊销其执业许可证；负有直接责任的人员是国家工作人员的，还应当对其依法给予处分；构成违反治安管理行为的，由公安机关依法给予处罚。

第六十八条

违反本法规定，构成犯罪的，依法追究刑事责任。

《中华人民共和国防震减灾法》（1997年12月29日通过，2008年12月27日修订）

第八十八条

违反本法规定，向社会散布地震预测意见、地震预报意见及其评审结果，或者在地震灾后过渡性安置、地震灾后恢复重建中扰乱社会秩序，构成违反治安管理行为的，由公安机关依法给予处罚。

第九十一条

违反本法规定，构成犯罪的，依法追究刑事责任。

《中华人民共和国疫苗管理法》（2019年6月29日通过）

第七十九条

违反本法规定，构成犯罪的，依法从重追究刑事责任。

第九十三条

Ⅰ编造、散布虚假疫苗安全信息，或者在接种单位寻衅滋事，构成违反治安管理行为的，由公安机关依法给予治安管理处罚。

Ⅱ报纸、期刊、广播、电视、互联网站等传播媒介编造、散布虚假疫苗安全信息的，由有关部门依法给予处罚，对主要负责人、直接负责的主管人员和其他直接责任人员依法给予处分。

《中华人民共和国药品管理法》（1984年9月20日通过，2019年8月26日第二次修订）

第一百一十四条

违反本法规定，构成犯罪的，依法追究刑事责任。

第一百四十三条

违反本法规定，编造、散布虚假药品安全信息，构成违反治安管理行为的，由公安机关依法给予治安管理处罚。

《中华人民共和国食品安全法》（2009年2月28日通过，2021年4月29日第二次修正）

第一百四十一条

Ⅰ违反本法规定，编造、散布虚假食品安全信息，构成违反治安管理行为的，由公安机关依法给予治安管理处罚。

Ⅱ媒体编造、散布虚假食品安全信息的，由有关主管部门依法给予处罚，并对直接负责的主管人员和其他直接责任人员给予处分；使公民、法人或者其他组织的合法权益受到损害的，依法承担消除影响、恢复名誉、赔偿损失、赔礼道歉等民事责任。

第一百四十九条

违反本法规定，构成犯罪的，依法追究刑事责任。

《中华人民共和国民用航空法》（1995年10月30日通过，2021年4月29日第六次修正）

第一百九十六条

故意传递虚假情报，扰乱正常飞行秩序，使公私财产遭受重大损失的，依照刑法有关规定追究刑事责任。

《中华人民共和国生物安全法》（2020年10月17日通过）

第七十三条

Ⅱ违反本法规定，编造、散布虚假的生物安全信息，构成违反治安管理行为的，由公安机关依法给予治安管理处罚。

第八十二条

违反本法规定，构成犯罪的，依法追究刑事责任；造成人身、财产或者其他损害的，依法承担民事责任。

【指导性案例】

最高人民检察院指导性案例第9号：李泽强编造、故意传播虚假恐怖信息案（2013年5月27日发布）

△（**编造、故意传播虚假恐怖信息罪；选择性罪名；量刑情节**）编造、故意传播虚假恐怖信息罪是选择性罪名。编造恐怖信息以后向特定对象散布，严重扰乱社会秩序的，构成编造虚假恐怖信息罪。编造恐怖信息以后向不特定对象散布，严重扰乱社会秩序的，构成编造、故意传播虚假恐怖信息罪。

对于实施数个编造、故意传播虚假恐怖信息行为的，不实行数罪并罚，但应当将其作为量刑情节予以考虑。

最高人民检察院指导性案例第 10 号：卫学臣编造虚假恐怖信息案（2013 年 5 月 27 日发布）

△（**严重扰乱社会秩序**）关于编造虚假恐怖信息造成“严重扰乱社会秩序”的认定，应当结合行为对正常的工作、生产、生活、经营、教学、科研等秩序的影响程度、对公众造成的恐慌程度以及处置情况等因素进行综合分析判断。对于编造、故意传播虚假恐怖信息威胁民航安全，引起公众恐慌，或者致使航班无法正常起降的，应当认定为“严重扰乱社会秩序”。

最高人民检察院指导性案例第 11 号：袁才彦编造虚假恐怖信息案（2013 年 5 月 27 日发布）

△（**造成严重后果；竞合；敲诈勒索罪**）对于编造虚假恐怖信息造成有关部门实施人员疏散，引起公众极度恐慌的，或者致使相关单位无法正常营业，造成重大经济损失的，应当认定为“造成严重后果”。

以编造虚假恐怖信息的方式，实施敲诈勒索等其他犯罪的，应当根据案件事实和证据情况，择一重罪处断。

【参考案例】

△**以编造虚假恐怖信息的方式进行敲诈勒索的，属于想象竞合犯，应以一重罪处断。**

在以编造虚假恐怖信息的方式实施敲诈勒索的行为中，行为人往往就是打了个电话，编造爆炸威胁、投毒威胁等恐怖信息进行敲诈勒索，从一般普通人的观念认识上进行观察和评价，可以得出行为人只实施了打电话一个行为的结论，不能因为该行为具有多重属性，符合编造虚假恐怖信息罪和敲诈勒索罪的犯罪构成，而机械地分割成编造虚假恐怖信息和勒索财物两个行为。因此，笔者认为，以编造虚假恐怖信息的方式实施敲诈勒索的，行为人只实施了一个行为，该行为具有多重属性，触犯了两个罪名，符合想象竞合犯的特征，应按该行为所触犯的罪名中的一个重罪论处。［No. 6-1-291 之一-2-1　袁才彦编造虚假恐怖信息案］

△**编造虚假恐怖信息，造成有关部门实施人员疏散的，应当认定为编造虚假恐怖信息造成严重后果。**

从编造虚假恐怖信息罪的犯罪构成上看，此罪并非行为犯，而是结果犯，行为人是否“严重扰乱社会秩序”是区分罪与非罪的重要界限，对于尚未达到严重扰乱社会秩序的编造虚假恐怖信息的行为，不应认定为犯罪，可依照其他法律法规的相关规定予以行政拘留或罚款。一般认为，编造虚假恐怖信息，引起社会恐慌，致使工作、生产、营业和教学、科研活动无法正常进行的，属于严重扰乱社会秩序。当造成有关部门实施人员疏散行动时，则行为人的行为不仅侵犯了被害单位的正常工作、生产、营业和教学、科研秩序，也导致公安、消防、卫生防疫等国家职能部门的正常工作秩序被严重干扰、破坏，并耗费了大量的人力、物力，其行为具有更大的社会危害性，造成的后果也更加严重。因此，编造虚假恐怖信息，造成有关部门实施人员疏散行动的，属于《刑法修正案（三）》第八条中规定的造成严重后果，应处五年以上有期徒刑。袁才彦编造虚假恐怖信息案中，被告人袁才彦采用编造虚假爆炸威胁的方法，前后共向六家企事业单位勒索钱财，除两家单位未予理睬外（尚未造成严重扰乱社会秩序的后果，不单独成立编造虚假恐怖信息罪，但可作为量刑情节予以考虑），袁才彦的行为造成其余单位正常的工作、经营秩序被迫中断，公安部门出动大量的人力、物力，对多家单位进行人员疏散，后果严重。本案法院根据被告人袁才彦为勒索钱财而编造爆炸威胁等虚假恐怖信息，严重扰乱社会秩序，且造成严重后果的事实，作出以编造虚假恐怖信息罪判处被告人袁才彦有期徒刑十一年、剥夺政治权利三年的判决是正确的。［No. 6-1-291 之一-2-2　袁才彦编造虚假恐怖信息案］

△**编造虚假恐怖信息，严重扰乱社会秩序，但未造成人员伤亡，也未在公众中引起极度恐慌并造成重大经济损失的，不应认定为“造成严重后果”。**

“造成严重后果”，是指严重扰乱社会秩序且造成人员伤亡或者公私财产重大损失等情形。熊毅编造虚假恐怖信息案处理时，《刑法》及司法解释尚未对“造成严重后果”的认定明确标准。司法实践中，认定此类犯罪行为是否“造成严重后果”，应当主要考虑对社会秩序的破坏程度，同时结合人员伤亡情况、财产损失状况、社会恐慌程度等方面加以判断。

1. 严重扰乱社会秩序，造成人员重大伤亡的。如在人群聚集的公众场所编造虚假恐怖信息，引

分则　第六章

起秩序大乱，导致人群相互拥挤、践踏而造成人员重大伤亡的。根据刑法罪责刑相适应以及法律适用平衡的原则，编造虚假恐怖信息造成轻伤也不应认定为"造成严重后果"的情形，因此在五年以上十五年以下有期徒刑幅度内量刑明显是不适当的。当然，编造虚假恐怖信息造成多人轻伤的，可以考虑认定为"造成严重后果"。

2. 严重扰乱社会秩序，造成公私财产遭受重大损失的。对于公私财产重大损失的数额标准的设定，应当体现刑法罪责刑相适应原则，要全面考量可能影响损失认定的相关因素。当时，刑法及司法解释关于公私财产重大损失认定的标准规定不尽一致，但从2008年6月25日公布的《最高人民检察院、公安部关于公安机关管辖的刑事案件立案追诉标准的规定（一）》分析，对危害公共安全的具体犯罪，大多将《刑法》条文中规定的"使公私财产遭受重大损失"界定为"造成公私财产直接经济损失五十万元"。

3. 引起严重社会恐慌，造成一定区域的社会正常秩序受到严重破坏等重大社会影响的。具体到本案，被告人熊毅为阻止债主索债而向民航机场编造虚假恐怖信息，造成1个航班紧急备降，9个航班紧急避让，备降机场为此启动二级应急响应程序，调动机场、消防、急救、飞行管制、安检、武警、公安等部门人员200余人、车辆30余台，并给备降航班航空公司造成直接经济损失175 098元、间接经济损失30673元，总计205771元。熊毅的犯罪行为构成"严重扰乱社会秩序"，但并未达到"造成严重后果"的程度。理由如下：

第一，熊毅的犯罪行为没有造成人员伤亡。

第二，没有在社会公众中引起极度恐慌。本案所造成的社会恐慌程度是较小的，因为熊毅仅向深圳机场编造传递了虚假信息，对象特定，且由于相关机场、航空公司及处置部门保密、应对措施及时得当，影响范围仅限于深圳机场、深圳航空公司的管理系统以及航班所行经的空域管制部门和该次航班的机组成员，在飞机安全备降后告知旅客航班上可能有违禁物品时，旅客已基本处于安全状态，后期新闻报道时亦已排除了危险，对公众造成的恐慌心理也是有限的。

第三，没有造成重大经济损失。熊毅给被害单位深圳航空公司造成的经济损失不足50万元，而且对于航空行业而言，其本身就是消耗巨大的经济活动，受到安全威胁后备降的经济损失动辄数万元，甚至数十万元，如果认定"严重后果"的数额标准过低，将导致几乎所有的威胁航班飞行的行为都会在五年以上量刑，打击面过大，不符合宽严相济刑事政策的要求。襄阳高新技术产业开发区人民法院认定本案尚未达到"造成严重后果"的程度，在五年有期徒刑以下幅度量刑是正确的。［No. 6-1-291之一-2-3 熊毅编造虚假恐怖信息案］

第二百九十一条之二 【高空抛物罪】

从建筑物或者其他高空抛掷物品，情节严重的，处一年以下有期徒刑、拘役或者管制，并处或者单处罚金。

有前款行为，同时构成其他犯罪的，依照处罚较重的规定定罪处罚。

【立法沿革】

《中华人民共和国刑法修正案（十一）》（自2021年3月1日起施行）

三十三、在刑法第二百九十一条之一后增加一条，作为第二百九十一条之二：

"从建筑物或者其他高空抛掷物品，情节严重的，处一年以下有期徒刑、拘役或者管制，并处或者单处罚金。

"有前款行为，同时构成其他犯罪的，依照处罚较重的规定定罪处罚。"

【立法理由】

2020年《刑法修正案（十一）》增加了本条规定。改革开放以后，经济不断发展，城市日趋繁荣，高楼大厦日益增多，高楼抛物、坠物现象也不断发生，一些人安全意识淡薄，有的因为家庭矛盾向楼下随意抛物，有的酒后发泄不满情绪向外抛物，有的将垃圾从家里直接抛出，严重影响行人、楼下居民住户的生命财产安全，极易造成人身伤亡和财产损失，引发社会矛盾纠纷，影响社会和谐稳定。2009年通过的《侵权责任法》规定了高空抛掷物品的民事责任，其第八十七条规定，从建筑物中抛掷物品或者从建筑物上坠落的物品造成他人损害，难以确定具体侵权人的，除能够证明自己不是侵权人的外，由可能加害的建筑物使用人给予补偿。实践中，高空抛掷物品行为一般都是通过民事途径解决，但有的高空抛掷物品行为也造

分则 第六章

成了严重的危害后果,如造成人员伤亡、严重的财产损失,对于此类行为,有的地方以以危险方法危害公共安全罪、故意伤害罪、故意杀人罪、过失致人重伤罪、过失致人死亡罪、故意毁坏财物罪等追究刑事责任。为依法妥善审理高空抛物、坠物案件,保障人民安居乐业,2019 年 10 月发布的《最高人民法院关于依法妥善审理高空抛物、坠物案件的意见》,进一步明确了惩治高空抛物犯罪的法律适用。该意见规定,故意从高空抛弃物品,尚未造成严重后果,但足以危害公共安全的,依照《刑法》第一百一十四条规定的**以危险方法危害公共安全罪**定罪处罚;致人重伤、死亡或者使公私财产遭受重大损失的,依照《刑法》第一百一十五条第一款的规定处罚;为伤害、杀害特定人员实施上述行为的,依照**故意伤害罪**、**故意杀人罪**定罪处罚。2020 年 5 月 28 日第十三届全国人大第三次会议通过的《民法典》第一千二百五十四条进一步完善了高空抛掷物品相关方面的民事责任。

在《刑法修正案(十一)》起草过程中,有人提出,**实践中将高空抛掷物品行为以危险方法危害公共安全罪定罪处罚并不妥当**。主要理由是:其一,高空抛掷物品与放火、决水、爆炸、投放危险物质等刑法明确列举的危害公共安全的行为不具有相当性。《刑法》第一百一十四条规定的"其他危险方法"应当是与放火、决水、爆炸、投放危险物质相同性质的危害公共安全的行为,而高空抛掷物品虽然存在危害公共安全的可能性,即危害不特定多数人的生命、健康或重大公私财产安全,但不具有现实的、紧迫的高度危险性,现实中绝大多数高空抛掷物品行为并未造成危害后果,高空抛掷物品实际的危险性与放火、决水、爆炸、投放危险物质存在较大差距。其二,司法解释将《刑法》第一百一十四条要求的"危害公共安全"确定为"足以危害公共安全",实际是将具体危险犯降低为抽象危险犯,从而导致以危险方法危害公共安全罪适用范围的不适当扩大。其三,行为人实施高空抛掷物品行为,既可能是故意也可能是过失,甚至可能是意外,且行为人主观上没有故意危害公共安全的故意;而行为人实施放火、决水、爆炸、投放危险物质行为,则主观上是故意的。其四,适用以危险方法危害公共安全罪,法定刑过高。《刑法》第一百一十四条规定的以危险方法危害公共安全罪起刑点为三年有期徒刑,对于高空抛掷物品尚未造成严重后果的,处刑过重。考虑到高空抛掷物品行为严重危害人民群众生命财产安全,社会反应突出,为确保人民群众"头顶上的安全",有效防范、坚决遏制此类行为发生,2020 年 6 月提请全国人大常委会审议的《刑法修正案(十一)(草案)》将高空抛掷物品行为规定为犯罪,明确规定:"从高空抛掷物品,危及公共安全的,处拘役或者管制,并处或者单处罚金。有前款行为,致人伤亡或者造成其他严重后果,同时构成其他犯罪的,依照处罚较重的规定定罪处罚。"

在《刑法修正案(十一)(草案)》征求意见过程中,对于高空抛掷物品有两个问题存在较大争议:

第一,**高空抛掷物品行为是否有必要单独规定为犯罪**。一方面,有的专家提出,单独设立高空抛掷物品罪必要性不够。主要理由:一是随着城市高层建筑的增加,各种高空抛掷物品行为危险性增加,对于没有造成后果的高空抛掷物品行为是否达到刑法上的社会危害性,是否危及公共安全不能一概而论,即使高空抛掷物品可能危及公共安全,但在性质上也不属于危害公共安全的行为,现代社会风险源本来就多,是否都值得由刑法规制,增加这类犯罪是否会造成刑法规制范围过于扩大。二是高空抛掷物品行为与行为人的文明习惯有关,在日常生活中并不经常发生,对于没有出现严重后果的高空抛掷物品行为,完全可以用民法、行政法等调整,如果造成了严重后果,可以按照刑法规定的故意杀人罪、故意伤害罪、以危险方法危害公共安全罪等定罪处罚,没有必要单独设立罪名。三是民法典对高空抛掷物品的规定,体现了私权利与公权力救济相结合的模式,包括明文禁止,行为规则;侵权人承担责任,行为人责任;由可能造成损害的行为人分担承担;引入物业管理人员的管理义务;公安机关及时调查的责任。在宽严相济、建立和谐社会的大背景下,刑事立法应当坚持刑法的谦抑性原则,高空抛掷物品行为通过民事责任可以解决,刑法就不应当介入。四是此罪最高刑仅为拘役六个月,不仅挤压了行政处罚的空间,而且适用面非常窄,况且日常生活中除高空抛掷物品外,还有地上挖坑、路上拉线使车辆或行人遭受损失的情况,保护"头顶上的安全"固然重要,但"脚底下的安全"同样重要,单纯将高空抛掷物品行为列出,难免顾此失彼。五是高空抛掷物品问题,要从根本上解决,还需要综合施策,有效预防此类行为的发生。从刑法角度看,高空抛掷物品涉及一系列相关犯罪,根据其目的、动机等主观方面情况和对他人人身、财产造成的威胁或实际损害,分别适用刑法中相应的惩处规定;对尚不构成犯罪的,可以依照治安管理处罚法的规定给予拘留、罚款的处罚。另一方面,有的专家认为,应当科学评估高空抛掷物品行为独立设立罪名的刑罚功能,及与其他罪名的关系和有效衔接,建议保留高空抛掷物品的犯罪,并应适当提高法定刑幅度,与以危险方法危险公共安全罪的法定刑幅度有效衔接,形成合理的刑罚梯度。

第二,**草案将高空抛掷物品行为规定在第二章“危害公共安全罪”中,有的专家建议将其规定在第六章“妨害社会管理秩序罪”中**。主要理由是:一是从行为特征上,高空抛掷物品往往是人们违反城市居民生活守则或规范,违反社会公德所实施的行为,一般不具有毁坏财物、致人死伤的主观故意,即使致人死伤、毁损财物往往也是违背其意愿的,不具有自然犯故意致人死伤、毁损财物的恶性。二是高空抛掷物品如果危及公共安全,本罪的法定刑又显得过轻,法定刑与秩序犯的危害性相称。三是高空抛掷物品犯罪应当与以危险方法危害公共安全罪切割开来,从而避免两罪的界限难以划分,导致适用困难。四是设立高空抛掷物品罪,目的是让人们意识到单纯的高空抛掷物品行为,就是扰乱社会生活秩序的行为,不得实施,如果危及人身、财产安全,则构成人身、财物类犯罪。

立法机关经与有关方面反复研究,考虑到高空抛掷物品行为具有一定的社会危害性,损害人民群众人身、财产安全,**为保障人民群众安居乐业,不断增强人民群众幸福感、安全感,促进社会和谐稳定,积极回应社会关切,有必要将高空抛掷物品行为单独规定为犯罪**,同时对草案作了以下修改:一是将高空抛掷物品犯罪由第二章“危害公共安全罪”移至第六章“妨害社会管理秩序罪”,并将“危及公共安全”修改为“情节严重”;二是将“从高空抛掷物品”修改为“从建筑物或者其他高空抛掷物品”,表述更准确,便于实际操作;三是将“处拘役或者管制”修改为“处一年以下有期徒刑、拘役或者管制”,提高了法定最高刑;四是删去了“致人伤亡或者造成其他严重后果”的表述。

【条文说明】

本条是关于高空抛物罪及其处罚的规定。

本条共分为两款。

第一款是关于高空抛掷物品的犯罪及其处罚的规定。构成本罪应当具备以下特征:

1. **行为人实施了从建筑物或者其他高空抛掷物品的行为**。这里包含两层意思:一是**物品必须是从建筑物或者其他高空抛掷**,如果不是从建筑物或者其他高空抛掷的,不构成本罪。这里所说的“**建筑物**”,是指人工建筑而成的东西,既包括居住建筑、公共建筑,也包括构筑物。其中,“居住建筑”是指供人们居住使用的建筑;“公共建筑”是指供人们购物、办公、学习、医疗、娱乐、体育活动等使用的建筑,如商店、办公楼、影剧院、体育馆、医院等;“构筑物”是指不具备、不包含或不提供人类居住功能的人工建筑,如桥梁、堤坝、隧道、水塔、电塔、纪念碑、围墙、水泥杆等。“**其他高空**”是指距离地面有一定高度的空间,如飞机、热气球、脚手架、井架、施工电梯、吊装机械等。二是**行为人必须实施了抛掷物品的行为**。这里所说的“**抛掷物品**”,是指向外投、扔、丢弃物品的行为。如果行为人没有实施抛掷物品的行为,物品是由于刮风、下雨等原因,从建筑物或高空坠落的,即使该物品是行为人的,也不构成本罪,如果给受害人造成损害的,可以依照民法典的有关规定处理。《民法典》第一千二百五十四条规定:“禁止从建筑物中抛掷物品。从建筑物中抛掷物品或者从建筑物上坠落的物品造成他人损害的,由侵权人依法承担侵权责任;经调查难以确定具体侵权人的,除能够证明自己不是侵权人的外,由可能加害的建筑物使用人给予补偿。可能加害的建筑物使用人补偿后,有权向侵权人追偿。物业服务企业等建筑物管理人应当采取必要的安全保障措施防止前款规定的情形的发生;未采取必要的安全保障措施的,应当依法承担未履行安全保障义务的侵权责任。发生本条第一款规定的情形的,公安等机关应当依法及时调查,查清责任人。”

2. **必须是情节严重的**,这是给该罪设定的入罪门槛,只有情节严重的才能构成本罪,情节一般,危害不大的,不宜作为犯罪,符合违反治安管理处罚法规定的,应当依法予以治安管理处罚;需要承担民事责任的,应当依照民法典的有关规定处理。这里所说的“**情节严重**”,主要是指多次实施高空抛掷物品行为,高空抛掷物品数量较大的,在人员密集场所实施的,造成一定损害等,具体可以视情节依照相关规定处理。

根据本款规定,构成犯罪的,处一年以下有期徒刑、拘役或者管制,并处或者单处罚金。

第二款是关于实施本条规定的犯罪同时构成其他犯罪如何处理的规定。行为人实施本条第一款规定的犯罪行为,也可能同时触犯刑法的其他规定,构成刑法规定的其他犯罪,如果与本条规定的犯罪行为出现了竞合的情形,**应当依照处罚较重的规定定罪处罚**。这里主要涉及如何处理好本条规定的犯罪与**故意伤害罪、故意杀人罪、以危险方法危害公共安全罪等其他罪名**的关系。如果行为人有第一款规定的高空抛掷物品的犯罪行为,造成人员伤亡、公私财产重大损失等,符合《刑法》第二百三十五条规定的过失致人重伤罪、第二百三十三条规定的过失致人死亡罪、第二百三十四条规定的故意伤害罪、第二百三十二条规定的故意杀人罪、第一百一十五条规定的以危险方法危害公共安全罪、第二百七十五条规定的故意毁坏财物罪的构成要件或者构成其他犯罪的，根据本款规定，采取从一重罪处罚的原则，即依照处罚较重的规定定罪处罚。对依照刑法有关规定定罪处罚的，对于行为人高空抛掷物品的情形，可以作为处罚的量刑情节予以考虑。

实际执行中应当注意以下两个方面的问题：

1. 把握好高空抛掷物品犯罪与**以危险方法危害公共安全罪**的界限。两罪存在较大不同：一是高空抛掷物品与以危险方法危害公共安全的行为性质不同。《刑法》第一百一十四条规定的以其他危险方法应当是与放火、决水、爆炸、投放危险物质性质相当的危害公共安全行为；而高空抛掷物品虽然存在危害公共安全的可能性，但一般情况下不具有现实的危险性，实践中大多数高空抛掷物品行为并未造成危害后果，有的虽然造成一定危害后果，但后果也不严重。二是两罪侵害的客体不同。高空抛掷物品行为侵害的是社会管理秩序，而以危险方法危害公共安全罪危害的是公共安全。三是两罪构成条件不同。高空抛掷物品一般不具有现实危险性，要求达到情节严重才构成犯罪；而以危险方法危害公共安全具有一定的现实危险性，不以情节严重或者造成严重后果作为构成要件。《刑法修正案（十一）》增加了高空抛掷物品犯罪，实践中对于高空抛掷物品的行为一般不宜再适用《刑法》第一百一十四条规定的以危险方法危害公共安全罪。对于个别情况下，行为人高空抛掷物品危及公共安全的行为，判处一年有期徒刑明显偏轻，符合《刑法》第一百一十四条规定的，可以按照以危险方法危害公共安全罪定罪处罚。

2. 根据《最高人民法院关于依法妥善审理高空抛物、坠物案件的意见》的要求，**准确认定高空抛物犯罪**，对于高空抛物行为，应当根据行为人的动机、抛物场所、抛掷物的情况以及造成的后果等因素，全面考量行为的社会危害程度，准确判断行为性质，正确适用罪名，准确裁量刑罚。

第二百九十二条　【聚众斗殴罪】

聚众斗殴的，对首要分子和其他积极参加的，处三年以下有期徒刑、拘役或者管制；有下列情形之一的，对首要分子和其他积极参加的，处三年以上十年以下有期徒刑：

（一）多次聚众斗殴的；

（二）聚众斗殴人数多，规模大，社会影响恶劣的；

（三）在公共场所或者交通要道聚众斗殴，造成社会秩序严重混乱的；

（四）持械聚众斗殴的。

聚众斗殴，致人重伤、死亡的，依照本法第二百三十四条、第二百三十二条的规定定罪处罚。

【立法理由】

1. **1979 年立法的情况**。1979 年《刑法》第一百六十条规定："聚众斗殴，寻衅滋事，侮辱妇女或者进行其他流氓活动，破坏公共秩序，情节恶劣的，处七年以下有期徒刑、拘役或者管制。流氓集团的首要分子，处七年以上有期徒刑。"流氓行为是严重危害社会治安的行为，1979 年刑法将聚众斗殴、寻衅滋事、侮辱妇女以及其他流氓行为规定为犯罪。

2. **1979 年之后至 1997 年刑法修订前的立法情况**。1979 年刑法通过后，随着社会治安形势严峻，刑事案件一直呈上升趋势，各种犯罪团伙非常猖獗，严重影响社会的正常秩序以及人民群众的正常生活。为了保证人民群众能够安居乐业，社会秩序健康稳定，经济持续发展，1983 年 8 月 25 日中共中央印发了《关于严厉打击刑事犯罪活动的决定》。为此，1983 年 9 月 2 日第六届全国人大常委会第二次会议通过的《全国人民代表大会常务委员会关于严惩严重危害社会治安的犯罪分子的决定》对本条作了修改，提高了流氓罪的刑罚。该决定规定，流氓犯罪集团的首要分子或者携带凶器进行流氓犯罪活动，情节严重的，或者进行流氓犯罪活动危害特别严重的，可以在刑法规定的最高刑以上处刑，直至判处死刑。

3. **1997 年修订刑法的情况**。1979 年刑法实施后，对聚众斗殴行为，情节恶劣，需要予以刑事制裁的，是按照**流氓罪**定罪处罚的。由于 1979 年刑法规定的流氓罪过于笼统，实际执行中随意性较大，成了一个"口袋罪"，容易混淆罪与非罪的界限。1997 年修订刑法时，明确了罪刑法定原则，原有的规定与这一原则相冲突，需要作出修改，将犯罪行为具体化，以加强可操作性。因此，根据各方面的意见，将流氓罪的规定分解为一些具体的罪名进行规定,如强制猥亵、侮辱妇女和猥亵儿童的犯罪(第二百三十七条)及聚众斗殴的犯罪(第二百九十二条)、寻衅滋事的犯罪(第二百九十三条)、聚众淫乱和引诱未成年人聚众淫乱的犯罪(第三百零一条)等,并对各种犯罪的罪状作了明确规定,不再使用流氓罪的罪名。

聚众斗殴是一种严重的侵犯公共秩序的犯罪,通常是不法团伙间打群架的行为,有不少是持凶器进行斗殴,极易造成人员重大伤亡,甚至造成周围群众的伤亡和财产损失,必须予以严厉惩处。1997年修订刑法时,单独规定了聚众斗殴罪,并对该条作了以下修改:一是降低了刑罚,根据《全国人民代表大会常务委员会关于严惩严重危害社会治安的犯罪分子的决定》的规定,流氓罪最高可以判处死刑,修订刑法时将法定最高刑确定为十年有期徒刑。但考虑到聚众斗殴可能造成人员的重大伤亡,明确规定致人重伤、死亡的,依照《刑法》第二百三十四条故意伤害罪、第二百三十二条故意杀人罪的规定定罪处罚。二是明确了适用第二档刑罚的具体情形,如多次聚众斗殴;聚众斗殴人数多,规模大,社会影响恶劣;持械聚众斗殴等。

【条文说明】

本条是关于聚众斗殴罪及其处罚的规定。

本条共分为两款。

第一款是关于聚众斗殴罪及其处罚的规定。根据本款规定,构成本罪应当具备以下条件:

1. 本罪的犯罪主体是聚众斗殴的首要分子和其他积极参加的人员。这里所说的"**首要分子**",是指在聚众斗殴犯罪活动中起组织、策划、指挥作用的人员;**"其他积极参加的"人员**,是指除首要分子外,其他积极参加斗殴活动的人员。实践中一些旁观者,或者一般参与者,且在斗殴中作用不大的从犯,或者被胁迫参加的人员等,不构成本罪的犯罪主体。

2. 行为人实施了聚众斗殴的行为。这里的"聚众斗殴",是指纠集多人成帮结伙地打架斗殴。这里所说的"**聚众**"一般是指人数众多;"**斗殴**"主要是指采用暴力相互打斗,这种斗殴通常是不法团伙之间大规模地打群架,往往带有匕首、棍棒等凶器,极易造成一方或者双方人身伤亡,甚至造成周围无辜群众的伤亡或者财产损失。[①][②]

本款根据犯罪情节轻重,规定了两档刑罚:**第一档刑罚**,构成犯罪的,对首要分子和其他积极参加的,处三年以下有期徒刑、拘役或者管制。**第二档刑罚**,有本款规定的四种情形之一的,对首要分子和其他积极参加的[③],处三年以上十年以下有期徒刑。第二档刑罚规定了四种情形:一是**多次聚众斗殴的行为**。所谓"多次聚众斗殴",一般是指聚众斗殴三次或者三次以上的。二是**聚众斗殴人数多,规模大,社会影响恶劣的行为**。所谓"聚众斗殴人数多,规模大,社会影响恶劣",主要是指流氓团伙大规模打群架,在群众中造成很坏的影响。三是**在公共场所或者交通要道聚众斗殴,造成社会秩序严重混乱的行为**。所谓"在公共场所或者交通要道聚众斗殴,造成社会秩序严重混乱",是指在人群聚集的场所或者车辆、行人频繁通行的道路上聚众斗殴,造成公共场所秩序和交通秩序严重混乱,如在车站、码头、影剧院、学校、厂矿企业、居民小区等公共场所,或者在地铁、公共交通车辆上进行斗殴等。四是**持械聚众斗殴的行为**。所谓"持械聚众斗殴",主要是指参加聚众斗殴的人员使用棍棒、刀具以及各种枪支武器进行斗殴,这种斗殴不仅对受害人和周围群众的心理造成一种恐惧感,而且对社会公共秩序造成严重威胁。同时,对人身体可能造成的伤害和对社会公共安全造成的破坏,都会更加严重。这里所说的"持械",是指非法携带器械,器械既包括枪支等武器,也包括匕首、三棱刮刀、弹簧刀等足以致人伤亡的刀具,还包括斧头、锄头、棍棒等足以

① 我国学者指出,聚众斗殴罪是复行为犯,构成要件行为包括纠集众人及结伙斗殴两个行为。参见王作富主编:《刑法分则实务研究(下)》(第5版),中国方正出版社2013年版,第1123—1127页。另有学者指出,聚众斗殴罪是单一行为犯。聚众是斗殴的方式,意味着多人聚集在一起斗殴,并不要求在斗殴之前具有聚众的行为。并且,如果说聚众斗殴罪是复行为犯,会导致难以说明其他积极参加者的行为也成立聚众斗殴罪。参见张明楷:《刑法学》(第6版),法律出版社2021年版,第1395页;陈兴良主编:《刑法各论精释》,人民法院出版社2015年版,第957—958页。

② 方鹏教授指出,尽管斗殴在词源本意上并不能包括伤害,但是,无论是采用法条竞合论还是想象竞合论(两者均是意图将斗殴行为和伤害行为区分开,只不过是想象竞合论进行得更加彻底),聚众斗殴致人轻伤的行为应当以聚众斗殴罪论处。参见陈兴良主编:《刑法各论精释》,人民法院出版社2015年版,第954—955页。

③ 聚众犯罪中的积极参加者,相当于主要的实行犯;至于次要的实行犯、次要的共谋犯、帮助犯,一般都不承担刑事责任。参见陈兴良主编:《刑法各论精释》,人民法院出版社2015年版,第969页。

致人伤亡的器具。[①]

第二款是关于聚众斗殴致人重伤、死亡应当如何处理的规定。根据本款规定，聚众斗殴，致人重伤、死亡的，依照《刑法》第二百三十四条、第二百三十二条的规定定罪处罚。本款规定的“**致人重伤、死亡**”，是指聚众斗殴，将参加聚众斗殴的人员或者周围群众打成重伤或者打死。[②]“**依照本法第二百三十四条、第二百三十二条的规定定罪处罚**”，是指聚众斗殴致人重伤的，依照《刑法》第二百三十四条关于故意伤害罪的规定定罪处刑；致人死亡的，依照《刑法》第二百三十二条关于故意杀人罪的规定定罪处刑。

实际执行中应当注意以下两个方面的问题：

1. 聚众斗殴罪与**故意杀人罪、故意伤害罪**的区别。主要区别在于犯罪的动机不同。聚众斗殴罪中的杀人、伤害行为，虽然与故意杀人、故意伤害行为一样，侵犯了他人的身体健康，但聚众斗殴罪的行为人通常表现为流氓特性，其目的是“称王称霸”，争抢势力范围，充英雄好汉，与对方一争高低等，其行凶杀人发生在聚众斗殴过程中。而故意杀人罪、故意伤害罪的杀人、伤害行为，行为人事先具有明确的杀人、伤害故意，即使是临时起意伤害对方，也往往因为双方发生纠纷或者由于宿仇旧恨等原因。

2. **行为人在聚众斗殴过程中即使没有杀人的故意，但客观上致人重伤、死亡的，也应认定为故意伤害罪、故意杀人罪**。考虑到聚众斗殴的特殊性，有时在斗殴过程中无法查明造成被害人重伤、死亡的原因以及何人所为，在这种情况下，不宜将所有参与斗殴的人员都认定为故意杀人罪、故意伤害罪，应当具体分析聚众斗殴的社会影响以及造成的伤害后果等，通常情况下，对首要分子应当以故意杀人罪、故意伤害罪定罪处罚。[③][④]

【司法解释性文件】

《最高人民法院研究室关于对参加聚众斗殴受重伤或者死亡的人及其家属提出的民事赔偿请求能否予以支持问题的答复》（法研〔2004〕179号，2004年11月11日公布）

△（**明知；故意伤害罪或者故意杀人罪；民事赔偿；混合过错责任原则**）根据《刑法》第二百九十二条第一款的规定，聚众斗殴的参加者，无论是否首要分子，均明知自己的行为有可能产生伤害他人以及自己被他人的行为伤害的后果，其仍然参加聚众斗殴的，应当自行承担相应的刑事和民事责任。[⑤] 根据《刑法》第二百九十二条第二款的规定，对于参加聚众斗殴，造成他人重伤或者死亡的，行为性质发生变化，应认定为故意伤害罪或者故意杀人罪。聚众斗殴中受重伤或者死亡的人，

① 在斗殴过程中显示凶器，也应认定为使用凶器斗殴。参见张明楷：《刑法学》（第6版），法律出版社2021年版，第1396页。另外，有论者指出，对未持械的积极参加者，是否与持械斗殴的积极参加者使用同一量刑幅度，应区分情形讨论。如果是有预谋的持械聚众斗殴，即使在斗殴过程中行为人未持械而参与其中，也应认定为持械聚众斗殴；如果在聚众斗殴的过程中，斗殴一方或者双方中的个人参加者“就地取材”或者突然拿出随身携带的器械并加以使用，该加重情节仅适用于该特定个人。参见周光权：《刑法各论》（第4版），中国人民大学出版社2021年版，第422页；陈兴良主编：《刑法各论精释》，人民法院出版社2015年版，第973页。

② 我国学者指出，在聚众斗殴过程中，由于现场混乱或打斗激烈，而错误导致本方人员重伤、死亡时，按照客观归责论被害人自我答责的法理，以及偶然防卫的处理思路，导致他人死伤者不应构成故意伤害或者故意杀人罪；如果不能查清下手导致他人死伤者为何，己方的首要分子不需要对死伤结果负责，但对方的首要分子可能构成故意杀人或者故意伤害罪。参见周光权：《刑法各论》（第4版），中国人民大学出版社2021年版，第422页。

③ 我国学者指出，本款规定属于法律拟制，而非提示性或者重申性的注意规定。行为人在斗殴过程中并没有杀人的故意，但客观上致人重伤、死亡的，应认定为故意伤害罪、故意杀人罪（根据责任主义原理，以行为人对重伤、死亡结果具有预见可能性为前提）。参见张明楷：《刑法学》（第6版），法律出版社2021年版，第1396页。另有学者指出，本款属于重申性的提示规定，而非创设性的法律拟制。聚众斗殴致人重伤、死亡，只有符合故意伤害罪、故意杀人罪的主、客观构成要件，才能认定为故意伤害罪、故意杀人罪。不能将致人重伤、死亡理解为纯粹的客观要素。参见陈兴良主编：《刑法各论精释》，人民法院出版社2015年版，第975页。

④ 我国学者指出，如能查清造成重伤、死亡结果的共同加害人，应将共同加害人认定为故意伤害罪、故意杀人罪，首要分子一般也构成故意伤害罪、故意杀人罪；如不能查清共同加害人，则只认定首要分子构成故意伤害罪、故意杀人罪。但是，如果首要分子已明确表示反对重伤、死亡结果，则应认定其对重伤、死亡仅有过失责任，其不能转化为故意伤害罪、故意杀人罪，仍只认定为聚众斗殴罪。参见陈兴良主编：《刑法各论精释》，人民法院出版社2015年版，第979页。

⑤ 我国学者指出，尽管聚众斗殴罪是对合犯，但斗殴故意并不是对对合双方的要求，而只是对行为人一方的要求。从主观故意的构成角度来看，只需行为人一方主观上认识到本方“聚众”、本方与对方“斗殴”即可。对方客观上有无实施斗殴行为、有无斗殴意图，并不影响行为人聚众斗殴故意的成立。参见陈兴良主编：《刑法各论精释》，人民法院出版社2015年版，第962—963页。

既是故意伤害罪或者故意杀人罪的受害人，又是聚众斗殴犯罪的行为人。对于参加聚众斗殴受重伤或者死亡的人或其家属提出的民事赔偿请求，依法应予支持，并适用混合过错责任原则。

《最高人民检察院、公安部关于公安机关管辖的刑事案件立案追诉标准的规定（一）》（公通字〔2008〕36号，2008年6月25日公布）

△（**聚众斗殴罪；立案追诉标准**）组织、策划、指挥或者积极参加聚众斗殴的，应予立案追诉。（§ 36）

《最高人民法院、最高人民检察院关于常见犯罪的量刑指导意见（试行）》（法发〔2021〕21号，2021年6月6日发布）

△（**聚众斗殴罪；量刑**）

1. 构成聚众斗殴罪的，根据下列情形在相应的幅度内确定量刑起点：

（1）犯罪情节一般的，在二年以下有期徒刑、拘役幅度内确定量刑起点。

（2）有下列情形之一的，在三年至五年有期徒刑幅度内确定量刑起点：聚众斗殴三次的；聚众斗殴人数多，规模大，社会影响恶劣的；在公共场所或者交通要道聚众斗殴，造成社会秩序严重混乱的；持械聚众斗殴的。

2. 在量刑起点的基础上，根据聚众斗殴人数、次数、手段严重程度等其他影响犯罪构成的犯罪事实增加刑罚量，确定基准刑。

3. 构成聚众斗殴罪的，综合考虑聚众斗殴的手段、危害后果等犯罪事实、量刑情节，以及被告人的主观恶性、人身危险性、认罪悔罪表现等因素，决定缓刑的适用。

【附属刑法】

《中华人民共和国水法》（1988年1月21日通过，2016年7月2日第二次修正）

第七十四条

在水事纠纷发生及其处理过程中煽动闹事、结伙斗殴、抢夺或者损坏公私财物、非法限制他人人身自由，构成犯罪的，依照刑法的有关规定追究刑事责任；尚不够刑事处罚的，由公安机关依法给予治安管理处罚。

【指导性案例】

最高人民检察院指导性案例第1号：施某某等17人聚众斗殴案（2010年12月31日发布）

△（**群体性事件；促进社会矛盾化解**）检察机关办理群体性事件引发的犯罪案件，要从促进社会矛盾化解的角度，深入了解案件背后的各种复杂因素，依法慎重处理，积极参与调处矛盾纠纷，以促进社会和谐，实现法律效果与社会效果的有机统一。

【参考案例】

△在聚众斗殴中，斗殴的一方为躲避另一方的追赶而逃跑，在逃跑过程中跳入池塘逃生而被投掷石块溺水死亡的，可以认定为聚众斗殴致人死亡，应以故意杀人罪或故意伤害罪论处。

聚众斗殴致人死亡的，按照《刑法》第二百九十二条第二款的规定，应当以故意伤害罪或故意杀人罪定罪处罚，但对于认定何种罪名，并非单纯按照重伤或者死亡的结果定罪，而是应当结合被告人的客观行为和主观故意进行综合判断，以确定其罪名。彭建华等故意杀人、聚众斗殴案中，对被告人彭建华、彭健、向大云的行为应认定为故意杀人罪，理由是：

1. 三人积极参加聚众斗殴，并实施了追赶、殴打被害人及向跳入池塘内的被害人扔掷石块的行为。

本案被告人彭建华、彭健、向大云三人在田茂家、彭波的纠集下，积极参加聚众斗殴，并持铁棒追赶被害人何继春，三人均系聚众斗殴的积极参加者。本案三名被告人均否认实施了殴打被害人的行为，且证人的指认在殴打被害人这一事实上，除均明确指认田茂家实施了持铁棒殴打何继春的行为外，对本案三名被告人是否实施了殴打行为的讲法不相一致。因此，本案没有认定三人实施了在池塘边持铁棒殴打被害人的行为，但本案证人证言及被告人的供述，均能够证明三人与田茂家等人一起持铁棒追赶何继春，在迫使何继春跳入池塘逃生后，又实施了用石块朝正在池塘中游泳的被害人头部扔掷的行为。

2. 三人追赶被害人并向跳入池塘内的被害人扔掷石块的行为与被害人死亡结果的发生具有刑法上的因果关系。

本案定性产生争议的关键点之一在于如何看待三名被告人的行为与被害人死亡结果的因果关系。对刑法上的因果关系的认定在理论和实践中均存在一些分歧意见，但从我国对刑法上因果关系认定的主要观点来看，刑法上的因果关系是指客观方面危害行为与危害后果的客观联系，包括必然因果关系和偶然因果关系。在偶然因果关系的认定中，应当对介入因素是否足以中断前行为与危害结果之间的因果关系进行判断。在介入因素是被害人的行为的时候，应当看该被害人的行为是被迫的行为，还是其在能够选择的情况下的主动行为，如果在行为人的先前行为下，被告人不得已而选择躲避方式而引起危害后果，且该躲避

分则 第六章

方式并非超出常理、为普通人所不能预见的,并不中断该因果联系。具体到聚众斗殴中,被害人因为被殴打而跳水逃避的情形,如果发生被害人溺水死亡的后果,行为人殴打被害人的行为与死亡结果的因果关系,虽有被害人的跳水行为介入,但该介入因素系被害人在行为人先前行为造成其被伤害的现实威胁下被迫选择的,并不能中断行为人殴打行为与被害人死亡结果的因果关系。除非被害人仅仅面临非常轻微伤害的威胁,其跳水逃避行为超出常人所能预见,才能中断该因果关系。

本案中,造成被害人何继春溺水死亡的结果有两方面的原因:一方面是被害人在遭到本案三名被告人等人持铁棒追赶,以及田茂家等人持铁棒殴打后,因势单力孤,不得已而跳入池塘逃避;另一方面是被害人在跳入池塘后游泳逃生的过程中,遭到本案三名被告人等人在岸边向其浮出水面的头部投掷石块,致其头部不能浮出水面。本案同案犯田茂家持铁棒对何继春实施殴打,使何继春被迫跳入池塘的行为,并非造成被害人何继春死亡的唯一原因,被告人彭建华、彭健、向大云等人持铁棒追赶、围攻被害人以及在池塘边向正在游泳的被害人投掷石块的行为,与被害人死亡的结果也具有刑法上的因果关系,该因果关系并不因被害人选择跳水逃避而中断。

3. 三名被告人对死亡结果的发生持放任的主观心理态度。

对于聚众斗殴中殴打他人致人跳水逃避而溺水死亡的,是定故意伤害罪还是故意杀人罪,关键还要看被告人对其行为造成被害人死亡结果所持的主观心理态度。对于殴打他人致人逃避而跳水的,一般行为人主观上均具有伤害他人的故意,如发生被害人溺水死亡的后果,可以认定为故意伤害罪,但是否能够认定行为人主观上具有杀害他人的直接或者间接故意,则还要综合具体案情进行综合判断,如果行为人在被害人跳水后即离开的,一般除非行为人明知该被害人不会游泳或者行为人明知该被害人跳入的水域是非常凶险,难以生还的,不能认为行为人具有主观上明知会发生被害人死亡的结果而直接追求或者放任结果发生的心理态度;如果行为人在被害人跳水后没有离开,而是继续实施危害行为,如用石块、竹篙等打击在水中的被害人,或者看着被害人在水中呼救而不予救助或守在岸边不允许他人救助,不允许被害人从水中上岸等,则可以视情形认定被告人具有致被害人死亡的直接或间接故意。

本案三名被告人在被害人跳入池塘后,均目睹被害人正在游泳逃生,还用石块等向正在游泳的被害人扔掷,使其头部不能浮出水面,三名被告人中虽有两名系未成年人,但两人均已年满十六周岁,三人对于向正在游泳的人头部扔掷石块,可能造成被害人头部不能浮出水面从而溺水死亡,应该是明知的,这点从三名被告人在离开现场数小时后又回到现场察看的情节来看,也可以印证三人主观上对可能造成被害人溺水死亡是明知的,但三名被告人为实现殴打被害人以泄愤之目的,仍故意实施投掷石块等加害行为,三人主观上对死亡后果的发生应当属于间接故意,即放任死亡后果的发生。[No. 4-232-67 彭建华等故意杀人、聚众斗殴案]

△聚众斗殴中一方到达斗殴地点后未实施斗殴行为,而被另一方殴打造成伤害的,该方人员不构成聚众斗殴罪的未遂。

聚众斗殴罪属于行为犯,且系复合型犯罪。行为人实施了聚众行为后,就属于已经着手进行犯罪。聚众后,因故最终没有实施斗殴行为,对首要分子和积极参加者可以认定为聚众斗殴罪(未遂)。行为人已经实施聚众斗殴行为的,即构成犯罪既遂,是否造成伤亡后果,不影响既遂的成立。但对于斗殴行为是否实施的判断,不是单纯看一方或者一方中的其中数人是否主动实施了斗殴行为,而是要看全案中斗殴行为是否开始实施,只要双方聚众后实际发生了斗殴行为,不论斗殴中是哪方主动实施,或者有多少人参与了实际的斗殴,都不影响既遂的认定。彭建华等故意杀人、聚众斗殴案中,胡凯、钱欢欢纠集十余人持械至约定地点与他人聚众斗殴,虽见对方人多而逃跑,但对方已经追赶上来,与两人纠集的一方人员实际发生斗殴,并造成了人员伤亡的后果。因此,两人的行为不能认定为聚众斗殴的未遂。[No. 4-232-68 彭建华等故意杀人、聚众斗殴案]

△聚众斗殴罪不仅包括双方采用暴力方式进行殴斗,即使单方具有聚众斗殴故意的,亦应以聚众斗殴罪论处。

聚众斗殴罪的典型形态是双方均在三人以上,且均有与对方斗殴故意的情形。倪以刚等聚众斗殴案因私仇引发,只有倪以刚一方有殴打对方的故意,是否构成聚众斗殴罪呢?对此类案件应依照聚众斗殴罪的构成特点,全面分析案件的主客观情况,防止片面强调客观行为条件,忽视行为人主观故意内容而导致简单化的错误倾向,从而准确定罪量刑。在殴斗的理解上,只要双方或一方采用暴力方式进行殴斗,不论采用何种暴力方式都是结伙殴斗行为。从倪以刚一方的主观故意看,其要实施的行为方式是以殴斗的方式报复"东边人",其殴打的对象不是特定的"东边人"而是不特定的"东边人",具有随意性;目的是为"老大”张卫报仇，且明知网吧、街道是公共场所，其所侵害的不仅是他人的人身安全，更主要的是社会公共秩序。客观上倪以刚一方也按照计议，纠集二十多人结伙持刀等械具在街道、网吧寻找，并随意殴斗他们认为的所谓“东边人”，虽被告人倪以刚一方具有斗殴故意，但倪以刚等九人同样构成聚众斗殴罪。[No. 6-1-292-1　倪以刚等聚众斗殴案]

△在聚众斗殴中，数人共同对他人进行殴斗造成死亡或者伤害，难以区分致被害人死伤的直接责任人的，数人均应对死伤后果承担刑事责任。

倪以刚等聚众斗殴案中，首要分子对全部犯罪事实负责，所以倪以刚作为首要分子无论其是否实施实行行为，应转化为故意伤害无异议。在众小门前，九被告人中的倪以刚、韩磊、张耀、刘旭、周业晖、胡成文与在逃的汪凯、刘兵等均对张明实施了砍打的行为，在主观上具有殴打“东边人”的故意，对于殴打张明的后果，六人均持放任心理；在客观上六人及汪凯、刘兵等人相互配合，实施拖拽、砍、打的行为，尽管行为人所处的地位、具体分工、参与程度可能不同，但他们行为指向的目标相同，为达到同一个目的，每一个人的行为都是整个加害行为的有机组成部分，因此共同行为人的行为与张明重伤的结果之间互为因果关系。本案中又难以分清致被害人张明重伤的直接责任人，所以韩磊、张耀、刘旭、周业晖、胡成文参与砍打张明的行为均应按《刑法》第二百九十二条第二款的规定转化为故意伤害罪。而被告人夏成小、朱鹏、王业佳没有对张明实施拖拽、砍、打的客观行为，故三人仍只应定聚众斗殴罪。[No. 6-1-292-2　倪以刚等聚众斗殴案]

△在意图聚众斗殴的双方中，一方没有实际参与斗殴或者情节较轻的，不构成聚众斗殴罪；另一方造成对方成员和无辜群众人身伤害和财产损失，情节严重的，应以聚众斗殴罪论处。①

聚众斗殴行为在一般情况下是一种双方相对应的违法行为，即参与的双方都构成违法，但是对聚众斗殴罪而言，聚众斗殴的双方并不一定都应构成聚众斗殴罪。如果斗殴的一方虽有斗殴的故意但没有实际参与殴斗或是参加的人数少，造成的后果并不严重，则其行为只是应受行政处罚的一般违法行为，不构成聚众斗殴罪，而另一方参与的人数众多，造成了严重的后果，则其行为可构成聚众斗殴罪。任中顺等聚众斗殴案中崔增良一方虽有斗殴的故意，但其组织的人数少，且在对方到达时逃走，没有与对方斗殴，其行为是违反治安管理的一般违法行为，不构成犯罪，而被告人任中顺一方组织参与的人数多，规模大，在崔增良一方逃走的情况下，仍持凶器前去追打，射伤一人，砸坏多处物品，造成春节期间社会秩序的严重混乱，后果严重，其行为已触犯刑律，构成聚众斗殴罪。因此，一、二审法院对三被告人行为的定性是正确的。[No. 6-1-292-3　任中顺等聚众斗殴案]

△积极参加聚众斗殴，但并未起组织、策划、指挥作用的，应以聚众斗殴罪的从犯论处。

根据我国刑法和相关规定，主犯包括三种情况：一是组织领导犯罪集团进行犯罪活动的犯罪分子，即犯罪集团的首要分子；二是在共同犯罪中起主要作用的犯罪分子，包括在犯罪集团中虽然不是组织者、领导者，但积极为犯罪集团献计献策，实施犯罪特别卖力、罪行严重的犯罪分子和在一般共同犯罪中起着关键作用、直接造成严重的危害后果，或者情节特别严重的犯罪分子；三是聚众犯罪中起组织、策划、指挥作用的犯罪分子，即聚众犯罪中的首要分子（但犯罪主体以首要分子作为法定构成要件的聚众性犯罪，如聚众扰乱公共场所秩序、交通秩序罪中的首要分子，一般不认定为主犯）。在任中顺等聚众斗殴案中，陈同望、马兴勇只是在任中顺的组织下积极参加了聚众斗殴，但并非该犯罪的首要分子，不宜认定为主犯。因此将其认定为从犯的意见是正确的。[No. 6-1-292-4　任中顺等聚众斗殴案]

△聚众斗殴致人死亡的，应结合犯罪动机、目的及犯罪行为等主客观要件确定属于构成故意杀人罪或者故意伤害罪，不能仅以犯罪结果确定案件性质。

按照刑法的罪刑法定和罪责刑相适应原则，并结合个案分析说的刑法理论，不能简单以犯罪结果归罪，要从犯罪构成角度，综合犯罪的动机、目的和具体行为具体分析。李景亮聚众斗殴案中，李景亮组织多人参与斗殴的起因就是为了报复、泄私愤。从其追求的目的来看，其扬言：“到那后，打断胳膊打断腿都行，只要别打死人，都能摆平。”由此可见，其并不具备追求杀人的主观目的。另外，就被害人赵磊山的死因而言，经鉴定其系他人用单刃刺器刺破门静脉、肝脏，造成失血性休克而死。本案参与人数众多，现场严重混乱，也涉及抢救时机问题。被害人的死因并非一刀毙命，假如抢救及时，死亡后果也非必然。此完全符合故

① 我国学者指出，构成本罪不要求斗殴双方均为三人以上，只要求单方人数达到三人以上即可。参见陈兴良主编：《刑法各论精释》，人民法院出版社 2015 年版，第 959 页。

意伤害罪的主客观构成。因而,只强调死亡或伤害的结果,就不能客观反映案件事实。故意伤害罪中亦存在故意伤害致死的情节,在量刑上也可处以极刑。若按客观归罪的原理,都一概以结果而论,既然都出现死亡的结果,均应定故意杀人罪,那样就不存在故意伤害致死的量刑条款了。因此,在审判过程中,即使同一类型、涉及同一罪名的案件,也有不同的情况,应当具体案件具体分析,全面考虑其犯罪构成,作出正确的定罪量刑。[No. 6-1-292-5　李景亮聚众斗殴案]

△聚众斗殴犯罪的转化应当根据具体行为和意志因素,对照故意杀人和故意伤害两个罪名的具体犯罪构成认定,不能简单以结果定罪。

主客观相一致原则是我国刑法关于犯罪构成理论的重要组成部分,是认定罪与非罪、此罪与彼罪的关键所在。行为人的行为是否构成犯罪,构成何罪,不仅要看行为人的行为对社会造成的危害结果,而且还要分析行为人犯罪的主观心理因素。依据《刑法》第二百九十二条第二款的规定,聚众斗殴,致人重伤、死亡的,依照《刑法》第二百三十四条、第二百三十二条的规定定罪处罚。此时即发生对聚众斗殴被告人的转化定罪问题,实践中存在争议,有人认为,只要有重伤、死亡的后果出现,不论聚众斗殴人的主观故意如何,均应根据后果转化定罪,即直接定故意伤害罪或故意杀人罪。此时也应当遵循主客观相一致的原则,应根据行为人的具体行为和意志因素,对照故意伤害和故意杀人两个罪名的具体犯罪构成来认定,不能简单地以结果定罪。行为人具有杀人故意,实施了杀人行为,即使仅造成被害人重伤的,也可以依照《刑法》第二百三十二条的规定以故意杀人罪定罪处罚;行为人仅具有伤害故意,但造成被害人死亡的,应依照《刑法》第二百三十四条的规定以故意伤害罪定罪处罚;行为人对杀人和伤害后果均有预见,并持放任态度的,则以结果定罪。[No. 6-1-292-6　莫洪德故意杀人案]

△在致人重伤或死亡的聚众斗殴犯罪中,未直接实施斗殴行为的首要分子,明知其他犯罪分子携带了足以致人重伤或死亡的器械仍然组织斗殴的,除明确有效避免伤亡后果外,应以故意伤害罪或故意杀人罪论处。

如果聚众斗殴犯罪的首要分子本身就是致人重伤或死亡的直接实施者,认定其故意伤害罪或故意杀人罪是明确和肯定的,但首要分子参加斗殴但没有直接致人重伤或者死亡,甚至没有直接实施斗殴行为的,应如何定罪,实践中亦存在争议。共同犯罪人的行为具有相对独立性,虽然共同犯罪与首要分子的组织、指挥有着直接的联系,但转化条件的达成往往是个别犯罪主体的行为造成的。因此,审查首要分子是否应当为转化的罪名负责,应当从主客观相一致的归罪原则出发,分析首要分子的主观故意和客观行为的统一性,审查其是否应当承担转化后较重的罪责。通常情形下,由于聚众斗殴犯罪的首要分子是共同犯罪的组织者和指挥者,应对全案负责。但对于事前明确作出避免人员伤亡的限制,而积极参加者在聚众斗殴过程中故意伤害或故意杀人的,应属于共同犯罪的实行过限行为,对首要分子不应转化定罪;对于首要分子组织、指挥的故意较为概括,但明知其他积极参加者携带了足以致人重伤或者死亡的器械而仍然决意"组织、指挥"他人进行聚众斗殴,无论其自己是否直接致人重伤或者死亡,其组织、指挥的内容决定了造成对方重伤、死亡的某种必然性,对首要分子和直接致人重伤或者死亡的实施者均应按聚众斗殴的转化犯处理;如没有明确强调斗殴方式、程度,也没有明确约定避免造成对方重伤和死亡后果的,因属在其概括故意之下,反映了其放任的主观故意,首要分子亦应一起转化,对后果承担责任。总之,从首要分子组织、指挥犯罪的行为和主观故意的同一性去审查其是否对转化结果抱有希望或放任态度,是对其是否转化定罪的关键。[No. 6-1-292-7　莫洪德故意杀人案]

△聚众斗殴过程中驾车撞击一方的行为应认定为持械聚众斗殴。

依照《刑法》第二百九十二条第一款第(四)项的规定,持械聚众斗殴的,属于聚众斗殴犯罪的四种加重处罚情节之一。"持械聚众斗殴"主要是指参加聚众斗殴的人员使用棍棒、刀具以及各种枪支、武器进行斗殴。根据当时司法实践中的通行观念,持械聚众斗殴中的"持械",是指参加聚众斗殴的人员使用器械或者为斗殴携带器械但实际未使用的情形。这里的"器械"只是各种枪支、刀具、棍棒、砖块等足以致人伤亡的工具。该情形既包括为斗殴而准备器械或者持器械参与斗殴,也包括在实施过程中临时获得器械并持器械进行斗殴。已经发动的车辆具有速度快、冲力大、破坏性强的特点,如果在聚众斗殴中以操控方式作为斗殴行凶的工具,其作用等同于传统的棍棒类器械。因此,李天龙、高政聚众斗殴案中的奇瑞QQ轿车可以视为器械,结合李天龙使用的目的、后果和性质,其行为属于持械聚众斗殴。[No. 6-1-292-10　李天龙、高政聚众斗殴案]

第二百九十三条　【寻衅滋事罪】

有下列寻衅滋事行为之一，破坏社会秩序的，处五年以下有期徒刑、拘役或者管制：

（一）随意殴打他人，情节恶劣的；

（二）追逐、拦截、辱骂、恐吓他人，情节恶劣的；

（三）强拿硬要或者任意损毁、占用公私财物，情节严重的；

（四）在公共场所起哄闹事，造成公共场所秩序严重混乱的。

纠集他人多次实施前款行为，严重破坏社会秩序的，处五年以上十年以下有期徒刑，可以并处罚金。

【立法沿革】

《中华人民共和国刑法》（1997年修订，自1997年10月1日起施行）

第二百九十三条

有下列寻衅滋事行为之一，破坏社会秩序的，处五年以下有期徒刑、拘役或者管制：

（一）随意殴打他人，情节恶劣的；

（二）追逐、拦截、辱骂他人，情节恶劣的；

（三）强拿硬要或者任意损毁、占用公私财物，情节严重的；

（四）在公共场所起哄闹事，造成公共场所秩序严重混乱的。

《中华人民共和国刑法修正案（八）》（自2011年5月1日起施行）

四十二、将刑法第二百九十三条修改为：

"有下列寻衅滋事行为之一，破坏社会秩序的，处五年以下有期徒刑、拘役或者管制：

"（一）随意殴打他人，情节恶劣的；

"（二）追逐、拦截、辱骂、恐吓他人，情节恶劣的；

"（三）强拿硬要或者任意损毁、占用公私财物，情节严重的；

"（四）在公共场所起哄闹事，造成公共场所秩序严重混乱的。

"纠集他人多次实施前款行为，严重破坏社会秩序的，处五年以上十年以下有期徒刑，可以并处罚金。"

【立法理由】

1. **1979年立法的情况**。1979年《刑法》第一百六十条规定："聚众斗殴，寻衅滋事，侮辱妇女或者进行其他流氓活动，破坏公共秩序，情节恶劣的，处七年以下有期徒刑、拘役或者管制。流氓集团的首要分子，处七年以上有期徒刑。"1979年刑法实施后，对寻衅滋事行为，情节恶劣，需要追究刑事责任的，都是按照流氓罪定罪处罚的。

2. **1979年之后至1997年刑法修订前的立法情况**。1979年刑法颁布后，经济社会发生了很大变化，治安形势比较严峻，犯罪率不断升高。为此，国家开展了一系列惩治刑事犯罪的活动。1983年9月2日第六届全国人大常委会第二次会议通过的《全国人民代表大会常务委员会关于严惩严重危害社会治安的犯罪分子的决定》对本条作了修改，提高了流氓罪的刑罚。该决定规定，流氓犯罪集团的首要分子或者携带凶器进行流氓犯罪活动，情节严重的，或者进行流氓犯罪活动危害特别严重的，可以在刑法规定的最高刑以上处刑，直至判处死刑。

3. **1997年修订刑法的情况**。寻衅滋事是一小撮人在公共场所肆意挑衅，无事生非，起哄捣乱，进行破坏骚扰，情节极其恶劣，严重破坏公共秩序，甚至危害人民生命财产的安全，必须予以惩治。① 1997年修订刑法时，单独规定了寻衅滋事罪，并对本条作了以下修改：一是降低了刑罚，根据《全国人民代表大会常务委员会关于严惩严重危害社会治安的犯罪分子的决定》的规定，流氓罪最高可以判处死刑，修订刑法时将法定最高刑确定为五年有期徒刑。二是为便于实践具体操作，明确寻衅滋事的具体行为，包括随意殴打他人，追逐、拦截、辱骂他人，强拿硬要，起哄闹事等。

4. **2011年《刑法修正案（八）》对本条的修改情况**。一些地方和部门提出，寻衅滋事是近年来黑恶势力常见的一种犯罪，具有头目指挥幕后化、打手市场化等特点，一些犯罪分子，采取有事呼之

---

① 我国学者指出，公共秩序包括公共场所秩序和社会生活基本规则。其中，共同生活的规则包括人身安全的规则、调节公共场所秩序的纪律规则以及人们正常交往的规则。因此，发生在封闭环境中的殴打他人行为，如果严重破坏人们的共同生活规则，影响了人们相互之间的正常交往，使事后知悉此事的人难以理解，也可能构成寻衅滋事罪。参见黎宏：《刑法学各论》（第2版），法律出版社2016年版，第379页。

即来，事毕一哄而散的方式，临时雇用一些社会闲散人员作为打手，统一行动、统一服装或手拿器械在相关场所一字排开，摆开阵势，借助人多势众，制造现场紧张、恐慌气氛。通过这些手段，黑恶势力团伙给受害人及其周围群众造成了强烈心理恐吓和震慑，在插手他人的经济纠纷，帮人摆平事端、催要债务、强迫他人交易时，即可不战而胜，达到犯罪目的，具有严重的社会危害性。在寻衅滋事罪中没有具体列举“恐吓”行为，在打击这类犯罪中遇到了一些困难。另外，据有关部门反映，寻衅滋事罪最高刑只有五年有期徒刑，对寻衅滋事犯罪案件，有的判刑较轻，有的判缓刑或以治安案件处理，使黑恶势力的这类犯罪没有得到应有的惩罚。为了进一步惩治这类犯罪，2011 年 2 月 25 日第十一届全国人大常委会第十九次会议通过的《刑法修正案(八)》对本条作了修改：一是在原第(二)项“追逐、拦截、辱骂”后增加了“恐吓”他人的行为。二是增加了量刑档次，提高了法定最高刑，并增加了罚金刑，规定纠集他人多次实施寻衅滋事，严重破坏社会秩序的行为的，处五年以上十年以下有期徒刑，可以并处罚金。这样规定，主要是针对实践中一些犯罪分子时常纠集他人，横行乡里，严重扰乱社会治安秩序，扰乱人民群众的正常生活，由于这类滋扰群众行为的个案难以构成重罪，即使被追究刑事责任，也关不了多长时间，抓了放，放了抓，社会不得安宁，群众没有安全感的问题而增加的规定。

【条文说明】

本条是关于寻衅滋事罪及其处罚的规定。

本条共分为两款。

第一款是关于寻衅滋事罪及其处罚的规定。本款规定的“**寻衅滋事**”，是指在公共场所无事生非，起哄捣乱，无理取闹，殴打伤害无辜，肆意挑衅，横行霸道，破坏社会秩序的行为。根据本款规定，寻衅滋事包括以下四种具体破坏社会秩序的行为：

1. **随意殴打他人，情节恶劣的**。所谓“**随意殴打他人**”，是指出于耍威风、取乐等目的，无故、无理殴打相识或者素不相识的人。[1] 这里的“情节恶劣”，是指随意殴打他人手段残忍或多次随意殴打他人等。2013 年《最高人民法院、最高人民检察院关于办理寻衅滋事刑事案件适用法律若干问题的解释》第二条规定：“随意殴打他人，破坏社会秩序，具有下列情形之一的，应当认定为刑法第二百九十三条第一款第一项规定的‘**情节恶劣**’：(一)致一人以上轻伤或者二人以上轻微伤的；(二)引起他人精神失常、自杀等严重后果的；(三)多次随意殴打他人的；(四)持凶器随意殴打他人的；(五)随意殴打精神病人、残疾人、流浪乞讨人员、老年人、孕妇、未成年人，造成恶劣社会影响的；(六)在公共场所随意殴打他人，造成公共场所秩序严重混乱的；(七)其他情节恶劣的情形。”

2. **追逐、拦截、辱骂、恐吓他人，情节恶劣的**。所谓“**追逐、拦截、辱骂、恐吓他人**”，是指出于取乐、耍威风、寻求精神刺激等目的，无故、无理追赶、拦挡、侮辱、谩骂他人。“**恐吓**”是指以威胁的语言、行为吓唬他人，如使用统一标记、身着统一服装、摆阵势等方式威震他人，使他人恐慌或屈从。这里的“情节恶劣”，主要是指经常追逐、拦截、辱骂、恐吓他人；造成恶劣影响或者激起民愤；造成其他后果；等等。《最高人民法院、最高人民检察院关于办理寻衅滋事刑事案件适用法律若干问题的解释》第三条规定：“追逐、拦截、辱骂、恐吓他人，破坏社会秩序，具有下列情形之一的，应当认定为刑法第二百九十三条第一款第二项规定的‘**情节恶劣**’：(一)多次追逐、拦截、辱骂、恐吓他人，造成恶劣社会影响的；(二)持凶器追逐、拦截、辱骂、恐吓他人的；(三)追逐、拦截、辱骂、恐吓精神病人、残疾人、流浪乞讨人员、老年人、孕妇、未成年人，造成恶劣社会影响的；(四)引起他人精神失常、自杀等严重后果的；(五)严重影响他人的工作、生活、生产、经营的；(六)其他情节恶劣的情形。”

3. **强拿硬要或者任意损毁、占用公私财物，情节严重的**。所谓“**强拿硬要或者任意损毁、占用公私财物**”，是指以蛮不讲理的手段，强行拿走、强行索要市场、商店的商品以及他人的财物，或者随心所欲损坏、毁灭、占用公私财物。这里的“情节严重”，是指强拿硬要或者任意损毁、占用的公私财物数量大；造成恶劣影响；多次强拿硬要或者任意损毁、占用公私财物；公私财物受到严重损失；等等。《最高人民法院、最高人民检察院关于办理寻衅滋事刑事案件适用法律若干问题的解释》第四条规定：“强拿硬要或者任意损毁、占用公私财物，破坏社会秩序，具有下列情形之一的，应当认

---

[1] 关于“随意”的判断，可以参照“双重置换规则”，即只有在把被害人置换为其他人时行为人仍会滋事、把行为人置换为其他人时其他人不会滋事并符合有关客观表现时，才能认定随意的存在。参见黎宏：《刑法学各论》(第 2 版)，法律出版社 2016 年版，第 379—380 页；陈兴良主编：《刑法各论精释》，人民法院出版社 2015 年版，第 992—993 页。

定为刑法第二百九十三条第一款第三项规定的'**情节严重**':(一)强拿硬要公私财物价值一千元以上,或者任意损毁、占用公私财物价值二千元以上的;(二)多次强拿硬要或者任意损毁、占用公私财物,造成恶劣社会影响的;(三)强拿硬要或者任意损毁、占用精神病人、残疾人、流浪乞讨人员、老年人、孕妇、未成年人的财物,造成恶劣社会影响的;(四)引起他人精神失常、自杀等严重后果的;(五)严重影响他人的工作、生活、生产、经营的;(六)其他情节严重的情形。"

4. **在公共场所起哄闹事,造成公共场所秩序严重混乱的**。所谓"**在公共场所起哄闹事**",是指出于取乐、寻求精神刺激等目的,在公共场所无事生非,制造事端,扰乱公共场所秩序。这里所说的"**公共场所**",是指具有公共性特点,对公众开放,供不特定的多数人随时出入、停留、使用的场所,包括车站、码头、民用航空站、商场、公园、影剧院、展览会、运动场所等;所谓"场所",应当是有具体的处所,**不宜将网络公共空间解释为公共场所**。对于一些公共场所中的私密空间也不宜视为公共场所。"**造成公共场所秩序严重混乱**",是指公共场所正常的秩序受到破坏,引起群众惊慌、逃离等混乱局面。根据《最高人民法院、最高人民检察院关于办理寻衅滋事刑事案件适用法律若干问题的解释》第五条的规定,在车站、码头、机场、医院、商场、公园、影剧院、展览会、运动场或者其他公共场所起哄闹事,应当根据公共场所的性质、公共活动的重要程度、公共场所的人数、起哄闹事的时间、公共场所受影响的范围与程度等因素,综合判断是否"造成公共场所秩序严重混乱"。

根据本款规定,行为人只要实施上述行为之一,即构成本罪。构成本罪的,处五年以下有期徒刑、拘役或者管制。

第二款是关于纠集他人多次实施寻衅滋事的犯罪及其处罚的规定。

本款规定主要是惩治以团伙或集团形式犯寻衅滋事罪的首要分子或主犯,也就是纠集者。这里的"**纠集**"是一个贬义词,是指共同犯罪中的首要分子或主犯,有目的地将他人联合、召集在一起。"**多次**"一般是指三次以上。"**严重破坏社会秩序**",不仅指造成公共场所秩序的混乱,而且也扰乱了所在地区的治安秩序,影响人民群众的正常生活和工作秩序。

为惩治以团伙或集团形式进行寻衅滋事犯罪,本款规定了严厉的刑罚,即纠集他人多次实施寻衅滋事行为,严重破坏社会秩序的,对团伙或集团犯罪的首要分子,处五年以上十年以下有期徒刑,可以并处罚金。

实际执行中应当注意以下问题:

1. 注意区分**罪与非罪的界限**。对于寻衅滋事犯罪,其行为具有流氓特性,且必须具有情节恶劣、情节严重或者造成公共场所秩序严重混乱的情形才构成本罪,对于情节轻微、危害不大的寻衅滋事行为,不能按照犯罪处理,如行为人因婚恋、家庭、邻里、债务等纠纷,发生一般性的殴打、辱骂、恐吓他人或者损毁、占用他人财物等,情节并不严重也不恶劣,没有造成公共场所秩序严重混乱的,不能按照犯罪处理。

2. 本罪与**抢劫罪**的界限。寻衅滋事罪是严重扰乱社会秩序的犯罪,行为人实施寻衅滋事行为时,客观上也可能表现为强拿硬要公私财物的特征。这种强拿硬要的行为与抢劫罪的区别在于,前者行为人主观上具有逞强好胜、寻求刺激、发泄情绪等目的,后者行为人一般只具有非法占有他人财物的目的;前者行为人客观上一般不以严重侵犯他人人身权利的方法强拿硬要财物,属于流氓性质的强拿硬要,而后者行为人则以暴力、胁迫等方式作为强抢他人财物的手段。司法实践中,对于未成年人使用或者威胁使用轻微暴力强抢他人少量财物的行为,一般不宜以抢劫罪定罪处罚,其行为如果符合寻衅滋事罪特征的,可以寻衅滋事罪定罪处罚。

3. 本罪与**聚众扰乱社会秩序罪、聚众扰乱公共场所秩序、交通秩序罪**的界限。主要区别在于目的和动机不同,寻衅滋事是为了满足耍威风、取乐等不正常的精神刺激或不健康的心理需要;后两个罪是行为人用聚众闹事的方式,给有关机关、企事业单位、团体施压,以达到实现个人不合理要求。

【司法解释】

《最高人民法院、最高人民检察院关于办理妨害预防、控制突发传染病疫情等灾害的刑事案件具体应用法律若干问题的解释》(法释〔2003〕8号,自2003年5月15日起施行)

△(**预防、控制突发传染病疫情等灾害;寻衅滋事罪**)在预防、控制突发传染病疫情等灾害期间,强拿硬要或者任意损毁、占用公私财物情节严重,或者在公共场所起哄闹事,造成公共场所秩序严重混乱的,依照刑法第二百九十三条的规定,以寻衅滋事罪定罪,依法从重处罚。(§ 11)

《最高人民法院关于审理未成年人刑事案件具体应用法律若干问题的解释》(法释〔2006〕1号,自2006年1月23日起施行)

△(**未成年人;寻衅滋事罪**)已满十六周岁不

满十八周岁的人出于以大欺小、以强凌弱或者寻求精神刺激,随意殴打其他未成年人、多次对其他未成年人强拿硬要或者任意损毁公私财物,扰乱学校及其他公共场所秩序,情节严重的,以寻衅滋事罪定罪处罚。(§ 8)

《最高人民法院、最高人民检察院关于办理寻衅滋事刑事案件适用法律若干问题的解释》(法释〔2013〕18号,自2013年7月22日起施行)

△(**寻衅滋事**)行为人为寻求刺激、发泄情绪、逞强耍横等①,无事生非,实施刑法第二百九十三条规定的行为的,应当认定为“寻衅滋事”。

行为人因日常生活中的偶发矛盾纠纷,借故生非,实施刑法第二百九十三条规定的行为的,应当认定为“寻衅滋事”,但矛盾系由被害人故意引发或者被害人对矛盾激化负有主要责任的除外。

行为人因婚恋、家庭、邻里、债务等纠纷,实施殴打、辱骂、恐吓他人或者损毁、占用他人财物等行为的,一般不认定为“寻衅滋事”,但经有关部门批评制止或者处理处罚后,继续实施前列行为,破坏社会秩序的除外。(§ 1)

△(**随意殴打他人;情节恶劣**)随意殴打他人,破坏社会秩序,具有下列情形之一的,应当认定为刑法第二百九十三条第一款第一项规定的“情节恶劣”:

(一)致一人以上轻伤或者二人以上轻微伤的②;

(二)引起他人精神失常、自杀等严重后果的;

(三)多次随意殴打他人的;

(四)持凶器随意殴打他人的;

(五)随意殴打精神病人、残疾人、流浪乞讨人员、老年人、孕妇、未成年人,造成恶劣社会影响的;

(六)在公共场所随意殴打他人,造成公共场所秩序严重混乱的;

(七)其他情节恶劣的情形。(§ 2)

△(**追逐、拦截、辱骂、恐吓他人;情节恶劣**)追逐、拦截、辱骂、恐吓他人,破坏社会秩序,具有下列情形之一的,应当认定为刑法第二百九十三条第一款第二项规定的“情节恶劣”:

(一)多次追逐、拦截、辱骂、恐吓他人,造成恶劣社会影响的;

(二)持凶器追逐、拦截、辱骂、恐吓他人的;

(三)追逐、拦截、辱骂、恐吓精神病人、残疾人、流浪乞讨人员、老年人、孕妇、未成年人,造成恶劣社会影响的;

(四)引起他人精神失常、自杀等严重后果的;

(五)严重影响他人的工作、生活、生产、经营的;

(六)其他情节恶劣的情形。(§ 3)

△(**强拿硬要或者任意损毁、占用公私财物;情节严重**)强拿硬要或者任意损毁、占用公私财物,破坏社会秩序,具有下列情形之一的,应当认定为刑法第二百九十三条第一款第三项规定的“情节严重”:

(一)强拿硬要公私财物价值一千元以上,或者任意损毁、占用公私财物价值二千元以上的;

(二)多次强拿硬要或者任意损毁、占用公私财物,造成恶劣社会影响的;

(三)强拿硬要或者任意损毁、占用精神病人、残疾人、流浪乞讨人员、老年人、孕妇、未成年人的财物,造成恶劣社会影响的;

(四)引起他人精神失常、自杀等严重后果的;

(五)严重影响他人的工作、生活、生产、经营的;

(六)其他情节严重的情形。(§ 4)

△(**造成公共场所秩序严重混乱**)在车站、码头、机场、医院、商场、公园、影剧院、展览会、运动场或者其他公共场所起哄闹事,应当根据公共场

① 通说认为,寻衅滋事罪的成立要求行为人出于寻求精神刺激、填补精神上空虚、发泄不良情绪等流氓动机。参见赵秉志、李希慧主编:《刑法各论》(第3版),中国人民大学出版社2016年版,第285页。否定论者认为,从历史脉络来看,“流氓动机”是旧刑法时代流氓罪中的观念,现行刑法没有流氓罪,解释者自然也不应再有流氓罪的观念;从实际作用而言,“流氓动机”本身没有具体意义,根本不具有限定犯罪范围的意义。并且,即便行为没有流氓动机,但也可能严重侵犯寻衅滋事罪的保护法益;从替代性方案来看,不将流氓动机视作寻衅滋事罪的罪责要素,也完全可以从客观上判断某行为是否属于寻衅滋事行为,也不会因此而不当扩大寻衅滋事罪的保护范围,等等。参见张明楷:《刑法学》(第6版),法律出版社2021年版,第1402—1404页。亦有论者认为,流氓动机作为寻衅滋事罪的主观违法要素,对于本罪的构成要件而言,具有限缩功能;其对于正确认定寻衅滋事罪具有重要意义,而非没有意义。参见陈兴良主编:《刑法各论精释》,人民法院出版社2015年版,第991页。

② 我国学者指出,司法解释之所以在寻衅滋事罪中容纳轻伤结果,一方面是一种司法惯例,另一方面则是出于司法便利的考量。但是,此一作法本身伴随着副作用,使各种犯罪之间在内容上发生复杂的交错关系,导致罪名之间纠缠不清。参见陈兴良主编:《刑法各论精释》,人民法院出版社2015年版,第997页。

所的性质、公共活动的重要程度、公共场所的人数、起哄闹事的时间、公共场所受影响的范围与程度等因素，综合判断是否“造成公共场所秩序严重混乱”。（§ 5）

△（**纠集他人；三次以上**）纠集他人三次以上实施寻衅滋事犯罪，未经处理的，应当依照刑法第二百九十三条第二款的规定处罚。（§ 6）

△（**想象竞合犯；寻衅滋事罪；故意杀人罪；故意伤害罪；故意毁坏财物罪；敲诈勒索罪；抢夺罪；抢劫罪**）实施寻衅滋事行为，同时符合寻衅滋事罪和故意杀人罪、故意伤害罪、故意毁坏财物罪、敲诈勒索罪、抢夺罪、抢劫罪等罪的构成要件的，依照处罚较重的犯罪定罪处罚。（§ 7）

△（**从轻处罚；不起诉或者免予刑事处罚**）行为人认罪、悔罪，积极赔偿被害人损失或者取得被害人谅解的，可以从轻处罚；犯罪情节轻微的，可以不起诉或者免予刑事处罚。（§ 8）

《最高人民法院、最高人民检察院关于办理利用信息网络实施诽谤等刑事案件适用法律若干问题的解释》（法释〔2013〕21 号，自 2013 年 9 月 10 日起施行）

△（**利用信息网络；寻衅滋事罪**）利用信息网络辱骂、恐吓他人，情节恶劣，破坏社会秩序的，依照刑法第二百九十三条第一款第（二）项的规定，以寻衅滋事罪定罪处罚。

编造虚假信息，或者明知是编造的虚假信息，在信息网络上散布，或者组织、指使人员在信息网络上散布，起哄闹事，造成公共秩序严重混乱的[①]，依照刑法第二百九十三条第一款第（四）项的规定，以寻衅滋事罪定罪处罚。[②]（§ 5）

△（**共同犯罪**）明知他人利用信息网络实施诽谤、寻衅滋事、敲诈勒索、非法经营等犯罪，为其提供资金、场所、技术支持等帮助的，以共同犯罪论处。（§ 8）

△（**想象竞合犯；损害商业信誉、商品声誉罪；煽动暴力抗拒法律实施罪；编造、故意传播虚假恐怖信息罪**）利用信息网络实施诽谤、寻衅滋事、敲诈勒索、非法经营犯罪，同时又构成刑法第二百二十一条规定的损害商业信誉、商品声誉罪，第二百七十八条规定的煽动暴力抗拒法律实施罪，第二百九十一条之一规定的编造、故意传播虚假恐怖信息罪等犯罪的，依照处罚较重的规定定罪处罚。（§ 9）

△（**信息网络**）本解释所称信息网络，包括以计算机、电视机、固定电话机、移动电话机等电子设备为终端的计算机互联网、广播电视网、固定通信网、移动通信网等信息网络，以及向公众开放的局域网络。（§ 10）

【司法解释性文件】

《最高人民法院关于审理抢劫、抢夺刑事案件适用法律若干问题的意见》（法发〔2005〕8 号，2005 年 6 月 8 日公布）

△（**寻衅滋事罪；抢劫罪；非法占有他人财物的目的；暴力、胁迫等方式；未成年人**）寻衅滋事罪是严重扰乱社会秩序的犯罪，行为人实施寻衅滋事的行为时，客观上也可能表现为强拿硬要公私财物的特征。这种强拿硬要的行为与抢劫罪的区别在于：前者行为人主观上还具有逞强好胜和通过强拿硬要来填补其精神空虚等目的，后者行为人一般只具有非法占有他人财物的目的；前者行为人客观上一般不以严重侵犯他人人身权利的方法强拿硬要财物，而后者行为人则以暴力、胁迫等方式作为劫取他人财物的手段。司法实践中，对于未成年人使用或威胁使用轻微暴力强抢少量财物的行为，一般不宜以抢劫罪定罪处罚。其行为符合寻衅滋事罪特征的，可以寻衅滋事罪定罪处罚。

《最高人民检察院、公安部关于公安机关管辖的刑事案件立案追诉标准的规定（一）的补充规定》（公通字〔2017〕12 号，2017 年 4 月 27 日公布）

△（**寻衅滋事罪；立案追诉标准**）将《立案追诉标准（一）》第 37 条修改为：［寻衅滋事案（刑法第 293 条）］随意殴打他人，破坏社会秩序，涉嫌下

---

① 我国学者指出，该司法解释将刑法明文规定的“造成公共场所秩序严重混乱”这一要件直接表述为“造成公共秩序严重混乱”的做法，值得商榷。一方面，此作法放弃了行为发生场所与结果发生场所同一性的要求；另一方面，“公共场所秩序”的范围明显窄于“公共秩序”，造成公共秩序严重混乱的行为，并不当然符合“造成公共场所秩序严重混乱”的构成要件。总而言之，将公共场所提升为公共空间，将公共场所秩序提升为公共秩序，已经属于典型的类推解释。参见张明楷：《刑法学》（第 6 版），法律出版社 2021 年版，第 1401 页；周光权：《刑法各论》（第 4 版），中国人民大学出版社 2021 年版，第 424 页。

② 自《刑法修正案（九）》增订编造、故意传播虚假信息罪（第二百九十一条之一第二款）后，编造、传播虚假的险情、疫情、灾情、警情的行为，会构成编造、传播虚假信息罪，而非寻衅滋事罪。但从法定刑的比较来看，编造、传播虚假信息罪的法定刑低于寻衅滋事罪。如果继续将编造、传播险情、疫情、灾情、警情之外的谣言的行为，认定为寻衅滋事罪，会导致罪刑相适应原则之违反。因此，我国学者指出，该款规定自《刑法修正案（九）》生效之后，应自动失效。参见张明楷：《刑法学》（第 6 版），法律出版社 2021 年版，第 1401 页。

列情形之一的，应予立案追诉：

（一）致 1 人以上轻伤或者 2 人以上轻微伤的；

（二）引起他人精神失常、自杀等严重后果的；

（三）多次随意殴打他人的；

（四）持凶器随意殴打他人的；

（五）随意殴打精神病人、残疾人、流浪乞讨人员、老年人、孕妇、未成年人，造成恶劣社会影响的；

（六）在公共场所随意殴打他人，造成公共场所秩序严重混乱的；

（七）其他情节恶劣的情形。

追逐、拦截、辱骂、恐吓他人，破坏社会秩序，涉嫌下列情形之一的，应予立案追诉：

（一）多次追逐、拦截、辱骂、恐吓他人，造成恶劣社会影响的；

（二）持凶器追逐、拦截、辱骂、恐吓他人的；

（三）追逐、拦截、辱骂、恐吓精神病人、残疾人、流浪乞讨人员、老年人、孕妇、未成年人，造成恶劣社会影响的；

（四）引起他人精神失常、自杀等严重后果的；

（五）严重影响他人的工作、生活、生产、经营的；

（六）其他情节恶劣的情形。

强拿硬要或者任意损毁、占用公私财物，破坏社会秩序，涉嫌下列情形之一的，应予立案追诉：

（一）强拿硬要公私财物价值 1 千元以上，或者任意损毁、占用公私财物价值 2 千元以上的；

（二）多次强拿硬要或者任意损毁、占用公私财物，造成恶劣社会影响的；

（三）强拿硬要或者任意损毁、占用精神病人、残疾人、流浪乞讨人员、老年人、孕妇、未成年人的财物，造成恶劣社会影响的；

（四）引起他人精神失常、自杀等严重后果的；

（五）严重影响他人的工作、生活、生产、经营的；

（六）其他情节严重的情形。

在车站、码头、机场、医院、商场、公园、影剧院、展览会、运动场或者其他公共场所起哄闹事，应当根据公共场所的性质、公共活动的重要程度、公共场所的人数、起哄闹事的时间、公共场所受影响的范围与程度等因素，综合判断是否造成公共场所秩序严重混乱。（§ 8）

《最高人民法院、最高人民检察院、公安部、司法部、国家卫生和计划生育委员会等关于依法惩处涉医违法犯罪维护正常医疗秩序的意见》（法发〔2014〕5 号，2014 年 4 月 22 日公布）

△（**涉医违法犯罪**）对涉医违法犯罪行为，要依法严肃追究、坚决打击。公安机关要加大对暴力杀医、伤医、扰乱医疗秩序等违法犯罪活动的查处力度，接到报警后应当及时出警、快速处置，需要追究刑事责任的，及时立案侦查，全面、客观地收集、调取证据，确保侦查质量。人民检察院应当及时依法批捕、起诉，对于重大涉医犯罪案件要加强法律监督，必要时可以对收集证据、适用法律提出意见。人民法院应当加快审理进度，在全面查明案件事实的基础上依法准确定罪量刑，对于犯罪手段残忍、主观恶性深、人身危险性大的被告人或者社会影响恶劣的涉医犯罪行为，要依法从严惩处。

△（**随意殴打医务人员；任意损毁公私财物**）在医疗机构内殴打医务人员或者故意伤害医务人员身体、故意损毁公私财物，尚未造成严重后果的，分别依照治安管理处罚法第四十三条、第四十九条的规定处罚；故意杀害医务人员，或者故意伤害医务人员造成轻伤以上严重后果，或者随意殴打医务人员情节恶劣、任意损毁公私财物情节严重，构成故意杀人罪、故意伤害罪、故意毁坏财物罪、寻衅滋事罪的，依照刑法的有关规定定罪处罚。

△（**扰乱医疗秩序；寻衅滋事罪**）在医疗机构私设灵堂、摆放花圈、焚烧纸钱、悬挂横幅、堵塞大门或者以其他方式扰乱医疗秩序，尚未造成严重损失，经劝说、警告无效的，要依法驱散，对拒不服从的人员要依法带离现场，依照治安管理处罚法第二十三条的规定处罚；聚众实施的，对首要分子和其他积极参加者依法予以治安处罚；造成严重损失或者扰乱其他公共秩序情节严重，构成寻衅滋事罪、聚众扰乱社会秩序罪、聚众扰乱公共场所秩序、交通秩序罪的，依照刑法的有关规定定罪处罚。

在医疗机构的病房、抢救室、重症监护室等场所及医疗机构的公共开放区域违规停放尸体，影响医疗秩序，经劝说、警告无效的，依照治安管理处罚法第六十五条的规定处罚；严重扰乱医疗秩序或者其他公共秩序，构成犯罪的，依照前款的规定定罪处罚。

△（**公然侮辱、恐吓医务人员；寻衅滋事罪**）公然侮辱、恐吓医务人员的，依照治安管理处罚法第四十二条的规定处罚；采取暴力或者其他方法公然侮辱、恐吓医务人员情节严重（恶劣），构成侮辱罪、寻衅滋事罪的，依照刑法的有关规定定罪

处罚。

△(**以受他人委托处理医疗纠纷为名;寻衅滋事罪**)对于故意扩大事态,教唆他人实施针对医疗机构或者医务人员的违法犯罪行为,或者以受他人委托处理医疗纠纷为名实施敲诈勒索、寻衅滋事等行为的,依照治安管理处罚法和刑法的有关规定从严惩处。

《最高人民法院、最高人民检察院、公安部、司法部关于办理黑恶势力犯罪案件若干问题的指导意见》(法发〔2018〕1号,2018年1月16日公布)

△(**黑恶势力;寻衅滋事罪;强迫交易罪;敲诈勒索罪;"以黑恶势力名义敲诈勒索";想象竞合;雇佣、指使;民间矛盾**)黑恶势力为谋取不法利益或形成非法影响,有组织地采用滋扰、纠缠、哄闹、聚众造势等手段侵犯人身权利、财产权利,破坏经济秩序、社会秩序,构成犯罪的,应当分别依照《刑法》相关规定处理:

(1)有组织地采用滋扰、纠缠、哄闹、聚众造势等手段扰乱正常的工作、生活秩序,使他人产生心理恐惧或者形成心理强制,分别属于《刑法》第二百九十三条第一款第(二)项规定的"恐吓"、《刑法》第二百二十六规定的"威胁",同时符合其他犯罪构成条件的,应分别以寻衅滋事罪、强迫交易罪定罪处罚。

《关于办理寻衅滋事刑事案件适用法律若干问题的解释》第二条至第四条中的"多次"一般应当理解为二年内实施寻衅滋事行为三次以上。二年内多次实施不同种类寻衅滋事行为的,应当追究刑事责任。

(2)以非法占有为目的强行索取公私财物,有组织地采用滋扰、纠缠、哄闹、聚众造势等手段扰乱正常的工作、生活秩序,同时符合《刑法》第二百七十四条规定的其他犯罪构成条件的,应当以敲诈勒索罪定罪处罚。同时由多人实施或者以统一着装、显露文身、特殊标识以及其他明示或者暗示方式,足以使对方感知相关行为的有组织性的,应当认定为《关于办理敲诈勒索刑事案件适用法律若干问题的解释》第二条第(五)项规定的"以黑恶势力名义敲诈勒索"。

采用上述手段,同时又构成其他犯罪的,应当依法按照处罚较重的规定定罪处罚。

雇佣、指使他人有组织地采用上述手段强迫交易、敲诈勒索,构成强迫交易罪、敲诈勒索罪的,对雇佣者、指使者,一般应当以共同犯罪中的主犯论处。为强索不受法律保护的债务或者因其他非法目的,雇佣、指使他人有组织地采用上述手段寻衅滋事,构成寻衅滋事罪的,对雇佣者、指使者,一般应当以共同犯罪中的主犯论处;为追讨合法债务或者因婚恋、家庭、邻里纠纷等民间矛盾而雇佣、指使,没有造成严重后果的,一般不作为犯罪处理,但经有关部门批评制止或者处理处罚后仍继续实施的除外。(§ 17)

《最高人民法院、最高人民检察院、公安部、司法部关于办理"套路贷"刑事案件若干问题的意见》(法发〔2019〕11号,自2019年4月9日起施行)

△(**"套路贷";诈骗罪;敲诈勒索罪;非法拘禁罪;虚假诉讼罪;寻衅滋事罪;强迫交易罪;抢劫罪;绑架罪**)实施"套路贷"过程中,未采用明显的暴力或者威胁手段,其行为特征从整体上表现为以非法占有为目的,通过虚构事实、隐瞒真相骗取被害人财物的,一般以诈骗罪定罪处罚;对于在实施"套路贷"过程中多种手段并用,构成诈骗、敲诈勒索、非法拘禁、虚假诉讼、寻衅滋事、强迫交易、抢劫、绑架等多种犯罪的,应当根据具体案件事实,区分不同情况,依照刑法及有关司法解释的规定数罪并罚或者择一重处。(§ 4)

《最高人民法院、最高人民检察院、公安部、司法部关于办理实施"软暴力"的刑事案件若干问题的意见》(自2019年4月9日起施行)

△(**"软暴力";强迫交易罪;寻衅滋事罪**)采用"软暴力"手段,使他人产生心理恐惧或者形成心理强制,分别属于《刑法》第二百二十六条规定的"威胁"、《刑法》第二百九十三条第一款第(二)项规定的"恐吓",同时符合其他犯罪构成要件的,应当分别以强迫交易罪、寻衅滋事罪定罪处罚。

《关于办理寻衅滋事刑事案件适用法律若干问题的解释》第二条至第四条中的"多次"一般应当理解为二年内实施寻衅滋事行为三次以上。三次以上寻衅滋事行为既包括同一类别的行为,也包括不同类别的行为;既包括未受行政处罚的行为,也包括已受行政处罚的行为。(§ 5)

△(**想象竞合**)采用"软暴力"手段,同时构成两种以上犯罪的,依法按照处罚较重的犯罪定罪处罚,法律另有规定的除外。(§ 9)

△(**行政处罚;折抵刑期;抵扣罚金**)根据本意见第五条、第八条规定,对已受行政处罚的行为追究刑事责任的,行为人先前所受的行政拘留处罚应当折抵刑期,罚款应当抵扣罚金。(§ 10)

△(**雇佣、指使;主犯;强迫交易罪;敲诈勒索罪;非法侵入住宅罪;寻衅滋事罪;民间矛盾**)雇佣、指使他人采用"软暴力"手段强迫交易、敲诈勒索,构成强迫交易罪、敲诈勒索罪的,对雇佣者、

指使者,一般应当以共同犯罪中的主犯论处。

为强索不受法律保护的债务或者因其他非法目的,雇佣、指使他人采用"软暴力"手段非法剥夺他人人身自由构成非法拘禁罪,或者非法侵入他人住宅、寻衅滋事,构成非法侵入住宅罪、寻衅滋事罪的,对雇佣者、指使者,一般应当以共同犯罪中的主犯论处;因本人及近亲属合法债务、婚恋、家庭、邻里纠纷等民间矛盾而雇佣、指使,没有造成严重后果的,一般不作为犯罪处理,但经有关部门批评制止或者处理处罚后仍继续实施的除外。(§ 11)

《最高人民法院、最高人民检察院、公安部办理跨境赌博犯罪案件若干问题的意见》(公通字〔2020〕14 号,2020 年 10 月 16 日发布)

△(**赌博犯罪;故意杀人罪;故意伤害罪;非法拘禁罪;故意毁坏财物罪;寻衅滋事罪**)实施赌博犯罪,为强行索要赌债,实施故意杀人、故意伤害、非法拘禁、故意毁坏财物、寻衅滋事等行为,构成犯罪的,应当依法数罪并罚。(§ 4Ⅳ)

《最高人民法院、最高人民检察院、公安部、司法部关于依法惩治妨害新型冠状病毒感染肺炎疫情防控违法犯罪的意见》(法发〔2020〕7 号,2020 年 2 月 6 日发布)

△(**肺炎疫情防控;故意伤害罪;侮辱罪;寻衅滋事罪;非法拘禁罪**)依法严惩暴力伤医犯罪。在疫情防控期间,故意伤害医务人员造成轻伤以上的严重后果,或者对医务人员实施撕扯防护装备、吐口水等行为,致使医务人员感染新型冠状病毒的,依照刑法第二百三十四条的规定,以故意伤害罪定罪处罚。

随意殴打医务人员,情节恶劣的,依照刑法第二百九十三条的规定,以寻衅滋事罪定罪处罚。

采取暴力或者其他方法公然侮辱、恐吓医务人员,符合刑法第二百四十六条、第二百九十三条规定的,以侮辱罪或者寻衅滋事罪定罪处罚。

以不准离开工作场所等方式非法限制医务人员人身自由,符合刑法第二百三十八条规定的,以非法拘禁罪定罪处罚。(§ 2Ⅱ)

△(**肺炎疫情防控;编造、故意传播虚假信息罪;寻衅滋事罪;煽动分裂国家罪;煽动颠覆国家政权罪;拒不履行信息网络安全管理义务罪**)依法严惩造谣传谣犯罪。编造虚假的疫情信息,在信息网络或者其他媒体上传播,或者明知是虚假疫情信息,故意在信息网络或者其他媒体上传播,严重扰乱社会秩序的,依照刑法第二百九十一条之一第二款的规定,以编造、故意传播虚假信息罪定罪处罚。

编造虚假信息,或者明知是编造的虚假信息,在信息网络上散布,或者组织、指使人员在信息网络上散布,起哄闹事,造成公共秩序严重混乱的,依照刑法第二百九十三条第一款第四项的规定,以寻衅滋事罪定罪处罚。

利用新型冠状病毒感染肺炎疫情,制造、传播谣言,煽动分裂国家、破坏国家统一,或者煽动颠覆国家政权、推翻社会主义制度的,依照刑法第一百零三条第二款、第一百零五条第二款的规定,以煽动分裂国家罪或者煽动颠覆国家政权罪定罪处罚。

网络服务提供者不履行法律、行政法规规定的信息网络安全管理义务,经监管部门责令采取改正措施而拒不改正,致使虚假疫情信息或者其他违法信息大量传播的,依照刑法第二百八十六条之一的规定,以拒不履行信息网络安全管理义务罪定罪处罚。

对虚假疫情信息案件,要依法、精准、恰当处置。对恶意编造虚假疫情信息,制造社会恐慌,挑动社会情绪,扰乱公共秩序,特别是恶意攻击党和政府,借机煽动颠覆国家政权、推翻社会主义制度的,要依法严惩。对于因轻信而传播虚假信息,危害不大的,不以犯罪论处。(§ 2Ⅵ)

△(**治安管理处罚;从重情节**)依法严惩妨害疫情防控的违法行为。实施上述(一)至(九)规定的行为,不构成犯罪的,由公安机关根据治安管理处罚法有关虚构事实扰乱公共秩序,扰乱单位秩序、公共场所秩序、寻衅滋事,拒不执行紧急状态下的决定、命令,阻碍执行职务,冲闯警戒带、警戒区,殴打他人,故意伤害,侮辱他人,诈骗,在铁路沿线非法挖掘坑穴、采石取沙,盗窃、损毁路面公共设施,损毁铁路设施设备,故意损毁财物、哄抢公私财物等规定,予以治安管理处罚,或者由有关部门予以其他行政处罚。

对于在疫情防控期间实施有关违法犯罪的,要作为从重情节予以考量,依法体现从严的政策要求,有力惩治震慑违法犯罪,维护法律权威,维护社会秩序,维护人民群众生命安全和身体健康。(§ 2Ⅹ)

《最高人民法院、最高人民检察院关于常见犯罪的量刑指导意见(试行)》(法发〔2021〕21 号,2021 年 6 月 6 日发布)

△(**寻衅滋事罪;量刑**)

1. 构成寻衅滋事罪的,根据下列情形在相应的幅度内确定量刑起点:

(1)寻衅滋事一次的,在三年以下有期徒刑、拘役幅度内确定量刑起点。

分则　第六章

(2)纠集他人三次寻衅滋事(每次都构成犯罪),严重破坏社会秩序的,在五年至七年有期徒刑幅度内确定量刑起点。

2. 在量刑起点的基础上,根据寻衅滋事次数、伤害后果、强拿硬要他人财物或任意损毁、占用公私财物数额等其他影响犯罪构成的犯罪事实增加刑罚量,确定基准刑。

3. 构成寻衅滋事罪,判处五年以上十年以下有期徒刑,并处罚金的,根据寻衅滋事的次数、危害后果、对社会秩序的破坏程度等犯罪情节,综合考虑被告人缴纳罚金的能力,决定罚金数额。

4. 构成寻衅滋事罪的,综合考虑寻衅滋事的具体行为、危害后果、对社会秩序的破坏程度等犯罪事实、量刑情节,以及被告人的主观恶性、人身危险性、认罪悔罪表现等因素,决定缓刑的适用。

【附属刑法】

《中华人民共和国国防教育法》(2001年4月28日通过,2018年4月27日修正)

第三十六条

寻衅滋事,扰乱国防教育工作和活动秩序的,或者盗用国防教育名义骗取钱财的,由有关主管部门给予批评教育,并予以制止;违反治安管理规定的,由公安机关依法给予治安管理处罚;构成犯罪的,依法追究刑事责任。

《中华人民共和国监狱法》(1994年12月29日通过,2012年10月26日修正)

第五十八条

Ⅰ罪犯有下列破坏监管秩序情形之一的,监狱可以给予警告、记过或者禁闭:

……

(四)偷窃、赌博、打架斗殴、寻衅滋事的;

……

Ⅱ依照前款规定对罪犯实行禁闭的期限为七天至十五天。

Ⅲ罪犯在服刑期间有第一款所列行为,构成犯罪的,依法追究刑事责任。

《中华人民共和国体育法》(1995年8月29日通过,2016年11月7日第二次修正)

第五十一条

在体育活动中,寻衅滋事、扰乱公共秩序的,给予批评、教育并予以制止;违反治安管理的,由公安机关依照治安管理处罚法的规定给予处罚;构成犯罪的,依法追究刑事责任。

《中华人民共和国铁路法》(1990年9月7日通过,2015年4月24日第二次修正)

第六十五条

Ⅱ在列车内,寻衅滋事,侮辱妇女,情节恶劣的,依照刑法有关规定追究刑事责任;敲诈勒索旅客财物的,依照刑法有关规定追究刑事责任。

《中华人民共和国水法》(1988年1月21日通过,2016年7月2日第二次修正)

第七十四条

在水事纠纷发生及其处理过程中煽动闹事、结伙斗殴、抢夺或者损坏公私财物、非法限制他人人身自由,构成犯罪的,依照刑法的有关规定追究刑事责任;尚不够刑事处罚的,由公安机关依法给予治安管理处罚。

《中华人民共和国精神卫生法》(2012年10月26日通过,2018年4月27日修正)

第八十条

Ⅰ在精神障碍的诊断、治疗、鉴定过程中,寻衅滋事,阻挠有关工作人员依照本法的规定履行职责,扰乱医疗机构、鉴定机构工作秩序的,依法给予治安管理处罚。

Ⅱ违反本法规定,有其他构成违反治安管理行为的,依法给予治安管理处罚。

第八十一条

违反本法规定,构成犯罪的,依法追究刑事责任。

《中华人民共和国英雄烈士保护法》(2018年4月27日通过)

第二十七条

Ⅰ在英雄烈士纪念设施保护范围内从事有损纪念英雄烈士环境和氛围的活动的,纪念设施保护单位应当及时劝阻;不听劝阻的,由县级以上地方人民政府负责英雄烈士保护工作的部门、文物主管部门按照职责规定给予批评教育,责令改正;构成违反治安管理行为的,由公安机关依法给予治安管理处罚。

Ⅱ亵渎、否定英雄烈士事迹和精神,宣扬、美化侵略战争和侵略行为,寻衅滋事,扰乱公共秩序,构成违反治安管理行为的,由公安机关依法给予治安管理处罚;构成犯罪的,依法追究刑事责任。

《中华人民共和国疫苗管理法》(2019年6月29日通过)

第七十九条

违反本法规定,构成犯罪的,依法从重追究刑事责任。

第九十三条

Ⅰ编造、散布虚假疫苗安全信息,或者在接种单位寻衅滋事,构成违反治安管理行为的,由公安机关依法给予治安管理处罚。

【参考案例】

△纠集多人随意殴打他人严重扰乱社会秩序的,应以寻衅滋事罪论处。

聚众扰乱社会秩序罪,从客观方面来讲,必须符合两个要件要素:其一,聚众行为,即聚集的人数达到三人或以上,对具体什么行为没有要求。其二,行为后果达到了扰乱社会秩序的程度,即必须致使工作、生产、营业、教学、科研无法进行。而寻衅滋事罪的客观方面主要包括:其一,该罪行为是法定的,随意殴打、追逐、拦截、损毁财物、在公共场所起哄闹事等。不管哪种行为,不要求聚众,但包括聚众。其二,行为后果达到破坏社会秩序的程度,没有要求必须致使工作、经营等无法进行,但包括无法进行。

虽然聚众情形的寻衅滋事行为与聚众扰乱社会秩序行为,在聚众要素上没有区别,但在行为范围上区别迥异。聚众扰乱社会秩序罪的行为,可以是任何行为(独立成罪的除外),而寻衅滋事罪只能是刑法明定的几种行为,因此,撇开聚众和行为后果要素,聚众扰乱社会秩序罪与寻衅滋事罪可以说是一般与特殊关系。两者竞合时,应以特殊优于一般的原则,认定寻衅滋事(注意撇开聚众和行为后果要素的前提条件)。依据此原则,李铁等寻衅滋事案应认定三被告人构成寻衅滋事罪(李铁独立构成故意伤害罪没有疑义)。[No. 6-1-293-1　李铁等寻衅滋事案]

△出于报复泄愤心理,随意殴打他人,任意损毁财物,情节严重的,应以寻衅滋事罪论处。

寻衅滋事罪是从原来的流氓罪中演变出来的,现行《刑法》将之归属在妨害社会管理秩序罪(第二百九十三条)中。《刑法》第二百九十三条规定了寻衅滋事罪的四种行为。许军令等寻衅滋事案中被告人许军令等因承揽生意遭拒绝,怀恨在心,出于报复泄愤心理,伙同他人寻衅滋事,多次随意追打他人,任意损毁公私财物,情节严重,破坏了巷北工业区的投资环境。因此,从犯罪构成上来说,符合寻衅滋事罪的构成要件,构成寻衅滋事罪。有人提出本案中被告人许军令等的主观目的是强迫交易,缺少流氓动机。这种观点不能成立。一方面,从主观方面讲主要是交易目的,但不可否认的是被告人同时也存在着破坏泄恨,逞强争胜,寻求刺激的动机,这从其行为充分表现出来。另一方面,对于寻衅滋事罪,流氓动机并非必要条件。只要其行为严重侵害了寻衅滋事罪的保护法益,即社会秩序,在此基础上,只要行为人对自己的行为扰乱公共场所秩序具有认识与希望或者放任,就具备了寻衅滋事罪的主观故意。[No. 6-1-293-2　许军令等寻衅滋事案]

△采取寻衅滋事手段,强行承包生意,属于寻衅滋事罪与强迫交易罪的想象竞合,应择一重罪处断。

许军令等寻衅滋事案为强迫交易罪与寻衅滋事罪的想象竞合。本案中,行为人在强迫交易的故意支配下实施暴力行为,同时构成《刑法》规定的寻衅滋事罪。强迫交易罪以暴力、威胁行为为其手段行为,在犯罪过程中如果使用了暴力、威胁,行为人在构成强迫交易罪的同时又会相应地触犯《刑法》规定的其他罪名,常见的如在强迫交易犯罪行为中,致人死亡、重伤的,同时构成了故意(过失)伤害罪、故意(过失)杀人罪;在本案则同时构成了寻衅滋事罪。对于此种情况,有意见认为是牵连犯,但牵连犯需两个犯罪行为,而本案的犯罪行为只有一个,即暴力的手段行为。因此不可能是牵连犯。被告人许军令等人的行为构成了想象竞合犯。想象竞合犯是指行为人以一个故意或过失,实施了一个行为,侵害了数个刑法所保护的客体,触犯数个罪名的情形,也称想象的数罪,观念的竞合,一行为违反数法。本案中被告人许军令等人的行为同时构成了强迫交易罪和寻衅滋事罪,应当根据想象竞合犯的处断原则择一重罪而处之。强迫交易罪是处三年以下有期徒刑,而寻衅滋事是处五年以下有期徒刑,寻衅滋事罪法定刑的起点比较高,为重罪,因此,本案宜定性为寻衅滋事罪。[No. 6-1-293-3　许军令等寻衅滋事案]

△无故殴打他人后临时起意乘机夺取财物的,应以抢夺罪论处。

抢劫罪在主观上必须是以非法强行占有财物为目的,在客观上表现为对被害人实施了暴力、胁迫或者其他方法,且上述方法必须是服务于行为人当场取财的手段。亢红昌抢夺案中,被告人亢红昌等人先行侵犯他人人身的行为并非其取财的手段,客观上也无凭借侵犯人身的手段来达到非法强行占有他人财物的目的,故其行为不符合抢劫罪的特征。亢红昌及其同伙酒后无故殴打王某某的行为和夺取王的手机的行为在刑法意义上是两个独立的阶段,先行寻衅滋事无故殴打王某某的行为,并非亢红昌夺取财物的手段;后行夺财,并非事先即有强行占有他人财物的目的,只是见财临时起意乘机夺走王某某的手机,因而不符合抢劫罪的特征,应认定为抢夺罪。[No. 6-1-293-4　亢红昌抢夺案]

△为逞强好胜非法插手他人婚姻纠纷,并以

威胁手段索要他人财物，数额不大的，应以寻衅滋事罪论处。

王新强寻衅滋事案被告人以向王从贵要名誉损失费为借口，威胁王从贵打下5000元欠条，并从中牟利的行为应定寻衅滋事罪，其主要表现为：主观方面，被告人主动插手他人纠纷，其动机在于逞强好胜、寻求刺激、显示其在邻里乡间的威风和能耐；客观方面，本起犯罪发生时，被告人已滋事成性，经常随意殴打、辱骂他人，强拿硬要，无事生非，其行为具有连贯性；客体方面，被告人以威胁手段，不顾王心叶及其父等人的反对，逼迫王从贵写下欠条，是藐视国家法律和社会公德，破坏社会管理秩序的表现，侵犯的是公共秩序。

不能定敲诈勒索罪或抢劫罪。理由是：(1)主观方面。敲诈勒索罪和抢劫罪都要求行为人以非法占有为目的，即为本人获取非法财产利益，而本案中没有任何证据显示被告人有非法占有的意思，其向王从贵索要名誉损失费是以王心叶的名义，欠条上写的也是王心叶的名字。如果被告人有非法占有的意思，在王从贵给其900元时，他完全可以不给王心叶父亲钱。但是被告人告诉王心叶父亲，王从贵给他700元，并给王心叶父亲300元，这些事实说明被告人主观上没有非法占有的目的，其行为不符合敲诈勒索罪和抢劫罪的主观要件。(2)客体方面。敲诈勒索罪和抢劫罪侵犯的客体是公私财物的所有权和公民的人身权利，而寻衅滋事罪侵犯的客体是公共秩序。在本案中，被告人以威胁手段，不顾王心叶及其父等人的反对，逼迫王从贵写下欠条，是藐视国家法律和社会公德，破坏社会管理秩序的表现。(3)客观方面。抢劫罪一般表现为行为人通过对被害人使用暴力或暴力威胁当场劫取财物。敲诈勒索罪表现为行为人采用威胁、要挟、恫吓等手段迫使被害人交出数额较大的财物行为，行为人索要财物一般是为己索要。而本案中被告人王新强为逞强好胜采用威胁的手段是为他人索要名誉损失费，钱财是事后所得且数额也没有达到法定起刑点。因此，本案不能定敲诈勒索罪或抢劫罪。[No. 6-1-293-5　王新强寻衅滋事案]

△以言语威胁方式多次强行索取他人少量财物，在未索得财物时，并未进一步采取暴力行为，未严重侵犯他人人身权利的，不构成抢劫罪；符合寻衅滋事罪强拿硬要特征的，应以寻衅滋事罪论处。

根据《最高人民法院关于审理抢劫、抢夺刑事案件适用法律若干问题的意见》，寻衅滋事罪与抢劫罪的区别有二：一是前者行为人主观上还具有逞强好胜和通过强拿硬要来填补其精神空虚等目的，后者行为人一般只具有非法占有他人财物的目的；二是前者行为人客观上一般不以严重侵犯他人人身权利的方法强拿硬要财物，而后者行为人则以暴力、胁迫等方式作为劫取他人财物的手段。司法实践中，对于未成年人使用威胁或使用轻微暴力强抢少量财物的行为，一般不宜以抢劫罪定罪处罚。其行为符合寻衅滋事罪特征的，可以寻衅滋事罪定罪处罚。就李海彬寻衅滋事案而言，被告人李海彬虽然多次强索他人财物，但其采取的仅是言语威胁方式，且在未索得财物时，也未采取进一步的暴力手段。由此可见，被告人采取的言语威胁方式并未达到严重侵犯他人人身权利的程度，即不属于抢劫罪的暴力、胁迫手段。其行为符合寻衅滋事罪的强拿硬要特征，并严重扰乱了社会公共秩序，二审判决以寻衅滋事罪追究其刑事责任是正确的。[No. 6-1-293-6　李海彬寻衅滋事案]

△出于耍威风、占便宜、取乐等动机，非法占有他人财物的，应以寻衅滋事罪论处；寻衅滋事过程中过失致人死亡的，应以过失致人死亡罪和寻衅滋事罪实行并罚。

抢劫罪与寻衅滋事罪中强拿硬要行为的界限问题，有时候比较模糊。两者都可能使用暴力、胁迫手段，并非法占有财物。一般讲抢劫罪中行为人使用的暴力强度较大，寻衅滋事罪中使用的暴力一般比较轻微。两者最显著的区别在于犯罪动机等主观方面的内容不同。抢劫罪是以非法占有为目的，劫取被害人所有财物或有较高价值的财物，主观上尽量避免被害人辨认或者他人知悉。寻衅滋事罪中的强拿硬要，一般出于耍威风、占便宜、取乐等动机，占有他人财物处于从属地位，也不太在意财物的价值大小。杨熙寻衅滋事、过失致人死亡案中，被告人杨熙的行为明显出于耍威风等流氓动机，这与以非法占有财物为目的的抢劫罪是不同的。

本案被告人杨熙应当预见饮酒过量会发生酒精中毒的危害结果，但其认识停留在让汪某难受的程度，没有进一步想象到酒精中毒的后果，符合疏忽大意的过失犯罪的特征。(疏忽大意)过失致人死亡罪与(间接)故意伤害(致人死亡)罪的关键区别在于，看伤害的结果是否违背行为人的本意，即行为人在实施某行为时的主观追求。(疏忽大意)过失致人死亡罪的行为人因为疏忽大意在主观上根本没有意识到其行为会产生什么样的后果，不存在什么主观追求，如果出现危害结果，是违背行为人主观意愿的。(间接)故意伤害(致人死亡)罪的行为人虽然对死亡的后果存在一定过失，但对伤害的后果持放任态度，其已经知道行为会发生伤害后果，但对此后果听之任之，漠不关心,一旦发生,也不违背其意愿。综观全案可以看出,被告人杨熙与被害人汪某平素相识,无什么仇恨,杨熙不存在伤害被害人的故意,在前面寻衅滋事行为的前提下,酒席上,杨熙让汪某等多喝酒,其目的充其量是让汪某东倒西歪,当场呕吐,形象不佳,出出洋相而已。但结果是汪某因酒精中毒抢救无效而死,大大出乎杨熙意料,死亡的结果更是与被告人本意相距十万八千里。另言之,本案的饮酒过度,不是伤害过程,把杨熙出于让被害人难受目的而让其多喝的行为定性为故意伤害行为,太过牵强,酒毕竟是一种食品,在长期的司法实践中,尚未发现有以饮酒作为故意伤害之手段的。因而杨熙之行为构成寻衅滋事罪与过失致人死亡罪,应予并罚。[No. 6-1-293-7 杨熙寻衅滋事、过失致人死亡案]

△在寻衅滋事过程中,部分行为人超出共同故意实施行为的,应以故意杀人罪论处;其他行为人对此不承担刑事责任,仍应以寻衅滋事罪论处。

在寻衅滋事随意殴打他人的过程中,阳双飞等故意杀人、寻衅滋事案中,被告人阳双飞将被害人吕振铭推入河中以致吕振铭溺水死亡,其明知将吕振铭推入河中可能会造成其溺水死亡的后果,却放任该死亡结果的出现,在吕振铭落水后也没有加以关注和施救,故阳双飞的行为构成故意杀人罪。从主观犯意上讲,其他被告人主观上仅有随意殴打他人寻衅滋事的故意,没有杀人的故意,并且在当时的情况下,其他被告人只管自己与村民在打斗,没有注意到阳双飞将人推入河中的事实,其他被告人谈不上有施救的义务。阳双飞故意杀人的行为是一种共犯实行过限行为,故其他被告人对阳双飞的故意杀人行为不应承担责任。[No. 6-1-293-8 阳双飞等故意杀人、寻衅滋事案]

△在寻衅滋事过程中致人死亡的,符合故意杀人罪构成要件的,应以故意杀人罪论处。

从寻衅滋事罪的立法本意上看,一般而言,寻衅滋事不会引起致人死亡的后果。从《刑法》第二百九十三条规定看,随意殴打他人中的"随意殴打",是指比较轻微的殴打,如果是比较严重的殴打就应该认为是一种故意伤害行为而不是寻衅滋事行为,更不能将他人推入河中的故意杀人行为也视为是一种寻衅滋事行为。因此,从理论上看,对阳双飞等故意杀人、寻衅滋事案被告人阳双飞定两个罪是比较合适的。但是,从定罪的必要性上看,由于阳双飞在寻衅滋事的过程中又产生了杀人的故意,从主观上看,其故意的内容已经从寻衅滋事的故意转化为杀人的故意,因此,对其只定一个故意杀人罪已经足以反映其主观恶性。一审法院将阳双飞的行为认定为一种转化型的故意杀人罪,只对其定一个罪也并非没有道理。[No. 6-1-293-9 阳双飞等故意杀人、寻衅滋事案]

△随意殴打他人致人轻伤的,不构成故意伤害罪,以寻衅滋事罪论处;致人重伤或死亡的,一般应以故意伤害罪论处,有证据证明主观上存在杀人故意的,则应以故意杀人罪论处。

根据《刑法》第二百九十三条之规定,寻衅滋事罪的法定情形之一,即表现为随意殴打他人。虽然殴打他人本质上也是一种伤害行为,但作为寻衅滋事罪客观表现之一的随意殴打他人与故意伤害罪中的伤害行为还是有显著区别的。区别的要点在于:因寻衅滋事而随意殴打他人的,行为人的动机在于发泄或满足其不良情绪,其特点表现为在殴打他人的起因上、殴打对象上、殴打手段上均具有相当的随意性。殴打起因上的随意性,是指行为人为寻求精神刺激,无事生非,毫无理由或者以微不足道的琐事、不能成立的理由为借口,挑起事端,殴打他人。殴打对象上的随意性反映了行为人殴打他人就是为了取乐、发泄或者谁妨碍了他要威风就殴打谁,寻衅打人的对象具有不特定性。殴打手段、方式的随意性是指殴打他人具有突发性,选择的殴打手段、器物、打击部位和力量因时因事因人随心所欲,但一般情况下,行为人不具有伤害他人至何种程度的明确故意。故意伤害罪在于行为人一般则有直接明确的伤害故意和目的,伤害他人的起因、对象一般都具有特定性。

但司法实践中还是经常会出现行为人在寻衅滋事的过程中,因随意殴打他人结果致人轻伤甚至重伤或者死亡的严重情形。对此,是择一重罪论处还是实行数罪并罚,实践中并不统一。从刑法对这两种犯罪的法定刑配置角度来看,寻衅滋事罪的法定刑为五年以下有期徒刑、拘役或者管制,首要分子为五年以上十年以下有期徒刑;故意伤害罪的法定刑则因伤害结果的不同而不同,如致人轻伤,处三年以下有期徒刑、拘役或管制;致人重伤,处三年以上十年以下有期徒刑;致人死亡或者以特别残忍手段致人重伤造成严重残疾的,处十年以上有期徒刑、无期徒刑或者死刑。通过刑罚的这一配置可以看出,对寻衅滋事随意殴打他人致人轻伤的刑罚,已经涵盖在寻衅滋事的法定刑之中,仅以寻衅滋事罪论处,不会轻纵被告人,无二罪并罚的必要。如因寻衅滋事随意殴打他人致人重伤或死亡的,由于寻衅滋事罪本身不包含致人重伤或死亡的结果,或者说已超出寻衅滋事罪的涵盖范围,对此一般应直接以故意伤害罪一罪论处,既无并罚的必要,也无并罚的理论依据。因为,首先根据数罪的犯罪构成个数标准说,因寻衅滋事随意殴打他人致人重伤或死亡的,与故意伤害致人重伤或死亡的,在伤害的性质和后果上并无区别,无构成数罪的基础。其次,如定两罪,势必是对随意殴打他人一行为作两次评价,既将其评价为寻衅滋事,又将其评价为故意伤害,有违刑法禁止对同一行为重复评价的原则。

杨安等故意伤害案正属于该种情形,杨安等四被告人酒后强行闯入歌舞厅,继而杨安窜至舞台调戏女演员,而刘波则强要女演员跳脱衣舞,其无事生非、肆意挑起事端,寻求精神刺激的动机显而易见,是对国家法纪和社会公德的公然蔑视。此后,由于被害人李耀平的制止和流露出的不满,杨安进而对李耀平进行挑衅并冲下台殴打被害人,刘波等人见状也挥拳上阵。此时,各被告人的行为表现为恃强争狠,肆意殴打他人,结果导致了被害人的死亡。各被告人在公共场所寻求刺激,滋事生非,随意殴打他人,其行为危害社会管理秩序,情节恶劣已构成寻衅滋事罪。同时,各被告人随意殴打他人,致人死亡,严重侵犯了公民的生命健康权利,其行为亦符合故意伤害罪的犯罪构成。在这种情况下,本案只需定故意伤害罪一罪即可。因为实质上,各被告人只是基于一个犯意,实施了一个犯罪行为,结果侵犯了两个刑法所保护的客体,触犯了两个罪名。根据刑法理论,这种情形属于想象竞合犯,应按从一重罪处断的原则处理,即按其中法定刑之重者处理。而故意伤害致人死亡的情形下,其法定刑幅度为十年以上有期徒刑、无期徒刑或者死刑,寻衅滋事罪的法定刑最高只有五年有期徒刑,前者比后者重。因此,本案应以故意伤害罪来定罪量刑。值得指出的是,寻衅滋事随意殴打他人的,亦有可能演变为故意杀人,尤其是间接故意杀人,如属此种情形,则应按故意杀人罪论处。[No. 6-1-293-11　杨安等故意伤害案]

△二人以上共同寻衅滋事随意殴打他人致人重伤或死亡的,对直接致人重伤、死亡的行为人,应以故意伤害罪或故意杀人罪论处;其他行为人基于在共同殴打过程中所形成的临时共同伤害、杀人故意而参与殴打的,应以故意伤害罪或者故意杀人罪论处;不存在以上共同故意的,应以寻衅滋事罪论处。

就杨安等故意伤害案而言,对所有被告人均以故意伤害(致人死亡)罪论处,应该说是恰当的。理由是:(1)本案所有被告人都自始至终直接参与了对被害人的暴力殴打,具有共同伤害的明确故意;(2)本案被害人系因头部损伤引起硬膜下血肿,脑组织挫裂伤而死,该死因无法查明确系某一人或几人的行为直接所致,因此,本案所有被告人的殴打行为均无法排除与被害人的死亡无因果关系。也就是说,无论是杨安、刘波的拳打脚踢行为,还是毛永刚、任建武的拳打行为,直接打击部位或打击所引发的伤害部位,都指向被害人的头部,均与被害人的头部损伤有关联。在共同随意殴打他人过程中,如能明显排除某人的殴打行为与被害人的死亡没有因果关系,则不能要其对被害人的死亡后果承担刑事责任。如被害人的死因系头部损伤,而参与共同殴打的某一被告人仅是踢了被害人下肢一两脚等。[No. 6-1-293-12　杨安等故意伤害案]

△因医疗纠纷而殴打他人的行为不符合寻衅滋事罪的构成要件。

对于事出有因的殴打他人行为,案发起因影响对该行为是否属于“寻衅滋事”的认定。2013年7月15日公布的《最高人民法院、最高人民检察院关于办理寻衅滋事刑事案件适用法律若干问题的解释》第一条第二款、第三款规定:“行为人因日常生活中的偶发矛盾纠纷,借故生非,实施刑法第二百九十三条规定的行为的,应当认定为‘寻衅滋事’,但矛盾系由被害人故意引发或者被害人对矛盾激化负有主要责任的除外。行为人因婚恋、家庭、邻里、债务等纠纷,实施殴打、辱骂、恐吓他人或者损毁、占用他人财物等行为的,一般不认定为‘寻衅滋事’,但经有关部门批评制止或者处理处罚后,继续实施前列行为,破坏社会秩序的除外。”根据该规定,对于事出有因的殴打他人行为,如果起因是与他人肢体碰撞、言语不和等日常生活中的偶发矛盾,属于小题大做、借题发挥的寻衅滋事,除非该矛盾是被害人故意引发或者被害人对矛盾激化负有主要责任,即以认定寻衅滋事为原则,不认定为例外。肖胜故意伤害案中,被告人肖胜在湖南中医研究院附属医院美容科做了胡须移植手术后,手术部位皮肤发炎、长痘,其对术后效果不满,两次到该医院美容科向医务人员“要说法”,对医务人员称发炎是正常现象、涂点消炎药可好的解释也不满意,属于典型的医疗纠纷,与《最高人民法院、最高人民检察院关于办理寻衅滋事刑事案件适用法律若干问题的解释》规定的婚恋、家庭、邻里、债务等纠纷的性质类似,而非在就诊过程中因言语不和等日常琐事与医务人员偶发矛盾。肖胜出于积怨报复行凶,属于有预谋的故意伤害,而非借故生事的寻衅滋事。

虽在公共场所殴打他人,但未破坏社会秩序的,不构成寻衅滋事罪。寻衅滋事罪和故意伤害罪侵犯的客体不同,前者是社会秩序,后者是人身权利。对于发生在公共场所的殴打他人行为,如果造成公共场所秩序严重混乱,同时符合寻衅滋事罪和故意杀人罪、故意伤害罪等罪的构成要件的,根据《最高人民法院、最高人民检察院关于办

分则　第六章

理寻衅滋事刑事案件适用法律若干问题的解释》第七条的规定，依照处罚较重的犯罪定罪处罚。本案案发地为医院美容科导诊台至诊室外的走廊，走廊放有患者等候就诊的椅子，属候诊区域。根据《公共场所卫生管理条例》（国发〔1987〕24号）第二条的规定，医疗机构候诊室属于公共场所。如果被告人肖胜持刀行凶的行为造成医院秩序严重混乱，符合寻衅滋事罪的客体要件。肖胜的行为对医院工作秩序虽造成一定影响，但没有达到影响该医院或者该院美容科正常运营的严重程度。故肖胜持刀行凶的行为侵犯的客体主要是他人的身体健康权，而非社会秩序，其行为更符合故意伤害罪的客体要件。［No. 4-234-47　肖胜故意伤害案］

△信息网络属于《刑法》第二百九十三条第一款第（四）项意义上的公共场所，编造虚假信息或明知是虚假信息而在信息网络上传播，对现实的社会公共秩序造成严重混乱的，应当认定为寻衅滋事罪。

2013年9月6日发布了《最高人民法院、最高人民检察院关于办理利用信息网络实施诽谤等刑事案件适用法律若干问题的解释》，对利用信息网络实施诽谤、寻衅滋事等犯罪适用法律问题进行了规定。秦志晖诽谤、寻衅滋事案是《最高人民法院、最高人民检察院关于办理利用信息网络实施诽谤等刑事案件适用法律若干问题的解释》施行以来全国首例网络诽谤、寻衅滋事案件。该案的审理对于如何适用《最高人民法院、最高人民检察院关于办理利用信息网络实施诽谤等刑事案件适用法律若干问题的解释》有关条款，如何认定利用信息网络实施的诽谤罪和寻衅滋事罪具有重要指导意义。

从罪状及行为特征来看，寻衅滋事罪规定的“在公共场所起哄闹事，造成公共场所秩序严重混乱”，通常是指行为人的起哄闹事扰乱了某一具体公共场所的秩序，或使该公共场所的相关活动不能顺利进行。在信息网络普及之前，“在公共场所起哄闹事”行为的实施地与危害结果发生地一般都在该公共场所。但随着信息网络的迅速发展，互联网、通信网、广播电视传播覆盖网络呈现三网合一的趋势，信息网络与人们的现实生活融为一体，其工具属性、公共属性凸显，利用信息网络实施寻衅滋事的行为方式及危害结果与传统的寻衅滋事呈现出不同特征。基于现实情况，《最高人民法院、最高人民检察院关于办理利用信息网络实施诽谤等刑事案件适用法律若干问题的解释》第五条第二款将《刑法》中的“在公共场所起哄闹事”解释为“编造虚假信息，或者明知是编造的虚假信息，在信息网络上散布，或者组织、指使人员在信息网络上散布，起哄闹事”，将“造成公共场所秩序严重混乱”解释为“造成公共秩序严重混乱”。对于第一处解释，笔者认为是合理的。对于第二处解释，笔者认为，根据信息网络社会的发展程度，该解释具有现实必要性。但是对于上述解释，一定要注意保持《最高人民法院、最高人民检察院关于办理利用信息网络实施诽谤等刑事案件适用法律若干问题的解释》与《刑法》条文规定内涵的一致性，要根据《刑法》立法本意对《最高人民法院、最高人民检察院关于办理利用信息网络实施诽谤等刑事案件适用法律若干问题的解释》的规定作出限制性理解。《最高人民法院、最高人民检察院关于办理利用信息网络实施诽谤等刑事案件适用法律若干问题的解释》第五条第二款规定的利用信息网络实施的寻衅滋事罪要求造成“公共秩序严重混乱”，不仅指虚假信息被大量转发、评论等造成的网络秩序混乱，同时也要求造成生产、生活、工作、营业、教学等现实社会公共秩序的严重混乱。对于虚假信息被及时、有效删除，未被大量转发、评论等，尚未造成广泛影响的，或者仅仅是对网络秩序造成了影响，不宜认定为“造成公共秩序严重混乱”。

本案中，被告人秦志晖在“7·23”动车事故发生后，编造政府机关天价赔偿外籍乘客的虚假信息，在信息网络上散布，起哄闹事，该虚假信息被转发11000次，评论3300余次，造成网络空间的混乱，同时在现实社会引发不明真相群众的不满，扰乱了政府机关善后工作，造成社会公共秩序严重混乱，其行为构成寻衅滋事罪。［No. 6-1-293-15　秦志晖诽谤、寻衅滋事案］

△未成年人之间多次使用轻微暴力索取少量财物的行为，应当认定为寻衅滋事。

2005年《最高人民法院关于审理抢劫、抢夺刑事案件适用法律若干问题的意见》规定：“对于未成年人使用或威胁使用轻微暴力强抢少量财物的行为，一般不宜以抢劫罪定罪处罚。其行为符合寻衅滋事罪特征的，可以寻衅滋事罪定罪处罚。”为进一步明确未成年人使用或者威胁使用轻微暴力强取少量财物行为的定罪标准，2006年出台的《最高人民法院关于审理未成年人刑事案件具体应用法律若干问题的解释》第七条规定：“已满十四周岁不满十六周岁的人使用轻微暴力或者威胁，强行索要其他未成年人随身携带的生活、学习用品或者钱财数量不大，且未造成被害人轻微伤以上或者不敢正常到校学习、生活等危害后果的，不认为是犯罪。已满十六周岁不满十八周岁的人具有前款规定情形的，一般也不认为是犯罪。"该条分别从实施暴力的程度和危害后果两方面,对何种情形下未成年人的抢劫行为属于《刑法》第十三规定的"情节显著轻微危害不大"作出了解释。本着对未成年人"教育、感化、挽救"的方针和"教育为主、惩罚为辅"的原则,对未成年人实施的以轻微暴力强索他人少量财物的行为,如果没有造成被害人轻微伤以上后果或者严重扰乱公共场所秩序、社会秩序等其他后果的,一般不以犯罪论处;社会危害大,确有必要追究刑事责任的,也要控制抢劫罪的适用,符合寻衅滋事罪构成特征的,尽量选择适用寻衅滋事罪。

对是否属于"轻微暴力",可以从实施暴力的方式、强度,以及是否造成被害人身体伤害后果来分析判断,并应注意与成年人相区分。对于未成年人实施的持刀强抢行为,则还要结合是否实际动刀伤人,是否造成被害人轻微伤以上或其他危害后果,综合认定是否属于"轻微暴力"。对于是否属"少量财物",可以参考盗窃罪数额较大的标准,以1000元以下的财物为标准。

在把握寻衅滋事的入罪标准时,鉴于未成年人身心发育不成熟,人生观、价值观尚未定型等因素,上述标准对处理未成年人强索财物案件虽然适用,但仍应坚持有所区别、对未成年人尽量从宽处理的刑事政策精神。应当综合考虑未成年人实施强拿硬要行为的次数、手段、危害后果,是否造成恶劣社会影响,是否认罪悔罪以及是否积极退赃等因素,准确把握其行为是否属于"情节显著轻微危害不大,可不认为是犯罪"的情形。

李某甲等寻衅滋事案中,被告人李某甲、李某乙均七次实施,王某某五次实施向其他未成年人强拿硬要财物的行为,严重扰乱了校园周边的社会秩序,属于"情节严重",符合《最高人民法院关于审理未成年人刑事案件具体应用法律若干问题的解释》第八条的规定,应以寻衅滋事罪追究三被告人的刑事责任。同案李某丙参与作案一次,同案杜某某参与作案两次,二人寻衅滋事行为均不足三次,尚不属于"情节严重",故按照《治安管理处罚法》的规定予以行政处罚。[No. 6-1-293-16　李某甲等寻衅滋事案]

△**只有当被害人实施了法律上或道义上的不适当行为且达到一定程度,直接影响了犯罪行为的产生、发展与结果的,才属于刑法意义上的被害人过错。**

所谓被害人过错,应是被害人实施了过错行为,且该行为具有法律上或道义上的不适当,并达到了一定的程度,客观上直接影响了犯罪行为的产生、发展与结果。首先,行为必须是由被害人所为,主体具有相对性;其次,行为不符合社会一般伦理要求,超出社会共同认可的范围,受到社会的严厉否定性评价而非一般否定性评价;再次,轻微过失或错误,不具有刑法意义上的被害人过错责任;最后,被害人的过错行为与犯罪行为的发生发展或犯罪后果的造成具有关联性。张加佳、张勇建、郑金田寻衅滋事案中,陈细凤作为小吃店的经营者,应当为顾客提供服务,但其上菜速度的相对缓慢不能成为其过错成立的理由。不是被害人所有不谨慎、不当的行为都能够认定为过错,从而被刑法所评价。上菜速度缓慢可能有多种原因,陈细凤主观上没有故意不上菜激怒对方的心理,最多只是客观原因导致的服务上的轻微不当,而不是一种显而易见的必须作出否定性评价的行为,完全谈不上过错。且该种不当,绝大多数人都会一笑了之,并不会直接影响到犯罪行为的产生。因此,不能认定陈细凤的缓慢上菜行为属于刑法意义上的被害人过错。[No. 6-1-293-14　张加佳、张勇建、郑金田寻衅滋事案]

第二百九十三条之一　【催收非法债务罪】

有下列情形之一,催收高利放贷等产生的非法债务,情节严重的,处三年以下有期徒刑、拘役或者管制,并处或者单处罚金:

(一)使用暴力、胁迫方法的;

(二)限制他人人身自由或者侵入他人住宅的;

(三)恐吓、跟踪、骚扰他人的。

【立法沿革】

《中华人民共和国刑法修正案(十一)》(自2021年3月1日起施行)

三十四、在刑法第二百九十三条后增加一条,作为第二百九十三条之一:

"有下列情形之一,催收高利放贷等产生的非法债务,情节严重的,处三年以下有期徒刑、拘役或者管制,并处或者单处罚金:

"(一)使用暴力、胁迫方法的;

"(二)限制他人人身自由或者侵入他人住宅的;

"(三)恐吓、跟踪、骚扰他人的。"

【立法理由】

(一)立法相关背景

1979年刑法和1997年修订后的刑法对本条都未作规定。

2020年《刑法修正案(十一)》增加了本条规定。主要考虑的是,实践中的一些案件,有的行为人通过暴力、软暴力等方式对违法犯罪行为形成的非法债务进行催收。催收行为是为了将违法犯罪行为的非法利益落实、固定下来,特别是高利放贷、赌博等违法犯罪行为,常伴随着后续的催收行为。催收行为具有严重的社会危害性,其使违法犯罪行为产生的非法获利得以实现或者放大,并进一步对实施高利放贷、赌博等违法犯罪的行为人形成经济性刺激和鼓励。催收非法债务的行为本身不仅严重损害了被害人的财产权,而且对被害人及他人的人身权益构成严重威胁,如制造心理强制,使被害人产生心理恐惧等。此外,催收非法债务的行为常演变、发展成组织性、职业性的团伙行为。一些已经被依法查处的黑社会性质组织、赌博犯罪集团的案件中披露,有组织犯罪集团也大量从事催收非法债务的行为,有的地方还形成了专门催收非法债务的"一条龙服务"或者"职业"。为规避法律惩治,催收非法债务的行为也在不断变化,通过各种伪装、掩饰、包装以规避法律惩处,混淆合法行为与非法行为的界限。例如,有的通过虚假诉讼、虚假公证为催收提供所谓的法律依据,制造合法讨债的假象,在实施非法拘禁、非法侵入他人住宅以及对他人实施威胁、恐吓、跟踪、骚扰等行为时,公然误导群众,对抗行政司法机关执法,严重扰乱了社会秩序。

随着互联网金融的发展,以网络借贷为名的各种"套路贷"一度盛行,线下催收行为也愈演愈烈,配合大量的非法网络借贷侵占被害人的合法财产,成为"**金融乱象**"的重要特征之一。为惩治此类违法犯罪行为,司法机关根据现行法律规定,颁布了《最高人民法院、最高人民检察院、公安部、司法部关于办理黑恶势力犯罪案件若干问题的指导意见》《最高人民法院、最高人民检察院、公安部、司法部关于办理"套路贷"刑事案件若干问题的意见》《最高人民法院、最高人民检察院、公安部、司法部关于办理实施"软暴力"的刑事案件若干问题的意见》等,对因高利放贷等产生的非法债务予以催收的行为进一步明确法律适用,要求**根据案件的具体情况以强迫交易罪、敲诈勒索罪、寻衅滋事罪等惩治**。根据一段时间以来司法实践的情况,有的全国人大代表、有关部门、地方进一步提出,行政司法机关对于催收行为的罪与非罪、此罪与彼罪常存在认识不一致,特别是对于能否适用寻衅滋事罪,在实践中常存有疑虑,有的地方也存在一概以寻衅滋事罪定罪处罚的适用泛化问题,因此建议在刑法上对以暴力、软暴力等方式催收非法债务的行为作统一性规定。**为进一步惩治金融乱象行为,切断违法金融活动等非法行为的获利途径,切实维护人民群众的人身权益和财产权益**,明确催收非法债务行为的法律性质和社会危害性,统一司法认识和适用,《刑法修正案(十一)》将催收高利放贷等产生的非法债务,情节严重的行为增加规定为犯罪。

关于本罪的条文位置曾经有以下考虑:一是放在《刑法》第二百二十六条"强迫交易罪"后,作为第二百二十六条之一;二是放在《刑法》第二百九十三条"寻衅滋事罪"后,作为第二百九十三条之一。强迫交易罪位于《刑法》分则第三章"破坏社会主义市场经济秩序罪"第八节"扰乱市场秩序罪"中,而寻衅滋事罪位于《刑法》分则第六章"妨害社会管理秩序罪"第一节"扰乱公共秩序罪"中。经研究,催收非法债务主要是为了将非法利益固定、落实,同时在行为上表现为使用暴力、胁迫、限制人身自由、恐吓、跟踪、骚扰等,**不仅侵害公民人身权利、民主权利,还会造成社会秩序混乱,影响人民群众的正常生活和工作秩序**。从这个意义上说,将催收非法债务的行为归类为严重妨害社会管理秩序的犯罪与人民群众的感受更为接近,刑法保护的法益也更为全面,故将本条设置在《刑法》第二百九十三条"寻衅滋事罪"后,作为第二百九十三条之一。

(二)立法时争议的主要问题

1. 对于以暴力、软暴力等行为催收合法债务的,是否需要一并规定为犯罪。对于该问题,在本条起草过程中,曾有不同意见。经研究,债务纠纷在实践中广泛存在,特别是对于合法债务的维权行为,多数是完全合法的,有部分维权行为存在瑕疵或者不当之处,极少数维权行为也会因为触犯法律而构成违法犯罪。例如,对于索取合法债务非法扣押、拘禁他人,伤害他人身体甚至是杀害债务人的,应根据刑法规定分别依照非法拘禁罪、故意伤害罪、故意杀人罪定罪处罚。对于债权人对债务人采取跟踪、纠缠、恐吓、辱骂等方式实施的追讨合法债务的行为,也不宜简单认定构成"寻衅滋事罪",要根据案件的具体情况依法认定。对于实践中出现的借款人"逃废债""恶人先告状"等情况,也需要引起重视。因此,将催收行为限制在针对非法债务，而不扩大到所有债务即包含合法债务，是符合实际情况的做法，也便于司法机关准确执法，维护人民群众的合法权益。

2. **对于增设强制罪、暴行罪的问题**。在本条起草过程中，有的意见提出，应进一步对行为进行类型化总结，将一些行为独立出来，参照其他国家的立法例，增设强制罪、暴行罪等。也有意见认为，强制、暴行等行为的内涵并不明确，容易造成打击面扩大，甚至成为新的“口袋罪”，宜结合特定情形将暴力、软暴力的行为入罪。考虑到对这一问题在认识上有分歧，《刑法修正案（十一）》未对强制罪、暴行罪作出规定。

【条文说明】

本条是关于催收非法债务罪及其处罚的规定。

本条规定“催收高利放贷等产生的非法债务”有以下含义：一是**行为人实施了“催收”行为**，“催”是方式，“收”是目的。本条对催收高利放贷等产生的非法债务，情节严重的行为作了具体列举。行为人实施这些行为的目的是将高利放贷等产生的非法债务明确化、固定化、收讫化。二是**行为人催收的是“高利放贷等产生的非法债务”**。《民法典》第六百八十条第一款规定，禁止高利放贷，借款的利率不得违反国家有关规定。对于违反国家规定的借款利率，实施高利放贷产生的债务，就属于本条规定的非法债务。这里的“产生”既包括因高利放贷等非法行为直接产生，也包括由非法债务产生、延伸的所谓孳息、利息等。这里的“等”，根据实践中的情况，包括赌债、毒债等违法行为产生的债务，以及其他违法犯罪行为产生的债务。本条规定，**催收高利放贷等产生的非法债务要“情节严重”才能构成本罪**，对于具有一定的社会危害性，但情节不算严重的，违反治安管理处罚法的，可根据治安管理处罚法的有关规定予以行政处罚。“情节严重”的具体情况，可由司法机关通过司法解释的方式作进一步细化。

本条具体规定了三种情形。

1. **使用暴力、胁迫方法**。“**暴力**”是指以殴打、伤害他人身体的方法，使被害人不能抗拒。“**胁迫**”是指对被害人施以威胁、压迫，进行精神上的强制，迫使被害人就范，不敢抗拒，如威胁伤害被害人及其亲属；威胁要对被害人及其亲属施以暴力；威胁要对被害人及其亲属予以奸淫、猥亵；以披露被害人及其亲属的隐私相威胁；利用被害人危难或者孤立无援的境地迫使其服从；等等。行为人使用暴力、胁迫方法是为了催收高利放贷等产生的非法债务。如果是为了其他目的，则可能涉嫌其他犯罪，例如行为人当场使用暴力、胁迫抢劫公私财物，与催收非法债务没有关系的，则可以《刑法》第二百六十三条规定的抢劫罪定罪处罚；行为人对公私财物的所有人、保管人使用威胁或者要挟的方法，勒索公私财物，与催收非法债务没有关系的，则可以《刑法》第二百七十四条规定的敲诈勒索罪定罪处罚；等等。

2. **限制他人人身自由或者侵入他人住宅**。这里规定了两种行为，“限制他人人身自由”和“侵入他人住宅”。

第一，**限制他人人身自由**。在我国，对逮捕、拘留、拘传等限制他人人身自由的强制措施有严格的法律规定，必须由专门机关按照法律规定的程序进行。《宪法》第三十七条规定，中华人民共和国公民的人身自由不受侵犯。任何公民，非经人民检察院批准或者决定或者人民法院决定，并由公安机关执行，不受逮捕。禁止非法拘禁和以其他方法非法剥夺或者限制公民的人身自由，禁止非法搜查公民的身体。非法限制他人人身自由是一种严重剥夺公民身体自由的行为。任何单位和个人不依照法律规定或者不依照法律规定的程序限制他人人身自由都是非法的，应当予以惩处。限制他人人身自由的方式多种多样，如捆绑、关押、扣留身份证件不让随意外出或者与外界联系等。根据本条规定，为催收高利放贷等产生的非法债务而限制他人人身自由，还需要情节严重，才能构成本罪，如采取拘禁方式或者多次以恶劣手段进行限制人身自由等。如果实施非法限制他人人身自由的行为，只造成一般危害的，可以根据《治安管理处罚法》第四十条的规定，给予治安处罚；如果不是以催收非法债务为目的，实施拘禁他人或者以其他方法非法剥夺他人人身自由的，可以按照《刑法》第二百三十八条规定的**非法拘禁罪**定罪处罚。需要注意的是，根据《刑法》第二百三十八条第三款的规定，为索取债务非法扣押、拘禁他人的，依照非法拘禁罪的规定处罚。扣押、拘禁属于严重限制他人人身自由的行为，行为人为胁迫他人履行合法债务，而严重限制他人人身自由的，依照《刑法》第二百三十八条规定的非法拘禁罪定罪处罚。

第二，**侵入他人住宅**。《宪法》第三十九条规定，中华人民共和国公民的住宅不受侵犯。禁止非法侵入公民的住宅。住宅是公民生活的处所，非法侵入他人住宅，必然会使公民的正常生活受到干扰，严重侵犯公民的合法权益。侵入他人住宅表现为未经住宅内用户同意，非法强行闯入他人住宅，或者无正当理由进入他人住宅，经住宅用户要求其退出仍拒不退出的行为。如果实施侵入他人住宅的行为，只造成一般危害的，可以根据《治安管理处罚法》第四十条的规定，给予治安处罚。需要注意的是，《刑法》第二百四十五条规定了非法侵入住宅罪。如果行为人侵入他人住宅，具有严重危害性的，则可依法按照《刑法》第二百四十五条规定的非法侵入住宅罪定罪处罚。如果行为人侵入他人住宅的目的是催收非法债务，且具有多次、恶劣手段等严重情节的，则可依法按照本罪规定处罚。

3. **恐吓、跟踪、骚扰他人**。这里的“**恐吓**”有多种形式，如以邮寄恐吓物、子弹等威胁他人人身安全；故意携带、展示管制刀具、枪械；扬言传播疾病；利用信息网络发送恐吓信息；以统一标记、服装、阵势等方式威吓他人，使他人恐慌、屈服等。总体上，行为手段或者行为方式使他人产生心理恐惧或者形成心理强制，就属于这里的“恐吓”。这里的“**跟踪**”为对他人及其亲属实施尾随、守候、贴靠、盯梢等行为，使被害人在内心产生恐惧不安。这里的“**骚扰**”有多种形式，如以破坏生活设施、设置生活障碍、贴报喷字、拉挂横幅、燃放鞭炮、播放哀乐、摆放花圈、泼洒污物、断水断电、堵门阻工，以及通过摆场架势示威、聚众哄闹滋扰、拦路闹事、驱赶从业人员、派驻人员据守等方式直接或间接控制厂房、办公区、经营场所等，扰乱他人正常生活、工作、生产、经营秩序等。总体上，“骚扰”会对他人造成巨大的心理负担，形成心理强制，影响并限制他人的人身自由、危及人身财产安全，影响正常的生产生活。根据本条规定，以恐吓、跟踪、骚扰他人的方式催收高利放贷等产生的非法债务，且具有多次、恶劣手段等严重情节的，可以根据本罪定罪处罚。如果实施恐吓、跟踪、骚扰他人的行为，只造成一般危害的，可以根据《治安管理处罚法》第四十二条的规定，给予治安处罚。需要注意的是，《最高人民法院、最高人民检察院关于办理寻衅滋事刑事案件适用法律若干问题的解释》第三条对属于追逐、拦截、辱骂、恐吓他人，破坏社会秩序，构成寻衅滋事罪，情节恶劣的情形作了进一步细化，如持凶器追逐、拦截、辱骂、恐吓他人的；追逐、拦截、辱骂、恐吓精神病人、残疾人、流浪乞讨人员、老年人、孕妇、未成年人，造成恶劣社会影响等。如果行为人实施恐吓、跟踪、骚扰行为构成**寻衅滋事罪**，同时其行为目的是催收非法债务，且具有多次、手段恶劣等严重情节的，则应按照处罚较重的规定定罪处罚。

根据本条规定，催收非法债务情节严重的行为，处三年以下有期徒刑、拘役或者管制，并处或者单处罚金。

需要注意的是关于“**非法债务**”的认定。实践中，有的债务是受害人通过签订虚假的借款协议“自愿”对财产性利益予以让与、抵押、交付、承兑的，在形式上构成意思自治的合法行为；有的借助诉讼、仲裁、公证等手段确认“债务”，伪装成有法律背书、认可的“债务”；有的通过“保证金”“中介费”“服务费”“违约金”等名目扣除或者收取额外费用。这些行为基本上是**以所谓的合法形式掩盖非法目的**，其实质仍源于“高利放贷等”非法行为，在性质上应认定为由高利放贷等产生的“非法债务”。司法机关在办理案件时，需要结合相关证据，准确区分合法债务和非法债务。

第二百九十四条　【组织、领导、参加黑社会性质组织罪】【入境发展黑社会组织罪】【包庇、纵容黑社会性质组织罪】

组织、领导黑社会性质的组织的，处七年以上有期徒刑，并处没收财产；积极参加的，处三年以上七年以下有期徒刑，可以并处罚金或者没收财产；其他参加的，处三年以下有期徒刑、拘役、管制或者剥夺政治权利，可以并处罚金。

境外的黑社会组织的人员到中华人民共和国境内发展组织成员的，处三年以上十年以下有期徒刑。

国家机关工作人员包庇黑社会性质的组织，或者纵容黑社会性质的组织进行违法犯罪活动的，处五年以下有期徒刑；情节严重的，处五年以上有期徒刑。

犯前三款罪又有其他犯罪行为的，依照数罪并罚的规定处罚。

黑社会性质的组织应当同时具备以下特征：

（一）形成较稳定的犯罪组织，人数较多，有明确的组织者、领导者，骨干成员基本固定；

（二）有组织地通过违法犯罪活动或者其他手段获取经济利益，具有一定的经济实力，以支持该组织的活动；

（三）以暴力、威胁或者其他手段，有组织地多次进行违法犯罪活动，为非作恶，欺压、残害群众；

（四）通过实施违法犯罪活动，或者利用国家工作人员的包庇或者纵容，称霸一方，在一定区域或者行业内，形成非法控制或者重大影响，严重破坏经济、社会生活秩序。

【立法解释】

《全国人民代表大会常务委员会关于〈中华人民共和国刑法〉第二百九十四条第一款的解释》(2002年4月28日通过)

△(**黑社会性质的组织**)刑法第二百九十四条第一款规定的“黑社会性质的组织”应当同时具备以下特征：

(一)形成较稳定的犯罪组织,人数较多,有明确的组织者、领导者,骨干成员基本固定;

(二)有组织地通过违法犯罪活动或者其他手段获取经济利益,具有一定的经济实力,以支持该组织的活动;

(三)以暴力、威胁或者其他手段,有组织地多次进行违法犯罪活动,为非作恶,欺压、残害群众;

(四)通过实施违法犯罪活动,或者利用国家工作人员的包庇或者纵容,称霸一方,在一定区域或者行业内,形成非法控制或者重大影响,严重破坏经济、社会生活秩序。①

【立法沿革】

《中华人民共和国刑法》(1997年修订,自1997年10月1日起施行)

第二百九十四条

组织、领导和积极参加以暴力、威胁或者其他手段,有组织地进行违法犯罪活动,称霸一方,为非作恶,欺压、残害群众,严重破坏经济、社会生活秩序的黑社会性质的组织的,处三年以上十年以下有期徒刑;其他参加的,处三年以下有期徒刑、拘役、管制或者剥夺政治权利。

境外的黑社会组织的人员到中华人民共和国境内发展组织成员的,处三年以上十年以下有期徒刑。

犯前两款罪又有其他犯罪行为的,依照数罪并罚的规定处罚。

国家机关工作人员包庇黑社会性质的组织,或者纵容黑社会性质的组织进行违法犯罪活动的,处三年以下有期徒刑、拘役或者剥夺政治权利;情节严重的,处三年以上十年以下有期徒刑。

《中华人民共和国刑法修正案(八)》(自2011年5月1日起施行)

四十三、将刑法第二百九十四条修改为：

“组织、领导黑社会性质的组织的,处七年以上有期徒刑,并处没收财产;积极参加的,处三年以上七年以下有期徒刑,可以并处罚金或者没收

① 换言之,黑社会性质组织是否有国家工作人员充当“保护伞”,即是否要求国家工作人员参与犯罪或者为犯罪活动提供非法保护,不影响黑社会性质组织的认定。参见黎宏:《刑法学各论》(第2版),法律出版社2016年版,第382页。该立法解释已经被《刑法修正案(八)》第四十三条全部吸收。

财产;其他参加的,处三年以下有期徒刑、拘役、管制或者剥夺政治权利,可以并处罚金。

“境外的黑社会组织的人员到中华人民共和国境内发展组织成员的,处三年以上十年以下有期徒刑。

“国家机关工作人员包庇黑社会性质的组织,或者纵容黑社会性质的组织进行违法犯罪活动的,处五年以下有期徒刑;情节严重的,处五年以上有期徒刑。

“犯前三款罪又有其他犯罪行为的,依照数罪并罚的规定处罚。

“黑社会性质的组织应当同时具备以下特征:

“(一)形成较稳定的犯罪组织,人数较多,有明确的组织者、领导者,骨干成员基本固定;

“(二)有组织地通过违法犯罪活动或者其他手段获取经济利益,具有一定的经济实力,以支持该组织的活动;

“(三)以暴力、威胁或者其他手段,有组织地多次进行违法犯罪活动,为非作恶,欺压、残害群众;

“(四)通过实施违法犯罪活动,或者利用国家工作人员的包庇或者纵容,称霸一方,在一定区域或者行业内,形成非法控制或者重大影响,严重破坏经济、社会生活秩序。”

【立法理由】

1. **1997年修订刑法的情况**。犯罪有组织化是当今世界各国遇到的一个值得重视的问题。二十世纪八九十年代,有组织犯罪活动在我国个别地方比较猖獗,它们有的称霸一方,形成地方恶势力;有的进行贩毒、走私、抢劫、拐卖妇女等恶性犯罪;有的还贿赂、腐蚀国家工作人员,寻找“保护伞”,成为严重影响我国社会治安的一个重要问题。1997年修订刑法时,对我国的有组织犯罪情况进行了深入研究,各方面认为,我国还没有形成像一些国家那样大规模的、对国家经济和社会生活产生重大影响的黑社会组织,但是带有黑社会性质的犯罪组织在个别地方已初见端倪,具备了黑社会组织所具有的组织特征和犯罪手法,这些黑社会性质组织拥有一定的资产,操纵一些行业或者区域的经济,有的还通过贿赂等手段拉拢一些国家干部充当“保护伞”,严重危害一定区域内正常的社会、经济秩序。随着改革开放,境外黑社会势力也对我国不断进行渗透,寻找、发展黑社会成员,进行各种犯罪活动。为了有力惩治黑社会性质的有组织犯罪,维护社会治安秩序,1997年修订刑法时增加了本条规定。

2. **2002年对本条作了立法解释**。1997年修订刑法时规定了组织、领导、参加黑社会性质组织罪。2000年12月5日发布了《最高人民法院关于审理黑社会性质组织犯罪的案件具体应用法律若干问题的解释》,其中规定,黑社会性质的组织一般应具备以下四个特征:第一,组织结构比较紧密,人数较多,有比较明确的组织者、领导者,骨干成员基本固定,有较为严格的组织纪律;第二,通过违法犯罪活动或者其他手段获取经济利益,具有一定的经济实力;第三,通过贿赂、威胁手段,引诱、逼迫国家工作人员参加黑社会性质组织活动,或者为其提供非法保护;第四,在一定区域或者行业范围内,以暴力、威胁、滋扰等手段,大肆进行敲诈勒索、欺行霸市、聚众斗殴、寻衅滋事、故意伤害等违法犯罪活动,严重破坏经济、社会生活秩序。在司法实践中,司法机关对黑社会性质组织是否应具有该解释规定的第三个特征,即要有国家工作人员参与犯罪活动或者为犯罪活动提供非法保护,有不同认识。根据2000年《立法法》第四十三条的规定,最高人民检察院于2001年11月向全国人大常委会提出对《刑法》第二百九十四条第一款规定中“黑社会性质的组织”的含义作法律解释的要求。根据2000年《立法法》第四十四条的规定,全国人大常委会法制工作委员会对上述问题专门听取了最高人民检察院的意见,又与中央政法委员会、最高人民检察院、最高人民法院、公安部及法律专家多次进行研究,一致认为,为了正确适用法律,应当清楚界定黑社会性质的组织与一般犯罪集团的区别。犯罪集团一般具有人数较多,有明显的首要分子,重要成员固定或者基本固定,经常纠集在一起进行一种或数种严重刑事犯罪活动等特征。黑社会性质的组织不仅具备以上特征,通常还应具有一定的经济实力,并在一定区域范围或行业内形成控制和影响,称霸一方,严重破坏经济、社会秩序等特征。

认识不同的是,有的部门和法律专家认为,应将国家工作人员参与犯罪活动或者提供非法保护作为黑社会性质的组织的特征。从一段时间以来的“扫黑除恶”专项斗争的情况看,这是划分黑社会性质的组织和黑恶势力犯罪团伙的主要界限。如果没有这一界限,可能会造成认定黑社会性质的组织很多的情况,还可能会造成“扫黑”斗争中发现这样的组织,即只满足于惩治浮在面上的犯罪分子,不再深挖幕后的国家工作人员,不利于铲除支持黑社会性质的组织的基础和“官匪勾结”的腐败现象。划分这一界限,不存在影响打击力度的问题。按照刑法的规定,对于不属于黑社会性质组织的其他犯罪集团,只要实施了犯罪行为,都可以依照刑法的规定予以惩处。有的部门认为，最高人民法院对刑法的规定扩大解释，影响了打击的力度。有的部门提出，在查办黑社会性质组织犯罪案件中，有些已查明有国家工作人员参加或者提供非法保护，但有的不一定有这种情形，建议法律解释的规定能适应“打黑”斗争需要。立法机关经研究认为，在一般情况下，犯罪分子要在一定区域或者行业内，形成非法控制或者重大影响，如果没有国家机关工作人员的包庇或者纵容是难以实现的，但也不能排除尚未取得国家机关工作人员的包庇或者纵容，通过有组织地实施多次犯罪活动形成黑社会性质组织的情形。为有利于司法机关正确适用法律，惩治具有黑社会性质组织的犯罪活动，2002 年 4 月 28 日第九届全国人大常委会第二十七次会议通过了**《全国人民代表大会常务委员会关于〈中华人民共和国刑法〉第二百九十四条第一款的解释》**。

3. **2011 年《刑法修正案（八）》对本条的修改情况**。为有利于司法机关正确适用法律，准确惩治具有黑社会性质的组织的犯罪活动，2002 年全国人大常委会对《刑法》第二百九十四条第一款规定的黑社会性质的组织的含义作出解释，规定黑社会性质的组织应当同时具备四个特征，即：一是形成较稳定的犯罪组织，人数较多，有明确的组织者、领导者，骨干成员基本固定；二是有组织地通过违法犯罪活动或者其他手段获取经济利益，具有一定的经济实力，以支持该组织的活动；三是以暴力、威胁或者其他手段①，有组织地多次进行违法犯罪活动，为非作恶，欺压、残害群众；四是通过实施违法犯罪活动，或者利用国家工作人员的包庇或者纵容，称霸一方，在一定区域或者行业内，形成非法控制或者重大影响，严重破坏经济、社会生活秩序。一段时间以来，各地根据中央的部署开展打黑除恶专项斗争，实践中普遍反映，上述关于《刑法》第二百九十四条第一款的立法解释，准确地表述和把握了我国目前存在的黑社会性质的组织的本质特征，但由于其是以立法解释的形式存在，容易被忽视，有些地方仍以最高人民法院的司法解释作为认定黑社会性质的组织的依据，导致司法机关对黑社会性质的组织犯罪的认定出现分歧。为正确适用法律，严格按照黑社会性质的组织的特征认定这种犯罪，**《刑法修正案（八）》将相关立法解释纳入《刑法》第二百九十四条**。同时，通过这几年的司法实践，各地也提出了一些对《刑法》第二百九十四条关于黑社会性质的组织犯罪的规定在适用中存在的问题，主要是：

第一，**没有规定财产刑**。地方司法机关普遍反映，最大限度地获取巨额经济利益是黑社会性质组织犯罪的最主要目的之一。黑社会性质组织的发展过程就是一个“以黑促商，以商养黑”的循环过程，它们一方面通过各种非法手段聚敛钱财并将这种财产用于支撑其违法犯罪活动，另一方面又倚仗其经济实力，腐蚀、拉拢政府官员，并向具有潜在商业价值的领域渗透，进而将非法收入转为合法收入，并通过合法经营来维护自己的既得经济利益，获取更大的社会财富，在一定区域或者行业内非法控制、拓展地盘和影响，积蓄力量。但由于《刑法》第二百九十四条没有规定财产刑，各地只能根据《刑法》第六十四条的规定处理涉黑财产，即追缴、没收犯罪分子的违法所得和用于犯罪的工具，对于黑社会性质组织的财产则不能予以没收，不利于从根本上铲除黑社会性质组织再犯罪的经济基础。

第二，**法定刑过低**。各地反映，作为具有典型犯罪集团特点的有组织犯罪，黑社会性质组织犯罪是刑事犯罪中最严重的犯罪形式之一，不仅扰乱国家正常的政治、经济秩序，还拉拢国家工作人员，插手控制基层政权，败坏社会道德风尚，尤其是黑社会性质组织称霸一方，为非作恶，其违法犯罪活动多与人民群众日常生活息息相关，严重威胁社会治安，刑法对此类罪的法定刑明显偏轻，与当前惩治黑社会性质组织犯罪的严峻形势不相适应，也不符合罪刑相适应原则。此外包庇、纵容黑社会性质组织犯罪的法定刑与《刑法》第三百一十条规定的普通包庇罪的法定刑相同，没有体现对包庇、纵容黑社会性质组织的“保护伞”从重惩处的精神。

针对司法实践中存在的上述问题，《刑法修正案（八）》对本条作了四处修改：一是将组织者、领导者的刑罚，由原来的三年以上十年以下有期徒刑提高为七年以上有期徒刑，最高刑到十五年，同时降低了积极参加者的刑罚，由原来的三年以上十年以下有期徒刑降低为三年以上七年以下有期徒刑；二是增加规定了财产刑，对组织者、领导者并处没收财产，对积极参加者可以并处罚金或者没收财产，对其他参加者可以并处罚金；三是提高了国家机关工作人员包庇或者纵容黑社会性质组织犯罪的刑罚，第一档刑罚由原来的三年有期徒刑提高到五年有期徒刑，最高刑由原来的十年有期徒刑提高

① 此处的“其他手段”应指不正当手段，不包括正当手段。参见张明楷：《刑法学》（第 6 版），法律出版社 2021 年版，第 1406 页。

到十五年有期徒刑;四是将《全国人民代表大会常务委员会关于〈中华人民共和国刑法〉第二百九十四条第一款的解释》,即黑社会性质的组织应当同时具备的四个特征纳入刑法条文。

【条文说明】

本条是关于组织、领导、参加黑社会性质组织罪,入境发展黑社会组织罪,包庇、纵容黑社会性质组织罪及其处罚的规定。

本条共分为五款。

第一款是关于**组织、领导、参加黑社会性质组织罪**及其处罚的规定。根据本款规定,组织、领导和参加黑社会性质的组织的犯罪,只要有组织、领导或者参加黑社会性质的组织的行为,就可以构成犯罪,不要求本人有其他犯罪行为。所谓"**组织**"黑社会性质的组织,是指倡导、发起、策划、建立黑社会性质的组织的行为。"**领导**"黑社会性质的组织,是指在黑社会性质的组织中处于领导地位,对该组织的发展、运行、活动进行策划、决策、指挥、协调、管理的行为。组织者、领导者既包括通过一定形式产生的有明确职务、称谓的组织者、领导者,也包括在该组织中被公认的事实上的组织者、领导者。"**积极参加**"黑社会性质的组织,是指积极、主动加入黑社会性质的组织的行为,包括多次积极参与该组织的违法犯罪活动,或者在违法犯罪活动中作用突出,或者在组织中起重要作用等。"**其他参加的**",即指一般参加者,是指在黑社会性质的组织中,除组织、领导和积极参加者外,其他参加该组织的成员。实践中,对于一些只参加黑社会性质的组织,没有实施其他违法犯罪活动的,或者受蒙蔽、胁迫参加黑社会性质的组织,情节轻微的,一般不应作为犯罪处理。

本款根据组织者、领导者、积极参加者和一般参加者在黑社会性质组织中所处的地位、所起的作用,分别规定了刑罚:**对"组织、领导黑社会性质的组织的"**,处七年以上有期徒刑,并处没收财产;**对"积极参加的"**,处三年以上七年以下有期徒刑,可以并处罚金或者没收财产;**对"其他参加的"**,处三年以下有期徒刑、拘役、管制或者剥夺政治权利,可以并处罚金。

第二款是关于**入境发展黑社会组织罪**及其处罚的规定。构成本罪应当具备以下条件:一是**本罪的犯罪主体是特殊主体**,必须是境外的黑社会组织的人员。这里所谓"**境外的黑社会组织**",是指被境外国家和地区确定为黑社会的组织,既包括外国的黑社会组织,也包括我国台湾、香港、澳门地区的黑社会组织。二是**实施了到中华人民共和国境内发展组织成员的行为**。所谓"**到中华人民共和国境内发展组织成员**",是指境外黑社会组织通过引诱、拉拢、腐蚀、强迫、威胁、暴力、贿赂等手段,在我国境内将境内或者境外人员吸收为该黑社会组织成员的行为。①

根据本款规定,构成本罪的,处三年以上十年以下有期徒刑。

第三款是关于**包庇、纵容黑社会性质组织罪**及其处罚的规定。构成本罪应当具备以下条件:一是**本罪的犯罪主体是特殊主体**,即国家机关工作人员。这里规定的"**国家机关工作人员**",是指在国家各级党政机关、权力机关、司法机关和军事机关中执行一定职权的工作人员。② 二是**行为人实施了包庇黑社会性质的组织,或者纵容黑社会性质的组织进行违法犯罪活动的行为**。所谓"**包庇**",是指国家机关工作人员为使黑社会性质组织及其成员逃避查禁而通风报信,隐匿、毁灭、伪造证据,阻止他人作证、检举揭发,指使他人作伪证,帮助逃匿,或者阻挠其他国家机关工作人员依法查禁等行为。"**纵容**"是指国家机关工作人员不依法履行职责,对黑社会性质的组织的违法犯罪活动不依法制止,反而予以放纵的行为。③ 根据《最高人民法院关于审理黑社会性质组织犯罪的案件具体应用法律若干问题的解释》第六条的规定,"**情节严重**"是指有下列情形之一的行为:(1)包庇、纵容黑社会性质组织跨境实施违法犯罪活动的;(2)包庇、纵容境外黑社会组织在境内实施违法犯罪活动的;(3)多次实施包庇、纵容行为的;(4)致使某一区域或者行业的经济、社会生活秩序遭受黑社会性质组织特别严重破坏的;

① 所谓的"到中华人民共和国境内发展会员",并不要求境外的黑社会组织人员自身进入中华人民共和国境内,只是意味着行为人在中华人民共和国境内发展组织成员。因此,行为人虽未进入中华人民共和国境内,但通过网络、电话等手段在中华人民共和国境内发展组织会员,也应以本罪论处。参见张明楷:《刑法学》(第6版),法律出版社2021年版,第1407页;黎宏:《刑法学各论》(第2版),法律出版社2016年版,第385页。

② 本罪并不要求国家机关工作人员属于黑社会性质组织的成员。参见张明楷:《刑法学》(第6版),法律出版社2021年版,第1408页。

③ 纵容行为要求,行为人必须是对黑社会性质组织负有查处职责的国家机关工作人员。若国家机关工作人员不具有查处职责,即便与黑社会性质组织的组织者、领导者或其他成员来往,或者在黑社会性质组织控制的娱乐场所消费等,也不会构成本罪。参见张明楷:《刑法学》(第6版),法律出版社2021年版,第1408页。

(5)致使黑社会性质组织的组织者、领导者逃匿，或者致使对黑社会性质组织的查禁工作严重受阻的；(6)具有其他严重情节的。

根据本款规定，构成本罪的，处五年以下有期徒刑；情节严重的，处五年以上有期徒刑。

第四款是关于**犯组织、领导、参加黑社会性质组织罪，入境发展黑社会组织罪，包庇、纵容黑社会性质组织罪，又有其他犯罪行为的，应当如何处罚**的规定。根据本款规定，犯前三款罪又有其他犯罪行为的，**依照数罪并罚的规定处罚**。实践中，黑社会性质的组织往往实施多种违法犯罪行为，常常进行寻衅滋事、敲诈勒索、强迫交易、故意毁坏公私财物、故意杀人、故意伤害等犯罪。考虑到黑社会性质组织犯罪组织化程度较高，又与各种社会治安问题相互交织，破坏力成倍增加，严重威胁人民群众的生命、财产安全，而且还具有极强的向经济领域、政治领域渗透的能力，严重侵蚀维系社会和谐稳定的根基，对这类犯罪必须严厉予以惩处。本款规定，犯组织、领导、参加黑社会性质组织罪，入境发展黑社会组织罪或包庇、纵容黑社会性质组织罪，又有其他犯罪行为的，即依照《刑法》第六十九条有关数罪并罚的规定处罚。

第五款是关于**黑社会性质组织的特征**的规定。黑社会性质组织实施违法犯罪活动一般有计划、有安排、有分工，并通过一定的组织方式策划，因为它的社会危害性远远大于一般的犯罪集团，在惩治这类犯罪过程中，最关键的是要严格按照法律规定，准确把握黑社会性质组织特征，正确适用法律认定这种犯罪。因此，本款规定了黑社会性质的组织必须同时具备以下特征：

1. **组织特征**，即形成较稳定的犯罪组织，人数较多，有明确的组织者、领导者，骨干成员基本固定。这里所说的“**形成较稳定的犯罪组织**”，主要是指组织形成后，在一定时期内持续存在。对于存在、发展时间明显过短，犯罪活动尚不突出的，或者一般的恶势力团伙，或者为了某一目的而形成的犯罪集团等都不属于黑社会性质的组织。

2. **经济特征**，即有组织地通过违法犯罪活动或者其他手段获取经济利益，具有一定的经济实力，以支持该组织的活动。这里所说的“**有组织地通过违法犯罪活动或者其他手段获取经济利益**”，主要是指有组织地通过违法犯罪活动或者其他不正当手段获取经济利益；由组织成员提供或者通过其他单位、组织、个人的资助获取经济利益等。“具有一定的经济实力”，既包括通过上述方式获取一定数量的经济利益，也包括可以调动一定规模的经济资源用以支持该组织活动的能力。

3. **行为特征**，即以暴力、威胁或者其他手段，有组织地多次进行违法犯罪活动，为非作恶，欺压、残害群众。**使用暴力、威胁手段**是黑社会性质组织实施违法犯罪活动的基本手段。对于一些暴力、威胁色彩虽不明显，但实际是以组织的势力、影响和能力为依托，以暴力威胁的现实可能性为基础，足以使他人产生恐惧、恐慌进而形成心理强制或者足以影响、限制人身自由、危及人身财产安全或者影响正常生产、工作、生活的手段，则属于“**其他手段**”，具体包括谈判、协调、滋扰、纠缠、哄闹、聚众造势等。“有组织地多次进行违法犯罪活动，为非作恶，欺压、残害群众”，主要是指为确立、维持、扩大组织的势力、影响、利益或者按照组织要求多次实施违法犯罪活动，侵犯不特定多数人的人身权利、民主权利、财产权利，破坏经济秩序、社会秩序。

4. **危害性特征**，即通过实施违法犯罪活动，或者利用国家工作人员的包庇或者纵容，称霸一方，在一定区域或者行业内，形成非法控制或者重大影响，严重破坏经济、社会生活秩序。这里所说的“**实施违法犯罪活动**”，主要是指组织者、领导者直接组织、策划、指挥、参与实施的违法犯罪活动；为该组织争夺势力范围打击竞争对手、形成强势地位、谋取经济利益、树立非法权威、扩大非法影响、寻求非法保护、增强犯罪能力等实施的违法犯罪活动；组织成员为逞强争霸、插手纠纷、报复他人、替人行凶、非法敛财而共同实施的违法犯罪活动等。“**在一定区域或者行业内，形成非法控制或者重大影响，严重破坏经济、社会生活秩序**”，包括对一定行业的生产、经营形成垄断，或者对涉及一定行业的准入、经营、竞争等经济活动形成重要影响的；插手民间纠纷、经济纠纷，在相关区域或者行业内造成严重影响的；干扰、破坏他人正常生产、经营、生活，并在相关区域或者行业内造成严重影响的；利用组织的势力、影响，帮助组织成员或他人获取政治地位，或者在党政机关、基层组织中担任一定职务的；等等。根据本款规定，必须同时具备上述四个特征才属于黑社会性质组织，对于不具备黑社会性质组织特征的犯罪集团和恶势力犯罪团伙的犯罪，应当依照刑法的有关规定予以处罚，对主犯应当按其所参与的或者组织、指挥的全部犯罪处罚；对首要分子，按照集团所犯的全部罪行处罚。

实践中执行本条规定应注意以下两个方面的问题：

1. 目前司法实践中争议最大的问题之一就是**黑社会性质组织的组织者、领导者是否应对其本人未参与而由其组织成员所实施的犯罪承担刑**

分则　第六章

事责任。由于在黑社会性质组织所实施的多种犯罪中,涉及可以判处死刑的罪名只有故意杀人罪、故意伤害罪等少数几种,而在实施上述犯罪时,黑社会性质组织的领导者大多并不在场或并不出面,司法机关在认定其是否应对黑社会性质组织成员所犯故意杀人罪、故意伤害罪承担刑事责任时经常出现分歧,甚至出现了对首要分子判处无期徒刑以下刑罚,而对其他实施故意杀人罪的骨干成员判处死刑的现象。在适用本条规定时应当特别注意,关于其他犯罪行为,对黑社会性质组织的组织者、领导者,**应当按其所组织、领导的黑社会性质组织所犯的全部罪行处罚**;对于黑社会性质组织的参加者,**应当按照其所参与的犯罪处罚**。凡是黑社会性质组织成员是为了实现该组织称霸一方、威慑公众的目的,为了组织利益而实施的犯罪,即使首要分子对具体的犯罪行为事先并不明知,也要对其组织成员的全部罪行承担全部罪责。

2. 在认定黑社会性质组织时,需要注意:第一,目前,黑社会性质的犯罪组织出现了一个明显的变化,即组织者、领导者、骨干成员可能并不多,但他们控制着一批社会上的闲散人员,这些人员形成了一个市场,需要实施违法犯罪时,即通过这个市场雇用打手,形成"一呼即来,一哄而散"的活动方式。对以这种方式存在的组织,**只要其基本的组织者、领导者、骨干成员较为固定,就应认定其形成了"较稳定的犯罪组织"**。第二,实践中,有些黑社会性质组织的头目,在其具备了一定的实力后,往往通过各种手段将财产洗白,合法地进行一些经营活动,以此支撑该组织的活动,**这部分资产也应当算作该组织的"经济实力"**。第三,应正确把握"在一定区域或者行业内,形成非法控制或者重大影响",无论是合法行业还是非法行业,只要对其实行垄断或控制,严重影响了当地该行业的正常经营,扰乱了当地百姓的正常生活秩序就应当予以认定。**鉴于黑社会性质组织非法控制和影响的"一定区域"的大小具有相对性,不能"一刀切"地划定**。"一定区域"是某一特定的空间范围,而应当根据具体案情,并结合黑社会性质组织对经济社会生活秩序的危害程度加以综合分析判断。第四,在认定黑社会性质组织时,应当严格按照本条第五款规定的四个特征,认真审查,分析黑社会性质组织的四个特征的内在联系,准确评价涉案犯罪造成的社会危害,不能随意扩大。对于主观上没有加入黑社会性质组织的意愿,受雇到黑社会性质组织开办的公司、企业、社团工作,未参与或者仅参与少量黑社会性质组织的违法犯罪活动的人员,或者因临时被纠集、雇佣或受蒙蔽为黑社会性质组织实施违法犯罪活动或者提供帮助、支持、服务的人员等,则不宜认定为黑社会性质组织人员。

【司法解释】

《最高人民法院关于审理黑社会性质组织犯罪的案件具体应用法律若干问题的解释》(法释〔2000〕42号,自2000年12月10日起施行)

△(**发展组织成员**)刑法第二百九十四条第二款规定的"发展组织成员",是指将境内、外人员吸收为该黑社会组织成员的行为。对黑社会组织成员进行内部调整等行为,可视为"发展组织成员"。

港、澳、台黑社会组织到内地发展组织成员的,适用刑法第二百九十四条第二款的规定定罪处罚。(§2)

△(**数罪并罚;组织者、领导者;参加者;不作为犯罪处理**)组织、领导、参加黑社会性质的组织又有其他犯罪行为的,根据刑法第二百九十四条第三款的规定,依照数罪并罚的规定处罚;对于黑社会性质组织的组织者、领导者,应当按照其所组织、领导的黑社会性质组织所犯的全部罪行处罚;对于黑社会性质组织的参加者,应当按照其所参与的犯罪处罚。

对于参加黑社会性质的组织,没有实施其他违法犯罪活动的,或者受蒙蔽、胁迫参加黑社会性质的组织,情节轻微的,可以不作为犯罪处理。(§3)

△(**国家机关工作人员**)国家机关工作人员组织、领导、参加黑社会性质组织的,从重处罚。(§4)

△(**包庇;纵容**)刑法第二百九十四条第四款规定的"包庇",是指国家机关工作人员为使黑社会性质组织及其成员逃避查禁,而通风报信,隐匿、毁灭、伪造证据,阻止他人作证、检举揭发,指使他人作伪证,帮助逃匿,或者阻挠其他国家机关工作人员依法查禁等行为。

刑法第二百九十四条第四款规定的"纵容",是指国家机关工作人员不依法履行职责,放纵黑社会性质组织进行违法犯罪活动的行为。(§5)

△(**情节严重**)国家机关工作人员包庇、纵容黑社会性质的组织,有下列情形之一的,属于刑法第二百九十四条第四款规定的"情节严重":

(一)包庇、纵容黑社会性质组织跨境实施违法犯罪活动的;

(二)包庇、纵容境外黑社会组织在境内实施违法犯罪活动的;

(三)多次实施包庇、纵容行为的;

（四）致使某一区域或者行业的经济、社会生活秩序遭受黑社会性质组织特别严重破坏的；

（五）致使黑社会性质组织的组织者、领导者逃匿，或者致使对黑社会性质组织的查禁工作严重受阻的；

（六）具有其他严重情节的。（§6）

△**（追缴、没收）**对黑社会性质组织和组织、领导、参加黑社会性质组织的犯罪分子聚敛的财物及其收益，以及用于犯罪的工具等，应当依法追缴、没收。（§7）

【司法解释性文件】

《最高人民检察院关于认真贯彻执行全国人大常委会〈关于刑法第二百九十四条第一款的解释〉和〈关于刑法第三百八十四条第一款的解释〉的通知》（高检发研字〔2002〕11号，2002年5月13日公布）

△**（"保护伞"）**要正确适用法律，积极发挥检察职能作用。各级人民检察院在办理相关案件的过程中，要充分运用刑法和立法解释的有关规定，依法开展立案侦查和批捕、起诉工作，严格按照《解释》加强对黑社会性质组织和挪用公款犯罪的打击力度，积极发挥检察机关的职能作用。根据《解释》的规定，黑社会性质组织是否有国家工作人员充当"保护伞"，即是否要有国家工作人员参与犯罪或者为犯罪活动提供非法保护，不影响黑社会性质组织的认定，对于同时具备《解释》规定的黑社会性质组织四个特征的案件，应依法予以严惩，以体现"打早打小"的立法精神。同时，对于确有"保护伞"的案件，也要坚决一查到底，绝不姑息。对于国家工作人员利用职务上的便利，实施《解释》规定的挪用公款"归个人使用"的三种情形之一的，无论使用公款的是个人还是单位以及单位的性质如何，均应认定为挪用公款归个人使用，构成犯罪的，应依法严肃查处。（§2）

《最高人民法院、最高人民检察院、公安部办理黑社会性质组织犯罪案件座谈会纪要》（法〔2009〕382号，2009年12月9日公布）

△**（黑社会性质组织之认定；组织特征；经济特征；行为特征；危害性特征）**关于黑社会性质组织的认定。黑社会性质组织必须同时具备《立法解释》中规定的"组织特征"、"经济特征"、"行为特征"和"危害性特征"。由于实践中许多黑社会性质组织并非这"四个特征"都很明显，因此，在具体认定时，应根据立法本意，认真审查、分析黑社会性质组织"四个特征"相互间的内在联系，准确评价涉案犯罪组织所造成的社会危害，确保不枉不纵。

1. 关于组织特征。黑社会性质组织不仅有明确的组织者、领导者，骨干成员基本固定，而且组织结构较为稳定，并有比较明确的层级和职责分工。

当前，一些黑社会性质组织为了增强隐蔽性，往往采取各种手段制造"人员频繁更替、组织结构松散"的假象。因此，在办案时，要特别注意审查组织者、领导者，以及对组织运行、活动起着突出作用的积极参加者等骨干成员是否基本固定、联系是否紧密，不要被其组织形式的表象所左右。

关于组织者、领导者、积极参加者和其他参加者的认定。组织者、领导者，是指黑社会性质组织的发起者、创建者，或者在组织中实际处于领导地位，对整个组织及其运行、活动起着决策、指挥、协调、管理作用的犯罪分子，既包括通过一定形式产生的有明确职务、称谓的组织者、领导者，也包括在黑社会性质组织中被公认的事实上的组织者、领导者；积极参加者，是指接受黑社会性质组织的领导和管理，多次积极参与黑社会性质组织的违法犯罪活动，或者积极参与较严重的黑社会性质组织的犯罪活动且作用突出，以及其他在组织中起重要作用的犯罪分子，如具体主管黑社会性质组织的财务、人员管理等事项的犯罪分子；其他参加者，是指除上述组织成员之外，其他接受黑社会性质组织的领导和管理的犯罪分子。根据《司法解释》第三条第二款的规定，对于参加黑社会性质的组织，没有实施其他违法犯罪活动的，或者受蒙蔽、胁迫参加黑社会性质的组织，情节轻微的，可以不作为犯罪处理。

关于黑社会性质组织成员的主观明知问题。在认定黑社会性质组织的成员时，并不要求其主观上认为自己参加的是黑社会性质组织，只要其知道或者应当知道该组织具有一定规模，且是以实施违法犯罪为主要活动的，即可认定。

对于黑社会性质组织存在时间、成员人数及组织纪律等问题的把握。黑社会性质组织一般在短时间内难以形成，而且成员人数较多，但鉴于普通犯罪集团、"恶势力"团伙向黑社会性质组织发展是一个渐进的过程，没有明显的性质转变的节点，故对黑社会性质组织存在时间、成员人数问题不宜作出"一刀切"的规定。对于那些已存在一定时间，且成员人数较多的犯罪组织，在定性时要根据其是否已具备一定的经济实力，是否已在一定区域或行业内形成非法控制或重大影响等情况综合分析判断。此外，在通常情况下，黑社会性质组织为了维护自身的安全和稳定，一般会有一些约定俗成的纪律、规约，有些甚至还有明确的规定。因此,具有一定的组织纪律、活动规约,也是认定黑社会性质组织特征时的重要参考依据。

2. 关于经济特征。一定的经济实力是黑社会性质组织坐大成势,称霸一方的基础。由于不同地区的经济发展水平、不同行业的利润空间均存在很大差异,加之黑社会性质组织存在、发展的时间也各有不同,因此,在办案时不能一般性地要求黑社会性质组织所具有的经济实力必须达到特定规模或特定数额。此外,黑社会性质组织的敛财方式也具有多样性。实践中,黑社会性质组织不仅会通过实施赌博、敲诈、贩毒等违法犯罪活动攫取经济利益,而且还往往会通过开办公司、企业等方式"以商养黑"、"以黑护商"。因此,无论其财产是通过非法手段聚敛,还是通过合法的方式获取,只要将其中部分或全部用于违法犯罪活动或者维系犯罪组织的生存、发展即可。

"用于违法犯罪活动或者维系犯罪组织的生存、发展",一般是指购买作案工具、提供作案经费,为受伤、死亡的组织成员提供医疗费、丧葬费,为组织成员及其家属提供工资、奖励、福利、生活费用,为组织寻求非法保护以及其他与实施有组织的违法犯罪活动有关的费用支出等。

3. 关于行为特征。暴力性、胁迫性和有组织性是黑社会性质组织行为方式的主要特征,但有时也会采取一些"其他手段"。

根据司法实践经验,《立法解释》中规定的"其他手段"主要包括:以暴力、威胁为基础,在利用组织势力和影响已对他人形成心理强制或威慑的情况下,进行所谓的"谈判"、"协商"、"调解";滋扰、哄闹、聚众等其他干扰、破坏正常经济、社会生活秩序的非暴力手段。

"黑社会性质组织实施的违法犯罪活动"主要包括以下情形:由组织者、领导者直接组织、策划、指挥、参与实施的违法犯罪活动;由组织成员以组织名义实施,并得到组织者、领导者认可或者默许的违法犯罪活动;多名组织成员为逞强争霸、插手纠纷、报复他人、替人行凶、非法敛财而共同实施,并得到组织者、领导者认可或者默许的违法犯罪活动;组织成员为组织争夺势力范围、排除竞争对手、确立强势地位、谋取经济利益、维护非法权威或者按照组织的纪律、惯例、共同遵守的约定而实施的违法犯罪活动;由黑社会性质组织实施的其他违法犯罪活动。

会议认为,在办案时还应准确理解《立法解释》中关于"多次进行违法犯罪活动"的规定。黑社会性质组织实施犯罪活动过程中,往往伴随着大量的违法活动,对此均应作为黑社会性质组织的违法犯罪事实予以认定。但如果仅实施了违法活动,而没有实施犯罪活动的,则不能认定为黑社会性质组织。此外,"多次进行违法犯罪活动"只是认定黑社会性质组织的必要条件之一,最终能否认定为黑社会性质组织,还要结合危害性特征来加以判断。即使有些案件中的违法犯罪活动已符合"多次"的标准,但根据其性质和严重程度,尚不足以形成非法控制或者重大影响的,也不能认定为黑社会性质组织。

4. 关于危害性特征。称霸一方,在一定区域或者行业内,形成非法控制或者重大影响,从而严重危害经济、社会生活秩序,是黑社会性质组织的本质特征,也是黑社会性质组织区别于一般犯罪集团的关键所在。

对于"一定区域"的理解和把握。区域的大小具有相对性,且黑社会性质组织非法控制和影响的对象并不是区域本身,而是在一定区域中生活的人,以及该区域内的经济、社会生活秩序。因此,不能简单地要求"一定区域"必须达到某一特定的空间范围,而应当根据具体案情,并结合黑社会性质组织对经济、社会生活秩序的危害程度加以综合分析判断。

对于"一定行业"的理解和把握。黑社会性质组织所控制和影响的行业,既包括合法行业,也包括黄、赌、毒等非法行业。这些行业一般涉及生产、流通、交换、消费等一个或多个市场环节。

通过实施违法犯罪活动,或者利用国家工作人员的包庇、纵容,称霸一方,并具有以下情形之一的,可认定为"在一定区域或者行业内,形成非法控制或者重大影响,严重破坏经济、社会生活秩序":对在一定区域内生活或者在一定行业内从事生产、经营的群众形成心理强制、威慑,致使合法利益受损的群众不敢举报、控告的;对一定行业的生产、经营形成垄断,或者对涉及一定行业的准入、经营、竞争等经济活动形成重要影响的;插手民间纠纷、经济纠纷,在相关区域或者行业内造成严重影响的;干扰、破坏他人正常生产、经营、生活,并在相关区域或者行业内造成严重影响的;干扰、破坏公司、企业、事业单位及社会团体的正常生产、经营、工作秩序,在相关区域、行业内造成严重影响,或者致使其不能正常生产、经营、工作的;多次干扰、破坏国家机关、行业管理部门以及村委会、居委会等基层群众自治组织的工作秩序,或者致使上述单位、组织的职能不能正常行使的;利用组织的势力、影响,使组织成员获取政治地位,或者在党政机关、基层群众自治组织中担任一定职务的;其他形成非法控制或者重大影响,严重破坏经济、社会生活秩序的情形。

△(**包庇、纵容黑社会性质组织罪;故意**)关

于包庇、纵容黑社会性质组织罪主观要件的认定。本罪主观方面要求必须是出于故意,过失不能构成本罪。会议认为,只要行为人知道或者应当知道是从事违法犯罪活动的组织,仍对该组织及其成员予以包庇,或者纵容其实施违法犯罪活动,即可认定本罪。至于行为人是否明知该组织系黑社会性质组织,不影响本罪的成立。

△(**黑社会性质组织成员**)关于黑社会性质组织成员的刑事责任。对黑社会性质组织的组织者、领导者,应根据法律规定和本纪要中关于"黑社会性质组织实施的违法犯罪活动"的规定,按照该组织所犯的全部罪行承担刑事责任。组织者、领导者对于具体犯罪所承担的刑事责任,应当根据其在该起犯罪中的具体地位、作用来确定。对黑社会性质组织中的积极参加者和其他参加者,应按照其所参与的犯罪,根据其在具体犯罪中的地位和作用,依照罪责刑相适应的原则,确定应承担的刑事责任。

△(**涉黑犯罪财物及其收益之认定和处置**)关于涉黑犯罪财物及其收益的认定和处置。在办案时,要依法运用查封、扣押、冻结、追缴、没收等手段,彻底摧毁黑社会性质组织的经济基础,防止其死灰复燃。对于涉黑犯罪财物及其收益以及犯罪工具,均应按照刑法第六十四条和《司法解释》第七条的规定予以追缴、没收。黑社会性质组织及其成员通过犯罪活动聚敛的财物及其收益,是指在黑社会性质组织的形成、发展过程中,该组织及组织成员通过违法犯罪活动或其他不正当手段聚敛的全部财物、财产性权益及其孳息、收益。在办案工作中,应认真审查涉案财产的来源、性质,对被告人及其他单位、个人的合法财产应依法予以保护。

△(**事实清楚;证据确实、充分**)关于认定黑社会性质组织犯罪的证据要求。办理涉黑案件同样应当坚持案件"事实清楚,证据确实、充分"的法定证明标准。但应当注意的是,"事实清楚"是指能够对定罪量刑产生影响的事实必须清楚,而不是指整个案件的所有事实和情节都要一一查证属实;"证据确实、充分"是指能够据以定罪量刑的证据确实、充分,而不是指案件中所涉全部问题的证据都要达到确实、充分的程度。对此,一定要准确理解和把握,不要纠缠那些不影响定罪量刑的枝节问题。比如,在可以认定某犯罪组织已将所获经济利益部分用于组织活动的情况下,即使此部分款项的具体数额难以全部查实,也不影响定案。

△(**立功;量刑**)关于黑社会性质组织成员的立功问题。积极参加者、其他参加者配合司法机关查办案件,有提供线索、帮助收集证据或者其他协助行为,并对侦破黑社会性质组织犯罪案件起到一定作用的,即使依法不能认定立功,一般也应酌情对其从轻处罚。组织者、领导者检举揭发与该黑社会性质组织及其违法犯罪活动有关联的其他犯罪线索,即使依法构成立功或者重大立功,在量刑时也应从严掌握。

△(**"恶势力"团伙之认定和处理**)关于对"恶势力"团伙的认定和处理。"恶势力",是黑社会性质组织的雏形,有的最终发展成为了黑社会性质组织。因此,及时严惩"恶势力"团伙犯罪,是遏制黑社会性质组织滋生,防止违法犯罪活动造成更大社会危害的有效途径。

会议认为,"恶势力"是指经常纠集在一起,以暴力、威胁或其他手段,在一定区域或者行业内多次实施违法犯罪活动,为非作恶,扰乱经济、社会生活秩序,造成较为恶劣的社会影响,但尚未形成黑社会性质组织的犯罪团伙。"恶势力"一般为三人以上,纠集者、骨干成员相对固定,违法犯罪活动一般表现为敲诈勒索、强迫交易、欺行霸市、聚众斗殴、寻衅滋事、非法拘禁、故意伤害、抢劫、抢夺或者黄、赌、毒等。各级人民法院、人民检察院和公安机关在办案时应根据本纪要的精神,结合组织化程度的高低、经济实力的强弱、有无追求和实现对社会的非法控制等特征,对黑社会性质组织与"恶势力"团伙加以正确区分。同时,还要本着实事求是的态度,正确理解和把握"打早打小"方针。在准确查明"恶势力"团伙具体违法犯罪事实的基础上,构成什么罪,就按什么罪处理,并充分运用刑法总则关于共同犯罪的规定,依法惩处。对符合犯罪集团特征的,要按照犯罪集团处理,以切实加大对"恶势力"团伙依法惩处的力度。

《在审理故意杀人、伤害及黑社会性质组织犯罪案件中切实贯彻宽严相济刑事政策》(2010年4月14日公布)

△(**宽严相济刑事政策;法律效果与社会效果的统一**)在故意杀人、伤害及黑社会性质组织犯罪案件的审判中贯彻宽严相济刑事政策,要落实《意见》第1条规定:根据犯罪的具体情况,实行区别对待,做到该宽则宽,当严则严,宽严相济,罚当其罪。落实这个总体要求,要注意把握以下几点:

1. 正确把握宽与严的对象。故意杀人和故意伤害犯罪的发案率高,社会危害大,是各级法院刑事审判工作的重点。黑社会性质组织犯罪在我国自二十世纪八十年代末出现以来,长时间保持快速发展势头,严厉打击黑社会性质组织犯罪,是法院刑事审判在当前乃至今后相当长一段时期内的重要任务。因此，对这三类犯罪总体上应坚持从严惩处的方针。但是在具体案件的处理上，也要分别案件的性质、情节和行为人的主观恶性、人身危险性等情况，把握宽严的范围。在确定从宽与从严的对象时，还应当注意审时度势，对经济社会的发展和治安形势的变化作出准确判断，为构建社会主义和谐社会的目标服务。

2. 坚持严格依法办案。三类案件的审判中，无论是从宽还是从严，都必须严格依照法律规定进行，做到宽严有据，罚当其罪，不能为追求打击效果，突破法律界限。比如在黑社会性质组织犯罪的审理中，黑社会性质组织的认定必须符合法律和立法解释规定的标准，既不能降格处理，也不能拔高认定。

3. 注重法律效果与社会效果的统一。严格依法办案，确保良好法律效果的同时，还应当充分考虑案件的处理是否有利于赢得人民群众的支持和社会稳定，是否有利于瓦解犯罪，化解矛盾，是否有利于罪犯的教育改造和回归社会，是否有利于减少社会对抗，促进社会和谐，争取更好的社会效果。比如在刑罚执行过程中，对于故意杀人、伤害犯罪及黑社会性质组织犯罪的领导者、组织者和骨干成员就应当从严掌握减刑、假释的适用，其他主观恶性不深、人身危险性不大的罪犯则可以从宽把握。

△**（黑社会性质组织之认定）**黑社会性质组织犯罪由于其严重的社会危害性，在打击处理上不能等其坐大后进行，要坚持“严打”的方针，坚持“打早打小”的策略。但黑社会性质组织的认定，必须严格依照刑法和《全国人民代表大会常务委员会关于〈中华人民共和国刑法〉第二百九十四条第一款的解释》的规定，从组织特征、经济特征、行为特征和非法控制特征四个方面进行分析。认定黑社会性质组织犯罪四个特征必须同时具备。当然，实践中许多黑社会性质组织并不是四个特征都很明显，在具体认定时，应根据立法本意，认真审查、分析黑社会性质组织四个特征相互间的内在联系，准确评价涉案犯罪组织所造成的社会危害。既要防止将已具备黑社会性质组织四个特征的案件“降格”处理，也不能因为强调严厉打击将不具备四个特征的犯罪团伙“拔高”认定为黑社会性质组织。在黑社会性质组织犯罪的审判中贯彻宽严相济刑事政策，要始终坚持严格依法办案，坚持法定标准，这是《意见》的基本要求。

△**（黑社会性质组织的不同成员；区别对待；法定从重处罚事由；法定从轻、减轻处罚事由；不作为犯罪；检举、揭发者）**《意见》第30条明确了黑社会性质组织中不同成员的处理原则：分别情况，区别对待。对于组织者、领导者应依法从严惩处，其承担责任的犯罪不限于自己组织、策划、指挥和实施的犯罪，而应对组织所犯的全部罪行承担责任。实践中，一些黑社会性质组织的组织者、领导者，只是以其直接实施的犯罪起诉、审判，实际上是轻纵了他们的罪行。要在区分组织犯罪和组织成员犯罪的基础上，合理划定组织者、领导者的责任范围，做到不枉不纵。同时，还要注意责任范围和责任程度的区别，不能简单认为组织者、领导者就是具体犯罪中责任最重的主犯。对于组织成员实施的黑社会性质组织犯罪，组织者、领导者只是事后知晓，甚至根本不知晓，其就只应负有一般的责任，直接实施的成员无疑应负最重的责任。

对于积极参加者，应根据其在具体犯罪中的地位、作用，确定其应承担的刑事责任。确属黑社会性质组织骨干成员的，应依法从严处罚。对犯罪情节较轻的其他参加人员以及初犯、偶犯、未成年犯，则要依法从轻、减轻处罚。对于参加黑社会性质的组织，没有实施其他违法犯罪活动的，或者受蒙蔽、胁迫参加黑社会性质的组织，情节轻微的，则可以不作为犯罪处理。

此外，在处理黑社会性质组织成员间的检举、揭发问题上，既要考虑线索本身的价值，也要考虑检举、揭发者在黑社会性质组织犯罪中的地位、作用，防止出现全案量刑失衡的现象。组织者、领导者检举揭发与该黑社会性质组织及其违法犯罪活动有关联的其他犯罪线索，即使依法构成立功或者重大立功，在考虑是否从轻量刑时也应从严予以掌握。积极参加者、其他参加者配合司法机关查办案件，有提供线索、帮助收集证据或者其他协助行为，并对侦破黑社会性质组织犯罪案件起到一定作用的，即使依法不能认定立功，一般也应酌情对其从轻处罚。

《最高人民法院全国部分法院审理黑社会性质组织犯罪案件工作座谈会纪要》（法〔2015〕291号，2015年10月13日公布）

△**（依法严惩方针）**会议认为，受国内国际多种因素影响，我国黑社会性质组织犯罪活跃、多发的基本态势在短期内不会改变。此类犯罪组织化程度较高，又与各种社会治安问题相互交织，破坏力成倍增加，严重威胁人民群众的生命、财产安全。而且，黑社会性质组织还具有极强的向经济领域、政治领域渗透的能力，严重侵蚀维系社会和谐稳定的根基。各级人民法院必须切实增强政治意识、大局意识、忧患意识和责任意识，进一步提高思想认识，充分发挥审判职能作用，继续深入推

进打黑除恶专项斗争，在严格把握黑社会性质组织认定标准的基础上始终保持对于此类犯罪的严惩高压态势。对于黑社会性质组织犯罪分子要依法加大资格刑、财产刑的适用力度，有效运用刑法中关于禁止令的规定，严格把握减刑、假释适用条件，全方位、全过程地体现从严惩处的精神。

△（**宽严相济刑事政策**）审理黑社会性质组织犯罪案件应当认真贯彻落实宽严相济刑事政策。要依照法律规定，根据具体的犯罪事实、情节以及人身危险性、主观恶性、认罪悔罪态度等因素充分体现刑罚的个别化。同时要防止片面强调从宽或者从严，切实做到区别对待，宽严有据，罚当其罪。对于黑社会性质组织的组织者、领导者、骨干成员及其"保护伞"，要依法从严惩处。根据所犯具体罪行的严重程度，依法应当判处重刑的要坚决判处重刑。确属罪行极其严重，依法应当判处死刑的，也必须坚决判处。对于不属于骨干成员的积极参加者以及一般参加者，确有自首、立功等法定情节的，要依法从轻、减轻或免除处罚；具有初犯、偶犯等酌定情节的，要依法酌情从宽处理。对于一般参加者，虽然参与实施了少量的违法犯罪活动，但系未成年人或是只起次要、辅助作用的，应当依法从宽处理。符合缓刑条件的，可以适用缓刑。

△（**"打早打小"；"打准打实"**）"打早打小"，是指各级政法机关必须依照法律规定对有可能发展成为黑社会性质组织的犯罪集团、"恶势力"团伙及早打击，绝不能允许其坐大成势，而不应被理解为对尚处于低级形态的犯罪组织可以不加区分地一律按照黑社会性质组织处理。"打准打实"，就是要求审判时应当本着实事求是的态度，在准确查明事实的基础上，构成什么罪，就按什么罪判处刑罚。对于不符合黑社会性质组织认定标准的，应当根据案件事实依照刑法中的相关条款处理，从而把法律规定落到实处。由于黑社会性质组织的形成、发展一般都会经历一个从小到大、由"恶"到"黑"的渐进过程，因此，"打早打小"不仅是政法机关依法惩治黑恶势力犯罪的一贯方针，而且是将黑社会性质组织及时消灭于雏形或萌芽状态，防止其社会危害进一步扩大的有效手段。而"打准打实"既是刑事审判维护公平正义的必然要求，也是确保打黑除恶工作实现预期目标的基本前提。只有打得准，才能有效摧毁黑社会性质组织；只有打得实，才能最大限度地体现惩治力度。"打早打小"和"打准打实"是分别从惩治策略、审判原则的角度对打黑除恶工作提出的要求，各级人民法院对于二者关系的理解不能简单化、片面化，要严格坚持依法办案原则，准确认定黑社会性质组织，既不能"降格"，也不能"拔高"，切实防止以"打早打小"替代"打准打实"。

△（**惩处"保护伞"**）个别国家机关工作人员的包庇、纵容，不仅会对黑社会性质组织的滋生、蔓延起到推波助澜的作用，而且会使此类犯罪的社会危害进一步加大。各级人民法院应当充分认识"保护伞"的严重危害，将依法惩处"保护伞"作为深化打黑除恶工作的重点环节和深入开展反腐败斗争的重要内容，正确运用刑法的有关规定，有效加大对于"保护伞"的惩处力度。同时，各级人民法院还应当全面发挥职能作用，对于审判工作中发现的涉及"保护伞"的线索，应当及时转往有关部门查处，确保实现"除恶务尽"的目标。

△（**独立行使审判职权；罪刑法定；疑罪从无；证据裁判原则；非法证据排除**）《中华人民共和国刑法修正案（八）》的颁布实施以及刑事诉讼法的再次修正，不仅进一步完善了惩处黑恶势力犯罪的相关法律规定，同时也对办理黑社会性质组织犯罪案件提出了更为严格的要求。面对新的形势和任务，各级人民法院应当以审判为中心，进一步增强程序意识和权利保障意识，严格按照法定程序独立行使审判职权，并要坚持罪刑法定、疑罪从无、证据裁判原则，依法排除非法证据，通过充分发挥庭审功能和有效运用证据审查判断规则，切实把好事实、证据与法律适用关，以令人信服的裁判说理来实现审判工作法律效果与社会效果的有机统一。同时，还应当继续加强、完善与公安、检察等机关的配合协作，保证各项长效工作机制运行更为顺畅。

△（**组织特征**）黑社会性质组织存续时间的起点，可以根据涉案犯罪组织举行成立仪式或者进行类似活动的时间来认定。没有前述活动的，可以根据足以反映其初步形成核心利益或强势地位的重大事件发生时间进行审查判断。没有明显标志性事件的，也可以根据涉案犯罪组织为维护、扩大组织势力、实力、影响、经济基础或按照组织惯例、纪律、活动规约而首次实施有组织的犯罪活动的时间进行审查判断。存在、发展时间明显过短、犯罪活动尚不突出的，一般不应认定为黑社会性质组织。

黑社会性质组织应当具有一定规模，人数较多，组织成员一般在10人以上。其中，既包括已有充分证据证明但尚未归案的组织成员，也包括虽有参加黑社会性质组织的行为但因尚未达到刑事责任年龄或因其他法定情形而未被起诉，或者根据具体情节不作为犯罪处理的组织成员。

黑社会性质组织应有明确的组织者、领导者，骨干成员基本固定，并有比较明确的层级和职责分工，一般有三种类型的组织成员，即：组织者、领导者与积极参加者、一般参加者（也即“其他参加者”）。骨干成员，是指直接听命于组织者、领导者，并多次指挥或积极参与实施有组织的违法犯罪活动或者其他长时间在犯罪组织中起重要作用的犯罪分子，属于积极参加者的一部分。

对于黑社会性质组织的组织纪律、活动规约，应当结合制定、形成相关纪律、规约的目的与意图来进行审查判断。凡是为了增强实施违法犯罪活动的组织性、隐蔽性而制定或者自发形成，并用以明确组织内部人员管理、职责分工、行为规范、利益分配、行动准则等事项的成文或不成文的规定、约定，均可认定为黑社会性质组织的组织纪律、活动规约。

对于参加黑社会性质组织，没有实施其他违法犯罪活动，或者受蒙蔽、威胁参加黑社会性质组织，情节轻微的，可以不作为犯罪处理。对于参加黑社会性质组织后仅参与少量情节轻微的违法活动的，也可以不作为犯罪处理。

以下人员不属于黑社会性质组织的成员：1. 主观上没有加入黑社会性质组织的意愿，受雇到黑社会性质组织开办的公司、企业、社团工作，未参与或者仅参与少量黑社会性质组织的违法犯罪活动的人员；2. 因临时被纠集、雇佣或受蒙蔽为黑社会性质组织实施违法犯罪活动或者提供帮助、支持、服务的人员；3. 为维护或扩大自身利益而临时雇佣、收买、利用黑社会性质组织实施违法犯罪活动的人员。上述人员构成其他犯罪的，按照具体犯罪处理。

对于被起诉的组织成员主要为未成年人的案件，定性时应当结合“四个特征”审慎把握。

△（**经济特征**）“一定的经济实力”，是指黑社会性质组织在形成、发展过程中获取的，足以支持该组织运行、发展以及实施违法犯罪活动的经济利益。包括：1. 有组织地通过违法犯罪活动或其他不正当手段聚敛的资产；2. 有组织地通过合法的生产、经营活动获取的资产；3. 组织成员以及其他单位、个人资助黑社会性质组织的资产。通过上述方式获取的经济利益，即使是由部分组织成员个人掌控，也应计入黑社会性质组织的“经济实力”。

各高级人民法院可以根据本地区的实际情况，对黑社会性质组织所应具有的“经济实力”在20—50万元幅度内，自行划定一般掌握的最低数额标准。

是否将所获经济利益全部或部分用于违法犯罪活动或者维系犯罪组织的生存、发展，是认定经济特征的重要依据。无论获利后的分配与使用形式如何变化，只要在客观上能够起到豢养组织成员、维护组织稳定、壮大组织势力的作用即可认定。

△（**行为特征**）涉案犯罪组织仅触犯少量具体罪名的，是否应认定为黑社会性质组织要结合组织特征、经济特征和非法控制特征（危害性特征）综合判断，严格把握。

黑社会性质组织实施的违法犯罪活动包括非暴力性的违法犯罪活动，但暴力或以暴力相威胁始终是黑社会性质组织实施违法犯罪活动的基本手段，并随时可能付诸实施。因此，在黑社会性质组织所实施的违法犯罪活动中，一般应有一部分能够较明显地体现出暴力或以暴力相威胁的基本特征。否则，定性时应当特别慎重。

属于2009年《座谈会纪要》规定的五种情形之一的，一般应当认定为黑社会性质组织实施的违法犯罪活动，但确与维护和扩大组织势力、实力、影响、经济基础无任何关联，亦不是按照组织惯例、纪律、活动规约而实施，则应作为组织成员个人的违法犯罪活动处理。

组织者、领导者明知组织成员曾多次实施起因、性质类似的违法犯罪活动，但并未明确予以禁止的，如果该类行为对扩大组织影响起到一定作用，可以视为是按照组织惯例实施的违法犯罪活动。

△（**危害性特征**）黑社会性质组织所控制和影响的“一定区域”，应当具备一定空间范围，并承载一定的社会功能。既包括一定数量的自然人共同居住、生活的区域，如乡镇、街道、较大的村庄等，也包括承载一定生产、经营或社会公共服务功能的区域，如矿山、工地、市场、车站、码头等。对此，应当结合一定地域范围内的人口数量、流量、经济规模等因素综合评判。如果涉案犯罪组织的控制和影响仅存在于一座酒店、一处娱乐会所等空间范围有限的场所或者人口数量、流量、经济规模较小的其他区域，则一般不能视为是对“一定区域”的控制和影响。

黑社会性质组织所控制和影响的“一定行业”，是指在一定区域内存在的同类生产、经营活动。黑社会性质组织通过多次有组织地实施违法犯罪活动，对黄、赌、毒等非法行业形成非法控制或重大影响的，同样符合非法控制特征（危害性特征）的要求。

2009年《座谈会纪要》明确了可以认定为“在一定区域或者行业内，形成非法控制或者重大影响，严重破坏经济、社会生活秩序”的八种情形，适用时应当注意以下问题：第1种情形中的“致使合法利益受损的群众不敢举报、控告的”，是指致使多名合法利益遭受犯罪或者严重违法活动侵害的群众不敢通过正当途径维护权益；第2种情形中的“形成垄断”，是指可以操控、左右、决定与一定行业相关的准入、退出、经营、竞争等经济活动。“形成重要影响”，是指对与一定行业相关的准入、退出、经营、竞争等经济活动具有较大的干预和影响能力，或者具有在该行业内占有较大市场份额、通过违法犯罪活动或以其他不正当手段在该行业内敛财数额巨大（最低数额标准由各高院根据本地情况在20—50万元的幅度内自行划定）、给该行业内从事生产、经营活动的其他单位、组织、个人造成直接经济损失100万元以上等情节之一；第3、4、5种情形中的“造成严重影响”，是指具有致人重伤或致多人轻伤、通过违法犯罪活动或以其他不正当手段敛财数额巨大（数额标准同上）、造成直接经济损失100万元以上、多次引发群体性事件或引发大规模群体性事件等情节之一；第6种情形中的“多次干扰、破坏国家机关、行业管理部门以及村委会、居委会等基层群众自治组织的工作秩序”，包括以拉拢、收买、威胁等手段多次得到国家机关工作人员包庇或纵容，或者多次对前述单位、组织中正常履行职务的工作人员进行打击、报复的情形；第7种情形中的“获取政治地位”，是指当选各级人大代表、政协委员。“担任一定职务”，是指在各级党政机关及其职能部门、基层群众自治组织中担任具有组织、领导、监督、管理职权的职务。

根据实践经验，在黑社会性质组织犯罪案件中，2009年《座谈会纪要》规定的八种情形一般不会单独存在，往往是两种以上的情形同时并存、相互交织，从而严重破坏经济、社会生活秩序。审判时，应当充分认识这一特点，准确认定该特征。“四个特征”中其他构成要素均已具备，仅在成员人数、经济实力规模方面未达到本纪要提出的一般性要求，但已较为接近，且在非法控制特征（危害性特征）方面同时具有2009年《座谈会纪要》相关规定中的多种情形，其中至少有一种情形已明显超出认定标准的，也可以认定为黑社会性质组织。

△**（已退出或者新接任的组织者、领导者）**对于在黑社会性质组织形成、发展过程中已经退出的组织者、领导者，或者在加入黑社会性质组织之后逐步发展成为组织者、领导者的犯罪分子，应对其本人参与及其实际担任组织者、领导者期间该组织所犯的全部罪行承担刑事责任。

△**（量刑情节）**黑社会性质组织的成员虽不具有自首情节，但到案后能够如实供述自己罪行，并具有以下情形之一的，一般应当适用《刑法》第六十七条第三款的规定予以从轻处罚：1.如实交代大部分尚未被掌握的同种犯罪事实；2.如实交代尚未被掌握的较重的同种犯罪事实；3.如实交代犯罪事实，并对收集定案证据、查明案件事实有重要作用的。

积极参加者、一般参加者配合司法机关查办案件，有提供线索、帮助收集证据或者其他协助行为，并在侦破黑社会性质组织犯罪案件、认定黑社会性质组织及其主要成员、追缴黑社会性质组织违法所得、查处“保护伞”等方面起到较大作用的，即使依法不能认定立功，一般也应酌情对其从轻处罚。组织者、领导者、骨干成员以及“保护伞”协助抓获同案中其他重要的组织成员，或者骨干成员能够检举揭发其他犯罪案件中罪行同样严重的犯罪分子，原则上依法应予从轻或者减轻处罚。组织者、领导者检举揭发与该黑社会性质组织及其违法犯罪活动有关联的其他犯罪线索，如果在是否认定立功的问题上存在事实、证据或法律适用方面的争议，应当严格把握。依法应认定为立功或者重大立功的，在决定是否从宽处罚、如何从宽处罚时，应当根据罪责刑相一致原则从严掌握。可能导致全案量刑明显失衡的，不予从宽处罚。

审理黑社会性质组织犯罪案件，应当通过判处和执行民事赔偿以及积极开展司法救助来最大限度地弥补被害人及其亲属的损失。被害人及其亲属确有特殊困难，需要接受被认定为黑社会性质组织成员的被告人赔偿并因此表示谅解的，量刑时应当特别慎重。不仅应当查明谅解是否确属真实意思表示以及赔偿款项与黑社会性质组织违法所得有无关联，而且在决定是否从宽处罚、如何从宽处罚时，也应当从严掌握。可能导致全案量刑明显失衡的，不予从宽处罚。

△**（附加剥夺政治权利）**对于黑社会性质组织的组织者、领导者，可以适用《刑法》第五十六条第一款的规定附加剥夺政治权利。对于因犯参加黑社会性质组织罪被判处5年以上有期徒刑的积极参加者，也可以适用该规定附加剥夺政治权利。

△**（财产刑）**对于黑社会性质组织的组织者、领导者，依法应当并处没收财产。黑社会性质组织敛财数额特别巨大，但因犯罪分子转移、隐匿、毁灭证据或者拒不交代涉案财产来源、性质，导致违法所得以及其他应当追缴的财产难以准确查清和追缴的，对于组织者、领导者以及为该组织转移、隐匿资产的积极参加者可以并处没收个人全部财产。对于确属骨干成员的积极参加者一般应当并处罚金或者没收财产。对于其他积极参加者

和一般参加者,应当根据所参与实施违法犯罪活动的次数、性质、地位、作用、违法所得数额以及造成损失的数额等情节,依法决定财产刑的适用。

△(**分案审理**)为便宜诉讼,提高审判效率,防止因法庭审理过于拖延而损害当事人的合法权益,对于被告人人数众多,合并审理难以保证庭审质量和庭审效率的黑社会性质组织犯罪案件,可分案进行审理。分案应当遵循有利于案件顺利审判、有利于查明案件事实、有利于公正定罪量刑的基本原则,确保有效质证、事实统一、准确定罪、均衡量刑。对于被作为组织者、领导者、积极参加者起诉的被告人,以及黑社会性质组织重大犯罪的共同作案人,分案审理影响庭审调查的,一般不宜分案审理。

△(**"事实清楚,证据确实、充分";证据运用**)办理黑社会性质组织犯罪案件应当坚持"事实清楚,证据确实、充分"的法定证明标准。黑社会性质组织犯罪案件侦查取证难度大,"四个特征"往往难以通过实物证据来加以证明。审判时,应当严格依照刑事诉讼法及有关司法解释的规定对相关证据进行审查与认定。在确保被告人供述、证人证言、被害人陈述等言词证据取证合法、内容真实,且综合全案证据,已排除合理怀疑的情况下,同样可以认定案件事实。

△(**法庭举证、质证**)审理黑社会性质组织犯罪案件时,合议庭应当按照刑事诉讼法及有关司法解释的规定有效引导控辩双方举证、质证。不得因为案件事实复杂、证据繁多,而不当限制控辩双方就证据问题进行交叉询问、相互辩论的权利。庭审时,应当根据案件事实繁简、被告人认罪态度等采取适当的举证、质证方式,突出重点;对黑社会性质组织的"四个特征"应单独举证、质证。为减少重复举证、质证,提高审判效率,庭审中可以先就认定具体违法犯罪事实的证据进行举证、质证。对认定黑社会性质组织行为特征的证据进行举证、质证时,之前已经宣读、出示过的证据,可以在归纳、概括之后简要征询控辩双方意见。对于认定组织特征、经济特征、非法控制特征(危害性特征)的证据,举证、质证时一般不宜采取前述方式。

△(**出庭证人、鉴定人、被害人之保护**)人民法院受理黑社会性质组织犯罪案件后,应当及时了解在侦查、审查起诉阶段有无对证人、鉴定人、被害人采取保护措施的情况,确保相关保护措施在审判阶段能够紧密衔接。开庭审理时,证人、鉴定人、被害人因出庭作证,本人或其近亲属的人身安全面临危险的,应当采取不暴露外貌、真实声音等出庭作证措施。必要时,可以进行物理隔离,以音频、视频传送的方式作证,并对声音、图像进行技术处理。有必要禁止特定人员接触证人、鉴定人、被害人及其近亲属的,以及需要对证人、鉴定人、被害人及其近亲属的人身和住宅采取专门性保护措施的,应当及时与检察机关、公安机关协调,确保保护措施及时执行到位。依法决定不公开证人、鉴定人、被害人真实姓名、住址和工作单位等个人信息的,应当在开庭前核实其身份。证人、鉴定人签署的如实作证保证书应当列入审判副卷,不得对外公开。

△(**涉案财产之处置**)审理黑社会性质组织犯罪案件时,对于依法查封、冻结、扣押的涉案财产,应当全面审查证明财产来源、性质、用途、权属及价值大小的有关证据,调查财产的权属情况以及是否属于违法所得或者依法应当追缴的其他财物。属于下列情形的,依法应当予以追缴、没收:1. 黑社会性质组织形成、发展过程中,该组织及其组织成员通过违法犯罪活动或其他不正当手段聚敛的财产及其孳息、收益,以及合法获取的财产中实际用于支持该组织存在、发展和实施违法犯罪活动的部分;2. 其他单位、个人为支持黑社会性质组织存在、发展以及实施违法犯罪活动而资助或提供的财产;3. 组织成员通过个人实施的违法犯罪活动所聚敛的财产及其孳息、收益,以及供个人犯罪所用的本人财物;4. 黑社会性质组织及其组织成员个人非法持有的违禁品;5. 依法应当追缴的其他涉案财物。

△(**发挥庭审功能**)黑社会性质组织犯罪案件开庭前,应当按照重大案件的审判要求做好从物质保障到人员配备等各方面的庭审准备,并制定详细的庭审预案和庭审提纲。同时,还要充分发挥庭前会议了解情况、听取意见的应有作用,提前了解控辩双方的主要意见,及时解决可能影响庭审顺利进行的程序性问题。对于庭前会议中出示的证据材料,控辩双方无异议的,庭审举证、质证时可以简化。庭审过程中,合议庭应当针对争议焦点和关键的事实、证据问题,有效引导控辩双方进行法庭调查与法庭辩论。庭审时,还应当全程录音录像,相关音视频资料应当存卷备查。

《最高人民法院、最高人民检察院、公安部、司法部关于办理黑恶势力犯罪案件若干问题的指导意见》(法发〔2018〕1号,2018年1月16日公布)

△(**黑社会性质组织;"组织特征";"经济特征";"行为特征";"危害性特征"**)黑社会性质组织应同时具备《刑法》第二百九十四条第五款中规定的"组织特征""经济特征""行为特征"和"危害性特征"。由于实践中许多黑社会性质组

织并非这"四个特征"都很明显,在具体认定时,应根据立法本意,认真审查、分析黑社会性质组织"四个特征"相互间的内在联系,准确评价涉案犯罪组织所造成的社会危害,做到不枉不纵。(§3)

△(**"组织黑社会性质组织";"领导黑社会性质组织";黑社会性质组织的组织者、领导者**)发起、创建黑社会性质组织,或者对黑社会性质组织进行合并、分立、重组的行为,应当认定为"组织黑社会性质组织";实际对整个组织的发展、运行、活动进行决策、指挥、协调、管理的行为,应当认定为"领导黑社会性质组织"。黑社会性质组织的组织者、领导者,既包括通过一定形式产生的有明确职务、称谓的组织者、领导者,也包括在黑社会性质组织中被公认的事实上的组织者、领导者。(§4)

△(**"参加黑社会性质组织";"积极参加黑社会性质组织"**)知道或者应当知道是以实施违法犯罪为基本活动内容的组织,仍加入并接受其领导和管理的行为,应当认定为"参加黑社会性质组织"。没有加入黑社会性质组织的意愿,受雇到黑社会性质组织开办的公司、企业、社团工作,未参与黑社会性质组织违法犯罪活动的,不应认定为"参加黑社会性质组织"。

参加黑社会性质组织并具有以下情形之一的,一般应当认定为"积极参加黑社会性质组织":多次积极参与黑社会性质组织的违法犯罪活动,或者积极参与较严重的黑社会性质组织的犯罪活动且作用突出,以及其他在组织中起重要作用的情形,如具体主管黑社会性质组织的财务、人员管理等事项。(§5)

△(**"形成较稳定的犯罪组织";渐进历程;成立时间;黑社会性质组织成员**)组织形成后,在一定时期内持续存在,应当认定为"形成较稳定的犯罪组织"。

黑社会性质组织一般在短时间内难以形成,而且成员人数较多,但鉴于"恶势力"团伙和犯罪集团向黑社会性质组织发展是一个渐进的过程,没有明显的性质转变的节点,故对黑社会性质组织存在时间、成员人数问题不宜作出"一刀切"的规定。

黑社会性质组织未举行成立仪式或者进行类似活动的,成立时间可以按照足以反映其初步形成非法影响的标志性事件的发生时间认定。没有明显标志性事件的,可以按照本意见中关于黑社会性质组织违法犯罪活动认定范围的规定,将组织者、领导者与其他组织成员首次共同实施该组织犯罪活动的时间认定为该组织的形成时间。该组织者、领导者因未到案或者因死亡等法定情形未被起诉的,不影响认定。

黑社会性质组织成员既包括已有充分证据证明但尚未归案的组织成员,也包括虽有参加黑社会性质组织的行为但因尚未达到刑事责任年龄或因其他法定情形而未被起诉,或者根据具体情节不作为犯罪处理的组织成员。(§6)

△(**"有组织地通过违法犯罪活动或者其他手段获取经济利益"**)在组织的形成、发展过程中通过以下方式获取经济利益的,应当认定为"有组织地通过违法犯罪活动或者其他手段获取经济利益":

(1)有组织地通过违法犯罪活动或其他不正当手段聚敛;

(2)有组织地以投资、控股、参股、合伙等方式通过合法的生产、经营活动获取;

(3)由组织成员提供或通过其他单位、组织、个人资助取得。(§7)

△(**"具有一定的经济实力";地域差异**)通过上述方式获得一定数量的经济利益,应当认定为"具有一定的经济实力",同时也包括调动一定规模的经济资源用以支持该组织活动的能力。通过上述方式获取的经济利益,即使是由部分组织成员个人掌控,也应计入黑社会性质组织的"经济实力"。组织成员主动将个人或者家庭资产中的一部分用于支持该组织活动,其个人或者家庭资产可全部计入"一定的经济实力",但数额明显较小或者仅提供动产、不动产使用权的除外。

由于不同地区的经济发展水平、不同行业的利润空间均存在很大差异,加之黑社会性质组织存在、发展的时间也各有不同,在办案时不能一般性地要求黑社会性质组织所具有的经济实力必须达到特定规模或特定数额。(§8)

△(**非暴力性的违法犯罪活动;"其他手段"**)黑社会性质组织实施的违法犯罪活动包括非暴力性的违法犯罪活动,但暴力或以暴力相威胁始终是黑社会性质组织实施违法犯罪活动的基本手段,并随时可能付诸实施。暴力、威胁色彩虽不明显,但实际是以组织的势力、影响和犯罪能力为依托,以暴力、威胁的现实可能性为基础,足以使他人产生恐惧、恐慌进而形成心理强制或者足以影响、限制人身自由、危及人身财产安全或者影响正常生产、工作、生活的手段,属于《刑法》第二百九十四条第五款第(三)项中的"其他手段",包括但不限于所谓的"谈判""协商""调解"以及滋扰、纠缠、哄闹、聚众造势等手段。(§9)

△(**"有组织地多次进行违法犯罪活动,为非作恶,欺压、残害群众";黑社会性质组织实施的违法犯罪活动**)为确立、维护、扩大组织的势力、影

响、利益或者按照纪律规约、组织惯例多次实施违法犯罪活动,侵犯不特定多人的人身权利、民主权利、财产权利,破坏经济秩序、社会秩序,应当认定为"有组织地多次进行违法犯罪活动,为非作恶,欺压、残害群众"。

符合以下情形之一的,应当认定为是黑社会性质组织实施的违法犯罪活动:

(1)为该组织争夺势力范围、打击竞争对手、形成强势地位、谋取经济利益、树立非法权威、扩大非法影响、寻求非法保护、增强犯罪能力等实施的;

(2)按照该组织的纪律规约、组织惯例实施的;

(3)组织者、领导者直接组织、策划、指挥、参与实施的;

(4)由组织成员以组织名义实施,并得到组织者、领导者认可或者默许的;

(5)多名组织成员为逞强争霸、插手纠纷、报复他人、替人行凶、非法敛财而共同实施,并得到组织者、领导者认可或者默许的;

(6)其他应当认定为黑社会性质组织实施的。(§ 10)

△(**综合分析;"在一定区域或者行业内,形成非法控制或者重大影响,严重破坏经济、社会生活秩序"**)鉴于黑社会性质组织非法控制和影响的"一定区域"的大小具有相对性,不能简单地要求"一定区域"必须达到某一特定的空间范围,而应当根据具体案情,并结合黑社会性质组织对经济、社会生活秩序的危害程度加以综合分析判断。

通过实施违法犯罪活动,或者利用国家工作人员的包庇或者不依法履行职责,放纵黑社会性质组织进行违法犯罪活动的行为,称霸一方,并具有以下情形之一的,可认定为"在一定区域或者行业内,形成非法控制或者重大影响,严重破坏经济、社会生活秩序":

(1)致使在一定区域内生活或者在一定行业内从事生产、经营的多名群众,合法利益遭受犯罪或严重违法活动侵害后,不敢通过正当途径举报、控告的;

(2)对一定行业的生产、经营形成垄断,或者对涉及一定行业的准入、经营、竞争等经济活动形成重要影响的;

(3)插手民间纠纷、经济纠纷,在相关区域或者行业内造成严重影响的;

(4)干扰、破坏他人正常生产、经营、生活,并在相关区域或者行业内造成严重影响的;

(5)干扰、破坏公司、企业、事业单位及社会团体的正常生产,经营、工作秩序,在相关区域、行业内造成严重影响,或者致使其不能正常生产、经营、工作的;

(6)多次干扰、破坏党和国家机关、行业管理部门以及村委会、居委会等基层群众自治组织的工作秩序,或者致使上述单位、组织的职能不能正常行使的;

(7)利用组织的势力、影响,帮助组织成员或他人获取政治地位,或者在党政机关、基层群众自治组织中担任一定职务的;

(8)其他形成非法控制或者重大影响,严重破坏经济、社会生活秩序的情形。(§ 11)

△(**附加剥夺政治权利;从业禁止;特别累犯;限制减刑;不得假释**)对于组织者、领导者和因犯参加黑社会性质组织罪被判处五年以上有期徒刑的积极参加者,可根据《刑法》第五十六条第一款的规定适用附加剥夺政治权利。对于符合《刑法》第三十七条之一规定的组织成员,应当依法禁止其从事相关职业。符合《刑法》第六十六条规定的组织成员,应当认定为累犯,依法从重处罚。

对于因有组织的暴力性犯罪被判处死刑缓期执行的黑社会性质组织犯罪分子,可以根据《刑法》第五十条第二款的规定同时决定对其限制减刑。对于因有组织的暴力性犯罪被判处十年以上有期徒刑、无期徒刑的黑社会性质组织犯罪分子,应当根据《刑法》第八十一条第二款规定,不得假释。(§ 12)

△(**没收个人财产;财产刑**)对于组织者、领导者一般应当并处没收个人全部财产。对于确属骨干成员或者为该组织转移、隐匿资产的积极参加者,可以并处没收个人全部财产。对于其他组织成员,应当根据所参与实施违法犯罪活动的次数、性质、地位、作用、违法所得数额以及造成损失的数额等情节,依法决定财产刑的适用。(§ 13)

△(**"恶势力"**)具有下列情形的组织,应当认定为"恶势力":经常纠集在一起,以暴力、威胁或者其他手段,在一定区域或者行业内多次实施违法犯罪活动,为非作恶,欺压百姓,扰乱经济、社会生活秩序,造成较为恶劣的社会影响,但尚未形成黑社会性质组织的违法犯罪组织。恶势力一般为三人以上,纠集者相对固定,违法犯罪活动主要为强迫交易、故意伤害、非法拘禁、敲诈勒索、故意毁坏财物、聚众斗殴、寻衅滋事等,同时还可能伴随实施开设赌场、组织卖淫、强迫卖淫、贩卖毒品、运输毒品、制造毒品、抢劫、抢夺、聚众扰乱社会秩序、聚众扰乱公共场所秩序、交通秩序以及聚众"打砸抢"等。

在相关法律文书中的犯罪事实认定部分,可使用"恶势力"等表述加以描述。(§ 14)

△(**恶势力犯罪集团**)恶势力犯罪集团是符合犯罪集团法定条件的恶势力犯罪组织,其特征表现为:有三名以上的组织成员,有明显的首要分子,重要成员较为固定,组织成员经常纠集在一起,共同故意实施三次以上恶势力惯常实施的犯罪活动或者其他犯罪活动。(§ 15)

△(**恶势力犯罪案件;总则;共同犯罪和犯罪集团**)公安机关、人民检察院、人民法院在办理恶势力犯罪案件时,应当依照上述规定,区别于普通刑事案件,充分运用《刑法》总则关于共同犯罪和犯罪集团的规定,依法从严惩处。(§ 16)

△(**黑恶势力;寻衅滋事罪;强迫交易罪;敲诈勒索罪;"以黑恶势力名义敲诈勒索";想象竞合;雇佣、指使;民间矛盾**)黑恶势力为谋取不法利益或形成非法影响,有组织地采用滋扰、纠缠、哄闹、聚众造势等手段侵犯人身权利、财产权利,破坏经济秩序、社会秩序,构成犯罪的,应当分别依照《刑法》相关规定处理:

(1)有组织地采用滋扰、纠缠、哄闹、聚众造势等手段扰乱正常的工作、生活秩序,使他人产生心理恐惧或者形成心理强制,分别属于《刑法》第二百九十三条第一款第(二)项规定的"恐吓"、《刑法》第二百二十六规定的"威胁",同时符合其他犯罪构成条件的,应分别以寻衅滋事罪、强迫交易罪定罪处罚。

《关于办理寻衅滋事刑事案件适用法律若干问题的解释》第二条至第四条中的"多次"一般应当理解为二年内实施寻衅滋事行为三次以上。二年内多次实施不同种类寻衅滋事行为的,应当追究刑事责任。

(2)以非法占有为目的强行索取公私财物,有组织地采用滋扰、纠缠、哄闹、聚众造势等手段扰乱正常的工作、生活秩序,同时符合《刑法》第二百七十四条规定的其他犯罪构成条件的,应当以敲诈勒索罪定罪处罚。同时由多人实施或者以统一着装、显露纹身、特殊标识以及其他明示或者暗示方式,足以使对方感知相关行为的有组织性的,应当认定为《关于办理敲诈勒索刑事案件适用法律若干问题的解释》第二条第(五)项规定的"以黑恶势力名义敲诈勒索"。

采用上述手段,同时又构成其他犯罪的,应当依法按照处罚较重的规定定罪处罚。

雇佣、指使他人有组织地采用上述手段强迫交易、敲诈勒索,构成强迫交易罪、敲诈勒索罪的,对雇佣者、指使者,一般应当以共同犯罪中的主犯论处。为强索不受法律保护的债务或者因其他非法目的,雇佣、指使他人有组织地采用上述手段寻衅滋事,构成寻衅滋事罪的,对雇佣者、指使者,一般应当以共同犯罪中的主犯论处;为追讨合法债务或者因婚恋、家庭、邻里纠纷等民间矛盾而雇佣、指使,没有造成严重后果的,一般不作为犯罪处理,但经有关部门批评制止或者处理处罚后仍继续实施的除外。(§ 17)

△(**黑恶势力;非法拘禁罪**)黑恶势力有组织地多次短时间非法拘禁他人的,应当认定为《刑法》第二百三十八条规定的"以其他方法非法剥夺他人人身自由"。非法拘禁他人三次以上、每次持续时间在四小时以上,或者非法拘禁他人累计时间在十二小时以上的,应以非法拘禁罪定罪处罚。(§ 18)

△(**民间借贷;擅自设立金融机构罪;非法吸收公众存款罪;骗取贷款罪;高利转贷罪;故意杀人罪;故意伤害罪;非法拘禁罪;故意毁坏财物罪;数罪并罚**)在民间借贷活动中,如有擅自设立金融机构、非法吸收公众存款、骗取贷款、套取金融机构资金发放高利贷以及为强索债务而实施故意杀人、故意伤害、非法拘禁、故意毁坏财物等行为的,应当按照具体犯罪侦查、起诉、审判。依法符合数罪并罚条件的,应当并罚。(§ 19)

△(**假借民间借贷之名;诈骗罪;强迫交易罪;敲诈勒索罪;抢劫罪;虚假诉讼罪;违法所得**)对于以非法占有为目的,假借民间借贷之名,通过"虚增债务""签订虚假借款协议""制造资金走账流水""肆意认定违约""转单平账""虚假诉讼"等手段非法占有他人财产,或者使用暴力、威胁手段强立债权、强行索债的,应当根据案件具体事实,以诈骗、强迫交易、敲诈勒索、抢劫、虚假诉讼等罪名侦查、起诉、审判。对于非法占有的被害人实际所得借款以外的虚高"债务"和以"保证金""中介费""服务费"等各种名目扣除或收取的额外费用,均应计入违法所得。对于名义上为被害人所得、但在案证据能够证明实际上却为犯罪嫌疑人、被告人实施后续犯罪所使用的"借款",应予以没收。(§ 20)

△(**讨债公司;"地下执法队";组织、领导、参加黑社会性质组织罪**)对采用讨债公司、"地下执法队"等各种形式有组织地进行上述活动,符合黑社会性质组织、犯罪集团认定标准的,应当按照组织、领导、参加黑社会性质组织罪或者犯罪集团侦查、起诉、审判。(§ 21)

△(**包庇;共犯**)《刑法》第二百九十四条第三款中规定的"包庇"行为,不要求相关国家机关工作人员利用职务便利。利用职务便利包庇黑社会性质组织的,酌情从重处罚。包庇、纵容黑社会性质组织,事先有通谋的,以具体犯罪的共犯论处。(§ 22)

△(**“保护伞”;受贿罪;滥用职权罪;玩忽职守罪**)公安机关、人民检察院、人民法院对办理黑恶势力犯罪案件中发现的涉嫌包庇、纵容黑社会性质组织犯罪、收受贿赂、渎职侵权等违法违纪线索,应当及时移送有关主管部门和其他相关部门,坚决依法严惩充当黑恶势力“保护伞”的职务犯罪。(§ 23)

△(**农村“两委”等人员;“保护伞”;贪污罪;受贿罪**)依法严惩农村“两委”等人员在涉农惠农补贴申领与发放、农村基础设施建设、征地拆迁补偿、救灾扶贫优抚、生态环境保护等过程中,利用职权恃强凌弱、吃拿卡要、侵吞挪用国家专项资金的犯罪,以及放纵、包庇“村霸”和宗族恶势力,致使其坐大成患;或者收受贿赂、徇私舞弊,为“村霸”和宗族恶势力充当“保护伞”的犯罪。(§ 24)

△(**提供重要线索和证据;从轻、减轻或者免除处罚;证人保护**)犯罪嫌疑人、被告人,积极配合侦查、起诉、审判工作,在查明黑社会性质组织的组织结构和组织者、领导者的地位作用,组织实施的重大犯罪事实,追缴、没收赃款赃物,打击“保护伞”等方面提供重要线索和证据,经查证属实的,可以根据案件具体情况,依法从轻、减轻或者免除处罚,并对其参照证人保护的有关规定采取保护措施。前述规定,对于确属组织者、领导者的犯罪嫌疑人、被告人应当严格掌握。(§ 35Ⅱ)

△(**适用效力**)本意见颁布实施后,最高人民法院、最高人民检察院、公安部、司法部联合公布或者单独制定的其他相关规范性文件,内容如与本意见中有关规定不一致的,应当按照本意见执行。(§ 36)

《最高人民法院、最高人民检察院、公安部、司法部关于办理恶势力刑事案件若干问题的意见》(法发〔2019〕10号,自2019年4月9日起施行)

△(**恶势力**)恶势力,是指经常纠集在一起,以暴力、威胁或者其他手段,在一定区域或者行业内多次实施违法犯罪活动,为非作恶,欺压百姓,扰乱经济、社会生活秩序,造成较为恶劣的社会影响,但尚未形成黑社会性质组织的违法犯罪组织。(§ 4)

△(**单纯为牟取不法经济利益;不应作为恶势力案件**)单纯为牟取不法经济利益而实施的“黄、赌、毒、盗、抢、骗”等违法犯罪活动,不具有为非作恶、欺压百姓特征的,或者因本人及近亲属的婚恋纠纷、家庭纠纷、邻里纠纷、劳动纠纷、合法债务纠纷而引发以及其他确属事出有因的违法犯罪活动,不应作为恶势力案件处理。(§ 5)

△(**恶势力;纠集者;恶势力的其他成员**)恶势力一般为3人以上,纠集者相对固定。纠集者,是指在恶势力实施的违法犯罪活动中起组织、策划、指挥作用的违法犯罪分子。成员较为固定且符合恶势力其他认定条件,但多次实施违法犯罪活动是由不同的成员组织、策划、指挥,也可以认定为恶势力,有前述行为的成员均可以认定为纠集者。

恶势力的其他成员,是指知道或应当知道与他人经常纠集在一起是为了共同实施违法犯罪,仍按照纠集者的组织、策划、指挥参与违法犯罪活动的违法犯罪分子,包括已有充分证据证明但尚未归案的人员,以及因法定情形不予追究法律责任,或者因参与实施恶势力违法犯罪活动已受到行政或刑事处罚的人员。仅因临时雇佣或被雇佣、利用或被利用以及受蒙蔽参与少量恶势力违法犯罪活动的,一般不应认定为恶势力成员。(§ 6)

△(**“经常纠集在一起,以暴力、威胁或者其他手段,在一定区域或者行业内多次实施违法犯罪活动”**)“经常纠集在一起,以暴力、威胁或者其他手段,在一定区域或者行业内多次实施违法犯罪活动”,是指犯罪嫌疑人、被告人于2年之内,以暴力、威胁或者其他手段,在一定区域或者行业内多次实施违法犯罪活动,且包括纠集者在内,至少应有2名相同的成员多次参与实施违法犯罪活动。对于“纠集在一起”时间明显较短,实施违法犯罪活动刚刚达到“多次”标准,且尚不足以造成较为恶劣影响的,一般不应认定为恶势力。(§ 7)

△(**恶势力实施的违法犯罪活动**)恶势力实施的违法犯罪活动,主要为强迫交易、故意伤害、非法拘禁、敲诈勒索、故意毁坏财物、聚众斗殴、寻衅滋事,但也包括具有为非作恶、欺压百姓特征,主要以暴力、威胁为手段的其他违法犯罪活动。

恶势力还可能伴随实施开设赌场、组织卖淫、强迫卖淫、贩卖毒品、运输毒品、制造毒品、抢劫、抢夺、聚众扰乱社会秩序、聚众扰乱公共场所秩序、交通秩序以及聚众“打砸抢”等违法犯罪活动,但仅有前述伴随实施的违法犯罪活动,且不能认定具有为非作恶、欺压百姓特征的,一般不应认定为恶势力。(§ 8)

△(**“多次实施违法犯罪活动”**)办理恶势力刑事案件,“多次实施违法犯罪活动”至少应包括1次犯罪活动。对于反复实施强迫交易、非法拘禁、敲诈勒索、寻衅滋事等单一性质的违法行为,单次情节、数额尚不构成犯罪,但按照刑法或者有关司法解释、规范性文件的规定累加后应作为犯罪处理的,在认定是否属于“多次实施违法犯罪活动”时,可将已用于累加的违法行为计为1次犯罪

分则　第六章

活动,其他违法行为单独计算违法活动的次数。

已被处理或者已作为民间纠纷调处,后经查证确属恶势力违法犯罪活动的,均可以作为认定恶势力的事实依据,但不符合法定情形的,不得重新追究法律责任。(§ 9)

△(**“扰乱经济、社会生活秩序,造成较为恶劣的社会影响”**)认定“扰乱经济、社会生活秩序,造成较为恶劣的社会影响”,应当结合侵害对象及其数量、违法犯罪次数、手段、规模、人身损害后果、经济损失数额、违法所得数额、引起社会秩序混乱的程度以及对人民群众安全感的影响程度等因素综合把握。(§ 10)

△(**恶势力犯罪集团**)恶势力犯罪集团,是指符合恶势力全部认定条件,同时又符合犯罪集团法定条件的犯罪组织。

恶势力犯罪集团的首要分子,是指在恶势力犯罪集团中起组织、策划、指挥作用的犯罪分子。恶势力犯罪集团的其他成员,是指知道或者应当知道是为共同实施犯罪而组成的较为固定的犯罪组织,仍接受首要分子领导、管理、指挥,并参与该组织犯罪活动的犯罪分子。

恶势力犯罪集团应当有组织地实施多次犯罪活动,同时还可能伴随实施违法活动。恶势力犯罪集团所实施的违法犯罪活动,参照《指导意见》①第十条第二款的规定认定。(§ 11)

△(**未成年人;老年人;残疾人**)全部成员或者首要分子、纠集者以及其他重要成员均为未成年人、老年人、残疾人的,认定恶势力、恶势力犯罪集团时应当特别慎重。(§ 12)

△(**宽严相济;缓刑、减刑、假释;从业禁止;从轻、减轻或免除处罚;认罪认罚**)对于恶势力的纠集者、恶势力犯罪集团的首要分子、重要成员以及恶势力、恶势力犯罪集团共同犯罪中罪责严重的主犯,要正确运用法律规定加大惩处力度,对依法应当判处重刑或死刑的,坚决判处重刑或死刑。同时要严格掌握取保候审,严格掌握不起诉,严格掌握缓刑、减刑、假释,严格掌握保外就医适用条件,充分利用资格刑、财产刑等法律手段全方位从严惩处。对于符合刑法第三十七条之一规定的,可以依法禁止其从事相关职业。

对于恶势力、恶势力犯罪集团的其他成员,在共同犯罪中罪责相对较小、人身危险性、主观恶性相对不大的,具有自首、立功、坦白、初犯等法定或酌定从宽处罚情节,可以依法从轻、减轻或免除处罚。认罪认罚或者仅参与实施少量的犯罪活动且只起次要、辅助作用,符合缓刑条件的,可以适用缓刑。(§ 13)

△(**立功;罪责刑相一致;从轻处罚**)恶势力犯罪集团的首要分子检举揭发与该犯罪集团及其违法犯罪活动有关联的其他犯罪线索,如果在认定立功的问题上存在事实、证据或法律适用方面的争议,应当严格把握。依法应认定为立功或者重大立功的,在决定是否从宽处罚、如何从宽处罚时,应当根据罪责刑相一致原则从严掌握。可能导致全案量刑明显失衡的,不予从宽处罚。

恶势力犯罪集团的其他成员如果能够配合司法机关查办案件,有提供线索、帮助收集证据或者其他协助行为,并在侦破恶势力犯罪集团案件、查处“保护伞”等方面起到较大作用的,即使依法不能认定立功,一般也应酌情对其从轻处罚。(§ 14)

△(**量刑**)犯罪嫌疑人、被告人同时具有法定、酌定从严和法定、酌定从宽处罚情节的,量刑时要根据所犯具体罪行的严重程度,结合被告人在恶势力、恶势力犯罪集团中的地位、作用、主观恶性、人身危险性等因素整体把握。对于恶势力的纠集者、恶势力犯罪集团的首要分子、重要成员,量刑时要体现总体从严。对于在共同犯罪中罪责相对较小、人身危险性、主观恶性相对不大,且能够真诚认罪悔罪的其他成员,量刑时要体现总体从宽。(§ 15)

△(**认罪认罚**)恶势力刑事案件的犯罪嫌疑人、被告人自愿如实供述自己的罪行,承认指控的犯罪事实,愿意接受处罚的,可以依法从宽处理,并适用认罪认罚从宽制度。对于犯罪性质恶劣、犯罪手段残忍、社会危害严重的犯罪嫌疑人、被告人,虽然认罪认罚,但不足以从轻处罚的,不适用该制度。(§ 16)

《最高人民法院、最高人民检察院、公安部、司法部关于办理黑恶势力刑事案件中财产处置若干问题的意见》(高检发〔2019〕6号,自2019年4月9日起施行)

△(**查询、查封、扣押、冻结等措施;追缴、没收;依法返还**)公安机关、人民检察院、人民法院在办理黑恶势力犯罪案件时,在查明黑恶势力组织违法犯罪事实并对黑恶势力成员依法定罪量刑的同时,要全面调查黑恶势力组织及其成员的财产状况,依法对涉案财产采取查询、查封、扣押、冻结等措施,并根据查明的情况,依法作出处理。

---

① 即《最高人民法院、最高人民检察院、公安部、司法部关于办理黑恶势力犯罪案件若干问题的指导意见》(法发〔2018〕1号,2018年1月16日公布)。

前款所称处理既包括对涉案财产中犯罪分子违法所得、违禁品、供犯罪所用的本人财物以及其他等值财产等依法追缴、没收，也包括对被害人的合法财产等依法返还。（§ 1）

△（**依照法定条件和程序；及时审查**）对涉案财产采取措施，应当严格依照法定条件和程序进行。严禁在立案之前查封、扣押、冻结财物。凡查封、扣押、冻结的财物，都应当及时进行审查，防止因程序违法、工作瑕疵等影响案件审理以及涉案财产处置。（§ 2）

△（**保留必需的生活费用和物品；继续合理使用有关涉案财产；保值保管措施**）对涉案财产采取措施，应当为犯罪嫌疑人、被告人及其所扶养的亲属保留必需的生活费用和物品。

根据案件具体情况，在保证诉讼活动正常进行的同时，可以允许有关人员继续合理使用有关涉案财产，并采取必要的保值保管措施，以减少案件办理对正常办公和合法生产经营的影响。（§ 3）

△（**没收；财产刑**）要彻底摧毁黑社会性质组织的经济基础，防止其死灰复燃。对于组织者、领导者一般应当并处没收个人全部财产。对于确属骨干成员或者为该组织转移、隐匿资产的积极参加者，可以并处没收个人全部财产。对于其他组织成员，应当根据所参与实施违法犯罪活动的次数、性质、地位、作用、违法所得数额以及造成损失的数额等情节，依法决定财产刑的适用。（§ 4）

△（**转变涉案财产性质；关联犯罪**）要深挖细查并依法打击黑恶势力组织进行的洗钱以及掩饰、隐瞒犯罪所得、犯罪所得收益等转变涉案财产性质的关联犯罪。（§ 5）

△（**采取查询、查封、扣押、冻结等措施**）公安机关侦查期间，要根据《公安机关办理刑事案件适用查封、冻结措施相关规定》（公通字〔2013〕30号）等有关规定，会同有关部门全面调查黑恶势力及其成员的财产状况，并可以根据诉讼需要，先行依法对下列财产采取查询、查封、扣押、冻结等措施：

（1）黑恶势力组织的财产；

（2）犯罪嫌疑人个人所有的财产；

（3）犯罪嫌疑人实际控制的财产；

（4）犯罪嫌疑人出资购买的财产；

（5）犯罪嫌疑人转移至他人名下的财产；

（6）犯罪嫌疑人涉嫌洗钱以及掩饰、隐瞒犯罪所得、犯罪所得收益等犯罪涉及的财产；

（7）其他与黑恶势力组织及其违法犯罪活动有关的财产。（§ 6）

△（**不动产；通知有关登记机关；禁止财产流转；提取有关产权证照**）查封、扣押、冻结已登记的不动产、特定动产及其他财产，应当通知有关登记机关，在查封、扣押、冻结期间禁止被查封、扣押、冻结的财产流转，不得办理被查封、扣押、冻结财产权属变更、抵押等手续。必要时可以提取有关产权证照。（§ 7）

△（**审查内容；证明涉案财产来源、性质、用途、权属及价值**）公安机关对于采取措施的涉案财产，应当全面收集证明其来源、性质、用途、权属及价值的有关证据，审查判断是否应当依法追缴、没收。

证明涉案财产来源、性质、用途、权属及价值的有关证据一般包括：

（1）犯罪嫌疑人、被告人关于财产来源、性质、用途、权属、价值的供述；

（2）被害人、证人关于财产来源、性质、用途、权属、价值的陈述、证言；

（3）财产购买凭证、银行往来凭据、资金注入凭据、权属证明等书证；

（4）财产价格鉴定、评估意见；

（5）可以证明财产来源、性质、用途、权属、价值的其他证据。（§ 8）

△（**财产及其孳息、收益的数额；评估；估算**）公安机关对应当依法追缴、没收的财产中黑恶势力组织及其成员聚敛的财产及其孳息、收益的数额，可以委托专门机构评估；确实无法准确计算的，可以根据有关法律规定及查明的事实、证据合理估算。

人民检察院、人民法院对于公安机关委托评估、估算的数额有不同意见的，可以重新委托评估、估算。（§ 9）

△（**对涉案财产采取措施的机关；人民法院；人民检察院**）人民检察院、人民法院根据案件诉讼的需要，可以依法采取上述相关措施。（§ 10）

△（**涉案财产及清单随案移送；需要继续追缴尚未被足额查封、扣押的其他违法所得；涉案财产不宜随案移送**）公安机关、人民检察院应当加强对在案财产审查甄别。在移送审查起诉、提起公诉时，一般应当对采取措施的涉案财产提出处理意见建议，并将采取措施的涉案财产及其清单随案移送。

人民检察院经审查，除对随案移送的涉案财产提出处理意见外，还需要对继续追缴的尚未被足额查封、扣押的其他违法所得提出处理意见建议。

涉案财产不宜随案移送的，应当按照相关法律、司法解释的规定，提供相应的清单、照片、录像、封存手续、存放地点说明、鉴定、评估意见、变

价处理凭证等材料。(§11)

△(**不宜查封、扣押、冻结的经营性财产;代管或者托管;不宜长期保存的物品、易贬值的物品、市场价格波动大的产品;出售、变现或者先行变卖、拍卖**)对于不宜查封、扣押、冻结的经营性财产,公安机关、人民检察院、人民法院可以申请当地政府指定有关部门或者委托有关机构代管或者托管。

对易损毁、灭失、变质等不宜长期保存的物品,易贬值的汽车、船艇等物品,或者市场价格波动大的债券、股票、基金等财产,有效期即将届满的汇票、本票、支票等,经权利人同意或者申请,并经县级以上公安机关、人民检察院或者人民法院主要负责人批准,可以依法出售、变现或者先行变卖、拍卖,所得价款由扣押、冻结机关保管,并及时告知当事人或者其近亲属。(§12)

△(**举证质证**)人民检察院在法庭审理时应当对证明黑恶势力犯罪涉案财产情况进行举证质证,对于既能证明具体个罪又能证明经济特征的涉案财产情况相关证据在具体个罪中出示后,在经济特征中可以简要说明,不再重复出示。(§13)

△(**判决书**)人民法院作出的判决,除应当对随案移送的涉案财产作出处理外,还应当在判决书中写明需要继续追缴尚未被足额查封、扣押的其他违法所得;对随案移送财产进行处理时,应当列明相关财产的具体名称、数量、金额、处置情况等。涉案财产或者有关当事人人数较多,不宜在判决书正文中详细列明的,可以概括叙述并另附清单。(§14)

△(**追缴、没收**)涉案财产符合下列情形之一的,应当依法追缴、没收:

(1)黑恶势力组织及其成员通过违法犯罪活动或者其他不正当手段聚敛的财产及其孳息、收益;

(2)黑恶势力组织成员通过个人实施违法犯罪活动聚敛的财产及其孳息、收益;

(3)其他单位、组织、个人为支持该黑恶势力组织活动资助或者主动提供的财产;

(4)黑恶势力组织及其成员通过合法的生产、经营活动获取的财产或者组织成员个人、家庭合法财产中,实际用于支持该组织活动的部分;

(5)黑恶势力组织成员非法持有的违禁品以及供犯罪所用的本人财物;

(6)其他单位、组织、个人利用黑恶势力组织及其成员违法犯罪活动获取的财产及其孳息、收益;

(7)其他应当追缴、没收的财产。(§15)

△(**涉案财产已用于清偿债务或者转让、或者设置其他权利负担;追缴**)应当追缴、没收的财产已用于清偿债务或者转让、或者设置其他权利负担,具有下列情形之一的,应当依法追缴:

(1)第三人明知是违法犯罪所得而接受的;

(2)第三人无偿或者以明显低于市场的价格取得涉案财物的;

(3)第三人通过非法债务清偿或者违法犯罪活动取得涉案财物的;

(4)第三人通过其他方式恶意取得涉案财物的。(§16)

△(**返还**)涉案财产符合下列情形之一的,应当依法返还:

(1)有证据证明确属被害人合法财产;

(2)有证据证明确与黑恶势力及其违法犯罪活动无关。(§17)

△(**返还不损害其他利害关系人的利益、不影响案件正常办理**)有关违法犯罪事实查证属实后,对于有证据证明权属明确且无争议的被害人、善意第三人或者其他人员合法财产及其孳息,凡返还不损害其他利害关系人的利益,不影响案件正常办理的,应当在登记、拍照或者录像后,依法及时返还。(§18)

△(**追缴、没收其他等值财产**)有证据证明依法应当追缴、没收的涉案财产无法找到、被他人善意取得、价值灭失或者与其他合法财产混合且不可分割的,可以追缴、没收其他等值财产。

对于证明前款各种情形的证据,公安机关或者人民检察院应当及时调取。(§19)

△(**"财产无法找到"**)本意见第19条所称"财产无法找到",是指有证据证明存在依法应当追缴、没收的财产,但无法查证财产去向、下落的。被告人有不同意见的,应当出示相关证据。(§20)

△(**追缴、没收的其他等值财产的数额;对应**)追缴、没收的其他等值财产的数额,应当与无法直接追缴、没收的具体财产的数额相对应。(§21)

△(**孳息;收益**)本意见所称孳息,包括天然孳息和法定孳息。

本意见所称收益,包括但不限于以下情形:

(1)聚敛、获取的财产直接产生的收益,如使用聚敛、获取的财产购买彩票中奖所得收益等;

(2)聚敛、获取的财产用于违法犯罪活动产生的收益,如使用聚敛、获取的财产赌博赢利所得收益、非法放贷所得收益、购买并贩卖毒品所得收益等;

(3)聚敛、获取的财产投资、置业形成的财产及其收益；

(4)聚敛、获取的财产和其他合法财产共同投资或者置业形成的财产中，与聚敛、获取的财产对应的份额及其收益；

(5)应当认定为收益的其他情形。(§ 22)

《最高人民法院、最高人民检察院、公安部、司法部关于办理实施"软暴力"的刑事案件若干问题的意见》(公通字〔2019〕15号，自2019年4月9日起施行)

△(**"软暴力"**)"软暴力"是指行为人为谋取不法利益或形成非法影响，对他人或者在有关场所进行滋扰、纠缠、哄闹、聚众造势等，足以使他人产生恐惧、恐慌进而形成心理强制，或者足以影响、限制人身自由、危及人身财产安全，影响正常生活、工作、生产、经营的违法犯罪手段。(§ 1)

△(**"软暴力"违法犯罪手段**)"软暴力"违法犯罪手段通常的表现形式有：

(一)侵犯人身权利、民主权利、财产权利的手段，包括但不限于跟踪贴靠、扬言传播疾病、揭发隐私、恶意举报、诬告陷害、破坏、霸占财物等；

(二)扰乱正常生活、工作、生产、经营秩序的手段，包括但不限于非法侵入他人住宅、破坏生活设施、设置生活障碍、贴报喷字、拉挂横幅、燃放鞭炮、播放哀乐、摆放花圈、泼洒污物、断水断电、堵门阻工，以及通过驱赶从业人员、派驻人员据守等方式直接或间接地控制厂房、办公区、经营场所等；

(三)扰乱社会秩序的手段，包括但不限于摆场架势示威、聚众哄闹滋扰、拦路闹事等；

(四)其他符合本意见第一条规定的"软暴力"手段。

通过信息网络或者通讯工具实施，符合本意见第一条规定的违法犯罪手段，应当认定为"软暴力"。(§ 2)

△(**"软暴力"；影响后果；"以黑恶势力名义实施"；多人实施；雇佣者、指使者或者纠集者**)行为人实施"软暴力"，具有下列情形之一，可以认定为足以使他人产生恐惧、恐慌进而形成心理强制或者足以影响、限制人身自由、危及人身财产安全或者影响正常生活、工作、生产、经营：

(一)黑恶势力实施的；

(二)以黑恶势力名义实施的；

(三)曾因组织、领导、参加黑社会性质组织、恶势力犯罪集团、恶势力以及因强迫交易、非法拘禁、敲诈勒索、聚众斗殴、寻衅滋事等犯罪受过刑事处罚后又实施的；

(四)携带凶器实施的；

(五)有组织地实施的或者足以使他人认为暴力、威胁具有现实可能性的；

(六)其他足以使他人产生恐惧、恐慌进而形成心理强制或者足以影响、限制人身自由、危及人身财产安全或者影响正常生活、工作、生产、经营的情形。

由多人实施的，编造或明示暴力违法犯罪经历进行恐吓的，或者以自报组织、头目名号、统一着装、显露纹身、特殊标识以及其他明示、暗示方式，足以使他人感知相关行为的有组织性的，应当认定为"以黑恶势力名义实施"。

由多人实施的，只要有部分行为人符合本条第一款第(一)项至第(四)项所列情形的，该项即成立。

虽然具体实施"软暴力"的行为人不符合本条第一款第(一)项、第(三)项所列情形，但雇佣者、指使者或者纠集者符合的，该项成立。(§ 3)

△(**"软暴力"；"黑社会性质组织行为特征"；"恶势力"；其他手段**)"软暴力"手段属于《刑法》第二百九十四条第五款第(三)项"黑社会性质组织行为特征"以及《指导意见》①第14条"恶势力"概念中的"其他手段"。(§ 4)

△(**"软暴力"；强迫交易罪；寻衅滋事罪**)采用"软暴力"手段，使他人产生心理恐惧或者形成心理强制，分别属于《刑法》第二百二十六条规定的"威胁"、《刑法》第二百九十三条第一款第(二)项规定的"恐吓"，同时符合其他犯罪构成要件的，应当分别以强迫交易罪、寻衅滋事罪定罪处罚。

《关于办理寻衅滋事刑事案件适用法律若干问题的解释》第二条至第四条中的"多次"一般应当理解为二年内实施寻衅滋事行为三次以上。三次以上寻衅滋事行为既包括同一类别的行为，也包括不同类别的行为；既包括未受行政处罚的行为，也包括已受行政处罚的行为。(§ 5)

△(**"以其他方法非法剥夺他人人身自由"；非法拘禁罪**)有组织地多次短时间非法拘禁他人的，应当认定为《刑法》第二百三十八条规定的"以其他方法非法剥夺他人人身自由"。非法拘禁他人三次以上、每次持续时间在四小时以上，或者非法拘禁他人累计时间在十二小时以上的，应

---

① 即《最高人民法院、最高人民检察院、公安部、司法部关于办理黑恶势力犯罪案件若干问题的指导意见》(法发〔2018〕1号，2018年1月16日公布)。

当以非法拘禁罪定罪处罚。（§ 6）

△（**"非法侵入他人住宅"；非法侵入住宅罪**）以"软暴力"手段非法进入或者滞留他人住宅的，应当认定为《刑法》第二百四十五条规定的"非法侵入他人住宅"，同时符合其他犯罪构成要件的，应当以非法侵入住宅罪定罪处罚。（§ 7）

△（**软暴力；敲诈勒索罪；"二年内敲诈勒索三次以上"**）以非法占有为目的，采用"软暴力"手段强行索取公私财物，同时符合《刑法》第二百七十四条规定的其他犯罪构成要件的，应当以敲诈勒索罪定罪处罚。

《关于办理敲诈勒索刑事案件适用法律若干问题的解释》第三条中"二年内敲诈勒索三次以上"，包括已受行政处罚的行为。（§ 8）

△（**想象竞合**）采用"软暴力"手段，同时构成两种以上犯罪的，依法按照处罚较重的犯罪定罪处罚，法律另有规定的除外。（§ 9）

△（**行政处罚；折抵刑期；抵扣罚金**）根据本意见第五条、第八条规定，对已受行政处罚的行为追究刑事责任的，行为人先前所受的行政拘留处罚应当折抵刑期，罚款应当抵扣罚金。（§ 10）

△（**雇佣、指使；主犯；强迫交易罪；敲诈勒索罪；非法侵入住宅罪；寻衅滋事罪；民间矛盾**）雇佣、指使他人采用"软暴力"手段强迫交易、敲诈勒索，构成强迫交易罪、敲诈勒索罪的，对雇佣者、指使者，一般应当以共同犯罪中的主犯论处。

为强索不受法律保护的债务或者因其他非法目的，雇佣、指使他人采用"软暴力"手段非法剥夺他人人身自由构成非法拘禁罪，或者非法侵入他人住宅、寻衅滋事，构成非法侵入住宅罪、寻衅滋事罪的，对雇佣者、指使者，一般应当以共同犯罪中的主犯论处；因本人及近亲属合法债务、婚恋、家庭、邻里纠纷等民间矛盾而雇佣、指使，没有造成严重后果的，一般不作为犯罪处理，但经有关部门批评制止或者处理处罚后仍继续实施的除外。（§ 11）

【附属刑法】

《中华人民共和国反有组织犯罪法》（2021年12月24日通过）

第五十条

Ⅰ国家工作人员有下列行为的，应当全面调查，依法作出处理：

（一）组织、领导、参加有组织犯罪活动的；

（二）为有组织犯罪组织及其犯罪活动提供帮助的；

（三）包庇有组织犯罪组织、纵容有组织犯罪活动的；

（四）在查办有组织犯罪案件工作中失职渎职的；

（五）利用职权或者职务上的影响干预反有组织犯罪工作的；

（六）其他涉有组织犯罪的违法犯罪行为。

Ⅱ国家工作人员组织、领导、参加有组织犯罪的，应当依法从重处罚。

第六十六条

Ⅰ组织、领导、参加黑社会性质组织，国家机关工作人员包庇、纵容黑社会性质组织，以及黑社会性质组织、恶势力组织实施犯罪的，依法追究刑事责任。

Ⅱ境外的黑社会组织的人员到中华人民共和国境内发展组织成员、实施犯罪，以及在境外对中华人民共和国国家或者公民犯罪的，依法追究刑事责任。

第六十七条

发展未成年人参加黑社会性质组织、境外的黑社会组织，教唆、诱骗未成年人实施有组织犯罪，或者实施有组织犯罪侵害未成年人合法权益的，依法从重追究刑事责任。

第七十五条

国家工作人员有本法第五十条、第五十二条规定的行为，构成犯罪的，依法追究刑事责任；尚不构成犯罪的，依法给予处分。

【指导性案例】

最高人民检察院指导性案例第84号：林某彬等人组织、领导、参加黑社会性质组织案（2020年11月24日发布）

△（**认罪认罚；黑社会性质组织犯罪；宽严相济；追赃挽损**）认罪认罚从宽制度可以适用于所有刑事案件，没有适用罪名和可能判处刑罚的限定，涉黑涉恶犯罪案件依法可以适用该制度。认罪认罚从宽制度贯穿刑事诉讼全过程，适用于侦查、起诉、审判各个阶段。检察机关办理涉黑涉恶犯罪案件，要积极履行主导责任，发挥认罪认罚从宽制度在查明案件事实、提升指控效果、有效追赃挽损等方面的作用。

【参考案例】

△参加黑社会性质组织，是指成为黑社会性质组织的成员，接受黑社会性质组织领导和管理。单纯参与黑社会性质组织所实施的犯罪行为，不构成参加黑社会性质组织罪。

参加黑社会性质组织，是指成为黑社会性质组织的一员，接受黑社会性质组织领导和管理的行为。参加黑社会性质组织分为积极参加和一般参加。《最高人民法院、最高人民检察院、公安部办理黑社会性质组织犯罪案件座谈会纪要》(以下简称《纪要》)规定:“积极参加者,是指接受黑社会性质组织的领导和管理,多次积极参与黑社会性质组织的违法犯罪活动,或者积极参与较严重的黑社会性质组织的犯罪活动且作用突出,以及其他在组织中起重要作用的犯罪分子……其他参加者,是指除上述组织成员之外,其他接受黑社会性质组织的领导和管理的犯罪分子。”判断行为人是否犯有参加黑社会性质组织罪,关键在于对参加行为的认定。

关于参加行为,实践中可从以下几个方面认定:

1. 关于参加的主观明知问题的把握。对一个犯罪组织是否属于黑社会性质组织的判断属于法律判断,因此,根据《纪要》精神,认定行为人的参加行为构成参加黑社会性质组织罪,不要求行为人在加入犯罪组织时明确知道该组织具有黑社会性质,行为人只要知道或者应当知道所参加的是由多人组成、具有一定层级结构,主要从事违法犯罪活动的组织群体,或者该组织虽有形式合法的生产、经营活动,但仍是以有组织地实施违法犯罪活动为基本行为方式,欺压、残害群众的组织,就可以认定其参加行为构成参加黑社会性质组织罪。

2. 关于接受黑社会性质组织领导和管理问题的把握。按照《纪要》的规定,无论是积极参加者还是其他参加者,都要接受黑社会性质组织的领导和管理。这不仅是一个必要的主观意志要素,而且是判断参加行为是否存在的重要依据。对于那些主观上并无加入意图,客观上也不受犯罪组织领导和管理,因被纠集、雇佣、收买、威逼或者受蒙蔽为黑社会性质组织实施违法犯罪活动或者提供帮助、支持、服务的人员,不应以参加黑社会性质组织罪定罪处罚。

3. 关于参加行为完成形态问题的把握。有一种观点主张以行为人履行入会手续或者口头、书面明确表示加入为判断标准。但从实践情况来看,参加行为的完成形态具有复杂性,因为黑社会性质组织在吸纳成员时,很多情况下并不会专门举行仪式或者办理手续,这使得参加行为难以通过法定证据被客观地反映出来。就本质而言,参加行为是否完成应以行为人与黑社会性质组织就加入该组织问题达成意思一致作为判断标准比较合适,而不能以是否履行手续、是否取得组织会籍、是否举行专门仪式等作为认定的标准。对有下列情形之一的,可以认定行为人完成了参加行为:一是就加入犯罪组织问题有明确的约定;二是行为人履行了加入组织的仪式;三是行为人要求加入,并经该组织或组织头目的批准或默许;四是虽未履行手续,但已在该组织的领导和管理下实际参加了该组织的各种违法犯罪活动;五是行为人开始不知道加入的是从事违法犯罪活动的黑社会性质组织,了解真相后没有退出,并在该组织的领导和管理下参加了该组织的违法犯罪活动。

在陈金豹等组织、领导、参加黑社会性质组织案中,刘应平、王清华等人虽然参与了陈金豹所组织的犯罪活动,但是,他们没有任何加入该组织的愿望,未参与该组织的其他违法犯罪活动,未在该组织中担任职务和谋取利益,未受该组织的管理和纪律约束,不受该组织的控制,因此,不能认定其行为构成参加黑社会性质组织罪。[No. 6-1-294(1)-1　陈金豹等组织、领导、参加黑社会性质组织案]

△知道或者应当知道其所包庇、纵容的是从事违法犯罪活动的组织,应以包庇、纵容黑社会性质组织罪论处。

包庇、纵容黑社会性质组织罪,是指国家机关工作人员包庇或者纵容黑社会性质的组织进行违法犯罪活动的行为。本罪是 1997 年《刑法》增设的罪名,其构成要件包括:客体是司法机关同黑社会性质组织犯罪作斗争的正常活动。客观方面表现为包庇或者纵容黑社会性质的组织进行违法犯罪活动的行为。根据《最高人民法院关于审理黑社会性质组织犯罪的案件具体应用法律若干问题的解释》的规定,包庇是指国家机关工作人员为使黑社会性质组织及其成员逃避查禁,而通风报信,隐匿、毁灭、伪造证据,阻止他人作证、检举揭发,指使他人作伪证,帮助逃匿,或者阻挠其他国家机关工作人员依法查禁等行为;纵容是指国家机关工作人员不依法履行职责,放纵黑社会性质组织及其成员进行违法犯罪活动的行为。犯罪主体是特殊主体,必须是国家机关工作人员,即在国家各级党政机关、权力机关、司法机关和军事机关中依法从事公务的人员。主观方面由故意构成,过失不构成本罪。

包庇、纵容黑社会性质组织罪的主观要件为故意,其中包庇行为只能出自直接故意;而纵容行为,则可能采取听之任之的态度,即纵容行为的主观方面可以是直接故意,也可以是间接故意。然而对于明知的内容,是否必须包含明知是黑社会性质的组织,或者明知是黑社会性质组织的违法犯罪活动这一认识因素,理论界和实务界均存在不同的理解。从司法实践来看,黑社会性质组织一般在短时间内难以形成,普通犯罪集团、恶势力团伙向黑社会性质组织发展是一个渐进的过程,没有明显的性质转变节点;某些黑社会性质组织为了增强隐蔽性,还会通过开办公司、企业等合法方式以商养黑,且某些黑社会性质组织的领导者、组织者还有特殊的身份作掩护,如以国家工作人员、人大代表、政协委员等身份作保护伞。所以,司法机关认定一个犯罪集团是否构成、何时形成黑社会性质组织,需要结合案件的具体情况综合认定。正是由于黑社会性质组织在认定上的严格性、形式上的多样化,使得实施包庇、纵容行为的行为人很难明确认识到其包庇、纵容的对象是黑社会性质组织及其活动。如果将明知是黑社会性质组织及其活动作为本罪故意成立不可或缺的认识因素,将给司法认定带来相当的困难,也会成为行为人逃避法律制裁的理由,不利于打黑专项斗争工作的开展。有鉴于此,《最高人民法院、最高人民检察院、公安部办理黑社会性质组织犯罪案件座谈会纪要》明确规定:“只要行为人知道或者应当知道是从事违法犯罪活动的组织,仍对该组织及其成员予以包庇,或者纵容其实施违法犯罪活动,即可认定本罪。至于行为人是否明知该组织系黑社会性质组织,不影响本罪的成立。”[No. 6-1-294(1)-2　黄向华等组织、参加黑社会性质组织,陈国阳、张伟洲包庇黑社会性质组织案]

△参加黑社会性质组织罪不以明知其所参加的组织具有黑社会性质为要件,但以明知或应当知道其所参加的组织是一个主要从事违法犯罪活动、具有一定层次结构的犯罪组织为要件。

对于参加黑社会性质组织罪是否以行为人明确知道组织具有黑社会性质为要件这一问题,理论界和实务界主要有两种观点:第一种观点认为,构成本罪的行为人必须明确知道组织的黑社会性质,这是主客观相一致原则和罪刑法定原则的当然要求;第二种观点则认为,不要求行为人明确知道组织的黑社会性质,因为《刑法》第二百九十四条并未规定明确知道这一前提,且在司法认定上,将明确知道作为入罪要件既无必要也不现实。

笔者赞同第二种观点,认定行为人构成参加黑社会性质组织罪不以明确知道组织的黑社会性质为前提,理由是:第一,在现实生活中,一般很少有一个众所周知的黑社会性质组织等待他人参加。在我国,目前多数此类组织一般都不会以黑社会自居,对内、对外都不会宣称自己是黑社会性质组织。第二,对于一个组织是否属于黑社会性质组织是一种法律判断,且是一项极为复杂的工作,因此,要求每一个参加者都明确知道所参加的组织的性质是不现实的。但是,这并不是说对行为人的主观认识就没有任何要求,从黑社会性质组织犯罪的特征来看,行为人必须知道或者应当知道自己所参与的是具有一定规模的组织。第三,黑社会性质组织本身有一个形成、发展的过程,实践中很难用一个明确的时间点划分,因此,不可能要求行为人对所参加组织性质的变化有准确的认知。第四,在司法实践中,行为人为逃避法律制裁,往往会以种种借口辩称自己不知道所参加的组织是黑社会性质组织,不能因其口头上的否认就改变其犯罪的性质。当然,如果行为人明确知道是黑社会性质组织而参加,自然构成参加黑社会性质组织罪。但是,如果行为人事先确实不了解情况,不知是黑社会性质组织而参加,发现后即退出;或者行为人确实不知道,也不应当知道其参加的组织是一个主要从事违法犯罪活动、具有一定层次结构的犯罪组织,一般不按参加黑社会性质组织罪论处。根据《最高人民法院关于审理黑社会性质组织犯罪的案件具体应用法律若干问题的解释》第三条第二款的规定,对于参加黑社会性质的组织,没有实施其他违法犯罪活动的,或者受蒙蔽、胁迫参加黑社会性质的组织,情节轻微的,可以不作为犯罪处理。[No. 6-1-294(1)-3　李军等参加黑社会性质组织案]

△以下三种参加者,一般应认定为黑社会性质组织的积极参加者:(1)多次积极参与黑社会性质组织的违法犯罪活动、积极参与较严重的黑社会性质组织的犯罪活动,且作用突出及其他在黑社会性质组织中起重要作用的参加者;(2)与组织者、领导者关系密切,在组织中地位、作用突出的参加者;(3)所获报酬数额较大的参加者。

《刑法》对黑社会性质组织的积极参加者和其他参加者规定了不同的法定刑,因此,在司法实践中有必要区分积极参加者和其他参加者。对此,根据《最高人民法院、最高人民检察院、公安部办理黑社会性质组织犯罪案件座谈会纪要》精神,应从以下三个方面认定积极参加者:首先,应根据行为人实施具体犯罪的客观方面来判断,对那些多次积极参与黑社会性质组织的违法犯罪活动、积极参与较严重的黑社会性质组织的犯罪活动,且作用突出及其他在黑社会性质组织中起重要作用的犯罪分子,一般应认定为积极参加者;其次,从行为人在黑社会性质组织中的地位、作用,与组织者、领导者之间的关系来判断,那些与组织者、领导者关系密切,在组织中地位、作用突出的,一般应认定为积极参加者;最后,从行为人所获取的犯罪所得来判断,所获报酬数额较大的组织成员一般应认定为积极参加者。对除上述组织成员之外,其他接受黑社会性质组织的领导和管理的犯罪分子可认定为其他参加者。

如对李军等参加黑社会性质组织案中被告人陈忠桥的认定，从其参加的具体犯罪活动来看，其参与了枪杀吕建润和枪杀穆仁刚、潘润生（未遂）两起犯罪，在枪杀吕建润案中接受张成义的指使，具体牵头负责此案，现场指挥其他同案人，是致人死亡的直接凶手之一，在犯罪中积极主动，地位、作用突出；从其与组织者、领导者张成义的关系来看，其长期与张成义在一起从事违法犯罪活动，是张成义的左膀右臂；从其获取的报酬数额来看，张成义为陈忠桥长期发放工资、奖金，还奖励给陈忠桥十几万元的房产，获取的报酬超过其他同案人。综合上述三个方面，应当认定陈忠桥系该黑社会性质组织的积极参加者和骨干成员。[No. 6-1-294(1)-4　李军等参加黑社会性质组织案]

△以下三种情形属于黑社会性质组织犯罪而非成员个人犯罪：(1)由组织者、领导者直接组织、策划、指挥参与实施的犯罪；(2)基于组织意志实施的犯罪；(3)为了组织利益实施的犯罪。

2009年12月9日发布了《最高人民法院、最高人民检察院、公安部办理黑社会性质组织犯罪案件座谈会纪要》（以下简称《纪要》）。根据《纪要》的规定，黑社会性质组织实施的违法犯罪活动主要包括以下情形：由组织者、领导者直接组织、策划、指挥、参与实施的违法犯罪活动；由组织成员以组织名义实施，并得到组织者、领导者认可或者默许的违法犯罪活动；多名组织成员为逞强争霸、插手纠纷、报复他人、替人行凶、非法敛财而共同实施，并得到组织者、领导者认可或者默许的违法犯罪活动；组织成员为组织争夺势力范围，排除竞争对手，确立强势地位，谋取经济利益，维护非法权威或者按照组织的纪律、惯例、共同遵守的约定而实施的违法犯罪活动；由黑社会性质组织实施的其他违法犯罪活动。具备上述情形之一的，就能够认定为黑社会性质组织实施的违法犯罪活动。

组织性是黑社会性质组织行为方式的主要特征之一，是黑社会性质组织犯罪和组织成员个人犯罪的根本区别所在。根据《纪要》的规定，界分组织犯罪和成员个人犯罪，主要根据以下标准：

1. 是否由组织者、领导者直接组织、策划、指挥、参与实施。组织者、领导者是黑社会性质组织的发起者、创建者，或者在组织中实际处于领导地位，对整个组织及其运行、活动起着决策、指挥、协调、管理作用的犯罪分子，由组织者、领导者直接组织、策划、指挥、参与实施的犯罪行为，都应认定为组织犯罪。

2. 是否基于组织意志实施。黑社会性质组织的犯罪行为应体现组织意志，受组织意志的制约。也就是说，组织成员实施的犯罪行为是得到了组织者、领导者认可或者默许的，抑或是按照组织的纪律、惯例、共同遵守的约定而实施的犯罪活动。

3. 是否为了组织利益实施。实施犯罪活动的目的是为犯罪组织谋取利益，而不是为了追求个人利益或其他个人目的。对于组织成员为了组织利益而实施的犯罪，并不要求组织者、领导者知情。如组织成员为组织争夺势力范围、排除竞争对手、确立强势地位、谋取经济利益、维护非法权威而实施的违法犯罪活动。反之，如果是组织成员仅仅为了个人利益，在组织意志之外单独实施的违法犯罪活动，组织者、领导者并不知情，则不应认定为该黑社会性质组织实施的犯罪活动，而应认定为组织成员个人犯罪。在实践中，由于黑社会性质组织犯罪的表现形式多种多样，因此，认定哪些行为是组织犯罪，哪些行为是个人犯罪，还需要结合具体案情进行综合分析判断。[No. 6-1-294(1)-5　区瑞狮等组织、领导、参加黑社会性质组织案]

△黑社会性质组织成员向政权机关渗透，取得某种政治身份，应当认为具备了黑社会性质组织犯罪寻求非法保护的特征。

容乃胜等组织、领导、参加黑社会性质组织案能否认定为黑社会性质犯罪，关键在于被告人容乃胜等人的行为，是否符合《最高人民法院关于审理黑社会性质组织犯罪的案件具体应用法律若干问题的解释》第一条第（三）项规定的通过贿赂、威胁等手段，引诱、逼迫国家工作人员参加黑社会性质组织活动，或者为其提供非法保护这一特征，即"保护伞"问题。被告人容乃胜等人没有采取黑社会性质组织通常使用的在政府部门寻找"保护伞"和代理人的方式，寻求"保护伞"，而是通过竞选使自己成为乡人大代表，从而向政权机关渗透，以寻求政治上的非法保护。那么，此种方式是否符合司法解释规定的黑社会性质组织的构成特征呢？司法解释的规定，准确地反映了黑社会性质组织的本质。只有同时具备这四个特征，才能认定为刑法意义上的黑社会性质的组织。但在某一具体的黑社会性质组织犯罪案件中，并非所有的特征都十分典型地表现出来。一般而言，由于黑社会性质组织具有反社会性，其为了生存与发展，往往采取各种手段，例如司法解释规定的通过贿赂、威胁等手段，引诱、威逼国家工作人员加入黑社会性质的组织，或者引诱、威逼国家工作人员为其提供非法保护。但并不排除黑社会性质组织采用其他方式寻求"保护伞"。黑社会组织成员直接混入国家机关，或者通过合法、非法手段取得某种政治身份，向国家机关进行渗透，以寻求非法保护，也是黑社会性质组织寻求“保护伞”的重要方式。被告人容乃胜为了逃避法律制裁，维护和发展自己的势力，积极向国家机关渗透，通过破坏选举等手段，使自己当选为乡人大代表，以为自己的违法犯罪活动提供非法保护，应当认定符合《最高人民法院关于审理黑社会性质组织犯罪的案件具体应用法律若干问题的解释》第一条规定的获取“非法保护”这一特征。［No. 6-1-294(1)-7　容乃胜等组织、领导、参加黑社会性质组织案］

△黑社会性质组织犯罪的组织行为是指为促使黑社会性质组织的形成而实施的行为；黑社会性质组织犯罪的领导行为，包括在黑社会性质组织形成以后而实施的行为。

组织、领导和积极参加以暴力、威胁或者其他手段，有组织地进行违法犯罪活动，称霸一方，为非作恶，欺压、残害群众，严重破坏经济、社会生活秩序的黑社会性质组织的行为是构成组织、领导、参加黑社会性质组织罪的客观表现。其中，组织是指为了实现称霸一方的目的，倡导、发起、纠集、组织人员建立黑社会性质组织的行为，如创立、组建黑社会性质的组织，确定该组织的目的、宗旨；确定黑社会性质的组织机构、人员安排、行为规范、活动方式；发展黑社会性质组织的成员等。领导是指在黑社会性质组织中处于领导地位，制定犯罪计划，指挥实施犯罪的行为。积极参加是指积极、主动加入黑社会性质组织的行为。积极参加者往往在实施具体违法犯罪时表现主动、积极。除积极参加并起主要作用的成员外，其他均为一般参加者。

组织与领导两种行为有可能交叉并存。通常情况下，组织行为包括组织、策划、领导、指挥等行为。组织者在黑社会性质组织建立以后往往成为领导者。在规模较小、成员不多的黑社会性质组织中尤其如此。两种行为的区分一般可以黑社会性质组织形成时间为界限，形成前为促使组织的形成而实行的组织、领导行为称为组织，形成以后的组织、领导行为称为领导。如果在组建黑社会组织过程中起领导、决定作用的，应认定为组织行为。［No. 6-1-294(1)-8　容乃胜等组织、领导、参加黑社会性质组织案］

△对于参加黑社会性质的组织而没有实施违法犯罪活动的，或者受蒙蔽、胁迫参加黑社会性质的组织，情节显著轻微的，依法不以犯罪论处。

组织、领导、参加黑社会性质组织罪在犯罪形态上属于行为犯，即只要行为人实施了组织、领导、积极参加黑社会性质组织的行为，就构成犯罪既遂。立法者基于黑社会性质组织犯罪的严重社会危害性，并不以组织者、领导者或者参加者实施的行为已实际构成犯罪作为组织、领导、参加黑社会性质组织罪的构成要件。事实上，黑社会性质组织为了获取非法的经济利益以维护其生存与发展所必需的经济能力与经济基础，往往以企业、公司等经济组织为依托，进行一些合法的工商活动。因此，只要实施了组织、领导或者积极参加黑社会性质的组织的行为，就构成犯罪。对于组织、领导、参加黑社会性质的组织又有其他犯罪行为的，根据《刑法》第二百九十四条的规定，应当依照数罪并罚的规定处罚。在认定黑社会性质组织成立或者形成的前提下，应当对其中的犯罪分子根据其地位和作用，区分为组织者、领导者、积极参加者及其他参加者。对于组织者和领导者，应当按照其所组织、领导的黑社会性质组织所犯的全部罪行处罚。对于黑社会性质组织的参加者，应当按其实际参加的犯罪处罚。对于参加黑社会性质的组织没有实施违法犯罪活动的，或者受蒙蔽、胁迫参加黑社会性质的组织，情节显著轻微的，依法可不作为犯罪处理。［No. 6-1-294(1)-9　容乃胜等组织、领导、参加黑社会性质组织案］

△组织、领导、参加黑社会性质组织罪不以明知其所组织、领导或者参加的是黑社会性质的组织为构成条件。

容乃胜等组织、领导、参加黑社会性质组织案在审理过程中，许多被告人均提出，不知道容乃胜组织、领导的是黑社会性质组织，不构成参加黑社会性质组织罪。就连黑社会性质组织的组织、领导者容乃胜也否认自己组织、领导的组织属于黑社会性质组织。那么，这一辩护意见能否成立呢？毋庸置疑，组织、领导、参加黑社会性质组织罪是故意犯罪。但这种故意的内容则表现为以实施违法犯罪活动为目的，并不以行为人明知所组织、领导或者参加的组织是黑社会性质的组织为构成要件。因为对一个组织是否属于黑社会性质组织的判断是一种法律判断。行为人的主观认识并不影响该组织的实际性质。刑法理论对于直接故意的认定并不要求行为人具有明确的违法性认识。

对于组织者和领导者而言，只要其是以实施有组织的违法犯罪活动为目的，成立的组织符合《最高人民法院关于审理黑社会性质组织犯罪的案件具体应用法律若干问题的解释》第一条规定的特征，就应当认定为黑社会性质组织。对于参加者而言，行为人虽然不明知所参加的组织是黑社会性质组织，但只要行为人在主观上明知该组织是从事违法犯罪活动的组织，或者当时并不明知是从事违法犯罪活动的组织，但在加入后发现是从事违法犯罪活动的组织，仍不退出并积极从事违法犯罪活动的，就应当认定其主观上具有参加黑社会性质组织的犯罪故意。［No. 6-1-294(1)-10　容乃胜等组织、领导、参加黑社会性质组织案］

第二百九十五条　【传授犯罪方法罪】

传授犯罪方法的，处五年以下有期徒刑、拘役或者管制；情节严重的，处五年以上十年以下有期徒刑；情节特别严重的，处十年以上有期徒刑或者无期徒刑。

【立法沿革】

《中华人民共和国刑法》（1997 年修订，自 1997 年 10 月 1 日起施行）

第二百九十五条

传授犯罪方法的，处五年以下有期徒刑、拘役或者管制；情节严重的，处五年以上有期徒刑；情节特别严重的，处无期徒刑或者死刑。

《中华人民共和国刑法修正案（八）》（自 2011 年 5 月 1 日起施行）

四十四、将刑法第二百九十五条修改为：

“传授犯罪方法的，处五年以下有期徒刑、拘役或者管制；情节严重的，处五年以上十年以下有期徒刑；情节特别严重的，处十年以上有期徒刑或者无期徒刑。”

【立法理由】

1. 1979 年之后至 1997 年刑法修订前的立法情况。传授犯罪方法的犯罪严重危害社会治安，由于 1979 年刑法没有单独规定传授犯罪方法罪，司法实践中对传授犯罪方法的行为往往是作为**共犯中的教唆犯或者帮助犯**来处理的，但有些单纯传授犯罪方法的行为难以作为犯罪追究。为适应惩治犯罪的需要，根据当时的社会治安状况，1983 年 9 月 2 日第六届全国人大常委会第二次会议通过的《全国人民代表大会常务委员会关于严惩严重危害社会治安的犯罪分子的决定》增加了传授犯罪方法的犯罪，且最高刑规定为**死刑**。

2. 1997 年修订刑法的情况。前述决定实施之后，对于加强刑法惩治犯罪和保护人民的功效，维护良好的社会秩序有着积极的作用。1997 年修订刑法时，有的提出不宜将传授犯罪方法罪纳入刑法，主要理由是：传授犯罪方法罪的内涵与外延太广泛，实践中不好掌握，且传授犯罪方法往往与教唆犯罪交叉在一起，难以区分，实践中单独按照传授犯罪方法定罪处罚的案例极少，实施传授犯罪方法的行为，按照刑法有关教唆犯的规定，完全可以解决此种犯罪的刑事责任，没有必要单独作为犯罪规定。立法机关考虑到实践中的一些“牢头狱霸”和“老流氓”向他人面授犯罪技艺，尤其是向青少年传授犯罪方法的情况时有发生，情节十分恶劣，有必要将传授犯罪方法单独规定为犯罪，根据司法实践的有关情况，对本条作了修改：一是将传授犯罪方法罪规定为行为犯，删去了原来规定的情节较轻的适用条件，体现了从严惩治的目的，最高刑仍规定为**死刑**。二是考虑到传授犯罪方法也存在情节较轻的情形，增加了拘役刑和管制刑。

3. 2011 年《刑法修正案（八）》对本条的修改情况。自 1983 年规定了传授犯罪方法罪以来，二十七年的司法实践证明，此罪名适用的不多，且根据本条规定判处死刑的案件几乎没有，在《刑法修正案（八）》研究起草过程中，根据中央司法体制和机制改革要求的精神和司法机关的建议，对取消传授犯罪方法罪死刑的规定，各方面意见比较一致，也是符合实际情况的。2011 年 2 月 25 日第十一届全国人大常委会第十九次会议通过的《刑法修正案（八）》，删去了本条规定的死刑，且对有期徒刑作了适当的调整，将第二档“五年以上有期徒刑”修改为“五年以上十年以下有期徒刑”；将第三档情节特别严重的，增加了“处十年以上有期徒刑”的规定，保留原来规定的无期徒刑为最高刑期，这样既解决了原来规定量刑幅度太大不好适用的情况，也符合罪刑相适应原则，以达到惩罚犯罪的目的。

【条文说明】

本条是关于传授犯罪方法罪及其处罚的规定。

构成本罪必须符合以下条件：

1. 行为人传授的是犯罪方法。本条所说的“**犯罪方法**”，主要是指犯罪的经验与技能，包括手段、步骤、反侦查方法等。[①] 本条规定的“**传授犯罪方法**”，是指以语言、文字、动作、图像、视频或者其他方法，故意将实施某种犯罪的具体方法、技能、经验传授给他人的行为。实践中，行为人传授犯罪方法的形式是多种多样的，既有口头传授的，也有书面传授的；既有公开传授的，也有秘密传授的；既有当面直接传授的，也有间接转达传授的；既有用语言、动作、网络视频传授的，也有通过实际实施犯罪而传授的；既可以是传授一种犯罪方法，也可以是传授多种犯罪方法；等等。其中公开传授的，既可以是通过第三人转达或者通讯工具传授，也可以通过广播、电视等公共媒体或者自媒体进行传授。不论采取何种方式传授，均不影响本罪的成立。

2. **传授的对象既可以是特定的人，也可以是不特定的多数人**。一般来说，传授犯罪方法，也就是将犯罪方法教授给他人，本条对教授的对象没有限制，既可以是特定对象，也可以是不特定的社会公众。

3. 在客观上只要求行为人实施了传授犯罪方法的行为，**只要行为人故意向他人传授犯罪方法，即可构成本罪**。无论行为人是否教唆被传授人实施犯罪，也无论被传授人是否实施了传授人所传授的犯罪方法，以及是否已经造成实际的危害结果，都不影响本罪的成立。[②]

鉴于传授犯罪方法罪的情况比较复杂，可能造成的社会危害也不一样，本条规定了三个刑罚档次。**第一档刑罚**，根据本条规定，传授犯罪方法罪是行为犯，只要实施了传授犯罪方法的行为，就构成犯罪。依照本条规定，应处五年以下有期徒刑、拘役或者管制。根据《刑法》第三十七条“对于犯罪情节轻微不需要判处刑罚的”除外。**第二档刑罚**，“情节严重的”，一般是指传授的内容是一些较为严重犯罪的方法的；可能对国家和公共安全、社会治安、公共财产和公民合法财产的安全，以及他人的人身权利、民主权利和其他合法权利等造成严重威胁的；传授的对象人数较多的；向未成年人传授犯罪方法的；被传授人实施了其所传授的犯罪方法，对社会造成危害的；其他严重情节。依照本条规定，情节严重的，处五年以上十年以下有期徒刑。**第三档刑罚**，“情节特别严重的”，主要是指所传授的方法已实际造成严重后果；传授的对象人数众多；向未成年人传授且人数较多；其他特别严重情节。依照本条规定，情节特别严重的，处十年以上有期徒刑或者无期徒刑。

实践中应当注意以下几个方面的问题：

1. 传授犯罪方法罪和**教唆犯罪**的区别。传授犯罪方法罪是一个独立的罪名，且单独规定了较重的刑罚。而教唆犯不是一个独立的罪名，是以被教唆人具体实施的犯罪行为来确定，其刑罚也是根据教唆犯在共同犯罪中所起的作用来决定。最主要的区别在于，传授犯罪方法是教给他人犯罪时应采取的具体方法、技术或经验，如教授他人用什么方法、什么工具，在什么时间、什么地点实施盗窃他人财物的行为。传授犯罪方法虽然会助长犯罪的发生，但他人是否实施犯罪，并不影响传授犯罪方法罪的成立，行为人对他人是否实施犯罪一般持放任态度。而教唆他人犯罪则是用语言、示意或旁敲侧击等笼统的方法，促使他人产生犯意。教唆犯罪一般是使无犯意者产生犯意，或者使犯意不坚定者决定犯罪。根据《刑法》第二十九条的规定，教唆他人犯罪的，应当按照他在共同犯罪中所起的作用处罚。如果被教唆的人没有犯被教唆的罪，对于教唆犯，可以从轻或者减轻处罚。

2. 实践中，有些技能、方法只能用于违法犯罪，如教授扒窃技术；而有些技能、方法是中性的，既可以用于违法犯罪，也可以用于合法行为，如教授配钥匙、化学合成制剂、解剖等，一般情况下，对于教授这类技能、方法不能按照传授犯罪方法罪论处。但是，**如果行为人为了某种犯罪的目的而教授、讲解这类技能、方法的，则构成传授犯罪方法罪**。

3. 关于**网络传授犯罪方法**的认定。随着信息网络的飞速发展，行为人利用信息网络传授犯罪方法更为便利，如通过 QQ、微信等即时通讯工具，或者在 BBS、论坛、微博等公共交流平台上发帖，或者开设专门网站等方式传授犯罪方法，特别是利用信息网络向不特定多数人传授犯罪方法，其危害性更大。处理利用信息网络实施的犯罪，需要结合该犯罪的具体情况予以认定。如果有证据证明行为人在信息网络上实施了传授犯罪方法的行为，无论是针对特定的对象还是社会公众，也无论观看网络视频的人员是否实施了具体的犯罪行为，**都应当依照本条规定的传授犯罪方法罪定罪处罚**。对于无法证明行为人实施了传授犯罪方

① 我国学者指出，本罪的“犯罪方法”应当具备两大特征，即：(1)必须是一般公众所不知晓的方法；(2)所传授的方法本身具有危险性，可能被他人用于犯罪，传授行为明显会增加社会风险。参见周光权：《刑法各论》(第 4 版)，中国人民大学出版社 2021 年版，第 435 页。

② 相同的学说见解，参见张明楷：《刑法学》(第 6 版)，法律出版社 2021 年版，第 1408 页。

法的犯罪,但行为人如果以实施违法犯罪活动为目的而设立或者设立后主要用于实施违法犯罪活动的网站、通讯群组,则可以依照《刑法》第二百八十七条之一规定的**非法利用信息网络罪**定罪处罚。如果行为人既实施了传授犯罪方法的犯罪,又实施了非法利用信息网络的犯罪,应当按照处罚较重的规定定罪处罚。

【参考案例】

△向他人传授犯罪方法,并胁迫他人实施犯罪行为的,构成传授犯罪方法罪与其所胁迫实施犯罪的教唆犯,且二行为之间具有手段行为与目的行为的关系,构成牵连犯,应当从一重罪处断。

教唆犯,是指以劝说、利诱、授意、怂恿、收买、威胁等方法,将自己的犯罪意图灌输给本来没有犯罪意图的人,使其按教唆人的犯罪意图实施犯罪,实施教唆行为的人,构成教唆犯。通常被教唆人的人身自由和意志不会受到强制,但也存在教唆人以暴力或其他方式胁迫他人犯罪的情形。教唆犯具有双重特性,在定罪上具有独立性,只要其主观上有教人犯罪的故意,客观上实施了教唆行为就构成犯罪,但在量刑上却具有从属性。如果被教唆人实施了被教唆的犯罪,成立教唆既遂,则按照刑法分则规定的犯罪量刑,若被教唆人没有实施教唆的犯罪,成立教唆未遂,对教唆人可以从轻或减轻处罚。

李祥英传授犯罪方法案被告人伙同他人持刀对被害人进行威胁,以胁迫三被害人通过实施抢夺行为进行敛财为目的,以言语讲解的方式向被害人传授抢夺的犯罪方法。被告人的行为属于共同犯罪中的教唆犯,应认定为抢夺罪(未遂)。

传授犯罪方法罪,是指使用语言、文字、动作、图像或其他方法,故意向他人传授实施犯罪的具体经验和技能的行为。本罪主观方面须是故意。本罪为牵连犯,只要客观上有传授犯罪方法的行为就应按既遂犯追究刑事责任,不存在未遂形态。本案中被告人以言语讲解的方式向被害人传授抢夺的方法,即便被害人最终没有实施其所传授的犯罪,也符合传授犯罪方法罪的构成特征。

牵连犯是指以实施某一犯罪为目的,其方法和结果又触犯其他罪名的犯罪形态,通常有两种情形:一是手段行为与目的行为的牵连,二是原因行为与结果行为的牵连。牵连犯是两个行为触犯两个罪名,但鉴于两个行为之间存在密切关联,刑法理论和司法实践上将其作为一罪来处理,属于处断的一罪。

本案被告人胁迫他人实施抢夺行为,同时传授犯罪方法,传授犯罪方法的意图是将被害人培养成实施犯罪的工具,是典型的手段行为与目的行为牵连。其中传授犯罪方法行为已经完成,成立既遂,而抢夺行为没有得逞,胁迫被害人尾随多名路人表明已经着手实施犯罪,但因意志以外的原因而未得逞,构成抢夺罪的未遂。根据牵连犯从一重罪处断的原则,传授犯罪方法罪既遂的量刑重于抢夺罪的未遂,故应以传授犯罪方法罪定罪处罚。[No. 6-1-295-1　李祥英传授犯罪方法案]

△炸药制造方法等技能方法,结合整体传授过程并根据社会通常观念予以判断,若具有明显的用于犯罪活动的倾向,应当属于犯罪方法范畴;传授此类方法,应以传授犯罪方法论处。

在实践中确有一些技能、方法的应用范围只能是违法犯罪,如扒窃技术。对此只要行为人向他人传授该技术,就应当认定其具备了传授犯罪方法罪的客观要件。但更多的实际技能、方法都是中性的,既可以用于违法犯罪,也可以用于正当合法的行为。是否作为犯罪方法,取决于其实际运用的具体途径和场合。对于传授此类方法的行为如何认定,需要结合整体传授过程,并根据社会通常观念作出恰当判断。在司法实践中应当结合以下情况予以认定:(1)行为人的个人情况;(2)向他人传授该种方法的原因;(3)在何种场合下或者利用何种途径传授该方法;(4)被传授人会基于何种原因向行为人学习该种方法;(5)行为人和被传授人言行的倾向性(如有无指明该种方法是实行某种犯罪的方法)等。

就冯庆钊传授犯罪方法案而言,被告人冯庆钊所涉及的主要是炸药制造的方法,从其本身来看是中性的,而且能够通过正常渠道获取,并非专门用于某种具体犯罪的技能和经验。纯粹将这种炸药制造方法通过网络传播,通常不能以犯罪论处。但是,如果行为人将涉及恐怖的言词穿插于炸药制造方法之中,并将其命名为《恐怖分子手册》,使浏览者很自然地将该炸药制造方法与恐怖活动联系起来,这就使得原本中性的炸药制造方法转化为恐怖犯罪、爆炸犯罪的方法。事实上,公众通过正常渠道能够获得的只是一般炸药制造方法,而不是特定的恐怖气氛下的炸药制造方法。明显带有恐怖、爆炸犯罪倾向的炸药制造方法,也不可能被允许通过公共媒介予以传播或获取。被告人通过网络不加限制地向公众传播此类信息,具有传授犯罪方法的实质性内容。[No. 6-1-295-2　冯庆钊传授犯罪方法案]

△通过互联网向不特定多数人传授犯罪方法的,无论是否为他人所实际接收与使用,均应以传授犯罪方法罪论处。

有观点认为传授犯罪方法的行为具有一定的针对性,而通过互联网传播是向不特定多数人传播犯罪方法,不应以犯罪论处。但首先,刑法并未限定传授犯罪方法的对象必须是特定的主体,实践中传授的方式也是多种多样的。事实上,传授犯罪方法罪是行为犯,只要实施了向他人传授犯罪方法的行为就可以构成传授犯罪方法罪,至于对象是否特定不影响本罪的成立。其次,从社会危害性角度看,利用互联网向不特定人传授犯罪方法比向特定人员传授具有更大的社会危害性。利用网络向不特定多数人传授犯罪方法,由于学习者不特定,很难将这些人员悉数找出,从而难免对潜在的犯罪行为疏于防范,更容易造成侵害他人合法利益或破坏社会公共秩序的情况发生。最后,利用互联网传播犯罪方法只是传授行为的一种新的方式或途径,究其实质与传统的犯罪行为无异。冯庆钊传授犯罪方法案中,被告人利用互联网向不特定人传授犯罪方法,不影响其行为构成传授犯罪方法罪。

从实际看,传授的程度确实对行为危害社会的程度有相当的影响,但并不能夸大传授程度对犯罪成立的影响。决定传授行为社会危害程度及是否成立犯罪的因素,不仅有传授的程度,还要对传授的是何种犯罪的方法、传授的次数、行为人传授意志的坚决程度、被传授人是否接受,以及是否利用该传授的犯罪方法实施具体犯罪等因素进行综合考察。在利用互联网传授的情况下,因为受众广泛,且传授的犯罪方法可以不受限制地下载复制,其影响范围大于传统的传授行为。一旦被别有用心者利用,危害后果将十分严重。对于网络传授犯罪方法的行为,不能仅关注其现实危险性,对于具有抽象危险性的行为也应当予以刑法规制。

本案被告人制作、传播的《恐怖分子手册》被浏览两千余次,下载一百余次,足以表明其受关注程度。即便无法查明这些被传授者是否已经接受和使用被告人传授的犯罪方法,鉴于其行为的危害性,仍可以依法认定为传授犯罪方法罪。[No. 6-1-295-3　冯庆钊传授犯罪方法案]

△无论是直接故意还是间接故意,均可构成传授犯罪方法罪。

只要明知是犯罪方法故意传授给他人即可成立犯罪,不管行为人持积极追求还是放任的心态。在网络环境下,由于信息接受者的不特定性以及传授者与接受者之间联系的非直接性等特征,要求传授者对他人接受其传授的内容全部持积极追求的心态,并不切合实际,必然会存在一些放任的情况。不限于直接故意构成犯罪,这也是传授犯罪方法罪与教唆犯罪的区别之一。传授犯罪方法罪属于妨害社会管理秩序的行为,它会助长犯罪的发生,危害性在于使他人的犯罪变得易行,而非使他人决意犯罪。他人是否据此实施犯罪,并不影响传授犯罪方法罪的成立。行为人只要对别人据此实施犯罪有认识而持放任心态就符合了传授犯罪方法罪的主观要件。[No. 6-1-295-4　冯庆钊传授犯罪方法案]

第二百九十六条　【非法集会、游行、示威罪】

举行集会、游行、示威,未依照法律规定申请或者申请未获许可,或者未按照主管机关许可的起止时间、地点、路线进行,又拒不服从解散命令,严重破坏社会秩序的,对集会、游行、示威的负责人和直接责任人员,处五年以下有期徒刑、拘役、管制或者剥夺政治权利。

【立法理由】

(一)立法相关背景及修改情况

1. 1979年之后至1997年刑法修订前的立法情况。1979年刑法未规定非法集会、游行、示威罪。我国《宪法》第三十五条规定,中华人民共和国公民有言论、出版、集会、结社、游行、示威的自由。集会、游行、示威,是我国宪法规定的公民的基本权利之一。同时《宪法》第五十一条也规定,公民在行使自由和权利的时候,不得损害国家的、社会的、集体的利益和其他公民的合法的自由和权利。实践中,一些人滥用宪法规定集会、游行、示威的权利,有计划、有组织、有预谋地煽动群众,制造社会动乱。为了保障公民正常行使该项基本权利,1989年10月31日第七届全国人大常委会第六次会议通过的《集会游行示威法》对集会、游行、示威的申请、举行都作了明确的规定。该法第二十九条第一、三款规定:"举行集会、游行、示威,有犯罪行为的,依照刑法有关规定追究刑事责任。""未依照本法规定申请或者申请未获许可,或者未按照主管机关许可的起止时间、地点、路线进行,又拒不服从解散命令,严重破坏社会秩序的,对集会、游行、示威的负责人和直接责任人员依照刑法第一百五十八条的规定追究刑事责任。”1979年《刑法》第一百五十八条规定,扰乱社会秩序情节严重,致使工作、生产、营业和教学、科研无法进行,国家和社会遭受严重损失的,对首要分子处五年以下有期徒刑、拘役、管制或者剥夺政治权利。

2. **1997年修订刑法的情况**。1997年修订刑法时,根据宪法和集会游行示威法的有关规定,考虑到如果不依照规定举行集会、游行、示威,又拒不服从人民警察现场负责人的解散命令,**可能会导致交通瘫痪,使正常的工作、生产秩序遭受破坏**,对这类犯罪行为,有必要予以惩处,因此,增加了非法集会、游行、示威罪。

(二)立法时争议的主要问题

1997年修订刑法时,有的建议增加**非法结社的犯罪**。在征求意见过程中,多数学者认为,从保障公民权利的角度出发,**不宜增加此类犯罪**,且非法结社的情况比较复杂,如果只是违反有关登记管理规定,行政处罚即可;如果非法结社后又从事违法犯罪活动,可以依照刑法有关规定处理,对于组织、领导者可以按照犯罪集团的首要分子依法追究刑事责任。

【条文说明】

本条是关于非法集会、游行、示威罪及其处罚的规定。

根据本条规定,**非法举行集会、游行、示威的犯罪**,是指举行集会、游行、示威,未依照法律规定申请或者申请未获许可,或者未按照主管机关许可的起止时间、地点、路线进行,又拒不服从解散命令,严重破坏社会秩序的行为。构成本罪应当符合以下条件:

1. **本罪的犯罪主体是特殊主体,即集会、游行、示威的负责人和直接责任人员**。这里规定的“**负责人**”,是指组织、领导非法集会、游行、示威并明确代表全体参加人利益的人。“**直接责任人员**”,是指在非法集会、游行、示威过程中具体实施了严重破坏社会秩序行为的人。对一般参加非法举行的集会、游行、示威的人员,不宜追究刑事责任,可以进行批评教育或者给予必要的行政处分。

2. **行为人实施了非法集会、游行、示威的行为**。这里规定的“**集会**”,是指聚众于公共场所,发表意见、表达意愿的活动;“**游行**”,是指在公共道路、露天公共场所列队行进、表达共同意愿的活动;“**示威**”,是指在公共场所或者公共道路上以集会、游行、静坐等方式,表达要求、抗议或者支持、声援等共同意愿的活动。本条规定了三种非法集会、游行、示威的行为:一是**未依照法律规定申请而举行集会、游行、示威的行为**。本条所说的“未依照法律规定申请”,是指行为人未依照集会游行示威法的规定进行申请。《集会游行示威法》第七条第一款规定:“举行集会、游行、示威,必须依照本法规定向主管机关提出申请并获得许可。”二是**申请未获许可而举行集会、游行、示威的行为**。本条所说的“申请未获许可”,是指行为人申请集会、游行、示威没有得到许可。《集会游行示威法》第十二条规定:“申请举行的集会、游行、示威,有下列情形之一的,不予许可:(一)反对宪法所确定的基本原则的;(二)危害国家统一、主权和领土完整的;(三)煽动民族分裂的;(四)有充分根据认定申请举行的集会、游行、示威将直接危害公共安全或者严重破坏社会秩序的。”三是**未按照主管机关许可的起止时间、地点、路线进行集会、游行、示威的行为**。《集会游行示威法》第二十五条第一款规定,集会、游行、示威应当按照许可的目的、方式、标语、口号、起止时间、地点、路线及其他事项进行。需要注意的是,这里只限于未按照主管机关许可的起止时间、地点、路线,如果违反其他事项,如方式、标语、口号等,则不构成本罪。这里规定的“主管机关”,根据《集会游行示威法》第六条的规定,是指集会、游行、示威举行地的市、县公安局、城市公安分局;游行、示威路线经过两个以上区、县的,主管机关为所经过区、县的公安机关的共同上一级公安机关。

3. **行为人非法集会、游行、示威,又拒不服从解散命令的**。所谓“拒不服从解散命令”,是指违反规定进行集会、游行、示威,主管机关依法发出解散命令,拒不服从命令。[①]《集会游行示威法》第二十七条第一、二款规定:“举行集会、游行、示威,有下列情形之一的,人民警察应当予以制止:(一)未依照本法规定申请或者申请未获许可的;(二)未按照主管机关许可的目的、方式、标语、口号、起止时间、地点、路线进行的;(三)在进行中出现危害公共安全或者严重破坏社会秩序情况的。有前款所列情形之一,不听制止的,人民警察现场负责人有权命令解散……”

4. **必须造成严重破坏社会秩序的后果**。这里所说的“严重破坏社会秩序”,是指造成社会秩

① 发出命令的次数过少,命令传达的范围有限,命令和决定解散之间的时间间隔过短,集会、游行、示范者难以自由、任意地决定是否解散的,都不认为是拒不执行解散命令,不构成本罪。参见周光权:《刑法各论》(第4版),中国人民大学出版社2021年版,第437页。

序、交通秩序混乱,致使生产、工作、生活和教学、科研无法正常进行,如致使国家机关、企业事业单位和社会团体的工作无法正常进行;造成交通瘫痪;造成恶劣的社会影响;等等。这是罪与非罪的界限,构成本罪,不仅是行为人违反规定举行集会、游行、示威,还要拒不服从解散命令,且行为还必须造成社会秩序严重破坏的后果,如果未发生严重破坏社会秩序的危害后果,则不构成本罪。

根据本条规定,对非法举行集会、游行、示威的犯罪,对集会、游行、示威的负责人和直接责任人员,处五年以下有期徒刑、拘役、管制或者剥夺政治权利。

【司法解释性文件】

《最高人民检察院、公安部关于公安机关管辖的刑事案件立案追诉标准的规定(一)》(公通字〔2008〕36号,2008年6月25日公布)

△**(非法集会、游行、示威罪;立案追诉标准)**举行集会、游行、示威,未依照法律规定申请或者申请未获许可,或者未按照主管机关许可的起止时间、地点、路线进行,又拒不服从解散命令,严重破坏社会秩序的,应予立案追诉。(§ 38)

【附属刑法】

《中华人民共和国集会游行示威法》(1989年10月31日通过,2009年8月27日修正)

第二十九条

Ⅰ举行集会、游行、示威①,有犯罪行为的,依照刑法有关规定追究刑事责任。

Ⅲ未依照本法规定申请或者申请未获许可,或者未按照主管机关许可的起止时间、地点、路线进行,又拒不服从解散命令,严重破坏社会秩序的,对集会、游行、示威的负责人和直接责任人员依照刑法有关规定追究刑事责任。

第二百九十七条　【非法携带武器、管制刀具、爆炸物参加集会、游行、示威罪】
违反法律规定,携带武器、管制刀具或者爆炸物参加集会、游行、示威的,处三年以下有期徒刑、拘役、管制或者剥夺政治权利。

【立法理由】

1. 1979年之后至1997年刑法修订前的立法情况。1979年刑法未规定非法携带武器、管制刀具、爆炸物参加集会、游行、示威罪。武器、管制刀具、爆炸物都是国家法律严格管制,禁止公民非法持有的物品。集会、游行、示威是公民公开表达强烈意愿的一种群体性活动,具有盲动性、波动性,因此,在活动过程中容易情绪失控,产生暴力倾向,甚至形成暴力冲突,发生与政府的对抗。公民在参加集会、游行、示威时如果非法携带武器、管制刀具、爆炸物,具有较大的危险性,不仅可能造成人员伤害,还可能酿成社会骚乱、暴乱的后果,使国家、社会和公民遭受严重损害。1989年《集会游行示威法》第二十九条第一、二款规定:"举行集会、游行、示威,有犯罪行为的,依照刑法有关规定追究刑事责任。携带武器、管制刀具或者爆炸物的,比照刑法第一百六十三条的规定追究刑事责任。"1979年《刑法》第一百六十三条规定,违反枪支管理规定,私藏枪支、弹药,拒不交出的,处二年以下有期徒刑或者拘役。

2. 1997年修订刑法的情况。1997年修订刑法时,考虑到非法携带武器、管制刀具、爆炸物参加集会、游行、示威具有极大的危害性,为了使集会、游行、示威能够依法正常进行,避免发生流血事件和对公共秩序、公共安全造成不应有的损害,增加了非法携带武器、管制刀具、爆炸物参加集会、游行、示威罪。

【条文说明】

本条是关于非法携带武器、管制刀具、爆炸物

---

① 《中华人民共和国集会游行示威法》(1989年10月31日通过,2009年8月27日修正)
第二条
Ⅰ在中华人民共和国境内举行集会、游行、示威,均适用本法。
Ⅱ本法所称集会,是指聚集于露天公共场所,发表意见、表达意愿的活动。
Ⅲ本法所称游行,是指在公共道路、露天公共场所列队行进、表达共同意愿的活动。
Ⅳ本法所称示威,是指在露天公共场所或者公共道路上以集会、游行、静坐等方式,表达要求、抗议或者支持、声援等共同意愿的活动。
Ⅴ文娱、体育活动,正常的宗教活动,传统的民间习俗活动,不适用本法。

参加集会、游行、示威罪及其处罚的规定。

根据本条规定，**非法携带武器、管制刀具或者爆炸物参加集会、游行、示威犯罪**，是指违反法律规定，携带武器、管制刀具或者爆炸物参加集会、游行、示威的行为。构成本罪必须符合以下条件：

1. **行为人违反法律规定**。这里所说的“**违反法律规定**”，主要是指违反集会游行示威法等有关法律法规的规定。

2. **行为人携带武器、管制刀具或者爆炸物参加集会、游行、示威**。“**武器**”是指直接可用于杀伤人的发火器械及弹药，主要是各种枪支、弹药等；“**管制刀具**”是指国家规定限定特定人员配置，用于特定范围和特定用途，禁止民间私自生产、运输、贩卖、购买、持有的刀具，主要包括匕首、三棱刮刀、带有自锁装置的弹簧刀以及其他相类似的单刃、双刃、三棱尖刀等；“**爆炸物**”是指具有爆发力和破坏性，可以瞬间造成人畜伤亡、物品毁坏的危险物品。这里的“**携带**”，既包括随身藏带，也包括利用他人的身体、容器、运输工具夹带武器、管制刀具或者爆炸物。只要违反法律规定，带着这些禁止携带的武器、管制刀具或者爆炸物参加集会、游行、示威，无论行为人对这些物品是非法持有还是合法持有，均构成本罪。这里所说的“集会、游行、示威”，既可以是合法举行的集会、游行、示威，也可以是非法举行的集会、游行、示威。

根据本条规定，对非法携带武器、管制刀具或者爆炸物参加集会、游行、示威的犯罪，处三年以下有期徒刑、拘役、管制或者剥夺政治权利。

需要注意的是，在实践中，应当注意区分非法携带武器参加集会、游行、示威罪与**非法持有、私藏枪支、弹药罪**的界限。非法持有、私藏枪支、弹药罪在客观上表现为没有合法依据，持有、私自藏匿枪支、弹药的行为；非法携带武器参加集会、游行、示威罪仅限于在集会、游行、示威活动中携带。对非法持有、私藏枪支、弹药同时又携带参加集会、游行、示威的，**应当依照本法关于数罪并罚的规定处罚**。

【司法解释性文件】

《最高人民检察院、公安部关于公安机关管辖的刑事案件立案追诉标准的规定(一)》(公通字〔2008〕36号，2008年6月25日公布)

△(**非法携带武器、管制刀具、爆炸物参加集会、游行、示威罪；立案追诉标准**)违反法律规定，携带武器、管制刀具或者爆炸物参加集会、游行、示威的，应予立案追诉。(§ 39)

【附属刑法】

《中华人民共和国集会游行示威法》(1989年10月31日通过，2009年8月27日修正)

第二十九条

Ⅱ携带武器、管制刀具或者爆炸物的，依照刑法有关规定追究刑事责任。

第二百九十八条　【破坏集会、游行、示威罪】

扰乱、冲击或者以其他方法破坏依法举行的集会、游行、示威，造成公共秩序混乱的，处五年以下有期徒刑、拘役、管制或者剥夺政治权利。

【立法理由】

1. **1979年之后至1997年刑法修订前的立法情况**。1979年刑法未规定破坏集会、游行、示威罪。集会、游行、示威是宪法规定的公民的基本权利，是公民表达思想、言论、政治见解的一种方式。依照集会游行示威法的规定提出申请并获得许可的集会、游行、示威活动是受到法律保护的。任何人、任何组织以扰乱、冲击等方式进行破坏，都是对公民权利的践踏；严重的，还会造成公共秩序的混乱，实际上是一种扰乱社会秩序的行为，必须依法惩处。1989年《集会游行示威法》第三十条规定：“扰乱、冲击或者以其他方法破坏依法举行的集会、游行、示威的，公安机关可以处以警告或者十五日以下拘留，情节严重，构成犯罪的，依照刑法有关规定追究刑事责任。”

2. **1997年修订刑法的情况**。1997年修订刑法时，为了更好地保障我国民主与法制的发展，保障每个公民正确行使集会、游行、示威的权利，防止某些犯罪分子利用集会、游行、示威之机进行破坏活动，扰乱社会治安秩序，更好地维护社会治安，增加了破坏集会、游行、示威罪。

【条文说明】

本条是关于破坏集会、游行、示威罪及其处罚的规定。

根据本条规定，**破坏依法举行的集会、游行、示威犯罪**，是指扰乱、冲击或者以其他方法破坏依

法举行的集会、游行、示威,造成公共秩序混乱的行为。根据本条规定,构成本罪应当符合以下条件:

1. **行为人采用扰乱、冲击或者以其他方法破坏集会、游行、示威活动**。这里规定的"**扰乱**",主要是指针对集会、游行、示威队伍起哄、闹事,破坏其正常秩序;"**冲击**",主要是指冲入、冲散依法举行的集会、游行、示威队伍,使集会、游行、示威不能正常进行;"**其他方法**",是指扰乱、冲击方法以外的破坏依法举行的集会、游行、示威的方法,如堵塞集会、游行、示威队伍行进、停留的通道、场所等。

2. **行为人实施了破坏依法举行的集会、游行、示威的行为**。所谓"**破坏**",是指进行捣乱,致使依法举行的集会、游行、示威不能正常进行;"**依法举行的集会、游行、示威**",是指依照集会游行示威法规定提出申请并获得许可、按照主管机关许可的起止时间、地点、路线进行的集会、游行、示威。本罪破坏的必须是依法举行的集会、游行、示威,如果针对的不是依法举行的集会、游行、示威,不构成本罪。

3. **必须造成公共秩序混乱的后果**。本条规定的"**造成公共秩序混乱的**",主要是指造成集会、游行、示威行经地或举行地的场所秩序或交通秩序混乱。造成公共秩序混乱是构成本罪的要件,没有造成这一后果的,不构成本罪。

根据本条规定,对破坏依法举行的集会、游行、示威犯罪,处五年以下有期徒刑、拘役、管制或者剥夺政治权利。

【司法解释性文件】

《最高人民检察院、公安部关于公安机关管辖的刑事案件立案追诉标准的规定(一)》(公通字〔2008〕36号,2008年6月25日公布)

△**(破坏集会、游行、示威罪;立案追诉标准)** 扰乱、冲击或者以其他方法破坏依法举行的集会、游行、示威,造成公共秩序严重混乱的,应予立案追诉。(§40)

【附属刑法】

《中华人民共和国集会游行示威法》(1989年10月31日通过,2009年8月27日修正)

第三十条

扰乱、冲击或者以其他方法破坏依法举行的集会、游行、示威的,公安机关可以处以警告或者十五日以下拘留;情节严重,构成犯罪的,依照刑法有关规定追究刑事责任。

第二百九十九条 【侮辱国旗、国徽、国歌罪】

在公共场合,故意以焚烧、毁损、涂划、玷污、践踏等方式侮辱中华人民共和国国旗、国徽的,处三年以下有期徒刑、拘役、管制或者剥夺政治权利。

在公共场合,故意篡改中华人民共和国国歌歌词、曲谱,以歪曲、贬损方式奏唱国歌,或者以其他方式侮辱国歌,情节严重的,依照前款的规定处罚。

【立法沿革】

《中华人民共和国刑法》(1997年修订,自1997年10月1日起施行)

第二百九十九条

在公众场合,故意以焚烧、毁损、涂划、玷污、践踏等方式侮辱中华人民共和国国旗、国徽的,处三年以下有期徒刑、拘役、管制或者剥夺政治权利。

《中华人民共和国刑法修正案(十)》(自2017年11月4日起施行)

为了惩治侮辱国歌的犯罪行为,切实维护国歌奏唱、使用的严肃性和国家尊严,在刑法第二百九十九条中增加一款作为第二款,将该条修改为:

"在公共场合,故意以焚烧、毁损、涂划、玷污、践踏等方式侮辱中华人民共和国国旗、国徽的,处三年以下有期徒刑、拘役、管制或者剥夺政治权利。

"在公共场合,故意篡改中华人民共和国国歌歌词、曲谱,以歪曲、贬损方式奏唱国歌,或者以其他方式侮辱国歌,情节严重的,依照前款的规定处罚。"

【立法理由】

(一)立法相关背景及修改情况

1. **1979年之后至1997年刑法修订前的立法情况**。我国的国旗和国徽是中华人民共和国的象征和标志,代表着国家的主权和尊严。为了维护国家的主权和尊严,增强公民的国家观念和爱国意识,加强爱国主义教育,1990年6月28日通过了《国旗法》,该法第三条第二款规定,每个公民和组织,都应当尊重和爱护国旗。同时,为了惩治侮辱国旗的行为,该法第十九条规定:“在公众场合故意以焚烧、毁损、涂划、玷污、践踏等方式侮辱中华人民共和国国旗的,依法追究刑事责任;情节较轻的,参照治安管理处罚条例的处罚规定,由公安机关处以十五日以下拘留。”为了与国旗法的有关规定相衔接,1990年6月28日第七届全国人大常委会第十四次会议通过的《全国人民代表大会常务委员会关于惩治侮辱中华人民共和国国旗国徽罪的决定》增加了侮辱国旗、国徽的犯罪。该决定规定:“在公众场合故意以焚烧、毁损、涂划、玷污、践踏等方式侮辱中华人民共和国国旗、国徽的,处三年以下有期徒刑、拘役、管制或者剥夺政治权利。”为了维护国徽的尊严,正确使用国徽,1991年3月2日通过了《国徽法》,该法第三条第二款规定,一切组织和公民,都应当尊重和爱护国徽。同时,该法第十三条也规定:“在公众场合故意以焚烧、毁损、涂划、玷污、践踏等方式侮辱中华人民共和国国徽的,依法追究刑事责任;情节较轻的,参照治安管理处罚条例的处罚规定,由公安机关处以十五日以下拘留。”

2. **1997年修订刑法的情况**。对国旗、国徽的侮辱就是对中华人民共和国的侮辱和蔑视,是严重损害国家尊严的行为,必须依法惩处。1997年修订刑法时,将《全国人民代表大会常务委员会关于惩治侮辱中华人民共和国国旗国徽罪的决定》的有关内容纳入刑法,对**侮辱国旗、国徽罪**作了规定。

3. **2017年《刑法修正案(十)》对本条的修改情况**。2004年修正后《宪法》第一百三十六条第二款规定:“中华人民共和国国歌是《义勇军进行曲》。”《义勇军进行曲》是20世纪30年代中期电影《风云儿女》的主题曲,由田汉作词、聂耳作曲。在日本帝国主义侵略中国,中华民族到了生死存亡的紧急关头,《义勇军进行曲》以铿锵有力的词句伴着雄壮激昂的旋律,唱出了中国人民反帝爱国的强烈心声,激励着中华儿女挺起脊梁,众志成城,以血肉之躯筑起拯救民族危亡的钢铁长城。歌曲一经问世,就在大江南北、长城内外广为传唱,并在世界很多国家传播。《义勇军进行曲》凝结着中国共产党领导中国各族人民为争取民族独立、人民解放和实现国家富强、人民富裕不屈不挠、英勇奋斗的精神,凝聚着各族人民实现中华民族伟大复兴的梦想。1949年中华人民共和国成立前夕,中国人民政治协商会议第一届全体会议决定,在国歌未正式制定前,以《义勇军进行曲》为国歌;1978年第五届全国人大第一次会议通过关于国歌的决定,更改了国歌歌词;1982年第五届全国人大第五次会议决定,恢复《义勇军进行曲》为国歌;2004年第十届全国人大第二次会议通过宪法修正案,明确规定“中华人民共和国国歌是《义勇军进行曲》”。

多年来,国歌所承载的爱国情怀、忧患意识和奋勇前行的民族精神深入人心,广大人民群众热爱祖国、尊崇国歌,国歌奏唱和使用总体情况是比较好的。但实际生活中也存在奏唱国歌不规范、参与者举止不得体,国歌标准曲谱未予发布,影响奏唱和播放效果等。国歌是宪法确立的国家重要象征和标志,**为了对国歌的奏唱场合、奏唱礼仪和宣传教育等进行规范,保证宪法的有效实施,增强国歌奏唱的严肃性和规范性,维护国家尊严,提升公民的国家观念和爱国意识,培育和践行社会主义核心价值观,弘扬以爱国主义为核心的伟大民族精神,激励全国各族人民为实现中华民族伟大复兴的中国梦而共同奋斗**,2017年9月1日,第十二届全国人大常委会第二十九次会议审议通过了《国歌法》,该法第三条第一款规定,一切公民和组织都应当尊重国歌,维护国歌的尊严。同时,第十五条还规定:“在公共场合,故意篡改国歌歌词、曲谱,以歪曲、贬损方式奏唱国歌,或者以其他方式侮辱国歌的,由公安机关处以警告或者十五日以下拘留;构成犯罪的,依法追究刑事责任。”

在国歌法审议过程中,一些常委会组成人员、全国人大代表提出,国歌和国旗、国徽一样,都是宪法规定的国家象征和标志,刑法对侮辱国旗、国徽罪作了规定,为了与国歌法上述规定相衔接,与刑法有关侮辱国旗、国徽罪的规定相协调,有必要增加侮辱国歌犯罪规定。从实践情况看,近年来一些地方侮辱国歌的违法犯罪行为时有发生,严重损害国歌奏唱、使用的严肃性和国家尊严,社会影响恶劣,人民群众关切。为此,2017年11月4日第十二届全国人大常委会第三十次会议通过了《刑法修正案(十)》,专门对此作了规定,在《刑法》第二百九十九条中增加一款作为第二款,对侮辱国歌犯罪及其处刑作了规定。这一规定既与国歌法的规定相衔接,也与刑法关于侮辱国旗、国徽罪的规定相协调,体现罪刑法定原则。此外,对本条第一款的规定又作了两处修改:一是将第一款规定的“公众场合”修改为“公共场合”,主要是考虑到,与国旗法、国徽法的有关规定相一致,也与第二款侮辱国歌的表述相一致。二是为与第二款的表述方式相协调,在第一款“公共场合”后还加了一个逗号,属于文字性修改。

(二)有关国家和地区的规定

为研究境外关于侮辱国歌刑事责任的法律

规定的情况，笔者查阅了许多国家和地区的刑法和相关法律规定，其中部分国家和地区在法律中对侮辱国歌行为规定了刑事责任。在规定有刑事责任的国家和地区中，多数是在刑法典中对侮辱国歌的刑事责任作出规定，有的则是以专门立法的形式，对包括国歌、国旗等在内的国家标志和象征进行保护，对侮辱国歌的刑事责任作了规定。

1. **在刑法典中规定侮辱国歌行为的刑事责任**。如《法国刑法典》第433-5-1条规定，在公共机构管理或者组织的集会活动中侮辱国歌或国旗的，处七千五百欧元罚金；若是聚众行为，将处以六个月监禁和七千五百欧元罚金。《德意志联邦共和国刑法典》第90A条“侮辱国家及其象征罪”第一款规定，在集会中或者通过传播文书信息公开实施侮辱德意志联邦共和国的国家象征、国旗、国徽、国歌或者各州的象征、州旗、州徽、州歌的，处三年以下监禁或罚金。

2. **在专门法律中规定侮辱国歌行为的刑事责任**。如我国澳门特区《国旗、国徽及国歌的使用及保护》第九条“侮辱国家象征和标志罪”中规定：故意以言词、动作或散布文书、又或以其他与公众通讯的工具，尤其是作出下列行为，公然侮辱国家象征和标志者，处最高三年徒刑，或科最高三百六十日罚金：焚烧、毁损、涂划、玷污或践踏国旗或国徽；篡改国歌歌词或曲谱、以歪曲、贬损方式奏唱国歌。菲律宾8491号共和国法案《关于颁布菲律宾国旗、国歌、国训、国徽和其他菲律宾国家标志及象征的法案》第五十条规定：任何人和法律实体违反本法上述规定的，一经定罪，法院可以决定对其处以五千比索以上二万比索以下的罚金，或处一年以下监禁，或者罚金与监禁并处。如果为再犯或者多次违反本法的，应当并处罚金与监禁；此外，如果为法人犯罪的，应当对负责人或首席执行人予以处罚。

【条文说明】

本条是关于侮辱国旗、国徽、国歌罪及其处罚的规定。

本条共分为两款。

第一款是关于侮辱国旗、国徽罪及其处罚的规定。根据本款规定，**侮辱国旗、国徽罪**是指在公共场合，故意以焚烧、毁损、涂划、玷污、践踏等方式侮辱中华人民共和国国旗、国徽的行为。构成本罪应当符合以下条件：

1. **行为人是在公共场合实施侮辱国旗、国徽的行为**。这里所说的“**公共场合**”，包括悬挂国旗、国徽的公共场所或者国家机关所在地，以及其他人员聚集的场所。本罪行为必须发生在公共场合，如果发生在非公共场合，不构成本罪。①

2. **行为人故意实施侮辱国旗、国徽的行为**。所谓“**故意**”，是指犯罪行为人在主观上必须有侮辱国旗、国徽的故意，如果行为人由于过失造成国旗、国徽被焚烧等结果的，不构成犯罪。

3. **行为人采用的是焚烧、毁损、涂划、玷污、践踏等方式**。所谓“**焚烧**”，是指放火燃烧国旗、国徽的行为；“**毁损**”，是指撕毁、砸毁或者以其他破坏方法使国旗、国徽遭到毁坏、损坏的行为；“**涂划**”，是指用笔墨、颜料等在国旗、国徽上涂抹刻画的行为；“**玷污**”，是指用粪便等污物玷污国旗、国徽的行为；“**践踏**”，是指将国旗、国徽放在脚下、车轮下等处进行踩踏、碾压的行为。侮辱国旗、国徽的具体行为不止上述五种，所以本条还规定了“**等方式**”，以包括复杂的实际情况，如实践中发生的将国旗倒插、倒放等。② 行为人只要实施了任何一种侮辱行为即可构成本罪。

4. **行为人侮辱的对象是中华人民共和国国旗、国徽**。行为人如果侮辱外国国旗、国徽或者国际组织、社团、企业的标志等，不构成本罪，视案件具体情况，构成其他犯罪的，可依照刑法其他有关规定追究刑事责任。作为本罪犯罪对象的国旗、国徽既可以是正在悬挂、使用中的，也可以是尚未使用，处于保存、贮藏、运输中的。

根据本款规定，构成本罪的，处三年以下有期徒刑、拘役、管制或者剥夺政治权利。

第二款是关于**侮辱国歌罪**及其处罚的规定。构成本罪应当符合以下条件：

1. **行为人必须是在公共场合实施侮辱国歌的行为**。根据本款规定，侮辱国歌犯罪行为要求发生在“公共场合”。这里使用“公共场合”，没有使用“公众场合”，是与《国歌法》第十五条的规定相衔接。“**在公共场合**”指当众、公开的情境。需要注意的是，不论是在现实的公共场合还是在互联网公共空间，通过公开传播的方式，当众公然侮辱国歌的行为，都构成对国家尊严、公共秩序的损害，均可构成本罪。

2. **行为人故意实施侮辱国歌的行为**。主观

---

① 我国学者指出，网络空间也属于公众场合。参见张明楷：《刑法学》（第6版），法律出版社2021年版，第1410页。

② 我国学者指出，不是对国旗、国徽进行物理上的毁损，而是将他人已然焚毁、毁损、涂划、玷污、践踏过的国旗、国徽在公开场合加以展示的，也会构成本罪。参见周光权：《刑法各论》（第4版），中国人民大学出版社2021年版，第439页。

上要求故意为之，没有泄愤、侮辱等恶意只是唱错歌词、跑调走音的，不能认定为犯罪。

3. 在具体行为方式上，与《国歌法》第十五条的规定相一致，分为三种情况：一是**故意篡改中华人民共和国国歌歌词、曲谱的**。国歌的歌词、曲谱法律都有明确规定。《国歌法》第六条规定，“奏唱国歌，应当按照本法附件所载国歌的歌词和曲谱”，因此不得篡改国歌的歌词和曲调。具体行为可表现为：故意篡改《义勇军进行曲》的国歌名称，将国歌名称修改成其他侮辱性名称的，也属于篡改国歌；将国歌歌词全部篡改或者部分篡改的，特别是将歌词篡改成一些讽刺性、侮辱性的语言；篡改国歌曲谱，改变部分曲调或者以其他曲调奏唱国歌歌词，如使用哀乐演唱国歌等。二是**以歪曲、贬损方式奏唱国歌**。除篡改国歌歌词、曲谱外，在奏唱方式上歪曲、贬损国歌的，也是侮辱国歌罪的一种表现形式，如以轻佻、“恶搞”的方式奏唱国歌，在奏唱国歌时配以侮辱性的肢体语言、着装等。奏唱包括演奏和歌唱。三是**以其他方式侮辱国歌**。“其他方式”指除以上两种情形之外，其他各种侮辱国歌的行为，这是兜底性的规定。如在互联网上故意传播配以贬损国家形象、侮辱性的图片、影像、文字的国歌奏唱音视频的；公共场合奏唱国歌时，在场人员“嘘”国歌、做出不雅手势的行为等，都属于侮辱国歌的其他方式。

4. 根据本款规定，**构成本罪，需要达到“情节严重”的条件**。是否属于“情节严重”，需要结合行为人的主观恶性、侮辱行为的具体方式、什么样的场合、在场人数、传播范围、造成的社会后果、是否曾因侮辱国歌、国旗、国徽犯罪受过处罚等综合判断。

根据本款规定，犯侮辱国歌罪的，处三年以下有期徒刑、拘役、管制或者剥夺政治权利。

实际执行中应当注意以下两个方面的问题：

1. **本条第一款对侮辱国旗、国徽罪没有规定“情节严重”的犯罪门槛，与第二款的规定在构成要件的表述方式上有差异**。这主要是考虑到：一方面，《国旗法》第二十三条、《国徽法》第十八条关于侮辱国旗、国徽的法律责任表述是，有侮辱行为的，追究刑事责任，对情节较轻的，予以行政处罚。即对情节一般的侮辱国旗、国徽行为就可追究刑事责任。《国歌法》第十五条对侮辱国歌行为的法律责任表述是，有侮辱行为的，予以行政处罚，构成犯罪的，依法追究刑事责任。两者在法律责任的规定形式上有所不同。因此，第一款规定与国旗法、国徽法的相关规定是相衔接的。另一方面，也是考虑到侮辱国旗、国徽罪的行为方式及其危害性与侮辱国歌不完全一样。采用焚烧、毁损、涂划、玷污、践踏等方式侮辱国旗、国徽的行为，已是性质严重的侮辱方式。而国歌的载体、奏唱和使用的方式、场合，以及与公众的联系紧密程度等，都与国旗、国徽有很大不同。侮辱国歌行为的情况也更为复杂，有些需要区别情况处理，对情节轻微的可不作为犯罪处理，而予以行政处罚。但需要注意的是，虽然刑法对侮辱国旗、国徽罪没有规定“情节严重”的犯罪门槛，也不是说对所有侮辱国旗、国徽的行为，不分情节轻重都要追究刑事责任。实践中还是要根据案件的具体情况确定社会危害性是否达到犯罪的程度。对于符合《刑法》第十三条的规定，情节显著轻微危害不大的，不作为犯罪处理。

2. 侮辱国歌罪在适用中还应当注意：一是侮辱国歌是指侮辱中华人民共和国国歌。本条第二款在“故意篡改中华人民共和国国歌歌词、曲谱”这一行为方式的表述中使用了“中华人民共和国”这一限定语。这一限定同样适用于后两种行为方式，这属于语言文字学中的“承前省略”。也就是说，**侮辱外国国歌的，不构成本罪**，视案件具体情况，构成其他犯罪的，可依照刑法其他有关规定追究刑事责任。二是侮辱国歌犯罪行为的主体，既可以是中国人，也可以是外国人。三是在公共场合侮辱国歌，同时构成寻衅滋事罪，聚众扰乱社会秩序罪，聚众扰乱公共场所秩序、交通秩序罪等犯罪的，**应当依照处罚较重的规定定罪处罚**。

【附属刑法】

《中华人民共和国国歌法》（2017 年 9 月 1 日通过）

第十五条

在公共场合，故意篡改国歌歌词、曲谱，以歪曲、贬损方式奏唱国歌，或者以其他方式侮辱国歌的，由公安机关处以警告或者十五日以下拘留；构成犯罪的，依法追究刑事责任。

《中华人民共和国国旗法》（1990 年 6 月 28 日通过，2020 年 10 月 17 日第二次修正）

第二十三条

在公共场合故意以焚烧、毁损、涂划、玷污、践踏等方式侮辱中华人民共和国国旗的，依法追究刑事责任；情节较轻的，由公安机关处以十五日以下拘留。

《中华人民共和国国徽法》（1991 年 3 月 2 日通过，2020 年 10 月 17 日第二次修正）

第十八条

在公共场合故意以焚烧、毁损、涂划、玷污、践踏等方式侮辱中华人民共和国国徽的，依法追究刑事责任；情节较轻的，由公安机关处以十五日以下拘留。

第二百九十九条之一　【侵害英雄烈士名誉、荣誉罪】

侮辱、诽谤或者以其他方式侵害英雄烈士的名誉、荣誉，损害社会公共利益，情节严重的，处三年以下有期徒刑、拘役、管制或者剥夺政治权利。

【立法沿革】

《中华人民共和国刑法修正案（十一）》（自2021年3月1日起施行）

三十五、在刑法第二百九十九条后增加一条，作为第二百九十九条之一：

“侮辱、诽谤或者以其他方式侵害英雄烈士的名誉、荣誉，损害社会公共利益，情节严重的，处三年以下有期徒刑、拘役、管制或者剥夺政治权利。”

【立法理由】

（一）立法相关背景

中华民族是英雄辈出的民族。近代以来，为了争取民族独立和人民解放，实现国家富强和人民幸福，促进世界和平和人类进步，中华民族涌现出了无数毕生奋斗、英勇献身的英雄烈士。英雄烈士是中华民族最优秀群体的代表，英雄烈士和他们所体现的爱国主义、英雄主义精神，是我们国魂、民族魂、党魂、军魂的不竭源泉和重要支撑，是中华民族精神的集体体现。英雄烈士的事迹和精神是中华民族的共同记忆，是社会主义核心价值观的重要体现。

近年来，社会上有些人出于各种目的侮辱、诽谤英雄烈士，还有的以“学术自由”“还原历史”“探究细节”等为名，通过互联网、书刊等公开对党和国家长期宣传、人民群众高度尊崇的英雄烈士进行诋毁、丑化、贬损、质疑和否定，歪曲历史特别是近现代历史，造成了恶劣社会影响。比较典型的有侮辱、诽谤狼牙山五壮士、邱少云等英雄烈士群体、个人事件。如2013年某杂志刊发洪某撰写的《“狼牙山五壮士”的细节分歧》一文，该文以历史细节考据、学术研究为幌子，以细节否定英雄，企图达到抹黑“狼牙山五壮士”英雄形象和名誉的目的，引发“狼牙山五壮士”亲属及社会各界的反对、谴责。又如，2013年5月孙某在某微博上以名为“作业本”的帐号发文对邱少云烈士在烈火中英勇献身的行为进行恶意调侃，2015年4月，某饮品公司在其网络营销活动中，借助“作业本”相关言论进行营销，并与孙某进行网上互动，该言论及互动在网络平台上迅速传播，产生了较大负面影响，遭到广大网友的谴责。

侮辱、诽谤英雄烈士的实质目的是动摇中国共产党的执政根基和否定中国特色社会主义制度。抹黑这些代表性的英烈群体、人物，否定中国近现代历史，既是对社会主义核心价值观与革命英雄主义精神的否定和瓦解，也容易对群众尤其是年轻人的价值取向造成恶劣影响、冲击。**这些行为不仅构成对英雄烈士人格利益的侵害和对英雄烈士近亲属合法利益的侵害，同时由于英雄烈士的事迹和精神已经成为社会公共利益的重要组成部分，也给社会公共利益造成损害。**

对此，我国相关法律先后对侮辱、诽谤英雄烈士以及其他侵害英烈名誉、荣誉等的行为作了明确规定。2018年4月27日第十三届全国人大常委会第二次会议通过了**《英雄烈士保护法》**，该法明确规定，国家保护英雄烈士，对英雄烈士予以褒扬、纪念，加强对英雄烈士事迹和精神的宣传、教育，维护英雄烈士的尊严和合法权益；全社会都应当崇尚、学习、捍卫英雄烈士；禁止歪曲、丑化、亵渎、否定英雄烈士事迹和精神；英雄烈士的姓名、肖像、名誉、荣誉受法律保护；任何组织和个人不得在公共场所、互联网或者利用广播电视、电影、出版物等，以侮辱、诽谤或者其他方式侵害英雄烈士的姓名、肖像、名誉、荣誉；不得将英雄烈士的姓名、肖像用于或者变相用于商标、商业广告，损害英雄烈士的名誉、荣誉等。对于侵害英雄烈士姓名、肖像、名誉、荣誉的，《英雄烈士保护法》第二十六条规定：“以侮辱、诽谤或者其他方式侵害英雄烈士的姓名、肖像、名誉、荣誉，损害社会公共利益的，依法承担民事责任；构成违反治安管理行为的，由公安机关依法给予治安管理处罚；构成犯罪的，依法追究刑事责任。”2020年5月28日通过的《民法典》将英雄烈士的姓名、肖像、名誉、荣誉作为社会公共利益予以保护。《民法典》第一百八十五条规定：“侵害英雄烈士等的姓名、肖像、名誉、荣誉，损害社会公共利益的，应当承担民事责任。”

上述法律规定为依法追究侮辱、诽谤英雄烈士以及其他侵害英烈名誉、荣誉的行为提供了民事、行政法律依据。为了进一步保护英雄烈士名誉、荣誉，维护社会主义核心价值观，与英雄烈士保护法等相关法律相衔接，立法机关广泛听取意见，经反复研究，在各方面取得共识的基础上，将侮辱、诽谤英雄烈士的行为明确规定为犯罪。《刑法修正案（十一）》将侮辱、诽谤英雄烈士的行为入刑，**是以法治思维和法治方式反对历史虚无主义，对于惩治侮辱、诽谤英雄烈士行为，保护英雄烈士的人格利益和社会公共利益，弘扬社会主义核心价值观，具有重要意义**。通过增加本条规定，刑法与英雄烈士保护法、民法典等一起，构建起完整的英雄烈士保护法律体系。

（二）立法时争议的主要问题

关于本罪在刑法条文中的位置。《刑法修正案（十一）（草案一次审议稿）》曾将本条放在**第四章“侵犯公民人身权利、民主权利罪”**第二百四十六条侮辱罪、诽谤罪之后，作为第二百四十六条之一。对此，有的常委委员、地方、专家和社会公众建议调整本条规定的章节位置，更加准确体现树立社会主义核心价值观和维护社会秩序的目的。宪法和法律委员会经研究，采纳了上述意见，将本条作为《刑法》第二百九十九条之一。

（三）有关国家和地区的规定

《奥地利刑法典》《法国刑法典》规定了扰乱死者安宁的犯罪，侵害的对象包括所有的逝者，不限于英雄烈士等历史政治人物。《荷兰刑法典》以及我国台湾地区“刑法”明确规定诽谤死者的，构成诽谤犯罪。《荷兰刑法典》第二百七十条规定，对死人实施言辞诽谤或者诽谤名誉的，处三个月以下监禁或者罚金。我国台湾地区“刑法”第三百一十二条中规定，对于已死之人犯诽谤罪者，处一年以下有期徒刑、拘役或者一千元以下罚金。

【条文说明】

本条是关于侵害英雄烈士名誉、荣誉罪及其处罚的规定。

侮辱、诽谤或者以其他方式侵害英雄烈士的名誉、荣誉，损害社会公共利益，情节严重的，构成本罪。这里的“**英雄烈士**”，包括近代以来，为国家、为民族、为人民作出牺牲和贡献的英烈先驱和革命先行者，重点是中国共产党、人民军队和人民共和国历史上涌现出的无数英雄烈士。英雄烈士既包括个人也包括群体，既包括有名英烈也包括无名英烈。本条保护的英雄烈士与英雄烈士保护法的保护范围是一致的，都是已经牺牲、逝世的英雄烈士。据统计，从中国民主革命到现在，约有2000万名英烈，但是经评定确认的只有约196万名。由于战争、历史条件等原因，大多数英烈都未能留下姓名，现在也无从考证，但他们同样受法律保护，也应被尊崇和铭记。实际发生的侵害英雄烈士名誉、荣誉案件中涉及的英雄烈士，一般都是知名的英雄烈士，其身份是清楚的，如果确须对英雄烈士的身份进行认定，可以通过相关工作机制予以解决。①

关于**烈士的具体评定标准**，《烈士褒扬条例》第八条第一款规定：“公民牺牲符合下列情形之一的，评定为烈士：（一）在依法查处违法犯罪行为、执行国家安全工作任务、执行反恐怖任务和处置突发事件中牺牲的；（二）抢险救灾或者其他为了抢救、保护国家财产、集体财产、公民生命财产牺牲的；（三）在执行外交任务或者国家派遣的对外援助、维持国际和平任务中牺牲的；（四）在执行武器装备科研试验任务中牺牲的；（五）其他牺牲情节特别突出，堪为楷模的。”《军人抚恤优待条例》第八条第一款、第二款规定：“现役军人死亡，符合下列情形之一的，批准为烈士：（一）对敌作战死亡，或者对敌作战负伤在医疗终结前因伤死亡的；（二）因执行任务遭敌人或者犯罪分子杀害，或者被俘、被捕后不屈遭敌人杀害或者被折磨致死的；（三）为抢救和保护国家财产、人民生命财产或者执行反恐怖任务和处置突发事件死亡的；（四）因执行军事演习、战备航行飞行、空降和导弹发射训练、试航试飞任务以及参加武器装备科研试验死亡的；（五）在执行外交任务或者国家派遣的对外援助、维持国际和平任务中牺牲的；（六）其他死难情节特别突出，堪为楷模的。现役军人在执行对敌作战、边海防执勤或者抢险救灾任务中失踪，经法定程序宣告死亡的，按照烈士对待。”

这里的“**侮辱**”主要是指通过语言、文字或者其他方式辱骂、贬低、嘲讽英雄烈士的行为。“**诽谤**”是指针对英雄烈士，捏造事实并进行散播，公然丑化、贬损英雄烈士，损害英雄烈士名誉、荣誉的行为。实践中比较常见的是通过网络、文学作

① 通过对侵害英雄烈士名誉、荣誉罪的合宪性审查，我国学者指出，基于罪刑法定原则和本罪的体系定位，本罪意义上的“英雄”应限于被省部级政府部门或军队相关部门授予英雄称号的过世者，以及为中国人民的解放事业和新中国的建设事业做出巨大贡献，其功绩获得国民普遍承认的已过世的英雄人物。参见王钢：《刑法新增罪名的合宪性审查——以侵害英雄烈士名誉、荣誉罪为例》，载《比较法研究》2021年第4期，第83页。

品等形式侮辱、诽谤英雄烈士的情况。**“以其他方式侵害英雄烈士的名誉、荣誉”**是指采用侮辱、诽谤以外的其他方式侵害英雄烈士的名誉、荣誉的行为，如虽未采用侮辱、诽谤方式，但以“还原历史”“探究细节”等名义否定、贬损、丑化英雄烈士；非法披露涉及英雄烈士隐私的信息或者图片，侵害英雄烈士隐私等。

“损害社会公共利益”是构成本罪的要件之一，也是侮辱、诽谤或者以其他方式侵害英雄烈士的名誉、荣誉可能导致的后果。近代以来的无数英雄烈士和他们所获得的荣誉称号，在全党、全军和全国各族人民中已经赢得了普遍的公众认同，既是国家及公众对他们作为中华民族的优秀儿女在反抗侵略、保家卫国中作出巨大牺牲的褒奖，也是他们应当获得的个人荣誉。在抗日战争时期，广大英雄烈士的光辉事迹成为激励中华儿女反抗侵略、英勇抗敌的精神动力之一，成为人民军队誓死捍卫国家利益、保障国家安全的军魂来源之一；在和平年代，英雄烈士的精神，仍然为广大人民群众树立了不畏艰辛、不怕困难、为国为民、奋斗终身的精神指引。英雄烈士及其精神，是中华民族共同记忆的一部分，是中华民族精神的内核之一，也是社会主义核心价值观的重要内容。而**民族的共同记忆、民族精神乃至社会主义核心价值观**，无论是从我国的历史来看，还是从现行法律规定来看，都已经是社会公共利益的一部分。侮辱、诽谤或者以其他方式侵害英雄烈士的名誉、荣誉，会损害社会公共利益。

“情节严重的”是指侮辱、诽谤或者以其他方式侵害英雄烈士的名誉、荣誉，损害社会公共利益，造成严重的不良影响或者侵害行为持续时间长、范围广等情形。

关于本罪的刑罚，根据本条规定，侮辱、诽谤或者以其他方式侵害英雄烈士的名誉、荣誉，损害社会公共利益，情节严重的，处三年以下有期徒刑、拘役、管制或者剥夺政治权利。

实际执行中应当注意，**本条规定的“英雄烈士”都是已经牺牲、去世的**，如果行为人侮辱、诽谤或者以其他方式侵害健在的英雄模范人物的名誉、荣誉，应当依照本法关于侮辱罪、诽谤罪的规定追究行为人的刑事责任，不适用本条。对健在的英雄模范人物的褒奖、保护，适用国家勋章和国家荣誉称号法等相关法律法规。

【司法解释性文件】

《最高人民法院、最高人民检察院、公安部关于依法惩治侵害英雄烈士名誉、荣誉违法犯罪的意见》（公通字〔2022〕5 号，2022 年 1 月 11 日公布）

△**（英雄烈士的概念和范围）**根据英雄烈士保护法第二条的规定，刑法第二百九十九条之一规定的“英雄烈士”，主要是指近代以来，为了争取民族独立和人民解放，实现国家富强和人民幸福，促进世界和平和人类进步而毕生奋斗、英勇献身的英雄烈士。

司法适用中，对英雄烈士的认定，应当重点注意把握以下几点：

（一）英雄烈士的时代范围主要为“近代以来”，重点是中国共产党、人民军队和中华人民共和国历史上的英雄烈士。英雄烈士既包括个人，也包括群体；既包括有名英雄烈士，也包括无名英雄烈士。

（二）对经依法评定为烈士的，应当认定为刑法第二百九十九条之一规定的“英雄烈士”；已牺牲、去世，尚未评定为烈士，但其事迹和精神为我国社会普遍公认的英雄模范人物或者群体，可以认定为“英雄烈士”。

（三）英雄烈士是指已经牺牲、去世的英雄烈士。对侮辱、诽谤或者以其他方式侵害健在的英雄模范人物或者群体名誉、荣誉，构成犯罪的，适用刑法有关侮辱、诽谤罪等规定追究刑事责任，符合适用公诉程序条件的，由公安机关依法立案侦查，人民检察院依法提起公诉。但是，被侵害英雄烈士群体中既有已经牺牲的烈士，也有健在的英雄模范人物的，可以统一适用侵害英雄烈士名誉、荣誉罪。（§ 1）

△**（情节严重；入罪标准）**根据刑法第二百九十九条之一的规定，侮辱、诽谤或者以其他方式侵害英雄烈士的名誉、荣誉，损害社会公共利益，情节严重的，构成侵害英雄烈士名誉、荣誉罪。

司法实践中，对侵害英雄烈士名誉、荣誉的行为是否达到“情节严重”，应当结合行为方式，涉及英雄烈士的人数，相关信息的数量、传播方式、传播范围、传播持续时间，相关信息实际被点击、浏览、转发次数，引发的社会影响、危害后果以及行为人前科情况等综合判断。根据案件具体情况，必要时，可以参照适用《最高人民法院、最高人民检察院关于办理利用信息网络实施诽谤等刑事案件适用法律若干问题的解释》（法释〔2013〕21 号）的规定。

侵害英雄烈士名誉、荣誉，达到入罪标准，但行为人认罪悔罪，综合考虑案件具体情节，认为犯罪情节轻微的，可以不起诉或者免予刑事处罚；情节显著轻微危害不大的，不以犯罪论处；构成违反治安管理行为的，由公安机关依法给予治安管理处罚。（§ 2）

△(**依法惩治;宽严相济;规范办案**)(一)坚决依法惩治。英雄烈士的事迹和精神是中华民族共同的历史记忆和宝贵的精神财富,英雄不容亵渎、先烈不容诋毁、历史不容歪曲。各级公安机关、人民检察院、人民法院要切实增强责任感和使命感,依法惩治侵害英雄烈士名誉、荣誉的违法犯罪活动,坚决维护中国特色社会主义制度,坚决维护社会公共利益。

(二)坚持宽严相济。对侵害英雄烈士名誉、荣誉的,要区分案件具体情况,落实宽严相济刑事政策,突出惩治重点,重在教育挽救,避免打击扩大化、简单化,确保实现政治效果、法律效果和社会效果的有机统一。对利用抹黑英雄烈士恶意攻击我国基本社会制度、损害社会公共利益,特别是与境外势力勾连实施恶意攻击,以及长期、多次实施侵害行为的,要依法予以严惩。对没有主观恶意,仅因模糊认识、好奇等原因而发帖、评论的,或者行为人系在校学生、未成年人的,要以教育转化为主,切实做到教育大多数、打击极少数。

(3)严格规范办案。公安机关要落实严格规范公正文明执法要求,依法全面、及时收集、固定证据,严格履行法定程序,依法保障嫌疑人合法权益。人民检察院对公安机关提请批准逮捕、移送审查起诉的案件,符合批捕、起诉条件的,依法予以批捕、起诉。对重大、疑难案件,公安机关可以商请人民检察院派员通过审查证据材料等方式,就案件定性、证据收集、法律适用等提出意见建议。人民法院要加强审判力量,制定庭审预案,依法审理。公安机关、人民检察院、人民法院要与退役军人事务部门和军队有关部门建立健全工作联系机制,妥善解决英雄烈士甄别、认定过程中的问题。(§ 3)

【附属刑法】

《中华人民共和国英雄烈士保护法》(2018年4月27日通过)

第二十六条

以侮辱、诽谤或者其他方式侵害英雄烈士的姓名、肖像、名誉、荣誉,损害社会公共利益的,依法承担民事责任;构成违反治安管理行为的,由公安机关依法给予治安管理处罚;构成犯罪的,依法追究刑事责任。

第二十七条

Ⅰ在英雄烈士纪念设施保护范围内从事有损纪念英雄烈士环境和氛围的活动的,纪念设施保护单位应当及时劝阻;不听劝阻的,由县级以上地方人民政府负责英雄烈士保护工作的部门、文物主管部门按照职责规定给予批评教育,责令改正;构成违反治安管理行为的,由公安机关依法给予治安管理处罚。

Ⅱ亵渎、否定英雄烈士事迹和精神,宣扬、美化侵略战争和侵略行为,寻衅滋事,扰乱公共秩序,构成违反治安管理行为的,由公安机关依法给予治安管理处罚;构成犯罪的,依法追究刑事责任。

第二十八条

侵占、破坏、污损英雄烈士纪念设施的,由县级以上人民政府负责英雄烈士保护工作的部门责令改正;造成损失的,依法承担民事责任;被侵占、破坏、污损的纪念设施属于文物保护单位的,依照《中华人民共和国文物保护法》的规定处罚;构成违反治安管理行为的,由公安机关依法给予治安管理处罚;构成犯罪的,依法追究刑事责任。

【指导性案例】

最高人民检察院指导性案例第136号:仇某侵害英雄烈士名誉、荣誉案(2021年2月21日发布)

△(**英雄烈士;情节严重;刑事附带民事公益诉讼**)侵害英雄烈士名誉、荣誉罪中的“英雄烈士”,是指已经牺牲、逝世的英雄烈士。在同一案件中,行为人所侵害的群体中既有烈士,又有健在的英雄模范人物时,应当整体评价为侵害英雄烈士名誉、荣誉的行为,不宜区别适用侵害英雄烈士名誉、荣誉罪和侮辱罪、诽谤罪。《刑法修正案(十一)》实施后,以侮辱、诽谤或者其他方式侵害英雄烈士名誉、荣誉的行为,情节严重的,构成侵害英雄烈士名誉、荣誉罪。行为人利用信息网络侵害英雄烈士名誉、荣誉,引起广泛传播,造成恶劣社会影响的,应当认定为“情节严重”。英雄烈士没有近亲属或者近亲属不提起民事诉讼的,检察机关在提起公诉时,可以一并提起附带民事公益诉讼。

第三百条 【组织、利用会道门、邪教组织、利用迷信破坏法律实施罪】【组织、利用会道门、邪教组织、利用迷信致人重伤、死亡罪】

组织、利用会道门、邪教组织或者利用迷信破坏国家法律、行政法规实施的，处三年以上七年以下有期徒刑，并处罚金；情节特别严重的，处七年以上有期徒刑或者无期徒刑，并处罚金或者没收财产；情节较轻的，处三年以下有期徒刑、拘役、管制或者剥夺政治权利，并处或者单处罚金。

组织、利用会道门、邪教组织或者利用迷信蒙骗他人，致人重伤、死亡的，依照前款的规定处罚。

犯第一款罪又有奸淫妇女、诈骗财物等犯罪行为的，依照数罪并罚的规定处罚。

【立法沿革】

《中华人民共和国刑法》(1997 年修订,自 1997 年 10 月 1 日起施行)

第三百条

组织和利用会道门、邪教组织或者利用迷信破坏国家法律、行政法规实施的,处三年以上七年以下有期徒刑;情节特别严重的,处七年以上有期徒刑。

组织和利用会道门、邪教组织或者利用迷信蒙骗他人,致人死亡的,依照前款的规定处罚。

《中华人民共和国刑法修正案(九)》(自 2015 年 11 月 1 日起施行)

三十三、将刑法第三百条修改为:

"组织、利用会道门、邪教组织或者利用迷信破坏国家法律、行政法规实施的,处三年以上七年以下有期徒刑,并处罚金;情节特别严重的,处七年以上有期徒刑或者无期徒刑,并处罚金或者没收财产;情节较轻的,处三年以下有期徒刑、拘役、管制或者剥夺政治权利,并处或者单处罚金。

"组织、利用会道门、邪教组织或者利用迷信蒙骗他人,致人重伤、死亡的,依照前款的规定处罚。

"犯第一款罪又有奸淫妇女、诈骗财物等犯罪行为的,依照数罪并罚的规定处罚。"

【立法理由】

1. **1979 年立法的情况**。由于人们对事物认识水平的局限性,每个人认识事物能力的差异,以及社会生产力水平发展和环境等因素,决定了一些人会受到封建迷信思想的影响,为此,一些个人或组织往往利用封建迷信进行各种违法犯罪活动,如骗取他人财物、破坏社会秩序、危害他人生命和健康等。会道门在中国有很长的历史,中华人民共和国成立前就有数百个会道门组织,其中一贯道的规模及其影响非常大,这些带有封建迷信色彩或者反社会性质的会道门组织,中华人民共和国成立后曾经被彻底取缔,但后来在有些地方又死灰复燃,秘密进行一些破坏社会秩序的活动。为了惩处利用封建迷信、会道门进行造谣、骗取钱财或者破坏活动,1979 年《刑法》第九十九条规定:"组织、利用封建迷信、会道门进行反革命活动的,处五年以上有期徒刑;情节较轻的,处五年以下有期徒刑、拘役、管制或者剥夺政治权利。"第一百六十条第二款规定:"流氓集团的首要分子,处七年以上有期徒刑。"第一百六十五条规定:"神汉、巫婆借迷信进行造谣、诈骗财物活动的,处二年以下有期徒刑、拘役或者管制;情节严重的,处二年以上七年以下有期徒刑。"

2. **1979 年之后至 1997 年刑法修订前的立法情况**。1979 年刑法颁布后,由于经济社会情况的变化,出现了治安形势比较严峻,犯罪率不断升高的情况。为此,国家开展了一系列惩治刑事犯罪的活动。1983 年 9 月 2 日第六届全国人大常委会第二次会议通过的《全国人民代表大会常务委员会关于严惩严重危害社会治安的犯罪分子的决定》对本条作了修改,提高了组织、利用会道门、封建迷信进行反革命活动犯罪的刑罚,即可以在刑法规定的最高刑以上处刑,直至判处死刑。

3. **1997 年修订刑法的情况**。1997 年修订刑法时,由于对反革命罪一章作了重大的修改和调整,因此,对 1979 年《刑法》第九十九条规定的组织、利用封建迷信、会道门进行反革命活动也需要作相应调整,考虑到第六章"妨害社会管理秩序罪"中第一百六十五条规定的借迷信进行造谣、诈骗财物的犯罪与组织、利用封建迷信、会道门进行反革命活动的规定有相似之处,将两条合并为一条作出规定,并对相关内容作出以下修改:

一是修改了犯罪的性质。1997 年修订刑法时,将第一章反革命罪修改为危害国家安全罪,对组织、利用会道门、封建迷信进行分裂国家、武装叛乱、武装暴乱以及颠覆国家政权等犯罪,可直接按照危害国家安全罪的有关规定定罪处罚。因此未再单独规定组织、利用会道门、封建迷信危害国

分则 第六章

家安全罪。本条只保留了原规定的犯罪手段，将“进行反革命活动”修改为“破坏国家法律、行政法规实施”，并增加了“蒙骗他人”“奸淫妇女”的行为。

二是增加了利用“邪教组织”进行犯罪的手段，并将组织和利用会道门、邪教组织或者封建迷信进行犯罪的罪状具体化。这样规定主要是考虑到，邪教组织对社会的破坏和影响在一些国家中已成为不容忽视的问题，在我国也不例外。一些人打着宗教或练气功的“幌子”，大肆传播封建迷信思想，煽动反社会情绪，蛊惑人心，蒙骗群众，导致他人自杀、自残，严重扰乱了社会秩序，给人民群众的生命财产造成严重损害，严重破坏了国家法律和行政法规的实施，而且容易引起社会动荡。

三是对法定刑也作了调整，提高了法定最低刑。1979 年刑法规定的组织、利用封建迷信、会道门进行反革命活动的犯罪，对于情节较轻的，可以处五年以下有期徒刑、拘役、管制或者剥夺政治权利；神汉、巫婆借迷信进行造谣、诈骗财物的犯罪，可以处二年以下有期徒刑、拘役或者管制。1997 年修订刑法时，将法定最低刑提高到三年有期徒刑。同时，考虑到组织、利用封建迷信、会道门危害国家安全可以适用第一章“危害国家安全罪”，恢复了 1979 年《刑法》第九十九条规定的法定最高刑为十五年有期徒刑的规定；对于利用迷信诈骗财物的依照诈骗罪定罪处罚，也就是由原来法定最高刑七年有期徒刑提高到无期徒刑。

4. 2015 年《刑法修正案（九）》对本条的修改情况。近年来，在惩治处理组织、利用会道门、邪教组织或者利用迷信破坏国家法律、行政法规实施犯罪中，出现了一些新的情况：一是实践中出现了一些情节特别严重，造成了特别严重后果的案件，针对这种情况，需要进一步提高该罪的法定最高刑。二是实践中也有一些案件，情节相对较轻，需要在该罪法定最低刑三年有期徒刑之下再增设一档较轻的刑罚，以适应处理不同案件的需要，体现罪责刑相适应原则。此外，实践中还有一些法律适用问题需要进一步明确。2015 年 8 月 29 日第十二届全国人大常委会第十六次会议通过的《刑法修正案（九）》对本条作了修改：一是将法定最高刑由十五年有期徒刑提高到无期徒刑，并增加了罚金刑和没收财产刑；二是增加了一档情节较轻的刑罚，处三年以下有期徒刑、拘役、管制或者剥夺政治权利，并处或者单处罚金的规定；三是将第一款规定的“组织和利用”，修改为“组织、利用”，在表述上更为严谨；四是明确了组织、利用会道门、邪教组织或者利用迷信蒙骗他人，致人重伤的，依照该条规定处罚；五是明确了组织、利用会道门、邪教组织或者利用迷信破坏法律实施，又有奸淫妇女、诈骗财物等犯罪行为的，依法实行数罪并罚。

【条文说明】

本条是关于组织、利用会道门、邪教组织、利用迷信破坏法律实施罪，组织、利用会道门、邪教组织、利用迷信致人重伤、死亡罪及其处罚的规定。

本条共分为三款。

第一款是关于**组织、利用会道门、邪教组织、利用迷信破坏法律实施罪**及其处罚的规定。构成本罪应当具备以下条件：

1. 行为人采用组织、利用会道门、邪教组织或者利用迷信的手段。所谓“**组织、利用会道门、邪教组织**”，是指建立或者借助会道门、邪教组织进行违法犯罪活动的行为。其中，“**会道门**”是封建迷信活动组织的总称，如我国历史上曾经出现的一贯道、九宫道、哥老会、先天道等组织。“**邪教组织**”是指冒用宗教、气功或者以其他名义建立，神化、鼓吹首要分子，利用制造、散布迷信邪说等手段蛊惑、蒙骗他人，发展、控制成员，危害社会的非法组织。与正常宗教组织相比较，因其无固定活动场所、经典和信仰，往往只是以一些异端邪说作为发展控制组织成员的工具、手段，实则进行破坏法律、违反道德的行为，故称之为邪教组织。1999 年 10 月通过的《全国人民代表大会常务委员会关于取缔邪教组织、防范和惩治邪教活动的决定》对于冒用宗教、气功等名义严重扰乱社会秩序的邪教组织和邪教活动，规定“必须依法取缔，坚决惩治”，“对组织和利用邪教组织破坏国家法律、行政法规实施，聚众闹事，扰乱社会秩序，以迷信邪说蒙骗他人，致人死亡，或者奸淫妇女、诈骗财物等犯罪活动，依法予以严惩”。同时，考虑到邪教组织的蒙骗性较大，为了争取教育广大群众，集中惩治一小撮犯罪分子，该决定规定：“坚持教育与惩罚相结合，团结、教育绝大多数被蒙骗的群众，依法严惩极少数犯罪分子。在依法处理邪教组织的工作中，要把不明真相参与邪教活动的人同组织和利用邪教组织进行非法活动、蓄意破坏社会稳定的犯罪分子区别开来。对受蒙骗的群众不予追究。对构成犯罪的组织者、策划者、指挥者和骨干分子，坚决依法追究刑事责任；对于自首或者有立功表现的，可以依法从轻、减轻或者免除处罚。”

所谓“**迷信**”，是在生产力低下、文化落后、群众缺乏知识的情况下，作为科学的对立物出现的一种信奉鬼神的唯心主义的宿命论，其信仰、崇拜和活动形式带有浓厚的封建色彩。这里应注意的是,组织、利用会道门、邪教组织的活动,往往也带有迷信色彩的内容,但其更主要的特征是建立会道门、邪教组织或利用会道门、邪教组织进行活动。而本条规定的“**利用迷信**”是指通过会道门、邪教组织以外的其他利用迷信的活动。

2. **行为人实施了破坏国家法律、行政法规实施的行为**。这里的“破坏国家法律、行政法规实施”的行为有两种方式:一种是组织、利用会道门、邪教组织,蛊惑、煽动、欺骗群众破坏国家法律、行政法规的实施。另一种是利用迷信破坏国家法律、行政法规实施,主要是利用占卜、算命、看星象等形式,散布迷信谣言,制造混乱,煽动群众抗拒、破坏国家法律、行政法规的实施。根据2017年《最高人民法院、最高人民检察院关于办理组织、利用邪教组织破坏法律实施等刑事案件适用法律若干问题的解释》第二条的规定,**组织、利用邪教组织,破坏国家法律、行政法规实施**,具体包括以下情形:(1)建立邪教组织,或者邪教组织被取缔后又恢复、另行建立邪教组织;(2)聚众包围、冲击、强占、哄闹国家机关、企业事业单位或者公共场所、宗教活动场所,扰乱社会秩序;(3)非法举行集会、游行、示威,扰乱社会秩序;(4)使用暴力、胁迫或者以其他方法强迫他人加入或者阻止他人退出邪教组织;(5)组织、煽动、蒙骗成员或者他人不履行法定义务;(6)使用“伪基站”“黑广播”等无线电台(站)或者无线电频率宣扬邪教;(7)曾因从事邪教活动被追究刑事责任或者二年内受过行政处罚,又从事邪教活动;(8)发展邪教组织成员五十人以上;(9)敛取钱财或者造成经济损失一百万元以上;(10)以货币为载体宣扬邪教,数量在五百张(枚)以上;(11)制作、传播邪教宣传品,包括传单、喷图、图片、标语、报纸,书籍、刊物,录音带、录像带等音像制品,标识、标志物,光盘、U盘、储存卡、移动硬盘等移动存储介质,横幅、条幅等达到一定数量;(12)利用通讯信息网络宣扬邪教,包括制作、传播宣扬邪教的电子图片、文章,电子书籍、刊物、音视频,电子文档,电子音视频,编发信息、拨打电话,利用聊天室、通讯群组、微信、微博等社交网络宣扬邪教,邪教信息实际被点击、浏览数等达到一定数量;(13)其他情节严重的情形。

本款根据情节轻重,规定了三档刑罚:**第一档刑罚**,犯本款规定之罪的,处三年以上七年以下有期徒刑,并处罚金。**第二档刑罚**,情节特别严重的,处七年以上有期徒刑或者无期徒刑,并处罚金或者没收财产。这里的“情节特别严重”,根据2017年《最高人民法院、最高人民检察院关于办理组织、利用邪教组织破坏法律实施等刑事案件适用法律若干问题的解释》第三条的规定:“组织、利用邪教组织,破坏国家法律、行政法规实施,具有下列情形之一的,应当认定为刑法第三百条第一款规定的‘**情节特别严重**’,处七年以上有期徒刑或者无期徒刑,并处罚金或者没收财产:(一)实施本解释第二条第一项至第七项规定的行为,社会危害特别严重的;(二)实施本解释第二条第八项至第十二项规定的行为,数量或者数额达到第二条规定相应标准五倍以上的;(三)其他情节特别严重的情形。”**第三档刑罚**,情节较轻的,处三年以下有期徒刑、拘役、管制或者剥夺政治权利,并处或者单处罚金。这里所说的“情节较轻的”,根据《最高人民法院、最高人民检察院关于办理组织、利用邪教组织破坏法律实施等刑事案件适用法律若干问题的解释》第四条的规定:“组织、利用邪教组织,破坏国家法律、行政法规实施,具有下列情形之一的,应当认定为刑法第三百条第一款规定的‘**情节较轻**’,处三年以下有期徒刑、拘役、管制或者剥夺政治权利,并处或者单处罚金:(一)实施本解释第二条第一项至第七项规定的行为,社会危害较轻的;(二)实施本解释第二条第八项至第十二项规定的行为,数量或者数额达到相应标准五分之一以上的;(三)其他情节较轻的情形。”

第二款是关于**组织、利用会道门、邪教组织、利用迷信致人重伤、死亡罪**及其处罚的规定。根据本款规定,对组织、利用会道门、邪教组织或者利用迷信蒙骗他人,致人重伤、死亡的,应当依照前款即本条第一款的规定处罚。这里所说的“**组织、利用会道门、邪教组织或者利用迷信蒙骗他人**”,是指组织、利用会道门、邪教组织或者利用迷信,愚弄、欺骗他人,如散布“世界末日来临”“死后可以升天”等。“**致人重伤、死亡**”,这里主要是指他人因受到会道门、邪教组织或者迷信的蒙骗,进行拒绝接受医疗救治、绝食、自杀、自焚等行为,造成重伤、死亡后果的。“**依照前款的规定处罚**”,是指对组织、利用会道门、邪教组织或者利用迷信蒙骗他人,致人重伤、死亡的犯罪,根据案件的具体情况,适用本条第一款的刑罚幅度处罚。本条第一款规定的刑罚幅度有三档,即构成犯罪的,处三年以上七年以下有期徒刑,并处罚金;情节特别严重的,处七年以上有期徒刑或者无期徒刑,并处罚金或者没收财产;情节较轻的,处三年以下有期徒刑、拘役、管制或者剥夺政治权利,并处或者单处罚金。根据《最高人民法院、最高人民检察院关于办理组织、利用邪教组织破坏法律实施等刑事案件适用法律若干问题的解释》第七条第二、三、四款的规定："组织、利用邪教组织蒙骗他人，致一人以上死亡或者三人以上重伤的，处三年以上七年以下有期徒刑，并处罚金。组织、利用邪教组织蒙骗他人，具有下列情形之一的，处七年以上有期徒刑或者无期徒刑，并处罚金或者没收财产：（一）造成三人以上死亡的；（二）造成九人以上重伤的；（三）其他情节特别严重的情形。组织、利用邪教组织蒙骗他人，致人重伤的，处三年以下有期徒刑、拘役、管制或者剥夺政治权利，并处或者单处罚金。"

第三款是关于**犯组织、利用会道门、邪教组织或者利用迷信破坏法律实施罪，又有奸淫妇女、诈骗财物等犯罪行为的，如何适用法律**的规定。从实践中的情况看，组织、利用会道门、邪教组织或者利用迷信破坏国家法律实施犯罪中，往往又伴随各种骗财、骗色、强制猥亵他人、非法拘禁、聚众扰乱社会秩序等违法犯罪活动。根据本款规定，犯第一款罪又有奸淫妇女、诈骗财物等犯罪行为的，**依照数罪并罚的规定处罚**，即按照组织、利用会道门、邪教组织、利用迷信破坏法律实施罪和《刑法》第二百三十六条规定的强奸罪、第二百六十六条规定的诈骗罪以及其他相关犯罪的规定数罪并罚。

实际执行中应当注意以下两个方面的问题：

1. 本条第一款规定的是组织、利用会道门、邪教组织或者利用迷信破坏国家法律、行政法规实施，如果行为人是组织和利用邪教组织，组织、策划、实施、煽动分裂国家、破坏国家统一或者颠覆国家政权、推翻社会主义制度的，则应当分别按照《刑法》第一百零三条、第一百零五条、第一百一十三条的规定定罪处罚。

2. 实践中，有些人利用邪教组织成员对邪教的深信不疑，**直接组织、策划、煽动、教唆、帮助邪教组织人员自杀、自残的**，其性质就与本条第二款规定的有些人因愚昧无知、受蒙骗而自己进行绝食等自杀行为不同。对上述行为不应适用本条第二款的规定，而应当依照《刑法》第二百三十二条、第二百三十四条规定的**故意杀人罪、故意伤害罪**定罪处罚。

【司法解释】

《最高人民法院、最高人民检察院关于办理组织、利用邪教组织破坏法律实施等刑事案件适用法律若干问题的解释》（法释〔2017〕3号，自2017年2月1日起施行）

△（**"邪教组织"**）冒用宗教、气功或者以其他名义建立，神化、鼓吹首要分子，利用制造、散布迷信邪说等手段蛊惑、蒙骗他人，发展、控制成员，危害社会的非法组织，应当认定为刑法第三百条规定的"邪教组织"。（§1）

△（**组织、利用邪教组织，破坏国家法律、行政法规实施**）组织、利用邪教组织，破坏国家法律、行政法规实施，具有下列情形之一的，应当依照刑法第三百条第一款的规定，处三年以上七年以下有期徒刑，并处罚金：

（一）建立邪教组织，或者邪教组织被取缔后又恢复、另行建立邪教组织的；

（二）聚众包围、冲击、强占、哄闹国家机关、企业事业单位或者公共场所、宗教活动场所，扰乱社会秩序的；

（三）非法举行集会、游行、示威，扰乱社会秩序的；

（四）使用暴力、胁迫或者以其他方法强迫他人加入或者阻止他人退出邪教组织的；

（五）组织、煽动、蒙骗成员或者他人不履行法定义务的；

（六）使用"伪基站""黑广播"等无线电台（站）或者无线电频率宣扬邪教的；

（七）曾因从事邪教活动被追究刑事责任或者二年内受过行政处罚，又从事邪教活动的；

（八）发展邪教组织成员五十人以上的；

（九）敛取钱财或者造成经济损失一百万元以上的；

（十）以货币为载体宣扬邪教，数量在五百张（枚）以上的；

（十一）制作、传播邪教宣传品，达到下列数量标准之一的：

1. 传单、喷图、图片、标语、报纸一千份（张）以上的；

2. 书籍、刊物二百五十册以上的；

3. 录音带、录像带等音像制品二百五十盒（张）以上的；

4. 标识、标志物二百五十件以上的；

5. 光盘、U盘、储存卡、移动硬盘等移动存储介质一百个以上的；

6. 横幅、条幅五十条（个）以上的。

（十二）利用通讯信息网络宣扬邪教，具有下列情形之一的：

1. 制作、传播宣扬邪教的电子图片、文章二百张（篇）以上，电子书籍、刊物、音视频五十册（个）以上，或者电子文档五百万字符以上、电子音视频二百五十分钟以上的；

2. 编发信息、拨打电话一千条（次）以上的；

3. 利用在线人数累计达到一千以上的聊天室，或者利用群组成员、关注人员等账号数累计一千以上的通讯群组、微信、微博等社交网络宣扬邪教的；

4. 邪教信息实际被点击、浏览数达到五千次以上的。

（十三）其他情节严重的情形。（§2）

△（**"情节特别严重"**）组织、利用邪教组织，破坏国家法律、行政法规实施，具有下列情形之一的，应当认定为刑法第三百条第一款规定的"情节特别严重"，处七年以上有期徒刑或者无期徒刑，并处罚金或者没收财产：

（一）实施本解释第二条第一项至第七项规定的行为，社会危害特别严重的；

（二）实施本解释第二条第八项至第十二项规定的行为，数量或者数额达到第二条规定相应标准五倍以上的；

（三）其他情节特别严重的情形。（§3）

△（**"情节较轻"**）组织、利用邪教组织，破坏国家法律、行政法规实施，具有下列情形之一的，应当认定为刑法第三百条第一款规定的"情节较轻"，处三年以下有期徒刑、拘役、管制或者剥夺政治权利，并处或者单处罚金：

（一）实施本解释第二条第一项至第七项规定的行为，社会危害较轻的；

（二）实施本解释第二条第八项至第十二项规定的行为，数量或者数额达到相应标准五分之一以上的；

（三）其他情节较轻的情形。（§4）

△（**犯罪既遂；犯罪预备；犯罪未遂；量刑**）为了传播而持有、携带，或者传播过程中被当场查获，邪教宣传品数量达到本解释第二条至第四条规定的有关标准的，按照下列情形分别处理：

（一）邪教宣传品是行为人制作的，以犯罪既遂处理；

（二）邪教宣传品不是行为人制作，尚未传播的，以犯罪预备处理；

（三）邪教宣传品不是行为人制作，传播过程中被查获的，以犯罪未遂处理；

（四）邪教宣传品不是行为人制作，部分已经传播出去的，以犯罪既遂处理，对于没有传播的部分，可以在量刑时酌情考虑。（§5）

△（**数量或数额之计算、折算**）多次制作、传播邪教宣传品或者利用通讯信息网络宣扬邪教，未经处理的，数量或者数额累计计算。

制作、传播邪教宣传品，或者利用通讯信息网络宣扬邪教，涉及不同种类或者形式的，可以根据本解释规定的不同数量标准的相应比例折算后累计计算。（§6）

△（**组织、利用邪教组织"蒙骗他人，致人重伤、死亡"；量刑**）组织、利用邪教组织，制造、散布迷信邪说，蒙骗成员或者他人绝食、自虐等，或者蒙骗病人不接受正常治疗，致人重伤、死亡的，应当认定为刑法第三百条第二款规定的组织、利用邪教组织"蒙骗他人，致人重伤、死亡"。

组织、利用邪教组织蒙骗他人，致一人以上死亡或者三人以上重伤的，处三年以上七年以下有期徒刑，并处罚金。

组织、利用邪教组织蒙骗他人，具有下列情形之一的，处七年以上有期徒刑或者无期徒刑，并处罚金或者没收财产：

（一）造成三人以上死亡的；

（二）造成九人以上重伤的；

（三）其他情节特别严重的情形。

组织、利用邪教组织蒙骗他人，致人重伤的，处三年以下有期徒刑、拘役、管制或者剥夺政治权利，并处或者单处罚金。（§7）

△（**从重处罚事由**）实施本解释第二条至第五条规定的行为，具有下列情形之一的，从重处罚：

（一）与境外机构、组织、人员勾结，从事邪教活动的；

（二）跨省、自治区、直辖市建立邪教组织机构、发展成员或者组织邪教活动的；

（三）在重要公共场所、监管场所或者国家重大节日、重大活动期间聚集滋事，公开进行邪教活动的；

（四）邪教组织被取缔后，或者被认定为邪教组织后，仍然聚集滋事，公开进行邪教活动的；

（五）国家工作人员从事邪教活动的；

（六）向未成年人宣扬邪教的；

（七）在学校或者其他教育培训机构宣扬邪教的。（§8）

△（**不起诉或者免予刑事处罚事由；真诚悔罪；明确表示退出邪教组织、不再从事邪教活动**）组织、利用邪教组织破坏国家法律、行政法规实施，符合本解释第四条规定情形，但行为人能够真诚悔罪，明确表示退出邪教组织、不再从事邪教活动的，可以不起诉或者免予刑事处罚。其中，行为人系受蒙蔽、胁迫参加邪教组织的，可以不作为犯罪处理。

组织、利用邪教组织破坏国家法律、行政法规实施，行为人在一审判决前能够真诚悔罪，明确表示退出邪教组织、不再从事邪教活动的，分别依照下列规定处理：

（一）符合本解释第二条规定情形的，可以认定为刑法第三百条第一款规定的"情节较轻"；

（二）符合本解释第三条规定情形的，可以不认定为刑法第三百条第一款规定的"情节特别严

重”,处三年以上七年以下有期徒刑,并处罚金。(§ 9)

△(**煽动分裂国家罪;煽动颠覆国家政权罪;侮辱罪;诽谤罪;数罪并罚**)组织、利用邪教组织破坏国家法律、行政法规实施过程中,又有煽动分裂国家、煽动颠覆国家政权或者侮辱、诽谤他人等犯罪行为的,依照数罪并罚的规定定罪处罚。(§ 10)

△(**共同犯罪**)明知他人组织、利用邪教组织实施犯罪,而为其提供经费、场地、技术、工具、食宿、接送等便利条件或者帮助的,以共同犯罪论处。(§ 13)

△(**附加剥夺政治权利**)对于犯组织、利用邪教组织破坏法律实施罪、组织、利用邪教组织致人重伤、死亡罪,严重破坏社会秩序的犯罪分子,根据刑法第五十六条的规定,可以附加剥夺政治权利。(§ 14)

△(**邪教宣传品之认定**)对涉案物品是否属于邪教宣传品难以确定的,可以委托地市级以上公安机关出具认定意见。(§ 15)

【司法解释性文件】

《最高人民法院关于贯彻全国人大常委会〈关于取缔邪教组织、防范和惩治邪教活动的决定〉和“两院”司法解释的通知》(法发〔1999〕29号,1999年11月5日公布)

△(**组织、利用邪教组织破坏法律实施罪;组织、利用邪教组织致人死亡罪;追缴、没收**)依法审理组织和利用邪教组织犯罪案件,明确打击重点。各级人民法院要认真贯彻执行《决定》,按照《解释》的规定要求,严格依法办案,正确适用法律,坚决依法打击“法轮功”等邪教组织的犯罪活动。对于组织和利用邪教组织聚众围攻、冲击国家机关、企事业单位,扰乱国家机关、企事业单位的工作、生产、经营、教学和科研等秩序;非法举行集会、游行、示威,煽动、欺骗、组织其成员或者其他聚众围攻、冲击、强占、哄闹公共场所及宗教活动场所,扰乱社会秩序;出版、印刷、复制、发行宣扬邪教内容的出版物、印制邪教组织标识的,坚决依照刑法第三百条第一款的规定,以组织、利用邪教组织破坏法律实施罪定罪处罚。对于组织和利用邪教组织制造、散布迷信邪说,蒙骗其成员或者其他人实施绝食、自残、自虐等行为,或者阻止病人进行正常治疗,致人死亡的,坚决依照刑法第三百条第二款的规定,以组织、利用邪教组织致人死亡罪定罪处罚,对造成特别严重后果的,依法从重处罚。对于邪教组织以各种欺骗手段敛取钱财的,依照刑法第三百条第三款和第二百六十六条的规定,以诈骗罪定罪处罚。对于邪教组织和组织、利用邪教组织破坏法律实施的犯罪分子,以各种手段非法聚敛的财物,用于犯罪的工具、宣传品的,应当依法追缴、没收。

【附属刑法】

《全国人民代表大会常务委员会关于取缔邪教组织、防范和惩治邪教活动的决定》(1999年10月30日通过)

一、坚决依法取缔邪教组织,严厉惩治邪教组织的各种犯罪活动。邪教组织冒用宗教、气功或者其他名义,采用各种手段扰乱社会秩序,危害人民群众生命财产安全和经济发展,必须依法取缔,坚决惩治。人民法院、人民检察院和公安、国家安全、司法行政机关要各司其职,共同做好这项工作。对组织和利用邪教组织破坏国家法律、行政法规实施,聚众闹事,扰乱社会秩序,以迷信邪说蒙骗他人,致人死亡,或者奸淫妇女、诈骗财物等犯罪活动,依法予以严惩。

二、坚持教育与惩罚相结合,团结、教育绝大多数被蒙骗的群众,依法严惩极少数犯罪分子。在依法处理邪教组织的工作中,要把不明真相参与邪教活动的人同组织和利用邪教组织进行非法活动、蓄意破坏社会稳定的犯罪分子区别开来。对受蒙骗的群众不予追究。对构成犯罪的组织者、策划者、指挥者和骨干分子,坚决依法追究刑事责任;对于自首或者有立功表现的,可以依法从轻、减轻或者免除处罚。

《全国人民代表大会常务委员会关于维护互联网安全的决定》(2000年12月28日通过,2009年8月27日修正)

二、为了维护国家安全和社会稳定,对有下列行为之一,构成犯罪的,依照刑法有关规定追究刑事责任:

……

(四)利用互联网组织邪教组织、联络邪教组织成员,破坏国家法律、行政法规实施。

第三百零一条　【聚众淫乱罪】【引诱未成年人聚众淫乱罪】
聚众进行淫乱活动的，对首要分子或者多次参加的，处五年以下有期徒刑、拘役或者管制。
引诱未成年人参加聚众淫乱活动的，依照前款的规定从重处罚。

【立法理由】

(一)立法相关背景及修改情况

1. **1979 年立法的情况**。1979 年《刑法》第一百六十条规定:“聚众斗殴,寻衅滋事,侮辱妇女或者进行其他流氓活动,破坏公共秩序,情节恶劣的,处七年以下有期徒刑、拘役或者管制。流氓集团的首要分子,处七年以上有期徒刑。”聚众淫乱行为,是一种违反善良性道德观念,蔑视社会公德、伤风败俗的行为,其特点是纠集男女多人在一起进行性交、群宿群奸、跳裸体舞等淫乱活动。1979 年刑法未专门规定聚众淫乱罪,对实践中的聚众淫乱行为,严重败坏社会风气的,一般作为**流氓罪**处罚。1984 年《最高人民法院、最高人民检察院关于当前办理流氓案件中具体应用法律的若干问题的解答》明确,聚众进行淫乱活动(包括聚众奸宿)危害严重的主犯、教唆犯和其他流氓成性、屡教不改者,属于其他流氓活动情节恶劣构成流氓罪。1983 年 9 月 2 日第六届全国人大常委会第二次会议通过的《关于严惩严重危害社会治安的犯罪分子的决定》提高了流氓罪的刑罚,明确规定对于流氓犯罪集团的首要分子或者携带凶器进行流氓犯罪活动,情节严重的,或者进行流氓犯罪活动危害特别严重的,可以在刑法规定的最高刑以上处刑,直至判处**死刑**。

2. **1997 年修订刑法的情况**。1997 年修订刑法时,考虑到流氓罪规定得比较原则,实际执行中定为流氓罪的随意性很大,容易混淆罪与非罪的界限,而且修订后的刑法明确罪刑法定原则,必须将犯罪行为具体化,以加强可操作性,因此,取消了流氓罪的罪名,将其分解为一些具体的犯罪进行规定,其中对聚众淫乱罪专门作了规定。同时,考虑到未成年人身心发育还不成熟,辨别是非的能力差,正确的人生观、性道德观尚未形成,参与聚众淫乱活动,将会严重影响未成年人的健康成长,因此,对引诱未成年人参加聚众淫乱活动的行为人,有必要依法从重处罚。

(二)有关国家的规定

一些国家也有聚众淫乱犯罪的规定。如《德国刑法典》第一百八十三条 a 项规定,公开地实施性行为,故意地或明知地引起公众厌恶,处一年以下自由刑或罚金刑。《意大利刑法典》第五百二十七条规定,在公共场所或者向公众开放或展示的场所实施淫秽行为的,处以三个月至三年有期徒刑。

【条文说明】

本条是关于聚众淫乱罪、引诱未成年人聚众淫乱罪及其处罚的规定。

本条共分为两款。

第一款是关于**聚众淫乱罪**及其处罚的规定。根据本款规定,构成本罪应当具备以下特征:

1. **聚众淫乱犯罪,在客观方面表现为聚众进行淫乱活动的行为**。这里所说的“**聚众**”,是指在首要分子的组织、纠集下,多人聚集在一起进行淫乱活动。[①] 在男女性别上,既可以是男性多人,也可以是女性多人,还可以是男女混杂多人。所谓“**淫乱活动**”,主要是指违反道德规范的性交行为,即群宿群奸,但不限于男女性交行为,也包括手淫、口淫、鸡奸等刺激、兴奋、满足性欲的淫乱下流行为。[②]

2. **本条的犯罪主体仅限于首要分子和多次参加者**。这里的“**首要分子**”,是指在聚众淫乱犯罪中起策划、组织、指挥、纠集作用的首要分子;“**多次参加的**”,一般是指三次或者三次以上参加聚众淫乱的。对偶尔参加者,应当进行批评教育或者给予必要的治安处罚,不宜定罪处刑。根据《最高人民检察院、公安部关于公安机关管辖的刑事案件立案追诉标准的规定(一)》第四十一条的规定,组织、策划、指挥三人以上进行淫乱活动或者参加聚众淫乱活动三次以上的,**应予立案追诉**。

根据本款规定,构成本罪的,处五年以下有期

① 我国学者指出,不能认为三人以上聚集起来实施淫乱活动,一律该当本罪。三个以上的成年人,基于同意所秘密实施的性行为,因为没有侵害本罪所要保护的法益(即公众对性的感情,尤其是性行为非公开化的社会秩序),不属于刑法所规定的聚众淫乱行为。只有当三人以上以不特定或者多数人可能认识到的方式实施聚众淫乱行为,方可以本罪论处。参见张明楷:《刑法学》(第 6 版),法律出版社 2021 年版,第 1413 页。

② 本罪中的“淫乱活动”,仅限于身体淫乱活动。聚众观看淫秽物品、聚众讲述淫秽言论,数人在不同地点的网上裸聊,均不构成本罪。参见张明楷:《刑法学》(第 6 版),法律出版社 2021 年版,第 1413—1414 页。

徒刑、拘役或者管制。

第二款是关于**引诱未成年人参加聚众淫乱活动的犯罪**及其处罚的规定。构成本罪应当具备以下特征：

1. **行为人引诱的对象是未成年人**。这里所说的“**未成年人**”，是指不满十八周岁的未成年男女。

2. **行为人实施了引诱未成年人参加聚众淫乱活动的行为**。这里所说的“**引诱**”，是指通过语言、观看录像、表演及做示范等手段，诱惑未成年的男女参加淫乱活动的行为。实践中，往往是通过传播淫秽物品、宣讲性体验、性感受甚至直接进行性表演等方法进行拉拢、腐蚀，引诱未成年男女参与淫乱活动。根据《最高人民检察院、公安部关于公安机关管辖的刑事案件立案追诉标准的规定(一)》第四十二条的规定，引诱未成年人参加聚众淫乱活动的，应予立案追诉。即不需具备“多次”的条件即可构成本罪。

根据本款规定，对引诱未成年人参加聚众淫乱活动的犯罪，依照前款的规定从重处罚，即在五年以下有期徒刑、拘役或者管制的量刑幅度内，判处较重的刑种或刑期。

实践中需要注意以下两个方面的问题：

1. **聚众淫乱往往是多人在一起进行乱交、滥交的行为**，如果行为人只是单个地并非聚众地与多人发生性行为的，则不构成本罪。

2. **聚众淫乱的参与者都是出于自愿**，并不存在受害者，如果行为人以暴力、胁迫或者其他方法强迫他人参加聚众淫乱活动的，则不构成本罪，应当根据其行为性质认定为强奸罪、强制猥亵罪等，或者实行数罪并罚。

【司法解释性文件】

《最高人民检察院、公安部关于公安机关管辖的刑事案件立案追诉标准的规定(一)》(公通字〔2008〕36号，自2008年6月25日起施行)

△(**聚众淫乱罪；立案追诉标准**)组织、策划、指挥三人以上进行淫乱活动或者参加聚众淫乱活动三次以上的，应予立案追诉。(§ 41)

△(**引诱未成年人聚众淫乱罪；立案追诉标准**)引诱未成年人参加聚众淫乱活动的，应予立案追诉。(§ 42)

第三百零二条　【盗窃、侮辱、故意毁坏尸体、尸骨、骨灰罪】
盗窃、侮辱、故意毁坏尸体、尸骨、骨灰的，处三年以下有期徒刑、拘役或者管制。

【立法沿革】

《中华人民共和国刑法》(1997年修订，自1997年10月1日起施行)

第三百零二条

盗窃、侮辱尸体的，处三年以下有期徒刑、拘役或者管制。

《中华人民共和国刑法修正案(九)》(自2015年11月1日起施行)

三十四、将刑法第三百零二条修改为：

“盗窃、侮辱、故意毁坏尸体、尸骨、骨灰的，处三年以下有期徒刑、拘役或者管制。”

【立法理由】

(一)立法相关背景及修改情况

1. **1997年修订刑法的情况**。尸体是人死后留下的躯体。虽然死者已经逝去，但尸体也蕴含着人们的情感。保护尸体，不仅在于保护尸体的本身，也在于保护死者的尊严。对尸体的侵害，不仅是对死者的人格尊严的亵渎，也会给死者的亲属带来极大的痛苦和伤害，损害整个社会的公序良俗，影响生者的正常生活，破坏社会善良的民俗习惯和民族传统，扰乱社会的公共秩序，还可能引发人们的纷争，激化民族矛盾，诱发其他犯罪，严重破坏社会和谐，具有较大的社会危害性。为此，1997年修订刑法时，规定了盗窃、侮辱尸体的犯罪。

2. **2015年《刑法修正案(九)》对本条的修改情况**。崇宗敬祖的观念在人们心中占有很重要的地位，对死者尸体的尊重以及对其遗骨、骨灰等保护也是缅怀死者的一种重要形式。近年来，一些违法犯罪分子采取不法手段，盗取他人尸骨、骨灰，利用人们对已故亲人怀念、敬仰之情和崇宗敬祖的观念，或威胁利诱，敲诈钱财，牟取非法利益，或毁损侮辱，泄愤报复，在社会上造成了极坏的影响，诱发了新的不安定因素。对此，能否适用刑法规定的盗窃、侮辱尸体罪，存在较大的争议。尸骨、骨灰在人们心目中分量同尸体一样重要，是人们祭奠亡灵、寄托哀思的重要对象，理应受到法律的保护。如果处理不好，极易引发社会冲突和社会矛盾，导致社会的不稳定。同时，实践中还存在对故意毁坏尸体是否属于“侮辱”尸体的不同认识，针对上述问题，2015年8月29日第十二届全国人大常委会第十六次会议通过的《刑法修正案（九）》对本条作了两处修改：一是在犯罪对象中增加了尸骨、骨灰；二是增加了故意毁坏的行为。

（二）有关国家的规定

一些国家对盗窃、侮辱、毁坏尸体、尸骨、骨灰的犯罪也有规定，如《日本刑法典》第九十条规定，毁坏、遗弃或者取得尸体、遗骨、遗发或者藏置于棺内之物的，处三年以下惩役。《德国刑法典》第一百六十八条规定，非法夺走权利人保管的尸体、尸体的一部分或者骨灰，或侮辱尸体或坟地，或破坏、毁损坟地的，处三年以下自由刑或罚金刑。《意大利刑法典》第四百一十条规定，对尸体或骨灰实施侮辱行为的，处一年至三年有期徒刑；第四百一十一条规定，对尸体或其一部分实行毁灭、湮没或窃取的，或者窃取或损耗骨灰的，处二年至七年有期徒刑。《瑞士联邦刑法典》第二百六十二条规定，为下列行为之一的，处监禁刑或罚金刑：以粗野的方式侮辱死者坟墓的；违背权利人的意志，运走死者的尸体、尸体的一部分或骨灰的。

【条文说明】

本条是关于盗窃、侮辱、故意毁坏尸体、尸骨、骨灰罪及其处罚的规定。

根据本条规定，构成本罪应当具备以下特征：

1. 犯罪对象是尸体、尸骨、骨灰。“尸体”是指人死亡后遗留的躯体，尚未死亡的被害人的身体，不是尸体；**“尸骨”**是指人死后留下的遗骨；**“骨灰”**是指人的尸体焚烧后化成的灰。受传统观念的影响，各种传统的丧葬习俗依然延续至今，人们对死者的遗留物，特别是对人死后的尸体、尸骨、骨灰最大限度地予以保护。人死后的尸体、尸骨、骨灰虽然只是人们保存能够代表死者人体遗留物方式的不同选择，其中也蕴含着对死者的尊重，并且是死者的亲属寄托哀思和祭拜的对象，因此，无论是完整的尸身、还是尸骨或者尸身的局部，抑或骨灰，这三者在人们心中的地位是一样的，需要予以同等保护。

2. 行为人实施了盗窃、侮辱、故意毁坏尸体、尸骨、骨灰的行为。这里的**“盗窃”**，是指行为人秘密窃取尸体、尸骨、骨灰的行为，也就是采取他人所不知晓的方法将尸体、尸骨、骨灰置于行为人自己实际控制支配之下，如从墓地、停尸房或其他场所秘密窃取尸体、尸骨、骨灰等。**“侮辱”**主要是指直接对死者尸体、尸骨、骨灰进行奸淫、猥亵、鞭打、遗弃等凌辱行为。这里的侮辱行为应当是直接针对尸体、尸骨、骨灰实施的，如果只是以书面、文字或言词等侮辱贬损死者名誉的，不应适用本罪。**“故意毁坏”**主要是指对尸体、尸骨、骨灰予以物理上或者化学性的损伤或破坏，既包括对整个尸体、尸骨、骨灰的毁损或破坏，也包括对尸体、尸骨、骨灰一部分的损坏，如砸毁、肢解、割裂或非法解剖尸体，毁损死者的面容，抛撒骨灰等。

3. 行为人主观上应当是故意的，即行为人不仅认识到其行为侵害的对象是尸体、尸骨、骨灰，而且具有窃取、侮辱、毁坏之故意，如果行为人由于过失而损坏或玷污尸体、尸骨、骨灰则不构成本罪。盗窃、侮辱、故意毁坏尸体、尸骨、骨灰的行为，其社会危害性的实质在于**行为人的行为损害了社会风气和道德良俗，贬损了死者的形象，侵害了死者亲属的情感，扰乱了社会公共秩序**。实践中，行为人实施上述行为，动机可能是多种多样的，有的是出于泄愤报复，有的则是为盗窃财物或者出卖尸体，有的盗走尸骨制成标本，有的出于变态心理以泄淫欲等，但这只是量刑的酌定情节，不影响本罪的构成。判断是否侮辱、故意毁坏尸体的犯罪，主要是看行为人主观上是否有侮辱、故意毁坏尸体的故意，如医务人员、司法工作人员因履行职责依法对尸体进行解剖，殡仪馆工作人员按照规定火化尸体等，主观上没有侮辱、故意毁坏尸体的故意，不能认为是侮辱、故意毁坏尸体。

根据本条规定，犯本罪的，处三年以下有期徒刑、拘役或者管制。

实践中应当注意的是，本罪是**选择性罪名**，只要实施盗窃、侮辱、故意毁坏行为之一的，即构成本罪。同时实施盗窃、侮辱、故意毁坏两种或两种以上行为，比如行为人窃取尸体之后进行奸尸的，或者盗窃骨灰后抛撒的，也只能定一罪，不能实行数罪并罚。

第三百零三条　【赌博罪】【开设赌场罪】【组织参与国（境）外赌博罪】

以营利为目的，聚众赌博或者以赌博为业的，处三年以下有期徒刑、拘役或者管制，并处罚金。

开设赌场的，处五年以下有期徒刑、拘役或者管制，并处罚金；情节严重的，处五年以上十年以下有期徒刑，并处罚金。

组织中华人民共和国公民参与国（境）外赌博，数额巨大或者有其他严重情节的，依照前款的规定处罚。

【立法沿革】

《中华人民共和国刑法》(1997 年修订,自 1997 年 10 月 1 日起施行)

第三百零三条

以营利为目的,聚众赌博、开设赌场或者以赌博为业的,处三年以下有期徒刑、拘役或者管制,并处罚金。

《中华人民共和国刑法修正案(六)》(自 2006 年 6 月 29 日起施行)

十八、将刑法第三百零三条修改为:

"以营利为目的,聚众赌博或者以赌博为业的,处三年以下有期徒刑、拘役或者管制,并处罚金。

"开设赌场的,处三年以下有期徒刑、拘役或者管制,并处罚金;情节严重的,处三年以上十年以下有期徒刑,并处罚金。"

《中华人民共和国刑法修正案(十一)》(自 2021 年 3 月 1 日起施行)

三十六、将刑法第三百零三条修改为:

"以营利为目的,聚众赌博或者以赌博为业的,处三年以下有期徒刑、拘役或者管制,并处罚金。

"开设赌场的,处五年以下有期徒刑、拘役或者管制,并处罚金;情节严重的,处五年以上十年以下有期徒刑,并处罚金。

"组织中华人民共和国公民参与国(境)外赌博,数额巨大或者有其他严重情节的,依照前款的规定处罚。"

【立法理由】

1. 1979 年立法的情况。赌博是封建社会的毒瘤、顽疾。中华人民共和国成立后,党和国家宣布彻底消灭"黄赌毒"等旧社会恶习,严厉禁赌,明令取缔赌局、赌场,禁止一切赌博活动,惩办赌头、赌徒、赌棍,在短时期内基本肃清了赌博活动。20 世纪 80 年代,伴随着改革开放,一些社会陋习死灰复燃,赌博活动在我国又进入了反弹期,一些恶习较深的赌徒以及新生的赌头、赌棍以公开或秘密的方式设赌场开赌局,聚众赌博,一些人因此而影响工作、生活,甚至倾家荡产,造成家庭不和等社会问题,而且往往诱发其他犯罪,尤其一些公开或者秘密的赌场,其背后可能隐藏着黑社会性质的犯罪组织,对社会危害很大,应当依法予以惩处。为遏制赌博风气蔓延,惩治赌博犯罪,维护正常的社会秩序,1979 年《刑法》第一百六十八条规定:"以营利为目的,聚众赌博或者以赌博为业的,处三年以下有期徒刑、拘役或者管制,可以并处罚金。"

2. 1997 年修订刑法的情况。1979 年刑法颁布后,我国开展集中整治赌博活动,1985 年 8 月发布的《最高人民法院、最高人民检察院、公安部关于严格查禁赌博活动的通知》,强调"赌博活动发展蔓延,败坏社会风气,直接破坏社会主义精神文明建设","必须采取坚决措施查禁赌博活动"。1997 年修订刑法时,根据司法实践情况,对本条作了以下修改:一是在犯罪表现形式上明确了"开设赌场"的行为。1979 年《刑法》第一百六十八条规定的以赌博为业实际上包含了"开设赌场"之意,为便于司法实践的操作和执行,严厉惩治社会上越来越猖獗的赌博之风,以维护公民的安居乐业和保持良好的社会风气,保障社会的和谐稳定,将"开设赌场"明确规定在条文中是十分必要的。二是将"可以并处罚金"修改为"并处罚金",将罚金刑由选择性刑罚改为必须判处的刑罚,加大了赌博犯罪的处罚力度。

3. 2006 年《刑法修正案(六)》对本条的修改情况。1997 年《刑法》第三百零三条的规定对一般的赌博行为和开设赌场的行为的刑罚没有区别。开设赌场行为的社会危害程度明显要大于一般的赌博行为,有必要加重惩处。2006 年 6 月 29 日第十届全国人大常委会第二十二次会议通过的《刑法修正案(六)》对本条作了以下修改:一是将开设赌场的犯罪从赌博罪中分离出来,单独规定一款,增设了开设赌场罪;二是提高了开设赌场罪的刑罚,增加了一档刑罚,将法定最高刑由三年有期徒刑提高到十年有期徒刑,进一步加大了对开设赌场犯罪的惩处力度。

4. 2020年《刑法修正案（十一）》对本条的修改情况。2020年12月26日第十三届全国人大常委会第二十四次会议通过的《刑法修正案（十一）》对本条作了以下修改：

一是将开设赌场罪的刑罚的第一档的最高刑和第二档的最低刑“三年有期徒刑”修改为“五年有期徒刑”，这样修改主要是考虑到随着经济社会的快速发展和人民生活水平的不断提高，一些人为了追求物质和精神的刺激，不断参与赌博活动，有人为了获取更大利益大肆开设赌场，而且由于互联网和移动通讯的快速发展，在网上开设赌场也呈递增状态，开设赌场一般都是由犯罪团伙或者犯罪集团组织的，其组织结构严密，职责分工明确，资金规模大且流动性、隐蔽性强，其危害性更大，为严惩开设赌场行为，《刑法修正案（十一）》提高了开设赌场犯罪的刑罚。

二是增加了组织参与国（境）外巨额赌博的犯罪。我国一贯坚持禁赌政策，刑法、治安管理处罚法等对赌博违法犯罪作了规定，还通过多次修改刑法对与赌博有关的洗钱、非法经营中非法从事“地下钱庄”资金支付结算业务，以及与网络赌博有关的非法利用信息网络罪、帮助网络犯罪活动罪等作了修改补充。一直以来，在司法实践中，对组织跨境赌博行为均予以严厉惩治。2005年5月《最高人民法院、最高人民检察院关于办理赌博刑事案件具体应用法律若干问题的解释》第一条规定，组织中华人民共和国公民10人以上赴境外赌博，从中收取回扣、介绍费的，属于《刑法》第三百零三条规定的“聚众赌博”，以赌博罪处罚。这是考虑到，当时我国公民到境外旅游增多，一些人员或者组织通过在我国大、中城市设立办事机构，在公开发行的报刊上刊登广告，向我国境内邮寄邀请信或者广告单等各种方式，组织、招引我国公民赴境外赌博，造成巨额资金流失境外，危害严重。该解释第三条规定：“中华人民共和国公民在我国领域外周边地区聚众赌博、开设赌场，以吸引中华人民共和国公民为主要客源，构成赌博罪的，可以依照刑法规定追究刑事责任。”这是考虑到，当时我国公民在境外犯赌博罪的情况越来越严重，尤其是开设赌场，吸引我国公民赌博，危害极大。近年来，周边国家和地区赌场和赌博集团利用其实体赌场和网络赌博平台对我国公民进行招赌、吸赌情况严重，一些不法分子往往以商务考察为名，组织中国公民出境赌博。出境参加赌博的人员中有的投注数额巨大；有的利用境外赌博设置陷阱，以组织赴境外赌博为名实施敲诈勒索和绑架行为；有的互联网领域黑灰产业助推传统赌博和跨境赌博犯罪向互联网迁移，跨境网络赌博违法犯罪活动呈高发态势；与赌博伴生的放高利贷、诈骗、洗钱、抢劫、非法拘禁等违法犯罪时常发生，此类跨境赌博活动不仅严重威胁人民群众人身财产安全，带来恶劣的社会影响，而且造成我国大量的资金外流，危害国家金融安全，影响经济秩序，还会进一步引发各种违法犯罪现象，严重危害社会公共安全以及社会的和谐稳定。

为依法惩治跨境赌博等犯罪活动，2020年10月发布的《最高人民法院、最高人民检察院、公安部办理跨境赌博犯罪案件若干问题的意见》，明确了跨境赌博犯罪的认定、跨境赌博犯罪赌资数额的认定及处理、跨境赌博犯罪案件的管辖等，这些规定对于准确认定赌博犯罪行为，有效遏制跨境赌博犯罪活动具有积极意义。在《刑法修正案（十一）》起草过程中，有关方面提出，为有利于依法严惩出境豪赌的行为，从源头上遏制中国公民出境参赌问题，切实维护我国经济安全和稳定，有必要将组织、招揽中国公民出境参赌数额巨大情形规定为犯罪，《刑法修正案（十一）（草案二次审议稿）》根据司法实践的情况，增加规定：“境外开设赌场人员、赌场管理人员或者受其指派的人员，组织、招揽中华人民共和国公民出境参与赌博，数额巨大或者有其他严重情节的，依照前款的规定处罚。”在征求意见过程中，有的常委会委员、部门提出，建议慎重考虑草案规定对有关地区博彩业可能带来的冲击。根据常委会审议意见和有关方面的意见，对《刑法修正案（十一）（草案二次审议稿）》作了以下修改完善：一是删去“境外开设赌场人员、赌场管理人员或者受其指派的人员”的规定，对犯罪主体不作限制，包括境内外人员只要组织出境参与巨额赌博的行为就构成犯罪，从而减少针对性；二是将“境外”修改为“国（境）外”，进一步明确适用范围，包括有关国家和地区；三是将“组织、招揽”修改为“组织”，主要是考虑到招揽的范围不清楚，与正常出国（境）旅游的组团活动难以区分。

【条文说明】

本条是关于赌博罪、开设赌场罪、组织参与国（境）外赌博罪及其处罚的规定。

本条共分为三款。

第一款是关于赌博罪及其处罚的规定。本款规定的**赌博罪**是指以一定的赌资为本钱，意图通过赌博取得更多金钱或财物的行为。构成本罪应当符合以下条件：

1. **必须以营利为目的**。所谓“**以营利为目的**”是指参与赌博的人或者以赌博为业的人是以获取金钱、财物或者财产性利益为目的。[1] 这是构成本罪的主观要件，如果不以营利为目的，只是以娱乐消遣为目的，虽有赌博行为，但不能构成本罪。

2. **行为人实施了聚众赌博或者以赌博为业的行为**。本款规定的赌博犯罪共列举了两种行为。第一种是**"聚众赌博"的行为**。聚众赌博属于赌博中危害性严重的情形，所谓"聚众赌博"是指行为人组织、召集较多的人纠集在一起进行赌博的行为，而有的行为人通过聚众赌博，从中抽头渔利，俗称"赌头"。这里所说的"赌博"，是指用有价值的东西做注码争输赢的行为。2005 年《最高人民法院、最高人民检察院关于办理赌博刑事案件具体应用法律若干问题的解释》第一条规定："以营利为目的，有下列情形之一的，属于刑法第三百零三条规定的'**聚众赌博**'：（一）组织 3 人以上赌博，抽头渔利数额累计达到 5000 元以上的；（二）组织 3 人以上赌博，赌资数额累计达到 5 万元以上的；（三）组织 3 人以上赌博，参赌人数累计达到 20 人以上的；（四）组织中华人民共和国公民 10 人以上赴境外赌博，从中收取回扣、介绍费的。"本人是否参加赌博并不影响本罪的成立。第二种是**"以赌博为业"的行为**。所谓"以赌博为业"，是指以赌博为常业，即以赌博所得为其生活或者挥霍的主要来源的行为。[2] 1985 年《最高人民法院、最高人民检察院、公安部关于严格查禁赌博活动的通知》中规定："对以营利为目的，聚众赌博者，或者以赌博为生活或主要经济来源者，依照《刑法》第一百六十八条的规定处理。"同时，最高人民法院研究室对该通知的适用作了进一步答复，指出："《通知》中指出的'以赌博为生活或主要经济来源者'既包括没有正式职业和其他正当收入而以赌博为生的人，也包括那些虽然有职业或其他收入而其经济收入的主要部分来自于赌博活动的人。""对于以营利为目的聚众赌博或者以赌博为生活或主要经济来源的……不论其输赢，均应依法处理。"2005 年《最高人民法院、最高人民检察院、公安部关于开展集中打击赌博违法犯罪活动专项行动有关工作的通知》规定："对以营利为目的以赌博为业的，无论其是否实际营利，也应以赌博罪追究刑事责任。"

根据 2005 年《最高人民法院、最高人民检察院关于办理赌博刑事案件具体应用法律若干问题的解释》第四条的规定，明知他人实施赌博犯罪活动，而为其提供资金、计算机网络、通讯、费用结算等直接帮助的，以**赌博罪的共犯**论处。

根据本款规定，聚众赌博或者以赌博为业的，处三年以下有期徒刑、拘役或者管制，并处罚金。

第二款是关于开设赌场罪及其处罚的规定。所谓"**开设赌场**"，是指开设专门用于进行赌博的场所。这种场所既可以由本人直接支配，也可以委托他人间接支配；行为人提供场所既可以是自己的住宅或者他人的住宅，也可以是旅馆、宾馆等提供的房间。实践中，常见的多是不法分子利用一些偏僻的场院、宾馆或地下室等不易被发现的地方，雇用一些看家护院的打手，配有专门用于进行赌博的设备。开设赌场的人是否直接参与赌博，以及开设赌场是否以营利为目的都不影响本罪的成立。

随着科技的发展，赌博的形式在发生变化，在网上进行网络赌博的情况也不断增多。实践中，网络赌博的形式多种多样，有的是面向公众的公开性网络赌博，这类赌博通过国外开设的合法赌博网站公开进行赌博，任何人都可自由登录网站进行网上赌博活动，赌资在网上即可在线支付。有的是面向特定群体的隐蔽性网络赌博，这类赌博，有的网站具有固定网址，大都实行会员制，需要专用帐号和密码才能登录；有的采用动态网址，不断变换域名，参赌人员需要和各地赌博代理人联系才能获得网址，登录网站进行赌博。有的是在网络游戏中衍生出赌博活动，即变相的赌博类网络游戏，涉及网络游戏服务、虚拟货币、第三方交易平台等多个环节，赌资往往不直接与货币挂钩，隐蔽性极强。随着移动通讯的发展，不法分子利用移动通讯设计形式多样的赌博活动，吸引越来越多的人员参与。为依法惩治网络赌博犯罪活动，2005 年《最高人民法院、最高人民检察院关于办理赌博刑事案件具体应用法律若干问题的解释》第二条规定，**以营利为目的，在计算机网络上建立赌博网站，或者为赌博网站担任代理，接受投注的**，属于"开设赌场"。2010 年《最高人民法院、最高人民检察院、公安部关于办理网络赌博犯罪案件适用法律若干问题的意见》第一条第一款规定：**"利用互联网、移动通讯终端等传输赌博视频、数据，组织赌博活动**，具有下列情形之一的，属于刑法第三百零三条第二款规定的'开设赌场'行为：（一）建立赌博网站并接受投注的；（二）建立

① 此处的"营利目的"主要有两种情形：一是通过在赌博活动中取胜，进而获取财物的目的；二是通过抽头渔利或者收取各种名义的手续费、入场费等获取财物的目的。参见张明楷：《刑法学》（第 6 版），法律出版社 2021 年版，第 1415 页。

② 相同的学说见解，参见黎宏：《刑法学各论》（第 2 版），法律出版社 2016 年版，第 393 页。

赌博网站并提供给他人组织赌博的;(三)为赌博网站担任代理并接受投注的;(四)参与赌博网站利润分成的。”

近年来,利用游戏机赌博的也越来越多,实践中,有的是在合法的游戏机娱乐室内设置赌博机,有的对游戏机稍加改造就可进行类似“老虎机”式赌博。由于赌博游戏机在商铺、小卖部等地分散摆放,造成取证困难,赌徒无法一一找到,赌资也无法计算。为依法惩治利用具有赌博功能的电子游戏设施设备开设赌场的犯罪活动,2014年《最高人民法院、最高人民检察院、公安部关于办理利用赌博机开设赌场案件适用法律若干问题的意见》进一步明确了赌博机的认定、利用赌博机组织赌博的性质认定、利用赌博机开设赌场的定罪处罚标准以及赌资的认定标准。如该意见第二条第一款规定:“**设置赌博机组织赌博活动**,具有下列情形之一的,应当按照刑法第三百零三条第二款规定的开设赌场罪定罪处罚:(一)设置赌博机10台以上的;(二)设置赌博机2台以上,容留未成年人赌博的;(三)在中小学校附近设置赌博机2台以上的;(四)违法所得累计达到5000元以上的;(五)赌资数额累计达到5万元以上的;(六)参赌人数累计达到20人以上的……”

本款对开设赌场罪规定了两档刑罚,**第一档刑罚**,构成犯罪的,处五年以下有期徒刑、拘役或者管制,并处罚金。**第二档刑罚**,对情节严重的,处五年以上十年以下有期徒刑,并处罚金。所谓“情节严重”,一般是指曾多次开设赌场或者开设的赌场规模较大、影响恶劣的等情况。2010年《最高人民法院、最高人民检察院、公安部关于办理网络赌博犯罪案件适用法律若干问题的意见》第一条中规定,利用互联网、移动通讯终端等传输赌博视频、数据,组织赌博活动,构成开设赌场犯罪,具有下列情形之一的,应当认定为“**情节严重**”:(1)抽头渔利数额累计达到3万元以上的;(2)赌资数额累计达到30万元以上的;(3)参赌人数累计达到120人以上的;(4)建立赌博网站后通过提供给他人组织赌博,违法所得数额在3万元以上的;(5)参与赌博网站利润分成,违法所得数额在3万元以上的;(6)为赌博网站招募下级代理,由下级代理接受投注的;(7)招揽未成年人参与网络赌博;(8)其他情节严重的情形。

第三款是关于**组织参与国(境)外巨额赌博罪**及其处罚的规定。根据本款规定,构成本罪应当符合以下条件:

1. **本罪的犯罪主体是组织者**。这里所说的“组织”者,是指组织、召集中国公民参与国(境)外赌博的人员,既包括犯罪集团的情况,也包括比较松散的犯罪团伙,还可以是个人组织他人参与国(境)外赌博的情况;组织者可以是一个人,也可以是多人;可以有比较严密的组织结构,也可以是为了进行一次赌博行为临时纠集在一起。根据我国刑法总则关于管辖的规定,这里的组织行为可以是我国内地公民实施的组织行为,也可以是国(境)外人员在内地针对我国内地公民实施的组织行为。实践中,常见的组织者主要有国(境)外赌场经营人、实际控制人、投资人;国(境)外赌场管理人;受国(境)外赌场指派、雇佣的人;在国(境)外赌场包租赌厅、赌台的人等。

2. **组织的对象必须是中华人民共和国公民**。这里所说的“中华人民共和国公民”仅限于中国大陆具有中华人民共和国国籍的人。如果组织的是国(境)外人员参与赌博的,则不构成本罪,如果构成其他犯罪的,按照刑法有关规定予以处罚。

3. **行为人实施了组织中华人民共和国公民参与国(境)外赌博的行为**。这里所说的“**组织中华人民共和国公民参与国(境)外赌博**”,包括直接组织中国公民赴国(境)外赌博,或者以旅游、公务的名义组织中国公民赴国(境)外赌博,或者以提供赌博场所、提供赌资、设定赌博方式等组织中国公民赴国(境)外赌博,或者利用信息网络、通讯终端等传输赌博视频、数据,组织中国公民参与国(境)外赌博等。

4. **必须达到数额巨大或者有其他严重情节**,这是构成本罪的必要条件。所谓“**数额巨大**”,主要是指赌资数额巨大,可能造成大量外汇流失的情形,具体数额应当通过相关司法解释予以明确。所谓赌资,主要是指赌博犯罪中用作赌注的款物、换取筹码的款物和通过赌博赢取的款物。“**有其他严重情节**”是指赌资虽未达到数额巨大,但接近数额巨大的条件,有其他严重情节的情况,如抽头渔利的数额较多,参赌人数较多,组织、胁迫、引诱、教唆、容留未成年人参与赌博,强迫他人赌博或者结算赌资等情形。

根据本款规定,**构成犯罪的,依照前款的规定处罚**,也就是按照开设赌场罪规定的刑罚予以处罚,即处五年以下有期徒刑、拘役或者管制,并处罚金;情节严重的,处五年以上十年以下有期徒刑,并处罚金。这里所说的“情节严重的”,并不是一般意义上的情节严重,而是要根据本罪入罪的条件,要比入罪条件更为严重的情节,主要是指组织中国公民前往国(境)外参与赌博,数额特别巨大或者有其他特别严重情节的情况。

实际执行中应当注意以下三个方面的问题:

1. **聚众赌博和开设赌场的区别**。在实践中,对于聚众赌博行为与开设赌场行为往往难以区分,两者都有组织参赌人员,提供赌博场所等特点,容易混淆。两罪的主要区分:一是聚众赌博必须以营利为目的,也就是行为人一般都是要抽头渔利,这是构成赌博罪的必要条件;而开设赌场行为,一般也是以营利为目的,但以营利为目的不是开设赌场的必要条件,即使行为人不以营利为目的开设赌场也构成本罪。二是从犯罪场所的稳定和时间的长短来说,聚众赌博的场所随意性较大,一般时间也较短;而开设赌场是为了吸引更多的参赌人员,其场所也相对稳定,持续时间也较长。三是从赌博的规模和组织的严密性来说,聚众赌博一般规模较小,也没有很强的组织性;而开设赌场规模一般较大,其内部有严密的组织和明确的分工,有负责兑换筹码、记帐、收费、发牌和洗牌、安保等人员。

2. 要注意区分**聚众赌博、开设赌场与娱乐消遣性赌博的界限**。实践中,聚众赌博、开设赌场与一般的娱乐消遣性赌博有时很难区分,导致有的地方将群众娱乐消遣性赌博活动也作为聚众赌博或者开设赌场追究刑事责任。聚众赌博必须以营利为目的;开设赌场一般也是以营利为目的,虽然有的不是以营利为目的,但也具有一定的稳定性,且持续一定时间,参与赌博的人数较多且赌资数额也较大,有一定的组织性,内部成员有分工等特点;娱乐消遣性赌博的组织者则不是以营利为目的,只是为了组织大家在一起娱乐消遣而提供场所和服务,虽然有的规模较大、人数较多、赌资总额较高,但每个参与人员一般出资较小,每次赌博输赢的数额也较小,大家在一起只是为了娱乐消遣,对于这种情况,不应视为聚众赌博或者开设赌场。2005年《最高人民法院、最高人民检察院关于办理赌博刑事案件具体应用法律若干问题的解释》第九条规定,不以营利为目的,进行带有少量财物输赢的娱乐活动,以及提供棋牌室等娱乐场所只收取正常的场所和服务费用的经营行为等,不以赌博论处。

3. 本条第三款规定了组织参与国(境)外巨额赌博的犯罪,实践中对于**招揽中国公民参与国(境)外赌博**是否构成本罪,存在不同认识。有的认为,招揽与组织性质相同,招揽也属于组织,招揽也构成本罪。笔者认为,不能一概而论,要注意与正常出国(境)旅游的组团活动的区别,如旅行社或者个人组织人员赴境外旅游,如果只是作为旅游项目招揽人员去赌场进行**娱乐性赌博**,不能视为组织参与国(境)外巨额赌博的犯罪;如果招揽人员去赌场赌博的数额较大、时间较长,或者旅游的主要目的就是去赌场赌博的等,则应当视为组织参与国(境)外巨额赌博的犯罪。

【司法解释】

《最高人民法院、最高人民检察院关于办理赌博刑事案件具体应用法律若干问题的解释》(法释〔2005〕3号,自2005年5月13日起施行)

△(**聚众赌博**)以营利为目的,有下列情形之一的,属于刑法第三百零三条规定的"聚众赌博":

(一)组织3人以上赌博,抽头渔利数额累计达到5000元以上的;

(二)组织3人以上赌博,赌资数额累计达到5万元以上的;

(三)组织3人以上赌博,参赌人数累计达到20人以上的;

(四)组织中华人民共和国公民10人以上赴境外赌博,从中收取回扣、介绍费的。(§1)

△(**赌博网站;开设赌场**)以营利为目的,在计算机网络上建立赌博网站,或者为赌博网站担任代理,接受投注的,属于刑法第三百零三条规定的"开设赌场"。(§2)

△(**中国公民在境外周边地区聚众赌博、开设赌场**)中华人民共和国公民在我国领域外周边地区聚众赌博、开设赌场,以吸引中华人民共和国公民为主要客源,构成赌博罪的,可以依照刑法规定追究刑事责任。(§3)

△(**赌博罪的共犯**)明知他人实施赌博犯罪活动,而为其提供资金、计算机网络、通讯、费用结算等直接帮助的,以赌博罪的共犯论处。(§4)

△(**从重处罚事由**)实施赌博犯罪,有下列情形之一的,依照刑法第三百零三条的规定从重处罚:

(一)具有国家工作人员身份的;

(二)组织国家工作人员赴境外赌博的;

(三)组织未成年人参与赌博,或者开设赌场吸引未成年人参与赌博的。(§5)

△(**赌资;追缴;没收**)赌博犯罪中用作赌注的款物、换取筹码的款物和通过赌博赢取的款物属于赌资。通过计算机网络实施赌博犯罪的,赌资数额可以按照在计算机网络上投注或者赢取的点数乘以每一点实际代表的金额认定。

赌资应当依法予以追缴;赌博用具、赌博违法所得以及赌博犯罪分子所有的专门用于赌博的资金、交通工具、通讯工具等,应当依法予以没收。(§8)

△(**娱乐活动;娱乐场所**)不以营利为目的,进行带有少量财物输赢的娱乐活动,以及提供棋牌室等娱乐场所只收取正常的场所和服务费用的经营行为等,不以赌博论处。(§9)

【司法解释性文件】

《最高人民法院关于对设置圈套诱骗他人参赌又向索还钱财的受骗者施以暴力或暴力威胁的行为应如何定罪问题的批复》(法复〔1995〕8号，1995年11月6日公布)

△(**圈套型赌博**)行为人设置圈套诱骗他人参赌获取钱财，属赌博行为，构成犯罪的，应当以赌博罪定罪处罚。[1] 参赌者识破骗局要求退还所输钱财，设赌者又使用暴力或者以暴力相威胁，拒绝退还的，应以赌博罪从重处罚；致参赌者伤害或者死亡的，应以赌博罪和故意伤害罪或者故意杀人罪，依法实行数罪并罚。[2]

《最高人民法院、最高人民检察院、公安部关于开展集中打击赌博违法犯罪活动专项行动有关工作的通知》(公通字〔2005〕2号，2005年1月10日公布)

△(**赌博罪；从重处罚；数罪并罚；经济制裁；立功；群众正常文娱活动**)各级公安机关、人民检察院、人民法院要充分认识此类违法犯罪活动的特点，充分发挥职能作用，依法打击进行赌博违法犯罪活动的不法分子。要通过专项行动打掉一批赌博团伙、窝点，铲除封堵一批赌博网站，查破一批赌博大案要案，严惩一批赌博违法犯罪分子。其中，重点惩处赌博犯罪集团和网络赌博的组织者、六合彩和赌球赌马等赌博活动的组织者以及参与赌博犯罪活动的党政领导干部、国家公务员和企事业单位负责人。

在专项行动中，要按照刑法和有关司法解释的规定，严格依法办案，准确认定赌博犯罪行为，保证办案质量。对以营利为目的聚众赌博、开设赌场的，无论其是否参与赌博，均应以赌博罪追究刑事责任；对以营利为目的以赌博为业的，无论其是否实际营利，也应以赌博罪追究刑事责任。对通过在中国领域内设立办事处、代表处或者散发广告等形式，招揽、组织中国公民赴境外赌博，构成犯罪的，以赌博罪定罪处罚。对具有教唆他人赌博、组织未成年人聚众赌博或者开设赌场吸引未成年人参与赌博以及国家工作人员犯赌博罪等情形的，应当依法从严处理。对实施贪污、挪用公款、职务侵占、挪用单位资金、挪用特定款物、受贿等犯罪，并将犯罪所得的款物用于赌博的，分别依照刑法有关规定从重处罚；同时构成赌博罪的，应依照刑法规定实行数罪并罚。要充分运用没收财产、罚金等财产刑，以及追缴违法所得、没收用于赌博的本人财物和犯罪工具等措施，从经济上制裁犯罪分子，铲除赌博犯罪行为的经济基础。要坚持惩办与宽大相结合的刑事政策，区别对待，宽严相济，最大限度地分化瓦解犯罪分子。对主动投案自首或者有检举、揭发赌博违法犯罪活动等立功表现的，可依法从宽处罚。

要严格区分赌博违法犯罪活动与群众正常文娱活动的界限，对不以营利为目的，进行带有少量财物输赢的娱乐活动，以及提供棋牌室等娱乐场所并只收取固定的场所和服务费用的经营行为等，不得以赌博论处。对参赌且赌资较大的，可由公安机关依法给予治安处罚；符合劳动教养条件的，依法给予劳动教养；违反党纪政纪的，由主管机关予以纪律处分。要严格依法办案，对构成犯罪的，决不姑息手软，严禁以罚代刑，降格处理；对不构成犯罪或者不应当给予行政处理的，不得打击、处理，不得以禁赌为名干扰群众的正常文娱活动。(§2)

《最高人民检察院、公安部关于公安机关管辖的刑事案件立案追诉标准的规定(一)》(公通字〔2008〕36号，2008年6月25日公布)

△(**赌博罪；立案追诉标准；赌资**)以营利为目的，聚众赌博，涉嫌下列情形之一的，应予立案追诉：

(一)组织三人以上赌博，抽头渔利数额累计五千元以上的；

(二)组织三人以上赌博，赌资数额累计五万元以上；

(三)组织三人以上赌博，参赌人数累计二十人以上的；

(四)组织中华人民共和国公民十人以上赴境外赌博，从中收取回扣、介绍费的；

(五)其他聚众赌博应予追究刑事责任的情形。

以营利为目的，以赌博为业的，应予立案追诉。

赌博犯罪中用作赌注的款物、换取筹码的款物和通过赌博赢取的款物属于赌资。通过计算机网络实施赌博犯罪的，赌资数额可以按照在计算机网络上投注或者赢取的点数乘以每一点实际代

---

[1] 我国学者指出，系争批复似乎将赌博诈骗归入赌博罪，存在疑问。参见张明楷：《刑法学》(第6版)，法律出版社2021年版，第1317—1318页。

[2] 关于“圈套型赌博”与“赌博型诈骗”的区别，参见黎宏：《刑法学各论》(第2版)，法律出版社2016年版，第393—394页。

表的金额认定。(§ 43)

△(**开设赌场罪;立案追诉**)开设赌场的,应予立案追诉。

在计算机网络上建立赌博网站,或者为赌博网站担任代理,接受投注的,属于本条规定的"开设赌场"。(§ 44)

《最高人民法院、最高人民检察院、公安部关于办理网络赌博犯罪案件适用法律若干问题的意见》(公通字〔2010〕40号,2010年8月31日公布)

△(**网上开设赌场;"情节严重"**)利用互联网、移动通讯终端等传输赌博视频、数据,组织赌博活动,具有下列情形之一的,属于刑法第三百零三条第二款规定的"开设赌场"行为:

(一)建立赌博网站并接受投注的;

(二)建立赌博网站并提供给他人组织赌博的;

(三)为赌博网站担任代理并接受投注的;

(四)参与赌博网站利润分成的。

实施前款规定的行为,具有下列情形之一的,应当认定为刑法第三百零三条第二款规定的"情节严重":

(一)抽头渔利数额累计达到3万元以上的;

(二)赌资数额累计达到30万元以上的;

(三)参赌人数累计达到120人以上的;

(四)建立赌博网站后通过提供给他人组织赌博,违法所得数额在3万元以上的;

(五)参与赌博网站利润分成,违法所得数额在3万元以上的;

(六)为赌博网站招募下级代理,由下级代理接受投注的;

(七)招揽未成年人参与网络赌博的;

(八)其他情节严重的情形。(§ 1)

△(**网上开设赌场;共同犯罪;"情节严重";"明知";犯罪嫌疑人尚未到案**)明知是赌博网站,而为其提供下列服务或者帮助的,属于开设赌场罪的共同犯罪,依照刑法第三百零三条第二款的规定处罚:

(一)为赌博网站提供互联网接入、服务器托管、网络存储空间、通讯传输通道、投放广告、发展会员、软件开发、技术支持等服务,收取服务费数额在2万元以上的;

(二)为赌博网站提供资金支付结算服务,收取服务费数额在1万元以上或者帮助收取赌资20万元以上的;

(三)为10个以上赌博网站投放与网址、赔率等信息有关的广告或者为赌博网站投放广告累计100条以上的。

实施前款规定的行为,数量或者数额达到前款规定标准5倍以上的,应当认定为刑法第三百零三条第二款规定的"情节严重"。

实施本条第一款规定的行为,具有下列情形之一的,应当认定行为人"明知",但是有证据证明确实不知道的除外:

(一)收到行政主管机关书面等方式的告知后,仍然实施上述行为的;

(二)为赌博网站提供互联网接入、服务器托管、网络存储空间、通讯传输通道、投放广告、软件开发、技术支持、资金支付结算等服务,收取服务费明显异常的;

(三)在执法人员调查时,通过销毁、修改数据、账本等方式故意规避调查或者向犯罪嫌疑人通风报信的;

(四)其他有证据证明行为人明知的。

如果有开设赌场的犯罪嫌疑人尚未到案,但是不影响对已到案共同犯罪嫌疑人、被告人的犯罪事实认定的,可以依法对已到案者定罪处罚。(§ 2)

△(**网络赌博犯罪;参赌人数、赌资数额和网站代理之认定**)赌博网站的会员账号数可以认定为参赌人数,如果查实一个账号多人使用或者多个账号一人使用的,应当按照实际使用的人数计算参赌人数。

赌资数额可以按照在网络上投注或者赢取的点数乘以每一点实际代表的金额认定。

对于将资金直接或间接兑换为虚拟货币、游戏道具等虚拟物品,并用其作为筹码投注的,赌资数额按照购买该虚拟物品所需资金数额或者实际支付资金数额认定。

对于开设赌场犯罪中用于接收、流转赌资的银行账户内的资金,犯罪嫌疑人、被告人不能说明合法来源的,可以认定为赌资。向该银行账户转入、转出资金的银行账户数量可以认定为参赌人数。如果查实一个账户多人使用或多个账户一人使用的,应当按照实际使用的人数计算参赌人数。

有证据证明犯罪嫌疑人在赌博网站上的账号设置有下级账号的,应当认定其为赌博网站的代理。(§ 3)

△(**网络赌博犯罪;管辖;"犯罪地"管辖权争议;指定管辖**)网络赌博犯罪案件的地域管辖,应当坚持以犯罪地管辖为主、被告人居住地管辖为辅的原则。

"犯罪地"包括赌博网站服务器所在地、网络接入地,赌博网站建立者、管理者所在地,以及赌博网站代理人、参赌人实施网络赌博行为地等。

公安机关对侦办跨区域网络赌博犯罪案件的

管辖权有争议的，应本着有利于查清犯罪事实、有利于诉讼的原则，认真协商解决。经协商无法达成一致的，报共同的上级公安机关指定管辖。对即将侦查终结的跨省（自治区、直辖市）重大网络赌博案件，必要时可由公安部商最高人民法院和最高人民检察院指定管辖。

为保证及时结案，避免超期羁押，人民检察院对于公安机关提请审查逮捕、移送审查起诉的案件，人民法院对于已进入审判程序的案件，犯罪嫌疑人、被告人及其辩护人提出管辖异议或者办案单位发现没有管辖权的，受案人民检察院、人民法院经审查可以依法报请上级人民检察院、人民法院指定管辖，不再自行移送有管辖权的人民检察院、人民法院。（§ 4）

△（**电子证据之收集与保全**）侦查机关对于能够证明赌博犯罪案件真实情况的网站页面、上网记录、电子邮件、电子合同、电子交易记录、电子账册等电子数据，应当作为刑事证据予以提取、复制、固定。

侦查人员应当对提取、复制、固定电子数据的过程制作相关文字说明，记录案由、对象、内容以及提取、复制、固定的时间、地点、方法，电子数据的规格、类别、文件格式等，并由提取、复制、固定电子数据的制作人、电子数据的持有人签名或者盖章，附所提取、复制、固定的电子数据一并随案移送。

对于电子数据存储在境外的计算机上的，或者侦查机关从赌博网站提取电子数据时犯罪嫌疑人未到案的，或者电子数据的持有人无法签字或者拒绝签字的，应当由能够证明提取、复制、固定过程的见证人签名或者盖章，记明有关情况。必要时，可对提取、复制、固定有关电子数据的过程拍照或者录像。（§ 5）

《最高人民法院、最高人民检察院、公安部关于办理利用赌博机开设赌场案件适用法律若干问题的意见》（公通字〔2014〕17号，2014年3月26日公布）

△（**利用赌博机组织赌博；“开设赌场”**）设置具有退币、退分、退钢珠等赌博功能的电子游戏设施设备，并以现金、有价证券等贵重款物作为奖品，或者以回购奖品方式给予他人现金、有价证券等贵重款物（以下简称设置赌博机）组织赌博活动的，应当认定为刑法第三百零三条第二款规定的“开设赌场”行为。（§ 1）

△（**赌博机；开设赌场罪；定罪处罚标准；情节严重；数量认定及计算**）设置赌博机组织赌博活动，具有下列情形之一的，应当按照刑法第三百零三条第二款规定的开设赌场罪定罪处罚：

（一）设置赌博机10台以上的；

（二）设置赌博机2台以上，容留未成年人赌博的；

（三）在中小学校附近设置赌博机2台以上的；

（四）违法所得累计达到5000元以上的；

（五）赌资数额累计达到5万元以上的；

（六）参赌人数累计达到20人以上的；

（七）因设置赌博机被行政处罚后，两年内再设置赌博机5台以上的；

（八）因赌博、开设赌场犯罪被刑事处罚后，五年内再设置赌博机5台以上的；

（九）其他应当追究刑事责任的情形。

设置赌博机组织赌博活动，具有下列情形之一的，应当认定为刑法第三百零三条第二款规定的“情节严重”：

（一）数量或者数额达到第二条第一款第一项至第六项规定标准六倍以上的；

（二）因设置赌博机被行政处罚后，两年内再设置赌博机30台以上的；

（三）因赌博、开设赌场犯罪被刑事处罚后，五年内再设置赌博机30台以上的；

（四）其他情节严重的情形。

可同时供多人使用的赌博机，台数按照能够独立供一人进行赌博活动的操作基本单元的数量认定。

在两个以上地点设置赌博机，赌博机的数量、违法所得、赌资数额、参赌人数等均合并计算。（§ 2）

△（**赌博机；开设赌场罪；共犯**）明知他人利用赌博机开设赌场，具有下列情形之一的，以开设赌场罪的共犯论处：

（一）提供赌博机、资金、场地、技术支持、资金结算服务的；

（二）受雇参与赌场经营管理并分成的；

（三）为开设赌场者组织客源，收取回扣、手续费的；

（四）参与赌场管理并领取高额固定工资的；

（五）提供其他直接帮助的。（§ 3）

△（**赌资之认定**）本意见所称赌资包括：

（一）当场查获的用于赌博的款物；

（二）代币、有价证券、赌博积分等实际代表的金额；

（三）在赌博机上投注或赢取的点数实际代表的金额。（§ 5）

△（**赌博机之认定；证据固定**）对于涉案的赌博机，公安机关应当采取拍照、摄像等方式及时固定证据，并予以认定。对于是否属于赌博机难以确定的，司法机关可以委托地市级以上公安机关

出具检验报告。司法机关根据检验报告，并结合案件具体情况作出认定。必要时，人民法院可以依法通知检验人员出庭作出说明。（§ 6）

△（**宽严相济刑事政策**）办理利用赌博机开设赌场的案件，应当贯彻宽严相济刑事政策，重点打击赌场的出资者、经营者。对受雇佣为赌场从事接送参赌人员、望风看场、发牌坐庄、兑换筹码等活动的人员，除参与赌场利润分成或者领取高额固定工资的以外，一般不追究刑事责任，可由公安机关依法给予治安管理处罚。对设置游戏机，单次换取少量奖品的娱乐活动，不以违法犯罪论处。（§ 7）

△（**国家机关工作人员渎职犯罪**）负有查禁赌博活动职责的国家机关工作人员，徇私枉法，包庇、放纵开设赌场违法犯罪活动，或者为违法犯罪分子通风报信、提供便利、帮助犯罪分子逃避处罚，构成犯罪的，依法追究刑事责任。

国家机关工作人员参与利用赌博机开设赌场犯罪的，从重处罚。（§ 8）

《最高人民法院、最高人民检察院、公安部办理跨境赌博犯罪案件若干问题的意见》（公通字〔2020〕14 号，2020 年 10 月 16 日发布）

△（**跨境赌博犯罪；开设赌场**）以营利为目的，有下列情形之一的，属于刑法第三百零三条第二款规定的“开设赌场”：

1. 境外赌场经营人、实际控制人、投资人，组织、招揽中华人民共和国公民赴境外赌博的；

2. 境外赌场管理人员，组织、招揽中华人民共和国公民赴境外赌博的；

3. 受境外赌场指派、雇佣，组织、招揽中华人民共和国公民赴境外赌博，或者组织、招揽中华人民共和国公民赴境外赌博，从赌场获取费用、其他利益的；

4. 在境外赌场包租赌厅、赌台，组织、招揽中华人民共和国公民赴境外赌博的；

5. 其他在境外以提供赌博场所、提供赌资、设定赌博方式等，组织、招揽中华人民共和国公民赴境外赌博的。

在境外赌场通过开设账户、洗码等方式，为中华人民共和国公民赴境外赌博提供资金担保服务的，以“开设赌场”论处。（§ 2Ⅰ）

△（**利用信息网络、通讯终端等传输赌博视频、数据；开设赌场**）以营利为目的，利用信息网络、通讯终端等传输赌博视频、数据，组织中华人民共和国公民跨境赌博活动，有下列情形之一的，属于刑法第三百零三条第二款规定的“开设赌场”：

1. 建立赌博网站、应用程序并接受投注的；

2. 建立赌博网站、应用程序并提供给他人组织赌博的；

3. 购买或者租用赌博网站、应用程序，组织他人赌博的；

4. 参与赌博网站、应用程序利润分成的；

5. 担任赌博网站、应用程序代理并接受投注的；

6. 其他利用信息网络、通讯终端等传输赌博视频、数据，组织跨境赌博活动的。（§ 2Ⅱ）

△（**聚众赌博**）组织、招揽中华人民共和国公民赴境外赌博，从参赌人员中获取费用或者其他利益的，属于刑法第三百零三条第一款规定的“聚众赌博”。（§ 2Ⅲ）

△（**数量或者数额标准**）跨境开设赌场犯罪定罪处罚的数量或者数额标准，参照适用《关于办理赌博刑事案件具体应用法律若干问题的解释》《关于办理利用赌博机开设赌场案件适用法律若干问题的意见》和《关于办理网络赌博犯罪案件适用法律若干问题的意见》的有关规定。（§ 2Ⅳ）

△（**赌博犯罪集团**）三人以上为实施开设赌场犯罪而组成的较为固定的犯罪组织，应当依法认定为赌博犯罪集团。对组织、领导犯罪集团的首要分子，按照集团所犯的全部罪行处罚。对犯罪集团中组织、指挥、策划者和骨干分子，应当依法从严惩处。（§ 3Ⅰ）

△（**开设赌场罪的共犯**）明知他人实施开设赌场犯罪，为其提供场地、技术支持、资金、资金结算等服务的，以开设赌场罪的共犯论处。（§ 3Ⅱ）

△（**开设赌场罪的共犯**）明知是赌博网站、应用程序，有下列情形之一的，以开设赌场罪的共犯论处：

1. 为赌博网站、应用程序提供软件开发、技术支持、互联网接入、服务器托管、网络存储空间、通讯传输通道、广告投放、会员发展、资金支付结算等服务的；

2. 为赌博网站、应用程序担任代理并发展玩家、会员、下线的。

为同一赌博网站、应用程序担任代理，既无上下级关系，又无犯意联络的，不构成共同犯罪。（§ 3Ⅲ）

△（**一般工作人员；治安管理处罚**）对受雇佣为赌场从事接送参赌人员、望风看场、发牌坐庄、兑换筹码、发送宣传广告等活动的人员及赌博网站、应用程序中与组织赌博活动无直接关联的一般工作人员，除参与赌场、赌博网站、应用程序利润分成或者领取高额固定工资的外，可以不追究刑事责任，由公安机关依法给予治安管理处罚。（§ 3Ⅳ）

△(**赌博;诈骗罪**)使用专门工具、设备或者其他手段诱使他人参赌,人为控制赌局输赢,构成犯罪的,依照刑法关于诈骗犯罪的规定定罪处罚。

网上开设赌场,人为控制赌局输赢,或者无法实现提现,构成犯罪的,依照刑法关于诈骗犯罪的规定定罪处罚。部分参赌者赢利、提现不影响诈骗犯罪的认定。(§ 4Ⅰ)

△(**开设赌场罪;受贿罪;数罪并罚**)通过开设赌场或者为国家工作人员参与赌博提供资金的形式实施行贿、受贿行为,构成犯罪的,依照刑法关于贿赂犯罪的规定定罪处罚。同时构成赌博犯罪的,应当依法与贿赂犯罪数罪并罚。(§ 4Ⅱ)

△[**跨境赌博犯罪;组织他人偷越国(边)境;运送他人偷越国(边)境、偷越国(边)境罪;数罪并罚**]实施跨境赌博犯罪,同时构成组织他人偷越国(边)境、运送他人偷越国(边)境、偷越国(边)境罪等罪的,应当依法数罪并罚。(§ 4Ⅲ)

△(**赌博犯罪;故意杀人罪;故意伤害罪;非法拘禁罪;故意毁坏财物罪;寻衅滋事罪**)实施赌博犯罪,为强行索要赌债,实施故意杀人、故意伤害、非法拘禁、故意毁坏财物、寻衅滋事等行为,构成犯罪的,应当依法数罪并罚。(§ 4Ⅳ)

△(**赌博犯罪共犯;非法经营罪、妨害信用卡管理罪;窃取、收买、非法提供信用卡信息罪;掩饰、隐瞒犯罪所得、犯罪收益罪;非法利用信息网络罪;帮助信息网络犯罪活动罪;侵犯公民个人信息罪**)为赌博犯罪提供资金、信用卡、资金结算等服务,构成赌博犯罪共犯,同时构成非法经营罪、妨害信用卡管理罪、窃取、收买、非法提供信用卡信息罪、掩饰、隐瞒犯罪所得、犯罪收益罪等罪的,依照处罚较重的规定定罪处罚。

为网络赌博犯罪提供互联网接入、服务器托管、网络存储、通讯传输等技术支持,或者提供广告推广、支付结算等帮助,构成赌博犯罪共犯,同时构成非法利用信息网络罪、帮助信息网络犯罪活动罪等罪的,依照处罚较重的规定定罪处罚。

为实施赌博犯罪,非法获取公民个人信息,或者向实施赌博犯罪者出售、提供公民个人信息,构成赌博犯罪共犯,同时构成侵犯公民个人信息罪的,依照处罚较重的规定定罪处罚。(§ 4Ⅴ)

△(**跨境赌博犯罪赌资数额的认定及处理**)赌博犯罪中用作赌注的款物、换取筹码的款物和通过赌博赢取的款物属于赌资。

通过网络实施开设赌场犯罪的,赌资数额可以依照开设赌场行为人在其实际控制账户内的投注金额,结合其他证据认定;如无法统计,可以按照查证属实的参赌人员实际参赌的资金额认定。

对于将资金直接或者间接兑换为虚拟货币、游戏道具等虚拟物品,并用其作为筹码投注的,赌资数额按照购买该虚拟物品所需资金数额或者实际支付资金数额认定。

对于开设赌场犯罪中主要用于接收、流转赌资的银行账户内的资金,犯罪嫌疑人、被告人不能说明合法来源的,可以认定为赌资。

公安机关、人民检察院已查封、扣押、冻结的赌资、赌博用具等涉案财物及孳息,应当制作清单。人民法院对随案移送的涉案财物,依法予以处理。赌资应当依法予以追缴。赌博违法所得、赌博用具以及赌博犯罪分子所有的专门用于赌博的财物等,应当依法予以追缴、没收。(§ 5)

△(**跨境赌博犯罪案件;宽严相济刑事政策**)人民法院、人民检察院、公安机关要深刻认识跨境赌博犯罪的严重社会危害性,正确贯彻宽严相济刑事政策,运用认罪认罚从宽制度,充分发挥刑罚的惩治和预防功能。对实施跨境赌博犯罪活动的被告人,应当在全面把握犯罪事实和量刑情节的基础上,依法从严惩处,并注重适用财产刑和追缴、没收等财产处置手段,最大限度剥夺被告人再犯的能力。

(一)实施跨境赌博犯罪,有下列情形之一的,酌情从重处罚:

1. 具有国家工作人员身份的;

2. 组织国家工作人员赴境外赌博的;

3. 组织、胁迫、引诱、教唆、容留未成年人参与赌博的;

4. 组织、招揽、雇佣未成年人参与实施跨境赌博犯罪的;

5. 采用限制人身自由等手段强迫他人赌博或者结算赌资,尚不构成其他犯罪的;

6. 因赌博活动致 1 人以上死亡、重伤或者 3 人以上轻伤,或者引发其他严重后果,尚不构成其他犯罪的;

7. 组织、招揽中华人民共和国公民赴境外多个国家、地区赌博的;

8. 因赌博、开设赌场曾被追究刑事责任或者二年内曾被行政处罚的。

(二)对于具有赌资数额大、共同犯罪的主犯、曾因赌博犯罪行为被追究刑事责任、悔罪表现不好等情形的犯罪嫌疑人、被告人,一般不适用不起诉、免予刑事处罚、缓刑。

(三)对实施赌博犯罪的被告人,应当加大财产刑的适用。对被告人并处罚金时,应当根据其在赌博犯罪中的地位作用、赌资、违法所得数额等情节决定罚金数额。

(四)犯罪嫌疑人、被告人提供重要证据,对侦破、查明重大跨境赌博犯罪案件起关键作用,经

分则　第六章

查证属实的,可以根据案件具体情况,依法从宽处理。(§ 8)

【附属刑法】

《中华人民共和国体育法》(1995年8月29日通过,2016年11月7日第二次修正)

第四十九条

利用竞技体育从事赌博活动的,由体育行政部门协助公安机关责令停止违法活动,并由公安机关依照治安管理处罚法的有关规定给予处罚。

在竞技体育活动中,有贿赂、诈骗、组织赌博行为,构成犯罪的,依法追究刑事责任。

【指导性案例】

最高人民法院指导案例第105号:洪小强、洪礼沃、洪清泉、李志荣开设赌场案(2018年12月25日发布)

△(**开设赌场罪;网络赌博;微信群**)以营利为目的,通过邀请人员加入微信群的方式招揽赌客,根据竞猜游戏网站的开奖结果等方式进行赌博,设定赌博规则,利用微信群进行控制管理,在一段时间内持续组织网络赌博活动的,属于刑法第三百零三条第二款规定的"开设赌场"。

最高人民法院指导案例第106号:谢检军、高垒、高尔樵、杨泽彬开设赌场案(2018年12月25日发布)

△(开设赌场罪;网络赌博;微信群;微信群抢红包)以营利为目的,通过邀请人员加入微信群,利用微信群进行控制管理,以抢红包方式进行赌博,在一段时间内持续组织赌博活动的行为,属于刑法第三百零三条第二款规定的"开设赌场"。

最高人民法院指导案例第146号:陈庆豪、陈淑娟、赵延海开设赌场案(2020年12月29日发布)

△(**开设赌场罪;"二元期权";赌博网站**)以"二元期权"交易的名义,在法定期货交易场所之外利用互联网招揽"投资者",以未来某段时间外汇品种的价格走势为交易对象,按照"买涨""买跌"确定盈亏,买对涨跌方向的"投资者"得利,买错的本金归网站(庄家)所有,盈亏结果不与价格实际涨跌幅度挂钩的,本质是"押大小、赌输赢",是披着期权交易外衣的赌博行为。对相关网站应当认定为赌博网站。

【参考案例】

△为维护赌场利益而实施寻衅滋事行为的,开设赌场行为与寻衅滋事行为不存在吸收关系,构成犯罪的,应当实行并罚。

陈亮等开设赌场、寻衅滋事案可能会存在四名被告人开设赌场的行为和寻衅滋事的行为是否构成吸收犯的疑问,因为四名被告人合伙开设赌场的行为是一种以提供暴力威胁的方式,维护赌场内部的"潜规则",保护赌场非法利益的行为。当有人侵犯到他们所开设的赌场利益的时候,他们必然会采取暴力的手段来与之相抗。因而本案中发生的寻衅滋事行为也是他们开设赌场行为的一个结果行为,二者之间存在一定的联系。从表面上看,一定程度上符合吸收犯的定义。吸收犯,是指事实上存在数个不同行为,由于法律规范上数个行为之间存在着紧密的联系,一行为吸收其他行为,仅成立吸收行为一个罪名的犯罪形态,是刑法上处断的一罪。然而,成立吸收犯的前提是犯罪构成预设的两个犯罪构成要件之间的规范领域存在自然的发展关系。前行为是后行为发展的必经阶段,后行为是前行为发展的当然结果。在本案中,开设赌场行为和寻衅滋事行为不是一个必经阶段和当然结果的关系,即开设赌场的行为并不必然导致寻衅滋事行为的发生,因此二者并不具备规范上的必然联系,不满足吸收犯的成立条件。因此,应当依照数罪并罚的原则来定罪量刑。与此同理,在其他案件中,如果行为人既有开设赌场的行为,又有聚众斗殴、故意伤害、故意杀人等行为,分别触犯《刑法》分则各相关条文所规定的罪名而构成了不同犯罪的,应当认定为开设赌场罪以及相关犯罪的数罪,在判处刑罚时予以数罪并罚。[No. 6-1-303(2)-2　陈亮等开设赌场、寻衅滋事案]

△1995年《最高人民法院关于对设置圈套诱骗他人参赌又向索还钱财的受骗者施以暴力或暴力威胁的行为应如何定罪问题的批复》中的"诱骗"是诱惑、欺骗他人产生赌博意愿的手段行为,而不是赌博过程中的欺骗行为。

《最高人民法院关于对设置圈套诱骗他人参赌又向索还钱财的受骗者施以暴力或暴力威胁的行为应如何定罪问题的批复》规定:"行为人设置圈套诱骗他人参赌获取钱财,属于赌博行为,构成犯罪的,应当以赌博罪定罪处罚。"这里的诱骗是指以诱惑、欺骗等手段使他人愿意参与赌博,其实质是一种手段行为,确切而言是促使他人参与赌博的手段行为,而非参与赌博过程中的行为。因此应将诱骗参与赌博行为与赌博过程中的诱骗行为截然分开。[No. 6-1-303(1)-1　陈建新等赌博案]

△参赌人识破骗局,索要所输财物,而诈骗人以暴力或暴力相威胁的,应以转化型抢劫罪论处。

对于基于射幸规则而输掉赌资的人,如果其

分则　第六章

要求退还所输的赌资，而赢取赌资的人实施暴力或者以暴力相威胁的，应认定为赌博罪，从重处罚。如果致参赌者伤害或死亡的，则对以暴力或者暴力相威胁行为单独定故意伤害罪或者故意杀人罪。然而必须注意的是，如果“设置圈套”发生在参赌行为过程中，行为人完全没有遵守射幸规则，则不应认定为赌博罪，而应认定为诈骗罪，即以赌博之名行诈骗之实。如果输掉赌资的参赌人及时识破骗局，要求索还所输财物，而设置圈套人以暴力或暴力相威胁，那么便发生诈骗罪的转化，可以《刑法》第二百六十九条转化型抢劫罪定罪处罚。［No. 6-1-303(1)-2　陈建新等赌博案］

△未经国家批准擅自发行、销售有固定格式的书面凭证形式的彩票，应以非法经营罪论处；没有采取书面凭证形式，虽与彩票相关、符合聚众赌博行为特征的，应以赌博罪论处。

2005年5月11日公布的《最高人民法院、最高人民检察院关于办理赌博刑事案件具体应用法律的若干问题的解释》第六条规定：“未经国家批准擅自发行、销售彩票，构成犯罪的，依照刑法第二百二十五条第（四）项的规定，以非法经营罪定罪处罚”。据此，有的法院便对六合彩案件一律以非法经营罪定罪处罚，而有的法院则分别以赌博罪或非法经营罪定罪处罚，这导致在六合彩案件的法律适用上出现不统一，影响了法治的严肃性。

彩票，是指事先记入了号码的一种票证，这种票证发行后，采取抽签、摇奖等方法，在购买者之间进行不平等的分配；持有中奖彩票证的人，将获得一定利益。在当今世界上，大多数国家或地区出于彩票行为可能在经济生活和社会生活中造成不良损害或影响的宏观考虑，均将彩票行为纳入刑法规范的视野，将全部或部分彩票行为规定为犯罪而明令禁止。我国也不例外，严格禁止非法发行彩票。因此，前述解释将未经国家批准擅自发行、销售彩票的犯罪行为规定以非法经营罪定罪处罚是正确的。

在六合彩犯罪案件中，涉及非法经营罪的应仅限于在国内非法销售香港特区六合彩或私自以六合彩彩票形式发行、销售的情形。如民间私自发行、非法销售境外六合彩；再如，香港赛马会的代理机构或者其他相关机构、个人，在内地非法销售香港赛马会的六合彩彩票，接受内地人员的投注，投注的资金流入香港特区六合彩机构，最后由香港赛马会进行开奖；或以谋取非法利益为目的，擅自以六合彩彩票形式发行、销售牟利的行为。因此，六合彩案件构成非法经营罪必须具备这一要件，即具有未经国家批准，擅自发行、销售彩票的行为。但是，在周帮权等赌博案中，被告人只是单纯利用境外六合彩的名义进行赌博，并不涉及彩票的发行、销售。因此，本案不符合非法经营罪的构成要件。

在本案中，三被告人以营利为目的，利用的是人们博彩暴富的赌博心理，组织多人通过电话、手机短信接单等形式，没有采用香港特区六合彩彩票那种有固定格式的书面凭证形式，而是利用六合彩有关号码私自设定赔率，坐庄接受投注，以庄家身份与他人进行对赌，聚集多人赌博。可见，其行为侵犯的客体是社会治安管理秩序，具备赌博罪的四个犯罪构成要件，故对本案被告人的行为应以赌博罪定罪处罚。［No. 6-1-303(1)-3　周帮权等赌博案］

△利用六合彩信息以财物下注赌输赢的，不属于非法发售彩票，应以赌博罪论处。

发行、销售彩票与传统的赌博行为有一定的区别，最本质的一个区别在于资金所有权转换的方向不同。正规渠道发行彩票筹集的资金使用是一次有利于社会的再分配；而赌博的赌资则全部为庄家或其他参赌人员所瓜分。非法发行、销售彩票的行为人与赌博行为人所获取的利益来源不同：前者是通过发行、销售彩票，取得除返奖、发行费用后的余额；赌博者的非法获利则是其借助运气、技巧等因素获取对方的钱财，不存在返奖、发行销售费用等开支，这是赌博者非法营利的来源。

因彩票的发行涉及面广，数额巨大，且与赌博有相当的类似之处，但适度规范的彩票市场又是一种有利于社会的再分配。因此，在我国内地，国家将发行、销售彩票纳入专营范围，进行规范管理，未经审批擅自发行、销售彩票的行为，必然扰乱国家对彩票发行、销售的正常管理秩序。因此，《最高人民法院、最高人民检察院关于办理赌博刑事案件具体应用法律若干问题的解释》将这种行为，包括擅自发行、销售香港特区六合彩，构成犯罪的，以非法经营罪定罪处罚。但并非所有利用六合彩信息敛财的行为构成犯罪的，都以非法经营罪处理。利用六合彩的中奖号码进行竞猜，并不与六合彩经营机构之间存在关联的行为，就不是一种非法发售彩票的非法经营行为。因为行为人没有利用彩票这一物质载体，不具备利用国家有关彩票规定的特定方式去干扰正常的彩票市场的特征；行为人是利用他人发行的六合彩，自己以另一种方式非法牟利，实际上与香港特区六合彩经营机构之间并不存在任何关联，其非法所得也不上缴香港赛马会。因而，其本质上只是利用了六合彩信息的这一形式，为庄家与参赌者之间的赌博提供一个判断输赢的衡量标准，与通过竞猜某场球赛最终的比分确定输赢的赌球行为，在本质上没有什么差别。因此，该行为不属于在内地兜售六合彩的经营行为。

就周帮权等赌博案来说，周帮权、吴学富、朱绍菊就是在每期六合彩开奖前，诱骗他人下注竞猜，根据竞猜结果，在周帮权等庄家与参赌者之间进行非法结算，非法所得也归赢家所有。因此，周帮权等人的行为是借助六合彩的中奖信息，为个人赌博提供一个稳获非法所得的平台，并不是发行、销售六合彩的行为。

赌博罪，是指以营利为目的，聚众赌博或者以赌博为业的行为。非法经营罪，是指违反国家规定从事经营活动，扰乱市场秩序，情节严重的行为。就犯罪构成上的区分来说，首先，二者侵犯的客体不同。赌博罪侵犯的是社会管理秩序，而非法经营罪侵犯的客体是国家的市场交易管理秩序。其次，二者在客观方面的表现不同。赌博罪表现为行为人以营利为目的，聚众赌博或以赌博为业的行为。所谓以赌博为业，是指以赌博为常业，即嗜赌成性，以赌博所得为主要生活来源或挥霍来源。对于那些虽有正当职业，却不务正业，把主要精力放在赌博上，长期在工作之余从事赌博活动，输赢数额巨大的，也视为以赌博为业。非法经营罪则表现为行为人违反国家规定，非法从事经营活动，扰乱市场交易管理秩序的行为。

在周帮权等赌博案中，周帮权等人聚集多人竞赌，不是扰乱市场秩序的非法经营活动，而是聚众赌博行为，它侵害了正常的社会管理秩序。从客观方面的行为来看，周帮权等人是借用“六合彩”的开奖信息作为评判输赢的标准，以庄家和参赌者结算的方式获取非法利益，其行为不具有非法发行、销售等经营行为的特点，也不是通过非法经营行为获利，不符合非法经营罪客观方面的要件。因此，对其以赌博罪定罪处罚符合《刑法》相关规定。［No. 6-1-303(1)-4　周帮权等赌博案］

△设立、承包、租赁赌场，建立赌博网站为赌博网站担任代理的，应当认定为开设赌场罪。

开设赌场的行为方式主要有：(1)行为人以营利为目的，设立、承包、租赁专门用于赌博的场所、用具提供赌博，让他人赌博，场所的公开与否不影响犯罪的成立。(2)以营利为目的，在计算机网络上建立赌博网站，或者为赌博网站担任代理，接受投注的，也属于《刑法》第三百零三条规定的开设赌场。［No. 6-1-303(2)-1　陈亮等开设赌场、寻衅滋事案］

△在开设赌场的犯罪活动中，不参与分红，仅领取报酬而实施帮助行为的人，应以开设赌场罪的共犯论处。①

陈宝林等赌博案被告人彭世美、陈中勋、王胜利、陈东生、简翠霞在开设赌场的赌博犯罪中不参与分红，即不参与陈宝林开设赌场盈利的分成，仅领取报酬而实施帮助行为，这些人是否构成开设赌场罪的共犯呢？共同犯罪是一个整体，在多数情况下各犯罪参与人的犯罪主观方面的内容是一致的，其犯罪目的是相同的；但是，也存在共同犯罪人的犯罪主观方面不一致的情况，特别是犯罪目的不相同的情况更为常见。对于一般的故意犯罪来说，共同犯罪人的犯罪目的不同并不影响犯罪行为性质的认定；但是，就目的犯罪而言，共同犯罪人在犯罪目的不同的情况下是否就影响对行为性质的认定呢？只要正犯的犯罪目的明确，即使其他共犯的犯罪目的不同也不影响犯罪行为性质的认定。因为，共同犯罪作为一个犯罪整体，正犯的行为及主观方面决定了犯罪行为的类型，共犯只要明知正犯的行为性质及主观意图并实施了帮助行为，就可以构成正犯所犯之罪。申言之，在目的犯之共同犯罪中，共犯的犯罪目的不影响共同犯罪的行为性质。例如，在共同盗窃犯罪中，正犯的犯罪目的是“非法占有他人的财物”，共犯本人的犯罪目的可能是非法占有他人财物的犯罪目的之外的其他目的，如有的为了替朋友（即正犯）帮忙、有的为了从正犯处获取报酬、有的为了报复被害人等，但是，共犯在不具有非法占有他人财物之犯罪目的时，明知正犯实施盗窃行为而为其提供帮助或者教唆的行为同样构成盗窃犯罪。这是共同犯罪理论中，共犯从属说理论的必然结论。所以，在本案中南京市白下区人民法院认定被告人彭世美、陈中勋、王胜利、陈东生、简翠霞所实施的帮助陈宝林开设赌场的行为构成赌博罪是正确的。［No. 6-1-303(2)-4　陈宝林等赌博案］

① 我国学者指出，赌场受雇服务人员都不是赌头、赌棍，虽然他们的行为对赌场的运转起了不可缺少的作用，且他们对所从事的服务工作之违法性、社会危害性有明确的认识，但没有证据证明他们参与了开办、设立赌场，或为赌博提供赌具，也没有证据证明他们有组织他人参加赌博的行为，更不能证明他们在赌场营利或抽头渔利。根据罪刑法定原则，在没有任何对赌博罪的客观行为作扩大化的立法或者司法解释的明确规定下，对此类人员不应适用赌博罪定罪处罚。参见黎宏：《刑法学各论》(第2版)，法律出版社2016年版，第396页。

△在赌博网站充当地区代理人招引赌博客户或通过发展下级代理人招引赌博客户，接受投注的，或者充当赌博网站地区代理人的下级代理人，通过发展下级代理人招引赌博客户或同时招引赌博客户，接受投注的，应以开设赌场罪论处。

一般认为，开设赌场是指为了营利而开设赌场，即行为人为赌徒提供场所、赌具、筹码等多种有偿服务，营运商业性赌场。但是，在网络赌博犯罪中开设赌场的行为与传统赌博犯罪中开设赌场的行为相差十分显著，在网络赌博中如何界定开设赌场的行为十分必要。在司法实践中，笔者发现开设网络赌博场所的行为有三种形式：一是以营利为目的，在计算机网络上建立赌博网站，招引赌博客户或通过发展赌博代理人招引赌博客户，接受投注的行为，这种行为人一般是赌博网站的股东及其经营者，如在陈宝林等赌博案中，陈宝林的“后庄”。二是以营利为目的，为赌博网站充当地区代理人招引赌博客户或通过发展下级代理人招引赌博客户，接受投注的行为，这种行为人一般是赌博网站的地区代理人，如本案被告人陈宝林。三是以营利为目的，充当赌博网站地区代理人的下级代理人，通过发展下级代理人招引赌博客户或同时自己招引赌博客户，接受投注的行为，这种行为人往往是地区代理人的下级代理人，如本案被告人陈宝林发展的下一级代理人吴彦军（另案处理，以吴彦军犯赌博罪判处有期徒刑二年，罚金人民币50万元）。根据刑法的规定，结合网络赌博犯罪的实际情况，将上述第三种行为认定为“开设赌场”的行为与《最高人民法院、最高人民检察院关于办理赌博刑事案件具体应用法律若干问题的解释》第二条规定的精神也是相符的。因为第三种开设赌场的行为人，表面上看是为赌博网站的地区代理人充当下级代理人，但是实质上该行为人本质上还是为赌博网站充当代理人，只不过中间介入了地区代理人一定程度的管理行为。在网络赌博犯罪中开设赌场的前两种行为与“聚众赌博”行为的区分是明显的，第三种开设赌场的行为与聚众赌博行为的区分不是十分明显，值得我们注意。聚众赌博行为与开设赌场行为的区别在于行为人是否发展了下级代理人，如果行为人只是充当赌博网站地区代理人的下级代理人，通过提供赌博网站的账户和密码招引赌博客户，没有再发展下级代理人的，其行为就应当认定为聚众赌博行为。如果不作此区分，那么在网络赌博中就没有聚众赌博行为存在的余地。① ［No. 6-1-303(2)-5　陈宝林等赌博案］

△明知是赌博网站而提供资金结算便利，成立开设赌场罪的共犯，且应认定为从犯。

2006年6月29日公布施行的《刑法修正案（六）》将开设赌场犯罪行为从赌博罪中分离出来，单独规定了开设赌场罪。因此，2006年6月29日以后，利用计算机网络技术建立赌博网站并接受投注的行为，不能再依照2005年出台的《最高人民法院、最高人民检察院关于办理赌博刑事案件具体应用法律若干问题的解释》的规定认定为赌博罪，而应当依照修订后的刑法规定认定为开设赌场罪。与传统的实体赌场不同，网上开设赌场是利用互联网、移动通讯终端等传输赌博视频、数据，以现代科技为依托建立虚拟场所，通过数字信息交流，组织赌博活动。在网络上开设赌场的整个流程分为两个环节：一是信息流环节，即赌博网站网址、赔率等招赌信息的发布、参赌人员的身份信息注册、银行账户等支付手段信息的确认、投注信息的上传与接收、赌博输赢结果的公布等；二是资金流环节，即利用银行、第三方支付平台等金融机构或者准金融机构，进行赌资的收支结算活动。萧俊伟开设赌场案中，萧俊伟明知“乐天堂”网站是赌博网站而在资金流环节提供服务，在开设赌场犯罪中承担了一定的分工，符合刑法总则关于共同犯罪的规定，应当以开设赌场罪定罪处罚。2010年8月31日发布的《最高人民法院、最高人民检察院、公安部关于办理网络赌博犯罪案件适用法律若干问题的意见》第二条第一款第（二）项将明知是赌博网站，为赌博网站提供资金支付结算服务的行为明确为开设赌场罪的共同犯罪。

根据刑法的规定，主犯、从犯、胁从犯、教唆犯是以行为人在共同犯罪中的作用为主、分工为辅进行划分的。本案中，在排除萧俊伟系教唆犯的前提下，其所管理的谷中城公司在开设赌场犯罪中是否实施了开设赌场罪的基本构成要件的行为，是认定其在共同犯罪中地位的重要依据。根据《最高人民法院、最高人民检察院、公安部关于办理网络赌博犯罪案件适用法律若干问题的意见》第一条的规定，利用互联网、移动通讯终端等传输赌博视频、数据，组织赌博活动，具有下列情

① 我国学者指出，开设赌场罪与聚众赌博罪之间的区分基准是，发挥吸引他人赌博的效果是“场所”还是“人”。如果是“场所”，就是开设赌场罪；如果是“人”，则为聚众赌博罪。参见黎宏：《刑法学各论》（第2版），法律出版社2016年版，第396页。

形之一的，属于《刑法》第三百零三第二款规定的"开设赌场"行为：(1)建立赌博网站并接受投注的；(2)建立赌博网站并提供给他人组织赌博的；(3)为赌博网站担任代理并接受投注的；(4)参与赌博网站利润分成的。谷中城公司为赌博网站提供资金收支服务的行为，不属于《最高人民法院、最高人民检察院、公安部关于办理网络赌博犯罪案件适用法律若干问题的意见》第一条规定的任何一种情形，即未实施开设赌场罪基本构成要件的行为。然而，从具体特征上分析，谷中城公司提供资金结算服务的行为与《最高人民法院、最高人民检察院、公安部关于办理网络赌博犯罪案件适用法律若干问题的意见》第一条第一款第(二)项规定的行为具有一定的关联性，即为"建立赌博网站并提供给他人组织赌博"提供了便利条件，对"乐天堂"赌博网站的开设起到了辅助作用。故《最高人民法院、最高人民检察院、公安部关于办理网络赌博犯罪案件适用法律若干问题的意见》第二条第一款第(二)项仅是将"为赌博网站提供资金支付结算服务"明确规定为开设赌场罪的共同犯罪，而不是单独的开设赌场犯罪行为。

谷中城公司与"乐天堂"网站是相互独立的公司，"乐天堂"网站的盈亏情况与谷中城公司没有直接的利害关系。"乐天堂"网站决定赌资的收支、分配，谷中城公司对赌资没有所有权、支配权。谷中城公司通过其管理的"Ecapay"系统将开设在快钱公司的账号供"乐天堂"网站使用，为赌博网站提供与银行链接的通道，用于收支赌资，同时按资金流转的数额、笔数等标准收取服务费，相当于实体赌场中按照老板指令的数额向赌徒收取、返还赌资，领取报酬的操作人员。从这个角度分析，谷中城公司的行为仅是在互联网上开设赌场的一个中间环节(资金流环节)行为，根据其在共同犯罪中所体现的作用，应当认定其为从犯。[No. 6-1-303(2)-6　萧俊伟开设赌场案]

△以营利为目的抢微信红包的，属于赌博行为。行为人建立微信群供他人抢红包赌博的，构成开设赌场罪。

从我国刑法的规定来看，赌博罪规定在"妨害社会管理秩序罪"一章中，而不是"侵犯财产罪"中，说明赌博罪的客体是"社会管理秩序和社会风尚"。所以，从理论上来讲，抢微信红包时"又抢又发"固然属于赌博行为，"只抢不发"也属于赌博行为。但我国的赌博罪中限定的赌博行为要以营利为目的，如果是以娱乐为目的而收发红包，就不属于赌博罪中的赌博行为。具体到方俊、王巧玲等开设赌场案中，微信群里抢红包的行为显然是一种赌博行为。根据法院查明的事实，微信群里每个红包的发放金额都为105元、200元，由群内赌博人员抢红包，抢到金额尾数最小的人发下一个红包。抢到特殊数字金额时，如"123.45""11.11""100.00""1.23"等，则重金奖励。由于抢红包者能抢到多少金额完全靠运气，所以完全符合赌博行为的特征。此外，建微信群的人也是为了抽头营利。如第一节和第二节事实中，每个红包238元，实际发放金额为200元，剩余38元作为抽头。第三节事实中，每个红包138元，实际发放金额为105元，剩余33元作为抽头。被告人方俊、王巧玲共计抽头人民币201894元，非法获利共计人民币44561元；被告人罗林林共计抽头人民币123272元，非法获利共计人民币13473元；被告人徐泽辰共计抽头人民币15063元，非法获利共计人民币4887元；被告人范李健共计抽头人民币9933元，非法获利共计人民币4587元。作为参与抢红包的人而言，主观目的上也是为了赢钱，而非娱乐。

从"赌场"的字面含义来看，指的是"用来赌博的场所"。微信群虽然属于虚拟赌场，但同样是用来赌博的场所。所以，将微信群解释为赌场没有超出"赌场"一词的字面含义，既不违反形式解释论也不违反实质解释论。对此，全国人大常委会法制工作委员会主编的《〈中华人民共和国刑法〉释义：根据刑法修正案九最新修订》提到"随着科技的发展，赌博的形式在发生变化。近年来，在网上进行网络赌博的情况也不断增加"，其特意提到《最高人民法院、最高人民检察院关于办理赌博刑事案件具体应用法律若干问题的解释》，《最高人民法院、最高人民检察院、公安部关于办理网络赌博犯罪案件适用法律若干问题的意见》已经将建立赌博网站的行为规定为开设赌场。这说明全国人大常委会法制工作委员会对将赌博网站定性为赌场是持赞同意见的。虽然全国人大常委会法制工作委员会不是立法机关，但多少还是表明立法机关的法制工作机构是赞同对赌场进行扩大解释的。参照前述两个司法解释将赌博网站定性为"赌场"的解释方法，将用来赌博的微信群定性为"赌场"亦无不可。本案中，被告人建立微信群用来赌博的行为和线下赌场，并无二致：

1. 微信群内部有严密的组织和明确的分工。如法院查明的第一节事实中，被告人方俊担任微信群群主，钟磬担任管理员，被告人罗林林担任财务，被告人王巧玲负责和被告人罗林林对账并收钱，被告人方俊和钟磬还负责维护群内秩序，并雇用李民等人担任"代包手"。

2. 被告人建立微信群的目的就是为了供他人赌

博，且微信群在一定时间内持续存在，具有稳定性。

3. 赌博方式由被告人事先决定并制定了赌博流程。本案中，被告人为微信群建立了严格的赌博规则：由"代包手"发红包，群内赌博人员抢红包，抢到金额尾数最小的人发下一个红包。群内并设立奖励制度，从抽头的钱中抽出20元设立奖池作为奖励，抢到特殊数字的金额时，如"123.45""11.11"等，则奖励5.20元至6888元，吸引赌博人员参与赌博。每个红包238元，实际发放金额为200元，剩余38元作为抽头，其中"代包手"分得3～5元，20元进入奖池，被告人方俊、罗林林和钟磬三人则按照40%、30%、30%的比例分取剩余的13～15元。

综上，本案被告人建立微信群供他人赌博的行为明显构成开设赌场罪。[No. 6-1-303(2)-7 方俊、王巧玲等开设赌场案]

第三百零四条　【故意延误投递邮件罪】

邮政工作人员严重不负责任，故意延误投递邮件，致使公共财产、国家和人民利益遭受重大损失的，处二年以下有期徒刑或者拘役。

【立法理由】

1. 1979年之后至1997年刑法修订前的立法情况。 邮政是国民经济的基础产业和先行部门，担负着为国家和人民提供通信服务的重要任务，它的作用是有效地缩短空间和时间，提高社会效益，促进社会主义物质文明、精神文明建设。为了保护通信自由和通信秘密，保障邮政工作的正常进行，促进邮政事业的发展，以适应社会主义建设和人民生活的需要，1986年12月2日第六届全国人大常委会第十八次会议通过的《邮政法》对邮政企业的设置和邮政设施、邮政业务以及邮件的寄递等作了规定，其中第六条第一款规定，邮政企业应当为用户提供迅速、准确、安全、方便的邮政服务。第三十九条规定："邮政工作人员拒不办理依法应当办理的邮政业务的，故意延误投递邮件的，给予行政处分。邮政工作人员玩忽职守，致使公共财产、国家和人民利益遭受重大损失的，依照《中华人民共和国刑法》第一百八十七条的规定追究刑事责任。"1979年《刑法》第一百八十七条规定："国家工作人员由于玩忽职守，致使公共财产、国家和人民利益遭受重大损失的，处五年以下有期徒刑或者拘役。"

2. 1997年修订刑法的情况。 随着国民经济的发展，我国邮政事业也得到快速发展，国内、国际邮政通信业务量有较大幅度的提升，邮件投递工作事关信息的及时、准确传达，邮件有的是国家机关的重要文件，有的是公司、企业的重要合同材料，有的事关个人、家庭、工作、生活等的重要信息，因此，邮政工作人员应当恪尽职守，本着"人民邮电为人民"的服务宗旨做好邮政服务工作。如果懈怠渎职，使邮件不能及时投递，**不仅影响信息的传递，妨害公民的通信自由，严重的还可能会使国家、人民利益遭受重大损失，同时也损害邮政企业的声誉。** 1997年修订刑法时，考虑到实践中确实存在因延误投递邮件给国家和公民利益造成严重损害的事件，如曾发生过延误投递邮件使被大学录取的新生错过学籍注册的事件，这种故意延误投递邮件的行为，侵犯了公民、组织的合法权益，有可能造成非常严重的后果，破坏社会生活的正常运转，应当依法予以处罚。为了惩治邮政工作人员的渎职行为，保护邮政用户的合法权益，增强邮政工作人员的责任感，提高邮政服务质量，增加了本条规定。

【条文说明】

本条是关于故意延误投递邮件罪及其处罚的规定。

根据本条规定，**故意延误投递邮件罪**，是指邮政工作人员严重不负责任，故意延误投递邮件，致使公共财产、国家和人民利益遭受重大损失的行为。构成本罪应当具备以下条件：

1. 本罪的犯罪主体是邮政工作人员。 这里所说的"**邮政工作人员**"，是指邮政企业及其分支机构的营业员、投递员、押运员以及其他从事邮政工作的人员。本罪的主体是邮政工作人员，其他人员，如一般单位收发室人员故意延误邮件收发的，不构成本罪。

2. 行为人表现为严重不负责任。 所谓"**严重不负责任**"，是指邮政工作人员违背国家法律赋予的职责和任务，情节严重的行为。根据2015年修正的《邮政法》第六条的规定，邮政企业应当加强服务质量管理，完善安全保障措施，为用户提供迅速、准确、安全、方便的服务。第二十条规定，邮政企业寄递邮件，应当符合国务院邮政管理部门规定的寄递时限和服务规范。

3. **行为人实施了故意延误投递邮件的行为**。这里规定的“**故意**”,包括直接故意和间接故意,如果是过失或者不可抗力原因造成邮件延误投递的,不构成本罪;“**延误投递**”,是指邮政工作人员故意拖延、耽误邮件的分发、递送,没有按照国务院邮政主管部门规定的时限投交邮件;“**邮件**”,根据《邮政法》第八十四条的规定,是指邮政企业寄递的信件、包裹、汇款通知、报刊和其他印刷品等。其中“**信件**”,是指信函、明信片。信函是指以套封形式按照名址递送给特定个人或者单位的缄封的信息载体,不包括书籍、报纸、期刊等;“**包裹**”,是指按照封装上的名址递送给特定个人或者单位的独立封装的物品。

4. **行为人的行为致使公共财产、国家和人民利益遭受重大损失**。这里所说的“**公共财产**”,是指《刑法》第九十一条规定的各项财产,包括:国有财产;劳动群众集体所有的财产;用于扶贫和其他公益事业的社会捐助或者专项基金的财产;在国家机关、国有公司、企业、集体企业和人民团体管理、使用或者运输中的私人财产,以公共财产论。这里所说的“**国家和人民利益**”,是指关系到国家的政治、经济、国防、外交、社会发展等方面的各项事业的利益,以及关系到人民的生命、健康、财产、名誉等各项权利和利益。本罪是结果犯,致使公共财产、国家和人民利益遭受重大损失的,才构成犯罪。

根据本条规定,对故意延误投递邮件的犯罪,处二年以下有期徒刑或者拘役。

实际执行中需要注意的是:根据2008年《最高人民检察院、公安部关于公安机关管辖的刑事案件立案追诉标准的规定(一)》第四十五条规定:“邮政工作人员严重不负责任,故意延误投递邮件,涉嫌下列情形之一的,**应予立案追诉**:(一)造成直接经济损失二万元以上的;(二)延误高校录取通知书或者其他重要邮件投递,致使他人失去高校录取资格或者造成其他无法挽回的重大损失的;(三)严重损害国家声誉或者造成其他恶劣社会影响的;(四)其他致使公共财产、国家和人民利益遭受重大损失的情形。”

【司法解释性文件】

《最高人民检察院、公安部关于公安机关管辖的刑事案件立案追诉标准的规定(一)》(公通字〔2008〕36号,2008年6月25日公布)

△(**故意延误投递邮件罪;立案追诉标准**)邮政工作人员严重不负责任,故意延误投递邮件,涉嫌下列情形之一的,应予立案追诉:

(一)造成直接经济损失二万元以上的;

(二)延误高校录取通知书或者其他重要邮件投递,致使他人失去高校录取资格或者造成其他无法挽回的重大损失的;

(三)严重损害国家声誉或者造成其他恶劣社会影响的;

(四)其他致使公共财产、国家和人民利益遭受重大损失的情形。(§ 45)

【附属刑法】

《中华人民共和国邮政法》(1986年12月2日通过,2015年4月24日第二次修正)

第七十条

邮政企业从业人员故意延误投递邮件的,由邮政企业给予处分。

第八十二条

违反本法规定,构成犯罪的,依法追究刑事责任。

第二节　妨害司法罪

第三百零五条　【伪证罪】

在刑事诉讼中,证人、鉴定人、记录人、翻译人对与案件有重要关系的情节,故意作虚假证明、鉴定、记录、翻译,意图陷害他人或者隐匿罪证的,处三年以下有期徒刑或者拘役;情节严重的,处三年以上七年以下有期徒刑。

【立法理由】

1979年《刑法》第一百四十八条规定:“在侦查、审判中,证人、鉴定人、记录人、翻译人对与案件有重要关系的情节,故意作虚假证明、鉴定、记录、翻译,意图陷害他人或者隐匿罪证的,处二年以下有期徒刑或者拘役;情节严重的,处二年以上七年以下有期徒刑。"[①]1982年3月8日公布的《全国人民代表大会常务委员会关于严惩严重破坏经济的罪犯的决定》对《刑法》第一百四十八条作了补充规定:为走私、套汇、投机倒把牟取暴利、盗窃、盗运珍贵文物出口、受贿等经济犯罪分子销毁罪证或者制造伪证的,按《刑法》第一百四十八条伪证罪的规定处罚。

1997年修订刑法时,将伪证罪仍然限定为证人、鉴定人、记录人、翻译人这四类主体,对补充规定增加的其他人员毁灭、伪造证据的,1997年刑法另外增加规定了**帮助毁灭、伪造证据罪**等。在刑事诉讼中,证人、鉴定人、记录人、翻译人是负有特定义务的诉讼参加人,他们必须正确履行义务和职责,忠实于事实和法律,才能保证司法机关查明案件真相,正确适用法律,维护法律的公平正义。如果利用自己参加诉讼的条件和便利,故意作伪证,极容易使有罪的人得到放纵,无罪的人受到不应有的法律追究,破坏法律和司法机关的权威,妨害司法公正,对作伪证的行为应当依法追究刑事责任。

【条文说明】

本条是关于伪证罪及其处罚的规定。

"在刑事诉讼中",是指刑事案件从侦查到审判的全过程,主要包括侦查、审查起诉、一审和二审活动,以及审判监督程序等刑事诉讼活动。[②③]本罪的主体为特定主体,包括四类人:证人、鉴定人、记录人、翻译人。**"证人"**,是指知道案件全部或者部分真实情况,以自己的证言作为证据的人。[④⑤]《刑事诉讼法》第六十二条规定:"凡是知道案件情况的人,都有作证的义务。生理上、精神上有缺陷或者年幼,不能辨别是非、不能正确表达的人,不能作证人。"**"鉴定人"**,是指在刑事诉讼中应有关部门、人员的指派或聘请对案件中的专门性问题进行科学鉴定和判断的具有专门知识的人员。《刑事诉讼法》第一百四十六条规定:"为了查明案情,需要解决案件中某些专门性问题的时候,应当指派、聘请有专门知识的人进行鉴定。"[⑥]**"记录人"**,是指在侦查、审查起诉、审判过程中,对案犯的供述、证人证言以及各个环节的诉讼活动进行记录的人。这种记录主要由侦查员、书记员担任。根据刑事诉讼法的规定,侦查、勘验、检查、搜查、法庭审判活动等都应当依照法定程序形成笔录。[⑦] **"翻译人"**,是指受公安机关、检察机关

---

① 1979年《刑法》第一百四十八条被规定于"侵犯公民人身权利、民主权利罪章"而非"妨害社会管理秩序罪章"。我国学者据此指出,1979年《刑法》第一百四十八条的立法目的主要在于保护公民的人身权利和民主权利,而通常情形下只有刑事诉讼中的伪证行为才会造成对公民人身权利、民主权利的侵犯,因此,1979年《刑法》第一百四十八条自然会将构成伪证罪的伪证行为仅限定在刑事诉讼中。1997年《刑法》一方面对伪证罪重新进行了定性(即将伪证罪调整至"妨害社会管理秩序罪章"中),另一方面却仍然将构成伪证罪的行为仅限定在刑事诉讼中,明显存在解释上的难题。参见周少华:《伪证罪:一个规范的语境分析》,载《法学研究》2002年第3期,第114页;周少华、贾清波:《伪证罪主体问题探讨》,载《法学》2005年第6期,第46页。

② 我国学者建议取消《刑法》第三百零五条"在刑事诉讼中"的条件限制。因为,如果伪证罪立法保护的是国家司法权的整体,那么,对其中任何一部分的侵害也都是对国家司法权整体的侵害。这就要求法律为其中的每一部分(包括刑事审判权、民事审判权和行政审判权等)都提供平等的保护。参见周少华:《伪证罪:一个规范的语境分析》,载《法学研究》2002年第3期,第114、116页;周少华、贾清波:《伪证罪主体问题探讨》,载《法学》2005年第6期,第45—46页。

③ 我国学者将"在刑事诉讼中"扩大解释至"公安机关决定是否立案之时"。如果在诉讼前虚假告发,意图使他人受刑事追究,则成立诬告陷害罪。参见张明楷:《刑法学》(第5版),法律出版社2016年版,第1082页。

④ 我国学者指出,此处的"证人"不包括被害人,参见刘树德、王志勇:《伪证罪主体中证人范畴的解释》,载《法律适用(国家法官学院学报)》2001年第1期,第53页;王若思:《伪证罪的疑难问题研究——从128份刑事判决书说起》,载《新疆大学学报(哲学·人文社会科学版)》2018年第1期,第57页。相反的见解,参见周少华、贾清波:《伪证罪主体问题探讨》,载《法学》2005年第6期,第47页。此外,同案被告人原则上不能互为证人,但在特殊情况下或在一定条件下,可以成为证人。共犯在分离程序中受审时,已审结的共犯在后一程序中尽管可处于证人地位,但因共犯罪责关系的特殊性,不宜成为伪证罪的主体。参见闵春雷:《伪证罪主体研究》,载《国家检察官学院学报》2001年第2期,第29页。

⑤ 关于犯罪嫌疑人、被告人教唆证人为自己作伪证,是否成立伪证罪的教唆犯,我国学者指出,由于犯罪嫌疑人、被告人自己作虚假供述的行为不成立犯罪,而教唆是比实行更轻的参与形式,故教唆他人为自己作伪证,不应以伪证罪的教唆罪论处(被教唆者作伪证,仍成立伪证罪)。参见张明楷:《刑法学》(第6版),法律出版社2021年版,第1412页;黎宏:《刑法学各论》(第2版),法律出版社2016年版,第398页。

⑥ 单位不能成为伪证罪中的鉴定人。参见吴占英:《伪证罪若干疑难问题探讨》,载《法学杂志》2006年第3期,第35页。相反的见解,参见江雁飞:《伪证罪若干问题研究》,载《法学杂志》2009年第11期,第122页。

⑦ 我国学者指出,记录人不应成为伪证罪的犯罪主体,因为记录行为是司法专职工作人员记载案件审理过程的一种活动。它是对案件审理全过程的客观记录,而不是形成证据材料的活动,此种行为显然不具有作证的意义。并且,虚假记录不是直接形成虚假证据的行为,而是一种毁灭、伪造证据的行为。参见周少华:《伪证罪:一个规范的语境分析》,载《法学研究》2002年第3期,第119页;周少华、贾清波:《伪证罪主体问题探讨》,载《法学》2005年第6期,第44页;闵春雷:《伪证罪主体研究》,载《国家检察官学院学报》2001年第2期,第30—31页。

或者人民法院的委托聘请，在刑事侦查、审查起诉、审判活动中担任外国语言文字、本国民族语言文字或者哑语等翻译工作的人。《刑事诉讼法》第九条第一款规定：“各民族公民都有用本民族语言文字进行诉讼的权利。人民法院、人民检察院和公安机关对于不通晓当地通用的语言文字的诉讼参与人，应当为他们翻译。”第一百二十一条规定：“讯问聋、哑的犯罪嫌疑人，应当有通晓聋、哑手势的人参加，并且将这种情况记明笔录。”上述四类人在刑事诉讼中负有特定的义务，是否能够如实提供证言、鉴定、记录、翻译，对案件处理的正确与否具有重要意义。“**与案件有重要关系的情节**”，是指对犯罪嫌疑人、被告人是否有罪、罪轻还是罪重具有重要证明作用的事实，也就是影响定罪量刑的情节。[①]“**故意作虚假证明、鉴定、记录、翻译**”的规定具有两层含义：一是**明确指明本罪是故意犯罪**，也就是说，证人、鉴定人、记录人、翻译人所提供的与案件事实不符的情况是故意所为，由于过失行为，如未看清楚，判断错误而提供了不实的证言，因笔误造成记录错误等不构成犯罪。二是**所提供的证言、鉴定意见、笔录、翻译与案件事实不符**。如将张三的行为说成李四的行为，将不是精神病人的人鉴定为精神病人，在记录、翻译时将被告人、证人所讲的事实改变为虚假的等。[②]“**意图陷害他人或者隐匿罪证**”，是指行为人的主观动机，也就是行为人故意作虚假证明、鉴定、记录、翻译的目的是陷害他人，从而使无罪的人受到刑事追究，使罪行较轻的人受到较重的处罚，或者将真实的罪证隐匿起来，以使犯罪人逃脱刑事追究。需指出的是，对于证人故意提供假证言包庇罪犯的，应按照刑法关于**包庇罪**的规定处罚。

本条对伪证罪规定了两档刑罚，对犯本罪的，处三年以下有期徒刑或者拘役；对于情节严重的，处三年以上七年以下有期徒刑。“**情节严重的**”，主要是指犯罪手段极为恶劣或者造成严重后果，如在重罪事实上作伪证的；与犯罪人恶意串通翻案作伪证的；在一个案件的侦查、审判中多次作伪证或者对多人作伪证的；打击报复他人的；致使罪行重大的案犯逃脱法律制裁，使无辜的人受到刑事追究的；等等。

【附属刑法】

《中华人民共和国刑事诉讼法》（1979年7月1日通过，2018年10月26日第三次修正）

第五十四条

Ⅰ人民法院、人民检察院和公安机关有权向有关单位和个人收集、调取证据。有关单位和个人应当如实提供证据。

Ⅱ行政机关在行政执法和查办案件过程中收集的物证、书证、视听资料、电子数据等证据材料，在刑事诉讼中可以作为证据使用。

Ⅲ对涉及国家秘密、商业秘密、个人隐私的证据，应当保密。

Ⅳ凡是伪造证据、隐匿证据或者毁灭证据的，无论属于何方，必须受法律追究。

---

① 相同的学说见解，参见张明楷：《刑法学》（第5版），法律出版社2016年版，第1082页。另外，伪证罪与诬告陷害罪的一个重要区别在于，伪证罪是在与案件有重要关系的个别情节上提供伪证；而诬告陷害罪是捏造整个犯罪事实。参见黎宏：《刑法学各论》（第2版），法律出版社2016年版，第399页。

② 关于证人作虚假证明中的“虚假”含义，刑法理论上有主观说、客观说、折中说三种见解。其中，主观说主张，证人应当原封不动地陈述自己的记忆与实际体验；客观说则以客观事实为标准；折中说认为，违反自己体验的陈述，在行为（伪证）时能评价为违反客观事实的情形下，才成立伪证罪。

我国学者指出，尽管行为人违背了自己的内心记忆而进行陈述，与其内心状态不一致，但由于所述事实与客观事实一致，不可能产生误导司法实践正常进行的结果，故而不属于虚假证明。参见张明楷：《刑法学》（第6版），法律出版社2021年版，第1420页；黎宏：《刑法学各论》（第2版），法律出版社2016年版，第399页。

第三百零六条 【辩护人、诉讼代理人毁灭证据、伪造证据、妨害作证罪】

在刑事诉讼中，辩护人、诉讼代理人毁灭、伪造证据，帮助当事人毁灭、伪造证据，威胁、引诱证人违背事实改变证言或者作伪证的，处三年以下有期徒刑或者拘役；情节严重的，处三年以上七年以下有期徒刑。

辩护人、诉讼代理人提供、出示、引用的证人证言或者其他证据失实，不是有意伪造的，不属于伪造证据。

【立法理由】

1979 年刑法没有规定刑事案件中辩护人、诉讼代理人毁灭、伪造证据和妨害证人作证犯罪。1979 年《刑事诉讼法》第三十四条第三款规定："凡是伪造证据、隐匿证据或者毁灭证据的，无论属于何方，必须受法律追究。"1996 年修正的《刑事诉讼法》第三十八条规定："辩护律师和其他辩护人，不得帮助犯罪嫌疑人、被告人隐匿、毁灭、伪造证据或者串供，不得威胁、引诱证人改变证言或者作伪证以及进行其他干扰司法机关诉讼活动的行为。违反前款规定的，应当依法追究法律责任。"1996 年修改后的刑事诉讼法施行后，辩护人、诉讼代理人在刑事诉讼中的作用得到了加强，其在刑事诉讼中的权利也有所扩大。作为辩护人和诉讼代理人必须正确行使法律所赋予的权利，不得利用这些权利妨害刑事诉讼的正常进行。如果辩护人、诉讼代理人帮助当事人毁灭证据、伪造证据、妨害作证，不仅违背了其法定的义务，而且严重干扰了司法活动，妨害司法公正。同时，随着律师体制改革，律师队伍发生了很大变化，过去律师是国家的法律工作者，对律师行为的规范等多通过司法行政系统进行，1996 年通过的《律师法》将律师定位为"为社会提供法律服务的执业人员"，随着律师事务所和合伙律师数量的增加，对律师行为的规范，也应采用法律方式，即用完备的法律规定来规范律师的行为。因此，**1997 年修订刑法**时将此类行为规定为犯罪。①

【条文说明】

本条是关于**辩护人、诉讼代理人毁灭证据、伪造证据、妨害作证罪**及其处罚的规定。

本条共分为两款。

第一款是关于辩护人、诉讼代理人毁灭、伪造证据，帮助当事人毁灭、伪造证据，威胁、引诱证人违背事实改变证言或者作伪证的犯罪及其处罚的规定。本款所规定的犯罪主体为**特殊主体**，只限于刑事案件的辩护人和诉讼代理人，行为发生在刑事诉讼活动中。"**辩护人**"，是指在刑事诉讼中，包括在侦查、审查起诉、审判阶段，犯罪嫌疑人、被告人委托的或者由法律援助机构指派的为犯罪嫌疑人、被告人提供法律帮助维护其合法权益的人。辩护人由以下三类人担任：律师；人民团体或者犯罪嫌疑人、被告人所在单位推荐的人；犯罪嫌疑人、被告人的监护人、亲友。辩护人的责任是根据事实和法律，提出犯罪嫌疑人、被告人无罪、罪轻或者减轻、免除其刑事责任的材料和意见，维护犯罪嫌疑人、被告人的诉讼权利和其他合法权益。2018 年修正的《刑事诉讼法》增加了值班律师制度，该法第三十六条第一款规定："法律援助机构可以在人民法院、看守所等场所派驻值班律师。犯罪嫌疑人、被告人没有委托辩护人，法律援助机构没有指派律师为其提供辩护的，由值班律师为犯罪嫌疑人、被告人提供法律咨询、程序选择建议、申请变更强制措施、对案件处理提出意见等法律帮助。"值班律师在履行上述职责时可以

① 我国学者指出，以当下为视角，法律并没有为律师单列罪名或单列法条强调禁止其进行某类行为的必要，至少相对于公安司法机关而言是如此。参见汪海燕：《律师伪证刑事责任问题研究》，载《中国法学》2011 年第 6 期，第 76 页。也有学者指出，单列"律师伪证罪"的社会基础和正当性已经缺失，根据律师身份对刑法影响程度的变化，目前最好的解决途径是不再将《刑法》第三百零六条作为真正身份犯，而是降低为因身份而加重刑事责任的不真正身份犯。参见杜小丽：《论"律师伪证罪"罪质独立性的消解——以刑事诉讼法的相应修改为进路》，载《法学》2013 年第 4 期，第 119 页。另有学者指出，前述观点仅立足于《刑法》分则第六章而非整个刑法典，所谓对律师的立法歧视在很大程度上是对法律的误读，也是处于弱势地位的律师一种过于敏感的反应。立法者将司法工作人员妨害司法的犯罪主要放在刑法分则中的渎职罪章中，现行刑法对司法工作人员实施的妨害司法的犯罪打击力度总体上强于律师。参见罗翔：《刑法第 306 条辨正》，载《政法论坛》2013 年第 3 期，第 145 页。亦有学者指出，《刑法》第三百零六条的问题并不在实体内容或者条文表述上，而在于程序上合理限制的欠缺。从实体内容对其展开批评，并没能击中要害。参见陈金林：《律师伪证罪的困境与出路》，载《昆明理工大学学报（社会科学版）》2009 年第 5 期，第 58 页。

成为本罪的主体。**“诉讼代理人”**，是指公诉案件的被害人及其法定代理人或者近亲属、自诉案件的自诉人及其法定代理人委托代为参加诉讼的人，以及附带民事诉讼的当事人及其法定代理人委托代为参加诉讼的人。[①] 担任诉讼代理人的人员范围与辩护人的范围相同。本款规定了犯罪的三个方面的行为：毁灭、伪造证据；帮助当事人毁灭、伪造证据；威胁、引诱证人违背事实改变证言或者作伪证。辩护人、诉讼代理人在刑事诉讼中只要有上述三种行为之一即可构成本罪。**“毁灭、伪造证据”**，是指辩护人、诉讼代理人自己将能够证明案件真实情况的书证、物证以及其他证据予以毁灭，使其不能再起到证明案件真实情况的作用；辩护人、诉讼代理人自己制造假的书证、物证等，以隐瞒案件的真实情况，使犯罪人免予刑事追究或者使无罪的人受到刑事追究。[②] **“帮助当事人毁灭、伪造证据”**，是指辩护人、诉讼代理人策划、指使当事人毁灭、伪造证据，或者与当事人共谋毁灭、伪造证据，以及为当事人毁灭、伪造证据提供帮助等。[③] “当事人”，是指被害人、自诉人、犯罪嫌疑人、被告人、附带民事诉讼的原告人和被告人。[④] **“威胁、引诱证人违背事实改变证言或者作伪证”**包括两种行为：一是以暴力、恐吓等手段威胁证人或者以金钱、物质利益等好处诱使证人改变过去按照事实提供的证言；二是以威胁、引诱的手段指使他人为案件作虚假证明。[⑤⑥]

根据犯罪的不同情节，本款规定了两档刑罚：犯本罪的，处三年以下有期徒刑或者拘役；情节严重的，处三年以上七年以下有期徒刑。**“情节严重”**，主要是指犯罪手段极其恶劣，严重妨害了刑事诉讼的正常进行，以及造成犯罪人逃避法律制裁或者使无罪的人受到刑事追究等严重后果。

第二款是关于辩护人、诉讼代理人在刑事诉讼中，由于失误而提供、出示、引用了虚假证明，但不属于伪造证据的情况的规定。规定本款主要是为了划清罪与非罪的界限，保护辩护人、诉讼代理人的合法权利，保证辩护人、诉讼代理人依法履行职责，从而保证刑事诉讼的正常进行。根据本款规定，**辩护人、诉讼代理人向法庭提供、出示、引用的证人证言或者其他证据失实，不是有意伪造的，不属于伪造证据**，即不构成本条规定的犯罪。其中**“不是有意伪造”**，是指辩护人、诉讼代理人对证据不真实的情况并不知情，未参与伪造证据的，证据虚假的原因是证人或者提供证据的人造成的或者是由于辩护人、诉讼代理人工作上的失误造成的。

需要注意的是，在刑事诉讼中，辩护人、诉讼代理人毁灭、伪造证据，帮助当事人毁灭、伪造证据，威胁、引诱证人违背事实改变证言或者作伪证的，追究刑事责任。其中帮助当事人“伪造证据”如何理解，**对辩护人在刑事诉讼中教唆犯罪嫌疑人、被告人向司法机关作虚假供述的行为，是否构成本条规定的辩护人伪造证据罪，实践中有不同意见**。这一问题涉及本条规定的证据与刑事诉讼法规定的证据种类的关系，涉及如何理解《刑事诉讼法》第

---

① 我国学者指出，附带民事诉讼除了具有一定的依附性外，与一般民事诉讼并无其他的实质区别。但按照现行法的规定，附带民事诉讼的诉讼代理人实施毁灭证据、伪造证据、妨害作证，会构成相应的犯罪，而在一般民事诉讼中，诉讼代理人实施这些行为却不会构成犯罪，这明显是对相同行为采取了不同的法律评价。参见周少华：《伪证罪：一个规范的语境分析》，载《法学研究》2002 年第 3 期，第 115 页。另有学者指出，在刑事附带民事诉讼中，如果辩护人、诉讼代理人只针对民事赔偿部分的有关事实，伪造、毁灭证据，若行为未涉及对被告人的定罪和量刑，原则上不成立本罪。参见周光权：《刑法各论》（第 4 版），中国人民大学出版社 2021 年版，第 448 页。

② 类似见解，参见张明楷：《刑法学》（第 6 版），法律出版社 2021 年版，第 1422 页。

③ 我国学者指出，在当事人是被告人的场合，被告人教唆辩护人、诉讼代理人毁灭、伪造证据，由于缺乏期待可能性，不构成教唆罪；在当事人是被告人以外之人的场合，教唆行为超越了社会期待，教唆者与辩护人、诉讼代理人应在毁灭、伪造证据的范围内成立共同犯罪。参见周光权：《刑法各论》（第 4 版），中国人民大学出版社 2021 年版，第 448 页。

④ 我国学者指出，本罪中的“当事人”，指犯罪嫌疑人和刑事被告人。参见黎宏：《刑法学各论》（第 2 版），法律出版社 2016 年版，第 400 页。

⑤ 我国学者指出，必须对“引诱”进行体系性的限制解释。由于司法工作人员的诱供行为只能以妨害作证罪（《刑法》第三百零七条）论处，而律师的诱供行为在社会危害性上轻于司法工作人员的类似行为，因此，《刑法》第三百零六条中的“引诱”应当与妨害作证罪中的行为方式具有等价性，其必须被理解为与“暴力、威胁、贿买”等行为具有相当性的手法。参见罗翔：《刑法第 306 条辨正》，载《政法论坛》2013 年第 3 期，第 147 页。也有论者指出，此处的“引诱”必须是采取金钱、物质或者其他利益的方法诱使证人违背事实改变证言或者作伪证，不应包括“诱导性询问”。参见陈兴良：《辩护人妨害作证罪之引诱行为的研究——从张耀喜案切入》，载《政法论坛》2004 年第 5 期，第 157、163 页；李兰英、孙杰、何霓：《刑法第 306 条存与废：倾听法律职业人的声音》，载《河北法学》2011 年第 10 期，第 23—24 页。

⑥ “证人”并不限于刑事诉讼法中所规定的狭义证人，还应包括被害人、鉴定人、翻译人。对于引诱犯罪嫌疑人、被告人违背事实改变供述，不应以本罪论处。但是，如果犯罪嫌疑人、被告人是他人犯罪的证人时，引诱其违背事实改变证言，仍可能成立本罪。参见张明楷：《刑法学》（第 6 版），法律出版社 2021 年版，第 1422 页。

四十四条将隐匿、毁灭、伪造证据和串供并列规定，涉及律师辩护权行使界限和对刑事诉讼程序公正的影响，涉及刑事诉讼法规定的“辩护律师会见犯罪嫌疑人、被告人时不被监听”的权利保障。应当说，本条规定的辩护人、诉讼代理人帮助当事人毁灭、伪造证据，其中“伪造证据”一般是指帮助犯罪嫌疑人、被告人制作虚假的物证、书证等。将教唆犯罪嫌疑人、被告人向司法机关不如实供述的行为作为帮助当事人毁灭、伪造证据，需要结合行为方式等具体确定，应当慎重。

【附属刑法】

《中华人民共和国刑事诉讼法》（1979年7月1日通过，2018年10月26日第三次修正）

第五十四条

Ⅰ人民法院、人民检察院和公安机关有权向有关单位和个人收集、调取证据。有关单位和个人应当如实提供证据。

Ⅱ行政机关在行政执法和查办案件过程中收集的物证、书证、视听资料、电子数据等证据材料，在刑事诉讼中可以作为证据使用。

Ⅲ对涉及国家秘密、商业秘密、个人隐私的证据，应当保密。

Ⅳ凡是伪造证据、隐匿证据或者毁灭证据的，无论属于何方，必须受法律追究。

《中华人民共和国律师法》（1996年5月15日通过，2017年9月1日第三次修正）

第四十九条

Ⅰ律师有下列行为之一的，由设区的市级或者直辖市的区人民政府司法行政部门给予停止执业六个月以上一年以下的处罚，可以处五万元以下的罚款；有违法所得的，没收违法所得；情节严重的，由省、自治区、直辖市人民政府司法行政部门吊销其律师执业证书；构成犯罪的，依法追究刑事责任：

……

（四）故意提供虚假证据或者威胁、利诱他人提供虚假证据，妨碍对方当事人合法取得证据的；

……

Ⅱ律师因故意犯罪受到刑事处罚的，由省、自治区、直辖市人民政府司法行政部门吊销其律师执业证书。

第三百零七条　【妨害作证罪】【帮助毁灭、伪造证据罪】

以暴力、威胁、贿买等方法阻止证人作证或者指使他人作伪证的，处三年以下有期徒刑或者拘役；情节严重的，处三年以上七年以下有期徒刑。

帮助当事人毁灭、伪造证据，情节严重的，处三年以下有期徒刑或者拘役。

司法工作人员犯前两款罪的，从重处罚。

【立法理由】

1979年刑法对本罪没有规定，但刑事诉讼法作了相关规定。1979年刑事诉讼法和1996年修正后的刑事诉讼法都规定，凡是伪造证据、隐匿证据或者毁灭证据的，无论属于何方，必须受法律追究。

1997年修订刑法时增加本罪规定，是考虑到：一是在司法实践中，威胁、贿买证人以及指使他人作伪证的行为时有发生，这种情况严重妨碍了诉讼的正常进行，影响了司法公正，既有可能放纵罪犯，也有可能冤枉无辜，具有极大的社会危害性，也会影响司法机关的公信力，有必要将该行为规定为犯罪。二是1996年修正的刑事诉讼法对庭审方式进行了改革。根据刑事诉讼法的规定，人民法院对于审理的案件，在开庭前不进行实质审查，而在开庭过程中来核实证据，这样证人和有关证据在案件审理中的作用将更为重要，所以必须加强对阻止证人作证、指使他人作伪证以及帮助当事人毁灭、伪造证据行为的打击力度。三是作伪证等可能会使无罪的人遭受刑事追究和当事人人身、财产权利的丧失，从保护公民合法权益的角度出发，必须加强对这类行为的打击。证据是诉讼的核心要素，必须保证其客观性和真实性。司法工作人员是国家的执法人员，如果他们利用手中的职权弄虚作假则危害更大，不仅不能保护公民的合法利益，还会影响国家的司法公正形象，损害国家利益，因而对司法工作人员犯本罪的应当从重处罚。

【条文说明】

本条是关于妨害作证罪，帮助毁灭、伪造证据罪及其处罚的规定。

本条共分为三款。

第一款是关于**妨害作证罪**及其处罚的规定。根据《民事诉讼法》第一百一十一条第一款的规定，诉讼参与人或者其他人有伪造、毁灭重要证据，妨碍人民法院审理案件的；以暴力、威胁、贿买方法阻止证人作证或者指使、贿买、胁迫他人作伪证等行为之一的，人民法院可以根据情节轻重予以罚款、拘留；构成犯罪的，依法追究刑事责任。《行政诉讼法》第五十九条第一款规定，诉讼参与人或者其他人有伪造、隐藏、毁灭证据或者提供虚假证明材料，妨碍人民法院审理案件的；指使、贿买、胁迫他人作伪证或者威胁、阻止证人作证等行为之一的，人民法院可以根据情节轻重，予以训诫、责令具结悔过或者处一万元以下的罚款、十五日以下的拘留；构成犯罪的，依法追究刑事责任。因此本款规定与民事诉讼法、行政诉讼法的相关规定是衔接的。本款规定的“**以暴力、威胁、贿买等方法阻止证人作证**”，是指采用暴力伤害，以暴力或者其他手段相威胁，用金钱、物质利益行贿以及其他方法①不让证人为案件提供证明。②“**指使他人作伪证**”，是指以暴力、威胁、贿买或者其他方法让他人为案件提供与事实不符的虚假证明。③这里的“证人”“他人”不限于狭义的证人，还可包括被害人、鉴定人、翻译人。**本款规定未限于刑事诉讼**，也就是说，本款规定适用于刑事诉讼、民事诉讼、行政诉讼。④犯妨害作证罪的，处三年以下有期徒刑或者拘役；情节严重的，处三年以上七年以下有期徒刑。本款犯罪虽然没有明确规定犯罪门槛，但对于情节轻微的，根据民事诉讼法、行政诉讼法等法律的规定，人民法院可以根据情节轻重予以罚款、拘留。需要注意的是，如果是犯罪嫌疑人、被告人自己采取上述非法手段妨害证人依法履行作证义务的，是否应当成立本罪。本款并未将犯罪嫌疑人、被告人所实施的妨害作证行为排除在刑法规制的范围之外。由于证人证言在证据制度中有着重要作用，在一定程度上对被告人、犯罪嫌疑人的定罪量刑起着决定性的关键作用，被告人、犯罪嫌疑人为逃避法律制裁，往往会实施阻止证人作出对自己不利的证言，因而**不宜将罪犯本人排除在本罪之外**。

第二款是**帮助毁灭、伪造证据罪**及其处罚的规定。本款规定的“**帮助当事人毁灭、伪造证据**”，是指与当事人共谋，或者受当事人指使为当事人毁灭⑤、伪造证据⑥提供帮助的行为⑦，如为贪污犯罪的嫌疑人销毁单据等。⑧⑨本款规定的犯

---

① “其他方法”包括唆使、嘱托、请求、引诱等方法。就此而论，《刑法》第三百零七条第一款已将同法第三百零五条之伪证罪的教唆犯（部分）正犯化。参见张明楷：《刑法学》（第6版），法律出版社2021年版，第1424页。

② 我国学者指出，“证人”并不限于刑事诉讼法中所规定的狭义证人，还应包括被害人、鉴定人、翻译人。参见张明楷：《刑法学》（第6版），法律出版社2021年版，第1423页。

③ 我国学者指出，指使他人作伪证中的“他人”，同样不限于狭义的证人。指使狭义证人作伪证、指使被害人作虚假陈述、指使鉴定人作虚假鉴定、指使翻译人作虚假翻译，都成立妨害作证罪。参见张明楷：《刑法学》（第6版），法律出版社2021年版，第1424页。

④ 我国学者指出，妨害作证罪不限于发生在刑事诉讼中。在民事、行政等诉讼中实施本罪行为，也成立本罪。参见赵秉志、李希慧主编：《刑法各论》（第3版），中国人民大学出版社2016年版，第298页。另有学者指出，既然伪证罪仅限于刑事诉讼中，就没有理由认为妨害作证罪可以发生在其他诉讼领域。否则，会形成诸多不协调的局面。参见张明楷：《刑法学》（第6版），法律出版社2021年版，第1424—1425页。

⑤ 隐匿证据行为，是否属于毁灭证据？我国学者指出，只有轻微程度的藏匿，很容易就能被人发现的场合，由于该种程度的藏匿不会致使其作为证据的价值减少以致消灭，因此，可以不作为毁灭看待。参见黎宏：《刑法学各论》（第2版），法律出版社2016年版，第401页。

⑥ 行为人所毁灭、伪造的证据，应限于物证、书证、鉴定意见、勘验、检查笔录、视听资料与电子数据，物体化（转化为书面或者视听资料）的证人证言、被害人陈述、犯罪嫌疑人、被告人供述和辩解等。参见张明楷：《刑法学》（第6版），法律出版社2021年版，第1427页。

⑦ 我国学者指出，伪造证据包括隐匿证据以及变造证据行为。参见张明楷：《刑法学》（第6版），法律出版社2021年版，第1428页。

⑧ 我国学者指出，行为人所毁灭、伪造的证据，包括刑事诉讼与其他诉讼当事人的证据。反对论者，如张明楷教授认为，帮助毁灭、伪造证据罪仅限于帮助毁灭、伪造刑事诉讼证据。参见张明楷：《刑法学》（第6版），法律出版社2021年版，第1427页；黎宏：《刑法学各论》（第2版），法律出版社2016年版，第401页；周光权：《刑法各论》（第4版），中国人民大学出版社2021年版，第450页。

⑨ 我国学者指出，当行为人与其他人均为案件当事人时，如果行为人所毁灭、伪造的证据在客观上仅对（或者主要对）其他当事人起作用，或者行为人主观上专门（或者主要）为了其他人而毁灭、伪造证据，由于存在期待可能性，应认定为毁灭、伪造其他当事人的证据。另外，如果当事人教唆他人为自己毁灭、伪造证据，无论从对司法活动的客观公正性的妨害来看，抑或自期待可能性的角度而言，不成立犯罪。参见张明楷：《刑法学》（第6版），法律出版社2021年版，第1427页。另有学者从不法的角度进行解释。一方面，“他人的犯罪证据”此一规定完全可以解读为不处罚本犯的客观不法要素；另一方面，按照共犯处罚根据的混合惹起说，处罚共犯是因为其惹起了构成要件结果，其不仅具有自身的不法（违法地惹起了构成要件结果），而且这种惹起还要以正犯实施了符合构成要件的违法行为作为前提。本犯教唆、请求他人毁灭“自己”的证据，只是在间接地毁灭关于“自己”的犯罪证据，而不是“他人”的犯罪证据，行为并没有产生构成要件结果，因此不是不法，对其进行处罚缺乏根据。参见周光权：《刑法各论》（第4版），中国人民大学出版社2021年版，第450页。

罪也不限于刑事诉讼中帮助当事人毁灭、伪造证据,包括在民事诉讼、行政诉讼中帮助当事人毁灭、伪造证据的情况。**构成本罪需要情节严重**。情节严重需要考虑诉讼活动的性质、是否使无罪的人受到追究或者有罪的人逃避追究,是否在其他诉讼活动中给当事人合法利益造成重大损害等。犯帮助毁灭、伪造证据罪的,处三年以下有期徒刑或者拘役。对于辩护人、诉讼代理人在刑事诉讼中帮助当事人毁灭、伪造证据的,应当适用《刑法》第三百零六条规定的辩护人、诉讼代理人毁灭、伪造证据罪,不适用本款规定的犯罪。需要说明的是,本罪的犯罪主体不包括犯罪嫌疑人、被告人本人。刑法没有将犯罪嫌疑人、被告人本人毁灭、伪造证据的行为规定为犯罪,规定的是帮助当事人毁灭、伪造证据,**犯罪主体显然是他人**。

第三款是关于**司法工作人员犯本条规定之罪从重处罚**的规定。"**司法工作人员**",是指具有侦查、检察、审判、监管职责的人员。司法工作人员必须公正廉明,如果他们弄虚作假危害更大,而且会造成极其恶劣的影响,所以必须从重处罚。

【司法解释】

《最高人民法院、最高人民检察院关于办理虚假诉讼刑事案件适用法律若干问题的解释》(法释〔2018〕17号,自2018年10月1日起施行)

△(**篡改案件事实;骗取裁判文书**)采取伪造证据等手段篡改案件事实,骗取人民法院裁判文书,构成犯罪的,依照刑法第二百八十条、第三百零七条等规定追究刑事责任。(§ 7)

【司法解释性文件】

《最高人民检察院法律政策研究室关于通过伪造证据骗取法院民事裁判占有他人财物的行为如何适用法律问题的答复》(〔2002〕高检研发第18号,2002年10月24日公布)

△(**指使他人作伪证;骗取民事裁判占有他人财物;妨害作证罪**)以非法占有为目的,通过伪造证据骗取法院民事裁判占有他人财物的行为所侵害的主要是人民法院正常的审判活动可以由人民法院依照民事诉讼法的有关规定作出处理,不宜以诈骗罪追究行为人的刑事责任。如果行为人伪造证据时,实施了伪造公司、企业、事业单位、人民团体印章的行为,构成犯罪的,应当依照刑法第二百八十条第二款的规定,以伪造公司、企业、事业单位、人民团体印章罪追究刑事责任;如果行为人有指使他人作伪证行为,构成犯罪的应当依照刑法第三百零七条第一款的规定,以妨害作证罪追究刑事责任。

【附属刑法】

《中华人民共和国刑事诉讼法》(1979年7月1日通过,2018年10月26日第三次修正)

第五十四条

Ⅰ人民法院、人民检察院和公安机关有权向有关单位和个人收集、调取证据。有关单位和个人应当如实提供证据。

Ⅱ行政机关在行政执法和查办案件过程中收集的物证、书证、视听资料、电子数据等证据材料,在刑事诉讼中可以作为证据使用。

Ⅲ对涉及国家秘密、商业秘密、个人隐私的证据,应当保密。

Ⅳ凡是伪造证据、隐匿证据或者毁灭证据的,无论属于何方,必须受法律追究。

《中华人民共和国行政诉讼法》(1989年4月4日通过,2017年6月27日第二次修正)

第五十九条

Ⅰ诉讼参与人或者其他人有下列行为之一的,人民法院可以根据情节轻重,予以训诫、责令具结悔过或者处一万元以下的罚款、十五日以下的拘留;构成犯罪的,依法追究刑事责任:

……

(二)伪造、隐藏、毁灭证据或者提供虚假证明材料,妨碍人民法院审理案件的;

(三)指使、贿买、胁迫他人作伪证或者威胁、阻止证人作证的;

……

Ⅱ人民法院对有前款规定的行为之一的单位,可以对其主要负责人或者直接责任人员依照前款规定予以罚款、拘留;构成犯罪的,依法追究刑事责任。

Ⅲ罚款、拘留须经人民法院院长批准。当事人不服的,可以向上一级人民法院申请复议一次。复议期间不停止执行。

《中华人民共和国律师法》(1996年5月15日通过,2017年9月1日第三次修正)

第四十九条

Ⅰ律师有下列行为之一的,由设区的市级或者直辖市的区人民政府司法行政部门给予停止执业六个月以上一年以下的处罚,可以处五万元以下的罚款;有违法所得的,没收违法所得;情节严重的,由省、自治区、直辖市人民政府司法行政部门吊销其律师执业证书;构成犯罪的,依法追究刑事责任:

……

(四)故意提供虚假证据或者威胁、利诱他人提供虚假证据,妨碍对方当事人合法取得证据的;

……

Ⅱ律师因故意犯罪受到刑事处罚的,由省、自治区、直辖市人民政府司法行政部门吊销其律师执业证书。

《中华人民共和国民事诉讼法》（1991年4月9日通过，2021年12月24日第四次修正）

第一百一十四条

Ⅰ诉讼参与人或者其他人有下列行为之一的，人民法院可以根据情节轻重予以罚款、拘留；构成犯罪的，依法追究刑事责任：

（一）伪造、毁灭重要证据，妨碍人民法院审理案件的；

（二）以暴力、威胁、贿买方法阻止证人作证或者指使、贿买、胁迫他人作伪证的；

……

Ⅱ人民法院对有前款规定的行为之一的单位，可以对其主要负责人或者直接责任人员予以罚款、拘留；构成犯罪的，依法追究刑事责任。

【公报案例】

△**（虚假民事诉讼；妨害作证罪）**行为人为逃避债务，伙同他人提起虚假民事诉讼并指使他人作伪证，妨害人民法院正常司法活动的，应当依照《刑法》第三百零七条的规定，以妨害作证罪定罪处罚。［《最高人民法院公报》2012年第12期 万才华妨害作证案］

【参考案例】

△为达到通过诉讼非法占有他人财物的目的，指使他人作伪证的，属于诉讼欺诈，不构成诈骗罪，应以妨害作证罪论处。

妨害作证罪的客体是国家司法机关的正常诉讼活动和公民依法作证的权利。李泳妨害作证案中，被告人李泳伪造了借款合同并利用被害人管理上的漏洞加盖福建泉州万顺捷集团有限公司的公章，又指使庄胜益作伪证，同时又正式委托了诉讼代理人及缴纳了律师费。尽管被告人尚未正式向法院提起诉讼，但其伪造证据，指使他人作伪证的行为均已实施完毕且已正式聘请律师，如果不是案发，被告人的行为必将继续实施，实质上仍会侵害审判机关的正常诉讼活动，其与在诉讼提起后实施的妨害作证行为的性质、社会危害性及其程度没有两样。[1] 因此，被告人的行为已经侵害了国家司法机关的正常诉讼活动和公民依法作证的权利。

妨害作证罪的客观方面表现为行为人实施了采用暴力、威胁、贿买等方法阻止证人作证或者指使他人作伪证的妨害作证行为。在本案中，被告人以书面传真方式指使庄胜益作伪证，要求庄胜益在法院调查时谎称曾借给被告人李泳人民币100万元用于放贷收取利息，符合妨害作证罪客观方面的特征。［No. 6-2-307(1)-1　李泳妨害作证案］

第三百零七条之一　【虚假诉讼罪】

以捏造的事实提起民事诉讼，妨害司法秩序或者严重侵害他人合法权益的，处三年以下有期徒刑、拘役或者管制，并处或者单处罚金；情节严重的，处三年以上七年以下有期徒刑，并处罚金。

单位犯前款罪的，对单位判处罚金，并对其直接负责的主管人员和其他直接责任人员，依照前款的规定处罚。

有第一款行为，非法占有他人财产或者逃避合法债务，又构成其他犯罪的，依照处罚较重的规定定罪从重处罚。

司法工作人员利用职权，与他人共同实施前三款行为的，从重处罚；同时构成其他犯罪的，依照处罚较重的规定定罪从重处罚。

【立法沿革】

《中华人民共和国刑法修正案（九）》（自2015年11月1日起施行）

三十五、在刑法第三百零七条后增加一条，作为第三百零七条之一：

“以捏造的事实提起民事诉讼，妨害司法秩序或者严重侵害他人合法权益的，处三年以下有期徒刑、拘役或者管制，并处或者单处罚金；情节严重的，处三年以上七年以下有期徒刑，并处罚金。

“单位犯前款罪的，对单位判处罚金，并对其

① 我国学者指出，行为人以暴力、威胁、贿买等方法阻止证人作证或者指使他人作伪证，但证人依然作证或者他人未作伪证，应认定为妨害作证罪的未遂；只有客观上阻止了证人作证或者使他人作出了伪证，才成立妨害作证罪的既遂。参见张明楷：《刑法学》（第6版），法律出版社2021年版，第1425页。

直接负责的主管人员和其他直接责任人员，依照前款的规定处罚。

“有第一款行为，非法占有他人财产或者逃避合法债务，又构成其他犯罪的，依照处罚较重的规定定罪从重处罚。

“司法工作人员利用职权，与他人共同实施前三款行为的，从重处罚；同时构成其他犯罪的，依照处罚较重的规定定罪从重处罚。”

【立法理由】

2015年《刑法修正案（九）》增加了本条规定。

近年来，司法实践中也出现了虚假诉讼的情况。一些个人和单位捏造虚假的事实，向人民法院提起借贷、房屋买卖、离婚析产、继承、商标侵权、破产等诉讼，骗取人民法院裁判文书以实现各种非法目的。关于恶意虚假诉讼的种类，从所虚构的事实关系来看，恶意虚假诉讼常见的有三种类型：一是**虚构借款类**。其中，有的是通过伪造与第三方之间的借款协议，骗取法院裁判，以期在离婚诉讼中多分割夫妻财产；有的是在民间借贷或企业破产案件中，伪造与第三方之间的虚假借款协议，骗取法院裁判，试图逃避其他合法债务或规避破产风险；有的是被执行人与他人伪造虚假债务关系，通过虚假诉讼，意图转移被执行财产，逃避法律文书确定的义务。二是**虚假离婚类**。当事人意图利用国家有关政策，恶意假离婚获取法院裁判，骗取政府征地拆迁补偿款或单位福利分房待遇等。三是**捏造侵权事实类**。主要表现为捏造侵权事实，通过虚假诉讼认定驰名商标或者打击竞争对手商业信誉。从虚假诉讼当事人之间的关系看，也可以分为两类：一类是一方当事人提起虚假诉讼，企图侵犯另一方当事人合法权益的案件，双方当事人之间存在实质的利益对抗关系。另一类是双方当事人恶意串通进行虚假诉讼，企图侵犯案外第三人的合法权益，损害国家、公共利益，或者企图逃避履行法定义务，规避相关管理规定等，双方当事人之间不存在实质对抗关系，而是互相串通共同捏造事实、伪造证据，骗取人民法院的裁判。有的虚假诉讼案件还有司法工作人员参与其中。**虚假诉讼行为妨害正常的司法秩序，侵犯他人合法权益，具有严重的社会危害性**：第一，虚假诉讼妨害了正常的司法秩序。行为人捏造事实、伪造证据材料，欺骗国家司法机关，获取法院的裁判文书，使国家公权力成为实现非法目的的工具，严重损害了司法公信力和法律权威。有的被执行人为逃避执行，与他人恶意串通，通过虚假诉讼骗取新的裁判文书，逃避履行原裁判文书确定的义务，使司法公信力受到两次伤害。这些虚假的诉讼还浪费了国家司法资源，加剧了一些基层司法机关案多人少的矛盾。第二，虚假诉讼侵犯他人合法权益。虚假诉讼不仅骗取国家司法机关裁判文书，扰乱了司法秩序，而且行为人还利用错误的裁判文书和强制执行程序，侵占、剥夺受害人的财产等，严重损害他人的合法权益。

从法律规定看，**1997年刑法**对于虚假诉讼行为没有专门的规定，实践中对于虚假诉讼一般是根据案件的具体情况，适用刑法的相关规定作相应处理的，实践中认识也不统一。当时司法实践中对恶意虚假诉讼行为存在多种判罚，有认定无罪的，有认定诈骗罪的，有认定妨害作证罪的。2002年《最高人民检察院法律政策研究室关于通过伪造证据骗取法院民事裁判占有他人财物的行为如何适用法律问题的答复》规定：“以非法占有为目的，通过伪造证据骗取法院民事裁判占有他人财物的行为所侵害的主要是人民法院正常的审判活动可以由人民法院依照民事诉讼法的有关规定作出处理，不宜以诈骗罪追究行为人的刑事责任。如果行为人伪造证据时，实施了伪造公司、企业、事业单位、人民团体印章的行为，构成犯罪的，应当依照刑法第二百八十条第二款的规定，以伪造公司、企业、事业单位、人民团体印章罪追究刑事责任；如果行为人有指使他人作伪证行为，构成犯罪的应当依照刑法第三百零七条第一款的规定，以妨害作证罪追究刑事责任。”但实践中以诈骗罪定罪处罚的案件也有不少，还有的认定为无罪。同一类案件在不同地区存在不同的裁判，同一地区的公检法各家对恶意虚假诉讼行为的理解和定性也不统一。为进一步统一法律适用，有必要对这一问题作出明确规定。

党的十八届四中全会提出，加大对虚假诉讼、恶意诉讼、无理缠诉行为的惩治力度。2012年修正《民事诉讼法》时，根据司法实践中出现的虚假诉讼情况，对这种行为作了专门规定。《民事诉讼法》第一百一十二条规定：“当事人之间恶意串通，企图通过诉讼、调解等方式侵害他人合法权益的，人民法院应当驳回其请求，并根据情节轻重予以罚款、拘留；构成犯罪的，依法追究刑事责任。”第一百一十三条规定：“被执行人与他人恶意串通，通过诉讼、仲裁、调解等方式逃避履行法律文书确定的义务的，人民法院应当根据情节轻重予以罚款、拘留；构成犯罪的，依法追究刑事责任。”在《刑法修正案（九）（草案）》研究审议过程中，有关司法机关、人大代表和专家学者多次建议在现行法律规定的基础上，在刑法中增加有关虚假诉讼犯罪的专门规定，更有针对性地打击利用虚假诉讼妨害司法秩序、侵害他人合法权益的行为。

在研究过程中,对于虚假诉讼行为的定性和有关法律规定的修改完善,主要有两种观点。一是认为**虚假诉讼行为符合诈骗罪的犯罪构成,应当认定为诈骗罪**,建议在刑法中新增指引性的规定或者作出法律解释,明确对于虚假诉讼行为认定为诈骗罪。主要理由是,虚假诉讼的行为人通过伪造书证、指使他人作伪证等方式虚构事实、隐瞒真相,欺骗对有关财产有裁判权的司法机关,使司法机关产生错误认识,作出错误的裁判文书,本质上是诈骗犯罪。国外也有将诉讼诈骗行为依照诈骗罪的规定定罪处罚的案例。二是**虚假诉讼行为与传统诈骗罪的行为特征不同,建议新增关于虚假诉讼犯罪的专门规定**。主要理由是,诈骗罪欺骗的对象是受害人,受害人是基于受欺骗而"自愿"将财产交给他人;虚假诉讼欺骗的是人民法院,被害人是明知权利被侵害而被强迫交出财产。另外,虚假诉讼侵犯的是复杂客体,虽然在实践中多为骗取财物,但也不限于骗取财物。从国外立法例看,有的国家法律规定了专门的诉讼欺诈犯罪。经研究认为,虚假诉讼既妨害了国家司法秩序,又侵害了他人财产权和其他合法权益,为维护司法权威和社会诚信,惩治利用国家司法机关的审判活动达到非法目的的行为,在刑法中增加虚假诉讼犯罪的专门规定是必要的。为此,**《刑法修正案(九)》**在《刑法》第三百零七条后增加一条,对虚假诉讼犯罪的犯罪构成和量刑、单位犯罪的处罚、犯本罪同时构成其他犯罪时的处理,以及司法工作人员利用职权犯本罪的处理作了规定。

【条文说明】

本条是关于虚假诉讼罪及其处罚的规定。

本条共分为四款。

第一款是关于虚假诉讼罪及其处罚的规定。本罪的主体是**一般主体**,包括个人和单位。本罪侵犯的客体是国家司法秩序和他人的财产权等合法权益。本罪的主观方面是**故意**,行为人具有提起虚假的民事诉讼,欺骗国家司法机关,通过获得司法机关的裁判文书实现其非法目的的主观故意。《刑法修正案(九)(草案一审稿)》在本条中曾规定了"为谋取不正当利益"的主观条件。在草案审议和征求意见过程中,有的常委会组成人员和有关方面提出,增加规定虚假诉讼犯罪的目的是维护司法秩序,不论行为人的具体动机与目的如何,以捏造的事实提起虚假的民事诉讼的行为,就是严重妨害司法秩序的行为。如果再增加规定"为谋取不正当利益"的主观条件,不利于追诉和惩治虚假诉讼犯罪。根据上述意见,草案二审稿删除了"为谋取不正当利益"的规定。根据本款规定,构成虚假诉讼犯罪在客观方面必须具备以下条件:

1. **以捏造的事实提起民事诉讼**。提起民事诉讼,是指依照民事诉讼法的规定向法院提起诉讼。在刑事自诉、行政诉讼等领域也可能存在行为人以捏造的事实向法院提起虚假诉讼的情况,对此可以依照诬告陷害罪等规定处罚,或者作为妨害诉讼活动处理,不适用本款规定。[①]**"捏造的事实"**,是指凭空编造的不存在的事实和法律关系。如根本不存在的债权债务关系,从未发生过的商标侵权行为等。如果民事纠纷客观存在,行为人对具体数额、期限等事实作夸大、隐瞒或虚假陈述的,不属于这里的"捏造"。立法过程中反复研究使用了"捏造"一词,目的也是指凭空编造原本完全不存在的法律事实和法律关系,是对虚假诉讼罪范围的限制。**"以捏造的事实提起民事诉讼"**,是指通过伪造书证、物证、恶意串通、指使证人作假证言等手段,以凭空捏造的根本不存在的事实为基础,向法院提出诉讼请求,要求法院作出裁判。2018年《最高人民法院、最高人民检察院关于办理虚假诉讼刑事案件适用法律若干问题的解释》第一条规定:"采取伪造证据、虚假陈述等手段,实施下列行为之一,捏造民事法律关系,虚构民事纠纷,向人民法院提起民事诉讼的,应当认定为刑法第三百零七条之一第一款规定的'**以捏造的事实提起民事诉讼**':(一)与夫妻一方恶意串通,捏造夫妻共同债务的;(二)与他人恶意串通,捏造债权债务关系和以物抵债协议的;(三)与公司、企业的法定代表人、董事、监事、经理或者其他管理人员恶意串通,捏造公司、企业债务或者担保义务的;(四)捏造知识产权侵权关系或者不正当竞争关系的;(五)在破产案件审理过程中申报捏造的债权的;(六)与被执行人恶意串通,捏造债权或者对查封、扣押、冻结财产的优先权、担保物权的;(七)单方或者与他人恶意串通,捏造身份、合同、侵权、继承等民事法律关系的其他行为。隐瞒债务已经全部清偿的事实,向人民法院提起民事诉讼,要求他人履行债务的,以'以捏造的事实提起民事诉讼'论……"第七条规定:"采取伪造证据等手段篡改案件事实,骗取人民法院裁判文书,构成犯罪的,依照刑法第二百八十条、

① 但如果其中附带民事诉讼的,不妨碍本罪之成立。参见张明楷:《刑法学》(第6版),法律出版社2021年版,第1432页。

第三百零七条等规定追究刑事责任。”另外，这里的“**提起民事诉讼**”包括向人民法院申请执行基于捏造的事实作出的仲裁裁决、公证债权文书，或者在民事执行过程中以捏造的事实对执行标的提出异议、申请参与执行财产分配的情况。需要说明的是，立法过程中也有意见提出，将虚假仲裁行为规定为犯罪。考虑到当时民事虚假诉讼较为突出，通过人民法院进行虚假诉讼对司法公信力等危害性更大，对仲裁领域暂未规定。

2. **妨害司法秩序或者严重侵害他人合法权益**，这是构成本罪的结果条件。本罪的客体是双重客体，既保护司法秩序，也保护他人合法权益。“**妨害司法秩序**”，是指对国家司法机关进行审判活动、履行法定职责的正常秩序造成妨害，包括导致司法机关作出错误判决造成司法权威和司法公信力的损害，也包括提起虚假诉讼占用了司法资源，影响了司法机关的正常司法活动等。“**严重侵害他人合法权益**”，是指虚假诉讼活动给被害人的财产权等合法权益造成严重损害。如司法机关执行错误判决或者因行为人提起诉讼采取保全措施造成被害人财产的严重损失，被害人一定数额的合法债权得不到及时清偿等。根据《最高人民法院、最高人民检察院关于办理虚假诉讼刑事案件适用法律若干问题的解释》第二条的规定：“以捏造的事实提起民事诉讼，有下列情形之一的，应当认定为刑法第三百零七条之一第一款规定的‘**妨害司法秩序或者严重侵害他人合法权益**’：（一）致使人民法院基于捏造的事实采取财产保全或者行为保全措施的；（二）致使人民法院开庭审理，干扰正常司法活动的；（三）致使人民法院基于捏造的事实作出裁判文书、制作财产分配方案，或者立案执行基于捏造的事实作出的仲裁裁决、公证债权文书的；（四）多次以捏造的事实提起民事诉讼的；（五）曾因以捏造的事实提起民事诉讼被采取民事诉讼强制措施或者受过刑事追究的；（六）其他妨害司法秩序或者严重侵害他人合法权益的情形。”只要虚假诉讼行为妨害司法秩序或者严重侵害他人合法权益，就可以构成本条规定的犯罪，**并不一定要求诉讼程序已经完结**，司法机关已经实际完成了裁判文书的制作、送达，裁判文书完全符合行为人的意愿等。

本款对虚假诉讼罪规定了两档刑罚。**第一档刑罚**是三年以下有期徒刑、拘役或者管制，并处或者单处罚金。**第二档刑罚**是对情节严重的，处三年以上七年以下有期徒刑，并处罚金。本款规定的“情节严重”，是指虚假诉讼对司法秩序造成严重妨害，或者对他人合法权益造成特别重大损害。如虚假诉讼标的数额巨大，多次提起虚假诉讼，伪造证据的情节恶劣，损害善意当事人合法权益造成严重后果等，具体标准可由司法机关根据实际情况作出的司法解释确定。根据《最高人民法院、最高人民检察院关于办理虚假诉讼刑事案件适用法律若干问题的解释》第三条规定：“以捏造的事实提起民事诉讼，有下列情形之一的，应当认定为刑法第三百零七条之一第一款规定的‘**情节严重**’：（一）有本解释第二条第一项情形，造成他人经济损失一百万元以上的；（二）有本解释第二条第二项至第四项情形之一，严重干扰正常司法活动或者严重损害司法公信力的；（三）致使义务人自动履行生效裁判文书确定的财产给付义务或者人民法院强制执行财产权益，数额达到一百万元以上的；（四）致使他人债权无法实现，数额达到一百万元以上的；（五）非法占有他人财产，数额达到十万元以上的；（六）致使他人因为不执行人民法院基于捏造的事实作出的判决、裁定，被采取刑事拘留、逮捕措施或者受到刑事追究的；（七）其他情节严重的情形。”

第二款是关于单位犯虚假诉讼犯罪的处罚规定。本款对犯虚假诉讼犯罪的单位采取“**双罚制**”。既对单位判处罚金，又对其直接负责的主管人员和其他直接责任人员，依照第一款的规定处罚。

第三款是关于犯虚假诉讼犯罪同时构成其他犯罪时如何处理的规定。从实践中的情况看，以骗取财物为目的的虚假诉讼行为，在构成本条规定的犯罪的同时，往往还构成刑法规定的其他侵财类犯罪。针对这种同一行为构成刑法多个条文规定的犯罪的情况，有必要明确如何适用法律。本款对这一问题作了明确规定，即从一重罪从重处罚。本款的规定也有一个修改完善的过程。《刑法修正案（九）（草案）》曾经规定，有虚假诉讼行为，侵占他人财产或者逃避合法债务的，依照《刑法》第二百六十六条的规定从重处罚，即认定为诈骗罪并从重处罚。在草案审议过程中，有意见提出，这种情况通常会同时构成诈骗罪，但也有可能构成其他犯罪。如国家工作人员利用职务便利，与他人串通通过虚假诉讼侵占公共财产的，可能构成贪污罪；公司、企业或者其他单位的工作人员利用职务便利，与他人串通通过虚假诉讼侵占单位财产的，可能构成职务侵占罪，一律规定按诈骗罪处理不尽合理。为此，草案二审稿对有关规定作了修改，形成了本款规定。本款规定的适用范围是“有第一款行为，非法占有他人财产或者逃避合法债务，又构成其他犯罪的”，如果虚假诉讼的目的不是非法占有他人财产或者逃避合法债务，则不适用本款规定。对于本款规定的同一行为构成数个犯罪的情形，本款规定“**依照处罚较重的规定定罪从重处罚**”。首先，要比较本条规定的刑罚和刑法其他条文规定的刑罚，适用处刑较重的条文。本条和刑法有关诈骗罪、贪污罪、职务侵占罪等犯罪的条文，规定了多个量刑幅度，对此，在适用时要根据案件事实和各条的规定，确定适用于某一犯罪的具体量刑幅度，再进行比较，选择处罚较重的规定定罪。其次，还要根据确定适用的规定和量刑幅度从重处罚。这样规定体现了对虚假诉讼行为从严惩处的立法精神，也是考虑到如果仅规定从一重罪处罚，如同时构成诈骗罪的，仅依照诈骗罪处罚还不能体现本罪与一般诈骗罪的不同，本罪是通过非法利用人民法院公信力的方式实施诈骗，危害更大，所以比一般诈骗罪更应予以严厉处罚，所以规定了从一重罪，如诈骗罪，在此基础上又予以从重处罚，是一种双从重。

第四款是关于**司法工作人员利用职权实施虚假诉讼行为**如何处理的规定。从实践中的情况看，在有的虚假诉讼案件中，一些司法工作人员与当事人勾结，通过其职务行为或者影响力，为虚假诉讼目的的达成创造条件，有的甚至直接参与作出裁判。**这类行为不仅损害他人的合法权益，而且严重损害了国家司法机关的公信力和司法权威**，应当从严惩处。本款规定有两层意思：一是司法工作人员利用职权，与他人共同实施前三款规定的虚假诉讼行为的，从重处罚。二是司法工作人员利用职权，与他人共同实施前三款规定的虚假诉讼行为，同时构成其他犯罪的，依照处罚较重的规定定罪从重处罚。司法工作人员利用职权，与他人共同实施虚假诉讼行为，在构成本条规定的犯罪的同时，可能还构成民事枉法裁判、滥用职权等犯罪。依照本款规定，这种情况下应当依照处罚较重的规定定罪从重处罚。这样规定，同样体现了对司法工作人员执法犯法，参与虚假诉讼行为严厉惩处的精神。诉讼代理人、证人、鉴定人等诉讼参与人与他人通谋，代理提起虚假民事诉讼、故意作虚假证言或者出具虚假鉴定意见，共同实施《刑法》第三百零七条之一规定的前三款行为的，依照共同犯罪的规定定罪处罚；同时构成妨害作证罪，帮助毁灭、伪造证据罪等犯罪的，依照处罚较重的规定定罪从重处罚。

实践中需要注意以下三个方面的问题：

1. 在执行本条规定的过程中要注意把握**罪与非罪的界限**。本条规定的是以凭空捏造的事实提起民事诉讼，妨害司法秩序或者严重侵害他人合法权益的犯罪。对于提起诉讼的基本事实是真实的，但在一些证据材料上弄虚作假，企图欺骗司法机关，获取有利于自己的裁判的行为，不适用本条规定。

2. 实践中还存在设置诉讼陷阱，滥用诉讼权利，故意拖延诉讼、扰乱审判秩序的恶意诉讼行为，这类行为与程序权利有关，属于**滥用诉权**的情形，不属于虚假诉讼犯罪。

3. 关于本条的**适用效力**。根据《最高人民法院关于〈中华人民共和国刑法修正案（九）〉时间效力问题的解释》第七条的规定，对于2015年10月31日以前以捏造的事实提起民事诉讼，妨害司法秩序或者严重侵害他人合法权益，根据修正前刑法应当以伪造公司、企业、事业单位、人民团体印章罪或者妨害作证罪等追究刑事责任的，适用修正前刑法的有关规定。但是，根据修正后刑法第三百零七条之一的规定处刑较轻的，适用修正后刑法的有关规定。实施第一款行为，非法占有他人财产或者逃避合法债务，根据修正前刑法应当以诈骗罪、职务侵占罪或者贪污罪等追究刑事责任的，适用修正前刑法的有关规定。

【司法解释】

《最高人民法院关于〈中华人民共和国刑法修正案（九）〉时间效力问题的解释》（法释〔2015〕19号，自2015年11月1日起施行）

△（**时间效力；从旧兼从轻原则**）对于2015年10月31日以前以捏造的事实提起民事诉讼，妨害司法秩序或者严重侵害他人合法权益，根据修正前刑法应当以伪造公司、企业、事业单位、人民团体印章罪或者妨害作证罪等追究刑事责任的，适用修正前刑法的有关规定。但是，根据修正后刑法第三百零七条之一的规定处刑较轻的，适用修正后刑法的有关规定。

实施第一款行为，非法占有他人财产或者逃避合法债务，根据修正前刑法应当以诈骗罪、职务侵占罪或者贪污罪等追究刑事责任的，适用修正前刑法的有关规定。（§ 7）

《最高人民法院关于审理民间借贷案件适用法律若干问题的规定》（法释〔2015〕18号，自2015年9月1日起施行，最高人民法院于2020年8月18日通过了修改决定①）

△（**虚假民间借贷诉讼；虚假诉讼罪**）经查明属于虚假民间借贷诉讼，原告申请撤诉的，人民法

① 即《最高人民法院关于修改〈关于审理民间借贷案件适用法律若干问题的规定〉的决定》（法释〔2020〕6号，自2020年8月20日起施行）。

院不予准许,并应当依据《中华人民共和国民事诉讼法》第一百一十二条之规定,判决驳回其请求。

诉讼参与人或者其他人恶意制造、参与虚假诉讼,人民法院应当依据《中华人民共和国民事诉讼法》第一百一十一条、第一百一十二条和第一百一十三条之规定,依法予以罚款、拘留;构成犯罪的,应当移送有管辖权的司法机关追究刑事责任。

单位恶意制造、参与虚假诉讼的,人民法院应当对该单位进行罚款,并可以对其主要负责人或者直接责任人员予以罚款、拘留;构成犯罪的,应当移送有管辖权的司法机关追究刑事责任。(§ 20)

《最高人民法院、最高人民检察院关于办理虚假诉讼刑事案件适用法律若干问题的解释》(法释〔2018〕17号,自2018年10月1日起施行)

△(**以捏造的事实提起民事诉讼**)采取伪造证据、虚假陈述等手段,实施下列行为之一,捏造民事法律关系,虚构民事纠纷,向人民法院提起民事诉讼的,应当认定为刑法第三百零七条之一第一款规定的"以捏造的事实提起民事诉讼":

(一)与夫妻一方恶意串通,捏造夫妻共同债务的;

(二)与他人恶意串通,捏造债权债务关系和以物抵债协议的;

(三)与公司、企业的法定代表人、董事、监事、经理或者其他管理人员恶意串通,捏造公司、企业债务或者担保义务的;

(四)捏造知识产权侵权关系或者不正当竞争关系的;

(五)在破产案件审理过程中申报捏造的债权的;

(六)与被执行人恶意串通,捏造债权或者对查封、扣押、冻结财产的优先权、担保物权的;

(七)单方或者与他人恶意串通,捏造身份、合同、侵权、继承等民事法律关系的其他行为。

隐瞒债务已经全部清偿的事实,向人民法院提起民事诉讼,要求他人履行债务的,以"以捏造的事实提起民事诉讼"论。

向人民法院申请执行基于捏造的事实作出的仲裁裁决、公证债权文书,或者在民事执行过程中以捏造的事实对执行标的提出异议、申请参与执行财产分配的,属于刑法第三百零七条之一第一款规定的"以捏造的事实提起民事诉讼"。(§ 1)

△(**妨害司法秩序或者严重侵害他人合法权益**)以捏造的事实提起民事诉讼,有下列情形之一的,应当认定为刑法第三百零七条之一第一款规定的"妨害司法秩序或者严重侵害他人合法权益":

(一)致使人民法院基于捏造的事实采取财产保全或者行为保全措施的;

(二)致使人民法院开庭审理,干扰正常司法活动的;

(三)致使人民法院基于捏造的事实作出裁判文书、制作财产分配方案,或者立案执行基于捏造的事实作出的仲裁裁决、公证债权文书的;

(四)多次以捏造的事实提起民事诉讼的;

(五)曾因以捏造的事实提起民事诉讼被采取民事诉讼强制措施或者受过刑事追究的;

(六)其他妨害司法秩序或者严重侵害他人合法权益的情形。(§ 2)

△(**情节严重**)以捏造的事实提起民事诉讼,有下列情形之一的,应当认定为刑法第三百零七条之一第一款规定的"情节严重":

(一)有本解释第二条第一项情形,造成他人经济损失一百万元以上的;

(二)有本解释第二条第二项至第四项情形之一,严重干扰正常司法活动或者严重损害司法公信力的;

(三)致使义务人自动履行生效裁判文书确定的财产给付义务或者人民法院强制执行财产权益,数额达到一百万元以上的;

(四)致使他人债权无法实现,数额达到一百万元以上的;

(五)非法占有他人财产,数额达到十万元以上的;

(六)致使他人因为不执行人民法院基于捏造的事实作出的判决、裁定,被采取刑事拘留、逮捕措施或者受到刑事追究的;

(七)其他情节严重的情形。(§ 3)

△(**竞合;诈骗罪;职务侵占罪;拒不执行判决、裁定罪;贪污罪**)实施刑法第三百零七条之一第一款行为,非法占有他人财产或者逃避合法债务,又构成诈骗罪,职务侵占罪,拒不执行判决、裁定罪,贪污罪等犯罪的,依照处罚较重的规定定罪从重处罚。(§ 4)

△(**竞合;司法工作人员;滥用职权罪;民事枉法裁判罪;执行判决、裁定滥用职权罪**)司法工作人员利用职权,与他人共同实施刑法第三百零七条之一前三款行为的,从重处罚;同时构成滥用职权罪,民事枉法裁判罪,执行判决、裁定滥用职权罪等犯罪的,依照处罚较重的规定定罪从重处罚。(§ 5)

△(**诉讼代理人、证人、鉴定人等诉讼参与人;共同犯罪;竞合;妨害作证罪;帮助毁灭、伪造证据**

分则　第六章

罪)诉讼代理人、证人、鉴定人等诉讼参与人与他人通谋,代理提起虚假民事诉讼、故意作虚假证言或者出具虚假鉴定意见,共同实施刑法第三百零七条之一前三款行为的,依照共同犯罪的规定定罪处罚;同时构成妨害作证罪,帮助毁灭、伪造证据罪等犯罪的,依照处罚较重的规定定罪从重处罚。(§ 6)

△(**单位实施**)单位实施刑法第三百零七条之一第一款行为的,依照本解释规定的定罪量刑标准,对其直接负责的主管人员和其他直接责任人员定罪处罚,并对单位判处罚金。(§ 8)

△(**犯罪情节轻微;从宽处罚;司法工作人员**)实施刑法第三百零七条之一第一款行为,未达到情节严重的标准,行为人系初犯,在民事诉讼过程中自愿具结悔过,接受人民法院处理决定,积极退赃、退赔的,可以认定为犯罪情节轻微,不起诉或者免予刑事处罚;确有必要判处刑罚的,可以从宽处罚。

司法工作人员利用职权,与他人共同实施刑法第三百零七条之一第一款行为的,对司法工作人员不适用本条第一款规定。(§ 9)

△(**虚假诉讼刑事案件;管辖**)虚假诉讼刑事案件由虚假民事诉讼案件的受理法院所在地或者执行法院所在地人民法院管辖。有刑法第三百零七条之一第四款情形的,上级人民法院可以指定下级人民法院将案件移送其他人民法院审判。(§ 10)

△(**裁判文书**)本解释所称裁判文书,是指人民法院依照民事诉讼法、企业破产法等民事法律作出的判决、裁定、调解书、支付令等文书。(§ 11)

【司法解释性文件】

《最高人民法院、最高人民检察院、公安部、司法部关于办理黑恶势力犯罪案件若干问题的指导意见》(法发〔2018〕1号,2018年1月16日公布)

△(**假借民间借贷之名;诈骗罪;强迫交易罪;敲诈勒索罪;抢劫罪;虚假诉讼罪;违法所得**)对于以非法占有为目的,假借民间借贷之名,通过"虚增债务""签订虚假借款协议""制造资金走账流水""肆意认定违约""转单平账""虚假诉讼"等手段非法占有他人财产,或者使用暴力、威胁手段强立债权、强行索债的,应当根据案件具体事实,以诈骗、强迫交易、敲诈勒索、抢劫、虚假诉讼等罪名侦查、起诉、审判。对于非法占有的被害人实际所得借款以外的虚高"债务"和以"保证金""中介费""服务费"等各种名目扣除或收取的额外费用,均应计入违法所得。对于名义上为被害人所得、但在案证据能够证明实际上却为犯罪嫌疑人、被告人实施后续犯罪所使用的"借款",应予以没收。(§ 20)

《最高人民法院、最高人民检察院、公安部、司法部关于办理"套路贷"刑事案件若干问题的意见》(法发〔2019〕11号,自2019年4月9日起施行)

△(**"套路贷";诈骗罪;敲诈勒索罪;非法拘禁罪;虚假诉讼罪;寻衅滋事罪;强迫交易罪;抢劫罪;绑架罪**)实施"套路贷"过程中,未采用明显的暴力或者威胁手段,其行为特征从整体上表现为以非法占有为目的,通过虚构事实、隐瞒真相骗取被害人财物的,一般以诈骗罪定罪处罚;对于在实施"套路贷"过程中多种手段并用,构成诈骗、敲诈勒索、非法拘禁、虚假诉讼、寻衅滋事、强迫交易、抢劫、绑架等多种犯罪的,应当根据具体案件事实,区分不同情况,依照刑法及有关司法解释的规定数罪并罚或者择一重处。(§ 4)

《最高人民法院、最高人民检察院、公安部、司法部关于进一步加强虚假诉讼犯罪惩治工作的意见》(法发〔2021〕10号,2021年3月4日发布)

△(**虚假诉讼犯罪**)本意见所称虚假诉讼犯罪,是指行为人单独或者与他人恶意串通,采取伪造证据、虚假陈述等手段,捏造民事案件基本事实,虚构民事纠纷,向人民法院提起民事诉讼,妨害司法秩序或者严重侵害他人合法权益,依照法律应当受刑罚处罚的行为。(§ 2)

△(**以捏造的事实提起民事诉讼**)实施《最高人民法院、最高人民检察院关于办理虚假诉讼刑事案件适用法律若干问题的解释》第一条第一款、第二款规定的捏造事实行为,并有下列情形之一的,应当认定为刑法第三百零七条之一第一款规定的"以捏造的事实提起民事诉讼":

(一)提出民事起诉的;

(二)向人民法院申请宣告失踪、宣告死亡,申请认定公民无民事行为能力、限制民事行为能力,申请认定财产无主,申请确认调解协议,申请实现担保物权,申请支付令,申请公示催告的;

(三)在民事诉讼过程中增加独立的诉讼请求、提出反诉,有独立请求权的第三人提出与本案有关的诉讼请求的;

(四)在破产案件审理过程中申报债权的;

(五)案外人申请民事再审的;

(六)向人民法院申请执行仲裁裁决、公证债权文书的;

(七)案外人在民事执行过程中对执行标的提出异议,债权人在民事执行过程中申请参与执行财产分配的;

分则　第六章

（八）以其他手段捏造民事案件基本事实，虚构民事纠纷，提起民事诉讼的。（§ 4）

△（**虚假诉讼犯罪易发的民事案件类型**）对于下列虚假诉讼犯罪易发的民事案件类型，人民法院、人民检察院在履行职责过程中应当予以重点关注：

（一）民间借贷纠纷案件；

（二）涉及房屋限购、机动车配置指标调控的以物抵债案件；

（三）以离婚诉讼一方当事人为被告的财产纠纷案件；

（四）以已经资不抵债或者已经被作为被执行人的自然人、法人和非法人组织为被告的财产纠纷案件；

（五）以拆迁区划范围内的自然人为当事人的离婚、分家析产、继承、房屋买卖合同纠纷案件；

（六）公司分立、合并和企业破产纠纷案件；

（七）劳动争议案件；

（八）涉及驰名商标认定的案件；

（九）其他需要重点关注的民事案件。（§ 5）

△（**民事诉讼当事人；及时甄别和发现虚假诉讼犯罪**）民事诉讼当事人有下列情形之一的，人民法院、人民检察院在履行职责过程中应当依法严格审查，及时甄别和发现虚假诉讼犯罪：

（一）原告起诉依据的事实、理由不符合常理，存在伪造证据、虚假陈述可能的；

（二）原告诉请司法保护的诉讼标的额与其自身经济状况严重不符的；

（三）在可能影响案外人利益的案件中，当事人之间存在近亲属关系或者关联企业等共同利益关系的；

（四）当事人之间不存在实质性民事权益争议和实质性诉辩对抗的；

（五）一方当事人对于另一方当事人提出的对其不利的事实明确表示承认，且不符合常理的；

（六）认定案件事实的证据不足，但双方当事人主动迅速达成调解协议，请求人民法院制作调解书的；

（七）当事人自愿以价格明显不对等的财产抵付债务的；

（八）民事诉讼过程中存在其他异常情况的。（§ 6）

△（**民事诉讼代理人、证人、鉴定人等诉讼参与人；及时甄别和发现虚假诉讼犯罪**）民事诉讼代理人、证人、鉴定人等诉讼参与人有下列情形之一的，人民法院、人民检察院在履行职责过程中应当依法严格审查，及时甄别和发现虚假诉讼犯罪：

（一）诉讼代理人违规接受对方当事人或者案外人给付的财物或者其他利益，与对方当事人或者案外人恶意串通，侵害委托人合法权益的；

（二）故意提供虚假证据，指使、引诱他人伪造、变造证据、提供虚假证据或者隐匿、毁灭证据的；

（三）采取其他不正当手段干扰民事诉讼活动正常进行的。（§ 7）

《最高人民法院关于深入开展虚假诉讼整治工作的意见》（法〔2021〕281 号，2021 年 11 月 10 日发布）

△（**虚假诉讼；虚假诉讼行为人**）精准甄别查处，依法保护诉权。单独或者与他人恶意串通，采取伪造证据、虚假陈述等手段，捏造民事案件基本事实，虚构民事纠纷，向人民法院提起民事诉讼，损害国家利益、社会公共利益或者他人合法权益，妨害司法秩序的，构成虚假诉讼。向人民法院申请执行基于捏造的事实作出的仲裁裁决、调解书及公证债权文书，在民事执行过程中以捏造的事实对执行标的提出异议、申请参与执行财产分配的，也属于虚假诉讼。诉讼代理人、证人、鉴定人、公证人等与他人串通，共同实施虚假诉讼的，属于虚假诉讼行为人。在整治虚假诉讼的同时，应当依法保护当事人诉权。既要防止以保护当事人诉权为由，放松对虚假诉讼的甄别、查处，又要防止以整治虚假诉讼为由，当立案不立案，损害当事人诉权。（§ 2）

△（**防范虚假诉讼**）把准特征表现，做好靶向整治。各级人民法院要积极总结司法实践经验，准确把握虚假诉讼的特征表现，做到精准施治、靶向整治。对存在下列情形的案件，要高度警惕、严格审查，有效防范虚假诉讼：原告起诉依据的事实、理由不符合常理；诉讼标的额与原告经济状况严重不符；当事人之间存在亲属关系、关联关系等利害关系，诉讼结果可能涉及案外人利益；当事人之间不存在实质性民事权益争议，在诉讼中没有实质性对抗辩论；当事人的自认不符合常理；当事人身陷沉重债务负担却以明显不合理的低价转让财产、以明显不合理的高价受让财产或者放弃财产权利；认定案件事实的证据不足，当事人却主动迅速达成调解协议，请求人民法院制作调解书；当事人亲历案件事实却不能完整准确陈述案件事实或者陈述前后矛盾等。（§ 3）

△（**虚假诉讼犯罪；竞合；共同犯罪**）依法认定犯罪，从严追究虚假诉讼刑事责任。虚假诉讼行为符合刑法和司法解释规定的定罪标准的，要依法认定为虚假诉讼罪等罪名，从严追究行为人的刑事责任。实施虚假诉讼犯罪，非法占有他人

分则　第六章

财产或者逃避合法债务，又构成诈骗罪、职务侵占罪、拒不执行判决、裁定罪、贪污罪等犯罪的，依照处罚较重的罪名定罪并从重处罚。对于多人结伙实施的虚假诉讼共同犯罪中罪责最突出的主犯、有虚假诉讼违法犯罪前科再次实施虚假诉讼犯罪的被告人，要充分体现从严，控制缓刑、免予刑事处罚的适用范围。（§ 17）

△（**法院工作人员；虚假诉讼罪；玩忽职守罪、执行判决、裁定失职罪；竞合**）加强队伍建设，提升整治能力。各级人民法院要及时组织法院干警学习掌握中央和地方各项经济社会政策；将甄别和查处虚假诉讼纳入法官培训范围；通过典型案例分析、审判业务交流、庭审观摩等多种形式，提高法官甄别和查处虚假诉讼的司法能力；严格落实司法责任制，对参与虚假诉讼的法院工作人员依规依纪严肃处理，建设忠诚干净担当的人民法院队伍。法院工作人员利用职权与他人共同实施虚假诉讼行为，构成虚假诉讼罪的，依法从重处罚，同时构成其他犯罪的，依照处罚较重的规定定罪并从重处罚。法院工作人员不正确履行职责，玩忽职守，致使虚假诉讼案件进入诉讼程序，导致公共财产、国家和人民利益遭受重大损失，符合刑法规定的犯罪构成要件的，依照玩忽职守罪、执行判决、裁定失职罪等罪名定罪处罚。（§ 20）

《最高人民检察院、公安部关于公安机关管辖的刑事案件立案追诉标准的规定（二）》（公通字〔2022〕12 号，2022 年 4 月 6 日公布）

△（**虚假诉讼罪；立案追诉标准**）单独或者与他人恶意串通，以捏造的事实提起民事诉讼，涉嫌下列情形之一的，应予立案追诉：

（一）致使人民法院基于捏造的事实采取财产保全或者行为保全措施的；

（二）致使人民法院开庭审理，干扰正常司法活动的；

（三）致使人民法院基于捏造的事实作出裁判文书、制作财产分配方案，或者立案执行基于捏造的事实作出的仲裁裁决、公证债权文书的；

（四）多次以捏造的事实提起民事诉讼的；

（五）因以捏造的事实提起民事诉讼被采取民事诉讼强制措施或者受过刑事追究的；

（六）其他妨害司法秩序或者严重侵害他人合法权益的情形。（§ 78）

【附属刑法】

《中华人民共和国民事诉讼法》（1991 年 4 月 9 日通过，2021 年 12 月 24 日第四次修正）

第一百一十五条

当事人之间恶意串通，企图通过诉讼、调解等方式侵害他人合法权益的，人民法院应当驳回其请求，并根据情节轻重予以罚款、拘留；构成犯罪的，依法追究刑事责任。

【指导性案例】

最高人民检察院指导性案例第 87 号：李卫俊等“套路贷”虚假诉讼案（2020 年 12 月 14 日发布）

△（**虚假诉讼；套路贷；刑民检察协同；类案监督；金融监管**）检察机关办理涉及“套路贷”案件时，应当查清是否存在通过虚假诉讼行为实现非法利益的情形。对虚假诉讼中涉及的民事判决、裁定、调解协议书等，应当依法开展监督。针对办案中发现的非法金融活动和监管漏洞，应当运用检察建议等方式，促进依法整治并及时堵塞行业监管漏洞。

第三百零八条　【打击报复证人罪】

对证人进行打击报复的，处三年以下有期徒刑或者拘役；情节严重的，处三年以上七年以下有期徒刑。

【立法理由】

证人出庭作证对查清案件事实真相有着很重要的作用，但是在实践中，证人因为害怕被打击报复而不敢作证的情况屡见不鲜，也曾出现过证人因作证而遭受犯罪分子打击报复的情况，这种行为具有较大的社会危害性，妨碍了诉讼的正常进行。1996 年修正《刑事诉讼法》时，为进一步加大保护证人的力度，规定“人民法院、人民检察院和公安机关应当保障证人及其近亲属的安全。对证人及其近亲属进行威胁、侮辱、殴打或者打击报复，构成犯罪的，依法追究刑事责任”。同时，1991 年《民事诉讼法》第一百零二条中规定，诉讼参与人或者其他人对司法工作人员、诉讼参加人、证人、翻译人员、鉴定人、勘验人、协助执行的人，进行侮辱、诽谤、诬陷、殴打或者打击报复的，人民法院可以根据情节轻重予以罚款、拘留；构成犯罪的，依法追究刑事责任。1989年通过的《行政诉讼法》对打击报复证人的法律责任也作了类似规定。**1997年修订刑法**时，在刑法中对此作了相应的规定。本条规定对于保护证人出庭作证，保障司法机关诉讼活动正常进行具有重要意义。

【条文说明】

本条是关于打击报复证人罪及其处罚的规定。

本罪的客观方面表现为"**对证人进行打击报复**"。"**证人**"不仅包括刑事诉讼中的证人，也包括民事、行政诉讼中的证人。① "**打击报复**"包括多种方式：一是直接加害证人本人的人身，如对证人进行暴力伤害、当众侮辱或捏造事实诽谤、限制自由等；二是间接侵害证人，如通过加害证人的亲友、毁坏证人的财产、滋扰证人的生活安宁等方式，对证人进行打击报复；②三是利用职权迫害证人，如降薪、降职、辞退、压制晋升、扣发工资或奖金、调离岗位等。

根据犯罪情节的不同，本条规定了两档刑罚：犯本罪的，处三年以下有期徒刑或者拘役；情节严重的，处三年以上七年以下有期徒刑。本条没有规定犯罪门槛，但对报复陷害的也不是一律都作为犯罪处理，也应区分情况，对情节显著轻微危害不大的，可以依照有关法律、法规，给予行政处罚或者处分等。"**情节严重**"，主要是指行为人的犯罪手段极其恶劣，多次打击报复证人或者打击报复证人多人的，造成被害人精神失常、自杀等严重后果的。

需要指出的是，对证人进行打击报复的行为人如果有故意伤害、杀害证人或者其他犯罪行为的，其行为构成故意伤害罪、故意杀人罪等，应根据从一重罪处罚的原则，按照该行为触犯的刑罚较重的犯罪定罪处刑。另外，在适用过程中，应注意本罪与《刑法》第二百五十四条规定的**报复陷害罪**、第三百零七条规定的**妨害作证罪**的区别。报复陷害的主体是特定主体，是国家机关工作人员，针对的对象是控告人、申诉人、批评人、举报人，侵害的是公民的人身权利、民主权利；打击报复证人罪的对象是证人，主体没有限定，从司法实践情况来看，大多为诉讼活动的一方当事人及其亲友，或者与案件的处理结果有利害关系的人，妨害的是证人作证的司法秩序。两罪只在行为手段上具有相似性，都是利用各种暴力、非暴力的手段损害他人合法利益。本罪与妨害作证罪的对象都是证人，区别主要是：一方面，行为表现形式不同，打击报复证人罪是行为人采取暴力、威胁等手段对证人实施打击报复，造成证人人身、精神上的伤害的行为；妨害作证罪在客观方面则表现为行为人以暴力、威胁、贿买等方法阻止证人作证或者指使他人作伪证的行为。另一方面，两罪行为实施的时间阶段不同，打击报复证人罪的行为一般发生在证人依法作证之后；妨害作证罪则发生在证人作证之前。

【附属刑法】

《中华人民共和国刑事诉讼法》（1979年7月1日通过，2018年10月26日第三次修正）

第六十三条

Ⅰ人民法院、人民检察院和公安机关应当保障证人及其近亲属的安全。

Ⅱ对证人及其近亲属进行威胁、侮辱、殴打或者打击报复，构成犯罪的，依法追究刑事责任；尚不够刑事处罚的，依法给予治安管理处罚。

《中华人民共和国民事诉讼法》（1991年4月9日通过，2021年12月24日第四次修正）

第一百一十四条

Ⅰ诉讼参与人或者其他人有下列行为之一的，人民法院可以根据情节轻重予以罚款、拘留；构成犯罪的，依法追究刑事责任：

……

（四）对司法工作人员、诉讼参加人、证人、翻译人员、鉴定人、勘验人、协助执行的人，进行侮辱、诽谤、诬陷、殴打或者打击报复的；

……

Ⅱ人民法院对有前款规定的行为之一的单位，可以对其主要负责人或者直接责任人员予以罚款、拘留；构成犯罪的，依法追究刑事责任。

① 相同的学说见解，参见张明楷：《刑法学》（第6版），法律出版社2021年版，第1438页；周光权：《刑法各论》（第4版），中国人民大学出版社2021年版，第453页。

② 如果对证人亲属的打击报复行为，能够评价为对证人的打击报复时，也应以本罪论处。参见张明楷：《刑法学》（第6版），法律出版社2021年版，第1483页；黎宏：《刑法学各论》（第2版），法律出版社2016年版，第403—404页。

第三百零八条之一　【泄露不应公开的案件信息罪】【披露、报道不应公开的案件信息罪】

司法工作人员、辩护人、诉讼代理人或者其他诉讼参与人，泄露依法不公开审理的案件中不应当公开的信息，造成信息公开传播或者其他严重后果的，处三年以下有期徒刑、拘役或者管制，并处或者单处罚金。

有前款行为，泄露国家秘密的，依照本法第三百九十八条的规定定罪处罚。

公开披露、报道第一款规定的案件信息，情节严重的，依照第一款的规定处罚。

单位犯前款罪的，对单位判处罚金，并对其直接负责的主管人员和其他直接责任人员，依照第一款的规定处罚。

【立法沿革】

《中华人民共和国刑法修正案(九)》(自2015年11月1日起施行)

三十六、在刑法第三百零八条后增加一条，作为第三百零八条之一：

“司法工作人员、辩护人、诉讼代理人或者其他诉讼参与人，泄露依法不公开审理的案件中不应当公开的信息，造成信息公开传播或者其他严重后果的，处三年以下有期徒刑、拘役或者管制，并处或者单处罚金。

“有前款行为，泄露国家秘密的，依照本法第三百九十八条的规定定罪处罚。

“公开披露、报道第一款规定的案件信息，情节严重的，依照第一款的规定处罚。

“单位犯前款罪的，对单位判处罚金，并对其直接负责的主管人员和其他直接责任人员，依照第一款的规定处罚。”

【立法理由】

2015年**《刑法修正案(九)》**增加了本条规定。

2004年修正后的《宪法》第一百二十五条规定，人民法院审理案件，除法律规定的特别情况外，一律公开进行。这一规定确立了公开审判这一诉讼的基本原则。同时，在坚持以公开审判为原则的前提下，也有一些案件因为特殊情况，如果公开审理，可能会对国家利益、公共利益或者当事人的合法权益造成不利影响时，对这些案件，实行不公开审理更有利于维护各方面权益，更符合法治的要求。但是，**不公开审理是公开审判原则的例外，应当由法律作出明确规定**。我国刑事诉讼法、民事诉讼法、行政诉讼法都在明确规定公开审判原则的同时，作了一些例外规定。2012年修正的《刑事诉讼法》第一百八十三条第一款规定，人民法院审判第一审案件应当公开进行。但是有关国家秘密或者个人隐私的案件，不公开审理；涉及商业秘密的案件，当事人申请不公开审理的，可以不公开审理。第二百七十四条规定，审判的时候被告人不满十八周岁的案件，不公开审理。但是，经未成年被告人及其法定代理人同意，未成年被告人所在学校和未成年人保护组织可以派代表到场。《民事诉讼法》第一百三十四条规定，人民法院审理民事案件，除涉及国家秘密、个人隐私或者法律另有规定的以外，应当公开进行。离婚案件，涉及商业秘密的案件，当事人申请不公开审理的，可以不公开审理。《行政诉讼法》第五十四条规定，人民法院公开审理行政案件，但涉及国家秘密、个人隐私和法律另有规定的除外。涉及商业秘密的案件，当事人申请不公开审理的，可以不公开审理。此外，2012年修正的《未成年人保护法》第五十八条还对未成年人犯罪案件作出了专门规定，要求新闻报道、影视节目、公开出版物、网络等不得披露该未成年人的姓名、住所、照片、图像以及可能推断出该未成年人的资料。这些规定中**不公开审理的案件**主要有以下几类：一是涉及国家秘密的案件；二是涉及个人隐私的案件；三是未成年人犯罪案件；四是涉及商业秘密的案件。不公开审理包括两方面的含义：一是审理不公开进行，开庭审判时未经法庭允许的人员不得旁听；二是诉讼参与人不得公开传播诉讼中知悉的不应当公开的信息，否则审理的不公开也就失去了意义。

近年来，法律关于公开审判及其例外的规定执行的情况总体上是好的。最高人民法院等有关部门对于依法应当不公开审理的案件，特别是未成年人犯罪案件、性侵害未成年人案件等，也都作出专门的司法解释或者规定，要求诉讼参与人对案件中不应当公开的信息予以保密，如2013年《最高人民法院、最高人民检察院、公安部、司法部关于依法惩治性侵害未成年人犯罪的意见》中规定：“人民法院开庭审理性侵害未成年人犯罪案件，未成年被害人、证人确有必要出庭的，应当根据案件情况采取不暴露外貌、真实声音等保护措施。有条件的，可以采取视频等方式播放未成年人的陈述、证言，播放视频亦应采取保护措施。”但实践中也出现了一些依法不公开审理案件的诉讼参与人，泄露或者借助媒体、自媒体公开传播案件中不应当公开的信息的情况。还有新闻媒体为追求轰动效应，对依法不公开审理案件的内容公开报道，深挖所谓内幕、细节信息。有的司法工作人员违反保密纪律，向他人或者媒体泄露正在不公开审理案件的信息。有的当事人、辩护人、诉讼代理人或者当事人的亲属，为向司法机关和对方当事人施加压力，公开传播涉及当事人隐私和犯罪细节的信息，制造舆论，企图影响司法机关的裁判结果。

这类泄露和公开传播依法不公开审理案件中不应当公开的信息的行为具有严重的社会危害性。第一，**泄露不公开审理案件信息的行为对人民法院依法独立公正行使审判权造成不利影响**。不公开审理的案件信息一旦泄露并公开传播，往往形成舆论热点，使办理案件的司法机关成为舆论的焦点，对其依法独立公正审判造成干扰。特别是有的当事人有选择性地泄露部分案件信息，制造有利于自己的舆论。有时一方当事人制造了舆论，对方当事人为应对也不得不公开发声回应，不可避免地进一步泄露了案件信息，双方甚至形成舆论对垒，给审判机关带来更大压力。这种通过泄露案件信息炒作，把打官司变成打"舆论战"的做法，对于维护司法公信力和司法权威，推进严格执法、公正司法、全民守法的法治国家和法治社会的建设也是不利的。第二，**泄露不公开审理的案件信息的行为损害了当事人的合法权益**。法律规定有关案件实行不公开审理，就是为了保护有关当事人的个人隐私、商业秘密、人格尊严和身心健康等合法权益。案件信息被泄露甚至公开传播势必损害当事人的合法权益。有的性侵害未成年人案件的犯罪细节被公开披露并在媒体上传播，给未成年被害人带来严重的二次伤害。有的媒体对犯罪的未成年人指名道姓报道，使刑法、刑事诉讼法有关未成年人犯罪免除前科报告义务、犯罪记录封存的规定落空。如果泄露的案件信息属于国家秘密，更会给国家的安全和利益带来损害。

从法律的规定看，刑法对这类泄露案件信息的行为没有作专门规定，有的可以根据具体情况，适用刑法关于**泄露国家秘密、侵犯商业秘密**等犯罪规定处理。对于法官、检察官泄露审判、检察工作秘密的，还可以依据法官法、检察官法的规定给予处分。在《刑法修正案（九）（草案）》研究起草过程中，各方面普遍认为，应当根据全面推进依法治国的要求，完善惩戒妨碍司法机关依法行使职权的违法犯罪行为的法律规定，维护司法权威。有关方面建议在刑法中增加泄露不应公开的案件信息的犯罪。为保障人民法院依法独立公正行使审判权，维护有关当事人的合法权益，**《刑法修正案（九）》**在《刑法》第三百零八条后增加一条，对泄露不应公开的案件信息罪的犯罪构成和量刑、犯该罪同时泄露国家秘密的处理、公开披露和报道不应公开的案件信息罪的犯罪构成和量刑以及单位犯罪的处罚作了规定。

【条文说明】

本条是关于泄露不应公开的案件信息罪，披露、报道不应公开的案件信息罪及其处罚的规定。

本条共分为四款。

第一款是关于**泄露不应公开的案件信息罪**及其处罚的规定。本罪的主体是**司法工作人员、辩护人、诉讼代理人或者其他诉讼参与人**，即参与不公开审理的案件的诉讼活动，知悉不应当公开的案件信息的人。"**司法工作人员**"，在刑事诉讼中，包括侦查人员、检察人员、审判人员和有监管职责的人员，在民事诉讼、行政诉讼中主要是指审判人员。"**辩护人**"，是指在刑事诉讼中接受犯罪嫌疑人、被告人的委托或者法律援助机构的指派，为犯罪嫌疑人、被告人提供法律帮助的人，包括律师，人民团体或者犯罪嫌疑人、被告人所在单位推荐的人及犯罪嫌疑人、被告人的监护人、亲友。"**诉讼代理人**"，是指接受刑事公诉案件被害人及其法定代理人或者近亲属、自诉案件自诉人及其法定代理人、刑事附带民事诉讼案件当事人及其法定代理人、民事诉讼案件当事人及其法定代理人、行政诉讼案件当事人及其法定代理人的委托，代为参加诉讼和提供法律帮助的人，包括律师，基层法律服务工作者，当事人的近亲属或者工作人员，当事人所在社区、单位以及有关社会团体推荐的公民等。"**其他诉讼参与人**"，是指除司法工作人员、辩护人、诉讼代理人之外其他参加诉讼的人员，包括证人、鉴定人、出庭的有专门知识的人、记录人、翻译人等。

根据本款规定，构成泄露不应公开的案件信息罪在客观方面必须具备以下条件：一是**泄露依法不公开审理的案件中不应当公开的信息**。[①] 依法不公开审理的案件，是指依照刑事诉讼法、民事诉讼法、行政诉讼法、未成年人保护法等法律的规定，应当不公开审理或者经当事人提出申请，人民

① 相反的，披露案件审理过程中司法工作人员、辩护人、诉讼代理人或者其他诉讼参与人的违法行为，都不成立犯罪。参见张明楷：《刑法学》（第6版），法律出版社2021年版，第1438页。

法院决定不公开审理的案件。不应当公开的信息，是指公开以后可能对国家安全和利益、当事人受法律保护的隐私权、商业秘密造成损害，以及对涉案未成年人的身心健康造成不利影响的信息。包括案件涉及的国家秘密、个人隐私、商业秘密本身，也包括其他与案件有关不宜为诉讼参与人以外人员知悉的信息。对于未成年人犯罪案件，未成年犯罪嫌疑人、被告人的姓名、住所、照片、图像、就读学校以及其他可能推断出该未成年人身份信息的资料，都属于不应当公开的信息。造成不应当知悉有关案件信息的人员知悉有关案件信息的，即属于泄露该信息的行为。[①] 二是**造成信息公开传播或者其他严重后果**，这是构成本罪的结果条件。"**信息公开传播**"，是指信息在一定数量的公众中广泛传播。信息的公开传播使不公开审理制度所保护的法益的损害扩大，是严重的危害后果。"**其他严重后果**"，是指信息公开传播以外的其他严重的危害后果，如造成被害人不堪受辱而自杀、造成审判活动被干扰导致无法顺利进行等。

本款对泄露不应公开的案件信息罪规定了一档刑罚，即处三年以下有期徒刑、拘役或者管制，并处或者单处罚金。

第二款是关于**有泄露不公开审理的案件信息的行为，同时泄露国家秘密的**，如何处理的规定。《刑法》第三百九十八条规定了故意或者过失泄露国家秘密犯罪。行为人泄露不公开审理案件中的国家秘密的，同时构成本条和第三百九十八条的犯罪，需要明确如何处理。考虑到第三百九十八条是针对泄露国家秘密犯罪的专门规定，其规定的法定刑也较本条第一款规定的法定刑更重，对泄露不公开审理的案件中的国家秘密的行为依照《刑法》第三百九十八条的规定定罪处罚，更能体现对泄露国家秘密犯罪从严惩处的精神，因此没有规定从一重罪处罚，而是直接规定，有本条第一款规定的泄露不应公开的案件信息的行为，泄露国家秘密的，**依照《刑法》第三百九十八条的规定定罪处罚**。泄露国家秘密罪虽然规定在渎职罪一章，但其犯罪主体作了特别规定，包括国家机关工作人员和非国家机关工作人员。因此除了司法工作人员，其他诉讼参与人也可适用本款规定定罪处罚。

第三款是关于**披露、报道不应公开的案件信息罪**及其处罚的规定。有的个人和媒体、网站等单位，虽然不是泄露不公开审理的案件信息的行为人，但通过各种渠道获得不公开审理的案件信息后，公开披露、报道，甚至大肆炒作，有的造成严重后果，对司法秩序和有关当事人的合法权益造成严重损害。这种行为与泄露不公开审理的案件信息具有同样的社会危害性，应当追究刑事责任。"**公开披露**"是指通过各种途径向他人和公众发布有关案件信息。"**报道**"主要是指利用报刊、广播、电视、网站等媒体向公众公开传播有关案件信息。本款规定的"**情节严重**"，是公开披露、报道第一款规定的案件信息行为构成犯罪的条件，其具体含义可以参照第一款的规定，主要是造成信息大量公开传播、为公众所知悉，给司法秩序和当事人合法权益造成严重损害，以及其他与此类似的严重后果。根据本款规定，公开披露、报道第一款规定的案件信息，情节严重的，依照第一款的规定处罚，即处三年以下有期徒刑、拘役或者管制，并处或者单处罚金。

第四款是关于单位犯披露、报道不应公开的案件信息罪的规定。本款对犯披露、报道不应公开的案件信息罪的单位采取"**双罚制**"。既对单位判处罚金，又对其直接负责的主管人员和其他直接责任人员，依照第一款的规定处罚。

需要注意的是，在《刑法修正案（九）（草案）》审议和征求意见过程中，有的意见提出，本条规定可能会对辩护人、代理律师正常的执业活动以及新闻媒体对案件进行正常报道和舆论监督造成负面影响，建议对是否增加本条规定慎重考虑。经对这方面意见认真研究，考虑到本条规定是为了保障人民法院依法独立公正行使审判权，保护当事人的合法权益，本罪的主体包括司法工作人员在内的所有诉讼参与人，不是专门针对某个特定群体的，律师的正常执业活动不会因本条规定受到不利影响。同时，法律对于不公开审理的案件范围规定是明确的，新闻媒体对于涉及这类案件的新闻线索，应当谨慎处理，避免触及法律红线。**新闻媒体对案件的正常报道和舆论监督活动，也不会因为本条规定受到负面影响。**

【司法解释性文件】

《最高人民法院、最高人民检察院、公安部、司法部关于依法惩治性侵害未成年人犯罪的意见》

① 我国学者指出，除有关国家秘密外，不公开审理是为了保护被告人或者被害人的权利。由于本罪的司法秩序的具体内容是"依法不公开审理的案件中不应当公开的信息"未被泄露，实质是为了保护当事人的权利。故而，在不公开审理的案件审理终结后，行为人泄露不应当公开的信息，即便没有破坏本案的司法秩序，依然成立本罪。反面而言，当事人的同意有可能阻却违法。参见张明楷：《刑法学》（第6版），法律出版社2021年版，第1439页。

（法发〔2013〕12号，2013年10月23日公布）

△（**性侵害未成年人犯罪案件；保密范围；诉讼文书**）办理性侵害未成年人犯罪案件，对于涉及未成年被害人、未成年犯罪嫌疑人和未成年被告人的身份信息及可能推断出其身份信息的资料和涉及性侵害的细节等内容，审判人员、检察人员、侦查人员、律师及其他诉讼参与人应当予以保密。

对外公开的诉讼文书，不得披露未成年被害人的身份信息及可能推断出其身份信息的其他资料，对性侵害的事实注意以适当的方式叙述。（§5）

【附属刑法】

《中华人民共和国法官法》（1995年2月28日通过，2019年4月23日修订）

第四十六条

法官有下列行为之一的，应当给予处分；构成犯罪的，依法追究刑事责任：

……

（三）泄露国家秘密、审判工作秘密、商业秘密或者个人隐私的；

……

《中华人民共和国检察官法》（1995年2月28日通过，2019年4月23日修订）

第四十七条

检察官有下列行为之一的，应当给予处分；构成犯罪的，依法追究刑事责任：

……

（三）泄露国家秘密、检察工作秘密、商业秘密或者个人隐私的；

……

第三百零九条　【扰乱法庭秩序罪】

有下列扰乱法庭秩序情形之一的，处三年以下有期徒刑、拘役、管制或者罚金：

（一）聚众哄闹、冲击法庭的；

（二）殴打司法工作人员或者诉讼参与人的；

（三）侮辱、诽谤、威胁司法工作人员或者诉讼参与人，不听法庭制止，严重扰乱法庭秩序的；

（四）有毁坏法庭设施，抢夺、损毁诉讼文书、证据等扰乱法庭秩序行为，情节严重的。

【立法沿革】

《中华人民共和国刑法》（1997年修订，自1997年10月1日起施行）

第三百零九条

聚众哄闹、冲击法庭，或者殴打司法工作人员，严重扰乱法庭秩序的，处三年以下有期徒刑、拘役、管制或者罚金。

《中华人民共和国刑法修正案（九）》（自2015年11月1日起施行）

三十七、将刑法第三百零九条修改为：

“有下列扰乱法庭秩序情形之一的，处三年以下有期徒刑、拘役、管制或者罚金：

“（一）聚众哄闹、冲击法庭的；

“（二）殴打司法工作人员或者诉讼参与人的；

“（三）侮辱、诽谤、威胁司法工作人员或者诉讼参与人，不听法庭制止，严重扰乱法庭秩序的；

“（四）有毁坏法庭设施，抢夺、损毁诉讼文书、证据等扰乱法庭秩序行为，情节严重的。”

【立法理由】

1. **1997年修订刑法的情况**。法庭是人民法院代表国家行使审判权，审理诉讼案件、进行诉讼活动的场所，是极其庄严的地方。良好的法庭秩序，体现了法律的权威和尊严，是审判人员依法公正履行审判职责和其他诉讼参与人充分行使诉讼权利的保障。**1979年刑法**中对于扰乱法庭秩序的行为未专门规定为犯罪，司法实践中，对于严重扰乱法庭秩序的，根据不同情况，依照1979年刑法有关阻碍执行公务罪、扰乱工作秩序罪、流氓罪的规定处罚。**1997年修订刑法**时，为了更有力地保障法庭的审判工作顺利进行，维护法庭的尊严，专门规定了扰乱法庭秩序罪。

2. **2015年《刑法修正案（九）》对本条的修改情况**。1997年《刑法》第三百零九条规定了扰乱法庭秩序罪。该条规定，聚众哄闹、冲击法庭，或者殴打司法工作人员，严重扰乱法庭秩序的，处三年以下有期徒刑、拘役、管制或者罚金。刑事诉讼法、民事诉讼法也对严重扰乱法庭秩序的行为规定了处罚措施。2012年修正的《刑事诉讼法》第一百九十四条第二款规定,对聚众哄闹、冲击法庭或者侮辱、诽谤、威胁、殴打司法工作人员或者诉讼参与人,严重扰乱法庭秩序,构成犯罪的,依法追究刑事责任。2012 年修正的《民事诉讼法》第一百一十条第三款规定,人民法院对哄闹、冲击法庭,侮辱、诽谤、威胁、殴打审判人员,严重扰乱法庭秩序的人,依法追究刑事责任;情节较轻的,予以罚款、拘留。这些规定对于依法惩治严重扰乱法庭秩序的行为,保障审判活动的顺利进行,发挥了积极的作用。

近年来,人民法院开庭审理的案件数量大幅增长,扰乱法庭秩序的行为也出现了新的情况和特点:一是形式多样,除 1997 年《刑法》第三百零九条规定的三种行为外,还有殴打司法工作人员以外的其他诉讼参与人,对司法工作人员或者其他诉讼参与人进行侮辱、诽谤、威胁,毁坏法庭的设施,抢夺、损毁诉讼文书、证据等。二是有些行为程度比较激烈,如有的当庭殴打对方当事人及律师;有的诉讼参与人和旁听人员串谋,一起在法庭上起哄闹事、打砸法庭设施。从动机上看,有的行为人是因为与诉讼对方矛盾激化,或者因为亲人被害,情绪难以控制,在法庭上作出严重扰乱法庭秩序的行为。也有的人是蓄意通过在法庭上制造事端,形成轰动效应,向审判机关施加压力,企图获得有利于己方的裁判结果,甚至以此显示自己的"能力",作为承揽案件、获取经济利益的资本。这些严重扰乱法庭秩序的行为时有发生,成为妨害司法秩序,损害司法权威的突出问题。为此,有必要完善惩戒妨碍司法机关依法行使职权、藐视法庭权威的违法犯罪行为的法律规定。在《刑法修正案(九)(草案)》研究起草过程中,有关司法机关和人大代表也多次建议对刑法有关规定进行修改完善,以适应新形势下惩治严重扰乱法庭秩序犯罪的需要。考虑到刑法关于扰乱法庭秩序罪的规定与刑事诉讼法、民事诉讼法有关维护法庭秩序的规定精神是一致的,**为惩治藐视法庭权威、严重扰乱法庭秩序的行为,保障司法机关依法独立公正行使审判权**,对刑法有关扰乱法庭秩序罪的规定进行修改完善是必要的。为此,2015 年通过的《**刑法修正案(九)**》对 1997 年《刑法》第三百零九条进行了修改,增加规定了多种扰乱法庭秩序的犯罪行为,并对原条文的表述进行了完善:一是增加了殴打诉讼参与人的行为;二是增加了侮辱、诽谤、威胁司法工作人员或者诉讼参与人的行为;三是增加了毁坏法庭设施,抢夺、损毁诉讼文书、证据等行为。

【条文说明】

本条是关于扰乱法庭秩序罪及其处罚的规定。

本罪的主体主要是**参加法庭审判活动的人员**,包括当事人、法定代理人、辩护人、诉讼代理人、证人、鉴定人和翻译人员等,也包括法庭上的旁听人员和非法进入法庭的人员。本罪的主观方面是**故意**。本罪行为的本质特征是扰乱法庭秩序,即破坏了作为审判活动场所的法庭的正常秩序,对审判活动的正常进行造成妨害。本条分四项规定了四种扰乱法庭秩序的行为:

第一项是**聚众哄闹、冲击法庭**。"聚众"一般是指纠集三人以上共同实施。**聚众哄闹法庭**,是指纠集众人在法庭上以喧哗、叫嚷、吹口哨等方式起哄捣乱,干扰诉讼活动正常进行。**聚众冲击法庭**,是指纠集众人,在未得到法庭许可的情况下进入法庭,甚至冲上审判台,致使法庭秩序混乱。本条未规定对聚众哄闹、冲击法庭的只对首要分子进行处罚,但在司法实践中,应当主要对首要分子和在犯罪中起主要作用的人员进行处罚,对于被裹挟参与了哄闹、冲击法庭行为,情节显著轻微的人员,可以不作为犯罪处理。

第二项是**殴打司法工作人员或者诉讼参与人**。本项在 1997 年刑法"殴打司法工作人员"规定的基础上,增加了殴打诉讼参与人的规定。对审判人员、公诉人、法警等司法工作人员,以及其他当事人、辩护人或者代理律师等诉讼参与人实施殴打行为的,都构成本条规定的犯罪。这一规定,在进一步强化对法庭秩序的维护的同时,也加强了对诉讼参与人人身权利的保护。

第三项是**侮辱、诽谤、威胁司法工作人员或者诉讼参与人,不听法庭制止,严重扰乱法庭秩序**。本项是《刑法修正案(九)》增加的规定,也是与 2012 年修正的《刑事诉讼法》第一百九十四条和《民事诉讼法》第一百一十条相衔接的规定。"**侮辱**"是指公然诋毁他人人格,破坏他人名誉的行为。"**诽谤**"是指故意捏造事实,损害他人人格和名誉的行为。"**威胁**"是指以作出对他人人身、名誉或者社会公共利益不利的行为进行胁迫的行为。[①] 根据本项规定,实施侮辱、诽谤、威胁司法工作人员或者诉讼参与人的行为,且不听法庭制

① 威胁并非泛指一般意义上告知对方不利的事实,而是与前述侮辱、诽谤性质大致相同的、针对司法人员或者诉讼参与人之人身权利的恐吓行为,即以对司法人员、诉讼参与人及其家属的人身实施暴力侵害相威胁,才属于本罪的威胁。如果辩护人、诉讼代理人认为其在法庭上受到不公正待遇,其诉讼平等权利被侵害,进而告知法官"再不让我说话,我就退庭",非属本罪之威胁。参见周光权:《刑法各论》(第 4 版),中国人民大学出版社 2021 年版,第 455 页。

止，严重扰乱法庭秩序的，才构成本条规定的犯罪。侮辱、诽谤、威胁的对象不仅包括法官等司法工作人员，也包括辩护律师等其他诉讼参与人，因此本项的规定意在维护法庭的庄严秩序，并非一些意见提出的专门针对律师扰乱法庭秩序的规定。在构成犯罪的条件上也特意作了限定，要求先有法官制止，不听劝阻、警告的行为，且要求造成严重扰乱法庭秩序的后果。“**严重扰乱法庭秩序**”是指对法庭审判活动的正常进行造成严重妨害，致使审判活动难以进行或者无法进行。

第四项是**有毁坏法庭设施，抢夺、损毁诉讼文书、证据等扰乱法庭秩序的行为，情节严重的**。本项也是《刑法修正案（九）》增加的规定。法庭设施是公共财产，也是人民法院审判活动的重要物质保障，诉讼文书、证据则是诉讼活动中重要的文件材料。故意打砸、损坏法庭设施以发泄不满，抢夺、损毁诉讼文书、证据等行为，都是实践中常见的损害司法权威，妨害诉讼活动正常进行的扰乱法庭秩序的行为。为此，本项将有上述行为，情节严重的规定为犯罪。这里规定的“**情节严重**”，也是指对法庭秩序造成严重破坏。情节轻微的，可以依照刑事诉讼法、民事诉讼法、行政诉讼法等有关规定予以拘留、罚款、警告等处罚。

本条对扰乱法庭秩序的犯罪规定了一档刑罚，即处三年以下有期徒刑、拘役、管制或者罚金。这是1997年刑法的规定，《刑法修正案（九）》未作修改。

实践中需要注意以下几个方面的问题：

1. 本条规定有一个修改完善的过程。在《刑法修正案（九）（草案）》提请审议和公开征求意见过程中，有意见提出第（三）项“**侮辱、诽谤、威胁司法工作人员或者诉讼参与人**”的规定和第（四）项“**有其他严重扰乱法庭秩序行为**”的规定，罪与非罪的界限不清楚，在执行中容易导致扩大化而被滥用，有的人担心该规定可能成为对律师进行打击报复的工具，造成律师执业环境恶化，不利于维护当事人的合法权益和司法公正，建议不作规定。经研究认为，第（三）项的规定与刑事诉讼法、民事诉讼法的有关规定是一致的，属于衔接性规定。从实践中的情况看，辩护人、代理律师被殴打和侮辱、诽谤、威胁的情况也屡见不鲜，第（三）项的规定有利于维护法庭秩序，是对包括辩护人、代理律师在内的所有诉讼参与人的保护。第（四）项规定的“其他严重扰乱法庭秩序行为”，也是维护法庭秩序和司法权威的必要规范，同时，为进一步明确罪与非罪的界限，防止适用扩大化，将第（四）项修改为“有毁坏法庭设施，抢夺、损毁诉讼文书、证据等扰乱法庭秩序行为，情节严重的”，进一步明确和限制情形，形成了最终的修正案文本。

2. 关于本罪的追诉程序，根据刑事诉讼法关于案件管辖等规定，《刑法》第三百零九条规定的扰乱法庭秩序罪，由公安机关负责侦查，检察机关向人民法院提起公诉。在研究起草《刑法修正案（九）》的过程中，有意见提出，扰乱法庭秩序的犯罪是“**法官眼前的犯罪**”，应当参照有些国家追究藐视法庭罪的程序，由人民法院直接审理作出判决，不要和其他普通刑事犯罪案件一样，经过公安机关侦查、检察机关审查起诉的程序。经过认真研究，考虑到人民法院、人民检察院和公安机关办理刑事案件，分工负责，互相配合，互相制约，是宪法和刑事诉讼法规定的基本原则。扰乱法庭秩序的犯罪如果由人民法院直接审理、径行判决，在程序上制约不充分，不利于提高司法公信力。因此，**对本罪的追诉程序未作修改**。

3. 关于本条规定的适用场所。本条规定的是扰乱法庭秩序的犯罪，这类犯罪发生的地点应该是**在进行审判活动的法庭之内**。在《刑法修正案（九）》研究起草和审议修改过程中，也有的意见提出将本罪修改为“扰乱审判秩序罪”，将扰乱人民法院除开庭审理案件以外的审判工作秩序的行为纳入本条规定的犯罪。经研究认为，法庭是国家进行审判活动的庄严场所，刑法对法庭秩序给予特别严格的保护，对于保障司法机关依法独立公正行使审判权具有重要意义。本条规定还是应当集中惩治在庭审过程中扰乱司法秩序的行为。对于在庭审以外的人民法院履行职责的活动中扰乱秩序的行为，如聚众冲击人民法院，在参加庭审以外的诉讼活动时殴打、侮辱、诽谤、威胁司法工作人员或者诉讼参与人等，可以根据刑法、治安管理处罚法关于聚众冲击国家机关、妨害公务、故意伤害等规定予以处罚。

【附属刑法】

《中华人民共和国刑事诉讼法》（1979年7月1日通过，2018年10月26日第三次修正）

第一百九十九条

Ⅰ在法庭审判过程中，如果诉讼参与人或者旁听人员违反法庭秩序，审判长应当警告制止。对不听制止的，可以强行带出法庭；情节严重的，处以一千元以下的罚款或者十五日以下的拘留。罚款、拘留必须经院长批准。被处罚人对罚款、拘留的决定不服的，可以向上一级人民法院申请复议。复议期间不停止执行。

Ⅱ对聚众哄闹、冲击法庭或者侮辱、诽谤、威胁、殴打司法工作人员或者诉讼参与人，严重扰乱法庭秩序，构成犯罪的，依法追究刑事责任。

《中华人民共和国律师法》（1996 年 5 月 15 日通过，2017 年 9 月 1 日第三次修正）

第四十九条

Ⅰ律师有下列行为之一的，由设区的市级或者直辖市的区人民政府司法行政部门给予停止执业六个月以上一年以下的处罚，可以处五万元以下的罚款；有违法所得的，没收违法所得；情节严重的，由省、自治区、直辖市人民政府司法行政部门吊销其律师执业证书；构成犯罪的，依法追究刑事责任：

……

（六）扰乱法庭、仲裁庭秩序，干扰诉讼、仲裁活动的正常进行的；

……

（八）发表危害国家安全、恶意诽谤他人、严重扰乱法庭秩序的言论的；

……

Ⅱ律师因故意犯罪受到刑事处罚的，由省、自治区、直辖市人民政府司法行政部门吊销其律师执业证书。

《中华人民共和国民事诉讼法》（1991 年 4 月 9 日通过，2021 年 12 月 24 日第四次修正）

第一百一十三条

Ⅰ诉讼参与人和其他人应当遵守法庭规则。

Ⅱ人民法院对违反法庭规则的人，可以予以训诫，责令退出法庭或者予以罚款、拘留。

Ⅲ人民法院对哄闹、冲击法庭，侮辱、诽谤、威胁、殴打审判人员，严重扰乱法庭秩序的人，依法追究刑事责任；情节较轻的，予以罚款、拘留。

第三百一十条　【窝藏、包庇罪】

明知是犯罪的人而为其提供隐藏处所、财物，帮助其逃匿或者作假证明包庇的，处三年以下有期徒刑、拘役或者管制；情节严重的，处三年以上十年以下有期徒刑。

犯前款罪，事前通谋的，以共同犯罪论处。

【立法理由】

每个公民都应当遵守法律，坚决与犯罪行为作斗争，这样才能维护良好的社会秩序，建设和谐社会。明知是犯罪分子而为其提供隐藏处所或者各种资助，作假证明包庇的，为司法机关发现和惩罚犯罪加大了难度，有可能使犯罪分子逃避法律的追究，甚至继续进行犯罪，既妨害了司法活动，也破坏了社会治安秩序，危害性很大，应当依法予以惩处。因此，刑法一直将其规定为犯罪。**1979 年《刑法》**第一百六十二条规定：“窝藏或者作假证明包庇反革命分子的，处三年以下有期徒刑、拘役或者管制；情节严重的，处三年以上十年以下有期徒刑。窝藏或者作假证明包庇其他犯罪分子的，处二年以下有期徒刑、拘役或者管制；情节严重的，处二年以上七年以下有期徒刑。犯前两款罪，事前通谋的，以共同犯罪论处。”**1997 年修订刑法**时，在保留本罪的基础上，作了一定的修改，使包庇犯罪的规定更明确具体，以利于执行。主要修改和考虑：一是将“明知是犯罪的人”明确规定为构成犯罪的条件。实际上本罪是故意犯罪，过去包庇罪的成立也以此为前提。修订刑法时将此明确规定，使罪状更加清楚，有利于正确执法。二是将“窝藏或者作假证明包庇”犯罪分子的规定修改为“为其提供隐藏处所、财物，帮助其逃匿或者作假证明包庇的”。这样修改主要是根据司法实践经验，使罪状的规定更为具体，同时也解决了窝藏应当包括帮助逃跑行为的问题。三是被窝藏、包庇的对象不再区分包庇反革命分子和其他犯罪分子。反革命罪修改为危害国家安全罪以后，一些过去按反革命罪处理的行为已按其他普通犯罪处理，如杀人、伤害、爆炸、投毒、聚众劫狱、组织越狱等，而且被包庇的犯罪分子的情况很复杂，也不宜规定包庇普通犯罪的刑罚比包庇危害国家安全犯罪的刑罚轻，所以修改后在量刑幅度上不再规定这一区别。四是提高了刑罚。1979 年刑法对包庇反革命犯罪分子规定的最高刑为十年有期徒刑，对包庇其他犯罪分子规定的最高刑为七年有期徒刑。1997 年修订刑法时，对于窝藏、包庇罪按 1979 年刑法规定的较重的一个处刑档次处刑，即规定三年以下有期徒刑、拘役或者管制，情节严重的，处三年以上十年以下有期徒刑。

【条文说明】

本条是关于窝藏、包庇罪及其处罚的规定。

本条共分为两款。

第一款是关于窝藏、包庇犯罪及其处罚的规定。本条规定的犯罪是**故意犯罪**。“明知是犯罪的人”是本罪构成的主观要件。“**明知是犯罪的**

人”,是指行为人已知道被包庇的人犯有罪行。[1]在实践中,这种明知往往是犯罪的人告知行为人自己犯有罪行,但也有犯罪人并未明讲自己干了什么,可是通过其言谈话语和向行为人提出的要求,行为人可明确断定其犯罪。所以,**这里的“明知”包括“应当知道”的含义**。在办案中,认定行为人是否明知被窝藏、包庇的是犯罪的人,不能只凭犯罪嫌疑人、被告人的口供,而应根据行为人的行为和案件的情况,结合其口供综合予以认定。对于行为人确实不知对方为犯罪嫌疑人而为其提供财物的,不能认定为犯罪。如犯罪的人谎称丢了钱,借钱买车票等,不能认定行为人有帮助犯罪的人隐匿的主观故意。本款规定了帮助犯罪的人逃避法律追究的两种行为:一是**为犯罪的人提供隐藏处所、财物,帮助其逃匿**。这是指将自己的住处、管理的房屋提供给犯罪的人或者给予犯罪的人钱、物,包括食品、衣被等,帮助犯罪的人隐藏或者逃跑,逃避法律追究。[2][3]二是**作假证明包庇犯罪的人**。这是指向司法机关提供假的证明来帮助犯罪分子逃避法律追究,如作假证明表示犯罪的人不在犯罪现场等。[4] 上述两种犯罪行为,只要实施了行为之一,就构成本条规定的犯罪。《刑法》第三百六十二条规定,旅馆业、饮食服务业、文化娱乐业、出租汽车业等单位的人员,在公安机关查处卖淫、嫖娼活动时,为违法犯罪分子通风报信,情节严重的,依照本法第三百一十条的规定定罪处罚。这是法律作出的**提示性规定**,目的是进一步明确,严厉打击查处卖淫嫖娼活动中通风报信的行为,针对当时一些地方包庇这类违法犯罪情况严重所作出的规定。另外,《刑法》第三百四十九条还专门规定了**包庇毒品犯罪分子罪**,也是考虑到对毒品犯罪的严厉惩治和实践中的突出情况。还有,《刑法》第四百一十七条对国家机关工作人员查案中的包庇行为规定了专门犯罪,即**帮助犯罪分子逃避处罚罪**:“有查禁犯罪活动职责的国家机关工作人员,向犯罪分子通风报信、提供便利,帮助犯罪分子逃避处罚的,处三年以下有期徒刑或者拘役;情节严重的,处三年以上十年以下有期徒刑。”

根据本款规定,犯窝藏、包庇罪,处三年以下有期徒刑、拘役或者管制;情节严重的,处三年以上十年以下有期徒刑。“**情节严重**”,是指帮助重大案犯逃匿或为其作假证明,使其逃避法律追究,帮助犯罪团伙、集团逃匿或者因其包庇行为造成严重后果等。

第二款是关于事先与犯罪分子通谋,帮助犯罪分子逃匿或者包庇犯罪分子的处罚规定。“**事前通谋**”,是指行为人与犯罪的人在其犯罪前已共同策划好,实施犯罪后由行为人帮助逃匿或作假证明帮助犯罪的人逃避法律追究。根据本款规定,对于事前通谋犯本条规定之罪的,**以共犯论处**。如某人与他人合谋盗窃,事先商定如案发由其提供隐藏处所,而在犯罪后实施窝藏行为的,应以盗窃罪的共犯处理。

需要注意的是,包庇犯罪是一种传统犯罪罪名,打击的是**妨害国家追究犯罪和司法秩序**。在中国历史上一直注重对藏匿、包庇犯人的规定和处罚,但同时确有一个例外的现象,那就是对亲属之间相互隐瞒包庇的给予特别的宽容,不处罚或者从宽处罚,即“亲亲得相首匿”“同居相隐不为罪”“亲亲相隐不为罪”。现代社会,规定亲属之间不能构成窝藏、包庇罪的国家已经没有,也就是说,**犯罪的人的亲属可以成为窝藏、包庇罪的主体已经成为包括我国在内的各国法律规定的共识**,

---

① 我国学者指出,本条中“犯罪的人”要从普通用语上加以理解。只要作为犯罪嫌疑人而被列为立案侦查对象,即属于“犯罪的人”。已被公安、司法机关依法作为犯罪嫌疑人、被告人而成为侦查、起诉对象的人,即使事后被法院认定无罪,也属于“犯罪的人”。参见张明楷:《刑法学》(第6版),法律出版社2021年版,第1440页。

也有学者指出,窝藏、包庇罪中的“犯罪的人”,只要是“实施了客观犯罪行为的人”即可,而不要求达到“实施了符合特定犯罪构成要件,需要追究其刑事责任的人”的程度。参见黎宏:《刑法学各论》(第2版),法律出版社2016年版,第408页。

② 帮助犯罪的人逃匿的方法行为,不限于为犯罪的人提供隐藏处所或者财物。向犯罪的人通报侦查或者追捕的动静,向犯罪的人提供化装的用具或者虚假的身份证明等,也属于帮助其逃匿的行为。此外,“帮助”也不是共犯意义上的帮助。即使犯罪的人没有打算逃匿,也没有逃匿行为,但行为人使犯罪的人昏迷后将其送至外地,或者劝诱、迫使犯罪的人逃匿,也属于“帮助其逃匿”参见张明楷:《刑法学》(第6版),法律出版社2021年版,第1440页。

③ 罪犯逃跑之后,配偶随其潜逃生活的行为,是否构成窝藏罪。学说上未有定论。其中,我国学者指出,配偶等单纯陪同犯罪的人潜逃,并在外地共同生活,不应认定为“帮助其逃匿”。参见张明楷:《刑法学》(第6版),法律出版社2021年版,第1441页。也有学者指出,如果配偶的行为客观上为犯罪人逃匿提供了隐藏处所、财物上的帮助,可以构成窝藏罪;但若仅仅是因为在一起而提供了心理、生理上的帮助,并没有提供其他物质上的帮助,不能构成窝藏罪中的“窝藏”。参见黎宏:《刑法学各论》(第2版),法律出版社2016年版,第407页。

④ 包庇罪中的“作假证明包庇”,仅限于作使犯罪的人逃避或者减轻法律责任的假证明。单纯毁灭有罪、重罪证据的行为本身,不符合“作假证明包庇”的要件。参见张明楷:《刑法学》(第6版),法律出版社2021年版,第1443页。

因此本罪主体未作限定。不过，考虑到亲属之间的窝藏、包庇行为毕竟不同于社会上一般人之间的窝藏、包庇行为，因而在处罚上应当考虑予以从轻处罚。对于亲属不配合司法机关调查、不讲真实情况，但没有实施积极的藏匿、包庇行为的，不应构成本罪。

【司法解释性文件】

《最高人民法院、最高人民检察院、公安部、司法部关于敦促在逃犯罪人员投案自首的通告》(公法〔2011〕672号，2011年9月21日公布)

△(**窝藏、包庇罪**)在规定期限内拒不投案自首的，司法机关将依法从严惩处。窝藏、包庇犯罪分子，帮助犯罪分子毁灭、伪造证据的，将依法追究刑事责任。(§ 5)

【附属刑法】

《中华人民共和国环境保护法》(1989年12月26日通过，2014年4月24日修订)

第六十八条

地方各级人民政府、县级以上人民政府环境保护主管部门和其他负有环境保护监督管理职责的部门有下列行为之一的，对直接负责的主管人员和其他直接责任人员给予记过、记大过或者降级处分；造成严重后果的，给予撤职或者开除处分，其主要负责人应当引咎辞职：

……

(二)对环境违法行为进行包庇的；

……

第六十九条

违反本法规定，构成犯罪的，依法追究刑事责任。

《中华人民共和国出境入境管理法》(2012年6月30日通过)

第七十九条

Ⅰ容留、藏匿非法入境、非法居留的外国人，协助非法入境、非法居留的外国人逃避检查，或者为非法居留的外国人违法提供出境入境证件的，处二千元以上一万元以下罚款；情节严重的，处五日以上十五日以下拘留，并处五千元以上二万元以下罚款，有违法所得的，没收违法所得。

Ⅱ单位有前款行为的，处一万元以上五万元以下罚款，有违法所得的，没收违法所得，并对其直接负责的主管人员和其他直接责任人员依照前款规定予以处罚。

第八十八条

违反本法规定，构成犯罪的，依法追究刑事责任。

【参考案例】

△同案犯之间相互包庇的，不构成包庇罪。[①]

《刑法》第三百一十条规定，包庇罪是指明知是犯罪的人而为其作假证明包庇的行为。本罪的犯罪主体为一般主体，即达到刑事责任年龄，具备刑事责任能力的自然人均可构成本罪。本罪侵犯的客体是司法机关对犯罪分子追诉的活动。窝藏、包庇的对象只限于犯罪分子，包括实施了犯罪行为应受刑罚惩罚的人、在逃尚未归案的犯罪嫌疑人和已被采取刑事强制措施或者已被判刑而被剥夺、限制自由的犯罪嫌疑人、刑事被告人、罪犯。本罪的主观方面是故意，表现为明知是犯罪分子而进行窝藏、包庇，如果事先有通谋，事后进行包庇的，应以共同犯罪论处。如果不知是犯罪分子而为其提供便利条件，客观上帮助犯罪分子逃避法律制裁的，不构成本罪。本罪在客观方面表现为明知是犯罪分子而向司法机关作假证明或帮助其湮灭罪迹、隐匿、毁灭罪证的行为。谢茂强等强奸、奸淫幼女案中，被告人杨金龄得知黄冬冬因涉嫌强奸被抓获又从公安机关脱逃的消息后，即赶去与黄冬冬见面，并与黄冬冬的父母一起商议帮助其潜逃的方法。其本人被公安机关传讯时，又拒不交代黄冬冬的藏匿地点，实施了包庇黄冬冬的行为。但其行为在主、客观上与包庇罪的犯罪构成是不同的。首先，杨金龄在本案中与黄冬冬等人共同挟持并威胁幼女熊某某，后又协助他人对熊某某实施奸淫，与黄冬冬系共同犯罪，其行为亦应依法追究。杨金龄包庇黄冬冬的行为，实际上是害怕黄冬冬被抓后暴露自己而采取的一种自我保护措施，其表面上是包庇黄冬冬，但最终目的是掩盖自己与黄冬冬的共同犯罪行为，使自己逃避惩罚。其次，杨金龄的行为在客观上既侵犯了司法机关对黄冬冬的追诉活动，同时也妨害了司法机关对其本人的追诉活动。对这种为了使自己和同案犯共同逃避司法机关追究而实施的包庇同案犯的行为，在定性时应以其行为的主要目的为依据。本案被告人杨金龄为掩盖本人罪行而在案发后包庇同案犯黄冬冬的行为不适用《刑法》关于包庇罪的规定，二审法院改判杨金龄不构成包庇罪是正确的。但其包庇黄冬冬的行为毕竟妨害了司法机关的侦查活动，故可作为酌定从重情节

① 相同的学说见解，参见张明楷：《刑法学》(第6版)，法律出版社2021年版，第1441页。

在量刑时考虑。[No.4-236-16 谢茂强等强奸、奸淫幼女案]

△行为人出于包庇的故意,实施包庇行为和帮助毁灭证据行为的,是牵连犯,应以包庇罪一罪论处。

冉国成等故意杀人、包庇案中,被告人冉儒超明知被告人冉国成杀死何玉均后,仍受其指使,与冉鸿雁一起转移、隐藏冉国成的杀人凶器,并与冉国成共谋逃避处罚的对策,故意制造是其本人杀人后畏罪潜逃的假象,转移侦查视线,上述行为已构成包庇罪。同时,被告人冉儒超授意被告人冉鸿雁及冉国成本人毁灭冉国成杀人的罪证,该行为已构成帮助毁灭证据罪。但被告人冉儒超是出于帮助冉国成逃避刑事法律追究这一犯罪目的而实施的上述犯罪行为,只是由于犯罪的手段行为与目的行为分别触犯了帮助毁灭证据罪和包庇罪这两个罪名,因而出现了犯罪的手段行为与目的行为的牵连,此种情形属于刑法理论上的牵连犯。由于刑法在法定刑的设置上,包庇罪的法定刑比帮助毁灭证据罪的法定刑更重,故按照牵连犯从一重罪处罚的处置原则,对被告人冉儒超包庇行为和帮助毁灭证据的行为只以包庇罪定罪,而不实行数罪并罚。[No.6-2-310-3 冉国成等故意杀人、包庇案]

△在共同窝藏、包庇犯罪案件中,按照各行为人在共同的犯罪中所起作用的大小,可分别认定为主犯或者从犯。

我国刑法以各共同犯罪人在犯罪中所起的作用为标准,将共同犯罪人划分为主犯、从犯和胁从犯。因此,从逻辑上讲,凡是共同犯罪,各共犯都存在被划分为主犯或从犯的可能性。在司法实践中,只是由于某些共同犯罪案件(如共同包庇案)中的共犯在共同犯罪中所起的作用往往无明显的主次之分而未划分主从犯而已,但这并不意味着凡是这类共同犯罪案件,对各共同犯罪人都不可以划分主从犯。因此,在司法实践中,那种认为在某些共同犯罪案件中,不可以对共犯划分主从犯的观点是没有依据的。根据刑法的规定,窝藏、包庇罪是故意犯罪。因此,在共同窝藏、包庇犯罪案件中,可以根据刑法总则关于共同犯罪的规定和具体的案情,按照各被告人在共同犯罪中所起的作用大小对其分别认定为主犯或者从犯。

在冉国成等故意杀人、包庇案中,冉儒超和冉鸿雁明知冉国成杀死被害人何玉均后,在冉国成的指使下为其转移、隐匿罪证,帮助其逃避刑事法律追究,二人已经构成共同包庇犯罪。在共同包庇冉国成的犯罪中,被告人冉儒超不仅安排冉鸿雁毁灭冉国成杀人凶器上的血迹,而且还授意冉国成本人烧掉其作案时所穿的血衣等物证,显然,其起着主要作用;而被告人冉鸿雁所实施的包庇行为,均是受冉儒超的安排和受冉国成的指使,处于被支配的地位,故其在共同犯罪中明显起次要作用。因此,根据冉儒超和冉鸿雁在共同包庇犯罪中所起的作用大小,分别将其认定为主犯和从犯是恰当的。[No.6-2-310-4 冉国成等故意杀人、包庇案]

△揭发他人的犯罪行为与其所实施的犯罪行为之间存在关联性或者因果关系的,不属于揭发他人犯罪行为,不成立立功。

《刑法》和司法解释规定的揭发他人犯罪行为,应该理解为与本人的违法犯罪行为无关的他人犯罪行为。蔡勇等故意伤害、窝藏案中,蔡勇揭发的李某、卢某和蔡学渊的窝藏犯罪行为,与蔡勇本人的犯罪行为及其逃匿行为皆有关联性,因此不能认定为立功表现。具体应把握以下两个方面:一是犯罪分子本人实施的犯罪行为与其揭发的他人犯罪行为之间不得存在关联性,否则不属于揭发他人犯罪行为,这也就是说对偶犯相互揭发相对方的犯罪行为不能认定为立功表现。对偶犯是指必须由犯罪行为人双方共同实施对应行为才能完成的某种犯罪,比如重婚罪、受贿罪与行贿罪等。对偶犯中的任何一方在供述自己的犯罪行为时,必然要涉及相对一方的犯罪行为,否则就不能完整地叙述整个犯罪事实,故其性质属于如实供述的范畴,而不属于揭发他人犯罪行为,因而不能认定为立功。二是犯罪分子揭发的他人犯罪行为与本人实施的犯罪行为之间,不能存在因果关系,否则也不能认定为揭发他人犯罪行为,即揭发连累犯不能认定为立功。连累犯是指事先与他人无通谋,也未曾允诺事后会提供帮助,但在事后明知他人已经实施了犯罪,仍然向其提供帮助,帮助其逃避司法机关的刑事追诉的行为,比如窝藏犯、包庇犯等。连累犯的犯罪行为总是基于被帮助的犯罪分子的先行犯罪行为而实施,没有先行的犯罪行为,也就不会发生为犯罪分子提供帮助的犯罪行为。所以,接受连累犯帮助的犯罪分子对连累犯实施犯罪具有原因力,实际上是连累犯的制造者,双方的犯罪行为是相辅相成、缺一不可的,存在因果关系。接受帮助的犯罪分子在犯罪之后逃避司法机关追究其刑事责任的行为,客观上妨碍了司法机关对犯罪的刑事追诉和刑罚执行活动,并连动他人犯罪,该行为同样具有社会危害性。只是我国刑法未将这一行为规定为犯罪,因而对接受帮助的犯罪分子不认定为窝藏罪的共犯而已。尽管如此,但其确实是窝藏犯罪的制造者和参与者。所以,揭发连累犯犯罪行为的,不能认定为有立功表现。

具体到本案,被告人蔡勇接受本案其他被告人帮助的行为包含于窝藏犯罪行为之中,实际上蔡勇也是窝藏犯罪的参与者。蔡勇揭发的李光、卢峰等人的窝藏犯罪行为,与其本人的犯罪行为及其逃匿行为具有必然关联性和因果关系,对此不能认定为立功。[No.6-2-310-5　蔡勇等故意伤害、窝藏案]

△明知亲属是犯罪人而与之共同生活,没有妨害司法机关查获犯罪的,不构成窝藏罪。

知情不举是指明知犯罪分子而不检举告发的行为,其与窝藏罪的区别在于主观上没有使犯罪分子逃避法律制裁的目的,客观上没有实施窝藏的行为,知情不举行为不构成犯罪,明知是犯罪人而有一般的交往,无窝藏意图的,应属于知情不举。此处的一般交往应解释为日常生活或业务行为的范畴,只要不超出这一范畴,仅仅是对犯罪行为有所知情或发生日常生活或业务接触,便不应认定为窝藏。张广现故意伤害、尹红丽被指控窝藏宣告无罪案中,尹红丽明知张广现是犯罪人以及张广现使用假名生活,而不向司法机关举报的行为属于单纯的知情不举,并没有实施妨害司法机关的活动。[No.6-2-310-6　张广现故意伤害、尹红丽被指控窝藏宣告无罪案]

第三百一十一条　【拒绝提供间谍犯罪、恐怖主义犯罪、极端主义犯罪证据罪】
明知他人有间谍犯罪或者恐怖主义、极端主义犯罪行为,在司法机关向其调查有关情况、收集有关证据时,拒绝提供,情节严重的,处三年以下有期徒刑、拘役或者管制。

【立法沿革】

《中华人民共和国刑法》(1997年修订,自1997年10月1日起施行)

第三百一十一条

明知他人有间谍犯罪行为,在国家安全机关向其调查有关情况、收集有关证据时,拒绝提供,情节严重的,处三年以下有期徒刑、拘役或者管制。

《中华人民共和国刑法修正案(九)》(自2015年11月1日起施行)

三十八、将刑法第三百一十一条修改为:

"明知他人有间谍犯罪或者恐怖主义、极端主义犯罪行为,在司法机关向其调查有关情况、收集有关证据时,拒绝提供,情节严重的,处三年以下有期徒刑、拘役或者管制。"

【立法理由】

1. **1997年修订刑法的情况**。间谍犯罪是一种严重危害国家安全的行为,且这种犯罪隐蔽性强,侦破难度较大。依法防范、制止和打击间谍行为,虽然是国家安全机关的职责,但维护国家安全人人有责,同间谍犯罪的斗争,需要广大人民群众和社会组织的支持与配合,为保证对间谍犯罪行为的有效惩处,1993年2月22日通过的《国家安全法》第二十六条规定:"明知他人有间谍犯罪行为,在国家安全机关向其调查有关情况、收集有关证据时,拒绝提供的,由其所在单位或者上级主管部门予以行政处分,或者由国家安全机关处十五日以下拘留;情节严重的,比照刑法第一百六十二条的规定处罚。"即适用1979年刑法规定的包庇罪。**1997年修订刑法**时,根据惩处间谍犯罪的特殊需要,明确规定了拒绝提供间谍犯罪证据罪,同时考虑到这种犯罪与包庇罪的情况不同,主观恶性和社会危害性都有所区别,所以,将刑罚规定为"三年以下有期徒刑、拘役或者管制"。

2. **《刑法修正案(九)》对本条的修改情况**。近年来,恐怖主义、极端主义已成为影响世界和平与发展的重要因素,在这一背景下,针对我国的暴力恐怖活动和宗教极端事件呈多发频发态势,对国家安全、政治稳定、经济社会发展、民族团结和人民生命安全构成了严重威胁。为保证对恐怖主义、极端主义犯罪行为的有效惩处,《反恐怖主义法》明确规定:明知他人有恐怖活动犯罪、极端主义犯罪行为,窝藏、包庇,情节轻微,尚不构成犯罪的,或者在司法机关向其调查有关情况、收集有关证据时,拒绝提供的,由公安机关处十日以上十五日以下拘留,可以并处一万元以下罚款。同时,2015年通过的《刑法修正案(九)》为严厉惩治恐怖主义、极端主义犯罪,在增加数条有关惩治恐怖主义、极端主义犯罪的规定之外,对本条作了两处修改:一是扩大了本条的适用范围,增加了明知他人有恐怖主义、极端主义犯罪行为而拒绝提供证据的犯罪;二是相应将"国家安全机关"改为"司法机关"。这样修改,主要是考虑到恐怖主义、极端主义犯罪严重危害国家安全和人民群众生命财产安全,且具有较强的隐蔽性,为有效打击恐怖主义、极端主义犯罪行为,需要了解情况的人和有关组织在司法机关向其调查取证时提供所知悉的情况和证据，不得以各种借口拒绝，对于拒绝提供情况和证据的，增加规定了刑事责任。

【条文说明】

本条是关于拒绝提供间谍犯罪、恐怖主义犯罪、极端主义犯罪证据罪及其处罚的规定。

根据本条规定，构成本罪需要符合以下条件：

1. **行为人必须明知他人有间谍犯罪或者恐怖主义、极端主义犯罪行为**。“**明知他人有间谍犯罪或者恐怖主义、极端主义犯罪行为**”是构成本罪的主观要件。这里的“明知”，是指行为人主观上知道或者应当知道，既包括知道他人实施间谍犯罪或者恐怖主义、极端主义犯罪行为的全部情况，也包括知道部分情况。行为人的主观动机可能是多种多样的，有的是怕影响自己的名声，有的是怕将来遭到打击报复，有的是怕麻烦等，无论动机是什么，都不影响本罪的成立。这里的“他人”，是指实施间谍犯罪或者恐怖主义、极端主义犯罪行为的人。

间谍犯罪行为，主要是指《反间谍法》第三十八条规定的构成犯罪的间谍行为，包括：(1)间谍组织及其代理人实施或者指使、资助他人实施，或者境内外机构、组织、个人与其相勾结实施的危害中华人民共和国国家安全的活动；(2)参加间谍组织或者接受间谍组织及其代理人的任务的；(3)间谍组织及其代理人以外的其他境外机构、组织、个人实施或者指使、资助他人实施，或者境内机构、组织、个人与其相勾结实施的窃取、刺探、收买或者非法提供国家秘密或者情报，或者策动、引诱、收买国家工作人员叛变的活动；(4)为敌人指示攻击目标的；(5)进行其他间谍活动的。从刑法罪名上看不限于《刑法》第一百一十条规定的间谍罪罪名，而是包括其他符合间谍行为特征的犯罪，如与境外勾结实施的其他有关危害国家安全的犯罪。[①] **恐怖主义犯罪行为**，主要是指通过暴力、破坏、恐吓等手段，制造社会恐慌、危害公共安全、侵犯人身财产等犯罪行为，包括组织、策划、实施放火、爆炸、杀人、绑架等造成或者意图造成人员伤亡、重大财产损失、公共设施损坏、社会秩序混乱等严重社会危害的活动的；组织、领导、参加恐怖活动组织的；为恐怖活动组织或者人员提供信息、资金、物资设备或者技术、场所等支持、协助、便利的；宣扬恐怖主义或者煽动实施恐怖活动的；等等。**极端主义犯罪行为**，主要是指以歪曲宗教教义或者其他方法煽动仇恨、煽动歧视、崇尚暴力等极端主义，构成犯罪的行为，包括宣扬极端主义或者利用极端主义煽动、胁迫群众破坏国家法律确立的婚姻、司法、教育、社会管理等制度的犯罪行为。

2. **行为人实施了在司法机关向其调查有关情况、收集有关证据时，拒绝提供的行为**。根据反间谍法的规定，国家安全机关是反间谍工作的主管机关。刑事诉讼法规定，对刑事案件的侦查、拘留、执行逮捕、预审，由公安机关负责。检察、批准逮捕、提起公诉，由人民检察院负责。审判由人民法院负责。根据上述规定，这里的“**司法机关**”，主要是指负有侦查、检察、审判职责的机关，即公安机关、人民检察院、人民法院。《刑事诉讼法》第四条规定，国家安全机关依照法律规定，办理危害国家安全的刑事案件，行使与公安机关相同的职权。因此，这里的司法机关也包括行使间谍犯罪案件侦查的国家安全机关。

“**调查有关情况**”，主要是指司法机关调查了解间谍犯罪或者恐怖主义、极端主义犯罪及其有关情况，不仅包括间谍犯罪或者恐怖主义、极端主义犯罪行为本身的情况，还包括参加犯罪活动的人、线索以及方法、手段、时间、地点等情况。这种调查既包括立案前的一般调查，也包括立案后的调查询问。“**收集有关证据**”，主要是指侦查人员根据刑事诉讼法所规定的侦查程序收集有关间谍犯罪或者恐怖主义、极端主义犯罪的证据材料，既包括能够证明间谍犯罪或者恐怖主义、极端主义犯罪真实情况的证人证言，也包括有关书证、物证，如犯罪活动的工具、密写信、活动方案、组织名单等，以及视听资料、电子数据等。“**拒绝提供**”，包括拒绝向司法机关讲述其了解的相关情况，拒绝向司法机关提交有关证据。

3. **构成本罪必须达到“情节严重”的程度**，即拒绝提供间谍犯罪或者恐怖主义、极端主义犯罪有关情况、证据的行为，必须是情节严重的才能构成本罪。“**情节严重**”，包括行为人在司法机关要求提供证据时进行暴力抗拒的；或者行为人拒不提供证据手段恶劣的；或者由于行为人的不配合而延误对间谍犯罪、恐怖主义、极端主义犯罪案件的侦破，致使犯罪分子逃避法律追究或致使国家安全、利益遭受损害的；或者妨害了司法机关执行维护国家安全任务等情形。如果行为人虽然实施

① 我国学者指出，此处的“间谍犯罪行为”，是指一般人眼中的间谍犯罪行为，而非专家眼中的间谍犯罪（即《刑法》第一百一十条所规定的间谍犯罪行为）。一般人眼中的间谍犯罪行为，只要达到具有境外间谍组织或者其成员的背景、从事危害我国国家安全活动的程度就够了，因此，其范围不能限定过窄。参见黎宏：《刑法学各论》（第2版），法律出版社2016年版，第411页。

了拒绝提供证据的行为，但没有影响到司法机关的正常活动，没有危害国家安全，没有使犯罪分子逃避法律制裁等严重后果的，则不构成本罪。

根据本条规定，犯本罪的，处三年以下有期徒刑、拘役或者管制。

实践中需要注意以下两个方面的问题：

1. 本条规定的实际上是一种**不作为犯**，针对的是在面对司法机关调查时拒不配合，拒绝提供有关情况和证据的行为，因而在犯罪成立的前提上是严格限定情形的，只限定间谍犯罪和恐怖主义、极端主义犯罪这两类犯罪，这主要是考虑到这些犯罪严重危害了国家安全和社会公共安全，需要严厉惩治。对于其他犯罪拒绝提供证据、有关情况的，本条没有将之规定为犯罪。

2. 执行中应注意本条规定与一般意义上的"**知情不举**"是有区别的。知道他人有间谍行为，为了维护国家安全，应当主动向国家安全机关或其他司法机关报告，这是公民的义务，不报告应当依法承担有关法律责任，但不构成本罪，不应以单纯的不报告为由适用本条予以刑事处罚。

【附属刑法】

《中华人民共和国反间谍法》（2014年11月1日通过）

第二十九条

明知他人有间谍犯罪行为，在国家安全机关向其调查有关情况、收集有关证据时，拒绝提供的①，由其所在单位或者上级主管部门予以处分，或者由国家安全机关处十五日以下行政拘留；构成犯罪的，依法追究刑事责任。

第三百一十二条　【掩饰、隐瞒犯罪所得、犯罪所得收益罪】

明知是犯罪所得及其产生的收益而予以窝藏、转移、收购、代为销售或者以其他方法掩饰、隐瞒的，处三年以下有期徒刑、拘役或者管制，并处或者单处罚金；情节严重的，处三年以上七年以下有期徒刑，并处罚金。

单位犯前款罪的，对单位判处罚金，并对其直接负责的主管人员和其他直接责任人员，依照前款的规定处罚。

【立法解释】

《全国人民代表大会常务委员会关于〈中华人民共和国刑法〉第三百四十一条、第三百一十二条的解释》（2014年4月24日通过）

△（**非法狩猎的野生动物；明知是犯罪所得而收购的行为**）知道或者应当知道 是国家重点保护的珍贵、濒危野生动物及其制品，为食用或者其他目的而非法购买的，属于刑法第三百四十一条第一款规定的非法收购国家重点保护的珍贵、濒危野生动物及其制品的行为。

知道或者应当知道是刑法第三百四十一条第二款规定的非法狩猎的野生动物而购买的，属于刑法第三百一十二条第一款规定的明知是犯罪所得而收购的行为。

【立法沿革】

《中华人民共和国刑法》（1997年修订，自1997年10月1日起施行）

第三百一十二条

明知是犯罪所得的赃物而予以窝藏、转移、收购或者代为销售的，处三年以下有期徒刑、拘役或

---

① 《中华人民共和国反间谍法》（2014年11月1日通过）

第二十二条

在国家安全机关调查了解有关间谍行为的情况、收集有关证据时，有关组织和个人应当如实提供，不得拒绝。

第三十八条

本法所称间谍行为，是指下列行为：

（一）间谍组织及其代理人实施或者指使、资助他人实施，或者境内外机构、组织、个人与其相勾结实施的危害中华人民共和国国家安全的活动；

（二）参加间谍组织或者接受间谍组织及其代理人的任务的；

（三）间谍组织及其代理人以外的其他境外机构、组织、个人实施或者指使、资助他人实施，或者境内机构、组织、个人与其相勾结实施的窃取、刺探、收买或者非法提供国家秘密或者情报，或者策动、引诱、收买国家工作人员叛变的活动；

（四）为敌人指示攻击目标的；

（五）进行其他间谍活动的。

者管制，并处或者单处罚金。

《中华人民共和国刑法修正案（六）》（自2006年6月29日起施行）

十九、将刑法第三百一十二条修改为：

“明知是犯罪所得及其产生的收益而予以窝藏、转移、收购、代为销售或者以其他方法掩饰、隐瞒的，处三年以下有期徒刑、拘役或者管制，并处或者单处罚金；情节严重的，处三年以上七年以下有期徒刑，并处罚金。”

《中华人民共和国刑法修正案（七）》（自2009年2月28日起施行）

十、在刑法第三百一十二条中增加一款作为第二款：

“单位犯前款罪的，对单位判处罚金，并对其直接负责的主管人员和其他直接责任人员，依照前款的规定处罚。”

【立法理由】

1. **1997年修订刑法的情况**。赃物往往是犯罪分子进行犯罪活动所追求的最终目标和价值，也是刑事诉讼中的重要物证，追查、获取赃物，对于掌握犯罪证据、阻止犯罪分子获得经济利益，具有重要意义。**1979年《刑法》**第一百七十二条规定：“明知是犯罪所得的赃物而予以窝藏或者代为销售的，处三年以下有期徒刑、拘役或者管制，可以并处或者单处罚金。”**1997年修订刑法**时保留了这一规定，并根据司法实践和惩治犯罪的需要，增加了“转移、收购”赃物的行为。这样修改，主要是为了使罪状规定更加明确、具体，同时也是针对现实中出现的新情况，对窝赃、销赃罪的罪状进一步明示，以起到对犯罪分子的警示作用。

2. **《刑法修正案（六）》对本条的修改情况**。随着经济社会的发展，一些犯罪分子通过犯罪活动获得了巨额的财产，并以犯罪所得进行投资经营，又产生新的收益，为进一步扩大犯罪规模提供了更有利的条件。1997年修订刑法时，为了适应形势的需要，进一步打击洗钱犯罪行为，在《刑法》第一百九十一条专门规定了洗钱罪，该条规定的洗钱罪，主要是为了维护金融管理秩序，保障金融安全，针对一些为通常可能有巨大犯罪所得的严重犯罪洗钱的行为所作的特别规定，上游犯罪明确限定为毒品犯罪、黑社会性质的组织犯罪、走私犯罪，之后根据《刑法修正案（三）》《刑法修正案（六）》又作了修改，目前扩展到七类严重犯罪，但上游犯罪的情形仍是明确限定的。这就需要考虑对帮助其他上游犯罪的洗钱行为如何定罪处罚的问题。

对此，立法过程中有过讨论。《刑法修正案（六）（草案一审稿）》拟只对《刑法》第一百九十一条洗钱罪作出修改，增加贪污贿赂犯罪和金融犯罪。有意见提出，将上游犯罪进一步扩大，再增列其他严重的上游犯罪，与我国加入的反洗钱金融行动特别工作组（FATF）制定的有关标准相衔接。当时一审稿对《刑法》第三百一十二条规定的赃物犯罪未考虑作出修改，有关说明中提出的理由是：“按照我国刑法第三百一十二条的规定，对明知是任何犯罪的所得而予以窝藏、转移、收购或者代为销售的，都可按犯罪追究刑事责任，只是具体罪名不称为洗钱罪。我国刑法的这些规定，实质上是符合有关国际公约要求的。”但在之后的草案审议过程中，有的常委会委员和部门建议进一步扩大《刑法》第一百九十一条规定的上游犯罪的范围，认为按照有关国际公约的要求，对明知是严重犯罪的所得，协助进行转移、转换或者以其他方式隐瞒、掩饰其性质和来源的，都应规定为犯罪。当时法律委员会研究认为，除《刑法》第一百九十一条规定的对几种严重犯罪的所得进行洗钱的犯罪外，按照我国《刑法》第三百一十二条的规定，对明知是任何犯罪所得而予以窝藏、转移、收购或者代为销售的，都是犯罪，应当追究刑事责任，只是没有使用洗钱罪的具体罪名。为进一步明确法律界限，以利于打击对其他犯罪的违法所得予以掩饰、隐瞒的严重违法行为，法律委员会经同有关部门研究，建议对《刑法》第三百一十二条作必要的补充修改，规定：对明知是犯罪所得及其产生的收益而予以窝藏、转移、收购、代为销售或者以其他方法掩饰、隐瞒的，追究刑事责任。这样草案二审稿对《刑法》第三百一十二条赃物罪也作出修改，**将第三百一十二条由过去的传统赃物犯罪，改造为包括赃物犯罪在内的所有洗钱犯罪**，将刑法原条文规定的犯罪行为由“窝藏、转移、收购或者代为销售”扩大为所有“掩饰、隐瞒”的行为，罪名性质和范围上发生了较大变化。同时，将本条规定的犯罪对象由“犯罪所得的赃物”扩大为所有“犯罪所得及其产生的收益”，加重了对这种犯罪的刑罚，增加了一档刑罚，即“情节严重的，处三年以上七年以下有期徒刑，并处罚金”。上述修改补充，严密了打击掩饰、隐瞒犯罪所得及其收益的犯罪的法网，对于掩饰、隐瞒毒品犯罪等七种严重犯罪的所得及其收益的行为，以洗钱罪打击；对于掩饰、隐瞒其他犯罪所得及其收益的行为，以本条规定的犯罪追究刑事责任。

3. **《刑法修正案（七）》对本条的修改情况**。《刑法修正案（七）》对本条的修改主要是增加了**单位犯罪**的规定，这主要是考虑到，有关方面提出，这类犯罪有些是单位实施的，建议增加单位犯本罪的规定，以进一步完善刑法的反洗钱措施。需要说明的是，经过《刑法修正案(六)》《刑法修正案(七)》的修改，除《刑法》第一百九十一条规定的特定种类严重洗钱犯罪、第三百四十九条规定的毒品犯罪特别洗钱犯罪外，本条规定的洗钱犯罪的上游犯罪已经扩展到所有犯罪，完全符合FATF的有关标准，比该标准和其他国家作了更为严厉、严密的规定。2020年12月通过的《刑法修正案(十一)》对《刑法》第一百九十一条作了修改，将实施一些严重犯罪后的“自洗钱”行为明确为犯罪。进行上述修改后，我国刑法对洗钱犯罪进一步规定了较为全面、严格的反洗钱刑事法律制度。一方面，洗钱犯罪的上游犯罪包含所有犯罪；另一方面，“自洗钱”可单独定罪，为有关部门严格执法，有效预防、遏制洗钱违法犯罪提供了充足的法律保障。

4.《全国人民代表大会常务委员会关于〈中华人民共和国刑法〉第三百四十一条、第三百一十二条的解释》对本条作了法律解释。全国人大常委会根据司法实践中遇到的情况，讨论了《刑法》第三百四十一条第一款规定的非法收购国家重点保护的珍贵、濒危野生动物及其制品的含义和收购《刑法》第三百四十一条第二款规定的非法狩猎的野生动物如何适用刑法有关规定的问题，就涉及本条适用作了解释：“知道或者应当知道是刑法第三百四十一条第二款规定的非法狩猎的野生动物而购买的，属于刑法第三百一十二条第一款规定的明知是犯罪所得而收购的行为。”这一解释的背景是，当时在野生动物资源保护方面比较突出的问题：一是在一些地方食用珍贵、濒危野生动物等问题突出，形成了非法猎捕、杀害珍贵、濒危野生动物的“买方市场”。对于为食用或者其他非法用途而购买珍贵、濒危野生动物及其制品的，是否属于犯罪行为，是否追究刑事责任，还存在模糊认识，需要予以明确。二是一些不法分子明知是非法狩猎的野生动物而坐地收赃，形成非法狩猎活动的背后推手。对这种行为是否追究刑事责任，如何追究刑事责任不明确。有关方面建议对此作出法律解释。法制工作委员会会同有关方面经认真研究，认为：加强对野生动物资源的保护，是建设生态文明的重要方面。目前社会上存在的食用珍贵、濒危野生动物等行为，既是一种社会陋习，也是非法猎捕、杀害珍贵、濒危野生动物活动屡禁不止的原因之一。“没有买卖，就没有杀戮。”明知是珍贵、濒危野生动物及其制品而购买的行为，从性质上讲，与非法收购珍贵、濒危野生动物及其制品的行为是相同的，应当依法追究刑事责任。另外，为保护野生动物，刑法规定了非法狩猎罪。实践中，明知是非法狩猎的野生动物而收购的行为，是造成一些大规模的非法狩猎活动在有的地方屡禁不止的主要原因，应当根据刑法的有关规定，对这些人依法追究刑事责任。本解释就是针对后一种情况作出的规定。

【条文说明】

本条是关于掩饰、隐瞒犯罪所得、犯罪所得收益罪及其处罚的规定。

本条共分为两款。

第一款是关于对犯罪所得及其产生的收益予以掩饰、隐瞒的犯罪及其处罚的规定。构成本款规定的犯罪需要具备以下条件：

1. 明知是犯罪所得及其产生的收益。行为人是**故意犯罪**，即明知是犯罪所得及其产生的收益而故意予以掩饰、隐瞒的。明知不要求明确知道，包括推定为应当知道的情况。根据《最高人民法院关于审理洗钱等刑事案件具体应用法律若干问题的解释》第一条第一、二款规定，“明知”应当结合被告人的认知能力，接触他人犯罪所得及其收益的情况，犯罪所得及其收益的种类、数额，犯罪所得及其收益的转换、转移方式以及被告人的供述等主、客观因素进行认定。具有下列情形之一的，**可以认定被告人明知系犯罪所得及其收益**，但有证据证明确实不知道的除外：(1)知道他人从事犯罪活动，协助转换或者转移财物的；(2)没有正当理由，通过非法途径协助转换或者转移财物的；(3)没有正当理由，以明显低于市场的价格收购财物的；(4)没有正当理由，协助转换或者转移财物，收取明显高于市场的“手续费”的；(5)没有正当理由，协助他人将巨额现金散存于多个银行帐户或者在不同银行帐户之间频繁划转的；(6)协助近亲属或者其他关系密切的人转换或者转移与其职业或者财产状况明显不符的财物的；(7)其他可以认定行为人明知的情形。本条规定的“**犯罪所得及其产生的收益**”与《刑法》第一百九十一条规定的范围和含义是相同的。根据《最高人民法院关于审理掩饰、隐瞒犯罪所得、犯罪所得收益刑事案件适用法律若干问题的解释》的规定，通过犯罪直接得到的赃款、赃物，应当认定为《刑法》第三百一十二条规定的“**犯罪所得**”。上游犯罪的行为人对犯罪所得进行处理后得到的孳息、租金等，应当认定为《刑法》第三百一十二条规定的“**犯罪所得产生的收益**”。

2. 行为人实施了窝藏、转移、收购、代为销售或者以其他方法掩饰、隐瞒犯罪所得及其收益的

行为。这里规定的"**窝藏**"是广义的，是指使用各种方法将犯罪所得及其收益隐藏起来，不让他人发现或者替犯罪分子保存而使司法机关无法获取以及违法的持有、使用，等等。"**转移**"，是指将犯罪所得及其收益转移到他处，使侦查机关不能查获。"**收购**"，是指以出卖为目的的收买犯罪所得及其收益。"**代为销售**"，是指代替犯罪分子将犯罪所得及其收益卖出的行为。"**以其他方法掩饰、隐瞒**"，是指以窝藏、转移、收购、代为销售以外的各种方法掩饰、隐瞒犯罪所得及其收益，如居间介绍买卖，收受，持有，使用，加工，提供资金帐户，协助将财物转换为现金、金融票据、有价证券，协助将资金转移、汇往境外等。

3. **关于犯罪门槛**。本条没有明确规定构成犯罪的门槛。《最高人民法院关于审理掩饰、隐瞒犯罪所得、犯罪所得收益刑事案件适用法律若干问题的解释》第一条第一、二款规定："明知是犯罪所得及其产生的收益而予以窝藏、转移、收购、代为销售或者以其他方法掩饰、隐瞒，具有下列情形之一的，应当依照刑法第三百一十二条第一款的规定，**以掩饰、隐瞒犯罪所得、犯罪所得收益罪定罪处罚**：（一）掩饰、隐瞒犯罪所得及其产生的收益价值三千元至一万元以上的；（二）一年内曾因掩饰、隐瞒犯罪所得及其产生的收益行为受过行政处罚，又实施掩饰、隐瞒犯罪所得及其产生的收益行为的；（三）掩饰、隐瞒的犯罪所得系电力设备、交通设施、广播电视设施、公用电信设施、军事设施或者救灾、抢险、防汛、优抚、扶贫、移民、救济款物的；（四）掩饰、隐瞒行为致使上游犯罪无法及时查处，并造成公私财物损失无法挽回的；（五）实施其他掩饰、隐瞒犯罪所得及其产生的收益行为，妨害司法机关对上游犯罪进行追究的。各省、自治区、直辖市高级人民法院可以根据本地区经济社会发展状况，并考虑社会治安状况，在本条第一款第（一）项规定的数额幅度内，确定本地执行的具体数额标准，报最高人民法院备案。"另外，该解释第四条规定，掩饰、隐瞒犯罪所得及其产生的收益的数额，应当以实施掩饰、隐瞒行为时为准。收购或者代为销售财物的价格高于其实际价值的，以收购或者代为销售的价格计算。多次实施掩饰、隐瞒犯罪所得及其产生的收益行为，未经行政处罚，依法应当追诉的，犯罪所得、犯罪所得收益的数额应当累计计算。

本款规定了**两档刑罚**：明知是犯罪所得及其产生的收益而予以窝藏、转移、收购、代为销售或者以其他方法掩饰、隐瞒的，处三年以下有期徒刑、拘役或者管制，并处或者单处罚金；情节严重的，处三年以上七年以下有期徒刑，并处罚金。《最高人民法院关于审理掩饰、隐瞒犯罪所得、犯罪所得收益刑事案件适用法律若干问题的解释》第三条第一款规定："掩饰、隐瞒犯罪所得及其产生的收益，具有下列情形之一的，应当认定为刑法第三百一十二条第一款规定的'**情节严重**'：（一）掩饰、隐瞒犯罪所得及其产生的收益价值总额达到十万元以上的；（二）掩饰、隐瞒犯罪所得及其产生的收益十次以上，或者三次以上且价值总额达到五万元以上的；（三）掩饰、隐瞒的犯罪所得系电力设备、交通设施、广播电视设施、公用电信设施、军事设施或者救灾、抢险、防汛、优抚、扶贫、移民、救济款物，价值总额达到五万元以上的；（四）掩饰、隐瞒行为致使上游犯罪无法及时查处，并造成公私财物重大损失无法挽回或其他严重后果的；（五）实施其他掩饰、隐瞒犯罪所得及其产生的收益行为，严重妨害司法机关对上游犯罪予以追究的。"

2014年4月24日，第十二届全国人大常委会第八次会议通过了《关于〈中华人民共和国刑法〉第三百四十一条、第三百一十二条的解释》，根据这一法律解释，知道或者应当知道是《刑法》第三百四十一条第二款规定的**非法狩猎的野生动物**而购买的，属于《刑法》第三百一十二条第一款规定的明知是犯罪所得而收购的行为，应当根据本条的规定定罪处罚。根据《最高人民法院关于审理掩饰、隐瞒犯罪所得、犯罪所得收益刑事案件适用法律若干问题的解释》的规定，明知是非法狩猎的野生动物而收购，数量达到五十只以上的，以掩饰、隐瞒犯罪所得罪定罪处罚。

第二款是关于**单位犯罪**的规定。本款规定，单位犯前款罪的，对单位判处罚金，并对其直接负责的主管人员和其他直接责任人员，依照前款的规定处罚。

实践中需要注意以下几个方面的问题：

1. 关于本条的犯罪主体。《刑法修正案（十一）》对《刑法》第一百九十一条规定的洗钱罪的犯罪主体作了修改完善，修改后包括罪犯本人实施上游犯罪后，为了掩饰、隐瞒犯罪所得及其收益而进一步实施洗钱行为的犯罪，即自洗钱。本条在犯罪主体方面未作修改，表述上没有排除罪犯本人。但理论上一般认为实施上游犯罪后的洗钱行为被上游犯罪吸收，作为上游犯罪处理时的从重情节。即使本条规定的主体没有排除罪犯本人，在认定时也应当区分情况。一是**本条包括了传统的赃物犯罪，对这类赃物犯罪的"自窝赃"不宜作为单独犯罪处理**，例如实施了盗窃罪后的窝藏、使用、出售等行为，一般应当认定为盗窃罪的延伸行为、后续处理行为。二是**对本条中的洗钱**

犯罪,本犯构成犯罪的前提应当是在实施上游犯罪之后,具有掩饰、隐瞒犯罪所得及其收益的目的,并且对财物进行了转换、转移等明显的清洗行为。换句话说,行为人必须实施了进一步的洗钱行为,而不是简单的占有、使用和一般的移动、出售等行为,只有在侵害了新的法益的情况下才可能作为单独犯罪处理。当然,实践中窝赃罪和洗钱犯罪,以及是否具有进一步的清洗目的和行为,有时并不容易区分和判断,但也应当坚持这样的精神,妥善把握好本犯构成自洗钱犯罪的界限。在判断成立自洗钱犯罪的基础上,一般应当与上游犯罪数罪并罚,从一重罪处罚。

2. **犯罪团伙、集团**在犯罪中分工负责掩饰、隐瞒犯罪所得及其收益的,应以该犯罪的共犯论处。

3. 行为人与犯罪分子**事前通谋**,事后对犯罪所得予以掩饰、隐瞒的,应按犯罪的共犯追究刑事责任。

4. **认定掩饰、隐瞒犯罪所得、犯罪所得收益罪,以上游犯罪事实成立为前提**。上游犯罪尚未依法裁判,但查证属实的,不影响掩饰、隐瞒犯罪所得、犯罪所得收益罪的认定。上游犯罪事实经查证属实,但因行为人未达到刑事责任年龄、死亡等原因依法不予追究刑事责任的,也不影响掩饰、隐瞒犯罪所得、犯罪所得收益罪的认定。

5. 明知是犯罪所得及其产生的收益而予以掩饰、隐瞒,构成本条规定的犯罪,同时又构成《刑法》第一百九十一条或者第三百四十九条规定的犯罪的,**依照处罚较重的规定定罪处罚**。

【司法解释】

《最高人民法院、最高人民检察院关于办理盗窃油气、破坏油气设备等刑事案件具体应用法律若干问题的解释》(法释〔2007〕3 号,自 2007 年 1 月 19 日起施行)

△(**油气或者油气设备;掩饰、隐瞒犯罪所得、犯罪所得收益罪;盗窃罪的共犯**)明知是盗窃犯罪所得的油气或者油气设备,而予以窝藏、转移、收购、加工、代为销售或者以其他方法掩饰、隐瞒的,依照刑法第三百一十二条的规定定罪处罚。

实施前款规定的犯罪行为,事前通谋的,以盗窃犯罪的共犯定罪处罚。(§ 5)

△(**油气;油气设备**)本解释所称的"油气",是指石油、天然气。其中,石油包括原油、成品油;天然气包括煤层气。

本解释所称"油气设备",是指用于石油、天然气生产、储存、运输等易燃易爆设备。(§ 8)

《最高人民法院、最高人民检察院关于办理与盗窃、抢劫、诈骗、抢夺机动车相关刑事案件具体应用法律若干问题的解释》(法释〔2007〕11 号,自 2007 年 5 月 11 日起施行)

△(**盗窃、抢劫、诈骗、抢夺的机动车;掩饰、隐瞒犯罪所得、犯罪所得收益罪;情节严重**)明知是盗窃、抢劫、诈骗、抢夺的机动车,实施下列行为之一的,依照刑法第三百一十二条的规定,以掩饰、隐瞒犯罪所得、犯罪所得收益罪定罪,处三年以下有期徒刑、拘役或者管制,并处或者单处罚金:

(一)买卖、介绍买卖、典当、拍卖、抵押或者用其抵债的;

(二)拆解、拼装或者组装的;

(三)修改发动机号、车辆识别代号的;

(四)更改车身颜色或者车辆外形的;

(五)提供或者出售机动车来历凭证、整车合格证、号牌以及有关机动车的其他证明和凭证的;

(六)提供或者出售伪造、变造的机动车来历凭证、整车合格证、号牌以及有关机动车的其他证明和凭证的。

实施第一款规定的行为涉及盗窃、抢劫、诈骗、抢夺的机动车五辆以上或者价值总额达到五十万元以上的,属于刑法第三百一十二条规定的"情节严重",处三年以上七年以下有期徒刑,并处罚金。(§ 1)

△(**事前通谋;盗窃罪、抢劫罪、诈骗罪、抢夺罪的共犯**)实施本解释第一条、第二条、第三条第一款或者第三款规定的行为,事前与盗窃、抢劫、诈骗、抢夺机动车的犯罪分子通谋的,以盗窃罪、抢劫罪、诈骗罪、抢夺罪的共犯论处。(§ 4)

△(**跨地区;一并立案侦查;管辖**)对跨地区实施的涉及同一机动车的盗窃、抢劫、诈骗、抢夺以及掩饰、隐瞒犯罪所得、犯罪所得收益行为,有关公安机关可以依照法律和有关规定一并立案侦查,需要提请批准逮捕、移送审查起诉、提起公诉的,由该公安机关所在地的同级人民检察院、人民法院受理。(§ 5)

△(**明知**)行为人实施本解释第一条、第三条第三款规定的行为,涉及的机动车有下列情形之一的,应当认定行为人主观上属于上述条款所称"明知":

(一)没有合法有效的来历凭证;

(二)发动机号、车辆识别代号有明显更改痕迹,没有合法证明的。(§ 6)

《最高人民法院关于审理洗钱等刑事案件具体应用法律若干问题的解释》(法释〔2009〕15 号,自 2009 年 11 月 11 日起施行)

△（**明知之认定**）刑法第一百九十一条、第三百一十二条规定的“明知”，应当结合被告人的认知能力，接触他人犯罪所得及其收益的情况，犯罪所得及其收益的种类、数额，犯罪所得及其收益的转换、转移方式以及被告人的供述等主、客观因素进行认定。

具有下列情形之一的，可以认定被告人明知系犯罪所得及其收益，但有证据证明确实不知道的除外：

（一）知道他人从事犯罪活动，协助转换或者转移财物的；

（二）没有正当理由，通过非法途径协助转换或者转移财物的；

（三）没有正当理由，以明显低于市场的价格收购财物的；

（四）没有正当理由，协助转换或者转移财物，收取明显高于市场的“手续费”的；

（五）没有正当理由，协助他人将巨额现金散存于多个银行账户或者在不同银行账户之间频繁划转的；

（六）协助近亲属或者其他关系密切的人转换或者转移与其职业或者财产状况明显不符的财物的；

（七）其他可以认定行为人明知的情形。（§1Ⅰ、Ⅱ）

△（**想象竞合犯；洗钱罪；窝藏、转移、隐瞒毒品、毒赃罪**）明知是犯罪所得及其产生的收益而予以掩饰、隐瞒，构成刑法第三百一十二条规定的犯罪，同时又构成刑法第一百九十一条或者第三百四十九条规定的犯罪的，依照处罚较重的规定定罪处罚。（§3）

△（**上游犯罪事实成立；上游犯罪**）刑法第一百九十一条、第三百一十二条、第三百四十九条规定的犯罪，应当以上游犯罪事实成立为认定前提。上游犯罪尚未依法裁判，但查证属实的，不影响刑法第一百九十一条、第三百一十二条、第三百四十九条规定的犯罪的审判。

上游犯罪事实可以确认，因行为人死亡等原因依法不予追究刑事责任的，不影响刑法第一百九十一条、第三百一十二条、第三百四十九条规定的犯罪的认定。

上游犯罪事实可以确认，依法以其他罪名定罪处罚的，不影响刑法第一百九十一条、第三百一十二条、第三百四十九条规定的犯罪的认定。

本条所称“上游犯罪”，是指产生刑法第一百九十一条、第三百一十二条、第三百四十九条规定的犯罪所得及其收益的各种犯罪行为。（§4）

《最高人民法院、最高人民检察院关于办理危害计算机信息系统安全刑事案件应用法律若干问题的解释》（法释〔2011〕19号，自2011年9月1日起施行）

△（**计算机信息系统安全；计算机信息系统数据；计算机信息系统控制权；掩饰、隐瞒犯罪所得罪；情节严重；单位犯罪**）明知是非法获取计算机信息系统数据犯罪所获取的数据、非法控制计算机信息系统犯罪所获取的计算机信息系统控制权，而予以转移、收购、代为销售或者以其他方法掩饰、隐瞒，违法所得五千元以上的，应当依照刑法第三百一十二条第一款的规定，以掩饰、隐瞒犯罪所得罪定罪处罚。

实施前款规定行为，违法所得五万元以上的，应当认定为刑法第三百一十二条第一款规定的“情节严重”。

单位实施第一款规定行为的，定罪量刑标准依照第一款、第二款的规定执行。（§7）

《最高人民法院关于审理掩饰、隐瞒犯罪所得、犯罪所得收益刑事案件适用法律若干问题的解释》（法释〔2015〕11号，自2015年6月1日起施行）①

△（**掩饰、隐瞒犯罪所得、犯罪所得收益罪；具体数额标准；计算机信息系统数据；计算机信息系统控制权；非法狩猎的野生动物**）明知是犯罪所得及其产生的收益而予以窝藏、转移、收购、代为销售或者以其他方法掩饰、隐瞒，具有下列情形之一的，应当依照刑法第三百一十二条第一款的规定，以掩饰、隐瞒犯罪所得、犯罪所得收益罪定罪处罚：

（一）掩饰、隐瞒犯罪所得及其产生的收益价值三千元至一万元以上的；

（二）一年内曾因掩饰、隐瞒犯罪所得及其产生的收益行为受过行政处罚，又实施掩饰、隐瞒犯罪所得及其产生的收益行为的；

---

① 《最高人民法院关于修改〈关于审理掩饰、隐瞒犯罪所得、犯罪所得收益刑事案件适用法律若干问题的解释〉的决定》（法释〔2021〕8号，自2021年4月15日起施行）

自本决定实施之日起，《关于审理掩饰、隐瞒犯罪所得、犯罪所得收益刑事案件适用法律若干问题的解释》（法释〔2015〕11号）第一条第一款第（一）项、第二款和第二条第二款规定的掩饰、隐瞒犯罪所得、犯罪所得收益罪的数额标准不再适用。人民法院审理掩饰、隐瞒犯罪所得、犯罪所得收益刑事案件，应综合考虑上游犯罪的性质、掩饰、隐瞒犯罪所得及其收益的情节、后果及社会危害程度等，依法定罪处罚。

分则　第六章

（三）掩饰、隐瞒的犯罪所得系电力设备、交通设施、广播电视设施、公用电信设施、军事设施或者救灾、抢险、防汛、优抚、扶贫、移民、救济款物的；

（四）掩饰、隐瞒行为致使上游犯罪无法及时查处，并造成公私财物损失无法挽回的；

（五）实施其他掩饰、隐瞒犯罪所得及其产生的收益行为，妨害司法机关对上游犯罪进行追究的。

各省、自治区、直辖市高级人民法院可以根据本地区经济社会发展状况，并考虑社会治安状况，在本条第一款第（一）项规定的数额幅度内，确定本地执行的具体数额标准，报最高人民法院备案。

司法解释对掩饰、隐瞒涉及计算机信息系统数据、计算机信息系统控制权的犯罪所得及其产生的收益行为构成犯罪已有规定的，审理此类案件依照该规定。

依照全国人民代表大会常务委员会《关于〈中华人民共和国刑法〉第三百四十一条、第三百一十二条的解释》，明知是非法狩猎的野生动物而收购，数量达到五十只以上的，以掩饰、隐瞒犯罪所得罪定罪处罚。（§ 1）

△（**犯罪情节轻微；为自用而掩饰、隐瞒犯罪所得；酌情从宽事由**）掩饰、隐瞒犯罪所得及其产生的收益行为符合本解释第一条的规定，认罪、悔罪并退赃、退赔，且具有下列情形之一的，可以认定为犯罪情节轻微，免予刑事处罚：

（一）具有法定从宽处罚情节的；

（二）为近亲属掩饰、隐瞒犯罪所得及其产生的收益，且系初犯、偶犯的；

（三）有其他情节轻微情形的。

行为人为自用而掩饰、隐瞒犯罪所得，财物价值刚达到本解释第一条第一款第（一）项规定的标准，认罪、悔罪并退赃、退赔的，一般可不认为是犯罪；依法追究刑事责任的，应当酌情从宽。（§ 2）

△（**情节严重**）掩饰、隐瞒犯罪所得及其产生的收益，具有下列情形之一的，应当认定为刑法第三百一十二条第一款规定的"情节严重"：

（一）掩饰、隐瞒犯罪所得及其产生的收益价值总额达到十万元以上的①；

（二）掩饰、隐瞒犯罪所得及其产生的收益十次以上，或者三次以上且价值总额达到五万元以上的；

（三）掩饰、隐瞒的犯罪所得系电力设备、交通设施、广播电视设施、公用电信设施、军事设施或者救灾、抢险、防汛、优抚、扶贫、移民、救济款物，价值总额达到五万元以上的；

（四）掩饰、隐瞒行为致使上游犯罪无法及时查处，并造成公私财物重大损失无法挽回或其他严重后果的；

（五）实施其他掩饰、隐瞒犯罪所得及其产生的收益行为，严重妨害司法机关对上游犯罪予以追究的。

司法解释对掩饰、隐瞒涉及机动车、计算机信息系统数据、计算机信息系统控制权的犯罪所得及其产生的收益行为认定"情节严重"已有规定的，审理此类案件依照该规定。（§ 3）

△（**数额之认定；累计计算**）掩饰、隐瞒犯罪所得及其产生的收益的数额，应当以实施掩饰、隐瞒行为时为准。收购或者代为销售财物的价格高于其实际价值的，以收购或者代为销售的价格计算。

多次实施掩饰、隐瞒犯罪所得及其产生的收益行为，未经行政处罚，依法应当追诉的，犯罪所得、犯罪所得收益的数额应当累计计算。（§ 4）

△（**事前通谋**）事前与盗窃、抢劫、诈骗、抢夺等犯罪分子通谋，掩饰、隐瞒犯罪所得及其产生的收益的，以盗窃、抢劫、诈骗、抢夺等犯罪的共犯论处。（§ 5）

△（**想象竞合犯**）明知是犯罪所得及其产生的收益而予以掩饰、隐瞒，构成刑法第三百一十二条规定的犯罪，同时构成其他犯罪的，依照处罚较重的规定定罪处罚。（§ 7）

△（**上游犯罪事实成立**）认定掩饰、隐瞒犯罪所得、犯罪所得收益罪，以上游犯罪事实成立为前提。上游犯罪尚未依法裁判，但查证属实的，不影响掩饰、隐瞒犯罪所得、犯罪所得收益罪的认定。

上游犯罪事实经查证属实，但因行为人未达到刑事责任年龄等原因依法不予追究刑事责任的，不影响掩饰、隐瞒犯罪所得、犯罪所得收益罪的认定。（§ 8）

△（**盗用单位名义**）盗用单位名义实施掩饰、隐瞒犯罪所得及其产生的收益行为，违法所得由行为人私分的，依照刑法和司法解释有关自然人犯罪的规定定罪处罚。（§ 9）

△（**犯罪所得；犯罪所得产生的收益；其他方**

① 由于集资诈骗成立犯罪的数额标准是 10 万元以上，因此，本规定会导致掩饰、隐瞒集资诈骗犯罪所得及其收益的行为，要么不成立犯罪，要么就属于情节严重。参见张明楷：《刑法学》（第 6 版），法律出版社 2021 年版，第 1451 页。

法）通过犯罪直接得到的赃款、赃物，应当认定为刑法第三百一十二条规定的“犯罪所得”。上游犯罪的行为人对犯罪所得进行处理后得到的孳息、租金等，应当认定为刑法第三百一十二条规定的“犯罪所得产生的收益”。

明知是犯罪所得及其产生的收益而采取窝藏、转移、收购、代为销售以外的方法，如居间介绍买卖，收受，持有，使用，加工，提供资金账户，协助将财物转换为现金、金融票据、有价证券，协助将资金转移、汇往境外等，应当认定为刑法第三百一十二条规定的“其他方法”。（§ 10）

△（**选择性罪名**）掩饰、隐瞒犯罪所得、犯罪所得收益罪是选择性罪名，审理此类案件，应当根据具体犯罪行为及其指向的对象，确定适用的罪名。（§ 11）

《最高人民法院、最高人民检察院关于办理妨害文物管理等刑事案件适用法律若干问题的解释》（法释〔2015〕23 号，自 2016 年 1 月 1 日起施行）

△（**三级以上文物；掩饰、隐瞒犯罪所得罪；事先通谋**）明知是盗窃文物、盗掘古文化遗址、古墓葬等犯罪所获取的三级以上文物，而予以窝藏、转移、收购、加工、代为销售或者以其他方法掩饰、隐瞒的，依照刑法第三百一十二条的规定，以掩饰、隐瞒犯罪所得罪追究刑事责任。

实施前款规定的行为，事先通谋的，以共同犯罪论处。（§ 9）

△（**犯罪情节轻微**）实施本解释第一条、第二条、第六条至第九条规定的行为，虽已达到应当追究刑事责任的标准，但行为人系初犯，积极退回或者协助追回文物，未造成文物损毁，并确有悔罪表现的，可以认定为犯罪情节轻微，不起诉或者免予刑事处罚。（§ 16 Ⅰ）

《最高人民法院、最高人民检察院关于办理非法采矿、破坏性采矿刑事案件适用法律若干问题的解释》（法释〔2016〕25 号，自 2016 年 12 月 1 日起施行）

△（**非法采矿、破坏性采矿；掩饰、隐瞒犯罪所得、犯罪所得收益罪；事前通谋**）明知是犯罪所得的矿产品及其产生的收益，而予以窝藏、转移、收购、代为销售或者以其他方法掩饰、隐瞒的，依照刑法第三百一十二条的规定，以掩饰、隐瞒犯罪所得、犯罪所得收益罪定罪处罚。

实施前款规定的犯罪行为，事前通谋的，以共同犯罪论处。（§ 7）

《最高人民法院、最高人民检察院关于办理危害药品安全刑事案件适用法律若干问题的解释》（高检发释字〔2022〕1 号，自 2022 年 3 月 6 日起施行）

△（**利用医保骗保；掩饰、隐瞒犯罪所得罪；诈骗罪**）明知系利用医保骗保购买的药品而非法收购、销售，金额五万元以上的，应当依照刑法第三百一十二条的规定，以掩饰、隐瞒犯罪所得罪定罪处罚；指使、教唆、授意他人利用医保骗保购买药品，进而非法收购、销售，符合刑法第二百六十六条规定的，以诈骗罪定罪处罚。

对于利用医保骗保购买药品的行为人是否追究刑事责任，应当综合骗取医保基金的数额、手段、认罪悔罪态度等案件具体情节，依法妥当决定。利用医保骗保购买药品的行为人是否被追究刑事责任，不影响对非法收购、销售有关药品的行为人定罪处罚。

对于第一款规定的主观明知，应当根据药品标志、收购渠道、价格、规模及药品追溯信息等综合认定。（§ 13）

《最高人民法院、最高人民检察院关于办理破坏野生动物资源刑事案件适用法律若干问题的解释》（法释〔2022〕12 号，自 2022 年 4 月 9 日起施行）

△（**破坏野生动物资源刑事案件；掩饰、隐瞒犯罪所得罪**）明知是非法捕捞犯罪所得的水产品、非法狩猎犯罪所得的猎获物而收购、贩卖或者以其他方法掩饰、隐瞒，符合刑法第三百一十二条规定的，以掩饰、隐瞒犯罪所得罪定罪处罚。（§ 9）

【司法解释性文件】

《最高人民法院、最高人民检察院、公安部、国家工商行政管理局关于依法查处盗窃、抢劫机动车案件的规定》（公通字〔1998〕31 号，1998 年 5 月 8 日公布）

△（**盗窃、抢劫所得的机动车；掩饰、隐瞒犯罪所得罪**）明知是盗窃、抢劫所得机动车而予以窝藏、转移、收购或者代为销售的，依照《刑法》第三百一十二条的规定处罚。

对明知是盗窃、抢劫所得机动车而予以拆解、改装、拼装、典当、倒卖的，视为窝藏、转移、收购或者代为销售，依照《刑法》第三百一十二条的规定处罚。（§ 2）

△（**车辆交易市场、机动车经营企业等；掩饰、隐瞒犯罪所得罪；单位犯罪**）国家指定的车辆交易市场、机动车经营企业（含典当、拍卖行）以及从事机动车修理、零部件销售企业的主管人员或者其他直接责任人员，明知是盗窃、抢劫的机动车而予以窝藏、转移、拆解、改装、拼装、收购或者代为

销售的,依照《刑法》第三百一十二条的规定处罚。单位组织实施上述行为的,由工商行政管理机关予以处罚。[①]（§ 3）

△(**事先通谋**)本规定第二条和第三条中的行为人事先与盗窃、抢劫机动车辆的犯罪分子通谋的,分别以盗窃、抢劫犯罪的共犯论处。(§ 4)

△(**机动车交易;掩饰、隐瞒犯罪所得罪;介绍买卖;掩饰、隐瞒犯罪所得罪的共犯**)机动车交易必须在国家指定的交易市场或合法经营企业进行,其交易凭证经工商行政管理机关验证盖章后办理登记或过户手续,私下交易机动车辆属于违法行为,由工商行政管理机关依法处理。

明知是赃车而购买,以收购赃物罪定罪处罚。单位的主管人员或者其他直接责任人员明知是赃车购买的,以收购赃物罪[②]定罪处罚。[③]

明知是赃车而介绍买卖的,以收购、销售赃物罪的共犯论处。(§ 5)

△(**明知**)本规定所称的"明知",是指知道或者应当知道。有下列情形之一的,可视为应当知道,但有证据证明确属被蒙骗的除外:

(一)在非法的机动车交易场所和销售单位购买的;

(二)机动车证件手续不全或者明显违反规定的;

(三)机动车发动机号或者车架号有更改痕迹,没有合法证明的;

(四)以明显低于市场价格购买机动车的。(§ 17)

《最高人民法院、最高人民检察院、公安部、国家烟草专卖局关于印发〈关于办理假冒伪劣烟草制品等刑事案件适用法律问题座谈会纪要〉的通知》(商检会〔2003〕4号,2003年12月23日公布)

△(**非法制售的烟草制品;掩饰、隐瞒犯罪所得罪**)明知是非法制售的烟草制品而予以窝藏、转移的,依照刑法第三百一十二条的规定,以窝藏、转移赃物罪定罪处罚。(§ 7)

《最高人民法院、最高人民检察院、公安部关于办理电信网络诈骗等刑事案件适用法律若干问题的意见》(法发〔2016〕32号,2016年12月19日公布)

△(**电信网络诈骗犯罪;确实不知道;事前通谋;上游犯罪;想象竞合犯**)明知是电信网络诈骗犯罪所得及其产生的收益,以下列方式之一予以转账、套现、取现的,依照刑法第三百一十二条第一款的规定,以掩饰、隐瞒犯罪所得、犯罪所得收益罪追究刑事责任。但有证据证明确实不知道的除外:

1. 通过使用销售点终端机具(POS机)刷卡套现等非法途径,协助转换或者转移财物的;

2. 帮助他人将巨额现金散存于多个银行账户,或在不同银行账户之间频繁划转的;

3. 多次使用或者使用多个非本人身份证明开设的信用卡、资金支付结算账户或者多次采用遮蔽摄像头、伪装等异常手段,帮助他人转账、套现、取现的;

4. 为他人提供非本人身份证明开设的信用卡、资金支付结算账户后,又帮助他人转账、套现、取现的;

5. 以明显异于市场的价格,通过手机充值、交易游戏点卡等方式套现的。

实施上述行为,事前通谋的,以共同犯罪论处。

实施上述行为,电信网络诈骗犯罪嫌疑人尚未到案或案件尚未依法裁判,但现有证据足以证明该犯罪行为确实存在的,不影响掩饰、隐瞒犯罪所得、犯罪所得收益罪的认定。

实施上述行为,同时构成其他犯罪的,依照处罚较重的规定定罪处罚。法律和司法解释另有规定的除外。(§ 3 V)

《最高人民法院、最高人民检察院、公安部关于办理盗窃油气、破坏油气设备等刑事案件适用法律若干问题的意见》(法发〔2018〕18号,2018年9月28日公布)

△(**油气;掩饰、隐瞒犯罪所得罪;明知;事前通谋**)明知是犯罪所得的油气而予以窝藏、转移、收购、加工、代为销售或者以其他方式掩饰、隐瞒,符合刑法第三百一十二条规定的,以掩饰、隐瞒犯罪所得罪追究刑事责任。

"明知"的认定,应当结合行为人的认知能力、所得报酬、运输工具、运输路线、收购价格、收购形式、加工方式、销售地点、仓储条件等因素综

---

① 《刑法修正案(七)》针对掩饰、隐瞒犯罪所得罪、犯罪所得收益罪增订了单位犯罪。按照现行法的规定,会成立单位犯罪。

② 在《刑法修正案(六)》之前,根据《最高人民法院关于执行〈中华人民共和国刑法〉确定罪名的规定》,《刑法》第三百一十二条的罪名为"窝藏、转移、收购、销售赃物罪"。之后,《最高人民法院、最高人民检察院关于执行〈中华人民共和国刑法〉确定罪名的补充规定(三)》取消"窝藏、转移、收购、销售赃物罪",并将罪名更改为"掩饰、隐瞒犯罪所得、犯罪所得收益罪"。下文中的部分文件也存在类似问题,本文不再赘述。

③ 按照现行法的规定,此情形可以成立单位犯罪。

合考虑。

实施第一款规定的犯罪行为，事前通谋的，以盗窃罪、破坏易燃易爆设备罪等有关犯罪的共同犯罪论处。（§5）

《最高人民法院、最高人民检察院、公安部办理跨境赌博犯罪案件若干问题的意见》（公通字〔2020〕14号，2020年10月16日发布）

△（**赌博犯罪共犯；非法经营罪、妨害信用卡管理罪；窃取、收买、非法提供信用卡信息罪；掩饰、隐瞒犯罪所得、犯罪收益罪；非法利用信息网络罪；帮助信息网络犯罪活动罪；侵犯公民个人信息罪**）为赌博犯罪提供资金、信用卡、资金结算等服务，构成赌博犯罪共犯，同时构成非法经营罪、妨害信用卡管理罪、窃取、收买、非法提供信用卡信息罪、掩饰、隐瞒犯罪所得、犯罪收益罪等罪的，依照处罚较重的规定定罪处罚。

为网络赌博犯罪提供互联网接入、服务器托管、网络存储、通讯传输等技术支持，或者提供广告推广、支付结算等帮助，构成赌博犯罪共犯，同时构成非法利用信息网络罪、帮助信息网络犯罪活动罪等罪的，依照处罚较重的规定定罪处罚。

为实施赌博犯罪，非法获取公民个人信息，或者向实施赌博犯罪者出售、提供公民个人信息，构成赌博犯罪共犯，同时构成侵犯公民个人信息罪的，依照处罚较重的规定定罪处罚。（§4Ⅴ）

《最高人民法院、最高人民检察院、公安部关于办理涉窨井盖相关刑事案件的指导意见》（高检发〔2020〕3号，2020年3月16日发布）

△（**窨井盖；掩饰、隐瞒犯罪所得、犯罪所得收益罪**）知道或者应当知道是盗窃所得的窨井盖及其产生的收益而予以窝藏、转移、收购、代为销售或者以其他方法掩饰、隐瞒的，依照刑法第三百一十二条和《最高人民法院关于审理掩饰、隐瞒犯罪所得、犯罪所得收益刑事案件适用法律若干问题的解释》的规定，以掩饰、隐瞒犯罪所得、犯罪所得收益罪定罪处罚。（§7）

△（**窨井盖**）本意见所称的"窨井盖"，包括城市、城乡结合部和乡村等地的窨井盖以及其他井盖。（§12）

《最高人民法院、最高人民检察院、公安部、司法部关于依法惩治妨害新型冠状病毒感染肺炎疫情防控违法犯罪的意见》（法发〔2020〕7号，2020年2月6日发布）

△（**肺炎疫情防控；非法猎捕、杀害珍贵、濒危野生动物罪；非法收购、运输、出售珍贵、濒危野生动物、珍贵、濒危野生动物制品罪；非法狩猎罪；非法经营罪；掩饰、隐瞒犯罪所得罪**）依法严惩破坏野生动物资源犯罪。非法猎捕、杀害国家重点保护的珍贵、濒危野生动物的，或者非法收购、运输、出售国家重点保护的珍贵、濒危野生动物及其制品的，依照刑法第三百四十一条第一款的规定，以非法猎捕、杀害珍贵、濒危野生动物罪或者非法收购、运输、出售珍贵、濒危野生动物、珍贵、濒危野生动物制品罪定罪处罚。

违反狩猎法规，在禁猎区、禁猎期或者使用禁用的工具、方法进行狩猎，破坏野生动物资源，情节严重的，依照刑法第三百四十一条第二款的规定，以非法狩猎罪定罪处罚。

违反国家规定，非法经营非国家重点保护野生动物及其制品（包括开办交易场所、进行网络销售、加工食品出售等），扰乱市场秩序，情节严重的，依照刑法第二百二十五条第四项的规定，以非法经营罪定罪处罚。

知道或者应当知道是国家重点保护的珍贵、濒危野生动物及其制品，为食用或者其他目的而非法购买，符合刑法第三百四十一条第一款规定的，以非法收购珍贵、濒危野生动物、珍贵、濒危野生动物制品罪定罪处罚。

知道或者应当知道是非法狩猎的野生动物而购买，符合刑法第三百一十二条规定的，以掩饰、隐瞒犯罪所得罪定罪处罚。（§2Ⅸ）

△（**治安管理处罚；从重情节**）依法严惩妨害疫情防控的违法行为。实施上述（一）至（九）规定的行为，不构成犯罪的，由公安机关根据治安管理处罚法有关虚构事实扰乱公共秩序，扰乱单位秩序、公共场所秩序、寻衅滋事，拒不执行紧急状态下的决定、命令，阻碍执行职务，冲闯警戒带、警戒区，殴打他人，故意伤害，侮辱他人，诈骗，在铁路沿线非法挖掘坑穴、采石取沙，盗窃、损毁路面公共设施，损毁铁路设施设备，故意损毁财物、哄抢公私财物等规定，予以治安管理处罚，或者由有关部门予以其他行政处罚。

对于在疫情防控期间实施有关违法犯罪的，要作为从重情节予以考量，依法体现从严的政策要求，有力惩治震慑违法犯罪，维护法律权威，维护社会秩序，维护人民群众生命安全和身体健康。（§2Ⅹ）

《最高人民法院、最高人民检察院关于常见犯罪的量刑指导意见（试行）》（法发〔2021〕21号，2021年6月6日发布）

△（**掩饰、隐瞒犯罪所得、犯罪所得收益罪；量刑**）1. 构成掩饰、隐瞒犯罪所得、犯罪所得收益罪的，根据下列情形在相应的幅度内确定量刑起点：

(1)犯罪情节一般的,在一年以下有期徒刑、拘役幅度内确定量刑起点。

(2)情节严重的,在三年至四年有期徒刑幅度内确定量刑起点。

2. 在量刑起点的基础上,根据犯罪数额等其他影响犯罪构成的犯罪事实增加刑罚量,确定基准刑。

3. 构成掩饰、隐瞒犯罪所得、犯罪所得收益罪的,根据掩饰、隐瞒犯罪所得及其收益的数额、犯罪对象、危害后果等犯罪情节,综合考虑被告人缴纳罚金的能力,决定罚金数额。

4. 构成掩饰、隐瞒犯罪所得、犯罪所得收益罪的,综合考虑掩饰、隐瞒犯罪所得及其收益的数额、危害后果、上游犯罪的危害程度等犯罪事实、量刑情节,以及被告人的主观恶性、人身危险性、认罪悔罪表现等因素,决定缓刑的适用。

《最高人民法院、最高人民检察院、公安部、农业农村部依法惩治长江流域非法捕捞等违法犯罪的意见》(公通字〔2020〕17号,2020年12月17日发布)

△(**长江流域非法捕捞;掩饰、隐瞒犯罪所得罪**)依法严惩非法渔获物交易犯罪。明知是在长江流域重点水域非法捕捞犯罪所得的水产品而收购、贩卖,价值一万元以上的,应当依照刑法第三百一十二条的规定,以掩饰、隐瞒犯罪所得罪定罪处罚。

△(**单位犯罪**)依法严惩危害水生生物资源的单位犯罪。水产品交易公司、餐饮公司等单位实施本意见规定的行为,构成单位犯罪的,依照本意见规定的定罪量刑标准,对直接负责的主管人员和其他直接责任人员定罪处罚,并对单位判处罚金。

△(**渔获物的价值核算**)准确认定相关专门性问题。对于长江流域重点水域禁捕范围(禁捕区域和时间),依据农业农村部关于长江流域重点水域禁捕范围和时间的有关通告确定。涉案渔获物系国家重点保护的珍贵、濒危水生野生动物的,动物及其制品的价值可以根据国务院野生动物保护主管部门综合考虑野生动物的生态、科学、社会价值制定的评估标准和方法核算。其他渔获物的价值,根据销赃数额认定;无销赃数额、销赃数额难以查证或者根据销赃数额认定明显偏低的,根据市场价格核算;仍无法认定的,由农业农村(渔政)部门认定或者由有关价格认证机构作出认证并出具报告。对于涉案的禁捕区域、禁捕时间、禁用方法、禁用工具、渔获物品种以及对水生生物资源的危害程度等专门性问题,由农业农村(渔政)部门于二个工作日以内出具认定意见;难以确定的,由司法鉴定机构出具鉴定意见,或者由农业农村部指定的机构出具报告。

《最高人民法院、最高人民检察院、公安部关于办理电信网络诈骗等刑事案件适用法律若干问题的意见(二)》(法发〔2021〕22号,2021年6月17日发布)

△(**电信网络诈骗犯罪;掩饰、隐瞒犯罪所得、犯罪所得收益罪;共同犯罪**)明知是电信网络诈骗犯罪所得及其产生的收益,以下列方式之一予以转账、套现、取现,符合刑法第三百一十二条第一款规定的,以掩饰、隐瞒犯罪所得、犯罪所得收益罪追究刑事责任。但有证据证明确实不知道的除外。

(一)多次使用或者使用多个非本人身份证明开设的收款码、网络支付接口等,帮助他人转账、套现、取现的;

(二)以明显异于市场的价格,通过电商平台预付卡、虚拟货币、手机充值卡、游戏点卡、游戏装备等转换财物、套现的;

(三)协助转换或者转移财物,收取明显高于市场的"手续费"的。

实施上述行为,事前通谋的,以共同犯罪论处;同时构成其他犯罪的,依照处罚较重的规定定罪处罚。法律和司法解释另有规定的除外。(§11)

△(**实施诈骗的行为人尚未到案**)为他人实施电信网络诈骗犯罪提供技术支持、广告推广、支付结算等帮助,或者窝藏、转移、收购、代为销售及以其他方法掩饰、隐瞒电信网络诈骗犯罪所得及其产生的收益,诈骗犯罪行为可以确认,但实施诈骗的行为人尚未到案,可以依法先行追究已到案的上述犯罪嫌疑人、被告人的刑事责任。(§12)

△(**调取异地公安机关依法制作、收集的证据材料**)办案地公安机关可以通过公安机关信息化系统调取异地公安机关依法制作、收集的刑事案件受案登记表、立案决定书、被害人陈述等证据材料。调取时不得少于两名侦查人员,并应记载调取的时间、使用的信息化系统名称等相关信息,调取人签名并加盖办案地公安机关印章。经审核证明真实的,可以作为证据使用。(§13)

△(**境外证据材料;证据使用**)通过国(区)际警务合作收集或者境外警方移交的境外证据材料,确因客观条件限制,境外警方未提供相关证据的发现、收集、保管、移交情况等材料的,公安机关应当对上述证据材料的来源、移交过程以及种类、数量、特征等作出书面说明,由两名以上侦查人员

签名并加盖公安机关印章。经审核能够证明案件事实的,可以作为证据使用。(§ 14)

△(**境外抓获并羁押;折抵刑期**)对境外司法机关抓获并羁押的电信网络诈骗犯罪嫌疑人,在境内接受审判的,境外的羁押期限可以折抵刑期。(§ 15)

△(**宽严相济刑事政策**)办理电信网络诈骗犯罪案件,应当充分贯彻宽严相济刑事政策。在侦查、审查起诉、审判过程中,应当全面收集证据、准确甄别犯罪嫌疑人、被告人在共同犯罪中的层级地位及作用大小,结合其认罪态度和悔罪表现,区别对待,宽严并用,科学量刑,确保罚当其罪。

对于电信网络诈骗犯罪集团、犯罪团伙的组织者、策划者、指挥者和骨干分子,以及利用未成年人、在校学生、老年人、残疾人实施电信网络诈骗的,依法从严惩处。

对于电信网络诈骗犯罪集团、犯罪团伙中的从犯,特别是其中参与时间相对较短、诈骗数额相对较低或者从事辅助性工作并领取少量报酬,以及初犯、偶犯、未成年人、在校学生等,应当综合考虑其在共同犯罪中的地位作用、社会危害程度、主观恶性、人身危险性、认罪悔罪表现等情节,可以依法从轻、减轻处罚。犯罪情节轻微的,可以依法不起诉或者免予刑事处罚;情节显著轻微危害不大的,不以犯罪论处。(§ 16)

△(**查扣涉案账户资金;优先返还**)查扣的涉案账户内资金,应当优先返还被害人,如不足以全额返还的,应当按照比例返还。(§ 17)

【参考案例】

△**掩饰、隐瞒犯罪所得、犯罪所得收益罪属于单一式选择性罪名,行为方式不存在选择性,犯罪对象存在选择性。**

本罪由窝藏、转移、收购、销售赃物罪修改而来,修改后将行为方式由窝藏等四种方式扩大到一切掩饰、隐瞒行为,将犯罪对象由犯罪所得的赃物扩大到所有犯罪所得及其收益,罪名也变更为掩饰、隐瞒犯罪所得、犯罪所得收益罪。如果按照惯例,本罪应属于复合式选择性罪名。但本罪应属于单一式选择性罪名,只存在犯罪对象之间的选择,掩饰与隐瞒之间不存在选择关系。

首先,掩饰与隐瞒的含义难以准确区分。生活中,二者的含义都是使真相不让别人知晓,属于近义词,外延上存在交叉,大多数情况下均混同使用。其次,由于二者含义近似,许多行为客观上无法准确认定是掩饰还是隐瞒。以收购、代为销售为例,二者都是使司法机关难以对赃物实施有效的追缴,很难认定二者对赃物所起的作用究竟是掩饰还是隐瞒。而且,如果必须对二者选择适用,审判实践难以操作。修改后,本罪的行为方式扩大到所有的其他掩饰、隐瞒行为。毋庸置疑,因赃物种类的不同,具体的掩饰、隐瞒行为将非常繁杂,不胜枚举。司法解释不可能对各种具体的掩饰、隐瞒行为一一界定,而要求审判实践就案件中涉及的每个掩饰、隐瞒行为都加以区分,既难以操作,也容易产生分歧,而且也无太大必要。[No. 6-2-312-1　徐大连等掩饰、隐瞒犯罪所得案]

△**掩饰、隐瞒犯罪所得收益罪中的犯罪所得收益,是指对犯罪所得进行处理后得到的超过犯罪所得价值的利润。**

掩饰、隐瞒犯罪所得收益罪中的收益应当理解为利润,犯罪所得收益应当理解为将犯罪所得进行处理后产生的利润。首先,收益可以理解为利润。《辞海》将收益作了两种解释,一是利润,二是个人所得。故将犯罪所得产生的收益理解为通过犯罪所得产生的利润不违背收益一词的原意。其次,只有将收益理解为利润,才能将犯罪所得与其产生的收益加以准确的区分,避免产生包容、交叉或重合的现象,满足选择性要素所要求的选择关系。最后,将收益界定为利润,有利于审判实践对犯罪所得收益的认定。实践中只需将犯罪所得处理后的收入与犯罪所得进行比较,即可认定是否存在收益以及收益的多少。而将犯罪所得收益理解为对犯罪所得进行处理后产生的货币收入,对于用赃物换取的超过本身价值的物品是犯罪所得还是犯罪所得收益等问题,就会产生认定上的困扰。

在徐大连等掩饰、隐瞒犯罪所得案中,徐大连收购的两台电脑系李胜义等人的盗窃犯罪所得,而其将其中一台出售给李文兵所获取的700元利润以及李文兵转卖后所获取的100元利润,则分别属于各自犯罪行为的犯罪所得收益。但徐大连在收购、销售李胜义等人盗窃的电脑的过程中,犯罪对象只有电脑,并无李胜义等人利用电脑产生的利润或者其他犯罪所得收益。李文兵虽然收购、销售了徐大连犯罪所得的电脑,但未一并掩饰、隐瞒徐大连所获取的700元利润或者徐大连其他犯罪所得收益。因此,二人掩饰、隐瞒的对象均只有上游犯罪的犯罪所得,并无犯罪所得收益,一审法院认定徐大连、李文兵二人的行为分别构成掩饰、隐瞒犯罪所得罪是正确的。[No. 6-2-312-2　徐大连等掩饰、隐瞒犯罪所得案]

△**掩饰、隐瞒犯罪所得收益罪不以本犯构成犯罪为前提,收购未满十四周岁的未成年人盗窃所得财物的,应以掩饰、隐瞒犯罪所得收益罪论处。**

在掩饰、隐瞒犯罪所得罪中，掩饰、隐瞒的所得财物不必要求一定是犯罪所得。该罪掩饰、隐瞒的所得财物只要是由他人违法犯罪行为得来的就足够了，不一定非要符合犯罪构成的全部要件，或非要受到刑事处罚不可。因为，贾庆显等掩饰、隐瞒犯罪所得收益案中，虽然没有追究几个少年的刑事责任，其原因是他们不满十四周岁，在主体上达不到追究刑事责任的年龄，但是，他们盗窃正在使用的通信电缆行为已属犯罪，其危害远不止于盗窃。如果对收购这些未成年人盗窃来的赃物的被告人不作犯罪认定，势必放纵该犯罪行为。因此，该罪的前提之罪应从广义上界定符合立法本意。本案中，法院判决构成掩饰、隐瞒犯罪所得收益罪是正确的。[No. 6-2-312-3　贾庆显等掩饰、隐瞒犯罪所得收益案]

△明知是犯罪所得的赃物，仍然提供运输服务帮助转移的，以掩饰、隐瞒犯罪所得罪论处，不成立共同犯罪。

《刑法》第二十五条第一款规定："共同犯罪是指二人以上共同故意犯罪。"根据主客观相统一的原则，成立共同犯罪不仅要求各行为人共同实施针对同一犯罪客体的行为，而且还要求各行为人之间存在共同的犯罪故意。共同犯罪故意是指行为人之间通过意思的传递、反馈而形成的，明知自己是和他人配合共同实施犯罪，并且明知共同的犯罪行为会发生某种危害社会的结果，而希望或者放任这种危害结果发生的心理态度。共同犯罪故意由共同和犯罪故意两个词语组成：共同是量的要素，是指二人以上具有共同实施犯罪的意图，区别于单独犯罪的罪过和相互之间没有意思联络的同时犯等，体现了其区别于一般的犯罪故意的特殊性，这也决定了在认识因素和意志因素的具体内容上具有一定的特殊性；犯罪故意是质的要素，即要求该种犯罪的主观方面是故意而非过失，意味着这种特殊的罪过形态仍然必须具备故意犯罪的一般性特征，也包括认识因素和意志因素两层内容。二者的结合决定了共同犯罪故意的认识因素和意志因素具有一定的特殊性。具体而言：

共同犯罪故意的认识因素包括以下内容：(1)行为人都应当认识到不是自己一个人单独实施犯罪，而是与他人互相配合共同实施犯罪。换言之，要求行为人之间具有共同犯罪的意思联络。各行为人之间意思联络的形成需具备两个条件：其一，在各行为人之间存在一个能够使犯意相互沟通的网络。可能存在于组织犯与实行犯之间、教唆犯与实行犯之间或帮助犯与实行犯之间等并不要求存在于所有犯罪人之间。其二，客观上，在各行为人之间存在着意思交流。交流的具体形式多种多样，既可以是通过语言文字等媒介的合谋，也可以是通过肢体、眼神等方式的暗示而心领神会，还可以是因已经形成默契而心照不宣。(2)行为人不仅认识到自己的行为会引起的结果，而且认识到其他共同犯罪人的行为会引起的犯罪结果。(3)认识到共同犯罪行为与共同犯罪结果之间的因果关系。

共同犯罪故意的意志因素包括以下内容：(1)行为人决意参与共同犯罪。(2)各行为人都希望或放任自己的行为会导致的危害结果和共同犯罪行为会导致的危害结果。可以表现为直接故意与直接故意的结合、直接故意与间接故意的结合、间接故意与间接故意的结合三种罪过形态。

在莫叶兵等盗窃、掩饰、隐瞒犯罪所得案中，被告人莫砥柱虽然实施了运送赃物的行为，该行为客观上对三被告人的盗窃起到了一定的帮助作用，但不能据此就认为莫砥柱构成盗窃罪的共犯。理由是：其一，在认识因素上，三被告人没有与莫砥柱互相配合共同实施犯罪的认识。共同犯罪故意要求各行为人都应当认识到不是自己一个人在单独实施犯罪，而是与他人互相配合共同实施犯罪。在本案中，三被告人在为实施犯罪进行合谋时，被告人莫砥柱并不在现场，实际上，在谋划犯罪乃至实施犯罪的过程中，三被告人一直在努力回避莫砥柱，竭力掩饰不让其知道真相。三被告人对于他们互相配合共同实施犯罪，有很清醒的认识，而在他们的意识中，莫砥柱只不过是受他们蒙蔽为他们实施盗窃提供服务的工具，并不是他们盗窃团伙中的一员。可以说，在三被告人实施犯罪的整个过程中，三被告人与莫砥柱一直没有就盗窃进行犯意交流，换言之，没有形成有效的意思联络。当然，共同犯罪中意思联络的形成，并不以行为人之间存在言语上的沟通为必要，通过肢体、眼神等方式的暗示而心领神会、因形成默契而心照不宣等也可以认定行为人之间形成了意思联络。但就本案而言，被告人莫砥柱和三被告人之前并不相识，三被告人选择搭乘莫砥柱的出租车是"拦乘"，是在马路上等车时偶然遇见，有很大的随意性，不存在因形成默契而心照不宣；在三被告人为实施盗窃进行合意到具体实施犯罪的整个过程中，三被告人一直在努力掩盖真相不让莫砥柱知晓，因此，也不存在通过肢体、眼神等方式的暗示从而达到意思联络的问题。其二，莫砥柱也没有与三被告人互相配合共同实施盗窃的认识。三被告人在搭乘莫砥柱的出租车时并没有告知他们租车是用于盗窃，在莫砥柱看来，自己的义务就是按乘客的要求将他们安全地送达目的地，自己的权利是按照事前的约定收取出租费用。虽然在运送的过程中，莫砥柱见莫叶兵等不断出入电器商店，行踪可疑，“即怀疑东西来路不正”，但也仅是怀疑“来路不正”而已，对于这些东西是偷是骗还是抢，莫砥柱并没有确切的认识，既然没有认识到三被告人是在“盗窃”，当然不可能形成互相配合共同实施“盗窃”的认识。认识因素是意志因素的前提，没有共同盗窃的认识，自然不会产生实施共同犯罪的决意。因此，本案中，被告人莫砥柱和三被告人因没有共同盗窃的故意，不能构成共同犯罪。

构成掩饰、隐瞒犯罪所得、犯罪所得收益罪需具备以下要件：(1)客体。侵犯的是社会管理秩序及正常的司法秩序。(2)客观要件。表现为明知是犯罪所得及其产生的收益而予以窝藏、转移、收购、代为销售或者以其他方法掩饰、隐瞒。(3)主体。一般主体。(4)主观要件。本罪的罪过形式是故意，是指明知是犯罪所得及其产生的收益而予以窝藏、转移、收购、代为销售的主观心理状态。对于“明知”应如何理解，根据1992年12月11日公布的《最高人民法院、最高人民检察院关于办理盗窃案件具体应用法律的若干问题的解释》（已失效）第8条第（一）项的规定，认定窝赃、销赃罪的“明知”，不能仅凭被告人的口供，应当根据案件的客观事实予以分析。只要证明被告人知道或者应当知道是犯罪所得的赃物而予以窝藏或者代为销售的，就可以认定。

在本案中，被告人莫砥柱看到莫叶兵等人，不远千里，从湖南乘车赶到河南，不断出入镇平县、内乡县的电器商店，每次从店中带回数量不等、价值并不是很大的电线，根据一般人的常识，电线这种商品，各地市场价格差距不大，而三名湖南籍被告人舍湖南奔河南，几日内流窜各市、县，仅租车费用、途中消费这两项花费就非常可观，这些行为肯定不是正常的生意人所为，应当认识到这些东西是犯罪所得，即明知是犯罪所得。实际上，被告人莫砥柱在运送三被告人的过程中，也认识到三被告人行为不正常，形迹可疑，怀疑这些东西来路不正，然而却仍然驾车帮助三被告人转移赃物，符合掩饰、隐瞒犯罪所得、犯罪所得收益罪的构成要件，因该罪属于单一选择性罪名，应以掩饰、隐瞒犯罪所得罪定罪处罚。[No. 6-2-312-4　莫叶兵等盗窃、掩饰、隐瞒犯罪所得案]

△上游犯罪尚未裁判但已经查证属实的，不影响对下游犯罪的认定。

2009年11月4日公布的《最高人民法院关于审理洗钱等刑事案件具体应用法律若干问题的解释》第四条第一款、第二款规定：“刑法第一百九十一条、第三百一十二条、第三百四十九条规定的犯罪，应当以上游犯罪事实成立为认定前提。上游犯罪尚未依法裁判，但查证属实的，不影响刑法第一百九十一条、第三百一十二条、第三百四十九条规定的犯罪的审判。上游犯罪事实可以确认，因行为人死亡等原因依法不予追究刑事责任的，不影响刑法第一百九十一条、第三百一十二条、第三百四十九条规定的犯罪的认定。”掩饰、隐瞒犯罪所得罪的成立以上游犯罪事实成立为前提，即只要求上游犯罪构成实质意义上的犯罪，而不要求必须是已经由刑事判决确认的形式意义上的犯罪。掩饰、隐瞒犯罪所得罪的成立与上游犯罪有着特殊的关系，既派生于上游犯罪，又独立于上游犯罪。掩饰、隐瞒犯罪所得罪作为一个独立的罪名，有自己独特的构成要件，掩饰、隐瞒犯罪所得行为与前行为不是一个整体，前行为是否被裁判，对其构成犯罪没有实质影响。前行为尚未依法裁判或者对行为人不予追究刑事责任的，不影响掩饰、隐瞒犯罪所得罪的成立。

如果认定掩饰、隐瞒犯罪所得罪要求上游行为被裁判，则会大大增加诉讼成本，浪费司法资源，还可能放纵犯罪。实践中常有上游行为实施者未被抓获或者未经审判，而实施掩饰、隐瞒行为的人已被起诉到法院的情形。如果因为上游行为尚未定罪，而对实施掩饰、隐瞒行为的人作出无罪判决，等到上游行为依法判决后，再对掩饰、隐瞒行为进行侦查、起诉，那么就会重复已经进行过的诉讼程序，可能会因现有证据灭失而导致案件无法得到公正裁判。即便等到上游行为依法判决后，仍有确实充分的证据证明掩饰、隐瞒行为构成犯罪，但对于同一行为，先后作出无罪判决和有罪判决，无疑会削弱司法权威。如果抓获后发现上游行为实施者是不负刑事责任能力人或者因其他原因对其不予追究刑事责任，那么对实施掩饰、隐瞒行为人的审理又回到前文司法解释的规定范围。因此，无论从哪一角度看，都不宜将上游行为被裁判作为认定掩饰、隐瞒犯罪所得罪的前提条件。[No. 6-2-312-5　韩亚泽掩饰、隐瞒犯罪所得案]

△《最高人民法院关于审理掩饰、隐瞒犯罪所得、犯罪所得收益刑事案件适用法律若干问题的解释》实施前所实施的掩饰、隐瞒犯罪所得、犯罪所得收益行为未达到《最高人民法院关于审理掩饰、隐瞒犯罪所得、犯罪所得收益刑事案件适用法律若干问题的解释》所规定的基本入罪标准的，不构成掩饰、隐瞒犯罪所得罪。

2015年6月1日起实施的《最高人民法院关于审理掩饰、隐瞒犯罪所得、犯罪所得收益刑事案件适用法律若干问题的解释》将数额作为本罪的

分则　第六章

一个重要定罪、量刑标准予以规定。在《最高人民法院关于审理掩饰、隐瞒犯罪所得、犯罪所得收益刑事案件适用法律若干问题的解释》第一条第一款第(一)项中,将“三千元至一万元以上”作为本罪的基本入罪数额标准;在第三条第一款第(一)项中将“十万元以上”作为本罪“情节严重”的基本数额标准。在钟超等盗窃,高卫掩饰、隐瞒犯罪所得案中,一审宣判时,尚没有相关司法解释对掩饰、隐瞒犯罪所得、犯罪所得收益罪的入罪数额标准作出规定,被告人钟超、周杰、高卫明知是他人犯罪所得仍代为销售或收购,数额分别为1960元、2280元、2280元,一审法院因此认定三被告人的行为均构成掩饰、隐瞒犯罪所得罪。在二审审理期间,《最高人民法院关于审理掩饰、隐瞒犯罪所得、犯罪所得收益刑事案件适用法律若干问题的解释》正式实施。根据《最高人民法院关于审理掩饰、隐瞒犯罪所得、犯罪所得收益刑事案件适用法律若干问题的解释》第一条第一款第(一)项的规定,“掩饰、隐瞒犯罪所得及其产生的收益价值三千元至一万元以上的”才能构成本罪,钟超、周杰、高卫明掩饰、隐瞒的犯罪所得收益价值均不满3000元的最低入罪数额标准。因此,本案存在依照行为时法律构成犯罪,依照审判时法律和司法解释不构成犯罪应该如何处理的问题。根据从旧兼从轻原则及《最高人民法院、最高人民检察院关于适用刑事司法解释时间效力问题的规定》第二条“对于司法解释实施前发生的行为,行为时没有相关司法解释,司法解释施行后尚未处理或者正在处理的案件,依照司法解释的规定办理”的规定,本案应该适用《最高人民法院关于审理掩饰、隐瞒犯罪所得、犯罪所得收益刑事案件适用法律若干问题的解释》的有关规定处理。因此,依照《最高人民法院关于审理掩饰、隐瞒犯罪所得、犯罪所得收益刑事案件适用法律若干问题的解释》的规定,本案中,被告人钟超、周杰、高卫的行为均不构成掩饰、隐瞒犯罪所得罪。[No. 6-2-312-6　钟超等盗窃,高卫掩饰、隐瞒犯罪所得案]

△掩饰、隐瞒犯罪所得系电力设备,未达到数额条件,仍构成掩饰、隐瞒犯罪所得罪。

《最高人民法院关于审理掩饰、隐瞒犯罪所得、犯罪所得收益刑事案件适用法律若干问题的解释》在入罪标准和加重处罚标准两个层面,均对对象特殊的掩饰、隐瞒行为作出了特别规定。根据《最高人民法院关于审理掩饰、隐瞒犯罪所得、犯罪所得收益刑事案件适用法律若干问题的解释》第一条的规定,通常的入罪条件是掩饰、隐瞒犯罪所得及其产生的收益价值3000元至1万元以上,未达到该入罪条件也不符合特殊规定的,一般不作为犯罪处理。但是,“掩饰、隐瞒的犯罪所得系电力设备、交通设施、广播电视设施、公用电信设施、军事设施或者救灾、抢险、防汛、优抚、扶贫、移民、救灾款物的”,则没有设置数额标准,即一般情况下只要是上述特殊犯罪对象,定罪时不考虑涉案对象的价值大小,一律作为犯罪处理。对于本罪“情节严重”的认定标准,根据《最高人民法院关于审理掩饰、隐瞒犯罪所得、犯罪所得收益刑事案件适用法律若干问题的解释》第三条第一款的规定,普通的掩饰、隐瞒行为要求“掩饰、隐瞒犯罪所得及其产生的收益价值总额达到十万元以上”或者“掩饰、隐瞒犯罪所得及其产生的收益十次以上,或者三次以上且价值总额达到五万元以上”,即从犯罪对象的价值、行为次数方面均予以规定。而对于特殊对象,《最高人民法院关于审理掩饰、隐瞒犯罪所得、犯罪所得收益刑事案件适用法律若干问题的解释》规定“掩饰、隐瞒的犯罪所得系电力设备、交通设施、广播电视设施、公用电信设施、军事设施或者救灾、抢险、防汛、优抚、扶贫、移民、救济款物,价值总额达到五万元以上的”,就应当认定为本罪的“情节严重”。此条规定不仅没有对犯罪次数作出要求,连犯罪对象的价值也减为普通犯罪对象的一半,体现了从严打击的态度。

结合本案,被告人刘小会、于林帮助转移的犯罪对象系同案犯吴光一盗割的地铁供电公司正在使用的电力设备,涉及不特定多数人的交通出行安全和生命财产安全,盗割行为扰乱了“公共生活的平稳与安宁”,相较一般的偷盗行为,性质更为严重,危害性更大。刘小会、于林明知吴光一盗割的是地铁供电电缆,仍然帮助转移,反映出其主观上对于盗割行为持放任态度,并且以积极作为的方式妨害司法机关对盗割行为的正常追诉,其主观恶性和转移行为的社会危害性均较大。虽然刘小会、于林帮助转移的电缆已经灭失,无法准确确定财物价值,但是因二人帮助转移的是电力设备,根据《最高人民法院关于审理掩饰、隐瞒犯罪所得、犯罪所得收益刑事案件适用法律若干问题的解释》第一条第一款第(三)项的规定,已经符合本罪的入罪条件。对于是否认定“情节严重”,因同案犯吴光一盗窃的相同路段的电缆价值为8000元左右,故刘小会、于林的转移行为尚不符合“情节严重”的适用标准,对刘小会、于林的行为只能在本罪第一档法定刑,即在“三年以下有期徒刑、拘役或者管制,并处或者单处罚金”以内来量刑。[No. 6-2-312-7　刘小会、于林掩饰、隐瞒犯罪所得案]

△明知财物系上游犯罪所得，事先承诺收购，事后在上游犯罪现场收购赃物的，可以认定为上游犯罪的共犯。

对于事前与盗窃、抢劫、抢夺等犯罪分子通谋，实施掩饰、隐瞒犯罪所得、犯罪所得收益行为的，主观上明知盗窃、抢劫、抢夺等犯罪内容、危害后果而与其通谋，形成共同的犯罪故意，客观上对盗窃、抢劫、抢夺等犯罪分子实施犯罪予以配合，应当以共同犯罪论处。此时，其掩饰、隐瞒行为就成了盗窃、抢劫、抢夺等犯罪的共同犯罪行为的组成部分。当然，在共同犯罪中的地位、作用可以根据其实际所处的地位、作用认定。

在孙善凯、刘军、朱康盗窃案中，被告人孙善凯事先明知微型扬声器、受话器系被告人刘军、朱康犯罪所得，并与刘军、朱康事先通谋，在犯罪现场或非正常收购地点进行收购，客观上直接帮助刘军、朱康完成了盗窃犯罪活动。综上，被告人孙善凯明知刘军出售给其的扬声器、受话器为瑞声公司所有，不可能为刘军、朱康个人合法持有，仍在事前商定收购的型号，事后至瑞声公司围墙外或者指定地点接收赃物，其行为性质属事前预谋，事后辅助，在共同犯罪中负责收赃环节。因此，应当认定孙善凯为刘军、朱康盗窃犯罪的共犯。当然，在量刑时，考虑到孙善凯非实行犯，在共同犯罪中所起作用并非最主要的，应认定为从犯。［No. 6-2-312-16　孙善凯、刘军、朱康盗窃案］

△收购他人非法获取的计算机信息系统数据并出售，属于《刑法》第三百一十二条所列举的收购行为，构成掩饰、隐瞒犯罪所得罪。

“收购”和“代为销售”是《刑法》第三百一十二条列举的掩饰、隐瞒的行为方式，如何准确界定和理解“收购”和“代为销售”，在实践中有一定争议。“收购”的行为类型中包含着“先购后卖”这种情况，根据掩饰、隐瞒犯罪所得罪的立法旨意，法律在这时惩罚的重点仍在于“购”，因为明知是他人犯罪所得及其收益而仍然购买，不管其目的是否再次出售，购买行为都体现出行为人为上游犯罪人掩饰、隐瞒犯罪所得的主观故意，可能是直接故意，也可以是间接故意，这是本罪打击的重点。后面再出售的行为只是实现其个人利益而已，所以《刑法》条文在这里没有列举“销售”一项，而是在“收购”之后列举了“代为销售”。所谓“代为销售”，是指行为人代犯罪分子出售犯罪所得的行为。“代为销售”与“收购”不同，它是替犯罪分子销售犯罪所得，中间过程中并没有以自有资金取得对犯罪所得的所有权。“代为销售”既可以表现为行为人以卖主身份替上游犯罪人销售犯罪所得的行为，也包括在犯罪分子与购赃人之间进行斡旋介绍的行为。行为人先将犯罪所得进行窝藏，然后以卖主身份寻找买赃人售出的行为，仍是一种代为销售行为。根据以上分析，被告人陈某、欧阳某的行为属于“先购后卖”，应当解释为《刑法》第三百一十二条规定的“收购”而非“代为销售”。［No. 6-2-312-17　陈某、欧阳某等掩饰、隐瞒犯罪所得案］

△明知系受贿所得现金而予以藏匿、转移，不涉及资金形式的转换或转移的，应以掩饰、隐瞒犯罪所得罪论处。

洗钱罪与掩饰、隐瞒犯罪所得、犯罪所得收益罪的区分并不仅仅以上游犯罪的范围为准，还应当兼顾犯罪客体及行为方式、主观明知内容等因素综合判断。除上游犯罪的范围不同外，两罪的犯罪客体有所不同。洗钱罪位列《刑法》分则第三章第四节破坏金融管理秩序罪中，该罪侵犯的客体是国家的金融管理秩序，同时也侵害了司法机关的职能活动，兼具妨害司法的性质。掩饰、隐瞒犯罪所得、犯罪所得收益罪位列《刑法》分则第六章第二节妨害司法罪中，该罪侵犯的客体主要是司法机关追诉犯罪的职能活动，也包含上游犯罪中的被害人对财物的合法权益。两罪的行为方式也存在差异，洗钱罪和掩饰、隐瞒犯罪所得罪、犯罪所得收益的行为方式均是“掩饰、隐瞒”，但洗钱罪的表述是“掩饰、隐瞒犯罪所得及其收益的来源和性质的”，掩饰、隐瞒犯罪所得、犯罪所得收益罪的表述是“掩饰、隐瞒的”。从字面意义上看，两者有所区别。洗钱罪由于其涉及妨害金融管理秩序和破坏国家经济安全的性质，所以侧重点在于掩饰、隐瞒犯罪所得及其收益的来源和性质，也就是俗话说的把“赃钱洗白”，披上合法的外衣；而掩饰、隐瞒犯罪所得、犯罪所得收益罪的行为方式包括掩饰、隐瞒犯罪所得及其收益的来源和性质，但又不局限于此，还包括提供掩饰、隐瞒犯罪所得及其收益的处所等其他情况。因此，两罪之间就发生了交叉，即使上游犯罪属于洗钱罪规定的七类上游犯罪之一，但是不涉及掩饰、隐瞒犯罪所得及其收益的来源和性质的，按照罪刑法定的要求和立法本意，仍应该定掩饰、隐瞒犯罪所得、犯罪所得收益罪而非洗钱罪。

姜某掩饰、隐瞒犯罪所得案中，被告人姜某明知系他人受贿犯罪所得的现金而藏匿在别墅中，后又交给他人转移，但姜某只是对其丈夫受贿所得的现金、银行卡等实施了物理意义上的窝藏、转移行为，行为的实质在于掩饰、隐瞒犯罪所得的实物本身，而非掩饰、隐瞒犯罪所得的性质和来源，不涉及资金形式的转换或转移，如将现金转换为他人名下的银行卡等，故姜某的行为仍应限定在

掩饰、隐瞒犯罪所得罪这一普通赃物犯罪的范畴。[No. 6-2-312-18　姜某掩饰、隐瞒犯罪所得案]

△上游犯罪未经审判，不影响掩饰、隐瞒犯罪所得罪的认定。

掩饰、隐瞒犯罪所得罪规定在“妨害司法罪”一节中，侵害的法益主要是司法机关对犯罪行为的正常追诉，即由于存在掩饰、隐瞒行为，致使司法机关无法正常追诉上游犯罪，因此从处罚该罪的立法意图来看，并不要求上游犯罪经过司法审判。只要上游犯罪的事实成立，就可认定掩饰、隐瞒的行为构成犯罪。

掩饰、隐瞒犯罪所得、犯罪所得收益罪与上游犯罪的关系密不可分，以上游犯罪的成立为前提。如果上游犯罪不成立，司法机关不能进行追诉，那么掩饰、隐瞒的行为也就不存在妨害司法活动的刑法否定评价的前提，因此不能认定为犯罪。上游犯罪的成立，通常情况下应当理解为上游犯罪经依法裁判确定。司法审判是认定犯罪最终、最正当的程序，经过司法审判认定上游行为构成犯罪，对该犯罪行为所得及其产生的收益进行掩饰、隐瞒的行为，当然构成本罪。在一些特殊情况下，对于上游犯罪尚未依法裁判，但查证属实的，笔者认为同样可以认定掩饰、隐瞒犯罪所得、犯罪所得收益罪。上游犯罪虽与本罪存在前后相连的事实状态，但两者在案件状态、查处难度及审判进程上均有所不同，如果一律要求对本罪的处理必须以侦破上游犯罪为前提，势必导致一部分案件无法及时处理，这与打击针对犯罪所得及其收益的下游犯罪的立法目的相悖。此外，犯罪所得及其收益是追查上游犯罪的重要证据，在有证据证明上游犯罪事实确实存在的情况下，本罪的判决认定对于维护国家正常的司法秩序，打击、遏制上游犯罪，也是有益的。

为明确上游犯罪认定与本罪认定之间的关系，《最高人民法院关于审理掩饰、隐瞒犯罪所得、犯罪所得收益刑事案件适用法律若干问题的解释》第八条明确规定：“认定掩饰、隐瞒犯罪所得、犯罪所得收益罪，以上游犯罪事实成立为前提。上游犯罪尚未依法裁判，但查证属实的，不影响掩饰、隐瞒犯罪所得、犯罪所得收益罪的认定。上游犯罪事实经查证属实，但因行为人未达到刑事责任年龄等原因依法不予追究刑事责任的，不影响掩饰、隐瞒犯罪所得、犯罪所得收益罪的认定。”该解释明确了一个基本原则，即认定掩饰、隐瞒犯罪所得、犯罪所得收益罪，应当以上游犯罪事实成立为前提。这一原则包含两层意思：一是上游犯罪事实必须成立，既指上游犯罪事实有充分证据证明，也指上游犯罪事实达到犯罪程度。二是对掩饰、隐瞒犯罪所得、犯罪所得收益罪事实的认定，原则上应当在对上游犯罪依法裁判确定后进行。作为一种例外，在极少数情况下，由于上游犯罪人还有其他犯罪事实一时难以查清或者因为其他原因尚未依法裁判，为依法及时审判掩饰、隐瞒犯罪所得及其收益案件，才在上游犯罪查证属实的情况下先行认定本罪。[No. 6-2-312-19　奥姆托绍等四人掩饰、隐瞒犯罪所得案]

△上游犯罪嫌疑人尚未被抓获，但证据证实上游犯罪存在的，可以认定为上游犯罪查证属实。

上游犯罪事实成立，指的是上游犯罪行为确实存在，不要求必须是已经由刑事判决确认的犯罪，亦即无论上游犯罪的嫌疑人是否归案、是否被判处刑罚，均不影响上游犯罪事实的成立，更不影响掩饰、隐瞒犯罪所得、犯罪所得收益罪的认定。在司法实践中，多数情况下，赃物犯罪的被告人与上游犯罪的被告人是同案处理的。少数情况下，由于上游犯罪嫌疑人还有其他犯罪事实一时难以查清或者因为其他原因尚未依法裁判，为依法及时审判赃物犯罪案件，才在上游犯罪查证属实的情况下，先行认定赃物犯罪。本案就存在这种情况。被告人谭细松所购买的摩托车，系何某源被盗的摩托车，这一事实是清楚的，有失主的陈述、购买摩托车证明、提取的被盗摩托车等证据证实，完全可以认定谭细松购买的摩托车是赃物；同时，谭细松供认其明知该摩托车是赃物而予以购买，故可以认定其主观上明知是犯罪所得的赃物，其行为构成掩饰、隐瞒犯罪所得罪。虽然上游犯罪的犯罪嫌疑人未被抓获，更未依法裁判，但现有的证据足以认定该犯罪事实的存在，可以认定属于“上游犯罪尚未依法裁判，但查证属实”的情形，故不影响对谭细松掩饰、隐瞒犯罪所得罪的认定和量刑。[No. 6-2-312-20　谭细松掩饰、隐瞒犯罪所得案]

△上游犯罪嫌疑人在逃，不影响掩饰、隐瞒犯罪所得罪的认定。

掩饰、隐瞒犯罪所得、犯罪所得收益罪的成立以上游犯罪事实成立为前提。上游犯罪事实是实质意义上的犯罪，不要求必须是已经由刑事判决确认的形式意义上的犯罪。上游犯罪事实成立既指上游犯罪事实有充分证据证明，也指上游犯罪事实达到了犯罪的程度。如果上游行为经查证依法不构成犯罪，则掩饰、隐瞒行为也不构成犯罪；相反，如果上游犯罪事实经查证属实，则即便上游犯罪行为人因未达到刑事责任年龄等原因依法不被追究刑事责任，也不影响掩饰、隐瞒犯罪所得、犯罪所得收益罪的认定。当然，上游犯罪尚未依法裁判，但查证属实的，也不影响掩饰、隐瞒犯罪所得、犯罪所得收益罪的认定。在唐某中、唐某波掩饰、隐瞒犯罪所得案中,上游盗窃行为人在逃,其姓名、住址均不详,无法对盗窃犯罪事实进行审判,但从现有证据看,该行为人盗窃了价值46000元的皮卡车,该事实必然构成犯罪,故虽然上游犯罪行为人不在案,或者以后归案后,发现存在实施盗窃行为时其未达刑事责任年龄等依法不予追究刑事责任的情况,也不影响对掩饰、隐瞒该赃物的犯罪事实的认定。[No. 6-2-312-21　唐某中、唐某波掩饰、隐瞒犯罪所得案]

△上游犯罪查证属实,但依法不追究刑事责任的,不影响掩饰、隐瞒犯罪所得罪的成立。

上游犯罪事实成立,但因主体不适格而不予追究刑事责任的,仍然以掩饰、隐瞒犯罪所得、犯罪所得收益罪对掩饰、隐瞒的行为人定罪处罚。掩饰、隐瞒犯罪所得、犯罪所得收益罪的成立,以上游犯罪事实成立为前提,此处的“上游犯罪事实”是指客观上的上游犯罪行为,而不是应当负刑事责任的刑法一般意义上的犯罪。理由如下:

1. 将立法条文中的“犯罪”理解为“犯罪行为”,符合掩饰、隐瞒犯罪所得、犯罪所得收益罪的本质特征。根据我国刑法理论,行为具有相当程度的社会危害性是犯罪的本质特征。掩饰、隐瞒行为能够作为犯罪处理的本质,在于这种行为妨害了司法机关追诉犯罪的活动,以及多数掩饰、隐瞒行为还同时侵犯了公私财产权益。而上游犯罪行为人是否负刑事责任并不影响掩饰、隐瞒行为本身的社会危害性,即行为人所掩饰、隐瞒的犯罪所得是来源于应当负刑事责任的人的犯罪,还是不应当负刑事责任的人的犯罪,并不影响掩饰、隐瞒行为本身的社会危害性。

2. 将立法条文中的“犯罪”理解为“犯罪行为”,能够实现《刑法》条文的整体协调。从刑法条文整体协调的角度(即对《刑法》进行体系解释的角度)可以看出,我国《刑法》条文中所使用的“罪”与“犯罪”概念,并不全都是指构成要件齐备的犯罪,不少条文中所称的“罪”与“犯罪”只是指符合客观要件的犯罪行为。

在元某某掩饰、隐瞒犯罪所得案中,黎某某实施抢劫行为获取了价值9371元的金项链两条,虽然黎某某因不满十四周岁而不负刑事责任,也不构成犯罪,但并不能因此而否认黎某某实施的抢劫行为本身是违法的,该行为符合抢劫罪的客观方面要件,也侵犯了他人的财产权益,因此,抢劫犯罪行为是客观存在的,两条金项链应当属于“犯罪所得”。被告人元某某是从事金银加工的从业者,熟知黄金饰品的价格,仍以明显低于市场价格的5700元收购了两条断裂损坏的黄金项链,据此认定元某某明知该金项链系犯罪所得而予以收购,其收购行为具有掩饰、隐瞒犯罪所得罪所要求的社会危害性。黎某某是否负刑事责任,并不影响元某某收购行为本身的社会危害性,对元某某应以掩饰、隐瞒犯罪所得罪定罪处罚。[No. 6-2-312-22　元某某掩饰、隐瞒犯罪所得案]

△与盗窃犯罪分子事前同谋的收赃行为,应认定为盗窃罪的共犯。

掩饰、隐瞒犯罪所得罪是指明知是犯罪所得及其产生的收益予以窝藏、转移、收购、代为销售或者以其他方法掩饰、隐瞒的行为。行为人构成掩饰、隐瞒犯罪所得罪必须是在盗窃犯罪既遂以后,事前与盗窃犯罪分子没有通谋,并且对盗窃者的犯罪情况是明知的。如果行为人与盗窃犯罪分子在事前就有通谋,主观上形成共同犯意,客观上对盗窃罪起到帮助作用,应以盗窃罪共犯定罪处罚。

在郭锐、黄立新盗窃,掩饰、隐瞒犯罪所得案中,被告人郭锐在收购了同案犯陈志清、郭宗伟共同盗窃的一箱五粮液等品牌真白酒和陈志清单独盗窃的五箱五粮液白酒之后,就与陈志清、郭宗伟约定,由郭锐在交易时提供种类、数量相对应的假白酒,换取收购陈志清从仓库所窃的真白酒,以此方法防止被害单位发现仓库五粮液白酒数量变少,从而得以反复实施盗窃行为。黄立新在第一次收购陈志清、郭宗伟盗窃的黄酒之前就与二人通谋,同意在陈志清、郭宗伟盗窃黄酒后予以收购。郭锐、黄立新主观上已经明知陈志清、郭宗伟即将实施盗窃犯罪及盗窃的方法,但其不仅没有排斥,反而在盗窃前就分别以约定用假白酒换五粮液等品牌白酒和同意收购黄酒的承诺,积极追求盗窃行为的发生,与陈志清、郭宗伟之间形成了盗窃的共同犯罪故意。被告人郭锐、黄立新在事前即与陈志清、郭宗伟约定对二人盗窃所得的赃物予以收购,虽然没有直接帮助陈志清、郭宗伟实施盗窃,但增强了陈志清、郭宗伟在盗窃时的心理安全感。被告人郭锐在交易时提供种类、数量相对应的假白酒,换取收购陈志清、郭宗伟从仓库所窃的真白酒的行为,更使陈志清、郭宗伟在盗窃时相信通过这种方法可以使其犯罪行为不被发现,对陈志清、郭宗伟的盗窃行为起到了精神上的帮助和推动作用,应当以盗窃罪的共犯论处。[No. 6-2-312-23　郭锐、黄立新盗窃,掩饰、隐瞒犯罪所得案]

△掩饰、隐瞒犯罪所得对象为交通设施的,构成掩饰、隐瞒犯罪所得、犯罪所得收益罪,应从严惩处。

掩饰、隐瞒犯罪所得、犯罪所得收益罪的保护客体是司法机关对上游犯罪的刑事追诉活动,其

分则　第六章

上游犯罪的范围并未受到限制,但上游犯罪的性质会对掩饰、隐瞒行为的恶劣程度产生影响。2015年6月1日起施行的《最高人民法院关于审理掩饰、隐瞒犯罪所得、犯罪所得收益刑事案件适用法律若干问题的解释》基于司法实际,根据上游犯罪的对象不同,在定罪、量刑上均作出了不同的规定,体现了上游犯罪危害大,对掩饰、隐瞒犯罪所得、犯罪所得收益罪惩处力度也大的特点。根据该解释第一条第一款第(三)项的规定,"掩饰、隐瞒的犯罪所得系电力设备、交通设施、广播电视设施、公用电信设施、军事设施或者救灾、抢险、防汛、优抚、扶贫、移民、救济款物的",无数额限制。换言之,掩饰、隐瞒的犯罪所得为该项所列对象的,不论数量多少,均应依法追究刑事责任。之所以这样规定,是因为这部分行为的社会危害性更大,与上游犯罪的关联性非常紧密。在量刑上,对掩饰、隐瞒犯罪所得为上述特殊对象的,也体现了从严的原则。根据该解释第三条第一款第(一)项的规定,掩饰、隐瞒犯罪所得及其产生的收益为一般性犯罪对象的,价值总额达到10万元以上的,才可认定为《刑法》第三百一十二条第一款规定的"情节严重",在三年以上七年以下有期徒刑,并处罚金的幅度内判处刑罚;而根据该解释第三条第一款第(三)项的规定,掩饰、隐瞒的犯罪所得系电力设备、交通设施、广播电视设施、公用电信设施、军事设施或者救灾、抢险、防汛、优抚、移民、救济款物的,价值总额只要达到5万元以上,即可认定为《刑法》第三百一十二条第一款规定的"情节严重"。就本案而言,被告人田某祥掩饰、隐瞒犯罪所得的上游犯罪系破坏交通设施罪,且对象为正在使用中的高速公路电缆。近年来,我国高速公路不断发展,盗割正在使用中的高速公路电缆,足以使汽车发生倾覆、毁坏危险,造成车毁人亡的严重后果。因此,对于掩饰、隐瞒破坏高速公路设施犯罪所得及其产生的收益的,必须依法严惩。被告人田某祥明知是犯罪所得的高速公路电缆仍予以收购,且收购电缆价值总额达到了94077元,根据《最高人民法院关于审理掩饰、隐瞒犯罪所得、犯罪所得收益刑事案件适用法律若干问题的解释》第三条第一款第(三)项的规定,应当认定为《刑法》第三百一十二条第一款规定的"情节严重",本应在三年以上七年以下有期徒刑并处罚金的幅度内判处刑罚。当然,由于本案判决发生在该解释生效之前,未认定田某祥的行为属"情节严重",也是符合审判时的情况的。[No. 6-2-312-8　雷某仁、黄某生、黄某评破坏交通设施,田某祥掩饰、隐瞒犯罪所得、犯罪所得收益案]

△掩饰、隐瞒犯罪所得罪的成立,以行为人主观上明知是赃物为要件,在无法查明行为人主观上明知的情况下,不成立掩饰、隐瞒犯罪所得罪。

掩饰、隐瞒犯罪所得、犯罪所得收益罪要求行为人主观上明知是犯罪所得及其产生的收益,即对赃物性质有确定性认识。法律对行为人"明知"的推定有严格的规定,以防止裁判者客观归罪。在《刑法》及其司法解释中针对实施洗钱,隐瞒、掩饰盗抢机动车,销售假冒注册商标的商品的行为人"明知"的情形均有规定。梳理上述规定,可从以下方面综合判断行为人的明知状况:(1)行为或交易时间是否反常;(2)行为或交易地点是否反常;(3)财物交易价格是否反常;(4)财物是否具有特殊标志;(5)行为人对本犯或上游犯罪的知情程度;(6)交易的方式是否反常;(7)行为人是否因此获取了非法利益。

闻福生掩饰、隐瞒犯罪所得案中,双方的交易有以下细节特点:(1)从交易时间分析,双方交易持续至本案案发,时间跨度长达两年半之久,均在正常时间进行,未有任何异常的迹象。闻福生长期从事礼品回收业务,在交易时遵循行业内"两不问"原则,即不问卖主身份和礼品来历,仅需购物卡足额有效即可。(2)从交易地点分析,闻福生和邵某的交易地点大都选择在礼品回收店或商场附近,付款往往采取银行转账,甚至可以先付款再拿购物卡,交易地点、联络方式均为常态化,不存在隐蔽性。如果闻福生明知收购的是赃物,会尽可能避免采用银行转账等能够留下明显痕迹的方式,且先付款再取卡交易风险极大。(3)从交易价格分析,闻福生以9折的收购价格收购购物卡,该价格并未明显低于市场价格,根据公安机关的调查,该种类的购物卡在无锡市的平均收购价格在9～9.4折的区间内浮动。司法实践中一般将收购价格低于商品实际价格8折以下视为明显低于市场价格,因此,9折的收购价属于正常价格。(4)从交易是否具有特殊性分析,闻福生收购的购物卡虽系整盒、连号包装,但是双方交易的频率、数量也遵从了从少到多、循序渐进的规律,在建立互相信任之后才逐渐增加交易金额,而非偶发性的一两次的大额交易,未违背正常交易习惯。闻福生收购的购物卡虽然数量很大,但就一般人的认识能力而言,即便产生怀疑,也多是局限于购物卡是通过偷、抢、骗等手段取得,但以这些犯罪方法获得的购物卡数量不会如此大、交易次数也不会如此多且稳定。故闻福生作为一个普通人,没有特殊的侦查犯罪的能力,无法判断大批量交易的购物卡存在异常。(5)从交易价格及获利情况分析,虽然闻福生收购的购物卡数量较大,但每

分则　第六章

张获利仅5元至10元，未超出正常幅度范围，不属于牟取暴利。本案中，推定闻福生主观上明知或者可能知道自己收购的购物卡系犯罪所得赃物的证据，并不能达到确实充分的证明标准，故不能认定被告人闻福生的行为构成掩饰、隐瞒犯罪所得罪。[No. 6-2-312-9　闻福生掩饰、隐瞒犯罪所得案]

△掩饰、隐瞒犯罪所得罪行较轻，且具有自首情节的，可以判处缓刑。

掩饰、隐瞒犯罪所得、犯罪所得收益罪，是指明知是犯罪所得及其产生的收益而予以窝藏、转移、收购、代为销售或以其他方法掩饰、隐瞒的行为。该罪以上游犯罪的犯罪所得及其收益为犯罪对象，上游犯罪是原生罪，本罪系派生罪，只有在上游犯罪成立的前提下才能讨论本罪的定罪量刑问题。从刑法评价角度来讲，上游犯罪是打击重点，打击下游犯罪的主要目的是切断上游犯罪的后续延伸，扫除司法追诉的障碍，以便及时有效地惩治上游犯罪，故在行为的社会危害性和行为人的主观恶性方面，下游犯罪均要小于上游犯罪，通常下游犯罪的刑期不能高于上游犯罪。另外，因上下游犯罪间具有事实状态上密切相关的联系，下游犯罪人通常不仅明知处理的对象系犯罪所得，而且还可能掌握上游犯罪人的犯罪过程，故从刑事政策角度来讲，对于主动自首、立功的下游犯罪人予以从轻处罚，有利于分化瓦解其与上游犯罪人形成的攻守联盟，从而获取重要证据，实现打击上游犯罪的目的，并能有效节约司法资源，降低诉讼成本，提高诉讼效率。

《最高人民法院关于审理掩饰、隐瞒犯罪所得、犯罪所得收益刑事案件适用法律若干问题的解释》基于刑法的谦抑性要求和实现有效追诉的目的，对于本罪的从宽处罚条件作出明确规定。该解释第二条第一款规定："掩饰、隐瞒犯罪所得及其产生的收益行为符合本解释第一条的规定，认罪、悔罪并退赃、退赔，且具有下列情形之一的，可以认定为犯罪情节轻微，免予刑事处罚：(一)具有法定从宽处罚情节的；(二)为近亲属掩饰、隐瞒犯罪所得及其产生的收益，且系初犯、偶犯的；(三)有其他情节轻微情形的。"根据上述规定，对掩饰、隐瞒犯罪所得、犯罪所得收益行为适用免予刑事处罚必须同时具备两个条件：第一个条件是"行为人认罪、悔罪并退赃、退赔"，反映出行为人主观恶性较小，事后恢复性措施到位，挽回了被害人的损失，基本修复了被上游犯罪破坏的社会关系。第二个条件规定了三种情形，具体到本案就是具有法定从宽处罚情节，包括自首、立功、未成年人犯罪、犯罪中止、犯罪未遂、从犯等。当然，适用免予刑事处罚，只能针对本罪情节一般的行为，对于情节严重的行为，一般情况下不宜适用。被告人沈鹏、朱鑫波明知是犯罪所得的赃物摩托车而予以介绍买卖和收购，其行为均已构成掩饰、隐瞒犯罪所得罪。沈鹏实施四起犯罪，涉案金额为16430元，朱鑫波实施三起犯罪，涉案金额为9800元，二人的罪行均属于本罪情节一般的行为。案发后，二人或积极主动投案，如实供述犯罪行为，构成自首；或被抓获后如实供述犯罪行为，构成坦白，均具有法定从轻处罚情节。二人在如实供述自己犯罪事实的同时，对于证实同案犯朱震峰的盗窃行为也有一定作用；此外，根据二人的供述，公安机关才能顺利将赃物追回并返还被害人，减少了被害人的损失。依据《最高人民法院关于审理掩饰、隐瞒犯罪所得、犯罪所得收益刑事案件适用法律若干问题的解释》第二条第一款第(一)项的规定，对二人免予刑事处罚，是完全可以的。[No. 6-2-312-10　沈鹏、朱鑫波掩饰、隐瞒犯罪所得案]

△为近亲属掩饰、隐瞒犯罪所得，且系初犯、偶犯，有认罪悔过情节，并退赃退赔的，可免予刑事处罚。

我国现行《刑法》虽然没有关于"亲亲相隐"的规定，但相关司法解释也有与其精神相似的规定。2013年4月4日起施行的《最高人民法院、最高人民检察院关于办理盗窃刑事案件适用法律若干问题的解释》第八条规定："偷拿家庭成员或者近亲属的财物，获得谅解的，一般可不认为是犯罪；追究刑事责任的，应当酌情从宽。"2011年4月8日起施行的《最高人民法院、最高人民检察院关于办理诈骗刑事案件具体应用法律若干问题的解释》第四条规定："诈骗近亲属的财物，近亲属谅解的，一般可不按犯罪处理。诈骗近亲属的财物，确有追究刑事责任必要的，具体处理也应酌情从宽。"这两条规定体现了针对近亲属的犯罪可以从宽处罚的精神，但尚不是严格意义上的"亲亲相隐"。2012年修正的《刑事诉讼法》第一百八十八条的规定被誉为中华人民共和国成立后第一次对"亲亲相隐"从法律上作出的规定，有利于对亲情的保护，也有利于社会的和谐与稳定。

掩饰、隐瞒犯罪所得、犯罪所得收益罪以上游犯罪的成立为前提，且要求行为人明知掩饰、隐瞒的是犯罪所得及其产生的收益。从行为对象、主观故意来看，该罪很容易发生在亲属之间。犯罪人只有在面对自己的亲人时，才不担心被告发，而能相告处理的财物系犯罪所得；行为人在得知亲属犯罪后，为使自己的亲人免受牢狱之灾一般会密而不告，甚至帮助亲人隐匿罪证。以往法律没有对亲属之间的“相隐”行为作出特殊规定，法官在量刑时又会考虑亲情因素，因此裁判时往往左右为难。2015年6月1日起施行的《最高人民法院关于审理掩饰、隐瞒犯罪所得、犯罪所得收益刑事案件适用法律若干问题的解释》吸收了“亲亲相隐”的合理内核，在第二条第一款规定：“掩饰、隐瞒犯罪所得及其产生的收益行为符合本解释第一条的规定，认罪、悔罪并退赃、退赔，且具有下列情形之一的，可以认定为犯罪情节轻微，免予刑事处罚……（二）为近亲属掩饰、隐瞒犯罪所得及其产生的收益，且系初犯、偶犯的……”该规定进一步明确了司法实践中对亲缘关系的特殊处理，使司法更人性化，有利于维护社会的基本伦理关系。需要说明的是，对亲属“相隐”行为适用免予刑事处罚，必须同时具备两个条件：一是行为人认罪、悔罪，并退赃、退赔；二是行为人与本犯行为人为近亲属关系，且系初犯、偶犯。这既体现了对近亲属犯掩饰、隐瞒犯罪所得、犯罪所得收益罪的宽大原则，又设置了初犯、偶犯的条件，防止被滥用。本案中，被告人张某某是信用卡诈骗犯罪被告人袁某某的妻子，系近亲属，又系初犯、偶犯，且在案发后，主动向公安机关投案，将赃款全部退还给了被害人，符合《最高人民法院关于审理掩饰、隐瞒犯罪所得、犯罪所得收益刑事案件适用法律若干问题的解释》中关于近亲属犯本罪可免予刑事处罚的相关规定。怀化市鹤城区人民法院对张某某免予刑事处罚的处理，是适当的。［No. 6-2-312-11　袁某某信用卡诈骗，张某某掩饰、隐瞒犯罪所得案］

△掩饰、隐瞒犯罪所得情节一般，行为人认罪、悔罪并且退赃、退赔，且具有《最高人民法院关于掩饰、隐瞒犯罪所得、犯罪所得收益刑事案件适用法律若干问题的解释》所规定的三种情形的，可以免予刑事处罚。

对掩饰、隐瞒犯罪所得、犯罪所得收益行为适用免予刑事处罚，必须同时具备三个条件：

1. 前提条件。

适用免予刑事处罚，只能是掩饰、隐瞒犯罪所得及其产生的收益，犯罪情节一般的行为。情节严重的，依法应当在三年以上七年以下有期徒刑的幅度内量刑的，不适用免予刑事处罚。

2. 行为人认罪、悔罪并且退赃、退赔。

认罪、悔罪和退赃、退赔是并列关系，必须同时具备。这样规定主要是考虑到实践当中大多数掩饰、隐瞒犯罪所得、犯罪所得收益犯罪在妨害司法秩序的同时，也侵犯了财产权益，行为人能够积极退赃、退赔，对于保护上游犯罪被害人的合法权益具有积极和现实的意义。如果行为人只是口头表示认罪、悔罪，而没有实际退赃、退赔行为，或者虽然退赃、退赔，但拒不认罪、态度恶劣，仍需要判处刑罚的，都不适宜免予刑事处罚。

3. 具有《最高人民法院关于掩饰、隐瞒犯罪所得、犯罪所得收益刑事案件适用法律若干问题的解释》规定的三种情形之一。

（1）具有法定从宽处罚情节。根据《刑法》总则的规定，法定从宽处罚情节包括自首、立功、未成年人犯罪、又聋又哑的人或者盲人犯罪、犯罪中止、犯罪未遂、从犯、坦白等。

（2）为近亲属掩饰、隐瞒犯罪所得及其产生的收益，且系初犯、偶犯。该项规定体现了“亲亲相隐”的精神。近年来“亲亲相隐”的正面价值逐渐受到立法者和学者的重视，2012年修正的《刑事诉讼法》第一百八十八条第一款规定的“经人民法院通知，证人没有正当理由不出庭作证的，人民法院可以强制其到庭，但是被告人的配偶、父母、子女除外”，就是例证。

亲情是人类基于血缘关系、婚姻关系而自然产生的情感，亲情是人无法割舍的联系。维护亲情关系能够促进家庭稳定，促进社会和谐与稳定，因此在一定程度上对家庭成员之间的亲情加以特殊考虑是必要的。《最高人民法院关于审理掩饰、隐瞒犯罪所得、犯罪所得收益刑事案件适用法律若干问题的解释》对于近亲属之间犯本罪的处理作特殊规定，明确了司法实践中对亲缘关系的特殊处理精神，有利于刑法发挥维护社会秩序的功能。同时，《最高人民法院关于审理掩饰、隐瞒犯罪所得、犯罪所得收益刑事案件适用法律若干问题的解释》还设置了初犯、偶犯的条件，可以防止该项规定被滥用。对“近亲属”的认定范围不宜过窄。除2012年修正的《刑事诉讼法》第一百零六条第（六）项规定的近亲属，即夫、妻、父、母、子、女、同胞兄弟姊妹外，祖父母、外祖父母、孙子女、外孙子女也属于此处规定的“近亲属”。但是，叔、伯、姑、侄子（女）或姨、舅、外甥（女）或表（堂）兄弟姐妹等关系，除非具有抚养赡养关系，不宜认定为“近亲属”。

（3）其他情节轻微、危害不大的情形。这是兜底条款，目的是应对司法实践中出现的新情况，即不符合前两项条件，但又确实需要对行为人免予刑事处罚的情形。［No. 6-2-312-12　张兴泉掩饰、隐瞒犯罪所得案］

△明知是赃物而购买自用的行为，构成掩饰、隐瞒犯罪所得罪，但因情节较轻、主观恶性小，事后恢复措施到位的，可免予刑事处罚。

对行为人为自用而实施掩饰、隐瞒犯罪所得及其收益行为，应综合考虑涉案财物价值、退赃退赔等情节,酌情从宽处罚。2015年6月1日起施行的《最高人民法院关于审理掩饰、隐瞒犯罪所得、犯罪所得收益刑事案件适用法律若干问题的解释》第二条第二款规定:“行为人为自用而掩饰、隐瞒犯罪所得,财物价值刚达到本解释第一条第一款第(一)项规定的标准,认罪、悔罪并退赃、退赔的,一般可不认为是犯罪;依法追究刑事责任的,应当酌情从宽。”在该解释出台前,没有司法解释涉及该问题,司法实践中也很少对行为人是自用还是转售牟利等进行区别量刑。之所以对“自用”的情形专门作出规定,主要是基于刑法谦抑性原则及这类行为人主观恶性小的特点。

在司法实践中适用《最高人民法院关于审理掩饰、隐瞒犯罪所得、犯罪所得收益刑事案件适用法律若干问题的解释》的上述规定应当注意两点:

一是行为人为自用而实施掩饰、隐瞒行为的,在本质上是构成犯罪的,但因犯罪情节较轻、行为人主观恶性较小,事后恢复性措施到位,而不作犯罪处理或者虽然追究刑事责任但酌情从宽处理。这与行为本身不构成犯罪是有本质区别的。在不作犯罪处理的情况下,需要适用《刑法》第十三条的“但书”规定,即“情节显著轻微危害不大的,不认为是犯罪”,而不能仅适用《最高人民法院关于审理掩饰、隐瞒犯罪所得、犯罪所得收益刑事案件适用法律若干问题的解释》第二条第二款的规定。

二是为自用而收购不以犯罪论处,必须同时符合以下三个条件:(1)行为人购买赃物的目的是“自用”,即主要是出于生活中使用的目的而购买,如购买自行车、摩托车等用来自己出行,购买高压锅用来做饭等。一般情况下,购买生产资料,如机器设备等用于生产经营的,不能认定为自用,自用的范围应严格掌握在生活用品范围内。(2)所购买赃物的价值刚达到《最高人民法院关于审理掩饰、隐瞒犯罪所得、犯罪所得收益刑事案件适用法律若干问题的解释》第一条第一款第(一)项规定的3000元至1万元的数额。“刚达到”,不能机械地理解为正好达到,而是超过不多。如某省制定的标准是3000元,那么,3000元至4000元一般都可以理解为刚达到,但如果数额超过50%以上,即在4500元以上,一般不能认定为“刚达到”。(3)行为人认罪、悔罪并且退赃、退赔的。[No. 6-2-312-13　汤某掩饰、隐瞒犯罪所得案]

△掩饰、隐瞒犯罪所得、犯罪所得收益罪属于上游犯罪的事后帮助犯,对本罪的量刑不仅要符合《刑法》第三百一十二条及相关司法解释的规定,同时要受到上游犯罪量刑情况的约束。

2015年6月1日起施行的《最高人民法院关于审理掩饰、隐瞒犯罪所得、犯罪所得收益刑事案件适用法律若干问题的解释》第三条规定了掩饰、隐瞒犯罪所得、犯罪所得收益罪“情节严重”的五种情形:“(一)掩饰、隐瞒犯罪所得及其产生的收益价值总额达到十万元以上的;(二)掩饰、隐瞒犯罪所得及其产生的收益十次以上,或者三次以上且价值总额达到五万元以上的;(三)掩饰、隐瞒的犯罪所得系电力设备、交通设施、广播电视设施、公用电信设施、军事设施或者救灾、抢险、防汛、优抚、扶贫、移民、救济款物,价值总额达到五万元以上的;(四)掩饰、隐瞒行为致使上游犯罪无法及时查处,并造成公私财物重大损失无法挽回或其他严重后果的;(五)实施其他掩饰、隐瞒犯罪所得及其产生的收益行为,严重妨害司法机关对上游犯罪予以追究的。”其中,数额和次数是两个主要的标准,掩饰、隐瞒犯罪所得的价值在10万元以上,或者行为次数在10次以上的(属于“职业收赃人”),体现出社会危害性达到了相当严重的程度,应当作为打击的重点。

但是掩饰、隐瞒犯罪所得、犯罪所得收益罪毕竟属于上游犯罪的事后帮助犯,在增加了一个法定刑幅度后,其最高刑期也就只是七年有期徒刑,整体上具有“罪小刑轻”的特点。对本罪的量刑不仅要符合《刑法》第三百一十二条及相关司法解释的规定,同时当然要受到上游犯罪量刑情况的约束。这是因为,一方面,本罪对上游犯罪有依附性,没有上游犯罪非法取得的财物,就没有下游犯罪可言;另一方面,本罪惩罚的重点在于妨害司法秩序,即妨碍了公安、检察、审判等司法机关以犯罪所得为线索查处和破获上游犯罪的活动。就给被害人造成的财产损失而言,下游行为人在实施掩饰、隐瞒行为时,并没有增加或扩大这种损失。与事先参与犯罪共谋的情形相比,本罪的社会危害性当然要小得多。在掌握本罪与上游犯罪的量刑时,应当统筹把握。对于符合《最高人民法院关于审理掩饰、隐瞒犯罪所得、犯罪所得收益刑事案件适用法律若干问题的解释》第三条规定的五种情形的,依法认定“情节严重”,以此发挥本罪的堵截性作用,遏制和预防上游犯罪的持续和扩大势头。同时,在量刑上要与上游犯罪之间取得平衡。具体而言,在掩饰、隐瞒犯罪所得、犯罪所得收益罪和上游犯罪指向同一笔财物的情况下,对掩饰、隐瞒犯罪所得行为人的量刑必须要比上游犯罪人量刑轻一些,而且要适当拉开档次。

本案一、二审判决均在《最高人民法院关于审理掩饰、隐瞒犯罪所得、犯罪所得收益刑事案件适用法律若干问题的解释》出台之前作出,但判案法官对“情节严重”的把握完全契合了新规定的原则和精神;认定掩饰、隐瞒犯罪所得罪的“情节严重”不能唯数额论。虽然被告人朱端银掩饰、隐瞒犯罪所得的数额只有2万余元，但是其行为次数达22次之多，其作为上游犯罪人汤雨华、庄瑞军的固定下线，对上游犯罪起到了持续、稳定的支持和帮助作用，甚至对汤雨华、庄瑞军盗窃犯意的进一步扩大都具有刺激和鼓励作用。朱端银的行为构成掩饰、隐瞒犯罪所得罪，应依法认定为“情节严重”。启东市人民法院一审认定被告人朱端银的行为属于掩饰、隐瞒犯罪所得罪的“情节严重”，对其判处有期徒刑六年，而上游犯罪人中罪责较大的主犯汤雨华也只是被判处有期徒刑六年六个月，罪责相对小一点的主犯庄瑞军被判处有期徒刑四年六个月，对朱端银的判刑已经超过了庄瑞军，明显量刑失衡，二审在仍然认定朱端银的行为属“情节严重”的情况下，对其改判三年有期徒刑，是适当的。[No. 6-2-312-14　汤雨华、庄瑞军盗窃，朱端银掩饰、隐瞒犯罪所得案]

△掩饰、隐瞒盗窃、抢劫、诈骗、抢夺所得的机动车，数量在5辆以上或价值总额达到50万元以上的，可以认定为掩饰、隐瞒犯罪所得情节严重的情形。

《最高人民法院、最高人民检察院关于办理与盗窃、抢劫、诈骗、抢夺机动车相关刑事案件具体应用法律若干问题的解释》与《最高人民法院关于审理掩饰、隐瞒犯罪所得、犯罪所得收益刑事案件适用法律若干问题的解释》中关于掩饰、隐瞒犯罪所得情节严重的规定，属于特别法与一般法之间的关系。《最高人民法院关于办理与盗窃、抢劫、诈骗、抢夺机动车相关刑事案件具体应用法律若干问题的解释》对于掩饰、隐瞒的对象为盗窃、抢劫、诈骗、抢夺所得的机动车如何认定“情节严重”作了专门规定，根据特别法优于一般法的原则，应当适用其规定。《最高人民法院关于办理与盗窃、抢劫、诈骗、抢夺机动车相关刑事案件具体应用法律若干问题的解释》第一条第二款规定：“实施第一款规定的行为涉及盗窃、抢劫、诈骗、抢夺的机动车五辆以上或者价值总额达到五十万元以上的，属于刑法第三百一十二条规定的‘情节严重’……”其中机动车数量与价值总额之间是选择关系，而非并列关系。只要被告人的犯罪行为具备其中一种情况，就应认定为“情节严重”。被告人李林收购、销售的机动车已达5辆以上(24辆)，根据《最高人民法院关于办理与盗窃、抢劫、诈骗、抢夺机动车相关刑事案件具体应用法律若干问题的解释》第一条第二款的规定应当认定为情节严重。[No. 6-2-312-15　李林掩饰、隐瞒犯罪所得案]

△以单位名义为了单位的利益而实施掩饰、隐瞒犯罪所得行为，符合单位犯罪的要件。

区分单位犯罪与自然人犯罪的重要界限，就是犯罪所得利益归属单位还是归属参与犯罪的自然人。犯罪所得由单位所得，纳入单位财务体系和分配体系的，可以认定为犯罪所得归属单位，其他条件符合的，可以认定为单位犯罪。仅仅由参与行为人包括决策人员对犯罪所得进行分配的，不能认定为犯罪所得归属单位，因而就不能认定为单位犯罪，只能依照自然人犯罪的规定定罪处罚。就本案而言，被告单位第十七收购站作为一个独立经营的企业，其主体符合单位犯罪的构成要件。被告人朱富良作为收购站职员，具有直接决定收购物资的职权，其虽然不是收购站的负责人，但其对外收购物资时代表的是收购站，所获利益亦归收购站。因此，其收购行为体现的是收购站的意志，也就是说，收购行为体现的是单位利益。第十七收购站在主客观方面均符合单位犯罪的构成要件。根据《刑法》第三十一条规定的双罚制原则，应当对被告单位第十七收购站和直接责任人朱富良判处刑罚。[No. 6-2-312-24　牡丹江再生资源开发有限责任公司第十七收购站及朱富良掩饰、隐瞒犯罪所得案]

△修改赃车的发动机号、大架号，并介绍买卖的行为，构成掩饰、隐瞒犯罪所得罪。

1997年《刑法》第三百一十二条规定：“明知是犯罪所得的赃物而予以窝藏、转移、收购或者代为销售的，处三年以下有期徒刑、拘役或者管制，并处或者单处罚金。”《刑法修正案(六)》对本条作了修改：一是将窝藏、转移、收购、代为销售赃物犯罪的对象进行了扩大，将原规定的赃物扩大为犯罪所得、犯罪所得收益；二是在犯罪行为的类型上增加了其他方法。《刑法修正案(六)》对本罪增加了“其他方法”的规定，有利于打击社会生活中的非典型行为，也符合反洗钱国际公约的要求。关于掩饰、隐瞒的“其他方法”的认定，必须坚持以下几点：一是行为人的目的是出于掩饰、隐瞒上游犯罪人的犯罪所得及其收益；二是这些方法与窝藏、转移、收购和代为销售在罪质上具有相当性；三是这些方法在客观上扰乱了司法秩序，妨害了司法机关对上游犯罪行为的追究。

被告人陈飞明知该车系“疯子”盗窃犯罪所得，仍向被告人刘波及袁蔺介绍买卖，并将发动机号码和大架号磨损，且刻上假的发动机号，符合上述三个条件，可以认定为掩饰、隐瞒的“其他方法”。根据《最高人民法院、最高人民检察院关于办理与盗窃、抢劫、诈骗、抢夺机动车相关刑事案件具体应用法律若干问题的解释》第一条第一款第(三)项的规定，明知是盗窃、抢劫、诈骗、抢夺

分则　第六章

的机动车而予以修改发动机号的，依照《刑法》第三百一十二条的规定，以掩饰、隐瞒犯罪所得罪定罪处罚。同时，居间介绍买卖的行为，依照《最高人民法院关于审理掩饰、隐瞒犯罪所得、犯罪所得收益刑事案件适用法律若干问题的解释》第十条第二款的规定，应该认定为《刑法》第三百一十二条规定的"其他方法"。综上，陈飞实施了两种掩饰、隐瞒犯罪所得的行为，即居间介绍、修改发动机号和大架号，均属于《刑法》第三百一十二条规定的"其他方法"。［No. 6-2-312-25　陈飞、刘波掩饰、隐瞒犯罪所得案］

△将抓获盗窃分子的犯罪所得据为己有的行为，不构成掩饰、隐瞒犯罪所得罪。

掩饰、隐瞒犯罪所得罪虽然在大多数情况下也具有一定的谋取利益的主观属性，但《刑法》却将该罪列在第六章"妨害社会管理秩序罪"的第二节"妨害司法罪"中，说明该罪侵犯的客体是司法秩序，具体地说是妨害司法机关对上游犯罪的刑事追究。因此，该罪的主观意图必须具有帮助上游犯罪人掩饰、隐瞒犯罪所得、犯罪所得收益的直接故意。侯某某将刘某盗窃所得的一部 iPhone 5(16G)手机据为己有的行为，虽然在客观上起到了转移他人犯罪所得的效果，但是基于侯某某没有替上游犯罪行为人掩饰、隐瞒的主观意思，而仅仅是出于将手机据为己有的目的；且盗窃行为人刘某也没有将赃物手机交由侯某某让其掩饰、隐瞒的意思，刘某是因为被身为保安的侯某某抓获而被迫将手机交予侯某某等人的，侯某某与刘某之间没有此方面的合意。因而，侯某某的行为不构成掩饰、隐瞒犯罪所得罪。侯某某身为大学保安，"看家护院"、维护大学校园的治安，是其基本职责。其在履行职责过程中，抓获盗窃手机的刘某，按理应当将手机上缴，交由公安机关处理，却伙同他人将手机据为己有，该行为主要是侵犯了公职的廉洁性。由于我国刑法根据行为人主体身份不同而将利用职务之便非法占有财物的行为分为贪污罪和职务侵占罪两种，因此，对侯某某行为的定性应当根据其主体身份、职务性质来确定。但是，不论该行为定性为贪污还是职务侵占，均因其数额达不到构罪标准，而只能以情节显著轻微而作无罪处理。［No. 6-2-312-26　侯某某掩饰、隐瞒犯罪所得案］

△帮助运输假冒烟草的行为，不构成掩饰、隐瞒犯罪所得罪。

假冒"苏烟"并非犯罪所得，而是货主生产、销售伪劣产品罪的犯罪对象。只有假冒"苏烟"销售成功后所得货款，才是生产、销售伪劣产品罪的犯罪所得。如果有确实、充分的证据证明谭某旗、谭某可能知道所运货物为假冒"苏烟"的，那么可以认定谭某旗、谭某的行为构成生产、销售伪劣产品罪的共犯，但由于货主生产、销售假冒"苏烟"的犯罪活动尚在进行中，犯罪尚未达到完成状态，犯罪所得还未形成，谭某旗、谭某的行为不可能构成掩饰、隐瞒犯罪所得罪。［No. 6-2-312-27　谭某旗、谭某掩饰、隐瞒犯罪所得案］

第三百一十三条　【拒不执行判决、裁定罪】

对人民法院的判决、裁定有能力执行而拒不执行，情节严重的，处三年以下有期徒刑、拘役或者罚金；情节特别严重的，处三年以上七年以下有期徒刑，并处罚金。

单位犯前款罪的，对单位判处罚金，并对其直接负责的主管人员和其他直接责任人员，依照前款的规定处罚。

【立法解释】

《全国人民代表大会常务委员会关于〈中华人民共和国刑法〉第三百一十三条的解释》（2002年8月29日通过）

△（**人民法院的判决、裁定；有能力执行而拒不执行，情节严重；国家机关工作人员；共犯；受贿罪；滥用职权罪；想象竞合犯**）刑法第三百一十三条规定的"人民法院的判决、裁定"，是指人民法院依法作出的具有执行内容并已发生法律效力的判决、裁定。人民法院为依法执行支付令、生效的调解书、仲裁裁决、公证债权文书等所作的裁定属于该条规定的裁定。①

下列情形属于刑法第三百一十三条规定的"有能力执行而拒不执行，情节严重"的情形：

（一）被执行人隐藏、转移、故意毁损财产或者无偿转让财产、以明显不合理的低价转让财产，

① 但是，人民法院的调解书不属于判决、裁定。参见张明楷：《刑法学》（第6版），法律出版社2021年版，第1452页。

致使判决、裁定无法执行的；

（二）担保人或者被执行人隐藏、转移、故意毁损或者转让已向人民法院提供担保的财产，致使判决、裁定无法执行的；

（三）协助执行义务人接到人民法院协助执行通知书后，拒不协助执行，致使判决、裁定无法执行的；

（四）被执行人、担保人、协助执行义务人与国家机关工作人员通谋，利用国家机关工作人员的职权妨害执行，致使判决、裁定无法执行的；

（五）其他有能力执行而拒不执行，情节严重的情形。

国家机关工作人员有上述第四项行为的，以拒不执行判决、裁定罪的共犯追究刑事责任。国家机关工作人员收受贿赂或者滥用职权，有上述第四项行为的，同时又构成刑法第三百八十五条、第三百九十七条规定之罪的，依照处罚较重的规定定罪处罚。

【立法沿革】

《中华人民共和国刑法》（1997年修订，自1997年10月1日起施行）

第三百一十三条

对人民法院的判决、裁定有能力执行而拒不执行，情节严重的，处三年以下有期徒刑、拘役或者罚金。

《中华人民共和国刑法修正案（九）》（自2015年11月1日起施行）

三十九、将刑法第三百一十三条修改为：

“对人民法院的判决、裁定有能力执行而拒不执行，情节严重的，处三年以下有期徒刑、拘役或者罚金；情节特别严重的，处三年以上七年以下有期徒刑，并处罚金。

“单位犯前款罪的，对单位判处罚金，并对其直接负责的主管人员和其他直接责任人员，依照前款的规定处罚。”

【立法理由】

1. **1997年修订刑法的情况**。**1979年《刑法》**第一百五十七条规定：“以暴力、威胁方法阻碍国家工作人员依法执行职务的，或者拒不执行人民法院已经发生法律效力的判决、裁定的，处三年以下有期徒刑、拘役、罚金或者剥夺政治权利。”**1997年修订刑法**时将本罪规定纳入，并作了以下修改补充：一是将拒不执行人民法院判决、裁定单独规定为一条。1979年刑法中，拒不执行法院判决、裁定罪与阻碍执行公务罪规定在一条中，1997年修订刑法时，为了更明确地规定罪状，将本罪单独规定。二是将“拒不执行”修改为“有能力执行而拒不执行”，这是修订刑法增加的限制性条件。主要是考虑到，对于不执行人民法院判决、裁定的，人民法院可以采取强制手段强制执行，但一些人采取欺骗等方法，转移资金、转移财产所有权，或将执行物隐藏起来，使人民法院无法强制执行，对这类拒不执行的行为应当追究刑事责任，但同时对于确实没有能力而不能执行的，不应追究刑事责任。三是增加了“情节严重”的限制条件。增加这一条件主要是考虑到，人民法院对于拒不执行判决、裁定的可使用强制执行的手段，这样可以起到维护法律尊严的作用，对一般的情况可不再处刑，只对那些情节严重的才处以刑罚，以进行惩戒。

2. **2002年法律解释的情况**。为了维护人民法院的正常工作秩序和国家司法权的权威和严肃性，保证人民法院判决、裁定的执行，本条规定了拒不执行判决、裁定罪。目前经济生活中欠债不还的现象较为突出，有些债务人有能力还债而赖帐不还，甚至采取转移财产等方式拒不履行法院判决、裁定所确定的义务，严重妨害司法秩序，损害债权人的合法权益，扰乱社会主义市场经济健康发展。一些部门反映，在司法实践中，对该条所规定的“裁定”是否包括人民法院依法执行支付令、生效的调解书、仲裁裁决、公证债权文书等所作的裁定有不同认识，影响对拒不执行人民法院这些裁定的行为追究法律责任。同时，对有些国家机关工作人员搞部门和地方保护主义，利用职权严重干扰人民法院的执行工作，致使人民法院的判决、裁定不能执行的行为，也应当明确法律责任。因此，2002年《全国人民代表大会常务委员会关于〈中华人民共和国刑法〉第三百一十三条的解释》明确了本条规定的“人民法院的判决、裁定”和“有能力执行而拒不执行，情节严重”的含义，并对国家机关工作人员利用职权妨害执行，致使判决、裁定无法执行的情形如何追究刑事责任作了具体规定。

3. **《刑法修正案（九）》对本条的修改情况**。在《刑法修正案（九）》研究过程中，有关部门、一些全国人大代表和专家学者提出，《刑法》第三百一十三条关于拒不执行人民法院判决、裁定犯罪的规定在实践中执行的效果不够理想，“执行难”的问题尚未根本解决，不仅不利于对债权人合法权益的保护，而且不利于司法权威的树立和维护，建议加大对拒不执行判决、裁定罪的处罚力度，增强刑法的威慑力。同时，根据实践中出现的对单位犯本罪在刑法上无处罚依据的问题，建议在本条中增加单位犯罪的相关规定。立法机关经反复研究,在《刑法修正案(九)》中对本条作了两处修改:一是增加了一档刑罚,规定"情节特别严重的,处三年以上七年以下有期徒刑,并处罚金"。二是增加了一款,作为第二款,对单位犯罪及其处罚作了明确,规定:"单位犯前款罪的,对单位判处罚金,并对其直接负责的主管人员和其他直接责任人员,依照前款的规定处罚。"

【条文说明】

本条是关于拒不执行判决、裁定罪及其处罚的规定。

本条共分为两款。

第一款是关于拒不执行判决、裁定罪及其处罚的规定。根据本款规定,**拒不执行判决、裁定罪**,是指对人民法院的判决、裁定有能力执行而拒不执行,情节严重的行为。实践中认定本罪,要注意从以下几个方面掌握:

1. **本罪拒不执行的对象是人民法院的判决、裁定**。根据全国人大常委会立法解释的规定,本条规定的"**人民法院的判决、裁定**",是指人民法院依法作出的具有执行内容并已经发生法律效力的判决、裁定。人民法院为依法执行支付令、生效的调解书、仲裁裁决、公证债权文书所作的裁定属于本条规定的裁定。人民法院的判决是人民法院经过审理就案件的实体问题作出的决定;裁定是人民法院在诉讼或者判决执行过程中,对诉讼程序和部分实体问题所作的决定。对于人民法院的生效判决、裁定确定的执行内容,有关当事人应当按照要求及时履行。所谓生效判决、裁定,包括已经超过法定上诉、抗诉期限而没有上诉、抗诉的判决、裁定以及人民法院终审的判决、裁定等。没有发生法律效力的判决、裁定,因为不具备依法执行的条件,自然不会出现拒不执行的问题。需要注意的是,虽然实践中作为本罪拒不执行对象的判决和裁定,主要是人民法院审理民事案件所作的判决和裁定,但从法律规定上讲,刑事案件、行政案件的判决和裁定也属于本条规定的"判决、裁定"。《刑法修正案(九)》还在《刑法》第三十七条之一中专门明确,**违反人民法院作出的禁止从事相关职业的决定**,情节严重的,依照《刑法》第三百一十三条的规定定罪处罚。

2. **要有能力执行**。所谓有能力执行,是指根据人民法院查实的证据证明负有执行人民法院判决、裁定义务的人有可供执行的财产或者具有履行特定行为义务的能力。倘若没有能力执行,比如执行义务人没有可供执行的财产而无法履行判决、裁定确定的义务的,不能构成本罪。对于实践中经常发生的,行为人为逃避义务,采取隐瞒、转移、变卖、赠送、毁损自己财产等方式而造成无法执行的,仍属于有能力执行,构成犯罪的,应以本罪处罚。行为人包括被执行人、协助执行义务人、担保人等负有执行义务的人。

3. **要有拒不执行的行为**。所谓拒不执行,是指对人民法院生效判决、裁定所确定的义务采取各种手段拒绝执行。既可以采取积极的作为,如转移、变卖、损毁执行标的等,也可以是消极的不作为,如对人民法院的判决、裁定置之不理;既可以是公开拒绝执行,也可以是暗地里拒绝执行。不论其方式如何,只要有能力执行而拒不执行,情节严重的,即可构成本罪。

4. **必须达到情节严重的程度**。情节尚不严重的,不能以犯罪处罚。根据《全国人民代表大会常务委员会关于〈中华人民共和国刑法〉第三百一十三条的解释》的规定:"下列情形属于刑法第三百一十三条规定的'**有能力执行而拒不执行,情节严重**'的情形:(一)被执行人隐藏、转移、故意毁损财产或者无偿转让财产、以明显不合理的低价转让财产、致使判决、裁定无法执行的;(二)担保人或者被执行人隐藏、转移、故意毁损或者转让已向人民法院提供担保的财产,致使判决、裁定无法执行的;(三)协助执行义务人接到人民法院协助执行通知书后,拒不协助执行,致使判决、裁定无法执行的;(四)被执行人、担保人、协助执行义务人与国家机关工作人员通谋,利用国家机关工作人员的职权妨害执行,致使判决、裁定无法执行的;(五)其他有能力执行而拒不执行,情节严重的情形。"《最高人民法院关于审理拒不执行判决、裁定刑事案件适用法律若干问题的解释》对上述立法解释中"其他有能力执行而拒不执行,情节严重的情形"进一步作了明确,规定:"负有执行义务的人有能力执行而实施下列行为之一的,应当认定为全国人民代表大会常务委员会关于《刑法》第三百一十三条的解释中规定的'**其他有能力执行而拒不执行,情节严重的情形**':(一)具有拒绝报告或者虚假报告财产情况、违反人民法院限制高消费及有关消费令等拒不执行行为,经采取罚款或者拘留等强制措施后仍拒不执行的;(二)伪造、毁灭有关被执行人履行能力的重要证据,以暴力、威胁、贿买方法阻止他人作证或者指使、贿买、胁迫他人作伪证,妨碍人民法院查明被执行人财产情况,致使判决、裁定无法执行的;(三)拒不交付法律文书指定交付的财物、票证或者拒不迁出房屋、退出土地,致使判决、裁定无法执行的;(四)与他人串通,通过虚假诉讼、虚假仲裁、虚假和解等方式妨害执行,致使判决、裁定无法执行的;(五)以暴力、威胁方法阻碍执行人员进入执行现场或者聚众哄闹、冲击执行现场,致使执行工作无法进行的;(六)对执行人员进行侮辱、围攻、扣押、殴打,致使执行工作无法进行的;(七)毁损、抢夺执行案件材料、执行公务车辆和其他执行器械、执行人员服装以及执行公务证件,致使执行工作无法进行的;(八)拒不执行法院判决、裁定,致使债权人遭受重大损失的。”

5. 本罪是**特殊主体**,主要是指有义务执行人民法院判决、裁定的当事人。根据民事诉讼法和司法解释的有关规定,**对判决、裁定负有协助执行义务的个人和单位、担保人**等,也可以成为本罪的主体。

关于国家机关工作人员利用职权妨害执行,致使判决、裁定无法执行的情形,根据《全国人民代表大会常务委员会关于〈中华人民共和国刑法〉第三百一十三条的解释》的规定,**国家机关工作人员**有利用职权妨害执行,致使判决、裁定无法执行的行为的,以拒不执行判决、裁定罪的共犯追究刑事责任。国家机关工作人员收受贿赂或者滥用职权,有上述行为的,同时又构成《刑法》第三百八十五条、第三百九十七条规定之罪的,依照处罚较重的规定定罪处罚。

本款对拒不执行判决、裁定罪规定了**两档刑罚**,即情节严重的,处三年以下有期徒刑、拘役或者罚金;情节特别严重的,处三年以上七年以下有期徒刑,并处罚金。另外,根据《最高人民法院关于审理拒不执行判决、裁定刑事案件适用法律若干问题的解释》的规定,拒不执行判决、裁定刑事案件,一般由执行法院所在地人民法院管辖。量刑过程中,对拒不执行判决、裁定的被告人在一审宣告判决前,履行全部或部分执行义务的,**可以酌情从宽处罚**。拒不执行支付赡养费、扶养费、抚育费、抚恤金、医疗费用、劳动报酬等判决、裁定的,**可以酌情从重处罚**。

第二款是关于**单位犯罪**的规定。这里规定的“单位”,包括公司、企业、事业单位、机关、团体。根据本款规定,单位对人民法院的判决、裁定有能力执行而拒不执行,情节严重,构成犯罪的,对单位判处罚金,并对单位直接负责的主管人员和其他直接责任人员,依照第一款的规定处罚。

需要注意的是,关于本罪能否**自诉**。首先可以肯定的是,本罪涉及的案件不是告诉才处理的案件,但是否属于刑事诉讼法规定的其他情形的自诉案件,存在不同认识。《刑事诉讼法》第二百一十条规定:“自诉案件包括下列案件:(一)告诉才处理的案件;(二)被害人有证据证明的轻微刑事案件;(三)被害人有证据证明对被告人侵犯自己人身、财产权利的行为应当依法追究刑事责任,而公安机关或者人民检察院不予追究被告人刑事责任的案件。”1998年《最高人民法院、最高人民检察院、公安部、国家安全部、司法部、全国人大常委会法制工作委员会关于刑事诉讼法实施中若干问题的规定》将拒不执行判决、裁定罪案件规定为公诉案件。2012年《最高人民法院、最高人民检察院、公安部、国家安全部、司法部、全国人大常委会法制工作委员会关于实施刑事诉讼法若干问题的规定》对拒不执行判决、裁定罪是否属于公诉案件未作明确。《最高人民法院关于审理拒不执行判决、裁定刑事案件适用法律若干问题的解释》第三条规定:“申请执行人有证据证明同时具有下列情形,人民法院认为符合刑事诉讼法第二百一十条第三项规定的,**以自诉案件立案审理**:(一)负有执行义务的人拒不执行判决、裁定,侵犯了申请执行人的人身、财产权利,应当依法追究刑事责任的;(二)申请执行人曾经提出控告,而公安机关或者人民检察院对负有执行义务的人不予追究刑事责任的。”也就是说,可以提起自诉案件,同时自诉人在宣告判决前,可以同被告人自行和解或者撤回自诉,这也是考虑到解决人民法院判决、裁定执行难的情况所作的有针对性的规定。

【司法解释】

《最高人民法院关于审理拒不执行判决、裁定刑事案件适用法律若干问题的解释》[法释〔2015〕16号,自2015年7月20日起施行,该解释第三条、第四条已经被《最高人民法院关于修改〈最高人民法院关于人民法院扣押铁路运输货物若干问题的规定〉等十八件执行类司法解释的决定》(法释〔2020〕21号,自2021年1月1日起施行)修正]

△(**拒不执行判决、裁定罪**)被执行人、协助执行义务人、担保人等负有执行义务的人对人民法院的判决、裁定有能力执行而拒不执行,情节严重的,应当依照刑法第三百一十三条的规定,以拒不执行判决、裁定罪处罚。(§ 1)

△(**其他有能力执行而拒不执行;情节严重**)负有执行义务的人有能力执行而实施下列行为之一的,应当认定为全国人民代表大会常务委员会关于刑法第三百一十三条的解释中规定的“其他有能力执行而拒不执行,情节严重的情形”:

(一)具有拒绝报告或者虚假报告财产情况、违反人民法院限制高消费及有关消费令等拒不执行行为,经采取罚款或者拘留等强制措施后仍拒不执行的;

(二)伪造、毁灭有关被执行人履行能力的重

分则　第六章

要证据,以暴力、威胁、贿买方法阻止他人作证或者指使、贿买、胁迫他人作伪证,妨碍人民法院查明被执行人财产情况,致使判决、裁定无法执行的;

(三)拒不交付法律文书指定交付的财物、票证或者拒不迁出房屋、退出土地,致使判决、裁定无法执行的;

(四)与他人串通,通过虚假诉讼、虚假仲裁、虚假和解等方式妨害执行,致使判决、裁定无法执行的;

(五)以暴力、威胁方法阻碍执行人员进入执行现场或者聚众哄闹、冲击执行现场,致使执行工作无法进行的;

(六)对执行人员进行侮辱、围攻、扣押、殴打,致使执行工作无法进行的;

(七)毁损、抢夺执行案件材料、执行公务车辆和其他执行器械、执行人员服装以及执行公务证件,致使执行工作无法进行的;

(八)拒不执行法院判决、裁定,致使债权人遭受重大损失的。(§ 2)

△(**自诉案件**)申请执行人有证据证明同时具有下列情形,人民法院认为符合刑事诉讼法第二百一十条第三项规定的,以自诉案件立案审理:

(一)负有执行义务的人拒不执行判决、裁定,侵犯了申请执行人的人身、财产权利,应当依法追究刑事责任的;

(二)申请执行人曾经提出控告,而公安机关或者人民检察院对负有执行义务的人不予追究刑事责任的。(§ 3)

△(**自诉案件;自行和解或者撤回自诉**)本解释第三条规定的自诉案件,依照刑事诉讼法第二百一十二条的规定,自诉人在宣告判决前,可以同被告人自行和解或者撤回自诉。(§ 4)

△(**管辖**)拒不执行判决、裁定刑事案件,一般由执行法院所在地人民法院管辖。(§ 5)

△(**酌情从宽处罚事由**)拒不执行判决、裁定的被告人在一审宣告判决前,履行全部或部分执行义务的,可以酌情从宽处罚。(§ 6)

△(**酌情从重处罚事由**)拒不执行支付赡养费、扶养费、抚育费、抚恤金、医疗费用、劳动报酬等判决、裁定的,可以酌情从重处罚。(§ 7)

【司法解释性文件】

《最高人民法院研究室关于拒不执行人民法院调解书的行为是否构成拒不执行判决、裁定罪的答复》(法研〔2000〕117号,2000年12月14日公布)

△(**判决、裁定;调解书**)刑法第三百一十三条规定的"判决、裁定",不包括人民法院的调解书。对于行为人拒不执行人民法院调解书的行为,不能依照刑法第三百一十三条的规定定罪处罚。

《最高人民法院、最高人民检察院、公安部关于依法严肃查处拒不执行判决裁定和暴力抗拒法院执行犯罪行为有关问题的通知》(法发〔2007〕29号,2007年8月30日公布)

△(**拒不执行判决、裁定罪**)对下列拒不执行判决、裁定的行为,依照刑法第三百一十三条的规定,以拒不执行判决、裁定罪论处。

(一)被执行人隐藏、转移、故意毁损财产或者无偿转让财产、以明显不合理的低价转让财产,致使判决、裁定无法执行的;

(二)担保人或者被执行人隐藏、转移、故意毁损或者转让已向人民法院提供担保的财产,致使判决、裁定无法执行的;

(三)协助执行义务人接到人民法院协助执行通知书后,拒不协助执行,致使判决、裁定无法执行的;

(四)被执行人、担保人、协助执行义务人与国家机关工作人员通谋,利用国家机关工作人员的职权妨害执行,致使判决、裁定无法执行的;

(五)其他有能力执行而拒不执行,情节严重的情形。(§ 1)

△(**单位直接负责的主管人员和其他直接责任人员**)负有执行人民法院判决、裁定义务的单位直接负责的主管人员和其他直接责任人员,为了本单位的利益实施本《通知》第一条、第二条所列行为之一的,对该主管人员和其他直接责任人员,依照刑法第三百一十三条和第二百七十七条的规定,分别以拒不执行判决、裁定罪[①]和妨害公务罪论处。(§ 3)

△(**国家机关工作人员;共犯;想象竞合犯;受贿罪;滥用职权罪**)国家机关工作人员有本《通知》第一条第四项行为的,以拒不执行判决、裁定罪的共犯追究刑事责任。

国家机关工作人员收受贿赂或者滥用职权,有本《通知》第一条第四项行为的,同时又构成刑法第三百八十五条、第三百九十七条规定罪的,依照处罚较重的规定定罪处罚。(§ 4)

① 《刑法修正案(九)》针对本罪增订了单位犯罪。按照现行法的规定,会成立单位犯罪。

△(**管辖**)拒不执行判决、裁定案件由犯罪行为发生地的公安机关、人民检察院、人民法院管辖。如果由犯罪嫌疑人、被告人居住地的人民法院管辖更为适宜的,可以由犯罪嫌疑人、被告人居住地的公安机关、人民检察院、人民法院管辖。(§ 5)

△(**公安机关;出警**)以暴力、威胁方法妨害或者抗拒执行的,公安机关接到报警后,应当立即出警,依法处置。(§ 6)

△(**先行司法拘留;立案侦查**)人民法院在执行判决、裁定过程中,对拒不执行判决、裁定情节严重的人,可以先行司法拘留;拒不执行判决、裁定的行为人涉嫌犯罪的,应当将案件依法移送有管辖权的公安机关立案侦查。(§ 7)

△(**立案侦查;提起公诉;审判**)人民法院、人民检察院和公安机关在办理拒不执行判决、裁定和妨害公务案件过程中,应当密切配合、加强协作。对于人民法院移送的涉嫌拒不执行判决、裁定罪和妨害公务罪的案件,公安机关应当及时立案侦查,检察机关应当及时提起公诉,人民法院应当及时审判。(§ 8 Ⅰ)

【附属刑法】

《中华人民共和国行政诉讼法》(1989 年 4 月 4 日通过,2017 年 6 月 27 日第二次修正)

第五十九条

Ⅰ诉讼参与人或者其他人有下列行为之一的,人民法院可以根据情节轻重,予以训诫、责令具结悔过或者处一万元以下的罚款、十五日以下的拘留;构成犯罪的,依法追究刑事责任:

(一)有义务协助调查、执行的人,对人民法院的协助调查决定、协助执行通知书,无故推拖、拒绝或者妨碍调查、执行的;

……

Ⅱ人民法院对有前款规定的行为之一的单位,可以对其主要负责人或者直接责任人员依照前款规定予以罚款、拘留;构成犯罪的,依法追究刑事责任。

Ⅲ罚款、拘留须经人民法院院长批准。当事人不服的,可以向上一级人民法院申请复议一次。复议期间不停止执行。

第九十六条

行政机关拒绝履行判决、裁定、调解书的,第一审人民法院可以采取下列措施:

……

(五)拒不履行判决、裁定、调解书,社会影响恶劣的,可以对该行政机关直接负责的主管人员和其他直接责任人员予以拘留;情节严重,构成犯罪的,依法追究刑事责任。

《中华人民共和国海事诉讼特别程序法》(1999 年 12 月 25 日通过)

第五十九条

Ⅰ被请求人拒不执行海事强制令的,海事法院可以根据情节轻重处以罚款、拘留;构成犯罪的,依法追究刑事责任。

Ⅱ对个人的罚款金额,为一千元以上三万元以下。对单位的罚款金额,为三万元以上十万元以下。

Ⅲ拘留的期限,为十五日以下。

《中华人民共和国民事诉讼法》(1991 年 4 月 9 日通过,2021 年 12 月 24 日第四次修正)

第一百一十四条

Ⅰ诉讼参与人或者其他人有下列行为之一的,人民法院可以根据情节轻重予以罚款、拘留;构成犯罪的,依法追究刑事责任:

……

(六)拒不履行人民法院已经发生法律效力的判决、裁定的。

Ⅱ人民法院对有前款规定的行为之一的单位,可以对其主要负责人或者直接责任人员予以罚款、拘留;构成犯罪的,依法追究刑事责任。

【指导性案例】

最高人民法院指导案例第 71 号:毛建文拒不执行判决、裁定案(2016 年 12 月 28 日发布)

△(**拒不执行判决、裁定罪;起算时间**)有能力执行而拒不执行判决、裁定的时间从判决、裁定发生法律效力时起算。具有执行内容的判决、裁定发生法律效力后,负有执行义务的人有隐藏、转移、故意毁损财产等拒不执行行为,致使判决、裁定无法执行,情节严重的,应当以拒不执行判决、裁定罪定罪处罚。

【参考案例】

△行为人拒不执行判决、裁定的行为,应当根据其行为持续时间、行为方式、标的额、行为人主观罪过程度以及行为后果等方面,综合认定是否属于情节严重。

严重对抗生效裁判的行为,一方面使债权人的合法权益无法受到公权力的支持,扰乱市场经济的健康发展;另一方面严重损害司法的严肃性和权威性,社会公众逐步失去对司法的信赖。因此,刑法将情节严重的拒不执行判决、裁定的行为纳入刑事法规制的范围。根据最高人民法院于 1998 年出台的《关于审理拒不执行判决、裁定案件具体应用法律若干问题的解释》(已失效),

全国人民代表大会常务委员会于2002年公布的《关于〈中华人民共和国刑法〉第三百一十三条的解释》,最高人民法院、最高人民检察院、公安部于2007年联合下发的《关于依法严肃查处拒不执行判决裁定和暴力抗拒法院执行犯罪行为有关问题的通知》的规定,具有以下情形之一的,可以认定为拒不执行判决、裁定罪中的“情节严重”:(1)被执行人隐藏、转移、故意毁损财产或者无偿转让财产、以明显不合理的低价转让财产,致使判决、裁定无法执行的;(2)担保人或者被执行人隐藏、转移、故意毁损或者转让已向人民法院提供担保的财产,致使判决、裁定无法执行的;(3)协助执行义务人接到人民法院协助执行通知书后,拒不协助执行,致使判决、裁定无法执行的;(4)被执行人、担保人、协助执行义务人与国家机关工作人员通谋,利用国家机关工作人员的职权妨害执行,致使判决、裁定无法执行的;(5)其他有能力执行而拒不执行,情节严重的情形。上述规范性文件确立的认定标准基本上是采取“行为+结果”模式。由于规定得比较原则,故在实践中可操作性空间有限。笔者认为,判断是否达到拒不执行判决、裁定“情节严重”,可以从以下三个方面入手分析:

(一)从行为人的行为特征分析

一是看行为持续时间,即行为危害社会的持续度。拒不执行判决、裁定的持续时间越久,则对社会的危害程度就越大。二是看执行标的金额和类型,即行为危害社会的程度。无法执行的标的额及与申请执行标的额间的比例,亦是衡量该罪社会危害性的标尺之一。行为人朱荣南不履行民事判决和执行通知的金额达186万余元,属于金额巨大。目前,已有不少地方的高级人民法院出台了拒不执行判决、裁定罪“情节严重”的认定细则,将一定的无法执行的标的金额作为入罪标准,如浙江省将5万元作为认定拒不执行判决、裁定罪“情节严重”的起点数额,而贵州省则将3万元作为认定拒不执行判决、裁定罪“情节严重”的起点数额。三是看行为方式。行为方式比较恶劣的,可以认定为情节严重。当前,从各地反映的实际情况看,通过以下方式实施拒不执行判决、裁定的,可以认定为情节严重:(1)擅自撕毁法院张贴的封条等针对执行措施的行为;(2)以虚假诉讼等违法方式抗拒法院执行;(3)实施无偿或者明显不合理低价转移等针对执行财产的行为;(4)撕毁执行笔录等针对执行活动的行为;(5)采用纠集人员围堵执行法官的方式拒不履行配合义务。本案中,行为人隐瞒财产致使判决、裁定无法执行,属于《关于〈中华人民共和国刑法〉第三百一十三条的解释》关于“有能力执行而拒不执行,情节严重”的第(一)项情形。判断是否隐瞒,应当结合被执行人财物状况公开程度,即公权力获知财产情况的难易,加以判断。

(二)从行为人的罪过程度分析

除从前述行为特征所体现的罪过外,还可以从以下方面分析:一是看行为人是否不管不顾人民法院的积极敦促。倘若行为人在人民法院的督促下,尽其所能逐步执行生效判决,不能完全执行的原因确实是因为执行能力不足,则不宜入罪。本案中,朱荣南在人民法院反复多次敦促的情况下仍然拒不履行生效判决。判决执行阶段,人民法院送达了执行通知书、被执行人报告财产民事裁定书、财产申报表,可以说手续齐全、内容详尽。无论是从普通人的认知,还是从具体纠纷债务人的认知,朱荣南都应当知道作为司法机关确认的债务人,其应当在裁判指定的期限内履行法律义务。但在人民法院要求其申报财产时,其拒绝申报;在人民法院要求其履行判决确定的义务时,其以无执行能力为由逃避履行;在人民法院反复向其了解财产状况时,其隐瞒用财产购买其他物品的事实;在人民法院向其送达督促限期履行令后,仍拒绝履行生效判决且不如实申报财产。二是看是否因拒不执行判决、裁定受过司法强制措施。因拒不执行判决、裁定受过司法强制措施,即表明拒不执行判决、裁定的行为达到一定的严重程度,如其拒不悔改仍有执行能力而不执行,表明行为人主观恶性较大,应当属于“情节严重”。本案中,朱荣南因拒不履行本案所涉生效法律文书,已于2009年4月被人民法院决定司法拘留,仍毫无悔改,通过借用他人名义规避法院执行,主观恶性大。

(三)从行为人的行为后果分析

根据参与立法的相关人员介绍,“致使判决、裁定无法执行”既包括最终无法执行的情况,也包括在执行中受到严重阻碍,需要法院采取各种措施,排除阻碍后才最终得以执行的情况。

此外,拒不执行判决、裁定的行为后果还体现在两个方面:一是对于权利人而言,行为人的拒不执行判决、裁定的行为导致追索关系申请人生命健康的赡养费、抚养费、医疗费等的权利受到严重损害,或者导致生效裁判权利人精神失常、自杀等严重后果;行为人将财产转移并用于个人挥霍,造成裁判彻底不能执行等情形,均属于情节严重。二是对于司法而言,该行为妨害人民法院的正常执行活动或者损害人民法院形象达到一定严重程度。每一件执行案件在未审结前都牵涉诸多人力、物力和财力,持续时间越长,司法成本投入就越巨大。因拒不执行判决、裁定而浪费的司法成本越大,情节就越严重。本案中,执行前后持续近五年,人民法院投入了大量的人力、物力和财力,可以认定朱荣南拒不执行判决、裁定的行为属于情节严重。

综上,行为人朱荣南有执行能力,拒不执行判决、裁定的行为持续时间长、行为方式隐蔽、标的额巨大,且因拒不履行本案所涉生效裁判被司法拘留后仍拒不执行人民法院裁判,属于“情节严重”,构成拒不执行判决、裁定罪。[No. 6-2-313-1　朱荣南拒不执行判决、裁定案]

第三百一十四条　【非法处置查封、扣押、冻结的财产罪】

隐藏、转移、变卖、故意毁损已被司法机关查封、扣押、冻结的财产,情节严重的,处三年以下有期徒刑、拘役或者罚金。

【立法理由】

为了保证诉讼的正常进行,刑事诉讼法、民事诉讼法等程序法中都对查封、扣押、冻结财产作了规定。如《刑事诉讼法》第二百四十五条规定:“公安机关、人民检察院和人民法院对查封、扣押、冻结的犯罪嫌疑人、被告人的财物及其孳息,应当妥善保管,以供核查,并制作清单,随案移送。任何单位和个人不得挪用或者自行处理……”正确执行查封、扣押、冻结的财产对于保全证据,顺利处理案件具有重要意义。司法实践中,有些案件的当事人隐藏、转移、变卖、故意损毁已被司法机关查封、扣押、冻结的财产,**不仅严重破坏国家司法机关的正常诉讼活动,而且可能导致司法机关的裁判无法得到执行,造成国家、集体或者公民个人的财产损失**,因此,对情节严重的行为,追究刑事责任是必要的。

【条文说明】

本条是关于非法处置查封、扣押、冻结的财产罪及其处罚的规定。

本条规定的犯罪对象是**已被司法机关查封、扣押、冻结的财产**。“**查封**”,是指被司法机关签封,这种签封应载明查封日期、查封单位并盖章。物品一经司法机关查封,未经查封机关批准不得私自开封、使用,更不得变卖、转移。“**扣押**”,是指司法机关因办案需要将与案件有关的物品暂时扣留。这种扣押,一般是将物品扣在司法机关,但一些大宗物品也可扣押在仓库等地。“**冻结**”,主要是指冻结与案件相关的资金帐户。《刑事诉讼法》第一百四十四条第一款规定:“人民检察院、公安机关根据侦查犯罪的需要,可以依照规定查询、冻结犯罪嫌疑人的存款、汇款、债券、股票、基金份额等财产。有关单位和个人应当配合。”一旦冻结,不经依法解冻,该项资金不得私自使用,更不得转移。本条共规定了四种行为:一是**隐藏被司法机关查封、扣押的物品**。二是**转移已被查封、扣押、冻结的财产**。主要是指将已被查封、扣押的物品转移到他处,脱离司法机关的掌握,或者将已被冻结的资金私自取出或转移到其他帐户。三是**变卖已被司法机关查封、扣押的物品**,即将已被查封、扣押的物品以各种形式卖给他人。四是**故意毁损已被司法机关查封、扣押的物品**。这种“毁损”是指使用破坏性手段使物品失去原貌,失去原来具有的使用价值和价值。上述四种行为,不论发生在刑事诉讼或民事诉讼、行政诉讼中,只要具有上述行为之一,情节严重的就可构成本罪。“**情节严重**”,主要是指隐藏、转移、变卖、故意毁损已被司法机关查封、扣押、冻结的财产,严重妨害了诉讼活动的正常进行或者使国家、集体、人民的利益遭受了重大损失。犯本罪的,处三年以下有期徒刑、拘役或者罚金。

适用本条时需要注意:第一,本条规定的隐藏、转移、变卖、故意毁损已被司法机关查封、扣押、冻结的财产的行为**不仅限于刑事诉讼**,也包括在民事诉讼、行政诉讼中的行为。第二,查封、扣押、冻结的财产是为保障刑事诉讼顺利进行而采取的措施,是一种**程序性过程中的措施**,不是具有结局性的财产处置措施。因此,根据民事诉讼法、行政诉讼法、刑事诉讼法等有关规定,对查封、扣押、冻结的财产应当依法处置,不得损害当事人的合法权益。如根据刑事诉讼法的相关规定,在侦查活动中,对与案件无关的财物、文件,不得查封、扣押。对查封、扣押的财物、文件,要妥善保管或者封存,不得使用、调换或者损毁。对查封、扣押的财物、文件、邮件、电报或者冻结的存款、汇款、债券、股票、基金份额等财产,经查明确实与案件无关的,应当在三日以内解除查封、扣押、冻结,予以退还。人民检察院决定不起诉的案件,应当同时对侦查中查封、扣押、冻结的财物解除查封、扣押、冻结。人民法院作出的判决,应当对查封、扣押、冻结的财物及其孳息作出处理。人民法院作出的判决生效以后,有关机关应当根据判决对查封、扣押、冻结的财物及其孳息进行处理。对查封、扣押、冻结的赃款赃物及其孳息,除依法返还被害人的以外,一律上缴国库。

【附属刑法】

《中华人民共和国行政诉讼法》(1989 年 4 月 4 日通过,2017 年 6 月 27 日第二次修正)

第五十九条

Ⅰ诉讼参与人或者其他人有下列行为之一的,人民法院可以根据情节轻重,予以训诫、责令具结悔过或者处一万元以下的罚款、十五日以下的拘留;构成犯罪的,依法追究刑事责任:

……

(四)隐藏、转移、变卖、毁损已被查封、扣押、冻结的财产的;

……

Ⅱ人民法院对有前款规定的行为之一的单位,可以对其主要负责人或者直接责任人员依照前款规定予以罚款、拘留;构成犯罪的,依法追究刑事责任。

Ⅲ罚款、拘留须经人民法院院长批准。当事人不服的,可以向上一级人民法院申请复议一次。复议期间不停止执行。

《中华人民共和国禁毒法》(2007 年 12 月 29 日通过)

第六十条

有下列行为之一,构成犯罪的,依法追究刑事责任;尚不构成犯罪的,依法给予治安管理处罚:

……

(四)隐藏、转移、变卖或者损毁司法机关、行政执法机关依法扣押、查封、冻结的涉及毒品违法犯罪活动的财物的。

《中华人民共和国民事诉讼法》(1991 年 4 月 9 日通过,2021 年 12 月 24 日第四次修正)

第一百一十四条

Ⅰ诉讼参与人或者其他人有下列行为之一的,人民法院可以根据情节轻重予以罚款、拘留;构成犯罪的,依法追究刑事责任:

……

(三)隐藏、转移、变卖、毁损已被查封、扣押的财产,或者已被清点并责令其保管的财产,转移已被冻结的财产的;

……

Ⅱ人民法院对有前款规定的行为之一的单位,可以对其主要负责人或者直接责任人员予以罚款、拘留;构成犯罪的,依法追究刑事责任。

第三百一十五条 【破坏监管秩序罪】

依法被关押的罪犯,有下列破坏监管秩序行为之一,情节严重的,处三年以下有期徒刑:

(一)殴打监管人员的;

(二)组织其他被监管人破坏监管秩序的;

(三)聚众闹事,扰乱正常监管秩序的;

(四)殴打、体罚或者指使他人殴打、体罚其他被监管人的。

【立法理由】

1979 年刑法对破坏监管秩序罪没有规定。1994 年通过的《监狱法》针对在押犯人无视监规、肆意破坏监管秩序、“牢头狱霸”活动猖獗的实际情况,作了规定。1994 年《监狱法》第五十八条规定:“罪犯有下列破坏监管秩序情形之一的,监狱可以给予警告、记过或者禁闭:(一)聚众哄闹监狱,扰乱正常秩序的;(二)辱骂或者殴打人民警察的;(三)欺压其他罪犯的;(四)偷窃、赌博、打架斗殴、寻衅滋事的;(五)有劳动能力拒不参加劳动或者消极怠工,经教育不改的;(六)以自伤、自残手段逃避劳动的;(七)在生产劳动中故意违反操作规程,或者有意损坏生产工具的;(八)有违反监规纪律的其他行为的。依照前款规定对罪犯实行禁闭的期限为七天至十五天。罪犯在服刑期间有第一款所列行为,构成犯罪的,依法追究刑事责任。”这一规定对于依法管理监狱,保障良好的监管秩序,促使犯人认罪服法,改过自新,维护社会治安秩序具有重要意义。

1997 年修订刑法时,将监狱法的有关内容修改后纳入刑法。一是将犯罪主体限定为“依法被关押的罪犯”。主要考虑到司法实践中破坏监管秩序的主要是依法被关押的罪犯。二是将原规定的“辱骂或者殴打人民警察”修改为“殴打监管人员”。因为被侵害的对象不单是人民警察,还有其他监管人员，如果只规定人民警察为本罪受害者，会使罪犯逃避法律制裁，不利于对监管人员人身权利的保护，会损害监管人员教育和改造罪犯的积极性。三是增加“组织其他被监管人员破坏监管秩序”，这主要是针对牢头狱霸而设立。实践中有些罪犯无视监规，肆意破坏监管秩序，严重破坏了监管工作的正常进行，对牢头狱霸必须予以坚决惩处。四是增加“殴打、体罚或者指使他人殴打、体罚其他被监管人”的犯罪表现形式。这是破坏监管秩序中最常见的表现形式，殴打、体罚或者指使他人殴打、体罚其他被监管人的行为不仅破坏正常的监管秩序，而且使其他被监管人的人身权利遭到侵害，不利于教育改造罪犯工作的顺利进行，对这类行为必须惩治。五是增加了“情节严重”的犯罪门槛，这是区分犯罪与违法界限的标准。

【条文说明】

本条是关于破坏监管秩序罪及其处罚的规定。

根据本条规定，**破坏监管秩序犯罪**，是指依法被关押的罪犯，有下列破坏监管秩序行为之一，情节严重的行为：殴打监管人员的；组织其他被监管人破坏监管秩序的；聚众闹事，扰乱正常监管秩序的；殴打、体罚或者指使他人殴打、体罚其他被监管人的。“**依法被关押的罪犯**”，是指依照法定程序，经人民法院判决有罪并被判处剥夺人身自由的刑罚，送到监狱或者其他执行场所执行刑罚的罪犯。[①] “**破坏监管秩序**”，是指以各种方式破坏对罪犯进行监管的工作正常进行。“**殴打监管人员**”，是指用拳脚、棍棒等对刑罚执行场所的人民警察及其他管理人员实施暴力打击、伤害的行为。1997 年修订的刑法将监管人员由人民警察扩大到其他监管人员。“**组织其他被监管人破坏监管秩序**”，是指公开或者暗中授意、策动、指使其他被依法关押的罪犯违反监狱的纪律和管理秩序，不服从管理。“**聚众闹事，扰乱正常监管秩序**”，是指策动、纠集多名被监管人闹事，扰乱监狱的生产、生活等方面的正常秩序。“**殴打、体罚或者指使他人殴打、体罚其他被监管人**”，是指对其他被监管人[②]进行殴打及身体上的折磨，或者指使被监管人对其他被监管人进行殴打及身体上的折磨。实施以上破坏监管秩序的行为，可以在监狱等执行场所，也可以在外出劳动作业的场所或者在押解途中。以上破坏监管秩序的行为，情节严重的才构成犯罪。所谓“**情节严重**”，是指多次实施上述破坏监管秩序行为的；实施上述破坏监管秩序行为造成严重影响的；造成严重后果的；等等。根据本条规定，对破坏监管秩序犯罪，处三年以下有期徒刑。根据《刑事诉讼法》第三百零八条第三款的规定，对罪犯在监狱内犯罪的案件由监狱进行侦查。本罪案件由监狱负责侦查办理。

实践中需要注意以下两个方面的问题：

1. 实施本条第（四）项殴打、体罚或者指使他人殴打、体罚其他被监管人的行为，同时构成故意伤害、故意杀人等其他犯罪的，**应当从一重罪处罚**。这一做法也体现在监管人员对被监管人员实施殴打行为的犯罪中。《刑法》第二百四十八条作了明确规定：“监狱、拘留所、看守所等监管机构的监管人员对被监管人进行殴打或者体罚虐待，情节严重的，处三年以下有期徒刑或者拘役；情节特别严重的，处三年以上十年以下有期徒刑。致人伤残、死亡的，依照本法第二百三十四条、第二百三十二条的规定定罪从重处罚。监管人员指使被监管人殴打或者体罚虐待其他被监管人的，依照前款的规定处罚。”

2. 关于本罪的主体，是否包括**在看守所羁押的犯罪嫌疑人、被告人**。本条规定的主体是“依法被关押的罪犯”，一种观点认为，这里的罪犯就是指依照法定程序，经人民法院判决有罪并被判处剥夺人身自由的刑罚，送到监狱或者其他执行场所执行刑罚的罪犯。另一种观点认为，对这里的罪犯不应当作狭义的理解，对于刑事诉讼程序中依法被关押的犯罪嫌疑人、被告人也应当认定为本条规定的“罪犯”，否则会形成处罚漏洞。首先可以肯定的是，本罪的主体不包括被执行行政拘留的人员。《刑法》第三百一十六条规定的脱逃罪的主体、劫夺被押解人员罪的对象明确规定为罪犯、被告人、犯罪嫌疑人。此外，《刑法》第四百条规定的私放在押人员罪、失职致使在押人员脱逃罪的对象明确规定包括“私放在押的犯罪嫌疑人、被告人或者罪犯”“致使在押的犯罪嫌疑人、被告人或者罪犯脱逃”的情形，明确列举了犯罪嫌疑人、被告人。**本条没有列举犯罪嫌疑人、被告人，考虑的主要是惩治监狱等刑罚执行场所中发生的违反监规的严重行为**，目的是保障监管工作

① 相对的，在押未决犯和行政拘留人员，因为还不能说是“罪犯”，所以即使具有严重破坏监管秩序的行为，也不构成本罪。参见黎宏：《刑法学各论》（第 2 版），法律出版社 2016 年版，第 419 页。

② “其他被监管人”，既包括已决人犯，也包括未决人犯。参见黎宏：《刑法学各论》（第 2 版），法律出版社 2016 年版，第 419 页。

秩序,更好地教育改造罪犯。

【附属刑法】

《中华人民共和国监狱法》(1994 年 12 月 29 日通过,2012 年 10 月 26 日修正)

第五十八条

Ⅰ罪犯有下列破坏监管秩序情形之一的,监狱可以给予警告、记过或者禁闭:

(一)聚众哄闹监狱,扰乱正常秩序的;

(二)辱骂或者殴打人民警察的;

(三)欺压其他罪犯的;

(四)偷窃、赌博、打架斗殴、寻衅滋事的;

(五)有劳动能力拒不参加劳动或者消极怠工,经教育不改的;

(六)以自伤、自残手段逃避劳动的;

(七)在生产劳动中故意违反操作规程,或者有意损坏生产工具的;

(八)有违反监规纪律的其他行为的。

Ⅱ依照前款规定对罪犯实行禁闭的期限为七天至十五天。

Ⅲ罪犯在服刑期间有第一款所列行为,构成犯罪的,依法追究刑事责任。

第三百一十六条　【脱逃罪】【劫夺被押解人员罪】

依法被关押的罪犯、被告人、犯罪嫌疑人脱逃的,处五年以下有期徒刑或者拘役。

劫夺押解途中的罪犯、被告人、犯罪嫌疑人的,处三年以上七年以下有期徒刑;情节严重的,处七年以上有期徒刑。

【立法理由】

规定本罪是为了维护监狱、看守所的秩序以及司法机关依法办案的权威性和严肃性,保障司法机关的司法活动正常进行。**1979 年《刑法》**第一百六十一条规定了脱逃罪:“依法被逮捕、关押的犯罪分子脱逃的,除按其原犯罪行判处或者按其原判刑期执行外,加处五年以下有期徒刑或者拘役。以暴力、威胁方法犯前款罪的,处二年以上七年以下有期徒刑。”1981 年《全国人民代表大会常务委员会关于处理逃跑或者重新犯罪的劳改犯和劳教人员的决定》第二条规定:“劳改犯逃跑的,除按原判刑期执行外,加处五年以下有期徒刑;以暴力、威胁方法逃跑的,加处二年以上七年以下有期徒刑。劳改犯逃跑后又犯罪的,从重或者加重处罚。刑满释放后又犯罪的,从重处罚。刑满后一律留场就业,不得回原大中城市。劳改期满释放后,有轻微犯罪行为、不够刑事处分的,给予劳动教养处分。期满后一般留场就业,不得回原大中城市。没有改造好的劳改罪犯,劳改期满后留场就业。”

1997 年修订刑法时,对上述规定作了修改补充:一是在本条第一款中,与刑事诉讼法相适应,将脱逃罪的主体由原来的“依法被逮捕、关押的犯罪分子”修改为“**依法被关押的罪犯、被告人、犯罪嫌疑人**”。主要考虑到司法实践中有脱逃犯罪行为的,不仅包括依法被关押的犯罪分子,还包括依法被关押的被告人、犯罪嫌疑人。为了维护监狱、拘留所或者看守所的秩序以及司法机关依法办案的权威性和严肃性,修订刑法时扩大了脱逃罪的主体。二是增加一款,规定了**劫夺被押解人员罪**。增加劫夺被押解人员罪是对聚众持械劫狱罪的补充,聚众持械劫狱罪主要是针对在监狱和看押场所中的罪犯、被告人或者犯罪嫌疑人,侵犯的客体是监管场所的正常监管秩序。而劫夺被押解人员罪主要是针对在押解途中依法被关押的罪犯、被告人或者犯罪嫌疑人。这样分别规定比较符合罪刑法定原则,使法网进一步严密科学。

【条文说明】

本条是关于脱逃罪、劫夺被押解人员罪及其处罚的规定。

本条共分为两款。

第一款是关于脱逃罪及其处罚的规定。根据本款规定,**脱逃罪**,是指依法被关押的罪犯、被告人、犯罪嫌疑人脱逃的行为。这里所说的“**依法被关押的罪犯**”,是指经过法定程序,被人民法院定罪处刑并被关押的人;**依法被关押的“被告人”**,是指依照法定程序,被司法机关逮捕关押,正在接受人民法院审判的人;**依法被关押的“犯罪嫌疑人”**,是指依照法定程序,被司法机关拘留、逮捕,正在接受侦查、审查起诉的人。本款将依法被关押的被告人、犯罪嫌疑人也规定为本罪的主体,主要是为了维护看守所的秩序以及司法机关依法办案的权威性和严肃性。被非法关押的人脱逃的,不构成本罪。对被错判徒刑的在服刑期间的“脱逃”行为,不以脱逃罪论罪判刑。[①][②]所谓“**脱逃**”,是指行为人逃离司法机关的监管场所的行为,主要是指从监狱、看守所等监管场所逃跑,也包括在押解途中逃跑。根据本款规定,犯脱逃罪的,处五年以下有期徒刑或者拘役。需要注意的是,对脱逃罪判处的刑罚应当与前罪没有执行的刑罚依照《刑法》第六十九条、第七十一条的规定予以并罚。根据2014年《最高人民法院、最高人民检察院、公安部、司法部关于监狱办理刑事案件有关问题的规定》的规定,在押罪犯脱逃后未实施其他犯罪的,由监狱立案侦查,公安机关抓获后通知原监狱押回,监狱所在地人民检察院审查起诉。罪犯脱逃期间又实施其他犯罪,在逮捕回监狱前发现的,由新罪犯罪地公安机关侦查新罪,并通知监狱;监狱对脱逃罪侦查终结后移送管辖新罪的公安机关,由公安机关一并移送当地人民检察院审查起诉,人民法院判决后,送当地监狱服刑,罪犯服刑的原监狱应当配合。

第二款是关于**劫夺被押解人员罪**及其处罚的规定。本罪在客观方面表现为行为人实施了劫夺押解途中的罪犯、被告人、犯罪嫌疑人的行为。这里的“**劫夺**”,是指以暴力、威胁等手段,将罪犯、被告人、犯罪嫌疑人从司法机关工作人员的押解控制中夺走的行为。劫夺行为,有的针对押解人员实施,有的针对押解的车辆、船只等实施。本罪的犯罪对象是**正在押解途中的罪犯、被告人、犯罪嫌疑人**,劫夺的对象不是正在押解途中的,不构成本罪。根据本款规定,犯劫夺被押解人员罪的,处三年以上七年以下有期徒刑;情节严重的,处七年以上有期徒刑。所谓“**情节严重**”,主要是指劫夺重刑犯或者重大案件的被告人、犯罪嫌疑人;多人进行劫夺或者劫夺多人的;持械劫夺的;社会影响恶劣的;造成严重后果的;等等。

【司法解释性文件】

《公安部关于对被判处拘役的罪犯在执行期间回家问题的批复》(公复字〔2001〕2号,2001年1月31日公布)

△(**被判处拘役的罪犯;在回家期间逃跑;脱逃罪**)《刑法》第四十三条第二款规定,“在执行期间,被判处拘役的犯罪分子每月可以回家一天至两天。”根据上述规定,是否准许被判处拘役的罪犯回家,应当根据其在服刑期间表现以及准许其回家是否会影响剩余刑期的继续执行等情况综合考虑,由负责执行的拘役所、看守所提出建议,报其所属的县级以上公安机关决定。被判处拘役的外国籍罪犯提出回家申请的,由地市级以上公安机关决定,并由决定机关将有关情况报上级公安机关备案。对于准许回家的,应当发给回家证明,告知其应当按时返回监管场所和不按时返回将要承担的法律责任,并将准许回家的决定送同级人民检察院。被判处拘役的罪犯在决定机关辖区内有固定住处的,可允许其回固定住处,没有固定住处的,可在决定机关为其指定的居所每月与其家人团聚一天至两天。拘役所、看守所根据被判处拘役的罪犯在服刑及回家期间表现,认为不宜继续准许其回家的,应当提出建议,报原决定机关决定。对于被判处拘役的罪犯在回家期间逃跑的,应当按照《刑法》第三百一十六条的规定以脱逃罪追究其刑事责任。

《最高人民法院、最高人民检察院、公安部、司法部关于监狱办理刑事案件有关问题的规定》(司发通〔2014〕80号,2014年8月11日公布)

△(**立案侦查;审查起诉;执行机关**)在押罪犯脱逃后未实施其他犯罪的,由监狱立案侦查,公安机关抓获后通知原监狱押回,监狱所在地人民检察院审查起诉。罪犯脱逃期间又实施其他犯罪,在捕回监狱前发现的,由新罪犯罪地公安机关侦查新罪,并通知监狱;监狱对脱逃罪侦查终结后移送管辖新罪的公安机关,由公安机关一并移送当地人民检察院审查起诉,人民法院判决后,送当地监狱服刑,罪犯服刑的原监狱应当配合。(§ 4)

① 是否“依法”固然要考虑程序上的合法与实体上的合法,但这种合法不是事后判断的,而应当根据行为时的状况进行判断。但不容忽视的是,在行为人原本无罪,完全由于司法机关的错误导致其被关押的情况下,行为人脱逃的,应认为缺乏期待可能性(阻却责任的紧急避难),不以脱逃罪论处。参见张明楷:《刑法学》(第6版),法律出版社2021年版,第1456页;周光权:《刑法各论》(第4版),中国人民大学出版社2021年版,第468页。也有学者指出,不能仅以最终结果是否被判处有罪来作为被关押者是否构成脱逃罪的唯一判断标准。只有在行为人被违反法定条件、法定期限、法定程序或者刑法明文规定而被关押的场合,才是“非法关押”,这种场合下的脱逃行为因为不合乎本罪的成立要件因而应认定为无罪。此外,由于被超期关押者不属于被依法关押者,即便脱逃,其行为也不构成脱逃罪(周光权教授认为,行为属于正当防卫)。参见黎宏:《刑法学各论》(第2版),法律出版社2016年版,第420页;周光权:《刑法各论》(第4版),中国人民大学出版社2021年版,第467页。

② 另有论者认为,关押的手续在程序上有一定的缺陷,例如,逮捕罪犯后没有在法定期限内通知其家属,也不影响关押的合法性。参见周光权:《刑法各论》(第4版),中国人民大学出版社2021年版,第467页。

【参考案例】

△单独一人持械将被羁押人劫出的,不构成聚众持械劫狱罪,应以脱逃罪的共犯论处。

被告人王招贵采用破坏监管设施的手段将魏荣香从看守所劫出的行为,带有劫夺在押犯的性质,从表面上看,符合聚众持械劫狱罪的构成特征。但实际上,本案缺乏“聚众”这一聚众持械劫狱罪的必要构成要件,不能以聚众持械劫狱罪定罪处罚。

本案被告人王招贵将魏荣香从看守所劫出的行为,实质上是一种劫夺行为,《刑法》第三百一十六条第二款规定的劫夺被押解人员罪虽可由单个人构成,但本罪的劫夺对象只能是押解途中的罪犯、被告人或犯罪嫌疑人。而魏荣香是被关押在看守所的犯罪嫌疑人,不是被押解途中的犯罪嫌疑人,依照罪刑法定原则,在立法没有对此作出修改以前,不能扩大劫夺被押解人员罪的犯罪对象范围。因此,被告人王招贵的行为,也不能以劫夺被押解人员罪定罪处罚。

根据《刑法》第三百一十六条第一款的规定,脱逃罪是指依法被关押的罪犯、被告人、犯罪嫌疑人脱离监管的行为。作为被依法关押的犯罪嫌疑人魏荣香,在被告人王招贵的策划、安排和直接劫夺下,从看守所逃离,严重侵犯了司法监管秩序,其行为已构成脱逃罪。那么,如何认定被告人王招贵的行为性质呢?《刑法》第三百一十六条第一款的规定是针对脱逃罪的单独犯罪而言的。根据《刑法》第二十五条第一款的规定,共同犯罪是指二人以上共同故意犯罪,刑法分则除对必要共同犯罪作了明确规定外,对于既可由一人单独完成,也可由二人以上共同实施的非必要共同犯罪,没有分别作出规定。实际上,由于非必要共同犯罪的主体十分复杂,刑法立法不可能也无必要对非必要共同犯罪的主体都作出详细规定。脱逃罪是非必要的共同犯罪,既可单独构成,也可由二人以上共同故意实施;既可以由被羁押的人共同实施,也可以由被羁押的人与羁押场所以外的人共同实施,如被关押的罪犯、被告人、犯罪嫌疑人的家属与在押人员周密部署、策划,利用探监之机,帮助在押人员脱逃的,就构成脱逃罪的共犯。本案被告人王招贵为使魏荣香从看守所逃离,采用破坏监管设施的手段,为魏荣香脱逃创造条件,并伪装成看守所干警将魏荣香从看守所带出,使魏荣香逃离了司法监管。虽然最初魏荣香没有与王招贵共谋脱逃,但在王招贵打开监舍将魏荣香叫出,魏荣香知道王招贵的目的后,顺从地与王招贵一起脱逃,二人已经形成脱逃犯罪的共同故意,且共同实施了脱逃行为,魏荣香和王招贵的行为已触犯了《刑法》第三百一十六条第一款的规定,构成了脱逃罪。在共同脱逃犯罪中,王招贵起主要作用,是主犯。[No.6-2-316(1)-1　魏荣香等故意杀人、抢劫、脱逃、窝藏案]

△将在押犯罪嫌疑人从看守所劫出,并提供钱财资助其逃匿的,构成脱逃罪与窝藏罪的牵连犯,应择一重罪从重处罚。

被告人王招贵基于使魏荣香逃避刑罚处罚的目的,实施了两个犯罪行为:破坏监管设施、冒充警察,将在押犯罪嫌疑人魏荣香从看守所劫出;提供钱财、交通工具和隐藏场所等,帮助魏荣香逃匿。触犯了两个罪名:脱逃罪和窝藏罪。但是,将魏荣香从看守所劫出的行为是实现其帮助魏荣香逃匿的手段。这种情形在刑法理论上被称为牵连犯。对于牵连犯,除《刑法》分则对其定罪处刑有特别规定外,司法实践中一般实行择一重罪从重处断的处罚原则,不实行数罪并罚。据此,一、二审法院对被告人王招贵以窝藏罪定罪,并判处法定最高刑十年有期徒刑,体现了罪刑相适应的刑法原则。[No.6-2-316(1)-2　魏荣香等故意杀人、抢劫、脱逃、窝藏案]

第三百一十七条　【组织越狱罪】【暴动越狱罪】【聚众持械劫狱罪】

组织越狱的首要分子和积极参加的,处五年以上有期徒刑;其他参加的,处五年以下有期徒刑或者拘役。

暴动越狱或者聚众持械劫狱的首要分子和积极参加的,处十年以上有期徒刑或者无期徒刑;情节特别严重的,处死刑;其他参加的,处三年以上十年以下有期徒刑。

【立法理由】

在监狱服刑的犯罪分子,应当遵守法律法规和监规纪律,认真改造。组织和积极参加越狱的,不但没有真心悔罪,而且在继续实施犯罪行为,破坏了监管秩序,有很大的社会危险性,必须予以严惩。暴动越狱或者聚众持械劫狱行为,公然对抗国家执法机关和法律秩序，对监管人员的人身造成极大的伤害和危险，严重破坏了监管秩序，而且对社会治安秩序造成了更大的隐患，需要严厉惩处。1979年刑法在分则第一章“**反革命罪**”中对聚众劫狱或者组织越狱作了规定。**1979年《刑法》**第九十六条规定：“聚众劫狱或者组织越狱的首要分子或者其他罪恶重大的，处无期徒刑或者十年以上有期徒刑；其他积极参加的，处三年以上十年以下有期徒刑。”第一百零三条规定：“本章上述反革命罪行中，除第九十八条、第九十九条、第一百零二条外，对国家和人民危害特别严重、情节特别恶劣的，可以判处死刑。”第一百零四条规定：“犯本章之罪的，可以并处没收财产。”

1997年修订刑法时，对上述规定主要作了以下修改补充：一是由反革命罪修改为普通刑事犯罪，移入第六章。因为组织越狱罪、暴动越狱罪以及聚众持械劫狱罪，行为人主观上不一定带有反革命的目的和动机，侵害的主要是社会秩序，因此修订后刑法在将反革命罪修改为危害国家安全罪的同时，又将一些属于普通刑事犯罪的规定移到其他各章之中。二是增加暴动越狱罪。这主要是针对当时实际中出现的一些新情况。暴动越狱的犯罪行为不仅破坏了正常的监管秩序，容易造成监管人员的伤亡后果，公然与国家和法律对抗，而且对正常的社会秩序构成严重的危害，产生恶劣的社会影响。对这类犯罪行为必须予以严惩。三是将1979年刑法规定的聚众劫狱或者组织越狱罪分解为组织越狱罪和聚众持械劫狱罪两个单独的条款，并规定了单独的法定刑，使法律规定更加明晰，有利于正确区分组织越狱罪和聚众持械劫狱罪，因为二者虽然侵犯的都是正常的监管秩序，具有严重的社会危害性，但二者对监管人员的人身危害性还是存在差异的，后者的施暴对象是监管人员，直接危及监管人员的人身安全，处刑应该重于前者。实际上这一修改，取消了组织越狱罪的死刑，因此1997年修订刑法时对死刑罪名原则上不增不减，但通过一些立法技术的处理或者个别调整，实际上数量有所减少。四是对组织越狱罪增加了犯罪的主体，即“积极参加的”和“其他参加的”；暴动越狱罪和聚众持械劫狱罪的主体也增加了“积极参加的”。这主要是考虑到，根据行为人在犯罪中的地位和作用的大小，科以不同的刑罚，既体现对破坏监管秩序的犯罪行为从严惩治的精神，又符合罪刑相当原则。

【条文说明】

本条是关于组织越狱罪、暴动越狱罪、聚众持械劫狱罪及其处罚的规定。

本条共分为两款。

第一款是关于**组织越狱罪**及其处罚的规定。本罪在客观方面表现为有组织、有计划地从狱中逃跑的行为。所谓“**组织越狱**”，是指在首要分子的组织、策划、指挥下，在押人员进行周密准备，选择一定的方法、手段和时机，实施集体从监狱、看守所逃跑，逃避依法继续关押或者执行刑罚的行为。[①] 组织越狱的犯罪行为，是聚众实施的犯罪。行为人单独实施越狱犯罪的，依照《刑法》第三百一十六条第一款**脱逃罪**的规定定罪处刑。所谓“**首要分子**”，是指组织越狱犯罪的组织、策划、指挥者。所谓“**积极参加的**”，是指主动、积极参加有组织的越狱犯罪或者在犯罪中起重要作用的人。所谓“**其他参加的**”，是指在有组织的越狱犯罪中，除首要分子和积极参加者以外的其他参加犯罪的人员。本款对有组织越狱犯罪，区分行为人在犯罪中的地位和作用大小，规定了不同的处刑：对首要分子和积极参加的，处五年以上有期徒刑；对其他参加的，处五年以下有期徒刑或者拘役。

第二款是关于**暴动越狱罪、聚众持械劫狱罪**及其处罚的规定。所谓“**暴动越狱**”，是指监狱、看守所中的被关押人，使用暴力手段，聚众逃跑的行为。这里的暴力手段主要有殴打、杀害监管人员或警卫人员；用暴力捣毁、破坏监狱设施；抢劫、抢夺枪支弹药；暴力冲闯监门；等等。这种暴动越狱一般都是有组织、有计划的行为，其行为方式除施加暴力外，其他与组织越狱相同，是从组织越狱

① 我国学者指出，组织越狱罪的实行行为是组织，没有实施组织行为仅仅参加越狱的人，只能成立脱逃罪，而不成立组织越狱罪。本罪的行为主体不限于依法被关押的罪犯、被告人、犯罪嫌疑人。狱外人也可能组织被关押的人越狱。参见张明楷：《刑法学》（第6版），法律出版社2021年版，第1457页。另有学者指出，组织越狱罪的主体是特殊主体，只有在押的罪犯、刑事被告人、犯罪嫌疑人才可能成为本罪的主体。参见赵秉志、李希慧主编：《刑法各论》（第3版），中国人民大学出版社2016年版，第308页；黎宏：《刑法学各论》（第2版），法律出版社2016年版，第421页；周光权：《刑法各论》（第4版），中国人民大学出版社2021年版，第468页。

罪中分离出来的一种更为严重的犯罪。[1] 所谓"**聚众持械劫狱**",是指在首要分子的组织、策划、指挥下,使用棍棒、刀具、武器等[2],实施暴力抢走狱中、刑场上的罪犯、被告人、犯罪嫌疑人的行为。本款对暴动越狱犯罪、聚众持械劫狱犯罪,区分行为人在实施犯罪中的地位、作用以及情节轻重,规定了不同的处刑:对首要分子和积极参加的,处十年以上有期徒刑或者无期徒刑;对情节特别严重的,处死刑;对其他参加的,处三年以上十年以下有期徒刑。"**情节特别严重**",是指暴动越狱或者聚众持械劫狱造成特别严重后果的;行为手段特别残忍的;政治和社会影响特别恶劣的;等等。

第三节 妨害国(边)境管理罪

第三百一十八条 【组织他人偷越国(边)境罪】

组织他人偷越国(边)境的,处二年以上七年以下有期徒刑,并处罚金;有下列情形之一的,处七年以上有期徒刑或者无期徒刑,并处罚金或者没收财产:

(一)组织他人偷越国(边)境集团的首要分子;

(二)多次组织他人偷越国(边)境或者组织他人偷越国(边)境人数众多的;

(三)造成被组织人重伤、死亡的;

(四)剥夺或者限制被组织人人身自由的;

(五)以暴力、威胁方法抗拒检查的;

(六)违法所得数额巨大的;

(七)有其他特别严重情节的。

犯前款罪,对被组织人有杀害、伤害、强奸、拐卖等犯罪行为,或者对检查人员有杀害、伤害等犯罪行为的,依照数罪并罚的规定处罚。

【立法理由】

近年来,组织偷渡成为全球一个突出的社会问题,特别是自我国改革开放以来,国内外组织偷渡分子相互勾结,在浙江、福建、广东等沿海地区,大肆组织一些人偷渡,严重破坏了进出境管理秩序,给国(边)境地区造成严重的社会治安问题,损害了我国在国际上的声誉。

我国历来坚决打击组织偷渡的犯罪活动,1979年《刑法》第一百七十七条规定:"以营利为目的,组织、运送他人偷越国(边)境的,处五年以下有期徒刑、拘役或者管制,可以并处罚金。"过去,组织偷渡的妨害国(边)境管理犯罪活动在我国并不突出,但随着改革开放步伐的加快,我国对外经济、文化等的交流活动的日益增多,通讯设施和交通工具的发达,我国已有相当一部分人因为留学、旅游、探亲、商务往来等原因进出国(边)境,一些人采用非法手段、方式偷越国(边)境,与此同时,一些不法分子通过组织他人偷越国(边)境获取非法巨额利润的犯罪,严重破坏了我国的国(边)境管理秩序。

1. 1979年立法的情况。1979年《刑法》第一百七十六条规定:"违反出入国境管理法规,偷越国(边)境,情节严重的,处一年以下有期徒刑、拘役或者管制。"该条规制的主要是较为突出的偷越国(边)境行为,这是基于当时的现实情况作出的规定。国家对国(边)境实行严格管理,对于维护国家主权、安全和社会秩序的稳定有着重要意义。我国有关法律对我国公民和外国人出入国(边)境都有相关规定,一些不法分子通过组织偷越国(边)境而从中渔利。这种行为严重破坏了国家对国(边)境的管理制度,影响了社会秩序的稳定,有的组织者在组织活动过程中,置被组织者的人身安全于不顾,造成被组织者死亡、伤病等后果,在国际上造成了恶劣的影响,应当依法予以

[1] 并非任何三人以上以暴力方法脱逃,均构成暴动越狱罪。"暴力"不等于"暴动"。只有多人大规模的暴力,才能评价为暴动。单个人以暴力手段越狱,或者多人共同以暴力手段越狱,但缺乏起组织、策划、指挥作用的首要分子,不能以本罪论处,而应当以脱逃罪论处。参见张明楷:《刑法学》(第6版),法律出版社2021年版,第1458页;赵秉志、李希慧主编:《刑法各论》(第3版),中国人民大学出版社2016年版,第309页。

[2] "持械",指对监管人员等使用凶器,而不是单纯地携带凶器。参见张明楷:《刑法学》(第6版),法律出版社2021年版,第1458页。

惩处。

2. 1979 年之后至 1997 年刑法修订前的立法情况。

一是 1993 年**《最高人民法院关于严厉打击偷渡犯罪活动的通知》**。随着我国改革开放步伐的加快和对外经济文化交流活动的逐步增多，中国公民出国的人数大量增加，同时也出现了很多提供从证件到出境、过境、入境的“全程服务”的“蛇头”，使得偷渡活动日益猖獗。我国 1979 年刑法对偷越国（边）境罪规定的法定刑较轻，难以满足实践中的打击需要。《最高人民法院关于严厉打击偷渡犯罪活动的通知》明确规定：“二、以牟利为目的，组织、运送他人偷越国（边）境罪的犯罪分子，是打击的重点，应当依照刑法第一百七十七条的规定，从严惩处。对以牟利为目的，为他人提供伪造、变造的护照、签证等出入境证件，或者以劳务出口、经贸往来以及进行其他公务活动等骗取护照、签证等出入境证件提供给他人，应以组织他人偷越国（边）境罪论处。对以走私、组织、强迫他人卖淫，诈骗，拐卖妇女、儿童等犯罪活动为目的，组织、运送他人偷越国（边）境的，应以其所犯罪行中的重罪论处；对为牟取暴利而不顾他人的人身安全，对偷渡者使用简陋、破旧、报废、通气状况很差的危险船只运送出海，已造成人身伤亡等严重后果的，以危害公共安全罪中的相应罪名定罪处罚；对在组织、运送他人偷越国（边）境的犯罪过程中，又犯杀人、强奸、抢劫、敲诈勒索等罪的，依法实行数罪并罚；犯有上述罪行特别严重，情节特别恶劣，依法应当判处死刑的，要坚决判处死刑。三、对负责办理护照、签证和其他出入境证件的国家工作人员，以牟利为目的，内外勾结，明知对方非法偷越国（边）境而为其提供出入境证件；或者边防、海关人员以牟利为目的，内外勾结，对明知是非法出境的人员予以放行的，以组织他人偷越国（边）境罪从重处罚。对国家工作人员因受贿实施上述犯罪的，依法实行数罪并罚，并从重处罚。……五、对组织、运送他人偷越国（边）境的犯罪分子，在依法判处主刑的同时，应当根据其犯罪中获利的数额和其他具体情节，依法判处罚金。犯罪分子的非法所得和供犯罪使用的个人财产，如交通、通讯工具等，要依法予以没收。”上述内容综合运用刑法的相关罪名，加大了对组织他人偷越国（边）境犯罪行为的处罚力度。

二是 1994 年**《全国人民代表大会常务委员会关于严惩组织、运送他人偷越国（边）境犯罪的补充规定》**将骗取出境证件的行为，为他人提供伪造、变造的出入境证件或者倒卖出入境证件的行为，负责办理出入境证件的国家工作人员对明知是企图偷越国（边）境的人员予以办理出入境证件的行为，边防、海关等国家工作人员对明知是偷越国（边）境的人员予以放行的行为等，从组织他人偷越国（边）境罪中分离出去，单独规定了相应的罪名和法定刑，使这些法律规定更加合理，也更有利于严厉打击这些犯罪行为。此外，与 1979 年《刑法》第一百七十七条的规定相比，该补充规定对组织他人偷越国（边）境罪又作了一些修改、补充，主要体现在以下几个方面：其一，将组织他人偷越国（边）境罪从 1979 年《刑法》第一百七十七条规定的“组织、运送他人偷越国（边）境罪”中分离出来，单独定为一条，成为一个独立的罪名。其二，删去了 1979 年《刑法》第一百七十七条中“以营利为目的”的规定，有利于对并非以营利为目的的组织他人偷越国（边）境的犯罪行为的依法惩处。其三，完善了对本罪的处罚规定，将 1979 年《刑法》第一百七十七条规定的“处五年以下有期徒刑、拘役或者管制，可以并处罚金”的处罚规定，修改为对本罪依照有无特别严重的情节而分别规定了基本构成的组织他人偷越国（边）境罪和加重构成的组织他人偷越国（边）境罪两个轻重不同的法定刑幅度，对犯组织他人偷越国（边）境罪，并无明文规定的七种特别严重情节的，“处二年以上七年以下有期徒刑，并处罚金”；对犯组织他人偷越国（边）境罪，具有明文规定的七种特别严重情节的，“处七年以上有期徒刑或者无期徒刑，并处罚金或者没收财产”。同时明确指出：“对被运送人有杀害、伤害、强奸、拐卖等犯罪行为，或者对检查人员有杀害、伤害等犯罪行为的，可以依照法律规定判处死刑。”

3. 1997 年修订刑法的情况。现行《刑法》第三百一十八条关于组织他人偷越国（边）境罪的规定分为两款，第一款是从《全国人民代表大会常务委员会关于严惩组织、运送他人偷越国（边）境犯罪的补充规定》中移过来的，没有作修改。对“犯前款罪，对被组织人有杀害、伤害、强奸、拐卖等犯罪行为，或者对检查人员有杀害、伤害等犯罪行为的”进行处罚时，**将补充规定中“可以依照法律规定判处死刑”的规定修改为“依照数罪并罚的规定处罚”**。对这些犯罪行为依照刑法中有关数罪并罚的规定处罚，而不是简单地“可以依照法律规定判处死刑”，既保留了对组织他人偷越国（边）境罪因数罪并罚而适用死刑的可能，同时又减少了现行刑法的死刑条款数量，使刑法的规定更趋成熟、合理。现行刑法关于组织他人偷越国（边）境罪的规定，对于打击偷渡犯罪活动，维护出入境管理秩序和社会稳定，保障改革开放和经济建设的顺利进行有着十分重要的意义和作用。

【条文说明】

本条是关于组织他人偷越国（边）境罪及其处罚的规定。

本条共分为两款。

第一款是关于组织他人偷越国（边）境罪及其处罚的规定。所谓“**组织他人偷越国（边）境**”，是指未经办理有关出入国（边）境证件和手续，领导、策划、指挥他人偷越国（边）境或者在首要分子指挥下，实施拉拢、引诱、介绍他人偷越国（边）境等行为。① **国境**，是指我国与外国的国界；**边境**，是指我国大陆与香港、澳门、台湾地区的交界。本罪是**故意犯罪**，一般具有营利目的。本款规定的“**组织他人偷越国（边）境集团的首要分子**”，是指策划、领导、指挥、组织他人偷越国（边）境集团的犯罪分子。“**多次组织他人偷越国（边）境或者组织他人偷越国（边）境人数众多的**”，一般是指组织他人偷越国（边）境三次以上的，或者组织众多的人偷越国（边）境的，这里的“人数众多”，一般是指组织他人偷越国（边）境人数在十人以上。“**造成被组织人重伤、死亡的**”，是指在组织偷越国（边）境过程中，由于运输工具出现故障等原因导致伤亡事故或者导致被组织人自杀等，造成被组织人重伤、死亡后果的。“**剥夺或者限制被组织人人身自由的**”，是指采取强制方法对被组织人的人身自由进行剥夺和限制的。在组织他人偷越国（边）境的过程中，行为人为防止被组织人逃跑，而采取种种措施加以防范，如对被组织人施以捆绑，将其关押在特定场所，给被组织人服用安眠药等使被组织人失去知觉，或者不允许被组织人自由活动，外出或上厕所等均需报告，并派人随时随地监视，等等。“**以暴力、威胁方法抗拒检查的**”，是指在组织他人偷越国（边）境犯罪活动过程中，遇到有关国家工作人员执行检查任务时，行为人采取暴力、威胁的方法，阻碍国家工作人员依法执行公务。如行为人对边防、海关等依法执行检查任务的人员实施殴打、阻挠干涉或者以杀害、伤害、损害名誉等相要挟，阻止执法人员依法进行检查的行为。“**违法所得数额巨大的**”，是指以牟利为目的组织他人偷越国（边）境，获取巨大数额的利益的。“**有其他特别严重情节的**”，是指除以上六种情形外，具有其他后果特别严重、手段特别残忍、影响特别恶劣等特别严重的情节。本款根据不同情节，规定了**两档刑罚**：一是对一般的组织他人偷越国（边）境犯罪，处二年以上七年以下有期徒刑，并处罚金；二是对具有本款规定的七种严重情形之一的，处七年以上有期徒刑或者无期徒刑，并处罚金或者没收财产。

第二款是关于犯组织他人偷越国（边）境罪同时又有其他犯罪行为应当如何处罚的规定。根据本款规定，犯前款罪，对被组织人有杀害、伤害、强奸、拐卖等犯罪行为，或者对检查人员有杀害、伤害等犯罪行为的，按照组织他人偷越国（边）境罪，故意杀人罪，故意伤害罪，强奸罪，拐卖妇女、儿童罪等分别定罪量刑，然后再依照《刑法》第六十九条的规定实行**数罪并罚**。②

【司法解释】

《最高人民法院、最高人民检察院关于办理妨害国（边）境管理刑事案件应用法律若干问题的解释》（法释〔2012〕17号，自2012年12月20日起施行）

△［**组织他人偷越国（边）境；人数众多；违法所得数额巨大；未遂犯**］领导、策划、指挥他人偷越国（边）境或者在首要分子指挥下，实施拉拢、引诱、介绍他人偷越国（边）境等行为的，应当认定为刑法第三百一十八条规定的“组织他人偷越国（边）境”。③

组织他人偷越国（边）境人数在十人以上的，应当认定为刑法第三百一十八条第一款第（二）项规定的“人数众多”；违法所得数额在二十万元以上的，应当认定为刑法第三百一十八条第一款第（六）项规定的“违法所得数额巨大”。

以组织他人偷越国（边）境为目的，招募、拉拢、引诱、介绍、培训偷越国（边）境人员，策划、安

① 我国学者指出，以组织他人偷越国（边）境为目的的拉拢、引诱、招募、煽动、串联、欺骗、培训等行为，无论是个体犯罪，还是共同犯罪，只要未进入领导、指挥、安排被组织者实施偷越国（边）境的行为阶段，充其量只能算是组织人员偷越国（边）境的预备行为。参见李永升、李江林：《组织他人偷越国（边）境罪“实行行为”及相关问题研究》，载《海南大学学报（人文社会科学版）》2015年第1期，第90页。

② 我国学者指出，既然刑法已经将“剥夺被组织人人身自由”和“以暴力、威胁方法抗拒检查”两种犯罪行为规定为法定刑升格的条件，则不能再将前述两种行为认定为另一个独立的犯罪（非法拘禁罪与妨害公务罪）实行数罪并罚。只有当行为人对被组织人或检查人员实施了其他犯罪行为，才应实行数罪并罚。参见张明楷：《刑法学》（第6版），法律出版社2021年版，第1459页。

③ 我国学者指出，司法解释对“组织”的解释是否过于宽泛，应否将本罪的“组织”限定为集团性、职业性的组织行为，值得进一步研究。参见张明楷：《刑法学》（第6版），法律出版社2021年版，第1458页。

分则　第六章

排偷越国(边)境行为,在他人偷越国(边)境之前或者偷越国(边)境过程中被查获的,应当以组织他人偷越国(边)境罪(未遂)论处;具有刑法第三百一十八条第一款规定的情形之一的,应当在相应的法定刑幅度基础上,结合未遂犯的处罚原则量刑。(§1)

△[**偷越国(边)境**]具有下列情形之一的,应当认定为刑法第六章第三节规定的“偷越国(边)境”行为:

(一)没有出入境证件出入国(边)境或者逃避接受边防检查的;

(二)使用伪造、变造、无效的出入境证件出入国(边)境的;

(三)使用他人出入境证件出入国(边)境的;

(四)使用以虚假的出入境事由、隐瞒真实身份、冒用他人身份证件等方式骗取的出入境证件出入国(边)境的[①];

(五)采用其他方式非法出入国(边)境的。(§6)

△[**以单位名义或者单位形式;组织他人偷越国(边)境**]以单位名义或者单位形式组织他人偷越国(边)境、为他人提供伪造、变造的出入境证件或者运送他人偷越国(边)境的,应当依照刑法第三百一十八条、第三百二十条、第三百二十一条的规定追究直接负责的主管人员和其他直接责任人员的刑事责任。(§7)

△[**竞合;骗取出境证件罪;提供伪造、变造的出入境证件罪;出售出入境证件罪;运送他人偷越国(边)境罪**]实施组织他人偷越国(边)境犯罪,同时构成骗取出境证件罪、提供伪造、变造的出入境证件罪、出售出入境证件罪、运送他人偷越国(边)境罪的,依照处罚较重的规定定罪处罚。(§8)

△[**跨地区实施的不同妨害国(边)境管理犯罪;并案处理**]对跨地区实施的不同妨害国(边)境管理犯罪,符合并案处理要求,有关地方公安机关依照法律和相关规定一并立案侦查,需要提请批准逮捕、移送审查起诉、提起公诉的,由该公安机关所在地的同级人民检察院、人民法院依法受理。(§9)

《最高人民法院关于审理发生在我国管辖海域相关案件若干问题的规定(二)》(法释〔2016〕17号,自2016年8月2日起施行)

△[**想象竞合犯;非法捕捞罪;非法猎捕、杀害珍贵、濒危野生动物罪;偷越国(边)境罪**]实施破坏海洋资源犯罪行为,同时构成非法捕捞罪、非法猎捕、杀害珍贵、濒危野生动物罪、组织他人偷越国(边)境罪、偷越国(边)境罪等犯罪的,依照处罚较重的规定定罪处罚。(§8Ⅰ)

【司法解释性文件】

《最高人民法院、最高人民检察院、公安部办理跨境赌博犯罪案件若干问题的意见》(公通字〔2020〕14号,2020年10月16日发布)

△[**跨境赌博犯罪;组织他人偷越国(边)境;运送他人偷越国(边)境、偷越国(边)境罪;数罪并罚**]实施跨境赌博犯罪,同时构成组织他人偷越国(边)境、运送他人偷越国(边)境、偷越国(边)境罪等罪的,应当依法数罪并罚。(§4Ⅲ)

《最高人民法院、最高人民检察院、公安部、国家移民管理局关于依法惩治妨害国(边)境管理违法犯罪的意见》(法发〔2022〕18号,2022年6月30日印发)

△[**组织他人偷越国(边)境**]具有下列情形之一的,应当认定为刑法第三百一十八条规定的“组织他人偷越国(边)境”行为:

(1)组织他人通过虚构事实、隐瞒真相等方式掩盖非法出入境目的,骗取出入境边防检查机关核准出入境的;

(2)组织依法限定在我国边境地区停留、活动的人员,违反国(边)境管理法规,非法进入我国非边境地区的。

对于前述行为,在决定是否追究刑事责任以及如何裁量刑罚时,应当综合考虑组织者前科情况、行为手段、组织人数和次数、违法所得数额及被组织人员偷越国(边)境的目的等情节,依法妥当处理。(§2)

△[**通谋;共同犯罪;组织他人偷越国(边)境罪;运送他人偷越国(边)境罪**]事前与组织、运送他人偷越国(边)境的犯罪分子通谋,在偷越国(边)境人员出境前或者入境后,提供接驳、容留、藏匿等帮助的,以组织他人偷越国(边)境罪或者运送他人偷越国(边)境罪的共同犯罪论处。(§3)

△(**人数**)《解释》[即《最高人民法院、最高人民检察院关于办理妨害国(边)境管理刑事案件应用法律若干问题的解释》——编者注]第一条第二款、第四条规定的“人数”,以实际组织、运送的人数计算;未到案人员经查证属实的,应当计算在内。(§5)

---

① 我国学者指出,使用以虚假的出入境事由骗取真实身份的出入境证件后出入国(边)境的,不应当认定为偷越国(边)境。详细内容参见《刑法》第三百二十二条偷越国(边)境罪注释内容。

△[**提供虚假证明、邀请函件以及面签培训等帮助;骗取出境证件罪的共同犯罪;组织他人偷越国(边)境罪**]明知他人实施骗取出境证件犯罪,提供虚假证明、邀请函件以及面签培训等帮助的,以骗取出境证件罪的共同犯罪论处;符合刑法第三百一十八条规定的,以组织他人偷越国(边)境罪定罪处罚。(§6)

△[**通谋;提供虚假证明、邀请函件以及面签培训等帮助;组织他人偷越国(边)境罪的共同犯罪**]事前与组织他人偷越国(边)境的犯罪分子通谋,为其提供虚假证明、邀请函件以及面签培训等帮助,骗取入境签证等入境证件,为组织他人偷越国(边)境使用的,以组织他人偷越国(边)境罪的共同犯罪论处。(§7)

△[**偷越国(边)境的次数**]对于偷越国(边)境的次数,按照非法出境、入境的次数分别计算。但是,对于非法越境后及时返回,或者非法出境后又入境投案自首的,一般应当计算为一次。(§8)

△[**徒步带领偷越国(边)境;运送他人偷越国(边)境;组织他人偷越国(边)境罪**]徒步带领他人通过隐蔽路线逃避边防检查偷越国(边)境的,属于运送他人偷越国(边)境。领导、策划、指挥他人偷越国(边)境,并实施徒步带领行为的,以组织他人偷越国(边)境罪论处。

徒步带领偷越国(边)境的人数较少,行为人系初犯,确有悔罪表现,综合考虑行为动机、一贯表现、违法所得、实际作用等情节,认为对国(边)境管理秩序妨害程度明显较轻的,可以认定为犯罪情节轻微,依法不起诉或者免予刑事处罚;情节显著轻微危害不大的,不作为犯罪处理。(§11)

【参考案例】

△组织、运送他人偷越边境罪的既遂以被组织的偷渡者实际上被运送出入边境为必要。

在司法解释未明确规定运送他人偷越边境罪既未遂认定标准的情况下,《最高人民法院、最高人民检察院关于办理妨害国(边)境管理刑事案件应用法律若干问题的解释》对组织他人偷越边境罪既未遂认定标准的规定具有参考意义。根据该解释第一条第三款的规定,组织他人偷越边境,在他人偷越边境之前或者偷越边境过程中被查获的,应当以组织他人偷越边境罪(未遂)论处。可见,司法解释明确规定,只有发生了将被组织的偷渡者实际运出(入)边境的危害后果,才能构成组织他人偷越边境罪的既遂。而运送他人偷越边境是组织他人偷越边境的环节之一,从刑法规定的量刑幅度也可看出运送他人偷越边境罪的社会危害性低于组织他人偷越边境罪,根据举重以明轻的解释原理,亦应以运送的偷渡人员是否越过边境线作为区分运送他人偷越边境罪既未遂的认定标准。被告人陈德成、邓文桃、韦德其、何邦太运送的偷渡人员,因船舶出现故障,在偷越边境之前被查获,对各被告人应以运送他人偷越边境罪(未遂)论处,依法可以比照既遂犯从轻或者减轻处罚。二审法院据此改判,认定陈德成、邓文桃亦属运送他人偷越边境犯罪未遂,是正确的。[No. 6-3-318-2　凌文勇组织他人偷越边境、韦德其等运送他人偷越边境案]

△被组织已经跨越国境但尚在偷越国境过程中被抓获的,组织者成立组织他人偷越国境罪的未遂。

2012年12月12日公布的《最高人民法院、最高人民检察院关于办理妨害国(边)境管理刑事案件应用法律若干问题的解释》第一条第三款规定:"以组织他人偷越国(边)境为目的,招募、拉拢、引诱、介绍、培训偷越国(边)境人员,策划、安排偷越国(边)境行为,在他人偷越国(边)境之前或者偷越国(边)境过程中被查获的,应当以组织他人偷越国(边)境罪(未遂)论处;具有刑法第三百一十八条第一款规定的情形之一的,应当在相应的法定刑幅度基础上,结合未遂犯的处罚原则量刑。"根据该款规定,组织他人偷越国(边)境的组织行为并非一经实施就认定为既遂。如果被组织者在偷越国境之前或者偷越国境过程中被查获的,应当认定组织者组织他人偷越国境罪未遂。在未遂的认定上,存在两个并列情形:一是被组织者偷越国境之前被查获;二是被组织者偷越国境过程中被查获。"偷越国(边)境之前"容易理解,不易产生争议。然而,"偷越国(边)境过程中"如何理解,实践中存在分歧。一种意见认为是指被组织者在尚未跨越国(边)境线的过程中;另一种意见认为是指他人已经偷越国境线,但尚未完成偷越行为,依然在偷越过程中。

从《最高人民法院、最高人民检察院关于办理妨害国(边)境管理刑事案件应用法律若干问题的解释》的规定分析,"偷越国(边)境之前"与"偷越国(边)境过程中"是两个并列情形。如果"偷越国(边)境过程中"是指被组织者在尚未跨越国(边)境线的过程中,那么《最高人民法院、最高人民检察院关于办理妨害国(边)境管理刑事案件应用法律若干问题的解释》就完全没有必要再规定"偷越国(边)境过程中"的情形,因为后者完全可以被前者包含。由此从解释初衷而论,"偷越国(边)境过程中"应当是"偷越国(边)境之前"所不能包含的情形。即"偷越国(边)境过程中"是指被组织者虽已经越过国(边)境,但尚未完成偷越行为,依然在偷越过程中。该过程在时间上具有持续性,即是持续不间断的;在空间上具有区域性,即虽以界划线,但还设置了一个整体管理的区域,是偷越国(边)境不可绕道的部分。至于如何认定边境管理区域,以实际设置为据。在毗邻中越边境地区,通常乡镇设有武警边防派出所进行治安管理,口岸附近设有武警边防检查站,在距边境10公里左右的内地还设有武警边防检查站,具体以何种界线划分,可以当地边境管理区域的设置标准加以确定。

农海兴、农文报组织他人偷越国境,从在越南境内组织人员,到被组织者越境,再到界碑附近上车,最后在车开到边境巡逻道路段时被查获。被组织者的偷越行为在时间上具有接续性,在空间上具有连接性,即被组织者依然在边境管理区域内,属于"偷越国(边)境过程中"。根据《最高人民法院、最高人民检察院关于办理妨害国(边)境管理刑事案件应用法律若干问题的解释》的相关规定,被组织者在此期间被查获,应当认定组织者组织他人偷越国境罪未遂。[No. 6-3-318-1 农海兴组织他人偷越国境案]

第三百一十九条 【骗取出境证件罪】

以劳务输出、经贸往来或者其他名义,弄虚作假,骗取护照、签证等出境证件,为组织他人偷越国(边)境使用的,处三年以下有期徒刑,并处罚金;情节严重的,处三年以上十年以下有期徒刑,并处罚金。

单位犯前款罪的,对单位判处罚金,并对其直接负责的主管人员和其他直接责任人员,依照前款的规定处罚。

【立法理由】

1. 1979年之后至1997年刑法修订前的立法情况。1979年刑法没有关于骗取出境证件处罚的规定。我国自实行改革开放以来,经济迅猛发展,随着对外交往的增多,国(边)境管理上的问题日趋突出,特别是20世纪90年代以后,沿海、沿边地区偷越国(边)境的违法犯罪活动日趋猖獗,对出入境的管理秩序构成严重威胁,给一些地方的社会安宁带来不利影响。

一是1993年《最高人民法院关于严厉打击偷渡犯罪活动的通知》中明确规定,对以牟利为目的,以劳务出口、经贸往来以及进行其他公务活动等骗取护照、签证等出入境证件提供给他人的,**应以组织他人偷越国(边)境罪论处**。

二是1994年《全国人民代表大会常务委员会关于严惩组织、运送他人偷越国(边)境犯罪的补充规定》第二条规定:"以劳务输出、经贸往来或者其他名义,弄虚作假,骗取护照、签证等出境证件,为组织他人偷越国(边)境使用的,依照本规定第一条的规定处罚。单位有前款规定的犯罪行为的,对单位判处罚金,并对直接负责的主管人员和其他直接责任人员,依照本规定第一条的规定处罚。"根据该条第一款的规定,以劳务输出、经贸往来或者其他名义,弄虚作假,骗取护照、签证等出境证件,为组织他人偷越国(边)境使用的,构成骗取出入境证件罪,依照第一条规定的组织他人偷越国(边)境罪的法定刑处罚。① 根据该条第二款的规定,单位可以构成骗取出境证件罪,处罚实行"双罚制",对单位判处罚金,同时对直接负责的主管人员和其他直接责任人员,依照第一条规定的组织他人偷越国(边)境罪的法定刑处罚。这样就改变了以前对骗取出境证件的行为直接以组织他人偷越国(边)境罪定罪处罚的状况,使刑法在妨害国(边)境管理罪方面的规定更加全面、科学、合理,为严厉打击骗取出境证件的犯罪行为提供了明确的法律依据。

2. 1997年修订刑法的情况。由于我国国(边)境管理严格,一些不法分子妄图以合法出境的形式掩盖其组织他人偷越国(边)境的犯罪行为,千方百计地以劳务输出、经贸往来或者其他名义骗取出境证件,组织他人偷越国(边)境。针对这种情况,为了有力打击偷越国(边)境的犯罪,不给犯罪分子可乘之机,1997年修订刑法时,对以前的有关规定作了修改,取消了《全国人民代表大会常务委员会关于严惩组织、运送他人偷越国(边)境犯罪的补充规定》中对骗取出境证件罪依照组织他人偷越国(边)境罪的法定刑进行处罚的规定,**为骗取出境证件罪设置了独立的法定刑,**

① 相关的批评,参见张绍谦:《组织、运送他人偷越国(边)境犯罪问题探讨》,载《法学家》1995年第3期,第21页。

并根据罪责刑相适应原则的要求，将其分为基本构成的骗取出境证件罪和加重构成的骗取出境证件罪两个档次。

【条文说明】

本条是关于骗取出境证件罪及其处罚的规定。

本条共分为两款。

第一款是关于骗取出境证件罪及其处罚的规定。根据本款规定，**骗取出境证件罪**，是指以劳务输出、经贸往来或者其他名义，弄虚作假，骗取护照、签证等出境证件，为组织他人偷越国（边）境使用的行为。这里规定的"**以劳务输出、经贸往来或者其他名义，弄虚作假，骗取护照、签证等出境证件**"，是指本罪的犯罪对象是护照、签证等出境证件；本罪的行为方式是弄虚作假地以劳务输出、经贸往来或者其他名义向签发、管理机关骗取出境证件。[①] "**护照**"，是指一个主权国家发给本国公民出入国境、在国外居留、旅行的合法身份证明和国籍证明；"**签证**"，是指一个主权国家同意外国人进入或经过该国国境而签署的一种许可证明。"**为组织他人偷越国（边）境使用**"，是指骗取护照、签证等出境证件的目的，必须是准备自己或者提供给别人进行组织他人偷越国（边）境犯罪使用。[②] 如果骗取护照、签证等出境证件，是为了本人或者他人出国，不是为组织他人偷越国（边）境使用的，不构成本罪。[③] 根据本款规定，犯骗取出境证件罪，处三年以下有期徒刑，并处罚金；情节严重的，处三年以上十年以下有期徒刑，并处罚金。所谓"**情节严重**"，根据《最高人民法院、最高人民检察院关于办理妨害国（边）境管理刑事案件应用法律若干问题的解释》的规定，主要指：骗取出境证件五份以上的；非法收取费用三十万元以上的；明知是国家规定的不准出境的人员而为其骗取出境证件的；其他情节严重的情形。

第二款是关于单位犯骗取出境证件罪的处罚规定。根据本款规定，**单位犯本罪的**，对单位判处罚金，并对其直接负责的主管人员和其他直接责任人员，依照前款的规定处罚。"**依照前款的规定处罚**"，是指单位犯骗取出境证件罪，对其直接负责的主管人员和其他直接责任人员，处三年以下有期徒刑，并处罚金；情节严重的，处三年以上十年以下有期徒刑，并处罚金。

【司法解释】

《最高人民法院、最高人民检察院关于办理妨害国（边）境管理刑事案件应用法律若干问题的解释》（法释〔2012〕17号，自2012年12月20日起施行）

△（**弄虚作假；出境证件；情节严重**）为组织他人偷越国（边）境，编造出境事由、身份信息或者相关的境外关系证明的，应当认定为刑法第三百一十九条第一款规定的"弄虚作假"。

刑法第三百一十九条第一款规定的"出境证件"，包括护照或者代替护照使用的国际旅行证件，中华人民共和国海员证，中华人民共和国出入境通行证，中华人民共和国旅行证，中国公民往来香港、澳门、台湾地区证件，边境地区出入境通行证，签证、签注，出国（境）证明、名单，以及其他出境时需要查验的资料。

具有下列情形之一的，应当认定为刑法第三百一十九条第一款规定的"情节严重"：

（一）骗取出境证件五份以上的；

（二）非法收取费用三十万元以上的；

（三）明知是国家规定的不准出境的人员而为其骗取出境证件的；

（四）其他情节严重的情形。（§2）

△［**偷越国（边）境**］具有下列情形之一的，应当认定为刑法第六章第三节规定的"偷越国（边）境"行为：

（一）没有出入境证件出入国（边）境或者逃避接受边防检查的；

（二）使用伪造、变造、无效的出入境证件出入国（边）境的；

（三）使用他人出入境证件出入国（边）境的；

（四）使用以虚假的出入境事由、隐瞒真实身份、冒用他人身份证件等方式骗取的出入境证件

---

① 不管行为人的真实目的为何，只要其提供的申请资料属实，出境事由符合申请条件，其取得的出境证件均属合法，就不宜以骗取出境证件论处。参见李永升、李江林：《组织他人偷越国（边）境罪"实行行为"及相关问题研究》，载《海南大学学报（人文社会科学版）》2015年第1期，第90页。

② 我国学者指出，"为组织他人偷越国（边）境使用"属于责任要素。若将其解释为客观构成要件要素，不仅会导致本条无存在的必要，也无法处理本罪与组织他人偷越国（边）境罪的关系。参见张明楷：《刑法学》（第6版），法律出版社2021年版，第1460页。

③ 骗取出境证件罪的成立，一方面以有现实的或者可能的组织者为前提，另一方面以现实的或可能的被组织者的行为具有偷越国（边）境的性质为前提。参见张明楷：《刑法学》（第6版），法律出版社2021年版，第1460页。

出入国(边)境的①;

(五)采用其他方式非法出入国(边)境的。(§6)

△[**竞合;组织他人偷越国(边)境罪**]实施组织他人偷越国(边)境犯罪,同时构成骗取出境证件罪、提供伪造、变造的出入境证件罪、出售出入境证件罪、运送他人偷越国(边)境罪的,依照处罚较重的规定定罪处罚。(§8)

△[**跨地区实施的不同妨害国(边)境管理犯罪;并案处理**]对跨地区实施的不同妨害国(边)境管理犯罪,符合并案处理要求,有关地方公安机关依照法律和相关规定一并立案侦查,需要提请批准逮捕、移送审查起诉、提起公诉的,由该公安机关所在地的同级人民检察院、人民法院依法受理。(§9)

【司法解释性文件】

《最高人民法院、最高人民检察院、公安部、国家移民管理局关于依法惩治妨害国(边)境管理违法犯罪的意见》(法发〔2022〕18号,2022年6月30日印发)

△[**提供虚假证明、邀请函件以及面签培训等帮助;骗取出境证件罪的共同犯罪;组织他人偷越国(边)境罪**]明知他人实施骗取出境证件犯罪,提供虚假证明、邀请函件以及面签培训等帮助的,以骗取出境证件罪的共同犯罪论处;符合刑法第三百一十八条规定的,以组织他人偷越国(边)境罪定罪处罚。(§6)

【附属刑法】

《中华人民共和国护照法》(2006年4月29日通过)

第十七条

弄虚作假骗取护照的,由护照签发机关收缴护照或者宣布护照作废;由公安机关处二千元以上五千元以下罚款;构成犯罪的,依法追究刑事责任。

《中华人民共和国出境入境管理法》(2012年6月30日通过)

第七十三条

Ⅰ弄虚作假骗取签证、停留居留证件等出境入境证件的,处二千元以上五千元以下罚款;情节严重的,处十日以上十五日以下拘留,并处五千元以上二万元以下罚款。

Ⅱ单位有前款行为的,处一万元以上五万元以下罚款,并对其直接负责的主管人员和其他直接责任人员依照前款规定予以处罚。

第八十八条

违反本法规定,构成犯罪的,依法追究刑事责任。

【参考案例】

△不是为组织他人偷越国边境使用,以营利为目的骗取出境证件并出售的,不构成骗取出境证件罪,应以出售出入境证件罪论处。

根据刑法的规定,骗取出境证件罪中,骗取的证件必须是为组织他人偷越国(边)境使用。被告人以商务往来为由,弄虚作假骗取了三份商务签证,但没有证据证明在被告人之外还有其他的组织偷渡者,其骗取证件不是为组织他人偷越国(边)境使用,故可以排除构成骗取出境证件罪。当然,如果有证据证明被告人明知他人组织偷越国(边)境而提供骗取的出境证件的,实际上是组织他人偷越国(边)境的共犯行为,但立法已对该行为单列罪名,因此应以骗取出境证件罪处罚;如果行为人骗取出境证件是为其本人组织他人偷越国(边)境使用的,可以按牵连犯罪处理,以组织他人偷越国(边)境罪定罪处罚。被告人孟卫东实施的行为,系以营利为目的,出售护照、签证等出入境证件的行为,符合出售出入境证件罪的构成要件,故本案应以出售出入境证件罪定罪处刑。[No. 6-3-319-1　孟卫东出售出入境证件案]

△在多人参与的违法犯罪活动中,对瞒骗同伙私自实施不法行为,若该不法行为没有超出原共同犯罪的构成要件,不应认定为实行行为过限。

对两人过去多次骗取签证行为的定性。根据《刑法》第三百一十九条的规定,骗取出境证件罪是指行为人以劳务输出、经贸往来或其他名义,弄虚作假,骗取护照、签证等出境证件,为组织他人偷越国(边)境使用的行为。可见骗取出境证件罪是行为犯,并不要求危害结果的出现。杨维清、李春利作为有多年办理出境旅游工作经验的中介人员,明知签证申请人可能是偷渡者,自2005年起仍多次为他们伪造邀请函、填写假信息进而骗取签证。二人在较长时间内多次骗取签证的行为,属于刑法理论处断的一罪中的连续犯。所谓连续犯即基于同一的或者概括的犯罪故意,连续数次实施犯罪行为,触犯同一罪名的情形。对于

① 我国学者指出,使用以虚假的出入境事由骗取真实身份的出入境证件后出入国(边)境的,不应当认定为偷越国(边)境,详细内容参见《刑法》第三百二十二条偷越国(边)境罪注释内容。

这次犯罪,是两人过去多次犯罪行为的延续,不同的是,这次杨维清虽只与李春利共同完成了前两个步骤,但由于第三个步骤是前两个步骤的自然延伸,前两个步骤是犯罪行为完成的必要条件,故两被告人共同完成了本次犯罪行为。

是否有共同故意。由于受李春利蒙骗,杨维清不知道真正要办这批假邀请函并申请签证的人是李春利,而误以为是以前有过业务往来的王烨,这是否说明杨维清与李春利之间就没有共同犯罪的故意呢?答案是否定的。第一,这只能说明杨维清对谁最终使用伪造的邀请函为他人骗签证上存在认识错误,不能证明其对犯罪行为本身没有故意。在本案中,杨维清仍像往常一样指使李春利伪造外方邀请函并虚填签证申请,说明其只是对谁最终使用伪造的邀请函骗签证供他人使用存在认识错误,这种认识错误并不影响犯罪的成立,在指使李春利采用虚假材料骗取出境证件时,杨维清对伪造证件的主观故意与李春利是一致的。第二,该营业部骗取签证的手法与流程是杨维清设定的,且使犯罪行为一直处于持续状态,杨维清主观上的共同故意也处于持续状态之中。李春利正是利用了杨维清这种共同故意的持续状态和对犯罪结果的放任态度最终完成了这次的私活。

是否有共同行为。共同犯罪中各被告人并不一定参与犯罪的全过程,只要行为人实施的行为对共同犯罪后果产生一定的作用,就应视为行为人实施了共同犯罪的行为。在本案中,杨维清虽只与李春利共同完成了整个犯罪过程中的前两个步骤,而最后骗领签证交客户使用的步骤是李春利瞒着杨维清私自完成的;但因杨维清为了骗取出入境证件而实施了伪造邀请函的行为,在整个犯罪中完成了犯罪必须完成的两个步骤,其行为对犯罪后果的产生具有直接的作用。因此,应该确认杨维清在共同犯罪中是实施了共同犯罪行为的。李春利的行为是否属于实行过限?按照共同犯罪理论,共同行为应当属于同一犯罪构成要件的行为。所谓实行过限,即超出共同故意范围之外又犯其他罪,这部分过限行为不属于共犯范畴,由犯罪行为人独自承担责任。杨维清、李春利两人在共同骗取出境证件的过程中,李春利虽然瞒着杨维清干了点私活,但该私活仅是骗取出境证件罪的一个步骤,没有超出原骗取出境证件罪的犯罪构成,因此不属于行为过限。

综上所述,虽然李春利瞒着杨维清干了些私活,但李春利的瞒骗是融合在杨维清、李春利二人共同骗取出境证件行为之中的,正所谓“骗”中有“骗”。主观方面,杨维清受李春利蒙骗以为是王烨要帮偷渡者办理这批签证,对此她有认识错误,但对犯罪行为本身她主观上是有共同故意的。客观方面,她与李春利共同实施了伪造邀请函、填写虚假信息的行为,由此放任了危害后果的产生。李春利干的私活,没有超出原共同犯罪的犯罪构成,不属于实行过限。因此,杨维清对李春利这次私活既有共同故意又有绝大部分共同行为,构成共同犯罪。[No. 6-3-319-2　杨维清等骗取出境证件案]

第三百二十条　【提供伪造、变造的出入境证件罪】【出售出入境证件罪】
为他人提供伪造、变造的护照、签证等出入境证件,或者出售护照、签证等出入境证件的,处五年以下有期徒刑,并处罚金;情节严重的,处五年以上有期徒刑,并处罚金。

【立法理由】

提供伪造、变造的出入境证件和出售出入境证件的行为,为犯罪分子实施偷越国(边)境的犯罪提供了条件和可能,有些就是偷越国(边)境犯罪的共犯,扰乱了国家出入境证件管理的秩序和国(边)境管理秩序,本条对此专门作了规定。

1. 1979 年之后至 1997 年刑法修订前的立法情况。出入境管理是一个国家对出境事务行使国家主权,实施管辖的行政措施。其管理制度既是该国政治、经济、文化的综合反映,也是国家主权不可分割的一部分。为此世界各国都制定了专门的法律法令,设立专门的管理机构,建立一整套护照、签证制度,以调节和控制本国公民、非本国公民的出入境活动。由于当时我国提供伪造、变造的出入境证件和出售出入境证件的犯罪活动并不突出,故在 1979 年刑法中,并无提供伪造、变造出入境证件罪或者出售出入境证件罪的规定。

一是 1993 年《最高人民法院关于严厉打击偷渡犯罪活动的通知》中明确规定,对以牟利为目的,为他人提供伪造、变造的护照、签证等出入境证件,**应以组织他人偷越国(边)境罪论处**。长期的边防检查工作实践表明,使用伪造的护照、签证等出入境证件是不法分子混出混入国(边)境的惯用手段。随着我国对外交往日益频繁,出入境人员数量迅速增加,有些想出国的人员无合法手续，得不到护照及签证，便通过各种渠道从国外办理或购买出入境证件，采取揭换照片、涂改项目、伪造验讫章等非法手段企图蒙混过关。伪造护照、签证的犯罪集团也应运而生，以牟利为目的，千方百计研究各国护照、签证等出入境证件的特点，不断改进伪造技术手段，其伪造、变造的出入境证件已达到可以乱真的程度。这种非法活动不仅严重地干扰了出入境检查、管理的秩序，而且对外也造成了不良影响。有鉴于此，《最高人民法院关于严厉打击偷渡犯罪活动的通知》对此作出规定。

二是 1994 年《全国人民代表大会常务委员会关于严惩组织、运送他人偷越国（边）境犯罪的补充规定》第三条规定："为他人提供伪造、变造的护照、签证等出入境证件，或者倒卖护照、签证等出入境证件的，处五年以下有期徒刑，并处罚金；情节严重的，处五年以上有期徒刑，并处罚金。"从而增设了**提供伪造、变造的出入境证件罪和倒卖出入境证件罪**两个新罪。

2. 1997 年修订刑法的情况。关于提供伪造、变造的出入境证件罪和出售出入境证件罪，现行《刑法》第三百二十条规定："为他人提供伪造、变造的护照、签证等出入境证件，或者出售护照、签证等出入境证件的，处五年以下有期徒刑，并处罚金；情节严重的，处五年以上有期徒刑，并处罚金。"这一规定同《全国人民代表大会常务委员会关于严惩组织、运送他人偷越国（边）境犯罪的补充规定》第三条的规定相比，**只是把原来的"倒卖"修改为"出售"**，其他文字并无变化。但是，这样一来，原来的"提供伪造、变造的出入境证件罪"和"倒卖出入境证件罪"就变成了"提供伪造、变造的出入境证件罪"和"出售出入境证件罪"，用语更为科学、准确。

【条文说明】

本条是关于提供伪造、变造的出入境证件罪，出售出入境证件罪及其处罚的规定。

根据本条规定，为他人提供伪造、变造的出入境证件犯罪在客观上表现为实施为他人提供伪造、变造的出入境证件的行为。

本条规定的"**提供**"，包括有偿提供和无偿提供，实践中一般是以牟利为目的的有偿提供。本罪的行为特征是提供假的出入境证件，只要行为人实施了为他人提供伪造、变造的护照、签证等出入境证件的行为，不论该证件的来源和造成的后果如何，均不影响本罪的成立。如果行为人只有伪造、变造护照、签证等出入境证件的行为，没有向他人提供的，应当以《刑法》第二百八十条第一款规定的伪造、变造国家机关证件罪定罪处罚。[①] "**出入境证件**"，是指我国国（边）境的出境、入境证件，主要是护照、签证，还有回乡证等。

所谓"**伪造**"是指非法制造虚假的出入境证件。所谓"**变造**"，是指在真实的出入境证件上采用涂改、擦消、揭换、拼接等方法予以加工、改造。

本条规定的"**出售**"，即出卖，是指以牟利为目的，向他人有偿提供出入境证件。[②] 实践中，出售出入境证件的行为主要表现为一些犯罪分子收集、购买后再转卖。本罪行为人出售的出入境证件必须是国家有权机关制发的真实的出入境证件。至于出售的出入境证件是否在有效期内，不影响本罪的成立。

根据本条规定，提供伪造、变造的出入境证件罪和出售出入境证件罪，处五年以下有期徒刑，并处罚金；情节严重的，处五年以上有期徒刑，并处罚金。关于"**情节严重**"的理解，根据《最高人民法院、最高人民检察院关于办理妨害国（边）境管理刑事案件应用法律若干问题的解释》的规定，主要指：(1)为他人提供伪造、变造的出入境证件或者出售出入境证件五份以上的；(2)非法收取费用三十万元以上的；(3)明知是国家规定的不准出入境的人员而为其提供伪造、变造的出入境证件或者向其出售出入境证件的；(4)其他情节严重的情形。

【司法解释】

《最高人民法院、最高人民检察院关于办理妨害国（边）境管理刑事案件应用法律若干问题的解释》（法释〔2012〕17 号，自 2012 年 12 月 20 日起施行）

△（**出入境证件；情节严重**）刑法第三百二十条规定的"出入境证件"，包括本解释第二条第

① 行为人伪造出入境证件后又提供给他人，属于牵连犯，应从一重罪处罚。参见张明楷：《刑法学》（第 6 版），法律出版社 2021 年版，第 1461 页；赵秉志、李希慧主编：《刑法各论》（第 3 版），中国人民大学出版社 2016 年版，第 313 页。

② 出售出入境证件的行为，可能同时触犯买卖国家机关证件罪（《刑法》第二百八十条）。对此，应认定为想象竞合犯，从一重罪处罚。参见张明楷：《刑法学》（第 6 版），法律出版社 2021 年版，第 1461 页。另外，刘科教授认为，出售伪造、变造的出入境证件，应以提供伪造、变造的出入境证件罪论处。参见赵秉志、李希慧主编：《刑法各论》（第 3 版），中国人民大学出版社 2016 年版，第 314 页；黎宏：《刑法学各论》（第 2 版），法律出版社 2016 年版，第 424 页。

二款所列的证件以及其他入境时需要查验的资料。

具有下列情形之一的，应当认定为刑法第三百二十条规定的“情节严重”：

（一）为他人提供伪造、变造的出入境证件或者出售出入境证件五份以上的；

（二）非法收取费用三十万元以上的；

（三）明知是国家规定的不准出入境的人员而为其提供伪造、变造的出入境证件或者向其出售出入境证件的；

（四）其他情节严重的情形。（§3）

△（**以单位名义或者单位形式；为他人提供伪造、变造的出入境证件**）以单位名义或者单位形式组织他人偷越国（边）境、为他人提供伪造、变造的出入境证件或者运送他人偷越国（边）境的，应当依照刑法第三百一十八条、第三百二十条、第三百二十一条的规定追究直接负责的主管人员和其他直接责任人员的刑事责任。（§2）

△［**竞合；组织他人偷越国（边）境罪**］实施组织他人偷越国（边）境犯罪，同时构成骗取出境证件罪、提供伪造、变造的出入境证件罪、出售出入境证件罪、运送他人偷越国（边）境罪的，依照处罚较重的规定定罪处罚。（§8）

△［**跨地区实施的不同妨害国（边）境管理犯罪；并案处理**］对跨地区实施的不同妨害国（边）境管理犯罪，符合并案处理要求，有关地方公安机关依照法律和相关规定一并立案侦查，需要提请批准逮捕、移送审查起诉、提起公诉的，由该公安机关所在地的同级人民检察院、人民法院依法受理。（§9）

【司法解释性文件】

《公安部关于盗窃空白因私护照有关问题的批复》（公境出〔2000〕881号，2000年5月16日公布）

△（**盗窃的护照；出售出入境证件罪**）李博日韦、万明亮等人将盗窃的护照出售，其出售护照的行为也妨害国（边）境管理秩序，触犯刑法第320条，涉嫌构成出售出入境证件罪。（§3）

【附属刑法】

《中华人民共和国护照法》（2006年4月29日通过）

第十八条

为他人提供伪造、变造的护照，或者出售护照的，依法追究刑事责任；尚不够刑事处罚的，由公安机关没收违法所得，处十日以上十五日以下拘留，并处二千元以上五千元以下罚款；非法护照及其印制设备由公安机关收缴。

《中华人民共和国出境入境管理法》（2012年6月30日通过）

第七十九条

Ⅰ容留、藏匿非法入境、非法居留的外国人，协助非法入境、非法居留的外国人逃避检查，或者为非法居留的外国人违法提供出境入境证件的，处二千元以上一万元以下罚款；情节严重的，处五日以上十五日以下拘留，并处五千元以上二万元以下罚款，有违法所得的，没收违法所得。

Ⅱ单位有前款行为的，处一万元以上五万元以下罚款，有违法所得的，没收违法所得，并对其直接负责的主管人员和其他直接责任人员依照前款规定予以处罚。

第八十八条

违反本法规定，构成犯罪的，依法追究刑事责任。

第三百二十一条　【运送他人偷越国（边）境罪】

运送他人偷越国（边）境的，处五年以下有期徒刑、拘役或者管制，并处罚金；有下列情形之一的，处五年以上十年以下有期徒刑，并处罚金：

(一)多次实施运送行为或者运送人数众多的；

(二)所使用的船只、车辆等交通工具不具备必要的安全条件，足以造成严重后果的；

(三)违法所得数额巨大的；

(四)有其他特别严重情节的。

在运送他人偷越国（边）境中造成被运送人重伤、死亡，或者以暴力、威胁方法抗拒检查的，处七年以上有期徒刑，并处罚金。

犯前两款罪，对被运送人有杀害、伤害、强奸、拐卖等犯罪行为，或者对检查人员有杀害、伤害等犯罪行为的，依照数罪并罚的规定处罚。

【立法理由】

1. **1979年立法的情况**。1979年《刑法》第一百七十七条规定："以营利为目的，组织、运送他人偷越国（边）境的，处五年以下有期徒刑、拘役或者管制，可以并处罚金。"在我国部分地区特别是沿海的广东、福建、浙江等地，作为妨害国（边）境管理罪的主要形式之一的运送他人偷渡犯罪活动十分猖獗，严重扰乱了国家对国（边）境的正常管理秩序，破坏了社会稳定和经济建设的顺利进行，损害了我国的国际声誉和对外形象，确有必要在刑法中作出规定。

2. **1979年之后至1997年刑法修订前的立法情况**。1993年《最高人民法院关于严厉打击偷渡犯罪活动的通知》中明确规定："以牟利为目的，组织、运送他人偷越国（边）境的犯罪分子，是打击的重点，应当依照刑法第一百七十七条的规定，从严惩处。……对以走私、组织、强迫他人卖淫，诈骗，拐卖妇女、儿童等犯罪活动为目的，组织、运送他人偷越国（边）境的，应以其所犯罪行中的重罪论处；对为牟取暴利而不顾他人的人身安全，对偷渡者使用简陋、破旧、报废、通气状况很差的危险船只运送出海，已造成人身伤亡等严重后果的，以危害公共安全罪中的相应罪名定罪处罚；对在组织、运送他人偷越国（边）境的犯罪过程中，又犯杀人、强奸、抢劫、敲诈勒索等罪的，依法实行数罪并罚；犯有上述罪行特别严重，情节特别恶劣，依法应当判处死刑的，要坚决判处死刑。……对组织、运送他人偷越国（边）境的犯罪分子，在依法判处主刑的同时，应当根据其犯罪中获利的数额和其他具体情节，依法判处罚金。犯罪分子的非法所得和供犯罪使用的个人财产，如交通、通讯工具等，要依法予以没收。"最高人民法院的上述规定加大了对运送他人偷越国（边）境罪的处罚力度。1994年《全国人民代表大会常务委员会关于严惩组织、运送他人偷越国（边）境犯罪的补充规定》第四条专门规定了运送他人偷越国（边）境罪，同1979年《刑法》的规定相比，补充规定主要作了以下修改、补充：其一，运送他人偷越国（边）境罪从1979年《刑法》第一百七十七条规定的组织、运送他人偷越国（边）境罪中分离出来，单独规定为一条，成为一个独立的罪名。其二，删去了1979年《刑法》第一百七十七条中"以营利为目的"的规定，有利于对非以营利为目的运送他人偷越国（边）境的犯罪行为的依法惩处。其三，完善了对运送他人偷越国（边）境罪的处罚规定，将1979年《刑法》第一百七十七条规定的"处五年以下有期徒刑、拘役或者管制，可以并处罚金"的处罚规定，修改为依照有无特别严重情节而分别规定的基本构成的运送他人偷越国（边）境罪和加重构成的运送他人偷越国（边）境罪两个轻重不同的法定刑幅度，对犯运送他人偷越国（边）境罪，不具有法律明文规定的四种特别严重情节的，"处五年以下有期徒刑、拘役或者管制，并处罚金"；对犯运送他人偷越国（边）境罪，具有明文规定的四种特别严重情节的，"处五年以上十年以下有期徒刑，并处罚金"。同时，在第二款中明确规定："在运送他人偷越国（边）境中造成被运送人重伤、死亡，或者以暴力、威胁方法抗拒检查的，处七年以上有期徒刑，并处罚金。"在第三款中明确规定："对被运送人有杀害、伤害，强奸、拐卖等犯罪行为，或者对检查人员有杀害、伤害等犯罪行为的，可以依照法律规定判处死刑。"在第四款中明确规定："运送他人偷越国（边）境，情节轻微不需要判处刑罚的，由公安机关处十五日以下拘留，并处五千元以上五万元以下罚款。"

3. **1997年修订刑法的情况**。现行《刑法》第三百二十一条关于运送他人偷越国（边）境罪的规定分为三款，其中第一款、第二款是从1994年《全国人民代表大会常务委员会关于严惩组织、运送他人偷越国(边)境犯罪的补充规定》第四条第一款、第二款移过来的,没有作任何变动。对"犯前两款罪,对被运送人有杀害、伤害、强奸、拐卖等犯罪行为,或者对检查人员有杀害、伤害等犯罪行为的"进行处罚时,将《全国人民代表大会常务委员会关于严惩组织、运送他人偷越国(边)境犯罪的补充规定》第四条第三款中的"可以依照法律规定判处死刑"的规定修改为"依照数罪并罚的规定处罚",这样对这些犯罪行为可以依照刑法有关数罪并罚的规定处罚,而不是简单地"可以依照法律规定判处死刑"。这样规定,一方面减少了现行刑法的死刑条款数量,另一方面使得刑罚的规定更能直观反映犯罪事实的本来面目。本条删去了《全国人民代表大会常务委员会关于严惩组织、运送他人偷越国(边)境犯罪的补充规定》第四条第四款关于"运送他人偷越国(边)境,情节轻微不需要判处刑罚的",由公安机关给予行政处罚的规定。

运送他人偷越国(边)境,是组织他人偷越国(边)境犯罪中的一个重要环节,没有运送行为,就不可能完成偷越国(边)境的犯罪。实践中,有些人虽不直接参与组织他人偷越国(边)境的行为,但为他人偷越国(边)境的活动提供运送方便,如提供车辆、船只、向导进行运送活动,从而使偷越国(边)境的犯罪活动得以完成。因此,管住了运送的环节,就有力地打击了偷越国(边)境的犯罪,维护了国(边)境的正常管理秩序。

【条文说明】

本条是关于运送他人偷越国(边)境罪及其处罚的规定。

本条共分为三款。

第一款是关于运送他人偷越国(边)境罪及其处罚的规定。本款规定的"**运送**",主要是指用车辆、船只等交通工具将偷越国(边)境的人非法运送出入我国国(边)境的行为。行为人没有利用交通工具,如亲自带领他人通过隐蔽的路线偷越国(边)境的,也应当认定为运送他人偷越国(边)境的行为。[①] 本罪是**故意犯罪**,行为人多具有营利的目的,但是否具有营利目的,不是构成本罪的必要要件。对运送他人偷越国(边)境罪,本款根据情节轻重规定了**两档处刑**:对运送他人偷越国(边)境犯罪,处五年以下有期徒刑、拘役或者管制,并处罚金;对有本款规定的四种严重情形之一的,处五年以上十年以下有期徒刑,并处罚金。四种严重情形包括:一是**多次实施运送行为或者运送人数众多的**。所谓"多次实施运送行为",一般是指三次或者三次以上实施运送行为;"人数众多",一般是指运送十人以上偷越国(边)境的。二是**所使用的船只、车辆等交通工具不具备必要的安全条件,足以造成严重后果的**。主要是指所使用的船只、车辆等交通工具不具备必要的安全条件[②],足以造成船只沉没、车辆倾覆等事故的。三是**违法所得数额巨大的**。主要是指运送他人偷越国(边)境所得数额在二十万元以上的。四是有**其他特别严重情节的**。主要是指造成的国际影响十分恶劣等特别严重情节。

第二款是关于在运送他人偷越国(边)境中造成被运送人重伤、死亡,或者以暴力、威胁方法抗拒检查的犯罪及其处罚的规定。这里规定的"**造成被运送人重伤、死亡**",是指在运送他人偷越国(边)境过程中,因交通工具不具备必要的安全条件等各种原因,发生重伤、死亡事故,或者导致被运送人自伤、自杀等重伤、死亡后果的。"**以暴力、威胁方法抗拒检查的**",是指在运送他人偷越国(边)境过程中,行为人对边防、海关等依法执行检查任务的人员实施殴打、阻挠干涉或者以杀害、伤害、损害名誉等相要挟,阻止执法人员依法进行检查的行为。根据本款规定,有本款规定的犯罪行为的,处七年以上有期徒刑,并处罚金。

第三款是关于犯运送他人偷越国(边)境罪又有其他相关犯罪行为应当如何处罚的规定。根据本款规定,对被运送人有杀害、伤害、强奸、拐卖等犯罪行为,或者对检查人员有杀害、伤害等犯罪行为的,按照运送他人偷越国(边)境罪,故意杀人罪,故意伤害罪,强奸罪,拐卖妇女、儿童罪等分别定罪量刑,然后再依照《刑法》第六十九条的规定实行**数罪并罚**。

本条根据运送他人偷越国(边)境罪的不同情节和社会危害程度的不同,将运送他人偷越国(边)境罪的法定刑规定为两个刑罚幅度,即基本构成的运送他人偷越国(边)境罪和加重构成的

---

① 相同的学说见解,参见赵秉志、李希慧主编:《刑法各论》(第3版),中国人民大学出版社2016年版,第314页。另有学者指出,徒步带领他人偷越国(边)境的行为不属于运送。对于前开行为,可认定为偷越国(边)境罪的共犯。参见张明楷:《刑法学》(第6版),法律出版社2021年版,第1462页。

② "不具备必要的安全条件"主要有两类情形:一是交通工具运行状态较差,可能在运行中发生倾覆、毁坏的严重后果;二是交通工具上面的生活条件恶劣,可能因此导致疾病流行或者大范围的食物中毒等。参见张绍谦:《组织、运送他人偷越国(边)境犯罪问题探讨》,载《法学家》1995年第3期,第22—23页。

运送他人偷越国(边)境罪。加重构成的运送他人偷越国(边)境罪较为复杂,其中又可以分为结果加重犯和情节加重犯两种情形。

本条对基本构成的运送他人偷越国(边)境罪和加重构成的运送他人偷越国(边)境罪的法定刑均规定了**并处罚金**。这是因为,运送他人偷越国(边)境罪的行为人主观上大多具有营利的目的,对这种贪利性质犯罪的行为人处以自由刑并科处罚金刑,可有效发挥刑罚适用的一般预防功能。

【司法解释】

《最高人民法院、最高人民检察院关于办理妨害国(边)境管理刑事案件应用法律若干问题的解释》(法释〔2012〕17号,自2012年12月20日起施行)

△(**人数众多;违法所得数额巨大**)运送他人偷越国(边)境人数在十人以上的,应当认定为刑法第三百二十一条第一款第(一)项规定的"人数众多";违法所得数额在二十万元以上的,应当认定为刑法第三百二十一条第一款第(三)项规定的"违法所得数额巨大"。(§4)

△(**违法所得数额巨大**)具有下列情形之一的,应当认定为刑法第六章第三节规定的"偷越国(边)境"行为:

(一)没有出入境证件出入国(边)境或者逃避接受边防检查的;

(二)使用伪造、变造、无效的出入境证件出入国(边)境的;

(三)使用他人出入境证件出入国(边)境的;

(四)使用以虚假的出入境事由、隐瞒真实身份、冒用他人身份证件等方式骗取的出入境证件出入国(边)境的;

(五)采用其他方式非法出入国(边)境的。(§6)

△[**以单位名义或者单位形式;运送他人偷越国(边)境**]以单位名义或者单位形式组织他人偷越国(边)境、为他人提供伪造、变造的出入境证件或者运送他人偷越国(边)境的,应当依照刑法第三百一十八条、第三百二十条、第三百二十一条的规定追究直接负责的主管人员和其他直接责任人员的刑事责任。(§7)

△[**竞合;组织他人偷越国(边)境罪**]实施组织他人偷越国(边)境犯罪,同时构成骗取出境证件罪、提供伪造、变造的出入境证件罪、出售出入境证件罪、运送他人偷越国(边)境罪的,依照处罚较重的规定定罪处罚。(§8)

△[**跨地区实施的不同妨害国(边)境管理犯罪;并案处理**]对跨地区实施的不同妨害国(边)境管理犯罪,符合并案处理要求,有关地方公安机关依照法律和相关规定一并立案侦查,需要提请批准逮捕、移送审查起诉、提起公诉的,由该公安机关所在地的同级人民检察院、人民法院依法受理。(§9)

【司法解释性文件】

《最高人民法院、最高人民检察院、公安部办理跨境赌博犯罪案件若干问题的意见》(公通字〔2020〕14号,2020年10月16日发布)

△[**跨境赌博犯罪;组织他人偷越国(边)境;运送他人偷越国(边)境、偷越国(边)境罪;数罪并罚**]实施跨境赌博犯罪,同时构成组织他人偷越国(边)境、运送他人偷越国(边)境、偷越国(边)境罪等罪的,应当依法数罪并罚。(§4Ⅲ)

《最高人民法院、最高人民检察院、公安部、国家移民管理局关于依法惩治妨害国(边)境管理违法犯罪的意见》(法发〔2022〕18号,2022年6月30日印发)

△[**分段运送;运送他人偷越国(边)境**]明知是偷越国(边)境人员,分段运送其前往国(边)境的,应当认定为刑法第三百二十一条规定的"运送他人偷越国(边)境",以运送他人偷越国(边)境罪定罪处罚。但是,在决定是否追究刑事责任以及如何裁量刑罚时,应当充分考虑行为人在运送他人偷越国(边)境过程中所起作用等情节,依法妥当处理。(§4)

△(**人数**)《解释》[即《最高人民法院、最高人民检察院关于办理妨害国(边)境管理刑事案件应用法律若干问题的解释》——编者注]第一条第二款、第四条规定的"人数",以实际组织、运送的人数计算;未到案人员经查证属实的,应当计算在内。(§5)

第三百二十二条　【偷越国（边）境罪】

违反国（边）境管理法规，偷越国（边）境，情节严重的，处一年以下有期徒刑、拘役或者管制，并处罚金；为参加恐怖活动组织、接受恐怖活动培训或者实施恐怖活动，偷越国（边）境的，处一年以上三年以下有期徒刑，并处罚金。

【立法沿革】

《中华人民共和国刑法》（1997年修订，自1997年10月1日起施行）

第三百二十二条

违反国（边）境管理法规，偷越国（边）境，情节严重的，处一年以下有期徒刑、拘役或者管制，并处罚金。

《中华人民共和国刑法修正案（九）》（自2015年11月1日起施行）

四十、将刑法第三百二十二条修改为：

“违反国（边）境管理法规，偷越国（边）境，情节严重的，处一年以下有期徒刑、拘役或者管制，并处罚金；为参加恐怖活动组织、接受恐怖活动培训或者实施恐怖活动，偷越国（边）境的，处一年以上三年以下有期徒刑，并处罚金。”

【立法理由】

1\. **1979年立法的情况**。过去，与偷渡行为相关的妨害国（边）境管理犯罪活动在我国并不突出，但随着改革开放步伐的加快，我国对外经济、文化等的交流活动日益增多，组织他人偷越国（边）境谋取非法巨额利润的违法犯罪行为在我国潜滋暗长。尤其是近年来，在我国部分地区特别是沿海的广东、福建、浙江等地，偷渡犯罪活动十分猖獗，严重破坏了社会稳定和经济建设的顺利进行，损害了我国的对外形象和与其他国家的正常外交关系。1979年《刑法》第一百七十六条规定：“违反出入国境管理法规，偷越国（边）境，情节严重的，处一年以下有期徒刑、拘役或者管制。”基于当时特定历史时期，该条款主要规制的是较为突出的偷越国（边）境行为。

2\. **1979年之后至1997年刑法修订前的立法情况**。1993年《最高人民法院关于严厉打击偷渡犯罪活动的通知》中指出：“对一般偷越国（边）境者要注意严格区分罪与非罪的界限，听信他人教唆或者为了探亲、访友、赶集等，违反出入国（边）境管理法律、法规的，属一般违法行为。对于偷越国（边）境，具有下列情形之一的，应当依照刑法第一百七十六条的规定追究刑事责任：（一）在境外实施损害国家利益行为的；（二）为逃避法律制裁偷越国（边）境的；（三）偷渡时对边防、公安人员等使用暴力或者以暴力相威胁的；（四）介绍、引诱多人一起偷渡的；（五）在偷越国（边）境过程中有其他违法行为造成严重后果的；（六）有其他严重情节的。”与1979年《刑法》第一百七十六条的规定相比，《全国人民代表大会常务委员会关于严惩组织、运送他人偷越国（边）境犯罪的补充规定》有两点不同：第一，取消了1979年《刑法》第一百七十六条中“违反出入境管理法规”的规定，保留了偷越国（边）境，“情节严重的”才构成偷越国（边）境罪的规定，处罚由1979年《刑法》规定的“处一年以下有期徒刑、拘役或者管制”修改为“处二年以下有期徒刑或者拘役，并处罚金”，提高了偷越国（边）境罪的法定刑，并且增加了对偷越国（边）境罪适用罚金的规定。第二，增加了对偷越国（边）境尚未构成犯罪的违法行为的行政处罚规定，规定对偷越国（边）境的违法行为人可以由公安机关处十五日以下拘留，单处或者并处一千元以上五千元以下罚款。

3\. **1997年修订刑法的情况**。1997年刑法关于偷越国（边）境罪的规定，是在1994年《全国人民代表大会常务委员会关于严惩组织、运送他人偷越国（边）境犯罪的补充规定》的基础上，结合我国近年来同偷越国（边）境犯罪斗争的实践经验制定出来的。1997年《刑法》第三百二十二条规定：“违反国（边）境管理法规，偷越国（边）境，情节严重的，处一年以下有期徒刑、拘役或者管制，并处罚金。”这一规定与1979年《刑法》第一百七十六条的规定相比有两处不同：其一，将1979年《刑法》第一百七十六条中规定的“违反出入国境管理法规”修改为“违反国（边）境管理法规”，更加科学、准确；其二，对偷越国（边）境罪的处罚，在1979年《刑法》第一百七十六条规定的“处一年以下有期徒刑、拘役或者管制”的基础上，增加了“并处罚金”的规定，强调了财产刑的适用。

4\. **2015年《刑法修正案（九）》对本条的修改情况**。1997年《刑法》第三百二十二条规定沿袭了1979年刑法的规定，对于打击一般的偷越国（边）境行为，维护国家安全和边境管理秩序，发挥了重要作用。但近年来,随着恐怖主义、分裂主义和极端主义的日益猖獗,偷越国(边)境犯罪与**恐怖活动犯罪**的联系也越来越突出,给国(边)境管理带来一些新的问题。

司法实践表明,在我国一些地区,出境参加恐怖活动组织、接受恐怖活动培训、实施恐怖活动的人数不断增多,甚至出现国外或者境外恐怖活动组织在我国境内招募恐怖活动人员,进行恐怖主义宣传煽动和培训等情形。很多人在无法合法出入境的情况下,就采用偷越国(边)境的方式,给国界和边境管控造成很大的压力。这些人员偷越国(边)境的目的与一般偷越国(边)境的人员有很大不同,他们偷渡出去的目的不是定居或者务工,而是实施参加恐怖活动组织或者进行恐怖活动等严重的犯罪行为,其中有的人是为了接受培训,提高自己实施恐怖活动的技术和能力,以便回国实施恐怖活动犯罪,造成更大的社会影响和危害后果。从某种意义上来说,这些行为已经带有恐怖活动的性质,比一般的偷越国(边)境行为具有更大的社会危害性。

对这些人,依照1997年刑法的规定进行打击处理,实践中遇到一些新的问题:一是刑法对偷越国(边)境行为,规定情节严重的才追究刑事责任。如果按照一般偷越国(边)境犯罪的标准进行认定,对于只进行过一次偷越国(边)境且未遂的行为,一般不能认定为犯罪,而只能予以行政处罚。二是这些人主观恶性很大,从罪责刑相适应的原则出发,刑法所规定的最高刑为一年有期徒刑的刑罚,难以有效起到惩罚、威慑和预防的作用。很多人在接受处罚,缴纳罚款或者被短暂拘留后,会接着再次实施偷越国(边)境的行为。在偷越国(边)境一再受阻的情况下,甚至会就地实施爆炸、杀人等暴力恐怖活动,给社会治安和社会稳定造成很大的压力。对于这些行为,刑法所规定的刑罚也难以起到阻止其继续犯罪,防止其危害社会的作用。

考虑到当前恐怖活动犯罪出现的上述新情况,《刑法修正案(九)》有针对性地作出规定,对为参加恐怖活动组织、接受恐怖活动培训或者实施恐怖活动而偷越国(边)境的,将法定最高刑提高到三年有期徒刑。

【条文说明】

本条是关于偷越国(边)境罪及其处罚的规定。

1. 对于"违反国(边)境管理法规"的理解。**"违反国(边)境管理法规"**是指违反我国关于出入境管理的法律、法规规定。为了加强边境和出入境管理,我国制定了《出境入境管理法》《中国公民因私事往来香港地区或者澳门地区的暂行管理办法》《出境入境边防检查条例》《外国人入境出境管理条例》等一系列法律、法规。同时,根据《出境入境管理法》第九十条的规定,同毗邻国家接壤的省、自治区,在经国务院批准后,可以根据中国与有关国家签订的边界管理协定制定地方性法规、地方政府规章,对两国边境接壤地区的居民往来作出规定。没有按照这些法律法规规定的条件、程序出入境,就会违反我国出入境管理的法律、法规。实施本罪的动机多种多样,不同的动机可能会影响其行为是否构成"情节严重",同时也是确定刑罚轻重的一个因素。如果行为人不知道是我国国(边)境,没有偷越国(边)境的意图而误出或者误入国(边)境的,不构成本罪。

2. 对于"情节严重"的理解。这里的**"情节严重"**是构成本罪的必要条件。对于偷越国(边)境的行为是否属于情节严重,应当根据行为人的犯罪动机、犯罪目的、客观手段、危害后果、偷越国(边)境的次数等因素予以全面分析,综合认定。对那些边民、渔民为探亲访友、赶集、过境作业等原因偶尔非法出入国(边)境,或者是为贪图省事而非法出入国(边)境,情节不严重的,以及因听信他人唆使,不知道偷越国(边)境是违法行为而偷越国(边)境等情况,一般不以犯罪论处。在国(边)境地区误出误入的,更不应作为偷越国(边)境罪处理。因此,必须严格把握情节一般的偷越国(边)境的违法行为与情节严重的偷越国(边)境的犯罪行为间的界限,以便准确、有力地打击此类犯罪。至于偷越国(边)境的一般违法行为,可给予治安行政处罚或者批评教育,使其改正即可。根据《最高人民法院、最高人民检察院关于办理妨害国(边)境管理刑事案件应用法律若干问题的解释》第五条的规定:"偷越国(边)境,具有下列情形之一的,应当认定为刑法第三百二十二条规定的**'情节严重'**:(一)在境外实施损害国家利益行为的;(二)偷越国(边)境三次以上或者三人以上结伙偷越国(边)境的;(三)拉拢、引诱他人一起偷越国(边)境的;(四)勾结境外组织、人员偷越国(边)境的;(五)因偷越国(边)境被行政处罚后一年内又偷越国(边)境的;(六)其他情节严重的情形。"其他情节严重的情形,可以根据犯罪的具体情况确定,比如伪造证件的、在出入境过程中殴打或者威胁边防执勤人员的。如果偷越国(边)境行为情节不严重的,不按照犯罪处理,应当依照出境入境管理法及其他相关的法律法规予以相应的处罚。根据本条规定,违反国(边)境管理法规,偷越国(边)境,情节严重的,处一年以下有期徒刑、拘役或者管制,并处罚金;为参加恐怖活动组织、接受恐怖活动培训或者实施恐怖活动,偷越国(边)境的,处一年以上三年以下有期徒刑,并处罚金。

《反恐怖主义法》第三条第二款规定:"本法所称恐怖活动,是指恐怖主义性质的下列行为:(一)组织、策划、准备实施、实施造成或者意图造成人员伤亡、重大财产损失、公共设施损坏、社会秩序混乱等严重社会危害的活动的;(二)宣扬恐怖主义,煽动实施恐怖活动,或者非法持有宣扬恐怖主义的物品,强制他人在公共场所穿戴宣扬恐怖主义的服饰、标志的;(三)组织、领导、参加恐怖活动组织的;(四)为恐怖活动组织、恐怖活动人员、实施恐怖活动或者恐怖活动培训提供信息、资金、物资、劳务、技术、场所等支持、协助、便利的;(五)其他恐怖活动。"**"恐怖活动组织"**,是指三人以上为实施恐怖活动而组成的犯罪组织。这里所说的**"接受恐怖活动培训"**,是指到境外学习恐怖主义思想、主张,接受心理、体能、实战训练或者培训制造工具、武器、炸弹等方面的犯罪技能和方法等。根据本条规定,为参加恐怖活动组织、接受恐怖活动培训或者实施恐怖活动,偷越国(边)境的,本身就是"情节严重"的行为,且应当判处更为严厉的第二档刑罚。

【司法解释】

《最高人民法院、最高人民检察院关于办理妨害国(边)境管理刑事案件应用法律若干问题的解释》(法释〔2012〕17号,自2012年12月20日起施行)

△(**情节严重**)偷越国(边)境,具有下列情形之一的,应当认定为刑法第三百二十二条规定的"情节严重":

(一)在境外实施损害国家利益行为的;

(二)偷越国(边)境三次以上或者三人以上结伙偷越国(边)境的;

(三)拉拢、引诱他人一起偷越国(边)境的;

(四)勾结境外组织、人员偷越国(边)境的;

(五)因偷越国(边)境被行政处罚后一年内又偷越国(边)境的[①];

(六)其他情节严重的情形。(§5)

△[**偷越国(边)境**]具有下列情形之一的,应当认定为刑法第六章第三节规定的"偷越国(边)境"行为:

(一)没有出入境证件出入国(边)境或者逃避接受边防检查的;

(二)使用伪造、变造、无效的出入境证件出入国(边)境的;

(三)使用他人出入境证件出入国(边)境的;

(四)使用以虚假的出入境事由、隐瞒真实身份、冒用他人身份证件等方式骗取的出入境证件出入国(边)境的[②];

(五)采用其他方式非法出入国(边)境的。(§6)

△[**跨地区实施的不同妨害国(边)境管理犯罪;并案处理**]对跨地区实施的不同妨害国(边)境管理犯罪,符合并案处理要求,有关地方公安机关依照法律和相关规定一并立案侦查,需要提请批准逮捕、移送审查起诉、提起公诉的,由该公安机关所在地的同级人民检察院、人民法院依法受理。(§9)

《最高人民法院关于审理发生在我国管辖海域相关案件若干问题的规定(二)》(法释〔2016〕17号,自2016年8月2日起施行)

△(**非法进入我国领海;情节严重**)违反我国国(边)境管理法规,非法进入我国领海,具有下列情形之一的,应当认定为刑法第三百二十二条规定的"情节严重":

---

① 我国学者指出,此规定将再犯可能性作为不法内容对待,值得商榷。参见张明楷:《刑法学》(第6版),法律出版社2021年版,第1463页。

② 我国学者指出,从形式面来说,《刑法》第三百一十九条规定之骗取出境证件罪同时要求,骗取出境证件的行为以及"为组织他人偷越国(边)境使用"。反面言之,使用以劳务输出、经贸往来或者其他名义,弄虚作假,骗取护照、签证等出境证件出境的,并不等同于偷越国(边)境。就实质面而言,一方面,行为人通过一定程序取得出境证件后,即使是采用弄虚作假的手段取得的出境证件,也只有经过相应权威机构的确认,才能宣布为无效证件,不能随意将骗取的签证视为无效证件;另一方面,对出境所要求的出境证件,进行形式的判断即可,不必进行实质审查。因此,如果将使用以弄虚作假的手段所取得签证出入国(边)境的行为认定为偷越国(边)境,必然造成处罚面过广的局面,不符合我国的刑事政策。参见张明楷:《刑法学》(第6版),法律出版社2021年版,第1460页;陈兴良:《判例刑法学》(上卷),中国人民大学出版社2009年版,第79—91页。

(一)经驱赶拒不离开的；

(二)被驱离后又非法进入我国领海的；

(三)因非法进入我国领海被行政处罚或者被刑事处罚后，一年内又非法进入我国领海的；

(四)非法进入我国领海从事捕捞水产品等活动，尚不构成非法捕捞水产品等犯罪的；

(五)其他情节严重的情形。(§3)

△[**想象竞合犯；非法捕捞罪；非法猎捕、杀害珍贵、濒危野生动物罪；组织他人偷越国(边)境罪**]实施破坏海洋资源犯罪行为，同时构成非法捕捞罪、非法猎捕、杀害珍贵、濒危野生动物罪、组织他人偷越国(边)境罪、偷越国(边)境罪等犯罪的，依照处罚较重的规定定罪处罚。(§8Ⅰ)

【司法解释性文件】

《最高人民法院、最高人民检察院、公安部、国家移民管理局关于依法惩治妨害国(边)境管理违法犯罪的意见》(法发〔2022〕18号，2022年6月30日印发)

△[**偷越国(边)境的次数**]对于偷越国(边)境的次数，按照非法出境、入境的次数分别计算。但是，对于非法越境后及时返回，或者非法出境后又入境投案自首的，一般应当计算为一次。(§8)

△(**结伙**)偷越国(边)境人员相互配合，共同偷越国(边)境的，属于《解释》[即《最高人民法院、最高人民检察院关于办理妨害国(边)境管理刑事案件应用法律若干问题的解释》——编者注]第五条第二项规定的“结伙”。偷越国(边)境人员在组织者、运送者安排下偶然同行的，不属于“结伙”。

在认定偷越国(边)境“结伙”的人数时，不满十六周岁的人不计算在内。(§9)

△(**其他情节严重的情形；数罪并罚**)偷越国(边)境，具有下列情形之一的，属于《解释》[即《最高人民法院、最高人民检察院关于办理妨害国(边)境管理刑事案件应用法律若干问题的解释》——编者注]第五条第六项规定的“其他情节严重的情形”：

(1)犯罪后为逃避刑事追究偷越国(边)境的；

(2)破坏边境物理隔离设施后，偷越国(边)境的；

(3)以实施电信网络诈骗、开设赌场等犯罪为目的，偷越国(边)境的；

(4)曾因妨害国(边)境管理犯罪被判处刑罚，刑罚执行完毕后二年内又偷越国(边)境的。

实施偷越国(边)境犯罪，又实施妨害公务、袭警、妨害传染病防治等行为，并符合有关犯罪构成的，应当数罪并罚。(§10)

△(**多次实施运送行为**)对于刑法第三百二十一条第一款规定的“多次实施运送行为”，累计运送人数一般应当接近十人。(§12)

【附属刑法】

《中华人民共和国出境入境管理法》(2012年6月30日通过)

第七十一条

有下列行为之一的，处一千元以上五千元以下罚款；情节严重的，处五日以上十日以下拘留，可以并处二千元以上一万元以下罚款：

(一)持用伪造、变造、骗取的出境入境证件出境入境的；

(二)冒用他人出境入境证件出境入境的；

(三)逃避出境入境边防检查的；

(四)以其他方式非法出境入境的。

第七十二条

Ⅰ协助他人非法出境入境的，处二千元以上一万元以下罚款；情节严重的，处十日以上十五日以下拘留，并处五千元以上二万元以下罚款，有违法所得的，没收违法所得。

Ⅱ单位有前款行为的，处一万元以上五万元以下罚款，有违法所得的，没收违法所得，并对其直接负责的主管人员和其他直接责任人员依照前款规定予以处罚。

第八十八条

违反本法规定，构成犯罪的，依法追究刑事责任。

第三百二十三条　【破坏界碑、界桩罪】【破坏永久性测量标志罪】
故意破坏国家边境的界碑、界桩或者永久性测量标志的，处三年以下有期徒刑或者拘役。

【立法理由】

1. **1979年立法的情况**。1979年《刑法》第一百七十五条规定："故意破坏国家边境的界碑、界桩或者永久性测量标志的，处三年以下有期徒刑或者拘役。以叛国为目的的，按照反革命罪处罚。"

2. **1997年修订刑法的情况**。国家边境的界碑、界桩，是国家边境的标志，涉及国家的领土和主权，任何破坏甚至是移动的行为，不仅会损害国家的利益，而且可能造成严重的国际纠纷。永久性测量标志是国家经济建设、国防建设和社会发展的基础设施，需要重点保护。1979年刑法对此已有规定，1997年刑法修改时吸纳了这一规定，将1979年刑法中的反革命罪修改为危害国家安全罪，并取消了反革命罪。为了适应新的形势，满足刑事立法发展的需要，在1997年刑法修改时删除了1979年《刑法》第一百七十五条第二款"以叛国为目的的，按照反革命罪处罚"的规定。

【条文说明】

本条是关于破坏界碑、界桩罪及破坏永久性测量标志罪及其处罚的规定。

根据本条规定，破坏界碑、界桩罪和破坏永久性测量标志罪都是**故意犯罪**。如果行为人不知道是界碑、界桩或者永久性测量标志而将其破坏的，不能构成以上两种犯罪。所谓"**破坏**"，是指将界碑、界桩或者永久性测量标志砸毁、拆除、挖掉、盗走、移动或者改变其原样等，从而使其失去原有的意义和作用的行为。[①] "**国家边境的界碑、界桩**"，是指我国政府与邻国按照条约规定或者历史上实际形成的管辖范围，在陆地接壤地区埋设的指示边境分界及走向的标志物。界碑和界桩没有实质的区别，只是形状不同。界碑、界桩涉及两国的领土范围问题，非经双方国家的一致同意，任何人不得擅自移动和破坏。"**永久性测量标志**"，是指国家测绘单位在全国各地进行测绘工作所建设的地上、地下或者水上的各种测量标志物，包括各等级的三角点、基线点、导线点、军用控制点、重力点、天文点、水准点和卫星定位点的觇标和标石标志，以及用于地形测图、工程测量和形变测量的固定标志和海底大地点设施。永久性测量标志属于国家所有，是国家经济建设、国防建设和科学研究的基础设施。[②] 根据本条规定，对破坏界碑、界桩罪和破坏永久性测量标志罪，处三年以下有期徒刑或者拘役。

【附属刑法】

《中华人民共和国测绘法》（1992年12月28日通过，2017年4月27日第二次修订）

第六十四条

违反本法规定，有下列行为之一的，给予警告，责令改正，可以并处二十万元以下的罚款；对直接负责的主管人员和其他直接责任人员，依法给予处分；造成损失的，依法承担赔偿责任；构成犯罪的，依法追究刑事责任：

（一）损毁、擅自移动永久性测量标志或者正在使用中的临时性测量标志；

（二）侵占永久性测量标志用地；

（三）在永久性测量标志安全控制范围内从事危害测量标志安全和使用效能的活动；

（四）擅自拆迁永久性测量标志或者使永久性测量标志失去使用效能，或者拒绝支付迁建费用；

（五）违反操作规程使用永久性测量标志，造成永久性测量标志毁损。

---

① 实施破坏界碑、界牌行为，同时触犯故意毁坏财物罪、盗窃罪，属于想象竞合，从一重罪处罚。参见张明楷：《刑法学》（第6版），法律出版社2021年版，第1463页。

② 我国学者指出，由于许多永久性测量标志，如水准点、地形点等，并不位于国家边境，却值得刑法保护（在旧刑法中也受到保护）。因此，破坏永久性测量标志罪虽然规定在"妨害国（边）境管理罪"一节，但并不属于妨害国（边）境管理的犯罪。永久性测量标志也不限于"国家边境的永久性测量标志"。参见张明楷：《刑法学》（第6版），法律出版社2021年版，第1463页。

第四节　妨害文物管理罪

第三百二十四条　【故意损毁文物罪】【故意损毁名胜古迹罪】【过失损毁文物罪】

故意损毁国家保护的珍贵文物或者被确定为全国重点文物保护单位、省级文物保护单位的文物的，处三年以下有期徒刑或者拘役，并处或者单处罚金；情节严重的，处三年以上十年以下有期徒刑，并处罚金。

故意损毁国家保护的名胜古迹，情节严重的，处五年以下有期徒刑或者拘役，并处或者单处罚金。

过失损毁国家保护的珍贵文物或者被确定为全国重点文物保护单位、省级文物保护单位的文物，造成严重后果的，处三年以下有期徒刑或者拘役。

【立法解释】

《全国人民代表大会常务委员会关于〈中华人民共和国刑法〉有关文物的规定适用于具有科学价值的古脊椎动物化石、古人类化石的解释》(2005 年 12 月 29 日通过)

△(**具有科学价值的古脊椎动物化石、古人类化石**)刑法有关文物的规定，适用于具有科学价值的古脊椎动物化石、古人类化石。

【立法理由】

1. **1979 年立法的情况**。1979 年《刑法》第一百七十四条规定:“故意破坏国家保护的珍贵文物、名胜古迹的,处七年以下有期徒刑或者拘役。”文物具有一定的历史、艺术和科学价值,一旦损毁是不可复制的,应当给予特殊保护。加强对文物的保护工作,对促进开展科学研究工作,进行爱国主义和革命传统教育,社会主义精神文明建设,具有积极的意义。

2. **1997 年修订刑法的情况**。1997 年修订刑法时对本条作了以下修改:一是增加了故意损毁文物犯罪的对象,即“被确定为全国重点文物保护单位、省级文物保护单位的文物”。这样规定主要是考虑到 1979 年刑法中保护的只是国家保护的珍贵文物,但是,实践中还有一部分文物如革命遗址西柏坡、郭沫若故居等,文物保护法将其确定为文物保护单位,其中一些具有重要价值,也可以解释为珍贵文物,但适用起来不够明确。为此,根据实际情况,明确将故意损毁被确定为全国重点文物保护单位、省级文物保护单位的文物的行为规定为犯罪,以加强对我国珍贵文物及民族文化遗产的保护力度。二是针对实践中过失损毁珍贵文物和文物保护单位的文物,往往造成严重后果的情况,增加了过失损毁文物罪的规定,以增强每一个公民,包括文物保护单位的工作人员的文物保护意识和责任感。三是调整了该罪的刑罚幅度,对故意损毁文物罪和故意损毁名胜古迹罪分别规定了刑罚,并规定了不同的量刑档次,以有利于司法机关区分不同情况,准确有效惩治这类犯罪,贯彻罪责刑相适应原则。

1997 年刑法修订之后,刑法关于本条的规定未作修改。我国《宪法》第二十二条第二款规定,国家保护名胜古迹、珍贵文物和其他重要历史文化遗产。刑法关于文物和珍贵文物犯罪的有关规定,也是宪法精神的体现。

【条文说明】

本条是关于故意损毁文物罪、故意损毁名胜古迹罪、过失损毁文物罪及其处罚的规定。

本条共分为三款。

第一款是关于故意损毁文物的犯罪及其处罚的规定。本条中的“**珍贵文物**”主要是指历史上各时代重要实物、艺术品、文献、手稿、图书资料、代表性实物等可移动文物。根据《文物保护法》和《文物藏品定级标准》的规定,文物分为一般文物和珍贵文物,珍贵文物主要包括:历史上各时代珍贵的艺术品、工艺美术品,历史上各时代重要的文献资料以及具有历史、艺术、科学价值的手稿和图书资料,反映历史上各时代、各民族社会制度、社会生产、社会生活的代表性实物。比如玉石器、瓷器、金银器、雕塑、书法绘画、古砚、钱币、家具、邮品、档案文书、名人遗物等。根据其历史、艺术、科学价值,珍贵文物被分为一级文物、二级文物、三级文物。

根据 2005 年《全国人民代表大会常务委员会关于〈中华人民共和国刑法〉有关文物的规定适用于具有科学价值的古脊椎动物化石、古人类化石的解释》的规定，刑法有关文物的规定，适用于**具有科学价值的古脊椎动物化石、古人类化石**。这主要是因为，当时一些地方出现了走私、盗窃、损毁、倒卖、非法转让具有科学价值的古脊椎动物化石、古人类化石的严重违法行为，司法机关对于这些行为是否应当适用刑法有关文物犯罪的规定，出现了不同认识，建议全国人大常委会作出解释，予以明确。经研究认为，《文物保护法》第二条第三款明确规定"具有科学价值的古脊椎动物化石和古人类化石同文物一样受国家保护"，我国加入的有关国际公约中对于文物的定义，也是包括化石在内的。据此，全国人大常委会作出立法解释，明确走私、盗窃、损毁、倒卖、非法转让具有科学价值的古脊椎动物化石、古人类化石的行为适用刑法的有关规定。

"文物保护单位"是指人民政府按照法定程序确定的，具有历史、艺术、科学价值的古文化遗址、古墓葬、古建筑、石窟寺、石刻、壁画、近代现代重要史迹和代表性建筑等不可移动的文物。根据文物保护法的规定，文物保护单位分为全国重点文物保护单位、省级文物保护单位和市、县级文物保护单位，根据其级别分别由国务院、省级人民政府和市、县级人民政府核定公布。

"故意损毁"是指故意将国家保护的珍贵文物毁坏，将全国重点文物保护单位、省级文物保护单位的文物破坏的行为。"损毁"是指捣毁、打碎、砸烂、涂抹、拆散、烧毁、刻划、污损等，使文物部分破损或者完全毁灭，部分或者完全失去文物价值的破坏行为。

根据本款规定，对故意损毁国家保护的珍贵文物或被确定为全国重点文物保护单位、省级文物保护单位的文物的，处三年以下有期徒刑或者拘役，并处或者单处罚金；情节严重的，处三年以上十年以下有期徒刑，并处罚金。**"情节严重的"**主要是指损毁特别珍贵的文物或者有特别重要价值的文物保护单位的文物；损毁多件或者多次损毁国家保护的珍贵文物，使之无法补救、修复；多次损毁或者损毁多处全国重点文物保护单位、省级文物保护单位的文物，使之灭失，难以恢复原状，给国家文物财产造成不可弥补的损失的情形。损毁文物的情况比较复杂，主观动机和手段不同，破坏程度不同，造成的后果包括社会影响也不同，在具体案件中，应当根据刑法具体规定，按照罪责刑相适应的原则确定适当的刑罚。

第二款是关于故意损毁国家保护的名胜古迹的犯罪及其处罚的规定。本款中的**"名胜古迹"**是指可供人游览的著名的风景区以及虽未被人民政府核定公布为文物保护单位但具有一定历史意义的古建筑、雕塑、石刻等历史陈迹。根据2015年《最高人民法院、最高人民检察院关于办理妨害文物管理等刑事案件适用法律若干问题的解释》第四条的规定，风景名胜区的核心景区以及未被确定为全国重点文物保护单位、省级文物保护单位的古文化遗址、古墓葬、古建筑、石窟寺、石刻、壁画、近代现代重要史迹和代表性建筑等不可移动文物的本体，应当认定为**"国家保护的名胜古迹"**。若风景名胜区同时被确定为全国重点文物保护单位或者省级文物保护单位，或者风景名胜区内的物品、建筑、场所、遗址等被确定为国家保护的珍贵文物或被确定为全国重点文物保护单位、省级文物保护单位的文物的，其破坏风景名胜区或者风景名胜区内的文物的行为，则依照《刑法》第三百二十四条第一款定罪处罚。**"情节严重"**一般是指多次损毁名胜古迹；损毁多处名胜古迹；损毁重要名胜古迹；损毁名胜古迹造成严重不良社会影响；致使名胜古迹严重损毁或者灭失；等等。根据本款规定，对故意损毁国家保护的名胜古迹，情节严重的，处五年以下有期徒刑或者拘役，并处或者单处罚金。

第三款是关于过失损毁文物的犯罪及其处罚的规定。**过失损毁国家保护的珍贵文物或者被确定为全国重点文物保护单位、省级文物保护单位的文物**，主要是指因疏忽大意或者轻信能够避免，而致使珍贵文物或者全国重点文物保护单位、省级文物保护单位的文物遭到损毁。如在进行基建工程时，没有在施工前进行必要的调查和勘探，在施工中造成古文化遗址或古墓葬及珍贵文物的破坏等。过失损毁全国重点文物保护单位和省级文物保护单位或者国家保护的珍贵文物，只有造成严重后果才追究刑事责任。**"造成严重后果"**主要是指被损毁的珍贵文物数量较大；造成二级以上珍贵文物损毁；损毁非常重要的文物保护单位的文物，使其无法恢复原状，给国家文物财产造成无法弥补的严重损失；等等。根据本款规定，对过失损毁文物的行为，造成严重后果的，处三年以下有期徒刑或者拘役。

实际执行中应当注意以下两个方面的问题：

1. **构成本条规定的犯罪，行为人主观上要存在故意或者过失**。如果行为人由于不可抗拒或者不能预见的原因而导致珍贵文物损毁的，不能认定为犯罪。故意或者过失也反映了行为人的主观恶性和犯罪的严重程度。实践中要考虑其主观方面，确定不同的罪名和刑罚。对于故意损毁国家保护的珍贵文物或者被确定为全国重点文物保护单位、省级文物保护单位的文物的，无论是否情节严重，是否造成了严重后果，都要依法追究刑事责任,对于情节严重的,刑法也规定了更重的刑罚。对于过失损毁国家保护的珍贵文物或者被确定为全国重点文物保护单位、省级文物保护单位的文物的,考虑到其比故意犯罪的主观恶性更轻,规定了较故意犯罪更轻的刑罚,对于造成严重后果的,才依法追究相应的法律责任。

2. **文物性质的认定,是进行定罪和确定刑罚的关键性因素。**在根据本条判处有关犯罪时,应当根据文物的不同等级确定具体适用的罪名和确定刑罚。一般来说,损毁国家保护的珍贵文物或者被确定为全国重点文物保护单位、省级文物保护单位的文物的,比起损毁一般文物的行为要严重得多;损毁不属于国家重点保护的珍贵文物或者被确定为全国重点文物保护单位、省级文物保护单位的文物的,如果该物品、建筑、场所、遗址等属于风景名胜的,则可以依法按照故意损毁名胜古迹的犯罪进行处理。关于判断被损毁的文物是否属于珍贵文物,根据《最高人民法院、最高人民检察院关于办理妨害文物管理等刑事案件适用法律若干问题的解释》第十五条的规定,在行为人实施有关行为前,文物行政部门已对涉案文物及其等级作出认定的,可以直接对有关案件事实作出认定。对案件涉及的有关文物鉴定、价值认定等专门性问题难以确定的,由司法鉴定机构出具鉴定意见,或者由国务院文物行政部门指定的机构出具报告。

【司法解释】

《最高人民法院、最高人民检察院关于办理妨害文物管理等刑事案件适用法律若干问题的解释》(法释〔2015〕23号,自2016年1月1日起施行)

△(**故意损毁文物罪;被确定为全国重点文物保护单位、省级文物保护单位的文物;情节严重;酌情从重处罚事由**)全国重点文物保护单位、省级文物保护单位的本体,应当认定为刑法第三百二十四条第一款规定的“被确定为全国重点文物保护单位、省级文物保护单位的文物”。

故意损毁国家保护的珍贵文物或者被确定为全国重点文物保护单位、省级文物保护单位的文物,具有下列情形之一的,应当认定为刑法第三百二十四条第一款规定的“情节严重”:

(一)造成五件以上三级文物损毁的;

(二)造成二级以上文物损毁的;

(三)致使全国重点文物保护单位、省级文物保护单位的本体严重损毁或者灭失的;

(四)多次损毁或者损毁多处全国重点文物保护单位、省级文物保护单位的本体的;

(五)其他情节严重的情形。

实施前款规定的行为,拒不执行国家行政主管部门作出的停止侵害文物的行政决定或者命令的,酌情从重处罚。(§3)

△(**故意损毁名胜古迹罪;国家保护的名胜古迹;情节严重;酌情从重处罚事由;全国重点文物保护单位、省级文物保护单位的文物**)风景名胜区的核心景区以及未被确定为全国重点文物保护单位、省级文物保护单位的古文化遗址、古墓葬、古建筑、石窟寺、石刻、壁画、近代现代重要史迹和代表性建筑等不可移动文物的本体,应当认定为刑法第三百二十四条第二款规定的“国家保护的名胜古迹”。

故意损毁国家保护的名胜古迹,具有下列情形之一的,应当认定为刑法第三百二十四条第二款规定的“情节严重”:

(一)致使名胜古迹严重损毁或者灭失的;

(二)多次损毁或者损毁多处名胜古迹的;

(三)其他情节严重的情形。

实施前款规定的行为,拒不执行国家行政主管部门作出的停止侵害文物的行政决定或者命令的,酌情从重处罚。

故意损毁风景名胜区内被确定为全国重点文物保护单位、省级文物保护单位的文物的,依照刑法第三百二十四条第一款和本解释第三条的规定定罪量刑。(§4)

△(**过失损毁文物罪;造成严重后果**)过失损毁国家保护的珍贵文物或者被确定为全国重点文物保护单位、省级文物保护单位的文物,具有本解释第三条第二款第一项至第三项规定情形之一的,应当认定为刑法第三百二十四条第三款规定的“造成严重后果”。(§5)

△(**公司、企业、事业单位、机关、团体;故意损毁文物、名胜古迹;过失损毁文物**)公司、企业、事业单位、机关、团体等单位实施盗窃文物,故意损毁文物、名胜古迹,过失损毁文物,盗掘古文化遗址、古墓葬等行为的,依照本解释规定的相应定罪量刑标准,追究组织者、策划者、实施者的刑事责任。(§11Ⅱ)

△(**不同等级的文物;五件同级文物**)案件涉及不同等级的文物的,按照高级别文物的量刑幅度量刑;有多件同级文物的,五件同级文物视为一件高一级文物,但是价值明显不相当的除外。(§13)

△(**文物价值之认定;根据涉案文物的有效价格证明认定;根据销赃数额认定;结合鉴定意见、报告认定**)依照文物价值定罪量刑的,根据涉案文物的有效价格证明认定文物价值;无有效价格证明,或者根据价格证明认定明显不合理的,根据销赃数额认定,或者结合本解释第十五条规定的鉴

定意见、报告认定。(§14)

△(**鉴定意见**)在行为人实施有关行为前,文物行政部门已对涉案文物及其等级作出认定的,可以直接对有关案件事实作出认定。

对案件涉及的有关文物鉴定、价值认定等专门性问题难以确定的,由司法鉴定机构出具鉴定意见,或者由国务院文物行政部门指定的机构出具报告。其中,对于文物价值,也可以由有关价格认证机构作出价格认证并出具报告。(§15)

△(**犯罪情节轻微;不起诉或者免予刑事处罚**)实施本解释第三条至第五条规定的行为,虽已达到应当追究刑事责任的标准,但行为人系初犯,积极赔偿损失,并确有悔罪表现的,可以认定为犯罪情节轻微,不起诉或者免予刑事处罚。(§16Ⅱ)

△(**损毁具有科学价值的古脊椎动物化石、古人类化石**)走私、盗窃、损毁、倒卖、盗掘或者非法转让具有科学价值的古脊椎动物化石、古人类化石的,依照刑法和本解释的有关规定定罪量刑。(§17)

【司法解释性文件】

《最高人民检察院、公安部关于公安机关管辖的刑事案件立案追诉标准的规定(一)》(公通字〔2008〕36号,2008年6月25日公布)

△(**故意损毁文物罪;立案追诉标准**)故意损毁国家保护的珍贵文物或者被确定为全国重点文物保护单位、省级文物保护单位的文物的,应予立案追诉。(§46)

△(**故意损毁名胜古迹罪;立案追诉标准**)故意损毁国家保护的名胜古迹,涉嫌下列情形之一的,应予立案追诉:

(一)造成国家保护的名胜古迹严重损毁的;

(二)损毁国家保护的名胜古迹三次以上或者三处以上,尚未造成严重毁损后果的;

(三)损毁手段特别恶劣的;

(四)其他情节严重的情形。(§47)

△(**过失损毁文物罪;立案追诉标准**)过失损毁国家保护的珍贵文物或者被确定为全国重点文物保护单位、省级文物保护单位的文物,涉嫌下列情形之一的,应予立案追诉:

(一)造成珍贵文物严重损毁的;

(二)造成被确定为全国重点文物保护单位、省级文物保护单位的文物严重损毁的;

(三)造成珍贵文物损毁三件以上的;

(四)其他造成严重后果的情形。(§48)

【附属刑法】

《中华人民共和国文物保护法》(1982年11月19日通过,2017年11月4日第五次修正)

第六十四条

违反本法规定,有下列行为之一,构成犯罪的,依法追究刑事责任[①]:

……

(二)故意或者过失损毁国家保护的珍贵文物的;

……

《中华人民共和国非物质文化遗产法》(2011年2月25日通过)

第四十条

违反本法规定,破坏属于非物质文化遗产组

① 《中华人民共和国文物保护法》(1982年11月19日通过,2017年11月4日第五次修正)

第二条

Ⅰ在中华人民共和国境内,下列文物受国家保护:

(一)具有历史、艺术、科学价值的古文化遗址、古墓葬、古建筑、石窟寺和石刻、壁画;

(二)与重大历史事件、革命运动或者著名人物有关的以及具有重要纪念意义、教育意义或者史料价值的近代现代重要史迹、实物、代表性建筑;

(三)历史上各时代珍贵的艺术品、工艺美术品;

(四)历史上各时代重要的文献资料以及具有历史、艺术、科学价值的手稿和图书资料等;

(五)反映历史上各时代、各民族社会制度、社会生产、社会生活的代表性实物。

Ⅱ文物认定的标准和办法由国务院文物行政部门制定,并报国务院批准。

Ⅲ具有科学价值的古脊椎动物化石和古人类化石同文物一样受国家保护。

第三条

Ⅰ古文化遗址、古墓葬、古建筑、石窟寺、石刻、壁画、近代现代重要史迹和代表性建筑等不可移动文物,根据它们的历史、艺术、科学价值,可以分别确定为全国重点文物保护单位,省级文物保护单位,市、县级文物保护单位。

Ⅱ历史上各时代重要实物、艺术品、文献、手稿、图书资料、代表性实物等可移动文物,分为珍贵文物和一般文物;珍贵文物分为一级文物、二级文物、三级文物。

成部分的实物和场所的[①],依法承担民事责任;构成违反治安管理行为的,依法给予治安管理处罚。

第四十二条

违反本法规定,构成犯罪的,依法追究刑事责任。

《中华人民共和国英雄烈士保护法》(2018年4月27日通过)

第二十八条

侵占、破坏、污损英雄烈士纪念设施的,由县级以上人民政府负责英雄烈士保护工作的部门责令改正;造成损失的,依法承担民事责任;被侵占、破坏、污损的纪念设施属于文物保护单位的,依照《中华人民共和国文物保护法》的规定处罚;构成违反治安管理行为的,由公安机关依法给予治安管理处罚;构成犯罪的,依法追究刑事责任。

【指导性案例】

最高人民法院指导案例第147号:张永明、毛伟明、张鹭故意损毁名胜古迹案(2020年12月29日发布)

△(**故意损毁名胜古迹罪;国家保护的名胜古迹;情节严重**)风景名胜区的核心景区属于刑法第三百二十四条第二款规定的"国家保护的名胜古迹"。对核心景区内的世界自然遗产实施打岩钉等破坏活动,严重破坏自然遗产的自然性、原始性、完整性和稳定性的,综合考虑有关地质遗迹的特点、损坏程度等,可以认定为故意损毁国家保护的名胜古迹"情节严重"。

△(**专家意见**)对刑事案件中的专门性问题需要鉴定,但没有鉴定机构的,可以指派、聘请有专门知识的人就案件的专门性问题出具报告,相关报告在刑事诉讼中可以作为证据使用。

第三百二十五条　【非法向外国人出售、赠送珍贵文物罪】

违反文物保护法规,将收藏的国家禁止出口的珍贵文物私自出售或者私自赠送给外国人的,处五年以下有期徒刑或者拘役,可以并处罚金。

单位犯前款罪的,对单位判处罚金,并对其直接负责的主管人员和其他直接责任人员,依照前款的规定处罚。

【立法解释】

《全国人民代表大会常务委员会关于〈中华人民共和国刑法〉有关文物的规定适用于具有科学价值的古脊椎动物化石、古人类化石的解释》(2005年12月29日通过)

△(**具有科学价值的古脊椎动物化石、古人类化石**)刑法有关文物的规定,适用于具有科学价值的古脊椎动物化石、古人类化石。

【立法理由】

1979年刑法对本条内容未作规定。1979年刑法规定了盗运珍贵文物出口罪。根据对珍贵文物方面犯罪的实际情况和打击此类犯罪的实际需要,1982年《文物保护法》第三十一条规定,盗运珍贵文物出口或者进行文物投机倒把活动情节严重的,依法追究刑事责任;将私人收藏的珍贵文物私自卖给外国人的,以盗运珍贵文物出口论处。1988年《全国人民代表大会常务委员会关于惩治走私罪的补充规定》规定了走私国家禁止出口的文物犯罪。1991年《全国人民代表大会常务委员会关于修改〈中华人民共和国文物保护法〉第三十条第三十一条的决定》将上述表述修改为,走私

① 《中华人民共和国非物质文化遗产法》(2011年2月25日通过)

第二条

Ⅰ本法所称非物质文化遗产,是指各族人民世代相传并视为其文化遗产组成部分的各种传统文化表现形式,以及与传统文化表现形式相关的实物和场所。包括:

(一)传统口头文学以及作为其载体的语言;

(二)传统美术、书法、音乐、舞蹈、戏剧、曲艺和杂技;

(三)传统技艺、医药和历法;

(四)传统礼仪、节庆等民俗;

(五)传统体育和游艺;

(六)其他非物质文化遗产。

Ⅱ属于非物质文化遗产组成部分的实物和场所,凡属文物的,适用《中华人民共和国文物保护法》的有关规定。

国家禁止出口的文物或者进行文物投机倒把活动情节严重的,依法追究刑事责任;任何组织或者个人将收藏的国家禁止出口的珍贵文物私自出售或者私自赠送给外国人的,**以走私论处**。

1997年修订刑法时,将上述内容纳入了刑法,并作了以下修改:一是对于将收藏的国家禁止出口的珍贵文物私自出售或者私自赠送给外国人的行为,**单独规定为犯罪,不再以走私罪论处**。在我国已经对走私文物犯罪作了规定的情况下,1997年刑法把私自将这些文物出售或者赠送给外国人的行为单独规定为犯罪,主要考虑到一旦将收藏的国家禁止出口的珍贵文物出售或者赠送给外国人,就很有可能会使这种珍贵文物流失到境外,这对我国来说是文化财产的重大损失。同时,非法向外国人出售、赠送珍贵文物罪和走私罪的性质存在本质的不同,前者侵犯的是国家文物保护管理秩序,而后者破坏的是国家海关监督管理制度,二者属于不同的犯罪,应该规定不同的刑罚。刑法规定这一罪名,有利于防止有的单位或者个人逃避法律,将国家禁止出口的珍贵文物私自出售或者私自赠送给外国人的行为发生,以加强对国家珍贵文物的保护。二是增加了关于单位将收藏的国家禁止出口的珍贵文物私自出售或者私自赠给外国人的刑事处罚的规定。珍贵文物不是一般性的财产,而是一个民族、一个国家的文化遗产,具有特殊的历史、文化和科学价值,需要对这些珍贵文物给予特殊保护。国家对哪些珍贵文物是禁止出口的有明确规定,同时,这样规定也是我国履行国际公约义务的需要。

【条文说明】

本条是关于非法向外国人出售、赠送珍贵文物罪及其处罚的规定。

本条共分为两款。

第一款是关于非法向外国人出售、赠送珍贵文物的犯罪及其处罚的规定。这里的"**违反文物保护法规**",是指关于文物保护的法律法规以及国家有关主管部门制定的各种规定,如《文物保护法》《文物保护法实施条例》《文物进出境审核管理办法》等。这里的"**禁止出口的珍贵文物**",是指国家有关主管部门规定禁止出口的珍贵文物。为了严格禁止具有重要价值的珍贵文物出口,《文物保护法》第六十一条第一款规定,文物出境,应当经国务院文物行政部门指定的文物进出境审核机构审核。经审核允许出境的文物,由国务院文物行政部门发给文物出境许可证,从国务院文物行政部门指定的口岸出境。《文物进出境审核管理办法》第八条规定:"下列文物出境,应当经过审核:(一)1949年(含)以前的各类艺术品、工艺美术品;(二)1949年(含)以前的手稿、文献资料和图书资料;(三)1949年(含)以前的与各民族社会制度、社会生产、社会生活有关的实物;(四)1949年以后的与重大事件或著名人物有关的代表性实物;(五)1949年以后的反映各民族生产活动、生活习俗、文化艺术和宗教信仰的代表性实物;(六)国家文物局公布限制出境的已故现代著名书画家、工艺美术家作品;(七)古猿化石、古人类化石,以及与人类活动有关的第四纪古脊椎动物化石。文物出境审核标准,由国家文物局定期修订并公布。"将国家禁止出口的珍贵文物私自出售或者私自赠送给外国人的,即可构成本罪。

"私自出售或者私自赠送给外国人",是指文物收藏者违反国家文物保护的有关规定,将收藏的禁止出口的珍贵文物私自出售或者私自赠送给不具有中国国籍的人,包括外国国籍人和无国籍人。这里的外国人,从防止国家禁止出口的珍贵文物流失境外的角度考虑,应当理解为单位或者个人。因为一旦将收藏的国家禁止出口的珍贵文物卖给或赠送给外国的单位或者个人,在很大程度上会使该珍贵文物流失到我国境外,这对我国来讲是文化财产的重大损失。因此,本条对将收藏的国家禁止出口的珍贵文物私自出售或者私自赠送给外国人的行为,规定了处五年以下有期徒刑或者拘役,可以并处罚金。这里规定了"**可以并处罚金**"的罚金刑,主要是考虑到犯此罪的行为人往往会因此获取一定的经济利益,这可以使行为人在经济方面受到惩罚。

第二款是关于单位将收藏的国家禁止出口的珍贵文物私自出售或者私自赠送给外国人的处罚的规定。"**单位犯前款罪**"是指国有的和非国有的博物馆、图书馆、纪念馆等单位,将收藏的国家禁止出口的珍贵文物,违反国家规定擅自卖给或赠送给外国人的行为。单位犯非法向外国人出售、赠送珍贵文物罪的,对单位判处罚金,并对其直接负责的主管人员和其他直接责任人员,依照第一款的规定处罚,即处五年以下有期徒刑或者拘役,可以并处罚金。

这里需要加以说明的是,之所以禁止单位和公民将收藏的珍贵文物私自出售或者私自赠送给外国人,是因为国家从根本上禁止这类珍贵文物出口。现在日益多起来的非国有、个人的博物馆、纪念馆对所收藏的珍贵文物拥有所有权,按照一般财产所有权的理论,文物所有者对自己拥有的文物是有出售和赠予他人的权利的,但是,珍贵文物不是一般性的财产,而是一个民族、一个国家的文化遗产,国家要予以特殊保护。同时根据联合国教育、科学及文化组织1970年在巴黎通过的**《关于禁止和防止非法进出口文化财产和非法转让其所有权的方法的公约》**规定（我国已于1989年加入该公约），珍贵文物属于文化财产。公约第六条规定，缔约国应“发放适当证件，出口国将在该证件中说明有关文化财产的出口已经过批准……除非附有上述出口证件，禁止文化财产从本国领土出口”。公约还对缔约国应当通过一切适当手段禁止和防止非法进出口文化财产和非法转让其所有权作了规定。该公约对我国具有约束力。

实际执行中应当注意以下两个方面的问题：

1. 在司法适用中，应当把握好本罪与**走私文物罪**的界限。《刑法》第一百五十一条规定了走私文物罪，根据司法解释的有关规定，走私国家禁止出口的一级、二级、三级珍贵文物的，走私文物的价值在五万元以上的，都应当依照走私文物罪予以惩罚。而依照本条规定，只有出售、赠送的是国家禁止出口的珍贵文物，才能构成本罪，出售、赠送的是国家禁止出口的一般文物的，不构成本罪。走私文物罪主要是违反了海关的管理法规，将禁止出口的文物运输、携带出境；而非法向外国人出售、赠送珍贵文物的犯罪则并不要求文物出境。此外，本罪只规定了一个量刑档次，即处五年以下有期徒刑或者拘役，可以并处罚金；而走私文物罪则规定了三个量刑档次，最高可以处十年以上有期徒刑或者无期徒刑，并处没收财产。

2. 在司法适用中，还应当处理好本罪与**非法出售、私赠文物藏品罪**的关系。《刑法》第三百二十七条针对国有博物馆、图书馆等单位将国家保护的文物藏品出售或者私自送给非国有单位或者个人的行为规定了刑事责任，这与本条在一定情况下会存在**法条竞合**。如当国有博物馆、图书馆等单位将收藏的国家禁止出口的珍贵文物非法出售或者私赠给外国人时，就同时触犯了本罪和第三百二十七条规定的非法出售、私赠文物藏品罪两个罪名。此时，应当择一重罪予以处罚。

【附属刑法】

《中华人民共和国文物保护法》（1982年11月19日通过，2017年11月4日第五次修正）

第六十四条

违反本法规定，有下列行为之一，构成犯罪的，依法追究刑事责任[①]：

……

（四）将国家禁止出境的珍贵文物私自出售或者送给外国人的；

……

第三百二十六条　【倒卖文物罪】

以牟利为目的，倒卖国家禁止经营的文物，情节严重的，处五年以下有期徒刑或者拘役，并处罚金；情节特别严重的，处五年以上十年以下有期徒刑，并处罚金。

单位犯前款罪的，对单位判处罚金，并对其直接负责的主管人员和其他直接责任人员，依照前款的规定处罚。

【立法解释】

《全国人民代表大会常务委员会关于〈中华人民共和国刑法〉有关文物的规定适用于具有科学价值的古脊椎动物化石、古人类化石的解释》（2005年12月29日通过）

△**（具有科学价值的古脊椎动物化石、古人类**

① 《中华人民共和国文物保护法》（1982年11月19日通过，2017年11月4日第五次修正）

第二条

Ⅰ在中华人民共和国境内，下列文物受国家保护：

（一）具有历史、艺术、科学价值的古文化遗址、古墓葬、古建筑、石窟寺和石刻、壁画；

（二）与重大历史事件、革命运动或者著名人物有关的以及具有重要纪念意义、教育意义或者史料价值的近代现代重要史迹、实物、代表性建筑；

（三）历史上各时代珍贵的艺术品、工艺美术品；

（四）历史上各时代重要的文献资料以及具有历史、艺术、科学价值的手稿和图书资料等；

（五）反映历史上各时代、各民族社会制度、社会生产、社会生活的代表性实物。

Ⅱ文物认定的标准和办法由国务院文物行政部门制定，并报国务院批准。

Ⅲ具有科学价值的古脊椎动物化石和古人类化石同文物一样受国家保护。

化石)刑法有关文物的规定,适用于具有科学价值的古脊椎动物化石、古人类化石。

【立法理由】

1979年刑法没有规定倒卖文物的犯罪。1979年刑法规定了**投机倒把罪**。根据对文物方面犯罪的实际情况和打击此类犯罪的实际需要,1982年《文物保护法》第三十一条第一款第(二)项规定,盗运珍贵文物出口或者进行文物投机倒把活动情节严重的,依法追究刑事责任。1991年《全国人民代表大会常务委员会关于修改〈中华人民共和国文物保护法〉第三十条第三十一条的决定》将1982年《文物保护法》第三十一条第一款第(二)项的表述修改为,走私国家禁止出口的文物或者进行文物投机倒把活动情节严重的,依法追究刑事责任。

1997年修订刑法时,将投机倒把罪作了分解,**不再使用投机倒把罪罪名,而是将倒卖文物行为单独规定为犯罪**,并作了以下修改和完善:一是增加了"以牟利为目的"的规定。对倒卖文物罪的犯罪分子的主观要件予以明确,有利于司法实践操作,防止执行中随意性过大,也有利于打击倒卖文物的违法犯罪活动,防止文物的流失。二是增加了单位倒卖国家禁止经营的文物,予以刑事处罚的规定。这主要是考虑到,依据我国有关法律法规的规定,国家为了加强对文物的保护,对文物的经营买卖实行严格的管理,对于哪些单位可以经营买卖文物、哪些文物可以进行买卖以及通过何种方式买卖,都有明确的规定。根据1991年修正的《文物保护法》及相关规定,只有文化行政管理部门指定的单位,才能从事经营文物的收购业务。文物经营单位经营文物收购、销售业务,应当经国家文物局或者省、自治区、直辖市人民政府文物行政管理部门批准,经营文物对外销售或拍卖业务的,应当经国家文物局批准。经营文物的单位要持批准文件到工商行政管理部门登记,并在登记的范围内从事经营活动。而实践中有一些单位以牟利为目的,打着各种借口,进行从事倒卖国家禁止经营的文物的行为,**不仅严重扰乱了国家文物市场秩序,而且造成恶劣的社会影响和文物的流失**,因此,对单位犯倒卖文物罪的,必须予以坚决惩处。

【条文说明】

本条是关于倒卖文物罪及其处罚的规定。

本条共分为两款。

第一款是关于倒卖文物的犯罪及其处罚的规定。本罪侵犯了国家对文物的流通管制制度。**"倒卖国家禁止经营的文物"**,是指经营国家不允许自由买卖或者拍卖的文物,从中牟取利益的行为。既包括无权从事文物商业经营的单位或者个人倒卖国家禁止经营的文物,也包括具有从事文物商业经营权的文物商店或者拍卖企业,倒卖国家禁止经营的文物。根据文物保护法的规定,文物商店应当由省、自治区、直辖市人民政府文物行政部门批准设立。依法设立的拍卖企业经营文物拍卖的,应当取得省、自治区、直辖市人民政府文物行政部门颁发的文物拍卖许可证。拍卖企业拍卖的文物,在拍卖前应当经省、自治区、直辖市人民政府文物行政部门审核,并报国务院文物行政部门备案。文物商店购买、销售文物,拍卖企业拍卖文物,应当按照国家有关规定作出记录,并报省、自治区、直辖市人民政府文物行政部门备案。

我国允许文物收藏单位以外的公民、法人和其他组织依法收藏文物,收藏的文物可以依法流通。民间可以通过接受赠予、从文物商店购买、拍卖购买、交换或者购买他人合法所有的文物等方式获得文物,但这些文物必须是依法可以流通的。**"国家禁止经营的文物"**包括哪些呢?《文物保护法》对可以流通的文物以及不能买卖的文物作了规定,该第五十条规定:"文物收藏单位以外的公民、法人和其他组织可以收藏通过下列方式取得的文物:(一)依法继承或者接受赠与;(二)从文物商店购买;(三)从经营文物拍卖的拍卖企业购买;(四)公民个人合法所有的文物相互交换或者依法转让;(五)国家规定的其他合法方式。文物收藏单位以外的公民、法人和其他组织收藏的前款文物可以依法流通。"第五十一条规定:"公民、法人和其他组织不得买卖下列文物:(一)国有文物,但是国家允许的除外;(二)非国有馆藏珍贵文物;(三)国有不可移动文物中的壁画、雕塑、建筑构件等,但是依法拆除的国有不可移动文物中的壁画、雕塑、建筑构件等不属于本法第二十条第四款规定的应由文物收藏单位收藏的除外;(四)来源不符合本法第五十条规定的文物。"《文物保护法》第五条规定:"中华人民共和国境内地下、内水和领海中遗存的一切文物,属于国家所有。古文化遗址、古墓葬、石窟寺属于国家所有。国家指定保护的纪念建筑物、古建筑、石刻、壁画、近代现代代表性建筑等不可移动文物,除国家另有规定的以外,属于国家所有。国有不可移动文物的所有权不因其所依附的土地所有权或者使用权的改变而改变。下列可移动文物,属于国家所有:(一)中国境内出土的文物,国家另有规定的除外;(二)国有文物收藏单位以及其他国家机关、部队和国有企业、事业组织等收藏、保管的文物;

(三)国家征集、购买的文物;(四)公民、法人和其他组织捐赠给国家的文物;(五)法律规定属于国家所有的其他文物。属于国家所有的可移动文物的所有权不因其保管、收藏单位的终止或者变更而改变。国有文物所有权受法律保护,不容侵犯。"这些文物都是国家禁止经营的文物。

在认定"倒卖国家禁止经营的文物"时,根据2015年《最高人民法院、最高人民检察院关于办理妨害文物管理等刑事案件适用法律若干问题的解释》的规定,出售或者为了出售而收购、运输、储存国家禁止买卖的文物的,都应当认定为"**倒卖国家禁止经营的文物**",都应当依法追究刑事责任。

本款对倒卖文物罪规定了**两档刑罚**,即情节严重的,处五年以下有期徒刑或者拘役,并处罚金;情节特别严重的,处五年以上十年以下有期徒刑,并处罚金。"**情节严重的**",是指以牟利为目的,倒卖国家禁止经营的文物,交易数额大,造成珍贵文物流失或者获取非法利益数额较大等情形。"**情节特别严重的**",是指以牟利为目的,倒卖国家禁止经营的文物,造成国家特别珍贵的文物流失;造成大量珍贵的文物流失或者获取非法利益数额巨大等情形。

第二款是关于单位以牟利为目的,倒卖国家禁止经营的文物,予以刑事处罚的规定。根据本款规定,**单位犯该罪的**,对单位判处罚金,同时对单位直接负责的主管人员和其他直接责任人员,依照第一款的规定处罚,即情节严重的,处五年以下有期徒刑或者拘役,并处罚金;情节特别严重的,处五年以上十年以下有期徒刑,并处罚金。

实际执行中应当注意以下两个方面的问题:

1. 构成本罪,行为人主观上需要具有**牟利的目的**,若行为人主观上只是迫于生计而出售自己收藏的文物,或者只是将自己收藏的文物以其实际价值变现,本身并没有倒卖文物牟利的目的,则不构成本罪。这并不是说对其倒卖文物的违法行为不予处理,而是可以按照文物保护法等有关法律法规的规定处理。

2. 根据《全国人民代表大会常务委员会关于〈中华人民共和国刑法〉有关文物的规定适用于具有科学价值的古脊椎动物化石、古人类化石的解释》的规定,刑法有关文物的规定,适用于**具有科学价值的古脊椎动物化石、古人类化石**。以牟利为目的,非法倒卖具有科学价值的古脊椎动物化石、古人类化石的,无论古脊椎动物化石是否与人类活动相关,情节严重的,都应当依照本条规定追究刑事责任。

【司法解释】

《最高人民法院、最高人民检察院关于办理妨害文物管理等刑事案件适用法律若干问题的解释》(法释〔2015〕23号,自2016年1月1日起施行)

△(**国家禁止买卖的文物;情节严重;情节特别严重**)出售或者为出售而收购、运输、储存《中华人民共和国文物保护法》规定的"国家禁止买卖的文物"的,应当认定为刑法第三百二十六条规定的"倒卖国家禁止经营的文物"。[①]

倒卖国家禁止经营的文物,具有下列情形之一的,应当认定为刑法第三百二十六条规定的"情节严重":

(一)倒卖三级文物的;

(二)交易数额在五万元以上的;

(三)其他情节严重的情形。

实施前款规定的行为,具有下列情形之一的,应当认定为刑法第三百二十六条规定的"情节特别严重":

(一)倒卖二级以上文物的;

(二)倒卖三级文物五件以上的;

(三)交易数额在二十五万元以上的;

(四)其他情节特别严重的情形。(§ 6)

△(**单位犯罪**)单位实施走私文物、倒卖文物等行为,构成犯罪的,依照本解释规定的相应自然人犯罪的定罪量刑标准,对直接负责的主管人员和其他直接责任人员定罪处罚,并对单位判处罚金。(§ 11Ⅰ)

△(**倒卖不可移动文物整体;量刑情节**)针对不可移动文物整体实施走私、盗窃、倒卖等行为的,根据所属不可移动文物的等级,依照本解释第一条、第二条、第六条的规定定罪量刑:

(一)尚未被确定为文物保护单位的不可移动文物,适用一般文物的定罪量刑标准;

(二)市、县级文物保护单位,适用三级文物的定罪量刑标准;

① 我国学者指出,该规定值得商榷。因为按照司法解释的规定,将自己所有的文物出售给他人的行为,成立倒卖文物罪;为了出卖而收购、运输、储存的行为,同样成立本罪之既遂。但根据《文物保护法》第五十条和第五十一条的规定,对前一行为不应以犯罪论处;后一行为充其量只是倒卖行为的预备行为,而不应认定为实行行为,更不应认定为本罪之既遂。参见张明楷:《刑法学》(第6版),法律出版社2021年版,第1465页。

（三）全国重点文物保护单位、省级文物保护单位，适用二级以上文物的定罪量刑标准。

针对不可移动文物中的建筑构件、壁画、雕塑、石刻等实施走私、盗窃、倒卖等行为的，根据建筑构件、壁画、雕塑、石刻等文物本身的等级或者价值，依照本解释第一条、第二条、第六条的规定定罪量刑。建筑构件、壁画、雕塑、石刻等所属不可移动文物的等级，应当作为量刑情节予以考虑。（§ 12）

△（**不同等级的文物；五件同级文物**）案件涉及不同等级的文物的，按照高级别文物的量刑幅度量刑；有多件同级文物的，五件同级文物视为一件高一级文物，但是价值明显不相当的除外。（§ 13）

△（**文物价值之认定；根据涉案文物的有效价格证明认定；根据销赃数额认定；结合鉴定意见、报告认定**）依照文物价值定罪量刑的，根据涉案文物的有效价格证明认定文物价值；无有效价格证明，或者根据价格证明认定明显不合理的，根据销赃数额认定，或者结合本解释第十五条规定的鉴定意见、报告认定。（§ 14）

△（**鉴定意见**）在行为人实施有关行为前，文物行政部门已对涉案文物及其等级作出认定的，可以直接对有关案件事实作出认定。

对案件涉及的有关文物鉴定、价值认定等专门性问题难以确定的，由司法鉴定机构出具鉴定意见，或者由国务院文物行政部门指定的机构出具报告。其中，对于文物价值，也可以由有关价格认证机构作出价格认证并出具报告。（§ 15）

△（**犯罪情节轻微；不起诉或者免予刑事处罚**）实施本解释第一条、第二条、第六条至第九条规定的行为，虽已达到应当追究刑事责任的标准，但行为人系初犯，积极退回或者协助追回文物，未造成文物损毁，并确有悔罪表现的，可以认定为犯罪情节轻微，不起诉或者免予刑事处罚。（§ 16Ⅰ）

△（**倒卖具有科学价值的古脊椎动物化石、古人类化石**）走私、盗窃、损毁、倒卖、盗掘或者非法转让具有科学价值的古脊椎动物化石、古人类化石的，依照刑法和本解释的有关规定定罪量刑。（§ 17）

【附属刑法】

《中华人民共和国文物保护法》（1982 年 11 月 19 日通过，2017 年 11 月 4 日第五次修正）

第六十四条

违反本法规定，有下列行为之一，构成犯罪的，依法追究刑事责任[①]：

……

（五）以牟利为目的倒卖国家禁止经营的文物的；

……

【公报案例】

△（**明知；倒卖文物罪；销赃罪**）行为人明知文物系他人盗掘所得，为从中牟取非法利益而帮助他人积极联系买主，居中促成非法文物交易的，其行为不构成销赃罪，应以倒卖文物罪定罪处罚。［《最高人民法院公报》2009 年第 5 期　刘大力、曹振庆、赵殿永等盗掘古文化遗址、倒卖文物、转移赃物案］

① 《中华人民共和国文物保护法》（1982 年 11 月 19 日通过，2017 年 11 月 4 日第五次修正）

第二条

Ⅰ在中华人民共和国境内，下列文物受国家保护：

（一）具有历史、艺术、科学价值的古文化遗址、古墓葬、古建筑、石窟寺和石刻、壁画；

（二）与重大历史事件、革命运动或者著名人物有关的以及具有重要纪念意义、教育意义或者史料价值的近代现代重要史迹、实物、代表性建筑；

（三）历史上各时代珍贵的艺术品、工艺美术品；

（四）历史上各时代重要的文献资料以及具有历史、艺术、科学价值的手稿和图书资料等；

（五）反映历史上各时代、各民族社会制度、社会生产、社会生活的代表性实物。

Ⅱ文物认定的标准和办法由国务院文物行政部门制定，并报国务院批准。

Ⅲ具有科学价值的古脊椎动物化石和古人类化石同文物一样受国家保护。

第五十一条

公民、法人和其他组织不得买卖下列文物：

（一）国有文物，但是国家允许的除外；

（二）非国有馆藏珍贵文物；

（三）国有不可移动文物中的壁画、雕塑、建筑构件等，但是依法拆除的国有不可移动文物中的壁画、雕塑、建筑构件等不属于本法第二十条第四款规定的应由文物收藏单位收藏的除外；

（四）来源不符合本法第五十条规定的文物。

第三百二十七条　【非法出售、私赠文物藏品罪】

违反文物保护法规，国有博物馆、图书馆等单位将国家保护的文物藏品出售或者私自送给非国有单位或者个人的，对单位判处罚金，并对其直接负责的主管人员和其他直接责任人员，处三年以下有期徒刑或者拘役。

【立法解释】

《全国人民代表大会常务委员会关于〈中华人民共和国刑法〉有关文物的规定适用于具有科学价值的古脊椎动物化石、古人类化石的解释》（2005年12月29日通过）

△（**具有科学价值的古脊椎动物化石、古人类化石**）刑法有关文物的规定，适用于具有科学价值的古脊椎动物化石、古人类化石。

【立法理由】

1979年刑法对非法出售、私赠文物藏品罪未作规定。1979年《刑法》第一百八十七条规定了国家工作人员渎职罪。根据对文物方面犯罪的实际情况和打击此类犯罪的实际需要，1991年《全国人民代表大会常务委员会关于修改〈中华人民共和国文物保护法〉第三十条第三十一条的决定》在《文物保护法》第三十一条中增加规定，全民所有制博物馆、图书馆等单位将文物藏品出售或者私自赠送给非全民所有制单位或者个人的，对主管人员和直接责任人员比照《刑法》第一百八十七条的规定追究刑事责任。

1997年修订刑法时，将国有博物馆、图书馆等单位将国家保护的文物藏品出售或者私自送给非国有单位或者个人的行为纳入刑法，单独规定为犯罪，对上述规定的主要修改在于将“全民所有制”修改为“国有”，将“非全民所有制”修改为“非国有”，同时将比照《刑法》第一百八十七条的规定追究刑事责任修改为具体的刑罚。这样修改主要考虑到：一是1979年《刑法》第七十九条规定：“本法分则没有明文规定的犯罪，可以比照本法分则最相类似的条文定罪判刑，但是应当报请最高人民法院核准。”比照最相类似条文进行定罪处罚的规定，实质上是一种类推。1997年刑法确立了罪刑法定原则，废止了所有比照相似条文处理的类推规定。二是国有博物馆、图书馆等单位收藏的文物藏品是国家重要的文化财产，其价值不仅仅是由文物的价值来衡量的，出售或者私自将其赠送给非国有单位或者个人的，就会使国家所有的文化财产变为集体或者个人的财产，使国家的文化财产遭到损失，应当予以严惩，而该行为与渎职罪的行为特征存在差异，理应单独进行定罪处罚。

【条文说明】

本条是关于非法出售、私赠文物藏品罪及其处罚的规定。

本条规定的主体是国有博物馆、图书馆等单位，个人不是本罪的主体。本条所指“违反**文物保护法规**”，是指违反《文物保护法》以及与文物保护有关的行政法规如《文物保护法实施条例》等，这些规定中确立了收藏单位及其工作人员工作中应当遵守的原则和规范，对馆藏文物的保管、调取、调拨、出借、交换等都作了规定。

“国有博物馆、图书馆等单位”是指国家所有的博物馆、图书馆、纪念馆和文物考古事业机构等单位。我国是一个历史悠久的文明古国，地上地下的文物都十分丰富，这是我国人民宝贵的财富，由国有博物馆、图书馆等单位对文物进行收藏管理，是保护文物，防止其毁坏和流失的重要措施。这些国有单位收藏的文物，都是国家经过长期工作，搜集、整理积累起来的，具有非常重要的价值。国有博物馆、图书馆等文物收藏单位责任重大，必须恪尽职守，切实保护好这些文物，否则，将会给国家和人民利益造成严重的危害。《文物保护法》规定，国有文物收藏单位以及其他国家机关、部队和国有企业、事业组织等收藏、保管的文物，属于国家所有。国有博物馆、图书馆等单位对自己保管的文物藏品，有保管、使用或者因使用获得收益的权利，但没有所有权，没有出售和私自馈赠的权利。对于国有博物馆、图书馆等单位收藏、保管的文物的使用，包括调拨、展览、出借、交换等，文物保护法作了严格规定。根据文物保护法的规定，国有文物收藏单位之间因举办展览、科学研究等需借用馆藏文物的，应当报主管的文物行政部门备案；借用馆藏一级文物的，应当同时报国务院文物行政部门备案。非国有文物收藏单位和其他单位举办展览需借用国有馆藏文物的，应当报主管的文物行政部门批准；借用国有馆藏一级文物，应当经国务院文物行政部门批准。已经建立馆藏文物档案的国有文物收藏单位，经省、自治区、直辖市人民政府文物行政部门批准，并报国务院文物行政部门备案，其馆藏文物可以在国有文物收藏单位之间交换。国有文物收藏单位调拨、交换、出借文物所得的补偿费用，必须用于改善文物的收藏条件和收集新的文物，不得挪作他用；任何单位或者个人不得侵占。调拨、交换、借用的文物必须严格保管，不得丢失、损毁。《文物保护法》第四十四条还明确规定："禁止国有文物收藏单位将馆藏文物赠与、出租或者出售给其他单位、个人。"非法将文物藏品出售或者私自送给非国有单位或者个人，**侵犯了国家对文物藏品的管理秩序，同时也侵犯了国家对文物藏品的所有权**。

"文物藏品"包括珍贵文物和一般文物。"**非国有单位**"指集体所有制的单位、私营企业、外商投资企业以及非国有的社会团体、事业组织等。这里的"**出售**"是指把文物藏品作为商品以一定的价格加以出卖的行为，"**私赠**"是指擅自将文物藏品无偿给予受赠人的行为。

根据本条规定，对于违反文物保护法律法规，将国有博物馆、图书馆等单位收藏的国家保护的文物藏品出售或者私自送给非国有单位或者个人的行为，对该国有博物馆、图书馆等单位判处罚金，并对该出售或私自馈赠行为负有直接责任的主管人员以及其他直接责任人员，处三年以下有期徒刑或者拘役。可见，本罪是**单位犯罪**，个人不能构成本罪。本罪实行的是"**双罚制**"，对单位及直接负责的主管人员和其他直接责任人员应当分别处罚。此外，根据2015年《最高人民法院、最高人民检察院关于办理妨害文物管理等刑事案件适用法律若干问题的解释》第七条的规定，国有博物馆、图书馆以及其他国有单位，违反文物保护法规，将收藏或者管理的国家保护的文物藏品出售或者私自送给非国有单位或者个人的，依照本条追究刑事责任。

实际执行中需要注意的是：在司法适用中，应当注意处理好本罪与**非法向外国人出售、赠送珍贵文物罪**的关系。《刑法》第三百二十五条针对单位违反文物保护法规，将收藏的国家禁止出口的珍贵文物私自出售或者私自赠送给外国人的行为的刑事责任，与本条在一定情况下存在**法条竞合**。如当国有博物馆、图书馆等单位将收藏的国家禁止出口的珍贵文物非法出售或者私自赠给外国人时，就同时触犯了本罪和第三百二十五条规定的非法向外国人出售、赠送珍贵文物罪两个罪名。此时，应当择一重罪予以处罚。

【司法解释】

《最高人民法院、最高人民检察院关于办理妨害文物管理等刑事案件适用法律若干问题的解释》（法释〔2015〕23号，自2016年1月1日起施行）

△（**非法出售、私赠文物藏品罪**）国有博物馆、图书馆以及其他国有单位，违反文物保护法规，将收藏或者管理的国家保护的文物藏品出售或者私自送给非国有单位或者个人的，依照刑法第三百二十七条的规定，以非法出售、私赠文物藏品罪追究刑事责任。（§7）

△（**不同等级的文物；五件同级文物**）案件涉及不同等级的文物的，按照高级别文物的量刑幅度量刑；有多件同级文物的，五件同级文物视为一件高一级文物，但是价值明显不相当的除外。（§13）

△（**文物价值之认定；根据涉案文物的有效价格证明认定；根据销赃数额认定；结合鉴定意见、报告认定**）依照文物价值定罪量刑的，根据涉案文物的有效价格证明认定文物价值；无有效价格证明，或者根据价格证明认定明显不合理的，根据销赃数额认定，或者结合本解释第十五条规定的鉴定意见、报告认定。（§14）

△（**鉴定意见**）在行为人实施有关行为前，文物行政部门已对涉案文物及其等级作出认定的，可以直接对有关案件事实作出认定。

对案件涉及的有关文物鉴定、价值认定等专门性问题难以确定的，由司法鉴定机构出具鉴定意见，或者由国务院文物行政部门指定的机构出具报告。其中，对于文物价值，也可以由有关价格认证机构作出价格认证并出具报告。（§15）

△（**犯罪情节轻微；不起诉或者免予刑事处罚**）实施本解释第一条、第二条、第六条至第九条规定的行为，虽已达到应当追究刑事责任的标准，但行为人系初犯，积极退回或者协助追回文物，未造成文物损毁，并确有悔罪表现的，可以认定为犯罪情节轻微，不起诉或者免予刑事处罚。（§16Ⅰ）

△（**非法转让具有科学价值的古脊椎动物化石、古人类化石**）走私、盗窃、损毁、倒卖、盗掘或者非法转让具有科学价值的古脊椎动物化石、古人类化石的，依照刑法和本解释的有关规定定罪量刑。（§17）

【附属刑法】

《中华人民共和国文物保护法》（1982年11月19日通过，2017年11月4日第五次修正）

第六十四条

违反本法规定，有下列行为之一，构成犯罪

的，依法追究刑事责任①：

……

（三）擅自将国有馆藏文物出售或者私自送给非国有单位或者个人的；

……

第三百二十八条　【盗掘古文化遗址、古墓葬罪】【盗掘古人类化石、古脊椎动物化石罪】

盗掘具有历史、艺术、科学价值的古文化遗址、古墓葬的，处三年以上十年以下有期徒刑，并处罚金；情节较轻的，处三年以下有期徒刑、拘役或者管制，并处罚金；有下列情形之一的，处十年以上有期徒刑或者无期徒刑，并处罚金或者没收财产：

（一）盗掘确定为全国重点文物保护单位和省级文物保护单位的古文化遗址、古墓葬的；

（二）盗掘古文化遗址、古墓葬集团的首要分子；

（三）多次盗掘古文化遗址、古墓葬的；

（四）盗掘古文化遗址、古墓葬，并盗窃珍贵文物或者造成珍贵文物严重破坏的。

盗掘国家保护的具有科学价值的古人类化石和古脊椎动物化石的，依照前款的规定处罚。

【立法解释】

《全国人民代表大会常务委员会关于〈中华人民共和国刑法〉有关文物的规定适用于具有科学价值的古脊椎动物化石、古人类化石的解释》（2005年12月29日通过）

△（**具有科学价值的古脊椎动物化石、古人类化石**）刑法有关文物的规定，适用于具有科学价值的古脊椎动物化石、古人类化石。

【立法沿革】

《中华人民共和国刑法》（1997年修订，自1997年10月1日起施行）

第三百二十八条

盗掘具有历史、艺术、科学价值的古文化遗址、古墓葬的，处三年以上十年以下有期徒刑，并处罚金；情节较轻的，处三年以下有期徒刑、拘役或者管制，并处罚金；有下列情形之一的，处十年以上有期徒刑、无期徒刑或者死刑，并处罚金或者没收财产：

（一）盗掘确定为全国重点文物保护单位和省级文物保护单位的古文化遗址、古墓葬的；

（二）盗掘古文化遗址、古墓葬集团的首要分子；

（三）多次盗掘古文化遗址、古墓葬的；

（四）盗掘古文化遗址、古墓葬，并盗窃珍贵文物或者造成珍贵文物严重破坏的。

盗掘国家保护的具有科学价值的古人类化石和古脊椎动物化石的，依照前款的规定处罚。

《中华人民共和国刑法修正案（八）》（自2011年5月1日起施行）

四十五、将刑法第三百二十八条第一款修改为：

"盗掘具有历史、艺术、科学价值的古文化遗址、古墓葬的，处三年以上十年以下有期徒刑，并处罚金；情节较轻的，处三年以下有期徒刑、拘役或者管制，并处罚金；有下列情形之一的，处十年以上有期徒刑或者无期徒刑，并处罚金或者没收财产：

"（一）盗掘确定为全国重点文物保护单位和省级文物保护单位的古文化遗址、古墓葬的；

"（二）盗掘古文化遗址、古墓葬集团的首要分子；

"（三）多次盗掘古文化遗址、古墓葬的；

"（四）盗掘古文化遗址、古墓葬，并盗窃珍贵文物或者造成珍贵文物严重破坏的。"

【立法理由】

1979年刑法对本条内容未作规定。1991年《全国人民代表大会常务委员会关于惩治盗掘古文化遗址古墓葬犯罪的补充规定》对刑法补充规定："盗掘具有历史、艺术、科学价值的古文化遗址、古墓葬的，处三年以上十年以下有期徒刑，可以并处罚金；情节较轻的，处三年以下有期徒刑或者拘役，可以并处罚金；有下列情形之一的，处十

① 《中华人民共和国文物保护法》（1982年11月19日通过，2017年11月4日第五次修正）

第四十四条

禁止国有文物收藏单位将馆藏文物赠与、出租或者出售给其他单位、个人。

年以上有期徒刑、无期徒刑或者死刑，并处罚金或者没收财产：(一)盗掘确定为全国重点文物保护单位和省级文物保护单位的古文化遗址、古墓葬的；(二)盗掘古文化遗址、古墓葬集团的首要分子；(三)多次盗掘古文化遗址、古墓葬的；(四)盗掘古文化遗址、古墓葬，并盗窃珍贵文物或者造成珍贵文物严重破坏的。盗掘古文化遗址、古墓葬所盗窃的文物，一律予以追缴。”同时，《文物保护法》第二条规定，具有科学价值的古脊椎动物化石和古人类化石同文物一样受国家的保护。古文化遗址、古墓葬，作为人类活动的实物遗存，从不同的侧面和领域揭示了一定的历史现象，体现了古人的思想道德和科学文化水平，它的价值和作用是永恒的，是连接过去、现在和未来的历史文化纽带。这些前人给我们留下的珍贵宝藏，不可再生，无法复制，一旦受损则无法挽回。盗掘古文化遗址、古墓葬的违法犯罪活动会使大量未出土的文物脱离特定的环境而失去珍贵的科学价值，同时调查表明，在非法文物市场出卖的文物中，出土文物占了80%以上，盗掘古文化遗址、古墓葬犯罪活动为非法倒卖文物提供了文物源。坚决打击盗掘古文化遗址、古墓葬犯罪活动，是保护文物、制止倒卖文物犯罪活动的有效手段。

1997年修订刑法时，将1991年《全国人民代表大会常务委员会关于惩治盗掘古文化遗址古墓葬犯罪的补充规定》的内容修改完善后纳入刑法，即将前两档刑罚中的“可以并处罚金”修改为“并处罚金”，并删除了“盗掘古文化遗址、古墓葬所盗窃的文物，一律予以追缴”的规定，这主要是考虑到《刑法》第六十四条已经规定“犯罪分子违法所得的一切财物，应当予以追缴或者责令退赔”，直接适用这条规定即可。此外，还增加了盗掘古人类化石、古脊椎动物化石罪，这主要是考虑到古人类化石和古脊椎动物化石对研究人类发展史和自然科学都具有重要意义，文物保护法也规定对其保护适用文物保护的有关规定。因此，特增设了专门的罪名，以加强对古人类化石和古脊椎动物化石的保护。

2011年《刑法修正案(八)》对本条的修改情况。主要是**取消了盗掘古文化遗址、古墓葬罪和盗掘古人类化石、古脊椎动物化石罪死刑的规定**。完善死刑法律规定，适当减少死刑罪名，调整死刑与无期徒刑、有期徒刑之间的结构关系是深化司法体制和工作机制改革提出的要求，也是《刑法修正案(八)》的重点。经过慎重研究，《刑法修正案(八)》取消了包括盗掘古文化遗址、古墓葬罪和盗掘古人类化石、古脊椎动物化石罪在内的十三个经济性非暴力犯罪的死刑。取消本罪的死刑，主要是考虑到死刑应该着重覆盖国家法益中最重要的国家安全，个体法益中最重要的生命权，社会法益中最重要的公共安全。盗掘古文化遗址、古墓葬罪和盗掘古人类化石、古脊椎动物化石罪属于妨害国家文物管理秩序的犯罪，是非暴力的犯罪，取消这一犯罪的死刑，但仍然保留了无期徒刑，对我国的文物保护形势不会产生大的影响。以1997年《刑法》将盗窃罪可以判处死刑的情形限定为“盗窃金融机构，数额特别巨大的；盗窃珍贵文物，情节严重的”为例，实践中，盗窃罪判处死刑的案件极少，盗窃案件的总量并没有因此而上升。因此，这次刑法修改取消了本罪的死刑。

【条文说明】

本条是关于盗掘古文化遗址、古墓葬罪和盗掘古人类化石、古脊椎动物化石罪及其处罚的规定。

本条共分为两款。

第一款是关于盗掘古文化遗址、古墓葬的犯罪及其处罚的规定。“**盗掘**”是指以出卖或者非法占有为目的，私自秘密发掘古文化遗址和古墓葬的行为。①②“**古文化遗址**”是指在人类历史发展中由古代人类创造并留下的表明其文化发展水平的地区，如周口店。“**古墓葬**”是指古代(一般指清代以前，包括清代)人类将逝者及其生前遗物按一定方式放置于特定场所并建造的固定设施。辛亥革命以后，与著名历史事件有关的名人墓葬、遗址和纪念地，也视同古墓葬、古文化遗址，受国家保护。

本款对盗掘古文化遗址、古墓葬的犯罪行为

---

① 我国学者指出，盗掘既不是单纯的盗窃，也不是单纯的损毁，而是指未经国家文物主管部门批准，私自挖掘古文化遗址、古墓葬，可谓集盗窃与损毁于一体，其法益侵害程度相当严重。盗掘行为不必具有秘密性，公开盗掘的，也成立本罪。参见张明楷：《刑法学》(第6版)，法律出版社2021年版，第1466页；赵秉志、李希慧主编：《刑法各论》(第3版)，中国人民大学出版社2016年版，第320页。另有学者进一步指出，本罪属于行为犯。只要行为人实施挖掘古文化、古墓葬的行为，不论是否挖到文物，都足以成立本罪。参见王作富主编：《刑法分则实务研究(下)》(第5版)，中国方正出版社2013年版，第1332—1333页；高铭暄、马克昌主编：《刑法学》(第7版)，北京大学出版社、高等教育出版社2016年版，第571页。

② 盗掘并不限于挖掘埋藏于地下的古文化遗址、古墓葬。打捞被水淹没的古文化遗址、古墓葬，掘出埋藏于其他物体中的古文化遗址、古墓葬，同样应认定为“盗掘”。参见张明楷：《刑法学》(第6版)，法律出版社2021年版，第1466页。

规定了**三档刑罚**。其中,对实施了盗掘具有历史、艺术、科学价值的古文化遗址、古墓葬行为的,处三年以上十年以下有期徒刑,并处罚金。对于情节较轻的,处三年以下有期徒刑、拘役或者管制,并处罚金。根据近年来打击盗掘古文化遗址、古墓葬犯罪的实际情况,本条具体规定了适用十年以上有期徒刑或者无期徒刑,并处罚金或者没收财产刑罚的四种情形:第一,**盗掘确定为全国重点文物保护单位和省级文物保护单位的古文化遗址、古墓葬的**。这里的"**全国重点文物保护单位**"有两种:一种是国务院文物行政部门在各级文物保护单位中直接指定并报国务院核定公布的单位;另一种是国务院文物行政部门在各级文物保护单位中选择出来的具有重大历史、艺术、科学价值并报国务院核定公布的单位。"**省级文物保护单位**"是指由省、自治区、直辖市人民政府核定并报国务院备案的文物保护单位。被确定为全国重点文物保护单位和省级文物保护单位的古文化遗址、古墓葬,在科学、历史、艺术等方面的价值是极高的。文物保护法规定,一切考古发掘工作,必须履行报批手续;从事考古发掘的单位,应当经国务院文物行政部门批准。地下埋藏的文物,任何单位或者个人都不得私自发掘。从事考古发掘的单位,为了科学研究进行考古发掘,应当提出发掘计划,报国务院文物行政部门批准;对全国重点文物保护单位的考古发掘计划,应当经国务院文物行政部门审核后报国务院批准。国务院文物行政部门在批准或者审核前,应当征求社会科学研究机构及其他科研机构和有关专家的意见。上述古文化遗址、古墓葬一旦被盗掘,对国家文化财产造成的损失根本无法弥补,不处以重刑不具有威慑力。第二,**盗掘古文化遗址、古墓葬集团的首要分子**。"**首要分子**"是指在盗掘古文化遗址、古墓葬的集团犯罪活动中起组织、策划、指挥作用的犯罪分子。近年来,盗掘古文化遗址、古墓葬犯罪活动越来越集团化、职业化、高智能和高技术化,而且盗掘往往与倒卖行为联合在一起,形成利益链条和犯罪网络。因此,严厉打击盗掘古文化遗址、古墓葬犯罪的首要分子很有必要。第三,**多次盗掘古文化遗址、古墓葬的**。"**多次**"一般是指三次以上。该项规定主要针对的是盗掘古文化遗址、古墓葬的惯犯。第四,**盗掘古文化遗址、古墓葬,并盗窃珍贵文物或者造成珍贵文物严重破坏的**。"**盗窃珍贵文物**"是指在盗掘中将珍贵文物据为已有的行为,这里将盗窃的文物限于"珍贵文物"。盗窃一般文物的不属于本项情节。盗掘行为与珍贵文物破坏的情况关系紧密,而且盗掘古文化遗址、古墓葬的目的,往往就是为了盗窃珍贵文物。所以,本款将上述行为规定为盗掘古文化遗址、古墓葬罪处重刑的情节。

第二款是关于盗掘古人类化石、古脊椎动物化石罪及其处罚的规定。化石是过去生物的遗骸或遗留下来的印迹,是指保存在各地质时期岩层中生物的遗骸和遗迹。古人类化石和古脊椎动物化石对研究人类发展史和自然科学具有重要意义,文物保护法规定,对其保护适用文物保护的规定。根据《古人类化石和古脊椎动物化石保护管理办法》的规定,古人类化石和古脊椎动物化石分为珍贵化石和一般化石;珍贵化石分为三级,一、二、三级化石和一般化石的保护和管理,按照国家有关一、二、三级文物和一般文物保护管理的规定实施。"**依照前款的规定处罚**"是指盗掘国家保护的具有科学价值的古人类化石和古脊椎动物化石的,依照本条第一款规定的三档刑罚进行处罚。

【司法解释】

《最高人民法院、最高人民检察院关于办理妨害文物管理等刑事案件适用法律若干问题的解释》(法释〔2015〕23 号,自 2016 年 1 月 1 日起施行)

△(**古文化遗址、古墓葬;既遂**)刑法第三百二十八条第一款规定的"古文化遗址、古墓葬"包括水下古文化遗址、古墓葬。"古文化遗址、古墓葬"不以公布为不可移动文物的古文化遗址、古墓葬为限。

实施盗掘行为,已损害古文化遗址、古墓葬的历史、艺术、科学价值的,应当认定为盗掘古文化遗址、古墓葬罪既遂。(§ 8Ⅰ、Ⅱ)

△(**公司、企业、事业单位、机关、团体等单位;盗掘古文化遗址、古墓葬**)公司、企业、事业单位、机关、团体等单位实施盗窃文物,故意损毁文物、名胜古迹,过失损毁文物,盗掘古文化遗址、古墓葬等行为的,依照本解释规定的相应定罪量刑标准,追究组织者、策划者、实施者的刑事责任。(§ 11Ⅱ)

△(**不同等级的文物;五件同级文物**)案件涉及不同等级的文物的,按照高级别文物的量刑幅度量刑;有多件同级文物的,五件同级文物视为一件高一级文物,但是价值明显不相当的除外。(§ 13)

△(**文物价值之认定;根据涉案文物的有效价格证明认定;根据销赃数额认定;结合鉴定意见、报告认定**)依照文物价值定罪量刑的,根据涉案文物的有效价格证明认定文物价值;无有效价格证明,或者根据价格证明认定明显不合理的,根据销赃数额认定,或者结合本解释第十五条规定的鉴

定意见、报告认定。(§ 14)

△(**鉴定意见**)在行为人实施有关行为前,文物行政部门已对涉案文物及其等级作出认定的,可以直接对有关案件事实作出认定。

对案件涉及的有关文物鉴定、价值认定等专门性问题难以确定的,由司法鉴定机构出具鉴定意见,或者由国务院文物行政部门指定的机构出具报告。其中,对于文物价值,也可以由有关价格认证机构作出价格认证并出具报告。(§ 15)

△(**犯罪情节轻微;不起诉或者免予刑事处罚**)实施本解释第一条、第二条、第六条至第九条规定的行为,虽已达到应当追究刑事责任的标准,但行为人系初犯,积极退回或者协助追回文物,未造成文物损毁,并确有悔罪表现的,可以认定为犯罪情节轻微,不起诉或者免予刑事处罚。(§ 16Ⅰ)

△(**盗掘具有科学价值的古脊椎动物化石、古人类化石**)走私、盗窃、损毁、倒卖、盗掘或者非法转让具有科学价值的古脊椎动物化石、古人类化石的,依照刑法和本解释的有关规定定罪量刑。(§ 17)

【附属刑法】

《中华人民共和国文物保护法》(1982 年 11 月 19 日通过,2017 年 11 月 4 日第五次修正)

第六十四条

违反本法规定,有下列行为之一,构成犯罪的,依法追究刑事责任①:

(一)盗掘古文化遗址、古墓葬的;

……

【参考案例】

△**石窟寺、石刻、古建筑、地下城等不可移动文物,应当认定为古文化遗址。**

《文物保护法》规定的是狭义上的古文化遗址,目的是尽可能地列举不可移动文物所包含的种类、形态,明确文物保护范围。而对于《刑法》第三百二十八条所称的古文化遗址,其含义应当是广义的,或者说有必要作出与《文物保护法》不同的广义上的理解。也只有如此解释,才能将石窟寺、石刻、古建筑、地下城等不可移动文物(文物保护单位)纳入刑法的保护范围,才更加合乎刑事立法的意旨。[No. 6-4-328(1)-1　李生跃盗掘古文化遗址案]

△**将不可移动文物的一部分从其整体中挖掘或者凿割下来的,应当认定为盗掘。**

"掘"乃挖掘之意,将完全埋藏于地下的文物如古墓葬开挖出来,是"掘";将半埋于地下(一部分在地下,一部分在地上)的不可移动文物挖出也是"掘"。此外,那种将不可移动文物的一部分从其整体中挖掘、凿割下来的行为,同样也是"掘"。可见,"掘"既包括朝地下垂直式的挖掘,也包括水平面上的挖掘。如被告人李生跃凿挖附着于山体表面的壁刻头像的行为,就是一种水平面上的挖掘。被告人李生跃以占有出售为目的,盗凿已被确定为省级文物保护单位的石窟寺内壁刻头像的行为,符合盗掘古文化遗址罪的特征,对其应以盗掘古文化遗址罪定罪,且得在十年以上有期徒刑、无期徒刑或者死刑,并处罚金或没收财产的法定刑幅度内判处刑罚。[No. 6-4-328

① 《中华人民共和国文物保护法》(1982 年 11 月 19 日通过,2017 年 11 月 4 日第五次修正)

第三条

Ⅰ古文化遗址、古墓葬、古建筑、石窟寺、石刻、壁画、近代现代重要史迹和代表性建筑等不可移动文物,根据它们的历史、艺术、科学价值,可以分别确定为全国重点文物保护单位,省级文物保护单位,市、县级文物保护单位。

Ⅱ历史上各时代重要实物、艺术品、文献、手稿、图书资料、代表性实物等可移动文物,分为珍贵文物和一般文物;珍贵文物分为一级文物、二级文物、三级文物。

第五条

Ⅰ中华人民共和国境内地下、内水和领海中遗存的一切文物,属于国家所有。

Ⅱ古文化遗址、古墓葬、石窟寺属于国家所有。国家指定保护的纪念建筑物、古建筑、石刻、壁画、近代现代代表性建筑等不可移动文物,除国家另有规定的以外,属于国家所有。

Ⅲ国有不可移动文物的所有权不因其所依附的土地所有权或者使用权的改变而改变。

Ⅳ下列可移动文物,属于国家所有:

(一)中国境内出土的文物,国家另有规定的除外;

(二)国有文物收藏单位以及其他国家机关、部队和国有企业、事业组织等收藏、保管的文物;

(三)国家征集、购买的文物;

(四)公民、法人和其他组织捐赠给国家的文物;

(五)法律规定属于国家所有的其他文物。

Ⅴ属于国家所有的可移动文物的所有权不因其保管、收藏单位的终止或者变更而改变。

Ⅵ国有文物所有权受法律保护,不容侵犯。

(1)-2　李生跃盗掘古文化遗址案]

△盗掘全国重点文物保护单位的古文化遗址情节较轻，依法决定在法定刑以下判处刑罚的，可以适用缓刑。

二被告人盗掘确定为全国重点文物保护单位的古文化遗址的，应当在十年以上有期徒刑或者无期徒刑的法定刑幅度内处罚。但是，根据本案的具体情节，可以在法定刑以下判处刑罚，并适用缓刑。首先，二被告人有别于有预谋、有准备、携带专业挖掘工具流窜作案的专业盗掘文物人员，系临时起意。二被告人不是刻意去寻找挖掘对象，而是在政府为绿化而挖的树洞内实施盗掘行为，因而主观恶性相对较小。其次，二被告人的挖掘持续时间不长，既未给吉州窑遗址造成实质性的严重破坏，也未盗得有价值的文物，与采取捣毁、损坏、拆除、焚烧、爆炸等不计后果的破坏性手段盗掘古文化遗址，大肆倒卖、走私文物的犯罪相比，犯罪情节相对较轻。再次，二被告人归案后均如实供述犯罪事实，且悔罪态度较好。最后，二被告人平时表现较好，无前科劣迹，均系初犯，归案后认罪悔罪，能够坦白罪行。综上，吉安市中级人民法院经综合评估，认为二被告人的犯罪情节较轻，有悔罪表现，且没有再犯罪的危险，宣告缓刑对所居住社区没有重大不良影响，故对被告人谢志喜、曾和平分别以盗掘古文化遗址罪判处有期徒刑三年，缓刑三年，并处罚金人民币 5000 元，是妥当的。[No. 6-4-328(1)-3　谢志喜、曾和平盗掘古文化遗址案]

△盗掘古墓葬墓室以外墓道上的石像生，构成盗掘古墓葬罪。

盗掘古墓葬罪规定在《刑法》第六章第四节“妨害文物管理罪”中，表明盗掘古墓葬罪侵犯的是复杂客体，不仅侵犯了国家对古墓葬的所有权，还侵犯了国家对古墓葬的管理秩序。古墓葬的所有权归属于国家，未经批准盗掘古墓葬的行为，无论是否窃得古墓葬中的可移动文物，都是对国家所有权的侵犯。同时，盗掘古墓葬的行为不但会造成文物的严重流失，而且使许多文物因缺乏保护而丧失其历史、艺术、科学价值，有时甚至造成文物的直接毁坏，因而这种行为还侵犯了国家对古墓葬的管理秩序。《刑法》第三百二十八条对盗掘古墓葬罪规定了三年以上有期徒刑，最高可处无期徒刑的刑罚；只有情节较轻的，处三年以下有期徒刑、拘役或者管制。刑法之所以将盗掘古墓葬罪作为重罪惩处，不仅是为了保护古墓葬的所有权和古墓葬中的珍贵文物，更重要的是古墓葬及其文物中所蕴含的重要历史、艺术、科学价值。因此，判断石像生是否是“古墓葬”，不能仅从其是位于墓室内还是墓室外来判断分析，更应当从本质属性上分析是否具有古墓葬的重要历史、艺术和科学价值。

石像生是古墓葬不可分割的一部分，古墓葬由地上遗迹和地下遗迹组成，古墓葬的墓室、葬具、随葬品、壁画、神道、石像生、碑刻、地面建筑等形成一个有机整体，离开了其中任何一部分，古墓葬都是不完整的。因此，上述对象都应当成为盗掘古墓葬罪所要保护的对象。相对于其他附属物而言，石像生具有更高的研究价值。在文物保护手段还不够成熟、考古发掘还存在一定技术性障碍的情况下，古墓葬附属物的完整保存对研究一定地区的历史事件、经济发展水平、丧葬习俗及民俗等具有重要价值。对那些年代和墓主身份难以认定的古墓，石像生对判明墓主人的身份等具有重要的参考价值。

从盗掘古墓葬罪所要保护的法益的角度出发，凡是具备以下两个特征的“破坏性手段”，都可以视为盗掘古墓葬罪的行为方式：(1)行为人秘密实施的行为，旨在破坏古墓葬及其附属物的完整性或者使其离开原处；(2)行为客观上破坏了古墓葬及其附属物所蕴含的历史、艺术、科学价值。被告人偷挖石马的行为就属于秘密实施的使古墓葬的附属物离开原处的行为，符合“盗掘”古墓葬的行为特征。[No. 6-4-328(1)-4　韩涛、胡如俊盗掘古墓葬案]

第三百二十九条　【抢夺、窃取国有档案罪】【擅自出卖、转让国有档案罪】

抢夺、窃取国家所有的档案的，处五年以下有期徒刑或者拘役。

违反档案法的规定，擅自出卖、转让国家所有的档案，情节严重的，处三年以下有期徒刑或者拘役。

有前两款行为，同时又构成本法规定的其他犯罪的，依照处罚较重的规定定罪处罚。

【立法理由】

1979 年刑法对本条内容未作规定。1979 年《刑法》第一百条规定了反革命罪，据此规定，以反革命为目的，抢劫国家档案的，处无期徒刑或者十年以上有期徒刑;情节较轻的,处三年以上十年以下有期徒刑。1996年修正后的《档案法》第二十四条第一款规定:"有下列行为之一的,由县级以上人民政府档案行政管理部门、有关主管部门对直接负责的主管人员或者其他直接责任人员依法给予行政处分;构成犯罪的,依法追究刑事责任:(一)损毁、丢失属于国家所有的档案的;(二)擅自提供、抄录、公布、销毁属于国家所有的档案的;(三)涂改、伪造档案的;(四)违反本法第十六条、第十七条规定,擅自出卖或者转让档案的;(五)倒卖档案牟利或者将档案卖给、赠送给外国人的;(六)违反本法第十条、第十一条规定,不按规定归档或者不按期移交档案的;(七)明知所保存的档案面临危险而不采取措施,造成档案损失的;(八)档案工作人员玩忽职守,造成档案损失的。"

1997年修订刑法时,取消了反革命罪,对1979年《刑法》第一百条和1996年修正的《档案法》第二十四条的有关规定进行了修改完善,将抢夺、窃取国有档案的行为和擅自出卖、转让国有档案的行为单独规定为犯罪。国家所有的档案是具有重要保存价值,由国家具有所有权及处置权的历史记录,其中许多涉及重大历史事件或者国家秘密,抢夺、窃取或者擅自出卖、转让国家所有的档案,**不仅侵犯了国家财产的所有权,也可能导致档案被不适当地公布,造成泄密等十分严重的后果**。因此,刑法将该行为规定为犯罪。

【条文说明】

本条是关于抢夺、窃取国有档案罪以及擅自出卖、转让国有档案罪及其处罚的规定。①

本条共分为三款。

第一款是关于抢夺、窃取国有档案罪及其处罚的规定。"**档案**"是指过去和现在的机关、团体、企业事业单位和其他组织以及个人从事经济、政治、文化、社会、生态文明、军事、外事、科技等方面活动直接形成的对国家和社会具有保存价值的各种文字、图表、声像等不同形式的历史记录。②"**国家所有的档案**"是指具有重要保存价值,由国家具有所有权及处置权的档案。"**抢夺**"**国家所有的档案**,是指以非法占有为目的,公然夺取国家所有的档案。"**窃取**"**国家所有的档案**,是指以非法占有为目的,秘密取得国家所有的档案。本款规定对抢夺、窃取国家所有的档案的犯罪行为,处五年以下有期徒刑或者拘役。

第二款是关于擅自出卖、转让国有档案罪及其处罚的规定。《档案法》第二十三条第一、三款规定,禁止买卖属于国家所有的档案。档案复制件的交换、转让,按照国家有关规定办理。"**擅自出卖、转让国家所有的档案**"实际上是改变了档案的所有权,并且这也意味着国家所有的档案随时有可能被公布。国家所有的档案,是涉及国家和社会有重要保存价值的历史记录,不适当的公布会造成不良的后果。本款规定,对擅自出卖、转让国家所有的档案,情节严重的,处三年以下有期徒刑或者拘役。

第三款是关于有抢夺、窃取国家所有的档案,或者违反档案法的规定,擅自出卖、转让国家所有的档案的行为,同时又构成刑法规定的其他罪行如何处罚的规定。比如,抢夺、盗窃的档案属于文物或者国家秘密的情况。档案法对涉及国家秘密的档案的管理和利用作了规定,当行为人窃取国家所有的档案,以获得国家秘密,向境外提供的,会同时构成为境外窃取国家秘密罪和窃取国有档案罪,在这种情况下,**应当依照处罚较重的规定定罪处罚**。根据文物保护法的规定,文物包括历史上各时代重要的文献资料以及具有历史、艺术、科学价值的手稿和图书资料等,某些文献资料可能既是国有档案,又是文物。行为人向外国人出卖国有档案的,可能会同时构成非法向外国人出售珍贵文物罪和擅自出卖国有档案罪,在这种情况下,也应当依照处罚较重的规定定罪处罚。

实际执行中应当注意以下两个方面的问题:

1. 刑法虽然将关于档案的犯罪放在妨害文物管理罪一节,但并不是说档案都属于文物,**档案中只有一部分属于文物**,即历史上各时代重要的文献资料以及具有历史、艺术、科学价值的手稿和图书资料等才属于文物,具体应当由有关部门或者鉴定机构依据《文物藏品定级标准》予以认定。

---

① 相对的,如果行为人采用抢劫方式获取国有档案,不能以罪刑法定原则为由不予处理,也不能以抢夺国有档案罪进行处罚,而应直接论以抢劫罪。参见黎宏:《刑法学各论》(第2版),法律出版社2016年版,第431页。另有学者指出,抢劫国有档案的行为,应认定为抢夺、窃取国有档案罪(抢劫行为符合抢夺、窃取的要件);如果所抢劫的档案属于财物,则是本罪与抢劫罪的想象竞合,从一重罪处罚。参见张明楷:《刑法学》(第6版),法律出版社2021年版,第1467页;赵秉志、李希慧主编:《刑法各论》(第3版),中国人民大学出版社2016年版,第321页。

② 我国学者指出,档案的复印件也属于档案的范畴,是以本罪的犯罪对象包括国有档案的复制件。参见赵秉志、李希慧主编:《刑法各论》(第3版),中国人民大学出版社2016年版,第321页;黎宏:《刑法学各论》(第2版),法律出版社2016年版,第431页。

分则　第六章

2. **擅自出卖、转让国有档案罪没有规定单位犯罪。**根据2014年《全国人民代表大会常务委员会关于〈中华人民共和国刑法〉第三十条的解释》的规定，若档案馆等单位实施擅自出卖、转让国有档案行为的，由组织、策划、实施该行为的人依法承担刑事责任。

第五节　危害公共卫生罪

第三百三十条　【妨害传染病防治罪】

违反传染病防治法的规定，有下列情形之一，引起甲类传染病以及依法确定采取甲类传染病预防、控制措施的传染病传播或者有传播严重危险的，处三年以下有期徒刑或者拘役；后果特别严重的，处三年以上七年以下有期徒刑：

（一）供水单位供应的饮用水不符合国家规定的卫生标准的；

（二）拒绝按照疾病预防控制机构提出的卫生要求，对传染病病原体污染的污水、污物、场所和物品进行消毒处理的；

（三）准许或者纵容传染病病人、病原携带者和疑似传染病病人从事国务院卫生行政部门规定禁止从事的易使该传染病扩散的工作的；

（四）出售、运输疫区中被传染病病原体污染或者可能被传染病病原体污染的物品，未进行消毒处理的；

（五）拒绝执行县级以上人民政府、疾病预防控制机构依照传染病防治法提出的预防、控制措施的。

单位犯前款罪的，对单位判处罚金，并对其直接负责的主管人员和其他直接责任人员，依照前款的规定处罚。

甲类传染病的范围，依照《中华人民共和国传染病防治法》和国务院有关规定确定。

【立法沿革】

《中华人民共和国刑法》（1997年修订，自1997年10月1日起施行）

第三百三十条

违反传染病防治法的规定，有下列情形之一，引起甲类传染病传播或者有传播严重危险的，处三年以下有期徒刑或者拘役；后果特别严重的，处三年以上七年以下有期徒刑：

（一）供水单位供应的饮用水不符合国家规定的卫生标准的；

（二）拒绝按照卫生防疫机构提出的卫生要求，对传染病病原体污染的污水、污物、粪便进行消毒处理的；

（三）准许或者纵容传染病病人、病原携带者和疑似传染病病人从事国务院卫生行政部门规定禁止从事的易使该传染病扩散的工作的；

（四）拒绝执行卫生防疫机构依照传染病防治法提出的预防、控制措施的。

单位犯前款罪的，对单位判处罚金，并对其直接负责的主管人员和其他直接责任人员，依照前款的规定处罚。

甲类传染病的范围，依照《中华人民共和国传染病防治法》和国务院有关规定确定。

《中华人民共和国刑法修正案（十一）》（自2021年3月1日起施行）

三十七、将刑法第三百三十条第一款修改为：

“违反传染病防治法的规定，有下列情形之一，引起甲类传染病以及依法确定采取甲类传染病预防、控制措施的传染病传播或者有传播严重危险的，处三年以下有期徒刑或者拘役；后果特别严重的，处三年以上七年以下有期徒刑：

“（一）供水单位供应的饮用水不符合国家规定的卫生标准的；

“（二）拒绝按照疾病预防控制机构提出的卫生要求，对传染病病原体污染的污水、污物、场所和物品进行消毒处理的；

“（三）准许或者纵容传染病病人、病原携带者和疑似传染病病人从事国务院卫生行政部门规定禁止从事的易使该传染病扩散的工作的；

“（四）出售、运输疫区中被传染病病原体污染或者可能被传染病病原体污染的物品，未进行消毒处理的；

“（五）拒绝执行县级以上人民政府、疾病预防控制机构依照传染病防治法提出的预防、控制措施的。”

【立法理由】

1. **1997年修订刑法的情况**。1989年《传染病防治法》第三十五条规定：“违反本法规定，有下列行为之一的，由县级以上政府卫生行政部门责令限期改正，可以处以罚款；有造成传染病流行危险的，由卫生行政部门报请同级政府采取强制措施：(一)供水单位供应的饮用水不符合国家规定的卫生标准的；(二)拒绝按照卫生防疫机构提出的卫生要求，对传染病病原体污染的污水、污物、粪便进行消毒处理的；(三)准许或者纵容传染病病人、病原携带者和疑似传染病病人从事国务院卫生行政部门规定禁止从事的易使该传染病扩散的工作的；(四)拒绝执行卫生防疫机构依照本法提出的其他预防、控制措施的。”同时，该法第三十七条规定：“有本法第三十五条所列行为之一，引起甲类传染病传播或者有传播严重危险的，比照刑法第一百七十八条的规定追究刑事责任。”1997年修订刑法时，为了与1989年《传染病防治法》的上述规定相衔接，规定了妨害传染病防治罪。

2. **2020年《刑法修正案(十一)》对本条的修改情况**。一是将本条规定的传染病的种类由“甲类传染病”修改为“甲类传染病以及依法确定采取甲类传染病预防、控制措施的传染病”。二是与传染病防治法相衔接，在“后果特别严重的”情形中增加一项作为第(四)项：“出售、运输疫区中被传染病病原体污染或者可能被传染病病原体污染的物品，未进行消毒处理的。”三是根据有关方面的意见，将“后果特别严重的”情形中原第(四)项改为第(五)项，同时将“卫生防疫机构”修改为“县级以上人民政府、疾病预防控制机构”。四是将“后果特别严重的”情形中第(二)项中“卫生防疫机构”修改为“疾病预防控制机构”，将“粪便”修改为“场所和物品”。这样修改主要是考虑到：首先，充分总结新冠肺炎疫情暴发后的实践经验。2020年年初，新冠肺炎疫情突袭而至，面对前所未知的新型传染疾病，我们秉持科学精神、科学态度，把遵循科学规律贯穿到决策指挥、病患治疗、技术攻关和社会治理的各方面、全过程，为顺利控制和战胜疫情奠定了坚实基础。在抗疫实践中，积累了许多有益的经验，也暴露出一定的问题，如个别地方出现一些行为人拒绝执行县级以上人民政府、疾病预防控制机构提出的防控措施，引起新型冠状病毒传播或者有传播严重危险的情况。针对这些情况，需要修改刑法作出回应。其次，进一步与传染病防治法的有关规定相衔接。

【条文说明】

本条是关于妨害传染病防治罪及其处罚的规定。

甲类传染病以及依法确定采取甲类传染病预防、控制措施的传染病是对人类健康具有极大危害的疾病，具有传播快、防控难、危害大等特点，严重危害人民群众的身体健康。防止甲类传染病以及依法确定采取甲类传染病预防、控制措施的传染病传播，对于保护和改善人民生活环境和生态环境，维护社会管理秩序，具有重大意义。任何单位和个人都要严格按照传染病防治法的有关规定执行。对于违反传染病防治法的规定，引起甲类传染病以及依法确定采取甲类传染病预防、控制措施的传染病传播严重危险的应当判处刑罚。

本条共分为三款。

第一款是关于妨害传染病防治罪及其处罚的规定。本条中的“**传染病**”，是指由于致病性微生物，如细菌、病毒、螺旋体、寄生虫等侵入人体，发生使人体健康受到某种损害以致危及生命的疾病。传染病种类很多，可通过不同方式或直接或间接地传播，造成传染病在人群中扩散、发生或流行。“**甲类传染病**”，依据《传染病防治法》第三条第二款的规定，是指鼠疫、霍乱。世界卫生组织将鼠疫、霍乱和黄热病三种烈性传染病列为国际检疫传染病，一经发现，必须及时向世界卫生组织通报。我国境内没有黄热病，因此只将鼠疫、霍乱列为甲类传染病。“**依法确定采取甲类传染病预防、控制措施的传染病**”，根据《传染病防治法》第四条第一、二款的规定：“对乙类传染病中传染性非典型肺炎、炭疽中的肺炭疽和人感染高致病性禽流感，采取本法所称甲类传染病的预防、控制措施。其他乙类传染病和突发原因不明的传染病需要采取本法所称甲类传染病的预防、控制措施的，由国务院卫生行政部门及时报经国务院批准后予以公布、实施。需要解除依照前款规定采取的甲类传染病预防、控制措施的，由国务院卫生行政部门报经国务院批准后予以公布。”2019年年底至2020年年初，新冠肺炎疫情暴发后，经国务院批准，将新型冠状病毒感染的肺炎纳入乙类传染病，并采取甲类传染病的预防、控制措施，对于拒绝执行卫生防疫机构依照传染病防治法的规定提出的防控措施，引起新型冠状病毒传播或者有传播严重危险的，可以依照妨害传染病防治罪定罪处罚。

根据本款规定，违反传染病防治法的规定，引起甲类传染病以及依法确定采取甲类传染病预防、控制措施的传染病传播或者有传播严重危险，

有下列情形之一的，构成妨害传染病防治罪：①

1. **供水单位供应的饮用水不符合国家规定的卫生标准**。其中“**供水单位**”主要指城乡自来水厂和厂矿、企业、学校、部队等有自备水源的集中式供水单位。目前我国城乡的主要饮用水源是集中式。“**国家规定的卫生标准**”主要指《传染病防治法实施办法》和《生活饮用水卫生标准》（GB5749—2006）中规定的卫生标准。《传染病防治法实施办法》第九条第一款规定：“集中式供水必须符合国家《生活饮用水卫生标准》。”该标准对饮用水的细菌学、化学、毒理学指标和感官性状指标等都作了具体规定，是必须执行的强制性卫生标准。为了防止污染城乡自来水厂的集中式供水，《传染病防治法实施办法》第九条第二款规定：“各单位自备水源，未经城市建设部门和卫生行政部门批准，不得与城镇集中式供水系统连接。”

2. **拒绝按照疾病预防控制机构提出的卫生要求，对传染病病原体污染的污水、污物、场所和物品进行消毒处理**。本项中的“**疾病预防控制机构**”是政府举办的实施疾病预防控制与公共卫生技术管理和服务的公益事业单位。根据原卫生部的有关规定，国家和省级疾病预防控制机构以宏观管理、业务指导、科研培训和质量控制为主。参与国家和省级疾病预防控制和公共卫生相关法规、规章、标准以及规划、方案和技术规范的制订；实施重大疾病预防策略与措施；提供国家和省级的公共卫生检测与信息服务；确定重大公共卫生问题，组织调查处理重大疫情、群体不明原因疾病和突发公共卫生事件；受国务院和省级卫生行政部门认定，开展健康相关产品检测与评价；开展疾病预防控制研究，解决重大技术问题；负责中、高级人员技术培训；承担对下级机构的业务考核。计划单列市、地市级疾病预防控制机构在上级疾病预防控制机构的指导下，承担较大公共卫生突发事件和救灾防病等问题的调查处理和技术支持；承担一定的科研工作；组织指导、考核下级疾病预防控制机构的工作，培训中、初级专业技术和管理人员；协助和配合上级开展相关工作。县级疾病预防控制机构在上级疾病预防控制机构的指导下，负责辖区疾病预防控制具体工作的管理与组织落实。负责疾病预防控制、监测检验、健康教育和健康促进、公共卫生从业人员体检和培训、卫生学评价等工作；承担传染病流行、中毒、污染等公共卫生突发事件和救灾防病等问题的调查处理；组织指导社区卫生服务和医院防保组织开展卫生防病工作，负责培训初级专业技术人员；协助和配合上级业务部门开展应用性科研和其他相关工作。

《传染病防治法》第二十七条规定：“对被传染病病原体污染的污水、污物、场所和物品，有关单位和个人必须在疾病预防控制机构的指导下或者按照其提出的卫生要求，进行严格消毒处理；拒绝消毒处理的，由当地卫生行政部门或者疾病预防控制机构进行强制消毒处理。”对被传染病病原体污染的污水、污物、场所和物品按规定要求进行严格消毒处理，目的是切断传播途径以控制或者消灭传染病。“**消毒处理**”，是指对传染病病人的排污物所污染的以及因其他原因被传染病病原体所污染的环境、物品、空气、水源和可能被污染的物品、场所等都要同时、全面、彻底地进行消毒，即用化学、物理、生物的方法杀灭或者消除环境中的致病性微生物，达到无害化。例如，对鼠疫疫区进行的雨淋喷雾消毒、灭蚤和杀鼠。甲类传染病中鼠疫耶尔森氏菌侵入人体的途径是多样的，被感染的病人，由于病变的部位不同、病菌向外界排出的途径也不同，其对外界环境的污染范围是广泛而严重的。因此，为消除鼠疫、霍乱病人的排泄物对外界环境的污染，病人家属、单位必须无条件地接受卫生防疫机构提出的卫生要求。这样做有利于保护病人及周围人群的健康，任何个人和单位不得拒绝。

3. **准许或者纵容传染病病人、病原携带者和疑似传染病病人从事国务院卫生行政部门规定禁止从事的易使该传染病扩散的工作**。“**准许**”，指传染病病人、病原携带者和疑似传染病病人的所在单位领导人员或主管人员明知某人为传染病病人、病原携带者和疑似传染病病人，仍批准其从事易使该传染病扩散的工作；或者明知上述传染病病人、病原携带者和疑似传染病病人违反规定从事易使传染病扩散的工作，而未采取调离其工作等措施，默许其继续从事易使传染病扩散的工作。但是，对于不知道该人为患病者或病原携带者和疑似传染病病人而同意其从事易使传染病扩散的

① 关于本罪的主观要件，学说上尚有争议。刑法理论一般认为本罪在主观上是过失。故意违反《传染病防治法》的规定，意图引起甲类传染病传播，或者放任甲类传染病传播结果的发生，应按以危险方法危害公共安全罪论处。参见王作富主编：《刑法分则实务研究（下）》（第5版），中国方正出版社2013年版，第1343页；赵秉志、李希慧主编：《刑法各论》（第3版），中国人民大学出版社2016年版，第323页。另有学者指出，将本罪确定为过失犯罪，缺乏法律明文规定。本罪属于故意犯罪，但宜将“造成甲类传染病传播”视为本罪的客观超过要素，即既不需要行为人明知该结果发生（但要求有认识的可能性），也不需要行为人希望或者放任其发生。参见张明楷：《刑法学》（第6版），法律出版社2021年版，第1468页。

工作的，不能视为本项规定的“准许”。“**纵容**”，是指传染病病人、病原携带者和疑似传染病病人所在单位的领导人员和主管人员，明知其违反规定从事易使传染病扩散的工作，不仅不采取措施，而且为其提供方便条件，或听之任之放纵其继续从事这一工作。传染病病人、疑似传染病病人，是指根据国务院卫生行政部门发布的《〈中华人民共和国传染病防治法〉规定管理的传染病诊断标准（试行）》中规定的，符合传染病病人和疑似传染病病人诊断标准的人，如乙型肝炎患者。“**病原携带者**”，是指感染病原体无临床症状但能排出病原体的人。传染病病人、病原携带者和疑似传染病病人都能随时随地通过多种途径向外界环境排出和扩散该病的致病性微生物，而有可能感染接触过他们的健康人，造成该种传染病的传播。因此，必须根据不同病种限制他们的活动，规定他们患病或携带病原期间，不得从事某些易使该种传染病扩散的工作。根据国务院卫生行政部门的有关规定，上述传染病病人、病原携带者不得从事易使传染病扩散的工作，主要有以下几类：(1)饮用水的生产、管理、供应等工作；(2)饮食服务行业的经营、服务等工作；(3)托幼机构的保育、教育等工作；(4)食品行业的生产、加工、销售、运输及保管等工作；(5)美容、整容等工作；(6)其他与人群接触密切的工作。

4. **出售、运输疫区中被传染病病原体污染或者可能被传染病病原体污染的物品，未进行消毒处理**。这样规定，目的是防止传染病的进一步扩散。这里的“物品”必须同时符合以下条件：一是疫区中的物品，这里的“疫区”是指传染病在人群中暴发、流行，其病原体向周围播散时所能波及的地区。二是被传染病病原体污染或可能被传染病病原体污染。一般是指传染病病人或疑似传染病病人及病原携带者直接使用过或接触过的旧衣物和生活用品，也可能是染疫动物的皮毛，这些都极易传播传染病。三是没有进行消毒处理，即对于上述被传染病病原体污染或者可能被污染的物品，没有采用化学、物理、生物的方法杀灭或者消除病原微生物。只有出售、运输符合上述条件的物品，才能符合本项规定。对此，《传染病防治法》也有相关规定，该法第四十七条规定：“疫区中被传染病病原体污染或者可能被传染病病原体污染的物品，经消毒可以使用的，应当在当地疾病预防控制机构的指导下，进行消毒处理后，方可使用、出售和运输。”刑法本项的规定也与传染病防治法的上述规定相衔接。

5. **拒绝执行县级以上人民政府、疾病预防控制机构依照传染病防治法提出的预防、控制措施**。这里的“**预防、控制措施**”，是指县级以上人民政府、疾病预防控制机构根据预防传染的需要采取的措施。主要包括：(1)对甲类传染病以及依法确定采取甲类传染病预防、控制措施的传染病病人和病原携带者，予以隔离治疗或对严重发病区采取隔离措施；(2)对疑似甲类传染病以及依法确定采取甲类传染病预防、控制措施的传染病病人，在明确诊断前，在指定场所进行医学观察；(3)对传染病病人禁止从事与人群接触密切的工作；(4)对易感染人畜共患传染病的野生动物，未经当地或者接收地的政府畜牧兽医部门检疫，禁止出售或者运输；(5)对从事传染病预防、医疗、科研、教学的人员预先接种有关接触的传染病疫苗；(6)执行职务时穿防护服装；(7)对传染病病人、病原携带者、疑似传染病病人污染的场所、物品和密切接触的人员，实施必要的卫生处理和预防措施等。在新冠肺炎疫情期间，如果行为人拒绝执行县级以上人民政府、疾病预防控制机构依法提出的隔离观察等防控措施，即可以认定为符合本项规定。

依照本款规定，违反传染病防治法的规定，实施本款规定的五项行为之一，引起甲类传染病以及依法确定采取甲类传染病预防、控制措施的传染病传播或者有传播严重危险的，处三年以下有期徒刑或者拘役；后果特别严重的，处三年以上七年以下有期徒刑。“**后果特别严重的**”主要指造成众多的人感染甲类传染病以及依法确定采取甲类传染病预防、控制措施的传染病，多人死亡等特别严重后果的。

第二款是对单位违反传染病防治法的规定引起甲类传染病传播或者有传播严重危险的犯罪及其处罚的规定。“**单位犯前款罪的**”，是指单位违反传染病防治法的有关规定，有本条第一款所列的五项行为之一，引起甲类传染病以及依法确定采取甲类传染病预防、控制措施的传染病传播或者有传播严重危险的犯罪行为。单位犯前款罪的，对单位判处罚金，并对单位直接负责的主管人员和其他直接责任人员，依照第一款规定处刑，即处三年以下有期徒刑或者拘役；后果特别严重的，处三年以上七年以下有期徒刑。

第三款是关于甲类传染病的范围如何确定的规定。依照本款规定，**甲类传染病的范围，依照传染病防治法和国务院有关规定确定**。

实际执行中应当注意本罪与其他犯罪的界限。传播包括新型冠状病毒感染肺炎病原体在内的突发传染病病原体既有可能构成**以危险方法危害公共安全罪**，也有可能构成妨害传染病防治罪。参照相关司法解释的规定，故意传播包括新型冠状病毒感染肺炎病原体在内的突发传染病病原体，危害公共安全的，应当依照《刑法》第一百一十四条、

分则　第六章

第一百一十五条第一款的规定，以以危险方法危害公共安全罪定罪处罚。如已经确诊的新型冠状病毒感染肺炎病人、病原携带者，拒绝隔离治疗或者隔离期未满擅自脱离隔离治疗，并进入公共场所或者公共交通工具的；新型冠状病毒感染肺炎疑似病人拒绝隔离治疗或者隔离期未满擅自脱离隔离治疗，并进入公共场所或者公共交通工具，造成新型冠状病毒传播的。对于其他拒绝执行卫生防疫机构依照传染病防治法提出的防控措施，引起新型冠状病毒传播或者有传播严重危险的，依照本条规定，以妨害传染病防治罪定罪处罚。

【司法解释性文件】

《最高人民检察院、公安部关于公安机关管辖的刑事案件立案追诉标准的规定(一)》(公通字〔2008〕36号，2008年6月25日公布)

△(**妨害传染病防治罪；立案追诉标准；甲类传染病；按甲类管理的传染病**)违反传染病防治法的规定，引起甲类或者按照甲类管理的传染病传播或者有传播严重危险，涉嫌下列情形之一的，应予立案追诉：

(一)供水单位供应的饮用水不符合国家规定的卫生标准的；

(二)拒绝按照疾病预防控制机构提出的卫生要求，对传染病病原体污染的污水、污物、粪便进行消毒处理的；

(三)准许或者纵容传染病病人、病原携带者和疑似传染病病人从事国务院卫生行政部门规定禁止从事的易使该传染病扩散的工作的；

(四)拒绝执行疾病预防控制机构依照传染病防治法提出的预防、控制措施的。

本条和本规定第五十条规定的“甲类传染病”，是指鼠疫、霍乱；“按甲类管理的传染病”，是指乙类传染病中传染性非典型肺炎、炭疽中的肺炭疽、人感染高致病性禽流感以及国务院卫生行政部门根据需要报经国务院批准公布实施的其他需要按甲类管理的乙类传染病和突发原因不明的传染病。(§ 49)

△(**单位犯罪；立案追诉标准**)本规定中的立案追诉标准，除法律、司法解释另有规定的以外，适用于相关的单位犯罪。(§ 100)

《最高人民法院、最高人民检察院、公安部、司法部关于依法惩治妨害新型冠状病毒感染肺炎疫情防控违法犯罪的意见》(法发〔2020〕7号，2020年2月6日发布)

△(**肺炎疫情防控；以危险方法危害公共安全罪；妨害传染病防治罪；妨害公务罪**)依法严惩抗拒疫情防控措施犯罪。故意传播新型冠状病毒感染肺炎病原体，具有下列情形之一，危害公共安全的，依照刑法第一百一十四条、第一百一十五条第一款的规定，以以危险方法危害公共安全罪定罪处罚：

1. 已经确诊的新型冠状病毒感染肺炎病人、病原携带者，拒绝隔离治疗或者隔离期未满擅自脱离隔离治疗，并进入公共场所或者公共交通工具的；

2. 新型冠状病毒感染肺炎疑似病人拒绝隔离治疗或者隔离期未满擅自脱离隔离治疗，并进入公共场所或者公共交通工具，造成新型冠状病毒传播的。

其他拒绝执行卫生防疫机构依照传染病防治法提出的防控措施，引起新型冠状病毒传播或者有传播严重危险的，依照刑法第三百三十条的规定，以妨害传染病防治罪定罪处罚。

以暴力、威胁方法阻碍国家机关工作人员(含在依照法律、法规规定行使国家有关疫情防控行政管理职权的组织中从事公务的人员，在受国家机关委托代表国家机关行使疫情防控职权的组织中从事公务的人员，虽未列入国家机关人员编制但在国家机关中从事疫情防控公务的人员)依法履行为防控疫情而采取的防疫、检疫、强制隔离、隔离治疗等措施的，依照刑法第二百七十七条第一款、第三款的规定，以妨害公务罪定罪处罚。暴力袭击正在依法执行职务的人民警察的，以妨害公务罪定罪，从重处罚。(§ 2Ⅰ)

△(**治安管理处罚；从重情节**)依法严惩妨害疫情防控的违法行为。实施上述(一)至(九)规定的行为，不构成犯罪的，由公安机关根据治安管理处罚法有关虚构事实扰乱公共秩序，扰乱单位秩序、公共场所秩序、寻衅滋事，拒不执行紧急状态下的决定、命令，阻碍执行职务，冲闯警戒带、警戒区，殴打他人，故意伤害，侮辱他人，诈骗，在铁路沿线非法挖掘坑穴、采石取沙，盗窃、损毁路面公共设施，损毁铁路设施设备，故意损毁财物、哄抢公私财物等规定，予以治安管理处罚，或者由有关部门予以其他行政处罚。

对于在疫情防控期间实施有关违法犯罪的，要作为从重情节予以考量，依法体现从严的政策要求，有力惩治震慑违法犯罪，维护法律权威，维护社会秩序，维护人民群众生命安全和身体健康。(§ 2Ⅹ)

【附属刑法】

《中华人民共和国传染病防治法》(1989年2月21日通过，2013年6月29日修正)

第六十九条

医疗机构违反本法规定，有下列情形之一的，由县级以上人民政府卫生行政部门责令改正，通报批评，给予警告；造成传染病传播、流行或者其他严重后果的，对负有责任的主管人员和其他直接责任人员，依法给予降级、撤职、开除的处分，并可以依法吊销有关责任人员的执业证书；构成犯罪的，依法追究刑事责任：

（一）未按照规定承担本单位的传染病预防、控制工作、医院感染控制任务和责任区域内的传染病预防工作的；

（二）未按照规定报告传染病疫情，或者隐瞒、谎报、缓报传染病疫情的；

（三）发现传染病疫情时，未按照规定对传染病病人、疑似传染病病人提供医疗救护、现场救援、接诊、转诊的，或者拒绝接受转诊的；

（四）未按照规定对本单位内被传染病病原体污染的场所、物品以及医疗废物实施消毒或者无害化处置的；

（五）未按照规定对医疗器械进行消毒，或者对按照规定一次使用的医疗器具未予销毁，再次使用的；

（六）在医疗救治过程中未按照规定保管医学记录资料的；

……

第七十条

采供血机构未按照规定报告传染病疫情，或者隐瞒、谎报、缓报传染病①疫情，或者未执行国家有关规定，导致因输入血液引起经血液传播疾病发生的，由县级以上人民政府卫生行政部门责令改正，通报批评，给予警告；造成传染病传播、流行或者其他严重后果的，对负有责任的主管人员和其他直接责任人员，依法给予降级、撤职、开除的处分，并可以依法吊销采供血机构的执业许可证；构成犯罪的，依法追究刑事责任。

……

第七十三条

违反本法规定，有下列情形之一，导致或者可能导致传染病传播、流行的，由县级以上人民政府卫生行政部门责令限期改正，没收违法所得，可以并处五万元以下的罚款；已取得许可证的，原发证部门可以依法暂扣或者吊销许可证；构成犯罪的，依法追究刑事责任：

（一）饮用水供水单位供应的饮用水不符合国家卫生标准和卫生规范的；

（二）涉及饮用水卫生安全的产品不符合国家卫生标准和卫生规范的；

（三）用于传染病防治的消毒产品不符合国家卫生标准和卫生规范的；

（四）出售、运输疫区中被传染病病原体污染或者可能被传染病病原体污染的物品，未进行消毒处理的；

……

第七十四条

违反本法规定，有下列情形之一的，由县级以上地方人民政府卫生行政部门责令改正，通报批评，给予警告，已取得许可证的，可以依法暂扣或者吊销许可证；造成传染病传播、流行以及其他严重后果的，对负有责任的主管人员和其他直接责任人员，依法给予降级、撤职、开除的处分，并可以依法吊销有关责任人员的执业证书；构成犯罪的，依法追究刑事责任：

……

（三）疾病预防控制机构、医疗机构未执行国家有关规定，导致因输入血液、使用血液制品引起经血液传播疾病发生的。

第七十八条

本法中下列用语的含义：

（一）传染病病人、疑似传染病病人：指根据国务院卫生行政部门发布的《中华人民共和国传染病防治法规定管理的传染病诊断标准》，符合传染病病人和疑似传染病病人诊断标准的人。

（二）病原携带者：指感染病原体无临床症状但能排出病原体的人。

……

---

① 《中华人民共和国传染病防治法》（1989年2月21日通过，2013年6月29日修正）

第三条

Ⅰ本法规定的传染病分为甲类、乙类和丙类。

Ⅱ甲类传染病是指：鼠疫、霍乱。

Ⅲ乙类传染病是指：传染性非典型肺炎、艾滋病、病毒性肝炎、脊髓灰质炎、人感染高致病性禽流感、麻疹、流行性出血热、狂犬病、流行性乙型脑炎、登革热、炭疽、细菌性和阿米巴性痢疾、肺结核、伤寒和副伤寒、流行性脑脊髓膜炎、百日咳、白喉、新生儿破伤风、猩红热、布鲁氏菌病、淋病、梅毒、钩端螺旋体病、血吸虫病、疟疾。

Ⅳ丙类传染病是指：流行性感冒、流行性腮腺炎、风疹、急性出血性结膜炎、麻风病、流行性和地方性斑疹伤寒、黑热病、包虫病、丝虫病，除霍乱、细菌性和阿米巴性痢疾、伤寒和副伤寒以外的感染性腹泻病。

Ⅴ国务院卫生行政部门根据传染病暴发、流行情况和危害程度，可以决定增加、减少或者调整乙类、丙类传染病病种并予以公布。

（五）疫区：指传染病在人群中暴发、流行，其病原体向周围播散时所能波及的地区。

……

（十三）消毒：指用化学、物理、生物的方法杀灭或者消除环境中的病原微生物。

（十四）疾病预防控制机构：指从事疾病预防控制活动的疾病预防控制中心以及与上述机构业务活动相同的单位。

……

《中华人民共和国医师法》（2021 年 8 月 20 日通过）

第五十五条

违反本法规定，医师在执业活动中有下列行为之一的，由县级以上人民政府卫生健康主管部门责令改正，给予警告；情节严重的，责令暂停六个月以上一年以下执业活动直至吊销医师执业证书：

……

（三）遇有自然灾害、事故灾难、公共卫生事件和社会安全事件等严重威胁人民生命健康的突发事件时，不服从卫生健康主管部门调遣；

（四）未按照规定报告有关情形；

……

第六十一条

违反本法规定，医疗卫生机构未履行报告职责，造成严重后果的，由县级以上人民政府卫生健康主管部门给予警告，对直接负责的主管人员和其他直接责任人员依法给予处分。

第六十三条

违反本法规定，构成犯罪的，依法追究刑事责任；造成人身、财产损害的，依法承担民事责任。

《中华人民共和国水污染防治法》（1984 年 5 月 11 日通过，2017 年 6 月 27 日第二次修正）

第九十二条

饮用水供水单位供水水质不符合国家规定标准的，由所在地市、县级人民政府供水主管部门责令改正，处二万元以上二十万元以下的罚款；情节严重的，报经有批准权的人民政府批准，可以责令停业整顿；对直接负责的主管人员和其他直接责任人员依法给予处分。

第一百零一条

违反本法规定，构成犯罪的，依法追究刑事责任。

第三百三十一条　【传染病菌种、毒种扩散罪】

从事实验、保藏、携带、运输传染病菌种、毒种的人员，违反国务院卫生行政部门的有关规定，造成传染病菌种、毒种扩散，后果严重的，处三年以下有期徒刑或者拘役；后果特别严重的，处三年以上七年以下有期徒刑。

【立法理由】

1979 年刑法对传染病菌种、毒种扩散罪没有规定。1989 年《传染病防治法》第三十八条规定：“从事实验、保藏、携带、运输传染病菌种、毒种的人员，违反国务院卫生行政部门的有关规定，造成传染病菌种、毒种扩散，后果严重的，依照刑法第一百一十五条的规定追究刑事责任；情节轻微的，给予行政处分。”1979 年《刑法》第一百一十五条是关于危险物品肇事罪的规定。

1997 年修订刑法时对上述规定作了修改，主要是将上述行为单独规定为犯罪，并规定了法定刑。这主要是考虑到传染病防治法对传染病菌种、毒种的实验、保藏、携带、运输都作了严格的规定，违反规定操作，会造成传染病菌种、毒种的扩散，严重危及公众生命和健康，并且严重破坏国家对有关传染病菌种、毒种的管理秩序，容易引起社会混乱。因此，刑法将有上述行为，造成传染病菌种、毒种扩散，后果严重的规定为犯罪。

【条文说明】

本条是关于传染病菌种、毒种扩散罪及其处罚的规定。

本条规定的犯罪主体是“从事实验、保藏、携带、运输传染病菌种、毒种的人员”。“**从事实验、保藏、携带、运输传染病菌种、毒种的人员**”，是指因工作需要而接触传染病菌种、毒种，从而负有特定义务的人员。其中，“**传染病菌种、毒种**”主要包括三类：一类包括鼠疫耶尔森氏菌、霍乱弧菌；天花病毒、艾滋病病毒。二类包括布氏菌、炭疽菌、麻风杆菌；肝炎病毒、狂犬病毒、出血热病毒、登革热病毒；斑疹伤寒立克次体。三类包括脑膜炎双球菌、链球菌、淋病双球菌、结核杆菌、百日咳嗜血杆菌、白喉棒状杆菌、沙门氏菌、志贺氏菌、破伤风梭状杆菌；钩端螺旋体、梅毒螺旋体；乙型脑炎病毒、脊髓灰质炎病毒、流感病毒、流行性腮腺炎病毒、麻疹病毒、风疹病毒。所谓“**违反国务院卫生行政部门的有关规定**”，主要是指违反国务院卫生行政部门关于传染病菌种、毒种的保藏、携带、运输的具体规定。

国务院卫生行政部门有关规定主要包括以下四个方面的内容：一是菌种、毒种的保藏由国务院卫生行政部门指定的单位负责。二是一、二类菌种、毒种的供应由国务院卫生行政部门指定的保藏管理单位供应。三类菌种、毒种由设有专业实验室的单位或者国务院卫生行政部门指定的保藏管理单位供应。三是使用一类菌种、毒种的单位，必须经国务院卫生行政部门批准；使用二类菌种、毒种的单位，必须经省级政府卫生行政部门批准；使用三类菌种、毒种的单位，应当经县级政府卫生行政部门批准。四是一、二类菌种、毒种，应派专人向供应单位领取，不得邮寄；三类菌种、毒种的邮寄必须持有邮寄单位的证明，并按菌种、毒种邮寄与包装的有关规定办理。此外，对菌种、毒种的引进、使用、供应和审批，必须严格按照国务院卫生行政部门的规定进行。

"造成传染病菌种、毒种扩散"是指行为人由于违反国务院卫生行政部门的有关规定，致使传染病菌种、毒种传播，使他人受到传染。**"后果严重"**主要是指传染病菌种、毒种传播面积较大，使多人受到传染，或者造成被传染病人因病死亡等。根据本条规定，从事实验、保藏、携带、运输传染病菌种、毒种的人员，违反有关规定，只有在造成传染病菌种、毒种扩散，后果严重的情况下才予以刑事处罚，即处三年以下有期徒刑或者拘役；对于后果特别严重的，本条规定了较重的刑罚，即处三年以上七年以下有期徒刑。**"后果特别严重"**是指引起传染病大面积传播或者长时间传播；造成人员死亡或多人残疾；引起民众极度恐慌造成社会秩序严重混乱；致使国家对于传染病防治的正常活动受到特别严重干扰；等等。

实际执行中应当注意以下问题：

1. 需要把握好本罪与**危险物品肇事罪**的界限。本罪与危险物品肇事罪针对的客观行为有区别，本罪针对的是造成传染病菌种、毒种扩散的行为；危险物品肇事罪针对的是因违反爆炸性、易燃性、放射性、毒害性、腐蚀性物品的管理规定，发生重大事故，造成严重后果的行为。

2. 本罪是**过失犯罪**，若故意散布传染病菌种、毒种，危害公共安全的，应当根据**以危险方法危害公共安全罪**的规定，依法追究刑事责任。

3. 本罪规定的是**特殊主体**，构成本罪限于从事实验、保藏、携带、运输传染病菌种、毒种的人员；而危险物品肇事罪没有对主体范围作出特别的限制。

【司法解释性文件】

《最高人民检察院、公安部关于公安机关管辖的刑事案件立案追诉标准的规定(一)》(公通字〔2008〕36号，2008年6月25日公布)

△(**传染病菌种、毒种扩散罪；立案追诉标准**)从事实验、保藏、携带、运输传染病菌种、毒种的人员，违反国务院卫生行政部门的有关规定，造成传染病菌种、毒种扩散，涉嫌下列情形之一的，应予立案追诉：

(一)导致甲类和按甲类管理的传染病传播的；

(二)导致乙类、丙类传染病流行、暴发的；

(三)造成人员重伤或者死亡的；

(四)严重影响正常的生产、生活秩序的；

(五)其他造成严重后果的情形。(§ 50)

《最高人民法院、最高人民检察院、公安部、司法部关于依法惩治妨害新型冠状病毒感染肺炎疫情防控违法犯罪的意见》(法发〔2020〕7号，2020年2月6日发布)

△(**肺炎疫情防控；滥用职权罪或者玩忽职守罪；传染病防治失职罪；传染病毒种扩散罪；贪污罪；职务侵占罪；挪用公款罪；挪用资金罪；挪用特定款物罪**)依法严惩疫情防控失职渎职、贪污挪用犯罪。在疫情防控工作中，负有组织、协调、指挥、灾害调查、控制、医疗救治、信息传递、交通运输、物资保障等职责的国家机关工作人员，滥用职权或者玩忽职守，致使公共财产、国家和人民利益遭受重大损失的，依照刑法第三百九十七条的规定，以滥用职权罪或者玩忽职守罪定罪处罚。

卫生行政部门的工作人员严重不负责任，不履行或者不认真履行防治监管职责，导致新型冠状病毒感染肺炎传播或者流行，情节严重的，依照刑法第四百零九条的规定，以传染病防治失职罪定罪处罚。

从事实验、保藏、携带、运输传染病菌种、毒种的人员，违反国务院卫生行政部门的有关规定，造成新型冠状病毒毒种扩散，后果严重的，依照刑法第三百三十一条的规定，以传染病毒种扩散罪定罪处罚。

国家工作人员，受委托管理国有财产的人员，公司、企业或者其他单位的人员，利用职务便利，侵吞、截留或者以其他手段非法占有用于防控新型冠状病毒感染肺炎的款物，或者挪用上述款物归个人使用，符合刑法第三百八十二条、第三百八十三条、第二百七十一条、第三百八十四条、第二百七十二条规定的，以贪污罪、职务侵占罪、挪用公款罪、挪用资金罪定罪处罚。挪用用于防控新型冠状病毒感染肺炎的救灾、优抚、救济等款物，符合刑法第二百七十三条规定的，对直接责任人员，以挪用特定款物罪定罪处罚。(§ 2Ⅶ)

△(**治安管理处罚;从重情节**)依法严惩妨害疫情防控的违法行为。实施上述(一)至(九)规定的行为,不构成犯罪的,由公安机关根据治安管理处罚法有关虚构事实扰乱公共秩序,扰乱单位秩序、公共场所秩序、寻衅滋事,拒不执行紧急状态下的决定、命令,阻碍执行职务,冲闯警戒带、警戒区,殴打他人,故意伤害,侮辱他人,诈骗,在铁路沿线非法挖掘坑穴、采石取沙,盗窃、损毁路面公共设施,损毁铁路设施设备,故意损毁财物、哄抢公私财物等规定,予以治安管理处罚,或者由有关部门予以其他行政处罚。

对于在疫情防控期间实施有关违法犯罪的,要作为从重情节予以考量,依法体现从严的政策要求,有力惩治震慑违法犯罪,维护法律权威,维护社会秩序,维护人民群众生命安全和身体健康。(§ 2X)

【附属刑法】

《中华人民共和国传染病防治法》(1989 年 2 月 21 日通过,2013 年 6 月 29 日修正)

第七十四条

违反本法规定,有下列情形之一的,由县级以上地方人民政府卫生行政部门责令改正,通报批评,给予警告,已取得许可证的,可以依法暂扣或者吊销许可证;造成传染病传播、流行以及其他严重后果的,对负有责任的主管人员和其他直接责任人员,依法给予降级、撤职、开除的处分,并可以依法吊销有关责任人员的执业证书;构成犯罪的,依法追究刑事责任:

(一)疾病预防控制机构、医疗机构和从事病原微生物实验的单位,不符合国家规定的条件和技术标准,对传染病病原体样本未按照规定进行严格管理,造成实验室感染和病原微生物扩散的;

(二)违反国家有关规定,采集、保藏、携带、运输和使用传染病菌种、毒种和传染病检测样本的;

……

《中华人民共和国生物安全法》(2020 年 10 月 17 日通过)

第七十六条

违反本法规定,从事病原微生物实验活动未在相应等级的实验室进行,或者高等级病原微生物实验室未经批准从事高致病性、疑似高致病性病原微生物实验活动的,由县级以上地方人民政府卫生健康、农业农村主管部门根据职责分工,责令停止违法行为,监督其将用于实验活动的病原微生物销毁或者送交保藏机构,给予警告;造成传染病传播、流行或者其他严重后果的,对法定代表人、主要负责人、直接负责的主管人员和其他直接责任人员依法给予撤职、开除处分。

第七十七条

违反本法规定,将使用后的实验动物流入市场的,由县级以上人民政府科学技术主管部门责令改正,没收违法所得,并处二十万元以上一百万元以下的罚款,违法所得在二十万元以上的,并处违法所得五倍以上十倍以下的罚款;情节严重的,由发证部门吊销相关许可证件。

第七十八条

违反本法规定,有下列行为之一的,由县级以上人民政府有关部门根据职责分工,责令改正,没收违法所得,给予警告,可以并处十万元以上一百万元以下的罚款:

(一)购买或者引进列入管控清单的重要设备、特殊生物因子未进行登记,或者未报国务院有关部门备案;

(二)个人购买或者持有列入管控清单的重要设备或者特殊生物因子;

(三)个人设立病原微生物实验室或者从事病原微生物实验活动;

(四)未经实验室负责人批准进入高等级病原微生物实验室。

第八十二条

违反本法规定,构成犯罪的,依法追究刑事责任;造成人身、财产或者其他损害的,依法承担民事责任。

第三百三十二条　【妨害国境卫生检疫罪】

违反国境卫生检疫规定,引起检疫传染病传播或者有传播严重危险的,处三年以下有期徒刑或者拘役,并处或者单处罚金。

单位犯前款罪的,对单位判处罚金,并对其直接负责的主管人员和其他直接责任人员,依照前款的规定处罚。

【立法理由】

1. **1979 年立法的情况**。1979 年《刑法》第一百七十八条规定:"违反国境卫生检疫规定,引起检疫传染病的传播,或者有引起检疫传染病传播严重危险的，处三年以下有期徒刑或者拘役，可以并处或者单处罚金。”国境卫生检疫对防止传染病传入传出国境，保障人民群众健康安全发挥着重要作用，对违反有关规定，引起传染病传播或者传播严重危险的，需要予以刑事处罚。

2. **1997年修订刑法的情况**。1997年修订刑法时对上述规定作了修改，增加了单位犯罪的规定。主要是考虑到，违反国境检疫规定，引起检疫传染病传播或者有传播严重危险的，不仅包括自然人，还包括单位，单位实施上述行为影响可能更大，而且上述传染病一旦传播开来，不但会给人民群众带来深重的灾难，还将给社会经济发展造成极大的损失。因此，本条除对自然人犯罪作了规定外，还对单位犯本罪的规定了处罚。

【条文说明】

本条是关于妨害国境卫生检疫罪及其处罚的规定。

本条共分为两款。

第一款是关于妨害国境卫生检疫罪及其处罚的规定。本款所指“**国境卫生检疫规定**”，是指《国境卫生检疫法》中关于检疫的规定，主要包括以下几个方面：一是入境的交通工具和人员，必须在最先到达的国境口岸的指定地点接受检疫。出境的交通工具和人员，必须在最后离开的国境口岸接受检疫。二是对来自疫区的、被检疫传染病污染的或者可能成为检疫传染病传播媒介的行李、货物、邮包等物品，应当进行卫生检查，实施消毒、除鼠、除虫或者其他卫生处理。三是对入境、出境的尸体、骸骨，其托运人或者代理人必须向国境卫生检疫机关申报，经卫生检查合格后，方准运进或者运出。2018年政府机构改革后，国家出入境检验检疫管理职责划入海关总署，这里规定的“卫生检疫机关”即各国境口岸海关。根据《国境卫生检疫法》第三条第二款的规定，“**检疫传染病**”，是指鼠疫、霍乱、黄热病以及国务院确定和公布的其他传染病。上述传染病一旦传播开来，不但将给人民群众带来深重的灾难，还将给社会经济发展造成极大的损失。例如中断运输、贸易，封锁疫区，隔离和治疗患者都将消耗大量的社会资金并延缓经济发展。因此，对于违反国境卫生检疫规定，引起检疫传染病传播，或者有引起检疫传染病传播严重危险的，本款规定，处三年以下有期徒刑或者拘役，并处或者单处罚金。

2020年《最高人民法院、最高人民检察院、公安部、司法部、海关总署关于进一步加强国境卫生检疫工作依法惩治妨害国境卫生检疫违法犯罪的意见》第二条中规定：“……实施下列行为之一的，属于**妨害国境卫生检疫行为**：1. 检疫传染病染疫人或者染疫嫌疑人拒绝执行海关依照国境卫生检疫法等法律法规提出的健康申报、体温监测、医学巡查、流行病学调查、医学排查、采样等卫生检疫措施，或者隔离、留验、就地诊验、转诊等卫生处理措施的；2. 检疫传染病染疫人或者染疫嫌疑人采取不如实填报健康申明卡等方式隐瞒疫情，或者伪造、涂改检疫单、证等方式伪造情节的；3. 知道或者应当知道实施审批管理的微生物、人体组织、生物制品、血液及其制品等特殊物品可能造成检疫传染病传播，未经审批仍逃避检疫，携运、寄递出入境的；4. 出入境交通工具上发现有检疫传染病染疫人或者染疫嫌疑人，交通工具负责人拒绝接受卫生检疫或者拒不接受卫生处理的；5. 来自检疫传染病流行国家、地区的出入境交通工具上出现非意外伤亡且死因不明的人员，交通工具负责人故意隐瞒情况的；6. 其他拒绝执行海关依照国境卫生检疫法等法律法规提出的检疫措施的。实施上述行为，引起鼠疫、霍乱、黄热病以及新冠肺炎等国务院确定和公布的其他检疫传染病传播或者有传播严重危险的，依照刑法第三百三十二条的规定，以妨害国境卫生检疫罪定罪处罚。”

第二款是关于单位犯罪的规定。这里的单位，是指入出境应当接受检疫的单位。“**单位犯前款罪的**”，是指入出境单位，违反国境卫生检疫规定，有逃避检疫等违反国境卫生检疫规定的行为，引起检疫传染病传播或者有传播严重危险的情形。本款对单位犯妨害国境卫生检疫罪的，对单位判处罚金，并对单位直接负责的主管人员和其他直接责任人员，处三年以下有期徒刑或者拘役，并处或者单处罚金。

实际执行中应当注意以下问题：

1. 对于尚不构成本罪的一些妨害国境卫生检疫的一般违法行为，国境卫生检疫法及其实施细则规定了**行政处罚**。《国境卫生检疫法》第二十条第一款规定：“对违反本法规定，有下列行为之一的单位或者个人，国境卫生检疫机关可以根据情节轻重，给予警告或者罚款：（一）逃避检疫，向国境卫生检疫机关隐瞒真实情况的；（二）入境的人员未经国境卫生检疫机关许可，擅自上下交通工具，或者装卸行李、货物、邮包等物品，不听劝阻的。”《国境卫生检疫法实施细则》第一百零九条明确了应当受到行政处罚的十一种具体行为。对于这些行为，尚不构成犯罪的，应当由海关依法给予警告或者罚款。

2. 经过卫生检疫的入境人员也应当遵守国内各地在疫情期间的防控措施，入境后违反相关规定，构成犯罪的，也要依照刑法的有关规定定罪处罚。根据《最高人民法院、最高人民检察院、公安部、司法部关于依法惩治妨害新型冠状病毒感染肺炎疫情防控违法犯罪的意见》的规定，已经确诊的新型冠状病毒感染肺炎病人、病原携带者，拒绝隔离治疗或者隔离期未满擅自脱离隔离治疗，并进入公共场所或者公共交通工具的，以及新型冠状病毒感染肺炎疑似病人拒绝隔离治疗或者隔离期未满擅自脱离隔离治疗，并进入公共场所或者公共交通工具，造成新型冠状病毒传播的，按照**以危险方法危害公共安全罪**定罪处罚。其他拒绝执行卫生防疫机构依照传染病防治法提出的防控措施，引起新型冠状病毒传播或者有传播严重危险的，依照《刑法》第三百三十条的规定，以**妨害传染病防治罪**定罪处罚。

【司法解释性文件】

《最高人民检察院、公安部关于公安机关管辖的刑事案件立案追诉标准的规定(一)》(公通字〔2008〕36号，2008年6月25日公布)

△(**妨害国境卫生检疫罪；立案追诉标准；检疫传染病**)违反国境卫生检疫规定，引起检疫传染病传播或者有传播严重危险的，应予立案追诉。

本条规定的“检疫传染病”，是指鼠疫、霍乱、黄热病以及国务院确定和公布的其他传染病。(§ 51)

△(**单位犯罪；立案追诉标准**)本规定中的立案追诉标准，除法律、司法解释另有规定的以外，适用于相关的单位犯罪。(§ 100)

【附属刑法】

《中华人民共和国国境卫生检疫法》(1986年12月2日通过，2018年4月27日第三次修正)

第二十条

Ⅰ对违反本法规定，有下列行为之一的单位或者个人，国境卫生检疫机关可以根据情节轻重，给予警告或者罚款：

(一)逃避检疫，向国境卫生检疫机关隐瞒真实情况的；

(二)入境的人员未经国境卫生检疫机关许可，擅自上下交通工具，或者装卸行李、货物、邮包等物品，不听劝阻的。

Ⅱ罚款全部上缴国库。

第二十二条

违反本法规定，引起检疫传染病传播或者有引起检疫传染病传播严重危险的，依照刑法有关规定追究刑事责任。

《中华人民共和国对外贸易法》(1994年5月12日通过，2016年11月7日修正)

第六十三条

违反本法第三十四条规定①，依照有关法律、行政法规的规定处罚；构成犯罪的，依法追究刑事责任。

……

第三百三十三条　【非法组织卖血罪】【强迫卖血罪】

非法组织他人出卖血液的，处五年以下有期徒刑，并处罚金；以暴力、威胁方法强迫他人出卖血液的，处五年以上十年以下有期徒刑，并处罚金。

有前款行为，对他人造成伤害的，依照本法第二百三十四条的规定定罪处罚。

【立法理由】

本条是**1997年修订刑法**时新增加的规定。1997年修订刑法时，鉴于我国医疗用血紧缺的现状，国家给予供血者一定的营养补助费用，一些不法分子利用这一政策，非法组织他人或者以暴力、威胁方法强迫他人出卖血液，从中大量抽取国家发给供血者的营养补助费，以牟取巨额非法利益。**这种行为严重扰乱了国家采供血秩序，侵害了供血者的身体健康和合法经济利益，而且还极易造成供血者身体伤害甚至血液疾病的传播**，应当依法严惩。

① 《中华人民共和国对外贸易法》(1994年5月12日通过，2016年11月7日修正)
第三十四条
在对外贸易活动中，不得有下列行为：
……
(四)逃避法律、行政法规规定的认证、检验、检疫；
……

【条文说明】

本条是关于非法组织卖血罪、强迫卖血罪及其处罚的规定。

本条共分为两款。

第一款是关于非法组织卖血罪、强迫卖血罪及其处罚的规定。[①] **"非法组织他人出卖血液"**指的是"血头""血霸"以牟取非法利益,未经卫生行政主管部门批准或者委托,擅自组织他人向血站、红十字会或者其他采集血液的医疗机构提供血液。《最高人民检察院、公安部关于公安机关管辖的刑事案件立案追诉标准的规定(一)》第五十二条规定:"非法组织他人出卖血液,涉嫌下列情形之一的,**应予立案追诉**:(一)组织卖血三人次以上的;(二)组织卖血非法获利二千元以上的;(三)组织未成年人卖血的;(四)被组织卖血的人的血液含有艾滋病病毒、乙型肝炎病毒、丙型肝炎病毒、梅毒螺旋体等病原微生物的;(五)其他非法组织卖血应予追究刑事责任的情形。"本款规定对从事非法组织他人出卖血液的"血头""血霸",处五年以下有期徒刑,并处罚金。

"以暴力、威胁方法强迫他人出卖血液",是指"血头""血霸"以牟取非法利益为目的,用限制人身自由、殴打等暴力方法,强迫不愿提供血液的人,向血站、红十字会或其他采集血液的医疗机构提供血液。由于该种行为除扰乱国家采供血秩序外,还侵害了他人人身权利,因此在处刑上,比非法组织他人出卖血液的行为要重,即处五年以上十年以下有期徒刑,并处罚金。

第二款是关于非法组织他人或者以暴力、威胁方法强迫他人出卖血液,给他人造成伤害如何处罚的规定。**"有前款行为,对他人造成伤害的"**,是指非法组织他人或者以暴力、威胁方法强迫他人出卖血液,对供血者造成伤害[②],主要包括三种情况:第一,组织患有疾病或者有其他原因不宜输血的人输血,造成被采血人健康受到严重损害的;第二,由于长期过度供血,使供血者身体健康受到严重损害的;第三,为了抽取他人血液,使用暴力手段致人身体伤害的情况。有上述情况之一的,本款规定,依照《刑法》第二百三十四条关于**故意伤害罪**的规定定罪处罚。

【司法解释性文件】

《最高人民检察院、公安部关于公安机关管辖的刑事案件立案追诉标准的规定(一)》(公通字〔2008〕36号,2008年6月25日公布)

△(**非法组织卖血罪;立案追诉标准**)非法组织他人出卖血液,涉嫌下列情形之一的,应予立案追诉:

(一)组织卖血三人次以上的;

(二)组织卖血非法获利二千元以上的;

(三)组织未成年人卖血的;

(四)被组织卖血的人的血液含有艾滋病病毒、乙型肝炎病毒、丙型肝炎病毒、梅毒螺旋体等病原微生物的;

(五)其他非法组织卖血应予追究刑事责任的情形。(§ 52)

△(**强迫卖血罪;立案追诉标准**)以暴力、威胁方法强迫他人出卖血液的,应予立案追诉。(§ 53)

【附属刑法】

《中华人民共和国传染病防治法》(1989年2月21日通过,2013年6月29日修正)

第七十条

Ⅱ非法采集血液或者组织他人出卖血液的,由县级以上人民政府卫生行政部门予以取缔,没收违法所得,可以并处十万元以下的罚款;构成犯罪的,依法追究刑事责任。

《中华人民共和国献血法》(1997年12月29日通过)

第十八条

有下列行为之一的,由县级以上地方人民政

---

① 非法组织卖血罪与强迫卖血罪中的"对他人造成伤害"中的"他人",仅限于卖血者本人,而不包括输入血液者。若强迫卖血后供应不符合国家标准的血液,导致输入血液者身体受到伤害,成立非法供应血液罪的结果加重犯。参见张明楷:《刑法学》(第6版),法律出版社2021年版,第1470页。

② 我国学者指出,此处的"伤害"应限于重伤。如果非法组织出卖血液,造成他人轻伤,仍应认定为本罪;但若造成重伤,则应认定为故意伤害罪,并适用重伤害的法定刑。另外,由于强迫卖血罪的法定刑是"五年以上十年以下有期徒刑,并处罚金",高于故意伤害致人重伤的法定刑(三年以上十年以下有期徒刑)。为了维护刑罚之间的协调,若行为人强迫他人卖血造成重伤,应当以故意伤害罪论处,同时所判处的刑罚不能低于强迫卖血罪的法定最低刑,即不能低于五年有期徒刑。另外,刑法没有对故意伤害罪规定罚金刑,但对强迫卖血罪规定了罚金刑,所以,还应适用《刑法》第三百三十三条第一款规定的罚金刑。参见张明楷:《刑法学》(第6版),法律出版社2021年版,第1470—1471页;黎宏:《刑法学各论》(第2版),法律出版社2016年版,第435页;陈兴良主编:《刑法各论精释》,人民法院出版社2015年版,第111—112页。

府卫生行政部门予以取缔,没收违法所得,可以并处十万元以下的罚款;构成犯罪的,依法追究刑事责任:

……

(三)非法组织他人出卖血液的。

第三百三十四条　【非法采集、供应血液、制作、供应血液制品罪】【采集、供应血液、制作、供应血液制品事故罪】

非法采集、供应血液或者制作、供应血液制品,不符合国家规定的标准,足以危害人体健康的,处五年以下有期徒刑或者拘役,并处罚金;对人体健康造成严重危害的,处五年以上十年以下有期徒刑,并处罚金;造成特别严重后果的,处十年以上有期徒刑或者无期徒刑,并处罚金或者没收财产。

经国家主管部门批准采集、供应血液或者制作、供应血液制品的部门,不依照规定进行检测或者违背其他操作规定,造成危害他人身体健康后果的,对单位判处罚金,并对其直接负责的主管人员和其他直接责任人员,处五年以下有期徒刑或者拘役。

【立法理由】

本条是1997年**修订刑法**时新增加的规定。一段时间以来,一些犯罪分子在经济利益的驱动下,利用临床用血不足的实际情况,非法采集、制作、供应血液或者血液制品,而非法采血、制造血液制品以及采血部门不依照规程操作检测采集血液,是造成供应的血液不洁的主要原因之一,**这种行为严重破坏了国家公共卫生事业的管理秩序,直接危及人民群众的生命健康**,具有很大的社会危害性,因此必须予以严惩。

【条文说明】

本条是关于非法采集、供应血液、制作、供应血液制品罪,采集、供应血液、制作、供应血液制品事故罪及其处罚的规定。

本条共分为两款。

第一款是关于非法采集、供应血液、制作、供应血液制品罪及其处罚的规定。“**非法采集、供应血液或者制作、供应血液制品**”是指未经国家主管部门批准或者超过批准的业务范围,采集、供应血液或者制作、供应血液制品的。为了保证血液纯净,保证安全使用,国家卫生部门规定,只有经卫生部门特别批准的血站等单位才有采集供应血液、制作供应血液制品的资格,未经批准或者超过批准范围的均属非法。一些不法分子为牟取利益,擅自采血、供血,其卫生条件不合格,测验手段不完备,往往造成血液不洁,传染病交叉感染,本款就是针对这种行为而作出的专门规定。

“血液制品”是指人血(胎盘)球蛋白、白蛋白、丙种球蛋白、浓缩Ⅷ因子、纤维蛋白原等各种人血浆蛋白制品。“**不符合国家规定的标准**”,包括两种情形:一是指非法采集、供应的血液不符合《献血者健康检查要求》,如供血者的血液化验结果显示艾滋病病毒抗体(HIV抗体)为阳性等;二是指非法制作、供应的血液制品,不符合卫生部《中国生物制品规程》的各项要求。

根据本款规定,非法采集、供应血液或者制作、供应血液制品,足以危害人体健康的,处五年以下有期徒刑或者拘役,并处罚金;对人体健康造成严重危害的,处五年以上十年以下有期徒刑,并处罚金;造成特别严重后果的,处十年以上有期徒刑或者无期徒刑,并处罚金或者没收财产。本条区分不同的情形和危害规定了刑罚。一是对于危险犯,对于造成一定危险的行为,也就是“足以危害人体健康”的,即认定为犯罪并予以刑事处罚。**“足以危害人体健康”**是指非法采集、供应的血液或者制作、供应的血液制品不符合国家规定的质量标准,或者在采供血液、制供血液制品的过程中违反国家规定的操作规程,致使血液或者血液制品一旦被使用,就可能让使用者感染疾病。二是对于造成了实际危害后果的,也就是对人体健康造成严重危害的,规定予以刑事处罚。“**对人体健康造成严重危害**”是指不符合国家规定的卫生标准的血液、血液制品,在医疗应用中让使用者感染严重疾病的情形,如因为输血而感染乙型肝炎病毒或感染艾滋病病毒等。“**造成特别严重后果**”,是指造成他人死亡;致使多人感染严重的血源性传染病;或者由于血源流动大,没有记录等原因,无法查清感染人数和感染区域,但是却存在传播血源性传染病的重大危险等。《最高人民法院、最高人民检察院关于办理非法采供血液等刑事案件具体应用法律若干问题的解释》第二条、第三条、第四条对“足以危害人体健康”“对人体健康造成严重危害”“造成特别严重后果”的认定问题进行了具体规定。

第二款是采集、供应血液、制作、供应血液制品事故罪及其处罚的规定。经国家主管部门批准采集、供应血液或者制作、供应血液制品的部门，也要严格按照规定对血液制品进行血源检测，如果不依照规定进行检测或者违背其他操作规定，造成危害他人身体健康后果的，要追究刑事责任。这里的“**部门**”主要是指经国家主管部门批准的采供血机构和血液制品生产经营单位，具体包括血液中心、中心血站、中心血库、脐带血造血干细胞库和国家卫生行政主管部门根据医学发展需要批准、设置的其他类型血库、单采血浆站。《最高人民法院、最高人民检察院关于办理非法采供血液等刑事案件具体应用法律若干问题的解释》第五条、第六条对“不依照规定进行检测或者违背其他操作规定”“造成危害他人身体健康后果”的认定作了规定。这里需要说明的是，**本款规定的犯罪主体是单位**，采用的是“**双罚制**”，构成本罪的，对单位判处罚金，并对直接负责的主管人员和其他直接责任人员，处五年以下有期徒刑或者拘役。

【司法解释】

《最高人民法院、最高人民检察院关于办理非法采供血液等刑事案件具体应用法律若干问题的解释》（法释〔2008〕12 号，自 2008 年 9 月 23 日起施行）

△（**非法采集、供应血液或者制作、供应血液制品**）对未经国家主管部门批准或者超过批准的业务范围，采集、供应血液或者制作、供应血液制品的，应认定为刑法第三百三十四条第一款规定的“非法采集、供应血液或者制作、供应血液制品”。（§1）

△（**不符合国家规定的标准，足以危害人体健康**）对非法采集、供应血液或者制作、供应血液制品，具有下列情形之一的，应认定为刑法第三百三十四条第一款规定的“不符合国家规定的标准，足以危害人体健康”，处五年以下有期徒刑或者拘役，并处罚金：

（一）采集、供应的血液含有艾滋病病毒、乙型肝炎病毒、丙型肝炎病毒、梅毒螺旋体等病原微生物的；

（二）制作、供应的血液制品含有艾滋病病毒、乙型肝炎病毒、丙型肝炎病毒、梅毒螺旋体等病原微生物，或者将含有上述病原微生物的血液用于制作血液制品的；

（三）使用不符合国家规定的药品、诊断试剂、卫生器材，或者重复使用一次性采血器材采集血液，造成传染病传播危险的；

（四）违反规定对献血者、供血浆者超量、频繁采集血液、血浆，足以危害人体健康的；

（五）其他不符合国家有关采集、供应血液或者制作、供应血液制品的规定标准，足以危害人体健康的。（§2）

△（**对人体健康造成严重危害**）对非法采集、供应血液或者制作、供应血液制品，具有下列情形之一的，应认定为刑法第三百三十四条第一款规定的“对人体健康造成严重危害”，处五年以上十年以下有期徒刑，并处罚金：

（一）造成献血者、供血浆者、受血者感染乙型肝炎病毒、丙型肝炎病毒、梅毒螺旋体或者其他经血液传播的病原微生物的；

（二）造成献血者、供血浆者、受血者重度贫血、造血功能障碍或者其他器官组织损伤导致功能障碍等身体严重危害的；

（三）对人体健康造成其他严重危害的。（§3）

△（**造成特别严重后果**）对非法采集、供应血液或者制作、供应血液制品，具有下列情形之一的，应认定为刑法第三百三十四条第一款规定的“造成特别严重后果”，处十年以上有期徒刑或者无期徒刑，并处罚金或者没收财产：

（一）因血液传播疾病导致人员死亡或者感染艾滋病病毒的；

（二）造成五人以上感染乙型肝炎病毒、丙型肝炎病毒、梅毒螺旋体或者其他经血液传播的病原微生物的；

（三）造成五人以上重度贫血、造血功能障碍或者其他器官组织损伤导致功能障碍等身体严重危害的；

（四）造成其他特别严重后果的。（§4）

△（**不依照规定进行检测或者违背其他操作规定**）对经国家主管部门批准采集、供应血液或者制作、供应血液制品的部门，具有下列情形之一的，应认定为刑法第三百三十四条第二款规定的“不依照规定进行检测或者违背其他操作规定”：

（一）血站未用两个企业生产的试剂对艾滋病病毒抗体、乙型肝炎病毒表面抗原、丙型肝炎病毒抗体、梅毒抗体进行两次检测的；

（二）单采血浆站不依照规定对艾滋病病毒抗体、乙型肝炎病毒表面抗原、丙型肝炎病毒抗体、梅毒抗体进行检测的；

（三）血液制品生产企业在投料生产前未用主管部门批准和检定合格的试剂进行复检的；

（四）血站、单采血浆站和血液制品生产企业使用的诊断试剂没有生产单位名称、生产批准文号或者经检定不合格的；

（五）采供血机构在采集检验标本、采集血液和成分血分离时，使用没有生产单位名称、生产批准文号或者超过有效期的一次性注射器等采血器材的；

（六）不依照国家规定的标准和要求包装、储存、运输血液、原料血浆的；

（七）对国家规定检测项目结果呈阳性的血液未及时按照规定予以清除的；

（八）不具备相应资格的医务人员进行采血、检验操作的；

（九）对献血者、供血浆者超量、频繁采集血液、血浆的；

（十）采供血机构采集血液、血浆前，未对献血者或供血浆者进行身份识别，采集冒名顶替者、健康检查不合格者血液、血浆的；

（十一）血站擅自采集原料血浆，单采血浆站擅自采集临床用血或者向医疗机构供应原料血浆的；

（十二）重复使用一次性采血器材的；

（十三）其他不依照规定进行检测或者违背操作规定的。（§ 5）

△（**造成危害他人身体健康后果**）对经国家主管部门批准采集、供应血液或者制作、供应血液制品的部门，不依照规定进行检测或者违背其他操作规定，具有下列情形之一的，应认定为刑法第三百三十四条第二款规定的"造成危害他人身体健康后果"，对单位判处罚金，并对其直接负责的主管人员和其他直接责任人员，处五年以下有期徒刑或者拘役：

（一）造成献血者、供血浆者、受血者感染艾滋病病毒、乙型肝炎病毒、丙型肝炎病毒、梅毒螺旋体或者其他经血液传播的病原微生物的；

（二）造成献血者、供血浆者、受血者重度贫血、造血功能障碍或者其他器官组织损伤导致功能障碍等身体严重危害的；

（三）造成其他危害他人身体健康后果的。（§ 6）

△（**经国家主管部门批准采集、供应血液或者制作、供应血液制品的部门**）经国家主管部门批准的采供血机构和血液制品生产经营单位，应认定为刑法第三百三十四条第二款规定的"经国家主管部门批准采集、供应血液或者制作、供应血液制品的部门"。（§ 7）

△（**血液；血液制品；采供血机构**）本解释所称"血液"，是指全血、成分血和特殊血液成分。

本解释所称"血液制品"，是指各种人血浆蛋白制品。

本解释所称"采供血机构"，包括血液中心、中心血站、中心血库、脐带血造血干细胞库和国家卫生行政主管部门根据医学发展需要批准、设置的其他类型血库、单采血浆站。（§ 8）

【司法解释性文件】

《最高人民检察院、公安部关于公安机关管辖的刑事案件立案追诉标准的规定（一）》（公通字〔2008〕36号，2008年6月25日公布）

△（**非法采集、供应血液、制作、供应血液制品罪；立案追诉标准；非法采集、供应血液、制作、供应血液制品；血液；血液制品**）非法采集、供应血液或者制作、供应血液制品，涉嫌下列情形之一的，应予立案追诉：

（一）采集、供应的血液含有艾滋病病毒、乙型肝炎病毒、丙型肝炎病毒、梅毒螺旋体等病原微生物的；

（二）制作、供应的血液制品含有艾滋病病毒、乙型肝炎病毒、丙型肝炎病毒、梅毒螺旋体等病原微生物，或者将含有上述病原微生物的血液用于制作血液制品的；

（三）使用不符合国家规定的药品、诊断试剂、卫生器材，或者重复使用一次性采血器材采集血液，造成传染病传播危险的；

（四）违反规定对献血者、供血浆者超量、频繁采集血液、血浆，足以危害人体健康的；

（五）其他不符合国家有关采集、供应血液或者制作、供应血液制品的规定，足以危害人体健康或者对人体健康造成严重危害的情形。

未经国家主管部门批准或者超过批准的业务范围，采集、供应血液或者制作、供应血液制品的，属于本条规定的"非法采集、供应血液、制作、供应血液制品"。

本条和本规定第五十二条、第五十三条、第五十五条规定的"血液"，是指全血、成分血和特殊血液成分。

本条和本规定第五十五条规定的"血液制品"，是指各种人血浆蛋白制品。（§ 54）

△（**采集、供应血液、制作、供应血液制品事故罪；立案追诉标准；经国家主管部门批准采集、供应血液或者制作、供应血液制品的部门；不依照规定进行检测或者违背其他操作规定**）经国家主管部门批准采集、供应血液或者制作、供应血液制品的部门，不依照规定进行检测或者违背其他操作规定，涉嫌下列情形之一的，应予立案追诉：

（一）造成献血者、供血浆者、受血者感染艾滋病病毒、乙型肝炎病毒、丙型肝炎病毒、梅毒螺旋体或者其他经血液传播的病原微生物的；

（二）造成献血者、供血浆者、受血者重度贫血、造血功能障碍或者其他器官组织损伤导致功能障碍等身体严重危害的；

（三）其他造成危害他人身体健康后果的情形。

经国家主管部门批准的采供血机构和血液制品生产经营单位，属于本条规定的“经国家主管部门批准采集、供应血液或者制作、供应血液制品的部门”。采供血机构包括血液中心、中心血站、脐带血造血干细胞库和国家卫生行政主管部门根据医学发展需要批准、设置的其他类型血库、单采血浆站。

具有下列情形之一的，属于本条规定的“不依照规定进行检测或者违背其他操作规定”：

（一）血站未用两个企业生产的试剂对艾滋病病毒抗体、乙型肝炎病毒表面抗原、丙型肝炎病毒抗体、梅毒抗体进行两次检测的；

（二）单采血浆站不依照规定对艾滋病病毒抗体、乙型肝炎病毒表面抗原、丙型肝炎病毒抗体、梅毒抗体进行检测的；

（三）血液制品生产企业在投料生产前未用主管部门批准和检定合格的试剂进行复检的；

（四）血站、单采血浆站和血液制品生产企业使用的诊断试剂没有生产单位名称、生产批准文号或者经检定不合格的；

（五）采供血机构在采集检验样本、采集血液和成分血分离时，使用没有生产单位名称、生产批准文号或者超过有效期的一次性注射器等采血器材的；

（六）不依照国家规定的标准和要求包装、储存、运输血液、原料血浆的；

（七）对国家规定检测项目结果呈阳性的血液未及时按照规定予以清除的；

（八）不具备相应资格的医务人员进行采血、检验操作的；

（九）对献血者、供血浆者超量、频繁采集血液、血浆的；

（十）采供血机构采集血液、血浆前，未对献血者或者供血浆者进行身份识别，采集冒名顶替者、健康检查不合格者血液、血浆的；

（十一）血站擅自采集原料血浆，单采血浆站擅自采集临床用血或者向医疗机构供应原料血浆的；

（十二）重复使用一次性采血器材的；

（十三）其他不依照规定进行检测或者违背操作规定的。（§ 55）

【附属刑法】

《中华人民共和国传染病防治法》（1989 年 2 月 21 日通过，2013 年 6 月 29 日修正）

第七十条

Ⅱ非法采集血液或者组织他人出卖血液的，由县级以上人民政府卫生行政部门予以取缔，没收违法所得，可以并处十万元以下的罚款；构成犯罪的，依法追究刑事责任。

第七十三条

违反本法规定，有下列情形之一，导致或者可能导致传染病传播、流行的，由县级以上人民政府卫生行政部门责令限期改正，没收违法所得，可以并处五万元以下的罚款；已取得许可证的，原发证部门可以依法暂扣或者吊销许可证；构成犯罪的，依法追究刑事责任：

……

（五）生物制品生产单位生产的血液制品不符合国家质量标准的。

《中华人民共和国献血法》（1997 年 12 月 29 日通过）

第十八条

有下列行为之一的，由县级以上地方人民政府卫生行政部门予以取缔，没收违法所得，可以并处十万元以下的罚款；构成犯罪的，依法追究刑事责任：

（一）非法采集血液的；

……

第十九条

血站违反有关操作规程和制度采集血液，由县级以上地方人民政府卫生行政部门责令改正；给献血者健康造成损害的，应当依法赔偿，对直接负责的主管人员和其他直接责任人员，依法给予行政处分；构成犯罪的，依法追究刑事责任。

第二十一条

血站违反本法的规定，向医疗机构提供不符合国家规定标准的血液的，由县级以上人民政府卫生行政部门责令改正；情节严重，造成经血液途径传播的疾病传播或者有传播严重危险的，限期整顿，对直接负责的主管人员和其他直接责任人员，依法给予行政处分；构成犯罪的，依法追究刑事责任。

第三百三十四条之一　【非法采集人类遗传资源、走私人类遗传资源材料罪】

违反国家有关规定，非法采集我国人类遗传资源或者非法运送、邮寄、携带我国人类遗传资源材料出境，危害公众健康或者社会公共利益，情节严重的，处三年以下有期徒刑、拘役或者管制，并处或者单处罚金；情节特别严重的，处三年以上七年以下有期徒刑，并处罚金。

【立法沿革】

《中华人民共和国刑法修正案(十一)》(自2021年3月1日起施行)

三十八、在刑法第三百三十四条后增加一条，作为第三百三十四条之一：

"违反国家有关规定，非法采集我国人类遗传资源或者非法运送、邮寄、携带我国人类遗传资源材料出境，危害公众健康或者社会公共利益，情节严重的，处三年以下有期徒刑、拘役或者管制，并处或者单处罚金；情节特别严重的，处三年以上七年以下有期徒刑，并处罚金。"

【立法理由】

(一)立法相关背景

我国是多民族的人口大国，具有独特的人类遗传资源优势，拥有丰富的特色健康长寿人群、特殊生态环境人群(如高原地区)、地理隔离人群(如海岛人群)以及疾病核心家系等遗传资源，为发展生命科学和相关产业提供了得天独厚的条件。我国历来高度重视人类遗传资源的保护和利用工作，1998年科技部、原卫生部联合制定的《人类遗传资源管理暂行办法》对有效保护和合理利用我国人类遗传资源发挥了积极作用。

近些年，随着生物技术的飞速发展，我国人类遗传资源管理出现了一些新情况、新问题：人类遗传资源不断非法外流；人类遗传资源的利用不够规范、缺乏统筹等，危及我国的生物安全。司法实践中出现了一些被刑事立案的此类案件，没有与此对应的适用罪名，对于情节严重的行为只能以**非法经营罪**打击。2020年3月，我国将生物安全纳入国家安全体系；2020年11月，习近平总书记在中央全面依法治国工作会议上指出，要推进生物安全领域立法。**《生物安全法》**由第十三届全国人大常委会第二十二次会议于2020年10月17日通过，该法第五十三条规定："国家加强对我国人类遗传资源和生物资源采集、保藏、利用、对外提供等活动的管理和监督，保障人类遗传资源和生物资源安全。国家对我国人类遗传资源和生物资源享有主权。"第五十五条规定："采集、保藏、利用、对外提供我国人类遗传资源，应当符合伦理原则，不得危害公众健康、国家安全和社会公共利益。"现行法律法规对于非法采集人类遗传资源及运送、邮寄、携带人类遗传资源材料出境的行为均有相应的行政责任条款，以及构成犯罪的，依法追究刑事责任的规定。考虑到实践中的新情况，做好与《生物安全法》《人类遗传资源管理条例》的衔接，2020年12月26日通过的《刑法修正案(十一)》增加了本条规定。

(二)立法时争议的主要问题

在立法过程中，对是否要在本条中增加对非法买卖人类遗传资源行为的规定有不同认识。有的部门提出，根据《人类遗传资源管理条例》第十条第一款禁止买卖人类遗传资源的规定，应当在刑法中增加对买卖人类遗传资源行为的规定。考虑到生物安全法没有对买卖人类遗传资源的行为作出规范，也没有行政处罚的规定，刑法不宜过早介入。同时也有部门提出，《人类遗传资源管理条例》第十条第二款对不属于"非法买卖"的行为作出了排除性规定，即"为科学研究依法提供或者使用人类遗传资源并支付或者收取合理成本费用，不视为买卖"。实践中的情况比较复杂，有时难以区分是否为合理使用，对收取合理成本费用也缺少认定标准，在此情况下，将买卖人类遗传资源的行为作为犯罪处理并不合适。综上考虑，**刑法修改时没有对非法买卖人类遗传资源的行为作出规定。**

【条文说明】

本条是关于非法采集人类遗传资源、走私人类遗传资源材料罪及其处罚的规定。

根据本条规定，违反国家有关规定，非法采集我国人类遗传资源或者非法运送、邮寄、携带我国人类遗传资源材料出境，危害公众健康或者社会公共利益，情节严重的，追究刑事责任。这里的**"违反国家有关规定"**除《刑法》第九十六条规定的"违反国家规定"的情形外，还包括主管部门制定的部门规章中的实体及程序规定。具体来说，除全国人民代表大会及其常务委员会制定的法律和决定，国务院制定的行政法规、规定的行政措施、发布的决定和命令外，还包括相关主管部门制定的条例、办法、指导意见等部门规章，与本条相关的国家有关规定主要是《生物安全法》《人类遗传资源管理条例》《人类遗传资源管理暂行办法》《科学技术部重要遗传家系和特定地区人类遗传资源申报登记办法(暂行)》等。这里的**人类遗传资源**,根据《生物安全法》第八十五条、《人类遗传资源管理条例》第二条的规定,包括人类遗传资源材料和人类遗传资源信息。**人类遗传资源材料**是指含有人体基因组、基因等遗传物质的器官、组织、细胞等遗传材料。**人类遗传资源信息**是指利用人类遗传资源材料产生的数据等信息资料。需要注意的是,1998 年科学技术部、原卫生部联合制定的《人类遗传资源管理暂行办法》曾对“人类遗传资源”作出界定,其第二条规定:“本办法所称人类遗传资源是指含有人体基因组、基因及其产物的器官、组织、细胞、血液、制备物、重组脱氧核糖核酸(DNA)构建体等遗传材料相关的信息资料。”由于该办法制定的时间较早,随着科技水平发展,人类遗传资源的概念也在不断完善,相比《人类遗传资源管理暂行办法》关于人类遗传资源的定义,《生物安全法》和《人类遗传资源管理条例》对人类遗传资源的定义更概括和全面。

本条规定的犯罪包括两个方面的行为:

1. **非法采集人类遗传资源的行为**。根据本条规定,是指违反国家有关规定,非法采集我国人类遗传资源的行为。对于“采集”程序、目的等需要满足的条件及采集我国人类遗传资源履行告知义务等有相关规定。《人类遗传资源管理条例》第十一条明确规定:“采集我国重要遗传家系、特定地区人类遗传资源或者采集国务院科学技术行政部门规定种类、数量的人类遗传资源的,应当符合下列条件,并经国务院科学技术行政部门批准:(一)具有法人资格;(二)采集目的明确、合法;(三)采集方案合理;(四)通过伦理审查;(五)具有负责人类遗传资源管理的部门和管理制度;(六)具有与采集活动相适应的场所、设施、设备和人员。”采集我国人类遗传资源**履行告知义务**是重要的一个环节,体现了采集程序正当及对被采集人权益的保障。《人类遗传资源管理条例》第十二条规定:“采集我国人类遗传资源,应当事先告知人类遗传资源提供者采集目的、采集用途、对健康可能产生的影响、个人隐私保护措施及其享有的自愿参与和随时无条件退出的权利,征得人类遗传资源提供者书面同意。在告知人类遗传资源提供者前款规定的信息时,必须全面、完整、真实、准确,不得隐瞒、误导、欺骗。”

我国拥有丰富的人类遗传资源,特别是《人类遗传资源管理条例》第十一条对采集“我国重要遗传家系、特定地区人类遗传资源”作出规定,也是进一步加强对我国特有资源的保护。对此,《科学技术部重要遗传家系和特定地区人类遗传资源申报登记办法(暂行)》对我国重要遗传家系、特定地区人类遗传资源的范围、采集上述人类遗传资源的程序和登记方式等作出明确规定。该办法第二条第一款规定:“本办法所称重要遗传家系是指患有遗传性疾病或者具有遗传性特殊体质或生理特征的有血缘关系的群体,患病家系或具有遗传性特殊体质或生理特征成员五人以上,涉及三代。”第三条至第五条对采集重要遗传家系和特定地区人类遗传资源的申报登记方式和程序等作出规定。根据《人类遗传资源管理条例》第三条第二款的规定,为临床诊疗、采供血服务、查处违法犯罪、兴奋剂检测和殡葬等活动需要,采集、保藏器官、组织、细胞等人体物质及开展相关活动,依照相关法律、行政法规规定执行。

2. **走私人类遗传资源材料出境的行为**。根据本条规定,是指违反国家有关规定,非法运送、邮寄、携带我国人类遗传资源材料出境的行为。在行为方式上主要包括运送、邮寄、携带出境。运送和邮寄与携带行为的主要区别在于,携带通常是行为人亲自携带,可以放置于衣服、背包甚至藏置体内等;运送和邮寄主要是借助交通工具或者其他载体。运送和邮寄的区分在于,邮寄是通过第三方邮局或者快递公司等方式。运送、邮寄、携带行为,都要求出境,在境内实施上述行为如果符合行政处罚的条件,进行行政处罚即可。

根据本条规定,非法采集我国人类遗传资源或者非法运送、邮寄、携带我国人类遗传资源材料出境的行为要“危害公众健康或者社会公共利益”,“情节严重”的才构成犯罪,追究刑事责任。需要注意的是,与传统的人身、财产犯罪不同,非法采集人类遗传资源及运送、邮寄、携带人类遗传资源材料出境的行为后果通常短期内很难立即显现,实践中对于“危害公众健康或者社会公共利益”的理解和判断还要结合其具体情形进行,对于本罪而言,实施了非法采集人类遗传资源或者运送、邮寄、携带人类遗传资源材料出境的行为如果达到一定的次数即具备危害性。“**危害公众健康或者社会公共利益**”主要是指在采集过程中因采集方法、采集的设备或者程序等因素造成被采集人感染疾病、组织器官造成伤害、部分功能丧失或者造成我国特定地区或者种系的遗传资源遭到严重破坏等。

对于“**情节严重**”及“**情节特别严重**”的判断,可以从行为方式上判断,也可以从造成危害结果的角度考量,如非法采集人类遗传资源及运送、邮寄、携带人类遗传资源材料的样本数量、采集地区、采集的方式、采集目的和用途、采集的年龄段等。例如,是否造成被采集人身体伤害、感染疾病或身体功能异常,是否为境外非法组织或基于非法目的获取我国人类遗传资源信息而研制某些生物制剂等。具体的判断标准,可以在总结司法实践经验的基础上通过相关司法解释予以明确。对于尚不构成犯罪的,应当根据生物安全法等相关规定予以行政处罚。《生物安全法》第八十条规定:"违反本法规定,境外组织、个人及其设立或者实际控制的机构在我国境内采集、保藏我国人类遗传资源,或者向境外提供我国人类遗传资源的,由国务院科学技术主管部门责令停止违法行为,没收违法所得和违法采集、保藏的人类遗传资源,并处一百万元以上一千万元以下的罚款;违法所得在一百万元以上的,并处违法所得十倍以上二十倍以下的罚款。"《人类遗传资源管理条例》第三十六条、第三十八条对本条规定的非法采集人类遗传资源,以及将我国人类遗传资源材料非法运送、邮寄、携带出境的行为,规定了相应的行政处罚。

关于刑罚,本条根据情节的严重程度不同规定了**两档刑罚**:情节严重的,处三年以下有期徒刑、拘役或者管制,并处或者单处罚金;情节特别严重的,处三年以上七年以下有期徒刑,并处罚金。

实际执行中应当注意以下两个方面的问题:

1. 对于**境外组织、个人及其设立或者实际控制的机构,获取和利用我国人类遗传资源和生物资源**分别作了不同的规定。《生物安全法》第五十六条和第五十八条规定,境外组织、个人及其设立或者实际控制的机构不得在我国境内采集、保藏我国人类遗传资源,不得向境外提供我国人类遗传资源。境外组织、个人及其设立或者实际控制的机构经依法取得批准,可以获取和利用我国生物资源。

2. 本条规定的保护对象是"我国人类遗传资源"和"我国人类遗传资源资料",对**在我国境内采集非我国种族的遗传资源**,刑法对此并没有作出限定,不宜根据本条规定追究刑事责任。如果采集的程序、目的、方式等违反国家有关规定,符合行政处罚条件的,进行行政处罚即可。

【附属刑法】

《中华人民共和国生物安全法》(2020 年 10 月 17 日通过)

第七十九条

违反本法规定,未经批准,采集、保藏我国人类遗传资源或者利用我国人类遗传资源开展国际科学研究合作的,由国务院科学技术主管部门责令停止违法行为,没收违法所得和违法采集、保藏的人类遗传资源,并处五十万元以上五百万元以下的罚款,违法所得在一百万元以上的,并处违法所得五倍以上十倍以下的罚款;情节严重的,对法定代表人、主要负责人、直接负责的主管人员和其他直接责任人员,依法给予处分,五年内禁止从事相应活动。

第八十条

违反本法规定,境外组织、个人及其设立或者实际控制的机构在我国境内采集、保藏我国人类遗传资源,或者向境外提供我国人类遗传资源的,由国务院科学技术主管部门责令停止违法行为,没收违法所得和违法采集、保藏的人类遗传资源,并处一百万元以上一千万元以下的罚款;违法所得在一百万元以上的,并处违法所得十倍以上二十倍以下的罚款。

第八十二条

违反本法规定,构成犯罪的,依法追究刑事责任;造成人身、财产或者其他损害的,依法承担民事责任。

第三百三十五条　【医疗事故罪】

医务人员由于严重不负责任,造成就诊人死亡或者严重损害就诊人身体健康的,处三年以下有期徒刑或者拘役。

【立法理由】

本条是 **1997 年修订刑法**时新增加的规定。由于医务人员严重不负责任而引起的医疗事故时有发生,造成的医患纠纷不断增加。医务人员负有治病救人的光荣责任,应当全心全意、尽职尽责地为患者解除病痛。然而,实践中一些医务人员没有将患者的安危放在心上,有的对患者漠不关心,有的严重违反操作规程,造成就诊人死亡或者损害就诊人身体健康的严重后果,**不仅危及患者的生命健康,也扰乱了医疗单位正常的工作秩序,损害了医务工作者的信誉**。1979 年刑法对这种行为没有直接规定,实践中对有些情况有的按照国家工作人员玩忽职守罪追究有关医务人员的刑事责任。1997 年修订刑法时,增加了医疗事故的犯罪。

【条文说明】

本条是关于医疗事故罪及其处罚的规定。

根据本条规定,构成本罪应当符合以下条件:

1. **本罪的主体是特殊主体,只能是医务人员**。这里的“**医务人员**”,主要是指在医疗机构中从事对病人救治、护理工作的医生和护士。

2. **行为人严重不负责任**。所谓“**严重不负责任**”,是指医务人员在对就诊人员进行医疗、护理或身体健康检查过程中,在履行职责的范围内,对于应当可以防止出现的危害结果由于其严重疏于职守而发生,如对就诊人的生命和健康采取漠不关心的态度,不及时救治;严重违反明确的操作规程;等等。《最高人民检察院、公安部关于公安机关管辖的刑事案件立案追诉标准的规定(一)》第五十六条第二款规定:“具有下列情形之一的,属于本条规定的‘**严重不负责任**’:(一)擅离职守的;(二)无正当理由拒绝对危急就诊人实行必要的医疗救治的;(三)未经批准擅自开展试验性医疗的;(四)严重违反查对、复核制度的;(五)使用未经批准使用的药品、消毒药剂、医疗器械的;(六)严重违反国家法律法规及有明确规定的诊疗技术规范、常规的;(七)其他严重不负责任的情形。”“严重不负责任”是构成本罪的必要条件之一,这一必要条件将本罪限定于责任事故的范畴。对于不是由于严重不负责任,而是由于其他原因造成医疗事故的不构成本罪。

3. **造成就诊人死亡或者严重损害就诊人身体健康的后果**。这里的“**就诊人**”是指到医疗机构治疗疾患、进行身体健康检查或者为计划生育而进行医疗的人。“**严重损害就诊人身体健康**”,主要是指造成就诊人严重残疾、重伤,感染艾滋病、病毒性肝炎等难以治愈的疾病或者其他严重损害就诊人身体健康的后果。构成本罪,必须要有就诊人死亡或者严重损害就诊人身体健康的后果,医务人员的行为与上述后果之间需存在因果关系,这是罪与非罪的界限。如果行为人严重不负责任,但没有导致就诊人死亡或者严重损害就诊人身体健康的后果,则不构成本罪。

实际执行中应当注意以下两个方面的问题:

1. 本条规定的医疗事故罪是**过失犯罪**,即医务人员应当预见自己的行为,可能导致就诊人死亡或者严重损害就诊人身体健康的严重后果,因疏忽大意而没有预见,或者已经预见但轻信可以避免,以致发生了上述后果。在判断行为人主观方面是否存在过失,过失行为在责任医疗事故损害后果中的责任程度,以及是否属于“严重不负责任”时,需要根据《最高人民检察院、公安部关于公安机关管辖的刑事案件立案追诉标准的规定(一)》规定的情形进行判断。对于没有明确列举的其他情形,需要综合考虑医务人员的级别、职称、岗位、所处的具体工作环境、承担的具体工作任务等因素进行判断,不能仅因为医务人员客观的技术水平问题就追究其刑事责任。

2. 对于不构成本罪的医疗事故,应当依照《执业医师法》和《医疗事故处理条例》的有关规定,追究相关医疗机构和责任人员的行政责任,并依法给予就诊方民事赔偿。此外,我国《民法典》第一百八十七条规定,民事主体因同一行为应当承担民事责任、行政责任和刑事责任的,承担行政责任或者刑事责任不影响承担民事责任。根据本条规定追究医务人员刑事责任的,**不影响相关医疗机构和医务人员民事责任的承担**。

【司法解释性文件】

《最高人民检察院、公安部关于公安机关管辖的刑事案件立案追诉标准的规定(一)》(公通字〔2008〕36号,2008年6月25日公布)

△(**医疗事故罪;立案追诉标准;严重不负责任;严重损害就诊人身体健康**)医务人员由于严重不负责任,造成就诊人死亡或者严重损害就诊人身体健康的,应予立案追诉。

具有下列情形之一的,属于本条规定的“严重不负责任”:

(一)擅离职守的;

(二)无正当理由拒绝对危急就诊人实行必要的医疗救治的;

(三)未经批准擅自开展试验性医疗的;

(四)严重违反查对、复核制度的;

(五)使用未经批准使用的药品、消毒药剂、医疗器械的;

(六)严重违反国家法律法规及有明确规定的诊疗技术规范、常规的;

(七)其他严重不负责任的情形。

本条规定的“严重损害就诊人身体健康”,是指造成就诊人严重残疾、重伤、感染艾滋病、病毒性肝炎等难以治愈的疾病或者其他严重损害就诊人身体健康的后果。(§ 56)

【附属刑法】

《中华人民共和国献血法》(1997年12月29日通过)

第二十二条

医疗机构的医务人员违反本法规定,将不符合国家规定标准的血液用于患者的,由县级以上地方人民政府卫生行政部门责令改正;给患者健康造成损害的，应当依法赔偿，对直接负责的主管人员和其他直接责任人员，依法给予行政处分；构成犯罪的，依法追究刑事责任。

《中华人民共和国医师法》（2021 年 8 月 20 日通过）

第五十五条

违反本法规定，医师在执业活动中有下列行为之一的，由县级以上人民政府卫生健康主管部门责令改正，给予警告；情节严重的，责令暂停六个月以上一年以下执业活动直至吊销医师执业证书：

（一）在提供医疗卫生服务或者开展医学临床研究中，未按照规定履行告知义务或者取得知情同意；

（二）对需要紧急救治的患者，拒绝急救处置，或者由于不负责任延误诊治；

（三）遇有自然灾害、事故灾难、公共卫生事件和社会安全事件等严重威胁人民生命健康的突发事件时，不服从卫生健康主管部门调遣；

（四）未按照规定报告有关情形；

（五）违反法律、法规、规章或者执业规范，造成医疗事故或者其他严重后果。

第六十三条

违反本法规定，构成犯罪的，依法追究刑事责任；造成人身、财产损害的，依法承担民事责任。

【参考案例】

△具有执业资格的医生在诊疗过程中，出于医治患者的目的，使用民间验方、偏方，但由于严重不负责任致人死亡或严重损害身体健康的，应以医疗事故罪论处。

医疗事故罪在客观方面表现为医护人员在合法、正常的诊疗护理过程中因严重不负责任，造成就诊人死亡或严重损害就诊人身体健康的行为。要符合这一要件，必须同时具备两个方面：首先，上述严重不负责任的行为必须发生在合法、正常的诊疗护理过程中，其行为必须发生在有关部门对医务人员的职务授权范围内；其次，这种严重不负责任的行为，与就诊人死亡或身体健康被严重损害的结果之间，必须具有刑法意义上的因果关系。孟广超作为取得执业资格的注册个体医师，按照注册的执业地点、执业类别、执业范围执业，从事相应的医疗业务，并在此过程中，违反医疗规章制度，没有经过国家卫生行政部门批准私自配制药品用于诊疗，是严重不负责任的表现，造成就诊人死亡，在客观方面也完全符合医疗事故罪的特征。

综上所述，法院认定被告人孟广超的行为构成医疗事故罪是恰当的。但需要指出的是，司法实践中对于这类利用民间验方、偏方实施诊疗致人伤亡的行为，在定性时要严格把握，应对主体资格、主观心态、因果关系和行为发生的客观环境等具体条件进行严格审查，只有类似本案这种在有限的范围内，针对特定的病症个体，采用未经有关机构认可和授权使用的偏方、验方，致就诊人伤亡的情形，才可以定医疗事故罪。如果主体资格不符，则可以非法行医罪追究刑事责任。如果是利用未经有关机构认可和授权的民间验方、偏方制成药物，大规模生产，或者公开在药店、医疗机构等医药市场上向不特定的患者或公众大范围销售，足以严重危害人体健康的，则应以生产、销售假药罪定罪处罚。［No. 6-5-335-2　孟广超医疗事故案］

第三百三十六条　【非法行医罪】【非法进行节育手术罪】

未取得医生执业资格的人非法行医，情节严重的，处三年以下有期徒刑、拘役或者管制，并处或者单处罚金；严重损害就诊人身体健康的，处三年以上十年以下有期徒刑，并处罚金；造成就诊人死亡的，处十年以上有期徒刑，并处罚金。

未取得医生执业资格的人擅自为他人进行节育复通手术、假节育手术、终止妊娠手术或者摘取宫内节育器，情节严重的，处三年以下有期徒刑、拘役或者管制，并处或者单处罚金；严重损害就诊人身体健康的，处三年以上十年以下有期徒刑，并处罚金；造成就诊人死亡的，处十年以上有期徒刑，并处罚金。

【立法理由】

1979 年刑法对本条内容未作规定。1994 年《母婴保健法》第三十六条规定："未取得国家颁发的有关合格证书，施行终止妊娠手术或者采取其他方法终止妊娠，致人死亡、残疾、丧失或者基本丧失劳动能力的，依照刑法第一百三十四条、第一百三十五条的规定追究刑事责任。”

1997年修订刑法时补充规定了非法行医罪，并对上述规定作了修改后纳入刑法中，规定了非法进行节育手术犯罪。这主要考虑到，一段时间以来，一些未取得医生执业资格的人为了谋取非法利润或者谋取其他利益，在一些医疗条件差，群众看病难的地区非法行医，严重破坏了国家对医疗机构的管理秩序和公众的身心健康。同时，这些人为谋取私利，擅自为他人进行节育复通手术、假节育手术、终止妊娠手术或者摘取宫内节育器，往往由于自身的医术低下或者医疗设备简陋，致使就诊人重伤、残疾或者死亡，造成恶劣的社会影响，并严重破坏了国家计划生育政策，必须予以惩处。

【条文说明】

本条是关于非法行医罪和非法进行节育手术罪及其处罚的规定。

本条共分为两款。

第一款是关于非法行医罪及其处罚的规定。《执业医师法》第十四条第二款规定，未经医师注册取得执业证书，不得从事医师执业活动。“**未取得医生执业资格的人非法行医**”，是指未取得医生执业资格的人从事医疗工作，包括未取得或者以非法手段取得医师资格从事医疗活动的；被依法吊销医师执业证书期间从事医疗活动的；未取得乡村医生执业证书，从事乡村医疗活动的；等等。① 根据《最高人民法院关于审理非法行医刑事案件具体应用法律若干问题的解释》第二条的规定：“具有下列情形之一的，应认定为刑法第三百三十六条第一款规定的‘**情节严重**’：(一)造成就诊人轻度残疾、器官组织损伤导致一般功能障碍的；(二)造成甲类传染病传播、流行或者有传播、流行危险的；(三)使用假药、劣药或不符合国家规定标准的卫生材料、医疗器械，足以严重危害人体健康的；(四)非法行医被卫生行政部门行政处罚两次以后，再次非法行医的；(五)其他情节严重的情形。”根据本款规定，未取得医生执业资格的人非法行医，情节严重的，处三年以下有期徒刑、拘役或者管制，并处或者单处罚金；严重损害就诊人身体健康的，处三年以上十年以下有期徒刑，并处罚金；造成就诊人死亡的，处十年以上有期徒刑，并处罚金。

第二款是关于非法进行节育手术罪及其处罚的规定。“**擅自为他人进行节育复通手术**”是指没有医生执业资格的人，为他人进行输卵(精)管复通手术的行为。② “**假节育手术**”或者“**摘取宫内节育器**”是指为他人进行假结扎输卵(精)管手术或者替育龄妇女摘取为计划生育放置的避孕环等宫内节育器的行为。“**终止妊娠手术**”是指私自为孕妇进行手术，使母体内正发育的胚胎停止发育的行为，如进行流产或引产手术。“**情节严重的**”主要是指没有医师资格的人，多次私自为他人做节育复通手术、假节育手术、终止妊娠手术或者摘取宫内节育器，破坏计划生育或者损害就诊人身体健康等。“**严重损害就诊人身体健康的**”是指没有医师资格的人，进行上述手术时，给就诊人造成身体器官的损害或者严重损害身体健康的其他情况，如使就诊人丧失生育能力、大出血、子宫破裂，等等。本款对于未取得医生执业资格的人私自为他人进行上述手术的犯罪行为规定了**三档刑罚**：情节严重的，处三年以下有期徒刑、拘役或者管制，并处或者单处罚金；严重损害就诊人身体健康的，处三年以上十年以下有期徒刑，并处罚金；造成就诊人死亡的，处十年以上有期徒刑，并处罚金。

实际执行中应当注意以下几个方面的问题：

1. 关于非法行医罪的认定。判断是否构成非法行医，一是要看行为人是否具有医生执业资格，二是要看行为人是否具有非法行医的行为。其中，根据《最高人民法院关于审理非法行医刑事案件具体应用法律若干问题的解释》第一条的规定，“未取得医生执业资格”包括未取得或者以非法手段取得医师资格；被依法吊销医师执业证书；未取得乡村医生执业证书，从事乡村医疗活动；家庭接生员实施家庭接生以外的医疗行为。

关于“医疗活动”和“医疗行为”的界定，根据

---

① 非法行医罪属于职业犯。行医就是从事医师执业活动，而医师执业活动是将医疗、预防、保健作为一种业务实施的，故行医必然是一种业务行为，性质上要求具有反复、继续实施性，但并不要求行为人将行医作为唯一职业，也不要求具有不间断性。收取报酬只是认定是否属于业务行为的根据之一，并非唯一根据。参见张明楷：《刑法学》(第6版)，法律出版社2021年版，第1476页。

② 我国学者指出，现行法规定值得商榷，因为非法进行节育手术罪的目的在于保护我国的计划生育政策。只要行为对我国的计划生育政策造成危害，达到犯罪程度，就应当追究其刑事责任，而不应以行为人是否具有医生职业资格作为有罪、无罪的区别标准。参见黎宏：《刑法学各论》(第2版)，法律出版社2016年版，第440页。

《最高人民法院关于审理非法行医刑事案件具体应用法律若干问题的解释》第六条的规定，参照《医疗机构管理条例实施细则》中的“诊疗活动”“医疗美容”认定。根据《医疗机构管理条例实施细则》的规定，**诊疗活动**是指通过各种检查，使用药物、器械及手术等方法，对疾病作出判断和消除疾病、缓解病情、减轻痛苦、改善功能、延长生命、帮助患者恢复健康的活动。**医疗美容**是指使用药物以及手术、物理和其他损伤性或者侵入性手段进行的美容。

2. 关于**对非医学需要的胎儿性别鉴定行为**是否需要追究刑事责任。人口与计划生育法明确规定，非医学需要的胎儿性别鉴定行为，属于违法行为。近年来，也有意见提出，非医学需要的胎儿性别鉴定和选择性别的人工终止妊娠行为是导致我国出生人口性别比失衡的主要原因之一，这将会严重影响我国的人口结构和社会稳定，建议在刑法中增加相应的犯罪。对于该问题，《刑法修正案(六)(草案)》曾将“为他人进行非医学需要的胎儿性别鉴定，导致选择性别、人工终止妊娠后果，情节严重的”行为规定为犯罪，后来在常委会审议过程中，各方面意见分歧很大，没有将该内容列入刑法修正案表决稿。考虑到我国人口形势和生育政策等出现了一些新的情况和变化，特别是在“二孩”政策实施后，对该问题还需要综合相关情况作进一步的评估分析。解决出生人口性别失衡问题是一项社会系统工程，既涉及党和国家的政策和法律，也涉及各级政府等部门对政策和法律的执行和贯彻，还涉及公民观念意识的改变和千家万户的切身利益等，情况比较复杂，需要运用各种手段综合治理。

3. 关于**乡村医生的非法行医**。我国的乡村医生分为两种：一种是根据《执业医师法》取得了执业医师或者执业助理医师资格的；另一种是不具备条件的地区，根据《乡村医生从业管理条例》的规定，由具有中等医学专业学历的人员，或者经培训达到中等医学专业水平的其他人员申请执业注册后，进入村医疗卫生机构执业，主要从事预防、保健和一般医疗服务。《乡村医生从业管理条例》对乡村医生的执业范围、基本用药目录等有规定。未经注册在村医疗卫生机构从事医疗活动，或者以不正当手段取得乡村医生执业证书的，在村医疗卫生机构从事医疗活动，情节严重，构成犯罪的，需依法追究刑事责任。

【司法解释】

《最高人民法院、最高人民检察院关于办理妨害预防、控制突发传染病疫情等灾害的刑事案件具体应用法律若干问题的解释》(法释〔2003〕8号，自2003年5月15日起施行)

△(**突发传染病疫情；非法行医罪**)未取得医师执业资格非法行医，具有造成突发传染病病人、病原携带者、疑似突发传染病病人贻误诊治或者造成交叉感染等严重情节的，依照刑法第三百三十六条第一款的规定，以非法行医罪定罪，依法从重处罚。(§ 12)

△(**自首、立功等悔罪表现**)人民法院、人民检察院办理有关妨害预防、控制突发传染病疫情等灾害的刑事案件，对于有自首、立功等悔罪表现的，依法从轻、减轻、免除处罚或者依法作出不起诉决定。(§ 17)

《最高人民法院关于审理非法行医刑事案件具体应用法律若干问题的解释》[法释〔2008〕5号，自2008年5月9日起施行，该解释已经被《最高人民法院关于修改〈关于审理非法行医刑事案件具体应用法律若干问题的解释〉的决定》(法释〔2016〕27号，自2016年12月20日起施行)修改]

△(**未取得医生执业资格的人；非法行医**)具有下列情形之一的，应认定为刑法第三百三十六条第一款规定的“未取得医生执业资格的人非法行医”：

(一)未取得或者以非法手段取得医师资格从事医疗活动的；

(二)被依法吊销医师执业证书期间从事医疗活动的；

(三)未取得乡村医生执业证书，从事乡村医疗活动的；

(四)家庭接生员实施家庭接生以外的医疗行为的。(§ 1)

△(**情节严重**)具有下列情形之一的，应认定为刑法第三百三十六条第一款规定的“情节严重”：

(一)造成就诊人轻度残疾、器官组织损伤导致一般功能障碍的；

(二)造成甲类传染病传播、流行或者有传播、流行危险的；

(三)使用假药、劣药或不符合国家规定标准的卫生材料、医疗器械，足以严重危害人体健康的；

(四)非法行医被卫生行政部门行政处罚两次以后，再次非法行医的；

(五)其他情节严重的情形。(§ 2)

△(**情节严重**)具有下列情形之一的，应认定为刑法第三百三十六条第一款规定的“严重损害

就诊人身体健康”：

(一)造成就诊人中度以上残疾、器官组织损伤导致严重功能障碍的；

(二)造成三名以上就诊人轻度残疾、器官组织损伤导致一般功能障碍的。(§ 3)

△(**造成就诊人死亡；情节严重**)非法行医行为系造成就诊人死亡的直接、主要原因的，应认定为刑法第三百三十六条第一款规定的“造成就诊人死亡”。

非法行医行为并非造成就诊人死亡的直接、主要原因的，可不认定为刑法第三百三十六条第一款规定的“造成就诊人死亡”。但是，根据案件情况，可以认定为刑法第三百三十六条第一款规定的“情节严重”。(§ 4)

△(**想象竞合犯；生产、销售假药罪；生产、销售劣药罪；诈骗罪**)实施非法行医犯罪，同时构成生产、销售假药罪，生产、销售劣药罪，诈骗罪等其他犯罪的，依照刑法处罚较重的规定定罪处罚。[①](§ 5)

△(**医疗活动；医疗行为；轻度残疾、器官组织损伤导致一般功能障碍；中度以上残疾、器官组织损伤导致严重功能障碍**)本解释所称“医疗活动”“医疗行为”，参照《医疗机构管理条例实施细则》中的“诊疗活动”“医疗美容”认定。

本解释所称“轻度残疾、器官组织损伤导致一般功能障碍”“中度以上残疾、器官组织损伤导致严重功能障碍”，参照《医疗事故分级标准(试行)》认定。(§ 6)

【司法解释性文件】

《卫生部关于对非法行医罪犯罪条件征询意见函的复函》(2001年8月8日公布)

△(**非法行医罪；医师；医生执业资格的人**)1998年6月26日第九届全国人民代表大会常务委员会第三次会议通过《执业医师法》，根据该法规定，医师是取得执业医师资格，经注册在医疗、预防、保健机构中执业的医学专业人员。医师分为执业医师和执业助理医师，《刑法》中的“医生执业资格的人”应当是按照《执业医师法》的规定，取得执业医师资格并经卫生行政部门注册的医学专业人员。(§ 1)

△(**《执业医师法》颁布前医师资格之认定**)《执业医师法》第四十三条规定：“本法颁布之日前按照国家有关规定取得医学专业技术职称和医学专业技术职务的人员，由所在机构报请县级以上人民政府卫生行政部门认定，取得相应的医师资格。”

卫生部、人事部下发了《具有医学专业技术职务任职资格人员认定医师资格及执业注册办法》。目前各级卫生行政部门正在对《执业医师法》颁布之前，按照国家有关规定已取得医学专业技术职务任职资格的人员认定医师资格，并为仍在医疗、预防、保健机构执业的医师办理执业注册。(§ 2)

△(**未被批准行医的场所**)具有医生执业资格的人在“未被批准行医的场所”行医属非法行医。[②] 其中，“未被批准行医的场所”是指没有卫生行政部门核发的《医疗机构执业许可证》的场所。但是，下列情况不属于非法行医：

(一)随急救车出诊或随采血车出车采血的；

(二)对病人实施现场急救的；

(三)经医疗、预防、保健机构批准的家庭病床、卫生支农、出诊、承担政府交办的任务和卫生行政部门批准的义诊等。(§ 3)

△(**乡村医生；家庭接生员**)《执业医师法》规定，不具备《执业医师法》规定的执业医师资格或者执业助理医师资格的乡村医生，由国务院另行制定管理办法。经过卫生行政部门审核的乡村医生应当在注册的村卫生室执业。除第三条所列情况外，其他凡超出其申请执业地点的，应视为非法行医。

根据《母婴保健法》的规定“不能住院分娩的孕妇应当经过培训合格的接生人员实行消毒接生”，“从事家庭接生的人员，必须经过县级以上地方人民政府卫生行政部门的考核，并取得相应的合格证书”。取得合法资格的家庭接生人员为不能住院分娩的孕妇接生，不属于非法行医。(§ 4)

《最高人民检察院、公安部关于公安机关管辖的刑事案件立案追诉标准的规定(一)》(公通字〔2008〕36号，2008年6月25日公布)

△(**非法行医罪；立案追诉标准；未取得医生执业资格的人非法行医；轻度残疾、器官组织损伤**

① 但是，如果行为人不仅将假药、劣药出售给求医者，而且将假药、劣药出售给不特定的他人，则应将非法行医罪和生产、销售假药罪或者生产、销售劣药罪，实行数罪并罚。参见张明楷：《刑法学》(第6版)，法律出版社2021年版，第1477页。

② 非法行医罪所要保护的法益是公共卫生以及医疗管理秩序。行医并不是只要求具备医学知识与技能，还要求必要的设备与条件，否则也会危害到公共卫生。参见张明楷：《刑法学》(第6版)，法律出版社2021年版，第1475页。

导致一般功能障碍;中度以上残疾、器官组织损伤导致严重功能障碍)未取得医生执业资格的人非法行医,涉嫌下列情形之一的,应予立案追诉:

(一)造成就诊人轻度残疾、器官组织损伤导致一般功能障碍,或者中度以上残疾、器官组织损伤导致严重功能障碍,或者死亡的;

(二)造成甲类传染病传播、流行或者有传播、流行危险的;

(三)使用假药、劣药或不符合国家规定标准的卫生材料、医疗器械,足以严重危害人体健康的;

(四)非法行医被卫生行政部门行政处罚两次以后,再次非法行医的;

(五)其他情节严重的情形。

具有下列情形之一的,属于本条规定的"未取得医生执业资格的人非法行医":

(一)未取得或者以非法手段取得医师资格从事医疗活动的;

(二)个人未取得《医疗机构执业许可证》开办医疗机构的;

(三)被依法吊销医师执业证书期间从事医疗活动的;

(四)未取得乡村医生执业证书,从事乡村医疗活动的;

(五)家庭接生员实施家庭接生以外的医疗活动的。

本条规定的"轻度残疾、器官组织损伤导致一般功能障碍"、"中度以上残疾、器官组织损伤导致严重功能障碍",参照卫生部《医疗事故分级标准(试行)》认定。(§ 57)

△**(非法进行节育手术罪;立案追诉标准)**未取得医生执业资格的人擅自为他人进行节育复通手术、假节育手术、终止妊娠手术或者摘取宫内节育器,涉嫌下列情形之一的,应予立案追诉:

(一)造成就诊人轻伤、重伤、死亡或者感染艾滋病、病毒性肝炎等难以治愈的疾病的;

(二)非法进行节育复通手术、假节育手术、终止妊娠手术或者摘取宫内节育器五人次以上的;

(三)致使他人超计划生育的;

(四)非法进行选择性别的终止妊娠手术的;

(五)非法获利累计五千元以上的;

(六)其他情节严重的情形。(§ 58)

【附属刑法】

《中华人民共和国母婴保健法》(1994年10月27日通过,2017年11月4日第二次修正)

第三十六条

未取得国家颁发的有关合格证书,施行终止妊娠手术或者采取其他方法终止妊娠,致人死亡、残疾、丧失或者基本丧失劳动能力的,依照刑法有关规定追究刑事责任。

《中华人民共和国基本医疗卫生与健康促进法》(2019年12月28日通过)

第九十九条

Ⅰ违反本法规定,未取得医疗机构执业许可证擅自执业的,由县级以上人民政府卫生健康主管部门责令停止执业活动,没收违法所得和药品、医疗器械,并处违法所得五倍以上二十倍以下的罚款,违法所得不足一万元的,按一万元计算。

第一百零六条

违反本法规定,构成犯罪的,依法追究刑事责任;造成人身、财产损害的,依法承担民事责任。

《中华人民共和国医师法》(2021年8月20日通过)

第五十九条

违反本法规定,非医师行医的,由县级以上人民政府卫生健康主管部门责令停止非法执业活动,没收违法所得和药品、医疗器械,并处违法所得二倍以上十倍以下的罚款,违法所得不足一万元的,按一万元计算。

第六十三条

违反本法规定,构成犯罪的,依法追究刑事责任;造成人身、财产损害的,依法承担民事责任。

《中华人民共和国人口与计划生育法》(2001年12月29日通过,2021年8月20日第二次修正)

第四十条

违反本法规定,有下列行为之一的,由卫生健康主管部门责令改正,给予警告,没收违法所得;违法所得一万元以上的,处违法所得二倍以上六倍以下的罚款;没有违法所得或者违法所得不足一万元的,处一万元以上三万元以下的罚款;情节严重的,由原发证机关吊销执业证书;构成犯罪的,依法追究刑事责任:

(一)非法为他人施行计划生育手术的;

(二)利用超声技术和其他技术手段为他人进行非医学需要的胎儿性别鉴定或者选择性别的人工终止妊娠的。

【参考案例】

△具有中医士资格的人不能认定为具有刑法意义上的取得医生执业资格的人,在行医过程中致人死亡的,应以非法行医罪论处。

国家中医药管理局1989年5月3日公布的

《中医人员个体开业管理补充规定》第二条第一款规定："中医士（含各民族医医士）只能在农村乡、村所在地开业，在城镇只能随个体开业中医师以上专业技术人员从业。"2009 年 8 月 27 日修正的《执业医师法》第三十条规定："执业助理医师应当在执业医师的指导下，在医疗、预防、保健机构中按照其执业类别执业。在乡、民族乡、镇的医疗、预防、保健机构中工作的执业助理医师，可以根据医疗诊治的情况和需要，独立从事一般的执业活动。"国务院 2003 年 8 月 5 日公布的《乡村医生从业管理条例》第二条第一款规定："本条例适用于尚未取得执业医师资格或者执业助理医师资格，经注册在村医疗卫生机构从事预防、保健和一般医疗服务的乡村医生。"第九条第一款规定："国家实行乡村医生执业注册制度。"第十五条规定："乡村医生经注册取得执业证书后，方可在聘用其执业的村医疗卫生机构从事预防、保健和一般医疗服务。未经注册取得乡村医生执业证书的，不得执业。"对比上述规定可看出，无论是具有中医士资格、执业助理医师资格还是经注册的乡村医生，均只能在乡、村所在地从事一般执业活动。换言之，就是不能在城镇独立从事诊疗活动。

熊忠喜于 1989 年获得中医士资格证书，之前是乡村医生。根据上述规定，其若从事个体行医，只能在所在的乡、村开业行医。1994 年其来海口后，在没有提高医学知识、技术和能力、取得中医师或医师资格的情况下，擅自在租住处开设私人诊所对外行医的行为，显然有悖于上述法规的精神，属非法行医。在《执业医师法》实施后，根据该法第四十三条的规定，本法颁布之日前按照国家有关规定取得医学专业技术职称和医学专业技术职务的人员，由所在机构报请县级以上人民政府卫生行政部门认定，取得相应的医师资格。熊忠喜如按照规定申报，可能出现两种情况：一是通过了有关部门的审查，相应取得执业助理医师资格。但作为执业助理医师，仍要在执业医师的指导下在医疗机构中从事执业活动，不能在城市单独行医；二是未通过有关部门的审查，未取得执业助理医师资格，其还可以根据《乡村医生从业管理条例》的规定，申请乡村医生注册证书，但只能在村医疗卫生机构从事预防、保健和一般医疗服务。因此，熊忠喜持中医士资格在城市擅自开设诊所独自行医的行为应认定为非法行医。此外，根据《母婴保健法》及其实施办法的规定，未取得《母婴保健技术考核合格证书》《家庭接生员技术合格证书》的人员不得从事母婴保健法规定的家庭接生。熊忠喜是中医士，与妇产科是两个不同门类的学科。其未取得上述证书，表明其不具有妇产科专业知识和技能，属不能从事妇产科医疗、保健、接生的人员。因此，熊忠喜在私设诊所内为被害人接生的行为，属跨门类的非法行医，而非具有不同门类专业知识和技能的医师变更执业类型、范围的行为。综上，熊忠喜虽具有中医士资格，但其在城市擅自开设诊所跨门类为他人接生，因不具备专业技能和在设备简陋的情况下，在产妇大出血后因救治不当导致产妇死亡，应以非法行医罪定罪处罚。[No. 6-5-336(1)-1　熊忠喜非法行医案]

△产妇在分娩过程中因并发症死亡，非法行医行为与产妇的死亡之间存在因果关系，应以非法行医罪论处。

被告人在没有行医资格的前提下，故意长期非法行医，其行为已经构成非法行医的基本犯罪。具有一般社会阅历和生活常识的成年人，即使没有医学知识都能预见，产妇在分娩过程中可能会发生各种紧急情况，一旦发生，必须及时实施正确、有效的抢救，否则，产妇及胎儿的生命都将面临极大的危险。而该被告人非法行医多年，具有一定的医学知识，对产妇在分娩过程中可能出现的各种风险比常人更能清楚地预见。但其出于追求非法利益的目的，存在侥幸能够避免的心理，在缺乏抢救设备、抢救措施的情况下仍然为其接生，违反了其实施基本犯罪行为时对其行为所带来的危险性的注意义务，主观上对产妇死亡的结果存在过于自信的过失；同时，客观上，由于被告人的医疗技术水平不高、医疗设施缺乏，致使产妇出现并发症时无力及时采取正确、有效的抢救措施；在产妇出现并发症时又因害怕承担责任，不及时将产妇转送正规医院进行抢救，延误了产妇的抢救时机，致使产妇在尚未送进医院抢救时即已死亡。羊水栓塞本来就是一种死亡率较高的分娩并发症，当产妇发生该症状时，因被告人浅陋的医疗技术和医疗设施以及延误抢救时间，致使产妇不可能获得及时有效的抢救，产妇的死亡就成了一种内在性引发的必然结果，其非法行医的行为与产妇的死亡结果当然具有刑法上的因果关系。综上分析，被告人对产妇的死亡在主观上具有过失，客观上造成了产妇死亡的结果，其非法行医行为与产妇的死亡结果间具有因果关系，故其对产妇的死亡应当承担相应的刑事责任。[No. 6-5-336(1)-2　贺淑华非法行医案]

△未取得医师执业资格的乡村医生行医致人死亡的，不构成非法行医罪或者医疗事故罪，应以过失致人死亡罪论处。

王之兰的行为构成过失致人死亡罪。理由

如下：

（1）被告人王之兰主观上不具有非法行医的故意。非法行医罪是指未取得医生执业资格的人非法行医，情节严重的行为。行为人对非法行医行为的心理态度是直接故意，即明知自己未取得医生执业资格，而仍实施非法行医行为。被告人王之兰所在的杭集村卫生室成立于70年代，王之兰本人也在村卫生室工作了近三十年，期间一直从事医疗、保健、预防等工作。被告人王之兰曾取得《乡村保健医生资格证书》，一直作为乡村医生行医。2009年8月27日修正的《执业医师法》第十四条第二款规定："未经医师注册取得执业证书，不得从事医师执业活动。"但第四十五条规定："……不具备本法规定的执业医师资格或者执业助理医师资格的乡村医生，由国务院另行制定管理办法。"可至本案案发时，国务院尚未制定相关管理办法以规范乡村医生的行医资格。综上，考虑到乡村卫生室从事诊疗服务的历史延续性以及乡村医生行医资格无法律明文规定的特殊性，可以认定被告人王之兰主观上不具备非法行医的故意，对其行为以不定非法行医罪为宜。

（2）被告人王之兰不符合医疗事故罪的主体身份。医疗事故罪的主体是特殊主体，即医务人员。所谓医务人员是指有合法执业资格的医疗工作者，即其行医具有合法性。医务工作，是一项专业性、技术性极强的工作。为确保人民的生命、健康安全，国家对医务人员的任职资格作了严格规定。根据2009年8月27日修正的《执业医师法》的规定，在我国从事医师执业工作，必须具备两个基本条件：第一是取得医师资格，第二是进行注册，领取医师执业证书。未经医师注册取得执业证书，不得从事医师执业活动。被告人王之兰未取得医师资格，亦未进行注册，取得医师执业证书，其虽取得《乡村保健医生资格证书》，但该证书载明"本证书是医疗技术水平的证明，不得凭此证流动行医和个体开业"。因此，王之兰行医不具有合法性，不符合医疗事故罪的主体特征，不应以医疗事故罪追究其刑事责任。

（3）被告人王之兰的行为符合过失致人死亡罪的主、客观构成要件，应定过失致人死亡罪。过失致人死亡罪，是指行为人由于过失而致人死亡的行为。其主观方面只能由过失构成，包括疏忽大意的过失和过于自信的过失。前者是指应当预见自己的行为可能发生被害人死亡的结果，由于疏忽大意而没有预见；后者是指已经预见而轻信能够避免，以致发生被害人死亡的结果。被告人王之兰作为行医近三十年的乡村医生，已经预见到不对林奇重复做皮试可能发生死亡的后果，却轻信林奇刚在镇卫生院做过皮试能够避免，以至于发生了林奇青霉素过敏性休克死亡的后果，符合过失致人死亡罪的主观特征；过失致人死亡罪的客观方面是行为人的过失行为与死亡结果存在着刑法上的因果关系。在本案中，医疗鉴定报告表明：王之兰在未对林奇重新做青霉素皮试的情况下注射了与杭集镇卫生院皮试试液不同生产厂家的青霉素，造成林奇青霉素过敏性休克死亡，其行为与林奇的死亡具有刑法上的因果关系，因此，应当以过失致人死亡罪论处。［No. 6-5-336(1)-3　王之兰过失致人死亡案］

△未取得医生执业资格，无论患者是否知道这一事实，其同意诊疗或求医的，不影响非法行医罪的成立。

在非法行医案件中，即使行为人非法行医时得到患者的承诺，也不能阻却其犯罪的成立①，这是因为：第一，非法行医属于危害公共卫生的犯罪，侵害的是社会法益，任何人对社会法益都没有承诺权限，故患者的承诺是无效的。第二，对治疗行为的承诺，只能是一种具体的承诺，而且这种承诺只是对医疗行为本身的承诺，不包括对不当医疗行为致死、致伤结果的承诺。在行为人非法行医的情况下，患者只是承诺行为人为其治疗，这是一种抽象的承诺。在被害人并不了解非法行医者的具体治疗方案的情况下，非法行医者的具体治疗行为并没有得到承诺。患者求医当然是希望医治疾病，因此不可能承诺对自己造成伤亡。所以，非法行医者致患者伤亡的行为，也不可能因为被害人承诺而阻却犯罪的成立。第三，在许多情况下，患者是因为不了解非法行医者的内情才去求医的，即非法行医者或者谎称自己具有医生执业资格，或者谎称自己具有高明的医术，使患者信以为真，从而在不了解真相的情况下向非法行医人求医。这显然不能认为是患者的真实意志，即患者在了解真相的情况下将不会向其求医。由于患者求医是基于误解，因而其承诺也是无效的。第四，非法行医行为违反了法律秩序，即使非法行医行为取得了患者的同意，也是法律所禁止的。

由此可见，在非法行医案件中，如果行为人隐瞒其未取得医生执业资格的事实，从而致使被害人错误作出同意其对自己实施医疗行为的承诺

① 相同的学说见解，参见张明楷：《刑法学》（第6版），法律出版社2021年版，第1477页。

的，则因该项承诺并非出自被害人的真实意志，故而不能构成可以排除行为人犯罪性的承诺；即便在行为人已告知被害人其未取得医生执业资格的事实，被害人仍然同意或者请求其为自己医疗的情况下，由于被害人的同意或者请求（承诺）仅是对医疗行为本身的抽象承诺，并不包括对非法医疗行为可能引致的伤亡结果的承诺，也不能构成可以排除行为人犯罪性的承诺；甚至，在行为人已告知被害人其未取得医生执业资格的事实，被害人仍然同意或者请求其为自己医疗，并明确表示自愿承担医疗风险的情况下，由于被害人对公共卫生这一社会法益并无承诺权限，其承诺仍然是无效的，仍然不能因此排除行为人非法行医行为的犯罪性。

根据以上分析，未取得医生执业资格的被告人周某某固然是应孕妇蒋某某亲属之邀出诊为蒋某某接生的，但其违规用药，引起蒋某某强烈宫缩致胎死宫内，应当认为其行为已至少达到《刑法》第336条规定的情节严重的程度，故认定其构成非法行医罪是正确的；周某某系因他人之邀为蒋某某接生这一情节，并不能排除其非法行医行为的犯罪性。［No. 6-5-336(1)-4 周某某非法行医案］

△已经取得执业医师资格的人未向卫生行政部门注册，未取得医师执业证书或者医疗机构执业许可证行医的，不构成非法行医罪。[①]

医师资格考试成绩合格，取得医师资格（包括执业医师资格和执业助理医师资格），即表明国家承认其具有法律规定的从事医疗工作或开业所必需的医学知识、技术和能力。根据《执业医师法》的规定，凡具有医师资格的人，除法律规定的特殊情形外，只要向所在地县级以上人民政府卫生行政部门提出注册申请，受理申请的卫生行政部门应当自收到申请之日起三十日内准予注册，并发给由国务院卫生行政部门统一印制的医师执业证书。从法律规定我们不难看出，从取得医师资格到实际执业，只需履行注册手续，这纯属是一个行政管理手段。

周兆钧1953年就获中央人民政府卫生部颁发的医师证书，从事医疗工作几十年，退休后获卫生部门颁发的个体行医执照。虽然1993年由于房屋拆迁及年老原因向长沙市医疗管理委员会申请个体诊所停业，并上交了行医执照，但周兆钧具有国家承认的执业医师资格，即周兆钧具有国家承认的从事诊疗工作应当具备的医学知识、技术和能力，并没有因为上交了行医执照而消失或者被取消。这就如同目前我国已经推行的律师、会计师、资产评估师资格准入制度一样，凡是通过相应的国家资格考试的人，都表明国家承认其具有从事相关专业工作的学识和技能。不论其目前是否从事或打算从事该项工作，都不影响其资格的取得。只要他想从事相关专业工作，只要履行相关手续即可。很明显，周兆钧是具有医师执业资格的人，他不属于《刑法》第三百三十六条规定的非法行医罪的犯罪主体。

从立法本意上讲，医生执业资格和执业医师资格并无本质不同，只不过是表述不同而已，目的都在于确定为患者行医看病的人应当具有国家认可的专业医学知识和技术，从而保护人民群众的身体健康。《刑法》第三百三十六条所惩罚的对象仅是未取得执业医师资格而从事非法行医行为的人；而《执业医师法》则要求医师须经注册，进而行医的前提条件是必须取得执业医师资格，两者的目的是一致的。从增设非法行医罪的立法本意上讲，凡具有执业医师资格的人，就不属于《刑法》第三百二十六条第一款规定的非法行医罪的主体范围。［No. 6-5-336(1)-5 周兆钧非法行医案］

△《最高人民法院关于审理非法行医刑事案件具体应用法律若干问题的解释》对于非法行医罪中严重损害就诊人身体健康的认定标准同样适用于非法进行节育手术罪，不应将致人重伤简单等同于严重损害就诊人身体健康。

非法进行节育手术的行为广义上也是一种非法行医行为，只是为了突出保障计划生育政策的执行，刑法专门设立非法进行节育手术罪。就罪质而言，非法行医罪与非法进行节育手术罪之间是一般与特殊的关系。特殊法有特别规定的，依特殊法；没有特别规定，依一般法。基于这一原理，由于法律、司法解释没有对非法进行节育手术罪作出特别解释，该罪中的严重损害就诊人身体健康的认定标准，应当参照非法行医罪的相关认定标准。

关于严重损害就诊人身体健康的含义，《最高

---

① 我国学者指出，未取得执业医师资格者，以及虽取得执业医师资格但尚未取得执业证书者，均能成为非法行医罪的行为主体。就法条表述而言，“医生执业资格”显然不等于“医师资格”或“执业医师资格”，而是“医师资格”与“执业资格”的统一。只有同时具有医师资格和取得执业证书，才属于取得了“医生执业资格”。参见张明楷：《刑法学》（第6版），法律出版社2021年版，第1475页。

人民法院关于审理非法行医刑事案件具体应用法律若干问题的解释》第三条规定:“具有下列情形之一的,应认定为刑法第三百三十六条第一款规定的‘严重损害就诊人身体健康’:(一)造成就诊人中度以上残疾、器官组织损伤导致有严重功能障碍的;(二)造成三名以上就诊人轻度残疾、器官组织损伤导致一般功能障碍的。”根据《最高人民检察院、公安部关于公安机关管辖的刑事案件立案追诉标准的规定(一)》第五十六条第二款的规定,“严重损害就诊人身体健康”是指造成就诊人严重残疾、重伤、感染艾滋病、病毒性肝炎等难以治愈的疾病或其他严重损害就诊人身体健康的后果。这一规定与《最高人民法院关于审理非法行医刑事案件具体应用法律若干问题的解释》存在一定的冲突。但这种冲突不在实质上影响法院对于严重损害就诊人身体健康的认定。《最高人民检察院、公安部关于公安机关管辖的刑事案件立案追诉标准的规定(一)》与《最高人民法院关于审理非法行医刑事案件具体应用法律若干问题的解释》的解释目的,《最高人民检察院、公安部关于公安机关管辖的刑事案件立案追诉标准的规定(一)》所列举的是应予立案追诉的情形,而《最高人民法院关于审理非法行医刑事案件具体应用法律若干问题的解释》则是为审判时确定量刑情节和幅度提供具体的法律依据。此外,重伤的表述过于笼统,新的伤残认定标准已没有这种表述。《最高人民检察院、公安部关于公安机关管辖的刑事案件立案追诉标准的规定(一)》将重伤与艾滋病、病毒性肝炎规定在同一种情形,因此,此处的重伤应当理解为能够导致难以治愈的疾病的重伤,而非所有重伤。因此,根据《最高人民法院关于审理非法行医刑事案件具体应用法律若干问题的解释》来认定严重损害就诊人身体健康更为妥当。

对于严重损害就诊人身体健康的含义,不能简单地将致人重伤完全等同于严重损害就诊人身体健康。行医行为与伤害行为明显不同,《人体重伤鉴定标准》所规定的重伤标准不能涵盖所有损害健康的情形。非法行医客观方面的核心是非法行医,行为人对就诊人实施的是诊疗行为而不是伤害行为。医疗事故罪与非法行医罪的后果之一均为严重损害就诊人身体健康,因此不能将两罪后果的判断标准完全割裂,如果医疗事故罪“严重损害就诊人身体健康”的标准是造成医疗事故,而非法行医罪的严重损害就诊人身体健康则是造成重伤,显然不符合立法原意。《人体重伤鉴定标准》主要针对外力伤害,不能全面反映医疗活动中对人体健康造成的损害程度。因此,重伤与严重损害就诊人身体健康是损害后果的两个不同认定标准。此外,将重伤等同于严重损害就诊人身体健康,将会导致故意伤害罪刑罚轻于非法进行节育手术罪,使罪责刑不相适应。

被害人何某的三处十级伤残不能视为器官组织损伤导致有严重功能障碍,因此被告人徐如涵的犯罪行为致使就诊人重伤但未达到严重损害就诊人身体健康的程度。[No. 6-5-336(2)-1　徐如涵非法进行节育手术案]

△行为人不具有医生执业资格,欺骗病人参与保健培训班实施医疗活动,致人死亡的,构成非法行医罪。

区分医疗行为与养生保健行为应当从以下三方面进行考察:(1)是否以治愈疾病为目的;(2)是否需要专业技术知识和规范流程来完成;(3)是否存在潜在危险性。

养生保健行为仅通过补充某种身体所需物质或通过一定的活动调节身体机理,达到强身健体和提高身体免疫力的作用,不以治疗疾病为目的,一般也不会产生副作用。养生保健行为以强身健体为目的,虽然需要相应的人体保健知识,但与以治疗为目的的医疗行为相比,二者对知识专业性和技术性的依赖则有天壤之别。医疗行为要求执业人员具有相应的专业知识,还必须严格按照医疗流程进行操作,保健养生行为则没有此等要求。养生保健行为中所提供的保健食品只对人体健康起到锦上添花的作用,不产生危害健康的危险性,而医疗行为所适用的药物则有严格的适应症状和适用方法,若药不对症或剂量过量反而会给身体健康带来危险。

胡万林声称自己的吐故纳新疗法可以包治百病,对糖尿病、高血压、白血病、艾滋病等有特殊效果,可见其行为是以治疗疾病为目的的,并非普通的保健行为。其制作所谓的“五味汤”时购买了作为中药的芒硝,具有通便功效,饮用后产生恶心、呕吐等现象,过量食用对人体有害。参加胡万林培训班的均为长年身患疾病的病人,跟随胡万林的目的是治疗其自身病症,并非仅仅进行养生保健,因此胡万林的行为并非养生保健,而是医疗行为。

贺桂枝等人在被害人云某某因按照五味疗法昏迷后,根据胡万林的指使进行救治行为,并非基于道德上的见义勇为的救助行为,而是非法行医行为的延续,应当与前期的非法行医行为作为一个整体进行统一认识和处理。

被告人胡万林主观上具有非法行医的犯罪故

意,客观上在不具有行医资格的情况下实施了非法行医的行为,并造成他人死亡的危害后果,不仅侵犯了他人的身体健康,也侵犯了国家对医疗机构和医务人员的管理秩序,符合非法行医罪的构成要件。被告人吕伟在胡万林授意下建立博客,吹捧胡万林的五味疗法,并组织培训班进行非法行医活动;被告人唐孟君在吕伟的指使下,作为培训班的联络人联系学院,并充当胡万林的助手,传授并亲手调制五味汤;被告人贺桂枝受吕伟、唐孟君指使,负责培训班的日常开支,并与吕伟、唐孟君采取毫无科学性的方法抢救云某某,阻止他人拨打120抢救。吕伟、唐孟君、贺桂枝明知胡万林因非法行医被判处刑罚,不具有行医资格而再次非法行医的情况下,仍积极参与非法行医活动,最终导致被害人死亡。被告人胡万林、吕伟、唐孟君、贺桂枝主观上具有共同故意实施非法行医行为的犯意联络,客观上共同参与实施非法行医行为,属于共同犯罪。[No. 6-5-336(1)-6 胡万林等非法行医案]

第三百三十六条之一 【非法植入基因编辑、克隆胚胎罪】

将基因编辑、克隆的人类胚胎植入人体或者动物体内,或者将基因编辑、克隆的动物胚胎植入人体内,情节严重的,处三年以下有期徒刑或者拘役,并处罚金;情节特别严重的,处三年以上七年以下有期徒刑,并处罚金。

【立法沿革】

《中华人民共和国刑法修正案(十一)》(自2021年3月1日起施行)

三十九、在刑法第三百三十六条后增加一条,作为第三百三十六条之一:

"将基因编辑、克隆的人类胚胎植入人体或者动物体内,或者将基因编辑、克隆的动物胚胎植入人体内,情节严重的,处三年以下有期徒刑或者拘役,并处罚金;情节特别严重的,处三年以上七年以下有期徒刑,并处罚金。"

【立法理由】

(一)立法相关背景

生物技术被认为是未来世界科技的重要技术。克隆羊多莉的出生,让大家对克隆技术不再陌生,然而生殖性克隆人始终是被世界各国所禁止的,近些年其他国家不乏试图突破伦理道德底线、超越法律的人,我国虽然对于克隆人是绝对禁止的,但刑法对此没有作出规定。与克隆技术相比,基因编辑是近十几年迅速发展的一项生物技术,被广泛应用于医学、农业、模型研究等领域,具有极大的应用和开发价值。然而不可回避的是,基因技术特别是作用于人体的基因编辑可能带来各种风险,**脱靶风险仍然是目前基因编辑技术的最大风险**。与体细胞基因编辑不同,生殖细胞或者胚胎进行基因编辑所改变的生物性状可以遗传给下一代,在脱靶率较高的情况下,未来可能产生的风险通常是难以预测的。同时,禁止对胚胎进行基因编辑并将其植入母体是国际共识,除了技术风险,还面临伦理道德的质疑。贺建奎基因编辑婴儿事件引发较高的关注度,一定程度上给我国科研环境和科研领域的发展带来一定的负面影响。为保障和促进生物科研领域更好的发展,避免因法律缺失或刚性不足而成为其他国家试验和转嫁风险的土壤,加快基因编辑相关的立法工作十分必要。2019年1月21日,习近平总书记在省部级主要领导干部坚持底线思维着力防范化解重大风险专题研讨班开班式上发表重要讲话,其中包括加快推进基因编辑相关的立法工作。随着牵动人心的新型冠状病毒感染肺炎疫情的发生,2020年3月,**我国将生物安全纳入国家安全体系**。广义上而言,**以基因编辑开展的科学研究属**于生物安全的重要组成部分。2020年11月,习近平总书记在中央全面依法治国工作会议上指出,要推进生物安全领域的立法。**《刑法修正案(十一)》**在此基础上增加了关于非法基因编辑和克隆的相关规定。

(二)立法时争议的主要问题

1. **是否要明确"以生殖为目的"**。立法过程中,曾有建议增加"以生殖为目的"。明确以生殖为目的或生育为目的,出发点是从主观上对行为作进一步限缩,但此表述尚存在一定问题:一是提高了证明责任的难度。从司法实践而言,对于有罪认定,行为目的或动机的证明有一定难度,现行刑法条款中对于主观目的的认定往往通过客观行为推定,而目的又成为行为的原因或动机,从而进入循环论证的怪圈。二是研究、发表论文或极个别为出名等其他非以生殖为目的的生殖系基因编辑行为,被排除在外,难以受到规制。"以生殖为目的”从字面理解，会出现不以生殖为目的即不构成犯罪的可能性。从期待可能性而言，行为人可以辩解自己是出于各种非生殖目的甚至是合法目的而进行的基因编辑操作，极易成为出罪借口。三是存在罪与非罪的模糊地带。《人胚胎干细胞研究伦理指导原则》第六条对国际上普遍遵守的胚胎“十四天原则”也作出了回应。在十四天内对体外受精后的生殖细胞可以进行包括基因编辑在内的操作，此操作可能是出于纯粹的科研试验目的，也可能是为下一步将经过基因编辑的生殖细胞移入人体或动物体内的准备行为。十四天后，对受精卵进行基因编辑等操作在尚未植入人体或动物体内时的行为如何评价。该行为客观上违反了《人胚胎干细胞研究伦理指导原则》第六条第(二)项的规定，但行为人主观上是因记录错误或其他原因延误超过十四天未销毁还是确以生殖为目的难以认定。因此，在罪状上采用“以生殖为目的”的表述会引发理解上和司法适用的困境。四是对以生殖为目的的理解和判断，是文义解释还是实质解释。比如，实施以基因治疗、基因增强为目的的生殖系基因编辑行为，并将胚胎植入母体，是否认定为以生殖为目的。字面理解，在此种情况下，对生殖细胞的基因编辑行为的最直接目的是治疗和增强(或优化)基因，经过基因编辑的生殖细胞最终还是要被植入母体，此时在客观上作为实现前者目的的行为能否被认定为以生殖为目的，如果不能被认定为以生殖为目的，则相当于承认可以进行以基因治疗和基因增强为目的的生殖系基因编辑；如果认为是以生殖为目的，则相当于间接承认将经过基因编辑的胚胎植入母体这一行为即可认定为以生殖为目的。那么为避免引发歧义，条款中无须再表述以生殖为目的，即可解决上述问题。

2. **要不要在罪状中写“违反国家有关规定”**。一审稿和二审稿罪状中均有“违反国家有关规定”的表述，但对行为方式作出的限定不同：一审稿在行为方式上包含基于科学研究目的并在一定条件下被允许的将经过基因编辑、克隆的动物胚胎植入动物体内的情况，“违反国家有关规定”的限定可以将被允许的合法行为排除；二审稿在罪状表述上将上述被允许的合法行为作了排除。因此，有意见提出，罪状中的行为在我国本身即是非法被禁止的，不存在被允许的前提，因此“违反国家有关规定”的表述从逻辑上并不周延，最终在三审稿中对此作出修改。

3. 立法过程中，有建议将基因编辑行为规定为单位犯罪。对于**是否将非法基因编辑行为规定为单位犯罪**，首先要明晰什么情况下立法要规定单位犯罪，或单位犯罪的必要性何在。我国刑法中只有法律明确规定为单位犯罪的，才需要单位承担刑事责任。单位犯罪是伴随着市场经济的发展而出现的一种非传统犯罪。19 世纪以前，世界各国特别是大陆法系国家，对于单位作为犯罪主体的可罚性总体上是排斥的。随后，英美法系国家逐渐将单位作为犯罪主体纳入刑法体系。我国刑法也并非立法之初就规定了单位犯罪。1979 年刑法仍然是以惩治自然人犯罪为基本立法思路，有极少数观点开始讨论单位犯罪，但在立法上并没有将单位作为犯罪主体。1987 年 1 月 22 日第六届全国人大常委会第十九次会议通过的《海关法》在第四十七条第四款作出规定，这是我国第一次在立法中明确单位作为犯罪主体。1988 年 1 月 21 日第六届全国人大常委会第二十四次会议通过的《关于惩治贪污罪贿赂罪的补充规定》和《关于惩治走私罪的补充规定》分别规定有关企业事业单位、机关、团体可以成为行贿罪、受贿罪、走私罪、投机倒把罪、逃汇套汇罪的主体，这也是我国第一次在刑事立法上确认了单位犯罪。从单位犯罪在我国出现的历史来看，主要是针对不同历史时期高发、成规模的行为国家予以重点打击的背景而出现并演变的。修订后的 1997 年《刑法》在总则第三十条明确规定了单位犯罪。至今刑法已经通过十一个修正案，涉及单位犯罪的罪名已远不止 1997 年刑法修订前单行刑法和附属刑法中的近五十个罪名，但在犯罪类型上始终较为明显地集中于走私罪、贪污贿赂犯罪、金融犯罪等犯罪领域，这些领域有很明确的获利目的，行为动机是逐利，为“团队、团伙、组织”的利益作出“集体决策”。非法基因编辑、克隆行为虽然具有严重危害性，但并非成规模、有组织的行为，从行为方式上与典型的单位犯罪相比，并不具备明显的单位犯罪特征；同时基因编辑、克隆作为较为前沿的生物技术，刑事立法要保持谦抑。

（三）有关国家和地区的规定

基因编辑相关立法：

1. 德国 1990 年通过的《胚胎保护法》是涉及基因组编辑最重要的法案，其中规定：(1)人为改变人类种系细胞遗传信息的，处五年以下有期徒刑或者罚金。(2)任何使用人工改变遗传信息的人类配子进行受精的，处相同刑罚。(3)对企图也是可以进行惩罚的。(4)在体外人为改变生殖细胞的遗传信息但未用于受精的情况下，或者从死去的胎儿、死者身上取出生殖细胞遗传信息进行人为改变，将其导入胚胎、胎儿或者人体内且不会生成生殖细胞的情况下，又或者在预防接种、放射线治疗、化学治疗或者其他治疗中不试图改变生殖细胞的遗传信息的情况下,不适用于第(1)项。

2. 随着科学技术的飞速发展,英国对《人类受精与胚胎学法案》的内容予以修正,对于可遗传的胚胎改变作出规定:禁止改变形成胚胎的任何细胞的遗传结构,除非得到许可。英国至目前尚未批准允许生殖系基因编辑的临床应用行为。

3. 加拿大2004年《辅助人类生殖法案》规定:禁止任何人故意制造人兽嵌合体或者将其导入人类或动物体内;禁止任何故意制造杂合的人兽细胞,或者将杂合人兽细胞导入人体或其他动物体内,否则最高可判十年以下监禁,并处或者单处罚金五十万加元。违法编辑人类基因组,处十年监禁,单处或者并处五十万加元。

4. 韩国《生物技术与安全法》规定:(1)禁止把人类卵子与动物精子结合或人类精子与动物卵子结合;(2)禁止把动物体细胞核移植到人类去核卵细胞中;(3)禁止把人类胚胎与动物融合;(4)禁止融合不同人的胚胎,违者处五年以下监禁。

5. 日本2000年通过的《克隆人及其他相关技术规制法》第三条规定:禁止任何人将人体细胞的克隆胚胎、人与动物的融合胚胎、人与动物的混合胚胎或人与动物的嵌合体胚胎,植入人或动物的子宫内。第十六条规定:任何人违反第三条的规定可被判处十年以下有期徒刑,或并罚一千万日元罚金。

6. 澳大利亚在2002年《禁止克隆人法案》中将对基因组的遗传性改变定义为刑事犯罪,任何人如有以下情况,即属犯罪:这个人改变人类细胞的基因组,改变可通过细胞被改变的人的后代遗传,以及在改变基因组的过程中,这个人希望改变可以通过细胞被改变的人的后代遗传。对上述行为人最高判处监禁十五年。

克隆相关规定:

1.《法国刑法典》规定,为使与活着或死亡之他人的基因相同的儿童出生而实施某种手术的,处三十年有期徒刑并处七百五十万欧元罚金。容许从自身取得细胞或者配子,旨在诞生一名与另一活人或已故的人基因相同的婴儿的,处十年监禁并科十五万欧元罚金。法国刑法典对克隆和优生的处置比较严格,无论以何种方式,进行优生学或克隆之宣传或广告的,处三年监禁并科四万五千欧元罚金。

2. 德国1990年通过的《胚胎保护法》第六节第一条规定:人为导致人类胚胎发展成与其他胚胎、胎儿、人类个体或已故的人具有相同遗传基因的任何人,最高可判处五年有期徒刑或罚金。第二条规定:将第一条所指的胚胎转移到妇女体内的任何人,也受同等处罚。

3. 我国台湾地区2007年颁布的"人工生殖法"对生殖性克隆人作了禁止性规定:以无性生殖方式为人工生殖的,科处行为人五年以下有期徒刑,得并科新台币一百五十万元以下罚金。

4. 澳大利亚《禁止生殖性克隆人法案》对于利用人类胚胎的行为在立法上规定得较为严格,在法案中直接将禁止行为规定为"罪行",立法内容上区分了完全禁止和未经授权或允许即为禁止的情形。克隆技术方面完全被禁止且规定为犯罪的行为包括:将人类胚胎克隆体置于人体或动物体内,若某人故意将人类胚胎克隆体放入人体或动物体内,则该人即构成犯罪,处十五年监禁。进口或出口人类胚胎克隆体:(1)任何人故意将人类胚胎克隆体进口到澳大利亚,即属犯罪,处监禁十五年。(2)任何人故意从澳大利亚出口人类胚胎克隆体,即属犯罪,违反本子节的,处监禁十五年。对于上述将人类胚胎克隆体置于人体或动物体内和进口或出口人类胚胎克隆体的行为,不得以人类胚胎克隆体无法生存为由进行辩护。

5. 日本2000年通过的《克隆人及其他相关技术规制法》中指出,克隆人将对人的尊严和社会秩序产生重大影响,因此必须禁止克隆人行为。其中第三条规定:禁止任何人将人体细胞的克隆胚胎、人与动物的融合胚胎、人与动物的混合胚胎或人与动物的嵌合体胚胎,植入人或动物的子宫内。第十六条规定:任何人违反第三条的规定可被判处十年以下有期徒刑,或并罚一千万日元罚金。

6. 英国2001年12月通过的《人类克隆法》禁止生殖性克隆,该法第一条规定:任何人将通过受精之外的方式产生的人类胚胎植入妇女体内,构成犯罪。任何违法者可被控告十年以下有期徒刑或罚金,或并罚。同年,英国又制定了新的规定,允许为了下列目的而培育人类胚胎:为了增加对人类胚胎发育的了解;为了增加对重大疾病的了解;为了将这些知识应用于重大疾病的治疗。

需要注意的是:从罪状表述上,**本罪的成立必须要有植入母体的行为**,对于没有将基因编辑的胚胎植入母体,超出"十四天原则"但未以生殖为目的的则不应成为刑法的评价对象。若行为人尚未将基因编辑的胚胎植入人或动物体内,但有证据证明,是为了最终植入母体,不宜按犯罪处理。一方面,并没有将基因编辑的胚胎植入母体的行

分则 第六章

为，并未产生实际危害结果，从保护科学研究的出发点而言，给予行政处罚即可；另一方面，该行为尚未达到“情节严重”的入罪门槛。

【条文说明】

本条是关于非法植入基因编辑、克隆胚胎罪①及其处罚的规定。

根据本条规定，将基因编辑、克隆的人类胚胎植入人体或者动物体内，或者将基因编辑、克隆的动物胚胎植入人体内，情节严重的，追究刑事责任。

1. **基因编辑**是指改变细胞或生物体的DNA，包括插入、删除或修改基因或基因序列，以实现基因的沉默、增强或其他改变其特征的技术。克隆技术是为了制造一个与某一个体遗传上相同的复制品或后代而使用的技术。将基因编辑、克隆的人类胚胎植入人体或者动物体内是被禁止的。科研实验中将经过基因编辑或者克隆的动物胚胎植入动物体内的情形不属于前述被禁止的情形。

2. 根据本条规定，**只有将基因编辑或者克隆的胚胎植入体内才构成犯罪**，出于试验或者研究在体外进行的基因编辑或者克隆并不属于刑法的规制范围。“**植入**”即将体外培养的受精卵或者胚胎移植到子宫内的过程，置于是否着床或植入是否成功不影响“植入”行为的完成。

3. 关于刑罚。有非法基因编辑和克隆行为情节严重的，处三年以下有期徒刑或者拘役，并处罚金；情节特别严重的，处三年以上七年以下有期徒刑，并处罚金。

“情节严重”的理解。本条表述采用的是“行为+情节”的立法模式。“情节严重”是本罪的入罪门槛，同时“情节严重”“情节特别严重”也是科处两档刑罚的条件。本罪规定“情节严重”是对基因编辑行为入罪的严格限缩。

根据相关规定，可以对关于人体胚胎的基因编辑进行基础研究，但仍应遵守十四天原则，即自细胞受精或者核移植开始计算，在体外培养的期限最长为十四天，对于虽然超过十四天但能及时（如胚盘的三胚层尚未建立或分化）销毁，未造成严重后果或恶劣影响的，通过职业禁止或相关行政处罚进行处理即可。对于“情节严重”“情节特别严重”的认定标准可以参考《生物技术研究开发安全管理办法》中对于生物技术研究开发活动的潜在风险程度，高风险等级、较高风险等级的标准。对于“**情节严重**”“情节特别严重”的考量因素主要有：

一是**行为对象的人数**。对生殖细胞的基因编辑是可以将被改变的生物性状代代遗传的，受基因编辑高概率脱靶风险的影响，基因编辑中对于正常基因的破坏也将会遗传给后代，这些被改变的基因将会产生怎样的影响短期内可能难以估量，代代相传将会使被改变基因的人数成几何倍数增长。因此，对于人体胚胎基因编辑犯罪而言，对象的人数是行为危害后果的基数，也是衡量行为后果和危害性的很重要因素。

二是**被基因编辑的婴儿是否实际出生**。人体胚胎基因编辑行为最直接的危害后果体现为被基因编辑的婴儿的出生，由此带来的是最直接的现实危险。

三是**是否严重损害或影响身体健康**。这里的身体健康既包括基因编辑的婴儿，也包括被植入的人的健康情况。同正常胚胎一样，基因编辑的人类胚胎无法脱离母体环境独立发育，胚胎被植入人体后，可能会对母体造成身体伤害，特别是植入母体为非卵细胞来源的母体时可能产生影响。而基因编辑婴儿则是最直接的行为对象，受脱靶风险的影响，在敲入或敲除基因的过程中将有表达功能的正常基因破坏，会让胚胎表现出异于正常的性状。这里对于基因编辑婴儿身体健康的影响与传统的人身伤残损害不完全相同，除了肉眼可见的身体损伤外，还可能是某种功能的缺失或异常。

四是**违反人类伦理道德**。如将基因编辑的人类胚胎植入动物体内，在动物体内发育至分娩出生，将基因编辑的动物胚胎植入人体并经分娩出生，将分别来自动物和人类生殖细胞的杂合体经过基因编辑植入人或动物体内并经分娩出生。

五是**基因编辑的目的是比对实验、数据分析或进行会损害或削弱身体机能的试验**。生殖系基因编辑目前大多是建立在动物模型基础上，如基因编辑的目的是通过敲除等方式删除某些基因，比对某些基因缺失的影响，通过基因编辑探索基因的表达功能，通过人体生殖系基因编辑获取数据分析等。

六是**产生恶劣社会影响、负面国际影响或使用其他手段的**。如社会关注度高、影响恶劣，或在国际上造成恶劣影响，对我国科研领域造成负面影响的；或采用隐瞒、欺骗、暴力等手段，将基因编辑的胚胎植入第三人体内的。

---

① 对本罪罪名的批评，参见刘艳红：《化解积极刑法观正当性危机的有效立法——〈刑法修正案（十一）〉生物安全犯罪立法总置评》，载《政治与法律》2021年第7期，第25页。

【附属刑法】

《中华人民共和国科学技术进步法》(1993年7月2日通过,2021年12月24日第二次修订)

第一百一十二条

Ⅰ违反本法规定,进行危害国家安全、损害社会公共利益、危害人体健康、违背科研诚信和科技伦理的科学技术研究开发和应用活动的,由科学技术人员所在单位或者有关主管部门责令改正;获得用于科学技术进步的财政性资金或者有违法所得的,由有关主管部门终止或者撤销相关科学技术活动,追回财政性资金,没收违法所得;情节严重的,由有关主管部门向社会公布其违法行为,依法给予行政处罚和处分,禁止一定期限内承担或者参与财政性资金支持的科学技术活动、申请相关科学技术活动行政许可;对直接负责的主管人员和其他直接责任人员依法给予行政处罚和处分。

Ⅱ违反本法规定,虚构、伪造科研成果,发布、传播虚假科研成果,或者从事学术论文及其实验研究数据、科学技术计划项目申报验收材料等的买卖、代写、代投服务的,由有关主管部门给予警告或者通报批评,处以罚款;有违法所得的,没收违法所得;情节严重的,吊销许可证件。

第一百一十五条

违反本法规定的行为,本法未作行政处罚规定,其他有关法律、行政法规有规定的,依照其规定;造成财产损失或者其他损害的,依法承担民事责任;构成违反治安管理行为的,依法给予治安管理处罚;构成犯罪的,依法追究刑事责任。

第三百三十七条 【妨害动植物防疫、检疫罪】

违反有关动植物防疫、检疫的国家规定,引起重大动植物疫情的,或者有引起重大动植物疫情危险,情节严重的,处三年以下有期徒刑或者拘役,并处或者单处罚金。

单位犯前款罪的,对单位判处罚金,并对其直接负责的主管人员和其他直接责任人员,依照前款的规定处罚。

【立法沿革】

《中华人民共和国刑法》(1997年修订,自1997年10月1日起施行)

第三百三十七条

违反进出境动植物检疫法的规定,逃避动植物检疫,引起重大动植物疫情的,处三年以下有期徒刑或者拘役,并处或者单处罚金。

单位犯前款罪的,对单位判处罚金,并对其直接负责的主管人员和其他直接责任人员,依照前款的规定处罚。

《中华人民共和国刑法修正案(七)》(自2009年2月28日起施行)

十一、将刑法第三百三十七条第一款修改为:"违反有关动植物防疫、检疫的国家规定,引起重大动植物疫情的,或者有引起重大动植物疫情危险,情节严重的,处三年以下有期徒刑或者拘役,并处或者单处罚金。"

【立法理由】

1979年刑法对本条内容未作规定。1991年《进出境动植物检疫法》第四十二条规定:"违反本法规定,引起重大动植物疫情的,比照刑法第一百七十八条的规定追究刑事责任。"

1997年修订刑法时对上述规定修改后纳入刑法之中,1997年《刑法》第三百三十七条规定:"违反进出境动植物检疫法的规定,逃避动植物检疫,引起重大动植物疫情的,处三年以下有期徒刑或者拘役,并处或者单处罚金。单位犯前款罪的,对单位判处罚金,并对其直接负责的主管人员和其他直接责任人员,依照前款的规定处罚。"主要修改包括:一是完善了本罪的犯罪构成,行为人逃避动植物检疫,才能构成本罪。这主要是考虑到动植物是人类生存环境中的重要组成部分,与公众的生活、健康以及国家的农业生产密切相关,也是生态环境良性循环的动力因素。多年来,人们对于动植物疫情危害的关注更多地集中在由于逃避进出境动植物检疫而造成的危害上,如生态系统可能因外来物种的侵入造成破坏,或者因此导致生态系统内的某种物种的灭绝等。二是将比照刑法有关条文追究刑事责任修改为具体的刑罚。1979年《刑法》第七十九条规定:"本法分则没有明文规定的犯罪,可以比照本法分则最相类似的条文定罪判刑,但是应当报请最高人民法院核准。"比照相似条文进行定罪处罚的规定,实质上是一种类推。1997年刑法确立了罪刑法定原则,废止了所有比照相似条文处理的类推规定。三是增加了关于单位逃避动植物检疫如何处罚的规定。这主要是考虑到单位如果存在逃避动植物检疫的违法犯罪行为，在造成的危害后果上，要远远大于自然人犯罪，而且司法实践中，单位逃避动植物检疫的行为时有发生，对单位犯此罪的，必须坚决予以惩处。

2009年2月28日第十一届全国人大常委会第七次会议通过的**《刑法修正案（七）》**对本条作了修改。1997年刑法规定的逃避动植物检疫罪对维护进出境动植物检疫工作的正常进行，防止动植物疫情以及其他有害生物传入、传出国境发挥了重要作用。一段时间以来，一些地方违反境内动植物防疫、检疫规定，造成动植物疫情传播、扩散的案件时有发生，这使人们认识到引发重大动植物疫情危险的，不仅有逃避进出境动植物检疫的行为，还有逃避依法实施的境内动植物防疫、检疫的行为，这些行为同样可能造成严重的危害后果，对其中情节严重的也应追究刑事责任。《刑法修正案（七）》对本条主要作了以下修改：一是将"违反进出境动植物检疫法的规定"改为"违反有关动植物防疫、检疫的国家规定"。二是将"逃避动植物检疫，引起重大动植物疫情的"改为"引起重大动植物疫情的，或者有引起重大动植物疫情危险"。三是增加"情节严重"作为构成本罪的条件。

【条文说明】

本条是关于妨害动植物防疫、检疫罪及其处罚的规定。

本条共分为两款。

第一款是关于妨害动植物防疫、检疫罪及其处罚的规定。本条中的"**违反有关动植物防疫、检疫的国家规定**"是指违反《动物防疫法》《进出境动植物检疫法》《植物检疫条例》《进出境动植物检疫法实施条例》等规定。在行为方式上包括违反动植物防疫、检疫的有关规定的情形，比逃避动植物防疫、检疫的行为的范围要宽。违反动物防疫有关国家规定的行为可分为两类：一类是**违反有关动物疫情管理规定的行为**，如违反规定处置染疫动物、产品、排泄物、污染物；未按照规定采集、保存、使用、运输动物病微生物，导致动物病微生物遗失、扩散的等。另一类是**违反有关动物检疫管理规定的行为**，如违反规定逃避检疫；违反规定藏匿、转移、盗掘被依法隔离、封存、处理的染疫动物及其产品等。违反植物检疫有关国家规定的行为包括违反规定调运、隔离试种或者生产应施检疫的植物、植物产品的，或者擅自改变植物、植物产品的规定用途等情形。原条文中规定的逃避进出境动植物检疫的行为被吸收在本条规定中，其主要是指不按照进出境动植物检疫法的有关规定进行检疫，如采取隐瞒、欺骗等方法逃避动植物检疫或者避开检疫口岸进出境的情形。

"**重大动植物疫情**"指动物传染病在某一地区暴发、流行，在短期内突发众多患同一传染病的动物，造成某一种类动物大量死亡甚至灭绝，或者植物病、虫、有害物种的迅速蔓延，使粮食、瓜果、蔬菜严重减产，或者有害植物大面积入侵，使当地植物种群退化、消失，造成生态环境恶化，进而造成巨大经济损失或者环境资源的破坏。如英国的疯牛病，使政府不得不大量捕杀病牛，经济损失惨重。另外，如松材线虫病，作为一种毁灭性病害，此病害在我国以及日本、韩国、美国、加拿大等国均有发生。病原线虫侵入树体后会导致树木蒸腾作用降低，失水、木质变轻，树脂分泌急速减少和停止，最终导致病树整株枯死。松材线虫病具有致死速度快，防治难的特点，其传播主要通过媒介昆虫和人为携带患病木材及其制品完成。松树一旦染病，很难治愈，最终会导致林木的大面积毁坏，对森林资源和生态环境造成严重破坏。

本条规定中的"**引起重大动植物疫情危险**"是指虽然尚未引起重大动植物疫情的发生，但存在引起此类疫情的紧迫的或者现实的危险的情形，这种情形需要司法机关在办案过程中加以具体判断，不能将违反有关规定的情况一律认定为具有引起重大动植物疫情的危险。2017年《最高人民检察院、公安部关于公安机关管辖的刑事案件立案追诉标准的规定（一）的补充规定》第九条对应予立案追诉的"**引起重大动植物疫情危险**"的具体情形作了规定，包括：(1)非法处置疫区内易感动物或者产品，货值金额五万元以上的；(2)非法处置因动植物防疫、检疫需要被依法处理的动植物或者其产品，货值金额两万元以上的；(3)非法调运、生产、经营感染重大植物检疫性有害生物的林木种子、苗木等繁殖材料或者森林植物产品的；(4)输入《进出境动植物检疫法》规定的禁止进境物逃避检疫，或者对特许进境的禁止进境物未有效控制与处置，导致其逃逸、扩散的；(5)进境动植物及其产品检出有引起重大动植物疫情危险的动物疫病或者植物有害生物后，非法处置导致进境动植物及其产品流失的；(6)一年内携带或者寄递《禁止携带、邮寄进境的动植物及其产品名录》所列物品进境逃避检疫两次以上，或者窃取、抢夺、损毁、抛洒动植物检疫机关截留的《禁止携带、邮寄进境的动植物及其产品名录》所列物品的；(7)其他情节严重的情形。此后，2019年《最高人民检察院、公安部、海关总署关于办理进境携带物和寄递物动植物检疫监管领域刑事案件适用立案追诉标准若干问题的通知》对上述第六种情形中的“逃避检疫”和“截留”的含义进行了明确，并明确了第七项“**其他情节严重的情形**”包括以下两种情形：一是在国家行政主管部门公告（通告）采取紧急预防措施期间，携带或寄递公告（通告）所列禁止进境的动植物及其产品进境，逃避检疫的；二是携带《禁止携带、邮寄进境的动植物及其产品名录》所列物品进境，拒绝接受海关关员现场执法，且所携物品检出有引起重大动植物疫情危险的动物疫病或者植物有害生物的。根据规定，本条规定的是**危险犯**，有引起重大动植物疫情危险，情节严重的，就构成本罪，犯本罪的，处三年以下有期徒刑或者拘役，并处或者单处罚金。

第二款是关于**单位犯本条之罪如何处罚**的规定。根据本款规定，除对单位判处罚金外，还要对该单位直接负责的主管人员和其他直接责任人员，处三年以下有期徒刑或者拘役，并处或者单处罚金。

【司法解释】

《最高人民法院、最高人民检察院关于办理危害食品安全刑事案件适用法律若干问题的解释》（法释〔2021〕24号，自2022年1月1日起施行）

△（**竞合；生产、销售不符合安全标准的食品罪；生产、销售有毒、有害食品罪；生产、销售伪劣产品罪；妨害动植物防疫、检疫罪等**）生产、销售不符合食品安全标准的食品，有毒、有害食品，符合刑法第一百四十三条、第一百四十四条规定的，以生产、销售不符合安全标准的食品罪或者生产、销售有毒、有害食品罪定罪处罚。同时构成其他犯罪的，依照处罚较重的规定定罪处罚。

生产、销售不符合食品安全标准的食品，无证据证明足以造成严重食物中毒事故或者其他严重食源性疾病，不构成生产、销售不符合安全标准的食品罪，但构成生产、销售伪劣产品罪，妨害动植物防疫、检疫罪等其他犯罪的，依照该其他犯罪定罪处罚。（§13）

【司法解释性文件】

《最高人民检察院、公安部关于公安机关管辖的刑事案件立案追诉标准的规定（一）的补充规定》（公通字〔2017〕12号，2017年4月27日公布）

△（**妨害动植物防疫、检疫罪；立案追诉标准；重大动植物疫情**）将《立案追诉标准（一）》第59条修改为：［妨害动植物防疫、检疫案（刑法第337条）］违反有关动植物防疫、检疫的国家规定，引起重大动植物疫情的，应予立案追诉。

违反有关动植物防疫、检疫的国家规定，有引起重大动植物疫情危险，涉嫌下列情形之一的，应予立案追诉：

（一）非法处置疫区内易感动物或者其产品，货值金额五万元以上的；

（二）非法处置因动植物防疫、检疫需要被依法处理的动植物或者其产品，货值金额二万元以上的；

（三）非法调运、生产、经营感染重大植物检疫性有害生物的林木种子、苗木等繁殖材料或者森林植物产品的；

（四）输入《中华人民共和国进出境动植物检疫法》规定的禁止进境物逃避检疫，或者对特许进境的禁止进境物未有效控制与处置，导致其逃逸、扩散的；

（五）进境动植物及其产品检出有引起重大动植物疫情危险的动物疫病或者植物有害生物后，非法处置导致进境动植物及其产品流失的；

（六）一年内携带或者寄递《中华人民共和国禁止携带、邮寄进境的动植物及其产品名录》所列物品进境逃避检疫两次以上，或者窃取、抢夺、损毁、抛洒动植物检疫机关截留的《中华人民共和国禁止携带、邮寄进境的动植物及其产品名录》所列物品的；

（七）其他情节严重的情形。

本条规定的“重大动植物疫情”，按照国家行政主管部门的有关规定认定。（§9）

【附属刑法】

《中华人民共和国野生动物保护法》（1988年11月8日通过，2018年10月26日第三次修正）

第五十三条

违反本法第三十七条第一款规定，从境外引进野生动物物种的，由县级以上人民政府野生动物保护主管部门没收所引进的野生动物，并处五万元以上二十五万元以下的罚款；未依法实施进境检疫的，依照《中华人民共和国进出境动植物检疫法》的规定处罚；构成犯罪的，依法追究刑事责任。

《中华人民共和国进出境动植物检疫法》（1991年10月30日通过，2009年8月27日修正）

第三十九条

违反本法规定，有下列行为之一的，由口岸动植物检疫机关处以罚款：

（一）未报检或者未依法办理检疫审批手续的；

（二）未经口岸动植物检疫机关许可擅自将进境动植物、动植物产品或者其他检疫物卸离运输工具或者运递的；

（三）擅自调离或者处理在口岸动植物检疫机关指定的隔离场所中隔离检疫的动植物的。

第四十条

报检的动植物、动植物产品或者其他检疫物与实际不符的，由口岸动植物检疫机关处以罚款；已取得检疫单证的，予以吊销。

第四十一条

违反本法规定，擅自开拆过境动植物、动植物产品或者其他检疫物的包装的，擅自将过境动植物、动植物产品或者其他检疫物卸离运输工具的，擅自抛弃过境动物的尸体、排泄物、铺垫材料或者其他废弃物的，由动植物检疫机关处以罚款。

第四十二条

违反本法规定，引起重大动植物疫情的，依照刑法有关规定追究刑事责任。

《中华人民共和国动物防疫法》（1997年7月3日通过，2021年1月22日第二次修订）

第九十五条

Ⅰ违反本法规定，对染疫动物及其排泄物、染疫动物产品或者被染疫动物、动物产品污染的运载工具、垫料、包装物、容器等未按照规定处置的，由县级以上地方人民政府农业农村主管部门责令限期处理；逾期不处理的，由县级以上地方人民政府农业农村主管部门委托有关单位代为处理，所需费用由违法行为人承担，处五千元以上五万元以下罚款。

Ⅱ造成环境污染或者生态破坏的，依照环境保护有关法律法规进行处罚。

第九十六条

违反本法规定，患有人畜共患传染病的人员，直接从事动物疫病监测、检测、检验检疫，动物诊疗以及易感染动物的饲养、屠宰、经营、隔离、运输等活动的，由县级以上地方人民政府农业农村或者野生动物保护主管部门责令改正；拒不改正的，处一千元以上一万元以下罚款；情节严重的，处一万元以上五万元以下罚款。

第九十七条

Ⅰ违反本法第二十九条规定，屠宰、经营、运输动物或者生产、经营、加工、贮藏、运输动物产品的，由县级以上地方人民政府农业农村主管部门责令改正、采取补救措施，没收违法所得、动物和动物产品，并处同类检疫合格动物、动物产品货值金额十五倍以上三十倍以下罚款；同类检疫合格动物、动物产品货值金额不足一万元的，并处五万元以上十五万元以下罚款；其中依法应当检疫而未检疫的，依照本法第一百条的规定处罚。

Ⅱ前款规定的违法行为人及其法定代表人（负责人）、直接负责的主管人员和其他直接责任人员，自处罚决定作出之日起五年内不得从事相关活动；构成犯罪的，终身不得从事屠宰、经营、运输动物或者生产、经营、加工、贮藏、运输动物产品等相关活动。

第九十八条

违反本法规定，有下列行为之一的，由县级以上地方人民政府农业农村主管部门责令改正，处三千元以上三万元以下罚款；情节严重的，责令停业整顿，并处三万元以上十万元以下罚款：

（一）开办动物饲养场和隔离场所、动物屠宰加工场所以及动物和动物产品无害化处理场所，未取得动物防疫条件合格证的；

（二）经营动物、动物产品的集贸市场不具备国务院农业农村主管部门规定的防疫条件的；

（三）未经备案从事动物运输的；

（四）未按照规定保存行程路线和托运人提供的动物名称、检疫证明编号、数量等信息的；

（五）未经检疫合格，向无规定动物疫病区输入动物、动物产品的；

（六）跨省、自治区、直辖市引进种用、乳用动物到达输入地后未按照规定进行隔离观察的；

（七）未按照规定处理或者随意弃置病死动物、病害动物产品的。

第一百条

Ⅰ违反本法规定，屠宰、经营、运输的动物未附有检疫证明，经营和运输的动物产品未附有检疫证明、检疫标志的，由县级以上地方人民政府农业农村主管部门责令改正，处同类检疫合格动物、动物产品货值金额一倍以下罚款；对货主以外的承运人处运输费用三倍以上五倍以下罚款，情节严重的，处五倍以上十倍以下罚款。

Ⅱ违反本法规定，用于科研、展示、演出和比赛等非食用性利用的动物未附有检疫证明的，由县级以上地方人民政府农业农村主管部门责令改正，处三千元以上一万元以下罚款。

第一百零一条

违反本法规定，将禁止或者限制调运的特定动物、动物产品由动物疫病高风险区调入低风险区的，由县级以上地方人民政府农业农村主管部门没收运输费用、违法运输的动物和动物产品，并处运输费用一倍以上五倍以下罚款。

第一百零二条

违反本法规定，通过道路跨省、自治区、直辖市运输动物，未经省、自治区、直辖市人民政府设立的指定通道入省境或者过省境的，由县级以上地方人民政府农业农村主管部门对运输人处五千元以上一万元以下罚款；情节严重的，处一万元以上五万元以下罚款。

第一百零四条

违反本法规定，有下列行为之一的，由县级以上地方人民政府农业农村主管部门责令改正，处三千元以上三万元以下罚款：

（一）擅自发布动物疫情的；

（二）不遵守县级以上人民政府及其农业农村主管部门依法作出的有关控制动物疫病规定的；

（三）藏匿、转移、盗掘已被依法隔离、封存、处理的动物和动物产品的。

第一百零八条

违反本法规定，从事动物疫病研究、诊疗和动物饲养、屠宰、经营、隔离、运输，以及动物产品生产、经营、加工、贮藏、无害化处理等活动的单位和个人，有下列行为之一的，由县级以上地方人民政府农业农村主管部门责令改正，可以处一万元以下罚款；拒不改正的，处一万元以上五万元以下罚款，并可以责令停业整顿：

（一）发现动物染疫、疑似染疫未报告，或者未采取隔离等控制措施的；

（二）不如实提供与动物防疫有关的资料的；

（三）拒绝或者阻碍农业农村主管部门进行监督检查的；

（四）拒绝或者阻碍动物疫病预防控制机构进行动物疫病监测、检测、评估的；

（五）拒绝或者阻碍官方兽医依法履行职责的。

第一百零九条

Ⅰ违反本法规定，造成人畜共患传染病传播、流行的，依法从重给予处分、处罚。

Ⅱ违反本法规定，构成违反治安管理行为的，依法给予治安管理处罚；构成犯罪的，依法追究刑事责任。

Ⅲ违反本法规定，给他人人身、财产造成损害的，依法承担民事责任。

第六节　破坏环境资源保护罪

第三百三十八条　【污染环境罪】

违反国家规定，排放、倾倒或者处置有放射性的废物、含传染病病原体的废物、有毒物质或者其他有害物质，严重污染环境的，处三年以下有期徒刑或者拘役，并处或者单处罚金；情节严重的，处三年以上七年以下有期徒刑，并处罚金；有下列情形之一的，处七年以上有期徒刑，并处罚金：

（一）在饮用水水源保护区、自然保护地核心保护区等依法确定的重点保护区域排放、倾倒、处置有放射性的废物、含传染病病原体的废物、有毒物质，情节特别严重的；

（二）向国家确定的重要江河、湖泊水域排放、倾倒、处置有放射性的废物、含传染病病原体的废物、有毒物质，情节特别严重的；

（三）致使大量永久基本农田基本功能丧失或者遭受永久性破坏的；

（四）致使多人重伤、严重疾病，或者致人严重残疾、死亡的。

有前款行为，同时构成其他犯罪的，依照处罚较重的规定定罪处罚。

【立法沿革】

《中华人民共和国刑法》（1997年修订，自1997年10月1日起施行）

第三百三十八条

违反国家规定，向土地、水体、大气排放、倾倒或者处置有放射性的废物、含传染病病原体的废物、有毒物质或者其他危险废物，造成重大环境污染事故，致使公私财产遭受重大损失或者人身伤亡的严重后果的，处三年以下有期徒刑或者拘役，并处或者单处罚金；后果特别严重的，处三年以上七年以下有期徒刑，并处罚金。

《中华人民共和国刑法修正案（八）》（自2011年5月1日起施行）

四十六、将刑法第三百三十八条修改为：

“违反国家规定，排放、倾倒或者处置有放射性的废物、含传染病病原体的废物、有毒物质或者其他有害物质，严重污染环境的，处三年以下有期徒刑或者拘役，并处或者单处罚金；后果特别严重的，处三年以上七年以下有期徒刑，并处罚金。”

《中华人民共和国刑法修正案（十一）》（自2021年3月1日起施行）

四十、将刑法第三百三十八条修改为：

“违反国家规定，排放、倾倒或者处置有放射性的废物、含传染病病原体的废物、有毒物质或者其他有害物质，严重污染环境的，处三年以下有期徒刑或者拘役，并处或者单处罚金；情节严重的，处三年以上七年以下有期徒刑，并处罚金；有下列情形之一的，处七年以上有期徒刑，并处罚金：

“（一）在饮用水水源保护区、自然保护地核心保护区等依法确定的重点保护区域排放、倾倒、处置有放射性的废物、含传染病病原体的废物、有毒物质，情节特别严重的；

“（二）向国家确定的重要江河、湖泊水域排放、倾倒、处置有放射性的废物、含传染病病原体的废物、有毒物质，情节特别严重的；

“（三）致使大量永久基本农田基本功能丧失或者遭受永久性破坏的；

“（四）致使多人重伤、严重疾病，或者致人严重残疾、死亡的。

“有前款行为，同时构成其他犯罪的，依照处罚较重的规定定罪处罚。”

【立法理由】

（一）立法相关背景及修改情况

1. 1979年之后至1997年刑法修订前的立法情况。1995年《固体废物污染环境防治法》第七十二条规定：“违反本法规定，收集、贮存、处置危险废物，造成重大环境污染事故，导致公私财产重大损失或者人身伤亡的严重后果的，比照刑法第一百一十五条或者第一百八十七条的规定追究刑事责任。单位犯本条罪的，处以罚金，并对直接负责的主管人员和其他直接责任人员依照前款规定追究刑事责任。”

2. 1997年修订刑法的情况。为了依法惩治污染环境的行为，1997年修订刑法时吸收了1995年《固体废物污染环境防治法》的规定精神，规定了**重大环境污染事故罪**。

3. 2011年《刑法修正案（八）》对本条的修改情况。一是删除了向“向土地、水体、大气”排放、倾倒的限制；二是将“其他危险废物”修改为“其他有害物质”；三是将“造成重大环境污染事故，致使公私财产遭受重大损失或者人身伤亡的严重后果的”修改为“严重污染环境的”。这样修改，主要原因是：随着我国经济社会的快速发展，环境压力不断增大；重点污染物排放总量超过环境承载能力，违法排污现象普遍；许多河流受到污染，不少城市空气污染严重，土壤污染面积扩大，自然生态遭到破坏，生态系统功能退化。环境污染事件特别是水污染事件频发，对人民群众的生命健康构成严重威胁。而1997年刑法规定的重大环境污染事故罪在实际执行中遇到一些问题，不能适应日益严峻的环境保护形势的需要。一是按照重大环境污染事故罪的规定，污染行为仅包括排放、倾倒或者处置有放射性的废物、含传染病病原体的废物、有毒物质或者其他危险废物四类污染特别严重的物质。但从实践中发生的水污染事件看，有些饮用水源的污染很多是排放上述四类物质以外的普通污染物造成的，难以按照重大环境污染事故罪追究刑事责任。二是按照重大环境污染事故罪的规定，只有造成重大环境污染事故，致使公私财产遭受重大损失或者人身伤亡的严重后果才构成犯罪。在司法实践中，一般只有发生了突发的重大环境污染事件，才追究刑事责任。对于不是突发的环境污染事故，而是长期累积形成的污染损害，即使给人的生命健康、财产安全造成了重大损失也很难被追究刑事责任。这主要有两方面的原因：一是我国当时在重大环境污染事故的认定标准和损失鉴定机制等方面还不够完善，难以准确评估重大污染事故的损失。二是难以确定污染行为特别是那种由于长期违法排污积累而形成的污染与损害结果之间的因果关系。其中有一些案例中污染企业有数十家，难以确认责任主体。上述原因，在很大程度上影响了对环境污染犯罪行为的定罪量刑。为使刑法更好地适应日益严峻的环境保护形势，增加本条规定的可操作性，针对上述司法实践中存在的问题，《刑法修正案（八）》对本罪的犯罪构成作了修改。

4. 2020年《刑法修正案（十一）》对本条的修改情况。一是对第二档刑罚的入罪条件作了修改，将“后果特别严重的，处三年以上七年以下有期徒刑，并处罚金”修改为“情节严重的，处三年以上七年以下有期徒刑，并处罚金”。二是增加一档刑罚，规定“有下列情形之一的，处七年以上有期徒刑，并处罚金：（一）在饮用水水源保护区、自然保护地核心保护区等依法确定的重点保护区域排放、倾倒、处置有放射性的废物、含传染病病原体的废物、有毒物质，情节特别严重的；（二）向国家确定的重要江河、湖泊水域排放、倾倒、处置有放射性的废物、含传染病病原体的废物、有毒物质，情节特别严重的；（三）致使大量永久基本农田基本功能丧失或者遭受永久性破坏的；（四）致使多人重伤、严重疾病，或者致人严重残疾、死亡的”。三是增加第二款，规定“有前款行为，同时构成其他犯罪的，依照处罚较重的规定定罪处罚”。

这样修改，主要是贯彻习近平总书记关于“用最严格制度最严密法治保护生态环境”的指示，进一步提高污染环境犯罪的惩处力度。生态文明建设是关系中华民族永续发展的根本大计，是亿万中国人民的福祉所在。党的十八大以来，以习近平同志为核心的党中央把生态文明建设作为统筹推进“五位一体”总体布局和协调推进“四个全面”战略布局的重要内容，谋划开展了一系列根本性、开创性、长远性工作，推动生态环境保护发生历史性、转折性、全局性变化。《刑法修正案（十一）》根据有关方面的意见，与固体废物污染环境防治法、水污染防治法、水法等的规定相衔接，坚持问题导向，针对实践中反映出的问题，如污染环境行为因果链条复杂，具体危害后果难以准确查实等，《刑法修正案（十一）》将“后果特别严重”修改为“情节严重”，增强了法律的可操作性。同时，考虑到饮用水水源保护区、自然保护地核心保护区等依法确定的重点保护区、国家确定的重要江河、湖泊以及永久基本农田等，有的事关国家和区域生态安全，有的事关粮食安全和食品安全，还有的事关饮用水安全，与其他一般区域相比，这些区域对环境质量要求更高，一旦被污染，造成的后果将更严重，需要采取更严格的保护措施。对此，《刑法修正案（十一）》有针对性地提高了部分严重污染环境犯罪的法定刑，明确列举了应当处七年以上有期徒刑的行为类型，划出不得触碰的高压线，体现了刚性约束，同时也有利于司法实践中的具体认定。《刑法修正案（十一）》对本条的修改，体现了坚持用最严格的制度、最严密的法治保护生态环境，把生态环境保护法律制度网络织得更加严密。

（二）立法时争议的主要问题

在《刑法修正案（十一）》起草和修改完善过程中，有的建议普遍提高本罪的法定最高刑至七年以上有期徒刑，而不必列举具体情形。对此，立法机关经与有关方面共同研究，没有采纳这一意见，主要考虑：一是从统计情况看，近年来我国污染环境犯罪的整体数量相对稳定，没有必要全面提高刑罚。二是保护环境重在预防和源头治理，普遍提高法定刑并非最优选择。2014 年修订后的环境保护法充分体现了新时期对环境保护工作的指导思想，强化政府责任和监督，加强法律责任和追究，对于预防和治理污染环境行为发挥了很大作用。据统计，自 2014 年修订后的环境保护法实施以来，各级生态环境保护部门严格贯彻落实环保法及其配套规定，截至 2019 年 9 月，全国实施行政处罚案件约七十五万余件，全国各级生态环境保护部门向公安机关移送涉嫌污染环境犯罪案件一万余件，环境污染犯罪高发、多发的态势已经有所缓解。同时，考虑到对特定的重点保护区、重要江河、湖泊以及永久基本农田等，需要采取更严格的保护措施，因此《刑法修正案（十一）》仅提高了部分严重污染环境犯罪的法定刑。

（三）有关国家的规定

1.《德国刑法典》对于环境犯罪的规定主要集中在分则第二十九章“侵犯环境犯罪”。

（1）关于环境犯罪的范围。该章规定包括十三个条文。其中十个条文是罪刑规范，除了第三百三十条规定的是重大环境犯罪即危害环境犯罪的加重犯，其他九个条文分别规定了具体犯罪，分别是：水污染罪，土地污染罪，空气污染罪，产生噪音、震动和非游离辐射罪，非法处置垃圾罪，非法营运设施罪，非法处理核物质、其他危险物质与物品罪，危害保护区罪以及泄漏有毒物质致重大危险罪。

（2）环境犯罪的入罪标准。在构成要件上，德国刑法典规定的上述环境犯罪有以下特点：一是惩处故意行为，同时也明确规定惩处过失行为。二是明确规定不法行为违背了法律义务或法律规定，构成犯罪的必备条件之一是“违反行政法义务”或“未经许可”，以此表明行为的违法性。三是有的是结果犯，有的是危险犯。水污染罪、土地污染罪、危害保护区罪要求实质危害结果，属于结果犯。结果犯中，有的规定入罪需要达到一定的损害程度，如土地污染罪；有的没有限定损害的程度和范围，如水污染罪。另外，空气污染罪，产生噪音、震动和非游离辐射罪，非法处置垃圾罪，非法营运设施罪，泄漏有毒物质致重大危险罪，要求行为可能产生危险即可入罪，属于危险犯。四是对同一违法行为的不同状态，明确设置了刑事责任。行为的不同状态主要包括未遂犯、不作为犯、共犯、结果加重犯等情况。其中，水污染罪、土地污染罪、空气污染罪和非法处理核物质、其他危险物质与物品罪，明确规定处罚未遂犯。第三百三十条明确规定对第三百二十四条至第三百二十九条造成严重危害的行为加重刑事处罚。

（3）环境犯罪的刑罚设置。《德国刑法典》第三百二十四条至第三百二十九条普遍配置五年以下有期徒刑或者单处罚金。第三百三十条对故意犯第三百二十四条至第三百二十九条之罪，但情节特别严重的，规定最高可以处十年有期徒刑。泄漏有毒物质致重大危险罪最高可处十年有期徒刑。其中，对于过失犯罪，一般设置比故意犯罪要轻的刑罚。例如故意触犯水污染罪、土地污染罪、空气污染罪的基本刑罚均为五年以下有期徒刑或罚金,过失犯的刑罚均为三年以下有期徒刑或罚金。

2.《西班牙刑法典》第三百二十五条规定,违反法律或者环境保护条例的相关规定,直接或者间接向太空、地面、地下,地表流水、海洋、地下水或者严重影响生态系统平衡的国境或者水流汇集区域实施或者试图实施释放、倾倒、辐射、开采、挖掘、掩埋、摧毁、排放、注入或者沉淀、排放行为的,处六个月以上四年以下徒刑,并处八个月至二十四个月罚金,同时给予剥夺行使其职业或者职位一至三年的权利。严重损害人类健康的,在法定刑幅度内取较重半幅度处罚。第三百二十八条规定,堆放固、液体废品或者废弃品,对人体健康造成严重伤害或者可能严重破坏当地生态平衡的,处十八个月至二十四个月罚金,并处十二至二十四个周末监禁。

【条文说明】

本条是关于污染环境罪及其处罚的规定。

本条共分为两款。

第一款是关于污染环境罪的构成条件及其处罚的规定。

1. 污染环境罪的犯罪构成。根据本条规定,违反国家规定,排放、倾倒或者处置有放射性的废物、含传染病病原体的废物、有毒物质或者其他有害物质,严重污染环境的构成本罪。

首先,**行为人实施了违反国家规定,排放、倾倒或者处置有放射性的废物、含传染病病原体的废物、有毒物质或者其他有害物质的行为**。本条中"**违反国家规定**"主要是指违反国家关于环境保护的法律和行政法规的规定。"**排放**"是指将本条所说的危险废物向水体、土地、大气等排入行为,包括泵出、溢出、泄出、喷出和倒出等行为。"**倾倒**"是指通过船舶、航空器、平台或者其他运载工具,向水体、土地、滩涂、森林、草原以及大气等处置放射性废物、含传染病病原体的废物、有毒物质或者其他有害物质的行为。"**处置**"包括以焚烧、填埋等方式处理废物的活动,也包括向江河湖泊等水体处置危险废物或者其他有害物质的情况,不限于对固体废物的处置。这里需要说明一点,《刑法修正案(八)》虽然删去了原来条文中规定的排放、倾倒、处置行为的对象,即"土地、水体、大气",实际上,排放、倾倒、处置行为的对象,通常情况下仍然是土地、水体、大气。土地包括耕地、林地、草地、荒地、山岭、滩涂、河滩地及其他陆地。水体是指中华人民共和国领域内的江河、湖泊、运河、渠道、水库等地表水体以及地下水体,还包括内海、领海以及中华人民共和国管辖的一切其他海域。大气是指包围地球的空气层总体。特别需要指出的是,本条所指的排放、倾倒、处置行为本身都是法律允许的行为。因为水体、土地、大气是全人类的财富,是人类赖以生存的物质基础,每一个人都有合理利用的权利。为了保证人类对环境的永续利用,必须对人类的行为有所限制,即向环境中排放、倾倒、处置有害物质要符合国家规定的标准。如果超过国家规定的标准向环境中排放、倾倒、处置有害物质,就有可能污染环境,进而造成环境污染事故。所以本条用"违反国家规定"限定了排放、倾倒、处置行为。本条中放射性废物、含传染病病原体的废物、有毒物质,都可以称为有害物质。有害物质包括以废气、废渣、废水、污水等多种形态存在的危险废物。"**放射性的废物**"是指放射性核素含量超过国家规定限值的固体、液体和气体废弃物。"**含传染病病原体的废物**"主要是指被传染病病原体污染的污水、污物以及物品等。严格限制违反国家规定,排放、倾倒或者处置对被传染病病原体污染的污水、污物、场所和物品,目的是切断传播途径以控制或者消灭传染病。《传染病防治法》第二十七条规定,对被传染病病原体污染的污水、污物、场所和物品,有关单位和个人必须在疾病预防控制机构的指导下或者按照其提出的卫生要求,进行严格消毒处理;拒绝消毒处理的,由当地卫生行政部门或者疾病预防控制机构进行强制消毒处理。"**有毒物质**"主要是指对人体有毒害,可能对人体健康和环境造成严重危害的固体、泥状及液体废物。根据2016年《最高人民法院、最高人民检察院关于办理环境污染刑事案件适用法律若干问题的解释》第十五条的规定,下列物质应当认定为《刑法》第三百三十八条规定的"**有毒物质**":(1)危险废物,是指列入国家危险废物名录,或者根据国家规定的危险废物鉴别标准和鉴别方法认定的,具有危险特性的废物;(2)《关于持久性有机污染物的斯德哥尔摩公约》附件所列物质;(3)含重金属的污染物;(4)其他具有毒性,可能污染环境的物质。"**其他有害物质**"包括其他列入国家危险废物名录或者根据国家规定的危险废物鉴别标准和鉴别方法认定的具有危险特性的废物。目前,我国尚未颁布国家危险废物名录,实践中主要参考《控制危险废物越境转移及其处置巴塞尔公约》所列的危险废物名录。同时,"其他有害物质"也包括除上述危险废物以外的其他有严重污染环境可能的普通污染物,需要指出的是,这里的有害物质是相对于具体环境而言的,在特定的环境中,通常认为不属于有害物质的物品也有可能会污染环境,成为有害物质,如将大量的牛奶倒入养殖

分则 第六章

水域等，超出环境承载量的，这里的牛奶就属于“其他有害物质”。

其次，**排放的废物、有毒、有害物质，严重污染了环境**。这里的“**环境**”，根据2014年修订的《环境保护法》第二条规定，“是指影响人类生存和发展的各种天然的和经过人工改造的自然因素的总体，包括大气、水、海洋、土地、矿藏、森林、草原、湿地、野生生物、自然遗迹、人文遗迹、自然保护区、风景名胜区、城市和乡村等”。“**严重污染环境**”既包括发生了造成财产损失或者人身伤亡的环境事故，也包括虽然还未造成环境污染事故，但是已使环境受到严重污染或者破坏的情形。

2. 对污染环境罪的处罚。

(1)**第一档刑罚**。根据本条规定，严重污染环境的，处三年以下有期徒刑或者拘役，并处或者单处罚金。“严重污染环境”是指非法排放、倾倒、处置有害物质，或者非法排放、倾倒、处置的物质本身具有较大危害性，或者长期、大量非法排放、倾倒、处置有害物质，对于不同的环境保护对象会有不同标准，严重污染环境的具体标准可以由司法解释等具体确定。2016年《最高人民法院、最高人民检察院关于办理环境污染刑事案件适用法律若干问题的解释》第一条规定：“实施刑法第三百三十八条规定的行为，具有下列情形之一的，应当认定为‘**严重污染环境**’：(一)在饮用水水源一级保护区、自然保护区核心区排放、倾倒、处置有放射性的废物、含传染病病原体的废物、有毒物质的；(二)非法排放、倾倒、处置危险废物三吨以上的；(三)排放、倾倒、处置含铅、汞、镉、铬、砷、铊、锑的污染物，超过国家或者地方污染物排放标准三倍以上的；(四)排放、倾倒、处置含镍、铜、锌、银、钒、锰、钴的污染物，超过国家或者地方污染物排放标准十倍以上的；(五)通过暗管、渗井、渗坑、裂隙、溶洞、灌注等逃避监管的方式排放、倾倒、处置有放射性的废物、含传染病病原体的废物、有毒物质的；(六)二年内曾因违反国家规定，排放、倾倒、处置有放射性的废物、含传染病病原体的废物、有毒物质受过两次以上行政处罚，又实施前列行为的；(七)重点排污单位篡改、伪造自动监测数据或者干扰自动监测设施，排放化学需氧量、氨氮、二氧化硫、氮氧化物等污染物的；(八)违法减少防治污染设施运行支出一百万元以上的；(九)违法所得或者致使公私财产损失三十万元以上的；(十)造成生态环境严重损害的；(十一)致使乡镇以上集中式饮用水水源取水中断十二小时以上的；(十二)致使基本农田、防护林地、特种用途林地五亩以上，其他农用地十亩以上，其他土地二十亩以上基本功能丧失或者遭受永久性破坏的；(十三)致使森林或者其他林木死亡五十立方米以上，或者幼树死亡二千五百株以上的；(十四)致使疏散、转移群众五千人以上的；(十五)致使三十人以上中毒的；(十六)致使三人以上轻伤、轻度残疾或者器官组织损伤导致一般功能障碍的；(十七)致使一人以上重伤、中度残疾或者器官组织损伤导致严重功能障碍的；(十八)其他严重污染环境的情形。”

(2)**第二档刑罚**。情节严重的，处三年以上七年以下有期徒刑，并处罚金。2020年《刑法修正案(十一)》将之前规定的“后果特别严重的”修改为“情节严重的”，是对本条的重大修改，进一步降低了犯罪构成的门槛，将虽未造成重大环境污染后果，但长期违反国家规定，超标准排放、倾倒、处置有害物质，严重污染环境的行为规定为犯罪。这里的“**情节严重**”，是指在“严重污染环境”的基础上，情节更为严重的污染环境行为，既包括造成严重后果，也包括虽然尚未造成严重后果或者严重后果不易查证，但非法排放、倾倒、处置有害物质时间长、数量大等严重情节。

(3)**第三档刑罚**。有下列情形之一的，处七年以上有期徒刑，并处罚金：

第一，**在饮用水水源保护区、自然保护地核心保护区等依法确定的重点保护区域排放、倾倒、处置有放射性的废物、含传染病病原体的废物、有毒物质，情节特别严重的**。“饮用水水源保护区”，根据《水法》第三十三条的规定，国家建立饮用水水源保护区制度，省、自治区、直辖市人民政府应当划定饮用水水源保护区，并采取措施，防止水源枯竭和水体污染，保证城乡居民饮用水安全。“自然保护地”，根据《土壤污染防治法》第三十一条的规定，各级人民政府应当加强对国家公园等自然保护地的保护，维护其生态功能。自然保护地核心保护区的范围应当依照国家有关规定具体确定。

第二，**向国家确定的重要江河、湖泊水域排放、倾倒、处置有放射性的废物、含传染病病原体的废物、有毒物质，情节特别严重的**。这里的“国家确定的重要江河、湖泊”，是指根据国家有关规定确定的具有重要生态价值、社会经济价值等的重要江河、湖泊。《水污染防治法》第十三条规定，国务院环境保护主管部门会同国务院水行政主管部门和有关省、自治区、直辖市人民政府，可以根据国家确定的重要江河、湖泊流域水体的使用功能以及有关地区的经济、技术条件，确定该重要江河、湖泊流域的省界水体适用的水环境质量标准，报国务院批准后施行。

第三，**致使大量永久基本农田基本功能丧失**

或者遭受永久性破坏的。永久基本农田事关十八亿亩耕地总量控制目标，事关十四亿人的饭碗问题，必须实行严格保护。《土地管理法》第三十三条规定："国家实行永久基本农田保护制度。下列耕地应当根据土地利用总体规划划为永久基本农田，实行严格保护：（一）经国务院农业农村主管部门或者县级以上地方人民政府批准确定的粮、棉、油、糖等重要农产品生产基地内的耕地；（二）有良好的水利与水土保持设施的耕地，正在实施改造计划以及可以改造的中、低产田和已建成的高标准农田；（三）蔬菜生产基地；（四）农业科研、教学试验田；（五）国务院规定应当划为永久基本农田的其他耕地。各省、自治区、直辖市划定的永久基本农田一般应当占本行政区域内耕地的百分之八十以上，具体比例由国务院根据各省、自治区、直辖市耕地实际情况规定。"《土壤污染防治法》第五十条规定："县级以上地方人民政府应当依法将符合条件的优先保护类耕地划为永久基本农田，实行严格保护。在永久基本农田集中区域，不得新建可能造成土壤污染的建设项目；已经建成的，应当限期关闭拆除。"

第四，**致使多人重伤、严重疾病，或者致人严重残疾、死亡的**。主要是指因污染环境犯罪行为，导致多人重伤、严重疾病或者致人严重残疾、死亡的后果。这里的"重伤"，根据《刑法》第九十五条的规定，"是指有下列情形之一的伤害：（一）使人肢体残废或者毁人容貌的；（二）使人丧失听觉、视觉或者其他器官机能的；（三）其他对于人身健康有重大伤害的"。此外，关于"重伤"的概念和范围，2013年8月30日最高人民法院、最高人民检察院、公安部、国家安全部、司法部发布的《人体损伤程度鉴定标准》对人体损伤程度鉴定的原则、方法、内容和等级划分作了详细的规定，将重伤分为重伤一级和重伤二级，分别针对不同情况，制定了具体的认定标准。

第二款是关于有污染环境行为，同时又构成其他犯罪的，应当依照处罚较重的规定定罪处罚的规定。行为人实施污染环境行为，有可能同时构成以危险方法危害公共安全罪、投放危险物质罪等罪名，对此，**应当依照处罚较重的规定定罪处罚**。

实际执行中应当注意污染环境犯罪案件中的司法鉴定与行政认定问题。污染环境犯罪案件多涉及专门性问题，如污染物的种类、数量、造成的损失数额计算等。**司法实践中应当将司法鉴定与行政认定统筹运用**，单纯依靠司法鉴定，既不可能，也没有必要。根据相关司法解释的规定，环境保护主管部门及其所属监测机构在行政执法过程中收集的监测数据，在刑事诉讼中可以作为证据使用。公安机关单独或者会同环境保护主管部门，提取污染物样品进行检测获取的数据，在刑事诉讼中可以作为证据使用。对国家危险废物名录所列的废物，可以依据涉案物质的来源、产生过程、被告人供述、证人证言以及经批准或者备案的环境影响评价文件等证据，结合环境保护主管部门、公安机关等出具的书面意见作出认定。对于危险废物的数量，可以综合被告人供述，涉案企业的生产工艺、物耗、能耗情况，以及经批准或者备案的环境影响评价文件等证据作出认定。对案件所涉的环境污染专门性问题难以确定的，依据司法鉴定机构出具的鉴定意见，或者国务院环境保护主管部门、公安部门指定的机构出具的报告，结合其他证据作出认定。

【司法解释】

《最高人民法院、最高人民检察院关于办理环境污染刑事案件适用法律若干问题的解释》（法释〔2016〕29号，自2017年1月1日起施行）

△（**严重污染环境**）实施刑法第三百三十八条规定的行为，具有下列情形之一的，应当认定为"严重污染环境"：

（一）在饮用水水源一级保护区、自然保护区核心区排放、倾倒、处置有放射性的废物、含传染病病原体的废物、有毒物质的；

（二）非法排放、倾倒、处置危险废物三吨以上的；

（三）排放、倾倒、处置含铅、汞、镉、铬、砷、铊、锑的污染物，超过国家或者地方污染物排放标准三倍以上的；

（四）排放、倾倒、处置含镍、铜、锌、银、钒、锰、钴的污染物，超过国家或者地方污染物排放标准十倍以上的；

（五）通过暗管、渗井、渗坑、裂隙、溶洞、灌注等逃避监管的方式排放、倾倒、处置有放射性的废物、含传染病病原体的废物、有毒物质的①；

---

① 关于私设暗管排放废物的情形，我国学者指出，除行为人私自设置暗管排放废物（如中途接管、分流直排，暗设阀门、伺机偷排，私自设计，不合理设置溢流口等）之外，还包括利用已有的暗管违法排放废物。因为二者并无任何实质区别，都导致排污行为的隐蔽性强，不利于执法人员查找厂区外排污口，因而严重污染环境。参见张明楷：《刑法学》（第6版），法律出版社2021年版，第1484页。

（六）二年内曾因违反国家规定，排放、倾倒、处置有放射性的废物、含传染病病原体的废物、有毒物质受过两次以上行政处罚，又实施前列行为的；

（七）重点排污单位篡改、伪造自动监测数据或者干扰自动监测设施，排放化学需氧量、氨氮、二氧化硫、氮氧化物等污染物的；

（八）违法减少防治污染设施运行支出一百万元以上的；

（九）违法所得或者致使公私财产损失三十万元以上的；

（十）造成生态环境严重损害的；

（十一）致使乡镇以上集中式饮用水水源取水中断十二小时以上的；

（十二）致使基本农田、防护林地、特种用途林地五亩以上，其他农用地十亩以上，其他土地二十亩以上基本功能丧失或者遭受永久性破坏的；

（十三）致使森林或者其他林木死亡五十立方米以上，或者幼树死亡二千五百株以上的；

（十四）致使疏散、转移群众五千人以上的；

（十五）致使三十人以上中毒的；

（十六）致使三人以上轻伤、轻度残疾或者器官组织损伤导致一般功能障碍的；

（十七）致使一人以上重伤、中度残疾或者器官组织损伤导致严重功能障碍的；

（十八）其他严重污染环境的情形。（§ 1）

△（**后果特别严重**）实施刑法第三百三十八条、第三百三十九条规定的行为，具有下列情形之一的，应当认定为“后果特别严重”：

（一）致使县级以上城区集中式饮用水水源取水中断十二小时以上的；

（二）非法排放、倾倒、处置危险废物一百吨以上的；

（三）致使基本农田、防护林地、特种用途林地十五亩以上，其他农用地三十亩以上，其他土地六十亩以上基本功能丧失或者遭受永久性破坏的；

（四）致使森林或者其他林木死亡一百五十立方米以上，或者幼树死亡七千五百株以上的；

（五）致使公私财产损失一百万元以上的；

（六）造成生态环境特别严重损害的；

（七）致使疏散、转移群众一万五千人以上的；

（八）致使一百人以上中毒的；

（九）致使十人以上轻伤、轻度残疾或者器官组织损伤导致一般功能障碍的；

（十）致使三人以上重伤、中度残疾或者器官组织损伤导致严重功能障碍的；

（十一）致使一人以上重伤、中度残疾或者器官组织损伤导致严重功能障碍，并致使五人以上轻伤、轻度残疾或者器官组织损伤导致一般功能障碍的；

（十二）致使一人以上死亡或者重度残疾的；

（十三）其他后果特别严重的情形。（§ 3）

△（**从重处罚事由**）实施刑法第三百三十八条、第三百三十九条规定的犯罪行为，具有下列情形之一的，应当从重处罚：

（一）阻挠环境监督检查或者突发环境事件调查，尚不构成妨害公务等犯罪的；

（二）在医院、学校、居民区等人口集中地区及其附近，违反国家规定排放、倾倒、处置有放射性的废物、含传染病病原体的废物、有毒物质或者其他有害物质的；

（三）在重污染天气预警期间、突发环境事件处置期间或者被责令限期整改期间，违反国家规定排放、倾倒、处置有放射性的废物、含传染病病原体的废物、有毒物质或者其他有害物质的；

（四）具有危险废物经营许可证的企业违反国家规定排放、倾倒、处置有放射性的废物、含传染病病原体的废物、有毒物质或者其他有害物质的。（§ 4）

△（**情节轻微；不起诉或者免予刑事处罚；从宽处罚**）实施刑法第三百三十八条、第三百三十九条规定的行为，刚达到应当追究刑事责任的标准，但行为人及时采取措施，防止损失扩大、消除污染，全部赔偿损失，积极修复生态环境，且系初犯，确有悔罪表现的，可以认定为情节轻微，不起诉或者免予刑事处罚；确有必要判处刑罚的，应当从宽处罚。（§ 5）

△（**想象竞合犯；非法经营罪**）无危险废物经营许可证从事收集、贮存、利用、处置危险废物经营活动，严重污染环境的，按照污染环境罪定罪处罚；同时构成非法经营罪的，依照处罚较重的规定定罪处罚。（§ 6Ⅰ）

△（**共同犯罪**）明知他人无危险废物经营许可证，向其提供或者委托其收集、贮存、利用、处置危险废物，严重污染环境的，以共同犯罪论处。（§ 7）

△（**想象竞合犯；非法处置进口的固体废物罪；投放危险物质罪**）违反国家规定，排放、倾倒、处置含有毒害性、放射性、传染病病原体等物质的污染物，同时构成污染环境罪、非法处置进口的固体废物罪、投放危险物质罪等犯罪的，依照处罚较重的规定定罪处罚。（§ 8）

△（**想象竞合犯；破坏计算机信息系统罪**）重点排污单位篡改、伪造自动监测数据或者干扰自

动监测设施,排放化学需氧量、氨氮、二氧化硫、氮氧化物等污染物,同时构成污染环境罪和破坏计算机信息系统罪的,依照处罚较重的规定定罪处罚。(§ 10Ⅱ)

△(**危险废物之认定与数量**)对国家危险废物名录所列的废物,可以依据涉案物质的来源、产生过程、被告人供述、证人证言以及经批准或者备案的环境影响评价文件等证据,结合环境保护主管部门、公安机关等出具的书面意见作出认定。

对于危险废物的数量,可以综合被告人供述,涉案企业的生产工艺、物耗、能耗情况,以及经批准或者备案的环境影响评价文件等证据作出认定。(§ 13)

△(**环境污染专门性问题;鉴定意见;机构报告**)对案件所涉的环境污染专门性问题难以确定的,依据司法鉴定机构出具的鉴定意见,或者国务院环境保护主管部门、公安部门指定的机构出具的报告,结合其他证据作出认定。(§ 14)

△(**有毒物质**)下列物质应当认定为刑法第三百三十八条规定的"有毒物质":

(一)危险废物,是指列入国家危险废物名录,或者根据国家规定的危险废物鉴别标准和鉴别方法认定的,具有危险特性的废物;

(二)《关于持久性有机污染物的斯德哥尔摩公约》附件所列物质;

(三)含重金属的污染物;

(四)其他具有毒性,可能污染环境的物质。(§ 15)

△(**非法处置危险废物**)无危险废物经营许可证,以营利为目的,从危险废物中提取物质作为原材料或者燃料,并具有超标排放污染物、非法倾倒污染物或者其他违法造成环境污染的情形的行为,应当认定为"非法处置危险废物"。(§ 16)

△(**二年内;重点排污单位;违法所得;公私财产损失;生态环境损害;无危险废物经营许可证**)本解释所称"二年内",以第一次违法行为受到行政处罚的生效之日与又实施相应行为之日的时间间隔计算确定。

本解释所称"重点排污单位",是指设区的市级以上人民政府环境保护主管部门依法确定的应当安装、使用污染物排放自动监测设备的重点监控企业及其他单位。

本解释所称"违法所得",是指实施刑法第三百三十八条、第三百三十九条规定的行为所得和可得的全部违法收入。

本解释所称"公私财产损失",包括实施刑法第三百三十八条、第三百三十九条规定的行为直接造成财产损毁、减少的实际价值,为防止污染扩大、消除污染而采取必要合理措施所产生的费用,以及处置突发环境事件的应急监测费用。

本解释所称"生态环境损害",包括生态环境修复费用,生态环境修复期间服务功能的损失和生态环境功能永久性损害造成的损失,以及其他必要合理费用。

本解释所称"无危险废物经营许可证",是指未取得危险废物经营许可证,或者超出危险废物经营许可证的经营范围。(§ 17)

【司法解释性文件】

《最高人民检察院、公安部关于公安机关管辖的刑事案件立案追诉标准的规定(一)的补充规定》(公通字〔2017〕12号,2017年4月27日公布)

△(**污染环境罪;立案追诉标准;有毒物质;非法处置危险废物;重点排污单位;公私财产损失;生态环境损害;无危险废物经营许可证**)违反国家规定,排放、倾倒或者处置有放射性的废物、含传染病病原体的废物、有毒物质或者其他有害物质,涉嫌下列情形之一的,应予立案追诉:

(一)在饮用水水源一级保护区、自然保护区核心区排放、倾倒、处置有放射性的废物、含传染病病原体的废物、有毒物质的;

(二)非法排放、倾倒、处置危险废物三吨以上的;

(三)排放、倾倒、处置含铅、汞、镉、铬、砷、铊、锑的污染物,超过国家或者地方污染物排放标准三倍以上的;

(四)排放、倾倒、处置含镍、铜、锌、银、钒、锰、钴的污染物,超过国家或者地方污染物排放标准十倍以上的;

(五)通过暗管、渗井、渗坑、裂隙、溶洞、灌注等逃避监管的方式排放、倾倒、处置有放射性的废物、含传染病病原体的废物、有毒物质的;

(六)二年内曾因违反国家规定,排放、倾倒、处置有放射性的废物、含传染病病原体的废物、有毒物质受过两次以上行政处罚,又实施前列行为的;

(七)重点排污单位篡改、伪造自动监测数据或者干扰自动监测设施,排放化学需氧量、氨氮、二氧化硫、氮氧化物等污染物的;

(八)违法减少防治污染设施运行支出一百万元以上的;

(九)违法所得或者致使公私财产损失三十万元以上的;

(十)造成生态环境严重损害的;

(十一)致使乡镇以上集中式饮用水水源取水中断十二小时以上的;

（十二）致使基本农田、防护林地、特种用途林地五亩以上，其他农用地十亩以上，其他土地二十亩以上基本功能丧失或者遭受永久性破坏的；

（十三）致使森林或者其他林木死亡五十立方米以上，或者幼树死亡二千五百株以上的；

（十四）致使疏散、转移群众五千人以上的；

（十五）致使三十人以上中毒的；

（十六）致使三人以上轻伤、轻度残疾或者器官组织损伤导致一般功能障碍的；

（十七）致使一人以上重伤、中度残疾或者器官组织损伤导致严重功能障碍的；

（十八）其他严重污染环境的情形。

本条规定的“有毒物质”，包括列入国家危险废物名录或者根据国家规定的危险废物鉴别标准和鉴别方法认定的具有危险特性的废物，《关于持久性有机污染物的斯德哥尔摩公约》附件所列物质，含重金属的污染物，以及其他具有毒性可能污染环境的物质。

本条规定的“非法处置危险废物”，包括无危险废物经营许可证，以营利为目的，从危险废物中提取物质作为原材料或者燃料，并具有超标排放污染物、非法倾倒污染物或者其他违法造成环境污染情形的行为。

本条规定的“重点排污单位”，是指设区的市级以上人民政府环境保护主管部门依法确定的应当安装、使用污染物排放自动监测设备的重点监控企业及其他单位。

本条规定的“公私财产损失”，包括直接造成财产损毁、减少的实际价值，为防止污染扩大、消除污染而采取必要合理措施所产生的费用，以及处置突发环境事件的应急监测费用。

本条规定的“生态环境损害”，包括生态环境修复费用，生态环境修复期间服务功能的损失和生态环境功能永久性损害造成的损失，以及其他必要合理费用。

本条规定的“无危险废物经营许可证”，是指未取得危险废物经营许可证，或者超出危险废物经营许可证的经营范围。（§ 10）

《最高人民法院、最高人民检察院、公安部、司法部、生态环境部关于办理环境污染刑事案件有关问题座谈会纪要》（2019年2月20日公布）

△**（单位犯罪）**会议针对一些地方存在追究自然人犯罪多，追究单位犯罪少，单位犯罪认定难的情况和问题进行了讨论。会议认为，办理环境污染犯罪案件，认定单位犯罪时，应当依法合理把握追究刑事责任的范围，贯彻宽严相济刑事政策，重点打击出资者、经营者和主要获利者，既要防止不当缩小追究刑事责任的人员范围，又要防止打击面过大。

为了单位利益，实施环境污染行为，并具有下列情形之一的，应当认定为单位犯罪：（1）经单位决策机构按照决策程序决定的；（2）经单位实际控制人、主要负责人或者授权的分管负责人决定、同意的；（3）单位实际控制人、主要负责人或者授权的分管负责人得知单位成员个人实施环境污染犯罪行为，并未加以制止或者及时采取措施，而是予以追认、纵容或者默许的；（4）使用单位营业执照、合同书、公章、印鉴等对外开展活动，并调用单位车辆、船舶、生产设备、原辅材料等实施环境污染犯罪行为的。

单位犯罪中的“直接负责的主管人员”，一般是指对单位犯罪起决定、批准、组织、策划、指挥、授意、纵容等作用的主管人员，包括单位实际控制人、主要负责人或者授权的分管负责人、高级管理人员等；“其他直接责任人员”，一般是指在直接负责的主管人员的指挥、授意下积极参与实施单位犯罪或者对具体实施单位犯罪起较大作用的人员。

对于应当认定为单位犯罪的环境污染犯罪案件，公安机关未作为单位犯罪移送审查起诉的，人民检察院应当退回公安机关补充侦查。对于应当认定为单位犯罪的环境污染犯罪案件，人民检察院只作为自然人犯罪起诉的，人民法院应当建议人民检察院对犯罪单位补充起诉。

△**（犯罪未遂）**会议针对当前办理环境污染犯罪案件中，能否认定污染环境罪（未遂）的问题进行了讨论。会议认为，当前环境执法工作形势比较严峻，一些行为人拒不配合执法检查、接受检查时弄虚作假、故意逃避法律追究的情形时有发生，因此对于行为人已经着手实施非法排放、倾倒、处置有毒有害污染物的行为，由于有关部门查处或者其他意志以外的原因未得逞的情形，可以污染环境罪（未遂）追究刑事责任。

△**（主观过错）**会议针对当前办理环境污染犯罪案件中，如何准确认定犯罪嫌疑人、被告人主观过错的问题进行了讨论。会议认为，判断犯罪嫌疑人、被告人是否具有环境污染犯罪的故意，应当依据犯罪嫌疑人、被告人的任职情况、职业经历、专业背景、培训经历、本人因同类行为受到行政处罚或者刑事追究情况以及污染物种类、污染方式、资金流向等证据，结合其供述，进行综合分析判断。

实践中，具有下列情形之一，犯罪嫌疑人、被告人不能作出合理解释的，可以认定其故意实施环境污染犯罪，但有证据证明确系不知情的除外：

(1)企业没有依法通过环境影响评价,或者未依法取得排污许可证,排放污染物,或者已经通过环境影响评价并且防治污染设施验收合格后,擅自更改工艺流程、原辅材料,导致产生新的污染物质的;(2)不使用验收合格的防治污染设施或者不按规范要求使用的;(3)防治污染设施发生故障,发现后不及时排除,继续生产放任污染物排放的;(4)生态环境部门责令限制生产、停产整治或者予以行政处罚后,继续生产放任污染物排放的;(5)将危险废物委托第三方处置,没有尽到查验经营许可的义务,或者委托处置费用明显低于市场价格或者处置成本的;(6)通过暗管、渗井、渗坑、裂隙、溶洞、灌注等逃避监管的方式排放污染物的;(7)通过篡改、伪造监测数据的方式排放污染物的;(8)其他足以认定的情形。

△(**生态损害标准**)会议针对如何适用《环境解释》[①]第一条、第三条规定的"造成生态环境严重损害的""造成生态环境特别严重损害的"定罪量刑标准进行了讨论。会议指出,生态环境损害赔偿制度是生态文明制度体系的重要组成部分。党中央、国务院高度重视生态环境损害赔偿工作,党的十八届三中全会明确提出对造成生态环境损害的责任者严格实行赔偿制度。2015 年,中央办公厅、国务院办公厅印发《生态环境损害赔偿制度改革试点方案》(中办发〔2015〕57 号),在吉林等 7 个省市部署开展改革试点,取得明显成效。2017 年,中央办公厅、国务院办公厅印发《生态环境损害赔偿制度改革方案》(中办发〔2017〕68 号),在全国范围内试行生态环境损害赔偿制度。

会议指出,《环境解释》将造成生态环境损害规定为污染环境罪的定罪量刑标准之一,是为了与生态环境损害赔偿制度实现衔接配套,考虑到该制度尚在试行过程中,《环境解释》作了较原则的规定。司法实践中,一些省市结合本地区工作实际制定了具体标准。会议认为,在生态环境损害赔偿制度试行阶段,全国各省(自治区、直辖市)可以结合本地实际情况,因地制宜,因时制宜,根据案件具体情况准确认定"造成生态环境严重损害"和"造成生态环境特别严重损害"。

△(**非法经营罪;污染环境罪**)会议针对如何把握非法经营罪与污染环境罪的关系以及如何具体适用非法经营罪的问题进行了讨论。会议强调,要高度重视非法经营危险废物案件的办理,坚持全链条、全环节、全流程对非法排放、倾倒、处置、经营危险废物的产业链进行刑事打击,查清犯罪网络,深挖犯罪源头,斩断利益链条,不断挤压和铲除此类犯罪滋生蔓延的空间。

会议认为,准确理解和适用《环境解释》第六条的规定应当注意把握两个原则:一要坚持实质判断原则,对行为人非法经营危险废物行为的社会危害性作实质性判断。比如,一些单位或者个人虽未依法取得危险废物经营许可证,但其收集、贮存、利用、处置危险废物经营活动,没有超标排放污染物、非法倾倒污染物或者其他违法造成环境污染情形的,则不宜以非法经营罪论处。二要坚持综合判断原则,对行为人非法经营危险废物行为根据其在犯罪链条中的地位、作用综合判断其社会危害性。比如,有证据证明单位或者个人的无证经营危险废物行为属于危险废物非法经营产业链的一部分,并且已经形成了分工负责、利益均沾、相对固定的犯罪链条,如果行为人或者与其联系紧密的上游或者下游环节具有排放、倾倒、处置危险废物违法造成环境污染的情形,且交易价格明显异常的,对行为人可以根据案件具体情况在污染环境罪和非法经营罪中,择一重罪处断。

△(**投放危险物质罪;污染环境罪**)会议强调,目前我国一些地方环境违法犯罪活动高发多发,刑事处罚威慑力不强的问题仍然突出,现阶段在办理环境污染犯罪案件时必须坚决贯彻落实中央领导同志关于重典治理污染的指示精神,把刑法和《环境解释》的规定用足用好,形成对环境污染违法犯罪的强大震慑。

会议认为,司法实践中对环境污染行为适用投放危险物质罪追究刑事责任时,应当重点审查判断行为人的主观恶性、污染行为恶劣程度、污染物的毒害性危险性、污染持续时间、污染结果是否可逆、是否对公共安全造成现实、具体、明确的危险或者危害等各方面因素。对于行为人明知其排放、倾倒、处置的污染物含有毒害性、放射性、传染病病原体等危险物质,仍实施环境污染行为放任其危害公共安全,造成重大人员伤亡、重大公私财产损失等严重后果,以污染环境罪论处明显不足以罚当其罪的,可以按投放危险物质罪定罪量刑。实践中,此类情形主要是向饮用水水源保护区,饮用水供水单位取水口和出水口,南水北调水库、干渠、涵洞等配套工程,重要渔业水体以及自然保护区核心区等特殊保护区域,排放、倾倒、处置毒害性极强的污染物,危害公共安全并造成严重后果

① 即《最高人民法院、最高人民检察院关于办理环境污染刑事案件适用法律若干问题的解释》(法释〔2016〕29 号,自 2017 年 1 月 1 日起施行)

的情形。

△**(涉大气污染环境犯罪;"其他严重污染环境的情形")**会议针对涉大气污染环境犯罪的打击处理问题进行了讨论。会议强调,打赢蓝天保卫战是打好污染防治攻坚战的重中之重。各级人民法院、人民检察院、公安机关、生态环境部门要认真分析研究全国人大常委会大气污染防治法执法检查发现的问题和提出的建议,不断加大对涉大气污染环境犯罪的打击力度,毫不动摇地以法律武器治理污染,用法治力量保卫蓝天,推动解决人民群众关注的突出大气环境问题。

会议认为,司法实践中打击涉大气污染环境犯罪,要抓住关键问题,紧盯薄弱环节,突出打击重点。对重污染天气预警期间,违反国家规定,超标排放二氧化硫、氮氧化物,受过行政处罚后又实施上述行为或者具有其他严重情节的,可以适用《环境解释》第一条第十八项规定的"其他严重污染环境的情形"追究刑事责任。

△**(非法排放、倾倒、处置行为)**会议针对如何准确认定环境污染犯罪中非法排放、倾倒、处置行为进行了讨论。会议认为,司法实践中认定非法排放、倾倒、处置行为时,应当根据《固体废物污染环境防治法》和《环境解释》的有关规定精神,从其行为方式是否违反国家规定或者行业操作规范、污染物是否与外环境接触、是否造成环境污染的危险或者危害等方面进行综合分析判断。对名为运输、贮存、利用,实为排放、倾倒、处置的行为应当认定为非法排放、倾倒、处置行为,可以依法追究刑事责任。比如,未采取相应防范措施将没有利用价值的危险废物长期贮存、搁置,放任危险废物或者其有毒有害成分大量扬散、流失、泄漏、挥发,污染环境的。

△**(有害物质)**会议针对如何准确认定刑法第三百三十八条规定的"其他有害物质"的问题进行了讨论。会议认为,办理非法排放、倾倒、处置其他有害物质的案件,应当坚持主客观相一致原则,从行为人的主观恶性、污染行为恶劣程度、有害物质危险性毒害性等方面进行综合分析判断,准确认定其行为的社会危害性。实践中,常见的有害物质主要有:工业危险废物以外的其他工业固体废物;未经处理的生活垃圾;有害大气污染物、受控消耗臭氧层物质和有害水污染物;在利用和处置过程中必然产生有毒有害物质的其他物质;国务院生态环境保护主管部门会同国务院卫生主管部门公布的有毒有害污染物名录中的有关物质等。

△**(从重处罚情形)**会议强调,要坚决贯彻党中央推动长江经济带发展的重大决策,为长江经济带共抓大保护、不搞大开发提供有力的司法保障。实践中,对于发生在长江经济带十一省(直辖市)的下列环境污染犯罪行为,可以从重处罚:(1)跨省(直辖市)排放、倾倒、处置有放射性的废物、含传染病病原体的废物、有毒物质或者其他有害物质的;(2)向国家确定的重要江河、湖泊或者其他跨省(直辖市)江河、湖泊排放、倾倒、处置有放射性的废物、含传染病病原体的废物、有毒物质或者其他有害物质的。

△**(不起诉、缓刑、免予刑事处罚)**会议针对当前办理环境污染犯罪案件中如何严格适用不起诉、缓刑、免予刑事处罚的问题进行了讨论。会议强调,环境污染犯罪案件的刑罚适用直接关系加强生态环境保护打好污染防治攻坚战的实际效果。各级人民法院、人民检察院要深刻认识环境污染犯罪的严重社会危害性,正确贯彻宽严相济刑事政策,充分发挥刑罚的惩治和预防功能。要在全面把握犯罪事实和量刑情节的基础上严格依照刑法和刑事诉讼法规定的条件适用不起诉、缓刑、免予刑事处罚,既要考虑从宽情节,又要考虑从严情节;既要做到刑罚与犯罪相当,又要做到刑罚执行方式与犯罪相当,切实避免不起诉、缓刑、免予刑事处罚不当适用造成的消极影响。

会议认为,具有下列情形之一的,一般不适用不起诉、缓刑或者免予刑事处罚:(1)不如实供述罪行的;(2)属于共同犯罪中情节严重的主犯的;(3)犯有数个环境污染犯罪依法实行并罚或者以一罪处理的;(4)曾因环境污染违法犯罪行为受过行政处罚或者刑事处罚的;(5)其他不宜适用不起诉、缓刑、免予刑事处罚的情形。

会议要求,人民法院审理环境污染犯罪案件拟适用缓刑或者免予刑事处罚的,应当分析案发前后的社会影响和反映,注意听取控辩双方提出的意见。对于情节恶劣、社会反映强烈的环境污染犯罪,不得适用缓刑、免予刑事处罚。人民法院对判处缓刑的被告人,一般应当同时宣告禁止令,禁止其在缓刑考验期内从事与排污或者处置危险废物有关的经营活动。生态环境部门根据禁止令,对上述人员担任实际控制人、主要负责人或者高级管理人员的单位,依法不得发放排污许可证或者危险废物经营许可证。

△**(管辖;跨区域环境污染犯罪案件)**会议针对环境污染犯罪案件的管辖问题进行了讨论。会议认为,实践中一些环境污染犯罪案件属于典型的跨区域刑事案件,容易存在管辖不明或者有争议的情况,各级人民法院、人民检察院、公安机关

要加强沟通协调,共同研究解决。

会议提出,跨区域环境污染犯罪案件由犯罪地的公安机关管辖。如果由犯罪嫌疑人居住地的公安机关管辖更为适宜的,可以由犯罪嫌疑人居住地的公安机关管辖。犯罪地包括环境污染行为发生地和结果发生地。“环境污染行为发生地”包括环境污染行为的实施地以及预备地、开始地、途经地、结束地以及排放、倾倒污染物的车船停靠地、始发地、途经地、到达地等地点;环境污染行为有连续、持续或者继续状态的,相关地方都属于环境污染行为发生地。“环境污染结果发生地”包括污染物排放地、倾倒地、堆放地、污染发生地等。

多个公安机关都有权立案侦查的,由最初受理的或者主要犯罪地的公安机关立案侦查,管辖有争议的,按照有利于查清犯罪事实、有利于诉讼的原则,由共同的上级公安机关协调确定的公安机关立案侦查,需要提请批准逮捕、移送审查起诉、提起公诉的,由该公安机关所在地的人民检察院、人民法院受理。

△(**危险废物**)会议针对危险废物如何认定以及是否需要鉴定的问题进行了讨论。会议认为,根据《环境解释》的规定精神,对于列入《国家危险废物名录》的,如果来源和相应特征明确,司法人员根据自身专业技术知识和工作经验认定难度不大的,司法机关可以依据名录直接认定。对于来源和相应特征不明确的,由生态环境部门、公安机关等出具书面意见,司法机关可以依据涉案物质的来源、产生过程、被告人供述、证人证言以及经批准或者备案的环境影响评价文件等证据,结合上述书面意见作出是否属于危险废物的认定。对于需要生态环境部门、公安机关等出具书面认定意见的,区分下列情况分别处理:(1)对已确认固体废物产生单位,且产废单位环评文件中明确为危险废物的,根据产废单位建设项目环评文件和审批、验收意见、案件笔录等材料,可对照《国家危险废物名录》等出具认定意见。(2)对已确认固体废物产生单位,但产废单位环评文件中未明确为危险废物的,应进一步分析废物产生工艺,对照判断其是否列入《国家危险废物名录》。列入名录的可以直接出具认定意见;未列入名录的,应根据原辅材料、产生工艺等进一步分析其是否具有危险特性,不可能具有危险特性的,不属于危险废物;可能具有危险特性的,抽取典型样品进行检测,并根据典型样品检测指标浓度,对照《危险废物鉴别标准》(GB5085.1-7)出具认定意见。(3)对固体废物产生单位无法确定的,应抽取典型样品进行检测,根据典型样品检测指标浓度,对照《危险废物鉴别标准》(GB5085.1-7)出具认定意见。对确需进一步委托有相关资质的检测鉴定机构进行检测鉴定的,生态环境部门或者公安机关按照有关规定开展检测鉴定工作。

△(**鉴定**)会议指出,针对当前办理环境污染犯罪案件中存在的司法鉴定有关问题,司法部将会同生态环境部,加快准入一批诉讼急需、社会关注的环境损害司法鉴定机构,加快对环境损害司法鉴定相关技术规范和标准的制定、修改和认定工作,规范鉴定程序,指导各地司法行政机关会同价格主管部门制定出台环境损害司法鉴定收费标准,加强与办案机关的沟通衔接,更好地满足办案机关需求。

会议要求,司法部应当根据《关于严格准入严格监管提高司法鉴定质量和公信力的意见》(司发〔2017〕11号)的要求,会同生态环境部加强对环境损害司法鉴定机构的事中事后监管,加强司法鉴定社会信用体系建设,建立黑名单制度,完善退出机制,及时向社会公开违法违规的环境损害司法鉴定机构和鉴定人行政处罚、行业惩戒等监管信息,对弄虚作假造成环境损害鉴定评估结论严重失实或者违规收取高额费用、情节严重的,依法撤销登记。鼓励有关单位或者个人向司法部、生态环境部举报环境损害司法鉴定机构的违法违规行为。

会议认为,根据《环境解释》的规定精神,对涉及案件定罪量刑的核心或者关键专门性问题难以确定的,由司法鉴定机构出具鉴定意见。实践中,这类核心或者关键专门性问题主要是案件具体适用的定罪量刑标准涉及的专门性问题,比如公私财产损失数额、超过排放标准倍数、污染物性质判断等。对案件的其他非核心或者关键专门性问题,或者可鉴定也可不鉴定的专门性问题,一般不委托鉴定。比如,适用《环境解释》第一条第二项“非法排放、倾倒、处置危险废物三吨以上”的规定对当事人追究刑事责任的,除可能适用公私财产损失第二档定罪量刑标准的以外,则不应再对公私财产损失数额或者超过排放标准倍数进行鉴定。涉及案件定罪量刑的核心或者关键专门性问题难以鉴定或者鉴定费用明显过高的,司法机关可以结合案件其他证据,并参考生态环境部门意见、专家意见等作出认定。

△(**检测数据的证据资格**)会议针对实践中地方生态环境部门及其所属监测机构委托第三方监测机构出具报告的证据资格问题进行了讨论。会议认为,地方生态环境部门及其所属监测机构

委托第三方监测机构出具的监测报告，地方生态环境部门及其所属监测机构在行政执法过程中予以采用的，其实质属于《环境解释》第十二条规定的“环境保护主管部门及其所属监测机构在行政执法过程中收集的监测数据”，在刑事诉讼中可以作为证据使用。

【附属刑法】

《中华人民共和国环境保护法》（1989年12月26日通过，2014年4月24日修订）

第二条

本法所称环境，是指影响人类生存和发展的各种天然的和经过人工改造的自然因素的总体，包括大气、水、海洋、土地、矿藏、森林、草原、湿地、野生生物、自然遗迹、人文遗迹、自然保护区、风景名胜区、城市和乡村等。

第五十九条

Ⅰ企业事业单位和其他生产经营者违法排放污染物，受到罚款处罚，被责令改正，拒不改正的，依法作出处罚决定的行政机关可以自责令改正之日的次日起，按照原处罚数额按日连续处罚。

Ⅱ前款规定的罚款处罚，依照有关法律法规按照防治污染设施的运行成本、违法行为造成的直接损失或者违法所得等因素确定的规定执行。

Ⅲ地方性法规可以根据环境保护的实际需要，增加第一款规定的按日连续处罚的违法行为的种类。

第六十条

企业事业单位和其他生产经营者超过污染物排放标准或者超过重点污染物排放总量控制指标排放污染物的，县级以上人民政府环境保护主管部门可以责令其采取限制生产、停产整治等措施；情节严重的，报经有批准权的人民政府批准，责令停业、关闭。

第六十一条

建设单位未依法提交建设项目环境影响评价文件或者环境影响评价文件未经批准，擅自开工建设的，由负有环境保护监督管理职责的部门责令停止建设，处以罚款，并可以责令恢复原状。

第六十二条

违反本法规定，重点排污单位不公开或者不如实公开环境信息的，由县级以上地方人民政府环境保护主管部门责令公开，处以罚款，并予以公告。

第六十三条

企业事业单位和其他生产经营者有下列行为之一，尚不构成犯罪的，除依照有关法律法规规定予以处罚外，由县级以上人民政府环境保护主管部门或者其他有关部门将案件移送公安机关，对其直接负责的主管人员和其他直接责任人员，处十日以上十五日以下拘留；情节较轻的，处五日以上十日以下拘留：

（一）建设项目未依法进行环境影响评价，被责令停止建设，拒不执行的；

（二）违反法律规定，未取得排污许可证排放污染物，被责令停止排污，拒不执行的；

（三）通过暗管、渗井、渗坑、灌注或者篡改、伪造监测数据，或者不正常运行防治污染设施等逃避监管的方式违法排放污染物的；

（四）生产、使用国家明令禁止生产、使用的农药，被责令改正，拒不改正的。

第六十四条

因污染环境和破坏生态造成损害的，应当依照《中华人民共和国侵权责任法》的有关规定承担侵权责任。

第六十五条

环境影响评价机构、环境监测机构以及从事环境监测设备和防治污染设施维护、运营的机构，在有关环境服务活动中弄虚作假，对造成的环境污染和生态破坏负有责任的，除依照有关法律法规规定予以处罚外，还应当与造成环境污染和生态破坏的其他责任者承担连带责任。

第六十九条

违反本法规定，构成犯罪的，依法追究刑事责任。

《中华人民共和国海洋环境保护法》（1982年8月23日通过，2017年11月4日第三次修正）

第九十条

Ⅰ对违反本法规定，造成海洋环境污染事故的单位，除依法承担赔偿责任外，由依照本法规定行使海洋环境监督管理权的部门依照本条第二款的规定处以罚款；对直接负责的主管人员和其他直接责任人员可以处上一年度从本单位取得收入百分之五十以下的罚款；直接负责的主管人员和其他直接责任人员属于国家工作人员的，依法给予处分。

Ⅱ对造成一般或者较大海洋环境污染事故的，按照直接损失的百分之二十计算罚款；对造成重大或者特大海洋环境污染事故的，按照直接损失的百分之三十计算罚款。

Ⅲ对严重污染海洋环境、破坏海洋生态，构成犯罪的，依法追究刑事责任。

《中华人民共和国放射性污染防治法》（2003年6月28日通过）

第五十二条

违反本法规定，未经许可或者批准，核设施营运单位擅自进行核设施的建造、装料、运行、退役等活动的，由国务院环境保护行政主管部门责令停止违法行为，限期改正，并处二十万元以上五十万元以下罚款；构成犯罪的，依法追究刑事责任。

第五十三条

违反本法规定，生产、销售、使用、转让、进口、贮存放射性同位素和射线装置以及装备有放射性同位素的仪表的，由县级以上人民政府环境保护行政主管部门或者其他有关部门依据职权责令停止违法行为，限期改正；逾期不改正的，责令停产停业或者吊销许可证；有违法所得的，没收违法所得；违法所得十万元以上的，并处违法所得一倍以上五倍以下罚款；没有违法所得或者违法所得不足十万元的，并处一万元以上十万元以下罚款；构成犯罪的，依法追究刑事责任。

第五十四条

Ⅰ违反本法规定，有下列行为之一的，由县级以上人民政府环境保护行政主管部门责令停止违法行为，限期改正，处以罚款；构成犯罪的，依法追究刑事责任：

（一）未建造尾矿库或者不按照放射性污染防治的要求建造尾矿库，贮存、处置铀（钍）矿和伴生放射性矿的尾矿的；

（二）向环境排放不得排放的放射性废气、废液的；

（三）不按照规定的方式排放放射性废液，利用渗井、渗坑、天然裂隙、溶洞或者国家禁止的其他方式排放放射性废液的；

（四）不按照规定处理或者贮存不得向环境排放的放射性废液的；

（五）将放射性固体废物提供或者委托给无许可证的单位贮存和处置的。

Ⅱ有前款第（一）项、第（二）项、第（三）项、第（五）项行为之一的，处十万元以上二十万元以下罚款；有前款第（四）项行为的，处一万元以上十万元以下罚款。

第五十五条

违反本法规定，有下列行为之一的，由县级以上人民政府环境保护行政主管部门或者其他有关部门依据职权责令限期改正；逾期不改正的，责令停产停业，并处二万元以上十万元以下罚款；构成犯罪的，依法追究刑事责任：

（一）不按照规定设置放射性标识、标志、中文警示说明的；

（二）不按照规定建立健全安全保卫制度和制定事故应急计划或者应急措施的；

（三）不按照规定报告放射源丢失、被盗情况或者放射性污染事故的。

第五十六条

产生放射性固体废物的单位，不按照本法第四十五条的规定对其产生的放射性固体废物进行处置的，由审批该单位立项环境影响评价文件的环境保护行政主管部门责令停止违法行为，限期改正；逾期不改正的，指定有处置能力的单位代为处置，所需费用由产生放射性固体废物的单位承担，可以并处二十万元以下罚款；构成犯罪的，依法追究刑事责任。

第五十七条

违反本法规定，有下列行为之一的，由省级以上人民政府环境保护行政主管部门责令停产停业或者吊销许可证；有违法所得的，没收违法所得；违法所得十万元以上的，并处违法所得一倍以上五倍以下罚款；没有违法所得或者违法所得不足十万元的，并处五万元以上十万元以下罚款；构成犯罪的，依法追究刑事责任：

（一）未经许可，擅自从事贮存和处置放射性固体废物活动的；

（二）不按照许可的有关规定从事贮存和处置放射性固体废物活动的。

《中华人民共和国水污染防治法》（1984 年 5 月 11 日通过，2017 年 6 月 27 日第二次修正）

第八十二条

违反本法规定，有下列行为之一的，由县级以上人民政府环境保护主管部门责令限期改正，处二万元以上二十万元以下的罚款；逾期不改正的，责令停产整治：

（一）未按照规定对所排放的水污染物自行监测，或者未保存原始监测记录的；

（二）未按照规定安装水污染物排放自动监测设备，未按照规定与环境保护主管部门的监控设备联网，或者未保证监测设备正常运行的；

（三）未按照规定对有毒有害水污染物的排污口和周边环境进行监测，或者未公开有毒有害水污染物信息的。

第八十三条

违反本法规定，有下列行为之一的，由县级以上人民政府环境保护主管部门责令改正或者责令限制生产、停产整治，并处十万元以上一百万元以下的罚款；情节严重的，报经有批准权的人民政府批准，责令停业、关闭：

（一）未依法取得排污许可证排放水污染物的；

（二）超过水污染物排放标准或者超过重点水污染物排放总量控制指标排放水污染物的；

（三）利用渗井、渗坑、裂隙、溶洞，私设暗管，篡改、伪造监测数据，或者不正常运行水污染防治设施等逃避监管的方式排放水污染物的；

（四）未按照规定进行预处理，向污水集中处理设施排放不符合处理工艺要求的工业废水的。

第八十四条

Ⅰ在饮用水水源保护区内设置排污口的，由县级以上地方人民政府责令限期拆除，处十万元以上五十万元以下的罚款；逾期不拆除的，强制拆除，所需费用由违法者承担，处五十万元以上一百万元以下的罚款，并可以责令停产整治。

Ⅱ除前款规定外，违反法律、行政法规和国务院环境保护主管部门的规定设置排污口的，由县级以上地方人民政府环境保护主管部门责令限期拆除，处二万元以上十万元以下的罚款；逾期不拆除的，强制拆除，所需费用由违法者承担，处十万元以上五十万元以下的罚款；情节严重的，可以责令停产整治。

Ⅲ未经水行政主管部门或者流域管理机构同意，在江河、湖泊新建、改建、扩建排污口的，由县级以上人民政府水行政主管部门或者流域管理机构依据职权，依照前款规定采取措施、给予处罚。

第八十五条

Ⅰ有下列行为之一的，由县级以上地方人民政府环境保护主管部门责令停止违法行为，限期采取治理措施，消除污染，处以罚款；逾期不采取治理措施的，环境保护主管部门可以指定有治理能力的单位代为治理，所需费用由违法者承担：

（一）向水体排放油类、酸液、碱液的；

（二）向水体排放剧毒废液，或者将含有汞、镉、砷、铬、铅、氰化物、黄磷等的可溶性剧毒废渣向水体排放、倾倒或者直接埋入地下的；

（三）在水体清洗装贮过油类、有毒污染物的车辆或者容器的；

（四）向水体排放、倾倒工业废渣、城镇垃圾或者其他废弃物，或者在江河、湖泊、运河、渠道、水库最高水位线以下的滩地、岸坡堆放、存贮固体废弃物或者其他污染物的；

（五）向水体排放、倾倒放射性固体废物或者含有高放射性、中放射性物质的废水的；

（六）违反国家有关规定或者标准，向水体排放含低放射性物质的废水、热废水或者含病原体的污水的；

（七）未采取防渗漏等措施，或者未建设地下水水质监测井进行监测的；

（八）加油站等的地下油罐未使用双层罐或者采取建造防渗池等其他有效措施，或者未进行防渗漏监测的；

（九）未按照规定采取防护性措施，或者利用无防渗漏措施的沟渠、坑塘等输送或者存贮含有毒污染物的废水、含病原体的污水或者其他废弃物的。

Ⅱ有前款第三项、第四项、第六项、第七项、第八项行为之一的，处二万元以上二十万元以下的罚款。有前款第一项、第二项、第五项、第九项行为之一的，处十万元以上一百万元以下的罚款；情节严重的，报经有批准权的人民政府批准，责令停业、关闭。

第八十六条

违反本法规定，生产、销售、进口或者使用列入禁止生产、销售、进口、使用的严重污染水环境的设备名录中的设备，或者采用列入禁止采用的严重污染水环境的工艺名录中的工艺的，由县级以上人民政府经济综合宏观调控部门责令改正，处五万元以上二十万元以下的罚款；情节严重的，由县级以上人民政府经济综合宏观调控部门提出意见，报请本级人民政府责令停业、关闭。

第八十七条

违反本法规定，建设不符合国家产业政策的小型造纸、制革、印染、染料、炼焦、炼硫、炼砷、炼汞、炼油、电镀、农药、石棉、水泥、玻璃、钢铁、火电以及其他严重污染水环境的生产项目的，由所在地的市、县人民政府责令关闭。

第八十八条

城镇污水集中处理设施的运营单位或者污泥处理处置单位，处理处置后的污泥不符合国家标准，或者对污泥去向等未进行记录的，由城镇排水主管部门责令限期采取治理措施，给予警告；造成严重后果的，处十万元以上二十万元以下的罚款；逾期不采取治理措施的，城镇排水主管部门可以指定有治理能力的单位代为治理，所需费用由违法者承担。

第八十九条

Ⅰ船舶未配置相应的防污染设备和器材，或者未持有合法有效的防止水域环境污染的证书与文书的，由海事管理机构、渔业主管部门按照职责分工责令限期改正，处二千元以上二万元以下的罚款；逾期不改正的，责令船舶临时停航。

Ⅱ船舶进行涉及污染物排放的作业，未遵守操作规程或者未在相应的记录簿上如实记载的，由海事管理机构、渔业主管部门按照职责分工责令改正，处二千元以上二万元以下的罚款。

第九十条

违反本法规定，有下列行为之一的，由海事管理机构、渔业主管部门按照职责分工责令停止违法行为，处一万元以上十万元以下的罚款；造成水污染的，责令限期采取治理措施，消除污染，处二万元以上二十万元以下的罚款；逾期不采取治理措施的，海事管理机构、渔业主管部门按照职责分工可以指定有治理能力的单位代为治理，所需费用由船舶承担：

（一）向水体倾倒船舶垃圾或者排放船舶的残油、废油的；

（二）未经作业地海事管理机构批准，船舶进行散装液体污染危害性货物的过驳作业的；

（三）船舶及有关作业单位从事有污染风险的作业活动，未按照规定采取污染防治措施的；

（四）以冲滩方式进行船舶拆解的；

（五）进入中华人民共和国内河的国际航线船舶，排放不符合规定的船舶压载水的。

第九十一条

Ⅰ有下列行为之一的，由县级以上地方人民政府环境保护主管部门责令停止违法行为，处十万元以上五十万元以下的罚款；并报经有批准权的人民政府批准，责令拆除或者关闭：

（一）在饮用水水源一级保护区内新建、改建、扩建与供水设施和保护水源无关的建设项目的；

（二）在饮用水水源二级保护区内新建、改建、扩建排放污染物的建设项目的；

（三）在饮用水水源准保护区内新建、扩建对水体污染严重的建设项目，或者改建建设项目增加排污量的。

Ⅱ在饮用水水源一级保护区内从事网箱养殖或者组织进行旅游、垂钓或者其他可能污染饮用水水体的活动的，由县级以上地方人民政府环境保护主管部门责令停止违法行为，处二万元以上十万元以下的罚款。个人在饮用水水源一级保护区内游泳、垂钓或者从事其他可能污染饮用水水体的活动的，由县级以上地方人民政府环境保护主管部门责令停止违法行为，可以处五百元以下的罚款。

第九十四条

Ⅰ企业事业单位违反本法规定，造成水污染事故的，除依法承担赔偿责任外，由县级以上人民政府环境保护主管部门依照本条第二款的规定处以罚款，责令限期采取治理措施，消除污染；未按照要求采取治理措施或者不具备治理能力的，由环境保护主管部门指定有治理能力的单位代为治理，所需费用由违法者承担；对造成重大或者特大水污染事故的，还可以报经有批准权的人民政府批准，责令关闭；对直接负责的主管人员和其他直接责任人员可以处上一年度从本单位取得的收入百分之五十以下的罚款；有《中华人民共和国环境保护法》第六十三条规定的违法排放水污染物等行为之一，尚不构成犯罪的，由公安机关对直接负责的主管人员和其他直接责任人员处十日以上十五日以下的拘留；情节较轻的，处五日以上十日以下的拘留。

Ⅱ对造成一般或者较大水污染事故的，按照水污染事故造成的直接损失的百分之二十计算罚款；对造成重大或者特大水污染事故的，按照水污染事故造成的直接损失的百分之三十计算罚款。

Ⅲ造成渔业污染事故或者渔业船舶造成水污染事故的，由渔业主管部门进行处罚；其他船舶造成水污染事故的，由海事管理机构进行处罚。

第九十五条

企业事业单位和其他生产经营者违法排放水污染物，受到罚款处罚，被责令改正的，依法作出处罚决定的行政机关应当组织复查，发现其继续违法排放水污染物或者拒绝、阻挠复查的，依照《中华人民共和国环境保护法》的规定按日连续处罚。

第一百零一条

违反本法规定，构成犯罪的，依法追究刑事责任。

《中华人民共和国大气污染防治法》（1987年9月5日通过，2018年10月26日第二次修正）

第九十九条

违反本法规定，有下列行为之一的，由县级以上人民政府环境保护主管部门责令改正或者限制生产、停产整治，并处十万元以上一百万元以下的罚款；情节严重的，报经有批准权的人民政府批准，责令停业、关闭：

（一）未依法取得排污许可证排放大气污染物的；

（二）超过大气污染物排放标准或者超过重点大气污染物排放总量控制指标排放大气污染物的；

（三）通过逃避监管的方式排放大气污染物的。

第一百条

违反本法规定，有下列行为之一的，由县级以上人民政府生态环境主管部门责令改正，处二万元以上二十万元以下的罚款；拒不改正的，责令停产整治：

（一）侵占、损毁或者擅自移动、改变大气环境质量监测设施或者大气污染物排放自动监测设备的；

（二）未按照规定对所排放的工业废气和有毒有害大气污染物进行监测并保存原始监测记录的；

（三）未按照规定安装、使用大气污染物排放自动监测设备或者未按照规定与生态环境主管部门的监控设备联网，并保证监测设备正常运行的；

（四）重点排污单位不公开或者不如实公开自动监测数据的；

（五）未按照规定设置大气污染物排放口的。

第一百零二条

Ⅰ违反本法规定，煤矿未按照规定建设配套煤炭洗选设施的，由县级以上人民政府能源主管部门责令改正，处十万元以上一百万元以下的罚款；拒不改正的，报经有批准权的人民政府批准，责令停业、关闭。

Ⅱ违反本法规定，开采含放射性和砷等有毒有害物质超过规定标准的煤炭的，由县级以上人民政府按照国务院规定的权限责令停业、关闭。

第一百零五条

违反本法规定，单位燃用不符合质量标准的煤炭、石油焦的，由县级以上人民政府生态环境主管部门责令改正，处货值金额一倍以上三倍以下的罚款。

第一百零六条

违反本法规定，使用不符合标准或者要求的船舶用燃油的，由海事管理机构、渔业主管部门按照职责处一万元以上十万元以下的罚款。

第一百零七条

Ⅰ违反本法规定，在禁燃区内新建、扩建燃用高污染燃料的设施，或者未按照规定停止燃用高污染燃料，或者在城市集中供热管网覆盖地区新建、扩建分散燃煤供热锅炉，或者未按照规定拆除已建成的不能达标排放的燃煤供热锅炉的，由县级以上地方人民政府生态环境主管部门没收燃用高污染燃料的设施，组织拆除燃煤供热锅炉，并处二万元以上二十万元以下的罚款。

Ⅱ违反本法规定，生产、进口、销售或者使用不符合规定标准或者要求的锅炉，由县级以上人民政府市场监督管理、生态环境主管部门责令改正，没收违法所得，并处二万元以上二十万元以下的罚款。

第一百零八条

违反本法规定，有下列行为之一的，由县级以上人民政府生态环境主管部门责令改正，处二万元以上二十万元以下的罚款；拒不改正的，责令停产整治：

（一）产生含挥发性有机物废气的生产和服务活动，未在密闭空间或者设备中进行，未按照规定安装、使用污染防治设施，或者未采取减少废气排放措施的；

（二）工业涂装企业未使用低挥发性有机物含量涂料或者未建立、保存台账的；

（三）石油、化工以及其他生产和使用有机溶剂的企业，未采取措施对管道、设备进行日常维护、维修，减少物料泄漏或者对泄漏的物料未及时收集处理的；

（四）储油储气库、加油加气站和油罐车、气罐车等，未按照国家有关规定安装并正常使用油气回收装置的；

（五）钢铁、建材、有色金属、石油、化工、制药、矿产开采等企业，未采取集中收集处理、密闭、围挡、遮盖、清扫、洒水等措施，控制、减少粉尘和气态污染物排放的；

（六）工业生产、垃圾填埋或者其他活动中产生的可燃性气体未回收利用，不具备回收利用条件未进行防治污染处理，或者可燃性气体回收利用装置不能正常作业，未及时修复或者更新的。

第一百一十四条

Ⅰ违反本法规定，使用排放不合格的非道路移动机械，或者在用重型柴油车、非道路移动机械未按照规定加装、更换污染控制装置的，由县级以上人民政府生态环境等主管部门按照职责责令改正，处五千元的罚款。

Ⅱ违反本法规定，在禁止使用高排放非道路移动机械的区域使用高排放非道路移动机械的，由城市人民政府生态环境等主管部门依法予以处罚。

第一百一十五条

Ⅰ违反本法规定，施工单位有下列行为之一的，由县级以上人民政府住房城乡建设等主管部门按照职责责令改正，处一万元以上十万元以下的罚款；拒不改正的，责令停工整治：

（一）施工工地未设置硬质围挡，或者未采取覆盖、分段作业、择时施工、洒水抑尘、冲洗地面和车辆等有效防尘降尘措施的；

（二）建筑土方、工程渣土、建筑垃圾未及时清运，或者未采用密闭式防尘网遮盖的。

Ⅱ违反本法规定，建设单位未对暂时不能开工的建设用地的裸露地面进行覆盖，或者未对超过三个月不能开工的建设用地的裸露地面进行绿化、铺装或者遮盖的，由县级以上人民政府住房城乡建设等主管部门依照前款规定予以处罚。

第一百一十六条

违反本法规定，运输煤炭、垃圾、渣土、砂石、土方、灰浆等散装、流体物料的车辆,未采取密闭或者其他措施防止物料遗撒的,由县级以上地方人民政府确定的监督管理部门责令改正,处二千元以上二万元以下的罚款;拒不改正的,车辆不得上道路行驶。

第一百一十七条

违反本法规定,有下列行为之一的,由县级以上人民政府生态环境等主管部门按照职责责令改正,处一万元以上十万元以下的罚款;拒不改正的,责令停工整治或者停业整治:

(一)未密闭煤炭、煤矸石、煤渣、煤灰、水泥、石灰、石膏、砂土等易产生扬尘的物料的;

(二)对不能密闭的易产生扬尘的物料,未设置不低于堆放物高度的严密围挡,或者未采取有效覆盖措施防治扬尘污染的;

(三)装卸物料未采取密闭或者喷淋等方式控制扬尘排放的;

(四)存放煤炭、煤矸石、煤渣、煤灰等物料,未采取防燃措施的;

(五)码头、矿山、填埋场和消纳场未采取有效措施防治扬尘污染的;

(六)排放有毒有害大气污染物名录中所列有毒有害大气污染物的企业事业单位,未按照规定建设环境风险预警体系或者对排放口和周边环境进行定期监测、排查环境安全隐患并采取有效措施防范环境风险的;

(七)向大气排放持久性有机污染物的企业事业单位和其他生产经营者以及废弃物焚烧设施的运营单位,未按照国家有关规定采取有利于减少持久性有机污染物排放的技术方法和工艺,配备净化装置的;

(八)未采取措施防止排放恶臭气体的。

第一百一十八条

Ⅰ违反本法规定,排放油烟的餐饮服务业经营者未安装油烟净化设施、不正常使用油烟净化设施或者未采取其他油烟净化措施,超过排放标准排放油烟的,由县级以上地方人民政府确定的监督管理部门责令改正,处五千元以上五万元以下的罚款;拒不改正的,责令停业整治。

Ⅱ违反本法规定,在居民住宅楼、未配套设立专用烟道的商住综合楼、商住综合楼内与居住层相邻的商业楼层内新建、改建、扩建产生油烟、异味、废气的餐饮服务项目的,由县级以上地方人民政府确定的监督管理部门责令改正;拒不改正的,予以关闭,并处一万元以上十万元以下的罚款。

Ⅲ违反本法规定,在当地人民政府禁止的时段和区域内露天烧烤食品或者为露天烧烤食品提供场地的,由县级以上地方人民政府确定的监督管理部门责令改正,没收烧烤工具和违法所得,并处五百元以上二万元以下的罚款。

第一百一十九条

Ⅰ违反本法规定,在人口集中地区对树木、花草喷洒剧毒、高毒农药,或者露天焚烧秸秆、落叶等产生烟尘污染的物质的,由县级以上地方人民政府确定的监督管理部门责令改正,并可以处五百元以上二千元以下的罚款。

Ⅱ违反本法规定,在人口集中地区和其他依法需要特殊保护的区域内,焚烧沥青、油毡、橡胶、塑料、皮革、垃圾以及其他产生有毒有害烟尘和恶臭气体的物质的,由县级人民政府确定的监督管理部门责令改正,对单位处一万元以上十万元以下的罚款,对个人处五百元以上二千元以下的罚款。

Ⅲ违反本法规定,在城市人民政府禁止的时段和区域内燃放烟花爆竹的,由县级以上地方人民政府确定的监督管理部门依法予以处罚。

第一百二十条

违反本法规定,从事服装干洗和机动车维修等服务活动,未设置异味和废气处理装置等污染防治设施并保持正常使用,影响周边环境的,由县级以上地方人民政府生态环境主管部门责令改正,处二千元以上二万元以下的罚款;拒不改正的,责令停业整治。

第一百二十三条

违反本法规定,企业事业单位和其他生产经营者有下列行为之一,受到罚款处罚,被责令改正,拒不改正的,依法作出处罚决定的行政机关可以自责令改正之日的次日起,按照原处罚数额按日连续处罚:

(一)未依法取得排污许可证排放大气污染物的;

(二)超过大气污染物排放标准或者超过重点大气污染物排放总量控制指标排放大气污染物的;

(三)通过逃避监管的方式排放大气污染物的;

(四)建筑施工或者贮存易产生扬尘的物料未采取有效措施防治扬尘污染的。

第一百二十七条

违反本法规定,构成犯罪的,依法追究刑事责任。

《中华人民共和国海岛保护法》(2009 年 12 月 26 日通过)

第四十九条

在海岛及其周边海域违法排放污染物的,依照有关环境保护法律的规定处罚。

第五十五条

Ⅰ违反本法规定，构成犯罪的，依法追究刑事责任。

《中华人民共和国农产品质量安全法》（2006年4月29日通过，2018年10月26日修正）

第四十五条

违反法律、法规规定，向农产品产地排放或者倾倒废水、废气、固体废物或者其他有毒有害物质的，依照有关环境保护法律、法规的规定处罚；造成损害的，依法承担赔偿责任。

第五十三条

违反本法规定，构成犯罪的，依法追究刑事责任。

《中华人民共和国循环经济促进法》（2008年8月29日通过，2018年10月26日修正）

第五十一条

违反本法规定，对在拆解或者处置过程中可能造成环境污染的电器电子等产品，设计使用列入国家禁止使用名录的有毒有害物质的，由县级以上地方人民政府市场监督管理部门责令限期改正；逾期不改正的，处二万元以上二十万元以下的罚款；情节严重的，依法吊销营业执照。

第五十二条

违反本法规定，电力、石油加工、化工、钢铁、有色金属和建材等企业未在规定的范围或者期限内停止使用不符合国家规定的燃油发电机组或者燃油锅炉的，由县级以上地方人民政府循环经济发展综合管理部门责令限期改正；逾期不改正的，责令拆除该燃油发电机组或者燃油锅炉，并处五万元以上五十万元以下的罚款。

第五十七条

违反本法规定，构成犯罪的，依法追究刑事责任。

《中华人民共和国土壤污染防治法》（2018年8月31日通过）

第八十七条

违反本法规定，向农用地排放重金属或者其他有毒有害物质含量超标的污水、污泥，以及可能造成土壤污染的清淤底泥、尾矿、矿渣等的，由地方人民政府生态环境主管部门责令改正，处十万元以上五十万元以下的罚款；情节严重的，处五十万元以上二百万元以下的罚款，并可以将案件移送公安机关，对直接负责的主管人员和其他直接责任人员处五日以上十五日以下的拘留；有违法所得的，没收违法所得。

第八十八条

违反本法规定，农业投入品生产者、销售者、使用者未按照规定及时回收肥料等农业投入品的包装废弃物或者农用薄膜，或者未按照规定及时回收农药包装废弃物交由专门的机构或者组织进行无害化处理的，由地方人民政府农业农村主管部门责令改正，处一万元以上十万元以下的罚款；农业投入品使用者为个人的，可以处二百元以上二千元以下的罚款。

第八十九条

违反本法规定，将重金属或者其他有毒有害物质含量超标的工业固体废物、生活垃圾或者污染土壤用于土地复垦的，由地方人民政府生态环境主管部门责令改正，处十万元以上一百万元以下的罚款；有违法所得的，没收违法所得。

第九十八条

违反本法规定，构成违反治安管理行为的，由公安机关依法给予治安管理处罚；构成犯罪的，依法追究刑事责任。

《中华人民共和国森林法》（1984年9月20日通过，2019年12月28日修订）

第七十四条

Ⅲ向林地排放重金属或者其他有毒有害物质含量超标的污水、污泥，以及可能造成林地污染的清淤底泥、尾矿、矿渣等的，依照《中华人民共和国土壤污染防治法》的有关规定处罚。

第八十二条

Ⅰ公安机关按照国家有关规定，可以依法行使本法第七十四条第一款、第七十六条、第七十七条、第七十八条规定的行政处罚权。

Ⅱ违反本法规定，构成违反治安管理行为的，依法给予治安管理处罚；构成犯罪的，依法追究刑事责任。

《中华人民共和国固体废物污染环境防治法》（1995年10月30日通过，2020年4月29日第二次修订）

第一百零二条

Ⅰ违反本法规定，有下列行为之一，由生态环境主管部门责令改正，处以罚款，没收违法所得；情节严重的，报经有批准权的人民政府批准，可以责令停业或者关闭：

（一）产生、收集、贮存、运输、利用、处置固体废物的单位未依法及时公开固体废物污染环境防治信息的；

（二）生活垃圾处理单位未按照国家有关规定安装使用监测设备、实时监测污染物的排放情况并公开污染排放数据的；

（三）将列入限期淘汰名录被淘汰的设备转让给他人使用的；

（四）在生态保护红线区域、永久基本农田集中区域和其他需要特别保护的区域内，建设工业

分则　第六章

固体废物、危险废物集中贮存、利用、处置的设施、场所和生活垃圾填埋场的；

（五）转移固体废物出省、自治区、直辖市行政区域贮存、处置未经批准的；

（六）转移固体废物出省、自治区、直辖市行政区域利用未报备案的；

（七）擅自倾倒、堆放、丢弃、遗撒工业固体废物，或者未采取相应防范措施，造成工业固体废物扬散、流失、渗漏或者其他环境污染的；

（八）产生工业固体废物的单位未建立固体废物管理台账并如实记录的；

（九）产生工业固体废物的单位违反本法规定委托他人运输、利用、处置工业固体废物的；

（十）贮存工业固体废物未采取符合国家环境保护标准的防护措施的；

（十一）单位和其他生产经营者违反固体废物管理其他要求，污染环境、破坏生态的。

Ⅱ有前款第一项、第八项行为之一，处五万元以上二十万元以下的罚款；有前款第二项、第三项、第四项、第五项、第六项、第九项、第十项、第十一项行为之一，处十万元以上一百万元以下的罚款；有前款第七项行为，处所需处置费用一倍以上三倍以下的罚款，所需处置费用不足十万元的，按十万元计算。对前款第十一项行为的处罚，有关法律、行政法规另有规定的，适用其规定。

第一百零七条

从事畜禽规模养殖未及时收集、贮存、利用或者处置养殖过程中产生的畜禽粪污等固体废物的，由生态环境主管部门责令改正，可以处十万元以下的罚款；情节严重的，报经有批准权的人民政府批准，责令停业或者关闭。

第一百零八条

Ⅰ违反本法规定，城镇污水处理设施维护运营单位或者污泥处理单位对污泥流向、用途、用量等未进行跟踪、记录，或者处理后的污泥不符合国家有关标准的，由城镇排水主管部门责令改正，给予警告；造成严重后果的，处十万元以上二十万元以下的罚款；拒不改正的，城镇排水主管部门可以指定有治理能力的单位代为治理，所需费用由违法者承担。

Ⅱ违反本法规定，擅自倾倒、堆放、丢弃、遗撒城镇污水处理设施产生的污泥和处理后的污泥的，由城镇排水主管部门责令改正，处二十万元以上二百万元以下的罚款，对直接负责的主管人员和其他直接责任人员处二万元以上十万元以下的罚款；造成严重后果的，处二百万元以上五百万元以下的罚款，对直接负责的主管人员和其他直接责任人员处五万元以上五十万元以下的罚款；拒不改正的，城镇排水主管部门可以指定有治理能力的单位代为治理，所需费用由违法者承担。

第一百一十一条

Ⅰ违反本法规定，有下列行为之一，由县级以上地方人民政府环境卫生主管部门责令改正，处以罚款，没收违法所得：

（一）随意倾倒、抛撒、堆放或者焚烧生活垃圾的；

（二）擅自关闭、闲置或者拆除生活垃圾处理设施、场所的；

（三）工程施工单位未编制建筑垃圾处理方案报备案，或者未及时清运施工过程中产生的固体废物的；

（四）工程施工单位擅自倾倒、抛撒或者堆放工程施工过程中产生的建筑垃圾，或者未按照规定对施工过程中产生的固体废物进行利用或者处置的；

（五）产生、收集厨余垃圾的单位和其他生产经营者未将厨余垃圾交由具备相应资质条件的单位进行无害化处理的；

（六）畜禽养殖场、养殖小区利用未经无害化处理的厨余垃圾饲喂畜禽的；

（七）在运输过程中沿途丢弃、遗撒生活垃圾的。

Ⅱ单位有前款第一项、第七项行为之一，处五万元以上五十万元以下的罚款；单位有前款第二项、第三项、第四项、第五项、第六项行为之一，处十万元以上一百万元以下的罚款；个人有前款第一项、第五项、第七项行为之一，处一百元以上五百元以下的罚款。

Ⅲ违反本法规定，未在指定的地点分类投放生活垃圾的，由县级以上地方人民政府环境卫生主管部门责令改正；情节严重的，对单位处五万元以上五十万元以下的罚款，对个人依法处以罚款。

第一百一十二条

Ⅰ违反本法规定，有下列行为之一，由生态环境主管部门责令改正，处以罚款，没收违法所得；情节严重的，报经有批准权的人民政府批准，可以责令停业或者关闭：

（一）未按照规定设置危险废物识别标志的；

（二）未按照国家有关规定制定危险废物管理计划或者申报危险废物有关资料的；

（三）擅自倾倒、堆放危险废物的；

（四）将危险废物提供或者委托给无许可证的单位或者其他生产经营者从事经营活动的；

（五）未按照国家有关规定填写、运行危险废物转移联单或者未经批准擅自转移危险废物的；

（六）未按照国家环境保护标准贮存、利用、处置危险废物或者将危险废物混入非危险废物中贮存的；

（七）未经安全性处置，混合收集、贮存、运输、处置具有不相容性质的危险废物的；

（八）将危险废物与旅客在同一运输工具上载运的；

（九）未经消除污染处理，将收集、贮存、运输、处置危险废物的场所、设施、设备和容器、包装物及其他物品转作他用的；

（十）未采取相应防范措施，造成危险废物扬散、流失、渗漏或者其他环境污染的；

（十一）在运输过程中沿途丢弃、遗撒危险废物的；

（十二）未制定危险废物意外事故防范措施和应急预案的；

（十三）未按照国家有关规定建立危险废物管理台账并如实记录的。

Ⅱ有前款第一项、第二项、第五项、第六项、第七项、第八项、第九项、第十二项、第十三项行为之一，处十万元以上一百万元以下的罚款；有前款第三项、第四项、第十项、第十一项行为之一，处所需处置费用三倍以上五倍以下的罚款，所需处置费用不足二十万元的，按二十万元计算。

第一百一十三条

违反本法规定，危险废物产生者未按照规定处置其产生的危险废物被责令改正后拒不改正的，由生态环境主管部门组织代为处置，处置费用由危险废物产生者承担；拒不承担代为处置费用的，处代为处置费用一倍以上三倍以下的罚款。

第一百一十四条

Ⅰ无许可证从事收集、贮存、利用、处置危险废物经营活动的，由生态环境主管部门责令改正，处一百万元以上五百万元以下的罚款，并报经有批准权的人民政府批准，责令停业或者关闭；对法定代表人、主要负责人、直接负责的主管人员和其他责任人员，处十万元以上一百万元以下的罚款。

Ⅱ未按照许可证规定从事收集、贮存、利用、处置危险废物经营活动的，由生态环境主管部门责令改正，限制生产、停产整治，处五十万元以上二百万元以下的罚款；对法定代表人、主要负责人、直接负责的主管人员和其他责任人员，处五万元以上五十万元以下的罚款；情节严重的，报经有批准权的人民政府批准，责令停业或者关闭，还可以由发证机关吊销许可证。

第一百一十八条

Ⅰ违反本法规定，造成固体废物污染环境事故的，除依法承担赔偿责任外，由生态环境主管部门依照本条第二款的规定处以罚款，责令限期采取治理措施；造成重大或者特大固体废物污染环境事故的，还可以报经有批准权的人民政府批准，责令关闭。

Ⅱ造成一般或者较大固体废物污染环境事故的，按照事故造成的直接经济损失的一倍以上三倍以下计算罚款；造成重大或者特大固体废物污染环境事故的，按照事故造成的直接经济损失的三倍以上五倍以下计算罚款，并对法定代表人、主要负责人、直接负责的主管人员和其他责任人员处上一年度从本单位取得的收入百分之五十以下的罚款。

第一百一十九条

单位和其他生产经营者违反本法规定排放固体废物，受到罚款处罚，被责令改正的，依法作出处罚决定的行政机关应当组织复查，发现其继续实施该违法行为的，依照《中华人民共和国环境保护法》的规定按日连续处罚。

第一百二十条

违反本法规定，有下列行为之一，尚不构成犯罪的，由公安机关对法定代表人、主要负责人、直接负责的主管人员和其他责任人员处十日以上十五日以下的拘留；情节较轻的，处五日以上十日以下的拘留：

（一）擅自倾倒、堆放、丢弃、遗撒固体废物，造成严重后果的；

（二）在生态保护红线区域、永久基本农田集中区域和其他需要特别保护的区域内，建设工业固体废物、危险废物集中贮存、利用、处置的设施、场所和生活垃圾填埋场的；

（三）将危险废物提供或者委托给无许可证的单位或者其他生产经营者堆放、利用、处置的；

（四）无许可证或者未按照许可证规定从事收集、贮存、利用、处置危险废物经营活动的；

（五）未经批准擅自转移危险废物的；

（六）未采取防范措施，造成危险废物扬散、流失、渗漏或者其他严重后果的。

第一百二十三条

违反本法规定，构成违反治安管理行为的，由公安机关依法给予治安管理处罚；构成犯罪的，依法追究刑事责任；造成人身、财产损害的，依法承担民事责任。

【参考案例】

△对于未经审批超标排放污水的行为，可先行审查排污行为是否符合超标排放的入罪标准，再认定所排放的污染物类型。

2013 年 6 月 17 日公布的《最高人民法院、最高人民检察院关于办理环境污染刑事案件适用法律若干问题的解释》（已失效）第一条第（三）项将超标排放"三倍以上"认定为符合污染环境罪中的"严重污染环境"要件。司法实践中通常的做法是先识别污染物的类型,再判断其是否符合超标三倍以上。《最高人民法院、最高人民检察院关于办理环境污染刑事案件适用法律若干问题的解释》第十条第(三)项将铅、汞、镉、铬四类重金属纳入有毒物质的范畴内,实践中对于此四类重金属之外的其他重金属是否也属于有害物质,存在疑问。《最高人民法院、最高人民检察院关于办理环境污染刑事案件适用法律若干问题的解释》第十条第(三)项旨在通过规定特殊类型污染物超过排放标准的范围来清晰界定严重污染环境的程度,为司法者提供判定是否严重污染环境的极具可操作性和便捷性的明确标准。这一项规定是以实用性为先的。既然是关注实用性的,那么司法者完全可以在适用该项规定时采取特殊的方式:先不去认定污染物的类型,径行按照该项规定审核环保部门的检测报告或者监测报告,看是否符合这一项的规定;在已经符合这一项具体规定的前提下,则可以轻松地在"有毒物质"和"其他有害物质"之间择一作出认定,含有《最高人民法院、最高人民检察院关于办理环境污染刑事案件适用法律若干问题的解释》第十条第(三)项规定的重金属的,认定为排放有毒物质,其他的则认定为其他有害物质为妥。

被告人程凤莲开设金属发黑加工店,未经任何环保审批对外排放生产过程中产生的污水,经检测,该污水中的镍、总铬含量,均超过国家规定的《污水综合排放标准》具体项目的规定,其中总铬超标三倍以上,已经属于严重污染环境。同时,污水中含有重金属铬,应属于排放有毒物质。因此,可以认定,被告人程凤莲违反国家规定,排放有毒物质,严重污染环境,其行为已构成污染环境罪。[No. 6-6-338-1　程凤莲污染环境案]

△在认定行为人对于污染行为所导致的危害结果主观上是故意还是过失时,不应以危害结果的严重程度反推行为人的主观状态。

《刑法修正案(八)》将重大环境污染事故罪修改为污染环境罪之后,本罪的罪过形式仍为过失。污染环境罪中,行为人主观过失与一般过失性犯罪有所区别,一般而言,污染环境罪中行为人对污染行为的性质是有明确认识的,只是对危害结果没有预见或轻信能够避免严重污染后果的发生,也就是行为人对于违法排放、倾倒或者处置有害物质的行为是故意的,但对于污染后果的发生主观上却呈过失状态。如果行为人对于严重污染环境后果的发生持希望或放任的心态,则应按照其构成的故意犯罪处理。污染环境罪中,危害后果中的严重后果只是本罪的量刑档次,但并不能决定对行为人主观心态的判断。实践中,有些污染环境犯罪案件的危害后果特别严重,为有效打击犯罪,公诉机关会选择刑罚规定相对较重的罪名公诉,以达到"罪刑相适应"。在行为人对危害公共安全的危害后果主观上存在故意的情况下,可以以投放危险物质罪、以危险方法危害公共安全罪等罪名起诉,但在行为人主观上是过失时,则不应为追求较重的刑罚而改变对行为人的定性。被告人对偷排硫酰氯的行为主观上有明确认识,但对造成一人死亡、上百人受伤、重大财产损失的后果却并不是其希望或放任发生的,因而不应以以危险方法危害公共安全罪定罪,应认定为污染环境罪。[No. 6-6-338-2　樊爱东、王圣华等污染环境案]

△焚烧工业垃圾,向大气排放苯并[a]芘、氯化氢、二噁英等气体污染物,严重污染周边空气,属于《最高人民法院、最高人民检察院关于办理环境污染刑事案件适用法律若干问题的解释》第一条第(十四)项规定的"其他严重污染环境的情形",成立污染环境罪。

梁连平伙同他人在非规定地点倾倒、焚烧20余吨工业垃圾的行为,表面上似乎符合《最高人民法院、最高人民检察院关于办理环境污染刑事案件适用法律若干问题的解释》(已失效)第一条第(二)项规定的"非法排放、倾倒、处置危险废物三吨以上"的"严重污染环境"的情形。然而,在环保领域,"危险废物"和"固体废物"是两个不同的概念,相互之间既有交叉,又有区别。部分"固体废物"同时属于"危险废物",但也有部分"固体废物"并不属于"危险废物"。同理,在"危险废物"中,不仅有固体状态的"危险废物",同时也有液体、气体状态的"危险废物"。对于"危险废物"的认定,《最高人民法院、最高人民检察院关于办理环境污染刑事案件适用法律若干问题的解释》第十条第(一)项有明确的规定,即"包括列入国家危险废物名录的废物,以及根据国家规定的危险废物鉴别标准和鉴别方法认定的具有危险特性的废物"。因此,在实践中适用《最高人民法院、最高人民检察院关于办理环境污染刑事案件适用法律若干问题的解释》第一条第(二)项规定进行裁判的,其前提之一是行为人非法排放、倾倒、处置的废物属于"危险废物",不属"危险废物"的,不能适用该项规定进行裁判。

梁连平伙同他人在非规定地点倾倒、焚烧20余吨工业垃圾,排放含有超标氯化氢、苯并[a]芘等大气污染物的行为,表面上看似乎符合《最高人民法院、最高人民检察院关于办理环境污染刑事案件适用法律若干问题的解释》第一条第(三)项规定的“非法排放含重金属、持久性有机污染物等严重危害环境、损害人体健康的污染物超过国家污染物排放标准或者省、自治区、直辖市人民政府根据法律授权制定的污染物排放标准三倍以上”的情形。然而,《最高人民法院、最高人民检察院关于办理环境污染刑事案件适用法律若干问题的解释》第一条第(三)项在“严重危害环境、损害人体健康的污染物”前限制性地规定了“含重金属、持久性有机污染物等”的前置性条件。因此,《最高人民法院、最高人民检察院关于办理环境污染刑事案件适用法律若干问题的解释》中“严重危害环境、损害人体健康的污染物”应当是“重金属”“持久性有机污染物”或者与“重金属、持久性有机污染物”毒害性相当的污染物。《最高人民法院、最高人民检察院关于办理环境污染刑事案件适用法律若干问题的解释》第十条第(三)项、第(四)项对“重金属”“持久性有机污染物”进行了规定,此类污染物具有长期性、累积性、潜伏性、不可逆转性等特点,很难降解。而本案中因焚烧工业垃圾而排放的氯化氢、苯并[a]芘等有毒物质,主要是有害气体,对皮肤、眼睛等有刺激作用,易清除、降解,因此,梁连平非法倾倒、焚烧的20余吨工业垃圾不属于与《最高人民法院、最高人民检察院关于办理环境污染刑事案件适用法律若干问题的解释》第一条第(三)项规定的“重金属”“持久性有机污染物”毒害性相当的污染物,对梁连平的行为不能适用该项规定进行裁判。

被告人梁连平违法焚烧20余吨工业垃圾,向大气排放大量有毒有害物质的行为,显然已经造成严重污染环境的后果,符合《最高人民法院、最高人民检察院关于办理环境污染刑事案件适用法律若干问题的解释》第一条第(十四)项规定的“其他严重污染环境的情形”,应当适用《关于办理环境污染刑事案件适用法律若干问题的解释》的该项规定进行裁判。具体理由是:

1. 认定梁连平的行为已严重污染环境符合基本生活常识。本案中,梁连平的行为虽然与《最高人民法院、最高人民检察院关于办理环境污染刑事案件适用法律若干问题的解释》第一条第(一)项至第(十三)项规定的情形不相符,但梁连平在村庄、工厂聚集的人口稠密区焚烧20余吨工业垃圾,垃圾焚烧时间持续近两天两夜,因此造成方圆两公里内的居民因烟气散发的剧烈刺激性恶臭而不敢开窗呼吸,显然已经严重污染了大气环境,只要具有正常生活常识的人都会认为梁连平严重污染了环境。

2. 犯罪对象的特殊性决定了难以根据实际产生的污染后果来定罪。笔者认为,土壤、水体因为在物理性状上具有相对稳定性,相对容易测定特定土壤、水体受污染的程度,并可据此判定犯罪行为的危害程度。而大气因为容易飘散、稀释,在物理性状上并不稳定,难以将一定环境下、一定范围内的大气特定化,故实践中较难测定特定空气的受污染程度,这也是《最高人民法院、最高人民检察院关于办理环境污染刑事案件适用法律若干问题的解释》第一条第(六)项至第(八)项只对水源、土地、林木等造成严重污染后果的情形进行了规定,而没有规定大气被严重污染情形的一个重要原因。同时,正是由于前述原因,当特定范围的土壤、水体因为被严重污染时,还有必要疏散被污染地区的周边群众,而当特定范围的大气被严重污染时,进行紧急疏散的情况就没有土壤、水体受污染时那么多。这也是本案案发后当地政府有关部门没有紧急疏散周边群众的部分原因。上述原因,决定了本案一方面无法适用类似《最高人民法院、最高人民检察院关于办理环境污染刑事案件适用法律若干问题的解释》第一条第(六)项至第(八)项污染水源、土地、林木数量等类似的规定;另一方面也无法适用《最高人民法院、最高人民检察院关于办理环境污染刑事案件适用法律若干问题的解释》第一条第(十)项关于疏散群众数量的规定。

3. 侦查实验数据及相关证据可以从侧面证实被告人的行为对环境污染的严重性。橡胶、塑料等物质燃烧,产生含有二噁英等的废气和残渣、灰尘。其中,二噁英是强致癌物质,具有类似于“12大危害物”(指一组被称为持久性有机污染物的危险化学物质)的特性,其毒性是氰化物的130倍、砒霜的900倍。二噁英和燃烧产生的残渣、灰尘分别属于《国家危险废物名录》中的HW44、HW18废物。因此,被告人梁连平的行为可以说间接排放了危险废物,但排放的危险废物数量无法测定,无法适用《最高人民法院、最高人民检察院关于办理环境污染刑事案件适用法律若干问题的解释》第一条第(二)项的规定,而侦查实验数据和在案证据可以从侧面证实梁连平的行为对环境污染的严重性。

4. 正确适用兜底条款是弥补法律、司法解释条文列举规定周延性不足的重要途径。对于法律、司法解释的兜底条款,固然不能过多适用,以免因过度扩张法官的自由裁量权而造成兜底条款喧宾夺主,违背立法、司法解释的本意,从而在一定程度上违反罪刑法定基本原则。但是,也不能虚化兜底条款的存在,使兜底条款成为法律、司法解释的摆设性规定。合理适用兜底条款,可以使法律、司法解释的明确性规定与兜底条款的包容性互为补充,相得益彰。就本案被告人梁连平焚烧的工业垃圾数量、工业垃圾燃烧持续的时长、气体污染物排放的超量数值及当前惩治污染环境行为的形势而言,适用司法解释的兜底性条款,是必要的。[No.6-6-338-3　梁连平污染环境案]

△行为人擅自向河流倾倒煤焦油分离液,严重污染环境的,成立污染环境罪。

污染环境罪所针对的对象包括“有放射性的废物、含传染病病原体的废物、有毒物质或者其他有害物质”。其中,“有放射性的废物”主要指放射性核素含量超过国家规定限值的固体、液体和气体废弃物;“含传染病病原体的废物”是指含有传染病病菌的废弃物。实践中可以根据《放射性污染防治法》《传染病防治法》的规定对两类物质进行认定。而“有毒物质”的范围,2013年出台的《最高人民法院、最高人民检察院于关于办理环境污染刑事案件适用法律若干问题的解释》(已失效)第十条进行了明确规定,具体包括:(1)危险废物;(2)剧毒化学品、列入重点环境管理危险化学品名录的化学品,以及含有上述化学品的物质;(3)含有铅、汞、镉、铬等重金属的物质;(4)《关于持久性有机污染物的斯德哥尔摩公约》附件所列物质;(5)其他具有毒性、可能污染环境的物质。其中,第(一)项的“危险废物”,具体包括列入《国家危险废物名录》的废物,以及根据国家规定的危险废物鉴别标准和鉴别方法认定的具有危险特性的废物。值得注意的是,《刑法修正案(八)》对《刑法》第三百三十八条的一处重要修改是,将有关污染物的兜底规定“其他危险废物”修改为“其他有害物质”。“其他有害物质”涵盖了“有放射性的废物、含传染病病原体的废物、有毒物质”以外包括生活垃圾在内的一切能对人体健康或者其他生物机能产生不良影响的普通废物和危险废物。

王文峰、马正勇污染环境案中,所涉煤焦油分离废液,含有大量的挥发酚和油类物质,以及大量的氨氮、硫氰化物、氰化物、各种单环或者多环芳香族化合物和杂环有机化合物,属于较难处理的工业废水,系《国家危险废物名录》中“HW11精(蒸)馏残渣”的一类,即属于有毒物质。关于环境污染专门性问题的确定,《最高人民法院、最高人民检察院关于办理环境污染刑事案件适用法律若干问题的解释》第十一条第二款规定:“县级以上环境保护部门及其所属监测机构出具的数据,经省级以上环境保护部门认可的,可以作为证据使用。”本案中,为确定污染物的成分与含量,江阴市环境监测站出具了相应的监测报告。该报告得到了江苏省环境保护厅的认可,是江苏省环境科学研究院、江苏省环科院环境科技有限责任公司专家论证的依据,可以作为诉讼证据使用。[No.6-6-338-4　王文峰、马正勇污染环境案]

△污染环境罪中,环境评估报告中通过虚拟治理方法估算的污染修复费用属于为消除污染而采取必要合理措施而产生的费用。

2013年6月17日公布的《最高人民法院、最高人民检察院关于办理环境污染刑事案件适用法律若干问题的解释》(已失效)的背景是我国环境污染情况严重,涉及环境污染的刑事案件呈多发的态势,而法律、法规对这方面的规定比较欠缺,入罪门槛较高,处罚力度不够。在这种背景下出台的专项解释就是为了严厉打击环境污染犯罪。如果不将污染修复费用纳入其中,环境本身的损失仍然得不到刑法的保护,如此就背离了立法的初衷。

从环境修复的专业技术角度出发,本案采取对酸性废液进行虚拟治理的方法估算出污染修复费用最低为600万元。这600万元是对土地表层进行脱酸、修复的费用,还不涉及地下土壤和水体的治理与修复,如果算上地下土壤和地下水以及修复过程中所需付出的人力和时间,费用远不止600万元。[No.6-6-338-6　宋友生、李伯庆等污染环境案]

第三百三十九条　【非法处置进口的固体废物罪】【擅自进口固体废物罪】

违反国家规定，将境外的固体废物进境倾倒、堆放、处置的，处五年以下有期徒刑或者拘役，并处罚金；造成重大环境污染事故，致使公私财产遭受重大损失或者严重危害人体健康的，处五年以上十年以下有期徒刑，并处罚金；后果特别严重的，处十年以上有期徒刑，并处罚金。

未经国务院有关主管部门许可，擅自进口固体废物用作原料，造成重大环境污染事故，致使公私财产遭受重大损失或者严重危害人体健康的，处五年以下有期徒刑或者拘役，并处罚金；后果特别严重的，处五年以上十年以下有期徒刑，并处罚金。

以原料利用为名，进口不能用作原料的固体废物、液态废物和气态废物的，依照本法第一百五十二条第二款、第三款的规定定罪处罚。

【立法沿革】

《中华人民共和国刑法》(1997年修订，自1997年10月1日起施行)

第三百三十九条

违反国家规定，将境外的固体废物进境倾倒、堆放、处置的，处五年以下有期徒刑或者拘役，并处罚金；造成重大环境污染事故，致使公私财产遭受重大损失或者严重危害人体健康的，处五年以上十年以下有期徒刑，并处罚金；后果特别严重的，处十年以上有期徒刑，并处罚金。

未经国务院有关主管部门许可，擅自进口固体废物用作原料，造成重大环境污染事故，致使公私财产遭受重大损失或者严重危害人体健康的，处五年以下有期徒刑或者拘役，并处罚金；后果特别严重的，处五年以上十年以下有期徒刑，并处罚金。

以原料利用为名，进口不能用作原料的固体废物的，依照本法第一百五十五条的规定定罪处罚。

《中华人民共和国刑法修正案(四)》(自2002年12月28日起施行)

五、将刑法第三百三十九条第三款修改为：

"以原料利用为名，进口不能用作原料的固体废物、液态废物和气态废物的，依照本法第一百五十二条第二款、第三款的规定定罪处罚。"

【立法理由】

1. **1979年之后至1997年刑法修订前的立法情况**。1979年刑法对非法处置进口的固体废物罪没有规定，1995年10月30日通过的《固体废物污染环境防治法》规定，对于非法处置进口的固体废物，以及以原料利用为名，进口不能用作原料的固体废物的行为，逃避海关监管，构成走私罪的，依法追究刑事责任。该法第六十六条规定："违反本法规定，将中国境外的固体废物进境倾倒、堆放、处置，或者未经国务院有关主管部门许可擅自进口固体废物用作原料的，由海关责令退运该固体废物，可以并处十万元以上一百万元以下的罚款。逃避海关监管，构成走私罪的，依法追究刑事责任。以原料利用为名，进口不能用作原料的固体废物的，依照前款规定处罚。"

2. **1997年修订刑法的情况**。实践中，一些境外的组织和个人把发展中国家作为垃圾的倾倒场，国内的某些单位和个人为了牟取眼前利益，置国家和后代子孙长远利益于不顾，非法进口包括各种固体、液态和气态废物的"洋垃圾"。"洋垃圾"的大量涌入，对我国环境的破坏已经是一个不容忽视的问题。这类废物对环境和人体健康的损害是无法补救的，消除这类废物的危害，往往需要较高的技术和大量的资金。为维护国家的环境安全和人民生命健康，促进我国环境保护事业的发展，必须要对这类行为加以惩处。因此，1997年刑法修订时，增加规定了非法处置进口的固体废物罪、擅自进口固体废物罪。此外，明确规定进口不能用作原料的固体废物依照走私罪定罪处罚。这主要是考虑到走私固体废物的犯罪行为既侵犯了国家海关监督管理制度，又侵犯了国家对固体废物污染环境的防治制度。所以，这次修订刑法，针对实践中的情况，明确规定了以原料利用为名，进口不能用作原料的固体废物的，按照走私罪的规定处罚。

3. **2002年《刑法修正案(四)》对本条的修改情况**。主要是对第三款的内容作了修改。1997年《刑法》第三百三十九条第三款规定，以原料利用为名，进口不能用作原料的固体废物的，依照走私罪的规定定罪处罚。在司法实践中适用这一款时存在两个方面需要解决的问题：一是没有规定独立的法定刑。《刑法》第一百五十五条第(三)项规定，逃避海关监管将境外固体废物运输进境的，以走私罪论处，依照刑法走私罪一节的有关规定处罚。《刑法》第一百五十一条规定了对走私武器、弹药、核材料、假币、文物、贵重金属、珍贵动物及其制品和珍稀植物及其制品的犯罪和处罚，

第一百五十二条规定了对走私淫秽物品的犯罪和处罚,没有对走私废物的量刑规定;另外,《刑法》第一百五十三条规定对走私普通货物、物品是以行为人偷逃应缴税额的大小确定刑罚。因此,对走私固体废物按照这些物品确定应缴税额并相应确定具体刑罚时存在一些困难,有必要对走私固体废物的犯罪行为单独规定刑罚。二是刑法对废物的规定不全面,与废物存在的形态不符。根据1995年《固体废物污染环境防治法》的规定,固体废物分为禁止进口、限制进口和非限制进口三类。禁止进口不能用作原料或者不能以无害化方式利用的固体废物;对可以用作原料的固体废物实行限制进口和非限制进口分类管理。另外,从废物存在的形态看,有固体(固态)、液态和气态废物。如果对废物不能再开发利用,就是一种有害物,应当全面禁止其走私进境。此外,对走私固体废物的行为单独规定法定刑,也有利于更准确地惩治这些行为。

因此,《刑法修正案(四)》在《刑法》第一百五十二条中增加一款作为第二款:"逃避海关监管将境外固体废物、液态废物和气态废物运输进境,情节严重的,处五年以下有期徒刑,并处或者单处罚金;情节特别严重的,处五年以上有期徒刑,并处罚金。"相应删去《刑法》第一百五十五条第(三)项。同时将《刑法》第三百三十九条的第三款规定修改为:"以原料利用为名,进口不能用作原料的固体废物、液态废物和气态废物的,依照本法第一百五十二条第二款、第三款的规定定罪处罚。"

【条文说明】

本条是关于非法处置进口的固体废物罪、擅自进口固体废物罪及其处罚的规定。

本条共分为三款。

第一款是关于违反国家规定,将中国境外的固体废物进境倾倒、堆放、处置行为及其处罚的规定。[①] "**固体废物**"是指在生产、生活和其他活动中产生的丧失原有利用价值或者虽未丧失利用价值但被抛弃或者放弃的固态、半固态和置于容器中的气态的物品、物质以及法律、行政法规规定纳入固体废物管理的物品、物质。这类废物的治理,往往需要较高的技术并耗费大量的资金,在一些发达国家处理这些废物的花费会比在落后国家的成本高,因此,有的发达国家将本国的有毒有害废物和垃圾转移到国外处置。为了保护人类健康,限制发达国家转移污染和保护发展中国家免受污染转移之害,1989年《控制危险废物越境转移及其处置巴塞尔公约》全体代表在瑞士巴塞尔通过了该公约。我国政府于1990年签署了该公约。按照公约的规定,任何国家皆享有禁止公约所指危险废物自外国进入其领土或者在其领土内处置的主权权利。我国《固体废物污染环境防治法》第二十三条明确规定,禁止中国境外的固体废物进境倾倒、堆放、处置,表达了我国政府在这个问题上的明确态度。

本款中的"**倾倒**"是指通过船舶、航空器、平台或者其他运载工具,向水体处置废弃物或者其他有害物质的行为。"**堆放**"是指向土地直接弃置固体废物的行为。"**处置**"是指以焚烧、填埋等方式处理固体废物的活动。根据2016年《最高人民法院、最高人民检察院关于办理环境污染刑事案件适用法律若干问题的解释》第二条的规定,"**公私财产遭受重大损失或者严重危害人体健康**"是指,实施《刑法》第三百三十九条规定的行为,"致使公私财产损失三十万元以上,或者具有本解释第一条第十项至第十七项规定情形之一的",应当认定为"致使公私财产遭受重大损失或者严重危害人体健康"。该解释第一条第(十)项至第(十七)项规定情形包括:造成生态环境严重损害的;致使乡镇以上集中式饮用水水源取水中断十二小时以上的;致使基本农田、防护林地、特种用途林地五亩以上,其他农用地十亩以上,其他土地二十亩以上基本功能丧失或者遭受永久性破坏的;致使森林或者其他林木死亡五十立方米以上,或者幼树死亡二千五百株以上的;致使疏散、转移群众五千人以上的;致使三十人以上中毒的;致使三人以上轻伤、轻度残疾或者器官组织损伤导致一般功能障碍的;致使一人以上重伤、中度残疾或者器官组织损伤导致严重功能障碍的。根据上述解释第三条的规定,"具有下列情形之一的,应当认定为'**后果特别严重**':(一)致使县级以上城区集中式饮用水水源取水中断十二小时以上的;(二)非法排放、倾倒、处置危险废物一百吨以上的;(三)致使基本农田、防护林地、特种用途林地十五亩以上,其他农用地三十亩以上,其他土地六十亩以上基本功能丧失或者遭受永久性破坏的;(四)致使森林或者其他林木死亡一百五十立

---

① 我国学者指出,由于《刑法》第一百五十二条第二款规定了走私废物罪(逃避海关监管将境外固体废物、液态废物和气态废物运输进境,情节严重的),因此必须对本罪的客观行为作限定解释,即将并非走私进境的限制进口和自动许可出口的固体废物违规倾倒、堆放、处置。参见黎宏:《刑法学各论》(第2版),法律出版社2016年版,第444页。

方米以上，或者幼树死亡七千五百株以上的；（五）致使公私财产损失一百万元以上的；（六）造成生态环境特别严重损害的；（七）致使疏散、转移群众一万五千人以上的；（八）致使一百人以上中毒的；（九）致使十人以上轻伤、轻度残疾或者器官组织损伤导致一般功能障碍的；（十）致使三人以上重伤、中度残疾或者器官组织损伤导致严重功能障碍的；（十一）致使一人以上重伤、中度残疾或者器官组织损伤导致严重功能障碍，并致使五人以上轻伤、轻度残疾或者器官组织损伤导致一般功能障碍的；（十二）致使一人以上死亡或者重度残疾的；（十三）其他后果特别严重的情形"。上述规定也适用于本条第二款。

第二款是关于未经国务院有关主管部门许可，擅自进口固体废物用作原料的犯罪行为及其处罚的规定。"**未经国务院有关主管部门许可，擅自进口固体废物用作原料**"，是指没有经过国务院环境保护行政主管部门和国务院对外经济贸易主管部门审查许可，私自进口《国家限制进口的可用作原料的废物目录》上列入的固体废物用作原料。值得注意的是，我国《固体废物污染环境防治法》第二十四条规定："国家逐步实现固体废物零进口，由国务院生态环境主管部门会同国务院商务、发展改革、海关等主管部门组织实施。"

第三款是关于以原料利用为名，进口不能用作原料的固体废物、液态废物和气态废物的犯罪行为及其处罚的规定。本款所说的"**固体废物**"，是指国家禁止进口的不能用作原料的固体废物。本款所说的"**液态废物**"，是指区别于固体废物的液体形态的废物，是有一定的体积但没有一定的形状，可以流动的物质。"**气态废物**"，是指放置在容器中的气体形态的废物。根据本款的规定，以原料利用为名，进口不能用作原料的固体废物、液态废物和气态废物的，依照《刑法》第一百五十二条第二款、第三款走私废物罪的有关规定定罪处罚，即情节严重的，处五年以下有期徒刑，并处或者单处罚金，情节特别严重的，处五年以上有期徒刑，并处罚金。单位有上述行为的，对单位判处罚金，并对直接负责的主管人员和其他责任人员，依照上述规定处罚。2014年《最高人民法院、最高人民检察院关于办理走私刑事案件适用法律若干问题的解释》第十四条对"情节严重""情节特别严重"的认定标准作了规定。

实际执行中应当注意本条第二款规定的擅自进口固体废物罪的入罪门槛问题。根据规定，擅自进口固体废物用作原料的，需造成重大环境污染事故，致使公私财产遭受重大损失或者严重危害人体健康的，才能作为犯罪处理。关于"致使公私财产遭受重大损失或者严重危害人体健康"的标准，依照2016年《最高人民法院、最高人民检察院关于办理环境污染刑事案件适用法律若干问题的解释》第二条的规定予以确定。

【司法解释】

《最高人民法院、最高人民检察院关于办理环境污染刑事案件适用法律若干问题的解释》（法释〔2016〕29号，自2017年1月1日起施行）

△（**致使公私财产遭受重大损失或者严重危害人体健康**）实施刑法第三百三十九条、第四百零八条规定的行为，致使公私财产损失三十万元以上，或者具有本解释第一条第十项至第十七项规定情形之一①的，应当认定为"致使公私财产遭受重大损失或者严重危害人体健康"或者"致使公私财产遭受重大损失或者造成人身伤亡的严重后果"。（§ 2）

① 《最高人民法院、最高人民检察院关于办理环境污染刑事案件适用法律若干问题的解释》（法释〔2016〕29号，自2017年1月1日起施行）

第一条

实施刑法第三百三十八条规定的行为，具有下列情形之一的，应当认定为"严重污染环境"：

……

（十）造成生态环境严重损害的；

（十一）致使乡镇以上集中式饮用水水源取水中断十二小时以上的；

（十二）致使基本农田、防护林地、特种用途林地五亩以上，其他农用地十亩以上，其他土地二十亩以上基本功能丧失或者遭受永久性破坏的；

（十三）致使森林或者其他林木死亡五十立方米以上，或者幼树死亡二千五百株以上的；

（十四）致使疏散、转移群众五千人以上的；

（十五）致使三十人以上中毒的；

（十六）致使三人以上轻伤、轻度残疾或者器官组织损伤导致一般功能障碍的；

（十七）致使一人以上重伤、中度残疾或者器官组织损伤导致严重功能障碍的；

（十八）其他严重污染环境的情形。

△(**后果特别严重**)实施刑法第三百三十八条、第三百三十九条规定的行为，具有下列情形之一的，应当认定为“后果特别严重”：

(一)致使县级以上城区集中式饮用水水源取水中断十二小时以上的；

(二)非法排放、倾倒、处置危险废物一百吨以上的；

(三)致使基本农田、防护林地、特种用途林地十五亩以上，其他农用地三十亩以上，其他土地六十亩以上基本功能丧失或者遭受永久性破坏的；

(四)致使森林或者其他林木死亡一百五十立方米以上，或者幼树死亡七千五百株以上的；

(五)致使公私财产损失一百万元以上的；

(六)造成生态环境特别严重损害的；

(七)致使疏散、转移群众一万五千人以上的；

(八)致使一百人以上中毒的；

(九)致使十人以上轻伤、轻度残疾或者器官组织损伤导致一般功能障碍的；

(十)致使三人以上重伤、中度残疾或者器官组织损伤导致严重功能障碍的；

(十一)致使一人以上重伤、中度残疾或者器官组织损伤导致严重功能障碍，并致使五人以上轻伤、轻度残疾或者器官组织损伤导致一般功能障碍的；

(十二)致使一人以上死亡或者重度残疾的；

(十三)其他后果特别严重的情形。(§ 3)

△(**从重处罚事由**)实施刑法第三百三十八条、第三百三十九条规定的犯罪行为，具有下列情形之一的，应当从重处罚：

(一)阻挠环境监督检查或者突发环境事件调查，尚不构成妨害公务等犯罪的；

(二)在医院、学校、居民区等人口集中地区及其附近，违反国家规定排放、倾倒、处置有放射性的废物、含传染病病原体的废物、有毒物质或者其他有害物质的；

(三)在重污染天气预警期间、突发环境事件处置期间或者被责令限期整改期间，违反国家规定排放、倾倒、处置有放射性的废物、含传染病病原体的废物、有毒物质或者其他有害物质的；

(四)具有危险废物经营许可证的企业违反国家规定排放、倾倒、处置有放射性的废物、含传染病病原体的废物、有毒物质或者其他有害物质的。(§ 4)

△(**情节轻微；不起诉或者免予刑事处罚；从宽处罚**)实施刑法第三百三十八条、第三百三十九条规定的行为，刚达到应当追究刑事责任的标准，但行为人及时采取措施，防止损失扩大、消除污染，全部赔偿损失，积极修复生态环境，且系初犯，确有悔罪表现的，可以认定为情节轻微，不起诉或者免予刑事处罚；确有必要判处刑罚的，应当从宽处罚。(§ 5)

△(**想象竞合犯；污染环境罪；投放危险物质罪**)违反国家规定，排放、倾倒、处置含有毒害性、放射性、传染病病原体等物质的污染物，同时构成污染环境罪、非法处置进口的固体废物罪、投放危险物质罪等犯罪的，依照处罚较重的规定定罪处罚。[①] (§ 8)

△(**二年内；重点排污单位；违法所得；公私财产损失；生态环境损害；无危险废物经营许可证**)本解释所称“二年内”，以第一次违法行为受到行政处罚的生效之日与又实施相应行为之日的时间间隔计算确定。

本解释所称“重点排污单位”，是指设区的市级以上人民政府环境保护主管部门依法确定的应当安装、使用污染物排放自动监测设备的重点监控企业及其他单位。

本解释所称“违法所得”，是指实施刑法第三百三十八条、第三百三十九条规定的行为所得和可得的全部违法收入。

本解释所称“公私财产损失”，包括实施刑法第三百三十八条、第三百三十九条规定的行为直接造成财产损毁、减少的实际价值，为防止污染扩大、消除污染而采取必要合理措施所产生的费用，以及处置突发环境事件的应急监测费用。

本解释所称“生态环境损害”，包括生态环境修复费用，生态环境修复期间服务功能的损失和生态环境功能永久性损害造成的损失，以及其他必要合理费用。

本解释所称“无危险废物经营许可证”，是指未取得危险废物经营许可证，或者超出危险废物经营许可证的经营范围。(§ 17)

【司法解释性文件】

《最高人民检察院、公安部关于公安机关管辖的刑事案件立案追诉标准的规定(一)》(公通字〔2008〕36号，2008年6月25日公布)

分则　第六章

① 我国学者指出，事实上存在应当实行数罪并罚的情形。只有当行为人单纯地将境外的固体废物进境倾倒、堆放、处置，造成严重污染环境的结果时，才能仅按一个重罪处罚。参见张明楷:《刑法学》(第6版)，法律出版社2021年版，第1490页。

△(**非法处置进口的固体废物罪;立案追诉标准**)违反国家规定,将境外的固体废物进境倾倒、堆放、处置的,应予立案追诉。(§61)

△(**擅自进口固体废物罪;立案追诉标准**)未经国务院有关主管部门许可,擅自进口固体废物用作原料,造成重大环境污染事故,涉嫌下列情形之一的,应予立案追诉:

(一)致使公私财产损失三十万元以上的;

(二)致使基本农田、防护林地、特种用途林地五亩以上,其他农用地十亩以上,其他土地二十亩以上基本功能丧失或者遭受永久性破坏的;

(三)致使森林或者其他林木死亡五十立方米以上,或者幼树死亡二千五百株以上的;

(四)致使一人以上死亡、三人以上重伤、十人以上轻伤,或者一人以上重伤并且五人以上轻伤的;

(五)致使传染病发生、流行或者人员中毒达到《国家突发公共卫生事件应急预案》中突发公共卫生事件分级Ⅲ级以上情形,严重危害人体健康的;

(六)其他致使公私财产遭受重大损失或者严重危害人体健康的情形。(§62)

【附属刑法】

《中华人民共和国放射性污染防治法》(2003年6月28日通过)

第五十八条

向中华人民共和国境内输入放射性废物和被放射性污染的物品,或者经中华人民共和国境内转移放射性废物和被放射性污染的物品的,由海关责令退运该放射性废物和被放射性污染的物品,并处五十万元以上一百万元以下罚款;构成犯罪的,依法追究刑事责任。

第三百四十条 【非法捕捞水产品罪】

违反保护水产资源法规,在禁渔区、禁渔期或者使用禁用的工具、方法捕捞水产品,情节严重的,处三年以下有期徒刑、拘役、管制或者罚金。

【立法理由】

1. **1979年立法的情况**。1979年《刑法》第一百二十九条规定:"违反保护水产资源法规,在禁渔区、禁渔期或者使用禁用的工具、方法捕捞水产品,情节严重的,处二年以下有期徒刑、拘役或者罚金。"

2. **1997年修订刑法的情况**。1997年修订刑法时,对非法捕捞水产品罪的量刑作了一些修改,将原来规定的"二年以下有期徒刑"修改为"三年以下有期徒刑",并增加了管制刑。我国具有辽阔的海洋和丰富的内陆水域资源,这些水域资源为我国渔业生物的生长繁衍,提供了良好的物质基础和环境条件,并具有很大的开发潜力。渔业是国民经济中一个重要的组成部分,我国是渔业生产大国,改革开放以来,渔业产量迅速增长,渔业发展对我国农村发展和提高农民收入起着至关重要的作用。我国对渔业生产实行养殖为主,养殖、捕捞加工并举,因地制宜,各有侧重的方针,坚决制止重捕捞轻养殖和乱捕乱捞的行为,严格实行渔业许可证制度。从近年的实际情况来看,非法使用禁止使用的工具、方法或者在禁渔期、禁渔区捕捞水产品的现象屡禁不止,对水产资源的破坏十分严重,为有效保护我国的水产品资源,必须加强对这类犯罪行为的打击力度。

【条文说明】

本条是关于非法捕捞水产品罪及其处罚的规定。

根据本条规定,违反保护水产资源法规,在禁渔区、禁渔期或者使用禁用的工具、方法捕捞水产品,情节严重的,处三年以下有期徒刑、拘役、管制或者罚金。这里的"**违反保护水产资源法规**"是指违反渔业法以及其他保护水产资源的法律、法规。"**禁渔区**"是指对某些重要鱼、虾、贝类产卵场、越冬场,幼体索饵场、洄游通道及生长繁殖场所等,划定禁止全部作业或者限制作业的一定区域。"**禁渔期**"是指对某些鱼类幼苗出现的不同盛期,规定禁止作业或者限制作业的一定期限。"**禁用的工具**"是指禁止使用的捕捞工具,即超过国家按照不同的捕捞对象分别规定的最小网眼尺寸的网具和其他禁止使用的渔具,最小网眼尺寸就是容许捕捞各种鱼、虾类所使用的渔具网眼的最低限制,有利于释放未成熟的鱼、虾的幼体。"**禁用的方法**"是指禁止使用的捕捞方法,也就是严重损害水产资源正常繁殖和生长的方法,如炸鱼、毒鱼、电鱼等。

这里的"**情节严重**"主要指非法捕捞水产品数量较大的;非法捕捞水产品,屡教不改的;使用禁用的工具、方法捕捞水产品,造成水产资源重大损失的；等等。2016 年《最高人民法院关于审理发生在我国管辖海域相关案件若干问题的规定（二）》第四条对“情节严重”的认定标准作了详细规定，具体包括在海洋水域，在禁渔区、禁渔期或者使用禁用的工具、方法捕捞水产品，具有下列情形之一的：“（一）非法捕捞水产品一万公斤以上或者价值十万元以上的；（二）非法捕捞有重要经济价值的水生动物苗种、怀卵亲体二千公斤以上或者价值二万元以上的；（三）在水产种质资源保护区内捕捞水产品二千公斤以上或者价值二万元以上的；（四）在禁渔区内使用禁用的工具或者方法捕捞的；（五）在禁渔期内使用禁用的工具或者方法捕捞的；（六）在公海使用禁用渔具从事捕捞作业，造成严重影响的；（七）其他情节严重的情形。”此外，2008 年《最高人民检察院、公安部关于公安机关管辖的刑事案件立案追诉标准的规定（一）》第六十三条对应当立案追诉的六种情形作了规定。根据本条规定，符合这些情节严重情形，构成犯罪的，依法应当判处三年以下有期徒刑、拘役、管制或者罚金。

实际执行中应当注意以下两个方面的问题：

1. 这里的“**违反保护水产资源法规**”是指违反《渔业法》《野生动物保护法》等法律以及《水产资源繁殖保护条例》等行政法规中关于保护水产资源的规定。如我国《渔业法》第三十条规定，禁止使用炸鱼、毒鱼、电鱼等破坏渔业资源的方法进行捕捞。禁止在禁渔区、禁渔期进行捕捞。禁止使用小于最小网目尺寸的网具进行捕捞。捕捞的渔获物中幼鱼不得超过规定的比例。在禁渔区或者禁渔期内禁止销售非法捕捞的渔获物。第三十一条第一款规定：“禁止捕捞有重要经济价值的水生动物苗种。因养殖或者其他特殊需要，捕捞有重要经济价值的苗种或者禁捕的怀卵亲体的，必须经国务院渔业行政主管部门或者省、自治区、直辖市人民政府渔业行政主管部门批准，在指定的区域和时间内，按照限额捕捞。”第三十七条规定，因科学研究、驯养繁殖、展览或者其他特殊情况，需要捕捞国家重点保护的水生野生动物的，依照《野生动物保护法》的规定执行。此外，《水产资源繁殖保护条例》对采捕原则、禁渔区、禁渔期以及渔具、渔法的管理等都有明确的规定。

2. 对于违反保护水产资源法规，在禁渔区、禁渔期或者使用禁用的工具、方法捕捞水产品，尚不构成犯罪的行为，应当依照有关法律法规的规定追究其**行政责任**。如我国《渔业法》第三十八条第一款规定：“使用炸鱼、毒鱼、电鱼等破坏渔业资源方法进行捕捞的，违反关于禁渔区、禁渔期的规定进行捕捞的，或者使用禁用的渔具、捕捞方法和小于最小网目尺寸的网具进行捕捞或者渔获物中幼鱼超过规定比例的，没收渔获物和违法所得，处五万元以下的罚款；情节严重的，没收渔具，吊销捕捞许可证；情节特别严重的，可以没收渔船；构成犯罪的，依法追究刑事责任。”第四十一条规定：“未依法取得捕捞许可证擅自进行捕捞的，没收渔获物和违法所得，并处十万元以下的罚款；情节严重的，并可以没收渔具和渔船。”

【司法解释】

《最高人民法院关于审理发生在我国管辖海域相关案件若干问题的规定（二）》（法释〔2016〕17 号，自 2016 年 8 月 2 日起施行）

△**（情节严重）**违反保护水产资源法规，在海洋水域，在禁渔区、禁渔期或者使用禁用的工具、方法捕捞水产品，具有下列情形之一的，应当认定为刑法第三百四十条规定的“情节严重”：

（一）非法捕捞水产品一万公斤以上或者价值十万元以上的；

（二）非法捕捞有重要经济价值的水生动物苗种、怀卵亲体二千公斤以上或者价值二万元以上的；

（三）在水产种质资源保护区内捕捞水产品二千公斤以上或者价值二万元以上的；

（四）在禁渔区内使用禁用的工具或者方法捕捞的；

（五）在禁渔期内使用禁用的工具或者方法捕捞的；

（六）在公海使用禁用渔具从事捕捞作业，造成严重影响的；

（七）其他情节严重的情形。（§ 4）

《最高人民法院、最高人民检察院关于办理破坏野生动物资源刑事案件适用法律若干问题的解释》（法释〔2022〕12 号，自 2022 年 4 月 9 日起施行）

△**（情节严重；非法捕捞水产品罪；从重处罚；不起诉或者免予刑事处罚；不作为犯罪处理）**在内陆水域，违反保护水产资源法规，在禁渔区、禁渔期或者使用禁用的工具、方法捕捞水产品，具有下列情形之一的，应当认定为刑法第三百四十条规定的“情节严重”，以非法捕捞水产品罪定罪处罚：

（一）非法捕捞水产品五百公斤以上或者价值一万元以上的；

（二）非法捕捞有重要经济价值的水生动物苗种、怀卵亲体或者在水产种质资源保护区内捕捞水产品五十公斤以上或者价值一千元以上的；

（三）在禁渔区使用电鱼、毒鱼、炸鱼等严重破坏渔业资源的禁用方法或者禁用工具捕捞的；

分则　第六章

(四)在禁渔期使用电鱼、毒鱼、炸鱼等严重破坏渔业资源的禁用方法或者禁用工具捕捞的；

(五)其他情节严重的情形。

实施前款规定的行为，具有下列情形之一的，从重处罚：

(一)暴力抗拒、阻碍国家机关工作人员依法履行职务，尚未构成妨害公务罪、袭警罪的；

(二)二年内曾因破坏野生动物资源受过行政处罚的；

(三)对水生生物资源或者水域生态造成严重损害的；

(四)纠集多条船只非法捕捞的；

(五)以非法捕捞为业的。

实施第一款规定的行为，根据渔获物的数量、价值和捕捞方法、工具等，认为对水生生物资源危害明显较轻的，综合考虑行为人自愿接受行政处罚、积极修复生态环境等情节，可以认定为犯罪情节轻微，不起诉或者免予刑事处罚；情节显著轻微危害不大的，不作为犯罪处理。(§ 3)

△(**数量、数额累计计算**)二次以上实施本解释规定的行为构成犯罪，依法应当追诉的，或者二年内实施本解释规定的行为未经处理的，数量、数额累计计算。(§ 12)

△(**人工繁育动物；罪责刑相适应；一般不作为犯罪处理**)实施本解释规定的相关行为，在认定是否构成犯罪以及裁量刑罚时，应当考虑涉案动物是否系人工繁育、物种的濒危程度、野外存活状况、人工繁育情况、是否列入人工繁育国家重点保护野生动物名录，行为手段、对野生动物资源的损害程度，以及对野生动物及其制品的认知程度等情节，综合评估社会危害性，准确认定是否构成犯罪，妥当裁量刑罚，确保罪责刑相适应；根据本解释的规定定罪量刑明显过重的，可以根据案件的事实、情节和社会危害程度，依法作出妥当处理。

涉案动物系人工繁育，具有下列情形之一的，对所涉案件一般不作为犯罪处理；需要追究刑事责任的，应当依法从宽处理：

(一)列入人工繁育国家重点保护野生动物名录的；

(二)人工繁育技术成熟、已成规模，作为宠物买卖、运输的。(§ 13)

△(**涉案动物及其制品的价值；核算**)对于涉案动物及其制品的价值，应当根据下列方法确定：

(一)对于国家禁止进出口的珍贵动物及其制品、国家重点保护的珍贵、濒危野生动物及其制品的价值，根据国务院野生动物保护主管部门制定的评估标准和方法核算；

(二)对于有重要生态、科学、社会价值的陆生野生动物、地方重点保护野生动物、其他野生动物及其制品的价值，根据销赃数额认定；无销赃数额、销赃数额难以查证或者根据销赃数额认定明显偏低的，根据市场价格核算，必要时，也可以参照相关评估标准和方法核算。(§ 15)

△(**涉案动物及其制品的价值；鉴定**)根据本解释第十五条规定难以确定涉案动物及其制品价值的，依据司法鉴定机构出具的鉴定意见，或者下列机构出具的报告，结合其他证据作出认定：

(一)价格认证机构出具的报告；

(二)国务院野生动物保护主管部门、国家濒危物种进出口管理机构或者海关总署等指定的机构出具的报告；

(三)地、市级以上人民政府野生动物保护主管部门、国家濒危物种进出口管理机构的派出机构或者直属海关等出具的报告。(§ 16)

△(**涉案动物的种属类别等专门性问题；认定意见**)对于涉案动物的种属类别、是否系人工繁育，非法捕捞、狩猎的工具、方法，以及对野生动物资源的损害程度等专门性问题，可以由野生动物保护主管部门、侦查机关依据现场勘验、检查笔录等出具认定意见；难以确定的，依据司法鉴定机构出具的鉴定意见、本解释第十六条所列机构出具的报告，被告人及其辩护人提供的证据材料，结合其他证据材料综合审查，依法作出认定。(§ 17)

△(**单位犯罪**)餐饮公司、渔业公司等单位实施破坏野生动物资源犯罪的，依照本解释规定的相应自然人犯罪的定罪量刑标准，对直接负责的主管人员和其他直接责任人员定罪处罚，并对单位判处罚金。(§ 18)

△(**珊瑚、砗磲或者其他珍贵、濒危水生野生动物**)在海洋水域，非法捕捞水产品，非法采捕珊瑚、砗磲或者其他珍贵、濒危水生野生动物，或者非法收购、运输、出售珊瑚、砗磲或者其他珍贵、濒危水生野生动物及其制品的，定罪量刑标准适用《最高人民法院关于审理发生在我国管辖海域相关案件若干问题的规定(二)》(法释〔2016〕17号)的相关规定。(§ 19)

【司法解释性文件】

《最高人民检察院、公安部关于公安机关管辖的刑事案件立案追诉标准的规定(一)》(公通字〔2008〕36号，2008年6月25日公布)

△(**非法捕捞水产品罪；立案追诉标准**)违反保护水产资源法规，在禁渔区、禁渔期或者使用禁用的工具、方法捕捞水产品，涉嫌下列情形之一的，应予立案追诉：

(一)在内陆水域非法捕捞水产品五百公斤以上或者价值五千元以上的,或者在海洋水域非法捕捞水产品二千公斤以上或者价值二万元以上的;

(二)非法捕捞有重要经济价值的水生动物苗种、怀卵亲体或者在水产种质资源保护区内捕捞水产品,在内陆水域五十公斤以上或者价值五百元以上,或者在海洋水域二百公斤以上或者价值二千元以上的;

(三)在禁渔区内使用禁用的工具或者禁用的方法捕捞的;

(四)在禁渔期内使用禁用的工具或者禁用的方法捕捞的;

(五)在公海使用禁用渔具从事捕捞作业,造成严重影响的;

(六)其他情节严重的情形。(§ 63)

《最高人民法院、最高人民检察院、公安部、农业农村部依法惩治长江流域非法捕捞等违法犯罪的意见》(公通字〔2020〕17 号,2020 年 12 月 17 日发布)

△(**长江流域非法捕捞;非法捕捞水产品罪**)依法严惩非法捕捞犯罪。违反保护水产资源法规,在长江流域重点水域非法捕捞水产品,具有下列情形之一的,依照刑法第三百四十条的规定,以非法捕捞水产品罪定罪处罚:

1. 非法捕捞水产品五百公斤以上或者一万元以上的;

2. 非法捕捞具有重要经济价值的水生动物苗种、怀卵亲体或者在水产种质资源保护区内捕捞水产品五十公斤以上或者一千元以上的;

3. 在禁捕区域使用电鱼、毒鱼、炸鱼等严重破坏渔业资源的禁用方法捕捞的;

4. 在禁捕区域使用农业农村部规定的禁用工具捕捞的;

5. 其他情节严重的情形。

△(**单位犯罪**)依法严惩危害水生生物资源的单位犯罪。水产品交易公司、餐饮公司等单位实施本意见规定的行为,构成单位犯罪的,依照本意见规定的定罪量刑标准,对直接负责的主管人员和其他直接责任人员定罪处罚,并对单位判处罚金。

△(**宽严相济刑事政策**)贯彻落实宽严相济刑事政策。多次实施本意见规定的行为构成犯罪,依法应当追诉的,或者二年内二次以上实施本意见规定的行为未经处理的,数量数额累计计算。

△(**从重处罚**)实施本意见规定的犯罪,具有下列情形之一的,从重处罚:(1)暴力抗拒、阻碍国家机关工作人员依法履行职务,尚未构成妨害公务罪的;(2)二年内曾因实施本意见规定的行为受过处罚的;(3)对长江生物资源或水域生态造成严重损害的;(4)具有造成重大社会影响等恶劣情节的。具有上述情形的,一般不适用不起诉、缓刑、免予刑事处罚。

△(**犯罪情节轻微**)非法捕捞水产品,根据渔获物的数量、价值和捕捞方法、工具等情节,认为对水生生物资源危害明显较轻的,可以认定为犯罪情节轻微,依法不起诉或者免予刑事处罚,但是曾因破坏水产资源受过处罚的除外。

△(**渔获物的价值核算**)准确认定相关专门性问题。对于长江流域重点水域禁捕范围(禁捕区域和时间),依据农业农村部关于长江流域重点水域禁捕范围和时间的有关通告确定。涉案渔获物系国家重点保护的珍贵、濒危水生野生动物的,动物及其制品的价值可以根据国务院野生动物保护主管部门综合考虑野生动物的生态、科学、社会价值制定的评估标准和方法核算。其他渔获物的价值,根据销赃数额认定;无销赃数额、销赃数额难以查证或者根据销赃数额认定明显偏低的,根据市场价格核算;仍无法认定的,由农业农村(渔政)部门认定或者由有关价格认证机构作出认证并出具报告。对于涉案的禁捕区域、禁捕时间、禁用方法、禁用工具、渔获物品种以及对水生生物资源的危害程度等专门性问题,由农业农村(渔政)部门于二个工作日以内出具认定意见;难以确定的,由司法鉴定机构出具鉴定意见,或者由农业农村部指定的机构出具报告。

《最高人民法院、最高人民检察院、公安部、司法部关于依法惩治非法野生动物交易犯罪的指导意见》(公通字〔2020〕19 号,2020 年 12 月 18 日发布)

△(**非法捕捞水产品罪**)违反保护水产资源法规,在禁渔区、禁渔期或者使用禁用的工具、方法捕捞水产品,情节严重,符合刑法第三百四十条规定的,以非法捕捞水产品罪定罪处罚。(§ 1Ⅲ)

△(**数量、数额累计计算**)二次以上实施本意见第一条至第三条规定的行为构成犯罪,依法应当追诉的,或者二年内二次以上实施本意见第一条至第三条规定的行为未经处理的,数量、数额累计计算。(§ 4)

△(**共同犯罪**)明知他人实施非法野生动物交易行为,有下列情形之一的,以共同犯罪论处:

(一)提供贷款、资金、账号、车辆、设备、技术、许可证件的;

(二)提供生产、经营场所或者运输、仓储、保管、快递、邮寄、网络信息交互等便利条件或者其他服务的;

(三)提供广告宣传等帮助行为的。(§ 5)

△(**涉案野生动物及其制品价值;核算**)对涉案野生动物及其制品价值,可以根据国务院野生动物保护主管部门制定的价值评估标准和方法核算。对野生动物制品,根据实际情况予以核算,但核算总额不能超过该种野生动物的整体价值。具有特殊利用价值或者导致动物死亡的主要部分,核算方法不明确的,其价值标准最高可以按照该种动物整体价值标准的80%予以折算,其他部分价值标准最高可以按整体价值标准的20%予以折算,但是按照上述方法核算的价值明显不当的,应当根据实际情况妥当予以核算。核算价值低于实际交易价格的,以实际交易价格认定。

根据前款规定难以确定涉案野生动物及其制品价值的,依据下列机构出具的报告,结合其他证据作出认定:

(一)价格认证机构出具的报告;

(二)国务院野生动物保护主管部门、国家濒危物种进出口管理机构、海关总署等指定的机构出具的报告;

(三)地、市级以上人民政府野生动物保护主管部门、国家濒危物种进出口管理机构的派出机构、直属海关等出具的报告。(§ 6)

△(**认定意见;鉴定意见;报告**)对野生动物及其制品种属类别,非法捕捞、狩猎的工具、方法,以及对野生动物资源的损害程度、食用涉案野生动物对人体健康的危害程度等专门性问题,可以由野生动物保护主管部门、侦查机关或者有专门知识的人依据现场勘验、检查笔录等出具认定意见。难以确定的,依据司法鉴定机构出具的鉴定意见,或者本意见第六条第二款所列机构出具的报告,结合其他证据作出认定。(§ 7)

△(**证据使用;不易保管的涉案野生动物及其制品;移交处置**)办理非法野生动物交易案件中,行政执法部门依法收集的物证、书证、视听资料、电子数据等证据材料,在刑事诉讼中可以作为证据使用。

对不易保管的涉案野生动物及其制品,在做好拍摄、提取检材或者制作足以反映原物形态特征或者内容的照片、录像等取证工作后,可以移交野生动物保护主管部门及其指定的机构依法处置。对存在或者可能存在疫病的野生动物及其制品,应立即通知野生动物保护主管部门依法处置。(§ 8)

△(**综合评估;罪责刑相适应**)实施本意见规定的行为,在认定是否构成犯罪以及裁量刑罚时,应当考虑涉案动物是否系人工繁育、物种的濒危程度、野外存活状况、人工繁育情况、是否列入国务院野生动物保护主管部门制定的人工繁育国家重点保护野生动物名录,以及行为手段、对野生动物资源的损害程度、食用涉案野生动物对人体健康的危害程度等情节,综合评估社会危害性,确保罪责刑相适应。相关定罪量刑标准明显不适宜的,可以根据案件的事实、情节和社会危害程度,依法作出妥当处理。(§ 9)

【附属刑法】

《中华人民共和国渔业法》(1986年1月20日通过,2013年12月28日第四次修正)

第三十八条

Ⅰ使用炸鱼、毒鱼、电鱼等破坏渔业资源方法进行捕捞的,违反关于禁渔区、禁渔期的规定进行捕捞的,或者使用禁用的渔具、捕捞方法和小于最小网目尺寸的网具进行捕捞或者渔获物中幼鱼超过规定比例的[①],没收渔获物和违法所得,处五万元以下的罚款;情节严重的,没收渔具,吊销捕捞许可证;情节特别严重的,可以没收渔船;构成犯罪的,依法追究刑事责任。

Ⅱ在禁渔区或者禁渔期内销售非法捕捞的渔获物的,县级以上地方人民政府渔业行政主管部门应当及时进行调查处理。

Ⅲ制造、销售禁用的渔具的,没收非法制造、销售的渔具和违法所得,并处一万元以下的罚款。

【参考案例】

△在尚未出台用以认定非法捕捞水产品罪中的"情节严重"的司法解释之前,应当从非法捕捞水产品的数量、行为的时间、地点、工具、方法以及行为次数等方面认定情节严重。

作为破坏环境资源保护的犯罪之一,通常情

① 《中华人民共和国渔业法》(1986年1月20日通过,2013年12月28日第四次修正)

第三十条

Ⅰ禁止使用炸鱼、毒鱼、电鱼等破坏渔业资源的方法进行捕捞。禁止制造、销售、使用禁用的渔具。禁止在禁渔区、禁渔期进行捕捞。禁止使用小于最小网目尺寸的网具进行捕捞。捕捞的渔获物中幼鱼不得超过规定的比例。在禁渔区或者禁渔期内禁止销售非法捕捞的渔获物。

Ⅱ重点保护的渔业资源品种及其可捕捞标准,禁渔区和禁渔期,禁止使用或者限制使用的渔具和捕捞方法,最小网目尺寸以及其他保护渔业资源的措施,由国务院渔业行政主管部门或者省、自治区、直辖市人民政府渔业行政主管部门规定。

况下，非法捕捞水产品的行为只有达到一定的数量才足以侵害到刑法保护的相应法益，即达到刑法评价的程度。鉴于目前尚无司法解释或者相关法律法规对此作出明确规定，司法实践中可以参照执行《最高人民检察院、公安部关于公安机关管辖的刑事案件立案追诉标准的规定（一）》的相关规定。《最高人民检察院、公安部关于公安机关管辖的刑事案件立案追诉标准的规定（一）》第六十三条规定："违反保护水产资源法规，在禁渔区、禁渔期或者使用禁用的工具、方法捕捞水产品，涉嫌下列情形之一的，应予立案追诉：（一）在内陆水域非法捕捞水产品五百公斤以上或者价值五千元以上的，或者在海洋水域非法捕捞水产品二千公斤以上或者价值二万元以上的；（二）非法捕捞有重要经济价值的水生动物苗种、怀卵亲体或者在水产种质资源保护区内捕捞水产品，在内陆水域五十公斤以上或者价值五百元以上，或者在海洋水域二百公斤以上或者价值二千元以上的；（三）在禁渔区内使用禁用的工具或者禁用的方法捕捞的；（四）在禁渔期内使用禁用的工具或者禁用的方法捕捞的；（五）在公海使用禁用渔具从事捕捞作业，造成严重影响的；（六）其他情节严重的情形。"

行为人在长江江阴市临港街道利港新河闸口西侧长江堤岸边捕得长江小川条、鲫鱼等水产品共计 1 公斤，价值人民币 44 元。参照《最高人民检察院、公安部关于公安机关管辖的刑事案件立案追诉标准的规定（一）》的规定，行为人的行为在数量方面显然尚未达到"情节严重"的程度。因此，可以从下一个层面审查判断被告人耿志全的行为是否达到情节严重。

根据《刑法》第三百四十条的规定，非法捕捞水产品犯罪行为是指在禁渔区、禁渔期或者使用禁用的工具、方法捕捞水产品，情节严重的行为。从本罪罪状分析，本罪犯罪行为大致有四种情形：一是在禁渔区（地点条件）捕捞水产品，如在某些主要鱼、虾、蟹、贝、藻类以及其他主要水生生物产卵场、索饵场、越冬场和洄游通道划定的禁止区内捕捞；二是在禁渔期（时间条件）捕捞水产品，如在根据主要水生生物幼体出现的不同盛期划定的禁止期限内捕捞；三是使用禁用的工具（工具条件）捕捞水产品，如使用超过国家按不同捕捞对象所分别规定的最小网眼尺寸的渔具或其他禁止使用的渔具捕捞；四是使用禁用的方法（方法条件）捕捞水产品，如使用禁止使用的损害水产资源正常繁殖、生长的方法，例如炸鱼、毒鱼捕鱼等。

上述四种情形之间是并列选择的关系，如果行为符合其中一种情形，数量达到情节严重程度的，即可构成本罪；如果行为符合其中两种或者两种以上情形，但数量均未达到情节严重程度的，是否可以构成本罪，值得进一步探讨。

1. 应当认定为"情节严重"的情形。参照《最高人民检察院、公安部关于公安机关管辖的刑事案件立案追诉标准的规定（一）》第六十三条第（三）项、第（四）项的规定，在禁渔区内使用禁用的工具或者禁用的方法捕捞的，以及在禁渔期内使用禁用的工具或者禁用的方法捕捞的，均应当立案追诉，即均达到"情节严重"的程度。同时，鉴于非法捕捞水产品罪与非法狩猎罪在罪质上相似，对非法捕捞水产罪情节严重的认定也可参考非法狩猎罪司法解释的规定。《最高人民法院关于审理破坏野生动物资源刑事案件具体应用法律若干问题的解释》第六条规定："违反狩猎法规，在禁猎区、禁猎期或者使用禁用的工具、方法狩猎，具有下列情形之一的，属于非法狩猎'情节严重'：（一）非法狩猎野生动物二十只以上的；（二）违反狩猎法规，在禁猎区或者禁猎期使用禁用的工具、方法狩猎的；（三）具有其他严重情节的。"综合《最高人民检察院、公安部关于公安机关管辖的刑事案件立案追诉标准的规定（一）》和《最高人民法院关于审理破坏野生动物资源刑事案件具体应用法律若干问题的解释》的规定，笔者认为，时间+工具或者方法（禁渔期+禁用工具或者禁用方法）、地点+工具或者方法（禁渔区+禁用工具或者禁用方法），这四种具体情形，即便数量均未达到情节严重的认定标准，也应当认定为"情节严重"。

2. 不应认定为"情节严重"的情形。《刑法》第三百四十条规定的并列条件有四种，既然禁渔区+禁用工具或者禁用方法、禁渔期+禁用工具或者禁用方法可以认定为"情节严重"，那么是否任何两个并列条件的叠加，都可以认定为非法捕捞水产罪中的"情节严重"，对此实践中存在不同认识。有观点认为，禁渔区+禁渔期、禁用工具+禁用方法情形的捕捞行为，在有些情形下比禁渔区+禁用工具或者禁用方法、禁渔期+禁用工具或者禁用方法情形，具有更严重的社会危害性，故禁渔区+禁渔期、禁用工具+禁用方法情形也可以认定为"情节严重"。笔者认为，上述观点值得商榷。首先，相关规定对"情节严重"的规定采用了列举式模式，禁渔区+禁渔期、禁用工具+禁用方法情形未被列入其中，不属于明文列举的内容，且规定中并未留有关于此行为方式组合的兜底条款，故一般不应作扩大解释。其次，虽然四种情形系并列关系，但禁渔区、禁渔期是宏观层面的规定，不因行为的不同而有任何变化，禁用工具和禁用方法是微观层面的规定，从本质上分析，禁渔区和禁渔期具有同质性，禁用工具和禁用方法具有同质性，故禁渔区+禁渔期、禁用工具+禁用方法情形原则上不应直接认定为情节严重。当然，个别情形中，如使用的禁用工具和禁用方法，破坏性极大，给水产资源造成或者足以造成严重影响的，可以适用《最高人民检察院、公安部关于公安机关管辖的刑事案件立案追诉标准的规定（一）》第六十三条兜底项规定，认定为情节严重。

基于上述分析，本案被告人耿志全在长江禁渔期内，使用电瓶、逆变器等工具，采用国家禁止的电鱼方式捕捞鱼类，其行为属于禁渔期+禁用工具或者禁用方法情形，已然达到"情节严重"的程度，应当以非法捕捞水产品罪定罪处罚。

若行为的涉案数量未达到上述标准，行为方式亦不属于上述组合情形，则应当进一步审查行为是否属于其他情节严重的情形。《最高人民检察院、公安部关于公安机关管辖的刑事案件立案追诉标准的规定（一）》和《最高人民法院关于审理破坏野生动物资源刑事案件具体应用法律若干问题的解释》均规定了兜底条款，即其他情节严重的情形，笔者认为，其他情节严重的情形主要包括"非法捕捞次数""共同非法捕捞中的地位作用"、对水产资源造成的影响等方面。所谓非法捕捞次数，是指在禁渔区、禁渔期，采用禁用的工具或者方法的捕捞次数。笔者认为，虽然非法捕捞水产品行为的社会危害性主要表现在水产品的数量上，但行为的次数也在一定程度上体现了行为人的主观恶性和人身危险性，因此，以侦查困难排除非法捕捞次数在出入罪中的门槛作用，则难免失之偏颇。借鉴《刑法》及司法解释中一般以三次作为情节犯的通行惯例，行为人在一年内实施非法捕捞水产品三次以上的，应当认定为"情节严重"。之所以将在共同非法捕捞中的地位突出作为认定情节严重的参考要素，是因为聚众犯罪涉及人员多、影响范围广，历来是我国刑法打击的重点，首要分子在其中更是起到关键作用。在多人参与的共同非法捕捞水产品行为中，组织者和其他积极参加者造成的对于水产品危害的后果应当负主要责任，适当降低其入罪标准符合刑事理念和政策精神。此外，本罪的法益是水产资源以及相关管理制度，因此，对水产资源的影响理应成为重要的参考指标。《最高人民检察院、公安部关于公安机关管辖的刑事案件立案追诉标准的规定（一）》第六十三条第（五）项仅规定了"在公海使用禁用渔具从事捕捞作业，造成严重影响的"可以认定为情节严重，但从法益和规范技术层面分析，在存在兜底条款的前提下，这种有限列举是一种提示和强调性的，因为如果在内陆水域使用禁用工具捕捞导致水资源污染或者造成极其严重后果的，举重以明轻，也应具有刑罚惩罚性，应当纳入刑法评价范围。［No. 6-6-340-1　耿志全非法捕捞水产品案］

第三百四十一条　【危害珍贵、濒危野生动物罪】【非法狩猎罪】【非法猎捕、收购、运输、出售陆生野生动物罪】

非法猎捕、杀害国家重点保护的珍贵、濒危野生动物的，或者非法收购、运输、出售国家重点保护的珍贵、濒危野生动物及其制品的，处五年以下有期徒刑或者拘役，并处罚金；情节严重的，处五年以上十年以下有期徒刑，并处罚金；情节特别严重的，处十年以上有期徒刑，并处罚金或者没收财产。

违反狩猎法规，在禁猎区、禁猎期或者使用禁用的工具、方法进行狩猎，破坏野生动物资源，情节严重的，处三年以下有期徒刑、拘役、管制或者罚金。

违反野生动物保护管理法规，以食用为目的非法猎捕、收购、运输、出售第一款规定以外的在野外环境自然生长繁殖的陆生野生动物，情节严重的，依照前款的规定处罚。

【立法解释】

《全国人民代表大会常务委员会关于〈中华人民共和国刑法〉第三百四十一条、第三百一十二条的解释》（2014年4月24日通过）

△（**非法收购国家重点保护的珍贵、濒危野生动物及其制品**）知道或者应当知道是国家重点保护的珍贵、濒危野生动物及其制品，为食用或者其他目的而非法购买的，属于刑法第三百四十一条第一款规定的非法收购国家重点保护的珍贵、濒危野生动物及其制品的行为。

【立法沿革】

《中华人民共和国刑法》（1997年修订，自

1997年10月1日起施行)

第三百四十一条

非法猎捕、杀害国家重点保护的珍贵、濒危野生动物的,或者非法收购、运输、出售国家重点保护的珍贵、濒危野生动物及其制品的,处五年以下有期徒刑或者拘役,并处罚金;情节严重的,处五年以上十年以下有期徒刑,并处罚金;情节特别严重的,处十年以上有期徒刑,并处罚金或者没收财产。

违反狩猎法规,在禁猎区、禁猎期或者使用禁用的工具、方法进行狩猎,破坏野生动物资源,情节严重的,处三年以下有期徒刑、拘役、管制或者罚金。

《中华人民共和国刑法修正案(十一)》(自2021年3月1日起施行)

四十一、在刑法第三百四十一条中增加一款作为第三款:

"违反野生动物保护管理法规,以食用为目的非法猎捕、收购、运输、出售第一款规定以外的在野外环境自然生长繁殖的陆生野生动物,情节严重的,依照前款的规定处罚。"

【立法理由】

1. 1997年刑法修订前的立法情况。珍贵、濒危野生动物是全人类的共同财富,具有不可替代性和难以恢复性。为保护、拯救珍贵、濒危野生动物,1979年刑法规定了非法狩猎罪,明确规定违反狩猎法规,在禁猎区、禁猎期或者使用禁用的工具、方法进行狩猎,破坏珍禽、珍兽或者其他野生动物资源,情节严重的,予以刑事处罚。1988年,国家制定了野生动物保护法,对于保护野生动物及其生存环境,维护生态平衡,发挥了重要作用。但是,由于一些不法分子法治观念淡薄或者出于牟利目的,非法捕杀、收购、运输、出售珍贵、濒危野生动物及其制品的活动,实践中还经常发生,必须完善法律,加大对这类犯罪的打击力度。因此,1988年11月8日第七届全国人大常委会第四次会议通过的《全国人民代表大会常务委员会关于惩治捕杀国家重点保护的珍贵、濒危野生动物犯罪的补充规定》规定:"为了加强对国家重点保护的珍贵、濒危野生动物的保护,对刑法补充规定:非法捕杀国家重点保护的珍贵、濒危野生动物的,处七年以下有期徒刑或者拘役,可以并处或者单处罚金;非法出售倒卖、走私的,按投机倒把罪、走私罪处刑。"在1979年刑法非法狩猎罪规定的基础上增加了上述专门针对珍贵、濒危野生动物的犯罪。

2. 1997年修订刑法的情况。1997年刑法修订时,对1979年刑法及1988年全国人大常委会的上述决定规定的构成犯罪的条件进行了修改,并提高了量刑的幅度,进一步加强对破坏野生动物资源犯罪的惩治力度。一是整合1979年刑法和上述1988年决定的规定,将非法捕杀珍贵、濒危野生动物和非法狩猎罪两个犯罪规定为一条,作为两款分别规定,同时将决定中的"捕杀"修改为"猎捕、杀害",将出售倒卖珍贵、濒危野生动物按照投机倒把罪处刑修改为非法收购、运输、出售国家重点保护的珍贵、濒危野生动物及其制品罪,删去1979年刑法非法狩猎罪中"珍禽、珍兽"的规定。二是将上述1988年决定中走私珍贵、濒危野生动物按照走私罪处刑的规定在《刑法》第一百五十一条以走私珍贵动物、珍贵动物制品罪予以规定。三是修改了法定刑,将非法狩猎罪的法定刑由"处二年以下有期徒刑、拘役或者罚金"修改为"处三年以下有期徒刑、拘役、管制或者罚金";将非法猎捕、杀害、非法收购、运输、出售珍贵、濒危野生动物犯罪的法定刑由"处七年以下有期徒刑或者拘役,可以并处或者单处罚金"修改为"处五年以下有期徒刑或者拘役,并处罚金;情节严重的,处五年以上十年以下有期徒刑,并处罚金;情节特别严重的,处十年以上有期徒刑,并处罚金或者没收财产"三档刑罚。

3. 2014年有关法律解释的制定情况。近年来,在野生动物资源保护方面比较突出的问题:一是在一些地方食用珍贵、濒危野生动物等问题突出,形成了非法猎捕、杀害珍贵、濒危野生动物的"买方市场"。对于为食用或者其他非法用途而购买珍贵、濒危野生动物及其制品的,是否属于犯罪行为,是否追究刑事责任,还存在模糊认识,需要予以明确。二是一些不法分子明知是非法狩猎的野生动物而坐地收赃,形成非法狩猎活动的背后推手。对这种行为是否追究刑事责任,如何追究刑事责任不明确。加强对野生动物资源的保护,是建设生态文明的重要方面。目前社会上存在的食用珍贵、濒危野生动物等行为,既是一种社会陋习,也是非法猎捕、杀害珍贵、濒危野生动物活动屡禁不止的原因之一。"没有买卖,就没有杀戮。"明知是珍贵、濒危野生动物及其制品而购买的行为,从性质上讲,与非法收购珍贵、濒危野生动物及其制品的行为是相同的,应当依法追究刑事责任。另外,为保护野生动物,刑法规定了非法狩猎罪。实践中,明知是非法狩猎的野生动物而收购的行为,是造成一些大规模的非法狩猎活动在有的地方屡禁不止的主要原因,应当根据刑法的有关规定,依法追究这些人的刑事责任。因此,

2014年4月24日第十二届全国人大常委会第八次会议通过《关于〈中华人民共和国刑法〉第三百四十一条、第三百一十二条的解释》，对本条作出以下解释：一是明确以食用或者其他目的而非法购买珍贵、濒危野生动物及其制品的行为，属于非法收购国家重点保护的珍贵、濒危野生动物及其制品的犯罪。二是明确明知是非法狩猎的野生动物而购买的，属于明知是犯罪所得而收购的行为。

4. 2020年《刑法修正案（十一）》对本条的修改情况。2020年发生了前所未有的新冠肺炎疫情，给世界各国造成了巨大挑战。总结我国新冠肺炎疫情防控经验和需要，党中央提出要加强公共卫生安全，从源头上防范公共卫生风险。其中一个重要方面，是从公共卫生安全的角度，防止和切断病毒、疫病从野生动物向人类的传播途径。2020年2月24日公布了《全国人民代表大会常务委员会关于全面禁止非法野生动物交易、革除滥食野生动物陋习、切实保障人民群众生命健康安全的决定》，从维护生物安全和生态安全，有效防范重大公共卫生风险的角度，对野生动物保护管理制度作了较大调整。其中第二条规定："全面禁止食用国家保护的'有重要生态、科学、社会价值的陆生野生动物'以及其他陆生野生动物，包括人工繁育、人工饲养的陆生野生动物。全面禁止以食用为目的猎捕、交易、运输在野外环境自然生长繁殖的陆生野生动物。对违反前两款规定的行为，参照适用现行法律有关规定处罚。"野生动物保护法也将作出修改。1997年刑法规定的野生动物犯罪的对象是珍贵、濒危野生动物，对非法猎捕、交易、运输行为作了规定，非法狩猎罪实践中的保护对象是"有重要生态、科学、社会价值的陆生野生动物"，构成犯罪要求"在禁猎区、禁猎期或者使用禁用的工具、方法"，2014年《全国人民代表大会常务委员会关于〈中华人民共和国刑法〉第三百四十一条、第三百一十二条的解释》对以食用等目的而购买上述野生动物、制品如何适用法律作了进一步明确，通过法律解释，将购买食用珍贵、濒危野生动物，以及购买食用非法狩猎来源野生动物的行为明确为可依法追究刑事责任。但刑法的上述规定在禁止猎捕、禁止交易、禁止食用野生动物的范围和惩治力度上还存在不足，需要与全国人大常委会关于野生动物的决定进一步衔接，从防范公共卫生风险的角度，进一步加大惩治以食用为目的的非法经营、交易、运输非珍贵、濒危的其他野生动物犯罪的力度。因此，《刑法修正案（十一）》在本条增加一款，规定："违反野生动物保护管理法规，以食用为目的非法猎捕、收购、运输、出售第一款规定以外的在野外环境自然生长繁殖的陆生野生动物，情节严重的，依照前款的规定处罚。"

【条文说明】

本条是关于危害珍贵、濒危野生动物罪，非法狩猎罪，非法猎捕、收购、运输、出售陆生野生动物罪及其处罚的规定。

本条共分为三款。

第一款是关于非法猎捕、杀害珍贵、濒危野生动物犯罪，非法收购、运输、出售珍贵、濒危野生动物、珍贵、濒危野生动物制品犯罪及其处罚的规定。本款中"**珍贵、濒危野生动物**"，包括列入《国家重点保护野生动物名录》的国家一、二级保护野生动物、列入《濒危野生动植物物种国际贸易公约》附录一、附录二的野生动物以及驯养繁殖的上述物种。[①] **"珍贵"野生动物**是指具有较高的科学研究、经济利用或观赏价值的野生动物，如隼、秃鹫、猕猴、黄羊、马鹿等。**"濒危"野生动物**，是指除珍贵和稀有之外，种群数量处于急剧下降的趋势，面临灭绝的危险的野生动物，如白鳍豚等。另外，凡属于中国特产动物的，都可列为珍贵、濒危野生动物，如大熊猫，既是珍贵的，又是濒危的，又属于中国特产动物。珍贵、濒危的野生动物，都是被列为国家重点保护的野生动物。国家重点保护的野生动物范围实行目录管理。野生动物保护法中规定的地方重点保护野生动物不属于本款对象。**珍贵、濒危野生动物"制品"**，是指珍贵、濒危野生动物的肉、皮、毛、骨制成品。野生动物保护法等规定，除了科学研究、人工繁育、公众展示展演等少数特殊情形外，严厉禁止猎捕、杀害、出售、购买、利用、生产、经营使用国家重点保护的野生动物。与此衔接，刑法对针对珍贵、濒危野生动物的犯罪行为各个环节都作了相应规定。"**非法猎捕、杀害**"是指除因科学研究、驯养繁殖、展览或者其他特殊情况的需要，经过依法批准猎捕以外，对野生动物捕捉或者杀死的行为。"**非法收购、运输、出售国家重点保护的珍贵、濒危野生动物及其制品**"，是指违反法律规定，对珍贵、濒危野生动物

① 我国学者指出，非法收购、运输、出售已经驯养繁殖成功的珍贵、濒危野生动物、珍贵、濒危野生动物制品的行为，在没有办理相关手续的情况下，最多只是构成未经许可经营法律、行政法规规定的限制的物品的非法经营行为，而不能构成本罪。参见黎宏：《刑法学各论》（第2版），法律出版社2016年版，第449页。

进行收购、运输、出售的行为。同时,《全国人民代表大会常务委员会关于〈中华人民共和国刑法〉第三百四十一条、第三百一十二条的解释》还明确规定,知道或者应当知道是国家重点保护的珍贵、濒危野生动物及其制品,为食用或者其他目的而非法购买的,属于《刑法》第三百四十一条第一款规定的非法收购国家重点保护的珍贵、濒危野生动物及其制品的行为。非法"运输"国家重点保护的珍贵、濒危野生动物及其制品,是指违反野生动物保护法的有关规定,利用飞机、火车、汽车、轮船等交通工具,通过邮寄、利用他人或者随身携带等方式,将国家重点保护的珍贵、濒危野生动物及其制品,从这一地点运往另一地点的行为。运输犯罪的情形一般是指对非法猎捕、杀害、购买的野生动物进行运输,或者以非法出售为目的的运输等,这类非法运输行为直接破坏了珍贵、濒危野生动物资源,社会危害严重,应当依法严厉惩处。另外,需要注意的是,2016 年 7 月,全国人大常委会对《野生动物保护法》作了修订。修订前的《野生动物保护法》第二十三条规定:"运输、携带国家重点保护野生动物或者其产品出县境的,必须经省、自治区、直辖市政府野生动物行政主管部门或者其授权的单位批准。"2016 年修订后的《野生动物保护法》第三十三条对运输野生动物的条件作了修改,规定:"运输、携带、寄递国家重点保护野生动物及其制品、本法第二十八条第二款规定的野生动物及其制品出县境的,应当持有或者附有本法第二十一条、第二十五条、第二十七条或者第二十八条规定的许可证、批准文件的副本或者专用标识,以及检疫证明。运输非国家重点保护野生动物出县境的,应当持有狩猎、进出口等合法来源证明,以及检疫证明。"第四十八条对行政处罚责任作了规定,即运输野生动物应当持有有关合法来源的证明文件和检疫证明,无须再另行向野生动物行政主管部门专门就运输申请批准。因此,实践中不能将马戏团为进行异地表演而未经批准运输珍贵、濒危野生动物的行为认定为本罪。

根据《最高人民法院关于审理破坏野生动物资源刑事案件具体应用法律若干问题的解释》的规定,"**情节严重**"是指非法猎捕、杀害、收购、运输、出售珍贵、濒危野生动物达到一定的数量标准,或者非法收购、运输、出售珍贵、濒危野生动物制品价值在十万元以上或非法获利五万元以上等情况。"**情节特别严重**"是指非法猎捕、杀害、收购、运输、出售珍贵、濒危野生动物数量特别大的;犯罪集团的首要分子;严重影响对野生动物的科研、养殖等工作顺利进行的;以武装掩护方法实施犯罪的;使用特种车、军用车等交通工具实施犯罪的;造成其他重大损失的;非法收购、运输、出售珍贵、濒危野生动物制品价值在二十万元以上或非法获利十万元以上的;或者具有其他特别严重情节的。关于价值的计算,依照国家野生动物保护主管部门的规定核定;核定价值低于实际交易价格的,以实际交易价格认定。

第二款是关于非法狩猎犯罪及其处罚的规定。本款中,"**违反狩猎法规**"是指违反国家有关狩猎规范的法律、法规。"**禁猎区**"是指国家划定一定的范围,禁止在其中进行狩猎活动的地区,一般是属于某些珍贵动物的主要栖息、繁殖的地区。此外,城镇、工矿区、革命圣地、名胜古迹地区、风景区,也是禁猎区。"**禁猎期**"是指国家规定禁止狩猎的期限,主要是为了保护野生动物资源,根据野生动物繁殖的季节,规定禁止猎捕的期限。"**禁用的工具、方法**"是指会破坏野生动物资源,危害人畜安全的工具、方法,如地弓、地枪,以及用毒药、炸药、火攻、烟熏、电击等方法。本款并不是绝对禁止猎捕野生动物,而是将猎捕野生动物的行为,限定在一定范围内。"**情节严重**"主要是指非法狩猎野生动物二十只以上的;违反狩猎法规,在禁猎区或者禁猎期使用禁用的工具、方法狩猎的;或者具有其他严重情节的。同时,为打击非法狩猎行为,《全国人民代表大会常务委员会关于〈中华人民共和国刑法〉第三百四十一条、第三百一十二条的解释》还明确规定,知道或者应当知道是《刑法》第三百四十一条第二款规定的非法狩猎的野生动物而购买的,属于《刑法》第三百一十二条第一款规定的明知是犯罪所得而收购的行为。根据《最高人民法院关于审理掩饰、隐瞒犯罪所得、犯罪所得收益刑事案件适用法律若干问题的解释》第一条的规定,依照《全国人民代表大会常务委员会关于〈中华人民共和国刑法〉第三百四十一条、第三百一十二条的解释》,明知是非法狩猎的野生动物而收购,数量达到五十只以上的,以**掩饰、隐瞒犯罪所得罪**定罪处罚。

第三款是关于以食用为目的的非法猎捕、收购、运输、出售其他野生动物犯罪及其处罚的规定。本款规定的目的既是保护野生动物资源,更是维护公共卫生安全。

1. 关于"**以食用为目的**"。立法过程中有意见提出,删去"以食用为目的"的限定,以其他用途如药用、观赏用等非食用性利用为目的,而非法猎捕、交易等行为也应纳入刑事制裁。考虑到与全国人大常委会上述涉及野生动物的决定以及正在修改的野生动物保护法衔接,本款罪主要是从禁止食用野生动物、防范野生动物疫情传播风险角度作出的规定,以及妥当把握刑事处罚范围,限定为"以食用为目的"。对于出于驯养、观赏、皮毛利用等目的非法猎捕、收购、出售、运输其他陆生野生动物的,可给予行政处罚,或者构成非法狩猎罪等其他犯罪的,依法追究刑事责任。需要注意的是,实践中构成犯罪不要求查证已经"食用",对于在集市、餐馆等经营场所查到野生动物,行为人不能说明正当理由和合理用途的,即可认定为具有"以食用为目的",对于猎捕、出售大雁等主要用作食用目的的野生动物的,可认定具有"以食用为目的",将来司法实践中也可对如何认定"以食用为目的"作出进一步解释。

2. **"第一款规定以外的在野外环境自然生长繁殖的陆生野生动物"**,即珍贵、濒危野生动物以外的其他野生动物,这里有两个限定性表述:一是要求"在野外环境自然生长繁殖"的陆生野生动物,即真正的纯陆生野生动物,不包括驯养繁殖的情况;二是陆生野生动物,不包括水生野生动物。另外,从本款规定的重要目的是防范公共卫生风险这一点考虑,这里的陆生野生动物主要是指陆生脊椎野生动物,是对人类具有动物疫病传播风险的野生动物,对于昆虫等一般不宜认定为本款规定的野生动物。《全国人民代表大会常务委员会关于全面禁止非法野生动物交易、革除滥食野生动物陋习、切实保障人民群众生命健康安全的决定》第三条规定:"列入畜禽遗传资源目录的动物,属于家畜家禽,适用《中华人民共和国畜牧法》的规定。国务院畜牧兽医行政主管部门依法制定并公布畜禽遗传资源目录。"对可食用野生动物实行"白名单"制度。2020 年 5 月 29 日,国家畜禽遗传资源委员会办公室公布《国家畜禽遗传资源品种名录》,对此前目录作了修改,首次明确家禽家畜种类三十三种,除了传统畜禽十七种以外,还包括十六种特殊畜禽,如梅花鹿、马鹿、雉鸡、鹧鸪、绿头鸭、鸵鸟等。食用和为食用而猎捕、交易上述白名单目录中的特殊畜禽的,即使属于野外环境自然生长繁殖的,也不构成本款规定的犯罪。

3. **实施"非法猎捕、收购、运输、出售"行为,且情节严重**。"情节严重"要考量非法获利数额、涉及野生动物数量,以及是否具有传染动物疫病的重要风险等。犯本款罪的,依照前款非法狩猎罪的刑罚处罚,即处三年以下有期徒刑、拘役、管制或者罚金。

需要注意以下几个方面的问题:

1. 本条第一款规定了非法猎捕、杀害珍贵、濒危野生动物犯罪。在办理这类案件时如果涉案动物系**人工繁育的**,在认定是否构成犯罪以及如何裁量刑罚时,应当考虑涉案动物的濒危程度、野外存活状况、人工繁育情况、是否列入人工繁育国家重点保护野生动物名录、行为手段、对野生动物资源的损害程度等情节,综合评估社会危害性,保证罪责刑相适应,如实践中出售自己繁育的珍贵濒危乌龟或者鹦鹉等的,应当依法作出妥当处理。对于涉案动物是否系人工繁育,应当综合被告人或其辩护人提供的证据材料和其他材料依法审查认定。

2. 本条第三款规定了非法猎捕、收购、运输、出售其他陆生野生动物犯罪。本条惩治的重点是**以食用为目的而进行的规模化、手段恶劣的猎捕行为,以及针对野生动物的市场化、经营化、组织化的运输、交易行为**,且定罪门槛上要求情节严重。对公民为自己食用而猎捕、购买一般的野生动物,或者对于个人在日常劳作生活中捕捉到少量野生动物并食用的,比如个人捕捉到的野兔、野猪、麻雀并食用的,不宜以本款罪论处。

3. 关于增加的第三款非法猎捕、收购、运输、出售其他陆生野生动物的犯罪与本条第二款非法狩猎犯罪,以及 2014 年《全国人民代表大会常务委员会关于〈中华人民共和国刑法〉第三百四十一条、第三百一十二条的解释》之间的关系。(1)**关于非法狩猎犯罪与本条第三款罪**。非法狩猎犯罪的对象是"野生动物",此前实践中把握的一般是"有重要生态、科学、社会价值的野生动物",行为手段是在禁猎区、禁猎期或者使用禁用的工具、方法进行狩猎,构成非法狩猎罪要求上述特定的"四禁",范围和情形是有条件的,同时对主观目的没有限制。第三款非法猎捕、收购、运输、出售其他陆生野生动物犯罪是针对防范公共卫生风险,从禁止食用野生动物的角度作出的规定,但没有直接将食用规定为犯罪,而是打击以食用为目的的猎捕、交易、运输行为。两罪行为方式都有"猎捕"或者"狩猎",非法狩猎行为后也继续有运输、出售行为,但如上所述,两罪的行为目的、构成犯罪的条件等是不一样的。构成非法狩猎犯罪的,如果又以食用为目的,则可能同时构成本条第三款罪,两罪存在少量情形的交叉,法定刑相同,这种情况按照非法狩猎犯罪处罚更为合适。(2)**关于本条第三款罪与法律解释适用的关系**。《全国人民代表大会常务委员会关于〈中华人民共和国刑法〉第三百四十一条、第三百一十二条的解释》包括两个方面的内容:一是规定为食用或者其他目的而非法购买本条第一款规定的国家重点保护的珍贵、濒危野生动物的,属于本条第一款规定的非法收购行为。增加第三款罪的对象为本条第一款规定以外的野生动物,因此对法律解释上述规定的适用没有影响。二是《全国人民代表大会常务委员会关于〈中华人民共和国刑法〉第三百四十一条、第三百一十二条的解释》规定,知道或者应当知道是本条第二款规定的非法狩猎的野生动物而购买的,属于《刑法》第三百一十二条第一款规定的明知是犯罪所得而收购的行为,即构成掩饰、隐瞒犯罪所得、犯罪所得收益罪。与本条第三款罪可能存在一些重合,对此根据案件具体情况,从一重罪处理。知道或者应当知道是非法狩猎的野生动物而购买的,且属于"以食用为目的"的购买,同时构成掩饰、隐瞒犯罪所得罪和本条第三款非法收购陆生野生动物犯罪,根据案件具体情况,依照《刑法》第三百一十二条和本条及有关司法解释定罪量刑的规定,确定从一重罪处罚。掩饰、隐瞒犯罪所得罪有两档刑罚,最高为七年有期徒刑,因此,以食用为目的购买、经营、运输非法狩猎的野生动物可以判处比本条第三款刑罚更重的刑罚。

【司法解释】

《最高人民法院关于审理发生在我国管辖海域相关案件若干问题的规定(一)》(法释〔2016〕16号,自2016年8月2日起施行)

△(**管辖海域**)中国公民或者外国人在我国管辖海域实施非法猎捕、杀害珍贵濒危野生动物或者非法捕捞水产品等犯罪的,依照我国刑法追究刑事责任。(§3)

《最高人民法院关于审理发生在我国管辖海域相关案件若干问题的规定(二)》(法释〔2016〕17号,自2016年8月2日起施行)

△(**珊瑚、砗磲或者其他珍贵、濒危水生野生动物;情节严重;情节特别严重**)非法采捕珊瑚、砗磲或者其他珍贵、濒危水生野生动物,具有下列情形之一的,应当认定为刑法第三百四十一条第一款规定的"情节严重":

(一)价值在五十万元以上的;

(二)非法获利二十万元以上的;

(三)造成海域生态环境严重破坏的;

(四)造成严重国际影响的;

(五)其他情节严重的情形。

实施前款规定的行为,具有下列情形之一的,应当认定为刑法第三百四十一条第一款规定的"情节特别严重":

(一)价值或者非法获利达到本条第一款规定标准五倍以上的;

(二)价值或者非法获利达到本条第一款规定的标准,造成海域生态环境严重破坏的;

(三)造成海域生态环境特别严重破坏的;

(四)造成特别严重国际影响的;

(五)其他情节特别严重的情形。(§5)

△(**珊瑚、砗磲或者其他珍贵、濒危水生野生动物及其制品;情节严重;情节特别严重**)非法收购、运输、出售珊瑚、砗磲或者其他珍贵、濒危水生野生动物及其制品,具有下列情形之一的,应当认定为刑法第三百四十一条第一款规定的"情节严重":

(一)价值在五十万元以上的;

(二)非法获利在二十万元以上的;

(三)具有其他严重情节的。

非法收购、运输、出售珊瑚、砗磲或者其他珍贵、濒危水生野生动物及其制品,具有下列情形之一的,应当认定为刑法第三百四十一条第一款规定的"情节特别严重":

(一)价值在二百五十万元以上的;

(二)非法获利在一百万元以上的;

(三)具有其他特别严重情节的。(§6)

△(**涉案珍贵、濒危水生野生动物;种属确定;价值认定;珊瑚、砗磲**)对案件涉及的珍贵、濒危水生野生动物的种属难以确定的,由司法鉴定机构出具鉴定意见,或者由国务院渔业行政主管部门指定的机构出具报告。

珍贵、濒危水生野生动物或者其制品的价值,依照国务院渔业行政主管部门的规定核定。核定价值低于实际交易价格的,以实际交易价格认定。

本解释所称珊瑚、砗磲,是指列入《国家重点保护野生动物名录》中国家一、二级保护的,以及列入《濒危野生动植物种国际贸易公约》附录一、附录二中的珊瑚、砗磲的所有种,包括活体和死体。(§7)

△[**想象竞合犯;非法捕捞罪;非法猎捕、杀害珍贵、濒危野生动物罪;组织他人偷越国(边)境罪;偷越国(边)境罪;数罪并罚;妨害公务罪**]实施破坏海洋资源犯罪行为,同时构成非法捕捞罪、非法猎捕、杀害珍贵、濒危野生动物罪、组织他人偷越国(边)境罪、偷越国(边)境罪等犯罪的,依照处罚较重的规定定罪处罚。

有破坏海洋资源犯罪行为,又实施走私、妨害公务等犯罪的,依照数罪并罚的规定处理。(§8)

《最高人民法院、最高人民检察院关于办理破坏野生动物资源刑事案件适用法律若干问题的解释》(法释〔2022〕12号,自2022年4月9日起施行)

△(**国家重点保护的珍贵、濒危野生动物**)刑法第三百四十一条第一款规定的"国家重点保护

的珍贵、濒危野生动物”包括：

(一)列入《国家重点保护野生动物名录》的野生动物；

(二)经国务院野生动物保护主管部门核准按照国家重点保护的野生动物管理的野生动物。(§ 4)

△(**收购；运输；出售**)刑法第三百四十一条第一款规定的“收购”包括以营利、自用等为目的的购买行为；“运输”包括采用携带、邮寄、利用他人、使用交通工具等方法进行运送的行为；“出售”包括出卖和以营利为目的的加工利用行为。

刑法第三百四十一条第三款规定的“收购”“运输”“出售”，是指以食用为目的，实施前款规定的相应行为。(§ 5)

△(**危害珍贵、濒危野生动物罪；情节严重；情节特别严重；从重处罚；不起诉或者免予刑事处罚；不作为犯罪处理**)非法猎捕、杀害国家重点保护的珍贵、濒危野生动物，或者非法收购、运输、出售国家重点保护的珍贵、濒危野生动物及其制品，价值二万元以上不满二十万元的，应当依照刑法第三百四十一条第一款的规定，以危害珍贵、濒危野生动物罪处五年以下有期徒刑或者拘役，并处罚金；价值二十万元以上不满二百万元的，应当认定为“情节严重”，处五年以上十年以下有期徒刑，并处罚金；价值二百万元以上的，应当认定为“情节特别严重”，处十年以上有期徒刑，并处罚金或者没收财产。

实施前款规定的行为，具有下列情形之一的，从重处罚：

(一)属于犯罪集团的首要分子的；

(二)为逃避监管，使用特种交通工具实施的；

(三)严重影响野生动物科研工作的；

(四)二年内曾因破坏野生动物资源受过行政处罚的。

实施第一款规定的行为，不具有第二款规定的情形，且未造成动物死亡或者动物、动物制品无法追回，行为人全部退赃退赔，确有悔罪表现的，按照下列规定处理：

(一)珍贵、濒危野生动物及其制品价值二百万元以上的，可以认定为“情节严重”，处五年以上十年以下有期徒刑，并处罚金；

(二)珍贵、濒危野生动物及其制品价值二十万元以上不满二百万元的，可以处五年以下有期徒刑或者拘役，并处罚金；

(三)珍贵、濒危野生动物及其制品价值二万元以上不满二十万元的，可以认定为犯罪情节轻微，不起诉或者免予刑事处罚；情节显著轻微危害不大的，不作为犯罪处理。(§ 6)

△(**情节严重；非法狩猎罪；从重处罚；不起诉或者免予刑事处罚；不作为犯罪处理**)违反狩猎法规，在禁猎区、禁猎期或者使用禁用的工具、方法进行狩猎，破坏野生动物资源，具有下列情形之一的，应当认定为刑法第三百四十一条第二款规定的“情节严重”，以非法狩猎罪定罪处罚：

(一)非法猎捕野生动物价值一万元以上的；

(二)在禁猎区使用禁用的工具或者方法狩猎的；

(三)在禁猎期使用禁用的工具或者方法狩猎的；

(四)其他情节严重的情形。

实施前款规定的行为，具有下列情形之一的，从重处罚：

(一)暴力抗拒、阻碍国家机关工作人员依法履行职务，尚未构成妨害公务罪、袭警罪的；

(二)对野生动物资源或者栖息地生态造成严重损害的；

(三)二年内曾因破坏野生动物资源受过行政处罚的。

实施第一款规定的行为，根据猎获物的数量、价值和狩猎方法、工具等，认为对野生动物资源危害明显较轻的，综合考虑猎捕的动机、目的、行为人自愿接受行政处罚、积极修复生态环境等情节，可以认定为犯罪情节轻微，不起诉或者免予刑事处罚；情节显著轻微危害不大的，不作为犯罪处理。(§ 7)

△(**情节严重；非法猎捕、收购、运输、出售陆生野生动物罪；非法狩猎罪**)违反野生动物保护管理法规，以食用为目的，非法猎捕、收购、运输、出售刑法第三百四十一条第一款规定以外的在野外环境自然生长繁殖的陆生野生动物，具有下列情形之一的，应当认定为刑法第三百四十一条第三款规定的“情节严重”，以非法猎捕、收购、运输、出售陆生野生动物罪定罪处罚：

(一)非法猎捕、收购、运输、出售有重要生态、科学、社会价值的陆生野生动物或者地方重点保护陆生野生动物价值一万元以上的；

(二)非法猎捕、收购、运输、出售第一项规定以外的其他陆生野生动物价值五万元以上的；

(三)其他情节严重的情形。

实施前款规定的行为，同时构成非法狩猎罪的，应当依照刑法第三百四十一条第三款的规定，以非法猎捕陆生野生动物罪定罪处罚。(§ 8)

△(**以食用为目的**)对于“以食用为目的”，应当综合涉案动物及其制品的特征，被查获的地点，加工、包装情况，以及可以证明来源、用途的标识、

证明等证据作出认定。

实施本解释规定的相关行为，具有下列情形之一的，可以认定为“以食用为目的”：

（一）将相关野生动物及其制品在餐饮单位、饮食摊点、超市等场所作为食品销售或者运往上述场所的；

（二）通过包装、说明书、广告等介绍相关野生动物及其制品的食用价值或者方法的；

（三）其他足以认定以食用为目的的情形。（§ 11）

△（**数量、数额累计计算**）二次以上实施本解释规定的行为构成犯罪，依法应当追诉的，或者二年内实施本解释规定的行为未经处理的，数量、数额累计计算。（§ 12）

△（**人工繁育动物；罪责刑相适应；一般不作为犯罪处理**）实施本解释规定的相关行为，在认定是否构成犯罪以及裁量刑罚时，应当考虑涉案动物是否系人工繁育、物种的濒危程度、野外存活状况、人工繁育情况、是否列入人工繁育国家重点保护野生动物名录，行为手段、对野生动物资源的损害程度，以及对野生动物及其制品的认知程度等情节，综合评估社会危害性，准确认定是否构成犯罪，妥当裁量刑罚，确保罪责刑相适应；根据本解释的规定定罪量刑明显过重的，可以根据案件的事实、情节和社会危害程度，依法作出妥当处理。

涉案动物系人工繁育，具有下列情形之一的，对所涉案件一般不作为犯罪处理；需要追究刑事责任的，应当依法从宽处理：

（一）列入人工繁育国家重点保护野生动物名录的；

（二）人工繁育技术成熟、已成规模，作为宠物买卖、运输的。（§ 13）

△（**涉案动物及其制品的价值；核算**）对于涉案动物及其制品的价值，应当根据下列方法确定：

（一）对于国家禁止进出口的珍贵动物及其制品、国家重点保护的珍贵、濒危野生动物及其制品的价值，根据国务院野生动物保护主管部门制定的评估标准和方法核算；

（二）对于有重要生态、科学、社会价值的陆生野生动物、地方重点保护野生动物、其他野生动物及其制品的价值，根据销赃数额认定；无销赃数额、销赃数额难以查证或者根据销赃数额认定明显偏低的，根据市场价格核算，必要时，也可以参照相关评估标准和方法核算。（§ 15）

△（**涉案动物及其制品的价值；鉴定**）根据本解释第十五条规定难以确定涉案动物及其制品价值的，依据司法鉴定机构出具的鉴定意见，或者下列机构出具的报告，结合其他证据作出认定：

（一）价格认证机构出具的报告；

（二）国务院野生动物保护主管部门、国家濒危物种进出口管理机构或者海关总署等指定的机构出具的报告；

（三）地、市级以上人民政府野生动物保护主管部门、国家濒危物种进出口管理机构的派出机构或者直属海关等出具的报告。（§ 16）

△（**涉案动物的种属类别等专门性问题；认定意见**）对于涉案动物的种属类别、是否系人工繁育，非法捕捞、狩猎的工具、方法，以及对野生动物资源的损害程度等专门性问题，可以由野生动物保护主管部门、侦查机关依据现场勘验、检查笔录等出具认定意见；难以确定的，依据司法鉴定机构出具的鉴定意见、本解释第十六条所列机构出具的报告，被告人及其辩护人提供的证据材料，结合其他证据材料综合审查，依法作出认定。（§ 17）

△（**单位犯罪**）餐饮公司、渔业公司等单位实施破坏野生动物资源犯罪的，依照本解释规定的相应自然人犯罪的定罪量刑标准，对直接负责的主管人员和其他直接责任人员定罪处罚，并对单位判处罚金。（§ 18）

△（**珊瑚、砗磲或者其他珍贵、濒危水生野生动物**）在海洋水域，非法捕捞水产品，非法采捕珊瑚、砗磲或者其他珍贵、濒危水生野生动物，或者非法收购、运输、出售珊瑚、砗磲或者其他珍贵、濒危水生野生动物及其制品的，定罪量刑标准适用《最高人民法院关于审理发生在我国管辖海域相关案件若干问题的规定（二）》（法释〔2016〕17号）的相关规定。（§ 19）

【司法解释性文件】

《国家林业局、公安部关于森林和陆生野生动物刑事案件管辖及立案标准》（林安字〔2001〕156号，2001年5月9日公布）

△（**非法猎捕、杀害国家重点保护珍贵、濒危陆生野生动物罪；立案标准；重大案件；特别重大案件**）凡非法猎捕、杀害国家重点保护的珍贵、濒危陆生野生动物的应当立案，重大案件、特别重大案件的立案标准详见附表。

△（**非法收购、运输、出售珍贵、濒危陆生野生动物、珍贵、濒危陆生野生动物制品罪；立案标准；重大案件；特别重大案件**）非法收购、运输、出售国家重点保护的珍贵、濒危陆生野生动物的应当立案，重大案件、特别重大案件的立案标准见附表。

非法收购、运输、出售国家重点保护的珍贵、濒危陆生野生动物制品的,应当立案;制品价值在10万元以上或者非法获利5万元以上的,为重大案件;制品价值在20万元以上或非法获利10万元以上的,为特别重大案件。

△(**非法狩猎罪;立案标准;重大案件;特别重大案件**)违反狩猎法规,在禁猎区、禁猎期或者使用禁用的工具、方法狩猎,具有下列情形之一的,应予立案:

1.非法狩猎陆生野生动物20只以上的;

2.在禁猎区或者禁猎期使用禁用的工具、方法狩猎的;

3.具有其他严重破坏野生动物资源情节的。

违反狩猎法规,在禁猎区、禁猎期或者使用禁用的工具、方法狩猎,非法狩猎陆生野生动物50只以上的,为重大案件;非法狩猎陆生野生动物100只以上或者具有其他恶劣情节的,为特别重大案件。

《最高人民检察院、公安部关于公安机关管辖的刑事案件立案追诉标准的规定(一)》(公通字〔2008〕36号,2008年6月25日公布)

△(**非法猎捕、杀害珍贵、濒危野生动物罪;立案追诉标准;珍贵、濒危野生动物**)非法猎捕、杀害国家重点保护的珍贵、濒危野生动物的,应予立案追诉。

本条和本规定第六十五条规定的"珍贵、濒危野生动物",包括列入《国家重点保护野生动物名录》的国家一、二级保护野生动物、列入《濒危野生动植物种国际贸易公约》附录一、附录二的野生动物以及驯养繁殖的上述物种。(§64)

△(**非法收购、运输、出售珍贵、濒危野生动物、珍贵、濒危野生动物制品罪;立案追诉标准;收购;运输;出售**)非法收购、运输、出售国家重点保护的珍贵、濒危野生动物及其制品的,应予立案追诉。

本条规定的"收购",包括以营利、自用等为目的的购买行为;"运输",包括采用携带、邮寄、利用他人、使用交通工具等方法进行运送的行为;"出售",包括出卖和以营利为目的的加工利用行为。(§65)

△(**非法狩猎罪;立案追诉标准**)违反狩猎法规,在禁猎区、禁猎期或者使用禁用的工具、方法进行狩猎,破坏野生动物资源,涉嫌下列情形之一的,应予立案追诉:

(一)非法狩猎野生动物二十只以上的;

(二)在禁猎区内使用禁用的工具或者禁用的方法狩猎的;

(三)在禁猎期内使用禁用的工具或者禁用的方法狩猎的;

(四)其他情节严重的情形。(§66)

《最高人民法院、最高人民检察院、国家林业局、公安部、海关总署关于破坏野生动物资源刑事案件中涉及的CITES附录Ⅰ和附录Ⅱ所列陆生野生动物制品价值核定问题的通知》(林濒发〔2012〕239号,2012年9月17日公布)

△(**CITES附录Ⅰ和附录Ⅱ所列陆生野生动物制品之价值核定**)我国是《濒危野生动植物种国际贸易公约》(CITES)缔约国,非原产我国的CITES附录Ⅰ和附录Ⅱ所列陆生野生动物已依法被分别核准为国家一级、二级保护野生动物。近年来,各地严格按照CITES和我国野生动物保护法律法规的规定,查获了大量非法收购、运输、出售和走私CITES附录Ⅰ、附录Ⅱ所列陆生野生动物及其制品案件。为确保依法办理上述案件,依据《陆生野生动物保护实施条例》第二十四条、《最高人民法院关于审理走私刑事案件具体应用法律若干问题的解释》(法释〔2000〕30号)第四条,以及《最高人民法院关于审理破坏野生动物资源刑事案件具体应用法律若干问题的解释》(法释〔2000〕37号)第十条和第十一条的有关规定,结合《林业部关于在野生动物案件中如何确定国家重点保护野生动物及其产品价值标准的通知》(林策通字〔1996〕8号),现将破坏野生动物资源案件中涉及的CITES附录Ⅰ和附录Ⅱ所列陆生野生动物制品的价值标准规定如下:

一、CITES附录Ⅰ、附录Ⅱ所列陆生野生动物制品的价值,参照与其同属的国家重点保护陆生野生动物的同类制品价值标准核定;没有与其同属的国家重点保护陆生野生动物的,参照与其同科的国家重点保护陆生野生动物的同类制品价值标准核定;没有与其同科的国家重点保护陆生野生动物的,参照与其同目的国家重点保护陆生野生动物的同类制品价值标准核定;没有与其同目的国家重点保护陆生野生动物的,参照与其同纲或者同门的国家重点保护陆生野生动物的同类制品价值标准核定。

二、同属、同科、同目、同纲或者同门中,如果存在多种不同保护级别的国家重点保护陆生野生动物的,应当参照该分类单元中相同保护级别的国家重点保护陆生野生动物的同类制品价值标准核定;如果存在多种相同保护级别的国家重点保护陆生野生动物的,应当参照该分类单元中价值标准最低的国家重点保护陆生野生动物的同类制品价值标准核定;如果CITES附录Ⅰ和附录Ⅱ所列陆生野生动物所处分类单元有多种国家重点保护陆生野生动物,但保护级别不同的,应当参照该分类单元中价值标准最低的国家重点保护陆生野生动物的同类制品价值标准核定；如果仅有一种国家重点保护陆生野生动物的，应当参照该种国家重点保护陆生野生动物的同类制品价值标准核定。

三、同一案件中缴获的同一动物个体的不同部分的价值总和，不得超过该种动物个体的价值。

四、核定价值低于非法贸易实际交易价格的，以非法贸易实际交易价格认定。

五、犀牛角、象牙等野生动物制品的价值，继续依照《国家林业局关于发布破坏野生动物资源刑事案中涉及走私的象牙及其制品价值标准的通知》（林濒发〔2001〕234 号），以及《国家林业局关于发布破坏野生动物资源刑事案件中涉及犀牛角价值标准的通知》（林护发〔2002〕130 号）的规定核定。

人民法院、人民检察院、公安、海关等办案单位可以依据上述价值标准，核定破坏野生动物资源刑事案件中涉及的 CITES 附录Ⅰ和附录Ⅱ所列陆生野生动物制品的价值。核定有困难的，县级以上林业主管部门、国家濒危物种进出口管理机构或其指定的鉴定单位应该协助。

《最高人民法院研究室关于收购、运输、出售部分人工驯养繁殖技术成熟的野生动物适用法律问题的复函》（法研〔2016〕23 号，2016 年 3 月 2 日公布）

△**（真正意义上的野生动物；人工驯养繁殖）**

我院《关于被告人郑喜和非法收购珍贵、濒危野生动物、珍贵、濒危野生动物制品罪请示一案的批复》（〔2011〕刑他字第 86 号，以下简称《批复》）是根据贵局《关于发布商业性经营利用驯养繁殖技术成熟的梅花鹿等 54 种陆生野生动物名单的通知》（林护发〔2003〕121 号，以下简称《通知》）的精神作出的。虽然《通知》于 2012 年被废止，但从实践看，《批复》的内容仍符合当前野生动物保护与资源利用实际，即：由于驯养繁殖技术的成熟，对有的珍贵、濒危野生动物的驯养繁殖、商业利用在某些地区已成规模，有关野生动物的数量极大增加，收购、运输、出售这些人工驯养繁殖的野生动物实际已无社会危害性。

来函建议对我院 2000 年《关于审理破坏野生动物资源刑事案件具体应用法律若干问题的解释》进行修改，提高收购、运输、出售有关人工驯养繁殖的野生动物的定罪量刑标准。此一思路虽能将一些行为出罪，但不能完全解决问题。如将运输人工驯养繁殖梅花鹿行为的入罪标准规定为 20 只以上后，还会有相当数量的案件符合定罪乃至判处重刑的条件。按此思路修订解释、对相关案件作出判决后，恐仍难保障案件处理的法律与社会效果。

鉴此，我室认为，彻底解决当前困境的办法，或者是尽快启动国家重点保护野生动物名录的修订工作，将一些实际已不再处于濒危状态的动物从名录中及时调整出去，同时将有的已处于濒危状态的动物增列进来；或者是在修订后司法解释中明确，对某些经人工驯养繁殖、数量已大大增多的野生动物，附表所列的定罪量刑数量标准，仅适用于真正意义上的野生动物，而不包括驯养繁殖的。

【附属刑法】

《中华人民共和国野生动物保护法》（1988 年 11 月 8 日通过，2018 年 10 月 26 日第三次修正）

第四十四条

违反本法第十五条第三款规定①，以收容救护为名买卖野生动物及其制品的，由县级以上人民政府野生动物保护主管部门没收野生动物及其制品、违法所得，并处野生动物及其制品价值二倍以上十倍以下的罚款，将有关违法信息记入社会诚信档案，向社会公布；构成犯罪的，依法追究刑事责任。

第四十五条

违反本法第二十条、第二十一条、第二十三条

---

① 《中华人民共和国野生动物保护法》（1988 年 11 月 8 日通过，2018 年 10 月 26 日第三次修正）

第二条

Ⅰ在中华人民共和国领域及管辖的其他海域，从事野生动物保护及相关活动，适用本法。

Ⅱ本法规定保护的野生动物，是指珍贵、濒危的陆生、水生野生动物和有重要生态、科学、社会价值的陆生野生动物。

Ⅲ本法规定的野生动物及其制品，是指野生动物的整体（含卵、蛋）、部分及其衍生物。

Ⅳ珍贵、濒危的水生野生动物以外的其他水生野生动物的保护，适用《中华人民共和国渔业法》等有关法律的规定。

第十五条

Ⅲ禁止以野生动物收容救护为名买卖野生动物及其制品。

第一款、第二十四条第一款规定①，在相关自然保护区域、禁猎（渔）区、禁猎（渔）期猎捕国家重点保护野生动物，未取得特许猎捕证、未按照特许猎捕证规定猎捕、杀害国家重点保护野生动物，或者使用禁用的工具、方法猎捕国家重点保护野生动物的，由县级以上人民政府野生动物保护主管部门、海洋执法部门或者有关保护区域管理机构按照职责分工没收猎获物、猎捕工具和违法所得，吊销特许猎捕证，并处猎获物价值二倍以上十倍以下的罚款；没有猎获物的，并处一万元以上五万元以下的罚款；构成犯罪的，依法追究刑事责任。

第四十六条

Ⅰ违反本法第二十条、第二十二条、第二十三条第一款、第二十四条第一款规定，在相关自然保护区域、禁猎（渔）区、禁猎（渔）期猎捕非国家重点保护野生动物，未取得狩猎证、未按照狩猎证规定猎捕非国家重点保护野生动物，或者使用禁用的工具、方法猎捕非国家重点保护野生动物的，由县级以上地方人民政府野生动物保护主管部门或者有关保护区域管理机构按照职责分工没收猎获物、猎捕工具和违法所得，吊销狩猎证，并处猎获物价值一倍以上五倍以下的罚款；没有猎获物的，并处二千元以上一万元以下的罚款；构成犯罪的，依法追究刑事责任。

第四十八条

Ⅰ违反本法第二十七条第一款和第二款、第二十八条第一款、第三十三条第一款规定②，未经

---

①《中华人民共和国野生动物保护法》（1988年11月8日通过，2018年10月26日第三次修正）

第二十条

Ⅰ在相关自然保护区域和禁猎（渔）区、禁猎（渔）期内，禁止猎捕以及其他妨碍野生动物生息繁衍的活动，但法律法规另有规定的除外。

Ⅱ野生动物迁徙洄游期间，在前款规定区域外的迁徙洄游通道内，禁止猎捕并严格限制其他妨碍野生动物生息繁衍的活动。迁徙洄游通道的范围以及妨碍野生动物生息繁衍活动的内容，由县级以上人民政府或者其野生动物保护主管部门规定并公布。

第二十一条

Ⅰ禁止猎捕、杀害国家重点保护野生动物。

Ⅱ因科学研究、种群调控、疫源疫病监测或者其他特殊情况，需要猎捕国家一级保护野生动物的，应当向国务院野生动物保护主管部门申请特许猎捕证；需要猎捕国家二级保护野生动物的，应当向省、自治区、直辖市人民政府野生动物保护主管部门申请特许猎捕证。

第二十三条

Ⅰ猎捕者应当按照特许猎捕证、狩猎证规定的种类、数量、地点、工具、方法和期限进行猎捕。

Ⅱ持枪猎捕的，应当依法取得公安机关核发的持枪证。

第二十四条

Ⅰ禁止使用毒药、爆炸物、电击或者电子诱捕装置以及猎套、猎夹、地枪、排铳等工具进行猎捕，禁止使用夜间照明行猎、歼灭性围猎、捣毁巢穴、火攻、烟熏、网捕等方法进行猎捕，但因科学研究确需网捕、电子诱捕的除外。

Ⅱ前款规定以外的禁止使用的猎捕工具和方法，由县级以上地方人民政府规定并公布。

②《中华人民共和国野生动物保护法》（1988年11月8日通过，2018年10月26日第三次修正）

第二十七条

Ⅰ禁止出售、购买、利用国家重点保护野生动物及其制品。

Ⅱ因科学研究、人工繁育、公众展示展演、文物保护或者其他特殊情况，需要出售、购买、利用国家重点保护野生动物及其制品的，应当经省、自治区、直辖市人民政府野生动物保护主管部门批准，并按照规定取得和使用专用标识，保证可追溯，但国务院对批准机关另有规定的除外。

Ⅲ实行国家重点保护野生动物及其制品专用标识的范围和管理办法，由国务院野生动物保护主管部门规定。

Ⅳ出售、利用非国家重点保护野生动物的，应当提供狩猎、进出口等合法来源证明。

Ⅴ出售本条第二款、第四款规定的野生动物的，还应当依法附有检疫证明。

第二十八条

Ⅰ对人工繁育技术成熟稳定的国家重点保护野生动物，经科学论证，纳入国务院野生动物保护主管部门制定的人工繁育国家重点保护野生动物名录。对列入名录的野生动物及其制品，可以凭人工繁育许可证，按照省、自治区、直辖市人民政府野生动物保护主管部门核验的年度生产数量直接取得专用标识，凭专用标识出售和利用，保证可追溯。

Ⅱ对本法第十条规定的国家重点保护野生动物名录进行调整时，根据有关野外种群保护情况，可以对前款规定的有关人工繁育技术成熟稳定野生动物的人工种群，不再列入国家重点保护野生动物名录，实行与野外种群不同的管理措施，但应当依照本法第二十五条第二款和本条第一款的规定取得人工繁育许可证和专用标识。

第三十三条

Ⅰ运输、携带、寄递国家重点保护野生动物及其制品、本法第二十八条第二款规定的野生动物及其制品出县境的，应当持有或者附有本法第二十一条、第二十五条、第二十七条或者第二十八条规定的许可证、批准文件的副本或者专用标识，以及检疫证明。

Ⅱ运输非国家重点保护野生动物出县境的，应当持有狩猎、进出口等合法来源证明，以及检疫证明。

批准、未取得或者未按照规定使用专用标识,或者未持有、未附有人工繁育许可证、批准文件的副本或者专用标识出售、购买、利用、运输、携带、寄递国家重点保护野生动物及其制品或者本法第二十八条第二款规定的野生动物及其制品的,由县级以上人民政府野生动物保护主管部门或者市场监督管理部门按照职责分工没收野生动物及其制品和违法所得,并处野生动物及其制品价值二倍以上十倍以下的罚款;情节严重的,吊销人工繁育许可证、撤销批准文件、收回专用标识;构成犯罪的,依法追究刑事责任。

Ⅱ违反本法第二十七条第四款、第三十三条第二款规定,未持有合法来源证明出售、利用、运输非国家重点保护野生动物的,由县级以上地方人民政府野生动物保护主管部门或者市场监督管理部门按照职责分工没收野生动物,并处野生动物价值一倍以上五倍以下的罚款。

Ⅲ违反本法第二十七条第五款、第三十三条规定,出售、运输、携带、寄递有关野生动物及其制品未持有或者未附有检疫证明的,依照《中华人民共和国动物防疫法》的规定处罚。

第四十九条

违反本法第三十条规定①,生产、经营使用国家重点保护野生动物及其制品或者没有合法来源证明的非国家重点保护野生动物及其制品制作食品,或者为食用非法购买国家重点保护的野生动物及其制品的,由县级以上人民政府野生动物保护主管部门或者市场监督管理部门按照职责分工责令停止违法行为,没收野生动物及其制品和违法所得,并处野生动物及其制品价值二倍以上十倍以下的罚款;构成犯罪的,依法追究刑事责任。

第五十一条

违反本法第三十二条规定②,为违法出售、购买、利用野生动物及其制品或者禁止使用的猎捕工具提供交易服务的,由县级以上人民政府市场监督管理部门责令停止违法行为,限期改正,没收违法所得,并处违法所得二倍以上五倍以下的罚款;没有违法所得的,处一万元以上五万元以下的罚款;构成犯罪的,依法追究刑事责任。

《中华人民共和国海岛保护法》(2009年12月26日通过)

第四十六条

违反本法规定,采挖、破坏珊瑚、珊瑚礁,或者砍伐海岛周边海域红树林的,依照《中华人民共和国海洋环境保护法》的规定处罚。

第五十五条

Ⅰ违反本法规定,构成犯罪的,依法追究刑事责任。

【参考案例】

△非法收购、运输珍贵、濒危野生动物,在该动物病死后擅自出售动物肉体的,应以非法收购、运输、出售珍贵、濒危野生动物、珍贵、濒危野生动物制品罪论处。

东北虎属于《国家重点保护野生动物名录》中的一级保护动物,同时,老虎也被列入《濒危野生动植物种国际贸易公约》附录,当属珍贵、濒危野生动物。而珍贵、濒危野生动物制品,应是指通过对珍贵、濒危野生动物的活体或者死体进行加工后所形成的物品,包括毛皮、骨骼、肌体、脏器、体液、标本等成品或者半成品。依照《最高人民法院关于执行〈中华人民共和国刑法〉确定罪名的规定》,《刑法》第三百四十一条第一款规定的非法收购、运输、出售珍贵、濒危野生动物、珍贵、濒危野生动物制品罪,是选择性罪名。在司法实践中,对于选择性罪名,应当以行为人实际实施的行为确定罪名,不应将行为人没有实施的行为在罪名中罗列,也不能因行为人实施了选择性罪名中的数个行为而对其数罪并罚。被告人严叶成的行为触犯了《刑法》第三百四十一条第一款关于非法收购、运输、出售国家重点保护的珍贵、濒危野生动物和非法收购、运输国家重点保护的珍贵、濒危野生动物制品的行为。由于《刑法》第三百四十一条第一款规定的非法收购、运输、出售珍贵、濒危野生动物、珍贵、濒危野生动物制品罪,属于

① 《中华人民共和国野生动物保护法》(1988年11月8日通过,2018年10月26日第三次修正)

第三十条

Ⅰ禁止生产、经营使用国家重点保护野生动物及其制品制作的食品,或者使用没有合法来源证明的非国家重点保护野生动物及其制品制作的食品。

Ⅱ禁止为食用非法购买国家重点保护的野生动物及其制品。

② 《中华人民共和国野生动物保护法》(1988年11月8日通过,2018年10月26日第三次修正)

第三十二条

禁止网络交易平台、商品交易市场等交易场所,为违法出售、购买、利用野生动物及其制品或者禁止使用的猎捕工具提供交易服务。

行为加对象性选择性罪名，因此，应当将被告人严叶成所实施的行为和犯罪对象并列确定罪名。[No.6-6-341(1)-2-1　严叶成、周健伟等非法收购、运输、出售珍贵、濒危野生动物、珍贵、濒危野生动物制品案]

△骗领珍贵、濒危野生动物运输证明后，实施运输珍贵、濒危野生动物行为的，应以非法运输珍贵、濒危野生动物罪论处。

周建强在主观上具有帮助严叶成非法运输珍贵、濒危野生动物的故意，在客观上周建强提供虚假东北虎运输证明的行为为严叶成实施非法运输珍贵、濒危野生动物犯罪创造了条件，根据《刑法》第二十五条第一款和第二十七条第一款关于共同犯罪的规定，周建强应为非法运输珍贵、濒危野生动物的共犯，已构成非法运输珍贵、濒危野生动物罪。对于这种实施一个犯罪行为同时触犯数个罪名的想象竞合犯，应当适用择一重处的原则。由于非法运输珍贵、濒危野生动物情节特别严重，根据《刑法》第三百四十一条第一款的规定，应处十年以上有期徒刑，并处罚金或者没收财产。比较《刑法》第三百四十一条第一款关于非法运输珍贵、濒危野生动物罪和《刑法》第二百八十条第一款关于伪造、变造、买卖国家机关公文、证件、印章罪的规定，对被告人周建强应当以非法运输珍贵、濒危野生动物罪定罪处罚。[No.6-6-341(1)-2-2　严叶成、周健伟等非法收购、运输、出售珍贵、濒危野生动物、珍贵、濒危野生动物制品案]

△收购珍贵、濒危野生动物制品时不属于犯罪行为，但在出售时依法应追究刑事责任的，应以非法出售珍贵、濒危野生动物制品罪论处。

被告人达瓦加甫的行为构成非法出售珍贵、濒危野生动物制品罪。其理由如下：(1)其收购雪豹皮的行为不构成非法收购珍贵、濒危野生动物制品罪。其收购行为发生于1985年、1987年，而非法收购、运输、加工、出售国家重点保护的珍贵、濒危野生动物及其制品的行为，在1979年刑法中没有明确规定。1988年11月8日公布实施的《全国人民代表大会常务委员会关于惩治捕杀国家重点保护的珍贵、濒危野生动物犯罪的补充规定》(已失效)才规定为犯罪，即按投机倒把罪处刑。根据1997年《刑法》第十二条关于溯及力的规定，对于行为时的法律不认为是犯罪的，适用行为时的法律。故不能以之后的《全国人民代表大会常务委员会关于惩治捕杀国家重点保护的珍贵、濒危野生动物犯罪的补充规定》及现行刑法的规定，追究达瓦加甫收购雪豹皮行为的刑事责任。(2)雪豹属于国家重点保护的珍贵、濒危野生动物，其2005年出售雪豹皮的行为，属于非法出售珍贵、濒危野生动物制品的行为。本罪属于行为犯，只要行为人实施了非法出售珍贵、濒危野生动物制品的行为即构成犯罪。至于是否出售成功，不是判断罪与非罪的界限。本案中，达瓦加甫虽然在出售3张雪豹皮时被当场抓获，出售并未成功，还未获得实际经济利益，但仍应该认定为构成犯罪。[No.6-6-341(1)-2-3　达瓦加甫非法出售珍贵、濒危野生动物制品案]

△行为人非法收购、出售的是列入《濒危野生动植物种国际贸易公约》附录一、二的野生动物，但没有与其同属或同科的国家一、二级保护动物的，因缺少认定为情节严重或情节特别严重的参照标准，只能认定为一般情节，应在五年以下有期徒刑量刑。

《最高人民法院关于审理破坏野生动物资源刑事案件具体应用法律若干问题的解释》规定，如果是列入国家重点保护野生动物名录的国家一、二级保护野生动物以及驯养繁殖的物种，应按照《最高人民法院关于审理破坏野生动物资源刑事案件具体应用法律若干问题的解释》附表所列相应数量标准来认定情节；如果是列入《濒危野生动植物种国际贸易公约》附录一、附录二的野生动物以及驯养繁殖的物种，根据《最高人民法院关于审理破坏野生动物资源刑事案件具体应用法律若干问题的解释》第十条的规定，非原产于我国的野生动物"情节严重""情节特别严重"的认定标准，参照该解释第三条、第四条以及附表所列与其同属的国家一、二级保护野生动物的认定标准执行；没有与其同属的国家一、二级保护野生动物的，参照与其同科的国家一、二级保护野生动物的认定标准执行。换言之，列入《濒危野生动植物种国际贸易公约》附录一、附录二的野生动物必须与我国国家一、二级保护野生动物具有同属或同科的关系，才能根据《最高人民法院关于审理破坏野生动物资源刑事案件具体应用法律若干问题的解释》附表所列的相应数量标准来认定情节，否则没有参照依据，应当按照该罪的一般情节认定。本案所涉的红尾蚺、杜氏蚺系列入《濒危野生动植物种国际贸易公约》的野生动物，无法在《最高人民法院关于审理破坏野生动物资源刑事案件具体应用法律若干问题的解释》附表所列的国家一、二级保护野生动物名录中找到相应的同科或同属的物种，缺少认定"情节严重"或"情节特别严重"的参照标准。但本罪的一般情节(基本构罪标准)不需要参照标准，只要非法收购、出售列入《濒危野生动植物种国际贸易公约》附录一、附录二中的珍贵、濒危野生动物，便可构成本罪。因此，被告人徐峰非法收购、出售国家重点保护的珍贵、濒危野生动物的行为，系一般情节，不属于情节特别严重，应处五年以下有期徒刑或者拘役，并处罚金。

[No. 6-6-341(1)-2-4　徐峰非法收购、出售珍贵、濒危野生动物案]

第三百四十二条　【非法占用农用地罪】

违反土地管理法规，非法占用耕地、林地等农用地，改变被占用土地用途，数量较大，造成耕地、林地等农用地大量毁坏的，处五年以下有期徒刑或者拘役，并处或者单处罚金。

【立法解释】

《全国人民代表大会常务委员会关于〈中华人民共和国刑法〉第二百二十八条、第三百四十二条、第四百一十条的解释》[2001年8月31日通过，解释已经被《全国人民代表大会常务委员会关于修改部分法律的决定》(2009年8月27日通过)修改]

△**(违反土地管理法规)**刑法第二百二十八条、第三百四十二条、第四百一十条规定的"违反土地管理法规"，是指违反土地管理法、森林法、草原法等法律以及有关行政法规中关于土地管理的规定。

【立法沿革】

《中华人民共和国刑法》(1997年修订，自1997年10月1日起施行)

第三百四十二条

违反土地管理法规，非法占用耕地改作他用，数量较大，造成耕地大量毁坏的，处五年以下有期徒刑或者拘役，并处或者单处罚金。

《中华人民共和国刑法修正案(二)》(自2001年8月31日起施行)

为了惩治毁林开垦和乱占滥用林地的犯罪，切实保护森林资源，将刑法第三百四十二条修改为：

"违反土地管理法规，非法占用耕地、林地等农用地，改变被占用土地用途，数量较大，造成耕地、林地等农用地大量毁坏的，处五年以下有期徒刑或者拘役，并处或者单处罚金。"

【立法理由】

1. **1979年之后至1997年刑法修订前的立法情况**。1979年刑法没有规定非法占用农用地罪。1986年通过、1988年修正的《土地管理法》对占用耕地的有关行为规定了行政处罚，该法第五十一条规定："违反法律规定，在耕地上挖土、挖沙、采石、采矿等，严重毁坏种植条件的，或者因开发土地，造成土地沙化、盐渍化、水土流失的，责令限期治理，可以并处罚款。"

2. **1997年修订刑法的情况**。1997年修订刑法时，增加规定了非法占用耕地罪。我国是一个人口大国，人均耕地面积较少、耕地贫乏已成为制约国民经济发展的重要因素之一。国家对土地的审批、使用有一套严格的管理制度。根据土地管理法的规定，未经依法批准而占用土地，违反土地用途总体规划擅自改变土地用途等行为，均属于违法行为，依法予以处罚。改革开放以来，随着城乡经济、文化、生活、公共设施建设的不断发展，对土地资源的开发使用也日益增多。由于某些地方和部门对土地管理不严，少数干部以权谋私和少数犯罪分子为了牟取暴利，乘机侵占耕地，情况十分严重，耕地减少速度过快，如果不加以特殊保护，国家的粮食安全将无法保证。因此，1997年刑法增加规定了**非法占用耕地罪**。

3. **2001年《刑法修正案(二)》对本条的修改情况**。随着形势的发展，实践中又出现了一些新的情况和问题，一些地方、单位和个人以各种名义毁林开垦、非法占用林地改作他用，有的行为人为毁林开垦，往往一把火把林木烧掉或者使用机械毁坏，然后从事种植、养殖、建设等活动，对森林资源和林地造成了极大的破坏。林地是我国重要的自然资源，又是保护自然环境、发展多种经营的基础和条件，为惩治破坏森林资源的犯罪，保护生态环境，2001年8月31日第九届全国人大常委会第二十三次会议通过的《刑法修正案(二)》对本条进行了修改，增加了对非法占用林地等农用地行为追究刑事责任的规定。主要修改包括：一是将"非法占用耕地"修改为"非法占用耕地、林地等农用地"；二是将"改作他用"修改为"改变被占用土地用途"；三是将"造成耕地大量毁坏"修改为"造成耕地、林地等农用地大量毁坏"。

4. **2001年对本条作了法律解释**。为明确"违反土地管理法规"的含义，2001年8月31日第九届全国人大常委会第二十三次会议同时还通过了《关于〈中华人民共和国刑法〉第二百二十八条、第三百四十二条、第四百一十条的解释》，明确“违反土地管理法规”，是指违反土地管理法、森林法、草原法等法律以及有关行政法规中关于土地管理的规定。

【条文说明】

本条是关于非法占用农用地罪及其处罚的规定。

构成本罪必须具备以下几个条件：

1. **行为人必须违反土地管理法规**。根据《全国人民代表大会常务委员会关于〈中华人民共和国刑法〉第二百二十八条、第三百四十二条、第四百一十条的解释》的规定，**“违反土地管理法规”**是指违反土地管理法、森林法、草原法等法律以及有关行政法规中关于土地管理的规定。

2. **行为人实施了非法占用耕地、林地等农用地，改变被占用土地用途的行为**。根据我国《土地管理法》第四条的规定，土地按用途分为农用地、建设用地和未利用地。**“农用地”**是指直接用于农业生产的土地，包括耕地、林地、草地、农田水利用地、养殖水面等。其中，根据《土地利用现状分类》，**“耕地”**是指种植农作物的土地，包括熟地，新开发、复垦、整理地，休闲地（含轮歇地、轮作地）；以种植农作物（含蔬菜）为主，间有零星果树、桑树或者其他树木的土地；临时种植药材、草皮、花卉、苗木等的耕地，以及其他临时改变用途的耕地。根据我国《森林法实施条例》第二条的规定，**“林地”**包括郁闭度0.2以上的乔木林地以及竹林地、灌木林地、疏林地、采伐迹地、火烧迹地、未成林造林地、苗圃地和县级以上人民政府规划的宜林地。

“非法占用耕地、林地等农用地”是指违反土地利用总体规划或计划，未经批准擅自将耕地改为建设用地或者作其他用途，或者擅自占用林地进行建设或者开垦林地进行种植、养殖以及实施采石、采沙等活动。**“改变被占用土地用途”**是指未经依法办理农用地转用批准手续，土地征收、征用、占用审批手续，非法占用耕地、林地、草地等农用地，在被占用的农用地上从事建设、采矿、养殖等活动，改变土地利用总体规划规定的农用地的原用途。如占用耕地建设度假村，开垦林地、草地种植庄稼，占用林地挖塘养虾等。

3. **必须达到数量较大，并且造成耕地、林地等农用地大量毁坏的后果，才构成犯罪**。有关司法解释分别对非法占用耕地、林地、草原，改变土地用途，造成耕地、林地、草原毁坏，构成犯罪的入刑标准作了明确规定。

根据2000年《最高人民法院关于审理破坏土地资源刑事案件具体应用法律若干问题的解释》第三条的规定，非法占用耕地**“数量较大”**，是指非法占用基本农田五亩以上或者非法占用基本农田以外的耕地十亩以上。非法占用耕地**“造成耕地大量毁坏”**，是指行为人非法占用耕地建窑、建坟、建房、挖沙、采石、采矿、取土、堆放固体废弃物或者进行其他非农业建设，造成基本农田五亩以上或者基本农田以外的耕地十亩以上种植条件严重毁坏或者严重污染。

2005年《最高人民法院关于审理破坏林地资源刑事案件具体应用法律若干问题的解释》第一条规定：“违反土地管理法规，非法占用林地，改变被占用林地用途，在非法占用的林地上实施建窑、建坟、建房、挖沙、采石、采矿、取土、种植农作物、堆放或排泄废弃物等行为或者进行其他非林业生产、建设，造成林地的原有植被或林业种植条件严重毁坏或者严重污染，并具有下列情形之一的，属于刑法第三百四十二条规定的犯罪行为，应当以**非法占用农用地罪**判处五年以下有期徒刑或者拘役，并处或者单处罚金：（一）非法占用并毁坏防护林地、特种用途林地数量分别或者合计达到五亩以上；（二）非法占用并毁坏其他林地数量达到十亩以上；（三）非法占用并毁坏本条第（一）项、第（二）项规定的林地，数量分别达到相应规定的数量标准的百分之五十以上；（四）非法占用并毁坏本条第（一）项、第（二）项规定的林地，其中一项数量达到相应规定的数量标准的百分之五十以上，且两项数量合计达到该项规定的数量标准。”

2012年《最高人民法院关于审理破坏草原资源刑事案件应用法律若干问题的解释》第二条规定：“非法占用草原，改变被占用草原用途，数量在二十亩以上的，或者曾因非法占用草原受过行政处罚，在三年内又非法占用草原，改变被占用草原用途，数量在十亩以上的，应当认定为刑法第三百四十二条规定的‘**数量较大**’。非法占用草原，改变被占用草原用途，数量较大，具有下列情形之一的，应当认定为刑法第三百四十二条规定的‘**造成耕地、林地等农用地大量毁坏**’：（一）开垦草原种植粮食作物、经济作物、林木的；（二）在草原上建窑、建房、修路、挖砂、采石、采矿、取土、剥取草皮的；（三）在草原上堆放或者排放废弃物，造成草原的原有植被严重毁坏或者严重污染的；（四）违反草原保护、建设、利用规划种植牧草和饲料作物，造成草原沙化或者水土严重流失的；（五）其他造成草原严重毁坏的情形。”

根据本条规定，违反土地管理法规，非法占用耕地、林地等农用地，改变被占用土地用途，数量较大，造成耕地、林地等农用地大量毁坏的，处五年以下有期徒刑或者拘役,并处或者单处罚金。

实际执行中应当注意以下两个方面的问题:

1. **关于未经处理的非法占用农用地行为的处理**。对于多次实施非法占用农用地的行为,依法应当追诉且未经处理的,**应当按照累计的数量、数额计算**。对此,2000 年《最高人民法院关于审理破坏土地资源刑事案件具体应用法律若干问题的解释》第九条、2005 年《最高人民法院关于审理破坏林地资源刑事案件具体应用法律若干问题的解释》第七条和 2012 年《最高人民法院关于审理破坏草原资源刑事案件应用法律若干问题的解释》第六条都作了明确规定。

2. **关于单位构成本罪的入刑标准**。构成本条规定的非法占用农用地罪的主体包括个人,也包括单位。根据《刑法》第三百四十六条的规定,单位犯本节规定之罪的,对单位判处罚金,并对其直接负责的主管人员和直接责任人员,依照本节各该条的规定处罚。关于单位犯本罪的入罪标准,根据前面提到的三个司法解释的规定,**依照个人犯罪的定罪量刑标准执行**。

【司法解释】

《最高人民法院关于审理破坏土地资源刑事案件具体应用法律若干问题的解释》(法释〔2000〕14 号,自 2000 年 6 月 22 日起施行)

△(**破坏土地资源;数量较大;造成耕地大量毁坏**)违反土地管理法规,非法占用耕地改作他用,数量较大,造成耕地大量毁坏的,依照刑法第三百四十二条的规定,以非法占用耕地罪定罪处罚:

(一)非法占用耕地"数量较大",是指非法占用基本农田五亩以上或者非法占用基本农田以外的耕地十亩以上。

(二)非法占用耕地"造成耕地大量毁坏",是指行为人非法占用耕地建窑、建坟、建房、挖沙、采石、采矿、取土、堆放固体废弃物或者进行其他非农业建设,造成基本农田五亩以上或者基本农田以外的耕地十亩以上种植条件严重毁坏或者严重污染。(§ 3)

△(**累计计算数量、数额**)多次实施本解释规定的行为依法应当追诉的,或者一年内多次实施本解释规定的行为未经处理的,按照累计的数量、数额处罚。(§ 9)

《最高人民法院关于审理破坏林地资源刑事案件具体应用法律若干问题的解释》(法释〔2005〕15 号,自 2005 年 12 月 30 日起施行)

△(**破坏林地资源;数量较大,造成林地大量毁坏**)违反土地管理法规,非法占用林地,改变被占用林地用途,在非法占用的林地上实施建窑、建坟、建房、挖沙、采石、采矿、取土、种植农作物、堆放或排泄废弃物等行为或者进行其他非林业生产、建设,造成林地的原有植被或林业种植条件严重毁坏或者严重污染,并具有下列情形之一的,属于刑法第三百四十二条规定的犯罪行为,应当以非法占用农用地罪判处五年以下有期徒刑或者拘役,并处或者单处罚金:

(一)非法占用并毁坏防护林地、特种用途林地数量分别或者合计达到五亩以上;

(二)非法占用并毁坏其他林地数量达到十亩以上;

(三)非法占用并毁坏本条第(一)项、第(二)项规定的林地,数量分别达到相应规定的数量标准的百分之五十以上;

(四)非法占用并毁坏本条第(一)项、第(二)项规定的林地,其中一项数量达到相应规定的数量标准的百分之五十以上,且两项数量合计达到该项规定的数量标准。(§ 1)

△(**累计计算数量、数额**)多次实施本解释规定的行为依法应当追诉且未经处理的,应当按照累计的数量、数额处罚。(§ 7)

《最高人民法院关于审理破坏草原资源刑事案件应用法律若干问题的解释》(法释〔2012〕15 号,自 2012 年 11 月 22 日起施行)

△(**破坏草原资源**)违反草原法等土地管理法规,非法占用草原,改变被占用草原用途,数量较大,造成草原大量毁坏的,依照刑法第三百四十二条的规定,以非法占用农用地罪定罪处罚。(§ 1)

△(**数量较大;造成耕地、林地等农用地大量毁坏**)非法占用草原,改变被占用草原用途,数量在二十亩以上的,或者曾因非法占用草原受过行政处罚,在三年内又非法占用草原,改变被占用草原用途,数量在十亩以上的,应当认定为刑法第三百四十二条规定的"数量较大"。

非法占用草原,改变被占用草原用途,数量较大,具有下列情形之一的,应当认定为刑法第三百四十二条规定的"造成耕地、林地等农用地大量毁坏":

(一)开垦草原种植粮食作物、经济作物、林木的;

(二)在草原上建窑、建房、修路、挖砂、采石、采矿、取土、剥取草皮的;

(三)在草原上堆放或者排放废弃物,造成草原的原有植被严重毁坏或者严重污染的;

(四)违反草原保护、建设、利用规划种植牧

分则 第六章

草和饲料作物，造成草原沙化或者水土严重流失的；

（五）其他造成草原严重毁坏的情形。（§2）

△（**累计计算数量、数额**）多次实施破坏草原资源的违法犯罪行为，未经处理，应当依法追究刑事责任的，按照累计的数量、数额定罪处罚。（§6）

△（**草原**）本解释所称“草原”，是指天然草原和人工草地，天然草原包括草地、草山和草坡，人工草地包括改良草地和退耕还草地，不包括城镇草地。（§7）

【司法解释性文件】

《最高人民检察院、公安部关于公安机关管辖的刑事案件立案追诉标准的规定（一）》（公通字〔2008〕36号，2008年6月25日公布）

△（**非法占用农用地罪；立案追诉标准；造成耕地大量毁坏；造成林地大量毁坏**）违反土地管理法规，非法占用耕地、林地等农用地，改变被占用土地用途，造成耕地、林地等农用地大量毁坏，涉嫌下列情形之一的，应予立案追诉：

（一）非法占用基本农田五亩以上或者基本农田以外的耕地十亩以上的；

（二）非法占用防护林地或者特种用途林地数量单种或者合计五亩以上的；

（三）非法占用其他林地十亩以上的；

（四）非法占用本款第（二）项、第（三）项规定的林地，其中一项数量达到相应规定的数量标准的百分之五十以上，且两项数量合计达到该项规定的数量标准的；

（五）非法占用其他农用地数量较大的情形。

违反土地管理法规，非法占用耕地建窑、建坟、建房、挖沙、采石、采矿、取土、堆放固体废弃物或者进行其他非农业建设，造成耕地种植条件严重毁坏或者严重污染，被毁坏耕地数量达到以上规定的，属于本条规定的“造成耕地大量毁坏”。

违反土地管理法规，非法占用林地，改变被占用林地用途，在非法占用的林地上实施建窑、建坟、建房、挖沙、采石、采矿、取土、种植农作物、堆放或者排泄废弃物等行为或者进行其他非林业生产、建设，造成林地的原有植被或者林业种植条件严重毁坏或者严重污染，被毁坏林地数量达到以上规定的，属于本条规定的“造成林地大量毁坏”。（§67）

《最高人民法院关于个人违法建房出售行为如何适用法律问题的答复》（法〔2010〕395号，2010年11月1日公布）

△（**个人在农村宅基地、责任田上违法建房出售**）一、你院请示的在农村宅基地、责任田上违法建房出售如何处理的问题，涉及面广，法律、政策性强。据了解，有关部门正在研究制定政策意见和处理办法，在相关文件出台前，不宜以犯罪追究有关人员的刑事责任。

二、从来函反映的情况看，此类案件在你省部分地区发案较多。案件处理更应当十分慎重。要积极争取在党委统一领导下，有效协调有关方面，切实做好案件处理的善后工作，确保法律效果与社会效果的有机统一。

三、办理案件中，发现负有监管职责的国家机关工作人员有渎职、受贿等涉嫌违法犯罪的，要依法移交相关部门处理；发现有关部门在履行监管职责方面存在问题的，要结合案件处理，提出司法建议，促进完善社会管理。

【附属刑法】

《中华人民共和国水土保持法》（1991年6月29日通过，2010年12月25日修订）

第四十九条

违反本法规定，在禁止开垦坡度以上陡坡地开垦种植农作物，或者在禁止开垦、开发的植物保护带内开垦、开发的，由县级以上地方人民政府水行政主管部门责令停止违法行为，采取退耕、恢复植被等补救措施；按照开垦或者开发面积，可以对个人处每平方米二元以下的罚款、对单位处每平方米十元以下的罚款。

第五十条

违反本法规定，毁林、毁草开垦的，依照《中华人民共和国森林法》、《中华人民共和国草原法》的有关规定处罚。

第五十一条

Ⅰ违反本法规定，采集发菜，或者在水土流失重点预防区和重点治理区铲草皮、挖树兜、滥挖虫草、甘草、麻黄等的，由县级以上地方人民政府水行政主管部门责令停止违法行为，采取补救措施，没收违法所得，并处违法所得一倍以上五倍以下的罚款；没有违法所得的，可以处五万元以下的罚款。

Ⅱ在草原地区有前款规定违法行为的，依照《中华人民共和国草原法》的有关规定处罚。

第五十五条

违反本法规定，在水土保持方案确定的专门存放地以外的区域倾倒砂、石、土、矸石、尾矿、废渣等的，由县级以上地方人民政府水行政主管部门责令停止违法行为，限期清理，按照倾倒数量处每立方米十元以上二十元以下的罚款；逾期仍不清理的，县级以上地方人民政府水行政主管部门可以指定有清理能力的单位代为清理，所需费用由违法行为人承担。

第五十八条

违反本法规定，造成水土流失危害的，依法承担民事责任；构成违反治安管理行为的，由公安机关依法给予治安管理处罚；构成犯罪的，依法追究刑事责任。

《中华人民共和国土地管理法》（1986年6月25日通过，2019年8月26日第三次修正）

第七十五条

违反本法规定，占用耕地建窑、建坟或者擅自在耕地上建房、挖砂、采石、采矿、取土等，破坏种植条件的，或者因开发土地造成土地荒漠化、盐渍化的，由县级以上人民政府自然资源主管部门、农业农村主管部门等按照职责责令限期改正或者治理，可以并处罚款；构成犯罪的，依法追究刑事责任。

第七十七条

Ⅰ未经批准或者采取欺骗手段骗取批准，非法占用土地的，由县级以上人民政府自然资源主管部门责令退还非法占用的土地，对违反土地利用总体规划擅自将农用地改为建设用地的，限期拆除在非法占用的土地上新建的建筑物和其他设施，恢复土地原状，对符合土地利用总体规划的，没收在非法占用的土地上新建的建筑物和其他设施，可以并处罚款；对非法占用土地单位的直接负责的主管人员和其他直接责任人员，依法给予处分；构成犯罪的，依法追究刑事责任。

Ⅱ超过批准的数量占用土地，多占的土地以非法占用土地论处。

《中华人民共和国森林法》（1984年9月20日通过，2019年12月28日修订）

第七十三条

Ⅰ违反本法规定，未经县级以上人民政府林业主管部门审核同意，擅自改变林地用途的，由县级以上人民政府林业主管部门责令限期恢复植被和林业生产条件，可以处恢复植被和林业生产条件所需费用三倍以下的罚款。

Ⅱ虽经县级以上人民政府林业主管部门审核同意，但未办理建设用地审批手续擅自占用林地的，依照《中华人民共和国土地管理法》的有关规定处罚。

Ⅲ在临时使用的林地上修建永久性建筑物，或者临时使用林地期满后一年内未恢复植被或者林业生产条件的，依照本条第一款规定处罚。

第七十四条

Ⅰ违反本法规定，进行开垦、采石、采砂、采土或者其他活动，造成林木毁坏的，由县级以上人民政府林业主管部门责令停止违法行为，限期在原地或者异地补种毁坏株数一倍以上三倍以下的树木，可以处毁坏林木价值五倍以下的罚款；造成林地毁坏的，由县级以上人民政府林业主管部门责令停止违法行为，限期恢复植被和林业生产条件，可以处恢复植被和林业生产条件所需费用三倍以下的罚款。

Ⅱ违反本法规定，在幼林地砍柴、毁苗、放牧造成林木毁坏的，由县级以上人民政府林业主管部门责令停止违法行为，限期在原地或者异地补种毁坏株数一倍以上三倍以下的树木。

Ⅲ向林地排放重金属或者其他有毒有害物质含量超标的污水、污泥，以及可能造成林地污染的清淤底泥、尾矿、矿渣等的，依照《中华人民共和国土壤污染防治法》的有关规定处罚。

第八十二条

Ⅰ公安机关按照国家有关规定，可以依法行使本法第七十四条第一款、第七十六条、第七十七条、第七十八条规定的行政处罚权。

Ⅱ违反本法规定，构成违反治安管理行为的，依法给予治安管理处罚；构成犯罪的，依法追究刑事责任。

《中华人民共和国草原法》（1985年6月18日通过，2021年4月29日第三次修正）

第六十五条

未经批准或者采取欺骗手段骗取批准，非法使用草原，构成犯罪的，依法追究刑事责任；尚不够刑事处罚的，由县级以上人民政府草原行政主管部门依据职权责令退还非法使用的草原，对违反草原保护、建设、利用规划擅自将草原改为建设用地的，限期拆除在非法使用的草原上新建的建筑物和其他设施，恢复草原植被，并处草原被非法使用前三年平均产值六倍以上十二倍以下的罚款。

第六十六条

非法开垦草原，构成犯罪的，依法追究刑事责任；尚不够刑事处罚的，由县级以上人民政府草原行政主管部门依据职权责令停止违法行为，限期恢复植被，没收非法财物和违法所得，并处违法所得一倍以上五倍以下的罚款；没有违法所得的，并处五万元以下的罚款；给草原所有者或者使用者造成损失的，依法承担赔偿责任。

【指导性案例】

最高人民检察院指导性案例第60号：刘强非法占用农用地案（2019年12月20日发布）

△(非法占用农用地罪;永久基本农田;"大棚房";非农建设改造)行为人违反土地管理法规,在耕地上建设"大棚房""生态园""休闲农庄"等,非法占用耕地数量较大,造成耕地等农用地大量毁坏的,应当以非法占用农用地罪追究实际建设者、经营者的刑事责任。

【参考案例】

△非法占用园地,擅自改变土地用途,数量较大的,应以非法占用农用地罪论处。

非法占用农用地罪客观表现为违反土地管理法规,非法占用耕地、林地等农用地,改变被占用土地用途,数量较大,造成耕地、林地等农用地大量毁坏的行为。非法占用耕地、林地等农用地是指违反土地利用总体规划,未经批准擅自占用耕地、林地等农用地,或者采取欺骗手段骗取审批手续等行为;改变被占用土地用途是指改变土地利用总体规划规定的农用地的原用途,如占用耕地建设度假村,开垦林地、草地种植庄稼,占用林地挖掘鱼塘养鱼、养虾等;造成耕地、林地等农用地大量毁坏是指非法占用农用地后非法改变农用地用途,致使耕地、林地等农用地原有的农用条件遭到严重破坏,原有的农用地效用功能丧失,无法或者短期内难以恢复原有功能等情形。

被告人廖渭良、张松泉虽然与村签订了承包72亩园地进行采砂的合同,但在没有土地使用审批手续、采砂审批手续的情况下,非法占用园地72亩,实际毁坏园地面积共计23.71亩,取砂平均深度3.563米。以实际毁坏园地面积共计23.71亩考量,其行为既符合非法占用耕地数量较大的条件,也符合非法占用耕地造成耕地大量毁坏的情形,法院对其以非法占用农用地罪定罪处罚是正确的。[No.6-6-342-1 廖渭良等非法占用农用地、非法转让土地使用权案]

第三百四十二条之一 【破坏自然保护地罪】

违反自然保护地管理法规,在国家公园、国家级自然保护区进行开垦、开发活动或者修建建筑物,造成严重后果或者有其他恶劣情节的,处五年以下有期徒刑或者拘役,并处或者单处罚金。

有前款行为,同时构成其他犯罪的,依照处罚较重的规定定罪处罚。

【立法沿革】

《中华人民共和国刑法修正案(十一)》(自2021年3月1日起施行)

四十二、在刑法第三百四十二条后增加一条,作为第三百四十二条之一:

"违反自然保护地管理法规,在国家公园、国家级自然保护区进行开垦、开发活动或者修建建筑物,造成严重后果或者有其他恶劣情节的,处五年以下有期徒刑或者拘役,并处或者单处罚金。

"有前款行为,同时构成其他犯罪的,依照处罚较重的规定定罪处罚。"

【立法理由】

生态文明建设是新时代党和国家确定的重大战略。近年来我国生态环境保护取得了前所未有的重大发展进步,同时实践中也出现了一些问题,特别是对于国家重点生态保护区域、生态脆弱敏感区域的破坏情况仍然存在,有的还非常恶劣和严重。如祁连山生态环境破坏问题,祁连山是我国西部重要生态安全屏障,是生物多样性保护优先区域,国家在1988年就批准设立了甘肃祁连山国家级自然保护区,长期以来,祁连山局部生态生态破坏问题十分突出,包括违法违规开发矿产资源,部分水电设施违法建设、违规运行,周边企业偷排偷放等,甚至在地方立法层面为破坏生态行为"放水"。又如陕西秦岭北麓西安段违建别墅问题,秦岭作为我国南北地理分界线,我国重要的生态屏障,具有调节气候、保持水土、涵养水源、维护生物多样性等重要生态功能,在党中央三令五申要求禁止违建、保护生态环境的情况下,违建仍屡禁不绝,危害严重。同时,中共中央办公厅、国务院办公厅《建立国家公园体制总体方案》《关于建立以国家公园为主题的自然保护地体系的指导意见》,以及《自然保护区条例》等政策、法规对国家公园、自然保护区内进行分类管理管控,依法依规严格禁止非法开发建设等作了规定。针对上述实践中的情况,以及与有关政策法规进一步衔接,《刑法修正案(十一)》增加了本条规定。

【条文说明】

本条是关于破坏自然保护地罪及其处罚的规定。

本条共分为两款。

第一款是关于破坏自然保护地犯罪及其处罚的规定。

1. “**违反自然保护地管理法规**”是指违反有关自然保护地的管理、保护的法律、行政法规等，包括自然保护区条例，以及将来拟制定的自然保护地立法等。关于自然保护地，现行法律中规定得不多，2018年制定的《土壤污染防治法》第三十一条规定，“各级人民政府应当加强对国家公园等自然保护地的保护，维护其生态功能”。主要是有关中央改革文件对此作了规定，刑法与此作了衔接。根据中共中央办公厅、国务院办公厅《关于建立以国家公园为主体的自然保护地体系的指导意见》的规定，自然保护地按照生态价值和保护强度高低分为三类：国家公园、自然保护区和自然公园（包括森林公园、地质公园、海洋公园、湿地公园等各类自然公园）。逐步形成以国家公园为主体、自然保护区为基础、各类自然公园为补充的自然保护地分类系统。

2. “**国家公园**”是我国自然保护地最重要类型之一，属于全国主体功能区规划中的禁止开发区域，纳入全国生态保护红线区域管控范围，实行最严格的保护。改革目标是到2020年，完成国家公园体制试点，设立一批国家公园，分级统一的管理体制基本建立，国家公园总体布局初步形成。到2030年，国家公园体制更加健全，分级统一的管理体制更加完善，保护管理效能明显提高。首批十个国家公园体制试点包括三江源国家公园、东北虎豹国家公园、大熊猫国家公园、祁连山国家公园、北京长城国家公园、湖北神农架国家公园、福建武夷山国家公园、浙江钱江源国家公园、湖南南山国家公园、云南香格里拉普达措国家公园等。

3. 关于“**国家级自然保护区**”。根据自然保护区条例的规定，自然保护区是指对有代表性的自然生态系统、珍稀濒危野生动植物物种的天然集中分布区、有特殊意义的自然遗迹等保护对象所在的陆地、陆地水体或者海域，依法划出一定面积予以特殊保护和管理的区域，自然保护区分为国家级自然保护区和地方级自然保护区。在国内外有典型意义、在科学上有重大国际影响或者有特殊科学研究价值的自然保护区，列为国家级自然保护区。截至2018年5月31日，我国目前共计四百七十四个国家级自然保护区。需要说明的是，未来国家级自然保护区将重新整合，部分将整合设立国家公园。

本款规定的犯罪行为是“**在国家公园、国家级自然保护区进行开垦、开发活动或者修建建筑物**”。《关于建立以国家公园为主体的自然保护地体系的指导意见》规定，“国家公园和自然保护区实行分区管控，原则上核心保护区内禁止人为活动，一般控制区内限制人为活动。自然公园原则上按一般控制区管理，限制人为活动”。《自然保护区条例》第二十六条规定：“禁止在自然保护区内进行砍伐、放牧、狩猎、捕捞、采药、开垦、烧荒、开矿、采石、挖沙等活动；但是，法律、行政法规另有规定的除外。”第二十七条第一款规定：“禁止任何人进入自然保护区的核心区。因科学研究的需要，必须进入核心区从事科学研究观测、调查活动的，应当事先向自然保护区管理机构提交申请和活动计划，并经自然保护区管理机构批准；其中，进入国家级自然保护区核心区的，应当经省、自治区、直辖市人民政府有关自然保护区行政主管部门批准。”第二十八条第一款规定：“禁止在自然保护区的缓冲区开展旅游和生产经营活动。因教学科研的目的，需要进入自然保护区的缓冲区从事非破坏性的科学研究、教学实习和标本采集活动的，应当事先向自然保护区管理机构提交申请和活动计划，经自然保护区管理机构批准。”第三十二条第一款规定：“在自然保护区的核心区和缓冲区内，不得建设任何生产设施。在自然保护区的实验区内，不得建设污染环境、破坏资源或者景观的生产设施；建设其他项目，其污染物排放不得超过国家和地方规定的污染物排放标准。在自然保护区的实验区内已经建成的设施，其污染物排放超过国家和地方规定的排放标准的，应当限期治理；造成损害的，必须采取补救措施。”因此，对国家公园、国家级自然保护区，特别是核心保护区是严格禁止从事非法开垦、开发或者修建建筑物活动的，因历史遗留问题或者原住民因必要生产、生活需要而进行的活动除外。“**开垦**”是指对林地、农地等土地的开荒、种植、砍伐、放牧等活动；“**开发**”是指经济工程项目建设，如水电项目、矿山项目、挖沙等；“**修建建筑物**”包括开发房产项目等。构成犯罪要求“造成严重后果或者有其他恶劣情节”，包括从行为手段、对生态环境的破坏程度、是否在核心保护区、非法开垦或开发的规模等情节进行综合判断。对于出于生产、生活需要，非法开发建设一些设施，未对生态环境造成严重破坏后果的，不作为犯罪处理。犯本罪的，处五年以下有期徒刑或者拘役，并处或者单处罚金。

第二款是关于从一重罪处罚的规定。“有前款行为，同时构成其他犯罪的，**依照处罚较重的规定定罪处罚**。”适用本罪需要处理好与《刑法》第三百四十二条**非法占用农用地罪**、第三百四十三条**非法采矿罪**等的关系。在国家公园、国家级自然保护区内非法开垦的，如果同时属于非法占用耕地、林地等农用地，改变被占用土地用途的，还可能构成非法占用农用地罪；在国家公园、国家级自然保护区内非法开发，例如进行开采矿山活动，还可能构成非法采矿罪。对上述情况应当适用本款从一重罪处罚的规定。

需要注意的是,构成本罪要求"违反自然保护地管理法规",并非对国家公园、国家级自然保护区内的一切活动予以禁止和惩治,对于经过批准的合法开发建设活动不能适用本条,如经过批准的修建道路行为。特别是要注意处理好历史遗留问题和原住民为生产生活需要进行的必要活动。根据《关于建立以国家公园为主体的自然保护地体系的指导意见》的规定:"分类有序解决历史遗留问题。对自然保护地进行科学评估,将保护价值低的建制城镇、村屯或人口密集区域、社区民生设施等调整出自然保护地范围。结合精准扶贫、生态扶贫,核心保护区内原住居民应实施有序搬迁,对暂时不能搬迁的,可以设立过渡期,允许开展必要的、基本的生产活动,但不能再扩大发展。依法清理整治探矿采矿、水电开发、工业建设等项目,通过分类处置方式有序退出;根据历史沿革与保护需要,依法依规对自然保护地内的耕地实施退田还林还草还湖还湿。"对因历史原因或者因后来被划为国家公园、国家级自然保护区域而仍在国家公园、国家级自然保护区内居住生活的,对其必要的开发建设行为不得作为本罪处理。

第三百四十三条 【非法采矿罪】【破坏性采矿罪】

违反矿产资源法的规定,未取得采矿许可证擅自采矿,擅自进入国家规划矿区、对国民经济具有重要价值的矿区和他人矿区范围采矿,或者擅自开采国家规定实行保护性开采的特定矿种,情节严重的,处三年以下有期徒刑、拘役或者管制,并处或者单处罚金;情节特别严重的,处三年以上七年以下有期徒刑,并处罚金。

违反矿产资源法的规定,采取破坏性的开采方法开采矿产资源,造成矿产资源严重破坏的,处五年以下有期徒刑或者拘役,并处罚金。

【立法沿革】

《中华人民共和国刑法》(1997年修订,自1997年10月1日起施行)

第三百四十三条

违反矿产资源法的规定,未取得采矿许可证擅自采矿的,擅自进入国家规划矿区、对国民经济具有重要价值的矿区和他人矿区范围采矿的,擅自开采国家规定实行保护性开采的特定矿种,经责令停止开采后拒不停止开采,造成矿产资源破坏的,处三年以下有期徒刑、拘役或者管制,并处或者单处罚金;造成矿产资源严重破坏的,处三年以上七年以下有期徒刑,并处罚金。

违反矿产资源法的规定,采取破坏性的开采方法开采矿产资源,造成矿产资源严重破坏的,处五年以下有期徒刑或者拘役,并处罚金。

《中华人民共和国刑法修正案(八)》(自2011年5月1日起施行)

四十七、将刑法第三百四十三条第一款修改为:

"违反矿产资源法的规定,未取得采矿许可证擅自采矿,擅自进入国家规划矿区、对国民经济具有重要价值的矿区和他人矿区范围采矿,或者擅自开采国家规定实行保护性开采的特定矿种,情节严重的,处三年以下有期徒刑、拘役或者管制,并处或者单处罚金;情节特别严重的,处三年以上七年以下有期徒刑,并处罚金。"

【立法理由】

1. 1979年之后至1997年刑法修订前的立法情况。1979年刑法对非法采矿罪和破坏性采矿罪未作规定。1986年3月公布,1996年8月修正的《矿产资源法》对此作了补充,规定了严重破坏矿产资源行为的刑事责任,即对于符合特定条件的,依照1979年《刑法》第一百五十六条**故意毁坏公私财物罪**的规定对直接责任人员追究刑事责任。该法第三十九条规定:"违反本法规定,未取得采矿许可证擅自采矿的,擅自进入国家规划矿区、对国民经济具有重要价值的矿区范围采矿的,擅自开采国家规定实行保护性开采的特定矿种的,责令停止开采、赔偿损失,没收采出的矿产品和违法所得,可以并处罚款;拒不停止开采,造成矿产资源破坏的,依照刑法第一百五十六条的规定对直接责任人员追究刑事责任。单位和个人进入他人依法设立的国有矿山企业和其他矿山企业矿区范围内采矿的,依照前款规定处罚。"该法第四十四条规定:"违反本法规定,采取破坏性的开采方法开采矿产资源的,处以罚款,可以吊销采矿许可证;造成矿产资源严重破坏的,依照刑法第一百五十六条的规定对直接责任人员追究刑事责任。”

2. **1997 年修订刑法的情况**。矿产资源是国家的宝贵财富,是社会主义现代化建设的重要物质基础。矿产资源勘查、开发事业的发展,对于促进社会主义现代化建设、增强国力,都具有重要意义。有些矿种在世界范围内都是稀有矿种,如铌、钽、铍矿资源,一旦被破坏,对人类的财富是一项损失;还有些矿种虽然不是稀有的矿种,比如煤、石油,但过度的破坏性开采也会造成矿产资源的破坏和损耗。实践中,由于各种利益的诱惑,一些地方出现了擅自采矿、乱挖、滥采造成矿产资源严重破坏的现象,给国家矿产资源的开发、利用造成了重大损失。为加强对矿产资源的有效保护,惩治非法采矿和采取破坏性的开采方法开采矿产资源的行为,1997 年修订刑法时,根据实际情况和矿产资源法的有关规定,增加了本条规定,**将非法采矿、破坏性采矿行为单独规定为犯罪,并规定了相应的法定刑**。

3. **2011 年《刑法修正案(八)》对本条的修改情况**。根据 1997 年刑法的规定,构成非法采矿罪必须同时具备未取得采矿许可证擅自采矿等非法采矿行为、经责令停止开采后拒不停止开采和造成矿产资源破坏三个条件。此后一些年,一些地方非法采矿活动猖獗,严重破坏矿产资源和生态环境,群众意见很大。同时,刑法的这一规定本身在执行中也遇到一些新的情况和问题,主要是:无证开采行为流动性大,发现案件难、追责难;行为人通过改换姓名、转包等方式逃避制裁,“拒不停止开采”证明难;“造成矿产资源破坏”需要省级以上地质矿产主管部门出具鉴定结论,技术性强、费用高、实际操作难等,需要进一步提高刑法规定的可操作性。为了进一步完善刑法相关规定,加大对非法采矿犯罪活动的打击力度,2011 年 2 月 25 日第十一届全国人大常委会第十九次会议通过的《刑法修正案(八)》对非法采矿罪的犯罪构成条件作了修改,将“经责令停止开采后拒不停止开采,造成矿产资源破坏”修改为“情节严重”。

【条文说明】

本条是关于非法采矿罪和破坏性采矿罪及其处罚的规定。

本条共分为两款。

第一款是关于非法采矿罪及其处罚的规定。“**未取得采矿许可证擅自采矿**”,是指未取得国务院、省、自治区、直辖市人民政府、国务院授权的有关主管部门颁发的采矿许可证而开采矿产资源的行为。采矿许可证是法律规定由国家行政机关颁发的一种特许许可证。没有采矿许可证无权开采矿产资源。根据 2016 年《最高人民法院、最高人民检察院关于办理非法采矿、破坏性采矿刑事案件适用法律若干问题的解释》第二条的规定:“具有下列情形之一的,应当认定为刑法第三百四十三条第一款规定的‘**未取得采矿许可证**’:(一)无许可证的;(二)许可证被注销、吊销、撤销的;(三)超越许可证规定的矿区范围或者开采范围的;(四)超出许可证规定的矿种的(共生、伴生矿种除外);(五)其他未取得许可证的情形。”“**国家规划矿区**”,是指在一定时期内,根据国民经济建设长期的需要和资源分布情况,经国务院或者国务院有关主管部门依法定程序审查、批准,确定列入国家矿产资源开发长期或中期规划的矿区以及作为老矿区后备资源基地的矿区。“**对国民经济具有重要价值的矿区**”,是指经济价值重大或者经济效益很高,对国家经济建设的全局性、战略性有重要影响的矿区。“**国家规定实行保护性开采的特定矿种**”,是指黄金、钨、锡、锑、离子型稀土矿产。其中,钨、锡、锑、离子型稀土是我国的优质矿产,在世界上有举足轻重的地位。但是,近年来对这些矿产资源乱采滥挖的现象很严重,因此,根据矿产资源法的规定,国务院决定将钨、锡、锑、离子型稀土矿列为国家实行保护性开采的特定矿种,以加强保护。

本款对违反矿产资源法,构成非法采矿罪的行为规定了五种情况:(1)未取得采矿许可证擅自采矿的;(2)擅自进入国家规划矿区采矿的;(3)擅自在对国民经济具有重要价值的矿区采矿的;(4)擅自在他人矿区范围采矿的;(5)擅自开采国家规定实行保护性开采的特定矿种的。有上述任何一种行为,情节严重的,即构成本条规定的非法采矿罪。2016 年《最高人民法院、最高人民检察院关于办理非法采矿、破坏性采矿刑事案件适用法律若干问题的解释》第三条第一款规定:“实施非法采矿行为,具有下列情形之一的,应当认定为刑法第三百四十三条第一款规定的‘**情节严重**’:(一)开采的矿产品价值或者造成矿产资源破坏的价值在十万元至三十万元以上的;(二)在国家规划矿区、对国民经济具有重要价值的矿区采矿,开采国家规定实行保护性开采的特定矿种,或者在禁采区、禁采期内采矿,开采的矿产品价值或者造成矿产资源破坏的价值在五万元至十五万元以上的；（三）二年内曾因非法采矿受过两次以上行政处罚，又实施非法采矿行为的；（四）造成生态环境严重损害的；（五）其他情节严重的情形。”

根据本款的规定，实施非法采矿行为，情节严重，构成犯罪的，处三年以下有期徒刑、拘役或者管制，并处或者单处罚金；情节特别严重的，处三年以上七年以下有期徒刑，并处罚金。这里的“情节特别严重”，根据上述司法解释第三条第二款的规定：“具有下列情形之一的，应当认定为刑法第三百四十三条第一款规定的‘**情节特别严重**’：（一）数额达到前款第一项、第二项规定标准五倍以上的；（二）造成生态环境特别严重损害的；（三）其他情节特别严重的情形。”

第二款是关于破坏性采矿罪及其处罚的规定。“**采取破坏性的开采方法开采矿产资源**”，是指行为人违反地质矿产主管部门审查批准的矿产资源开发利用方案开采矿产资源，并造成矿产资源严重破坏的行为。“造成矿产资源严重破坏”，根据2016年《最高人民法院、最高人民检察院关于办理非法采矿、破坏性采矿刑事案件适用法律若干问题的解释》第六条的规定，造成矿产资源破坏的价值在五十万元至一百万元以上，或者造成国家规划矿区、对国民经济具有重要价值的矿区和国家规定实行保护性开采的特定矿种资源破坏的价值在二十五万元至五十万元以上的，应当认定为《刑法》第三百四十三条第二款规定的“**造成矿产资源严重破坏**”。

实际执行中应当注意以下两个方面的问题：

1. **关于非法采砂行为的处理**。根据2016年《最高人民法院、最高人民检察院关于办理非法采矿、破坏性采矿刑事案件适用法律若干问题的解释》第四条的规定，在河道管理范围内采砂，依据相关规定应当办理河道采砂许可证，未取得河道采砂许可证，或者依据相关规定应当办理河道采砂许可证和采矿许可证，既未取得河道采砂许可证，又未取得采矿许可证的，符合《刑法》第三百四十三条第一款和该司法解释规定的“情节严重”的情形，或者虽不具有这些情形，但严重影响河势稳定，危害防洪安全的，应当认定为《刑法》第三百四十三条第一款规定的“情节严重”，依法追究刑事责任。

根据2016年《最高人民法院、最高人民检察院关于办理非法采矿、破坏性采矿刑事案件适用法律若干问题的解释》第五条的规定，未取得海砂开采海域使用权证，且未取得采矿许可证，采挖海砂，符合《刑法》第三百四十三条第一款和该司法解释规定的“情节严重”的情形，或者虽不具有这些情形，但造成海岸线严重破坏的，应当认定为《刑法》第三百四十三条第一款规定的“情节严重”，依法追究刑事责任。

2. **对非法开采或者破坏性开采石油、天然气资源行为的处理**。根据《矿产资源法》第十六条的规定，开采石油、天然气、放射性矿产等特定矿种的，可以由国务院授权的有关主管部门审批，并颁发采矿许可证。根据2007年公布的《最高人民法院、最高人民检察院关于办理盗窃油气、破坏油气设备等刑事案件具体应用法律若干问题的解释》第六条的规定，违反矿产资源法的规定，非法开采或者破坏性开采石油、天然气资源的，依照《刑法》第三百四十三条以及《最高人民法院关于审理非法采矿、破坏性采矿刑事案件具体应用法律若干问题的解释》的规定追究刑事责任。

【司法解释】

《最高人民法院、最高人民检察院关于办理盗窃油气、破坏油气设备等刑事案件具体应用法律若干问题的解释》（法释〔2007〕3号，自2007年1月19日起施行）

△（**非法开采或者破坏性开采石油、天然气资源**）违反矿产资源法的规定，非法开采或者破坏性开采石油、天然气资源的，依照刑法第三百四十三条以及《最高人民法院关于审理非法采矿、破坏性采矿刑事案件具体应用法律若干问题的解释》的规定追究刑事责任。（§ 6）

《最高人民法院、最高人民检察院关于办理非法采矿、破坏性采矿刑事案件适用法律若干问题的解释》（法释〔2016〕25号，自2016年12月1日起施行）

△（**违反矿产资源法的规定**）违反《中华人民共和国矿产资源法》《中华人民共和国水法》等法律、行政法规有关矿产资源开发、利用、保护和管理的规定的，应当认定为刑法第三百四十三条规定的“违反矿产资源法的规定”。（§ 1）

△（**未取得采矿许可证**）具有下列情形之一的，应当认定为刑法第三百四十三条第一款规定的“未取得采矿许可证”：

（一）无许可证的；

（二）许可证被注销、吊销、撤销的；

分则　第六章

（三）超越许可证规定的矿区范围或者开采范围的；

（四）超出许可证规定的矿种的（共生、伴生矿种除外）；

（五）其他未取得许可证的情形。（§ 2）

△（**情节严重；情节特别严重**）实施非法采矿行为，具有下列情形之一的，应当认定为刑法第三百四十三条第一款规定的“情节严重”：

（一）开采的矿产品价值或者造成矿产资源破坏的价值在十万元至三十万元以上的；

（二）在国家规划矿区、对国民经济具有重要价值的矿区采矿，开采国家规定实行保护性开采的特定矿种，或者在禁采区、禁采期内采矿，开采的矿产品价值或者造成矿产资源破坏的价值在五万元至十五万元以上的；

（三）二年内曾因非法采矿受过两次以上行政处罚，又实施非法采矿行为的；

（四）造成生态环境严重损害的；

（五）其他情节严重的情形。

实施非法采矿行为，具有下列情形之一的，应当认定为刑法第三百四十三条第一款规定的“情节特别严重”：

（一）数额达到前款第一项、第二项规定标准五倍以上的；

（二）造成生态环境特别严重损害的；

（三）其他情节特别严重的情形。（§ 3）

△（**在河道管理范围内采砂；情节严重**）在河道管理范围内采砂，具有下列情形之一，符合刑法第三百四十三条第一款和本解释第二条、第三条规定的，以非法采矿罪定罪处罚：

（一）依据相关规定应当办理河道采砂许可证，未取得河道采砂许可证的；

（二）依据相关规定应当办理河道采砂许可证和采矿许可证，既未取得河道采砂许可证，又未取得采矿许可证的。

实施前款规定行为，虽不具有本解释第三条第一款规定的情形，但严重影响河势稳定，危害防洪安全的，应当认定为刑法第三百四十三条第一款规定的“情节严重”。（§ 4）

△（**非法采挖海砂；情节严重**）未取得海砂开采海域使用权证，且未取得采矿许可证，采挖海砂，符合刑法第三百四十三条第一款和本解释第二条、第三条规定的，以非法采矿罪定罪处罚。

实施前款规定行为，虽不具有本解释第三条第一款规定的情形，但造成海岸线严重破坏的，应当认定为刑法第三百四十三条第一款规定的“情节严重”。（§ 5）

△（**造成矿产资源严重破坏**）造成矿产资源破坏的价值在五十万元至一百万元以上，或者造成国家规划矿区、对国民经济具有重要价值的矿区和国家规定实行保护性开采的特定矿种资源破坏的价值在二十五万元至五十万元以上的，应当认定为刑法第三百四十三条第二款规定的“造成矿产资源严重破坏”。（§ 6）

△（**事前通谋；共同犯罪**）明知是犯罪所得的矿产品及其产生的收益，而予以窝藏、转移、收购、代为销售或者以其他方法掩饰、隐瞒的，依照刑法第三百一十二条的规定，以掩饰、隐瞒犯罪所得、犯罪所得收益罪定罪处罚。

实施前款规定的犯罪行为，事前通谋的，以共同犯罪论处。（§ 7）

△（**累计计算价值数额**）多次非法采矿、破坏性采矿构成犯罪，依法应当追诉的，或者二年内多次非法采矿、破坏性采矿未经处理的，价值数额累计计算。（§ 8）

△（**犯罪情节轻微；不起诉或者免予刑事处罚事由**）实施非法采矿犯罪，不属于“情节特别严重”，或者实施破坏性采矿犯罪，行为人系初犯，全部退赃退赔，积极修复环境，并确有悔改表现的，可以认定为犯罪情节轻微，不起诉或者免予刑事处罚。（§ 10）

△（**受雇佣为非法采矿、破坏性采矿犯罪提供劳务的人员**）对受雇佣为非法采矿、破坏性采矿犯罪提供劳务的人员，除参与利润分成或者领取高额固定工资的以外，一般不以犯罪论处，但曾因非法采矿、破坏性采矿受过处罚的除外。（§ 11）

△（**追缴或者责令退赔；没收**）对非法采矿、破坏性采矿犯罪的违法所得及其收益，应当依法追缴或者责令退赔。

对用于非法采矿、破坏性采矿犯罪的专门工具和供犯罪所用的本人财物，应当依法没收。（§ 12）

△（**矿产品价值之认定**）非法开采的矿产品价值，根据销赃数额认定；无销赃数额，销赃数额难以查证，或者根据销赃数额认定明显不合理的，根据矿产品价格和数量认定。

矿产品价值难以确定的，依据下列机构出具的报告，结合其他证据作出认定：

（一）价格认证机构出具的报告；

（二）省级以上人民政府国土资源、水行政、海洋等主管部门出具的报告；

（三）国务院水行政主管部门在国家确定的重要江河、湖泊设立的流域管理机构出具的报告。（§ 13）

△（**鉴定意见**）对案件所涉的有关专门性问题难以确定的，依据下列机构出具的鉴定意见或

者报告，结合其他证据作出认定：

（一）司法鉴定机构就生态环境损害出具的鉴定意见；

（二）省级以上人民政府国土资源主管部门就造成矿产资源破坏的价值、是否属于破坏性开采方法出具的报告；

（三）省级以上人民政府水行政主管部门或者国务院水行政主管部门在国家确定的重要江河、湖泊设立的流域管理机构就是否危害防洪安全出具的报告；

（四）省级以上人民政府海洋主管部门就是否造成海岸线严重破坏出具的报告。（§ 14）

△（**具体数额标准**）各省、自治区、直辖市高级人民法院、人民检察院，可以根据本地区实际情况，在本解释第三条、第六条规定的数额幅度内，确定本地区执行的具体数额标准，报最高人民法院、最高人民检察院备案。（§ 15）

【司法解释性文件】

《最高人民检察院、公安部关于公安机关管辖的刑事案件立案追诉标准的规定（一）的补充规定》（公通字〔2017〕12号，2017年4月27日公布）

△（**非法采矿罪；立案追诉标准；采砂；采挖海砂；未取得采矿许可证；矿产品价值之确定与认定**）违反矿产资源法的规定，未取得采矿许可证擅自采矿，或者擅自进入国家规划矿区、对国民经济具有重要价值的矿区和他人矿区范围采矿，或者擅自开采国家规定实行保护性开采的特定矿种，涉嫌下列情形之一的，应予立案追诉：

（一）开采的矿产品价值或者造成矿产资源破坏的价值在十万元至三十万元以上的；

（二）在国家规划矿区、对国民经济具有重要价值的矿区采矿，开采国家规定实行保护性开采的特定矿种，或者在禁采区、禁采期内采矿，开采的矿产品价值或者造成矿产资源破坏的价值在五万元至十五万元以上的；

（三）二年内曾因非法采矿受过两次以上行政处罚，又实施非法采矿行为的；

（四）造成生态环境严重损害的；

（五）其他情节严重的情形。

在河道管理范围内采砂，依据相关规定应当办理河道采砂许可证而未取得河道采砂许可证，或者应当办理河道采砂许可证和采矿许可证，既未取得河道采砂许可证又未取得采矿许可证，具有本条第一款规定的情形之一，或者严重影响河势稳定危害防洪安全的，应予立案追诉。

采挖海砂，未取得海砂开采海域使用权证且未取得采矿许可证，具有本条第一款规定的情形之一，或者造成海岸线严重破坏的，应予立案追诉。

具有下列情形之一的，属于本条规定的"未取得采矿许可证"：

（一）无许可证的；

（二）许可证被注销、吊销、撤销的；

（三）超越许可证规定的矿区范围或者开采范围的；

（四）超出许可证规定的矿种的（共生、伴生矿种除外）；

（五）其他未取得许可证的情形。

多次非法采矿构成犯罪，依法应当追诉的，或者二年内多次非法采矿未经处理的，价值数额累计计算。

非法开采的矿产品价值，根据销赃数额认定；无销赃数额，销赃数额难以查证，或者根据销赃数额认定明显不合理的，根据矿产品价格和数量认定。

矿产品价值难以确定的，依据价格认证机构，省级以上人民政府国土资源、水行政、海洋等主管部门，或者国务院水行政主管部门在国家确定的重要江河、湖泊设立的流域管理机构出具的报告，结合其他证据作出认定。（§ 11）

《最高人民检察院、公安部关于公安机关管辖的刑事案件立案追诉标准的规定（一）》（公通字〔2008〕36号，2008年6月25日公布）

△（**破坏性采矿罪；立案追诉标准；采取破坏性的开采方法开采矿产资源；价值数额**）违反矿产资源法的规定，采取破坏性的开采方法开采矿产资源，造成矿产资源严重破坏，价值在三十万至五十万元以上的，应予立案追诉。

本条规定的"采取破坏性的开采方法开采矿产资源"，是指行为人违反地质矿产主管部门审查批准的矿产资源开发利用方案开采矿产资源，并造成矿产资源严重破坏的行为。

破坏性的开采方法以及造成矿产资源严重破坏的价值数额，由省级以上地质矿产主管部门出具鉴定结论，经查证属实后予以认定。（§ 69）

《最高人民法院印发〈关于进一步加强危害生产安全刑事案件审判工作的意见〉的通知》（法发〔2011〕20号，2011年12月30日公布）

△（**数罪并罚；危害生产安全犯罪；破坏环境资源保护犯罪**）违反安全生产管理规定，非法采矿、破坏性采矿或排放、倾倒、处置有害物质严重污染环境，造成重大伤亡事故或者其他严重后果，

同时构成危害生产安全犯罪[①]和破坏环境资源保护犯罪的,依照数罪并罚的规定处罚。

【附属刑法】

《中华人民共和国矿产资源法》(1986 年 3 月 19 日通过,2009 年 8 月 27 日第二次修正)

第三十九条

Ⅰ违反本法规定,未取得采矿许可证擅自采矿的,擅自进入国家规划矿区、对国民经济具有重要价值的矿区范围采矿的,擅自开采国家规定实行保护性开采的特定矿种的,责令停止开采、赔偿损失,没收采出的矿产品和违法所得,可以并处罚款;拒不停止开采,造成矿产资源破坏的,依照刑法有关规定对直接责任人员追究刑事责任。

Ⅱ单位和个人进入他人依法设立的国有矿山企业和其他矿山企业矿区范围内采矿的,依照前款规定处罚。

第四十条

超越批准的矿区范围采矿的,责令退回本矿区范围内开采、赔偿损失,没收越界开采的矿产品和违法所得,可以并处罚款;拒不退回本矿区范围内开采,造成矿产资源破坏的,吊销采矿许可证,依照刑法有关规定对直接责任人员追究刑事责任。

第四十四条

违反本法规定,采取破坏性的开采方法开采矿产资源的,处以罚款,可以吊销采矿许可证;造成矿产资源严重破坏的,依照刑法有关规定对直接责任人员追究刑事责任。

《中华人民共和国煤炭法》(1996 年 8 月 29 日通过,2016 年 11 月 7 日第四次修正)

第五十八条

违反本法第二十四条的规定[②],擅自开采保安煤柱或者采用危及相邻煤矿生产安全的危险方法进行采矿作业的,由劳动行政主管部门会同煤炭管理部门责令停止作业;由煤炭管理部门没收违法所得,并处违法所得一倍以上五倍以下的罚款;构成犯罪的,由司法机关依法追究刑事责任;造成损失的,依法承担赔偿责任。

《中华人民共和国海岛保护法》(2009 年 12 月 26 日通过)

第四十七条

Ⅰ违反本法规定,在无居民海岛采石、挖海砂、采伐林木或者采集生物、非生物样本的,由县级以上人民政府海洋主管部门责令停止违法行为,没收违法所得,可以并处二万元以下的罚款。

第五十五条

Ⅰ违反本法规定,构成犯罪的,依法追究刑事责任。

第三百四十四条　【危害国家重点保护植物罪】

违反国家规定,非法采伐、毁坏珍贵树木或者国家重点保护的其他植物的,或者非法收购、运输、加工、出售珍贵树木或者国家重点保护的其他植物及其制品的,处三年以下有期徒刑、拘役或者管制,并处罚金;情节严重的,处三年以上七年以下有期徒刑,并处罚金。

【立法沿革】

《中华人民共和国刑法》(1997 年修订,自 1997 年 10 月 1 日起施行)

第三百四十四条

违反森林法的规定,非法采伐、毁坏珍贵树木的,处三年以下有期徒刑、拘役或者管制,并处罚金;情节严重的,处三年以上七年以下有期徒刑,并处罚金。

《中华人民共和国刑法修正案(四)》(自 2002 年 12 月 28 日起施行)

---

① 危害生产安全犯罪主要指《刑法》第一百三十四条之重大责任事故罪、强令违章冒险作业罪和第一百三十五条之重大劳动安全事故罪。参见张明楷:《刑法学》(第 6 版),法律出版社 2021 年版,第 1497 页;黎宏:《刑法学各论》(第 2 版),法律出版社 2016 年版,第 454 页。

② 《中华人民共和国煤炭法》(1996 年 8 月 29 日通过,2016 年 11 月 7 日第四次修正)

第二十四条

Ⅰ煤炭生产应当依法在批准的开采范围内进行,不得超越批准的开采范围越界、越层开采。

Ⅱ采矿作业不得擅自开采保安煤柱,不得采用可能危及相邻煤矿生产安全的决水、爆破、贯通巷道等危险方法。

六、将刑法第三百四十四条修改为：

"违反国家规定，非法采伐、毁坏珍贵树木或者国家重点保护的其他植物的，或者非法收购、运输、加工、出售珍贵树木或者国家重点保护的其他植物及其制品的，处三年以下有期徒刑、拘役或者管制，并处罚金；情节严重的，处三年以上七年以下有期徒刑，并处罚金。"

【立法理由】

1. **1997 年修订刑法的情况**。珍贵树木具有重要的科学、经济、医药和观赏价值，毁坏容易再生难。为了打击不法分子为牟取利益而非法采伐、毁坏珍贵树木的行为，1997 年修订刑法时，对非法采伐、毁坏珍贵树木的犯罪作了规定。近些年来，有些部门提出，为保护物种的多样性，维护自然界可持续发展，对珍贵树木以外的其他具有重要科研、生态价值的植物也应加大保护力度，非法收购、运输、加工、出售珍贵树木或者国家重点保护的其他植物及其制品的行为，为非法采伐珍贵树木或者国家重点保护的其他植物及其制品的犯罪提供了进入市场的渠道，进一步刺激了非法采伐的犯罪行为，所以对这类行为也必须规定为犯罪，予以严厉惩处。

2. **2002 年《刑法修正案(四)》对本条的修改情况**。2002 年 12 月 28 日第九届全国人大常委会第三十一次会议通过的《刑法修正案(四)》对本条作了如下修改：一是增加对"非法收购、运输、加工、出售"行为的惩治；二是保护的范围从"珍贵树木"扩大到国家重点保护的所有植物及其制品。

【条文说明】

本条是关于危害国家重点保护植物罪及其处罚的规定。

本条有两层含义：

1. 明确了犯罪行为所侵害的对象是珍贵树木和国家重点保护的其他植物及其制品。① 本条中的"**珍贵树木**"是指由省级以上林业主管部门或者其他部门确定的具有重大历史纪念意义、科学研究价值或者年代久远的古树名木，国家禁止、限制出口的珍贵树木以及列入国家重点保护野生植物名录的树种，也就是具有较高的科学研究、经济利用和观赏价值的树木。根据《国家珍贵树种名录》和《国家重点保护野生植物名录》的规定，国家一级珍贵树木，主要有银杉、巨柏、银杏、水松、南方红豆杉、天目铁木、水杉、香果树等。国家二级珍贵树木，主要有岷江柏木、秦岭冷杉、大别山五针松、红松、黄杉、红豆树、山槐、厚朴、水青树、香木莲等。"**国家重点保护的其他植物**"是指除珍贵树木以外的其他国家重点保护的植物，主要是国务院颁布的《国家重点保护野生植物名录》中所规定的植物。根据名录规定，国家一级保护的其他植物，包括光叶蕨、玉龙蕨、长喙毛茛泽泻、膝柄木、瑶山苣苔、单座苣苔、华山新麦草、莼菜、独叶草、异形玉叶金花等。国家二级保护的其他植物，包括冬虫夏草、松茸、云南肉豆蔻、桫椤、七指蕨、沙芦草、四川狼尾草、驼峰藤、雪白睡莲等。

2. 明确了犯罪的行为特征，即行为人具有非法采伐、毁坏珍贵树木或者国家重点保护的其他植物的，或者非法收购、运输、加工、出售珍贵树木或者国家重点保护的其他植物及其制品的犯罪行为。我国《森林法》第二条规定："在中华人民共和国领域内从事森林、林木的保护、培育、利用和森林、林木、林地的经营管理活动，适用本法。"第三十一条规定："国家在不同自然地带的典型森林生态地区、珍贵动物和植物生长繁殖的林区、天然热带雨林区和具有特殊保护价值的其他天然林区，建立以国家公园为主体的自然保护地体系，加强保护管理。国家支持生态脆弱地区森林资源的保护修复。县级以上人民政府应当采取措施对具有特殊价值的野生植物资源予以保护。"本条所说的"**非法采伐珍贵树木或者国家重点保护的其他植物**"是指违反森林法及有关法规的规定，未经有关主管部门批准而采伐珍贵树木或者国家重点保护的其他植物的行为。"**毁坏珍贵树木或者国家重点保护的其他植物**"是指采用剥皮、砍枝、取脂等方式使珍贵树木或者国家重点保护的其他植物死亡或者影响其正常生长，致使珍贵树木的价值或者使用价值部分丧失或者全部丧失的行为。"**非法收购、运输、加工、出售珍贵树木或者国家重点保护的其他植物及其制品**"是指违反森林法及有关法规的规定，对珍贵树木或者国家重点保护的其他植物及其制品进行收购、运输、加工、出售的行为。②

本条规定了**两档刑罚**，违反国家规定，非法采伐、毁坏珍贵树木或者国家重点保护的其他植物，

① 我国学者指出，已经枯死、病死的树木与其他植物，不是非法采伐、毁坏国家重点保护植物罪的保护对象。参见张明楷：《刑法学》(第 6 版)，法律出版社 2021 年版，第 1498 页。

② 在珍贵树木、植物自然死亡后，收购、运输、加工、出售该树木、植物及其制品，不构成非法收购、运输、加工、出售国家重点保护植物、国家重点保护植物制品罪。参见张明楷：《刑法学》(第 6 版)，法律出版社 2021 年版，第 1498 页。

或者非法收购、运输、加工、出售珍贵树木或者国家重点保护的其他植物及其制品的行为，处三年以下有期徒刑、拘役或者管制，并处罚金；情节严重的，处三年以上七年以下有期徒刑，并处罚金。根据2000年《最高人民法院关于审理破坏森林资源刑事案件具体应用法律若干问题的解释》的规定，"**情节严重**"，主要包括以下几种情形："（一）非法采伐珍贵树木二株以上或者毁坏珍贵树木致使珍贵树木死亡三株以上的；（二）非法采伐珍贵树木二立方米以上的；（三）为首组织、策划、指挥非法采伐或者毁坏珍贵树木的；（四）其他情节严重的情形"。

实际执行中应当注意以下两个方面的问题：

1. **关于人工培育的植物是否属于本条规定的"珍贵树木或者国家重点保护的其他植物"**。根据2020年3月《最高人民法院、最高人民检察院关于适用〈中华人民共和国刑法〉第三百四十四条有关问题的批复》的规定，古树名木以及列入《国家重点保护野生植物名录》的野生植物，属于本条规定的"珍贵树木或者国家重点保护的其他植物"。其中，"野生植物"限于原生地天然生长的植物。**人工培育的植物，除古树名木外，不属于本条规定的"珍贵树木或者国家重点保护的其他植物"**。非法采伐、毁坏或者非法收购、运输人工培育的植物（古树名木除外），构成盗伐林木罪、滥伐林木罪、非法收购、运输盗伐、滥伐的林木罪等犯罪的，依照相关规定追究刑事责任。

2. **关于非法移栽珍贵树木或者国家重点保护的其他植物行为的处理**。非法移栽与采伐行为具有相当的危害性，非法移栽使珍贵树木处于损毁、灭失的危险中，也损害了原生地的自然生态和景观，破坏了生长地点的物种多样性，侵害了国家对重点保护植物的管理制度。根据《最高人民法院、最高人民检察院关于适用〈中华人民共和国刑法〉第三百四十四条有关问题的批复》的规定，对于上述行为，依法应当追究刑事责任的，应当依照本条的规定，以**非法采伐国家重点保护植物罪**①定罪处罚。同时，鉴于移栽在社会危害程度上与砍伐存在一定差异，对非法移栽珍贵树木或者国家重点保护的其他植物的行为，在认定是否构成犯罪以及裁量刑罚时，应当考虑植物的珍贵程度、移栽目的、移栽手段、移栽数量、对生态环境的损害程度等情节，综合评估社会危害性，确保罪责刑相适应。

【司法解释】

《最高人民法院关于审理破坏森林资源刑事案件具体应用法律若干问题的解释》（法释〔2000〕36号，自2000年12月11日起施行）

△（**珍贵树木**）刑法第三百四十四条规定的"珍贵树木"，包括由省级以上林业主管部门或者其他部门确定的具有重大历史纪念意义、科学研究价值或者年代久远的古树名木，国家禁止、限制出口的珍贵树木以及列入国家重点保护野生植物名录的树木。（§ 1）

△（**情节严重**）具有下列情形之一的，属于非法采伐、毁坏珍贵树木行为"情节严重"：

（一）非法采伐珍贵树木二株以上或者毁坏珍贵树木致使珍贵树木死亡三株以上的；

（二）非法采伐珍贵树木二立方米以上的；

（三）为首组织、策划、指挥非法采伐或者毁坏珍贵树木的；

（四）其他情节严重的情形。（§ 2）

△（**想象竞合犯；盗伐林木罪；滥伐林木罪**）盗伐、滥伐珍贵树木，同时触犯刑法第三百四十四条、第三百四十五条规定的，依照处罚较重的规定定罪处罚。（§ 8）

《最高人民法院、最高人民检察院关于适用〈中华人民共和国刑法〉第三百四十四条有关问题的批复》（法释〔2020〕2号，自2020年3月21日起施行）

△（**珍贵树木或者国家重点保护的其他植物**）古树名木以及列入《国家重点保护野生植物名录》的野生植物，属于刑法第三百四十四条规定的"珍贵树木或者国家重点保护的其他植物"。（§ 1）

△（**珍贵树木或者国家重点保护的其他植物；人工培育的植物；古树名木；盗伐林木罪；滥伐林木罪；非法收购、运输盗伐、滥伐的林木罪**）根据《中华人民共和国野生植物保护条例》的规定，野生植物限于原生地天然生长的植物。人工培育的植物，除古树名木外，不属于刑法第三百四十四条规定的"珍贵树木或者国家重点保护的其他植物"。非法采伐、毁坏或者非法收购、运输人工培育的植物（古树名木除外），构成盗伐林木罪、滥伐林木罪、非法收购、运输盗伐、滥伐的林木罪等犯罪的，依照相关规定追究刑事责任。（§ 2）

△（**非法移栽珍贵树木或者国家重点保护的其他植物；非法采伐国家重点保护植物罪；罪责刑**

---

① 该罪名已经变更为"危害国家重点保护植物罪"。

分则　第六章

相适应)对于非法移栽珍贵树木或者国家重点保护的其他植物,依法应当追究刑事责任的,依照刑法第三百四十四条的规定,以非法采伐国家重点保护植物罪定罪处罚。

鉴于移栽在社会危害程度上与砍伐存在一定差异,对非法移栽珍贵树木或者国家重点保护的其他植物的行为,在认定是否构成犯罪以及裁量刑罚时,应当考虑植物的珍贵程度、移栽目的、移栽手段、移栽数量、对生态环境的损害程度等情节,综合评估社会危害性,确保罪责刑相适应。(§ 3)

△(**适用效力**)本批复自2020年3月21日起施行,之前发布的司法解释与本批复不一致的,以本批复为准。(§ 4)

【司法解释性文件】

《国家林业局、公安部关于森林和陆生野生动物刑事案件管辖及立案标准》(林安字〔2001〕156号,2001年5月9日公布)

△(**非法采伐、毁坏珍贵树木罪;立案标准;重大案件;特别重大案件**)非法采伐、毁坏珍贵树木的应当立案;采伐珍贵树木2株、2立方米以上或者毁坏珍贵树木致死3株以上的,为重大案件;采伐珍贵树木10株、10立方米以上或者毁坏珍贵树木致死15株以上的,为特别重大案件。

《最高人民检察院、公安部关于公安机关管辖的刑事案件立案追诉标准的规定(一)》(公通字〔2008〕36号,2008年6月25日公布)

△(**非法采伐、毁坏国家重点保护植物罪;立案追诉标准;珍贵树木或者国家重点保护的其他植物**)违反国家规定,非法采伐、毁坏珍贵树木或者国家重点保护的其他植物的,应予立案追诉。

本条和本规定第七十一条规定的"珍贵树木或者国家重点保护的其他植物",包括由省级以上林业主管部门或者其他部门确定的具有重大历史纪念意义、科学研究价值或者年代久远的古树名木,国家禁止、限制出口的珍贵树木以及列入《国家重点保护野生植物名录》的树木或者其他植物。(§ 70)

△(**非法收购、运输、加工、出售国家重点保护植物、国家重点保护植物制品罪;立案追诉标准**)违反国家规定,非法收购、运输、加工、出售珍贵树木或者国家重点保护的其他植物及其制品的,应予立案追诉。(§ 71)

《最高人民法院关于进一步加强涉种子刑事审判工作的指导意见》(法〔2022〕66号,2022年3月2日公布)

△(**破坏种质资源犯罪;危害国家重点保护植物罪**)保护种质资源,依法严惩破坏种质资源犯罪。非法采集或者采伐天然种质资源,符合刑法第三百四十四条规定的,以危害国家重点保护植物罪定罪处罚。

在种质资源库、种质资源保护区或者种质资源保护地实施上述行为的,应当酌情从重处罚。(§ 5)

第三百四十四条之一　【非法引进、释放、丢弃外来入侵物种罪】

违反国家规定,非法引进、释放或者丢弃外来入侵物种,情节严重的,处三年以下有期徒刑或者拘役,并处或者单处罚金。

【立法沿革】

《中华人民共和国刑法修正案(十一)》(自2021年3月1日起施行)

四十三、在刑法第三百四十四条后增加一条,作为第三百四十四条之一:

"违反国家规定,非法引进、释放或者丢弃外来入侵物种,情节严重的,处三年以下有期徒刑或者拘役,并处或者单处罚金。"

【立法理由】

外来入侵物种对于生物多样性、生态环境的破坏后果十分严重,这一点在人类发展历史和动植物演化历史中被充分证明,需要汲取经验教训。一方面擅自引进外来入侵物种,对我国生物安全和生态系统平衡将造成难以挽回的严重灾难;另一方面,其中有害外来入侵物种,还会对我国的农林牧渔业等造成巨大损失。一些单位和个人对外来物种可能导致的生态和环境后果缺乏足够认识,对外来物种引进存在一定的盲目性。在外来物种有意引进的管理中,没有制定和执行科学的风险评估制度。另外,外来物种只重引进、疏于管理,也可能导致外来物种从栽培地、驯养地逃逸到自然环境中而演化为具有入侵性的物种,造成生态环境和生物多样性灾难。国家对防范外来入侵物种一直高度重视。我国于1992年加入《生物多样性公约》,公约要求缔约方尽可能"防止引进、控制或消除那些威胁到生态系统、生境或物种的外来物种”。国境卫生检疫法、进出境动植物检疫法等对有关外来物种的检疫作了规定。2014年修订的《环境保护法》第三十条第二款规定:“引进外来物种以及研究、开发和利用生物技术,应当采取措施,防止对生物多样性的破坏。”2018年修正的《野生动物保护法》第十二条第三款规定:“禁止或者限制在相关自然保护区域内引入外来物种、营造单一纯林、过量施洒农药等人为干扰、威胁野生动物生息繁衍的行为。”2020年10月17日第十三届全国人大常委会第二十二次会议通过的《生物安全法》,面对疫情防控和构建公共卫生安全法治保障的新情况,对生物安全风险防控领域的基本制度作了规定。关于防范外来物种入侵是其中的一个重要方面。《生物安全法》第六十条、第八十一条对防范外来物种入侵及法律责任作了规定。**为进一步加强保护我国生物安全,维护我国生物多样性和生态系统平衡**,依法惩治涉及外来入侵物种非法引进、处置的犯罪,与生物安全法等规定衔接,**《刑法修正案(十一)》**增加了本条规定。

【条文说明】

本条是关于非法引进、释放、丢弃外来入侵物种罪及其处罚的规定。

根据本条规定,“违反国家规定,非法引进、释放或者丢弃外来入侵物种,情节严重的”,追究刑事责任。

1. “**违反国家规定**”是指违反全国人民代表大会及其常务委员会制定的法律和决定,国务院制定的行政法规、规定的行政措施、发布的决定和命令中有关外来物种安全和制度的规定。有关部门规章对国家规定有关条款作出进一步细化明确规定的,根据情况,违反该具体规定的也可认定为“违反国家规定”。我国涉及外来物种管理的法律主要有国境卫生检疫法、进出境动植物检疫法、动物防疫法、野生动物保护法等法律,对防范外来物种入侵作了原则性规定。2003年国务院办公厅转发《质检总局关于加强防范外来有害生物传入工作的意见》,对外来有害生物入侵的防范、调查、预警和应对机制作了规定,并要求及时调整禁止进境动物、植物危险性有害生物名录和禁止进境物名录。2005年原国家林业局制定《引进陆生野生动物外来物种种类及数量审批管理办法》,规定了引进陆生野生动物外来物种种类及数量审批许可制度。《野生动物保护法》第三十七条规定:“从境外引进野生动物物种的,应当经国务院野生动物保护主管部门批准。从境外引进列入本法第三十五条第一款名录的野生动物,还应当依法取得允许进出口证明书。海关依法实施进境检疫,凭进口批准文件或者允许进出口证明书以及检疫证明按照规定办理通关手续。从境外引进野生动物物种的,应当采取安全可靠的防范措施,防止其进入野外环境,避免对生态系统造成危害。确需将其放归野外的,按照国家有关规定执行。”2020年通过的《生物安全法》及其有关配套规定对外来入侵物种的防范和管理以及名录等作了进一步细化和全面的规定。引进、处置外来物种应当依照包括上述法律法规在内的“国家规定”确定的条件、程序和要求进行。

2. 关于“**外来入侵物种**”,根据有关法律规定实行名录制管理。据有关方面调查,我国目前共有二百八十多种外来入侵物种,其中陆生植物一百七十种,其余为微生物、无脊椎动物、两栖爬行类、鱼类、哺乳类等。原产地来自美洲的占一半以上,说明美洲生物较为适应我国环境。外来入侵物种中,39.6%属于有意引进的,49.3%属于无意引进造成的,经自然扩散而进入中国境内的仅占3.1%。外来入侵物种中25%是有意引进造成的,主要用于养殖、观赏、生物防治,如大瓶螺、獭狸等,因野生放养或者弃养后,在野外形成自然种群,对本地生物系统造成危害,也有外来入侵动物是随着树木接穗、苗木或者盆景而传入的,如美国白蛾等。76.3%的外来入侵物种是无意引进造成的,是在贸易流通等环节,由于检查不严格,随产品混入我国,随后发展成为野生动物,如松材线虫等。2003年原国家环境保护总局发布了《中国第一批外来入侵物种名单》,包括紫茎泽兰、空心莲子草、飞机草、凤眼莲等植物,以及蔗扁蛾、美国白蛾、非洲大蜗牛、牛蛙等动物。《生物安全法》第六十条第一款规定:“国家加强对外来物种入侵的防范和应对,保护生物多样性。国务院农业农村主管部门会同国务院其他有关部门制定外来入侵物种名录和管理办法。”下一步,有关方面还将制定统一的、明确的外来入侵物种目录及其管理办法。

3. 本罪行为是**非法引进、释放、丢弃外来入侵物种**。引进外来入侵物种应当依照有关法律法规的规定,实行行政审批许可,处置外来入侵物种要按照国家有关规定进行。任何单位和个人未经批准,不得擅自引进、释放或者丢弃外来物种。《生物安全法》第八十一条规定,非法引进外来物种的,由县级以上人民政府有关部门根据职责分工,没收引进的外来物种,并处五万元以上二十五万元以下的罚款;非法释放或者丢弃外来物种的,由县级以上人民政府有关部门根据职责分工,责令限期捕回、找回释放或者丢弃的外来物种，处一万元以上五万元以下罚款。除了上述行政责任外，构成犯罪的依法追究刑事责任。本条中的“**引进**”主要是指从国外非法携带、运输、邮寄、走私进境等行为。“**释放**”“**丢弃**”是非法处置外来入侵物种的行为，包括经过批准引进的物种，在进行实验研究等之后予以非法野外放养或者随意丢弃的情况。犯本罪的，处三年以下有期徒刑或者拘役，并处或者单处罚金。

适用本条规定时应当注意：一是构成犯罪要求行为人认识到行为的严重社会危害性，对生态环境的严重破坏性，是**故意犯罪**。行为人要知道或者应当知道引进、释放或者丢弃的是外来入侵物种。办案过程中也要注意调查取证工作，不能因行为人辩驳说不知道该物种为入侵物种就不作处理。二是外来入侵物种实行**目录制管理**，应当严格按照目录认定外来入侵物种，而不能将一切外来物种都认定为本罪的对象。本条在立法过程中也有意见提出，将“外来入侵物种”修改为“外来物种”，考虑两者的范围是不一样的，刑事处罚应当惩治危害性严重的行为，因此规定为外来入侵物种。实践中也不能因为属于目录中的外来入侵物种就认定犯罪，也要考虑行为人的主观故意和目的，具体的行为方式和情节，外来入侵物种是否已经在国内较大规模生存，是否可能造成严重损害生态环境后果等主客观方面的因素综合判断，确保罪责刑相适应。

【附属刑法】

《中华人民共和国种子法》（2000 年 7 月 8 日通过，2021 年 12 月 24 日第三次修正）

第七十八条

违反本法第五十七条、第五十九条、第六十条规定，有下列行为之一的，由县级以上人民政府农业农村、林业草原主管部门责令改正，没收违法所得和种子；违法生产经营的货值金额不足一万元的，并处三千元以上三万元以下罚款；货值金额一万元以上的，并处货值金额三倍以上五倍以下罚款；情节严重的，吊销种子生产经营许可证：

（一）未经许可进出口种子的；

（二）为境外制种的种子在境内销售的；

（三）从境外引进农作物或者林木种子进行引种试验的收获物作为种子在境内销售的；

（四）进出口假、劣种子或者属于国家规定不得进出口的种子的。

第八十一条

Ⅰ违反本法第十一条规定，向境外提供或者从境外引进种质资源，或者与境外机构、个人开展合作研究利用种质资源的，由国务院或者省、自治区、直辖市人民政府的农业农村、林业草原主管部门没收种质资源和违法所得，并处二万元以上二十万元以下罚款。

Ⅱ未取得农业农村、林业草原主管部门的批准文件携带、运输种质资源出境的，海关应当将该种质资源扣留，并移送省、自治区、直辖市人民政府农业农村、林业草原主管部门处理。

第八十九条

违反本法规定，构成犯罪的，依法追究刑事责任。

《中华人民共和国生物安全法》（2020 年 10 月 17 日通过）

第八十一条

Ⅰ违反本法规定，未经批准，擅自引进外来物种的，由县级以上人民政府有关部门根据职责分工，没收引进的外来物种，并处五万元以上二十五万元以下的罚款。

Ⅱ违反本法规定，未经批准，擅自释放或者丢弃外来物种的，由县级以上人民政府有关部门根据职责分工，责令限期捕回、找回释放或者丢弃的外来物种，处一万元以上五万元以下的罚款。

第八十二条

违反本法规定，构成犯罪的，依法追究刑事责任；造成人身、财产或者其他损害的，依法承担民事责任。

第三百四十五条　【盗伐林木罪】【滥伐林木罪】【非法收购、运输盗伐、滥伐的林木罪】

盗伐森林或者其他林木，数量较大的，处三年以下有期徒刑、拘役或者管制，并处或者单处罚金；数量巨大的，处三年以上七年以下有期徒刑，并处罚金；数量特别巨大的，处七年以上有期徒刑，并处罚金。

违反森林法的规定，滥伐森林或者其他林木，数量较大的，处三年以下有期徒刑、拘役或者管制，并处或者单处罚金；数量巨大的，处三年以上七年以下有期徒刑，并处罚金。

非法收购、运输明知是盗伐、滥伐的林木，情节严重的，处三年以下有期徒刑、拘役或者管制，并处或者单处罚金；情节特别严重的，处三年以上七年以下有期徒刑，并处罚金。

盗伐、滥伐国家级自然保护区内的森林或者其他林木的，从重处罚。

【立法沿革】

《中华人民共和国刑法》（1997年修订，自1997年10月1日起施行）

第三百四十五条

盗伐森林或者其他林木，数量较大的，处三年以下有期徒刑、拘役或者管制，并处或者单处罚金；数量巨大的，处三年以上七年以下有期徒刑，并处罚金；数量特别巨大的，处七年以上有期徒刑，并处罚金。

违反森林法的规定，滥伐森林或者其他林木，数量较大的，处三年以下有期徒刑、拘役或者管制，并处或者单处罚金；数量巨大的，处三年以上七年以下有期徒刑，并处罚金。

以牟利为目的，在林区非法收购明知是盗伐、滥伐的林木，情节严重的，处三年以下有期徒刑、拘役或者管制，并处或者单处罚金；情节特别严重的，处三年以上七年以下有期徒刑，并处罚金。

盗伐、滥伐国家级自然保护区内的森林或者其他林木的，从重处罚。

《中华人民共和国刑法修正案（四）》（自2002年12月28日起施行）

七、将刑法第三百四十五条修改为：

“盗伐森林或者其他林木，数量较大的，处三年以下有期徒刑、拘役或者管制，并处或者单处罚金；数量巨大的，处三年以上七年以下有期徒刑，并处罚金；数量特别巨大的，处七年以上有期徒刑，并处罚金。

“违反森林法的规定，滥伐森林或者其他林木，数量较大的，处三年以下有期徒刑、拘役或者管制，并处或者单处罚金；数量巨大的，处三年以上七年以下有期徒刑，并处罚金。

“非法收购、运输明知是盗伐、滥伐的林木，情节严重的，处三年以下有期徒刑、拘役或者管制，并处或者单处罚金；情节特别严重的，处三年以上七年以下有期徒刑，并处罚金。

“盗伐、滥伐国家级自然保护区内的森林或者其他林木的，从重处罚。”

【立法理由】

1. **1979年立法的情况**。1979年《刑法》第一百二十八条规定：“违反保护森林法规，盗伐、滥伐森林或者其他林木，情节严重的，处三年以下有期徒刑或者拘役，可以并处或者单处罚金。”

2. **1979年之后至1997年刑法修订前的立法情况**。1984年《森林法》第三十四条规定：“盗伐森林或者其他林木，情节轻微的，由林业主管部门责令赔偿损失，补种盗伐株数十倍的树木，并处以违法所得三至十倍的罚款。滥伐森林或者其他林木，情节轻微的，由林业主管部门责令补种滥伐株数五倍的树木，并处以违法所得二至五倍的罚款。盗伐、滥伐森林或者其他林木，情节严重的，依照《刑法》第一百二十八条的规定追究刑事责任。盗伐林木据为己有，数额巨大的，依照《刑法》第一百五十二条的规定追究刑事责任。”其中，1979年《刑法》第一百五十二条是关于盗窃罪的规定。

3. **1997年修订刑法的情况**。森林是国家和人民的宝贵资源，是人类生存环境的重要保障。国家对森林和其他林木实行严格管理，以确保发展经济，提高人民生活质量。盗伐林木的行为势必对森林和其他林木造成毁灭性破坏，危及人类的生存环境。如今，滥伐林木的现象时有发生，而且数量惊人，有必要对滥伐林木的行为加大打击力度。而且，在林区非法收购明知是盗伐、滥伐的林木，实际上是一种销赃行为，助长了盗伐、滥伐林木犯罪的发展，打击这类犯罪能有效预防盗伐、滥伐林木罪。为此，1997年修订刑法时，一是将盗伐林木罪、滥伐林木罪分别予以规定，并增加规定了相应刑罚；二是增加规定了非法收购盗伐、滥伐的林木罪；三是增加了盗伐、滥伐国家级自然保护区内的森林或者其他林木的行为及其处罚的规定，以加强对国家级自然保护区内森林或者其他林木的保护。

4. 2002年《刑法修正案(四)》对本条的修改情况。2002年12月28日第九届全国人大常委会第三十一次会议通过的《刑法修正案(四)》对本条作了以下修改:一是删去了"以牟利为目的"和"在林区"的条件限制,只要行为人实施了非法收购明知是盗伐、滥伐的林木的行为,情节严重的,无论其是否以牟利为目的,无论行为是否发生在林区,都构成本条规定的犯罪。根据国家有关规定,严禁任何单位和个人收购无证采伐的木材。非法收购明知是盗伐、滥伐的林木,实际上是为盗伐、滥伐林木的罪犯销赃的行为。因此,加强对木材收购的管理是预防盗伐、滥伐林木犯罪的有效方法之一。二是增加规定了"非法运输明知是盗伐、滥伐的林木,情节严重的"为犯罪行为。1998年《森林法》规定,从林区运出木材,必须持有林业主管部门发给的运输证件,国家统一调拨的木材除外。依法取得采伐许可证后,按照许可证的规定采伐的木材,从林区运出时,林业主管部门应当发给运输证件。实践中,有的非法收购盗伐、滥伐的林木的人员,采取让他人非法将大量的林木运出林区的方法逃避法律制裁。由于在林区查获的是进行非法运输的人员而不是非法收购的人员,如果不将非法运输环节堵住,盗伐、滥伐以及非法收购等行为将很难禁止。

【条文说明】

本条是关于盗伐林木罪,滥伐林木罪,非法收购、运输盗伐、滥伐的林木罪及其处罚的规定。

本条共分为四款。

第一款是关于盗伐林木罪及其处罚的规定。"**盗伐森林或者其他林木**"是指以非法占有为目的,具有下列情形之一的行为:(1)擅自砍伐国家、集体、他人所有或者他人承包经营管理的森林或者其他林木的;(2)擅自砍伐本单位或者本人承包经营管理的森林或者其他林木的;(3)在林木采伐许可证规定的地点以外采伐国家、集体、他人所有或者他人承包经营管理的森林或者其他林木的。"**森林**"是指具有一定面积的林木的总体,包括树林和竹林,具体可分为五类:防护林、用材林、经济林、薪炭林、特种用途林。"**其他林木**"是指其他的树木和竹子。根据2000年《最高人民法院关于审理破坏森林资源刑事案件具体应用法律若干问题的解释》第四条的规定,"**数量较大**",以二至五立方米或者幼树一百至二百株为起点;"**数量巨大**",以二十至五十立方米或者幼树一千至二千株为起点;"**数量特别巨大**",以一百至二百立方米或者幼树五千至一万株为起点。

第二款是关于滥伐林木罪及其处罚的规定。森林采伐方式和采伐量是否得当,直接关系到合理利用森林资源和森林再生产问题。要确保森林资源永续利用,必须有计划地采伐利用,以保证森林的消耗量不超过生长量。因此,为了防止滥伐林木的情况,森林法规定了限额采伐的原则和核发采伐许可证制度。根据《森林法》第五十六条的规定,采伐林地上的林木应当申请采伐许可证,按许可证的规定进行采伐;农村居民采伐自留地和房前屋后个人所有的零星林木,不需要申请采伐许可证。非林地上的农田防护林、防风固沙林、护路林、护岸护堤林和城镇林木等的更新采伐,由有关主管部门按照有关规定管理。采挖移植林木按照采伐林木管理。具体办法由国务院林业主管部门制定。禁止伪造、变造、买卖、租借采伐许可证。"**滥伐森林或者其他林木**"是指违反森林法及其他保护森林的法规规定,具有下列情形之一的行为:(1)未经林业行政主管部门及法律规定的其他主管部门批准并核发林木采伐许可证,或者虽持有林木采伐许可证,但违反林木采伐许可证规定的时间、数量、树种或者方式,任意采伐本单位所有或者本人所有的森林或者其他林木的;(2)超过林木采伐许可证规定的数量采伐他人所有的森林或者其他林木的;(3)林木权属争议一方在林木权属确权之前,擅自砍伐森林或者其他林木,数量较大的。按照《最高人民法院关于审理破坏森林资源刑事案件具体应用法律若干问题的解释》第六条的规定,滥伐林木"**数量较大**",以十至二十立方米或者幼树五百至一千株为起点;滥伐林木"**数量巨大**",以五十至一百立方米或者幼树二千五百至五千株为起点。

第三款是关于非法收购、运输盗伐、滥伐的林木罪及其处罚的规定。

本款中的"**非法收购、运输明知是盗伐、滥伐的林木**",是指根据有关规定,无证收购、无证运输明知是盗伐、滥伐的林木的行为。其中"**明知**"是指知道或者应当知道。具有下列情形之一的,可以视为应当知道,但是有证据证明确属被蒙骗的除外:(1)在非法的木材交易场所或者销售单位收购木材的;(2)收购以明显低于市场价格出售的木材的;(3)收购违反规定出售的木材的。按前述司法解释,非法收购盗伐、滥伐的林木"**情节严重**",主要包括以下几种情形:(1)非法收购盗伐、滥伐的林木二十立方米以上或者幼树一千株以上的;(2)非法收购盗伐、滥伐的珍贵树木二立方米以上或者五株以上的;(3)其他情节严重的情形。非法收购盗伐、滥伐的林木"**情节特别严重**",主要包括以下几种情形:(1)非法收购盗伐、滥伐的林木一百立方米以上或者幼树五千株以上的；(2)非法收购盗伐、滥伐的珍贵树木五立方米以上或者十株以上的；(3)其他情节特别严重的情形。

第四款是关于盗伐、滥伐国家级自然保护区内的森林或者其他林木的犯罪及其处罚的规定。**“国家级自然保护区”**，是指在国内外有典型意义，在科学上有重大国际影响或者有特殊科学研究价值的，由国家主管机关确认的自然保护区。根据本款规定，盗伐、滥伐国家级自然保护区内的森林或者其他林木的，**依照本条第一款、第二款的规定，从重处罚**。

实际执行中应当注意以下几个方面的问题：

1. **关于在林木采伐许可证规定的地点之外采伐本单位或者本人所有的森林或者其他林木的行为应当如何处理**。根据2004年《最高人民法院关于在林木采伐许可证规定的地点以外采伐本单位或者本人所有的森林或者其他林木的行为如何适用法律问题的批复》的规定，对于上述行为，除农村居民采伐自留地和房前屋后个人所有的零星林木以外，属于前述司法解释“未经林业行政主管部门及法律规定的其他主管部门批准并核发林木采伐许可证”规定的情形，数量较大的，**应当依照本条第二款滥伐林木罪追究刑事责任**。

2. 对于偷砍他人自留地和房前屋后种植的零星林木，以及将国家、集体、他人所有并已经伐倒的树木窃为己有的行为，数额较大，根据2000年《最高人民法院关于审理破坏森林资源刑事案件具体应用法律若干问题的解释》第九条的规定，应当依照《刑法》第二百六十四条的规定，**以盗窃罪定罪处罚**。

3. 关于单位构成本罪的入刑标准。**构成本条规定的犯罪的主体包括个人，也包括单位**。根据《刑法》第三百四十六条的规定，单位犯本节规定之罪的，对单位判处罚金，并对其直接负责的主管人员和其他直接责任人员，依照本节该条的规定处罚。关于单位犯本罪的入罪标准，根据《最高人民法院关于审理破坏森林资源刑事案件具体应用法律若干问题的解释》第十六条规定：“单位犯刑法第三百四十四条、三百四十五条规定之罪，定罪量刑标准按照本解释的规定执行。”

【司法解释】

《最高人民法院关于审理破坏森林资源刑事案件具体应用法律若干问题的解释》（法释〔2000〕36号，自2000年12月11日起施行）

△(**盗伐林木**)以非法占有为目的，具有下列情形之一，数量较大的，依照刑法第三百四十五条第一款的规定，以盗伐林木罪定罪处罚：

(一)擅自砍伐国家、集体、他人所有或者他人承包经营管理的森林或者其他林木的；

(二)擅自砍伐本单位或者本人承包经营管理的森林或者其他林木的[①]；

(三)在林木采伐许可证规定的地点以外采伐国家、集体、他人所有或者他人承包经营管理的森林或者其他林木的。(§3)

△(**盗伐林木；数量较大；数量巨大**)盗伐林木“数量较大”，以二至五立方米或者幼树一百至二百株为起点；盗伐林木“数量巨大”，以二十至五十立方米或者幼树一千至二千株为起点；盗伐林木“数量特别巨大”，以一百至二百立方米或者幼树五千至一万株为起点。(§4)

△(**滥伐林木**)违反森林法的规定，具有下列情形之一，数量较大的，依照刑法第三百四十五条第二款的规定，以滥伐林木罪定罪处罚：

(一)未经林业行政主管部门及法律规定的其他主管部门批准并核发林木采伐许可证，或者虽持有林木采伐许可证，但违反林木采伐许可证规定的时间、数量、树种或者方式，任意采伐本单位所有或者本人所有的森林或者其他林木的；

(二)超过林木采伐许可证规定的数量采伐他人所有的森林或者其他林木的。

林木权属争议一方在林木权属确权之前，擅自砍伐森林或者其他林木，数量较大的，以滥伐林木罪论处。(§5)

△(**滥伐林木；数量较大；数量巨大**)滥伐林木“数量较大”，以十至二十立方米或者幼树五百至一千株为起点；滥伐林木“数量巨大”，以五十至一百立方米或者幼树二千五百至五千株为起点。(§6)

△(**累计计算林木数量**)对于一年内多次盗伐、滥伐少量林木未经处罚的，累计其盗伐、滥伐林木的数量，构成犯罪的，依法追究刑事责任。(§7)

△(**想象竞合犯；非法采伐、毁坏国家重点保护植物罪**)盗伐、滥伐珍贵树木，同时触犯刑法第三百四十四条、第三百四十五条规定的，依照处罚

① 此种盗伐行为类型下的森林或者其他林木，不属于承包者个人所有。若森林或者其他林木为承包者个人所有，承包者的砍伐行为成立滥伐林木罪，而不构成盗伐林木罪。参见张明楷：《刑法学》（第6版），法律出版社2021年版，第1500页。

较重的规定定罪处罚。[1]（§ 8）

△（**非法收购盗伐、滥伐的林木；明知**）刑法第三百四十五条规定的“非法收购明知是盗伐、滥伐的林木”中的“明知”，是指知道或者应当知道。[2] 具有下列情形之一的，可以视为应当知道，但是有证据证明确属被蒙骗的除外：

（一）在非法的木材交易场所或者销售单位收购木材的；

（二）收购以明显低于市场价格出售的木材的；

（三）收购违反规定出售的木材的。（§ 10）

△（**非法收购盗伐、滥伐的林木；情节严重；情节特别严重**）具有下列情形之一的，属于在林区非法收购盗伐、滥伐的林木“情节严重”：

（一）非法收购盗伐、滥伐的林木二十立方米以上或者幼树一千株以上的；

（二）非法收购盗伐、滥伐的珍贵树木二立方米以上或者五株以上的；

（三）其他情节严重的情形。

具有下列情形之一的，属于在林区非法收购盗伐、滥伐的林木“情节特别严重”：

（一）非法收购盗伐、滥伐的林木一百立方米以上或者幼树五千株以上的；

（二）非法收购盗伐、滥伐的珍贵树木五立方米以上或者十株以上的；

（三）其他情节特别严重的情形。（§ 11）

△（**林木数量之计算；幼树；滥伐林木的数量**）本解释规定的林木数量以立木蓄积计算，计算方法为：原木材积除以该树种的出材率。

本解释所称“幼树”，是指胸径五厘米以下的树木。

滥伐林木的数量，应在伐区调查设计允许的误差额以上计算。（§ 17）

△（**以生产竹材为主要目的的竹林；具体标准**）盗伐、滥伐以生产竹材为主要目的的竹林的定罪量刑问题，有关省、自治区、直辖市高级人民法院可以参照上述规定的精神，规定本地区的具体标准，并报最高人民法院备案。（§ 18）

△（**具体数量标准**）各省、自治区、直辖市高级人民法院可以根据本地区的实际情况，在本解释第四条、第六条规定的数量幅度内，确定本地区执行的具体数量标准，并报最高人民法院备案。（§ 19）

《最高人民法院关于在林木采伐许可证规定的地点以外采伐本单位或者本人所有的森林或者其他林木的行为如何适用法律问题的批复》（法释〔2004〕3号，自2004年4月1日起施行）

△（**采伐本单位或者本人所有的森林或者其他林木；未经林业行政主管部门及法律规定的其他主管部门批准并核发林木采伐许可证**）违反森林法的规定，在林木采伐许可证规定的地点以外，采伐本单位或者本人所有的森林或者其他林木的，除农村居民采伐自留地和房前屋后个人所有的零星林木以外，属于《最高人民法院关于审理破坏森林资源刑事案件具体应用法律若干问题的解释》第五条第一款第（一）项“未经林业行政主管部门及法律规定的其他主管部门批准并核发林木采伐许可证”规定的情形，数量较大的，应当依照刑法第三百四十五条第二款的规定，以滥伐林木罪定罪处罚。

《最高人民法院、最高人民检察院关于适用〈中华人民共和国刑法〉第三百四十四条有关问题的批复》（法释〔2020〕2号，自2020年3月21日起施行）

△（**珍贵树木或者国家重点保护的其他植物；人工培育的植物；古树名木；盗伐林木罪；滥伐林木罪；非法收购、运输盗伐、滥伐的林木罪**）根据《中华人民共和国野生植物保护条例》的规定，野生植物限于原生地天然生长的植物。人工培育的植物，除古树名木外，不属于刑法第三百四十四条规定的“珍贵树木或者国家重点保护的其他植物”。非法采伐、毁坏或者非法收购、运输人工培育的植物（古树名木除外），构成盗伐林木罪、滥伐林木罪、非法收购、运输盗伐、滥伐的林木罪等犯罪的，依照相关规定追究刑事责任。（§ 2）

△（**适用效力**）本批复自2020年3月21日起施行，之前发布的司法解释与本批复不一致的，以本批复为准。（§ 4）

【司法解释性文件】

《最高人民法院关于滥伐自己所有权的林木

① 我国学者指出，非法采伐国家重点保护植物罪与盗伐林木罪、滥伐林木罪之间不是特别关系，无法以所谓特别法条处理，而应作为想象竞合，从一重罪（盗伐林木罪）处罚。参见张明楷：《刑法学》（第6版），法律出版社2021年版，第1501页。

② 我国学者指出，“应当知道”意味着“不知道”。如此的话，过失非法收购、运输盗伐、滥伐的林木行为，也会构成犯罪，但这显然不符合本罪的宗旨。为了维护本罪属于故意犯罪的意旨，应将“应当知道”理解为“可能知道”。参见黎宏：《刑法学各论》（第2版），法律出版社2016年版，第457页。

其林木应如何处理的问题的批复》（法复〔1993〕5，1993年7月24日公布）

△（**滥伐属于自己所有权的林木；追缴**）属于个人所有的林木，也是国家森林资源的一部分。被告人滥伐属于自己所有权的林木，构成滥伐林木罪的，其行为已违反国家保护森林法规，破坏了国家的森林资源，所滥伐的林木即不再是个人的合法财产，而应当作为犯罪分子违法所得的财物，依照刑法第六十条的规定予以追缴。①

《国家林业局、公安部关于森林和陆生野生动物刑事案件管辖及立案标准》（林安字〔2001〕156号，2001年5月9日公布）

△（**盗伐林木罪；立案标准；重大案件；特别重大案件**）盗伐森林或者其他林木，立案起点为2立方米至5立方米或者幼树100至200株；盗伐林木20立方米至50立方米或者幼树1000株至2000株，为重大案件立案起点；盗伐林木100立方米至200立方米或者幼树5000株至10000株，为特别重大案件立案起点。

△（**滥伐林木罪；立案标准；重大案件；特别重大案件**）滥伐森林或者其他林木，立案起点为10立方米至20立方米或者幼树500至1000株；滥伐林木50立方米以上或者幼树2500株以上，为重大案件；滥伐林木100立方米以上或者幼树5000株以上，为特别重大案件。

△（**非法收购盗伐、滥伐的林木罪；立案标准；重大案件；特别重大案件**）以牟利为目的，在林区非法收购明知是盗伐、滥伐的林木在20立方米或者幼树1000株以上的，以及非法收购盗伐、滥伐的珍贵树木2立方米以上或者5株以上的应当立案；非法收购林木100立方米或者幼树5000株以上的，以及非法收购盗伐、滥伐的珍贵树木5立方米以上或者10株以上的为重大案件；非法收购林木200立方米或者幼树1000株以上的，以及非法收购盗伐、滥伐的珍贵树木10立方米以上或者20株以上的为特别重大案件。

《最高人民检察院、公安部关于公安机关管辖的刑事案件立案追诉标准的规定（一）》（公通字〔2008〕36号，2008年6月25日公布）

△（**盗伐林木罪；立案追诉标准；林木数量之计算；幼树**）盗伐森林或者其他林木，涉嫌下列情形之一的，应予立案追诉：

（一）盗伐二至五立方米以上的；

（二）盗伐幼树一百至二百株以上的。

以非法占有为目的，具有下列情形之一的，属于本条规定的“盗伐森林或者其他林木”：

（一）擅自砍伐国家、集体、他人所有或者他人承包经营管理的森林或者其他林木的；

（二）擅自砍伐本单位或者本人承包经营管理的森林或者其他林木的；

（三）在林木采伐许可证规定的地点以外采伐国家、集体、他人所有或者他人承包经营管理的森林或者其他林木的。

本条和本规定第七十三条、第七十四条规定的林木数量以立木蓄积计算，计算方法为：原木材积除以该树种的出材率；“幼树”，是指胸径五厘米以下的树木。（§ 72）

△（**滥伐林木罪；立案追诉标准；采伐本单位或者本人所有的森林或者其他林木；林木权属争议；林木之计算**）违反森林法的规定，滥伐森林或者其他林木，涉嫌下列情形之一的，应予立案追诉：

（一）滥伐十至二十立方米以上的；

（二）滥伐幼树五百至一千株以上的。

违反森林法的规定，具有下列情形之一的，属于本条规定的“滥伐森林或者其他林木”：

（一）未经林业行政主管部门及法律规定的其他主管部门批准并核发林木采伐许可证，或者虽持有林木采伐许可证，但违反林木采伐许可证规定的时间、数量、树种或者方式，任意采伐本单位所有或者本人所有的森林或者其他林木的；

（二）超过林木采伐许可证规定的数量采伐他人所有的森林或者其他林木的。

违反森林法的规定，在林木采伐许可证规定的地点以外，采伐本单位或者本人所有的森林或者其他林木的，除农村居民采伐自留地和房前屋后个人所有的零星林木以外，属于本条第二款第（一）项“未经林业行政主管部门及法律规定的其他主管部门批准并核发林木采伐许可证”规定的情形。

林木权属争议一方在林木权属确权之前，擅自砍伐森林或者其他林木的，属于本条规定的“滥伐森林或者其他林木”。

滥伐林木的数量，应在伐区调查设计允许的

① 我国学者指出，个人所有的林木虽然是国家森林资源的一部分，但行为人滥伐后的树木已经不再是国家森林资源的一部分，而是其个人所有的财产。换言之，滥伐行为只是侵犯了国家森林资源，而未侵害国家财产，行为人的违法行为只是使国家森林资源遭受破坏，而不是使国家财产遭受损失，故不能认为其所滥伐的林木属于违法所得。从而，自然也不应当追缴滥伐的林木。参见张明楷：《刑法学》（第6版），法律出版社2021年版，第1503页。

误差额以上计算。(§ 73)

△(**非法收购、运输盗伐、滥伐的林木罪;立案追诉标准;明知**)非法收购、运输明知是盗伐、滥伐的林木,涉嫌下列情形之一的,应予立案追诉:

(一)非法收购、运输盗伐、滥伐的林木二十立方米以上或者幼树一千株以上的;

(二)其他情节严重的情形。

本条规定的"非法收购"的"明知",是指知道或者应当知道。具有下列情形之一的,可以视为应当知道,但是有证据证明确属被蒙骗的除外:

(一)在非法的木材交易场所或者销售单位收购木材的;

(二)收购以明显低于市场价格出售的木材的;

(三)收购违反规定出售的木材的。(§ 74)

【附属刑法】

《中华人民共和国防沙治沙法》(2001年8月31日通过,2018年10月26日修正)

第三十八条

违反本法第二十二条第一款规定①,在沙化土地封禁保护区范围内从事破坏植被活动的,由县级以上地方人民政府林业草原行政主管部门责令停止违法行为;有违法所得的,没收其违法所得;构成犯罪的,依法追究刑事责任。

《中华人民共和国森林法》(1984年9月20日通过,2019年12月28日修订)

第七十六条

Ⅰ盗伐林木的,由县级以上人民政府林业主管部门责令限期在原地或者异地补种盗伐株数一倍以上五倍以下的树木,并处盗伐林木价值五倍以上十倍以下的罚款。

Ⅱ滥伐林木的,由县级以上人民政府林业主管部门责令限期在原地或者异地补种滥伐株数一倍以上三倍以下的树木,可以处滥伐林木价值三倍以上五倍以下的罚款。

第七十八条

违反本法规定,收购、加工、运输明知是盗伐、滥伐等非法来源的林木的,由县级以上人民政府林业主管部门责令停止违法行为,没收违法收购、加工、运输的林木或者变卖所得,可以处违法收购、加工、运输林木价款三倍以下的罚款。

第八十二条

Ⅰ公安机关按照国家有关规定,可以依法行使本法第七十四条第一款、第七十六条、第七十七条、第七十八条规定的行政处罚权。

Ⅱ违反本法规定,构成违反治安管理行为的,依法给予治安管理处罚;构成犯罪的,依法追究刑事责任。

【参考案例】

△未经许可采伐自己所有的林木,达到追诉标准的,应当认定为滥伐林木罪。

《最高人民法院关于滥伐自己所有权的林木其林木应如何处理的问题的批复》规定:"属于个人所有的林木,也是国家森林资源的一部分。被告人滥伐属于自己所有权的林木,构成滥伐林木罪的,其行为已违反国家保护森林法规,破坏了国家的森林资源,所滥伐的森林即不再是个人的合法财产,而应当作为犯罪分子违法所得的财物,依照刑法第六十条的规定予以追缴。"根据《最高人民法院关于在林木采伐许可证规定的地点以外采伐本单位或者本人所有的森林或者其他林木的行为如何适用法律问题的批复》规定:"违反森林法的规定,在林木采伐许可证规定的地点以外,采伐本单位或者本人所有的森林或者其他林木的,除农村居民采伐自留地和房前屋后个人所有的零星林木以外,属于《最高人民法院关于审理破坏森林资源刑事案件具体应用法律若干问题的解释》第五条第一款第(一)项'未经林业行政主管部门及法律规定的其他主管部门批准并核发林木采伐许可证'规定的情形,数量较大的,应当依照刑法第三百四十五条第二款的规定,以滥伐林木罪定罪处罚。"滥伐林木罪的立法目的在于保护国家的林木资源和由林木组成的生态环境,促进自然资源的良性循环,其首要的打击目标是非法大量采伐国家、集体林木,破坏森林和其他公共林木资源的行为。但私人种植包括自己享有所有权的林木,也是国家林木生态环境系统的一部分,这部分林木资源遭到破坏,必然影响国家林木资源的整体净化功能和生物链效应。为此,也有必要对滥伐私人种植乃至自己所有的林木的行为进行社会危害性评价,对于滥伐数量较大,具有严重社会危害性的,应追究刑事责任。这正是前述两个批复的法律精神。因此,行为人违反了《森林法》规定,

① 《中华人民共和国防沙治沙法》(2001年8月31日通过,2018年10月26日修正)
第二十二条
Ⅰ在沙化土地封禁保护区范围内,禁止一切破坏植被的活动。

滥伐自己购买的私人种植的林木,数量较大的,应以滥伐林木罪追究刑事责任。六被告人在未依法取得林木采伐许可证的情况下,将他人种植的林木购买后予以采伐,被伐林木木材材积已经达到滥伐林木罪的追诉标准,应当定罪处罚。但鉴于这种行为与非法滥伐森林或公共林木资源的行为相比,社会危害性要低,综合被告人自首或坦白等其他情节,量刑时对六被告人单处罚金更为妥善。[No. 6-6-345(2)-1　张彦峰等人滥伐林木案]

△行道树属于盗伐林木罪中的"其他林木",但盗挖林木的行为不符合盗伐林木罪的行为方式,不成立盗伐林木罪,应以盗窃罪定罪处罚。

行道树属于"其他林木"的范畴,可以成为盗伐林木犯罪的对象。盗伐林木罪,是指盗伐森林或者其他林木,数量较大的行为。城市道路两旁的行道树属于盗伐林木罪状中"其他林木"的范畴。2000年1月29日国务院制定施行的《森林法实施条例》(已被修改)第二条第三款明确规定,林木包括树木和竹子。可见,相关森林法律法规中"林木"的外延比较广泛。行道树是专门种植于道旁的树木。1987年9月5日,公布的《最高人民法院、最高人民检察院关于办理盗伐、滥伐林木案件应用法律的几个问题的解释》(已失效)对林区和非林区规定了不同的入罪林木数量,对非林区林木规定了较林区林木低的入罪门槛,城乡道旁等非林区的行道树、他人自留山上的成片林木可以成为盗伐、滥伐的犯罪对象。虽然该解释已被废止,但其对盗伐、滥伐犯罪对象范围的规定依然值得借鉴、参考。城市行道树作为城市绿化有机组成部分,同时受到相关法律法规的保护。《森林法》(2009年修正)第三十二条第一款规定:"采伐林木必须申请采伐许可证,按许可证的规定进行采伐……"《城市绿化条例》(2011年修订)第二十一条第二款规定:"砍伐城市树木,必须经城市人民政府城市绿化行政主管部门批准,并按照国家有关规定补植树木或者采取其他补救措施。"该条例第二十七条第(二)项进一步明确,违反本条例规定,擅自修剪或者砍伐城市树木,构成犯罪的,依法追究刑事责任。该项规定为对擅自修剪或者砍伐城市树木行为追究刑事责任提供了行政法上的指引。

针对树木的窃取行为一般有三种情形:一是将栽于土地上的活体树木砍下后占为己有;二是将他人已经伐倒的树木,或将已经采挖离地的活体树木直接窃为己有;三是将栽于土地上的活体树木挖出后占为己有,保持树木的活体性。对于第二种情形,《最高人民法院关于审理破坏森林资源刑事案件具体应用法律若干问题的解释》第九条已作明确规定,以盗窃罪定罪处罚。第三种情形与前两者不同,系"盗挖"。被告人李波为了达到转手香樟树获利的目的,让人盗挖后出售,属于第三种情形——"盗挖"。

"盗伐"与"盗挖"存在明显的区别:一是行为方式不同。"伐"是用刀、斧、锯等把东西断开。伐木,就是用锯、斧等工具把树木弄断。实施"伐"的行为后,树木主干与其赖以生存的根部分离,根部留存于土中。而"挖"则是用工具或手从物体的表面向里用力,取出其一部分或其中包藏的东西的意思。挖木,就是用锄、铲、锹等工具把树木及其树根的主要部分从泥土中取出,将树整体与泥土分离。二是行为后果不同。"伐"后树木必然死亡,而"挖"的目的是移走栽种的树木。因此,国家林业局2003年下发的《关于规范树木采挖管理有关问题的通知》(已失效)特别强调林业主管部门在核发许可证的同时"应当对批准的采挖作业进行监督管理,并主动提供有关技术服务,以提高采挖树木的成活率"。三是行为本质不同。"伐"的行为直接导致活体树木的死亡,行为实施当场就对森林资源和生态环境造成破坏。而"挖"的行为虽然也可能由于采挖水平、后期环境、养护技术等因素最终导致树木死亡,造成与"伐"的行为类似的后果,但这种结果是非典型的,而且随着科技的迅猛发展,机械制造、林木养护水平的日益提升,这种结果越来越少,所以"伐"与"挖"对林木资源和生态环境造成的影响存在本质的区别。《关于规范树木采挖管理有关问题的通知》第八条规定:"未经批准擅自采挖、运输、收购采挖树木,或者因采挖树木造成林地、植被破坏的,要依照法律法规关于林木采伐、林地管理、木材运输和收购的规定进行处罚。"该规定是为了严格规范现实生活中日益增多的但森林法等法律法规又未涉及的采挖林木行为但对乱采、乱挖行为的行政处罚则必须由法律、行政法规予以规定,不能由国家林业局通过下发通知的形式予以确定。在刑事法律领域,语义的相对确定性是法律可预测性的客观要求。盗伐林木罪所确定的核心行为"伐",即便是基于社会发展需要对"伐"作适度扩张性解释,也无法将"挖"的行为囊括进来。况且,正是由于采挖行为与采伐行为是本质上不同的两类行为,行政管理机关才有必要专门制定规定进行政策调整。

盗伐林木罪被列在《刑法》妨害社会管理秩序罪章中的"破坏环境资源保护罪"一节,是鉴于活体树木对人类的特殊贡献,国家给予特别保护。盗伐行为造成的破坏不可逆转、无法恢复,所以其最终必然破坏生态环境。而本案被告人的盗挖行为虽然未经绿化行政主管部门审批，在一定程度上违反了有关城市绿化管理制度，但毕竟未终结树木生命，尚未对生态环境造成无法挽救的后果，因此其行为危害最主要体现在侵害了树木所有人的财产所有权。被告人已经盗挖的10棵香樟树虽然林木蓄积量仅有5.1475立方米，但价值达35496元，正在实施盗挖的17棵香樟树蓄积量只有6.901立方米，价值却达53250元。可见，本案被告人主观上追求的和行为最终实现的都是活体树木的经济价值，而非立木材积的经济价值，其行为危害主要体现在对树木所有权人的财产所有权的侵害。[No.6-6-345(1)-1　李波盗伐林木案]

第三百四十六条　【单位犯本节之罪的处罚规定】

单位犯本节第三百三十八条至第三百四十五条规定之罪的，对单位判处罚金，并对其直接负责的主管人员和其他直接责任人员，依照本节各该条的规定处罚。

【立法理由】

在实践中，不仅自然人可以犯本节规定的各种犯罪，而且单位也可能实施本节所规定的各种犯罪行为。与自然人不同的是，单位犯本节规定之罪主观上是为本单位牟取利益，其犯罪是由单位集体研究或者负责人员决定，并由有关单位组织实施的，其造成的危害结果将远远大于自然人犯罪造成的危害结果。因此，**1997年修订刑法**时，规定对单位犯本节规定的破坏环境资源保护罪的，予以刑事处罚。

【条文说明】

本条是关于单位犯本节规定之罪如何处罚的规定。

根据本条规定，本节规定的犯罪，犯罪主体除自然人外还包括单位。**“单位犯本节第三百三十八条至第三百四十五条规定之罪”**是指单位犯本法分则第六章第六节破坏环境资源保护罪中规定的任何一罪的情形。依照本条规定，对单位犯本节规定之罪的，实行**“双罚制”**，对犯罪的单位判处罚金，同时对单位直接负责的主管人员和其他对犯罪负有直接责任的人员，依照上述各该罪规定的处罚标准处罚。

实际执行中应当注意关于单位犯本节规定的破坏环境资源保护罪的人罪标准，应当依照各罪名有关司法解释的规定予以确定。

【司法解释】

《最高人民法院关于审理破坏土地资源刑事案件具体应用法律若干问题的解释》（法释〔2000〕14号，自2000年6月22日起施行）

△（**单位犯罪**）单位犯非法转让、倒卖土地使用权罪、非法占有耕地罪的定罪量刑标准，依照本解释第一条、第二条、第三条的规定执行。（§8）

《最高人民法院关于审理破坏森林资源刑事案件具体应用法律若干问题的解释》（法释〔2000〕36号，自2000年12月11日起施行）

△（**单位犯罪**）单位犯刑法第三百四十四条、第三百四十五条规定之罪，定罪量刑标准按照本解释的规定执行。（§16）

《最高人民法院关于审理破坏林地资源刑事案件具体应用法律若干问题的解释》（法释〔2005〕15号，自2005年12月30日起施行）

△（**单位犯罪**）单位实施破坏林地资源犯罪的，依照本解释规定的相关定罪量刑标准执行。（§6）

《最高人民法院关于审理破坏草原资源刑事案件应用法律若干问题的解释》（法释〔2012〕15号，自2012年11月22日起施行）

△（**单位犯罪**）单位实施刑法第三百四十二条规定的行为，对单位判处罚金，并对其直接负责的主管人员和其他直接责任人员，依照本解释规定的定罪量刑标准定罪处罚。（§5）

《最高人民法院、最高人民检察院关于办理非法采矿、破坏性采矿刑事案件适用法律若干问题的解释》（法释〔2016〕25号，自2016年12月1日起施行）

△（**单位犯罪**）单位犯刑法第三百四十三条规定之罪的，依照本解释规定的相应自然人犯罪的定罪量刑标准，对直接负责的主管人员和其他直接责任人员定罪处罚，并对单位判处罚金。（§9）

《最高人民法院、最高人民检察院关于办理环境污染刑事案件适用法律若干问题的解释》（法释〔2016〕29号，自2017年1月1日起施行）

△（**单位犯罪**）单位实施本解释规定的犯罪的，依照本解释规定的定罪量刑标准，对直接负责的主管人员和其他直接责任人员定罪处罚，并对单位判处罚金。（§11）

第七节　走私、贩卖、运输、制造毒品罪

第三百四十七条　【走私、贩卖、运输、制造毒品罪】

走私、贩卖、运输、制造毒品，无论数量多少，都应当追究刑事责任，予以刑事处罚。

走私、贩卖、运输、制造毒品，有下列情形之一的，处十五年有期徒刑、无期徒刑或者死刑，并处没收财产：

(一)走私、贩卖、运输、制造鸦片一千克以上、海洛因或者甲基苯丙胺五十克以上或者其他毒品数量大的；

(二)走私、贩卖、运输、制造毒品集团的首要分子；

(三)武装掩护走私、贩卖、运输、制造毒品的；

(四)以暴力抗拒检查、拘留、逮捕，情节严重的；

(五)参与有组织的国际贩毒活动的。

走私、贩卖、运输、制造鸦片二百克以上不满一千克、海洛因或者甲基苯丙胺十克以上不满五十克或者其他毒品数量较大的，处七年以上有期徒刑，并处罚金。

走私、贩卖、运输、制造鸦片不满二百克、海洛因或者甲基苯丙胺不满十克或者其他少量毒品的，处三年以下有期徒刑、拘役或者管制，并处罚金；情节严重的，处三年以上七年以下有期徒刑，并处罚金。

单位犯第二款、第三款、第四款罪的，对单位判处罚金，并对其直接负责的主管人员和其他直接责任人员，依照各该款的规定处罚。

利用、教唆未成年人走私、贩卖、运输、制造毒品，或者向未成年人出售毒品的，从重处罚。

对多次走私、贩卖、运输、制造毒品，未经处理的，毒品数量累计计算。

【立法理由】

1979年刑法规定了制造、贩卖、运输毒品罪。1979年《刑法》第一百七十一条规定："制造、贩卖、运输鸦片、海洛因、吗啡或者其他毒品的，处五年以下有期徒刑或者拘役，可以并处罚金。一贯或者大量制造、贩卖、运输前款毒品的，处五年以上有期徒刑，可以并处没收财产。"由于1979年刑法制定时，毒品犯罪尚不突出，因此规定了较轻的刑罚，**法定最高刑只有五年有期徒刑**。

1982年通过了《全国人民代表大会常务委员会关于严惩严重破坏经济的罪犯的决定》，**该决定将贩毒罪的最高刑提高到死刑**。决定第一条规定，对贩毒罪，情节特别严重的，处十年以上有期徒刑、无期徒刑或者死刑，可以并处没收财产。1988年通过了《全国人民代表大会常务委员会关于惩治走私罪的补充规定》，**该规定将走私毒品罪的法定最高刑提高到死刑**。其中第一条规定，走私鸦片等毒品、武器、弹药或者伪造货币的，处七年以上有期徒刑，并处罚金或者没收财产；情节特别严重的，处无期徒刑或者死刑，并处没收财产；情节较轻的，处七年以下有期徒刑，并处罚金。

随着我国政治经济的发展，治安形势也不断变化，毒品犯罪日趋严重，原有的关于毒品犯罪的规定不适应实践需要的情况越来越突出。为加大打击毒品犯罪的力度，并向世界表明我国禁毒的态度和决心，1990年12月28日通过了《全国人民代表大会常务委员会关于禁毒的决定》，该决定规定了走私、贩卖、运输、制造毒品罪的刑事责任。其中第二条规定："走私、贩卖、运输、制造毒品，有下列情形之一的，处十五年有期徒刑、无期徒刑或者死刑，并处没收财产：(一)走私、贩卖、运输、制造鸦片一千克以上、海洛因五十克以上或者其他毒品数量大的；(二)走私、贩卖、运输、制造毒品集团的首要分子；(三)武装掩护走私、贩卖、运输、制造毒品的；(四)以暴力抗拒检查、拘留、逮捕，情节严重的；(五)参与有组织的国际贩毒活动的。走私、贩卖、运输、制造鸦片二百克以上不满一千克、海洛因十克以上不满五十克或者其他毒品数量较大的，处七年以上有期徒刑，并处罚金。走私、贩卖、运输、制造鸦片不满二百克、海洛因不满十克或者其他少量毒品的，处七年以下有期徒刑、拘役或者管制，并处罚金。利用、教唆未成年人走私、贩卖、运输、制造毒品的，从重处罚。

对多次走私、贩卖、运输、制造毒品，未经处理的，毒品数量累计计算。”该决定的公布实施，对于严厉打击走私、贩卖、运输、制造毒品等犯罪活动，严禁吸食、注射毒品，保障人民群众的身心健康，维护社会治安秩序，保障社会主义建设的顺利进行发挥了重要作用。

1997年修订刑法时，将禁毒决定的有关内容纳入刑法，并在总结实践经验的基础上，对上述规定作了以下修改补充：一是增加了走私、贩卖、运输、制造毒品，不论数量多少，都应当追究刑事责任，予以刑事处罚的规定。《全国人民代表大会常务委员会关于禁毒的决定》公布实施以来，司法实践中出现了一些地方对“走私、贩卖、运输、制造鸦片不满二百克、海洛因不满十克”的行为如何确定追究刑事责任的数量标准问题，产生了不同认识。为了解决实践中的争议，严厉打击毒品犯罪活动，1997年刑法对此作了明确规定，不论毒品数量是多少，一律构成犯罪，予以刑事处罚。这充分体现了我国从严打击毒品犯罪的决心和态度。二是增加规定了甲基苯丙胺的处刑数量标准，按照海洛因规定了其处刑的数量标准。海洛因是麻醉药品，甲基苯丙胺是精神药品，两者很难简单类比，本条是从其对社会综合危害程度考虑作出的规定。三是增加了单位犯走私、贩卖、运输、制造毒品罪如何处罚的规定。这主要是考虑到司法实践中走私、贩卖、运输、制造毒品的犯罪行为主体，不仅有自然人，还有单位，并且单位进行毒品犯罪往往数量大，多数情况下造成的危害要远远超过自然人犯罪，对单位犯罪同样应当予以严厉打击。四是增加了“向未成年人出售毒品的，从重处罚”的规定。这主要是考虑到未成年人身心发育尚不健全，辨别是非的能力差，对毒品的危害性认识不足，抵抗力也弱。如果未成年人染上毒瘾，会危害未成年人的生长发育。对向未成年人出售毒品的犯罪行为，必须予以严厉惩处。这也体现了我国法律对未成年人给予特殊保护的精神。

1997年刑法修订之后，刑法关于本条的规定未作修改。毒品问题是困扰当今世界上几乎所有国家的严重社会问题，长期吸食、注射毒品会导致人的体质和素质下降，财富流失，不思正事，甚至造成死亡。对中华民族而言，毒品更是心头之痛，灾难深重的中国近代史，就是以中国人民反对帝国主义鸦片贸易而引发的鸦片战争为开端的。因此，毒品违法犯罪行为历来为我国法律所禁止。近年来，我国禁毒工作取得了明显成效，但是毒品违法犯罪形势依然十分严峻，主要表现在：境外毒品入境情况突出；国内制贩冰毒等新型毒品的活动呈上升趋势；走私、贩卖易制毒化学品问题比较严重；吸毒人员人数较多，其中低收入者和青少年所占比重大；等等。毒品犯罪中，走私、贩卖、运输、制造毒品的犯罪较为常见多发，这种行为为吸毒者提供毒源，需要坚持从严予以打击。

【条文说明】

本条是关于走私、贩卖、运输、制造毒品罪及其处罚的规定。

本条共分为七款。

第一款是关于走私、贩卖、运输、制造毒品，不论数量多少，都应予以刑事处罚的规定。只要有走私、贩卖、运输、制造毒品行为的，不论走私、贩卖、运输、制造毒品数量多少，一律构成犯罪，予以刑事处罚。根据该款的规定，对于走私、贩卖、运输、制造毒品数量较小的，**不能适用《刑法》第十三条“情节显著轻微危害不大的，不认为是犯罪”而不追究刑事责任**，这体现了我国从严打击毒品犯罪的决心和力度。

第二款是对走私、贩卖、运输、制造毒品情节严重的如何处罚的规定。其中，“**走私**”毒品是指携带、运输、邮寄毒品非法进出国、边境的行为。[①②]“**贩卖**”毒品是指非法销售毒品，包括批发和零售；以贩卖为目的收买毒品的，也属于贩卖毒品。“**运输**”毒品是指利用飞机、火车、汽车、轮船

---

① 我国学者指出，输入毒品的危害性程度重于输出毒品。因为相较于输出毒品，输入毒品会直接危害到我国公民的健康。从国外立法例来看，许多国家都是将输入毒品与输出毒品分别规定为独立的犯罪，或者将输出毒品的行为纳入运输毒品、持有毒品罪中，而输入毒品的法定刑明显重于输出毒品、运输毒品与持有毒品的法定刑。譬如，《日本刑法典》第一百三十六条（输入鸦片烟等）明确规定：“输入、制造、贩卖鸦片烟或以贩卖之目的而持有者，处六月以上七年以下惩役。”故而，我国刑法虽然没有分别规定输入毒品与输出毒品的法定刑，但司法机关在量刑时，仍应注意区别对待。参见张明楷：《刑法学》（第6版），法律出版社2021年版，第1507页；陈子平编译：《日本刑法典》，元照出版有限公司2016年版，第93页；〔日〕西田典之：《日本刑法各论》（第6版），王昭武、刘明祥译，法律出版社2013年版，第338页。

② 我国学者指出，走私毒品罪之构成，必须具备两个构成要件要素，即违反毒品管理法规和海关法规，以及逃避海关监管，两者缺一不可。其中，如果行为人携带毒品但未采取措施逃避海关监管，其行为只构成运输毒品罪或者非法持有毒品罪；如果行为只违反海关法规而没有违反毒品管理法规，只构成普通走私罪而不构成本罪。参见周光权：《刑法各论》（第4版），中国人民大学出版社2021年版，第506页。

分则　第六章

等交通工具或者采用随身携带的方法，将毒品从这一地点运往另一地点的行为。[①] 贩毒者运输毒品的，应按照贩卖毒品定罪；贩毒集团或者共同犯罪中分工负责运输毒品的，应按照集团犯罪、共同犯罪的罪名定罪。**“制造”**毒品是指非法从毒品原植物中提炼毒品或者利用化学分解、合成等方法制成毒品的行为。“贩卖”“运输”“制造”这三种行为既有联系又有差别，不需同时具备而只需具备其中之一，即可构成本罪。为医疗、科研、教学需要，依照国家法律、法规生产、制造、运输、销售麻醉药品、精神药品，不适用本条规定。

根据我国打击毒品犯罪的实际情况，并参照国际公约的规定，本款具体规定了适用十五年有期徒刑、无期徒刑、死刑的五种情节。

一是第(一)项规定的**“走私、贩卖、运输、制造鸦片一千克以上、海洛因或者甲基苯丙胺五十克以上或者其他毒品数量大的”**。毒品数量的多少，是毒品犯罪中的主要情节之一。关于鸦片和海洛因的不同数量标准，是根据鸦片可制成海洛因的实际比例规定。鸦片与海洛因的比例，从理论上讲，十克鸦片可以制成一克海洛因，但由于制造毒品者的技术、设备等条件的限制，实际上是约二十克鸦片才能提取一克海洛因。本条根据这种实际情况，按照 20∶1 的原则确定了鸦片和海洛因的不同数量。甲基苯丙胺是一种精神药品，属兴奋剂类，因其固体形状为结晶体，酷似冰糖，俗称“冰毒”。在 1997 年刑法修订时，“冰毒”是新兴毒品，在东南亚一带贩卖“冰毒”的犯罪已经较为严重，在我国也出现了走私、贩卖“冰毒”的犯罪，为防止这种犯罪蔓延，根据“冰毒”的危害，本条按照海洛因规定了其处刑的数量标准。这样规定，并不是说两者的毒性相等，海洛因是麻醉药品，甲基苯丙胺是精神药品，两者很难简单类比，本条是从其对社会综合危害程度考虑作出的规定，表示了我国对“冰毒”犯罪严厉打击的态度。

“其他毒品”是指鸦片、海洛因、甲基苯丙胺以外的毒品，如吗啡、黄皮等。因情况很复杂，本条只作了“数量大的”规定。根据 2016 年《最高人民法院关于审理毒品犯罪案件适用法律若干问题的解释》的规定，以下情形应认定为本款第一项所指**“其他毒品数量大”**：“(一)可卡因五十克以上；(二)3，4—亚甲二氧基甲基苯丙胺(MDMA)等苯丙胺类毒品(甲基苯丙胺除外)、吗啡一百克以上；(三)芬太尼一百二十五克以上；(四)甲卡西酮二百克以上；(五)二氢埃托啡十毫克以上；(六)哌替啶(度冷丁)二百五十克以上；(七)氯胺酮五百克以上；(八)美沙酮一千克以上；(九)曲马多、γ—羟丁酸二千克以上；(十)大麻油五千克、大麻脂十千克、大麻叶及大麻烟一百五十千克以上；(十一)可待因、丁丙诺啡五千克以上；(十二)三唑仑、安眠酮五十千克以上；(十三)阿普唑仑、恰特草一百千克以上；(十四)咖啡因、罂粟壳二百千克以上；(十五)巴比妥、苯巴比妥、安钠咖、尼美西泮二百五十千克以上；(十六)氯氮卓、艾司唑仑、地西泮、溴西泮五百千克以上；(十七)上述毒品以外的其他毒品数量大的。”

二是第(二)项至第(五)项规定了四种即使毒品数量虽未达到第(一)项所规定的标准，也应判处十五年有期徒刑、无期徒刑或者死刑的情形。其中，**“走私、贩卖、运输、制造毒品集团的首要分子”**是指在集团性毒品犯罪中起组织、策划、指挥作用的犯罪分子。**“武装掩护走私、贩卖、运输、制造毒品的”**是指罪犯在走私、贩卖、运输、制造毒品过程中，自己携带枪支、弹药、爆炸物或者雇佣武装人员进行押送、掩护、警戒等，随时准备与国家执法机关和执法人员进行武力对抗的行为。**“以暴力抗拒检查、拘留、逮捕，情节严重的”**是指在执法部门查缉毒品犯罪时，毒品犯罪分子实施暴力抗拒对其身体、物品、住所等进行检查，或者抗拒对其依法予以拘留、逮捕，情节严重的。其中“情节严重”是指以暴力抗拒检查、拘留、逮捕，造成执法人员死亡、重伤、多人轻伤或者具有其他严重情节的，或者有预谋、有组织地进行暴力抗拒等。**“参与有组织的国际贩毒活动的”**主要是指参与国际贩毒集团的犯罪活动。“有组织的国际贩毒活动”是指有计划、有分工、有指挥地进行跨国贩毒的活动，其走私、贩毒活动涉及多个国家或者境外地区。

根据本款规定，凡是属于上述五种情形，如没有法定减轻处罚情节，都应处以十五年有期徒刑、无期徒刑或者死刑，并处没收财产。

第三款是对走私、贩卖、运输、制造毒品数量较大的刑事处罚的规定。“鸦片二百克以上”“海洛因或者甲基苯丙胺十克以上”都包括本数在内；

---

① 我国学者指出，运输距离的长短、数量多少、运输者是否实际获得利益，对犯罪成立不生影响。在有些情况下，虽然毒品所在地在最终结局上未发生变化，但行为曾使毒品所在地发生变化，也是运输毒品。参见张明楷：《刑法学》(第 6 版)，法律出版社 2021 年版，第 1508 页；赵秉志、李希慧主编：《刑法各论》(第 3 版)，中国人民大学出版社 2016 年版，第 345 页；黎宏：《刑法学各论》(第 2 版)，法律出版社 2016 年版，第 458 页；周光权：《刑法各论》(第 4 版)，中国人民大学出版社 2021 年版，第 506 页。

鸦片“不满一千克”、海洛因或者甲基苯丙胺“不满五十克”都不包括本数在内。对于达到鸦片一千克、海洛因或者甲基苯丙胺五十克的，应依照本条第二款的规定处罚。根据本款规定，凡是走私、贩卖、运输、制造鸦片二百克以上不满一千克、海洛因或者甲基苯丙胺十克以上不满五十克或者其他毒品数量较大的，如果没有法定减轻处罚情节，就应判处七年以上有期徒刑，并处罚金。根据2016年《最高人民法院关于审理毒品犯罪案件适用法律若干问题的解释》的规定，以下情形应当认定为本款中“**其他毒品数量较大**”：“（一）可卡因十克以上不满五十克；（二）3，4—亚甲二氧基甲基苯丙胺（MDMA）等苯丙胺类毒品（甲基苯丙胺除外）、吗啡二十克以上不满一百克；（三）芬太尼二十五克以上不满一百二十五克；（四）甲卡西酮四十克以上不满二百克；（五）二氢埃托啡二毫克以上不满十毫克；（六）哌替啶（度冷丁）五十克以上不满二百五十克；（七）氯胺酮一百克以上不满五百克；（八）美沙酮二百克以上不满一千克；（九）曲马多、γ—羟丁酸四百克以上不满二千克；（十）大麻油一千克以上不满五千克、大麻脂二千克以上不满十千克、大麻叶及大麻烟三十千克以上不满一百五十千克；（十一）可待因、丁丙诺啡一千克以上不满五千克；（十二）三唑仑、安眠酮十千克以上不满五十千克；（十三）阿普唑仑、恰特草二十千克以上不满一百千克；（十四）咖啡因、罂粟壳四十千克以上不满二百千克；（十五）巴比妥、苯巴比妥、安钠咖、尼美西泮五十千克以上不满二百五十千克；（十六）氯氮卓、艾司唑仑、地西泮、溴西泮一百千克以上不满五百千克；（十七）上述毒品以外的其他毒品数量较大的。”

第四款是对走私、贩卖、运输、制造少量毒品予以刑事处罚的规定。鸦片“不满二百克”，海洛因或者甲基苯丙胺“不满十克”都不包括本数在内。根据2007年《最高人民法院、最高人民检察院、公安部办理毒品犯罪案件适用法律若干问题的意见》的规定，以下情形应当认定为本款规定的“**其他少量毒品**”：（1）二亚甲基双氧安非他明（MDMA）等苯丙胺类毒品（甲基苯丙胺除外）不满二十克的；（2）氯胺酮、美沙酮不满二百克的；（3）三唑仑、安眠酮不满十千克的；（4）氯氮卓、艾司唑仑、地西泮、溴西泮不满一百千克的；（5）上述毒品以外的其他少量毒品的。根据2016年《最高人民法院关于审理毒品犯罪案件适用法律若干问题的解释》的规定，《刑法》第三百四十七条第四款规定的“**情节严重**”主要包括：“（一）向多人贩卖毒品或者多次走私、贩卖、运输、制造毒品的；（二）在戒毒场所、监管场所贩卖毒品的；（三）向在校学生贩卖毒品的；（四）组织、利用残疾人、严重疾病患者、怀孕或者正在哺乳自己婴儿的妇女走私、贩卖、运输、制造毒品的；（五）国家工作人员走私、贩卖、运输、制造毒品的；（六）其他情节严重的情形。”

第五款是关于单位犯第二款、第三款、第四款罪如何处罚的规定。**单位犯本条第二款、第三款、第四款规定之罪的**，对单位判处罚金，对单位直接负责的主管人员和其他直接责任人员，依照本条第二款、第三款、第四款的规定处罚。

第六款是关于利用、教唆未成年人走私、贩卖、运输、制造毒品或者向未成年人出售毒品的，从重处罚的规定。[①]“**利用**”是指毒品犯罪分子采取雇佣、收买、胁迫，或者其他方法使未成年人参与进行走私、贩卖、运输、制造毒品犯罪活动的行为。如让儿童携带毒品进出国、边境，或者把毒品从一地运往另一地，而犯罪分子在幕后操纵、指挥、策划等。“**教唆**”是指毒品犯罪分子指使、引诱未成年人进行毒品犯罪的行为。“**未成年人**”是指未满十八周岁的人。对于教唆未成年人犯罪的，如果是教唆走私毒品，就是走私毒品罪，如果是教唆贩卖毒品，就是贩卖毒品罪，即使教唆分子本人没有亲自参加被教唆人所进行的走私、贩毒活动，也应依照本条的规定处罚。

第七款是关于多次走私、贩卖、运输、制造毒品，未经处理的，毒品数量累计计算的规定。“**多次走私、贩卖、运输、制造毒品，未经处理的**”，其中“多次”是指两次以上，包括本数在内。“未经处理”是指未经刑事处罚，根据本条第一款规定，走私、贩卖、运输、制造毒品，无论数量多少，都应当追究刑事责任，予以刑事处罚。“**累计计算**”是指将犯罪分子每次未经处理的走私、贩卖、运输、制造毒品的数量相加。毒品犯罪中毒品数量的大小，直接关系到刑罚的轻重。犯罪分子为了逃避惩罚，往往采取多种对策。小额多次走私、贩卖、运输毒品是他们经常采用的手段之一。这样规定，可以防止犯罪分子钻法律空子，有利于更加严厉地打击毒品惯犯。需要特别注意的是，对已经处理过的毒品犯罪，应视为已经结案，不应再将已

分则　第六章

① 关于本款规定与《刑法》第二十九条第一款后段之间的关系，我国学者指出，本款规定只是对《刑法》第二十九条的重申，而非指在《刑法》第二十九条从重处罚的基础上，再根据本款规定从重处罚。参见张明楷：《刑法学》（第6版），法律出版社2021年版，第1517页。

经处理案件中的毒品数量与未经处理案件中的毒品数量累计相加。

实际执行中应当注意以下几个方面的问题：

1. 关于本罪的主体范围。根据我国《刑法》第十七条的规定，**已满十四周岁不满十六周岁的人，犯贩卖毒品罪的，应当负刑事责任**。1979年刑法关于已满十四岁不满十六岁的人负刑事责任的范围是“犯杀人、重伤、抢劫、放火、惯窃罪或者其他严重破坏社会秩序罪”，1997年刑法修改为“犯故意杀人、故意伤害致人重伤或者死亡、强奸、抢劫、贩卖毒品、放火、爆炸、投毒罪”，把“严重破坏社会秩序”进行了分解。长期以来，我国就走私、贩卖、运输、制造毒品罪属于严重破坏社会秩序罪是有共识的，鉴于毒品犯罪的危害性，根据未成年人实施毒品犯罪的特点，1997年刑法将贩卖毒品纳入了已满十四周岁不满十六周岁的未成年人应当负刑事责任的范围。已满十四周岁不满十六周岁的人实施贩卖毒品行为的，应当负相应的刑事责任，根据《刑法》第十七条的规定从轻或者减轻处罚。

2. 关于**居间行为**的定性问题。在司法实践中，购买毒品和销售毒品行为人之间往往存在居间介绍人，起着牵线搭桥的作用，有的从中会得到一定的好处。对该行为定性时，应当结合行为人的目的和行为进行综合判断。居间人为了帮助销售毒品的人卖出毒品而牵线搭桥的，应当构成**贩卖毒品罪**；居间人只是出于亲友等情谊，或不忍心、同情吸毒者毒瘾发作，而代为购买时，若居间人代为购买的毒品已达到法定数量，居间者和委托人都可构成**非法持有毒品罪**，二者成立共犯，如未达到法定数量，则属于**一般的违法行为**，由公安机关依法予以治安管理处罚。

3. 关于**非法贩卖国家管制的麻醉药品和精神药品**的适用。《刑法》第三百五十七条对刑法中毒品的定义作了规定，即鸦片、海洛因、甲基苯丙胺（冰毒）、吗啡、大麻、可卡因以及国家规定管制的其他能够使人形成瘾癖的麻醉药品和精神药品。需要注意的是，应当把毒品和医疗上使用的药品区别开来，有些药用麻醉品如阿片、吗啡、杜冷丁等，对于治疗某些疾病是不可缺少的，不能把它们当作本条规定的毒品。根据2015年《全国法院毒品犯罪审判工作座谈会纪要》的规定，行为人向走私、贩卖毒品的犯罪分子或者吸食、注射毒品的人员贩卖国家规定管制的能够使人形成瘾癖的麻醉药品或者精神药品的，以**贩卖毒品罪**定罪处罚。行为人若出于医疗目的，违反有关药品管理的国家规定，非法贩卖上述麻醉药品或者精神药品，扰乱市场秩序，情节严重的，以**非法经营罪**定罪处罚。

4. 关于本罪的量刑问题。**毒品数量是毒品犯罪案件量刑的重要依据，但不是唯一的依据**。在司法实践中，还应当综合犯罪情节、危害后果、行为人的主观恶性、人身危险性等各种因素，予以区别对待。此外，本罪规定了五种可以判处死刑的情形，根据党的十八届三中全会决定“**逐步减少适用死刑罪名**”的精神，判处死刑应当特别慎重，一般只对罪行极其严重、人身危险性极大、主观恶性极深的罪犯判处死刑。2008年《全国部分法院审理毒品犯罪案件工作座谈会纪要》对毒品犯罪的死刑适用问题，包括可以判处被告人死刑、可以不判处被告人死刑立即执行的情形等作了规定，2015年《全国法院毒品犯罪审判工作座谈会纪要》对运输毒品犯罪的死刑适用问题作了专门规定，司法实践中应当把握其精神，严格限制死刑的适用。

在《刑法修正案（八）》之后的刑法修改的过程中，一直有一种意见建议废除运输毒品罪的死刑，认为运输毒品的行为仅仅是毒品犯罪的中间环节，其危害性不如走私、贩卖、制造毒品犯罪。实践中，较多发生的是贫困边民、下岗工人、无业人员等为了赚取少量运费而受雇从事毒品的运输，相对于幕后指使者，这些犯罪分子的行为具有从属性、辅助性的特点，行为人在犯罪链条中所起的作用较小，主观恶性也相对较小，更应当判处死刑的是毒品犯罪的幕后指使者、大毒枭。但也有意见认为，当前毒品犯罪的形势仍旧严峻，取消运输毒品罪的死刑，不利于对毒品犯罪的严厉打击，可以在保留死刑的同时，在司法适用中综合各种因素予以把握。鉴于目前各方面对运输毒品罪取消死刑尚未取得共识，刑法暂时未作修改，但司法实践中应当从严把握，**对于运输毒品犯罪的行为人**，根据其行为的性质及严重程度，确定应当适用的具体刑罚，并根据刑法规定精神，严格限制死刑的适用。

5. 走私、贩卖、运输、制造两种以上毒品时如何处理。根据《全国法院毒品犯罪审判工作座谈会纪要》的规定，**可以将不同种类的毒品分别折算为海洛因的数量，以折算后累加的毒品总量作为量刑的根据**。对于规定了定罪量刑数量标准的毒品，应当按照该毒品与海洛因定罪量刑数量标准的比例进行折算后累加。对于没有规定定罪量刑标准的，可以参照《非法药物折算表》的规定，将该毒品折算为海洛因后予以累加。对于不具备折算条件的，则综合考虑其致瘾癖性、社会危害性、数量、纯度等因素依法量刑。

6. 关于毒品犯罪的侦查。我国刑事诉讼法针对毒品案件规定了特殊的侦查措施,根据《刑事诉讼法》第一百五十条的规定,公安机关在立案后,对于重大毒品犯罪案件,根据侦查犯罪的需要,经过严格的批准手续,可以采取**技术侦查措施**。《刑事诉讼法》第一百五十三条规定,对涉及给付毒品等违禁品或者财物的犯罪活动,公安机关根据侦查犯罪的需要,可以依照规定实施**控制下交付**。这些侦查措施对侦破毒品案件起到积极作用。但应当注意的是,刑事诉讼法也明确要求侦查机关采取技术侦查措施要符合法律规定。比如,技术侦查措施要在立案后实施,要经过严格的批准手续,不得诱使他人犯罪,不得采取可能危害公共安全或者发生重大人身危险的行为,根据法律规定使用证据等。实践中,毒品犯罪的侦查要特别注意遵守法律规定,以免影响证据采集、使用,影响对犯罪的打击。

【司法解释】

《最高人民法院关于审理毒品犯罪案件适用法律若干问题的解释》(法释〔2016〕8 号,自 2016 年 4 月 11 日起施行)

△(**其他毒品数量大**)走私、贩卖、运输、制造、非法持有下列毒品,应当认定为刑法第三百四十七条第二款第一项、第三百四十八条规定的“其他毒品数量大”:

(一)可卡因五十克以上;

(二)3,4-亚甲二氧基甲基苯丙胺(MDMA)等苯丙胺类毒品(甲基苯丙胺除外)、吗啡一百克以上;

(三)芬太尼一百二十五克以上;

(四)甲卡西酮二百克以上;

(五)二氢埃托啡十毫克以上;

(六)哌替啶(度冷丁)二百五十克以上;

(七)氯胺酮五百克以上;

(八)美沙酮一千克以上;

(九)曲马多、γ-羟丁酸二千克以上;

(十)大麻油五千克、大麻脂十千克、大麻叶及大麻烟一百五十千克以上;

(十一)可待因、丁丙诺啡五千克以上;

(十二)三唑仑、安眠酮五十千克以上;

(十三)阿普唑仑、恰特草一百千克以上;

(十四)咖啡因、罂粟壳二百千克以上;

(十五)巴比妥、苯巴比妥、安钠咖、尼美西泮二百五十千克以上;

(十六)氯氮卓、艾司唑仑、地西泮、溴西泮五百千克以上;

(十七)上述毒品以外的其他毒品数量大的。

国家定点生产企业按照标准规格生产的麻醉药品或者精神药品被用于毒品犯罪的,根据药品中毒品成分的含量认定涉案毒品数量。(§ 1)

△(**其他毒品数量较大**)走私、贩卖、运输、制造、非法持有下列毒品,应当认定为刑法第三百四十七条第三款、第三百四十八条规定的“其他毒品数量较大”:

(一)可卡因十克以上不满五十克;

(二)3,4-亚甲二氧基甲基苯丙胺(MDMA)等苯丙胺类毒品(甲基苯丙胺除外)、吗啡二十克以上不满一百克;

(三)芬太尼二十五克以上不满一百二十五克;

(四)甲卡西酮四十克以上不满二百克;

(五)二氢埃托啡二毫克以上不满十毫克;

(六)哌替啶(度冷丁)五十克以上不满二百五十克;

(七)氯胺酮一百克以上不满五百克;

(八)美沙酮二百克以上不满一千克;

(九)曲马多、γ-羟丁酸四百克以上不满二千克;

(十)大麻油一千克以上不满五千克、大麻脂二千克以上不满十千克、大麻叶及大麻烟三十千克以上不满一百五十千克;

(十一)可待因、丁丙诺啡一千克以上不满五千克;

(十二)三唑仑、安眠酮十千克以上不满五十千克;

(十三)阿普唑仑、恰特草二十千克以上不满一百千克;

(十四)咖啡因、罂粟壳四十千克以上不满二百千克;

(十五)巴比妥、苯巴比妥、安钠咖、尼美西泮五十千克以上不满二百五十千克;

(十六)氯氮卓、艾司唑仑、地西泮、溴西泮一百千克以上不满五百千克;

(十七)上述毒品以外的其他毒品数量较大的。(§ 2)

△(**武装掩护走私、贩卖、运输、制造毒品;以暴力抗拒检查、拘留、逮捕;情节严重**)在实施走私、贩卖、运输、制造毒品犯罪的过程中,携带枪支、弹药或者爆炸物用于掩护的,应当认定为刑法第三百四十七条第二款第三项规定的“武装掩护走私、贩卖、运输、制造毒品”。枪支、弹药、爆炸物种类的认定,依照相关司法解释的规定执行。

在实施走私、贩卖、运输、制造毒品犯罪的过程中,以暴力抗拒检查、拘留、逮捕,造成执法人员死亡、重伤、多人轻伤或者具有其他严重情节的,应当认定为刑法第三百四十七条第二款第四项规

分则 第六章

定的"以暴力抗拒检查、拘留、逮捕,情节严重"。(§ 3)

△(**情节严重**)走私、贩卖、运输、制造毒品,具有下列情形之一的,应当认定为刑法第三百四十七条第四款规定的"情节严重":

(一)向多人贩卖毒品或者多次走私、贩卖、运输、制造毒品的;

(二)在戒毒场所、监管场所贩卖毒品的;

(三)向在校学生贩卖毒品的;

(四)组织、利用残疾人、严重疾病患者、怀孕或者正在哺乳自己婴儿的妇女走私、贩卖、运输、制造毒品的;

(五)国家工作人员走私、贩卖、运输、制造毒品的;

(六)其他情节严重的情形。(§ 4)

△(**想象竞合犯;非法利用信息网络罪;帮助信息网络犯罪活动罪**)实施刑法第二百八十七条之一、第二百八十七条之二规定的行为,同时构成贩卖毒品罪、非法买卖制毒物品罪、传授犯罪方法罪等犯罪的,依照处罚较重的规定定罪处罚。(§ 14Ⅱ)

《最高人民法院关于审理走私、非法经营、非法使用兴奋剂刑事案件适用法律若干问题的解释》(法释〔2019〕16 号,自 2020 年 1 月 1 日起施行)

△(**走私兴奋剂目录所列物质行为;走私国家禁止进出口的货物、物品罪;走私普通货物、物品罪**)运动员、运动员辅助人员走私兴奋剂目录所列物质,或者其他人员以在体育竞赛中非法使用为目的走私兴奋剂目录所列物质,涉案物质属于国家禁止进出口的货物、物品,具有下列情形之一的,应当依照刑法第一百五十一条第三款的规定,以走私国家禁止进出口的货物、物品罪定罪处罚:

(一)一年内曾因走私被给予二次以上行政处罚后又走私的;

(二)用于或者准备用于未成年人运动员、残疾人运动员的;

(三)用于或者准备用于国内、国际重大体育竞赛的;

(四)其他造成严重恶劣社会影响的情形。

实施前款规定的行为,涉案物质不属于国家禁止进出口的货物、物品,但偷逃应缴税额一万元以上或者一年内曾因走私被给予二次以上行政处罚后又走私的,应当依照刑法第一百五十三条的规定,以走私普通货物、物品罪定罪处罚。

对于本条第一款、第二款规定以外的走私兴奋剂目录所列物质行为,适用《最高人民法院、最高人民检察院关于办理走私刑事案件适用法律若干问题的解释》(法释〔2014〕10 号)规定的定罪量刑标准。(§ 1)

△(**未经许可经营兴奋剂目录所列物质;非法经营罪**)违反国家规定,未经许可经营兴奋剂目录所列物质,涉案物质属于法律、行政法规规定的限制买卖的物品,扰乱市场秩序,情节严重的,应当依照刑法第二百二十五条的规定,以非法经营罪定罪处罚。(§ 2)

△(**生产、销售含有兴奋剂目录所列物质的食品;生产、销售不符合安全标准的食品罪;生产、销售有毒、有害食品罪**)生产、销售含有兴奋剂目录所列物质的食品,符合刑法第一百四十三条、第一百四十四条规定的,以生产、销售不符合安全标准的食品罪、生产、销售有毒、有害食品罪定罪处罚。(§ 5)

△(**兴奋剂;毒品、制毒物品**)实施本解释规定的行为,涉案物质属于毒品、制毒物品等,构成有关犯罪的,依照相应犯罪定罪处罚。(§ 7)

△(**"兴奋剂""兴奋剂目录所列物质""体育运动""国内、国际重大体育竞赛"等专门性问题;认定意见**)对于是否属于本解释规定的"兴奋剂""兴奋剂目录所列物质""体育运动""国内、国际重大体育竞赛"等专门性问题,应当依据《中华人民共和国体育法》《反兴奋剂条例》等法律法规,结合国务院体育主管部门出具的认定意见等证据材料作出认定。(§ 8)

【司法解释性文件】

《公安部禁毒局关于非法制造贩卖安钠咖立案问题的答复》(公禁毒〔2002〕434 号,2002 年 11 月 5 日公布)

△(**安钠咖**)安钠咖属于《刑法》规定的毒品。根据《刑法》第三百四十七条第一款的规定,贩卖、制造毒品,无论数量多少,都应当追究刑事责任,予以刑事处罚。因此,对于非法制造、贩卖安钠咖的,不论查获的数量多少,公安机关都应当按照非法制造、贩卖毒品罪立案侦查。

《最高人民法院、最高人民检察院、公安部关于印发〈办理毒品犯罪案件适用法律若干问题的意见〉的通知》(公通字〔2007〕84 号,2007 年 12 月 18 日公布)

△(**毒品犯罪案件之管辖;犯罪地;被害人居住地;怀孕、哺乳期妇女;跨区域毒品犯罪案件;指定管辖**)根据刑事诉讼法的规定,毒品犯罪案件的地域管辖,应当坚持以犯罪地管辖为主、被告人居

住地管辖为辅的原则。

“犯罪地”包括犯罪预谋地，毒资筹集地，交易进行地，毒品生产地，毒资、毒赃和毒品的藏匿地、转移地，走私或者贩运毒品的目的地以及犯罪嫌疑人被抓获地等。

“被告人居住地”包括被告人常住地、户籍地及其临时居住地。

对怀孕、哺乳期妇女走私、贩卖、运输毒品案件，查获地公安机关认为移交其居住地管辖更有利于采取强制措施和查清犯罪事实的，可以报请共同的上级公安机关批准，移送犯罪嫌疑人居住地公安机关办理，查获地公安机关应继续配合。

公安机关对侦办跨区域毒品犯罪案件的管辖权有争议的，应本着有利于查清犯罪事实，有利于诉讼，有利于保障案件侦查安全的原则，认真协商解决。经协商无法达成一致的，报共同的上级公安机关指定管辖。对即将侦查终结的跨省（自治区、直辖市）重大毒品案件，必要时可由公安部商最高人民法院和最高人民检察院指定管辖。

为保证及时结案，避免超期羁押，人民检察院对于公安机关移送审查起诉的案件，人民法院对于已进入审判程序的案件，被告人及其辩护人提出管辖异议或者办案单位发现没有管辖权的，受案人民检察院、人民法院经审可以依法报请上级人民检察院、人民法院指定管辖，不再自行移送有管辖权的人民检察院、人民法院。

△（**主观明知之认定；应当知道**）走私、贩卖、运输、非法持有毒品主观故意中的“明知”，是指行为人知道或者应当知道所实施的行为是走私、贩卖、运输、非法持有毒品行为。具有下列情形之一，并且犯罪嫌疑人、被告人不能做出合理解释的，可以认定其“应当知道”，但有证据证明确属被蒙骗的除外：

（一）执法人员在口岸、机场、车站、港口和其他检查站检查时，要求行为人申报为他人携带的物品和其他疑似毒品物，并告知其法律责任，而行为人未如实申报，在其所携带的物品内查获毒品的；

（二）以伪报、藏匿、伪装等蒙蔽手段逃避海关、边防等检查，在其携带、运输、邮寄的物品中查获毒品的；

（三）执法人员检查时，有逃跑、丢弃携带物品或逃避、抗拒检查等行为，在其携带或丢弃的物品中查获毒品的；

（四）体内藏匿毒品的；

（五）为获取不同寻常的高额或不等值的报酬而携带、运输毒品的；

（六）采用高度隐蔽的方式携带、运输毒品的；

（七）采用高度隐蔽的方式交接毒品，明显违背合法物品惯常交接方式的；

（八）其他有证据足以证明行为人应当知道的。

△（**氯胺酮等毒品；其他毒品数量大**）走私、贩卖、运输、制造、非法持有下列毒品，应当认定为刑法第三百四十七条第二款第（一）项、第三百四十八条规定的“其他毒品数量大”：

1. 二亚甲基双氧安非他明（MDMA）等苯丙胺类毒品（甲基苯丙胺除外）100克以上；

2. 氯胺酮、美沙酮1千克以上；

3. 三唑仑、安眠酮50千克以上；

4. 氯氮卓、艾司唑仑、地西泮、溴西泮500千克以上；

5. 上述毒品以外的其他毒品数量大的。

△（**氯胺酮等毒品；其他毒品数量较大**）走私、贩卖、运输、制造、非法持有下列毒品，应当认定为刑法第三百四十七条第三款、第三百四十八条规定的“其他毒品数量较大”：

1. 二亚甲基双氧安非他明（MDMA）等苯丙胺类毒品（甲基苯丙胺除外）20克以上不满100克的；

2. 氯胺酮、美沙酮200克以上不满1千克的；

3. 三唑仑、安眠酮10千克以上不满50千克的；

4. 氯氮卓、艾司唑仑、地西泮、溴西泮100千克以上不满500千克的；

5. 上述毒品以外的其他毒品数量较大的。

△（**氯胺酮等毒品；其他少量毒品**）走私、贩卖、运输、制造下列毒品，应当认定为刑法第三百四十七条第四款规定的“其他少量毒品”：

1. 二亚甲基双氧安非他明（MDMA）等苯丙胺类毒品（甲基苯丙胺除外）不满20克的；

2. 氯胺酮、美沙酮不满200克的；

3. 三唑仑、安眠酮不满10千克的；

4. 氯氮卓、艾司唑仑、地西泮、溴西泮不满100千克的；

5. 上述毒品以外的其他少量毒品的。

△（**氯胺酮等毒品；毒品品种；毒品品名之认定**）上述毒品品种包括其盐和制剂。毒品鉴定结论中毒品品名的认定应当以国家食品药品监督管理局、公安部、卫生部最新发布的《麻醉药品品种目录》、《精神药品品种目录》为依据。

△（**死刑；鉴定结论**）可能判处死刑的毒品犯罪案件，毒品鉴定结论中应有含量鉴定的结论。

《最高人民法院印发〈全国部分法院审理毒

品犯罪案件工作座谈会纪要〉的通知》(法〔2008〕324号,2008年12月1日公布)

△(**选择性罪名;数罪并罚;累计毒品数量;吸毒者;以贩养吸的被告人;变相加价贩卖毒品;盗窃、抢夺、抢劫毒品**)刑法第三百四十七条规定的走私、贩卖、运输、制造毒品罪是选择性罪名,对同一宗毒品实施了两种以上犯罪行为并有相应确凿证据的,应当按照所实施的犯罪行为的性质并列确定罪名,毒品数量不重复计算,不实行数罪并罚。对同一宗毒品可能实施了两种以上犯罪行为,但相应证据只能认定其中一种或者几种行为,认定其他行为的证据不够确实充分的,则只按照依法能够认定的行为的性质定罪。如涉嫌为贩卖而运输毒品,认定贩卖的证据不够确实充分的,则只定运输毒品罪。对不同宗毒品分别实施了不同种犯罪行为的,应对不同行为并列确定罪名,累计毒品数量,不实行数罪并罚。对被告人一人走私、贩卖、运输、制造两种以上毒品的,不实行数罪并罚,量刑时可综合考虑毒品的种类、数量及危害,依法处理。

罪名不以行为实施的先后、毒品数量或者危害大小排列,一律以刑法条文规定的顺序表述。如对同一宗毒品制造后又走私的,以走私、制造毒品罪定罪。下级法院在判决中确定罪名不准确的,上级法院可以减少选择性罪名中的部分罪名或者改动罪名顺序,在不加重原判刑罚的情况下,也可以改变罪名,但不得增加罪名。

对于吸毒者实施的毒品犯罪,在认定犯罪事实和确定罪名时要慎重。吸毒者在购买、运输、存储毒品过程中被查获的,如没有证据证明其是为了实施贩卖等其他毒品犯罪行为,毒品数量未超过刑法第三百四十八条规定的最低数量标准的,一般不定罪处罚;查获毒品数量达到较大以上的,应以其实际实施的毒品犯罪行为定罪处罚。

对于以贩养吸的被告人,其被查获的毒品数量应认定为其犯罪的数量,但量刑时应考虑被告人吸食毒品的情节,酌情处理;被告人购买了一定数量的毒品后,部分已被其吸食的,应当按能够证明的贩卖数量及查获的毒品数量认定其贩毒的数量,已被吸食部分不计入在内。

有证据证明行为人不以牟利为目的,为他人代购仅用于吸食的毒品,毒品数量超过刑法第三百四十八条规定的最低数量标准的,对托购者、代购者应以非法持有毒品罪定罪。代购者从中牟利,变相加价贩卖毒品的,对代购者应以贩卖毒品罪定罪。[①] 明知他人实施毒品犯罪而为其居间介绍、代购代卖的,无论是否牟利,都应以相关毒品犯罪的共犯论处。

盗窃、抢夺、抢劫毒品的,应当分别以盗窃罪、抢夺罪或者抢劫罪定罪,但不计犯罪数额,根据情节轻重予以定罪量刑。盗窃、抢夺、抢劫毒品后又实施其他毒品犯罪的,对盗窃罪、抢夺罪、抢劫罪和所犯的具体毒品犯罪分别定罪,依法数罪并罚。走私毒品,又走私其他物品构成犯罪的,以走私毒品罪和其所犯的其他走私罪分别定罪,依法数罪并罚。(§ 1)

△(**毒品犯罪;死刑;宽严相济的刑事政策;毒品数量;死刑立即执行**)审理毒品犯罪案件,应当切实贯彻宽严相济的刑事政策,突出毒品犯罪的打击重点。必须依法严惩毒枭、职业毒犯、再犯、累犯、惯犯、主犯等主观恶性深、人身危险性大、危害严重的毒品犯罪分子,以及具有将毒品走私入境,多次、大量或者向多人贩卖,诱使多人吸毒,武装掩护、暴力抗拒检查、拘留或者逮捕,或者参与有组织的国际贩毒活动等情节的毒品犯罪分子。对其中罪行极其严重依法应当判处死刑的,必须坚决依法判处死刑。

毒品数量是毒品犯罪案件量刑的重要情节,但不是唯一情节。对被告人量刑时,特别是在考虑是否适用死刑时,应当综合考虑毒品数量、犯罪情节、危害后果、被告人的主观恶性、人身危险性以及当地禁毒形势等各种因素,做到区别对待。近期,审理毒品犯罪案件掌握的死刑数量标准,应当结合本地毒品犯罪的实际情况和依法惩治、预防毒品犯罪的需要,并参照最高人民法院复核的毒品死刑案件的典型案例,恰当把握。量刑既不能只片面考虑毒品数量,不考虑犯罪的其他情节,也不能只片面考虑其他情节,而忽视毒品数量。

对虽然已达到实际掌握的判处死刑的毒品数量标准,但是具有法定、酌定从宽处罚情节的被告人,可以不判处死刑;反之,对毒品数量接近实际掌握的判处死刑的数量标准,但具有从重处罚情

分则　第六章

① 系争规定以毒品代购者是否具有为自己谋利目的的为标准将其行为区分为贩卖毒品或非法持有毒品。行为人必须具有牟利目的,才能成立贩卖毒品罪。对此,有论者认为,系争规定的理解是不妥当的,主要理由在于:第一,毒品犯罪属于非经济性犯罪,其所侵犯的法益亦非财产权益;第二,如果要求贩卖毒品必须具备牟利目的(相较于其他三种行为,无疑设置了更高的门槛),间接表明贩卖毒品行为比其他三种行为的社会危害性小(但与实定法不相符合);第三,要求牟利目的,会导致查办该类案件存在证明难度,无法打击犯罪。因此,可以将行为人的牟利目的作为量刑的酌定因素,但不应将其视作行为人是否构成犯罪的必备要件。参见黎宏:《刑法学各论》(第2版),法律出版社2016年版,第460页。

节的被告人,也可以判处死刑。毒品数量达到实际掌握的死刑数量标准,既有从重处罚情节,又有从宽处罚情节的,应当综合考虑各方面因素决定刑罚,判处死刑立即执行应当慎重。

具有下列情形之一的,可以判处被告人死刑:(1)具有毒品犯罪集团首要分子、武装掩护毒品犯罪、暴力抗拒检查、拘留或者逮捕、参与有组织的国际贩毒活动等严重情节的;(2)毒品数量达到实际掌握的死刑数量标准,并具有毒品再犯、累犯,利用、教唆未成年人走私、贩卖、运输、制造毒品,或者向未成年人出售毒品等法定从重处罚情节的;(3)毒品数量达到实际掌握的死刑数量标准,并具有多次走私、贩卖、运输、制造毒品,向多人贩毒,在毒品犯罪中诱使、容留多人吸毒,在戒毒监管场所贩毒,国家工作人员利用职务便利实施毒品犯罪,或者职业犯、惯犯、主犯等情节的;(4)毒品数量达到实际掌握的死刑数量标准,并具有其他从重处罚情节的;(5)毒品数量超过实际掌握的死刑数量标准,且没有法定、酌定从轻处罚情节的。

毒品数量达到实际掌握的死刑数量标准,具有下列情形之一的,可以不判处被告人死刑立即执行:(1)具有自首、立功等法定从宽处罚情节的;(2)已查获的毒品数量未达到实际掌握的死刑数量标准,到案后坦白尚未被司法机关掌握的其他毒品犯罪,累计数量超过实际掌握的死刑数量标准的;(3)经鉴定毒品含量极低,掺假之后的数量才达到实际掌握的死刑数量标准的,或者有证据表明可能大量掺假但因故不能鉴定的;(4)因特情引诱毒品数量才达到实际掌握的死刑数量标准的;(5)以贩养吸的被告人,被查获的毒品数量刚达到实际掌握的死刑数量标准的;(6)毒品数量刚达到实际掌握的死刑数量标准,确属初次犯罪即被查获,未造成严重危害后果的;(7)共同犯罪毒品数量刚达到实际掌握的死刑数量标准,但各共同犯罪人作用相当,或者责任大小难以区分的;(8)家庭成员共同实施毒品犯罪,其中起主要作用的被告人已被判处死刑立即执行,其他被告人罪行相对较轻的;(9)其他不是必须判处死刑立即执行的。

有些毒品犯罪案件,往往由于毒品、毒资等证据已不存在,导致审查证据和认定事实困难。在处理这类案件时,只有被告人的口供与同案其他被告人供述吻合,并且完全排除诱供、逼供、串供等情形,被告人的口供与同案被告人的供述才可以作为定案的证据。仅有被告人口供与同案被告人供述作为定案证据的,对被告人判处死刑立即执行要特别慎重。(§2)

△(**运输毒品犯罪;严重情节;单纯的运输毒品行为;受人指使、雇佣;死刑立即执行**)对于运输毒品犯罪,要注意重点打击指使、雇佣他人运输毒品的犯罪分子和接应、接货的毒品所有者、买家或者卖家。对于运输毒品犯罪集团首要分子,组织、指使、雇佣他人运输毒品的主犯或者毒枭、职业毒犯、毒品再犯,以及具有武装掩护、暴力抗拒检查、拘留或者逮捕、参与有组织的国际毒品犯罪、以运输毒品为业、多次运输毒品或者其他严重情节的,应当按照刑法、有关司法解释和司法实践实际掌握的数量标准,从严惩处,依法应判处死刑的必须坚决判处死刑。

毒品犯罪中,单纯的运输毒品行为具有从属性、辅助性特点,且情况复杂多样。部分涉案人员系受指使、雇佣的贫民、边民或者无业人员,只是为了赚取少量运费而为他人运输毒品,他们不是毒品的所有者、买家或者卖家,与幕后的组织、指使、雇佣者相比,在整个毒品犯罪环节中处于从属、辅助和被支配地位,所起作用和主观恶性相对较小,社会危害性也相对较小。因此,对于运输毒品犯罪中的这部分人员,在量刑标准的把握上,应当与走私、贩卖、制造毒品和前述具有严重情节的运输毒品犯罪分子有所区别,不应单纯以涉案毒品数量的大小决定刑罚适用的轻重。

对有证据证明被告人确属受人指使、雇佣参与运输毒品犯罪,又系初犯、偶犯的,可以从轻处罚,即使毒品数量超过实际掌握的死刑数量标准,也可以不判处死刑立即执行。

毒品数量超过实际掌握的死刑数量标准,不能证明被告人系受人指使、雇佣参与运输毒品犯罪的,可以依法判处重刑直至死刑。

涉嫌为贩卖而自行运输毒品,由于认定贩卖毒品的证据不足,因而认定为运输毒品罪的,不同于单纯的受指使为他人运输毒品行为,其量刑标准应当与单纯的运输毒品行为有所区别。(§3)

△(**制造毒品;死刑;既遂;未遂**)鉴于毒品犯罪分子制造毒品的手段复杂多样、不断翻新,采用物理方法加工、配制毒品的情况大量出现,有必要进一步准确界定制造毒品的行为、方法。制造毒品不仅包括非法用毒品原植物直接提炼和用化学方法加工、配制毒品的行为,也包括以改变毒品成分和效用为目的,用混合等物理方法加工、配制毒品的行为,如将甲基苯丙胺或者其他苯丙胺类毒

品与其他毒品混合成麻古或者摇头丸①。为便于隐蔽运输、销售、使用、欺骗购买者,或者为了增重,对毒品掺杂使假②,添加或者去除其他非毒品物质,不属于制造毒品的行为。③

已经制成毒品,达到实际掌握的死刑数量标准的,可以判处死刑;数量特别巨大的,应当判处死刑。已经制造出粗制毒品或者半成品的,以制造毒品罪的既遂论处。购进制造毒品的设备和原材料,开始着手制造毒品,但尚未制造出粗制毒品或者半成品的,以制造毒品罪的未遂论处。(§ 4)

△(**特情介入;犯罪引诱;犯意引诱;双套引诱;数量引诱;死刑立即执行;间接引诱**)运用特情侦破毒品案件,是依法打击毒品犯罪的有效手段。对特情介入侦破的毒品案件,要区别不同情形予以分别处理。

对已持有毒品待售或者有证据证明已准备实施大宗毒品犯罪者,采取特情贴靠、接洽而破获的案件,不存在犯罪引诱,应当依法处理。

行为人本没有实施毒品犯罪的主观意图,而是在特情诱惑和促成下形成犯意,进而实施毒品犯罪的,属于"犯意引诱"。对因"犯意引诱"实施毒品犯罪的被告人,根据罪刑相适应原则,应当依法从轻处罚,无论涉案毒品数量多大,都不应判处死刑立即执行。行为人在特情既为其安排上线,又提供下线的双重引诱,即"双套引诱"下实施毒品犯罪的,处刑时可予以更大幅度的从宽处罚或者依法免予刑事处罚。④

行为人本来只有实施数量较小的毒品犯罪的故意,在特情引诱下实施了数量较大甚至达到实际掌握的死刑数量标准的毒品犯罪的,属于"数量引诱"。对因"数量引诱"实施毒品犯罪的被告人,应当依法从轻处罚,即使毒品数量超过实际掌握的死刑数量标准,一般也不判处死刑立即执行。

对不能排除"犯意引诱"和"数量引诱"的案件,在考虑是否对被告人判处死刑立即执行时,要留有余地。

对被告人受特情间接引诱实施毒品犯罪的,参照上述原则依法处理。(§ 6)

△(**被告人应当供述的范围;协助抓获同案犯;立功;立功从宽处罚;被告人亲属检举、揭发;通过非法手段或者非法途径获取他人犯罪信息**)共同犯罪中同案犯的基本情况,包括同案犯姓名、住址、体貌特征、联络方式等信息,属于被告人应当供述的范围。公安机关根据被告人供述抓获同案犯的,不应认定其有立功表现。被告人在公安机关抓获同案犯过程中确实起到协助作用的,例如,经被告人现场指认、辨认抓获了同案犯;被告人带领公安人员抓获了同案犯;被告人提供了不为有关机关掌握或者有关机关按照正常工作程序无法掌握的同案犯藏匿的线索,有关机关据此抓获了同案犯;被告人交代了与同案犯的联系方式,又按要求与对方联络,积极协助公安机关抓获了同案犯等,属于协助司法机关抓获同案犯,应认定为立功。⑤

关于立功从宽处罚的把握,应以功是否足以抵罪为标准。在毒品共同犯罪案件中,毒枭、毒品犯罪集团首要分子、共同犯罪的主犯、职业毒犯、毒品惯犯等,由于掌握同案犯、从犯、马仔的犯罪情况和个人信息,被抓获后往往能协助抓捕同案犯,获得立功或者重大立功。对其是否从宽处罚以及从宽幅度的大小,应当主要看功是否足以抵罪,即应结合被告人罪行的严重程度、立功大小综合考虑。要充分注意毒品共同犯罪人以及上、下家之间的量刑平衡。对于毒枭等严重毒品犯罪分子立功的,从轻或者减轻处罚应当从严掌握。如果其罪行极其严重,只有一般立功表现,功不足以抵罪的,可不予从轻处罚;如果其检举、揭发的是其他犯罪案件中罪行同样严重的犯罪分子,或者

---

① 针对分装毒品是否属于制造毒品,我国学者指出,分装毒品乃指将毒品进行分割,并装入一定的容器(量的精制)。若此行为不属于制造行为,则只能将其认定为共同犯罪中的一种帮助行为。如此的话,既不符合现实,也不利于打击犯罪。参见张明楷:《刑法学》(第6版),法律出版社2021年版,第1509页。

② 我国学者指出,应根据掺假程度对毒品吸食的影响进行判断。如果掺假程度已经使含有毒品的混合物中的毒品含量下降到不能吸食、注射,或者吸食、注射后已经无法达到吸毒目的的程度,应以诈骗罪论处;如果行为人对毒品掺杂使假,不影响毒品吸食,应认定为贩卖毒品罪。参见王作富主编:《刑法分则实务研究(下)》(第5版),中国方正出版社2013年版,第1442页。

③ 我国学者指出,虽然"添加其他非毒品物质"的行为不是制造毒品,但"去除其他非毒品物质"的行为,应属于制造毒品。参见张明楷:《刑法学》(第6版),法律出版社2021年版,第1509页。

④ 我国学者指出,诱惑没有贩卖毒品故意的人贩卖毒品者,成立贩卖毒品罪的教唆犯。"被双套引诱"者所实施的行为,则应认定为不能犯。参见张明楷:《刑法学》(第6版),法律出版社2021年版,第1508页。

⑤ 另外,贩卖毒品的行为人主动交代"上家",是否构成立功?我国学者指出,由于在贩卖毒品罪中,毒品来源是否查明不影响本罪的认定,那么,主动交代"上家"的行为,已经超出了自首与坦白的要求,应当认定为立功。参见张明楷:《刑法学》(第6版),法律出版社2021年版,第1518页。

协助抓获的是同案中的其他首要分子、主犯,功足以抵罪的,原则上可以从轻或者减轻处罚;如果协助抓获的只是同案中的从犯或者马仔,功不足以抵罪,或者从轻处罚后全案处刑明显失衡的,不予从轻处罚。相反,对于从犯、马仔立功,特别是协助抓获毒枭、首要分子、主犯的,应当从轻处罚,直至依法减轻或者免除处罚。

被告人亲属为了使被告人得到从轻处罚,检举、揭发他人犯罪或者协助司法机关抓捕其他犯罪人的,不能视为被告人立功。同监犯将本人或者他人尚未被司法机关掌握的犯罪事实告知被告人,由被告人检举揭发的,如经查证属实,虽可认定被告人立功,但是否从宽处罚、从宽幅度大小,应与通常的立功有所区别。通过非法手段或者非法途径获取他人犯罪信息,如从国家工作人员处贿买他人犯罪信息,通过律师、看守人员等非法途径获取他人犯罪信息,由被告人检举揭发的,不能认定为立功,也不能作为酌情从轻处罚情节。(§ 7)

△(**毒品犯罪;共同犯罪;区分主、从犯;主、从犯毒品犯罪数量之认定;区别对待**)毒品犯罪中,部分共同犯罪人未到案,如现有证据能够认定已到案被告人为共同犯罪,或者能够认定为主犯或者从犯的,应当依法认定。没有实施毒品犯罪的共同故意,仅在客观上为相互关联的毒品犯罪上下家,不构成共同犯罪,但为了诉讼便利可并案审理。审理毒品共同犯罪案件应当注意以下几个方面的问题:

一是要正确区分主犯和从犯。区分主犯和从犯,应当以各共同犯罪人在毒品共同犯罪中的地位和作用为根据。要从犯意提起、具体行为分工、出资和实际分得毒赃多少以及共犯之间相互关系等方面,比较各个共同犯罪人在共同犯罪中的地位和作用。在毒品共同犯罪中,为主出资者、毒品所有者或者起意、策划、纠集、组织、雇佣、指使他人参与犯罪以及其他起主要作用的是主犯;起次要或者辅助作用的是从犯。受雇佣、受指使实施毒品犯罪的,应根据其在犯罪中实际发挥的作用具体认定为主犯或者从犯。对于确有证据证明在共同犯罪中起次要或者辅助作用的,不能因为其他共同犯罪人未到案而不认定为从犯,甚至将其认定为主犯或者按主犯处罚。只要认定为从犯,无论主犯是否到案,均应依照刑法关于从犯的规定从轻、减轻或者免除处罚。

二是要正确认定共同犯罪案件中主犯和从犯的毒品犯罪数量。对于毒品犯罪集团的首要分子,应按集团毒品犯罪的总数量处罚;对一般共同犯罪的主犯,应按其所参与的或者组织、指挥的毒品犯罪数量处罚;对于从犯,应当按照其所参与的毒品犯罪的数量处罚。

三是要根据行为人在共同犯罪中的作用和罪责大小确定刑罚。不同案件不能简单类比,一个案件的从犯参与犯罪的毒品数量可能比另一案件的主犯参与犯罪的毒品数量大,但对这一案件从犯的处罚不是必然重于另一案件的主犯。共同犯罪中能分清主从犯的,不能因为涉案的毒品数量特别巨大,就不分主从犯而一律将被告人认定为主犯或者实际上都按主犯处罚,一律判处重刑甚至死刑。对于共同犯罪中有多个主犯或者共同犯罪人的,处罚上也应做到区别对待。应当全面考察各主犯或者共同犯罪人在共同犯罪中实际发挥作用的差别,主观恶性和人身危险性方面的差异,对罪责或者人身危险性更大的主犯或者共同犯罪人依法判处更重的刑罚。(§ 9)

△(**毒品犯罪;主观明知**)毒品犯罪中,判断被告人对涉案毒品是否明知,不能仅凭被告人供述,而应当依据被告人实施毒品犯罪行为的过程、方式、毒品被查获时的情形等证据,结合被告人的年龄、阅历、智力等情况,进行综合分析判断。

具有下列情形之一,被告人不能做出合理解释的,可以认定其"明知"是毒品,但有证据证明确属被蒙骗的除外:(1)执法人员在口岸、机场、车站、港口和其他检查站点检查时,要求行为人申报为他人携带的物品和其他疑似毒品物,并告知其法律责任,而行为人未如实申报,在其携带的物品中查获毒品的;(2)以伪报、藏匿、伪装等蒙蔽手段,逃避海关、边防等检查,在其携带、运输、邮寄的物品中查获毒品的;(3)执法人员检查时,有逃跑、丢弃携带物品或者逃避、抗拒检查等行为,在其携带或者丢弃的物品中查获毒品的;(4)体内或者贴身隐秘处藏匿毒品的;(5)为获取不同寻常的高额、不等值报酬为他人携带、运输物品,从中查获毒品的;(6)采用高度隐蔽的方式携带、运输物品,从中查获毒品的;(7)采用高度隐蔽的方式交接物品,明显违背合法物品惯常交接方式,从中查获毒品的;(8)行程路线故意绕开检查站点,在其携带、运输的物品中查获毒品的;(9)以虚假身份或者地址办理托运手续,在其托运的物品中查获毒品的;(10)有其他证据足以认定行为人应当知道的。(§ 10)

△(**毒品犯罪;地域管辖;犯罪地管辖;被告人居住地管辖;报请指定管辖**)毒品犯罪的地域管辖,应当依照刑事诉讼法的有关规定,实行以犯罪地管辖为主、被告人居住地管辖为辅的原则。考虑到毒品犯罪的特殊性和毒品犯罪侦查体制,"犯罪地"不仅可以包括犯罪预谋地、毒资筹集地、交

易进行地、运输途经地以及毒品生产地,也包括毒资、毒赃和毒品藏匿地、转移地、走私或者贩运毒品目的地等。“被告人居住地”,不仅包括被告人常住地和户籍所在地,也包括其临时居住地。

对于已进入审判程序的案件,被告人及其辩护人提出管辖异议,经审查异议成立的,或者受案法院发现没有管辖权,而案件由本院管辖更适宜的,受案法院应当报请与有管辖权的法院共同的上级法院依法指定本院管辖。(§ 11)

△(**特定人员参与毒品犯罪**)近年来,一些毒品犯罪分子为了逃避打击,雇佣孕妇、哺乳期妇女、急性传染病人、残疾人或者未成年人等特定人员进行毒品犯罪活动,成为影响我国禁毒工作成效的突出问题。对利用、教唆特定人员进行毒品犯罪活动的组织、策划、指挥和教唆者,要依法严厉打击,该判处重刑直至死刑的,坚决依法判处重刑直至死刑。对于被利用、被诱骗参与毒品犯罪的特定人员,可以从宽处理。

要积极与检察机关、公安机关沟通协调,妥善解决涉及特定人员的案件管辖、强制措施、刑罚执行等问题。对因特殊情况依法不予羁押的,可以依法采取取保候审、监视居住等强制措施,并根据被告人具体情况和案情变化及时变更强制措施;对于被判处有期徒刑或者拘役的罪犯,符合刑事诉讼法第二百一十四条①规定情形的,可以暂予监外执行。(§ 12)

△(**毒品案件;财产刑;追缴违法所得及其收益;罚金刑;没收财产刑;境外追赃**)刑法对毒品犯罪规定了并处罚金或者没收财产刑,司法实践中应当依法充分适用。不仅要依法追缴被告人的违法所得及其收益,还要严格依法判处被告人罚金刑或者没收财产刑,不能因为被告人没有财产,或者其财产难以查清、难以分割或者难以执行,就不依法判处财产刑。

要采取有力措施,加大财产刑执行力度。要加强与公安机关、检察机关的协作,对毒品犯罪分子来源不明的巨额财产,依法及时采取查封、扣押、冻结等措施,防止犯罪分子及其亲属转移、隐匿、变卖或者洗钱,逃避依法追缴。要加强不同地区法院之间的相互协作配合。毒品犯罪分子的财产在异地的,第一审人民法院可以委托财产所在地人民法院代为执行。要落实和运用有关国际禁毒公约规定,充分利用国际刑警组织等渠道,最大限度地做好境外追赃工作。(§ 13)

《公安部关于在成品药中非法添加阿普唑仑和曲马多进行销售能否认定为制造贩卖毒品有关问题的批复》(公复字〔2009〕1 号,2009 年 3 月 19 日公布)

△(**阿普唑仑和曲马多**)阿普唑仑和曲马多为国家管制的二类精神药品。根据《中华人民共和国刑法》第三百五十五条的规定,如果行为人具有生产、管理、使用阿普唑仑和曲马多的资质,却将其掺加在其他药品中,违反国家规定向吸食、注射毒品的人提供的,构成非法提供精神药品罪;向走私、贩卖毒品的犯罪分子或以牟利为目的向吸食、注射毒品的人提供的,构成走私、贩卖毒品罪。根据《中华人民共和国刑法》第三百四十七条的规定,如果行为人没有生产、管理、使用阿普唑仑和曲马多的资质,而将其掺加在其他药品中予以贩卖,构成贩卖、制造毒品罪。(§ 1)

△(**为治疗、戒毒依法合理使用**)在办案中应当注意区别为治疗、戒毒依法合理使用的行为与上述犯罪行为的界限。只有违反国家规定,明知是走私、贩卖毒品的人员而向其提供阿普唑仑和曲马多,或者明知是吸毒人员而向其贩卖或超出规定的次数、数量向其提供阿普唑仑和曲马多的,才可以认定为犯罪。(§ 2)

《最高人民法院、最高人民检察院、公安部关于办理制毒物品犯罪案件适用法律若干问题的意见》(公通字〔2009〕33 号,2009 年 6 月 23 日公布)

△(**制造毒品的预备行为**)为了制造毒品或者走私、非法买卖制毒物品犯罪而采用生产、加工、提炼等方法非法制造易制毒化学品的,根据刑法第二十二条的规定,按照其制造易制毒化学品的不同目的,分别以制造毒品、走私制毒物品、非法买卖制毒物品的预备行为论处。②

《最高人民法院研究室关于被告人对不同种毒品实施同一犯罪行为是否按比例折算成一种毒品予以累加后量刑的答复》(法研〔2009〕146 号,2009 年 8 月 17 日公布)

△(**不同种毒品;按比例折算后累加;数罪并罚**)根据《全国部分法院审理毒品犯罪案件工作

① 2018 年修正后的《中华人民共和国刑事诉讼法》第二百六十五条。

② 需要注意的是,在《刑法修正案(九)》颁布之前,《刑法》第三百五十条仅处罚走私与买卖制毒物品行为。之后,《刑法修正案(九)》增订了生产、运输行为。因此,为了制造毒品或者走私、非法买卖制毒物品犯罪而采用生产、加工、提炼等方法非法制造易制毒化学品,应论以非法生产制毒物品罪的既遂犯。参见张明楷:《刑法学》(第 6 版),法律出版社 2021 年版,第1522 页。

座谈会纪要》的规定，对被告人一人走私、贩卖、运输、制造两种以上毒品的，不实行数罪并罚，量刑时可综合考虑毒品的种类、数量及危害，依法处理。故同意你院处理意见。

《最高人民法院研究室关于贩卖、运输经过取汁的罂粟壳废渣是否构成贩卖、运输毒品罪的答复》（法研〔2010〕168号，2010年9月27日公布）

△**（贩卖、运输经过取汁的罂粟壳废渣）**最高人民法院研究室认为，根据你院提供的情况，对本案被告人不宜以贩卖、运输毒品罪论处。主要考虑：（1）被告人贩卖、运输的是经过取汁的罂粟壳废渣，吗啡含量只有0.01%，含量极低，从技术和成本看，基本不可能用于提取吗啡；（2）国家对经过取汁的罂粟壳并无明文规定予以管制，实践中有关药厂也未按照管制药品对其进行相应处理；（3）无证据证明被告人购买、加工经过取汁的罂粟壳废渣是为了将其当作毒品出售，具有贩卖、运输毒品的故意。如果查明行为人有将罂粟壳废渣作为制售毒品原料予以利用的故意，可建议由公安机关予以治安处罚。

《最高人民检察院、公安部关于公安机关管辖的刑事案件立案追诉标准的规定（三）》（公通字〔2012〕26号，2012年5月16日公布）

△**（走私、贩卖、运输、制造毒品罪；立案追诉标准；"走私"；"贩卖"；居间介绍、代购代卖毒品；"运输"；"制造"；非法制造易制毒化学品；预备犯；"明知"；选择性罪名）**走私、贩卖、运输、制造毒品，无论数量多少，都应予立案追诉。

本条规定的"走私"是指明知是毒品而非法将其运输、携带、寄递进出国（边）境的行为。直接向走私人非法收购走私进口的毒品，或者在内海、领海、界河、界湖运输、收购、贩卖毒品的，以走私毒品罪立案追诉。

本条规定的"贩卖"是指明知是毒品而非法销售或者以贩卖为目的而非法收买的行为。

有证据证明行为人以牟利为目的，为他人代购仅用于吸食、注射的毒品，对代购者以贩卖毒品罪立案追诉。不以牟利为目的，为他人代购仅用于吸食、注射的毒品，毒品数量达到本规定第二条规定的数量标准的，对托购者和代购者以非法持有毒品罪立案追诉。明知他人实施毒品犯罪而为其居间介绍、代购代卖的，无论是否牟利，都应以相关毒品犯罪的共犯立案追诉。

本条规定的"运输"是指明知是毒品而采用携带、寄递、托运、利用他人或者使用交通工具等方法非法运送毒品的行为。

本条规定的"制造"是指非法利用毒品原植物直接提炼或者用化学方法加工、配制毒品，或者以改变毒品成分和效用为目的，用混合等物理方法加工、配制毒品的行为。为了便于隐蔽运输、销售、使用、欺骗购买者，或者为了增重，对毒品掺杂使假，添加或者去除其他非毒品物质，不属于制造毒品的行为。

为了制造毒品而采用生产、加工、提炼等方法非法制造易制毒化学品的，以制造毒品罪（预备）立案追诉。购进制造毒品的设备和原材料，开始着手制造毒品，尚未制造出毒品或者半成品的，以制造毒品罪（未遂）立案追诉。明知他人制造毒品而为其生产、加工、提炼、提供醋酸酐、乙醚、三氯甲烷等制毒物品的，以制造毒品罪的共犯立案追诉。

走私、贩卖、运输毒品主观故意中的"明知"，是指行为人知道或者应当知道所实施的是走私、贩卖、运输毒品行为。具有下列情形之一，结合行为人的供述和其他证据综合审查判断，可以认定其"应当知道"，但有证据证明确属被蒙骗的除外：

（一）执法人员在口岸、机场、车站、港口、邮局和其他检查站点检查时，要求行为人申报携带、运输、寄递的物品和其他疑似毒品物，并告知其法律责任，而行为人未如实申报，在其携带、运输、寄递的物品中查获毒品的；

（二）以伪报、藏匿、伪装等蒙蔽手段逃避海关、边防等检查，在其携带、运输、寄递的物品中查获毒品的；

（三）执法人员检查时，有逃跑、丢弃携带物品或者逃避、抗拒检查等行为，在其携带、藏匿或者丢弃的物品中查获毒品的；

（四）体内或者贴身隐秘处藏匿毒品的；

（五）为获取不同寻常的高额或者不等值的报酬为他人携带、运输、寄递、收取物品，从中查获毒品的；

（六）采用高度隐蔽的方式携带、运输物品，从中查获毒品的；

（七）采用高度隐蔽的方式交接物品，明显违背合法物品惯常交接方式，从中查获毒品的；

（八）行程路线故意绕开检查站点，在其携带、运输的物品中查获毒品的；

（九）以虚假身份、地址或者其他虚假方式办理托运、寄递手续，在托运、寄递的物品中查获毒品的；

（十）有其他证据足以证明行为人应当知道的。

制造毒品主观故意中的"明知"，是指行为人知道或者应当知道所实施的是制造毒品行为。有下列情形之一，结合行为人的供述和其他证据综合审查判断，可以认定其“应当知道”，但有证据证明确属被蒙骗的除外：

（一）购置了专门用于制造毒品的设备、工具、制毒物品或者配制方案的；

（二）为获取不同寻常的高额或者不等值的报酬为他人制造物品，经检验是毒品的；

（三）在偏远、隐蔽场所制造，或者采取对制造设备进行伪装等方式制造物品，经检验是毒品的；

（四）制造人员在执法人员检查时，有逃跑、抗拒检查等行为，在现场查获制造出的物品，经检验是毒品的；

（五）有其他证据足以证明行为人应当知道的。

走私、贩卖、运输、制造毒品罪是选择性罪名，对同一宗毒品实施了两种以上犯罪行为，并有相应确凿证据的，应当按照所实施的犯罪行为的性质并列适用罪名，毒品数量不重复计算。对同一宗毒品可能实施了两种以上犯罪行为，但相应证据只能认定其中一种或者几种行为，认定其他行为的证据不够确实充分的，只按照依法能够认定的行为的性质适用罪名。对不同宗毒品分别实施了不同种犯罪行为的，应对不同行为并列适用罪名，累计计算毒品数量。（§ 1）

△（**毒品**）本规定中的毒品是指鸦片、海洛因、甲基苯丙胺（冰毒）、吗啡、大麻、可卡因以及国家规定管制的其他能够使人形成瘾癖的麻醉药品和精神药品。具体品种以国家食品药品监督管理局、公安部、卫生部发布的《麻醉药品品种目录》、《精神药品品种目录》为依据。（§ 13Ⅰ）

△（**未明确立案追诉标准的毒品；折算**）本规定中未明确立案追诉标准的毒品，有条件折算为海洛因的，参照有关麻醉药品和精神药品折算标准进行折算。（§ 14）

△（**立案追诉标准**）本规定中的立案追诉标准，除法律、司法解释另有规定的以外，适用于相关的单位犯罪。（§ 15）

《最高人民法院、最高人民检察院、公安部关于办理走私、非法买卖麻黄碱类复方制剂等刑事案件适用法律若干问题的意见》（法发〔2012〕12号，2012年6月18日公布）

△（**走私、非法买卖麻黄碱类复方制剂；制造毒品罪；非法经营罪；走私普通货物、物品罪**）以加工、提炼制毒物品制造毒品为目的，购买麻黄碱类复方制剂，或者运输、携带、寄递麻黄碱类复方制剂进出境的，依照刑法第三百四十七条的规定，以制造毒品罪定罪处罚。

……

非法买卖麻黄碱类复方制剂或者运输、携带、寄递麻黄碱类复方制剂进出境，没有证据证明系用于制造毒品或者走私、非法买卖制毒物品，或者未达到走私制毒物品罪、非法买卖制毒物品罪的定罪数量标准，构成非法经营罪、走私普通货物、物品罪等其他犯罪的，依法定罪处罚。

实施第一款、第二款规定的行为，同时构成其他犯罪的，依照处罚较重的规定定罪处罚。（§ 1Ⅰ、Ⅳ、Ⅴ）

△（**利用麻黄碱类复方制剂加工、提炼制毒物品；制造毒品罪**）以制造毒品为目的，利用麻黄碱类复方制剂加工、提炼制毒物品的，依照刑法第三百四十七条的规定，以制造毒品罪定罪处罚。（§ 2Ⅰ）

△（**制造毒品罪的共犯**）明知他人利用麻黄碱类制毒物品制造毒品，向其提供麻黄碱类复方制剂，为其利用麻黄碱类复方制剂加工、提炼制毒物品，或者为其获取、利用麻黄碱类复方制剂提供其他帮助的，以制造毒品罪的共犯论处。（§ 3Ⅰ）

△（**犯罪预备、未遂**）实施本意见规定的行为，符合犯罪预备或者未遂情形的，依照法律规定处罚。（§ 4）

△（**主观目的与明知之认定**）对于本意见规定的犯罪嫌疑人、被告人的主观目的与明知，应当根据物证、书证、证人证言以及犯罪嫌疑人、被告人供述和辩解等在案证据，结合犯罪嫌疑人、被告人的行为表现，重点考虑以下因素综合予以认定：

1. 购买、销售麻黄碱类复方制剂的价格是否明显高于市场交易价格；

2. 是否采用虚假信息、隐蔽手段运输、寄递、存储麻黄碱类复方制剂；

3. 是否采用伪报、伪装、藏匿或者绕行进出境等手段逃避海关、边防等检查；

4. 提供相关帮助行为获得的报酬是否合理；

5. 此前是否实施过同类违法犯罪行为；

6. 其他相关因素。（§ 5）

△（**可以制成的毒品数量；量刑情节**）实施本意见规定的行为，以制造毒品罪定罪处罚的，应当将涉案麻黄碱类复方制剂所含的麻黄碱类物质可以制成的毒品数量作为量刑情节考虑。

多次实施本意见规定的行为未经处理的，涉案制毒物品的数量累计计算。（§ 6Ⅱ、Ⅲ）

△（**制造毒品罪；定罪量刑的数量标准**）实施本意见规定的行为，以制造毒品罪定罪处罚的，无

论涉案麻黄碱类复方制剂所含的麻黄碱类物质数量多少,都应当追究刑事责任。(§ 7Ⅱ)

△(**麻黄碱类复方制剂**)本意见所称麻黄碱类复方制剂是指含有《易制毒化学品管理条例》(国务院令第445号)品种目录所列的麻黄碱(麻黄素)、伪麻黄碱(伪麻黄素)、消旋麻黄碱(消旋麻黄素)、去甲麻黄碱(去甲麻黄素)、甲基麻黄碱(甲基麻黄素)及其盐类,或者麻黄浸膏、麻黄浸膏粉等麻黄碱类物质的药品复方制剂。(§ 8)

《最高人民法院、最高人民检察院、公安部、农业部、国家食品药品监督管理总局关于进一步加强麻黄草管理严厉打击非法买卖麻黄草等违法犯罪活动的通知》(公通字〔2013〕16号,2013年5月21日公布)

△(**麻黄草采集、收购许可证制度**)麻黄草的采集、收购实行严格的许可证制度,未经许可,任何单位和个人不得采集、收购麻黄草,麻黄草收购单位只能将麻黄草销售给药品生产企业。农牧主管部门要从严核发麻黄草采集证,统筹确定各地麻黄草采挖量,禁止任何单位和个人无证采挖麻黄草;严格监督采挖单位和个人凭采集证销售麻黄草;严格控制麻黄草采挖量,严禁无证或超量采挖麻黄草。食品药品监管部门要督促相关药品生产企业严格按照《药品生产质量管理规范(2010年修订)》规定,建立和完善药品质量管理体系,特别是建立麻黄草收购、产品加工和销售台账,并保存2年备查。(§ 1)

△(**麻黄草采挖、买卖和运输之监督检查**)农牧主管部门要认真调查麻黄草资源的分布和储量,加强对麻黄草资源的监管;要严肃查处非法采挖麻黄草和伪造、倒卖、转让采集证行为,上述行为一经发现,一律按最高限处罚。食品药品监管部门要加强对药品生产、经营企业的监督检查,对违反《药品管理法》及相关规定生产、经营麻黄草及其制品的,要依法处理。公安机关要会同农牧主管等部门,加强对麻黄草运输活动的检查,在重点公路、出入省通道要部署力量进行查缉,对没有采集证或者收购证以及不能说明合法用途运输麻黄草的,一律依法扣押审查。(§ 2)

△(**非法采挖、买卖麻黄草;制造毒品罪;共犯;定罪量刑的数量标准**)各地人民法院、人民检察院、公安机关要依法查处非法采挖、买卖麻黄草等犯罪行为,区别情形予以处罚:

(一)以制造毒品为目的,采挖、收购麻黄草的,依照刑法第三百四十七条的规定,以制造毒品罪定罪处罚。①

……

(三)明知他人制造毒品或者走私、非法买卖制毒物品,向其提供麻黄草或者提供运输、储存麻黄草等帮助的,分别以制造毒品罪、走私制毒物品罪、非法买卖制毒物品罪的共犯论处。

……

(五)实施以上行为,以制造毒品罪、走私制毒物品罪、非法买卖制毒物品罪定罪处罚的,涉案制毒物品的数量按照三百千克麻黄草折合一千克麻黄碱计算;以制造毒品罪定罪处罚的,无论涉案麻黄草数量多少,均应追究刑事责任。(§ 3)

《全国法院毒品犯罪审判工作座谈会纪要》(法〔2015〕129号,2015年5月18日公布)

△(**从其住所、车辆等处查获的毒品;运输毒品罪;为吸毒者代购毒品;变相加价贩卖毒品;利用信息网络贩卖毒品**)贩毒人员被抓获后,对于从其住所、车辆等处查获的毒品,一般均应认定为其贩卖的毒品。② 确有证据证明查获的毒品并非贩毒人员用于贩卖,其行为另构成非法持有毒品罪、窝藏毒品罪等其他犯罪的,依法定罪处罚。

吸毒者在购买、存储毒品过程中被查获,没有证据证明其是为了实施贩卖毒品等其他犯罪,毒品数量达到刑法第三百四十八条规定的最低数量标准的,以非法持有毒品罪定罪处罚。吸毒者在运输毒品过程中被查获,没有证据证明其是为了实施贩卖毒品等其他犯罪,毒品数量达到较大以上的,以运输毒品罪定罪处罚。③

行为人为吸毒者代购毒品,在运输过程中被查获,没有证据证明托购者、代购者是为了实施贩卖毒品等其他犯罪,毒品数量达到较大以上的,对托购者、代购者以运输毒品罪的共犯论处。行为人为他人代购仅用于吸食的毒品,在交通、食宿等必要开销之外收取"介绍费"、"劳务费",或者以贩卖为目的收取部分毒品作为酬劳的,应视为从中牟利,属于变相加价贩卖毒品,以贩卖毒品罪定

① 我国学者指出,此行为只能以制造毒品罪的预备犯进行惩罚。参见张明楷:《刑法学》(第6版),法律出版社2021年版,第1509页。

② 我国学者指出,对于尚未出卖的毒品,不应计入贩卖毒品罪的数量。参见张明楷:《刑法学》(第6版),法律出版社2021年版,第1507页。

③ 我国学者指出,不能将毒品转移的行为都认定为运输毒品罪。只有与走私、贩卖、制造具有关联性的行为,才宜认定为运输,否则会导致罪刑之间的不协调。参见张明楷:《刑法学》(第6版),法律出版社2021年版,第1509、1519页。

罪处罚。

购毒者接收贩毒者通过物流寄递方式交付的毒品,没有证据证明其是为了实施贩卖毒品等其他犯罪,毒品数量达到刑法第三百四十八条规定的最低数量标准的,一般以非法持有毒品罪定罪处罚。代收者明知是物流寄递的毒品而代购毒者接收,没有证据证明其与购毒者有实施贩卖、运输毒品等犯罪的共同故意,毒品数量达到刑法第三百四十八条规定的最低数量标准的,对代收者以非法持有毒品罪定罪处罚。

行为人利用信息网络贩卖毒品、在境内非法买卖用于制造毒品的原料或者配剂、传授制造毒品等犯罪的方法,构成贩卖毒品罪、非法买卖制毒物品罪、传授犯罪方法罪等犯罪的,依法定罪处罚。行为人开设网站、利用网络聊天室等组织他人共同吸毒,构成引诱、教唆、欺骗他人吸毒罪等犯罪的,依法定罪处罚。

△(**共同犯罪;居间介绍买卖毒品;居中倒卖毒品;两人以上同行运输毒品**)办理贩卖毒品案件,应当准确认定居间介绍买卖毒品行为,并与居中倒卖毒品行为相区别。居间介绍者在毒品交易中处于中间人地位,发挥介绍联络作用,通常与交易一方构成共同犯罪,但不以牟利为要件;居中倒卖者属于毒品交易主体,与前后环节的交易对象是上下家关系,直接参与毒品交易并从中获利。居间介绍者受贩毒者委托,为其介绍联络购毒者的,与贩毒者构成贩卖毒品罪的共同犯罪;明知购毒者以贩卖为目的购买毒品,受委托为其介绍联络贩毒者的,与购毒者构成贩卖毒品罪的共同犯罪;受以吸食为目的的购毒者委托,为其介绍联络贩毒者,毒品数量达到刑法第三百四十八条规定的最低数量标准的,一般与购毒者构成非法持有毒品罪的共同犯罪;同时与贩毒者、购毒者共谋,联络促成双方交易的,通常认定与贩毒者构成贩卖毒品罪的共同犯罪。居间介绍者实施为毒品交易主体提供交易信息、介绍交易对象等帮助行为,对促成交易起次要、辅助作用的,应当认定为从犯;对于以居间介绍者的身份介入毒品交易,但在交易中超出居间介绍者的地位,对交易的发起和达成起重要作用的被告人,可以认定为主犯。

两人以上同行运输毒品的,应当从是否明知他人带有毒品,有无共同运输毒品的意思联络,有无实施配合、掩护他人运输毒品的行为等方面综合审查认定是否构成共同犯罪。受雇于同一雇主同行运输毒品,但受雇者之间没有共同犯罪故意,或者虽然明知他人受雇运输毒品,但各自的运输行为相对独立,既没有实施配合、掩护他人运输毒品的行为,又分别按照各自运输的毒品数量领取报酬的,不应认定为共同犯罪。受雇于同一雇主分段运输同一宗毒品,但受雇者之间没有犯罪共谋的,也不应认定为共同犯罪。雇用他人运输毒品的雇主,及其他对受雇者起到一定组织、指挥作用的人员,与各受雇者分别构成运输毒品罪的共同犯罪,对运输的全部毒品数量承担刑事责任。

△(**死刑适用;运输毒品犯罪;毒品共同犯罪、上下家犯罪;新类型、混合型毒品犯罪**)当前,我国毒品犯罪形势严峻,审判工作中应当继续坚持依法从严惩处毒品犯罪的指导思想,充分发挥死刑对于预防和惩治毒品犯罪的重要作用。要继续按照《大连会议纪要》的要求,突出打击重点,对罪行极其严重、依法应当判处死刑的被告人,坚决依法判处。同时,应当全面、准确贯彻宽严相济刑事政策,体现区别对待,做到罚当其罪,量刑时综合考虑毒品数量、犯罪性质、情节、危害后果、被告人的主观恶性、人身危险性及当地的禁毒形势等因素,严格审慎地决定死刑适用,确保死刑只适用于极少数罪行极其严重的犯罪分子。

1. 运输毒品犯罪的死刑适用

对于运输毒品犯罪,应当继续按照《大连会议纪要》的有关精神,重点打击运输毒品犯罪集团首要分子,组织、指使、雇用他人运输毒品的主犯或者毒枭、职业毒犯、毒品再犯,以及具有武装掩护运输毒品、以运输毒品为业、多次运输毒品等严重情节的被告人,对其中依法应当判处死刑的,坚决依法判处。

对于受人指使、雇用参与运输毒品的被告人,应当综合考虑毒品数量、犯罪次数、犯罪的主动性和独立性、在共同犯罪中的地位作用、获利程度和方式及其主观恶性、人身危险性等因素,予以区别对待,慎重适用死刑。对于有证据证明确属受人指使、雇用运输毒品,又系初犯、偶犯的被告人,即使毒品数量超过实际掌握的死刑数量标准,也可以不判处死刑;尤其对于其中被动参与犯罪,从属性、辅助性较强,获利程度较低的被告人,一般不应当判处死刑。对于不能排除受人指使、雇用初次运输毒品的被告人,毒品数量超过实际掌握的死刑数量标准,但尚不属数量巨大的,一般也可以不判处死刑。

一案中有多人受雇运输毒品的,在决定死刑适用时,除各被告人运输毒品的数量外,还应结合其具体犯罪情节、参与犯罪程度、与雇用者关系的紧密性及其主观恶性、人身危险性等因素综合考虑,同时判处二人以上死刑要特别慎重。

2. 毒品共同犯罪、上下家犯罪的死刑适用

毒品共同犯罪案件的死刑适用应当与该案的毒品数量、社会危害及被告人的犯罪情节、主观恶

性、人身危险性相适应。涉案毒品数量刚超过实际掌握的死刑数量标准,依法应当适用死刑的,要尽量区分主犯间的罪责大小,一般只对其中罪责最大的一名主犯判处死刑;各共同犯罪人地位作用相当,或者罪责大小难以区分的,可以不判处被告人死刑;二名主犯的罪责均很突出,且均具有法定从重处罚情节的,也要尽可能比较其主观恶性、人身危险性方面的差异,判处二人死刑要特别慎重。涉案毒品数量达到巨大以上,二名以上主犯的罪责均很突出,或者罪责稍次的主犯具有法定、重大酌定从重处罚情节,判处二人以上死刑符合罪刑相适应原则,并有利于全案量刑平衡的,可以依法判处。

对于部分共同犯罪人未到案的案件,在案被告人与未到案共同犯罪人均属罪行极其严重,即使共同犯罪人到案也不影响对在案被告人适用死刑的,可以依法判处在案被告人死刑;在案被告人的罪行不足以判处死刑,或者共同犯罪人归案后全案只宜判处其一人死刑的,不能因为共同犯罪人未到案而对在案被告人适用死刑;在案被告人与未到案共同犯罪人的罪责大小难以准确认定,进而影响准确适用死刑的,不应对在案被告人判处死刑。

对于贩卖毒品案件中的上下家,要结合其贩毒数量、次数及对象范围,犯罪的主动性,对促成交易所发挥的作用,犯罪行为的危害后果等因素,综合考虑其主观恶性和人身危险性,慎重、稳妥地决定死刑适用。对于买卖同宗毒品的上下家,涉案毒品数量刚超过实际掌握的死刑数量标准的,一般不能同时判处死刑;上家主动联络销售毒品,积极促成毒品交易的,通常可以判处上家死刑;下家积极筹资,主动向上家约购毒品,对促成毒品交易起更大作用的,可以考虑判处下家死刑。涉案毒品数量达到巨大以上的,也要综合上述因素决定死刑适用,同时判处上下家死刑符合罪刑相适应原则,并有利于全案量刑平衡的,可以依法判处。

一案中有多名共同犯罪人、上下家针对同宗毒品实施犯罪的,可以综合运用上述毒品共同犯罪、上下家犯罪的死刑适用原则予以处理。

办理毒品犯罪案件,应当尽量将共同犯罪案件或者密切关联的上下游案件进行并案审理;因客观原因造成分案处理的,办案时应当及时了解关联案件的审理进展和处理结果,注重量刑平衡。

3. 新类型、混合型毒品犯罪的死刑适用

甲基苯丙胺片剂(俗称“麻古”等)是以甲基苯丙胺为主要毒品成分的混合型毒品,其甲基苯丙胺含量相对较低,危害性亦有所不同。为体现罚当其罪,甲基苯丙胺片剂的死刑数量标准一般可以按照甲基苯丙胺(冰毒)的2倍左右掌握,具体可以根据当地的毒品犯罪形势和涉案毒品含量等因素确定。

涉案毒品为氯胺酮(俗称“K粉”)的,结合毒品数量、犯罪性质、情节及危害后果等因素,对符合死刑适用条件的被告人可以依法判处死刑。综合考虑氯胺酮的致瘾癖性、滥用范围和危害性等因素,其死刑数量标准一般可以按照海洛因的10倍掌握。

涉案毒品为其他滥用范围和危害性相对较小的新类型、混合型毒品的,一般不宜判处被告人死刑。但对于司法解释、规范性文件明确规定了定罪量刑数量标准,且涉案毒品数量特别巨大,社会危害大,不判处死刑难以体现罚当其罪的,必要时可以判处被告人死刑。

△(**缓刑;财产刑;减刑;假释**)对于毒品犯罪应当从严掌握缓刑适用条件。对于毒品再犯,一般不得适用缓刑。对于不能排除多次贩毒嫌疑的零包贩毒被告人,因认定构成贩卖毒品等犯罪的证据不足而认定为非法持有毒品罪的被告人,实施引诱、教唆、欺骗、强迫他人吸毒犯罪及制毒物品犯罪的被告人,应当严格限制缓刑适用。

办理毒品犯罪案件,应当依法追缴犯罪分子的违法所得,充分发挥财产刑的作用,切实加大对犯罪分子的经济制裁力度。对查封、扣押、冻结的涉案财物及其孳息,经查确属违法所得或者依法应当追缴的其他涉案财物的,如购毒款、供犯罪所用的本人财物、毒品犯罪所得的财物及其收益等,应当判决没收,但法律另有规定的除外。判处罚金刑时,应当结合毒品犯罪的性质、情节、危害后果及被告人的获利情况、经济状况等因素合理确定罚金数额。对于决定并处没收财产的毒品犯罪,判处被告人有期徒刑的,应当按照上述确定罚金数额的原则确定没收个人部分财产的数额;判处无期徒刑的,可以并处没收个人全部财产;判处死缓或者死刑的,应当并处没收个人全部财产。

对于具有毒枭、职业毒犯、累犯、毒品再犯等情节的毒品罪犯,应当从严掌握减刑条件,适当延长减刑起始时间、间隔时间,严格控制减刑幅度,延长实际执行刑期。对于刑法未禁止假释的前述毒品罪犯,应当严格掌握假释条件。

△(**非法贩卖麻醉药品、精神药品**)行为人向走私、贩卖毒品的犯罪分子或者吸食、注射毒品的人员贩卖国家规定管制的能够使人形成瘾癖的麻醉药品或者精神药品的,以贩卖毒品罪定罪处罚。

《最高人民法院、最高人民检察院关于常见犯罪的量刑指导意见(试行)》(法发〔2021〕21号,2021年6月6日发布)

△(**走私、贩卖、运输、制造毒品罪;量刑**)

1. 构成走私、贩卖、运输、制造毒品罪的,根据下列情形在相应的幅度内确定量刑起点:

(1)走私、贩卖、运输、制造鸦片一千克,海洛因、甲基苯丙胺五十克或者其它毒品数量达到数量大起点的,量刑起点为十五年有期徒刑。依法应当判处无期徒刑以上刑罚的除外。

(2)走私、贩卖、运输、制造鸦片二百克,海洛因、甲基苯丙胺十克或者其它毒品数量达到数量较大起点的,在七年至八年有期徒刑幅度内确定量刑起点。

(3)走私、贩卖、运输、制造鸦片不满二百克,海洛因、甲基苯丙胺不满十克或者其他少量毒品的,可以在三年以下有期徒刑、拘役幅度内确定量刑起点;情节严重的,在三年至四年有期徒刑幅度内确定量刑起点。

2. 在量刑起点的基础上,根据毒品犯罪次数、人次、毒品数量等其他影响犯罪构成的犯罪事实增加刑罚量,确定基准刑。

3. 有下列情节之一的,增加基准刑的10%—30%:

(1)利用、教唆未成年人走私、贩卖、运输、制造毒品的;

(2)向未成年人出售毒品的;

(3)毒品再犯。

4. 有下列情节之一的,可以减少基准刑的30%以下:

(1)受雇运输毒品的;

(2)毒品含量明显偏低的;

(3)存在数量引诱情形的。

5. 构成走私、贩卖、运输、制造毒品罪的,根据走私、贩卖、运输、制造毒品的种类、数量、危害后果等犯罪情节,综合考虑被告人缴纳罚金的能力,决定罚金数额。

6. 构成走私、贩卖、运输、制造毒品罪的,综合考虑走私、贩卖、运输、制造毒品的种类、数量、危害后果等犯罪事实、量刑情节,以及被告人的主观恶性、人身危险性、认罪悔罪表现等因素,从严把握缓刑的适用。

【附属刑法】

《中华人民共和国禁毒法》(2007年12月29日通过)

第五十九条

有下列行为之一,构成犯罪的,依法追究刑事责任;尚不构成犯罪的,依法给予治安管理处罚:

(一)走私、贩卖、运输、制造毒品的①;

……

【指导性案例】

最高人民检察院指导性案例第150号:王某贩卖、制造毒品案(2022年6月21日发布)

△(**贩卖、制造毒品罪;国家管制化学品;麻醉药品、精神药品;毒品含量;涉毒资产查处**)行为人利用未列入国家管制的化学品为原料,生产、销售含有国家管制的麻醉药品、精神药品成分的食品,明知该成分毒品属性的,应当认定为贩卖、制造毒品罪。检察机关办理新型毒品犯罪案件,应当审

---

① 《中华人民共和国禁毒法》(2007年12月29日通过)

第二条

Ⅰ本法所称毒品,是指鸦片、海洛因、甲基苯丙胺(冰毒)、吗啡、大麻、可卡因,以及国家规定管制的其他能够使人形成瘾癖的麻醉药品和精神药品。

Ⅱ根据医疗、教学、科研的需要,依法可以生产、经营、使用、储存、运输麻醉药品和精神药品。

第十九条

Ⅰ国家对麻醉药品药用原植物种植实行管制。禁止非法种植罂粟、古柯植物、大麻植物以及国家规定管制的可以用于提炼加工毒品的其他原植物。禁止走私或者非法买卖、运输、携带、持有未经灭活的毒品原植物种子或者幼苗。

Ⅱ地方各级人民政府发现非法种植毒品原植物的,应当立即采取措施予以制止、铲除。村民委员会、居民委员会发现非法种植毒品原植物的,应当及时予以制止、铲除,并向当地公安机关报告。

第二十一条

Ⅰ国家对麻醉药品和精神药品实行管制,对麻醉药品和精神药品的实验研究、生产、经营、使用、储存、运输实行许可和查验制度。

Ⅱ国家对易制毒化学品的生产、经营、购买、运输实行许可制度。

Ⅲ禁止非法生产、买卖、运输、储存、提供、持有、使用麻醉药品、精神药品和易制毒化学品。

第二十二条

国家对麻醉药品、精神药品和易制毒化学品的进口、出口实行许可制度。国务院有关部门应当按照规定的职责,对进口、出口麻醉药品、精神药品和易制毒化学品依法进行管理。禁止走私麻醉药品、精神药品和易制毒化学品。

查毒品含量，依法准确适用刑罚。对于毒品犯罪所得的财物及其孳息、收益和供犯罪所用的本人财物，应当依法予以追缴、没收。

最高人民检察院指导性案例第 151 号：马某某走私、贩卖毒品案(2022 年 6 月 21 日发布)

△(**走私、贩卖毒品罪；麻醉药品、精神药品；主观明知；非法用途；贩卖毒品既遂**) 行为人明知系国家管制的麻醉药品、精神药品，出于非法用途走私、贩卖的，应当以走私、贩卖毒品罪追究刑事责任。行为人出于非法用途，以贩卖为目的非法购买国家管制的麻醉药品、精神药品的，应当认定为贩卖毒品罪既遂。检察机关应当综合评价新型毒品犯罪的社会危害性，依法提出量刑建议。

最高人民检察院指导性案例第 153 号：何某贩卖、制造毒品案(2022 年 6 月 21 日发布)

△(**贩卖、制造毒品罪；麻醉药品、精神药品；未管制原生植物侦查实验**) 行为人利用原生植物为原料，通过提炼等方法制成含有国家管制的麻醉药品、精神药品的物质，并予以贩卖的，应当认定为贩卖、制造毒品罪。办理新型毒品犯罪案件，检察机关应当依法引导侦查机关开展侦查实验，查明案件事实。

【参考案例】

△**亚甲二氧基甲基苯丙胺(摇头丸)和氯胺酮(K 粉)虽未明列在《刑法》第三百五十七条规定的六种毒品之中，但属于国家规定管制的其他能够使人形成瘾癖的麻醉药品和精神药品，应当认定为毒品。**

亚甲二氧基甲基苯丙胺和氯胺酮，虽然没有明列在《刑法》第三百五十七条规定的六种毒品之中，然而它们是新型毒品，属于国家规定管制的其他能够使人形成瘾癖的麻醉药品和精神药品。刑法对毒品这一概念的界定，采用列举法与概括法相结合的方法，既清晰明确，又防止了挂一漏万。

此外，国家药品监督管理局曾于 2001 年 5 月 9 日下发了《关于氯胺酮管理问题的通知》(国药监安〔2001〕235 号，已失效)，文件规定：氯胺酮原料药按第二类精神药品管理；氯胺酮制剂按处方药管理，在医疗机构凭处方使用，药品零售企业不得经营。2003 年 9 月 28 日，国家食品药品监督管理局又印发了《关于加强氯胺酮制剂管理工作的通知》(国食药监安〔2003〕272 号)规定：氯胺酮(包括其可能存在的盐)制剂按第二类精神药品管理，由国家食品药品监督管理局指定药品生产企业定点生产，其他任何单位及个人不得生产；药品零售企业不得经营氯胺酮制剂；不具备第二类精神药品批发资格的药品批发企业不得再购进氯胺酮制剂，库存的氯胺酮制剂登记造册后报所在地省(区、市)药品监督管理部门备案，并在其监督下售完(仅限售给医疗机构)为止。[①] [No. 6-7-347-1　徐根志等贩卖毒品案]

△**将毒品带入约定的交易地点的，不论交易行为是否完成，均应以贩卖毒品罪的既遂论处。**[②]

根据 2000 年 6 月 12 日公布的《上海市高级人民法院关于审理毒品犯罪案件具体应用法律若干问题的意见》第二条第二款的规定，贩卖毒品罪，是指明知是毒品而非法销售和以贩卖为目的而非法收买毒品的行为。只要行为人将毒品现实地带入了交易环节的(即贩毒者已将毒品带到购买者面前着手交易的)，不论是否完成交易行为，均应以贩卖毒品罪的既遂论处。在本案中，被告人周常的行为应当认定为既遂。[No. 6-7-347-2　周常等贩卖、转移毒品案]

△**新型毒品(盐酸丁丙诺啡舌下片等)的认定应该以规格含量计算其毒品的数量，并以此作为确定其数量大或者数量较大的标准。**

在确定毒品数量是否构成数量大或者较大时，根据毒品的社会危害性的大小确定了一条原则：毒效、吸毒者对该毒品的依赖程度与数量标准成反比。毒效大、吸毒者对该毒品的依赖程度越高，该毒品的数量标准就越低，相反，则毒品数量标准越高。精神药品作为毒品，其毒效、吸毒者对该毒品的依赖程度，都是根据该精神药品有效成分的大小和多少确定的，即规格含量。因为一般来说，精神药品的成分由两部分组成：糖衣片和药物。糖衣片的作用只是为了保护药物和便于服用

① 2004 年 7 月 5 日国家食品药品监督管理局印发《关于进一步加强对氯胺酮管理的通知》(国食药监安〔2004〕325 号，已失效)，将氯胺酮(包括其可能存在的盐及其制剂)列入第一类精神药品管理。

② 关于贩卖毒品罪的既遂，我国学者指出，贩卖以毒品实际转移给买方为既遂，转移毒品后行为人是否已经获取了利益，并不影响既遂之成立。毒品实际上没有转移时，即使已经达成转移的协议，或者行为人已经获得了利益，也不宜认定为既遂。参见张明楷：《刑法学》(第 6 版)，法律出版社 2021 年版，第 1514 页；赵秉志、李希慧主编：《刑法各论》(第 3 版)，中国人民大学出版社 2016 年版，第 348 页；黎宏：《刑法学各论》(第 2 版)，法律出版社 2016 年版，第 463 页；周光权：《刑法各论》(第 4 版)，中国人民大学出版社 2021 年版，第 507 页；王作富主编：《刑法分则实务研究(下)》(第 5 版)，中国方正出版社 2013 年版，第1443 页。

者吸食,其医疗作用的成分是药物。一般情况下,糖衣片占了精神药品的绝大部分重量,药物只是一小部分。如盐酸丁丙诺啡舌下片,每粒净重0.1克,而每粒中盐酸丁丙诺啡的重量只有0.4毫克,一粒该精神药品中盐酸丁丙诺啡只占0.4%。现在以净重法计算盐酸丁丙诺啡舌下片的毒品数量,将99.6%的非毒品成分作为毒品计算,无疑过分并不恰当地加重了被告人的刑事责任。同时,同种精神药品可以有多种规格含量,办案过程中很难找到可供参照的类似毒品数量标准,最后不得不回到规格含量法计算数量。在医学领域,计算药品的重量也是依据规格含量,而不是根据药品的净重。

贩卖杜冷丁要达到50克以上不满250克,咖啡因则要达到50千克以上不满200千克,才构成贩卖毒品数量较大。根据《卫生部关于发布〈麻醉药品品种目录〉〈精神药品品种目录〉的通知》规定,在精神药品的分类中"44.咖啡因;45.丁丙诺非",作为药品的丁丙诺啡与咖啡因让人成瘾的毒性最为接近。《新编实用药物手册》记载,咖啡因的规格含量为0.25 g/mL,丁丙诺啡的规格含量为0.2 mg/片。贩卖咖啡因50千克以上不满200千克才构成数量较大,即贩卖针剂型的咖啡因20万支到80万支才构成数量较大。由于一片丁丙诺啡相当于一支咖啡因,所以贩卖丁丙诺啡20万粒到80万粒才构成数量较大,即贩卖丁丙诺啡40克到160克构成数量较大。按照国家规定,丁丙诺啡是一类精神药品,盐酸丁丙诺啡舌下片则为二类精神药品。盐酸丁丙诺啡舌下片的毒性小于丁丙诺啡,即使按照丁丙诺啡的数量标准(20万粒构成数量较大),盐酸丁丙诺啡舌下片规格含量为0.4 mg/片,要贩卖盐酸丁丙诺啡80克以上才构成数量较大。此外,盐酸丁丙诺啡舌下片的依赖性低于杜冷丁,即使与杜冷丁相比,也要50克以上才能构成数量较大。[No.6-7-347-3　黄树清等贩卖毒品案]

△明知是毒品而起运,即使运输的距离不长、尚未达到目的地,也应当认定为运输毒品罪既遂。①

运输毒品的既遂与未遂,应当以毒品是否起运为准,而不是以毒品是否到达目的地来认定。只要行为人已经将毒品起运,就应当认定运输毒品犯罪的既遂,至于行为人运输毒品有多长的距离,是否到达特定的目的地,在所不问。被告人携带毒品,欲乘飞机前往某一地点,在机场接受安全检查时被查获,说明其已经将毒品起运,尽管被告人尚没有将毒品运输到目的地即被查获,也不影响该行为构成运输毒品犯罪的既遂。[No.6-7-347-4　塔奴杰·安马列运输毒品案]

△在毒品犯罪中,以人体运输毒品的犯罪分子在以X光等设备透视检查前自动承认其罪行的,应当认定为自首。

在人体运输毒品中,以实施X光透视作为认定自首的标准,透视前体内运毒犯罪人交代体内藏毒事实的,视为自首,而透视后只要证实其体内有可疑物存留的,则不论该犯罪人是否主动如实交代,均不认定为自首。X光的透视合理易行,同时不会轻纵罪犯,符合对毒品犯罪进行严厉打击的刑事政策,也能够实现自首制度设立的目的。由于被告人周义波是在进行X光透视检查前,仅因形迹可疑而被公安机关盘问时,就主动交代自己非法运输毒品海洛因的犯罪事实,因此,被告人周义波构成自首。[No.6-7-347-5　周义波运输毒品案]

△毒品犯罪案件不以毒品数量作为判处死刑的唯一标准。

当前对毒品犯罪应当从重从快予以"严打",但具体判处毒品犯罪时,涉案毒品数量不是判处死刑的唯一标准。确定包括毒品犯罪在内的任何犯罪的刑罚,都应当综合犯罪事实、犯罪性质、情节和对于社会的危害程度,决定具体处刑。死刑依法只适用于罪行极其严重的犯罪分子,而罪行的轻重,要从犯罪主体、主观方面、客体、犯罪后果等方面综合考虑判定。不能仅根据毒品数量大就一律判处法定最高刑死刑。唐友珍运输毒品数量大,论罪可以判处死刑,但对判处的死刑未必立即执行,故对其作出判处死刑,缓期二年执行的判决是适当的。[No.6-7-347-6　唐友珍运输毒品案]

△对于有立功表现的毒品犯罪分子,不宜判处死刑立即执行。

立法规定对于具有立功表现的犯罪分子可以

---

① 我国学者指出,运输毒品行为使毒品离开原处或者转移了存放处,即告本罪之既遂(需要注意此说与开始搬运说之间的区别)。参见张明楷:《刑法学》(第6版),法律出版社2021年版,第1514页;王作富主编:《刑法分则实务研究(下)》(第5版),中国方正出版社2013年版,第1444页。也有学者指出,以行为人是否进入正式的运输状态作为运输毒品罪的既遂标准。参见赵秉志、李希慧主编:《刑法各论》(第3版),中国人民大学出版社2016年版,第348页。

另有学者指出,主张运输毒品罪应以毒品到达目的地作为既遂标准。参见黎宏:《刑法学各论》(第2版),法律出版社2016年版,第463—464页;周光权:《刑法各论》(第4版),中国人民大学出版社2021年版,第507页。

从轻、减轻处罚或者免除处罚,应理解为在没有其他特殊情况的条件下,对有立功表现的犯罪分子一般均应当从轻、减轻处罚或者免除处罚。这样掌握符合立法本意,也有助于体现惩罚与教育相结合的刑事政策,有利于分化、瓦解犯罪分子,达到更好的审判效果。就本案而言,按照《关于禁毒的决定》(已失效)及当时的司法解释,李光石检举揭发同案犯共同犯罪事实的行为构成立功;金铁万揭发全春子窝藏毒品的犯罪行为构成立功;金铁万被抓获后还坦白交代了其埋藏在别墅里的鸦片,因此,原审法院对二被告人依法从轻判处死缓,符合立法本意,是正确的。[No. 6-7-347-7　金铁万等贩卖毒品案]

△在受人雇用运输毒品过程中才意识到是毒品的,其主观恶性不是特别大,不宜判处死刑立即执行。

毒品数量是确定毒品犯罪案件被告人刑罚的重要法定情节,但不是处刑的唯一标准。在审判实践中,不能只强调毒品数量,忽视案件的其他情节,而应当结合案件的具体情况,根据被告人的主观恶性程度,判处的刑罚应当与犯罪分子所犯罪行相适应。运输毒品的犯罪人多为他人雇用而实施犯罪,其主观恶性因案各异:有的运输之前就知道是毒品、有的在运输中才推测出是毒品、有的意识到自己运输的只是违禁品,这反映出同是运输毒品,而不同案件的被告人主观恶性不同,对此,应当作为酌定情节在处刑时予以考虑。

被告人马俊海运输海洛因 7214.1 克,事实清楚,证据确实、充分。马俊海运输毒品数量巨大,可以判处死刑。但是,鉴于马俊海系受他人雇用而运输毒品,且不能认定其事先明知是毒品,而是在运输过程中才意识到是毒品,其犯罪主观恶性要小等情节,最高人民法院改判以运输毒品罪对马俊海判处死刑,缓期二年执行是适当的。[No. 6-7-347-8　马俊海运输毒品案]

△误认尸块为毒品予以运输的,应以运输毒品罪(未遂)论处。

被告人张筠筠、张筠峰意图运输毒品,实际运输尸块的行为,属刑法理论上行为人对事实认识错误的一种,因此不能实现其犯罪目的,属对象不能犯。对于不能犯能否予以治罪,应当区分绝对不能犯与相对不能犯两种情形作出处理。绝对不能犯与相对不能犯的主要区别在于:前者意欲实施的行为与其实际实施的行为是一致的,但因使用的手段与目的之间的因果关系是建立在反科学、超自然的基础上,故该种手段行为在任何情况下都不可能引起危害结果发生,不具有实质的社会危害性;后者的手段与目的之间的因果联系是真实的、有科学根据的,只是因为行为人一时疏忽致使意欲实施的行为与其实际实施的行为形似而质异,才未能造成犯罪结果,否则,其所使用的手段或工具就能合乎规律地引起危害结果发生,实现其犯罪目的。因此,刑法理论上一般认为,绝对不能犯不构成犯罪,而相对不能犯则构成犯罪未遂。

被告人张筠筠、张筠峰的行为不属于手段或工具不能犯,当然不能归属绝对不能犯。因对象不能犯不影响对行为人犯罪故意的认定,只对其犯罪形态产生影响,故对两名被告人误认尸块为毒品予以运输的行为,应以运输毒品罪(未遂)定罪。[No. 6-7-347-9　胡斌、张筠筠等故意杀人、运输毒品(未遂)案]

△吸食毒品者携带较大数量毒品出境的,应以走私毒品罪论处。

对于吸毒者实施的毒品犯罪,在认定犯罪事实和确定罪名时,一定要慎重。吸毒者在购买、运输、存储毒品过程中被抓获的,如没有证据证明被告人实施了其他毒品犯罪行为,且毒品数量较小的,一般不应定罪处罚。但查获的毒品数量较大的,应当以非法持有毒品罪定罪处罚。被告人郑大昌逃避海关监管,非法携带大量海洛因出境的证据确实、充分,足以认定其行为构成走私毒品罪。[No. 6-7-347-11　郑大昌走私毒品案]

△吸食毒品者实施毒品犯罪,其中的部分毒品用于个人吸食的,应在量刑时予以考虑,酌情从轻处罚。

对以贩养吸的被告人决定量刑时,既要考虑涉案毒品数量,又要考虑被告人吸毒的情节。对于毒品数量虽已达到实际掌握判处死刑的标准,但可能有部分毒品是用于自己吸食而非全部用于出售的,在决定是否判处死刑立即执行时,更要慎重对待。对危害后果不是特别严重,或者被告人的主观恶性不是特别大,或者具有可酌情从轻处罚等情节的,可不判处死刑立即执行。本案被告人郑大昌走私固体海洛因 350 克、含海洛因的液体 15 克,走私毒品数量大,依法应予严惩。但本案存在的以下情节在量刑时应予考虑:(1)有证据证明被告人郑大昌为吸毒人员;(2)郑大昌被抓获后,始终供认其购买毒品是为自己吸食,且也没有其他证据证明郑大昌携毒品是准备出境贩卖,不能排除其中有部分毒品是用于自己吸食;(3)郑大昌有悔罪表现,其犯罪的主观恶性尚不是很大。基于上述考虑,最高人民法院复核认为,对被告人郑大昌的量刑,应与完全以贩卖牟利为目的的走私毒品犯罪的量刑有所区别,决定对被告人郑大昌以走私毒品罪判处死刑,缓期二年执

行。[No. 6-7-347-12　郑大昌走私毒品案]

△为贩卖毒品向公安特情人员购买毒品的，应以贩卖毒品罪论处。

被告人苏永清为转手出卖毒品牟利，主动找到公安机关特情人员许某，要求许某代其联系购买甲基苯丙胺，并提出要向许某等人购买甲基苯丙胺35公斤。尽管苏永清联系的毒品卖主实际上是公安人员，但犯意的产生、购毒意向、购毒种类、购毒数量、交易价格、交易时间、地点等均是出自苏永清自身。在该起毒品交易中，公安特情和公安机关并不存在犯意引诱和数量引诱的问题。此后，苏永清派人携带足额购毒款前往进行实际交易。这表明苏永清及其同伙已开始着手以贩卖为目的而非法购买毒品的行为。因此，对被告人苏永清及其同案被告人均认定为构成贩卖毒品罪是正确的。[No. 6-7-347-13　苏永清贩卖毒品案]

△贩卖毒品的居间介绍人为以贩卖毒品为目的的购毒者介绍卖毒者，帮助其购买毒品的，应以贩卖毒品罪的共犯论处。

居间介绍人明知他人购买毒品的目的是贩卖，仍为之介绍卖毒者，帮助其购买毒品的，无论其是否从中获利，都表明其与以贩卖毒品为目的的购毒者之间存在共同故意，并成为后者的帮助犯，应以贩卖毒品罪的共犯论处。反之，如果居间介绍人确实不知他人购买毒品的目的是贩卖，虽然其居间介绍行为客观上促成了交易双方的毒品贩卖活动，但既不能成立以贩卖毒品为目的的购毒者的帮助犯，也不能成立卖毒者的帮助犯，即不应以贩卖毒品罪的共犯论处。[No. 6-7-347-15　马盛坚等贩卖毒品案]

△贩卖毒品的居间介绍人为卖毒者介绍买毒人，促成毒品交易的，应以贩卖毒品罪的共犯论处。

被告人马盛坚、罗家排在得知王子富可出卖毒品的情况下，仍积极居间介绍为其联系寻找买主；被告人胡泽川受马盛坚委托之后找到购毒者"亚龙"，在明知"亚龙"为贩卖毒品而准备购买毒品的情况下，仍积极从中帮助其购买毒品。马盛坚、罗家排、胡泽川共同促成了王子富和"亚龙"的见面，在双方就毒品交易价格、数量，定金支付，交易时间、地点的确定时亦在场。其后，三被告人还共同携带"亚龙"交付的购毒资金按时前往约定的交易地点协助进行毒品交易。三被告人虽不是毒品买卖的直接当事人，但他们的行为均已构成贩卖毒品罪的帮助犯。由于本案的"卖毒者"系公安特情，毒品交易自始不存在，是不能犯的未遂，但这并不能否定三被告人主观上具有居间介绍贩卖毒品的故意，以及已实施的居间介绍贩卖毒品的客观行为。本案一、二审法院认定三被告人构成贩卖毒品罪，均系从犯（帮助犯）、未遂犯，并据此决定予以减轻处罚，适用法律上是正确的。[No. 6-7-347-16　马盛坚等贩卖毒品案]

△贩卖毒品大量掺假，毒品的含量较低的，在量刑时可以酌情从轻处罚；掺假后毒品数量达到判处死刑标准的，可不判处死刑立即执行。

对于查获的毒品有证据证明大量掺假，经鉴定查明毒品含量极少，确有大量掺假成分的，在处刑时应酌情考虑。特别是掺假之后毒品数量才达到判处死刑的标准的，对被告人可不判处死刑立即执行。被告人李惠元贩卖海洛因的次数多、数量大，又系再犯，本应依法从重处罚。但查获的302克海洛因经鉴定含量仅为3.98%，由陈芳经手贩卖、李惠元存放在其租住处的146克海洛因亦未作含量鉴定，另外150克海洛因被李惠元贩卖销售，因李惠元购买的海洛因均系从同一地点向同一人购买的，从有利于被告人的权益考虑，未作含量鉴定的和被其销售的海洛因亦应按被查获的经鉴定的海洛因含量3.98%计算。李惠元贩卖的海洛因共计598.2克，经计算，不足纯海洛因24克，这与法律规定和最高人民法院掌握的判处死刑的标准有较大差距。鉴于李惠元贩卖的毒品含量较低，对其判处死刑，可不立即执行，故最高人民法院在复核本案时对李惠元改判了死缓。[No. 6-7-347-20　李惠元贩卖毒品案]

△在毒品犯罪中，对于毒品有大量掺假的，在量刑时应酌情考虑；判处死刑的，可不判处死刑立即执行。

毒品的数量不以纯度折算。但对于查获的毒品有证据证明大量掺假，经鉴定查明毒品含量极少，确有大量掺假成分的，在处刑时应酌情考虑。特别是掺假之后毒品的数量才达到判处死刑的标准的，对被告人可不判处死刑立即执行。

在本案中，关于缴获的毒品中的海洛因含量，蚌埠市公安机关委托南京市公安局鉴定结论为，655.4克海洛因含量为69%，1.2克海洛因含量为30%，0.4克海洛因含量为86%。二审期间，三被告人均对海洛因的含量提出异议，要求对海洛因的含量重新鉴定，经一审法院委托上海市毒品检验中心鉴定，结论为：649.45克海洛因含量为17.33%，1.04克海洛因含量为16.66%，0.25克海洛因含量为36.31%。三被告人所从事的毒品海洛因犯罪，虽然在数量上多达650余克，但考虑到毒品有大量掺假，海洛因含量只有17.33%，虽然不属于毒品含量极少的情形，但毕竟折合成纯海洛因后只有110余克，以此判处三被告人死刑显属不妥当，最高人民法院从贯彻少杀、慎杀的刑事政策出发，结合本案的具体情况，改判被告人张玉梅、刘玉堂、李永生死缓是完全正确的。［No. 6-7-347-22　张玉梅等贩卖毒品案］

△在毒品犯罪中，对毒品是以非常规的形式存在的，应当对其中的毒品含量和成分进行鉴定；对毒品含量过低的在量刑时应予以适当考虑，不能简单地以重量认定数量。

毒品的种类繁多，每种毒品都有通常存在的形式，比如海洛因通常是以压成块状的白色粉末状存在，也有部分案件直接以粉末状出现。但是个别时候某类毒品会以较为特殊的形式出现，致使它的成分、含量发生变化，会对量刑产生影响。因此，在毒品犯罪案件中，尤其是在审理被告人可能被判处死刑的毒品犯罪案件时，要特别注意此种情况。

王某贩卖毒品案中，公安机关查获的毒品是海洛因针剂，而不是海洛因通常存在的形式，因此，该毒品是混合型毒品还是新型毒品、其主要成分是什么、海洛因含量是多少？都需要通过鉴定加以认定。

根据权威机构的科学试验，海洛因针剂中其他杂质均能溶于水，只有海洛因不溶于水，而其他物质溶入水中又未发生化学变化，没有生成新的毒品，所以本案中的海洛因针剂既不是混合型毒品，也不是新型毒品，只是以非常规形式（液态针剂）出现的海洛因，海洛因针剂中所含的海洛因就是较纯的海洛因。可以看出，这种液体海洛因和常见的固体海洛因不一样，有其自身的特殊性，是依托于大量的水和其他杂质存在的，因此，对这种液体毒品应该进行含量鉴定，对毒品含量过低的，在量刑时应予适当考虑，不能简单地以重量来认定数量。本案中海洛因的总重量虽已达到815克，但每支针剂（100毫克）中的海洛因的含量仅为9.19毫克，即9.19%，含量很低，这一点在量刑时应予以适当考虑。［No. 6-7-347-31　王某贩卖毒品案］

△在毒品犯罪中，涉及多种毒品犯罪的，如罪行尚未达到极其严重的情节，一般不应判处死刑。

就本案而言，王某贩卖的毒品种类有海洛因、杜冷丁和替苯丙胺（MDA），其中海洛因毒性最大又有死刑量刑数量标准，而杜冷丁和替苯丙胺（MDA）没有明确的死刑量刑数量标准，量刑时首先要考虑海洛因的数量，再把杜冷丁和替苯丙胺（MDA）的数量作为量刑的从重情节加以考虑。王某贩卖海洛因针剂8150支，虽然总重量达到815克，但海洛因含量仅为9.19%，属于含量极低。根据《最高人民法院关于全国法院审理毒品犯罪工作座谈会纪要》的精神，对毒品含量极低的，处刑时应酌情考虑，一般情况下不宜判处死刑。对于杜冷丁，根据《最高人民法院关于审理毒品案件定罪量刑标准有关问题的解释》的规定，贩卖杜冷丁250克以上（针剂100 mg/支规格的2500支以上）、苯丙胺类毒品100克以上，属于《刑法》第三百四十七条第二款第（一）项规定的"其他毒品数量大"，可以判处十五年有期徒刑、无期徒刑或者死刑。该案中，杜冷丁3000支（100毫克/支）重300克，超过了此量刑幅度的起刑点不多；替苯丙胺（MDA）重833.1克，虽大大超过了此量刑幅度的起刑点，但在审判实践中，替苯丙胺（MDA）尚没有明确的判处死刑的数量标准，一般不宜判处死刑立即执行。

据此，最高人民法院复核认为，考虑到被告人王某贩卖的海洛因含量极低，杜冷丁数量刚刚超过其他毒品数量大的标准，替苯丙胺（MDA）缺乏死刑量刑的数量标准，综合涉案三种毒品的犯罪情况，尚未达到罪行极其严重的程度，一般不应判处死刑，同时考虑到被告人具有检举他人重大犯罪已查证属实的情节，在量刑时还应进一步从轻，所以最高人民法院对王某改判无期徒刑是适当的，准确掌握了贩卖多种毒品犯罪案件的量刑原则。［No. 6-7-347-32　王某贩卖毒品案］

△基于制造毒品的故意着手实行制造毒品的行为，因意志以外的原因未能制造出毒品的，应以构成制造毒品罪（未遂）论处。[①]

只有制造出具有一定数量的毒品，才构成制造毒品罪的既遂。如果制造毒品失败，即行为人已购入制毒原材料并已开始制造但没有制造出成品的，因缺乏毒品数量要素，制毒行为没有产生法定的犯罪结果，根据《刑法》总则的相关规定，该行为应认定为制造毒品罪的未遂。对于此种行为应如何量刑，应结合客观情况进行分析：（1）制造毒品失败的行为系由于制毒原材料大量掺假或制毒工艺存在无法弥补的缺陷等原因，客观上制毒不能成功的情况下，属于不能犯的未遂，因缺乏数量量刑依据，故可结合具体的犯罪情节比照既遂犯从轻或减轻处罚。（2）制造毒品失败的行为系由于制毒手法不熟练等原因，而客观上能够制毒成功的情况下，属于能犯的未遂，该行为的毒品数量能够推算出来，故可结合犯罪数量比照既遂从

① 我国学者指出，制造毒品罪以毒品之实际制成作为标准，已经制造出粗制毒品或者半成品，亦应以制造毒品罪的既遂论处。参见周光权：《刑法各论》（第4版），中国人民大学出版社2021年版，第507页。

轻或减轻处罚。具体的毒品数量应根据行为人使用的制毒方法,按照就低不就高的原则来推算。

被告人朱海斌等人出于牟取暴利的目的,相约制造毒品氯胺酮,朱海斌还专门学习了制造方法,并购买了制造氯胺酮的原材料,其他被告人购买了制造氯胺酮所需的无水乙醇(酒精)、盐酸、电子天平秤等工具和物品。虽然制造氯胺酮前期均以失败告终,没有制造出法律所禁止的毒品,但因朱海斌等人已经着手实施了制造毒品的行为,后续制毒成功的结果说明,该行为可以制造出毒品,制毒失败的行为同样具有社会危害性,应以制造毒品罪(未遂)定罪处罚。具体的量刑数额,应当按照朱海斌等人的制毒方法,结合购买的制毒原材料数量(500 克氯胺酮碱),推算出可能制造出的毒品,并扣除后来制造出的 150 克 K 粉,以此确定既遂犯应适用的法定刑幅度,然后依照未遂的处罚原则量刑。[No. 6-7-347-33　朱海斌等制造、贩卖毒品案]

△采用隐蔽方式运输毒品,对毒品来源及行为方式不能作出合理解释的,认定其明知是毒品,应以走私、贩卖、运输、制造毒品罪论处。

运输毒品罪属于直接故意犯罪,要求行为人主观上必须明知是毒品而运输,否则不构成本罪。实践中,犯罪嫌疑人为逃避罪责,到案后常以其主观上不知道所运输的物品是毒品而进行辩解,拒不认罪。如何综合在案证据分析判断被告人主观上是否明知,就成了司法实践中的难点。为此,最高人民法院 2008 年 12 月 1 日印发的《全国部分法院审理毒品犯罪案件工作座谈会纪要》第十条中列举规定了十种可以推定被告人主观明知的具体情形:(1)执法人员在口岸、机场、车站、港口和其他检查站点检查时,要求行为人申报为他人携带的物品和其他疑似毒品物,并告知其法律责任,而行为人未如实申报,在其携带的物品中查获毒品的;(2)以伪报、藏匿、伪装等蒙蔽手段,逃避海关、边防等检查,在其携带、运输、邮寄的物品中查获毒品的;(3)执法人员检查时,有逃跑、丢弃携带物品或者逃避、抗拒检查等行为,在其携带或者丢弃的物品中查获毒品的;(4)体内或者贴身隐秘处藏匿毒品的;(5)为获取不同寻常的高额、不等值报酬为他人携带、运输物品,从中查获毒品的;(6)采用高度隐蔽的方式携带、运输物品,从中查获毒品的;(7)采用高度隐蔽的方式交接物品,明显违背合法物品惯常交接方式,从中查获毒品的;(8)行程路线故意绕开检查站点,在其携带、运输的物品中查获毒品的;(9)以虚假身份或者地址办理托运手续,在其托运的物品中查获毒品的;(10)有其他证据足以认定行为人应当知道的。具有上述情形之一,被告人不能作出合理解释的,可以认定其"明知"是毒品,但有证据证明确属被蒙骗的除外。上述规定对实践中常见的事实推定进行了总结归纳,具有较强的可操作性,对于严厉打击毒品犯罪具有重要意义。在司法实践中,应根据被告人实施毒品犯罪行为的过程、方式、毒品被查获时的情形等证据,结合被告人的年龄、阅历、智力、前科等情况,进行综合分析判断,以做到不枉不纵。[No. 6-7-347-34　许实义贩卖、运输毒品案]

△分别走私、贩卖、运输不同宗毒品的,属于同种罪行,不分别定罪量刑。

对某一条款中的数个罪行是否属于同种罪行,则应以刑法规定是否按一罪判处为标准,按一罪判处的就是同种罪行,按数罪判处的就是不同种罪行。我国《刑法》第三百四十七条将走私、贩卖、运输、制造毒品罪规定在同一法条中,并规定对多次走私、贩卖、运输、制造毒品,未经处理的,毒品的数量累计计算。最高人民法院 2008 年 12 月 1 日印发的《全国部分法院审理毒品犯罪案件工作座谈会纪要》进一步明确规定:"对不同宗毒品分别实施了不同种犯罪行为的,应对不同行为并列确定罪名,累计毒品数量,不实行数罪并罚。"根据以上规定,走私、贩卖、运输、制造毒品罪是选择性罪名,对行为人实施贩卖、运输毒品两种以上行为的,不论是否同一宗毒品,只定一个罪名,在量刑上只适用一个法定刑,不实行数罪并罚。《刑法》这一规定明确将这四个行为视为同种罪行,同时也表明这些行为的基本性质、社会危害性等是基本相同的。故对同一被告人,即使对不同宗的毒品分别实施了走私、贩卖或运输行为,也不再分别定罪量刑,而是将走私、贩卖、运输毒品的行为合并成一个选择性罪名,适用一个法定刑。[No. 6-7-347-35　彭佳升贩卖、运输毒品案]

△因实施选择性罪名中规定的一类行为而归案后,又供述其实施的该选择性罪名中规定的其他行为的,不成立自首。

选择性罪名中包含的数个不同罪名属于刑法规定的同种罪行。我国刑法分则在许多同一个条款中都规定了数个犯罪构成及相对应的数个罪名,有的属于并列罪名,有的属于选择性罪名,二者的功能是不同的,不能混淆。对于并列罪名,如第一百一十四条,一个条文同时规定了放火罪、决水罪、爆炸罪、投放危险物质罪和以危险方法危害公共安全罪共五个罪名,行为人实施该条款中的两个以上犯罪行为,就构成数罪,应实行数罪并罚,而不能合并为一罪。对于选择性罪名则不然,数个罪名既可分解单独定罪,也可以合并组合为一罪(复合性罪名),事实上是两个以上的罪行,根据刑法规定按一罪判处,而不定数罪。如行为人实施其中一个行为的,就定其中一个罪名,该行为符合一个单一的犯罪构成;实施两个以上行为的,根据刑法规定只定一个复合性罪名,行为符合一个复合性犯罪构成。这种情况实质上是数个犯罪构成合并为一个复合性犯罪构成而成为一罪,该罪名中的各罪行系同种罪行。

选择性罪名的犯罪构成是一种法定的特别犯罪构成。不能简单地以触犯了不同的具体罪名,来确定是否属于同种罪行还是不同种罪行。根据我国刑法及司法解释的规定,被告人彭佳升如实供述司法机关尚未掌握的贩卖不同宗毒品的罪行,与司法机关已经掌握的运输毒品的罪行属于同种罪行,故不能以自首论。[No. 6-7-347-36　彭佳升贩卖、运输毒品案]

△拒不承认主观上明知走私的是毒品时,但根据案件的具体情况,只要能够推定应当知道其携带、运输、走私的物品可能是毒品,即可认定行为人主观上具有明知。

走私毒品是故意犯罪,要求行为人必须对犯罪对象有明确的认识,即要求行为人主观上明知是毒品而走私。由于毒品犯罪隐蔽性强,有的犯罪分子具有较充分的反侦查能力和心理准备,因而在司法实践中,经常会出现行为人以其主观上不明知其携带、运输、走私的物品是毒品而辩解其行为不是犯罪或不构成毒品犯罪的情况。在行为人拒不如实供述主观明知和故意的情况下,极难取得证明其明知犯罪对象系毒品的证据,从而给毒品犯罪的认定带来困难。在这种情况下,应当综合考虑案件的各种实际情况,依据实施犯罪行为的过程、行为方式、毒品被查获时的情形和环境等证据,结合被告人的年龄、阅历、智力及掌握相关知识情况,进行综合分析判断,只要能够推定行为人应当知道其携带、运输、走私的物品可能是毒品,即可认定行为人主观上明知。

联系本案,虽然傅伟光辩称自己不知道携带的物品系毒品,但是根据一般的常识、常理、逻辑及本案的诸多细节进行分析判断,可以认定被告人傅伟光明知走私的物品美沙酮药片系毒品。[No. 6-7-347-37　傅伟光走私毒品案]

△毒品的含量不得折算毒品数量,但含量较低,在量刑时可以酌情从轻处罚。

虽然《刑法》明确规定毒品的数量"不以纯度折算",但毒品纯度却是一项重要的量刑情节,这是不同纯度毒品社会危害性差异的要求,更是罪责刑相适应原则的要求。

一般认为,纯度高的毒品社会危害性大,而纯度低的毒品社会危害性相对较小。毒品纯度越高,毒副作用越强,且高纯度毒品易稀释成低纯度毒品,流入社会面广,危害性更大,纯度的高低还反映了距离毒品源的远近。一般而言,距离毒品源越近,毒品的纯度越高。

此外,仅以毒品的绝对重量来确定刑罚,完全不考虑毒品的纯度问题则势必导致量刑不均衡,违背罪责刑相适应原则。被告人傅伟光走私的毒品美沙酮片剂一般作为戒毒替代药,其社会危害性较单纯用于吸食的毒品较低,而且药片的规格和含量也是确定的,约为 3.33%,含量较低,因此对被告人傅伟光量刑时可以酌情从轻处罚。[No. 6-7-347-38　傅伟光走私毒品案]

△购毒者在侦查人员控制下,以非真实交易意思,明显超出其往常交易数额向贩毒者示意购买毒品,属于数量引诱的毒品犯罪案件;特情介入是影响毒品犯罪量刑的重要因素,对因数量引诱实施毒品犯罪的,应当依法从轻处罚,一般不应判处死刑立即执行。

根据最高人民法院 2008 年 12 月 1 日印发的《全国部分法院审理毒品犯罪案件工作座谈会纪要》的规定,特情介入有机会引诱、犯意引诱和数量引诱三种情况。其中机会引诱仅为毒品犯罪行为人提供一个实施毒品犯罪的机会,不存在实质性犯罪引诱,原则上不属于特情引诱;犯意引诱和数量引诱均存在实质性引诱;属于特情引诱。

区分机会引诱与犯意引诱的关键在于特情介入之前行为人是否已经具有实施毒品犯罪的主观意图。如何认定行为人在实施毒品犯罪前就具有毒品犯罪的故意是审判的难点,笔者认为可以从以下几方面予以分析:(1)行为人在特情介入而实施犯罪前是否有毒品犯罪行为;(2)侦查机关在特情介入前,是否有足够的线索或合理理由确信行为人有正在实施或即将、可能实施毒品犯罪的迹象;(3)行为人实施毒品犯罪的犯意系出自其本意还是侦查机关刻意的诱惑。

数量引诱系行为人在特情引诱之前就已经具有实施毒品犯罪的主观故意,但这种故意是一种概括性的故意,无论最终交易的毒品数量是多少,都没有超出行为人的故意范畴。在该情形下,特情引诱不是使行为人产生新的犯意,只是使其犯意暴露出来。数量引诱与机会引诱的区别在于,机会引诱仅提供机会,不存在实质性引诱;数量引诱不仅提供机会,而且从毒品数量上还存在从小到大的实质性引诱。

本案系侦查机关利用翟建军作为特情介入破获的案件。从具体情况分析,本案不属于机会引诱,也不存在犯意引诱,但不能排除数量引诱的可能性。从包占龙的供述看,翟建军要求购买 300 克毒品的数量是确定的,但翟建军这次购买的数量远远超过其之前经常从包占龙处购买的数量,不能排除翟建军为了立功而要求购买毒品越多越好的可能性。故本案不能排除存在数量引诱。

对于被告人是否判处死刑立即执行,应当充分考虑数量引诱的因素。毒品犯罪中,毒品数量是量刑的重要情节,但还应当考虑犯罪情节、危害后果、被告人的主观恶性、人身危险性以及当地禁毒形势等各种因素,做到区别对待。特情介入是影响量刑的重要因素。对于机会引诱实施毒品犯罪的被告人,不存在犯罪引诱的因素,应依法处理;对因犯意引诱实施犯罪的被告人,根据罪责刑相适应原则,应当依法从轻处罚,无论涉案毒品数量多大,都不应判处死刑立即执行;对因数量引诱实施毒品犯罪的被告人应当依法从轻处罚,即使毒品数量超过实际掌握的死刑数量标准,一般也不判处死刑立即执行。对不能排除数量引诱的案件,在考虑是否对被告人判处死刑立即执行时,要留有余地。[No. 6-7-347-39　包占龙贩卖毒品案]

△对于被告人主动交代了实际贩毒数量且达到了当地实际掌握的死刑数量标准的死刑再犯,不应一律判处死刑立即执行。

根据刑法的相关规定和司法实践,毒品数量是决定死刑适用的重要情节之一。由于毒品犯罪隐蔽性很强,在不少案件中,司法机关查获的毒品数量并没有达到实际掌握的死刑数量标准,但被告人到案以后,在坦白从宽刑事政策的感召下,主动坦白交代了司法机关尚未掌握的其他毒品犯罪事实,由此使毒品犯罪数量累计达到或者超过实际掌握的死刑数量标准。对这种情形如何把握死刑适用标准,以往存在一些争议。2008 年 12 月 1 日最高人民法院印发的《全国部分法院审理毒品犯罪案件工作座谈会纪要》提出对此种情形的处理意见:已查获的毒品数量未达到实际掌握的死刑数量标准,到案后坦白尚未被司法机关掌握的其他毒品犯罪,累计数量超过实际掌握的死刑数量标准的,可以不判处被告人死刑立即执行。这是坦白从宽、宽严相济刑事政策的重要体现,有利于鼓励犯罪分子悔过自新,也有利于深挖余罪,节约司法成本。但对于毒品犯罪数量大,且具有累犯、毒品再犯、武装掩护实施毒品犯罪等从重处罚情节,被告人罪行极其严重,主观恶性深、人身危险性大的案件,仍然可以对被告人判处死刑立即执行。

被告人古丽波斯坦・巴吐尔汗被抓获时,公安机关查获的毒品数量为 258.6 克海洛因,公安机关当时并未掌握古丽波斯坦・巴吐尔汗贩卖毒品的实际数量。在侦查讯问过程中,古丽波斯坦・巴吐尔汗主动坦白交代,其卖给古丽娜尔・如孜买买提海洛因的实际数量为 415 克。在古丽波斯坦・巴吐尔汗主动交代其实际贩毒数量之前,公安机关查获的毒品数量并没有达到当地实际掌握的判处死刑数量标准,在古丽波斯坦・巴吐尔汗主动交代其实际贩毒数量后,法院认定的其贩毒数量才达到当地实际掌握的判处死刑数量标准。

《全国部分法院审理毒品犯罪案件工作座谈会纪要》进一步明确提出,毒品数量达到实际掌握的死刑数量标准,并具有毒品再犯、累犯,利用、教唆未成年人走私、贩卖、运输、制造毒品,或者向未成年人出售毒品等法定从重处罚情节的,可以判处被告人死刑。实践中案件的具体情况十分复杂,即使具有毒品再犯等法定从重处罚情节,这些情节在体现被告人的主观恶性和人身危险性上也有区别。前罪越重,所判处刑罚越重,所体现的被告人的主观恶性和人身危险性就越大;反之,就相对较小。此外,对于具有自首、立功等法定从宽处罚情节或者酌定从宽处罚情节的累犯、毒品再犯,也需要在量刑时综合考虑,需要体现从宽的,则不能判处死刑立即执行。

被告人古丽波斯坦・巴吐尔汗 1997 年 3 月 18 日因犯贩卖毒品罪被判处有期徒刑二年,并处罚金人民币 1500 元,1999 年 1 月 12 日刑满释放,属于毒品再犯,应当依法从重处罚。但是,其再犯情节中的前罪系在十年前贩卖海洛因 3.2 克,与那些贩卖毒品数量大、判刑重的毒品再犯相比,其再犯情节有所不同。特别是,鉴于其归案后主动坦白交代了司法机关尚未掌握的实际贩卖毒品的数量,才使其毒品犯罪数量达到当地实际掌握的判处死刑数量标准,符合最高人民法院有关指导意见提出的可以不判处死刑立即执行的情形,故对其可以不判处死刑立即执行。[No. 6-7-347-41　古丽波斯坦・巴吐尔汗贩卖毒品案]

△帮助吸食毒品的人员介绍毒品来源的居间者,即使从该居间行为中获得一些毒品用于自己吸食,也不构成贩卖毒品罪的共犯。

毒品犯罪中的居间行为的性质应当根据居间人的主观目的、行为的对象和客观表现等作出不同的处理:(1)居间人受吸毒者委托,或者未委托而主动为吸毒者提供毒源信息、帮助吸毒者购买毒品的,不能以贩卖毒品罪的共犯论处;(2)为以贩卖毒品为目的而寻购毒品的人介绍毒源信息的,以贩卖毒品罪的共犯论处;(3)居间人受贩毒人员的委托寻找毒品销售渠道、联系买毒人,在毒品交易中起着牵线搭桥的作用,不论居间人是否从中获得利益,均应以贩卖毒品罪的共犯论处。在审判实践中,对于替吸食寻购毒品者介绍毒源的居间者,即使其从中得到一点毒品用于自己吸食,也不应以贩卖毒品罪的共犯论处,因为其目的是消费毒品而不是贩卖毒品。[No. 6-7-348-3 陶玉广等非法持有毒品案]

△运输毒品罪中,毒品起运,犯罪即告既遂。

所谓"行为犯",是指以实行法定的犯罪行为作为犯罪构成要件的犯罪。"行为犯"包括即成行为犯和过程行为犯。即成行为犯也称"举动犯",是指行为人只要着手实行《刑法》分则所规定的构成要件行为,即构成既遂的犯罪形式。过程行为犯,是指从着手实施《刑法》分则所规定的构成要件行为到实施完毕达到既遂需有一个发展过程的情况。一种行为之所以被界定为"行为犯"而非"结果犯",或者被界定为即成行为犯而非过程行为犯,主要由该行为的自身特点及其严重的社会危害性所决定。即成行为犯的一个鲜明的特点就是,行为在实行之初或者预备之时,就已显露了相当严重的社会危害性,刑法必须及时、有效地遏制这种犯罪的萌芽。

运输毒品罪的客观方面表现为"将毒品从一地运往异地"的行为。但是,运输行为作为一个有一定时间阶段性的行为过程,在哪一个"点"属于运输犯罪行为的完成,即运输毒品罪的既遂,历来是争议很大的一个问题。

将运输毒品犯罪界定为即成行为犯,完全符合立法原意。首先,毒品一旦起运,其侵犯国家的毒品管理制度,进一步现实危害人民的身心健康的社会危害性已经产生,即已具备严重的社会危害性,具备刑法上的可遣责性,因此,运输毒品行为的既遂不应以行为人的目的是否实现为转移,也不应以运输行为是否全部实施完毕为必要,更不必以毒品是否到达目的地为既遂标准。其次,是理论回应实务的客观需要。在司法实践中,运输毒品犯罪案件绝大多数是在运输途中被查获,如果均认定为犯罪未遂,比照既遂犯从轻或减轻处罚,不仅轻纵了毒品犯罪分子,而且与一般民众的法律观感相悖,无法实现刑法的目的。

运输毒品犯罪的着手,应该以行为人携带毒品进入正式运输环节来予以认定。(1)自身携带型运输毒品犯罪,以行为人携带毒品乘坐的运输工具开始运行为着手。如张某携带毒品从居住的某市甲区乘坐出租车前往该市乙区的火车站,进站后上车,火车运行伊始为运输毒品行为的着手。行为人乘坐出租车、将毒品带入火车站候车室、上车的行为虽然均发生毒品空间位移的情况,但因其主观故意为乘坐火车运输毒品往异地,这些先行行为均为其运输行为的犯罪预备。(2)邮寄、托运型运输毒品犯罪,以承运人将行为人所托运毒品开始起运为犯罪的着手。之前的办理携带毒品到收运点、办理邮寄托运手续等均为犯罪预备。[No. 6-7-347-42 姬刚运输毒品案]

△行为人虽然怀疑物品内装有毒品,仍然将其转交的,不能认定其具有贩卖毒品的共同故意,应以运输毒品罪定罪处罚。

根据司法实践中毒品犯罪的案件特点,最高人民法院、最高人民检察院和公安部联合公布的《办理毒品犯罪案件适用法律若干问题的意见》明确规定,在毒品犯罪中,在犯罪嫌疑人、被告人不能作出合理解释的情况下,存在八种可以推定行为人对毒品的主观明知的情形,但有证据证明确属被蒙骗的除外。由此规定了毒品犯罪中推定事实的存在,行为人对毒品的主观明知可以推定,即"走私、贩卖、运输、非法持有毒品主观故意中的'明知',是指行为人知道或者应当知道所实施的行为是走私、贩卖、运输、非法持有毒品行为"。也就是说,本案被告人杜义顺仅在知道或应当知道其所实施的行为是贩卖毒品行为时,才符合主观罪过中的意识要件,符合构成贩卖毒品罪的主观要件要求。从客观上看,被告人杜义顺仅有转交物品的行为,从社会常理判断,其帮朋友转交物品,其虽怀疑所转交的物品就是毒品,但并不能就此推断出其知晓转交的是毒品交易中的样品,可以说,本案没有证据能够推定杜义顺主观明知其转交物品的行为就是为贩卖毒品转交样品的行为,因此不能就此认定其具有贩卖毒品的主观故意,也就不能认定构成贩卖毒品罪。但其行为可因其明知是毒品进行运输而被认定为运输毒品罪,就运输 0.14 克毒品的行为承担罪责。[No. 6-7-347-43 张天武、涂祥、杜义顺贩卖、运输毒品案]

△明知他人贩卖毒品而代为保管甲基苯丙胺的行为,应以贩卖毒品罪的共犯论处。

非法持有毒品罪,是指明知是毒品而无合法根据地持有,并且没有证据证明其具有其他毒品犯罪目的的行为。对于在贩卖毒品过程中的非法持有毒品行为,不能认定为非法持有毒品罪。因为贩卖毒品行为往往包含持有毒品的行为表现,持有行为被贩卖行为吸收,应当以吸收之罪(贩卖毒品罪)论处。如果非法持有毒品的目的是帮助他人贩卖毒品,应当构成贩卖毒品罪的共犯;如果非法持有(藏匿)毒品的目的是帮助他人逃避司法机关的追查,则应构成窝藏毒品罪;依照《刑法》第三百四十九条第三款的规定,犯窝藏毒品罪，事先与贩毒分子通谋的，以贩卖毒品罪的共犯论处。

区分窝藏毒品罪与贩卖毒品罪的关键在于行为人主观目的的认定。如果行为人是为了帮助贩毒分子顺利实施贩毒行为，则其行为构成贩卖毒品罪的共犯；如果行为人是为了帮助犯罪分子逃避司法机关的处罚，则其行为构成窝藏毒品罪。在具体案件中，对行为人主观目的的认定非常复杂，一般是通过行为人与贩毒分子有无通谋进行判断，应根据藏匿毒品的时间与窝藏毒品的主观状态判断有无通谋。

窝藏毒品罪的藏匿行为一般发生在贩毒分子已经察觉司法机关对贩毒行为开始追查之后。如果贩毒分子未察觉司法机关已对贩毒行为开始追查，或者未将其察觉告知藏匿行为人，藏匿行为人不是为了帮助贩毒分子逃避司法机关的追查而藏匿毒品的，则应认定藏匿行为人是为了帮助贩毒分子顺利实施贩毒行为，二者构成贩卖毒品罪的共犯。如果司法机关未对贩毒行为开始追查，但贩毒分子怀疑司法机关已开始追查，且将这一怀疑告知藏匿行为人，藏匿行为人是为了帮助贩毒分子逃避追查而藏匿毒品的，则藏匿行为与贩毒行为不构成共犯，藏匿行为仅构成窝藏毒品罪。但如果藏匿行为人后来知晓贩毒分子继续实施贩毒行为，仍帮助贩毒分子藏匿毒品的，则藏匿行为与贩毒行为形成共犯关系。

被告人蒋泵源为吴江保管毒品的行为发生在吴江实施贩毒行为的过程中，当时公安机关还没有对吴江的贩毒行为进行立案侦查，吴江本人也不是因为怀疑公安机关已经发现其贩毒而让蒋泵源为其藏匿毒品，而是为了顺利完成贩毒行为让蒋泵源帮其藏匿毒品。蒋泵源明知吴江贩卖毒品，在一周左右的时间内，先后两次应吴江请求代为保管 262 克甲基苯丙胺，为吴江贩卖毒品的行为提供了便利条件，与吴江构成贩卖毒品罪的共犯。

藏匿行为人如果明知公安机关已经对贩毒分子进行追查，而为贩毒分子藏匿毒品的，从常识、常情判断，将藏匿行为人的主观目的认定为帮助毒贩分子逃避处罚更为符合客观实际。本案被告人蒋泵源既明知吴江是贩毒分子，又明知公安机关尚未就该批毒品进行追查，而应吴江的请求代为藏匿毒品，主观上明显不是为了帮助吴江逃避司法机关的处罚，因此其行为不能认定为窝藏毒品罪。[No. 6-7-347-44　蒋泵源贩卖毒品案]

△运输毒品，拒不供认毒品来源，不能证明系受人指使、雇佣参与运输毒品的，应予严惩。

单纯的运输毒品行为，是指“有证据证明确属受人指使、雇佣参与运输毒品犯罪，又系初犯、偶犯”。单纯的运输毒品行为，其行为人不是毒品的所有者、买家或卖家，不少是贫困边民、下岗工人或者无业人员等弱势人群，只为赚取少量运费而为他人运输毒品，这些人的社会危害性和人身危险性相对不大，如果对该类行为主体不加区别一律与走私、贩卖、制造毒品的行为主体同样处刑，就违背了罪责刑相适应原则，也与宽严相济的刑事政策不符。

对并非单纯的运输毒品的行为，实践中体现出从严打击的精神，即对于运输毒品数量超过实际掌握的死刑数量标准，又不能证明系受人指使、雇佣参与运输毒品的，可以判处重刑，直至死刑。这种判罚完全符合立法严惩毒品犯罪的目的，也符合打击该类犯罪的司法实践需要。运输毒品犯罪具有隐蔽性、中转性、跨地域性的特征，司法实践中很多案件只能查获“掐头去尾”的运输毒品这一环节，如果被告人不如实供述毒品、毒资的来源和归属，则难以查获毒品从源头到市场的整条犯罪产业链，也难以查明被告人在产业链中的地位和作用。一些被告人试图借此避重就轻、逃避打击。因此，在确定运输毒品犯罪分子的量刑时，应当区分单纯运输毒品的案件和仅因证据不够充分而就低认定为运输毒品的案件，确保对运输毒品罪的量刑不枉不纵。

被告人王平长期在四川省到云南边境地区活动，专门购买车辆并拆开车内挡板，将毒品包装后藏匿于挡板内，选择隐蔽路线，独立长途驾车运输，充分表明其行为独立、积极、主动；其拒不供述毒品、毒资来源和归属，所持银行卡有大额资金流动，说明其并非单纯运输毒品者，不排除王平自行贩卖毒品的可能性；王平运输毒品的数量是实际掌握适用死刑数量标准的数倍以上，且没有法定、酌定从轻处罚情节，对其适用死刑，符合宽严相济刑事政策的精神。[No. 6-7-347-45　王平运输毒品案]

△在毒品中添加非毒品物质的行为，不构成制造毒品罪。

《全国部分法院审理毒品犯罪案件工作座谈会纪要》第四条中规定，“制造毒品不仅包括非法用毒品原植物直接提炼和用化学方法加工、配置毒品的行为，也包括以改变毒品成分和效用为目的，用混合等物理方法加工、配制毒品的行为，如将甲基苯丙胺或者其他苯丙胺类毒品与其他毒品混合成麻古或者摇头丸”。主张本案被告人的行为构成制造毒品罪的观点，主要是根据该条规定。然而，笔者认为，《全国部分法院审理毒品犯罪案件工作座谈会纪要》提到的物理方法制造毒品有

分则　第六章

明确的指向,即制造“麻古”“摇头丸”等成分相对固定、毒品性能有所变化的新型毒品。本案中,刘光普、凌万春等人将“摇头丸”“Y仔”与“K粉”混合后加入袋装“雀巢”咖啡内贩卖,主观目的并不是制造出一种新类型的毒品,而是通过这种混合的形式达到表面上似乎是贩卖咖啡以掩人耳目的目的,其主观目的是贩卖毒品。在客观行为上,这种物理混合的方式只是简单地把一些毒品和咖啡掺杂起来,既没有严格的比例配置规范要求,也没有专业化的配比工艺程序,还不足以达到改变毒品成分和效用的程度,没有形成新的混合型毒品,不属于制造毒品的行为。对被告人的这种行为以贩卖毒品罪论处,既符合客观事实,也符合其主观意愿,因此,一审、二审法院将该行为认定为制造毒品罪不准确,最高人民法院经复核后予以纠正。[No. 6-7-347-46　凌万春、刘光普贩卖、制造毒品案]

△走私、贩卖、运输、制造毒品过程中,以暴力抗拒检查、拘留、逮捕,造成执法人员重伤、死亡,属于情节严重,应以走私、贩卖、运输、制造毒品罪的加重处罚情节处理。

行为人犯罪过程中实施的数个行为,如果分别符合数个犯罪的构成要件,应成立数罪,实行并罚。然而,有些犯罪过程经常伴随其他犯罪行为,从而凸显该类犯罪的社会危害性,刑法立法遂将伴随行为特别规定为该类犯罪的加重处罚情节,不实行数罪并罚,以体现从严打击该类犯罪的立法目的。例如,拐卖妇女犯罪过程中经常伴随强奸犯罪,相对于拐卖妇女、强奸两个单独犯罪而言,社会危害性更大,如果对这类行为实行数罪并罚,往往不能体现罪刑均衡的原则,且不利于从严打击此类犯罪的目的。因此,《刑法》第二百四十条对拐卖妇女过程中又奸淫被拐卖的妇女的,不以拐卖妇女罪、强奸罪实行数罪并罚,而是把强奸罪作为拐卖妇女罪的加重处罚情节,即提高拐卖妇女罪的法定刑,处十年以上有期徒刑、无期徒刑乃至死刑。由此可见,行为人实施某一犯罪过程中又伴随实施其他犯罪行为的,虽然依刑法理论可以构成数罪,但刑法立法却规定为加重处罚情节,不实行数罪并罚。这是刑法立法的一种特殊情况,司法实践中应加以注意。

在走私、贩卖、运输、制造毒品犯罪过程中,以暴力抗拒检查、拘留、逮捕,情节严重的,《刑法》第三百四十七条第二款第(四)项明确将其规定为加重处罚的情节之一,不实行数罪并罚。本案中,被告人易大元开车运输毒品被警方拦下检查时,驾车撞伤警察的行为,属于运输毒品过程中以暴力抗拒检查、逮捕,情节严重的情形,根据《刑法》第三百四十七条的规定,无论其运输毒品数量的多少,都应处以十五年有期徒刑、无期徒刑或者死刑,并处没收财产。[No. 6-7-347-49　易大元运输毒品案]

△单纯受雇走私、运输毒品的行为人,尽管毒品数量较大且有累犯情节,可不适用死刑立即执行。

邱绿清、吉力里格走私、运输毒品海洛因的数量高达5645克,邱绿清系累犯,在共同犯罪中的地位、作用与吉力里格基本相当,如无特殊情节,依法应当对邱绿清判处死刑立即执行。但基于以下几个方面的原因,可对其不判处死刑立即执行:

1. 被告人系受人雇用且非独立实施走私、运输毒品行为

邱绿清和同案吉力里格详细稳定的供述相互印证,另有电话通讯勘查笔录、车票、吸毒检测报告等佐证,证实在逃的初布日格等三名彝族毒贩,出资56万元从缅甸购买毒品,临时雇用赌博欠债的邱绿清和找工作未果的吉力里格充当运毒马仔,从出发地到缅甸再走山路到国内,五人始终在一起,且系由初布日格指挥、出资。到了我国境内要下山时,三名彝族毒贩才将毒品分别绑在邱绿清和吉力里格身上,并先行离开以电话遥控方式,指挥邱绿清和吉力里格应对途中可能发生的缉查。二被告人的地位和作用犹如驮运毒品的“骡马”,以及在危险地带负责“蹚雷”的工具,有别于一般的走私、运输毒品过程中犯罪分子自行选择路线、自主逃避关卡等情形。

2. 被告人本质上是单纯的受雇走私、运输毒品行为

邱绿清虽然被认定为走私、运输毒品,但其并不是毒品的所有者、买家或者卖家,本质上是单纯的受雇走私、运输毒品行为。《全国部分法院审理毒品犯罪案件工作座谈会纪要》明确规定,毒品犯罪中,单纯的运输毒品行为具有从属性、辅助性特点,且情况复杂多样。部分涉案人员系受指使、雇佣的贫民、边民或者无业人员,只是为了赚取少量运费而为他人运输毒品,他们不是毒品的所有者、买家或者卖家,与幕后的组织、指使、雇佣者相比,在整个毒品犯罪环节中处于从属、辅助和被支配地位,所起作用和主观恶性相对较小,社会危害性也相对较小。因此,对于运输毒品犯罪中的这部分人员,在量刑标准的把握上,应当与走私、贩卖、制造毒品和前述具有严重情节的运输毒品犯罪分子有所区别,不应单纯以涉案毒品数量的大小决定刑罚适用的轻重。

3. 邱绿清在共同犯罪中的地位、作用明显次于在逃的三名同案犯

根据《全国部分法院审理毒品犯罪案件工作座谈会纪要》的规定，在毒品共同犯罪中，为主出资者、毒品所有者或者起意、策划、纠集、组织、雇佣、指使他人参与犯罪以及其他起主要作用的是主犯；起次要或者辅助作用的是从犯；受雇佣、受指使实施毒品犯罪的，应当根据其在犯罪中实际发挥的作用具体认定为主犯或者从犯。对于确有证据证明在共同犯罪中起次要或者辅助作用的，不能因为其他共同犯罪人未到案而不认定为从犯，甚至将其认定为主犯或者按主犯处罚。同时，共同犯罪中能分清主从犯的，不能因为涉案的毒品数量特别巨大，就不分主从犯而一律将被告人认定为主犯或者实际上都按主犯处罚，一律判处重刑甚至死刑。因此，按照《全国部分法院审理毒品犯罪案件工作座谈会纪要》的规定，只要认定为从犯，无论主犯是否到案，均应当依照刑法关于从犯的规定，从轻、减轻或者免除处罚。本案中，如果核准邱绿清死刑，既与作用更大的三个在逃同案犯的量刑失衡，也与与其作用基本相当但仅判处无期徒刑的同案犯吉力里格的量刑失衡。

4. 邱绿清认罪态度好，且归案后具有积极协助司法机关的表现

邱绿清认罪态度好，且归案后能够积极协助公安机关诱捕毒品货主。虽然最终没有抓捕成功，但公安、检察机关均认可其为此所做的努力。

5. 在具体案件中应当区别累犯情形量刑

邱绿清的前科并非毒品犯罪，前科是其跟着多人共同抢劫，当时持刀的同案犯拿着抢来的一部手机跑了，只邱绿清一人因眼睛有残疾且未持凶器，被当场抓住，其在抢劫共同犯罪中所起作用不大。本案中，尽管邱绿清系累犯，但并非要从重并一律严厉到适用死刑立即执行。这样的量刑过于机械，不利于宽严相济政策在具体案件中的贯彻执行。

综上，最高人民法院综合具体案情，准确把握宽严相济政策精神，严格区别毒品犯罪主、从犯，不核准邱绿清死刑是正确的。[No. 6-7-347-51 邱绿清等走私、运输毒品案]

△行为人组织临时贩卖运输毒品，但对共同犯罪控制力较小、本人实际贩卖数量较少，可不判处死刑立即执行。

根据刑法规定，对于毒品共同犯罪中的主犯，应当按照其所参与或者组织、指挥的全部犯罪处罚。毒品共同犯罪有一定的特点，虽然涉案毒品数量是影响量刑的主要因素，但不能唯涉案毒品数量量刑。在对主犯量刑时，既要考虑涉案毒品数量，又要考虑各被告人在共同犯罪中的地位、作用，如犯意提起、具体分工、毒资筹集、毒品实际控制等。此外，毒品是否流入社会造成实际危害等，也应作为考虑情节。

被告人阿力日呷积极联系毒贩，向毒贩支付毒资并接收全部毒品，安排贩卖、运输毒品的路线和行程，在共同犯罪中起组织、策划作用，系主犯，应当对查获的全部1037克毒品承担刑事责任。同时，对阿力日呷的量刑又应考虑以下因素：

第一，现有证据不能证实阿力日呷邀约阿布木拉尾一起贩卖海洛因。

第二，现有证据不能证实阿力日呷从其为阿布木拉尾代购的两块海洛因中加价牟利。

第三，阿布么作外系受雇于阿布木拉尾运输海洛因，阿力日呷购买海洛因后就将帮阿布木拉尾购买的两块海洛因交给阿布么作外，公安人员是在阿布么作外身上查获该两块海洛因的。最高人民法院2008年12月1日印发的《全国部分法院审理毒品犯罪案件工作座谈会纪要》明确要求：“要从犯意提起、具体行为分工、出资和实际分得毒赃多少以及共犯之间相互关系等方面，比较各个共同犯罪人在共同犯罪中的地位和作用。”本案中，阿力日呷与阿牛木史牛合买的344克海洛因，二人出资额相同，且系共同取款，共同将款交给毒贩，二人均起主要作用，鉴于系阿力日呷指使阿牛木史牛携带海洛因，故阿力日呷的作用略大于阿牛木史牛。阿力日呷帮阿布木拉尾购买的693克毒品，系阿布木拉尾主动出资让阿力日呷帮助购买，并雇第三人直接运输毒品，阿力日呷没有从中加价牟利，故二人均起主要作用，但阿布木拉尾的作用要大于阿力日呷。

根据《全国部分法院审理毒品犯罪案件工作座谈会纪要》的规定，对于“共同犯罪毒品数量刚达到实际掌握的死刑数量标准，但各共同犯罪人作用相当，或者责任大小难以区分的”，可不判处被告人死刑立即执行。本案中，各共同犯罪人之间存在亲属、熟人关系，因有贩卖毒品的故意而临时结伙，三名主犯均系积极主动参与犯罪，且阿力日呷对同案被告人和毒品的控制力较弱，在各共同犯罪人责任相对分散的情况下，考虑到阿力日呷系初犯，毒品未流入社会造成实际危害，根据宽严相济刑事政策精神，可不判处死刑立即执行。[No. 6-7-347-54　阿力日呷等贩卖、运输毒品案]

△不以牟利为目的为吸食者代购毒品的，不构成贩卖毒品罪。

对于为他人代购毒品的行为，不能一律认定为犯罪，构成犯罪的也不是都要按照贩卖毒品罪处理，而应当具体分析、区别对待。

首先,明知他人实施毒品犯罪而为其代购毒品的,如明知他人购买毒品的目的是贩卖而帮助其联系购买毒品的,行为人主观上有为他人贩卖毒品提供帮助的共同犯罪故意,客观上有非法买卖毒品的行为,因此无论其是否从中获利,都应当按照贩卖毒品罪的共犯处理。

其次,为他人代购仅用于吸食的毒品,代购者从中牟利的,实际上相当于变相加价销售毒品,且该行为与《刑法》第三百五十五条规定的以牟利为目的向吸食、注射毒品的人提供麻醉药品、精神药品的行为性质类似,对代购者应以贩卖毒品罪论处。

最后,为吸毒者代购用于吸食的毒品,代购者没有从中加价牟利的,代购者购买毒品的根本目的在于满足托购者的吸食需要,代购者购买毒品的行为虽然在客观上促成了毒品交易,但其在主观上没有贩卖毒品的共同犯罪故意,故对其不能以贩卖毒品罪的共犯论处。在这种情况下,代购者代购的毒品数量未达到非法持有毒品罪的定罪标准的,不以犯罪论处;数量达到定罪标准的,对托购者、代购者均应认定为非法持有毒品罪。在我国吸毒行为本身以及为吸毒而购买或者持有少量毒品的行为均不构成犯罪。而不以牟利为目的,为吸毒者代购用于吸食的毒品的行为,与吸毒者自身购买用于吸食的毒品的行为在本质上相似。在这种情况下,代购者只是充当了吸毒者购买毒品行为的代理人,吸毒者和代购者的目的均在于吸食和消费毒品,而不是促进毒品流通和贩卖。因此,对于为吸毒者代购毒品的行为应当结合具体情况作出处理,为他人代购仅供吸食的毒品且未牟利的,不应认定为贩卖毒品罪。由于毒品属于国家严格管制的麻醉药品和精神药品范畴,严禁个人非法持有,《刑法》第三百四十八条对此也作了明文规定,故对于托购者和代购者购买的毒品数量较大,达到非法持有毒品罪的定罪数量标准的,应当依法定罪处罚。[No. 6-7-347-55　刘继芳贩卖毒品案]

△毒品犯罪中,特情引诱不影响定罪,但量刑时应从宽处罚。

首先,由于毒品犯罪的特殊性,利用特情介入或者使用秘密侦查手段、特殊技术手段侦破案件,是打击毒品犯罪的现实需要,只要特情使用规范,不能仅以此为由否定侦查及其取证手段的合法性。如果行为人是在特情引诱包括犯意引诱下实施毒品犯罪的,尽管特情行为失范,但毕竟行为人的犯罪行为是在其主观意志支配下所为,故仍应认定其行为构成犯罪。其次,在犯意引诱情况下实施毒品犯罪的行为人,犯罪相对被动,与那些积极主动实施毒品犯罪者相比,社会危害性和主观恶性均较小,根据罪责刑相适应原则,应当从轻处罚。《最高人民法院关于常见犯罪的量刑指导意见》规定,存在数量引诱情形的,可以减少基准刑的30%以下。二审法院综合考虑被告人刘继芳的犯罪事实与情节,在《刑法》规定的量刑幅度内对其判处有期徒刑一年,符合法律规定和政策精神。[No. 6-7-347-56　刘继芳贩卖毒品案]

△毒品犯罪中地位、作用突出的嫌疑人在逃的,被告人虽为主犯也应当慎用死刑。

《全国部分法院审理毒品犯罪案件工作座谈会纪要》第九条第二款规定:"对于确有证据证明在共同犯罪中起次要或者辅助作用的,不能因为其他共同犯罪人未到案而不认定为从犯,甚至将其认定为主犯或者按主犯处罚。"根据上述规定,即便确有证据证明是主犯,在对其按主犯所参与的或者组织、指挥的全部犯罪处罚时,特别是适用死刑时,从"慎刑"的角度出发,也有必要和其他未到案共同犯罪人进行地位、作用的比较,以确认其是否是地位、作用最为突出的主犯,是否需要对全部罪行按照最严厉的刑罚予以惩处,甚至判处死刑。本案中,考虑到在逃的阿有沙务系毒品犯罪提议者,出资和筹资明显多于跑次此尔,直接与境外毒贩当面洽谈毒品交易,安排叶布比初汇款,指挥毒品运输,在共同犯罪中的地位、作用比跑次此尔更为突出,在阿有沙务未归案的情况下,对跑次此尔的处理应当留有余地。对被告人跑次此尔改判死刑,缓期二年执行,体现了慎重适用死刑、"少杀、慎杀"的刑事政策,体现了刑法宽和人道的一面。在同一个案件中,对被告人叶布比初适用死刑,对跑次此尔改判死缓,做到区别对待,形成鲜明对比。从特别预防的角度,促使跑次此尔和其他同案被告人认罪伏法,积极改过自新;从一般预防的角度,促使人们趋利避害,远离毒品犯罪,促使其他毒品犯罪分子适时止步,不致实施更为严重的毒品犯罪行为,取得分化瓦解之效,做到打击和孤立极少数,教育、感化和挽救大多数,最大限度减少社会对立面,促进社会和谐,维护国家长治久安。[No. 6-7-347-57　叶布比初、跑次此尔走私、贩卖、运输毒品案]

△运输毒品罪的成立不以主观上具有走私、贩卖、制造目的为要件,只要运输毒品达到一定数量,即可构成运输毒品罪。

所谓运输毒品,是指明知是毒品而采用携带、邮寄、利用他人或者使用交通工具等方法非法运送毒品的行为。故只要行为人主观上明知是毒品,客观上实施了携带毒品,利用交通工具运载、邮寄等行为的,就构成运输毒品罪。犯罪动机和目的并不是构成运输毒品罪主观方面的必备条件。尽管运输毒品的行为人一般都具有贪利性目的,出于贪图高额报酬而替他人运输毒品,或者其本身就是为贩卖毒品而进行运输,但这种目的并不是运输毒品罪成立的必要条件,即使是出于为亲属、朋友帮忙而无偿进行运输,只要明知所运输的是毒品,就不影响运输毒品罪的成立。将运输数量较大毒品的行为一律认定为运输毒品罪,也符合司法实践中的常态。从生活经验来看,运输毒品过程中落网的犯罪分子往往都是为了赚取高额报酬而铤而走险的人,或者其本身就是毒品贩卖、走私、制造者。上述人员为了将毒品从生产环节推向终端消费市场,需要通过流通环节进行运输。反之,作为终端消费者的毒品吸食人员在购得毒品之后,往往会将毒品置于家中或其他住处,故其对毒品的持有更多地表现为一种静止状态或短距离运输。尽管司法实践中确实存在吸毒人员长途运输用于自己吸食的毒品的情况,但这毕竟是少数。考虑到毒品犯罪的隐蔽性强、取证难度大,根据毒品的运输状态直接认定为运输毒品罪,更有利于打击猖獗的毒品犯罪。本案中,被告人张应宣在运输毒品过程中被当场抓获,尽管其系吸毒人员,且现有证据无法证明其具有实施走私、贩卖、制造毒品等目的,亦无法证实其具有为他人运输的目的,但由于被查获的毒品处于运输状态之中,且数量达到较大以上,故法院直接认定其行为构成运输毒品罪。[No. 6-7-347-60 张应宣运输毒品案]

△非法携带恰特草入境我国,构成走私毒品罪。

国家食品药品监督管理总局、公安部、国家卫生和计划生育委员会在2013年11月11日新公布的《精神药品品种目录(2013年版)》中,将恰特草作为第一类精神药品进行管制。该目录自2014年1月1日起施行,故此后对于非法种植、非法持有、贩卖、走私、服食恰特草的行为,均可按照违法犯罪行为处理。本案发生在2014年1月,恰特草在我国刚刚被作为第一类精神药品进行管制,而在本案被告人的国籍国埃塞俄比亚,恰特草则是可以合法交易和食用的,因此需要考察行为人对其行为的社会危害性及违法性是否存在认识。

我国《刑法》第十四条第一款明确规定:"明知自己的行为会发生危害社会的结果,并且希望或者放任这种结果的发生,因而构成犯罪的,是故意犯罪。"据此,在我国犯罪构成主观要件中,行为人只需要认识到其行为具有社会危害性即可,并不要求其对行为的违法性有认识。具体来说,就是不需要行为人认识到自己的行为在刑法上构成犯罪,即"不知法亦不赦"。当然,对于传统自然犯来说,由于这些行为长期被作为犯罪处理,普通民众不仅能够认识到行为的社会危害性,对其刑事违法性同样也具有认识,因此无论是在社会危害性还是违法性认识上都不存在问题。但对于行政犯,由于某种行为长期以来并未被作为犯罪处理,行为人就有理由相信实施这样的行为不具有社会危害性。而随着新法的颁布,这种行为被纳入犯罪中,由于法制宣传不到位等原因,一些行为人难以很快认识到这种行为的违法性,进而会影响到其对行为社会危害性的判断。因此,对于此类行为,在司法实践中有必要审查行为人是否具有违法性认识及其可能性的大小。

被告人知道其走私的恰特草系毒品。具体理由如下:首先,被告人易卜拉欣曾于2013年1月6日从杭州萧山机场入境我国,当时即被查获并没收5.73千克恰特草。尽管当时恰特草尚不属于毒品,但海关人员已经明确告知易卜拉欣恰特草系违禁品,并予以没收。2014年1月13日,易卜拉欣再度携带630克恰特草入境,其主观上应明知恰特草是违禁品,携带入境属于违法行为。其次,在查验行李的X光机前贴有《禁止出境物品表》,其中第五条明确规定,鸦片、吗啡、海洛因、大麻以及其他能使人成瘾的麻醉品、精神药物禁止进境。海洛因、大麻等属于众人皆知的毒品,其他能使人成瘾的麻醉品、精神药物与海洛因、大麻等并列,可知这类物品也属于毒品行列。易卜拉欣自己长期食用恰特草,完全知道恰特草具有使人兴奋、易于上瘾等特性。再次,在查验行李的X光机前,还贴有禁止携带恰特草的标识,海关关员也数次提醒、询问易卜拉欣是否带有恰特草,易卜拉欣均予以否认。易卜拉欣被带至查验房后,还趁海关关员不备,欲将恰特草予以隐匿,其逃避惩处的意图明显。最后,易卜拉欣选择无申报通道入关,未向海关申报任何物品。综上,易卜拉欣在明知恰特草系毒品的情况下,仍意图携带入境,法院据此认定其构成走私毒品罪是正确的。[No. 6-7-347-61 易卜拉欣·阿卜杜西默德·阿布多什走私毒品案]

第三百四十八条　【非法持有毒品罪】

非法持有鸦片一千克以上、海洛因或者甲基苯丙胺五十克以上或者其他毒品数量大的，处七年以上有期徒刑或者无期徒刑，并处罚金；非法持有鸦片二百克以上不满一千克、海洛因或者甲基苯丙胺十克以上不满五十克或者其他毒品数量较大的，处三年以下有期徒刑、拘役或者管制，并处罚金；情节严重的，处三年以上七年以下有期徒刑，并处罚金。

【立法理由】

1979年刑法对此未作规定。1990年12月28日通过了《全国人民代表大会常务委员会关于禁毒的决定》，规定了非法持有毒品罪的刑事责任。其中第三条规定："禁止任何人非法持有毒品。非法持有鸦片一千克以上、海洛因五十克以上或者其他毒品数量大的，处七年以上有期徒刑或者无期徒刑，并处罚金；非法持有鸦片二百克以上不满一千克、海洛因十克以上不满五十克或者其他毒品数量较大的，处七年以下有期徒刑、拘役或者管制，可以并处罚金；非法持有鸦片不满二百克、海洛因不满十克或者其他少量毒品的，依照第八条第一款的规定处罚。"其中，依据该决定第八条第一款的规定，非法持有鸦片不满二百克、海洛因不满十克或者其他少量毒品的，应当由公安机关处十五日以下拘留，可以单处或者并处二千元以下罚款，并没收毒品和吸食、注射器具。

1997年修订刑法时，将有关内容纳入刑法，并作了以下修改完善：一是增加规定了甲基苯丙胺的处刑数量标准。本条按照海洛因规定了其处刑的数量标准。海洛因是麻醉药品，甲基苯丙胺是精神药品，两者很难简单类比，本条是从其对社会综合危害程度考虑作出的规定。二是调整了量刑档次。对非法持有鸦片二百克以上不满一千克、海洛因或者甲基苯丙胺十克以上不满五十克或者其他毒品数量较大的行为区分了两个量刑档次，一般应当处三年以下有期徒刑、拘役或者管制，并处罚金，情节严重的，处三年以上七年以下有期徒刑，并处罚金。1997年刑法修订之后，刑法关于本条的规定未作修改。

毒品是残害人们身心健康的物品，除了根据医疗、教学、科研的需要，依法生产、经营、使用、储存、运输麻醉药品和精神药品的外，国家禁止任何单位和个人持有毒品。《禁毒法》第五十九条规定，非法持有毒品，构成犯罪的，依法追究刑事责任；尚不构成犯罪的，依法给予治安管理处罚。**"持有"**是指行为人明知是毒品而将其置于自己控制之下的状态。一般来说，吸毒人员为了满足自己吸食毒品的毒瘾，有的会持有一定数量的毒品。实践中也有不少持有毒品是为了走私、贩卖、运输、制造毒品，有的吸毒人员也会存在以贩养吸的情况，在自己吸毒的同时将持有的毒品销售给他人。对走私、贩卖、运输、制造毒品的行为，都应当依法严厉打击。但由于毒品犯罪的复杂性和隐蔽性，实践中查获的一些非法持有毒品者，虽然具有走私、贩卖、运输、制造毒品的可能性，也存在为他人窝藏毒品等其他的可能性，但司法机关并未掌握相关证据或者在有些情况下难以查明相关证据，为了不使涉毒犯罪分子逃避法律的惩处，也需要对其非法持有的行为进行打击。世界上大多数国家也都将非法持有毒品的行为规定为犯罪，**这减轻了缉毒工作人员和司法机关的证明责任，避免了不少来源和去向不明的毒品案件难以定罪处刑**，这也是各国应对毒品犯罪的严峻形势在立法上的反映。基于这些考虑，本条对非法持有毒品的犯罪作了单独的规定，并根据罪责刑相适应的要求，规定了专门的刑罚。

【条文说明】

本条是关于非法持有毒品罪及其处罚的规定。

"非法持有毒品"是指除依照国家有关规定生产、管理、运输、使用麻醉药品、精神药品以外而持有毒品。① 本条规定与本法第三百四十七条的规定是有所区别的。考虑到一些非法持有毒品者，虽然具有走私、贩卖、运输、制造毒品的可能性，但并未掌握相关证据，同时还存在为他人窝藏毒品等其他的可能性。因此，本条没有规定死刑，处刑的毒品数量标准也相对高一些。

本条对非法持有毒品罪规定了**三档刑罚**，根据2016年《最高人民法院关于审理毒品犯罪案件

① 关于持有，我国学者指出，毒品的存在方式和状态并不影响持有的成立；持有可以是共同持有，也可以是单独持有；持有毒品必须不以进行其他犯罪为目的或者作为其他犯罪的延续；持有行为必须具有一定的时间段。参见黎宏：《刑法学各论》（第2版），法律出版社2016年版，第468页；张明楷：《刑法学》（第6版），法律出版社2021年版，第1519页；赵秉志、李希慧主编：《刑法各论》（第3版），中国人民大学出版社2016年版，第350页。

适用法律若干问题的解释》的规定，其中"**其他毒品数量大**""**其他毒品数量较大**"的认定情形与本法第三百四十七条相同，详见第三百四十七条条文解读，此处不再赘述。"情节严重的"一般是指多次被查获持有毒品的等。根据上述司法解释的规定，非法持有毒品达到本条或者该解释第二条规定的"数量较大"标准，且具有下列情形之一的，应当认定为《刑法》第三百四十八条规定的"**情节严重**"："（一）在戒毒场所、监管场所非法持有毒品的；（二）利用、教唆未成年人非法持有毒品的；（三）国家工作人员非法持有毒品的；（四）其他情节严重的情形"。

在主观方面，构成本罪要求**行为人明知是毒品而非法持有**。司法实践中，存在行为人否认自己知道走私、运输、持有的系毒品的情况。毒品犯罪案件中，判断行为人对涉案毒品是否明知，不能仅凭犯罪嫌疑人、被告人的供述，而应当依据行为人实施毒品犯罪行为的过程、方式，毒品被查获时的情形等证据，结合行为人的年龄、阅历、行为表现等情况，进行综合分析判断。2007 年《最高人民法院、最高人民检察院、公安部办理毒品犯罪案件适用法律若干问题的意见》规定："走私、贩卖、运输、非法持有毒品的主观故意中的'**明知**'，是指行为人知道或者应当知道所实施的行为是走私、贩卖、运输、非法持有毒品行为。具有下列情形之一，并且犯罪嫌疑人、被告人不能做出合理解释的，可以认定其'**应当知道**'，但有证据证明确属被蒙骗的除外：（一）执法人员在口岸、机场、车站、港口和其他检查站检查时，要求行为人申报为他人携带的物品和其他疑似毒品物，并告知其法律责任，而行为人未如实申报，在其所携带的物品内查获毒品的；（二）以伪报、藏匿、伪装等蒙蔽手段逃避海关、边防等检查，在其携带、运输、邮寄的物品中查获毒品的；（三）执法人员检查时，有逃跑、丢弃携带物品或逃避、抗拒检查等行为，在其携带或丢弃的物品中查获毒品的；（四）体内藏匿毒品的；（五）为获取不同寻常的高额或不等值的报酬而携带、运输毒品的；（六）采用高度隐蔽的方式携带、运输毒品的；（七）采用高度隐蔽的方式交接毒品，明显违背合法物品惯常交接方式的；（八）其他有证据足以证明行为人应当知道的。"

实际执行中应当注意以下两个方面的问题：

1. 关于非法持有毒品罪与**走私、贩卖、运输、制造毒品罪，窝藏、转移、隐瞒毒品罪**的界限。非法持有是指行为人将毒品置于自己的控制之下的行为，比如在自己的住所藏有毒品或者在身上携带毒品等。持有是一种状态，其目的可以是走私、贩卖、运输毒品，或者在制造行为完成后持有毒品等。因此，走私、贩卖、运输、制造毒品一般都是以持有毒品为前提的，也就是说一般都会包含对毒品的非法持有。对于走私、贩卖、运输、制造毒品过程中非法持有毒品的，应当按照走私、贩卖、运输、制造毒品罪予以定罪处罚。在司法实践中，对于被查获的非法持有毒品者，首先应当尽力调查犯罪事实，查明持有毒品的目的。若行为人非法持有毒品是以走私、贩卖、运输、制造毒品或者窝藏、转移、隐瞒毒品为目的的，则构成走私、贩卖、运输、制造毒品罪或者窝藏、转移、隐瞒毒品罪。即使确实难以查实走私、贩卖、运输、制造毒品的犯罪行为，为了惩治犯罪分子，也应当适用非法持有毒品罪对犯罪分子进行定罪处罚。

2. **构成持有毒品犯罪要求行为人持有的毒品达到一定数量**，这个数量是罪与非罪的界限。但持有的毒品没有达到该数量的，仍然是违法行为，需要受到行政处罚。根据禁毒法和治安管理处罚法的规定，非法持有毒品，尚不构成犯罪的，依法应当给予治安管理处罚，可以处十日以上十五日以下拘留，并处二千元以下罚款，情节较轻的，处五日以下拘留或者五百元以下罚款。

【司法解释】

《最高人民法院关于审理毒品犯罪案件适用法律若干问题的解释》（法释〔2016〕8 号，自 2016 年 4 月 11 日起施行）

△（**其他毒品数量大**）走私、贩卖、运输、制造、非法持有下列毒品，应当认定为刑法第三百四十七条第二款第一项、第三百四十八条规定的"其他毒品数量大"：

（一）可卡因五十克以上；

（二）3，4-亚甲二氧基甲基苯丙胺（MDMA）等苯丙胺类毒品（甲基苯丙胺除外）、吗啡一百克以上；

（三）芬太尼一百二十五克以上；

（四）甲卡西酮二百克以上；

（五）二氢埃托啡十毫克以上；

（六）哌替啶（度冷丁）二百五十克以上；

（七）氯胺酮五百克以上；

（八）美沙酮一千克以上；

（九）曲马多、γ-羟丁酸二千克以上；

（十）大麻油五千克、大麻脂十千克、大麻叶及大麻烟一百五十千克以上；

（十一）可待因、丁丙诺啡五千克以上；

（十二）三唑仑、安眠酮五十千克以上；

（十三）阿普唑仑、恰特草一百千克以上；

（十四）咖啡因、罂粟壳二百千克以上；

（十五）巴比妥、苯巴比妥、安钠咖、尼美西泮二百五十千克以上；

(十六)氯氮卓、艾司唑仑、地西泮、溴西泮五百千克以上；

(十七)上述毒品以外的其他毒品数量大的。

国家定点生产企业按照标准规格生产的麻醉药品或者精神药品被用于毒品犯罪的，根据药品中毒品成分的含量认定涉案毒品数量。(§1)

△(**其他毒品数量较大**)走私、贩卖、运输、制造、非法持有下列毒品，应当认定为刑法第三百四十七条第三款、第三百四十八条规定的"其他毒品数量较大"：

(一)可卡因十克以上不满五十克；

(二)3,4-亚甲二氧基甲基苯丙胺(MDMA)等苯丙胺类毒品(甲基苯丙胺除外)、吗啡二十克以上不满一百克；

(三)芬太尼二十五克以上不满一百二十五克；

(四)甲卡西酮四十克以上不满二百克；

(五)二氢埃托啡二毫克以上不满十毫克；

(六)哌替啶(度冷丁)五十克以上不满二百五十克；

(七)氯胺酮一百克以上不满五百克；

(八)美沙酮二百克以上不满一千克；

(九)曲马多、γ-羟丁酸四百克以上不满二千克；

(十)大麻油一千克以上不满五千克、大麻脂二千克以上不满十千克、大麻叶及大麻烟三十千克以上不满一百五十千克；

(十一)可待因、丁丙诺啡一千克以上不满五千克；

(十二)三唑仑、安眠酮十千克以上不满五十千克；

(十三)阿普唑仑、恰特草二十千克以上不满一百千克；

(十四)咖啡因、罂粟壳四十千克以上不满二百千克；

(十五)巴比妥、苯巴比妥、安钠咖、尼美西泮五十千克以上不满二百五十千克；

(十六)氯氮卓、艾司唑仑、地西泮、溴西泮一百千克以上不满五百千克；

(十七)上述毒品以外的其他毒品数量较大的。(§2)

△(**情节严重**)非法持有毒品达到刑法第三百四十八条或者本解释第二条规定的"数量较大"标准，且具有下列情形之一的，应当认定为刑法第三百四十八条规定的"情节严重"：

(一)在戒毒场所、监管场所非法持有毒品的；

(二)利用、教唆未成年人非法持有毒品的；

(三)国家工作人员非法持有毒品的；

(四)其他情节严重的情形。(§5)

【司法解释性文件】

《最高人民法院、最高人民检察院、公安部关于印发〈办理毒品犯罪案件适用法律若干问题的意见〉的通知》(公通字〔2007〕84号，2007年12月18日公布)

△(**主观明知之认定**)走私、贩卖、运输、非法持有毒品主观故意中的"明知"，是指行为人知道或者应当知道所实施的行为是走私、贩卖、运输、非法持有毒品行为。具有下列情形之一，并且犯罪嫌疑人、被告人不能做出合理解释的，可以认定其"应当知道"，但有证据证明确属被蒙骗的除外：

(一)执法人员在口岸、机场、车站、港口和其他检查站检查时，要求行为人申报为他人携带的物品和其他疑似毒品物，并告知其法律责任，而行为人未如实申报，在其所携带的物品内查获毒品的；

(二)以伪报、藏匿、伪装等蒙蔽手段逃避海关、边防等检查，在其携带、运输、邮寄的物品中查获毒品的；

(三)执法人员检查时，有逃跑、丢弃携带物品或逃避、抗拒检查等行为，在其携带或丢弃的物品中查获毒品的；

(四)体内藏匿毒品的；

(五)为获取不同寻常的高额或不等值的报酬而携带、运输毒品的；

(六)采用高度隐蔽的方式携带、运输毒品的；

(七)采用高度隐蔽的方式交接毒品，明显违背合法物品惯常交接方式的；

(八)其他有证据足以证明行为人应当知道的。

△(**氯胺酮等毒品；其他毒品数量大**)走私、贩卖、运输、制造、非法持有下列毒品，应当认定为刑法第三百四十七条第二款第(一)项、第三百四十八条规定的"其他毒品数量大"：

1. 二亚甲基双氧安非他明(MDMA)等苯丙胺类毒品(甲基苯丙胺除外)100克以上；

2. 氯胺酮、美沙酮1千克以上；

3. 三唑仑、安眠酮50千克以上；

4. 氯氮卓、艾司唑仑、地西泮、溴西泮500千克以上；

5. 上述毒品以外的其他毒品数量大的。

△(**氯胺酮等毒品；其他毒品数量较大**)走

私、贩卖、运输、制造、非法持有下列毒品，应当认定为刑法第三百四十七条第三款、第三百四十八条规定的“其他毒品数量较大”：

1. 二亚甲基双氧安非他明（MDMA）等苯丙胺类毒品（甲基苯丙胺除外）20克以上不满100克的；

2. 氯胺酮、美沙酮200克以上不满1千克的；

3. 三唑仑、安眠酮10千克以上不满50千克的；

4. 氯氮卓、艾司唑仑、地西泮、溴西泮100千克以上不满500千克的；

5. 上述毒品以外的其他毒品数量较大的。

△（**氯胺酮等毒品；毒品品种；毒品品名之认定**）上述毒品品种包括其盐和制剂。毒品鉴定结论中毒品品名的认定应当以国家食品药品监督管理局、公安部、卫生部最新发布的《麻醉药品品种目录》、《精神药品品种目录》为依据。

《最高人民法院印发〈全国部分法院审理毒品犯罪案件工作座谈会纪要〉的通知》（法〔2008〕324号，2008年12月1日公布）

△（**吸毒者实施的毒品犯罪；为他人代购仅用于吸食的毒品**）……对于吸毒者实施的毒品犯罪，在认定犯罪事实和确定罪名时要慎重。吸毒者在购买、运输、存储毒品过程中被查获的，如没有证据证明其是为了实施贩卖等其他毒品犯罪行为，毒品数量未超过刑法第三百四十八条规定的最低数量标准的，一般不定罪处罚；查获毒品数量达到较大以上的，应以其实际实施的毒品犯罪行为定罪处罚。

……

有证据证明行为人不以牟利为目的，为他人代购仅用于吸食的毒品，毒品数量超过刑法第三百四十八条规定的最低数量标准的，对托购者、代购者应以非法持有毒品罪定罪。代购者从中牟利，变相加价贩卖毒品的，对代购者应以贩卖毒品罪定罪。明知他人实施毒品犯罪而为其居间介绍、代购代卖的，无论是否牟利，都应以相关毒品犯罪的共犯论处。（§ 1）

《最高人民检察院、公安部关于公安机关管辖的刑事案件立案追诉标准的规定（三）》（公通字〔2012〕26号，2012年5月16日公布）

△（**非法持有毒品罪；立案追诉标准；折算；“非法持有”；“明知”**）明知是毒品而非法持有，涉嫌下列情形之一的，应予立案追诉：

（一）鸦片二百克以上、海洛因、可卡因或者甲基苯丙胺十克以上；

（二）二亚甲基双氧安非他明（MDMA）等苯丙胺类毒品（甲基苯丙胺除外）、吗啡二十克以上；

（三）度冷丁（杜冷丁）五十克以上（针剂100mg/支规格的五百支以上，50mg/支规格的一千支以上；片剂25mg/片规格的二千片以上，50mg/片规格的一千片以上）；

（四）盐酸二氢埃托啡二毫克以上（针剂或者片剂20mg/支、片规格的一百支、片以上）；

（五）氯胺酮、美沙酮二百克以上；

（六）三唑仑、安眠酮十千克以上；

（七）咖啡因五十千克以上；

（八）氯氮卓、艾司唑仑、地西泮、溴西泮一百千克以上；

（九）大麻油一千克以上，大麻脂二千克以上，大麻叶及大麻烟三十千克以上；

（十）罂粟壳五十千克以上；

（十一）上述毒品以外的其他毒品数量较大的。

非法持有两种以上毒品，每种毒品均没有达到本条第一款规定的数量标准，但按前款规定的立案追诉数量比例折算成海洛因后累计相加达到十克以上的，应予立案追诉。

本条规定的“非法持有”，是指违反国家法律和国家主管部门的规定，占有、携带、藏有或者以其他方式持有毒品。

非法持有毒品主观故意中的“明知”，依照本规定第一条第八款的有关规定予以认定。（§ 2）

《最高人民法院、最高人民检察院关于常见犯罪的量刑指导意见（试行）》（法发〔2021〕21号，2021年6月6日发布）

△（**非法持有毒品罪；量刑**）

1. 构成非法持有毒品罪的，根据下列情形在相应的幅度内确定量刑起点：

（1）非法持有鸦片一千克以上、海洛因或者甲基苯丙胺五十克以上或者其他毒品数量大的，在七年至九年有期徒刑幅度内确定量刑起点。依法应当判处无期徒刑的除外。

（2）非法持有毒品情节严重的，在三年至四年有期徒刑幅度内确定量刑起点。

（3）非法持有鸦片二百克、海洛因或者甲基苯丙胺十克或者其他毒品数量较大的，在一年以下有期徒刑、拘役幅度内确定量刑起点。

2. 在量刑起点的基础上，根据毒品数量等其他影响犯罪构成的犯罪事实增加刑罚量，确定基准刑。

3. 构成非法持有毒品罪的，根据非法持有毒品的种类、数量等犯罪情节，综合考虑被告人缴纳罚金的能力,决定罚金数额。

4. 构成非法持有毒品罪的,综合考虑非法持有毒品的种类、数量等犯罪事实、量刑情节,以及被告人主观恶性、人身危险性、认罪悔罪表现等因素,从严把握缓刑的适用。

【附属刑法】

《中华人民共和国禁毒法》(2007 年 12 月 29 日通过)

第五十九条

有下列行为之一,构成犯罪的,依法追究刑事责任;尚不构成犯罪的,依法给予治安管理处罚:

……

(二)非法持有毒品的;

……

【参考案例】

△贩卖毒品的居间介绍人为吸毒者介绍卖毒者,帮助吸毒者购买毒品的,应以非法持有毒品罪论处。

居间介绍人的行为在客观上虽然对卖毒者的贩毒活动起到了帮助作用,促成了毒品交易,具有一定的社会危害性,但从主观上看,居间介绍人并没有帮助卖毒者进行贩卖毒品的故意,而仅是为了帮助吸毒者能够买到毒品,使其达到消费毒品的目的。因此,原则上不能以贩卖毒品罪的共犯论处。对此,最高人民法院 2000 年 4 月 4 日下发的《全国法院审理毒品犯罪案件工作座谈会纪要》(已失效)中也明确指出,有证据证明行为人不是以营利为目的,为他人代买仅用于吸食的毒品,毒品数量超过《刑法》第三百四十八条规定数量最低标准,构成犯罪的,托购者、代购者均构成非法持有毒品罪。该规定表明,即便是为吸毒者向贩毒者代购毒品的,只要不是以从中加价牟利为目的,都不能以贩卖毒品罪的共犯论处。如需定罪处罚的,也只能以非法持有毒品罪追究刑事责任。[No. 6-7-347-14 马盛坚等贩卖毒品案]

△购买毒品数量巨大,有证据表明行为人系吸毒者的,应以非法持有毒品罪论处。

对于贩卖毒品中转手倒卖毒品的与非法持有毒品中购买较大以上数量毒品,以满足自身或者他人吸毒需要的,客观行为表现亦有相似之处,即形式上同样都是向他人购买而取得毒品。两罪不同点是贩卖毒品罪对涉毒的数量和犯罪主体没有要求,而非法持有毒品罪必须是达到非法持有鸦片 200 克以上、海洛因或者甲基苯丙胺 10 克以上或者其他毒品数量较大的,并且已满十六周岁的自然人。

区分贩卖毒品罪与非法持有毒品罪,重要的不在于对数量和犯罪主体的要求上,关键在于行为人的主观故意。如果行为人购买毒品的目的是出于贩卖,或者有证据证明行为人是为了贩卖而去购买毒品,构成贩卖毒品罪;如果行为人是因为沾染吸毒恶习后,为满足其吸毒需要,非法购买较大以上数量毒品,或者有证据证明行为人不是以营利为目的,为他人代买仅用于吸食的毒品,数量达到较大以上数量的,则构成非法持有毒品罪。

在没有充分证据足以证明宋国华购买毒品是为了以贩养吸的情况下,认定宋国华构成贩卖毒品罪的证据不足,而其购买海洛因用于吸食的证据较为充分,应认定构成非法持有毒品罪。[No. 6-7-347-21 宋国华贩卖毒品案]

△在购买、运输、存储毒品过程中被抓获,供述自吸且没有证据证明实施了其他毒品犯罪的,一般不应定罪处罚;查获毒品数量大的,应以非法持有毒品罪论处。

2000 年《全国法院审理毒品犯罪案件工作座谈会纪要》(已失效)对毒品犯罪案件的定性有如下规定:“吸毒者在购买、运输、存储毒品过程中被抓获的,如没有证据证明被告人实施了其他毒品犯罪行为的,一般不应定罪处罚,但查获的毒品数量大的,应当以非法持有毒品罪定罪;毒品数量未超过刑法第三百四十八条规定数量最低标准的,不定罪处罚。”不难看出,上述规定有两个基本含义:一是纪要的上述规定,特指吸毒者为了用于自己吸食的目的而在购买、运输、存储毒品过程中被抓获的情况,不包括吸毒者出于其他目的而购买、运输、存储毒品过程中被抓获的情况。例如,吸毒者受他人之托或营利的目的携带毒品乘坐交通工具被抓获的,就不是纪要所指的情况。二是纪要所说的证明被告人实施了其他毒品犯罪行为的证据,并不包括吸毒者为自己吸食而实施的购买、运输、存储毒品的证据,如购买毒品的居间人的证言、携带毒品乘坐火车的车票等。根据上述规定,在交通工具上查获的毒品犯罪,如果行为人供述自己携带毒品是为了自己吸食,又有证据证明行为人是吸毒者,没有与此相反或证明行为人还实施了其他毒品犯罪的证据,行为人的行为就符合纪要规定的情形,就应按纪要定性处罚。具体讲:吸毒行为人以自己吸食的目的携带毒品乘坐交通工具,如果携带数量未超过《刑法》第三百四十八条规定数量最低标准的(海洛因 10 克),就不能以毒品犯罪处罚;如查获的毒品数量大的,超过《刑法》第三百四十八条规定数量最低标准的,应当以非法持有毒品罪定罪处罚。在本案中,有证据证明佟波是吸毒者,佟波又否认自己有运输毒品的故意,本案又没有与这种辩解相反的证据。所以,被告人的行为是非法持有毒品罪,不是运输毒品罪。[No.6-7-348-1　佟波非法持有毒品案]

△以贩卖毒品为目的而非法持有毒品的,应以贩卖毒品罪论处。

正确认定藏匿、储存毒品行为的性质,关键要看行为人的主观故意。如果有证据证明行为人以走私、贩卖毒品为目的,行为人藏匿或储存毒品的行为就是走私、贩毒品行为的组成部分,构成走私、贩卖毒品罪;如果行为人不具有走私、贩卖毒品的目的,或者未掌握这方面的证据,行为人的行为则构成非法持有毒品罪。在司法实践中,经常出现这样的情形:被告人贩卖毒品的事实清楚、证据充分,而被查获的部分毒品处于尚未交易,即非法持有的状态。对这类犯罪,应把被告人的犯罪事实作为一个整体看待。如果行为人主观上有贩卖毒品的故意,客观上有贩卖毒品的经历,并且行为人本人不吸毒或者行为人虽然吸毒,但藏匿或者储存的毒品数量明显超过个人吸食所需数量,行为人非法持有毒品的行为就应视为为贩卖毒品做准备,是贩卖毒品行为的组织部分,应以贩卖毒品罪定罪。[No.6-7-348-2　张敏贩卖毒品案]

△以贩养吸的情形,行为人用于个人吸食的毒品数量不应计入其所贩卖的毒品数量之中。

根据最高人民法院2008年印发的《全国部分法院审理毒品犯罪案件工作座谈会纪要》的规定,对于以贩养吸的被告人,其被查获的毒品数量应认定为其犯罪的数量,但量刑时应考虑被告人吸食毒品的情节,酌情处理;被告人购买了一定数量的毒品后,部分已被其吸食的,应当按能够证明的贩卖数量及查获的毒品数量认定其贩毒的数量,已被吸食部分不计入在内。《全国部分法院审理毒品犯罪案件工作座谈会纪要》的上述内容解决了实践中办理此类案件的两个难点问题:第一,查获毒品的数量认定及对量刑的影响。在办理毒品犯罪案件时,对于贩卖毒品的被告人,可以推定其被查获的毒品亦系用于贩卖,故应当将查获的毒品数量认定为其贩卖毒品的数量。但在办理以贩养吸的被告人贩卖毒品的案件时,则应视具体情况而区别处理。对于以贩养吸的被告人,其被查获的毒品数量原则上应当计入其贩毒数量,但被告人既吸食又贩卖毒品,查获的毒品中部分可能系其准备用于吸食,故从有利于被告人的角度,对于查获的这部分毒品,在量刑时应当考虑被告人吸食毒品的情节,酌情予以从宽处罚。第二,可能被吸食的毒品是否计入贩卖毒品的数量。根据《全国部分法院审理毒品犯罪案件工作座谈会纪要》精神,以贩养吸的被告人购买一定数量的毒品后,吸食掉其中一部分的,已被吸食部分不计入其贩卖毒品的数量。同样,对于有证据证明以贩养吸的被告人已经买入毒品,但没有证据证明该毒品被其贩卖,亦未被查获,如该毒品的数量在个人合理吸食量范围之内的,也存在被被告人吸食的可能性,这部分毒品不应计入其贩卖毒品的数量。

被告人高某既贩卖又吸食甲基苯丙胺,属于以贩养吸的毒品犯罪分子。关于高某贩卖毒品的数量认定,涉及三部分毒品:一是对于高某三次向王某贩卖的29.75克甲基苯丙胺,无疑应当认定为高某贩卖毒品的数量。二是对于高某于2010年3月底购买后被查获的11.9克甲基苯丙胺,应当计入高某贩卖毒品的数量,但在量刑时应当考虑高某可能吸食其中部分毒品的情节,酌情从轻处罚。三是对于有证据证实高某在2010年3月初购买但未能查获的11.9克甲基苯丙胺,一、二审法院的认定不尽一致。二审法院不予认定的主要理由是,没有证据证明这部分毒品被高某贩卖,且这部分毒品已经灭失,毒品数量又在个人合理吸食量范围之内,存在被高某自行吸食的可能性,故对这部分毒品不应计入其贩毒数量。应当说,这种处理符合《全国部分法院审理毒品犯罪案件工作座谈会纪要》规定的精神。但特别需要注意的是,对于个人合理吸食量的把握,既要考虑被告人购买毒品的数量,也要考虑这些毒品用于吸食的周期,不宜将毒品吸食数量标准定得过高,否则极可能造成定罪不准确,不利于有效打击毒品犯罪。[No.6-7-348-4　高某贩卖毒品、宋某非法持有毒品案]

△不以牟利为目的为他人代购用于吸食的毒品,且在同城内运送的,应以非法持有毒品罪论处。

根据《全国部分法院审理毒品犯罪案件工作座谈会纪要》的规定,有证据证明行为人不以牟利为目的,为他人代购仅用于吸食的毒品,毒品数量超过《刑法》第三百四十八条规定的最低数量标准的,对托购者、代购者应当以非法持有毒品罪定罪;代购者从中牟利,变相加价贩卖毒品的,对代购者应当以贩卖毒品罪定罪;明知他人实施毒品犯罪而为其居间介绍、代购代卖的,无论是否牟利,都应当以相关毒品犯罪的共犯论处。因此,对代购毒品者认定为毒品犯罪的共犯,以明知托购者实施毒品犯罪为前提。对于确实不明知的,即使对托购者认定构成贩卖毒品罪等犯罪,对代购者也不应认定为共犯。代购者符合非法持有毒品罪、运输毒品罪等构成特征的,可以依法以非法持有毒品罪、运输毒品罪等定罪处罚。

被告人宋某某受被告人高某指使,携带高某

给付的毒资,前往指定地点向高某事先联系好的贩毒人员购买毒品,属于为他人代购毒品的行为。对于宋某某的行为,一、二审法院认定为非法持有毒品罪是正确的。主要理由在于:第一,宋某某的行为不构成贩卖毒品罪的共犯。高某既贩卖毒品又吸食毒品,但在案证据证实宋某某主观上确实不明知高某有贩毒行为,故宋某某的行为不属于明知他人贩卖毒品而为其代购毒品的情形,不具备按照贩卖毒品罪共犯论处的条件。反之,如果在案证据表明宋某某明知高某系以贩养吸的人员,其代购的毒品很可能被高某贩卖,则宋某某构成贩卖毒品罪的共犯。第二,宋某某的行为不构成贩卖毒品罪。现有证据表明,宋某某为高某代购毒品并未从中牟利,不属于变相加价贩卖毒品的行为,且宋某某知道高某系吸毒人员,自认为高某购买毒品的目的是用于吸食,故其行为不构成贩卖毒品罪。第三,宋某某的行为符合非法持有毒品罪的构成要件。宋某某不以牟利为目的,在不明知高某有贩卖毒品行为的情况下,认为高某购买毒品仅用于吸食,所代购的毒品数量超过了《刑法》第三百四十八条规定的最低数量标准,符合非法持有毒品罪的构成要件,应当以非法持有毒品罪定罪。另外,值得注意的是,非法持有毒品罪通常被视为一种状态犯,一般情况下,只有被告人实际持有的毒品才能认定为非法持有毒品的数量。本案中,只能将已查获的 11.9 克甲基苯丙胺认定为宋某某非法持有毒品的数量,宋某某在 2010 年 3 月初代购的 11.9 克甲基苯丙胺去向不明,属于已经灭失的毒品,不宜计入其非法持有毒品的数量。

对于宋某某在代购毒品过程中同城内运送毒品的行为,及被告人高某指使宋某某接取、运送毒品的行为,公诉机关指控为运输毒品罪。当前,司法实践中,对于构成运输毒品罪是否有距离要求、是否应当具有获得运输报酬的目的,存在认识分歧。笔者认为,为防止不当扩大打击面,认定为运输毒品罪还是应当适当考虑运输距离和目的。运输毒品罪侵犯的客体是国家毒品管理制度中有关毒品运输的法律制度,其客观方面表现为通过自身或者利用他人将毒品从甲地携带、运输、邮寄、快递至乙地的行为。从犯罪构成来看,构成运输毒品罪通常要具备两个要件:主观要件必须明知是毒品,客观要件方面包括起运地和实际到达地之间有一定的空间距离。对于在不同城市之间运送毒品的,一般可以认定为运输毒品罪。但对于同城内的运送,因空间距离较短,通常不宜认定为运输毒品罪。即使特殊情况下可以认定,也应当考虑被告人是否存在通过运送毒品获得运输报酬的目的。

本案中,宋某某受高某指使为其代购毒品后,携带毒品前往同城之内相距仅十分钟左右车程的地点将毒品交给高某,运送毒品的距离较短,且没有证据证实宋某某由此赚取了运费,故不宜认定为运输毒品罪。实际上,对宋某某短距离运送购得的毒品并交给高某的行为,可视为其代购毒品行为的一部分,故无须将其代购毒品行为中的运送毒品环节割裂开来单独认定为运输毒品罪。[No. 6-7-348-5　高某贩卖毒品、宋某某非法持有毒品案]

第三百四十九条　【包庇毒品犯罪分子罪】【窝藏、转移、隐瞒毒品、毒赃罪】

包庇走私、贩卖、运输、制造毒品的犯罪分子的，为犯罪分子窝藏、转移、隐瞒毒品或者犯罪所得的财物的，处三年以下有期徒刑、拘役或者管制；情节严重的，处三年以上十年以下有期徒刑。

缉毒人员或者其他国家机关工作人员掩护、包庇走私、贩卖、运输、制造毒品的犯罪分子的，依照前款的规定从重处罚。

犯前两款罪，事先通谋的，以走私、贩卖、运输、制造毒品罪的共犯论处。

【立法理由】

1979 年刑法对此未作规定。1990 年《全国人民代表大会常务委员会关于禁毒的决定》规定了包庇毒品犯罪分子罪和窝藏、转移、隐瞒毒品、毒赃罪的刑事责任。该决定第四条规定:“包庇走私、贩卖、运输、制造毒品的犯罪分子的,为犯罪分子窝藏、转移、隐瞒毒品或者犯罪所得的财物的,掩饰、隐瞒出售毒品获得财物的非法性质和来源的,处七年以下有期徒刑、拘役或者管制,可以并处罚金。犯前款罪事先通谋的,以走私、贩卖、运输、制造毒品罪的共犯论处。”

1997 年修订刑法时,将有关内容纳入刑法,并作了以下修改完善:一是删除了“掩饰、隐瞒出售毒品获得财物的非法性质和来源”的规定,这主要考虑到《刑法》分则第一百九十一条已经专门规定了洗钱罪,洗钱罪的目的是为掩饰、隐瞒上游犯罪违法所得的来源和性质,需要与之区分。二是将刑罚幅度由“七年以下有期徒刑、拘役或者管制,可以并处罚金”修改为“三年以下有期徒刑、拘役或者管制,情节严重的,处三年以上十年以下有期徒刑”,进一步加大了处罚力度。三是增加了缉毒人员或者其他国家机关工作人员掩护、包庇走私、贩卖、运输、制造毒品的犯罪分子,从重处罚的规定。缉毒人员或者其他国家机关工作人员具有特殊的身份,他们掩护、包庇犯罪分子从事犯罪活动,具有更大的社会危害性,因此,本条规定,依照对包庇走私、贩卖、运输、制造毒品的犯罪分子的处罚规定从重处罚。

1997 年刑法修订之后,刑法关于本条的规定未作修改。《刑法》第三百一十条、第三百一十二条对于窝藏、包庇罪,掩饰、隐瞒犯罪所得、犯罪所得收益罪作了处罚规定,第一百九十一条规定了针对毒品犯罪所得的洗钱罪。为了严厉打击毒品犯罪,本条专门针对毒品犯罪中包庇毒品犯罪分子,窝藏、转移、隐瞒毒品、毒赃的犯罪行为作出了处罚规定。

【条文说明】

本条是关于包庇毒品犯罪分子罪,窝藏、转移、隐瞒毒品、毒赃罪及其处罚的规定。

本条共分为三款。

第一款是关于包庇毒品犯罪分子罪及其处罚的规定。“**包庇走私、贩卖、运输、制造毒品的犯罪分子**”,是指采取窝藏犯罪分子或者作假证明等方法,帮助犯罪分子逃避法律追究的行为。[①] 为犯罪分子“**窝藏**”毒品或者犯罪所得的财物,是指将犯罪分子的毒品或者进行毒品犯罪得到的财物隐藏在自己的住所或者其他隐蔽的场所,以逃避司法机关追查的行为。为犯罪分子“**转移**”毒品或者犯罪所得的财物,是指将犯罪分子的毒品或者进行毒品犯罪所得的财物从一地转移到另一地,以抗拒司法机关对毒品或者进行毒品犯罪所得的财物追缴的行为。[②] “**隐瞒毒品或者犯罪所得的财物**”是指当司法机关追查毒品和赃物,向其询问时,故意不讲毒品、犯罪所得的财物隐藏处的行为。根据 2016 年《最高人民法院关于审理毒品犯罪案件适用法律若干问题的解释》第六条的规定,包庇走私、贩卖、运输、制造毒品的犯罪分子,具有下列情形之一的,应当认定为本条第一款规定的“**情节严重**”:(1)被包庇的犯罪分子依法应当判处十五年有期徒刑以上刑罚的;(2)包庇多名或者多次包庇走私、贩卖、运输、制造毒品的犯罪分子的;(3)严重妨害司法机关对被包庇的犯罪分子实施的毒品犯罪进行追究的;(4)其他情节严重的情形。为走私、贩卖、运输、制造毒品的犯罪分子窝藏、转移、隐瞒毒品或者毒品犯罪所得的财物,具有下列情形之一的,应当认定为本条第一款规定的“**情节严重**”:(1)为犯罪分子窝藏、转移、隐瞒毒品达到《刑法》第三百四十七条第二款第一项或者本解释第一条第一款规定的“数量大”标准的;(2)为犯罪分子窝藏、转移、隐瞒毒品犯罪所得的财物价值达到五万元以上的;(3)为多人或者多次为他人窝藏、转移、隐瞒毒品或者毒品犯罪所得的财物的;(4)严重妨害司法机关对该犯罪分子实施的毒品犯罪进行追究的;(5)其他情节严重的情形。

第二款是关于缉毒人员或者其他国家机关工作人员掩护、包庇走私、贩卖、运输、制造毒品的犯罪分子的刑事处罚的规定。“**缉毒人员**”指因公负责查处毒品犯罪的国家工作人员。**“掩护”走私、贩卖、运输、制造毒品逃避法律追究**,指缉毒人员或者其他国家机关工作人员采取警戒、牵制、压制等手段,帮助进行走私、贩卖、运输、制造毒品的犯罪分子的犯罪活动。缉毒人员或者国家机关工作人员,因具有特殊的身份,其掩护、包庇行为,对社会造成的危害更大,应当从重处罚。

第三款是对犯本条前两款罪,事先与犯罪分子通谋的,以走私、贩卖、运输、制造毒品罪的共犯论处的规定。其中,“**事先通谋**”是指在犯罪分子进行毒品犯罪活动之前,与犯罪分子共同策划、商议并事后包庇犯罪分子或为其窝藏、转移、隐瞒毒品及犯罪所得的财物的行为。“事先通谋”表明行为人与犯罪分子有共同的犯罪故意,属于刑法中的共犯,应当以走私、贩卖、运输、制造毒品罪的共同犯罪论处,依照本法第三百四十七条的规定处罚。

实际执行中应当注意以下两个方面的问题:

1. 关于本罪的适用。如果是一般犯罪中的包庇、窝藏、转移、隐瞒赃物行为,应当适用《刑法》第三百一十条、第三百一十二条的规定处罚;如果是涉毒犯罪中包庇、窝藏、转移、隐瞒毒赃的,则可能同时触犯第三百一十二条、第一百九十一

---

① 我国学者指出,虽然《刑法》对窝藏毒品犯罪分子未作专门的规定,但是,广义上的包庇行为包括窝藏行为,实践中包庇毒品犯罪分子的行为与窝藏行为往往相互交错,所以,窝藏毒品犯罪分子,也应以包庇毒品犯罪分子罪论处。参见周光权:《刑法各论》(第 4 版),中国人民大学出版社 2021 年版,第 512 页。

② 移转一般是对毒品进行短距离移位。若移转超过一定范围或者将毒品按流动方向移转,则构成运输毒品罪。参见周光权:《刑法各论》(第 4 版),中国人民大学出版社 2021 年版,第 513 页。

条和本条的规定，需要择一重罪予以定罪处罚。根据本条规定，一般来说，本条比第三百一十二条规定的处罚更重，具体案件是适用第一百九十一条还是三百一十二条的规定，需要根据案件事实的具体情况进行判断。

2. 关于单位犯罪。本条未规定单位犯罪，但《刑法》第一百九十一条针对毒品犯罪所得的洗钱罪和第三百一十二条掩饰、隐瞒犯罪所得、犯罪所得收益罪都规定了单位犯罪。单位为犯罪分子窝藏、转移、隐瞒毒品或者犯罪所得的赃物的，**可以依照《刑法》第一百九十一条或者第三百一十二条的规定定罪处罚。**

【司法解释】

《最高人民法院关于审理洗钱等刑事案件具体应用法律若干问题的解释》（法释〔2009〕15号，自2009年11月11日起施行）

△（**法条竞合；掩饰、隐瞒犯罪所得、犯罪所得收益罪**）明知是犯罪所得及其产生的收益而予以掩饰、隐瞒，构成刑法第三百一十二条规定的犯罪，同时又构成刑法第一百九十一条或者第三百四十九条规定的犯罪的，依照处罚较重的规定定罪处罚。（§3）

△（**上游犯罪**）刑法第一百九十一条、第三百一十二条、第三百四十九条规定的犯罪，应当以上游犯罪事实成立为认定前提。上游犯罪尚未依法裁判，但查证属实的，不影响刑法第一百九十一条、第三百一十二条、第三百四十九条规定的犯罪的审判。

上游犯罪事实可以确认，因行为人死亡等原因依法不予追究刑事责任的，不影响刑法第一百九十一条、第三百一十二条、第三百四十九条规定的犯罪的认定。

上游犯罪事实可以确认，依法以其他罪名定罪处罚的，不影响刑法第一百九十一条、第三百一十二条、第三百四十九条规定的犯罪的认定。

本条所称"上游犯罪"，是指产生刑法第一百九十一条、第三百一十二条、第三百四十九条规定的犯罪所得及其收益的各种犯罪行为。（§4）

《最高人民法院关于审理毒品犯罪案件适用法律若干问题的解释》（法释〔2016〕8号，自2016年4月11日起施行）

△（**情节严重；近亲属；犯罪情节轻微；免予刑事处罚事由**）包庇走私、贩卖、运输、制造毒品的犯罪分子，具有下列情形之一的，应当认定为刑法第三百四十九条第一款规定的"情节严重"：

（一）被包庇的犯罪分子依法应当判处十五年有期徒刑以上刑罚的；

（二）包庇多名或者多次包庇走私、贩卖、运输、制造毒品的犯罪分子的；

（三）严重妨害司法机关对被包庇的犯罪分子实施的毒品犯罪进行追究的；

（四）其他情节严重的情形。

为走私、贩卖、运输、制造毒品的犯罪分子窝藏、转移、隐瞒毒品或者毒品犯罪所得的财物，具有下列情形之一的，应当认定为刑法第三百四十九条第一款规定的"情节严重"：

（一）为犯罪分子窝藏、转移、隐瞒毒品达到刑法第三百四十七条第二款第一项或者本解释第一条第一款规定的"数量大"标准的；

（二）为犯罪分子窝藏、转移、隐瞒毒品犯罪所得的财物价值达到五万元以上的；

（三）为多人或者多次为他人窝藏、转移、隐瞒毒品或者毒品犯罪所得的财物的；

（四）严重妨害司法机关对该犯罪分子实施的毒品犯罪进行追究的；

（五）其他情节严重的情形。

包庇走私、贩卖、运输、制造毒品的近亲属，或者为其窝藏、转移、隐瞒毒品或者毒品犯罪所得的财物，不具有本条前两款规定的"情节严重"情形，归案后认罪、悔罪、积极退赃，且系初犯、偶犯，犯罪情节轻微不需要判处刑罚的，可以免予刑事处罚。（§6）

【司法解释性文件】

《最高人民检察院、公安部关于公安机关管辖的刑事案件立案追诉标准的规定（三）》（公通字〔2012〕26号，2012年5月16日公布）

△（**包庇毒品犯罪分子罪；立案追诉标准；事先通谋；共犯**）包庇走私、贩卖、运输、制造毒品的犯罪分子，涉嫌下列情形之一的，应予立案追诉：

（一）作虚假证明，帮助掩盖罪行的；

（二）帮助隐藏、转移或者毁灭证据的；

（三）帮助取得虚假身份或者身份证件的；

（四）以其他方式包庇犯罪分子的。

实施前款规定的行为，事先通谋的，以走私、贩卖、运输、制造毒品罪的共犯立案追诉。（§3）

△（**窝藏、转移、隐瞒毒品、毒赃罪；立案追诉标准；事先通谋；共犯**）为走私、贩卖、运输、制造毒品的犯罪分子窝藏、转移、隐瞒毒品或者犯罪所得

的财物的，应予立案追诉。①

实施前款规定的行为，事先通谋的，以走私、贩卖、运输、制造毒品罪的共犯立案追诉。（§ 4）

【附属刑法】

《中华人民共和国禁毒法》（2007 年 12 月 29 日通过）

第六十条

有下列行为之一，构成犯罪的，依法追究刑事责任；尚不构成犯罪的，依法给予治安管理处罚：

（一）包庇走私、贩卖、运输、制造毒品的犯罪分子，以及为犯罪分子窝藏、转移、隐瞒毒品或者犯罪所得财物的；

……

（四）隐藏、转移、变卖或者损毁司法机关、行政执法机关依法扣押、查封、冻结的涉及毒品违法犯罪活动的财物的。

第六十九条

公安机关、司法行政部门或者其他有关主管部门的工作人员在禁毒工作中有下列行为之一，构成犯罪的，依法追究刑事责任；尚不构成犯罪的，依法给予处分：

（一）包庇、纵容毒品违法犯罪人员的；

……

【参考案例】

△受雇佣帮助他人转移毒品的，不构成毒品犯罪共犯的，应以转移毒品罪论处。

由于被告人赵海祥一直坚持说黄国柱没有对他说明要拿的东西是什么，他本人不吸毒，对毒品没有认识，而黄国柱没有归案，刘育明供述称没有仔细听黄国柱是如何交代赵海祥的，他本人没有对赵海祥说过是去取毒品，故现有证据不能直接证明赵海祥在事前就明知黄国柱让他去取的是毒品。但是，从现有证据可以推断被告人赵海祥明知是毒品而帮助转移。因为赵海祥是正常的成年人，且以为歌舞厅拉客为常业，经常在娱乐场所厮混，对毒品应当有一定程度的认知。当黄国柱出 1.2 万元的高价要其将一只背包从楼上取下来，且交代他如房子被封了就不要进去，他上楼后，在楼上打开背包时已看到内有白色粉末，为此打电话问黄国柱是不是这包东西。从上述情况分析，赵海祥应当意识到黄国柱要其取的是毒品。但是，因现有证据无法证实赵海祥知道刘育明和黄国柱有交易毒品的情况，也无法证实或推断出赵海祥明知黄国柱取得毒品后的目的是走私、贩卖还是运输，故不宜认定赵海祥和黄国柱是共犯。从赵海祥应当明知是毒品而为黄国柱将毒品从原藏放的地点取出拿走，其主观故意和客观行为都符合《刑法》第三百四十九条规定的为犯罪分子转移毒品罪的特征。因此，对赵海祥应定转移毒品罪。［No. 6-7-347-23　梁国雄等贩卖毒品案］

△曾参与贩卖毒品，后又单方面帮助他人窝藏、转移毒品的，不构成贩卖毒品罪，应以窝藏、转移毒品罪论处。

被告人蒋国峰取走 88.5 克海洛因的行为不构成贩卖毒品罪。蒋国峰的犯罪事实有一定的特殊性，其曾经从被告人智李梅处拿取少量毒品进行贩卖，这对于认定其携带 88.5 克海洛因行为的性质有一定影响。客观地说，如不被查获，不能排除蒋国峰今后可能将这些海洛因予以出售牟利。但是，犯罪是主客观相统一的整体，对行为性质的认定应以有确切证据证明的事实为根据，不能因蒋国峰曾经从智李梅处拿取少量海洛因进行贩卖，就推定其取走 88.5 克海洛因必然也用于贩卖。在案证据表明，被查获的 88.5 克海洛因系智李梅被抓获前一天独自从上海购进的，现无证据证明智李梅和蒋国峰事先对这 88.5 克海洛因的处理有过通谋。《刑法》第三百四十九条也规定，为犯罪分子窝藏、转移、隐瞒毒品或者犯罪所得的财物，事先通谋的，以走私、贩卖、运输、制造毒品罪的共犯论处。这说明，如果被告人没有事先通谋，则不构成共同犯罪。从二人分居两地且往来较少的情况看，二人未事先通谋也符合情理，故对于蒋国峰取走 88.5 克海洛因的行为，不能认定为贩卖毒品的共同犯罪行为。同时，也没有证据证实蒋国峰是在他人表示希望购买毒品后才去取这些毒品的。相反，蒋国峰被查获后始终辩称，其取走毒品的目的或是扔掉或是隐藏，以帮助智李梅

① 我国学者指出，由于窝藏、转移、隐瞒毒品、毒赃罪与包庇毒品犯罪分子罪的立法表述明显不同，其并未将明知对象限定为走私、贩卖、运输、制造毒品的犯罪分子。因此，包庇盗窃、抢夺毒品犯罪者，不构成包庇毒品犯罪分子罪；明知是抢劫、盗窃、诈骗所得的毒品而加以窝藏、移转、隐瞒，构成窝藏、转移、隐瞒毒品、毒赃罪。参见周光权：《刑法各论》（第 4 版），中国人民大学出版社 2021 年版，第 514 页。

另有学者指出，既然《刑法》第三百四十九条第一款将毒品犯罪分子限定为“走私、贩卖、运输、制造”毒品的犯罪分子，即便“为犯罪分子窝藏、转移、隐瞒毒品或者犯罪所得的财物”并未写明犯罪分子的具体范围，从本条的逻辑结构来看，也应当是指“走私、贩卖、运输、制造”毒品的犯罪分子。参见黎宏：《刑法学各论》（第 2 版），法律出版社 2016 年版，第 470 页。

减轻罪责,而从未承认过是准备供自己日后贩卖。这种辩解具有一定的合理性,在案证据无法推翻这种辩解。在此情况下,对蒋国峰取走88.5克海洛因的行为不能认定为贩卖毒品罪。

被告人蒋国峰取走88.5克海洛因的行为符合窝藏、转移毒品罪的构成要件,且属于情节严重。《刑法》第三百四十九条第一款规定,"为犯罪分子窝藏、转移、隐瞒毒品或者犯罪所得的财物的,处三年以下有期徒刑、拘役或者管制;情节严重的,处三年以上十年以下有期徒刑。"这表明,窝藏、转移毒品罪是行为犯,对行为人窝藏、转移的毒品没有数量上的要求,只要实施了窝藏、转移毒品行为的,就构成该罪。情节严重在本罪中属于法定刑升格条件,但关于如何认定情节严重,已经公布的相关司法解释和规范性文件[如《最高人民法院关于审理毒品案件定罪量刑标准有关问题的解释》(已失效)《办理毒品犯罪案件适用法律若干问题的意见》《全国部分法院审理毒品犯罪案件工作座谈会纪要》等]均没有作出规定。参照实践中把握的认定情节严重的惯常标准,对于具有窝藏、转移毒品数量大(如海洛因50克以上),多次窝藏、转移毒品等情形的,可以认定为窝藏、转移毒品情节严重。本案中,被告人蒋国峰获悉被告人智李梅被抓获后,为防止智李梅藏于家中的毒品被查获而受到更重处罚,前往智李梅住处转移毒品,其行为完全符合窝藏、转移毒品罪的构成要件,应认定构成窝藏、转移毒品罪。同时,其窝藏、转移的海洛因达88.5克,数量大,可以认定为窝藏、转移毒品情节严重,应在三至十年的法定刑幅度内量刑。一审法院对蒋国峰以窝藏、转移毒品罪判处有期徒刑四年,定罪准确,量刑适当。[No.6-7-349-2-1　智李梅等贩卖、窝藏、转移毒品案]

第三百五十条　【非法生产、买卖、运输制毒物品、走私制毒物品罪】

违反国家规定,非法生产、买卖、运输醋酸酐、乙醚、三氯甲烷或者其他用于制造毒品的原料、配剂,或者携带上述物品进出境,情节较重的,处三年以下有期徒刑、拘役或者管制,并处罚金;情节严重的,处三年以上七年以下有期徒刑,并处罚金;情节特别严重的,处七年以上有期徒刑,并处罚金或者没收财产。

明知他人制造毒品而为其生产、买卖、运输前款规定的物品的,以制造毒品罪的共犯论处。

单位犯前两款罪的,对单位判处罚金,并对其直接负责的主管人员和其他直接责任人员,依照前两款的规定处罚。

【立法沿革】

《中华人民共和国刑法》(1997年修订,自1997年10月1日起施行)

第三百五十条

违反国家规定,非法运输、携带醋酸酐、乙醚、三氯甲烷或者其他用于制造毒品的原料或者配剂进出境的,或者违反国家规定,在境内非法买卖上述物品的,处三年以下有期徒刑、拘役或者管制,并处罚金;数量大的,处三年以上十年以下有期徒刑,并处罚金。

明知他人制造毒品而为其提供前款规定的物品的,以制造毒品罪的共犯论处。

单位犯前两款罪的,对单位判处罚金,并对其直接负责的主管人员和其他直接责任人员,依照前两款的规定处罚。

《中华人民共和国刑法修正案(九)》(自2015年11月1日起施行)

四十一、将刑法第三百五十条第一款、第二款修改为:

"违反国家规定,非法生产、买卖、运输醋酸酐、乙醚、三氯甲烷或者其他用于制造毒品的原料、配剂,或者携带上述物品进出境,情节较重的,处三年以下有期徒刑、拘役或者管制,并处罚金;情节严重的,处三年以上七年以下有期徒刑,并处罚金;情节特别严重的,处七年以上有期徒刑,并处罚金或者没收财产。

"明知他人制造毒品而为其生产、买卖、运输前款规定的物品的,以制造毒品罪的共犯论处。"

【立法理由】

1979年刑法对此未作规定。1990年《全国人民代表大会常务委员会关于禁毒的决定》规定了走私制毒物品罪的刑事责任。该决定第五条规定:"对醋酸酐、乙醚、三氯甲烷或者其他经常用于制造麻醉药品和精神药品的物品,应当依照国家有关规定严格管理,严禁非法运输、携带进出境。

非法运输、携带上述物品进出境的，处三年以下有期徒刑、拘役或者管制，并处罚金；数量大的，处三年以上十年以下有期徒刑，并处罚金；数量较小的，依照海关法的有关规定处罚。明知他人制造毒品而为其提供前款规定的物品的，以制造毒品罪的共犯论处。单位有前两款规定的违法犯罪行为的，对其直接负责的主管人员和其他直接责任人员，依照前两款的规定处罚，并对单位判处罚金或者予以罚款。”

1997 年修订刑法时，将有关内容纳入刑法，并作了以下修改完善：一是增加了违反国家规定，在境内非法买卖醋酸酐、乙醚、三氯甲烷或者其他用于制造毒品的原料或者配剂行为的刑事责任。这主要是考虑到实践中，既有违反国家规定，非法运输、携带醋酸酐、乙醚、三氯甲烷或者其他用于制造毒品的原料或者配剂进出境的，也有仅在境内从事上述犯罪活动的，这类行为同样需要严厉打击。二是将“经常用于制造麻醉药品和精神药品的物品”进一步明确为“用于制造毒品的原料或者配剂”。这样表述更加准确。正是因为醋酸酐、乙醚、三氯甲烷等原料或者配剂用于制造毒品，才会被禁止运输、携带进出境，被禁止买卖。

2015 年《刑法修正案(九)》对本条的修改情况。一是增加规定了非法生产、运输制毒物品的犯罪。近年来，毒品犯罪形势发生了很大的变化，采用化学合成方法非法生产和运输麻黄碱、羟亚胺、邻酮等制毒物品的案件大量发生，社会危害严重，有关方面建议对此明确规定为犯罪。考虑到上述情况，针对当前毒品犯罪形势严峻的实际情况和惩治犯罪的需要，落实中央关于加强禁毒工作的意见要求，《刑法修正案(九)》增加了非法生产、运输制毒物品的犯罪，加大了对这类犯罪的惩治力度。二是修改了本条的刑罚规定，按照情节较重、情节严重、情节特别严重重新设置了法定刑，将最高刑由十年有期徒刑提高至十五年有期徒刑，并增加了并处没收财产的规定。本条修改前对走私、非法买卖制毒物品罪规定了三年以下有期徒刑和三年以上十年以下有期徒刑两档刑罚。有关方面提出，目前我国禁毒形势严峻，非法生产、买卖、运输制毒物品的犯罪社会危害严重，随着工艺技术的发展，现在有些制毒物品与毒品在成分上接近，转化率很高，如麻黄碱、羟亚胺等，同时，非法生产、买卖、运输制毒物品犯罪获利大，为有效遏制和预防犯罪，应当加大财产处罚力度，建议适当提高非法生产、买卖、运输制毒物品以及携带制毒物品进出境犯罪的刑期，并增加规定没收财产刑。没有制毒物品就没有毒品，严厉打击非法生产、买卖、运输制毒物品犯罪，有利于更有效地打击毒品犯罪。考虑到上述情况，为严厉惩治涉毒犯罪，加大处罚力度，《刑法修正案(九)》提高了本条规定的法定刑，并增加了没收财产的规定。三是将第二款关于共犯论处的情形作了更为明确具体的规定。根据本条第一款的修改，相应地将“明知他人制造毒品而为其提供前款规定的物品”修改为“明知他人制造毒品而为其生产、买卖、运输前款规定的物品”。

【条文说明】

本条是关于非法生产、买卖、运输制毒物品、走私制毒物品罪及其处罚的规定。

本条共分为三款。

第一款是关于违反国家规定，非法生产、买卖、运输醋酸酐、乙醚、三氯甲烷或者其他用于制造毒品的原料、配剂，或者携带上述物品进出境的犯罪及其处罚的规定。“**用于制造毒品的原料、配剂**”，是指提炼、分解毒品使用的原材料及辅助性配料。本条列举了醋酸酐、乙醚、三氯甲烷等制毒物品。醋酸酐是乙酰化试剂，是制造海洛因的关键化学品，乙醚、三氯甲烷是溶剂，广泛使用于海洛因、冰毒、氯胺酮等各种毒品制造过程中。这几种物品，既是医药和工农业生产原料，又是制造毒品必不可少的配剂。《联合国禁止非法贩运麻醉药品和精神药物公约》中列举了几种可用于制造毒品的化学物品，醋酸酐、乙醚都被明确规定在其中。该公约还规定，明知用于制造毒品而为其生产、销售上述物品的行为是犯罪行为。1988 年《卫生部、对外经济贸易部、公安部、海关总署关于对三种特殊化学品实行出口准许证管理的通知》规定，对醋酸酐、乙醚、三氯甲烷三种化学品实行出口准许证制度。当前在司法实践中，制毒物品犯罪涉及的主要是麻黄碱(冰毒前体)、羟亚胺(氯胺酮前体)、邻酮(羟亚胺前体)等，这三种物质属于制造毒品的原料。

根据有关司法解释，**制毒物品的具体品种范围**按照国家关于易制毒化学品管理的规定确定。根据《易制毒化学品管理条例》的规定，易制毒化学品分为三类：第一类是可以用于制毒的主要原料，包括 1-苯基-2-丙酮等；第二类是可以用于制毒的化学配剂，包括苯乙酸等；第三类也是可以用于制毒的化学配剂，包括甲苯等。易制毒化学品的分类和品种需要调整的，由国务院公安部门会同国务院有关主管部门提出方案，报国务院批准。省、自治区、直辖市人民政府认为有必要在本行政区域内调整分类或者增加该条例规定以外的品种的，应当向国务院公安部门提出，由国务院公安部门会同国务院有关主管部门提出方案，报国务院批准。

“违反国家规定，非法生产、买卖、运输醋酸酐、乙醚、三氯甲烷或者其他用于制造毒品的原料、配剂，或者携带上述物品进出境”，是指除了依照国家规定，经过法定审批手续的以外，非法生产、买卖、运输以及携带这些物品进出境的行为。国家对易制毒化学品的生产、经营、购买、运输和进口、出口实行分类管理和许可制度。《禁毒法》第二十一条第二款、第三款规定：“国家对易制毒化学品的生产、经营、购买、运输实行许可制度。禁止非法生产、买卖、运输、储存、提供、持有、使用麻醉药品、精神药品和易制毒化学品。”第二十二条规定，国家对易制毒化学品的进口、出口实行许可制度。国务院有关部门应当按照规定的职责，对进口、出口易制毒化学品依法进行管理。禁止走私易制毒化学品。根据禁毒法和国务院有关规定，生产、买卖、运输、进出口易制毒化学品的，应当履行相关手续。这里所规定的“生产”，包括制造、加工、提炼等不同环节。《刑法修正案（九）》在对本条作出修改时，在入罪条件中增加了“情节较重”的规定，目的是划清罪与非罪的界限。

本款对违反国家规定，非法生产、买卖、运输醋酸酐、乙醚、三氯甲烷或者其他用于制造毒品的原料、配剂，或者携带上述物品进出境的犯罪规定了**三档刑罚**，即情节较重的，处三年以下有期徒刑、拘役或者管制，并处罚金；情节严重的，处三年以上七年以下有期徒刑，并处罚金；情节特别严重的，处七年以上有期徒刑，并处罚金或者没收财产。本条在七年以上有期徒刑的量刑档次中规定可以并处没收财产，是为了严厉惩治涉毒犯罪，对于犯罪分子非法获得的财产应当认定为违法所得，予以追缴，并可以根据其行为适用没收财产刑，摧毁其再次犯罪的物质基础，有效惩治和预防这类犯罪。

2016年《最高人民法院关于审理毒品犯罪案件适用法律若干问题的解释》对“情节较重”“情节严重”“情节特别严重”作了具体规定：

“情节较重”主要包括两种情况：第一种是达到一定数量标准的：(1)麻黄碱（麻黄素）、伪麻黄碱（伪麻黄素）、消旋麻黄碱（消旋麻黄素）一千克以上不满五千克；(2)1-苯基-2-丙酮、1-苯基-2-溴-1-丙酮、3,4-亚甲基二氧苯基-2-丙酮、羟亚胺二千克以上不满十千克；(3)3-氧-2-苯基丁腈、邻氯苯基环戊酮、去甲麻黄碱（去甲麻黄素）、甲基麻黄碱（甲基麻黄素）四千克以上不满二十千克；(4)醋酸酐十千克以上不满五十千克；(5)麻黄浸膏、麻黄浸膏粉、胡椒醛、黄樟素、黄樟油、异黄樟素、麦角酸、麦角胺、麦角新碱、苯乙酸二十千克以上不满一百千克；(6)N-乙酰邻氨基苯酸、邻氨基苯甲酸、三氯甲烷、乙醚、哌啶五十千克以上不满二百五十千克；(7)甲苯、丙酮、甲基乙基酮、高锰酸钾、硫酸、盐酸一百千克以上不满五百千克；(8)其他制毒物品数量相当的。第二种是达到第一类规定的数量标准最低值的百分之五十，且具有下列情形之一的，应当认定为本条第一款规定的“情节较重”：(1)曾因非法生产、买卖、运输制毒物品、走私制毒物品受过刑事处罚的；(2)二年内曾因非法生产、买卖、运输制毒物品、走私制毒物品受过行政处罚的；(3)一次组织五人以上或者多次非法生产、买卖、运输制毒物品、走私制毒物品，或者在多个地点非法生产制毒物品的；(4)利用、教唆未成年人非法生产、买卖、运输制毒物品、走私制毒物品的；(5)国家工作人员非法生产、买卖、运输制毒物品、走私制毒物品的；(6)严重影响群众正常生产、生活秩序的；(7)其他情节较重的情形。

“情节严重”是指具有下列情形之一的：(1)制毒物品数量在该解释第七条第一款规定的最高数量标准以上，不满最高数量标准五倍的；(2)达到该解释第七条第一款规定的数量标准，且具有该解释第七条第二款第（三）项至第（六）项规定的情形之一的；(3)其他情节严重的情形。

“情节特别严重”是指具有下列情形之一的：(1)制毒物品数量在该解释第七条第一款规定的最高数量标准五倍以上的；(2)达到前款第（一）项规定的数量标准，且具有该解释第七条第二款第（三）项至第（六）项规定的情形之一的；(3)其他情节特别严重的情形。

第二款是对明知他人制造毒品而为其生产、买卖、运输制造毒品所需原料或者配剂的，以制造毒品罪的共犯论处的规定。本款是关于构成制造毒品罪共犯的规定，对于有证据证明行为人明知他人实施制造毒品犯罪，而为其生产、运输、买卖制毒物品的，其行为是整个制造毒品犯罪过程中的一个环节，**应当依照刑法总则有关共同犯罪的规定，适用《刑法》第三百四十七条的规定定罪处罚**，而不能以违反国家规定，非法生产、买卖、运输制毒物品的犯罪定罪处罚，避免重罪轻罚。这里的**“明知”**，是指行为人知道他人所需要的原料及配剂是用于制造毒品，但仍然为其生产、买卖、运输这种物品的。明知他人制造毒品而为其走私制毒物品的，也应当以制造毒品罪的共犯处理。

第三款是对单位犯罪刑事责任的规定。**“单位犯前两款罪的”**，是指单位违反国家规定，非法生产、买卖、运输、携带制毒物品进出境的；明知他人制造毒品而为其生产、买卖、运输制毒物品的行为。单位犯两款罪的,对单位判处罚金。“**直接负责的主管人员和其他直接责任人员**”,是指对违反国家规定,非法生产、买卖、运输、携带制毒物品进出境,或者明知他人制造毒品而为其生产、买卖、运输制毒物品的犯罪行为负有直接责任的领导人员和具体执行者。“**依照前两款的规定处罚**”,是指单位实施前两款行为,构成犯罪的,对其直接负责的主管人员和其他直接责任人员,依照前两款关于违反国家规定,非法生产、买卖、运输、携带制毒物品进出境犯罪和关于制造毒品罪的规定定罪处罚。

实际执行中应当注意以下两个方面的问题:

1. 在司法实践中,要注意划清**罪与非罪的界限**。《刑法修正案(九)》在本罪入罪条件中增加了“情节较重”的规定,目的就是为了把握住罪与非罪的界限,并不是出现了生产、买卖、运输制毒物品的行为,就要追究刑事责任。实践中,有些易制毒化学品一般同时具有正常的生产、生活、医药等用途,对于为生产、生活需要,但在生产、运输等过程中违反有关规定的,如具有生产药用麻黄素资质的合法企业,未按照要求履行批准手续,或者超过批准数量、品种要求而生产的,个人未办理许可证明或者备案证明而购买高锰酸钾等易制毒化学品的等,在追究责任的过程中,需要划清罪与非罪的界限。2016年《最高人民法院关于审理毒品犯罪案件适用法律若干问题的解释》第七条第三款规定:“易制毒化学品生产、经营、购买、运输单位或者个人未办理许可证明或者备案证明,生产、销售、购买、运输易制毒化学品,确实用于合法生产、生活需要的,不以制毒物品犯罪论处。”

2. 关于本罪与走私、贩卖、运输、制造毒品罪的区分。实践中,有些制毒原料本身就是毒品,如提炼海洛因的鸦片、黄皮、吗啡,如果非法生产、买卖、运输、携带进出境的是这些本身属于毒品的原料,则应当以走私、贩卖、运输、制造毒品罪定罪处罚。

【司法解释】

《最高人民法院关于审理毒品犯罪案件适用法律若干问题的解释》(法释〔2016〕8号,自2016年4月11日起施行)

△(**情节较重;确实用于合法生产、生活需要**)违反国家规定,非法生产、买卖、运输制毒物品、走私制毒物品,达到下列数量标准的,应当认定为刑法第三百五十条第一款规定的“情节较重”:

(一)麻黄碱(麻黄素)、伪麻黄碱(伪麻黄素)、消旋麻黄碱(消旋麻黄素)一千克以上不满五千克;

(二)1-苯基-2-丙酮、1-苯基-2-溴-1-丙酮、3,4-亚甲基二氧苯基-2-丙酮、羟亚胺二千克以上不满十千克;

(三)3-氧-2-苯基丁腈、邻氯苯基环戊酮、去甲麻黄碱(去甲麻黄素)、甲基麻黄碱(甲基麻黄素)四千克以上不满二十千克;

(四)醋酸酐十千克以上不满五十千克;

(五)麻黄浸膏、麻黄浸膏粉、胡椒醛、黄樟素、黄樟油、异黄樟素、麦角酸、麦角胺、麦角新碱、苯乙酸二十千克以上不满一百千克;

(六)N-乙酰邻氨基苯酸、邻氨基苯甲酸、三氯甲烷、乙醚、哌啶五十千克以上不满二百五十千克;

(七)甲苯、丙酮、甲基乙基酮、高锰酸钾、硫酸、盐酸一百千克以上不满五百千克;

(八)其他制毒物品数量相当的。

违反国家规定,非法生产、买卖、运输制毒物品、走私制毒物品,达到前款规定的数量标准最低值的百分之五十,且具有下列情形之一的,应当认定为刑法第三百五十条第一款规定的“情节较重”:

(一)曾因非法生产、买卖、运输制毒物品、走私制毒物品受过刑事处罚的;

(二)二年内曾因非法生产、买卖、运输制毒物品、走私制毒物品受过行政处罚的;

(三)一次组织五人以上或者多次非法生产、买卖、运输制毒物品、走私制毒物品,或者在多个地点非法生产制毒物品的;

(四)利用、教唆未成年人非法生产、买卖、运输制毒物品、走私制毒物品的;

(五)国家工作人员非法生产、买卖、运输制毒物品、走私制毒物品的;

(六)严重影响群众正常生产、生活秩序的;

(七)其他情节较重的情形。

易制毒化学品生产、经营、购买、运输单位或者个人未办理许可证明或者备案证明,生产、销售、购买、运输易制毒化学品,确实用于合法生产、生活需要的,不以制毒物品犯罪论处。(§7)

△(**情节严重;情节特别严重**)违反国家规定,非法生产、买卖、运输制毒物品、走私制毒物品,具有下列情形之一的,应当认定为刑法第三百五十条第一款规定的“情节严重”:

(一)制毒物品数量在本解释第七条第一款规定的最高数量标准以上,不满最高数量标准五倍的;

(二)达到本解释第七条第一款规定的数量标准,且具有本解释第七条第二款第三项至第六项规定的情形之一的;

(三)其他情节严重的情形。

分则　第六章

违反国家规定,非法生产、买卖、运输制毒物品、走私制毒物品,具有下列情形之一的,应当认定为刑法第三百五十条第一款规定的"情节特别严重":

(一)制毒物品数量在本解释第七条第一款规定的最高数量标准五倍以上的;

(二)达到前款第一项规定的数量标准,且具有本解释第七条第二款第三项至第六项规定的情形之一的;

(三)其他情节特别严重的情形。(§ 8)

【司法解释性文件】

《最高人民法院、最高人民检察院、公安部关于办理制毒物品犯罪案件适用法律若干问题的意见》(公通字〔2009〕33号,2009年6月23日公布)

△(**制毒物品**)本意见中的"制毒物品",是指刑法第三百五十条第一款规定的醋酸酐、乙醚、三氯甲烷或者其他用于制造毒品的原料或者配剂,具体品种范围按照国家关于易制毒化学品管理的规定确定。

△(**非法买卖制毒物品行为**)违反国家规定,实施下列行为之一的,认定为刑法第三百五十条规定的非法买卖制毒物品行为:

1. 未经许可或者备案,擅自购买、销售易制毒化学品的;

2. 超出许可证明或者备案证明的品种、数量范围购买、销售易制毒化学品的;

3. 使用他人的或者伪造、变造、失效的许可证明或者备案证明购买、销售易制毒化学品的;

4. 经营单位违反规定,向无购买许可证明、备案证明的单位、个人销售易制毒化学品的,或者明知购买者使用他人的或者伪造、变造、失效的购买许可证明、备案证明,向其销售易制毒化学品的;

5. 以其他方式非法买卖易制毒化学品的。

△(**确实用于合法生产、生活需要**)易制毒化学品生产、经营、使用单位或者个人未办理许可证明或者备案证明,购买、销售易制毒化学品,如果有证据证明确实用于合法生产、生活需要,依法能够办理只是未及时办理许可证明或者备案证明,且未造成严重社会危害的,可不以非法买卖制毒物品罪论处。

△(**走私制毒物品、非法买卖制毒物品的预备行为**)为了制造毒品或者走私、非法买卖制毒物品犯罪而采用生产、加工、提炼等方法非法制造易制毒化学品的,根据刑法第二十二条的规定,按照其制造易制毒化学品的不同目的,分别以制造毒品、走私制毒物品、非法买卖制毒物品的预备行为论处。①

△(**走私或者非法买卖制毒物品罪的共犯**)明知他人实施走私或者非法买卖制毒物品犯罪,而为其运输、储存、代理进出口或者以其他方式提供便利的,以走私或者非法买卖制毒物品罪的共犯论处。

△(**想象竞合犯**)走私、非法买卖制毒物品行为同时构成其他犯罪的,依照处罚较重的规定定罪处罚。

△(**主观明知之认定**)对于走私或者非法买卖制毒物品行为,有下列情形之一,且查获了易制毒化学品,结合犯罪嫌疑人、被告人的供述和其他证据,经综合审查判断,可以认定其"明知"是制毒物品而走私或者非法买卖,但有证据证明确属被蒙骗的除外:

1. 改变产品形状、包装或者使用虚假标签、商标等产品标志的;

2. 以藏匿、夹带或者其他隐蔽方式运输、携带易制毒化学品逃避检查的;

3. 抗拒检查或者在检查时丢弃货物逃跑的;

4. 以伪报、藏匿、伪装等蒙蔽手段逃避海关、边防等检查的;

5. 选择不设海关或者边防检查站的路段绕行出入境的;

6. 以虚假身份、地址办理托运、邮寄手续的;

7. 以其他方法隐瞒真相,逃避对易制毒化学品依法监管的。

△(**制毒物品犯罪定罪量刑的数量标准**)违反国家规定,非法运输、携带制毒物品进出境或者在境内非法买卖制毒物品达到下列数量标准的,依照刑法第三百五十条第一款的规定,处三年以下有期徒刑、拘役或者管制,并处罚金:

1. 1-苯基-2-丙酮五千克以上不满五十千克;

2. 3,4-亚甲基二氧苯基-2-丙酮、去甲麻黄素(去甲麻黄碱)、甲基麻黄素(甲基麻黄碱)、羟亚胺及其盐类十千克以上不满一百千克;

3. 胡椒醛、黄樟素、黄樟油、异黄樟素、麦角酸、麦角胺、麦角新碱、苯乙酸二十千克以上不满

---

① 需要注意的是,在《刑法修正案(九)》颁布之前,《刑法》第三百五十条仅处罚走私与买卖制毒物品行为。之后,《刑法修正案(九)》增订了生产、运输行为。因此,为了制造毒品或者走私、非法买卖制毒物品犯罪而采用生产、加工、提炼等方法非法制造易制毒化学品,应论以非法生产制毒物品罪的既遂犯。参见张明楷:《刑法学》(第6版),法律出版社2021年版,第1522页。

二百千克；

4. N-乙酰邻氨基苯酸、邻氨基苯甲酸、哌啶一百五十千克以上不满一千五百千克；

5. 甲苯、丙酮、甲基乙基酮、高锰酸钾、硫酸、盐酸四百千克以上不满四千千克；

6. 其他用于制造毒品的原料或者配剂相当数量的。

违反国家规定，非法买卖或者走私制毒物品，达到或者超过前款所列最高数量标准的，认定为刑法第三百五十条第一款规定的"数量大的"，处三年以上十年以下有期徒刑，并处罚金。

《最高人民检察院、公安部关于公安机关管辖的刑事案件立案追诉标准的规定（三）》（公通字〔2012〕26号，2012年5月16日公布）

△（**走私制毒物品罪；立案追诉标准；折算；预备犯；明知；共犯**）违反国家规定，非法运输、携带制毒物品进出国（边）境，涉嫌下列情形之一的，应予立案追诉：

（一）1-苯基-2-丙酮五千克以上；

（二）麻黄碱、伪麻黄碱及其盐类和单方制剂五千克以上，麻黄浸膏、麻黄浸膏粉一百千克以上；

（三）3,4-亚甲基二氧苯基-2-丙酮、去甲麻黄素（去甲麻黄碱）、甲基麻黄素（甲基麻黄碱）、羟亚胺及其盐类十千克以上；

（四）胡椒醛、黄樟素、黄樟油、异黄樟素、麦角酸、麦角胺、麦角新碱、苯乙酸二十千克以上；

（五）N-乙酰邻氨基苯酸、邻氨基苯甲酸、哌啶一百五十千克以上；

（六）醋酸酐、三氯甲烷二百千克以上；

（七）乙醚、甲苯、丙酮、甲基乙基酮、高锰酸钾、硫酸、盐酸四百千克以上；

（八）其他用于制造毒品的原料或者配剂相当数量的。

非法运输、携带两种以上制毒物品进出国（边）境，每种制毒物品均没有达到本条第一款规定的数量标准，但按前款规定的立案追诉数量比例折算成一种制毒物品后累计相加达到上述数量标准的，应予立案追诉。

为了走私制毒物品而采用生产、加工、提炼等方法非法制造易制毒化学品的，以走私制毒物品罪（预备）立案追诉。

实施走私制毒物品行为，有下列情形之一，且查获了易制毒化学品，结合行为人的供述和其他证据综合审查判断，可以认定其"明知"是制毒物品而走私或者非法买卖，但有证据证明确属被蒙骗的除外：

（一）改变产品形状、包装或者使用虚假标签、商标等产品标志的；

（二）以藏匿、夹带、伪装或者其他隐蔽方式运输、携带易制毒化学品逃避检查的；

（三）抗拒检查或者在检查时丢弃货物逃跑的；

（四）以伪报、藏匿、伪装等蒙蔽手段逃避海关、边防等检查的；

（五）选择不设海关或者边防检查站的路段绕行出入境的；

（六）以虚假身份、地址或者其他虚假方式办理托运、寄递手续的；

（七）以其他方法隐瞒真相，逃避对易制毒化学品依法监管的。

明知他人实施走私制毒物品犯罪，而为其运输、储存、代理进出口或者以其他方式提供便利的，以走私制毒物品罪的共犯立案追诉。（§ 5）

△（**非法买卖制毒物品罪；立案追诉标准；非法买卖制毒物品行为；预备犯；明知；共犯**）违反国家规定，在境内非法买卖制毒物品，数量达到本规定第五条第一款规定情形之一的，应予立案追诉。

非法买卖两种以上制毒物品，每种制毒物品均没有达到本条第一款规定的数量标准，但按前款规定的立案追诉数量比例折算成一种制毒物品后累计相加达到上述数量标准的，应予立案追诉。

违反国家规定，实施下列行为之一的，认定为本条规定的非法买卖制毒物品行为：

（一）未经许可或者备案，擅自购买、销售易制毒化学品的；

（二）超出许可证明或者备案证明的品种、数量范围购买、销售易制毒化学品的；

（三）使用他人的或者伪造、变造、失效的许可证明或者备案证明购买、销售易制毒化学品的；

（四）经营单位违反规定，向无购买许可证明、备案证明的单位、个人销售易制毒化学品的，或者明知购买者使用他人的或者伪造、变造、失效的许可证明或者备案证明，向其销售易制毒化学品的；

（五）以其他方式非法买卖易制毒化学品的。

易制毒化学品生产、经营、使用单位或者个人未办理许可证明或者备案证明，购买、销售易制毒化学品，如果有证据证明确实用于合法生产、生活需要，依法能够办理只是未及时办理许可证明或者备案证明，且未造成严重社会危害的，可不以非法买卖制毒物品罪立案追诉。

为了非法买卖制毒物品而采用生产、加工、提炼等方法非法制造易制毒化学品的，以非法买卖制毒物品罪（预备）立案追诉。

非法买卖制毒物品主观故意中的“明知”，依照本规定第五条第四款的有关规定予以认定。

明知他人实施非法买卖制毒物品犯罪，而为其运输、储存、代理进出口或者以其他方式提供便利的，以非法买卖制毒物品罪的共犯立案追诉。（§ 6）

△（**制毒物品**）本规定中的“制毒物品”是指刑法第三百五十条第一款规定的醋酸酐、乙醚、三氯甲烷或者其他用于制造毒品的原料或者配剂，具体品种范围按照国家关于易制毒化学品管理的规定确定。（§ 13Ⅱ）

《最高人民法院、最高人民检察院、公安部关于办理走私、非法买卖麻黄碱类复方制剂等刑事案件适用法律若干问题的意见》（法发〔2012〕12号，2012年6月18日公布）

△（**走私、非法买卖麻黄碱类复方制剂；非法买卖制毒物品罪；走私制毒物品罪；非法经营罪；走私普通货物、物品罪**）……以加工、提炼制毒物品为目的，购买麻黄碱类复方制剂，或者运输、携带、寄递麻黄碱类复方制剂进出境的，依照刑法第三百五十条第一款、第三款的规定，分别以非法买卖制毒物品罪、走私制毒物品罪定罪处罚。

将麻黄碱类复方制剂拆除包装、改变形态后进行走私或者非法买卖，或者明知是已拆除包装、改变形态的麻黄碱类复方制剂而进行走私或者非法买卖的，依照刑法第三百五十条第一款、第三款的规定，分别以走私制毒物品罪、非法买卖制毒物品罪定罪处罚。

非法买卖麻黄碱类复方制剂或者运输、携带、寄递麻黄碱类复方制剂进出境，没有证据证明系用于制造毒品或者走私、非法买卖制毒物品，或者未达到走私制毒物品罪、非法买卖制毒物品罪的定罪数量标准，构成非法经营罪、走私普通货物、物品罪等其他犯罪的，依法定罪处罚。

实施第一款、第二款规定的行为，同时构成其他犯罪的，依照处罚较重的规定定罪处罚。（§ 1）

△（**利用麻黄碱类复方制剂加工、提炼制毒物品；走私制毒物品罪；非法买卖制毒物品罪**）

以走私或者非法买卖为目的，利用麻黄碱类复方制剂加工、提炼制毒物品的，依照刑法第三百五十条第一款、第三款的规定，分别以走私制毒物品罪、非法买卖制毒物品罪定罪处罚。（§ 2Ⅱ）

△（**走私制毒物品罪、非法买卖制毒物品罪的共犯**）明知他人走私或者非法买卖麻黄碱类制毒物品，向其提供麻黄碱类复方制剂，为其利用麻黄碱类复方制剂加工、提炼制毒物品，或者为其获取、利用麻黄碱类复方制剂提供其他帮助的，分别以走私制毒物品罪、非法买卖制毒物品罪的共犯论处。（§ 3Ⅱ）

△（**犯罪预备、未遂**）实施本意见规定的行为，符合犯罪预备或者未遂情形的，依照法律规定处罚。（§ 4）

△（**主观目的与明知之认定**）

对于本意见规定的犯罪嫌疑人、被告人的主观目的与明知，应当根据物证、书证、证人证言以及犯罪嫌疑人、被告人供述和辩解等在案证据，结合犯罪嫌疑人、被告人的行为表现，重点考虑以下因素综合予以认定：

1. 购买、销售麻黄碱类复方制剂的价格是否明显高于市场交易价格；

2. 是否采用虚假信息、隐蔽手段运输、寄递、存储麻黄碱类复方制剂；

3. 是否采用伪报、伪装、藏匿或者绕行进出境等手段逃避海关、边防等检查；

4. 提供相关帮助行为获得的报酬是否合理；

5. 此前是否实施过同类违法犯罪行为；

6. 其他相关因素。（§ 5）

△（**制毒物品数量之认定**）实施本意见规定的行为，以走私制毒物品罪、非法买卖制毒物品罪定罪处罚的，应当以涉案麻黄碱类复方制剂中麻黄碱类物质的含量作为涉案制毒物品的数量。

……

多次实施本意见规定的行为未经处理的，涉案制毒物品的数量累计计算。（§ 6）

△（**走私制毒物品罪、非法买卖制毒物品罪；定罪量刑的数量标准；数量大**）实施本意见规定的行为，以走私制毒物品罪、非法买卖制毒物品罪定罪处罚的，涉案麻黄碱类复方制剂所含的麻黄碱类物质应当达到以下数量标准：麻黄碱、伪麻黄碱、消旋麻黄碱及其盐类五千克以上不满五十千克；去甲麻黄碱、甲基麻黄碱及其盐类十千克以上不满一百千克；麻黄浸膏、麻黄浸膏粉一百千克以上不满一千千克。达到上述数量标准上限的，认定为刑法第三百五十条第一款规定的“数量大”。（§ 7Ⅰ）

△（**麻黄碱类复方制剂之范围**）本意见所称麻黄碱类复方制剂是指含有《易制毒化学品管理条例》（国务院令第445号）品种目录所列的麻黄碱（麻黄素）、伪麻黄碱（伪麻黄素）、消旋麻黄碱（消旋麻黄素）、去甲麻黄碱（去甲麻黄素）、甲基麻黄碱（甲基麻黄素）及其盐类，或者麻黄浸膏、麻黄浸膏粉等麻黄碱类物质的药品复方制剂。（§ 8）

【附属刑法】

《中华人民共和国禁毒法》(2007 年 12 月 29 日通过)

第六十四条

在易制毒化学品的生产、经营、购买、运输或者进口、出口活动中,违反国家规定,致使易制毒化学品流入非法渠道①,构成犯罪的,依法追究刑事责任;尚不构成犯罪的,依照有关法律、行政法规的规定给予处罚。

【公报案例】

△**(制毒物品之判断)**判断某种物品是否为制毒物品,应当依据国家相关法律、行政法规的规定。国家相关法律、行政法规未规定为制毒物品的,即使该物品可以用于制造毒品,亦不能将其认定为制毒物品。[《最高人民法院公报》2007 年第 9 期　谢杰威、梁雁玲走私制毒物品案]

△**(走私制毒物品的犯罪故意)**根据《刑法》第三百五十条的规定,构成走私制毒物品罪必须要求行为人具有明知是制毒物品而走私的犯罪故意。如果行为人确实不知道所走私的物品是制毒物品,且其走私目的系用于正当生产经营,则即使该物品可以用于制毒,亦不能认定行为人具有走私制毒物品的犯罪故意。[《最高人民法院公报》2007 年第 9 期　谢杰威、梁雁玲走私制毒物品案]

【参考案例】

△利用职务之便,擅自以非国有单位名义走私制毒物品并侵吞货物的,可按自然人犯罪处理,构成走私制毒物品罪和职务侵占罪。

被告人吕书阳、崔友方违反国家对制毒物品的规定,以隐瞒事实和逃避海关监管的手段,非法将制毒物品运输出境,两人的行为符合走私制毒物品罪的犯罪构成;同时,由于他人支付的货款 18.6 万元,虽然被要求汇至吕书阳的个人账户上,但其所有权在形式上仍应归属于艾克公司,属于他人因购买艾克公司产品而支付给艾克公司的款项,二被告人利用职务上的便利,将所属单位的财物非法占为己有,这一行为又独立符合职务侵占罪的犯罪构成。在刑法没有特别规定的情况下,应当坚持罪数的犯罪构成标准,对二被告人以走私制毒物品罪和职务侵占罪实行数罪并罚。[No. 6-7-350-2-1　吕书阳等走私制毒物品、职务侵占案]

△以非法贩卖为目的,提炼制造制毒物品的行为,应认定为非法买卖制毒物品罪。

麻黄碱类物质是制造甲基苯丙胺等苯丙胺类合成毒品的主要原料,属于《易制毒化学品管理条例》品种目录列明的第一类易制毒化学品,即刑法中规定的制毒物品。利用麻黄碱类复方制剂加工、提炼制毒物品,实际上是一种非法制造制毒物品的行为。实践中,此类行为已成为关联上游走私、非法买卖麻黄碱类复方制剂和下游制造毒品、走私、非法买卖制毒物品犯罪的关键环节,必须依法惩治,然而,《刑法》第三百五十条规定了走私制毒物品罪和非法买卖制毒物品罪,没有将非法制造制毒物品的行为规定为犯罪。因此,行为人尚未实施或者没有证据证明其实施走私、非法买卖制毒物品或者制造毒品犯罪的情形中,利用麻黄碱类复方制剂加工、提炼制毒物品的行为定性,一度是困扰办案人员的一个难题。

根据实践情况分析,利用麻黄碱类复方制剂加工、提炼麻黄碱类物质,其目的通常有三个:一是制造毒品;二是非法买卖制毒物品;三是走私制毒物品。行为人或是为本人制造毒品、走私、非法买卖制毒物品创造条件,或者是为他人制造毒品、走私、非法买卖制毒物品提供帮助。由于刑法未将非法制造制毒物品的行为规定为犯罪,对于利用麻黄碱类复方制剂加工、提炼制毒物品的行为,应当立足现有法律规定,根据行为人实施加工、提炼行为的具体目的,从该行为与制造毒品或者制毒物品犯罪的关系来认定。根据 2012 年 6 月 18 日公布的《最高人民法院、最高人民检察院、公安部关于办理走私、非法买卖麻黄碱类复方制剂等刑事案件适用法律若干问题的意见》的规定,以制造毒品或者走私、非法买卖制毒物品为目的,利用麻黄碱类复方制剂加工、提炼制毒物品的,分别按照制造毒品罪、走私制毒物品罪或者非法买卖制毒物品罪定罪处罚;明知他人制造毒品或者走私、非法买卖制毒物品,为其利用麻黄碱类复方制剂加工、提炼制毒物品的,分别以制造毒品罪、走私

---

① 《中华人民共和国禁毒法》(2007 年 12 月 29 日通过)

第二十一条

Ⅰ国家对麻醉药品和精神药品实行管制,对麻醉药品和精神药品的实验研究、生产、经营、使用、储存、运输实行许可和查验制度。

Ⅱ国家对易制毒化学品的生产、经营、购买、运输实行许可制度。

Ⅲ禁止非法生产、买卖、运输、储存、提供、持有、使用麻醉药品、精神药品和易制毒化学品。

制毒物品罪或者非法买卖制毒物品罪的共犯论处。

复方茶碱麻黄碱片属于麻黄碱类复方制剂，是一种止咳平喘的常用药品，其中所含盐酸麻黄碱是国家列管的麻黄碱类制毒物品。被告人杨平先以非法贩卖麻黄碱类制毒物品为目的，购买复方茶碱麻黄碱片后，租用厂房、雇用人员为其加工、提炼麻黄碱，并贩卖牟利。其行为包括非法制造制毒物品和非法贩卖制毒物品两部分。由于刑法未规定非法制造制毒物品罪，对非法制造制毒物品的行为，要结合行为人的目的来定性。综合在案证据分析，杨平先制造制毒物品的目的是用于贩卖，故对其制造制毒物品的行为应当认定为非法买卖制毒物品罪。被告人曾红宝、刘林全、刘林辉虽未直接实施非法买卖制毒物品犯罪，但三被告人明知杨平先非法贩卖麻黄碱类制毒物品牟利，而为其利用麻黄碱类复方制剂加工、提炼制毒物品或者为其提供其他帮助，应当以非法买卖制毒物品罪的共犯论处。[No. 6-7-350-1-2　王小情、杨平先等非法买卖制毒物品案]

△向他人贩卖制毒物品，没有证据证实行为人明知他人用于制造毒品的，不应认定为制造毒品罪的共犯。

根据共同犯罪理论，构成共同犯罪必须具备共同的犯罪故意和共同的犯罪行为。共同的犯罪故意要求各共同犯罪人之间有“意思联络”，即共同犯罪人在犯意上相互沟通。共同的犯罪行为包括实行行为、组织行为、教唆行为、帮助行为。《刑法》(1997年)第三百五十条第二款规定：“明知他人制造毒品而为其提供前款规定的物品的，以制造毒品罪的共犯论处。”可见，适用该款规定，应当同时具备主客观两个要件。主观要件方面，行为人应当明知他人实施制造毒品犯罪。这里的“明知”是指“确切地知道”，“他人”是指“相对确定的某人”，即要求行为人具有与相对确定的他人制造毒品的共同犯罪故意，即有与相对确定的他人共同实施制造毒品犯罪的意思联络。客观要件方面，行为人应当有为制毒人员实施制造毒品犯罪提供制毒原料的帮助行为。例如，向制毒人员贩卖制毒物品；向制毒人员提供制毒物品交换毒品或者抵账；以提供制毒物品作为出资形式参与制造毒品共同犯罪等。本案中，没有证据证实王小情、杨平先等人具有与相对确定的他人制造毒品的共同犯罪故意，也没有证据证实王小情、杨平先等人实施了向制毒人员贩卖制毒物品的行为。据查，直接或者间接从王小情等人处购买制毒物品的人员均系非法买卖制毒物品的犯罪分子，并非制毒人员。如果将处在中间环节倒卖制毒物品的人员都认定为制造毒品罪，既不符合刑法的规定，也会导致打击面过大。因此，本案各被告人的行为不应认定为构成制造毒品罪的共犯。[No. 6-7-350-1-3　王小情、杨平先等非法买卖制毒物品案]

△将麻黄碱类复方制剂拆解成粉末进行买卖的，应当认定为非法买卖制毒物品罪，以涉案麻黄碱复方制剂中所含有的麻黄碱类物质的数量，认定制毒物品数量。

麻黄碱类复方制剂是含有麻黄碱类物质和其他药物成分的药品复方制剂，是用于治疗感冒和咳嗽的常用药品，除新康泰克外，常见的还有白加黑感冒片、麻黄碱苯海拉明片、消咳宁等。麻黄碱类复方制剂具有双重属性：一方面，为日常生活中的常用药品，且大多为非处方药，故不属于国家列管的制毒物品范围。对于非法买卖麻黄碱类复方制剂的，不能直接将其作为非法买卖易制毒化学品的行为来处理。另一方面，通过物理提炼甚至手工分离的方法，可以从麻黄碱类复方制剂中提炼出麻黄碱类物质，而麻黄碱类物质是当前境内制造甲基苯丙胺等苯丙胺类合成毒品的主要原料。将麻黄碱类物质从复方制剂中剥离出来，改变了麻黄碱类复方制剂的药品属性，可以作为制毒物品处理。

麻黄碱类复方制剂是新康泰克，通用名称为复方盐酸伪麻黄碱缓释胶囊，其主要成分为盐酸伪麻黄碱，可用于制造冰毒。被告人解群英、梁兴、解飞明知新康泰克胶囊中所含盐酸伪麻黄碱系国家列管的易制毒化学品，为获取非法利益，雇人将所购新康泰克药品拆封，并将胶囊内的粉末装入塑料袋后向外非法出售，其行为改变了新康泰克胶囊的药品属性，即解群英、梁兴、解飞所贩卖的不再是药品，而是制剂内的麻黄碱类物质。从所获高额利润分析，解群英、梁兴、解飞已明知其未将新康泰克作为日常用药来出售，而是作为制毒物品出售。根据2012年6月18日发布的《最高人民法院、最高人民检察院、公安部关于办理走私、非法买卖麻黄碱类复方制剂等刑事案件适用法律若干问题的意见》第一条第三款的规定，将麻黄碱类复方制剂拆除包装、改变形态后进行走私或者非法买卖，或者明知是已拆除包装、改变形态的麻黄碱类复方制剂而进行走私或者非法买卖的，依照《刑法》第三百五十条第一款、第三款的规定，分别以走私制毒物品罪、非法买卖制毒物品罪定罪处罚。解群英、梁兴、解飞的行为属于将麻黄碱类复方制剂拆改包装、改变形态后进行非法买卖的情形，故其行为构成非法买卖制毒物品罪。

麻黄碱类复方制剂是由麻黄碱类物质和其他

成分混合而成的药品制剂，其中的麻黄碱类物质才是制毒物品，直接按照涉案麻黄碱类复方制剂数量定罪量刑缺乏科学性，也会导致处罚过于严厉，有违罪刑相适应原则。因此，在对相关行为以走私或者非法买卖制毒物品罪定罪处罚时，应当将涉案麻黄碱类复方制剂所含麻黄碱类物质的数量认定为制毒物品的数量。《最高人民法院、最高人民检察院、公安部关于办理走私、非法买卖麻黄碱类复方制剂等刑事案件适用法律若干问题的意见》第六条第一款规定："实施本意见规定的行为，以走私制毒物品罪、非法买卖制毒物品罪定罪处罚的，应当以涉案麻黄碱类复方制剂中麻黄碱类物质的含量作为涉案制毒物品的数量。"实践中，关于数量计算方法，对于正规厂家出产的成品药剂，可以按照其药品批准证明文件中列明的成分、含量进行计算；对于已拆除包装、改变形态的麻黄碱类复方制剂，则需要进行含量鉴定。本案中，每粒感冒药新康泰克含有90毫克盐酸伪麻黄碱。被告人解飞非法买卖的75箱新康泰克，其中所含盐酸伪麻黄碱的数量为：75×200盒×10粒×0.09克=13.5千克。据此计算方法，被告人解群英非法买卖的新康泰克中所含盐酸伪麻黄碱的数量至少为111.6千克，被告人梁兴非法买卖的数量至少为125.1千克。依照《最高人民法院关于审理毒品案件定罪量刑标准有关问题的解释》和《最高人民法院、最高人民检察院、公安部关于办理走私、非法买卖麻黄碱类复方制剂等刑事案件适用法律若干问题的意见》的相关规定，非法买卖麻黄碱、伪麻黄碱及其盐类和单方制剂5千克以上不满50千克的，构成非法买卖制毒物品罪，处三年以下有期徒刑、拘役或者管制，并处罚金；达到50千克以上的，为数量大，处三年以上十年以下有期徒刑，并处罚金。据此，法院以非法买卖制毒物品罪对解飞、解群英、梁兴定罪处罚是正确的。[No.6-7-350-1-4　解群英等非法买卖制毒物品、张海明等非法经营案]

△非法买卖麻黄碱类复方制剂，没有证据证明系用于非法买卖制毒物品的，不应认定为非法买卖制毒物品罪。

麻黄碱类复方制剂本身不属于列管的易制毒物品，对买卖麻黄碱类复方制剂的，不能直接依据《刑法》第三百五十条的规定定罪处罚。田春雨、王玉谦系医药公司的业务员，二人违规购买新康泰克后，将部分卖给张海明，张海明又转而卖给解群英等三人，田、王、张三人未改变新康泰克的药品属性，贩卖目的在于通过差价获取利润，故不能将其行为认定为非法买卖制毒物品罪，否则就等于将新康泰克等同于制毒物品，不符合法律规定。同时，没有具体证据证明张海明明知解群英等人将所购新康泰克胶囊拆解后作为制毒物品出售。尽管客观上张海明的行为为解群英等人贩卖制毒物品提供了帮助，但因缺乏共同犯罪的故意，故不能对张海明、田春雨、王玉谦以非法买卖制毒物品罪的共犯论处。

田春雨、王玉谦、张海明的行为符合非法经营罪的犯罪构成。根据《刑法》第二百二十五条第(一)项的规定，违反国家规定，未经许可经营法律、行政法规规定的专营、专卖物品或者其他限制买卖的物品，扰乱市场秩序，情节严重的，构成非法经营罪。国家对新康泰克实行经营管制，消费者每人每次最多购买5个最小包装。除个人合法购买外，禁止使用现金进行含麻黄碱类复方制剂交易。同时，相关法律法规规定，药品生产、经营企业不得在药品监督管理部门核准的地址以外的场所储存或者现货销售药品；药品生产、经营企业或者委派的药品销售人员，在没有签订药品销售合同的情况下，带药品现货以流动的方式在其他地区向药品经营、使用单位或者病患者、消费者销售药品的，视为异地经营，按无证经营处理。本案中，张海明、田春雨的行为属于无证经营；王玉谦虽有证据表明其有经营许可证及委托函，但其携带药品现货在药品监督管理部门核准地址以外的场所向个人出售，视为异地经营，按无证经营处理。其中，张海明非法经营数额为137万余元，田春雨非法经营数额为105万余元，王玉谦的异地非法经营数额为63万余元，均属于扰乱市场秩序情节严重，应当以非法经营罪论处。这样处理也符合《最高人民法院、最高人民检察院、公安部关于办理走私、非法买卖麻黄碱类复方制剂等刑事案件适用法律若干问题的意见》的规定。《最高人民法院、最高人民检察院、公安部关于办理走私、非法买卖麻黄碱类复方制剂等刑事案件适用法律若干问题的意见》第一条第四款规定，非法买卖麻黄碱类复方制剂，没有证据证明系用于非法买卖制毒物品，构成非法经营罪等其他犯罪的，依法定罪处罚。[No.6-7-350-1-5　解群英等非法买卖制毒物品、张海明等非法经营案]

第三百五十一条　【非法种植毒品原植物罪】

非法种植罂粟、大麻等毒品原植物的，一律强制铲除。有下列情形之一的，处五年以下有期徒刑、拘役或者管制，并处罚金：

（一）种植罂粟五百株以上不满三千株或者其他毒品原植物数量较大的；

（二）经公安机关处理后又种植的；

（三）抗拒铲除的。

非法种植罂粟三千株以上或者其他毒品原植物数量大的，处五年以上有期徒刑，并处罚金或者没收财产。

非法种植罂粟或者其他毒品原植物，在收获前自动铲除的，可以免除处罚。

【立法理由】

1979年刑法对此未作规定。1990年《全国人民代表大会常务委员会关于禁毒的决定》规定了非法种植毒品原植物罪的刑事责任。该决定第六条规定："非法种植罂粟、大麻等毒品原植物的，一律强制铲除。有下列情形之一的，处五年以下有期徒刑、拘役或者管制，并处罚金：(一)种植罂粟五百株以上不满三千株或者其他毒品原植物数量较大的；(二)经公安机关处理后又种植的；(三)抗拒铲除的。非法种植罂粟三千株以上或者其他毒品原植物数量大的，处五年以上有期徒刑，并处罚金或者没收财产。非法种植罂粟不满五百株或者其他毒品原植物数量较小的，由公安机关处十五日以下拘留，可以并处三千元以下罚款。非法种植罂粟或者其他毒品原植物，在收获前自动铲除的，可以免除处罚。"

1997年修订刑法时，将该内容纳入刑法，并作了修改完善，主要是删除了非法种植罂粟不满五百株或者其他毒品原植物数量较小的行政处罚的规定，主要考虑到这类行为给予行政处罚即可，不需在刑法中进行规定。

1997年修订刑法之后，该条未作修改。罂粟等毒品原植物不仅是提炼毒品的原料，也是目前生产麻醉药品必不可少的自然原料，为了满足医疗、教学和科研的需要，国家对麻醉药品药用原植物种植实行管制，允许少量种植罂粟、大麻以及国家规定管制的可以用于提炼加工毒品的其他原植物。国务院药品监督管理部门和国务院农业主管部门根据麻醉药品年度生产计划，制定麻醉药品药用原植物年度种植计划，药品监督管理部门对麻醉药品药用原植物的种植进行监督检查。实践中，有些人为了牟取非法利益，违反国家的有关规定，在一些边远、隐蔽地区非法种植罂粟、大麻等毒品原植物，其中许多毒品原植物流入制造毒品的犯罪分子手中，被加工成毒品，贻害社会。因此，本条对非法种植毒品原植物的犯罪作了处罚规定。

【条文说明】

本条是关于非法种植毒品原植物罪及其处罚的规定。

本条共分为三款。

第一款是**对构成非法种植毒品原植物罪的具体情节和处罚的规定**。本款所规定的这些情节是非法种植毒品原植物罪与非罪的界限。根据本款规定，有下列情节之一的，即构成非法种植毒品罪：

1. **种植罂粟五百株以上不满三千株或者其他毒品原植物数量较大的**。根据这一规定，该罪的起刑数量标准是种植罂粟五百株。值得注意的是，这里只规定了种植罂粟的量刑数量标准，而对于其他毒品原植物量刑标准只规定了"数量较大"。这样规定是由于在我国境内出现的非法种植的毒品原植物的情况中，主要是罂粟；另外，由于其他毒品原植物的情况各不相同，相当复杂，也难以在法律中都规定具体数量。根据2016年《最高人民法院关于审理毒品犯罪案件适用法律若干问题的解释》第九条的规定，具有下列情形之一的，应当认定为"**数量较大**"：(1)非法种植大麻五千株以上不满三万株的；(2)非法种植罂粟二百平方米以上不满一千二百平方米、大麻二千平方米以上不满一万二千平方米，尚未出苗的；(3)非法种植其他毒品原植物数量较大的。

2. "**经公安机关处理后又种植的**"是指过去曾因为种植罂粟等毒品原植物被公安机关给予治安管理处罚或者强制铲除过，也包括被依法追究

分则　第六章

过刑事责任[①],又再次种植毒品原植物的。在这种情况下,只要再次种植的,无论种植毒品原植物多少,都构成犯罪。

3. “**抗拒铲除的**”是指非法种植毒品原植物的行为人,在公安机关或者政府有关部门依法强制铲除这些毒品原植物时,使用暴力、威胁、设置障碍等方法拒不铲除的。[②]

第二款是**对非法种植毒品原植物数量大的处罚规定**。根据本款规定,非法种植罂粟三千株以上或者其他毒品原植物数量大的,处五年以上有期徒刑,最高刑期为十五年有期徒刑,并处罚金或者没收财产。

第三款是**对在收获前自动铲除非法种植毒品原植物的可以免除处罚的规定**。“**收获**”是指收获毒品,例如对罂粟进行割浆等。“**自动铲除**”是指非法种植毒品原植物的人主动进行铲除,而不是在执法人员的强制下铲除。“**可以免除处罚**”是指对自动铲除非法种植的毒品原植物的人,一般可免除处罚。这主要是考虑到行为还没有造成实质的社会危害,这也是鼓励行为人迷途知返,及时中止违法犯罪行为。但对于非法种植毒品原植物情节很严重,确需处罚的,也可酌情给予适当的处罚。需要特别强调的是,如果行为人在铲除后利用被铲除的毒品原植物制造毒品的,则不能适用本款的规定。

实际执行中应当注意非法种植的罂粟、大麻等毒品原植物的处理。根据本条规定,非法种植罂粟、大麻等毒品原植物的,**一律强制铲除**。实践中,无论行为人种植的数量多少,无论行为构成行政违法还是犯罪,非法种植的毒品原植物,都应当予以铲除。该内容在《禁毒法》第十九条中也有体现,《禁毒法》第十九条第二款规定:“地方各级人民政府发现非法种植毒品原植物的,应当立即采取措施予以制止、铲除。村民委员会、居民委员会发现非法种植毒品原植物的,应当及时予以制止、铲除,并向当地公安机关报告。”

【司法解释】

《最高人民法院关于审理毒品犯罪案件适用法律若干问题的解释》(法释〔2016〕8 号,自 2016 年 4 月 11 日起施行)

△(**数量较大;数量大**)非法种植毒品原植物,具有下列情形之一的,应当认定为刑法第三百五十一条第一款第一项规定的“数量较大”:

(一)非法种植大麻五千株以上不满三万株的;

(二)非法种植罂粟二百平方米以上不满一千二百平方米、大麻二千平方米以上不满一万二千平方米,尚未出苗的[③];

(三)非法种植其他毒品原植物数量较大的。

非法种植毒品原植物,达到前款规定的最高数量标准的,应当认定为刑法第三百五十一条第二款规定的“数量大”。(§ 9)

【司法解释性文件】

《最高人民检察院、公安部关于公安机关管辖的刑事案件立案追诉标准的规定(三)》(公通字〔2012〕26 号,2012 年 5 月 16 日公布)

△(**非法种植毒品原植物罪;立案追诉标准;种植;在收获前自动铲除**)非法种植罂粟、大麻等毒品原植物,涉嫌下列情形之一的,应予立案追诉:

(一)非法种植罂粟五百株以上的;

(二)非法种植大麻五千株以上的;

(三)非法种植其他毒品原植物数量较大的;

(四)非法种植罂粟二百平方米以上、大麻二千平方米以上或者其他毒品原植物面积较大,尚未出苗的;

(五)经公安机关处理后又种植的;

(六)抗拒铲除的。

本条所规定的“种植”,是指播种、育苗、移栽、插苗、施肥、灌溉、割取津液或者收取种子等行为。非法种植毒品原植物的株数一般应以实际查获的数量为准。因种植面积较大,难以逐株清点数目的,可以抽样测算每平方米平均株数后按实际种植面积测算出种植总株数。

非法种植罂粟或者其他毒品原植物,在收获前自动铲除的,可以不予立案追诉。(§ 7)

① 我国学者指出,已经受到刑罚处罚,只是判断行为人再犯罪可能性大小的资料,而不可能成为新犯罪的不法根据。因此,行为人被依法追究刑事责任后再次种植,只有再次种植的行为完全符合本罪的犯罪构成,才能以本罪论处,并同时判断是否成立累犯。参见张明楷:《刑法学》(第 6 版),法律出版社 2021 年版,第 1523 页。

② 抗拒对象不以国家机关为限,还应包括基层组织(如村民委员会、居民委员会)。参见张明楷:《刑法学》(第 6 版),法律出版社 2021 年版,第 1523 页。

③ 我国学者指出,种植面积大但还没有形成毒品原植物,不应论以本罪。退万步而言,行为人在种植之前的行为,肯定符合《刑法》第三百五十二条之非法买卖、运输、携带、持有毒品原植物种子、幼苗罪。并且即使可以认定为非法种植毒品原植物罪,也只能认定为未遂犯或者预备犯。参见张明楷:《刑法学》(第 6 版),法律出版社 2021 年版,第 1523 页。

【附属刑法】

《中华人民共和国禁毒法》(2007 年 12 月 29 日通过)

第五十九条

有下列行为之一,构成犯罪的,依法追究刑事责任;尚不构成犯罪的,依法给予治安管理处罚:

……

(三)非法种植毒品原植物的①;

……

第三百五十二条 【非法买卖、运输、携带、持有毒品原植物种子、幼苗罪】

非法买卖、运输、携带、持有未经灭活的罂粟等毒品原植物种子或者幼苗,数量较大的,处三年以下有期徒刑、拘役或者管制,并处或者单处罚金。

【立法理由】

1979 年刑法对此未作规定。**1997 年修订刑法**时,增加了本条规定的内容。这主要是考虑到要严禁非法种植毒品原植物,必须在各个方面堵住漏洞,其中一个重要的方面就是必须严格禁止非法买卖、运输、携带、持有毒品原植物种子、幼苗。罂粟籽等一些原植物种子和幼苗本身不具毒性,《联合禁止非法贩运麻醉药品和精神药物公约》和我国麻醉药品表中都未将其列为毒品,但联合国公约中明确规定对罂粟籽应严格加以管制。之所以未对罂粟籽等毒品原植物种子规定一律禁止买卖、运输、携带、持有,而是限定于未经灭活处理的,就是因为其中有些可用于食品加工,如罂粟籽,有些国家习惯于将其作为面包上的配料。但如不经灭活处理,就会被不法分子钻空子,用于种植毒品原植物,进而制造出毒品,所以本条将非法买卖、运输、携带、持有未经灭活的毒品原植物种子或者幼苗的行为规定为犯罪。

【条文说明】

本条是关于非法买卖、运输、携带、持有毒品原植物种子、幼苗罪及其处罚的规定。

本条中,**非法"买卖"**是指非法购买或者出售未经灭活的毒品原植物种子或者幼苗的行为。**非法"运输"**是指非法运输未经灭活的罂粟等毒品原植物种子或者幼苗的行为,包括国内运输和在国境、边境非法输入输出。**非法"携带、持有"**是指违反国家规定,随身携带、私藏未经灭活的罂粟等毒品原植物种子或者幼苗的行为。**"未经灭活的罂粟等毒品原植物种子"**,是指没有经过烘烤、放射线照射等处理手段,还能继续繁殖、发芽的罂粟等毒品原植物种子。根据本条规定,只要具有本条规定的非法买卖、运输、携带、持有未经灭活的罂粟等毒品原植物种子或者幼苗,数量较大的行为的,无论其目的为何②,即构成犯罪,这一规定与《联合国禁止非法贩运麻醉药品和精神药物公约》中对毒品原植物种子进行严格管制的精神是完全一致的。根据《最高人民法院关于审理毒品犯罪案件适用法律若干问题的解释》的规定,**"数量较大"**是指:(1)罂粟种子五十克以上、罂粟幼苗五千株以上的;(2)大麻种子五十千克以上、大麻幼苗五万株以上的;(3)其他毒品原植物种子或者幼苗数量较大的。

实际执行中应当注意以下两个方面的问题:

1. 关于本罪的认定。对于持有未经灭活的罂粟等毒品原植物种子或者幼苗的行为,需要结合行为人持有的目的予以认定。如果行为人持有这些种子或者幼苗是为了自己栽培、种植的,对于其播种和栽培幼苗的行为,应当以**非法种植毒品原植物罪**论处;如果行为人持有的目的不是为了进一步种植,而是为了出售或者提供给他人,则应当依照本罪予以定罪处罚。"买卖""运输""携带""持有"这四种行为既有联系又有区别,不需

---

① 《中华人民共和国禁毒法》(2007 年 12 月 29 日通过)

第十九条

Ⅰ国家对麻醉药品药用原植物种植实行管制。禁止非法种植罂粟、古柯植物、大麻植物以及国家规定管制的可以用于提炼加工毒品的其他原植物。禁止走私或者非法买卖、运输、携带、持有未经灭活的毒品原植物种子或者幼苗。

Ⅱ地方各级人民政府发现非法种植毒品原植物的,应当立即采取措施予以制止、铲除。村民委员会、居民委员会发现非法种植毒品原植物的,应当及时予以制止、铲除,并向当地公安机关报告。

② 我国学者指出,为了非法种植毒品原植物而非法买卖、运输、携带、持有毒品原植物种苗,应按照非法种植毒品原植物罪处理。参见周光权:《刑法各论》(第 4 版),中国人民大学出版社 2021 年版,第 516 页。

同时具备而只需具备其中之一,即可构成本罪。

2. 关于本罪的处罚。根据本法第三百五十六条的规定,因走私、贩卖、运输、制造、非法持有毒品罪被判过刑,又犯本条规定之罪的,**应当从重处罚**。

【司法解释】

《最高人民法院关于审理毒品犯罪案件适用法律若干问题的解释》(法释〔2016〕8号,自2016年4月11日起施行)

△(**数量较大**)非法买卖、运输、携带、持有未经灭活的毒品原植物种子或者幼苗,具有下列情形之一的,应当认定为刑法第三百五十二条规定的"数量较大":

(一)罂粟种子五十克以上、罂粟幼苗五千株以上的;

(二)大麻种子五十千克以上、大麻幼苗五万株以上的;

(三)其他毒品原植物种子或者幼苗数量较大的。(§ 10)

【司法解释性文件】

《最高人民检察院、公安部关于公安机关管辖的刑事案件立案追诉标准的规定(三)》(公通字〔2012〕26号,2012年5月16日公布)

△(**非法买卖、运输、携带、持有毒品原植物种子、幼苗罪;立案追诉标准**)非法买卖、运输、携带、持有未经灭活的罂粟等毒品原植物种子或者幼苗,涉嫌下列情形之一的,应予立案追诉:

(一)罂粟种子五十克以上、罂粟幼苗五千株以上;

(二)大麻种子五十千克以上、大麻幼苗五万株以上;

(三)其他毒品原植物种子、幼苗数量较大的。(§ 8)

【附属刑法】

《中华人民共和国禁毒法》(2007年12月29日通过)

第五十九条

有下列行为之一,构成犯罪的,依法追究刑事责任;尚不构成犯罪的,依法给予治安管理处罚:

……

(四)非法买卖、运输、携带、持有未经灭活的毒品原植物种子或者幼苗的①;

……

第三百五十三条　【引诱、教唆、欺骗他人吸毒罪】【强迫他人吸毒罪】

引诱、教唆、欺骗他人吸食、注射毒品的,处三年以下有期徒刑、拘役或者管制,并处罚金;情节严重的,处三年以上七年以下有期徒刑,并处罚金。

强迫他人吸食、注射毒品的,处三年以上十年以下有期徒刑,并处罚金。

引诱、教唆、欺骗或者强迫未成年人吸食、注射毒品的,从重处罚。

【立法理由】

1979年刑法对此未作规定。1990年《全国人民代表大会常务委员会关于禁毒的决定》,规定了引诱、教唆、欺骗他人吸毒罪和强迫他人吸毒罪的刑事责任。该决定第七条规定:"引诱、教唆、欺骗他人吸食、注射毒品的,处七年以下有期徒刑、拘役或者管制,并处罚金。强迫他人吸食、注射毒品的,处三年以上十年以下有期徒刑,并处罚金。引诱、教唆、欺骗或者强迫未成年人吸食、注射毒品的,从重处罚。"

1997年修订刑法时,将该内容纳入刑法,并作了修改完善,主要是将引诱、教唆、欺骗他人吸毒罪的法定刑由一档调整为两档,将原来的"处七年以下有期徒刑、拘役或者管制,并处罚金"修改为"处三年以下有期徒刑、拘役或者管制,并处罚金"和"情节严重的,处三年以上七年以下有期徒刑,并处罚金"。这主要是考虑从罪责刑相适应的

① 《中华人民共和国禁毒法》(2007年12月29日通过)

第十九条

Ⅰ国家对麻醉药品药用原植物种植实行管制。禁止非法种植罂粟、古柯植物、大麻植物以及国家规定管制的可以用于提炼加工毒品的其他原植物。禁止走私或者非法买卖、运输、携带、持有未经灭活的毒品原植物种子或者幼苗。

Ⅱ地方各级人民政府发现非法种植毒品原植物的,应当立即采取措施予以制止、铲除。村民委员会、居民委员会发现非法种植毒品原植物的,应当及时予以制止、铲除,并向当地公安机关报告。

原则出发，根据不同的犯罪情节，科以不同的刑罚。

1997年修订刑法之后，该条文未作修改。将强迫、引诱、教唆、欺骗他人吸食、注射毒品的行为规定为犯罪，既是我国打击毒品犯罪的实际需要，又符合《联合国禁止非法贩运麻醉药品和精神药物公约》的精神。强迫、引诱、教唆、欺骗他人吸食、注射毒品的事件在实践中常有发生，有的吸毒人员甚至在聚会时公然以请客为名引诱众人吸食毒品，不仅严重损害了他人的身心健康，也导致毒品的迅速蔓延，社会影响极坏，具有很大的社会危害性。同时也应当看到，强迫、引诱、教唆、欺骗他人吸食、注射毒品，也是贩毒分子扩大毒品市场的主要手段之一，多数吸毒者初次吸食、注射毒品都是在他人引诱、教唆、欺骗下进行的，并很快产生了毒瘾，不能自拔，诱发各种刑事犯罪，严重破坏了社会治安，对这类犯罪行为必须严厉打击。同时，根据我国加入的《联合国禁止非法贩运麻醉药品和精神药物公约》的规定，各缔约国应采取可能的必要措施将以任何手段公开鼓动或引诱他人非法使用麻醉药品或精神药物的行为规定为犯罪。将引诱、教唆、欺骗他人吸食、注射毒品的行为规定为犯罪，也符合公约的要求。此外，未成年人正处于身心发育关键时期，自控能力较差，易受到他人的欺骗、引诱和教唆，同时更容易受到他人的强迫。为了保护未成年人的健康成长，本条规定，对于引诱、教唆、欺骗、强迫未成年人吸食、注射毒品的，要从重处罚。

【条文说明】

本条是关于引诱、教唆、欺骗他人吸毒罪，强迫他人吸毒罪及其处罚的规定。

本条共分为三款。

第一款是对引诱、教唆、欺骗他人吸食、注射毒品的行为定罪处罚的规定。**“引诱、教唆他人吸食、注射毒品的”**是指通过向他人宣传吸毒后的体验，示范吸毒方法，或者对他人进行蛊惑，从而促使他人吸食、注射毒品的行为。**“欺骗他人吸食、注射毒品的”**是指在他人不知情的情况下，给他人吸食、注射毒品的行为。例如行为人暗中在香烟中掺入毒品，或者在药品中掺入毒品，供他人吸食或者使用，使其不知不觉地染上毒瘾，从而达到行为人的某些个人目的。[①] 被引诱、教唆、欺骗者是否因此形成毒瘾，不是构成犯罪的必要条件，但应该作为处刑的情节来考虑。有引诱、教唆、欺骗他人吸食、注射毒品的行为的，即构成本条规定的犯罪，依法应当处三年以下有期徒刑、拘役或者管制，并处罚金。

这里的**“情节严重”**，主要是指引诱、教唆、欺骗多人吸食、注射毒品以及致使他人吸毒成瘾，造成严重后果的等。根据《最高人民法院关于审理毒品犯罪案件适用法律若干问题的解释》的规定，具有下列情形之一的，应当认定为**“情节严重”**：(1)引诱、教唆、欺骗多人或者多次引诱、教唆、欺骗他人吸食、注射毒品的；(2)对他人身体健康造成严重危害的；(3)导致他人实施故意杀人、故意伤害、交通肇事等犯罪行为的；(4)国家工作人员引诱、教唆、欺骗他人吸食、注射毒品的；(5)其他情节严重的情形。根据本条规定，情节严重的，应当处以三年以上七年以下有期徒刑，并处罚金。

第二款是对强迫他人吸食、注射毒品的行为定罪处罚的规定。**“强迫”他人吸食、注射毒品**，是指违背他人的意愿，以暴力、胁迫或者其他手段，迫使他人吸食、注射毒品的行为。[②] 强迫他人吸食、注射毒品的行为，比引诱、教唆、欺骗他人吸食、注射毒品的行为危害性更大，因此本条规定了更重的刑罚，为三年以上十年以下有期徒刑，并处罚金。

第三款是对引诱、教唆、欺骗或者强迫未成年人吸食、注射毒品的行为从重处罚的规定。这里的**“未成年人”**是指不满十八周岁的人。未成年人也正处于人生观、价值观、世界观形成的关键时期，不能认识或者不能正确认识毒品的危害性，比成年人更容易被引诱、教唆或者欺骗而吸食毒品，并且未成年人正处在成长发育时期，吸食、注射毒品对他们的身心健康将带来极大的危害，给他们正常的学习生活带来极大的负面影响，影响其成长成才，这些在将来也可能会成为社会的不稳定因素。因此，本款规定，**引诱、教唆、欺骗或者强迫未成年人吸食、注射毒品的，从重处罚**。

【司法解释】

《最高人民法院关于审理毒品犯罪案件适用法律若干问题的解释》(法释〔2016〕8号，自2016年4月11日起施行)

△(**情节严重**)引诱、教唆、欺骗他人吸食、注

---

① 我国学者指出，被引诱、教唆、欺骗者应当是从来没有吸食、注射过毒品之人，或者虽然吸食、注射过毒品但已经彻底戒除之人。参见周光权：《刑法各论》(第4版)，中国人民大学出版社2021年版，第517页。

② 医务人员向处于发病期间的精神病患者强制使用精神药品，是合法的业务行为，不属于强迫吸毒行为。参见周光权：《刑法各论》(第4版)，中国人民大学出版社2021年版，第517页。

射毒品，具有下列情形之一的，应当认定为刑法第三百五十三条第一款规定的“情节严重”：

（一）引诱、教唆、欺骗多人或者多次引诱、教唆、欺骗他人吸食、注射毒品的；

（二）对他人身体健康造成严重危害的；

（三）导致他人实施故意杀人、故意伤害、交通肇事等犯罪行为的；

（四）国家工作人员引诱、教唆、欺骗他人吸食、注射毒品的；

（五）其他情节严重的情形。（§ 11）

《最高人民法院关于审理走私、非法经营、非法使用兴奋剂刑事案件适用法律若干问题的解释》（法释〔2019〕16 号，自 2020 年 1 月 1 日起施行）

△（**非法使用兴奋剂；情节恶劣；虐待被监护、看护人罪**）对未成年人、残疾人负有监护、看护职责的人组织未成年人、残疾人在体育运动中非法使用兴奋剂，具有下列情形之一的，应当认定为刑法第二百六十条之一规定的“情节恶劣”，以虐待被监护、看护人罪定罪处罚：

（一）强迫未成年人、残疾人使用的；

（二）引诱、欺骗未成年人、残疾人长期使用的；

（三）其他严重损害未成年人、残疾人身心健康的情形。（§ 3）

△（**兴奋剂；毒品、制毒物品**）实施本解释规定的行为，涉案物质属于毒品、制毒物品等，构成有关犯罪的，依照相应犯罪定罪处罚。（§ 7）

△（**“兴奋剂”“兴奋剂目录所列物质”“体育运动”“国内、国际重大体育竞赛”等专门性问题；认定意见**）对于是否属于本解释规定的“兴奋剂”“兴奋剂目录所列物质”“体育运动”“国内、国际重大体育竞赛”等专门性问题，应当依据《中华人民共和国体育法》《反兴奋剂条例》等法律法规，结合国务院体育主管部门出具的认定意见等证据材料作出认定。（§ 8）

【司法解释性文件】

《最高人民检察院、公安部关于公安机关管辖的刑事案件立案追诉标准的规定（三）》（公通字〔2012〕26 号，2012 年 5 月 16 日公布）

△（**引诱、教唆、欺骗他人吸毒罪；立案追诉标准**）引诱、教唆、欺骗他人吸食、注射毒品的，应予立案追诉。（§ 9）

△（**强迫他人吸毒罪；立案追诉标准**）违背他人意志，以暴力、胁迫或者其他强制手段，迫使他人吸食、注射毒品的，应予立案追诉。（§ 10）

《最高人民法院、最高人民检察院关于常见犯罪的量刑指导意见（试行）》（法发〔2021〕21 号，2021 年 6 月 6 日发布）

△（**容留他人吸毒罪；量刑**）

1. 构成容留他人吸毒罪的，在一年以下有期徒刑、拘役幅度内确定量刑起点。

2. 在量刑起点的基础上，根据容留他人吸毒的人数、次数等其他影响犯罪构成的犯罪事实增加刑罚量，确定基准刑。

3. 构成容留他人吸毒罪的，根据容留他人吸毒的人数、次数、违法所得数额、危害后果等犯罪情节，综合考虑被告人缴纳罚金的能力，决定罚金数额。

4. 构成容留他人吸毒罪的，综合考虑容留他人吸毒的人数、次数、危害后果等犯罪事实、量刑情节，以及被告人主观恶性、人身危险性、认罪悔罪表现等因素，决定缓刑的适用。

【附属刑法】

《中华人民共和国禁毒法》（2007 年 12 月 29 日通过）

第五十九条

有下列行为之一，构成犯罪的，依法追究刑事责任；尚不构成犯罪的，依法给予治安管理处罚：

……

（六）强迫、引诱、教唆、欺骗他人吸食、注射毒品的；

……

【指导性案例】

最高人民检察院指导性案例第 152 号：郭某某欺骗他人吸毒案（2022 年 6 月 21 日发布）

△（**欺骗他人吸毒罪；麻醉药品、精神药品；情节严重；自行补充侦查；客观性证据审查**）行为人明知系国家管制的麻醉药品、精神药品而向他人的饮料、食物中投放，欺骗他人吸食的，应当以欺骗他人吸毒罪追究刑事责任。对于有证据证明行为人为实施强奸、抢劫等犯罪而欺骗他人吸食麻醉药品、精神药品的，应当按照处罚较重的罪名追究刑事责任。检察机关应当加强自行补充侦查，强化电子数据等客观性证据审查，准确认定犯罪事实。

第三百五十四条　【容留他人吸毒罪】
容留他人吸食、注射毒品的，处三年以下有期徒刑、拘役或者管制，并处罚金。

【立法理由】

1979 年刑法对此未作规定。1990 年《全国人民代表大会常务委员会关于禁毒的决定》规定了容留他人吸食并出售毒品行为的刑事责任。该决定第九条规定："容留他人吸食、注射毒品并出售毒品的，依照第二条的规定处罚。"其中该决定第二条是关于走私、贩卖、运输、制造毒品的规定。

1997 年修订刑法时，将该内容纳入刑法，并作了修改完善，主要是将容留他人吸食、注射毒品的行为独立规定为犯罪，删除了"并出售毒品的"的规定。1997 年修订刑法之后，该条文未作修改。容留他人吸食、注射毒品的行为，为吸毒人员吸毒、买卖毒品提供了便利，纵容了吸毒行为，导致毒品的泛滥蔓延；容留人通常会采取各种手段帮助吸毒人员逃避查处，包庇毒品违法犯罪行为，给禁毒工作制造障碍。因此，有必要将容留他人吸毒的行为规定为犯罪。

【条文说明】

本条是关于容留他人吸毒罪及其处罚的规定。

本条中规定的"**容留他人吸食、注射毒品**"是指提供场所，供他人吸食、注射毒品的行为。这里的"场所"，可以是自己的住所，也可以是其经管的场所，如酒吧等。[①] 其重点打击的应是以牟利为目的，为他人吸毒提供处所和集中为多人提供吸毒场所的行为。根据 2016 年《最高人民法院关于审理毒品犯罪案件适用法律若干问题的解释》的规定，具有下列情形之一的，应当以**容留他人吸毒罪**定罪处罚：(1)一次容留多人吸食、注射毒品的；(2)二年内多次容留他人吸食、注射毒品的；(3)二年内曾因容留他人吸食、注射毒品受过行政处罚的；(4)容留未成年人吸食、注射毒品的；(5)以牟利为目的容留他人吸食、注射毒品的；(6)容留他人吸食、注射毒品造成严重后果的；(7)其他应当追究刑事责任的情形。执行中，需要注意掌握好罪与非罪的界限，对于不知某人是吸毒人，而为其提供旅馆等场所住宿，吸毒人在其场所吸毒的，不应按犯罪处理。

实际执行中应当注意，对于容留他人吸毒的行为，尚不构成犯罪的，也应当给予**行政处罚**。根据《禁毒法》第六十一条的规定，应当由公安机关处十日以上十五日以下拘留，可以并处三千元以下罚款，情节较轻的，处五日以下拘留或者五百元以下罚款。

【司法解释】

《最高人民法院关于审理毒品犯罪案件适用法律若干问题的解释》（法释〔2016〕8 号，自 2016 年 4 月 11 日起施行）

△（**容留他人吸食毒品罪；数罪并罚；贩卖毒品罪；近亲属；酌情从宽处理**）容留他人吸食、注射毒品，具有下列情形之一的，应当依照刑法第三百五十四条的规定，以容留他人吸毒罪定罪处罚：

（一）一次容留多人吸食、注射毒品的；

（二）二年内多次容留他人吸食、注射毒品的；

（三）二年内曾因容留他人吸食、注射毒品受过行政处罚的；

（四）容留未成年人吸食、注射毒品的；

（五）以牟利为目的容留他人吸食、注射毒品的；

（六）容留他人吸食、注射毒品造成严重后果的；

（七）其他应当追究刑事责任的情形。

向他人贩卖毒品后又容留其吸食、注射毒品，或者容留他人吸食、注射毒品并向其贩卖毒品，符合前款规定的容留他人吸毒罪的定罪条件的，以贩卖毒品罪和容留他人吸毒罪数罪并罚。

容留近亲属吸食、注射毒品，情节显著轻微危害不大的，不作为犯罪处理；需要追究刑事责任的，可以酌情从宽处罚。（§ 12）

【司法解释性文件】

《最高人民检察院、公安部关于公安机关管辖的刑事案件立案追诉标准的规定(三)》（公通字

---

① 本罪之"场所"，并不要求完全封闭（只要相对于外界隔离，一般人难以发现吸毒行为即可）；也不要求是专门用于吸毒的场所；亦不要求行为人有绝对支配权、控制权（其多少有一些管理权即可）。参见周光权：《刑法各论》（第 4 版），中国人民大学出版社 2021 年版，第 518 页。

〔2012〕26号,2012年5月16日公布)

△(**容留他人吸毒罪;立案追诉标准**)提供场所,容留他人吸食、注射毒品,涉嫌下列情形之一的,应予立案追诉:

(一)容留他人吸食、注射毒品两次以上的;

(二)一次容留三人以上吸食、注射毒品的;

(三)因容留他人吸食、注射毒品被行政处罚,又容留他人吸食、注射毒品的;

(四)容留未成年人吸食、注射毒品的;

(五)以牟利为目的容留他人吸食、注射毒品的;

(六)容留他人吸食、注射毒品造成严重后果或者其他情节严重的。(§ 11)

【附属刑法】

《中华人民共和国禁毒法》(2007年12月29日通过)

第六十一条

容留他人吸食、注射毒品或者介绍买卖毒品,构成犯罪的,依法追究刑事责任;尚不构成犯罪的,由公安机关处十日以上十五日以下拘留,可以并处三千元以下罚款;情节较轻的,处五日以下拘留或者五百元以下罚款。

第六十五条

Ⅰ娱乐场所及其从业人员实施毒品违法犯罪行为,或者为进入娱乐场所的人员实施毒品违法犯罪行为提供条件,构成犯罪的,依法追究刑事责任;尚不构成犯罪的,依照有关法律、行政法规的规定给予处罚。

Ⅱ娱乐场所经营管理人员明知场所内发生聚众吸食、注射毒品或者贩毒活动,不向公安机关报告的,依照前款的规定给予处罚。

【参考案例】

△**旅店经营者发现他人在房间内吸毒而不予制止的,构成容留他人吸毒罪。**

容留他人吸毒罪是指容留他人吸食、注射毒品的行为。对于此处的容留,应当理解为允许他人在自己管理的场所吸食、注射毒品或者为他人吸食、注射毒品提供场所的行为。容留他人吸毒罪的主观方面包括间接故意。立法原意旨在打击为他人吸食、注射毒品提供场所的行为,实质是处罚吸毒违法行为的“帮助犯”,以最大限度地遏制吸毒行为的发生。因此,容留他人吸毒罪的主观方面包括间接故意,这样的理解既不违反立法原意和刑法理论,也符合我国厉行禁毒的一贯立场和坚决主张。在个案处理上,要根据案件的具体情况区别对待。例如,房主出租房屋后,偶然发现他人在房屋内吸食、注射毒品未予以制止或者未报案的,一般不成立本罪;行为人放任共同生活的家庭成员在自家住所吸食、注射毒品的,一般也不成立本罪。《最高人民检察院、公安部关于公安机关管辖的刑事案件立案追诉标准的规定(三)》第十一条规定了容留他人吸毒案件的立案追诉标准,具体内容是:提供场所,容留他人吸食、注射毒品,涉嫌下列情形之一的,应予立案追诉:(1)容留他人吸食、注射毒品2次以上的;(2)一次容留3人以上吸食、注射毒品的;(3)因容留他人吸食、注射毒品被行政处罚,又容留他人吸食、注射毒品的;(4)容留未成年人吸食、注射毒品的;(5)以牟利为目的的容留他人吸食、注射毒品的;(6)容留他人吸食、注射毒品造成严重后果或者其他情节严重的。在最高人民法院出台容留他人吸毒案件的定罪量刑标准之前,审理此类案件时可以参照该立案追诉标准。被告人聂凯凯作为案发旅馆的实际经营者,其对于旅馆房间拥有场所上的管理权和支配权。五名吸毒人员(含一名未成年人)先后入住聂凯凯经营的旅馆,并在房间内吸食毒品。尽管聂凯凯事先并不明知该五名客人入住的真实目的是吸食毒品,但其在到房间送毛巾等物品时,发现这五名客人吸食毒品的行为后,既未作制止,也未向公安机关报告,放任吸毒行为继续发生,其行为客观上为他人吸食毒品提供了场所,符合容留他人吸毒罪的构成要件。参照上述立案追诉标准,本案同时具有容留他人吸食毒品两次以上、容留未成年人吸食毒品等情形,依法应当追究刑事责任。[No. 6-7-354-1　聂凯凯容留他人吸毒案]

第三百五十五条　【非法提供麻醉药品、精神药品罪】

依法从事生产、运输、管理、使用国家管制的麻醉药品、精神药品的人员，违反国家规定，向吸食、注射毒品的人提供国家规定管制的能够使人形成瘾癖的麻醉药品、精神药品的，处三年以下有期徒刑或者拘役，并处罚金；情节严重的，处三年以上七年以下有期徒刑，并处罚金。向走私、贩卖毒品的犯罪分子或者以牟利为目的，向吸食、注射毒品的人提供国家规定管制的能够使人形成瘾癖的麻醉药品、精神药品的，依照本法第三百四十七条的规定定罪处罚。

单位犯前款罪的，对单位判处罚金，并对其直接负责的主管人员和其他直接责任人员，依照前款的规定处罚。

【立法理由】

1979年刑法对此未作规定。1990年《全国人民代表大会常务委员会关于禁毒的决定》规定了非法提供麻醉药品、精神药品行为的刑事责任。该决定第十条第二款规定："依法从事生产、运输、管理、使用国家管制的麻醉药品、精神药品的人员违反国家规定，向吸食、注射毒品的人提供国家管制的麻醉药品、精神药品的，处七年以下有期徒刑或者拘役，可以并处罚金。向走私、贩卖毒品的犯罪分子或者以牟利为目的，向吸食、注射毒品的人提供国家管制的麻醉药品、精神药品的，依照第二条的规定处罚。单位有第二款规定的违法犯罪行为的，对其直接负责的主管人员和其他直接责任人员，依照第二款的规定处罚，并对单位判处罚金。"其中该决定第二条是关于走私、贩卖、运输、制造毒品的规定。

1997年修订刑法时，将该内容纳入刑法，并作了修改完善，主要是调整了法定刑，将决定中的"处七年以下有期徒刑或者拘役，可以并处罚金"调整为两档刑罚，即"处三年以下有期徒刑或者拘役，并处罚金"和"情节严重的，处三年以上七年以下有期徒刑，并处罚金"。这主要是从罪责刑相适应的原则出发，根据犯罪分子的犯罪情节不同，科以不同的刑罚，以利于对非法提供麻醉药品、精神药品的犯罪行为的打击。

1997年修订刑法之后，该条文未作修改。国家对麻醉药品和精神药品实行严格的管制，法律和行政法规对麻醉药品和精神药品的生产、运输、管理、使用都有严格而明确的规定，任何单位和个人都应当遵守这些规定，以确保麻醉药品和精神药品不会流失到不法分子手中危害社会。实践中，有一些依法从事生产、运输、管理、使用麻醉药品和精神药品的人员和单位，如医生、生产企业、医疗研究单位等，为了牟取非法经济利益、出于人情或者是有求于人等原因，违反国家规定，向吸食、注射毒品的人提供国家管制的麻醉药品和精神药品，破坏了国家对麻醉药品和精神药品的管理秩序，使毒品流入社会，危害他人，对这种行为应当依法追究刑事责任。

【条文说明】

本条是关于非法提供麻醉药品、精神药品罪及其处罚的规定。

本条共分为两款。

第一款是关于依法从事生产、运输、管理、使用国家管制的麻醉药品、精神药品的人员，违反国家规定，向吸毒、走私、贩卖毒品的人提供国家管制的麻醉药品、精神药品的行为如何追究刑事责任的规定。"**依法从事生产、运输、管理、使用国家管制的麻醉药品、精神药品的人员**"是指对国家管制的麻醉药品和精神药品有合法生产、运输、管理、使用权的人员。本款规定的犯罪主体是个人。其中"**生产**"是指依照国家卫生行政主管部门的指定，种植用于加工提炼麻醉药品的原植物，制造或者试制麻醉药品、精神药品的成品、半成品和制剂。"**运输**"是指将国家管制的麻醉药品和精神药品通过陆路、水路或者空中，由一地运往另一地，包括进出口。"**管理**"是指对国家管制的麻醉药品和精神药品存放的保管以及批发、调拨、供应等。"**使用**"是指有关人员依照国家有关规定将国家管制的麻醉药品和精神药品用于医疗、教学、科研的行为。如医生为癌症病人开具吗啡、杜冷丁用药处方等。"**违反国家规定，向吸食、注射毒品的人提供国家规定管制的能够使人形成瘾癖的麻醉药品、精神药品**"是指上述人员明知某种药品属于麻醉药品或精神药品而违反国家有关规定，

分则　第六章

将该药品提供给吸食、注射毒品者[1]的行为。[2] 根据《刑法》第九十六条的规定,这里的“**违反国家规定**”指的是违反国家管制麻醉药品、精神药品的有关法律、行政法规,以及国务院规定的行政措施、发布的决定和命令,包括禁毒法、药品管理法、麻醉药品和精神药品管理条例等,不包括部门规章。

“向走私、贩卖毒品的犯罪分子或者以牟利为目的,向吸食、注射毒品的人提供国家规定管制的能够使人形成瘾癖的麻醉药品、精神药品的”是指行为人明知某药品属于国家管制的麻醉药品、精神药品而向走私、贩卖毒品的人提供该药品的行为和以获取金钱财物为目的,向吸毒者提供该药品的行为。这种行为与贩毒行为的主观故意和危害后果完全一致。因此,本款规定对这种行为依照《刑法》第三百四十七条的规定处罚。

需要特别注意的是,对于以牟利为目的,违反国家规定,虽向他人提供国家管制的麻醉药品和精神药品,但用于医疗、教学、科研的,不适用本款规定,而应依照其他有关法律追究责任。

第二款是对单位违反国家规定,非法向他人提供国家规定管制的麻醉药品、精神药品的行为进行处罚的规定。“**单位犯前款罪的**”是指依法从事生产、运输、管理、使用国家管制的麻醉药品和精神药品的单位,违反国家规定,犯本条第一款规定之罪的。“**直接负责的主管人员**”是指对本单位非法提供国家管制的麻醉药品和精神药品负有直接责任的单位领导人员。“**其他直接责任人员**”是指其他直接参与单位非法提供国家管制的麻醉药品和精神药品犯罪活动的人员,可能是一人,也可能是多人。

【司法解释】

《最高人民法院关于审理毒品犯罪案件适用法律若干问题的解释》(法释〔2016〕8号,自2016年4月11日起施行)

△(**非法提供麻醉药品、精神药品行为;情节严重**)依法从事生产、运输、管理、使用国家管制的麻醉药品、精神药品的人员,违反国家规定,向吸食、注射毒品的人提供国家规定管制的能够使人形成瘾癖的麻醉药品、精神药品,具有下列情形之一的,应当依照刑法第三百五十五条第一款的规定,以非法提供麻醉药品、精神药品罪定罪处罚:

(一)非法提供麻醉药品、精神药品达到刑法第三百四十七条第三款或者本解释第二条[3]规定

[1] 如果接受者虽然吸毒成瘾,但由于具有医疗上的正当理由而不得不使用,向其提供麻醉物品、精神药品的行为,不构成本罪。参见王作富主编:《刑法分则实务研究(下)》(第5版),中国方正出版社2013年版,第1478页。

[2] 刘科教授指出,提供应限定为本人无偿提供,因此,应包括对使用者而言是有偿使用,但对行为人而言是无偿提供的情况。参见赵秉志、李希慧主编:《刑法各论》(第3版),中国人民大学出版社2016年版,第357页。

[3] 《最高人民法院关于审理毒品犯罪案件适用法律若干问题的解释》(法释〔2016〕8号,自2016年4月11日起施行)

第二条

走私、贩卖、运输、制造、非法持有下列毒品,应当认定为刑法第三百四十七条第三款、第三百四十八条规定的“其他毒品数量较大”:

(一)可卡因十克以上不满五十克;

(二)3,4-亚甲二氧基甲基苯丙胺(MDMA)等苯丙胺类毒品(甲基苯丙胺除外)、吗啡二十克以上不满一百克;

(三)芬太尼二十五克以上不满一百二十五克;

(四)甲卡西酮四十克以上不满二百克;

(五)二氢埃托啡二毫克以上不满十毫克;

(六)哌替啶(度冷丁)五十克以上不满二百五十克;

(七)氯胺酮一百克以上不满五百克;

(八)美沙酮二百克以上不满一千克;

(九)曲马多、γ-羟丁酸四百克以上不满二千克;

(十)大麻油一千克以上不满五千克、大麻脂二千克以上不满十千克、大麻叶及大麻烟三十千克以上不满一百五十千克;

(十一)可待因、丁丙诺啡一千克以上不满五千克;

(十二)三唑仑、安眠酮十千克以上不满五十千克;

(十三)阿普唑仑、恰特草二十千克以上不满一百千克;

(十四)咖啡因、罂粟壳四十千克以上不满二百千克;

(十五)巴比妥、苯巴比妥、安钠咖、尼美西泮五十千克以上不满二百五十千克;

(十六)氯氮卓、艾司唑仑、地西泮、溴西泮一百千克以上不满五百千克;

(十七)上述毒品以外的其他毒品数量较大的。

的"数量较大"标准最低值的百分之五十，不满"数量较大"标准的；

（二）二年内曾因非法提供麻醉药品、精神药品受过行政处罚的；

（三）向多人或者多次非法提供麻醉药品、精神药品的；

（四）向吸食、注射毒品的未成年人非法提供麻醉药品、精神药品的；

（五）非法提供麻醉药品、精神药品造成严重后果的；

（六）其他应当追究刑事责任的情形。

具有下列情形之一的，应当认定为刑法第三百五十五条第一款规定的"情节严重"：

（一）非法提供麻醉药品、精神药品达到刑法第三百四十七条第三款或者本解释第二条规定的"数量较大"标准的；

（二）非法提供麻醉药品、精神药品达到前款第一项规定的数量标准，且具有前款第三项至第五项规定的情形之一的；

（三）其他情节严重的情形。（§ 13）

《最高人民法院关于审理走私、非法经营、非法使用兴奋剂刑事案件适用法律若干问题的解释》（法释〔2019〕16号，自2020年1月1日起施行）

△（**组织考生非法使用兴奋剂；组织考试作弊罪；提供兴奋剂**）在普通高等学校招生、公务员录用等法律规定的国家考试涉及的体育、体能测试等体育运动中，组织考生非法使用兴奋剂的，应当依照刑法第二百八十四条之一的规定，以组织考试作弊罪定罪处罚。

明知他人实施前款犯罪而为其提供兴奋剂的，依照前款的规定定罪处罚。（§ 4）

△（**兴奋剂；毒品、制毒物品**）实施本解释规定的行为，涉案物质属于毒品、制毒物品等，构成有关犯罪的，依照相应犯罪定罪处罚。（§ 7）

△（**"兴奋剂""兴奋剂目录所列物质""体育运动""国内、国际重大体育竞赛"等专门性问题；认定意见**）对于是否属于本解释规定的"兴奋剂""兴奋剂目录所列物质""体育运动""国内、国际重大体育竞赛"等专门性问题，应当依据《中华人民共和国体育法》《反兴奋剂条例》等法律法规，结合国务院体育主管部门出具的认定意见等证据材料作出认定。（§ 8）

【司法解释性文件】

《最高人民检察院法律政策研究室关于安定注射液是否属于刑法第三百五十五条规定的精神药品问题的答复》（〔2002〕高检研发第23号，2002年10月24日公布）

△（**安定注射液；"能够使人形成瘾癖"的精神药品**）根据《精神药品管理办法》等国家有关规定，"能够使人形成瘾癖"的精神药品，是指使用后能使人的中枢神经系统兴奋或者抑制连续使用能使人产生依赖性的药品。安定注射液属于刑法第三百五十五条第一款规定的"国家规定管制的能够使人形成瘾癖的"精神药品。鉴于安定注射液属于《精神药品管理办法》规定的第二类精神药品，医疗实践中使用较多，在处理此类案件时，应当慎重掌握罪与非罪的界限。对于明知他人是吸毒人员而多次向其出售安定注射液，或者贩卖安定注射液数量较大的，可以依法追究行为人的刑事责任。

《公安部关于在成品药中非法添加阿普唑仑和曲马多进行销售能否认定为制造贩卖毒品有关问题的批复》（公复字〔2009〕1号，2009年3月19日公布）

△（**阿普唑仑和曲马多；非法提供精神药品罪**）阿普唑仑和曲马多为国家管制的二类精神药品。根据《中华人民共和国刑法》第三百五十五条的规定，如果行为人具有生产、管理、使用阿普唑仑和曲马多的资质，却将其掺加在其他药品中，违反国家规定向吸食、注射毒品的人提供的，构成非法提供精神药品罪；向走私、贩卖毒品的犯罪分子或以牟利为目的向吸食、注射毒品的人提供的，构成走私、贩卖毒品罪。根据《中华人民共和国刑法》第三百四十七条的规定，如果行为人没有生产、管理、使用阿普唑仑和曲马多的资质，而将其掺加在其他药品中予以贩卖，构成贩卖、制造毒品罪。（§ 1）

△（**为治疗、戒毒依法合理使用**）在办案中应当注意区别为治疗、戒毒依法合理使用的行为与上述犯罪行为的界限。只有违反国家规定，明知是走私、贩卖毒品的人员而向其提供阿普唑仑和曲马多，或者明知是吸毒人员而向其贩卖或超出规定的次数、数量向其提供阿普唑仑和曲马多的，才可以认定为犯罪。（§ 2）

《最高人民检察院、公安部关于公安机关管辖的刑事案件立案追诉标准的规定（三）》（公通字〔2012〕26号，2012年5月16日公布）

△（**非法提供麻醉药品、精神药品罪；立案追诉标准**）依法从事生产、运输、管理、使用国家管制的麻醉药品、精神药品的个人或者单位，违反国家规定，向吸食、注射毒品的人员提供国家规定管制的能够使人形成瘾癖的麻醉药品、精神药品，涉嫌

下列情形之一的，应予立案追诉：

（一）非法提供鸦片二十克以上、吗啡二克以上、度冷丁（杜冷丁）五克以上（针剂100mg/支规格的五十支以上，50mg/支规格的一百支以上；片剂25mg/片规格的二百片以上，50mg/片规格的一百片以上）、盐酸二氢埃托啡零点二毫克以上（针剂或者片剂20mg/支、片规格的十支、片以上）、氯胺酮、美沙酮二十克以上、三唑仑、安眠酮一千克以上、咖啡因五千克以上、氯氮卓、艾司唑仑、地西泮、溴西泮十千克以上，以及其他麻醉药品和精神药品数量较大的；

（二）虽未达到上述数量标准，但非法提供麻醉药品、精神药品两次以上，数量累计达到前项规定的数量标准百分之八十以上的；

（三）因非法提供麻醉药品、精神药品被行政处罚，又非法提供麻醉药品、精神药品的；

（四）向吸食、注射毒品的未成年人提供麻醉药品、精神药品的；

（五）造成严重后果或者其他情节严重的。依法从事生产、运输、管理、使用国家管制的麻醉药品、精神药品的人员或者单位，违反国家规定，向走私、贩卖毒品的犯罪分子提供国家规定管制的能够使人形成瘾癖的麻醉药品、精神药品的，或者以牟利为目的，向吸食、注射毒品的人提供国家规定管制的能够使人形成瘾癖的麻醉药品、精神药品的，以走私、贩卖毒品罪立案追诉。（§ 12）

【附属刑法】

《中华人民共和国禁毒法》（2007年12月29日通过）

第六十三条

在麻醉药品、精神药品的实验研究、生产、经营、使用、储存、运输、进口、出口以及麻醉药品药用原植物种植活动中，违反国家规定，致使麻醉药品、精神药品或者麻醉药品药用原植物流入非法渠道①，构成犯罪的，依法追究刑事责任；尚不构成犯罪的，依照有关法律、行政法规的规定给予处罚。

第六十八条

强制隔离戒毒场所、医疗机构、医师违反规定使用麻醉药品、精神药品，构成犯罪的，依法追究刑事责任；尚不构成犯罪的，依照有关法律、行政法规的规定给予处罚。

第三百五十五条之一　【妨害兴奋剂管理罪】

引诱、教唆、欺骗运动员使用兴奋剂参加国内、国际重大体育竞赛，或者明知运动员参加上述竞赛而向其提供兴奋剂，情节严重的，处三年以下有期徒刑或者拘役，并处罚金。

组织、强迫运动员使用兴奋剂参加国内、国际重大体育竞赛的，依照前款的规定从重处罚。

分则　第六章

【立法沿革】

《中华人民共和国刑法修正案（十一）》（自2021年3月1日起施行）

四十四、在刑法第三百五十五条后增加一条，作为第三百五十五条之一：

“引诱、教唆、欺骗运动员使用兴奋剂参加国内、国际重大体育竞赛，或者明知运动员参加上述竞赛而向其提供兴奋剂，情节严重的，处三年以下有期徒刑或者拘役，并处罚金。

“组织、强迫运动员使用兴奋剂参加国内、国际重大体育竞赛的，依照前款的规定从重处罚。”

【立法理由】

（一）立法相关背景

使用兴奋剂是体育运动中的丑恶现象。在体育竞赛中使用兴奋剂的行为，**既破坏了体育竞赛的公平正义，又损害了体育运动参加者的身心健康**。在国际体育赛事中使用兴奋剂，还会严重损害国家的形象和荣誉。我国高度重视体育竞技中的反兴奋剂工作。1995年8月，第八届全国人大常委会第十五次会议通过的《体育法》第三十四条第一、二款规定：“体育竞赛实行公平竞争的原则。体育竞赛的组织者和运动员、教练员、裁判员

---

① 《中华人民共和国禁毒法》（2007年12月29日通过）

第二十一条

Ⅰ国家对麻醉药品和精神药品实行管制，对麻醉药品和精神药品的实验研究、生产、经营、使用、储存、运输实行许可和查验制度。

Ⅱ国家对易制毒化学品的生产、经营、购买、运输实行许可制度。

Ⅲ禁止非法生产、买卖、运输、储存、提供、持有、使用麻醉药品、精神药品和易制毒化学品。

应当遵守体育道德，不得弄虚作假、营私舞弊。在体育运动中严禁使用禁用的药物和方法。禁用药物检测机构应当对禁用的药物和方法进行严格检查。”第五十条规定：“在体育运动中使用禁用的药物和方法的，由体育社会团体按照章程规定给予处罚；对国家工作人员中的直接责任人员，依法给予行政处分。”2004 年 1 月，国务院制定了《反兴奋剂条例》，对体育运动中禁止使用兴奋剂的原则、兴奋剂管理、体育社会团体、运动员等主体的反兴奋剂义务、兴奋剂检查与检测等制度作了规定。该条例第三十九条第一款规定：“体育社会团体、运动员管理单位向运动员提供兴奋剂或者组织、强迫、欺骗运动员在体育运动中使用兴奋剂的，由国务院体育主管部门或者省、自治区、直辖市人民政府体育主管部门收缴非法持有的兴奋剂；负有责任的主管人员和其他直接责任人员 4 年内不得从事体育管理工作和运动员辅助工作；情节严重的，终身不得从事体育管理工作和运动员辅助工作；造成运动员人身损害的，依法承担民事赔偿责任；构成犯罪的，依法追究刑事责任。”第四十条规定：“运动员辅助人员组织、强迫、欺骗、教唆运动员在体育运动中使用兴奋剂的，由国务院体育主管部门或者省、自治区、直辖市人民政府体育主管部门收缴非法持有的兴奋剂；4 年内不得从事运动员辅助工作和体育管理工作；情节严重的，终身不得从事运动员辅助工作和体育管理工作；造成运动员人身损害的，依法承担民事赔偿责任；构成犯罪的，依法追究刑事责任。运动员辅助人员向运动员提供兴奋剂，或者协助运动员在体育运动中使用兴奋剂，或者实施影响采样结果行为的，由国务院体育主管部门或者省、自治区、直辖市人民政府体育主管部门收缴非法持有的兴奋剂；2 年内不得从事运动员辅助工作和体育管理工作；情节严重的，终身不得从事运动员辅助工作和体育管理工作；造成运动员人身损害的，依法承担民事赔偿责任；构成犯罪的，依法追究刑事责任。”2006 年，我国签署了联合国教科文组织制定的《反对在体育运动中使用兴奋剂国际公约》，承诺执行《世界反兴奋剂条例》。依法惩治有关兴奋剂的犯罪行为，是我国作为负责任大国应尽的国际义务。2019 年 11 月，公布了《最高人民法院关于审理走私、非法经营、非法使用兴奋剂刑事案件适用法律若干问题的解释》。《刑法修正案（十一）》制定前，对于涉及兴奋剂的违法犯罪行为，可以依照上述法律和司法解释追究法律责任。

近年来，我国兴奋剂违法违规问题屡禁不止。有的参加奥运会等重大国际体育比赛的我国运动员被查出兴奋剂违规，遭到处罚，严重损害了国家形象和荣誉。兴奋剂违法违规还呈现低龄化、社会化的特征，向食品药品、教育考试等领域蔓延，危害社会公众特别是青少年的身心健康。党中央对反兴奋剂工作作出重要指示，要求对兴奋剂问题“零容忍”，对兴奋剂违法违规行为严肃处理、坚决打击。为加大对兴奋剂违法行为的惩治力度，维护体育竞赛的公平和运动员等的身心健康，**《刑法修正案（十一）》**增加规定了引诱、教唆、欺骗运动员使用兴奋剂和向运动员提供兴奋剂的犯罪，组织、强迫运动员使用兴奋剂的犯罪。

（二）有关国家的规定

德国 2015 年《反兴奋剂法》第四条第一款规定，违法生产、销售、使用兴奋剂，可判处三年以下自由刑或罚金。第四条第二款规定，非法购买和持有兴奋剂，可判处二年以下自由刑。

美国法律禁止任何人制造、提供第三级别受管制物质中的兴奋剂物质，并对涉及各类级别的受管制物质的违法行为设定了相应的量刑标准，对于违反某些兴奋剂物质管理规定的非法行为可以判处监禁或监禁并处罚金。

意大利 2000 年《关于反兴奋剂的第 376 号法令》第九条规定，对恶意使用兴奋剂行为处以二千五百至五万欧元的罚金，最低三个月，最高三年的监禁。

【条文说明】

本条是关于妨害兴奋剂管理罪的规定。

本条共分为两款。

第一款是关于引诱、教唆、欺骗运动员使用兴奋剂和向运动员提供兴奋剂的犯罪的规定。本款犯罪的主体是**一般主体**，常见的是组织运动员参加竞赛的体育社会团体、运动员管理单位或者教练员、队医等运动员辅助人员。本款规定了两类犯罪行为：一是**引诱、教唆、欺骗运动员使用兴奋剂参加国内、国际重大体育竞赛，情节严重的**。这里规定的“**引诱**”，是指以提高比赛成绩、物质奖励等条件诱使运动员使用兴奋剂。“**教唆**”，是指唆使运动员使用兴奋剂。“**欺骗**”是指使用欺诈手段使运动员在不知情的情况下使用兴奋剂，如谎称是服用正常药品等。“**运动员**”，根据国家体育总局《体育运动中兴奋剂管制通则》的规定，是指体育社会团体注册的运动员，以及参加政府举办、授权举办或资助的体育比赛或赛事的运动员。“**兴奋剂**”是指兴奋剂目录所列的禁用物质等，具体包括蛋白同化制剂、肽类激素、有关麻醉药品和刺激剂等。兴奋剂目录由国务院体育主管部门会同国务院食品药品监督管理部门、国务院卫生主管部门、国务院商务主管部门和海关总署制定、调整并公布。国务院体育主管部门负责制定兴奋剂检测规则和兴奋剂检测计划并组织实施。“**国内、国际重大体育竞赛**”是指《体育法》第二十六条规定的重大体育竞赛,如奥运会、亚运会、单项世界锦标赛等,具体范围由国务院体育主管部门确定。根据本款规定,引诱、教唆、欺骗运动员使用兴奋剂参加国内、国际重大体育竞赛的,构成本款规定的犯罪。如果不是在国内、国际重大体育竞赛中,而是在低级别比赛中使用兴奋剂,不构成本条规定的犯罪,可依照其他法律法规的规定予以处罚。二是**明知运动员参加国内、国际重大体育竞赛而向其提供兴奋剂,情节严重的**。这是帮助运动员在重大体育竞赛中使用兴奋剂的行为。本款规定的“**明知**”,是指知道或应当知道运动员参加国内、国际重大体育竞赛。“**向其提供**”,包括向运动员本人提供,也包括通过运动员的教练员、队医等辅助人员向运动员提供。“**情节严重**”,是指引诱、教唆、欺骗运动员使用兴奋剂或者提供兴奋剂的数量较大,涉及人数较多,给国家荣誉和形象造成不良影响,对运动员健康造成不良影响等,具体可由司法机关制定司法解释确定。根据本款规定,对上述两种犯罪行为,处三年以下有期徒刑或者拘役,并处罚金。

第二款是关于组织、强迫运动员使用兴奋剂的犯罪的规定。这里规定的“**组织**”,是指利用管理、指导运动员的机会等,使多名运动员有组织地使用兴奋剂。“**强迫**”,是指迫使运动员违背本人意愿使用兴奋剂。根据本款规定,组织、强迫运动员使用兴奋剂参加国内、国际重大体育竞赛的行为,即可构成犯罪,**没有规定“情节严重的”条件**,这是因为组织、强迫使用兴奋剂的行为,比第一款规定的引诱、教唆、欺骗使用兴奋剂和提供兴奋剂的行为社会危害性更大。根据本款规定,对上述犯罪行为,依照本条第一款的规定从重处罚,即在“三年以下有期徒刑或者拘役,并处罚金”的量刑幅度内从重处罚。

实际执行中应当注意以下几个方面的问题：

1. 本条将引诱、教唆、欺骗运动员使用兴奋剂和向运动员提供兴奋剂的行为,组织、强迫运动员使用兴奋剂的行为规定为犯罪,**对于运动员本人使用兴奋剂的行为未规定为犯罪**,是考虑到在重大体育竞赛涉兴奋剂违法违规案件中,引诱、教唆、欺骗使用兴奋剂和提供兴奋剂,组织、强迫使用兴奋剂的行为具有更大的社会危害性。运动员本人往往是被裹挟、被动地使用兴奋剂,可以不作为犯罪处理。但运动员本人使用兴奋剂的行为仍然是违法行为,应当依照有关法律法规和体育组织的规定予以处罚。运动员本人参与本条规定的犯罪行为的,应当依法追究刑事责任。

2. 与兴奋剂相关的有关犯罪行为的处理。《最高人民法院关于审理走私、非法经营、非法使用兴奋剂刑事案件适用法律若干问题的解释》对与兴奋剂相关的犯罪行为的法律适用作了规定：(1)运动员、运动员辅助人员走私兴奋剂目录所列物质,或者其他人员以在体育竞赛中非法使用为目的走私兴奋剂目录所列物质,涉案物质属于国家禁止进出口的货物、物品,具有特定情形的,应当依照《刑法》第一百五十一条第三款的规定,以**走私国家禁止进出口的货物、物品罪**定罪处罚。(2)对未成年人、残疾人负有监护、看护职责的人组织未成年人、残疾人在体育运动中非法使用兴奋剂,具有特定情形的,应当认定为《刑法》第二百六十条之一规定的“情节恶劣”,以**虐待被监护、看护人罪**定罪处罚。(3)实施有关兴奋剂犯罪行为,涉案物质属于毒品、制毒物品等,构成**涉及毒品、制毒物品有关犯罪**的,依照相应犯罪定罪处罚。

3. 本条为治理兴奋剂违法犯罪行为提供了强有力的法律依据。但兴奋剂的治理是系统工程,不能仅依靠刑事手段进行打击。要充分发挥司法机关、体育主管部门、体育协会等各方面的作用,综合运用多种手段,对运动员、教练员等加强教育管理,树立正确的竞赛观、荣誉观,从源头上减少兴奋剂违法违规现象。

分则　第六章

第三百五十六条　【再犯本节之罪的从重处罚规定】
因走私、贩卖、运输、制造、非法持有毒品罪被判过刑，又犯本节规定之罪的，从重处罚。

【立法理由】

1979 年刑法对此未作规定。1990 年《全国人民代表大会常务委员会关于禁毒的决定》规定了毒品犯罪的再犯。该决定第十一条规定:“国家工作人员犯本决定规定之罪的,从重处罚。因走私、贩卖、运输、制造、非法持有毒品罪被判过刑,又犯本决定规定之罪的,从重处罚。”

1997 年修订刑法时,将该内容纳入刑法,并作了修改完善,主要是删除了“国家工作人员犯本决定规定之罪的，从重处罚”的规定。这主要是考虑到本法第三百四十九条关于包庇毒品犯罪分子罪的规定已经充分体现了对国家工作人员从重处罚的精神，没有必要再单独作出规定，具体的刑罚适用问题可在司法实践中予以综合考量。

1997年修订刑法之后，该条文未作修改。考虑到走私、贩卖、运输、制造、非法持有毒品这五种犯罪是较为常见而且比较严重的毒品犯罪，实践中较为多发而且有些犯罪分子屡教不改，因此本条规定对因犯这五种罪被判过刑，又犯本节规定的其他任何一种罪行的，要从重处罚。

【条文说明】

本条是关于因走私、贩卖、运输、制造、非法持有毒品罪被判过刑，又犯本节规定之罪的如何处罚的规定。

“因走私、贩卖、运输、制造、非法持有毒品罪被判过刑”是指因犯本节规定的走私、贩卖、运输、制造、非法持有毒品罪中的任何一种罪，被判处任何一种刑罚的情况。**“又犯本节规定之罪的”**是指再犯本节规定的任何一种罪。**“从重处罚”**是指在法定量刑幅度内处以较重的刑罚。与《刑法》第六十五条规定的一般累犯相比，毒品再犯没有对前后罪的时间间隔作出要求，这是为了从严惩治毒品犯罪和防止行为人再次实施毒品犯罪而作出的特别规定。

实际执行中应当注意以下两个方面的问题：

1. **关于累犯和毒品再犯的认定和处罚。**根据本条的规定，认定毒品再犯时，先犯的罪限定为走私、贩卖、运输、制造、非法持有毒品五种犯罪，而对再犯的罪则取消了上述限制，只要再犯本节规定的任何一种罪，都应从重处罚。行为人再犯的罪名不一定与其被判过刑的罪名一样，但只要符合本条规定的犯罪种类，就应从重处罚。此外，根据毒品再犯与累犯的有关规定，行为人很有可能同时构成毒品再犯和累犯，根据《全国法院毒品犯罪审判工作座谈会纪要》的精神，累犯、毒品再犯是法定从重处罚情节，即使本次毒品犯罪情节较轻，也要体现从严惩处的精神。对于因同一毒品犯罪前科同时构成累犯和毒品再犯的，量刑时不得重复予以从重处罚。

2. **关于未成年人是否适用毒品再犯。**2011年通过的《刑法修正案（八）》根据对犯罪未成年人从宽处罚的精神，取消了未成年人构成一般累犯的规定，但保留了未成年人可成立毒品再犯的规定。累犯和毒品再犯是两种性质不同的制度，法律后果也有所不同，累犯不得缓刑、假释，对判处死缓的累犯可以限制减刑，而毒品再犯并未规定上述法律后果。毒品再犯是针对毒品犯罪形势严峻，毒品犯罪屡禁不止的情况作出的从严惩处的特别规定，并没有排除未成年人毒品犯罪构成毒品再犯的情况。司法实践中，应当依法执行，未成年人成立毒品再犯的，需综合考虑未成年人的年龄等因素后，在刑法规定的幅度内予以处罚。

【司法解释性文件】

《最高人民法院印发〈全国部分法院审理毒品犯罪案件工作座谈会纪要〉的通知》（法〔2008〕324号，2008年12月1日公布）

△（**毒品再犯**）根据刑法第三百五十六条规定，只要因走私、贩卖、运输、制造、非法持有毒品罪被判过刑，不论是在刑罚执行完毕后，还是在缓刑、假释或者暂予监外执行期间，又犯刑法分则第六章第七节规定的犯罪的，都是毒品再犯，应当从重处罚。

因走私、贩卖、运输、制造、非法持有毒品罪被判刑的犯罪分子，在缓刑、假释或者暂予监外执行期间又犯刑法分则第六章第七节规定的犯罪的，应当在对其所犯新的毒品犯罪适用刑法第三百五十六条从重处罚的规定确定刑罚后，再依法数罪并罚。

对同时构成累犯和毒品再犯的被告人，应当同时引用刑法关于累犯和毒品再犯的条款从重处罚。（§8）

《最高人民法院关于贯彻宽严相济刑事政策的若干意见》（法发〔2010〕9号，2010年2月8日发布）

△（**宽严相济刑事政策；从严惩处；累犯；毒品再犯**）要依法从严惩处累犯和毒品再犯。凡是依法构成累犯和毒品再犯的，即使犯罪情节较轻，也要体现从严惩处的精神。尤其是对于前罪为暴力犯罪或被判处重刑的累犯，更要依法从严惩处。

《全国法院毒品犯罪审判工作座谈会纪要》（法〔2015〕129号，2015年5月18日公布）

△（**累犯；毒品再犯**）累犯、毒品再犯是法定从重处罚情节，即使本次毒品犯罪情节较轻，也要体现从严惩处的精神。尤其对于曾因实施严重暴力犯罪被判刑的累犯、刑满释放后短期内又实施毒品犯罪的再犯，以及在缓刑、假释、暂予监外执行期间又实施毒品犯罪的再犯，应当严格体现从重处罚。

对于因同一毒品犯罪前科同时构成累犯和毒品再犯的被告人，在裁判文书中应当同时引用刑法关于累犯和毒品再犯的条款，但在量刑时不得重复予以从重处罚。[①] 对于因不同犯罪前科同时构成累犯和毒品再犯的被告人，量刑时的从重处罚幅度一般应大于前述情形。

【参考案例】

△因毒品犯罪被判处的刑罚尚未执行完毕又犯贩卖、运输毒品罪的，不应认定为毒品犯罪的再犯。

毒品再犯条款中的被判过刑，虽然没有明确说明是刑罚执行完毕或赦免以后又重新犯罪，也没有说明在刑罚执行过程中又犯毒品犯罪的情形是否属于被判过刑的范畴。但构成累犯的条件，除了被判过刑外，还必须具备刑罚执行完毕或者赦免以后，在五年以内再犯应当判处有期徒刑以上刑罚之罪的条件。《刑法》关于毒品再犯的规定，除其自身的特别规定外，其他要件必须受《刑法》关于累犯规定的制约。前罪与后罪的相隔期限，毒品再犯有自身的特别规定，不受累犯关于五年以内这一普遍规定的制约。也就是说，被告人不管在五年以内或者五年以后，只要再犯应当判处有期徒刑以上刑罚的毒品犯罪，就构成毒品再犯。虽然毒品再犯中的"被判过刑"，法律没有明确的特别规定，但作为累犯的特殊情形，应当受刑罚执行完毕或者赦免以后规定的制约。如果被告人在原判刑罚尚未执行完毕以前重新犯罪的，因其不属于刑罚执行完毕或者赦免以后的情形，不能认定为毒品再犯，而只能依法实行数罪并罚。

最高人民法院认为，被告人李靖犯贩卖、运输毒品罪，但不属于《刑法》第三百五十六条规定的再犯，并认为李靖属于可不立即执行死刑的犯罪分子，改判李靖死刑，缓期二年执行。[No. 6-7-347-27　李靖贩卖、运输毒品案]

△毒品再犯是独立于累犯制度的特殊规定，不适用《刑法》第六十五条第一款的规定，前次犯罪未满十八周岁的未成年人再次犯毒品犯罪，可以成立毒品再犯。

累犯与再犯是两个虽有关联，却又不同的量刑情节。《刑法》第三百六十五条规定："因走私、贩卖、运输、制造、非法持有毒品罪被判过刑，又犯本节规定之罪的，从重处罚。"这是《刑法》对毒品再犯的规定。毒品再犯的上位概念是再犯。再犯是理论上的概念。从逻辑上讲，累犯属于再犯的一种，但累犯又具有自己的特质，二者存在以下区别：(1)罪质不同。毒品再犯的前罪与后罪仅限于毒品犯罪，累犯的前罪与后罪只需要故意犯罪即可。(2)时限不同。毒品再犯的前后罪没有时间限制，而累犯要求必须是在前罪刑罚执行完毕或赦免后的法定期限内实施。(3)后果不同。毒品再犯要求从重处罚，但可以适用缓刑、假释；而累犯则不得使用缓刑与假释。毒品再犯与累犯虽然同源于再犯且存在竞合，但在我国《刑法》规定中，毒品再犯已经是独立于累犯制度的一种特殊规定，二者不存在隶属关系。《刑法修正案(八)》对累犯规定的修改效力不能当然适用于毒品再犯。

毒品再犯与累犯虽然不是同一概念，但是二者所体现的价值取向具有相似性，都体现出行为人主观恶性较深、人身危险性较大，具有从严惩治的必要性，应当贯彻宽严相济刑事政策从严的精神。《刑法修正案(八)》是立法机关在新形势下，基于进一步落实宽严相济刑事政策的需要，充分衡量"宽""严"情节，对《刑法》作出的重大修改。虽然《刑法修正案(八)》基于更好地使未成年人接受改造、融入社会的考虑，将"不满十八周岁的人"排除在累犯之外，但并未对毒品再犯也作出与累犯同步的修改。毒品犯罪是当前最严重的犯罪之一，不仅严重危及人民群众的生命与健康，造成社会财富的巨大损失，并引发日益严重的治安问题和广泛的社会问题，严重破坏社会管理、经济秩序的稳定，其危害之深、影响之广，是其他普通犯罪无法比拟的。立法机关对毒品再犯未作修改，表明立法者基于对毒品再犯主观恶性和人身危险性的考虑，对毒品再犯从严惩处的态度没有改变，反映刑事立法对宽严相济刑事政策把握的度在毒品再犯方面没有改变。因此，根据《刑法修正案(八)》的规定，李光耀虽然在未满十八周岁时犯运输毒品罪不能认定为累犯，但是不能由此推论得出李光耀也不构成毒品再犯的论断，否则既没有法律依据，也不符合立法者对宽严相济刑事政策的把握。[No. 6-7-347-50　李光耀等贩卖、运输毒品案]

△未满十八周岁的未成年人因毒品犯罪被判处五年以下有期徒刑，犯罪记录根据2012年修正的《刑事诉讼法》第二百七十五条的规定予以封存的，成年后再犯毒品犯罪，不能认定为毒品再犯，从重处罚。

2012年修正的《刑事诉讼法》第二百七十五条确立了未成年人轻罪封存记录，未成年人被判处五年以下有期徒刑的，应当对相关犯罪记录予

---

① 我国学者指出，由于累犯的从重幅度一般会大于再犯，既然不得重复从重处罚（否则会构成对一个事实进行不利于被告人的重复评价），实际上只能以累犯论处。简而言之，本条应仅适用于不符合累犯条件的再犯。参见张明楷：《刑法学》（第6版），法律出版社2021年版，第1517页。

以封存。未成年人轻罪封存记录,不仅具有程序法上的意义,更具有实体法上的意义。被封存的犯罪记录应当保密这一前提,决定了该犯罪记录所反映的犯罪行为应当免于被重复利用和评价,否则保密便无从谈起。如果被封存的犯罪记录能够被重复利用和评价,封存制度实际上就被虚化,制度设立的目的也难以实现。即使未成年犯罪人再犯罪,司法机关也不得引用其犯罪记录,其前科亦不能作为适用累犯或者再犯的原因而对其从重或者加重处罚。因此,在实体法上,被封存的犯罪记录所反映的犯罪行为不能作为累犯或者再犯的认定依据,不然就是对被封存犯罪记录的重复利用和评价,就是对保密义务的置若罔闻,就与犯罪记录封存制度背道而驰。在此种意义上而言,我国的未成年人犯罪记录封存制度,其功能已经相当于前科消灭制度。虽然对于毒品犯罪我国历来都是坚持从严整治,严厉打击,但是结合我国《刑法》对于未成年人保护的原则,在宽严相济的刑事政策的大前提下,对于未成年人轻罪犯罪记录封存后,再犯毒品犯罪,不宜认定为毒品再犯。同时,从价值衡量上看,对未成年时期所实施较轻犯罪行为进行犯罪记录封存,不予重复利用和评价,也更有利于未成年人的成长与发展,更能体现我国处理未成年人犯罪的立法精神。综上所述,不满十八周岁的人因毒品犯罪被判处五年有期徒刑以下刑罚,因犯罪记录被封存,不应被重复利用和评价,不得作为毒品犯罪再犯认定的依据。[No. 6-7-347-58 姚某贩卖毒品案]

第三百五十七条 【毒品的定义及其数量计算】

本法所称的毒品,是指鸦片、海洛因、甲基苯丙胺(冰毒)、吗啡、大麻、可卡因以及国家规定管制的其他能够使人形成瘾癖的麻醉药品和精神药品。

毒品的数量以查证属实的走私、贩卖、运输、制造、非法持有毒品的数量计算,不以纯度折算。

【立法理由】

(一)立法相关背景

1979 年刑法对此未作规定。1990 年《全国人民代表大会常务委员会关于禁毒的决定》规定了毒品的范围。该决定第一条规定:"本决定所称的毒品是指鸦片、海洛因、吗啡、大麻、可卡因以及国务院规定管制的其他能够使人形成瘾癖的麻醉药品和精神药品。"

1997 年修订刑法时,将该内容纳入了刑法,并作了修改完善,主要包括:一是在毒品种类中新增加了甲基苯丙胺(冰毒)。这主要是考虑到,当时在东南亚一带,贩卖"冰毒"的现象较为严重,在我国也出现了走私、贩卖"冰毒"的犯罪,为防止这种犯罪蔓延,根据"冰毒"的危害性,参照有关国际公约的规定,将其作为毒品的一种明确予以规定,以促进打击走私、贩卖"冰毒"的犯罪。二是增加了关于毒品数量以实际数量计算,不以纯度折算的规定。这主要是考虑到无论是何种纯度的毒品,毒品犯罪分子在主观状态上并无实质区别,不同纯度的毒品对人体都会造成伤害。另外,从打击走私、贩卖毒品等犯罪的实践需要考虑,不折算可以防止司法腐败和节省人力、物力,有助于及时有效地从快从严打击毒品犯罪,以维护社会稳定,加强社会治安的综合治理。

1997 年修订刑法之后,该条文未作修改。实践中对于哪些麻醉药品和精神药品属于毒品有不同的认识,为了统一认识,便于司法机关执行,严厉打击各种涉毒犯罪,本条明确了毒品的概念,这是参照联合国有关公约的规定,根据我国打击毒品犯罪的实际情况和司法实践而规定的。司法实践中查获的毒品的纯度也是不同的,考虑到无论是何种纯度的毒品,都会对人体造成危害,有的掺有杂质的低纯度的混合毒品对人体的危害甚至更大。为了有力打击毒品犯罪,本条规定毒品的数量不以纯度折算。

(二)立法时争议的主要问题

关于毒品数量是否需要以纯度折算的问题,在 1997 年修订刑法的过程中曾产生过争议,主要有两种意见:一种意见认为,不以纯度折算有利于从严打击毒品犯罪,行为人所持有的毒品数量的大小已经反映了其社会危害性的大小。另一种意见认为,毒品的纯度不同,危害程度不同,量刑也应当不同,司法实践中缴获的毒品纯度是有很大差别的,如果仅规定以毒品的数量作为定罪量刑依据而不看毒品的纯度,这不符合实际情况,也容易给实践中的执法工作带来失误,特别是有些案件还涉及是否适用死刑。最后,经权衡各方面因素,从行为的危害程度和从严打击毒品犯罪的需要出发,**采纳了第一种意见。**

【条文说明】

本条是关于本法中毒品定义和毒品数量不以纯度折算的规定。

本条共分为两款。

第一款是关于**毒品定义**的规定。本条关于毒品的定义与《禁毒法》第二条规定的毒品的定义是一致的,是指鸦片、海洛因、甲基苯丙胺(冰毒)、吗啡、大麻、可卡因以及国家规定管制的其他能够使人形成瘾癖的麻醉药品和精神药品。鸦片、海洛因、吗啡同属罂粟类毒品。罂粟是一种草本植物,结有蒴果,用刀子划破后,有白色的汁流出,这就是人们通常所说的生鸦片。生鸦片经过第一次处理后可生产出可吸鸦片。海洛因和吗啡是鸦片的精制品。吗啡是一种极易溶于水的粉末,是一种抑制呼吸的药物,剂量过大会使人呼吸停止以致死亡。海洛因是通过回流加热吗啡提取出来的半生物碱混合物,是一种既轻又细的粉末。用量过度,会引起昏迷、体温降低、心跳缓慢,并导致人呼吸困难而死亡。大麻又叫印度大麻,是一种无花瓣双子叶植物,是当今世界使用最多、范围最广的麻醉品。它的主要成分是四氢大麻酚。经常或者过量吸食大麻,会对人体的许多器官造成危害,破坏其功能。可卡因是从古柯属的小灌木树的叶(古柯叶)中提取出来的,又称古柯碱,是一种粉末状的白色晶体,具有强烈的麻醉作用。大剂量的可卡因会导致人的中枢神经的传感源受阻,严重的会造成极度痉挛和心力衰竭,从而导致死亡。甲基苯丙胺,又称去氧麻黄碱、去氧麻黄素,因其固体形状为结晶体,酷似冰糖,故又被俗称为"冰",甲基苯丙胺是一种精神药品,是苯丙胺类即安非他明类兴奋剂中药性非常强的一种兴奋剂。具有兴奋神经中枢的作用,会使吸食、注射者变得兴奋、易激动和焦躁不安,会出现暴力倾向。长期服用会严重损害健康,甚至造成死亡。

"国家规定管制的其他能够使人形成瘾癖的麻醉药品和精神药品"是指除前面列举的几种毒品外,其他国家规定管制的麻醉药品和精神药品。关于麻醉药品和精神药品的范围,根据《麻醉药品和精神药品管理条例》第三条的规定,麻醉药品和精神药品是指列入麻醉药品目录、精神药品目录的药品和其他物质,目录由国务院药品监督管理部门会同国务院公安部门、国务院卫生主管部门制定、调整并公布。这些麻醉药品、精神药品的种类、范围是由国务院或者国务院主管部门规定的,必须依照国家规定生产、经营、使用、储存、运输,并只限于医疗、科研、教学。"麻醉药品"是指连续使用后易产生依赖性、易形成瘾癖的药品,如鸦片、海洛因、吗啡、可卡因、杜冷丁等。"精神药品"是指直接作用于中枢神经系统,使之兴奋或抑制,连续使用能使人体产生依赖性的药品。如甲基苯丙胺(去氧麻黄碱)、安钠咖、安眠酮等。这两类物品具有双重性,使用得当,可以舒缓病痛,治疗疾病;使用不当或滥用,则会使人产生药物依赖性,损害身体健康。因此,国家通过颁布法规,对这类药品的生产、经营、使用、储存、运输以及原植物的种植,都作了严格的规定。违反有关规定,为非医疗、教学、科研目的而制造、运输、贩卖、走私、使用麻醉药品和精神药品时,这类物品属于毒品,反之则属于药品。

第二款是关于毒品数量以实际数量计算,不以提纯计算的规定。**"毒品的数量以查证属实的走私、贩卖、运输、制造、非法持有毒品的数量计算"**是指被查获的走私、贩卖、运输、制造、非法持有的毒品数量,以被查获的毒品的实际数量计算。**"不以纯度折算"**是指对查获的掺入非毒品成分的毒品不作提纯计算,以被查获的毒品的实际数量计算。这样规定体现了从严打击毒品犯罪的一贯宗旨。①

实际执行中应当注意以下两个方面的问题:

1. **关于麻醉药品和精神药品的范围**。根据有关规定,2005 年原国家食品药品监督管理局、公安部和原卫生部公布了《麻醉药品品种目录》《精神药品品种目录》,并进行过调整。在此之外,2015 年,原国家食品药品监督管理总局、公安部和原国家卫生计生委、国家禁毒办共同印发了《非药用类麻醉药品和精神药品列管办法》及其附表《非药用类麻醉药品和精神药品管制品种增补目录》。2017 年,公安部、原国家食品药品监督管理总局和原国家卫生计生委决定将卡芬太尼、呋喃芬太尼、丙烯酰芬太尼、戊酰芬太尼四种物质列入增补目录。2019 年,公安部、国家卫生健康委、国家药监局决定将芬太尼物质列入增补目录。据此,芬太尼类物质被整列列管,纳入了刑法规定的毒品的范围,与芬太尼物质有关的行为可以适

---

① 刑法之所以如此规定,主要理由在于:一方面,犯罪分子不是以毒品的含量作为单位交易的,且所有毒品均必须掺入添加剂方可吸食,如果强调对毒品纯度折算后再确定毒品的数量,就忽视了毒品犯罪的危害性和毒品犯罪分子的人身危险性;另一方面,司法机关缴获的毒品几乎全是几经转手,纯度较低。在这种情形之下,再对毒品纯度进行折算,人为改变毒品数量,并以此为根据进行定罪量刑,有悖罪刑相适应原则。参见周光权:《刑法各论》(第 4 版),中国人民大学出版社 2021 年版,第 507 页。

用毒品犯罪的有关规定追究刑事责任。

2. **关于能够使人形成瘾癖的精神药品的认定**。实践中,对一些案件所涉及的精神药品,是否属于本条规定的"毒品"的范畴,存在不同的认识。如贩卖、走私、运输或非法持有大量的国家管制的精神药品,如安定注射液、盐酸二氢埃托啡、咪哒唑仑、艾司唑仑等。这些药品虽然属于国家规定管制的精神药品,但有些专家认为,经过临床试验,这类药品虽列入国家规定管制的精神药品的二类药品条目,但其对人体产生的依赖性程度,较之一类药品条目所列药品低得多,不宜对其按照毒品予以处罚。对这一问题应当这样认识,根据《麻醉药品和精神药品管理条例》的规定,国家将"使人形成瘾癖的麻醉药品和精神药品"按照其使人形成依赖性的瘾癖程度划分为一类和二类。一类药品和二类药品,只是致人瘾癖的程度不同,都对人体有伤害,都会带来严重的社会危害,两类药品条目所列的麻醉药品和精神药品都属于本条规定的"毒品"的范畴。对于贩卖、走私、运输或非法持有大量的这类精神药品的行为,需要依法予以打击,但司法实践中,具体量刑时可以作为一个因素予以考虑。

【司法解释】

《最高人民检察院关于〈非药用类麻醉药品和精神药品管制品种增补目录〉能否作为认定毒品依据的批复》(高检发释字〔2019〕2 号,2019 年 4 月 29 日发布)

△(**《非药用类麻醉药品和精神药品管制品种增补目录》;毒品**)根据《中华人民共和国刑法》第三百五十七条和《中华人民共和国禁毒法》第二条的规定,毒品是指鸦片、海洛因、甲基苯丙胺(冰毒)、吗啡、大麻、可卡因以及国家规定管制的其他能够使人形成瘾癖的麻醉药品和精神药品。

2015 年 10 月 1 日起施行的公安部、国家食品药品监督管理总局、国家卫生和计划生育委员会、国家禁毒委员会办公室《非药用类麻醉药品和精神药品列管办法》及其附表《非药用类麻醉药品和精神药品管制品种增补目录》,是根据国务院《麻醉药品和精神药品管理条例》第三条第二款授权制定的,《非药用类麻醉药品和精神药品管制品种增补目录》可以作为认定毒品的依据。

【司法解释性文件】

《公安部关于认定海洛因有关问题的批复》(公禁毒〔2002〕236 号,2002 年 6 月 28 日公布)

△(**海洛因;单乙酰吗啡;单乙酰吗啡和单乙酰可待因**)海洛因是以"二乙酰吗啡"或"盐酸二乙酰吗啡"为主要成分的化学合成的精制鸦片类毒品,"单乙酰吗啡"和"单乙酰可待因"是只有在化学合成海洛因过程中才会衍生的化学物质,属于同一种类的精制鸦片类毒品。海洛因在运输、贮存过程中,因湿度、光照等因素的影响,会出现"二乙酰吗啡"自然降解为"单乙酰吗啡"的现象,即"二乙酰吗啡"含量呈下降趋势,"单乙酰吗啡"含量呈上升趋势,甚至出现只检出"单乙酰吗啡"成分而未检出"二乙酰吗啡"成分的检验结果。因此,不论是否检出"二乙酰吗啡"成分,只要检出"单乙酰吗啡"或"单乙酰吗啡和单乙酰可待因"的,根据化验部门出具的检验报告,均应当认定送检样品为海洛因。

△(**海洛因;单乙酰吗啡**)根据海洛因的毒理作用,海洛因进入吸毒者的体内代谢后,很快由"二乙酰吗啡"转化为"单乙酰吗啡",然后再代谢为吗啡。在海洛因滥用者或中毒者的尿液或其他检材检验中,只能检出少量"单乙酰吗啡"及吗啡成分,无法检出"二乙酰吗啡"成分。因此,在尿液及其他检材中,只要检验出"单乙酰吗啡",即证明涉嫌人员服用了海洛因。

《最高人民法院印发〈全国部分法院审理毒品犯罪案件工作座谈会纪要〉的通知》(法〔2008〕324 号,2008 年 12 月 1 日公布)

△(**毒品含量鉴定;混合型、新类型毒品;折算;不宜判处死刑立即执行**)鉴于大量掺假毒品和成分复杂的新类型毒品不断出现,为做到罪刑相当、罚当其罪,保证毒品案件的审判质量,并考虑目前毒品鉴定的条件和现状,对可能判处被告人死刑的毒品犯罪案件,应当根据最高人民法院、最高人民检察院、公安部 2007 年 12 月颁布的《办理毒品犯罪案件适用法律若干问题的意见》,作出毒品含量鉴定;对涉案毒品可能大量掺假或者系成分复杂的新类型毒品的,亦应当作出毒品含量鉴定。

对于含有二种以上毒品成分的毒品混合物,应进一步作成分鉴定,确定所含的不同毒品成分及比例。对于毒品中含有海洛因、甲基苯丙胺的,应以海洛因、甲基苯丙胺分别确定其毒品种类;不含海洛因、甲基苯丙胺的,应以其中毒性较大的毒品成分确定其毒品种类;如果毒性相当或者难以确定毒性大小的,以其中比例较大的毒品成分确定其毒品种类,并在量刑时综合考虑其他毒品成分、含量和全案所涉毒品数量。对于刑法、司法解释等已规定了量刑数量标准的毒品,按照刑法、司法解释等规定适用刑罚;对于刑法、司法解释等没有规定量刑数量标准的毒品,有条件折算为海洛因的,参照国家食品药品监督管理局制定的《非法药物折算表》，折算成海洛因的数量后适用刑罚。

对于国家管制的精神药品和麻醉药品，刑法、司法解释等尚未明确规定量刑数量标准，也不具备折算条件的，应由有关专业部门确定涉案毒品毒效的大小、有毒成分的多少、吸毒者对该毒品的依赖程度，综合考虑其致瘾癖性、戒断性、社会危害性等依法量刑。因条件限制不能确定的，可以参考涉案毒品非法交易的价格因素等，决定对被告人适用的刑罚，但一般不宜判处死刑立即执行。（§5）

《最高人民法院、最高人民检察院、公安部关于规范毒品名称表述若干问题的意见》（法〔2014〕224号，2014年8月20日公布）

△（**毒品名称之规范表述**）为进一步规范毒品犯罪案件办理工作，现对毒品犯罪案件起诉意见书、起诉书、刑事判决书、刑事裁定书中的毒品名称表述问题提出如下规范意见。

一、规范毒品名称表述的基本原则

（一）毒品名称表述应当以毒品的化学名称为依据，并与刑法、司法解释及相关规范性文件中的毒品名称保持一致。刑法、司法解释等没有规定的，可以参照《麻醉药品品种目录》《精神药品品种目录》中的毒品名称进行表述。

（二）对于含有二种以上毒品成分的混合型毒品，应当根据其主要毒品成分和具体形态认定毒品种类、确定名称。混合型毒品中含有海洛因、甲基苯丙胺的，一般应当以海洛因、甲基苯丙胺确定其毒品种类；不含海洛因、甲基苯丙胺，或者海洛因、甲基苯丙胺的含量极低的，可以根据其中定罪量刑数量标准较低且所占比例较大的毒品成分确定其毒品种类。混合型毒品成分复杂的，可以用括号注明其中所含的一至二种其他毒品成分。

（三）为体现与犯罪嫌疑人、被告人供述的对应性，对于犯罪嫌疑人、被告人供述的毒品常见俗称，可以在文书中第一次表述该类毒品时用括号注明。

二、几类毒品的名称表述

（一）含甲基苯丙胺成分的毒品

1. 对于含甲基苯丙胺成分的晶体状毒品，应当统一表述为甲基苯丙胺（冰毒），在下文中再次出现时可以直接表述为甲基苯丙胺。

2. 对于以甲基苯丙胺为主要毒品成分的片剂状毒品，应当统一表述为甲基苯丙胺片剂。如果犯罪嫌疑人、被告人供述为“麻古”“麻果”或者其他俗称的，可以在文书中第一次表述该类毒品时用括号注明，如表述为甲基苯丙胺片剂（俗称“麻古”）等。

3. 对于含甲基苯丙胺成分的液体、固液混合物、粉末等，应当根据其毒品成分和具体形态进行表述，如表述为含甲基苯丙胺成分的液体、含甲基苯丙胺成分的粉末等。

（二）含氯胺酮成分的毒品

1. 对于含氯胺酮成分的粉末状毒品，应当统一表述为氯胺酮。如果犯罪嫌疑人、被告人供述为“K粉”等俗称的，可以在文书中第一次表述该类毒品时用括号注明，如表述为氯胺酮（俗称“K粉”）等。

2. 对于以氯胺酮为主要毒品成分的片剂状毒品，应当统一表述为氯胺酮片剂。

3. 对于含氯胺酮成分的液体、固液混合物等，应当根据其毒品成分和具体形态进行表述，如表述为含氯胺酮成分的液体、含氯胺酮成分的固液混合物等。

（三）含MDMA等成分的毒品

对于以MDMA、MDA、MDEA等致幻性苯丙胺类兴奋剂为主要毒品成分的丸状、片剂状毒品，应当根据其主要毒品成分的中文化学名称和具体形态进行表述，并在文书中第一次表述该类毒品时用括号注明下文中使用的英文缩写简称，如表述为3,4-亚甲二氧基甲基苯丙胺片剂（以下简称MDMA片剂）、3,4-亚甲二氧基苯丙胺片剂（以下简称MDA片剂）、3,4-亚甲二氧基乙基苯丙胺片剂（以下简称MDEA片剂）等。如果犯罪嫌疑人、被告人供述为“摇头丸”等俗称的，可以在文书中第一次表述该类毒品时用括号注明，如表述为3,4-亚甲二氧基甲基苯丙胺片剂（以下简称MDMA片剂，俗称“摇头丸”）等。

（四）“神仙水”类毒品

对于俗称“神仙水”的液体状毒品，应当根据其主要毒品成分和具体形态进行表述。毒品成分复杂的，可以用括号注明其中所含的一至二种其他毒品成分，如表述为含氯胺酮（咖啡因、地西泮等）成分的液体等。如果犯罪嫌疑人、被告人供述为“神仙水”等俗称的，可以在文书中第一次表述该类毒品时用括号注明，如表述为含氯胺酮（咖啡因、地西泮等）成分的液体（俗称“神仙水”）等。

（五）大麻类毒品

对于含四氢大麻酚、大麻二酚、大麻酚等天然大麻素类成分的毒品，应当根据其外形特征分别表述为大麻叶、大麻脂、大麻油或者大麻烟等。

《全国法院毒品犯罪审判工作座谈会纪要》（法〔2015〕129号，2015年5月18日公布）

△（**毒品数量之认定；折算后累加；混合型毒**

品;吸毒情节;毒品数量;毒品纯度;毒品成品、半成品的数量)走私、贩卖、运输、制造、非法持有两种以上毒品的,可以将不同种类的毒品分别折算为海洛因的数量,以折算后累加的毒品总量作为量刑的根据。对于刑法、司法解释或者其他规范性文件明确规定了定罪量刑数量标准的毒品,应当按照该毒品与海洛因定罪量刑数量标准的比例进行折算后累加。对于刑法、司法解释及其他规范性文件没有规定定罪量刑数量标准,但《非法药物折算表》规定了与海洛因的折算比例的毒品,可以按照《非法药物折算表》折算为海洛因后进行累加。对于既未规定定罪量刑数量标准,又不具备折算条件的毒品,综合考虑其致瘾癖性、社会危害性、数量、纯度等因素依法量刑。在裁判文书中,应当客观表述涉案毒品的种类和数量,并综合认定为数量大、数量较大或者少量毒品等,不明确表述将不同种类毒品进行折算后累加的毒品总量。

对于未查获实物的甲基苯丙胺片剂(俗称"麻古"等)、MDMA片剂(俗称"摇头丸")等混合型毒品,可以根据在案证据证明的毒品粒数,参考本案或者本地区查获的同类毒品的平均重量计算出毒品数量。在裁判文书中,应当客观表述根据在案证据认定的毒品粒数。

对于有吸毒情节的贩毒人员,一般应当按照其购买的毒品数量认定其贩卖毒品的数量,量刑时酌情考虑其吸食毒品的情节;购买的毒品数量无法查明的,按照能够证明的贩卖数量及查获的毒品数量认定其贩毒数量;确有证据证明其购买的部分毒品并非用于贩卖的,不应计入其贩毒数量。

办理毒品犯罪案件,无论毒品纯度高低,一般均应将查证属实的毒品数量认定为毒品犯罪的数量,并据此确定适用的法定刑幅度,但司法解释另有规定或者为了隐蔽运输而临时改变毒品常规形态的除外。涉案毒品纯度明显低于同类毒品的正常纯度的,量刑时可以酌情考虑。①

制造毒品案件中,毒品成品、半成品的数量应当全部认定为制造毒品的数量,对于无法再加工出成品、半成品的废液、废料则不应计入制造毒品的数量。对于废液、废料的认定,可以根据其毒品成分的含量、外观形态,结合被告人对制毒过程的供述等证据进行分析判断,必要时可以听取鉴定机构的意见。

【附属刑法】

《中华人民共和国禁毒法》(2007年12月29日通过)

第二条

Ⅰ本法所称毒品,是指鸦片、海洛因、甲基苯丙胺(冰毒)、吗啡、大麻、可卡因,以及国家规定管制的其他能够使人形成瘾癖的麻醉药品和精神药品。

Ⅱ根据医疗、教学、科研的需要,依法可以生产、经营、使用、储存、运输麻醉药品和精神药品。

第八节　组织、强迫、引诱、容留、介绍卖淫罪

第三百五十八条　【组织卖淫罪】【强迫卖淫罪】【协助组织卖淫罪】

组织、强迫他人卖淫的,处五年以上十年以下有期徒刑,并处罚金;情节严重的,处十年以上有期徒刑或者无期徒刑,并处罚金或者没收财产。

组织、强迫未成年人卖淫的,依照前款的规定从重处罚。

犯前两款罪,并有杀害、伤害、强奸、绑架等犯罪行为的,依照数罪并罚的规定处罚。

为组织卖淫的人招募、运送人员或者有其他协助组织他人卖淫行为的,处五年以下有期徒刑,并处罚金;情节严重的,处五年以上十年以下有期徒刑,并处罚金。

【立法沿革】

《中华人民共和国刑法》(1997年修订,自1997年10月1日起施行)

第三百五十八条

组织他人卖淫或者强迫他人卖淫的,处五年以上十年以下有期徒刑,并处罚金;有下列情形之一的,处十年以上有期徒刑或者无期徒刑,并处罚金或者没收财产:

① 我国学者进一步指出,如果能够明显地区分毒品与掺杂物,则不应将掺杂物计入毒品中。参见张明楷:《刑法学》(第6版),法律出版社2021年版,第1506页。

（一）组织他人卖淫，情节严重的；

（二）强迫不满十四周岁的幼女卖淫的；

（三）强迫多人卖淫或者多次强迫他人卖淫的；

（四）强奸后迫使卖淫的；

（五）造成被强迫卖淫的人重伤、死亡或者其他严重后果的。

有前款所列情形之一，情节特别严重的，处无期徒刑或者死刑，并处没收财产。

协助组织他人卖淫的，处五年以下有期徒刑，并处罚金；情节严重的，处五年以上十年以下有期徒刑，并处罚金。

《中华人民共和国刑法修正案（八）》（自2011年5月1日起施行）

四十八、将刑法第三百五十八条第三款修改为：

"为组织卖淫的人招募、运送人员或者有其他协助组织他人卖淫行为的，处五年以下有期徒刑，并处罚金；情节严重的，处五年以上十年以下有期徒刑，并处罚金。"

《中华人民共和国刑法修正案（九）》（自2015年11月1日起施行）

四十二、将刑法第三百五十八条修改为：

"组织、强迫他人卖淫的，处五年以上十年以下有期徒刑，并处罚金；情节严重的，处十年以上有期徒刑或者无期徒刑，并处罚金或者没收财产。

"组织、强迫未成年人卖淫的，依照前款的规定从重处罚。

"犯前两款罪，并有杀害、伤害、强奸、绑架等犯罪行为的，依照数罪并罚的规定处罚。

"为组织卖淫的人招募、运送人员或者有其他协助组织他人卖淫行为的，处五年以下有期徒刑，并处罚金；情节严重的，处五年以上十年以下有期徒刑，并处罚金。"

【立法理由】

1979年《刑法》第一百四十条规定："强迫妇女卖淫的，处三年以上十年以下有期徒刑。"卖淫嫖娼是一种社会丑恶现象，新中国成立后，国家开展禁娼运动，卖淫嫖娼活动基本绝迹，20世纪80年代初期，卖淫嫖娼现象在一些地方又死灰复燃。一些不法分子利用暴力、胁迫等手段强迫妇女卖淫的情况也很严重。强迫妇女卖淫的行为不仅严重侵犯了公民的人身自由权利和性自由权利，还造成被害人身体的伤害和精神上巨大的创伤，具有极大的社会危害性，需要通过刑法予以打击。

1983年9月通过的《全国人民代表大会常务委员会关于严惩严重危害社会治安的犯罪分子的决定》规定，强迫妇女卖淫，情节特别严重的，可以在刑法规定的最高刑以上处刑，直至判处死刑。这是根据当时较为严重的社会治安情况，针对需要严惩的几种严重危害社会治安的犯罪作出的决定。

1991年9月通过的《全国人民代表大会常务委员会关于严禁卖淫嫖娼的决定》增加规定了组织他人卖淫和协助组织他人卖淫的犯罪，并将强迫"妇女"卖淫犯罪修改为强迫"他人"卖淫犯罪。这主要是根据当时一些地方的卖淫嫖娼活动蔓延，严重败坏社会风气的状况增加的规定。决定对组织他人卖淫罪、强迫他人卖淫罪和协助组织他人卖淫罪分别作了规定，以对这些犯罪活动进行严惩。根据规定，组织他人卖淫罪、强迫他人卖淫罪最高可判处死刑。

1991年9月通过的《全国人民代表大会常务委员会关于严惩拐卖、绑架妇女、儿童的犯罪分子的决定》规定，拐卖妇女、儿童，并具有诱骗、强迫被拐卖的妇女卖淫或者将被拐卖的妇女卖给他人迫使其卖淫的，处死刑，并处没收财产。该决定是针对当时有些地方拐卖妇女、儿童的犯罪活动猖狂，严重危害妇女、儿童的人身安全，破坏社会治安秩序的状况作出的。

1997年修订刑法时，将《全国人民代表大会常务委员会关于严禁卖淫嫖娼的决定》的有关规定修改后纳入刑法，将组织卖淫、强迫卖淫两种犯罪合为一个条文进行了规定。这样修改，主要是考虑组织卖淫和强迫卖淫行为在社会危害程度上比较接近，而且实践中，两种犯罪行为往往交织在一起，在组织卖淫的过程中，犯罪分子常伴有强迫卖淫的行为，而强迫卖淫的犯罪分子本身也多为卖淫活动的组织者，规定在一个条文中，有利于司法认定和实践操作。

2011年《刑法修正案（八）》对本条第三款协助组织他人卖淫的犯罪的规定作了修改，进一步明确列出为组织卖淫的人招募、运送人员这两种协助组织他人卖淫行为。实践中，由于刑法关于协助组织卖淫罪的规定比较原则，对为组织卖淫的人招募、运送人员等行为是否属于协助组织卖淫的犯罪存在不同认识。同时，我国加入的《联合国打击跨国有组织犯罪公约关于预防、禁止和惩治贩运人口特别是妇女和儿童行为的补充议定书》要求将为组织卖淫的人招募、运送人员等行为列为刑事犯罪。为完善刑法有关规定，与补充议定书的规定相衔接，刑法作出了修改。

2015年《刑法修正案（九）》对本条又作了以下几处修改：一是取消了组织卖淫罪、强迫卖淫罪的死刑。根据完善死刑法律规定,逐步减少适用死刑的罪名的要求,总结我国一贯坚持的既保留死刑,又严格控制和慎重适用死刑的做法,取消这两个罪的死刑。二是将判处十年以上刑罚的具体列举的五种情形修改为"情节严重的"。这一修改,对于原来列举的五种情形之外的其他组织、强迫他人卖淫的行为,情节严重的,也可以判处十年以上刑罚,加大了对组织卖淫行为的打击力度。三是增加组织、强迫未成年人卖淫的,从重处罚的规定,加大了对组织、强迫未成年人卖淫的打击力度,进一步加强了对未成年人的保护。四是增加规定,对组织、强迫他人卖淫的,并有杀害、伤害、强奸、绑架等犯罪行为的,依照数罪并罚的规定处罚。主要是考虑到组织、强迫他人卖淫的行为,往往伴随着杀害、伤害、强奸、绑架等犯罪行为,为进一步明确法律适用,严厉惩处这类犯罪行为,在本条中增加了这一规定。

【条文说明】

本条是关于组织卖淫罪、强迫卖淫罪和协助组织卖淫罪及其处罚的规定。

本条共分为四款。

第一款是关于组织、强迫他人卖淫的犯罪及其处罚的规定。"**组织他人卖淫**",主要是指通过纠集、控制一些卖淫的人员进行卖淫,或者以雇佣、招募、容留等手段,组织、诱骗他人卖淫,从中牟利的行为。组织他人卖淫的犯罪分子,实际上类似于旧社会开妓院的老鸨。组织他人卖淫罪,主要具有以下几个特征:第一,**本罪的犯罪主体必须是卖淫活动的组织者**,也就是那些开设卖淫场所的老鸨或者以其他方式组织他人卖淫的人,可以是几个人,也可以是一个人,关键要看其在卖淫活动中是否起组织者的作用。这里所说的组织者,有的是犯罪集团的首要分子,有的是临时纠合在一起进行组织卖淫活动的不法分子,有的是纠集、控制几个卖淫人员从事卖淫活动的个人。第二,**行为人必须实施了组织卖淫的行为**,至于其本人是否参与卖淫、嫖娼,并不影响本罪的构成。这里所说的"**组织**",通常表现为以下两种形式[①]:一是行为人设置卖淫场所,或者以发廊、旅店、饭店、按摩房、出租屋等为名设置变相卖淫场所,招募一些卖淫人员在此进行卖淫活动。二是行为人自己没有开设固定的场所,但组织、操纵他所控制的卖淫人员有组织地进行卖淫活动。例如,一些按摩院、发廊、酒店的老板,公然唆使服务人员同顾客到店外进行卖淫、嫖娼活动,从中收取钱财;或者以提供服务为名,向顾客提供各种名义的陪伴女郎,实际上是提供卖淫妇女进行卖淫活动。犯罪分子也会利用新技术的发展组织卖淫活动,当前通过手机短信、网络、微信等新手段组织卖淫也成为组织卖淫的一种新的犯罪形式。无论是以上哪种形式,行为人均构成组织他人卖淫罪。第三,**组织他人卖淫罪是故意犯罪**,行为人组织他人卖淫的行为必须是出于故意。[②] 第四,**组织的对象必须是多人**,而不是一个人,如果是一个人则不能构成组织他人卖淫罪。本条中所规定的"他人",既包括妇女,也包括男性。

根据2017年《最高人民法院、最高人民检察院关于办理组织、强迫、引诱、容留、介绍卖淫刑事案件适用法律若干问题的解释》第一条的规定,以招募、雇佣、纠集等手段,管理或者控制他人卖淫,卖淫人数在三人以上的,应当认定为《刑法》第三百五十八条规定的**组织他人卖淫**,组织者是否设置固定的卖淫场所、组织卖淫者人数多少、规模大小,不影响组织卖淫行为的认定。第二条规定,组织他人卖淫,具有下列情形之一的,应当认定为《刑法》第三百五十八条第一款规定的"**情节严重**":(1)卖淫人员累计达十人以上的;(2)卖淫人员中未成年人、孕妇、智障人员、患有严重性病的人累计达五人以上的;(3)组织境外人员在境内卖淫或者组织境内人员出境卖淫的;(4)非法获利人民币一百万元以上的;(5)造成被组织卖淫的人自残、自杀或者其他严重后果的;(6)其他情节严重的情形。第三条规定,在组织卖淫犯罪活动中,对被组织卖淫的人有引诱、容留、介绍卖淫行为的,依照处罚较重的规定定罪处罚。但是,对被组织卖淫的人以外的其他人有引诱、容留、介绍

---

① 我国学者将本罪的"组织行为"定义为,以招募、雇佣、强迫、引诱、容留等手段,控制多人从事卖淫活动。参见黎宏:《刑法学各论》(第2版),法律出版社2016年版,第478页;周光权:《刑法各论》(第4版),中国人民大学出版社2021年版,第521页;张明楷:《刑法学》(第6版),法律出版社2021年版,第1527页;王作富主编:《刑法分则实务研究(下)》(第5版),中国方正出版社2013年版,第1483—1484页。

② 虽然卖淫以营利为目的,组织卖淫者通常也以营利为目的,但刑法并未规定本罪必须以营利为目的。参见高铭暄、马克昌主编:《刑法学》(第7版),北京大学出版社、高等教育出版社2016年版,第600页;张明楷:《刑法学》(第6版),法律出版社2021年版,第1528页;赵秉志、李希慧主编:《刑法各论》(第3版),中国人民大学出版社2016年版,第358页;王作富主编:《刑法分则实务研究(下)》(第5版),中国方正出版社2013年版,第1485—1486页。

卖淫行为的，应当分别定罪，实行数罪并罚。

“强迫他人卖淫”，主要是指行为人采取暴力、威胁或者其他手段，违背他人意志，迫使他人卖淫的行为。① 这里所说的“**强迫**”，既包括直接使用暴力手段或者以暴力相威胁，也包括使用其他非暴力的逼迫手段，如以揭发他人隐私或者以可能使他人的某种利害关系遭受损失相威胁，或者通过使用某种手段和方法，形成精神上的强制，使他人违背自己的意愿从事卖淫活动。无论行为人采取哪一种强迫手段，都构成强迫他人卖淫罪。这里所规定的“**他人**”，既包括妇女，也包括男性。强迫的对象，既可以是没有卖淫习性的人，也可以是由于某种原因不愿继续卖淫的有卖淫恶习的人。根据本款规定，组织、强迫他人卖淫的，处五年以上十年以下有期徒刑，并处罚金；情节严重的，处十年以上有期徒刑或者无期徒刑，并处罚金或者没收财产。

《最高人民法院、最高人民检察院关于办理组织、强迫、引诱、容留、介绍卖淫刑事案件适用法律若干问题的解释》第六条规定：“强迫他人卖淫，具有下列情形之一的，应当认定为刑法第三百五十八条第一款规定的‘**情节严重**’：（一）卖淫人员累计达五人以上的；（二）卖淫人员中未成年人、孕妇、智障人员、患有严重性病的人累计达三人以上的；（三）强迫不满十四周岁的幼女卖淫的；（四）造成被强迫卖淫的人自残、自杀或者其他严重后果的；（五）其他情节严重的情形。行为人既有组织卖淫犯罪行为，又有强迫卖淫犯罪行为，且具有下列情形之一的，以**组织、强迫卖淫‘情节严重’**论处：（一）组织卖淫、强迫卖淫行为中具有本解释第二条、本条前款规定的‘情节严重’情形之一的；（二）卖淫人员累计达到本解释第二条第一、二项规定的组织卖淫‘情节严重’人数标准的；（三）非法获利数额相加达到本解释第二条第四项规定的组织卖淫‘情节严重’数额标准的。”

第二款是关于组织、强迫未成年人卖淫从重处罚的规定。“**未成年人**”，是指不满十八周岁的人。未成年人正处在成长发育时期，强迫其从事卖淫活动，对其生理发育和身心健康无疑是极大的摧残，而且未成年人也缺少必要的自我保护意识和自我控制能力，特别容易受到侵害。因此，法律上必须给予特殊保护。根据本款规定，**组织、强迫未成年人卖淫的，从重处罚**。

第三款是关于犯组织卖淫罪、强迫卖淫罪又有其他相关犯罪行为应当如何处罚的规定。根据本款规定，**犯前两款罪，并有杀害、伤害、强奸、绑架等犯罪行为的，依照数罪并罚的规定处罚**。也就是说，如果组织、强迫他人卖淫的犯罪分子，同时又对被组织、强迫卖淫的人员实施了杀害、伤害、强奸、绑架等犯罪行为，应当分别按照组织卖淫罪、强迫卖淫罪、故意杀人罪、故意伤害罪、强奸罪、绑架罪等分别定罪判刑，然后再依照《刑法》总则第六十九条的规定实行数罪并罚。虽然组织卖淫罪和强迫卖淫罪的死刑取消了，但由于故意杀人罪、故意伤害罪、强奸罪、绑架罪等都规定了死刑，在组织卖淫、强迫卖淫的过程中有上述行为的，符合法定情形的，**依法仍然能被判处死刑**。

第四款是关于协助组织他人卖淫的犯罪及其处罚的规定。“**协助组织他人卖淫**”，是指为组织卖淫的人招募、运送人员或者有其他协助行为的。② 这里所规定的“**招募**”，是指协助组织卖淫者招雇、招聘、募集人员；“**运送**”，是指为组织卖淫者通过提供交通工具接送、输送所招募的人员的行为。为组织卖淫者招募、运送人员，在有的情况下，招募、运送者可能只拿到几百元、上千元的所谓“人头费”“介绍费”，但正是这些招募、运送行为，为卖淫场所输送了大量的卖淫人员，使这种非法活动得以发展延续。“**其他协助组织他人卖淫行为**”，是指在组织他人卖淫的活动中，起协助、帮助作用的其他行为，如为“老鸨”充当保镖、打手，为组织卖淫活动看门望哨或者管帐等。协助组织他人卖淫和活动，也是组织他人卖淫活动的一个环节，但其行为的性质、所起的作用与组织卖淫者具有很大的不同。本款对为组织卖淫的人招募、运送人员或者有其他协助组织他人卖淫行为的犯罪行为单独规定了刑罚，在定罪时，对这种犯罪应作为一个独立的罪名予以认定。根据这一款的规定，协助组织他人卖淫的，即处五年以下有期徒刑，并处罚金；情节严重的，处五年以上十年以下有期徒刑，并处罚金。

《最高人民法院、最高人民检察院关于办理组织、强迫、引诱、容留、介绍卖淫刑事案件适用法律

---

① 我国学者指出，本罪是行为犯，只要行为人出于迫使被害人卖淫的目的而对他人实施了暴力、胁迫或者其他威胁手段，即告本罪之既遂。本罪并不要求被害人答应卖淫或者实际从事了卖淫活动。参见黎宏：《刑法学各论》（第2版），法律出版社2016年版，第479页；王作富主编：《刑法分则实务研究（下）》（第5版），中国方正出版社2013年版，第1482页。

② 协助组织行为的目的是，避免他人干涉、抗拒他人检查、防止嫖客闹事，以最终维护卖淫组织利益。不是在组织卖淫过程中，而是在强迫他人卖淫时充当打手，不能认定为协助组织卖淫罪，而应认定为强迫卖淫罪的共犯。参见周光权：《刑法各论》（第4版），中国人民大学出版社2021年版，第522页。

若干问题的解释》进一步明确，明知他人实施组织卖淫犯罪活动而为其招募、运送人员或者充当保镖、打手、管帐人等，依照《刑法》第三百五十八条第四款的规定，**以协助组织卖淫罪定罪处罚**，不以组织卖淫罪的从犯论处。在具有营业执照的会所、洗浴中心等经营场所担任保洁员、收银员、保安员等，从事一般服务性、劳务性工作，仅领取正常薪酬，且无上述协助组织卖淫行为的，**不认定为协助组织卖淫罪**。① 协助组织他人卖淫，具有下列情形之一的，应当认定为《刑法》第三百五十八条第四款规定的"**情节严重**"：(1)招募、运送卖淫人员累计达十人以上的；(2)招募、运送的卖淫人员中未成年人、孕妇、智障人员、患有严重性病的人累计达五人以上的；(3)协助组织境外人员在境内卖淫或者协助组织境内人员出境卖淫的；(4)非法获利人民币五十万元以上的；(5)造成被招募、运送或者被组织卖淫的人自残、自杀或者其他严重后果的；(6)其他情节严重的情形。

实际执行中应当注意以下几个方面的问题：

1. **关于卖淫的含义和范围问题**。卖淫违法犯罪是一种有伤风化、违背社会主义道德、危害社会秩序的行为，与社会的正常价值观念存在强烈的冲突。随着时代和社会观念的变化，人们对卖淫的具体含义和范围也会产生一定的变化，卖淫行为的形式越来越多样。实践中，传统的卖淫行为是指女性为男性提供性交服务并收取财物的行为。但是随着社会的发展变迁，男性也存在为了获取物质利益而与不特定的女性发生性关系的现象。甚至出现一些向同性卖淫的情况。除了传统性交行为外，卖淫也可能采取其他形式。卖淫的本质是用钱买性，对于卖淫行为的认定，应当结合大众的普遍理解以及公民的犯罪心理预期进行认定，并遵循罪刑法定原则。至于性行为采取什么方式，不影响对卖淫的认定。

2. **关于强迫卖淫罪与强奸罪的区分**。组织卖淫犯罪行为中，有的卖淫人员是自愿的，但强迫卖淫行为一定违背了他人的真实意愿。实践中，要注意区分强迫卖淫罪与强奸罪。

强迫卖淫行为应当是强迫被害人向他人卖淫，目的一般是为了营利、报复、泄愤等，采取暴力、威胁或者其他手段是为了扫除他人卖淫的意志障碍，对其进行精神强制，使其屈服，使不愿卖淫的人不得不"同意"卖淫，不敢不卖淫，被害人的意志是不自主的。强奸罪是以暴力、胁迫或者其他手段强奸妇女的行为，行为目的是满足自己的性欲望，被害妇女对性行为客观上明显表现为不愿意。暴力、胁迫等行为的目的是直接针对妇女的反抗，为强行发生性行为扫清障碍。

实践中，行为人若明知第三人有强奸被害人的意愿，仍为其提供协助，强迫被害人向第三人卖淫，应当对行为人和第三人以强奸罪的共同犯罪追究刑事责任。

3. **关于对卖淫嫖娼人员的处理**。刑法对一般的卖淫嫖娼人员，没有规定处罚。但对于这部分人员，根据《治安管理处罚法》第六十六条的规定，处十日以上十五日以下拘留，可以并处五千元以下罚款；情节较轻的，处五日以下拘留或者五百元以下罚款。值得一提的是，之前，根据《全国人民代表大会常务委员会关于严禁卖淫嫖娼的决定》第四条的规定，对卖淫、嫖娼的，可以由公安机关会同有关部门强制集中进行法律、道德教育和生产劳动，使之改掉恶习。《卖淫嫖娼人员收容教育办法》规定，对卖淫、嫖娼人员，可以由公安机关决定收容教育。这一办法将决定规定的强制集中教育和生产劳动作为收容教育的一部分。但根据2019年《全国人民代表大会常务委员会关于废止有关收容教育法律规定和制度的决定》的规定，《全国人民代表大会常务委员会关于严禁卖淫嫖娼的决定》第四条第二款、第四款的规定以及据此实行的收容教育制度于2019年12月29日被废止。废止收容教育制度后，收容教育不再实施，但卖淫、嫖娼行为仍然是治安管理处罚法明确规定的违法行为，应当依法给予**治安处罚**。

【司法解释】

《最高人民法院关于审理拐卖妇女儿童犯罪案件具体应用法律若干问题的解释》（法释

① 我国学者指出，协助行为本质上是组织卖淫罪的一种帮助行为。但由于刑法已将此种"帮助"行为作为独立的犯罪加以规定，因而其不再是一般共同犯罪中的帮助行为，而成为一个独立的罪名。参见高铭暄、马克昌主编：《刑法学》（第7版），北京大学出版社、高等教育出版社2016年版，第602页；赵秉志、李希慧主编：《刑法各论》（第3版），中国人民大学出版社2016年版，第359页；阮齐林：《中国刑法各罪论》，中国政法大学出版社2016年版，第453页；王作富主编：《刑法》（第6版），中国人民大学出版社2016年版，第498页；黎宏：《刑法学各论》（第2版），法律出版社2016年版，第480页。

另有学者指出，本罪是否属于帮助犯的正犯化，似乎不可一概而论，需要独立判断招募、运送等行为是否值得科处刑罚。为他人组织卖淫所实施的招募、运送人员的行为是否成立协助组织卖淫罪，一方面取决于正犯是否实施了组织卖淫的行为；另一方面在正犯没有实施组织卖淫行为时，取决于协助行为本身是否严重侵害了社会管理秩序。参见张明楷：《刑法学》（第6版），法律出版社2021年版，第1530—1531页。

〔2016〕28 号,自 2017 年 1 月 1 日起施行)

△(**数罪并罚;收买被拐卖的妇女、儿童罪**)收买被拐卖的妇女、儿童后又组织、强迫卖淫或者组织乞讨、进行违反治安管理活动等构成其他犯罪的,依照数罪并罚的规定处罚。(§ 6)

《最高人民法院、最高人民检察院关于办理组织、强迫、引诱、容留、介绍卖淫刑事案件适用法律若干问题的解释》(法释〔2017〕13 号,自 2017 年 7 月 25 日起施行)

△(**组织他人卖淫**)以招募、雇佣、纠集等手段,管理或者控制他人卖淫,卖淫人员在三人以上的,应当认定为刑法第三百五十八条规定的"组织他人卖淫"。

组织卖淫者是否设置固定的卖淫场所、组织卖淫者人数多少、规模大小,不影响组织卖淫行为的认定。(§ 1)

△(**组织他人卖淫;情节严重**)组织他人卖淫,具有下列情形之一的,应当认定为刑法第三百五十八条第一款规定的"情节严重":

(一)卖淫人员累计达十人以上的;

(二)卖淫人员中未成年人、孕妇、智障人员、患有严重性病的人累计达五人以上的;

(三)组织境外人员在境内卖淫或者组织境内人员出境卖淫的;

(四)非法获利人民币一百万元以上的;

(五)造成被组织卖淫的人自残、自杀或者其他严重后果的;

(六)其他情节严重的情形。(§ 2)

△(**引诱、容留、介绍卖淫行为;从一重罪处罚;数罪并罚**)在组织卖淫犯罪活动中,对被组织卖淫的人有引诱、容留、介绍卖淫行为的,依照处罚较重的规定定罪处罚。但是,对被组织卖淫的人以外的其他人有引诱、容留、介绍卖淫行为的,应当分别定罪,实行数罪并罚。(§ 3)

△(**协助组织卖淫罪;从事一般服务性、劳务性工作**)明知他人实施组织卖淫犯罪活动而为其招募、运送人员或者充当保镖、打手、管账人等的,依照刑法第三百五十八条第四款的规定,以协助组织卖淫罪定罪处罚,不以组织卖淫罪的从犯论处。

在具有营业执照的会所、洗浴中心等经营场所担任保洁员、收银员、保安员等,从事一般服务性、劳务性工作,仅领取正常薪酬,且无前款所列协助组织卖淫行为的,不认定为协助组织卖淫罪。(§ 4)

△(**协助组织卖淫;情节严重**)协助组织他人卖淫,具有下列情形之一的,应当认定为刑法第三百五十八条第四款规定的"情节严重":

(一)招募、运送卖淫人员累计达十人以上的;

(二)招募、运送的卖淫人员中未成年人、孕妇、智障人员、患有严重性病的人累计达五人以上的;

(三)协助组织境外人员在境内卖淫或者协助组织境内人员出境卖淫的;

(四)非法获利人民币五十万元以上的;

(五)造成被招募、运送或者被组织卖淫的人自残、自杀或者其他严重后果的;

(六)其他情节严重的情形。(§ 5)

△(**强迫卖淫;情节严重**)强迫他人卖淫,具有下列情形之一的,应当认定为刑法第三百五十八条第一款规定的"情节严重":

(一)卖淫人员累计达五人以上的;

(二)卖淫人员中未成年人、孕妇、智障人员、患有严重性病的人累计达三人以上的;

(三)强迫不满十四周岁的幼女卖淫的;

(四)造成被强迫卖淫的人自残、自杀或者其他严重后果的;

(五)其他情节严重的情形。

行为人既有组织卖淫犯罪行为,又有强迫卖淫犯罪行为,且具有下列情形之一的,以组织、强迫卖淫"情节严重"论处:

(一)组织卖淫、强迫卖淫行为中具有本解释第二条、本条前款规定的"情节严重"情形之一的;

(二)卖淫人员累计达到本解释第二条第一、二项规定的组织卖淫"情节严重"人数标准的;

(三)非法获利数额相加达到本解释第二条第四项规定的组织卖淫"情节严重"数额标准的。(§ 6)

△(**数罪并罚;共同犯罪;未成年人;从重处罚**)根据刑法第三百五十八条第三款的规定,犯组织、强迫卖淫罪,并有杀害、伤害、强奸、绑架等犯罪行为的,依照数罪并罚的规定处罚。协助组织卖淫行为人参与实施上述行为的,以共同犯罪论处。

根据刑法第三百五十八条第二款的规定,组织、强迫未成年人卖淫的,应当从重处罚。(§ 7)

△(**组织、强迫他人卖淫的次数;酌定量刑情节**)组织、强迫、引诱、容留、介绍他人卖淫的次数,作为酌定情节在量刑时考虑。(§ 10)

△(**罚金;没收财产**)犯组织、强迫、引诱、容留、介绍卖淫罪的,应当依法判处犯罪所得二倍以上的罚金。共同犯罪的,对各共同犯罪人合计判处的罚金应当在犯罪所得的二倍以上。

对犯组织、强迫卖淫罪被判处无期徒刑的，应当并处没收财产。（§ 13）

【司法解释性文件】

《公安部关于以钱财为媒介尚未发生性行为或发生性行为尚未给付钱财如何定性问题的批复》（公复字〔2003〕5号，2003年9月24日公布）

△（**卖淫嫖娼；尚未给付金钱、财物；从轻处罚**）卖淫嫖娼是指不特定的异性之间或同性之间以金钱、财物为媒介发生性关系的行为。行为主体之间主观上已经就卖淫嫖娼达成一致，已经谈好价格或者已经给付金钱、财物，并且已经着手实施，但由于其本人主观意志以外的原因，尚未发生性关系的；或者已经发生性关系，但尚未给付金钱、财物的，都可以按卖淫嫖娼行为依法处理。对前一种行为，应当从轻处罚。

《最高人民检察院、公安部关于公安机关管辖的刑事案件立案追诉标准的规定（一）》（公通字〔2008〕36号，2008年6月25日公布）

△（**组织卖淫罪；立案追诉标准**）以招募、雇佣、强迫、引诱、容留等手段，组织他人卖淫的，应予立案追诉。（§ 75）

△（**强迫卖淫罪；立案追诉标准**）以暴力、胁迫等手段强迫他人卖淫的，应予立案追诉。（§ 76）

《最高人民检察院、公安部关于公安机关管辖的刑事案件立案追诉标准的规定（一）的补充规定》（公通字〔2017〕12号，2017年4月27日公布）

△（**协助组织卖淫罪；立案追诉标准**）在组织卖淫的犯罪活动中，帮助招募、运送、培训人员三人以上，或者充当保镖、打手、管账人等，起帮助作用的，应予立案追诉。（§ 12）

《最高人民法院、最高人民检察院、公安部、司法部关于依法惩治性侵害未成年人犯罪的意见》（法发〔2013〕12号，2013年10月23日公布）

△（**未成年人；幼女；对未成年人负有特殊职责的人员；与未成年人有共同家庭生活关系的人员；国家工作人员**）组织、强迫、引诱、容留、介绍未成年人卖淫构成犯罪的，应当从重处罚。强迫幼女卖淫、引诱幼女卖淫的，应当分别按照刑法第三百五十八条第一款第（二）项、第三百五十九条第二款的规定定罪处罚。

对未成年人负有特殊职责的人员、与未成年人有共同家庭生活关系的人员、国家工作人员，实施组织、强迫、引诱、容留、介绍未成年人卖淫等性侵害犯罪的，更要依法从严惩处。

【参考案例】

△组织男性从事同性性交易活动的，应以组织卖淫罪论处。

卖淫，就其常态而言，虽是指女性以营利为目的，与不特定男性从事性交易的行为；但随着立法的变迁，对男性以营利为目的，与不特定女性从事性交易的行为，也应认定为“卖淫”。随着时代的发展、社会生活状况的变化，卖淫的外延可以，也应当进一步扩大，亦即应当包括以营利为目的，与不特定同性从事性交易的行为。对卖淫作如上界定，并不违背刑法解释原理和罪刑法定原则，相反，是刑法立法精神的当然要求。

结合目前社会生活事实的发展变化，已出现同性卖淫行为。现时代人们已习惯对男性之间以营利为目的的性交易行为——用同性卖淫来指称。刑法精神是禁止任何有伤风化的淫媒行为，以组织卖淫罪追究本案被告人李宁的刑事责任，是符合罪刑法定原则的。［No. 6-8-358(1)(2)-1-1　李宁组织卖淫案］

△以收受或约定报酬而与不特定的人进行性交或实施其他性器官接触的淫乱行为的，应当认定为卖淫。①

正确理解刑法意义上的卖淫，应当结合现实的语境把握其实质。在目前的社会现实中，已确实出现了许多超出人们传统认识的淫乱行为，如除自然意义上的性交行为之外，出现了包括口交行为、肛交行为、手淫行为以及其他涉及生殖器官接触的变态性行为。一旦与收受报酬或约定收受报酬建立联系，此类行为必然因其针对社会上不特定人的特征而产生辐射、扩散的效果，从而极大地违背人们正常的道德观念和价值评判标准，严

① 关于卖淫的范围，学说上未有定论。其中，有学者指出，卖淫是指以营利或满足性欲为目的，与不特定的异性发生性交或者从事其他淫乱活动（如口交、鸡奸、手淫等）的行为。参见周光权：《刑法各论》（第4版），中国人民大学出版社2021年版，第521页；黎宏：《刑法学各论》（第2版），法律出版社2016年版，第478页。

另有学者指出，卖淫是指以营利为目的，满足不特定对方（不限于异性）的性欲的行为，包括与不特定的对方性交和实施类似性交的行为（如口交、肛交等）。组织女性向女性、男性向男性实施口交、肛交等类似性交行为，也成立本罪。但是，组织他人单纯为异性手淫、组织女性用乳房摩擦男性生殖器、组织女性被特定人“包养”，不应认定为组织卖淫罪。参见张明楷：《刑法学》（第6版），法律出版社2021年版，第1528页；阮齐林：《中国刑法各罪论》，中国政法大学出版社2016年版，第453页。

重污染、腐蚀为社会主流文化所积极认可的道德风尚与社会风气，使人们的伦理观念、婚姻家庭观念、性生活观念发生扭曲。组织、强迫、引诱、容留、介绍他人从事此类行为，则进一步放大其社会危害性，加剧与社会正常治安管理秩序的对抗态势。因此，将同性卖淫与收受报酬或约定收受报酬结合的所有淫乱行为界定为刑法意义上的卖淫，进而对组织、强迫、引诱、容留、介绍他人从事此类行为予以犯罪化，是十分必要的。［No. 6-8-358(1)(2)-1-2　唐发均强迫卖淫案］

△采用招募、纠集等手段，控制多人卖淫的，应以组织卖淫罪论处。

组织卖淫罪有两种客观表现形式：一种是有固定卖淫场所的组织卖淫行为；第二种是无固定场所的组织卖淫行为，即组织者操纵、控制多名卖淫人员有组织进行卖淫活动。无论哪一种形式，组织者都有组织行为。

被告人高红霞、郑海本、李惠清表面上是经营歌舞厅，却暗中纠集卖淫人员，宣布纪律、安排吃住，形成了一个以歌舞厅为掩护的卖淫组织，并设立固定的组织管理人员，制定收费制度，为嫖客安排卖淫女，为卖淫活动提供客房。对卖淫女青年进行管理，组织安排卖淫活动。高红霞、郑海本、李惠清虽未采取强制、欺骗性手段从人身、财产方面控制卖淫人员，但以他们为首的卖淫组织分工明确、组织卖淫牟利的目的清楚，并为卖淫活动制定了一系列的人、财、物管理办法，以此规范卖淫人员在阿里朗舞厅的卖淫活动，使阿里朗舞厅成为事实上的地下妓院，其组织卖淫活动的特征是明显的。同时，即使本案仅有容留卖淫行为而没有组织性，因被告人高红霞、李惠清是利用经营文化娱乐业的便利条件，容留多人卖淫，根据《刑法》第三百六十一条规定，旅馆业、饮食服务业、文化娱乐业的工作人员，利用本单位的条件容留他人卖淫的，依照组织卖淫罪、协助组织卖淫罪定罪处罚，应以组织卖淫罪对高红霞、李惠清以组织卖淫罪定罪处罚。因此，对本案中主要人员以组织卖淫罪定罪、对协从人员以协助组织卖淫罪定罪是正确的。［No. 6-8-358(1)(2)-1-3　高洪霞、郑海本等组织卖淫、协助组织卖淫案］

△以营利为目的，采用招募、容留等方法，控制他人从事同性卖淫活动的，应以组织卖淫罪论处。

根据《刑法》第三百五十八条的规定，组织卖淫罪是指以招募、雇佣、引诱、容留等手段，组织、策划、指挥或者控制多人从事卖淫的行为。其构成要件是：主体必须是卖淫活动的组织者，可以是一人，也可以是多人。主观方面是故意。客体是社会道德风尚和善良风俗以及社会管理秩序。客观方面表现为行为人实施了组织多人卖淫的行为。通常表现为两种方式：一是通过租房等方法设置固定卖淫场所或者变相卖淫场所；二是利用宾馆、酒店、发廊等不固定场所，组织控制在自己范围内的卖淫人员从事卖淫活动。此处的多人指三人或者三人以上。此处的卖淫通常是指以营利为目的，与不特定的人发生性行为以满足不特定的人的性欲的行为，主要是性交行为，但也包括各种猥亵行为和其他性行为。故卖淫除在异性之间可以进行外，不能排斥同性之间的性交易行为。如既可以是女性卖淫，也可以是男性卖淫；既可以是异性之间卖淫，也可以是同性之间卖淫。这就可以把同性向同性提供性服务的行为理解或认定为组织卖淫罪中的卖淫行为。既然同性卖淫行为可以确立，本案认定王志明组织卖淫罪罪名成立也是正确的。［No. 6-8-358(1)(2)-1-4　王志明组织卖淫案］

△对于组织卖淫罪中的情节严重和情节特别严重，应当综合考虑行为人组织卖淫的手段、后果，在共同犯罪中的地位、作用，有无强迫、强奸行为，有无对被组织卖淫者造成严重后果等情节，同时结合组织卖淫的规模、人次对行为人作出罪责刑相适应的认定。

组织卖淫罪是一种侵犯社会治安管理秩序和良好社会风尚的犯罪，其重刑设置有着特殊的时代背景，随着社会形势的发展变化，在立法没有变动的情况下，人民法院应当妥善把握量刑情节的适用，以适应现实情况的变化，实现裁判法律效果与社会效果的统一。对于组织卖淫罪中情节严重和情节特别严重的认定，既要看到组织卖淫的次数、人数对社会造成的危害，又不能将规模、人次作为量刑的唯一标准，而应综合考虑各种因素，包括组织卖淫的手段、后果，行为人在共同犯罪中的地位、作用，有无组织未成年人尤其是未满十四周岁的未成年人卖淫，有无组织患有严重性别的卖淫罪卖淫，有无强奸被组织卖淫者，有无对被组织卖淫者造成严重后果等加以综合分析判断，对犯罪情节特别严重的被告人适用死刑应当特别慎重。只有罪行极其严重，如手段极其恶劣，造成被组织卖淫者伤残甚至死亡的，社会影响极坏的，才考虑适用死刑。

被告人王剑平作为杭州玉皇山庄休闲中心的承包人，首先提起犯意并聘请被告人陈冲平担任休闲中心桑拿部总经理，负责管理桑拿部的全部事项。王剑平和陈冲平之下还设立经理和主管，由被告人李艳、李宏菊等担任，负责招募、培训、管理按摩小姐。2006 年 9 月至 2010 年 1 月，王剑平、陈冲平通过广告等形式招聘了60余名卖淫女，组织卖淫10000余次，得款560万元以上。李艳和李宏菊分别组织卖淫2100余次和890余次。从各被告人的地位作用看，王剑平是起领导组织作用的出资人，陈冲平负责管理桑拿部的全部事项但不具体负责管理该部的"按摩小姐"，其作用和李艳、李宏菊相当。三人均是组织卖淫活动的积极参与者，作用相对小于王剑平。因此综合本案组织卖淫的持续时间、危害后果、组织卖淫的次数和按摩小姐的人数以及被告人在共同犯罪中的地位、作用等，一、二审法院认定王剑平的犯罪情节特别严重，陈冲平、李宏菊、李艳的犯罪情节严重是适当的。[No.6-8-358(1)(2)-1-5　王剑平等组织卖淫，耿劲松等协助组织卖淫案]

△连续三次使用强迫或要挟手段迫使一名妇女卖淫的行为，主观上没有控制三人以上卖淫的故意，不构成组织卖淫罪，应认定为强迫卖淫罪。

组织卖淫罪与强迫卖淫罪的主要区别在于：(1)侵犯客体不同。前者侵犯的是社会治安管理秩序，后者侵犯的是他人性的权利和身体健康。(2)客观手段不同。前者既可以采取平和手段，也可以采用强迫手段组织他人卖淫。(3)主观方面不同。组织卖淫行为中，行为人主观上是组织多人卖淫。本案中，被告人在三年中采取引诱、使用强迫手段或利用被害人走投无路的情形采用挟持的方法，先后迫使三名女性卖淫。从客观方面看，每次行为经过预谋策划，卖淫人数累计也达到了三人，但行为人每次主观上没有纠集、控制三名以上女性有组织地从事卖淫的故意，客观上也没有将三名女性纠集在一起集中和控制卖淫女的行为。因此被告人的行为不成立组织卖淫罪，应认定为强迫卖淫罪。[No.6-8-358(1)(2)-1-6　蒋德亮、胡春梅强迫卖淫案]

△在组织卖淫活动中，直接安排、调度卖淫活动的行为，应当以组织卖淫罪定罪处罚。

在认定"组织卖淫"与"协助组织卖淫"行为时，不能简单地以作用大小为标准，而应根据组织与协助组织行为的分工来认定。

1992年《最高人民法院、最高人民检察院关于执行〈全国人民代表大会常务委员会关于严禁卖淫嫖娼的决定〉的若干问题的解答》(已失效)第二条、第三条分别明确，组织卖淫罪是指以招募、雇佣、强迫、引诱、容留等手段控制多人从事卖淫的行为，协助组织卖淫是指在组织他人卖淫的共同犯罪中起帮助作用的行为，如充当保镖、打手、管账人等。

在组织卖淫活动中对卖淫者的卖淫活动直接进行安排、调度的，属于组织卖淫罪的行为人，应当以组织卖淫罪论处。如果不是对卖淫的卖淫者活动直接进行安排、调度，而是在外围协助组织者实施其他行为，充当保镖、打手、管账人或为直接组织者招募、雇佣、运送卖淫者，为卖淫者安排住处，为组织者充当管账人、提供反调查信息等行为的，则都不构成组织卖淫罪，而仅构成协助组织卖淫罪。

在具体案件中，组织他人卖淫场所中的老板、领班、直接管理人员一般系组织者，其行为应当以组织卖淫罪论处。而保镖、打手、管账人、服务生一般系协助组织者，应当以协助组织卖淫罪论处。被告人蔡轶作为新天龙休闲浴场的经营者，其行为构成组织卖淫罪，自不待言。被告人戴月强虽系蔡轶所雇佣，且由蔡轶招募卖淫女，但戴月强直接参与卖淫事项，并参与制定卖淫场所规则，且系组织卖淫女在该浴场内向他人卖淫的管理者，因此，其行为属于组织卖淫行为，构成组织卖淫罪。[No.6-8-358(1)(2)-1-7　蔡轶等组织卖淫、协助组织卖淫案]

△行为人对卖淫活动形成了有效的管理与控制的，应当以组织卖淫罪论处。

容留卖淫罪中的容留是一种单纯地为他人提供场所，容留者与卖淫者没有控制与调度的关系。具体表现为行动上的两个自由：一是来去自由；二是选择自由。来去自由体现在卖淫者有是否接受容留者提供场所的自由，选择自由体现在卖淫者本人有权决定何时卖淫、向何人卖淫、如何收费等事项。对这种不存在人身控制和依附关系，仅提供场所的行为，一般以容留卖淫罪论处。但现实中情况往往比较复杂，卖淫者虽有来去自由，但没有选择自由。即卖淫者到一些娱乐场所卖淫是完全自愿的，娱乐场所的经营者为其提供卖淫场所和食宿，不干涉具体卖淫事项。但卖淫者通常不能决定何时卖淫、向何人卖淫，尤其是不能决定如何收费。娱乐场所对卖淫行为采取统一定价、统一收费，再按照事先定好的比例将报酬分发给卖淫者。在这种情况下。卖淫行为处于被管理、控制的状态，因此，管理控制者提供的容留行为应当构成组织卖淫罪，而非容留卖淫罪。这一结论可以在相关文件中找到法律依据。《最高人民法院、最高人民检察院关于执行〈全国人民代表大会常务委员会关于严禁卖淫嫖娼的决定〉的若干问题的解答》将组织卖淫过程中的引诱、容留、介绍卖淫行为明确以组织卖淫行为论处。

本案中，新天龙休闲浴场内部对"小姐"制定了严格的规定，"小姐"卖淫一次收费人民币100元，每人每天上交人民币50元，卖淫时用毛巾将包厢的玻璃遮住，卖淫后"小姐"的工号牌移到最后，并轮流负责望风。这些规定和做法表明，新天

分则　第六章

龙浴场对“小姐”的卖淫活动已经形成有效管理与控制，而这正好体现了组织卖淫罪中“控制多人从事卖淫”的特征，故法院根据其具体分工对各被告人的行为分别认定为组织卖淫罪与协助组织卖淫罪，而不认定为容留卖淫罪，是正确的。［No. 6-8-358(1)(2)-1-8　蔡轶等组织卖淫、协助组织卖淫案］

△行为人对卖淫人员加以安排调度，与卖淫人员形成管理与被管理的关系，成立组织卖淫罪。

区分组织卖淫罪与容留卖淫罪，关键在于判断行为人是否控制了多人进行卖淫活动，其行为是否具有组织性。所谓“组织”，就是安排分散的人或者物，使这些人或者物具有一定的系统性、整体性，表现方式为组织、策划、指挥。具体到组织卖淫罪，“组织”是指对卖淫人员加以安排、调度，使卖淫活动有组织、有计划地进行。组织卖淫罪法定刑之所以更重，在于其组织行为所带来的社会危害更大。具体而言，将分散的卖淫活动聚集起来，更容易实施犯罪、妨碍侦查，还容易衍生其他犯罪，具有更大的社会危害性。在组织卖淫犯罪中，行为人与卖淫人员之间形成管理与被管理的关系，卖淫人员的人身、财产或者卖淫活动受控于行为人，接受行为人安排、调度以及分配卖淫所得。如果行为人仅为卖淫人员提供场所，对其卖淫活动没有进行管理、控制，则不属于组织行为，应当定性为容留卖淫。

具体到本案，被告人郑小明的行为具有明显的组织性，构成组织卖淫罪。理由如下：第一，郑小明组织卖淫活动。虽然卖淫女均系经人介绍到“新不了情”按摩店卖淫，但郑小明除了提供卖淫场所外，还确定了较为固定的卖淫区域，容留多名卖淫女卖淫，并提供食宿，雇用被告人肖翔为卖淫女做饭、打扫卫生及代收嫖资；对人员分工进行了明确安排，使卖淫活动具有系统性、整体性。第二，郑小明控制卖淫活动。具体表现在对卖淫活动统一安排、调度，并确立利润提成比例，统一收取卖淫女店内卖淫所得，再按提成比例发放钱款。卖淫女的卖淫活动均受控于郑小明，双方形成了管理与被管理、领导与服从的关系。第三，郑小明组织卖淫的人数多，数量稳定。组织卖淫过程中的容留行为应当视为组织行为的方式之一，作为量刑情节加以考虑，不实行数罪并罚。［No. 6-8-358(1)(2)-1-9　郑小明等组织卖淫、协助组织卖淫案］

△区分组织卖淫罪和引诱、容留、介绍卖淫罪的关键是行为人是否对卖淫者具有管理、控制等组织行为。如果行为人只是实施了容留、介绍甚至引诱卖淫的行为，没有对卖淫活动进行组织的，就不能以组织卖淫罪处罚。

理解组织卖淫罪的概念，关键在于理解“组织”一词的内涵。在组织卖淫罪的认定上要从严掌握，但在认定组织卖淫罪后的处罚上要明显重于一般的引诱、容留、介绍卖淫罪。也正因为如此，《刑法》在吸收了《全国人民代表大会常务委员会关于严禁卖淫嫖娼的决定》（部分失效）和《最高人民法院、最高人民检察院关于执行〈全国人民代表大会常务委员会关于严禁卖淫嫖娼的决定〉的若干问题的解答》基本合理内涵的基础上，对组织卖淫罪配置了比引诱、容留、介绍卖淫罪更重的刑罚。笔者认为，行为人的行为是否构成组织卖淫罪可以从以下三个要件去判断：一是组织行为特征。所谓组织，是指安排分散的人或者事物使之具有一定的系统性、整体性。二是场所要件。组织卖淫的场所特征体现为有固定场所或者虽然无固定场所但实际掌控、管理卖淫人员，有组织地进行卖淫活动。三是手段及规模要件。组织行为，不仅仅限于使用控制手段，还包括管理手段。区分组织卖淫罪和引诱、容留、介绍卖淫罪的关键是行为人是否对卖淫者具有管理、控制等组织行为。如果行为人只是实施了容留、介绍甚至引诱卖淫的行为，没有对卖淫活动进行组织的，就不能以组织卖淫罪处罚。本案中，被告人张桂方、冯晓明共同容留多名卖淫女从事卖淫活动，张桂方租用了广州市番禺区大石街大山村大涌路275号之七及番禺区大石街大山村富山二街5号之一的出租屋作为卖淫场所，亲自招揽嫖客，还雇请同案人为卖淫女拉客，规定卖淫价格及分成比例，并收取嫖资。冯晓明则拉拢、收买辖区派出所的辅警，通过辅警打探公安机关的清查活动，为组织卖淫活动寻求非法保护。因此，张桂方、冯晓明虽然没有从人身自由上对卖淫女实施严格的控制行为，但均实施了对多名卖淫女卖淫活动的管理行为，均构成组织卖淫罪。具体体现在：（1）提供固定卖淫场所；（2）规定上班时间和地点；（3）雇用人员负责拉客，为卖淫女提供客源；（4）规定卖淫收入的分配比例，先由被告人收取嫖资后分配；（5）为卖淫活动寻求保护。这些特征，均为单一的引诱、容留、介绍卖淫罪所不能涵括。［No. 6-8-358(1)(2)-1-10　张桂方、冯晓明组织卖淫案］

△在卖淫团伙中，在组织卖淫活动中发挥核心作用、具有核心地位以及处于或接近该团伙核心层的行为人，可以认定为组织卖淫者；属于隶属核心人物又不接近核心层的行为人，应当被认定为协助组织卖淫者。

行为人在组织卖淫中是否发挥核心作用，是

从功能因素认定组织卖淫罪的关键。所谓核心作用,是指对卖淫团伙中的人、物等全部实现或核心事项具有最后的统筹、决定权。客观而论,卖淫是一种非法买卖性服务的双方行为,本质是一种契约。对于卖淫组织而言,卖淫契约的成立与履行都具有重要地位。本案中被告人毛自强从事记录员和采购员的工作,被告人罗策从事收银员工作,毛自强不对失足妇女进行业务培训,不制定失足妇女的工作流程及请假上工制度,其不在岗的时间由他人负责;罗策亦不对失足妇女进行管理控制,不对卖淫活动进行指挥调度,其在分发提成后还要将剩余嫖资上交。二被告人对契约的签订履行均不起统筹、决定作用。

行为人在卖淫团伙中是否具有核心地位,是从人际因素认定组织卖淫罪的关键。任何具有相当规模的卖淫组织,其内部都存在一定程度的层级关系。判断行为人是否是组织卖淫者,需要看其是否处于或接近该团伙的核心层,而不取决于行为人是否直接管理、控制卖淫者,因为直接管理、控制卖淫者也可能仅是被雇用的打手。本案中,毛自强、罗策与核心人物文兴洲、王辉事先没有分工合谋、利润分成的约定,卖淫活动中受核心人物领导和指挥,并不接近团伙核心层,与核心人物具有隶属关系,故二被告人应认定为协助组织卖淫罪。[No. 6-8-358(1)(2)-1-11 王辉、文兴洲等组织卖淫、协助组织卖淫案]

第三百五十九条 【引诱、容留、介绍卖淫罪】【引诱幼女卖淫罪】

引诱、容留、介绍他人卖淫的,处五年以下有期徒刑、拘役或者管制,并处罚金;情节严重的,处五年以上有期徒刑,并处罚金。

引诱不满十四周岁的幼女卖淫的,处五年以上有期徒刑,并处罚金。

【立法理由】

1979 年《刑法》第一百六十九条规定:"以营利为目的,引诱、容留妇女卖淫的,处五年以下有期徒刑、拘役或者管制;情节严重的,处五年以上有期徒刑,可以并处罚金或者没收财产。"引诱、容留、介绍他人卖淫的,是实践中较为常见多发的犯罪行为,多是为了牟取非法利益,为卖淫行为提供了条件和市场,极大败坏了社会风气,需要予以严惩。

1983 年 9 月通过的《全国人民代表大会常务委员会关于严惩严重危害社会治安的犯罪分子的决定》规定,引诱、容留妇女卖淫,情节特别严重的,可以在刑法规定的最高刑以上处刑,直至判处死刑。这是根据当时较为严重的社会治安情况,针对需要严惩的几种严重危害社会治安的犯罪作出的决定。

1991 年 9 月通过的《全国人民代表大会常务委员会关于严禁卖淫嫖娼的决定》增加规定了介绍他人卖淫和引诱幼女卖淫的犯罪,并将引诱、容留"妇女"卖淫犯罪修改为引诱、容留"他人"卖淫犯罪。这主要是根据当时一些地方的卖淫嫖娼活动蔓延,严重败坏社会风气的状况增加的规定。该决定第三条规定:"引诱、容留、介绍他人卖淫的,处五年以下有期徒刑或者拘役,并处五千元以下罚金;情节严重的,处五年以上有期徒刑,并处一万元以下罚金。……引诱不满十四岁的幼女卖淫的,依照本决定第二条关于强迫不满十四岁的幼女卖淫的规定处罚。"关于增加规定介绍卖淫罪,主要是由于社会上经常介绍卖淫的"皮条客"数量日益增加,危害严重,需要进行刑法打击。关于增加规定引诱幼女卖淫犯罪,这主要是因为不满十四周岁的幼女,心理和生理上的发育尚未成熟,对社会缺乏深入的了解,自我控制、自我保护能力差,更容易成为犯罪分子侵害的目标,一些犯罪分子利用她们从事卖淫活动,牟取不义之财,严重损害了幼女身心健康,社会危害性极大,必须予以严厉打击。此外,还删除了 1979 年《刑法》引诱、容留妇女卖淫犯罪"以营利为目的"的构成要件,这主要是考虑到出于奸淫或者其他目的的行为,也应当予以打击,是否以营利为目的不应成为其构成犯罪的条件。

1997 年刑法将《全国人民代表大会常务委员会关于严禁卖淫嫖娼的决定》的有关规定修改后纳入刑法中。修改主要包括:一是调整了量刑幅度,对引诱、容留、介绍他人卖淫的,增加了管制刑,将罚金的具体数额修改为"并处罚金"。二是对引诱幼女卖淫犯罪单独规定了刑罚。决定中规定,引诱不满十四岁的幼女卖淫的,依照决定关于强迫不满十四岁的幼女卖淫的规定处罚。强迫幼女卖淫是强迫他人卖淫罪中的重刑情节之一,刑法规定了较重的刑罚,起点刑就是十年。这次修订刑法,考虑到引诱和强迫行为相比较,一般情况下强迫行为在行为特征和社会危害程度上更为严重，根据罪责刑相适应的原则，对强迫卖淫行为应当规定更重的刑罚，而引诱幼女卖淫则与强迫幼女卖淫的在刑罚上无法简单地给予同等处罚，所以，当时修订刑法，对该犯罪单独规定了刑罚。

【条文说明】

本条是关于引诱、容留、介绍卖淫罪，引诱幼女卖淫罪及其处罚的规定。

本条共分为两款。

第一款是关于引诱、容留、介绍他人卖淫的犯罪及其处罚的规定。**“引诱”他人卖淫**，是指行为人为了达到某种目的，以金钱诱惑或通过宣扬腐朽生活方式等手段，诱使没有卖淫习性的人从事卖淫活动的行为。[①] **“容留”他人卖淫**，是指行为人故意为他人从事卖淫、嫖娼活动提供场所的行为。这里规定的“容留”既包括在自己所有的、管理的、使用的、经营的固定或者临时租借的场所容留卖淫、嫖娼人员从事卖淫、嫖娼活动，也包括在流动场所，如运输工具中容留他人卖淫、嫖娼。**“介绍”他人卖淫**，是指为卖淫人员与嫖客寻找对象，并在他们中间牵线搭桥的行为，即人们通常所说的“拉皮条”。[②] 另外，应当注意的是，本条规定的引诱、容留、介绍他人卖淫的犯罪规定，是一个罪名的选择性规定，只要实施了这三种行为中的一种行为，即可构成犯罪。在认定罪名的时候，根据其行为确定罪名。既引诱又容留并介绍卖淫的，定引诱、容留、介绍卖淫罪；行为人实施了引诱、容留、介绍行为的其中一种的，则可以分别定引诱卖淫罪、容留卖淫罪、介绍卖淫罪；实施其中两种行为的，定引诱、容留卖淫罪，引诱、介绍卖淫罪，容留、介绍卖淫罪。有两种或者三种行为的，也是一个罪名，一般不实行数罪并罚。

2017年《最高人民法院、最高人民检察院关于办理组织、强迫、引诱、容留、介绍卖淫刑事案件适用法律若干问题的解释》第八条第一至三款规定：“引诱、容留、介绍他人卖淫，具有下列情形之一的，**应当依照刑法第三百五十九条第一款的规定定罪处罚**：（一）引诱他人卖淫的；（二）容留、介绍二人以上卖淫的；（三）容留、介绍未成年人、孕妇、智障人员、患有严重性病的人卖淫的；（四）一年内曾因引诱、容留、介绍卖淫行为被行政处罚，又实施容留、介绍卖淫行为的；（五）非法获利人民币一万元以上的。利用信息网络发布招嫖违法信息，情节严重的，依照刑法第二百八十七条之一的规定，以非法利用信息网络罪定罪处罚。同时构成介绍卖淫罪的，依照处罚较重的规定定罪处罚。引诱、容留、介绍他人卖淫是否以营利为目的，不影响犯罪的成立。”第九条规定：“引诱、容留、介绍他人卖淫，具有下列情形之一的，应当认定为刑法第三百五十九条第一款规定的‘**情节严重**’：（一）引诱五人以上或者引诱、容留、介绍十人以上卖淫的；（二）引诱三人以上的未成年人、孕妇、智障人员、患有严重性病的人卖淫，或者引诱、容留、介绍五人以上该类人员卖淫的；（三）非法获利人民币五万元以上的；（四）其他情节严重的情形。”

第二款是对引诱不满十四周岁的幼女卖淫的处罚规定。不满十四周岁的幼女，正处在心理和生理上的发育时期，且缺少必要的自我保护意识和自我控制的能力，特别容易受到侵害，是法律重点保护的对象，因此本条规定了比引诱妇女卖淫罪更重的刑罚。另外，实践中还发现，有的容留妇女卖淫的犯罪分子未直接引诱幼女卖淫，也未与引诱幼女卖淫的犯罪分子事前通谋，而是他人将幼女带到容留妇女卖淫的窝点，交给容留妇女卖淫的犯罪分子，由容留妇女卖淫的犯罪分子将幼女接收下来容留其卖淫。对于这种情况应当以**容留他人卖淫罪**定罪处罚。[③]

实际执行中应当注意以下几个方面的问题：

1. 引诱、容留、介绍卖淫行为，没有达到本罪入罪门槛，不构成犯罪的，应当依法给予**治安管理处罚**。《治安管理处罚法》第六十七条规定：“引诱、容留、介绍他人卖淫的，处十日以上十五日以下拘留，可以并处五千元以下罚款；情节较轻的，处五日以下拘留或者五百元以下罚款。”

---

① 如果卖淫者原本在此地卖淫，行为人引诱其在彼地卖淫，不应认定为引诱他人卖淫。参见张明楷：《刑法学》（第6版），法律出版社2021年版，第1535页。

② 单纯向意欲嫖娼者介绍卖淫场所，而与卖淫者没有任何联络，可谓是“介绍他人嫖娼”，不能认定为介绍卖淫。介绍女子被他人“包养”，不成立介绍卖淫罪。参见张明楷：《刑法学》（第6版），法律出版社2021年版，第1535页。对此，有学者认为，刑法不处罚介绍嫖娼者的理由在于，介绍嫖娼者一般与卖淫者没有联系，他们主要是与嫖客接触，没有营利目的，将嫖客引至可以嫖娼之处。单纯的介绍嫖娼行为一般多是偶发的，介绍嫖娼者往往不具有营利性、固定性和经常性的特点，社会危害性也因此较之介绍卖淫行为小。参见黎宏：《刑法学各论》（第2版），法律出版社2016年版，第481页。

③ 如果只是容留、介绍幼女卖淫，则不成立引诱幼女卖淫罪，仅成立容留、介绍卖淫罪。参见阮齐林：《中国刑法各罪论》，中国政法大学出版社2016年版，第455页；曲新久主编：《刑法学》（第5版），中国政法大学出版社2016年版，第576页。

2. 实践中存在行为人既引诱、容留、介绍成年人卖淫，又引诱未成年人卖淫的情况。这种情况，行为人分别触犯了本条第一款、第二款的规定，实际上实施了两个不同的犯罪，应当依照引诱卖淫罪和引诱幼女卖淫罪分别定罪并进行**数罪并罚**。

3. 实践中可能存在组织卖淫活动并有引诱、容留、介绍卖淫行为的定罪问题。一种情况是对被组织卖淫的人有引诱、容留、介绍卖淫行为的，可以依照处罚较重的规定定罪处罚。一般情况下，**组织卖淫罪的处罚重于引诱、容留、介绍卖淫罪**。但引诱的对象是不满十四周岁的幼女时，则**引诱幼女卖淫罪所处的刑罚重于组织卖淫罪的刑罚**。根据《刑法》第三百五十八条的规定，组织卖淫行为未达到情节严重的情况时，其法定刑为五年以上十年以下有期徒刑，并处罚金，而本条第二款规定的引诱幼女卖淫罪的法定刑为五年以上有期徒刑，并处罚金。此时，引诱幼女卖淫罪的刑罚要重于组织卖淫罪，应依照引诱幼女卖淫罪定罪处罚，并可以根据犯罪情节判处十年以上有期徒刑。如果组织卖淫犯罪达到情节严重时，应当以组织卖淫罪定罪处罚。如果是对组织卖淫者以外的其他人实施引诱、容留、介绍卖淫行为的，则应当分别定罪，实行数罪并罚。

【司法解释】

《最高人民法院、最高人民检察院关于办理组织、强迫、引诱、容留、介绍卖淫刑事案件适用法律若干问题的解释》（法释〔2017〕13号，自2017年7月25日起施行）

△（**引诱、容留、介绍他人卖淫罪；非法利用信息网络罪；想象竞合犯；营利目的；引诱幼女卖淫罪；数罪并罚**）引诱、容留、介绍他人卖淫，具有下列情形之一的，应当依照刑法第三百五十九条第一款的规定定罪处罚：

（一）引诱他人卖淫的；

（二）容留、介绍二人以上卖淫的；

（三）容留、介绍未成年人、孕妇、智障人员、患有严重性病的人卖淫的；

（四）一年内曾因引诱、容留、介绍卖淫行为被行政处罚，又实施容留、介绍卖淫行为的；

（五）非法获利人民币一万元以上的。

利用信息网络发布招嫖违法信息，情节严重的，依照刑法第二百八十七条之一的规定，以非法利用信息网络罪定罪处罚。同时构成介绍卖淫罪的，依照处罚较重的规定定罪处罚。

引诱、容留、介绍他人卖淫是否以营利为目的，不影响犯罪的成立。

引诱不满十四周岁的幼女卖淫的，依照刑法第三百五十九条第二款的规定，以引诱幼女卖淫罪定罪处罚。

被引诱卖淫的人员中既有不满十四周岁的幼女，又有其他人员的，分别以引诱幼女卖淫罪和引诱卖淫罪定罪，实行并罚。（§ 8）

△（**引诱、容留、介绍卖淫；情节严重**）引诱、容留、介绍他人卖淫，具有下列情形之一的，应当认定为刑法第三百五十九条第一款规定的"情节严重"：

（一）引诱五人以上或者引诱、容留、介绍十人以上卖淫的；

（二）引诱三人以上的未成年人、孕妇、智障人员、患有严重性病的人卖淫，或者引诱、容留、介绍五人以上该类人员卖淫的；

（三）非法获利人民币五万元以上的；

（四）其他情节严重的情形。（§ 9）

△（**引诱、容留、介绍卖淫的次数；酌情量刑情节**）组织、强迫、引诱、容留、介绍他人卖淫的次数，作为酌定情节在量刑时考虑。（§ 10）

△（**罚金**）犯组织、强迫、引诱、容留、介绍卖淫罪的，应当依法判处犯罪所得二倍以上的罚金。共同犯罪的，对各共同犯罪人合计判处的罚金应当在犯罪所得的二倍以上。（§ 13 Ⅰ）

【司法解释性文件】

《最高人民检察院、公安部关于公安机关管辖的刑事案件立案追诉标准的规定（一）》（公通字〔2008〕36号，2008年6月25日公布）

△（**引诱、容留、介绍卖淫罪；立案追诉标准**）引诱、容留、介绍他人卖淫，涉嫌下列情形之一的，应予立案追诉：

（一）引诱、容留、介绍二人次以上卖淫的；

（二）引诱、容留、介绍已满十四周岁未满十八周岁的未成年人卖淫的；

（三）被引诱、容留、介绍卖淫的人患有艾滋病或者患有梅毒、淋病等严重性病。

（四）其他引诱、容留、介绍卖淫应予追究刑事责任的情形。（§ 78）

△（**引诱幼女卖淫罪；立案追诉标准**）引诱不满十四周岁的幼女卖淫的，应予立案追诉。（§ 79）

《最高人民法院、最高人民检察院关于常见犯罪的量刑指导意见（试行）》（法发〔2021〕21号，2021年6月6日发布）

△（**引诱、容留、介绍卖淫罪；量刑**）

1. 构成引诱、容留、介绍卖淫罪的，根据下列情形在相应的幅度内确定量刑起点：

（1）情节一般的，在二年以下有期徒刑、拘役幅度内确定量刑起点。

(2)情节严重的,在五年至七年有期徒刑幅度内确定量刑起点。

2. 在量刑起点的基础上,根据引诱、容留、介绍卖淫的人数等其他影响犯罪构成的犯罪事实增加刑罚量,确定基准刑。

3. 旅馆业、饮食服务业、文化娱乐业、出租汽车业等单位的主要负责人,利用本单位的条件,引诱、容留、介绍他人卖淫的,增加基准刑的10%—20%。

4. 构成引诱、容留、介绍卖淫罪的,根据引诱、容留、介绍卖淫的人数、次数、违法所得数额、危害后果等犯罪情节,综合考虑被告人缴纳罚金的能力,决定罚金数额。

5. 构成引诱、容留、介绍卖淫罪的,综合考虑引诱、容留、介绍卖淫的人数、次数、危害后果等犯罪事实、量刑情节,以及被告人主观恶性、人身危险性、认罪悔罪表现等因素,决定缓刑的适用。

【参考案例】

△通过电脑,利用互联网发布卖淫信息的,应以介绍卖淫罪论处。

所谓介绍卖淫,是指行为人采取积极为卖淫者和嫖娼者牵线搭桥、撮合沟通等居间介绍的手段使他人的卖淫得以实现的行为。本案被告人林庆以非法牟利为目的,通过互联网在2000年11月到2001年5月的半年多时间内,在数个网站为两个卖淫女向社会发布卖淫信息,致使多人到郭××、石××处进行嫖娼活动,个人从中收取好处费4000余元。被告人虽然在行为方式方面,因未与特定的嫖客直接接触而与传统的介绍卖淫行为有所不同,但其通过互联网为不特定的嫖客提供信息,起到了介绍卖淫的实际作用,其行为性质并无不同,不管是利用计算机,还是互联网,只要其行为触犯了我国《刑法》规定构成犯罪的,同样应依其行为所构成之具体犯罪追究刑事责任,故应认定构成介绍卖淫罪。[No. 6-8-359(1)-1　林庆介绍卖淫案]

△在互联网上发布卖淫信息,并为互联网访问者所知悉的,应以介绍卖淫罪既遂论处。

根据《刑法》第三百五十九条的罪状规定,介绍卖淫罪当属行为犯。对于行为犯既、未遂的判断,应以法定的犯罪行为是否完成作为区分标准,并不要求发生特定的结果,更不需要特定目的的实现。当然,这并不等于说行为犯不存在未遂的问题,如果行为刚着手实施,尚未完成即停止下来,也应认定为未遂。被告人林庆利用家中电脑登录互联网上的黄色网站,并发布卖淫女信息,这些信息通过信号传输,使凡登录该网站的人都能接收到卖淫女的信息。随着他发布信息行为的完成,林庆介绍卖淫的行为亦已完成,并不存在因其意志以外的原因而导致犯罪停止未完成的情况。因此,本案被告人林庆的行为不应认定为犯罪未遂。[No. 6-8-359(1)-2　林庆介绍卖淫案]

△通过互联网向社会公众发布卖淫信息,多人通过该卖淫信息而前往嫖娼的,具有严重的社会危害性,应认定为介绍卖淫罪情节严重。

林庆介绍卖淫案中,一方面,被告人林庆的介绍卖淫行为是在互联网上完成的,互联网具有传播信息面大,可接受信息人员众多,人数不确定的特点;另一方面,从公安人员抓获的嫖客情况来看,有五名证人(嫖客)证明是在互联网上阅读到了卖淫女的信息后前来嫖娼的,而这五名证人登录的网站、阅读的信息与林庆发布信息的站点和信息的内容相吻合。所以,认定林庆介绍卖淫的情节达到严重程度是有事实证据的,并且符合刑法及有关司法解释的规定,是正确的。[No. 6-8-359(1)-3　林庆介绍卖淫案]

△明知他人在出租房屋内从事卖淫活动仍出租房屋的,应以容留卖淫罪论处。

容留他人卖淫之容留,是指行为人为他人卖淫提供场所,包括在自己所有、管理、使用、经营的规定场所,也包括在流动场所容留他人卖淫,容留行为是主动实施,还是应卖淫者或嫖客之请实施,不影响行为性质的认定。容留卖淫行为的主观方面为故意,行为人明知自己是为他人从事卖淫活动提供场所,仍然希望或放任这一危害结果发生。实践中大多数行为人具有营利目的,但不排除出于其他目的而容留卖淫。

当前社会生活中常有承租他人房屋从事卖淫活动的情况,涉及出租者对于出租房屋的行为应承担的责任程度和范围。《治安管理处罚法》第五十七条第二款规定:"房屋出租人明知承租人利用出租房屋进行犯罪活动,不向公安机关报告的,处二百元以上五百元以下罚款;情节严重的,处五日以下拘留,可以并处五百元以下罚款。"上述规定不属于刑事责任,能否追究房屋出租者的刑事责任,需要结合具体案情分析而定。

房屋出租者容留卖淫的情形有一定特殊性,即出租者事先未必知道承租者卖淫,而在承租者居住一段时间以后,才发现承租者从事卖淫活动。在此情况下,认定出租者是否构成容留卖淫罪,关键是要严格把握出租者的主观心态,即是否明知承租人从事卖淫活动而为其提供场所。如果是出租者明知他人在出租房内从事卖淫活动,为获得房租而出租房屋的,特别是收取的房租偏高时,可以认定容留卖淫罪。如果出租者并不知道承租者从事卖淫活动,或出租者虽知承租者从事卖淫活动,但卖淫场所并不在出租房内的,均不能认定出租者构成容留卖淫罪。但实践中,房东疏于管理的现象较为普遍,对于承租者从事违法犯罪活动的,房东一般承担行政违法责任,尚不至于追究刑事责任,以免不当扩大打击面。

从现有证据看,二被告人对于承租人在出租房内从事卖淫活动是明知的。(1)二被告人与承租者共同居住在同一个大院,多名承租人长期从事卖淫活动,二被告人对此已耳闻目睹,经常看到陌生男子进出卖淫女的房屋,且时间较短,被告人也供称"她们应该是卖淫的"。(2)被告人出租房屋的租金明显高于其他承租人。(3)同租一院的其他承租人证明他们知道卖淫女在出租房内从事卖淫活动,多名卖淫女也证实被告人知道她们从事卖淫活动。(4)民警曾于 2006 年 8 月和 10 月两次告知被告人出租房内有卖淫嫖娼的嫌疑,但被告人仍然继续将房屋出租给卖淫女。可以认定被告人系明知他人在出租房内从事卖淫活动而出租房屋,符合容留卖淫罪的构成条件。[No. 6-8-359(1)-4 杨某、米某容留卖淫案]

△明知卖淫女在其经营的浴场内卖淫而予以容留,从嫖资中提成但缺少对卖淫女的组织控制的,应认定为容留卖淫而非组织卖淫罪。

被告人鲍荣连、李月仙在其经营的浴场内容留卖淫女卖淫,并与卖淫女约定先由浴场统一结算嫖资,再定期支付给卖淫女,其行为特征系为卖淫人员提供卖淫活动处所,其组织、策划、指挥卖淫活动的特征不明显。此外,在卖淫活动中,卖淫女多为主动上门,卖淫对象及次数、时间都由卖淫女自主决定,不具有强迫性,这可从相关证人证言和账本记录反映卖淫人员流动频繁的情况得到印证。根据法律规定,组织卖淫罪是以招募、雇佣、强迫、引诱、容留等手段,控制他人从事卖淫活动的行为。被告人鲍荣连、李月仙在容留他人卖淫中虽然有一定的组织管理行为,但更符合容留卖淫罪的构成要件,宜以容留卖淫罪定罪处罚。[No. 6-8-359(1)-5 鲍荣连、李月仙、应夫昌容留卖淫案]

△容留卖淫三次以上,并不当然认定为情节严重,而应当综合考察容留的人数以及其他情节进行认定。

《刑法》第三百五十九条第一款规定:"引诱、容留、介绍他人卖淫的,处五年以下有期徒刑、拘役或者管制,并处罚金;情节严重的,处五年以上有期徒刑,并处罚金。"对于本条中"情节严重"的认定标准,目前尚无法律或者司法解释予以明确。但从刑法罪刑体系构建原理分析,此类犯罪中的"情节严重",主要针对的是娱乐会所、洗浴中心等公共场所中大规模、有组织的卖淫行为,立法原意旨在重点打击那些长期性、职业性引诱、容留、介绍卖淫等严重破坏社会风尚的犯罪行为。

被告人徐某并非以容留卖淫为业,容留的对象仅陈某一人,容留卖淫行为共持续两日三次,也不存在容留幼女卖淫、容留明知患有严重性病的人卖淫等恶劣情节。另经社区调查,徐某在所在社区从事理发业多年,此前并无不良治安记录,又系残疾人(单目失明)。徐某诱使陈某卖淫虽有牟利目的,但与以容留卖淫为生活主要来源的行为明显不同。因此,基于罪刑体系构建原理和立法原意分析,徐某的行为不属于引诱、容留、介绍卖淫罪中"情节严重"的情形。

《最高人民法院、最高人民检察院关于执行全国人民代表大会常务委员会〈关于严禁卖淫嫖娼的决定〉的若干问题的解答》第七条规定:"引诱、容留、介绍他人卖淫,情节严重的,一般有以下几种情形:(一)多次引诱、容留、介绍他人卖淫的……"《最高人民法院、最高人民检察院关于执行全国人民代表大会常务委员会〈关于严禁卖淫嫖娼的决定〉的若干问题的解答》第九条进一步明确了"多次"的认定标准,即多次引诱、容留、介绍他人卖淫的,应当认定为情节严重,"多次"是指三次以上(含本数)。在《最高人民法院、最高人民检察院关于执行全国人民代表大会常务委员会〈关于严禁卖淫嫖娼的决定〉的若干问题的解答》未被废止前,一般认为,对引诱、容留、介绍他人卖淫罪的情节严重,可以参照上述规定认定。1997 年《刑法》在附则部分规定,《全国人民代表大会常务委员会关于严禁卖淫嫖娼的决定》中有关刑事责任的规定已纳入新刑法,自新刑法施行之日起,适用新刑法规定。1997 年公布的《最高人民法院关于认真学习宣传贯彻修订的〈中华人民共和国刑法〉的通知》第五条规定,修订的刑法实施后,对已明令废止的全国人大常委会有关决定和补充规定,最高人民法院原作出的有关司法解释不再适用。但是如果修订的刑法有关条文实质内容没有变化的,人民法院在刑事审判工作中,在没有新的司法解释前,可以参照执行。据此,在具体案件中参照适用《最高人民法院、最高人民检察院关于执行全国人民代表大会常务委员会〈关于严禁卖淫嫖娼的决定〉的若干问题的解答》的规定,具有明确的法律依据。

《最高人民法院、最高人民检察院关于执行全国人民代表大会常务委员会〈关于严禁卖淫嫖娼的决定〉的若干问题的解答》是一种可以参照性适用的依据,在具体案件中对其的适用不是刚性的，可以保留一定的例外。《最高人民法院、最高人民检察院关于执行全国人民代表大会常务委员会〈关于严禁卖淫嫖娼的决定〉的若干问题的解答》是在 20 多年前作出的，当时人民群众对卖淫、嫖娼等丑恶现象深恶痛绝，对该类行为社会危害性的认识带有很强的感情因素。因此，《最高人民法院、最高人民检察院关于执行全国人民代表大会常务委员会〈关于严禁卖淫嫖娼的决定〉的若干问题的解答》将引诱、容留、介绍三人次卖淫规定为加重处罚情节，吸纳了一定的社会形势和民意考虑。但是二十年后，将引诱、容留、介绍卖淫行为置于整个违法犯罪体系中考察，《最高人民法院、最高人民检察院关于执行全国人民代表大会常务委员会〈关于严禁卖淫嫖娼的决定〉的若干问题的解答》中有关引诱、容留、介绍卖淫三人次的行为属于情节严重的规定，不但导致罪刑严重失衡，而且会产生不好的社会效果。

2008 年施行的《最高人民检察院、公安部关于公安机关管辖的刑事案件立案追诉标准的规定(一)》第七十八条规定："引诱、容留、介绍他人卖淫，涉嫌下列情形之一的，应予立案追诉：(一)引诱、容留、介绍二人次以上卖淫的……"按照《最高人民法院、最高人民检察院关于执行全国人民代表大会常务委员会〈关于严禁卖淫嫖娼的决定〉的若干问题的解答》第九条的规定，引诱、容留、介绍他人卖淫三人次的，构成加重情节，应当在五年以上有期徒刑这个幅度判处刑罚。对上述三个文件的处罚标准进行梳理，即从一人次开始，每增加一人次，分别处以行政处罚、五年有期徒刑以下刑罚和五年以上有期徒刑。这一处罚体系，一方面，容易导致法官对被告人的量刑只能唯人数或者次数论，无法在人数、次数与其他情节之间寻求一个综合平衡；另一方面，进一步凸显了罪刑失衡问题。同样是引诱、容留、介绍卖淫二人次的被告人，法官对其量刑幅度从最高五年有期徒刑到管制；相反，对达到三人次的被告人，则面临五年以上的有期徒刑。这样极有可能产生甲引诱一人卖淫二次被判处管制一年，乙引诱一人卖淫三次将被判处有期徒刑五年。这种量刑的差异过大。实践中，引诱、容留、介绍卖淫行为绝大部分是秘密进行的，且系无被害人犯罪，一人次之差，产生如此之大的量刑差异，违背了定罪量刑原理。

综上，若机械套用《最高人民法院、最高人民检察院关于执行全国人民代表大会常务委员会〈关于严禁卖淫嫖娼的决定〉的若干问题的解答》规定，固守达到三人次就属于情节严重的标准，对那些刚达到三人次标准的被告人，既不能做到罪责刑相适应，又不会产生良好的社会效果。应当综合全案各种情节，对被告人处以适当的刑罚。故本案一审法院对被告人徐某的量刑是准确的，二审法院驳回抗诉是正确的。

最后，需要说明的是，最高人民法院、最高人民检察院在 2013 年 1 月 4 日公布的《关于废止 1980 年 1 月 1 日至 1997 年 6 月 30 日期间制发的部分司法解释和司法解释性质文件的决定》中，以"制定依据已被刑法吸收，刑法对相关问题已有规定"为由，将《最高人民法院、最高人民检察院关于执行全国人民代表大会常务委员会〈关于严禁卖淫嫖娼的决定〉的若干问题的解答》予以废止。今后对此类案件的审理，不再参照适用《最高人民法院、最高人民检察院关于执行全国人民代表大会常务委员会〈关于严禁卖淫嫖娼的决定〉的若干问题的解答》的规定。[No. 6-8-359(1)-6 徐某引诱、容留、介绍卖淫案]

△介绍卖淫二人次以上，应当认定为介绍卖淫罪，但手段普通未造成严重后果的，不宜认定为"情节严重"。

介绍卖淫，俗称"拉皮条"，是指在卖淫者和嫖客之间牵线搭桥、沟通撮合，促使他人的卖淫活动即"性交易"得以实现的行为。《刑法》第三百五十九条第一款规定了介绍卖淫罪。同时，《治安管理处罚法》第六十七条也规定："引诱、容留、介绍他人卖淫的，处十日以上十五日以下拘留，可以并处五千元以下罚款；情节较轻的，处五日以下拘留或者五百元以下罚款。"从上述规定可知，介绍他人卖淫既可能是一般违法行为，也可能是犯罪行为。仅仅从《刑法》《治安管理处罚法》的规定，难以将介绍卖淫罪与介绍卖淫的一般违法行为准确区别开来。只有结合我国的立法历程、犯罪的概念和基本特征以及刑事案件的立案追诉标准，才能正确理解介绍卖淫犯罪与介绍卖淫一般违法行为之间的界限。

从我国的立法历程来看，介绍卖淫罪是 1991 年增设的罪名。1979 年《刑法》没有关于介绍卖淫的规定，该法第一百六十九条只规定了引诱、容留妇女卖淫罪。鉴于从 20 世纪 80 年代开始，卖淫、嫖娼活动在我国绝迹数十年后又死灰复燃，并迅速席卷全国，为了严禁卖淫、嫖娼，严惩组织、强迫、引诱、容留、介绍他人卖淫的犯罪分子，维护社会治安秩序和良好的社会风气，1991 年 9 月 4 日全国人大常委会通过了《全国人民代表大会常务委员会关于严禁卖淫嫖娼的决定》(部分失效)。《全国人民代表大会常务委员会关于严禁卖淫嫖娼的决定》第三条第一款规定："引诱、容留、介绍他人卖淫的，处五年以下有期徒刑或者拘役，并处五千元以下罚金；情节严重的，处五年以上有期徒刑，并处一万元以下罚金；情节较轻的，依照治安管理处罚条例第三十条的规定处罚。”至此，介绍他人卖淫正式入刑。1992年12月11日又公布了《最高人民法院、最高人民检察院关于执行〈全国人民代表大会常务委员会关于严禁卖淫嫖娼的决定〉的若干问题的解答》（已失效），其对《全国人民代表大会常务委员会关于严禁卖淫嫖娼的决定》规定的四个新罪名即组织他人卖淫罪、协助组织他人卖淫罪、介绍他人卖淫罪、传播性病罪作了比较详细的解释。1997年《刑法》进一步在第六章妨害社会管理秩序罪中专设一节即第八节规定组织、强迫、引诱、容留、介绍卖淫罪，介绍卖淫罪即规定于该节中的第三百五十九条第一款。与《全国人民代表大会常务委员会关于严禁卖淫嫖娼的决定》的规定相比较，1997年刑法规定的罪名和量刑均略有变化。简而言之，在《全国人民代表大会常务委员会关于严禁卖淫嫖娼的决定》发布以前，介绍卖淫行为只是一般违法行为，无论情节多么严重，都不存在构成介绍卖淫罪的问题。《全国人民代表大会常务委员会关于严禁卖淫嫖娼的决定》发布之后，介绍卖淫行为才存在一般违法行为与犯罪的界限问题。

从《刑法》第十三条规定的犯罪的概念分析，犯罪具有三个基本特征：严重的社会危害性、刑事违法性、应受刑罚处罚性。其中，严重的社会危害性是犯罪的首要特征，也是它的本质特征，刑事违法性和应受刑罚处罚性都是犯罪的法律特征，是从严重的社会危害性特征派生出来的。社会危害性的有无和大小，是认定犯罪、区分罪与非罪界限的根本依据。具有社会危害性并且达到“严重”的程度才构成犯罪；不具有社会危害性或者虽然具有社会危害性但没有达到“严重”程度（即“情节显著轻微危害不大的”），则不构成犯罪。社会危害性的有无和大小，不是一成不变的，它有时会随着政治、经济、社会、文化等环境的变化而变化。对行为社会危害性的严重程度的认定，主要参考的因素有：行为侵犯的客体，行为方式、手段、动机、目的、对象、后果、数量、时间、地点，行为人的主观恶性、年龄、身份等。具体到本案中，被告人聂姣莲作为成年女性，以营利为目的，在不到半年的时间内，先后四次介绍成年女性卖淫，共获利400元，其行为具有严重的社会危害性，已不属于“情节显著轻微危害不大”的范畴，应当以介绍卖淫罪追究其刑事责任。

从刑事案件的立案追诉标准分析，被告人聂姣莲的行为也涉嫌犯介绍卖淫罪，应当予以立案追诉。刑事案件的立案追诉标准虽然不属于司法解释的范畴，但它从侦查机关、公诉机关的角度，以更加容易操作的方式将罪与非罪明确区分开来，人民法院在具体审判实践中一般也会参照适用。2008年6月25日公布的《最高人民检察院、公安部关于公安机关管辖的刑事案件立案追诉标准的规定（一）》第七十八条规定：“引诱、容留、介绍他人卖淫，涉嫌下列情形之一的，应予立案追诉：（一）引诱、容留、介绍二人次以上卖淫的；（二）引诱、容留、介绍已满十四周岁未满十八周岁的未成年人卖淫的；（三）被引诱、容留、介绍卖淫的人患有艾滋病或者梅毒、淋病等严重性病的；（四）其他引诱、容留、介绍卖淫应予追究刑事责任的情形。”从上述立案追诉标准来看，介绍他人卖淫二人次以上，就应当作为刑事案件立案以追究行为人的刑事责任。本案中，聂姣莲共介绍他人卖淫四人次，已经达到了刑事案件的立案标准，应当立案依法追究其刑事责任。

《最高人民法院、最高人民检察院关于执行〈全国人民代表大会常务委员会关于严禁卖淫嫖娼的决定〉的若干问题的解答》已经于2013年1月18日被废止，综合本案犯罪情节不宜认定被告人介绍卖淫行为达到“情节严重”。《最高人民法院、最高人民检察院关于执行〈全国人民代表大会常务委员会关于严禁卖淫嫖娼的决定〉的若干问题的解答》第七条规定：“引诱、容留、介绍他人卖淫，情节严重的，一般有以下几种情形：（一）多次引诱、容留、介绍他人卖淫的；（二）引诱、容留、介绍多人卖淫的；（三）引诱、容留、介绍明知是有严重性病的人卖淫的；（四）容留、介绍不满十四周岁的幼女卖淫的；（五）引诱、容留、介绍他人卖淫具有其他严重情节的。”《最高人民法院、最高人民检察院关于执行〈全国人民代表大会常务委员会关于严禁卖淫嫖娼的决定〉的若干问题的解答》第九条还规定：“《决定》和本《解答》中的‘多人’、‘多次’的‘多’，是指‘三’以上的数（含本数）。”笔者认为，聂姣莲介绍他人卖淫四次能否认定为“情节严重”，应当综合聂姣莲的犯罪情节、犯罪后果、主观恶性、人身危险性等方面进行认定。从审理查明的事实来看，聂姣莲虽然介绍卖淫的行为有四人次，但四次嫖客系同一人张某，卖淫女仅涉及肖某和杨某，收取的介绍费不高，四次共计400元，且所实施的犯罪手段非常普通，无恶劣表现，也未造成严重犯罪后果，故不宜认定聂姣莲介绍卖淫行为达到情节严重程度。湘潭市中级人民法院维持一审法院定罪部分，改判量刑部分的做法是正确的。

在新的司法解释性文件出台之前参照《最高人民检察院、公安部关于公安机关管辖的刑事案件立案追诉标准的规定（一）》第七十八条的规定来认定

《刑法》第三百五十九条第一款规定的“情节严重”。　[No. 6-8-359(1)-7　聂姣莲介绍卖淫案]

第三百六十条　【传播性病罪】

明知自己患有梅毒、淋病等严重性病卖淫、嫖娼的，处五年以下有期徒刑、拘役或者管制，并处罚金。

【立法沿革】

《中华人民共和国刑法》(1997年修订，自1997年10月1日起施行)

第三百六十条

明知自己患有梅毒、淋病等严重性病卖淫、嫖娼的，处五年以下有期徒刑、拘役或者管制，并处罚金。

嫖宿不满十四周岁的幼女的，处五年以上有期徒刑，并处罚金。

《中华人民共和国刑法修正案(九)》(自2015年11月1日起施行)

四十三、删去刑法第三百六十条第二款。

【立法理由】

(一)立法相关背景及修改情况

1979年刑法对本条内容未作规定。1991年9月通过的《全国人民代表大会常务委员会关于严禁卖淫嫖娼的决定》第五条规定：“明知自己患有梅毒、淋病等严重性病卖淫、嫖娼的，处五年以下有期徒刑、拘役或者管制，并处五千元以下罚金。嫖宿不满十四岁的幼女的，依照刑法关于强奸罪的规定处罚。”据此，增加规定了传播性病罪，以及嫖宿幼女行为依照强奸罪处罚的规定。

关于传播性病罪。性病主要是通过性接触传染，通过性行为传播的疾病。性病的传播危害极大，不仅严重摧残人体健康，而且危及子孙后代，关系到国家民族的兴衰。一些不法分子明知自己患有性病，仍置他人健康于不顾，肆无忌惮地进行卖淫、嫖娼活动，引起性病的大量传播，对社会公众的健康造成了严重威胁，社会危害性严重。为了制止和打击这种严重危害社会的行为，有力查禁卖淫、嫖娼活动，减少和防止性病的传播，将“明知自己患有梅毒、淋病等严重性病卖淫、嫖娼的”的行为规定为犯罪是完全必要的。

关于嫖宿幼女行为依照强奸罪的规定处罚。卖淫嫖娼是一种社会丑恶现象，新中国成立初期，经过运用综合手段，严惩老鸨，教育改造妓女，卖淫嫖娼行为基本消失了。20世纪80年代初期，卖淫嫖娼现象在一些地方又死灰复燃，嫖宿幼女的行为也时有发生。为了铲除这一社会丑恶现象，维护社会文明和社会秩序，保护幼女的权利，上述决定对嫖宿幼女的行为规定了刑事责任。为了保护幼女的权利，同时还将强迫不满十四周岁的幼女卖淫作为强迫他人卖淫的从重情节作了规定。

1997年修订刑法时，根据司法实践经验，将上述决定的有关内容进一步研究完善后纳入刑法中。修改主要包括：一是调整了刑罚，将罚金的具体数额修改为“并处罚金”。二是对嫖宿幼女犯罪单独规定了刑罚，规定“嫖宿不满十四周岁的幼女的，处五年以上有期徒刑，并处罚金”。专门规定嫖宿幼女罪，主要是考虑到：一是嫖宿幼女的行为与强奸行为有区别，犯罪所侵犯的客体、犯罪使用的手段以及社会危害程度有所不同，应当按照罪责刑相适应的原则分别规定刑罚，于是将嫖宿幼女行为从奸淫幼女中分离出来，规定为独立罪名，并规定了比一般奸淫幼女犯罪更为严厉的刑罚。二是在实际执行中，有些地方将嫖宿幼女的行为仅作为一般嫖娼处理，未追究刑事责任。为了使刑法的规定更加具体、明确，便于实践中执行，专门规定了嫖宿幼女罪。此外，为加强对幼女权利的保护，刑法吸收1991年《全国人民代表大会常务委员会关于严禁卖淫嫖娼的决定》的有关内容，也将“强迫不满十四周岁的幼女卖淫”作为强迫卖淫罪的刑罚加重情节，规定了严厉的刑罚。

2015年《刑法修正案(九)》对本条作了修改，取消了第二款关于嫖宿幼女罪的规定。一段时间以来，嫖宿幼女罪的存废问题引发了社会的广泛关注和讨论，这次修改刑法，考虑到近年来这方面的违法犯罪出现了一些新的情况，执法环节也存在一些问题，司法实践中，存在嫖宿幼女罪普遍适用较轻刑罚的情况，还有一些案件在法定刑以下判处刑罚。因此，取消本条第二款规定的嫖宿幼女罪，对这类行为可以适用《刑法》第二百三十六条关于奸淫幼女的以强奸论从重处罚的规定，不再作出专门规定。

(二)立法时争议的主要问题

1. **关于是否取消嫖宿幼女罪**。在制定《刑法修正案(九)》的过程中，对是否取消嫖宿幼女罪

分则　第六章

各方面都很关注，也存在不同的意见。在草案审议过程中，有的提出，对嫖宿不满十四周岁的幼女的行为认定为嫖宿幼女罪会给被害幼女贴上卖淫女的标签，是对幼女进行污名化和二次伤害，这也是间接承认了卖淫幼女有性自主的权利，与强奸罪不认为幼女有性自主权的立法原则相悖，此外，嫖宿幼女罪的刑罚没有无期徒刑和死刑，处刑过轻。因此，应当取消嫖宿幼女罪。有的则提出，嫖宿幼女是一种客观存在的社会丑恶现象，《联合国儿童权利公约》也有禁止利用"儿童卖淫"的表述，规定嫖宿幼女罪是为了惩治犯罪，保护幼女，不存在歧视和贴标签问题，刑法还有强迫幼女卖淫、引诱幼女卖淫等规定，而且取消这一罪名后，将一些受不良思想影响、从事卖淫活动的未成年人不加区分地一律按照强奸受害人对待，也不利于对他们的警示教育。

2. **关于故意传播艾滋病行为的定性问题**。近些年来有些方面反映，司法实践中对故意传播艾滋病的行为追究刑事责任，存在以下问题：一是传播性病罪限于卖淫嫖娼活动，适用范围有限；二是故意传播艾滋病的行为不一定造成他人感染，即使造成他人感染，也不好认定为伤害或者死亡结果，难以适用有关故意伤害罪、故意杀人罪的规定；三是适用以危险方法危害公共安全罪的规定存在针对性不强的问题。因此，建议将故意传播艾滋病的行为单独规定为犯罪。

目前我国艾滋病防治形势严峻，艾滋病传播百分之九十以上的病例都是通过性传播的。故意传播艾滋病的行为主要分为三种：一是明知自己感染艾滋病，在不采取任何防护措施或者告知对方的情况下，仍与他人发生性关系或者从事卖淫嫖娼、聚众淫乱等活动，甚至有的行为人出于报复社会的目的，肆意与不特定人发生性关系；二是有艾滋病传染者基于个人目的，采取对他人扎针、伤害的方式故意传播艾滋病，制造社会恐慌；三是有艾滋病感染者采取抓、咬等方式，威胁或者袭击警察、狱警等执法人员，故意传播艾滋病。

针对上述行为，实践中，可以分别根据刑法规定的不同罪名定罪处罚。对于明知有艾滋病而卖淫嫖娼的，以**传播性病罪**定罪处罚；对于明知有艾滋病而卖淫嫖娼或者故意不采取防范措施而与他人发生性关系，致人感染艾滋病病毒的，以**故意伤害罪**定罪处罚；对于针对不特定的人故意传播艾滋病病毒的，按照**以危险方法危害公共安全罪**追究刑事责任。除此之外，2017年《最高人民法院、最高人民检察院关于办理组织、强迫、引诱、容留、介绍卖淫刑事案件适用法律若干问题的解释》针对实践中的情况，也对上述规定的适用作了进一步明确。该解释规定，明知自己感染艾滋病病毒而卖淫、嫖娼或者故意不采取防范措施而与他人发生性关系的，致使他人感染艾滋病病毒，应当认定为《刑法》第九十五条第（三）项"其他对于人身健康有重大伤害"所指的"重伤"，以**故意伤害罪**追究刑事责任。

【条文说明】

本条是关于传播性病罪及其处罚的规定。

本条规定包含三层意思：

1. **行为人必须是患有梅毒、淋病等严重性病的**。这里所称的"**性病**"，亦称为"性传染疾病"，过去被称为"花柳病"，主要通过性接触、性行为传播的疾病，包括艾滋病、梅毒、淋病、软下疳、性病性淋巴肉芽肿、生殖道沙眼衣原体感染、尖锐湿疣、生殖器疱疹、腹股沟肉芽肿、生殖器念珠菌病、阴道毛滴虫病、细菌性阴道病、阴虱病等。"**严重性病**"，主要是指对人体健康危害较重或者传染性较强，发病率较高的性病。本条列举了梅毒、淋病两种严重性病，至于其他严重性病，未作明确规定。在司法实践中，司法机关应在传染病防治法中规定的性病和国家卫生健康委规定实行性病监测的性病范围内，依照其危害、特点与梅毒、淋病相当的原则从严掌握，不能将普通性病都作为严重性病，防止扩大打击面。

2. **行为人主观上必须是"明知"**，即行为人清楚地知道自己患有严重性病，从事卖淫、嫖娼活动会造成性病被传播的后果，希望并积极促使性病传播的后果，或者放任这种危害后果的发生。如果行为人不明知自己患有严重性病，即便实施了卖淫、嫖娼行为，也不构成犯罪。"明知"在这里是划分罪与非罪的主要界限。根据2017年《最高人民法院、最高人民检察院关于办理组织、强迫、引诱、容留、介绍卖淫刑事案件适用法律若干问题的解释》的规定，具有下列情形之一的，应当认定为《刑法》第三百六十条规定的"**明知**"：（1）有证据证明曾到医院或者其他医疗机构就医或者检查，被诊断为患有严重性病的；（2）根据本人的知识和经验，能够知道自己患有严重性病的；（3）通过其他方法能够证明行为人是"明知"的。如行为人的朋友曾告诉过行为人其病症极有可能是严重性病，行为人也怀疑过自己是患上性病的，或行为人曾告诉过别人自己患有严重性病的，等等。

分则　第六章

3. **行为人实施了卖淫、嫖娼的行为**。[①] 这里的卖淫、嫖娼行为不限于性交方式，包括肛交、口交或者其他与性接触有关的行为。[②] 关于卖淫的含义和范围问题，在第三百五十八条组织、强迫卖淫罪中已有详细说明。

值得注意的是，传播性病行为是否实际造成他人患上严重性病的后果，不影响本罪的成立。同时，明知自己患有艾滋病或者感染艾滋病病毒而卖淫、嫖娼的，应当依照本条规定，**以传播性病罪定罪，从重处罚**。根据《最高人民法院、最高人民检察院关于办理组织、强迫、引诱、容留、介绍卖淫刑事案件适用法律若干问题的解释》的规定，具有下列情形之一，致使他人感染艾滋病病毒的，认定为《刑法》第九十五条第（三）项“其他对于人身健康有重大伤害”所指的“重伤”，依照《刑法》第二百三十四条第二款的规定，**以故意伤害罪定罪处罚**：(1)明知自己感染艾滋病病毒而卖淫、嫖娼的；(2)明知自己感染艾滋病病毒，故意不采取防范措施而与他人发生性关系的。

根据本条规定，犯本罪的，处五年以下有期徒刑、拘役或者管制，并处罚金。

值得一提的是，关于对卖淫、嫖娼人员的性病检查和治疗问题，之前，根据《全国人民代表大会常务委员会关于严禁卖淫嫖娼的决定》第四条第四款的规定，对卖淫、嫖娼的，一律强制进行性病检查。对患有性病的，进行强制治疗。《卖淫嫖娼人员收容教育办法》规定，对卖淫、嫖娼人员，可以由公安机关决定收容教育，这一办法将决定规定的强制性病检查和治疗作为收容教育的一部分内容。但根据2019年《全国人民代表大会常务委员会关于废止有关收容教育法律规定和制度的决定》的规定，《全国人民代表大会常务委员会关于严禁卖淫嫖娼的决定》第四条第二款、第四款的规定以及据此实行的收容教育制度于2019年12月29日被废止。

【司法解释】

《最高人民法院、最高人民检察院关于办理组织、强迫、引诱、容留、介绍卖淫刑事案件适用法律若干问题的解释》（法释〔2017〕13号，自2017年7月25日起施行）

△（**明知；抽象危险犯；严重性病**）具有下列情形之一的，应当认定为刑法第三百六十条规定的“明知”：

（一）有证据证明曾到医院或者其他医疗机构就医或者检查，被诊断为患有严重性病的；

（二）根据本人的知识和经验，能够知道自己患有严重性病的；

（三）通过其他方法能够证明行为人是“明知”的。

传播性病行为是否实际造成他人患上严重性病的后果，不影响本罪的成立。[③]

刑法第三百六十条规定所称的“严重性病”，包括梅毒、淋病等。其他性病是否认定为“严重性病”，应当根据《中华人民共和国传染病防治法》《性病防治管理办法》的规定，在国家卫生与计划生育委员会规定实行性病监测的性病范围内，依照其危害、特点与梅毒、淋病相当的原则，从严掌握。（§ 11）

△（**艾滋病；艾滋病病毒；传播性病罪；从重处罚事由**）明知自己患有艾滋病或者感染艾滋病病毒而卖淫、嫖娼的，依照刑法第三百六十条的规定，以传播性病罪定罪，从重处罚。（§ 12 Ⅰ）

【司法解释性文件】

《最高人民检察院、公安部关于公安机关管辖的刑事案件立案追诉标准的规定（一）》（公通字〔2008〕36号，2008年6月25日公布）

△（**传播性病罪；立案追诉标准；明知**）明知自己患有梅毒、淋病等严重性病卖淫、嫖娼的，应予立案追诉。

具有下列情形之一的，可以认定为本条规定的“明知”：

（一）有证据证明曾到医疗机构就医，被诊断为患有严重性病的；

（二）根据本人的知识和经验，能够知道自己患有严重性病的；

（三）通过其他方法能够证明是“明知”的。

---

① 谢望原教授指出，如果双方不是以金钱或者其他物质利益作为交易条件而发生性行为，即使行为人明知自己患有梅毒、淋病等严重性病而与他人有性接触，也不构成本罪。参见王作富主编：《刑法》（第6版），中国人民大学出版社2016年版，第499页。

② 我国学者指出，性交以外的类似性交的行为，同样容易传染性病。因此，其他类似性交的卖淫、嫖娼行为，与以性交为内容的卖淫、嫖娼行为，具有相同的法益侵害性。参见张明楷：《刑法学》（第6版），法律出版社2021年版，第1537页。

③ 本罪属于抽象危险犯，并不要求实际上引起了性病传染，即并不要求发生将性病传染于他人的结果，也不要求具有引起性病传播的具体危险。参见张明楷：《刑法学》（第6版），法律出版社2021年版，第1537页；黎宏：《刑法学各论》（第2版），法律出版社2016年版，第482页。

（§ 80）

【参考案例】

△明知自己感染艾滋病病毒而卖淫的行为，构成传播性病罪。

从法律和医学角度分析，艾滋病属于危害性与梅毒、淋病相当的严重性病。明知自己感染艾滋病病毒而卖淫的行为构成传播性病罪，而非故意伤害罪或以危险方法危害公共安全罪。

故意伤害罪是结果犯，构成该罪必须造成被害人轻伤以上的后果。王某从事卖淫活动，与嫖娼人员并无仇怨，对可能发生的致使嫖娼人员感染艾滋病病毒的结果只持放任心态，同时无证据证实嫖娼人员陆某因与王某进行性交易而感染艾滋病病毒。出于间接故意实施的犯罪行为未发生危害结果的，不构成犯罪，故王某不构成故意伤害罪。如果王某出于希望或放任他人感染艾滋病病毒的心理进行卖淫嫖娼活动，并使对方感染艾滋病病毒（或发病死亡），可以认定其构成故意伤害（致死）罪。

王某不构成以危险方法危害公共安全罪。有意见认为，王某主观上对于他人可能感染艾滋病病毒存在间接故意，客观上与不特定多数人发生了性关系，极易引起艾滋病病毒的扩散，给公共安全带来潜在危害，构成以危险方法危害公共安全罪。笔者认为，本案现有的证据尚未达到以危险方法危害公共安全罪的证明标准。从主观上看，王某供称其知道自己携带的艾滋病病毒可能会传染给他人，也学习了相关知识，知道女性艾滋病病毒携带者传染的可能性相对于男性而言较小；进行性交易时其会要求对方使用安全套，如果对方不愿意使用，考虑到自己的艾滋病病毒传染给对方的可能性较小，也会同意。可见，王某并无恶意传播艾滋病病毒以报复社会的意图，只是为了牟利而在一定程度上放任危害结果的发生。从客观上看，虽然王某供述称其知道自己携带艾滋病病毒后仍进行卖淫活动长达三年，但该情节无其他证据佐证，亦不能证实其与多少人进行过性交易，现有证据仅能证实其与嫖娼人员陆某有一次性交易。因此，根据在案证据尚不足以认定王某的行为造成了广泛的社会危害，故王某也不构成以危险方法危害公共安全罪。如有充分证据证实其得知自己系艾滋病病毒携带者后，仍长期卖淫，与其进行性交易的人员众多，甚至导致艾滋病病毒的进一步扩散，可认定其构成以危险方法危害公共安全罪。［No. 6-8-360-1　王某传播性病案］

第三百六十一条　【特定单位的人员组织、强迫、引诱、容留、介绍他人卖淫的处罚规定】

旅馆业、饮食服务业、文化娱乐业、出租汽车业等单位的人员，利用本单位的条件，组织、强迫、引诱、容留、介绍他人卖淫的，依照本法第三百五十八条、第三百五十九条的规定定罪处罚。

前款所列单位的主要负责人，犯前款罪的，从重处罚。

【立法理由】

1979 年刑法对本条内容未作规定。1991 年 9 月通过的《全国人民代表大会常务委员会关于严禁卖淫嫖娼的决定》第六条规定：“旅馆业、饮食服务业、文化娱乐业、出租汽车业等单位的人员，利用本单位的条件，组织、强迫、引诱、容留、介绍他人卖淫的，依照本决定第一条、第二条、第三条的规定处罚。前款所列单位的主要负责人，有前款规定的行为的，从重处罚。”

1997 年修订刑法。根据司法实践经验，将上述决定的有关内容修改后纳入刑法中。旅馆业、饮食服务业、文化娱乐业、出租汽车业等单位，出入人员复杂、流动性大、管理难度大，容易发生与卖淫有关的各类违法犯罪活动，且一旦发生，危害大，有不良的示范效应。这些单位的工作人员利用本单位的条件，进行组织、强迫、引诱、容留、介绍他人卖淫的，更具有隐蔽性和便利条件，实践中也多发，因而法律专门对这些单位的人员的上述犯罪行为作了明确的处罚规定。

【条文说明】

本条是关于对公共服务娱乐业从业人员组织、强迫、引诱、容留、介绍他人卖淫的处罚的规定。

本条共分为两款。

第一款是关于旅馆业、饮食服务业、文化娱乐业、出租汽车业等单位的人员，利用本单位的条件，组织、强迫、引诱、容留、介绍他人卖淫的处罚规定。本款所说的“**旅馆业**”是指接待旅客住宿的旅馆、饭店、宾馆、招待所、客货栈、车马店、浴池等。根据《旅馆业治安管理办法》的规定，旅馆业包括国营、集体经营,个体经营的,合伙经营的,外商投资经营的;既包括专营的,也包括兼营的;既包括常年经营的,也包括季节性经营的。**“饮食服务业”**包括“饮食业”和“服务业”两个行业。“饮食业”包括餐厅、饭馆、酒吧、咖啡厅等。“服务业”是指利用一定的设备、工具,提供劳动或物品,为社会生活服务的行业,包括发廊、按摩院、美容院、浴池等。**“文化娱乐业”**是指提供场所、设备、服务,以供群众娱乐的行业。如歌厅、舞厅、音乐茶座、夜总会、影剧院等。**“出租汽车业”**是指出租汽车服务的行业。“旅馆业、饮食服务业、文化娱乐业、出租汽车业等单位的人员”是指这些单位的所有职工。**“利用本单位的条件”**是指利用本单位的一切设备、设施,如汽车等交通工具,房屋等建筑设施,房内各项设施以及电话等通信设施,也包括利用单位提供的其他工作条件而形成的便利。对这些单位的人员,利用本单位的条件,从事组织、强迫、引诱、容留、介绍他人卖淫的,根据本条规定,分别依照刑法关于组织他人卖淫、强迫他人卖淫罪或者引诱、容留、介绍他人卖淫罪的规定定罪处刑。

第二款是关于第一款规定的单位的主要负责人,利用本单位的条件,组织、强迫、引诱、容留、介绍他人卖淫的从重处罚规定。本款所说的**“主要负责人”**是指经理、副经理等负责人。作为单位的主要负责人,有义务自觉遵守国家法律规定,应当合法经营。如果对发生在本单位的卖淫、嫖娼活动,不但不采取措施制止,协助有关部门查禁,反而利用本单位的条件,实施组织卖淫等犯罪活动,这种行为不仅直接破坏社会管理秩序,妨害社会治安,而且还严重影响单位的声誉,破坏单位的正常经营管理活动,甚至使自己主管的单位成为藏污纳垢的色情场所,影响十分恶劣,必须严厉打击。为此,本款将这些单位的主要负责人,利用本单位的条件,组织、强迫、引诱、容留、介绍他人卖淫的,**作为法定从重处罚情节**。

第三百六十二条　【特定单位的人员为违法犯罪分子通风报信的处罚规定】

旅馆业、饮食服务业、文化娱乐业、出租汽车业等单位的人员,在公安机关查处卖淫、嫖娼活动时,为违法犯罪分子通风报信,情节严重的,依照本法第三百一十条的规定定罪处罚。

【立法理由】

1979年刑法对本条内容未作规定。1991年9月通过的《全国人民代表大会常务委员会关于严禁卖淫嫖娼的决定》第八条规定:“旅馆业、饮食服务业、文化娱乐业、出租汽车业等单位的负责人和职工,在公安机关查处卖淫、嫖娼活动时,隐瞒情况或者为违法犯罪分子通风报信的,依照刑法第一百六十二条的规定处罚。”

1997年修订刑法,根据司法实践经验,将决定的有关内容修改后纳入刑法中。主要修改内容包括:一是将决定中规定的“负责人和职工”修改为“人员”,这属于文字上的修改。二是删除了决定中的“隐瞒情况”的定罪行为,并对通风报信行为构成犯罪增加了“情节严重”的条件限制。对于有通风报信行为但是达不到“情节严重”条件的,应当依照《治安管理处罚法》的规定处罚。

1997年后对本条未作修改。实践中,有些旅馆业、饮食服务业、文化娱乐业、出租汽车业等单位的人员,为了本单位或个人的经济利益,在公安机关查处卖淫、嫖娼活动时,为违法犯罪分子通报有关情况,有的在公安机关采取打击行动前事先为违法犯罪分子通风报信,**使违法犯罪分子逃避法律制裁,增加了公安机关打击违法犯罪活动的困难,纵容了卖淫嫖娼违法犯罪活动**,应予依法惩处。鉴于对此类违法犯罪活动的包庇行为性质比较严重,刑法作出了与一般包庇犯罪不同的规定。

【条文说明】

本条是关于对公共服务娱乐业从业人员为违法犯罪分子通风报信的处罚规定。

本条规定的旅馆业、饮食服务业、文化娱乐业、出租汽车业等单位的人员,指的是这些单位的全体工作人员,包括这些单位的负责人和职工。**“为违法犯罪分子通风报信”**是指在公安机关依法查处卖淫、嫖娼活动时,将行动地点、时间、对象等情况以及其他有关的消息告知组织、强迫、引诱、容留、介绍他人卖淫以及卖淫、嫖娼的违法犯罪分子。这里所说的**“在公安机关依法查处卖淫、嫖娼活动时”**是指在公安机关依法查处的全过程中的任何阶段,既包括查处卖淫、嫖娼活动的部署阶段,也包括实施阶段。无论在哪个阶段向违法犯罪分子通风报信,以使他们及时隐藏、逃避查处的行为都应按本条的规定处罚,而不能理解为仅仅是在具体实施查处行动的时刻。另外,"通风报信"包括各种传递消息的方法和手段,如打电话、发送短信息、传呼信号和事先规定的各种联系暗号等。根据本条规定,对在公安机关查处卖淫、嫖娼活动时,为违法犯罪分子通风报信,情节严重的,依照《刑法》第三百一十条的规定定罪处罚,即依照包庇罪的规定定罪处罚。

"情节严重"是划分罪与非罪的一个重要界限,主要是指严重干扰对卖淫嫖娼活动的惩处或者具有其他恶劣情节的情形。根据2017年《最高人民法院、最高人民检察院关于办理组织、强迫、引诱、容留、介绍卖淫刑事案件适用法律若干问题的解释》的规定,具有下列情形之一的,应当认定为《刑法》第三百六十二条规定的"**情节严重**":(1)向组织、强迫卖淫犯罪集团通风报信的;(2)二年内通风报信三次以上的;(3)一年内因通风报信被行政处罚,又实施通风报信行为的;(4)致使犯罪集团的首要分子或者其他共同犯罪的主犯未能及时归案的;(5)造成卖淫嫖娼人员逃跑,致使公安机关查处犯罪行为因取证困难而撤销刑事案件的;(6)非法获利人民币一万元以上的;(7)其他情节严重的情形。

实际执行中应当注意以下几个方面的问题:

1. 本条是**按照窝藏、包庇罪定罪处理的一种特殊规定**。构成本罪不需要具备《刑法》第三百一十条规定的窝藏、包庇罪的构成要件。与窝藏、包庇罪的规定相比较,本条规定的构成要件有以下两点不同:一是窝藏、包庇罪规定了窝藏犯罪分子和作假证明包庇的行为,本条规定的是为违法犯罪分子通风报信的行为。二是扩大了窝藏、包庇对象的范围。窝藏、包庇罪的对象仅限于犯罪分子,本条规定的是违法犯罪分子。违法人员包括不构成犯罪的卖淫、嫖娼人员和引诱、容留、介绍他人卖淫,情节显著轻微,不构成犯罪的人员。也就是说构成本罪不以卖淫嫖娼活动构成犯罪为前提条件,卖淫嫖娼活动仅构成违法不影响本罪的成立。窝藏、包庇罪是选择性罪名,根据《最高人民法院、最高人民检察院关于办理组织、强迫、引诱、容留、介绍卖淫刑事案件适用法律若干问题的解释》的有关规定,对本条规定的行为,情节严重的,以包庇罪定罪处罚。

2. 对于在犯罪分子实施本节规定的犯罪之前或者过程中,与其通谋,进行通风报信的,应当以**共同犯罪**论处。司法实践中要避免将事前通谋的通风报信行为,作为包庇罪进行处罚。

3. 对于尚不构成犯罪的通风报信行为,应当依法给予**治安处罚**。我国《治安管理处罚法》第七十四条规定,旅馆业、饮食服务业、文化娱乐业、出租汽车业等单位的人员,在公安机关查处吸毒、赌博、卖淫、嫖娼活动时,为违法犯罪行为人通风报信的,处十日以上十五日以下拘留。

【司法解释】

《最高人民法院、最高人民检察院关于办理组织、强迫、引诱、容留、介绍卖淫刑事案件适用法律若干问题的解释》(法释〔2017〕13号,自2017年7月25日起施行)

△(**包庇罪;共同犯罪;情节严重**)根据刑法第三百六十二条、第三百一十条的规定,旅馆业、饮食服务业、文化娱乐业、出租汽车业等单位的人员,在公安机关查处卖淫、嫖娼活动时,为违法犯罪分子通风报信,情节严重的,以包庇罪定罪处罚。事前与犯罪分子通谋的,以共同犯罪论处。

具有下列情形之一的,应当认定为刑法第三百六十二条规定的"情节严重":

(一)向组织、强迫卖淫犯罪集团通风报信的;

(二)二年内通风报信三次以上的;

(三)一年内因通风报信被行政处罚,又实施通风报信行为的;

(四)致使犯罪集团的首要分子或者其他共同犯罪的主犯未能及时归案的;

(五)造成卖淫嫖娼人员逃跑,致使公安机关查处犯罪行为因取证困难而撤销刑事案件的;

(六)非法获利人民币一万元以上的;

(七)其他情节严重的情形。(§ 14)

第九节　制作、贩卖、传播淫秽物品罪

第三百六十三条　【制作、复制、出版、贩卖、传播淫秽物品牟利罪】【为他人提供书号出版淫秽书刊罪】

以牟利为目的，制作、复制、出版、贩卖、传播淫秽物品的，处三年以下有期徒刑、拘役或者管制，并处罚金；情节严重的，处三年以上十年以下有期徒刑，并处罚金；情节特别严重的，处十年以上有期徒刑或者无期徒刑，并处罚金或者没收财产。

为他人提供书号，出版淫秽书刊的，处三年以下有期徒刑、拘役或者管制，并处或者单处罚金；明知他人用于出版淫秽书刊而提供书号的，依照前款的规定处罚。

【立法理由】

(一)立法相关背景及修改情况

1. **1979年立法的情况**。1979年《刑法》第一百七十条规定:“以营利为目的,制作、贩卖淫书、淫画的,处三年以下有期徒刑、拘役或者管制,可以并处罚金。”淫秽物品是毒化社会风气,腐蚀人们思想的一种精神鸦片,而且还会滋生大量违法犯罪行为,应当予以禁止。制作、复制、出版、贩卖、传播淫秽物品的行为,直接造成淫秽物品扩散,具有较大的社会危害性,尤其是其中以牟利为目的的,有必要作为犯罪予以严惩。

2. **1979年之后至1997年刑法修订前的立法情况**。中华人民共和国成立以后,通过有效的治理,淫秽物品与卖淫嫖娼等违法犯罪行为基本上被禁绝。改革开放以后,在我们引进外国的资金、先进技术、管理经验的同时,宣扬淫秽、色情的书刊、音像制品也随之流入我国。一些地方走私、制作、贩卖、传播淫秽的书刊、影片、录像带、录音带、图片等淫秽物品的违法犯罪现象不断蔓延,这些违法犯罪活动,严重腐蚀人们的思想,危害社会治安。为了加强社会主义精神文明建设,抵制资产阶级腐朽思想的侵蚀,维护社会治安,我国政府开展“扫黄”行动,有关方面对书刊和音像制品市场进行了清理整顿,对走私、制作、贩卖、传播淫秽物品的犯罪活动进行严厉打击,取得了很好的效果。但是仍然有不少违法犯罪分子在利益的驱使下,出于非法牟利的目的,无视法律的禁止性规定,继续猖獗地从事走私、制造、贩卖、传播淫秽物品的违法犯罪行为,导致淫秽物品违法犯罪活动泛滥,并且出现了由沿海向内地、由城市向农村扩散的趋势,影响面不断扩大,滋生不少的社会问题。为了适应严禁淫秽物品的需要,法制工作委员会根据实践中的有关法律问题,起草了《全国人民代表大会常务委员会关于惩治走私、制作、贩卖、传播淫秽物品的犯罪分子的决定》(草案),对刑法、治安管理处罚条例的有关规定,作了补充、修改。在起草过程中,征求了公安、检察、法院、教育、出版、广播、电视、宣传等有关部门和一些法律专家的意见,对草案进行了修改完善。1990年12月28日第七届全国人大常委会第十七次会议通过了《全国人民代表大会常务委员会关于惩治走私、制作、贩卖、传播淫秽物品的犯罪分子的决定》,对《刑法》第一百七十条的规定作了修改完善:一是1979年刑法中规定的淫秽物品主要是淫书、淫画,随着科技发展和人民生活水平的提高,音像制品被广泛使用,除了传统的淫书、淫画之外,淫秽的音像制品等新形式的淫秽物品也越来越多;且犯罪手段也不限于制作、贩卖淫书淫画,通过复印、录音录像等设备复制淫秽物品,进行出版、贩卖、传播等情况也不断出现。根据实践中出现的这些新情况,将“以营利为目的,制作、贩卖淫书、淫画的”行为修改为“以牟利为目的,制作、复制、出版、贩卖、传播淫秽物品的”行为。二是比起以前较为传统的手段,随着新手段的不断变化,导致制造、复制、出版、贩卖、传播淫秽物品的数量越来越大,传播范围越来越广泛,1979年刑法规定的刑罚,即处三年以下有期徒刑、拘役或者管制,可以并处罚金,已经不足以震慑犯罪,也与罪责刑相适应原则不符。为了加大对淫秽物品犯罪的打击力度,**将法定最高刑由三年有期徒刑提高到无期徒刑**,并删去了管制刑,增加了没收财产刑。三是明确规定,对于情节较轻的,由公安机关依照治安管理处罚条例的有关规定处罚。四是将为他人提供书号出版淫秽书刊的和明知他人用于出版淫秽书刊而提供书号的行为规定为犯罪。文化出版的繁荣是国家文化事业发展的一个重要标志,我国的文化出版是为社会主义服务的,应当传播有益于经济和社会发展的科学文化知识,弘扬民族优秀文化,丰富和提高人民的精神生活,但任何出版物不得含有宣扬淫秽的内容。为了加强对出版物的管理,对于出版物,应当根据国家的规定明确申请并明确载明书号。无论是出版管理部门,还是申请和使用书号的出版社等,都应当根据国家规定批准和使用书号。利用正式的书号制作、复制、出版、发行淫秽物品的,会造成公众对淫秽物品性质认识的混淆,传播范围广、危害大,因此,为他人提供书号出版淫秽书刊或者明知他人出版淫秽物品而提供书号的行为,与制作、复制、出版、贩卖、传播行为一样,属于犯罪性质的行为,必须严厉予以打击。

3. **1997年修订刑法的情况**。1997年修订刑法时,吸收了《全国人民代表大会常务委员会关于惩治走私、制作、贩卖、传播淫秽物品的犯罪分子的决定》的相关规定,并作了修改补充:一是增加了管制刑的适用。1979年刑法规定制作、贩卖淫书、淫画罪,以管制刑为最低法定刑,但1990年《全国人民代表大会常务委员会关于惩治走私、制作、贩卖、传播淫秽物品的犯罪分子的决定》针对淫秽物品犯罪泛滥的形势,取消了管制刑的设置。1997年修订刑法时,为了更好地体现刑法罪刑相适应的基本原则,设置更为合理科学全面的刑罚体系,增加了管制刑的适用。二是考虑到对于情节较轻的行为进行治安管理处罚,不属于刑事法律范畴的规定,治安管理方面的法律法规已经作了明确规定,没有必要在刑法中再作规定,因此将"情节较轻的,由公安机关依照治安管理处罚条例的有关规定处罚"删去。

(二)有关国家和地区及国际条约的规定

1. 有关国家和地区的规定。基于淫秽物品犯罪的严重社会危害性和全球化的趋势,许多国家和地区通过立法加强对相关犯罪的打击和惩治。《意大利刑法典》规定,对意图贩卖、散布或公开陈列,而制作、输入、持有、输出猥亵文书、图画、照片及其他猥亵物品或使之流通的行为以及上演猥亵性公开戏剧、电影等行为处三个月以上三年以下徒刑,并科以罚金。《日本刑法典》规定,散布、贩卖猥亵的文书、图画或者其他物品,或者以出租为业,或者公然展示的,处二年以下惩役或者五十万日元以下罚金。《奥地利刑法典》规定,对公然刊登广告而从事猥亵性交易,其内容足以引起正常人之羞辱等行为,处六个月以下监禁。我国台湾地区"刑法"规定,散布、播送或者贩卖猥亵之文字、图书、声音、影像或其他物品,或公然陈列,或以其他方法供人观览的,或意图散布、播送或贩卖而制造、持有前述文字、图书、声音、影像及其他物品的,处二年以下有期徒刑、拘役或并科三万元以下罚金。

为了加强对未成年人的保护,有的国家和地区刑法还专门将向未成年人传播淫秽物品的行为单独规定为犯罪,如《德国刑法典》规定,对向儿童展示猥亵性图画、模型或者开放猥亵性录音及其他传播猥亵性书籍的行为,处一年以下监禁或并科罚金。美国纽约州刑法规定,有意向未成年人传播淫秽物品的,处不定期刑四年以下监禁。

2. 有关国际条约的规定。淫秽物品是危害人类文明,破坏良好社会风尚,侵害人们身心健康的污染源,为了禁止淫秽物品在国际上的传播和贩运,加强国际合作,有关国际条约对此也有规定。如1910年《禁止传播淫秽材料协定》、1923年《禁止传播和贩运淫秽出版物公约》、1947年《修改禁止传播和贩运淫秽出版物公约的议定书》等,这些条约明确规定了"淫秽"的含义和范围及缔约成员应承担的义务,其宗旨在于通过加强国家和地区间的合作,禁止传播、贩运淫秽物品。

【条文说明】

本条是关于制作、复制、出版、贩卖、传播淫秽物品牟利罪和为他人提供书号出版淫秽书刊罪及其处罚的规定。

本条共分为两款。

第一款是关于以牟利为目的,制作、复制、出版、贩卖、传播淫秽物品的犯罪及其处罚的规定。构成本罪应当具备以下条件:

1. 主观上必须是故意的,并且以牟利为目的。所谓"**以牟利为目的**"是指行为人实施制作、复制、出版、贩卖、传播淫秽物品的行为,必须出于牟取利益的目的①,包括谋取一定的货币和财物,也包括谋取其他物质利益,包括因此减少的货币支出或者财物的减损,如服务等。如果行为人是出于教学、医学、科研、文学、艺术等正当目的,合理使用有关性行为、性体验、性技巧的书刊、图片、影视作品、音视频软件、医学或教学器具等,即使获取一定的利益,也不能构成本罪。

2. 行为人实施了制作、复制、出版、贩卖、传播的行为。这里所说的"**制作**"是指生产、录制、

① 牟利不仅仅表现为通过贩卖淫秽物品谋取非法利益。在互联网上刊载淫秽电子信息以吸引网民、增加访问量,赚取广告收入的行为,也应认定为"牟利"。参见王作富主编:《刑法分则实务研究(下)》(第5版),中国方正出版社2013年版,第1510—1511页。

编写、译著、绘画、印刷、刻印、摄制、洗印等行为。**“复制”**是指通过翻印、翻拍、复印、复写、复录、抄写、拓印、临摹等方式对已有的淫秽物品进行伪造或者重复制作的行为。① **“出版”**是指编辑、印刷出版、发行淫秽物品的行为。**“贩卖”**是指销售淫秽物品的行为,包括发行、批发、零售、倒卖等。② **“传播”**是指通过播放、出租、出借、承运、邮寄等方式致使淫秽物品流传的行为。③ 行为人只要以牟利为目的,实施了“制作、复制、出版、贩卖、传播”这五种行为之一的,即构成本罪。

3. **制作、复制、出版、贩卖、传播的对象是淫秽物品**。这里所说的“**淫秽物品**”,根据本法第三百六十七条的规定,是指具体描绘性行为或者露骨宣扬色情的诲淫性的书刊、影片、录像带、录音带、图片及其他淫秽物品;有关人体生理、医学知识的科学著作不是淫秽物品;包含有色情内容的有艺术价值的文学、艺术作品不视为淫秽物品。

随着互联网应用的普及,**利用互联网从事有关淫秽物品违法犯罪活动**的情况变得比较突出。对此,也应当按照刑法和有关法律的规定予以打击。2000年《全国人民代表大会常务委员会关于维护互联网安全的决定》第三条规定,在互联网上建立淫秽网站、网页,提供淫秽站点链接服务,或者传播淫秽书刊、影片、音像、图片,构成犯罪的,依照刑法有关规定追究刑事责任。为此,《最高人民法院、最高人民检察院、公安部关于依法开展打击淫秽色情网站专项行动有关工作的通知》进一步明确,要严格按照《刑法》《全国人民代表大会常务委员会关于维护互联网安全的决定》和有关司法解释的规定,对于利用互联网从事有关淫秽物品的犯罪活动的,应当根据其具体实施的行为,分别以制作、复制、出版、贩卖、传播淫秽物品牟利罪,传播淫秽物品罪,组织播放淫秽音像制品罪及刑法规定的其他有关罪名,依法追究刑事责任。2010年《最高人民法院、最高人民检察院关于办理利用互联网、移动通讯终端、声讯台制作、复制、出版、贩卖、传播淫秽电子信息刑事案件具体应用法律若干问题的解释(二)》明确规定,利用互联网、移动通讯终端、声讯台制作、复制、出版、贩卖、传播淫秽电子信息的犯罪适用《刑法》第三百六十三条、第三百六十四条、第三百六十七条的有关规定定罪处罚。2017年《最高人民法院、最高人民检察院关于利用网络云盘制作、复制、贩卖、传播淫秽电子信息牟利行为定罪量刑问题的批复》进一步明确,对于以牟利为目的,利用网络云盘制作、复制、贩卖、传播淫秽电子信息的行为,是否应当追究刑事责任,适用刑法和相关司法解释的有关规定。

本款根据制作、复制、出版、贩卖、传播淫秽物品的不同情节规定了**三个不同档次的刑罚**,犯本罪的,处三年以下有期徒刑、拘役或者管制,并处罚金;情节严重的,处三年以上十年以下有期徒刑,并处罚金;情节特别严重的,处十年以上有期徒刑或者无期徒刑,并处罚金或者没收财产。区别“一般情节”“情节严重”“情节特别严重”主要应当根据行为人制作、复制、出版、贩卖、传播淫秽物品的数量、次数、造成的影响以及在犯罪中所起的作用而定。《最高人民法院关于审理非法出版物刑事案件具体应用法律若干问题的解释》对构成制作、复制、出版、贩卖、传播淫秽物品牟利罪、为他人提供书号、刊号出版淫秽书刊罪的“情节严重”“情节特别严重”的情况,作了具体的解释,内容如下:

1. 以牟利为目的,实施《刑法》第三百六十三条第一款规定的行为,具有下列情形之一的,**以制作、复制、出版、贩卖、传播淫秽物品牟利罪定罪处罚**:(1)制作、复制、出版淫秽影碟、软件、录像带五十至一百张(盒)以上,淫秽音碟、录音带一百至二百张(盒)以上,淫秽扑克、书刊、画册一百至二百副(册)以上,淫秽照片、画片五百至一千张以上的;(2)贩卖淫秽影碟、软件、录像带一百至二百张(盒)以上,淫秽音碟、录音带二百至四百张(盒)以上,淫秽扑克、书刊、画册二百至四百副(册)以上,淫秽照片、画片一千至二千张以上的;(3)向他人传播淫秽物品达二百至五百人次以上,或者组织播放淫秽影、像达十至二十场次以上的;(4)制作、复制、出版、贩卖、传播淫秽物品,获利五千元至一万元以上的。根据本款规定,有上述行为之一的,处三年以下有期徒刑、拘役或者管

① 从网络上下载淫秽物品后存入电脑的行为,不属于复制。参见张明楷:《刑法学》(第6版),法律出版社2021年版,第1541页。

② 我国学者指出,尽管贩卖淫秽物品行为和购买淫秽物品行为之间有对合关系,但是,刑法仅处罚贩卖者。单纯购买淫秽物品、接受传播的人,刑法没有专门作出处罚规定,原则上不成立贩卖淫秽物品罪的教唆犯或者帮助犯。参见周光权:《刑法各论》(第4版),中国人民大学出版社2021年版,第526页。

③ 谢望原教授认为,传播对象的数量多少决定犯罪性质,而传播对象是否特定(譬如在基于血缘、亲缘关系的熟识人群之间进行传播),不影响行为定性。参见谢望原、赫兴旺主编:《刑法分论》(第3版),中国人民大学出版社2016年版,第452页。

制，并处罚金。

2. 以牟利为目的，实施《刑法》第三百六十三条第一款规定的行为，具有下列情形之一的，应当认定为制作、复制、出版、贩卖、传播淫秽物品牟利罪“**情节严重**”：(1)制作、复制、出版淫秽影碟、软件、录像带二百五十至五百张(盒)以上，淫秽音碟、录音带五百至一千张(盒)以上，淫秽扑克、书刊、画册五百至一千副(册)以上，淫秽照片、画片二千五百至五千张以上的；(2)贩卖淫秽影碟、软件、录像带五百至一千张(盒)以上，淫秽音碟、录音带一千至二千张(盒)以上，淫秽扑克、书刊、画册一千至二千副(册)以上，淫秽照片、画片五千至一万张以上的；(3)向他人传播淫秽物品达一千至二千人次以上，或者组织播放淫秽影、像达五十至一百场次以上的；(4)制作、复制、出版、贩卖、传播淫秽物品，获利三万元至五万元以上的。根据本款规定，有上述行为之一的，处三年以上十年以下有期徒刑，并处罚金。

3. 以牟利为目的，实施《刑法》第三百六十三条第一款规定的行为，其数量(数额)达到前款规定的数量(数额)五倍以上的，应当认定为制作、复制、出版、贩卖、传播淫秽物品牟利罪“**情节特别严重**”。根据本款规定，对有上述行为之一的，处十年以上有期徒刑或者无期徒刑，并处罚金或者没收财产。

此外，《最高人民法院、最高人民检察院关于利用网络云盘制作、复制、贩卖、传播淫秽电子信息牟利行为定罪量刑问题的批复》规定，对于以牟利为目的，**利用网络云盘**制作、复制、贩卖、传播淫秽电子信息的行为，在追究刑事责任时，鉴于网络云盘的特点，不应单纯考虑制作、复制、贩卖、传播淫秽电子信息的数量，还应充分考虑传播范围、违法所得、行为人一贯表现以及淫秽电子信息、传播对象是否涉及未成年人等情节，综合评估社会危害性，恰当裁量刑罚，确保罪责刑相适应。

第二款是关于为他人提供书号出版淫秽书刊的犯罪及其处罚的规定。

根据实际情况，本款规定了以下两种犯罪行为：

1. **为他人提供书号，出版淫秽书刊的**。这里所说的“为他人提供书号”是指违反国家关于书号管理的各种规定，向单位和个人提供书号的行为。“**提供**”既包括有偿提供，如出卖书号，也包括无偿提供。“**书号**”是国家为了对图书出版进行管理而设置的，从某种意义上讲，相当于图书出版的许可证，没有书号，就不能出版图书。依照国家的有关规定，书号只能由出版机构自己使用，只有在协作出版的情况下，才允许出版机构将书号提供给协作的有关单位。根据《出版管理条例》第二十一条的规定，出版单位不得向任何单位或者个人出售或者以其他形式转让本单位的名称、书号、刊号或者版号、版面，并不得出租本单位的名称、刊号。因此，这里所说的“书号”包括书号、刊号、版号等。“**出版淫秽书刊**”是指违反国家规定，非法向他人提供书号，造成了淫秽书刊出版的后果。① 本罪主要有以下特征：(1)本罪的犯罪主体，可以是个人，也可以是单位。(2)行为人必须是违反国家关于出版方面的规定，实施了向他人(包括个人和单位)提供书号的行为。(3)这一行为，必须造成淫秽书刊出版的后果。(4)行为人在提供书号时，并不明知该书号将被用于出版淫秽书刊，即主观上对造成淫秽书刊出版的后果不具有直接故意，性质上与直接制作、出版淫秽书刊存在不同，因此在刑罚设置上，也与故意出版淫秽书刊的行为进行了区别，规定为独立的罪名和刑罚。

2. **明知他人用于出版淫秽书刊而提供书号的**。这里所说的“明知”是指行为人明知其所提供的书号将被用于出版淫秽书刊，而仍然违反规定向他人提供的行为。也就是说，行为人同淫秽书刊出版人对出版淫秽书刊具有共同的故意。根据刑法关于共犯的规定，这种行为实际上就是出版淫秽书刊的故意行为。因此，本款规定，明知他人用于出版淫秽书刊而提供书号的，依照出版淫秽书刊罪的规定处罚，而不能按为他人提供书号出版淫秽书刊罪处罚。需要注意的是，本条第一款虽然规定了以牟利为目的，但本款规定的明知他人用于出版淫秽书刊而提供书号的，并不需要以牟利为目的，只要是明知他人用于出版淫秽书刊而实施提供书号的行为，就应当依照《刑法》第三百六十三条第一款的规定，以**出版淫秽物品牟利罪**定罪处罚。

实践中需要注意的是：

1. 根据本条第一款的规定，制作、复制、出版、贩卖、传播淫秽物品罪要求行为人主观上有牟利的目的，对不是以牟利为目的的，如制作、复制

---

① 虽然为他人提供了书号，但他人没有用所提供的书号出版淫秽书刊，或者是用其他书号出版淫秽书刊，提供书号者不构成犯罪。虽然为他人提供了书号，他人也已经在用所提供的书号编辑、印刷书刊，准备发行，但未能进入流通、发行领域，提供书号者也不构成本罪。参见赵秉志、李希慧主编：《刑法各论》(第3版)，中国人民大学出版社2016年版，第363页；周光权：《刑法各论》(第4版)，中国人民大学出版社2021年版，第527页。

淫秽音像制品供自己观看的,可以予以批评教育或者治安处罚,不作为犯罪处理。但是,如果有传播淫秽物品的行为,则要视情节而定,对情节严重的,应当依照《刑法》第三百六十四条的规定,以传播淫秽物品罪定罪处罚。

2. 根据本条第二款规定,行为人实施了向他人提供书号,出版淫秽书刊的行为,他人应当是将淫秽书刊印刷成书,并发行到社会上,如果他人并没有利用其提供的书号出版淫秽书刊,或者在出版过程中因某种原因而停止,未将书刊发行到社会上,或者是从其他地方得到的书号出版的淫秽书刊,一般情况下对行为人不能以本罪追究刑事责任。

3. 网络服务提供者是否构成传播淫秽物品牟利罪。互联网信息技术的飞速发展极大地丰富了人们的文化生活,但网络淫秽色情行业也"大行其道",不断变换着传播的方式和传染渠道,毒害人们的思想,破坏社会风气,诱发性犯罪或其他犯罪。实践中,一些网络服务提供者不履行法律、行政法规规定的信息网络安全管理义务,导致淫秽音像制作、音视频软件等在网络上大量传播,危害网络的健康发展。如何确定网络服务提供者的责任,需要根据具体的案件情况,如果网络服务提供者与淫秽物品的制作者、传播者串通,故意在网络上传播淫秽的书刊、音像制品、音视频软件等,则属于**制作、复制、出版、贩卖、传播淫秽物品牟利罪的共犯**,应当依照该罪定罪处罚;如果网络服务提供者只是明知是淫秽色情内容而放任行为人在其服务平台上传播,且经监管部门责令采取改正措施而拒不改正的,如未采取删除、阻断等措施的,则应当依照《刑法》第二百八十六条之一**拒不履行信息网络安全管理义务罪**定罪处罚。

【司法解释】

《最高人民法院关于审理非法出版物刑事案件具体应用法律若干问题的解释》(法释〔1998〕30号,自1998年12月23日起施行)

△(**制作、复制、出版、贩卖、传播淫秽物品牟利罪;情节严重;情节特别严重**)以牟利为目的,实施刑法第三百六十三条第一款规定的行为,具有下列情形之一的,以制作、复制、出版、贩卖、传播淫秽物品牟利罪定罪处罚:

(一)制作、复制、出版淫秽影碟、软件、录像带五十至一百张(盒)以上,淫秽音碟、录音带一百至二百张(盒)以上,淫秽扑克、书刊、画册一百至二百副(册)以上,淫秽照片、画片五百至一千张以上的;

(二)贩卖淫秽影碟、软件、录像带一百至二百张(盒)以上,淫秽音碟、录音带二百至四百张(盒)以上,淫秽扑克、书刊、画册二百至四百副(册)以上,淫秽照片、画片一千至二千张以上的;

(三)向他人传播淫秽物品达二百至五百人次以上,或者组织播放淫秽影、像达十至二十场次以上的;

(四)制作、复制、出版、贩卖、传播淫秽物品,获利五千至一万元以上的。

以牟利为目的,实施刑法第三百六十三条第一款规定的行为,具有下列情形之一的,应当认定为制作、复制、出版、贩卖、传播淫秽物品牟利罪"情节严重":

(一)制作、复制、出版淫秽影碟、软件、录像带二百五十至五百张(盒)以上,淫秽音碟、录音带五百至一千张(盒)以上,淫秽扑克、书刊、画册五百至一千副(册)以上,淫秽照片、画片二千五百至五千张以上的;

(二)贩卖淫秽影碟、软件、录像带五百至一千张(盒)以上,淫秽音碟、录音带一千至二千张(盒)以上,淫秽扑克、书刊、画册一千至二千副(册)以上,淫秽照片、画片五千至一万张以上的;

(三)向他人传播淫秽物品达一千至二千人次以上,或者组织播放淫秽影、像达五十至一百场次以上的;

(四)制作、复制、出版、贩卖、传播淫秽物品,获利三万至五万元以上的。

以牟利为目的,实施刑法第三百六十三条第一款规定的行为,其数量(数额)达到前款规定的数量(数额)五倍以上的,应当认定为制作、复制、出版、贩卖、传播淫秽物品牟利罪"情节特别严重"。(§8)

△(**为他人提供书号、刊号出版淫秽书刊罪;为他人提供版号;出版淫秽物品牟利罪**)为他人提供书号、刊号,出版淫秽书刊的,依照刑法第三百六十三条第二款的规定,以为他人提供书号出版淫秽书刊罪定罪处罚。

为他人提供版号,出版淫秽音像制品的,依照前款规定定罪处罚。

明知他人用于出版淫秽书刊而提供书号、刊号的,依照刑法第三百六十三条第一款的规定,以出版淫秽物品牟利罪定罪处罚。(§9)

△(**出版单位;事前通谋;共犯**)出版单位与他人事前通谋,向其出售、出租或者以其他形式转让该出版单位的名称、书号、刊号、版号,他人实施本解释第二条、第四条、第八条、第九条、第十条、第十一条规定的行为,构成犯罪的,对该出版单位应当以共犯论处。(§16)

△(**经营数额;违法所得数额;单价数额之认定**)本解释所称"经营数额",是指以非法出版物的定价数额乘以行为人经营的非法出版物数量所得的数额。

本解释所称"违法所得数额",是指获利数额。

非法出版物没有定价或者以境外货币定价的,其单价数额应当按照行为人实际出售的价格认定。(§ 17)

△(**具体数量、数额标准**)各省、自治区、直辖市高级人民法院可以根据本地的情况和社会治安状况,在本解释第八条、第十条、第十二条、第十三条规定的有关数额、数量标准的幅度内,确定本地执行的具体标准,并报最高人民法院备案。(§ 18)

《最高人民法院、最高人民检察院关于办理利用互联网、移动通讯终端、声讯台制作、复制、出版、贩卖、传播淫秽电子信息刑事案件具体应用法律若干问题的解释》(法释〔2004〕11号,自2004年9月6日起施行)

△(**利用互联网、移动通讯终端;利用聊天室、论坛、即时通信软件、电子邮件等方式**)以牟利为目的,利用互联网、移动通讯终端制作、复制、出版、贩卖、传播淫秽电子信息,具有下列情形之一的,依照刑法第三百六十三条第一款的规定,以制作、复制、出版、贩卖、传播淫秽物品牟利罪定罪处罚。

(一)制作、复制、出版、贩卖、传播淫秽电影、表演、动画等视频文件二十个以上的;

(二)制作、复制、出版、贩卖、传播淫秽音频文件一百个以上的;

(三)制作、复制、出版、贩卖、传播淫秽电子刊物、图片、文章、短信息等二百件以上的;

(四)制作、复制、出版、贩卖、传播的淫秽电子信息,实际被点击数达到一万次以上的;

(五)以会员制方式出版、贩卖、传播淫秽电子信息,注册会员达二百人以上的;

(六)利用淫秽电子信息收取广告费、会员注册费或者其他费用,违法所得一万元以上的;

(七)数量或者数额虽未达到第(一)项至第(六)项规定标准,但分别达到其中两项以上标准一半以上的;

(八)造成严重后果的。

利用聊天室、论坛、即时通信软件、电子邮件等方式,实施第一款规定行为的,依照刑法第三百六十三条第一款的规定,以制作、复制、出版、贩卖、传播淫秽物品牟利罪定罪处罚。(§ 1)

△(**情节严重;情节特别严重**)实施第一条规定的行为,数量或者数额达到第一条第一款第(一)项至第(六)项规定标准五倍以上的,应当认定为刑法第三百六十三条第一款规定的"情节严重";达到规定标准二十五倍以上的,应当认定为"情节特别严重"。(§ 2)

△(**通过声讯台传播淫秽语音信息;传播淫秽物品牟利罪**)以牟利为目的,通过声讯台传播淫秽语音信息,具有下列情形之一的,依照刑法第三百六十三条第一款的规定,对直接负责的主管人员和其他直接责任人员以传播淫秽物品牟利罪定罪处罚:

(一)向一百人次以上传播的;

(二)违法所得一万元以上的;

(三)造成严重后果的。

实施前款规定行为,数量或者数额达到前款第(一)项至第(二)项规定标准五倍以上的,应当认定为刑法第三百六十三条第一款规定的"情节严重";达到规定标准二十五倍以上的,应当认定为"情节特别严重"。(§ 5)

△(**从重处罚事由**)实施本解释前五条规定的犯罪,具有下列情形之一的,依照刑法第三百六十三条第一款、第三百六十四条第一款的规定从重处罚:

(一)制作、复制、出版、贩卖、传播具体描绘不满十八周岁未成年人性行为的淫秽电子信息的;

(二)明知是具体描绘不满十八周岁的未成年人性行为的淫秽电子信息而在自己所有、管理或者使用的网站或者网页上提供直接链接的;

(三)向不满十八周岁的未成年人贩卖、传播淫秽电子信息和语音信息的;

(四)通过使用破坏性程序、恶意代码修改用户计算机设置等方法,强制用户访问、下载淫秽电子信息的。(§ 6)

△(**共同犯罪**)明知他人实施制作、复制、出版、贩卖、传播淫秽电子信息犯罪,为其提供互联网接入、服务器托管、网络存储空间、通讯传输通道、费用结算等帮助的,对直接负责的主管人员和其他直接责任人员,以共同犯罪论处。(§ 7)

△(**利用互联网、移动通讯终端、声讯台贩卖、传播以实物为载体的淫秽物品;非法出版物**)利用互联网、移动通讯终端、声讯台贩卖、传播淫秽书刊、影片、录像带、录音带等以实物为载体的淫秽物品的,依照《最高人民法院关于审理非法出版物刑事案件具体应用法律若干问题的解释》的有关规定定罪处罚。(§ 8)

《最高人民法院、最高人民检察院关于办理利用互联网、移动通讯终端、声讯台制作、复制、出版、贩卖、传播淫秽电子信息刑事案件具体应用法律若干问题的解释（二）》（法释〔2010〕3号，自2010年2月4日起施行）

△（**利用互联网、移动通讯终端；淫秽电子信息；内容含有不满十四周岁未成年人的淫秽电子信息；情节严重；情节特别严重**）以牟利为目的，利用互联网、移动通讯终端制作、复制、出版、贩卖、传播淫秽电子信息的，依照《最高人民法院、最高人民检察院关于办理利用互联网、移动通讯终端、声讯台制作、复制、出版、贩卖、传播淫秽电子信息刑事案件具体应用法律若干问题的解释》第一条、第二条的规定定罪处罚。

以牟利为目的，利用互联网、移动通讯终端制作、复制、出版、贩卖、传播内容含有不满十四周岁未成年人的淫秽电子信息，具有下列情形之一的，依照刑法第三百六十三条第一款的规定，以制作、复制、出版、贩卖、传播淫秽物品牟利罪定罪处罚：

（一）制作、复制、出版、贩卖、传播淫秽电影、表演、动画等视频文件十个以上的；

（二）制作、复制、出版、贩卖、传播淫秽音频文件五十个以上的；

（三）制作、复制、出版、贩卖、传播淫秽电子刊物、图片、文章等一百件以上的；

（四）制作、复制、出版、贩卖、传播的淫秽电子信息，实际被点击数达到五千次以上的；

（五）以会员制方式出版、贩卖、传播淫秽电子信息，注册会员达一百人以上的；

（六）利用淫秽电子信息收取广告费、会员注册费或者其他费用，违法所得五千元以上的；

（七）数量或者数额虽未达到第（一）项至第（六）项规定标准，但分别达到其中两项以上标准一半以上的；

（八）造成严重后果的。

实施第二款规定的行为，数量或者数额达到第二款第（一）项至第（七）项规定标准五倍以上的，应当认定为刑法第三百六十三条第一款规定的"情节严重"；达到规定标准二十五倍以上的，应当认定为"情节特别严重"。（§ 1）

△（**网站建立者、直接负责的管理者；传播淫秽物品牟利罪；情节严重；情节特别严重**）以牟利为目的，网站建立者、直接负责的管理者明知他人制作、复制、出版、贩卖、传播的是淫秽电子信息，允许或者放任他人在自己所有、管理的网站或者网页上发布，具有下列情形之一的，依照刑法第三百六十三条第一款的规定，以传播淫秽物品牟利罪定罪处罚：

（一）数量或者数额达到第一条第二款第（一）项至第（六）项规定标准五倍以上的；

（二）数量或者数额分别达到第一条第二款第（一）项至第（六）项两项以上标准二倍以上的；

（三）造成严重后果的。

实施前款规定的行为，数量或者数额达到第一条第二款第（一）项至第（七）项规定标准二十五倍以上的，应当认定为刑法第三百六十三条第一款规定的"情节严重"；达到规定标准一百倍以上的，应当认定为"情节特别严重"。[①]（§ 4）

△（**电信业务经营者、互联网信息服务提供者；传播淫秽物品牟利罪；情节严重；情节特别严重**）电信业务经营者、互联网信息服务提供者明知是淫秽网站，为其提供互联网接入、服务器托管、网络存储空间、通讯传输通道、代收费等服务，并收取服务费，具有下列情形之一的，对直接负责的主管人员和其他直接责任人员，依照刑法第三百六十三条第一款的规定，以传播淫秽物品牟利罪定罪处罚[②]：

（一）为五个以上淫秽网站提供上述服务的；

（二）为淫秽网站提供互联网接入、服务器托管、网络存储空间、通讯传输通道等服务，收取服务费数额在二万元以上的；

（三）为淫秽网站提供代收费服务，收取服务费数额在五万元以上的；

（四）造成严重后果的。

实施前款规定的行为，数量或者数额达到前款第（一）项至第（三）项规定标准五倍以上的，应当认定为刑法第三百六十三条第一款规定的"情节严重"；达到规定标准二十五倍以上的，应当认定为"情节特别严重"。（§ 6）

① 我国学者指出，本规定中的"情节严重""情节特别严重"采用了与《最高人民法院、最高人民检察院关于办理利用互联网、移动通讯终端、声讯台制作、复制、出版、贩卖、传播淫秽电子信息刑事案件具体应用法律若干问题的解释》倍数相同的认定标准，值得商榷。因为现代网络进入"云时代"，一个网络云盘可以存储数以千计的淫秽影片，直接在网上售卖云盘账号密码即可，价格仅数元、数十元。因此，在定罪量刑时应当主要依据贩卖淫秽物品牟利的金额，而不能依据视频数量。参见阮齐林：《中国刑法各罪论》，中国政法大学出版社2016年版，第459页。

② 此规定的适用前提是实行犯与共犯均构成犯罪，并承担刑事责任、在刑事诉讼程序上均受到处理。参见黎宏：《刑法学各论》（第2版），法律出版社2016年版，第369页。

△(**共同犯罪;直接或者间接提供资金;提供费用结算服务;情节严重;情节特别严重**)明知是淫秽网站,以牟利为目的,通过投放广告等方式向其直接或者间接提供资金,或者提供费用结算服务,具有下列情形之一的,对直接负责的主管人员和其他直接责任人员,依照刑法第三百六十三条第一款的规定,以制作、复制、出版、贩卖、传播淫秽物品牟利罪的共同犯罪处罚:

(一)向十个以上淫秽网站投放广告或者以其他方式提供资金的;

(二)向淫秽网站投放广告二十条以上的;

(三)向十个以上淫秽网站提供费用结算服务的;

(四)以投放广告或者其他方式向淫秽网站提供资金数额在五万元以上的;

(五)为淫秽网站提供费用结算服务,收取服务费数额在二万元以上的;

(六)造成严重后果的。

实施前款规定的行为,数量或者数额达到前款第(一)项至第(五)项规定标准五倍以上的,应当认定为刑法第三百六十三条第一款规定的"情节严重";达到规定标准二十五倍以上的,应当认定为"情节特别严重"。(§ 7)

△(**明知**)实施第四条至第七条规定的行为,具有下列情形之一的,应当认定行为人"明知",但是有证据证明确实不知道的除外:

(一)行政主管机关书面告知后仍然实施上述行为的;

(二)接到举报后不履行法定管理职责的;

(三)为淫秽网站提供互联网接入、服务器托管、网络存储空间、通讯传输通道、代收费、费用结算等服务,收取服务费明显高于市场价格的;

(四)向淫秽网站投放广告,广告点击率明显异常的;

(五)其他能够认定行为人明知的情形。(§ 8)

△(**累计计算数量或者数额**)一年内多次实施制作、复制、出版、贩卖、传播淫秽电子信息行为未经处理,数量或者数额累计计算构成犯罪的,应当依法定罪处罚。(§ 9)

△(**罚金数额;没收财产**)对于以牟利为目的,实施制作、复制、出版、贩卖、传播淫秽电子信息犯罪的,人民法院应当综合考虑犯罪的违法所得、社会危害性等情节,依法判处罚金或者没收财产。罚金数额一般在违法所得的一倍以上五倍以下。(§ 11)

△(**网站;淫秽网站**)《最高人民法院、最高人民检察院关于办理利用互联网、移动通讯终端、声讯台制作、复制、出版、贩卖、传播淫秽电子信息刑事案件具体应用法律若干问题的解释》和本解释所称网站,是指可以通过互联网域名、IP 地址等方式访问的内容提供站点。

以制作、复制、出版、贩卖、传播淫秽电子信息为目的建立或者建立后主要从事制作、复制、出版、贩卖、传播淫秽电子信息活动的网站,为淫秽网站。[①](§ 12)

《最高人民法院、最高人民检察院关于利用网络云盘制作、复制、贩卖、传播淫秽电子信息牟利行为定罪量刑问题的批复》(法释〔2017〕19 号,自 2017 年 12 月 1 日起施行)

△(**网络云盘;淫秽电子信息**)对于以牟利为目的,利用网络云盘制作、复制、贩卖、传播淫秽电子信息的行为,是否应当追究刑事责任,适用刑法和《最高人民法院、最高人民检察院关于办理利用互联网、移动通讯终端、声讯台制作、复制、出版、贩卖、传播淫秽电子信息刑事案件具体应用法律若干问题的解释》(法释〔2004〕11 号)、《最高人民法院、最高人民检察院关于办理利用互联网、移动通讯终端、声讯台制作、复制、出版、贩卖、传播淫秽电子信息刑事案件具体应用法律若干问题的解释(二)》(法释〔2010〕3 号)的有关规定。(§ 1)

△(**罪责刑相适应;传播范围、违法所得等情节;综合评估**)对于以牟利为目的,利用网络云盘制作、复制、贩卖、传播淫秽电子信息的行为,在追究刑事责任时,鉴于网络云盘的特点,不应单纯考虑制作、复制、贩卖、传播淫秽电子信息的数量,还应充分考虑传播范围、违法所得、行为人一贯表现以及淫秽电子信息、传播对象是否涉及未成年人等情节,综合评估社会危害性,恰当裁量刑罚,确保罪责刑相适应。(§ 2)

【司法解释性文件】

《最高人民法院、最高人民检察院、公安部关于依法开展打击淫秽色情网站专项行动有关工作的通知》(公通字〔2004〕53 号,2004 年 7 月 16 日

① 我国学者指出,链接淫秽网站与单个淫秽网站相比具有更大的社会危害性。从传播淫秽物品牟利罪的社会危害性着眼,对于此类链接淫秽网站,应当分别计算网站的数量。实践中,广告投放者为了更好地达成促销产品的目的,也通常在多个链接淫秽网站上同时投放广告。因此,对于投放广告的链接淫秽网站的数量,也应当分别予以计算。参见黎宏:《刑法学各论》(第 2 版),法律出版社 2016 年版,第 485 页。

公布)

△(**打击淫秽色情网站;没收犯罪工具、追缴违法所得;没收财产、罚金等财产刑**)在专项行动中,要严格按照《刑法》、全国人民代表大会常务委员会《关于维护互联网安全的决定》和有关司法解释的规定,严格依法办案,正确把握罪与非罪的界限,保证办案质量。对于利用互联网从事犯罪活动的,应当根据其具体实施的行为,分别以制作、复制、出版、贩卖、传播淫秽物品牟利罪、传播淫秽物品罪、组织播放淫秽音像制品罪及刑法规定的其他有关罪名,依法追究刑事责任。对于违反国家规定,擅自设立互联网上网服务营业场所,或者擅自从事互联网上网服务经营活动,情节严重,构成犯罪的,以非法经营罪追究刑事责任。对于建立淫秽网站、网页,提供涉及未成年人淫秽信息、利用青少年教育网络从事淫秽色情活动以及顶风作案、罪行严重的犯罪分子,要坚决依法从重打击,严禁以罚代刑。要充分运用没收犯罪工具、追缴违法所得等措施,以及没收财产、罚金等财产刑,加大对犯罪分子的经济制裁力度,坚决铲除淫秽色情网站的生存基础,彻底剥夺犯罪分子非法获利和再次犯罪的资本。

《最高人民检察院、公安部关于公安机关管辖的刑事案件立案追诉标准的规定(一)》(公通字〔2008〕36号,2008年6月25日公布)

△(**制作、复制、出版、贩卖、传播淫秽物品牟利罪;利用互联网、移动通讯终端;立案追诉标准;利用聊天室、论坛、即时通信软件、电子邮件等方式;通过声讯台传播淫秽语音信息;明知他人用于出版淫秽书刊而提供书号、刊号**)以牟利为目的,制作、复制、出版、贩卖、传播淫秽物品,涉嫌下列情形之一的,应予立案追诉:

(一)制作、复制、出版淫秽影碟、软件、录像带五十至一百张(盒)以上,淫秽音碟、录音带一百至二百张(盒)以上,淫秽扑克、书刊、画册一百至二百副(册)以上,淫秽照片、画片五百至一千张以上的;

(二)贩卖淫秽影碟、软件、录像带一百至二百张(盒)以上,淫秽音碟、录音带二百至四百张(盒)以上,淫秽扑克、书刊、画册二百至四百副(册)以上,淫秽照片、画片一千至二千张以上的;

(三)向他人传播淫秽物品达二百至五百人次以上,或者组织播放淫秽影、像达十至二十场次以上的;

(四)制作、复制、出版、贩卖、传播淫秽物品,获利五千至一万元以上的。

以牟利为目的,利用互联网、移动通讯终端制作、复制、出版、贩卖、传播淫秽电子信息,涉嫌下列情形之一的,应予立案追诉:

(一)制作、复制、出版、贩卖、传播淫秽电影、表演、动画等视频文件二十个以上的;

(二)制作、复制、出版、贩卖、传播淫秽音频文件一百个以上的;

(三)制作、复制、出版、贩卖、传播淫秽电子刊物、图片、文章、短信息等二百件以上的;

(四)制作、复制、出版、贩卖、传播的淫秽电子信息,实际被点击数达到一万次以上的;

(五)以会员制方式出版、贩卖、传播淫秽电子信息,注册会员达二百人以上的;

(六)利用淫秽电子信息收取广告费、会员注册费或者其他费用,违法所得一万元以上的;

(七)数量或者数额虽未达到本款第(一)项至第(六)项规定标准,但分别达到其中两项以上标准的百分之五十以上的;

(八)造成严重后果的。

利用聊天室、论坛、即时通信软件、电子邮件等方式,实施本条第二款规定行为的,应予立案追诉。

以牟利为目的,通过声讯台传播淫秽语音信息,涉嫌下列情形之一的,应予立案追诉:

(一)向一百人次以上传播的;

(二)违法所得一万元以上的;

(三)造成严重后果的。

明知他人用于出版淫秽书刊而提供书号、刊号的,应予立案追诉。(§82)

△(**为他人提供书号出版淫秽书刊罪;立案追诉标准**)为他人提供书号、刊号出版淫秽书刊,或者为他人提供版号出版淫秽音像制品的,应予立案追诉。(§83)

【附属刑法】

《全国人民代表大会常务委员会关于维护互联网安全的决定》(2000年12月28日通过,2009年8月27日修正)

三、为了维护社会主义市场经济秩序和社会管理秩序,对有下列行为之一,构成犯罪的,依照刑法有关规定追究刑事责任:

(一)利用互联网销售伪劣产品或者对商品、服务作虚假宣传;

(二)利用互联网损害他人商业信誉和商品声誉;

(三)利用互联网侵犯他人知识产权;

(四)利用互联网编造并传播影响证券、期货交易或者其他扰乱金融秩序的虚假信息;

(五)在互联网上建立淫秽网站、网页,提供淫秽站点链接服务，或者传播淫秽书刊、影片、音像、图片。

【指导性案例】

最高人民检察院指导性案例第 139 号：钱某制作、贩卖、传播淫秽物品牟利案（2021 年 2 月 21 日发布）

△**（制作、贩卖、传播淫秽物品牟利；私密空间行为；偷拍；淫秽物品）**自然人在私密空间的日常生活属于民法典保护的隐私。行为人以牟利为目的，偷拍他人性行为并制作成视频文件，以贩卖、传播方式予以公开，不仅侵犯他人隐私，而且该偷拍视频公开后具有描绘性行为、宣扬色情的客观属性，符合刑法关于"淫秽物品"的规定，构成犯罪的，应当以制作、贩卖、传播淫秽物品牟利罪追究刑事责任。以牟利为目的提供互联网链接，使他人可以通过偷拍设备实时观看或者下载视频文件的，属于该罪的"贩卖、传播"行为。检察机关办理涉及偷拍他人隐私的刑事案件时，应当根据犯罪的主客观方面依法适用不同罪名追究刑事责任。

【参考案例】

△**贩卖淫秽物品又销售非法出版物的，应当以贩卖淫秽物品牟利罪和非法经营罪实行并罚。**

被告人既贩卖淫秽光碟 3119 张，又销售盗版光碟 8000 余张，事实上实施了两个行为，触犯了两个罪名，并且两个罪名之间不存在牵连关系，也不存在逻辑上的从属或交叉关系，因此，不成立牵连犯或法条竞合，应当数罪并罚。［No. 6-9-363(1)-1　武景明等贩卖淫秽物品牟利、非法经营案］

△**在互联网上刊载淫秽图片、小说、电影的，应以传播淫秽物品罪论处。**

随着计算机技术的发展和网络技术的应用，以网络系统为工具犯罪的出现，淫秽物品的传播行为也呈现出新的特点：一些不法分子出于各种目的，在互联网上建立淫秽网站、网页，提供淫秽站点链接服务，在网上提供淫秽色情信息、淫秽色情行业中介服务、发布淫秽色情广告或者在互联网上刊载淫秽小说、书刊、影片、音像制品、图片等。

就本案而言，对何肃黄、杨柯在互联网上刊载淫秽图片、小说、电影行为的定性，关键在于查明色情网站中的淫秽内容的整个形成过程。从查明的犯罪事实来看，何肃黄、杨柯是在互联网上利用网络服务提供者的免费个人空间设置色情网站，并实施有关淫秽物品犯罪行为的。其中，网络服务提供者，是指利用自己掌握的网络技术和硬件设施为各类开放性网络（主要指国际互联网）提供信息传播中介服务的经营者。网络服务提供者类别众多，但大体上可归纳为网上信息经营者和上网服务商。网上信息经营者包括专业网站和综合网站，分别提供商品、专项交易的服务或者信息等。上网服务商则指为用户上网提供电话线等连接服务的经营者。

网站设置免费个人空间，向网络用户提供服务器空间，其功能在于给网络用户提供一种能够及时传输或接受信息的通道。在提供个人专业、网上论坛等个人网络空间的服务方式下，网络服务商仅仅给自己的用户提供了一个网络空间，由用户自行上载信息，发表言论，网络服务商并不为其提供信息，也不对用户上载的信息进行编辑和筛选。因此，色情网站刊载的淫秽物品内容必须经过网络用户的制作或复制。至于淫秽物品的最初来源，既可能是网络用户自己制作的，如自行编写淫秽小说，也可能是网络用户从别的色情网站中下载、剪贴、编辑、加工、复制而来的。本案被告人何肃黄、杨柯在国际互联网上利用申请的免费主页空间，分别在商丘、武汉、安阳等信息港和国外服务器上建立色情网站 6 个，刊载了淫秽图片 7200 余幅、小说 94 篇、小电影 2 部，以便众多的网络用户来访问，实质上是刑法意义上的传播淫秽物品的行为。［No. 6-9-363(1)-3　何肃黄等传播淫秽物品牟利案］

△**以赚取广告收入为目的，在互联网上刊载淫秽物品的，应以传播淫秽物品牟利罪论处。**

从我国互联网的发展现状来看，用户访问网站和网页一般是不支付费用的，网站、网页经营者的主要收入来自于国内外公司支付的广告费用，而广告的多少、广告费用的高低又取决于用户对该网站、网页的访问量。因此，一些网站、网页的经营者为了获取广告收入，采用各种方法以吸引用户，增加访问人数，从而赚取广告收入。也就是说，网站、网页经营者的广告收入，实际上就是其经营所获得的利润。被告人何肃黄、杨柯以获取广告收入为目的，在互联网上刊载淫秽物品吸引网民、增加访问人数的行为，应当认定为以牟利为目的传播淫秽物品。河南省商丘市梁园区人民法院根据本案的具体情况，以传播淫秽物品牟利罪判处被告人何肃黄有期徒刑三年，缓刑四年，并处罚金人民币 1 万元；判处被告人杨柯有期徒刑三年，缓刑四年，并处罚金人民币 1 万元，是适当的。［No. 6-9-363(1)-4　何肃黄等传播淫秽物品牟利案］

△**通过网络视频聊天进行裸聊，具有淫秽物品的本质属性即淫秽性，以牟利为目的的与多人**

进行网络视频裸聊的行为，应以传播淫秽物品牟利罪论处。

所谓网络裸聊，是指用户通过专门的网络视频聊天工具，脸部外的其他身体部位全部裸露在摄像头下，并以大胆的文字和动作通过网络视频传给聊天对象的聊天方式。根据网络裸聊指向对象的不同，网络裸聊可分为点对点的裸聊、点对面的裸聊。前者是指两个特定个体之间通过网络聊天室进行的不具有公开性的裸聊；后者则是参与一方为特定的个体，另一方为不特定或多数个体。对上述网络裸聊行为，能否以传播淫秽物品罪定罪处罚，首先要考察这种行为是否具有淫秽性，其次还要求符合传播的特征，将淫秽信息广泛扩散。

同其他淫秽物品一样，网络裸聊行为所传递的信息具有强烈的淫秽性。淫秽性是淫秽物品的本质属性。对于淫秽物品的认定，应当坚持发展的观点。随着科技的发展，材料的更新，淫秽信息本身以及淫秽信息的载体均在不断变化。在这种情况下，刑法应当根据保护法益的本质及时进行调整。事实上，我国刑事立法文件、司法解释也在根据社会的发展变化，不断地对淫秽物品的认定范围进行相应调整，在一定程度上拓宽了淫秽物品的外延，有效地应对了淫秽物品犯罪的实际需要，充分发挥了刑法对于社会善良风俗的保护功能。随着电子网络技术的发展，作为淫秽信息载体的淫秽物品再次发生了重大变化，即不再具有直观的形。《最高人民法院、最高人民检察院关于办理利用互联网、移动通讯终端、声讯台制作、复制、出版、贩卖、传播淫秽电子信息刑事案件具体应用法律若干问题的解释》将淫秽物品的外延扩大了，包括具体描绘性行为或露骨宣扬色情的淫秽性视频文件、音频文件、电子刊物、图片、文章、短信息等互联网、移动通信终端电子信息和声讯台语音信息。

尽管淫秽信息与淫秽信息载体存在区别，但对法益造成侵害的是淫秽信息本身，而不是信息载体，因此刑法对信息载体的形式要求在不断淡化，淫秽信息载体的外延在不断扩大，从有形载体扩大到现在的无形载体。然而由网络视频聊天的技术特性所决定，视频信息往往以动态的视频流形式存在，并不附着于静态的文件载体之上。对淫秽信息载体的要求，难以应对此类电子淫秽信息带来的危害。事实上，随着电子技术的发展，信息对现实生活的作用可以无须借助载体直接进行。在此情况下，不应纠缠于信息有无载体这个问题，而应重点关注信息内容本身是否具有淫秽性。网络裸聊完全具备淫秽物品的基本属性，能够成为传播淫秽物品的犯罪对象。

传播淫秽物品犯罪行为符合传播的特点，将淫秽信息广为扩散，从而影响公众对于性的感情，具有严重的社会危害性。传播是指散布或使他人可以得到或获取，具有一定范围的公然性，必须使不特定多数人能够使用。在这个意义上，点对点式裸聊的特点在于私密性，不能视为传播行为，但在点对面式裸聊则使人类的各种性行为公开化，违背了人类的性羞耻感，严重侵害了社会风尚中的善良性风尚和性道德，构成传播行为。[No. 6-9-363(1)-5　方惠茹传播淫秽物品牟利案]

△编写添加淫秽色情内容的手机网站建站程序并贩卖的，属于制作、贩卖淫秽物品，应以制作、贩卖淫秽物品牟利罪论处。

由于淫秽物品的形式从传统的书籍、录音录像等实体形式发展出多种音频、视频文件及其他电子信息的形式，制作行为的范围也越来越广泛。在理解制作淫秽物品时，应把握其内涵。

制作淫秽物品本质上具有两个特点：一是行为的过程具有创作性，行为人将自己的观念、情感、思想通过构思、取舍、选择、安排、设计在淫秽物品中表现出来；二是行为的结果是淫秽物品的产生，行为人通过创作性的行为产生了有形的淫秽物品，淫秽的内容必须有一定的载体，否则就无法认定淫秽物品的客观存在。随着淫秽物品内容的扩大，视频文件、音频文件、电子刊物、图片、文章、短信息等淫秽信息的出现，互联网、手机 WAP 网等同样可以作为表现淫秽物品的一种形式。

被告人唐小明编写了建站程序，并向该程序内添加了淫秽色情小说。唐小明编写建站程序的行为本身并不具有可罚性，该程序只是提供了能够生成网页的工具，但其向该程序内添加淫秽色情小说，行为实质是改变了淫秽小说的内容载体，使该小说能够以网页的形式显示，通过手机网站传播，故其行为属于制作淫秽物品。唐小明制作淫秽物品后，最终目的是通过该程序牟利，以不同价格将该程序出售给多人的行为是贩卖行为，其针对同一添加有淫秽内容的建站程序实施了制作、贩卖行为。故应依法对其以制作、贩卖淫秽物品牟利罪定罪处罚。[No. 6-9-363(1)-6　唐小明制作、贩卖淫秽物品牟利案]

△以牟利为目的复制淫秽物品，应以复制、贩卖淫秽物品牟利罪论处。

《刑法》第三百六十三条第一款规定的制作、复制、出版、贩卖、传播淫秽物品牟利罪为选择性罪名，选择性罪名都为一罪，将两个行为并列并不会加重行为人的罪责，应将体现被告人行为特点的罪名在法律文书中予以引用，根据被告人的行为确定具体罪名。

被告人陈乔华通过向顾客手机存储卡内复制淫秽视频,赚取了30元钱,实施了复制、贩卖两种行为,定复制、贩卖淫秽物品牟利罪可以准确地体现出被告人的行为特征,故应以复制、贩卖淫秽物品牟利罪对被告人定罪量刑。[No. 6-9-363(1)-7 陈乔华复制、贩卖淫秽物品牟利案]

△通过手机存储卡复制淫秽物品的,其犯罪数量标准应适用《最高人民法院关于审理非法出版物刑事案件具体应用法律若干问题的解释》;存储于被告人电脑内的淫秽物品,推定为属于准备向他人复制淫秽物品的一部分,应计入复制、贩卖淫秽物品牟利罪的犯罪数量。

《最高人民法院、最高人民检察院关于办理利用互联网、移动通讯终端、声讯台制作、复制、出版、贩卖、传播淫秽电子信息刑事案件具体应用法律若干问题的解释》,只适用于通过互联网、移动通讯终端、声讯台实施的淫秽物品犯罪。手机虽然属于移动通讯终端,但本案被告人陈乔华并未利用手机的通讯功能,而是利用手机的附属设备手机存储卡的存储功能,采用复制方式出版淫秽物品,所以本案被告人的行为方式,更贴近于《最高人民法院关于审理非法出版物刑事案件具体应用法律若干问题的解释》规定的复制以实物为载体的淫秽物品的行为。

《最高人民法院、最高人民检察院关于办理利用互联网、移动通讯终端、声讯台制作、复制、出版、贩卖、传播淫秽电子信息刑事案件具体应用法律若干问题的解释》制定的目的是为依法惩治利用互联网、移动通讯终端制作、复制、出版、贩卖、传播淫秽物品、通过声讯台传播淫秽语音信息等犯罪活动,打击的对象系通过公共网络传播淫秽信息的行为人,该类犯罪具有传播的广泛性、迅速性、传播对象的不特定性等特征。因此,《最高人民法院、最高人民检察院关于办理利用互联网、移动通讯终端、声讯台制作、复制、出版、贩卖、传播淫秽电子信息刑事案件具体应用法律若干问题的解释》规定了较低的定罪量刑数额起点,增加了打击力度。

从本案复制淫秽物品牟利的数量、传播对象、危害后果等来看,适用《最高人民法院关于审理非法出版物刑事案件具体应用法律若干问题的解释》有利于实现罪刑相适应,因此,应根据《最高人民法院关于审理非法出版物刑事案件具体应用法律若干问题的解释》的规定定罪量刑。

被告人作为手机网点经营者,其电脑并不是放在私人场所,而是置于营业场所中,其电脑中储存的淫秽视频文件是为了以复制的方式牟取利润,可推定为属于准备向他人复制淫秽物品的一部分。实践中,手机存储卡的容量有限,实际复制的淫秽视频文件并不多,只以抓获复制在手机存储卡中的视频文件数量来量刑,而不将电脑中储存的不计入犯罪数量,将放纵犯罪,不能更好地运用刑法规制此类行为,也不能体现罪刑相适应原则。在量刑时,除被告人向他人手机存储卡内复制的淫秽视频文件数量外,电脑中储存的也应计入犯罪数量。[No. 6-9-363(1)-8 陈乔华复制、贩卖淫秽物品牟利案]

△指向淫秽电子信息的链接应按照淫秽物品处理,以牟利为目的通过互联网贩卖淫秽视频链接的,应以贩卖淫秽物品牟利罪论处。

指向淫秽电子信息的链接本身不是淫秽物品,只是一种指向淫秽物品的介质,但根据相关法律、司法解释的精神,应当按照淫秽物品处理。

根据我国《刑法》第三百六十七条第一款的规定,具体描绘性行为或者露骨宣扬色情,并具有诲淫性,是判断是否属于淫秽物品的法定标准。该标准不以淫秽物品的载体形式如何而有所区别,无论载体形式是实物还是电子化的,只要符合该法定标准,就属于淫秽物品。

指向淫秽电子信息的链接通过互联网、移动通讯终端直接指向淫秽电子信息,任何人只要点击有关链接,就可以浏览、下载相应的淫秽电子信息,因此,提供淫秽电子信息的链接与提供淫秽电子信息没有本质的区别。

《最高人民法院、最高人民检察院关于办理利用互联网、移动通讯终端、声讯台制作、复制、出版、贩卖、传播淫秽电子信息刑事案件具体应用法律若干问题的解释》第四条中对提供指向淫秽电子信息的链接作了专门规定。根据这一规定,明知是淫秽电子信息而在自己所有、管理或使用的网站或网页上提供直接链接的,其数量标准根据所链接的淫秽电子信息的种类计算。根据该司法解释,只要借助互联网提供指向淫秽电子信息的直接链接,就可以适用该解释。该条规定既考虑了可以有力打击提供直接指向淫秽电子信息的链接的犯罪行为,又规定必须具备明知是指向淫秽电子信息的链接的主观要件,从而防止打击的扩大化。由此可见,指向淫秽电子信息的链接,已被该解释纳入制作、复制、传播、出版、贩卖、传播淫秽电子信息的犯罪对象范围内,因此指向淫秽电子信息的链接应按淫秽物品处理。

被告人李志雷贩卖的是指向淫秽视频的链接,应按淫秽物品处理。该种形式的贩卖较以往淫秽物品的贩卖方式具有一定的隐蔽性和新颖性。其行为虽然是面向特定人销售压缩的淫秽视频链接,传播范围有限,但仍具有很大的社会危害性。体现在,每次销售的压缩文件中包含上百条淫秽视频链接,淫秽视频链接指向的不只是一个淫秽视频文件,有可能是淫秽网站,只要点击进入就能下载更多的淫秽视频及其他淫秽文件。虽然购买人群特定,但买家有可能将文件再传给他人,传播的对象就扩大为不特定人群,所造成的社会危害性远超过传统形式的贩卖淫秽物品。[No. 6-9-363(1)-9　李志雷贩卖淫秽物品牟利案]

△贩卖淫秽视频链接的数量,应以其贩卖的压缩文件数计算。

淫秽电子信息犯罪不同于传统的以实物为载体的淫秽物品犯罪,它具有包含淫秽信息量大,对象人群不特定等特点,其行为方式和造成的社会危害都更严重,但考虑到淫秽电子信息更易复制,涉及数量一般都很大,如果按照传统的数量和情节标准把握,则会出现打击过重,罪责刑不相适应的情况,所以在数量和情节严重程度的把握上相比传统淫秽物品犯罪,应从宽处理。本案涉及利用互联网贩卖指向淫秽视频的链接,不宜适用原有关淫秽物品犯罪的标准追究刑事责任,应适用符合淫秽电子信息犯罪特点的标准追究刑事责任,应按照前述解释第一条、第二条及第四条的规定定罪量刑。

被告人李志雷通过互联网向他人贩卖内含淫秽色情视频链接的压缩文件共计 326 个,从其电脑里查获的用于销售的压缩文件发现 1130 条视频链接,根据前述解释的规定,淫秽视频文件构罪标准为 20 个以上,情节严重的标准为 100 个以上,情节特别严重的标准为 500 个以上。

被告人贩卖淫秽视频的准确数量应以其贩卖的链接指向的淫秽视频的数量来计算,但本案链接指向包含部分淫秽网站,指向种类复杂,难以界定,无法按照具体种类的数量标准计算。被告人李志雷每次贩卖均以压缩文件为最小单位,压缩文件中所提供的链接,仅供购买了该压缩文件的买家或其周围人使用,与公开在网站、网页上提供的指向淫秽电子信息的链接相比,传播范围窄,传播速度慢,影响力小,社会危害性也较轻。若按同种方式计算数量,量刑上明显不均衡。考虑被告人实际获利较少,从有利于被告人的角度出发,宜以其贩卖的压缩文件数来认定。[No. 6-9-363(1)-10　李志雷贩卖淫秽物品牟利案]

△以牟利为目的向淫秽网站投放广告,应以传播淫秽物品牟利罪论处。

不法分子利用淫秽网站投放广告销售产品,向淫秽网站直接或间接提供资金,变相资助淫秽网站的运营,助长了淫秽网站的扩张和蔓延,具有较大的社会危害性。

根据《最高人民法院、最高人民检察院关于办理利用互联网、移动通讯终端、声讯台制作、复制、出版、贩卖、传播淫秽电子信息刑事案件具体应用法律若干问题的解释(二)》第七条的规定,明知是淫秽网站,以牟利为目的,通过投放广告等方式向其直接或间接提供资金,或者提供费用结算服务,符合特定情形的,应以制作、复制、出版、贩卖、传播淫秽物品牟利罪的共同犯罪处罚。

在认定向淫秽网站投放广告成立制作、复制、出版、贩卖、传播淫秽物品牟利罪时,应注意:

1. 行为人投放广告的网站必须是淫秽网站,对于淫秽网站的认定,必须要有网站的截图和具体内容,并经过专门鉴定机构依照法定程序进行鉴定。

2. 行为人必须明知自己投放广告的网站为淫秽网站,行为人的明知可以结合以下几方面的因素认定:首先网站标题及内容本身显示淫秽性,对于一些淫秽网站,普通人基于自己的知识水平和社会经验就可以判断网站内容具有淫秽性,而假借医学、教育和研究之名传播淫秽电子信息的淫秽网站,则需要结合案件实际情况审慎确定广告投放者是否明知该网站为淫秽网站。其次,广告投放者的资质及广告内容本身。最后,广告投放者与淫秽网站管理者的聊天记录等证据。明知涉及行为人的主观认知状态,除行为人的供述之外,还应当结合全案其他相关证据作出准确的认定。

被告人戚本厚向多家淫秽网站投放过广告,其中一些网站的视频、图片和文章明显具有淫秽性。戚本厚并没有销售成人性用品的经营许可证,无法通过正式途径发布广告,只能通过淫秽网站投放广告,借此逃避有关部门监管。戚本厚与各淫秽网站的聊天记录也证明其了解上述淫秽网站的淫秽性。

3. 行为人必须有以牟利为目的向淫秽网站投放广告的行为。首先,广告是商品经营者或服务提供者承担费用、通过一定媒介和形式直接或间接地介绍自己所推销或所提供的服务的商业广告。只要行为人是以牟利为目的在淫秽网站上投放宣传广告促销产品,无论广告的形式为何都不影响广告的认定。其次,行为人须以牟利为目的投放广告,是否具有该目的,可以通过广告的性质、广告投放的范围、广告费用以及最终的收益等情况加以认定。最后,行为人向淫秽网站投放广告的行为尤其是与淫秽网站进行资金结算的行为,必须有相应的证据予以证实。

被告人戚本厚所投放的是其所经营的爱芝林成人用品网站的广告,其目的在于促进成人性用品的销售。戚本厚与淫秽网站的站长合作,将自己经营的爱芝林成人用品网站的成人性用品广告链接到淫秽网站上，该事实有淫秽网站及在淫秽网站上投放的爱芝林成人用品网站广告截图予以证实，戚本厚与淫秽网站商定在淫秽网站投放广告及广告非结算事宜的事实，有网站聊天记录予以证实。被告人戚本厚明知是淫秽网站，仍然以非法销售成人性用品牟利为目的，在33个淫秽网站上投放广告，向淫秽网站提供资金并提供该资金结算，其行为应认定为传播淫秽物品牟利罪。[No.6-9-363(1)-11　魏大巍、戚本厚传播淫秽物品牟利案]

△在淫秽网站投放广告构成传播淫秽物品牟利罪的，投放广告的淫秽网站数量应单独计算。

根据《最高人民法院、最高人民检察院关于办理利用互联网、移动通讯终端、声讯台制作、复制、出版、贩卖、传播淫秽电子信息刑事案件具体应用法律若干问题的解释(二)》第十二条的规定，每一个独立的内容提供站点均为一个网站，对于符合该条规定的内容提供站点，如果所涉及内容被鉴定具有淫秽性，就应当被视为一个独立的淫秽网站。

建立者为同一人或同一伙人、网站后台程序相同、相互之间建立链接、发布完全相同或大致相同的淫秽网站，由于其网站域名不同，可以通过不同的域名登录淫秽网站，更加有利于淫秽电子信息在网络上的传播，同时由于链接淫秽网站的数量成倍增加，网站的点击率也随之成倍增加，淫秽网站牟取的非法利益也相应增加。从传播淫秽物品牟利罪的社会危害性着眼，应当分别计算网站的数量。

被告人戚本厚为了在淫秽网站投放广告来非法销售产品，向多个淫秽网站投放广告，并向投放广告的淫秽网站支付费用，并提供资金结算，从中牟取非法利益。戚本厚所投放广告的部分淫秽网站为链接淫秽网站，每个域名下的网站内容一样，后台程序相同，网站建设者是同一个人，但考虑到此类犯罪的社会危害性，应当分别计算此类链接网站的数量，并在此基础上分别计算戚本厚投放广告的淫秽网站的数量。[No.6-9-363(1)-12　魏大巍、戚本厚传播淫秽物品牟利案]

△通过互联网、移动通讯终端实施的淫秽电子信息犯罪，构成制作、复制、出版、贩卖、传播淫秽物品牟利罪，并根据其具体行为方式确定具体罪名。

根据《最高人民法院、最高人民检察院关于办理利用互联网、移动通讯终端、声讯台制作、复制、出版、贩卖、传播淫秽电子信息刑事案件具体应用法律若干问题的解释》第一条第一款的规定，以牟利为目的，利用互联网、移动通讯终端制作、复制、出版、贩卖、传播淫秽电子信息的行为，应当适用《刑法》第三百六十三条第一款规定。

该解释所规定的通过互联网、移动通讯终端进行的制作、复制、出版、贩卖、传播行为，相对于传统的淫秽电子信息犯罪具有特殊性。其中，"制作"主要指录制、摄制、加工、分拆、改编、压缩等产生新的淫秽电子信息的行为。"复制"主要指通过复制、下载、转存等方式将原已存在的淫秽电子信息制作成一份或多份的行为，原有淫秽电子信息在内容和形式上都未发生改变。"出版"主要指将淫秽电子作品编辑、加工后，通过复制向公众发行的行为，多表现为将选择、编辑加工好的作品登载在互联网上或通过互联网发送到用户端，供公众浏览、下载或使用的在线传播行为。"贩卖"主要指通过互联网有偿转让淫秽电子信息，以获取物质利益。"传播"主要指通过在互联网上建立淫秽网站、网页等方式使淫秽电子信息让不特定或多数人感知到，以扩大淫秽电子信息的影响范围。实践中，绝大多数利用互联网、移动通讯终端实施的淫秽电子信息犯罪都采用了传播、制作、复制、出版、贩卖、传播等不同方式。

被告人张方耀在其网站上提供淫秽视频、图片文件，吸收包月会员和影币会员，并采取收费或点击广告获取其网站影币的下载方式，使其网站的淫秽视频、图片供被下载浏览7万多次。张方耀传播淫秽电子信息的行为特征明显，其复制淫秽视频、图片的行为，是实现传播牟利的手段或途径，应被传播行为所吸收，其主观具有牟利目的，客观上也实际取得了非法利益，故认定被告人犯传播淫秽物品牟利罪正确。[No.6-9-363(1)-13　张方耀传播淫秽物品牟利案]

△淫秽电子信息相关犯罪应当以实际点击数作为定罪量刑的标准。

《最高人民法院、最高人民检察院关于办理利用互联网、移动通讯终端、声讯台制作、复制、出版、贩卖、传播淫秽电子信息刑事案件具体应用法律若干问题的解释》首次提出了点击数这一概念，并明确可以以点击数作为定罪量刑的标准。近年来，随着用手机上网的人越来越多以及网络传播淫秽电子信息犯罪的猖獗，实践中需要用点击数甚至单用点击数对被告人定罪量刑的案件越来越多。司法解释以点击数作为定罪量刑标准，是因为点击数类似于传统介质淫秽物品的传播人次，能客观反映淫秽物品的传播范围，体现对社会的危害程度，因此，以点击数作为定罪量刑标准是合理的。只是考虑到电子信息和传统介质在传播上的差异，在技术处理上应当有所变化。

1. 对于电子信息点击数的规定应考虑电子信息传播时的实际情况而高于传统介质淫秽物品的传播人次。根据《最高人民法院关于审理非法出版物刑事案件具体应用法律若干问题的解释》第八条第一款第(三)项的规定,以牟利为目的,向他人传播淫秽物品达 200 至 500 人次以上的,就构成制作、复制、出版、贩卖、传播淫秽物品牟利罪。而前述解释对点击数的规定却为 1 万次,是传统介质的 20 至 50 倍,已经考虑了网络传播中常见的无效点击、重复点击等情况。此外,以牟利为目的地传播淫秽电子信息,一般是为了借淫秽电子信息的被点击数提高页面的知名度,借以赚取广告费、会员费等,传播者对点击数本身有积极追求的目的,点击数越高,其所牟取的利益越大,现在许多网站也以点击广告为获取淫秽电子信息的条件,所以牟利多少与点击数密切相关。因此在传播淫秽物品牟利罪中,不考虑上传淫秽电子信息的数量,单考虑点击数是合理的。

2. 在实践中点击数确有很多不正常的、虚置的情况,应当以实际被点击数为标准计算。

在计算实际被点击数时主要需要考虑的是排除人为设置的虚假计数、网站自点击数、有证据证实的无效点击数以及因为手机上网的特性导致的对同一电子文件设置的重复计数,从而得出实际被点击数。对于其他需要排除的计算方式,必须有必要和充分的证据证实才能排除,实践中这种排除的范围不能过大。

在实践中,通常是通过网站服务器的访问日志来统计淫秽电子信息的数量,但这一数字只代表淫秽电子信息的内容请求数,并不代表实际的点击数。此外,还需要区分普通网站和 WAP 网站,二者因为技术不同,在计算时稍有差异。在手机上网时,应先得出一个基本的请求数测算值,比如需要多次点击页面才能完成同一电子信息的阅读时,如果有证据显示这是该篇电子信息的本身设置,则可采纳有利于被告人的证据,在计算请求数时按照设置倍数相应下调。在本案中,已采用了这种多图折页的算法,认为由于点击一个页面产生的图片请求是集中发送的,所以在 60 秒内所有的由同一移动终端设备通过同一 IP 地址向服务器发送的图片请求数可以被界定为由一次页面点击产生,先将图的请求数转化为页的请求数,再计算实际点击数。

所计算的实际点击数应当指成功有效的点击数,对于无效链接和不成功的访问所产生的点击数,如果有证据证明并且能够区分,应当予以扣除。这种无效访问必须有证据证实,不能以网页访问成功率推算可能存在的无效访问数。页面最低访问成功率只是一个下限,实际成功访问率可能远远超过该比率,故不能依照最低页面访问成功率作为排除不成功点击数的依据。

对于一人多次点击而产生的点击数,除前述手机上网因屏幕小而普遍产生的阅读一篇电子信息需多次点击外,其他的因为个人需要而产生的多次点击数不应当扣除。首先因为前述解释在设置点击数为 1 万次的时候已经考虑了网络特性,从而高配了点击数。其次,实践中,除了恶意点击等特殊情况,一般是不会有很多人反复观看同一淫秽电子信息的。最后,同一人的反复多次点击在手机上网的情况下尚容易固定,而在普通网站则无法固定。如果有确实、充分的证据证实有人恶意点击,造成点击数非正常大量提高,则应当按照实际情况,对恶意点击数予以排除。[No. 6-9-363(1)-14　罗刚等传播淫秽物品牟利案]

△以牟利为目的,设立淫秽网站制作、复制、出版、贩卖、传播淫秽电子信息的,应以传播淫秽物品牟利罪论处。

根据《最高人民法院、最高人民检察院关于办理利用互联网、移动通讯终端、声讯台制作、复制、出版、贩卖、传播淫秽电子信息刑事案件具体应用法律若干问题的解释》第一条的规定,"以牟利为目的,利用互联网、移动通讯终端制作、复制、出版、贩卖、传播淫秽电子信息,具有下列情形之一的,依照刑法第三百六十三条第一款的规定,以制作、复制、出版、贩卖、传播淫秽物品牟利罪定罪处罚"。

《最高人民法院、最高人民检察院关于办理利用互联网、移动通讯终端、声讯台制作、复制、出版、贩卖、传播淫秽电子信息刑事案件具体应用法律若干问题的解释(二)》第十二条第二款对于淫秽网站作出了进一步规定,即以制作、复制、出版、贩卖、传播淫秽电子信息为目的建立或者建立后主要从事制作、复制、出版、贩卖、传播淫秽电子信息活动的网站,为淫秽网站。对于淫秽网站的认定应当结合其建立的目的以及建立后主要从事的活动加以认定。设立淫秽网站的行为,包括编写网站所需程序,网站设立后的维护、更新,上传淫秽信息至网站等一系列内容。设立淫秽网站,目的在于通过传播淫秽电子信息牟利,应以传播淫秽物品牟利罪定罪处罚。

被告人陈锦鹏设立网站的目的便是通过传播淫秽电子信息牟利,且网站设立后即以传播此类信息为活动内容,所设网站系淫秽网站。陈锦鹏采用被告人张波 A 编写的新程序软件更改域名,雇用被告人陆进祥从其他色情网站上下载色情图片、小说等上传至该网站,雇用张波 B 为该网站进行维护、更新,其设立网站的行为及搜集淫秽图片上传至所设立网站的行为,构成传播淫秽物品牟利罪。编写程序、维护网站的行为均系淫秽网站得以设立、维持所必需,系传播淫秽物品牟利罪的共同犯罪行为,因此张波A、张波B均因故意传播淫秽物品牟利罪被定罪处罚。陆进祥直接收集淫秽信息上传至该网站,也是直接实施传播淫秽信息的行为,应以传播淫秽物品牟利罪定罪处罚。[No. 6-9-363(1)-15 陈锦鹏等传播淫秽物品牟利案]

△明知是淫秽网站而为其提供服务器接入的,属于传播淫秽信息的帮助行为,应以传播淫秽物品牟利罪的共犯论处。

《最高人民法院、最高人民检察院关于办理利用互联网、移动通讯终端、声讯台制作、复制、出版、贩卖、传播淫秽电子信息刑事案件具体应用法律若干问题的解释》第七条规定:"明知他人实施制作、复制、出版、贩卖、传播淫秽电子信息犯罪,为其提供互联网接入、服务器托管、网络存储空间、通讯传输通道、费用结算等帮助的,对直接负责的主管人员和其他直接责任人员,以共同犯罪论处。"在以共同犯罪论处的情况下,帮助者的行为是否构成犯罪及其处罚,一般应以对直接实施实行行为的实行犯定罪处罚为前提,但这种帮助行为对直接的传播行为毕竟有所不同,因此在《最高人民法院、最高人民检察院关于办理利用互联网、移动通讯终端、声讯台制作、复制、出版、贩卖、传播淫秽电子信息刑事案件具体应用法律若干问题的解释(二)》第六条对此种行为规定了单独的定罪量刑标准:"电信业务经营者、互联网信息服务提供者明知是淫秽网站,为其提供互联网接入、服务器托管、网络存储空间、通讯传输通道、代收费等服务,并收取服务费,具有下列情形之一的,对直接负责的主管人员和其他直接责任人员,依照刑法第三百六十三条第一款的规定,以传播淫秽物品牟利罪定罪处罚:(一)为五个以上淫秽网站提供上述服务的;(二)为淫秽网站提供互联网接入、服务器托管、网络存储空间、通讯传输通道等服务,收取服务费数额在二万元以上的;(三)为淫秽网站提供代收费服务,收取服务费数额在五万元以上的;(四)造成严重后果的。"[No. 6-9-363(1)-16 陈锦鹏等传播淫秽物品牟利案]

△明知是淫秽网站而租用广告位及为淫秽网站提供资金的,应以传播淫秽物品牟利罪的共犯论处。

为淫秽网站提供资金的行为虽与直接的传播行为有所区别,但实际上是制作、复制、出版、贩卖、传播淫秽信息的帮助行为,是淫秽网站牟利的重要途径。《最高人民法院、最高人民检察院关于办理利用互联网、移动通讯终端、声讯台制作、复制、出版、贩卖、传播淫秽电子信息刑事案件具体应用法律若干问题的解释(二)》第七条对此助攻行为规定了独立的定罪量刑标准:"明知是淫秽网站,以牟利为目的,通过投放广告等方式向其直接或者间接提供资金,或者提供费用结算服务,具有下列情形之一的,对直接负责的主管人员和其他直接责任人员,依照刑法第三百六十三条第一款的规定,以制作、复制、出版、贩卖、传播淫秽物品牟利罪的共同犯罪处罚:(一)向十个以上淫秽网站投放广告或者以其他方式提供资金的;(二)向淫秽网站投放广告二十条以上的;(三)向十个以上淫秽网站提供费用结算服务的;(四)以投放广告或者其他方式向淫秽网站提供资金数额在五万元以上的;(五)为淫秽网站提供费用结算服务,收取服务费数额在二万元以上的;(六)造成严重后果的。"在本案中,陈秉荣虽然另案处理,但其租用陈锦鹏所设淫秽网站的广告位并向其支付费用,该行为亦构成传播淫秽物品牟利罪的共同犯罪,应以传播淫秽物品牟利罪定罪处罚。[No. 6-9-363(1)-17 陈锦鹏等传播淫秽物品牟利案]

△淫秽电子信息属于淫秽物品,以牟利为目的传播淫秽电子信息的,应以传播淫秽物品牟利罪论处。

从文义的角度看,物品一词具有广泛的含义,在当前的社会环境下,信息已成为社会生活中客观存在的物品,淫秽电子信息完全具备传播淫秽物品的特点,只是表现形式不同。即使是淫秽书刊这样的典型淫秽物品,也是以其传递的信息影响社会的。把淫秽电子信息排除在淫秽物品之外,是受制于生活观念中对物品的固有认识,没有充分考虑社会发展变化对语词含义的影响。对此,《全国人民代表大会常务委员会关于维护互联网安全的决定》规定,在互联网上建立淫秽网站、网页,提供淫秽站点链接服务,或者传播淫秽书刊、影片、音像、图片,构成犯罪的,依照《刑法》有关规定追究刑事责任,该规定为将淫秽电子信息解释为淫秽物品提供了法律依据。《最高人民法院、最高人民检察院关于办理利用互联网、移动通讯终端、声讯台制作、复制、出版、贩卖、传播淫秽电子信息刑事案件具体应用法律若干问题的解释》规定,利用互联网、移动通讯终端制作、复制、出版、贩卖、传播淫秽电子信息,达到一定程度的,以制作、复制、出版、贩卖、传播淫秽物品牟利罪定罪处罚。

被告单位以营利为目的,利用移动通讯终端

向手机上网用户传播淫秽电子图片100余件,被点击数近8万次,依法可以认定为传播淫秽物品牟利罪;被告人谢斐、张敬作为单位负直接责任的主管人员和直接责任人员,同样构成传播淫秽物品牟利罪,应依法追究刑事责任。[No. 6-9-363(1)-18　北京掌中时尚科技有限公司等传播淫秽物品牟利案]

△明知他人以牟利为目的创建淫秽网站、传播淫秽物品,仍申请成为网站管理人员,对淫秽网站进行管理、编辑和维护的行为,应当以传播淫秽物品牟利罪的帮助犯定罪处罚。

实践中,对淫秽物品的认定应重在对实质内容的把握。具体描绘性行为或者露骨宣扬色情的淫秽电子信息当然属于淫秽物品。对于淫秽网站的认定要从网站建立目的与建立后从事的主要活动进行把握。本案中,被告人陈继明创建了"开心休闲论坛"网站,系网站的建立者,其通过发展会员的方式传播淫秽电子信息,后通过收取色情场所广告费的方式牟利。在从该网站所提取的431张图片、5篇文章中,经鉴定,有344张图片、5篇文章属淫秽物品。因此,陈继明以牟利为目的,建立淫秽网站,以会员制方式传播淫秽电子信息,符合传播淫秽物品牟利罪的主客观要件。

按照共同犯罪人的作用不同,共犯可以分为主犯、从犯、胁从犯、教唆犯。根据《刑法》第二十七条的规定,在共同犯罪中起次要或辅助作用的,是从犯。所谓辅助所用,按照主流观点的理解,是指为犯罪分子实行犯罪创造条件。辅助可表现为有形的帮助,如提供工具、排除障碍等;也可表现为无形的帮助,如指点实施犯罪的时机、协助制订计划等。刑法上的起辅助作用的从犯,一般是指帮助犯。被告人史迎庆、盛家志明知陈继明创建淫秽网站从中收取广告费牟利,为了获得权限以便浏览更多的淫秽信息,从"开心休闲论坛"网站普通的注册会员申请成为管理人员。二被告人共同对该网站进行管理、编辑和维护,对网站中描绘嫖娼过程过于简单的帖子或没有上传色情图片的帖子进行删除,而对详细描绘整个嫖娼过程并上传色情图片的帖子进行加分和回复。二被告人虽然主观上意识到其管理、编辑行为必然会吸引更多的网民进行点击和浏览,大大提升网站的"人气",对陈继明利用网站牟利的行为起到积极帮助作用,但是仍积极申请成为网站管理人员,对淫秽网站进行管理、编辑和维护。同时,陈继明也明知史迎庆、盛家志的管理行为对其行为会起到帮助作用,而接受二被告人的申请,同意其参加网站管理、编辑和维护。可见,史迎庆、盛家志与陈继明属于共同犯罪,史迎庆、盛家志的行为完全符合帮助犯的构成要件。[No. 6-9-363(1)-19　陈继明等传播淫秽物品牟利案]

△行为人以牟利为目的,低价购入淫秽物品,但尚未取得货物即被抓获的,构成贩卖淫秽物品牟利罪未遂。

贩卖淫秽物品牟利罪中的"贩卖"本义是一种市场交易行为,通常是指出于牟利目的以低价购进淫秽物品再以高价卖出的行为,但也包括有偿转让淫秽物品的行为。立足该类犯罪的发案特点和常见情形,以下四种行为均应认定为贩卖淫秽物品牟利罪中的"贩卖行为":一是为牟利欲低价购进、高价出售,在购买时被查获的行为;二是为牟利低价购进后,正在进行出售(代售)被查获的行为;三是为牟利低价购进后,已出售并获利的行为;四是不能查明系低价购进,但确为牟利正在出售(代售)或已出售并获利的行为。对于上述不同类型的贩卖行为,是否认定既遂,应当考察行为所处的阶段(或者程度),不能一概以行为着手作为认定既遂的标准。例如,对于前述第一种情形,虽然为牟利而购买淫秽物品的行为也妨害了社会管理秩序,依法已经构成犯罪,但是不能认定行为人只要购买淫秽物品就成立犯罪既遂,通常还要求行为人实际取得所购买的淫秽物品,毕竟"购买型"犯罪与"出售型"犯罪的社会危害存在一定差异。被告人张正亮曾与卖家联系,此次由伍海琼与卖家联系好发货,货到后张正亮去货运站办理提货手续,尚未取到货物时即被抓获。尽管张正亮已经着手实施购买行为,既有购买的主观意思,又有购买、付款、取货的行为,但由于其尚未验货和取到货物,犯罪行为未达到既遂状态。[No. 6-9-363(1)-20　张正亮贩卖淫秽物品牟利案]

第三百六十四条　【传播淫秽物品罪】【组织播放淫秽音像制品罪】

传播淫秽的书刊、影片、音像、图片或者其他淫秽物品，情节严重的，处二年以下有期徒刑、拘役或者管制。

组织播放淫秽的电影、录像等音像制品的，处三年以下有期徒刑、拘役或者管制，并处罚金；情节严重的，处三年以上十年以下有期徒刑，并处罚金。

制作、复制淫秽的电影、录像等音像制品组织播放的，依照第二款的规定从重处罚。

向不满十八周岁的未成年人传播淫秽物品的，从重处罚。

【立法理由】

1. 1979 年之后至 1997 年刑法修订前的立法情况。淫秽物品是危害人类文明，破坏良好社会风尚，侵害人们尤其是青少年身心健康的污染源。淫秽物品的制作、传播行为，历来是为国家所严厉禁止的，不仅与社会主义精神文明建设背道而驰，极大破坏人们的道德情操、伦理价值观念，而且也会成为许多犯罪的诱因，尤其是对涉世不深、认识能力和辨别能力较弱的青少年有更大的危害。因此，传播淫秽物品的行为严重扰乱了国家对文化市场的正常管理秩序，危害广大人民群众特别是青少年的身心健康，必须坚持予以打击。1990 年《全国人民代表大会常务委员会关于惩治走私、制作、贩卖、传播淫秽物品的犯罪分子的决定》增加了本条规定。主要是考虑到，除了该决定第二条规定的以牟利为目的传播淫秽物品的行为属于犯罪，不是出于牟利的目的，传播淫秽物品的行为，同样也会造成淫秽物品在社会上扩散，也具有较大的社会危害性，对其中情节严重的，如传播淫秽物品的数量大的，传播人数众多的等，也有必要追究刑事责任。由于淫秽物品的载体不同，其造成的传播范围、对公众思想毒害的程度也有一定的区别，比如组织播放淫秽电影、录像等音像制品，以及制作、复制淫秽的电影、录像等音像制品的行为，比起一般的传播淫秽书刊等行为，社会危害性要严重得多，因此规定了相对较重的刑罚。

2. 1997 年修订刑法的情况。1997 年修订刑法时，对本条作了进一步修改完善：一是考虑到传播不一定限于在社会上，也不一定限于不特定人员，只要在一定范围内散布，即使针对特定的人员，也是传播行为，因此删去了“在社会上”这一传播范围的限定条件。二是除了录音带、录像带外，淫秽物品还可能通过其他音像方式进行传播，因此将“录像带、录音带”修改为“音像制品”，这样可以把幻灯片、激光唱盘等包括进去。随着科技的发展，以后出现其他新形式的音像制品，也包括在内。三是增加了管制刑的适用。四是删去“情节较轻的，由公安机关依照治安管理处罚条例的有关规定处罚”和“不满十六岁的未成年人传抄、传看淫秽的图片、书刊或者其他淫秽物品的，家长、学校应当加强管教”的规定。这些规定，属于治安管理和未成年人保护的内容，不属于刑事法律规定的范畴，在治安管理有关法律法规和未成年人保护法等法律中也有规定。

【条文说明】

本条是关于传播淫秽物品罪、组织播放淫秽音像制品罪及其处罚的规定。

本条共分为四款。

第一款是关于传播淫秽物品罪的规定。根据本款规定，构成本罪应当具备以下条件：

1. 行为人实施了传播淫秽物品的行为。这里所说的“**传播**”是指在公共场所或者公众之中进行传播，主要是指通过播放、发表、传阅、出借、出租、展示、赠送、讲解、邮寄以及利用互联网等方式散布、流传淫秽物品的行为。传播是在一定范围内进行的，被传播的内容往往从一点向多点放射性扩散，由一人或少数人知悉转而为更大范围的人群知悉，这种传播行为可以是在公共场合公开进行，也可以是在私下进行，如果只是私下里自己观看，则不属于传播。[①]

2. 行为人传播的是淫秽物品，即传播淫秽的图书、报纸、刊物、画册、图片、影片、录像带、录音带、激光唱盘、激光视盘、载有淫秽内容的文化娱乐品等淫秽物品。传播的内容既可以是淫秽物品中的淫秽内容，也可以是包含有淫秽内容的淫秽物品这个载体。

---

① 我国学者指出，为了传播而运输、携带淫秽物品的行为，同样构成传播淫秽物品罪。参见王作富主编：《刑法分则实务研究（下）》（第 5 版），中国方正出版社 2013 年版，第 1527 页。另有学者指出，这些行为充其量只是传播淫秽物品罪的预备行为，不宜以犯罪论处。参见张明楷：《刑法学》（第 6 版），法律出版社 2021 年版，第 1543 页。

3. **必须达到“情节严重”才构成本罪**，“情节严重”是区分罪与非罪的界限。这里所说的“情节严重”，主要是指多次、经常性地在社会上传播淫秽物品；所传播的淫秽物品数量较大；或者虽然传播淫秽物品数量不大、次数不多，但被传播对象人数众多；造成的后果严重等。根据《最高人民法院关于审理非法出版物刑事案件具体应用法律若干问题的解释》第十条规定，向他人传播淫秽的书刊、影片、音像、图片等出版物达三百至六百人次以上或者造成恶劣社会影响的，属于“**情节严重**”。《最高人民法院、最高人民检察院关于办理利用互联网、移动通讯终端、声讯台制作、复制、出版、贩卖、传播淫秽电子信息刑事案件具体应用法律若干问题的解释(二)》第三条规定：“利用互联网建立主要用于传播淫秽电子信息的群组，成员达三十人以上或者造成严重后果的，对建立者、管理者和主要传播者，依照刑法第三百六十四条第一款的规定，以传播淫秽物品罪定罪处罚。”

根据本款规定，传播淫秽的书刊、影片、音像、图片或者其他淫秽物品，情节严重的，处二年以下有期徒刑、拘役或者管制。

第二款是关于组织播放淫秽音像制品罪的规定。根据本款规定，构成本罪应当具备以下条件：

1. 本罪规定的是组织犯，主要是惩治“组织播放”者，**构成本罪的主体一般仅限于那些组织、策划、指挥播放和亲自操作播放的人员**，对于向个别人播放或者仅仅参与观看等行为，则不构成本罪，不能按本款规定处罚，这是区分罪与非罪的界限。

2. **行为人实施了组织播放淫秽的电影、录像等音像制品的行为**。这里所说的“**组织播放**”，是指召集多人或者在互联网上播放淫秽电影、录像等音像制品的行为。播放淫秽音像制品，实质上也是一种传播淫秽物品的方式，鉴于这种行为在传播淫秽物品的各项活动中比较突出，且危害也比较严重，为了明确这种行为的法律责任，以利于打击这种犯罪活动，本款将这种行为规定为一个独立的罪名。这里所说的“**音像制品**”，除了淫秽的电影、录像外，还包括淫秽的幻灯片、录音带、激光唱片、激光视盘、网络音视频等。

本款对组织播放淫秽的音像制品的犯罪行为，根据不同情节，分别规定了**两个处罚档次**：犯本罪的，处三年以下有期徒刑、拘役或者管制，并处罚金。根据《最高人民法院关于审理非法出版物刑事案件具体应用法律若干问题的解释》第十条第二款的规定，组织播放淫秽的电影、录像等音像制品达十五至三十场次以上或者造成恶劣社会影响的，依照本条第二款的规定，以组织播放淫秽音像制品罪定罪处罚。对情节严重的，处三年以上十年以下有期徒刑，并处罚金。

第三款是关于对制作、复制淫秽的音像制品，又组织播放的从重处罚的规定。

根据本款规定，行为人既实施了制作、复制淫秽的电影、录像等音像制品的行为，又实施了组织播放淫秽的电影、录像等音像制品的行为，**应当按照组织播放音像制品罪的规定从重处罚**。“从重”是指根据行为人所犯的罪行的具体情节在本条第二款规定的相应的量刑幅度内判处较重的刑罚。

第四款是关于向不满十八周岁的未成年人传播淫秽物品从重处罚的规定。

未成年人是需要在法律上进行特殊保护的群体，由于未成年人的认识能力受到年龄的限制，对淫秽物品的性质和危害性往往缺乏正确的认识，向未成年人传播淫秽物品，会导致未成年人形成错误的世界观、人生观，甚至诱发未成年人实施违法犯罪行为，社会危害更为严重，因此，对引诱、教唆未成年人犯罪以及对未成年人实施犯罪行为的，必须予以严厉打击，这是立法和司法实践中一贯坚持的。因此，本款规定，**向不满十八周岁的未成年人传播淫秽物品的，从重处罚**。这与国际上的做法也是衔接的。

实际执行中应当注意以下两个方面的问题：

1. **如何区分传播淫秽物品罪与传播淫秽物品牟利罪**。这两个罪的行为人都实施了传播淫秽物品的行为，但两罪还是存在区别的：一是主观目的不同。行为人传播淫秽物品不是以牟利为目的的，则构成传播淫秽物品罪。如果行为人“以牟利为目的”实施传播淫秽物品的行为，则构成传播淫秽物品牟利罪，依照本法第三百六十三条的规定定罪处罚。二是情节要求不同。只有“情节严重的”传播淫秽物品的行为，才能构成传播淫秽物品罪；而本法第三百六十三条规定的传播淫秽物品牟利罪，并未要求达到情节严重，情节严重只是第二档刑罚的条件。

2. **如何区分组织播放淫秽音像制品罪与传播淫秽物品罪**。组织播放淫秽音像制品实质上也是传播淫秽物品的一种形式，只是因为其具有更严重的社会危害性，所以单独规定为犯罪。两罪之间的主要区别：一是传播的内容不同。组织播放淫秽音像制品罪是直接播放淫秽的内容；而传播淫秽物品罪既可以是传播淫秽的内容也可以是传播含有淫秽内容的载体。二是客观方面表现不同。组织播放淫秽音像制品罪必须有召集多人观看、收听的行为；而传播淫秽物品罪并没有这一要求，如果行为人在公开的场合自己观看，没有组织他人，导致他人围观，也有可能构成传播淫秽物品罪。三是情节要求不同。传播淫秽物品罪必须要达到“情节严重的”条件才构成犯罪；而组织播放淫秽音像制品罪没有这一限制，情节严重只是作为第二档刑罚的条件。

【司法解释】

《最高人民法院关于审理非法出版物刑事案件具体应用法律若干问题的解释》（法释〔1998〕30号，自1998年12月23日起施行）

△（**情节严重；传播淫秽物品罪；组织播放淫秽音像制品罪**）向他人传播淫秽的书刊、影片、音像、图片等出版物达三百至六百人次以上或者造成恶劣社会影响的，属于“情节严重”，依照刑法第三百六十四条第一款的规定，以传播淫秽物品罪定罪处罚。

组织播放淫秽的电影、录像等音像制品达十五至三十场次以上或者造成恶劣社会影响的，依照刑法第三百六十四条第二款的规定，以组织播放淫秽音像制品罪定罪处罚。（§ 10）

△（**事前通谋；共犯**）出版单位与他人事前通谋，向其出售、出租或者以其他形式转让该出版单位的名称、书号、刊号、版号，他人实施本解释第二条、第四条、第八条、第九条、第十条、第十一条规定的行为，构成犯罪的，对该出版单位应当以共犯论处。（§ 16）

△（**具体数额、数量标准**）各省、自治区、直辖市高级人民法院可以根据本地的情况和社会治安状况，在本解释第八条、第十条、第十二条、第十三条规定的有关数额、数量标准的幅度内，确定本地执行的具体标准，并报最高人民法院备案。（§ 18）

《最高人民法院、最高人民检察院关于办理利用互联网、移动通讯终端、声讯台制作、复制、出版、贩卖、传播淫秽电子信息刑事案件具体应用法律若干问题的解释》（法释〔2004〕11号，自2004年9月6日起施行）

△（**利用互联网或者移动通讯终端；传播淫秽电子信息；利用聊天室、论坛、即时通信软件、电子邮件等方式**）不以牟利为目的，利用互联网或者移动通讯终端传播淫秽电子信息，具有下列情形之一的，依照刑法第三百六十四条第一款的规定，以传播淫秽物品罪定罪处罚：

（一）数量达到第一条第一款第（一）项至第（五）项规定标准①二倍以上的；

（二）数量分别达到第一条第一款第（一）项至第（五）项两项以上标准的；

（三）造成严重后果的。

利用聊天室、论坛、即时通信软件、电子邮件等方式，实施第一款规定行为的，依照刑法第三百六十四条第一款的规定，以传播淫秽物品罪定罪处罚。（§ 3）

△（**从重处罚事由**）实施本解释前五条规定的犯罪，具有下列情形之一的，依照刑法第三百六十三条第一款、第三百六十四条第一款的规定从重处罚：

（一）制作、复制、出版、贩卖、传播具体描绘不满十八周岁未成年人性行为的淫秽电子信息的；

（二）明知是具体描绘不满十八周岁的未成年人性行为的淫秽电子信息而在自己所有、管理或者使用的网站或者网页上提供直接链接的；

（三）向不满十八周岁的未成年人贩卖、传播淫秽电子信息和语音信息的；

（四）通过使用破坏性程序、恶意代码修改用户计算机设置等方法，强制用户访问、下载淫秽电

---

① 《最高人民法院、最高人民检察院关于办理利用互联网、移动通讯终端、声讯台制作、复制、出版、贩卖、传播淫秽电子信息刑事案件具体应用法律若干问题的解释》（法释〔2004〕11号，自2004年9月6日起施行）

第一条

Ⅰ以牟利为目的，利用互联网、移动通讯终端制作、复制、出版、贩卖、传播淫秽电子信息，具有下列情形之一的，依照刑法第三百六十三条第一款的规定，以制作、复制、出版、贩卖、传播淫秽物品牟利罪定罪处罚：

（一）制作、复制、出版、贩卖、传播淫秽电影、表演、动画等视频文件二十个以上的；

（二）制作、复制、出版、贩卖、传播淫秽音频文件一百个以上的；

（三）制作、复制、出版、贩卖、传播淫秽电子刊物、图片、文章、短信息等二百件以上的；

（四）制作、复制、出版、贩卖、传播的淫秽电子信息，实际被点击数达到一万次以上的；

（五）以会员制方式出版、贩卖、传播淫秽电子信息，注册会员达二百人以上的；

（六）利用淫秽电子信息收取广告费、会员注册费或者其他费用，违法所得一万元以上的；

（七）数量或者数额虽未达到第（一）项至第（六）项规定标准，但分别达到其中两项以上标准一半以上的；

（八）造成严重后果的。

Ⅱ利用聊天室、论坛、即时通信软件、电子邮件等方式，实施第一款规定行为的，依照刑法第三百六十三条第一款的规定，以制作、复制、出版、贩卖、传播淫秽物品牟利罪定罪处罚。

子信息的。(§ 6)

《最高人民法院、最高人民检察院关于办理利用互联网、移动通讯终端、声讯台制作、复制、出版、贩卖、传播淫秽电子信息刑事案件具体应用法律若干问题的解释(二)》(法释〔2010〕3号,自2010年2月4日起施行)

△(**利用互联网、移动通讯终端;传播淫秽电子信息;内容含有不满十四周岁未成年人的淫秽电子信息**)利用互联网、移动通讯终端传播淫秽电子信息的,依照《最高人民法院、最高人民检察院关于办理利用互联网、移动通讯终端、声讯台制作、复制、出版、贩卖、传播淫秽电子信息刑事案件具体应用法律若干问题的解释》第三条的规定定罪处罚。

利用互联网、移动通讯终端传播内容含有不满十四周岁未成年人的淫秽电子信息,具有下列情形之一的,依照刑法第三百六十四条第一款的规定,以传播淫秽物品罪定罪处罚:

(一)数量达到第一条第二款第(一)项至第(五)项规定标准[①]二倍以上的;

(二)数量分别达到第一条第二款第(一)项至第(五)项两项以上标准的;

(三)造成严重后果的。(§ 2)

△(**主要用于传播淫秽电子信息的群组;建立者;管理者;主要传播者**)利用互联网建立主要用于传播淫秽电子信息的群组,成员达三十人以上或者造成严重后果的,对建立者、管理者和主要传播者,依照刑法第三百六十四条第一款的规定,以传播淫秽物品罪定罪处罚。[②](§ 3)

△(**网站建立者、直接负责的管理者**)网站建立者、直接负责的管理者明知他人制作、复制、出版、贩卖、传播的是淫秽电子信息,允许或者放任他人在自己所有、管理的网站或者网页上发布,具有下列情形之一的,依照刑法第三百六十四条第一款的规定,以传播淫秽物品罪定罪处罚:

(一)数量达到第一条第二款第(一)项至第(五)项规定标准十倍以上的;

(二)数量分别达到第一条第二款第(一)项至第(五)项两项以上标准五倍以上的;

(三)造成严重后果的。(§ 5)

△(**明知**)实施第四条至第七条规定的行为,具有下列情形之一的,应当认定行为人"明知",但是有证据证明确实不知道的除外:

(一)行政主管机关书面告知后仍然实施上述行为的;

(二)接到举报后不履行法定管理职责的;

(三)为淫秽网站提供互联网接入、服务器托管、网络存储空间、通讯传输通道、代收费、费用结算等服务,收取服务费明显高于市场价格的;

(四)向淫秽网站投放广告,广告点击率明显异常的;

(五)其他能够认定行为人明知的情形。(§ 8)

△(**累计计算数量或者数额**)一年内多次实

---

① 《最高人民法院、最高人民检察院关于办理利用互联网、移动通讯终端、声讯台制作、复制、出版、贩卖、传播淫秽电子信息刑事案件具体应用法律若干问题的解释(二)》(法释〔2010〕3号,自2010年2月4日起施行)

第一条

Ⅰ以牟利为目的,利用互联网、移动通讯终端制作、复制、出版、贩卖、传播淫秽电子信息的,依照《最高人民法院、最高人民检察院关于办理利用互联网、移动通讯终端、声讯台制作、复制、出版、贩卖、传播淫秽电子信息刑事案件具体应用法律若干问题的解释》第一条、第二条的规定定罪处罚。

Ⅱ以牟利为目的,利用互联网、移动通讯终端制作、复制、出版、贩卖、传播内容含有不满十四周岁未成年人的淫秽电子信息,具有下列情形之一的,依照刑法第三百六十三条第一款的规定,以制作、复制、出版、贩卖、传播淫秽物品牟利罪定罪处罚:

(一)制作、复制、出版、贩卖、传播淫秽电影、表演、动画等视频文件十个以上的;

(二)制作、复制、出版、贩卖、传播淫秽音频文件五十个以上的;

(三)制作、复制、出版、贩卖、传播淫秽电子刊物、图片、文章等一百件以上的;

(四)制作、复制、出版、贩卖、传播的淫秽电子信息,实际被点击数达到五千次以上的;

(五)以会员制方式出版、贩卖、传播淫秽电子信息,注册会员达一百人以上的;

……

Ⅲ实施第二款规定的行为,数量或者数额达到第二款第(一)项至第(七)项规定标准五倍以上的,应当认定为刑法第三百六十三条第一款规定的"情节严重";达到规定标准二十五倍以上的,应当认定为"情节特别严重"。

② 我国学者指出,本规定之所以不以传播电子信息的数量、点击量作为定罪量刑的标准,主要考虑到群组具有人员的封闭性和受众的特定性,在线聊天和传播淫秽电子信息时,如果不屏蔽信息,受众都可以接收。如果以传播电子信息的数量计算,从传播者的角度考虑过于放纵,从受众的角度考虑又过于严苛。参见阮齐林:《中国刑法各罪论》,中国政法大学出版社2016年版,第459—460页。

施制作、复制、出版、贩卖、传播淫秽电子信息行为未经处理,数量或者数额累计计算构成犯罪的,应当依法定罪处罚。(§9)

△(**罚金数额;没收财产**)对于以牟利为目的,实施制作、复制、出版、贩卖、传播淫秽电子信息犯罪的,人民法院应当综合考虑犯罪的违法所得、社会危害性等情节,依法判处罚金或者没收财产。罚金数额一般在违法所得的一倍以上五倍以下。(§11)

△(**网站;淫秽网站**)《最高人民法院、最高人民检察院关于办理利用互联网、移动通讯终端、声讯台制作、复制、出版、贩卖、传播淫秽电子信息刑事案件具体应用法律若干问题的解释》和本解释所称网站,是指可以通过互联网域名、IP 地址等方式访问的内容提供站点。

以制作、复制、出版、贩卖、传播淫秽电子信息为目的建立或者建立后主要从事制作、复制、出版、贩卖、传播淫秽电子信息活动的网站,为淫秽网站。(§12)

【司法解释性文件】

《公安部关于携带、藏匿淫秽VCD是否属于传播淫秽物品问题的批复》(公复字〔1998〕6号,1998年11月9日公布)

△(**携带、藏匿淫秽VCD;传播淫秽物品**)1990年7月6日最高人民法院、最高人民检察院《关于办理淫秽物品刑事案件具体应用法律的规定》,已于1994年8月29日被废止,不再执行。对于携带、藏匿淫秽VCD的行为,不能简单地视为"传播",而应注意广泛搜集证据,根据主客观相统一的原则,来判断是否构成"传播"行为。如果行为人主观上没有"传播"故意,只是为了自己观看,不能认定为"传播淫秽物品",但应当没收淫秽VCD,并对当事人进行必要的法制教育。此外,还应注意扩大线索,挖掘来源,及时查获有关违法犯罪活动。

《最高人民检察院、公安部关于公安机关管辖的刑事案件立案追诉标准的规定(一)》(公通字〔2008〕36号,2008年6月25日公布)

△(**传播淫秽物品罪;立案追诉标准;利用互联网、移动通讯终端;利用互联网、移动通讯终端;传播淫秽电子信息**)传播淫秽的书刊、影片、音像、图片或者其他淫秽物品,涉嫌下列情形之一的,应予立案追诉:

(一)向他人传播三百至六百人次以上的;

(二)造成恶劣社会影响的。

不以牟利为目的,利用互联网、移动通讯终端传播淫秽电子信息,涉嫌下列情形之一的,应予立案追诉:

(一)数量达到本规定第八十二条第二款第(一)项至第(五)项规定标准[①]二倍以上的;

(二)数量分别达到本规定第八十二条第二款第(一)项至第(五)项两项以上标准的;

(三)造成严重后果的。

利用聊天室、论坛、即时通信软件、电子邮件等方式,实施本条第二款规定行为的,应予立案追诉。(§84)

△(**组织播放淫秽音像制品罪;立案追诉标准**)组织播放淫秽的电影、录像等音像制品,涉嫌下列情形之一的,应予立案追诉:

(一)组织播放十五至三十场次以上的;

(二)造成恶劣社会影响的。(§85)

【参考案例】

△主要用于传播淫秽电子信息的群组,是指传播淫秽电子信息这一主题具备长期性和居于主导地位的网络群组;作为定罪量刑标准的群组成员数,应当以网络显示的成员数为准;群组的创建者、管理者应当对整个群的讨论内容和刊载信息

① 《最高人民检察院、公安部关于公安机关管辖的刑事案件立案追诉标准的规定(一)》(公通字〔2008〕36号,2008年6月25日公布)

第八十二条

Ⅱ以牟利为目的,利用互联网、移动通讯终端制作、复制、出版、贩卖、传播淫秽电子信息,涉嫌下列情形之一的,应予立案追诉:

(一)制作、复制、出版、贩卖、传播淫秽电影、表演、动画等视频文件二十个以上的;

(二)制作、复制、出版、贩卖、传播淫秽音频文件一百个以上的;

(三)制作、复制、出版、贩卖、传播淫秽电子刊物、图片、文章、短信息等二百件以上的;

(四)制作、复制、出版、贩卖、传播的淫秽电子信息,实际被点击数达到一万次以上的;

(五)以会员制方式出版、贩卖、传播淫秽电子信息,注册会员达二百人以上的;

(六)利用淫秽电子信息收取广告费、会员注册费或者其他费用,违法所得一万元以上的;

(七)数量或者数额虽未达到本款第(一)项至第(六)项规定标准,但分别达到其中两项以上标准的百分之五十以上的;

(八)造成严重后果的。

负责,主要传播者只要上传了淫秽电子信息,无论案发时是否仍是群组成员,均应依法予以定罪处罚。

1. 群组的设立要求主要用于传播淫秽电子信息,传播淫秽电子信息这一主题要求具备长期性和居于主导地位,如果该群组具备多个聊天主题,并不以淫秽话题、传播淫秽电子信息为主,或者虽在某一段时间内以淫秽话题、传播淫秽电子信息为主要内容,但后来又转移至其他主题,则必须综合判断,不能一概认定该群组的设立主要是用于传播淫秽电子信息。

被告人陈冰在创建该群时即抱有与他人共享淫秽视频的目的。其他被告人加入和充当管理员都是为了与他人共享淫秽信息并提高权限,群内成员还经常喊话要求群成员上传淫秽视频,据此可判定该群设立的目的即是主要用于传播淫秽电子信息。

2. 群组具有人员的封闭性和受众的特定性,在线聊天和传播淫秽电子信息时,如果不屏蔽消息,受众都可以接受,如果以传播电子信息的数量计算,从传播者的角度考虑过于放纵,从受众的角度考虑又太严苛。如在一个成员为 50 人的群组中,如果从受众的角度来计算,只需要传播者发 8 张图片,即可达到传播淫秽图片 400 件的要求,构成传播淫秽物品罪;而这不符合罪责刑相适应的原则,上述行为与在互联网发布可供普通上网用户查看的淫秽图片相比,前者的社会危害性不会更大,但处罚却更严厉。但是如果对传播者按照传播的实际图片数量计算,传播者必须上传 400 张图片才能构成犯罪,又会导致对此类行为打击不力。以成员数作为定罪的标准,符合群组的特性,也具有较强的可操作性。在本案中,被告人陈冰所建立的群组至案发时,已达到 300 余人,具有相当规模和社会危害性,应依法予以定罪处罚。

群组的成员数应当以网络显示为准,不需要找到现实生活中的人。要求在现实中找到这些人会涉及实际的取证困难,浪费司法资源,不具有可行性。重复注册数经查证属实可以扣除。但对于虽然注册但仅登录过几次的成员,不能在成员数中予以扣除。因为这些人案发时可能已虚置,但曾经在该群内获取并交流过淫秽信息,淫秽物品对其业已产生影响,且这些虚置的人随时可以"复活",只要再次登录该群,仍可获取先前该群已散播的淫秽物品信息,淫秽信息对其的潜在影响并没有消失。另一方面,群组犯罪的处罚对象是群的建立者、管理者和主要传播者,对群内一般成员并不处罚,建立者、管理者、主要传播者在传播淫秽物品时对群内成员人数是一种概括故意,不论成员是否在线、是否长期参与群组活动,均不影响其故意的成立。

3. 利用群组传播淫秽电子信息的处罚对象是群的建立者、管理者和主要传播者。群的创建者拥有群内的最高权限,可以决定群解散或恢复,还可以任命群内成员为管理员,使其行使管理群的责任。管理员与创建者基本具有相同的权限。群创建者、管理者与犯罪集团总的组织、领导者地位、作用类似,所以,即使群组的创建者、管理者本人不上传淫秽信息或不参与讨论淫秽话题,也应当对整个群的讨论内容和刊载信息负责。被告人陈冰作为创建者,被告人胡鹏作为管理者,虽然没有上传淫秽视频,但仍然应对其予以定罪处刑。主要传播者只要上传了淫秽电子信息,能够认定为主要传播者,不论案发时是否还为该群成员,其实际传播行为早已完成,恶劣影响也已产生,均应依法予以处罚。[No. 6-9-364(1)-1　胡鹏等传播淫秽物品案]

△网站版主明知是淫秽信息,而允许或放任该淫秽信息传播,涉及的淫秽电子信息数量达到司法解释规定的数量标准,应以传播淫秽物品罪论处;淫秽电子信息数量应以参与管理的版块、担任版主期间所涉及的数量为限。

普通网民利用网络传播淫秽电子信息的方式,主要是上传、下载、实时传送淫秽图片、视频、文字,或者创建淫秽电子信息的超链接。版主并非主动上传、发送淫秽电子信息的主体,而是具有对网站和论坛进行维护、管理的权限和职责,因此,其相对于论坛中的普通网民也具有更多的义务。他们享有特殊权限,能够接触到更广泛的资源,因此,他们可以通过对所管理网站、论坛、版块行使管理权限,为淫秽信息维护传播环境。具体表现为:明知所管理的网站、论坛、版块是淫秽网站、论坛、版块,仍从事管理工作,维护该淫秽网站、论坛、版块的正常运行;虽然其所管理的网站、论坛、版块并非专门的淫秽网站、论坛、版块,但其明知存在含有淫秽电子信息的主题帖,仍对该主题帖进行编辑、加工等操作,为淫秽信息的传播提供环境,鼓励淫秽信息上传者;明知所管理的网站、论坛、版块中存在淫秽电子信息,但对涉及淫秽信息的主题帖不予及时删除,对淫秽信息的传播持纵容、默许的态度。

被告人冷继超明知幼香阁网站是以传播淫秽信息为主要内容和目的的淫秽网站,仍担任该网站两个版块的版主,对版块进行管理,其行为符合构成传播淫秽物品罪的主客观要件。

应当注意的是,计算淫秽电子信息的数量应有一定的时间、空间限制。空间上,应以行为人参与管理的版块为限。由于版主的级别不同,所管理的版块层次也有所差别。对于最低层次的版主,其所涉及的淫秽电子信息数量自然只计算其所实际参与管理的版块;而对于较高层次的版主、总标准,应计算其直接管理的版块,也计算其通过监督下设子版主工作而间接参与管理的子版块的淫秽电子信息数量。实践上,应以行为人担任版主期间作为计算期间。既要计算行为人在此期间内由其本人上传和编辑的淫秽电子信息数量,也要计算在此期间虽然不是其主动上传和编辑,但因其采取默许态度而上传到其管理论坛中的淫秽电子信息。

被告人冷继超属于较低层次的版主,其直接管理幼男电影下载区、幼男图片上传区两个版块,没有下设子版块。这两个版块涉及的淫秽色情图片数量达到1233张,达到了司法解释所要求的标准。[No. 6-9-364(1)-2　冷继超传播淫秽物品案]

△将自己与他人的性行为视频上传至个人博客,使不特定多数人得以浏览,属于传播淫秽物品,应以传播淫秽物品罪论处。

个人博客是一种通常由个人管理,不定期张贴电子信息,并可被不特定人随意浏览的网页,浏览者也可对博客内容进行转载、传播。博客上面的内容虽然是个人发表,但并不仅仅是纯粹个人思想的表达和生活琐事的记录,而是私人性和公共性的有效结合,所提供的内容可用来交流。个人博客的网页,除非个人设定仅可本人浏览,否则面对不特定多数人,博客上的内容便具有传播可能性。博客主人将某一文件上传至博客的行为,本身便是一种传播行为。根据《最高人民法院、最高人民检察院关于办理利用互联网、移动通讯终端、声讯台制作、复制、出版、贩卖、传播淫秽电子信息刑事案件具体应用法律若干问题的解释》第三条的规定,不以牟利为目的,利用互联网或移动通讯终端传播淫秽电子信息,淫秽电子信息被点击量达到2万次以上,构成传播淫秽物品罪。

被告人宋文将其与高某某的性行为的视频片段上传至博客,并将网址告知他人,导致该网址在短时间内点击量超过3万次,在客观上造成了在不特定人群中传播的后果。即使宋文随后将视频删除,也只是既遂后的行为,不影响犯罪构成,仅可作为量刑情节考虑。这种将淫秽视频上传至博客供他人点击的传播行为是一种持续行为,当点击量达到规定的标准时,即构成犯罪既遂,在构成既遂后行为仍可继续下去,仍然只构成一罪。

在传播淫秽物品罪已既遂的情况下,宋文以删除该淫秽视频为要挟,要求被害人向其支付人民币30万元,其行为又构成敲诈勒索罪,应数罪并罚。[No. 6-9-364(1)-4　宋文传播淫秽物品、敲诈勒索案]

第三百六十五条　【组织淫秽表演罪】

组织进行淫秽表演的,处三年以下有期徒刑、拘役或者管制,并处罚金;情节严重的,处三年以上十年以下有期徒刑,并处罚金。

【立法理由】

(一)立法相关背景

随着人类文明的进步,性道德观念的逐渐形成,性的非公开化已经成为一项原则。实践中一些不法分子为了牟利或者其他目的,组织进行性交、脱衣舞等淫秽性的表演,这种淫秽表演活动败坏社会风气,违背人们正常的性道德观念,伤害了人们的羞耻心,有悖于人们在性生活方面的风俗传统,是一种妨害社会风化的行为,尤其是对青少年有着强烈的腐蚀作用,是引诱、教唆青少年违法犯罪的诱因之一,应当予以禁止。打击淫秽表演活动的组织者,对于维护社会治安,净化社会环境,保护人民的身心健康,促进社会主义精神文明建设,具有十分重要的意义。1990年《全国人民代表大会常务委员会关于惩治走私、制作、贩卖、传播淫秽物品的犯罪分子的决定》虽然没有直接规定组织淫秽表演罪,但该决定第四条规定,利用淫秽物品进行流氓犯罪的,依照《刑法》第一百六十条的规定处罚;流氓犯罪集团的首要分子,或者进行流氓犯罪活动危害特别严重的,依照《全国人民代表大会常务委员会关于严惩严重危害社会治安的犯罪分子的决定》第一条的规定,可以在刑法规定的最高刑以上处刑,直至判处死刑。根据这一规定,**淫秽表演行为可以构成流氓罪**。实际上间接规定了组织淫秽表演的犯罪。在1997年之前,实践中对这种行为,有的地方也是以流氓罪定罪处罚。**1997年修订刑法**时,对流氓罪进行了分解,考虑到这种行为有悖于我国的社会道德观念,具有一定的社会危害性,将其明确规定为犯罪是必要的。因此,刑法将组织进行淫秽表演的明确规定为犯罪。许多国家也有类似的规定。

(二)有关国家的规定

淫秽表演是一种妨害社会风化的行为,许多国家的刑法将淫秽表演行为规定为犯罪,并予以刑罚处罚。如《加拿大刑法典》规定,淫秽表演罪是指不法提供、实施、参与或准许提供、实施淫秽表演或猥亵游戏的犯罪行为。《德国刑法典》规定,以无线电传播淫秽表演者,以散布猥亵文书罪定罪。《意大利刑法典》规定,上演猥亵性质之公共戏剧、电影、歌咏或为猥亵性质之言词者构成妨害风化之发行、陈列罪。《巴西刑法典》规定,演出猥亵性质的戏剧或放映猥亵性质的电影或进行同一性质的任何演出的,属公开污辱贞节罪。《法国刑法典》规定的妨害善良风俗行为,其中包括故意使公众闻听淫秽表演的行为。美国刑法规定,上演或导演淫秽戏剧、舞蹈、演奏或参与这类表演构成有关淫秽物品的犯罪。

【条文说明】

本条是关于组织淫秽表演罪及其处罚的规定。

根据本条规定,构成组织淫秽表演罪,必须具备以下条件:

1. **犯罪主体是淫秽表演的组织者**,有些可能是专门从事淫秽表演的组织者,类似"穴头";有些是酒吧的老板,为招揽生意而组织淫秽表演。表演者不构成本罪,对表演者应采取教育和行政措施使其认识错误,以后从事正当劳动,对于构成违反治安管理的行为,依照治安管理处罚法的规定处罚。对于既是组织者又是表演者的,应按照组织者处理。对于明知他人组织淫秽表演,仍为其提供场所或者其他便利条件的,按照组织淫秽表演罪的共犯处理,应根据其在犯罪中的作用处罚。对于为组织淫秽表演活动卖票或者进行其他服务性活动的,应根据实际情况,区别对待,对于犯罪团伙、集团的成员应当按共犯处理,对于犯罪分子雇用的服务员,一般可不按照犯罪处理。

2. **行为人实施了组织淫秽表演的行为**。[①] 行为人所雇用的演员的多少以及观众的多少,一般并不影响本罪的构成,而应作为犯罪的情节考虑。实践中,这些淫秽表演大多是以牟利为目的,但也有个别情况不是以牟利为目的。不论是否以牟利为目的,均不影响本罪的构成。这里所说的"**淫秽表演**",是指关于性行为或者露骨宣扬色情的诲淫性的表演,如进行性交表演、手淫口淫表演、脱衣舞表演等。"**组织进行淫秽表演**",是指组织他人进行淫秽性的表演,既可以是公开进行的,也可以是在隐蔽情况下针对部分人进行的。其中"**组织**"是指策划表演过程,纠集、招募、雇用表演者,寻找、租用表演场地,招揽观众等组织演出的行为。组织的表现形式是多样的,是指在组织淫秽表演过程中起到纠集、组织、指挥、协调等作用,有的在组织淫秽表演过程中的各个环节都发挥组织作用,也有的只是在其中某一个或几个环节发挥作用,有的组织行为是独立进行的,有的组织行为则是受到总的组织者的指示。对于各种不同的情形,应当根据其具体作用作出不同认定,有的可以认定为"组织"的主犯,有的则可以认定为组织的帮助犯或从犯。《最高人民检察院、公安部关于公安机关管辖的刑事案件立案追诉标准的规定(一)》第八十六条规定:"以策划、招募、强迫、雇用、引诱、提供场地、提供资金等手段,组织进行淫秽表演,涉嫌下列情形之一的,**应予立案追诉**:(一)组织表演者进行裸体表演的;(二)组织表演者利用性器官进行诲淫性表演的;(三)组织表演者半裸体或者变相裸体表演并通过语言、动作具体描绘性行为的;(四)其他组织进行淫秽表演应予追究刑事责任的情形。"

根据本条规定,组织进行淫秽表演的,处三年以下有期徒刑、拘役或者管制,并处罚金;情节严重的,处三年以上十年以下有期徒刑,并处罚金。"**情节严重**"是指多次组织淫秽表演、造成非常恶劣影响,以暴力、胁迫的方式迫使他人进行淫秽表演以及犯罪集团的首要分子等。

实际执行中应当注意以下两个方面的问题:

1. 在聚众进行淫乱活动中,也经常出现由数人作性交表演,其他人观看的情况,这种表演属于聚众进行淫乱的一部分,对于这种行为,应按照本法第三百零一条**聚众淫乱罪**的规定来处理。对受雇从事淫秽表演的人员,观看淫秽表演者,可以视

---

① 陈家林教授将本条解释为"组织他人进行淫秽表演的行为"。参见高铭暄、马克昌主编:《刑法学》(第7版),北京大学出版社、高等教育出版社2016年版,第607页。另有学者指出,由于《刑法》第三百六十五条未规定"组织他人进行淫秽表演",故而,组织者本人是否直接进行淫秽表演,不影响本罪的成立。另外,虽然通常情形是组织"他人"进行淫秽表演,但也不排除组织人与动物一起进行淫秽表演,或者组织动物进行淫秽表演。如果在解释本条时加上"他人"二字,会导致人为地限缩本罪的处罚范围。参见张明楷:《刑法学》(第6版),法律出版社2021年版,第1544页。

情节予以治安管理处罚或者批评教育。[1]

2. 关于**淫秽色情网络直播行为**如何定性的问题。随着科技的发展与普及,人们获取信息、传播信息的途径不断增多,社交方式在网络环境下也多种多样。网络直播是在互联网、移动通讯不断普及下产生的一种新兴社交方式,在我国得到迅速发展,由于网络直播可以获得观众的财物打赏或者其他礼物,产生巨大利益,一些不法分子利用直播进行色情表演,有的直播裸体、洗澡等行为,有的直播性行为。对于利用网络直播软件和直播平台进行淫秽色情直播的行为如何定罪,实践中存在不同认识,有的认为属于制作、传播淫秽物品的犯罪,有的认为属于组织淫秽表演的犯罪。网络直播行为不能一概而论,要根据案件的具体情况,分别以制作、传播淫秽物品牟利罪,传播淫秽物品罪,组织播放淫秽音像制品罪,组织淫秽表演罪定罪处罚。

【司法解释性文件】

《最高人民检察院、公安部关于公安机关管辖的刑事案件立案追诉标准的规定(一)》(公通字〔2008〕36号,2008年6月25日公布)

△(**组织淫秽表演罪;立案追诉标准**)以策划、招募、强迫、雇用、引诱、提供场地、提供资金等手段,组织进行淫秽表演,涉嫌下列情形之一的,应予立案追诉:

(一)组织表演者进行裸体表演的;

(二)组织表演者利用性器官进行诲淫性表演的;

(三)组织表演者半裸体或者变相裸体表演并通过语言、动作具体描绘性行为的;

(四)其他组织进行淫秽表演应予追究刑事责任的情形。(§ 86)

【参考案例】

△通过网络视频组织淫秽表演的,应以组织淫秽表演罪论处。[2]

《刑法》第三百六十五条规定的组织淫秽表演罪,追究的是淫秽表演组织者的刑事责任。该罪的客观方面包括两个核心要素:一是组织行为,包括但不限于策划表演过程,招募、管理表演者,提供表演场地和设备等行为。二是淫秽表演行为,包括但不限于性交、手淫、口淫、诲淫性的裸体和脱衣舞表演等关于性行为或露骨宣扬色情的淫秽性表演行为。

组织淫秽表演罪和传播淫秽物品牟利罪同属于妨害社会管理秩序类犯罪,但两罪在犯罪主体和客观方面均存在差异:组织淫秽表演罪的关注点在于组织行为和淫秽表演行为,追究的是淫秽表演组织者的刑事责任;而传播淫秽物品牟利罪的关注点则在于与淫秽物品相关的传播行为,追究的是淫秽物品传播者的刑事责任。

被告单位和被告人通过网络视频组织淫秽表演的犯罪行为属于组织淫秽表演的一种新型表现形式。通过一对一收费型网络视频方式组织淫秽表演,仅针对网站付费会员提供服务,由于组织表演者,表演者和观看者均处于不同的场所和空间,向会员收费和相应的表演行为均通过网络进行,犯罪活动更加具有隐蔽性,因此这种犯罪手段颇受违法犯罪分子青睐。无论是传统的组织人员进行现场面对面式淫秽表演,还是现代的借助网络媒体组织人员进行视频面对面式淫秽表演,均为组织淫秽表演的表现形式,均应构成组织淫秽表演罪。

需要指出的是,以牟利为目的组织人员通过网络视频进行淫秽表演,此种淫秽表演行为与观看行为系同步进行,且表演者的淫秽表演内容要视观看者在网站充值购买的虚拟礼物价值而定。因此尽管观看者实际上观看的是表演者的淫秽表演视频电子信息,但表演者这种即时性的同步淫秽表演行为应被视为表演行为,而不应被视为传播淫秽电子信息的传播行为,因为后者通常是以既有的淫秽电子信息为传播对象。所以通过网络视频组织人员进行淫秽表演的行为,不应认定为传播淫秽物品牟利罪。[No. 6-9-365-1　重庆访问科技有限公司等单位及郑立等人组织淫秽表演案]

△招募模特和摄影者要求模特暴露生殖器、摆出淫秽姿势供摄影者拍摄的,构成组织淫秽表演罪。

表演概念的内涵是表演者通过自己的形体、动作、声音等可感受的形式将某种信息传递、展示给受众,从而满足受众感官上的感受。本案中,模特在摄影镜头前裸露身体、摆出各种淫秽姿势,表面

---

① 我国学者指出,组织卖淫过程中,为吸引嫖客,促成卖淫活动的进行,而组织淫秽表演的,只构成组织卖淫罪;聚众淫乱过程中,组织参与者进行淫秽表演的,只构成聚众淫乱罪,而不数罪并罚。参见周光权:《刑法各论》(第4版),中国人民大学出版社2021年版,第528页。

② 相同的学说见解,参见王作富主编:《刑法分则实务研究(下)》(第5版),中国方正出版社2013年版,第1536—1538页。

上是为摄影者提供拍摄素材，但同时也是将自身的人体形象展示给拍摄者，即通过不断变化的肢体动作，将人体形象展示给摄影者，满足摄影者感官上的需求，故模特的行为也明显具有表演性质。

刑法意义上的“淫秽表演”，是指公然以体态性的动作露骨宣扬色情，如跳脱衣舞、裸体舞、性交表演、手淫、口淫表演等。淫秽表演有两个特征：一是诲淫性，即行为必须具有客观上挑起他人不正常性刺激、性兴奋的作用。如果表演行为不具有这种作用，就不会危害社会的健康性风尚，也就没有运用刑罚进行惩治的正当根据。二是公开性，即必须在多数人或者不特定人面前进行表演。如果淫秽表演只在特定少数人面前进行，其所产生的危害也只局限于这些特定的少数人，就不会对社会的健康性风尚产生不良影响。相反，淫秽表演如果在多数人或者不特定人面前进行，其影响范围就会超出特定受众，危害社会的健康性风尚。本案中，模特在摄影者镜头前的表演，完全符合淫秽表演的上述两个特征。首先，从诲淫性看，模特在摄像过程中不仅有暴露性器官的行为，而且还当众做出很多淫秽的姿势，客观上能够引起他人的性刺激、性兴奋，属于以体态动作露骨宣扬色情，有关部门也因此将该表演鉴定为淫秽表演节目。其次，从公开性看，尽管模特进行淫秽表演的受众并非类似电影观众那样一般意义上的观众，而是拍摄淫秽图像的摄影者，但这些摄影者是董志尧从互联网上公开招募而来的，只要缴纳拍摄费用，携带较为高端的相机，就能参与拍摄活动，成为该淫秽表演活动的受众。由此可见，参与摄影活动的人具有不特定性，且随着拍摄场次的增多，这类受众的人数也增多。因此，本案中的模特属于在不特定多数受众面前露骨宣扬色情，其表演行为属于刑法意义上的淫秽表演。

组织淫秽表演罪中的组织行为是指策划、指挥、安排淫秽表演的行为，如招聘、雇用他人进行淫秽表演，联系演出、提供场所，组织多人观看等。本案中被告人董志尧以人体摄影为名，从互联网上招募模特和摄影者，为整个拍摄活动预定场地，且要求、鼓励模特配合摄影者的需要进行淫秽表演，在整个淫秽表演活动中，董志尧都处于一种绝对主导地位，属于典型的淫秽表演组织者。[No. 6-9-365-2 董志尧组织淫秽表演案]

△一对一的表演活动中，由于受众具有不特定性与多数性，符合组织淫秽表演罪的公开性特征，不影响组织淫秽表演罪的认定。

在一对一式的表演活动中，尽管这种淫秽表演的受众只有一人，但该受众是从网上公开招募而来的，具有不特定性，且表演次数多，受众人数达到多数，符合淫秽表演的公开性特征。此类表演性质的认定，与对组织一对一式的网络裸聊的定性有共同之处。当行为人以营利为目的，组织他人在互联网上同不特定的个体进行点对点式的裸聊，并以体态性的动作露骨宣扬色情，进而挑动聊天对象不正当的性刺激、性兴奋时，司法实践中普遍认同对组织裸聊者认定组织淫秽表演罪。如果以每次表演时受众只有一人，没有危害到社会的健康性风尚为由，就认定不构成组织淫秽表演罪，显然不利于对该类犯罪的打击。因此，在认定组织淫秽表演罪时，不仅要关注受众人数的多少，而且要关注受众特定与否。[No. 6-9-365-3 董志尧组织淫秽表演案]

第三百六十六条 【单位犯本节之罪的处罚规定】

单位犯本节第三百六十三条、第三百六十四条、第三百六十五条规定之罪的，对单位判处罚金，并对其直接负责的主管人员和其他直接责任人员，依照各该条的规定处罚。

【立法理由】

1. **1979 年之后至 1997 年刑法修订前的立法情况**。1990 年《全国人民代表大会常务委员会关于惩治走私、制作、贩卖、传播淫秽物品的犯罪分子的决定》增加了本条规定。主要考虑到该决定第一条、第二条、第三条规定的犯罪行为，实践中单位犯罪的情况也较多，有必要对单位犯罪定罪和量刑加以明确规定。同时还规定，对单位判处罚金或者予以罚款，行政主管部门并可以责令停业整顿或者吊销执照。

2. **1997 年修订刑法的情况**。1997 年修订刑法时，对本条作了修改：一是删去了“或者予以罚款，行政主管部门并可以责令停业整顿或者吊销执照”的规定，主要是考虑到罚款、停业整顿、吊销执照等属于行政处罚的范畴，不属于刑法规定的内容。二是将“有本决定第一条、第二条、第三条规定的违法犯罪行为”修改为“犯本节第三百六十三条、第三百六十四条、第三百六十五条规定之罪的”。这样规定，主要考虑到与刑法表述相一致，且与刑法有关条文相衔接。《刑法》分则第五章第九节“制作、贩卖、传播淫秽物品罪”共用三个条文规定了五个罪名，即第三百六十三条规定的制作、复制、出版、贩卖、传播淫秽物品牟利罪，为他人提供书号出版淫秽书刊罪；第三百六十四条规定的传播淫秽物品罪，组织播放淫秽音像制品罪；第三百六十五条规定的组织淫秽表演罪。同时，实施上述犯罪活动的，除了个人外，还有单位，比如出版单位、演出组织单位、娱乐场所、音像放映单位等。国家有关出版、文化市场等管理规定，对其从业活动都有着严格的要求和规定。单位犯本节规定之罪的，其直接负责的主管人员和其他直接责任人员主观上一般都有比较明显的过错，因此，本条规定，单位犯本节各相关犯罪的，对其直接负责的主管人员和其他直接责任人员，依照各该条的规定处罚，即与自然人犯各该条规定的犯罪同样处罚，而不因其系为单位利益犯罪而规定相对较轻的刑罚。同时，考虑到单位犯罪只对其直接负责的主管人员和其他直接责任人员处罚不足以起到警戒作用，因此，本条还规定对单位也要判处罚金。

【条文说明】

本条是对单位实施有关淫秽物品犯罪如何处罚的规定。

根据本条规定，单位有本法第三百六十三条、第三百六十四条、第三百六十五条所规定的犯罪行为的，依照本条规定，除对单位判处罚金外，对其直接负责的主管人员和其他直接责任人员，还应分别依照各该条的有关规定予以刑事处罚。这里所说的“**直接负责的主管人员**”，是指单位对犯罪活动负直接责任的主要领导人。“直接责任人员”是指具体实施犯罪活动的行为人，即直接参与本单位制作、复制、出版、贩卖、传播淫秽物品，为他人出版书刊提供书号，传播淫秽的图片、书刊、影片、音像或者其他淫秽物品，组织播放淫秽的电影、录像或者其他音像制品，组织淫秽表演等行为的人员。

实践中需要注意的是，对单位犯罪进行追究，在认定直接责任人员或者直接负责的主管人员时，应当把握两点：一是**行为人在主观上必须对单位所从事的犯罪活动是明知的**，具体表现为有批准、默许、纵容本单位实施或者直接参与实施本条规定的违法犯罪活动的行为。二是**单位从事本条规定的违法犯罪行为所获得的具体利益归于单位**。上述两个条件同时具备才能构成本条规定的单位犯罪。

【司法解释】

《最高人民法院 最高人民检察院关于办理利用互联网、移动通讯终端、声讯台制作、复制、出版、贩卖、传播淫秽电子信息刑事案件具体应用法律若干问题的解释(二)》(法释〔2010〕3号，自2010年2月4日起施行)

△(**单位犯罪**)单位实施制作、复制、出版、贩卖、传播淫秽电子信息犯罪的，依照《中华人民共和国刑法》、《最高人民法院、最高人民检察院关于办理利用互联网、移动通讯终端、声讯台制作、复制、出版、贩卖、传播淫秽电子信息刑事案件具体应用法律若干问题的解释》和本解释规定的相应个人犯罪的定罪量刑标准，对直接负责的主管人员和其他直接责任人员定罪处罚，并对单位判处罚金。(§10)

第三百六十七条 【淫秽物品的定义】

本法所称淫秽物品，是指具体描绘性行为或者露骨宣扬色情的诲淫性的书刊、影片、录像带、录音带、图片及其他淫秽物品。

有关人体生理、医学知识的科学著作不是淫秽物品。

包含有色情内容的有艺术价值的文学、艺术作品不视为淫秽物品。

【立法理由】

(一)立法相关背景及修改情况

1. 1979年之后至1997年刑法修订前的立法情况。1990年《全国人民代表大会常务委员会关于惩治走私、制作、贩卖、传播淫秽物品的犯罪分子的决定》增加了第八条规定。淫秽物品的形式随着社会情况的变化也在不断变化。随着音像技术的发展和普及，从最初的淫书、淫画，出现了淫秽录像带、录影带等淫秽音像制品，随着信息技术的发展，又出现了CD光盘、网络淫秽信息、淫秽的音视频文件等。因此，在规定相关犯罪时，使用了“淫秽物品”这一具有一定概括性的用语。为了明确淫秽物品的含义，以便司法实践中可以准确适用法律，该决定第八条专门对什么是淫秽物品作了解释。同时，为了便于司法实践中准确认定淫秽物品，第八条还特别规定了不属于淫秽物品的情形。

2. **1997年修订刑法的情况**。1997年修订刑法时，吸收了前述决定的相关规定，并作了修改：一是考虑到有关淫秽物品的种类和目录由哪个部门确定，不属于刑法规定的范畴，删去了“淫秽物品的种类和目录，由国务院有关主管部门规定”的内容。二是作了个别文字修改，将“本决定”修改为“本法”。

（二）有关国家的规定

各国由于社会制度、文化背景、宗教信仰、道德观念和风俗习惯等不同，对于淫秽物品的定义，各有不同。《意大利刑法典》规定，按普通观念，可认为凌辱贞节之行为及物品，刑法上视为猥亵。艺术或科学作品，不视为猥亵，但其动机非出于研究，而对未满十八周岁或者贩卖或以他法使其取得者不在此限。美国刑法对淫秽物品的定义是，就整体而言，以淫荡的、羞耻的或下流的趣味为基调而描述或表现关于裸体、排泄等项内容，并且已显然超出通常所许可之界限者，应以一般成年人的眼光为标准加以判断。《瑞士刑法典》规定，淫秽物品是过分刺激或错误地诱导儿童或少年在性方面的感情，足以危害其道德上或健康上的发育的物品。日本最高法院判例指出，凡刺激性欲，伤害普通人正常羞耻心，违反善良的性道德观念的文书、图画及其他一切东西，都属于淫秽物品。

【条文说明】

本条是关于淫秽物品定义的规定。

本条共分为三款。

第一款是关于淫秽物品概念的规定。根据本款规定，第一，**淫秽物品具有具体描绘性行为或者露骨宣扬色情的诲淫性的特征**。这里所说的“**具体描绘性行为**”，是指较详尽、具体地描写性行为的过程及其心理感受；淫亵性地描述或者传授性技巧；具体描写通奸、淫乱、卖淫、乱伦、强奸的过程细节；描写未成年人的性行为、同性恋的性行为或者其他性变态行为及与性变态有关的暴力、虐待、侮辱行为和令普通人不能容忍的对性行为等的淫亵描写。“**露骨宣扬色情**”是指公然地、不加掩饰地宣扬色情淫荡形象；着力表现人体生殖器官等。“**诲淫性**”是指挑动人们的性欲，足以导致普通人腐化堕落的具有刺激、挑逗性的文字和画面等。第二，**淫秽物品的具体表现形式，包括淫秽的书刊、影片、录像带、录音带、图片及其他淫秽物品**。根据《最高人民法院、最高人民检察院关于办理利用互联网、移动通讯终端、声讯台制作、复制、出版、贩卖、传播淫秽电子信息刑事案件具体应用法律若干问题的解释》的规定，“**其他淫秽物品**”包括具体描绘性行为或者露骨宣扬色情的诲淫性的视频文件、音频文件、电子刊物、图片、文章、短信息等互联网、移动通讯终端电子信息和声讯台语音信息。①

第二款是关于有关人体生理、医学知识的科学著作不是淫秽物品的规定。根据本款规定，有关人体生理、医学知识的科学著作不是淫秽物品。这里所说的“**有关人体生理、医学知识的科学著作**”，是指有关人体的解剖生理知识、生育知识、疾病防治和其他有关性知识、性道德、性社会等自然科学和社会科学作品。这类作品不是淫秽物品。根据《最高人民法院、最高人民检察院关于办理利用互联网、移动通讯终端、声讯台制作、复制、出版、贩卖、传播淫秽电子信息刑事案件具体应用法律若干问题的解释》第九条的规定，有关人体生理、医学知识的电子信息和声讯台语音信息不是淫秽物品。

第三款是关于有色情内容的有艺术价值的文学、艺术作品不视为淫秽物品的规定。根据本款规定，包含有色情内容的有艺术价值的文学、艺术作品不视为淫秽物品。所谓“**有艺术价值**”，是指在现实生活中以及文化艺术发展的历史长河中具有较高文学、艺术价值，同时也包含有对性行为、色情等内容的描绘的文学、艺术作品。根据《最高人民法院、最高人民检察院关于办理利用互联网、移动通讯终端、声讯台制作、复制、出版、贩卖、传播淫秽电子信息刑事案件具体应用法律若干问题的解释》第九条的规定，包含色情内容的有艺术价值的电子文学、艺术作品不视为淫秽物品。上述具有艺术价值的文学、艺术作品，在一定范围内传播对社会没有危害性，但应当注意的是，对这类作品本身虽不视为淫秽物品，然而对这类作品的复制、贩卖、传播仍应加以必要的管理和限制，不能

① 关于淫秽物品范围的认定，按照相对的淫秽物品概念，在判断作品的淫秽性时，不仅要判断作品自身的淫秽性，还要联系作品的特点、广告方法、销售方法、读者对象等进行相对判断。相对的，比较衡量说则是认为，需要将作品的艺术性、科学性与淫秽性进行衡量。

对此，我国学者指出，相对的淫秽物品概念否认了淫秽物品的客观性；比较衡量说虽有可取之处，但仅从淫秽性描写在作品中所占的比重认定是否为淫秽物品，具有一定的片面性。比较正确的做法应是，客观地从作品的整体性、淫秽描写与作品的关联性方面来判断是否属于淫秽物品。参见张明楷：《刑法学》（第6版），法律出版社2021年版，第1539—1540页；黎宏：《刑法学各论》（第2版），法律出版社2016年版，第484页。

任其广泛、随意传播。

需要注意的是,本条规定的淫秽物品的本质特征是指该书刊、影片、录像带、录音带、图片等淫秽物品具有诲淫性。判断一个作品是否是淫秽物品,**需要从作品的整体性、淫秽描写与作品的关联性等方面进行综合判断**,一般来说,淫秽作品应当是整体具有诲淫性,也就是该作品从其基本内容、基本格调来看是淫秽的,是以描绘性行为或者露骨宣扬色情为主的。

【司法解释】

《最高人民法院、最高人民检察院关于办理利用互联网、移动通讯终端、声讯台制作、复制、出版、贩卖、传播淫秽电子信息刑事案件具体应用法律若干问题的解释》(法释〔2004〕11号,自2004年9月6日起施行)

△(**其他淫秽物品;有关人体生理、医学知识的电子信息和声讯台语音信息;包含色情内容的有艺术价值的电子文学、艺术作品**)刑法第三百六十七条第一款规定的"其他淫秽物品",包括具体描绘性行为或者露骨宣扬色情的诲淫性的视频文件、音频文件、电子刊物、图片、文章、短信息等互联网、移动通讯终端电子信息和声讯台语音信息。

有关人体生理、医学知识的电子信息和声讯台语音信息不是淫秽物品。包含色情内容的有艺术价值的电子文学、艺术作品不视为淫秽物品。(§9)

【指导性案例】

最高人民检察院指导性案例第139号:钱某制作、贩卖、传播淫秽物品牟利案(2021年2月21日发布)

△(**制作、贩卖、传播淫秽物品牟利;私密空间行为;偷拍;淫秽物品**)自然人在私密空间的日常生活属于民法典保护的隐私。行为人以牟利为目的,偷拍他人性行为并制作成视频文件,以贩卖、传播方式予以公开,不仅侵犯他人隐私,而且该偷拍视频公开后具有描绘性行为、宣扬色情的客观属性,符合刑法关于"淫秽物品"的规定,构成犯罪的,应当以制作、贩卖、传播淫秽物品牟利罪追究刑事责任。以牟利为目的提供互联网链接,使他人可以通过偷拍设备实时观看或者下载视频文件的,属于该罪的"贩卖、传播"行为。检察机关办理涉及偷拍他人隐私的刑事案件时,应当根据犯罪的主客观方面依法适用不同罪名追究刑事责任。

【参考案例】

△**自己与他人的性行为视频,若进入公共视野或以此为目的,则属于淫秽物品。**

根据《刑法》第三百六十七条之规定,淫秽被解释为具体描绘性行为或露骨宣扬色情。此外,根据1988年12月27日原新闻出版署公布的《关于认定淫秽及色情出版物的暂行规定》,淫秽的具体内容包括:(1)淫亵性地具体描写性行为、性交及其心理感受;(2)公然宣扬色情淫荡形象;(3)淫亵性描述或传授性技巧(4)具体描写乱伦、强奸或者其他性犯罪的手段、过程或者细节,足以诱发犯罪的;(5)具体描写少年儿童的性行为;(6)淫亵性地具体描写同性恋的性行为或者其他性变态行为,或者具体描写与性变态有关的暴力、虐待、侮辱行为;(7)其他令普通人不能容忍的对性行为的淫亵性描写。

结合上述法律文件中的规定和刑法的规定,对于淫秽物品的判断需从以下几方面进行:(1)应当从作品整体进行判断作品是否为淫秽物品;(2)对性的描写是否具有"淫亵性",其目的是否仅仅在于刺激人的性欲而不具有任何文学或艺术价值,甚至以令人厌恶的方式进行描写;(3)应当采取普通人标准,是否具有普通人不能容忍的性质。

正是淫秽物品描写性的方式令普通人无法忍受这一重要判断标准,表明淫秽物品的危害在于对他人产生不良影响,可以说这一标准隐含着淫秽物品的一个基本特性:淫秽物品必然是已经进入他人视野或以此为目的,必然与社会成员发生联系,已经或可能对他人发生影响。如果该物品仅仅是个人私有,除所有人外根本不可能有他人接触到,物品便不进入法的领域,不涉及法律上的评价,不会产生淫秽物品的问题。

被告人宋文用手机拍摄自己与被害人高某某的性行为片段,系对性行为的直接描述。如果这一视频仅是个人私藏,根本不进入公共视野,自然不会涉及淫秽物品的问题。但宋文将该视频片段置于网络,任何访问该网址的人皆可看到,这样的视频是对社会公序良俗的违背,作为直接描述性行为的视频片段,性质无疑是淫秽物品。[No. 6-9-364(1)-3　宋文传播淫秽物品、敲诈勒索案]

分则　第六章

第七章　危害国防利益罪

第三百六十八条　【阻碍军人执行职务罪】【阻碍军事行动罪】
以暴力、威胁方法阻碍军人依法执行职务的，处三年以下有期徒刑、拘役、管制或者罚金。
故意阻碍武装部队军事行动，造成严重后果的，处五年以下有期徒刑或者拘役。

【立法理由】

1979 年《刑法》第一百五十七条规定："以暴力、威胁方法阻碍国家工作人员依法执行职务的，或者拒不执行人民法院已经发生法律效力的判决、裁定的，处三年以下有期徒刑、拘役、罚金或者剥夺政治权利。"1979 年刑法没有规定单独的阻碍军人执行职务的犯罪，对于阻碍军人依法执行职务的行为，构成犯罪的，实践中是按照《刑法》第一百五十七条的规定，以阻碍国家工作人员依法执行职务犯罪处理的。**1997 年修订刑法**时，考虑到以暴力、威胁方法阻碍军人依法执行职务，故意阻碍武装部队军事行动的行为，严重妨碍军队的正常工作，危害国防利益，有必要在刑法中作出明确规定。**为了维护国防利益，保护国家安全，根据危害国防利益犯罪的实际情况和惩治这类犯罪的实际需要**，增加了第七章"危害国防利益罪"。根据司法实践需要和有关方面的意见，将阻碍军人执行职务和阻碍军事行动的犯罪在新增加的第八章首条作出规定。

支持国防和军队建设，配合武装部队军事行动，是公民的法定义务。1997 年通过的《国防法》第五十三条规定："公民和组织应当支持国防建设，为武装力量的军事训练、战备勤务、防卫作战等活动提供便利条件或者其他协助。"第五十九条第一款规定："军人应当受到全社会的尊重。"国家采取有效措施保护现役军人的荣誉、人格尊严，对现役军人的婚姻实行特别保护。现役军人依法履行职责的行为受法律保护。阻碍军人执行职务和阻碍军事行动的行为，违反了上述法定义务，直接危害国家国防利益。在刑法中对阻碍军人执行职务和阻碍军事行动的犯罪行为及其刑事责任作出明确规定，有利于保障国防法规定的有效实施，为军人依法履行职责的行为提供有力的刑法保障。

【条文说明】

本条是关于阻碍军人执行职务罪、阻碍军事行动罪及其处罚的规定。

本条共分为两款。

第一款是关于**阻碍军人执行职务罪**的规定。构成本罪须具备以下条件：

1. 行为人主观上是**故意犯罪**，即故意阻碍军人依法执行职务。行为人的动机或者目的可以是多种多样的，有的是认为军人执行职务触犯了其个人利益，有的是对军人个人有私仇宿怨，有的则出于与军事行动对抗的动机或者目的等。具体动机或者目的不影响阻碍军人执行职务罪的成立，但可以作为量刑情节予以考虑。

2. 行为人在客观上实施了**阻碍军人执行职务的行为**[①]**，且这种阻碍是以暴力、威胁的方法实施的**。"**暴力**"，是指对依法执行职务的军人人身施以殴打、伤害、捆绑等行为。[②]"**威胁**"，是指以杀害、伤害、毁坏名誉、毁坏财物等方式对依法执行职务的军人进行要挟、恐吓的行为。根据本款的规定，采取暴力、威胁方法是构成本罪的必要条件。阻碍军人执行职务罪是行为犯，只要行为人客观上实施了以暴力、威胁方法阻碍军人执行职务的行为，就足以构成本罪，不需要实际对军人执行职务产生严重妨害的后果。

---

① 我国学者指出，此种阻碍行为不仅表现为使军人停止依法执行职务，还表现为使军人被迫改变依法应当从事的公务内容。参见周光权：《刑法各论》（第 4 版），中国人民大学出版社 2021 年版，第 624 页。

② 我国学者指出，本罪的"暴力"以造成轻伤程度者为限。参见黎宏：《刑法学各论》（第 2 版），法律出版社 2016 年版，第 491 页。

3. 阻碍的对象必须是**军人**。[①] 这里规定的"**军人**"是指现役军人，其具体范围应当按照《刑法》第四百五十条的规定理解。

4. 受到阻碍的必须是**军人依法执行职务的行为**。国防法等法律规定了我国武装力量的任务，**军人"依法"执行职务**是指军人依照国防法等法律规定的职责和部队的命令执行有关职务。这里需强调两点：一是对于军人违反法律规定，滥用、擅用、超越职权及其他违法行为进行抵制的，不是本条所说的阻碍军人执行职务。二是构成本条规定的犯罪，阻碍的必须是军人执行职务的行为。如果是对军人执行职务以外的行为进行阻碍的，不构成本款规定的犯罪。

根据本款规定，对以暴力、威胁方法阻碍军人依法执行职务的，处三年以下有期徒刑、拘役、管制或者罚金。有本款规定的阻碍军人执行职务的行为，造成军人伤害、死亡的，应当按照处罚较重的犯罪规定定罪处罚。

第二款是关于**阻碍军事行动罪**的规定。构成本款规定的犯罪，须具备以下几个条件：

1. 行为人在主观上有**犯罪的故意**，即有阻碍武装部队军事行动的故意。如果是出于过失，尽管在客观上也阻碍了武装部队的军事行动，也不构成本罪。

2. 行为人在客观上实施了**阻碍的行为**。这里并未规定阻碍所必需的手段，无论行为人是以暴力、威胁手段阻碍，还是采取其他非暴力的手段设置各种障碍，制造各种困难等方式均构成这里规定的"阻碍"。[②]

3. 阻碍的对象必须是**武装部队的整体**，而不是武装部队中的某个人。这里规定的"**武装部队**"，根据《国防法》第二十二条的规定，包括中国人民解放军现役部队和预备役部队、中国人民武装警察部队、民兵。

4. 受到阻碍的必须是**武装部队的军事行动**，如不是军事行动，则不构成本罪。"军事行动"包括作战、军事演习等行动，也包括抢险救灾等非战争军事行动。[③]

5. 阻碍武装部队军事行动的行为**必须造成严重后果**，才构成本罪。这里规定的"**严重后果**"，是指造成贻误战机，作战部署作出重大调整，或造成灾害扩大、人员伤亡等严重后果。

根据本款规定，对故意阻碍武装部队军事行动，造成严重后果的，处五年以下有期徒刑或者拘役。

适用本条规定，实践中应当注意以下两个方面的问题：

1. 本条第一款规定**阻碍军人执行职务罪**与第二款规定的**阻碍军事行动罪**的区分。这两种犯罪的区别主要有：一是犯罪对象不同。阻碍军人执行职务罪的犯罪对象是依法执行职务的军人，是武装部队中执行某项任务的少数人。阻碍军事行动罪的犯罪对象是武装部队整体。二是客观方面不同。阻碍军人执行职务罪以采用暴力、威胁方法为构成要件，阻碍军事行动罪没有限定特定的犯罪手段。阻碍军人执行职务罪不要求危害后果，阻碍军事行动罪要求造成严重后果。

2. 本条第一款规定的**阻碍军人执行职务罪**与《刑法》第四百二十六条规定的**阻碍执行军事职务罪**的区别。《刑法》第四百二十六条规定了阻碍执行军事职务罪，即"以暴力、威胁方法，阻碍指挥人员或者值班、值勤人员执行职务的，处五年以下有期徒刑或者拘役；情节严重的，处五年以上十年以下有期徒刑；情节特别严重的，处十年以上有期徒刑或者无期徒刑。战时从重处罚"。这两种犯罪的区别主要有：一是主体不同，阻碍军人执行职务罪的主体是一般主体，阻碍执行军事职务罪的主体限于现役军人。二是阻碍的对象不同。阻碍军人执行职务罪阻碍的对象可能是所有依法执行职务的军人，阻碍执行军事职务罪阻碍的对象是指挥人员或者值班、值勤人员，只是军人的一部分。三是处刑不同，阻碍执行军事职务罪作为军人违反职责罪，最高可能判处无期徒刑，比阻碍军人执行职务罪的处刑重得多。

【附属刑法】

《中华人民共和国预备役军官法》（1995年5月10日通过，2010年8月28日修正）

第六十四条

Ⅱ阻挠预备役军官参加军事训练、执行军事

① 本罪不要求直接对军人的身体实施暴力或者威胁。只要能够阻碍军人执行职务，即使是对其辅助人员或者所携带的物品实施，也能构成本罪。参见黎宏：《刑法学各论》（第2版），法律出版社2016年版，第491页。

② 相同的学说见解，参见张明楷：《刑法学》（第5版），法律出版社2016年版，第1173页。

③ 军事行动包括作战、构筑军事设施、军事演习、训练及其他军事行动，以及为实施上述行动而进行的准备活动。参见周光权：《刑法各论》（第4版），中国人民大学出版社2021年版，第616页。另外，夏勇教授认为，对正在执行救助自然灾害任务的部队进行阻碍的，同样构成本罪。参见赵秉志、李希慧主编：《刑法各论》（第3版），中国人民大学出版社2016年版，第370页。

勤务，或者履行其他兵役义务的，由县级以上地方人民政府责令限期改正；拒不改正的，对直接负责的主管人员和其他直接责任人员依法给予处分。

《中华人民共和国国防动员法》（2010年2月26日通过）

第六十八条

公民有下列行为之一的，由县级人民政府责令限期改正；逾期不改的，强制其履行义务：

……

（五）干扰、破坏国防动员工作秩序或者阻碍从事国防动员工作的人员依法履行职责的。

第七十一条

违反本法规定，构成违反治安管理行为的，依法给予治安管理处罚；构成犯罪的，依法追究刑事责任。

《中华人民共和国兵役法》（1984年5月31日通过，2021年8月20日修订）

第六十条

扰乱兵役工作秩序，或者阻碍兵役工作人员依法执行职务的，依照《中华人民共和国治安管理处罚法》的规定处罚。

第六十二条

违反本法规定，构成犯罪的，依法追究刑事责任。

第三百六十九条　【破坏武器装备、军事设施、军事通信罪】【过失损坏武器装备、军事设施、军事通信罪】

破坏武器装备、军事设施、军事通信的，处三年以下有期徒刑、拘役或者管制；破坏重要武器装备、军事设施、军事通信的，处三年以上十年以下有期徒刑；情节特别严重的，处十年以上有期徒刑、无期徒刑或者死刑。

过失犯前款罪，造成严重后果的，处三年以下有期徒刑或者拘役；造成特别严重后果的，处三年以上七年以下有期徒刑。

战时犯前两款罪的，从重处罚。

【立法沿革】

《中华人民共和国刑法》（1997年修订，自1997年10月1日起施行）

第三百六十九条

破坏武器装备、军事设施、军事通信的，处三年以下有期徒刑、拘役或者管制；破坏重要武器装备、军事设施、军事通信的，处三年以上十年以下有期徒刑；情节特别严重的，处十年以上有期徒刑、无期徒刑或者死刑。战时从重处罚。

《中华人民共和国刑法修正案（五）》（自2005年2月28日起施行）

三、在刑法第三百六十九条中增加一款作为第二款，将该条修改为：

“破坏武器装备、军事设施、军事通信的，处三年以下有期徒刑、拘役或者管制；破坏重要武器装备、军事设施、军事通信的，处三年以上十年以下有期徒刑；情节特别严重的，处十年以上有期徒刑、无期徒刑或者死刑。

“过失犯前款罪，造成严重后果的，处三年以下有期徒刑或者拘役；造成特别严重后果的，处三年以上七年以下有期徒刑。

“战时犯前两款罪的，从重处罚。”

【立法理由】

1. **1997年修订刑法的情况。**武器装备、军事设施、军事通信都是武装部队执行任务，维护国防安全的重要保障和手段，破坏武器装备、军事设施、军事通信的行为，直接危害国防利益，应当在刑法中作出规定。1979年《刑法》在反革命罪一章中规定了破坏军事设备罪。1981年6月10日第五届全国人大常委会第十九次会议通过的《惩治军人违反职责罪暂行条例》第十二条规定了破坏武器装备或者军事设施的犯罪，但犯罪主体仅限于军人。考虑到破坏武器装备、军事设施的犯罪行为不一定是军人实施的，1997年修订刑法时，专门在危害国防利益罪一章中规定了破坏武器装备、军事设施、军事通信罪。

2. **2005年《刑法修正案（五）》对本条的修改情况。**一是增加了第二款对过失损坏武器装备、军事设施、军事通信行为定罪处罚的规定。这样修改的主要原因是，当时一些地方在生产建设过程中野蛮施工、违章作业，致使军事通信光缆等通信设施遭到损坏的情况比较突出。这些损坏军事通信的行为，虽然行为人主观上多出于过失，但是造成的危害是严重的。针对这种情况，一些人大代表提出议案，建议在刑法中增加过失损坏军事通信罪的规定，以打击此类犯罪，维护国防利益。为此，全国人大常委会经过审议，将过失损坏武器装备、军事设施、军事通信，造成严重后果的行为增加规定为犯罪。二是增加一款作为第三款，在原条文中已经规定对战时损坏武器装备、军事设施、军事通信行为从重处罚的基础上，增加了战时过失损坏武器装备、军事设施、军事通信的，从重处罚的规定。这是考虑到战时的特殊情况。1997年刑法已对战时故意破坏武器装备、军事设施、军事通信的从重处罚作了规定，这里对新增的过失损坏武器装备、军事设施、军事通信罪，也明确规定战时从重处罚。

【条文说明】

本条是关于破坏武器装备、军事设施、军事通信罪和过失损坏武器装备、军事设施、军事通信罪及其处罚的规定。

本条共分为三款。

第一款是关于**破坏武器装备、军事设施、军事通信罪**及其处罚的规定。构成本款规定的犯罪必须具备以下几个条件：

1. 实施破坏武器装备、军事设施、军事通信的犯罪行为人，在主观上必须是出于**故意**。也就是说，实施破坏行为的动机和目的是明确的。

2. 行为人客观上已经实施了**破坏武器装备、军事设施、军事通信的行为**。武器装备、军事设施是否完好无损，军事通信是否畅通无阻，直接关系到国家的国防安全和利益。因此，对采取任何手段破坏武器装备、军事设施、军事通信的行为都应追究刑事责任。这里的“**破坏**”，包括以各种手段和方法对武器装备、军事设施、军事通信设备设施本身进行的破坏，也包括对其正常功能和作用的损坏。①

3. 破坏的对象必须是**武器装备、军事设施、军事通信**。“**武器装备**”，是指部队用于实施和保障作战行动的武器、武器系统和军事技术器材的统称。备用的武器装备重要零件、部件，应视为武器装备。“**军事设施**”，根据《军事设施保护法》第二条的规定，是指国家直接用于军事目的的下列建筑、场地和设备：指挥机关、地面和地下的指挥工程、作战工程；军用机场、港口、码头；营区、训练场、试验场；军用洞库、仓库；军用通信、侦察、导航、观测台站，测量、导航、助航标志；军用公路、铁路专用线、军用通信、输电线路，军用输油、输水管道；边防、海防管控设施；国务院和中央军事委员会规定的其他军事设施。“**军事通信**”，是指军事通信设备、通信枢纽等。

4. 只要实施了破坏武器装备、军事设施、军事通信的行为，就构成本款规定的犯罪，**并不要求破坏行为造成一定的后果**。

本款对破坏武器装备、军事设施、军事通信的犯罪行为规定了**三个处罚档次**：对一般的破坏行为，处三年以下有期徒刑、拘役或者管制；对损坏重要武器装备、军事设施、军事通信的犯罪行为，处三年以上十年以下有期徒刑。根据有关规定，这里所说的**重要武器装备**，是指战略导弹及其他导弹武器系统、飞机、直升机、作战舰艇、登陆舰和一吨位以上辅助船、坦克、装甲车辆、较大毫米以上口径的地面火炮、岸炮、雷达、声呐、指挥仪、较大功率的电台和电子对抗设备、舟桥、较大功率的工程机械、汽车、陆军船舶等。**重要军事设施**，是指指挥中心、大型作战工程、各类通信、导航、观测枢纽、导弹基地、机场、港口、大型仓库、重要管线等。**重要军事通信**，是指军事首脑机关及重要指挥中心的通信，部队作战中的通信，等级战备通信，飞行航行训练、抢险救灾、军事演习或者处置突发性事件中的通信，以及执行试飞试航、武器装备科研试验或者远洋航行等重要军事任务中的通信。根据《最高人民法院关于审理危害军事通信刑事案件具体应用法律若干问题的解释》第二条的规定，实施破坏军事通信行为，具有下列情形之一的，属于本款规定的“**情节特别严重**”，以破坏军事通信罪定罪，处十年以上有期徒刑、无期徒刑或者死刑：(1)造成重要军事通信中断或者严重障碍，严重影响部队完成作战任务或者致使部队在作战中遭受损失的；(2)造成部队执行抢险救灾、军事演习或者处置突发性事件等任务的通信中断或者严重障碍，并因此贻误部队行动，致使死亡三人以上、重伤十人以上或者财产损失一百万元以上的；(3)破坏重要军事通信三次以上的；(4)其他情节特别严重的情形。② 实践中，建设、施工单位直接负责的主管人员、施工管理人员，明

① 我国学者指出，破坏行为包括了使武器装备、军事设施、军事通信的效用丧失或者减少的一切行为，不限于物理上的毁损。参见张明楷：《刑法学》(第6版)，法律出版社2021年版，第1546页；黎宏：《刑法学各论》(第2版)，法律出版社2016年版，第492页。

② 我国学者指出，适用“情节特别严重”的法定刑，必须以行为“破坏重要武器装备、军事设施、军事通信”为前提。换言之，破坏非重要武器装备、军事设施、军事通信的行为，只能适用“三年以下有期徒刑、拘役或者管制”的法定刑。参见张明楷：《刑法学》(第6版)，法律出版社2021年版，第1547页。

知是军事通信线路、设备而指使、强令、纵容他人予以损毁的，或者不听管护人员劝阻，指使、强令、纵容他人违章作业，造成军事通信线路、设备损毁的，以破坏军事通信罪定罪处罚。

第二款是关于过失损坏武器装备、军事设施、军事通信罪及其处罚的规定。本款是《刑法修正案（五）》新增加的内容。

这里规定的“过失”犯罪，既包括过失损坏武器装备、军事设施、军事通信的犯罪行为，也包括过失损坏重要的武器装备、军事设施、军事通信的犯罪行为。对于过失犯罪，必须造成严重后果的，才构成犯罪。这里的“**严重后果**”，是指由于过失行为致使大量武器装备、军事设施遭到损坏或重要军事通信遭到损坏。根据《最高人民法院关于审理危害军事通信刑事案件具体应用法律若干问题的解释》第四条的规定，过失损坏军事通信，具有下列情形之一的，属于本款规定的“**造成特别严重后果**”，以过失损坏军事通信罪定罪，处三年以上七年以下有期徒刑：(1)造成重要军事通信中断或者严重障碍，严重影响部队完成作战任务或者致使部队在作战中遭受损失的；(2)造成部队执行抢险救灾、军事演习或者处置突发性事件等任务的通信中断或者严重障碍，并因此贻误部队行动，致使死亡三人以上、重伤十人以上或者财产损失一百万元以上的；(3)其他后果特别严重的情形。实践中，建设、施工单位直接负责的主管人员、施工管理人员，忽视军事通信线路、设备保护标志，指使、纵容他人违章作业，致使军事通信线路、设备损毁，构成犯罪的，以过失损坏军事通信罪定罪处罚。

根据本款规定，过失损坏武器装备、军事设施、军事通信和过失损坏重要武器装备、军事设施、军事通信，造成严重后果的，处三年以下有期徒刑或者拘役。造成特别严重后果的，处三年以上七年以下有期徒刑。

第三款是关于**战时破坏武器装备、军事设施、军事通信和过失损坏武器装备、军事设施、军事通信的犯罪从重处罚**的规定。这里的“**战时**”，根据《刑法》第四百五十一条第一款的规定，是指国家宣布进入战争状态、部队领受作战任务或者遭敌突然袭击时。这里规定的**从重处罚**，是指根据不同的犯罪情节，分别在第一款、第二款规定的不同的处罚档次内判处较重处罚。

需要注意的是，实践中存在因盗窃行为破坏武器装备、军事设施、军事通信的情形，如盗割军事通信电缆的行为等。这些行为同时构成盗窃罪和本条规定的破坏武器装备、军事设施、军事通信罪的，应当依照处罚较重的规定定罪处罚。

【司法解释】

《最高人民法院关于审理危害军事通信刑事案件具体应用法律若干问题的解释》（法释〔2007〕13号，自2007年6月29日起施行）

△（**军事通信线路、设备；军事通信计算机信息系统；破坏军事通信罪**）故意实施损毁军事通信线路、设备，破坏军事通信计算机信息系统，干扰、侵占军事通信电磁频谱等行为的，依照刑法第三百六十九条第一款的规定，以破坏军事通信罪定罪，处三年以下有期徒刑、拘役或者管制；破坏重要军事通信的，处三年以上十年以下有期徒刑。（§1）

△（**情节特别严重**）实施破坏军事通信行为，具有下列情形之一的，属于刑法第三百六十九条第一款规定的“情节特别严重”，以破坏军事通信罪定罪，处十年以上有期徒刑、无期徒刑或者死刑：

（一）造成重要军事通信中断或者严重障碍，严重影响部队完成作战任务或者致使部队在作战中遭受损失的；

（二）造成部队执行抢险救灾、军事演习或者处置突发性事件等任务的通信中断或者严重障碍，并因此贻误部队行动，致使死亡3人以上、重伤10人以上或者财产损失100万元以上的；

（三）破坏重要军事通信三次以上的；

（四）其他情节特别严重的情形。（§2）

△（**造成严重后果**）过失损坏军事通信，造成重要军事通信中断或者严重障碍的，属于刑法第三百六十九条第二款规定的“造成严重后果”，以过失损坏军事通信罪定罪，处三年以下有期徒刑或者拘役。（§3）

△（**造成特别严重后果**）过失损坏军事通信，具有下列情形之一的，属于刑法第三百六十九条第二款规定的“造成特别严重后果”，以过失损坏军事通信罪定罪，处三年以上七年以下有期徒刑：

（一）造成重要军事通信中断或者严重障碍，严重影响部队完成作战任务或者致使部队在作战中遭受损失的；

（二）造成部队执行抢险救灾、军事演习或者处置突发性事件等任务的通信中断或者严重障碍，并因此贻误部队行动，致使死亡3人以上、重伤10人以上或者财产损失100万元以上的；

（三）其他后果特别严重的情形。（§4）

△（**建设、施工单位直接负责的主管人员、施工管理人员；破坏军事通信罪；过失损坏军事通信罪**）建设、施工单位直接负责的主管人员、施工管

分则　第七章

理人员，明知是军事通信线路、设备而指使、强令、纵容他人予以损毁的，或者不听管护人员劝阻，指使、强令、纵容他人违章作业，造成军事通信线路、设备损毁的，以破坏军事通信罪定罪处罚。

建设、施工单位直接负责的主管人员、施工管理人员，忽视军事通信线路、设备保护标志，指使、纵容他人违章作业，致使军事通信线路、设备损毁，构成犯罪的，以过失损坏军事通信罪定罪处罚。（§ 5）

△（**竞合；破坏、过失损坏军事通信；盗窃军事通信线路、设备；侵入国防建设、尖端科学技术领域的军事通信计算机信息系统；擅自设置、使用无线电台、站；擅自占用频率**）破坏、过失损坏军事通信，并造成公用电信设施损毁，危害公共安全，同时构成刑法第一百二十四条和第三百六十九条规定的犯罪的，依照处罚较重的规定定罪处罚。

盗窃军事通信线路、设备，不构成盗窃罪，但破坏军事通信的，依照刑法第三百六十九条第一款的规定定罪处罚；同时构成刑法第一百二十四条、第二百六十四条和第三百六十九条第一款规定的犯罪的，依照处罚较重的规定定罪处罚。

违反国家规定，侵入国防建设、尖端科学技术领域的军事通信计算机信息系统，尚未对军事通信造成破坏的，依照刑法第二百八十五条的规定定罪处罚；对军事通信造成破坏，同时构成刑法第二百八十五条、第二百八十六条、第三百六十九条第一款规定的犯罪的，依照处罚较重的规定定罪处罚。

违反国家规定，擅自设置、使用无线电台、站，或者擅自占用频率，经责令停止使用后拒不停止使用，干扰无线电通讯正常进行，构成犯罪的，依照刑法第二百八十八条的规定定罪处罚；造成军事通信中断或者严重障碍，同时构成刑法第二百八十八条、第三百六十九条第一款规定的犯罪的，依照处罚较重的规定定罪处罚。（§ 6）

△（**重要军事通信；军事通信的具体范围、通信中断和严重障碍的标准**）本解释所称“重要军事通信”，是指军事首脑机关及重要指挥中心的通信，部队作战中的通信，等级战备通信，飞行航行训练、抢险救灾、军事演习或者处置突发性事件中的通信，以及执行试飞试航、武器装备科研试验或者远洋航行等重要军事任务中的通信。

本解释所称军事通信的具体范围、通信中断和严重障碍的标准，参照中国人民解放军通信主管部门的有关规定确定。（§ 7）

【附属刑法】

《中华人民共和国人民防空法》（1996 年 10 月 29 日通过，2009 年 8 月 27 日修正）

第五十条

违反本法规定，故意损坏人民防空设施[①]或者在人民防空工程内生产、储存爆炸、剧毒、易燃、放射性等危险品，尚不构成犯罪的，依照治安管理处罚法的有关规定处罚；构成犯罪的，依法追究刑事责任。

《中华人民共和国海岛保护法》（2009 年 12 月 26 日通过）

第五十二条

破坏、危害设置在海岛的军事设施，或者损毁、擅自移动设置在海岛的助航导航、测量、气象观测、海洋监测和地震监测等公益设施的，依照有关法律、行政法规的规定处罚。

第五十五条

违反本法规定，构成犯罪的，依法追究刑事责任。

《中华人民共和国军事设施保护法》（1990 年 2 月 23 日通过，2021 年 6 月 10 日修订）

第六十三条

有下列行为之一，构成犯罪的，依法追究刑事责任：

（一）破坏军事设施的；

（二）过失损坏军事设施，造成严重后果的；

……

（五）破坏军用无线电固定设施电磁环境，干扰军用无线电通讯，情节严重的；

……

① 《中华人民共和国人民防空法》（1996 年 10 月 29 日通过，2009 年 8 月 27 日修正）
第九条
国家保护人民防空设施不受侵害。禁止任何组织或者个人破坏、侵占人民防空设施。
第二十七条
任何组织或者个人不得进行影响人民防空工程使用或者降低人民防空工程防护能力的作业，不得向人民防空工程内排入废水、废气和倾倒废弃物，不得在人民防空工程内生产、储存爆炸、剧毒、易燃、放射性和腐蚀性物品。

第三百七十条　【故意提供不合格武器装备、军事设施罪】【过失提供不合格武器装备、军事设施罪】

明知是不合格的武器装备、军事设施而提供给武装部队的，处五年以下有期徒刑或者拘役；情节严重的，处五年以上十年以下有期徒刑；情节特别严重的，处十年以上有期徒刑、无期徒刑或者死刑。

过失犯前款罪，造成严重后果的，处三年以下有期徒刑或者拘役；造成特别严重后果的，处三年以上七年以下有期徒刑。

单位犯第一款罪的，对单位判处罚金，并对其直接负责的主管人员和其他直接责任人员，依照第一款的规定处罚。

【立法理由】

武器装备、军事设施是武装部队进行训练、战斗，履行任务使命、保卫国家、巩固国防的重要物质保障。在现代战争条件下，武器装备、军事设施的质量，对于武装部队的战斗力有重要影响。武器装备、军事设施的质量不合格，会严重影响武装部队使命任务的完成，给国家的国防利益乃至国家安全造成损害。如不合格的弹药会造成使用时无法杀伤敌人，甚至伤害我方战斗人员。不合格的抢险救灾器材会造成部队无法及时完成抢险任务，导致灾害继续扩大，给人民生命财产造成损失。

我国武装部队使用的武器装备、军事设施，大多是由承担国防科研生产任务的企业、事业单位生产的。国防法对有关企业事业单位保证国防产品质量的要求作了规定。1997年《国防法》第三十二条第三款规定，承担国防科研生产任务的企业事业单位必须完成国防科研生产任务，保证武器装备的质量。第五十一条第一款规定，企业事业单位应当按照国家的要求承担国防科研生产任务，接受国家军事订货，提供符合质量标准的武器装备或者军用物资。**1997年修订刑法**时，考虑到有关人员和单位故意或者过失将不合格的武器装备、军事设施提供给武装部队的行为，违反了国防法规定的义务，**对武装部队的战斗力和国防利益会造成严重危害，而且有可能造成人员伤亡和财产损失**，具有社会危害性，因此将其规定为犯罪。

【条文说明】

本条是关于故意提供不合格武器装备、军事设施罪和过失提供不合格武器装备、军事设施罪及其处罚的规定。

本条共分为三款。

第一款是关于**故意提供不合格武器装备、军事设施罪**的规定。一般情况下，武器装备、军事设施均为国家指定的单位生产、建造。本款规定的犯罪主体，一般是在这些军工企业、事业单位中负责武器装备、军事设施的设计、生产、检验、质量验收、销售等人员。如果他们由于徇私舞弊、谋取私利或者其他原因，失于职责，将明知是不合格的武器装备、军事设施放任过关，并最终提供给武装部队的①，就应当依照本款的规定承担相应的刑事责任。

构成本款规定的犯罪，须具备以下几个条件：

1. 行为人主观上必须是**故意**，即明知武器装备、军事设施是不合格的产品，仍向武装部队提供。这是区分罪与非罪的界限。

2. 提供的必须是**武器装备、军事设施**，而不是一般的军用物资。如果提供给部队的武器装备、军事设施以外的军用物资，如军用食品出现质量问题的，不适用本款规定。构成其他犯罪的，按照其他犯罪的规定处罚。“**军事设施**”，根据《军事设施保护法》第二条的规定，是指国家直接用于军事目的的下列建筑、场地和设备：指挥机关、地面和地下的指挥工程、作战工程；军用机场、港口、码头；营区、训练场、试验场；军用洞库、仓库；军用通信、侦察、导航、观测台站，测量、导航、助航标志；军用公路、铁路专用线、军用通信、输电线路，军用输油、输水管道；边防、海防管控设施；国务院和中央军事委员会规定的其他军事设施。“**提供**”指交付部队使用。②

3. **提供给部队的武器装备、军事设施是不合格的**。“不合格”，是指不符合规定的质量标准。

---

① 武装部队包括解放军部队、武装警察部队、预备役部队、民兵组织。参见周光权：《刑法各论》(第4版)，中国人民大学出版社2021年版，第620页。

② 我国学者指出，对“提供”应作广义的理解，不仅包括将不合格的武器装备、军事设施交给使用单位此一最后环节，还包括在武器装备或者军事设施的科研、勘探、设计、建造、生产、销售、修理、验收等各个环节中故意提供不合格的武器装备或者军事设施。参见赵秉志、李希慧主编：《刑法各论》(第3版)，中国人民大学出版社2016年版，第372页。

本款对明知是不合格的武器装备、军事设施而提供给部队的犯罪规定了**三个处罚档次**：对构成本款规定犯罪的，处五年以下有期徒刑或者拘役；情节严重的，处五年以上十年以下有期徒刑；情节特别严重的，处十年以上有期徒刑、无期徒刑或者死刑。"**情节严重**"，是指造成人员重伤、死亡的；造成较大经济损失的；严重影响部队完成任务的等。"**情节特别严重**"，是指造成多人重伤、死亡的；严重影响部队完成重要任务的；造成重大经济损失或者其他特别严重后果的等。

第二款是关于**过失提供不合格武器装备、军事设施罪**的规定。构成本款规定的犯罪，须具备以下条件：

1. 行为人主观上是**出于过失**。故意实施的，按照本条第一款的规定定罪处罚。

2. 行为人客观上必须有第一款规定的犯罪行为，即**将不合格的武器装备、军事设施提供给武装部队**。

3. **行为人的行为必须造成严重后果**，才构成犯罪，这是区分罪与非罪的重要界限。

本款对过失犯前款罪，规定了**两个处罚档次**：对造成严重后果的，处三年以下有期徒刑或者拘役；造成特别严重后果的，处三年以上七年以下有期徒刑。这里规定的"严重后果"包括人员伤亡、经济受到损失以及影响部队任务完成的后果等。《最高人民检察院、公安部关于公安机关管辖的刑事案件立案追诉标准的规定(一)》第八十七、八十八条对本条前两款规定的犯罪的具体立案追诉标准作了规定。

第三款是关于**单位故意提供不合格武器装备、军事设施犯罪**的规定。这里应注意的是，单位只有在明知武器装备、军事设施是不合格的，仍向武装部队提供的情况下，才构成本罪。本条没有对单位的过失犯罪作出规定。根据本款规定，对单位犯故意提供不合格武器装备、军事设施罪的，采取**双罚制的原则**，对单位判处罚金，对其直接负责的主管人员和其他直接责任人员依照第一款的规定处罚，即处五年以下有期徒刑或者拘役；情节严重的，处五年以上十年以下有期徒刑；情节特别严重的，处十年以上有期徒刑、无期徒刑或者死刑。

需要注意的是，实践中应当注意本条规定的故意提供不合格武器装备、军事设施罪与《刑法》第一百四十条规定的**生产、销售伪劣产品罪**的区分。生产、销售武器装备、军事设施的企业事业单位生产、销售不合格的武器装备、军事设施，可能也构成生产、销售伪劣产品罪，这属于**法条竞合**的情形。根据特别法优于一般法的原则，对于这种行为，应当依照本条的规定定罪处罚。

【司法解释性文件】

《最高人民检察院、公安部关于公安机关管辖的刑事案件立案追诉标准的规定(一)》(公通字〔2008〕36号，2008年6月25日公布)

△(**故意提供不合格武器装备、军事设施罪；立案追诉标准**)明知是不合格的武器装备、军事设施而提供给武装部队，涉嫌下列情形之一的，应予立案追诉：

(一)造成人员轻伤以上的；

(二)造成直接经济损失十万元以上的；

(三)提供不合格的枪支三支以上、子弹一百发以上、雷管五百枚以上、炸药五千克以上或者其他重要武器装备、军事设施的；

(四)影响作战、演习、抢险救灾等重大任务完成的；

(五)发生在战时的；

(六)其他故意提供不合格武器装备、军事设施应予追究刑事责任的情形。(§ 87)

△(**过失提供不合格武器装备、军事设施罪；立案追诉标准**)过失提供不合格武器装备、军事设施给武装部队，涉嫌下列情形之一的，应予立案追诉：

(一)造成死亡一人或者重伤三人以上的；

(二)造成直接经济损失三十万元以上的；

(三)严重影响作战、演习、抢险救灾等重大任务完成的；

(四)其他造成严重后果的情形。(§ 88)

【附属刑法】

《中华人民共和国国防动员法》(2010年2月26日通过)

第六十九条

企业事业单位有下列行为之一的，由有关人民政府责令限期改正；逾期不改的，强制其履行义务，并可以处以罚款：

(一)在承建的贯彻国防要求的建设项目中未按照国防要求和技术规范、标准进行设计或者施工、生产的；

……

第七十一条

违反本法规定，构成违反治安管理行为的，依法给予治安管理处罚；构成犯罪的，依法追究刑事责任。

第三百七十一条　【聚众冲击军事禁区罪】【聚众扰乱军事管理区秩序罪】

聚众冲击军事禁区，严重扰乱军事禁区秩序的，对首要分子，处五年以上十年以下有期徒刑；对其他积极参加的，处五年以下有期徒刑、拘役、管制或者剥夺政治权利。

聚众扰乱军事管理区秩序，情节严重，致使军事管理区工作无法进行，造成严重损失的，对首要分子，处三年以上七年以下有期徒刑；对其他积极参加的，处三年以下有期徒刑、拘役、管制或者剥夺政治权利。

【立法理由】

军事禁区、军事管理区，是国家根据军事设施的性质、作用、安全保密的需要和使用效能的要求，依法划定的实行特殊管理的区域。军事禁区、军事管理区的安全和秩序，关系到武装部队能否顺利履行职责。扰乱军事禁区、军事管理区秩序的行为，不仅对军队的正常军事活动产生影响，而且直接对国防安全造成威胁，具有社会危害性。

1979年刑法未直接规定有关扰乱军事禁区、军事管理区秩序的犯罪。1979年《刑法》第一百五十八条中规定，扰乱社会秩序情节严重，致使工作、生产、营业和教学、科研无法进行，国家和社会遭受严重损失的，对首要分子处五年以下有期徒刑、拘役、管制或者剥夺政治权利。1990年2月全国人大常委会通过的《**军事设施保护法**》规定了军事禁区、军事管理区的管理保护措施。对于扰乱军事禁区、军事管理区秩序行为的刑事责任，该法第三十三条规定，“扰乱军事禁区、军事管理区的管理秩序，情节严重的，对首要分子和直接责任人员比照刑法第一百五十八条的规定追究刑事责任”，即比照扰乱社会秩序犯罪的规定定罪处刑。**1997年修订刑法**时，为加强对军事禁区、军事管理区保护的针对性和有效性，加大对聚众侵犯军事禁区、军事管理区秩序犯罪的惩处力度，增加了本条规定。

【条文说明】

本条是关于聚众冲击军事禁区罪和聚众扰乱军事管理区秩序罪及其处罚的规定。

本条共分为两款。

第一款是关于**聚众冲击军事禁区罪**及其处罚的规定。根据军事设施保护法的有关规定，国家根据军事设施的性质、作用、安全保密的需要和使用效能的要求，划定军事禁区、军事管理区。“**军事禁区**”，是指设有重要军事设施或者军事设施具有重大危险因素，需要国家采取特殊措施加以重点保护，依照法定程序和标准划定的军事区域。军事禁区由国务院和中央军事委员会确定，或者由军区根据国务院和中央军事委员会的规定确定。陆地和水域的军事禁区的范围，由军区和省、自治区、直辖市人民政府共同划定，或者由军区和省、自治区、直辖市人民政府、国务院有关部门共同划定。空中军事禁区和特别重要的陆地、水域军事禁区的范围，由国务院和中央军事委员会划定。“**聚众冲击**”，是指纠集多人强行进入军事禁区，占据办公地点、毁坏财物等暴力性的干扰活动。构成本款规定的犯罪，行为人的行为必须是严重扰乱了军事禁区的秩序。“**军事禁区的秩序**”包括军事禁区中武装部队作战、演习、训练、生产、教学、生活、科研等各方面的活动和秩序。所谓“**严重扰乱**”，是指行为人的行为，致使军事禁区的各项工作无法正常进行，或者具有其他严重情形的。《最高人民检察院、公安部关于公安机关管辖的刑事案件立案追诉标准的规定(一)》第八十九条对构成本款规定的犯罪的具体立案标准作了规定。

构成本款规定的犯罪，**对首要分子**，处五年以上十年以下有期徒刑；**对其他积极参加的**，处五年以下有期徒刑、拘役、管制或者剥夺政治权利。考虑到军事禁区关系到国家重大国防军事利益，是国家采取特殊措施加以重点保护的军事区域，本款对聚众冲击军事禁区犯罪规定的刑罚是比较严厉的。

第二款是关于**聚众扰乱军事管理区秩序罪**及其处罚的规定。根据军事设施保护法的有关规定，“**军事管理区**”，是指设有较重要军事设施或者军事设施具有较大危险因素，需要国家采取特殊措施加以保护，依照法定程序和标准划定的军事区域。军事管理区由国务院和中央军事委员会确定，或者由军区根据国务院和中央军事委员会的规定确定。陆地和水域的军事管理区的范围，由军区和省、自治区、直辖市人民政府共同划定，或者由军区和省、自治区、直辖市人民政府、国务院有关部门共同划定。这里规定的“**扰乱**”，包括各种对军事管理区秩序进行暴力和非暴力的干扰、破坏活动[1],如纠集多人在军事管理区进行故意喧闹、辱骂、纠缠,冲砸军事管理区的各种设施,等等。**这些行为,如果情节严重,致使军事管理区的工作无法进行,并且造成严重损失的,即构成犯罪**。这三个条件必须同时具备,是区分罪与非罪的界限。**"情节严重"**,主要是指行为人多次实施扰乱行为,经军事管理区工作人员制止仍不停止其扰乱活动的,或者采取暴力扰乱军事管理区秩序的等情况。**"造成严重损失"**不仅包括给财产造成损失,也包括造成人员伤亡的损失。《最高人民检察院、公安部关于公安机关管辖的刑事案件立案追诉标准的规定(一)》第九十条对构成本款规定的犯罪的具体立案标准作了规定。

构成本款规定的犯罪,**对首要分子**,处三年以上七年以下有期徒刑;**对其他积极参加的**,处三年以下有期徒刑、拘役、管制或者剥夺政治权利。

实践中执行本条规定时应当注意以下几个方面的问题:

1. 准确界定犯罪行为。本条两款规定的聚众冲击军事禁区罪和聚众扰乱军事管理区秩序罪,都是严重侵犯有关军事区域管理秩序的犯罪,在构成要件上,分别要求达到"严重扰乱军事禁区秩序"和"情节严重,致使军事管理区工作无法进行,造成严重损失"的程度。对于一些群众因为军地关系中因涉及自身利益问题聚集在军事区域表达诉求,有一些过激行为,但尚未达到本条规定的构成犯罪的条件的,应当从化解矛盾、做好群众工作的角度妥善处理,**不能过度依赖刑事手段进行打击**。需要予以行政处罚的,可以依照军事设施保护法、治安管理处罚法的规定处罚。

2. 准确界定涉案人员在聚众违法犯罪中的作用。本条两款规定的犯罪都是聚众型犯罪,**追究刑事责任的是聚众犯罪中的首要分子和其他积极参加者,对于一般参加者不作为犯罪处理**。这就要求司法机关准确界定涉案人员在聚众违法犯罪中的作用,对于依法应当追究刑事责任的严格依法处理。对于首要分子和其他积极参加者以外的违法活动参加者,特别是受裹挟、蒙蔽参与违法活动的,严格掌握法律和政策的界限,注意控制刑事打击面。需要予以行政处罚的,可以依照《军事设施保护法》《治安管理处罚法》的规定处罚。

3. 区分本条规定的犯罪与《刑法》第二百九十条规定的**聚众扰乱社会秩序罪、聚众冲击国家机关罪**。《刑法》第二百九十条第一款规定了聚众扰乱社会秩序罪,是指聚众扰乱社会秩序,致使工作、生产、营业和教学、科研、医疗无法进行,造成严重损失的犯罪行为。本条是针对军事区域秩序的保护,将聚众冲击军事禁区和聚众扰乱军事管理区秩序的犯罪行为专门作出规定。对于当事人的行为同时构成聚众扰乱社会秩序罪和本条规定的犯罪的,根据特别法优于一般法的原则,应当依照本条的规定定罪处刑。同时,《刑法》第二百九十条第二款规定了聚众冲击国家机关罪,是指聚众冲击国家机关,致使国家机关工作无法进行,造成严重损失的犯罪行为。军事机关也是我国国家机关的组成部分,但对于聚众冲击军事机关的行为,构成本条规定的犯罪的,应当首先适用本条的规定追究刑事责任。

【司法解释性文件】

《最高人民检察院、公安部关于公安机关管辖的刑事案件立案追诉标准的规定(一)》(公通字〔2008〕36号,2008年6月25日公布)

△(**聚众冲击军事禁区罪;立案追诉标准**)组织、策划、指挥聚众冲击军事禁区或者积极参加聚众冲击军事禁区,严重扰乱军事禁区秩序,涉嫌下列情形之一的,应予立案追诉:

(一)冲击三次以上或者一次冲击持续时间较长的;

(二)持械或者采取暴力手段冲击的;

(三)冲击重要军事禁区的;

(四)发生在战时的;

(五)其他严重扰乱军事禁区秩序应予追究刑事责任的情形。(§89)

△(**聚众扰乱军事管理区秩序罪;立案追诉标准**)组织、策划、指挥聚众扰乱军事管理区秩序或者积极参加聚众扰乱军事管理区秩序,致使军事管理区工作无法进行,造成严重损失,涉嫌下列情形之一的,应予立案追诉:

(一)造成人员轻伤以上的;

(二)扰乱三次以上或者一次扰乱持续时间较长的;

(三)造成直接经济损失五万元以上的;

(四)持械或者采取暴力手段的;

(五)扰乱重要军事管理区秩序的;

(六)发生在战时的;

(七)其他聚众扰乱军事管理区秩序应予追究刑事责任的情形。(§90)

[1] 相同的学说见解,参见周光权:《刑法各论》(第4版),中国人民大学出版社2021年版,第621页。

【附属刑法】

《中华人民共和国军事设施保护法》(1990年2月23日通过,2021年6月10日修订)

第六十三条

有下列行为之一,构成犯罪的,依法追究刑事责任:

……

(六)其他扰乱军事禁区、军事管理区管理秩序和危害军事设施安全的行为,情节严重的。

第三百七十二条　【冒充军人招摇撞骗罪】

冒充军人招摇撞骗的,处三年以下有期徒刑、拘役、管制或者剥夺政治权利;情节严重的,处三年以上十年以下有期徒刑。

【立法理由】

冒充军人招摇撞骗,不仅侵害人民群众的财产权利或者其他利益,更为重要的是严重损害军人的形象和声誉,在不明真相的群众中和社会上造成负面影响,影响军政、军民关系,危害国防安全,具有社会危害性。**1979年《刑法》**第一百六十六条规定了冒充国家工作人员招摇撞骗罪,即冒充国家工作人员招摇撞骗的,处三年以下有期徒刑、拘役、管制或者剥夺政治权利;情节严重的,处三年以上十年以下有期徒刑。在1997年以前,实践中冒充军人招摇撞骗的行为,是适用冒充国家工作人员招摇撞骗的规定定罪处刑的。

1997年前的一段时期,社会上不法分子冒充军人招摇撞骗的行为时有发生。有的人冒充军人办企业做生意,甚至从事不法投机、制假售假活动,有的冒充军人骗取他人信任以骗取钱财,有的冒充军人骗取女性感情等。**1997年修订刑法**时增加了危害国防利益罪专章,考虑到**冒充军人招摇撞骗的行为损害的是人民军队的形象和声誉**,属于一种危害国防利益的行为,因此,将这种行为规定为独立的罪名。1997年《国防法》第二十五条中规定,国家禁止任何组织或者个人冒充现役军人或者武装力量组织。刑法关于冒充军人招摇撞骗犯罪的规定,与国防法规定的精神是一致的,体现了对人民军队形象和声誉有针对性的严格保护。

【条文说明】

本条是关于冒充军人招摇撞骗罪及其处罚的规定。

构成本条规定的犯罪,须具备以下条件:

1. 行为人冒充的对象是**军人**。冒充军人身份是构成本罪的重要条件,也是与《刑法》第二百七十九条规定的冒充国家机关工作人员招摇撞骗罪的重要区别。这里规定的"**军人**"指具有中国人民解放军军籍的现役军人及中国人民武装警察部队的现役武警,具体可根据《刑法》第四百五十条的规定掌握。具体行为方式上,可以是通过穿着、佩戴军人专用的服装、标志,使用伪造、变造或者冒用的军人证件,驾驶挂有伪造、盗窃或者非法获取的武装部队车辆号牌的车辆,以及自称是军人等方式冒充军人。①

2. 行为人在客观上实施了**招摇撞骗的行为**。"**招摇撞骗**",是指假借军人名义到处炫耀,利用人民群众对人民军队的信任、爱戴进行欺骗活动,以谋取非法利益②的行为。③ 例如,冒充军队干部以招兵为名,向希望参军的青年或其亲属骗取

---

① 我国学者指出,假冒军人身份主要有四种情形:一是非军人冒充军人;二是级别较低的军人冒充级别较高的军人(不排除相反情形);三是一般部门的军人冒充要害部门的军人(不排除相反情形);四是此类军人冒充彼类军人(如陆军人员冒充空军人员)。参见张明楷:《刑法学》(第6版),法律出版社2021年版,第1548页;黎宏:《刑法学各论》(第2版),法律出版社2016年版,第495页。

② 非法利益既包括金钱、财物等物质利益,也包括荣誉待遇、异性的性爱等非物质利益。参见黎宏:《刑法学各论》(第2版),法律出版社2016年版,第495页。

③ 我国学者指出,如果行为人仅有冒充军人的行为,但未骗取利益,不构成本罪。参见黎宏:《刑法学各论》(第2版),法律出版社2016年版,第495页。另有学者指出,本罪不以骗取财物为要件。参见张明楷:《刑法学》(第6版),法律出版社2021年版,第1548页。夏勇教授则认为,骗取的利益,主要是人身利益、政治地位、社会地位以及各种社会活动的机会等,也可包括一定的经济利益。是否实际取得这些利益,不影响本罪的成立。参见赵秉志、李希慧主编:《刑法各论》(第3版),中国人民大学出版社2016年版,第375页。

财物；冒充军人骗取他人“爱情”；冒充军人骗取得到有关方面给予军人的优先待遇等。从实践中的情况来看，冒充军人招摇撞骗的行为往往具有多次、多样的特点，即多次多处行骗，骗取的利益也比较多样，包括财产性利益和非财产性利益。如果行为人只是由于军人在人民群众中的形象好、威信高而冒充军人以满足自己的虚荣心，并没有假借军人身份进行招摇撞骗的活动，不构成本罪，可以对其进行批评教育或给予纪律处分等。

根据本条规定，对冒充军人招摇撞骗的，处三年以下有期徒刑、拘役、管制或者剥夺政治权利；情节严重的，处三年以上十年以下有期徒刑。**本条规定的刑罚与《刑法》第二百七十九条规定的招摇撞骗罪的刑罚是一致的**。将冒充军人招摇撞骗的行为在《刑法》分则危害国防利益罪一章单独规定，主要是体现对这种犯罪行为惩治的针对性和明确性。

实践中需要注意的是，本条规定的冒充军人招摇撞骗罪与《刑法》第二百六十六条规定的**诈骗罪**的区分。《刑法》第二百六十六条规定了诈骗罪，即诈骗公私财物，数额较大的犯罪行为。冒充军人招摇撞骗罪与诈骗罪的主要区别有以下几个方面：一是侵犯的法益不同。冒充军人招摇撞骗罪不仅侵犯了有关个人、组织的财产等合法权益，还侵犯了人民军队的声誉和形象，诈骗罪侵犯的是公私财物的所有权。二是行为手段不同。冒充军人招摇撞骗罪的手段是冒充军人行骗，诈骗罪的行为手段多样。三是行为人通过犯罪获取的非法利益不同。冒充军人招摇撞骗罪获取的非法利益比较多样，可以是财产性利益，也可以是非财产性利益。诈骗罪获取的非法利益是财物。如果行为人冒充军人身份骗取他人财物，数额较大，可能同时触犯冒充军人招摇撞骗罪和诈骗罪。这时应当依照处罚较重的犯罪定罪处罚。对于诈骗财物数额特别巨大或者有其他特别严重情节的，根据《刑法》第二百六十六条的规定可以判处十年以上有期徒刑或者无期徒刑，重于本条规定的刑罚，这种情况下应当依照诈骗罪的规定定罪处罚。

另外，根据《最高人民法院、最高人民检察院关于办理妨害武装部队制式服装、车辆号牌管理秩序等刑事案件具体应用法律若干问题的解释》第六条的规定，实施《刑法》第三百七十五条规定的伪造、变造、买卖、盗窃、抢夺武装部队公文、证件、印章，非法生产、买卖武装部队制式服装，伪造、盗窃、买卖、非法提供、非法使用武装部队专用标志的犯罪行为，同时又构成冒充军人招摇撞骗等犯罪的，依照处罚较重的规定定罪处罚。

【司法解释】

《最高人民法院、最高人民检察院关于办理妨害武装部队制式服装、车辆号牌管理秩序等刑事案件具体应用法律若干问题的解释》（法释〔2011〕16号，自2011年8月1日起施行）

△（**竞合**）实施刑法第三百七十五条规定的犯罪行为，同时又构成逃税、诈骗、冒充军人招摇撞骗等犯罪的，依照处罚较重的规定定罪处罚。（§ 6）

【参考案例】

△在冒充军人骗取他人财物的过程中，使用暴力特征不明显的威胁手段的，应以冒充军人招摇撞骗罪论处。

冒充军人招摇撞骗罪的犯罪客观要件主要指冒充军人骗取对方的信任，使其信赖行为人为军人，从而使得行为人有机会利用此种信任不需采取暴力而取得对方的财物或者其他利益。但是，如果被害人交出财物的行为不是很主动，不是完全被骗后心甘情愿交出的，行为人采取威胁手段，暴力特征也不明显，这种情况下交出财物应该属于由于信赖对方为军人而交出财物，并不是由于处于暴力威胁下的恐惧而交出财物，因此应属于冒充军人招摇撞骗罪的打击范畴。［No. 7-372-1　谭飞等人冒充军人招摇撞骗、抢劫案］

△在冒充军人骗取他人财物的过程中，使用暴力特征明显的威胁手段或暴力手段的，应以抢劫罪论处。

虽然行为人主观目的是冒充军人招摇撞骗，并且在客观上采取了此种行为，但是，如果在作案过程中，采取了超出冒充军人招摇撞骗罪客观要件范畴的暴力行为，如强行搜身、殴打，或者暴力威胁特征很明显，则即便被害人仍然相信行为人为军人，这种情况下应认定为抢劫罪，并构成抢劫罪的结果加重犯情节。

冒充军人招摇撞骗罪和抢劫罪的区分应首先看被害人是否相信对方为军人，只有在受害人相信对方为军人的前提下，才可能构成冒充军人招摇撞骗罪，在相信了对方为军人的条件满足之后，则应再看犯罪客观方面，主要看是否完全符合招摇撞骗的客观行为特征，如果恰好是典型性案件，则可直接定为冒充军人招摇撞骗罪，再进一步考察，如果在具备相信了对方为军人的条件后，行为人采取了威胁手段获取财物，但威胁的暴力特征不很明显，只是轻微威胁的，仍应定性为冒充军人招摇撞骗罪；如果威胁的暴力特征很明显，使被害人产生了相当程度的恐惧，则应定性为抢劫罪；如果采取冒充军人招摇撞骗行为范畴以外的暴力手段，则应一律定为抢劫罪。但要注意一个问题，如果行为人采取了轻微暴力手段，但采取轻微暴力手段只是为了加深被害人对其是军人的信赖，则应该把握好尺度，大部分情况下定性为抢劫罪，个别情况下确属非常轻微暴力的，也可定性为冒充军人招摇撞骗罪。［No. 7-372-2　谭飞等人冒充军人招摇撞骗、抢劫案］

第三百七十三条　【煽动军人逃离部队罪】【雇用逃离部队军人罪】

煽动军人逃离部队或者明知是逃离部队的军人而雇用，情节严重的，处三年以下有期徒刑、拘役或者管制。

【立法理由】

1982年《宪法》第五十五条规定："保卫祖国、抵抗侵略是中华人民共和国每一个公民的神圣职责。依照法律服兵役和参加民兵组织是中华人民共和国公民的光荣义务。"依法服兵役的现役军人，必须严格遵守军纪军规，完成部队交给的光荣任务，不得以任何借口逃离部队。这对于维持武装部队的战斗力，维护国家国防安全，具有重要的意义。军人逃离部队的行为不仅造成部队减员，影响战斗力，而且严重影响部队的正常管理。依法预防和惩治军人逃离部队的行为，是军队管理中的一个重要问题。这一方面需要对部队官兵加强教育，树立当兵光荣、当逃兵可耻的观念，同时也要对军人逃离部队的行为依法追究责任。

对于现役军人逃离部队的行为，有关法律规定了严格的法律责任。一是《兵役法》规定，现役军人以逃避服兵役为目的，拒绝履行职责或者逃离部队的，按照中央军事委员会的规定给予处分；构成犯罪的，依法追究刑事责任。现役军人有前款行为被军队除名、开除军籍或者被依法追究刑事责任的，不得录用为公务员或者参照公务员法管理的工作人员，两年内不得出国（境）或者升学。二是刑事责任。对于逃离部队构成犯罪的行为，1981年《惩治军人违反职责罪暂行条例》已有规定，1997年修订刑法时纳入了刑法，本法分则第十章军人违反职责罪中的第四百三十五条规定了逃离部队罪，即军人违反兵役法规，逃离部队，情节严重的，处三年以下有期徒刑或者拘役。战时犯前款罪的，处三年以上七年以下有期徒刑。

1997年修订刑法前，实践中存在一些不法人员出于不同动机和目的，煽动现役军人逃离部队的情形。煽动军人逃离部队的行为，涣散军心，瓦解队伍，**严重影响部队的稳定和战斗力，妨害部队的管理，影响国家的国防安全**。为了严禁这种行为，**1997年修订刑法**时增加了煽动军人逃离部队罪。

另外，当时社会上的一些个人和企业，明知是从部队非法逃离的逃兵仍然加以雇用，这种行为实际上是帮助逃兵继续逃避服兵役，给部队和地方有关部门查找、追回逃兵带来妨碍，给部队管理造成困难，严重破坏了国家兵役制度的实施。对于这种行为，《兵役法》规定，明知是逃离部队的军人而雇用的，由县级人民政府责令改正，并处以罚款；构成犯罪的，依法追究刑事责任。为了依法惩治这种行为，**1997年修订刑法**时增加了雇用逃离部队军人罪。

【条文说明】

本条是关于煽动军人逃离部队罪和雇用逃离部队军人罪及其处罚的规定。

本条规定了两种犯罪行为：

1. **煽动军人逃离部队罪**。构成煽动军人逃离部队罪须具备以下条件：

一是行为人主观上是**出于故意**，即有明确的要使军人脱离所在部队，不履行服兵役义务的目的。实践中行为人煽动军人逃离部队的动机存在多种情况，有的是希望在部队服役的亲人回到自己身边，有的是希望军人到自己的企业工作或者从事其他工作，也有的是出于破坏武装部队战斗力和国家兵役制度的政治目的而煽动军人逃离部队。

二是行为人客观上实施了**煽动军人逃离部队的行为**。**"煽动"**，是指通过宣传、鼓动行为，使在部队服役的现役军人逃离部队。煽动的方法多种多样，如发表演说，发送、邮寄纸质和电子形式的宣传材料，散发标语传单等。只要行为人实施了煽动军人逃离部队的行为，就可以构成本条规定的犯罪。**至于军人是否产生了逃离部队的意图，是否实施了逃离部队的行为，不影响犯罪的构成，**

分则　第七章

可以作为量刑时考虑的情节。这里还应注意将煽动行为与军人家属、亲友因确有困难,向服役的军人表达希望其早日转业回家的愿望等情况区别开来,这种情形不能按犯罪处理。[①]

三是**行为人的行为必须是情节严重的**,才构成犯罪,这是区分罪与非罪的界限。"**情节严重**",是指多次实施煽动行为、煽动多名军人或者军队的高级干部离开部队等情况。根据《最高人民检察院、公安部关于公安机关管辖的刑事案件立案追诉标准的规定(一)》第九十一条的规定,煽动军人逃离部队,涉嫌下列情形之一的,应予立案追诉:煽动三人以上逃离部队的;煽动指挥人员、值班执勤人员或者其他负有重要职责人员逃离部队的;影响重要军事任务完成的;发生在战时的;其他情节严重的情形。

2. **雇用逃离部队军人罪**。构成雇用逃离部队军人罪须具备以下条件:

一是行为人在主观上必须是**明知**,即明知其所雇用的是逃离部队的军人。这种明知,可以是行为人明确承认,也可以通过客观情形推定。

二是行为人在客观上实施了**明知是逃离部队的军人而雇用的行为**。这里规定的"**雇用**",是指通过付给报酬让逃离部队的军人为其提供劳务。雇用的形式可以是多样的,不限于签订劳动合同的正式用工。只要形成了事实上的雇佣关系,都可以构成本条规定的犯罪。

三是**行为人的行为必须是情节严重的**,才构成犯罪,这是罪与非罪的界限。"**情节严重**",是指雇用多名或多次雇用逃离部队的军人等情况。根据《最高人民检察院、公安部关于公安机关管辖的刑事案件立案追诉标准的规定(一)》第九十二条的规定,明知是逃离部队的军人而雇用,涉嫌下列情形之一的,应予立案追诉:雇用一人六个月以上的;雇用三人以上的;明知是逃离部队的指挥人员、值班执勤人员或者其他负有重要职责人员而雇用的;阻碍部队将被雇用军人带回的;其他情节严重的情形。

根据本条规定,对煽动军人逃离部队或者明知是逃离部队的军人而雇用,情节严重的,处三年以下有期徒刑、拘役或者管制。

需要注意的是,实践中适用煽动军人逃离部队罪和雇用逃离部队军人罪,应当注意这两种犯罪与**逃离部队罪的共同犯罪**的区分。《刑法》第四百三十五条规定的逃离部队罪的主体是现役军人。煽动军人逃离部队的行为,实际上是教唆军人实施逃离部队罪。但刑法已经将这种煽动行为单独规定为煽动军人逃离部队罪,就不再以逃离部队罪的共同犯罪定罪处罚。同时,对于行为人事先与准备逃离部队的军人通谋,军人逃离部队后对其予以雇用的行为,应当以逃离部队罪的共犯定罪处罚。

【司法解释性文件】

《最高人民检察院、公安部关于公安机关管辖的刑事案件立案追诉标准的规定(一)》(公通字〔2008〕36号,2008年6月25日公布)

△(**煽动军人逃离部队罪;立案追诉标准**)煽动军人逃离部队,涉嫌下列情形之一的,应予立案追诉:

(一)煽动三人以上逃离部队的;

(二)煽动指挥人员、值班执勤人员或者其他负有重要职责人员逃离部队的;

(三)影响重要军事任务完成的;

(四)发生在战时的;

(五)其他情节严重的情形。(§ 91)

△(**雇用逃离部队军人罪;立案追诉标准**)明知是逃离部队的军人而雇用,涉嫌下列情形之一的,应予立案追诉:

(一)雇用一人六个月以上的;

(二)雇用三人以上的;

(三)明知是逃离部队的指挥人员、值班执勤人员或者其他负有重要职责人员而雇用的;

(四)阻碍部队将被雇用军人带回的;

(五)其他情节严重的情形。(§ 92)

【附属刑法】

《中华人民共和国兵役法》(1984年5月31日通过,2021年8月20日修订)

第五十八条

Ⅲ明知是逃离部队的军人而招录、聘用的,由县级人民政府责令改正,并处以罚款。

第六十二条

违反本法规定,构成犯罪的,依法追究刑事责任。

① 我国学者指出,煽动和教唆并非等同概念,区分关键在于对象是否特定。如果行为人唆使特定的军人逃离部队,应以《刑法》第四百三十五条逃离部队罪的教唆犯论处。参见张明楷:《刑法学》(第6版),法律出版社2021年版,第1549页;周光权:《刑法各论》(第4版),中国人民大学出版社2021年版,第624页。另有论者指出,煽动必须公开进行,且针对不特定或者多数人实施,否则就只能以逃离部队罪的教唆犯论处。参见黎宏:《刑法学各论》(第2版),法律出版社2016年版,第495页。

第三百七十四条 【接送不合格兵员罪】

在征兵工作中徇私舞弊，接送不合格兵员，情节严重的，处三年以下有期徒刑或者拘役；造成特别严重后果的，处三年以上七年以下有期徒刑。

【立法理由】

武装部队征集新兵，是加强部队建设，保证部队战斗力的一项重要工作。政治表现良好、身体素质过硬的兵员，是建设高素质的、有战斗力的部队的基础，是维护国家国防安全的重要人力资源保障。我国有关法律、行政法规对在征兵工作中保证兵员质量的工作要求和兵员的身体素质、政治素质的具体要求都有严格的规定。1997 年**《国防法》**第五十条第二款规定，各级兵役机关和基层人民武装机构应当依法办理兵役工作，按照国务院和中央军事委员会的命令完成征兵任务，保证兵员质量。其他有关国家机关、社会团体和企业事业单位应当依法完成民兵和预备役工作，协助兵役机关完成征兵任务。根据 1985 年**《征兵工作条例》**第四十七条的规定，国家工作人员在办理征兵工作时，应当严格执行征兵命令，确保新兵质量。

但是，实践中一些地方和部队负责征兵工作的人员，在征兵工作中徇私舞弊，为满足私利而严重不负责任，将不符合兵员政治条件或者身体条件等要求的人员，甚至是一些有违法犯罪记录的人员送到部队，给国防安全和利益带来隐患，有的还造成了严重后果和恶劣影响。对这种行为，有关法律法规规定了法律责任。根据 1985 年《征兵工作条例》第四十七条的规定，对在办理征兵工作时收受贿赂、营私舞弊或玩忽职守使征兵工作受到严重损失的国家工作人员，依照兵役法的有关规定予以惩处。1984 年《兵役法》第六十二条规定，国家工作人员办理兵役工作时，收受贿赂、营私舞弊的，或者玩忽职守，致使兵役工作遭受严重损失的，分别依照《刑法》第一百八十五条、第一百八十七条的规定处罚，即依照 1979 年《刑法》第一百八十五条关于受贿罪的规定、第一百八十七条关于玩忽职守罪的规定处罚。**1997 年修订刑法**时，为了更有针对性地依法惩治征兵工作中的徇私舞弊犯罪，保证武装部队兵员的质量，维护部队战斗力和国防利益，在《刑法》分则危害国防利益罪一章增加了接送不合格兵员罪的规定。

【条文说明】

本条是关于接送不合格兵员罪及其处罚的规定。

构成本条规定的接送不合格兵员犯罪，须具备以下条件：

1. 犯罪主体是特殊主体，即**负责接送新兵的工作人员**，包括军队中负责征兵工作的人员，也包括地方负责征召、审查和向部队输送兵员工作的人员，以及在征兵工作中承担相关职责的医务人员等。

2. 行为人主观上是**故意犯罪**，即行为人明知兵员的政治条件、年龄条件、身体条件或者其他条件不符合征兵要求，仍然故意将不合格的兵员接送到部队。行为人的动机可能是多样的，如收受钱财、照顾亲友等。

3. 行为人客观上具有**在征兵工作中徇私舞弊，接送不合格兵员的行为**。这里的“**征兵**”，是指国家依照《国防法》《兵役法》《征兵工作条例》等规定，征集中国人民解放军和中国人民武装警察部队现役的兵员。“**徇私舞弊**”，主要是指徇私情，如照顾老同学、老同事、老部下、老上级或亲属朋友的面子，或是收受贿赂而徇私等。“**接送**”，按照部队和地方征兵工作人员的职责，包括“接”和“送”两种情形。“接”是指部队有关人员将新兵接收到部队。“送”是指地方有关部门工作人员将兵员送至部队。“接送”的具体环节包括兵役登记、体格检查、政治审查、审定新兵、交接新兵等。“**不合格兵员**”是指不符合法律法规规定的新兵征集条件的兵员。[①]《兵役法》《征兵工作条例》等法律、法规中，对兵员的各方面条件规定了明确的要求，主要有以下几个方面：一是年龄条件。根据《征兵工作条例》第三条第一、二、三款的规定：“每年 12 月 31 日以前年满 18 岁的男性公民，应当被征集服现役。当年未被征集的，在 22 岁以前，仍可以被征集服现役。根据军队需要，可以按前款规定征集女性公民服现役。根据军队需要和本人自愿的原则，可以征集当年 12 月 31 日以前年满 17 岁未满 18 岁的男女公民服现

① 我国学者指出，不合格兵员包括身体、政治表现、年龄、文化程度不合格等。参见周光权：《刑法各论》(第 4 版)，中国人民大学出版社 2021 年版，第 625 页。

役。”二是文化程度条件。根据有关规定，目前征兵对象以高中毕业以上文化程度的青年为主。三是身体条件。2003年国防部发布的《应征公民体格检查标准》对应征人伍的身体条件作了详细规定，具体包括外科、内科、耳鼻咽喉科、眼科、口腔科、妇科、辅助检查等多方面的标准。四是政治条件。根据《兵役法》和《征兵工作条例》的规定，依照法律被剥夺政治权利的人，不征集。被羁押正在受侦查、起诉、审判的或者被判处徒刑、拘役、管制正在服刑的公民，不征集。除这些不得征集的情形以外，军队和地方有关部门还应当根据有关规定，对应征人员的政治条件进行严格审查，切实保证新兵政治可靠，防止把不符合政治条件的人征入部队。

4. **行为人的行为，情节严重的，才构成犯罪**，这是区分罪与非罪的重要界限。**情节严重**包括被送到部队的不合格的人员到部队后不接受部队教育，又进行违法犯罪活动，造成恶劣影响等情况。根据《最高人民检察院、公安部关于公安机关管辖的刑事案件立案追诉标准的规定(一)》第九十三条的规定，在征兵工作中徇私舞弊，接送不合格兵员，涉嫌下列情形之一的，应予立案追诉：接送不合格特种条件兵员一名以上或者普通兵员三名以上的；发生在战时的；造成严重后果的；其他情节严重的情形。

根据本条规定，对在征兵工作中徇私舞弊，接送不合格兵员，情节严重的，处三年以下有期徒刑或者拘役；造成特别严重后果的，处三年以上七年以下有期徒刑。“**造成特别严重后果**”主要是指被送到部队的不合格兵员，不接受部队教育，进行违法犯罪活动造成严重后果；多次接送不合格兵员；或接送不合格兵员多人等情况。

需要注意的是，实践中犯本条规定的接送不合格兵员罪的军队、地方工作人员，往往同时存在收受贿赂的情形。根据《最高人民法院、最高人民检察院关于办理渎职刑事案件适用法律若干问题的解释(一)》第三条的规定，国家机关工作人员犯本条规定的接送不合格兵员罪并收受贿赂，同时构成受贿罪的，**应当以接送不合格兵员罪和受贿罪数罪并罚**。

【司法解释性文件】

《最高人民检察院、公安部关于公安机关管辖的刑事案件立案追诉标准的规定(一)》(公通字〔2008〕36号，2008年6月25日公布)

△(**接送不合格兵员罪；立案追诉标准**)在征兵工作中徇私舞弊，接送不合格兵员，涉嫌下列情形之一的，应予立案追诉：

(一)接送不合格特种条件兵员一名以上或者普通兵员三名以上的；

(二)发生在战时的；

(三)造成严重后果的；

(四)其他情节严重的情形。(§ 93)

【附属刑法】

《中华人民共和国兵役法》(1984年5月31日通过，2021年8月20日修订)

第六十一条

国家工作人员和军人在兵役工作中，有下列行为之一的，依法给予处分：

……

(三)徇私舞弊，接送不合格兵员的；

……

第六十二条

违反本法规定，构成犯罪的，依法追究刑事责任。

分则　第七章

第三百七十五条　【伪造、变造、买卖武装部队公文、证件、印章罪】【盗窃、抢夺武装部队公文、证件、印章罪】【非法生产、买卖武装部队制式服装罪】【伪造、盗窃、买卖、非法提供、非法使用武装部队专用标志罪】

伪造、变造、买卖或者盗窃、抢夺武装部队公文、证件、印章的，处三年以下有期徒刑、拘役、管制或者剥夺政治权利；情节严重的，处三年以上十年以下有期徒刑。

非法生产、买卖武装部队制式服装，情节严重的，处三年以下有期徒刑、拘役或者管制，并处或者单处罚金。

伪造、盗窃、买卖或者非法提供、使用武装部队车辆号牌等专用标志，情节严重的，处三年以下有期徒刑、拘役或者管制，并处或者单处罚金；情节特别严重的，处三年以上七年以下有期徒刑，并处罚金。

单位犯第二款、第三款罪的，对单位判处罚金，并对其直接负责的主管人员和其他直接责任人员，依照各该款的规定处罚。

【立法沿革】

《中华人民共和国刑法》（1997年修订，自1997年10月1日起施行）

第三百七十五条

伪造、变造、买卖或者盗窃、抢夺武装部队公文、证件、印章的，处三年以下有期徒刑、拘役、管制或者剥夺政治权利；情节严重的，处三年以上十年以下有期徒刑。

非法生产、买卖武装部队制式服装、车辆号牌等专用标志，情节严重的，处三年以下有期徒刑、拘役或者管制，并处或者单处罚金。

单位犯第二款罪的，对单位判处罚金，并对其直接负责的主管人员和其他直接责任人员，依照该款的规定处罚。

《中华人民共和国刑法修正案（七）》（自2009年2月28日起施行）

十二、将刑法第三百七十五条第二款修改为：

"非法生产、买卖武装部队制式服装，情节严重的，处三年以下有期徒刑、拘役或者管制，并处或者单处罚金。"

增加一款作为第三款：

"伪造、盗窃、买卖或者非法提供、使用武装部队车辆号牌等专用标志，情节严重的，处三年以下有期徒刑、拘役或者管制，并处或者单处罚金；情节特别严重的，处三年以上七年以下有期徒刑，并处罚金。"

原第三款作为第四款，修改为：

"单位犯第二款、第三款罪的，对单位判处罚金，并对其直接负责的主管人员和其他直接责任人员，依照各该款的规定处罚。"

【立法理由】

1. **1997年修订刑法的情况**。1979年《刑法》第一百六十七条规定："伪造、变造或者盗窃、抢夺、毁灭国家机关、企业、事业单位、人民团体的公文、证件、印章的，处三年以下有期徒刑、拘役、管制或者剥夺政治权利；情节严重的，处三年以上十年以下有期徒刑。"1997年刑法修订前，行为人实施妨害武装部队公文、证件、印章的行为，构成犯罪的，可以依照该规定处罚。1997年修订刑法时，为了维护国防利益的需要，增加了危害国防利益罪一章。上述妨害武装部队公文、证件、印章的行为直接危害国防利益，在本章单独加以规定，并针对实践中出现的一些人员为牟取非法利益，非法买卖武装部队公文、证件、印章，以及非法生产、买卖武装部队制式服装、车辆号牌等专用标志的情况，增加规定了有关犯罪行为。

2. **2009年《刑法修正案（七）》对本条的修改情况**。《刑法修正案（七）》制定前的一段时间，涉及军车号牌的违法犯罪活动出现了新的情况，一些不法分子为了逃避各种规费以及牟取非法利益，大肆盗窃、非法提供（包括出租）、非法使用军车号牌，在个别地区，伪造、盗窃、买卖、非法提供和使用军车号牌的非法活动甚至呈现出"产业化"和"集团化"的趋势。据有关部门统计，"2004式"军车号牌换发后几年，全军和武警部队被盗车辆号牌达数千副，假冒军车每年偷逃各种规费近十亿元。这些违法犯罪活动，**破坏了军队正常管理和军车运行秩序，干扰部队战备训练和军事斗争准备，败坏了军队的形象，影响了军民军政关系**，必须予以必要的惩治。由于刑法仅对非法生产和买卖军车号牌的犯罪作了定罪处罚的规定，对于盗窃、非法提供和非法使用军车号牌的行为没有明确规定，使一些不法分子规避法律，逃避法律的制裁。针对这种情况，《刑法修正案（七）》对本条作了相应修改，对伪造、盗窃、买卖或者非法提供、使用武装部队车辆号牌等专用标志的犯罪作了专门的规定。

【条文说明】

本条是关于伪造、变造、买卖武装部队公文、证件、印章罪,盗窃、抢夺武装部队公文、证件、印章罪,非法生产、买卖武装部队制式服装罪,伪造、盗窃、买卖、非法提供、非法使用武装部队专用标志罪及其处罚的规定。

本条共分为四款。

第一款是关于**伪造、变造、买卖武装部队公文、证件、印章罪和盗窃、抢夺武装部队公文、证件、印章罪**及其处罚的规定。[①] 构成本款规定的犯罪须具备以下条件:

1. 行为人在主观上是**出于故意**,至于行为人出于何种动机不影响本罪成立。

2. 行为人客观上实施了"**伪造、变造、买卖**"或者"**盗窃、抢夺**"的行为。

3. 犯罪对象是**武装部队的公文、证件、印章**,而不是一般国家机关的公文、证件、印章。"**武装部队**",是指中国人民解放军和中国人民武装警察部队。"**公文**",是指武装部队在执行公务活动中或履行日常工作职责的活动中所形成或发布的文件、公函、通告、命令等公务文件。"**证件**",是指武装部队成员的身份证件、通行证件以及一些特别证件。"**印章**",是指武装部队用于各种公务性文件、公函、命令、通告等文件中能够代表部队的印章。

《最高人民法院、最高人民检察院关于办理妨害武装部队制式服装、车辆号牌管理秩序等刑事案件具体应用法律若干问题的解释》第一条对构成本款规定的犯罪的**定罪量刑标准**作了规定。根据该解释第一条的规定,伪造、变造、买卖或者盗窃、抢夺武装部队公文、证件、印章,具有下列情形之一的,应当依照本款的规定,以伪造、变造、买卖武装部队公文、证件、印章罪或者盗窃、抢夺武装部队公文、证件、印章罪定罪处罚:(1)伪造、变造、买卖或者盗窃、抢夺武装部队公文一件以上的;(2)伪造、变造、买卖或者盗窃、抢夺武装部队军官证、士兵证、车辆行驶证、车辆驾驶证或者其他证件二本以上的;(3)伪造、变造、买卖或者盗窃、抢夺武装部队机关印章、车辆牌证印章或者其他印章一枚以上的。数量达到上述规定标准五倍以上或者造成严重后果的,应当认定为本款规定的"**情节严重**"。

行为人只要实施了上述行为之一,就构成犯罪。实践中,这一犯罪往往与其他犯罪相联系,成为犯罪分子进行其他犯罪的一种手段,在这种情况下,原则上应按从一重罪处罚的原则定罪处刑。根据本款的规定,对伪造、变造、买卖或者盗窃、抢夺武装部队公文、证件、印章的,处三年以下有期徒刑、拘役、管制或者剥夺政治权利;情节严重的,处三年以上十年以下有期徒刑。

第二款是关于**非法生产、买卖武装部队制式服装罪**及其处罚的规定。武装部队制式服装是用以证明武装部队人员身份的专用服装。武装部队制式服装不是一般商品,不得自由买卖,任何非法生产、买卖的行为都会危害国防安全和利益,必须予以惩处。构成本款规定的犯罪,须同时具备以下条件:

1. 行为人主观上**出于故意**。

2. 行为人客观上实施了**非法生产、买卖武装部队制式服装的行为**。武装部队制式服装由国家指定的厂家生产,任何厂家、个人非经指定不得从事生产、制造活动。"非法生产"包括无权制造的单位私自制造,也包括有权制造的单位不按规定擅自超量制造。[②]

3. 犯罪对象必须是**武装部队的制式服装**。"制式服装",是指中国人民解放军和中国人民武装警察部队的服装。

4. **行为人实施上述行为,必须达到情节严重的程度**,才构成犯罪。根据《最高人民法院、最高人民检察院关于办理妨害武装部队制式服装、车辆号牌管理秩序等刑事案件具体应用法律若干问题的解释》第二条的相关规定,非法生产、买卖武装部队现行装备的制式服装,具有下列情形之一的,应当认定为本款规定的"**情节严重**",以非法生产、买卖武装部队制式服装罪定罪处罚:(1)非法生产、买卖成套制式服装三十套以上,或者非成套制式服装一百件以上的;(2)非法生产、买卖帽徽、领花、臂章等标志服饰合计一百件(副)以上的;(3)非法经营数额二万元以上的;(4)违法所得数额五千元以上的;(5)具有其他严重情节的。

根据本款的规定,对非法生产、买卖武装部队制式服装,情节严重的,处三年以下有期徒刑、拘役或者管制,并处或者单处罚金。

第三款是关于**伪造、盗窃、买卖、非法提供、非**

① 需要注意的是,本款规定与《刑法》第二百八十条是法条竞合的关系。另外,由于本款未规定毁灭行为,故而,行为人毁灭武装部队公文、证件、印章,应适用《刑法》第二百八十条,其行为构成毁灭国家机关公文、证件、印章罪。参见张明楷:《刑法学》(第6版),法律出版社2021年版,第1550页。

② 相同的学说见解,参见张明楷:《刑法学》(第6版),法律出版社2021年版,第1550页。

法使用武装部队车辆号牌等专用标志罪及处罚的规定。武装部队车辆号牌等专用标志是为便于社会外界识别，表明武装部队身份，用于执行部队公务的场所、车辆等的外形标记，包括军车号牌、军衔标志、军徽、臂章以及特种部队或者某些部队执行特别任务时专用的特别标志等。伪造、盗窃、买卖或者非法提供、使用武装部队车辆号牌等专用标志的行为，破坏了军队的正常管理秩序，干扰了部队正常的军事训练，败坏军队的形象，危害国防利益，必须严惩。构成本款犯罪应具备以下条件：

1. 行为人主观上**出于故意**。

2. 行为人在客观上实施了**伪造、盗窃、买卖或者非法提供、使用武装部队车辆号牌等专用标志的行为**。应当明确的是，这里所说的"买卖或者非法提供、使用武装部队车辆号牌等专用标志"，既包括买卖或者非法提供、使用真的专用标志，也包括买卖或者非法提供、使用伪造、变造等假的专用标志。①

3. **行为人的行为必须达到情节严重的程度**。根据《最高人民法院、最高人民检察院关于办理妨害武装部队制式服装、车辆号牌管理秩序等刑事案件具体应用法律若干问题的解释》第三条的相关规定，伪造、盗窃、买卖或者非法提供、使用武装部队车辆号牌等专用标志，具有下列情形之一的，应当认定为本款规定的"**情节严重**"，以伪造、盗窃、买卖、非法提供、非法使用武装部队专用标志罪定罪处罚：(1)伪造、盗窃、买卖或者非法提供、使用武装部队军以上领导机关车辆号牌一副以上或者其他车辆号牌三副以上的；(2)非法提供、使用军以上领导机关车辆号牌之外的其他车辆号牌累计六个月以上的；(3)伪造、盗窃、买卖或者非法提供、使用军徽、军旗、军种符号或者其他军用标志合计一百件(副)以上的；(4)造成严重后果或者恶劣影响的。实施上述规定的行为，具有下列情形之一的，应当认定为本款规定的"**情节特别严重**"：(1)数量达到前款第(1)、(3)项规定标准五倍以上的；(2)非法提供、使用军以上领导机关车辆号牌累计六个月以上或者其他车辆号牌累计一年以上的；(3)造成特别严重后果或者特别恶劣影响的。

根据本款的规定，对伪造、盗窃、买卖或者非法提供、使用武装部队车辆号牌等专用标志，情节严重的，处三年以下有期徒刑、拘役或者管制，并处或者单处罚金；情节特别严重的，处三年以上七年以下有期徒刑，并处罚金。

第四款是关于**单位犯罪**的规定。根据本款规定，单位可以成为本条第二款规定的非法生产、买卖武装部队制式服装的犯罪的主体，也可以成为第三款规定的伪造、盗窃、买卖或者非法提供、使用武装部队车辆号牌等专用标志的犯罪的主体。根据本款规定，单位构成本条第二款、第三款犯罪的，除对单位判处罚金外，对其直接负责的主管人员和其他直接责任人员，依照各该款的规定处罚。

需要注意的是，本条第一款规定了伪造、变造、买卖或者盗窃、抢夺武装部队公文、证件、印章的犯罪，共涉及五种犯罪行为，三类犯罪对象。根据《最高人民法院关于执行〈中华人民共和国刑法〉确定罪名的规定》，该款规定的犯罪分为伪造、变造、买卖武装部队公文、证件、印章罪和盗窃、抢夺武装部队公文、证件、印章罪两个选择性罪名。实践中对于行为人有该款规定的多种犯罪行为的，**如果是一个选择性罪名内的多种犯罪行为**，如既伪造武装部队公文，又买卖武装部队证件的，按一罪处理；**涉及不同罪名的**，如既伪造武装部队公文，又盗窃武装部队印章的，按照数罪并罚的规定处理。

【司法解释】

《最高人民法院、最高人民检察院关于办理妨害武装部队制式服装、车辆号牌管理秩序等刑事案件具体应用法律若干问题的解释》(法释〔2011〕16号，自2011年8月1日起施行)

△(**伪造、变造、买卖武装部队公文、证件、印章罪；盗窃、抢夺武装部队公文、证件、印章罪；情节严重**)伪造、变造、买卖或者盗窃、抢夺武装部队公文、证件、印章，具有下列情形之一的，应当依照刑法第三百七十五条第一款的规定，以伪造、变造、买卖武装部队公文、证件、印章罪或者盗窃、抢夺武装部队公文、证件、印章罪定罪处罚：

(一)伪造、变造、买卖或者盗窃、抢夺武装部队公文一件以上的；

(二)伪造、变造、买卖或者盗窃、抢夺武装部队军官证、士兵证、车辆行驶证、车辆驾驶证或者其他证件二本以上的；

(三)伪造、变造、买卖或者盗窃、抢夺武装部队机关印章、车辆牌证印章或者其他印章一枚以上的。

实施前款规定的行为，数量达到第(一)至(三)项规定标准五倍以上或者造成严重后果的，应当认定为刑法第三百七十五条第一款规定的"情节严重"。(§1)

① 相同的学说见解，参见张明楷：《刑法学》(第6版)，法律出版社2021年版，第1551页。

△(**非法生产、买卖武装部队制式服装罪;情节严重**)非法生产、买卖武装部队现行装备的制式服装,具有下列情形之一的,应当认定为刑法第三百七十五条第二款规定的"情节严重",以非法生产、买卖武装部队制式服装罪定罪处罚:

(一)非法生产、买卖成套制式服装三十套以上,或者非成套制式服装一百件以上的;

(二)非法生产、买卖帽徽、领花、臂章等标志服饰合计一百件(副)以上的;

(三)非法经营数额二万元以上的;

(四)违法所得数额五千元以上的;

(五)具有其他严重情节的。(§ 2)

△(**伪造、盗窃、买卖、非法提供、非法使用武装部队专用标志罪;情节严重;情节特别严重**)伪造、盗窃、买卖或者非法提供、使用武装部队车辆号牌等专用标志,具有下列情形之一的,应当认定为刑法第三百七十五条第三款规定的"情节严重",以伪造、盗窃、买卖、非法提供、非法使用武装部队专用标志罪定罪处罚:

(一)伪造、盗窃、买卖或者非法提供、使用武装部队军以上领导机关车辆号牌一副以上或者其他车辆号牌三副以上的;

(二)非法提供、使用军以上领导机关车辆号牌之外的其他车辆号牌累计六个月以上的;

(三)伪造、盗窃、买卖或者非法提供、使用军徽、军旗、军种符号或者其他军用标志合计一百件(副)以上的;

(四)造成严重后果或者恶劣影响的。

实施前款规定的行为,具有下列情形之一的,应当认定为刑法第三百七十五条第三款规定的"情节特别严重":

(一)数量达到前款第(一)、(三)项规定标准五倍以上的;

(二)非法提供、使用军以上领导机关车辆号牌累计六个月以上或者其他车辆号牌累计一年以上的;

(三)造成特别严重后果或者特别恶劣影响的。(§ 3)

△(**伪造、变造的武装部队公文、证件、印章;仿制的现行装备的武装部队制式服装;伪造、变造的武装部队车辆号牌等专用标志**)买卖、盗窃、抢夺伪造、变造的武装部队公文、证件、印章的,买卖仿制的现行装备的武装部队制式服装情节严重的,盗窃、买卖、提供、使用伪造、变造的武装部队车辆号牌等专用标志情节严重的,应当追究刑事责任。定罪量刑标准适用本解释第一至第三条的规定。(§ 4)

△(**明知;共犯**)明知他人实施刑法第三百七十五条规定的犯罪行为,而为其生产、提供专用材料或者提供资金、账号、技术、生产经营场所等帮助的,以共犯论处。(§ 5)

△(**竞合**)实施刑法第三百七十五条规定的犯罪行为,同时又构成逃税、诈骗、冒充军人招摇撞骗等犯罪的,依照处罚较重的规定定罪处罚。(§ 6)

△(**单位犯罪**)单位实施刑法第三百七十五条第二款、第三款规定的犯罪行为,对单位判处罚金,并对其直接负责的主管人员和其他直接责任人员,分别依照本解释的有关规定处罚。(§ 7)

【司法解释性文件】

《最高人民检察院、公安部关于公安机关管辖的刑事案件立案追诉标准的规定(一)的补充规定》(公通字〔2017〕12号,2017年4月27日公布)

△(**非法生产、买卖武装部队制式服装罪;立案追诉标准**)将《立案追诉标准(一)》第九十四条修改为:[非法生产、买卖武装部队制式服装案(刑法第三百七十五条第二款)]非法生产、买卖武装部队制式服装,涉嫌下列情形之一的,应予立案追诉:

(一)非法生产、买卖成套制式服装30套以上,或者非成套制式服装100件以上的;

(二)非法生产、买卖帽徽、领花、臂章等标志服饰合计100件(副)以上的;

(三)非法经营数额2万元以上的;

(四)违法所得数额5千元以上的;

(五)其他情节严重的情形。

买卖仿制的现行装备的武装部队制式服装,情节严重的,应予立案追诉。(§ 14)

△(**伪造、盗窃、买卖、非法提供、非法使用武装部队专用标志罪;立案追诉标准**)在《立案追诉标准(一)》第九十四条后增加一条,作为第九十四条之一:[伪造、盗窃、买卖、非法提供、非法使用武装部队专用标志案(刑法第三百七十五条第三款)]伪造、盗窃、买卖或者非法提供、使用武装部队车辆号牌等专用标志,涉嫌下列情形之一的,应予立案追诉:

(一)伪造、盗窃、买卖或者非法提供、使用武装部队军以上领导机关车辆号牌1副以上或者其他车辆号牌3副以上的;

(二)非法提供、使用军以上领导机关车辆号牌之外的其他车辆号牌累计6个月以上的;

(三)伪造、盗窃、买卖或者非法提供、使用军徽、军旗、军种符号或者其他军用标志合计100件(副)以上的;

(四)造成严重后果或者恶劣影响的。

盗窃、买卖、提供、使用伪造、变造的武装部队车辆号牌等专用标志,情节严重的,应予立案追诉。(§ 15)

第三百七十六条　【战时拒绝、逃避征召、军事训练罪】【战时拒绝、逃避服役罪】

预备役人员战时拒绝、逃避征召或者军事训练,情节严重的,处三年以下有期徒刑或者拘役。

公民战时拒绝、逃避服役,情节严重的,处二年以下有期徒刑或者拘役。

【立法理由】

预备役制度是我国重要的国防制度,预备役人员是我国武装力量的重要组成部分。有关法律对预备役部队、人员的性质,战时征召预备役人员的制度作了规定。根据1997年《国防法》第二十二条第一款的规定,中华人民共和国的武装力量,由中国人民解放军现役部队和预备役部队、中国人民武装警察部队、民兵组成。预备役部队平时按照规定进行训练,必要时可以依照法律规定协助维护社会秩序,战时根据国家发布的动员令转为现役部队。根据1984年《兵役法》第五条的规定,兵役分为现役和预备役。在中国人民解放军服现役的称现役军人;编入民兵组织或者经过登记服预备役的称预备役人员。第七条第二款规定:预备役人员必须按照规定参加军事训练,随时准备参军参战,保卫祖国。1995年《预备役军官法》第三十六条对国家决定实施国防动员后,征召预备役军官的具体制度作了规定。预备役人员战时及时响应征召,参加军事训练,对于增强国家的国防实力和应变能力,有效维护国家安全和利益,具有重要意义。

预备役人员战时拒绝征召或者军事训练的行为,属于不履行法定的服兵役义务,对国家国防动员的有效实施造成妨碍,具有社会危害性。对于这种行为的法律责任,1984年《兵役法》第六十一条第二款规定:"在战时,预备役人员拒绝、逃避征召或者拒绝、逃避军事训练,情节严重的,比照《中华人民共和国惩治军人违反职责罪暂行条例》第六条第一款的规定处罚。"根据1995年《预备役军官法》第五十三条的规定,预备役军官拒绝或者逃避登记、军事训练,经教育拒不改正的,由当地人民政府强制其履行兵役义务。在战时,预备役军官拒绝、逃避征召或者军事训练,情节严重的,依法追究刑事责任。**1997年修订刑法**时,相应增加了预备役人员战时拒绝、逃避征召、军事训练的犯罪。

1982年《宪法》第五十五条规定:"保卫祖国、抵抗侵略是中华人民共和国每一个公民的神圣职责。依照法律服兵役和参加民兵组织是中华人民共和国公民的光荣义务。"公民拒绝、逃避服兵役的行为,属于不履行公民的法定义务。特别是在战时,公民无故拒绝或者逃避服兵役,无法保障国家兵员,使部队战斗力削弱,直接危害国防利益。根据1984年《兵役法》第六十一条的规定,应征公民拒绝、逃避征集的,基层人民政府应当强制其履行兵役义务。**1997年修订刑法**时,也相应增加了战时拒绝、逃避服役的犯罪。

【条文说明】

本条是关于战时拒绝、逃避征召、军事训练罪和战时拒绝、逃避服役罪及其处罚的规定。

本条共分为两款。

第一款是关于**战时拒绝、逃避征召、军事训练罪**及其处罚的规定。构成本款规定的犯罪,须具备以下条件:

1. **本款规定的犯罪行为发生在战时**,这是构成本罪的前提条件。预备役人员在平时拒绝、逃避征召或者军事训练的行为,可以依照《兵役法》《预备役军官法》等规定予以处罚,但不构成犯罪。战时的含义,应当根据《刑法》第四百五十一条的规定理解,即国家宣布进入战争状态、部队受领作战任务或者遭敌突然袭击时。部队执行戒严任务或者处置突发性暴力事件时,以战时论。

2. 犯罪主体是**预备役人员**。预备役人员的含义,应当根据《兵役法》第五条的规定掌握,即经过登记,预编到现役部队、编入预备役部队、编入民兵组织服预备役的或者以其他形式服预备役的人员,分为预备役士兵和预备役军官。

3. 预备役人员实施了**拒绝、逃避征召或者军事训练的行为**。"**拒绝**"是指不接受。"**逃避**"是指有意躲避。"**征召**",是指兵役机关依法向预备役人员发出通知,要其按规定的时间地点报到,准备转服现役。[①] 根据兵役法的规定，预备役人员在接到应召通知后，必须准时到指定地点报到。预备役人员明确地向有关人员表示拒绝征召或者军事训练，以及虽未明确拒绝，但以消极躲避的方式不响应征召或者军事训练的，都可以构成本款规定的犯罪。

4. **行为人的行为必须是情节严重的，才构成犯罪**，“情节严重”，主要是指无故拒绝、逃避，经多次教育仍不改正的或其他严重情节。《最高人民检察院、公安部关于公安机关管辖的刑事案件立案追诉标准的规定（一）》第九十五条规定：“预备役人员战时拒绝、逃避征召或者军事训练，涉嫌下列情形之一的，**应予立案追诉**：（一）无正当理由经教育仍拒绝、逃避征召或者军事训练的；（二）以暴力、威胁、欺骗等手段，或者采取自伤、自残等方式拒绝、逃避征召或者军事训练的；（三）联络、煽动他人共同拒绝、逃避征召或者军事训练的；（四）其他情节严重的情形。”对于有些预备役人员因生病或家中确有实际困难不能或者不能及时应召或参加军事训练的，不能定罪处刑。

根据本款规定，对预备役人员战时拒绝、逃避征召或者军事训练，情节严重的，处三年以下有期徒刑或者拘役。

第二款是关于**战时拒绝、逃避服役罪**及其处罚的规定。构成本罪须同时具备以下条件：

1. **本款规定的犯罪行为发生在战时**，这是构成本罪的前提条件。公民平时拒绝、逃避服役的行为，可以依照兵役法等规定予以处罚，但不构成犯罪。

2. 犯罪主体是**一般公民**。根据《兵役法》第三条的规定，中华人民共和国公民，不分民族、种族、职业、家庭出身、宗教信仰和教育程度，都有义务依法服兵役。年满十八岁的公民，按照兵役机关的安排，进行兵役登记。

3. 行为人实施了**拒绝、逃避服役的行为**。在兵役登记、体格检查、政治审查、审定新兵、交接新兵等征兵工作各环节拒绝、逃避服役的行为，都可能构成本款规定的犯罪。[②]

4. 行为人的行为必须情节严重的，才构成犯罪。《最高人民检察院、公安部关于公安机关管辖的刑事案件立案追诉标准的规定（一）》第九十六条规定：“公民战时拒绝、逃避服役，涉嫌下列情形之一的，**应予立案追诉**：（一）无正当理由经教育仍拒绝、逃避服役的；（二）以暴力、威胁、欺骗等手段，或者采取自伤、自残等方式拒绝、逃避服役的；（三）联络、煽动他人共同拒绝、逃避服役的；（四）其他情节严重的情形。”

根据本款规定，对公民战时拒绝、逃避服役，情节严重的，处二年以下有期徒刑或者拘役。考虑到一般公民和预备役人员的身份、义务等方面的不同，本款规定的刑罚与第一款规定的预备役人员战时拒绝、逃避征召、军事训练罪作了轻重区别。

【司法解释性文件】

《最高人民检察院、公安部关于公安机关管辖的刑事案件立案追诉标准的规定（一）》（公通字〔2008〕36号，2008年6月25日公布）

△（**战时拒绝、逃避征召、军事训练罪；立案追诉标准**）预备役人员战时拒绝、逃避征召或者军事训练，涉嫌下列情形之一的，应予立案追诉：

（一）无正当理由经教育仍拒绝、逃避征召或者军事训练的；

（二）以暴力、威胁、欺骗等手段，或者采取自伤、自残等方式拒绝、逃避征召或者军事训练的；

（三）联络、煽动他人共同拒绝、逃避征召或者军事训练的；

（四）其他情节严重的情形。（§ 95）

△（**战时拒绝、逃避服役罪；立案追诉标准**）公民战时拒绝、逃避服役，涉嫌下列情形之一的，应予立案追诉：

（一）无正当理由经教育仍拒绝、逃避服役的；

（二）以暴力、威胁、欺骗等手段，或者采取自伤、自残等方式拒绝、逃避服役的；

（三）联络、煽动他人共同拒绝、逃避服役的；

（四）其他情节严重的情形。（§ 96）

【附属刑法】

《中华人民共和国预备役军官法》（1995年5月10日通过，2010年8月28日修正）

第六十三条

预备役军官有下列行为之一的，由县级人民政府责令限期改正；逾期不改正的，由县级以上地方人民政府强制其履行兵役义务；属于国家工作人员的，依法给予处分；构成犯罪的，依法追究刑事责任：

（一）拒绝或者逃避预备役登记的；

① 我国学者指出，拒绝与逃避没有本质区别，都表现为不接受征召和不参加军事训练。参见张明楷：《刑法学》（第6版），法律出版社2021年版，第1551页。

② 服役包括服现役及预备役。参见周光权：《刑法各论》（第4版），中国人民大学出版社2021年版，第616页。

（二）拒绝或者逃避军事训练、执行军事勤务的；

（三）拒绝、逃避征召的。

《中华人民共和国国防动员法》（2010年2月26日通过）

第六十八条

公民有下列行为之一的，由县级人民政府责令限期改正；逾期不改的，强制其履行义务：

……

（三）拒绝、逃避征召或者拒绝、逃避担负国防勤务的；

……

第七十一条

违反本法规定，构成违反治安管理行为的，依法给予治安管理处罚；构成犯罪的，依法追究刑事责任。

《中华人民共和国兵役法》（1984年5月31日通过，2021年8月20日修订）

第五十七条

Ⅰ有服兵役义务的公民有下列行为之一的，由县级人民政府责令限期改正；逾期不改正的，由县级人民政府强制其履行兵役义务，并处以罚款：

（一）拒绝、逃避兵役登记的；

（二）应征公民拒绝、逃避征集服现役的；

（三）预备役人员拒绝、逃避参加军事训练、担负战备勤务、执行非战争军事行动任务和征召的。

Ⅱ有前款第二项行为，拒不改正的，不得录用为公务员或者参照《中华人民共和国公务员法》管理的工作人员，不得招录、聘用为国有企业和事业单位工作人员，两年内不准出境或者升学复学，纳入履行国防义务严重失信主体名单实施联合惩戒。

第六十二条

违反本法规定，构成犯罪的，依法追究刑事责任。

第三百七十七条　【战时故意提供虚假敌情罪】

战时故意向武装部队提供虚假敌情，造成严重后果的，处三年以上十年以下有期徒刑；造成特别严重后果的，处十年以上有期徒刑或者无期徒刑。

【立法理由】

1997年《国防法》第五十三条规定："公民和组织应当支持国防建设，为武装力量的军事训练、战备勤务、防卫作战等活动提供便利条件或者其他协助。"积极协助武装部队完成任务，是公民应尽的国防义务。特别是在战时，公民有责任向武装部队如实提供自己了解的敌方情况。

战时武装部队取得战役战斗胜利，完成使命任务，需要军事、政治、后勤、装备等多方面的条件，其中准确掌握敌方兵力部署、武器装备、作战意图、后勤保障等情况，对于我军正确评估敌方实力，在结合敌我双方情况和战场环境等因素的基础上，统筹考虑形成作战方案并正确实施，合理配置兵力，实现克敌制胜，具有重要的基础性作用。有关敌情的情报来源是多样的，包括我军主动采取技术和人力手段侦察获得、人民群众向部队提供等。战时向武装部队提供虚假敌情的行为，违反《国防法》规定的公民国防义务，干扰武装部队指挥员的军事决策，可能导致我军作出错误的作战部署和行动，陷我军于不利境地，使战斗、战役失败，严重危害国家安全和国防利益，具有社会危害性。

1981年6月全国人大常委会制定的《惩治军人违反职责罪暂行条例》第十八条规定了谎报军情或假传军令的犯罪，即"故意谎报军情或者假传军令，对作战造成危害的，处三年以上十年以下有期徒刑；致使战斗、战役遭受重大损失的，处十年以上有期徒刑、无期徒刑或者死刑"。这一罪名的犯罪主体限于军人，不能包含非军人故意向武装部队提供虚假敌情的行为。**为了增强公民在战时支持武装部队的国防义务观念，有效预防和惩治战时向武装部队提供虚假敌情的危害行为**，1997年修订刑法时，在新增加的危害国防利益罪一章增加规定了战时故意提供虚假敌情罪。

【条文说明】

本条是关于战时故意提供虚假敌情罪及其处罚的规定。

构成本条规定的战时故意提供虚假敌情罪须

具备以下条件：①

1. **本条规定的犯罪必须是发生在战时**，这是构成本罪的前提条件。平时故意向武装部队提供虚假情况的，可以依照有关规定予以处罚，但不构成犯罪。战时的含义，应当根据《刑法》第四百五十一条的规定理解。

2. 行为人主观上是**故意犯罪**，即故意向武装部队谎报敌情，使我方据此作出错误的判断和决定。过失向武装部队提供虚假敌情的，如道听途说未核实准确，因为缺乏军事专业知识而产生误解，或者被敌方散布的虚假情况迷惑而向我方武装力量提供虚假敌情的，不构成本条规定的犯罪。

3. 行为人实施了**向武装部队提供虚假敌情的行为**。"**虚假**"包括无中生有，凭空编造根本不存在的情况，也包括歪曲、颠倒已存在的事实情况。② "**敌情**"主要是敌方的有关情报，包括与敌方军事行动直接相关的兵力部署、作战计划等，也包括与敌方有关的后勤保障、经济信息、政局情况等。"**提供**"的方式包括主动向武装部队报告，也包括在武装部队人员询问时提供；包括口头提供，也包括书面提供。

4. **行为人战时向武装部队提供虚假敌情的行为造成严重后果的，才构成犯罪**，这是区分罪与非罪的界限。"**造成严重后果**"，主要是指贻误了战机；使我方作出错误的军事行动决定；造成人员伤亡、武器装备、军用物资损失等重大损失等情况，具体可由司法机关根据实际情况掌握。

根据本条规定，对战时故意向武装部队提供虚假敌情，造成严重后果的，处三年以上十年以下有期徒刑；造成特别严重后果的，处十年以上有期徒刑或者无期徒刑。这里规定的"造成特别严重后果"，主要是指致使战斗、战役失利，造成重大人员伤亡和武器装备、军用物资损失，影响重大军事任务完成等特别严重后果，具体可由司法机关根据实际情况掌握。

实践中需要注意的是，本条规定的犯罪与《刑法》第四百二十二条规定的**隐瞒、谎报军情罪**的区分。根据《刑法》第四百二十二条的规定，故意隐瞒、谎报军情，对作战造成危害的，处三年以上十年以下有期徒刑；致使战斗、战役遭受重大损失的，处十年以上有期徒刑、无期徒刑或者死刑。本条规定的战时故意提供虚假敌情罪与隐瞒、谎报军情罪的区别主要有：一是犯罪主体不同，本罪的主体是一般主体，一般是军人以外的人员。隐瞒、谎报军情罪是军人违反职责罪的一种，犯罪主体限于军人。这是两罪最主要的区别。二是客观表现形式不同。本罪只能由积极的行为构成，即向武装部队提供了虚假的敌情。隐瞒、谎报军情罪的行为方式既包括积极的谎报军情，也包括消极的隐瞒军情。三是涉及的情报信息范围不同。本罪涉及的是"敌情"，即作战敌方的有关情况。隐瞒、谎报军情罪涉及的是"军情"，不仅包括敌方的军情，也包括我方的有关情况、战场环境的情况等与军事行动有关的情报信息。四是入罪和适用第二档刑罚的标准不同。本罪构成犯罪的条件是"造成严重后果"，适用第二档刑罚的条件是"造成特别严重后果"。隐瞒、谎报军情罪构成犯罪的条件是"对作战造成危害"，适用第二档刑罚的条件是"致使战斗、战役造成重大损失"。总体来看，作为军人违反职责罪，隐瞒、谎报军情罪的入罪和适用第二档刑罚的门槛比本罪要低。

第三百七十八条 【战时造谣扰乱军心罪】

战时造谣惑众，扰乱军心的，处三年以下有期徒刑、拘役或者管制；情节严重的，处三年以上十年以下有期徒刑。

【立法理由】

保持稳定的军心、高昂斗志，是武装部队取得战斗胜利，完成任务使命的重要保障。我们的人民军队在武器装备落后、物质保障缺乏的情况下发展壮大，战胜强大的国内外敌人，取得革命的胜利，重要的因素就是在中国共产党的领导下，通过有效的军队政治工作，保持坚定的信仰、坚强的革命意志和不怕牺牲的战斗精神。在现代高技术

① 我国学者指出，本罪的行为主体是特殊主体，即现役军人以外的普通公民。如果现役军人战时提供虚假敌情，应按谎报军情罪处理。参见黎宏：《刑法学各论》（第2版），法律出版社2016年版，第499页；赵秉志、李希慧主编：《刑法各论》（第3版），中国人民大学出版社2016年版，第383页。

② 我国学者指出，是否"虚假"，不是以行为人的认识为标准，而是以客观事实为标准。参见张明楷：《刑法学》（第6版），法律出版社2021年版，第1552页。

战争条件下，军心士气仍然是保持武装部队战斗力，实现克敌制胜的重要条件。造谣惑众，扰乱军心的行为，违反了国防法规定的公民国防义务，导致军心涣散，削弱部队战斗力。战时造谣惑众，扰乱军心，对国家安全和国防利益危害更大，有时甚至会造成作战失利的严重后果，应当给予刑事处罚。

1981年《惩治军人违反职责罪暂行条例》第十四条规定了战时造谣惑众，动摇军心的犯罪，即“战时造谣惑众，动摇军心的，处三年以下有期徒刑；情节严重的，处三年以上十年以下有期徒刑。勾结敌人造谣惑众，动摇军心的，处十年以上有期徒刑或者无期徒刑；情节特别严重的，可以判处死刑”。这一罪名的犯罪主体限于军人，不包含非军人战时造谣扰乱军心罪的行为。**为了增强公民在战时支持武装部队的国防义务观念，有效预防和惩治战时造谣扰乱军心的危害行为**，1997年修订刑法时，在新增加的危害国防利益罪一章增加规定了战时造谣扰乱军心的犯罪。

【条文说明】

本条是关于战时造谣扰乱军心罪及其处罚的规定。

构成本条规定的战时造谣扰乱军心罪须具备以下条件：

1. 犯罪主体是**非军人**，即除军人以外的其他任何人。这是与《刑法》分则军人违反职责罪一章中规定的**战时造谣惑众、动摇军心犯罪**的主要区别。

2. **本条规定的行为，战时才构成犯罪**。平时造谣惑众，扰乱军心的，可以依照有关规定予以处罚，但不构成犯罪。战时的含义，应当根据《刑法》第四百五十一条的规定理解。

3. 行为人实施了**造谣惑众的行为**。“**造谣惑众**”，是指行为人制造谣言，或以虚构的情况在部队中进行传播。迷惑众人的行为，既包括行为人捏造事实，在部队中传播，也包括行为人将听说的谣言在部队中传播。[①] 谣言的具体内容可以是凭空捏造的信息，也可以是颠倒歪曲的信息；可以是夸大敌方军队数量、实力、武器的杀伤力，也可以是我方友邻部队失利、军需物资供应困难、后勤保障中断，或者夸大、渲染战争残酷，制造恐怖气氛等方面的信息。

4. **行为人制造散布的谣言足以扰乱军心或造成了扰乱军心的后果**。[②] “**扰乱军心**”，是指行为人通过传播虚假事实或谣言，在部队中散布怯战、厌战或恐怖情绪，造成军心不稳，斗志涣散，削弱战斗力。如果行为人散布的谣言不足以造成扰乱军心的后果，如基于迷信散布一些荒诞的谣言，也不宜认定为本罪。

5. **犯罪对象必须是多数人**。本条规定的“**惑众**”是指将谣言向武装部队中的众人宣扬、散布。如果只是向很小范围内的特定人传播谣言，没有造成谣言广泛传播的，不应当认定为“惑众”。造谣惑众的具体形式可以是口头散布、书面散布、通过信息网络、短信、即时通讯工具等散布谣言等。

根据本条规定，战时造谣惑众，扰乱军心的，处三年以下有期徒刑、拘役或者管制；情节严重的，处三年以上十年以下有期徒刑。这里规定的“**情节严重**”，包括散布大量谣言惑众，谣言传播的范围大、人数多，组织、指使他人造谣惑众，扰乱军心，在作战的紧要关头造谣惑众，扰乱军心，勾结敌人造谣惑众，造成部队混乱、战斗、战役失利等严重后果等，具体可由司法机关根据案件情况掌握。

实践中应当注意区分本条规定的犯罪与其他有关犯罪的区别：

1. 本条规定的犯罪与《刑法》第四百三十三条规定的**战时造谣惑众罪**的区别。《刑法》第四百三十三条规定：“战时造谣惑众，动摇军心的，处三年以下有期徒刑；情节严重的，处三年以上十年以下有期徒刑；情节特别严重的，处十年以上有期徒刑或者无期徒刑。”本条规定的战时造谣扰乱军心罪与该罪的主要区别是犯罪主体不同，本罪的犯罪主体是军人以外的人员，战时造谣惑众罪是军人违反职责罪的一种，其犯罪主体是军人。在刑罚配置上，战时造谣惑众罪的刑罚也比本条的规定重。

2. 本条规定的犯罪与《刑法》第三百七十七条规定的**战时故意提供虚假敌情罪**的区别。这两种犯罪的区别主要有：一是犯罪的客观方面不尽相同。本罪客观方面的特征是造谣惑众、散布谣言的对象是不特定的人，谣言的内容也可以多样，不限于与敌方有关的情况。战时故意提供虚假敌情罪客观方面的特征是向武装部队提供虚假敌情，不一定有散布谣言的行为，提供的信息内容是

---

① 我国学者指出，造谣惑众行为不以针对不特定军人实施为必要。虽然是向个别军人传谣，但只要足以使不特定人得知造谣内容，进而扰乱军心，同样属于造谣惑众行为。参见张明楷：《刑法学》（第6版），法律出版社2021年版，第1552页。

② 相同的学说见解，参见高铭暄、马克昌主编：《刑法学》（第7版），北京大学出版社、高等教育出版社2016年版，第617页。

与敌方有关的情报信息。二是构成犯罪的条件不同,构成本罪要求谣言足以扰乱军心或扰乱了军心,不一定要求造成严重后果,构成战时故意提供虚假敌情罪要求造成严重后果。

第三百七十九条　【战时窝藏逃离部队军人罪】
战时明知是逃离部队的军人而为其提供隐蔽处所、财物,情节严重的,处三年以下有期徒刑或者拘役。

【立法理由】

依照法律服兵役和参加民兵组织是宪法规定的中华人民共和国公民的义务。依法服兵役的现役军人,必须严格遵守军纪军规,完成部队交给的任务,不得以任何借口逃离部队。这对于维持武装部队的战斗力,维护国家国防安全,具有重要的意义。军人逃离部队的行为不仅造成部队减员,影响战斗力,而且严重影响部队的正常管理。军人战时逃离部队,造成军心不稳,影响部队完成使命任务,更应当从严惩处。

对于现役军人逃离部队的行为,有关法律规定了严格的法律责任。一是《兵役法》规定,现役军人以逃避服兵役为目的,拒绝履行职责或者逃离部队的,按照中央军事委员会的规定给予处分;构成犯罪的,依法追究刑事责任。现役军人有前款行为被军队除名、开除军籍或者被依法追究刑事责任的,不得录用为公务员或者参照公务员法管理的工作人员,两年内不得出国(境)或者升学。二是刑事责任。对于逃离部队构成犯罪的行为,1981年《惩治军人违反职责罪暂行条例》已有规定,1997年修订刑法时纳入了刑法。本法分则第十章军人违反职责罪中的第四百三十五条规定了逃离部队罪,即军人"违反兵役法规,逃离部队,情节严重的,处三年以下有期徒刑或者拘役。战时犯前款罪的,处三年以上七年以下有期徒刑"。

社会上的个人、单位发现逃离部队的军人,应当劝其归队或者向有关部门报告,协助军地有关部门追回逃兵。1997年修订刑法前,社会上的一些个人和企业,明知是逃离部队的军人,还向其提供隐蔽处所、财物,实际上是帮助其继续实施违法犯罪行为。**这给部队追回逃兵造成妨碍,破坏了国家兵役制度的实施,危害了国防利益和国家安全**。战时实施这种帮助行为,危害更大,情节严重的,应当作为犯罪予以追究。为了依法惩治这种行为,1997**年修订刑法**时增加了战时窝藏逃离部队军人罪。

【条文说明】

本条是关于战时窝藏逃离部队军人罪及其处罚的规定。

构成本条规定的战时窝藏逃离部队军人罪须具备以下条件:

1. **本条规定的行为,战时才构成犯罪**,这是构成本罪的前提条件。平时窝藏逃离部队军人的,可以依照有关规定予以处罚,但不构成犯罪。战时的含义,应当根据《刑法》第四百五十一条的规定理解。

2. 行为人在主观上必须是**明知**,即明知是逃离部队的军人而故意为其提供有关便利条件。具体来讲,要求行为人明知其窝藏的人是军人,而且是逃离部队的军人。如果行为人不知道是逃离部队的军人的,不能构成本罪。明知的认定,可以是行为人承认,也可以通过客观情形推定。行为人窝藏逃离部队的军人的动机可能是为了帮助亲友,也可能是为了妨碍部队的军事行动,具体动机不影响构成犯罪。

3. 行为人实施了**为逃离部队的军人提供隐蔽处所、财物的行为**。"**提供隐蔽处所**",是指为逃离部队的军人提供住处或者场所,将其隐藏起来,以逃避部队和地方有关部门的查找。包括提供自己所有或者控制的场所,也包括利用他人所有或者管理的场所。**为逃离部队的军人提供"财物"**,是指为其提供物质帮助,以使其进一步逃跑或隐藏,具体可以包括提供资金、食物、生活用品、交通工具等财物。

4. **行为人的行为,情节严重的,才构成犯罪**,这是区分罪与非罪的界限。"情节严重的",主要是指行为人在部队或有关部门、组织进行查找时,故意编造虚假情况进行隐瞒,或者多次提供财物帮助多名逃离部队的军人潜逃等。《最高人民检察院、公安部关于公安机关管辖的刑事案件立案追诉标准的规定(一)》第九十七条规定:"战时明知是逃离部队的军人而为其提供隐蔽处所、财物,涉嫌下列情形之一的,**应予立案追诉**:(一)窝藏三人次以上的;(二)明知是指挥人员、值班执勤人员或者其他负有重要职责人员而窝藏的;(三)有关部门查找时拒不交出的;(四)其他情节严重的情形。"

根据本条规定,对战时明知是逃离部队的军人而为其提供隐蔽处所、财物,情节严重的,处三年以下有期徒刑或者拘役。

实践中执行本条规定应当注意以下两个方面的问题:

1. 本条规定的犯罪与**逃离部队罪的共同犯罪**的区分。《刑法》第四百三十五条规定了逃离部队罪,即违反兵役法规,逃离部队,情节严重的犯罪。该罪的犯罪主体是军人。对于战时行为人与逃离部队的军人事先通谋,在其逃离部队后为其提供隐蔽处所、财物的,应当以逃离部队罪的共同犯罪定罪处罚。

2. 本条规定的犯罪与**雇用逃离部队军人罪**的区分。《刑法》第三百七十三条规定了雇用逃离部队军人罪。本罪与该罪的区别主要有:一是构成犯罪的时间要求不同。本罪只能在战时构成,雇用逃离部队军人罪战时、平时都可以构成。二是行为方式不同。本罪的行为方式是为逃离部队的军人提供隐蔽处所、财物帮助其隐藏,雇用逃离部队军人罪的行为方式是雇用逃离部队的军人为其劳动。本罪的行为方式范围更大,在战时的入罪门槛相对较低。

【司法解释性文件】

《最高人民检察院、公安部关于公安机关管辖的刑事案件立案追诉标准的规定(一)》(公通字〔2008〕36号,2008年6月25日公布)

△(**战时窝藏逃离部队军人罪;立案追诉标准**)战时明知是逃离部队的军人而为其提供隐蔽处所、财物,涉嫌下列情形之一的,应予立案追诉:

(一)窝藏三人次以上的;

(二)明知是指挥人员、值班执勤人员或者其他负有重要职责人员而窝藏的;

(三)有关部门查找时拒不交出的;

(四)其他情节严重的情形。(§ 97)

第三百八十条　【战时拒绝、故意延误军事订货罪】

战时拒绝或者故意延误军事订货,情节严重的,对单位判处罚金,并对其直接负责的主管人员和其他直接责任人员,处五年以下有期徒刑或者拘役;造成严重后果的,处五年以上有期徒刑。

【立法理由】

武器装备、军事设施和其他军用物资,是武装部队履行职责、完成使命任务的重要物质保障。军用物资的充足供应和质量保证,是武装部队保持战斗力的物质基础。1979年刑法制定时,我国还实行高度集中的计划经济体制。武器装备等军用物资的生产,都是由国家按照武装部队的需求下达指令性计划,由国有军工单位研制、生产的。随着改革开放的深入,我国军事物资装备生产领域也发生了变化。生产的主体由单一的国有军工单位扩大到包括民营企业在内的多种主体。生产任务的确定也由国家指令性计划变为体现社会主义市场经济特征的军事订货制度、招标投标制度等。对于接受军事订货的企业、事业单位,他们与部队订立的军品生产合同,与其他民用产品生产合同一样具有法律效力,应当保质保量履行。同时,军品生产关系到部队战斗力和国家安全,有关企业、事业单位按照要求完成军品生产任务也是国防义务,国防法对此作了规定。1997年《国防法》第三十四条规定:"国家根据国防建设的需要和社会主义市场经济的要求,实行国家军事订货制度,保障武器装备和其他军用物资的采购供应。"第五十一条第一款规定:"企业事业单位应当按照国家的要求承担国防科研生产任务,接受国家军事订货,提供符合质量标准的武器装备或者军用物资。"如果有关企业、事业单位对国家的军事订货有能力完成但出于种种原因拒绝或者延误,就会给武装部队的武器装备、军事设施等物资供应造成困难,妨害军事任务的完成,危害国家国防利益,具有社会危害性。

战争需要消耗大量的军用物资,国家在战时保证武器装备和其他军用物资的足量储备和及时补充,是取得战争胜利的物质基础。为了保卫国家的需要,企业、事业单位都应当积极履行国防义务,按照要求按时、保质保量地完成战时军事订货任务,不得拒绝或者延误。**在战时拒绝、故意延误军事订货的行为,会直接危害国防安全,甚至造成战斗、战役失利等严重的军事、政治后果**,与平时发生的这种行为相比具有更严重的社会危害性,应当依法追究刑事责任。1997年刑法修订以前,发生过承担军事订货任务的单位不能按时保质保量完成军事订货任务,给部队造成不良影响的情况。为有效维护国家军事订货秩序和国家国防利益，1997年修订刑法时，在新增加的危害国防利益一章增加规定了战时拒绝、故意延误军事订货的犯罪。

【条文说明】

本条是关于战时拒绝、故意延误军事订货罪及其处罚的规定。

构成本条规定的战时拒绝、故意延误军事订货罪，应具备以下条件：

1. **本条规定的行为，战时才构成犯罪**，这是构成本罪的前提条件。平时拒绝、故意延误军事订货的，可以依照有关规定予以处罚，但不构成犯罪。战时的含义，应当根据《刑法》第四百五十一条的规定理解。

2. 犯罪主体是**与军事单位签订军事订货合同的当事人，且当事人是单位**。自然人不能单独成为本条规定的犯罪的主体，这是考虑到我国能够承担军事订货任务，研制、生产武器装备、军用物资的，都是企业、事业单位。

3. 行为人在主观上必须是**出于故意**，即明知是国家的军事订货而拒绝或者延误。如果虽然拒绝或者延误了订货，但行为人不知道订货的性质是军事订货的，不构成本条规定的犯罪。如果行为人不是出于故意，而是客观上由于不可抗力、意外事件等原因或一些特殊的实际困难，没有完成军事订货或延误军事订货，也不构成本条规定的犯罪。行为人实施本罪的动机可能是多样的，有的是因为军事订货利润不高，从经济利益考虑拒绝或者延误，有的具有妨害军事行动的动机。具体动机不影响犯罪的构成。

4. 行为人实施了**拒绝、延误军事订货的行为**。具体包括两种犯罪行为。一是**拒绝军事订货**。"拒绝"，是指拒不履行规定的供货义务，即在国家或者军队有关部门向其提出军事订货任务时明确表示不接受。拒绝的具体形式可以包括口头和书面的形式，也可以包括采用暴力、威胁的方式抗拒。二是**故意延误军事订货**。"延误"，是指在规定的时间以后供货。"军事订货"是指国家和军队有关部门向有关企业、事业单位提出的研制、生产武器装备和其他军用物资的订货任务。

5. **行为人的行为必须是情节严重的，才构成犯罪**。所谓"情节严重"，主要是指拒绝手段恶劣的；或者由于急需的武器装备、后勤给养供应不及时，使我方陷入不利境地，严重影响战斗任务的顺利完成等。《最高人民检察院、公安部关于公安机关管辖的刑事案件立案追诉标准的规定(一)》第九十八条规定："战时拒绝或者故意延误军事订货，涉嫌下列情形之一的，**应予立案追诉**：(一)拒绝或者故意延误军事订货三次以上的；(二)联络、煽动他人共同拒绝或者故意延误军事订货的；(三)拒绝或者故意延误重要军事订货，影响重要军事任务完成的；(四)其他情节严重的情形。"

根据本条规定，对战时拒绝或者故意延误军事订货，情节严重的单位实行"**双罚制**"，对单位判处罚金，并对其直接负责的主管人员和其他直接责任人员处五年以下有期徒刑或者拘役；造成严重后果的，处五年以上有期徒刑。"**造成严重后果**"，主要是指使战斗、战役遭受重大损失，造成不必要的人员伤亡等严重后果。

实践中需要注意的是，本条规定的犯罪与**阻碍军事行动罪**的区分。《刑法》第三百六十八条第二款规定了阻碍军事行动罪，即"故意阻碍武装部队军事行动，造成严重后果的，处五年以下有期徒刑或者拘役"。本罪与该罪的区别主要有：一是构成犯罪的时间要求不同。本罪只能在战时构成，阻碍军事行动罪战时、平时都可以构成。二是犯罪主体不同。本罪的主体是接受军事订货的单位，阻碍军事行动罪的主体是个人。三是行为方式不同。本罪的行为方式是拒绝或者故意延误军事订货，阻碍军事行动罪的行为方式是多样的。对于战时接受军事订货的单位以拒绝、故意延误军事订货的方式阻碍军事行动的，应当依照处罚较重的犯罪的规定定罪处罚。

【司法解释性文件】

《最高人民检察院、公安部关于公安机关管辖的刑事案件立案追诉标准的规定(一)》(公通字〔2008〕36号，2008年6月25日公布)

△(**战时拒绝、故意延误军事订货罪；立案追诉标准**)战时拒绝或者故意延误军事订货，涉嫌下列情形之一的，应予立案追诉：

(一)拒绝或者故意延误军事订货三次以上的；

(二)联络、煽动他人共同拒绝或者故意延误军事订货的；

(三)拒绝或者故意延误重要军事订货，影响重要军事任务完成的；

(四)其他情节严重的情形。(§ 98)

【附属刑法】

《中华人民共和国国防动员法》(2010年2月26日通过)

第六十九条

企业事业单位有下列行为之一的，由有关人民政府责令限期改正；逾期不改的，强制其履行义

务,并可以处以罚款:

……

(五)拒绝或者故意延误军事订货的;

……

第七十一条

违反本法规定,构成违反治安管理行为的,依法给予治安管理处罚;构成犯罪的,依法追究刑事责任。

第三百八十一条　【战时拒绝军事征收、征用罪】
战时拒绝军事征收、征用,情节严重的,处三年以下有期徒刑或者拘役。

【立法沿革】

《中华人民共和国刑法》(1997年修订,自1997年10月1日起施行)

第三百八十一条

战时拒绝军事征用,情节严重的,处三年以下有期徒刑或者拘役。

《全国人民代表大会常务委员会关于修改部分法律的决定》(自2009年8月27日起施行)

二、对下列法律和法律解释中关于"征用"的规定作出修改

(一)将下列法律和法律解释中的"征用"修改为"征收、征用"

6.《中华人民共和国森林法》第十八条

7.《中华人民共和国军事设施保护法》第十二条

8.《中华人民共和国国防法》第四十八条

9.《中华人民共和国归侨侨眷权益保护法》第十三条

10.《中华人民共和国农村土地承包法》第十六条、第五十九条

11.《中华人民共和国草原法》第三十八条、第三十九条、第六十三条

12.《中华人民共和国刑法》第三百八十一条、第四百一十条

13.全国人民代表大会常务委员会关于《中华人民共和国刑法》第九十三条第二款的解释

14.全国人民代表大会常务委员会关于《中华人民共和国刑法》第二百二十八条、第三百四十二条、第四百一十条的解释

【立法理由】

1. **1997年修订刑法的情况**。现代战争是国家综合国力的较量,充足的物资储备是武装部队完成作战任务,取得战争胜利的重要物质保障。国家对武装部队所需武器装备、军事设施、军粮、服装等后勤保障物资的供应,建立了相应的保障制度。在战时,武装部队所需的物资保障仍然主要通过有关保障渠道供应。但战争对物资的消耗巨大,很多时候会出现通过常规的保障渠道不能满足武装部队对物资的需要,或者情况紧急,武装部队需要立即占有并使用有关物资、设备,以完成紧急的作战任务的情况。为了保证战争的胜利,国家在战时需要动员一切力量以应国防急需,这就需要建立战时国家依法征用物资保证国防需要的制度,我国宪法和有关法律对这一制度作了规定。1982年《宪法》第十条第三款规定:"国家为了公共利益的需要,可以依照法律规定对土地实行征用。"1997年《国防法》第四十八条第一款规定:"国家根据动员需要,可以依法征用组织和个人的设备设施、交通工具和其他物资。"第四十九条规定:"国家依照宪法规定宣布战争状态,采取各种措施集中人力、物力和财力,领导全体公民保卫祖国,抵抗侵略。"《戒严法》第十七条第一款规定:"根据执行戒严任务的需要,戒严地区的县级以上人民政府可以临时征用国家机关、企业事业组织、社会团体以及公民个人的房屋、场所、设施、运输工具、工程机械等。在非常紧急的情况下,执行戒严任务的人民警察、人民武装警察、人民解放军的现场指挥员可以直接决定临时征用,地方人民政府应当给予协助。实施征用应当开具征用单据。"《国防法》《戒严法》等法律还对军事征用物资的归还、造成损失的补偿作了明确规定。

上述法律中规定的军事征用措施,是为了保证国防需要的一种特殊措施。设施、设备等物资被军事征用的单位、个人,有义务积极响应国家征用,支援国防。而且根据法律规定,被征用的单位、个人还可以得到一定的经济补偿。战时拒绝国家军事征用的行为,会使武装部队完成军事任务急需的设备设施、交通工具或者其他物资得不到及时供应或补充,妨害作战行动,是一种危害国防利益的行为,具有社会危害性。**1997年修订刑法**时,在新增加的危害国防利益罪一章增加规定了战时拒绝军事征用的犯罪。

2. **2009年《全国人民代表大会常务委员会关于修改部分法律的决定》对本条作了修改。**

分则　第七章

2004年3月14日,第十届全国人大第二次会议通过了《宪法修正案》,对1982年《宪法》进行了第四次修改。这次修改宪法,对有关征用的规定作了两处调整:一是将《宪法》第十条第三款有关“征用”的规定修改为“国家为了公共利益的需要,可以依照法律规定对土地实行征收或者征用并给予补偿”。二是在《宪法》第十三条关于私有财产保护的规定中增加规定,“国家为了公共利益的需要,可以依照法律规定对公民的私有财产实行征收或者征用并给予补偿”。上述两处修改都区分了“征收”和“征用”两种不同情形,主要是考虑征收是将非国有的财产所有权收归国有,是所有权的改变;征用是由国家临时使用非国有财产,只是财产使用权的改变。

2009年,全国人大常委会进行了一次规模较大的法律清理,对当时有效的法律中存在的明显不适应、不协调的突出问题,根据不同情况,区分轻重缓急,分类进行处理,使中国特色社会主义法律体系更加科学、统一、和谐,更好地适应社会主义经济建设、政治建设、文化建设、社会建设和生态文明建设的客观需要。2009年8月27日,第十一届全国人大常委会第十次会议通过了《全国人民代表大会常务委员会关于修改部分法律的决定》,对在此之前制定的十六件法律和法律解释中有关“征用”的规定根据《宪法修正案》的规定作出相应修改,与《宪法》规定相一致。考虑到1997年《刑法》第三百八十一条规定中的“征用”,包含了“征收”和“征用”两种情形,该决定将刑法这一条中的“征用”修改为“征收、征用”。

【条文说明】

本条是关于战时拒绝军事征收、征用罪及其处罚的规定。

根据《国防法》第五十二条的规定,国家在依照宪法规定宣布战争状态时,采取各种措施集中一切人力、物力、财力,以抵抗侵略,保卫祖国。在国家发布动员令后,一切国家机关、武装力量、各政党、各社会团体、各企业事业单位和公民,都必须完成规定的动员任务,这是每一个公民和组织应尽的义务。对于拒绝履行这一义务,情节严重的,根据本条规定,应追究其刑事责任。

构成本条规定的战时拒绝军事征收、征用罪,须具备以下条件:

1. **本条规定的行为,战时才构成犯罪**。这是构成本罪的前提条件。平时拒绝军事征收、征用罪的,可以依照有关规定予以处罚,但不构成犯罪。战时的含义,应当根据《刑法》第四百五十一条的规定理解。

2. 行为人在主观上**出于故意**。即行为人明知是军事征收、征用仍然拒绝的。如果行为人不明知征收、征用的性质,如认为是地方政府出于开发目的的征收、征用土地而拒绝的,不构成本条规定的犯罪。行为人实施本罪的动机可能是多样的,有的是不愿意放弃自己的财产,认为国家给予的补偿太低,有的具有妨害军事行动的动机。具体动机不影响犯罪的构成。

3. 行为人在客观上实施了**拒绝军事征收、征用的行为**。“**拒绝**”是指行为人故意不履行义务,在国家或者军队有关部门向其提出军事征收、征用任务时明确表示不接受,不将被征收、征用的物资交付武装部队或者有关部门。拒绝的具体形式可以是口头和书面的形式,也可以是采用暴力、威胁的方式抗拒。具体可以分为拒绝军事征收和拒绝军事征用两种情形。“**军事征收**”是为军事需要将非国有的物资收归国有。“**军事征用**”是为军事需要将非国有物资由国家临时使用。《国防动员法》第十章对国家决定实施国防动员后对民用资源征用与补偿的具体制度作了规定。①

4. **行为人的行为必须是情节严重的,才构成犯罪**。所谓“情节严重”,主要是指:造成严重后果;影响了部队完成任务;经反复教育、动员仍不交付等情况。《最高人民检察院、公安部关于公安机关管辖的刑事案件立案追诉标准的规定(一)》第九十九条规定:“战时拒绝军事征用,涉嫌下列情形之一的,**应予立案追诉**:(一)无正当理由拒绝军事征用三次以上的;(二)采取暴力、威胁、欺骗等手段拒绝军事征用的;(三)联络、煽动他人共同拒绝军事征用的;(四)拒绝重要军事征用,影响重要军事任务完成的;(五)其他情节严重的情形。”

根据本条规定,对战时拒绝军事征收、征用,情节严重的,处三年以下有期徒刑或者拘役。

实践中需要注意的是,本条规定的犯罪与**阻碍军事行动罪**的区分。《刑法》第三百六十八条第二款规定了阻碍军事行动罪,即“故意阻碍武装部队军事行动,造成严重后果的,处五年以下有期徒刑或者拘役”。本罪与该罪的区别主要有:一是构成犯罪的时间要求不同。本罪只能在战时构成,阻碍军事行动罪战时、平时都可以构成。二是行为方式不同。本罪的行为方式是拒绝军事征

① 征收与征用的区别在于:征收意味着所有权性质的改变;征用并不改变所有权性质。参见张明楷:《刑法学》(第6版),法律出版社2021年版,第1553页。

收、征用,阻碍军事行动罪的行为方式是多样的。

【司法解释性文件】

《最高人民检察院、公安部关于公安机关管辖的刑事案件立案追诉标准的规定(一)的补充规定》(公通字〔2017〕12 号,2017 年 4 月 27 日公布)

△**(战时拒绝军事征收、征用罪;立案追诉标准)**将《立案追诉标准(一)》第 99 条修改为:[战时拒绝军事征收、征用案(刑)法第 381 条]战时拒绝军事征收、征用,涉嫌下列情形之一的,应予立案追诉:

(一)无正当理由拒绝军事征收、征用 3 次以上的;

(二)采取暴力、威胁、欺骗等手段拒绝军事征收、征用的;

(三)联络、煽动他人共同拒绝军事征收、征用的;

(四)拒绝重要军事征收、征用,影响重要军事任务完成的;

(五)其他情节严重的情形。(§ 16)

【附属刑法】

《中华人民共和国国防动员法》(2010 年 2 月 26 日通过)

第六十八条

公民有下列行为之一的,由县级人民政府责令限期改正;逾期不改的,强制其履行义务:

……

(四)拒绝、拖延民用资源征用或者阻碍对被征用的民用资源进行改造的;

……

第六十九条

企业事业单位有下列行为之一的,由有关人民政府责令限期改正;逾期不改的,强制其履行义务,并可以处以罚款:

……

(六)拒绝、拖延民用资源征用或者阻碍对被征用的民用资源进行改造的;

……

第七十一条

违反本法规定,构成违反治安管理行为的,依法给予治安管理处罚;构成犯罪的,依法追究刑事责任。

第八章 贪污贿赂罪

第三百八十二条 【贪污罪】

国家工作人员利用职务上的便利，侵吞、窃取、骗取或者以其他手段非法占有公共财物的，是贪污罪。

受国家机关、国有公司、企业、事业单位、人民团体委托管理、经营国有财产的人员，利用职务上的便利，侵吞、窃取、骗取或者以其他手段非法占有国有财物的，以贪污论。

与前两款所列人员勾结，伙同贪污的，以共犯论处。

【立法解释】

《全国人民代表大会常务委员会关于〈中华人民共和国刑法〉第九十三条第二款的解释》［2000年4月29日通过，解释已经被《全国人民代表大会常务委员会关于修改部分法律的决定》(2009年8月27日通过)修改］

△(**其他依照法律从事公务的人员；村民委员会等村基层组织人员**)村民委员会等村基层组织人员[①]协助人民政府从事下列行政管理工作，属于刑法第九十三条第二款规定的"其他依照法律从事公务的人员"：

(一)救灾、抢险、防汛、优抚、扶贫、移民、救济款物的管理；

(二)社会捐助公益事业款物的管理；

(三)国有土地的经营和管理；

(四)土地征收、征用补偿费用的管理；

(五)代征、代缴税款；

(六)有关计划生育、户籍、征兵工作；

(七)协助人民政府从事的其他行政管理工作。

村民委员会等村基层组织人员从事前款规定的公务，利用职务上的便利，非法占有公共财物、挪用公款、索取他人财物或者非法收受他人财物，构成犯罪的，适用刑法第三百八十二条和第三百八十三条贪污罪、第三百八十四条挪用公款罪、第三百八十五条和第三百八十六条受贿罪的规定。[②]

【立法理由】

1. **1979年立法的情况**。1979年《刑法》第一百五十五条规定："国家工作人员利用职务上的便利，贪污公共财物的，处五年以下有期徒刑或者拘役；数额巨大、情节严重的，处五年以上有期徒刑；情节特别严重的，处无期徒刑或者死刑。犯前款罪的，并处没收财产，或者判令退赔。受国家机关、企业、事业单位、人民团体委托从事公务的人员犯第一款罪的，依照前两款的规定处罚。"1979年将贪污犯罪规定在《刑法》分则第五章的侵犯财产罪中。

2. **1979年之后至1997年刑法修订前的立**

---

① 村党支部成员在协助人民政府履行本解释所规定的七种行政管理工作时，是否属于"其他依照法律从事公务的人员"？对此，周光权教授指出，一方面，本解释采用的是例示法(存在解释的空间)；另一方面，在我国农村的各种公共管理活动中，村党支部实际上起着领导和决策的作用，乡级人民政府不仅通过村民委员会而且主要通过村党支部落实国家的各种路线、方针、政策，组织实施与村民利益及社会发展相关的各种公共事务管理活动。参见陈兴良主编：《刑法各论精释》，人民法院出版社2015年版，第1018页。

② 至于村民小组长在协助人民政府从事行政管理工作时，利用职务之便实施了侵吞公共财物的行为，是否属于"其他依照法律从事公务的人员"？周光权教授指出，不能根据按照《最高人民法院关于村民小组组长利用职务便利非法占有公共财物行为如何定性问题的批复》认定，村民小组长不能成为贪污罪的主体。村委会有下设机构和人员，具体承担自治责任，但协助人民政府从事部分行政管理工作时，村委会可能将部分工作直接交给村民小组等下设组织来具体完成，如救济款的发放、计划生育管理等。由于这些行政事务与村委会集体日常管理的自治事务不同，村民小组长被赋予这些职能时，其和村委会、居民委员会成员一样，可以成为贪污罪的主体。参见陈兴良主编：《刑法各论精释》，人民法院出版社2015年版，第1016页。

法情况。在改革开放以后，我国的政治、经济、文化等发生了深刻的变化，贪污贿赂犯罪行为也呈严重态势。为此，1988 年 1 月 21 日通过《全国人民代表大会常务委员会关于惩治贪污罪贿赂罪的补充规定》对贪污贿赂犯罪作了以下修改：一是在贪污罪的主体中增加“集体经济组织工作人员”和“其他经手、管理公共财物的人员”；将贪污罪的主体修改为“国家工作人员、集体经济组织的工作人员或者其他经手、管理公共财物的人员”。二是明确贪污罪的手段方式，增加“侵吞、盗窃、骗取或者以其他手段非法占有公共财物的，是贪污罪”的认定。三是增加共犯认定的情形，明确“与国家工作人员、集体经济组织工作人员或者其他经手、管理公共财物的人员勾结，伙同贪污的，以共犯论处”。

3. **1997 年修订刑法的情况**。1997 年修订刑法时，在总结以往司法实践的基础上，对贪污罪主体进行了修改并归类。本条主要解决实践中认定贪污罪时经常遇到的几个需要明确的问题：贪污罪的主体范围；贪污罪的行为方式；贪污罪的犯罪对象的范围；不具有贪污罪主体身份的人伙同贪污的定罪问题。详尽明确规定贪污罪的定义即犯罪构成，对于准确打击贪污犯罪具有重要意义，并可以起到警示作用，刑法作为专条予以规定。

【条文说明】

本条是关于贪污罪定义的规定。

本条共分为三款。

第一款是关于贪污罪概念的规定。根据这一规定，构成贪污罪，必须具备以下条件：

1. 贪污罪的主体是**国家工作人员**，即本法第九十三条规定的“国家机关中从事公务的人员”以及“国有公司、企业、事业单位、人民团体中从事公务的人员和国家机关、国有公司、企业、事业单位委派到非国有公司、企业、事业单位、社会团体从事公务的人员，以及其他依照法律从事公务的人员，以国家工作人员论”。我国国家工作人员可以分为以下四类：(1) **国家机关中从事公务的人员**，是指在国家机关中行使国家赋予该国家机关职权的人员，以及在国家机关中履行管理职责的人员。根据我国《宪法》和有关法律法规的规定，国家机关包括：国家的权力机关，即各级人民代表大会及其常务委员会，以及各级人民代表大会及其常务委员会下设的工作机构、办事机构；国家的监察机关，即国家监察委员会以及各级监察委员会；国家的行政机关，即中央的地方的各级政府及其下属机构，办事机构；国家的审判机关，即各级人民法院及其派出的审判机构；国家的检察机关，即各级人民检察院及其派出的检察机构；军队，即中国人民解放军和中国人民武装警察部队系列的各部门、各机构；中国共产党的各级机关及其派出机构；中国人民政治协商会议的各级机关及其派出机构。(2) **国有公司、企业、事业单位、人民团体中从事公务的人员**，是指在上述单位中从事经营、管理职责或者履行经管单位财务等职责的人员。国有公司、企业是指国家所有的公司、企业以及直接隶属于国家机关、行使一定行政管理职能的企业、事业单位，如烟草公司等。国有参股、合资、合作的公司、企业，不应认为是刑法意义上的国有公司、企业。国有的事业单位、人民团体，是指国家出资兴办的事业单位和人民团体，如公立大学、医院以及妇联、共青团等。(3) **国家机关、国有公司、企业、事业单位委派到非国有公司、企业、事业单位、社会团体从事公务的人员**。非国有的公司、企业、事业单位、社会团体是指国有公司、企业、事业单位、社会团体以外的各种公司、企业、事业单位以及各种依法设立的学会、协会、基金会等社会团体，也包括上述单位参与国有资产投资形成的企业等。委派人员不仅包括国有公司、企业、事业单位有投资而委派去的经营、管理人员，也包括没有国有资产投资，但为了加强对非国有单位人员指导、监督而委派的人员。委派人员不一定具备国家机关工作人员的身份，但只要接受了委派，代表委派单位行使经营管理、督导等职权者就以国家工作人员论。这些人员包括国有单位从现有人员中派出的，或者从外单位调入的，或者从社会上聘用后委派到非国有单位从事上述公务的人员。对于上述三类人员，刑法部分犯罪明确要求按照国家工作人员的罪名处理。如我国《刑法》第一百六十三条第三款规定：“国有公司、企业或者其他国有单位中从事公务的人员和国有公司、企业或者其他国有单位委派到非国有公司、企业以及其他单位从事公务的人员有前两款行为的，依照本法第三百八十五条、第三百八十六条的规定定罪处罚。”《刑法》第一百八十三条第二款规定，国有保险公司工作人员和国有保险公司委派到非国有保险公司从事公务的人员，有利用职务上的便利索取他人财物或者非法收受他人财物，为他人谋取利益的行为，按照刑法关于受贿罪的规定定罪处罚。《刑法》第一百八十四条第二款规定，国有金融机构工作人员和国有金融机构委派到非国有金融机构从事公务的人员，有利用职务上的便利索取他人财物或者非法收受他人财物，为他人谋取利益的行为，或者违反国家规定，收受各种名义的回扣、手续费，给个人所有的，按照受贿罪的规定定罪处罚。(4)**其他依照法律从事公务的人员**。这类人员是指依照宪法和法律、法规被选举、被任命从事公务的人员,包括:各民主党派的专职工作人员;人民陪审员;由法律法规授权行使行政管理职能的组织的人员;由行政机关委托行使行政管理的组织的工作人员等,以及农村的村民委员会、城镇的居民委员会等基层群众组织中协助人民政府从事特定的行政管理工作的人员等。2000年4月29日通过的《全国人民代表大会常务委员会关于〈中华人民共和国刑法〉第九十三条第二款的解释》规定:“村民委员会等村基层组织人员协助人民政府从事下列行政管理工作,属于刑法第九十三条第二款规定的‘其他依照法律从事公务的人员’:(一)救灾、抢险、防汛、优抚、扶贫、移民、救济款物的管理;(二)社会捐助公益事业款物的管理;(三)国有土地的经营和管理;(四)土地征用补偿费用的管理;(五)代征、代缴税款;(六)有关计划生育、户籍、征兵工作;(七)协助人民政府从事的其他行政管理工作。村民委员会等村基层组织人员从事前款规定的公务,利用职务上的便利,非法占有公共财物、挪用公款、索取他人财物或者非法收受他人财物,构成犯罪的,适用刑法第三百八十二条和第三百八十三条贪污罪、第三百八十四条挪用公款罪、第三百八十五条和第三百八十六条受贿罪的规定。”也就是说,村民委员会等村基层组织的人员在协助人民政府进行有关管理工作时,属于《刑法》第九十三条第二款规定的“其他依照法律从事公务的人员”,可以成为贪污罪和受贿罪的犯罪主体。

2. 贪污罪侵犯的对象是**公共财物**。① 我国《刑法》第九十一条对公共财产的范围作了规定,主要包括:(1)**国有财产**,即国家所有的资财和物品。国家所有,具有特定的含义,即中华人民共和国所有的财物、资源。(2)**劳动群众集体所有的财产**,即属于集体所有制的资财和物品,如集体所有土地等。(3)**用于扶贫和其他公益事业的社会捐助或者专项基金的财产**。这些财产,既包括国家下拨的扶贫和其他公司公益事业的专项基金、公益机构的事业费、国家拨付的专项研究基金,也包括由社会捐助、赞助的财物,也包括国外捐助的资金、实物、联合国的专项基金、援助资金和物资等。(4)**在国家机关、国有公司、企业、集体企业和人民团体管理、使用或者运输中的私人财产**。对于该财产的性质,要根据所管理、使用或者运输该私人财产的单位的性质来确定以何种财产论,如果是由国家机关、国有公司、企业来管理、使用或者运输,则认定为国有财产;如果是集体企业管理、使用或者运输,则认定为集体财产;如果是扶贫、救济等公益团体管理、使用、运输的私人财产,应认定为公益事业财产。

3. 贪污罪在行为上主要表现为**利用职务上的便利,侵吞、窃取、骗取或者以其他手段非法占有公共财物的行为**。这里所说的“**利用职务上的便利**”,是指利用自己职务范围内的权力和地位所形成的主管、管理、经手公共财物的便利条件。② “**侵吞**”,是指利用职务上的便利,将自己主管、管理、经手的公共财物非法占为己有的行为。侵吞的手段多种多样,比如:收入不入帐、据为己有;涂改帐目、单据,缩小收入,加大支出;多报消耗,加大报废物资数量;伪造支取凭证套现;等等。“**窃取**”,是指利用职务上的便利,用秘密获取的方法,将自己主管、管理、经手的公共财物占为己有的行为,即通常所说的“监守自盗”。③ “**骗取**”,是指行

---

① 我国学者指出,贪污罪的对象,并非一定限定于“公共财产”。因为按照《刑法》第二百七十一条第二款的规定,国家工作人员在非国有公司、企业、事业单位中从事公务,利用职务上的便利贪污本单位财产的,也构成贪污罪。是以,非国有控股、参股公司的财产也能成为本罪的对象。此外,无论是债权,还是国有事业单位管理、使用或者运输中的私人财产,抑或是不动产,均能成为贪污罪的行为对象。参见黎宏:《刑法学各论》(第2版),法律出版社2016年版,第507—508页;陈兴良主编:《刑法各论精释》,人民法院出版社2015年版,第1030—1040页。

② 我国学者指出,贪污罪与受贿罪在“利用职务上的便利”的内涵,存在一个显著区别,即“凭借自职务的间接影响之便利”(所谓的间接影响)无法涵摄到“利用职务上的便利”中,参见王作富主编:《刑法分则实务研究(下)》(第5版),中国方正出版社2013年版,第1548页。

③ 关于“侵吞”与“窃取”的区分,我国学者指出,两者的区别并不在于行为的秘密或公开。侵吞,乃指行为人因职务关系合法持有公共财物,应当上交而不上交,或者应当下发而不下发,非法转归已有或者第三人所有;窃取仅指担负保管公共财物职责的工作人员,利用保管公共财物之便,将公共财物非法据为己有(所谓的“监守自盗”)。参见王作富主编:《刑法分则实务研究(下)》(第5版),中国方正出版社2013年版,第1549—1550页;周光权:《刑法各论》(第4版),中国人民大学出版社2021年版,第535页;赵秉志、李希慧主编:《刑法各论》(第3版),中国人民大学出版社2016年版,第389页。

另有学者指出,只有当行为人与他人共同占有公共财物时,行为人利用职务上的便利窃取该财物,才属于贪污罪中的“窃取”。参见张明楷:《刑法学》(第6版),法律出版社2021年版,第1558页;黎宏:《刑法学各论》(第2版),法律出版社2016年版,第509页;陈兴良主编:《刑法各论精释》,人民法院出版社2015年版,第1029页。

为人利用职务上的便利,使用欺骗的方法,非法占有公共财物的行为,如伪造、涂改单据,虚报冒领,用虚假票据、单据报帐等。所谓"**其他手段**",是指侵吞、窃取、骗取以外的利用职务上的便利非法占有公共财物的手段,如银行系统内外勾结将公款私存,套取利息私分;利用彩票、福利抽奖作弊贪污等。①

第二款是关于受国家机关、国有公司、企业、事业单位、人民团体委托管理、经营国有财产的人员②,利用职务上的便利,侵吞、窃取、骗取或者以其他手段非法占有国有财物的,以贪污论的规定。③ 这里规定的"**国有财产**",与第一款规定的"公共财物"是有区别的。前者只限定于国家所有(或全民所有)的财产,后者还包括集体所有的财产、用于社会公益事业的财产等。侵吞、窃取、骗取或者以其他手段非法占有国有财物的行为,同第一款规定的行为内容是一致的,不再赘述。

第三款是对与前两款所列人员勾结、伙同贪污的,以共犯论处的规定。④ 这里所说的"**伙同贪污**",是指伙同国家工作人员进行贪污,其犯罪性质是贪污罪,对伙同者应以贪污罪的共犯论处。⑤

实践中需要注意以下几个方面的问题:

1. 关于**贪污罪犯罪主体**的认定。国家工作人员主要是指在国家机关中从事公务的人员,包括履行组织、领导、监督、管理等职责的人员,以及经手、管理公共财物的人员等,一般工人、勤杂人员,如果未涉及上述职责,则不属于从事公务的人员。另外,根据《刑法》第九十三条的规定,国有公司、企业、事业单位、人民团体中从事公务的人员,和国家机关、国有企业、事业单位委派到非国有公司、企业、事业单位、社会团体从事公务的人员,以及其他依照法律从事公务的人员,以国家工作人员论。因此,对于受上述委派到非国有单位的人员等,应结合案件的具体情况,根据相关人员的任职条件、程序,实际承担的职责等情况,综合认定对其是否按照国家工作人员进行处理。

2. 关于**国家出资企业主体**的认定。国家出资企业包括国家出资的国有独资公司、国有独资企业,以及国有资本控股公司、国有资本参股公司。对国家出资企业的认定,应遵循"谁投资,谁拥有产权"的原则进行界定。企业注册登记中的资金来源与实际出资不符的,应根据实际出资情况确定企业的性质;企业实际出资情况不清楚的,可以综合工商注册、分配形式、经营管理等因素确定企业的性质。

对于经国家机关、国有公司、企业、事业单位提名、推荐、任命、批准等,在国家控股、参股公司及其分支机构中从事公务的人员,在履行上述职责时,应当以国家工作人员论处。经国家出资企业中负有管理、监督国有资产职责的组织批准或者研究决定,代表其在国有控股、参股公司及其分支机构中从事组织、领导、监督、经营、管理工作的人员,应当以国家工作人员论处。国家出资企业中的国家工作人员,在国家出资企业中持有个人股份或者同时接受非国有股东委托的,不影响以国家工作人员身份进行论处。

3. 关于**国家工作人员和非国家工作人员勾结共同非法占有单位财物行为**的认定。按照《最高人民法院关于审理贪污、职务侵占案件如何认定共同犯罪几个问题的解释》的规定,行为人与国家工作人员勾结,利用国家工作人员的职务便利,共同侵吞、窃取、骗取或者以其他手段非法占有公共财物的,以贪污罪共犯论处。行为人与公司、企

---

① 譬如,挪用公款后携款潜逃,以贪污罪论处。参见王作富主编:《刑法分则实务研究(下)》(第5版),中国方正出版社2013年版,第1550页。

② 我国学者指出,受国家机关、国有公司、企业、事业单位委托管理、经营国有财产的人员,无法涵摄到《刑法》第九十三条第二款中的"其他依照法律从事公务的人员"。由于立法者在《刑法》第三百八十四条挪用公款罪中无类似规定,故而,前述委托人员无法成立挪用公款罪的主体。参见王作富主编:《刑法分则实务研究(下)》(第5版),中国方正出版社2013年版,第1566—1567页;黎宏:《刑法学各论》(第2版),法律出版社2016年版,第514页。

③ 系争规定究竟是注意规定,抑或属于法律拟制,在挪用国家财产的认定上,有所出入。若是前者,由于受国家机关、国有单位、企业、事业单位、人民团体委托管理、经营国有财产的人员原本就属于国家工作人员,故而应以挪用公款罪论处;若是后者,前述人员原本就不属于国家工作人员,只能认定为挪用资金罪。司法解释采取后一立场。参见张明楷:《刑法学》(第6版),法律出版社2021年版,第1555页。

④ 我国学者指出,系争规定考虑了身份犯(共犯)的法理,即有身份的人和无身份的人共同犯罪,其是否实施了某种实行行为、是否存在行为的支配性并不重要,关键要考虑有身份者是否履行其义务,参见周光权:《刑法各论》(第4版),中国人民大学出版社2021年版,第541页。另有不同见解指出,由于共犯对正犯的罪名并不具有从属性,故而,不排除在少数情形下,一般公民的行为同时构成贪污罪共犯与盗窃罪、诈骗罪的共犯。参见张明楷:《刑法学》(第6版),法律出版社2021年版,第1556页。

⑤ 周光权教授指出,本款规定属于注意规定,而非法律拟制。否则,对于一般主体参与以特殊身份为要件的犯罪,只要没有此种拟制规定,就不得认定为共犯。参见陈兴良主编:《刑法各论精释》,人民法院出版社2015年版,第1057页。

业或者其他单位的人员勾结,利用公司、企业或者其他单位人员的职务便利,共同将该单位财物非法占为己有,数额较大的,以职务侵占罪共犯论处。公司、企业或者其他单位中,不具有国家工作人员身份的人与国家工作人员勾结,分别利用各自的职务便利,共同将本单位财物非法占为己有的,按照主犯的犯罪性质定罪。

4. 贪污罪与**获取合法报酬、不当得利**之间的界限。对于一些在国家研究、学习机构工作的科研人员,在国有公司、企业工作的工程技术人员,在法律政策允许的范围内,承担某些工作和提供咨询服务而获得的报酬行为,在实践中应正确把握与贪污罪之间的界限,应当从主体是否为科研或者工程技术人员、经费是否用于科研用途、是否利用了职务便利实施了侵吞、窃取或者骗取科研费用等行为进行认定,以更好地保护科研创新。

5. **贪污罪既遂与未遂**的认定。贪污罪是一种以非法占有为目的的财产性犯罪,与盗窃、诈骗、抢夺等侵犯财产罪一样,应当以行为人是否实际控制财物作为区分贪污罪既遂与未遂的标准,对于行为人利用职务便利,实施了虚假平帐等贪污行为,但公共财物尚未转移的,或者尚未被行为人控制就被查获的,应当认定为贪污未遂。

【司法解释】

《最高人民法院关于审理挪用公款案件具体应用法律若干问题的解释》(法释〔1998〕9号,自1998年5月9日起施行)

△(**携带挪用的公款潜逃;贪污罪**)携带挪用的公款潜逃的,依照刑法第三百八十二条、第三百八十三条的规定定罪处罚。[①]（§ 6)

《最高人民检察院关于人民检察院直接受理立案侦查案件立案标准的规定(试行)》(高检发释字〔1999〕2号,自1999年9月16日起施行)

△(**贪污罪;利用职务上的便利;受委托管理、经营国有财产;应当交公而不交公**)贪污罪是指国家工作人员利用职务上的便利,侵吞、窃取、骗取或者以其他手段非法占有公共财物的行为。

"利用职务上的便利"是指利用职务上主管、管理、经手公共财物的权力及方便条件。

受国家机关、国有公司、企业、事业单位、人民团体委托管理、经营国有财产的人员,利用职务上的便利,侵吞、窃取、骗取或者以其他手段非法占有国有财物的,以贪污罪追究其刑事责任。

"受委托管理、经营国有财产"是指因承包、租赁、聘用等而管理、经营国有财产。

《最高人民法院关于审理贪污、职务侵占案件如何认定共同犯罪几个问题的解释》(法释〔2000〕15号,自2000年7月8日起施行)

△(**贪污罪共犯**)行为人与国家工作人员勾结,利用国家工作人员的职务便利,共同侵吞、窃取、骗取或者以其他手段非法占有公共财物的,以贪污罪共犯论处。(§ 1)

△(**分别利用各自的职务便利;按照主犯的犯罪性质**)公司、企业或者其他单位中,不具有国家工作人员身份的人与国家工作人员勾结,分别利用各自的职务便利,共同将本单位财物非法占为己有的,按照主犯的犯罪性质定罪。[②]（§ 3)

《最高人民法院、最高人民检察院关于办理妨害预防、控制突发传染病疫情等灾害的刑事案件具体应用法律若干问题的解释》(法释〔2003〕8号,自2003年5月15日起施行)

△(**贪污、侵占用于预防、控制突发传染病疫情等灾害的款物;贪污罪**)贪污、侵占用于预防、控制突发传染病疫情等灾害的款物或者挪用归个人使用,构成犯罪的,分别依照刑法第三百八十二条、第三百八十三条、第二百七十一条、第三百八十四条、第二百七十二条的规定,以贪污罪、侵占罪、挪用公款罪、挪用资金罪定罪,依法从重处罚。(§ 14 Ⅰ)

《最高人民法院关于如何认定国有控股、参股股份有限公司中的国有公司、企业人员的解释》(法释〔2005〕10号,自2005年8月11日起施行)

△(**国有公司、企业人员**)国有公司、企业委派到国有控股、参股公司从事公务的人员,以国有

---

① 我国学者指出,贪污罪与挪用公款罪的一个重要区别在于,贪污罪中行为人的目的是永久性地占有公款,自始至终持有不归还所贪污公款的想法;而行为人挪用公款的目的则在于暂时地占有公款,用后即还,参见王作富主编:《刑法分则实务研究(下)》(第5版),中国方正出版社2013年版,第1609页。

② 我国学者指出,公司、企业或者其他单位的人员与国家工作人员相勾结,共同将本单位财物非法占为己有时,只要利用了国家工作人员的职务之便,所占有的财物为公共财物,就符合共同贪污的特征,应以贪污罪的共犯论处。参见张明楷:《刑法学》(第6版),法律出版社2021年版,第1563页;王作富主编:《刑法分则实务研究(下)》(第5版),中国方正出版社2013年版,第1585页。

公司、企业人员论。

《最高人民法院关于技术调查官参与知识产权案件诉讼活动的若干规定》（法释〔2019〕2 号，自 2019 年 5 月 1 日起施行）

△（**技术调查官；知识产权案件诉讼活动；贪污受贿；故意出具虚假、误导或者重大遗漏的不实技术调查意见**）技术调查官违反与审判工作有关的法律及相关规定，贪污受贿、徇私舞弊，故意出具虚假、误导或者重大遗漏的不实技术调查意见的，应当追究法律责任；构成犯罪的，依法追究刑事责任。（§ 13）

【司法解释性文件】

《全国法院审理经济犯罪案件工作座谈会纪要》（法发〔2003〕167 号，2003 年 11 月 13 日公布）

△（**国家机关工作人员；视为国家机关工作人员**）刑法中所称的国家机关工作人员，是指在国家机关中从事公务的人员，包括在各级国家权力机关、行政机关、司法机关和军事机关中从事公务的人员。

根据有关立法解释的规定，在依照法律、法规规定行使国家行政管理职权的组织中从事公务的人员，或者在受国家机关委托代表国家行使职权的组织中从事公务的人员，或者虽未列入国家机关人员编制但在国家机关中从事公务的人员，视为国家机关工作人员。在乡（镇）以上中国共产党机关、人民政协机关中从事公务的人员，司法实践中也应当视为国家机关工作人员。

△（**委派**）所谓委派，即委任、派遣，其形式多种多样，如任命、指派、提名、批准等。[①] 不论被委派的人身份如何，只要是接受国家机关、国有公司、企业、事业单位委派，代表国家机关、国有公司、企业、事业单位在非国有公司、企业、事业单位、社会团体中从事组织、领导、监督、管理等工作，都可以认定为国家机关、国有公司、企业、事业单位委派到非国有公司、企业、事业单位、社会团体从事公务的人员。[②] 如国家机关、国有公司、企业、事业单位委派在国有控股或者参股的股份有限公司从事组织、领导、监督、管理等工作的人员，应当以国家工作人员论。[③] 国有公司、企业改制为股份有限公司后，原国有公司、企业的工作人员和股份有限公司新任命的人员中，除代表国有投资主体行使监督、管理职权的人外，不以国家工作人员论。

△（**其他依照法律从事公务的人员**）刑法第九十三条第二款规定的“其他依照法律从事公务的人员”应当具有两个特征：一是在特定条件下行使国家管理职能；二是依照法律规定从事公务。具体包括：

（1）依法履行职责的各级人民代表大会代表；

（2）依法履行审判职责的人民陪审员；

（3）协助乡镇人民政府、街道办事处从事行政管理工作的村民委员会、居民委员会等农村和城市基层组织人员；

（4）其他由法律授权从事公务的人员。

△（**从事公务**）从事公务，是指代表国家机关、国有公司、企业、事业单位、人民团体等履行组织、领导、监督、管理等职责。公务主要表现为与职权相联系的公共事务以及监督、管理国有财产的职务活动。如国家机关工作人员依法履行职责，国有公司的董事、经理、监事、会计、出纳人员等管理、监督国有财产等活动，属于从事公务。那些不具备职权内容的劳务活动、技术服务工作，如

① 我国学者指出，只要是属于国有单位提名或推荐，代表国有单位从事管理的人员，不论其在被委派的企业是通过何种方式产生的（譬如行为人系由非国有公司、企业董事会选举或任命），都不能改变其被委派的性质。另外，需要注意所谓的“二次委派”，即在一些特殊行业的非公有制经济单位中，其高层的管理决策层（比如董事会）往往由党政主管部门委派、批准并进行统一管理，但具体的执行人员（比如经济人员）则由该管理决策层自行任命。后者不属于《刑法》第九十三条第二款的委派，此种委派的工作人员也不属于国家工作人员。参见王作富主编：《刑法分则实务研究（下）》（第 5 版），中国方正出版社 2013 年版，第 1564 页；黎宏：《刑法学各论》（第 2 版），中国人民大学出版社 2016 年版，第 505 页；陈兴良主编：《刑法各论精释》，人民法院出版社 2015 年版，第 1014、1063、1120 页。

② 至于人民团体委派到非国有单位从事公务的人员能否成为贪污罪的主体，学说上尚有争论。学者周光权教授认为，人民团体毕竟不属于国家机关、国有公司、企业、事业单位，将其中从事公务的人员视为国家工作人员是基于我国政治生活现实考量的结果，带有一定的拟制性，而且其委派人员到其他单位从事公务的现象也很少，所以没有将其列为委派主体。既然刑法条文的规定如此明确，自然不应将人民团体委派到非国有单位的人员视为国家工作人员，否则即属于类推解释，违反罪刑法定原则。参见陈兴良主编：《刑法各论精释》，人民法院出版社 2015 年版，第 1010 页。

③ 周光权教授指出，委派的本质是单位对内部人员的委任、派遣，被委派的人员在性质上属于委派单位内部的人员，其原来是否具有国家工作人员身份，是否属于委派单位临时从社会上聘用来的，在所不问。参见陈兴良主编：《刑法各论精释》，人民法院出版社 2015 年版，第 1010 页。

售货员、售票员等所从事的工作,一般不认为是公务。[①]

△(**贪污罪既遂与未遂;是否实际控制财物**)贪污罪是一种以非法占有为目的的财产性职务犯罪[②],与盗窃、诈骗、抢夺等侵犯财产罪一样,应当以行为人是否实际控制财物作为区分贪污罪既遂与未遂的标准。[③] 对于行为人利用职务上的便利,实施了虚假平账等贪污行为,但公共财物尚未实际转移,或者尚未被行为人控制就被查获的,应当认定为贪污未遂;行为人控制公共财物后,是否将财物据为己有,不影响贪污既遂的认定。

△(**受委托管理、经营国有财产;受委托型国家工作人员**)刑法第三百八十二条第二款规定的"受委托管理、经营国有财产",是指因承包[④]、租赁、临时聘用[⑤]等管理、经营国有财产。[⑥]

△(**国家工作人员与非国家工作人员勾结共同非法占有单位财物;尽量区分主从犯;难以区分主从犯**)对于国家工作人员与他人勾结,共同非法占有单位财物的行为,应当按照《最高人民法院关于审理贪污、职务侵占案件如何认定共同犯罪几个问题的解释》的规定定罪处罚。对于在公司、企业或者其他单位中,非国家工作人员与国家工作人员勾结,分别利用各自的职务便利,共同将本单位财物非法占有的,应当尽量区分主从犯,按照主犯的犯罪性质定罪。司法实践中,如果根据案件的实际情况。各共同犯罪人在共同犯罪中的地位、作用相当,难以区分主从犯的,可以贪污罪定罪处罚。

△(**贪污罪;非法占有公款的目的;主客观相一致**)挪用公款罪与贪污罪的主要区别在于行为人主观上是否具有非法占有公款的目的。挪用公款是否转化为贪污,应当按照主客观相一致的原则,具体判断和认定行为人主观上是否具有非法占有公款的目的。在司法实践中,具有以下情形之一的,可以认定行为人具有非法占有公款的目的:

1. 根据《最高人民法院关于审理挪用公款案件具体应用法律若干问题的解释》第六条的规定,行为人"携带挪用的公款潜逃的",对其携带挪用的公款部分,以贪污罪定罪处罚。

2. 行为人挪用公款后采取虚假发票平帐、销毁有关帐目等手段,使所挪用的公款已难以在单位财务帐目上反映出来,且没有归还行为的,应当以贪污罪定罪处罚。

---

① 我国学者指出,公务仅指对公共事务进行管理的、带有行政性质的事务。从事公务,一般指在国家机关、国有公司、企业、事业单位、人民团体或者其他受国有单位委派在非国有单位从事具有组织、领导、监督、指挥、管理性质的活动,即在国家事务中组织、领导、协调等具有管理性的活动,其本质特征是管理性、职权性。一种活动不具有管理性,就不是公务而是劳务,参见周光权:《刑法各论》(第4版),中国人民大学出版社2021年版,第538页;陈兴良主编:《刑法各论精释》,人民法院出版社2015年版,第1007—1008页;黎宏:《刑法学各论》(第2版),法律出版社2016年版,第503、508页。

② 我国学者指出,本罪之成立以非法占有目的为要件,故而本罪只能是直接故意,不可能是间接故意,参见王作富主编:《刑法分则实务研究(下)》(第5版),中国方正出版社2013年版,第1577页。

③ 我国学者指出,无论是贪污罪、盗窃罪还是诈骗罪,行为人的目的是非法占有公私财物,但是,犯罪既遂与否,不在于财物是否转移到行为人手中,或者行为人是否对财物进行处置,而在于系争财物是否脱离了财物所有者的控制,参见王作富主编:《刑法分则实务研究(下)》(第5版),中国方正出版社2013年版,第1583页。

④ 关于承包中贪污问题的详细讨论,参见王作富主编:《刑法分则实务研究(下)》(第5版),中国方正出版社2013年版,第1568—1570页。

⑤ 和《最高人民检察院关于人民检察院直接受理立案侦查案件立案标准的规定(试行)》相比,最高人民法院纪要关于"受委托管理、经营国有财产"的规定,着重强调"临时聘用"。对此,我国学者指出,长期受聘用的人员可以直接视作国家工作人员,而临时聘用人员由于尚未与国有单位形成固定的劳动关系,难以直接认定为国家工作人员,但因其与国有单位存在委托关系,故而可以视作受委托型的国家工作人员。此外,聘用的临时性是针对聘用的方式而言,而非指向委托管理的内容。虽然是临时聘用,但委托管理的活动必须是具有一定的稳定性和反复持续性的业务(公务)。参见周光权:《刑法各论》(第4版),中国人民大学出版社2021年版,第539页;陈兴良主编:《刑法各论精释》,人民法院出版社2015年版,第1021—1022页。

⑥ 需要注意的是,受委托管理、经营国有财产的人员与基于劳务承揽合同关系而经手国有财产的人员之间有着严格区分。《刑法》第三百二十八条第二款中的委托,是带有授权性的委托,被委托人与委托单位之间存在行政上的隶属关系或者监督关系。受委托人管理、经营国有财产,在客观上与国家工作人员公务性的管理、经营活动基本相同。参见王作富主编:《刑法分则实务研究(下)》(第5版),中国方正出版社2013年版,第1567—1568页。

也有学者指出,受委托型的国家工作人员中的委托关系必须具有一定的稳定性。因为从事公务应具有一定的稳定性和反复持续性,如此才能具有身份特征,才可能侵害到贪污罪所保护的职务廉洁性。参见陈兴良主编:《刑法各论精释》,人民法院出版社2015年版,第1019—1020页。

3. 行为人截取单位收入不入帐，非法占有，使所占有的公款难以在单位财务帐目上反映出来，且没有归还行为的，应当以贪污罪定罪处罚。

4. 有证据证明行为人有能力归还所挪用的公款而拒不归还，并隐瞒挪用的公款去向的，应当以贪污罪定罪处罚。

《最高人民法院研究室关于对行为人通过伪造国家机关公文、证件担任国家工作人员职务并利用职务上的便利侵占本单位财物、收受贿赂、挪用本单位资金等行为如何适用法律问题的答复》（法研〔2004〕38 号，2004 年 3 月 30 日公布）

△（**伪造国家机关公文、证件罪；数罪并罚**）行为人通过伪造国家机关公文、证件担任国家工作人员职务后，又利用职务上的便利实施侵占本单位财物、收受贿赂、挪用本单位资金等行为，构成犯罪的，应当分别以伪造国家机关公文、证件罪和相应的贪污罪、受贿罪、挪用公款罪等追究刑事责任，实行数罪并罚。

《最高人民法院、最高人民检察院关于办理国家出资企业中职务犯罪案件具体应用法律若干问题的意见》（法发〔2010〕49 号，2010 年 11 月 26 日公布）

△（**国家出资企业改制；隐匿公司、企业财产；贪污数额；犯罪既遂；贪污罪的共犯**）国家工作人员或者受国家机关、国有公司、企业、事业单位、人民团体委托管理、经营国有财产的人员利用职务上的便利，在国家出资企业改制过程中故意通过低估资产、隐瞒债权、虚设债务、虚构产权交易等方式隐匿公司、企业财产，转为本人持有股份的改制后公司、企业所有，应当依法追究刑事责任的，依照刑法第三百八十二条、第三百八十三条的规定，以贪污罪定罪处罚。贪污数额一般应当以所隐匿财产全额计算；改制后公司、企业仍有国有股份的，按股份比例扣除归于国有的部分。

所隐匿财产在改制过程中已为行为人实际控制，或者国家出资企业改制已经完成的，以犯罪既遂处理。

第一款规定以外的人员实施该款行为的，依照刑法第二百七十一条的规定，以职务侵占罪定罪处罚；第一款规定以外的人员与第一款规定的人员共同实施该款行为的，以贪污罪的共犯论处。（§ 1Ⅰ、Ⅱ、Ⅲ）

△（**国家出资企业改制；隐匿公司、企业财产；改制前公司、企业的管理人员或者少数职工持股**）国有公司、企业违反国家规定，在改制过程中隐匿公司、企业财产，转为职工集体持股的改制后公司、企业所有的，对其直接负责的主管人员和其他直接责任人员，依照刑法第三百九十六条第一款的规定，以私分国有资产罪定罪处罚。

改制后的公司、企业中只有改制前公司、企业的管理人员或者少数职工持股，改制前公司、企业的多数职工未持股的，依照本意见第一条的规定，以贪污罪定罪处罚。（§ 2）

△（**企业改制；低价折股或者低价出售国有资产；特定关系人；贪污罪；贪污数额之计算**）国家出资企业中的国家工作人员在公司、企业改制或者国有资产处置过程中徇私舞弊，将国有资产低价折股或者低价出售给特定关系人持有股份或者本人实际控制的公司、企业，致使国家利益遭受重大损失的，依照刑法第三百八十二条、第三百八十三条的规定，以贪污罪定罪处罚。贪污数额以国有资产的损失数额计算。（§ 4 Ⅲ）

△（**改制前后主体身份发生变化；数罪并罚**）国家工作人员在国家出资企业改制前利用职务上的便利实施犯罪，在其不再具有国家工作人员身份后又实施同种行为，依法构成不同犯罪的，应当分别定罪，实行数罪并罚。

国家工作人员利用职务上的便利，在国家出资企业改制过程中隐匿公司、企业财产，在其不再具有国家工作人员身份后将所隐匿财产据为己有的，依照刑法第三百八十二条、第三百八十三条的规定，以贪污罪定罪处罚。（§ 5Ⅰ、Ⅱ）

△（**国家出资企业；国家工作人员之认定**）经国家机关、国有公司、企业、事业单位提名、推荐、任命、批准等，在国有控股、参股公司及其分支机构中从事公务的人员，应当认定为国家工作人员。具体的任命机构和程序，不影响国家工作人员的认定。

经国家出资企业中负有管理、监督国有资产职责的组织批准或者研究决定，代表其在国有控股、参股公司及其分支机构中从事组织、领导、监督、经营、管理工作的人员，应当认定为国家工作人员。[1]

国家出资企业中的国家工作人员，在国家出资企业中持有个人股份或者同时接受非国有股东委托的，不影响其国家工作人员身份的认定。（§ 6）

△（**国家出资企业；“谁投资、谁拥有产权”原则**）本意见所称“国家出资企业”，包括国家出资的国有独资公司、国有独资企业，以及国有资本控股公司、国有资本参股公司。

是否属于国家出资企业不清楚的，应遵循“谁投资、谁拥有产权”的原则进行界定。企业注册登记中的资金来源与实际出资不符的，应根据实际出资情况确定企业的性质。[2] 企业实际出资情况不清楚的，可以综合工商注册、分配形式、经营管理等因素确定企业的性质。（§ 7）

△（**宽严相济刑事政策**）办理国家出资企业中的职务犯罪案件时，要综合考虑历史条件、企业发展、职工就业、社会稳定等因素，注意具体情况具体分析，严格把握犯罪与一般违规行为的区分界限。对于主观恶意明显、社会危害严重、群众反映强烈的严重犯罪，要坚决依法从严惩处；对于特定历史条件下、为了顺利完成企业改制而实施的违反国家政策法律规定的行为，行为人无主观恶意或者主观恶意不明显，情节较轻，危害不大的，可以不作为犯罪处理。

对于国家出资企业中的职务犯罪，要加大经济上的惩罚力度，充分重视财产刑的适用和执行，最大限度地挽回国家和人民利益遭受的损失。不能退赃的，在决定刑罚时，应当作为重要情节予以考虑。（§ 8）

《最高人民法院、最高人民检察院、公安部、司法部关于办理黑恶势力犯罪案件若干问题的指导意见》（法发〔2018〕1 号，2018 年 1 月 16 日公布）

△（**农村“两委”等人员；“保护伞”；贪污罪；受贿罪**）依法严惩农村“两委”等人员在涉农惠农补贴申领与发放、农村基础设施建设、征地拆迁补偿、救灾扶贫优抚、生态环境保护等过程中，利用职权恃强凌弱、吃拿卡要、侵吞挪用国家专项资金的犯罪，以及放纵、包庇“村霸”和宗族恶势力，致使其坐大成患；或者收受贿赂、徇私舞弊，为“村霸”和宗族恶势力充当“保护伞”的犯罪。（§ 24）

《最高人民法院、最高人民检察院、公安部、司法部关于依法惩治妨害新型冠状病毒感染肺炎疫情防控违法犯罪的意见》（法发〔2020〕7 号，2020 年 2 月 6 日发布）

△（**肺炎疫情防控；滥用职权罪或者玩忽职守罪；传染病防治失职罪；传染病毒种扩散罪；贪污罪；职务侵占罪；挪用公款罪；挪用资金罪；挪用特定款物罪**）依法严惩疫情防控失职渎职、贪污挪用犯罪。在疫情防控工作中，负有组织、协调、指挥、灾害调查、控制、医疗救治、信息传递、交通运输、物资保障等职责的国家机关工作人员，滥用职权或者玩忽职守，致使公共财产、国家和人民利益遭受重大损失的，依照刑法第三百九十七条的规定，以滥用职权罪或者玩忽职守罪定罪处罚。

卫生行政部门的工作人员严重不负责任，不履行或者不认真履行防治监管职责，导致新型冠状病毒感染肺炎传播或者流行，情节严重的，依照刑法第四百零九条的规定，以传染病防治失职罪定罪处罚。

从事实验、保藏、携带、运输传染病菌种、毒种的人员，违反国务院卫生行政部门的有关规定，造

---

[1] 对“负有管理、监督国有资产职责的组织”的理解，学说上有两种对立的观点：之一，该组织不仅包括国家出资企业的领导部门和“党政联席会议”，还包括公司股东会、董事会、监事会，以及公司人事部门；之二，该组织仅包括国家出资企业的党委领导部门或者“党政联席会议”。实务中，一般采用第二种观点。参见周光权：《刑法各论》（第 4 版），中国人民大学出版社 2021 年版，第 540 页。

另有学者指出，由于董事会、监事会对整个国有出资企业的资产负有管理、监督的职责，而不是仅对国有资产负有管理、监督的职责，因此，将国有出资企业中的董事会、监事会排除在负有管理、监督国有资产职责的组织范围之外，是合理的。除了国家资产监督管理机构对国家出资企业的国有资产负有专门的监督职责，党委在我国也被认为是代表国家在国家出资企业中行使管理、监督的职责，这是我国目前的国家出资企业实际情况所决定的。参见陈兴良主编：《刑法各论精释》，人民法院出版社 2015 年版，第 1132—1133 页。

亦有论者认为，国有资本控股、参股公司内部的党委，不可能负有管理、监督国有资产的职责，党政联席会不是“组织”，只是党的组织与行政组织联合举行的会议；国有单位出资后，资产属于公司所有，国有单位不再享有公司财产，只是持有公司股份。出资者只能作为股东享有权利，不存在管理、监督国有资产的问题；在国有控股、参股公司及其分支机构中，不可能存在代表国有单位从事组织、领导、监督、经营、管理工作的人员。因此，系争规定适用于国有资本控股公司、国有资本参股公司，明显不当扩大了国家工作人员的范围。参见张明楷：《刑法学》（第 6 版），法律出版社 2021 年版，第 1556 页。

[2] 相同见解，参见王作富主编：《刑法分则实务研究（下）》（第 5 版），中国方正出版社 2013 年版，第 1569 页。

成新型冠状病毒毒种扩散,后果严重的,依照刑法第三百三十一条的规定,以传染病毒种扩散罪定罪处罚。

国家工作人员,受委托管理国有财产的人员,公司、企业或者其他单位的人员,利用职务便利,侵吞、截留或者以其他手段非法占有用于防控新型冠状病毒感染肺炎的款物,或者挪用上述款物归个人使用,符合刑法第三百八十二条、第三百八十三条、第二百七十一条、第三百八十四条、第二百七十二条规定的,以贪污罪、职务侵占罪、挪用公款罪、挪用资金罪定罪处罚。挪用用于防控新型冠状病毒感染肺炎的救灾、优抚、救济等款物,符合刑法第二百七十三条规定的,对直接责任人员,以挪用特定款物罪定罪处罚。(§ 2Ⅶ)

△**(治安管理处罚;从重情节)**依法严惩妨害疫情防控的违法行为。实施上述(一)至(九)规定的行为,不构成犯罪的,由公安机关根据治安管理处罚法有关虚构事实扰乱公共秩序,扰乱单位秩序、公共场所秩序、寻衅滋事,拒不执行紧急状态下的决定、命令,阻碍执行职务,冲闯警戒带、警戒区,殴打他人,故意伤害,侮辱他人,诈骗,在铁路沿线非法挖掘坑穴、采石取沙,盗窃、损毁路面公共设施,损毁铁路设施设备,故意损毁财物、哄抢公私财物等规定,予以治安管理处罚,或者由有关部门予以其他行政处罚。

对于在疫情防控期间实施有关违法犯罪的,要作为从重情节予以考量,依法体现从严的政策要求,有力惩治震慑违法犯罪,维护法律权威,维护社会秩序,维护人民群众生命安全和身体健康。(§ 2Ⅹ)

【附属刑法】

《中华人民共和国公司法》(1993 年 12 月 29 日通过,2018 年 10 月 26 日第四次修正)

第二百零六条

Ⅱ清算组成员利用职权徇私舞弊、谋取非法收入或者侵占公司财产的,由公司登记机关责令退还公司财产,没收违法所得,并可以处以违法所得一倍以上五倍以下的罚款。

第二百一十五条

违反本法规定,构成犯罪的,依法追究刑事责任。

《中华人民共和国保险法》(1995 年 6 月 30 日通过,2015 年 4 月 24 日第三次修正)

第一百六十一条

保险公司有本法第一百一十六条规定行为之一的①,由保险监督管理机构责令改正,处五万元以上三十万元以下的罚款;情节严重的,限制其业务范围、责令停止接受新业务或者吊销业务许可证。

第一百六十五条

保险代理机构、保险经纪人有本法第一百三十一条规定行为之一的②,由保险监督管理机构责令改正,处五万元以上三十万元以下的罚款;情节严重的,吊销业务许可证。

第一百七十九条

违反本法规定,构成犯罪的,依法追究刑事责任。

《中华人民共和国行政许可法》(2003 年 8 月 27 日通过,2019 年 4 月 23 日修正)

第七十五条

Ⅰ行政机关实施行政许可,擅自收费或者不按照法定项目和标准收费的,由其上级行政机关或者监察机关责令退还非法收取的费用;对直接负责的主管人员和其他直接责任人员依法给予行政处分。

Ⅱ截留、挪用、私分或者变相私分实施行政许可依法收取的费用的,予以追缴;对直接负责的主管人员和其他直接责任人员依法给予行政处分;构成犯罪的,依法追究刑事责任。

---

① 《中华人民共和国保险法》(1995 年 6 月 30 日通过,2015 年 4 月 24 日第三次修正)

第一百一十六条

保险公司及其工作人员在保险业务活动中不得有下列行为:

……

(七)挪用、截留、侵占保险费;

……

② 《中华人民共和国保险法》(1995 年 6 月 30 日通过,2015 年 4 月 24 日第三次修正)

第一百三十一条

保险代理人、保险经纪人及其从业人员在办理保险业务活动中不得有下列行为:

……

(七)挪用、截留、侵占保险费或者保险金;

……

《中华人民共和国行政强制法》（2011 年 6 月 30 日通过）

第六十三条

Ⅰ行政机关将查封、扣押的财物或者划拨的存款、汇款以及拍卖和依法处理所得的款项，截留、私分或者变相私分的，由财政部门或者有关部门予以追缴；对直接负责的主管人员和其他直接责任人员依法给予记大过、降级、撤职或者开除的处分。

Ⅱ行政机关工作人员利用职务上的便利，将查封、扣押的场所、设施或者财物据为己有的，由上级行政机关或者有关部门责令改正，依法给予记大过、降级、撤职或者开除的处分。

第六十八条

Ⅰ违反本法规定，给公民、法人或者其他组织造成损失的，依法给予赔偿。

Ⅱ违反本法规定，构成犯罪的，依法追究刑事责任。

《中华人民共和国中国人民银行法》（1995 年 3 月 18 日通过，2003 年 12 月 27 日修正）

第五十一条

中国人民银行的工作人员贪污受贿、徇私舞弊、滥用职权、玩忽职守，构成犯罪的，依法追究刑事责任；尚不构成犯罪的，依法给予行政处分。

《中华人民共和国银行业监督管理法》（2003 年 12 月 27 日通过，2006 年 10 月 31 日修正）

第四十三条

Ⅱ银行业监督管理机构从事监督管理工作的人员贪污受贿，泄露国家秘密、商业秘密和个人隐私，构成犯罪的，依法追究刑事责任；尚不构成犯罪的，依法给予行政处分。

《中华人民共和国环境保护法》（1989 年 12 月 26 日通过，2014 年 4 月 24 日修订）

第六十八条

地方各级人民政府、县级以上人民政府环境保护主管部门和其他负有环境保护监督管理职责的部门有下列行为之一的，对直接负责的主管人员和其他直接责任人员给予记过、记大过或者降级处分；造成严重后果的，给予撤职或者开除处分，其主要负责人应当引咎辞职：

……

（八）将征收的排污费截留、挤占或者挪作他用的；

……

第六十九条

违反本法规定，构成犯罪的，依法追究刑事责任。

《中华人民共和国刑事诉讼法》（1979 年 7 月 1 日通过，2018 年 10 月 26 日第三次修正）

第二百四十五条

Ⅰ公安机关、人民检察院和人民法院对查封、扣押、冻结的犯罪嫌疑人、被告人的财物及其孳息，应当妥善保管，以供核查，并制作清单，随案移送。任何单位和个人不得挪用或者自行处理。对被害人的合法财产，应当及时返还。对违禁品或者不宜长期保存的物品，应当依照国家有关规定处理。

Ⅱ对作为证据使用的实物应当随案移送，对不宜移送的，应当将其清单、照片或者其他证明文件随案移送。

Ⅲ人民法院作出的判决，应当对查封、扣押、冻结的财物及其孳息作出处理。

Ⅳ人民法院作出的判决生效以后，有关机关应当根据判决对查封、扣押、冻结的财物及其孳息进行处理。对查封、扣押、冻结的赃款赃物及其孳息，除依法返还被害人的以外，一律上缴国库。

Ⅴ司法工作人员贪污、挪用或者私自处理查封、扣押、冻结的财物及其孳息的，依法追究刑事责任；不构成犯罪的，给予处分。

《中华人民共和国国防教育法》（2001 年 4 月 28 日通过，2018 年 4 月 27 日修正）

第三十四条

违反本法规定，挪用、克扣国防教育经费的，由有关主管部门责令限期归还；对负有直接责任的主管人员和其他直接责任人员依法给予行政处分；构成犯罪的，依法追究刑事责任。

《中华人民共和国国防动员法》（2010 年 2 月 26 日通过）

第七十条

有下列行为之一的，对直接负责的主管人员和其他直接责任人员，依法给予处分：

……

（五）贪污、挪用国防动员经费、物资的；

……

第七十一条

违反本法规定，构成违反治安管理行为的，依法给予治安管理处罚；构成犯罪的，依法追究刑事责任。

《中华人民共和国治安管理处罚法》（2005 年 8 月 28 日通过，2012 年 10 月 26 日修正）

第一百一十六条

Ⅰ人民警察办理治安案件，有下列行为之一的，依法给予行政处分；构成犯罪的，依法追究刑事责任：

……

（四）私分、侵占、挪用、故意损毁收缴、扣押的财物的；

……

Ⅱ办理治安案件的公安机关有前款所列行为的，对直接负责的主管人员和其他直接责任人员给予相应的行政处分。

《中华人民共和国禁毒法》（2007年12月29日通过）

第六十九条

公安机关、司法行政部门或者其他有关主管部门的工作人员在禁毒工作中有下列行为之一，构成犯罪的，依法追究刑事责任；尚不构成犯罪的，依法给予处分：

……

（三）挪用、截留、克扣禁毒经费的；

（四）擅自处分查获的毒品和扣押、查封、冻结的涉及毒品违法犯罪活动的财物的。

《中华人民共和国义务教育法》（1986年4月12日通过，2018年12月29日第二次修正）

第五十四条

有下列情形之一的，由上级人民政府或者上级人民政府教育行政部门、财政部门、价格行政部门和审计机关根据职责分工责令限期改正；情节严重的，对直接负责的主管人员和其他直接责任人员依法给予处分：

（一）侵占、挪用义务教育经费的；

（二）向学校非法收取或者摊派费用的。

第六十条

违反本法规定，构成犯罪的，依法追究刑事责任。

《中华人民共和国科学技术普及法》（2002年6月29日通过）

第三十一条

违反本法规定，克扣、截留、挪用科普财政经费或者贪污、挪用捐赠款物的，由有关主管部门责令限期归还；对负有责任的主管人员和其他直接责任人员依法给予行政处分；构成犯罪的，依法追究刑事责任。

《中华人民共和国文物保护法》（1982年11月19日通过，2017年11月4日第五次修正）

第七十六条

Ⅰ文物行政部门、文物收藏单位、文物商店、经营文物拍卖的拍卖企业的工作人员，有下列行为之一的，依法给予行政处分，情节严重的，依法开除公职或者吊销其从业资格；构成犯罪的，依法追究刑事责任：

……

（二）文物行政部门和国有文物收藏单位的工作人员借用或者非法侵占国有文物的；

……

（五）贪污、挪用文物保护经费的。

Ⅱ前款被开除公职或者被吊销从业资格的人员，自被开除公职或者被吊销从业资格之日起十年内不得担任文物管理人员或者从事文物经营活动。

《中华人民共和国防沙治沙法》（2001年8月31日通过，2018年10月26日修正）

第四十四条

违反本法第三十七条第一款规定①，截留、挪用防沙治沙资金的，对直接负责的主管人员和其他直接责任人员，由监察机关或者上级行政主管部门依法给予行政处分；构成犯罪的，依法追究刑事责任。

《中华人民共和国预算法》（1994年3月22日通过，2018年12月29日第二次修正）

第九十三条

各级政府及有关部门、单位有下列行为之一的，责令改正，对负有直接责任的主管人员和其他直接责任人员依法给予降级、撤职、开除的处分：

……

（三）截留、占用、挪用或者拖欠应当上缴国库的预算收入的；

……

第九十五条

各级政府有关部门、单位及其工作人员有下列行为之一的，责令改正，追回骗取、使用的资金，有违法所得的没收违法所得，对单位给予警告或者通报批评；对负有直接责任的主管人员和其他直接责任人员依法给予处分：

……

（二）以虚报、冒领等手段骗取预算资金的；

……

第九十六条

Ⅰ本法第九十二条、第九十三条、第九十四条、第九十五条所列违法行为，其他法律对其处理、处罚另有规定的，依照其规定。

Ⅱ违反本法规定，构成犯罪的，依法追究刑事

---

① 《中华人民共和国防沙治沙法》（2001年8月31日通过，2018年10月26日修正）

第三十七条

Ⅰ任何单位和个人不得截留、挪用防沙治沙资金。

责任。

《中华人民共和国会计法》(1985 年 1 月 21 日通过,2017 年 11 月 4 日第二次修正)

第四十条

因有提供虚假财务会计报告,做假帐,隐匿或者故意销毁会计凭证、会计帐簿、财务会计报告,贪污,挪用公款,职务侵占等与会计职务有关的违法行为被依法追究刑事责任的人员,不得再从事会计工作。

《中华人民共和国铁路法》(1990 年 9 月 7 日通过,2015 年 4 月 24 日第二次修正)

第六十九条

铁路运输企业违反本法规定,多收运费、票款或者旅客、货物运输杂费的,必须将多收的费用退还付款人,无法退还的上缴国库。将多收的费用据为己有或者侵吞私分的,依照刑法有关规定追究刑事责任。

《中华人民共和国水法》(1988 年 1 月 21 日通过,2016 年 7 月 2 日第二次修正)

第七十三条

侵占、盗窃或者抢夺防汛物资,防洪排涝、农田水利、水文监测和测量以及其他水工程设备和器材,贪污或者挪用国家救灾、抢险、防汛、移民安置和补偿及其他水利建设款物,构成犯罪的,依照刑法的有关规定追究刑事责任。

《中华人民共和国防洪法》(1997 年 8 月 29 日通过,2016 年 7 月 2 日第三次修正)

第六十二条

截留、挪用防洪、救灾资金和物资,构成犯罪的,依法追究刑事责任;尚不构成犯罪的,给予行政处分。

《中华人民共和国农业法》(1993 年 7 月 2 日通过,2012 年 12 月 28 日第二次修正)

第九十二条

有下列行为之一的,由上级主管机关责令限期归还被截留、挪用的资金,没收非法所得,并由上级主管机关或者所在单位给予直接负责的主管人员和其他直接责任人员行政处分;构成犯罪的,依法追究刑事责任:

(一)违反本法第三十三条第三款规定[①],截留、挪用粮食收购资金的;

(二)违反本法第三十九条第二款规定[②],截留、挪用用于农业的财政资金和信贷资金的;

(三)违反本法第八十六条第三款规定[③],截留、挪用扶贫资金的。

《中华人民共和国农业技术推广法》(1993 年 7 月 2 日通过,2012 年 8 月 31 日修正)

第三十八条

违反本法规定,截留或者挪用用于农业技术推广的资金的,对直接负责的主管人员和其他直接责任人员依法给予处分;构成犯罪的,依法追究刑事责任。

《中华人民共和国农业机械化促进法》(2004 年 6 月 25 日通过,2018 年 10 月 26 日修正)

第三十四条

违反本法第二十七条、第二十八条规定[④],截

---

① 《中华人民共和国农业法》(1993 年 7 月 2 日通过,2012 年 12 月 28 日第二次修正)

第三十三条

Ⅲ县级以上人民政府应当组织财政、金融等部门以及国家委托的收购单位及时筹足粮食收购资金,任何部门、单位或者个人不得截留或者挪用。

② 《中华人民共和国农业法》(1993 年 7 月 2 日通过,2012 年 12 月 28 日第二次修正)

第三十九条

Ⅱ任何单位和个人不得截留、挪用用于农业的财政资金和信贷资金。审计机关应当依法加强对用于农业的财政和信贷等资金的审计监督。

③ 《中华人民共和国农业法》(1993 年 7 月 2 日通过,2012 年 12 月 28 日第二次修正)

第八十六条

Ⅲ禁止任何单位和个人截留、挪用扶贫资金。审计机关应当加强扶贫资金的审计监督。

④ 《中华人民共和国农业机械化促进法》(2004 年 6 月 25 日通过,2018 年 10 月 26 日修正)

第二十七条

中央财政、省级财政应当分别安排专项资金,对农民和农业生产经营组织购买国家支持推广的先进适用的农业机械给予补贴。补贴资金的使用应当遵循公开、公正、及时、有效的原则,可以向农民和农业生产经营组织发放,也可以采用贴息方式支持金融机构向农民和农业生产经营组织购买先进适用的农业机械提供贷款。具体办法由国务院规定。

第二十八条

Ⅰ从事农业机械生产作业服务的收入,按照国家规定给予税收优惠。

Ⅱ国家根据农业和农村经济发展的需要,对农业机械的农业生产作业用燃油安排财政补贴。燃油补贴应当向直接从事农业机械作业的农民和农业生产经营组织发放。具体办法由国务院规定。

留、挪用有关补贴资金的，由上级主管机关责令限期归还被截留、挪用的资金，没收非法所得，并由上级主管机关、监察机关或者所在单位对直接负责的主管人员和其他直接责任人员给予行政处分；构成犯罪的，依法追究刑事责任。

《中华人民共和国体育法》（1995年8月29日通过，2016年11月7日第二次修正）

第五十二条

违反国家财政制度、财务制度，挪用、克扣体育资金的，由上级机关责令限期归还被挪用、克扣的资金，并对直接负责的主管人员和其他直接责任人员，依法给予行政处分；构成犯罪的，依法追究刑事责任。

《中华人民共和国红十字会法》（1993年10月31日通过，2017年2月24日修订）

第二十六条

红十字会及其工作人员有下列情形之一的，由同级人民政府审计、民政等部门责令改正；情节严重的，对直接负责的主管人员和其他直接责任人员依法给予处分；造成损害的，依法承担民事责任；构成犯罪的，依法追究刑事责任：

（一）违背募捐方案、捐赠人意愿或者捐赠协议，擅自处分其接受的捐赠款物的；

（二）私分、挪用、截留或者侵占财产的；

……

《中华人民共和国公益事业捐赠法》（1999年6月28日通过）

第二十九条

Ⅰ挪用、侵占或者贪污捐赠款物的，由县级以上人民政府有关部门责令退还所用、所得款物，并处以罚款；对直接责任人员，由所在单位依照有关规定予以处理；构成犯罪的，依法追究刑事责任。

Ⅱ依照前款追回、追缴的捐赠款物，应当用于原捐赠目的和用途。

《中华人民共和国突发事件应对法》（2007年8月30日通过）

第六十三条

地方各级人民政府和县级以上各级人民政府有关部门违反本法规定，不履行法定职责的，由其上级行政机关或者监察机关责令改正；有下列情形之一的，根据情节对直接负责的主管人员和其他直接责任人员依法给予处分：

……

（七）截留、挪用、私分或者变相私分应急救援资金、物资的；

……

第六十八条

违反本法规定，构成犯罪的，依法追究刑事责任。

《中华人民共和国出境入境管理法》（2012年6月30日通过）

第八十五条

履行出境入境管理职责的工作人员，有下列行为之一的，依法给予处分：

……

（四）不按照规定将依法收取的费用、收缴的罚款及没收的违法所得、非法财物上缴国库的；

（五）私分、侵占、挪用罚没、扣押的款物或者收取的费用的；

……

第八十八条

违反本法规定，构成犯罪的，依法追究刑事责任。

《中华人民共和国防震减灾法》（1997年12月29日通过，2008年12月27日修订）

第九十条

侵占、截留、挪用地震应急救援、地震灾后过渡性安置或者地震灾后恢复重建的资金、物资的，由财政部门、审计机关在各自职责范围内，责令改正，追回被侵占、截留、挪用的资金、物资；有违法所得的，没收违法所得；对单位给予警告或者通报批评；对直接负责的主管人员和其他直接责任人员，依法给予处分。

第九十一条

违反本法规定，构成犯罪的，依法追究刑事责任。

《中华人民共和国归侨侨眷权益保护法》（1990年9月7日通过，2009年8月27日第二次修正）

第二十八条

违反本法第二十条第二款规定①，停发、扣发、侵占或者挪用出境定居的归侨、侨眷的离休金、退休金、退职金、养老金的，有关单位或者有关

---

① 《中华人民共和国归侨侨眷权益保护法》（1990年9月7日通过，2009年8月27日第二次修正）

第二十条

Ⅰ归侨、侨眷可以按照国家有关规定申请出境定居，经批准出境定居的，任何组织或者个人不得损害其合法权益。

Ⅱ离休、退休、退职的归侨、侨眷职工出境定居的，其离休金、退休金、退职金、养老金照发。

主管部门应当责令补发，并依法给予赔偿；对直接负责的主管人员和其他直接责任人员，依法给予行政处分；构成犯罪的，依法追究刑事责任。

《中华人民共和国企业国有资产法》（2008年10月28日通过）

第六十八条

履行出资人职责的机构有下列行为之一的，对其直接负责的主管人员和其他直接责任人员依法给予处分：

……

（二）侵占、截留、挪用国家出资企业的资金或者应当上缴的国有资本收入的；

……

第七十一条

Ⅰ国家出资企业的董事、监事、高级管理人员有下列行为之一，造成国有资产损失的，依法承担赔偿责任；属于国家工作人员的，并依法给予处分：

……

（二）侵占、挪用企业资产的；

……

Ⅱ国家出资企业的董事、监事、高级管理人员因前款所列行为取得的收入，依法予以追缴或者归国家出资企业所有。

Ⅲ履行出资人职责的机构任命或者建议任命的董事、监事、高级管理人员有本条第一款所列行为之一，造成国有资产重大损失的，由履行出资人职责的机构依法予以免职或者提出免职建议。

第七十五条

违反本法规定，构成犯罪的，依法追究刑事责任。

《中华人民共和国军人保险法》（2012年4月27日通过）

第四十六条

贪污、侵占、挪用军人保险基金的，由军队后勤（联勤）机关责令限期退回，对直接负责的主管人员和其他直接责任人员依法给予处分。

第四十八条

违反本法规定，构成犯罪的，依法追究刑事责任。

《中华人民共和国社会保险法》（2010年10月28日通过，2018年12月29日修正）

第九十一条

违反本法规定，隐匿、转移、侵占、挪用社会保险基金或者违规投资运营的，由社会保险行政部门、财政部门、审计机关责令追回；有违法所得的，没收违法所得；对直接负责的主管人员和其他直接责任人员依法给予处分。

第九十四条

违反本法规定，构成犯罪的，依法追究刑事责任。

《中华人民共和国检察官法》（1995年2月28日通过，2019年4月23日修订）

第四十七条

检察官有下列行为之一的，应当给予处分；构成犯罪的，依法追究刑事责任：

（一）贪污受贿、徇私枉法、刑讯逼供的；

……

《中华人民共和国法官法》（1995年2月28日通过，2019年4月23日修订）

第四十六条

法官有下列行为之一的，应当给予处分；构成犯罪的，依法追究刑事责任：

（一）贪污受贿、徇私舞弊、枉法裁判的；

……

《中华人民共和国国家赔偿法》（1994年5月12日通过，2012年10月26日第二次修正）

第三十一条

Ⅰ赔偿义务机关赔偿后，应当向有下列情形之一的工作人员追偿部分或者全部赔偿费用：

（一）有本法第十七条第四项、第五项规定情形的；

（二）在处理案件中有贪污受贿，徇私舞弊，枉法裁判行为的。

Ⅱ对有前款规定情形的责任人员，有关机关应当依法给予处分；构成犯罪的，应当依法追究刑事责任。

《中华人民共和国农村土地承包法》（2002年8月29日通过，2018年12月29日第二次修正）

第六十二条

违反土地管理法规，非法征收、征用、占用土地或者贪污、挪用土地征收、征用补偿费用，构成犯罪的，依法追究刑事责任；造成他人损害的，应当承担损害赔偿等责任。

《中华人民共和国土地管理法》（1986年6月25日通过，2019年8月26日第二次修正）

第八十条

侵占、挪用被征收土地单位的征地补偿费用和其他有关费用，构成犯罪的，依法追究刑事责任；尚不构成犯罪的，依法给予处分。

《中华人民共和国退役军人保障法》（2020年11月11日通过）

第七十五条

退役军人工作主管部门及其工作人员有下列

行为之一的，由其上级主管部门责令改正，对直接负责的主管人员和其他直接责任人员依法给予处分：

……

（四）挪用、截留、私分退役军人保障工作经费的；

……

第八十条

违反本法规定，构成违反治安管理行为的，依法给予治安管理处罚；构成犯罪的，依法追究刑事责任。

《中华人民共和国道路交通安全法》（2003年10月28日通过，2021年4月29日第三次修正）

第一百一十七条

交通警察利用职权非法占有公共财物，索取、收受贿赂，或者滥用职权、玩忽职守，构成犯罪的，依法追究刑事责任。

《中华人民共和国教育法》（1995年3月18日通过，2021年4月29日第三次修正）

第七十一条

Ⅰ违反国家有关规定，不按照预算核拨教育经费的，由同级人民政府限期核拨；情节严重的，对直接负责的主管人员和其他直接责任人员，依法给予处分。

Ⅱ违反国家财政制度、财务制度，挪用、克扣教育经费的，由上级机关责令限期归还被挪用、克扣的经费，并对直接负责的主管人员和其他直接责任人员，依法给予处分；构成犯罪的，依法追究刑事责任。

《中华人民共和国海关法》（1987年1月22日通过，2021年4月29日第六次修正）

第七十二条

海关工作人员必须秉公执法，廉洁自律，忠于职守，文明服务，不得有下列行为：

……

（七）购买、私分、占用没收的走私货物、物品；

……

第九十六条

海关工作人员有本法第七十二条所列行为之一的，依法给予行政处分；有违法所得的，依法没收违法所得；构成犯罪的，依法追究刑事责任。

《中华人民共和国法律援助法》（2021年8月20日通过）

第六十一条

法律援助机构及其工作人员有下列情形之一的，由设立该法律援助机构的司法行政部门责令限期改正；有违法所得的，责令退还或者没收违法所得；对直接负责的主管人员和其他直接责任人员，依法给予处分：

……

（五）侵占、私分、挪用法律援助经费；

……

第六十七条

违反本法规定，构成犯罪的，依法追究刑事责任。

《中华人民共和国监察官法》（2021年8月20日通过）

第五十二条

Ⅰ监察官有下列行为之一的，依法给予处理；构成犯罪的，依法追究刑事责任：

（一）贪污贿赂的；

……

Ⅱ监察官有其他违纪违法行为，影响监察官队伍形象，损害国家和人民利益的，依法追究相应责任。

《中华人民共和国科学技术进步法》（1993年7月2日通过，2021年12月24日第二次修订）

第一百一十条

违反本法规定，虚报、冒领、贪污、挪用、截留用于科学技术进步的财政性资金或者社会捐赠资金的，由有关主管部门责令改正，追回有关财政性资金，责令退还捐赠资金，给予警告或者通报批评，并可以暂停拨款，终止或者撤销相关科学技术活动；情节严重的，依法处以罚款，禁止一定期限内承担或者参与财政性资金支持的科学技术活动；对直接负责的主管人员和其他直接责任人员依法给予行政处罚和处分。

第一百一十五条

违反本法规定的行为，本法未作行政处罚规定，其他有关法律、行政法规有规定的，依照其规定；造成财产损失或者其他损害的，依法承担民事责任；构成违反治安管理行为的，依法给予治安管理处罚；构成犯罪的，依法追究刑事责任。

《中华人民共和国草原法》（1985年6月18日通过，2021年4月29日第三次修正）

第六十二条

截留、挪用草原改良、人工种草和草种生产资金或者草原植被恢复费，构成犯罪的，依法追究刑事责任；尚不够刑事处罚的，依法给予行政处分。

《中华人民共和国民事诉讼法》（1991年4月9日通过，2021年12月24日第四次修正）

第四十六条

Ⅰ审判人员应当依法秉公办案。

Ⅱ审判人员不得接受当事人及其诉讼代理人请客送礼。

Ⅲ审判人员有贪污受贿，徇私舞弊，枉法裁判行为的，应当追究法律责任；构成犯罪的，依法追究刑事责任。

《中华人民共和国人口与计划生育法》(2001年12月29日通过，2021年8月20日第二次修正)

第四十三条

国家机关工作人员在计划生育工作中，有下列行为之一，构成犯罪的，依法追究刑事责任；尚不构成犯罪的，依法给予处分；有违法所得的，没收违法所得：

……

(四)截留、克扣、挪用、贪污计划生育经费的；

……

《中华人民共和国兵役法》(1984年5月31日通过，2021年8月20日修订)

第六十一条

国家工作人员和军人在兵役工作中，有下列行为之一的，依法给予处分：

(一)贪污贿赂的；

……

第六十二条

违反本法规定，构成犯罪的，依法追究刑事责任。

【指导性案例】

最高人民法院指导案例第11号：杨延虎等贪污案(2012年9月18日发布)

△(**利用职务上的便利**)贪污罪中的“利用职务上的便利”，是指利用职务上主管、管理、经手公共财物的权力及方便条件，既包括利用本人职务上主管、管理公共财物的职务便利，也包括利用职务上有隶属关系的其他国家工作人员的职务便利。

△(**土地使用权；公共财物**)土地使用权具有财产性利益，属于《刑法》第三百八十二条第一款规定中的“公共财物”，可以成为贪污的对象。

【公报案例】

△(**国有银行工作人员；携款潜逃**)国有银行工作人员，利用职务便利挪用公款，携带公司银行账户凭证和全部炒股手续潜逃，将其中的公款置于自己控制之下，有能力归还而拒不归还，主观上具有非法占有的故意，其行为构成贪污罪。[《最高人民法院公报》2004年第1期　陈新贪污、挪用公款案]

△(**国有企业改制；公共财产移转**)在企业改制过程中，国有企业工作人员利用受委派在国有、集体联营企业中从事公务的职务便利，将国有、集体联营企业的公共财产转移至自己及亲属控股的个人股份制企业并非法占有，应认定构成贪污罪。[《最高人民法院公报》2004年第5期　王一兵贪污案]

△(**受国家机关委派从事公务的人员**)根据《刑法》第三百八十二条第一款的规定，国家机关工作人员受委派在集体所有制企业任职后，又经所在企业职工代表大会选举继续任职，并由企业上级行政主管部门批复同意的，仍应以国家工作人员论。其利用职务便利，采取指使他人做假账、通过转账划款、提取现金等手段侵吞公款的行为，构成贪污罪。[《最高人民法院公报》2004年第12期　严先贪污案]

△(**截留侵吞国有事业单位违法收取的不合理费用**)国有事业单位工作人员利用职务便利，截留并侵吞本单位违法收取的不合理费用，应根据《刑法》第三百八十二条的规定，以贪污罪论处。[《最高人民法院公报》2004年第12期　尚荣多等人贪污案]

△(**国有事业单位改制；隐瞒国有资产；贪污数额**)根据《刑法》第三百八十二条第一款的规定，被告人在国有事业单位改制中，利用职务便利隐瞒国有资产，并将其转移到改制后自己占有投资份额的公司中，构成了贪污罪，但贪污数额应按照被告人在改制后的公司中所占投资份额的比例认定。[《最高人民法院公报》2005年第7期　束兆龙贪污案]

【参考案例】

△国有单位基于劳务合同所聘用人员，是平等主体之间基于信任或者合同的委托，不属于受委托管理、经营国有财产的人员。

被告人张珍贵与国有公司厦门象屿储运有限公司(以下简称储运公司)签订临时劳务合同，受聘担任储运公司承包经营的海关验货场的门卫，这种基于劳务合同(劳动合同)的聘用，显然不是平等主体之间基于信任或者合同等其他关系而作出的委托，而是国有公司对内部工作人员的工作安排，不能作为受委托管理、经营国有财产人员看待。被告人张珍贵所从事的门岗工作，属于劳务活动，不具有管理、经营性质，因而不属于受委托

管理、经营国有财产人员。[No. 5-271-1　张珍贵等职务侵占案]

△国家工作人员利用职务上的便利，以本单位名义向有关单位索要财物并占为己有的，应以贪污罪论处。

被告人阎怀民利用职务上的便利，以市场协会的名义向苏交所索要80万元后，被告人钱玉芳协同阎怀民开设账户，办理转账手续，提现后与阎私分，并使用虚假手段平账，还在有关部门调查时，提供虚假证言，对钱玉芳行为的认定应当取决于阎怀民的行为性质：如果阎怀民的行为构成受贿罪，则因没有证据证实钱玉芳与阎怀民事前通谋，对钱玉芳只能以《刑法》第三百一十条第一款规定的窝藏、包庇罪定罪处罚；如果阎怀民的行为构成贪污罪，则因钱玉芳有与阎怀民共同侵吞公共财产的行为和故意，应当对钱玉芳以贪污罪的共犯追究刑事责任。

根据《刑法》第三百八十五条的规定，受贿罪是国家工作人员利用职务上的便利，索取他人财物，或者非法收受他人财物，为他人谋取利益的行为，本质上体现为一种钱权交易关系。在具体的受贿犯罪中，国家工作人员（受贿或索贿主体）与他人（行贿主体）间，应当具有主观认知上的对应性和客观行为上的互动性。本案的特殊性在于，被告人没有利用职务上的便利直接占有本单位原有的公共财物，而是将以单位名义向其他单位索要的财物占为已有。这种较特殊的犯罪手段和犯罪对象，是本案定贪污罪还是受贿罪存在争议的根源所在。由于阎怀民在其多年行使职权的过程中，对苏交所予以关照，如其以个人名义向苏交所索取财物，以及后来苏交所送阎怀民房产的事实看，苏交所可能不会拒绝，而阎怀民却以市场协会名义向苏交所拉“赞助”，且为此特地以本单位名义秘密开设银行账户，向苏交所出具本单位介绍信和收据，尔后将该“赞助”款以暗度陈仓的方式据为已有，其用心显然在于不希望苏交所和本单位的人员觉察其个人非法占有该款之真实意图。因此，阎怀民的行为具有一定的索贿性质，以单位名义索要，不过是其规避法律的手段。从这一角度来看，公诉机关以受贿罪提起公诉，一审法院以受贿罪对阎怀民定罪处罚，有一定的道理。

但是，由于阎怀民是以市场协会需投资为名向苏交所拉赞助，而作为其相对方的苏交所，也是考虑到苏交所系市场协会的会员，阎怀民作为省体改委的领导及市场协会对苏交所一向多有帮助，故向市场协会提供赞助亦属情理中事，遂按阎的要求为市场协会办理了80万元的付款转账手续。因此，苏交所既无对阎怀民个人索贿的主观认知，亦无向阎个人行贿的主观故意和客观行为，不具有行为的违法性。在此情形下，如果将阎怀民的行为认定为索贿性质，势必相应形成对苏交所的行为具有向阎怀民个人行贿性质的法律评价，其结论显然与事实和法律不符。

贪污罪侵犯的客体主要是公共财产所有权，受贿罪侵犯的客体主要是国家的廉政制度。故而在本案中，对80万元赞助款的权属是否已经合法转移至市场协会事实的认定，是确认阎怀民行为性质的关键。（1）从苏交所的主观认知度看，阎怀民作为省体改委及市场协会的领导出面以市场协会名义要钱，并提供了市场协会银行账号用于转账，且经银行有效划转。对于苏交所而言，该银行账户为市场协会之账户的事实显然具有无可置疑的确定性，此乃形式要件。（2）从该账户办理开户的过程看，阎怀民与钱玉芳为方便80万元的取得，经商议由阎怀民提供市场协会的事业单位法人资格证书、介绍信、相关印鉴等，由钱玉芳至相关金融机构办理了市场协会银行账户的开户手续。对于金融机构而言，以上账户是以真实、完备的手续开设的市场协会之合法账户，此乃实质要件。（3）职务行为的效力一般以行为人的权限为客观评价标准，而与行为人的动机和该行为在单位内的公知程度等因素不产生必然联系。作为省体改委分管领导和市场协会的法定代表人，阎怀民具有决定开设市场协会银行账户和取得、持有相关开户手续的职权。虽然其开设单位账户系出于私利，且不为单位其他人员知晓，但动机的违法性和行为的隐蔽性不能改变其基于一把手的职务和权限所形成的职务行为的基本特征，因此其开设单位账户之职务行为是有效的。（4）无论被告人阎怀民的借款之说能否成立，都不影响该80万元系市场协会公款的认定。从阎怀民开户转账行为的后果看，由于苏交所的本意系应阎的要求向市场协会提供赞助，故尽管阎事后以市场协会的名义出具了借款手续，但案发前苏交所从未向市场协会提出还款要求。假如苏交所在诉讼时效内，依据上述真实的银行转账票据和借款收据主张该债权，市场协会显然不能对该债务提出抗辩。既然市场协会对该80万元负有偿还责任，与之相应，对苏交所出借之80万元资金即应享有所有权。由此可见，阎怀民利用职务之便开设并被其控制的单位账户，就其本质而言无异于单位使用的其他银行账户，因而是有效的市场协会之账户。苏交所依其真实的意思表示将赞助市场协会的80万元转账至该账户后，该款的所有权即转移至市场协会，故阎怀民伙同钱玉芳占有该80万元系非法占有本单位财产的行为。

综上,被告人阎怀民利用职务上的便利,伙同被告人钱玉芳将其从苏交所拉来的80万元赞助款予以侵吞的行为,符合贪污罪的构成特征,应当以贪污罪定罪处罚。[No. 8-382-1 阎怀民等贪污、受贿案]

△租赁经营国有企业的人员盗卖国有资产的,应以贪污罪论处。

根据《刑法》第三百八十二条的规定,贪污罪的主体包括两类:一类是国家工作人员;另一类是受国家机关、国有公司、企业、事业单位、人民团体委托管理、经营国有财产的人员。朱洪岩是否构成贪污罪的关键,在于准确把握《刑法》第三百八十二条第二款规定的内涵,认定其是否属于"受委托管理、经营国有财产的人员"。朱洪岩租赁经营国有企业的行为,属于受委托管理、经营国有财产,符合刑法关于贪污罪规定的第二类犯罪主体构成要件,其利用职务上的便利盗卖国有财产并私分的行为,应当以贪污罪定罪处罚。

《刑法》第三百八十二条第二款规定:"受国家机关、国有公司、企业、事业单位、人民团体委托管理、经营国有财产的人员,利用职务上的便利,侵吞、窃取、骗取或者以其他手段非法占有国有财物的,以贪污论。"对于其中的委托应当如何理解的问题,1999年9月16日公布的《最高人民检察院关于人民检察院直接受理立案侦查案件立案标准的规定(试行)》规定:"'受委托管理、经营国有财产'是指因承包、租赁、聘用等而管理、经营国有财产。"2003年11月13日,最高人民法院公布的《全国法院审理经济犯罪案件工作座谈会纪要》规定,受委托管理、经营国有财产,是指因承包、租赁、临时聘用等管理、经营国有财产。可见,承包、租赁和聘用是受委托的主要方式,不同之处在于该纪要对聘用的范围限制在临时聘用。因为长期受聘用的人员直接可视为国家工作人员,对于其利用职务上便利侵吞国有财产的,可以直接适用《刑法》第三百八十二条第一款的规定。

尽管委托方式多种多样,实践中除了承包、租赁和临时聘用以外,不排除其他形式存在的可能,但其共同的特征在于,委托双方属于平等的民事主体关系,这种委托是国有单位以平等主体身份就国有财产的管理、经营与被委托者达成的协议,本质上是民事委托关系,因此有别于《刑法》第九十三条规定的委派。委派的实质是任命,具有一定的行政性,被委派者在委派事项及是否接受委派方面,与委派方不是处于平等地位而是具有行政隶属性质。被告人朱洪岩与泗阳县食品总公司破产清算组签订了租赁经营泗阳县食品总公司肉联厂的合同,属于典型的民事委托方式,因此,朱洪岩符合受委托管理、经营国有财产的要件,一、二审法院对朱洪岩以贪污罪定罪是正确的。[No. 8-382-2 朱洪岩贪污案]

△村民委员会等村基层组织成员在协助人民政府从事行政管理工作时,以国家工作人员论。

由于村民委员会等村基层组织不是国家机关,但村民委员会等村基层组织人员在管理基层集体性自治事务的同时,还经常受乡、民族乡、镇人民政府委托协助乡、民族乡、镇人民政府开展工作,执行政府指令,组织村民完成国家行政任务,行使一定的行政管理职能。因此,《全国人民代表大会常务委员会关于〈中华人民共和国刑法〉第九十三条第二款的解释》明确规定了村民委员会等基层组织成员在从事下列七种工作时,属于依照法律从事公务:(1)救灾、抢险、防汛、优抚、扶贫、移民、救济款物的管理;(2)社会捐助公益事业款物的管理;(3)国有土地的经营和管理;(4)土地征收、征用补偿费用的管理;(5)代征、代缴税款;(6)有关计划生育、户籍、征兵工作;(7)协助人民政府从事的其他行政管理工作。村民委员会等村基层组织成员在从事上述七种工作时,属于其他依照法律从事公务的人员。他们利用职务便利非法占有公共财物、挪用公款、索取他人财物或者非法收受他人财物构成犯罪的,适用刑法关于国家工作人员犯罪的处罚规定。本案被告人宾四春、郭利、戴自立均系村民委员会组成人员,宾四春还是村民委员会主任,在依职务管理村集体土地征用补偿费用过程中,三人共同利用职务上的便利,非法占有公共财物,依法共同构成贪污犯罪。[No. 8-382-3 宾四春等贪污案]

△村党支部成员在协助人民政府从事行政管理工作时,以国家工作人员论。

虽然《全国人民代表大会常务委员会关于〈中华人民共和国刑法〉第九十三条第二款的解释》没有明确村党支部成员在协助人民政府从事行政管理工作时,是否属于其他依照法律从事公务的人员,但从《全国人民代表大会常务委员会关于〈中华人民共和国刑法〉第九十三条第二款的解释》的规定和我国的实际情况来看,村党支部成员无疑也属于其他依照法律从事公务的人员。其理由是:(1)从立法解释的技术来看,《全国人民代表大会常务委员会关于〈中华人民共和国刑法〉第九十三条第二款的解释》用"村民委员会等村基层组织人员"这种列举加概括的方法,应当认为是涵盖了村党支部、村经联社、村经济合作社等各种依法设立或者经过批准设立的村基层组织。(2)认定村民委员会等村基层组织人员是否属于其他依照法律从事公务的人员,关键在于其是否协助人民政府从事行政管理工作。在我国农村的各种公共管理活动中，村党支部实际上起着领导和决策的作用，乡级人民政府不仅通过村民委员会而且主要是通过村党支部落实国家的各种路线、方针、政策，组织实施与村民利益及社会发展相关的各种公共事务管理活动。也就是说，村党支部成员更为经常地协助人民政府从事行政管理工作。因此，村党支部成员在协助人民政府开展工作时，利用职务上的便利非法占有公共财物、挪用公款、索取他人财物或者非法收受他人财物，构成犯罪的，当然也适用刑法关于国家工作人员犯罪的处罚规定。[No. 8-382-4　宾四春等贪污案]

△村民委员会等基层自治组织成员利用职务上的便利非法占有的财物，既包括国有财产也包括村集体财产，应以贪污罪和职务侵占罪分别定罪处罚。

被告人宾四春、郭利、戴自立以村民委员会名义从湘潭市征地拆迁事务所领取的油茶林补偿费和迁坟补偿费，实际是乡人民政府在国家征用土地后发给的土地补偿费，村民委员会受乡人民政府委托，协助管理和发放，属于依照法律从事公务。三被告人利用职务便利予以侵吞，应以贪污罪定罪处刑，湘潭市岳塘区人民法院对各被告人以贪污罪定罪处罚，是正确的。但施工作业上坝公路用地补偿费和租用运输道路泥沙冲进稻田补偿费，则是湘潭电厂依合同约定支付给清水村的使用土地补偿费用，不属于国家土地征用补偿费用。管理和发放施工作业上坝公路用地补偿费和租用运输道路泥沙冲进稻田补偿费，属于村民委员会对农村集体所有土地的经营和管理范围，是村民自治范围内的公共事务，不是依照法律从事公务。被告人宾四春、郭利、戴自立利用职务便利对这部分属于村集体所有的款项予以侵吞，不应以贪污罪定罪处刑，而应依照《刑法》第二百七十一条的规定，以职务侵占罪定罪处刑。当然，本案的发生和处理都在《全国人民代表大会常务委员会关于〈中华人民共和国刑法〉第九十三条第二款的解释》公布之前，因此，湘潭市岳塘区人民法院对本案的判决可不再变动。[No. 8-382-5　宾四春等贪污案]

△在区分村民委员会等基层自治组织成员是利用协助人民政府从事行政管理工作还是村公共事务管理工作的职务便利存在疑问时，应当认定为利用管理村公共事务的职务便利。

由于村民委员会等村基层组织成员不是国家工作人员，也不享有国家工作人员的待遇，因此，对其适用《刑法》第九十三条第二款应当严格掌握，慎重对待。如果在处理具体案件时，难以区分村民委员会等村基层组织成员是利用协助人民政府从事行政管理工作的职务便利，还是利用管理村公共事务的职务便利的，即在对主体的认定存在难以确定的疑问时，一般应当认定为利用管理村公共事务的职务便利，因为他们本身毕竟是村民委员会等村基层组织成员，而并非政府公务人员。[No. 8-382-6　宾四春等贪污案]

△在学校招生工作中，由学校决定，以学校名义收取的点招费，属于公共财产；对此予以贪污的，应以贪污罪论处。

在招生工作中以学校名义收取的点招费，能否视为公共财产，这是认定本案性质首先需要明确的一个问题。一、二审法院审理期间，被告人李域明及其辩护人一再提出，点招费是国家明令禁止的乱收费项目，收取点招费并作为奖金进行分配，侵犯的只是学生家长的私人财产所有权，国有财产并没有也不会因之遭受损失，本案行为性质上属于民事侵权而非贪污。对此意见，笔者认为不能成立。具体理由如下：(1)财产犯罪的对象范围不以合法所有或者持有的财物为限，不能以本案中点招费的收取违反了国家有关规定、不属于合法收入为由，将其排除在刑法保护之外。刑法所保护的财产权利，源于相关民事、行政法律法规的规定，同时又具有相对的独立性，这是由刑法承担着维护社会秩序基本机能所决定的。所以，刑法上的财产，更多强调的是财产的经济价值性，而非合法性。即便不受民法保护或者为相关行政法规所明文禁止持有的财物，如赌资、赃物、违禁品等，只要具有一定的经济价值，并且与刑法的基本保护精神不相违背，则同样可以成为财产犯罪的对象，并应当受到刑法的保护。《最高人民法院关于审理盗窃案件具体应用法律若干问题的解释》(已失效)中有关盗窃违禁品的规定，就很好地说明了这一点。(2)公共财产的认定，关键不在于某一财产在法律上的最终所有权属关系，而是行为当时该财产的占有、持有及与之相对应的责任关系。对此，《刑法》第九十一条第二款明确规定："在国家机关、国有公司、企业、集体企业和人民团体管理、使用或者运输中的私人财产，以公共财产论。"不管基于合法还是非法事由，在行为当时处于国家机关、国有公司、企业、集体企业和人民团体等单位占有、持有状态下的私人财产，均应认定为公共财产，因为此时的责任主体是这些单位，如果其间财产遭受了损失，这些单位将需承担赔偿责任。在本案中，点招费的收取系经原商专校务会研究决定，并以原商专学校的名义作出的，且收取后的点招费实际处于原商专学校的占有、支配之下，如果学生家长依法提起诉讼，原商专学校负有依规定返还或者赔偿的对外责任,同时考虑到原商专属于国有事业单位,故在有关部门查处之前将之视为公共财产是妥当的,也是符合《刑法》第九十一条第二款规定精神的。[No. 8-382-7 尚荣多等贪污案]

△国家工作人员利用所管理的国家建设专项奖金为少数人购买房屋的,应以贪污罪论处。

根据《刑法》第三百六十九条规定,私分国有资产罪是指国家机关、国有公司、企业、事业单位、人民团体,违反国家规定,以单位名义将国有资产集体私分给个人,数额较大的行为。较之于贪污罪,两者在以下几个构成方面的差别是明显的:(1)在实施主体上。私分国有资产罪是单位犯罪,贪污罪则是自然人犯罪。不能因为刑法规定仅处罚相关责任人员以及非为单位谋取利益,而否认私分国有资产罪是单位犯罪,认定是否单位犯罪的关键在于行为的实施是否以单位的名义,代表单位的意志。这一点,最高人民法院公布的《全国法院审理金融犯罪案件工作座谈会纪要》已有明确规定。(2)在行为方式上。私分国有资产罪一般表现为本单位领导集体研究决定并由单位统一组织实施,尽管往往需要采取一定的欺骗手段以逃避有关部门的监管,但就本单位内部而言是相对公开的,因而具有较大程度和较大范围的公开性;贪污罪表现为行为人利用职务便利,以侵吞、窃取、骗取等不为人所知或者他人不知实情的方式实施,除了行为人或者共同行为人之外,其他人并不知情,因而具有相当的秘密性和隐蔽性。(3)在受益人员的数量、构成上。私分国有资产属于集体私分行为,表现为单位多数员工甚至所有员工均实际分取了财物,在受益人员的数量上具有多数性特征,而且,一般不以某一特定层面为限,在受益人员的构成上具有广泛性特征。在私分国有资产行为当中,决策和具体执行的人员可以不是实际受益人,但是,实际受益人员不能仅仅局限在决策和具体执行等少数人员上面。贪污罪属于个人侵占行为,分取赃物人与贪污行为人是直接对应的,具有一致性。在共同贪污犯罪中,分取赃物人仅限于参与决策、具体实施贪污行为以及为贪污行为提供帮助等共同犯罪人。在实践中也存在部分共同贪污犯罪人未分取赃物或者将赃物交给共同犯罪人之外的其他人的情形,但这属于赃物的事后分割和处理问题。

根据上述三点关于贪污罪与私分国有资产罪区分界限的说明,本案不符合私分国有资产罪的行为构成,有关以贪污罪定性的疑虑也完全可以消除:

1. 本行为不具有单位意志的代表性,不属于单位行为。私分国有资产行为必须是代表单位意志的行为,否则,假借单位名义谋个人之私利的个人侵占行为将不能得到排除。在本案中,一方面,作为协调办主任,被告人杨代芳对国家建设资金并无自主支配、使用权,无权决定资金的具体用途,这一点,从其虚构事由骗取协调领导小组负责领导的签字同意可以得到证明;另一方面,将套取出来的资金用于购买住房也非为多数人谋利,除了具体主管人员和出纳之外,协调领导小组和协调办的其他人并没有分得任何利益。所以,即便考虑到本案所涉协调办的特殊性,将其连同协调领导小组一并视为国家机关,本案也不具备以单位名义的法定要件。

2. 本行为不具有相对的公开性。一方面,协调领导小组对此不知情,相关领导是在被告人杨代芳虚构事实,误认为是正常支出的情况下签字同意的;另一方面,在协调办内部,除了具体参与人员外,其他人员并不知情。此外,被告人杨代芳等事后以个人名义补签购房协议,有意隐瞒实情,谎称全部购房款系个人支付,进一步佐证了非公开性。

3. 实际分取财物人员不具有多数性和广泛性特点。如前所述,多数性和广泛性的判断。不能单纯地以人数的多寡为依据,应当结合决策、执行人员与其他人员的比例关系加以具体分析,从而区分出究竟是为了个人利益,还是为了单位多数人利益。在本案中,尽管受益人员有五人,但协调办内部实际分取财物的人员仅为协调办主任、副主任及出纳等作出决定和具体执行的四人,明显不具有集体私分所要求的为多数人谋取利益的特点。至于本案存在一人未参与实施任何行为却分取了房屋的情形,因其非单位人员,故不能说明其具有广泛性,相反,这种处分财物体现出来的随意性,更进一步佐证了本案行为属于个人行为。[No. 8-382-8　杨代芳贪污、受贿案]

△集体决定将公款用于单位个人购买私房的,属于共同贪污,应以贪污罪论处。

被告人高建华、岳保生、张艳萍、许福成在办事处"党委扩大会"上,商量并决定动用拆迁补偿费公款为参加会议的领导及服务公司财务人员共九人"集资购房"是构成贪污罪还是私分国有资产罪,在审理中存在一定争议。集体共同贪污与私分国有资产在客观表现上有一定相似之处,但两罪在犯罪主体、主观故意、行为对象、行为方式方面均存在明显不同,就本案而言,区分两罪的关键是在客观行为方式和主体方面:(1)在客观行为方式上,集体共同贪污一般是少数人以侵吞、窃取、骗取或者其他手段秘密进行的,而对单位内部其他多数成员则是不公开的,一般会采取作假账或平账的手法以掩人耳目；私分国有资产一般是在本单位内部以公开、表面合法的形式进行，比如以发红包、发福利、发奖金的形式，在财务账上不会隐瞒私分的国有资产，只会采取不按规定规范记账的方法来应付各种监督。(2)在主体方面，集体共同贪污属于个人共同犯罪，一般是利用职务便利非法占有公共财产的个别单位成员，因此承担刑事责任的主体是参与贪污犯罪的自然人；私分国有资产属于单位犯罪，参与私分国有资产的一般是单位的一定层次、规模的所有人或大多数人，其中大多数人是被动分到国有资产的，承担刑事责任的主体只是对私分国有资产直接负责的主管人员和其他直接责任人员。

被告人高建华、岳保生、张艳萍、许福成都是该办事处的领导成员，在党委扩大会上研究决定使用公款为其个人集资购买私房时，均利用了自己的职务便利，形成了明确的侵吞公款的共同主观故意，该扩大会实质上是被告人利用领导管理层决策的形式来掩盖共同实施贪污的目的。会后，各行为人又相互配合，各自按会议预谋方案将公款用于购买个人私房，将公款据为己有。从非法占有公款的主体看，基本上是参与会议的少数人员，并不是单位大多数人或者所有人。从该行为的公开程度看，会议要求对单位其他职工保密，且单位正式财务账上不显示这一支出，因为是以个人名义购房，在单位固定资产上也不进行房产登记。因此，本案第一起事实不符合私分国有资产罪的特征，完全符合共同贪污犯罪的构成要件，应追究参与会议决策的各被告人的刑事责任，一、二审法院以贪污罪对该起事实定性是正确的。［No. 8-382-9 高建华等贪污案］

△使用公款以个人名义购买房屋构成贪污罪的，犯罪对象是公款。

根据我国《刑法》的规定，贪污罪的对象为“公共财物”，既包括动产，也包括不动产。本案较大的争议是第一起事实中，四被告人使用公款以个人名义购买房屋，贪污对象是公款还是房屋。

从行为对象看，被告人高建华等动用祥云大厦给付铭功路办事处的拆迁补偿款，该补偿款的所有权应当属于该办事处，性质应为该办事处的公款。高建华等人用该公款以个人名义所购买的房屋，未在单位进行固定资产登记，该房屋不属于公房，而是高等人将贪污所得赃款进行处理的结果。从犯罪结果看，铭功路办事处因四被告人的贪污行为遭受的是财产损失，并不是公房损失，而是应从祥云大厦处得到的拆迁补偿费减少了，损失的是公款。至于高建华等人借房改之机以集资购房为名每人“分”一套住房，每人缴纳少量房款和契税，只是为了制造房改福利房屋的假象以掩盖共同贪污犯罪行为的实质。因此，在第一起犯罪事实中，高建华等人贪污的对象不是单位的公房，而是公款，一审法院将此笔事实认定为贪污公房不准确，二审法院采纳抗诉理由，将高建华等人的贪污对象认定为公款是正确的。

此外，本案还需探讨的一个问题是，贪污房产没有办理房屋产权证书的，是否影响贪污既遂的成立。对本案第一起事实，一审法院认为，高建华等人的贪污对象是公房，由于未办理产权证，行为人尚未获得房屋的所有权，故属于贪污未遂。虽然二审法院改判认定该笔贪污的对象是公款而非房产，从而回避了既遂、未遂的问题，但也暴露出司法实践中，对于贪污不动产既遂、未遂的判断标准仍然存在一定争议，有必要在此予以厘清。

对于贪污罪既遂与未遂的标准问题，最高人民法院在2003年11月13日公布的《全国法院审理经济犯罪案件工作座谈会纪要》指出：“贪污罪是一种以非法占有为目的的财产性职务犯罪，与盗窃、诈骗、抢夺等侵犯财产罪一样，应当以行为人是否实际控制财物作为区分贪污罪既遂与未遂的标准。对于行为人利用职务上的便利，实施了虚假平帐等贪污行为，但公共财物尚未实际转移，或者尚未被行为人控制就被查获的，应当认定为贪污未遂。行为人控制公共财物后，是否将财物据为己有，不影响贪污既遂的认定。”该纪要中将实际控制说作为贪污犯罪既遂与未遂的标准，符合刑法理论，具有实质合理性，已为理论界和实务部门采纳。

不动产的转让行为在民法上是一种要式法律行为，只有办理房屋产权证书后，买受人才拥有该房屋的合法所有权，但是，民事法律上所有权的转移与贪污罪构成要件中的非法占有是不同的概念，将刑法上的非法占有的认定标准完全等同于民法上的合法所有的认定标准是不妥当的。刑法上非法占有的实现并不以得到民事法律上的确认为已足，是否在法律上取得了对物的所有权，并不能对事实上占有某物的认定构成障碍。贪污不动产与贪污动产在既遂、未遂的认定标准上是一样的，就是看行为人是否实际控制公有财物，如果单位已经失去对公有财物的实际控制，而行为人已经实际控制财物，就应当认定为既遂。行为人是否实际办理不动产的私有产权证，不影响贪污既遂的认定。在实践中，有的行为人控制公有不动产后，为逃避责任，有可能一直不办理私有产权证，如果因此就认定为未遂，则会放纵对该行为的惩治，有违刑法本意。因此，对于行为人贪污房产的行为，只要行为人对房产已经达到实际控制状

态，即使产权证尚未办理，也不影响贪污犯罪既遂的成立。［No. 8-382-10 高建华等贪污案］

△国家工作人员利用职务上的便利，私自截留公款，以单位名义买房，由个人非法占有的，应以贪污罪论处。

本案在一审过程中，针对起诉书指控的第二起事实，即被告人高建华利用职务便利，指使局长助理直接将应给本单位的公款21万余元用于买房，剩余款项用于装修房屋，并私盖公章，以房管局的名义签订购房协议，并在案发时办理了公房租赁手续的行为，公诉机关与一审法院对其行为的性质认定不一致，争议的焦点问题是，该起事实性质上是贪污犯罪还是一般违纪行为？事后办理公房租赁手续能否说明是公款买公房？对此，公诉机关认为，高建华具有非法占有目的，完成了将公款占为己有的过程，侵害的是单位公款所有权，应认定为贪污罪；一审法院认为，因该住房的产权不可能发生实质性转移，且案发前被告人高建华已向产权单位办理了公房租赁手续，该房产已纳入单位管理，其行为不具备贪污罪的客观要件。

虽然被告人高建华利用职务之便，私盖单位印章，以单位名义签订购房协议，但并不意味着实质上该房屋的实际控制就由单位掌控了。从客观行为上看，在购房协议上所盖的单位公章，是高建华私自偷盖，签的经办人张绍华也系为高指使，单位并不知情，并不代表单位本意，以单位名义买房的目的就是为了事发后能混淆视听、掩盖真相。从客观结果上看，这套房在单位除了高、张二人外，无其他人知晓，拆迁办应付给房管局的这26万余元公款没有入房管局财务账，单位财务账上也没有记载说明，高建华离任时也未给原单位领导或主管部门登记或说明，也就是说，该笔款项从1997年3月起就已经脱离了单位的控制，而被高建华实际控制和占有，其私自以单位名义买房的行为实质，是为实施掩盖个人贪污公款的本质。如果不案发，则该笔款项以及该房则将一直被高所实际控制。从主观上看，高建华1997年3月指使局长助理张绍华买房时，侵吞公款的意图十分明确，就是想自己在中亨花园买商品房自住，让张去将拆迁办给的拆迁补偿款直接交到中亨公司，并交代张这事不要跟其他人说，单位其他人并不知道此房的存在，没有为单位购买公房的意图，在案发前长达近四年的时间内，该房事实上也是一直由高建华前妻实际居住。综上，高建华已经完成了将公款侵吞、由个人非法占有的贪污行为，已构成贪污罪，而不仅是一般的住房违纪行为。至于案发时高建华将房屋办理公房租赁手续，此时距公款被其私吞已近四年之久，单位早已完全丧失对该公款的控制，其贪污行为已全部实施完毕，显然属于贪污既遂后的事后退赃，并不能改变其四年前侵吞公款的行为性质。

因此，被告人高建华利用职务之便，私自侵吞公款，假以单位名义购买并长期占有所购房屋的行为已构成贪污罪，二审法院据此改判高建华的行为构成贪污罪是正确的。［No. 8-382-11 高建华等贪污案］

△受国家机关行政委托，以国家机关名义代为行使公权力，属于《刑法》第九十三条第二款规定的其他依照法律从事公务的人员；其利用职务便利侵吞公款的，应以贪污罪论处。

税款代征资格的取得是源于税务机关依法进行的行政委托，其法律地位等同于受委托代表税务机关征收税款的非税务工作人员，代征人以税务机关的名义并代表税务机关向纳税人、扣缴义务人征收税款，并开具相应的完税凭证或交付税票。代征人收缴的税款在法律权属上已属于国家财产，截留、侵占该款项侵犯的是国家财产所有权和代征职务的廉洁性。

代征人接受税务机关的委托，所从事的是代为征收税款的行政管理活动，在代征税款期间，代征人必须接受委托人税务机关的监督管理。因此，代征人与委托人之间并非平等的民事法律关系，而是一种行政委托关系，因此税款代征人不属于《刑法》第三百八十二条第二款规定的受委托经营管理国有财产的人员范围，后者限于民事委托关系。

代征人属于《刑法》第九十三条第二款规定的其他依照法律从事公务的人员。征税权是国家权力的当然组成部分，税收征管活动也是国家行政管理活动的重要组成部分，属于一种公务执行活动。根据《税收征收管理法实施细则》第四十四条的规定，税务机关根据有利于税收控管和方便纳税的原则，可以按照国家有关规定委托有关单位和人员代为征收零星分散和异地缴纳的税收，并发给委托代征证书。受委托代征税款的单位和人员应当按照代征证书的要求，以税务机关的名义依法征收税款，纳税人不得拒绝；纳税人拒绝的，受委托单位和个人应当及时报告税务机关。

由此，受国家税务机关委托代征税款的单位和人员代为征收相关税款的行为，实质上就是代表国家税务机关征收税款，是一种依照《税收征收管理法实施细则》从事公务的行为，其私自截留、侵吞税款的行为，应根据《刑法》第三百八十二条第一款规定，以贪污罪定罪处罚。

被告人黄明惠及其经营的食品站在与税务机关签订《委托代征税款协议》、接受税务机关依法作出的代征税款的委托之后,以税务机关的名义进行的代征生猪流通环节增值税的行为,属于在特定条件下行使国家税收征收权,符合《刑法》第九十三条第二款规定的依照法律从事公务活动。黄明惠在从事代征税款时,应以国家公务员论,其在受委托代征税款期间,以非法占有为目的,利用代征税款的职务便利,私自截留、侵吞代征的税款,不但侵犯了国有财产所有权,而且侵犯了代征税款职务的链接性,其行为触犯了《刑法》第三百八十二条第一款的规定,应构成贪污罪。[No. 8-382-12 黄明惠贪污案]

△检举、揭发他人犯罪是否构成重大立功表现,应当以其所检举揭发的他人具体犯罪行为在实际上是否可能被判处无期徒刑以上刑罚为标准,而非所揭发的犯罪在量刑幅度中有无期徒刑这一刑种。

根据《最高人民法院关于处理自首和立功具体应用法律若干问题的解释》第七条的规定,犯罪分子检举、揭发他人重大犯罪行为,经查证属实的,应当认定为重大立功表现;前款所称重大犯罪行为的标准,一般是指犯罪嫌疑人、被告人可能被判处无期徒刑以上刑罚或案件在本省、自治区、直辖市或全国范围内有较大影响。对于可能判处无期徒刑以上刑罚,根据《最高人民法院、最高人民检察院关于办理职务犯罪案件认定自首、立功等量刑情节若干问题的意见》,是指根据犯罪行为的事实、情节可能被判处无期徒刑以上刑罚。案件已经判决的,以实际判处的刑罚为准。我国刑法规定的具体犯罪法定刑幅度比较宽,将可能判处无期徒刑以上刑罚理解为法定刑量刑幅度包括无期徒刑即可,不但与立法本意不符,也会在司法实践中,模糊一般立功与重大立功的界限。

因此,对于被告人所检举、揭发他人犯罪行为未经终身判决的情况下,应根据所揭发具体犯罪行为的社会危害性大小,判断是否可能判处无期徒刑以上刑罚;已经判决时,当然以实际判决情况确定是否构成重大立功。但应注意,这里的实际判决情况是指在不考虑被告人所具有的法定、酌定从宽情况下,被告人可能被判处的刑罚。

被告人王志勤所揭发他人受贿40万元的事实,属于一般受贿行为,没有法定或酌定从重情节,在当前司法实践中不属于可能判处无期徒刑以上刑罚的犯罪,法院对该受贿犯罪的判决也反映了这一情况。因此对被告人的揭发行为,只能认定为一般立功表现。[No. 8-382-13 王志勤贪污、受贿罪]

△国家工作人员贪污公共财物所产生孳息的,应以贪污罪论处。

被告人郭如鳌、张俊琴、赵茹私分炒股盈利款的行为构成贪污罪。

中国经济开发信托投资公司内蒙古证券营业部(以下简称中经信内蒙古营业部)违规自营炒股的盈利款属于公共财产。中国经济开发信托投资公司是国有公司,中经信内蒙古营业部系其分支机构,系国有公司。对其自营炒股盈利款的性质,可从以下三个方面理解:(1)从盈利款的来源看,该盈利款是中经信内蒙古营业部违规自营炒股所得。被告人赵茹等人根据中经信内蒙古营业部常务副总经理李耀林的指示,以单位名义筹措资金进行炒股,虽然自营炒股违反了国家规定,但并不因此改变盈利款属于中经信内蒙古营业部所有的性质。(2)从炒股所用的资金看,既有中经信内蒙古营业部透支代理股民证券交易的资金,又有营业部自有资金和被告人赵茹以本单位名义借的1000万元国债资金。所透支的代理股民证券交易的资金虽然在量上占主要部分,并且在最终的所有权上属于股民个人所有,但是,根据《刑法》第九十一条第二款的规定,"在国家机关、国有公司、企业、集体企业和人民团体管理、使用或者运输中的私人财产,以公共财产论",该股民资金亦应认定为公共财产。中经信内蒙古营业部自营炒股所用的资金属于公共财产,其孳息即炒股盈利款显然属于公共财产。(3)从最终归属看,该盈利款亦应认定为公共财产。2014年《证券法》第一百三十七条第一款规定,证券公司的自营业务必须以自己的名义进行,不得假借他人名义或者以个人名义进行。第二百零九条规定,证券公司违反规定,假借他人名义或者以个人名义从事自营业务的,责令改正,没收违法所得,并处以违法所得一倍以上五倍以下的罚款;情节严重的,停止其自营业务。第二百零五条规定,证券公司违反规定,为客户买卖证券提供融资融券的,没收违法所得,暂停或撤销相关业务许可,并处以非法融资融券等值的罚款。第二百三十一条规定,构成犯罪的,依法追究刑事责任。中经信内蒙古营业部作为从事证券经营业务的公司,不仅假借他人名义和以个人名义非法从事证券自营业务,还通过虚增客户资金账户上资金的方式,非法从事融资交易,其盈利款当属《证券法》第二百零九条和第二百零五条规定的非法所得,应当予以没收,上缴国库。但在没有依法对其非法经营行为进行处理前,该盈利款暂由中经信内蒙古营业部管理,仍然属于公共财产。

被告人郭如鳌等人私分本单位违规自营炒股盈利款500万元的行为构成贪污罪。被告人郭如鳌系中经信内蒙古营业部的总经理,被告人赵茹、张俊琴于1996年11月分别被中经信内蒙古营业部正式聘任为交易部、财务部经理，且私分盈利款的行为发生在1998年四五月份，根据《刑法》第九十三条第二款的规定，属于国有公司中从事公务的人员，三被告人的主体身份应当认定为国家工作人员。被告人郭如鳌等人私分自营炒股盈利款的行为实际上有两次：(1)以非法占有为目的，通过私下秘密商议，将公共财物即单位自营炒股盈利款中的500万元予以私分；(2)为掩盖私分500万元的事实，又以房补的名义与其他职工私分盈利款230万元。两次私分的区别在于：虽然私分的决定由被告人同时作出，但前次私分的决定者与实际受益人具有同一性、私分行为具有秘密性等特征，而后次私分还包括单位其他职工，私分的受益人具有多数性、私分行为具有相对公开性等特征，因而前次私分的决定属于个人行为，而后次私分则体现了单位意志，具有私分国有资产的性质。当然，由于检察机关未对该私分行为提起公诉，人民法院不能主动予以追究。被告人郭如鳌等人私分自营炒股盈利款500万元的行为符合《刑法》第三百八十二条之规定，均构成贪污罪。[No. 8-382-14　郭如鳌等贪污、挪用公款案]

△在国有企业改制中，隐瞒资产的真实情况造成巨额国有资产损失的，应以贪污罪论处。

二被告人原系国有公司中从事公务的人员，而且实施了非法占有国有资产的行为，已构成贪污罪。在讨论贪污罪问题时，本案还有以下两个问题值得分析：

一是关于贪污行为通常具有的隐秘性问题。本案中，被告人罗永德的辩护人辩称，职工大会后，评估结论中的水分已为全体职工所知悉，二被告人不可能通过隐秘的方法实行贪污。诚然，从2000年6月的职工大会后，评估结论中的水分问题已为全体职工所知悉，无秘密可言。但是，评估中隐瞒的资产真实情况对于国有资产管理部门而言仍然属于未知，具有隐秘性。二被告人虽然在职工大会上提出将该笔资产要么冲抵亏损，要么上缴国资，但他们没有向国有资产管理部门报告。对于广大职工来说，此笔国有资产问题已经解决，即此次大会后，二被告人的行为客观上违背了原来在职工大会上的诺言，不仅说明其有非法侵吞该笔资产的故意，也使其行为具有了不为职工所知的隐秘性。

二是关于二被告人的共同犯罪故意问题。对于共同故意的成立，理论上要求具备两个条件，一是各共犯都出于故意，二是各被告人的故意之间有联络，即共同犯罪人不但认识到自己在实施故意犯罪，而且认识到其在配合其他共同犯罪人实施故意犯罪。因此，认定共同故意时，不需要证明共犯之间有积极的共谋行为。在本案中，虽然没有证据证明二被告人曾经商量过要占有该47万余元资产，但二被告人在隐瞒真相的前提下于2000年9月7日缴清国资款，后来又共同积极办理资产转移手续，足以表明其有非法占有的共同故意。[No. 8-382-16　徐华等贪污案]

△因贪污、挪用公款而遭受的财产损失，不能通过附带民事诉讼途径解决。

附带民事诉讼是指在刑事诉讼过程中，因被告人的犯罪行为而遭受了物质损失的被害人(含被害单位，下同)，向人民法院提起的要求赔偿经济损失的民事诉讼。由于这种民事诉讼是由刑事诉讼派生的，带有附带解决的性质，所以称为附带民事诉讼。

根据《最高人民法院关于执行〈中华人民共和国刑事诉讼法〉若干问题的解释》(已失效)第八十八条的规定，附带民事案件的成立除了必须具备以下四个条件：(1)提起附带民事诉讼的原告人、法定代理人符合法定条件；(2)有明确的被告人；(3)有请求赔偿的具体要求和事实根据；(4)被害人的物质损失是由被告人的犯罪行为造成的。此外，还必须具备属于人民法院受理附带民事诉讼的范围这一要件。由于《刑事诉讼法》和司法解释均未对附带民事诉讼的受案范围作出界定，司法实践中对于哪种损失能够提起附带民事诉讼，哪些损失不能提起，一直比较混乱。

《刑事诉讼法》第一百零一条的规定已从附带民事诉讼的受案范围中排除了精神损害。被害人只能对被告人的犯罪行为所造成的物质损失的赔偿问题提起附带民事诉讼。没有物质损失，不能成立刑事附带民事诉讼，而仅成立刑事诉讼。

被害人的物质损失应是被告人涉嫌犯罪的行为直接造成的，即犯罪行为是造成物质损失的唯一或者主要原因，并且物质损失应当是已经产生或者必然产生的，在数量上是可以计算和有确定数额的，可得利益的损失不能要求赔偿。

从司法实践来看，被害人因被告人的犯罪行为遭受的物质损失主要有两种情况：一种情况是因被告人非法占有、处置而给被害人造成物质损失，如抢劫、盗窃、诈骗、侵占、贪污、挪用等案件；另一种情况是被害人遭受了物质损失，但被告人并未也不可能占有或者获得被害人的财物，如杀人、伤害、故意毁坏财物、破坏生产经营以及生产、销售伪劣商品犯罪等案件。在前一种情况中，被害人的物质损失即被告人的违法所得，属赃款、赃物，《刑法》第六十四条已明确规定了解决方式，即由司法机关追缴或者责令退赔后，直接返还给被害人，这已是对被害人财产权利最有效的保护，无须提起附带民事诉讼。即使被告人无法退赃的，也只能作为决定刑罚时酌定从重处罚的情节予以考虑，而不能通过提起附带民事诉讼的途径解决。

因此，附带民事诉讼的受案范围应只限于被害人因人身权利受到犯罪行为侵犯和财物被犯罪行为损毁而遭受的物质损失，不包括因犯罪分子非法占有、处置被害人财产而使其遭受的物质损失。这个问题在最高人民法院公布的《全国法院维护农村稳定刑事审判工作座谈会纪要》中已经明确。[No. 8-382-19　李平贪污、挪用公款案]

△国家工作人员利用职务上的便利，采用欺骗手段，非法侵占公有房屋的，应以贪污罪定罪论处。

公有房屋可以成为贪污犯罪的对象，不应以房屋属于不动产为由，而将公有房屋排除在贪污罪的犯罪对象之外。依照《刑法》第九十一条的规定，公共财产包括国有财产、劳动群众集体所有的财产、用于扶贫和其他公益事业的社会捐助或者专项基金以及在国家机关、国有公司、企业、事业单位和人民团体管理、使用或者运输中的私人财产。《刑法》第三百八十二条规定的贪污罪对象的公共财物与《刑法》第九十一条规定的公共财产的内涵与外延应当是相同的，均未将不动产排除在公共财产或者公共财物之外。作为职务性的财产犯罪，就实施及完成犯罪行为方面而言，贪污罪与诈骗罪、侵占罪等一般财产犯罪并无两样，而且，较之于后者，贪污行为人因其有着职务上的便利可资利用，故通常情况下更易于得逞。因此，有必要运用刑法手段对不动产予以保护。被告人于继红利用负责还迁、拆迁工作之机，采取不下账、少下账、虚添拆迁面积和虚添住户的手段，从中套取商企房、住宅房各1户，加上用面积顶交的取暖费、热水费，总价值112123.25元，一、二审法院认定其行为构成贪污罪是正确的。[No. 8-382-20　于继红贪污案]

△贪污不动产的，虽未办理私有产权证，也应认定为贪污罪既遂。

对于非法侵占公有房产的贪污行为，即使客观上尚未办理产权变更登记，也可以通过其所采取的欺骗手段等行为事实，认定其具有非法占有的目的。

作为侵占类财产犯罪，贪污罪的构成需以行为人主观上具有非法占有目的为要件，这也是区分贪污罪与挪用类犯罪的一个重要方面。本案被告人于继红贪污的对象为公有房屋，公有房屋属于不动产，不动产所有权的取得以办理产权登记为标志。被告人于继红侵占的公有房屋尚未办理产权变更登记，如何认定被告人于继红具有非法占有的目的，对于本案的定性具有关键意义。

对于侵害对象为不动产的，办理产权变更登记是行为人非法占有目的的客观实现，但在很多情况下，行为人对于侵占的不动产往往由于取得方式的非法性而不敢去办理产权变更登记，因此，不能以没有办理产权变更登记来证明行为人主观上不具有非法占有的目的。在通常情况下，非法占有目的形成于产权变更登记之前，根据行为人客观上所采取的欺骗手段等行为事实，是可以认定其主观上具有非法占有目的的。在本案中，一方面，被告人于继红利用负责还迁房屋职务上的便利，通过少下台账、虚增面积等行为，将其他公司归还房管所的商企房予以截留，而且该被截留的商企房在房管所的相关文件中不再有任何体现，证明被告人于继红主观上具有将该商企房脱离房管所管理非法据为己有的故意；另一方面，被告人于继红将该截留的商企房用于个人出租牟利，说明被告人于继红已经在事实上将该房产视同为个人财产行使使用权、收益权。被告人于继红的辩护人关于房屋所有权并没有发生转移的辩护意见是不能成立的。一、二审法院根据以上事实认定被告人于继红具有非法占有该商企房的主观目的是正确的。

被告人于继红利用职务上的便利，截留公有房屋并实际占有使用，虽未办理私有产权证，亦应认定为贪污既遂以不动产为对象的贪污以及一般的侵占类犯罪的既、未遂的认定问题，在理论和司法实务中均不无争议。

作为以非法占有为目的的直接故意犯罪，贪污罪存在未遂形态；其既、未遂的判断标准，与盗窃、诈骗、抢夺等财产犯罪一样，应当视行为人是否实际取得财物而定。具体到贪污不动产犯罪，只要行为人利用职务之便，采取欺骗等非法手段，使公有不动产脱离了公有产权人的实际控制，并被行为人现实地占有的，或者行为人已经就所有权的取得进行了变更登记的，即可认定为贪污罪的既遂，而且，在办理不动产转移登记之后，即使不动产尚未实现事实上的转移，也不影响贪污罪既遂的成立。在本案中，被告人于继红虽未就其所截留的公有房屋进行私有产权登记，但因该截留行为系在房屋移交过程中、房屋的所有权人不知情的情况下实施的，房屋所有权的代表人——房管所在一般情况下是不可能对该房屋主张权利的，被告人于继红弄虚作假、欺瞒所在单位截留公房的行为本身即意味着被告人于继红实现了对该公房事实上的占有。由于该公房已经实际脱离了房管所的控制，因此，被告人于继红将来是否进行私有产权登记，并不影响对其已经将该公房据为

己有事实的认定。一、二审法院认定被告人于继红构成贪污罪既遂是正确的。[No. 8-382-21　于继红贪污案]

△定额承包者占有或支配本人上缴定额利润后的赢利部分，不构成贪污罪。

根据《全国人民代表大会常务委员会关于惩治贪污罪贿赂罪的补充规定》(已失效)第一条第一款的规定，贪污罪是指国家工作人员、集体经济组织的工作人员或者其他经手、管理公共财物的人员，利用职务上的便利，侵吞、盗窃、骗取或者以其他手段非法占有公共财物的行为。从本款的规定看，贪污罪在客观方面必须具备两个要件：一是利用职务上的便利；二是实施了非法占有公共财物的行为。本案不具备上述两个要件，理由如下：

被告人肖元华根据原所在单位决定兴办的经济实体，具有集体所有制企业的营业执照，该经济实体虽然由肖本人自筹资金，自聘人员，自主经营，但其所办公司是其所在单位执行上级有关文件精神、享受某些特殊优惠政策下的产物，受其原所在司法局管理，上缴费用。在具体经营管理上，肖元华虽为总经理，但实质是肖元华本人承包经营，不具有集体承包特征。经查明，肖元华创办公司后，已交出其原任司法局副局长全部分管的工作，只是按当时有关文件"职级不变"的规定，上级主管部门没有免去她副局长的职务，但事实上她已不行使副局长的职权。故被告人肖元华不存在利用副局长的职务上的便利侵吞公款的问题。

被告人肖元华是否非法占有了14万余元的公款呢？经查明，被告人肖元华与司法局签订承包协议，约定实行定额上缴利润承包，即所谓大包干。当所在单位清理整顿所办实体时，肖按承包协议足额上缴了利润。免税部分虽然没有用于发展基金购置资产，但也足额上交了。对剩余的所创利润14万元，按承包协议规定，应由承包人肖元华自主分配，被告人肖元华有权处分。这一最基本的事实，决定了这笔款项不是公共财产。因此，不论行为人以什么方式，公开的、秘密的、合法的、非法的方式占有，均不构成贪污罪。也就是说，被告人肖元华并没有非法占有公共财物的行为。[No. 8-382-22　肖元华贪污、挪用公款案]

△利用职务便利，采取虚构事实或者隐瞒真相等手段，将国有公司经营利润截留，用于非国有公司经营的，应以贪污罪论处。

被告人胡滋玮在1991年至1993年间，利用担任苏州物资集团公司汽车经营公司总经理、苏州物资集团公司第三贸易公司总经理的职务便利，在公司的经营活动中，采用虚开发票、收入不入账、串票经营、两价结算、抬高进价、故意亏损及虚设外汇补差、联合经营钢材业务利润分成等手段，将公司的公款人民币1777.620263万元予以截留，并藏匿于他公司。应当说，该行为较为完整地具备了贪污罪客观方面的一些要件，且在当前固有公司经营领域发生的贪污行为中具有一定的代表性，即利用职务便利、采取虚构事实或者隐瞒真相等手段，将公司经营利润予以截留。同时，在无相反证据、事实的情况下，根据上述行为通常足以推定行为人具有非法占有所截留、隐匿公款的主观目的：此种情形中，或者通过平账或者通过不入账，公司的财物账簿已经反映不出该笔公款，公司已经实际失去了对该公款的支配和控制权。但是作为一种客观推定(事实推定)，就需遵循证据推理的一般规则，一方面，据以推定的证据必须是真实的、一致的，相反证据须得到合理排除；另一方面，推定的结论必须是确定的、唯一的并且是可靠的。本案的特殊性在于：(1)作为公司的总经理，被告人胡滋玮事实上具有代表公司对公司资产作出处置的实际权力，在为公还是为私问题的判断上具有不确定性。这一点不同于公司的一般财务人员或者公司财产的经手人员，后者一般无权自行处置公司的财产，因而可径行推定成立非法占有目的要件。(2)被告人胡滋玮截留公款事出有因，其与上属公司苏州物资集团公司(以下称苏物贸)在经营理念及个人关系上均存在分歧和矛盾，不能对其关于摆脱上属公司的掣肘，另起炉灶成就一番事业，个人并无非法占有所截留公款的供述予以合理排除。可见，尽管被告人胡滋玮采取不入账或者平账等手段，私自截留公款并予以藏匿，但因相反证据不能得到合理排除，且推定结论不具有确定性，故单纯地就其截留公款并予以藏匿的行为不足以认定其主观上的非法占有目的。在根据相关证据尚不足以判断行为人截留公款行为时的主观目的的情形中，就须结合公款的去向及行为人对于公款的具体处置行为等进一步行为来进行认定。比如在本案中，被告人胡滋玮分别用于办理美国运通卡、外国护照及支付他人购车款的168万余元公款，因相关证据充分证明系个人目的使用、处置行为，故推定其对于该部分公款主观上具有非法占有的目的是可以成立的。[No. 8-382-23　胡滋玮贪污案]

△经国家机关同意，事业单位任命的人员，属于国家工作人员。

被告人胡启能任职重庆市农资公司总经理，虽然形式上由重庆市供销合作总社(事业单位)行文任命，但实质上系受中共重庆市委财贸政治部委派，故应认定其为受国家机关委派在非国有公司从事公务的人员。

被告人胡启能任职总经理的重庆市农资公司属集体所有制企业，1997 年修订后的刑法将集体经济组织工作人员排除在贪污、受贿犯罪的主体之外，不再属于贪污、受贿犯罪的独立主体，只有国家工作人员方能构成贪污、受贿犯罪（其中，贪污罪可由受委托管理、经营国有财产的人员构成）。也正是基于此，被告人胡启能及其辩护人提出，依照 1997 年修订后的刑法，被告人胡启能不属于国家工作人员，不具备贪污、受贿犯罪的主体要件。在本案中，被告人胡启能既非国家机关工作人员，亦非国有企业单位工作人员，同时因其所侵犯的公司财产系集体财产，也不属受委托管理、经营国有财产的人员，依照《刑法》第九十三条关于国家工作人员范围的规定，能否认定被告人胡启能系受国家机关、国有公司、企业、事业单位委派到非国有公司、企业、事业单位、社会团体从事公务的人员，成为本案定性的关键。

被告人胡启能任职重庆市农资公司总经理，行使经营、管理公共财产的职权，且公司从事的主要是农药、化肥等国家专控商品的经营活动及进出口业务，故将其在公司的职务行为认定为从事公务不存在疑问。能否认为被告人胡启能在重庆市农资公司任职总经理系受国家机关或者国有单位的委派？被告人胡启能自 1984 年由原重庆市人事局批准为国家干部之后，其担任重庆市农资公司经理（总经理）一职，先后历经三次任命、委派。其中，1986 年、1990 年两次任职均是由原中共重庆市委财贸政治部正式行文任命的，在该两次任命中，被告人胡启能当然属于受国家机关委派到非国有公司从事公务的人员。本案的特殊性在于，被告人胡启能在 1994 年第三次任职重庆市农资公司总经理时，系经原中共重庆市委财贸政治部同意，由重庆市农资公司的上属单位重庆市供销合作总社（事业单位）行文任命的。对此，有一种意见认为，不应将被告人胡启能认定为受国家机关委派从事公务的人员。此种情形同样应视为受国家机关委派在非国有单位从事公务的人员。理由是：(1) 按照我国现行干部制度的党管干部原则，重庆市供销合作总社仅具形式上的任命权，拥有决定权的是中共重庆市委财贸政治部，被告人胡启能能否继任重庆市农资公司的总经理，最终将取决于中共重庆市委财贸政治部同意与否。(2) 重庆市供销合作总社虽然在体制改革之后列为事业编制，但根据相关体制改革的政策规定，总社及其下属公司的人员，原属全民所有制的干部、职工的身份和待遇并未因体制改革而改变。胡启能第三次任职的情况，不同于通常人们所说的二次委派。二次委派通常指的是在一些特殊行业的非国有单位中，其高层管理决策人员（比如董事会成员）由行政主管部门委派，而具体的执行人员（比如经理人员）又由管理决策层决定任命。这些公司管理决策层自主决定任命的人员因非行政主管部门决定任命，且非国有单位享有任命与否的自主决定权，故不应认定为受国家机关委派从事公务的人员。在审判实践中，要特别注意的是，随着政企分开和干部管理制度的改革，国家机关、国有公司、企业、事业单位向非国有公司、企业、事业单位、社会团体委任、派遣从事公务人员的形式可能多种多样，如任命、指派、提名、批准等。因此，认定是否属于受委派，不能仅看形式，必须结合具体案件的情况，充分把握是否属于代表国家机关、国有公司、企业、事业单位行使公共权力的实质，准确加以界定。被告人胡启能在 1994 年第三次任职重庆市农资公司总经理时，形式上是由其上属单位重庆市供销合作总社（事业单位）行文任命的，但原中共重庆市委财贸政治部的同意，才是其在非国有公司中行使公共事务管理职权的真正权力来源。显然，被告人胡启能的第三次任职不属于二次委派，而是国家机关（通过党的干部机构）对特殊行业的非国有单位高层管理决策人员的直接委派。因此，应当认定其为受国家机关委派在非国有公司从事公务的人员，以国家工作人员论。[No. 8-382-24　胡启能贪污案]

△收受的各种名义的回扣、手续费，实际上属于本单位的额外支出或者应得利益的，应以贪污罪论处。

一般而言，通过犯罪对象，可以对贪污与受贿作出清楚的界定。行为人所取得的财物系他人（包括单位）的财物，即为受贿；所取得的财物系本单位的公共财物（包括本单位管理、使用或者运输中的私人财物），即为贪污。但是，在经济往来中，国家工作人员利用签订、履行合同的职务便利，经由交易对方以各种名义的回扣、手续费等形式给付其个人的财物，不能不加区别地一概认定为《刑法》第三百八十五条第二款规定的受贿行为，而应当结合交易的真实情况，具体分析行为人所获得的财物实际上是属于经济往来的对方单位，还是行为人单位，审慎加以区分，然后准确认定其行为的性质。在购销活动中，如果购入方行为人收受的各种名义的回扣、手续费等实际上来源于虚增标的金额，或者卖出方行为人收受的各种名义的回扣、手续费，实际上来源于降低标的的金额者，因该回扣或者手续费实质上属于本单位的额外支出或者应得利益，实际上侵犯的是本单位的财产权利，就应当特别注意是否是一种变相的贪污行为。

被告人胡启能在转卖进口化肥配额指标及进口实物化肥中所收受的巨额款项，尽管从形式上看是通过合同对方以所谓回扣或者手续费的名义取得的，但是，被告人胡启能收取的这些款项均是其要求合同对方将应付给重庆市农资公司的配额指标及实物化肥转让款中以支付部分现金的方式交给其个人，无证据证明该款项系合同对方给付其个人的贿赂款。本案的证人证言和书证均证实，被告人胡启能收取的现金是各购入公司本应付给重庆市农资公司的转让（转卖）款。对此，汕头市农资公司总经理周鸿耀、广源公司总经理莫立柱、中农广州公司化肥科科长张凝、从化农资公司经理张艳颜、珠海农资公司总经理陈汉兴均在证言中指出，本公司在从重庆市农资公司购买进口化肥配额指标的过程中付给胡启能的现金，均是作为向重庆市农资公司支付的购买进口化肥配额指标的配额款的一部分支付给胡启能的。从犯罪对象及后果方面来看，被告人胡启能所在单位要么承受额外开支，要么丧失了可获得的财产利益，实际上遭受财产损失的是本单位，而非交易对方；从行为方式方面来看，被告人胡启能是以欺骗本单位为手段，在本单位不知情或者不知真情的情况下，通过要求交易对方支付部分现金的方式，将应当归本单位所得的利润截留后直接据为己有；从被告人胡启能的主观故意来看，也是出于贪污的故意而非受贿的故意，即行为人主观上就是为了在交易过程中假对方之手非法占有本单的利润，而不是为了通过交易为对方谋取利益，并从交易对方收取回扣、手续费等好处。不仅被告人胡启能明知其占有的是本单位的财产而非对方单位的财物，其交易对方也明知相关款项并非从己方财产或者可得利益中支付。

最高人民法院根据复核查明的事实，将被告人胡启能在受国家机关委派担任重庆市农资总公司总经理期间，利用职务便利，将本应归公司所有的 1191 万元的经营进口化肥配额指标及实物化肥的利润款据为己有的行为，依法认定为贪污罪。这样定罪，更准确地反映了犯罪行为的性质，符合本案的实际，符合刑法的规定。[No. 8-382-25　胡启能贪污案]

△将贪污所得财物以高于原有价格销售的，贪污数额应以销赃数额计算。

贪污罪作为一种贪利性犯罪，贪污的数额在贪污罪的认定中起着决定性作用。杨光明作为出版发行部库管员，对连环画因收藏热而升值应是明知的，其主观上就是利用连环画样书获取高额非法利润，客观上也获利人民币 16 万元，应以 16 万元作为贪污数额对杨光明定罪量刑。杨光明贪污的手段为窃取公共财产，在无其他方法可以认定贪污数额的情况下，依据其明确获利 16 万元的数额认定贪污数额是适宜的，解决了鉴定机构因无实物而无法作价的问题。《最高人民法院关于审理盗窃案件具体应用法律若干问题的解释》（已失效）第五条规定，“销赃数额高于按本解释计算的盗窃数额的，盗窃数额按销赃数额计算”，对于贪污案件中销赃价格大于涉案物品实际价值的，可比照盗窃罪的司法解释处理。综上，对于行为人实施贪污财物行为后，将贪污所得财物以高于原有价格销售的，贪污数额应以销赃数额计算。法院的判决是正确的。[No. 8-382-26　杨光明贪污案]

△国有事业单位工作人员利用职务便利侵吞本单位管理、使用或运输的私人财产的，可以认定为侵吞本单位的财物，并以贪污罪论处。

被告人石镜寰非法占有的讲义费，是基于上级主管部门的规定收取、管理、使用的，其性质是学生私人财产，但由学校依特定用途管理、使用。由于该笔财物实际损失后果由学校承担，故可认定为北京市第五中学的本单位财物。被告人石镜寰属国家工作人员，利用为学生购买讲义等职务活动的便利，侵吞本单位财物，其行为亦符合贪污罪构成要件，一、二审人民法院依照《刑法》第二百七十一条第二款的规定，对其以贪污罪定罪处罚是适当的。[No. 8-382-27　石镜寰贪污案]

△协助人民政府从事行政管理的农村村民小组组长及其他工作人员，应当认定为其他依照法律从事公务的人员。

对于村民委员会等村基层组织人员在从事哪些工作时属于《刑法》第九十三条第二款规定的其他依照法律从事公务的人员，根据 2000 年公布的《全国人民代表大会常务委员会关于〈中华人民共和国刑法〉第九十三条第二款的解释》的规定，村民委员会等村基层组织人员协助人民政府从事所列七项行政管理工作时，属于《刑法》第九十三条第二款规定的其他依照法律从事公务的人员，然而，对村基层组织人员的范围，该解释并未明确。

村民小组是村民委员会下设的从事自治管理、生产经营的组织，属于村基层组织，事实上也会在一定情形下协助人民政府政府工作，且单纯根据该解释的规定，不能得出村民小组组长及其工作人员不属于村民委员会等村基层组织人员的结论，理由在于：(1) 从该解释的规定看，采用的是村民委员会等村基层组织人员一词，由字面解释可以得出，这里的村基层组织并不限于村民委员会,因为该解释规定中有"等"这种未尽兜底性表述用语。(2)从该解释出台的背景看,针对的是当时司法机关反映比较突出、亟待解决的村党支部、村委会、村经联社、经济合作社等掌管村经济活动的组织人员发生问题的情况,因为这些组织中的人员在农村中掌握一定权力、可能协助政府从事行政管理工作,所以该解释采取了村民委员会等村基层组织人员的表述。(3)该解释之所以将此类人员在一定情况下认定为其他依照法律从事公务的人员,其主要根据就在于其协助政府从事行政管理工作,也即从事了一定公务,而不是具有何种身份。从现实情况看,我国农村的基层组织比较多,除村党支部、村委会、村经联社、经济合作社、农工商联合企业外,还有团支部、民兵组织、村民小组和各种协会等,上述各种组织均可能在一定情形下协助政府从事行政管理工作,而这种情形下,与村党支部、村委会等组织人员协助政府从事行政管理工作在性质上并无本质不同,理应同等视为从事公务。(4)在司法实践中,事实上已将农村村民小组组长及工作人员纳入了村基层组织人员范围。1999年《最高人民法院关于村民小组组长利用职务便利非法占有公共财物行为如何定性问题的批复》规定:"对村民小组组长利用职务上的便利,将村民小组集体财产非法占为己有,数额较大的行为,应当依照刑法第二百七十一条第一款的规定,以职务侵占罪定罪处罚。"依此批复的精神,显然已将村民小组视为一种法律上的实体,究其性质而言应属于村基层组织,而其组长、副组长及其工作人员,也理应评价为村基层组织人员。

进一步讲,判断村民小组组长及其工作人员是否属于其他依照法律从事公务的人员,关键应从其是否依照法律从事公务这一国家工作人员的本质属性来考察,这是《刑法》第九十三条第二款作此规定的根据,而不能简单地从外在身份来判断。只要其具有某个村基层组织工作人员的身份,而又协助政府从事了一定的行政管理工作,就属于其他依照法律从事公务的人员。

在实际工作中,村民委员会除将自治管理职权交由下设的村民小组等组织行使外,还经常将协助人民政府的某些行政管理工作,如救灾救济款物的管理与发放、土地补偿费用的管理、计划生育工作等行政管理事务,直接交由村民小组等下设的组织来具体完成。村民小组等在具体承担这些工作时,实际上被赋予了相应的行政管理权能,村民小组组长等工作人员由此进行的活动,就是在以人民政府的名义,依法执行职务的活动,在这种情形下,村民小组工作人员理应是其他依照法律从事公务的人员,这并不是对刑法的扩张解释。

综上,对农村基层组织组成人员,不能简单地从外在身份判断其是否为国家工作人员,而应当主要从其是否依照法律从事公务这一国家工作人员的本质属性进行判断。如果其从事的仅是集体经济组织中的事务,由于村民自治范围内的村、组集体事务不属于公务的范畴,就不能以国家工作人员论;如果其从事的是行政管理事务,其工作则体现了政府对社会的组织、管理职能,就是在依法从事公务,就应当属于其他依照法律从事公务的人员的范围,以国家工作人员论。[No. 8-382-28 廖常伦贪污、受贿案]

△主观上有非法占有国有资产的目的和使公共财产遭受损失的直接故意,客观上隐匿国有资产并已经实际控制和掌握固有资产的,应以贪污罪论处;犯罪数额应以其实际非法控制的数额计算。

贪污罪以主观上具有非法占有公共财产为目的,刑法中的非法占有应从两方面理解:一是非法占有侵犯的是刑法保护的财产所有权和对该财产实际掌握和控制的状态;二是非法占有不能狭义地理解为据为己有。贪污罪中的个人贪污数额应当理解为个人非法控制和掌握的公共财物数额。本案被告人王妙兴在长征镇担任主要领导职务期间,以长征镇政府等名义开设了多个账外账户,只由王妙兴等少数人员控制管理,并不公开。在新长征集团改制过程中,王妙兴继续隐匿账户,并将属于长征镇政府所有的资金9700万元秘密转入其隐匿的账户中,实际控制了该隐匿账户上的9700万元,王妙兴的行为应当认定为刑法中的非法占有。

贪污罪主观上必须具有使公共财产遭受损失的直接故意,即明知自己的行为会造成公共财产损失,并且积极追求或希望国有资产损失的一种心理态度。本案被告人在明知的情况下,利用职务便利,将改制前新长征集团的国有资产予以隐匿并转移到改制后的非国有公司,体现了其希望长征镇政府失去该国有资产并为其控制和使用的主观心理态度。因此,本案被告人王妙兴利用职务便利隐匿国有资产的行为应以贪污罪论处。根据2010年11月26日公布的《最高人民法院、最高人民检察院关于办理国家出资企业中职务犯罪案件具体应用法律若干问题的意见》的规定,贪污数额一般应当以所隐匿财产全额计算。本案被告人王妙兴在担任长征镇政府镇长期间秘密设立账外账户,并由其个人控制管理。在改制过程中王妙兴秘密将国有资产9700万元转移至该账外账户隐匿,因此贪污数额应以其实际非法控制的

9700万元全额计算。[No. 8-382-29　王妙兴贪污、受贿、职务侵占案]

△贪污罪中的利用职务上的便利，是指利用职务上主管、管理、经手公共财物的权力及方便条件，既包括利用本人职务上主管、管理公共财物的职务便利，也包括利用职务上有隶属关系的其他国家工作人员的职务便利。

贪污罪中的利用职务上的便利，是指利用职务上主管、管理、经手公共财物的权力及方便条件，既包括利用本人职务上主管、管理公共财物的职务便利，也包括利用职务上有隶属关系的其他国家工作人员的职务便利。被告人杨延虎正是利用担任义乌市委常委、义乌市人大常委会副主任和兼任指挥部总指挥的职务便利，给下属的土地确权报批科人员及其分管副总指挥打招呼，才使得王月芳等人虚报的拆迁安置得以实现，因此属于利用职务上的便利。[No. 8-382-30　杨延虎等贪污案]

△土地使用权具有财产性利益，属于《刑法》第三百八十二条第一款规定中的公共财物，可以成为贪污的对象。

《土地管理法》第二条、第九条规定，我国土地实行社会主义公有制，即全民所有制和劳动群众集体所有制，并可以依法确定给单位或者个人使用。对土地进行占有、使用、开发、经营、交易和流转，能够带来相应经济收益。因此，土地使用权自然具有财产性利益，无论国有土地，还是集体土地，都属于《刑法》第三百八十二条第一款规定中的公共财物，可以成为贪污的对象。王月芳名下安置的地块已在2002年8月被征为国有并转为建设用地，义乌市政府文件抄告单也明确该处的拆迁安置土地使用权登记核发国有土地使用权证。因此，该土地使用权属于《刑法》第三百八十二条第一款规定中的公共财物，可以成为贪污的对象。[No. 8-382-31　杨延虎等贪污案]

△行为人实施了虚列支出平帐掩盖挪用公款事实的行为，不宜直接推定其主观上具有非法占有目的，从而成立贪污罪。

采取虚假发票等方式虚列支出是挪用公款罪转化为贪污罪的常见手段，《全国法院审理经济犯罪案件工作座谈会纪要》中"挪用公款转化为贪污的认定"第二种情形规定："行为人挪用公款后采取虚假发票平帐、销毁有关帐目等手段，使所挪用的公款已难以在单位财务帐目上反映出来，且没有归还行为的，应当以贪污罪定罪处罚。"本案中，赵明作为公司会计，以"虚列支出"形式掩盖自己挪用公司款项的犯罪事实，能否由此推断其主观上犯罪故意发生了转化，由非法占用转化为非法占有，成为审理本案的关键。非法占有目的是对被告人主观心态的评价，审判实践中一定要避免把虚开票据、虚列支出平账的客观行为与非法占有主观目的之间直接挂钩。平账是指把各个分类账户的金额与其汇总账户的金额互相核算，将原本不相等的情况调整为相等，只是账目处理的一种技术性手段，不能取代对被告人的主观心态评价。在缺乏直接证据印证时，推定被告人具有非法占有目的，需要结合被告人实施犯罪过程中的具体行为，以对被告人的内心想法和真实目的作出综合性判断。合理评价实施虚开票据的平账行为，应当遵循以下审查标准：第一，平账行为是否造成挪用的公款从单位账目上难以反映出来。第二，对财务帐目的处理能否实现掩盖涉案款项去向的目的。第三，从有无归还行为上判断被告人是否有非法占有目的。本案中，被告人赵明在公司账目上虚列支出与现金取款的次数及数额并不一一对应，虚列支出仅能从宏观上反映出"收支平衡"的假象，仔细查账立刻就能查出问题，只能起到暂时性掩饰作用，不符合挪用转化贪污案件中"平账是为了永久占有公款"的特征。赵明在挪用公款的每一年度均有方式相同的还款行为，与前述司法解释中"且没有归还行为"的要件相矛盾。特别是在2009年赵明是以环美混凝土制造有限公司的名义用现金还款，反映出其主观上明知其虚列支出的行为造成本单位与债权单位的债务额发生变化，其通过债权单位给付现金，掩盖账目混乱，因此还款行为进一步证明其主观故意没有发生转化。[No. 8-382-39　赵明贪污、挪用公款案]

△贪污罪中的利用职务便利包括利用职务上有隶属关系的其他国家工作人员的职务便利。

贪污罪中的"利用职务上的便利"，是指利用职务上主管、管理、经手公共财物的权力及方便条件，既包括利用本人职务上主管、管理公共财物的职务便利，也包括利用职务上有隶属关系的其他国家工作人员的职务便利。义乌国际商贸城指挥部系义乌市委、市政府为确保国际商贸城建设工程顺利进行而设立的机构，指挥部下设确权报批科，工作人员从国土资源局抽调，负责土地确权、建房建设用地的审核及报批工作，分管该科的副总指挥吴某某也是国土资源局的副局长。确权报批科作为指挥部下设机构，同时受指挥部的领导，作为指挥部总指挥的杨延虎具有对该科室的领导职权。被告人杨延虎正是利用担任义乌市委常委、义乌市人大常委会副主任和兼任指挥部总指挥的职务便利，给下属的土地确权报批科人员及其分管副总指挥打招呼，才使得王月芳等人虚报

的拆迁安置得以实现。[No. 8-382-40　杨延虎等贪污案]

△土地使用权属于《刑法》第三百八十二条第一款规定中的公共财物，可以成为贪污罪的对象。

《土地管理法》第二条、第九条规定，我国土地实行社会主义公有制，即全民所有制和劳动群众集体所有制，并可以依法确定给单位或者个人使用。对土地进行占有、使用、开发、经营、交易和流转，能够带来相应的经济收益。因此，土地使用权自然具有财产性利益，无论国有土地，还是集体土地，都属于《刑法》第三百八十二条第一款规定中的“公共财物”，可以成为贪污的对象。王月芳名下安置的地块已在 2002 年 8 月被征为国有并转为建设用地，义乌市政府文件抄告单也明确该处的拆迁安置土地使用权登记核发国有土地使用权证。王月芳购房时系居民户口，按照法律规定和义乌市拆迁安置有关规定，不属于拆迁安置对象，不具备获得土地确权的资格，其在共和村所购房屋既不能获得土地确权，又不能得到拆迁安置补偿。杨延虎等人明知王月芳不符合拆迁安置条件，却利用杨延虎的职务便利，通过将王月芳所购房屋谎报为其祖传旧房、虚构王月芳与王某祥分家的事实，骗得旧房拆迁安置资格，骗取国有土地确权。同时，由于杨延虎利用职务便利，杨延虎、王月芳等人弄虚作假，既使王月芳所购旧房的房主赵某某按无房户得到了土地安置补偿，又使本来不应获得土地安置补偿的王月芳获得了土地安置补偿。杨延虎伙同被告人郑新潮、王月芳以虚构事实的手段，骗取国有土地使用权，非法占有公共财物，三被告人的行为均已构成贪污罪。[No. 8-382-41　杨延虎等贪污案]

△国家工作人员虚报人数申领养老助残服务券，并将虚增部分据为己有的，不属于贪污特定款物的行为。

《最高人民法院、最高人民检察院关于办理贪污贿赂刑事案件适用法律若干问题的解释》第一条的规定，贪污一般财物数额在 3 万元以上不满 20 万元的，属于“数额较大”，应当定罪处罚。而贪污救灾、抢险、防汛、优抚、扶贫、移民、救济、防疫、社会捐助等特定款物，数额达到 1 万元以上不满 3 万元的，即认定为“其他较重情节”，应当定罪处罚。救灾等特定款物具有特定用途，专用于特定的事项或者特定的人。行为人贪污此类款物，有可能会影响专项工作，或者影响特定人的生活保障，相对于贪污其他财物，具有更大的社会危害性。换个角度看，对于这些特定款物都能动贪污之念的行为人，其主观恶性也显然更大。鉴于多种因素的考量，司法解释对特定款物作了特别规定，加大了保护的力度。虽然司法解释没有规定贪污特定款物从重处罚，但是在入罪标准上的差别就决定了在数额相同的情况下，贪污特定款物量刑应当重于贪污一般款物。也就是说，司法解释中蕴含着贪污特定款物从重处罚的量刑原则。

《最高人民法院、最高人民检察院关于办理贪污贿赂刑事案件适用法律若干问题的解释》第一条第二款第(一)项对贪污特定款物的表述为：“贪污救灾、抢险、防汛、优抚、扶贫、移民、救济、防疫、社会捐助等特定款物。”养老(助残)服务，是社会福利制度发展的体现，服务券是对老年人和残疾人这一特殊群体进行救助而发放的具有一定面额的纸质券，领取对象具有特定性。从这一角度看服务券可以理解为救济款物的一种。即使其不属于典型的救济款，也可以通过对“等”的解释将其纳入特定款物。但是，判断一种款物是否属于特定款物，不仅要看其外在的表现形式，还要看其代表事项的重要性、用途的特定性以及时间的紧迫性。服务券由政府向老年人、残疾人发放，相关人员领取到服务券后可以到政府指定的服务商处消费或者接受服务。本案的二被告人是社区工作人员，其工作职责是向政府报告辖区内符合领取服务券人员的数量和金额，并代为领取，领取后向符合条件的人员发放。但是在实际工作中，二被告人采取虚报人数的方式，从政府多领取服务券，然后按照实有人数发放，这样就产生了差额，差额部分由二被告人截留，然后套现。从中可以看出，二被告人是以虚报的手段，骗取政府多付的资金，而非截留侵吞政府按实际名额发放的资金，其行为性质和贪污政府的一般公款并无二致。反过来看，如果二被告人根据实有符合条件人数领取服务券后，没有发放给相应的老年人或者残疾人，自己截留，从而使社会救济对象没有得到社会救济，则其行为对象已定型化为特定款物，应认定为特定款物。在这种情况下，行为人的行为使特定群体不能得到救济，危害性更大。而本案中二被告人的行为，没有侵犯特定的老年人或者残疾人的受救济权利，没有妨害国家的救济制度，只是导致了财政款的流失，所以犯罪对象应当认定为普通款物。[No. 8-382-42　周爱武、周晓贪污案]

△在根据从旧兼从轻原则决定刑法适用时，法定刑轻重的比较主要在于主刑的轻重，而非刑种的多少。在适用新法量刑时，应附加判处罚金刑。

比较法定刑的轻重，首要的标准在于主刑的

轻重,而不在于刑种的多少。在两个主刑存在轻重之分的情况下,有无附加刑不影响法定刑轻重的判断。主刑重的,属于处刑较重的;主刑轻的,属于处刑较轻的。这是因为,在我国的刑罚体系中,主刑与附加刑具有不同的地位,主刑的适用范围广、惩罚力度大,而附加刑只能附加适用,或者作为一种轻刑独立适用于轻罪。当然,如果两个条文对应的主刑相同,而一个有附加刑,另一个没有附加刑,则有附加刑的重于没有附加刑的。此外,从法定刑的性质来看,在同时规定有主刑和附加刑的情况下,二者是一个有机整体。适用某一法律条文,必须做到完整适用,而不能割裂开来。如果主刑用新法,附加刑用旧法,新法旧法同时适用,则违背了从旧兼从轻原则,造成法律适用上的混乱。适用附加刑还有一个价值判断的问题,即主刑的降低与附加刑的平衡问题,主刑减少的刑期与附加刑增加、罚金经济价值的比较,不同地区是有差别的,应综合判断适用附加刑的数量,附加刑的判处还要考虑被告人的执行能力、过错等。

具体到本案中,二被告人贪污90余万元,按照1979年刑法,对应的法定刑幅度为有期徒刑十年以上的刑罚。而按照1997年刑法,对应的法定刑幅度为三年以上十年以下有期徒刑,并处罚金。新法的法定刑幅度在整体上轻于旧法,可以直接选择新法的法定刑幅度作为量刑依据,新法的法定刑中就包括了罚金刑。这一做法,既符合从旧兼从轻的原则,也是《刑法》第十二条所规定的"适用本法"的当然要求。相反,选择适用新法的主刑,而不适用罚金刑,则是缺乏法律依据的做法。[No.8-382-43　周爱武、周晓贪污案]

△由国家工作人员个人实际控制、为其个人套现、消费、截留公共款项所设立的公司,不属于本单位的小金库。

2009年《中共中央办公厅、国务院办公厅印发〈关于深入开展"小金库"治理工作的意见〉的通知》发布以后,全国各级、各部门均开展了全面治理"小金库"的行动。关于"小金库"的界定,《中国共产党中央纪律检查委员会关于设立"小金库"和使用"小金库"款项违纪行为适用〈中国共产党纪律处分条例〉若干问题的解释》中将"小金库"定义为"违反法律法规及其他有关规定,应列入而未列入符合规定的单位账簿的各项资金(含有价证券)及其形成的资产"。《中共中央纪委、监察部、财政部、审计署关于在党政机关和事业单位开展"小金库"专项治理工作的实施办法》中沿用了上述定义并将"小金库"总结为七种表现形式:违规收费、罚款及摊派设立"小金库";用资产处置、出租收入设立"小金库";以会议费、劳务费、培训费和咨询费等名义套取资金设立"小金库";经营收入未纳入规定账簿核算设立"小金库";虚列支出转出资金设立"小金库";以假发票等非法票据骗取资金设立"小金库";上下级单位之间相互转移资金设立"小金库"。综观上述规定,可以看出"小金库",在设立、管理、使用过程中均应经过单位的集体决策程序,体现单位意志,任何个人决定或者以个人名义截留公共款项设立的所谓"小金库",均属于违纪、违法甚至犯罪行为,不应认定为本单位的"小金库"。

从公司设立"小金库"的知情面来看,虽然表面上知情面较窄,具有一定隐蔽性,但由于"小金库"的性质,公司设立"小金库"体现的是单位意志,单位的决策管理层应当对设立知情,而绝非仅个别领导知情。从公司设置目的来看,单位设立"小金库"一般用于安置单位违规收费、罚款、摊派的资金,以会议费等名义套取的资金,虚列支出转出的资金等,以便单位逃避监管违规发放工资、福利等,也不排除部分资金用于弥补正常公务支出的差额。从公司管理来看,对"小金库"及"小金库"性质公司的管理同样应体现单位意志,在"小金库"资金的收入、支出,或者"小金库"性质公司的人、财、物管理等方面都应体现出单位的集体决策。因为从本质来讲,单位"小金库"中的资金仍属于单位财产,即使成立了独立的"小金库"性质公司,该公司的财产也属于设立该公司的单位所有,公司事务也应由设立其的单位管理。从经费的使用及受益方来看,"小金库"或者"小金库"性质公司中的资金由设立其的单位支配、使用,受益方也是设立该"小金库"的单位,这是由"小金库"的性质决定的。

本案中,转制前的通阳公司由神牛公司出资设立,此时神牛公司管理层对通阳公司的设立是知情的。2011年4月,王雪龙利用职务便利私自将通阳公司转让给马雪元并办理了工商变更登记,此后神牛公司的管理层对通阳公司的存在及运营状况毫不知情,完全由王雪龙一人实际控制。至于厚缘公司,从设立之初就与神牛公司没有任何关联,神牛公司也并不知情。王雪龙控制通阳公司、厚缘公司的目的完全是供个人套现、消费、截留神牛公司的业务款项,与神牛公司安置、支出资金无关,不符合单位设置"小金库"的目的性要求。转制后的通阳公司以及厚缘公司均由王雪龙个人实际控制,公司性质已变更为私营企业,神牛公司与该两家公司之间客观上并无管理与被管理的关系。改制后的通阳公司及厚缘公司的资产全部由王雪龙等人支配、使用,受益方也无疑是王雪龙个人。即使有部分资金用于神牛公司的公务性支出,也与神牛公司支配、使用资金具有本质区别。综上,通阳公司、厚缘公司并非“小金库”性质的公司,王雪龙利用职务便利将昊燊公司支付给神牛公司的服务费通过上述其个人控制的公司进行截留,并个人套现消费使用,其行为应认定为贪污罪。[No. 8-382-44　王雪龙挪用公款、贪污案]

△赃款赃物用于单位公务支出的,不应从贪污数额中扣除。

被告人王雪龙的贪污犯罪行为已经既遂。根据贪污罪既遂标准的通说“控制说”,只要行为人取得对公共财物的实际控制与支配,即构成贪污罪的既遂。《全国法院审理经济犯罪案件工作座谈会纪要》第二条第(一)项专门就“贪污罪既遂与未遂的认定”作出规定:“贪污罪是一种以非法占有为目的的财产性职务犯罪,与盗窃、诈骗、抢夺等侵犯财产罪一样,应当以行为人是否实际控制财物作为区分贪污罪既遂与未遂的标准……行为人控制公共财物后,是否将财物据为己有,不影响贪污既遂的认定。”本案中,通阳公司、厚缘公司属于财务独立核算的私营企业,王雪龙将本应由神牛公司收取的款项转由两家公司分别收取以后,便实际实现了对这部分款项的控制、支配,其贪污犯罪行为已经既遂。行为人将赃款用于公务性支出的,不影响对其贪污行为的认定,用于公务支出的部分不能从贪污数额中扣除。根据犯罪既遂理论,犯罪既遂即代表着行为人的行为已经齐备了某种犯罪的全部构成要件,对其应以既遂状态下的行为及其结果定罪处罚。此后行为人对赃款、赃物的处分以及退赃、退赔等情形,不影响对其行为的定性,也不影响对犯罪数额的认定。这些事后行为只能在量刑时酌情考虑。

对此,《最高人民法院、最高人民检察院关于办理贪污贿赂刑事案件适用法律若干问题的解释》第十六条第一款明确规定:“国家工作人员出于贪污、受贿的故意,非法占有公共财物、收受他人财物之后,将赃款赃物用于单位公务支出或者社会捐赠的,不影响贪污罪、受贿罪的认定,但量刑时可以酌情考虑。”该解释对贪污、贿赂犯罪既遂后,行为人出于各种目的将赃款用于公务性支出或者社会公益事业如何认定犯罪数额的问题进行了明确规定,统一了法律适用。[No. 8-382-45　王雪龙挪用公款、贪污案]

△金融机构工作人员实施的职务侵占(贪污)、挪用资金(挪用公款)与吸收客户资金不入账罪之间是递进关系的法条竞合。金融机构工作人员以单位名义高息吸收存款后不入账并挪作他用的,成立挪用公款或挪用资金罪;挪用之后不再归还的,则应认定为贪污罪或职务侵占罪。

柳志勇利用担任储蓄所主任的职务便利,对外宣称自己有存款任务并且储蓄所愿意给高息,对外吸收存款,并制作高度仿真的存单加盖储蓄所的印章后交给储户。存单只是银行为方便与储户之间签订存款合同而提前印制的一种格式合同,因此,存款合同真实存在或成立与否的形式要件应当是金融机构加盖的印章是否真实。柳志勇所具有的储蓄所主任身份足以使储户认为其行为属于职务行为,事实上柳志勇与储户之间就资金不入法定账户也没有进行过意思联络,储户认为确实已将款存入了储蓄所;柳志勇向储户提供的存单虽然是复制而成,但加盖了储蓄所的真实印章,因此,双方的存款合同已经成立,被告人柳志勇所吸收的存款应当视为公款。

柳志勇在行为之初其主观上并没有非法占有的故意,而是一种挪用的故意;客观上其挪用行为也没有以单位名义进行,属于直接归个人使用,因此,其在2006年6月29日《刑法修正案(六)》公布实施之前的行为,按“重法优于轻法”的原则,应构成挪用公款罪;而其在《刑法修正案(六)》实施以后的行为,虽然同时符合吸收客户资金不入账罪和挪用公款罪的构成要件,按基本法优于补充法的原则,也应认定为挪用公款罪,而不能认定为吸收客户资金不入账罪。柳志勇在挪用公款后又采取虚构事实的方法将已出具的存单从储户手中骗回后销毁,这一行为已经不能被挪用行为所包容,而其主观上也是想通过销毁证据使存款人丧失主张权利的依据,同时也使所在单位难以对其行为进行追查,从而达到不归还所挪用存款的目的;其还携带30余万元存款潜逃,这一行为也明确表示其对无力归还和有能力归还的部分存款也不打算归还,因此,其主观故意已经发生变化,变成了非法占有公款的故意。柳志勇作为邮政储蓄所主任,属于国家工作人员,其所实施的高息揽款、挪用公款及销毁相关存款凭证等行为均利用了职务上的便利,主观上又具有非法占有的故意,因此对其行为以贪污罪定性是合适的。[No. 8-382-32　柳志勇贪污案]

△共同贪污犯罪案件中,应以犯罪总额确定各共犯的刑事责任,并在量刑时考虑共犯的地位、作用以及分赃数额等因素。

对于共同贪污案件中各共犯,首先应当按照犯罪总额的标准确定量刑的法律条款依据,在此基础上考虑分赃数额等情节。具体而言,在共同贪污犯罪中,个人贪污数额指的是各共同犯罪人个人实施贪污行为涉及的犯罪总额:(1)对贪污犯罪集团的首要分子,应当计算贪污集团预谋的以及所得的全部赃款、赃物的总额。(2)对贪污犯罪集团的一般主犯和一般共同贪污犯罪案件中的主犯,应当计算其所参与的或者组织、指挥的全部贪污行为所涉及的犯罪总额。(3)对于共同贪污犯罪中的从犯,应当计算其所参与的贪污行为所涉及的犯罪数额。[No. 8-382-33　翟新胤、孙彬臣贪污案]

△贪污罪的犯罪对象不限于本单位的公共财物,利用职务便利包括利用主管、管理、经手特定公共财物的权力和方便条件。行为人利用职务便利虚构事实、隐瞒真相,骗取社保基金的行为成立贪污罪。

公共财物的内涵既包括国有财产,也包括国家机关、国有公司、企业、事业单位和人民团体管理、使用或者运输中的私人财产。刑法对公共财物并没有限制其单位属性,即必须为行为人本单位财物,而是强调了财物的公共财物性质及与犯罪人职权和地位之间的联系性。"利用职务上的便利"应理解为利用主管、管理、经手特定财物的权力和方便条件。这里的"职务"要体现职权性,可以是具有一定的官职或者官位的人所拥有的职权,也包括没有官职和官位的人,按照其岗位职责或者岗位要求而承担的事务。本案中,上诉人王玉文自1996年至案发,呼和浩特铁路局离退休人员养老金工作均由其经手、管理,离退休人员基本信息数据库的制作和上报工作也由其专门负责。离开这些特定职务形成的便利条件,王玉文不可能实现犯罪目的,社保局的养老资金就无法转移到其个人控制的账户之下。本应停止发放的这些养老金的性质就是公共财物,而占有这些社保养老金恰恰只有负责此项工作的王玉文利用职务便利才能做到。王玉文的身份、行为与侵害的财物之间的联系性,符合贪污罪的犯罪构成特征。[No. 8-382-34　王玉文贪污社保基金案]

△社会保险基金在性质上属于公共财物,社保工作人员利用职务便利,虚增企业参保人数骗取保险费的行为,构成贪污罪。

社会养老保险是按国家统一政策规定强制实施的社会统筹与个人账户相结合的养老保险制度。按照相关法律、法规规定,社会养老保险基金由以下几个部分构成:(1)用人单位和职工、城镇个体劳动者缴纳的基本养老保险费;(2)基本养老保险基金的利息等增值收益;(3)基本养老保险费滞纳金;(4)社会捐赠;(5)财政补贴。社会养老保险基金中的国家财政补贴部分当然属于国有财产,用人单位的缴费(除去纳入个人账户的部分)在一定范围内进行社会统筹,进入统筹的部分显然属于集体财产。然而,社会养老保险基金中个人账户部分(包括职工个人缴费和企业缴费纳入职工个人账户的部分)的性质,法律、法规没有明确规定。由于这部分资金在个人符合法定的领取条件时可以领取,个人享有实际的支配权,个人死亡的,个人账户中的余额还可以全部继承,因此个人账户中的养老保险基金从本质上说属于个人财产。但是根据《刑法》第九十一条的规定,"在国家机关、国有公司、企业、集体企业和人民团体管理、使用或者运输中的私人财产"也属于"公共财产"的范畴。社会养老保险基金中个人账户部分虽然是私人所有,但在个人不符合领取条件时一直由劳动保障行政部门负责管理、使用,在此期间损毁灭失风险由国家机关承担,因而应以公共财物论。

被告人李成兴在经手办理社保关系时,对电脑上设档的单位投保人员名单进行修改,虚增非企业人员为企业人员,企业已经缴纳了虚增人员的参保费。在此情况下,各参保人员、被挂靠企业与管理养老保险费的社会保障机构已经形成行政法上的法律关系,无论参保人员与国家建立的养老保险关系是否有效,均应依据相关行政法律进行处理;如果养老保险关系有效,参保人员的保险种类可以转换为城镇个体户或者灵活就业人员户养老保险形式,企业对于多缴纳的养老保险费拥有无限期的主张返还的权利,社保单位自发现起,也有依职权主动返还的职责;如果养老保险关系无效,社保单位应当退还参保人员所交的养老保险费。

被告人李成兴系瑞安市劳动和社会保障局湖岭劳保所所长,湖岭劳保所系瑞安市劳动和社会保障局下设机构,因此李成兴的身份属于国家机关工作人员。根据瑞安市劳动和社会保障局的相关规定,劳保所具有"负责所在辖区内机关、事业单位、社会团体、企业、个体工商户的养老保险、医疗保险、工伤保险、生育保险、失业保险的管理及各险种的宣传、扩面工作"等八项职责。

被告人李成兴利用职务便利,主要实施了以下三种方式的行为:

第一,李成兴在主管和经手办理社保关系时,对电脑上设档的单位投保人员名单进行修改,虚增非企业人员为企业人员,再要求企业缴纳虚增人员的参保费。可见,李成兴利用其职务上的便利条件,骗取企业多缴纳参保费(由地税代扣),同时利用他人对其身份的信任,承诺为他人建立保险关系并收取参保人的参保费,其行为应当认定为利用职务上的便利非法占有公共财物。

第二,李成兴利用"空名户"继续保持保险关系,使参保人员因"空名户"而无须向国家缴纳参保费(因为企业已为"空名户"向社保统筹账户缴纳了保险预征款)，同时又私自收取参保户已被抵缴了的保险费。虽然从表面上看，社会养老保险基金并没有损失，因为企业已经缴纳了用以充当保险费的预征款。但实际上，社会养老保险基金受到了损失，因为这批参保人员不符合抵充“空名户”保险费的资格，应该另行向国家缴纳与其保险类别相应的参保费。就犯罪手段而言，李成兴利用“空名户”的漏洞，能够顺利将应缴未缴的参保费占为己有，与其职务上的便利离不开关系，属于利用职务便利侵吞公共财物的行为。

第三，被告人李成兴将非企业人员替代“空名户”后立即停保套取国家作为保险费的部分预征款。进入社保统筹账户的预征款，其公共财物的性质毋庸置疑，依规定只能由企业实有人员占用“空名户”并停保后才可以退还约三分之一给参保个人。李成兴编造虚假的企业人员，能够顺利套领这笔退款，与其职务上的便利也密切相关，属于利用职务骗取公共财物的行为。

被告人的上述三种行为方式均符合利用职务便利将公共财物非法占为己有的构成要件，应当以贪污罪定罪处罚。[No. 8-382-35　李成兴贪污案]

△国家工作人员成立第三方公司套取单位公款，将其中部分公款用于支付原单位业务回扣的，该部分公款不计入贪污罪数额之中。

通说认为，国家工作人员套取公款后，再将部分钱款用于原单位公务支出，不论出于何种原因，均应全额计入贪污数额，理由是该行为属于犯罪既遂后的赃款处置行为。本案与上述“套取公款后用于单位业务开支”的情形有以下本质区别：第一，各被告人自始至终均无占有该部分用于支付业务回扣费用的钱款的主观故意。第二，各被告人客观上对该部分用于支付业务回扣费用的钱款并无自由支配权。各被告人套取公款之前，关于从第三方公司领取该部分钱款用于支付业务回扣费用一事，原单位及第三方公司其他人员均已知情，且钱款的支出方式、数量、用途等相关内容在双方协议中也已注明，各被告人无权自由变更，因此，原单位将该笔钱款转至各被告人控制的第三方公司账户时，各被告人对该笔钱款仅起到暂为保管、中转的作用，并无自由支配权，也未实际占有。第三，在实际操作中，第三方公司成立后，确如各被告人事前商议的，由原单位业务员按照之前的惯例报送本月应支付的业务回扣费用，第三方公司从截留的利润中支付该项费用。各被告人并未侵吞该部分钱款。鉴于此，第三方公司代原单位支出的上述违规业务费用不属贪污对象，不应计入相关被告人的贪污数额。[No. 8-382-37　陈强等贪污、受贿案]

△国有公司的经理、董事增设中间环节获取购销差价的行为中，如果所增设的中间环节客观上并不存在，或客观上虽然存在但缺少实际的经营能力或并不承担相应的经营风险，且获取的购销差价并不合理的，属于非法截留国有资产，构成贪污罪。

区分获取购销差价的非法经营同类营业行为与增设中间环节截留国有财产的贪污行为的关键，在于行为人是采取何种方式取得非法利益的。如果行为人直接通过非法手段将国有公司、企业的财产转移到兼营公司、企业中，属于截留国有财产的贪污行为，构成贪污罪。如果行为人没有直接转移财产，而是利用职务便利将任职国有公司、企业的盈利性商业机会交由兼营公司、企业经营，获取数额巨大的非法利益的，则构成非法经营同类营业罪。因为国有公司、企业让渡给兼营公司、企业的是商业机会，商业机会本身并非财物，不能成为贪污罪的对象。而且兼营公司、企业所获取的非法利益，系利用让渡的商业机会所进行的经营所得，这种经营行为本身就存在一定的风险，并不意味着百分之百获利，与采取非法手段将国有公司、企业的财产直接转移到兼营公司、企业中的贪污行为方式不同。

两种犯罪行为都人为地增设了中间环节，使国有公司、企业原本与业务单位的直接购销关系变成了有其他公司、企业参与的间接购销关系，这个中间环节不是因经营的客观需要而自然产生的，本来不应存在，属于行为人故意设置。对增设中间环节截留国有财产的贪污行为而言，由于虚设的中间环节不是用于正常的经营活动，故增设的中间环节通常是为了截留国有资产的目的而虚构的。在经济活动中，尽管有时增设的中间环节中所涉及的公司、企业真实存在，但这些公司、企业往往是为了承揽相关业务而成立，并无从事同类或者类似经营行为的经历。本案中，虽然恒威佳信公司客观存在，但其是各被告人为了在万商大厦公司和中复电讯公司之间的租赁关系增设中间环节而突击成立的。恒威佳信公司之前并无从事同类或者相似经营行为的经历。

如果增设的中间环节都是客观存在的，则要看增设的中间环节是否具有经营能力。一般而言，贪污罪中为截留国有财产而增设的中间环节的经营，往往是无经营投资、无经营场地和无经营人员，即属于“三无”经营；而非法经营同类营业罪中增设的中间环节的经营，是有投资、有经营场所、有经营人员的经营，即具有经营同类营业的完全能力。本案中，恒威佳信公司成立之后，并不具备实体经营的特征。

如果增设的中间环节都客观存在且具有经营能力,则要看增设的中间环节是否进行了实际经营活动并承担一定的经营责任风险。有经营就有风险,就可能存在盈亏。如果增设的中间环节进行了实际经营活动并承担了一定的经营责任风险,则行为人所获取的购销差价系通过利用国有公司、企业让渡的商业机会所进行的经营所得,属于获取购销差价的非法经营同类营业行为。如果增设的中间环节没有进行实际经营活动,而是由国有公司、企业一手操办,或者进行了相关的经营活动,但只管盈利,而由国有公司、企业承担经营责任风险的,则此时行为人所获取的购销差价不是经营所得而是截留的国有财产,属于增设中间环节截留国有财产的贪污行为。本案中,在案证据不能证明恒威佳信公司介入中复电讯承租万商大厦底商业务承担了相应的经营风险。

如果增设的中间环节不仅客观存在、具有经营能力,而且进行了实际经营活动并承担了一定的经营责任风险,则要看所获取的购销差价是否合理。获取的购销差价合理的,属于获取购销差价的非法经营同类营业行为;不合理的,则为增设中间环节截留国有财产的贪污行为,因为此时的差价不再是经营行为的对价。当然,在法律没有明确规定的情况下,其合理范围需要司法人员根据经验具体把握。

综上,本案四被告人的行为实际上是将国有公司本可直接获得的房租收入转移给其个人成立的没有实际经营能力的公司,属于截留国有财产的贪污行为,构成贪污罪。[No. 8-382-38　祝贵财等贪污案]

第三百八十三条　【贪污罪的处罚】

对犯贪污罪的,根据情节轻重,分别依照下列规定处罚:

(一)贪污数额较大或者有其他较重情节的,处三年以下有期徒刑或者拘役,并处罚金。

(二)贪污数额巨大或者有其他严重情节的,处三年以上十年以下有期徒刑,并处罚金或者没收财产。

(三)贪污数额特别巨大或者有其他特别严重情节的,处十年以上有期徒刑或者无期徒刑,并处罚金或者没收财产;数额特别巨大,并使国家和人民利益遭受特别重大损失的,处无期徒刑或者死刑,并处没收财产。

对多次贪污未经处理的,按照累计贪污数额处罚。

犯第一款罪,在提起公诉前如实供述自己罪行、真诚悔罪、积极退赃,避免、减少损害结果的发生,有第一项规定情形的,可以从轻、减轻或者免除处罚;有第二项、第三项规定情形的,可以从轻处罚。

犯第一款罪,有第三项规定情形被判处死刑缓期执行的,人民法院根据犯罪情节等情况可以同时决定在其死刑缓期执行二年期满依法减为无期徒刑后,终身监禁,不得减刑、假释。

【立法沿革】

《中华人民共和国刑法》(1997年修订,自1997年10月1日起施行)

第三百八十三条

对犯贪污罪的,根据情节轻重,分别依照下列规定处罚:

(一)个人贪污数额在十万元以上的,处十年以上有期徒刑或者无期徒刑,可以并处没收财产;情节特别严重的,处死刑,并处没收财产。

(二)个人贪污数额在五万元以上不满十万元的,处五年以上有期徒刑,可以并处没收财产;情节特别严重的,处无期徒刑,并处没收财产。

(三)个人贪污数额在五千元以上不满五万元的,处一年以上七年以下有期徒刑;情节严重的,处七年以上十年以下有期徒刑。个人贪污数额在五千元以上不满一万元,犯罪后有悔改表现、积极退赃的,可以减轻处罚或者免予刑事处罚,由其所在单位或者上级主管机关给予行政处分。

(四)个人贪污数额不满五千元,情节较重的,处二年以下有期徒刑或者拘役;情节较轻的,由其所在单位或者上级主管机关酌情给予行政处分。

对多次贪污未经处理的,按照累计贪污数额处罚。

《中华人民共和国刑法修正案(九)》(自2015年11月1日起施行)

四十四、将刑法第三百八十三条修改为:

"对犯贪污罪的,根据情节轻重,分别依照下列规定处罚:

“(一)贪污数额较大或者有其他较重情节的,处三年以下有期徒刑或者拘役,并处罚金。

“(二)贪污数额巨大或者有其他严重情节的,处三年以上十年以下有期徒刑,并处罚金或者没收财产。

“(三)贪污数额特别巨大或者有其他特别严重情节的,处十年以上有期徒刑或者无期徒刑,并处罚金或者没收财产;数额特别巨大,并使国家和人民利益遭受特别重大损失的,处无期徒刑或者死刑,并处没收财产。

“对多次贪污未经处理的,按照累计贪污数额处罚。

“犯第一款罪,在提起公诉前如实供述自己罪行、真诚悔罪、积极退赃,避免、减少损害结果的发生,有第一项规定情形的,可以从轻、减轻或者免除处罚;有第二项、第三项规定情形的,可以从轻处罚。

“犯第一款罪,有第三项规定情形被判处死刑缓期执行的,人民法院根据犯罪情节等情况可以同时决定在其死刑缓期执行二年期满依法减为无期徒刑后,终身监禁,不得减刑、假释。”

【立法理由】

1. **1979 年立法的情况**。1979 年《刑法》第一百五十五条第一款规定:“国家工作人员利用职务上的便利,贪污公共财物的,处五年以下有期徒刑或者拘役;数额巨大、情节严重的,处五年以上有期徒刑;情节特别严重的,处无期徒刑或者死刑。”

2. **1979 年之后至 1997 年刑法修订前的立法情况**。1979 年刑法没有规定具体的定罪量刑数额标准,在执行中司法机关反映规定不够具体,在实践中不好掌握,各地标准不一。为了解决实践中标准不统一,贪污数额相同而刑罚差异较大的问题,最高人民法院、最高人民检察院联合印发的《关于当前办理经济犯罪案件中具体应用法律若干问题的解答(试行)》规定,个人贪污二千元以上的,应当追究刑事责任,定罪判刑。贪污二千元以下的,根据情节,可以判刑,也可以不判刑,不宜都不判刑。1988 年《全国人民代表大会常务委员会关于惩治贪污罪贿赂罪的补充规定》根据当时惩治贪污贿赂犯罪的实际需要和司法机关的要求,总结司法实践经验,结合当时社会经济发展水平,对贪污罪确定不同数额,规定了四个处罚档次:(1)个人贪污数额在五万元以上的,处十年以上有期徒刑或者无期徒刑,可以并处没收财产;情节特别严重的,处死刑,并处没收财产。(2)个人贪污数额在一万元以上不满五万元的,处五年以上有期徒刑,可以并处没收财产;情节特别严重的,处无期徒刑,并处没收财产。(3)个人贪污数额在二千元以上不满一万元的,处一年以上七年以下有期徒刑;情节严重的,处七年以上十年以下有期徒刑。个人贪污数额在二千元以上不满五千元,犯罪后自首、立功或者有悔改表现、积极退赃的,可以减轻处罚,或者免予刑事处罚,由其所在单位或者上级主管机关给予行政处分。(4)个人贪污数额不满二千元,情节较重的,处二年以下有期徒刑或者拘役;情节较轻的,由其所在单位或者上级主管机关酌情给予行政处分。上述规定比较详细和具体,在司法实践中比较容易操作,一定程度上解决了司法不统一的问题。但随着改革开放,物价上涨,人民生活支出也不断加大,固定数额的立法不能反映价格的上涨因素,造成固定数额的量刑标准刑罚有逐渐加重的趋势。

3. **1997 年修订刑法的情况**。1997 年修订刑法时,在采用规定具体数额的立法模式的基础上,在数额方面进行了调整提高,以适应经济发展和社会形势的变化。1997 年修订刑法时,根据社会经济发展状况以及司法实践情况,对上述数额标准作了调整,规定了“不满五千元”“五千元以上不满五万元”“五万元以上不满十万元”和“十万元以上”四个档次的数额标准及相应处罚。

4. **2015 年《刑法修正案(九)》对本条的修改情况**。2015 年 8 月 29 日第十二届全国人大常委会第十六次会议通过的《刑法修正案(九)》对本条作了修改:一是修改了贪污受贿犯罪的定罪量刑标准,取消了《刑法》第三百八十三条对贪污受贿犯罪定罪量刑的具体数额标准,采用数额加情节的标准,同时增加了罚金刑。二是进一步明确、严格了对贪污受贿犯罪从轻、减轻、免除处罚的条件。三是增加一款规定,对犯贪污、受贿罪,被判处死刑缓期执行的,人民法院根据犯罪情节等情况可以同时决定在其死刑缓期执行二年期满依法减为无期徒刑后,终身监禁,不得减刑、假释。

【条文说明】

本条是关于贪污罪如何处罚的规定。

本条共分为四款。

第一款规定了**贪污罪的具体量刑标准**,将数额和情节综合作为定罪量刑标准,其中规定了**三个量刑档次**,即贪污数额较大或者有其他较重情节,贪污数额巨大或者有其他严重情节,贪污数额特别巨大或者有其他特别严重情节。根据本款规定,行为人贪污数额较大应定贪污罪,追究其相应的刑事责任;行为人贪污数额虽没有达到较大的标准,但有其他较重情节也应定罪判刑。

分则　第八章

《最高人民法院、最高人民检察院关于办理贪污贿赂刑事案件适用法律若干问题的解释》对数额较大、数额巨大、数额特别巨大及情节严重作出进一步规定。贪污数额在三万元以上不满二十万元的，为“**数额较大**”，贪污数额在二十万元以上不满三百万元的，为“**数额巨大**”，贪污数额在三百万元以上的，为“**数额特别巨大**”。贪污数额达到上述标准，可按照《刑法》第三百八十三条第一款进行处罚。贪污数额在一万元以上不满三万元，有下列情形之一的，可以认定为“**其他较重情节**”，依法判处三年以下有期徒刑或者拘役，并处罚金：(1)贪污救灾、抢险、防汛、优抚、扶贫、移民、救济、防疫、社会捐助等特定款物的。2017年《最高人民检察院关于认定贪污养老、医疗等社会保险基金能否适用〈最高人民法院、最高人民检察院关于办理贪污贿赂刑事案件适用法律若干问题的解释〉第一条第二款第一项规定的“特定款物”的批复》明确规定，养老、医疗、工伤、失业、生育等社会保险基金可以认定为特定款物；(2)曾因贪污、受贿、挪用公款受过党纪、行政处分的；(3)曾因故意犯罪受过刑事追究的；(4)赃款赃物用于非法活动的；(5)拒不交待赃款赃物去向或者拒不配合追缴工作，致使无法追缴的；(6)造成恶劣影响或者其他严重后果的。贪污数额在十万元以上不满二十万元，具有上述情形之一的，应当认定为“**其他严重情节**”，依法判处三年以上十年以下有期徒刑，并处罚金或者没收财产。贪污数额在一百五十万元以上不满三百万元，具有上述情形之一的，应当认定为“**其他特别严重情节**”，依法判处十年以上有期徒刑、无期徒刑或者死刑，并处罚金或者没收财产。

考虑到贪污受贿犯罪是一种以非法占有为目的的财产性职务犯罪，行为人利用职务上的便利实施犯罪，侵犯了职务廉洁性；同时，与盗窃、诈骗等侵犯财产罪一样，具有贪利性，为不使行为人在经济上得利，本款对贪污受贿犯罪量刑相对较轻的档次中增加规定了罚金刑，贪污贿赂罪犯在依法被判处自由刑的同时，还要同时被判处**财产刑**。2016年4月18日起施行的《最高人民法院、最高人民检察院关于办理贪污贿赂刑事案件适用法律若干问题的解释》第十九条规定：“对贪污罪、受贿罪判处三年以下有期徒刑或者拘役的，应当并处十万元以上五十万元以下的罚金；判处三年以上十年以下有期徒刑的，应当并处二十万元以上犯罪数额二倍以下的罚金或者没收财产；判处十年以上有期徒刑或者无期徒刑的，应当并处五十万元以上犯罪数额二倍以下的罚金或者没收财产。对刑法规定并处罚金的其他贪污贿赂犯罪，应当在十万元以上犯罪数额二倍以下判处罚金。”

第二款是对**多次贪污未经处理的如何计算贪污数额**的规定。多次贪污未经处理，是指两次以上的贪污行为，以前既没有受过刑事处罚，也没有受过行政处理，追究其刑事责任时，应当累计计算贪污数额。①

第三款是关于**对贪污犯罪可以从宽处理**的规定。对贪污犯罪从宽处理必须同时符合以下条件：一是**在提起公诉前**。“提起公诉”是人民检察院对公安机关、监察机关移送起诉认为应当起诉的案件，经全面审查，对事实清楚，证据确实充分，依法应当判处刑罚的，提交人民法院审判的诉讼活动。二是**行为人必须如实供述自己罪行、真诚悔罪、积极退赃**。② 如实供述自己罪行，是指犯罪分子对于自己所犯的罪行，无论司法机关是否掌握，都要如实地、全部地、无保留地向司法机关供述。需要指出的是，“如实供述自己罪行、真诚悔罪、积极退赃”是并列条件，要求全部具备。实践中，有些犯罪分子虽然如实供述了自己的罪行，但没有积极退赃的表现，有的甚至将所贪污受贿的财产转移，企图出狱后自己和家人仍继续享用这些财产，这种行为表明其不具有真诚悔罪的表现，不符合从宽处理的条件。三是**避免、减少损害结果的发生**。犯罪分子真诚悔罪、积极退赃的表现，必须要达到避免或者减少损害结果发生的实际效果。在同时具备以上前提的条件下，本款根据贪污受贿的不同情形，规定可以从宽处罚。根据本款的规定，对贪污数额较大或者有其他较重情节的，可以从轻、减轻或者免除处罚；对贪污数额巨大或者有其他严重情节以及对贪污数额特别巨大或者有其他特别严重情节的，可以从轻处罚。这是针对贪污受贿犯罪所作的特别规定。

---

① 我国学者指出，在计算贪污数额时，应依照《刑法》有关追诉期限的规定(第八十七条)执行，在追诉期限内的贪污数额应累计计算，已过追诉期限的贪污数额不予计算。参见赵秉志、李希慧主编：《刑法各论》(第3版)，中国人民大学出版社2016年版，第393页；黎宏：《刑法学各论》(第2版)，法律出版社2016年版，第512页；陈兴良主编：《刑法各论精释》，人民法院出版社2015年版，第1058—1059页。

② 对于“积极退赃”，我国学者指出，应区分两种情形进行讨论：一是通常只能没收，不能退回给行贿人。在此情形下，行为人秘密地将财物退还给行贿人，不能减轻或免除处罚；二是对方因勒索而交付财物又没有谋取不正当利益。由于对方实际上是被害人，故应当将财物退回被害人。参见张明楷：《刑法学》(第6版)，法律出版社2021年版，第1611页。

第四款是关于**终身监禁,不得减刑、假释**的规定。[①] 特别需要明确的是,这里规定的"终身监禁"不是独立的刑种,它是对罪当判处死刑的贪污受贿犯罪分子的一种不执行死刑的刑罚执行措施。[②] 从这个意义上讲,也可以说是**对死刑的一种替代性措施**。因此,与无期徒刑不同,无期徒刑是刑法总则规定的一个独立刑种。同时,在执行中,对被判处无期徒刑的罪犯,根据该罪犯接受教育改造、悔罪表现等情况,满足一定条件的可以减刑、假释。根据本款规定,"终身监禁"只适用于贪污数额特别巨大,并使国家和人民利益遭受特别重大损失,被判处死刑缓期执行的犯罪分子,特别是其中本应当判处死刑的,根据慎用死刑的刑事政策,结合案件的具体情况,对其判处死刑缓期二年执行的犯罪分子。需要指出的是,本款规定只是明确了可以适用"终身监禁"的人员的范围,并不是所有贪污受贿犯罪被判处死刑缓期执行的都要"终身监禁"。是否"终身监禁",应由人民法院根据其所实施犯罪的具体情节等情况综合考虑。这里规定的"同时",是指被判处死刑缓期执行的同时,不是在死刑缓期执行二年期满以后减刑的"同时"。根据《刑事诉讼法》第二百六十五条的规定,可以暂予监外执行的对象是被判处无期徒刑、有期徒刑和拘役的罪犯,因此,终身监禁的罪犯,不得减刑、假释,也不得暂予监外执行。《最高人民法院、最高人民检察院关于办理贪污贿赂刑事案件适用法律若干问题的解释》第四条规定,贪污数额特别巨大,犯罪情节特别严重、社会影响特别恶劣、给国家和人民利益造成特别重大损失的,可以判处死刑。有上述情形但具有自首、立功,如实供述自己罪行、真诚悔罪、积极退赃,或者避免、减少损害结果发生等情节,不是必须立即执行的,可以判处死刑缓期二年执行,同时裁判决定在其死刑缓期执行二年期满依法减为无期徒刑后,终身监禁,不得减刑、假释。2017 年 1 月 1 日起实施的《最高人民法院关于办理减刑、假释案件具体应用法律的规定》第十五条规定:"对被判处终身监禁的罪犯,在死刑缓期执行期满依法减为无期徒刑的裁定中,应当明确终身监禁,不得再减刑或者假释。"

需要强调的是,关于《刑法修正案(九)》的**时间效力问题**。2015 年 11 月 1 日起实施的《最高人民法院关于〈中华人民共和国刑法修正案(九)〉时间效力问题的解释》第八条规定:"对于 2015 年 10 月 31 日以前实施贪污、受贿行为,罪行极其严重,根据修正前刑法判处死刑缓期执行不能体现罪刑相适应原则,而根据修正后刑法判处死刑缓期执行同时决定在其死刑缓期执行二年期满依法减为无期徒刑后,终身监禁,不得减刑、假释可以罚当其罪的,适用修正后刑法第三百八十三条第四款的规定。根据修正前刑法判处死刑缓期执行足以罚当其罪的,不适用修正后刑法第三百八十三条第四款的规定。"

实践中应注意以下三个方面的问题:

1. 关于**定罪量刑具体数额**。1997 年刑法规定为打击贪污受贿犯罪提供了具体明确的数额标准,满足了司法机关执法的实际需要,有利于法制的统一,避免了法律适用上的随意性。但是,这种明确规定数额标准的法定刑设定方式在具体适用上也暴露了一些问题。从司法实践的情况看,规定具体数额标准虽然明确,便于执行,且对防止司法擅断具有积极意义,但这类犯罪情况复杂,情节差别很大,单纯考虑数额,难以全面反映具体个罪的社会危害性。贪污受贿犯罪的社会危害性不仅仅体现为数额的大小,其社会危害性,除取决于贪污受贿数额大小以外,还表现在国家工作人员滥用权力的情况或者给国家利益造成重大损失等情节。在有些案件中,虽然行为人个人贪污受贿数

---

① 学说上关于终身监禁不得减刑、假释,存在肯定、否定两种观点。肯定论者主张,从死刑改革的角度而言,该制度对于弥补死缓制度适用缺陷,严格限制贪污受贿犯罪死刑立即执行的司法适用,具有重要意义,参见赵秉志、商浩文:《论死刑改革视野下的终身监禁制度》,载《华东政法大学学报》2017 年第 1 期,第 131—133;陈兴良主编:《刑法各论精释》,人民法院出版社 2015 年版,第 1058 页。

否定论者认为,终身监禁的创设性修订完全背离了无期徒刑保留论的基本立场,突出违反了作为刑法基本原则的罪刑法定原则、罪责刑相适应原则,经不起刑罚人道主义的正当性拷问,因而理论上应当反思"完全堵塞"犯罪人回归之路的终身监禁的合法性问题,立法上应删除在宣判死刑缓期执行改为无期徒刑之际即事先"预判"终身监禁的新规定,保留无期徒刑"准许假释"等补救措施的既有规定,参见魏东:《刑法总则的修改与检讨——以〈刑法修正案(九)〉为重点》,载《华东政法大学学报》2016 年第 2 期,第 11—16 页。

另有学者指出,因为贪污、受贿而被判处终身监禁的犯罪分子在无期徒刑的执行之间,只要"有重大立功表现",则其应当与其在死缓执行之间一样,被特殊对待,即享有《刑法》第七十八条所规定的"应当减刑"的优遇。参见黎宏:《刑法学各论》(第 2 版),法律出版社 2016 年版,第 513 页。

② 针对贪污犯罪的终身监禁,尽管在结局上是一种可能终身剥夺犯罪分子人身自由的自由刑,但其本质上是死刑。参见黎宏:《刑法学各论》(第 2 版),法律出版社 2016 年版,第 512 页。

额不大，但给国家和人民利益造成的损害、恶劣的社会影响等其他情节的危害远远大于其贪污受贿数额的危害。同时，数额规定得过于具体，有时难以根据具体案件的不同情况做到罪责刑相适应，在一定程度上影响了惩治和预防贪污受贿犯罪的法律效果、社会效果和政治效果。司法实践中较为突出的体现是贪污受贿数额在十万元以上的犯罪，由于1997年《刑法》第三百八十三条明确规定个人贪污数额在十万元以上的即处十年以上有期徒刑或无期徒刑，对于犯罪数额为一二十万元的案件和一二百万元甚至更多的案件，往往只能判处刑期相近的十年以上有期徒刑，造成量刑不平衡，甚至失衡，无法做到罪责刑相适应，很容易在社会上造成贪污受贿数额大的犯罪分子占便宜的印象，违反了刑法罪责刑相适应的原则，严重影响了惩治贪污贿赂犯罪的法律效果、社会效果和政治效果。1997年修订刑法至今，我国的经济社会生活发生了巨大变化，近年来，一些人大代表、政协委员、专家学者不断建议对贪污受贿犯罪的法定刑设置作出调整，取消贪污受贿犯罪定罪量刑的具体数额标准，社会各方面更是广泛关注。为解决司法实践中存在的上述问题，《刑法修正案(九)》将贪污受贿犯罪单一依据具体数额进行定罪量刑，修改为数额加情节进行定罪量刑，即原则规定数额较大或者情节较重、数额巨大或者情节严重、数额特别巨大或者情节特别严重三种情况，相应规定了三档刑罚，并对数额特别巨大，使国家和人民利益遭受特别重大损失的，保留适用死刑。2016年4月18日起施行的《最高人民法院、最高人民检察院关于办理贪污贿赂刑事案件适用法律若干问题的解释》对具体数额、情节标准予以明确规定，指导司法实践。

2. 关于**进一步明确、严格对贪污受贿犯罪从轻、减轻、免除处罚的条件**。1997年《刑法》第三百八十三条第一款第三项规定，个人贪污数额在五千元以上不满一万元，犯罪后有悔改表现、积极退赃的，可以减轻处罚或者免予刑事处罚，由其所在单位或者上级主管机关给予行政处分。在《刑法修正案(九)》草案起草和审议过程中，有意见认为，给予行政处分的内容不是刑法调整的范围，将行政处分写入刑法，不利于对贪污受贿犯罪的打击，建议删除。同时，也有意见建议将对贪污受贿犯罪从宽处罚的条件作更为严格的限定，并单独作出规定，以体现从严惩处的精神。考虑到本次修正案对贪污受贿犯罪定罪量刑标准作了调整，根据反腐斗争的实际需要，本条对贪污受贿犯罪从宽处罚的条件作了更为严格的限制，并单独规定一款，对犯贪污受贿罪，如实供述自己罪行、真诚悔罪、积极退赃，避免、减少损害结果发生的，可以从宽处罚。这一规定体现了**宽严相济的刑事政策**，有利于教育、改造贪污受贿犯罪分子，集中惩处罪行严重的贪污受贿犯罪。

3. 关于**终身监禁**。《刑法修正案(九)》在本条中增加规定，对犯贪污、受贿罪，被判处死刑缓期执行的，人民法院根据犯罪情节等情况可以同时决定在其死刑缓期执行二年期满依法减为无期徒刑后，终身监禁，不得减刑、假释。这一规定，是按照党的十八届三中全会对加强反腐败工作，完善惩治腐败法律规定，加大惩处腐败犯罪力度的要求和精神作出的。随着反腐斗争的深入，特别是一些大案要案的查处，需要对刑法的相关规定作进一步完善，为严厉惩治提供法律支持。为体现我国对罪犯实行惩治与改造相结合，给罪犯改造出路的刑罚执行政策，刑法规定了对判处无期徒刑、死刑缓期执行的罪犯，满足一定条件的，可以予以减刑、假释。是否减刑、假释需要根据罪犯接受教育改造、悔罪表现等情况确定。司法实践中对判处无期徒刑、死刑缓期执行的罪犯，绝大部分都适用了减刑，个别的还适用了假释，很少有终身关押的情况。但是，在执行中也出现一些问题，如一些司法机关对减刑条件把握过宽，减刑频率过快、次数过多，假释条件掌握过于宽松，致使一些因严重犯罪被判处死刑缓期执行或者无期徒刑的罪犯实际执行刑期过短，存在被判处无期徒刑、死刑缓期执行的犯罪分子实际执行期较短，与被判处死刑立即执行的犯罪分子相比，法律后果相差太大的情况。特别是贪污受贿这类犯罪，有的犯罪分子利用金钱和过去拥有的权力、影响、社会关系网，通过减刑、保外就医等途径，实际在狱内服刑期较短，严重妨碍了司法公正，社会反映强烈，在一定程度上影响了惩治这类犯罪的法律效果、社会效果和政治效果。针对上述司法实践中出现的问题，2011年《**刑法修正案(八)**》对无期徒刑、死刑缓期执行的执行刑期作了调整。一是将死刑缓期执行减为有期徒刑的刑期提高为“二十五年”。二是规定对死刑缓期执行的限制减刑制度。对一些因严重犯罪、累犯被判处死刑缓期执行的犯罪分子，人民法院可以决定对其限制减刑，对死缓期满后依法减为无期徒刑的，实际服刑最低不能少于二十五年，依法减为二十五年有期徒刑的，实际服刑最低不能少于二十年。三是将无期徒刑罪犯减刑、假释后实际执行的最低刑期由十年提高到十三年。2012年《最高人民法院关于办理减刑、假释案件具体应用法律若干问题的规定》、2014年《最高人民法院关于减刑、假释案件审理程序的规定》，对减刑、假释案件的适用条件、减刑幅度、减刑间隔以及审理程序等方面进一步作了严格规范。《刑法修正案(九)》在此基础上,对贪污受贿数额特别巨大、情节特别严重被判处死刑缓期执行的犯罪分子作了进一步严格规定,对贪污受贿数额特别巨大、情节特别严重的犯罪分子,特别是其中本应当判处死刑的,根据慎用死刑的刑事政策,结合案件的具体情况,对其判处死刑缓期二年执行依法减为无期徒刑后,采取终身监禁的措施,不得减刑、假释。在立法上保留死刑的同时,司法实践中严格控制和慎重适用死刑,有利于体现**罪责刑相适应的刑法原则**,维护司法公正,符合宽严相济的刑事政策。2017 年 1 月 1 日实施了《最高人民法院关于办理减刑、假释案件具体应用法律的规定》,确保依法公正办理减刑、假释案件。

事实上,我国刑法规定的无期徒刑的本意即有终身监禁的含义,与国外规定的终身监禁大体相当。考虑反腐斗争的实际需要,解决司法实践中存在的问题,加大惩治腐败的力度,《刑法修正案(九)》对一些重特大贪污受贿犯罪分子,罪行特别严重,又没有判处死刑立即执行的,在判处死刑缓期执行二年期满依法减为无期徒刑后,明确予以终身监禁,不得减刑、假释。

【司法解释】

《最高人民法院关于〈中华人民共和国刑法修正案(九)〉时间效力问题的解释》(法释〔2015〕19 号,自 2015 年 11 月 1 日起施行)

△(**时间效力;终身监禁不得减刑、假释**)对于 2015 年 10 月 31 日以前实施贪污、受贿行为,罪行极其严重,根据修正前刑法判处死刑缓期执行不能体现罪刑相适应原则,而根据修正后刑法判处死刑缓期执行同时决定在其死刑缓期执行二年期满依法减为无期徒刑后,终身监禁,不得减刑、假释可以罚当其罪的,适用修正后刑法第三百八十三条第四款的规定。根据修正前刑法判处死刑缓期执行足以罚当其罪的,不适用修正后刑法第三百八十三条第四款的规定。(§ 8)

《最高人民法院、最高人民检察院关于办理贪污贿赂刑事案件适用法律若干问题的解释》(法释〔2016〕9 号,自 2016 年 4 月 18 日起施行)

△(**数额较大;其他较重情节;贪污贿赂**)贪污或者受贿数额在三万元以上不满二十万元的,应当认定为刑法第三百八十三条第一款规定的"数额较大",依法判处三年以下有期徒刑或者拘役,并处罚金。

贪污数额在一万元以上不满三万元,具有下列情形之一的,应当认定为刑法第三百八十三条第一款规定的"其他较重情节",依法判处三年以下有期徒刑或者拘役,并处罚金[①]:

(一)贪污救灾、抢险、防汛、优抚、扶贫、移民、救济、防疫、社会捐助等特定款物[②]的;

(二)曾因贪污、受贿、挪用公款受过党纪、行政处分的;

(三)曾因故意犯罪受过刑事追究的;

(四)赃款赃物用于非法活动的;

(五)拒不交待赃款赃物去向或者拒不配合追缴工作,致使无法追缴的;

(六)造成恶劣影响或者其他严重后果的。

受贿数额在一万元以上不满三万元,具有前款第二项至第六项规定的情形之一,或者具有下列情形之一的,应当认定为刑法第三百八十三条第一款规定的"其他较重情节",依法判处三年以下有期徒刑或者拘役,并处罚金:

(一)多次索贿的;

(二)为他人谋取不正当利益,致使公共财产、国家和人民利益遭受损失的;

(三)为他人谋取职务提拔、调整的。(§ 1)

△(**数额巨大;其他严重情节;贪污贿赂**)贪污或者受贿数额在二十万元以上不满三百万元的,应当认定为刑法第三百八十三条第一款规定的"数额巨大",依法判处三年以上十年以下有期徒刑,并处罚金或者没收财产。

贪污数额在十万元以上不满二十万元,具有

---

① 我国学者指出,本款第(二)项至第(五)项之规定,均非属提高贪污受贿行为不法程度的情节,不应作为"情节较重"的情形。无论行为人曾因贪污受到党纪、政纪处分后再贪污,抑或将赃款赃物用于非法活动,还是拒不交代赃款赃物去向,都不是表明贪污受贿情节的事实(即不属于有责的不法事实),而只是表明行为人特殊预防必要性大小的情节,只能在确定责任刑之后对预防刑的确定起作用。参见张明楷:《刑法学》(第 6 版),法律出版社 2021 年版,第 1564 页。

② 《最高人民检察院关于贪污养老、医疗等社会保险基金能否适用〈最高人民法院、最高人民检察院关于办理贪污贿赂刑事案件适用法律若干问题的解释〉第一条第二款第(一)项规定的批复》(高检发释字〔2017〕1 号,自 2017 年 8 月 7 日起施行):

养老、医疗、工伤、失业、生育等社会保险基金可以认定为《最高人民法院、最高人民检察院关于办理贪污贿赂刑事案件适用法律若干问题的解释》第一条第二款第一项规定的"特定款物"。

根据刑法和有关司法解释规定,贪污罪和挪用公款罪中的"特定款物"的范围有所不同,实践中应注意区分,依法适用。

本解释第一条第二款规定的情形之一的，应当认定为刑法第三百八十三条第一款规定的“其他严重情节”，依法判处三年以上十年以下有期徒刑，并处罚金或者没收财产。

受贿数额在十万元以上不满二十万元，具有本解释第一条第三款规定的情形之一的，应当认定为刑法第三百八十三条第一款规定的“其他严重情节”，依法判处三年以上十年以下有期徒刑，并处罚金或者没收财产。（§ 2）

△（**数额特别巨大；其他特别严重情节；贪污贿赂**）贪污或者受贿数额在三百万元以上的，应当认定为刑法第三百八十三条第一款规定的“数额特别巨大”，依法判处十年以上有期徒刑、无期徒刑或者死刑，并处罚金或者没收财产。

贪污数额在一百五十万元以上不满三百万元，具有本解释第一条第二款规定的情形之一的，应当认定为刑法第三百八十三条第一款规定的“其他特别严重情节”，依法判处十年以上有期徒刑、无期徒刑或者死刑，并处罚金或者没收财产。

受贿数额在一百五十万元以上不满三百万元，具有本解释第一条第三款规定的情形之一的，应当认定为刑法第三百八十三条第一款规定的“其他特别严重情节”，依法判处十年以上有期徒刑、无期徒刑或者死刑，并处罚金或者没收财产。（§ 3）

△（**死刑；死刑缓期二年执行；终身监禁不得减刑、假释**）贪污、受贿数额特别巨大，犯罪情节特别严重、社会影响特别恶劣、给国家和人民利益造成特别重大损失的，可以判处死刑。

符合前款规定的情形，但具有自首，立功，如实供述自己罪行、真诚悔罪、积极退赃，或者避免、减少损害结果的发生等情节，不是必须立即执行的，可以判处死刑缓期二年执行。

符合第一款规定情形的，根据犯罪情节等情况可以判处死刑缓期二年执行，同时裁判决定在其死刑缓期执行二年期满依法减为无期徒刑后，终身监禁，不得减刑、假释。（§ 4）

△（**赃款赃物；用于单位公务支出或者社会捐赠；量刑**）国家工作人员出于贪污、受贿的故意，非法占有公共财物、收受他人财物之后，将赃款赃物用于单位公务支出或者社会捐赠的，不影响贪污罪、受贿罪的认定，但量刑时可以酌情考虑。（§ 16 Ⅰ）

△（**追缴或者责令退赔**）贪污贿赂犯罪分子违法所得的一切财物，应当依照刑法第六十四条的规定予以追缴或者责令退赔，对被害人的合法财产应当及时返还。对尚未追缴到案或者尚未足额退赔的违法所得，应当继续追缴或者责令退赔。（§ 18）

△（**罚金刑**）对贪污罪、受贿罪判处三年以下有期徒刑或者拘役的，应当并处十万元以上五十万元以下的罚金；判处三年以上十年以下有期徒刑的，应当并处二十万元以上犯罪数额二倍以下的罚金或者没收财产；判处十年以上有期徒刑或者无期徒刑的，应当并处五十万元以上犯罪数额二倍以下的罚金或者没收财产。（§ 19 Ⅰ）

【司法解释性文件】

《全国法院审理经济犯罪案件工作座谈会纪要》（法发〔2003〕167 号，2003 年 11 月 13 日公布）

△（**共同贪污犯罪；个人贪污数额之认定**）刑法第三百八十三条第一款规定的“个人贪污数额”，在共同贪污犯罪案件中应理解为个人所参与或者组织、指挥共同贪污的数额，不能只按个人实际分得的赃款数额来认定。对共同贪污犯罪中的从犯，应当按照其所参与的共同贪污的数额确定量刑幅度，并依照刑法第二十七条第二款的规定，从轻、减轻处罚或者免除处罚。

第三百八十四条　【挪用公款罪】

国家工作人员利用职务上的便利，挪用公款归个人使用，进行非法活动的，或者挪用公款数额较大、进行营利活动的，或者挪用公款数额较大、超过三个月未还的，是挪用公款罪，处五年以下有期徒刑或者拘役；情节严重的，处五年以上有期徒刑。挪用公款数额巨大不退还的，处十年以上有期徒刑或者无期徒刑。

挪用用于救灾、抢险、防汛、优抚、扶贫、移民、救济款物归个人使用的，从重处罚。

【立法解释】

《全国人民代表大会常务委员会关于〈中华人民共和国刑法〉第九十三条第二款的解释》［2000 年 4 月 29 日通过，解释已经被《全国人民代表大会常务委员会关于修改部分法律的决定》（2009 年 8 月 27 日通过）修改］

△（**其他依照法律从事公务的人员；村民委员**

会等村基层组织人员)村民委员会等村基层组织人员协助人民政府从事下列行政管理工作，属于刑法第九十三条第二款规定的“其他依照法律从事公务的人员”：

(一)救灾、抢险、防汛、优抚、扶贫、移民、救济款物的管理；

(二)社会捐助公益事业款物的管理；

(三)国有土地的经营和管理；

(四)土地征收、征用补偿费用的管理；

(五)代征、代缴税款；

(六)有关计划生育、户籍、征兵工作；

(七)协助人民政府从事的其他行政管理工作。

村民委员会等村基层组织人员从事前款规定的公务，利用职务上的便利，非法占有公共财物、挪用公款、索取他人财物或者非法收受他人财物，构成犯罪的，适用刑法第三百八十二条和第三百八十三条贪污罪、第三百八十四条挪用公款罪、第三百八十五条和第三百八十六条受贿罪的规定。

《全国人民代表大会常务委员会关于〈中华人民共和国刑法〉第三百八十四条第一款的解释》(2002年4月28日通过)

△**(归个人使用)**有下列情形之一的，属于挪用公款“归个人使用”：①

(一)将公款供本人、亲友或者其他自然人使用的；

(二)以个人名义将公款供其他单位使用的；

(三)个人决定以单位名义将公款供其他单位使用，谋取个人利益的。

【立法理由】

1. 1979年立法的情况。1979年《刑法》第三章“破坏社会主义经济秩序罪”中规定了挪用特定款物的犯罪。第一百二十六条规定：“挪用国家救灾、抢险、防汛、优抚、救济款物，情节严重，致使国家和人民群众利益遭受重大损害的，对直接责任人员，处三年以下有期徒刑或者拘役；情节特别严重的，处三年以上七年以下有期徒刑。”

2. 1979年之后至1997年刑法修订前的立法情况。1988年1月21日通过的《全国人民代表大会常务委员会关于惩治贪污罪贿赂罪的补充规定》第三条规定，国家工作人员、集体经济组织工作人员或者其他经手、管理公共财物的人员，利用职务上的便利，挪用公款归个人使用，进行非法活动的，或者挪用公款数额较大、进行营利活动的，或者挪用公款数额较大、超过三个月未还的，是挪用公款罪，处五年以下有期徒刑或者拘役；情节严重的，处五年以上有期徒刑。挪用公款数额较大不退还的，以贪污论处。挪用救灾、抢险、防汛、优抚、救济款物归个人使用的，从重处罚。挪用公款进行非法活动构成其他罪的，依照数罪并罚的规定处罚。该决定首次确立了挪用公款罪的罪名。考虑到挪用行为与贪污行为在主观状态上的差异，前者不具有非法占有公共财物的目的，故将挪用行为单独作为一类犯罪，同时对于挪用公款数额较大而不退还的行为，以贪污论处，加大对挪用后拒不退还或者无能力退还犯罪行为的惩处力度。

3. 1997年修订刑法的情况。1997年修订刑法时完善了挪用公款后不还行为的定性问题，将挪用公款数额巨大不退还的行为，作为挪用公款罪的严重情节处理。考虑到贪污罪和挪用公款罪的不同，挪用公款数额巨大不退还规定的法定刑高于挪用公款后归还的犯罪。

4. 2002年对本条作了法律解释。2002年4月28日通过的《全国人民代表大会常务委员会关于〈中华人民共和国刑法〉第三百八十四条第一款的解释》对挪用公款“归个人使用”进行了解释，规定下列行为属于挪用公款“归个人使用”：“(一)将公款供本人、亲友或者其他自然人使用的；(二)以个人名义将公款供其他单位使用的；(三)个人决定以单位名义将公款供其他单位使用，谋取个人利益的。”

【条文说明】

本条是关于挪用公款罪及其处罚的规定。

① 我国学者指出，从本条所规定的三种类型来看，使公款脱离单位至少必须达到准备使用，也能够使用的程度，否则，“挪用”公款就成为“挪动”公款，此一做法明显有扩大本罪处罚范围的嫌疑。故而，所谓的挪用，乃指未经合法批准程序或者违反财经纪律，私自使公款脱离单位占有，并加以使用的行为。参见黎宏：《刑法学各论》(第2版)，法律出版社2016年版，第515页。

另有学者指出，只要行为人利用主管、经管或者经手公款的职务之便，将本单位的公款擅自转移到自己的实际控制之下(包括转到行为人指定的他人账户之下)，使单位完全脱离对系争公款的控制，对单位财产权利危害的结果已经产生。如果挪用公款的数额和时间等要件均符合立案标准，就应该以挪用公款罪既遂论处。至于是否实际使用，以及使用时间长短，只是量刑时加以考量的情节。参见王作富主编：《刑法分则实务研究(下)》(第5版)，中国方正出版社2013年版，第1603页；陈兴良主编：《刑法各论精释》，人民法院出版社2015年版，第1079页。

本条共分为两款。

第一款是关于挪用公款罪的概念及其处罚的规定。根据本款规定，构成挪用公款罪必须具备以下几个条件：

1. 犯罪主体只能是**国家工作人员**。另外，根据 2000 年 4 月 29 日第九届全国人大常委会第十五次会议通过的《全国人民代表大会常务委员会关于〈中华人民共和国刑法〉第九十三条第二款的解释》的规定，村民委员会等村基层组织人员在协助人民政府从事行政管理工作中，利用职务上的便利，挪用公款构成犯罪的，适用《刑法》第三百八十四条挪用公款罪的规定，也可以成为挪用公款罪的主体。

2. 在客观方面是利用职务上的便利[①]，实施以下三种行为之一的：[②]

（1）**挪用公款归个人使用，进行非法活动的**。这里所说的“挪用公款归个人使用”，包括挪用者本人使用或者给其他人使用。为私利以个人名义将挪用的公款给其他单位使用的，应视为挪用公款归个人使用。“进行非法活动”，是指进行违法犯罪活动，如赌博、走私。

（2）**挪用公款归个人使用数额较大，进行营利活动的**。这里所说的“进行营利活动”，是指进行经商办企业、投资股市、放贷等经营性活动。

（3）**挪用公款数额较大的，归个人使用，超过三个月未还的**。这种挪用主要是指用于个人生活，如挪用公款盖私房、买车或者进行挥霍。这里所说的“未还”，是指案发前（被司法机关、主管部门或者有关单位发现前）未还。如果挪用公款数额较大，超过三个月后在案发前已全部归还本息的，不作为犯罪处理。[③] 自 2016 年 4 月 18 日起施行的《最高人民法院、最高人民检察院关于办理贪污贿赂刑事案件适用法律若干问题的解释》第六条规定，挪用公款归个人使用，进行营利活动或者超过三个月未还，数额在五万元以上的，应当认定为“**数额较大**”；数额在五百万元以上的，应当认定为“**数额巨大**”；具有下列情形之一的，应当认定为“**情节严重**”：①挪用公款数额在二百万元以上的；②挪用救灾、抢险、防汛、优抚、扶贫、移民、救济特定款物，数额在一百万元以上不满二百万元的；③挪用公款不退还，数额在一百万元以上不满二百万元的；④其他严重的情节。

3. 挪用公款罪在主观方面具有**挪用的故意**，即准备以后归还，不打算永久占有。这是挪用公款罪与贪污罪的根本区别。[④] 另外，2002 年 4 月 28 日第九届全国人大常委会第二十七次会议通过的《全国人民代表大会常务委员会关于〈中华人民共和国刑法〉第三百八十四条第一款的解释》对于挪用公款“归个人使用”的问题作了专门解释：有下列情形之一的，属于**挪用公款“归个人使用”**：①将公款供本人、亲友或者其他自然人使用的；②以个人名义将公款供其他单位使用的；③个人决定以单位名义将公款供其他单位使用，谋取个人利益的。根据本款规定，对挪用公款罪，处五年以下有期徒刑或者拘役；情节严重的，处五年以上有期徒刑。挪用公款数额巨大不退还的，处十年以上有期徒刑、无期徒刑。这里所说的“**不退还**”，是指主观上想还而还不了的。如果在主观上就想非法占有挪用款，即构成贪污罪，应当按照贪污罪定罪处罚。

第二款是对挪用救灾、抢险、防汛、优抚、扶贫、移民、救济款物归个人使用的从重处罚的规定。本款所规定的“**从重处罚**”，是指根据挪用特定款物行为的情节，分别适用第一款规定的量刑

---

① 除了挪用公款罪之外，《刑法》第二百七十二条挪用资金罪、第三百八十二条贪污罪及第三百八十五条受贿罪，均选择使用“利用职务上的便利”此一用语。对此，王政勋教授认为，相较于挪用资金罪，挪用公款罪中行为人所利用的“职务上的便利”是一种公权力，而挪用资金罪中行为人所利用的职权并不具有公共管理的性质。和受贿罪相比，挪用公款罪中行为人所利用的是对公款和特定款物的主管、管理、经手的权力，而不是对人、对事的处理权、决定权；尽管挪用公款罪的“利用职务上的便利”和贪污罪最为相近，都是主管、管理、经手公共财产的权力，但挪用公款罪的行为人所利用的职权范围稍微窄些，权力的对象只能指向公款和特定款物，而不包括一般公物。参见陈兴良主编：《刑法各论精释》，人民法院出版社 2015 年版，第 1078 页。

② 我国学者指出，挪用后的三种实际使用公款的方式，并不是并列关系，而是包容关系。另外，挪用公款的用途应当以行为人后来的实际用途为准判断其性质，而不应以其挪用时的意图为准。参见陈兴良主编：《刑法各论精释》，人民法院出版社 2015 年版，第 1080、1093 页。

③ 我国学者指出，如果挪用公款数额较大，超过三个月但在案发前已经全部归还本息，可以酌情从宽处罚。参见赵秉志、李希慧主编：《刑法各论》（第 3 版），中国人民大学出版社 2016 年版，第 394 页；王作富主编：《刑法分则实务研究（下）》（第 5 版），中国方正出版社 2013 年版，第 1602—1603 页；黎宏：《刑法学各论》（第 2 版），法律出版社 2016 年版，第 517 页。

④ 阮齐林教授指出，司法实务在判断行为人是否具有非法占有目的，主要看该笔公款在财务账目上是否“平账”。如果行为人占用公款但没有“平账”或“毁账”，系争公款在单位财务账目上仍有反映（挂账），一般认定为挪用公款罪。参见赵秉志、李希慧主编：《刑法各论》（第 3 版），中国人民大学出版社 2016 年版，第 395—396 页。

幅度,在各量刑幅度内处较重刑罚。

【司法解释】

《最高人民检察院关于挪用国库券如何定性问题的批复》(高检发释字〔1997〕5 号,1997 年 10 月 13 日公布)

△(**挪用国库券**)国家工作人员利用职务上的便利,挪用公有或本单位的国库券的行为以挪用公款论;符合刑法第 384 条、第 272 条第 2 款规定的情形构成犯罪的,按挪用公款罪追究刑事责任。

《最高人民法院关于审理挪用公款案件具体应用法律若干问题的解释》(法释〔1998〕9 号,自 1998 年 5 月 9 日起施行)

△(**挪用公款归个人使用**)刑法第三百八十四条规定的"挪用公款归个人使用",包括挪用者本人使用或者给他人使用。

挪用公款给私有公司、私有企业使用的,属于挪用公款归个人使用。(§ 1)

△(**挪用公款;归个人使用;营利活动;非法活动**)对挪用公款罪,应区分三种不同情况予以认定:

(一)挪用公款归个人使用,数额较大、超过三个月未还的,构成挪用公款罪。

挪用正在生息或者需要支付利息的公款归个人使用,数额较大,超过三个月但在案发前全部归还本金的,可以从轻处罚或者免除处罚。给国家、集体造成的利息损失应予追缴。挪用公款数额巨大,超过三个月,案发前全部归还的,可以酌情从轻处罚。

(二)挪用公款数额较大,归个人进行营利活动的,构成挪用公款罪,不受挪用时间和是否归还的限制。在案发前部分或者全部归还本息的,可以从轻处罚;情节轻微的,可以免除处罚。

挪用公款存入银行、用于集资、购买股票、国债等,属于挪用公款进行营利活动[①]。所获取的利息、收益等违法所得,应当追缴,但不计入挪用公款的数额。

(三)挪用公款归个人使用,进行赌博、走私等非法活动的,构成挪用公款罪,不受"数额较大"和挪用时间的限制。

挪用公款给他人使用,不知道使用人用公款进行营利活动或者用于非法活动,数额较大、超过三个月未还的,构成挪用公款罪;明知使用人用于营利活动或者非法活动的,应当认定为挪用人挪用公款进行营利活动或者非法活动。(§ 2)

△(**救灾、抢险、防汛、优抚、扶贫、移民、救济款物;参照适用**)挪用救灾、抢险、防汛、优抚、扶贫、移民、救济款物归个人使用的数额标准,参照挪用公款归个人使用进行非法活动的数额标准。(§ 3 Ⅳ)

△(**挪用公款数额之认定**)多次挪用公款不还,挪用公款数额累计计算;多次挪用公款,并以后次挪用的公款归还前次挪用的公款,挪用公款数额以案发时未还的实际数额认定。[②](§ 4)

△(**挪用公款数额巨大不退还**)"挪用公款数额巨大不退还的",是指挪用公款数额巨大,因客观原因在一审宣判前不能退还的。(§ 5)

△(**携带挪用的公款潜逃;贪污罪**)携带挪用的公款潜逃的,依照刑法第三百八十二条、第三百八十三条的规定定罪处罚。(§ 6)

△(**受贿罪;数罪并罚**)因挪用公款索取、收受贿赂构成犯罪的,依照数罪并罚的规定处罚。

挪用公款进行非法活动构成其他犯罪的,依照数罪并罚的规定处罚。[③](§ 7)

△(**共谋;挪用公款罪的共犯**)挪用公款给他

---

① 我国学者指出,法律上规定的"营利活动"不能简单地理解为"经营活动"。凡是生产、经营、兴办企业、入股分红等能获取各种经济利益的行为,均属于营利活动。因此,将公款存入银行取息的行为,显属以获取经济利益为目的的营利性活动,应论以本罪,参见王作富主编:《刑法分则实务研究(下)》(第 5 版),中国方正出版社 2013 年版,第 1601 页;黎宏:《刑法学各论》(第 2 版),法律出版社 2016 年版,第 517 页;陈兴良主编:《刑法各论精释》,人民法院出版社 2015 年版,第 1090 页。

另有学者指出,挪用公款存入银行,不宜认定为"挪用公款进行营利活动",而应认定为"挪用公款归个人使用(进行其他活动)",主要理由在于:《刑法》第三百八十四条所规定的三种类型实际上是按照挪用公款可能导致单位丧失公款的危险程度排列的。将公款用于非法活动类型,单位丧失公款的危险程度最高,用于营利活动类型次之,用于其他个人活动类型最低。相对的,成立挪用公款罪的条件则依次提高(譬如,是否有挪用数额、时间上的限制)。因此,营利活动应当是具有一定风险的营利活动,而非泛指任何营利活动。参见张明楷:《刑法学》(第 6 版),法律出版社 2021 年版,第 1567 页。

② 我国学者指出,以单次最高挪用的公款数额作为犯罪标准,将反复挪用行为作为量刑情节,比较稳妥。参见黎宏:《刑法学各论》(第 2 版),法律出版社 2016 年版,第 516 页。

③ 值得注意的是,此处需要事先判断行为人是否实施了数个行为。举例而言,甲明知乙想使用公款用于贩卖毒品,而仍将公款挪用给乙,需要先判断甲是否实施了两个行为。如果甲将公款直接交付给乙,就只有一个行为,只能认定为想象竞合,从一重罪处罚;如果甲将公款转入自己或第三者的账户后,再转入乙的账户,则能认定为两个行为,并按照数罪并罚进行处理。参见张明楷:《刑法学》(第 6 版),法律出版社 2021 年版,第 1571 页;陈兴良主编:《刑法各论精释》,人民法院出版社 2015 年版,第 1107—1111 页。

人使用,使用人与挪用人共谋,指使或者参与策划取得挪用款的,以挪用公款罪的共犯定罪处罚。[①](§8)

《最高人民检察院关于国家工作人员挪用非特定公物能否定罪的请示的批复》(高检发释字〔2000〕1号,自2000年3月15日起施行)

△(**挪用非特定公物归个人使用**)刑法第384条规定的挪用公款罪中未包括挪用非特定公物归个人使用的行为,对该行为不以挪用公款罪论处。如构成其他犯罪的,依照刑法的相关规定定罪处罚。[②]

《最高人民检察院关于挪用失业保险基金和下岗职工基本生活保障资金的行为适用法律问题的批复》(高检发释字〔2003〕1号,自2003年1月30日起施行)

△(**挪用失业保险基金和下岗职工基本生活保障资金**)挪用失业保险基金和下岗职工基本生活保障资金属于挪用救济款物。挪用失业保险基金和下岗职工基本生活保障资金,情节严重,致使国家和人民群众利益遭受重大损害的,对直接责任人员,应当依照刑法第二百七十三条的规定,以挪用特定款物罪追究刑事责任;国家工作人员利用职务上的便利,挪用失业保险基金和下岗职工基本生活保障资金归个人使用,构成犯罪的,应当依照刑法第三百八十四条的规定,以挪用公款罪追究刑事责任。

《最高人民法院、最高人民检察院关于办理妨害预防、控制突发传染病疫情等灾害的刑事案件具体应用法律若干问题的解释》(法释〔2003〕8号,自2003年5月15日起施行)

△(**用于预防、控制突发传染病疫情等灾害的款物;挪用归个人使用;挪用公款罪**)贪污、侵占用于预防、控制突发传染病疫情等灾害的款物或者挪用归个人使用,构成犯罪的,分别依照刑法第三百八十二条、第三百八十三条、第二百七十一条、第三百八十四条、第二百七十二条的规定,以贪污罪、职务侵占罪、挪用公款罪、挪用资金罪定罪,依法从重处罚。(§14Ⅰ)

《最高人民法院关于挪用公款犯罪如何计算追诉期限问题的批复》(法释〔2003〕16号,自2003年10月10日起施行)

△(**追诉期限之计算**)根据刑法第八十九条、第三百八十四条的规定,挪用公款归个人使用,进行非法活动的,或者挪用公款数额较大、进行营利活动的,犯罪的追诉期限从挪用行为实施完毕之日起计算;挪用公款数额较大、超过三个月未还的,犯罪的追诉期限从挪用公款罪成立之日起计算。挪用公款行为有连续状态的,犯罪的追诉期限应当从最后一次挪用行为实施完毕之日或者犯罪成立之日起计算。

《最高人民法院、最高人民检察院关于办理贪污贿赂刑事案件适用法律若干问题的解释》(法释〔2016〕9号,自2016年4月18日起施行)

△(**挪用公款归个人使用;非法活动;数额巨大;情节严重**)挪用公款归个人使用,进行非法活动,数额在三万元以上的,应当依照刑法第三百八十四条的规定以挪用公款罪追究刑事责任;数额在三百万元以上的,应当认定为刑法第三百八十四条第一款规定的"数额巨大"。具有下列情形之一的,应当认定为刑法第三百八十四条第一款规定的"情节严重":

(一)挪用公款数额在一百万元以上的;

(二)挪用救灾、抢险、防汛、优抚、扶贫、移民、救济特定款物,数额在五十万元以上不满一百万元的;

(三)挪用公款不退还,数额在五十万元以上不满一百万元的;

(四)其他严重的情节。(§5)

△(**挪用公款归个人使用;营利活动;超过三个月未还;数额较大;数额巨大;情节严重**)挪用公款归个人使用,进行营利活动或者超过三个月未还,数额在五万元以上的,应当认定为刑法第三百八十四条第一款规定的"数额较大";数额在五百万元以上的,应当认定为刑法第三百八十四条第一款规定的"数额巨大"。具有下列情形之一的,应当认定为刑法第三百八十四条第一款规定的"情节严重":

(一)挪用公款数额在二百万元以上的;

① 王政勋教授认为,当挪用人将公款挪用给单位使用,且构成挪用公款罪时,如果使用单位的行为超出了单纯的使用行为,虽然不能对使用单位以单位犯罪追究其挪用公款罪共犯的刑事责任,但对使用单位的直接责任人员,应以挪用公款罪的共犯论处。参见陈兴良主编:《刑法各论精释》,人民法院出版社2015年版,第1107页。

② 我国学者指出,挪用一般公物不构成本罪,是指行为人直接利用系争公物的使用价值。如果行为人的目的不是直接利用公物的使用价值或效用以满足个人的需要,而是将公物作为商品,使其进入流通领域,实现其交换价值,使公物转换成货币归个人使用,理应视作挪用公款。因为该货款应归单位所有,属于公款被其占用,参见王作富主编:《刑法分则实务研究(下)》(第5版),中国方正出版社2013年版,第1596页;陈兴良主编:《刑法各论精释》,人民法院出版社2015年版,第1074—1078页。

（二）挪用救灾、抢险、防汛、优抚、扶贫、移民、救济特定款物，数额在一百万元以上不满二百万元的；

（三）挪用公款不退还，数额在一百万元以上不满二百万元的；

（四）其他严重的情节。（§ 6）

△（**追缴或者责令退赔**）贪污贿赂犯罪分子违法所得的一切财物，应当依照刑法第六十四条的规定予以追缴或者责令退赔，对被害人的合法财产应当及时返还。对尚未追缴到案或者尚未足额退赔的违法所得，应当继续追缴或者责令退赔。（§ 18）

【司法解释性文件】

《最高人民检察院关于认真贯彻执行全国人大常委会〈关于刑法第二百九十四条第一款的解释〉和〈关于刑法第三百八十四条第一款的解释〉的通知》（高检发研字〔2002〕11号，2002年5月13日公布）

△（**挪用公款归个人使用**）同时，对于确有"保护伞"的案件，也要坚决一查到底，绝不姑息。对于国家工作人员利用职务上的便利，实施《解释》规定的挪用公款"归个人使用"的三种情形之一的，无论使用公款的是个人还是单位以及单位的性质如何，均应认定为挪用公款归个人使用，构成犯罪的，应依法严肃查处。

《全国法院审理经济犯罪案件工作座谈会纪要》（法发〔2003〕167号，2003年11月13日公布）

△（**单位决定将公款给个人使用；不以挪用公款罪论处**）经单位领导集体研究决定将公款给个人使用，或者单位负责人为了单位的利益，决定将公款给个人使用的，不以挪用公款罪定罪处罚。上述行为致使单位遭受重大损失，构成其他犯罪的，依照刑法的有关规定对责任人员定罪处罚。①

△（**挪用公款供其他单位使用；以个人名义；谋取个人利益**）根据全国人大常委会《关于〈中华人民共和国刑法〉第三百八十四条第一款的解释》的规定，"以个人名义将公款供其他单位使用的"、"个人决定以单位名义将公款供其他单位使用，谋取个人利益的"，属于挪用公款"归个人使用"。在司法实践中，对于将公款供其他单位使用的，认定是否属于"以个人名义"，不能只看形式，要从实质上把握。对于行为人逃避财务监管，或者与使用人约定以个人名义进行，或者借款、还款都以个人名义进行，将公款给其他单位使用的，应认定为"以个人名义"。"个人决定"既包括行为人在职权范围内决定，也包括超越职权范围决定。"谋取个人利益"，既包括行为人与使用人事先约定谋取个人利益实际尚未获取的情况，也包括虽未事先约定但实际已获取了个人利益的情况。其中的"个人利益"，既包括不正当利益，也包括正当利益；既包括财产性利益，也包括非财产性利益，但这种非财产性利益应当是具体的实际利益，如升学、就业等。

△（**国有单位领导；指令下级单位将公款归个人使用；挪用公款罪**）国有单位领导利用职务上的便利指令具有法人资格的下级单位将公款供个人使用的，属于挪用公款行为，构成犯罪的，应以挪用公款罪定罪处罚。②

△（**挪用有价证券、金融凭证用于质押；挪用公款数额**）挪用金融凭证、有价证券用于质押，使公款处于风险之中，与挪用公款为他人提供担保没有实质的区别，符合刑法关于挪用公款罪规定的，以挪用公款罪定罪处罚，挪用公款数额以实际或者可能承担的风险数额认定。

△（**挪用公款；归还个人欠款；非法活动或者营利活动**）挪用公款归还个人欠款的，应当根据产生欠款的原因，分别认定属于挪用公款的何种情形。归还个人进行非法活动或者进行营利活动产生的欠款，应当认定为挪用公款进行非法活动或者进行营利活动。

△（**挪用公款；用于注册公司、企业；营利活动**）申报注册资本是为进行生产经营活动作准备，属于成立公司、企业进行营利活动的组成部分。

---

① 我国学者指出，挪用公款罪只能由自然人构成，不存在单位犯罪的问题。挪用公款罪的保护法益是公款的占有、使用、收益的权利和国家工作人员职务行为的廉洁性，经过决策程序将公款借给个人使用，是单位自主处分、使用其公款的一种方式，并未侵害公款的使用权。对于"集体"挪用行为，应当依据职务犯罪的特点和具体情况进行具体分析，符合共同犯罪条件的，以挪用公款罪的共犯论处；反之，则不成立挪用公款罪；至于为逃避法律制裁，以集体为幌子，实则为个人挪用的情形，只能以挪用公款罪的单独犯罪来追究行为人的刑事责任，参见王作富主编：《刑法分则实务研究（下）》（第5版），中国方正出版社2013年版，第1608页；陈兴良主编：《刑法各论精释》，人民法院出版社2015年版，第1068—1069页。

② 王政勋教授指出，在此情形之下，因单位不能成立挪用公款罪，所以被指令的下级单位不构成犯罪，也不能以挪用公款罪追究下级单位中参与该行为的相关人员的刑事责任；如果下级单位的行为致使单位遭受重大损失，且下级单位相关工作人员尚未丧失意志自由，可能构成《刑法》第三百九十七条玩忽职守罪、第一百六十八条国有公司、企业、事业单位人员失职罪等。参见陈兴良主编：《刑法各论精释》，人民法院出版社2015年版，第1105页。

因此,挪用公款归个人用于公司、企业注册资本验资证明的,应当认定为挪用公款进行营利活动。

△(**挪用公款;尚未投入实际使用;酌情从轻处罚**)挪用公款后尚未投入实际使用的,只要同时具备"数额较大"和"超过三个月未还"的构成要件,应当认定为挪用公款罪,但可以酌情从轻处罚。

△(**贪污罪;非法占有公款的目的;主客观相一致**)挪用公款罪与贪污罪的主要区别在于行为人主观上是否具有非法占有公款的目的。挪用公款是否转化为贪污,应当按照主客观相一致的原则,具体判断和认定行为人主观上是否具有非法占有公款的目的。在司法实践中,具有以下情形之一的,可以认定行为人具有非法占有公款的目的:

1. 根据《最高人民法院关于审理挪用公款案件具体应用法律若干问题的解释》第六条的规定,行为人"携带挪用的公款潜逃的",对其携带挪用的公款部分,以贪污罪定罪处罚。

2. 行为人挪用公款后采取虚假发票平帐、销毁有关帐目等手段,使所挪用的公款已难以在单位财务帐目上反映出来,且没有归还行为的,应当以贪污罪定罪处罚。

3. 行为人截取单位收入不入帐,非法占有,使所占有的公款难以在单位财务帐目上反映出来,且没有归还行为的,应当以贪污罪定罪处罚。

4. 有证据证明行为人有能力归还所挪用的公款而拒不归还,并隐瞒挪用的公款去向的,应当以贪污罪定罪处罚。①

《最高人民法院研究室关于挪用退休职工社会养老金行为如何适用法律问题的复函》(法研〔2004〕102号,2004年7月9日公布)

△(**退休职工养老保险金;挪用公款罪**)退休职工养老保险金不属于我国刑法中的救灾、抢险、防汛、优抚、扶贫、移民、救济等特定款物的任何一种。因此,对于挪用退休职工养老保险金的行为,构成犯罪时,不能以挪用特定款物罪追究刑事责任,而应当按照行为人身份的不同,分别以挪用资金罪或者挪用公款罪追究刑事责任。

《最高人民法院、最高人民检察院关于办理国家出资企业中职务犯罪案件具体应用法律若干问题的意见》(法发〔2010〕49号,2010年11月26日公布)

△(**国家出资企业工作人员;使用改制公司、企业的资金;担保个人贷款;量刑;购买改制公司、企业股份**)国家出资企业的工作人员在公司、企业改制过程中为购买公司、企业股份,利用职务上的便利,将公司、企业的资金或者金融凭证、有价证券等用于个人贷款担保的,依照刑法第二百七十二条或者第三百八十四条的规定,以挪用资金罪或者挪用公款罪定罪处罚。

行为人在改制前的国家出资企业持有股份的,不影响挪用数额的认定,但量刑时应当酌情考虑。

经有关主管部门批准或者按照有关政策规定,国家出资企业的工作人员为购买改制公司、企业股份实施前款行为的,可以视具体情况不作为犯罪处理。(§ 3)

△(**国家出资企业;国家工作人员**)经国家机关、国有公司、企业、事业单位提名、推荐、任命、批准等,在国有控股、参股公司及其他分支机构中从事公务的人员,应当认定为国家工作人员。具体的任命机构和程序,不影响国家工作人员的认定。

经国家出资企业中负有管理、监督国有资产职责的组织批准或者研究决定,代表其在国有控股、参股公司及其分支机构中从事组织、领导、监督、经营、管理工作的人员,应当认定为国家工作人员。

国家出资企业中的国家工作人员,在国家出资企业中持有个人股份或者同时接受非国有股东委托的,不影响其国家工作人员身份的认定。(§ 6)

△(**宽严相济刑事政策**)办理国家出资企业中的职务犯罪案件时,要综合考虑历史条件、企业发展、职工就业、社会稳定等因素,注意具体情况具体分析,严格把握犯罪与一般违规行为的区分界限。对于主观恶意明显、社会危害严重、群众反映强烈的严重犯罪,要坚决依法从严惩处;对于特定历史条件下、为了顺利完成企业改制而实施的违反国家政策法律规定的行为,行为人无主观恶意或者主观恶意不明显,情节较轻,危害不大的,可以不作为犯罪处理。

对于国家出资企业中的职务犯罪,要加大经济上的惩罚力度,充分重视财产刑的适用和执行,最大限度地挽回国家和人民利益遭受的损失。不能退赃的,在决定刑罚时,应当作为重要情节予以考虑。(§ 8)

《最高人民法院、最高人民检察院、公安部、司

---

① 王政勋教授指出,如果行为人在挪用公款后产生了非法占有目的,其行为转化为贪污罪;如果只是客观上造成被挪用的公款无法归还,行为人并不具有非法占有目的,仍应以挪用公款罪定罪量刑。参见陈兴良主编:《刑法各论精释》,人民法院出版社2015年版,第1095页。

法部关于依法惩治妨害新型冠状病毒感染肺炎疫情防控违法犯罪的意见》（法发〔2020〕7号，2020年2月6日发布）

△（**肺炎疫情防控；滥用职权罪或者玩忽职守罪；传染病防治失职罪；传染病毒种扩散罪；贪污罪；职务侵占罪；挪用公款罪；挪用资金罪；挪用特定款物罪**）依法严惩疫情防控失职渎职、贪污挪用犯罪。在疫情防控工作中，负有组织、协调、指挥、灾害调查、控制、医疗救治、信息传递、交通运输、物资保障等职责的国家机关工作人员，滥用职权或者玩忽职守，致使公共财产、国家和人民利益遭受重大损失的，依照刑法第三百九十七条的规定，以滥用职权罪或者玩忽职守罪定罪处罚。

卫生行政部门的工作人员严重不负责任，不履行或者不认真履行防治监管职责，导致新型冠状病毒感染肺炎传播或者流行，情节严重的，依照刑法第四百零九条的规定，以传染病防治失职罪定罪处罚。

从事实验、保藏、携带、运输传染病菌种、毒种的人员，违反国务院卫生行政部门的有关规定，造成新型冠状病毒毒种扩散，后果严重的，依照刑法第三百三十一条的规定，以传染病毒种扩散罪定罪处罚。

国家工作人员，受委托管理国有财产的人员，公司、企业或者其他单位的人员，利用职务便利，侵吞、截留或者以其他手段非法占有用于防控新型冠状病毒感染肺炎的款物，或者挪用上述款物归个人使用，符合刑法第三百八十二条、第三百八十三条、第二百七十一条、第三百八十四条、第二百七十二条规定的，以贪污罪、职务侵占罪、挪用公款罪、挪用资金罪定罪处罚。挪用用于防控新型冠状病毒感染肺炎的救灾、优抚、救济等款物，符合刑法第二百七十三条规定的，对直接责任人员，以挪用特定款物罪定罪处罚。（§ 2Ⅶ）

△（**治安管理处罚；从重情节**）依法严惩妨害疫情防控的违法行为。实施上述（一）至（九）规定的行为，不构成犯罪的，由公安机关根据治安管理处罚法有关虚构事实扰乱公共秩序，扰乱单位秩序、公共场所秩序、寻衅滋事，拒不执行紧急状态下的决定、命令，阻碍执行职务，冲闯警戒带、警戒区，殴打他人，故意伤害，侮辱他人，诈骗，在铁路沿线非法挖掘坑穴、采石取沙，盗窃、损毁路面公共设施，损毁铁路设施设备，故意损毁财物、哄抢公私财物等规定，予以治安管理处罚，或者由有关部门予以其他行政处罚。

对于在疫情防控期间实施有关违法犯罪的，要作为从重情节予以考量，依法体现从严的政策要求，有力惩治震慑违法犯罪，维护法律权威，维护社会秩序，维护人民群众生命安全和身体健康。（§ 2Ⅹ）

【附属刑法】

《中华人民共和国保险法》（1995年6月30日通过，2015年4月24日第三次修正）

第一百六十一条

保险公司有本法第一百一十六条规定行为之一的①，由保险监督管理机构责令改正，处五万元以上三十万元以下的罚款；情节严重的，限制其业务范围、责令停止接受新业务或者吊销业务许可证。

第一百六十五条

保险代理机构、保险经纪人有本法第一百三十一条规定行为之一的②，由保险监督管理机构责令改正，处五万元以上三十万元以下的罚款；情节严重的，吊销业务许可证。

第一百七十九条

违反本法规定，构成犯罪的，依法追究刑事责任。

《中华人民共和国行政许可法》（2003年8月27日通过，2019年4月23日修正）

第七十五条

---

① 《中华人民共和国保险法》（1995年6月30日通过，2015年4月24日第三次修正）
第一百一十六条
保险公司及其工作人员在保险业务活动中不得有下列行为：
……
（七）挪用、截留、侵占保险费；
……

② 《中华人民共和国保险法》（1995年6月30日通过，2015年4月24日第三次修正）
第一百三十一条
保险代理人、保险经纪人及其从业人员在办理保险业务活动中不得有下列行为：
……
（七）挪用、截留、侵占保险费或者保险金；
……

Ⅰ行政机关实施行政许可,擅自收费或者不按照法定项目和标准收费的,由其上级行政机关或者监察机关责令退还非法收取的费用;对直接负责的主管人员和其他直接责任人员依法给予行政处分。

Ⅱ截留、挪用、私分或者变相私分实施行政许可依法收取的费用的,予以追缴;对直接负责的主管人员和其他直接责任人员依法给予行政处分;构成犯罪的,依法追究刑事责任。

《中华人民共和国劳动法》(1994年7月5日通过,2018年12月29日第二次修正)

第一百零四条

国家工作人员和社会保险基金经办机构的工作人员挪用社会保险基金,构成犯罪的,依法追究刑事责任。

《中华人民共和国刑事诉讼法》(1979年7月1日通过,2018年10月26日第三次修正)

第二百四十五条

Ⅰ公安机关、人民检察院和人民法院对查封、扣押、冻结的犯罪嫌疑人、被告人的财物及其孳息,应当妥善保管,以供核查,并制作清单,随案移送。任何单位和个人不得挪用或者自行处理。对被害人的合法财产,应当及时返还。对违禁品或者不宜长期保存的物品,应当依照国家有关规定处理。

Ⅱ对作为证据使用的实物应当随案移送,对不宜移送的,应当将其清单、照片或者其他证明文件随案移送。

Ⅲ人民法院作出的判决,应当对查封、扣押、冻结的财物及其孳息作出处理。

Ⅳ人民法院作出的判决生效以后,有关机关应当根据判决对查封、扣押、冻结的财物及其孳息进行处理。对查封、扣押、冻结的赃款赃物及其孳息,除依法返还被害人的以外,一律上缴国库。

Ⅴ司法工作人员贪污、挪用或者私自处理查封、扣押、冻结的财物及其孳息的,依法追究刑事责任;不构成犯罪的,给予处分。

《中华人民共和国突发事件应对法》(2007年8月30日通过)

第六十三条

地方各级人民政府和县级以上各级人民政府有关部门违反本法规定,不履行法定职责的,由其上级行政机关或者监察机关责令改正;有下列情形之一的,根据情节对直接负责的主管人员和其他直接责任人员依法给予处分:

……

(七)截留、挪用、私分或者变相私分应急救援资金、物资的;

……

第六十八条

违反本法规定,构成犯罪的,依法追究刑事责任。

《中华人民共和国农村土地承包法》(2002年8月29日通过,2018年12月29日第二次修正)

第六十二条

违反土地管理法规,非法征收、征用、占用土地或者贪污、挪用土地征收、征用补偿费用,构成犯罪的,依法追究刑事责任;造成他人损害的,应当承担损害赔偿等责任。

《中华人民共和国国防教育法》(2001年4月28日通过,2018年4月27日修正)

第三十四条

违反本法规定,挪用、克扣国防教育经费的,由有关主管部门责令限期归还;对负有直接责任的主管人员和其他直接责任人员依法给予行政处分;构成犯罪的,依法追究刑事责任。

《中华人民共和国国防动员法》(2010年2月26日通过)

第七十条

有下列行为之一的,对直接负责的主管人员和其他直接责任人员,依法给予处分:

……

(五)贪污、挪用国防动员经费、物资的;

……

第七十一条

违反本法规定,构成违反治安管理行为的,依法给予治安管理处罚;构成犯罪的,依法追究刑事责任。

《中华人民共和国出境入境管理法》(2012年6月30日通过)

第八十五条

履行出境入境管理职责的工作人员,有下列行为之一的,依法给予处分:

……

(五)私分、侵占、挪用罚没、扣押的款物或者收取的费用的;

……

第八十八条

违反本法规定,构成犯罪的,依法追究刑事责任。

《中华人民共和国义务教育法》(1986年4月12日通过,2018年12月29日第二次修正)

第五十四条

有下列情形之一的，由上级人民政府或者上级人民政府教育行政部门、财政部门、价格行政部门和审计机关根据职责分工责令限期改正；情节严重的，对直接负责的主管人员和其他直接责任人员依法给予处分：

（一）侵占、挪用义务教育经费的；

（二）向学校非法收取或者摊派费用的。

第六十条

违反本法规定，构成犯罪的，依法追究刑事责任。

《中华人民共和国教师法》（1993年10月31日通过，2009年8月27日修正）

第三十八条

Ⅰ地方人民政府对违反本法规定，拖欠教师工资或者侵犯教师其他合法权益的，应当责令其限期改正。

Ⅱ违反国家财政制度、财务制度，挪用国家财政用于教育的经费，严重妨碍教育教学工作，拖欠教师工资，损害教师合法权益的，由上级机关责令限期归还被挪用的经费，并对直接责任人员给予行政处分；情节严重，构成犯罪的，依法追究刑事责任。

《中华人民共和国科学技术普及法》（2002年6月29日通过）

第三十一条

违反本法规定，克扣、截留、挪用科普财政经费或者贪污、挪用捐赠款物的，由有关主管部门责令限期归还；对负有责任的主管人员和其他直接责任人员依法给予行政处分；构成犯罪的，依法追究刑事责任。

《中华人民共和国防沙治沙法》（2001年8月31日通过，2018年10月26日修正）

第四十四条

违反本法第三十七条第一款规定①，截留、挪用防沙治沙资金的，对直接负责的主管人员和其他直接责任人员，由监察机关或者上级行政主管部门依法给予行政处分；构成犯罪的，依法追究刑事责任。

《中华人民共和国环境保护法》（1989年12月26日通过，2014年4月24日修订）

第六十八条

地方各级人民政府、县级以上人民政府环境保护主管部门和其他负有环境保护监督管理职责的部门有下列行为之一的，对直接负责的主管人员和其他直接责任人员给予记过、记大过或者降级处分；造成严重后果的，给予撤职或者开除处分，其主要负责人应当引咎辞职：

……

（八）将征收的排污费截留、挤占或者挪作他用的；

……

第六十九条

违反本法规定，构成犯罪的，依法追究刑事责任。

《中华人民共和国归侨侨眷权益保护法》（1990年9月7日通过，2009年8月27日第二次修正）

第二十八条

违反本法第二十条第二款规定②，停发、扣发、侵占或者挪用出境定居的归侨、侨眷的离休金、退休金、退职金、养老金的，有关单位或者有关主管部门应当责令补发，并依法给予赔偿；对直接负责的主管人员和其他直接责任人员，依法给予行政处分；构成犯罪的，依法追究刑事责任。

《中华人民共和国体育法》（1995年8月29日通过，2016年11月7日第二次修正）

第五十二条

违反国家财政制度、财务制度，挪用、克扣体育资金的，由上级机关责令限期归还被挪用、克扣的资金，并对直接负责的主管人员和其他直接责任人员，依法给予行政处分；构成犯罪的，依法追究刑事责任。

《中华人民共和国禁毒法》（2007年12月29日通过）

第六十九条

公安机关、司法行政部门或者其他有关主管部门的工作人员在禁毒工作中有下列行为之一，构成犯罪的，依法追究刑事责任；尚不构成犯罪的，依法给予处分：

……

① 《中华人民共和国防沙治沙法》（2001年8月31日通过，2018年10月26日修正）
第三十七条
Ⅰ任何单位和个人不得截留、挪用防沙治沙资金。

② 《中华人民共和国归侨侨眷权益保护法》（1990年9月7日通过，2009年8月27日第二次修正）
第二十条
Ⅰ归侨、侨眷可以按照国家有关规定申请出境定居，经批准出境定居的，任何组织或者个人不得损害其合法权益。
Ⅱ离休、退休、退职的归侨、侨眷职工出境定居的，其离休金、退休金、退职金、养老金照发。

（三）挪用、截留、克扣禁毒经费的；

……

《中华人民共和国会计法》（1985 年 1 月 21 日通过，2017 年 11 月 4 日第二次修正）

第四十条

因有提供虚假财务会计报告，做假帐，隐匿或者故意销毁会计凭证、会计帐簿、财务会计报告，贪污，挪用公款，职务侵占等与会计职务有关的违法行为被依法追究刑事责任的人员，不得再从事会计工作。

《中华人民共和国土地管理法》（1986 年 6 月 25 日通过，2019 年 8 月 26 日第三次修正）

第八十条

侵占、挪用被征收土地单位的征地补偿费用和其他有关费用，构成犯罪的，依法追究刑事责任；尚不构成犯罪的，依法给予处分。

《中华人民共和国水法》（1988 年 1 月 21 日通过，2016 年 7 月 2 日第二次修正）

第七十三条

侵占、盗窃或者抢夺防汛物资，防洪排涝、农田水利、水文监测和测量以及其他水工程设备和器材，贪污或者挪用国家救灾、抢险、防汛、移民安置和补偿及其他水利建设款物，构成犯罪的，依照刑法的有关规定追究刑事责任。

《中华人民共和国防洪法》（1997 年 8 月 29 日通过，2016 年 7 月 2 日第三次修正）

第六十二条

截留、挪用防洪、救灾资金和物资，构成犯罪的，依法追究刑事责任；尚不构成犯罪的，给予行政处分。

《中华人民共和国农业法》（1993 年 7 月 2 日通过，2012 年 12 月 28 日第二次修正）

第九十二条

有下列行为之一的，由上级主管机关责令限期归还被截留、挪用的资金，没收非法所得，并由上级主管机关或者所在单位给予直接负责的主管人员和其他直接责任人员行政处分；构成犯罪的，依法追究刑事责任：

（一）违反本法第三十三条第三款规定①，截留、挪用粮食收购资金的；

（二）违反本法第三十九条第二款规定②，截留、挪用用于农业的财政资金和信贷资金的；

（三）违反本法第八十六条第三款规定③，截留、挪用扶贫资金的。

《中华人民共和国农业技术推广法》（1993 年 7 月 2 日通过，2012 年 8 月 31 日修正）

第三十八条

违反本法规定，截留或者挪用用于农业技术推广的资金的，对直接负责的主管人员和其他直接责任人员依法给予处分；构成犯罪的，依法追究刑事责任。

《中华人民共和国农业机械化促进法》（2004 年 6 月 25 日通过，2018 年 10 月 26 日修正）

第三十四条

违反本法第二十七条、第二十八条规定④，截留、挪用有关补贴资金的，由上级主管机关责令限

---

① 《中华人民共和国农业法》（1993 年 7 月 2 日通过，2012 年 12 月 28 日第二次修正）

第三十三条

Ⅲ县级以上人民政府应当组织财政、金融等部门以及国家委托的收购单位及时筹足粮食收购资金，任何部门、单位或者个人不得截留或者挪用。

② 《中华人民共和国农业法》（1993 年 7 月 2 日通过，2012 年 12 月 28 日第二次修正）

第三十九条

Ⅱ任何单位和个人不得截留、挪用用于农业的财政资金和信贷资金。审计机关应当依法加强对用于农业的财政和信贷等资金的审计监督。

③ 《中华人民共和国农业法》（1993 年 7 月 2 日通过，2012 年 12 月 28 日第二次修正）

第八十六条

Ⅲ禁止任何单位和个人截留、挪用扶贫资金。审计机关应当加强扶贫资金的审计监督。

④ 《中华人民共和国农业机械化促进法》（2004 年 6 月 25 日通过，2018 年 10 月 26 日修正）

第二十七条

中央财政、省级财政应当分别安排专项资金，对农民和农业生产经营组织购买国家支持推广的先进适用的农业机械给予补贴。补贴资金的使用应当遵循公开、公正、及时、有效的原则，可以向农民和农业生产经营组织发放，也可以采用贴息方式支持金融机构向农民和农业生产经营组织购买先进适用的农业机械提供贷款。具体办法由国务院规定。

第二十八条

Ⅰ从事农业机械生产作业服务的收入，按照国家规定给予税收优惠。

Ⅱ国家根据农业和农村经济发展的需要，对农业机械的农业生产作业用燃油安排财政补贴。燃油补贴应当向直接从事农业机械作业的农民和农业生产经营组织发放。具体办法由国务院规定。

期归还被截留、挪用的资金,没收非法所得,并由上级主管机关、监察机关或者所在单位对直接负责的主管人员和其他直接责任人员给予行政处分;构成犯罪的,依法追究刑事责任。

《中华人民共和国红十字会法》(1993年10月31日通过,2017年2月24日修订)

第二十六条

红十字会及其工作人员有下列情形之一的,由同级人民政府审计、民政等部门责令改正;情节严重的,对直接负责的主管人员和其他直接责任人员依法给予处分;造成损害的,依法承担民事责任;构成犯罪的,依法追究刑事责任:

(一)违背募捐方案、捐赠人意愿或者捐赠协议,擅自处分其接受的捐赠款物的;

(二)私分、挪用、截留或者侵占财产的;

……

《中华人民共和国公益事业捐赠法》(1999年6月28日通过)

第二十九条

Ⅰ挪用、侵占或者贪污捐赠款物的,由县级以上人民政府有关部门责令退还所用、所得款物,并处以罚款;对直接责任人员,由所在单位依照有关规定予以处理;构成犯罪的,依法追究刑事责任。

Ⅱ依照前款追回、追缴的捐赠款物,应当用于原捐赠目的和用途。

《中华人民共和国防震减灾法》(1997年12月29日通过,2008年12月27日修订)

第九十条

侵占、截留、挪用地震应急救援、地震灾后过渡性安置或者地震灾后恢复重建的资金、物资的,由财政部门、审计机关在各自职责范围内,责令改正,追回被侵占、截留、挪用的资金、物资;有违法所得的,没收违法所得;对单位给予警告或者通报批评;对直接负责的主管人员和其他直接责任人员,依法给予处分。

第九十一条

违反本法规定,构成犯罪的,依法追究刑事责任。

《中华人民共和国企业国有资产法》(2008年10月28日通过)

第六十八条

履行出资人职责的机构有下列行为之一的,对其直接负责的主管人员和其他直接责任人员依法给予处分:

……

(二)侵占、截留、挪用国家出资企业的资金或者应当上缴的国有资本收入的;

……

第七十一条

Ⅰ国家出资企业的董事、监事、高级管理人员有下列行为之一,造成国有资产损失的,依法承担赔偿责任;属于国家工作人员的,并依法给予处分:

……

(二)侵占、挪用企业资产的;

……

Ⅱ国家出资企业的董事、监事、高级管理人员因前款所列行为取得的收入,依法予以追缴或者归国家出资企业所有。

Ⅲ履行出资人职责的机构任命或者建议任命的董事、监事、高级管理人员有本条第一款所列行为之一,造成国有资产重大损失的,由履行出资人职责的机构依法予以免职或者提出免职建议。

第七十五条

违反本法规定,构成犯罪的,依法追究刑事责任。

《中华人民共和国预算法》(1994年3月22日通过,2018年12月29日第二次修正)

第九十三条

各级政府及有关部门、单位有下列行为之一的,责令改正,对负有直接责任的主管人员和其他直接责任人员依法给予降级、撤职、开除的处分:

……

(三)截留、占用、挪用或者拖欠应当上缴国库的预算收入的;

(四)违反本法规定,改变预算支出用途的;

(五)擅自改变上级政府专项转移支付资金用途的;

(六)违反本法规定拨付预算支出资金,办理预算收入收纳、划分、留解、退付,或者违反本法规定冻结、动用国库库款或者以其他方式支配已入国库库款的。

第九十六条

Ⅰ本法第九十二条、第九十三条、第九十四条、第九十五条所列违法行为,其他法律对其处理、处罚另有规定的,依照其规定。

Ⅱ违反本法规定,构成犯罪的,依法追究刑事责任。

《中华人民共和国军人保险法》(2012年4月27日通过)

第四十六条

贪污、侵占、挪用军人保险基金的，由军队后勤（联勤）机关责令限期退回，对直接负责的主管人员和其他直接责任人员依法给予处分。

第四十八条

违反本法规定，构成犯罪的，依法追究刑事责任。

《中华人民共和国社会保险法》（2010 年 10 月 28 日通过，2018 年 12 月 29 日修正）

第九十一条

违反本法规定，隐匿、转移、侵占、挪用社会保险基金或者违规投资运营的，由社会保险行政部门、财政部门、审计机关责令追回；有违法所得的，没收违法所得；对直接负责的主管人员和其他直接责任人员依法给予处分。

第九十四条

违反本法规定，构成犯罪的，依法追究刑事责任。

《中华人民共和国教育法》（1995 年 3 月 18 日通过，2021 年 4 月 29 日第三次修正）

第七十一条

Ⅰ违反国家有关规定，不按照预算核拨教育经费的，由同级人民政府限期核拨；情节严重的，对直接负责的主管人员和其他直接责任人员，依法给予处分。

Ⅱ违反国家财政制度、财务制度，挪用、克扣教育经费的，由上级机关责令限期归还被挪用、克扣的经费，并对直接负责的主管人员和其他直接责任人员，依法给予处分；构成犯罪的，依法追究刑事责任。

《中华人民共和国科学技术进步法》（1993 年 7 月 2 日通过，2021 年 12 月 24 日第二次修订）

第一百一十条

违反本法规定，虚报、冒领、贪污、挪用、截留用于科学技术进步的财政性资金或者社会捐赠资金的，由有关主管部门责令改正，追回有关财政性资金，责令退还捐赠资金，给予警告或者通报批评，并可以暂停拨款，终止或者撤销相关科学技术活动；情节严重的，依法处以罚款，禁止一定期限内承担或者参与财政性资金支持的科学技术活动；对直接负责的主管人员和其他直接责任人员依法给予行政处罚和处分。

第一百一十五条

违反本法规定的行为，本法未作行政处罚规定，其他有关法律、行政法规有规定的，依照其规定；造成财产损失或者其他损害的，依法承担民事责任；构成违反治安管理行为的，依法给予治安管理处罚；构成犯罪的，依法追究刑事责任。

《中华人民共和国法律援助法》（2021 年 8 月 20 日通过）

第六十一条

法律援助机构及其工作人员有下列情形之一的，由设立该法律援助机构的司法行政部门责令限期改正；有违法所得的，责令退还或者没收违法所得；对直接负责的主管人员和其他直接责任人员，依法给予处分：

……

（五）侵占、私分、挪用法律援助经费；

……

第六十七条

违反本法规定，构成犯罪的，依法追究刑事责任。

《中华人民共和国草原法》（1985 年 6 月 18 日通过，2021 年 4 月 29 日第三次修正）

第六十二条

截留、挪用草原改良、人工种草和草种生产资金或者草原植被恢复费，构成犯罪的，依法追究刑事责任；尚不够刑事处罚的，依法给予行政处分。

【公报案例】

△（**集体决定；公款划拨至名为个体实为集体的其他企业使用**）国有企业工作人员因单位经营的需要，根据集体决定的意见，将公款划拨至名为个体实为集体的其他企业使用，没有从中谋取私人利益的，其行为不构成挪用公款罪。[《最高人民法院公报》2005 年第 5 期　歹进学挪用公款案]

△（**营业执照；企业性质之认定**）工商行政管理机关核发的营业执照标明的企业性质，与企业的实际情况不一致时，应当根据企业的成立过程、资金来源、利润分配、管理经营方式等情况，如实认定企业性质。[《最高人民法院公报》2005 年第 5 期　歹进学挪用公款案]

【参考案例】

△**金融机构工作人员利用职务便利，挪用已经记入金融机构法定存款账户的客户资金归个人使用的，或者所收客户资金不入账，但给客户开具银行存单，使客户误以为款项已存入银行，该款项被行为人以个人名义借贷给他人的，不构成用账外客户资金非法拆借、发放贷款罪，该工作人员属于国家工作人员的，构成挪用公款罪；属于非国家工作人员的，构成挪用资金罪。**

被告人马宪有作为开封县城关农村信用合作社太平分社的职工，利用职务之便，擅自将该款以高息转借贷给他人，至今仍有巨额款项没有追回，造成重大损失的行为均符合用账外客户资金非法拆借、发放贷款罪、挪用公款罪和挪用资金罪的客观方面特征，但其吸收存款不入账是在储户不知情的情况下而为，这一点不符合用账外客户资金非法拆借、发放贷款罪的犯罪客观方面特征，故不构成该罪。行为人所在的信用社系集体企业，不属于《刑法》第九十三条规定的国家工作人员，不符合挪用公款罪的犯罪主体。本案从主体、主观方面、客体、客观方面上均符合挪用资金罪的犯罪构成，故被告人马宪有的行为构成挪用资金罪，法院一、二审的判决是正确的。［No. 5-272-5　马宪有挪用资金案］

△国有企业改制以后，原国有企业从事管理工作的人员挪用单位资金进行营利的，不构成挪用公款罪，应以挪用资金罪论处。

被告人的部分犯罪行为发生在2007年11月10日至同年12月13日，此时正处于原陕西制药厂（国有企业）改制为陕西制药有限责任公司（非国有公司）的过程中，原企业改制自2006年下半年起至2008年2月2日新企业工商注册登记，原国有资产究竟从何时转为非国有资产的，从公诉机关提供的国资委对产权交割时点确认的复函看，财产所有权转移时间为2008年1月23日，即西安市产权交易中心确认的日期。从改制的程序上讲，只有在交易确认之后，才能进行产权交接，发生产权的转移。但实际上，2008年1月23日不是财产转移的交割日，西安市国资委国资发〔2007〕310号关于陕西制药厂整体改制资产置换的批复明确指出，改制资产评估基准日为2006年12月31日。原陕西制药厂的财产以改制基准日为止，评估后由改制后的新企业承接。由于改制比较复杂且需要相当长的过程，因而至2007年10月30日，西安市国资委才正式批复，企业资产由改制后企业以零资产置换，2006年12月31日至2007年7月31日期间，企业亏损的222万元从国有资产中剥离。2007年6月份，职工代表大会已通过新企业入股事项、委托出资办法及推选三名代表行使股东权利，从2007年8月起，职工已明确虽然新公司未成立，但实际已经经营运作，而且盈亏风险均由新企业承担，陕西制药有限责任公司的财产账表也证实，自2007年8月1日起由新企业承担盈亏风险，承担亏损138万元，因此2007年7月31日应系产权交割日，即自2007年8月1日起本案企业的财产性质已由国有财产转为非国有财产，按照人随资走的改制原则，原国有企业职工身份也相应变为非国有企业的职工，被告人白晓伟也应系非国家工作人员。

挪用资金罪中的具体挪用行为包括：(1)挪用资金归个人使用或者借贷给他人，数额较大，超过三个月未还的。(2)挪用资金虽未超过三个月，但数额较大、进行营利活动的。(3)挪用资金进行非法活动。通常而言，所谓进行营利活动一般是指进行合法的营利活动或其他合法获取利润的行为。行为人是否实际上已经获得利益不影响本罪的成立。该种情况下，数额较大和进行营利活动是必备要求，没有时间长短的限制，也不因发现时是否归还而影响犯罪的成立。所谓数额较大，根据《最高人民法院关于办理违反公司法受贿、侵占、挪用等刑事案件适用法律若干问题的解释》（已失效）的精神，是指挪用1万元至3万元以上的。该罪侵犯的对象是本单位的资金。挪用资金罪与挪用公款罪的本质区别在于犯罪主体和犯罪客体的不同。本案中白晓伟利用担任陕西制药厂出纳的便利，擅自从其管理的本公司基建户上先后挪用100万元用于个人炒股，进行营利活动，数额巨大，自2007年8月1日起本案企业的财产性质已由国有财产转为非国有财产，被告人白晓伟此时系非国家工作人员，其自2007年11月10日至2008年3月19日的犯罪行为侵犯的是非国有财产所有权，其行为符合挪用资金罪的构成要件。［No. 5-272-6　白晓伟挪用资金案］

△国家工作人员利用职务上的便利挪用国债的，应以挪用公款罪论处。

被告人郭如鳌挪用本单位国债给他人进行营利性活动的行为构成挪用公款罪。

单位国债系单位公款。公款一般是指处于货币形态的公有资金，如库存现金、银行存款等。但是，这并不意味着货币是我国公款的唯一形式。根据刑法规定，作为挪用公款罪犯罪对象的公款，包括以下四个方面的内容：(1)《刑法》第九十一条规定的公共财产中的款项；(2)《刑法》第三百八十四条第二款规定的特定款物；(3)《刑法》第一百八十五条第二款规定的非国有金融机构自身及客户的资金；(4)《刑法》第二百七十二条第二款规定的非国有、集体性质公司、企业或者其他单位的资金。因此，在现行刑法中，公款并非只有货币资金一种形式，还包括特定款物。在认定公款时，应当从挪用公款行为通过利用货币的结算、支付职能侵犯公共财产使用收益权的角度，准确把握挪用公款罪中公款的特征，即公款首先代表公共财产所有权，并且具有可以流动及进行结算、支付等特点。因此，对公款的理解不能仅仅局限于货币，如国家所有的外汇是国家财力的表现之一，应当认定为公款。支票、股票、国库券、债券等有价证券直接代表一定数额的货币，是财产的书面表现形式,可据以提取或换取现金,司法实践中,有价证券可以成为盗窃罪的犯罪对象。也应当能够成为贪污、挪用等犯罪行为的对象。国债即政府证券,是政府为了筹集财政资金或者建设资金,以其信誉作为担保,按照一定程序向社会公众投资者募集资金并发行的债权债务凭证。我国的政府证券仅指中央政府债券,包括国库券、国家重点建设债券、财政债券及特种同债。国债以人民币为计算单位,到期还本付息。虽不能直接作为货币使用,但可在二级市场流通转让,自由买卖,随时变现为人民币。因此,国债是一种特殊形态的公款。另外,《最高人民检察院关于挪用国库券如何定性问题的批复》也可以印证单位国债的公款性质。根据该批复,国家工作人员利用职务上的便利,挪用公有或本单位的国库券的行为以挪用公款论;符合《刑法》第三百八十四条、第三百七十二条第二款规定的情形构成犯罪的,按挪用公款罪追究刑事责任。

被告人郭如鳌挪用本单位国债 2000 万元给他人进行营利性活动的行为构成挪用公款罪。根据《刑法》第三百八十四条的规定,挪用公款罪是指国家工作人员利用职务上的便利,挪用公款归个人使用,进行非法活动,或者挪用公款数额较大,进行营利活动,或者挪用公款数额较大,超过三个月未还的行为。关于"挪用公款归个人使用"的认定,2002 年 4 月 28 日第九届全国人民代表大会常务委员会第二十七次会议通过的《全国人民代表大会常务委员会关于〈中华人民共和国刑法〉第三百八十四条第一款的解释》规定,有下列情形之一的,属于挪用公款归个人使用:(1)将公款供本人、亲友或者其他自然人使用的;(2)以个人名义将公款供其他单位使用的;(3)个人决定以单位名义将公款供其他单位使用,谋取个人利益的。本案被告人郭如鳌利用担任内蒙古自治区财政厅国债服务中心主任的职务便利,将本单位 2000 万元国债私自挪用给内蒙古伊利实业集团股份有限公司证券部经理关晓军和上海市无业人员蒋旭变现后用于炒股,属于挪用公款供其他自然人使用的情形,符合《刑法》第三百八十四条规定的挪用公款归个人使用,数额较大,进行营利活动的情形,构成挪用公款罪。

应当注意的是,对于营利型的挪用公款犯罪,不需要超过三个月未还的时间限制,只要行为人实施了挪用数额较大的公款供他人使用进行营利活动的行为,即可追究其刑事责任。因此,尽管本案被告人郭如鳌挪用公款供他人炒股的时间不过十几天,但其行为仍然构成犯罪。[No. 8-382-15 郭如鳌等贪污、挪用公款案]

△挪用公款归个人用于公司、企业注册资本验资证明的,应当认定为挪用公款进行营利活动。

本案行为人挪用公款用于公司验资注册,只是为营利活动做准备,并非进行营利活动,在客观上不可能产生直接的利润或利益,能否认定为挪用公款进行营利活动呢?本案刘国林等人挪用公款为营利活动做准备的行为,是整个营利活动不可缺少的环节和组成部分,应当视为挪用公款进行营利活动。实践中行为人多受亲戚、朋友、同事、家人之托,为注册个人公司、企业或股份公司中个人股份部分进行验资,采取的手段一般是将公款提现或以转账方式存入会计师事务所验资账户,验资后再以现金或转账方式回笼。挪用公款用于验资注册,一般使用后即归还,时间很短,而且资金都在国家法定验资机构——会计师事务所验资账户存验,虽涉案数额较大,往往并无风险,故而挪用公款用于验资注册在实践中频发。但挪用公款用于验资注册这一行为,具有较大的社会危害性:一方面侵犯的是公共财产所有权以及国家廉政制度建设,对公款挪用人而言属于挪用公款的行为;另一方面侵犯了国家对公司登记的管理秩序,破坏了社会主义市场经济秩序,对公款使用人而言是虚假注册验资的行为。本案公款使用人刘国林参与和指使公款挪用人何志平、蔡文学挪用公款,根据《最高人民法院关于审理挪用公款案件具体应用法律若干问题的解释》第八条的规定,刘国林与何志平、蔡文学属于挪用公款犯罪的共犯。虚假验资行为违背了诚实信用原则,已成为引发多起经济纠纷的诱因,增加社会不安定因素,不利于构建诚信经济环境和和谐社会。为此,2003 年最高人民法院在《全国法院审理经济犯罪案件工作座谈会纪要》第四条第(六)项中规定:"申报注册资本是为进行生产经营活动作准备,属于成立公司、企业进行营利活动的组成部分。因此,挪用公款归个人用于公司、企业注册资本验资证明的,应当认定为挪用公款进行营利活动。"具体到本案而言,被告人何志平、蔡文学利用职务之便,为刘国林个人账户存入 24 万元,用于刘国林进行公司验资注册,应当认定何志平、蔡文学的行为构成挪用公款罪,刘国林为挪用公款的共犯。[No. 8-384-1 刘国林等挪用公款案]

△携带公款外出并使用,但主观上并无非法占有公款目的的,应以挪用公款罪论处。

从作案手段看,被告人陈义文采取的是不经批准或许可,擅自改变公款用途,将公款归个人使用,未采取伪造单据、销毁账目等手段,其挪用公款在单位账面上可体现出来。从占用款项的去向看,被告人陈义文是将公款用于家庭生活,而不是用于个人挥霍,说明行为人对公款没有任意支配的意图。从主观犯意看,被告人陈义文在挪用公款后主观上确实想还,只是暂时占有并使用公款,打算以后予以归还,而且事后也确实陆续返还了部分公款。从造成的后果看,虽然已造成公款无法归还,但该款项不是被其挥霍殆尽不能归还,而是客观原因造成的,行为人不具有有能力归还所挪用的公款而拒不归还,并隐瞒挪用的公款去向的情形。综上所述,被告人陈义文主观上不具有非法占有公款的故意,被告人陈义文的行为符合挪用公款罪的构成要件,其行为构成挪用公款罪而不是贪污罪。[No. 8-384-2　陈义文挪用公款案]

△数罪并罚后,决定合并执行有期徒刑在三年以下,符合刑法关于缓刑适用条件的,可以宣告缓刑。

关于缓刑的运用条件,《刑法》第七十二条是定性与定量的结合,灵活运用既可避免缓刑适用的随意性,又可体现一定的灵活性。对于数罪并罚的情况,笔者认为不能认定犯有数罪的犯罪分子社会危害性必然大,应当对此作具体分析,如果数罪的犯罪情节较轻、犯罪人真诚悔改,确定不致再危害社会,所判数罪的实际执行期限又符合拘役和有期徒刑三年以下的,可以适用缓刑。实践中犯罪人对所犯数罪认识的深浅程度有所不同,这就使司法工作人员无法明确其所犯每一个罪是否符合缓刑条件。这种情况最好将所犯数罪作为一个整体考虑,作出缓刑宣告。被告人胡永强合并执行的刑罚仍在三年有期徒刑以下,且其挪用公款和诈骗的数额相对来说不大,并积极退赃。综合考虑,对其适用缓刑并无不当。[No. 8-384-3　胡永强等挪用公款、诈骗罪案]

△已办理退休手续,仍然实际从事公务活动的人员,应当认定为国家工作人员。①

挪用公款罪是行为人利用职务上的便利进行犯罪活动,这就决定了犯罪主体是特殊主体,即必须是国家工作人员。从事公务是国家工作人员的本质属性,是构成国家工作人员和界定《刑法》第九十三条规定的以国家工作人员论的主体范围的核心因素。所谓"从事公务",是指在国家机关、国有公司、企业、事业单位、人民团体、社会团体中履行组织、领导、监督、管理等职务的行为。一般而言,国家工作人员从事公务的时间始于具备一定身份职责,终于退休离职。然而,实践中,由于办理退休手续和工作的实际交接完成均需要一定的时间,从而导致国家工作人员在达到法定退休年龄或者符合退休条件时,办理退休手续与交接工作往往交叉进行:有的是先办理退休手续后交接工作,有的是先交接工作后办理退休手续,而交接工作与办理退休手续的具体时间及其所用时间长短,各地、各单位,甚至不同的人都不完全相同。有的已办理退休手续但未实际交出工作,有的虽未办理完退休手续但已实际交出原有工作,这就给认定此阶段行为人的主体资格带来了不小的困惑。如果一律以退休时间为准来确定行为人的主体资格,就可能导致有的人虽已退休,但仍享有职权,对其渎职腐败行为不负相应的法律责任;而有的人虽然还未办理退休手续,但已经完成了工作交接,实际没有相应的职权,却要承担相应的职责、负相应的法律责任的现象。为准确惩罚犯罪防止放纵犯罪的发生,同时也要注意保障人权,避免出现这种责权不对等而殃及无辜的现象,对处于离退休阶段的人员是否属于国家工作人员的认定,应从实际出发,从单纯以身份本身来判断主体性质的标准转变为以职权和职责为主,兼顾身份作为判断主体性质的标准,强调职权和职责对于主体性质的关键性。具体而言,应以行为人实际交接工作的时间为准,认定其是否具有国家工作人员相应的职权和应履行相应的职责,确定其行为是否属于"从事公务",这样才能准确地区分罪与非罪。《全国人民代表大会常务委员会关于〈中华人民共和国刑法〉第九章渎职罪主体适用问题的解释》关于虽未列入国家机关人员编制但在国家机关中从事公务的人员,在代表国家机关行使职权时,有渎职行为,构成犯罪的,依照《刑法》关于渎职罪的规定追究刑事责任的规定,即体现了摒弃身份论,以从事公务作为认定国家工作人员本质特征的基本精神。

本案被告人王铮所在的大连市体育场和大连市体育彩票管理中心均属国有事业单位,其先后担任大连市人民体育场书记、场长,大连市体育彩票管理中心主任、书记,退休前属国家工作人员的身份可以肯定。虽然被告人王铮于 2002 年 11 月 21 日达到退休年龄,并于 2002 年 12 月办理了退休手续,但在办完退休手续后,其并未向他人交接原有工作、办理有关交接手续,依然保管着体彩中心在竞赛中心账外户的银行预留印鉴,实际管理和控制着该账户,领导着经管该账户的财务人员。在此期间,被告人事实上依然在从事公务,履行着国家工作人员监管财务的相应职责,故应当认定具备挪用公款罪的主体资格。一、二审法院以身

① 相同的学说见解,参见陈兴良主编:《刑法各论精释》,人民法院出版社 2015 年版,第 1066 页。

份标准与职务标准相结合,综合本案的实际情况认定被告人王铮构成挪用公款罪主体的观点是正确的,被告人王铮在此期间利用职务之便,指使财务人员将公款50万元借给他人进行营利活动的行为,应以挪用公款罪追究其刑事责任。[No.8-384-4　王铮贪污、挪用公款案]

△个人决定,以单位名义将公款借给其他单位使用,未谋取个人利益的,不构成挪用公款罪。

被告人张威同系西峰乡新村村委会主任,不属于国家工作人员,然而其利用职权借给三正世纪学校的是人民政府发放给村民的征地补偿款,根据《全国人民代表大会常务委员会关于〈中华人民共和国刑法〉第九十三条第二款的解释》的规定,其作为村委会主任管理征地补偿款的行为属于村基层组织人员协助人民政府从事土地征用补偿费用的管理和发放的行政管理工作,因此应当认定为《刑法》第九十三条第二款规定的其他依照法律从事公务的人员,以国家工作人员论,所以,张威同可以构成挪用公款罪的主体。在此前提下,认定张威同利用职权借给三正世纪学校210万元征地补偿款的行为是否构成挪用公款罪,根据罪刑法定原则,应主要考察其行为是否符合《刑法》第三百八十四条规定的三种情形之一。

根据《刑法》第三百八十四条的规定,成立挪用公款罪的客观行为有三种,即国家工作人员利用职务上的便利,挪用公款归个人使用,进行非法活动的;或者挪用公款数额较大、进行营利活动的;或者挪用公款数额较大、超过三个月未还的。结合本案案情,不难发现,被告人张威同将公款借给三正世纪学校使用,三正世纪学校将该款用于正当的办学行为,显然不是进行非法活动,张威同借出公款给三正世纪学校使用是否属于挪用公款进行营利活动呢?审理中有观点认为,三正世纪学校是私立学校,是以营利活动为目的的学校,张威同明知三正世纪学校的性质和借款用途,还借款给三正世纪学校,就是挪用公款进行营利活动。三正世纪学校是带有公益性质、具有法人资格的全日制学校,属于合法民办非企业单位,从本案证据情况看,张威同借款给三正世纪学校,是在三正世纪学校贷款没有办下来的情况下,单位之间相互救急的行为,不应认定将公款借给私立学校进行筹建工作就是进行营利活动。私立学校具有公益性和营利性双重性质,单纯地扩大某一方面属性都不合适,应当具体分析所借公款的用途,毕竟将公款用于筹建学校与将公款直接投入经营营利活动不是一回事。

在排除了张威同借出公款的行为属于挪用公款进行非法活动和进行营利活动的情况下,就要判断其行为是否属于挪用公款归个人使用的情形,对此,《全国人民代表大会常务委员会关于〈中华人民共和国刑法〉第三百八十四条第一款的解释》将挪用公款归个人使用解释为三种情形:(1)将公款供本人、亲友或者其他自然人使用的;(2)以个人名义将公款供其他单位使用的;(3)个人决定以单位名义将公款供其他单位使用,谋取个人利益的。由于本案公款使用方为单位,故只要考察其行为是否符合上述解释规定的后两种情形,就可作出其是否构成挪用公款罪的判断。

1. 张威同决定出借的210万元征地补偿款,从现有证据上看,是以村委会名义借出的,不是以个人名义借出的。张威同在村委会开会研究借出600万元公款给三正世纪学校使用之前,就已将210万元公款借给了三正世纪学校。此210万元虽然是张威同个人决定借出,没有向村委会说明,却不能认定是以个人名义借款。这是因为,从210万元转账的凭证上看,付款人均写明是新村村委会,收款人是三正世纪学校;从三正世纪学校的收据上看,亦均写明收到的是新村村委会借款;从办理借款及还款的程序来看,张威同并不是私下将公款借给了三正世纪学校,而是通过村委会成员文书兼出纳的柴景荣经手办理,使该款始终控制在村委会名下,直至到期还款,三正世纪学校也是直接将款还给了新村村委会,而不是还给张威同个人。可见,没有证据证明张威同是以个人名义借款给三正世纪学校。个人决定借出公款和以个人名义将公款借出是完全不同的两回事,二者之间的根本区别在于公款的所有权单位对公款的真实去向是否知情,借款人是否隐瞒了款项的真实用途,借出的款项是由单位直接控制还是由借款人背着单位私下控制,借款人是否用公款谋取了个人私利。本案村委会对210万元公款的去向用途都是知道的,并且直接控制借据按期收回,故张威同的行为不属于《全国人民代表大会常务委员会关于〈中华人民共和国刑法〉第三百八十四条第一款的解释》中第(二)项规定的以个人名义将公款供其他单位使用的情形,因此一审判决认定张威同是以个人名义将公款挪给他人使用不当。

2. 张威同决定借出210万元后,经村委会讨论决定,向三正世纪学校借出600万元,张威同虽在村委会研究时对先前借出的210万元未作说明,但在与三正世纪学校履行合同时实际上包含了这210万元,且没有任何证据证明张威同因此谋取了个人利益,故其行为不属于《全国人民代表大会常务委员会关于〈中华人民共和国刑法〉第三百八十四条第一款的解释》中第(三)项规定的

“个人决定以单位名义将公款供其他单位使用,谋取个人利益的”情形。

综上,张威同将公款借给三正世纪学校,既不是以个人名义将公款挪给他人使用,也不是个人决定以单位名义将公款供其他单位使用,谋取个人利益,所以张威同个人决定借出公款给三正世纪学校使用的行为,不符合立法解释规定的挪用公款归个人使用,因此不构成用公款罪,二审据此改判张威同无罪是正确的。[No. 8-384-5　张威同挪用公款案]

△多次挪用公款的,以案发时未还的实际数额认定。

对于多次挪用公款数额如何计算的问题,刑法没有明确规定。《最高人民法院关于审理挪用公款案件具体应用法律若干问题的解释》第四条,分两种情况对此予以明确:多次挪用公款不还,挪用公款的数额累计计算;多次挪用公款,并以后次挪用的公款归还前次挪用的公款,挪用公款数额以案发时未还的实际数额认定。对于前种情况,在司法实践中没有争议。有争议的是后种情况,有的认为应累计计算,有的认为应以案发时未还的计算,司法解释考虑到以后次挪用款项归还前次挪用款项,毕竟与多次挪用公款不归还不同,所以规定对此种情况以案发时未还的实际数额计算。

理解司法解释的上述规定,要注意三个问题:(1)挪用公款的时间从挪用公款达到构成犯罪的标准那天开始计算。(2)解释规定的案发时未还的实际数额,实际上是指在案发时,行为人挪用公款的总额扣除了已归还的数额,不能简单理解为如果案发时行为人全还了就不定罪。(3)正确认定以后次挪用的公款归还前次挪用的公款的情形。如行为人第一次挪用公款5万元,第二次又挪用了5万元,挪用5万元以后不是挪用后次还前次,而是挪用以后做生意,赚了钱后把前面那次还了。这种情况挪用公款的数额还是要累计计算,因为他是通过赚来的钱还前一次,不属于拆东墙补西墙的情形,其主观恶性与社会危害性与司法解释规定的情形有较大差别,数额应当累计计算。

二被告人反复透支转卡盖账的行为,属于典型的多次挪用公款,并以后次挪用的公款归还前次挪用的公款的情况。一、二审法院减去冯安华、张高祥使用的43个卡的存款余额及利息2047元,信用卡部领导同意透支的30万元,错转到成群林卡上的100550元,转卡利息12912.41元及张高祥消费透支的25889.6元,认定冯安华实际擅自授权透支总额为709460.40元。对于二被告人多次挪用公款的数额不是累计计算,而是以案发时未还的实际数额709460.40元认定,一、二审法院的做法是正确的。[No. 8-384-6　冯安华等挪用公款案]

△挪用公款给本单位下属集体企业使用的,不构成挪用公款罪。

挪用公款归个人使用是构成挪用公款罪的客观前提。为准确认定挪用公款归个人使用,刑法修订后,先后于1998年和2001年出台了《最高人民法院关于审理挪用公款案件具体应用法律若干问题的解释》和《最高人民法院关于如何认定挪用公款归个人使用有关问题的解释》(已失效)两个司法解释,对这一问题作出了规定。1998年《最高人民法院关于审理挪用公款案件具体应用法律若干问题的解释》第一条规定:“挪用公款给私有公司、私有企业使用的,属于挪用公款归个人使用。”2001年《最高人民法院关于如何认定挪用公款归个人使用有关问题的解释》(已失效)第一条规定:“国家工作人员利用职务上的便利,以个人名义将公款借给其他自然人或者不具有法人资格的私营独资企业、私营合伙企业等使用的,属于挪用公款归个人使用。”不再限定单位的性质。2001年《最高人民法院关于如何认定挪用公款归个人使用有关问题的解释》(已失效)第三条规定:“本解释施行后,我院此前发布的司法解释的有关内容与本解释不一致的,不再适用。”可见,使用公款企业的性质也是决定是否属于挪用公款归个人使用的重要因素。如果挪用公款给不具备法人资格的个体工商户,则应认定属于挪用公款归个人使用。

在本案中,金华机械厂的营业执照显示其性质为个体工商户,法人代表为歹进学,但新郑农机公司的文件和有关人员的证言,以及金华机械厂的具体运作过程,都证实其为新郑农机公司下属的集体企业,成立金华机械厂的受益人是新郑农机公司的全体职工。在这种情况下,是按照公诉机关的意见以营业执照为准,确定金华机械厂属于个体工商户,还是按照实际情况实事求是地认定金华机械厂属于单位而非个人?挪用公款罪的本质特征是公款私用,对于名为个体实为集体的企业性质的认定,应实事求是地还原事物本来面目。对于国家工作人员出于经营需要,挪用公款给名为个体实为集体的企业使用,没有谋取私人利益的,不属于挪用公款归个人使用。被告人歹进学作为新郑农机公司的经理,将公款挪用给金华械厂用于经营活动,实际上是新郑农机公司内部的资金流转,不符合挪用公款罪的构成要件,故二审法院的处理是正确的。[No. 8-384-7　歹进

学挪用公款案]

△挪用公物予以变现,所得款项归个人使用的,应以挪用公款罪论处。

挪用公物予以变现归个人使用的行为,其本质与一般的挪用公款行为是一致的,构成犯罪的,应以挪用公款罪论处。就本案而言,被告人王正言的行为构成挪用公款罪。理由是:

公物一旦进入流通领域,就成了商品。商品具有价值和使用价值两个基本属性。区分行为人的行为是挪用公物还是挪用公款,必须与商品的属性联系起来判断。如果行为人在实施行为时追求的是公物的使用价值,其行为就构成挪用公物,反之,如果追求的是公物的价值,其行为就构成挪用公款。挪用公物予以变现追求的是公物的价值,其性质应是挪用公款。

挪用公物是指利用职务之便,挪用国家机关、国有企事业单位的物品,擅自归自己使用,超过一定期限未归还的行为。行为人在实施挪用行为时追求的是公物的使用价值。正因为追求的是公物的使用价值,因而被挪用的公物一般不会进入流通领域,不会实现其价值,案发时往往还在行为人的实际控制之下,社会危害相对较轻,因此,一般由主管部门按政纪处理。2000 年 3 月公布的《最高人民检察院关于国家工作人员挪用非特定公物能否定罪的请示的批复》,对挪用非特定公物归个人使用的行为不以挪用公款罪论处的规定,就是指这种以追求公物使用价值为目的的挪用非特定公物的行为,而不应当理解为也包括以追求实际使用公物的变价款为目的的挪用非特定公物的行为。

挪用公物予以变现并使用的行为,行为人在实施挪用行为时追求的就是公物的价值,公物被挪用后,往往通过进入流通领域实现其价值,变现的款项又为行为人擅自使用。在这种情况下,可以说行为人挪用的公物已不是具有使用价值意义上的物,而是公物价值的载体,即公款。行为人将公物变现,则公物转化为公款,而且行为人最终也使用了该公款,尽管这是一个从公物到公款的过程,但本质上与挪用公款是一样的,完全符合挪用公款的一切特征,故应当依法以挪用公款罪论处。

就本案而言,被告人王正言从实施挪用行为时起,追求的就不是近 100 吨电解铜的使用价值,事实上被告人王正言和姚永康、胡一信也根本不需要电解铜,其追求的是近 100 吨电解铜的价值,此时的近 100 吨电解铜已成为相应价款的载体,直接体现为 226 万余元公款,最后被告人王正言将电解铜变卖,擅自将所得款项用于他人的经营活动,并有巨额资金至案发时未能归还。可以说,被告人的行为完全具备了挪用公款罪的主客观要件。

通过挪用公物变现归自己使用的现象看清其挪用公款的本质,对于正确和充分运用刑法打击各种形式的利用职务便利侵犯公共财产犯罪,具有重要意义。如果行为人利用职务之便,将公共财物恣意变卖,并擅自使用变卖价款而不受到刑事追究,国有资产的管理将实际不复存在,也放纵了有意或者无意规避法律的犯罪分子,属于机械执行法律,执法者成了法律的工匠,无疑有悖于刑法的立法本意。因此,一、二审法院适用《刑法》第十二条第一款、第三百八十四条第一款和第六十四条之规定,以挪用公款罪判处被告人王正言有期徒刑,追缴赃款返还被害单位是正确的。[No. 8-384-10　王正言挪用公款案]

△国有公司长期聘用的管理人员属于刑法规定的国有公司中从事公务的人员,其利用职务便利挪用本单位资金归个人使用,构成犯罪的,应以挪用公款罪论处。

根据《刑法》第九十三条第二款的规定,国有公司中从事公务的人员应当同时具备两个特征:一是行为人系国有公司的工作人员;二是从事公务。对于从事公务,2003 年《全国法院审理经济犯罪案件工作座谈会纪要》中明确规定:“从事公务,是指代表国家机关、国有公司、企业、事业单位、人民团体等履行组织、领导、监督、管理等职责。公务主要表现为与职权相联系的公共事务以及监督、管理国有财产的职务活动。如国家机关工作人员依法履行职责,国有公司的董事、经理、监事、会计、出纳人员等管理、监督国有财产等活动,属于从事公务。”该纪要同时指出:“那些不具备职权内容的劳务活动、技术服务工作,如售货员、售票员等所从事的工作,一般不认为是公务。”据此可以看出,管理、经营国有财产应属于从事公务。在本案中,某市烟草公司通过履行正常的聘任手续,正式聘请被告人刘某担任下属分公司的副经理,全面负责该分公司的工作,享有对该分公司的全面领导、管理、经营的权力,负有监督、管理国有财产并使之保值增值的职责,从其工作内容和职责考察,显然不属于简单的劳务活动,应当认定为从事公务。

在刘某系从事公务的情况下,区分刘某是国有公司中从事公务的人员还是受国有公司委托管理、经营国有财产的人员,关键就在于对于《刑法》第三百八十二条第二款规定的受国有公司委托管理、经营财产的人员中的委托应当如何理解的问题。对此,上述纪要规定:受委托经营、管理国有财产是指因承包、租赁、临时聘用等管理、经营国有财产。可见,承包、租赁、聘用是受委托的主要方式,但需要注意的是,纪要将这里的聘用限制在临时聘用。因为长期受聘用的人员与所在单位已经形成了较为固定的劳动关系,尤其是受聘担任较高职务的情况,其享有的权利义务与正式在编人员没有大的差别,将其直接视为国家工作人员符合当前国有单位工作人员构成来源变化的特点,所以应认定为国家工作人员;而对于临时聘用人员,由于尚未与国有单位形成固定劳动关系,难以认定为国家工作人员,将临时聘用人员纳入《刑法》第三百八十二条第二款规定的受委托人员范畴,符合立法的精神和国有资产保护的实际。故此,本案被告人刘某被国有公司长期聘用,担任分公司的领导职务,管理、经营国有财产,应属于国有公司中的工作人员,而非受国有公司委托管理、经营国有财产的人员。

综上,被告人刘某应当认定为《刑法》第九十三条第二款规定的在国有公司中从事公务的人员,对其利用职务便利挪用本单位资金归个人使用,数额巨大、超过三个月未归还的行为,应当以挪用公款罪追究刑事责任。[No. 8-384-11　刘某挪用公款案]

△因挪用公款索取、收受贿赂构成犯罪的,或者为挪用公款而行贿构成犯罪的,均应依照数罪并罚的规定处罚。

因挪用公款而构成其他犯罪的,理论上属于牵连犯。在学理上,对于牵连犯,一般认为应采取从一重罪论处的原则,但法律和司法解释明确规定实行数罪并罚的除外。《最高人民法院关于审理挪用公款案件具体应用法律若干问题的解释》第七条规定,因挪用公款索取、收受贿赂构成犯罪的,依照数罪并罚的规定处罚。问题是,对于因挪用公款而构成行贿罪的,应该从一重罪论处还是两罪并罚?受贿罪和行贿罪是刑法意义上的对合犯,往往相伴相生,既然司法解释对挪用公款罪与受贿罪的牵连犯规定两罪并罚,对于挪用公款罪与行贿罪的牵连犯,也应按照这个原则处理,否则将可能出现一个案件中挪用公款罪的共犯,一方行贿另一方受贿,受贿者构成挪用公款罪和受贿罪两罪,而行贿者只构成挪用公款罪或者行贿罪一罪的不平等现象。据此,在本案中,被告人鞠胤文因挪用公款而收受、索取贿赂,被告人辛培凌因挪用公款而行贿,应分别以挪用公款罪和受贿罪、挪用公款罪和行贿罪两罪并罚。[No. 8-384-12　鞠胤文等挪用公款、受贿案]

△以假贷款合同等形式掩盖挪用公款行为的,应以挪用公款罪论处。

从本案的情况看,陈超龙为了掩盖亏空现金55万元的事实,让梁甲、梁乙、陈某办理假贷款55万元,以平广海办事处的账。表面看,他把账搞平了。但是,梁甲等人却欠下了银行55万元的贷款,银行终究是要按贷款协议收回贷款的。事实也是如此,银行发现这么多贷款没有归还后,即找梁甲等人,要他们归还贷款。这三人又找到陈超龙和他的家人,让他们写下了55万元的欠条。也正由此才确定了贷款合同的真与假。从上述情况看,陈超龙为了掩盖挪用公款的事实,让梁甲等人搞假贷款并入账,并不能算真正把账抹平。范某归还的贷款10万元,陈超龙没有入账,拿去炒股,也未能把账抹平。因为账上还挂着范某欠贷款10万元,银行还要找范归还贷款,且范某归还贷款时,广海办事处主管会计朱某在场,陈超龙没有将此款入账,朱某曾追问陈超龙,陈超龙说过他要用此款。因此,这10万元也不能认定为陈超龙已将其据为己有。因此,从被告人陈超龙的作案手段看,反映出其行为不是侵吞,是较典型的挪用公款行为。[No. 8-384-13　陈超龙挪用公款案]

△在国有企业改制过程中,原国有企业中国家工作人员的身份不变。

在本案中,土综公司第一次改制完成(即2004年1月13日申请变更注册)前,因属国有独资公司,被告人马平华作为该公司的总经理,属于在国有公司中从事公务的人员,符合《刑法》第九十三条第二款的规定,应以国家工作人员论。第一次改制后至2005年7月第二次改制完成前,土综公司改制为国有控股公司,在此阶段马平华实际具有了双重身份:一方面,他在改制后的公司中实际占有35%的股份,成为土综公司的第二大股东;另一方面,在由政府部门召开的相关会议上,南通市委组织部决定由经营管理60%国有股权的众和公司出面推荐马平华任董事长,然后通过股东大会选举履行相关手续,再由董事会聘任其担任总经理的职务。虽然形式上看马平华的职务有董事会的聘任,但其实质来源于国有单位即南通市委组织部和众和公司的委派,因此可以认定马平华是受国有众和控股公司的委派,负有对占土综公司60%股权的国有资产行使监督、管理职权,这一点没有疑问。而且,根据本案的实际情况,马平华原本就是南通市国土局任命的土综公司总经理,该职务一直未免,其职务具有连续性,所以马平华在此阶段的身份实质还兼有在国有资本控股的股份有限公司中受国有公司委派管理、经营国有资产的职责,应以国家工作人员论。需要指出的是,至2005年7

月土综公司第二次改制结束后，国有股完全退出，土综公司彻底改制脱离国有性质，至此马平华才彻底不具备国家工作人员身份。[No. 8-384-14　马平华挪用公款案]

△挪用公款后，没有掩饰、隐匿、在有关账目上做假，只是其负责的款项发生了短款现象的，应以挪用公款罪论处。

贪污罪和挪用公款罪两罪有本质区别，区别的关键在于行为人主观上是否以非法占有为目的，客观上是否实施了侵吞公款的行为。因此，正确界定行为人的主观故意对区分其行为是贪污还是挪用至关重要。非法占有的目的是主观要件，在审理案件中应当根据主客观相一致的原则，不仅要考虑被告人的供述，而且要从行为人的客观行为分析认定。就行为特征而言，贪污和挪用公款犯罪在将公款转移到行为人控制之下这一过程是相似的，但由于主观目的不同，其客观行为也会有不尽相同之处：贪污行为的行为人的主观意图在于永久占有公款，其必然尽其所能掩盖、隐匿公款的真实去向，尽量在有关账目上不留痕迹；挪用公款行为在于行为人的初衷只是临时性地使用公款，所以一般总要给使用的款项留个后门，使其在有条件的情况下可以顺利归还。

在司法实践中，应当根据以下客观事实判定是否构成贪污：(1)行为人是否采取弄虚作假的手段，使自己占有公款的事实在账目上难以发现。如使用虚假发票、对账单等会计凭证的，使其占用的公款已难以在单位财务账目上反映出来的，一般应当认定为贪污行为。对于行为人采取了弄虚作假的手段平账，但由于受到某种条件的制约，不能完全平账的，也不能仅以账未做平作为不定贪污罪的理由。如被告人彭国军用虚假对账单、现金交款单给会计做账，单位账目是平的，但单位账目与银行存款有缺口，即所谓大账不平。行为人虽然没有将账目完全做平，但其有采取弄虚作假手段的做账行为，达到了从单位账目上难以发现其占用公款的目的，是以骗取手段贪污的行为。(2)行为人销毁有关账目的。该行为不仅仅是逃避侦查的行为，也是掩饰公款去向、试图隐匿公款的行为，反映出行为人主观上有非法占有的目的，是侵吞公款的贪污行为。(3)行为人截取收入不入账的。行为人利用职务上的便利，将本单位的收入直接截留，使账目上不能反映该款项，是直接侵吞公款的贪污行为。[No. 8-384-15　彭国军贪污、挪用公款案]

△不是主动、自觉归还公款，而是出于其他目的归还公款的，不能认定为挪用公款罪中的归还。

行为人案发前有归还公款的行为，一般被认为是其主观上有归还公款的意愿，没有非法占有的目的。但是，不能一概而论，不能凡有归还行为就一概以挪用公款论。归还行为是与挪用行为相对应的，正是因为行为人出于挪用的目的，而不是非法占有的目的，才会发生归还行为，因此，这种归还行为一般具有主动性、自觉性的特征。在有些案件中，行为人虽然归还了部分公款，但不是主动、自觉归还，而是出于其他目的，如本案中彭国军曾多次归还了部分公款，但是彭国军部分归还的款项不是主动归还。彭国军私自支取巨额公款，造成单位账上实际资金与账面资金之间形成巨大差额，账面显示有足够的资金支付单位用款，但实际资金已不足支付。本案中，当单位发生用款事项而账上实际资金已不足支付时，为了不暴露其犯罪事实，彭国军不得已自己支付了单位的部分用款，这不是为减少给国家造成的损失而归还的行为，而是为了使其犯罪行为不被发现的一种掩盖行为，所以，其所谓归还行为实质是掩盖犯罪行为，不能据此认定其没有非法占有的目的。但是已归还的部分不应再计算为侵吞公款的数额。

最高人民法院的判决根据被告人彭国军的客观行为特征，根据前述原则，分别认定了贪污罪和挪用公款罪。即对于彭国军采取了欺骗手段弄虚作假，或者截留公款不入账的手段，直接认定为贪污行为；对于被告人彭国军挪用公款后没有掩饰、隐匿行为，也没有在有关账目上做假，只是其负责的款项发生了短款现象，认定贪污证据不足，以挪用公款定罪。[No. 8-384-16　彭国军贪污、挪用公款案]

△携带挪用的公款潜逃的，对其已挪用未携带的部分不以贪污罪论处。

《最高人民法院关于审理挪用公款案件具体应用法律若干问题的解释》第六条规定："携带挪用的公款潜逃的，依照刑法第三百八十二条、第三百八十三条的规定定罪处罚。"据此，行为人携带挪用的公款潜逃的，对其携带的部分公款以贪污罪定罪已无争议，但对其已经挪用但未携带的部分公款如何定罪，实践中有不同认识。有的认为应仍以挪用公款定罪，不计入贪污数额；有的认为应全部定贪污罪。本案一、二审法院采取了第二种意见，理由是：彭国军利用其职务上的便利，将其所管理的公款660余万元借给他人和供自己进行赌博活动，客观上已无法归还，案发前又携带公款潜逃，说明其主观故意已经发生变化，从不能归还转变为不打算归还，不仅对携带的公款不打算归还，而且对所有挪用未归还的公款，亦不打算归还,其行为已构成对公共财产的非法占有,因此,对全案以贪污罪定罪。不能仅因被告人潜逃而简单地推定其对全部公款都具有非法占有的目的。大多数情况下,行为人潜逃是因为其实施了挪用公款的犯罪行为且畏惧承担刑事法律责任而潜逃,是一种畏罪行为,其主观上是出于畏惧的心理。行为人挪用公款已属犯罪既遂,其畏惧案发而潜逃不影响其犯罪行为的性质,也就是说,对未携带的公款,其主观上不一定转化为不打算归还该公款,该公款仍是客观上不能归还。当然,对于行为人潜逃时携带的挪用的公款,以及如果查明行为人有能力归还挪用的公款而拒不归还,如采取隐匿、转移挪用的公款的手段拒不归还,则说明行为人的主观犯意已由非法使用公款转化为非法占有公款,应当以贪污罪定罪处罚。[No. 8-384-17　彭国军贪污、挪用公款案]

△利用职务上的便利,借用下属单位公款进行营利活动的,应以挪用公款罪论处。

《刑法》第三百八十四条规定的挪用公款罪定罪条件中的“利用职务上的便利”,是指国家工作人员职务活动的一切便利,包括利用本人对下属单位领导、管理关系中的各种便利。担任单位领导职务的国家工作人员通过自己主管的下级部门的国家工作人员实施违法犯罪活动的,应当认定为利用职务上的便利。

从我国国有企业的实际情况来看,大量的国有企业是由上级国有企业出资设立的,下级企业的主要领导也是由上级企业任命的,上下级企业虽然都具备公司法规定的独立法人资格,但实质上仍有较强的行政领导的特点。这就意味着上下级企业间的行政关系可以超越一般意义上独立法人之间相对平等的财产关系,使得上级法人享有对下级法人人事和经营活动的监督、管理的权力。由于这种隶属关系的存在,在司法实践中,对《刑法》第三百八十五条第一款规定的利用职务上的便利,应当作出实事求是的理解,对那些担任领导职务的国家工作人员,即使是通过属于自己主管的本单位或者下级单位的国家工作人员的职务挪用公款的,也应当认定为利用职务上的便利。

与此相对应,挪用公款罪中的公款,应指国家工作人员利用职务便利能够挪用的所有公款,既包括国家工作人员依职务直接经管、支配的公款,也包括国家工作人员因职务或者职权便利所涉及的下属单位经管、支配的公款。

被告人万国英不具有直接经管、支配疗养院及滨河贸易公司财产的权力,但是万国英作为白银公司主管疗养院的副经理,在职务上对疗养院具有管理职权,其打电话给疗养院院长李某,提出借款5万元供自己使用,正是利用了他主管疗养院的职权。被告人万国英以属于借贷关系作出辩解,其辩护人以未利用职务便利为由提出辩护意见,法院认为被告人万国英不构成挪用公款罪的辩解、辩护理由不能成立。

需要指出的是,下级单位人员受上级单位的领导指使挪用公款,不一定都构成挪用公款罪的共犯。对下级单位人员应区分情况,依法分别处理。如果下级单位人员与上级单位领导共谋,给上级领导挪用公款出谋划策,帮助上级单位领导完成挪用公款的,下级单位人员已具有帮助上级单位领导挪用公款的主观故意和行为,应以挪用公款罪共犯论处;如果下级单位人员不知道上级单位领导划拨款项的真实意图,仅仅出于执行上级单位领导的指示而办理划拨手续的,下级单位人员不应承担刑事责任;如果上级单位的领导将挪用公款的意图告诉下级单位人员,下级单位人员迫于上级单位领导的压力而挪用公款归上级领导使用的,一般也不宜以挪用公款罪论处,构成犯罪的,可依照刑法其他规定处理。[No. 8-385-6　万国英受贿、挪用公款案]

△国家工作人员与非国家工作人员分别利用各自的职务便利,共同挪用国有企业与非国有企业共同设立的银行共管账户内的资金,应根据主犯的犯罪性质认定成立挪用公款罪或挪用资金罪。

国家工作人员与公司、企业或者其他单位人员共同挪用财物的行为一般有三种情况:第一种是利用国家工作人员的职务便利,共同挪用公共财物;第二种是利用公司、企业或者其他单位人员的职务便利,共同挪用该单位的财物;第三种是国家工作人员与公司、企业或其他单位人员各自利用自己的职务便利,共同挪用单位财物。对于前两种情况的定性,观点是比较一致的,就是看谁的身份起了作用,只利用了国家工作人员职务便利的第一种情况,行为人均构成挪用公款罪;只利用了公司、企业或其他单位人员职务便利的第二种情况,行为人均构成挪用资金罪。对于第三种情况,有观点认为应按不同行为人的职务便利和身份分别定罪,即分别定挪用公款罪和挪用资金罪。但笔者认为,根据共同犯罪理论,各自定罪的观点是不妥当的。在这个问题上,可供参照的相关规定有两个:一是《最高人民法院关于审理贪污、职务侵占案件如何认定共同犯罪几个问题的解释》第三条明确规定:“公司、企业或者其他单位中,不具有国家工作人员身份的人与国家工作人员勾结,分别利用各自的职务便利,共同将本单位财物非法占为己有的,按照主犯的犯罪性质定罪。”二是《全国法院审理经济犯罪案件工作座谈会纪要》规定:“……对于在公司、企业或者其他单位中,非国家工作人员与国家工作人员勾结,分别利用各自的职务便利,共同将本单位财物非法占有的,应当尽量区分主从犯,按照主犯的犯罪性质定罪。司法实践中,如果根据案件的实际情况,各共同犯罪人在共同犯罪中的地位、作用相当,难以区分主从犯的,可以贪污罪定罪处罚。”上述规定虽然针对的是贪污罪和职务侵占罪,但在挪用公款罪和挪用资金罪中也可以参照适用。本案中,在共同挪用犯罪中,郑年胜与刘铁兵各有分工,互相配合,两人系共同犯罪且均系起主要作用的主犯,从案件事实看,郑年胜与刘铁兵的作用基本相当,郑年胜的国家工作人员身份和职务的使用发挥着更为主要的作用。因此,应当认定郑年胜与刘铁兵均犯挪用公款罪而不是挪用资金罪。[No. 8-384-20　郑年胜挪用公款案]

△以单位名义将公款借给其他单位使用,难以证明行为时具有谋取个人利益的目的,不成立挪用公款罪。

《全国人民代表大会常务委员会关于〈中华人民共和国刑法〉第三百八十四条第一款的解释》将挪用公款“归个人使用”的含义分为三种类型:一是将公款供本人、亲友或者其他自然人使用的;二是以个人名义将公款供其他单位使用的;三是个人决定以单位名义将公款供其他单位使用,谋取个人利益的。如果挪用公款的行为属于前述第一、二种情形,则挪用公款罪的构成不以行为人谋取个人利益为要件,即无论是否收受他人财物,均不影响挪用公款罪的成立。如果行为人挪用公款的行为属于前述第三种情形,则挪用公款罪的构成必须以行为人谋取个人利益为要件,该情形下收受贿赂的行为,可能同时被认定为谋取个人利益,即一行为同时构成挪用公款罪和受贿罪,应当按照想象竞合犯从一重罪处断原则,以受贿罪定罪处罚。

本案中,姚太文的供述、证人王步前的证言及借款协议均证实,姚太文决定以吉林省慈善总会名义借款给吉林省大力实业公司的时间是1999年,吉林省大力实业公司还款的时间是2000年6月至2001年8月。姚太文因上述借款事宜收受王步前贿赂的10万元的时间是2003年春节期间。由于姚太文的行为属于个人决定以单位名义将公款借给其他单位使用情形,要认定构成挪用公款罪,必须是姚太文主观上具有谋取个人利益的目的。然而,姚太文借款当时谋取个人利益的意图并不明显,在案证据也难以证实姚太文与王步前具有事后收受贿赂的合意或者默契,故姚太文以个人名义借款吉林省大力实业公司的行为,不属于《全国人民代表大会常务委员会关于〈中华人民共和国刑法〉第三百六十四条第一款的解释》第(三)项所规定的“个人决定以单位名义将公款供其他单位使用,谋取个人利益的”情形,其行为不构成挪用公款罪。[No. 8-384-21　姚太文贪污、受贿案]

第三百八十五条　【受贿罪】

国家工作人员利用职务上的便利,索取他人财物的,或者非法收受他人财物,为他人谋取利益的,是受贿罪。

国家工作人员在经济往来中,违反国家规定,收受各种名义的回扣、手续费,归个人所有的,以受贿论处。

【立法解释】

《全国人民代表大会常务委员会关于〈中华人民共和国刑法〉第九十三条第二款的解释》[2000年4月29日通过,解释已经被《全国人民代表大会常务委员会关于修改部分法律的决定》(2009年8月27日通过)修改]

△(其他依照法律从事公务的人员;村民委员会等村基层组织人员)村民委员会等村基层组织人员协助人民政府从事下列行政管理工作,属于刑法第九十三条第二款规定的“其他依照法律从事公务的人员”:

(一)救灾、抢险、防汛、优抚、扶贫、移民、救济款物的管理;

(二)社会捐助公益事业款物的管理;

(三)国有土地的经营和管理;

(四)土地征收、征用补偿费用的管理;

(五)代征、代缴税款;

(六)有关计划生育、户籍、征兵工作;

(七)协助人民政府从事的其他行政管理工作。

村民委员会等村基层组织人员从事前款规定的公务,利用职务上的便利,非法占有公共财物、挪用公款、索取他人财物或者非法收受他人财物，构成犯罪的，适用刑法第三百八十二条和第三百八十三条贪污罪、第三百八十四条挪用公款罪、第三百八十五条和第三百八十六条受贿罪的规定。

【立法理由】

1. **1979 年立法的情况**。1979 年《刑法》第一百八十五条规定："国家工作人员利用职务上的便利，收受贿赂的，处五年以下有期徒刑或者拘役。赃款、赃物没收，公款、公物追还。犯前款罪，致使国家或者公民利益遭受严重损失的，处五年以上有期徒刑。向国家工作人员行贿或者介绍贿赂的，处三年以下有期徒刑或者拘役。"国家工作人员索取或者收受贿赂，进行权钱交易，是严重的腐败行为。贿赂犯罪的泛滥，严重危害国家机器的正常运转和政权稳固。[①] 在我国已经批准加入的《联合国反腐败公约》中，也是将贿赂犯罪作为重点防范和打击的对象。

2. **1979 年之后至 1997 年刑法修订前的立法情况**。1982 年 3 月 8 日通过《全国人民代表大会常务委员会关于严惩严重破坏经济的罪犯的决定》将 1979 年《刑法》第一百八十五条第一款和第二款受贿罪修改规定为："国家工作人员索取、收受贿赂的，比照刑法第一百五十五条贪污罪论；情节特别严重的，处无期徒刑或者死刑。"1988 年 1 月 21 日通过的《全国人民代表大会常务委员会关于惩治贪污罪贿赂罪的补充规定》规定，国家工作人员、集体经济组织工作人员或者其他从事公务的人员，利用职务上的便利，索取他人财物的，或者非法收受他人财物为他人谋取利益的，是受贿罪。该决定将受贿罪的主体从国家工作人员扩大到"集体经济组织工作人员或者其他从事公务的人员"。

3. **1997 年修订刑法的情况**。1997 年刑法将主体限定为"国家工作人员"。1997 年《刑法》第九十三条对国家工作人员的范围进行了界定，明确了其他依法从事公务的人员以国家工作人员论的情形，包括依法从事公务的集体经济组织工作人员或者其他从事公务的人员等情形。1997 年修订刑法时，总结实践经验，将受贿罪区分行为人主动索取他人财物和一般收受他人财物两种情形，规定了不同的构成犯罪的条件。利用职务便利主动索取他人财物的，相对于一般的非法收受他人财物的行为，主观恶性更大，危害也更严重。因此，对一般的收受财物行为，为他人谋取利益的才是受贿罪；对主动的索贿行为，则没有为他人谋取利益的条件限制。另外，在市场经济条件下，国家工作人员参与经济往来活动的情况增多，一些国家工作人员在经济往来中，违反国家规定收取财物归个人所有，谋取私利，实质上也是一种受贿行为，1997 年刑法吸收《全国人民代表大会常务委员会关于惩治贪污罪贿赂罪的补充规定》的内容，对此作了规定。

【条文说明】

本条是关于受贿罪定义的规定。

本条共分为两款。

第一款规定了受贿罪的概念。根据这一规定，构成受贿罪必须具备以下几个条件：

1. 受贿罪的主体是**国家工作人员**。根据 2000 年 4 月 29 日通过的《全国人民代表大会常务委员会关于〈中华人民共和国刑法〉第九十三条第二款的解释》的规定，村民委员会等村基层组织人员在协助人民政府从事行政管理工作时，属于《刑法》第九十三条第二款规定的"**其他依照法律从事公务的人员**"。也就是说，如果上述人员利用职务上的便利，索取他人财物或者非法收受他人财物，构成犯罪的，适用《刑法》第三百八十五条和第三百八十六条受贿罪的规定，也可以成为受贿罪的主体。

2. 受贿罪在客观方面表现为**利用职务上的便利，索取他人财物，或者非法收受他人财物，为他人谋取利益**。这里所说的"**利用职务上的便利**"，是指利用本人职务范围内的权力，即自己职务上主管、负责或者承办某种公共事务的职权所造成的便利条件，既包括利用本人职务上主管、负责、承办某项公共事务的职权，也包括利用职务上

---

① 关于受贿罪的保护法益，刑法理论上有诸多的版本。国外学说见解包括了信赖说、纯洁性说（纯粹性说、公正性说）、国家意志篡改说、不可收买性说（无报酬说）、折中说及清廉义务说等等。国内早期的通说见解认为是国家机关的正常管理活动，现在的通说则改采国家工作人员职务行为的廉洁性。另外，张明楷教授和周光权教授主张，本罪的保护法益是国家工作人员职务行为的不可收买性，具体内容包括职务行为的不可收买性以及国民对职务行为不可收买性的信赖；陈兴良教授认为，在我国目前的情况下，对于受贿罪的保护法益采用职务行为的不可收买性说，较为简明，也具有说服力；学者黎宏教授认为，受贿罪的保护法益是国家工作人员职务行为的公正性。参见张明楷：《刑法学》（第 6 版），法律出版社 2021 年版，第 1580—1588 页；黎宏：《刑法学各论》（第 2 版），法律出版社 2016 年版，第 523—524 页；周光权：《刑法各论》（第 4 版），中国人民大学出版社 2021 年版，第 552—553 页；陈兴良主编：《刑法各论精释》，人民法院出版社 2015 年版，第 1151—1152 页。

有隶属、制约关系的其他国家工作人员的职权。担任单位领导职务的国家工作人员通过不属自己主管的下级部门的国家工作人员的职务为他人谋取利益的,也应当认定为"利用职务上的便利条件"。"**索取他人财物**",是指行为人在职务活动中主动向他人索要财物。索贿是严重的受贿行为,比一般受贿具有更大的主观恶性和社会危害性,因此对索取他人财物的,法律没有规定要以"为他人谋取利益"为条件,不论是否为他人谋取利益,均可构成受贿罪。[①] "**非法收受他人财物**",是指行贿人向受贿人主动给予财物时,受贿人非法收受他人财物的行为。"**为他人谋取利益**",是指受贿人利用职权为行贿人办事,即进行"权钱交易"。至于为他人谋取的利益是否正当,为他人谋取的利益是否实现,不影响受贿罪的成立。[②] 为他人谋取利益包括承诺、实施和实现三个阶段,只要具有其中一个阶段的行为,如国家工作人员收受他人财物时,根据他人提供的具体请托事项,承诺为他人谋取利益的,就具备了为他人谋取利益的要件。明知他人有具体请托事项而收受其财物的,视为承诺为他人谋取利益。2016 年 4 月 18 日施行的《最高人民法院、最高人民检察院关于办理贪污贿赂刑事案件适用法律若干问题的解释》第十三条第一款规定,具有下列情形之一的,应当认定为"**为他人谋取利益**":(1)实际或者承诺为他人谋取利益的;(2)明知他人有具体请托事项的;(3)履职时未被请托,但事后基于该履职事由收受他人财物的。第十三条第二款规定,国家工作人员索取、收受具有上下级关系的下属或者具有行政管理关系的被管理人员的财物价值三万元以上,可能影响职权行使的,视为承诺为他人谋取利益。

需要注意的是,2016 年《最高人民法院、最高人民检察院关于办理贪污贿赂刑事案件适用法律若干问题的解释》第十二条规定,贿赂犯罪中的"**财物**",包括货币、物品和财产性利益。财产性利益包括可以折算为货币的物质利益如房屋装修、债务免除等,以及需要支付货币的其他利益如会员服务、旅游等。后者的犯罪数额,以实际支付或者应当支付的数额计算。

第二款是对国家工作人员在经济往来中,违反国家规定收受各种名义的回扣、手续费,归个人所有,以受贿论处的规定。[③] 这里所说的"**违反国家规定**",是指违反全国人大及其常委会制定的法律,国务院制定的行政法规和行政措施、发布的决定和命令。例如,《反不正当竞争法》规定,严禁在帐外暗中给对方或者收受对方的回扣。所谓**帐外暗中**,是指未在依法设立的财务帐目上按照财物会计制度如实记载。在帐外暗中给予对方回扣的,以行贿论;在帐外暗中收受回扣的,以受贿论。"**手续费**",是指在经济活动中,除回扣以外,违反国家规定支付给对方的各种名义的钱或物,如佣金、信息费、顾问费、劳务费、辛苦费、好处费。根据本款规定,收受回扣或者各种名义的手续费归个人所有的,应以受贿罪论处。

实践中需要注意的是,关于特定情形能否认定为受贿行为的问题。对于以借钱为名索取或者非法收受财物、索取或者非法收受股票、收受干股、以开办公司等合作投资名义收受贿赂、委托请托人投资证券、期货或者其他委托理财的名义收受贿赂、赌博形式以及收受财物后退还或者上交、挂名形式领取报酬、在职为请托人谋利,离职后收受财物,应当结合《最高人民法院、最高人民检察院关于办理受贿刑事案件适用法律若干问题的意见》,正确予以认定。

1. 关于以交易形式收受贿赂问题。国家工

---

① 相同的学说见解,参见黎宏:《刑法学各论》(第 2 版),法律出版社 2016 年版,第 528 页。另外,关于主动索贿与被动收受,我国学者指出,如果财物提供者的行为仅仅是为了配合司法机关查处腐败案件,其属于设置圈套,由于财物提供者没有真正的行贿意思,故不存在行贿人。即使国家工作人员已经接受系争财物,也不构成本罪。但是,如果国家工作人员向他人索取财物,要求接受者因不堪其扰进而检举揭发,并在司法机关的安排下交付财物,应对受贿人按照犯罪未遂处理。参见周光权:《刑法各论》(第 4 版),中国人民大学出版社 2021 年版,第 556 页。

② 另一个相关的争议问题是虚假承诺,即国家工作人员具有为他人谋取利益的职权和条件,在请托人有求于己的时候,并不打算为他人谋取利益,却又承诺为他人谋取,其行为是否成立本罪。对此,我国学者指出,由于行为人根本不打算利用职务之便为他人谋取利益,没有也不可能侵害国家工作人员的职务公正性,因此,只能以诈骗罪论处,参见王作富主编:《刑法分则实务研究(下)》(第 5 版),中国方正出版社 2013 年版,第 1667 页。亦有学者指出,此情形仍会构成受贿罪。尽管行为人主观上不打算为对方谋取利益,但其之所以取得财物,是利用职务上便利的结果,客观上也损害了国家机关的声誉和职务行为的公正性,符合受贿罪的特征,参见黎宏:《刑法学各论》(第 2 版),法律出版社 2016 年版,第 529 页。

③ 需要注意的是,并非所有收受回扣款的行为,均构成受贿罪。譬如,行为人利用职务之便,在事先得到对方答应给其回扣的情况下,才用单位公款付给对方某项赞助费。对方在收到财物之后,依约送给行为人回扣。由于此回扣并非对方财产,而是行为人所管理的公共财物中的一部分。因此,行为人收受回扣的行为,应论以贪污罪而非受贿罪。参见周光权:《刑法各论》(第 4 版),中国人民大学出版社 2021 年版,第 559 页。

作人员利用职务上的便利为请托人谋取利益，以下列交易形式收受请托人财物的，以受贿论处：(1)以明显低于市场的价格向请托人购买房屋、汽车等物品的；(2)以明显高于市场的价格向请托人出售房屋、汽车等物品的；(3)以其他交易形式非法收受请托人财物的。如果根据商品经营者事先设定的各种优惠交易条件，以优惠价格购买商品的，不属于受贿。

2. **关于收受干股问题**。国家工作人员利用职务上的便利为请托人谋取利益，收受请托人提供的干股的，以受贿论处。进行了股权转让登记，或者相关证据证明股份发生了实际转让的，受贿数额按转让行为时股份价值计算，所分红利按受贿孳息处理。股份未实际转让，以股份分红名义获取利益的，实际获利数额应当认定为受贿数额。

3. **关于以开办公司等合作投资名义收受贿赂问题**。国家工作人员利用职务上的便利为请托人谋取利益，由请托人出资，"合作"开办公司或者进行其他"合作"投资的，以受贿论处。受贿数额为请托人给国家工作人员的出资额。国家工作人员利用职务上的便利为请托人谋取利益，以合作开办公司或者其他合作投资的名义获取"利润"，没有实际出资和参与管理、经营的，以受贿论处。

4. **关于以委托请托人投资证券、期货或者其他委托理财的名义收受贿赂问题**。国家工作人员利用职务上的便利为请托人谋取利益，以委托请托人投资证券、期货或者其他委托理财的名义，未实际出资而获取"收益"，或者虽然实际出资，但获取"收益"明显高于出资应得收益的，以受贿论处。受贿数额，前一情形，以"收益"额计算；后一情形，以"收益"额与出资应得收益额的差额计算。

5. **关于以赌博形式收受贿赂的认定问题**。根据《最高人民法院、最高人民检察院关于办理赌博刑事案件具体应用法律若干问题的解释》第七条的规定，国家工作人员利用职务上的便利为请托人谋取利益，通过赌博方式收受请托人财物的，构成受贿。实践中应注意区分贿赂与赌博活动、娱乐活动的界限。具体认定时，主要应当结合以下因素进行判断：(1)赌博的背景、场合、时间、次数；(2)赌资来源；(3)其他赌博参与者有无事先通谋；(4)输赢钱物的具体情况和金额大小。

6. **关于特定关系人"挂名"领取薪酬问题**。国家工作人员利用职务上的便利为请托人谋取利益，要求或者接受请托人以给特定关系人安排工作为名，使特定关系人不实际工作却获取所谓薪酬的，以受贿论处。

7. **关于由特定关系人收受贿赂问题**。国家工作人员利用职务上的便利为请托人谋取利益，授意请托人以《最高人民法院、最高人民检察院关于办理受贿刑事案件适用法律若干问题的意见》所列形式，将有关财物给予特定关系人的，以受贿论处。

特定关系人与国家工作人员通谋，共同实施前款行为的，对特定关系人以受贿罪的共犯论处。特定关系人以外的其他人与国家工作人员通谋，由国家工作人员利用职务上的便利为请托人谋取利益，收受请托人财物后双方共同占有的，以受贿罪的共犯论处。

8. **关于收受贿赂物品未办理权属变更问题**。国家工作人员利用职务上的便利为请托人谋取利益，收受请托人房屋、汽车等物品，未变更权属登记或者借用他人名义办理权属变更登记的，不影响受贿的认定。认定以房屋、汽车等物品为对象的受贿，应注意与借用的区分。具体认定时，除双方交代或者书面协议之外，主要应当结合以下因素进行判断：(1)有无借用的合理事由；(2)是否实际使用；(3)借用时间的长短；(4)有无归还的条件；(5)有无归还的意思表示及行为。

9. **关于在职时为请托人谋利，离职后收受财物问题**。国家工作人员利用职务上的便利为请托人谋取利益之前或者之后，约定在其离职后收受请托人财物，并在离职后收受的，以受贿论处。国家工作人员利用职务上的便利为请托人谋取利益，离职前后连续收受请托人财物的，离职前后收受部分均应计入受贿数额。

【司法解释】

《最高人民检察院关于人民检察院直接受理立案侦查案件立案标准的规定(试行)》(高检发释字〔1999〕2号，自1999年9月16日起施行)

△(**受贿罪；立案标准；利用职务上的便利；为他人谋取利益；回扣、手续费；通过其他国家工作人员职务上的行为**)受贿罪是指国家工作人员利用职务上的便利，索取他人财物的，或者非法收受他人财物，为他人谋取利益的行为。

"利用职务上的便利"，是指利用本人职务范围内的权力，即自己职务上主管、负责或者承办某项公共事务的职权及其所形成的便利条件。

索取他人财物的，不论是否"为他人谋取利益"，均可构成受贿罪。非法收受他人财物的，必须同时具备"为他人谋取利益"的条件，才能构成受贿罪。但是为他人谋取的利益是否正当，为他人谋取的利益是否实现,不影响受贿罪的认定。①

国家工作人员在经济往来中,违反国家规定,收受各种名义的回扣、手续费,归个人所有的,以受贿罪追究刑事责任。

国有公司、企业中从事公务的人员和国有公司、企业委派到非国有公司、企业从事公务的人员利用职务上的便利,索取他人财物或者非法收受他人财物,为他人谋取利益,或者在经济往来中,违反国家规定,收受各种名义的回扣、手续费,归个人所有的,以受贿罪追究刑事责任。

国有金融机构工作人员和国有金融机构委派到非国有金融机构从事公务的人员在金融业务活动中索取他人财物或者非法收受他人财物,为他人谋取利益的,或者违反国家规定,收受各种名义的回扣、手续费归个人所有的,以受贿罪追究刑事责任。

国家工作人员利用本人职权或者地位形成的便利条件,通过其他国家工作人员职务上的行为,为请托人谋取不正当利益,索取请托人财物或者收受请托人财物的,以受贿罪追究刑事责任。

《最高人民法院关于国家工作人员利用职务上的便利为他人谋取利益离退休后收受财物行为如何处理问题的批复》(法释〔2000〕21号,自2000年7月21日起施行)

△**(事先约定;离退休后收受财物)**国家工作人员利用职务上的便利为请托人谋取利益,并与请托人事先约定,在其离退休后收受请托人财物,构成犯罪的,以受贿罪定罪处罚。②

《最高人民法院、最高人民检察院关于办理赌博刑事案件具体应用法律若干问题的解释》(法释〔2005〕3号,自2005年5月13日起施行)

△**(赌博;贿赂犯罪)**通过赌博或者为国家工作人员赌博提供资金的形式实施行贿、受贿行为,构成犯罪的,依照刑法关于贿赂犯罪的规定定罪处罚。(§7)

《最高人民法院、最高人民检察院关于办理贪污贿赂刑事案件适用法律若干问题的解释》(法释〔2016〕9号,自2016年4月18日起施行)

△**(财物;财产性利益)**贿赂犯罪中的"财物",包括货币、物品和财产性利益。③ 财产性利益包括可以折算为货币的物质利益如房屋装修、债务免除等,以及需要支付货币的其他利益如会员服务、旅游等。后者的犯罪数额,以实际支付或者应当支付的数额计算。(§12)

△**(为他人谋取利益;承诺为他人谋取利益)**具有下列情形之一的,应当认定为"为他人谋取利益",构成犯罪的,应当依照刑法关于受贿犯罪的规定定罪处罚④:

---

① 我国学者指出,如此规定的原因在于,在索取财物的情形下,财物与职务行为之间的对价关系非常明确;但是,在他人主动向国家工作人员交付财物的情形下,系争财物与国家工作人员的职务行为之间是否具有对价关系,便不明了。参见张明楷:《刑法学》(第6版),法律出版社2021年版,第1591—1592页。

② 另有学者指出,该批复内容值得商榷。即使国家工作人员与请托人之间没有约定,只要能够认定其所收受的财物就是其先前为请托人所谋取的利益的对价,就能认定系争财物为贿赂。故而,有无事先约定,不应成为决定是否是贿赂的因素。参见黎宏:《刑法学各论》(第2版),法律出版社2016年版,第526页。

③ 现行法并未将非财产性利益规定为贿赂。我国学者指出,非财产性利益,如提升职务、迁移户口、升学就业、提供女色等,不属于财物。参见赵秉志、李希慧主编:《刑法各论》(第3版),中国人民大学出版社2016年版,第402页;周光权:《刑法各论》(第4版),中国人民大学出版社2021年版,第554页;陈兴良主编:《刑法各论精释》,人民法院出版社2015年版,第1152页。

亦有学者指出,不能一概而论。以性贿赂为例,如果国家工作人员在色情场所嫖宿或者接受其他性服务,由请托人支付费用,或者请托人支付费用雇请卖淫者为国家工作人员提供性服务,由于国家工作人员实际上收受了财产性利益,故应以受贿罪论处;但是,如果请托人直接为国家工作人员提供性服务,则不能认定国家工作人员的行为构成受贿罪。参见张明楷:《刑法学》(第6版),法律出版社2021年版,第1590页;黎宏:《刑法学各论》(第2版),法律出版社2016年版,第526页。

④ 关于"为他人谋取利益"的定位,学说上存在不同见解,包括旧客观要件说、主观要素说、新客观要件说。其中,旧客观要件说认为,为他人谋取利益,乃指客观上有为他人谋取利益的行为,而不要求实际上使他人取得了利益。主观要素说则主张,为他人谋取利益不是客观构成要素,而是主观要素。此处的"为他人谋取利益"可以视为目的的实现行为。为他人谋取利益,并非指实际实施为他人谋取利益的行为,更不是指行贿人已经实际获取了利益。毋宁说,只要收受财物的国家工作人员主观上具有为他人谋取利益的意图,即为已足。此说主要代表人物是陈兴良教授。新客观要件说则认为,为他人谋取利益仍属受贿罪的客观构成要件要素,其内容的最低要求是许诺为他人谋取利益,具体包括以下四种情形:已经为他人谋取了利益、已经为他人谋取了部分利益、已开始实施为他人谋取利益的行为、许诺(承诺)为他人谋取利益。此说代表人物主要是张明楷教授。另外,亦有论者主张,为他人谋取利益不应当成为受贿罪的成立条件。参见张明楷:《刑法学》(第6版),法律出版社2021年版,第1592页;陈兴良:《口授刑法学》,中国人民大学出版社2007年版,第725—726页;陈兴良(转下页)

（一）实际或者承诺为他人谋取利益的；

（二）明知他人有具体请托事项的；

（三）履职时未被请托，但事后基于该履职事由收受他人财物的。

国家工作人员索取、收受具有上下级关系的下属或者具有行政管理关系的被管理人员的财物价值三万元以上，可能影响职权行使的，视为承诺为他人谋取利益。（§ 13）

△（**受贿数额之认定**）对多次受贿未经处理的，累计计算受贿数额。

国家工作人员利用职务上的便利为请托人谋取利益前后多次收受请托人财物，受请托之前收受的财物数额在一万元以上的，应当一并计入受贿数额。（§ 15）

△（**赃款赃物；用于单位公务支出或者社会捐赠；量刑；受贿故意**）国家工作人员出于贪污、受贿的故意，非法占有公共财物、收受他人财物之后，将赃款赃物用于单位公务支出或者社会捐赠的，不影响贪污罪、受贿罪的认定，但量刑时可以酌情考虑。

特定关系人索取、收受他人财物，国家工作人员知道后未退还或者上交的，应当认定国家工作人员具有受贿故意。（§ 16）

△（**渎职犯罪；数罪并罚**）国家工作人员利用职务上的便利，收受他人财物，为他人谋取利益，同时构成受贿罪和刑法分则第三章第三节、第九章规定的渎职犯罪的，除刑法另有规定外，以受贿罪和渎职犯罪数罪并罚。①（§ 17）

《最高人民法院关于技术调查官参与知识产权案件诉讼活动的若干规定》（法释〔2019〕2 号，自 2019 年 5 月 1 日起施行）

△（**技术调查官；知识产权案件诉讼活动；贪污受贿；故意出具虚假、误导或者重大遗漏的不实技术调查意见**）技术调查官违反与审判工作有关的法律及相关规定，贪污受贿、徇私舞弊，故意出具虚假、误导或者重大遗漏的不实技术调查意见的，应当追究法律责任；构成犯罪的，依法追究刑事责任。（§ 13）

【司法解释性文件】

《最高人民法院、最高人民检察院、公安部、国家工商行政管理局关于依法查处盗窃、抢劫机动车案件的规定》（公通字〔1998〕31 号，1998 年 5 月 8 日公布）

△（**赃车入户、过户、验证；受贿罪**）公安、工商行政管理人员利用职务上的便利，索取或者非法收受他人财物，为赃车入户、过户、验证构成犯罪的，依照《刑法》第三百八十五条、第三百八十六条的规定处罚。（§ 8）

《最高人民法院、最高人民检察院、海关总署关于办理走私刑事案件适用法律若干问题的意见》（法〔2002〕139 号，2002 年 7 月 8 日公布）

△（**放纵走私罪；数罪并罚**）海关工作人员收受贿赂又放纵走私的，应以受贿罪和放纵走私罪数罪并罚。

《最高人民检察院关于佛教协会工作人员能否构成受贿罪或者公司、企业人员受贿罪主体问题的答复》（〔2003〕高检研发第 2 号，2003 年 1 月 13 日公布）

△（**佛教协会工作人员；受贿罪**）佛教协会属于社会团体，其工作人员除符合刑法第九十三条第二款的规定属于受委托从事公务的人员外，既不属于国家工作人员，也不属于公司、企业人员。根据刑法的规定，对非受委托从事公务的佛教协会的工作人员利用职务之便收受他人财物，为他人谋取利益的行为，不能按受贿罪或者公司、企业人员受贿罪追究刑事责任。②

《最高人民检察院法律政策研究室关于集体性质的乡镇卫生院院长利用职务之便收受他人财物的行为如何适用法律问题的答复》（〔2003〕高检研发第 9 号，2003 年 4 月 2 日发布）

（接上页）主编：《刑法各论精释》，人民法院出版社 2015 年版，第 1152—1171 页；黎宏：《刑法学各论》（第 2 版），法律出版社 2016 年版，第 528—529 页；李洁：《为他人谋取利益不应当成为受贿罪的成立条件》，载《当代法学》2010 年第 1 期；周光权：《刑法各论》（第 4 版），中国人民大学出版社 2021 年版，第 556 页。

① 陈兴良教授指出，无论是索取财物还是收受财物构成的受贿罪，事实上都具有为他人谋取利益的目的。在谋利行为触犯其他罪名的情况下，就有可能与其他犯罪产生牵连关系。至于所牵连的其他犯罪，并不要求具有为他人谋取利益的目的。是以，对于受贿型滥用职权案件，还是应当承认其存在牵连关系，除了法律、司法解释有明文规定外。应当按照从一重罪处断原则处理。参见陈兴良主编：《刑法各论精释》，人民法院出版社 2015 年版，第 1207—1208 页。

② 系争答复发布于《刑法修正案（六）》之前。《刑法修正案（六）》第八条将《刑法》第一百六十三条规定的行为主体扩大到"其他单位的工作人员"。因此，对非受委托从事公务的佛教协会的工作人员利用职务之便收受他人财物，为他人谋取利益的行为，目前完全可以按照《刑法》第一百六十三条规定的非国家工作人员受贿罪论处。参见车浩：《车浩的刑法题》，北京大学出版社 2016 年版，第 26 页。

△(**乡镇政府或者主管行政机关任命的乡镇卫生院院长;其他依照法律从事公务的人员;受贿罪**)经过乡镇政府或者主管行政机关任命的乡镇卫生院院长,在依法从事本区域卫生工作的管理与业务技术指导,承担医疗预防保健服务工作等公务活动时,属于刑法第九十三条第二款规定的其他依照法律从事公务的人员。对其利用职务上的便利,索取他人财物的,或者非法收受他人财物,为他人谋取利益的,应当依照刑法第三百八十五条、第三百八十六条的规定,以受贿罪追究刑事责任。

《全国法院审理经济犯罪案件工作座谈会纪要》(法发〔2003〕167号,2003年11月13日公布)

△(**利用职务上的便利**)刑法第三百八十五条第一款规定的"利用职务上的便利",既包括利用本人职务上主管、负责、承办某项公共事务的职权,也包括利用职务上有隶属、制约关系的其他国家工作人员的职权。担任单位领导职务的国家工作人员通过不属自己主管的下级部门的国家工作人员的职务为他人谋取利益的,应当认定为"利用职务上的便利"为他人谋取利益。

△(**为他人谋取利益**)为他人谋取利益包括承诺、实施和实现三个阶段的行为。只要具有其中一个阶段的行为,如国家工作人员收受他人财物时,根据他人提出的具体请托事项,承诺为他人谋取利益的,就具备了为他人谋取利益的要件。明知他人有具体请托事项而收受其财物的,视为承诺为他人谋取利益。

△(**离职国家工作人员;收受财物;受贿罪**)参照《最高人民法院关于国家工作人员利用职务上的便利为他人谋取利益离退休后收受财物行为如何处理问题的批复》规定的精神,国家工作人员利用职务上的便利为请托人谋取利益,并与请托人事先约定,在其离职后收受请托人财物,构成犯罪的,以受贿罪定罪处罚。

△(**共同受贿犯罪**)根据刑法关于共同犯罪的规定,非国家工作人员与国家工作人员勾结,伙同受贿的,应当以受贿罪的共犯追究刑事责任。非国家工作人员是否构成受贿罪共犯,取决于双方有无共同受贿的故意和行为。国家工作人员的近亲属向国家工作人员代为转达请托事项,收受请托人财物并告知该国家工作人员,或者国家工作人员明知其近亲属收受了他人财物,仍按照近亲属的要求利用职权为他人谋取利益的,对该国家工作人员应认定为受贿罪,其近亲属以受贿罪共犯论处。近亲属以外的其他人与国家工作人员通谋,由国家工作人员利用职务上的便利为请托人谋取利益,收受请托人财物后双方共同占有的,构成受贿罪共犯。国家工作人员利用职务上的便利为他人谋取利益,并指定他人将财物送给其他人,构成犯罪的,应以受贿罪定罪处罚。

△(**以借款为名;受贿罪**)国家工作人员利用职务上的便利,以借为名向他人索取财物,或者非法收受财物为他人谋取利益的,应当认定为受贿。具体认定时,不能仅仅看是否有书面借款手续,应当根据以下因素综合判定:(1)有无正当、合理的借款事由;(2)款项的去向;(3)双方平时关系如何、有无经济往来;(4)出借方是否要求国家工作人员利用职务上的便利为其谋取利益;(5)借款后是否有归还的意思表示及行为;(6)是否有归还的能力;(7)未归还的原因;等等。

△(**股票受贿案件**)在办理涉及股票的受贿案件时,应当注意:(1)国家工作人员利用职务上的便利,索取或非法收受股票,没有支付股本金,为他人谋取利益,构成受贿罪的,其受贿数额按照收受股票时的实际价格计算。(2)行为人支付股本金而购买较有可能升值的股票,由于不是无偿收受请托人财物,不以受贿罪论处。(3)股票已上市且已升值,行为人仅支付股本金,其"购买"股票时的实际价格与股本金的差价部分应认定为受贿。

《最高人民法院研究室关于对行为人通过伪造国家机关公文、证件担任国家工作人员职务并利用职务上的便利侵占本单位财物、收受贿赂、挪用本单位资金等行为如何适用法律问题的答复》(法研〔2004〕38号,2004年3月20日公布)

△(**伪造国家机关公文、证件罪;数罪并罚**)行为人通过伪造国家机关公文、证件担任国家工作人员职务后,又利用职务上的便利实施侵占本单位财物、收受贿赂、挪用本单位资金等行为,构成犯罪的,应当分别以伪造国家机关公文、证件罪和相应的贪污罪、受贿罪、挪用公款罪等追究刑事责任,实行数罪并罚。

《最高人民法院、最高人民检察院关于办理受贿刑事案件适用法律若干问题的意见》(法发〔2007〕22号,2007年7月8日公布)

△(**交易型受贿;受贿数额;市场价格;优惠购物**)国家工作人员利用职务上的便利为请托人谋取利益,以下列交易形式收受请托人财物的,以受贿论处:

(1)以明显低于市场的价格向请托人购买房屋、汽车等物品的;

(2)以明显高于市场的价格向请托人出售房

屋、汽车等物品的;

(3)以其他交易形式非法收受请托人财物的。

受贿数额按照交易时当地市场价格与实际支付价格的差额计算。

前款所列市场价格包括商品经营者事先设定的不针对特定人的最低优惠价格。根据商品经营者事先设定的各种优惠交易条件,以优惠价格购买商品的,不属于受贿。[①]

△(**干股型受贿**)干股是指未出资而获得的股份。[②] 国家工作人员利用职务上的便利为请托人谋取利益,收受请托人提供的干股的,以受贿论处。进行了股权转让登记,或者相关证据证明股份发生了实际转让的,受贿数额按转让行为时股份价值计算,所分红利按受贿孳息处理。股份未实际转让,以股份分红名义获取利益的,实际获利数额应当认定为受贿数额。[③]

△(**合作投资型受贿;收受投资款;收受投资利润**)国家工作人员利用职务上的便利为请托人谋取利益,由请托人出资,"合作"开办公司或者进行其他"合作"投资的,以受贿论处。受贿数额为请托人给国家工作人员的出资额。

国家工作人员利用职务上的便利为请托人谋取利益,以合作开办公司或者其他合作投资的名义获取"利润",没有实际出资和参与管理、经营的,以受贿论处。

△(**委托理财型受贿**)国家工作人员利用职务上的便利为请托人谋取利益,以委托请托人投资证券、期货或者其他委托理财的名义,未实际出资而获取"收益",或者虽然实际出资,但获取"收益"明显高于出资应得收益的,以受贿论处。受贿数额,前一情形,以"收益"额计算;后一情形,以"收益"额与出资应得收益额的差额计算。

△(**赌博型受贿;赌博活动、娱乐活动**)根据《最高人民法院、最高人民检察院关于办理赌博刑事案件具体应用法律若干问题的解释》第七条规定,国家工作人员利用职务上的便利为请托人谋取利益,通过赌博方式收受请托人财物的,构成受贿。

实践中应注意区分贿赂与赌博活动、娱乐活动的界限。具体认定时,主要应当结合以下因素进行判断:

(1)赌博的背景、场合、时间、次数;

(2)赌资来源;

(3)其他赌博参与者有无事先通谋;

(4)输赢钱物的具体情况和金额大小。

△(**干薪型受贿;关系人"挂名"领取薪酬**)国家工作人员利用职务上的便利为请托人谋取利益,要求或者接受请托人以给特定关系人安排工作为名,使特定关系人不实际工作却获取所谓薪酬的,以受贿论处。[④]

△(**特定关系人收受贿赂;特定关系人以外的其他人;通谋;受贿罪的共犯**)国家工作人员利用职务上的便利为请托人谋取利益,授意请托人以本意见所列形式,将有关财物给予特定关系人的,以受贿论处。

特定关系人与国家工作人员通谋,共同实施前款行为的,对特定关系人以受贿罪的共犯论处。特定关系人以外的其他人与国家工作人员通谋,由国家工作人员利用职务上的便利为请托人谋取利益,收受请托人财物后双方共同占有的,以受贿罪的共犯论处。[⑤]

△(**权属登记未变更型受贿;借用**)国家工作人员利用职务上的便利为请托人谋取利益,收受请托人房屋、汽车等物品,未变更权属登记或者借用他人名义办理权属变更登记的,不影响受贿的

---

① 我国学者指出,"优惠购物不算受贿"应当同时符合两个基本条件:一是优惠交易条件必须是经营者事先设定的;二是这些优惠条件必须是针对不特定人的,即面向社会公众的。参见王作富主编:《刑法分则实务研究(下)》(第5版),中国方正出版社2013年版,第1642页。

② 如果行为人实际支付了部分股金,但该股金明显低于股份价值的,此一情形不属于干股型受贿,而属于交易型受贿。参见王作富主编:《刑法分则实务研究(下)》(第5版),中国方正出版社2013年版,第1645页。

③ 关于干股型受贿数额的具体认定,参见王作富主编:《刑法分则实务研究(下)》(第5版),中国方正出版社2013年版,第1644—1645页。

④ 我国学者指出,"挂名"领取薪酬的情形不限于特定关系人类型。国家工作人员利用职务便利,为他人谋取利益,从而收取有关"挂名"薪酬,也应论以本罪。参见王作富主编:《刑法分则实务研究(下)》(第5版),中国方正出版社2013年版,第1651页。

⑤ 我国学者指出,第三者并不限于特定关系人。国家工作人员利用职务上的便利,授意请托人向第三者提供财物,构成受贿罪。特定关系人以外的其他人与国家工作人员通谋,由国家工作人员利用职务上的便利为请托人谋取利益,收受请托人财物后由其他人单独占有,也应以受贿罪的共犯论处。参见张明楷:《刑法学》(第6版),法律出版社2021年版,第1601页。

认定。[1]

认定以房屋、汽车等物品为对象的受贿，应注意与借用的区分。具体认定时，除双方交代或者书面协议之外，主要应当结合以下因素进行判断：(1)有无借用的合理事由；(2)是否实际使用；(3)借用时间的长短；(4)有无归还的条件；(5)有无归还的意思表示及行为。

△**(收受财物后退还或者上交；为掩饰犯罪而退还或者上交)**国家工作人员收受请托人财物后[2]及时退还或者上交的[3]，不是受贿。[4]

国家工作人员受贿后，因自身或者与其受贿有关联的人、事被查处，为掩饰犯罪而退还或者上交的，不影响认定受贿罪。

△**(离职后收受财物)**国家工作人员利用职务上的便利为请托人谋取利益之前或者之后，约定在其离职后收受请托人财物，并在离职后收受的，以受贿论处。[5]

国家工作人员利用职务上的便利为请托人谋取利益，离职前后连续收受请托人财物的，离职前后收受部分均应计入受贿数额。

△**(特定关系人)**本意见所称"特定关系人"，是指与国家工作人员有近亲属、情妇(夫)以及其他共同利益关系的人。

△**(宽严相济刑事政策)**依照本意见办理受贿刑事案件，要根据刑法关于受贿罪的有关规定和受贿罪权钱交易的本质特征，准确区分罪与非罪、此罪与彼罪的界限，惩处少数，教育多数。在从严惩处受贿犯罪的同时，对于具有自首、立功等情节的，依法从轻、减轻或者免除处罚。

《最高人民法院、最高人民检察院关于办理商业贿赂刑事案件适用法律若干问题的意见》(法发〔2008〕33号，2008年11月20日公布)

△**(医疗机构国家工作人员；医药产品采购活动；受贿罪)**医疗机构中的国家工作人员，在药品、医疗器械、医用卫生材料等医药产品采购活动中，利用职务上的便利，索取销售方财物，或者非法收受销售方财物，为销售方谋取利益，构成犯罪的，依照刑法第三百八十五条的规定，以受贿罪定罪处罚。

△**(教育机构国家工作人员；采购活动；受贿罪)**学校及其他教育机构中的国家工作人员，在教材、教具、校服或者其他物品的采购等活动中，利用职务上的便利，索取销售方财物，或者非法收受销售方财物，为销售方谋取利益，构成犯罪的，依照刑法第三百八十五条的规定，以受贿罪定罪处罚。

△**(招标、采购国家工作人员；招标、政府采购等事项；受贿罪)**依法组建的评标委员会、竞争性谈判采购中谈判小组、询价采购中询价小组的组成人员，在招标、政府采购等事项的评标或者采购活动中，索取他人财物或者非法收受他人财物，为他人谋取利益，数额较大的，依照刑法第一百六十三条的规定，以非国家工作人员受贿罪定罪处罚。

依法组建的评标委员会、竞争性谈判采购中谈判小组、询价采购中询价小组中国家机关或者其他国有单位的代表有前款行为的，依照刑法第三百八十五条的规定，以受贿罪定罪处罚。

△**(商业贿赂；财物；财产性利益)**商业贿赂中的财物，既包括金钱和实物，也包括可以用金钱计算数额的财产性利益，如提供房屋装修、含有金额的会员卡、代币卡(券)、旅游费用等。具体数

---

① 陈兴良教授指出，收受房屋、汽车等物品而未办理权属变更登记，应当认定为受贿罪的未遂。因为房屋、汽车等物品的权属是否登记在收受者的名下，对其权利行使存在较大影响，在性质上不同于权属已经登记在收受者名下的情形。参见陈兴良主编：《刑法各论精释》，人民法院出版社2015年版，第1199页。

② 相对的，如果行为人索取贿赂后退还或者上交财物，其行为仍然构成受贿罪。参见张明楷：《刑法学》(第6版)，法律出版社2021年版，第1602页。

③ 我国学者指出，此处的"及时"并不是一个单纯的时间概念。参见张明楷：《刑法学》(第6版)，法律出版社2016年版，第1218页。

④ 我国学者指出，系争规定的适用前提是尽管国家工作人员客观上收受财物，但在主观上欠缺受贿故意。至于国家工作人员是否具有受贿故意，不能仅凭退还或者上交的时间作出判断，国家工作人员在何种状态下客观地接受请托人的财物，也是重要的判断资料。另外，需要注意的是，不构成受贿罪的退还行为，只意味着不构成受贿罪，其仍可能成立帮助毁灭证据罪。参见张明楷：《刑法学》(第6版)，法律出版社2016年版，第1604—1605页；王作富主编：《刑法分则实务研究(下)》(第5版)，中国方正出版社2013年版，第1659页；黎宏：《刑法学各论》(第2版)，法律出版社2016年版，第531页。另有学者指出，收受财物后不及时退还或者上交，就是客观处罚条件。参见周光权：《刑法总论》(第4版)，中国人民大学出版社2021年版，第276页。

⑤ 陈兴良教授指出，如果没有事先约定，在职时利用职务上的便利为请托人谋取利益，而在离职后收受原请托人财物或者向请托人索取财物的，一般不宜以受贿罪论处。参见陈兴良主编：《刑法各论精释》，人民法院出版社2015年版，第1142页。

额以实际支付的资费为准。

△(**收受银行卡;受贿数额**)收受银行卡的,不论受贿人是否实际取出或者消费,卡内的存款数额一般应全额认定为受贿数额。使用银行卡透支的,如果由给予银行卡的一方承担还款责任,透支数额也应当认定为受贿数额。①

△(**贿赂;馈赠**)办理商业贿赂犯罪案件,要注意区分贿赂与馈赠的界限。主要应当结合以下因素全面分析、综合判断:(1)发生财物往来的背景,如双方是否存在亲友关系及历史上交往的情形和程度;(2)往来财物的价值;(3)财物往来的缘由、时机和方式,提供财物方对于接受方有无职务上的请托;(4)接受方是否利用职务上的便利为提供方谋取利益。

△(**非国家工作人员与国家工作人员通谋**)非国家工作人员与国家工作人员通谋,共同收受他人财物,构成共同犯罪的,根据双方利用职务便利的具体情形分别定罪追究刑事责任:

(1)利用国家工作人员的职务便利为他人谋取利益的,以受贿罪追究刑事责任。

(2)利用非国家工作人员的职务便利为他人谋取利益的,以非国家工作人员受贿罪追究刑事责任。

(3)分别利用各自的职务便利为他人谋取利益的,按照主犯的犯罪性质追究刑事责任,不能分清主从犯的,可以受贿罪追究刑事责任。②

《最高人民法院、最高人民检察院关于办理国家出资企业中职务犯罪案件具体应用法律若干问题的意见》(法发〔2010〕49号,2010年11月26日公布)

△(**国家出资企业;渎职犯罪;想象竞合犯**)国家出资企业中的国家工作人员在公司、企业改制或者国有资产处置过程中严重不负责任或者滥用职权,致使国家利益遭受重大损失的,依照刑法第一百六十八条的规定,以国有公司、企业人员失职罪或者国有公司、企业人员滥用职权罪定罪处罚。

国家出资企业中的国家工作人员在公司、企业改制或者国有资产处置过程中徇私舞弊,将国有资产低价折股或者低价出售给其本人未持有股份的公司、企业或者其他个人,致使国家利益遭受重大损失的,依照刑法第一百六十九条的规定,以徇私舞弊低价折股、出售国有资产罪定罪处罚。

国家出资企业中的国家工作人员因实施第一款、第二款行为收受贿赂,同时又构成刑法第三百八十五条规定之罪的,依照处罚较重的规定定罪处罚。(§ 4Ⅰ、Ⅱ、Ⅳ)

△(**国家出资企业;改制前后主体身份发生变化;事先约定**)国家工作人员在国家出资企业改制前利用职务上的便利实施犯罪,在其不再具有国家工作人员身份后又实施同种行为,依法构成不同犯罪的,应当分别定罪,实行数罪并罚。

国家工作人员在国家出资企业改制过程中利用职务上的便利为请托人谋取利益,事先约定在其不再具有国家工作人员身份后收受请托人财物,或者在身份变化前后连续收受请托人财物的,依照刑法第三百八十五条、第三百八十六条的规定,以受贿罪定罪处罚。(§ 5Ⅰ、Ⅲ)

△(**国家出资企业;国家工作人员**)经国家机关、国有公司、企业、事业单位提名、推荐、任命、批准等,在国有控股、参股公司及其他分支机构中从事公务的人员,应当认定为国家工作人员。具体的任命机构和程序,不影响国家工作人员的认定。

经国家出资企业中负有管理、监督国有资产职责的组织批准或者研究决定,代表其在国有控股、参股公司及其分支机构中从事组织、领导、监督、经营、管理工作的人员,应当认定为国家工作人员。③

国家出资企业中的国家工作人员,在国家出资企业中持有个人股份或者同时接受非国有股东委托的,不影响其国家工作人员身份的认定。(§ 6)

△(**国家出资企业;"谁投资、谁拥有产权"原则**)本意见所称"国家出资企业",包括国家出资

---

① 即便行贿者以本人的名义办理银行卡,对本罪之判断不产生任何的影响。参见周光权:《刑法各论》(第4版),中国人民大学出版社2021年版,第557页;陈兴良主编:《刑法各论精释》,人民法院出版社2015年版,第1196—1197页。

② 我国学者指出,在非国家工作人员与国家工作人员分别利用各自的职务便利为他人谋取利益时,通谋行为意味着双方均同时触犯了受贿罪与非国家工作人员受贿罪。换言之,国家工作人员既是受贿罪的正犯,又是非国家工作人员受贿罪的共犯;非国家工作人员既是非国家工作人员受贿罪的正犯,也是受贿罪的共犯。由于只有一个行为,故而,对双方都必须从一重罪论处。同样地,所谓"不能分清主从犯"的情形,也是一个行为同时触犯两个罪名,应从一重罪论处。参见张明楷:《刑法学》(第6版),法律出版社2021年版,第1589页。

③ 陈兴良教授指出,本意见在相当程度上扩张了国家出资企业中国家工作人员的范围,并建议区分两种不同的情形进行差别化处理,即国有公司上市以后,单独从事经营、管理活动的情形,以及国有出资企业的国有方与非国有方共同进行经营、管理的国有出资企业。参见陈兴良主编:《刑法各论精释》,人民法院出版社2015年版,第1132页。

的国有独资公司、国有独资企业,以及国有资本控股公司、国有资本参股公司。

是否属于国家出资企业不清楚的,应遵循"谁投资、谁拥有产权"的原则进行界定。企业注册登记中的资金来源与实际出资不符的,应根据实际出资情况确定企业的性质。企业实际出资情况不清楚的,可以综合工商注册、分配形式、经营管理等因素确定企业的性质。(§ 7)

△(**宽严相济刑事政策**)办理国家出资企业中的职务犯罪案件时,要综合考虑历史条件、企业发展、职工就业、社会稳定等因素,注意具体情况具体分析,严格把握犯罪与一般违规行为的区分界限。对于主观恶意明显、社会危害严重、群众反映强烈的严重犯罪,要坚决依法从严惩处;对于特定历史条件下、为了顺利完成企业改制而实施的违反国家政策法律规定的行为,行为人无主观恶意或者主观恶意不明显,情节较轻,危害不大的,可以不作为犯罪处理。

对于国家出资企业中的职务犯罪,要加大经济上的惩罚力度,充分重视财产刑的适用和执行,最大限度地挽回国家和人民利益遭受的损失。不能退赃的,在决定刑罚时,应当作为重要情节予以考虑。(§ 8)

《最高人民法院、最高人民检察院、公安部、司法部关于办理黑恶势力犯罪案件若干问题的指导意见》(法发〔2018〕1号,2018年1月16日公布)

△(**"保护伞";受贿罪;滥用职权罪;玩忽职守罪**)公安机关、人民检察院、人民法院对办理黑恶势力犯罪案件中发现的涉嫌包庇、纵容黑社会性质组织犯罪、收受贿赂、渎职侵权等违法违纪线索,应当及时移送有关主管部门和其他相关部门,坚决依法严惩充当黑恶势力"保护伞"的职务犯罪。(§ 23)

△(**农村"两委"等人员;"保护伞";贪污罪;受贿罪**)依法严惩农村"两委"等人员在涉农惠农补贴申领与发放、农村基础设施建设、征地拆迁补偿、救灾扶贫优抚、生态环境保护等过程中,利用职权恃强凌弱、吃拿卡要、侵吞挪用国家专项资金的犯罪,以及放纵、包庇"村霸"和宗族恶势力,致使其坐大成患;或者收受贿赂、徇私舞弊,为"村霸"和宗族恶势力充当"保护伞"的犯罪。(§ 24)

《最高人民法院、最高人民检察院、公安部关于办理涉窨井盖相关刑事案件的指导意见》(高检发〔2020〕3号,2020年3月16日发布)

△(**与窨井盖相关利益;受贿罪;渎职犯罪;数罪并罚**)国家机关工作人员利用职务上的便利,收受他人财物,为他人谋取与窨井盖相关利益,同时构成受贿罪和刑法分则第九章规定的渎职犯罪的,除刑法另有规定外,以受贿罪和渎职犯罪数罪并罚。(§ 11)

△(**窨井盖**)本意见所称的"窨井盖",包括城市、城乡结合部和乡村等地的窨井盖以及其他井盖。(§ 12)

《最高人民法院、最高人民检察院、公安部办理跨境赌博犯罪案件若干问题的意见》(公通字〔2020〕14号,2020年10月16日发布)

△(**开设赌场罪;受贿罪;数罪并罚**)通过开设赌场或者为国家工作人员参与赌博提供资金的形式实施行贿、受贿行为,构成犯罪的,依照刑法关于贿赂犯罪的规定定罪处罚。同时构成赌博犯罪的,应当依法与贿赂犯罪数罪并罚。(§ 4Ⅱ)

【附属刑法】

《中华人民共和国中国人民银行法》(1995年3月18日通过,2003年12月27日修正)

第五十一条

中国人民银行的工作人员贪污受贿、徇私舞弊、滥用职权、玩忽职守,构成犯罪的,依法追究刑事责任;尚不构成犯罪的,依法给予行政处分。

《中华人民共和国公司法》(1993年12月29日通过,2018年10月26日第四次修正)

第二百零六条

Ⅱ清算组成员利用职权徇私舞弊、谋取非法收入或者侵占公司财产的,由公司登记机关责令退还公司财产,没收违法所得,并可以处以违法所得一倍以上五倍以下的罚款。

第二百一十五条

违反本法规定,构成犯罪的,依法追究刑事责任。

《中华人民共和国商标法》(1982年8月23日通过,2019年4月23日第四次修正)

第七十一条

从事商标注册、管理和复审工作的国家机关工作人员玩忽职守、滥用职权、徇私舞弊,违法办理商标注册、管理和复审事项,收受当事人财物,牟取不正当利益,构成犯罪的,依法追究刑事责任;尚不构成犯罪的,依法给予处分。

《中华人民共和国行政许可法》(2003年8月27日通过,2019年4月23日修正)

第七十三条

行政机关工作人员办理行政许可、实施监督检查,索取或者收受他人财物或者谋取其他利益,构成犯罪的，依法追究刑事责任；尚不构成犯罪的，依法给予行政处分。

《中华人民共和国行政处罚法》（1996年3月17日通过，2021年1月22日修订）

第七十九条

Ⅱ执法人员利用职务上的便利，索取或者收受他人财物、将收缴罚款据为己有，构成犯罪的，依法追究刑事责任；情节轻微不构成犯罪的，依法给予处分。

《中华人民共和国行政强制法》（2011年6月30日通过）

第六十四条

行政机关及其工作人员利用行政强制权为单位或者个人谋取利益的，由上级行政机关或者有关部门责令改正，对直接负责的主管人员和其他直接责任人员依法给予处分。

第六十八条

Ⅰ违反本法规定，给公民、法人或者其他组织造成损失的，依法给予赔偿。

Ⅱ违反本法规定，构成犯罪的，依法追究刑事责任。

《中华人民共和国税收征收管理法》（1992年9月4日通过，2015年4月24日第三次修正）

第八十一条

税务人员利用职务上的便利，收受或者索取纳税人、扣缴义务人财物或者谋取其他不正当利益，构成犯罪的，依法追究刑事责任；尚不构成犯罪的，依法给予行政处分。

《中华人民共和国银行业监督管理法》（2003年12月27日通过，2006年10月31日修正）

第四十三条

Ⅱ银行业监督管理机构从事监督管理工作的人员贪污受贿，泄露国家秘密、商业秘密和个人隐私，构成犯罪的，依法追究刑事责任；尚不构成犯罪的，依法给予行政处分。

《中华人民共和国对外贸易法》（1994年5月12日通过，2016年11月7日修正）

第六十五条

Ⅱ依照本法负责对外贸易管理工作的部门的工作人员利用职务上的便利，索取他人财物，或者非法收受他人财物为他人谋取利益，构成犯罪的，依法追究刑事责任；尚不构成犯罪的，依法给予行政处分。

《中华人民共和国法官法》（1995年2月28日通过，2019年4月23日修订）

第四十六条

法官有下列行为之一的，应当给予处分；构成犯罪的，依法追究刑事责任：

（一）贪污受贿、徇私舞弊、枉法裁判的；

……

（七）利用职权为自己或者他人谋取私利的；

（八）接受当事人及其代理人利益输送，或者违反有关规定会见当事人及其代理人的；

（九）违反有关规定从事或者参与营利性活动，在企业或者其他营利性组织中兼任职务的；

（十）有其他违纪违法行为的。

《中华人民共和国检察官法》（1995年2月28日通过，2019年4月23日修订）

第四十七条

检察官有下列行为之一的，应当给予处分；构成犯罪的，依法追究刑事责任：

（一）贪污受贿、徇私枉法、刑讯逼供的；

……

（七）利用职权为自己或者他人谋取私利的；

（八）接受当事人及其代理人利益输送，或者违反有关规定会见当事人及其代理人的；

（九）违反有关规定从事或者参与营利性活动，在企业或者其他营利性组织中兼任职务的；

（十）有其他违纪违法行为的。

《中华人民共和国预备役军官法》（1995年5月10日通过，2010年8月28日修正）

第六十四条

Ⅰ在预备役军官管理工作中，收受贿赂、徇私舞弊，或者玩忽职守致使预备役工作遭受严重损失，构成犯罪的，依法追究刑事责任；未构成犯罪的，依法给予处分。

《中华人民共和国人民警察法》（1995年2月28日通过，2012年10月26日修正）

第二十二条

人民警察不得有下列行为：

……

（六）敲诈勒索或者索取、收受贿赂；

……

（九）接受当事人及其代理人的请客送礼；

……

第四十八条

Ⅰ人民警察有本法第二十二条所列行为之一的，应当给予行政处分；构成犯罪的，依法追究刑事责任。

Ⅱ行政处分分为：警告、记过、记大过、降级、撤职、开除。对受行政处分的人民警察，按照国家有关规定，可以降低警衔、取消警衔。

Ⅲ对违反纪律的人民警察，必要时可以对其

采取停止执行职务、禁闭的措施。

《中华人民共和国居民身份证法》（2003年6月28日通过，2011年10月29日修正）

第二十条

人民警察有下列行为之一的，根据情节轻重，依法给予行政处分；构成犯罪的，依法追究刑事责任：

（一）利用制作、发放、查验居民身份证的便利，收受他人财物或者谋取其他利益的；

……

《中华人民共和国护照法》（2006年4月29日通过）

第二十条

护照签发机关工作人员在办理护照过程中有下列行为之一的，依法给予行政处分；构成犯罪的，依法追究刑事责任：

……

（六）滥用职权、玩忽职守、徇私舞弊的其他行为。

《中华人民共和国驻外外交人员法》（2009年10月31日通过）

第三十三条

驻外外交人员有下列行为之一的，依法给予相应的处分；构成犯罪的，依法追究刑事责任：

……

（四）利用职务之便为自己或者他人谋取私利的；

……

《中华人民共和国治安管理处罚法》（2005年8月28日通过，2012年10月26日修正）

第一百一十六条

Ⅰ人民警察办理治安案件，有下列行为之一的，依法给予行政处分；构成犯罪的，依法追究刑事责任：

……

（七）利用职务上的便利收受他人财物或者谋取其他利益的；

……

Ⅱ办理治安案件的公安机关有前款所列行为的，对直接负责的主管人员和其他直接责任人员给予相应的行政处分。

《中华人民共和国监狱法》（1994年12月29日通过，2012年10月26日修正）

第十四条

Ⅰ监狱的人民警察不得有下列行为：

（一）索要、收受、侵占罪犯及其亲属的财物；

……

Ⅱ监狱的人民警察有前款所列行为，构成犯罪的，依法追究刑事责任；尚未构成犯罪的，应当予以行政处分。

《中华人民共和国测绘法》（1992年12月28日通过，2017年4月27日第二次修订）

第五十条

违反本法规定，县级以上人民政府测绘地理信息主管部门或者其他有关部门工作人员利用职务上的便利收受他人财物、其他好处或者玩忽职守，对不符合法定条件的单位核发测绘资质证书，不依法履行监督管理职责，或者发现违法行为不予查处的，对负有责任的领导人员和直接责任人员，依法给予处分；构成犯罪的，依法追究刑事责任。

第五十七条

违反本法规定，测绘项目的招标单位让不具有相应资质等级的测绘单位中标，或者让测绘单位低于测绘成本中标的，责令改正，可以处测绘约定报酬二倍以下的罚款。招标单位的工作人员利用职务上的便利，索取他人财物，或者非法收受他人财物为他人谋取利益的，依法给予处分；构成犯罪的，依法追究刑事责任。

《中华人民共和国放射性污染防治法》（2003年6月28日通过）

第四十八条

放射性污染防治监督管理人员违反法律规定，利用职务上的便利收受他人财物、谋取其他利益，或者玩忽职守，有下列行为之一的，依法给予行政处分；构成犯罪的，依法追究刑事责任：

（一）对不符合法定条件的单位颁发许可证和办理批准文件的；

（二）不依法履行监督管理职责的；

（三）发现违法行为不予查处的。

《中华人民共和国清洁生产促进法》（2002年6月29日通过，2012年2月29日修正）

第二十七条

Ⅴ县级以上地方人民政府有关部门应当对企业实施强制性清洁生产审核的情况进行监督，必要时可以组织对企业实施清洁生产的效果进行评估验收，所需费用纳入同级政府预算。承担评估验收工作的部门或者单位不得向被评估验收企业收取费用。

第三十九条

Ⅱ违反本法第二十七条第五款规定，承担评估验收工作的部门或者单位及其工作人员向被评估验收企业收取费用的，不如实评估验收或者在评估验收中弄虚作假的，或者利用职务上的便利谋取利益的，对直接负责的主管人员和其他直接责任人员依法给予处分；构成犯罪的，依法追究刑事责任。

《中华人民共和国政府采购法》（2002年6月29日通过，2014年8月31日修正）

第七十二条

采购人、采购代理机构及其工作人员有下列情形之一，构成犯罪的，依法追究刑事责任；尚不构成犯罪的，处以罚款，有违法所得的，并处没收违法所得，属于国家机关工作人员的，依法给予行政处分：

……

（二）在采购过程中接受贿赂或者获取其他不正当利益的；

……

《中华人民共和国城市房地产管理法》（1994年7月5日通过，2019年8月26日第三次修正）

第七十一条

Ⅰ房产管理部门、土地管理部门工作人员玩忽职守、滥用职权，构成犯罪的，依法追究刑事责任；不构成犯罪的，给予行政处分。

Ⅱ房产管理部门、土地管理部门工作人员利用职务上的便利，索取他人财物，或者非法收受他人财物为他人谋取利益，构成犯罪的，依法追究刑事责任；不构成犯罪的，给予行政处分。

《中华人民共和国水法》（1988年1月21日通过，2016年7月2日第二次修正）

第六十四条

水行政主管部门或者其他有关部门以及水工程管理单位及其工作人员，利用职务上的便利收取他人财物、其他好处或者玩忽职守，对不符合法定条件的单位或者个人核发许可证、签署审查同意意见，不按照水量分配方案分配水量，不按照国家有关规定收取水资源费，不履行监督职责，或者发现违法行为不予查处，造成严重后果，构成犯罪的，对负有责任的主管人员和其他直接责任人员依照刑法的有关规定追究刑事责任；尚不够刑事处罚的，依法给予行政处分。

《中华人民共和国价格法》（1997年12月29日通过）

第四十六条

价格工作人员泄露国家秘密、商业秘密以及滥用职权、徇私舞弊、玩忽职守、索贿受贿，构成犯罪的，依法追究刑事责任；尚不构成犯罪的，依法给予处分。

《中华人民共和国农村土地承包经营纠纷调解仲裁法》（2009年6月27日通过）

第十七条

Ⅰ农村土地承包仲裁委员会组成人员、仲裁员应当依法履行职责，遵守农村土地承包仲裁委员会章程和仲裁规则，不得索贿受贿、徇私舞弊，不得侵害当事人的合法权益。

Ⅱ仲裁员有索贿受贿、徇私舞弊、枉法裁决以及接受当事人请客送礼等违法违纪行为的，农村土地承包仲裁委员会应当将其除名；构成犯罪的，依法追究刑事责任。

Ⅲ县级以上地方人民政府及有关部门应当受理对农村土地承包仲裁委员会组成人员、仲裁员违法违纪行为的投诉和举报，并依法组织查处。

《中华人民共和国合伙企业法》（1997年2月23日通过，2006年8月27日修订）

第一百零四条

有关行政管理机关的工作人员违反本法规定，滥用职权、徇私舞弊、收受贿赂、侵害合伙企业合法权益的，依法给予行政处分。

第一百零五条

违反本法规定，构成犯罪的，依法追究刑事责任。

《中华人民共和国证券投资基金法》（2003年10月28日通过，2015年4月24日修正）

第一百四十六条

证券监督管理机构工作人员玩忽职守、滥用职权、徇私舞弊或者利用职务上的便利索取或者收受他人财物的，依法给予行政处分。

第一百四十九条

违反本法规定，构成犯罪的，依法追究刑事责任。

《中华人民共和国企业国有资产法》（2008年10月28日通过）

第七十一条

Ⅰ国家出资企业的董事、监事、高级管理人员有下列行为之一，造成国有资产损失的，依法承担赔偿责任；属于国家工作人员的，并依法给予处分：

（一）利用职权收受贿赂或者取得其他非法收入和不当利益的；

……

Ⅱ国家出资企业的董事、监事、高级管理人员因前款所列行为取得的收入，依法予以追缴或者归国家出资企业所有。

Ⅲ履行出资人职责的机构任命或者建议任命的董事、监事、高级管理人员有本条第一款所列行为之一，造成国有资产重大损失的，由履行出资人职责的机构依法予以免职或者提出免职建议。

第七十五条

违反本法规定，构成犯罪的，依法追究刑事责任。

《中华人民共和国畜牧法》（2005年12月29日通过，2015年4月24日修正）

第七十条

畜牧兽医行政主管部门的工作人员利用职务上的便利，收受他人财物或者谋取其他利益，对不符合法定条件的单位、个人核发许可证或者有关批准文件，不履行监督职责，或者发现违法行为不予查处的，依法给予行政处分。

第七十一条

违反本法规定，构成犯罪的，依法追究刑事责任。

《中华人民共和国国家赔偿法》（1994年5月12日通过，2012年10月26日第二次修正）

第三十一条

Ⅰ赔偿义务机关赔偿后，应当向有下列情形之一的工作人员追偿部分或者全部赔偿费用：

（一）有本法第十七条第四项、第五项规定情形的；

（二）在处理案件中有贪污受贿，徇私舞弊，枉法裁判行为的。

Ⅱ对有前款规定情形的责任人员，有关机关应当依法给予处分；构成犯罪的，应当依法追究刑事责任。

《中华人民共和国社区矫正法》（2019年12月28日通过）

第六十一条

社区矫正机构工作人员和其他国家工作人员有下列行为之一的，应当给予处分；构成犯罪的，依法追究刑事责任：

（一）利用职务或者工作便利索取、收受贿赂的；

……

《中华人民共和国道路交通安全法》（2003年10月28日通过，2021年4月29日第三次修正）

第一百一十七条

交通警察利用职权非法占有公共财物，索取、收受贿赂，或者滥用职权、玩忽职守，构成犯罪的，依法追究刑事责任。

《中华人民共和国海关法》（1987年1月22日通过，2021年4月29日第六次修正）

第七十二条

海关工作人员必须秉公执法，廉洁自律，忠于职守，文明服务，不得有下列行为：

……

（四）索取、收受贿赂；

……

第九十六条

海关工作人员有本法第七十二条所列行为之一的，依法给予行政处分；有违法所得的，依法没收违法所得；构成犯罪的，依法追究刑事责任。

《中华人民共和国法律援助法》（2021年8月20日通过）

第六十一条

法律援助机构及其工作人员有下列情形之一的，由设立该法律援助机构的司法行政部门责令限期改正；有违法所得的，责令退还或者没收违法所得；对直接负责的主管人员和其他直接责任人员，依法给予处分：

……

（三）收取受援人财物；

……

第六十七条

违反本法规定，构成犯罪的，依法追究刑事责任。

《中华人民共和国监察官法》（2021年8月20日通过）

第五十二条

Ⅰ监察官有下列行为之一的，依法给予处理；构成犯罪的，依法追究刑事责任：

（一）贪污贿赂的；

……

Ⅱ监察官有其他违纪违法行为，影响监察官队伍形象，损害国家和人民利益的，依法追究相应责任。

《中华人民共和国民事诉讼法》（1991年4月9日通过，2021年12月24日第四次修正）

第四十六条

Ⅰ审判人员应当依法秉公办案。

Ⅱ审判人员不得接受当事人及其诉讼代理人请客送礼。

Ⅲ审判人员有贪污受贿，徇私舞弊，枉法裁判行为的，应当追究法律责任；构成犯罪的，依法追究刑事责任。

《中华人民共和国人口与计划生育法》（2001年12月29日通过，2021年8月20日第二次修正）

第四十三条

国家机关工作人员在计划生育工作中，有下列行为之一，构成犯罪的，依法追究刑事责任；尚不构成犯罪的，依法给予处分；有违法所得的，没收违法所得：

……

（三）索取、收受贿赂的；

……

《中华人民共和国兵役法》（1984 年 5 月 31 日通过，2021 年 8 月 20 日修订）

第六十一条

国家工作人员和军人在兵役工作中，有下列行为之一的，依法给予处分：

（一）贪污贿赂的；

……

第六十二条

违反本法规定，构成犯罪的，依法追究刑事责任。

《中华人民共和国海警法》（2021 年 1 月 22 日通过）

第七十四条

海警机构工作人员在执行职务中，有下列行为之一，按照中央军事委员会的有关规定给予处分：

……

（六）敲诈勒索，索取、收受贿赂或者接受当事人及其代理人请客送礼的；

……

第七十五条

违反本法规定，构成犯罪的，依法追究刑事责任。

【指导性案例】

最高人民法院指导案例第 3 号：潘玉梅、陈宁受贿案（2011 年 12 月 20 日发布）

△（**"合办"公司；未实际出资和参与经营管理**）国家工作人员利用职务上的便利为请托人谋取利益，并与请托人以"合办"公司的名义获取"利润"，没有实际出资和参与经营管理的，以受贿论处。

△（**为他人谋取利益**）国家工作人员明知他人有请托事项而收受其财物，视为承诺"为他人谋取利益"，是否已实际为他人谋取利益或谋取到利益，不影响受贿的认定。

△（**交易型受贿；受贿数额**）国家工作人员利用职务上的便利为请托人谋取利益，以明显低于市场的价格向请托人购买房屋等物品的，以受贿论处，受贿数额按照交易时当地市场价格与实际支付价格的差额计算。

△（**为掩饰犯罪；事后退还**）国家工作人员收受财物后，因与其受贿有关联的人、事被查处，为掩饰犯罪而退还的，不影响认定受贿罪。

最高人民检察院指导性案例第 8 号：杨某玩忽职守、徇私枉法、受贿案（2012 年 11 月 15 日发布）

△（**渎职犯罪；受贿；数罪并罚**）一是渎职犯罪因果关系的认定。如果负有监管职责的国家机关工作人员没有认真履行其监管职责，从而未能有效防止危害结果发生，那么，这些对危害结果具有"原因力"的渎职行为，应认定与危害结果之间具有刑法意义上的因果关系。二是渎职犯罪同时受贿的处罚原则。对于国家机关工作人员实施渎职犯罪并收受贿赂，同时构成受贿罪的，除《刑法》第三百九十九条有特别规定的外，以渎职犯罪和受贿罪数罪并罚。

最高人民检察院指导性案例第 15 号：胡林贵等人生产、销售有毒、有害食品，行贿；骆梅等人销售伪劣产品；朱伟全等人生产、销售伪劣产品；黎达文等人受贿，食品监管渎职案（2014 年 2 月 20 日发布）

△（**食品监管渎职罪；受贿罪；数罪并罚**）负有食品安全监督管理职责的国家机关工作人员，滥用职权，向生产、销售有毒、有害食品的犯罪分子通风报信，帮助逃避处罚的，应当认定为食品监管渎职罪；在渎职过程中受贿的，应当以食品监管渎职罪和受贿罪实行数罪并罚。

最高人民检察院指导性案例第 16 号：赛跃、韩成武受贿、食品监管渎职案（2014 年 2 月 20 日发布）

△（**食品监管渎职罪；受贿罪；数罪并罚**）负有食品安全监督管理职责的国家机关工作人员，滥用职权或玩忽职守，导致发生重大食品安全事故或者造成其他严重后果的，应当认定为食品监管渎职罪。在渎职过程中受贿的，应当以食品监管渎职罪和受贿罪实行数罪并罚。

最高人民检察院指导性案例第 75 号：金某某受贿案（2020 年 7 月 16 日发布）

△（**职务犯罪；认罪认罚；确定刑量刑建议**）对于犯罪嫌疑人自愿认罪认罚的职务犯罪案件，应当依法适用认罪认罚从宽制度办理。在适用认罪认罚从宽制度办理职务犯罪案件过程中，检察机关应切实履行主导责任，与监察机关、审判机关互相配合，互相制约，充分保障犯罪嫌疑人、被告人的程序选择权。要坚持罪刑法定和罪责刑相适

应原则，对符合有关规定条件的，一般应当就主刑、附加刑、是否适用缓刑等提出确定刑量刑建议。

最高人民检察院指导性案例第76号：张某受贿，郭某行贿、职务侵占、诈骗案（2020年7月16日发布）

△（**受贿罪；改变提前介入意见；案件管辖；追诉漏罪**）检察机关提前介入应认真审查案件事实和证据，准确把握案件定性，依法提出提前介入意见。检察机关在审查起诉阶段仍应严格审查，提出审查起诉意见。审查起诉意见改变提前介入意见的，应及时与监察机关沟通。对于在审查起诉阶段发现漏罪，如该罪属于公安机关管辖，但犯罪事实清楚，证据确实充分，符合起诉条件的，检察机关在征得相关机关同意后，可以直接追加起诉。

【公报案例】

△（**收受银行卡并改动密码；收贿行为实施终了**）国家工作人员，利用职务上的便利，为他人谋取利益，收受他人的银行卡并改动密码，至案发时虽未实际支取卡中存款，但主观上明显具有非法占有的故意，应视为收受钱款的行为已经实施终了，构成了受贿罪。［《最高人民法院公报》2004年第1期　程绍志受贿案］

△（**受贿犯罪情节特别恶劣**）被告人受贿数额特别巨大，并具有多次索贿的法定从重处罚情节，且为逃避法律制裁，在有关部门查处其涉嫌经济犯罪期间，仍继续向他人索贿，将索取的巨额贿赂用于企图阻止有关部门对其经济犯罪问题的查处，受贿犯罪情节特别恶劣，社会危害性极大，罪行极其严重。［《最高人民法院公报》2004年第3期　王怀忠受贿、巨额财产来源不明案］

△（**收贿但尚未为他人谋取实际利益**）根据《刑法》第三百八十五条第一款的规定，国家工作人员明知他人有具体请托事项，仍利用职务之便收受其财物的，虽尚未为他人谋取实际利益，其行为亦构成受贿罪。［《最高人民法院公报》2004年第9期　刘爱东贪污、受贿案］

△（**国有医疗机构；医保信息；国有事业单位中从事公务的人员**）国有医疗机构中，从事医疗数据统计、传输、维护等信息管理工作的事业编制人员，其统计、传输、维护的信息和数据系国有医疗机构对医疗业务进行管理、监督、决策的重要依据，属于医保信息，工作内容具有公务性质，该人员系国有事业单位中从事公务的人员，应以国家工作人员论。该类人员利用从事信息管理的职务便利，非法收受医药营销人员财物，向其提供本医疗机构药品使用情况统计数据等信息，为相关药品生产、销售企业以不正当手段销售药品提供便利的行为，应当依照《刑法》第三百八十五条第一款的规定，以受贿罪定罪处罚。［《最高人民法院公报》2014年第9期　丁利康受贿案］

【参考案例】

△国家工作人员口头承诺收受他人财物，并就收受财物作出具体安排，进而为他人谋取利益的，应以受贿罪论处。

口头承诺收受钱款的行为属于非法收受行为，能构成受贿罪。理由如下：(1)现代汉语词典中对收受的解释是接受、收取。可见，《刑法》中对受贿罪的表述中的收受他人财物既包括收下他人送的财物，也包括对他人送的财物不拒收。在本案中王效金对李宗义每年报送的钱款及对钱款的处置均表示同意，可见王明知收受此钱款是不廉洁的行为而并不拒收，是符合受贿罪犯罪构成表述中非法收受情形的。(2)该承诺为真实意思表示。结合本案具体案情，王效金是愿意接受李宗义所给付的好处费的。接受好处费是王真实意思表示。从给付者来说，也是其真实意思表示。李宗义为了长期向古井集团供应基础酒，是愿意给付这笔好处费的。(3)口头承诺背后双方都有具体行为。从此案的全过程来看，在该笔钱款的来源、计提的标准、存放地点等方面，双方都事前约定好或事后意见达成一致。根据王效金的供述和李宗义的证言，二人在事前约定了收受好处费一事。李宗义八年间每年都按约定的标准计算出计提的具体数额，并且把每年的计提数额记录在笔记本上，把该款从公司内账中提出，兑换成美元后存到自己或自己家人的个人账户，向王效金汇报该款数额，听从王对该钱款的安排，并按王的意思办理。王效金对李宗义每年计提的钱数以及处理方式均表示接受，并且指示李宗义动用了其中的15.1万美元，帮助儿子王依林完成存款任务。(4)承诺收受该好处费有相应的对价，即王效金利用自己职务的便利，使李的公司能够长期向古井集团供应基础酒，为李的公司谋取了巨大利益。综上所述，王效金承诺收受财物的行为实质上是一种权钱交易行为，符合受贿罪的客观构成要件。［No. 8-385-1　王效金受贿案］

△国家工作人员口头承诺收受钱款，虽然该款项在案发时尚未到账，但在事实上对该款项或其中

部分款项具有支配权，应当认定为受贿罪既遂。[①]

王效金口头承诺收受李宗义好处费美元55.1942万元的行为构成受贿罪既遂。

对贿赂财物的控制是判断构成受贿罪既遂与未遂的标准。在丧失说、占有说和控制说几种判断标准中，应采用控制说的标准判断受贿罪既遂与未遂。所谓控制是指对财物的支配、处分的能力，它不同于对财物的占有、使用或者收益。所以即便行为人对财物没有占有、使用或者得到收益，但只要他拥有对财物支配、处分的能力，一般就认为他拥有对该财物的控制权。原因一：《刑法》规定索取他人财物的，或者非法收受他人财物的行为的实施者是国家工作人员，而不是行贿者。所以，认定受贿既遂的标准应以受贿者对财物的控制为标准，而不应以行贿者对财物的丧失为准。原因二：把索取他人财物的，或者非法收受他人财物理解为财物被受贿者控制，实践中便于操作。原因三：如果以实际占有为标准认定受贿未遂，无形之中会放纵犯罪。

王效金对其口头承诺收受的钱款拥有控制权。从每年年底李宗义向王汇报提成，听从王对该钱款的安排，并且王指示李宗义动用其中的15.1万美元为王的儿子完成存款任务，从上述各种行为，结合王效金自身所处的地位、所拥有的职权以及由此而产生的各种有利条件，行贿者与受贿者之间的利害关系及行贿者的具体行为等因素综合分析，王效金已具有对该款的控制权。该款在案发时虽未转入王效金账户，但并不影响王效金对该款的控制。[No. 8-385-2　王效金受贿案]

△以投资的名义收取高额回报但不承担任何风险的，应当认定为受贿罪中的非法收受他人财物。

被告人于纪豹领取德隆公司170万元，是以投资的名义和途径达到的。但是，于纪豹向德隆公司投资，只享有高额回报，而不承担任何风险，这种投资行为，实际上成为其向德隆公司索取财物或者收受德隆公司财物的手段，是为了掩盖其受贿行为，逃避刑罚制裁所采用的一种行为方式。因此，于纪豹从德隆公司领取170万元回报款，实质上是索取收受他人财物的行为。[No. 8-385-3　于纪豹受贿案]

△依照公司法规定产生的国有单位投资委派的公司负责人，应当认定为受国有单位委派从事公务的人员。

南通农行是兴隆有限公司的实际投资人，聘任曹军担任兴隆有限公司经理，属于履行投资主体的权利。兴隆有限公司源于兴隆公司，而兴隆公司是南通农行投资兴办的，只是由于国家政策限制银行办公司，南通农行通过转制，要求如皋市长江信用社、海安县大公信用社、南通农行工会作为兴隆有限公司的挂名股东，但实际上，如皋市长江信用社、海安县大公信用社、南通农行工会既没有投资，也没有行使股东权利；如皋市信用联社和海安县信用联社投入到兴隆公司的1000万元，实际上是南通农行利用其对信用社的管理关系动用的，在南通农行不再管理农村信用社、两信用社索要原借款后，南通农行已归还该1000万元；南通农行对兴隆（有限）公司进行了全面管理，如公司的工作人员基本上是南通农行的原工作人员，人事关系仍在南通农行，公司的管理层由南通农行聘任，工资仍由南通农行发放，在兴隆有限公司被注销后，公司的工作人员绝大多数回到南通农行，曹军在兴隆有限公司解散后又被南通农行聘任为管理农行大楼的金隆物业公司总经理等。因此，南通农行是兴隆有限公司的实际投资人，有权委派曹军担任兴隆有限公司经理。

投资主体委派有限责任公司经理与股东选（推）举公司执行董事兼经理是两个不同的程序，不能因为有限责任公司经理须经过股东会的选举程序而否认其受国有单位委派从事公务的性质。《公司法》第五十条第一款规定，股东人数较少或者规模较小的有限责任公司，可以设一名执行董事，不设立董事会；执行董事可以兼任公司经理。第三十七条规定，有限责任公司的董事由股东会选举。1996年6月，在兴隆公司改制为有限责任公司后，被告人曹军被股东推举为执行董事兼经

① 学说上关于受贿罪的既遂标准存在争议。传统观点认为，受贿罪以取得财物（取得说）为既遂。参见赵秉志、李希慧主编：《刑法各论》（第3版），中国人民大学出版社2016年版，第405页；王作富主编：《刑法分则实务研究（下）》（第5版），中国方正出版社2013年版，第1667页；黎宏：《刑法学各论》（第2版），法律出版社2016年版，第532页；周光权：《刑法各论》（第4版），中国人民大学出版社2021年版，第556页。

另有不同见解指出，收受贿赂类型犯罪以接受贿赂为既遂标准，具有合理性。但是，在索取贿赂类型案件中，应当以实施索要行为作为受贿既遂标准。因为在索要贿赂的情形下，即使行为人没有现实取得贿赂，但其索要行为已经侵犯了职务行为的不可收买性。陈兴良教授则认为，以是否取得财物作为受贿罪未遂与既遂的区分标准过于简单化，在复杂的受贿案件中（如收受银行卡，或者收受房屋等）会引起争议。参见张明楷：《刑法学》（第6版），法律出版社2021年版，第1607—1608页；陈兴良主编：《刑法各论精释》，人民法院出版社2015年版，第1195页。

理。因此,曹军担任兴隆有限公司经理的职务源于股东的推举。但《公司法》第四十二条规定,股东会会议由股东按照出资比例行使表决权。由于兴隆有限公司实质上是南通农行出资设立的,南通农行对于聘任曹军担任兴隆有限公司经理具有决定性作用。这种聘任,正属于《刑法》第九十三条第二款规定的委派。需要说明的是,在国有公司、企业转制过程中,国有公司、企业委派人员到其控股或者参股的公司中行使监督、管理国有资产的情况比较复杂,既有事前、事中的提名、推荐、指派、任命,也有事后的认可、同意、批准、聘任等。委派的形式可以多种多样,依照何种程序、形式取得非国有公司的管理职位,对于是否属于受国有单位委派的认定不具有决定性意义。随着国有企业改革的深化和人事制度的完善,股份制将成为国有资本的主要实现形式。除了国有独资公司的董事会成员由相关部门直接委派之外,其他公司的董事会成员和总经理均需由股东会选举或者董事会决定,而国有出资单位依法仅享有提名、推荐人选等权利。如果将依照公司法由股东依选举产生或者董事会聘任的非国有公司中负责国有资本经营管理的人员一律不认定为受委派从事公务的人员,将从根本上排除在刑事司法中认定受国有公司、企业委派从事公务人员的可能性。因此,只要经过了国有单位的委派程序,并在非国有单位中履行组织、领导、监督、管理等公务性的职责,就应当认定为受国有单位委派从事公务,不能因为被委派人员能否担任相应的职务还需要根据公司法的规定由股东会选举或者董事会聘任,而否认被委派人员是受国有公司、企业委派从事公务的性质。本案中,曹军接受国有企业南通农行的委派,担任兴隆有限公司经理,并实际行使了管理国有资产的职责,应当认定为《刑法》第九十三条第二款规定的受国有企业委派到非国有公司中从事公务的人员。

在形式上,南通农行工会仍是兴隆有限公司股东,认定被告人曹军是受国有企业委派到非国有公司中从事公务的人员,不存在法律上的障碍。根据《商业银行法》第四十三条关于商业银行在中华人民共和国境内不得向非银行金融机构和企业投资的规定,南通农行投资兴办公司的行为具有违法性。但本案中,兴隆公司的转制行为发生在《商业银行法》施行后不久,由于经济生活的复杂性,在南通农行通过违法操作,成为兴隆有限公司的实际投资人,已对兴隆有限公司进行全面管理,并且已归还两信用社 1000 万元投资款的情况下,不能因其投资行为的违法性而否定曹军系国有企业委派到非国有公司中从事公务的人员的性质。同时,从形式上看,兴隆公司改制为有限公司后,南通农行工会仍为公司股东,而南通农行工会是南通农行的一个部门,南通农行聘任被告人曹军担任兴隆有限公司总经理,可以认定为南通农行以工会名义依法行使股东的权利,认定曹军为受国有企业委派到非国有公司中从事公务的人员,不存在法律上的障碍。

综上,对于被告人曹军利用担任兴隆有限公司经理的职务便利,在决定南通市农金科技培训中心工程施工单位、供货单位、支付工程款等方面为他人谋取利益,非法收受他人财物的行为,应当以受贿罪定罪处罚。[No. 8-385-4　曹军受贿案]

△区分亲友间经济往来是正当馈赠还是受贿,应当从双方关系、经济往来的价款和事由等方面予以判断。

国家工作人员与其亲友之间是否存在行贿、受贿关系,有两种不同情况。一种是在财产上有共有关系的亲属,如夫妻之间、父母与经济上未独立的子女之间,不存在行贿、受贿的问题。另一种是在财产上没有共有关系的亲属和朋友之间,可以存在行贿、受贿关系。区分亲友间经济往来是正当馈赠还是受贿,可以从以下三个方面判断:(1)双方关系。根据双方之间有无经济往来及往来次数的多少,判断双方之间是否存在馈赠的基础。(2)经济往来的价款。结合当时当地的习俗和双方的友谊、感情状况,根据经济往来的价款的大小,区分是受贿还是馈赠。(3)往来的事由。如果授予方基于具体的请托事项给予国家工作人员财物,国家工作人员在接受财物前后有利用职务便利为对方谋取利益的行为的,一般应对双方认定为行贿、受贿关系。

虽然周明成是被告人万国英的妹夫,双方之间长期存在着正当的经济往来,但是,周明成送 1 万元钱给万国英是因其承揽白银公司安居工程需要万国英帮助;万国英在收受周明成 1 万元以后,给建安公司经理车某打招呼,要求车某在安居工程的发包方面照顾周明成;周明成也承认,因为万国英主管安居工程,只要万国英帮忙,就可以不费什么力气拿到工程,其送钱的实际目的就是为了让万国英在安居工程上给予照顾。万国英收受周明成人民币 1 万元后,利用职务上的便利帮助周明成承揽了白银公司 7 600 平方米的建筑工程,权钱交易的性质非常明显,应当认定为受贿。

关于 1999 年春节被告人万国英收受周明成所送人民币 1 万元一事,虽然万国英没有在周明成承揽白银公司党校建筑工程上亲自出面为周明成说情,但在周明成为承揽党校建筑工程之事向万国英寻求帮助时，万国英明确对周明成讲，发包党校建筑工程的人都知道周明成是其妹夫，指点周明成直接找白银公司下属的房产公司经理杨某和科长李某办理承揽事宜。万国英的这一行为明显具有为周明成谋利的性质。这种权钱交易的受贿性质与亲友间的正当馈赠行为有本质的区别。［No. 8-385-5　万国英受贿、挪用公款案］

△以慰问金名义逢年过节收受下级单位财物，且具有为他人谋取利益的意图的，应以受贿罪论处。

在社会生活中，下级单位逢年过节期间出于各种不同的目的，以给上级单位及其工作人员发放所谓的奖金、福利、慰问金等名义送钱送物的情况较为普遍。收受钱物的一方是否构成受贿？对此，应当区分不同情况，结合受贿犯罪的构成要件即是否具有为他人谋取利益这一点加以具体认定。仅仅出于人情往来，不具有为他人谋取利益的意图及行为，属于不正之风，应按一般的违纪处理，不应认定为受贿犯罪；如借逢年过节这些传统节日之机，明知他人有具体请托事项，或者根据他人提出的具体请托事项、承诺为他人谋取利益而收受他人财物的，则不管是单位还是个人，均应认定为受贿行为。在本案中，被告人姜杰于 1998 年和 1999 年春节前的一天，先后两次收受时任清浦公安局闸口派出所所长唐卫东送的共计人民币 1800 元，以及于 2000 年和 2001 年春节前的一天，先后两次收受时任清浦公安局盐河派出所所长陈明中送来的共计人民币 2500 元。这些款项系基层派出所经集体研究，在春节之际慰问干警家属时将时任局长的姜杰一并作为慰问对象所发放的慰问金，相关基层派出所在送钱给姜杰时并无特定的目的和动机，仅仅是出于一般的联络感情的考虑，不具有权钱交易的性质。故法院未将该笔慰问金数额认定为受贿数额，是妥当的。［No. 8-385-8　姜杰受贿案］

△国家工作人员利用职务上的便利为他人谋取利益，在为他人谋取利益之时或者之前并未收受财物，在为他人谋取利益之后收受对方财物，没有充分证据证明行为人在利用职务便利为他人谋取利益时就意在以后收受对方的财物，但事后收受对方财物时，却明知对方送的财物是因为自己的职务行为的，认定为事后受贿，应以受贿罪论处。①

本案是一起典型的事后受贿案例。

1. 被告人陈晓利用职务便利，根据下属部门承包经营人李剑峰建议，制定新的承包经营政策，为李剑峰申请拨要进口原油配额和协调李剑峰与财务处之间的矛盾等，都是陈晓履行职务的行为。虽然被告人陈晓主持制定《关于能源化工处、庐海实业有限公司试行新的奖励办法的通知》的程序不符合公司管理规范，但安徽公司实行总经理负责制，被告人陈晓曾就此事向总经理赵德海汇报，并征得了同意，因此，应认为《关于能源化工处、庐海实业有限公司试行新的奖励办法的通知》的制定程序是合法有效的。

2. 被告人陈晓利用其职务便利为李剑峰谋取了利益，并在事后收受了李剑峰所送财物。根据被告人陈晓主持制定的《关于能源化工处、庐海实业有限公司试行新的奖励办法的通知》的规定，李剑峰共从公司提取人民币 180 余万元。同时，被告人陈晓为李剑峰要原油配额和协调李剑峰与财务处在资金方面的矛盾，也为李剑峰获取巨额利润提供了便利条件。但被告人陈晓在利用职务便利为李剑峰谋取利益之时或者之前，没有收受李剑峰的财物，李剑峰送给陈晓的钱都来自提成款，这些提成款主要源于陈晓制定《关于能源化工处、庐海实业有限公司试行新的奖励办法的通知》这一职务行为，相对于陈晓的上述职务行为，陈晓三次收受李剑峰财物的行为均在其后。

3. 没有证据证明被告人陈晓利用职务便利为

---

① 类似的学说见解认为，事前有约定的事后受财与事前没有约定的事后受财只是形式不同，没有实质区别。参见张明楷：《刑法学》（第 6 版），法律出版社 2021 年版，第 1596 页；王作富主编：《刑法分则实务研究（下）》（第 5 版），中国方正出版社 2013 年版，第 1657 页。

亦有学者指出，如果行为人利用职务之便为他人谋取利益，约定将来收取贿赂，尚未兑现或者到了约定兑现的时候没有实际兑现，从理论上讲可以认定是受贿未遂。就实际情况而言，对于这种期约受贿的行为，根据我国目前的法律规定和司法实践，无论从实体上讲还是从证据上讲，恐怕都难以定罪，参见赵秉志、李希慧主编：《刑法各论》（第 3 版），中国人民大学出版社 2016 年版，第 401—402 页。

另外，陈兴良教授指出，事后受财的行为是否构成犯罪，关键问题在于如何认识“为他人谋取利益”此一要件。张明楷教授是以受贿故意的论证来取代“为他人谋取利益”的认定，但其无法圆满地解决在事后受财的情况下，是否存在为他人谋取利益的问题。据此，为他人谋取利益是一种主观违法要素。单纯的事后受财不能构成受贿罪。但是，如果在办事与受财之间存在时间上的交叉，则这些存在时间上交叉的受财行为就不是事后受财。因为，在第一次事后受财之后，行为人对于受财已经存在心理预期，为他人谋取利益作为收受他人财物之交换条件的意图得以认定，因而其行为应以受贿罪论处。参见陈兴良主编：《刑法各论精释》，人民法院出版社 2015 年版，第 1152—1171 页。

李剑峰谋取利益是以收受对方的财物为目的,但事后陈晓收受财物时,却明知李剑峰送财物是因为自己的行为使其获取了利益。被告人陈晓在实施有关职务行为前,与李剑峰并无以后收受财物的约定。从陈晓的客观行为中也难以推定陈晓具有期望以后收受财物的故意。但陈晓对李剑峰送钱的原因是明知的,这一点陈晓本人有供述,李剑峰亦有相应的陈述,那就是,陈晓为李剑峰在新分配办法试点、做原油业务等方面给予了不小的帮助。这一故意在陈晓收受钱款时没有通过语言表达出来,但根据二人的陈述足以认定。

事后受贿的,应以受贿罪定罪处刑,理由如下:

1. 事后收受财物的行为与主动索取财物、收受财物后违法行使职权等相比,其主观恶性、对公务活动的危害要小,但这种行为同样侵犯了受贿罪的客体——国家机关的廉政建设制度。公务人员是人民的公仆,公正廉洁是其最基本的品德。为了保证公务人员的公正廉洁,国家制定了一系列廉政方面的制度。实施受贿犯罪必然要侵犯这一制度。不论是主动索取钱财、收受贿赂后违法行使职权或者事后收受财物,都是对廉洁制度的危害,构成犯罪的,应依法追究刑事责任。

2. 根据《刑法》第三百八十五条的规定,受贿罪在客观上表现为:利用职务之便,索取他人财物,或者非法收受他人财物,使他人获取了利益。刑法中表述的收受他人财物,为他人谋取利益,将收受行为置于谋利行为之前,只是表述问题,也是典型的受贿方式,但并不意味着只有先收受财物,后谋取利益才是受贿,而先谋利后收受财物就不构成受贿。本案中,被告人陈晓制定有关文件、申请原油配额、协调李剑峰与财务处的矛盾,均系其作为公司总经理依职权行使的职务行为,属于利用职务上的便利。陈晓行使的行为虽是合法的正当职务行为,使李剑峰获取的巨额利润也是合法的利益,但这仍属于为他人谋取利益。陈晓因为李剑峰获取利益而收受了李剑峰送的财物,其行为无疑属于非法收受他人财物。综上,陈晓的行为已具备受贿罪的客观构成特征。

3. 受贿罪是故意犯罪,且通常为直接故意,即明知对方送财物的目的与自己的职务行为有关而予以收受。在本案中,根据被告人陈晓的供述,陈晓对李剑峰所送钱款的性质是明知的,从收受情况看,陈晓也没有推托。因此,陈晓的行为同样具备了受贿罪主观方面的要件,系直接故意。

处理此类案件,还有一个重要的适用刑法原则:如果对于事后收受财物,且在行使权力为行贿方谋利时双方无暗示、约定以后给予好处,就属于受贿证据不足,不能认定犯罪,如此一来,刑法规定的受贿罪就会被稍有智慧的行为人规避,受贿将大行其道。这显然不是立法的本意。也就是说,对某一类行为是否应依法追究刑事责任,在充分论证其犯罪构成的基础上,还必须考虑裁判的后果:是促进了社会正常秩序的维护,还是敞开了大门,使稍做手脚者即可绕过法律规定,使立法的某一条文实际上被废止。实践中,某一具体行为具有特殊性,是否适用刑法定罪有争议;而若不予追究,这种特殊行为方式就会被广为效仿,成为一种带有普遍性的行为,刑法明确规定的典型犯罪行为都会照此模仿,这一类犯罪的立法条文就等于被废止,显然这是不能被允许的。[No. 8-385-9 陈晓受贿案]

△对于受贿罪的量刑,应当根据犯罪的事实、犯罪的性质、情节和对社会的危害程度进行裁量。

根据近年来的审判实践,对于受贿罪的量刑,特别是对死刑的掌握。应根据犯罪的事实、犯罪的性质、情节和对社会的危害程度,全面衡量再决定刑罚,主要应注意以下几个方面的问题:

1. 受贿数额的大小。受贿数额客观可以反映案件事实,同时也能反映被告人主观恶性的大小,它是体现犯罪情节的一个重要方面。受贿数额大,反映被告人主观恶性深,社会危害大,量刑时就应判处较重刑罚。受贿数额小,一般情况下反映主观恶性及社会危害较小,量刑时应判处较轻刑罚。1997年《刑法》规定受贿5万元不满10万元的,处5年以上有期徒刑;受贿10万元以上的应当判处10年以上有期徒刑、无期徒刑,就反映了受贿数额与刑罚之间的关系。被告人张德元受贿数额194万余元,如果不具有其他情节,显然应当在10年有期徒刑以上这一法定刑幅度内予以惩处。

2. 受贿情节的轻重。受贿数额的大小是受贿情节的重要组成部分,但并不是全部情节。被告人在受贿中的具体表现,有无索贿以及其他相关情节,也是表现之一。被告人张德元没有索贿情节,但从其受贿的细节看情节是比较恶劣的。张某某、吴某某答应给他贿赂后,他不在国内收受,而是让他养子张晓丹到中国香港收受。张晓丹到中国香港找到张某某、吴某某,直接说明来意,向对方要钱。卢某某送给他房子,他不敢以自己的名义要,而让卢某某将房产证办到张晓丹名下。从这些情况可以看出,被告人张德元受贿的手段更狡猾,方法更隐蔽。

3. 给国家造成的损失。给国家造成损失的大小,是受贿情节的一个重要方面,因此,也是决定刑罚的一个重要因素。特别是因受贿而给国家造成的经济损失有时往往要大于贪污犯罪,这也是笔者认为受贿犯罪数额不能简单与贪污数额比较而确定刑罚的重要原因。被告人张德元为了个人的利益,置国家、单位利益于不顾,犯罪情节特别严重。例如,他先后收受港商陈×林16万元港币,应陈×林的要求同意减交了陈×林兄弟应交给国信公司的25.5万元利润,免交了应交的141万元违约金。仅此两项就使国信公司损失166.5万元。特别是在国信公司同陈×林兄弟商谈惠州富绅服装实业有限公司股权转让的谈判中,陈×林兄弟要求在3800万元以下买断股权,谈了几次均未谈成。陈×林找到张德元,私下许诺只要能以3800万元买下股权,可以单独送给张德元100万港元。张德元即拍板以3800万元转让国信公司的股权。从以上情况看,被告人张德元为了个人的私利,把国家利益、公司利益置于一旁,使国家利益遭受重大损失,这样的犯罪行为,应是打击的重点。因此,具体适用刑罚,必须援引1997年《刑法》第三百八十三条第一款第(三)项中情节特别严重的,处死刑,并处没收财产的规定予以处罚。

4.是否具有法定的从轻、从重处罚的情节。罪犯是否主犯,认罪态度如何,有无自首、立功表现,也是量刑要掌握的重要方面。从该案情况看,他人之所以送给张德元、张晓丹、邹建萍财物,就是看重张德元手中的权力。张德元也正是利用手中的权力,大肆收受财物,为他人谋取利益。被告人张德元是该案的主犯。对于主犯,《刑法》第二十六条第四款规定了处罚原则。结合本案,被告人张德元应对其组织、参与的全部犯罪,包括全部受贿数额,因受贿造成的全部危害后果负责。检察机关开始审查张德元受贿案时,张德元一直拒供,后来检察机关陆续掌握了张德元受贿的事实,他才不得不供认,其认罪态度较差。张德元归案以后,虽也检举了他人犯罪线索,但均未被查证属实,被告人张德元不具有立功表现。因此被告人张德元没有法定从轻处罚情节。[No. 8-385-10　张德元受贿案]

△经国家机关党委决定任命的集体所有制企业经营管理人员,应当认定为国家机关委派到非国有企业中从事公务的人员。

本案被告人李葳所在的汽车修制厂,系集体所有制企业。根据《刑法》第九十三条第二款的规定,对于集体所有制企业工作人员利用职务上的便利,索取他人财物,或者非法收受他人财物,为他人谋取利益的行为能否以受贿罪定罪处罚,应当取决于行为人是否属于国家机关、国有公司、企业、事业单位委派到集体所有制企业中从事公务的人员。由于被告人李葳担任汽修厂厂长,其从事公务的工作性质是不容置疑的,对其行为能否以受贿罪定罪处罚,关键在于其于1992年8月经济南市交通局党委研究决定被任命为汽修厂厂长,能否认定为国家机关委派。党管干部是我国干部管理体制的一项重要组织原则,济南市交通局党委所作的决定就是代表济南市交通局所作的决定,而济南市交通局作为汽修厂的上级主管单位,对汽修厂厂长的任命,正是国家机关委派行为的具体方式。因此,李葳属于《刑法》第九十三条第二款规定的国家机关委派到非国有企业中从事公务的人员,应当以国家工作人员论,具有受贿犯罪的主体资格。[No. 8-385-11　李葳受贿案]

△利用职务便利,要求有关单位为其或其亲属提供低价住房的,属于索贿,应以受贿罪论处。

被告人李葳在合作开发房地产的过程中,要求山东房地产集团公司为其亲属提供低价住宅,实质上属于利用职务便利索要财物。索取的财物是否为被告人自己占有,不影响受贿罪的成立。

被告人李葳作为汽修厂厂长,对本单位与房地产公司合作开发住宅小区具有重要作用,其要求对方对其弟购房在价格上给予优惠,就是利用了职务上的便利。在通常情况下,房地产公司在房屋销售方面都会有一定幅度的价格优惠,如果行为人要求对方提供这种正常范围内的价格优惠,虽然利用了职务上的便利,一般也不构成索贿。但在本案中,被告人提出价格优惠要求后,还亲自看房、选房,经手签订购房协议,代缴购房款5万元。被告人李葳对所购房屋的实际价值及购买该套住房实际付款之间存在的巨大差价是明知的,要求该种"优惠"实际上属于变相索要财物,表明其主观上具有索贿的故意。房地产公司基于李葳的厂长身份及其在双方合作中的重要作用,同意给予价格优惠,该套房屋实际售价仅为人民币5万元。经鉴定该套房屋时价为28.5万元,优惠23.5万元之巨,显然不是一般的民事行为。房地产公司虽然在被告人李葳提出价格优惠后积极迎合被告人的要求,但这并不影响被告人索贿行为的性质。

在受贿犯罪案件中,存在利用职务便利为请托人谋取利益的行为人没有直接占有受贿款物的情形,如在本案中,被告人李葳是为其弟索要住房,巨额差价款也非个人获得,而是由其弟获得,但这并不影响其受贿罪的成立。《全国法院审理经济犯罪案件工作座谈会纪要》关于受贿罪中共同受贿犯罪的认定规定:"国家工作人员利用职务上的便利为他人谋取利益,并指定他人将财物送给其他人,构成犯罪的,应以受贿罪定罪处罚。"被告人李葳利用本人职务上的便利,直接要求房地产公司以优惠价格卖一套住房给其弟,符合规定中指定他人将财物送给其他人的特征,对其应以受贿罪论处。[No. 8-385-12　李葳受贿案]

△利用职务便利索要低价房构成受贿罪的,支付少量购房款以掩盖受贿犯罪行为,受贿数额为房屋当时的实际价值与实际支付价款的差额。

1985年7月18日发布的《最高人民法院、最高人民检察院关于当前办理经济犯罪案件中具体应用法律的若干问题的解答(试行)》(已失效)指出:“国家工作人员利用职务上的便利,为他人谋取利益,收受物品,只付少量现金,这往往是行贿、受贿双方为掩盖犯罪行为的一种手段,情节严重,数量较大的,应认定为受贿罪。受贿金额以行贿人购买物品实际支付的金额扣除受贿人已付的现金额来计算。行贿人的物品未付款或无法计算行贿人支付金额的,应以受贿人收受物品当时当地的市场零售价格扣除受贿人已支付现金额来计算。”这一规定仍具有现实意义。

本案的特殊之处还在于,行为人与房地产公司之间存在一个购房协议,协议金额远远高于实际支付金额。实际支付金额与协议金额的差价属于民事欠款还是受贿金额,就成为本案的一个焦点问题。从审理查明的事实看,房地产公司在商量被告人李葳购房之事时,确定让李葳先交5万元,定个10.1万元的购房合同,余款能给就给,不给就不要了。合同订立后,房地产公司收到了被告人李葳经手交纳的5万元房款,并将公司开具的收款收据交给了李葳。此后直到案发的数年间,被告人李葳及其弟均无再交款的行为及表示,房地产公司对此交易已作平账处理,没有打算再向李葳(李葳之弟)追要剩余房款。由此可见,本案中所谓的购房合同只是双方掩盖贿赂真相的手段,并非当事人真实的意思表示,未交足的购房款不能按民事欠款处理。参照上述规定的精神,不应将未交纳的协议房款从被告人的受贿数额中扣除。

另外,在办理房屋所有权证的过程中,房地产公司代为交纳了3万余元的办证费用。由于被告人李葳只是要求房地产公司为其弟购房提供价格上的优惠,并未要求办证。且从审理查明的事实看,被告人李葳并不知道房地产公司为其弟交纳了办理房屋产权证的费用,事后其弟及其他人也未告诉过她,在这种情况下,由于其主观上没有受贿故意,不能将该笔费用认定为贿赂。一审法院未将该笔费用认定为受贿是正确的。[No. 8-385-13　李葳受贿案]

△国家工作人员假借投资合伙经营,实际上并未参与经营,利用职务便利要求他人支付高额投资回报的,应以受贿罪论处。

被告人胡发群利用职务上的便利,为姚贵禄谋取利益,具备了受贿犯罪的前提条件。姚贵禄是上饶本地商人,为了收购当地的华联商厦时能享受域外投资的优惠,找了一家上海企业合伙,目的达到后,该企业很快就退出,由姚贵禄的龙江公司独家收购,并享受了域外投资商的优惠待遇。在龙江公司收购华联商厦的过程中,胡发群向华联商厦所在地区委书记两次电话打招呼,并提出明确意见。收购后办理有关手续的过程中,还向有关部门打招呼。胡发群的这些行为,均利用了其任上饶市政府常务副市长的职务便利,并使得龙江公司在收购华联商厦的过程中谋取了利益,即使是被动收受姚贵禄的财物,也已经具备了受贿罪的前提条件。

被告人胡发群以合伙经营为名,利用职务便利强要姚贵禄支付高额投资回报,属于索贿行为。贿赂的本质,即国家工作人员利用职权索取或非法收受他人财物,为他人谋取利益,只要符合这一本质特征,就是贿赂犯罪。

被告人胡发群利用其国家工作人员的职务便利,强要姚贵禄支付145万元投资收益及汽车升值款,是变相向姚贵禄索贿。理由是:(1)姚贵禄没有与胡发群合伙经营出租车业务的意向,是胡发群单方面要求与其合伙,并起草合伙协议,确定协议内容。姚贵禄是鉴于胡发群的身份地位以及其还要在上饶做业务的实际情况而违心地签订该协议的。(2)所谓的合伙协议未规定胡发群参与共同经营,胡发群也不承担合伙经营的风险,合伙经营业务最终未开展起来,合伙经营既无事实依据,也无法律依据。(3)胡发群与姚贵禄从未进行真正的结算,两次所谓的结算都是胡发群单方面要钱,不仅要100万元的“投资收益”,而且还要协议未规定、实际未产生的45万元汽车“升值款”;投资115万元、年获利60万元的合伙条件完全背离了经营出租车业务盈利的实际。(4)姚贵禄没有主动向胡发群借钱,没有证据显示其经营遇到资金困难,缺乏借钱的前提;60%左右的年利率不符合资金借贷的现实,所以辩护人称该协议系融资协议的意见同样是站不住脚的。(5)胡发群在整个过程中恃权借机要钱的真实面目暴露无遗,姚贵禄自始至终认为胡发群要求与他合伙就是制造投资回报的借口向他要钱,他签订这个协议就准备让胡发群来拿钱。二者索贿与被索贿的关系非常明确。辩护人提出,姚贵禄占用了胡发群的115万元资金达20个月,应当计算收益,抵扣胡发群受贿金额。对此意见,本案的一、二审法院未予采纳,但均未陈述具体理由。对于假借投资经营,以收受投资回报为名收受他人贿赂的案件，是否应当对受贿人付出、被他人占用的资金计算收益，其受贿金额以其收受投资回报款额减去收益额来认定？如果应当计算受贿人付出、被他人占用的资金的收益，又该以什么标准计算？这些问题需要在实践中进一步研究解决。［No. 8-385-14　胡发群受贿、巨额财产来源不明案］

△国有事业单位聘用的合同制管理人员，从事公务的，应当认定为国家工作人员。

《刑法》第九十三条第二款规定，国有事业单位中从事公务的人员，以国家工作人员论。本案中的慈溪市园林管理处系国有事业单位，被告人方俊担任慈溪市园林管理处副主任，分管绿化建设及绿化养护等，从所任职务、工作内容性质考察，其属于从事公务，故应当认定为在国有事业单位中从事公务的人员，符合《刑法》第九十三条第二款的规定，以国家工作人员论。需要指出的是，国家对事业单位实行聘用合同制改革，并不改变受聘于国有事业单位并在其中担任一定管理职务的人员属于从事公务的人员的性质，只要是在国有事业单位中实际处于从事公务的职位，行使和承担具有公务性质的权力和责任，无论其职务是依据何种人事政策或以何种程序确定，均应当以国家工作人员论。［No. 8-385-15　方俊受贿案］

△区分国家工作人员受贿与收取合理报酬的界限：(1)国家工作人员是利用职务便利为他人谋利而收受财物，还是利用个人技术换取报酬；(2)是否确实提供了有关服务；(3)接受的财物是否与提供的服务等值。

国家工作人员没有利用职务便利，仅仅是利用个人的技术、管理专长为他人提供服务，收取相应报酬的，因为没有职权与金钱交易性质，故该报酬属于合理收入，不应认定为受贿。可见，受贿与收取合理劳务报酬的区分关键就在于国家工作人员是利用职务便利为他人谋取利益而收受财物，还是利用个人技术为他人提供服务取得相应报酬。

在贿赂犯罪的实行过程中，为了达到掩人耳目逃避法律追究的目的，行贿人与受贿人之间往往以某些合法形式掩盖权钱交易的非法实质，本案就属于一种典型的以所谓劳务报酬的形式掩盖行贿受贿的情形，对这些情况在司法实践中需要予以特别注意。例如，双方在行送财物过程中均无提出有关服务的意思表示，案发后被告人无中生有地以所谓劳务报酬名义进行辩解，自当认定为受贿；双方在行送财物过程中有过提供服务的意思表示并达成一致，但客观上国家工作人员并未按约提供有关服务，而是利用职务便利为他人谋利益，收取所谓的劳务报酬，这是借劳务之名收取贿赂，当然应认定为受贿。

在本案中，被告人方俊身为慈溪市园林管理处分管绿化建设、养护工程的副主任，在慈溪市西大门景观绿地建设工程中，具有绿地建设工程验收、考核参与权以及后续绿化养护工程的组织管理权，行贿人正是看重其上述职权才以所谓劳务报酬的名义给予其财物的，具有行贿受贿的动机，所谓的工程谈判、指导服务系被告人职责范围内的事项。从本案证据上看，辩方并未提供说明被告人方俊具体提供了哪方面的技术、管理服务的证据，相反，本案却有证据能够证实被告人方俊没有参加相关土建工程的分包谈判和施工的指挥和指导，故被告人方俊与施建耀之间即使形成口头聘用合同，也不等于方俊向对方提供了与职务无关的技术服务，故有关劳务报酬的辩解不能成立。而且，行贿人施建耀交代，即使公司外聘一位资深的项目经理，月薪也不会超过 1 万元，可见，方俊在本案中收取的远远超出正常标准的所谓报酬数额本身，也充分反映出其性质不是劳务报酬。综上，被告人方俊与行贿人施建耀之间是借劳务聘用名义，行贿赂之实，方俊的行为构成受贿罪。

国家工作人员如果利用职务上的便利为他人谋取利益，收受他人财物，本质上符合权钱交易的特征，应当属于受贿，在此过程中，行为人出于某种考虑也会有向行贿方提供个人技术服务的活动，这在原则上不能对定罪产生影响，如果是为掩饰受贿提供了少量的技术服务，对量刑不应当产生影响。只有在利用职务便利为他人所谋利益较小，而收受财物同时掺杂了较大量的提供个人技术服务因素的情形下，才可能成为影响量刑的酌定情节。这样处理既有法律依据，也符合社会生活实际。否则，对于这种具有技术服务内容的受贿，被告人均会以其提供了技术服务为名逃避法律追究，这显然不利于惩治腐败，也不符合刑法的立法原意。对于单纯利用个人技术、管理专长为他人提供服务而收取合理数额报酬的，不宜认定为受贿。这里所说的合理数额报酬，是说收受的劳务报酬在数额上应与其提供服务的正常市场价值相当，如果明显超出市场同类服务报酬数额的，这种行为的性质就改变了，超出了正常劳务报酬的范畴，因为如果没有国家工作人员的身份职权影响，这种情况是不可能发生的，这明显属于利用合法报酬之名掩盖非法权钱交易之实，应当全额认定为受贿。［No. 8-385-16　方俊受贿案］

△多次收受他人财物，最后接受具体请托为请托人谋利的，以受贿罪论处；受贿金额为多次收

受的财物的累计数额。[①]

《刑法》第三百八十五条第一款规定,国家工作人员利用职务上的便利,索取他人财物的,或者非法收受他人财物,为他人谋取利益的,是受贿罪。据此,受贿罪的本质在于"权钱交易",即国家工作人员利用手中职权换取行贿方给予的财物。对于单纯收受型受贿罪(相对于索贿)而言,成立受贿罪要求行为人收受贿赂时主观上应当具有为他人谋利的意思。这里的"为他人谋利"不能仅仅理解为客观上实施了为他人谋利的行为,应当包括承诺、实施、实现三个阶段,只要具有其中一个阶段的行为,如国家工作人员收受他人财物时,根据他人提出的具体请托事项,承诺为他人谋取利益的,就具备了为他人谋取利益的要件。对于明知他人有具体请托事项而收受其财物的,亦应当视为承诺为他人谋取利益。因此,"为他人谋取利益"的时间是在非法收受他人财物的同时还是之前或者之后,均不影响受贿罪的成立,只要受贿人明知所收受的财物具有与之相对的具体请托事项,也即受贿人明知收受的财物与具体的请托事项具有因果关系的,就成立受贿罪。

在本案中,金江水泥项目开始之前,天龙公司总经理刘栋华对被告人马平虽无具体请托事项,但正是看中了马平作为县委书记所拥有的权力地位,有可能为其公司谋取利益,才多次以房产交易的形式送给马平数额巨大的财物以联络感情,为日后谋取利益进行先期投资。对此,天龙公司的总经理刘栋华、副总经理叶显军的证言证实了这种感情投资的主观动机。在金江水泥项目开始之前多次接受天龙公司的感情投资过程中,马平明确作出过承诺"以后有什么事找我,能帮的一定帮",沈建萍对此亦曾多次供认,因此马平、沈建萍主观上对对方为何多次给予其购买房产的大幅优惠的原因是明知的。在金江水泥项目工程开始后,天龙公司总经理刘栋华等人就向马平提出希望其给予铜梁县投资水泥项目方面的帮助。马平多次利用职务之便为天龙公司在铜梁县投资的金江水泥项目的引进、文件审批、用地审批、办理采矿许可证、贷款、道路建设等方面谋取了利益。也就是说,从一开始,本案的行、受贿双方就清楚地知道这种财物的给予是建立在权钱交易的基础之上的,行贿人正是看重这样的投资具有可期待的利益,受贿人亦通过明示或暗示承诺以日后利用职务之便为行贿人谋利作为回报,一旦行贿人提出具体请托,收受人接受具体请托为投资人谋利,这种投资就实现了回报,行贿方和受贿方的权钱交易就告完成。这种接受先期感情投资的受贿方式是当前贿赂犯罪不断演化的一个新形式,具有更大的隐蔽性和危害性,完全符合受贿罪的构成要件,应当依照刑法以受贿论处。对于受贿数额,应当将历次收受的财物予以累计计算。

综上,被告人马平、沈建萍在与天龙公司的多次所谓房产交易中,利用行贿人免除部分房款、低价出售高价返购、明显低价出售门面的手段获取不正当利益共计人民币 2055763 元。在此期间,马平多次利用其职务之便为天龙公司在铜梁县投资的金江水泥项目的引进、文件审批、用地审批、办理采矿许可证、贷款、道路建设等方面谋取了利益,已构成受贿罪。被告人沈建萍在主观方面有与马平共同受贿的故意,客观上实施了与行贿人商谈购房事宜,具体签订合同,交款,办理结算、产权手续等行为,其与马平构成受贿的共犯,但考虑到沈建萍在受贿犯罪中所起的实际作用,在共同受贿犯罪中沈建萍并未利用其本身的国家工作人员身份受贿,只是作为家庭成员在共同受贿中进行了协助,二审法院对沈建萍在原判刑罚的基础上酌情从轻处罚是恰当的。[No. 8-385-17　马平等受贿案]

△受国有公司委派担任非国有公司诉讼代理人期间收受他人财物的,应以受贿罪论处。

被告人王海峰在担任中钢公司诉讼代理人期间,利用职务上的便利,帮助对方当事人伪造证据,非法收受人民币 8 万元的行为,能否以受贿罪追究刑事责任,关键在于:(1)王海峰在担任中钢公司诉讼代理人时是否属于国家工作人员;(2)王海峰伪造证据的行为是否利用了国家工作人员的职务便利。

根据《刑法》第三百八十五条的规定,受贿罪只能由国家工作人员构成,非国家工作人员,只能成为受贿罪的共犯,不能单独构成受贿罪。本案中,被告人王海峰所在的法律顾问处是武钢集团的内设组织,王海峰作为国有公司武钢集团法律顾问处工作人员,系国有公司中从事公务的人员,属于国家工作人员。虽然王海峰担任中钢公司诉讼代理人与一般的律师代理并无不同,但当武钢集团指定法律顾问处代理与公司有关的诉讼业务活动,维护本公司利益,武钢集团法律顾问处指派本处工作人员王海峰为完成武钢集团委派的任务而进行诉讼代理活动时,王海峰的此次代理活动

① 关于长期"感情投资"的相同学说见解,参见周光权:《刑法各论》(第 4 版),中国人民大学出版社 2021 年版,第 558 页。

实际上是为了完成武钢集团分配的工作任务，其受单位委派到非国有的中钢公司从事代理诉讼活动，根据《刑法》第九十三条第二款的规定，属于国有公司委派到非国有公司从事公务的人员，应以国家工作人员论，符合受贿罪的主体特征。

受贿罪的成立还必须以行为人利用国家工作人员的职务便利，为他人谋取利益为条件。行为人没有国家工作人员的职务，或者虽有国家工作人员的职务，但在为他人谋取利益时没有利用自己的职务或职务上的便利的，均不构成受贿罪。本案中，虽然在中钢公司和鑫鹰公司的民事诉讼中，王海峰是中钢公司的诉讼代理人，其任务是依法维护中钢公司的合法权益，但其之所以受武钢集团委派担任中钢公司的二审诉讼代理人，是因为武钢集团是中钢公司的债权人，中钢公司的诉讼结果直接关系到武钢集团债权的实现。因此，王海峰在诉讼过程中实际上具有双重身份、负有双重职责：一方面作为中钢公司的诉讼代理人，要维护中钢公司的合法权益；另一方面作为受武钢集团委派从事公务的人员，其职务活动同时是在维护武钢集团自身的利益。也就是说，王海峰的诉讼代理活动，不仅是一种诉讼代理行为，也是一种执行武钢集团的职务的活动，即公务活动。王海峰利用职务上的便利，伪造证据，收受鑫鹰公司8万元钱款的行为，符合受贿罪客观方面的特征，应当以受贿罪追究刑事责任。[No. 8-385-18　王海峰受贿、伪造证据案]

△非法收受他人财物，为他人谋取非法利益行为又构成其他犯罪的，应以受贿罪和其他犯罪实行并罚。

非法收受他人财物，构成受贿罪，以为他人谋取利益为条件。没有为他人谋取利益的，不构成受贿罪。至于所谋取的是合法利益还是非法利益，不影响受贿罪的成立。但由于1997年《刑法》删除了《全国人民代表大会常务委员会关于惩治贪污罪贿赂罪的补充规定》第五条第二款关于因受贿而进行违法活动构成其他罪的，依照数罪并罚的规定处罚的规定，并且在第四百五十二条附件一中明令宣布废止《全国人民代表大会常务委员会关于惩治贪污罪贿赂罪的补充规定》，不再适用。1997年《刑法》施行以后，对于为他人谋取非法利益的行为已依法构成犯罪的，是否需要按照《刑法》第六十九条第一款的规定实行数罪并罚，实践中有争议。

《刑法》第三百八十六条删除了《全国人民代表大会常务委员会关于惩治贪污罪贿赂罪的补充规定》第五条第二款“因受贿而进行违法活动构成其他罪的，依照数罪并罚的规定处罚”的规定，是从立法技术角度考虑的，并不是说对这种情况不再适用数罪并罚的规定，而是由于刑法总则中对数罪并罚问题已有明确规定，没有必要在刑法分则具体条文中再作规定。在没有新的法律规定或者司法解释规定之前，只要行为人的行为构成了数罪，符合刑法关于数罪并罚的规定，就应当按照《刑法》第六十九条第一款的规定实行数罪并罚。除非法律有特别规定，如《刑法》第三百九十九条第四款规定，司法工作人员收受贿赂，有徇私枉法或者枉法裁判犯罪行为，同时又构成受贿罪的，依照处罚较重的规定定罪处罚，不按照数罪并罚的规定处罚。在本案中，被告人王海峰收受8万元人民币的行为已构成受贿罪。同时，王海峰在受委派担任中钢公司诉讼代理人的过程中，利用职务上的便利，在对方当事人伪造的函件上偷盖了中钢公司的印章，帮助对方当事人伪造证据，从而改变了原有的法律关系，致使人民法院作出了错误的认定，其行为已严重干扰了诉讼活动的正常进行，已构成帮助伪造证据罪。对被告人王海峰应以受贿罪和帮助伪造证据罪并罚。[No. 8-385-19　王海峰受贿、伪造证据案]

△国家机关设立的非常设性工作机构，应当认定为刑法意义上的国家机关。

《地方各级人民代表大会和地方各级人民政府组织法》第六十四条规定：“地方各级人民政府根据工作需要和精干的原则，设立必要的工作部门。”地方人民政府作为地方各级国家行政机关，在依法行使行政管理职权的过程中，根据工作需要，既可以设立局、处等常设性工作部门，也可以设立其他非常设性工作部门，都是地方人民政府的组成部分。本案中的上海市轨道交通三号线工程虹口区指挥部、上海市轨道交通明珠线工程虹口区指挥部、上海市轨道交通杨浦线工程虹口区指挥部及上海市北外滩地区动迁工作指挥部，均是上海市虹口区人民政府为相关重大市政工程的建设而成立的非常设性机构，其职能主要是负责协调、管理相关工程中的具体事项，并受国有建设单位的委托签订部分合同。虽然这些指挥部均是在一定期限内行使特定专属职权的非常设性机构，但其性质仍然属于国家行政机关。[No. 8-385-20　钱政德受贿案]

△在国家机关中从事公务的非正式在编人员，应当认定为国家工作人员。

从事公务是国家工作人员的本质特征。《全国法院审理经济犯罪案件工作座谈会纪要》明确：“从事公务，是指代表国家机关、国有公司、企业、事业单位、人民团体等履行组织、领导、监督、管理等职责。公务主要表现为与职权相联系的公共事务以及监督、管理国有财产的职务活动。如国家机关工作人员依法履行职责，国有公司的董事、经理、监事、会计、出纳人员等管理、监督国有财产等活动，属于从事公务。”被告人钱政德作为上海市轨道交通三号线工程虹口区指挥部、上海市轨道交通明珠线工程虹口区指挥部、上海市轨道交通杨浦线工程虹口区指挥部及上海市北外滩地区动迁工作指挥部工作人员，代表指挥部负责各重大市政工程中的房屋建筑拆除、垃圾清运等工程项目的管理工作，并被授权代表指挥部签订相关的合同。从其工作内容和性质可以看出，显属在国家机关中从事公务，而不是其辩护人所说的从事的是一种民商事行为。

被告人钱政德虽是以工人身份被借调、聘用至指挥部工作，不是国家机关的正式在编人员，但根据《全国人民代表大会常务委员会关于〈中华人民共和国刑法〉第九章渎职罪主体适用问题的解释》关于虽未列入国家机关人员编制但在国家机关中从事公务的人员，在代表国家机关行使职权时，有渎职行为，构成犯罪的，依照刑法关于渎职罪的规定追究刑事责任的规定，认定是否属于在国家机关中从事公务的人员，并不要求行为人具有国家机关在编人员的身份，而是重点强调是否在国家机关中从事公务。只要在国家机关中从事公务，即使是工人、农民身份，亦应认定为《刑法》第九十三条第一款规定的国家工作人员。［No. 8-385-21　钱政德受贿案］

△为请托人谋取不正当利益是一种许诺，该许诺既可以采取明示方式，也可以采取暗示方式。

为请托人谋取不正当利益应理解为一种许诺行为，即只要国家工作人员许诺了为他人谋取利益，就可成立受贿罪。这样避免了将受贿罪的既遂理解为谋取利益行为的实施，也没有缩小受贿罪的处罚范围。许诺的行为可以是明示的，也可以是暗示的。在本案中，王小石及其辩护人都辩称王小石并没有为请托人谋取什么利益。但是如上所述，首先，不管王小石是否实际为谋取利益有所作为，也不管是否成功谋取了利益，都不是本案的关键，关键之处在于王小石是否给予了请托人以谋取利益的许诺。从证据上看，并不能直接得出这样的结论。但是，林碧和凤竹公司的人请王小石帮助凤竹上市时，王小石虽没有明确许诺帮忙，但是从其接受钱财并联系审核员出来吃饭的行为上可以看出王小石是同意帮忙的，这就是一种暗示的许诺。［No. 8-385-22　王小石受贿案］

△国家工作人员索取或者收受的财物与其职务行为相关，即可认定为具备利用职务上便利的要件。

辩护人提出王小石没有利用职权或地位形成的便利条件为他人谋利，因此，不符合受贿罪利用职务便利的客观要求。对此，应该认识到，受贿罪所要求的利用职务便利有不同的情形：一是单纯的行贿人有求于国家工作人员的职务行为；二是国家工作人员已经或者正在为行贿人谋取利益。无论是哪一种情形，都表现了贿赂是职务行为的一种不当报酬，都侵害了本罪所保护的公职行为的不可收买性。只要国家工作人员收受的财物与其职务行为有关，就应当认为是利用了职务上的便利。所以，即使没有实际为他人利用职务行为谋取利益，也成立受贿罪。本案中，王小石及其辩护人都认为王小石的工作职位与凤竹公司上市是没有直接关联的，所以王小石不具备凤竹公司请托事项的职务便利。但是，王小石是证监会的工作人员，凤竹公司也正是看到了王小石的这一工作特殊性，才给予其钱财的。王小石所收受的钱财和职务具有直接的关联，因此，认定其利用了职务便利是没有疑问的。［No. 8-385-23　王小石受贿案］

△收受具有金融支付凭证功能的银行借记卡，达到受贿罪数额标准的，应以受贿罪论处。

银行借记卡同样可成为受贿罪的犯罪对象。《刑法》第三百八十五条规定的财物，就是能够实现物质利益的一般等价物，以及能够进行交换的有形的、具有使用价值的物或者可以行使物质利益请求权的凭证。而银行借记卡是银行卡的一种，虽因不具有透支功能而不属于信用卡，但具有消费、转账、结算、存取现金等功能，是金融凭证之一，既可凭有存款余额的借记卡，在各银行的自动取款机上支取现金，也可凭此在特约的商场、超市等商业零售单位购物，因此，银行借记卡属于能行使并实现物质利益请求权的凭证，当然可以成为受贿罪的犯罪对象。辩护人将借记卡（也称购物卡）视为一种不特定的物品，只将其限定在购物品种的不确定性上，而忽视了借记卡作为一种金融凭证，不仅在购物时具有支付功能而可交换等价之物品，还可以请求银行机构支付等额之货币。［No. 8-385-24　黄立军受贿案］

△村民委员会等基层自治组织人员在协助人民政府从事行政管理工作时，属于国家工作人员，其利用职务便利索取他人财物的，或者非法收受他人财物，为他人谋取利益的，应以受贿罪论处；在从事村民自治范围内的其他管理工作时，属于非国家工作人员，其挪用集体资金归个人使用符合挪用资金罪标准的，应以挪用资金罪论处。

在本案中，许成华作为宜良县狗街镇里营村

党委书记，因其从事的不同工作，具备不同的职权，就恰好在本案中同时具有了国家工作人员和非国家工作人员两种身份。

对于许成华在建盖里营小学的过程中，利用职务便利收受他人贿赂的行为，合议庭认为，因里营小学是宜良县计划经济贸易委员会、教育局等部门批准拨款建盖，建盖里营小学的工作就符合《全国人民代表大会常务委员会关于〈中华人民共和国刑法〉第九十三条第二款的解释》第七项所指，即协助人民政府从事的其他行政管理工作的情形。因此，许成华应视为国家工作人员，利用职务便利收受贿赂的行为也就构成受贿罪。

对于许成华挪用资金的行为，昆明市中级人民法院认为，此时许成华是否属于国家工作人员，主要看其行为时是否协助人民政府从事行政管理工作，是否具备相应的职权。本案中，许成华将集体资金挪归个人使用时，利用的是其作为宜良县狗街镇里营村党委书记的身份所具有的对本村村民在自治范围内的经营、管理活动的职务便利，因此，此时许成华仅属于村民委员会等村基层组织人员，不应视为国家工作人员，其挪用集体资金的行为也相应构成挪用资金罪。[No. 8-385-26 许成华受贿、挪用资金案]

△国家工作人员利用职务便利，为特定关系人以外的人谋取利益，双方没有事前通谋，行为人也未获得利益的，不构成受贿罪。

国家工作人员收受他人财物成立受贿，主要有三种情形：一是本人直接收取并归本人所有；二是本人直接收取后直接交给其指定的第三人；三是本人不直接收取，而是授意他人将有关财物直接交给其指定的第三人。对前两种情形，根据法律规定应认定为国家工作人员收受财物。对于第三种情形，较为复杂，2007年《最高人民法院、最高人民检察院关于办理受贿刑事案件适用法律若干问题的意见》第七条规定："国家工作人员利用职务上的便利为请托人谋取利益，授意请托人以本意见所列形式，将有关财物给予特定关系人的，以受贿论处。特定关系人与国家工作人员通谋，共同实施前款行为的，对特定关系人以受贿罪的共犯论处。特定关系人以外的其他人与国家工作人员通谋，由国家工作人员利用职务上的便利为请托人谋取利益，收受请托人财物后双方共同占有的，以受贿罪的共犯论处。"

据此可见，对于上述第三种情形是否认定受贿，在判断时应当首先区分实际收受财物的人是否属于特定关系人。根据该意见规定，特定关系人是指"与国家工作人员有近亲属、情妇(夫)以及其他共同利益关系的人"。近亲属是指"夫、妻、父、母、子、女、同胞兄弟姐妹"。有其他共同利益关系的人，关键在于该人是否与国家工作人员有共同利益关系。对于共同利益关系的理解，应注意把握两点：一是共同利益关系主要是指经济利益关系，纯粹的同学、同事、朋友关系不属于共同利益关系，因为受贿罪的本质是权钱交易，没有经济利益往来不符合受贿的本质特征；二是共同利益关系不限于共同财产关系，除共同财产关系外，情夫情妇等关系亦属于特定关系。

在本案中，被告人周小华妻子的表弟沈子良购买商品房，周小华利用自己的身份和职务便利，向房产销售公司老板提出优惠购房的要求。老板明知购房人为沈子良，但为了与周小华搞好关系，在周小华提出优惠购房的要求下被迫答应，主动提出并落实了3万元优惠。沈子良因周小华的身份而获利，周小华实际并未获得利益，周小华的行为应属于上述第三种情形。沈子良因为周小华的出面说情而得到了3万元的购房优惠，其系周小华妻子的表弟，显然与周小华并非近亲属关系，沈子良购买房屋，并实际付款和居住，在事前事后周小华均未和沈子良商量其要从这优惠的3万元中得到什么利益，事实上也确实没有得到任何经济利益。因此，沈子良不属于周小华的特定关系人，也不属于双方通谋后，对收受财物共同占有的情形，根据前述意见的有关规定，被告人周小华的行为不构成受贿罪。

需要指出的是，2009年2月28日全国人大常委会通过的《刑法修正案(七)》第十三条增加了一条新罪——利用影响力受贿罪。根据该条规定，国家工作人员的近亲属或者其他与该国家工作人员关系密切的人，通过该国家工作人员职务上的行为，或者利用该国家工作人员职权或者地位形成的便利条件，通过其他国家工作人员职务上的行为，为请托人谋取不正当利益，索取请托人财物或者收受请托人财物的，应当成立利用影响力受贿罪。据此，如果本案发生在《刑法修正案(七)》实施之后，则被告人周小华妻子的表弟沈子良作为与周小华关系密切的人，通过周小华利用其职务便利条件向房产销售公司老板索要购房优惠的行为，在一定条件下可以构成利用影响力受贿罪。同时，司法实践中应当注意的是，在《刑法修正案(七)》实施之后，由于增加了新的罪名，在认定国家工作人员与其近亲属及关系密切的人是否构成受贿罪共犯的问题上有所不同。[No. 8-385-27　周小华受贿案]

△国家工作人员利用职务便利要求给特定关系人安排工作，但特定关系人实际付出相应劳动的，不属于挂名薪酬的情形，不构成受贿罪。

根据《最高人民法院、最高人民检察院关于办理受贿刑事案件适用法律若干问题的意见》第六条规定,国家工作人员利用职务上的便利为请托人谋取利益,要求或者接受请托人以给特定关系人安排工作为名,使特定关系人不实际工作却获取所谓薪酬的,才以受贿论处。反之,如果特定关系人系从事了正常工作并领取相应正常薪酬的,所领取薪酬为合法劳动所得,不存在非法收受财物问题,不能以受贿处理,当然,虽从事了一定实际工作,如果薪酬明显不成比例的则另当别论。在本案中,东迁分公司原有会计做账,但因工作不能令人满意而遭到辞退。被告人周小华通过董连富安排其妻子的妹妹张金莲担任会计,虽然张金莲没有会计从业资格,但张金莲在其有会计证的姐姐张金仙的帮助和指导下,完成了东迁分公司2006年度及2007年度的会计工作,应当视为实际进行了工作。董连富给原来的会计每年几千元,但是给周小华妻妹的工资分别是2万元和1万元,工资交给周小华,由周小华转交。虽然领取的薪酬高于该单位相应职位的过去薪酬水平,但在本案中,不能认为是变相受贿。因为当前一些企业,特别是私营企业,薪酬发放标准仍不规范,完全由老板说了算,认定该职位正常应发放多少薪酬才属合理没有统一标准,较难把握,原来的会计薪酬发放标准可以参考,但又不能完全按照原来的发放标准,因为两者在工作能力上有所区别,原来的会计并不能胜任该工作,因而被辞退。综上,在不能认定本案所领取薪酬明显不成比例,而特定关系人从事了实际相应工作的情况下,不能认定该3万元系被告人周小华受贿所得。[No. 8-385-28　周小华受贿案]

△国家工作人员与特定关系人共谋,国家工作人员利用自己或下属的职务行为,为请托人谋取利益,特定关系人直接接受请托事项并收受财物的,国家工作人员与特定关系人应以受贿罪的共犯论处。

1. 被告人蒋勇和唐薇共谋后,由唐薇接受请托人的请托事项并收受财物,蒋勇利用自己的职务行为,为请托人谋取利益,应当认定为共同受贿。

《最高人民法院、最高人民检察院关于办理受贿刑事案件适用法律若干问题的意见》明确规定,特定关系人与国家工作人员通谋共同实施有关收受财物行为的,应认定为受贿罪的共犯。

被告人唐薇直接接受请托人的请托事项,并以收取费用为名收取请托人支付的款项,是否可认定为国家工作人员收受财物?国家工作人员收受财物的方式还可表现为间接收受,主要有两种:一是特定关系人或其他第三人收受财物后告知国家工作人员,由国家工作人员为请托人谋取利益;二是国家工作人员与特定关系人或其他第三人共谋后,由特定关系人或其他第三人直接收受财物。这两种间接收受财物的方式,前一种中特定关系人或其他第三人收受财物得到了国家工作人员的事后认可,后一种是出于国家工作人员的事前安排或认可。这两种方式虽然表面上不是国家工作人员直接出面收受财物,但本质上也是国家工作人员收受财物,国家工作人员和特定关系人及其他第三人也应构成共同受贿。

被告人唐薇系被告人蒋勇的情妇,根据上述意见规定的特定关系人范围,唐薇属于蒋勇的特定关系人。蒋勇、唐薇确立情人关系后,经过共谋,由唐薇出面接受请托人有关规划方面的请托事项,并告知蒋勇,由蒋勇利用职务之便为他人谋取利益,最后由唐薇收受财物。这种由特定关系人直接出面接受请托事项,并由特定关系人直接收受财物的方式,虽然形式上不属于国家工作人员直接收受财物,但蒋勇与唐薇有共同的受贿故意,客观上相互配合实施了为他人谋取利益和收受贿赂的行为,二人的行为应当认定为共同受贿。虽然请托人并不明知利用职务之便为其谋取利益的国家工作人员是蒋勇,但并不影响唐薇作为蒋勇特定关系人的认定,也不影响蒋勇与唐薇二人实施共同受贿行为的认定。

2. 被告人蒋勇和唐薇共谋后,由唐薇接受请托人的请托事项并收受财物,蒋勇利用下属的职务行为,为请托人谋取利益,应当认定为共同受贿。国家工作人员利用职务之便,主要包括两种形式,一是直接利用自己的职务之便,二是利用本人职权或者地位形成的便利条件,由其他国家工作人员实施职务上的行为,即《刑法》第三百八十八条规定的斡旋受贿情形。根据2003年11月13日公布的《全国法院审理经济犯罪案件工作座谈会纪要》的规定,利用职务上有隶属、制约关系的其他国家工作人员的职权,属于利用职务上的便利,而不是利用职务或地位形成的便利条件,即不属于斡旋受贿。本案中,唐薇在蒋勇的帮助下成立重庆嘉汇置业顾问有限公司,为让该公司顺利开展代办规划业务,蒋勇要求下属陈明关照唐薇的业务,陈明表示同意。之后,唐薇多次直接通过陈明的职务行为为他人谋取利益并收受财物。就利用陈明的职务行为而言,陈明系蒋勇的下属,蒋勇指使陈明实施职务行为,为请托人谋取利益,属于直接利用自己的职务之便,故此点不影响对蒋勇、唐薇二人构成共同受贿的认定。

问题的特殊性在于,被告人蒋勇要求下属陈

明关照唐薇的行为发生在唐薇接受请托事项之前，而蒋勇对唐薇通过陈明的职务行为为他人谋取利益并收受财物的6起事实的具体经过并不知情，在这种情况下，能否认定蒋勇与唐薇构成共同受贿？受贿罪的本质是权钱交易，只要国家工作人员的行为符合权钱交易的本质，并不要求利用职务之便为他人谋取利益的行为必须在接受请托人请托事项之后。虽然蒋勇对唐薇通过陈明职务行为收受贿赂的具体过程不知情，但蒋勇与唐薇事前有通谋，二人主观上形成了利用蒋勇的职务之便为他人谋取利益、由唐薇收受财物的共同故意，并且，蒋勇在利用下属的职务行为为请托人谋取利益的主观目的支配下，客观上也实施了让下属陈明为唐薇的业务提供便利的行为。唐薇之后接受请托事项，并通过陈明的职务行为收受他人财物的行为均不超出蒋勇、唐薇二人共谋的故意范围，也不超出蒋勇利用职务之便的范围。因此，此种情形下的蒋勇、唐薇二人的行为符合受贿罪权钱交易的本质，构成受贿共犯。［No. 8-385-29　蒋勇等受贿案］

△国家工作人员和特定关系人共谋，特定关系人和请托人合作投资，国家工作人员利用职务便利为该投资项目谋取利益，以较少投资获取高额利润的，国家工作人员与特定关系人应以受贿罪的共犯论处。

《最高人民法院、最高人民检察院关于办理受贿刑事案件适用法律若干问题的意见》规定的以开办公司等合作投资名义收受贿赂的方式中明确了两种行为：一是国家工作人员利用职务上的便利为请托人谋取利益，由请托人出资，“合作”开办公司或者进行其他“合作”投资的，以受贿论处。受贿数额为请托人给国家工作人员的出资额。二是国家工作人员利用职务上的便利为请托人谋取利益，以合作开办公司或者其他合作投资的名义获取“利润”，没有实际出资和参与管理、经营的，以受贿论处。也就是说，国家工作人员没有实际出资或参与管理、经营的，应当将接受出资额或利润认定为受贿中国家工作人员收受财物的方式。本案被告人蒋勇、唐薇在共谋后，由唐薇与他人合作开发项目，蒋勇为该项目提供便利，唐薇以较小出资获得高额利润，被告人唐薇与他人合作开发经济适用房瑜然星座项目，签订了《房地产开发项目联合投资建设合同书》，约定唐薇除出资100万元，享有49%的利润分配比例。唐薇以实际占该项目5%的出资比例却获取49%的利润，明显不合常理，而之所以柏昌福同意并与唐薇签订该合同，就是其明知唐薇是蒋勇情人，希望借助其特殊身份取得蒋勇的支持，在联系项目、土地及办理项目有关手续等方面得到蒋勇的职务帮助，此行为方式与前述意见规定的以开办公司等合作投资名义收受贿赂也不完全相同。此时能否认定蒋勇、唐薇是共同受贿，仍然要根据其行为是否符合受贿罪权钱交易的本质来判断。［No. 8-385-30　蒋勇等受贿案］

△国有媒体的记者利用采访报道等舆论监督的时机索要财物的，属于利用职务上的便利获取非法利益，应以受贿罪论处。

国有媒体的记者从事的新闻报道等工作，是履行职务的行为。记者对国家和社会公共事务进行新闻报道和舆论监督，是国家赋予的权力，是从事公务的一种表现形态，符合2003年《全国法院审理经济犯罪案件工作座谈会纪要》对公务的界定。因此，国有媒体的记者利用采访报道等实现舆论监督的手段，索取他人财物，符合受贿罪的构成特征。

在我国，记者并不是独立人士或者自由职业者，而是以所属新闻媒体等单位的名义从事业务活动。记者从事的采访报道等活动属于职务行为，在相关法律法规中有明确的规定。根据《著作权法》（2001年修订）第十六条的规定，公民为完成法人或者非法人单位工作任务所创作的作品是职务作品。据此，记者经过采访撰写的新闻报道理应属于职务作品。《最高人民法院关于审理名誉权案件若干问题的解答》（已失效）第六条规定，作者（当然主要是指新闻记者）与新闻出版单位为隶属关系，涉案作品系履行职务所形成的，只列新闻出版单位为被告。新闻出版总署（已撤销）2005年发布的《新闻记者证管理办法》（已废止）第十四条规定，不得用新闻记者证从事非职务行为。新闻出版总署（已撤销）2008年发布的《关于进一步做好新闻采访活动保障工作的通知》第五条更是明文指出：“新闻采访活动是新闻记者的职务行为。”这表明，记者持记者证进行的正常采访活动就是职务行为。由上可见，记者从事的新闻报道等业务活动，绝不是单纯的个体性的劳务，而是以所属新闻媒体单位名义进行的职务活动，属于一种职务行为。

被告人李万、唐自成身为《经济日报（农村版）》报社广西记者站的副站长和工作人员，利用作为国有媒体工作人员的采访、组稿及通联的职务便利，在受邀检查、监督广西壮族自治区粮食直补工作的过程中，以曝光被采访单位所存在的问题进行要挟，索取被采访单位人民币22万元的行为，依法构成受贿罪，一、二审法院据此以受贿罪对李万、唐自成定罪量刑是正确的。［No. 8-385-31　李万等受贿案］

△国有企业中的国家工作人员,无论其是否与企业解除劳动关系,只要仍然继续从事监督管理国有资产等公务的,仍属于从事公务的国家工作人员,其利用职务便利收受财物的,应以受贿罪定罪论处。

国家工作人员的本质特征是从事公务,认定国家工作人员应以是否从事公务为依据。国有企业在改制期间仍然是国有企业,其资产仍然是国有资产,其中从事监督管理国有资产等公务的人员依然应当认定为国家工作人员。

20世纪90年代后期,关于国家工作人员的认定,曾经存在身份论与职责论的激烈争论。1997年《刑法》修订后,理论界和实务界的主流观点均认为,国家工作人员的认定,应采纳职责论,不能单纯通过被告人的身份认定,而应结合被告人是否从事公务判断其是否属于国家工作人员。因此,黄长斌是否为国家工作人员,不取决于其形式上是否与电表厂解除劳动关系,而是取决于其实质上是否仍然在电表厂从事监督、管理国有资产等公务。

电表厂改制期间,黄长斌作为厂长和改制领导小组组长,对电表厂国有资产的监督和管理负有第一位的责任,应属在国有企业中从事公务的人员。在案证据证实,黄长斌虽于2002年1月与电表厂签订了解除劳动关系的协议,但其厂长职务并未被免除,其仍然是厂长和改制领导小组组长,应认定为国家工作人员。其利用职务便利,在电表厂的土地转让和土地拆迁过程中为新纪元公司谋取利益,并索取新纪元公司8万元的行为,依法构成受贿罪。[No. 8-385-32　黄长斌受贿案]

△国家工作人员利用职务上的便利为请托人谋取利益,并以与请托人合办公司为名获取所谓利润,没有实际出资和参与经营管理的,应以受贿罪论处。

潘玉梅、陈宁与陈某商议合作成立多贺公司用于开发上述土地,公司注册资金全部来源于陈某,潘玉梅、陈宁既未实际出资,也未参与公司的经营管理。因此,潘玉梅、陈宁利用职务便利为陈某谋取利益,以与陈某合办公司开发该土地为名分别获取的480万元,并非所谓的公司利润,而是利用职务便利使陈某低价获取土地并转卖后获利的一部分,体现了受贿罪权钱交易的本质,属于以合办公司为名的变相受贿,应以受贿论处。[No. 8-385-34　潘玉梅、陈宁受贿案]

△国家工作人员明知他人有请托事项而收受其财物,视为承诺为他人谋取利益;是否已实际为他人谋取利益或谋取到利益,不影响受贿罪的认定。

为他人谋取利益包括承诺、实施和实现等不同阶段的行为,只要具有其中一项,就属于为他人谋取利益。承诺为他人谋取利益,可以从为他人谋取利益的明示或默示的意思表示予以认定。潘玉梅明知他人有请托事项而收受其财物,应视为承诺为他人谋取利益,至于是否已实际为他人谋取利益或谋取到利益,只是受贿的情节问题,不影响受贿的认定。[No. 8-385-35　潘玉梅、陈宁受贿案]

△国家工作人员利用职务上的便利为请托人谋取利益,以明显低于市场的价格向请托人购买房屋等物品的,以受贿论处;受贿数额按照交易时当地市场价格与实际支付价格的差额计算。

利用职务之便为请托人谋取利益,以明显低于市场的价格向请托人购买房产的行为,是以形式上支付一定数额的价款来掩盖其受贿权钱交易本质的一种手段,应以受贿论处。潘玉梅购买的房产,市场价格含税费共计应为121万余元,潘玉梅仅支付60万元,明显低于该房产交易时当地市场价格,应以受贿论处,受贿数额按照涉案房产交易时当地市场价格与实际支付价格的差额计算。[No. 8-385-36　潘玉梅、陈宁受贿案]

△出于掩盖罪行目的而采取的退赃行为,不影响受贿罪的认定。

经查,2006年4月,潘玉梅在案发前将购买许某某开发房产的差价款中的55万元补给许某某,距2004年上半年其低价购房有近两年时间,没有及时补还巨额差价;潘玉梅的补还行为,是由于许某某因其他案件被检察机关找去谈话,检察机关从许某某的公司账上已掌握潘玉梅购房仅支付部分款项的情况后,出于掩盖罪行目的而采取的退赃行为。因此,潘玉梅为掩饰犯罪而补还房屋差价款,不影响对其受贿罪的认定。[No. 8-385-37　潘玉梅、陈宁受贿案]

△国家出资企业中,受党委委派对国有资产进行管理监督,属于从事公务,应认定为国家工作人员。

2010年《最高人民法院、最高人民检察院关于办理国家出资企业中职务犯罪案件具体应用法律若干问题的意见》规定:"经国家出资企业中负有管理、监督国有资产职责的组织批准或者研究决定,代表其在国有控股、参股公司及其分支机构中从事组织、领导、监督、经营、管理工作的人员,应当认定为国家工作人员。"

《最高人民法院、最高人民检察院关于办理国家出资企业中职务犯罪案件具体应用法律若干问题的意见》规定:"本意见所称'国家出资企业',

包括国家出资的国有独资公司、国有独资企业，以及国有资本控股公司、国有资本参股公司。是否属于国家出资企业不清楚的，应遵循‘谁投资、谁拥有产权’的原则进行界定。企业注册登记中的资金来源与实际出资不符的，应根据实际出资情况确定企业的性质。企业实际出资情况不清楚的，可以综合工商注册、分配形式、经营管理等因素确定企业的性质。”根据上述规定，无论是国家直接投资还是间接投资，只要企业中含有国有资本的成分，不论国有资本所占份额的大小，均应认定为国家出资企业，不能仅将国家直接投资的企业认定为国家出资企业。

《最高人民法院、最高人民检察院关于办理国家出资企业中职务犯罪案件具体应用法律若干问题的意见》将国家出资企业中的国家工作人员分为两种类型：一种是“经国家机关、国有公司、企业、事业单位提名、推荐、任命、批准等，在国有控股、参股公司及其分支机构中从事公务的人员。具体的任命机构和程序，不影响国家工作人员的认定”。此种类型与《刑法》第九十三条第二款的规定是一致的，司法实践中出现的频率较高，易于认定。另一种是“经国家出资企业中负有管理、监督国有资产职责的组织批准或者研究决定，代表其在国有控股、参股公司及其分支机构中从事组织、领导、监督、经营、管理工作的人员”。此种类型对委派主体作了适度的扩张解释，又称为“间接委派”，在认定时需要从严把握两个方面的问题：一是对于“负有管理、监督国有资产职责的组织”的界定；二是对于“组织、领导、监督、经营、管理工作”的理解，不能肆意扩大国家工作人员的范围。

首先，“负有管理、监督国有资产职责的组织”如何界定。根据《最高人民法院、最高人民检察院关于办理国家出资企业中职务犯罪案件具体应用法律若干问题的意见》的精神，这里所谓的“组织”，除国家资产监督管理机构、国有公司、企业、事业单位外，主要是指上级或者本级国家出资企业内部的党委、党政联席会。因为，根据党管干部的组织原则，国家出资企业中一般设有党委，以国家出资企业中负有管理、监督国有资产职责的组织作为委派主体，既反映了当前国家出资企业的经营管理实际，又体现了从事公务活动这一认定国家工作人员的实质要求，可以保证认定范围的正当性、确定性和内敛性。

其次，“代表其从事组织、领导、监督、经营、管理工作”如何理解。在认定国家工作人员身份时，不仅要审查“党委任命”这一形式要件，还要审查行为人是否具有“代表性”，以及所从事工作的性质是否属于“从事公务”这两个实质要件。一方面，行为人必须对任命其的组织具有一定的“代表性”，行为人虽经有关组织研究决定任命，但是如果该任职与委派组织没有必然的联系，行为人对委派组织亦无职责义务关系的，则不应认定为国家工作人员；另一方面，行为人必须要在国家出资企业中“从事公务”。关于“从事公务”如何理解，2003 年《全国法院审理经济犯罪案件工作座谈会纪要》明确规定：“从事公务，是指代表国家机关、国有公司、企业、事业单位、人民团体等履行组织、领导、监督、管理等职责。公务主要表现为与职权相联系的公共事务以及监督、管理国有财产的职务活动。如国家机关工作人员依法履行职责，国有公司的董事、经理、监事、会计、出纳人员等管理、监督国有财产等活动，属于从事公务。那些不具备职权内容的劳务活动、技术服务工作，如售货员、售票员等所从事的工作，一般不认为是公务。”《全国法院审理经济犯罪案件工作座谈会纪要》的规定将公务与劳务区别开来，更加有针对性地强调公务与职权的关联性，突出公务的管理性特征。一般认为，在国家出资企业中，中层以上的管理人员可以被视为代表负有管理、监督国有资产职责的组织从事公务，中层以下的管理人员如果主要从事事务性、技术性、业务性等方面的工作，则一般不宜认定为从事公务。

本案中，被告人章国钧属于国家工作人员，其利用职务之便，非法收受他人财物，为他人谋取利益的行为构成受贿罪。

首先，交通银行属于“国家出资企业”。《交通银行股份有限公司章程》显示，交通银行的股本结构中，中华人民共和国财政部作为发起人持有 26.5%的股份，因财政部所持有的股份来源为国有资产，故交通银行属于国有资本参股公司。根据《最高人民法院、最高人民检察院关于办理国家出资企业中职务犯罪案件具体应用法律若干问题的意见》的规定，国有资本参股公司属于国家出资企业的一种，故交通银行属于国家出资企业。

其次，章国钧属于“国家出资企业中的国家工作人员”。第一，章国钧受交通银行湖州分行党委任命。根据《交通银行浙江省分行辖属分行党委工作规则》的规定，交通银行湖州分行党委负责“研究决定干部管理权限内及其后备干部的选拔、培养、任免、考核、调配、各类奖惩等事项”，以及“研究决定本单位授权职能部门以上的重大资产、服务和业务合作项目等方面的资金和财务支出安排”等有关人事、财物方面的工作，从该行党委的职能来看，该行党委系该行“负有管理、监督国有资产职责的组织”,而且,根据该行党委组织部出具的情况说明,该行干部的任免均由该行党委研究决定后下文公布。章国钧自 2008 年 8 月至 2011 年 3 月担任新天地支行业务管理经理(副科级),自 2011 年 3 月至 2012 年 2 月担任新天地支行行长助理,其职务任免均由交通银行湖州分行党委研究决定,委派主体符合《最高人民法院、最高人民检察院关于办理国家出资企业中职务犯罪案件具体应用法律若干问题的意见》的规定,章国钧系代表交通银行湖州分行党委从事对国有资产的监督、经营、管理,对于委派主体来说,其具有“代表性”。第二,章国钧代表交通银行湖州分行党委从事公务。实践中,受委派人员在国家出资企业中不仅要从事最本质的公务性工作,也要从事一般的事务性工作。本案中,章国钧作为新天地支行的业务管理经理和行长助理,其工作职责可以分为两部分:一部分是对客户经理的日常考核和管理,以及协助行长从事一般的管理工作,该部分工作可以理解为是一般的事务性工作;而另一部分则是其工作的重点,即对贷款的审查和监管,通过对贷款客户进行评估和初审等贷前审查,确定贷款客户的经济状况和信誉度,再将贷款申报到授信部和审贷会进行最终的贷款审批。章国钧对贷款审查和监管的工作职责属于对国有资产的管理、监督,属于“从事公务”,系代表委派组织从事对国有资产的监督、经营、管理工作,符合国家工作人员的本质要求。

综上,被告人章国钧身为国家工作人员,利用职务上的便利,非法收受他人财物,为他人谋取利益,其行为构成受贿罪。[No. 8-385-46 章国钧受贿案]

△国家工作人员以优惠价格购买商品房的行为中,经营者预先设定的不针对特定人的优惠价格属于商品房的正常市场价格,不应计入受贿罪数额。

交易型受贿仍然具有受贿罪权钱交易的本质特征。在交易型受贿中,从形式上看,行贿人和受贿人双方存在一般市场交易行为,以金钱和物品的对价进行支付,通常包含打折、让利等优惠,但是上述优惠并不是一般商品买卖活动中为了促销而进行的正常销售手段,而是为了通过这种优惠换取国家工作人员手中的公权力。所谓市场交易只不过是权钱交易的幌子,权钱交易才是交易型受贿的本质特征。

具体到本案中,民建公司在常山县天马镇东苑小区 A-2 地块开发商住楼,2002 年 11 月 1 日胡伟富的妻子徐敏向民建公司预定的购房联系单上载明的优惠幅度仅为 1%,胡伟富后来在其本人和弟弟购房时向民建公司要求再给予一定优惠本属正常,也符合普通购房人的普遍心理。但在民建公司提出给予 5 万元优惠时,因其本人购房的总房款也仅为 157155 元,即便加上其弟弟胡伟贵的房屋,总房款也仅为 31 万余元,该 5 万元的优惠相对于房款总价来说幅度太大。对于长期与房地产企业有业务联系,时任城市规划管理所副所长的胡伟富来说,其熟知本地的房地产市场的行情,正常购房是不可能有如此大的优惠幅度的,民建公司给予其这样的优惠,且提出采用在购房合同外让胡伟富用其他发票向民建公司报销的方式给予优惠,唯一的解释就是因为胡担任城市规划管理所副所长职务,对工程建设项目具有审批、验收等权力,对民建公司具有职务上的监管权力。胡伟富对此是心知肚明的,故主观上具有利用职权,采用超过正常的最大优惠幅度购房,以交易方式占有 4 万余元购房差价款的故意。胡伟富与民建公司商定采用先按市场基准价签订购房合同并付清房款,再向民建公司提供购货发票予以报销,最终得到了所谓的 5 万元“优惠”,整个购房及报销发票的过程本质上具有权钱交易的特征。

相形之下,胡伟富在向晨源公司购房的过程中,是听妻子徐敏说以前工作过的晨源公司有便宜的尾房销售,且销售主管汪素芳以 7.5 折的价格购买了房产,同意妻子以同样折扣从晨源公司购房,其并无明显的利用职务便利在购房时寻求额外优惠的主观故意。在该起购房中胡伟富也没有实施积极的行为,以追求获得额外优惠。虽然晨源公司的缪建勋、茅建如陈述,如果不考虑胡伟富的职务因素,仅考虑徐敏本身在公司做过销售,最多只能给 7.9 折的优惠,但这只是侦查机关事后取证,且是证人主观上如此认为。购房当时相关人员并未将此情况告诉徐敏,胡伟富更不知情,故该起购房中没有体现出明显的权钱交易特征。

根据《最高人民法院、最高人民检察院关于办理受贿刑事案件适用法律若干问题的意见》的规定,交易型受贿中的“市场价格”包括“事先设定的不针对特定人的最低优惠价格”。笔者认为,应当从是否“事先设定”和“不针对特定人”两个基本方面,结合案件实际来判断国家工作人员所享受的“优惠价格”是正常市场优惠还是贿赂。“事先设定”是指在正常的市场优惠购房中,交易价格通常是由经营者预先设定的,事先确定折扣幅度,按照事先制定的程序进行销售和结算,而交易型受贿犯罪中的房产优惠价格往往具有较大的随机性和任意性,经营者会根据交易对象(国家工作人员)的具体情况,临时确定房产价格优惠幅度、结算方式等,因而难以事先确定优惠幅度。“不针对特定人”是指在正常的市场优惠购房中，能够以优惠条件购买房产的人是不特定的多数人，所有愿意支付相关对价的（符合相关法律政策规定的）人均可参与优惠购买房产。而在交易型受贿犯罪中，优惠房价仅针对特定的国家工作人员等个别对象，社会上的不特定多数人是不可能享受到同等优惠的。

本案中，被告人胡伟富和弟弟胡伟贵从民建公司购买的两套房共计优惠达5.3万余元（包括购房合同中按1%优惠的部分），而从公诉机关提供的证据——其他多份购房合同来看，民建公司售房的最大优惠幅度仅为3%，也就是说，按该公司出售给不特定对象的最低优惠价格，仅能优惠不足1万元。显而易见，3%的优惠幅度是民建公司事先确定的购房最高折扣，面向不特定的人，而胡伟富所享受的优惠幅度达总房款的13%以上，是民建公司根据胡伟富个人身份临时确定的优惠幅度，仅针对胡伟富个人，故胡伟富在该起购房中所享受的优惠不是正常的市场优惠，而是变相收受贿赂。胡伟富、徐敏夫妇向晨源公司以7.5折的优惠价购买一套商品房，在胡伟富、徐敏夫妇购房前，晨源公司已向汪素芳、郑某按同等或更优惠的价格出售过房产，7.5折的优惠属于晨源公司事先设定的优惠幅度，且不仅仅针对胡伟富个人，将胡伟富在该起购房中享受的优惠认定为正常的市场优惠更为准确。

综上，本案一、二审法院认定被告人胡伟富与民建公司在房产交易中得到额外优惠的4万余元为受贿款，不认定其在购买晨源公司房产过程中收受贿赂是正确的。采用贵重物品交易的方式收受贿赂是一种新型的受贿手段，具有隐蔽性高、不易查处等特征，但是其本质特征仍是权钱交易。实践中，对此类行为的认定，要严格按照《最高人民法院、最高人民检察院关于办理受贿刑事案件适用法律若干问题的意见》规定的精神，准确厘清罪与非罪的界限，做到不枉不纵。［No. 8-385-47 胡伟富受贿案］

△受国有公司委派在国有控股公司代表国有股东行使管理职权的，属于国家工作人员。

2010年出台的《最高人民法院、最高人民检察院关于办理国家出资企业中职务犯罪案件具体应用法律若干问题的意见》系专门对国家出资企业中有关人员职务犯罪问题作出的解释，其内容并没有改变之前有关司法解释中认定国家工作人员身份标准的规定，只是对于近年来司法机关办理此类案件中经常遇到的一些新情况、新问题，规定了更为明确的认定标准，其与之前相关司法解释的内容没有冲突，对国家工作人员的认定范围没有改变，亦与《刑法》第九十三条的规定相一致，不存在所谓从旧兼从轻的适用问题。因此，在有明确规范性文件规定的情况下，本案当然应当适用该意见。

中国铁建股份有限公司于2007年11月成立，由中国铁道建筑总公司（国有公司）独家发起设立。中国铁建股份有限公司于2008年3月上市扩股，吸纳社会公众资金，上市后国家持股61.33%，国有法人全国社会保障基金理事会持股1.98%，社会公众持股36.69%，属于国家控股企业（国家出资企业）。中铁二十五局集团有限公司是中国铁建股份有限公司的全资子公司（二级公司），属于国家出资企业。

卫建峰担任中铁二十五局集团有限公司副总经理之前，其长期在中铁十二局集团公司工作，并于2003年起担任工程管理部部长，成为公司中层管理人员，后通过铁路系统内部招聘，调到中铁二十五局集团有限公司。从卫建峰担任中铁二十五局集团有限公司副总经理的任命来看，其系由国有公司中国铁道建筑总公司决定并向中铁二十五局集团有限公司及其党委下达通知任命的，然后才由中铁二十五局集团有限公司履行聘任手续；2009年中铁二十五局集团有限公司又任命卫建峰兼任湘桂铁路扩能改造工程Ⅶ标指挥部指挥长。从2004年12月任命后直至2010年8月调任珠三角城际轨道有限公司，卫建峰的职务没有发生变动。卫建峰担任中铁二十五局集团有限公司副总经理，受国有投资主体委派代表国有股东一方行使管理职权的性质在中国铁建股份有限公司上市后并未发生改变。从以上卫建峰的任职、考核情况看，可以得出卫建峰从2004年起，一直是由国家机关负责管理的副局级干部，属于党管干部，其任职源起要么来自于国有公司，要么来自于国家机关，其在有关公司中的任职应当属于受国有主体委派，符合《最高人民法院、最高人民检察院关于办理国家出资企业中职务犯罪案件具体应用法律若干问题的意见》第六条规定的经国家机关、国有公司提名、推荐、任命在国有控股公司中从事公务的人员，具有国家工作人员身份。

卫建峰兼任中铁二十五局集团有限公司湘桂铁路扩能改造工程Ⅶ标指挥部指挥长，虽然是临时性职务，但并不影响对其是否属于从事公务的认定，其是否属于从事公务，应当从其具体工作职责进行分析。《中铁二十五局湘桂铁路扩改工程Ⅶ标指挥部指挥长职责》第二条明确规定：“指挥长是工程项目管理的第一责任人，根据合同对项目实施过程行使全面管理职权。”据此，指挥长作为工程指挥部的“一把手”，对工程项目的施工生产进度、工程质量监管、工程成本控制及价款结算等所有工作均具有领导职责,其中必然包括对与中铁二十五局所持国有股份对应的国有资产的经营、监管责任,而购料款、工程款的拨付决定权是其职权之一。卫建峰作为湘桂铁路扩改工程Ⅶ标指挥部指挥长,系国有控股公司临时机构的"一把手",同时其还兼任指挥部的党工委书记,主持党工委的全面工作,其从事的工作具有公务性质,符合《最高人民法院、最高人民检察院关于办理国家出资企业中职务犯罪案件具体应用法律若干问题的意见》第六条经国家出资企业中负有管理、监督国有资产职责的组织研究决定,代表其在国有控股公司及其分支机构中从事组织、领导、监督、经营、管理工作的人员,应当认定为国家工作人员的规定。[No. 8-385-48 卫建峰受贿案]

△以明显高于市场的价格将房屋出租给请托人的,属于采取交易形式变相收受贿赂,实际收取的租金与市场租金的差额计入受贿数额。

《最高人民法院、最高人民检察院关于办理受贿刑事案件适用法律若干问题的意见》明确了实践中出现的几种收受财物的新方式及其数额认定标准。其中在"关于以交易形式收受贿赂问题"中,明确了三种交易方式:以明显低于市场的价格向请托人购买房屋、汽车等物品的;以明显高于市场的价格向请托人出售房屋、汽车等物品的;以其他交易形式非法收受请托人财物的。明显低于市场价格购买和明显高于市场价格出售这两种行为,形式上是市场买卖行为,系双方自愿处置财产,看似合法合理,但从内容看,这两种行为明显违背市场交易规律,对买卖的相对方都是不利的,在正常的市场交易中都不会出现。因此,这两种行为表面上是平等的交易,实质上包含权钱交易。请托人之所以接受这样的交易价格,不是因为物有所值,而是因为其中包含了国家工作人员利用职务便利为请托人谋取利益的对价,超出市场价格的差额就是"权钱交易"的价格。对于"以其他交易形式非法收受请托人财物",《最高人民法院、最高人民检察院关于办理受贿刑事案件适用法律若干问题的意见》虽然没有如前两种行为方式限制"明显低于""明显高于"的条件,但在具体认定时,仍然需要比较具体交易行为与正常市场交易行为的差距。对于明显违背市场交易规律,国家工作人员由此获取了非法利益的,可以认定为"以其他交易形式非法收受请托人财物"。而收受财物的具体数额,应当为实际支付的价格与交易时当地市场价格的差额。本案中,凌吉敏实际收取的租金是市场同期租金的3倍多,明显高于市场价格,故这种"租赁"表面是一种市场交易行为,实际属于"以其他交易形式非法收受请托人财物",非法收受的财物数额为实际支付价格与交易时当地市场价格的差额,即633864元。[No. 8-385-49 凌吉敏受贿案]

△受贿后主动供述所收受财物的使用情况的,不属于对受贿事实的如实供述范围,可构成自首、立功。主动供述使用受贿款向他人行贿的,构成行贿罪自首,不再认定为立功。

以齐备犯罪构成要件包含的全部构成要件要素为标准,来判断行为人对某一犯罪的供述是否完整、充分。行为人实施犯罪的某些情节又涉及本人或者他人的其他犯罪的,如这些情节没有超出该罪的犯罪构成,则仍然属于对该罪的如实供述,因行为人的供述又破获本人或者他人的其他犯罪的,不构成自首或者立功。贿赂犯罪中行为人供述受贿事实,必须交代行贿人的情况;供述行贿事实,同样必须交代受贿人的情况。除对贿赂的提供人、收受人必须交代外,如有利用职权牟利情节,行为人对牟利情节的供述亦属于对贿赂犯罪基本事实的供述。行为人在供述犯罪事实时,可能会对案发起因、赃物处理等不属于犯罪构成要件的情节一并供述,此时其供述如涉及本人其他犯罪或者他人犯罪情况,可能构成自首或者立功。被告人刘凯因涉嫌受贿罪被捕后,交代自己使用部分受贿款向其上级领导张海行贿,刘凯对行贿事实的供述,已超出其对受贿犯罪承担的如实供述范围。考虑到司法机关根据该线索已侦破张海受贿一案,刘凯确已具备构成自首或者立功的可能条件。

贿赂犯罪属于对合犯,实施贿赂行为的双方互为实现特定犯罪的必要条件。无论是行贿罪还是受贿罪,其客观方面的要件都必然包含财物转移的全过程,均涉及双方当事人。根据前面的分析,行为人供述行贿事实的,必然供述对方的受贿事实,否则其供述的行贿事实就不完整,达不到如实供述的要求。故其对他人受贿犯罪的揭发,并未超出其对行贿犯罪承担的如实供述范围,不能另外构成立功。被告人刘凯主动供述行贿事实同时产生了两方面的积极作用:一方面,其主动交代了司法机关尚未掌握的行贿事实,司法机关据此查明该事实,节约了司法资源;另一方面,司法机关根据其供述侦破了他人受贿的案件,其供述具有揭发他人犯罪的效果。刘凯主动供述行贿事实,可以认定其构成行贿罪的自首。虽然其自首行为客观上具有揭发他人犯罪的作用,但不能再认定其构成立功,否则就是对同一行为的重复评价。[No. 8-385-50 刘凯受贿案]

△受贿人收取行贿人的借据后,并未实现对

贿赂款项的实际控制,后因案发未实际获得贿赂款项的,应认定为受贿罪未遂。

从法律条文上看,受贿罪是以行为人利用职务便利收受他人财物为前提的,其既遂与未遂的区分应以是否得到了贿赂作为标准。因为收受贿赂是受贿罪的根本内容,离开了收受行为,就无所谓受贿罪。从获得财产上看,受贿罪与贪污罪均属于财产性职务犯罪,应以行为人是否实际控制财物作为区分既遂与未遂的标准。这一点在《全国法院审理经济犯罪案件工作座谈会纪要》中也得到印证。同时,受贿罪是财产型的结果犯,而不是刑法意义上的行为犯,既遂的实现必然要求存在实际结果的发生。因此,在实际结果没有发生、财产所有权没有发生实质转移、行为人没有实际控制财物的情况下,应当依照刑法理论认定为未遂。被告人杨光亮所收取的行贿人的借据所确定的 500 万债权是否兑现存在不确定性,不能认为杨光亮收受 500 万元的借据后,就实现了对此款项的实际控制,因此,应认定为犯罪未遂。[No. 8-385-39　杨光亮受贿案]

△房产交易型受贿行为中,受贿的数额应当以商品房买卖合同成立时间为交易时间进行计算。真正反映市场交易价格的是开发商针对不特定人给予优惠折扣后的实际成交价格。判断是否"明显低于市场价格",应从受贿罪权钱交易的本质出发,通过查证房产开发商内部的销售记录,结合特定地区、特定时期的经济发展水平、房产市场的交易规则及差额占涉案房屋价值总额的比例等多方面进行综合判断。

交易型受贿案件中,涉案房屋的市场价格具有较大的波动性,以不同的时间基准计算交易时间,犯罪数额相差悬殊。原则上应以商品房买卖合同成立时间为交易时间。交易型贿赂案件中的腐败交易,集中表现为行贿人与受贿人之间的犯罪意思表示。房屋买卖合同成立时,受贿人与行贿人已经完全具备贿赂犯罪的意思表示,双方均明知签订合同为形式,贿赂为实质,受贿行为已经完成,危害结果也实际发生,因而应当认定为"交易时间"。当然,在某些交易型受贿案件中还存在预先订立预售合同后又发生变更的情况,此时因预售合同中行为人得以反悔,受贿犯罪的实质性危害尚处于待定状态,故一般不作为认定交易时间的标准。

真正反映市场交易价格的是开发商针对不特定人给予优惠折扣后的实际成交价格,其中需要查清优惠价格是否针对不特定人。针对特定人的最低优惠价格不能认定为市场价格。同时,还应当查清最低优惠价格是否附有条件。

"明显低于市场价格"标准需要法官运用自由裁量权加以认定。判断是否"明显低于市场价格",应从受贿罪权钱交易的本质出发,通过查证房产开发商内部的销售记录,结合特定地区、特定时期的经济发展水平、房产市场的交易规则及差额占涉案房屋价值总额的比例等多方面进行综合判断。被告人杨海以 178.737 万元购房款购买总价值为 237.8027 万元的"世纪梧桐"10 号楼 1 门 102 号商品房,低于市场价格比例达到 24.8%;其以 80 万元购房款购买总价值为 143.4142 万元的"时代奥城"1-1-1501 号商品房,低于市场价格比例达到 44.2%,均符合"明显低于市场价格"的特征,因而构成受贿罪。[No. 8-385-40　杨海受贿案]

△国家工作人员利用该职务便利,向职权管理对象放贷收受巨额利息,其行为构成受贿,同期银行存贷款利息是否从受贿数额中扣除取决于借款人同期是否有真实的借款需求。

被告人陈建飞系以民间借贷为名行索贿之实,其利用职务之便,索取他人巨额钱财,并为他人谋取利益的行为,符合受贿罪权钱交易的本质特征。理由:一是陈建飞与放贷对象杨伯伟、吴文红在消防工程项目上有职务管理关系。二是借贷之事系由陈建飞提出,高额利率由其确定,且借款人未满足陈建飞要求时,所开发的项目就迟迟通不过消防验收。三是陈建飞利用其职权为杨伯伟、吴文红谋取了利益。从法理上分析,借贷是一种市场交易行为,高利放贷可以理解为一种特殊的市场交易形式。根据《最高人民法院、最高人民检察院关于办理受贿刑事案件适用法律若干问题的意见》第一条规定,国家工作人员利用职务上的便利为请托人谋取利益,以交易形式收受请托人财物的,以受贿论处。对陈建飞的行为可以适用其中"以其他交易形式非法收受请托人财物的"相关规定。因此,对被告人陈建飞以受贿罪处理,符合《刑法》和司法解释的精神。在计算受贿罪数额时,是否扣除借款资金的同期银行存贷款利息取决于借款人同期是否有其他民间借贷及借贷利率情况。若借款人实际占用了被告人的资金,但借款人向被告人借款时并没有借款需求,或者以借款形式掩盖行贿受贿事实,被告人以出借资金作为收受贿赂的手段,对借款资金的同期银行存贷款利息不应扣除。[No. 8-385-41　陈建飞受贿案]

△社区医疗服务中心网管员在事业单位从事公务应认定为国家工作人员,其收受财物的行为成立受贿罪。

《最高人民法院、最高人民检察院关于办理商业贿赂刑事案件适用法律若干问题的意见》第四条规定,医疗机构中的国家工作人员,在药品、医疗器械、医用卫生材料等医药产品采购活动中,利用职务上的便利,索取销售方财物,或者非法收受销售方财物,为销售方谋取利益,构成犯罪的,以受贿罪定罪处罚。医疗机构中的非国家工作人员,有前款行为,数额较大的,以非国家工作人员受贿罪定罪处罚。医疗机构中的医务人员,利用开处方的职务便利,以各种名义非法收受药品、医疗器械、医用卫生材料等医药产品销售方财物,为医药产品销售方谋取利益,数额较大的,以非国家工作人员受贿罪定罪处罚。

国家工作人员的本质特征是从事公务,认定是否是国家工作人员也应当以是否从事公务为依据。本案中,对被告人吕辉能否认定为国家工作人员并不取决于其"身份"(是临时工还是正式工),而取决于其职责,应当结合吕辉是否从事公务来判断其是否属于国家工作人员。本案在审理过程中,对吕辉负责采购计算机及其设备系从事公务没有争议,但对于吕辉对社区卫生服务中心的信息进行维护是否属于从事公务争议较大。经查,吕辉对社区卫生服务中心的网络信息予以维护的范围包括对医生的工作量、业务总金额、看病人次、人均费用、药品所占业务总金额的比例等进行统计、汇总,监控医生超量或者异常用药情况,及时向院办公室汇报,并确保统计数据的真实性、安全性和保密性。可见,吕辉在事业单位中履行了对国有资产的管理及对公共事务的监督职责,从事的活动具有公务性质,应当将其认定为国家工作人员。

值得注意的是,应当将吕辉利用网络管理员的职务便利,收受供货单位相关人员以及医药销售代表给予的财物,并在采购计算机及配件和提供医生药品用量信息等方面为他们谋取利益的行为,与医生利用开处方的职务便利,收受药品、医疗器械、医用卫生材料等医药产品销售方财物的行为,以及医生收受红包的行为相区分。医生开处方的行为属于不具备职权内容的劳务活动、技术服务工作,应当以非国家工作人员论;当其利用处方权收受医药产品销售方给予的回扣时,由于其处方权具有对医药购销的实质性影响,能够被贿赂所左右,可以构成非国家工作人员受贿罪;而当其利用自身的专业技能为患者进行诊疗时,此时的医生与患者是一种平等的医疗服务关系,医生需要遵循专业知识和工作规则为患者服务,故医生收受患者红包的行为属于行业不正之风,不能以犯罪论处,可对其进行批评教育或者纪律处分。本案中,吕辉基于其具有公务性质的职务行为获取了不正当的报酬,依法构成受贿罪。[No. 8-385-42　吕辉受贿案]

△国家工作人员为他人谋取利益,指定他人将财物交给非特定关系人的情形中,国家工作人员与非特定关系人成立共同受贿。

《最高人民法院、最高人民检察院关于办理受贿刑事案件适用法律若干问题的意见》第七条规定了三种受贿情形,其中第三种情形是指特定关系人以外的其他人与国家工作人员通谋,由国家工作人员利用职务上的便利为请托人谋取利益,收受请托人财物后双方共同占有的,以受贿罪的共犯论处。根据该规定,结合上述事实,判断周龙苗和虞平安是否构成共同受贿,必须明确以下两点:第一,二被告人是否通谋;第二,二被告人是否共同占有请托人所送的财物。

关于第一点,如果虞平安与建新公司朱登伟的合作是正常合作,即双方都参与投资、管理,且经营利润按照投资比例分配,即使周龙苗为虞平安参与合作打过招呼,朱登伟是基于周龙苗的职权和地位影响才让虞平安参与合作,也不应将虞平安基于周龙苗的行为获取的所得认定为受贿。然而,本案中,虞平安与朱登伟的合作显然是不正常的。朱登伟首先提出如让虞平安参与合作,工程利润就会遭受损失,周龙苗当即明确表示其会向大昌公司提出让大昌公司减少管理费,尽可能保证工程利润。在此情况下,朱登伟遂答应了周龙苗的要求。再者,由建新公司出面承接工程,虞平安不参与实际投资、管理,仅分取利润,也是周龙苗提出的,只是具体利润分多少是由虞平安和朱登伟两人商谈的。可见,周龙苗、虞平安、朱登伟三人均明知本案的这种合作模式是基于周龙苗系临城新区公司综合开发处处长这一职务的影响,三人均对权钱交易主观上明知,二被告人事前通谋这一点也是明确的。

关于第二点,虽然表面上看周龙苗本人没有直接获得财物,但朱登伟送给虞平安"利润"完全是基于周龙苗的授意,而虞平安之所以获利,完全是源于周龙苗与朱登伟之间的权钱交易。虞平安在未实际参与投资、管理的情况下分取利润是周龙苗提出的,虽然其对虞平安具体分取多少利润未必明知,但周龙苗向朱登伟提出虞平安分配利润时,并未提出数额限制,即不管虞平安具体分多少,都不违背周龙苗的意志。事后,虞平安在收取50万元利润款后将其中的5万元交给周龙苗的妻子,周龙苗在获知后,既未对虞平安的分配数额提出限制,也未向虞平安要求将分配利润返还朱登伟。因此,周龙苗应当对虞平安收受的50万元承担刑事责任。虞平安将5万元交给周龙苗的妻子,只是赃物处理的一个具体环节。换言之,即便周龙苗不收取虞平安的 5 万元,周龙苗利用职务便利为朱登伟谋取利益,朱登伟则将利润交给由周龙苗指定的虞平安,也完全符合权钱交易的本质特征。

综上,周龙苗利用职务便利为朱登伟谋取利益,而由周龙苗指定虞平安在既不出资,也不参与管理经营的情况下,收取 50 万元,事后其又收取虞平安给的 5 万元,其行为构成受贿罪,虞平安成立受贿罪的共犯,共同受贿数额应当认定为 50 万元。[No. 8-385-43　周龙苗等受贿案]

△利用职务便利为他人谋取利益,授意他人向第三人借款,还款义务被免除的,成立受贿罪。

本案 300 万元"借款"实际上是明勇智通过出借资金的方式,为肖烨敲诈雷政富的款项买单,无论是明勇智答应借款给肖烨,还是放弃对该"借款"的追索,目的是出于对雷之前对其公司关照的感谢,并希望继续得到雷的关照,都是基于雷政富的职权。表面上看雷政富本人没有获得财物,但请托人的行贿指向是明确的,最后免除第三人肖烨的债务,完全是基于国家工作人员雷政富的意思,而第三人之所以获利,完全源于雷政富与明勇智之间的权钱交易和雷政富最终对该财产的处分意思。该笔款项名为肖烨公司与明勇智公司的民间借贷款,实为明勇智与雷政富之间的权钱交易款,属于贿赂款的性质。[No. 8-385-45　雷政富受贿案]

△国家工作人员基于受贿故意收受他人财物后,赃款用于公务性支出的,不影响受贿的认定。

根据罪刑法定原则,行为人的行为是否构成犯罪,应以《刑法》规定的犯罪构成要件为标准,对司法解释的理解和适用亦应遵循该原则,与立法本意一致而不能随意脱离、相悖。受贿罪作为故意犯罪,只要国家工作人员具有受贿故意,利用职务上的便利,为他人谋取利益,或者利用本人职权或者地位形成的便利条件,通过其他国家工作人员职务上的行为,为请托人谋取不正当利益,并实际索取、收受他人财物的,即应认定为受贿既遂。《最高人民法院、最高人民检察院关于办理受贿刑事案件适用法律若干问题的意见》第九条第一款"国家工作人员收受请托人财物后及时退还或者上交的,不是受贿"的规定,是针对实践中国家工作人员主观上没有受贿故意,但客观上收受了他人财物,然后及时退还或者上交的情形,并非针对受贿既遂后退还或者上交的情形。毋保良交存款物后主要用于公共支出,系其受贿犯罪既遂后对赃款、赃物的处置,属自由行使处分权的范畴,不影响受贿犯罪的性质及故意犯罪完成形态的认定,仅作为量刑情节酌情考虑。因为贪污、受贿犯罪既已实施完毕,赃款赃物的事后处分不影响刑事定罪。对赃款赃物去向与贪污、受贿故意的认定关系问题,2016 年 4 月 18 日起施行的《最高人民法院、最高人民检察院关于办理贪污贿赂刑事案件适用法律若干问题的解释》第十六条第一款进一步明确:"国家工作人员出于贪污、受贿的故意,非法占有公共财物、收受他人财物之后,将赃款赃物用于单位公务支出或者社会捐赠的,不影响贪污罪、受贿罪的认定,但量刑时可以酌情考虑。"[No. 8-385-63　毋保良受贿案]

△请托人此前无具体请托事项而多次给予少量财物的,随后又因具体请托事项而给予数额较大财物的,此前收受的财物应计入数额。

行贿人长期连续给予受贿人财物,且超出正常人情往来,其间只要发生过具体请托事项,则可以把这些连续收受的财物视为一个整体,全额认定为受贿数额。在认定时应当注意以下两点:一是收受的连续性,这是得以在法律上将之作为整体行为对待的事实基础;二是排除人情往来因素。本案中,被告人收受财物在时间上较为连贯,权钱交易性质明显,故不能将前期无请托事项时给予财物的行为与之后的关照、提拔割裂开来,而应作为同一整体对待,将多次收受的财物累计计算,以受贿论处。[No. 8-385-64　毋保良受贿案]

△索取、收受具有上下级关系的下属或具有行政管理关系的被管理人员价值较大的财物,可能影响其职权行使的,应认定为承诺为他人谋取利益。

对于日常意义上的"感情投资",通常分为两种情形:一种是与行为人当前职务无关的感情投资;另一种是与当前行为人的职务行为有着具体关联的所谓的"感情投资"。对于后者,由于双方行为人在日常职务活动中的紧密关系,谋利事项要么已经通过具体的职务行为得以体现,要么可以直接推断出给付金钱有对对方的职务行为施加影响的图谋,在这种情况下只要能够排除正常人情往来的,即可认定为受贿。

综观本案,给予毋保良数额较大甚至巨大财物者,或为已在或欲在萧县境内从事经营活动的商人,或为与毋保良存在职务隶属关系的萧县乡镇、科局干部,这些人员除了商业经营、工作需要可能与毋保良发生联系外,并无证据证明他们与毋保良存在长期的、深厚的亲情、友情等特殊关系;毋保良既没有回赠他们价值大体相当的款物,也不能作出合理解释。上述人员无一不是谋求与毋处好关系,由毋保良对现行或将来请托事项给予帮助,毋保良亦实际给予或承诺给予帮助,实质仍为权钱交易,并非正常的人情往来,故相应款物依法应计入受贿数额。

《最高人民法院、最高人民检察院关于办理贪污贿赂刑事案件适用法律若干问题的解释》为适应惩治受贿犯罪的实践需要，进一步统一了在“礼金型”受贿犯罪类型中“为他人谋取利益”要件的理解，第十三条第二款规定：“国家工作人员索取、收受具有上下级关系的下属或者具有行政管理关系的被管理人员的财物价值三万元以上，可能影响职权行使的，视为承诺为他人谋取利益。”其中，“价值三万元以上”是为了便于实践掌握而对非正常人情往来作出的量化规定。［No. 8-385-65 毋保良受贿案］

△行为人兼有从轻与从重情节的，应在分别评判的基础上综合考虑量刑幅度。

量刑情节是影响量刑的各种主客观事实情况，这些情况虽被归纳为几大类别，如自首、立功、犯罪预备、中止、未遂等，但具体分析，各种情节的价值或者说影响力并不能等量齐观，即便是同一种量刑情节，其意义也不尽相同。兼有从重情节和从轻情节量刑时，不能采取简单的抵销处理，而应根据不同情节的作用（包括正面和负面）大小和影响程度分别考量，然后再进行综合评价。就本案来说，确定被告人耿三有的最终刑罚大致可分为几个步骤：首先，根据受贿的数额和基本情节确定基准刑，如耿三有受贿 70 多万元，结合其认罪态度、悔罪表现及实际退赃等情况，可确定其基准刑为四年半至五年；其次，针对耿三有所具有的索贿情节，依法应予从重处罚，从重处罚的幅度，结合索贿的数额等情况，参照量刑规范化的一般要求，可掌握在基准刑的 20%～30%；最后，考虑耿三有检举、揭发他人贿赂犯罪的立功表现，依法予以从轻处罚，从轻处罚的幅度，根据《最高人民法院关于常见犯罪的量刑指导意见》的规定，“一般立功的，可以减少基准刑的 20%以下”，综合全案的量刑情节，二审法院判处耿三有有期徒刑五年是适当的。［No. 8-385-67 耿三有受贿案］

△国有医疗机构中，从事医疗数据统计、传输、维护等信息管理工作的事业编制人员，其统计、传输、维护的信息和数据系国有医疗机构对医疗业务进行管理、监督、决策的重要依据，属于医保信息，工作内容具有公务性质，该人员系国有事业单位中从事公务的人员，应以国家工作人员论。

国家工作人员的本质特征是行使职权、从事公务。被告人丁利康所负有的对医院内的用药数据等信息管理、监控、保密的职责，实质上是履行对公共事务的管理，具有公务的性质，应以国家工作人员论处。其利用负责构建、维护计算机网络及日常信息统计工作的便利收受他人贿赂的行为，应当认为是利用职务之便，构成受贿罪。［No. 8-385-55 丁利康受贿案］

△特定关系人明知国家工作人员为请托人谋取利益的情况下，事先征得国家工作人员同意或事后告知国家工作人员收受请托人提供的财物的，构成受贿罪的共犯。

根据现行《刑法》规定及共同犯罪理论，二人以上基于共同的故意实施共同的犯罪行为即成立共同犯罪。这里的共同故意既包括事前通谋的情况，也包括事中通谋的情况。同时，同一犯罪可以由不同行为环节构成，各行为人在共同犯罪故意的支配下分别实施了构成共同犯罪整体行为的某一部分行为，即可认定为共同参与了犯罪实施。就受贿罪而言，受贿行为由两部分组成：一是为他人谋利，二是收受他人财物。据此，特定关系人只要主观上与国家工作人员形成受贿的通谋，客观上实施了部分受贿行为，对其以受贿罪共犯论处，是符合《刑法》规定和共同犯罪理论的。

对于特定关系人成立受贿罪共犯的认定，虽然根据《全国法院审理经济犯罪案件工作座谈会纪要》的有关规定，国家工作人员的近亲属收受请托人财物构成受贿罪共犯的前提条件是其向国家工作人员代为转达请托事项，但司法实践中不能将此规定作为认定特定关系人成立受贿罪共犯的排他性标准。因为这一规定主要针对的是当时司法实践中较为突出的一类情形，为了统一认识，才予以例示性写入《全国法院审理经济犯罪案件工作座谈会纪要》，属于注意规定而非创设新的共犯认定标准。而关于非国家工作人员成立受贿罪共犯的条件，《全国法院审理经济犯罪案件工作座谈会纪要》同时也有总则性规定，即“根据刑法关于共同犯罪的规定，非国家工作人员与国家工作人员勾结，伙同受贿的，应当以受贿罪的共犯追究刑事责任。非国家工作人员是否构成受贿罪共犯，取决于双方有无共同受贿的故意和行为”。据此，虽不具有代为转达请托事项的行为，但特定关系人与国家工作人员具有受贿通谋和行为的，仍构成受贿罪共犯。《全国法院审理经济犯罪案件工作座谈会纪要》并未改变《刑法》关于受贿罪共同犯罪认定的基本标准，那种将向国家工作人员代为转达请托事项认定为国家工作人员的近亲属构成受贿罪共犯的必要条件的认识是对《全国法院审理经济犯罪案件工作座谈会纪要》有关规定的片面理解，实际是对受贿罪限定了较一般共同犯罪更为严格的条件，与刑法共同犯罪理论不符，不能适应当前打击腐败犯罪形势的需要，在实践中更会造成放纵部分特定关系人的负面效果。《最高人民法院、最高人民检察院关于办理受贿刑事案件适用法律若干问题的意见》中就专门予以强调,“特定关系人与国家工作人员通谋,共同实施前款行为(国家工作人员利用职务上的便利为请托人谋取利益,授意请托人将有关财物给予特定关系人——编者注)的,对特定关系人以受贿罪的共犯论处”。该规定就未再提及代为转达请托事项这一条件,符合刑法共同犯罪理论的一般要求,进一步明确了受贿罪共犯“通谋+行为”的认定标准。

“通谋”指的是双方对于受贿故意的意思联络、沟通。从“通谋”发生的时间看,既包括事先通谋,也包括事中通谋,即虽然特定关系人与国家工作人员事先未就为请托人谋利并收受财物形成共同的犯意联络,但其在对国家工作人员利用职务便利为他人谋利的事实明知的情况下仍代国家工作人员收受财物,应认定与国家工作人员具有通谋。从“通谋”的形式上看,既有特定关系人与国家工作人员之间明示性的谋议,也有心照不宣的默契配合,当然,后一种情况要求相互对对方行为和意思具有确定性明知。从“通谋”的内容上看,特定关系人与国家工作人员不仅对收受请托人财物具有共同意思沟通,而且对由国家工作人员利用职务便利为请托人谋利具有共同意思联络。《最高人民法院、最高人民检察院关于办理贪污贿赂刑事案件适用法律若干问题的解释》第十六条第二款规定:“特定关系人索取、收受他人财物,国家工作人员知道后未退还或者上交的,应当认定国家工作人员具有受贿故意。”此规定实际上将认定“通谋”成立的时间进一步予以延伸,因为该规定针对的情况,往往是国家工作人员已经利用职务便利为请托人谋取了利益,其特定关系人收受请托人财物的行为已经完成,只不过国家工作人员在为请托人谋利时对其特定关系人收受财物并不知情(此时如果案发,则特定关系人可能构成利用影响力受贿罪,国家工作人员可能构成渎职犯罪,但因为彼此缺乏受贿犯意的沟通而并不构成受贿罪共犯),如果事后特定关系人将其收受请托人财物的情况告知了国家工作人员,则国家工作人员具有退还或上交财物的法定义务,否则就视为其与特定关系人之间具有了受贿的共同故意,双方就应均以受贿罪共犯论处。

被告人罗菲系国家工作人员张曙光的特定关系人。在案证据证实,罗菲对于请托人杨建宇与张曙光之间具有请托谋利关系知情,即罗菲明知杨建宇系为感谢和讨好张曙光并得到张的职务上的帮助、关照而给予其财物,明知张曙光利用职务便利为杨建宇谋取了利益的情况下,仍收受杨建宇给予的财物并于事先征得张曙光的同意或事后告知了张曙光,张曙光对之予以认可,足以认定其与张曙光形成了受贿“通谋”,二人具有共同受贿的故意,罗菲收受杨建宇财物的行为系张曙光受贿行为的组成部分,因此,法院对罗菲以受贿罪共犯定罪处罚是正确的。[No. 8-385-56　罗菲受贿案]

△对于以打欠条、收受干股、合作投资、委托理财等形式将行贿受贿关系伪装成合法债权债务关系的,应当根据受贿罪的权钱交易本质进行审查。只要符合受贿罪的权钱交易本质,形式上存在的债权债务关系不影响受贿的认定。

行为人为了逃避侦查,常常将行贿受贿关系伪装成合法的债权债务关系,常见的有打欠条、收受干股、合作投资、委托理财等。对此,应当结合具体案情,对涉案行为进行实质审查,符合权钱交易本质的,应当认定为受贿。所谓“权”指的就是国家工作人员的“职权”。这种职权既包括本人职务上主管、负责、承办某项公共事务的职权,也包括利用职务上有隶属、制约关系的其他国家工作人员的职权,还包括担任单位领导职务的国家工作人员通过不属自己主管的下级部门的国家工作人员的职务而获得的“间接职权”。因而,当国家工作人员收受的财物与其职权密切相关时,即可认定是“非法收受”。

被告人孙昆明提议刘某某用房屋买卖合同加高倍违约金的方式支付贿赂款。孙昆明起草了房屋买卖协议,协议约定刘某某同意自协议签订之日起7个工作日内支付孙昆明首付款100万元,每延迟1天付款,刘某某需支付房屋出售价的1%的违约金。孙昆明办理好有关房屋产权手续后7个工作日内通知刘某某支付尾款并协助刘某某办理过户手续。刘某某接到孙昆明支付尾款通知之日起7个工作日内支付尾款,每延迟1天付款,刘某某需支付房屋出售价的1%的违约金,若刘某某在1个月内未足额付清尾款,则孙昆明不再将本房屋出售给刘某某,且已经收取的房屋首付款100万元不退还。如果孙昆明未能在2013年6月底前办理好本房屋产权手续,孙昆明须将所收刘某某100万元首付扣掉刘某某首付违约金后退还。从购房协议的内容看,双方存在不对等的权利义务关系,即刘某某违约时需支付高额的违约金,而孙昆明违约时不但无须承担任何责任,在退还首付款时还要扣除刘某某需支付的违约金,这些约定有悖于正常的市场交易。事实上,孙昆明所售房屋不能过户,协议不具备实际履行的条件。从借条可以看出,孙昆明在返还刘某某首付款时,未就差额部分出具欠条,而是在半年后为了逃避审查才补写欠条,且未就还款情况作出约定,孙昆明在客观上也没有偿还刘某某款项的具体行为。案中证据反映，长丰房地产开发公司在向总包方和分包人支付工程款方面处于主导地位，孙昆明作为长丰房地产开发公司的董事长，在支付工程款方面具有决定权。长丰房地产开发公司支付工程款的进度直接决定了恒安消防工程公司获得工程款的时间。刘某某的证言也证明正基于此，其才会与孙昆明签订一份不可能履行的房屋买卖合同。根据上述因素综合判断，孙昆明与刘某某并不存在真实的债权债务关系，而是孙昆明以借款为名，非法收受他人财物。准确界定贿赂犯罪的界限，认定是行贿受贿关系还是正常的债权债务关系，关键还是要把握"权钱交易"这个本质特征。首先要判断行为人是否利用了职务上的便利为对方谋取了利益，其次要判断债权债务关系是否符合正常的市场交易规则。对于明显有违公平原则、加重一方义务的合同要注意审查双方订立合同的本意，依法打击以"合同"之名行贿赂之实的行为。[No. 8-385-57　孙昆明受贿案]

△国家工作人员在知道特定关系人收受请托人财物后虽有退还的意思，但发现特定关系人未退还而予以默认的，应认为具有受贿故意。

被告人朱渭平应妻子金某的要求为请托人刘某承接工程提供帮助，事后得知妻子收受刘某所送金条。从主观上看，朱渭平对所收受财物的性质有明确的认识，知道该金条是其先前利用职权为刘某谋利行为的回报。被告人朱渭平得知妻子收受金条后，的确有要求妻子退还的意思表示，但不能简单地根据这种言语表达来否定朱渭平主观上具有受贿的意思。朱渭平要求妻子退还金条的动机，是朱渭平和刘某不熟悉，担心刘某不可靠，害怕随便收"生人"的钱容易出事。要求妻子退还金条，反映了朱渭平对收受财物一开始是持担忧、疑虑和否定态度的。但最终，朱渭平发现妻子并未按其要求退还金条后，未再坚持让妻子退还，亦未将金条上交，说明朱渭平经一番权衡考虑之后，还是心存侥幸，对收受请托人财物持默许、认可和接受的态度。对受贿故意的考察判断，不能孤立地看国家工作人员得知特定关系人收受他人财物这一时间节点的个别言语和行为，而要综合考察国家工作人员知情后，是否积极敦促、要求特定关系人退还财物，最终对收受他人财物是否持认可、默许的态度。国家工作人员和特定关系人是同一利益共同体，共同体中的任何一方收受他人财物的行为，客观上应视为"利益共同体"的整体行为。当国家工作人员发现特定关系人未按要求退还财物仍然默许的，表明其对共同体另一方收受财物的行为总体上持认可态度，当然应对这种客观上未退还的不法后果担责。本案中，检察机关对该笔事实以受贿罪追究朱渭平的刑事责任（对其妻子金某另案处理），也得到了法院裁判的认可。《最高人民法院、最高人民检察院关于办理贪污贿赂刑事案件适用法律若干问题的解释》第十六条第二款明确规定："特定关系人索取、收受他人财物，国家工作人员知道后未退还或者上交的，应当认定国家工作人员具有受贿故意。"该解释亦明确了此种情形下应当认定国家工作人员具有受贿的故意。[No. 8-385-58　朱渭平受贿案]

△国家工作人员收受请托人所赠房产，而后请托人又将房产用于抵押贷款的，应认定为受贿既遂。

首先，被告人朱渭平利用职务上的便利为吴某某收购房地产项目提供融资帮助，后其为掩人耳目，与吴某某商定，将欲收受的房产过户至其实际控制的上海某公司名下，其行为已构成受贿罪。

其次，从该房产完成交易过户至被告人朱渭平实际控制的公司名下之日起，受贿已经既遂，即便朱渭平并不实际居住在该房产处，甚至钥匙亦在吴某某手中，亦不影响对其受贿行为既遂的认定。因为朱渭平与吴某某商定的上述方式正是为了掩人耳目、逃避打击，从房产过户至其实际控制的公司之日起，其权钱交易行为的实质危害性已经实现。

最后，吴某某因资金周转困难，利用代办被告人朱渭平实际控制的上海某公司年检等事项的便利，将该房产用于抵押，获取贷款以解决自己资金周转困难的行为并不影响朱渭平受贿犯罪的形态。表面上看，吴某某用该房产抵押贷款的行为似乎表明房产尚未实际交付给朱渭平，因为行贿人尚能行使该房产的抵押权，但上述行为是受贿事实完成后吴某某利用其代管公司公章等便利条件行使部分物权的行为，其本质上属于受贿完成后的事后行为，不能据此否定朱渭平的受贿故意、吴某某的行贿心态和客观上已经完成的变更产权所有人的行为。

《最高人民法院、最高人民检察院关于办理受贿刑事案件适用法律若干问题的意见》第八条明确规定："国家工作人员利用职务上的便利为请托人谋取利益，收受请托人房屋、汽车等物品，未变更权属登记或者借用他人名义办理权属变更登记的，不影响受贿的认定。"司法实务中，针对行贿、受贿双方为逃避打击而采取不断变化的方式、手段、方法所进行的特殊形式的权钱交易行为，要根据上述意见中的精神，结合行贿、受贿双方主观心态和客观行为的隐蔽性、实质性进行综合判定。本案中，朱渭平收受吴某某所送房产的事实应当认定为犯罪既遂。[No. 8-385-59　朱渭平受贿案]

△以欺骗方式令行贿人主动交付财物的，构

成索贿。

根据《刑法》第三百八十五条第一款的规定，受贿罪的行为方式分为“索取他人财物”和“非法收受他人财物”两种，《刑法》第三百八十六条又规定“索贿的从重处罚”。“索贿”即是指“索取他人财物”。《刑法》及相关司法解释未对“索贿”或“索取他人财物”的含义作出规定，在司法实践中可以按照上述用语的通常含义来认定索贿。依据《现代汉语词典》(第 7 版)的解释，索取即“向人要(钱或东西)”，索贿即“索取贿赂”。可见，只要行为人主动向他人索要财物，即属于“索取他人财物”，“索贿”只是《刑法》对“索取他人财物”的简便表述，二者含义相同。因此，认定行为人是否构成索贿关键看其是否主动要求对方交付财物作为对价。本案中，被告人吴六徕表面上似乎并未直接向行贿人徐某某索要财物，而是以要给“领导的朋友”好处费为由主动要求徐某某交付财物给第三人。吴六徕虽然采取欺骗手段使徐某某相信确有“领导的朋友”介入，并“自愿”向“领导的朋友”支付好处费，但吴六徕在徐某某“自愿”交付之前已向其传递出明确的信号，即徐某某不付出一定代价不可能顺利承揽业务，徐某某面对这种情况并无多少选择余地。在徐某某表示愿意给对方好处费后，吴六徕立即提出 100 万元的数额要求。该起受贿事实中，吴六徕与徐某某的沟通过程符合索贿犯罪中受贿人积极地主导权钱交易进程，而行贿人比较被动地按照受贿人的要求给付财物的特点，犯罪情节较一般的被动接受贿赂的受贿犯罪更为恶劣，理应认定为索贿并酌情从重处罚。至于吴六徕使用的欺骗手段，并不改变其主动向徐某某索要巨额贿赂的实质。[No. 8-385-61　吴六徕受贿案]

第三百八十六条　【受贿罪的处罚】

对犯受贿罪的，根据受贿所得数额及情节，依照本法第三百八十三条的规定处罚。索贿的从重处罚。

【立法理由】

1. **1979 年立法的情况**。1979 年《刑法》第一百八十五条规定：“国家工作人员利用职务上的便利，收受贿赂的，处五年以下有期徒刑或者拘役。赃款、赃物没收，公款、公物追还。犯前款罪，致使国家或者公民利益遭受严重损失的，处五年以上有期徒刑。向国家工作人员行贿或者介绍贿赂的，处三年以下有期徒刑或者拘役。”

2. **1979 年之后至 1997 年刑法修订前的立法情况**。1988 年 1 月 21 日通过的《全国人民代表大会常务委员会关于惩治贪污罪贿赂罪的补充规定》，采用受贿数额加情节的立法方式。根据受贿所得数额及情节，依照关于贪污罪具体数额对应刑罚的规定处罚，规定了四档刑罚，对受贿罪规定“依照贪污罪的规定处罚”，同时又针对“使国家利益或者集体利益遭受重大损失”的情形单独规定了两档刑罚，对于受贿数额不满一万元，使国家利益或者集体利益遭受重大损失的，处十年以上有期徒刑；受贿数额在一万元以上，使国家利益或者集体利益遭受重大损失的，处无期徒刑或者死刑，并处没收财产。

3. **1997 年修订刑法的情况**。1997 年修订刑法时作了简化，只规定依照贪污罪处罚，即主要以受贿数额作为处罚的依据，但对索贿的应从重处罚。

【条文说明】

本条是关于对受贿罪如何进行处罚的规定。

根据本款规定，对犯受贿罪的，根据《刑法》第三百八十三条规定的贪污罪的量刑标准处罚，即对个人受贿的处罚也分为**四个量刑档次**，根据受贿数额及其情节分别按照有关档次进行处罚。根据本条规定，对索贿的，应当从重处罚。

根据 2016 年《最高人民法院、最高人民检察院关于办理贪污贿赂刑事案件适用法律若干问题的解释》的规定，受贿数额在三万元以上不满二十万元的，应当认定为“**数额较大**”，依法判处三年以下有期徒刑或者拘役，并处罚金。受贿数额在一万元以上不满三万元，具有下列情形之一的，应当认定为“**其他较重情节**”，依法判处三年以下有期徒刑或者拘役，并处罚金：(1)曾因贪污、受贿、挪用公款受过党纪、行政处分的；(2)曾因故意犯罪受过刑事追究的；(3)赃款赃物用于非法活动的；(4)拒不交待赃款赃物去向或者拒不配合追缴工作，致使无法追缴的；(5)造成恶劣影响或者其他严重后果的；(6)多次索贿的；(7)为他人谋取不正当利益，致使公共财产、国家和人民利益遭受损失的；(8)为他人谋取职务提拔、调整的。受贿数额在二十万元以上不满三百万元的，应当认定为“**数额巨大**”，依法判处三年以上十年以下有期徒刑，并处罚金或者没收财产；受贿数额在十万元以上不满二十万元，具有下列情形之一的，应当认定为“**其他严重情节**”，依法判处三年以上十年以下有期徒刑，并处罚金或者没收财产：(1)多次索贿的；(2)为他人谋取不正当利益，致使公共财产、国家和人民利益遭受损失的；(3)为他人谋取职务提拔、调整的。受贿数额在三百万元以上的，应当认定为“**数额特别巨大**”，依法判处十年以上有期徒刑、无期徒刑或者死刑，并处罚金或者没收财产；受贿数额在一百五十万元以上不满三百万元，具有下列情形之一的，应当认定为“**其他特别严重情节**”，依法判处十年以上有期徒刑、无期徒刑或者死刑，并处罚金或者没收财产：(1)多次索贿的；(2)为他人谋取不正当利益，致使公共财产、国家和人民利益遭受损失的；(3)为他人谋取职务提拔、调整的。

第三百八十七条　【单位受贿罪】

国家机关、国有公司、企业、事业单位、人民团体，索取、非法收受他人财物，为他人谋取利益，情节严重的，对单位判处罚金，并对其直接负责的主管人员和其他直接责任人员，处五年以下有期徒刑或者拘役。

前款所列单位，在经济往来中，在帐外暗中收受各种名义的回扣、手续费的，以受贿论，依照前款的规定处罚。

【立法理由】

1. 1979 年之后至 1997 年刑法修订前的立法情况。1988 年 1 月 21 日通过的《全国人民代表大会常务委员会关于惩治贪污罪贿赂罪的补充规定》第六条规定，全民所有制企业事业单位、机关、团体，索取、收受他人财物，为他人谋取利益，情节严重的，判处罚金，并对其直接负责的主管人员和其他直接责任人员，处五年以下有期徒刑或者拘役。与补充规定同时通过的《全国人民代表大会常务委员会关于惩治走私罪的补充规定》第五条规定的单位走私罪、第九条规定的单位骗汇罪、逃汇罪等，共同构成我国刑法的第一批单位犯罪。

2. 1997 年修订刑法的情况。1997 年修订刑法时作了文字修改，将带有计划经济色彩的“全民所有制”修改为“国家”“国有”，反映出我国社会主义市场经济发展的新成果。参考个人在经济往来中，违反国家规定，收受各种名义的回扣、手续费，归个人所有的，以受贿论处的规定，增加单位以受贿论的情形。

【条文说明】

本条是关于单位受贿罪及其处罚的规定。

本条共分为两款。

第一款是关于单位受贿罪及其处罚的规定。根据本款规定，单位受贿罪的犯罪主体是**国家机关、国有公司、企业、事业单位、人民团体**。除此以外，其他单位包括集体经济组织、中外合资企业、中外合作企业、外商独资企业和私营企业，都不能成为单位受贿罪的主体。国有单位的内设机构利用其行使职权的便利，索取、非法收受他人财物并归该内设机构所有或者支配，为他人谋取利益，情节严重的，可以单位受贿罪追究刑事责任。在经济往来中，在帐外暗中收受各种名义的回扣、手续费的，以受贿罪论处。本罪在行为上主要表现为上述单位索取、非法收受他人财物，为他人谋取利益，情节严重的行为①，如国有商业银行利用发放贷款的职务便利，向申请贷款的单位或个人索要好处费。这里所说的“**为他人谋取利益**”，既包括谋取非法利益，也包括正当利益。② 至于是否为他人谋取到利益，不影响本罪的成立。

根据本款规定，单位犯受贿罪的，对单位判处罚金，并对其直接负责的主管人员和其他直接责任人员，处五年以下有期徒刑或者拘役。应当注意的是，本罪的重要特征是**将索取、非法收受的他人财物归单位所有**。如果单位直接负责的主管人员和其他直接责任人员借单位名义索取、收受他人财物后私分、

---

① 我国学者指出，由于单位与单位之间或者单位与自然人之间，不可能存在自然人与自然人之间那种纯粹私人的友谊或亲属等关系，因此，对于本罪之成立，无需证明财物获取行为与单位职权存在关联，参见王作富主编：《刑法分则实务研究(下)》(第 5 版)，中国方正出版社 2013 年版，第 1672 页。

② 和《刑法》第三百八十五条受贿罪不同的是，在单位受贿罪中，无论是索取他人财物，抑或收受他人财物，均必须同时具备“为他人谋取利益”的要件。参见王作富主编：《刑法分则实务研究(下)》(第 5 版)，中国方正出版社 2013 年版，第 1672 页；周光权：《刑法各论》(第 4 版)，中国人民大学出版社 2021 年版，第 563 页。

中饱私囊的，则不适用本条规定，而应根据对个人犯受贿罪的处刑规定追究刑事责任。①

第二款是关于国家机关、国有公司、企业、事业单位、人民团体在经济往来中，**在帐外暗中收受各种名义的回扣、手续费**，以受贿论处的规定。这里所说的在经济往来中"在帐外暗中"收受回扣、手续费的行为，在第三百八十五条的解读中已有详述。

需要注意的是，单位受贿罪是将索取、非法收受的他人财物归单位所有，如果单位直接负责的主管人员和其他直接责任人员**借单位名义索取、收受他人财物后私分、中饱私囊的**，则不适用本条规定，而应根据对个人犯受贿罪的处刑规定追究刑事责任。

【司法解释】

《最高人民检察院关于人民检察院直接受理立案侦查案件立案标准的规定（试行）》（高检发释字〔1999〕2号，自1999年9月16日起施行）

△（**单位受贿罪；立案标准**）单位受贿罪是指国家机关、国有公司、企业、事业单位、人民团体，索取、非法收受他人财物，为他人谋取利益，情节严重的行为。

索取他人财物或者非法收受他人财物，必须同时具备为他人谋取利益的条件，且是情节严重的行为，才能构成单位受贿罪。

国家机关、国有公司，企业、事业单位、人民团体，在经济往来中，在账外暗中收受各种名义的回扣、手续费的，以单位受贿罪追究刑事责任。

涉嫌下列情形之一的，应予立案：

1. 单位受贿数额在10万元以上的；

2. 单位受贿数额不满10万元，但具有下列情形之一的；

（1）故意刁难、要挟有关单位、个人，造成恶劣影响的；

（2）强行索取财物的；

（3）致使国家或者社会利益遭受重大损失的。

《最高人民法院、最高人民检察院关于办理贪污贿赂刑事案件适用法律若干问题的解释》（法释〔2016〕9号，自2016年4月18日起施行）

△（**追缴或者责令退赔**）贪污贿赂犯罪分子违法所得的一切财物，应当依照刑法第六十四条的规定予以追缴或者责令退赔，对被害人的合法财产应当及时返还。对尚未追缴到案或者尚未足额退赔的违法所得，应当继续追缴或者责令退赔。（§ 18）

【司法解释性文件】

《最高人民检察院研究室关于国有单位的内设机构能否构成单位受贿罪主体问题的答复》（〔2006〕高检研发8号，2006年9月12日公布）

△（**国有单位的内设机构；单位受贿罪主体**）国有单位的内设机构利用其行使职权的便利，索取、非法收受他人财物并归该内设机构所有或者支配，为他人谋取利益，情节严重的，依照刑法第三百八十七条的规定以单位受贿罪追究刑事责任。

上述内设机构在经济往来中，在账外暗中收受各种名义的回扣、手续费的，以受贿论。

【附属刑法】

《中华人民共和国行政强制法》（2011年6月30日通过）

第六十四条

行政机关及其工作人员利用行政强制权为单位或者个人谋取利益的，由上级行政机关或者有关部门责令改正，对直接负责的主管人员和其他直接责任人员依法给予处分。

第六十八条

Ⅰ违反本法规定，给公民、法人或者其他组织造成损失的，依法给予赔偿。

Ⅱ违反本法规定，构成犯罪的，依法追究刑事责任。

【参考案例】

△在单位犯罪中，单位直接负责的主管人员和其他直接责任人员的自首行为，既应视为个人自首，也应视为单位自首。

根据我国《刑法》第六十七条第一款的规定："犯罪以后自动投案，如实供述自己的罪行的，是自首。"成立一般自首必须具备两个条件，即自动投案和如实供述自己的罪行。对于自动投案有一点要求是基于犯罪分子本人的意志。对于单位犯罪来讲，单位作为一个系统整体存在，它具有自己的意志能力和行为能力，从而具有自己的犯罪能力和刑事责任能力。但同时，单位是一个由自然人组成的有机整体，单位的运动和活动，是通过作为单位构成要素的自然人的自觉活动实现的。单位主管人员和直接责任人员的意志具有双重性，作为单位整体意志的一部分决定实施犯罪的个人意志，既影响着自身的行为性质，也影响着单位的行为性质。所以在规定有双罚制的单位犯罪中，

① 相同的学说见解，参见王作富主编：《刑法分则实务研究（下）》（第5版），中国方正出版社2013年版，第1676页。

单位主管人员和直接责任人员的自首行为既应当视为是个人的自首,也应当视为是单位的自首,在量刑时予以考虑。[No. 8-391-1 昆明展煜科技有限公司等对单位行贿案]

第三百八十八条 【斡旋受贿的处罚】
国家工作人员利用本人职权或者地位形成的便利条件,通过其他国家工作人员职务上的行为,为请托人谋取不正当利益,索取请托人财物或者收受请托人财物的,以受贿论处。

【立法理由】

斡旋受贿犯罪行为人不是直接利用本人职务上的行为,而是利用其职权、地位形成的便利条件,通过其他国家工作人员的职务行为,为他人谋取利益,索取或者收受他人财物。这是改革开放过程中受贿犯罪出现的一种新的情况,这种行为与受贿一样,也是一种权钱交易,同样违反了国家工作人员职务行为廉洁性的要求,同样应当予以惩处。我国已经批准加入的**《联合国反腐败公约》**也要求将斡旋受贿行为规定为犯罪。**1997年修订刑法**时,根据实践中受贿犯罪的发展变化情况和各方面的意见,对此作了规定。

【条文说明】

本条是关于斡旋受贿犯罪及其处罚的规定。

根据本条规定,**斡旋受贿行为**,是指国家工作人员利用本人职权或者地位形成的便利条件,通过其他国家工作人员职务上的行为,为请托人谋取不正当利益,索取请托人财物或者收受请托人财物的行为。例如,利用上下级之间的隶属关系,利用部门、单位之间的工作关系①,让其他国家工作人员为请托人办事。② 这里所说的"**谋取不正当利益**",是指根据法律及有关政策规定不应得到的利益。根据本条规定,如果为请托人谋取的是正当的利益,不构成本条规定的犯罪。③ 根据本条规定,对斡旋受贿行为以受贿论处,即依照《刑法》第三百八十六条的规定进行处罚。

实践中应当注意以下几个方面的问题:

1. **关于利用本人职权或者地位形成的便利条件,并不要求行为人利用其职权或者地位,只要是利用其国家工作人员的立场实施斡旋受贿行为就符合条件。**行为人与其被利用的国家工作人员之间在职务上虽然没有隶属、制约关系,但是行为人利用了本人职权或者地位产生的影响和一定的工作联系,如单位内不同国家工作人员之间,上下级单位没有隶属、制约关系的国家机关工作人员之间,工作关系认识的不同单位的国家工作人员之间,都符合利用本人职权或者地位形成的便利条件。对于国家工作人员利用本人职务上主管、负责、承办某项公共事务的职权,或者利用职务上有隶属、制约关系的其他国家工作人员的职权索取贿赂的,可以直接适用《刑法》第三百八十五条受贿罪的规定。

2. **关于接收请托**。与普通受贿要求谋取利益不同,本条规定要求国家工作人员有为请托人谋取不正当利益的意图。只要行为人认识到其受托事项不正当就可以,不要求已经为请托人谋取了不正当利益,也不要求其他国家工作人员知道行为人有索取请托人财物或者有收受请托人财物的行为。

3. **关于索取财物或者收受请托人的财物**。这种财物是行为人使其他国家工作人员为请托人谋取不正当利益的报酬。对于事先索贿,或者事

① 我国学者指出,间接受贿与普通受贿的区别在于,行为人没有实施职务上的作为和不作为,并且其职权或地位对请托人没有直接的制约关系。参见王作富主编:《刑法分则实务研究(下)》(第5版),中国方正出版社2013年版,第1634—1635页。另有学者指出,国家工作人员利用本人职务上主管、负责、承办某项公共事务的职权,或者利用职务上有隶属、制约关系的其他国家工作人员的职权索取、收受贿赂者,应直接适用《刑法》第三百八十五条。担任单位领导职务的国家工作人员通过不属于自己主管的下级部门的国家工作人员的职务为他人谋取利益者,亦是如此。参见张明楷:《刑法学》(第6版),法律出版社2021年版,第1598页;陈兴良主编:《刑法各论精释》,人民法院出版社2015年版,第1173页。

② 其他国家工作人员是否许诺、答应行为人的请求,是否为请托人谋取了不正当利益,对于本罪的成立,不生任何的影响。因为斡旋受贿罪是以斡旋行为作为对价,而非以其他国家工作人员职务行为作为对价。参见张明楷:《刑法学》(第6版),法律出版社2021年版,第1598页。

③ 我国学者指出,只要行为人认识到请托人的事项不正当,即为已足。至于行为人是否已经为请托人谋取了不正当利益,其他国家工作人员是否认识到行为人索取、收受贿赂,在所不论。参见张明楷:《刑法学》(第6版),法律出版社2021年版,第1598页。

后索取、收受财物的行为,也成立斡旋受贿犯罪。

【司法解释性文件】

《全国法院审理经济犯罪案件工作座谈会纪要》(法发〔2003〕167号,2003年11月13日公布)

△(利用职权或地位形成的便利条件)刑法第三百八十八条规定的"利用本人职权或者地位形成的便利条件",是指行为人与被其利用的国家工作人员之间在职务上虽然没有隶属、制约关系,但是行为人利用了本人职权或者地位产生的影响和一定的工作联系,如单位内不同部门的国家工作人员之间、上下级单位没有职务上隶属、制约关系的国家工作人员之间、有工作联系的不同单位的国家工作人员之间等。

【参考案例】

△国家工作人员通过其他国家工作人员的职务行为,为请托人谋取不正当利益,索取或收受财物的,属于利用本人职权或地位形成的便利条件受贿;尽管其与被利用的国家工作人员存在不正当的男女关系,不构成利用影响力受贿罪,应以受贿罪论处。

在主观要件上,《刑法》第三百八十五条一般受贿以为他人谋取利益为要件,而第三百八十八条斡旋受贿则必须以谋取不正当利益为要件。对于索取型受贿而言,第三百八十五条只要索取他人财物即可构成犯罪,不必为他人谋取利益;而第三百八十八条斡旋受贿无论是索取型还是收受型,都必须具备为请托人谋取不正当利益的要件,才能构成犯罪。从立法意图分析,立法者是为严密法网,加大对受贿犯罪的打击力度,将斡旋受贿列入刑法惩治的范围。同时,修订后的刑法为防止不适当地扩大打击面,又把斡旋受贿的惩处对象限制在谋取不正当利益的范围之内。利用本人职权或者地位形成的便利条件应理解为行为人对被其利用的国家工作人员在职务上没有制约关系,但是行为人利用了本人职权或者地位产生的影响。

既具有国家工作人员身份,又具有情人身份的行为人利用第三人的职务行为受贿的定性,往往会面临《刑法》第三百八十五条与第三百八十八条,第三百八十八条与第三百八十八条之一的适用争议。只要国家工作人员同时具备本人的职权或者地位形成的便利条件和与其他国家工作人员的密切关系,原则上应当依照《刑法》第三百八十八条的规定,以受贿罪论处;但确有证据证实国家工作人员仅利用了其与被其利用的其他国家工作人员的密切关系的,应当依照《刑法》第三百八十八条之一的规定,以利用影响力受贿罪论处。

被告人陆某除了是刘某的下属,有工作上的联系外,其还与刘某有不正当的男女关系。一方面,其与刘某有工作联系,可以利用本人职权形成的便利条件,通过刘某职务上的行为为请托人谋取不正当利益;另一方面,其与刘某有情人关系,不能排除其可通过枕边风影响刘某,进而通过刘某职务上的行为为请托人谋取不正当利益。刘某是陆某的上级领导,陆某的职务对刘某的职务不具有制约关系,但二者之间存在工作联系,陆某的职权和地位可以对刘某的职务行为产生一定的影响,陆某通过刘某职务上的行为,为请托人谋取不正当利益,应当属于利用本人职权或者地位形成的便利条件受贿的情形。[No. 8-385-38　陆某受贿案]

第三百八十八条之一　【利用影响力受贿罪】

国家工作人员的近亲属或者其他与该国家工作人员关系密切的人,通过该国家工作人员职务上的行为,或者利用该国家工作人员职权或者地位形成的便利条件,通过其他国家工作人员职务上的行为,为请托人谋取不正当利益,索取请托人财物或者收受请托人财物,数额较大或者有其他较重情节的,处三年以下有期徒刑或者拘役,并处罚金;数额巨大或者有其他严重情节的,处三年以上七年以下有期徒刑,并处罚金;数额特别巨大或者有其他特别严重情节的,处七年以上有期徒刑,并处罚金或者没收财产。

离职的国家工作人员或者其近亲属以及其他与其关系密切的人,利用该离职的国家工作人员原职权或者地位形成的便利条件实施前款行为的,依照前款的规定定罪处罚。

【立法沿革】

《中华人民共和国刑法修正案(七)》(自2009年2月28日起施行)

十三、在刑法第三百八十八条后增加一条,作为第三百八十八条之一:

"国家工作人员的近亲属或者其他与该国家

工作人员关系密切的人，通过该国家工作人员职务上的行为，或者利用该国家工作人员职权或者地位形成的便利条件，通过其他国家工作人员职务上的行为，为请托人谋取不正当利益，索取请托人财物或者收受请托人财物，数额较大或者有其他较重情节的，处三年以下有期徒刑或者拘役，并处罚金；数额巨大或者有其他严重情节的，处三年以上七年以下有期徒刑，并处罚金；数额特别巨大或者有其他特别严重情节的，处七年以上有期徒刑，并处罚金或者没收财产。

"离职的国家工作人员或者其近亲属以及其他与其关系密切的人，利用该离职的国家工作人员原职权或者地位形成的便利条件实施前款行为的，依照前款的规定定罪处罚。"

【立法理由】

《刑法》第三百八十八条对国家工作人员利用本人职权或地位形成的便利条件，通过其他国家工作人员的职务行为为请托人谋取不正当利益，索取或收受请托人财物的犯罪作了规定。近些年来，有些全国人大代表和有关部门提出，某些国家工作人员的配偶、子女等近亲属，以及其他与该国家工作人员关系密切的人，通过该国家工作人员职务上的行为，或者利用该国家工作人员的职权或者地位形成的便利条件，通过其他国家工作人员职务上的行为，为请托人谋取不正当利益，自己从中索取或者收受财物的情况较为严重。同时，一些已离职的国家工作人员，虽已不具有国家工作人员的身份，但利用其在职时形成的影响力，通过其他国家工作人员的职务行为为请托人谋取不正当利益，自己从中索取或者收受财物。上述行为败坏了党风、政风和社会风气，社会影响十分恶劣，为加强党风廉政建设，严惩腐败行为，有必要纳入刑法。同时考虑到我国已经签署的**《联合国反腐败公约》**也要求将影响力交易行为规定为犯罪。2009 年第十一届全国人大常委会第七次会议审议通过的**《刑法修正案（七）》**将国家工作人员的近亲属或者其他与该国家工作人员关系密切的人，利用国家工作人员职务上的影响力索贿受贿的行为，以及离职的国家工作人员或者其近亲属以及其他与其关系密切的人的上述行为单独规定为犯罪。

【条文说明】

本条是关于利用影响力受贿罪及其处罚的规定。

本条共分为两款。

第一款是关于**国家工作人员的近亲属或者其他与该国家工作人员关系密切的人，利用影响力进行受贿犯罪及其处罚**的规定。本罪的犯罪主体包括：**与国家工作人员有着某种特定关系的非国家工作人员**，包括国家工作人员的近亲属或者其他与该国家工作人员关系密切的人。之所以将这两种人的斡旋受贿行为规定为犯罪，主要是考虑到他们与国家工作人员有着血缘、亲属关系，有的虽不存在亲属关系，但彼此是同学、战友、老部下、老上级或是有着某种共同的利益关系[①]，或是过从甚密，具有足够的影响力，他们斡旋受贿的行为影响了国家工作人员职务的廉洁性，应当受到刑罚处罚。至于关系密切的人具体指哪些人，应当由司法机关根据案件的具体情况确定，也可以由司法机关依法作出司法解释。这里规定的**近亲属**，主要是指夫、妻、父、母、子、女、同胞兄弟姐妹、祖父母、外祖父母、孙子女、外孙子女。[②] 这里所说的"**谋取不正当利益**"，根据 2012 年《最高人民法院、最高人民检察院关于办理行贿刑事案件具体应用法律若干问题的解释》第十二条的规定，是指行贿人谋取的利益违反法律、法规、规章、政策规定，或者要求国家工作人员违反法律、法规、规章、政策、行业规范的规定，为自己提供帮助或者方便条件。违背公平、公正原则，在经济、组织人事管理等活动中，谋取竞争优势的，应当认定为"谋取不正当利益"。

---

① 我国学者进一步指出，共同利益不仅包括物质利益，还包括其他方面的利益，例如，情人关系、恋人关系、前妻前夫关系、密切的上下级关系（如国家工作人员的秘书、司机等）、密切的姻亲或血亲关系等。另外，"与国家工作人员关系密切的人"不等同于"与国家工作人员关系好的人"，如基于偶然原因掌握国家工作人员隐私的人，同样属于"与国家工作人员关系密切之人"。参见张明楷：《刑法学》（第 6 版），法律出版社 2021 年版，第 1615 页。

② "近亲属"概念在《刑事诉讼法》及民法中的规定有别。其中，《刑事诉讼法》第一百零六条规定："本法下列用语的含意是：……（六）'近亲属'是指夫、妻、父、母、子、女、同胞兄弟姊妹。"相对的，按照《民法典》第一千零四十五条第二款的规定，近亲属包括了配偶、父母、子女、兄弟姐妹、祖父母、外祖父母、孙子女、外孙子女，显然范围更广。

对此，学说上多认为，"近亲属"概念采用民法意义上的近亲属范围，会更为妥当，理由在于：一方面，"近亲属"范围不宜过于严格限制；另一方面，刑事诉讼法与民法的着重点不同，前者侧重于程序权利义务的形式，后者则着眼于近亲属与本人日常生活中的实体关系。参见黎宏：《刑法学各论》（第 2 版），法律出版社 2016 年版，第 536 页；王作富主编：《刑法分则实务研究（下）》（第 5 版），中国方正出版社 2013 年版，第 1685—1686 页。

根据本款的规定,数额较大或者有其他较重情节的,处三年以下有期徒刑或者拘役,并处罚金;数额巨大或者有其他严重情节的,处三年以上七年以下有期徒刑,并处罚金;数额特别巨大或者有其他特别严重情节的,处七年以上有期徒刑,并处罚金或者没收财产。2016 年《最高人民法院、最高人民检察院关于办理贪污贿赂刑事案件适用法律若干问题的解释》第十条规定,利用影响力受贿罪的定罪量刑适用标准,参照该解释关于受贿罪的规定执行。应当说明的是,受贿罪与贪污罪不同,受贿的数额可能不大,但给国家和人民的利益造成的损失可能是巨大的,因此,对受贿罪的量刑,除了要考虑数额之外,还要考虑其他情节。

第二款是关于**离职的国家工作人员或其近亲属以及其他与其关系密切的人,利用影响力进行犯罪及其处罚**的规定。"**离职**",是指曾经是国家工作人员,但目前的状态是已离开了国家工作人员岗位,包括离休、退休、辞职、辞退等。①

构成本款规定的犯罪,应依照本条第一款的规定定罪处罚,即数额较大或者有其他较重情节的,处三年以下有期徒刑或者拘役,并处罚金;数额巨大或者有其他严重情节的,处三年以上七年以下有期徒刑,并处罚金;数额特别巨大或者有其他特别严重情节的,处七年以上有期徒刑,并处罚金或者没收财产。

【司法解释】

《最高人民法院、最高人民检察院关于办理贪污贿赂刑事案件适用法律若干问题的解释》(法释〔2016〕9 号,自 2016 年 4 月 18 日起施行)

△(**定罪量刑适用标准**)刑法第三百八十八条之一规定的利用影响力受贿罪的定罪量刑适用标准,参照本解释关于受贿罪的规定执行。(§10Ⅰ)

△(**追缴或者责令退赔**)贪污贿赂犯罪分子违法所得的一切财物,应当依照刑法第六十四条的规定予以追缴或者责令退赔,对被害人的合法财产应当及时返还。对尚未追缴到案或者尚未足额退赔的违法所得,应当继续追缴或者责令退赔。(§18)

△(**罚金刑**)对刑法规定并处罚金的其他贪污贿赂犯罪,应当在十万元以上犯罪数额二倍以下判处罚金。(§19Ⅱ)

【参考案例】

△具有职务隶属关系的上下级国家工作人员之间,如果下级认为行为人与其上级有某种密切关系,行为人所托之事能否办妥直接影响到上级对自己的评价,则可以认为,行为人与该上级国家工作人员之间关系密切,且行为人利用了与上级国家工作人员具有特定关系的影响力。

认定关系是否密切,不应仅从形式上来看,关键要看"特定关系人"与"生发影响力的公权力人"平时的关系是否亲密,这种亲密关系是否为他人,特别是"执行影响力的公权力人"知晓,是否足以对他人,特别是对"执行影响力的公权力人"的职务行为产生影响。本案中,王岩与高洁的离婚状况并不影响"执行影响力的公权力人"刘胜前和李骅对王岩和高翔之间密切关系的认定。王岩在本案中依然是利用了高翔的影响力达到自己的目的。

"影响力"指在请托事项的办理上,特定关系人与"生发影响力的公权力人"之间的"密切关系",对"执行影响力的公权力人"在通过职务行为处理请托事项时产生作用,足以使"执行影响力的公权力人"考虑到特定关系人的请托事项能否办妥将影响到"生发影响力的公权力人"对自身的评价,在请托事项的办理上不能忽视这一密切关系的存在,从而使得请托事项的办理获得某种优势。具有职务上的隶属关系的上下级国家工作人员之间,若下级认为与其上级有某种关系的行为人所托事项能否办妥,将直接影响着上级对自己的评价,可以认定该行为人与该上级国家工作人员有密切关系,且该行为人利用了与国家工作人员具有特定关系的影响力。如果案件中潜在的"生发影响力的公权力人"对这种亲密关系明确表示反对,明确不支持特定关系人的请托事项,这一信息为"执行影响力的公权力人"所知晓,那么,就不能认定"特定关系人"利用了"生发影响力的公权力人"的影响力。[No. 8-388 之一-1 王岩利用影响力受贿案]

△与国家工作人员关系密切的人,收受钱财后通过国家工作人员为请托人谋取不正当利益的,成立利用影响力受贿罪。

介绍贿赂罪与利用影响力受贿罪的相同之处在于,都存在请托人、中间人和受托人,最终都是通过受托人的国家工作人员身份及职务便利,为请托人谋取不正当利益。但两罪之间也有许多明

---

① 我国学者指出,如果转任的国家工作人员利用自己原职务或地位形成的便利,通过其他国家工作人员的职务行为,为请托人谋取不正当利益,因而索取或收受请托人财物的,应当按照离职人员实施利用影响力受贿行为论处。参见王作富主编:《刑法分则实务研究(下)》(第 5 版),中国方正出版社 2013 年版,第 1691 页。

显的区别。

一是两罪的犯罪主体不尽相同。介绍贿赂罪的犯罪主体是一般主体，只要中间人与请托人及受托的国家工作人员认识就可以成立该罪的犯罪主体身份。而利用影响力受贿罪的犯罪主体是特殊主体，即国家工作人员的近亲属或者其他与该国家工作人员关系密切的人，以及离职的国家工作人员或者其近亲属以及其他与其关系密切的人。

二是两罪的犯罪客观方面不同。介绍贿赂罪的主要表现形式是：中间人接受请托人的请托，从中牵线搭桥，促成请托人直接向特定的国家工作人员行贿或代表请托人向特定的国家工作人员行贿。对于请托人而言，其非常清楚自己要向谁行贿。对于受托的国家工作人员而言，其也很清楚是谁在向其行贿。中间人本身是否收受请托人的好处，不影响其对象的明确性和其中间人的身份和作用。而利用影响力受贿罪的表现形式则有所不同，在利用影响力受贿罪中，中间人的作用并不是牵线搭桥促成国家工作人员受贿，而是直接收受请托人的财物，然后利用其对国家工作人员的影响力，影响该国家工作人员的职务行为，为请托人谋取不正当利益。被影响的国家工作人员本身是否收受好处，是否存在违法违纪行为，不影响该罪的成立。

三是两罪的犯罪主观方面不完全相同。虽然两罪的犯罪主观方面都是直接故意，但具体的主观目的和心理状态有细微的差别。就介绍贿赂罪而言，只要犯罪主体具有牵线搭桥、促成行贿的主观目的，就构成了直接故意，至于其是否有收受财物好处的主观目的和行为，不影响该罪的成立；而利用影响力受贿罪的主观目的就是自己收受财物，然后运用自己对行政权的影响力去为请托人办事，如果中间人主观上没有收受请托人财物的意思，客观上也没有收受财物的行为，就很难认定为利用影响力受贿罪。

四是两罪的犯罪客体不完全相同。虽然两罪最终都损害了国家的权威和形象，但在介绍贿赂罪中，最终是国家工作人员收取了贿赂，其侵犯的客体直指国家工作人员的职务廉洁性。而利用影响力受贿罪中，关系密切人是运用其影响力，间接地利用了国家工作人员的职务便利，其直接侵犯的客体主要是国家机关的正常管理活动和公众对国家工作人员廉洁依法办事的信赖，使公众对公权力产生不信任。

本案中，从主体看，被告人郑伟雄与国家工作人员吴某因共同的茶叶爱好而结成了较密切的朋友关系并常有来往，可以认定郑伟雄是与国家工作人员吴某关系密切的人之一。从主观方面看，郑伟雄在从国家工作人员吴某处获悉地税局将要对刘某某公司的偷税、漏税行为进行立案查处时，即将该信息透露给刘某某，当刘某某找到郑伟雄要求帮忙时，又表示要花 180 万元才能解决，并最终从刘某某处获取了 45 万元的财物，证明郑伟雄在主观上确实具有收受请托人刘某某财物的故意。并且，其明知道刘某某请托的事项不合法，仍然表示愿意帮忙，在主观上也具有要运用其对国家工作人员吴某的影响力，为请托人刘某某谋取不正当利益的目的。从客观方面看，请托人刘某某分两次送给郑伟雄 180 万元时，只是要求郑伟雄用这些钱帮其办成事，至于郑伟雄如何用这些钱，请托人刘某某并没有明确的意见，更没有明确表示或要求郑伟雄要将这些钱送交或转交给国家工作人员吴某或其他任何一名国家工作人员。可见，即使请托人刘某某有希望郑伟雄通过非法手段包括行贿来帮其办成事的目的，也因受贿人为不特定人（请托人刘某某并不清楚郑伟雄要向谁行贿，要把钱送给谁），而不能构成介绍贿赂罪。被告人郑伟雄在收到刘某某送的 180 万后，利用其与国家工作人员吴某较密切的朋友关系及通过将其中的 135 万送给国家工作人员吴某，让吴某利用职权上的便利使请托人刘某某的公司免于被查处和罚款，为请托人谋取了不正当的利益，同时又将剩余的 45 万占为己有，该行为构成了利用影响力受贿罪。[No. 8-388 之一-2　郑伟雄利用影响力受贿案]

第三百八十九条　【行贿罪】

为谋取不正当利益，给予国家工作人员以财物的，是行贿罪。

在经济往来中，违反国家规定，给予国家工作人员以财物，数额较大的，或者违反国家规定，给予国家工作人员以各种名义的回扣、手续费的，以行贿论处。

因被勒索给予国家工作人员以财物，没有获得不正当利益的，不是行贿。

【立法理由】

1. 1979 年立法的情况。1979 年《刑法》第一百八十五条规定："国家工作人员利用职务上的便利，收受贿赂的，处五年以下有期徒刑或者拘役。

赃款、赃物没收，公款、公物追还。犯前款罪，致使国家或者公民利益遭受严重损失的，处五年以上有期徒刑。向国家工作人员行贿或者介绍贿赂的，处三年以下有期徒刑或者拘役。”行贿、受贿是一种对合行为。行贿者作为权钱交易的一方，为谋取不正当利益，以贿买手段拉拢、腐蚀国家工作人员，侵害了国家工作人员职务行为的廉洁性，妨碍国家各项管理活动的正常进行。行贿行为是腐败现象滋生、蔓延的重要促成因素之一，预防和惩治腐败，必须对行贿、受贿二者同样予以严厉惩处，故1979年刑法对行贿罪就作了规定。

2. **1979年之后至1997年刑法修订前的立法情况**。1988年《全国人民代表大会常务委员会关于惩治贪污罪贿赂罪的补充规定》第七条规定：“为谋取不正当利益，给予国家工作人员、集体经济组织工作人员或者其他从事公务的人员以财物的，是行贿罪。在经济往来中，违反国家规定，给予国家工作人员、集体经济组织工作人员或者其他从事公务的人员以财物，数额较大的，或者违反国家规定，给予国家工作人员、集体经济组织工作人员或者其他从事公务的人员以回扣、手续费的，以行贿论处。因被勒索给予国家工作人员、集体经济组织工作人员或者其他从事公务的人员以财物，没有获得不正当利益的，不是行贿。”该补充规定对1979年《刑法》关于行贿罪的规定作了修改，主要是考虑到实践中一些国家工作人员受以权谋私的思想影响，利用手中职权对当事人“吃拿卡要”，个人捞不到好处就对该办的事不予办理或拖延办理，迫使一些群众为达到正当目的也要行贿。一些群众这样的做法虽然不对，但不应作为犯罪处理，因此在行贿罪的构成条件中增加了“**为谋取不正当利益**”。同时，考虑到有的群众被敲诈勒索后给予国家工作人员财物，是被强权所迫，只要行为人没有获得不正当利益，也不应当定行贿罪。

3. **1997年修订刑法的情况**。1997年修订刑法时，将《全国人民代表大会常务委员会关于惩治贪污罪贿赂罪的补充规定》的相关内容纳入刑法。

【条文说明】

本条是关于行贿罪定义的规定。

本条共分为三款。

第一款是关于什么是行贿罪的规定。这里所规定的“**谋取不正当利益**”，既包括谋取的利益是违反法律、法规及政策规定的，也包括违反有关规章制度的情况，根据2012年《最高人民法院、最高人民检察院关于办理行贿刑事案件具体应用法律若干问题的解释》的规定，是指行贿人谋取的利益违反法律、法规、规章、政策规定，或者要求国家工作人员违反法律、法规、规章、政策、行业规范的规定，为自己提供帮助或者方便条件。违背公平、公正原则，在经济、组织人事管理等活动中，谋取竞争优势的，应当认定为“谋取不正当利益”。如果行为人谋取的利益是正当的，迫于某种压力或屈于惯例不得已而为之的，则不构成本款所说的行贿罪。①

第二款是关于在经济往来中违反国家规定，给予国家工作人员以财物或者回扣、手续费，以行贿论处的规定。② 这里所规定的“**违反国家规定**”，是指违反全国人大及其常委会制定的法律和决定，国务院制定的行政法规和行政措施、发布的决定和命令。“**给予国家工作人员以各种名义的回扣、手续费的**”，是指违反国家规定，在帐外暗中给予回扣、手续费的行为。根据本款规定，对上述行为应以行贿论处，即应当按照行贿罪追究行为人的刑事责任。

第三款是关于因被勒索给予国家工作人员以财物，但并没有获得不正当利益的，不构成行贿的规定。这里所规定的“**被勒索**”，是指被索要或者被敲诈勒索。“**没有获得不正当利益**”，是指行为人虽有给予国家工作人员以财物的行为，但最后没有获得不正当利益，包括其获取的是合法利益，也包括根本未获得任何利益。

关于行贿罪和受贿罪需要注意的是，在通常情况下，受贿方与行贿方的行为均成立犯罪，但有些情形下，没有行贿罪同样存在受贿罪；没有受贿罪，行贿罪也仍然可以成立。例如，因被勒索而给予以财物，而没有获得不正当利益的，不是行贿，但受贿方可以认定为受贿罪；一方行贿而另一方予以拒绝未受贿，则只能认定为一方行贿；一方行贿数额未达到定罪条件，而收受贿赂方面因收受多人贿赂而构成犯罪；一方为了谋取正当利益而给予国家工作人员以财物的，不是行贿，但国家工

---

① 我国学者指出，谋取任何性质、任何形式的不正当利益，都属于“谋取不正当利益”。譬如，行贿人虽然符合晋级、晋升条件，但为了使自己优于他人晋级、晋升，而给予有关国家工作人员以财物，应认定为行贿罪。参见张明楷：《刑法学》（第6版），法律出版社2021年版，第1616页。

② 我国学者指出，本款规定系注意规定，而非法律拟制。参见张明楷：《刑法学》（第6版），法律出版社2021年版，第1618页。

作人员接受财物的行为成立受贿罪。在实践中应注意把握行贿罪在具备给付财物的行为外，还必须主观上具备谋取不正当利益的目的，行贿数额达到定罪标准。

【司法解释】

《最高人民法院、最高人民检察院关于办理赌博刑事案件具体应用法律若干问题的解释》（法释〔2005〕3号，自2005年5月13日起施行）

△**（赌博；贿赂犯罪）**通过赌博或者为国家工作人员赌博提供资金的形式实施行贿、受贿行为，构成犯罪的，依照刑法关于贿赂犯罪的规定定罪处罚。（§7）

《最高人民法院、最高人民检察院关于办理行贿刑事案件具体应用法律若干问题的解释》（法释〔2012〕22号，自2013年1月1日起施行）

△**（谋取不正当利益）**行贿犯罪中的"谋取不正当利益"，是指行贿人谋取的利益违反法律、法规、规章、政策规定，或者要求国家工作人员违反法律、法规、规章、政策、行业规范的规定，为自己提供帮助或者方便条件。

违背公平、公正原则，在经济、组织人事管理等活动中，谋取竞争优势的，应当认定为"谋取不正当利益"。（§12）

【司法解释性文件】

《最高人民法院、最高人民检察院关于在办理受贿犯罪大要案的同时要严肃查处严重行贿犯罪分子的通知》（高检会〔1999〕1号，1999年3月4日公布）

△**（谋取不正当利益）**对于为谋取不正当利益而行贿，构成行贿罪、向单位行贿罪、单位行贿罪的，必须依法追究刑事责任。"谋取不正当利益"是指谋取违反法律、法规、国家政策和国务院各部门规章规定的利益，以及要求国家工作人员或者有关单位提供违反法律、法规、国家政策和国务院各部门规章规定的帮助或者方便条件。（§2）

△**（严重行贿犯罪）**当前要特别注意依法严肃惩处下列严重行贿犯罪行为：

1. 行贿数额巨大、多次行贿或者向多人行贿的；

2. 向党政干部和司法工作人员行贿的；

3. 为进行走私、偷税[①]、骗税、骗汇、逃汇、非法买卖外汇等违法犯罪活动，向海关、工商、税务、外汇管理等行政执法机关工作人员行贿的；

4. 为非法办理金融、证券业务，向银行等金融机构、证券管理机构工作人员行贿，致使国家利益遭受重大损失的；

5. 为非法获取工程、项目的开发、承包、经营权，向有关主管部门及其主管领导行贿，致使公共财产、国家和人民利益遭受重大损失的；

6. 为制售假冒伪劣产品，向有关国家机关、国有单位及国家工作人员行贿，造成严重后果的；

7. 其他情节严重的行贿犯罪行为。（§3）

《最高人民法院、最高人民检察院关于办理商业贿赂刑事案件适用法律若干问题的意见》（法发〔2008〕33号，2008年11月20日公布）

△**（商业贿赂；财物；财产性利益）**商业贿赂中的财物，既包括金钱和实物，也包括可以用金钱计算数额的财产性利益，如提供房屋装修、含有金额的会员卡、代币卡（券）、旅游费用等。具体数额以实际支付的资费为准。（§7）

△**（谋取不正当利益）**在行贿犯罪中，"谋取不正当利益"，是指行贿人谋取违反法律、法规、规章或者政策规定的利益，或者要求对方违反法律、法规、规章、政策、行业规范的规定提供帮助或者方便条件。

在招标投标、政府采购等商业活动中，违背公平原则，给予相关人员财物以谋取竞争优势的，属于"谋取不正当利益"。[②]（§9）

△**（贿赂；馈赠）**办理商业贿赂犯罪案件，要注意区分贿赂与馈赠的界限。主要应当结合以下因素全面分析、综合判断：（1）发生财物往来的背景，如双方是否存在亲友关系及历史上交往的情形和程度；（2）往来财物的价值；（3）财物往来的缘由、时机和方式，提供财物方对于接受方有无职务上的请托；（4）接受方是否利用职务上的便利为提供方谋取利益。（§10）

【附属刑法】

《中华人民共和国行政许可法》（2003年8月

---

① 《刑法修正案（七）》已将偷税罪改为逃税罪。

② 行贿人是否谋取不正当利益，从根本上而言，取决于所取得的利益是否符合法律、法规、规章、政策、行业规范的规定和公平原则，违反上述有关规定和原则取得的利益就是不正当利益。不过，决不可把通过行贿手段取得的利益一概视作不正当利益，否则，在贿赂案件中就没有必要也不可能区分正当利益与不正当利益。参见王作富主编：《刑法分则实务研究（下）》（第5版），中国方正出版社2013年版，第1696页。

27日通过，2019年4月23日修正）

第七十九条

被许可人以欺骗、贿赂等不正当手段取得行政许可的，行政机关应当依法给予行政处罚；取得的行政许可属于直接关系公共安全、人身健康、生命财产安全事项的，申请人在三年内不得再次申请该行政许可；构成犯罪的，依法追究刑事责任。

《中华人民共和国反不正当竞争法》（1993年9月2日通过，2019年4月23日修正）

第十九条

经营者违反本法第七条[①]规定贿赂他人的，由监督检查部门没收违法所得，处十万元以上三百万元以下的罚款。情节严重的，吊销营业执照。

第三十一条

违反本法规定，构成犯罪的，依法追究刑事责任。

《中华人民共和国律师法》（1996年5月15日通过，2017年9月1日第三次修正）

第四十九条

Ⅰ律师有下列行为之一的，由设区的市级或者直辖市的区人民政府司法行政部门给予停止执业六个月以上一年以下的处罚，可以处五万元以下的罚款；有违法所得的，没收违法所得；情节严重的，由省、自治区、直辖市人民政府司法行政部门吊销其律师执业证书；构成犯罪的，依法追究刑事责任：

……

（二）向法官、检察官、仲裁员以及其他有关工作人员行贿，介绍贿赂或者指使、诱导当事人行贿的；

……

Ⅱ律师因故意犯罪受到刑事处罚的，由省、自治区、直辖市人民政府司法行政部门吊销其律师执业证书。

《中华人民共和国保险法》（1995年6月30日通过，2015年4月24日第三次修正）

第一百六十一条

保险公司有本法第一百一十六条[②]规定行为之一的，由保险监督管理机构责令改正，处五万元以上三十万元以下的罚款；情节严重的，限制其业务范围、责令停止接受新业务或者吊销业务许可证。

第一百六十五条

保险代理机构、保险经纪人有本法第一百三十一条[③]规定行为之一的，由保险监督管理机构责令改正，处五万元以上三十万元以下的罚款；情节严重的，吊销业务许可证。

第一百七十九条

违反本法规定，构成犯罪的，依法追究刑事责任。

《中华人民共和国全国人民代表大会和地方各级人民代表大会选举法》（1979年7月4日通过，2020年10月17日第七次修正）

第五十八条

Ⅰ为保障选民和代表自由行使选举权和被选举权，对有下列行为之一，破坏选举，违反治安管理规定的，依法给予治安管理处罚；构成犯罪的，

---

① 《中华人民共和国反不正当竞争法》（1993年9月2日通过，2019年4月23日修正）

第七条

Ⅰ经营者不得采用财物或者其他手段贿赂下列单位或者个人，以谋取交易机会或者竞争优势：

（一）交易相对方的工作人员；

（二）受交易相对方委托办理相关事务的单位或者个人；

（三）利用职权或者影响力影响交易的单位或者个人。

Ⅱ经营者在交易活动中，可以以明示方式向交易相对方支付折扣，或者向中间人支付佣金。经营者向交易相对方支付折扣、向中间人支付佣金的，应当如实入账。接受折扣、佣金的经营者也应当如实入账。

Ⅲ经营者的工作人员进行贿赂的，应当认定为经营者的行为；但是，经营者有证据证明该工作人员的行为与为经营者谋取交易机会或者竞争优势无关的除外。

② 《中华人民共和国保险法》（1995年6月30日通过，2015年4月24日第三次修正）

第一百一十六条

保险公司及其工作人员在保险业务活动中不得有下列行为：

……

（四）给予或者承诺给予投保人、被保险人、受益人保险合同约定以外的保险费回扣或者其他利益；

……

③ 《中华人民共和国保险法》（1995年6月30日通过，2015年4月24日第三次修正）

第一百三十一条

保险代理人、保险经纪人及其从业人员在办理保险业务活动中不得有下列行为：

……

（四）给予或者承诺给予投保人、被保险人或者受益人保险合同约定以外的利益；

……

依法追究刑事责任：

（一）以金钱或者其他财物贿赂选民或者代表，妨害选民和代表自由行使选举权和被选举权的；

……

Ⅱ国家工作人员有前款所列行为的，还应当由监察机关给予政务处分或者由所在机关、单位给予处分。

Ⅲ以本条第一款所列违法行为当选的，其当选无效。

《中华人民共和国政府采购法》（2002年6月29日通过，2014年8月31日修正）

第七十七条

Ⅰ供应商有下列情形之一的，处以采购金额千分之五以上千分之十以下的罚款，列入不良行为记录名单，在一至三年内禁止参加政府采购活动，有违法所得的，并处没收违法所得，情节严重的，由工商行政管理机关吊销营业执照；构成犯罪的，依法追究刑事责任：

……

（四）向采购人、采购代理机构行贿或者提供其他不正当利益的；

……

Ⅱ供应商有前款第（一）至（五）项情形之一的，中标、成交无效。

《中华人民共和国海关法》（1987年1月22日通过，2021年4月29日第六次修正）

第九十条

Ⅰ进出口货物收发货人、报关企业向海关工作人员行贿的，由海关禁止其从事报关活动，并处以罚款；构成犯罪的，依法追究刑事责任。

Ⅱ报关人员向海关工作人员行贿的，处以罚款；构成犯罪的，依法追究刑事责任。

【指导性案例】

最高人民检察院指导性案例第15号：胡林贵等人生产、销售有毒、有害食品，行贿；骆梅等人销售伪劣产品；朱伟全等人生产、销售伪劣产品；黎达文等人受贿，食品监管渎职案（2014年2月20日发布）

△（生产、销售有毒、有害食品罪；行贿罪；数罪并罚）实施生产、销售有毒、有害食品犯罪，为逃避查处向负有食品安全监管职责的国家工作人员行贿的，应当以生产、销售有毒、有害食品罪和行贿罪实行数罪并罚。①

【参考案例】

△以不正当手段谋取合法利益，属于行贿罪中的“谋取不正当利益”。

行贿罪中的谋取不正当利益，既包括谋取各种形式的不正当利益，也包括以不正当的手段谋取合法利益，既包括实体违规，也包括程序违规。

实体违规是指行贿人企图谋取的利益本身违反有关规定，即利益本身不正当，通常表现为国家禁止性的利益和特定义务的不当免除两种情形：前者如通过行贿使公路管理人员对超载货车放行，后者如通过行贿使本应依法履行的纳税、缴纳罚款等义务得以减免。程序违规是指国家工作人员或有关单位为行贿人提供违法、违规或违反国家政策的帮助或者便利条件，即利益取得方式不正当，其可罚性基础并不在于利益本身的违法，而是基于为谋取利益所提供的“帮助或者方便条件”是违规的。即便行为人获取的利益本身可能是合法的，但其通过行贿手段要求国家工作人员或者有关单位为获取该利益所提供的“帮助或者方便条件”是违反相关法律法规等规定的，就属于在程序上不符合规定，仍然应当被认定为程序违法所导致的“谋取不正当利益”。具体而言，其主要包括两种情况：一是本不具备获取某种利益的条件，通过行贿而取得该利益，如贷款、提干、招干等；二是需要经过竞争才可能取得的利益，如行贿人虽然符合晋级、晋升的条件，但为了使自己优于他人晋级、晋升而给予国家工作人员财物以获得帮助。

根据《招标投标法》第三条的规定，全部或者部分使用国有资金投资或者国家融资的工程建设项目包括项目的勘察、设计、施工、监理以及与工程建设有关的重要设备、材料等的采购，必须进行招标。本案就是属于原本需要通过招标投标程序的竞争才可能获得利益，袁珏却通过行贿手段规避招投标程序而直接获得工程项目的情形。对此，《最高人民法院、最高人民检察院关于办理商

① 我国学者指出，就未经行政许可而构成犯罪的行政犯而言，行贿人通过行贿取得许可后从事相应行为，不得另外认定构成行贿罪。譬如，甲通过行贿获得了专营、专卖物品的经营权，之后进行专营、专卖物品之经营活动，只成立行贿罪，不另成立非法经营罪。但是，如果行为人通过行贿获得药品经营许可后，销售假药、劣药，应按照行贿罪与销售假药、劣药罪实行数罪并罚。参见张明楷：《刑法学》（第6版），法律出版社2021年版，第1620页。

业贿赂刑事案件适用法律若干问题的意见》第九条第二款专门规定："在招标投标、政府采购等商业活动中，违背公平原则，给予相关人员财物以谋取竞争优势的，属于'谋取不正当利益'。"被告人袁珏是从业多年的国家注册建筑师，应当知道由国有资金投资的拆迁安置房项目依据《招标投标法》的上述规定必须进行招标，却通过行贿手段，非法获得本应当通过招投标竞争方可能取得的规划设计项目。袁珏虽然以挂靠单位同济大学建筑设计研究院（集团）有限公司的名义承揽规划设计项目，但其是承揽泰州市迎春东路安置小区海曙颐园规划设计项目的直接负责人和主要受益者，其行贿行为不但严重违反国家规定，而且明显具有谋取不正当利益的目的，故法院认定其构成行贿罪是正确的。［No. 8-389-1　袁珏行贿案］

第三百九十条　【行贿罪的处罚】

对犯行贿罪的，处五年以下有期徒刑或者拘役，并处罚金；因行贿谋取不正当利益，情节严重的，或者使国家利益遭受重大损失的，处五年以上十年以下有期徒刑，并处罚金；情节特别严重的，或者使国家利益遭受特别重大损失的，处十年以上有期徒刑或者无期徒刑，并处罚金或者没收财产。

行贿人在被追诉前主动交待行贿行为的，可以从轻或者减轻处罚。其中，犯罪较轻的，对侦破重大案件起关键作用的，或者有重大立功表现的，可以减轻或者免除处罚。

【立法沿革】

《中华人民共和国刑法》（1997年修订，自1997年10月1日起施行）

第三百九十条

对犯行贿罪的，处五年以下有期徒刑或者拘役；因行贿谋取不正当利益，情节严重的，或者使国家利益遭受重大损失的，处五年以上十年以下有期徒刑；情节特别严重的，处十年以上有期徒刑或者无期徒刑，可以并处没收财产。

行贿人在被追诉前主动交待行贿行为的，可以减轻处罚或者免除处罚。

《中华人民共和国刑法修正案（九）》（自2015年11月1日起施行）

四十五、将刑法第三百九十条修改为：

"对犯行贿罪的，处五年以下有期徒刑或者拘役，并处罚金；因行贿谋取不正当利益，情节严重的，或者使国家利益遭受重大损失的，处五年以上十年以下有期徒刑，并处罚金；情节特别严重的，或者使国家利益遭受特别重大损失的，处十年以上有期徒刑或者无期徒刑，并处罚金或者没收财产。

"行贿人在被追诉前主动交待行贿行为的，可以从轻或者减轻处罚。其中，犯罪较轻的，对侦破重大案件起关键作用的，或者有重大立功表现的，可以减轻或者免除处罚。"

【立法理由】

1. **1979年立法的情况**。1979年《刑法》第一百八十五条第三款规定："向国家工作人员行贿或者介绍贿赂的，处三年以下有期徒刑或者拘役。"

2. **1979年之后至1997年刑法修订前的立法情况**。1988年《全国人民代表大会常务委员会关于惩治贪污罪贿赂罪的补充规定》第八条规定，对犯行贿罪的，处五年以下有期徒刑或者拘役；因行贿谋取不正当利益，情节严重的，或者使国家利益、集体利益遭受重大损失的，处五年以上有期徒刑；情节特别严重的，处无期徒刑，并处没收财产。行贿人在被追诉前，主动交代行贿行为的，可以减轻处罚，或者免予刑事处罚。并同时规定，因行贿而进行违法活动构成其他罪的，依照数罪并罚的规定处罚。

3. **1997年修订刑法的情况**。1997年修订刑法时对本条刑罚进行了调整，将量刑档次由"五年以下有期徒刑或者拘役""五年以上有期徒刑""无期徒刑，并处没收财产"调整为"五年以下有期徒刑或者拘役""五年以上十年以下有期徒刑""十年以上有期徒刑或者无期徒刑，可以并处没收财产"，使得刑罚梯度更加合理，刑罚体系更为完整，有利于满足惩治犯罪行为的实践要求，有利于适用刑罚时贯彻惩罚和改造相结合、宽严相济刑事政策。

4. **2015年《刑法修正案（九）》对本条的修改情况**。2015年8月29日第十二届全国人大常委会第十六次会议通过的《刑法修正案（九）》对本条作了修改：一是对行贿罪增加规定罚金刑；二是进一步严格对行贿罪从宽处罚的条件，将《刑法》第三百九十条第二款规定的"行贿人在被追诉前主动交待行贿行为的,可以减轻处罚或者免除”修改为“行贿人在被追诉前主动交待行贿行为的,可以从轻或者减轻处罚。其中,犯罪较轻的,对侦破重大案件起关键作用的,或者有重大立功表现的,可以减轻或者免除处罚”。

随着反腐斗争的深入,社会上,特别是专家学者和司法实践部门对行贿犯罪危害的认识不断加深,认为以受贿犯罪作为惩治贿赂犯罪的重点是必要的,但从防止滋生、助长腐败的角度考虑,也不能忽视对行贿犯罪的惩治。司法实践中一些地方存在对行贿犯罪处罚偏轻的情况,不利于惩治腐败犯罪,要求适度加大对行贿犯罪惩治力度的呼声也越来越高。党的十八大以来,党中央进一步加大反腐败力度,并对严惩行贿犯罪作出明确部署和要求,从源头上遏制和预防贿赂犯罪。**行贿犯罪败坏社会风气,侵蚀干部队伍,严重破坏市场经济秩序,妨碍公平竞争**,加大对行贿犯罪的惩治力度,是加大惩治和预防腐败犯罪,维护广大人民群众切身利益的需要。

1997年《刑法》第三百九十条规定了对行贿犯罪的处罚,但在司法实践中遇到一些问题:一是对行贿案件追究刑事责任的偏少。贿赂犯罪人员属于对合犯,即有受贿犯罪必有行贿行为。但与受贿案件相比,行贿案件的刑事追诉数量较少。二是对行贿犯罪人员适用免予刑事处罚和缓刑的比例较高。三是对行贿犯罪人员适用重刑的比例很小。各方面认为,产生这些问题的主要原因主要有:第一,对行贿违法犯罪的危害性缺乏深刻认识。受不正之风的影响,行贿现象大量存在,已成为一些单位、个人办理业务,或争取权益时的潜规则、润滑剂。社会公众对这种现象普遍反感,但往往只痛恨官员受贿,忽视行贿的危害,甚至认为行贿者本人也是受害者。实践中,一些办案机关也是把工作重点放在惩治受贿犯罪上,相对忽视了对行贿案件的追究,以致刑法规定的惩治行贿犯罪的手段没有用足,影响了对行贿犯罪的惩治力度。第二,为重点惩治受贿犯罪,对行贿犯罪从宽处理。实践中,办案机关为了获取受贿案件的证据,往往重点从行贿者方面获取证词,为了突破案件,通常依据1997年《刑法》第三百九十条第二款关于“行贿人在被追诉前主动交代行贿行为的,可以减轻处罚或者免除处罚”的规定作出从轻处理的承诺,解除行贿人的后顾之忧,以得到受贿人犯罪的证据。很多行贿人因为主动揭发受贿犯罪,被免予刑事处罚或适用缓刑。这也在一定程度上影响了对行贿行为的惩处。第三,行贿案件调查取证较为困难。贿赂犯罪通常是“一对一”进行,较为隐蔽,物证、书证少,实践中,办案机关往往倚重口供等言词证据。由于言词证据具有易变、不稳定的特点,在当事人的口供发生变化,又没有其他证据予以证明的情况下,就很难再追究其刑事责任。而行贿人流动性大,难以查找和控制,也加大了行贿案件的调查取证难度。第四,刑法规定行贿罪以“谋取不正当利益”为构成要件,实践中如何认定,存在不同认识,影响对行贿犯罪的惩处,需要统一认识。有的认为,《刑法》第三百八十九条第一款规定“为谋取不正当利益,给予国家工作人员以财物的,是行贿罪”,这样规定,充分考虑了实际情况,有利于缩小打击面,也有利于分化瓦解贿赂犯罪分子,重点惩治受贿犯罪活动。但是,对于“不正当利益”的含义、范围一直存在争议。实践中不断出现新的行贿方式,如没有明确请托事项的送礼、长期的“感情投资”等,因无法查证行贿人是否“为谋取不正当利益”而无法定罪处罚,影响了对行贿罪的定性和追究。第五,刑法对行贿罪规定的财产刑需要进一步完善。1997年《刑法》第三百九十条只对犯行贿罪,“情节特别严重的”规定可以并处没收财产,对其他行贿犯罪,没有规定财产刑。针对司法实践中存在的上述问题,《刑法修正案(九)》对《刑法》第三百九十条作出修改。考虑到实践中行贿人行贿多是为了谋取经济上的好处,但刑法对行贿罪的处罚中缺乏经济方面的制裁,《刑法修正案(九)》完善了行贿犯罪财产刑的规定,对行贿罪增加规定罚金刑,形成对行贿犯罪惩处的综合手段,不使行贿犯罪分子在经济上得到好处,从而剥夺其再犯罪的经济能力;从严掌握对行贿罪的从宽处罚条件,将《刑法》第三百九十条第二款关于行贿人在被追诉前主动交代行贿行为的,可以减轻处罚或者免除处罚,修改为“行贿人在被追诉前主动交待行贿行为的,可以从轻或者减轻处罚。其中,犯罪较轻的,对侦破重大案件起关键作用的,或者有重大立功表现的,可以减轻或者免除处罚”,以纠正实践中出现的对行贿犯罪免予刑事处罚和缓刑比例过高等问题,切实加强对行贿犯罪的惩治力度。

【条文说明】

本条是关于对行贿罪如何进行处罚的规定。

本条共分为两款。

第一款规定了行贿罪的具体量刑标准,分三个量刑档次:(1)对犯一般行贿罪的,处五年以下有期徒刑或者拘役,并处罚金;(2)因行贿谋取不正当利益,情节严重的,或者使国家利益遭受重大损失的,处五年以上十年以下有期徒刑,并处罚金;(3)情节特别严重的,或者使国家利益遭受特别重大损失的,处十年以上有期徒刑或者无期徒刑，并处罚金或者没收财产。关于“谋取不正当利益”，2012年《最高人民法院、最高人民检察院关于办理行贿刑事案件具体应用法律若干问题的解释》规定，“**谋取不正当利益**”，是指行贿人谋取的利益违反法律、法规、规章、政策规定，或者要求国家工作人员违反法律、法规、规章、政策、行业规范的规定，为自己提供帮助或者方便条件。同时规定，违背公平、公正原则，在经济、组织人事管理等活动中，谋取竞争优势的，应当认定为“谋取不正当利益”。2016年《最高人民法院、最高人民检察院关于办理贪污贿赂刑事案件适用法律若干问题的解释》对行贿数额、情节严重、国家利益遭受损失等予以明确规定：关于行贿数额，第七条第一款规定，为谋取不正当利益，向国家工作人员行贿，数额在三万元以上的，**应当以行贿罪追究刑事责任**；第七条第二款规定，行贿数额在一万元以上不满三万元，具有下列情形之一的，**应当以行贿罪追究刑事责任**：(1)向三人以上行贿的；(2)将违法所得用于行贿的；(3)通过行贿谋取职务提拔、调整的；(4)向负有食品、药品、安全生产、环境保护等监督管理职责的国家工作人员行贿，实施非法活动的；(5)向司法工作人员行贿，影响司法公正的；(6)造成经济损失数额在五十万元以上不满一百万元的。关于“情节严重”，第八条第一款规定，具有下列情形之一的，应当认定为“**情节严重**”：(1)行贿数额在一百万元以上不满五百万元的；(2)行贿数额在五十万元以上不满一百万元，并具有该解释第七条第二款第一项至第五项规定的情形之一的；(3)其他严重的情节。第九条第一款规定，具有下列情形之一的，应当认定为“**情节特别严重**”：(1)行贿数额在五百万元以上的；(2)行贿数额在二百五十万元以上不满五百万元，并具有该解释第七条第二款第一项至第五项规定的情形之一的；(3)其他特别严重的情节。关于“使国家利益遭受特别重大损失”，该解释第八条第二款、第九条第二款规定造成经济损失数额在一百万元以上不满五百万元的，应当认定为“**使国家利益遭受重大损失**”；造成经济损失数额五百万元以上的，应当认定为“**使国家利益遭受特别重大损失**”。

第二款是对行贿人主动交待行贿行为从宽处理的特别规定。为了分化瓦解贿赂犯罪分子，严厉惩治受贿犯罪，本款对行贿人主动交待行贿行为从宽处理的条件作了特别规定：“行贿人在被追诉前主动交待行贿行为的，可以从轻或者减轻处罚。其中，犯罪较轻的，对侦破重大案件起关键作用的，或者有重大立功表现的，可以减轻或者免除处罚。”由于贿赂犯罪隐蔽性很强，取证难度较大，行贿人主动交待行贿行为，实际上是对受贿人的揭发检举，属于立功表现。根据本款规定，**只要行贿人在被追诉前主动交待行贿行为的，就可以从轻或者减轻处罚**。这一规定与《刑法》第六十八条关于犯罪分子有揭发他人犯罪行为，查证属实的，或者提供重要线索，从而得以侦破其他案件等立功表现的，可以从轻或者减轻处罚的规定基本一致。这里所说的“**被追诉前**”，是指对行贿人的行贿行为刑事立案前。[①] 根据本款规定，可以对行贿人减轻或者免除处罚的首要条件是行贿人在被追诉前主动交待行贿行为，在此前提下，**符合以下三个条件之一的，即可以对行贿人减轻或者免除**：一是**犯罪情节较轻的**。如犯罪数额较少，行贿行为没有造成严重后果、偶犯、初犯等。二是**对侦破重大案件起关键作用的**。实践中，揭发检举他人的犯罪行为或者提供重要线索，使得其他案件得以破获的才算立功。但行贿犯罪有自己的特点，行贿人主动交待行贿行为，实际与立功的作用相近，所以，应明确只要是行贿人主动交待行贿行为，并且对侦破重大案件起关键作用的，就可以对行贿人减轻或者免除处罚。三是**有重大立功表现的**。这里所说的“重大立功表现”，是指《刑法》第七十八条所列的重大立功表现之一，即阻止他人重大犯罪活动的；检举监狱内外重大犯罪活动，经查证属实的；有发明创造或者重大技术革新的；在日常生产、生活中舍己救人的；在抗御自然灾害或者排除重大事故中，有突出表现的；对国家和社会有其他重大贡献的。2016年《最高人民法院、最高人民检察院关于办理贪污贿赂刑事案件适用法律若干问题的解释》第十四条规定，根据行贿犯罪的事实、情节，可能被判处三年有期徒刑以下刑罚的，可以认定为“**犯罪较轻**”。根据犯罪的事实、情节，已经或者可能被判处十年有期徒刑以上刑罚的，或者案件在本省、自治区、直辖市或者全国范围内有较大影响的，可以认定为“**重大案件**”。具有下列情形之一的，可以认定为“**对侦破重大案件起关键作用**”：(1)主动交待办案机关未掌握的重大案件线索的；(2)主动交待的犯罪线索不属于重大案件的线索，但该线索对于重大案件侦破有重要作用的；(3)主动交待行贿事实，对于重大案件的证据收集有重要作用的；(4)主动交待行贿事实，对于重大案件的追逃、追赃有重要作用的。

① 相同的见解，参见王作富主编：《刑法分则实务研究(下)》(第5版)，中国方正出版社2013年版，第1698页。

在《刑法修正案(九)(草案)》的起草和征求意见过程中,也有意见提出,本条对《刑法》第三百九十条第二款规定的修改,会增加对受贿等职务犯罪的侦办难度,甚至会促使行贿人与受贿人达成攻守同盟,不利于惩治腐败犯罪。① 为减少和遏制行贿犯罪,推进惩治和预防腐败体系建设,有必要加大对行贿犯罪的惩处力度,解决司法实践中出现的对行贿犯罪失之于宽的情况;且本条第二款对行贿人从宽处理的规定与刑法总则关于自首、立功的规定相比,适用的条件宽,可以起到分化瓦解贿赂犯罪分子的作用。

【司法解释】

《最高人民法院、最高人民检察院关于办理行贿刑事案件具体应用法律若干问题的解释》(法释〔2012〕22号,自2013年1月1日起施行)

△(**多次行贿;累计计算**)多次行贿未经处理的,按照累计行贿数额处罚。(§5)

△(**谋取不正当利益的行为;数罪并罚**)行贿人谋取不正当利益的行为构成犯罪的,应当与行贿犯罪实行数罪并罚。(§6)

△(**主动交待行贿行为;减轻或者免除处罚事由**)因行贿人在被追诉前主动交待行贿行为而破获相关受贿案件的,对行贿人不适用刑法第六十八条关于立功的规定,依照刑法第三百九十条第二款的规定,可以减轻或者免除处罚。(§7Ⅰ)

△(**如实供述自己罪行;从轻处罚;减轻处罚**)行贿人被追诉后如实供述自己罪行的,依照刑法第六十七条第三款的规定,可以从轻处罚;因其如实供述自己罪行,避免特别严重后果发生的,可以减轻处罚。(§8)

△(**揭发受贿人与其行贿无关的其他犯罪行为;立功**)行贿人揭发受贿人与其行贿无关的其他犯罪行为,查证属实的,依照刑法第六十八条关于立功的规定,可以从轻、减轻或者免除处罚。(§9)

△(**缓刑和免予刑事处罚**)实施行贿犯罪,具有下列情形之一的,一般不适用缓刑和免予刑事处罚:

(一)向三人以上行贿的;

(二)因行贿受过行政处罚或者刑事处罚的;

(三)为实施违法犯罪活动而行贿的;

(四)造成严重危害后果的;

(五)其他不适用缓刑和免予刑事处罚的情形。

具有刑法第三百九十条第二款规定的情形的,不受前款规定的限制。(§10)

△(**不正当财产性利益;经营资格、资质或者职务晋升等其他不正当利益**)行贿犯罪取得的不正当财产性利益应当依照刑法第六十四条的规定予以追缴、责令退赔或者返还被害人。

因行贿犯罪取得财产性利益以外的经营资格、资质或者职务晋升等其他不正当利益,建议有关部门依照相关规定予以处理。(§11)

△(**被追诉前**)刑法第三百九十条第二款规定的"被追诉前",是指检察机关对行贿人的行贿行为刑事立案前。(§13)

《最高人民法院、最高人民检察院关于办理贪污贿赂刑事案件适用法律若干问题的解释》(法释〔2016〕9号,自2016年4月18日起施行)

△(**行贿罪;行贿数额**)为谋取不正当利益,向国家工作人员行贿,数额在三万元以上的,应当依照刑法第三百九十条的规定以行贿罪追究刑事责任。

行贿数额在一万元以上不满三万元,具有下列情形之一的,应当依照刑法第三百九十条的规定以行贿罪追究刑事责任:

(一)向三人以上行贿的;

(二)将违法所得用于行贿的;

(三)通过行贿谋取职务提拔、调整的;

(四)向负有食品、药品、安全生产、环境保护等监督管理职责的国家工作人员行贿,实施非法活动的;

(五)向司法工作人员行贿,影响司法公正的;

(六)造成经济损失数额在五十万元以上不满一百万元的。(§7)

△(**情节严重;使国家利益遭受重大损失**)犯行贿罪,具有下列情形之一的,应当认定为刑法第三百九十条第一款规定的"情节严重"②:

(一)行贿数额在一百万元以上不满五百万元的;

(二)行贿数额在五十万元以上不满一百万

---

① 我国学者指出,试图通过对行贿罪的严厉打击来遏制受贿犯罪,是刑事政策上的重大失误。参见张明楷:《刑法学》(第6版),法律出版社2021年版,第1623页。

② 我国学者指出,"情节严重"乃指"因行贿谋取不正当利益"的情节严重,而不是任何情节严重。法条将"情节严重"与"使国家利益遭受重大损失""情节特别严重"与"使国家利益遭受特别重大损失"分别作为选择性要素,也能说明此点。因此,不能根据行贿数额,只能根据谋取不正当利益的情节是否严重或者特别严重,以及使国家利益遭受损失的程度来决定法定刑的选择。参见张明楷:《刑法学》(第6版),法律出版社2021年版,第1622页。

元,并具有本解释第七条第二款第一项至第五项规定的情形之一的;

(三)其他严重的情节。

为谋取不正当利益,向国家工作人员行贿,造成经济损失数额在一百万元以上不满五百万元的,应当认定为刑法第三百九十条第一款规定的"使国家利益遭受重大损失"。(§ 8)

△(**情节特别严重;使国家利益遭受特别重大损失**)犯行贿罪,具有下列情形之一的,应当认定为刑法第三百九十条第一款规定的"情节特别严重":

(一)行贿数额在五百万元以上的;

(二)行贿数额在二百五十万元以上不满五百万元,并具有本解释第七条第二款第一项至第五项规定的情形之一的;

(三)其他特别严重的情节。

为谋取不正当利益,向国家工作人员行贿,造成经济损失数额在五百万元以上的,应当认定为刑法第三百九十条第一款规定的"使国家利益遭受特别重大损失"。(§ 9)

△(**犯罪较轻;重大案件;对侦破重大案件起关键作用**)根据行贿犯罪的事实、情节,可能被判处三年有期徒刑以下刑罚的,可以认定为刑法第三百九十条第二款规定的"犯罪较轻"。

根据犯罪的事实、情节,已经或者可能被判处十年有期徒刑以上刑罚的,或者案件在本省、自治区、直辖市或者全国范围内有较大影响的,可以认定为刑法第三百九十条第二款规定的"重大案件"。

具有下列情形之一的,可以认定为刑法第三百九十条第二款规定的"对侦破重大案件起关键作用":

(一)主动交待办案机关未掌握的重大案件线索的;

(二)主动交待的犯罪线索不属于重大案件的线索,但该线索对于重大案件侦破有重要作用的;

(三)主动交待行贿事实,对于重大案件的证据收集有重要作用的;

(四)主动交待行贿事实,对于重大案件的追逃、追赃有重要作用的。(§ 14)

△(**追缴或者责令退赔**)贪污贿赂犯罪分子违法所得的一切财物,应当依照刑法第六十四条的规定予以追缴或者责令退赔,对被害人的合法财产应当及时返还。对尚未追缴到案或者尚未足额退赔的违法所得,应当继续追缴或者责令退赔。(§ 18)

△(**罚金刑**)对刑法规定并处罚金的其他贪污贿赂犯罪,应当在十万元以上犯罪数额二倍以下判处罚金。(§ 19Ⅱ)

【司法解释性文件】

《最高人民法院、最高人民检察院关于在办理受贿犯罪大要案的同时要严肃查处严重行贿犯罪分子的通知》(高检会〔1999〕1号,1999年3月4日公布)

△(**法定减轻或者免除处罚事由;酌情从轻处罚事由**)在查处严重行贿、介绍贿赂犯罪案件中,既要坚持从严惩处的方针,又要注意体现政策。行贿人、介绍贿赂人具有刑法第三百九十条第二款、第三百九十二条第二款规定的在被追诉前主动交代行贿、介绍贿赂犯罪情节的,依法分别可以减轻或者免除处罚;行贿人、介绍贿赂人在被追诉后如实交待行贿、介绍贿赂行为的,也可以酌情从轻处罚。(§ 4)

【参考案例】

△《刑法》第三百九十条第二款规定的"被追诉前"是指司法机关立案侦查之前。

《刑法》第三百九十条第二款规定:"行贿人在被追诉前主动交代行贿行为的,可以从轻或者减轻处罚。其中,犯罪较轻的,对侦破重大案件起关键作用的,或者有重大立功表现的,可以减轻或者免除处罚。"通过给行贿人以减轻或免除处罚的机会,换取行贿人主动交代行贿行为,揭发受贿犯罪,本质上符合维护国家公权力的廉洁性这一打击贿赂犯罪的根本目的,有利于司法机关获取贿赂犯罪证据,重点打击受贿行为,同时还能够贯彻和体现我国刑事司法中宽严相济的刑事政策精神。

对是否属于被追诉前主动交代行贿行为情形的认定,关键在于对"被追诉"的理解。追诉是指司法机关依照法定程序进行的追究犯罪分子刑事责任的一系列司法活动,包括立案侦查、审查起诉、开庭审判等诉讼过程。1996年《刑事诉讼法》第八十三条规定:"公安机关或者人民检察院发现犯罪事实或者犯罪嫌疑人,应当按照管辖范围,立案侦查。"从该规定分析,立案侦查是司法机关进行刑事追诉活动的开始。此外,1996年《刑事诉讼法》第六十一条规定:公安机关对于一些特定情形的现行犯和重大嫌疑分子,可以先行拘留。因而,司法机关在立案前的某些紧急情况下依法采取的强制措施和讯问犯罪嫌疑人等活动也属于追诉活动的一部分,但这只能视为一种例外情形。因此,"被追诉前"通常是指司法机关立案侦查之前,行贿罪是否"被追诉"应当以检察机关是否立案为准。

行贿人向纪检监察部门、司法机关举报受贿人的受贿行为，显然属于被追诉前主动交代行贿行为的情形。行贿人在纪检监察部门查处他人受贿案件时，交代（承认）向他人行贿的事实，亦应属于被追诉前主动交代行贿行为的情形。即使检察机关已经对受贿人立案查处，行贿人作为证人接受检察机关调查，只要检察机关对行贿人尚未立案查处，行贿人承认其向受贿人行贿的事实，也应当认定为被追诉前主动交代行贿行为的情形。本案公诉机关未认定被告人具有被追诉前主动交代行贿行为的情形，但法院根据被告人在检察机关对其行贿行为立案查处前已经交代了向刘耀东行贿的事实证据，认定被告人具有被追诉前主动交代行贿行为的情形，并结合本案的具体情况，决定对被告人免予刑事处罚，是妥当的。[No. 8-389-2　袁珏行贿案]

第三百九十条之一　【对有影响力的人行贿罪】

为谋取不正当利益，向国家工作人员的近亲属或者其他与该国家工作人员关系密切的人，或者向离职的国家工作人员或者其近亲属以及其他与其关系密切的人行贿的，处三年以下有期徒刑或者拘役，并处罚金；情节严重的，或者使国家利益遭受重大损失的，处三年以上七年以下有期徒刑，并处罚金；情节特别严重的，或者使国家利益遭受特别重大损失的，处七年以上十年以下有期徒刑，并处罚金。

单位犯前款罪的，对单位判处罚金，并对其直接负责的主管人员和其他直接责任人员，处三年以下有期徒刑或者拘役，并处罚金。

【立法沿革】

《中华人民共和国刑法修正案（九）》（自2015年11月1日起施行）

四十六、在刑法第三百九十条后增加一条，作为第三百九十条之一：

“为谋取不正当利益，向国家工作人员的近亲属或者其他与该国家工作人员关系密切的人，或者向离职的国家工作人员或者其近亲属以及其他与其关系密切的人行贿的，处三年以下有期徒刑或者拘役，并处罚金；情节严重的，或者使国家利益遭受重大损失的，处三年以上七年以下有期徒刑，并处罚金；情节特别严重的，或者使国家利益遭受特别重大损失的，处七年以上十年以下有期徒刑，并处罚金。

“单位犯前款罪的，对单位判处罚金，并对其直接负责的主管人员和其他直接责任人员，处三年以下有期徒刑或者拘役，并处罚金。”

【立法理由】

2009年《刑法修正案（七）》根据全国人大代表和有关部门的意见，针对我国司法实践中出现的新情况及《联合国反腐败公约》的要求，为加强党风廉政建设，严惩腐败行为，将利用影响力受贿行为增加规定为犯罪。在《刑法》第三百八十八条后增加了一条即第三百八十八条之一，**将利用影响力受贿的行为规定为犯罪，而没有规定与其相对应的行贿罪**。当时考虑到利用影响力受贿行为是一种新的犯罪，无论是司法机关还是社会公众，对这一犯罪需要有一个认识过程。实践中，司法机关对于利用影响力受贿罪所对应的行贿行为，是否要追究刑事责任以及如何追究也有不同的认识，故当时未对这种犯罪所对应的行贿行为作出明确规定。

行贿犯罪既是一种腐败现象，也是违法犯罪行为，腐蚀性、危害性极大。打击行贿犯罪是国家法律赋予司法机关的重要职责，也是惩治腐败，维护社会主义市场经济秩序和国家机关正常活动、维护我国社会政治稳定的需要。党和政府一贯非常重视对国家工作人员的监督和对职务犯罪的打击和处罚。特别是十八大以来，以习近平为总书记的党中央，不断加大反腐败力度，建设廉洁政治，巩固党的执政地位。按照党中央的指示精神，司法机关在严肃查处贪污贿赂犯罪的同时，也没有放松对行贿行为的查处和打击，查办了一批大肆拉拢、严重腐蚀国家工作人员的行贿犯罪案件，取得了良好的社会效果。但是，当前行贿犯罪现象在一些地方仍然比较严重，各地司法机关打击行贿犯罪的工作开展得也不平衡，有的行贿人没有受到应有的追究和惩处，有些地方对行贿犯罪的危害性认识不足，存在有案不立、久侦不结、起诉率较低等问题，还有的以党纪政纪处理代替对行贿犯罪的刑事处罚，在一定程度上存在对行贿犯罪打击不力或者重打击受贿轻打击行贿的现象。

近几年来，有的部门、人大代表和学者多次提出，个人和单位为谋取不正当利益，想方设法拉拢腐蚀在职或者离职的国家工作人员的近亲属或者与国家工作人员关系密切的人，通过国家工作人员的影响力达到自己的非法目的的情况较为严重，这种行为同样败坏党风、政风和社会风气，社会影响比较恶劣。由于刑法中对此行为没有规定为犯罪，所以实践中难以追究。建议将其规定为犯罪。

为全面落实党中央反腐败工作部署，严密惩治行贿犯罪的法网，从源头上遏制和预防贿赂犯罪，依法严肃惩处行贿犯罪，进一步加大对行贿犯罪分子的惩处力度，**《刑法修正案（九）》**增加了本条，即规定为利用国家工作人员的影响力谋取不正当利益，向在职或者离职的国家工作人员的近亲属及其关系密切的人行贿的犯罪和单位向上述人员行贿的犯罪。其主要理由有以下几点：一是根据党的十八届三中全会加强反腐败工作，完善惩治腐败法律规定的要求。二是与《联合国反腐败公约》相衔接。**《联合国反腐败公约》**第十八条规定："各缔约国均应当考虑采取必要的立法和其他措施，将下列故意实施的行为规定为犯罪：（一）直接或间接向公职人员或者其他任何人员许诺给予、提议给予或者实际给予任何不正当好处，以使其滥用本人的实际影响力或者被认为具有的影响力，为该行为的造意人或者其他任何人从缔约国的行政部门或者公共机关获得不正当好处……"三是行贿和受贿是对合犯罪的交易双方，由于《刑法》第三百八十八条之一规定了利用影响力受贿罪，所以本条相应增加了向特定关系人行贿犯罪。将利用影响力受贿的对应行贿行为规定为犯罪，符合我国的实际情况，对严厉惩处受贿行为，遏制贿赂行为的发生，具有重要意义。

【条文说明】

本条是关于对有影响力的人行贿罪及其处罚的规定。

本条共分为两款。

第一款是关于向国家工作人员的近亲属及其关系密切的人行贿罪及其处罚的规定。本款规定的行贿犯罪主体是**一般主体**，行贿的对象有五类：第一类是国家工作人员的近亲属；第二类是与该国家工作人员关系密切的人；第三类是离职的国家工作人员；第四类是离职的国家工作人员的近亲属；第五类是其他与离职的国家工作人员关系密切的人。将向这五类人员行贿增加规定为犯罪，主要考虑到他们与国家工作人员有着血缘关系、亲属关系，虽然有的不是亲属关系，但彼此是同学、战友、老部下、老上级或是有着某种共同的利益关系，或是过从甚密，具有足够的影响力。所以，向上述人员行贿的行为应当受到刑事处罚。这里所说的"**近亲属**"主要是指夫、妻、父、母、子、女、同胞兄弟姐妹、祖父母、外祖父母、孙子女、外孙子女。这里所说的"**谋取不正当利益**"是指根据法律及有关政策规定不应得到的利益。这里所说的"**离职的国家工作人员**"是指曾经是国家工作人员但目前的状态是已离开国家工作人员岗位的人，包括离休、退休、辞职、辞退等情况。至于"**关系密切的人**"具体指哪些人，可由司法机关根据案件的具体情况确定，也可由司法机关依法作出司法解释。本款规定的犯罪是**行为犯**，根据本款规定，为谋取不正当利益，向上述人员行贿的，处三年以下有期徒刑或者拘役，并处罚金。对于情节严重的或者使国家利益遭受重大损失的，处三年以上七年以下有期徒刑，并处罚金。对于情节特别严重或者使国家利益遭受特别重大损失的，处七年以上十年以下有期徒刑，并处罚金。对于本款规定的"**情节严重的或者使国家利益遭受重大损失的**"和"**情节特别严重的或者使国家利益遭受特别重大损失的**"，是两个条件，具备其中之一分别适用第二档和第三档刑罚。2016年《最高人民法院、最高人民检察院关于办理贪污贿赂刑事案件适用法律若干问题的解释》第十条第二款规定，向国家工作人员的近亲属及其关系密切的人行贿罪的定罪量刑适用标准，参照该解释关于受贿罪的规定执行。

第二款是关于单位向第一款所规定的人员行贿的犯罪及其处罚的规定。本款规定的"**单位**"包括任何形式的单位。根据本款规定，单位犯前款罪的，对单位判处罚金，并对其直接负责的主管人员和其他直接责任人员，处三年以下有期徒刑或者拘役，并处罚金。2016年《最高人民法院、最高人民检察院关于办理贪污贿赂刑事案件适用法律若干问题的解释》第十条第三款规定，单位对有影响力的人行贿数额在二十万元以上的，应当以对有影响力的人行贿罪追究刑事责任。需要注意的是，《刑法修正案（九）》已对《刑法》第三百九十条规定的行贿犯罪作了修改。在对行贿犯罪给予严厉惩处的同时，对行贿人在被追诉前主动交代行贿行为的，规定可以从轻或者减轻处罚。其中，犯罪较轻的，对侦破重大案件起关键作用的，或者有重大立功表现的，可以减轻或者免除处罚。这一规定是对一般行贿犯罪的规定，因此，**也应考虑适用《刑法》第三百九十**

条第二款的从宽处罚的规定精神,以体现我国宽严相济的刑事政策。

【司法解释】

《最高人民法院、最高人民检察院关于办理贪污贿赂刑事案件适用法律若干问题的解释》(法释〔2016〕9号,自2016年4月18日起施行)

△(**定罪量刑适用标准;单位对有影响力的人行贿;行贿数额**)刑法第三百九十条之一规定的对有影响力的人行贿罪的定罪量刑适用标准,参照本解释关于行贿罪的规定执行。

单位对有影响力的人行贿数额在二十万元以上的,应当依照刑法第三百九十条之一的规定以对有影响力的人行贿罪追究刑事责任。(§ 10 Ⅱ、Ⅲ)

△(**追缴或者责令退赔**)贪污贿赂犯罪分子违法所得的一切财物,应当依照刑法第六十四条的规定予以追缴或者责令退赔,对被害人的合法财产应当及时返还。对尚未追缴到案或者尚未足额退赔的违法所得,应当继续追缴或者责令退赔。(§ 18)

△(**罚金刑**)对刑法规定并处罚金的其他贪污贿赂犯罪,应当在十万元以上犯罪数额二倍以下判处罚金。(§ 19Ⅱ)

【司法解释性文件】

《最高人民法院、最高人民检察院关于办理商业贿赂刑事案件适用法律若干问题的意见》(法发〔2008〕33号,2008年11月20日公布)

△(**商业贿赂;财物;财产性利益**)商业贿赂中的财物,既包括金钱和实物,也包括可以用金钱计算数额的财产性利益,如提供房屋装修、含有金额的会员卡、代币卡(券)、旅游费用等。具体数额以实际支付的资费为准。(§ 7)

△(**谋取不正当利益**)在行贿犯罪中,"谋取不正当利益",是指行贿人谋取违反法律、法规、规章或者政策规定的利益,或者要求对方违反法律、法规、规章、政策、行业规范的规定提供帮助或者方便条件。

在招标投标、政府采购等商业活动中,违背公平原则,给予相关人员财物以谋取竞争优势的,属于"谋取不正当利益"。(§ 9)

△(**贿赂;馈赠**)办理商业贿赂犯罪案件,要注意区分贿赂与馈赠的界限。主要应当结合以下因素全面分析、综合判断:(1)发生财物往来的背景,如双方是否存在亲友关系及历史上交往的情形和程度;(2)往来财物的价值;(3)财物往来的缘由、时机和方式,提供财物方对于接受方有无职务上的请托;(4)接受方是否利用职务上的便利为提供方谋取利益。(§ 10)

【附属刑法】

《中华人民共和国反不正当竞争法》(1993年9月2日通过,2019年4月23日修正)

第十九条

经营者违反本法第七条[①]规定贿赂他人的,由监督检查部门没收违法所得,处十万元以上三百万元以下的罚款。情节严重的,吊销营业执照。

第三十一条

违反本法规定,构成犯罪的,依法追究刑事责任。

---

① 《中华人民共和国反不正当竞争法》(1993年9月2日通过,2019年4月23日修正)

第七条

Ⅰ经营者不得采用财物或者其他手段贿赂下列单位或者个人,以谋取交易机会或者竞争优势:

(一)交易相对方的工作人员;

(二)受交易相对方委托办理相关事务的单位或者个人;

(三)利用职权或者影响力影响交易的单位或者个人。

Ⅱ经营者在交易活动中,可以以明示方式向交易相对方支付折扣,或者向中间人支付佣金。经营者向交易相对方支付折扣、向中间人支付佣金的,应当如实入账。接受折扣、佣金的经营者也应当如实入账。

Ⅲ经营者的工作人员进行贿赂的,应当认定为经营者的行为;但是,经营者有证据证明该工作人员的行为与为经营者谋取交易机会或者竞争优势无关的除外。

第三百九十一条　【对单位行贿罪】

为谋取不正当利益，给予国家机关、国有公司、企业、事业单位、人民团体以财物的，或者在经济往来中，违反国家规定，给予各种名义的回扣、手续费的，处三年以下有期徒刑或者拘役，并处罚金。

单位犯前款罪的，对单位判处罚金，并对其直接负责的主管人员和其他直接责任人员，依照前款的规定处罚。

【立法沿革】

《中华人民共和国刑法》（1997年修订，自1997年10月1日起施行）

第三百九十一条

为谋取不正当利益，给予国家机关、国有公司、企业、事业单位、人民团体以财物的，或者在经济往来中，违反国家规定，给予各种名义的回扣、手续费的，处三年以下有期徒刑或者拘役。

单位犯前款罪的，对单位判处罚金，并对其直接负责的主管人员和其他直接责任人员，依照前款的规定处罚。

《中华人民共和国刑法修正案（九）》（自2015年11月1日起施行）

四十七、将刑法第三百九十一条第一款修改为：

“为谋取不正当利益，给予国家机关、国有公司、企业、事业单位、人民团体以财物的，或者在经济往来中，违反国家规定，给予各种名义的回扣、手续费的，处三年以下有期徒刑或者拘役，并处罚金。”

【立法理由】

1. **1979年之后至1997年刑法修订前的立法情况**。1993年9月2日通过的《反不正当竞争法》第八条第一款规定了单位以受贿论处的情形，对单位受贿行为作出规制，即经营者采用财物或者其他手段进行贿赂以销售或者购买商品。在帐外暗中给予对方单位或者个人回扣的，以行贿论处；对方单位或者个人在帐外暗中收受回扣的，以受贿论处。

2. **1997年修订刑法的情况**。1997年修订刑法时增加了本条规定，1997年《刑法》第三百九十一条规定：“为谋取不正当利益，给予国家机关、国有公司、企业、事业单位、人民团体以财物的，或者在经济往来中，违反国家规定，给予各种名义的回扣、手续费的，处三年以下有期徒刑或者拘役。单位犯前款罪的，对单位判处罚金，并对其直接负责的主管人员和其他直接责任人员，依照前款的规定处罚。”1988年《全国人民代表大会常务委员会关于惩治贪污罪贿赂罪的补充规定》规定了单位受贿罪和单位行贿罪，其中单位行贿罪的对象是国家工作人员，因为该补充规定所规定的行贿罪的对象也是国家工作人员、集体经济组织的工作人员和其他从事公务的人员。对于向单位行贿者无论数额多大，情节多严重，向单位行贿者却不构成犯罪，故修订刑法时增加了对单位行贿罪，主体包括自然人和单位，既包括个人向单位行贿，也包括单位向单位行贿。

3. **《刑法修正案（九）》对本条作了修改，增加了“并处罚金”的规定**。《刑法》第三百九十一条是1997年修订刑法时增加的规定，当时没有对本罪规定罚金刑。近几年，一些人大代表、部门和学者提出，贿赂犯罪既是职务性犯罪，也是一种图利性犯罪，在对这类犯罪分子给予自由刑的惩处的同时，也要给予经济处罚，建议完善财产刑的规定。本条既对个人向单位行贿规定为犯罪，也对单位向单位行贿规定为犯罪，并且都规定了罚金刑，体现了个人犯罪和单位犯罪并重的原则。

【条文说明】

本条是关于对单位行贿罪及其处罚的规定。

本条共分为两款。

第一款是关于**个人向单位行贿或给予回扣、手续费及其处罚**的规定。根据本款规定，行贿的对象仅限于**国家机关、国有公司、企业、事业单位、人民团体**。本款规定是**行为犯**，只要行为人实施了向单位行贿或给予回扣、手续费的行为，就构成本罪，处三年以下有期徒刑或者拘役，并处罚金。本款原来没有罚金的规定，此次修改刑法增加了这一规定，是在原来处罚的基础上，并处罚金，比原来的处罚更严厉了。

第二款是关于**单位行贿罪及其处罚**的规定。这里规定的单位包括任何所有制形式的单位。依照本款的规定，单位向国家机关、国有公司、企业、事业单位、人民团体行贿的，对单位判处罚金，并对其直接负责的主管人员和其他直接责任人员，依照前款的规定处三年以下有期徒刑或者拘役,并处罚金。本款虽然在《刑法修正案(九)》中未明确修改,但修改了第一款,增加了“并处罚金”的规定,按照第二款的表述“依照前款的规定处罚”,就意味着第二款也作了修改。就是说,对单位犯罪的个人除判处自由刑外,还要并处罚金,同样,比原来规定的处罚更严厉。

【司法解释】

《最高人民检察院关于人民检察院直接受理立案侦查案件立案标准的规定(试行)》(高检发释字〔1999〕2号,自1999年9月16日起施行)

△(**对单位行贿罪;立案标准**)对单位行贿罪是指为谋取不正当利益,给予国家机关、国有公司、企业、事业单位、人民团体以财物,或者在经济往来中,违反国家规定,给予上述单位各种名义的回扣、手续费的行为。

涉嫌下列情形之一的,应予立案:

1. 个人行贿数额在10万元以上、单位行贿数额在20万元以上的;

2. 个人行贿数额不满10万元、单位行贿数额在10万元以上不满20万元,但具有下列情形之一的:

(1)为谋取非法利益而行贿的;

(2)向3个以上单位行贿的;

(3)向党政机关、司法机关、行政执法机关行贿的;

(4)致使国家或者社会利益遭受重大损失的。

《最高人民法院、最高人民检察院关于办理贪污贿赂刑事案件适用法律若干问题的解释》(法释〔2016〕9号,自2016年4月18日起施行)

△(**追缴或者责令退赔**)贪污贿赂犯罪分子违法所得的一切财物,应当依照刑法第六十四条的规定予以追缴或者责令退赔,对被害人的合法财产应当及时返还。对尚未追缴到案或者尚未足额退赔的违法所得,应当继续追缴或者责令退赔。(§18)

△(**罚金刑**)对刑法规定并处罚金的其他贪污贿赂犯罪,应当在十万元以上犯罪数额二倍以下判处罚金。(§19Ⅱ)

【司法解释性文件】

《最高人民法院、最高人民检察院关于办理商业贿赂刑事案件适用法律若干问题的意见》(法发〔2008〕33号,2008年11月20日公布)

△(**商业贿赂;财物;财产性利益**)商业贿赂中的财物,既包括金钱和实物,也包括可以用金钱计算数额的财产性利益,如提供房屋装修、含有金额的会员卡、代币卡(券)、旅游费用等。具体数额以实际支付的资费为准。(§7)

△(**谋取不正当利益**)在行贿犯罪中,“谋取不正当利益”,是指行贿人谋取违反法律、法规、规章或者政策规定的利益,或者要求对方违反法律、法规、规章、政策、行业规范的规定提供帮助或者方便条件。

在招标投标、政府采购等商业活动中,违背公平原则,给予相关人员财物以谋取竞争优势的,属于“谋取不正当利益”。(§9)

△(**贿赂;馈赠**)办理商业贿赂犯罪案件,要注意区分贿赂与馈赠的界限。主要应当结合以下因素全面分析、综合判断:

(1)发生财物往来的背景,如双方是否存在亲友关系及历史上交往的情形和程度;

(2)往来财物的价值;

(3)财物往来的缘由、时机和方式,提供财物方对于接受方有无职务上的请托;

(4)接受方是否利用职务上的便利为提供方谋取利益。(§10)

《最高人民检察院关于行贿罪立案标准的规定》(2000年12月22日公布)

△(**对单位行贿罪;立案标准**)对单位行贿罪是指为谋取不正当利益,给予国家机关、国有公司、企业、事业单位、人民团体以财物,或者在经济往来中,违反国家规定,给予上述单位各种名义的回扣、手续费的行为。

涉嫌下列情形之一的,应予立案:

1. 个人行贿数额在十万元以上、单位行贿数额在二十万元以上的;

2. 个人行贿数额不满十万元、单位行贿数额在十万元以上不满二十万元,但具有下列情形之一的:

(1)为谋取非法利益而行贿的;

(2)向三个以上单位行贿的;

(3)向党政机关、司法机关、行政执法机关行贿的;

(4)致使国家或者社会利益遭受重大损失的。

【附属刑法】

《中华人民共和国反不正当竞争法》(1993年9月2日通过,2019年4月23日修正)

第十九条

经营者违反本法第七条①规定贿赂他人的，由监督检查部门没收违法所得，处十万元以上三百万元以下的罚款。情节严重的，吊销营业执照。

第三十一条

违反本法规定，构成犯罪的，依法追究刑事责任。

第三百九十二条　【介绍贿赂罪】

向国家工作人员介绍贿赂，情节严重的，处三年以下有期徒刑或者拘役，并处罚金。

介绍贿赂人在被追诉前主动交待介绍贿赂行为的，可以减轻处罚或者免除处罚。

【立法沿革】

《中华人民共和国刑法》（1997年修订，自1997年10月1日起施行）

第三百九十二条

向国家工作人员介绍贿赂，情节严重的，处三年以下有期徒刑或者拘役。

介绍贿赂人在被追诉前主动交待介绍贿赂行为的，可以减轻处罚或者免除处罚。

《中华人民共和国刑法修正案（九）》（自2015年11月1日起施行）

四十八、将刑法第三百九十二条第一款修改为：

"向国家工作人员介绍贿赂，情节严重的，处三年以下有期徒刑或者拘役，并处罚金。"

【立法理由】

1. **1979年立法的情况**。1979年《刑法》第一百八十五条规定："国家工作人员利用职务上的便利，收受贿赂的，处五年以下有期徒刑或者拘役。赃款、赃物没收，公款、公物追还。犯前款罪，致使国家或者公民利益遭受严重损失的，处五年以上有期徒刑。向国家工作人员行贿或者介绍贿赂的，处三年以下有期徒刑或者拘役。"1979年刑法将受贿、行贿和介绍贿赂在一条中作了规定。

2. **1997年修订刑法的情况**。1997年修订刑法时将受贿、行贿和介绍贿赂分别各条作了规定。当时考虑介绍贿赂也是形成受贿罪的一个环节，犯罪人在追诉前能够主动交待其他犯罪行为，有利于查处受贿犯罪，所以，增加了一款介绍贿赂人在被追诉前主动交待介绍贿赂行为的，可以减轻处罚或者免除处罚的规定。这样规定，既可以及时惩处受贿犯罪，也对介绍贿赂人改过自新给予出路，是我国宽严相济刑事政策的一种体现。

3. **2015年《刑法修正案（九）》对本条的修改情况**。对介绍贿赂罪的处罚增加了"并处罚金"的规定。受贿、行贿和介绍贿赂是一个贿赂犯罪链条，行贿犯罪此次都增加了并处罚金的规定，介绍贿赂同样需要增加并处罚金。

【条文说明】

本条是关于介绍贿赂罪及其处罚的规定。

本条共分为两款。

第一款是关于介绍贿赂罪及其处罚的规定。介绍贿赂罪是指在行贿人和受贿人之间进行联系、沟通，促使贿赂得以实现的犯罪行为。首先，行贿人主观上应当具有**向国家工作人员介绍贿赂的故意**。如果行为人主观上没有介绍贿赂的故意，即不知道请托人有给付国家工作人员财物的意图，而从中帮忙联系的，即使请托人事实上暗中给予了国家工作人员财物的，该介绍人也不构成介绍贿赂罪。其次，行为人在客观上具有**介绍行贿人与受贿人沟通关系、促使行贿实现的行为**。构成介绍贿赂罪，必须达到"情节严重"的条件，根据本条规定，构成犯罪的，处三年以下有期徒

① 《中华人民共和国反不正当竞争法》（1993年9月2日通过，2019年4月23日修正）

第七条

Ⅰ经营者不得采用财物或者其他手段贿赂下列单位或者个人，以谋取交易机会或者竞争优势：

（一）交易相对方的工作人员；

（二）受交易相对方委托办理相关事务的单位或者个人；

（三）利用职权或者影响力影响交易的单位或者个人。

Ⅱ经营者在交易活动中，可以以明示方式向交易相对方支付折扣，或者向中间人支付佣金。经营者向交易相对方支付折扣、向中间人支付佣金的，应当如实入账。接受折扣、佣金的经营者也应当如实入账。

Ⅲ经营者的工作人员进行贿赂的，应当认定为经营者的行为；但是，经营者有证据证明该工作人员的行为与为经营者谋取交易机会或者竞争优势无关的除外。

刑或者拘役，并处罚金。根据1999年9月16日施行的《最高人民检察院关于人民检察院直接受理立案侦查案件立案标准的规定（试行）》的规定，介绍个人向国家工作人员行贿，数额在二万元以上的；介绍单位向国家工作人员行贿，数额在二十万元以上的；介绍贿赂数额不满上述标准，但有为使行贿人获得非法利益而介绍贿赂的；三次以上或者为三人以上介绍贿赂的；向党政领导、司法工作人员、行政执法人员介绍贿赂的，致使国家或者社会利益遭受重大损失的，**人民检察院应当立案**。

第二款是对**介绍贿赂人在被追诉前主动交待介绍贿赂行为，可以减轻或者免除处罚**的规定。介绍贿赂人在被追诉前主动交代介绍贿赂犯罪行为，实际上是检举、揭发了行贿、受贿双方的犯罪行为，对于司法机关收集证据，查明贿赂犯罪事实，惩处贿赂犯罪将起到很重要的作用，因此本款规定，介绍贿赂人在被追诉前主动交待介绍贿赂行为的，可以减轻处罚或者免除处罚。这里所说的"**被追诉前**"，根据2012年《最高人民法院、最高人民检察院关于办理行贿刑事案件具体应用法律若干问题的解释》的规定，是指对行贿人的行贿行为刑事立案前。本款对介绍贿赂犯罪的从宽处罚规定比《刑法》第三百九十条第二款关于行贿犯罪的从宽处罚规定还要宽，也就是说，介绍贿赂人在被追诉前主动交待介绍贿赂行为的，就可以依法减轻或者免除处罚，**不需要受其他犯罪较轻等情节的限制**。由于介绍贿赂是介于受贿和行贿二者之间的行为，属于牵线搭桥的人，其社会危害性较之直接行贿人轻，所以，法律对介绍贿赂犯罪的处罚比行贿犯罪的处罚轻。[①] 这一规定有利于固定贿赂犯罪的证据链和查处贿赂犯罪，也给介绍贿赂人一个从宽处罚和改过自新的机会。

【司法解释】

《最高人民检察院关于人民检察院直接受理立案侦查案件立案标准的规定（试行）》（高检发释字〔1999〕2号，自1999年9月16日起施行）

△（**介绍贿赂罪；立案标准**）介绍贿赂罪是指向国家工作人员介绍贿赂，情节严重的行为。

"介绍贿赂"是指在行贿人与受贿人之间沟通关系、撮合条件，使贿赂行为得以实现的行为。

涉嫌下列情形之一的，应予立案：

1. 介绍个人向国家工作人员行贿，数额在2万元以上的；介绍单位向国家工作人员行贿，数额在20万元以上的；

2. 介绍贿赂数额不满上述标准，但具有下列情形之一的：

（1）为使行贿人获取非法利益而介绍贿赂的；

（2）3次以上或者为3人以上介绍贿赂的；

（3）向党政领导、司法工作人员、行政执法人员介绍贿赂的；

（4）致使国家或者社会利益遭受重大损失的。

《最高人民法院、最高人民检察院关于办理贪污贿赂刑事案件适用法律若干问题的解释》（法释〔2016〕9号，自2016年4月18日起施行）

△（**追缴或者责令退赔**）贪污贿赂犯罪分子违法所得的一切财物，应当依照刑法第六十四条的规定予以追缴或者责令退赔，对被害人的合法财产应当及时返还。对尚未追缴到案或者尚未足额退赔的违法所得，应当继续追缴或者责令退赔。（§18）

△（**罚金刑**）对刑法规定并处罚金的其他贪污贿赂犯罪，应当在十万元以上犯罪数额二倍以下判处罚金。（§19Ⅱ）

【附属刑法】

《中华人民共和国律师法》（1996年5月15日通过，2017年9月1日第三次修正）

第四十九条

Ⅰ律师有下列行为之一的，由设区的市级或者直辖市的区人民政府司法行政部门给予停止执业六个月以上一年以下的处罚，可以处五万元以下的罚款；有违法所得的，没收违法所得；情节严重的，由省、自治区、直辖市人民政府司法行政部门吊销其律师执业证书；构成犯罪的，依法追究刑事责任：

……

（二）向法官、检察官、仲裁员以及其他有关工作人员行贿，介绍贿赂或者指使、诱导当事人行贿的；

……

Ⅱ律师因故意犯罪受到刑事处罚的，由省、自

① 我国学者指出，介绍贿赂罪的适用空间极为有限，仅限于那些情节特别轻的介绍贿赂，如定行贿或受贿罪差异很小的行为。对于情节严重、参与程度较深、介绍贿赂金额较大、受贿人为行贿人谋取重大非法利益的案件，应当认定行为人同时构成介绍贿赂罪和受贿罪的共犯，按照想象竞合犯处理。参见周光权：《刑法各论》（第4版），中国人民大学出版社2021年版，第569页。

治区、直辖市人民政府司法行政部门吊销其律师执业证书。

第三百九十三条　【单位行贿罪】

单位为谋取不正当利益而行贿，或者违反国家规定，给予国家工作人员以回扣、手续费，情节严重的，对单位判处罚金，并对其直接负责的主管人员和其他直接责任人员，处五年以下有期徒刑或者拘役，并处罚金。因行贿取得的违法所得归个人所有的，依照本法第三百八十九条、第三百九十条的规定定罪处罚。

【立法沿革】

《中华人民共和国刑法》(1997年修订，自1997年10月1日起施行)

第三百九十三条

单位为谋取不正当利益而行贿，或者违反国家规定，给予国家工作人员以回扣、手续费，情节严重的，对单位判处罚金，并对其直接负责的主管人员和其他直接责任人员，处五年以下有期徒刑或者拘役。因行贿取得的违法所得归个人所有的，依照本法第三百八十九条、第三百九十条的规定定罪处罚。

《中华人民共和国刑法修正案(九)》(自2015年11月1日起施行)

四十九、将刑法第三百九十三条修改为：

“单位为谋取不正当利益而行贿，或者违反国家规定，给予国家工作人员以回扣、手续费，情节严重的，对单位判处罚金，并对其直接负责的主管人员和其他直接责任人员，处五年以下有期徒刑或者拘役，并处罚金。因行贿取得的违法所得归个人所有的，依照本法第三百八十九条、第三百九十条的规定定罪处罚。”

【立法理由】

1. **1979年之后至1997年刑法修订前的立法情况**。本条规定是1988年《全国人民代表大会常务委员会关于惩治贪污罪贿赂罪的补充规定》中规定的内容，该补充规定第九条规定：“企业事业单位、机关、团体为谋取不正当利益而行贿，或者违反国家规定，给予国家工作人员、集体经济组织工作人员或者其他从事公务的人员以回扣、手续费，情节严重的，判处罚金，并对其直接负责的主管人员和其他直接责任人员，处5年以下有期徒刑或者拘役。因行贿取得的违法所得归私人所有的，依照本规定第八条的规定处罚。”

2. **1997年修订刑法的情况**。1997年修订刑法时将相关内容纳入刑法。

3. **2015年《刑法修正案(九)》对本条作了修改，增加了“并处罚金”的规定**。此次修改刑法对个人行贿犯罪和单位行贿犯罪以及介绍贿赂犯罪都增加了并处罚金的规定，加大了对行贿犯罪的惩处力度，使犯罪分子在受到人身处罚的同时，在经济上也得不到好处，对于遏制贿赂犯罪的发生和惩处贿赂犯罪具有重要意义。既符合中央反腐败的精神，也符合我国的实际情况，同时，也是民众意愿在法律中的充分体现。

【条文说明】

本条是关于单位行贿罪及其处罚的规定。

本条有两层意思：

第一层意思是关于犯单位行贿罪的应该如何处罚。根据本条的规定，这一犯罪的主体是**单位**，具体包括公司、企业、事业单位、机关、团体。在行为上主要表现为单位为谋取不正当利益而行贿，或者违反国家规定，给予国家工作人员以回扣、手续费情节严重的行为。这里所说的**“违反国家规定”给予回扣、手续费**，是指故意违反国家有关主管机关的禁止性规定或规章制度在帐外暗中给予回扣、手续费。**“情节严重”**主要是指行贿或者给予“回扣”“手续费”多次、多人或数额较大，或者给国家利益造成严重损失等。

考虑到单位行贿的直接责任人员是为单位利益或者受单位指使，实施了行贿行为，获得的不正当利益也未归其本人所有，因此，对其规定了相对于自然人行贿较轻的刑罚。本条规定的“情节严重”是构成本罪的必要条件，根据本条规定，单位犯行贿罪的，对单位判处罚金，并对其直接负责的主管人员和其他直接责任人员，处五年以下有期徒刑或者拘役，并处罚金。1999年《最高人民检察院关于人民检察院直接受理立案侦查案件立案标准的规定(试行)》规定，单位行贿数额在二十万以上的；单位为谋取不正当利益而行贿，数额在十万元以上不满二十万元，但是具有为谋取非法利益而行贿，向三人以上行贿的，向党政领导、司法工作人员、行政执法人员行贿的，致使国家或者社会利益遭受重大损失的，**人民检察院应当立案侦查**。

第二层意思是如果单位行贿的直接负责的主

管人员和其他直接责任人员**将单位行贿而获得的违法所得归个人所有的**，即以单位名义行贿，实际上将得到的不正当利益个人中饱私囊的，实质上就是个人行贿行为，根据本条规定，应对直接负责的主管人员和其他直接责任人员依照《刑法》第三百八十九条、第三百九十条有关行贿罪的规定定罪处罚。对直接负责的主管人员和其他直接责任人员不是按单位犯罪处罚，而是按个人行贿罪处罚，即最高法定刑可处无期徒刑。

【司法解释】

《最高人民检察院关于人民检察院直接受理立案侦查案件立案标准的规定（试行）》（高检发释字〔1999〕2号，自1999年9月16日起施行）

△（**单位行贿罪；立案标准；违法所得归个人所有**）单位行贿罪是指公司、企业、事业单位、机关、团体为谋取不正当利益而行贿，或者违反国家规定，给予国家工作人员以回扣、手续费，情节严重的行为。

涉嫌下列情形之一的，应予以立案：

1. 单位行贿数额在20万元以上的；

2. 单位为谋取不正当利益而行贿，数额在10万元以上不满20万元，但具有下列情形之一的：

（1）为谋取非法利益而行贿的；

（2）向3人以上行贿的；

（3）向党政领导、司法工作人员、行政执法人员行贿的；

（4）致使国家或者社会利益遭受重大损失的。

因行贿取得的违法所得归个人所有的，依照本规定关于个人行贿的规定立案，追究其刑事责任。

《最高人民法院、最高人民检察院关于办理贪污贿赂刑事案件适用法律若干问题的解释》（法释〔2016〕9号，自2016年4月18日起施行）

△（**追缴或者责令退赔**）贪污贿赂犯罪分子违法所得的一切财物，应当依照刑法第六十四条的规定予以追缴或者责令退赔，对被害人的合法财产应当及时返还。对尚未追缴到案或者尚未足额退赔的违法所得，应当继续追缴或者责令退赔。（§ 18）

△（**罚金刑**）对刑法规定并处罚金的其他贪污贿赂犯罪，应当在十万元以上犯罪数额二倍以下判处罚金。（§ 19Ⅱ）

【司法解释性文件】

《最高人民法院、最高人民检察院关于办理商业贿赂刑事案件适用法律若干问题的意见》（法发〔2008〕33号，2008年11月20日公布）

△（**商业贿赂；财物；财产性利益**）商业贿赂中的财物，既包括金钱和实物，也包括可以用金钱计算数额的财产性利益，如提供房屋装修、含有金额的会员卡、代币卡（券）、旅游费用等。具体数额以实际支付的资费为准。（§ 7）

△（**谋取不正当利益**）在行贿犯罪中，"谋取不正当利益"，是指行贿人谋取违反法律、法规、规章或者政策规定的利益，或者要求对方违反法律、法规、规章、政策、行业规范的规定提供帮助或者方便条件。

在招标投标、政府采购等商业活动中，违背公平原则，给予相关人员财物以谋取竞争优势的，属于"谋取不正当利益"。（§ 9）

△（**贿赂；馈赠**）办理商业贿赂犯罪案件，要注意区分贿赂与馈赠的界限。主要应当结合以下因素全面分析、综合判断：（1）发生财物往来的背景，如双方是否存在亲友关系及历史上交往的情形和程度；（2）往来财物的价值；（3）财物往来的缘由、时机和方式，提供财物方对于接受方有无职务上的请托；（4）接受方是否利用职务上的便利为提供方谋取利益。（§ 10）

【附属刑法】

《中华人民共和国反不正当竞争法》（1993年9月2日通过，2019年4月23日修正）

第十九条

经营者违反本法第七条①规定贿赂他人的，

---

① 《中华人民共和国反不正当竞争法》（1993年9月2日通过，2019年4月23日修正）

第七条

Ⅰ经营者不得采用财物或者其他手段贿赂下列单位或者个人，以谋取交易机会或者竞争优势：

（一）交易相对方的工作人员；

（二）受交易相对方委托办理相关事务的单位或者个人；

（三）利用职权或者影响力影响交易的单位或者个人。

Ⅱ经营者在交易活动中，可以以明示方式向交易相对方支付折扣，或者向中间人支付佣金。经营者向交易相对方支付折扣、向中间人支付佣金的，应当如实入账。接受折扣、佣金的经营者也应当如实入账。

Ⅲ经营者的工作人员进行贿赂的，应当认定为经营者的行为；但是，经营者有证据证明该工作人员的行为与为经营者谋取交易机会或者竞争优势无关的除外。

由监督检查部门没收违法所得，处十万元以上三百万元以下的罚款。情节严重的，吊销营业执照。

第三十一条

违反本法规定，构成犯罪的，依法追究刑事责任。

第三百九十四条　【贪污罪】

国家工作人员在国内公务活动或者对外交往中接受礼物，依照国家规定应当交公而不交公，数额较大的，依照本法第三百八十二条、第三百八十三条的规定定罪处罚。

【立法理由】

1. **1979年之后至1997年刑法修订前的立法情况**。国家工作人员在国内公务活动或是对外交往活动中，都应当保持清正廉洁。有时在公务、外交活动中，对方出于礼节赠送礼品，对收受的礼物应当按照国家有关规定处理，有利于维护和保持正常的交往关系。按照国家规定应当上交的礼物，属于国家或单位所有，行为人采取隐瞒不报等手段，拒不上交，据为己有的，实际上与侵吞国家或单位财产无异。1979年刑法对收受礼品方面的贪污罪没有规定，1988年《全国人民代表大会常务委员会关于惩治贪污罪贿赂罪的补充规定》对国家工作人员在对外交往中接受礼物的贪污罪作了规定。

2. **1997年修订刑法的情况**。考虑到国家工作人员在国内公务活动中也存在同样的问题，1997年修订刑法时对国家工作人员在国内公务活动中收受礼物构成贪污罪的情况也作了规定。

【条文说明】

本条是关于国家工作人员在公务活动或者对外交往中收受礼物应当交公而不交公，按贪污罪定罪处罚的规定。

根据本条规定，国家工作人员在国内公务活动或者对外交往中接受礼物，依照国家规定应当交公而不交公，数额较大的，依照本法关于贪污罪的规定定罪处罚。这里所说的"**国内公务活动**"，主要是指在国内参加的各种与本人工作有关的公务活动。"**礼物**"，包括各种作为赠礼的物品、礼金、礼券等。"**依照国家有关规定应当交公而不交公**"，是指违反国家有关法律、行政法规、政策文件中关于国家工作人员在国内外公务活动中接受礼物应当交公的规定。① 例如，国务院1988年发布的《国家行政机关及其工作人员在国内公务活动中不得赠送和接受礼品的规定》、国务院1980年发布的《国务院关于在对外活动中不赠礼、不受礼的决定》。**构成本罪，必须达到数额较大**。数额不大的，属于违反党纪政纪的行为，可由其所在单位或者上级主管部门给以行政处分。关于"数额较大"的标准，应由司法机关根据实际情况作出司法解释。对构成本条规定的犯罪行为的，应当按照《刑法》第三百八十二条、第三百八十三条规定的贪污罪定罪处罚。

【司法解释】

《最高人民检察院关于人民检察院直接受理立案侦查案件立案标准的规定(试行)》(高检发释字〔1999〕2号，自1999年9月16日起施行)

△(**贪污罪;应当交公而不交公**)国家工作人员在国内公务活动或者对外交往中接受礼物，依照国家规定应当交公而不交公，数额较大的，以贪污罪追究刑事责任。

《最高人民法院、最高人民检察院关于办理贪污贿赂刑事案件适用法律若干问题的解释》(法释〔2016〕9号，自2016年4月18日起施行)

△(**追缴或者责令退赔**)贪污贿赂犯罪分子违法所得的一切财物，应当依照刑法第六十四条的规定予以追缴或者责令退赔，对被害人的合法财产应当及时返还。对尚未追缴到案或者尚未足额退赔的违法所得，应当继续追缴或者责令退赔。(§ 18)

△(**罚金刑**)对贪污罪、受贿罪判处三年以下有期徒刑或者拘役的，应当并处十万元以上五十万元以下的罚金;判处三年以上十年以下有期徒刑的，应当并处二十万元以上犯罪数额二倍以下的罚金或者没收财产;判处十年以上有期徒刑或

① 我国学者指出，本条是有关不作为形式贪污的特殊规定。需要注意的是，并非仅仅违反了收受礼品应当上交的规定，即已构成贪污罪。毋宁说，此处的"不交公"，乃指经催促上交而不上交，或者采用其他积极手段隐瞒接受了礼品的事实，或者隐瞒所接受的礼品数额大小的行为。参见黎宏:《刑法学各论》(第2版)，法律出版社2016年版，第509页。

者无期徒刑的,应当并处五十万元以上犯罪数额二倍以下的罚金或者没收财产。(§ 19 Ⅰ)

第三百九十五条　【巨额财产来源不明罪】【隐瞒境外存款罪】

国家工作人员的财产、支出明显超过合法收入,差额巨大的,可以责令该国家工作人员说明来源,不能说明来源的,差额部分以非法所得论,处五年以下有期徒刑或者拘役;差额特别巨大的,处五年以上十年以下有期徒刑。财产的差额部分予以追缴。

国家工作人员在境外的存款,应当依照国家规定申报。数额较大、隐瞒不报的,处二年以下有期徒刑或者拘役;情节较轻的,由其所在单位或者上级主管机关酌情给予行政处分。

【立法沿革】

《中华人民共和国刑法》(1997 年修订,自 1997 年 10 月 1 日起施行)

第三百九十五条

国家工作人员的财产或者支出明显超过合法收入,差额巨大的,可以责令说明来源。本人不能说明其来源是合法的,差额部分以非法所得论,处五年以下有期徒刑或者拘役,财产的差额部分予以追缴。

国家工作人员在境外的存款,应当依照国家规定申报。数额较大、隐瞒不报的,处二年以下有期徒刑或者拘役;情节较轻的,由其所在单位或者上级主管机关酌情给予行政处分。

《中华人民共和国刑法修正案(七)》(自 2009 年 2 月 28 日起施行)

十四、将刑法第三百九十五条第一款修改为:

"国家工作人员的财产、支出明显超过合法收入,差额巨大的,可以责令该国家工作人员说明来源,不能说明来源的,差额部分以非法所得论,处五年以下有期徒刑或者拘役;差额特别巨大的,处五年以上十年以下有期徒刑。财产的差额部分予以追缴。"

【立法理由】

1. 1979 年之后至 1997 年刑法修订前的立法情况。1988 年 1 月 21 日通过的《全国人民代表大会常务委员会关于惩治贪污罪贿赂罪的补充规定》增加了巨额财产来源不明、隐瞒境外存款犯罪行为的惩治规定。对公职人员的财产加强监督,是各国预防腐败的普遍做法,《联合国反腐败公约》也有明确规定。我国已经建立了党政领导干部收入申报制度,这是建立惩治和预防腐败体系的重要基础性工作。国家工作人员如实申报自己的财产,必要时对自己财产的来源能够作出合理说明,这是财产申报制度的基本要求。国家工作人员按照规定申报境外存款,也是国家工作人员财产申报制度的要求,是国家工作人员的义务。境外存款数额较大,隐瞒不报的,是一种情节较为严重的不履行义务的行为。① 因此,本条第二款将其规定为犯罪。

2. 1997 年修订刑法的情况。1997 年修订刑法时吸收了《全国人民代表大会常务委员会关于惩治贪污罪贿赂罪的补充规定》的内容,将国家工作人员隐瞒境外存款的行为规定为犯罪,并对本条财产刑的处置作了修改,将"并处或者单处没收其财产的差额部分",修改为"财产的差额部分予以追缴"。

3. 2009 年《刑法修正案(七)》对本条的修改情况。增加"差额特别巨大的,处五年以上十年以下有期徒刑"这一档刑罚,提高了巨额财产来源不明罪的最高法定罚。在执行过程中,有关部门提出,巨额财产来源不明罪与贪污、贿赂犯罪刑罚不平衡。实践中贪污、贿赂犯罪由于其隐蔽性较强,证据难以获得,而巨额财产来源不明罪最高刑只

① 关于巨额财产来源不明罪的实行行为,学说上存在四种不同见解,包括无行为要件说、持有说、复合行为说、不作为说。无行为要件说认为,本罪是一种立法推定型犯罪,说明来源成为阻却立法推定为犯罪的正当化事由,参见于冲:《关于巨额财产来源不明罪客观要件的反思与重构》,载《法学论坛》2013 年第 3 期,第 116 页以下;持有说则认为,本罪的实行行为是国家工作人员非法持有来源不明的巨额财产,参见陈洪兵:《论巨额财产来源不明罪的实行行为》,载陈兴良主编:《刑事法评论(第 36 卷):不法评价的二元论》,北京大学出版社 2015 年版,第 427、430 页;复行为说主张,本罪的客观要素是拥有巨额财产(持有)与不能说明来源(不作为)的结合;不作为说则认为,财产、支出明显超过合法收入,并不是巨额财产来源不明罪的实行行为,而是本罪的行为状况(前提条件)。本罪的实行行为是在财产、支出明显超过合法收入,被责令说明来源的状况下,不能说明财产来源。参见张明楷:《论巨额财产来源不明罪的实行行为》,载《人民检察》2016 年第 7 期,第 7 页以下。

有五年有期徒刑,从而使部分贪官逃避了法律应有的制裁。鉴于这类犯罪社会影响恶劣,建议提高巨额财产来源不明罪的刑罚。《刑法修正案(七)》对此进行了修改。

【条文说明】

本条是关于巨额财产来源不明罪和隐瞒境外存款罪及其处罚的规定。

本条共分为两款。

第一款是关于**巨额财产来源不明罪及其处罚**的规定。巨额财产来源不明罪,是指国家工作人员的财产、支出明显超过合法收入,差额巨大,本人不能说明其来源的行为。这里所说的"**国家工作人员的财产**",是指国家工作人员私人所有的房屋、车辆、存款、现金、股票、生活用品等。"**支出**",是指各种消费以及其他开支。"**超过合法收入**",是指国家工作人员的财产、支出数额,明显超过其工资、奖金、津贴以及其他依照国家规定取得的报酬的数额。

这里应说明的是,1997 年刑法规定"国家工作人员的财产或者支出明显超过合法收入",实践中,有的部门提出,这一规定是指财产和支出两项总和明显超过合法收入,还是指其中一项明显超过合法收入,不清楚。《刑法修正案(七)》对此予以明确,表述为"财产、支出明显超过合法收入",**不仅包括财产和支出两项总和明显超过其合法收入,也包括财产或者支出其中一项明显超过合法收入的情况**。"差额巨大""差额特别巨大"的具体数额标准,有待司法机关根据实际情况作出司法解释。本条所规定的"**不能说明其来源的**",是指行为人不能说明其支出明显超过合法收入、差额巨大的财产是如何获得的。[①]这里既包括本人拒不向调查的司法机关说明,也包括"说明"的内容经调查证明是虚假的情况。[②]

根据本款规定,构成本罪的,处五年以下有期徒刑或者拘役,差额特别巨大的,处五年以上十年以下有期徒刑,并追缴其财产的差额部分。

本款在实际执行中应当注意,在清查、核实行为人的财产来源时,司法机关应当尽量查清其财产是通过何种非法方式取得的,如果能够查清其财产是以贪污、受贿或者其他犯罪方法取得的,应当按照贪污、受贿或者其他犯罪追究刑事责任。只有在确实无法查清其巨额财产非法来源,本人又不能说明的情况下,才应按巨额财产来源不明罪进行追究。[③]

第二款是关于**隐瞒境外存款罪**的规定。国家工作人员按照规定申报境外存款,也是国家工作人员财产申报制度的要求,是国家工作人员的义务。境外存款数额较大,隐瞒不报的,是一种严重的不履行义务的行为。隐瞒境外存款罪是指国家工作人员隐瞒在境外的存款[④],不按照国家规定申报,并且数额较大的行为。[⑤]

根据本款的规定,对犯隐瞒境外存款罪的,处二年以下有期徒刑或者拘役;情节较轻的,由其所在单位或者上级主管机关酌情给予行政处分。

① 学说上对于"不能说明来源"的解释,有论者采用区分处理的取径。如果行为人说明巨额财产系来源于一般违法行为,按照一般违法行为的证明标准查证属实,不能认定为巨额财产来源不明罪,只能按照一般违法行为进行处理。在此情形下,对"不能说明来源"作平义解释即可;相对的,如果行为人说明了巨额财产系来源于犯罪行为(行为人也完全履行了说明义务),但按照犯罪的证明标准不能查证属实,则应认定为巨额财产来源不明罪。于此情形下,对"不能说明来源"应限制解释为"不能说明合法来源"。参见张明楷:《刑法学》(第 6 版),法律出版社 2021 年版,第 1579 页。

② 本罪中的"说明"不等于刑事诉讼中的证明,故而不要求行为人的说明达到刑事诉讼的证明程度。行为人说明后,司法机关不查证,不得对行为人以本罪论处。参见张明楷:《刑法学》(第 6 版),法律出版社 2021 年版,第 1578 页。

③ 学说上基本肯认此一见解。比较有争议的问题是,如果以本罪定罪量刑后,又查清巨额财产真实来源,如何处理。我国学者指出,因为巨额财产来源不明罪的处理只要求当时被告人不能说明来源,并符合其他条件就能量刑,故而,不能因为后来又查清来源或者被告人说出来源就据此否定原判决的正确性,参见王作富主编:《刑法分则实务研究(下)》(第 5 版),中国方正出版社 2013 年版,第 1716 页;周光权:《刑法各论》(第 4 版),中国人民大学出版社 2021 年版,第 549 页。但亦有学者持反对见解,主张应通过审判监督程序撤销原判,并根据所查清的事实重新定罪量刑。主要理由在于,一方面,巨额财产来源不明罪不是国家工作人员财产审判制度的保障法,而是贪污、受贿犯罪的兜底性罪名。本罪的保护法益和贪污、贿赂等犯罪之间没有本质上的不同;另一方面,如果不进行改判的话,不仅会引起同一数额被当作两个犯罪处理的重复评价问题,还会引发重复处罚的结果。参见黎宏:《刑法学各论》(第 2 版),法律出版社 2016 年版,第 520—521 页。

④ 至于国家工作人员存入中资银行在境外开设的分支机构,是否属于境外存款?我国学者指出,刑法中的"境外",应当是一个"地域"概念而非"资本"概念,应当以地域位置划分是否属于境外,而不能按照金融机构的国籍来划分是否属于境外。参见王作富主编:《刑法分则实务研究(下)》(第 5 版),中国方正出版社 2013 年版,第 1718 页。

⑤ 本罪与逃汇罪的区别,主要是结合"用于存款的外汇所有权归属"及"有无单位意志"两方面进行判断。参见王作富主编:《刑法分则实务研究(下)》(第 5 版),中国方正出版社 2013 年版,第 1721 页。

【司法解释】

《最高人民检察院关于人民检察院直接受理立案侦查案件立案标准的规定(试行)》(高检发释字〔1999〕2号,自1999年9月16日起施行)

△(巨额财产来源不明罪;立案标准)巨额财产来源不明罪是指国家工作人员的财产或者支出明显超出合法收入,差额巨大,而本人又不能说明其来源是合法的行为。

涉嫌巨额财产来源不明,数额在30万元以上的,应予立案。

△(隐瞒境外存款罪;立案标准)隐瞒境外存款罪是指国家工作人员违反国家规定,故意隐瞒不报在境外的存款,数额较大的行为。

涉嫌隐瞒境外存款,折合人民币数额在30万元以上的,应予立案。

【司法解释性文件】

《全国法院审理经济犯罪案件工作座谈会纪要》(法发〔2003〕167号,2003年11月13日公布)

△(不能说明)刑法第三百九十五条第一款规定的"不能说明",包括以下情况:

(1)行为人拒不说明财产来源;

(2)行为人无法说明财产的具体来源;

(3)行为人所说的财产来源经司法机关查证并不属实;

(4)行为人所说的财产来源因线索不具体等原因,司法机关无法查实,但能排除存在来源合法的可能性和合理性的。

△(非法所得)刑法第三百九十五条规定的"非法所得",一般是指行为人的全部财产与能够认定的所有支出的总和减去能够证实的有真实来源的所得。在具体计算时,应注意以下问题:

(1)应把国家工作人员个人财产和与其共同生活的家庭成员的财产、支出等一并计算,而且一并减去他们所有的合法收入以及确属与其共同生活的家庭成员个人的非法收入。

(2)行为人所有的财产包括房产、家具、生活用品、学习用品及股票、债券、存款等动产和不动产;行为人的支出包括合法支出和不合法的支出,包括日常生活、工作、学习费用、罚款及向他人行贿的财物等;行为人的合法收入包括工资、奖金、稿酬、继承等法律和政策允许的各种收入。

(3)为了便于计算犯罪数额,对于行为人的财产和合法收入,一般可以从行为人有比较确定的收入和财产时开始计算。

第三百九十六条　【私分国有资产罪】【私分罚没财物罪】

国家机关、国有公司、企业、事业单位、人民团体,违反国家规定,以单位名义将国有资产集体私分给个人,数额较大的,对其直接负责的主管人员和其他直接责任人员,处三年以下有期徒刑或者拘役,并处或者单处罚金;数额巨大的,处三年以上七年以下有期徒刑,并处罚金。

司法机关、行政执法机关违反国家规定,将应当上缴国家的罚没财物,以单位名义集体私分给个人的,依照前款的规定处罚。

【立法理由】

1. **1979年之后至1997年刑法修订前的立法情况。**在实践中,私分国有资产的现象时有发生,涉及人数多,社会危害性并不比贪污小,因为受到"法不责众"思想的影响,这种行为的社会危害性没有引起足够的重视,为了加强对国有财产的保护,有必要对此类行为规定追究法律责任。一是1988年1月21日通过的《全国人民代表大会常务委员会关于惩治走私罪的补充规定》第十三条规定:"处理走私案件没收的财物和罚金、罚款收入,全部上缴国库,不得提成,不得私自处理。私分没收的财物和罚金、罚款收入的,以贪污论处。"二是1996年3月17日通过的《行政处罚法》第五十八条规定:"行政机关将罚款、没收的违法所得或者财物截留、私分或者变相私分,由财政部门或者有关部门予以追缴,对直接负责的主管人员和其他直接责任人员依法给予行政处分;情节严重构成犯罪的,依法追究刑事责任。执法人员利用职务上的便利,索取或者收受他人财物、收缴罚款据为己有,构成犯罪的,依法追究刑事责任;情节轻微不构成犯罪的,依法给予行政处分。"

2. **1997年修订刑法的情况。**1997年修订刑法时,根据有关方面的意见和建议,增加了本条规定。国有单位管理、使用、经营中的国有资产只能用于履行相关职能,不得用于谋取本单位、本部门的私利,更不允许私分。实践中一些国有单位,利用经营、管理国有资产的便利,违反国家规定,将国有资产以奖金、劳务费、提成等各种名目集体私分的案件时有发生。**这种行为实际上是侵吞国有资产的行为，严重损害了国家利益，也造成分配领域的混乱与不公，群众意见很大。**但一些单位的负责人员存在认识观念上的错误，认为只要不装进自己的腰包就不会犯错误，更谈不上犯罪。此外，集体私分的手段也越来越复杂，往往是先以合法的理由将国有资产转化为单位小金库的资产，然后再以各种名义发给个人，为了加强对于国有资产的保护，设定了这一个新罪名，以加强对类似行为的惩治。

罚没财物，包括违法、犯罪活动的赃款、赃物以及非法所得。罚没款物应该如数上缴国库，这是法律严格加以规定的。有的司法机关、行政执法机关，私自截留罚没款物归单位使用或者私分，更有甚者，有的司法机关和行政执法机关将私分罚没财物的行为作为“创收”的手段。为“创收”更多的款物用于私分，甚至私立名目。乱罚款、乱收费，有的机关甚至以罚代刑、重罪轻判，在社会上造成非常恶劣的影响。为加强对于罚没款物的管理，制止这类行为，将私分罚没款物的行为规定为犯罪。违反规定以单位名义集体私分给个人的，与本条第一款规定的私分国有资产的性质是相同的。因此，本条第二款作了相应规定。

【条文说明】

本条是关于私分国有资产罪、私分罚没财物罪及其处罚的规定。

本条共分为两款。

第一款规定，构成私分国有资产罪应当具备以下几个条件：(1)犯罪主体是**国家机关、国有公司、企业、事业单位、人民团体**。(2)本罪在客观方面表现为，**违反国家规定，以单位名义将国有资产集体私分给个人**。这里所说的“**违反国家规定**”，是指违反国家有关管理、使用、保护国有资产方面的法律、行政法规的规定。“**国有资产**”，是指国家依法取得和认可的，或者国家以各种形式对企业投资和投资收益、国家向行政事业单位拨款等形成的资产。“**以单位名义将国有资产集体私分给个人**”是指由单位负责人决定，或者单位决策机构集体讨论决定，分给单位所有职工。如果不是分给所有职工，而是几个负责人暗中私分，则不应以本条定罪处罚，而应以贪污罪追究私分者的刑事责任。[①] (3)**集体私分国有资产必须达到数额较大，才能构成犯罪**。法律对“数额较大”没有具体规定，应当由司法机关根据实际情况作出司法解释。根据1999年《最高人民检察院关于人民检察院直接受理立案侦查案件立案标准的规定（试行）》的规定，涉嫌私分国有资产，累计数额在十万元以上的，应予立案；涉嫌私分罚没财物，累计数额在十万元以上，**应予立案**。

第二款是关于私分罚没财物罪的规定，即司法机关、行政执法机关违反国家规定，将应当上缴国家的罚没财物，以单位名义集体私分给个人的，依照前款的规定处罚。这里所说的“**司法机关**”，是指人民法院、人民检察院、公安机关。“**行政执法机关**”，主要是指依照行政处罚法的规定，对公民和单位有行政处罚权的政府机关，如市场监管、税务、海关、生态环境、交通运输等政府有关行政部门。“**罚没财物**”，包括人民法院对犯罪分子判处的罚金、没收的财产；行政执行机关对违法行为给予的罚款；司法机关、行政执法机关在执法中没收违法犯罪人用于违法犯罪行为的金钱、物品及各种违法所得。

根据本条规定，单位犯私分国有资产罪的，对单位直接负责的主管人员和其他直接责任人员，处三年以下有期徒刑或者拘役，并处或者单处罚金；数额巨大的，处三年以上七年以下有期徒刑，并处罚金。

需要注意的是，私分国有资产罪和私分罚没款物罪均为**单位犯罪**，前罪的主体是国家机关、国有公司、企业、事业单位、人民团体；后罪的主体是司法机关和行政执法机关。对于国有企业、公司违反国家规定，在改制过程中隐匿公司、企业财产，转为企业职工集体持股的改制后公司、企业所有的，对其直接负责的主管人员和其他直接责任人员，依照私分国有资产罪定罪处罚。对于改制后的公司、企业中只有改制前公司、企业的管理人员或者少数职工持股、改制前公司、企业的多数职工未持股的，则应当依照贪污罪定罪处罚。

【司法解释】

《最高人民检察院关于人民检察院直接受理立案侦查案件立案标准的规定（试行）》（高检发释字〔1999〕2号，自1999年9月16日起施行）

△（**私分国有资产罪；立案标准**）私分国有资产罪是指国家机关、国有公司、企业、事业单位、人民团体，违反国家规定，以单位名义将国有资产集体私分给个人，数额较大的行为。

---

① 我国学者指出，私分国有资产罪与贪污罪的法定刑相差较大。造成两罪法定刑差异的原因，并不是贪污罪与私分国有资产罪在不法程度上有所差异，而在于责任层面的非难可能性。只有当行为人出于相对公平的利他动机，并且对国有资产进行相对公平的私分时，才能认定为私分国有资产罪。参见张明楷：《刑法学》（第6版），法律出版社2021年版，第1576页。

涉嫌私分国有资产,累计数额在10万元以上的,应予立案。

△(**私分罚没财物罪;立案标准**)私分罚没财物罪是指司法机关、行政执法机关违反国家规定,将应当上缴国家的罚没财物,以单位名义集体私分给个人的行为。

涉嫌私分罚没财物,累计数额在10万元以上,应予立案。

《最高人民法院、最高人民检察院关于办理贪污贿赂刑事案件适用法律若干问题的解释》(法释〔2016〕9号,自2016年4月18日起施行)

△(**追缴或者责令退赔**)贪污贿赂犯罪分子违法所得的一切财物,应当依照刑法第六十四条的规定予以追缴或者责令退赔,对被害人的合法财产应当及时返还。对尚未追缴到案或者尚未足额退赔的违法所得,应当继续追缴或者责令退赔。(§ 18)

△(**罚金刑**)对刑法规定并处罚金的其他贪污贿赂犯罪,应当在十万元以上犯罪数额二倍以下判处罚金。(§ 19Ⅱ)

【司法解释性文件】

《最高人民法院、最高人民检察院关于办理国家出资企业中职务犯罪案件具体应用法律若干问题的意见》(法发〔2010〕49号,2010年11月26日公布)

△(**国家出资企业改制;隐匿公司、企业财产;转为职工集体持股的改制后公司、企业所有**)国有公司、企业违反国家规定,在改制过程中隐匿公司、企业财产,转为职工集体持股的改制后公司、企业所有的,对其直接负责的主管人员和其他直接责任人员,依照刑法第三百九十六条第一款的规定,以私分国有资产罪定罪处罚。

改制后的公司、企业中只有改制前公司、企业的管理人员或者少数职工持股,改制前公司、企业的多数职工未持股的,依照本意见第一条的规定,以贪污罪定罪处罚。(§ 2)

△(**宽严相济刑事政策**)办理国家出资企业中的职务犯罪案件时,要综合考虑历史条件、企业发展、职工就业、社会稳定等因素,注意具体情况具体分析,严格把握犯罪与一般违规行为的区分界限。对于主观恶意明显、社会危害严重、群众反映强烈的严重犯罪,要坚决依法从严惩处;对于特定历史条件下、为了顺利完成企业改制而实施的违反国家政策法律规定的行为,行为人无主观恶意或者主观恶意不明显,情节较轻,危害不大的,可以不作为犯罪处理。

对于国家出资企业中的职务犯罪,要加大经济上的惩罚力度,充分重视财产刑的适用和执行,最大限度地挽回国家和人民利益遭受的损失。不能退赃的,在决定刑罚时,应当作为重要情节予以考虑。(§ 8)

【附属刑法】

《中华人民共和国行政许可法》(2003年8月27日通过,2019年4月23日修正)

第七十五条

Ⅰ行政机关实施行政许可,擅自收费或者不按照法定项目和标准收费的,由其上级行政机关或者监察机关责令退还非法收取的费用;对直接负责的主管人员和其他直接责任人员依法给予行政处分。

Ⅱ截留、挪用、私分或者变相私分实施行政许可依法收取的费用的,予以追缴;对直接负责的主管人员和其他直接责任人员依法给予行政处分;构成犯罪的,依法追究刑事责任。

《中华人民共和国行政强制法》(2011年6月30日通过)

第六十三条

Ⅰ行政机关将查封、扣押的财物或者划拨的存款、汇款以及拍卖和依法处理所得的款项,截留、私分或者变相私分的,由财政部门或者有关部门予以追缴;对直接负责的主管人员和其他直接责任人员依法给予记大过、降级、撤职或者开除的处分。

Ⅱ行政机关工作人员利用职务上的便利,将查封、扣押的场所、设施或者财物据为己有的,由上级行政机关或者有关部门责令改正,依法给予记大过、降级、撤职或者开除的处分。

第六十八条

Ⅰ违反本法规定,给公民、法人或者其他组织造成损失的,依法给予赔偿。

Ⅱ违反本法规定,构成犯罪的,依法追究刑事责任。

《中华人民共和国刑事诉讼法》(1979年7月1日通过,2018年10月26日第三次修正)

第二百四十五条

Ⅰ公安机关、人民检察院和人民法院对查封、扣押、冻结的犯罪嫌疑人、被告人的财物及其孳息,应当妥善保管,以供核查,并制作清单,随案移送。任何单位和个人不得挪用或者自行处理。对被害人的合法财产,应当及时返还。对违禁品或者不宜长期保存的物品,应当依照国家有关规定处理。

Ⅱ对作为证据使用的实物应当随案移送,对

不宜移送的,应当将其清单、照片或者其他证明文件随案移送。

Ⅲ人民法院作出的判决,应当对查封、扣押、冻结的财物及其孳息作出处理。

Ⅳ人民法院作出的判决生效以后,有关机关应当根据判决对查封、扣押、冻结的财物及其孳息进行处理。对查封、扣押、冻结的赃款赃物及其孳息,除依法返还被害人的以外,一律上缴国库。

Ⅴ司法工作人员贪污、挪用或者私自处理查封、扣押、冻结的财物及其孳息的,依法追究刑事责任;不构成犯罪的,给予处分。

《中华人民共和国烟草专卖法》(1991年6月29日通过,2015年4月24日第三次修正)

第三十九条

Ⅰ人民法院和处理违法案件的有关部门的工作人员私分没收的烟草制品,依照刑法有关规定追究刑事责任。

Ⅱ人民法院和处理违法案件的有关部门的工作人员购买没收的烟草制品的,责令退还,可以给予行政处分。

《中华人民共和国出境入境管理法》(2012年6月30日通过)

第八十五条

履行出境入境管理职责的工作人员,有下列行为之一的,依法给予处分:

……

(四)不按照规定将依法收取的费用、收缴的罚款及没收的违法所得、非法财物上缴国库的;

(五)私分、侵占、挪用罚没、扣押的款物或者收取的费用的;

……

第八十八条

违反本法规定,构成犯罪的,依法追究刑事责任。

《中华人民共和国行政处罚法》(1996年3月17日通过,2021年1月22日修订)

第七十九条

Ⅰ行政机关截留、私分或者变相私分罚款、没收的违法所得或者财物的,由财政部门或者有关机关予以追缴,对直接负责的主管人员和其他直接责任人员依法给予处分;情节严重构成犯罪的,依法追究刑事责任。

【参考案例】

△国有事业单位的内设部门,应当认定为刑法规定的单位。

企业管理培训处作为国有事业单位的内设部门,可以成为刑法意义上的单位。根据1997年修订刑法和《最高人民法院关于审理单位犯罪案件具体应用法律有关问题的解释》的规定,以单位名义实施犯罪,违法所得归单位所有的,是单位犯罪。最高人民法院公布的《全国法院审理金融犯罪案件工作座谈会纪要》进一步规定,以单位的分支机构或者内设机构、部门的名义实施犯罪,违法所得亦归分支机构或者内设机构、部门所有的,应认定为单位犯罪。涉案企业管理培训处作为厦门经理学院的内设机构,对外开展培训业务并收取、支付培训费用,可以成立刑法意义上的单位。[No. 8-396(1)-1　张经良等人私分国有资产案]

△国有单位内设机构在对外开展业务中,截留公款并按照一定比例将公款私分给全体人员或者绝大多数成员的,应以私分国有资产罪论处。

从犯罪概念和犯罪构成方面进行分析,私分国有资产罪与贪污罪之间存在着明显的区别。私分国有资产罪是指国家机关、国有公司、企业、事业单位、人民团体,违反国家规定,以单位名义将国有资产集体私分给个人,数额较大的行为。贪污罪是指国家工作人员利用职务上的便利,侵吞、窃取、骗取或者以其他手段,非法占有公共财物的行为。两罪的区别主要表现在:(1)犯罪客体不同。前者侵犯的是国有资产所有权,后者侵犯的是公共财物的所有权,既包含国有资产的所有权,也包含集体财产或社会公益性的专用资金的所有权。(2)客观行为不同。前者由于是集体私分,分配的范围一般是集体的全部或大部分人,故而犯罪行为在一定程度上和一定范围之内是公开的;同时,集体私分又是一种欺瞒上级国有资产管理、监督部门的行为,因此,该犯罪行为对上级管理部门又具有一定程度的隐蔽性;后者则是采用侵吞、窃取、骗取或者其他手段秘密进行的,不管是对于本单位人员还是上级管理部门,均具有较强的隐蔽性。(3)犯罪主体和主观故意不同。前者犯罪主体是国有单位,但追究对象是国有单位的主管人员或直接责任人员;因是集体私分,故而在分配程序上一般由单位集体研究或主要负责人决定,其中既有单位意志的因素,又有个人谋取利益的因素。后者系纯正自然人犯罪,犯罪主体是国家工作人员,包括国有单位中从事公务的人员,受国家机关、国有公司、企业、事业单位和人民团体委托经营、管理国有资产的人员;行为人主观上具有明确为个人谋取利益的意图,即便是共同贪污犯罪也仅仅是体现少数人的意图。

结合本案,被告人张经良等三人系国有事业单位——厦门经理学院企业管理培训处的工作人员。张经良代表企业管理培训处与厦门经理学院签订岗位工作目标责任书,取得了代表厦门经理学院对外开展、实施培训项目的权利和责任。企业管理培训处及张经良等三人以厦门经理学院名义与香港工商管理学院合作开办 MBA 学位对接班,是其职责所系,取得的代理招生佣金收入亦应归厦门经理学院所有。三被告人共同商议决定将该新增佣金收入隐瞒不报并悉数截留进入企业管理培训处的账户,而后再将该款项连同部门可支配的其他资金按一贯的分配比例进行分配,即通过企业管理培训处先截留新增佣金,而后予以私分的行为,符合私分国有资产罪的主客观构成要件,应以私分国有资产罪定罪。理由是:首先,从行为动机看,三被告人截留新增佣金收入一方面是为增加企业管理培训处可自由支配的资金,另一方面也是为自己获取私利找借口。三被告人主观上不单纯为了个人私利,而是部门全体成员共同商议实施的,体现了部门的整体意志和利益归属的团体性。其次,从客观行为看,三被告人将该新增佣金截留进入部门账户,相关的收入、分配情况均据实记录在部门账册,该行为在企业管理培训处内部是公开的,是有账可查的,这与贪污罪中采用秘密侵吞公款并想方设法将账户抹平,以掩盖非法占有国有资产的行为具有明显的区别。[No. 8-396(1)-2　张经良等人私分国有资产案]

△国家工作人员采用抬高收费标准、搭车收费、截留应缴奖金等手段设立小金库,并以年终福利名义进行私分的,以私分国有资产罪论处。

私分国有资产罪是指国家机关、国有公司、企业、事业单位、人民团体,违反国家规定,以单位名义将国有资产集体私分给个人,数额较大的行为。其在犯罪构成上有如下特征:(1)犯罪对象仅限于国有资产。(2)客观上表现为违反国家规定,以单位名义将国有资产集体私分给个人的行为。以单位名义,是指经单位领导、负责人或者集体研究,或者是单位全体成员共同商议后,由单位统一组织进行私分。集体私分给个人,是指参与私分的是单位所有人或者大部分人,或者是一个部门的所有人或大多数人。(3)只有国家机关、国有公司、企业、事业单位、人民团体才能成为本罪的主体,但只追究单位直接负责的主管人员和其他直接责任人的刑事责任,实行单罚制原则。在司法实践中,集体私分国有资产行为一般都以单位的名义进行,因此往往是打着合法的幌子,通过发奖金、补助、岗位津贴等各种形式公开进行。

如何正确区分通过发放奖金等福利补助方式私分国有资产犯罪行为与一般财经违纪行为的界限,在理论和实务上都容易产生分歧。鉴于我国国有单位尤其是国有企业在改革、改制过程中出现的一些财务管理不够规范和不够完善的现实状况,在对私分国有资产犯罪中的违反国家规定的具体理解和掌握上,一定要具体情况具体分析,实事求是、合情合理地予以认定。在具体判断上,要从资产的来源和私分的依据两个方面进行评价:(1)私分对象的来源。国有公司、企业在依法上缴利税后,国家行政事业单位利用非经营性资产转经营性资金获取的收入按规定上缴后,将其所获利润部分用于发放奖金、福利的,是正当合法的行为。如果发放奖金、福利超过标准和范围的,则应认定为违反财经纪律行为,不构成犯罪。如果在单位没有经营赢利甚至亏损的情况下,变卖国有财产进行私分或者将应当上缴国家的国有资产予以隐匿并留存分配的,则可以认定为私分国有资产。(2)私分的法律、政策依据,即单位对所分财产是否具有自主支配权也是一个重要的评价要素。如果单位把能够自主支配的钱款违规分配给了单位职工,其社会危害性相对较小,可以作为财经违规行为处理。相反,单位将无权自主支配、分配的钱款通过巧立名目、违规做账等手段从财务上套出,或者将应依法上缴财务入账的收入予以截留,以奖金、福利等形式分配给单位个人,则严重背离了国有资产的经营、管理、使用权限,应认定为私分国有资产行为。[No. 8-396(1)-3　李祖清等被控贪污案]

△行政事业单位违反行政法规,滥用职权而乱收费、乱摊派、乱罚款所得的款项,应当认定为国有资产;对此予以私分的,应以私分国有资产罪论处。①

国有资产的范围,一般认为,广义的国有资产

① 我国学者指出,司法机关、行政机关在对公民、法人进行没收、罚款时,虽然存在法律上的根据,但在程序上存在瑕疵或者严重违法,系争财物应为私分罚没财物罪的犯罪对象。司法机关、行政机关既不制作处罚决定书,也不开具收据或出具的是非法定部门制发的罚没单据,以单位名义,巧立名目乱收乱罚所得的"罚没财物",亦是如此。参见王作富主编:《刑法分则实务研究(下)》(第5版),中国方正出版社2013年版,第1721页。

此外,亦有学者指出,按照相关法律,罚没财物必须上缴国库,不允许司法机关、行政机关据为己有,因此,罚没财物实际上也是国有资产,私分罚没财物的行为实际上也是私分国有资产的行为。但既然刑法将私分罚没财物的行为单独规定出来,按照特殊法优于普通法的原则,对私分罚没财物的行为应当按照私分罚没财物罪处理。参见黎宏:《刑法学各论》(第2版),法律出版社2016年版,第522页;周光权:《刑法各论》(第4版),中国人民大学出版社2021年版,第551页。

分为经营性资产、行政事业性资产和资源性资产。狭义的国有资产就是指经营性的国有资产，即国家作为出资者在企业依法拥有的资本及其收益。《最高人民检察院关于人民检察院直接受理立案侦查案件立案标准的规定（试行）》附则部分将国有资产界定为："国家依法取得和认定的，或者国家以各种形式对企业投资和投资收益、国家向行政事业单位拨款等形成的资产。"可见，私分国有资产罪中的国有资产，是指广义的国有资产。根据上述规定，国有资产主要有三大类：一是国家依法取得和认定的国有资产；二是国家以各种形式对国有公司、企业投资形成的财产和投资收益；三是国家向行政事业单位拨款等形成的财产。其中第一类主要指：国家依法赋予各行政管理机关强制收取的各种税费；国家通过刑事处罚、行政处罚等取得的财产；国家通过强制征收取得的其他财产。

根据上述规定，行政事业单位违反行政法规，滥用职权而乱收费、乱摊派、乱罚款所得的款项，应认定为国有资产，构成私分国有资产罪的犯罪对象。其理由是：（1）从所有权的取得方式看。国家从社会的公共利益出发，凭借其依法享有的公共权力，采用征税、国有化，没收、征收等强制手段取得的财产所有权，这是国家财产取得的主要来源。"三乱"收入从表现形式上符合国有资产取得的法定形式，其法律效力在有关部门查处之前是毋庸置疑的。因此，行政机关各种违法收取的费用符合国有资产取得的规定，属于国有资产。(2)根据我国法律规定，一切违法所得都应没收上缴国库，收款单位根本没有支配、处分权。同时，这些款项都是收款单位以国家名义强制收取的，被收款方也认为是国有单位收取的，如要举报控告也是控告国有单位，最终由国家负责清退和赔偿。同时，根据《刑法》第九十一条第二款规定的精神，对于国家实际上占有、使用、处分的资产，应视为国有资产。（3）财产犯罪的对象范围不以合法所有或者持有的财物为限。刑法上的财产，更多强调的是财产的经济价值性，而非合法性。即便是不受民法保护或者为相关行政法规所明文禁止的财物，如赌资、赃物、违禁品等，只要具有一定的经济价值，并且与刑法的基本保护精神不相违背，则同样可以成为财产犯罪的对象，并应当受到刑法的保护。［No. 8-396(1)-4　李祖清等被控贪污案］

△区分私分国有资产行为与超标准、越范围发放奖金、福利等一般财经违纪行为的标准是：依照《刑法》关于私分国有资产罪的规定，结合是否违反国家规定和数额是否较大两个方面的要件来加以把握。

私分国有资产犯罪行为首先是一种违反财经纪律的行为，但并不意味着此类财经违纪行为都应该被作为犯罪处理。在司法实践中，集体私分国有资产行为一般都以单位名义进行，因此往往是打着合法的幌子，通过发奖金、发补助、岗位津贴、分红或者发放福利商品等各种形式公开进行。如何正确区分私分国有资产行为特别是方式方法上表现为发放奖金、津贴、福利补贴等变相私分行为与一般财经违纪行为的界限，在理论和实务上都容易产生分歧。对此，正确区分两者的界限，应当依照《刑法》第三百九十六条第一款关于私分国有资产罪的规定，结合是否违反国家规定和数额是否较大两个方面的构成要件理解和把握。在本案中，涉案金额达 20 万余元，参照相关规定，认定数额较大不成问题，但能否认为张金康、夏琴二被告人虚构用途套取专项经费后以福利、奖金等名义分配单位资产的行为违反了国家相关规定，进而认定为私分国有资产行为呢？答案是肯定的。

私分国有资产行为首先是一种违反国家规定的行为。根据《刑法》第九十六条的规定，违反国家规定，是指违反全国人民代表大会及其常务委员会制定的法律和决定，国务院制定的行政法规、规定的行政措施、发布的决定和命令。据此，国家机关、国有公司、企业、事业单位、人民团体依照相关国家规定发放奖金、津贴、福利等行为，如国家机关、事业单位、社会团体等依照《预算法》和有关预算外资金管理法规规定用预算外资金发放奖金、津贴、补贴以及国有公司依照《公司法》相关规定将所提取的法定公益金用于本公司职工集体福利等，因属合法行为，当然不能认为是变相私分国有资产。具体判断方面，可参照单位经营利润情况，单位对所分资产是否具有自主支配、分配权等情况综合分析。对于在单位财力状况允许的范围内以及将单位具有一定自主支配权的钱款违反规定分配给单位成员，未造成严重社会危害后果的行为，一般不宜认定为私分行为。相反，下列情形一般可以认定为私分国有资产行为：(1)在单位没有经营效益甚至经营亏损的情况下，变卖分配国有财产等严重违背国有财产的经营管理职责，妨害国有公司、企业的正常生产、经营活动的；(2)单位将无权自主支配、分配的钱款通过巧立名目、违规做账等手段从财务账上支出，或者将应依法上缴财务入账的正常或者非正常收入予以截留，变造各种栏目进行私分发放等，严重破坏国家财政收支政策的贯彻落实的。

本案张金康、夏琴二被告人违反了国家财政经费必须专项使用的规定，虚构用途套取专项经费后以福利、奖金等名义予以集体私分的行为,即属上述第二种情形。根据国家有关保险及医疗保险的相关规定,对于财政专户内的资金应严格规定开支范围和开支标准,确保专款专用;确需调整经费用途的,应在不突破预算总额的前提下,报相关部门审核批准。张金康、夏琴二被告人所套用的邮电通讯费、资料速递费和业务招待费不仅系国家财政专项经费,而且二被告人明知如需调整用途必须上报审核,医保管理中心对此钱款不具有自主支配、分配权。二被告人故意使用虚假发票违规做账,并假借福利、奖励等名义将专项使用资金在公司内部成员之间进行集体私分,数额较大,其主观恶性和危害后果均已达到应受刑罚处罚的程度,故将之认定为变相私分国有资产的犯罪行为是正确的。[No. 8-396(1)-5 张金康等私分国有资产案]

△私分国有资产罪仅能由国家机关、国有公司、企业、事业单位、人民团体等单位构成,自然人可以构成私分国有资产罪的共犯,但应当从轻或减轻处罚。

从定罪角度分析,非适格主体可以成为由适格主体实施犯罪的共犯。刑法所规定的特定犯罪必须具备特定的主体要素,其仅是针对单独犯而言的。对于教唆犯、帮助犯则不需要具备特定的主体要素。根据共同犯罪成立理论中的行为共同说(事实共同说),共同犯罪应当是指数人共同实施了构成要件的行为,而不是共同实施特定的犯罪。质言之,不要求行为人共同实施特定的犯罪,只要行为具有共同性就可以成立共同犯罪。至于共犯人的责任问题,则需要个别认定。因而,对于非适格主体参与实施私分国有资产行为,只要非适格主体与适格单位共同实施了私分国有资产的行为,就可以成立共同犯罪。由于私分国有资产罪仅能由国家机关、国有公司、企业、事业单位、人民团体等单位主体构成,监测站系适格单位主体,应当认定监测站为实行犯,且系主犯,并据此判处被告人徐国桢的刑罚;自然人陈晓晖系非适格自然人主体,其为监测站顺利私分国有资产提供了重要帮助,起到了次要作用,故与监测站构成私分国有资产罪的共同犯罪,但系从犯,应当从轻或者减轻处罚。[No. 8-396(1)-6 徐国桢等私分国有资产案]

第九章　渎职罪

第三百九十七条　【滥用职权罪】【玩忽职守罪】

国家机关工作人员滥用职权或者玩忽职守，致使公共财产、国家和人民利益遭受重大损失的，处三年以下有期徒刑或者拘役；情节特别严重的，处三年以上七年以下有期徒刑。本法另有规定的，依照规定。

国家机关工作人员徇私舞弊，犯前款罪的，处五年以下有期徒刑或者拘役；情节特别严重的，处五年以上十年以下有期徒刑。本法另有规定的，依照规定。

【单行刑法】

《全国人民代表大会常务委员会关于惩治骗购外汇、逃汇和非法买卖外汇犯罪的决定》(1998年12月29日通过)

△(**骗购外汇、逃汇**)海关、外汇管理部门的工作人员严重不负责任,造成大量外汇被骗购或者逃汇,致使国家利益遭受重大损失的,依照刑法第三百九十七条的规定定罪处罚。

【立法解释】

《全国人民代表大会常务委员会关于〈中华人民共和国刑法〉第九章渎职罪主体适用问题的解释》(2002年12月28日通过)

△(**渎职罪主体**)在依照法律、法规规定行使国家行政管理职权的组织中从事公务的人员,或者在受国家机关委托代表国家机关行使职权的组织中从事公务的人员,或者虽未列入国家机关人员编制但在国家机关中从事公务的人员,在代表国家机关行使职权时,有渎职行为,构成犯罪的,依照刑法关于渎职罪的规定追究刑事责任。①

【立法理由】

1. 1979年立法的情况。1979年《刑法》第一百八十七条规定:"国家工作人员由于玩忽职守,致使公共财产、国家和人民利益遭受重大损失的,处五年以下有期徒刑或者拘役。"根据最高人民法院1987年制定的有关司法解释,国家工作人员滥用职权,致使公共财产、国家和人民利益遭受重大损失的,也适用该条的规定追究刑事责任。

2. 1997年修订刑法的情况。我国是人民民主专政的社会主义国家,宪法规定,一切权力属于人民。因此,国家机关的宗旨是为人民服务。国家机关工作人员依法负有管理国家和社会公共事务的职权,法律赋予国家机关工作人员的职权,是为了其能够更好地为人民服务。国家机关工作人员在行使职权过程中,应当严格遵守法律规定,恪尽职守,为人民执好政,掌好权。实践中,国家机关工作人员在行使职权过程中违反法律和职责要求的行为主要表现为两种形式:一是不能正确认识权力来源于人民,权当为民所用的道理,不能正确处理管理与服务的关系,将手中的职权当作可以随意使用、耀武扬威的工具,滥用职权损害国家和人民群众利益的行为;二是对国家和人民利益漠不关心,工作极端不负责任,玩忽职守,损害国家和人民群众利益的行为。

1979年刑法规定了玩忽职守罪,主体是国家工作人员。随着改革开放的不断深入和国家管理体制的变化,国有企事业单位和国家机关的职能在法律及制度上已明显区分,体现在刑法上,有必要将国有企事业单位工作人员的玩忽职守、滥用职权的犯罪行为与国家机关工作人员的玩忽职守、滥用职权的犯罪行为进行区分。1997年修订刑法时,**将渎职罪的犯罪主体限制在国家机关工作人员**,对国有公司、企事业单位工作人员的玩忽职守、滥用职权的犯罪行为,分别在其他有关章节中作了规定,使得法律责任及其处罚的分类更加科学合理,便于执行。同时,在渎职罪一章将一些发案较多、危害较大、行为特征比较鲜明、典型的

① 行为人是否属于国家机关工作人员,并非取决于固定身份,而是所从事活动的内容及其根据。参见张明楷:《刑法学》(第6版),法律出版社2021年版,第1629页。

玩忽职守的行为从玩忽职守罪的概括性规定中分离出来,作为特别规定,单独规定了罪状和处刑,保留本条作为滥用职权、玩忽职守罪的一般规定。对于本条,主要作了四个方面的修改:一是将犯罪主体由“国家工作人员”调整为“国家机关工作人员”;二是增加了滥用职权罪的规定;三是提高了法定刑,增加了量刑档次;四是对徇私舞弊犯罪的单独规定了较重的刑罚。

【条文说明】

本条是关于滥用职权罪、玩忽职守罪及其处罚的规定。

本条共分为两款。

第一款是关于滥用职权罪和玩忽职守罪及其处罚的规定。

本条规定的“**滥用职权罪**”,是指国家机关工作人员超越职权,违法决定、处理其无权决定、处理的事项,或者违反规定处理公务,致使公共财产、国家和人民利益遭受重大损失的犯罪。“**玩忽职守罪**”,是指国家机关工作人员严重不负责任,不履行或者不认真履行其职责,致使公共财产、国家和人民利益遭受重大损失的犯罪。滥用职权行为和玩忽职守行为是渎职犯罪中最典型的两种行为,两种行为的构成要件,除客观方面不一样以外,其他均相同,在实践中正确认定和区分这两种犯罪具有重要意义。

滥用职权罪和玩忽职守罪具有以下共同特征:

1. 滥用职权罪和玩忽职守罪侵犯的客体均是**国家机关的正常管理活动**。虽然滥用职权和玩忽职守行为往往还同时侵犯了公民权利或者社会秩序,但两罪所侵犯的主要客体还是国家机关的正常管理活动。因为滥用职权罪和玩忽职守罪从其引起的后果看可能侵犯了公民的人身权利,引起人身伤亡,或者致使公共财产、国家和人民财产遭受重大损失,但这些都属于这两种罪的社会危害性的客观表现,其本质仍然属于侵犯了国家机关的正常管理活动。

2. 两罪的犯罪主体均为**国家机关工作人员**。这里所称“国家机关工作人员”,是指在国家机关中从事公务的人员。“国家机关”,是指国家权力机关、行政机关、监察机关、司法机关、军事机关。2002年12月28日第九届全国人大常委会第三十一次会议通过了《全国人民代表大会常务委员会关于〈中华人民共和国刑法〉第九章渎职罪主体适用问题的解释》,根据该解释的规定,下列人员在代表国家机关行使职权时,有渎职行为构成犯罪的,也依照刑法关于渎职罪的规定追究刑事责任:(1)在依照法律、法规规定行使国家行政管理职权的组织中从事公务的人员;(2)在受国家机关委托代表国家机关行使职权的组织中从事公务的人员;(3)虽未列入国家机关人员编制但在国家机关中从事公务的人员。

3. **滥用职权和玩忽职守的行为只有“致使公共财产、国家和人民利益遭受重大损失”的,才能构成犯罪**。是否造成“重大损失”是区分罪与非罪的重要标准,未造成重大损失的,属于一般工作过失的渎职行为,可以由有关部门给予批评教育或者处分。

滥用职权罪与玩忽职守罪在客观方面有明显的不同:滥用职权罪客观方面表现为违反或者超越法律规定的权限和程序而使用手中的职权,致使公共财产、国家和人民利益遭受重大损失的行为。滥用职权的行为,必须是行为人手中有“权”,并且滥用权力与危害结果有直接的因果关系,如果行为人手中并无此权力,或者虽然有权但行使权力与危害结果之间没有直接的因果关系,则不能构成本罪,而应当按照其他规定处理。玩忽职守罪客观方面表现为不履行、不正确履行或者放弃履行职责,致使公共财产、国家和人民利益遭受重大损失的行为。玩忽职守的行为,必须是违反国家的工作纪律和规章制度的行为,通常表现是工作马虎草率,极端不负责任;或是放弃职守,对自己应当负责的工作撒手不管,等等。①

根据本款规定,国家机关工作人员犯滥用职权罪和玩忽职守罪的,处三年以下有期徒刑或者拘役;情节特别严重的,处三年以上七年以下有期徒刑。根据《最高人民法院、最高人民检察院关于办理渎职刑事案件适用法律若干问题的解释(一)》第一条的规定,国家机关工作人员滥用职权或者玩忽职守,具有下列情形之一的,应当认定为本条规定的“**致使公共财产、国家和人民利益遭受重大损失**”:(1)造成死亡一人以上,或者重伤三人以上,或者轻伤九人以上,或者重伤二人、轻伤三人以上,或者重伤一人、轻伤六人以上的;(2)造成经济损失三十万元以上的;(3)造成恶劣社会影响的;(4)其他致使公共财产、国家和人民

① 我国学者指出,玩忽职守罪是过失犯罪,滥用职权罪是与之对应的故意犯罪。故意与过失是位阶关系,而不是对立关系。换言之,可以将故意评价为过失,但不能将过失评价为故意。参见张明楷:《刑法学》(第6版),法律出版社2021年版,第1644页。

利益遭受重大损失的情形。具有下列情形之一的,应当认定为本条规定的“**情节特别严重**”:(1)造成伤亡达到前款第(1)项规定人数三倍以上的;(2)造成经济损失一百五十万元以上的;(3)造成前款规定的损失后果,不报、迟报、谎报或者授意、指使、强令他人不报、迟报、谎报事故情况,致使损失后果持续、扩大或者抢救工作延误的;(4)造成特别恶劣社会影响的;(5)其他特别严重的情节。

本款还规定,“**本法另有规定的,依照规定**”,这是指除本条的一般规定外,刑法规定的其他犯罪中也有滥用职权和玩忽职守的情况,对于本法另有特别规定的,适用特别规定,而不按本条定罪处罚。① 例如,本法第四百零三条关于国家有关主管部门的国家机关工作人员,对不符合法律规定条件的公司设立、登记申请或者股票、债券发行、上市申请,予以批准或者登记的滥用职权的规定;第四百条第二款关于司法工作人员由于玩忽职守的行为,致使在押的犯罪嫌疑人、被告人或者罪犯脱逃的规定,等等。

第二款是关于**国家机关工作人员徇私舞弊,犯第一款罪如何处罚**的规定。国家机关工作人员担负着管理国家事务的职责,必须秉公执法,任何徇私舞弊的行为都应当予以惩处。这里的“**徇私舞弊**”,是指为个人私利或者亲友私情的行为。由于这种行为是从个人利益出发,置国家利益于不顾,所以主观恶性要比第一款的规定严重,本款规定了较重的处罚,即对行为人处五年以下有期徒刑或者拘役;情节特别严重的,处五年以上十年以下有期徒刑。另外,本款同时也规定了“本法另有规定的,依照规定”,对此理解也应与第一款的理解相同。

另外,1998 年,针对当时骗购外汇,非法截留、转移和买卖外汇活动十分猖獗的情况,为了有力打击骗汇、逃汇、非法买卖外汇的违法犯罪行为,保持人民币汇率的稳定,有效防范金融风险,**《全国人民代表大会常务委员会关于惩治骗购外汇、逃汇和非法买卖外汇犯罪的决定》**对刑法加以补充并作出立法解释性的规定。该决定第六条规定,海关、外汇管理部门的工作人员严重不负责任,造成大量外汇被骗购或者逃汇,致使国家利益遭受重大损失的,依照本条的规定定罪处罚。

实践中执行本条规定应当注意以下两个方面的问题:

1. 在主客观两方面准确把握构成犯罪的条件。在主观方面,滥用职权罪的行为人在主观上明知自己违反或者超越了法定权限,玩忽职守罪的行为人在主观上存在疏忽大意或者过于自信的过失。如果主观上没有过错,只是由于业务水平低下,工作能力不高造成失误的,不构成本条规定的犯罪。在客观方面,构成滥用职权罪和玩忽职守罪都要求致使公共财产、国家和人民利益遭受重大损失。如果没有造成重大损失,即使行为人主观上有过错,也不构成本条规定的犯罪。

2. 准确把握本条规定与其他渎职罪规定的关系。本条是《刑法》分则第九章“渎职罪”中关于国家机关工作人员滥用职权、玩忽职守罪的一般性规定。本章其他关于特定国家机关工作人员滥用职权、玩忽职守的专门规定,与本条是**一般规定与特别规定的关系**。其他条款已经作了专门规定的,应当适用该特别规定;对国家机关工作人员滥用职权、玩忽职守的行为,刑法没有专门规定为特别犯罪的,应当依照本条的规定追究。

【司法解释】

《最高人民检察院关于人民检察院直接受理立案侦查案件立案标准的规定(试行)》(高检发释字〔1999〕2 号,自 1999 年 9 月 16 日起施行)

△(**滥用职权罪;立案标准**)滥用职权罪是指国家机关工作人员超越职权,违法决定、处理其无权决定、处理的事项,或者违反规定处理公务,致使公共财产、国家和人民利益遭受重大损失的行为。

涉嫌下列情形之一的,应予立案:

1. 造成死亡 1 人以上,或者重伤 2 人以上,或者轻伤 5 人以上的;
2. 造成直接经济损失 20 万元以上的;
3. 造成有关公司、企业等单位停产、严重亏损、破产的;
4. 严重损害国家声誉,或者造成恶劣社会影响的;
5. 其他致使公共财产、国家和人民利益遭受重大损失的情形;
6. 徇私舞弊,具有上述情形之一的。

① 另外,如果行为按照特别法条不能构成犯罪,是否因此排斥普通法条的适用,学说上尚未存在定见。对此,否定论者认为,当一个行为不符合特别法条规定的构成要件要素时,一方面不能继续用特别法条的用语归纳案件事实,另一方面要判断该行为是否符合普通法条规定的构成要件。故而,《刑法》第三百九十七条中的“另有规定”并不是关于不构成犯罪的规定,而是另有的关于罪状与法定刑的规定;“依照规定”则不包含“依照规定不定罪处理”的意思。参见张明楷:《刑法学》(第 6 版),法律出版社 2021 年版,第 1364 页。

△(**玩忽职守罪;立案标准**)玩忽职守罪是指国家机关工作人员严重不负责任,不履行或者不认真履行职责,致使公共财产、国家和人民利益遭受重大损失的行为。

涉嫌下列情形之一的,应予立案:

1. 造成死亡 1 人以上,或者重伤 3 人以上,或者轻伤 10 人以上的;

2. 造成直接经济损失 30 万元以上的,或者直接经济损失不满 30 万元,但间接经济损失超过 100 万元的;

3. 徇私舞弊,造成直接经济损失 20 万元以上的;

4. 造成有关公司、企业等单位停产、严重亏损、破产的;

5. 严重损害国家声誉,或者造成恶劣社会影响的;

6. 海关、外汇管理部门的工作人员严重不负责任,造成巨额外汇被骗或者逃汇的;

7. 其他致使公共财产、国家和人民利益遭受重大损失的情形;

8. 徇私舞弊,具有上述情形之一的。

《最高人民检察院关于企业事业单位的公安机构在机构改革过程中其工作人员能否构成渎职侵权犯罪主体问题的批复》(高检发释字〔2002〕3 号,自 2002 年 5 月 16 日起施行)

△(**企业事业单位的公安机构;尚未列入公安机关建制**)企业事业单位的公安机构在机构改革过程中虽尚未列入公安机关建制,其工作人员在行使侦查职责时,实施渎职侵权行为的,可以成为渎职侵权犯罪的主体。

《最高人民法院、最高人民检察院关于办理妨害预防、控制突发传染病疫情等灾害的刑事案件具体应用法律若干问题的解释》(法释〔2003〕8 号,自 2003 年 5 月 15 日起施行)

△(**预防、控制突发传染病疫情等灾害;滥用职权罪;玩忽职守罪**)在预防、控制突发传染病疫情等灾害的工作中,负有组织、协调、指挥、灾害调查、控制、医疗救治、信息传递、交通运输、物资保障等职责的国家机关工作人员,滥用职权或者玩忽职守,致使公共财产、国家和人民利益遭受重大损失的,依照刑法第三百九十七条的规定,以滥用职权罪或者玩忽职守罪定罪处罚。(§ 15)

△(**自首、立功等悔罪表现**)人民法院、人民检察院办理有关妨害预防、控制突发传染病疫情等灾害的刑事案件,对于有自首、立功等悔罪表现的,依法从轻、减轻、免除处罚或者依法作出不起诉决定。(§ 17)

《最高人民法院、最高人民检察院关于办理非法制造、买卖、运输、储存毒鼠强等禁用剧毒化学品刑事案件具体应用法律若干问题的解释》(法释〔2003〕14 号,自 2003 年 10 月 1 日起施行)

△(**毒鼠强等禁用剧毒化学品;查处职责;滥用职权罪;玩忽职守罪**)对非法制造、买卖、运输、储存毒鼠强等禁用剧毒化学品行为负有查处职责的国家机关工作人员,滥用职权或者玩忽职守,致使公共财产、国家和人民利益遭受重大损失的,依照刑法第三百九十七条的规定,以滥用职权罪或者玩忽职守罪追究刑事责任。(§ 4)

《最高人民检察院关于渎职侵权犯罪案件立案标准的规定》(高检发释字〔2006〕2 号,自 2006 年 7 月 26 日起施行)

△(**滥用职权罪;立案标准**)滥用职权罪是指国家机关工作人员超越职权,违法决定、处理其无权决定、处理的事项,或者违反规定处理公务,致使公共财产、国家和人民利益遭受重大损失的行为。

涉嫌下列情形之一的,应予立案:

1. 造成死亡 1 人以上,或者重伤 2 人以上,或者重伤 1 人、轻伤 3 人以上,或者轻伤 5 人以上的;

2. 导致 10 人以上严重中毒的;

3. 造成个人财产直接经济损失 10 万元以上,或者直接经济损失不满 10 万元,但间接经济损失 50 万元以上的;

4. 造成公共财产或者法人、其他组织财产直接经济损失 20 万元以上,或者直接经济损失不满 20 万元,但间接经济损失 100 万元以上的;

5. 虽未达到 3、4 两项数额标准,但 3、4 两项合计直接经济损失 20 万元以上,或者合计直接经济损失不满 20 万元,但合计间接经济损失 100 万元以上的;

6. 造成公司、企业等单位停业、停产 6 个月以上,或者破产的;

7. 弄虚作假,不报、缓报、谎报或者授意、指使、强令他人不报、缓报、谎报情况,导致重特大事故危害结果继续、扩大,或者致使抢救、调查、处理工作延误的;

8. 严重损害国家声誉,或者造成恶劣社会影响的;

9. 其他致使公共财产、国家和人民利益遭受重大损失的情形。

国家机关工作人员滥用职权,符合刑法第九章所规定的特殊渎职罪构成要件的,按照该特殊规定追究刑事责任;主体不符合刑法第九章所规定的特殊渎职罪的主体要件,但滥用职权涉嫌前款第1项至第9项规定情形之一的,按照刑法第397条的规定以滥用职权罪追究刑事责任。

△(**玩忽职守罪;立案标准**)玩忽职守罪是指国家机关工作人员严重不负责任,不履行或者不认真履行职责,致使公共财产、国家和人民利益遭受重大损失的行为。

涉嫌下列情形之一的,应予立案:

1. 造成死亡1人以上,或者重伤3人以上,或者重伤2人、轻伤4人以上,或者重伤1人、轻伤7人以上,或者轻伤10人以上的;

2. 导致20人以上严重中毒的;

3. 造成个人财产直接经济损失15万元以上,或者直接经济损失不满15万元,但间接经济损失75万元以上的;

4. 造成公共财产或者法人、其他组织财产直接经济损失30万元以上,或者直接经济损失不满30万元,但间接经济损失150万元以上的;

5. 虽未达到3、4两项数额标准,但3、4两项合计直接经济损失30万元以上,或者合计直接经济损失不满30万元,但合计间接经济损失150万元以上的;

6. 造成公司、企业等单位停业、停产1年以上,或者破产的;

7. 海关、外汇管理部门的工作人员严重不负责任,造成100万美元以上外汇被骗购或者逃汇1000万美元以上的;

8. 严重损害国家声誉,或者造成恶劣社会影响的;

9. 其他致使公共财产、国家和人民利益遭受重大损失的情形。

国家机关工作人员玩忽职守,符合刑法第九章所规定的特殊渎职罪构成要件的,按照该特殊规定追究刑事责任;主体不符合刑法第九章所规定的特殊渎职罪的主体要件,但玩忽职守涉嫌前款第1项至第9项规定情形之一的,按照刑法第397条的规定以玩忽职守罪追究刑事责任。

《最高人民法院、最高人民检察院关于办理盗窃油气、破坏油气设备等刑事案件具体应用法律若干问题的解释》(法释〔2007〕3号,自2007年1月19日起施行)

△(**盗窃油气、破坏油气设备;滥用职权罪;玩忽职守罪**)国家机关工作人员滥用职权或者玩忽职守,实施下列行为之一,致使公共财产、国家和人民利益遭受重大损失的,依照刑法第三百九十七条的规定,以滥用职权罪或者玩忽职守罪定罪处罚:

(一)超越职权范围,批准发放石油、天然气勘查、开采、加工、经营等许可证的;

(二)违反国家规定,给不符合法定条件的单位、个人发放石油、天然气勘查、开采、加工、经营等许可证的;

(三)违反《石油天然气管道保护条例》等国家规定,在油气设备安全保护范围内批准建设项目的;

(四)对发现或者经举报查实的未经依法批准、许可擅自从事石油、天然气勘查、开采、加工、经营等违法活动不予查封、取缔的。(§ 7)

《最高人民法院、最高人民检察院关于办理与盗窃、抢劫、诈骗、抢夺机动车相关刑事案件具体应用法律若干问题的解释》(法释〔2007〕11号,自2007年5月11日起施行)

△(**盗窃、抢劫、诈骗、抢夺的机动车;办理登记手续;情节特别严重;滥用职权罪;玩忽职守罪**)国家机关工作人员滥用职权,有下列情形之一,致使盗窃、抢劫、诈骗、抢夺的机动车被办理登记手续,数量达到三辆以上或者价值总额达到三十万元以上的,依照刑法第三百九十七条第一款的规定,以滥用职权罪定罪,处三年以下有期徒刑或者拘役:

(一)明知是登记手续不全或者不符合规定的机动车而办理登记手续的;

(二)指使他人为明知是登记手续不全或者不符合规定的机动车办理登记手续的;

(三)违规或者指使他人违规更改、调换车辆档案的;

(四)其他滥用职权的行为。

国家机关工作人员疏于审查或者审查不严,致使盗窃、抢劫、诈骗、抢夺的机动车被办理登记手续,数量达到五辆以上或者价值总额达到五十万元以上的,依照刑法第三百九十七条第一款的规定,以玩忽职守罪定罪,处三年以下有期徒刑或者拘役。

国家机关工作人员实施前两款规定的行为,致使盗窃、抢劫、诈骗、抢夺的机动车被办理登记手续,分别达到前两款规定数量、数额标准五倍以上的,或者明知是盗窃、抢劫、诈骗、抢夺的机动车而办理登记手续的,属于刑法第三百九十七条第一款规定的"情节特别严重",处三年以上七年以下有期徒刑。

国家机关工作人员徇私舞弊,实施上述行为,构成犯罪的,依照刑法第三百九十七条第二款的规定定罪处罚。(§ 3)

△(**事前通谋;盗窃罪、抢劫罪、诈骗罪、抢夺**

罪的共犯)实施本解释第一条、第二条、第三条第一款或者第三款规定的行为,事前与盗窃、抢劫、诈骗、抢夺机动车的犯罪分子通谋的,以盗窃罪、抢劫罪、诈骗罪、抢夺罪的共犯论处。(§ 4)

△(**明知**)行为人实施本解释第一条、第三条第三款规定的行为,涉及的机动车有下列情形之一的,应当认定行为人主观上属于上述条款所称"明知":

(一)没有合法有效的来历凭证;

(二)发动机号、车辆识别代号有明显更改痕迹,没有合法证明的。(§ 6)

《最高人民检察院关于对林业主管部门工作人员在发放林木采伐许可证之外滥用职权玩忽职守致使森林遭受严重破坏的行为适用法律问题的批复》(高检发释字〔2007〕1号,自2007年5月16日起施行)

△(**林业主管部门工作人员;致使森林遭受严重破坏**)林业主管部门工作人员违法发放林木采伐许可证,致使森林遭受严重破坏的,依照刑法第四百零七条的规定,以违法发放林木采伐许可证罪追究刑事责任;以其他方式滥用职权或者玩忽职守,致使森林遭受严重破坏的,依照刑法第三百九十七条的规定,以滥用职权罪或者玩忽职守罪追究刑事责任,立案标准依照《最高人民检察院关于渎职侵权犯罪案件立案标准的规定》第一部分渎职犯罪案件第十八条第三款的规定执行。

《最高人民法院、最高人民检察院关于办理渎职刑事案件适用法律若干问题的解释(一)》(法释〔2012〕18号,自2013年1月9日起施行)

△(**致使公共财产、国家和人民利益遭受重大损失**)国家机关工作人员滥用职权或者玩忽职守,具有下列情形之一的,应当认定为刑法第三百九十七条规定的"致使公共财产、国家和人民利益遭受重大损失":

(一)造成死亡1人以上,或者重伤3人以上,或者轻伤9人以上,或者重伤2人、轻伤3人以上,或者重伤1人、轻伤6人以上的;

(二)造成经济损失30万元以上的;

(三)造成恶劣社会影响的;

(四)其他致使公共财产、国家和人民利益遭受重大损失的情形。

具有下列情形之一的,应当认定为刑法第三百九十七条规定的"情节特别严重":

(一)造成伤亡达到前款第(一)项规定人数3倍以上的;

(二)造成经济损失150万元以上的;

(三)造成前款规定的损失后果,不报、迟报、谎报或者授意、指使、强令他人不报、迟报、谎报事故情况,致使损失后果持续、扩大或者抢救工作延误的;

(四)造成特别恶劣社会影响的;

(五)其他特别严重的情节。(§ 1)

△(**竞合**)国家机关工作人员实施滥用职权或者玩忽职守犯罪行为,触犯刑法分则第九章第三百九十八条至第四百一十九条规定的,依照该规定定罪处罚。

国家机关工作人员滥用职权或者玩忽职守,因不具备徇私舞弊等情形,不符合刑法分则第九章第三百九十八条至第四百一十九条的规定,但依法构成第三百九十七条规定的犯罪的,以滥用职权罪或者玩忽职守罪定罪处罚。(§ 2)

△(**受贿罪;数罪并罚**)国家机关工作人员实施渎职犯罪并收受贿赂,同时构成受贿罪的,除刑法另有规定外,以渎职犯罪和受贿罪数罪并罚。(§ 3)

△(**与他人共谋;想象竞合犯;数罪并罚**)国家机关工作人员与他人共谋,利用其职务行为帮助他人实施其他犯罪行为,同时构成渎职犯罪和共谋实施的其他犯罪共犯的,依照处罚较重的规定定罪处罚。

国家机关工作人员与他人共谋,既利用其职务行为帮助他人实施其他犯罪,又以非职务行为与他人共同实施该其他犯罪行为,同时构成渎职犯罪和其他犯罪的共犯的,依照数罪并罚的规定定罪处罚。(§ 4Ⅱ、Ⅲ)

△(**指使、授意、强令其他国家机关工作人员;以"集体研究"形式实施渎职犯罪**)国家机关负责人员违法决定,或者指使、授意、强令其他国家机关工作人员违法履行职务或者不履行职务,构成刑法分则第九章规定的渎职犯罪的,应当依法追究刑事责任。

以"集体研究"形式实施的渎职犯罪,应当依照刑法分则第九章的规定追究国家机关负有责任的人员的刑事责任。对于具体执行人员,应当在综合认定其行为性质、是否提出反对意见、危害结果大小等情节的基础上决定是否追究刑事责任和应当判处的刑罚。(§ 5)

△(**追诉期限之计算;危害结果**)以危害结果为条件的渎职犯罪的追诉期限,从危害结果发生

之日起计算[①];有数个危害结果的,从最后一个危害结果发生之日起计算。(§ 6)

△(**依法或者受委托行使国家行政管理职权的公司、企业、事业单位**)依法或者受委托行使国家行政管理职权的公司、企业、事业单位的工作人员,在行使行政管理职权时滥用职权或者玩忽职守,构成犯罪的,应当依照《全国人民代表大会常务委员会关于〈中华人民共和国刑法〉第九章渎职罪主体适用问题的解释》的规定,适用渎职罪的规定追究刑事责任。(§ 7)

△(**经济损失";无法实现的债权部分;酌定从轻处罚情节**)本解释规定的"经济损失",是指渎职犯罪或者与渎职犯罪相关联的犯罪立案时已经实际造成的财产损失,包括为挽回渎职犯罪所造成损失而支付的各种开支、费用等。立案后至提起公诉前持续发生的经济损失,应一并计入渎职犯罪造成的经济损失。

债务人经法定程序被宣告破产,债务人潜逃、去向不明,或者因行为人的责任超过诉讼时效等,致使债权已经无法实现的,无法实现的债权部分应当认定为渎职犯罪的经济损失。

渎职犯罪或者与渎职犯罪相关联的犯罪立案后,犯罪分子及其亲友自行挽回的经济损失,司法机关或者犯罪分子所在单位及其上级主管部门挽回的经济损失,或者因客观原因减少的经济损失,不予扣减,但可以作为酌定从轻处罚的情节。(§ 8)

《最高人民法院、最高人民检察院关于办理危害生产安全刑事案件适用法律若干问题的解释》(法释〔2015〕22 号,自 2015 年 12 月 16 日起施行)

△(**安全监督管理职责;依法或者受委托行使安全监督管理职责的公司、企业、事业单位**)国家机关工作人员在履行安全监督管理职责时滥用职权、玩忽职守,致使公共财产、国家和人民利益遭受重大损失的,或者徇私舞弊,对发现的刑事案件依法应当移交司法机关追究刑事责任而不移交,情节严重的,分别依照刑法第三百九十七条、第四百零二条的规定,以滥用职权罪、玩忽职守罪或者徇私舞弊不移交刑事案件罪定罪处罚。

公司、企业、事业单位的工作人员在依法或者受委托行使安全监督管理职责时滥用职权或者玩忽职守,构成犯罪的,应当依照《全国人民代表大会常务委员会关于〈中华人民共和国刑法〉第九章渎职罪主体适用问题的解释》的规定,适用渎职罪的规定追究刑事责任。(§ 15)

△(**缓刑;从业禁止**)对于实施危害生产安全犯罪适用缓刑的犯罪分子,可以根据犯罪情况,禁止其在缓刑考验期限内从事与安全生产相关联的特定活动;对于被判处刑罚的犯罪分子,可以根据犯罪情况和预防再犯罪的需要,禁止其自刑罚执行完毕之日或者假释之日起三年至五年内从事与安全生产相关的职业。(§ 16)

《最高人民法院、最高人民检察院关于办理扰乱无线电通讯管理秩序等刑事案件适用法律若干问题的解释》(法释〔2017〕11 号,自 2017 年 7 月 1 日起施行)

△(**无线电监督管理职责;滥用职权罪;玩忽职守罪**)负有无线电监督管理职责的国家机关工作人员滥用职权或者玩忽职守,致使公共财产、国家和人民利益遭受重大损失的,应当依照刑法第三百九十七条的规定,以滥用职权罪或者玩忽职守罪追究刑事责任。(§ 7 Ⅰ)

《最高人民法院关于技术调查官参与知识产权案件诉讼活动的若干规定》(法释〔2019〕2 号,自 2019 年 5 月 1 日起施行)

△(**技术调查官;知识产权案件诉讼活动;贪污受贿;故意出具虚假、误导或者重大遗漏的不实技术调查意见**)技术调查官违反与审判工作有关的法律及相关规定,贪污受贿、徇私舞弊,故意出具虚假、误导或者重大遗漏的不实技术调查意见的,应当追究法律责任;构成犯罪的,依法追究刑事责任。(§ 13)

《最高人民法院关于审理走私、非法经营、非法使用兴奋剂刑事案件适用法律若干问题的解释》(法释〔2019〕16 号,自 2020 年 1 月 1 日起施行)

△(**反兴奋剂管理职权;滥用职权罪;玩忽职守罪**)国家机关工作人员在行使反兴奋剂管理职权时滥用职权或者玩忽职守,造成严重兴奋剂违规事件,严重损害国家声誉或者造成恶劣社会影响,符合刑法第三百九十七条规定的,以滥用职权罪、玩忽职守罪定罪处罚。

依法或者受委托行使反兴奋剂管理职权的单位的工作人员,在行使反兴奋剂管理职权时滥用

---

① 需要注意的是,由于应当被制止的违法状态得不到制止,玩忽职守罪的"危害结果"得以长期延续。因此,玩忽职守罪的追诉期限,应当从玩忽职守行为终了之日起计算。参见黎宏:《刑法学各论》(第 2 版),法律出版社 2016 年版,第 551 页。

职权或者玩忽职守的,依照前款规定定罪处罚。(§6)

△(**"兴奋剂""兴奋剂目录所列物质""体育运动""国内、国际重大体育竞赛"等专门性问题;认定意见**)对于是否属于本解释规定的"兴奋剂""兴奋剂目录所列物质""体育运动""国内、国际重大体育竞赛"等专门性问题,应当依据《中华人民共和国体育法》《反兴奋剂条例》等法律法规,结合国务院体育主管部门出具的认定意见等证据材料作出认定。(§8)

《最高人民法院、最高人民检察院关于办理破坏野生动物资源刑事案件适用法律若干问题的解释》(法释〔2022〕12号,自2022年4月9日起施行)

△(**野生动物保护和进出口监督管理职责;滥用职权罪或者玩忽职守罪;帮助犯罪分子逃避处罚罪**)负有野生动物保护和进出口监督管理职责的国家机关工作人员,滥用职权或者玩忽职守,致使公共财产、国家和人民利益遭受重大损失的,应当依照刑法第三百九十七条的规定,以滥用职权罪或者玩忽职守罪追究刑事责任。

负有查禁破坏野生动物资源犯罪活动职责的国家机关工作人员,向犯罪分子通风报信、提供便利,帮助犯罪分子逃避处罚的,应当依照刑法第四百一十七条的规定,以帮助犯罪分子逃避处罚罪追究刑事责任。(§10)

【司法解释性文件】

《最高人民法院、最高人民检察院、公安部、国家工商行政管理局关于依法查处盗窃、抢劫机动车案件的规定》(公通字〔1998〕31号,1998年5月8日公布)

△(**赃车入户、过户、验证**)公安、工商行政管理人员或者其他国家机关工作人员滥用职权或者玩忽职守、徇私舞弊,致使赃车入户、过户、验证的,给予行政处分;致使公共财产、国家和人民利益遭受重大损失的,依照《刑法》第三百九十七条的规定处罚。(§9)

《最高人民检察院关于镇财政所所长是否适用国家机关工作人员的批复》(高检发研字〔2000〕9号,2000年5月4日公布)

△(**镇财政所;国家机关工作人员**)对于属行政执法事业单位的镇财政所中按国家机关在编干部管理的工作人员,在履行政府行政公务活动中,滥用职权或玩忽职守构成犯罪的,应以国家机关工作人员论。

《最高人民检察院关于合同制民警能否成为玩忽职守罪主体问题的批复》(高检发研字〔2000〕20号,2000年10月9日公布)

△(**合同制民警;其他依法从事公务的人员**)根据刑法第九十三条第二款的规定,合同制民警在依法执行公务期间,属其他依照法律从事公务的人员,应以国家机关工作人员论。对合同制民警在依法执行公务活动中的玩忽职守行为,符合刑法第三百九十七条规定的玩忽职守罪构成条件的,依法以玩忽职守罪追究刑事责任。

《最高人民检察院关于属工人编制的乡(镇)工商所所长能否依照刑法第397条的规定追究刑事责任问题的批复》(高检发研字〔2000〕23号,2000年10月31日公布)

△[**工人编制的乡(镇)工商所所长**]根据刑法第93条第2款的规定,经人事部门任命,但为工人编制的乡(镇)工商所所长,依法履行工商行政管理职责时,属其他依照法律从事公务的人员,应以国家机关工作人员论。如果玩忽职守,致使公共财产、国家和人民利益遭受重大损失,可适用刑法第397条的规定,以玩忽职守罪追究刑事责任。

《最高人民检察院关于印发〈人民检察院直接受理立案侦查的渎职侵权重特大案件标准(试行)〉的通知》(高检发〔2001〕13号,2001年8月24日公布)

△(**滥用职权罪;重特大案件标准**)

(一)重大案件

1. 致人死亡二人以上,或者重伤五人以上,或者轻伤十人以上的;

2. 造成直接经济损失五十万元以上的。

(二)特大案件

1. 致人死亡五人以上,或者重伤十人以上,或者轻伤二十人以上的;

2. 造成直接经济损失一百万元以上的。(§1)

△(**玩忽职守罪;重特大案件标准**)

(一)重大案件

1. 致人死亡三人以上,或者重伤十人以上,或者轻伤十五人以上的;

2. 造成直接经济损失一百万元以上的。

(二)特大案件

1. 致人死亡七人以上,或者重伤十五人以上,或者轻伤三十人以上的;

2. 造成直接经济损失二百万元以上的。(§2)

《最高人民检察院研究室关于买卖尚未加盖

印章的空白〈边境证〉行为如何适用法律问题的答复》(〔2002〕高检研发第19号,2002年9月25日公布)

△(**买卖尚未加盖印章的空白《边境证》**)对买卖尚未加盖发证机关的行政印章或者通行专用章印鉴的空白《中华人民共和国边境管理区通行证》的行为,不宜以买卖国家机关证件罪追究刑事责任。国家机关工作人员实施上述行为,构成犯罪的,可以按滥用职权等相关犯罪依法追究刑事责任。

《最高人民检察院关于对海事局工作人员如何使用法律问题的答复》(〔2003〕高检研发第1号,2003年1月13日公布)

△(**海事局及其分支机构工作人员**)根据国办发〔1999〕90号、中编办函〔2000〕184号等文件的规定,海事局负责行使国家水上安全监督和防止船舶污染及海上设施检验、航海保障的管理职权,是国家执法监督机构。海事局及其分支机构工作人员在从事上述公务活动中,滥用职权或者玩忽职守,致使公共财产、国家和人民利益遭受重大损失的,应当依照刑法第三百九十七条的规定,以滥用职权罪或者玩忽职守罪追究刑事责任。

《最高人民法院、最高人民检察院、公安部关于严格执行刑事诉讼法,切实纠防超期羁押的通知》(法〔2003〕163号,2003年11月12日公布)

△(**超期羁押**)严格执行超期羁押责任追究制度。超期羁押侵犯犯罪嫌疑人、被告人的合法权益,损害司法公正,对此必须严肃查处,绝不姑息。本通知发布以后,凡违反刑事诉讼法和本通知的规定,造成犯罪嫌疑人、被告人超期羁押的,对于直接负责的主管人员和其他直接责任人员,由其所在单位或者上级主管机关依照有关规定予以行政或者纪律处分;造成犯罪嫌疑人、被告人超期羁押,情节严重的,对于直接负责的主管人员和其他直接责任人员,依照刑法第三百九十七条的规定,以玩忽职守罪或者滥用职权罪追究刑事责任。

《全国法院审理经济犯罪案件工作座谈会纪要》(法发〔2003〕167号,2003年11月13日公布)

△(**公共财产的重大损失**)根据刑法规定,玩忽职守、滥用职权等渎职犯罪是以致使公共财产、国家和人民利益遭受重大损失为构成要件的。其中,公共财产的重大损失,通常是指渎职行为已经造成的重大经济损失。在司法实践中,有以下情形之一的,虽然公共财产作为债权存在,但已无法实现债权的,可以认定为行为人的渎职行为造成了经济损失:

(1)债务人已经法定程序被宣告破产;

(2)债务人潜逃,去向不明;

(3)因行为人责任,致使超过诉讼时效;

(4)有证据证明债权无法实现的其他情况。

△(**玩忽职守罪;追诉时效**)玩忽职守行为造成的重大损失当时没有发生,而是玩忽职守行为之后一定时间发生的,应从危害结果发生之日起计算玩忽职守罪的追诉期限。

△(**国有公司、企业人员;渎职犯罪**)对于1999年12月24日《中华人民共和国刑法修正案》实施以前发生的国有公司、企业人员渎职行为(不包括徇私舞弊行为),尚未处理或者正在处理的,不能按照刑法修正案追究刑事责任。

△(**徇私**)徇私舞弊型渎职犯罪的"徇私"应理解为徇个人私情、私利。[①] 国家机关工作人员为了本单位的利益,实施滥用职权、玩忽职守行为,构成犯罪的,依照刑法第三百九十七条第一款的规定定罪处罚。

《最高人民法院研究室关于对滥用职权致使公共财产、国家和人民利益遭受重大损失如何认定问题的答复》(法研〔2004〕136号,2004年11月22日公布)

△(**重大损失之计算时点;侦查机关立案之时;量刑情节**)人民法院在审判过程中,对于行为人滥用职权,致使公共财产、国家和人民利益遭受的损失计算至侦查机关立案之时。立案以后,判决宣告以前追回的损失,作为量刑情节予以考虑。

《最高人民法院、最高人民检察院、公安部、司法部关于办理黑恶势力犯罪案件若干问题的指导意见》(法发〔2018〕1号,2018年1月16日公布)

△(**"保护伞";受贿罪;滥用职权罪;玩忽职守罪**)公安机关、人民检察院、人民法院对办理黑恶势力犯罪案件中发现的涉嫌包庇、纵容黑社会性质组织犯罪、收受贿赂、渎职侵权等违法违纪线索,应当及时移送有关主管部门和其他相关部门,坚决依法严惩充当黑恶势力"保护伞"的职务犯罪。(§ 23)

---

① 我国学者指出,徇私属于犯罪动机,其不仅包括徇个人之私,也包括徇单位、集体之私。立法者之所以将徇私作为犯罪构成要件要素,是为了将国家机关工作人员因为法律素质、政策水平、技术能力不高而出现差错的情形排除在渎职罪之外。参见张明楷:《刑法学》(第6版),法律出版社2021年版,第1633页。

分则　第九章

《最高人民法院、最高人民检察院、公安部关于办理非法集资刑事案件若干问题的意见》(高检会〔2019〕2号,2019年1月30日公布)

△**(非法集资;滥用职权;玩忽职守)**国家工作人员具有下列行为之一,构成犯罪的,应当依法追究刑事责任:

(一)明知单位和个人所申请机构或者业务涉嫌非法集资,仍为其办理行政许可或者注册手续的;

(二)明知所主管、监管的单位有涉嫌非法集资行为,未依法及时处理或者移送处置非法集资职能部门的;

(三)查处非法集资过程中滥用职权、玩忽职守、徇私舞弊的;

(四)徇私舞弊不向司法机关移交非法集资刑事案件的;

(五)其他通过职务行为或者利用职务影响,支持、帮助、纵容非法集资的。(§ 12)

《最高人民法院、最高人民检察院、公安部、司法部关于依法惩治妨害新型冠状病毒感染肺炎疫情防控违法犯罪的意见》(法发〔2020〕7号,2020年2月6日发布)

△**(肺炎疫情防控;滥用职权罪或者玩忽职守罪;传染病防治失职罪;传染病毒种扩散罪;贪污罪;职务侵占罪;挪用公款罪;挪用资金罪;挪用特定款物罪)**依法严惩疫情防控失职渎职、贪污挪用犯罪。在疫情防控工作中,负有组织、协调、指挥、灾害调查、控制、医疗救治、信息传递、交通运输、物资保障等职责的国家机关工作人员,滥用职权或者玩忽职守,致使公共财产、国家和人民利益遭受重大损失的,依照刑法第三百九十七条的规定,以滥用职权罪或者玩忽职守罪定罪处罚。

卫生行政部门的工作人员严重不负责任,不履行或者不认真履行防治监管职责,导致新型冠状病毒感染肺炎传播或者流行,情节严重的,依照刑法第四百零九条的规定,以传染病防治失职罪定罪处罚。

从事实验、保藏、携带、运输传染病菌种、毒种的人员,违反国务院卫生行政部门的有关规定,造成新型冠状病毒毒种扩散,后果严重的,依照刑法第三百三十一条的规定,以传染病毒种扩散罪定罪处罚。

国家工作人员,受委托管理国有财产的人员,公司、企业或者其他单位的人员,利用职务便利,侵吞、截留或者以其他手段非法占有用于防控新型冠状病毒感染肺炎的款物,或者挪用上述款物归个人使用,符合刑法第三百八十二条、第三百八十三条、第二百七十一条、第三百八十四条、第二百七十二条规定的,以贪污罪、职务侵占罪、挪用公款罪、挪用资金罪定罪处罚。挪用用于防控新型冠状病毒感染肺炎的救灾、优抚、救济等款物,符合刑法第二百七十三条规定的,对直接责任人员,以挪用特定款物罪定罪处罚。(§ 2Ⅶ)

△**(治安管理处罚;从重情节)**依法严惩妨害疫情防控的违法行为。实施上述(一)至(九)规定的行为,不构成犯罪的,由公安机关根据治安管理处罚法有关虚构事实扰乱公共秩序,扰乱单位秩序、公共场所秩序、寻衅滋事,拒不执行紧急状态下的决定、命令,阻碍执行职务,冲闯警戒带、警戒区,殴打他人,故意伤害,侮辱他人,诈骗,在铁路沿线非法挖掘坑穴、采石取沙,盗窃、损毁路面公共设施,损毁铁路设施设备,故意损毁财物、哄抢公私财物等规定,予以治安管理处罚,或者由有关部门予以其他行政处罚。

对于在疫情防控期间实施有关违法犯罪的,要作为从重情节予以考量,依法体现从严的政策要求,有力惩治震慑违法犯罪,维护法律权威,维护社会秩序,维护人民群众生命安全和身体健康。(§ 2Ⅹ)

《最高人民法院、最高人民检察院、公安部、农业农村部依法惩治长江流域非法捕捞等违法犯罪的意见》(公通字〔2020〕17号,2020年12月17日发布)

△**(长江流域非法捕捞;滥用职权罪;玩忽职守罪)**依法严惩危害水生生物资源的渎职犯罪。对长江流域重点水域水生生物资源保护负有监督管理、行政执法职责的国家机关工作人员,滥用职权或者玩忽职守,致使公共财产、国家和人民利益遭受重大损失的,应当依照刑法第三百九十七条的规定,以滥用职权罪或者玩忽职守罪定罪处罚。

《最高人民法院、最高人民检察院、公安部关于办理涉窨井盖相关刑事案件的指导意见》(高检发〔2020〕3号,2020年3月16日发布)

△**(窨井盖;玩忽职守罪;滥用职权罪)**在窨井盖采购、施工、验收、使用、检查过程中负有决定、管理、监督等职责的国家机关工作人员玩忽职守或者滥用职权,致使公共财产、国家和人民利益遭受重大损失的,依照刑法第三百九十七条的规定,分别以玩忽职守罪、滥用职权罪定罪处罚。(§ 8)

△**(窨井盖行政管理;玩忽职守罪、滥用职权罪)**在依照法律、法规规定行使窨井盖行政管理职

权的公司、企业、事业单位中从事公务的人员以及在受国家机关委托代表国家机关行使窨井盖行政管理职权的组织中从事公务的人员，玩忽职守或者滥用职权，致使公共财产、国家和人民利益遭受重大损失的，依照刑法第三百九十七条和《全国人民代表大会常务委员会关于〈中华人民共和国刑法〉第九章渎职罪主体适用问题的解释》的规定，分别以玩忽职守罪、滥用职权罪定罪处罚。（§ 9）

△（**窨井盖**）本意见所称的"窨井盖"，包括城市、城乡结合部和乡村等地的窨井盖以及其他井盖。（§ 12）

《最高人民法院关于深入开展虚假诉讼整治工作的意见》（法〔2021〕281号，2021年11月10日发布）

△（**法院工作人员；虚假诉讼罪；玩忽职守罪、执行判决、裁定失职罪；竞合**）加强队伍建设，提升整治能力。各级人民法院要及时组织法院干警学习掌握中央和地方各项经济社会政策；将甄别和查处虚假诉讼纳入法官培训范围；通过典型案例分析、审判业务交流、庭审观摩等多种形式，提高法官甄别和查处虚假诉讼的司法能力；严格落实司法责任制，对参与虚假诉讼的法院工作人员依规依纪严肃处理，建设忠诚干净担当的人民法院队伍。法院工作人员利用职权与他人共同实施虚假诉讼行为，构成虚假诉讼罪的，依法从重处罚，同时构成其他犯罪的，依照处罚较重的规定定罪并从重处罚。法院工作人员不正确履行职责，玩忽职守，致使虚假诉讼案件进入诉讼程序，导致公共财产、国家和人民利益遭受重大损失，符合刑法规定的犯罪构成要件的，依照玩忽职守罪、执行判决、裁定失职罪等罪名定罪处罚。（§ 20）

【附属刑法】

《中华人民共和国公司法》（1993年12月29日通过，2018年10月26日第四次修正）

第二百零六条

Ⅱ清算组成员利用职权徇私舞弊、谋取非法收入或者侵占公司财产的，由公司登记机关责令退还公司财产，没收违法所得，并可以处以违法所得一倍以上五倍以下的罚款。

第二百一十五条

违反本法规定，构成犯罪的，依法追究刑事责任。

《中华人民共和国票据法》（1995年5月10日通过，2004年8月28日修正）

第一百零四条

Ⅰ金融机构工作人员在票据业务中玩忽职守，对违反本法规定的票据予以承兑、付款或者保证的，给予处分；造成重大损失，构成犯罪的，依法追究刑事责任。

Ⅱ由于金融机构工作人员因前款行为给当事人造成损失的，由该金融机构和直接责任人员依法承担赔偿责任。

《中华人民共和国专利法》（1984年3月12日通过，2020年10月17日第四次修正）

第八十条

从事专利管理工作的国家机关工作人员以及其他有关国家机关工作人员玩忽职守、滥用职权、徇私舞弊，构成犯罪的，依法追究刑事责任；尚不构成犯罪的，依法给予行政处分。

《中华人民共和国商标法》（1982年8月23日通过，2019年4月23日第四次修正）

第七十一条

从事商标注册、管理和复审工作的国家机关工作人员玩忽职守、滥用职权、徇私舞弊，违法办理商标注册、管理和复审事项，收受当事人财物，牟取不正当利益，构成犯罪的，依法追究刑事责任；尚不构成犯罪的，依法给予处分。

《中华人民共和国证券法》（1998年12月29日通过，2019年12月28日第二次修订）

第二百一十七条

国务院证券监督管理机构或者国务院授权的部门的工作人员，不履行本法规定的职责，滥用职权、玩忽职守，利用职务便利牟取不正当利益，或者泄露所知悉的有关单位和个人的商业秘密的，依法追究法律责任。

第二百一十九条

违反本法规定，构成犯罪的，依法追究刑事责任。

《中华人民共和国保险法》（1995年6月30日通过，2015年4月24日第三次修正）

第一百七十八条

保险监督管理机构从事监督管理工作的人员有下列情形之一的，依法给予处分：

……

（二）违反规定进行保险条款、保险费率审批的；

（三）违反规定进行现场检查的；

（四）违反规定查询账户或者冻结资金的；

……

（六）违反规定实施行政处罚的；

（七）滥用职权、玩忽职守的其他行为。

第一百七十九条

违反本法规定，构成犯罪的，依法追究刑事责任。

《中华人民共和国行政许可法》（2003年8月27日通过，2019年4月23日修正）

第七十四条

行政机关实施行政许可，有下列情形之一的，由其上级行政机关或者监察机关责令改正，对直接负责的主管人员和其他直接责任人员依法给予行政处分；构成犯罪的，依法追究刑事责任：

（一）对不符合法定条件的申请人准予行政许可或者超越法定职权作出准予行政许可决定的；

（二）对符合法定条件的申请人不予行政许可或者不在法定期限内作出准予行政许可决定的；

（三）依法应当根据招标、拍卖结果或者考试成绩择优作出准予行政许可决定，未经招标、拍卖或者考试，或者不根据招标、拍卖结果或者考试成绩择优作出准予行政许可决定的。

第七十七条

行政机关不依法履行监督职责或者监督不力，造成严重后果的，由其上级行政机关或者监察机关责令改正，对直接负责的主管人员和其他直接责任人员依法给予行政处分；构成犯罪的，依法追究刑事责任。

《中华人民共和国行政处罚法》（1996年3月17日通过，2021年1月22日修订）

第八十一条

行政机关违法实施检查措施或者执行措施，给公民人身或者财产造成损害、给法人或者其他组织造成损失的，应当依法予以赔偿，对直接负责的主管人员和其他直接责任人员依法给予行政处分；情节严重构成犯罪的，依法追究刑事责任。

第八十三条

行政机关对应当予以制止和处罚的违法行为不予制止、处罚，致使公民、法人或者其他组织的合法权益、公共利益和社会秩序遭受损害的，对直接负责的主管人员和其他直接责任人员依法给予行政处分；情节严重构成犯罪的，依法追究刑事责任。

《中华人民共和国行政强制法》（2011年6月30日通过）

第六十一条

行政机关实施行政强制，有下列情形之一的，由上级行政机关或者有关部门责令改正，对直接负责的主管人员和其他直接责任人员依法给予处分：

（一）没有法律、法规依据的；

（二）改变行政强制对象、条件、方式的；

（三）违反法定程序实施行政强制的；

（四）违反本法规定，在夜间或者法定节假日实施行政强制执行的；

（五）对居民生活采取停止供水、供电、供热、供燃气等方式迫使当事人履行相关行政决定的；

（六）有其他违法实施行政强制情形的。

第六十二条

违反本法规定，行政机关有下列情形之一的，由上级行政机关或者有关部门责令改正，对直接负责的主管人员和其他直接责任人员依法给予处分：

（一）扩大查封、扣押、冻结范围的；

（二）使用或者损毁查封、扣押场所、设施或者财物的；

（三）在查封、扣押法定期间不作出处理决定或者未依法及时解除查封、扣押的；

（四）在冻结存款、汇款法定期间不作出处理决定或者未依法及时解除冻结的。

第六十六条

Ⅰ违反本法规定，金融机构将款项划入国库或者财政专户以外的其他账户的，由金融业监督管理机构责令改正，并处以违法划拨款项二倍的罚款；对直接负责的主管人员和其他直接责任人员依法给予处分。

Ⅱ违反本法规定，行政机关、人民法院指令金融机构将款项划入国库或者财政专户以外的其他账户的，对直接负责的主管人员和其他直接责任人员依法给予处分。

第六十七条

人民法院及其工作人员在强制执行中有违法行为或者扩大强制执行范围的，对直接负责的主管人员和其他直接责任人员依法给予处分。

第六十八条

Ⅰ违反本法规定，给公民、法人或者其他组织造成损失的，依法给予赔偿。

Ⅱ违反本法规定，构成犯罪的，依法追究刑事责任。

《中华人民共和国行政复议法》（1999年4月29日通过，2017年9月1日第二次修正）

第三十五条

行政复议机关工作人员在行政复议活动中，徇私舞弊或者有其他渎职、失职行为的，依法给予警告、记过、记大过的行政处分；情节严重的，依法给予降级、撤职、开除的行政处分；构成犯罪的，依法追究刑事责任。

第三十六条

被申请人违反本法规定，不提出书面答复或者不提交作出具体行政行为的证据、依据和其他有关材料，或者阻挠、变相阻挠公民、法人或者其他组织依法申请行政复议的，对直接负责的主管人员和其他直接责任人员依法给予警告、记过、记大过的行政处分；进行报复陷害的，依法给予降级、撤职、开除的行政处分；构成犯罪的，依法追究刑事责任。

《中华人民共和国反不正当竞争法》（1993 年 9 月 2 日通过，2019 年 4 月 23 日修正）

第三十条

监督检查部门的工作人员滥用职权、玩忽职守、徇私舞弊或者泄露调查过程中知悉的商业秘密的，依法给予处分。

第三十一条

违反本法规定，构成犯罪的，依法追究刑事责任。

《中华人民共和国税收征收管理法》（1992 年 9 月 4 日通过，2015 年 4 月 24 日第三次修正）

第七十九条

税务机关、税务人员查封、扣押纳税人个人及其所扶养家属维持生活必需的住房和用品的①，责令退还，依法给予行政处分；构成犯罪的，依法追究刑事责任。

第八十二条

Ⅰ税务人员徇私舞弊或者玩忽职守，不征或者少征应征税款，致使国家税收遭受重大损失，构成犯罪的，依法追究刑事责任；尚不构成犯罪的，依法给予行政处分。

Ⅳ税务人员违反法律、行政法规的规定，故意高估或者低估农业税计税产量，致使多征或者少征税款，侵犯农民合法权益或者损害国家利益，构成犯罪的，依法追究刑事责任；尚不构成犯罪的，依法给予行政处分。

第八十四条

违反法律、行政法规的规定，擅自作出税收的开征、停征或者减税、免税、退税、补税以及其他同税收法律、行政法规相抵触的决定的，除依照本法规定撤销其擅自作出的决定外，补征应征未征税款，退还不应征收而征收的税款，并由上级机关追究直接负责的主管人员和其他直接责任人员的行政责任；构成犯罪的，依法追究刑事责任。

《中华人民共和国中国人民银行法》（1995 年 3 月 18 日通过，2003 年 12 月 27 日修正）

第四十六条

---

① 《中华人民共和国税收征收管理法》（1992 年 9 月 4 日通过，2015 年 4 月 24 日第三次修正）

第三十八条

Ⅰ税务机关有根据认为从事生产、经营的纳税人有逃避纳税义务行为的，可以在规定的纳税期之前，责令限期缴纳应纳税款；在限期内发现纳税人有明显的转移、隐匿其应纳税的商品、货物以及其他财产或者应纳税的收入的迹象的，税务机关可以责成纳税人提供纳税担保。如果纳税人不能提供纳税担保，经县以上税务局（分局）局长批准，税务机关可以采取下列税收保全措施：

（一）书面通知纳税人开户银行或者其他金融机构冻结纳税人的金额相当于应纳税款的存款；

（二）扣押、查封纳税人的价值相当于应纳税款的商品、货物或者其他财产。

Ⅱ纳税人在前款规定的限期内缴纳税款的，税务机关必须立即解除税收保全措施；限期期满仍未缴纳税款的，经县以上税务局（分局）局长批准，税务机关可以书面通知纳税人开户银行或者其他金融机构从其冻结的存款中扣缴税款，或者依法拍卖或者变卖所扣押、查封的商品、货物或者其他财产，以拍卖或者变卖所得抵缴税款。

Ⅲ个人及其所扶养家属维持生活必需的住房和用品，不在税收保全措施的范围之内。

第四十条

Ⅰ从事生产、经营的纳税人、扣缴义务人未按照规定的期限缴纳或者解缴税款，纳税担保人未按照规定的期限缴纳所担保的税款，由税务机关责令限期缴纳，逾期仍未缴纳的，经县以上税务局（分局）局长批准，税务机关可以采取下列强制执行措施：

（一）书面通知其开户银行或者其他金融机构从其存款中扣缴税款；

（二）扣押、查封、依法拍卖或者变卖其价值相当于应纳税款的商品、货物或者其他财产，以拍卖或者变卖所得抵缴税款。

Ⅱ税务机关采取强制执行措施时，对前款所列纳税人、扣缴义务人、纳税担保人未缴纳的滞纳金同时强制执行。

Ⅲ个人及其所扶养家属维持生活必需的住房和用品，不在强制执行措施的范围之内。

第四十二条

税务机关采取税收保全措施和强制执行措施必须依照法定权限和法定程序，不得查封、扣押纳税人个人及其所扶养家属维持生活必需的住房和用品。

本法第三十二条所列行为违反有关规定①，有关法律、行政法规有处罚规定的，依照其规定给予处罚；有关法律、行政法规未作处罚规定的，由中国人民银行区别不同情形给予警告，没收违法所得，违法所得五十万元以上的，并处违法所得一倍以上五倍以下罚款；没有违法所得或者违法所得不足五十万元的，处五十万元以上二百万元以下罚款；对负有直接责任的董事、高级管理人员和其他直接责任人员给予警告，处五万元以上五十万元以下罚款；构成犯罪的，依法追究刑事责任。

第五十一条

中国人民银行的工作人员贪污受贿、徇私舞弊、滥用职权、玩忽职守，构成犯罪的，依法追究刑事责任；尚不构成犯罪的，依法给予行政处分。

《中华人民共和国银行业监督管理法》(2003年12月27日通过，2006年10月31日修正)

第四十三条

Ⅰ银行业监督管理机构从事监督管理工作的人员有下列情形之一的，依法给予行政处分；构成犯罪的，依法追究刑事责任：

(一)违反规定审查批准银行业金融机构的设立、变更、终止，以及业务范围和业务范围内的业务品种的；

(二)违反规定对银行业金融机构进行现场检查的；

(三)未依照本法第二十八条规定报告突发事件的；

(四)违反规定查询账户或者申请冻结资金的；

(五)违反规定对银行业金融机构采取措施或者处罚的；

(六)违反本法第四十二条规定对有关单位或者个人进行调查的；

(七)滥用职权、玩忽职守的其他行为。

《中华人民共和国对外贸易法》(1994年5月12日通过，2016年11月7日修正)

第六十五条

Ⅰ依照本法负责对外贸易管理工作的部门的工作人员玩忽职守、徇私舞弊或者滥用职权，构成犯罪的，依法追究刑事责任；尚不构成犯罪的，依法给予行政处分。

《中华人民共和国劳动法》(1994年7月5日通过，2018年12月29日第二次修正)

第一百零三条

劳动行政部门或者有关部门的工作人员滥用职权、玩忽职守、徇私舞弊，构成犯罪的，依法追究刑事责任；不构成犯罪的，给予行政处分。

《中华人民共和国劳动合同法》(2007年6月29日通过，2012年12月28日修正)

第九十五条

劳动行政部门和其他有关主管部门及其工作人员玩忽职守、不履行法定职责，或者违法行使职权，给劳动者或者用人单位造成损害的，应当承担赔偿责任；对直接负责的主管人员和其他直接责任人员，依法给予行政处分；构成犯罪的，依法追究刑事责任。

《中华人民共和国法官法》(1995年2月28日通过，2019年4月23日修订)

第四十六条

Ⅰ法官有下列行为之一的，应当给予处分；构成犯罪的，依法追究刑事责任：

……

(二)隐瞒、伪造、变造、故意损毁证据、案件材料的；

……

(四)故意违反法律法规办理案件的；

---

①《中华人民共和国中国人民银行法》(1995年3月18日通过，2003年12月27日修正)

第三十二条

Ⅰ中国人民银行有权对金融机构以及其他单位和个人的下列行为进行检查监督：

(一)执行有关存款准备金管理规定的行为；

(二)与中国人民银行特种贷款有关的行为；

(三)执行有关人民币管理规定的行为；

(四)执行有关银行间同业拆借市场、银行间债券市场管理规定的行为；

(五)执行有关外汇管理规定的行为；

(六)执行有关黄金管理规定的行为；

(七)代理中国人民银行经理国库的行为；

(八)执行有关清算管理规定的行为；

(九)执行有关反洗钱规定的行为。

Ⅱ前款所称中国人民银行特种贷款，是指国务院决定的由中国人民银行向金融机构发放的用于特定目的的贷款。

（五）因重大过失导致案件错误并造成严重后果的；

（六）拖延办案，贻误工作的；

（七）利用职权为自己或者他人谋取私利的；

……

《中华人民共和国检察官法》（1995年2月28日通过，2019年4月23日修订）

第四十七条

检察官有下列行为之一的，应当给予处分；构成犯罪的，依法追究刑事责任：

……

（二）隐瞒、伪造、变造、故意损毁证据、案件材料的；

……

（四）故意违反法律法规办理案件的；

（五）因重大过失导致案件错误并造成严重后果的；

（六）拖延办案，贻误工作的；

（七）利用职权为自己或者他人谋取私利的；

……

《中华人民共和国农村土地承包法》（2002年8月29日通过，2018年12月29日第二次修正）

第六十五条

国家机关及其工作人员有利用职权干涉农村土地承包，变更、解除承包合同，干涉承包经营当事人依法享有的生产经营自主权，强迫、阻碍承包经营当事人进行土地承包经营权互换、转让或者土地经营权流转等侵害土地承包经营权、土地经营权的行为，给承包经营当事人造成损失的，应当承担损害赔偿等责任；情节严重的，由上级机关或者所在单位给予直接责任人员处分；构成犯罪的，依法追究刑事责任。

《中华人民共和国招标投标法》（1999年8月30日通过，2017年12月27日修正）

第六十三条

对招标投标活动依法负有行政监督职责的国家机关工作人员徇私舞弊、滥用职权或者玩忽职守，构成犯罪的，依法追究刑事责任；不构成犯罪的，依法给予行政处分。

《中华人民共和国电子签名法》（2004年8月28日通过，2019年4月23日第二次修正）

第三十三条

依照本法负责电子认证服务业监督管理工作的部门的工作人员，不依法履行行政许可、监督管理职责的，依法给予行政处分；构成犯罪的，依法追究刑事责任。

《中华人民共和国消费者权益保护法》（1993年10月31日通过，2013年10月25日第二次修正）

第六十一条

国家机关工作人员玩忽职守或者包庇经营者侵害消费者合法权益的行为的，由其所在单位或者上级机关给予行政处分；情节严重，构成犯罪的，依法追究刑事责任。

《中华人民共和国个人独资企业法》（1999年8月30日通过）

第四十四条

登记机关对不符合本法规定条件的个人独资企业予以登记，或者对符合本法规定条件的企业不予登记的，对直接责任人员依法给予行政处分；构成犯罪的，依法追究刑事责任。

第四十五条

登记机关的上级部门的有关主管人员强令登记机关对不符合本法规定条件的企业予以登记，或者对符合本法规定条件的企业不予登记的，或者对登记机关的违法登记行为进行包庇的，对直接责任人员依法给予行政处分；构成犯罪的，依法追究刑事责任。

《中华人民共和国合伙企业法》（1997年2月23日通过，2006年8月27日修订）

第一百零四条

有关行政管理机关的工作人员违反本法规定，滥用职权、徇私舞弊、收受贿赂、侵害合伙企业合法权益的，依法给予行政处分。

第一百零五条

违反本法规定，构成犯罪的，依法追究刑事责任。

《中华人民共和国全民所有制工业企业法》（1988年4月13日通过，2009年8月27日修正）

第六十三条

Ⅰ企业和政府有关部门的领导干部，因工作过失给企业和国家造成较大损失的，由政府主管部门或者有关上级机关给予行政处分。

Ⅱ企业和政府有关部门的领导干部玩忽职守，致使企业财产、国家和人民利益遭受重大损失的，依照刑法有关规定追究刑事责任。

《中华人民共和国保守国家秘密法》（1988年9月5日通过，2010年4月29日修订）

第五十一条

保密行政管理部门的工作人员在履行保密管理职责中滥用职权、玩忽职守、徇私舞弊的，依法给予处分；构成犯罪的，依法追究刑事责任。

《中华人民共和国预备役军官法》（1995年5

月10日通过,2010年8月28日修正)

第六十四条

Ⅰ在预备役军官管理工作中,收受贿赂、徇私舞弊,或者玩忽职守致使预备役工作遭受严重损失,构成犯罪的,依法追究刑事责任;未构成犯罪的,依法给予处分。

《中华人民共和国人民防空法》(1996年10月29日通过,2009年8月27日修正)

第五十一条

人民防空主管部门的工作人员玩忽职守、滥用职权、徇私舞弊或者有其他违法、失职行为构成犯罪的,依法追究刑事责任;尚不构成犯罪的,依法给予行政处分。

《中华人民共和国国防教育法》(2001年4月28日通过,2018年4月27日修正)

第三十七条

负责国防教育的国家工作人员玩忽职守、滥用职权、徇私舞弊的,依法给予行政处分;构成犯罪的,依法追究刑事责任。

《中华人民共和国国防动员法》(2010年2月26日通过)

第七十条

有下列行为之一的,对直接负责的主管人员和其他直接责任人员,依法给予处分:

……

(二)滥用职权或者玩忽职守,给国防动员工作造成严重损失的;

(三)对征用的民用资源,拒不登记、出具凭证,或者违反规定使用造成严重损坏,以及不按照规定予以返还或者补偿的;

……

(六)滥用职权,侵犯和损害公民或者组织合法权益的。

第七十一条

违反本法规定,构成违反治安管理行为的,依法给予治安管理处罚;构成犯罪的,依法追究刑事责任。

《中华人民共和国公务员法》(2005年4月27日通过,2018年12月29日修订)

第一百零八条

公务员主管部门的工作人员,违反本法规定,滥用职权、玩忽职守、徇私舞弊,构成犯罪的,依法追究刑事责任;尚不构成犯罪的,给予处分或者由监察机关依法给予政务处分。

《中华人民共和国人民警察法》(1995年2月28日通过,2012年10月26日修正)

第二十二条

人民警察不得有下列行为:

……

(七)殴打他人或者唆使他人打人;

(八)违法实施处罚或者收取费用;

……

(十一)玩忽职守,不履行法定义务;

……

第四十八条

Ⅰ人民警察有本法第二十二条所列行为之一的,应当给予行政处分;构成犯罪的,依法追究刑事责任。

Ⅱ行政处分分为:警告、记过、记大过、降级、撤职、开除。对受行政处分的人民警察,按照国家有关规定,可以降低警衔、取消警衔。

Ⅲ对违反纪律的人民警察,必要时可以对其采取停止执行职务、禁闭的措施。

第四十九条

人民警察违反规定使用武器、警械,构成犯罪的,依法追究刑事责任;尚不构成犯罪的,应当依法给予行政处分。

《中华人民共和国居民身份证法》(2003年6月28日通过,2011年10月29日修正)

第二十条

人民警察有下列行为之一的,根据情节轻重,依法给予行政处分;构成犯罪的,依法追究刑事责任:

……

(二)非法变更公民身份号码,或者在居民身份证上登载本法第三条第一款规定项目以外的信息或者故意登载虚假信息的;

(三)无正当理由不在法定期限内发放居民身份证的;

(四)违反规定查验、扣押居民身份证,侵害公民合法权益的;

……

《中华人民共和国护照法》(2006年4月29日通过)

第二十条

护照签发机关工作人员在办理护照过程中有下列行为之一的,依法给予行政处分;构成犯罪的,依法追究刑事责任:

(一)应当受理而不予受理的;

(二)无正当理由不在法定期限内签发的;

(三)超出国家规定标准收取费用的;

……

(六)滥用职权、玩忽职守、徇私舞弊的其他行为。

《中华人民共和国出境入境管理法》(2012年6月30日通过)

第八十五条

履行出境入境管理职责的工作人员,有下列行为之一的,依法给予处分:

(一)违反法律、行政法规,为不符合规定条件的外国人签发签证、外国人停留居留证件等出境入境证件的;

(二)违反法律、行政法规,审核验放不符合规定条件的人员或者交通运输工具出境入境的;

……

(六)滥用职权、玩忽职守、徇私舞弊,不依法履行法定职责的其他行为。

第八十八条

违反本法规定,构成犯罪的,依法追究刑事责任。

《中华人民共和国驻外外交人员法》(2009年10月31日通过)

第三十三条

驻外外交人员有下列行为之一的,依法给予相应的处分;构成犯罪的,依法追究刑事责任:

……

(六)玩忽职守,贻误工作的;

……

《中华人民共和国枪支管理法》(1996年7月5日通过,2015年4月24日第二次修正)

第四十五条

公安机关工作人员有下列行为之一的,依法追究刑事责任;未构成犯罪的,依法给予行政处分:

(一)向本法第五条、第六条规定①以外的单位和个人配备、配置枪支的;

(二)违法发给枪支管理证件的;

(三)将没收的枪支据为己有的;

(四)不履行枪支管理职责,造成后果的。

《中华人民共和国治安管理处罚法》(2005年8月28日通过,2012年10月26日修正)

第一百一十六条

Ⅰ人民警察办理治安案件,有下列行为之一的,依法给予行政处分;构成犯罪的,依法追究刑事责任:

……

(三)不执行罚款决定与罚款收缴分离制度或者不按规定将罚没的财物上缴国库或者依法处理的;

……

(五)违反规定使用或者不及时返还被侵害人财物的;

(六)违反规定不及时退还保证金的;

……

(八)当场收缴罚款不出具罚款收据或者不如实填写罚款数额的;

(九)接到要求制止违反治安管理行为的报警后,不及时出警的;

(十)在查处违反治安管理活动时,为违法犯罪行为人通风报信的;

(十一)有徇私舞弊、滥用职权,不依法履行法定职责的其他情形的。

Ⅱ办理治安案件的公安机关有前款所列行为的,对直接负责的主管人员和其他直接责任人员给予相应的行政处分。

《中华人民共和国禁毒法》(2007年12月29日通过)

---

① 《中华人民共和国枪支管理法》(1996年7月5日通过,2015年4月24日第二次修正)

第五条

Ⅰ公安机关、国家安全机关、监狱、劳动教养机关的人民警察,人民法院的司法警察,人民检察院的司法警察和担负案件侦查任务的检察人员,海关的缉私人员,在依法履行职责时确有必要使用枪支的,可以配备公务用枪。

Ⅱ国家重要的军工、金融、仓储、科研等单位的专职守护、押运人员在执行守护、押运任务时确有必要使用枪支的,可以配备公务用枪。

Ⅲ配备公务用枪的具体办法,由国务院公安部门会同其他有关国家机关按照严格控制的原则制定,报国务院批准后施行。

第六条

Ⅰ下列单位可以配置民用枪支:

(一)经省级人民政府体育行政主管部门批准专门从事射击竞技体育运动的单位、经省级人民政府公安机关批准的营业性射击场,可以配置射击运动枪支;

(二)经省级以上人民政府林业行政主管部门批准的狩猎场,可以配置猎枪;

(三)野生动物保护、饲养、科研单位因业务需要,可以配置猎枪、麻醉注射枪。

Ⅱ猎民在猎区、牧民在牧区,可以申请配置猎枪。猎区和牧区的区域由省级人民政府划定。

Ⅲ配置民用枪支的具体办法,由国务院公安部门按照严格控制的原则制定,报国务院批准后施行。

第六十九条

公安机关、司法行政部门或者其他有关主管部门的工作人员在禁毒工作中有下列行为之一,构成犯罪的,依法追究刑事责任;尚不构成犯罪的,依法给予处分:

……

(二)对戒毒人员有体罚、虐待、侮辱等行为的;

……

《中华人民共和国律师法》(1996年5月15日通过,2017年9月1日第三次修正)

第五十六条

司法行政部门工作人员违反本法规定,滥用职权、玩忽职守,构成犯罪的,依法追究刑事责任;尚不构成犯罪的,依法给予处分。

《中华人民共和国监狱法》(1994年12月29日通过,2012年10月26日修正)

第十四条

Ⅰ监狱的人民警察不得有下列行为:

……

(七)违反规定,私自为罪犯传递信件或者物品;

(八)非法将监管罪犯的职权交予他人行使;

……

Ⅱ监狱的人民警察有前款所列行为,构成犯罪的,依法追究刑事责任;尚未构成犯罪的,应当予以行政处分。

《中华人民共和国民办教育促进法》(2002年12月28日通过,2018年12月29日第三次修正)

第六十三条

县级以上人民政府教育行政部门、人力资源社会保障行政部门或者其他有关部门有下列行为之一的,由上级机关责令其改正;情节严重的,对直接负责的主管人员和其他直接责任人员,依法给予处分;造成经济损失的,依法承担赔偿责任;构成犯罪的,依法追究刑事责任:

(一)已受理设立申请,逾期不予答复的;

(二)批准不符合本法规定条件申请的;

(三)疏于管理,造成严重后果的;

(四)违反国家有关规定收取费用的;

(五)侵犯民办学校合法权益的;

(六)其他滥用职权、徇私舞弊的。

《中华人民共和国促进科技成果转化法》(1996年5月15日通过,2015年8月29日修正)

第四十九条

科学技术行政部门和其他有关部门及其工作人员在科技成果转化中滥用职权、玩忽职守、徇私舞弊的,由任免机关或者监察机关对直接负责的主管人员和其他直接责任人员依法给予处分;构成犯罪的,依法追究刑事责任。

《中华人民共和国科学技术普及法》(2002年6月29日通过)

第三十三条

国家工作人员在科普工作中滥用职权、玩忽职守、徇私舞弊的,依法给予行政处分;构成犯罪的,依法追究刑事责任。

《中华人民共和国文物保护法》(1982年11月19日通过,2017年11月4日第五次修正)

第七十六条

Ⅰ文物行政部门、文物收藏单位、文物商店、经营文物拍卖的拍卖企业的工作人员,有下列行为之一的,依法给予行政处分,情节严重的,依法开除公职或者吊销其从业资格;构成犯罪的,依法追究刑事责任:

(一)文物行政部门的工作人员违反本法规定,滥用审批权限、不履行职责或者发现违法行为不予查处,造成严重后果的;

……

(四)因不负责任造成文物保护单位、珍贵文物损毁或者流失的;

……

Ⅱ前款被开除公职或者被吊销从业资格的人员,自被开除公职或者被吊销从业资格之日起十年内不得担任文物管理人员或者从事文物经营活动。

第七十八条

公安机关、工商行政管理部门、海关、城乡建设规划部门和其他国家机关,违反本法规定滥用职权、玩忽职守、徇私舞弊,造成国家保护的珍贵文物损毁或者流失的,对负有责任的主管人员和其他直接责任人员依法给予行政处分;构成犯罪的,依法追究刑事责任。

《中华人民共和国非物质文化遗产法》(2011年2月25日通过)

第三十八条

文化主管部门和其他有关部门的工作人员在非物质文化遗产保护、保存工作中玩忽职守、滥用职权、徇私舞弊的,依法给予处分。

第四十二条

违反本法规定,构成犯罪的,依法追究刑事责任。

《中华人民共和国献血法》(1997年12月29日通过)

第二十三条

卫生行政部门及其工作人员在献血、用血的监督管理工作中,玩忽职守,造成严重后果,构成犯罪的,依法追究刑事责任;尚不构成犯罪的,依法给予行政处分。

《中华人民共和国测绘法》(1992年12月28日通过,2017年4月27日第二次修订)

第五十条

违反本法规定,县级以上人民政府测绘地理信息主管部门或者其他有关部门工作人员利用职务上的便利收受他人财物、其他好处或者玩忽职守,对不符合法定条件的单位核发测绘资质证书,不依法履行监督管理职责,或者发现违法行为不予查处的,对负有责任的领导人员和直接责任人员,依法给予处分;构成犯罪的,依法追究刑事责任。

《中华人民共和国环境噪声污染防治法》(1996年10月29日通过,2018年12月29日修正)

第六十二条

环境噪声污染防治监督管理人员滥用职权、玩忽职守、徇私舞弊的,由其所在单位或者上级主管机关给予行政处分;构成犯罪的,依法追究刑事责任。

《中华人民共和国环境影响评价法》(2002年10月28日通过,2018年12月29日第二次修正)

第三十四条

生态环境主管部门或者其他部门的工作人员徇私舞弊,滥用职权,玩忽职守,违法批准建设项目环境影响评价文件的,依法给予行政处分;构成犯罪的,依法追究刑事责任。

《中华人民共和国野生动物保护法》(1988年11月8日通过,2018年10月26日第三次修正)

第四十二条

野生动物保护主管部门或者其他有关部门、机关不依法作出行政许可决定,发现违法行为或者接到对违法行为的举报不予查处或者不依法查处,或者有滥用职权等其他不依法履行职责的行为的,由本级人民政府或者上级人民政府有关部门、机关责令改正,对负有责任的主管人员和其他直接责任人员依法给予记过、记大过或者降级处分;造成严重后果的,给予撤职或者开除处分,其主要负责人应当引咎辞职;构成犯罪的,依法追究刑事责任。

《中华人民共和国防沙治沙法》(2001年8月31日通过,2018年10月26日修正)

第四十五条

防沙治沙监督管理人员滥用职权、玩忽职守、徇私舞弊,构成犯罪的,依法追究刑事责任。

《中华人民共和国气象法》(1999年10月31日通过,2016年11月7日第三次修正)

第四十条

各级气象主管机构及其所属气象台站的工作人员由于玩忽职守,导致重大漏报、错报公众气象预报、灾害性天气警报,以及丢失或者毁坏原始气象探测资料、伪造气象资料等事故的,依法给予行政处分;致使国家利益和人民生命财产遭受重大损失,构成犯罪的,依法追究刑事责任。

《中华人民共和国城市房地产管理法》(1994年7月5日通过,2019年8月26日第三次修正)

第七十一条

Ⅰ房产管理部门、土地管理部门工作人员玩忽职守、滥用职权,构成犯罪的,依法追究刑事责任;不构成犯罪的,给予行政处分。

Ⅱ房产管理部门、土地管理部门工作人员利用职务上的便利,索取他人财物,或者非法收受他人财物为他人谋取利益,构成犯罪的,依法追究刑事责任;不构成犯罪的,给予行政处分。

《中华人民共和国建筑法》(1997年11月1日通过,2019年4月23日第二次修正)

第七十七条

违反本法规定,对不具备相应资质等级条件的单位颁发该等级资质证书的,由其上级机关责令收回所发的资质证书,对直接负责的主管人员和其他直接责任人员给予行政处分;构成犯罪的,依法追究刑事责任。

第七十八条

政府及其所属部门的工作人员违反本法规定,限定发包单位将招标发包的工程发包给指定的承包单位的,由上级机关责令改正;构成犯罪的,依法追究刑事责任。

第七十九条

负责颁发建筑工程施工许可证的部门及其工作人员对不符合施工条件的建筑工程颁发施工许可证的,负责工程质量监督检查或者竣工验收的部门及其工作人员对不合格的建筑工程出具质量合格文件或者按合格工程验收的,由上级机关责令改正,对责任人员给予行政处分;构成犯罪的,依法追究刑事责任;造成损失的,由该部门承担相应的赔偿责任。

《中华人民共和国城乡规划法》(2007年10

月28日通过,2019年4月23日第二次修正)

第五十八条

对依法应当编制城乡规划而未组织编制,或者未按法定程序编制、审批、修改城乡规划的,由上级人民政府责令改正,通报批评;对有关人民政府负责人和其他直接责任人员依法给予处分。

第五十九条

城乡规划组织编制机关委托不具有相应资质等级的单位编制城乡规划的,由上级人民政府责令改正,通报批评;对有关人民政府负责人和其他直接责任人员依法给予处分。

第六十条

镇人民政府或者县级以上人民政府城乡规划主管部门有下列行为之一的,由本级人民政府、上级人民政府城乡规划主管部门或者监察机关依据职权责令改正,通报批评;对直接负责的主管人员和其他直接责任人员依法给予处分:

(一)未依法组织编制城市的控制性详细规划、县人民政府所在地镇的控制性详细规划的;

(二)超越职权或者对不符合法定条件的申请人核发选址意见书、建设用地规划许可证、建设工程规划许可证、乡村建设规划许可证的;

(三)对符合法定条件的申请人未在法定期限内核发选址意见书、建设用地规划许可证、建设工程规划许可证、乡村建设规划许可证的;

(四)未依法对经审定的修建性详细规划、建设工程设计方案的总平面图予以公布的;

(五)同意修改修建性详细规划、建设工程设计方案的总平面图前未采取听证会等形式听取利害关系人的意见的;

(六)发现未依法取得规划许可或者违反规划许可的规定在规划区内进行建设的行为,而不予查处或者接到举报后不依法处理的。

第六十一条

县级以上人民政府有关部门有下列行为之一的,由本级人民政府或者上级人民政府有关部门责令改正,通报批评;对直接负责的主管人员和其他直接责任人员依法给予处分:

(一)对未依法取得选址意见书的建设项目核发建设项目批准文件的;

(二)未依法在国有土地使用权出让合同中确定规划条件或者改变国有土地使用权出让合同中依法确定的规划条件的;

(三)对未依法取得建设用地规划许可证的建设单位划拨国有土地使用权的。

第六十九条

违反本法规定,构成犯罪的,依法追究刑事责任。

《中华人民共和国归侨侨眷权益保护法》(1990年9月7日通过,2009年8月27日第二次修正)

第二十四条

国家机关工作人员玩忽职守或者滥用职权,致使归侨、侨眷合法权益受到损害的,其所在单位或者上级主管机关应当责令改正或者给予行政处分;构成犯罪的,依法追究刑事责任。

《中华人民共和国反垄断法》(2007年8月30日通过)

第五十四条

反垄断执法机构工作人员滥用职权、玩忽职守、徇私舞弊或者泄露执法过程中知悉的商业秘密,构成犯罪的,依法追究刑事责任;尚不构成犯罪的,依法给予处分。

《中华人民共和国政府采购法》(2002年6月29日通过,2014年8月31日修正)

第八十条

政府采购监督管理部门的工作人员在实施监督检查中违反本法规定滥用职权,玩忽职守,徇私舞弊的,依法给予行政处分;构成犯罪的,依法追究刑事责任。

《中华人民共和国会计法》(1985年1月21日通过,2017年11月4日第二次修正)

第四十二条

Ⅰ违反本法规定,有下列行为之一的,由县级以上人民政府财政部门责令限期改正,可以对单位并处三千元以上五万元以下的罚款;对其直接负责的主管人员和其他直接责任人员,可以处二千元以上二万元以下的罚款;属于国家工作人员的,还应当由其所在单位或者有关单位依法给予行政处分:

(一)不依法设置会计帐簿的;

(二)私设会计帐簿的;

(三)未按照规定填制、取得原始凭证或者填制、取得的原始凭证不符合规定的;

(四)以未经审核的会计凭证为依据登记会计帐簿或者登记会计帐簿不符合规定的;

(五)随意变更会计处理方法的;

(六)向不同的会计资料使用者提供的财务会计报告编制依据不一致的;

(七)未按照规定使用会计记录文字或者记帐本位币的;

(八)未按照规定保管会计资料,致使会计资料毁损、灭失的;

（九）未按照规定建立并实施单位内部会计监督制度或者拒绝依法实施的监督或者不如实提供有关会计资料及有关情况的；

（十）任用会计人员不符合本法规定的。

Ⅱ有前款所列行为之一，构成犯罪的，依法追究刑事责任。

Ⅲ会计人员有第一款所列行为之一，情节严重的，五年内不得从事会计工作。

Ⅳ有关法律对第一款所列行为的处罚另有规定的，依照有关法律的规定办理。

第四十六条

单位负责人对依法履行职责、抵制违反本法规定行为的会计人员以降级、撤职、调离工作岗位、解聘或者开除等方式实行打击报复，构成犯罪的，依法追究刑事责任；尚不构成犯罪的，由其所在单位或者有关单位依法给予行政处分。对受打击报复的会计人员，应当恢复其名誉和原有职务、级别。

第四十七条

财政部门及有关行政部门的工作人员在实施监督管理中滥用职权、玩忽职守、徇私舞弊或者泄露国家秘密、商业秘密，构成犯罪的，依法追究刑事责任；尚不构成犯罪的，依法给予行政处分。

《中华人民共和国电力法》（1995 年 12 月 28 日通过，2018 年 12 月 29 日第三次修正）

第七十三条

电力管理部门的工作人员滥用职权、玩忽职守、徇私舞弊，构成犯罪的，依法追究刑事责任；尚不构成犯罪的，依法给予行政处分。

《中华人民共和国节约能源法》（1997 年 11 月 1 日通过，2018 年 10 月 26 日第二次修正）

第六十八条

Ⅰ负责审批政府投资项目的机关违反本法规定，对不符合强制性节能标准的项目予以批准建设的，对直接负责的主管人员和其他直接责任人员依法给予处分。

Ⅱ固定资产投资项目建设单位开工建设不符合强制性节能标准的项目或者将该项目投入生产、使用的，由管理节能工作的部门责令停止建设或者停止生产、使用，限期改造；不能改造或者逾期不改造的生产性项目，由管理节能工作的部门报请本级人民政府按照国务院规定的权限责令关闭。

第八十一条

公共机构采购用能产品、设备，未优先采购列入节能产品、设备政府采购名录中的产品、设备，或者采购国家明令淘汰的用能产品、设备的，由政府采购监督管理部门给予警告，可以并处罚款；对直接负责的主管人员和其他直接责任人员依法给予处分，并予通报。

第八十五条

违反本法规定，构成犯罪的，依法追究刑事责任。

第八十六条

国家工作人员在节能管理工作中滥用职权、玩忽职守、徇私舞弊，构成犯罪的，依法追究刑事责任；尚不构成犯罪的，依法给予处分。

《中华人民共和国可再生能源法》（2005 年 2 月 28 日通过，2009 年 12 月 26 日修正）

第二十八条

国务院能源主管部门和县级以上地方人民政府管理能源工作的部门和其他有关部门在可再生能源开发利用监督管理工作中，违反本法规定，有下列行为之一的，由本级人民政府或者上级人民政府有关部门责令改正，对负有责任的主管人员和其他直接责任人员依法给予行政处分；构成犯罪的，依法追究刑事责任：

（一）不依法作出行政许可决定的；

（二）发现违法行为不予查处的；

（三）有不依法履行监督管理职责的其他行为的。

《中华人民共和国港口法》（2003 年 6 月 28 日通过，2018 年 12 月 29 日第三次修正）

第五十七条

交通主管部门、港口行政管理部门、海事管理机构等不依法履行职责，有下列行为之一的，对直接负责的主管人员和其他直接责任人员依法给予行政处分；构成犯罪的，依法追究刑事责任：

（一）违法批准建设港口设施使用港口岸线，或者违法批准船舶载运危险货物进出港口、违法批准在港口内进行危险货物的装卸、过驳作业的；

（二）对不符合法定条件的申请人给予港口经营许可的；

（三）发现取得经营许可的港口经营人不再具备法定许可条件而不及时吊销许可证的；

（四）不依法履行监督检查职责，对违反港口规划建设港口、码头或者其他港口设施的行为，未经依法许可从事港口经营业务的行为，不遵守安全生产管理规定的行为，危及港口作业安全的行为，以及其他违反本法规定的行为，不依法予以查处的。

《中华人民共和国土地管理法》（1986 年 6 月 25 日通过，2019 年 8 月 26 日第三次修正）

第八十四条

自然资源主管部门、农业农村主管部门的工作人员玩忽职守、滥用职权、徇私舞弊，构成犯罪的，依法追究刑事责任；尚不构成犯罪的，依法给予行政处分。

《中华人民共和国水土保持法》（1991年6月29日通过，2010年12月25日修订）

第四十七条

水行政主管部门或者其他依照本法规定行使监督管理权的部门，不依法作出行政许可决定或者办理批准文件的，发现违法行为或者接到对违法行为的举报不予查处的，或者有其他未依照本法规定履行职责的行为的，对直接负责的主管人员和其他直接责任人员依法给予处分。

第五十八条

违反本法规定，造成水土流失危害的，依法承担民事责任；构成违反治安管理行为的，由公安机关依法给予治安管理处罚；构成犯罪的，依法追究刑事责任。

《中华人民共和国海域使用管理法》（2001年10月27日通过）

第五十一条

国务院海洋行政主管部门和县级以上地方人民政府违反本法规定颁发海域使用权证书，或者颁发海域使用权证书后不进行监督管理，或者发现违法行为不予查处的，对直接负责的主管人员和其他直接责任人员，依法给予行政处分；徇私舞弊、滥用职权或者玩忽职守构成犯罪的，依法追究刑事责任。

《中华人民共和国水法》（1988年1月21日通过，2016年7月2日第二次修正）

第六十四条

水行政主管部门或者其他有关部门以及水工程管理单位及其工作人员，利用职务上的便利收取他人财物、其他好处或者玩忽职守，对不符合法定条件的单位或者个人核发许可证、签署审查同意意见，不按照水量分配方案分配水量，不按照国家有关规定收取水资源费，不履行监督职责，或者发现违法行为不予查处，造成严重后果，构成犯罪的，对负有责任的主管人员和其他直接责任人员依照刑法的有关规定追究刑事责任；尚不够刑事处罚的，依法给予行政处分。

《中华人民共和国防洪法》（1997年8月29日通过，2016年7月2日第三次修正）

第六十四条

国家工作人员，有下列行为之一，构成犯罪的，依法追究刑事责任；尚不构成犯罪的，给予行政处分：

（一）违反本法第十七条、第十九条、第二十二条第二款、第二十二条第三款、第二十七条或者第三十四条规定①，严重影响防洪的；

---

① 《中华人民共和国防洪法》（1997年8月29日通过，2016年7月2日第三次修正）

第十七条

Ⅰ在江河、湖泊上建设防洪工程和其他水工程、水电站等，应当符合防洪规划的要求；水库应当按照防洪规划的要求留足防洪库容。

Ⅱ前款规定的防洪工程和其他水工程、水电站未取得有关水行政主管部门签署的符合防洪规划要求的规划同意书的，建设单位不得开工建设。

第十九条

Ⅰ整治河道和修建控制引导河水流向、保护堤岸等工程，应当兼顾上下游、左右岸的关系，按照规划治导线实施，不得任意改变河水流向。

Ⅱ国家确定的重要江河的规划治导线由流域管理机构拟定，报国务院水行政主管部门批准。

Ⅲ其他江河、河段的规划治导线由县级以上地方人民政府水行政主管部门拟定，报本级人民政府批准；跨省、自治区、直辖市的江河、河段和省、自治区、直辖市之间的省界河道的规划治导线由有关流域管理机构组织江河、河段所在地的省、自治区、直辖市人民政府水行政主管部门拟定，经有关省、自治区、直辖市人民政府审查提出意见后，报国务院水行政主管部门批准。

第二十二条

Ⅱ禁止在河道、湖泊管理范围内建设妨碍行洪的建筑物、构筑物，倾倒垃圾、渣土，从事影响河势稳定、危害河岸堤防安全和其他妨碍河道行洪的活动。

第二十七条

Ⅰ建设跨河、穿河、穿堤、临河的桥梁、码头、道路、渡口、管道、缆线、取水、排水等工程设施，应当符合防洪标准、岸线规划、航运要求和其他技术要求，不得危害堤防安全、影响河势稳定、妨碍行洪畅通；其工程建设方案未经有关水行政主管部门根据前述防洪要求审查同意的，建设单位不得开工建设。（转下页）

（二）滥用职权，玩忽职守，徇私舞弊，致使防汛抗洪工作遭受重大损失的；

（三）拒不执行防御洪水方案、防汛抢险指令或者蓄滞洪方案、措施、汛期调度运用计划等防汛调度方案的；

（四）违反本法规定，导致或者加重毗邻地区或者其他单位洪灾损失的。

《中华人民共和国农业法》（1993年7月2日通过，2012年12月28日第二次修正）

第九十三条

违反本法第六十七条规定[①]，向农民或者农业生产经营组织违法收费、罚款、摊派的，上级主管机关应当予以制止，并予公告；已经收取钱款或者已经使用人力、物力的，由上级主管机关责令限期归还已经收取的钱款或者折价偿还已经使用的人力、物力，并由上级主管机关或者所在单位给予直接负责的主管人员和其他直接责任人员行政处分；情节严重，构成犯罪的，依法追究刑事责任。

第九十七条

县级以上人民政府农业行政主管部门的工作人员违反本法规定参与和从事农业生产经营活动的，依法给予行政处分；构成犯罪的，依法追究刑事责任。

《中华人民共和国畜牧法》（2005年12月29日通过，2015年4月24日修正）

第七十条

畜牧兽医行政主管部门的工作人员利用职务上的便利，收受他人财物或者谋取其他利益，对不符合法定条件的单位、个人核发许可证或者有关批准文件，不履行监督职责，或者发现违法行为不予查处的，依法给予行政处分。

第七十一条

违反本法规定，构成犯罪的，依法追究刑事责任。

《中华人民共和国渔业法》（1986年1月20日通过，2013年12月28日第四次修正）

第四十九条

渔业行政主管部门和其所属的渔政监督管理机构及其工作人员违反本法规定核发许可证、分配捕捞限额或者从事渔业生产经营活动的，或者有其他玩忽职守不履行法定义务、滥用职权、徇私舞弊的行为的，依法给予行政处分；构成犯罪的，依法追究刑事责任。

《中华人民共和国社区矫正法》（2019年12月28日通过）

第六十一条

社区矫正机构工作人员和其他国家工作人员有下列行为之一的，应当给予处分；构成犯罪的，依法追究刑事责任：

（一）利用职务或者工作便利索取、收受贿赂的；

（二）不履行法定职责的；

（三）体罚、虐待社区矫正对象，或者违反法律规定限制或者变相限制社区矫正对象的人身自由的；

（四）泄露社区矫正工作秘密或者其他依法应当保密的信息的；

（五）对依法申诉、控告或者检举的社区矫正对象进行打击报复的；

（接上页）

Ⅱ前款工程设施需要占用河道、湖泊管理范围内土地，跨越河道、湖泊空间或者穿越河床的，建设单位应当经有关水行政主管部门对该工程设施建设的位置和界限审查批准后，方可依法办理开工手续；安排施工时，应当按照水行政主管部门审查批准的位置和界限进行。

第三十四条

Ⅰ大中城市，重要的铁路、公路干线，大型骨干企业，应当列为防洪重点，确保安全。

Ⅱ受洪水威胁的城市、经济开发区、工矿区和国家重要的农业生产基地等，应当重点保护，建设必要的防洪工程设施。

Ⅲ城市建设不得擅自填堵原有河道沟叉、贮水湖塘洼淀和废除原有防洪围堤。确需填堵或者废除的，应当经城市人民政府批准。

① 《中华人民共和国农业法》（1993年7月2日通过，2012年12月28日第二次修正）

第六十七条

Ⅰ任何机关或者单位向农民或者农业生产经营组织收取行政、事业性费用必须依据法律、法规的规定。收费的项目、范围和标准应当公布。没有法律、法规依据的收费，农民和农业生产经营组织有权拒绝。

Ⅱ任何机关或者单位对农民或者农业生产经营组织进行罚款处罚必须依据法律、法规、规章的规定。没有法律、法规、规章依据的罚款，农民和农业生产经营组织有权拒绝。

Ⅲ任何机关或者单位不得以任何方式向农民或者农业生产经营组织进行摊派。除法律、法规另有规定外，任何机关或者单位以任何方式要求农民或者农业生产经营组织提供人力、财力、物力的，属于摊派。农民和农业生产经营组织有权拒绝任何方式的摊派。

(六)有其他违纪违法行为的。

《中华人民共和国烟草专卖法》(1991年6月29日通过,2015年4月24日第三次修正)

第四十条

烟草专卖行政主管部门和烟草公司的工作人员滥用职权、徇私舞弊或者玩忽职守的,给予行政处分;情节严重,构成犯罪的,依法追究刑事责任。

《中华人民共和国产品质量法》(1993年2月22日通过,2018年12月29日第三次修正)

第六十八条

市场监督管理部门的工作人员滥用职权、玩忽职守、徇私舞弊,构成犯罪的,依法追究刑事责任;尚不构成犯罪的,依法给予行政处分。

《中华人民共和国计量法》(1985年9月6日通过,2018年10月26日第五次修正)

第二十九条

计量监督人员违法失职,情节严重的,依照刑法有关规定追究刑事责任;情节轻微的,给予行政处分。

《中华人民共和国标准化法》(1988年12月29日通过,2017年11月4日修订)

第四十三条

标准化工作的监督、管理人员滥用职权、玩忽职守、徇私舞弊的,依法给予处分;构成犯罪的,依法追究刑事责任。

《中华人民共和国价格法》(1997年12月29日通过)

第四十六条

价格工作人员泄露国家秘密、商业秘密以及滥用职权、徇私舞弊、玩忽职守、索贿受贿,构成犯罪的,依法追究刑事责任;尚不构成犯罪的,依法给予处分。

《中华人民共和国红十字会法》(1993年10月31日通过,2017年2月24日修订)

第二十八条

各级人民政府有关部门及其工作人员在实施监督管理中滥用职权、玩忽职守、徇私舞弊的,对直接负责的主管人员和其他直接责任人员依法给予处分;构成犯罪的,依法追究刑事责任。

《中华人民共和国公益事业捐赠法》(1999年6月28日通过)

第三十一条

受赠单位的工作人员,滥用职权,玩忽职守,徇私舞弊,致使捐赠财产造成重大损失的,由所在单位依照有关规定予以处理;构成犯罪的,依法追究刑事责任。

《中华人民共和国老年人权益保障法》(1996年8月29日通过,2018年12月29日第三次修正)

第七十四条

Ⅰ不履行保护老年人合法权益职责的部门或者组织,其上级主管部门应当给予批评教育,责令改正。

Ⅱ国家工作人员违法失职,致使老年人合法权益受到损害的,由其所在单位或者上级机关责令改正,或者依法给予处分;构成犯罪的,依法追究刑事责任。

第八十条

对养老机构负有管理和监督职责的部门及其工作人员滥用职权、玩忽职守、徇私舞弊的,对直接负责的主管人员和其他直接责任人员依法给予处分;构成犯罪的,依法追究刑事责任。

《中华人民共和国矿山安全法》(1992年11月7日通过,2009年8月27日修正)

第四十八条

矿山安全监督人员和安全管理人员滥用职权、玩忽职守、徇私舞弊,构成犯罪的,依法追究刑事责任;不构成犯罪的,给予行政处分。

《中华人民共和国国家安全法》(2015年7月1日通过)

第十三条

Ⅰ国家机关工作人员在国家安全工作和涉及国家安全活动中,滥用职权、玩忽职守、徇私舞弊的,依法追究法律责任。

《中华人民共和国突发事件应对法》(2007年8月30日通过)

第六十三条

地方各级人民政府和县级以上各级人民政府有关部门违反本法规定,不履行法定职责的,由其上级行政机关或者监察机关责令改正;有下列情形之一的,根据情节对直接负责的主管人员和其他直接责任人员依法给予处分:

(一)未按规定采取预防措施,导致发生突发事件,或者未采取必要的防范措施,导致发生次生、衍生事件的;

(二)迟报、谎报、瞒报、漏报有关突发事件的信息,或者通报、报送、公布虚假信息,造成后果的;

(三)未按规定及时发布突发事件警报、采取预警期的措施,导致损害发生的;

(四)未按规定及时采取措施处置突发事件或者处置不当,造成后果的;

（五）不服从上级人民政府对突发事件应急处置工作的统一领导、指挥和协调的；

（六）未及时组织开展生产自救、恢复重建等善后工作的；

（七）截留、挪用、私分或者变相私分应急救援资金、物资的；

（八）不及时归还征用的单位和个人的财产，或者对被征用财产的单位和个人不按规定给予补偿的。

第六十八条

违反本法规定，构成犯罪的，依法追究刑事责任。

《中华人民共和国海岛保护法》（2009年12月26日通过）

第四十四条

海洋主管部门或者其他对海岛保护负有监督管理职责的部门，发现违法行为或者接到对违法行为的举报后不依法予以查处，或者有其他未依照本法规定履行职责的行为的，由本级人民政府或者上一级人民政府有关主管部门责令改正，对直接负责的主管人员和其他直接责任人员依法给予处分。

第五十三条

无权批准开发利用无居民海岛而批准，超越批准权限批准开发利用无居民海岛，或者违反海岛保护规划批准开发利用无居民海岛的，批准文件无效；对直接负责的主管人员和其他直接责任人员依法给予处分。

第五十五条

I违反本法规定，构成犯罪的，依法追究刑事责任。

《中华人民共和国防震减灾法》（1997年12月29日通过，2008年12月27日修订）

第八十二条

国务院地震工作主管部门、县级以上地方人民政府负责管理地震工作的部门或者机构，以及其他依照本法规定行使监督管理权的部门，不依法作出行政许可或者办理批准文件的，发现违法行为或者接到对违法行为的举报后不予查处的，或者有其他未依照本法规定履行职责的行为的，对直接负责的主管人员和其他直接责任人员，依法给予处分。

第八十九条

地震灾区的县级以上地方人民政府迟报、谎报、瞒报地震震情、灾情等信息的，由上级人民政府责令改正；对直接负责的主管人员和其他直接责任人员，依法给予处分。

第九十一条

违反本法规定，构成犯罪的，依法追究刑事责任。

《中华人民共和国预算法》（1994年3月22日通过，2018年12月29日第二次修正）

第九十二条

各级政府及有关部门有下列行为之一的，责令改正，对负有直接责任的主管人员和其他直接责任人员追究行政责任：

（一）未依照本法规定，编制、报送预算草案、预算调整方案、决算草案和部门预算、决算以及批复预算、决算的；

（二）违反本法规定，进行预算调整的；

（三）未依照本法规定对有关预算事项进行公开和说明的；

（四）违反规定设立政府性基金项目和其他财政收入项目的；

（五）违反法律、法规规定使用预算预备费、预算周转金、预算稳定调节基金、超收收入的；

（六）违反本法规定开设财政专户的。

第九十三条

各级政府及有关部门、单位有下列行为之一的，责令改正，对负有直接责任的主管人员和其他直接责任人员依法给予降级、撤职、开除的处分：

（一）未将所有政府收入和支出列入预算或者虚列收入和支出的；

（二）违反法律、行政法规的规定，多征、提前征收或者减征、免征、缓征应征预算收入的；

……

第九十四条

各级政府、各部门、各单位违反本法规定举借债务或者为他人债务提供担保，或者挪用重点支出资金，或者在预算之外及超预算标准建设楼堂馆所的，责令改正，对负有直接责任的主管人员和其他直接责任人员给予撤职、开除的处分。

第九十五条

各级政府有关部门、单位及其工作人员有下列行为之一的，责令改正，追回骗取、使用的资金，有违法所得的没收违法所得，对单位给予警告或者通报批评；对负有直接责任的主管人员和其他直接责任人员依法给予处分：

（一）违反法律、法规的规定，改变预算收入上缴方式的；

（二）以虚报、冒领等手段骗取预算资金的；

（三）违反规定扩大开支范围、提高开支标准的；

（四）其他违反财政管理规定的行为。

第九十六条

Ⅰ本法第九十二条、第九十三条、第九十四条、第九十五条所列违法行为，其他法律对其处理、处罚另有规定的，依照其规定。

Ⅱ违反本法规定，构成犯罪的，依法追究刑事责任。

《中华人民共和国反洗钱法》（2006 年 10 月 31 日通过）

第三十条

反洗钱行政主管部门和其他依法负有反洗钱监督管理职责的部门、机构从事反洗钱工作的人员有下列行为之一的，依法给予行政处分：

（一）违反规定进行检查、调查或者采取临时冻结措施的；

（二）泄露因反洗钱知悉的国家秘密、商业秘密或者个人隐私的；

（三）违反规定对有关机构和人员实施行政处罚的；

（四）其他不依法履行职责的行为。

第三十三条

违反本法规定，构成犯罪的，依法追究刑事责任。

《中华人民共和国企业国有资产法》（2008 年 10 月 28 日通过）

第六十八条

履行出资人职责的机构有下列行为之一的，对其直接负责的主管人员和其他直接责任人员依法给予处分：

（一）不按照法定的任职条件，任命或者建议任命国家出资企业管理者的；

……

（三）违反法定的权限、程序，决定国家出资企业重大事项，造成国有资产损失的；

（四）有其他不依法履行出资人职责的行为，造成国有资产损失的。

第六十九条

履行出资人职责的机构的工作人员玩忽职守、滥用职权、徇私舞弊，尚不构成犯罪的，依法给予处分。

第七十五条

违反本法规定，构成犯罪的，依法追究刑事责任。

《中华人民共和国循环经济促进法》（2008 年 8 月 29 日通过，2018 年 10 月 26 日修正）

第四十九条

县级以上人民政府循环经济发展综合管理部门或者其他有关主管部门发现违反本法的行为或者接到对违法行为的举报后不予查处，或者有其他不依法履行监督管理职责行为的，由本级人民政府或者上一级人民政府有关主管部门责令改正，对直接负责的主管人员和其他直接责任人员依法给予处分。

第五十七条

违反本法规定，构成犯罪的，依法追究刑事责任。

《中华人民共和国石油天然气管道保护法》（2010 年 6 月 25 日通过）

第五十六条

县级以上地方人民政府及其主管管道保护工作的部门或者其他有关部门，违反本法规定，对应当组织排除的管道外部安全隐患不及时组织排除，发现危害管道安全的行为或者接到对危害管道安全行为的举报后不依法予以查处，或者有其他不依照本法规定履行职责的行为的，由其上级机关责令改正，对直接负责的主管人员和其他直接责任人员依法给予处分。

第五十七条

违反本法规定，构成犯罪的，依法追究刑事责任。

《中华人民共和国公路法》（1997 年 7 月 3 日通过，2017 年 11 月 4 日第五次修正）

第八十六条

交通主管部门、公路管理机构的工作人员玩忽职守、徇私舞弊、滥用职权，构成犯罪的，依法追究刑事责任；尚不构成犯罪的，依法给予行政处分。

《中华人民共和国邮政法》（1986 年 12 月 2 日通过，2015 年 4 月 24 日第二次修正）

第八十三条

邮政管理部门工作人员在监督管理工作中滥用职权、玩忽职守、徇私舞弊，构成犯罪的，依法追究刑事责任；尚不构成犯罪的，依法给予处分。

《中华人民共和国农产品质量安全法》（2006 年 4 月 29 日通过，2018 年 10 月 26 日修正）

第四十三条

农产品质量安全监督管理人员不依法履行监督职责，或者滥用职权的，依法给予行政处分。

第五十三条

违反本法规定，构成犯罪的，依法追究刑事责任。

《中华人民共和国统计法》（1983 年 12 月 8 日通过，2009 年 6 月 27 日修订）

第三十七条

地方人民政府、政府统计机构或者有关部门、单位的负责人有下列行为之一的，由任免机关或者监察机关依法给予处分，并由县级以上人民政府统计机构予以通报：

（一）自行修改统计资料、编造虚假统计数据的；

（二）要求统计机构、统计人员或者其他机构、人员伪造、篡改统计资料的；

（三）对依法履行职责或者拒绝、抵制统计违法行为的统计人员打击报复的；

（四）对本地方、本部门、本单位发生的严重统计违法行为失察的。

第三十八条

Ⅰ县级以上人民政府统计机构或者有关部门在组织实施统计调查活动中有下列行为之一的，由本级人民政府、上级人民政府统计机构或者本级人民政府统计机构责令改正，予以通报；对直接负责的主管人员和其他直接责任人员，由任免机关或者监察机关依法给予处分：

（一）未经批准擅自组织实施统计调查的；

（二）未经批准擅自变更统计调查制度的内容的；

（三）伪造、篡改统计资料的；

（四）要求统计调查对象或者其他机构、人员提供不真实的统计资料的；

（五）未按照统计调查制度的规定报送有关资料的。

Ⅱ统计人员有前款第三项至第五项所列行为之一的，责令改正，依法给予处分。

第三十九条

Ⅰ县级以上人民政府统计机构或者有关部门有下列行为之一的，对直接负责的主管人员和其他直接责任人员由任免机关或者监察机关依法给予处分：

（一）违法公布统计资料的；

（二）泄露统计调查对象的商业秘密、个人信息或者提供、泄露在统计调查中获得的能够识别或者推断单个统计调查对象身份的资料的；

（三）违反国家有关规定，造成统计资料毁损、灭失的。

Ⅱ统计人员有前款所列行为之一的，依法给予处分。

第四十七条

违反本法规定，构成犯罪的，依法追究刑事责任。

《中华人民共和国特种设备安全法》（2013年6月29日通过）

第八十九条

发生特种设备事故，有下列情形之一的，对单位处五万元以上二十万元以下罚款；对主要负责人处一万元以上五万元以下罚款；主要负责人属于国家工作人员的，并依法给予处分：

（一）发生特种设备事故时，不立即组织抢救或者在事故调查处理期间擅离职守或者逃匿的；

（二）对特种设备事故迟报、谎报或者瞒报的。

第九十四条

违反本法规定，负责特种设备安全监督管理的部门及其工作人员有下列行为之一的，由上级机关责令改正；对直接负责的主管人员和其他直接责任人员，依法给予处分：

（一）未依照法律、行政法规规定的条件、程序实施许可的；

（二）发现未经许可擅自从事特种设备的生产、使用或者检验、检测活动不予取缔或者不依法予以处理的；

（三）发现特种设备生产单位不再具备本法规定的条件而不吊销其许可证，或者发现特种设备生产、经营、使用违法行为不予查处的；

（四）发现特种设备检验、检测机构不再具备本法规定的条件而不撤销其核准，或者对其出具虚假的检验、检测结果和鉴定结论或者检验、检测结果和鉴定结论严重失实的行为不予查处的；

（五）发现违反本法规定和安全技术规范要求的行为或者特种设备存在事故隐患，不立即处理的；

（六）发现重大违法行为或者特种设备存在严重事故隐患，未及时向上级负责特种设备安全监督管理的部门报告，或者接到报告的负责特种设备安全监督管理的部门不立即处理的；

（七）要求已经依照本法规定在其他地方取得许可的特种设备生产单位重复取得许可，或者要求对已经依照本法规定在其他地方检验合格的特种设备重复进行检验的；

（八）推荐或者监制、监销特种设备的；

（九）泄露履行职责过程中知悉的商业秘密的；

（十）接到特种设备事故报告未立即向本级人民政府报告，并按照规定上报的；

（十一）迟报、漏报、谎报或者瞒报事故的；

（十二）妨碍事故救援或者事故调查处理的；

（十三）其他滥用职权、玩忽职守、徇私舞弊的行为。

第九十八条

违反本法规定，构成违反治安管理行为的，依法给予治安管理处罚;构成犯罪的,依法追究刑事责任。

《中华人民共和国旅游法》(2013年4月25日通过,2018年10月26日第二次修正)

第一百零九条

旅游主管部门和有关部门的工作人员在履行监督管理职责中,滥用职权、玩忽职守、徇私舞弊,尚不构成犯罪的,依法给予处分。

第一百一十条

违反本法规定,构成犯罪的,依法追究刑事责任。

《中华人民共和国残疾人保障法》(1990年12月28日通过,2018年10月26日修正)

第六十一条

Ⅰ违反本法规定,对侵害残疾人权益行为的申诉、控告、检举,推诿、拖延、压制不予查处,或者对提出申诉、控告、检举的人进行打击报复的,由其所在单位、主管部门或者上级机关责令改正,并依法对直接负责的主管人员和其他直接责任人员给予处分。

Ⅱ国家工作人员未依法履行职责,对侵害残疾人权益的行为未及时制止或者未给予受害残疾人必要帮助,造成严重后果的,由其所在单位或者上级机关依法对直接负责的主管人员和其他直接责任人员给予处分。

第六十七条

违反本法规定,侵害残疾人的合法权益,其他法律、法规规定行政处罚的,从其规定;造成财产损失或者其他损害的,依法承担民事责任;构成犯罪的,依法追究刑事责任。

《中华人民共和国就业促进法》(2007年8月30日通过,2015年4月24日修正)

第六十一条

违反本法规定,劳动行政等有关部门及其工作人员滥用职权、玩忽职守、徇私舞弊的,对直接负责的主管人员和其他直接责任人员依法给予处分。

第六十八条

违反本法规定,侵害劳动者合法权益,造成财产损失或者其他损害的,依法承担民事责任;构成犯罪的,依法追究刑事责任。

《中华人民共和国精神卫生法》(2012年10月26日通过,2018年4月27日修正)

第七十二条

县级以上人民政府卫生行政部门和其他有关部门未依照本法规定履行精神卫生工作职责,或者滥用职权、玩忽职守、徇私舞弊的,由本级人民政府或者上一级人民政府有关部门责令改正,通报批评,对直接负责的主管人员和其他直接责任人员依法给予警告、记过或者记大过的处分;造成严重后果的,给予降级、撤职或者开除的处分。

第八十一条

违反本法规定,构成犯罪的,依法追究刑事责任。

《中华人民共和国军人保险法》(2012年4月27日通过)

第四十五条

军队后勤(联勤)机关财务部门、社会保险经办机构,有下列情形之一的,由军队后勤(联勤)机关或者社会保险行政部门责令改正;对直接负责的主管人员和其他直接责任人员依法给予处分;造成损失的,依法承担赔偿责任:

(一)不按照规定建立、转移接续军人保险关系的;

(二)不按照规定收缴、上缴个人缴纳的保险费的;

(三)不按照规定给付军人保险金的;

(四)篡改或者丢失个人缴费记录等军人保险档案资料的;

(五)泄露军队单位和军人的信息的;

(六)违反规定划拨、存储军人保险基金的;

(七)有违反法律、法规损害军人保险权益的其他行为的。

第四十八条

违反本法规定,构成犯罪的,依法追究刑事责任。

《中华人民共和国社会保险法》(2010年10月28日通过,2018年12月29日修正)

第八十九条

社会保险经办机构及其工作人员有下列行为之一的,由社会保险行政部门责令改正;给社会保险基金、用人单位或者个人造成损失的,依法承担赔偿责任;对直接负责的主管人员和其他直接责任人员依法给予处分:

(一)未履行社会保险法定职责的;

(二)未将社会保险基金存入财政专户的;

(三)克扣或者拒不按时支付社会保险待遇的;

(四)丢失或者篡改缴费记录、享受社会保险待遇记录等社会保险数据、个人权益记录的;

(五)有违反社会保险法律、法规的其他行为的。

第九十三条

国家工作人员在社会保险管理、监督工作中滥用职权、玩忽职守、徇私舞弊的,依法给予处分。

第九十四条

违反本法规定，构成犯罪的，依法追究刑事责任。

《中华人民共和国水污染防治法》（1984年5月11日通过，2017年6月27日第二次修正）

第八十条

环境保护主管部门或者其他依照本法规定行使监督管理权的部门，不依法作出行政许可或者办理批准文件的，发现违法行为或者接到对违法行为的举报后不予查处的，或者有其他未依照本法规定履行职责的行为的，对直接负责的主管人员和其他直接责任人员依法给予处分。

第一百零一条

违反本法规定，构成犯罪的，依法追究刑事责任。

《中华人民共和国疫苗管理法》（2019年6月29日通过）

第七十九条

违反本法规定，构成犯罪的，依法从重追究刑事责任。

第九十四条

县级以上地方人民政府在疫苗监督管理工作中有下列情形之一的，对直接负责的主管人员和其他直接责任人员依法给予降级或者撤职处分；情节严重的，依法给予开除处分；造成严重后果的，其主要负责人应当引咎辞职：

（一）履行职责不力，造成严重不良影响或者重大损失；

（二）瞒报、谎报、缓报、漏报疫苗安全事件；

（三）干扰、阻碍对疫苗违法行为或者疫苗安全事件的调查；

（四）本行政区域发生特别重大疫苗安全事故，或者连续发生重大疫苗安全事故。

第九十五条

药品监督管理部门、卫生健康主管部门等部门在疫苗监督管理工作中有下列情形之一的，对直接负责的主管人员和其他直接责任人员依法给予降级或者撤职处分；情节严重的，依法给予开除处分；造成严重后果的，其主要负责人应当引咎辞职：

（一）未履行监督检查职责，或者发现违法行为不及时查处；

（二）擅自进行群体性预防接种；

（三）瞒报、谎报、缓报、漏报疫苗安全事件；

（四）干扰、阻碍对疫苗违法行为或者疫苗安全事件的调查；

（五）泄露举报人的信息；

（六）接到疑似预防接种异常反应相关报告，未按照规定组织调查、处理；

（七）其他未履行疫苗监督管理职责的行为，造成严重不良影响或者重大损失。

《中华人民共和国电子商务法》（2018年8月31日通过）

第八十七条

依法负有电子商务监督管理职责的部门的工作人员，玩忽职守、滥用职权、徇私舞弊，或者泄露、出售或者非法向他人提供在履行职责中所知悉的个人信息、隐私和商业秘密的，依法追究法律责任。

第八十八条

违反本法规定，构成违反治安管理行为的，依法给予治安管理处罚；构成犯罪的，依法追究刑事责任。

《中华人民共和国外商投资法》（2019年3月15日通过）

第三十九条

行政机关工作人员在外商投资促进、保护和管理工作中滥用职权、玩忽职守、徇私舞弊的，或者泄露、非法向他人提供履行职责过程中知悉的商业秘密的，依法给予处分；构成犯罪的，依法追究刑事责任。

《中华人民共和国密码法》（2019年10月26日通过）

第四十条

密码管理部门和有关部门、单位的工作人员在密码工作中滥用职权、玩忽职守、徇私舞弊，或者泄露、非法向他人提供在履行职责中知悉的商业秘密和个人隐私的，依法给予处分。

第四十一条

违反本法规定，构成犯罪的，依法追究刑事责任；给他人造成损害的，依法承担民事责任。

《中华人民共和国基本医疗卫生与健康促进法》（2019年12月28日通过）

第九十八条

违反本法规定，地方各级人民政府、县级以上人民政府卫生健康主管部门和其他有关部门，滥用职权、玩忽职守、徇私舞弊的，对直接负责的主管人员和其他直接责任人员依法给予处分。

第一百零六条

违反本法规定，构成犯罪的，依法追究刑事责任；造成人身、财产损害的，依法承担民事责任。

《中华人民共和国退役军人保障法》（2020年11月11日通过）

第七十五条

退役军人工作主管部门及其工作人员有下列行为之一的，由其上级主管部门责令改正，对直接负责的主管人员和其他直接责任人员依法给予处分：

（一）未按照规定确定退役军人安置待遇的；

（二）在退役军人安置工作中出具虚假文件的；

（三）为不符合条件的人员发放退役军人优待证的；

（四）挪用、截留、私分退役军人保障工作经费的；

（五）违反规定确定抚恤优待对象、标准、数额或者给予退役军人相关待遇的；

（六）在退役军人保障工作中利用职务之便为自己或者他人谋取私利的；

（七）在退役军人保障工作中失职渎职的；

（八）有其他违反法律法规行为的。

第七十六条

其他负责退役军人有关工作的部门及其工作人员违反本法有关规定的，由其上级主管部门责令改正，对直接负责的主管人员和其他直接责任人员依法给予处分。

第七十七条

违反本法规定，拒绝或者无故拖延执行退役军人安置任务的，由安置地人民政府退役军人工作主管部门责令限期改正；逾期不改正的，予以通报批评。对该单位主要负责人和直接责任人员，由有关部门依法给予处分。

第八十条

违反本法规定，构成违反治安管理行为的，依法给予治安管理处罚；构成犯罪的，依法追究刑事责任。

《中华人民共和国数据安全法》（2021年6月10日通过）

第四十九条

国家机关不履行本法规定的数据安全保护义务的，对直接负责的主管人员和其他直接责任人员依法给予处分。

第五十条

履行数据安全监管职责的国家工作人员玩忽职守、滥用职权、徇私舞弊的，依法给予处分。

第五十二条

Ⅰ违反本法规定，给他人造成损害的，依法承担民事责任。

Ⅱ违反本法规定，构成违反治安管理行为的，依法给予治安管理处罚；构成犯罪的，依法追究刑事责任。

《中华人民共和国军人地位和权益保障法》（2021年6月10日通过）

第六十三条

国家机关及其工作人员、军队单位及其工作人员违反本法规定，在军人地位和权益保障工作中滥用职权、玩忽职守、徇私舞弊的，由其所在单位、主管部门或者上级机关责令改正；对负有责任的领导人员和直接责任人员，依法给予处分。

第六十七条

Ⅰ违反本法规定，侵害军人的合法权益，造成财产损失或者其他损害的，依法承担民事责任。

Ⅱ违反本法规定，构成违反治安管理行为的，依法给予治安管理处罚；构成犯罪的，依法追究刑事责任。

《中华人民共和国医师法》（2021年8月20日通过）

第六十二条

违反本法规定，卫生健康主管部门和其他有关部门工作人员或者医疗卫生机构工作人员弄虚作假、滥用职权、玩忽职守、徇私舞弊的，依法给予处分。

第六十三条

违反本法规定，构成犯罪的，依法追究刑事责任；造成人身、财产损害的，依法承担民事责任。

《中华人民共和国法律援助法》（2021年8月20日通过）

第六十一条

法律援助机构及其工作人员有下列情形之一的，由设立该法律援助机构的司法行政部门责令限期改正；有违法所得的，责令退还或者没收违法所得；对直接负责的主管人员和其他直接责任人员，依法给予处分：

（一）拒绝为符合法律援助条件的人员提供法律援助，或者故意为不符合法律援助条件的人员提供法律援助；

（二）指派不符合本法规定的人员提供法律援助；

（三）收取受援人财物；

（四）从事有偿法律服务；

（五）侵占、私分、挪用法律援助经费；

（六）泄露法律援助过程中知悉的国家秘密、商业秘密和个人隐私；

（七）法律法规规定的其他情形。

第六十六条

国家机关及其工作人员在法律援助工作中滥用职权、玩忽职守、徇私舞弊的，对直接负责的主管人员和其他直接责任人员,依法给予处分。

第六十七条

违反本法规定,构成犯罪的,依法追究刑事责任。

《中华人民共和国监察官法》(2021年8月20日通过)

第五十二条

Ⅰ监察官有下列行为之一的,依法给予处理;构成犯罪的,依法追究刑事责任:

(一)贪污贿赂的;

(二)不履行或者不正确履行监督职责,应当发现的问题没有发现,或者发现问题不报告、不处置,造成恶劣影响的;

(三)未经批准、授权处置问题线索,发现重大案情隐瞒不报,或者私自留存、处理涉案材料的;

(四)利用职权或者职务上的影响干预调查工作、以案谋私的;

(五)窃取、泄露调查工作信息,或者泄露举报事项、举报受理情况以及举报人信息的;

(六)隐瞒、伪造、变造、故意损毁证据、案件材料的;

(七)对被调查人或者涉案人员逼供、诱供,或者侮辱、打骂、虐待、体罚、变相体罚的;

(八)违反规定采取调查措施或者处置涉案财物的;

(九)违反规定发生办案安全事故,或者发生安全事故后隐瞒不报、报告失实、处置不当的;

(十)其他职务违法犯罪行为。

Ⅱ监察官有其他违纪违法行为,影响监察官队伍形象,损害国家和人民利益的,依法追究相应责任。

《中华人民共和国广告法》(1994年10月27日通过,2021年4月29日第二次修正)

第七十一条

广告审查机关对违法的广告内容作出审查批准决定的,对负有责任的主管人员和直接责任人员,由任免机关或者监察机关依法给予处分;构成犯罪的,依法追究刑事责任。

第七十二条

Ⅰ市场监督管理部门对在履行广告监测职责中发现的违法广告行为或者对经投诉、举报的违法广告行为,不依法予以查处的,对负有责任的主管人员和直接责任人员,依法给予处分。

Ⅱ市场监督管理部门和负责广告管理相关工作的有关部门的工作人员玩忽职守、滥用职权、徇私舞弊的,依法给予处分。

Ⅲ有前两款行为,构成犯罪的,依法追究刑事责任。

《中华人民共和国食品安全法》(2009年2月28日通过,2021年4月29日第二次修正)

第一百四十二条

违反本法规定,县级以上地方人民政府有下列行为之一的,对直接负责的主管人员和其他直接责任人员给予记大过处分;情节较重的,给予降级或者撤职处分;情节严重的,给予开除处分;造成严重后果的,其主要负责人还应当引咎辞职:

(一)对发生在本行政区域内的食品安全事故,未及时组织协调有关部门开展有效处置,造成不良影响或者损失;

(二)对本行政区域内涉及多环节的区域性食品安全问题,未及时组织整治,造成不良影响或者损失;

(三)隐瞒、谎报、缓报食品安全事故;

(四)本行政区域内发生特别重大食品安全事故,或者连续发生重大食品安全事故。

第一百四十九条

违反本法规定,构成犯罪的,依法追究刑事责任。

《中华人民共和国消防法》(1998年4月29日通过,2021年4月29日第二次修正)

第七十一条

Ⅰ住房和城乡建设主管部门、消防救援机构的工作人员滥用职权、玩忽职守、徇私舞弊,有下列行为之一,尚不构成犯罪的,依法给予处分:

(一)对不符合消防安全要求的消防设计文件、建设工程、场所准予审查合格、消防验收合格、消防安全检查合格的;

(二)无故拖延消防设计审查、消防验收、消防安全检查,不在法定期限内履行职责的;

(三)发现火灾隐患不及时通知有关单位或者个人整改的;

(四)利用职务为用户、建设单位指定或者变相指定消防产品的品牌、销售单位或者消防技术服务机构、消防设施施工单位的;

(五)将消防车、消防艇以及消防器材、装备和设施用于与消防和应急救援无关的事项的;

(六)其他滥用职权、玩忽职守、徇私舞弊的行为。

Ⅱ产品质量监督、工商行政管理等其他有关行政主管部门的工作人员在消防工作中滥用职权、玩忽职守、徇私舞弊,尚不构成犯罪的,依法给予处分。

第七十二条

违反本法规定,构成犯罪的,依法追究刑事责任。

《中华人民共和国民用航空法》(1995年10月30日通过,2021年4月29日第六次修正)

第二百一十二条

国务院民用航空主管部门和地区民用航空管理机构的工作人员,玩忽职守、滥用职权、徇私舞弊,构成犯罪的,依法追究刑事责任;尚不构成犯罪的,依法给予行政处分。

《中华人民共和国安全生产法》(2002年6月29日通过,2021年6月10日第三次修正)

第九十条

Ⅰ负有安全生产监督管理职责的部门的工作人员,有下列行为之一的,给予降级或者撤职的处分;构成犯罪的,依照刑法有关规定追究刑事责任:

(一)对不符合法定安全生产条件的涉及安全生产的事项予以批准或者验收通过的;

(二)发现未依法取得批准、验收的单位擅自从事有关活动或者接到举报后不予取缔或者不依法予以处理的;

(三)对已经依法取得批准的单位不履行监督管理职责,发现其不再具备安全生产条件而不撤销原批准或者发现安全生产违法行为不予查处的;

(四)在监督检查中发现重大事故隐患,不依法及时处理的。

Ⅱ负有安全生产监督管理职责的部门的工作人员有前款规定以外的滥用职权、玩忽职守、徇私舞弊行为的,依法给予处分;构成犯罪的,依照刑法有关规定追究刑事责任。

《中华人民共和国军事设施保护法》(1990年2月23日通过,2021年6月10日修订)

第六十四条

军人、军队文职人员和军队其他人员有下列行为之一,按照军队有关规定给予处分;构成犯罪的,依法追究刑事责任:

(一)有本法第五十三条至第六十三条规定行为的;

(二)擅自将军事设施用于非军事目的,或者有其他滥用职权行为的;

(三)擅离职守或者玩忽职守的。

第六十五条

公职人员在军事设施保护工作中有玩忽职守、滥用职权、徇私舞弊等行为的,依法给予处分;构成犯罪的,依法追究刑事责任。

《中华人民共和国道路交通安全法》(2003年10月28日通过,2021年4月29日第三次修正)

第一百一十七条

交通警察利用职权非法占有公共财物,索取、收受贿赂,或者滥用职权、玩忽职守,构成犯罪的,依法追究刑事责任。

《中华人民共和国教育法》(1995年3月18日通过,2021年4月29日第三次修正)

第七十六条

学校或者其他教育机构违反国家有关规定招收学生的,由教育行政部门或者其他有关行政部门责令退回招收的学生,退还所收费用;对学校、其他教育机构给予警告,可以处违法所得五倍以下罚款;情节严重的,责令停止相关招生资格一年以上三年以下,直至撤销招生资格、吊销办学许可证;对直接负责的主管人员和其他直接责任人员,依法给予处分;构成犯罪的,依法追究刑事责任。

第七十七条

Ⅰ在招收学生工作中滥用职权、玩忽职守、徇私舞弊的,由教育行政部门或者其他有关行政部门责令退回招收的不符合入学条件的人员;对直接负责的主管人员和其他直接责任人员,依法给予处分;构成犯罪的,依法追究刑事责任。

第八十一条

举办国家教育考试,教育行政部门、教育考试机构疏于管理,造成考场秩序混乱、作弊情况严重的,对直接负责的主管人员和其他直接责任人员,依法给予处分;构成犯罪的,依法追究刑事责任。

《中华人民共和国种子法》(2000年7月8日通过,2021年12月24日第三次修正)

第六十九条

Ⅰ农业农村、林业草原主管部门不依法作出行政许可决定,发现违法行为或者接到对违法行为的举报不予查处,或者有其他未依照本法规定履行职责的行为的,由本级人民政府或者上级人民政府有关部门责令改正,对负有责任的主管人员和其他直接责任人员依法给予处分。

Ⅱ违反本法第五十五条规定,农业农村、林业草原主管部门工作人员从事种子生产经营活动的,依法给予处分。

第七十条

违反本法第十六条规定,品种审定委员会委员和工作人员不依法履行职责,弄虚作假、徇私舞弊的,依法给予处分;自处分决定作出之日起五年内不得从事品种审定工作。

第八十九条

违反本法规定,构成犯罪的,依法追究刑事责任责任。

《中华人民共和国海关法》(1987 年 1 月 22 日通过,2021 年 4 月 29 日第六次修正)

第七十二条

海关工作人员必须秉公执法,廉洁自律,忠于职守,文明服务,不得有下列行为:

(一)包庇、纵容走私或者与他人串通进行走私;

(二)非法限制他人人身自由,非法检查他人身体、住所或者场所,非法检查、扣留进出境运输工具、货物、物品;

(三)利用职权为自己或者他人谋取私利;

(四)索取、收受贿赂;

(五)泄露国家秘密、商业秘密和海关工作秘密;

(六)滥用职权,故意刁难,拖延监管、查验;

(七)购买、私分、占用没收的走私货物、物品;

(八)参与或者变相参与营利性经营活动;

(九)违反法定程序或者超越权限执行职务;

(十)其他违法行为。

第九十六条

海关工作人员有本法第七十二条所列行为之一的,依法给予行政处分;有违法所得的,依法没收违法所得;构成犯罪的,依法追究刑事责任。

《中华人民共和国科学技术进步法》(1993 年 7 月 2 日通过,2021 年 12 月 24 日第二次修订)

第一百零八条

违反本法规定,科学技术行政等有关部门及其工作人员,以及其他依法履行公职的人员滥用职权、玩忽职守、徇私舞弊的,对直接负责的主管人员和其他直接责任人员依法给予处分。

第一百一十五条

违反本法规定的行为,本法未作行政处罚规定,其他有关法律、行政法规有规定的,依照其规定;造成财产损失或者其他损害的,依法承担民事责任;构成违反治安管理行为的,依法给予治安管理处罚;构成犯罪的,依法追究刑事责任。

《中华人民共和国动物防疫法》(1997 年 7 月 3 日通过,2021 年 1 月 22 日第二次修订)

第八十八条

县级以上人民政府农业农村主管部门及其工作人员违反本法规定,有下列行为之一的,由本级人民政府责令改正,通报批评;对直接负责的主管人员和其他直接责任人员依法给予处分:

(一)未及时采取预防、控制、扑灭等措施的;

(二)对不符合条件的颁发动物防疫条件合格证、动物诊疗许可证,或者对符合条件的拒不颁发动物防疫条件合格证、动物诊疗许可证的;

(三)从事与动物防疫有关的经营性活动,或者违法收取费用的;

(四)其他未依照本法规定履行职责的行为。

第八十九条

动物卫生监督机构及其工作人员违反本法规定,有下列行为之一的,由本级人民政府或者农业农村主管部门责令改正,通报批评;对直接负责的主管人员和其他直接责任人员依法给予处分:

(一)对未经检疫或者检疫不合格的动物、动物产品出具检疫证明、加施检疫标志,或者对检疫合格的动物、动物产品拒不出具检疫证明、加施检疫标志的;

(二)对附有检疫证明、检疫标志的动物、动物产品重复检疫的;

(三)从事与动物防疫有关的经营性活动,或者违法收取费用的;

(四)其他未依照本法规定履行职责的行为。

第九十条

动物疫病预防控制机构及其工作人员违反本法规定,有下列行为之一的,由本级人民政府或者农业农村主管部门责令改正,通报批评;对直接负责的主管人员和其他直接责任人员依法给予处分:

(一)未履行动物疫病监测、检测、评估职责或者伪造监测、检测、评估结果的;

(二)发生动物疫情时未及时进行诊断、调查的;

(三)接到染疫或者疑似染疫报告后,未及时按照国家规定采取措施、上报的;

(四)其他未依照本法规定履行职责的行为。

第九十一条

地方各级人民政府、有关部门及其工作人员瞒报、谎报、迟报、漏报或者授意他人瞒报、谎报、迟报动物疫情,或者阻碍他人报告动物疫情的,由上级人民政府或者有关部门责令改正,通报批评;对直接负责的主管人员和其他直接责任人员依法给予处分。

第一百零九条

Ⅰ违反本法规定,造成人畜共患传染病传播、流行的,依法从重给予处分、处罚。

Ⅱ违反本法规定,构成违反治安管理行为的,依法给予治安管理处罚;构成犯罪的,依法追究刑事责任。

Ⅲ违反本法规定,给他人人身、财产造成损害的,依法承担民事责任。

《中华人民共和国草原法》(1985年6月18日通过,2021年4月29日第三次修正)

第六十一条

草原行政主管部门工作人员及其他国家机关有关工作人员玩忽职守、滥用职权,不依法履行监督管理职责,或者发现违法行为不予查处,造成严重后果,构成犯罪的,依法追究刑事责任;尚不够刑事处罚的,依法给予行政处分。

《中华人民共和国人口与计划生育法》(2001年12月29日通过,2021年8月20日第二次修正)

第四十三条

国家机关工作人员在计划生育工作中,有下列行为之一,构成犯罪的,依法追究刑事责任;尚不构成犯罪的,依法给予处分;有违法所得的,没收违法所得:

(一)侵犯公民人身权、财产权和其他合法权益的;

(二)滥用职权、玩忽职守、徇私舞弊的;

……

《中华人民共和国预防未成年人犯罪法》(1999年6月28日通过,2020年12月26日修订)

第六十六条

国家机关及其工作人员在预防未成年人犯罪工作中滥用职权、玩忽职守、徇私舞弊的,对直接负责的主管人员和其他直接责任人员,依法给予处分。

第六十七条

违反本法规定,构成犯罪的,依法追究刑事责任。

《中华人民共和国兵役法》(1984年5月31日通过,2021年8月20日修订)

第六十一条

国家工作人员和军人在兵役工作中,有下列行为之一的,依法给予处分:

……

(二)滥用职权或者玩忽职守的;

……

第六十二条

违反本法规定,构成犯罪的,依法追究刑事责任。

《中华人民共和国人民武装警察法》(2009年8月27日通过,2020年6月20日修订)

第二十九条

人民武装警察不得有下列行为:

(一)违抗上级决定和命令、行动消极或者临阵脱逃;

(二)违反规定使用警械、武器;

(三)非法剥夺、限制他人人身自由,非法检查、搜查人身、物品、交通工具、住所、场所;

(四)体罚、虐待、殴打监管羁押、控制的对象;

(五)滥用职权、徇私舞弊,擅离职守或者玩忽职守;

(六)包庇、纵容违法犯罪活动;

(七)泄露国家秘密、军事秘密;

(八)其他违法违纪行为。

第四十三条

人民武装警察在执行任务中不履行职责,或者有本法第二十九条所列行为之一的,按照中央军事委员会的有关规定给予处分。

第四十六条

违反本法规定,构成犯罪的,依法追究刑事责任。

《中华人民共和国生物安全法》(2020年10月17日通过)

第七十二条

违反本法规定,履行生物安全管理职责的工作人员在生物安全工作中滥用职权、玩忽职守、徇私舞弊或者有其他违法行为的,依法给予处分。

第八十二条

违反本法规定,构成犯罪的,依法追究刑事责任;造成人身、财产或者其他损害的,依法承担民事责任。

《中华人民共和国反有组织犯罪法》(2021年12月24日通过)

第五十二条

依法查办有组织犯罪案件或者依照职责支持、协助查办有组织犯罪案件的国家工作人员,不得有下列行为:

(一)接到报案、控告、举报不受理,发现犯罪信息、线索隐瞒不报、不如实报告,或者未经批准、授权擅自处置、不移送犯罪线索、涉案材料;

(二)向违法犯罪人员通风报信,阻碍案件查处;

(三)违背事实和法律处理案件;

(四)违反规定查封、扣押、冻结、处置涉案财物;

(五)其他滥用职权、玩忽职守、徇私舞弊的行为。

第七十三条

有关国家机关、行业主管部门拒不履行或者拖延履行反有组织犯罪法定职责,或者拒不配合反有组织犯罪调查取证，或者在其他工作中滥用反有组织犯罪工作有关措施的，由其上级机关责令改正；情节严重的，对负有责任的领导人员和直接责任人员，依法给予处分；构成犯罪的，依法追究刑事责任。

第七十五条

国家工作人员有本法第五十条、第五十二条规定的行为，构成犯罪的，依法追究刑事责任；尚不构成犯罪的，依法给予处分。

《中华人民共和国海警法》（2021年1月22日通过）

第七十四条

海警机构工作人员在执行职务中，有下列行为之一，按照中央军事委员会的有关规定给予处分：

（一）泄露国家秘密、商业秘密和个人隐私的；

（二）弄虚作假，隐瞒案情，包庇、纵容违法犯罪活动的；

（三）刑讯逼供或者体罚、虐待违法犯罪嫌疑人的；

（四）违反规定使用警械、武器的；

（五）非法剥夺、限制人身自由，非法检查或者搜查人身、货物、物品、交通工具、住所或者场所的；

（六）敲诈勒索，索取、收受贿赂或者接受当事人及其代理人请客送礼的；

（七）违法实施行政处罚、行政强制，采取刑事强制措施或者收取费用的；

（八）玩忽职守，不履行法定义务的；

（九）其他违法违纪行为。

第七十五条

违反本法规定，构成犯罪的，依法追究刑事责任。

【指导性案例】

最高人民检察院指导性案例第5号：陈某、林某、李甲滥用职权案（2012年11月15日发布）

△（**村民委员会、居民委员会等基层组织人员；协助人民政府从事行政管理工作；渎职罪**）随着我国城镇建设和社会主义新农村建设逐步深入推进，村民委员会、居民委员会等基层组织协助人民政府管理社会发挥越来越重要的作用。实践中，对村民委员会、居民委员会等基层组织人员协助人民政府从事行政管理工作时，滥用职权、玩忽职守构成犯罪的，应当依照刑法关于渎职罪的规定追究刑事责任。

最高人民检察院指导性案例第6号：罗甲、罗乙、朱某、罗丙滥用职权案（2012年11月15日发布）

△（**造成恶劣社会影响的；致使公共财产、国家和人民利益遭受重大损失**）根据刑法规定，滥用职权罪是指国家机关工作人员滥用职权，“致使公共财产、国家和人民利益遭受重大损失”的行为。实践中，对滥用职权“造成恶劣社会影响的”，应当依法认定为“致使公共财产、国家和人民利益遭受重大损失”。

最高人民检察院指导性案例第8号：杨某玩忽职守、徇私枉法、受贿案（2012年11月15日发布）

△（**渎职犯罪；因果关系；受贿罪；数罪并罚**）一是渎职犯罪因果关系的认定。如果负有监管职责的国家机关工作人员没有认真履行其监管职责，从而未能有效防止危害结果发生，那么，这些对危害结果具有“原因力”的渎职行为，应认定与危害结果之间具有刑法意义上的因果关系。二是渎职犯罪同时受贿的处罚原则。对于国家机关工作人员实施渎职犯罪并收受贿赂，同时构成受贿罪的，除《刑法》第三百九十九条有特别规定的外，以渎职犯罪和受贿罪数罪并罚。

【参考案例】

△**国家司法工作人员在执行公务时，不正确履行工作职责，致使被害人被超期羁押，情节严重的，不构成非法拘禁罪，应以滥用职权罪论处。**

《最高人民法院、最高人民检察院、公安部关于严格执行刑事诉讼法，切实纠防超期羁押的通知》中要求“本通知发布以后，凡违反刑事诉讼法和本通知的规定，造成犯罪嫌疑人、被告人超期羁押的，对于直接负责的主管人员和其他直接责任人员，由其所在单位或者上级主管机关依照有关规定予以行政或者纪律处分；造成犯罪嫌疑人、被告人超期羁押，情节严重的，对于直接负责的主管人员和其他直接责任人员，依照刑法第三百九十七条的规定，以玩忽职守罪或者滥用职权罪追究刑事责任”。也认为违反刑事诉讼法，造成犯罪嫌疑人、被告人超期羁押，情节严重的，应以滥用职权罪论处。

从李建增超期羁押他人非法拘禁案来看，李建增身为派出所所长，不严肃执法，迟迟不释放建树谋或是改变强制措施，特别是在检察机关已发出《纠正违法通知书》的情况下，仍不及时释放建树谋，致使建树谋被非法关押长达三个月之久，造成的影响不能不说是恶劣的，符合滥用职权罪的构成要件。因此，本案对被告人李建增以非法拘禁罪论处是不妥的,当然,应当注意本案发生在上述司法解释颁布之前。在上述司法解释颁布以后对于此类行为应以滥用职权罪论处。[No. 4-238-11 李建增超期羁押他人非法拘禁案]

△国家机关工作人员为他人违法偷盖印章提供便利条件的,应以滥用职权罪论处。

从客观方面分析,玩忽职守罪在客观方面的本质属性是对职守的"玩忽"。这种"玩忽"行为,主要表现为两种情形:(1)不履行职责,即行为人严重不负责任,对法定职责该为而不为,放弃职守、擅离岗位;(2)不认真履行职责,即行为人对法定职责马虎草率、敷衍塞责。

而滥用职权罪在客观方面的本质属性是对职权的"滥用"。这种"滥用"主要表现为两种情形:(1)超越职权的滥用,即行为人超越法定权力范围,违法决定无权决定的事项、擅自处理无权处理的事务;(2)违法行使职权的滥用,即行为人违反法定办事程序,随心所欲地违法处理公务。

此外,两罪都既可以由作为构成,也可以由不作为构成,但玩忽职守主要表现为不作为,滥用职权则主要表现为作为。邹兴儿滥用职权案中,被告人邹兴儿明知高某要求其做的事情是违反其工作权限、程序和超越职责的,因此不愿亲手实施盖章事务。其本人并没有亲手实施盖章事务,看似是一种消极不作为行为,但是,被告人邹兴儿通过采取间接隐蔽的手段,为高某偷盖印章提供方便,在知道高某要来偷盖印章时,不但不加以阻止,反而通过一系列的作为,如违反规定放任高某进入内部工作区逗留,违规将慈溪市规划局审批专用章放置于高某伸手可及之处,使得高某偷盖印章的目的顺利达成。被告人邹兴儿的提供便利行为与高某偷盖印章的结果之间存在直接因果关系。其行为实质上造成的结果与其本人亲手盖章无异,二人系共同犯意下不同分工的共同犯罪行为。因此,在对被告人邹兴儿的行为表现方式进行评定时,通过去伪存真的方法,可以看出被告人邹兴儿的行为表面上是消极的不作为,而实系违法超限履行职责作为,符合滥用职权的行为特征。

从主观方面分析,玩忽职守罪主要由过失构成,它指国家机关工作人员本应恪尽职守,时刻保持必要注意,但行为人却持一种疏忽大意或过于自信的心理,对自己的玩忽职守行为可能导致的危害后果应当预见而没有预见,或者已经预见而轻信可以避免,以致造成重大损害结果。滥用职权罪主要由故意构成,该故意既可以是直接故意,也可以是间接故意。在本案中,高某为盖章一事曾多次找邹兴儿帮忙,并且明确告知其可以从中获取好处,期间又两次请客,足见高某对此事务志在必得的心态。而邹兴儿虽然害怕承担责任,觉得危险而没有直接答应帮助盖章,但对高某提出的由高某至窗口自己偷盖,邹兴儿装作没看见的方案,却不置可否,后又欣然接受高某的吃请。其在经过高某连续的吃请后表现出来的不置可否的态度与先前的断然拒绝形成鲜明对比。数日后,高某持建设工程规划许可证至被告人邹兴儿工作的办证窗口,被告人此时对高某希望偷盖印章应当是心知肚明,但他却仍违反规定放任高某进入内部工作区逗留,又将印章放置于高某随手可及的地方,为高某偷盖印章提供便利,如此连续明显的违规行为无法用被告人邹兴儿辩解的疏忽大意过失来解释,其明知自己的行为可能造成危害结果的发生,仍对犯罪结果的发生持一种放任的态度,主观心态属于典型的间接故意,符合滥用职权罪主观方面的构成要件。[No. 9-397-1-1 邹兴儿滥用职权案]

△国家机关工作人员以单位名义擅自将本单位资金提供给其他单位使用,不论行为人是否从中谋取个人利益,只要给公共财产、国家和人民利益造成重大损失的,应以滥用职权罪论处。

徐汇区网点办系事业单位,但同时承担一定的行政管理职能,余振宝受徐汇财贸办公室任命担任该办公室主任,系在其中从事公务的人员,符合滥用职权罪主体身份要求。

滥用职权罪在客观方面表现为违反法律规定的权限和程序,滥用职权,致使公共财产、国家和人民利益遭受重大损失的行为。余振宝明知市政府财贸办公室和市商业网点管理办公室对网点办的各项资金有明文限制性规定,明文规定"专款专用,用于公建商业网点建设和维修,不得移作他用",余振宝仍违反上述规定,将专项资金出借给捷苑公司,造成网点办286万元资金无法收回,根据《全国法院审理经济犯罪案件工作座谈会纪要》中关于渎职犯罪造成公共损失的认定,在司法实践中,虽然公共财产作为债权存在,但已无法实现债权的,可以认定为渎职行为造成了经济损失,包括债务人已经按照法定程序被宣告破产,债务人潜逃、去向不明。故本案符合该罪客观方面的要件。

所以一审法院判定,被告人余振宝滥用职权,个人擅自决定以单位名义将网点办专项资金供上海捷苑使用,自己又没有从中谋取个人利益,致使公共财产、国家和人民利益遭受重大损失,构成滥用职权罪。[No. 9-397-1-2 余振宝滥用职权案]

△滥用职权行为造成的财产损失,不得以单位公款产生的收益填补。

针对286万元的损失是否已填补,合议庭的第一种意见对单位公款产生的收益作了约定之内还是之外的划分，如果是10%以内的收益，由于该收益按照协议属于单位所有，不能用单位公款来填补漏洞，协议约定之外的收益则不属于单位所有，可以用来填补单位欠款。试想，如果承认这种划分，每个人都可以通过约定较少的回报率，而取得这部分公款收益。同时，也找不到这种划分的相关依据。所以，应该坚持这样一个原则：不管是在协议约定的收益之内还是之外，只要是单位公款所产生的收益都应当归单位所有。所以，单位公款产生的收益是不能被拿来填补先前欠款漏洞的，这相当于把一个口袋里的钱放进另一个口袋，单位所遭受的损失并未得到补偿。

被告人余振宝企图用单位资金炒股所得收益填补欠款漏洞是徒劳的。同时被告人假借上海天南公司的名义替上海捷苑公司“归还”网点办的欠款，但由于本案中上海天南公司与网点办有密切的资产业务关系，形成了两个单位资金通用、责任共担的机制，归还欠款之说实则是掩人耳目。虽然单看徐汇网点办的账面是平的，但单位的损失依然存在。同时，有证据证实，用于炒股的单位资金2000万元，在案发时已经亏了近1000万元，也即先期归还的286万元是2000万元单位公款的一部分。在这种情形下，根本不存在归还的可能。[No. 9-397-1-3　余振宝滥用职权案]

△滥用职权的行为与公共财产、国家和人民利益遭到重大损失之间不存在因果关系的，不构成滥用职权罪。

滥用职权行为构成滥用职权罪的，应当追究刑事责任，滥用职权行为与造成的严重危害结果之间有必然因果联系。否则，一般不构成滥用职权罪，而是属于一般工作上的错误问题，应由行政主管部门处理。

被告人翁余生在任龙岩市公安局雁石派出所指导员期间，徇私越权审批火工材料给合法煤洞使用，合法煤洞的业主将火工材料转卖或转借给“雁吉井”业主林凯燕、张日滨等人使用，但造成“4·14”特大事故的原因不是由于“雁吉井”使用火工材料引发的，而是“雁吉井”业主及管理人员严重不负责任，造成空压机过热引起火灾，被困井下矿工无法及时逃离，且“雁吉井”得以维持非法生产采矿的火工材料的来源是多渠道的，仅有一部分来源于被告人翁余生滥用职权所批出的，况且被告人翁余生并非直接批给“雁吉井”，而是批给有权使用火工材料的矿井即有证矿，尔后被倒卖、转借至出事矿井，因此被告人翁余生滥用职权的行为与“雁吉井”事故，特别是造成11名民工的死亡没有必然的因果关系，被告人翁余生的行为不符合滥用职权罪的构成要件。[No. 9-397-1-4　翁余生滥用职权案]

△故意不履行其法定监督管理职责，导致国家财产损失的，应以滥用职权罪论处。

黄德林滥用职权、受贿罪案中，黄德林身为洞头县民政局福利中心主任，负责福利企业的年检年审工作，表明黄德林对浙江省恒博电器制造公司负有监督管理职责。其主观上明知该企业存在虚报的情况，但未履行监督管理职责，客观上实施了滥用职权的行为。其滥用职权的行为与国家的税收损失之间具有因果关系。只有年检年审合格才能符合退税标准，进而享受福利企业的退税优惠。如果被告人能正确履行职责，制止该企业的瞒报、虚报，该企业享受退税优惠的资格就会被取消。可见，被告人的滥用职权的行为使得该企业能顺利退税，导致了国家的税收流失。[No. 9-397-1-5　黄德林滥用职权、受贿罪]

△实施滥用职权等渎职行为同时又收受贿赂的，除刑法有特别规定外，应当认定构成滥用职权罪与受贿罪，实行并罚。

罪数的判断应当以犯罪构成为标准，行为具备一个犯罪构成要件，认定为一罪，行为之间相互独立，具备数个犯罪构成要件的，原则上应当认定为数罪。这一法则是在司法实践中贯彻罪刑法定原则的基本要求，又是实现罪刑相适应原则的必然要求。《刑法》第三百九十九条第四款规定：“司法工作人员收受贿赂，有前三款行为的，同时又构成本法第三百八十五条规定之罪的，依照处罚较重的规定定罪处罚。”该款是对司法工作人员所作的特殊规定，不具有普遍适用的意义。

被告人黄德林主观上具有滥用职权和受贿两个故意，客观上既实施了受贿行为又实施了滥用职权行为，是两个独立行为。从客体上讲，被告人不正确履行职责，滥用职权使国家税收等利益遭受重大损失，侵犯的客体是国家机关的正常活动，而被告人的受贿行为侵犯的是国家工作人员职务行为的廉洁性，被告人的行为符合两个独立的犯罪构成特征。

牵连犯为实质数罪，但行为之间具有牵连关系，具体表现为手段行为与目的行为或原因行为与结果行为的牵连关系。对于牵连犯的处断，通说认为并非一律适用从一重处断原则。适用从一重处断原则还是实行数罪并罚，应当进一步考量罪刑是否均衡。但在受贿行为与滥用职权行为之间并不必然存在牵连关系。受贿罪可分为索取型受贿与收受型受贿，索贿型犯罪中并不要求有为他人谋取利益，只要行为人利用职权索贿，即构成受贿既遂，滥用职权罪也不以为他人谋取利益为要件。在受贿型滥用职权案件中,为他人谋取利益并非滥用职权的主观构成要件,因此不涉及重复评价的问题。通过审查的事实可以看出,被告人黄德林与浙江恒博电气制造有限公司董事长郑西平本来私交密切,被告人黄德林滥用职权的行为不以收受贿赂为条件或目的,两罪并不必然存在牵连关系,应当实行数罪并罚。[No. 9-397-1-6　黄德林滥用职权、受贿罪]

△玩忽职守行为发生在刑法修订之前,危害结果发生在刑法修订实施以后的,应适用结果发生时的法律。

无行为即无犯罪,适用犯罪行为时法追究行为人的刑事责任,是刑法适用的基本原则。要求行为人不实施将来法律禁止的行为是不可能的,适用行为人行为时还不存在的法律追究行为人的刑事责任是不合理的。因此,当代各国的立法机关普遍采用"从旧兼从轻"的刑法适用原则,我国刑法也不例外。对于刑法修订前实施,危害结果发生在新修订的刑法实施以后的玩忽职守行为,应当适用修订前的刑法,还是适用修订后的刑法,理论界的认识不一致。有人认为,应当适用行为时的法律,即修订前的刑法;也有人认为,应当适用结果发生时的法律,即修订后的刑法。适用犯罪行为时法的观点是正确的,但如果据此认为本案因此就应适用修订前的刑法,则是错误的。

玩忽职守罪是不作为犯罪,适用结果发生时的法律追究行为人的刑事责任,符合适用行为时法的法律适用原则。玩忽职守罪是不作为犯,在客观上表现为国家机关工作人员不履行或者不正确履行其应尽的职责,在犯罪成立之前即危害结果发生之前,行为人的这种不作为的玩忽职守行为一直处于持续状态。因此,适用结果发生时的法律追究行为人的刑事责任与适用行为时法是一致的。

玩忽职守罪是过失犯罪,应当适用结果发生时即犯罪成立时的法律。过失犯罪是以危害结果的发生与否作为犯罪是否成立的标志,没有法定危害结果的,不构成犯罪。因此,在适用法律问题上,对待结果犯,应注意区分故意犯罪与过失犯罪。对于故意犯罪中的结果犯,适用行为时法是没有异议的,而对于过失犯罪,则并非完全如此。因为在有些情况下,行为人在实施行为时,犯罪还没有成立,也就不涉及法律适用问题。玩忽职守罪是过失犯罪,以发生刑法所规定的危害结果,即致使公共财产、国家和人民利益遭受重大损失作为犯罪构成的必要条件。在客观上,构成该罪不仅要求行为人在开始履行法定职责时就实施了玩忽职守行为,即不履行或者不正确履行职责,还要求最终发生了给公共财产、国家和人民利益造成重大损失的危害后果,并且玩忽职守行为与危害后果之间具有直接的、必然的因果关系。因此,并非所有的玩忽职守行为都构成犯罪,例如,在危害结果发生之前,行为人发现了工作失误,及时纠正,采取必要的补救措施,或者其他人采取了有效措施,防止了危害结果的发生,或者没有发生危害结果,都不构成犯罪。被告人林世元等人不仅在施工过程中不履行、不正确履行应尽的监督管理职责,致使虹桥工程质量低劣,而且此后一直对已形成严重隐患的虹桥工程,不采取任何有效补救措施,继续玩忽职守,终至在修订后的刑法实施以后,发生了严重危害结果。因此,对于本案的玩忽职守罪,应当适用犯罪成立时即结果发生时的法律,亦即应当适用修订后的刑法追究被告人林世元、张基碧、孙立、贺际慎的刑事责任。[No. 9-397-2-2　林世元等受贿、玩忽职守案]

第三百九十八条　【故意泄露国家秘密罪】【过失泄露国家秘密罪】

国家机关工作人员违反保守国家秘密法的规定,故意或者过失泄露国家秘密,情节严重的,处三年以下有期徒刑或者拘役;情节特别严重的,处三年以上七年以下有期徒刑。

非国家机关工作人员犯前款罪的,依照前款的规定酌情处罚。

【立法理由】

1. 1979年立法的情况。1979年《刑法》第一百八十六条规定:"国家工作人员违反国家保密法规,泄露国家重要机密,情节严重的,处七年以下有期徒刑、拘役或者剥夺政治权利。非国家工作人员犯前款罪的,依照前款的规定酌情处罚。"这一规定的犯罪主体包括国家工作人员和非国家工作人员,体现了刑法对违反保密义务的人员的惩治。1988年9月5日第七届全国人大常委会第三次会议通过了《保守国家秘密法》,该法第三十一条第一款规定:"违反本法规定,故意或者过失泄露国家秘密,情节严重的,依照刑法第一百八十六条的规定追究刑事责任。"根据这一规定,故意和过失泄露国家秘密的行为，都可以依照1979年《刑法》第一百八十六条的规定追究刑事责任。

2. **1997年修订刑法的情况**。国家秘密关系到国家安全和利益，保守国家秘密是宪法规定的公民的义务。国家机关工作人员对其了解和知悉的国家秘密，更应该严格保密，不得泄露。对此，《公务员法》《法官法》《检察官法》《人民警察法》等法律关于国家机关工作人员的义务中也都有明确规定。除国家机关工作人员外，一些非国家机关工作人员也可能因工作关系等原因，接触和知悉国家秘密，如一些有涉密业务的企业中的科研人员等。根据《保守国家秘密法》的规定，这些人员与国家机关工作人员一样，也有保守国家秘密的义务。

1997年修订刑法时，为更好地适应惩治泄露国家秘密犯罪的需要，对1979年《刑法》第一百八十六条的规定作了四个方面的修改：一是与对《刑法》分则第九章渎职罪犯罪主体的修改相一致，将主要的犯罪主体由"国家工作人员"调整为"国家机关工作人员"；二是与保守国家秘密法的规定相衔接，将"泄露国家重要机密"修改为"泄露国家秘密"；三是明确增加规定了过失犯罪；四是根据罪责刑相适应的原则，将一个量刑档次调整为两个量刑档次。

【条文说明】

本条是关于故意泄露国家秘密罪、过失泄露国家秘密罪及其处罚的规定。

本条共分为两款。

第一款是关于国家机关工作人员泄露国家秘密犯罪的规定。本款规定的"**泄露国家秘密罪**"，是指国家机关工作人员违反《保守国家秘密法》的规定，故意或者过失泄露国家秘密，情节严重的行为。本款所称"**国家秘密**"，根据《保守国家秘密法》第二条的规定，是指"关系国家安全和利益，依照法定的程序确定，在一定的时间内只限于一定范围的人员知悉的事项"。根据《保守国家秘密法》第九条的规定，国家秘密主要包括：(1)国家事务重大决策中的秘密事项；(2)国防建设和武装力量活动中的秘密事项；(3)外交和外事活动中的秘密事项以及对外承担保密义务的秘密事项；(4)国民经济和社会发展中的秘密事项；(5)科学技术中的秘密事项；(6)维护国家安全活动和追查刑事犯罪中的秘密事项；(7)经国家保密行政管理部门确定的其他秘密事项。另外，政党的秘密事项符合国家秘密性质的，也属于国家秘密。保守国家秘密法将国家秘密的密级分为"绝密""机密"和"秘密"三级。"**绝密**"是最重要的国家秘密，泄露会使国家的安全和利益遭受特别严重的损害；"**机密**"是重要的国家秘密，泄露会使国家的安全和利益遭受严重的损害；"**秘密**"是一般的国家秘密，泄露会使国家的安全和利益遭受损害。

根据本款规定，**构成本罪的行为人必须具有违反保守国家秘密法的规定泄露国家秘密，且情节严重的行为**。保守国家秘密法对国家秘密的保密制度和接触国家秘密的国家工作人员等人员的保密义务作了具体规定。如《保守国家秘密法》第二十四条规定："机关、单位应当加强对涉密信息系统的管理，任何组织和个人不得有下列行为：(一)将涉密计算机、涉密存储设备接入互联网及其他公共信息网络；(二)在未采取防护措施的情况下，在涉密信息系统与互联网及其他公共信息网络之间进行信息交换；(三)使用非涉密计算机、非涉密存储设备存储、处理国家秘密信息；(四)擅自卸载、修改涉密信息系统的安全技术程序、管理程序；(五)将未经安全技术处理的退出使用的涉密计算机、涉密存储设备赠送、出售、丢弃或者改作其他用途。"第二十五条规定："机关、单位应当加强对国家秘密载体的管理，任何组织和个人不得有下列行为：(一)非法获取、持有国家秘密载体；(二)买卖、转送或者私自销毁国家秘密载体；(三)通过普通邮政、快递等无保密措施的渠道传递国家秘密载体；(四)邮寄、托运国家秘密载体出境；(五)未经有关主管部门批准，携带、传递国家秘密载体出境。"第二十六条规定："禁止非法复制、记录、存储国家秘密。禁止在互联网及其他公共信息网络或者未采取保密措施的有线和无线通信中传递国家秘密。禁止在私人交往和通信中涉及国家秘密。"行为人故意或者过失违反了保守国家秘密法这些规定中的保密义务，泄露了国家秘密，应当依法追究法律责任。

"**泄露国家秘密**"是指行为人把自己掌管的或者知悉的国家秘密让不应知悉者知悉的行为。泄露的方式是多种多样的：可以是口头泄露，也可以是书面泄露；可以是用交给实物的方法泄露，也可以是用发送电子信息等方法泄露。泄露的方式不同，不影响泄露国家秘密罪的成立。根据本款规定，故意和过失行为均可以构成犯罪。"**故意泄露国家秘密**"，是指行为人违反保守国家秘密法，故意使国家秘密被不应知悉者知悉，或者故意使国家秘密超出了限定的接触范围，情节严重的行为。"**过失泄露国家秘密**"，是指行为人违反保守国家秘密法，过失泄露国家秘密，或者遗失国家秘密载体，致使国家秘密被不应知悉者知悉或者超出了限定知悉的范围，情节严重的行为。

根据本款规定，泄露国家秘密还必须"**情节严**

重”,才构成犯罪。根据《最高人民检察院关于渎职侵权犯罪案件立案标准的规定》的规定,故意泄露国家秘密,“涉嫌下列情形之一的,**应予立案**:1. 泄露绝密级国家秘密 1 项(件)以上的;2. 泄露机密级国家秘密 2 项(件)以上的;3. 泄露秘密级国家秘密 3 项(件)以上的;4. 向非境外机构、组织、人员泄露国家秘密,造成或者可能造成危害社会稳定、经济发展、国防安全或者其他严重危害后果的;5. 通过口头、书面或者网络等方式向公众散布、传播国家秘密的;6. 利用职权指使或者强迫他人违反国家保守秘密法的规定泄露国家秘密的;7. 以牟取私利为目的泄露国家秘密的;8. 其他情节严重的情形”。过失泄露国家秘密,“涉嫌下列情形之一的,**应予立案**:1. 泄露绝密级国家秘密 1 项(件)以上的;2. 泄露机密级国家秘密 3 项(件)以上的;3. 泄露秘密级国家秘密 4 项(件)以上的;4. 违反保密规定,将涉及国家秘密的计算机或者计算机信息系统与互联网相连接,泄露国家秘密的;5. 泄露国家秘密或者遗失国家秘密载体,隐瞒不报、不如实提供有关情况或者不采取补救措施的;6. 其他情节严重的情形”。

根据本款的规定,国家机关工作人员泄露国家秘密的,处三年以下有期徒刑或者拘役;情节特别严重的,处三年以上七年以下有期徒刑。

第二款是关于非国家机关工作人员泄露国家秘密罪的规定。根据本款的规定,非国家机关工作人员犯泄露国家秘密罪的,依照第一款的规定酌情处罚。[①] 此处“**酌情处罚**”是指在第一款规定的量刑幅度内,根据具体情节予以适当处罚。

实践中执行本条规定应当注意本条规定的犯罪与刑法规定的其他涉及国家秘密犯罪的关系。《刑法》中涉及国家秘密的犯罪除本条外,还有第一百一十一条规定的**为境外窃取、刺探、收买、非法提供国家秘密、情报罪**,第二百八十二条规定的**非法获取国家秘密罪**等。如果行为人以危害国家安全为目的,为境外的机构、组织、人员窃取、刺探、收买、非法提供国家秘密或者情报的,应当依照《刑法》第一百一十一条的规定定罪处罚,而不应适用本条规定。如果非国家机关工作人员以窃取、刺探、收买方法,非法获取国家秘密后又泄露的,则应当依照《刑法》第二百八十二条第一款的规定定罪处罚。如果非法获取后向境外的机构、组织、个人泄露的,应当依照《刑法》第一百一十一条的规定定罪处罚。

【司法解释】

《最高人民法院关于审理为境外窃取、刺探、收买、非法提供国家秘密、情报案件具体应用法律若干问题的解释》(法释〔2001〕4 号,自 2001 年 1 月 22 日起施行)

△(**通过互联网发布国家秘密**)通过互联网将国家秘密或者情报非法发送给境外的机构、组织、个人的,依照刑法第一百一十一条的规定定罪处罚;将国家秘密通过互联网予以发布,情节严重的,依照刑法第三百九十八条的规定定罪处罚。(§ 6)

《最高人民检察院关于渎职侵权犯罪案件立案标准的规定》(高检发释字〔2006〕2 号,自 2006 年 7 月 26 日起施行)

△(**故意泄露国家秘密罪;立案标准**)故意泄露国家秘密罪是指国家机关工作人员或者非国家机关工作人员违反保守国家秘密法,故意使国家秘密被不应知悉者知悉,或者故意使国家秘密超出了限定的接触范围,情节严重的行为。

涉嫌下列情形之一的,应予立案:

1. 泄露绝密级国家秘密 1 项(件)以上的;
2. 泄露机密级国家秘密 2 项(件)以上的;
3. 泄露秘密级国家秘密 3 项(件)以上的;
4. 向非境外机构、组织、人员泄露国家秘密,造成或者可能造成危害社会稳定、经济发展、国防安全或者其他严重危害后果的;
5. 通过口头、书面或者网络等方式向公众散布、传播国家秘密的;
6. 利用职权指使或者强迫他人违反国家保守秘密法的规定泄露国家秘密的;
7. 以牟取私利为目的泄露国家秘密的;
8. 其他情节严重的情形。

△(**过失泄露国家秘密罪;立案标准**)过失泄露国家秘密罪是指国家机关工作人员或者非国家机关工作人员违反保守国家秘密法,过失泄露国家秘密,或者遗失国家秘密载体,致使国家秘密被不应知悉者知悉或者超出了限定的接触范围,情节严重的行为。

涉嫌下列情形之一的,应予立案:

1. 泄露绝密级国家秘密 1 项(件)以上的;
2. 泄露机密级国家秘密 3 项(件)以上的;
3. 泄露秘密级国家秘密 4 项(件)以上的;

---

① 我国学者指出,此处的“非国家机关工作人员”应作限定解释,并非所有的自然人都可以成为泄露国家秘密罪的主体。毋宁说,此处的行为主体是具有一定职责,可以接触或者知悉国家秘密的非国家机关工作人员,属于特殊主体。参见黎宏:《刑法学各论》(第 2 版),法律出版社 2016 年版,第 552 页。

4. 违反保密规定,将涉及国家秘密的计算机或者计算机信息系统与互联网相连接,泄露国家秘密的;

5. 泄露国家秘密或者遗失国家秘密载体,隐瞒不报、不如实提供有关情况或者不采取补救措施的;

6. 其他情节严重的情形。

《最高人民法院、最高人民检察院关于办理渎职刑事案件适用法律若干问题的解释(一)》(法释〔2012〕18号,自2013年1月9日起施行)

△(**法条竞合**)国家机关工作人员实施滥用职权或者玩忽职守犯罪行为,触犯刑法分则第九章第三百九十八条至第四百一十九条规定的,依照该规定定罪处罚。

国家机关工作人员滥用职权或者玩忽职守,因不具备徇私舞弊等情形,不符合刑法分则第九章第三百九十八条至第四百一十九条的规定,但依法构成第三百九十七条规定的犯罪的,以滥用职权罪或者玩忽职守罪定罪处罚。(§ 2)

△(**受贿罪;数罪并罚**)国家机关工作人员实施渎职犯罪并收受贿赂,同时构成受贿罪的,除刑法另有规定外,以渎职犯罪和受贿罪数罪并罚。(§ 3)

△(**与他人共谋;想象竞合犯;数罪并罚**)国家机关工作人员与他人共谋,利用其职务行为帮助他人实施其他犯罪行为,同时构成渎职犯罪和共谋实施的其他犯罪共犯的,依照处罚较重的规定定罪处罚。

国家机关工作人员与他人共谋,既利用其职务行为帮助他人实施其他犯罪,又以非职务行为与他人共同实施该其他犯罪行为,同时构成渎职犯罪和其他犯罪的共犯的,依照数罪并罚的规定定罪处罚。(§ 4Ⅱ、Ⅲ)

△(**指使、授意、强令其他国家机关工作人员;以"集体研究"形式实施渎职犯罪**)国家机关负责人员违法决定,或者指使、授意、强令其他国家机关工作人员违法履行职务或者不履行职务,构成刑法分则第九章规定的渎职犯罪的,应当依法追究刑事责任。

以"集体研究"形式实施的渎职犯罪,应当依照刑法分则第九章的规定追究国家机关负有责任的人员的刑事责任。对于具体执行人员,应当在综合认定其行为性质、是否提出反对意见、危害结果大小等情节的基础上决定是否追究刑事责任和应当判处的刑罚。(§ 5)

△(**依法或者受委托行使国家行政管理职权的公司、企业、事业单位**)依法或者受委托行使国家行政管理职权的公司、企业、事业单位的工作人员,在行使行政管理职权时滥用职权或者玩忽职守,构成犯罪的,应当依照《全国人民代表大会常务委员会关于〈中华人民共和国刑法〉第九章渎职罪主体适用问题的解释》的规定,适用渎职罪的规定追究刑事责任。(§ 7)

【司法解释性文件】

《最高人民检察院关于印发〈人民检察院直接受理立案侦查的渎职侵权重特大案件标准(试行)〉的通知》(高检发〔2001〕13号,2001年8月24日公布)

△(**故意泄露国家秘密罪;重特大案件**)

(一)重大案件

1. 故意泄露绝密级国家秘密一项以上,或者泄露机密级国家秘密三项以上,或者泄露秘密级国家秘密五项以上的;

2. 故意泄露国家秘密造成直接经济损失五十万元以上的;

3. 故意泄露国家秘密对国家安全构成严重危害的;

4. 故意泄露国家秘密对社会秩序造成严重危害的。

(二)特大案件

1. 故意泄露绝密级国家秘密二项以上,或者泄露机密级国家秘密五项以上,或者泄露秘密级国家秘密七项以上的;

2. 故意泄露国家秘密造成直接经济损失一百万元以上的;

3. 故意泄露国家秘密对国家安全构成特别严重危害的;

4. 故意泄露国家秘密对社会秩序造成特别严重危害的。(§ 3)

△(**过失泄露国家秘密罪;重特大案件**)

(一)重大案件

1. 过失泄露绝密级国家秘密一项以上,或者泄露机密级国家秘密五项以上,或者泄露秘密级国家秘密七项以上并造成严重危害后果的;

2. 过失泄露国家秘密造成直接经济损失一百万元以上的;

3. 过失泄露国家秘密对国家安全构成严重危害的;

4. 过失泄露国家秘密对社会秩序造成严重危害的。

(二)特大案件

1. 过失泄露绝密级国家秘密二项以上,或者泄露机密级国家秘密七项以上,或者泄露秘密级国家秘密十项以上的;

2. 过失泄露国家秘密造成直接经济损失二百

万元以上的；

3. 过失泄露国家秘密对国家安全构成特别严重危害的；

4. 过失泄露国家秘密对社会秩序造成特别严重危害的。（§ 4）

【附属刑法】

《中华人民共和国保守国家秘密法》（1988年9月5日通过，2010年4月29日修订）

第四十八条

Ⅰ违反本法规定，有下列行为之一的，依法给予处分；构成犯罪的，依法追究刑事责任①：

（一）非法获取、持有国家秘密载体的；

（二）买卖、转送或者私自销毁国家秘密载体的；

（三）通过普通邮政、快递等无保密措施的渠道传递国家秘密载体的；

（四）邮寄、托运国家秘密载体出境，或者未经有关主管部门批准，携带、传递国家秘密载体出境的；

（五）非法复制、记录、存储国家秘密的；

（六）在私人交往和通信中涉及国家秘密的；

（七）在互联网及其他公共信息网络或者未采取保密措施的有线和无线通信中传递国家秘密的；

（八）将涉密计算机、涉密存储设备接入互联网及其他公共信息网络的；

（九）在未采取防护措施的情况下，在涉密信息系统与互联网及其他公共信息网络之间进行信息交换的；

（十）使用非涉密计算机、非涉密存储设备存储、处理国家秘密信息的；

（十一）擅自卸载、修改涉密信息系统的安全技术程序、管理程序的；

（十二）将未经安全技术处理的退出使用的涉密计算机、涉密存储设备赠送、出售、丢弃或者改作其他用途的。

Ⅱ有前款行为尚不构成犯罪，且不适用处分的人员，由保密行政管理部门督促其所在机关、单位予以处理。

---

① 《中华人民共和国保守国家秘密法》（1988年9月5日通过，2010年4月29日修订）

第二条

国家秘密是关系国家安全和利益，依照法定程序确定，在一定时间内只限一定范围的人员知悉的事项。

第三条

Ⅰ国家秘密受法律保护。

Ⅱ一切国家机关、武装力量、政党、社会团体、企业事业单位和公民都有保守国家秘密的义务。

Ⅲ任何危害国家秘密安全的行为，都必须受到法律追究。

第九条

Ⅰ下列涉及国家安全和利益的事项，泄露后可能损害国家在政治、经济、国防、外交等领域的安全和利益的，应当确定为国家秘密：

（一）国家事务重大决策中的秘密事项；

（二）国防建设和武装力量活动中的秘密事项；

（三）外交和外事活动中的秘密事项以及对外承担保密义务的秘密事项；

（四）国民经济和社会发展中的秘密事项；

（五）科学技术中的秘密事项；

（六）维护国家安全活动和追查刑事犯罪中的秘密事项；

（七）经国家保密行政管理部门确定的其他秘密事项。

Ⅱ政党的秘密事项中符合前款规定的，属于国家秘密。

第十条

Ⅰ国家秘密的密级分为绝密、机密、秘密三级。

Ⅱ绝密级国家秘密是最重要的国家秘密，泄露会使国家安全和利益遭受特别严重的损害；机密级国家秘密是重要的国家秘密，泄露会使国家安全和利益遭受严重的损害；秘密级国家秘密是一般的国家秘密，泄露会使国家安全和利益遭受损害。

第十一条

Ⅰ国家秘密及其密级的具体范围，由国家保密行政管理部门分别会同外交、公安、国家安全和其他中央有关机关规定。

Ⅱ军事方面的国家秘密及其密级的具体范围，由中央军事委员会规定。

Ⅲ国家秘密及其密级的具体范围的规定，应当在有关范围内公布，并根据情况变化及时调整。

第二十一条

Ⅰ国家秘密载体的制作、收发、传递、使用、复制、保存、维修和销毁，应当符合国家保密规定。

Ⅱ绝密级国家秘密载体应当在符合国家保密标准的设施、设备中保存，并指定专人管理；未经原定密机关、单位或者其上级机关批准，不得复制和摘抄；收发、传递和外出携带，应当指定人员负责，并采取必要的安全措施。

《中华人民共和国专利法》(1984年3月12日通过,2020年10月17日第四次修正)

第七十八条

违反本法第十九条[①]规定向外国申请专利,泄露国家秘密的,由所在单位或者上级主管机关给予行政处分;构成犯罪的,依法追究刑事责任。

《中华人民共和国中国人民银行法》(1995年3月18日通过,2003年12月27日修正)

第五十条

中国人民银行的工作人员泄露国家秘密或者所知悉的商业秘密,构成犯罪的,依法追究刑事责任;尚不构成犯罪的,依法给予行政处分。

《中华人民共和国商业银行法》(1995年5月10日通过,2015年8月29日第二次修正)

第八十七条

商业银行工作人员泄露在任职期间知悉的国家秘密、商业秘密的,应当给予纪律处分;构成犯罪的,依法追究刑事责任。

《中华人民共和国银行业监督管理法》(2003年12月27日通过,2006年10月31日修正)

第四十三条

Ⅱ银行业监督管理机构从事监督管理工作的人员贪污受贿,泄露国家秘密、商业秘密和个人隐私,构成犯罪的,依法追究刑事责任;尚不构成犯罪的,依法给予行政处分。

《中华人民共和国法官法》(1995年2月28日通过,2019年4月23日修订)

第四十六条

法官有下列行为之一的,应当给予处分;构成犯罪的,依法追究刑事责任:

……

(三)泄露国家秘密、审判工作秘密、商业秘密或者个人隐私的;

……

《中华人民共和国检察官法》(1995年2月28日通过,2019年4月23日修订)

第四十七条

检察官有下列行为之一的,应当给予处分;构成犯罪的,依法追究刑事责任:

……

(三)泄露国家秘密、检察工作秘密、商业秘密或者个人隐私的;

……

《中华人民共和国人民警察法》(1995年2月28日通过,2012年10月26日修正)

第二十二条

人民警察不得有下列行为:

……

(二)泄露国家秘密、警务工作秘密;

……

第四十八条

Ⅰ人民警察有本法第二十二条所列行为之一的,应当给予行政处分;构成犯罪的,依法追究刑事责任。

Ⅱ行政处分分为:警告、记过、记大过、降级、撤职、开除。对受行政处分的人民警察,按照国家有关规定,可以降低警衔、取消警衔。

Ⅲ对违反纪律的人民警察,必要时可以对其采取停止执行职务、禁闭的措施。

《中华人民共和国驻外外交人员法》(2009年10月31日通过)

第三十三条

驻外外交人员有下列行为之一的,依法给予相应的处分;构成犯罪的,依法追究刑事责任:

……

(三)泄露国家秘密或者工作秘密的;

……

《中华人民共和国反间谍法》(2014年11月1日通过)

第三十一条

泄露有关反间谍工作的国家秘密的[②],由国家安全机关处十五日以下行政拘留;构成犯罪的,

---

① 《中华人民共和国专利法》(1984年3月12日通过,2020年10月17日第四次修正)

第十九条

Ⅰ任何单位或者个人将在中国完成的发明或者实用新型向外国申请专利的,应当事先报经国务院专利行政部门进行保密审查。保密审查的程序、期限等按照国务院的规定执行。

Ⅱ中国单位或者个人可以根据中华人民共和国参加的有关国际条约提出专利国际申请。申请人提出专利国际申请的,应当遵守前款规定。

Ⅲ国务院专利行政部门依照中华人民共和国参加的有关国际条约、本法和国务院有关规定处理专利国际申请。

Ⅳ对违反本条第一款规定向外国申请专利的发明或者实用新型,在中国申请专利的,不授予专利权。

② 《中华人民共和国反间谍法》(2014年11月1日通过)

第二十三条

任何公民和组织都应当保守所知悉的有关反间谍工作的国家秘密。

依法追究刑事责任。

《中华人民共和国律师法》(1996年5月15日通过,2017年9月1日第三次修正)

第四十九条

Ⅰ律师有下列行为之一的,由设区的市级或者直辖市的区人民政府司法行政部门给予停止执业六个月以上一年以下的处罚,可以处五万元以下的罚款;有违法所得的,没收违法所得;情节严重的,由省、自治区、直辖市人民政府司法行政部门吊销其律师执业证书;构成犯罪的,依法追究刑事责任:

……

(九)泄露国家秘密的。

Ⅱ律师因故意犯罪受到刑事处罚的,由省、自治区、直辖市人民政府司法行政部门吊销其律师执业证书。

《中华人民共和国公证法》(2005年8月28日通过,2017年9月1日第二次修正)

第四十二条

Ⅰ公证机构及其公证员有下列行为之一的,由省、自治区、直辖市或者设区的市人民政府司法行政部门对公证机构给予警告,并处二万元以上十万元以下罚款,并可以给予一个月以上三个月以下停业整顿的处罚;对公证员给予警告,并处二千元以上一万元以下罚款,并可以给予三个月以上十二个月以下停止执业的处罚;有违法所得的,没收违法所得;情节严重的,由省、自治区、直辖市人民政府司法行政部门吊销公证员执业证书;构成犯罪的,依法追究刑事责任:

……

(五)泄露在执业活动中知悉的国家秘密、商业秘密或者个人隐私的;

……

Ⅱ因故意犯罪或者职务过失犯罪受刑事处罚的,应当吊销公证员执业证书。

Ⅲ被吊销公证员执业证书的,不得担任辩护人、诉讼代理人,但系刑事诉讼、民事诉讼、行政诉讼当事人的监护人、近亲属的除外。

《中华人民共和国促进科技成果转化法》(1996年5月15日通过,2015年8月29日修正)

第四十八条

Ⅱ科技中介服务机构及其从业人员违反本法规定泄露国家秘密或者当事人的商业秘密的,依照有关法律、行政法规的规定承担相应的法律责任。

《中华人民共和国测绘法》(1992年12月28日通过,2017年4月27日第二次修订)

第十四条

Ⅰ卫星导航定位基准站的建设和运行维护应当符合国家标准和要求,不得危害国家安全。

Ⅱ卫星导航定位基准站的建设和运行维护单位应当建立数据安全保障制度,并遵守保密法律、行政法规的规定。

Ⅲ县级以上人民政府测绘地理信息主管部门应当会同本级人民政府其他有关部门,加强对卫星导航定位基准站建设和运行维护的规范和指导。

第五十一条

违反本法规定,外国的组织或者个人未经批准,或者未与中华人民共和国有关部门、单位合作,擅自从事测绘活动的,责令停止违法行为,没收违法所得、测绘成果和测绘工具,并处十万元以上五十万元以下的罚款;情节严重的,并处五十万元以上一百万元以下的罚款,限期出境或者驱逐出境;构成犯罪的,依法追究刑事责任。

第五十二条

违反本法规定,未经批准擅自建立相对独立的平面坐标系统,或者采用不符合国家标准的基础地理信息数据建立地理信息系统的,给予警告,责令改正,可以并处五十万元以下的罚款;对直接负责的主管人员和其他直接责任人员,依法给予处分。

第六十一条

违反本法规定,擅自发布中华人民共和国领域和中华人民共和国管辖的其他海域的重要地理信息数据的,给予警告,责令改正,可以并处五十万元以下的罚款;对直接负责的主管人员和其他直接责任人员,依法给予处分;构成犯罪的,依法追究刑事责任。

第六十二条

违反本法规定,编制、出版、展示、登载、更新的地图或者互联网地图服务不符合国家有关地图管理规定的,依法给予行政处罚、处分;构成犯罪的,依法追究刑事责任。

第六十五条

Ⅰ违反本法规定,地理信息生产、保管、利用单位未对属于国家秘密的地理信息的获取、持有、提供、利用情况进行登记、长期保存的,给予警告,责令改正,可以并处二十万元以下的罚款;泄露国家秘密的,责令停业整顿,并处降低测绘资质等级或者吊销测绘资质证书;构成犯罪的,依法追究刑事责任。

《中华人民共和国会计法》(1985年1月21日通过,2017年11月4日第二次修正)

第四十七条

财政部门及有关行政部门的工作人员在实施监督管理中滥用职权、玩忽职守、徇私舞弊或者泄露国家秘密、商业秘密，构成犯罪的，依法追究刑事责任；尚不构成犯罪的，依法给予行政处分。

《中华人民共和国价格法》（1997 年 12 月 29 日通过）

第四十六条

价格工作人员泄露国家秘密、商业秘密以及滥用职权、徇私舞弊、玩忽职守、索贿受贿，构成犯罪的，依法追究刑事责任；尚不构成犯罪的，依法给予处分。

《中华人民共和国反洗钱法》（2006 年 10 月 31 日通过）

第三十条

反洗钱行政主管部门和其他依法负有反洗钱监督管理职责的部门、机构从事反洗钱工作的人员有下列行为之一的，依法给予行政处分：

……

（二）泄露因反洗钱知悉的国家秘密、商业秘密或者个人隐私的；

……

第三十三条

违反本法规定，构成犯罪的，依法追究刑事责任。

《中华人民共和国统计法》（1983 年 12 月 8 日通过，2009 年 6 月 27 日修订）

第四十条

统计机构、统计人员泄露国家秘密的，依法追究法律责任。

第四十七条

违反本法规定，构成犯罪的，依法追究刑事责任。

《中华人民共和国密码法》（2019 年 10 月 26 日通过）

第三十二条

违反本法第十二条规定，窃取他人加密保护的信息，非法侵入他人的密码保障系统，或者利用密码从事危害国家安全、社会公共利益、他人合法权益等违法活动的，由有关部门依照《中华人民共和国网络安全法》和其他有关法律、行政法规的规定追究法律责任。

第三十三条

违反本法第十四条规定，未按照要求使用核心密码、普通密码的，由密码管理部门责令改正或者停止违法行为，给予警告；情节严重的，由密码管理部门建议有关国家机关、单位对直接负责的主管人员和其他直接责任人员依法给予处分或者处理。

第三十四条

Ⅰ违反本法规定，发生核心密码、普通密码泄密案件的，由保密行政管理部门、密码管理部门建议有关国家机关、单位对直接负责的主管人员和其他直接责任人员依法给予处分或者处理。

Ⅱ违反本法第十七条第二款规定，发现核心密码、普通密码泄密或者影响核心密码、普通密码安全的重大问题、风险隐患，未立即采取应对措施，或者未及时报告的，由保密行政管理部门、密码管理部门建议有关国家机关、单位对直接负责的主管人员和其他直接责任人员依法给予处分或者处理。

第四十一条

违反本法规定，构成犯罪的，依法追究刑事责任；给他人造成损害的，依法承担民事责任。

《中华人民共和国海关法》（1987 年 1 月 22 日通过，2021 年 4 月 29 日第六次修正）

第七十二条

海关工作人员必须秉公执法，廉洁自律，忠于职守，文明服务，不得有下列行为：

……

（五）泄露国家秘密、商业秘密和海关工作秘密；

……

第九十六条

海关工作人员有本法第七十二条所列行为之一的，依法给予行政处分；有违法所得的，依法没收违法所得；构成犯罪的，依法追究刑事责任。

《中华人民共和国法律援助法》（2021 年 8 月 20 日通过）

第六十一条

法律援助机构及其工作人员有下列情形之一的，由设立该法律援助机构的司法行政部门责令限期改正；有违法所得的，责令退还或者没收违法所得；对直接负责的主管人员和其他直接责任人员，依法给予处分：

……

（六）泄露法律援助过程中知悉的国家秘密、商业秘密和个人隐私；

……

第六十七条

违反本法规定，构成犯罪的，依法追究刑事责任。

《中华人民共和国审计法》(1994年8月31日通过,2021年10月23日第二次修正)

第五十七条

审计人员滥用职权、徇私舞弊、玩忽职守或者泄露、向他人非法提供所知悉的国家秘密、工作秘密、商业秘密、个人隐私和个人信息的,依法给予处分;构成犯罪的,依法追究刑事责任。

《中华人民共和国海警法》(2021年1月22日通过)

第七十四条

海警机构工作人员在执行职务中,有下列行为之一,按照中央军事委员会的有关规定给予处分:

(一)泄露国家秘密、商业秘密和个人隐私的;

……

第七十五条

违反本法规定,构成犯罪的,依法追究刑事责任。

【公报案例】

△(**辩护律师;通过合法手续获取的案卷材料;审判阶段**)律师在担任刑事被告人的辩护人期间,将通过合法程序获得的案件证据材料给当事人的亲属查阅,不构成故意泄露国家秘密罪。[《最高人民法院公报》2004年第2期 于萍故意泄露国家秘密案]

第三百九十九条 【徇私枉法罪】【民事、行政枉法裁判罪】【执行判决、裁定失职罪】【执行判决、裁定滥用职权罪】

司法工作人员徇私枉法、徇情枉法,对明知是无罪的人而使他受追诉、对明知是有罪的人而故意包庇不使他受追诉,或者在刑事审判活动中故意违背事实和法律作枉法裁判的,处五年以下有期徒刑或者拘役;情节严重的,处五年以上十年以下有期徒刑;情节特别严重的,处十年以上有期徒刑。

在民事、行政审判活动中故意违背事实和法律作枉法裁判,情节严重的,处五年以下有期徒刑或者拘役;情节特别严重的,处五年以上十年以下有期徒刑。

在执行判决、裁定活动中,严重不负责任或者滥用职权,不依法采取诉讼保全措施、不履行法定执行职责,或者违法采取诉讼保全措施、强制执行措施,致使当事人或者其他人的利益遭受重大损失的,处五年以下有期徒刑或者拘役;致使当事人或者其他人的利益遭受特别重大损失的,处五年以上十年以下有期徒刑。

司法工作人员收受贿赂,有前三款行为的,同时又构成本法第三百八十五条规定之罪的,依照处罚较重的规定定罪处罚。

【立法沿革】

《中华人民共和国刑法》(1997年修订,自1997年10月1日起施行)

第三百九十九条

司法工作人员徇私枉法、徇情枉法,对明知是无罪的人而使他受追诉、对明知是有罪的人而故意包庇不使他受追诉,或者在刑事审判活动中故意违背事实和法律作枉法裁判的,处五年以下有期徒刑或者拘役;情节严重的,处五年以上十年以下有期徒刑;情节特别严重的,处十年以上有期徒刑。

在民事、行政审判活动中故意违背事实和法律作枉法裁判,情节严重的,处五年以下有期徒刑或者拘役;情节特别严重的,处五年以上十年以下有期徒刑。

司法工作人员贪赃枉法,有前两款行为的,同时又构成本法第三百八十五条规定之罪的,依照处罚较重的规定定罪处罚。

《中华人民共和国刑法修正案(四)》(自2002年12月28日起施行)

八、将刑法第三百九十九条修改为:

"司法工作人员徇私枉法、徇情枉法,对明知是无罪的人而使他受追诉、对明知是有罪的人而故意包庇不使他受追诉,或者在刑事审判活动中故意违背事实和法律作枉法裁判的,处五年以下有期徒刑或者拘役;情节严重的,处五年以上十年以下有期徒刑;情节特别严重的,处十年以上有期徒刑。

"在民事、行政审判活动中故意违背事实和法律作枉法裁判,情节严重的,处五年以下有期徒刑或者拘役;情节特别严重的,处五年以上十年以下有期徒刑。

“在执行判决、裁定活动中,严重不负责任或者滥用职权,不依法采取诉讼保全措施、不履行法定执行职责,或者违法采取诉讼保全措施、强制执行措施,致使当事人或者其他人的利益遭受重大损失的,处五年以下有期徒刑或者拘役;致使当事人或者其他人的利益遭受特别重大损失的,处五年以上十年以下有期徒刑。

“司法工作人员收受贿赂,有前三款行为的,同时又构成本法第三百八十五条规定之罪的,依照处罚较重的规定定罪处罚。”

【立法理由】

1. **1979 年立法的情况**。1979 年《刑法》第一百八十八条规定:“司法工作人员徇私舞弊,对明知是无罪的人而使他受追诉、对明知是有罪的人而故意包庇不使他受追诉,或者故意颠倒黑白做枉法裁判的,处五年以下有期徒刑、拘役或者剥夺政治权利;情节特别严重的,处五年以上有期徒刑。”这一规定是为了惩治司法活动中的徇私枉法行为,维护国家司法制度的公正性和廉洁性。根据最高人民法院、最高人民检察院 1991 年和 1996 年制定的有关司法解释和文件,司法工作人员在民事、行政审判活动中的枉法裁判行为,也依照该条规定追究刑事责任。

2. **1997 年修订刑法的情况**。1997 年修订刑法时,在总结以往立法与司法实践经验以及法学理论研究的基础上,对本条作了进一步的修改:一是将刑事审判活动中的徇私枉法、徇情枉法行为与民事、行政审判中枉法裁判的行为分作两款予以明确规定,并根据两类犯罪行为的社会危害性分别规定了处刑。二是增加规定了司法工作人员贪赃枉法又犯本条规定的犯罪如何处罚的规定,便于司法适用。三是将“徇私舞弊”的表述修改为“徇私枉法、徇情枉法”。

3. **2002 年《刑法修正案(四)》对本条的修改情况**。实践中,司法工作人员徇私舞弊,对能够执行的案件故意拖延执行,或者违法采取诉讼保全措施、强制执行措施,给当事人或者他人的利益造成重大损失的行为,具有较大社会危害性。由于这种行为虽发生在诉讼程序中,但又不属于裁判活动的范畴,能否对此类行为追究责任,当时的刑法未作具体规定。司法机关在适用法律时认识不明确,没有及时追究的情况时有发生。鉴于枉法执行行为与徇私枉法、枉法裁判行为在性质和犯罪表现形式上具有相似性,在刑法中对这种行为作出明确规定,更有利于打击司法执行活动中的舞弊行为,保护当事人的合法权益,维护判决的严肃性和司法权威。因此,《刑法修正案(四)》在《刑法》第三百九十九条中新增了第三款关于执行活动中失职和滥用职权犯罪的规定。同时,还对第四款的有关表述作了完善。

【条文说明】

本条是关于徇私枉法罪,民事、行政枉法裁判罪,执行判决、裁定失职罪,执行判决、裁定滥用职权罪及其处罚的规定。

本条共分为四款。

第一款是关于**徇私枉法罪及其处罚**的规定。根据本款规定,本罪主体为**特殊主体**,只能是司法工作人员。① 根据《刑法》第九十四条的规定,“**司法工作人员**”,是指“有侦查、检察、审判、监管职责的工作人员”。本罪主观方面为**直接故意**,要求必须“明知”,过失行为不能构成本罪。在办案过程中,司法工作人员由于政策观念不强,工作不深入、不细致,调查研究不够,以至于造成工作上的错误,如错捕、错判的案件,不能认定为本条规定的犯罪,如确实需要追究刑事责任的,应当依照玩忽职守罪、滥用职权罪定罪处罚。本罪客观行为表现为在刑事诉讼活动中“徇私枉法、徇情枉法”,具体而言,有三种行为方式:(1)“**对明知是无罪的人而使他受追诉**”,是指在刑事诉讼过程中,司法工作人员在明知他人没有犯罪的情况下,却因徇私情对不该立案的立案,不该起诉的起诉,不该审判的审判。② (2)“**对明知是有罪的人而故意包庇使他不受追诉**”,是指在刑事诉讼中,司法工作人员明知他人犯有罪行,却由于徇私情而不予追诉。③ (3)“**在刑事审判活动中故意违背事实**

---

① 我国学者指出,只有负有刑事追诉职责的司法工作人员,即具体承办案件和指示、指挥承办案件的司法工作人员,才能成为本罪的正犯。参见张明楷:《刑法学》(第 6 版),法律出版社 2021 年版,第 1649 页。

② 此处的“追诉”,既不要求具备法律形式,也不要求程序上合法。只要在事实上及实质上属于追诉即可。并且,其不限于追诉的全过程,也不要求采取法定的强制措施。参见张明楷:《刑法学》(第 6 版),法律出版社 2021 年版,第 1649 页;周光权:《刑法各论》(第 4 版),中国人民大学出版社 2021 年版,第 593 页。

③ “有罪的人”并非指经过人民法院判决有罪的人,而是指有证据证明实施了犯罪行为的人。至于有罪的人是否实际归案,不影响“有罪的人”的认定。另外,故意包庇不使其受追诉的犯罪事实,既可以是全部犯罪事实,也可以是部分犯罪事实或情节。参见张明楷:《刑法学》(第 6 版),法律出版社 2021 年版,第 1649 页;黎宏:《刑法学各论》(第 2 版),法律出版社 2016 年版,第 554—555 页。

和法律作枉法裁判”，是指司法工作人员利用掌握刑事审判的便利条件，故意歪曲案情真相，作出违背事实和违反法律的判决、裁定，包括在刑事案件中明知是无罪而故意判有罪，明知是有罪而故意判无罪，也包括故意轻罪重判、重罪轻判等。这种行为具体表现为搜集制造假的证据材料，篡改、销毁足以证明事实真相的证据材料，曲解或者滥用法律条文，违反诉讼程序等。①

根据《最高人民检察院关于渎职侵权犯罪案件立案标准的规定》的规定，徇私枉法，“涉嫌下列情形之一的，**应予立案**：1. 对明知是没有犯罪事实或者其他依法不应当追究刑事责任的人，采取伪造、隐匿、毁灭证据或者其他隐瞒事实、违反法律的手段，以追究刑事责任为目的立案、侦查、起诉、审判的；2. 对明知是有犯罪事实需要追究刑事责任的人，采取伪造、隐匿、毁灭证据或者其他隐瞒事实、违反法律的手段，故意包庇使其不受立案、侦查、起诉、审判的；3. 采取伪造、隐匿、毁灭证据或者其他隐瞒事实、违反法律的手段，故意使罪重的人受较轻的追诉，或者使罪轻的人受较重的追诉的；4. 在立案后，采取伪造、隐匿、毁灭证据或者其他隐瞒事实、违反法律的手段，应当采取强制措施而不采取强制措施，或者虽然采取强制措施，但中断侦查或者超过法定期限不采取任何措施，实际放任不管，以及违法撤销、变更强制措施，致使犯罪嫌疑人、被告人实际脱离司法机关侦控的；5. 在刑事审判活动中故意违背事实和法律，作出枉法判决、裁定，即有罪判无罪、无罪判有罪，或者重罪轻判、轻罪重判的；6. 其他徇私枉法应予追究刑事责任的情形”。根据本款规定，司法工作人员徇私枉法的，处五年以下有期徒刑或者拘役；情节严重的，处五年以上十年以下有期徒刑；情节特别严重的，处十年以上有期徒刑。

第二款是关于**民事、行政枉法裁判罪**的规定。本款针对在民事、行政审判活动中存在的司法工作人员故意枉法裁判，情节严重的行为作了规定。“**民事、行政审判活动**”，是指依照民事诉讼法、行政诉讼法，审理民事、行政案件的诉讼活动。②“**枉法裁判**”，是指故意作出不符合事实或者违反法律规定的裁定、判决，如该胜诉的判败诉，该败诉的判胜诉等。③ 本款规定只有“情节严重”的才能构成犯罪。根据《最高人民检察院关于渎职侵权犯罪案件立案标准的规定》的规定，民事、行政枉法裁判，“涉嫌下列情形之一的，**应予立案**：1. 枉法裁判，致使当事人或者其近亲属自杀、自残造成重伤、死亡，或者精神失常的；2. 枉法裁判，造成个人财产直接经济损失10万元以上，或者直接经济损失不满10万元，但间接经济损失50万元以上的；3. 枉法裁判，造成法人或者其他组织财产直接经济损失20万元以上，或者直接经济损失不满20万元，但间接经济损失100万元以上的；4. 伪造、变造有关材料、证据，制造假案枉法裁判的；5. 串通当事人制造伪证，毁灭证据或者篡改庭审笔录而枉法裁判的；6. 徇私情、私利，明知是伪造、变造的证据予以采信，或者故意对应当采信的证据不予采信，或者故意违反法定程序，或者故意错误适用法律而枉法裁判的；7. 其他情节严重的情形”。根据本款规定，枉法裁判情节严重的，处五年以下有期徒刑或者拘役；情节特别严重的，处五年以上十年以下有期徒刑。

第三款是关于**执行判决、裁定失职罪和执行判决、裁定滥用职权罪及其处罚**的规定。本款是《刑法修正案(四)》新增加的内容。根据本款规定，在执行判决、裁定的活动中④，严重不负责任或者滥用职权的行为具体表现为：**不依法采取诉讼保全措施、不履行法定执行职责、违法采取诉讼保全、强制执行措施**。包括对应当采取诉讼保全措施的不采取或不及时采取，对不应当采取诉讼保全措施的违法采取诉讼保全措施；对能够执行的案件不予执行或故意拖延执行，对不应当采取强制执行措施的案件违法采取强制执行措施。这里的“**执行判决、裁定活动**”，是指人民法院的执行活动。根据本款规定，行为人的上述行为致使

① 我国学者指出，侦查、起诉人员利用伪造、隐匿、毁灭证据等方法，导致无过错的法官重罪轻判或者轻罪重判，应认定为利用缺乏故意的行为(法官无犯罪故意的审判行为)的间接正犯。参见张明楷：《刑法学》(第6版)，法律出版社2021年版，第1650—1651页。

② 我国学者指出，调解和判决、裁定一样，是民事诉讼中的一项重要的诉讼活动。审判人员枉法调解，情节严重的，可以构成本罪。参见黎宏：《刑法学各论》(第2版)，法律出版社2016年版，第556页。另有学者指出，民事审判包括经济审判，不包含枉法调解。但是，为执行或者不执行生效的调解书所作的枉法裁判，属于本罪的枉法裁判。参见张明楷：《刑法学》(第6版)，法律出版社2021年版，第1652页。

③ 枉法裁判的标准，刑法理论上有主观说、客观说、职务义务说之争。学者张明楷教授主张客观说，参见张明楷：《刑法学》(第6版)，法律出版社2021年版，第1652页。

④ “判决、裁定”，不仅包括民事、行政方面的判决、裁定，还包括部分刑事判决与裁定。参见张明楷：《刑法学》(第6版)，法律出版社2021年版，第1653页。

当事人或者其他人的利益遭受重大损失即构成犯罪，处五年以下有期徒刑或者拘役；致使当事人或者其他人的利益遭受特别重大损失的，处五年以上十年以下有期徒刑。“**当事人**”包括申请执行人、被执行人等。“**其他人**”主要是指与执行有利害关系的案外人。根据《最高人民检察院关于渎职侵权犯罪案件立案标准的规定》的规定，执行判决、裁定失职，“涉嫌下列情形之一的，**应予立案**：1. 致使当事人或者其近亲属自杀、自残造成重伤、死亡，或者精神失常的；2. 造成个人财产直接经济损失 15 万元以上，或者直接经济损失不满 15 万元，但间接经济损失 75 万元以上的；3. 造成法人或者其他组织财产直接经济损失 30 万元以上，或者直接经济损失不满 30 万元，但间接经济损失 150 万元以上的；4. 造成公司、企业等单位停业、停产 1 年以上，或者破产的；5. 其他致使当事人或者其他人的利益遭受重大损失的情形”。执行判决、裁定滥用职权，“涉嫌下列情形之一的，**应予立案**：1. 致使当事人或者其近亲属自杀、自残造成重伤、死亡，或者精神失常的；2. 造成个人财产直接经济损失 10 万元以上，或者直接经济损失不满 10 万元，但间接经济损失 50 万元以上的；3. 造成法人或者其他组织财产直接经济损失 20 万元以上，或者直接经济损失不满 20 万元，但间接经济损失 100 万元以上的；4. 造成公司、企业等单位停业、停产 6 个月以上，或者破产的；5. 其他致使当事人或者其他人的利益遭受重大损失的情形”。

第四款是关于**司法工作人员收受贿赂，犯前三款罪，按照重罪处罚**的规定。依照本款规定，对司法工作人员收受贿赂，有前三款行为，同时其受贿行为又构成受贿罪的，应当根据受贿的数额和情节确定应当处刑的档次，如果按受贿罪判处的刑期高于按本罪判处的刑期，则应当按照受贿罪的规定处罚，反之，则应当按照本罪处罚。①

实践中执行本条规定应当注意以下两个方面的问题：

1. 在**刑事附带民事诉讼**中枉法裁判行为的定性问题。司法工作人员在审理刑事附带民事诉讼案件中，如果仅就附带民事案件部分作枉法裁判构成犯罪的，应适用本条第二款的规定；如果就刑事部分和民事部分都作了枉法裁判的，应从一重罪处罚。

2. 本条第二款规定的民事、行政枉法裁判罪与**虚假诉讼罪**的关系。《刑法》第三百零七条之一规定了虚假诉讼罪。实践中存在司法工作人员与当事人串通，参与虚假诉讼活动的情况，可能同时构成虚假诉讼罪和本条第二款规定的民事、行政枉法裁判罪。对于这种情况，根据《刑法》第三百零七条之一第四款的规定，应当依照处罚较重的规定定罪从重处罚。

【司法解释】

《最高人民检察院关于渎职侵权犯罪案件立案标准的规定》（高检发释字〔2006〕2 号，自 2006 年 7 月 26 日起施行）

△（**徇私枉法罪；立案标准**）徇私枉法罪是指司法工作人员徇私枉法、徇情枉法，对明知是无罪的人而使他受追诉、对明知是有罪的人而故意包庇不使他受追诉，或者在刑事审判活动中故意违背事实和法律作枉法裁判的行为。

涉嫌下列情形之一的，应予立案：

1. 对明知是没有犯罪事实或者其他依法不应当追究刑事责任的人，采取伪造、隐匿、毁灭证据或者其他隐瞒事实、违反法律的手段，以追究刑事责任为目的立案、侦查、起诉、审判的；

2. 对明知是有犯罪事实需要追究刑事责任的人，采取伪造、隐匿、毁灭证据或者其他隐瞒事实、违反法律的手段，故意包庇使其不受立案、侦查、起诉、审判的；

3. 采取伪造、隐匿、毁灭证据或者其他隐瞒事实、违反法律的手段，故意使罪重的人受较轻的追诉，或者使罪轻的人受较重的追诉的；

4. 在立案后，采取伪造、隐匿、毁灭证据或者其他隐瞒事实、违反法律的手段，应当采取强制措施而不采取强制措施，或者虽然采取强制措施，但中断侦查或者超过法定期限不采取任何措施，实际放任不管，以及违法撤销、变更强制措施，致使犯罪嫌疑人、被告人实际脱离司法机关侦控的；

5. 在刑事审判活动中故意违背事实和法律，作出枉法判决、裁定，即有罪判无罪、无罪判有罪，或者重罪轻判、轻罪重判的；

6. 其他徇私枉法应予追究刑事责任的情形。

△（**民事、行政枉法裁判罪；立案标准**）民事、行政枉法裁判罪是指司法工作人员在民事、行政审判活动中，故意违背事实和法律作枉法裁判，情

① 以一罪论处的原因在于，收受贿赂成为司法工作人员徇私枉法、违法裁判的重大诱因。但本款规定属于特别规定、例外规定，只限于法律明文规定的场合，而不能类比适用于其他情形。因此，本款规定不适用于以下两种情形：之一，行为人徇私枉法后，收受他人财物；之二，行为人主动索贿后，徇私枉法。参见张明楷：《刑法学》（第 6 版），法律出版社 2021 年版，第 1651—1652 页。

节严重的行为。

涉嫌下列情形之一的,应予立案:

1. 枉法裁判,致使当事人或者其近亲属自杀、自残造成重伤、死亡,或者精神失常的;

2. 枉法裁判,造成个人财产直接经济损失10万元以上,或者直接经济损失不满10万元,但间接经济损失50万元以上的;

3. 枉法裁判,造成法人或者其他组织财产直接经济损失20万元以上,或者直接经济损失不满20万元,但间接经济损失100万元以上的;

4. 伪造、变造有关材料、证据,制造假案枉法裁判的;

5. 串通当事人制造伪证,毁灭证据或者篡改庭审笔录而枉法裁判的;

6. 徇私情、私利,明知是伪造、变造的证据予以采信,或者故意对应当采信的证据不予采信,或者故意违反法定程序,或者故意错误适用法律而枉法裁判的;

7. 其他情节严重的情形。

△(**执行判决、裁定失职罪;立案标准**)执行判决、裁定失职罪是指司法工作人员在执行判决、裁定活动中,严重不负责任,不依法采取诉讼保全措施、不履行法定执行职责,或者违法采取保全措施、强制执行措施,致使当事人或者其他人的利益遭受重大损失的行为。

涉嫌下列情形之一的,应予立案:

1. 致使当事人或者其近亲属自杀、自残造成重伤、死亡,或者精神失常的;

2. 造成个人财产直接经济损失15万元以上,或者直接经济损失不满15万元,但间接经济损失75万元以上的;

3. 造成法人或者其他组织财产直接经济损失30万元以上,或者直接经济损失不满30万元,但间接经济损失150万元以上的;

4. 造成公司、企业等单位停业、停产1年以上,或者破产的;

5. 其他致使当事人或者其他人的利益遭受重大损失的情形。

△(**执行判决、裁定滥用职权罪;立案标准**)执行判决、裁定滥用职权罪是指司法工作人员在执行判决、裁定活动中,滥用职权,不依法采取诉讼保全措施、不履行法定执行职责,或者违法采取保全措施、强制执行措施,致使当事人或者其他人的利益遭受重大损失的行为。

涉嫌下列情形之一的,应予立案:

1. 致使当事人或者其近亲属自杀、自残造成重伤、死亡,或者精神失常的;

2. 造成个人财产直接经济损失10万元以上,或者直接经济损失不满10万元,但间接经济损失50万元以上的;

3. 造成法人或者其他组织财产直接经济损失20万元以上,或者直接经济损失不满20万元,但间接经济损失100万元以上的;

4. 造成公司、企业等单位停业、停产6个月以上,或者破产的;

5. 其他致使当事人或者其他人的利益遭受重大损失的情形。

《最高人民法院、最高人民检察院关于办理渎职刑事案件适用法律若干问题的解释(一)》(法释〔2012〕18号,自2013年1月9日起施行)

△(**法条竞合**)国家机关工作人员实施滥用职权或者玩忽职守犯罪行为,触犯刑法分则第九章第三百九十八条至第四百一十九条规定的,依照该规定定罪处罚。

国家机关工作人员滥用职权或者玩忽职守,因不具备徇私舞弊等情形,不符合刑法分则第九章第三百九十八条至第四百一十九条的规定,但依法构成第三百九十七条规定的犯罪的,以滥用职权罪或者玩忽职守罪定罪处罚。(§2)

△(**放纵他人犯罪;帮助他人逃避刑事处罚;与他人共谋;想象竞合犯;数罪并罚**)国家机关工作人员实施渎职行为,放纵他人犯罪或者帮助他人逃避刑事处罚,构成犯罪的,依照渎职罪的规定定罪处罚。

国家机关工作人员与他人共谋,利用其职务行为帮助他人实施其他犯罪行为,同时构成渎职犯罪和共谋实施的其他犯罪共犯的,依照处罚较重的规定定罪处罚。

国家机关工作人员与他人共谋,既利用其职务行为帮助他人实施其他犯罪,又以非职务行为与他人共同实施该其他犯罪行为,同时构成渎职犯罪和其他犯罪的共犯的,依照数罪并罚的规定定罪处罚。(§4)

△(**追诉期限之计算;危害结果**)以危害结果为条件的渎职犯罪的追诉期限,从危害结果发生之日起计算;有数个危害结果的,从最后一个危害结果发生之日起计算。(§6)

△(**依法或者受委托行使国家行政管理职权的公司、企业、事业单位**)依法或者受委托行使国家行政管理职权的公司、企业、事业单位的工作人员,在行使行政管理职权时滥用职权或者玩忽职守,构成犯罪的,应当依照《全国人民代表大会常务委员会关于〈中华人民共和国刑法〉第九章渎职罪主体适用问题的解释》的规定,适用渎职罪的规定追究刑事责任。(§7)

【司法解释性文件】

《最高人民检察院关于印发〈人民检察院直接受理立案侦查的渎职侵权重特大案件标准(试行)〉的通知》(高检发〔2001〕13号,2001年8月24日公布)

△(**枉法追诉、裁判罪;重特大案件**)

(一)重大案件

1. 对依法可能判处三年以上七年以下有期徒刑的犯罪分子,故意包庇不使其受追诉的;

2. 致使无罪的人被判处三年以上七年以下有期徒刑的。

(二)特大案件

1. 对依法可能判处七年以上有期徒刑、无期徒刑、死刑的犯罪分子,故意包庇不使其受追诉的;

2. 致使无罪的人被判处七年以上有期徒刑、无期徒刑、死刑的。(§ 5)

△(**民事、行政枉法裁判罪;重特大案件**)

(一)重大案件

1. 枉法裁判,致使公民的财产损失十万元以上、法人或者其他组织财产损失五十万元以上的;

2. 枉法裁判,引起当事人及其亲属精神失常或者重伤的。

(二)特大案件

1. 枉法裁判,致使公民的财产损失五十万元以上、法人或者其他组织财产损失一百万元以上的;

2. 引起当事人及其亲属自杀死亡的。(§ 6)

《最高人民检察院关于认真贯彻执行〈中华人民共和国刑法修正案(四)〉和〈全国人民代表大会常务委员会关于《中华人民共和国刑法》第九章渎职罪主体适用问题的解释〉的通知》(高检发研字〔2003〕1号,2003年1月14日公布)

△(**适用效力**)要准确把握《刑法修正案(四)》和《解释》的时间效力,正确适用法律。《刑法修正案(四)》是对《刑法》有关条文的修改和补充,实践中办理相关案件时,应当依照《刑法》第十二条规定的原则正确适用法律。对于1997年修订刑法施行以后、《刑法修正案(四)》施行以前发生的枉法执行判决、裁定犯罪行为,应当依照《刑法》第三百九十七条的规定追究刑事责任。根据《立法法》第四十七条的规定,法律解释的时间效力与它所解释的法律的时间效力相同。对于在1997年修订刑法施行以后、《解释》施行以前发生的行为,在《解释》施行以后尚未处理或者正在处理的案件,应当依照《解释》的规定办理。对于在《解释》施行前已经办结的案件,不再变动。

《最高人民检察院法律政策研究室关于非司法工作人员是否可以构成徇私枉法罪共犯问题的答复》(〔2003〕高检研发第11号,2003年4月16日公布)

△(**非司法工作人员;勾结;徇私枉法罪的共犯**)非司法工作人员与司法工作人员勾结,共同实施徇私枉法行为,构成犯罪的,应当以徇私枉法罪的共犯追究刑事责任。

《最高人民法院关于深入开展虚假诉讼整治工作的意见》(法〔2021〕281号,2021年11月10日发布)

△(**法院工作人员;虚假诉讼罪;玩忽职守罪、执行判决、裁定失职罪;竞合**)加强队伍建设,提升整治能力。各级人民法院要及时组织法院干警学习掌握中央和地方各项经济社会政策;将甄别和查处虚假诉讼纳入法官培训范围;通过典型案例分析、审判业务交流、庭审观摩等多种形式,提高法官甄别和查处虚假诉讼的司法能力;严格落实司法责任制,对参与虚假诉讼的法院工作人员依规依纪严肃处理,建设忠诚干净担当的人民法院队伍。法院工作人员利用职权与他人共同实施虚假诉讼行为,构成虚假诉讼罪的,依法从重处罚,同时构成其他犯罪的,依照处罚较重的规定定罪并从重处罚。法院工作人员不正确履行职责,玩忽职守,致使虚假诉讼案件进入诉讼程序,导致公共财产、国家和人民利益遭受重大损失,符合刑法规定的犯罪构成要件的,依照玩忽职守罪、执行判决、裁定失职罪等罪名定罪处罚。(§ 20)

【附属刑法】

《中华人民共和国法官法》(1995年2月28日通过,2019年4月23日修订)

第四十六条

法官有下列行为之一的,应当给予处分;构成犯罪的,依法追究刑事责任:

(一)贪污受贿、徇私舞弊、枉法裁判的;

(二)隐瞒、伪造、变造、故意损毁证据、案件材料的;

……

(四)故意违反法律法规办理案件的;

(五)因重大过失导致裁判结果错误并造成严重后果的;

……

《中华人民共和国检察官法》(1995年2月28日通过,2019年4月23日修订)

第四十七条

检察官有下列行为之一的,应当给予处分;构

成犯罪的,依法追究刑事责任:

(一)贪污受贿、徇私枉法、刑讯逼供的;

(二)隐瞒、伪造、变造、故意损毁证据、案件材料的;

……

(四)故意违反法律法规办理案件的;

(五)因重大过失导致案件错误并造成严重后果的;

……

《中华人民共和国国家赔偿法》(1994年5月12日通过,2012年10月26日第二次修正)

第三十一条

Ⅰ赔偿义务机关赔偿后,应当向有下列情形之一的工作人员追偿部分或者全部赔偿费用:

(一)有本法第十七条第四项、第五项规定情形的;

(二)在处理案件中有贪污受贿,徇私舞弊,枉法裁判行为的。

Ⅱ对有前款规定情形的责任人员,有关机关应当依法给予处分;构成犯罪的,应当依法追究刑事责任。

《中华人民共和国民事诉讼法》(1991年4月9日通过,2021年12月24日第四次修正)

第四十六条

Ⅰ审判人员应当依法秉公办案。

Ⅱ审判人员不得接受当事人及其诉讼代理人请客送礼。

Ⅲ审判人员有贪污受贿,徇私舞弊,枉法裁判行为的,应当追究法律责任;构成犯罪的,依法追究刑事责任。

【指导性案例】

最高人民检察院指导性案例第8号:杨某玩忽职守、徇私枉法、受贿案(2012年11月15日发布)

△(**渎职犯罪;因果关系;徇私枉法罪;受贿罪;竞合**)一是渎职犯罪因果关系的认定。如果负有监管职责的国家机关工作人员没有认真履行其监管职责,从而未能有效防止危害结果发生,那么,这些对危害结果具有"原因力"的渎职行为,应认定与危害结果之间具有刑法意义上的因果关系。二是渎职犯罪同时受贿的处罚原则。对于国家机关工作人员实施渎职犯罪并收受贿赂,同时构成受贿罪的,除《刑法》第三百九十九条有特别规定的外,以渎职犯罪和受贿罪数罪并罚。

【参考案例】

△**司法工作人员包庇盗窃并收受赃款的,不构成包庇罪,而是同时构成受贿罪和徇私枉法罪,应依照处罚较重的规定定罪量刑;与他人共谋,由他人在其所执勤的区域盗窃并分赃的,不构成徇私枉法罪,应以盗窃罪的共犯论处。**

安军文等徇私枉法案中,安军文等人在丁玉良等人实施了盗窃行为后,身为公安人员非但没有实施必要的强制措施,反而多次收受赃款并包庇数名盗窃分子,符合徇私枉法罪的主体要件;主观上具有徇私枉法的故意;其所实施的行为属于对明知是有罪的人故意包庇不使其受追诉,符合徇私枉法罪的客观特征。

另外,安军文等人在实施徇私枉法行为过程中,同时还收受了他人的赃款,符合受贿罪的构成特征。根据我国《刑法》第三百九十九条的规定,司法工作人员贪赃枉法,同时又构成受贿罪的,依照处罚较重的规定定罪处罚。在本案中,确定哪一罪处罚较重,应当综合衡量各被告人徇私枉法情节及受贿数额而定。对安军文、李向东等五被告人如以徇私枉法罪定罪,并认定程根成、黄旭生、崔建辉犯罪情节严重,安军文犯罪情节特别严重,较之以受贿罪的定罪并按照受贿数额量刑处罚要重,故对其均以徇私枉法罪定罪量刑。

应当注意的是,在1999年2月份发生的案件中,对安军文、李向东与丁玉良三人共同预谋由丁玉良在二人所执勤的列车上盗窃并分得赃款的行为,不能也认定为徇私枉法罪。这是因为,该起案件实际上属于三人共同实施的盗窃行为。其中,丁玉良是盗窃罪的实行犯,而安军文和李向东则利用职务上的便利为丁玉良实施盗窃提供保障,使其不必担心会因失手而被抓,三人在共同盗窃的犯意支配下,共同实施了盗窃犯罪,只是具体分工不同。这与上面几起事先并不知晓盗窃行为的发生、事后收受赃款予以包庇的案件明显不同,因此,在该起案件中,对安军文、李向东的行为不应认定为徇私枉法罪,应当以盗窃罪论处。[No. 9-399(1)-1　安军文等徇私枉法案]

第三百九十九条之一　【枉法仲裁罪】

依法承担仲裁职责的人员，在仲裁活动中故意违背事实和法律作枉法裁决，情节严重的，处三年以下有期徒刑或者拘役；情节特别严重的，处三年以上七年以下有期徒刑。

【立法沿革】

《中华人民共和国刑法修正案(六)》(自2006年6月29日起施行)

二十、在刑法第三百九十九条后增加一条,作为第三百九十九条之一:

“依法承担仲裁职责的人员,在仲裁活动中故意违背事实和法律作枉法裁决,情节严重的,处三年以下有期徒刑或者拘役;情节特别严重的,处三年以上七年以下有期徒刑。”

【立法理由】

仲裁,是指纠纷的当事人按事前或者事后达成的协议,或者按照法律的规定,将有关争议提交仲裁机构,仲裁机构以第三者的身份对争议的事实和双方的权利义务作出判断和裁决,并由国家强制力保障执行的一种纠纷解决机制,是法院诉讼之外通过裁判解决纠纷的重要方式。随着社会经济的发展,越来越多的公民、法人和其他组织选择以仲裁这种相对简易和便捷的方式解决彼此间的合同纠纷或者其他权益纠纷。仲裁事业的发展,对于便捷高效解决民商事等纠纷,保障公民和组织的合法权益,创造良好的营商环境和法治环境,提高我国市场的国际竞争力,具有重要意义。

仲裁法是关于仲裁制度的基本法律规范,对仲裁机构的组织、仲裁协议、仲裁程序等仲裁领域的法律制度作了规定。根据仲裁法、民事诉讼法的有关规定,仲裁委员会不是国家机关,仲裁员也不是国家机关工作人员。但仲裁机构对当事人经济纠纷的审理和裁决具有法律效力,仲裁裁决作出后,当事人就同一纠纷再向人民法院起诉的,人民法院不予受理。而且仲裁实行一裁终局制度,不设上诉审。仲裁裁决作出后,当事人即可向人民法院申请强制执行。这种制度设计体现了高效便捷的特点,是仲裁制度相对于诉讼制度的优势,同时也对仲裁制度的公正性提出了较高要求。仲裁法对此从仲裁员条件和仲裁程序设置两方面作了规定。1994年通过的《仲裁法》第十三条规定:“仲裁委员会应当从公道正派的人员中聘任仲裁员。仲裁员应当符合下列条件之一:(一)从事仲裁工作满八年的;(二)从事律师工作满八年的;(三)曾任审判员满八年的;(四)从事法律研究、教学工作并具有高级职称的;(五)具有法律知识、从事经济贸易等专业工作并具有高级职称或者具有同等专业水平的。仲裁委员会按照不同专业设仲裁员名册。”根据上述规定,仲裁员应当在法律、经济贸易专业知识和职业道德操守两方面都达到较高水平。

在我国仲裁事业发展过程中,实践中出现了一些仲裁人员收受贿赂、徇私舞弊,故意违背事实和法律枉法仲裁的行为。**这种行为严重违背了法律要求,违背了仲裁人员应当遵循的公正公平原则,给当事人的合法权益造成重大损害,也给仲裁的权威性和公正性造成恶劣影响,具有严重的社会危害性。**为依法惩治枉法仲裁的行为,根据实际情况和各方面的意见,2006年**《刑法修正案(六)》**在《刑法》第三百九十九条后增加了本条作为第三百九十九条之一,规定了枉法仲裁的犯罪。

【条文说明】

本条是关于枉法仲裁罪及其处罚的规定。

根据本条规定,本罪主体为特殊主体,即“**依法承担仲裁职责的人员**”。实践中,依法承担仲裁职责的人员主要是仲裁委员会的仲裁员。《仲裁法》第十三条第一、二款规定了担任仲裁员的条件。具备法定条件的人员经仲裁委员会聘任并登记注册,即可承担仲裁职责,如其有枉法仲裁行为的,构成本罪主体。同时,除了《仲裁法》规定的民商事仲裁制度以外,我国一些其他法律、行政法规还规定了一些其他领域的仲裁制度。如《劳动法》《劳动争议调解仲裁法》规定了劳动争议仲裁制度;《农村土地承包经营纠纷调解仲裁法》规定了农村土地承包经营纠纷仲裁制度;《公务员法》规定了人事争议仲裁制度;《体育法》《反兴奋剂条例》规定了体育仲裁制度等。根据上述法律、行政法规的规定,在由政府行政主管部门代表参加组成的仲裁机构中对法律、行政法规规定的特殊争议承担仲裁职责的人员,也属于本条规定的“依法承担仲裁职责的人员”。

本罪在客观方面表现为,**在仲裁活动中,故意违背事实和法律作枉法裁决,情节严重的行为。**该行为有以下三点特征:第一,必须发生在仲裁活动中。这也是本罪与徇私枉法罪,民事、行政枉法裁判罪的重要区别。第二,违背事实和法律作枉法裁决。这是指仲裁员背离案件的客观事实,故意歪曲法律、法规和相关司法解释的原意,作出仲裁裁决。因为专业水平不够,对法律规定理解偏差等造成错误裁决的,不构成本条规定的犯罪。第三,必须达到情节严重程度,包括收受贿赂枉法裁决、给仲裁当事人造成重大财产损失或者造成其他严重后果等情形,具体可由司法机关根据案件情况掌握。

根据本条的规定,枉法仲裁情节严重的,处三年以下有期徒刑或者拘役;情节特别严重的,处三年以上七年以下有期徒刑。

需要注意的是,根据《仲裁法》的有关规定,仲裁裁决作出后,当事人可以向人民法院申请执行,不服仲裁裁决的当事人也可以向人民法院申请撤销仲裁裁决。人民法院在仲裁裁决执行程序或者审理撤销仲裁裁决案件中发现承担仲裁职责的人员涉嫌枉法仲裁犯罪线索的,应当依照有关规定向负责调查本罪的监察机关移送。

【司法解释】

《最高人民法院、最高人民检察院关于办理渎职刑事案件适用法律若干问题的解释(一)》(法释〔2012〕18号,自2013年1月9日起施行)

△(**法条竞合**)国家机关工作人员实施滥用职权或者玩忽职守犯罪行为,触犯刑法分则第九章第三百九十八条至第四百一十九条规定的,依照该规定定罪处罚。

国家机关工作人员滥用职权或者玩忽职守,因不具备徇私舞弊等情形,不符合刑法分则第九章第三百九十八条至第四百一十九条的规定,但依法构成第三百九十七条规定的犯罪的,以滥用职权罪或者玩忽职守罪定罪处罚。(§2)

△(**受贿罪;数罪并罚**)国家机关工作人员实施渎职犯罪并收受贿赂,同时构成受贿罪的,除刑法另有规定外,以渎职犯罪和受贿罪数罪并罚。(§3)

△(**与他人共谋;想象竞合犯;数罪并罚**)国家机关工作人员与他人共谋,利用其职务行为帮助他人实施其他犯罪行为,同时构成渎职犯罪和共谋实施的其他犯罪共犯的,依照处罚较重的规定定罪处罚。

国家机关工作人员与他人共谋,既利用其职务行为帮助他人实施其他犯罪,又以非职务行为与他人共同实施该其他犯罪行为,同时构成渎职犯罪和其他犯罪的共犯的,依照数罪并罚的规定定罪处罚。(§4Ⅱ、Ⅲ)

△(**指使、授意、强令其他国家机关工作人员;以"集体研究"形式实施渎职犯罪**)国家机关负责人员违法决定,或者指使、授意、强令其他国家机关工作人员违法履行职务或者不履行职务,构成刑法分则第九章规定的渎职犯罪的,应当依法追究刑事责任。

以"集体研究"形式实施的渎职犯罪,应当依照刑法分则第九章的规定追究国家机关负有责任的人员的刑事责任。对于具体执行人员,应当在综合认定其行为性质、是否提出反对意见、危害结果大小等情节的基础上决定是否追究刑事责任和应当判处的刑罚。(§5)

△(**依法或者受委托行使国家行政管理职权的公司、企业、事业单位**)依法或者受委托行使国家行政管理职权的公司、企业、事业单位的工作人员,在行使行政管理职权时滥用职权或者玩忽职守,构成犯罪的,应当依照《全国人民代表大会常务委员会关于〈中华人民共和国刑法〉第九章渎职罪主体适用问题的解释》的规定,适用渎职罪的规定追究刑事责任。(§7)

【附属刑法】

《中华人民共和国农村土地承包经营纠纷调解仲裁法》(2009年6月27日通过)

第十七条

Ⅰ农村土地承包仲裁委员会组成人员、仲裁员应当依法履行职责,遵守农村土地承包仲裁委员会章程和仲裁规则,不得索贿受贿、徇私舞弊,不得侵害当事人的合法权益。

Ⅱ仲裁员有索贿受贿、徇私舞弊、枉法裁决以及接受当事人请客送礼等违法违纪行为的,农村土地承包仲裁委员会应当将其除名;构成犯罪的,依法追究刑事责任。

Ⅲ县级以上地方人民政府及有关部门应当受理对农村土地承包仲裁委员会组成人员、仲裁员违法违纪行为的投诉和举报,并依法组织查处。

第四百条　【私放在押人员罪】【失职致使在押人员脱逃罪】

司法工作人员私放在押的犯罪嫌疑人、被告人或者罪犯的，处五年以下有期徒刑或者拘役；情节严重的，处五年以上十年以下有期徒刑；情节特别严重的，处十年以上有期徒刑。

司法工作人员由于严重不负责任，致使在押的犯罪嫌疑人、被告人或者罪犯脱逃，造成严重后果的，处三年以下有期徒刑或者拘役；造成特别严重后果的，处三年以上十年以下有期徒刑。

【立法理由】

1. **1979年立法的情况**。1979年《刑法》第一百九十条规定："司法工作人员私放罪犯的，处五年以下有期徒刑或者拘役；情节严重的，处五年以上十年以下有期徒刑。"这一规定是为了维护国家刑事诉讼和刑罚执行制度的权威和监管场所的管理秩序，保证司法工作人员、监管人员依法履行职责和刑事诉讼的正常进行。当时规定的"罪犯"，既包括已经人民法院判决确定有罪的人员，也包括被采取刑事强制措施的人员。

2. **1997年修订刑法的情况**。刑事诉讼法根据防止犯罪嫌疑人、被告人发生社会危险性，保证诉讼活动正常进行的需要，规定了对犯罪嫌疑人、被告人人身的强制措施，其中剥夺人身自由的强制措施有拘留和逮捕。根据刑事诉讼法的有关规定，对被拘留、逮捕的犯罪嫌疑人，应当立即送看守所羁押。《看守所条例》对看守所看押、监管在押的犯罪嫌疑人、被告人的职责作了规定。《刑事诉讼法》对拘留、逮捕措施的适用条件、程序等都有严格、明确的规定。解除强制措施必须由有关司法机关依照法律规定的程序进行。司法工作人员私放被采取强制措施的在押的犯罪嫌疑人、被告人，不仅造成犯罪嫌疑人、被告人逃避侦查、审判的后果，有的犯罪嫌疑人逃跑后，还可能实施串供、毁灭罪证、打击报复证人等妨害刑事诉讼活动的行为，甚至继续犯罪，具有严重的社会危害性。

被人民法院依法判处拘役、有期徒刑、无期徒刑等剥夺人身自由刑罚的罪犯，必须按照刑法、刑事诉讼法、监狱法的规定，在监狱等刑罚执行场所服刑，接受改造。这是实现刑罚目的，惩罚和教育犯罪分子，维护社会秩序和社会正义的必然要求。监狱法对监狱及其人民警察对罪犯的监管职责作了规定。根据《监狱法》第十四条第一款第（二）项的规定，监狱的人民警察不得私放罪犯或者玩忽职守造成罪犯脱逃。监狱的人民警察有上述行为，构成犯罪的，依法追究刑事责任；尚未构成犯罪的，应当予以处分。

司法工作人员对于被监管或押解途中的犯罪嫌疑人、被告人或者罪犯，只有依法执行和实行监管的义务，没有违法擅自处理的权力。私放在押的犯罪嫌疑人、被告人、罪犯，是一种严重的破坏法治的犯罪行为，应当予以惩处。1997年修订刑法时，根据司法实践需要和有关方面的意见，对1979年《刑法》第一百九十条规定作了修改补充。一是1996年修正后的刑事诉讼法根据无罪推定原则，将提起公诉前和提起公诉后的被追诉人分别称为"犯罪嫌疑人"和"被告人"。本条与刑事诉讼法的规定相衔接，将"私放罪犯"修改为"私放在押的犯罪嫌疑人、被告人或者罪犯"。二是根据惩治司法工作人员失职渎职犯罪的需要，增加了失职致使在押人员脱逃犯罪的规定。三是根据犯罪情节和社会危害程度，增加了量刑档次，调整了法定刑。

【条文说明】

本条是关于私放在押人员罪、失职致使在押人员脱逃罪及其处罚的规定。

本条共分为两款。

第一款是关于私放在押人员罪的规定。这里规定的"**私放在押的犯罪嫌疑人、被告人或者罪犯**"，是指司法工作人员利用职务上的便利，私自非法将被监管或押解的犯罪嫌疑人、被告人或者罪犯放走的行为。①

根据本款规定，构成私放在押人员罪主观上必须是**故意**。这种犯罪的动机是各种各样的，有的是为了贪图钱财而私放，有的是为了徇私情而私放，有的是为了包庇犯罪同伙而私放。如果由于疏忽大意、严重不负责任使犯罪嫌疑人、被告人或者罪犯脱逃，造成严重后果的，则不构成本罪，而应当按照本条第二款的规定处理。构成本罪在客观方面必须是**实施了私放犯罪嫌疑人、被告人或者罪犯的行为**。这里的"**私放**"，是指擅自、非法将在押人员释放使其逃出监管机关的监控范围。监控范围可以是看守所等固定场所，也可以

① 司法工作人员虽然帮助在押人员脱逃，但没有利用职务之便，以脱逃罪的共犯论处。参见张明楷：《刑法学》(第6版)，法律出版社2021年版，第1654页。

是押解途中、监管场所以外的劳动作业场所等临时性场所。本条规定的在押人员，包括在押的犯罪嫌疑人、被告人或者罪犯，不包括被采取行政拘留、司法拘留、强制隔离戒毒等其他限制人身自由的处罚或者措施的人员。私放的行为主要表现为：司法工作人员利用职务之便，如利用看守、押解、关押在押人员等职务、职责的便利条件，私自将犯罪嫌疑人、被告人或者罪犯放走或者授意、指使他人放走；伪造、变造或者涂改有关法律文件，将犯罪嫌疑人、被告人或者罪犯放走；为犯罪嫌疑人、被告人或者罪犯提供便利条件、帮助，使其脱逃等情形。根据《最高人民检察院关于渎职侵权犯罪案件立案标准的规定》第一部分第九条的规定，私放在押人员，"涉嫌下列情形之一的，**应予立案**：1. 私自将在押的犯罪嫌疑人、被告人、罪犯放走，或者授意、指使、强迫他人将在押的犯罪嫌疑人、被告人、罪犯放走的；2. 伪造、变造有关法律文书、证明材料，以使在押的犯罪嫌疑人、被告人、罪犯逃跑或者被释放的；3. 为私放在押的犯罪嫌疑人、被告人、罪犯，故意向其通风报信、提供条件，致使该在押的犯罪嫌疑人、被告人、罪犯脱逃的；4. 其他私放在押的犯罪嫌疑人、被告人、罪犯应予追究刑事责任的情形"。

根据本款的规定，对司法工作人员私放在押的犯罪嫌疑人、被告人或者罪犯的，处五年以下有期徒刑或者拘役；情节严重的，处五年以上十年以下有期徒刑；情节特别严重的，处十年以上有期徒刑。

第二款是关于失职致使在押人员脱逃罪及其处罚的规定。根据本款规定，构成本罪的主观方面主要是**过失**，即司法工作人员因为疏忽大意而没有预见，或者已经预见而轻信能够避免，以致发生了在押人员脱逃的后果。构成本罪的主观方面有时也存在**间接故意**，即司法工作人员明知自己严重不负责任的行为会发生被监管或押解人脱逃的危害社会的结果，并且有意识地放任这种结果的发生；行为人虽然不希望结果的发生，但又不设法防止，采取听之任之、漠不关心的态度，以致发生了这种结果。本罪的客观方面必须是**司法工作人员严重不负责任，致使犯罪嫌疑人、被告人或者罪犯脱逃，造成了严重后果**。是否"造成严重后果"是区分罪与非罪的界限，对造成一般后果的，可以采取批评教育或者党政纪律、政务处分的措施处理。所谓"**严重不负责任**"，是指司法工作人员违反职责要求，不履行或不正确履行职责义务，情节恶劣的行为。具体表现为工作上的官僚主义，马马虎虎、敷衍了事等。"**脱逃**"，是指被拘留、逮捕的犯罪嫌疑人、被告人或者正在服刑的罪犯逃离羁押、监管场所的行为。根据《最高人民检察院关于渎职侵权犯罪案件立案标准的规定》第一部分第十条的规定，失职致使在押人员脱逃，"涉嫌下列情形之一的，**应予立案**：1. 致使依法可能判处或者已经判处 10 年以上有期徒刑、无期徒刑、死刑的犯罪嫌疑人、被告人、罪犯脱逃的；2. 致使犯罪嫌疑人、被告人、罪犯脱逃 3 人次以上的；3. 犯罪嫌疑人、被告人、罪犯脱逃以后，打击报复报案人、控告人、举报人、被害人、证人和司法工作人员等，或者继续犯罪的；4. 其他致使在押的犯罪嫌疑人、被告人、罪犯脱逃，造成严重后果的情形"。

根据本款的规定，司法工作人员严重不负责任，致使在押的犯罪嫌疑人、被告人或者罪犯脱逃，造成严重后果的，处三年以下有期徒刑或者拘役；造成特别严重后果的，处三年以上十年以下有期徒刑。这里"**造成特别严重后果**"，是指造成多人脱逃或者多次造成犯罪嫌疑人、被告人或者罪犯脱逃以及脱逃的犯罪嫌疑人、被告人或者罪犯继续危害社会，使国家和人民利益遭受重大损失等情形。

需要注意的是，本条规定的犯罪主体是司法工作人员。根据《刑法》第九十四条的规定，**司法工作人员**"是指有侦查、检察、审判、监管职责的工作人员"。刑法的这一规定的实质，是看行为人是否具有履行以上职责的义务。实践中由于受到编制等因素的影响，有的司法机关、监管场所存在使用未列入司法工作人员编制的辅助人员从事监管工作，履行监管职责的情况，对于这些人员，当其受委托履行监管职责时，实施了本条规定的行为，应构成本条规定的犯罪。

【司法解释】

《最高人民检察院关于工人等非监管机关在编监管人员私放在押人员行为和失职致使在押人员脱逃行为适用法律问题的解释》（高检发释字〔2001〕2 号，自 2001 年 3 月 2 日起施行）

△（**工人等非监管机关在编监管人员；私放在押人员**）工人等非监管机关在编监管人员在被监管机关聘用受委托履行监管职责的过程中私放在押人员的，应当依照刑法第四百条第一款的规定，以私放在押人员罪追究刑事责任；由于严重不负责任，致使在押人员脱逃，造成严重后果的，应当依照刑法第四百条第二款的规定，以失职致使在押人员脱逃罪追究刑事责任。

《最高人民检察院关于渎职侵权犯罪案件立案标准的规定》（高检发释字〔2006〕2 号，自 2006

年7月26日起施行)

△(**私放在押人员罪;立案标准**)私放在押人员罪是指司法工作人员私放在押(包括在羁押场所和押解途中)的犯罪嫌疑人、被告人或者罪犯的行为。

涉嫌下列情形之一的,应予立案:

1. 私自将在押的犯罪嫌疑人、被告人、罪犯放走,或者授意、指使、强迫他人将在押的犯罪嫌疑人、被告人、罪犯放走的;

2. 伪造、变造有关法律文书、证明材料,以使在押的犯罪嫌疑人、被告人、罪犯逃跑或者被释放的;

3. 为私放在押的犯罪嫌疑人、被告人、罪犯,故意向其通风报信、提供条件,致使该在押的犯罪嫌疑人、被告人、罪犯脱逃的;

4. 其他私放在押的犯罪嫌疑人、被告人、罪犯应予追究刑事责任的情形。

△(**失职致使在押人员脱逃罪;立案标准**)失职致使在押人员脱逃罪是指司法工作人员由于严重不负责任,不履行或者不认真履行职责,致使在押(包括在羁押场所和押解途中)的犯罪嫌疑人、被告人、罪犯脱逃,造成严重后果的行为。

涉嫌下列情形之一的,应予立案:

1. 致使依法可能判处或者已经判处10年以上有期徒刑、无期徒刑、死刑的犯罪嫌疑人、被告人、罪犯脱逃的;

2. 致使犯罪嫌疑人、被告人、罪犯脱逃3人次以上的;

3. 犯罪嫌疑人、被告人、罪犯脱逃以后,打击报复报案人、控告人、举报人、被害人、证人和司法工作人员等,或者继续犯罪的;

4. 其他致使在押的犯罪嫌疑人、被告人、罪犯脱逃,造成严重后果的情形。

《最高人民法院、最高人民检察院关于办理渎职刑事案件适用法律若干问题的解释(一)》(法释〔2012〕18号,自2013年1月9日起施行)

△(**法条竞合**)国家机关工作人员实施滥用职权或者玩忽职守犯罪行为,触犯刑法分则第九章第三百九十八条至第四百一十九条规定的,依照该规定定罪处罚。

国家机关工作人员滥用职权或者玩忽职守,因不具备徇私舞弊等情形,不符合刑法分则第九章第三百九十八条至第四百一十九条的规定,但依法构成第三百九十七条规定的犯罪的,以滥用职权罪或者玩忽职守罪定罪处罚。(§ 2)

△(**受贿罪;数罪并罚**)国家机关工作人员实施渎职犯罪并收受贿赂,同时构成受贿罪的,除刑法另有规定外,以渎职犯罪和受贿罪数罪并罚。(§ 3)

△(**放纵他人犯罪;帮助他人逃避刑事处罚;与他人共谋;想象竞合犯;数罪并罚**)国家机关工作人员实施渎职行为,放纵他人犯罪或者帮助他人逃避刑事处罚,构成犯罪的,依照渎职罪的规定定罪处罚。

国家机关工作人员与他人共谋,利用其职务行为帮助他人实施其他犯罪行为,同时构成渎职犯罪和共谋实施的其他犯罪共犯的,依照处罚较重的规定定罪处罚。

国家机关工作人员与他人共谋,既利用其职务行为帮助他人实施其他犯罪,又以非职务行为与他人共同实施该其他犯罪行为,同时构成渎职犯罪和其他犯罪的共犯的,依照数罪并罚的规定定罪处罚。(§ 4)

△(**指使、授意、强令其他国家机关工作人员;以"集体研究"形式实施渎职犯罪**)国家机关负责人员违法决定,或者指使、授意、强令其他国家机关工作人员违法履行职务或者不履行职务,构成刑法分则第九章规定的渎职犯罪的,应当依法追究刑事责任。

以"集体研究"形式实施的渎职犯罪,应当依照刑法分则第九章的规定追究国家机关负有责任的人员的刑事责任。对于具体执行人员,应当在综合认定其行为性质、是否提出反对意见、危害结果大小等情节的基础上决定是否追究刑事责任和应当判处的刑罚。(§ 5)

△(**依法或者受委托行使国家行政管理职权的公司、企业、事业单位**)依法或者受委托行使国家行政管理职权的公司、企业、事业单位的工作人员,在行使行政管理职权时滥用职权或者玩忽职守,构成犯罪的,应当依照《全国人民代表大会常务委员会关于〈中华人民共和国刑法〉第九章渎职罪主体适用问题的解释》的规定,适用渎职罪的规定追究刑事责任。(§ 7)

【司法解释性文件】

《最高人民检察院关于印发〈人民检察院直接受理立案侦查的渎职侵权重特大案件标准(试行)〉的通知》(高检发〔2001〕13号,2001年8月24日公布)

△(**私放在押人员罪;重特大案件**)

(一)重大案件

1. 私放三人以上的;

2. 私放可能判处有期徒刑十年以上或者余刑在五年以上的重大刑事犯罪分子的;

3. 在押人员被私放后又实施重大犯罪的。

（二）特大案件

1. 私放五人以上的；

2. 私放可能判处无期徒刑以上的重大刑事犯罪分子的；

3. 在押人员被私放后又犯罪致人死亡的。（§ 7）

△**（失职致使在押人员脱逃罪；重特大案件）**

（一）重大案件

1. 致使脱逃五人以上的；

2. 致使可能判处无期徒刑或者死刑缓期二年执行的重大刑事犯罪分子脱逃的；

3. 在押人员脱逃后实施重大犯罪致人死亡的。

（二）特大案件

1. 致使脱逃十人以上的；

2. 致使可能判处死刑的重大刑事犯罪分子脱逃的；

3. 在押人员脱逃后实施重大犯罪致人死亡二人以上的。（§ 8）

【附属刑法】

《中华人民共和国监狱法》（1994年12月29日通过，2012年10月26日修正）

第十四条

Ⅰ监狱的人民警察不得有下列行为：

……

（二）私放罪犯或者玩忽职守造成罪犯脱逃；

……

Ⅱ监狱的人民警察有前款所列行为，构成犯罪的，依法追究刑事责任；尚未构成犯罪的，应当予以行政处分。

【参考案例】

△**被私放的在押人员脱管时间长短，是否按时返回监管场所，均不影响私放在押人员罪的成立。**

私放在押人员犯罪的客观方面，表现为利用监管职责的便利，私放在押的犯罪嫌疑人、被告人或者罪犯的行为。起诉书所指控的三被告人让罪犯张祖潮自行回家的行为均属于其擅自决定的行为，既无法律上的授权，亦无有权机关的批准、同意，即属私放。私放两字的含义清楚地表明了行为人主观上是故意的，即明知是未经合法批准而擅自将本应接受司法机关监管的刑事罪犯放回社会。不论是永久还是暂时的释放，都是将罪犯释放的一种表现形式。私放在押人员罪作为行为犯，只要私放罪犯的行为一经发生，就已构成犯罪，而罪犯在被放出去后是否再回来，只是量刑上考虑的情节，而不是定罪情节。吴鹏辉等私放在押人员案中，被告人叶火兴将罪犯张祖潮放出去后，罪犯又将他人打伤，罪犯本应在监管场所服刑，接受刑罚的处罚，进行劳动改造，如若均像本案三被告人一样作为，人民法院对犯罪分子的刑事判决书就必然会成为一纸空文，法律的尊严也必将遭到践踏，人民群众对司法权威的信任感降低，同时也没有安全感，和谐社会的构建就失去应有的司法保障，社会危害性是显而易见的。批准服刑罪犯回家需要履行一整套的程序，违反其中的一部分合法程序，导致罪犯被批准请假回家才属违规，而本案的三被告人不具有批准服刑罪犯请假回家的权利，在没有任何的手续、报告的情况下擅自决定放罪犯自行回家，就是变相地变更了刑罚的正确执行，其不是一般的违规、违纪行为，而是犯罪行为。

在司法实践中，有少数司法工作人员出于徇私情、徇私利等动机目的，利用职务之便，将在押人员临时放出监管场所，并无让其长期脱逃在外的故意，对能及时返回监管场所未造成影响的案件往往不了了之。事实上，无论这种私放行为是长期还是临时，也无论被私放的在押人员是否及时返回监管场所，这种私放行为都侵害了正常的监管制度和秩序。根据现行《刑法》第四百条第一款的规定，并没有将私放的时间长短、被私放的在押人员是否及时返回作为犯罪构成要件。也就是说，只要负有监管职责的司法工作人员违法实施了私放在押的犯罪嫌疑人、被告人或者罪犯，以使其脱离监管的范围，就构成私放在押人员罪，应当追究刑事责任。至于私放的时间长短、被私放的在押人员是否按时返回监管场所等情形，只能作为量刑的一个考虑因素。［No. 9-400(1)-1 吴鹏辉等私放在押人员案］

第四百零一条　【徇私舞弊减刑、假释、暂予监外执行罪】
司法工作人员徇私舞弊，对不符合减刑、假释、暂予监外执行条件的罪犯，予以减刑、假释或者暂予监外执行的，处三年以下有期徒刑或者拘役；情节严重的，处三年以上七年以下有期徒刑。

【立法理由】

我国刑法、刑事诉讼法在规定对犯罪分子判处刑罚的同时，也根据宽严相济的刑事政策和人道主义原则规定了有关刑罚执行变更制度，主要包括减刑制度、假释制度和暂予监外执行制度。**减刑制度**是对服刑期间认真遵守监规，接受教育改造，确有悔改表现的，或者有立功表现的犯罪分子，经过法定程序减少其原判刑期的制度。**假释制度**是对执行超过一定刑期，认真遵守监规，接受教育改造，确有悔改表现，没有再犯罪的危险的犯罪分子，经过法定程序附条件地提前释放的制度。减刑制度和假释制度体现了国家对犯罪分子给出路的政策，对于激励犯罪分子认罪服法，遵守监规，积极改造，具有重要的作用。**暂予监外执行制度**是对因患病、怀孕等特殊身体状况不宜在监所内服刑的犯罪分子，经法定程序决定暂时在监所外服刑的制度。这一制度体现了国家对身体有特殊状况的罪犯的人道主义关怀。刑法、刑事诉讼法、监狱法等法律法规对减刑、假释、暂予监外执行的适用条件、决定程序，对被假释、暂予监外执行的罪犯的监督管理措施等作了具体规定。

减刑、假释、暂予监外执行制度对服刑的犯罪分子减少刑期、提前释放或者暂予监外服刑，对犯罪分子的人身自由等权益有重大影响。正确适用这些制度，能够充分发挥刑罚的教育、改造功能，体现国家刑罚制度的公平、公正和人道主义。如果适用这些制度的公正性出现偏差，甚至出现徇私舞弊的情形，**将会严重损害国家刑罚制度的公正性，损害司法机关甚至党和政府的形象和威信**。1997年修订刑法以前，司法实践中出现了一些司法工作人员在减刑、假释、暂予监外执行相关工作中徇私舞弊，甚至贪赃枉法，对不符合条件的罪犯予以减刑、假释、暂予监外执行的情形，致使本应当在监所内服刑的罪犯逍遥法外，甚至继续违法犯罪，造成严重后果。这种行为具有严重的社会危害性，应当依法予以惩治。**1997年修订刑法时**，根据维护司法公正、惩治司法腐败的需要和各方面的意见，增加规定了司法工作人员徇私舞弊减刑、假释、暂予监外执行的犯罪。

【条文说明】

本条是关于徇私舞弊减刑、假释、暂予监外执行罪及其处罚的规定。

本条规定的**徇私舞弊减刑、假释、暂予监外执行罪**，是指司法工作人员利用职权，为徇私情，对不符合减刑、假释或者暂予监外执行条件的罪犯，予以减刑、假释或者暂予监外执行的行为。构成本罪须具备以下条件：

1. 行为人在主观上必须是**故意**，即司法工作人员在徇私情或者其他谋取私利等动机的驱动下实施的行为。过失不能构成本罪。因为业务水平不高，对法律的理解错误等造成工作失误，造成错误适用减刑、假释、暂予监外执行的，也不构成本条规定的犯罪。

2. 在客观方面，司法工作人员必须实施了**对不符合减刑、假释、暂予监外执行条件的罪犯，予以减刑、假释或者暂予监外执行情节严重的行为**。关于减刑、假释、暂予监外执行的条件、程序，刑法、刑事诉讼法等都作了明确规定，行为人在司法工作中违反了这些规定，具体分为三种情况：

一是**对不符合减刑条件的罪犯予以减刑**。根据《刑法》第七十八条的规定，被判处管制、拘役、有期徒刑、无期徒刑的犯罪分子，在执行期间，如果认真遵守监规，接受教育改造，确有悔改表现的，或者有立功表现的，可以减刑；有特定重大立功表现之一的，应当减刑。根据《刑法》第五十条的规定，死刑缓期执行的罪犯，“在死刑缓期执行期间，如果没有故意犯罪，二年期满后，减为无期徒刑；确有重大立功表现，二年期满后，减为二十五年有期徒刑”。关于减刑的程序，根据刑法、刑事诉讼法、监狱法的有关规定，对于犯罪分子的减刑，由执行机关向中级以上人民法院提出减刑建议书。人民法院应当组成合议庭进行审理，对确有悔改或者立功事实的，裁定予以减刑。执行机关应当并将减刑建议书副本抄送人民检察院。人民检察院可以向人民法院提出书面意见。人民检察院认为人民法院减刑的裁定不当，应当在收到裁定书副本后二十日以内，向人民法院提出书面纠正意见。人民法院应当在收到纠正意见后一个月以内重新组成合议庭进行审理，作出最终裁定。

二是**对不符合假释条件的罪犯予以假释**。《刑法》第八十一条第一款规定："被判处有期徒刑的犯罪分子，执行原判刑期二分之一以上，被判处无期徒刑的犯罪分子，实际执行十三年以上，如果认真遵守监规，接受教育改造，确有悔改表现，没有再犯罪的危险的，可以假释。如果有特殊情况，经最高人民法院核准，可以不受上述执行刑期的限制。"该条第二款同时规定："对累犯及因故意杀人、强奸、抢劫、绑架、放火、爆炸、投放危险物质或者有组织的暴力性犯罪被判处十年以上有期徒刑、无期徒刑的犯罪分子，不得假释。"关于假释的程序，根据刑法、刑事诉讼法、监狱法的有关规定，假释的提请、决定和监督程序与减刑相似。

三是**对不符合暂予监外执行条件的罪犯予以暂予监外执行**。根据《刑事诉讼法》第二百六十五条的规定，对于被判处有期徒刑或者拘役的罪犯，如果患有严重疾病需要保外就医，或者怀孕、正在哺乳自己婴儿，或者生活不能自理，适用暂予监外执行不致危害社会的，或者被判处无期徒刑的罪犯怀孕、正在哺乳自己婴儿的，可以暂予监外执行。对其不在监管场所执行刑罚，而是暂时放在社会上实行社区矫正。关于暂予监外执行程序，根据刑事诉讼法、监狱法的有关规定，在交付执行前，暂予监外执行由交付执行的人民法院决定；在交付执行后，暂予监外执行由监狱或者看守所提出书面意见，报省级以上监狱管理机关或者设区的市一级以上公安机关批准。人民检察院认为对罪犯适用暂予监外执行不当的，应当自接到通知之日起一个月内将书面意见递交批准暂予监外执行的机关，批准暂予监外执行的机关接到人民检察院的书面意见后，应当立即对该决定进行重新核查。

3. 本罪的犯罪主体为特殊主体，即**司法工作人员**。实践中，一般是指刑罚执行机关、审判机关中有权决定减刑、假释、暂予监外执行的司法工作人员。

根据《最高人民检察院关于渎职侵权犯罪案件立案标准的规定》第一部分第十一条的规定，徇私舞弊减刑、假释、暂予监外执行，"涉嫌下列情形之一的，**应予立案**：1. 刑罚执行机关的工作人员对不符合减刑、假释、暂予监外执行条件的罪犯，捏造事实，伪造材料，违法报请减刑、假释、暂予监外执行的；2. 审判人员对不符合减刑、假释、暂予监外执行条件的罪犯，徇私舞弊，违法裁定减刑、假释或者违法决定暂予监外执行的；3. 监狱管理机关、公安机关的工作人员对不符合暂予监外执行条件的罪犯，徇私舞弊，违法批准暂予监外执行的；4. 不具有报请、裁定、决定或者批准减刑、假释、暂予监外执行权的司法工作人员利用职务上的便利，伪造有关材料，导致不符合减刑、假释、暂予监外执行条件的罪犯被减刑、假释、暂予监外执行的；5. 其他徇私舞弊减刑、假释、暂予监外执行应予追究刑事责任的情形"。

根据本条的规定，对司法工作人员犯本罪的，处三年以下有期徒刑或者拘役；情节严重的，处三年以上七年以下有期徒刑。

实践中执行本条规定应当注意以下两个方面的问题：

1. 本罪与**徇私枉法罪**的关系。审判人员徇私舞弊减刑、假释、暂予监外执行的行为，严格上来讲也属于《刑法》第三百九十九条第一款中规定的在刑事审判活动中故意违背事实和法律作枉法裁判的行为，构成该条规定的徇私枉法罪。但刑法已经将这种行为规定为单独的犯罪，就应当认定为本条规定的徇私舞弊减刑、假释、暂予监外执行罪，不再认定为徇私枉法罪。

2. 司法工作人员收受贿赂，又实施本条规定的犯罪如何处理。实践中存在司法工作人员受人请托，收受贿赂后实施徇私舞弊减刑、假释、暂予监外执行的情况。根据《最高人民法院、最高人民检察院关于办理贪污贿赂刑事案件适用法律若干问题的解释》第十七条的规定，对这种情形，**应当以受贿罪和本条规定的徇私舞弊减刑、假释、暂予监外执行罪数罪并罚**。

【司法解释】

《最高人民检察院关于渎职侵权犯罪案件立案标准的规定》（高检发释字〔2006〕2号，自2006年7月26日起施行）

△（**徇私舞弊减刑、假释、暂予监外执行罪；立案标准**）徇私舞弊减刑、假释、暂予监外执行罪是指司法工作人员徇私舞弊，对不符合减刑、假释、暂予监外执行条件的罪犯予以减刑、假释、暂予监外执行的行为。

涉嫌下列情形之一的，应予立案：

1. 刑罚执行机关的工作人员对不符合减刑、假释、暂予监外执行条件的罪犯，捏造事实，伪造材料，违法报请减刑、假释、暂予监外执行的；

2. 审判人员对不符合减刑、假释、暂予监外执行条件的罪犯，徇私舞弊，违法裁定减刑、假释或者违法决定暂予监外执行的；

3. 监狱管理机关、公安机关的工作人员对不符合暂予监外执行条件的罪犯，徇私舞弊，违法批准暂予监外执行的；

4. 不具有报请、裁定、决定或者批准减刑、假释、暂予监外执行权的司法工作人员利用职务上

的便利,伪造有关材料,导致不符合减刑、假释、暂予监外执行条件的罪犯被减刑、假释、暂予监外执行的;

5. 其他徇私舞弊减刑、假释、暂予监外执行应予追究刑事责任的情形。

《最高人民法院、最高人民检察院关于办理渎职刑事案件适用法律若干问题的解释(一)》(法释〔2012〕18 号,自 2013 年 1 月 9 日起施行)

△(**法条竞合**)国家机关工作人员实施滥用职权或者玩忽职守犯罪行为,触犯刑法分则第九章第三百九十八条至第四百一十九条规定的,依照该规定定罪处罚。

国家机关工作人员滥用职权或者玩忽职守,因不具备徇私舞弊等情形,不符合刑法分则第九章第三百九十八条至第四百一十九条的规定,但依法构成第三百九十七条规定的犯罪的,以滥用职权罪或者玩忽职守罪定罪处罚。(§ 2)

△(**受贿罪;数罪并罚**)国家机关工作人员实施渎职犯罪并收受贿赂,同时构成受贿罪的,除刑法另有规定外,以渎职犯罪和受贿罪数罪并罚。(§ 3)

△(**放纵他人犯罪;帮助他人逃避刑事处罚;与他人共谋;想象竞合犯;数罪并罚**)国家机关工作人员实施渎职行为,放纵他人犯罪或者帮助他人逃避刑事处罚,构成犯罪的,依照渎职罪的规定定罪处罚。

国家机关工作人员与他人共谋,利用其职务行为帮助他人实施其他犯罪行为,同时构成渎职犯罪和共谋实施的其他犯罪共犯的,依照处罚较重的规定定罪处罚。

国家机关工作人员与他人共谋,既利用其职务行为帮助他人实施其他犯罪,又以非职务行为与他人共同实施该其他犯罪行为,同时构成渎职犯罪和其他犯罪的共犯的,依照数罪并罚的规定定罪处罚。(§ 4)

△(**指使、授意、强令其他国家机关工作人员;以"集体研究"形式实施渎职犯罪**)国家机关负责人员违法决定,或者指使、授意、强令其他国家机关工作人员违法履行职务或者不履行职务,构成刑法分则第九章规定的渎职犯罪的,应当依法追究刑事责任。

以"集体研究"形式实施的渎职犯罪,应当依照刑法分则第九章的规定追究国家机关负有责任的人员的刑事责任。对于具体执行人员,应当在综合认定其行为性质、是否提出反对意见、危害结果大小等情节的基础上决定是否追究刑事责任和应当判处的刑罚。(§ 5)

△(**依法或者受委托行使国家行政管理职权的公司、企业、事业单位**)依法或者受委托行使国家行政管理职权的公司、企业、事业单位的工作人员,在行使行政管理职权时滥用职权或者玩忽职守,构成犯罪的,应当依照《全国人民代表大会常务委员会关于〈中华人民共和国刑法〉第九章渎职罪主体适用问题的解释》的规定,适用渎职罪的规定追究刑事责任。(§ 7)

【司法解释性文件】

《最高人民检察院关于印发〈人民检察院直接受理立案侦查的渎职侵权重特大案件标准(试行)〉的通知》(高检发〔2001〕13 号,2001 年 8 月 24 日公布)

△(**徇私舞弊减刑、假释、暂予监外执行罪;重特大案件**)

(一)重大案件

1. 办理三次以上或者一次办理三人以上的;

2. 为重大刑事犯罪分子办理减刑、假释、暂予监外执行的。

(二)特大案件

1. 办理五次以上或者一次办理五人以上的;

2. 为特别重大刑事犯罪分子办理减刑、假释、暂予监外执行的。(§ 9)

《人民检察院办理减刑、假释案件规定》(高检发监字〔2014〕8 号,2014 年 8 月 1 日公布)

△(**涉嫌违法;纠正违法意见;纪律处分;刑事责任**)人民检察院收到控告、举报或者发现司法工作人员在办理减刑、假释案件中涉嫌违法的,应当依法进行调查,并根据情况,向有关单位提出纠正违法意见,建议更换办案人,或者建议予以纪律处分;构成犯罪的,依法追究刑事责任。(§ 23)

【指导性案例】

最高人民检察院指导性案例第 3 号:林志斌徇私舞弊暂予监外执行案(2010 年 12 月 31 日发布)

△(**收受贿赂;徇私舞弊减刑、假释、暂予监外执行罪**)司法工作人员收受贿赂,对不符合减刑、假释、暂予监外执行条件的罪犯,予以减刑、假释或者暂予监外执行的,应根据案件的具体情况,依法追究刑事责任。

最高人民检察院指导性案例第 72 号:罪犯王某某暂予监外执行监督案(2020 年 2 月 28 日发布)

△(**暂予监外执行监督;徇私舞弊;技术性证据的审查**)人民检察院对违法暂予监外执行进行

法律监督时,应当注意发现和查办背后的相关司法工作人员职务犯罪。对司法鉴定意见、病情诊断意见的审查,应当注重对其及所依据的原始资料进行重点审查。发现不符合暂予监外执行条件的罪犯通过非法手段暂予监外执行的,应当依法监督纠正。办理暂予监外执行案件时,应当加强对鉴定意见等技术性证据的联合审查。

第四百零二条　【徇私舞弊不移交刑事案件罪】

行政执法人员徇私舞弊，对依法应当移交司法机关追究刑事责任的不移交，情节严重的，处三年以下有期徒刑或者拘役；造成严重后果的，处三年以上七年以下有期徒刑。

【立法理由】

我国的法律责任体系与国外有所不同,违法行为一般根据情节轻重分为行政违法行为和犯罪行为。对行政违法行为,依法由行政执法部门给予行政处罚;对情节严重构成犯罪的,由司法机关追究刑事责任。关于行政违法和犯罪的界限,刑法和有关法律法规、司法解释一般都作了明确划分。执法实践中,对于发现的违法行为,一般都是先由行政执法机关依照行政法律法规规定的程序进行调查,经过调查认定属于行政违法的,依照行政法律法规的规定予以处罚;发现构成犯罪的,再移送负责侦查刑事案件的机关进行侦查。行政执法机关的移送,是司法机关办理的刑事案件的重要来源。行政执法机关及时准确向司法机关移送涉嫌犯罪的案件,对于依法及时发现和惩治犯罪,维护法律权威、社会秩序和公民、组织的合法权益,具有重要意义。1996 年 3 月全国人大通过的《行政处罚法》对行政执法机关移送涉嫌犯罪案件提出了要求,根据该法第三十八条的规定,行政机关对违法行为调查终结后,行政机关负责人应当对调查结果进行审查,对违法行为已构成犯罪的,移送司法机关。

1997 年修订刑法以前,实践中存在一些行政执法部门的工作人员,徇私舞弊,对明知已经构成犯罪的案件,不依法移交司法机关追究刑事责任,而是以罚代刑,甚至不予处罚。**这种行为既破坏了行政机关的执法秩序,也妨害了司法机关正常的刑事司法活动,严重损害了法律的权威性和法制的统一,造成犯罪分子逍遥法外甚至继续犯罪的严重后果**,具有严重的社会危害性,应当依法追究刑事责任。为保证行政执法机关及时向司法机关移送涉嫌犯罪的案件,更加明确地依法惩治行政执法人员徇私舞弊不移交刑事案件的行为,**1997 年修订刑法**时,在渎职罪一章增加了本条关于徇私舞弊不移交刑事案件犯罪的规定。

【条文说明】

本条是关于徇私舞弊不移交刑事案件罪及其处罚的规定。

本条规定的**徇私舞弊不移交刑事案件罪**,是指行政执法人员对依法应当移交司法机关追究刑事责任的案件不移交,情节严重的行为。根据本条规定,构成本罪应具备以下条件:

1. 本罪的主体为**特殊主体**,即行政执法人员。**"行政执法人员"**,是指在具有行政执法权的行政机关中从事公务的人员,如税务、市场监督管理、环境保护、金融监管、应急管理等机关的工作人员。对于依照法律法规授权,具有管理公共事务职能,在法定授权范围内实施行政处罚的组织的执法人员实施本条规定的行为的,也可以构成本罪。①

2. 构成本罪在主观上必须是**故意**,即行政执法人员明知对应当移交司法机关追究刑事责任的案件不移交的行为会产生危害社会的后果,但仍徇私舞弊不移交。这种犯罪有的是为徇亲友私情,有的是为了得到某种利益,比如,为徇单位私利而以行政处罚代替刑罚,或者出于地方保护主义对犯罪人网开一面等。如果行政执法人员不是出于徇私的动机,而是由于没有认真了解情况,存在对事实认识上的偏差,或者由于业务水平不高,对法律法规的理解偏差造成工作上的失误,致使没有移交应当移交的刑事案件的,则不构成本罪。

3. 在客观方面,行政执法人员实施了**依法应当将案件移交司法机关追究刑事责任的不移交,**

① 我国学者指出,纪检、监察机关工作人员不能成为本罪的行为主体,因为行政执法体现的是行政主体与行政相对人之间的外部行政管理关系。但是,对于纪检、监察人员徇私舞弊不移交刑事案件,可以考虑使用滥用职权罪进行定罪处罚。参见黎宏:《刑法学各论》(第 2 版),法律出版社 2016 年版,第 562—563 页。

情节严重的行为。其中,“**依法应当移交司法机关追究刑事责任的不移交**”,是指明知他人的行为已经构成犯罪,应当交由司法机关依法追究其刑事责任,但是行为人不移交司法机关,而故意使犯罪人逃避法律追究的行为。本条规定的“**司法机关**”,主要是指对刑事案件负有侦查职责的机关,包括公安机关、检察机关、国家安全机关、海警机关等。行政处罚法和一些具体的行政法律法规都对行政机关将涉嫌犯罪的案件移交司法机关作了规定。《最高人民检察院、公安部关于公安机关管辖的刑事案件立案追诉标准的规定(一)》和《最高人民检察院、公安部关于公安机关管辖的刑事案件立案追诉标准的规定(二)》中都明确了刑法规定的有关犯罪的具体立案追诉标准,也就是行政执法机关向司法机关移送案件的具体标准。国务院于2001年还专门制定了《行政执法机关移送涉嫌犯罪案件的规定》,明确规定行政执法机关在依法查处违法行为过程中,发现违法事实涉嫌构成犯罪的,必须向公安机关移送,并对移送的时间、有关证据的保存、移送所应附的材料等都作了具体规定。行政执法人员违反这些规定,对应当移交司法机关的案件不移交,就可能构成本条规定的犯罪。

行政执法人员徇私舞弊不移交刑事案件的行为并非都构成犯罪,**只有“情节严重”的才能构成**,这是区分罪与非罪的主要标准。根据《最高人民检察院关于渎职侵权犯罪案件立案标准的规定》第一部分第十二条的规定,徇私舞弊不移交刑事案件,“涉嫌下列情形之一的,**应予立案**:1. 对依法可能判处3年以上有期徒刑、无期徒刑、死刑的犯罪案件不移交的;2. 不移交刑事案件涉及3人次以上的;3. 司法机关提出意见后,无正当理由仍然不予移交的;4. 以罚代刑,放纵犯罪嫌疑人,致使犯罪嫌疑人继续进行违法犯罪活动的;5. 行政执法部门主管领导阻止移交的;6. 隐瞒、毁灭证据,伪造材料,改变刑事案件性质的;7. 直接负责的主管人员和其他直接责任人员为牟取本单位私利而不移交刑事案件,情节严重的;8. 其他情节严重的情形”。

根据本条规定,行政执法人员犯徇私舞弊不移交刑事案件罪的,处三年以下有期徒刑或者拘役;造成严重后果的,处三年以上七年以下有期徒刑。其中,“**造成严重后果**”,是指造成罪行严重的犯罪分子逃避法律追究,或者由于不移交的行为使国家利益遭受特别重大损失等。

实践中执行本条规定应当注意以下两个方面的问题:

1. **公安机关工作人员犯罪的处理**。考虑到公安机关既行使行政执法权,又行使刑事侦查权,公安机关的工作人员属于《刑法》第三百九十九条规定的“司法工作人员”。公安机关的工作人员行使行政执法权时,如果徇私舞弊,对明知是构成犯罪应当立案进行刑事侦查的案件不提交刑事立案的,属于对明知是有罪的人而故意包庇不使他受追诉,应当以《刑法》第三百九十九条第一款规定的**徇私枉法罪**追究其刑事责任。

2. 行政执法人员收受贿赂,又实施本条规定的犯罪如何处理。行政执法人员受人请托,收受贿赂后实施徇私舞弊不移交刑事案件的行为的,根据《最高人民法院、最高人民检察院关于办理贪污贿赂刑事案件适用法律若干问题的解释》第十七条的规定,**应当以受贿罪和本条规定的徇私舞弊不移交刑事案件罪数罪并罚**。

【司法解释】

《最高人民检察院关于渎职侵权犯罪案件立案标准的规定》(高检发释字〔2006〕2号,自2006年7月26日起施行)

△(**徇私舞弊不移交刑事案件罪;立案标准**)徇私舞弊不移交刑事案件罪是指工商行政管理、税务、监察等行政执法人员,徇私舞弊,对依法应当移交司法机关追究刑事责任的案件不移交,情节严重的行为。

涉嫌下列情形之一的,应予立案:

1. 对依法可能判处3年以上有期徒刑、无期徒刑、死刑的犯罪案件不移交的;

2. 不移交刑事案件涉及3人次以上的;

3. 司法机关提出意见后,无正当理由仍然不予移交的;

4. 以罚代刑,放纵犯罪嫌疑人,致使犯罪嫌疑人继续进行违法犯罪活动的;

5. 行政执法部门主管领导阻止移交的;

6. 隐瞒、毁灭证据,伪造材料,改变刑事案件性质的;

7. 直接负责的主管人员和其他直接责任人员为牟取本单位私利而不移交刑事案件,情节严重的;

8. 其他情节严重的情形。

《最高人民法院、最高人民检察院关于办理渎职刑事案件适用法律若干问题的解释(一)》(法释〔2012〕18号,自2013年1月9日起施行)

△(**法条竞合**)国家机关工作人员实施滥用职权或者玩忽职守犯罪行为,触犯刑法分则第九章第三百九十八条至第四百一十九条规定的,依照该规定定罪处罚。

国家机关工作人员滥用职权或者玩忽职守，因不具备徇私舞弊等情形，不符合刑法分则第九章第三百九十八条至第四百一十九条的规定，但依法构成第三百九十七条规定的犯罪的，以滥用职权罪或者玩忽职守罪定罪处罚。（§ 2）

△（**受贿罪；数罪并罚**）国家机关工作人员实施渎职犯罪并收受贿赂，同时构成受贿罪的，除刑法另有规定外，以渎职犯罪和受贿罪数罪并罚。（§ 3）

△（**放纵他人犯罪；帮助他人逃避刑事处罚；与他人共谋；想象竞合犯；数罪并罚**）国家机关工作人员实施渎职行为，放纵他人犯罪或者帮助他人逃避刑事处罚，构成犯罪的，依照渎职罪的规定定罪处罚。

国家机关工作人员与他人共谋，利用其职务行为帮助他人实施其他犯罪行为，同时构成渎职犯罪和共谋实施的其他犯罪共犯的，依照处罚较重的规定定罪处罚。

国家机关工作人员与他人共谋，既利用其职务行为帮助他人实施其他犯罪，又以非职务行为与他人共同实施该其他犯罪行为，同时构成渎职犯罪和其他犯罪的共犯的，依照数罪并罚的规定定罪处罚。（§ 4）

△（**指使、授意、强令其他国家机关工作人员；以"集体研究"形式实施渎职犯罪**）国家机关负责人员违法决定，或者指使、授意、强令其他国家机关工作人员违法履行职务或者不履行职务，构成刑法分则第九章规定的渎职犯罪的，应当依法追究刑事责任。

以"集体研究"形式实施的渎职犯罪，应当依照刑法分则第九章的规定追究国家机关负有责任的人员的刑事责任。对于具体执行人员，应当在综合认定其行为性质、是否提出反对意见、危害结果大小等情节的基础上决定是否追究刑事责任和应当判处的刑罚。（§ 5）

△（**依法或者受委托行使国家行政管理职权的公司、企业、事业单位**）依法或者受委托行使国家行政管理职权的公司、企业、事业单位的工作人员，在行使行政管理职权时滥用职权或者玩忽职守，构成犯罪的，应当依照《全国人民代表大会常务委员会关于〈中华人民共和国刑法〉第九章渎职罪主体适用问题的解释》的规定，适用渎职罪的规定追究刑事责任。（§ 7）

《最高人民法院、最高人民检察院关于办理危害食品安全刑事案件适用法律若干问题的解释》（法释〔2021〕24号，自2022年1月1日起施行）

△（**危害食品安全；竞合；共谋**）负有食品安全监督管理职责的国家机关工作人员，滥用职权或者玩忽职守，构成食品监管渎职罪，同时构成徇私舞弊不移交刑事案件罪、商检徇私舞弊罪、动植物检疫徇私舞弊罪、放纵制售伪劣商品犯罪行为罪等其他渎职犯罪的，依照处罚较重的规定定罪处罚。

负有食品安全监督管理职责的国家机关工作人员滥用职权或者玩忽职守，不构成食品监管渎职罪，但构成前款规定的其他渎职犯罪的，依照该其他犯罪定罪处罚。

负有食品安全监督管理职责的国家机关工作人员与他人共谋，利用其职务行为帮助他人实施危害食品安全犯罪行为，同时构成渎职犯罪和危害食品安全犯罪共犯的，依照处罚较重的规定定罪从重处罚。（§ 20）

△（**禁止令；行政处罚**）对实施本解释规定之犯罪的犯罪分子，应当依照刑法规定的条件，严格适用缓刑、免予刑事处罚。对于依法适用缓刑的，可以根据犯罪情况，同时宣告禁止令。

对于被不起诉或者免予刑事处罚的行为人，需要给予行政处罚、政务处分或者其他处分的，依法移送有关主管机关处理。（§ 22）

【司法解释性文件】

《最高人民检察院关于印发〈人民检察院直接受理立案侦查的渎职侵权重特大案件标准（试行）〉的通知》（高检发〔2001〕13号，2001年8月24日公布）

△（**徇私舞弊不移交刑事案件罪；重特大案件**）

（一）重大案件

1. 对犯罪嫌疑人依法可能判处五年以上十年以下有期徒刑的重大刑事案件不移交的；

2. 五次以上不移交犯罪案件，或者一次不移交犯罪案件涉及五名以上犯罪嫌疑人的；

3. 以罚代刑，放纵犯罪嫌疑人，致使犯罪嫌疑人继续进行刑事犯罪的。

（二）特大案件

1. 对犯罪嫌疑人依法可能判处十年以上有期徒刑、无期徒刑、死刑的特别重大刑事案件不移交的；

2. 七次以上不移交犯罪案件，或者一次不移交犯罪案件涉及七名以上犯罪嫌疑人的；

3. 以罚代刑，放纵犯罪嫌疑人，致使犯罪嫌疑人继续进行严重刑事犯罪的。（§ 10）

《最高人民法院、最高人民检察院、公安部关

于办理非法集资刑事案件若干问题的意见》(高检会〔2019〕2号,2019年1月30日公布)

△(**非法集资;滥用职权;玩忽职守**)国家工作人员具有下列行为之一,构成犯罪的,应当依法追究刑事责任:

(一)明知单位和个人所申请机构或者业务涉嫌非法集资,仍为其办理行政许可或者注册手续的;

(二)明知所主管、监管的单位有涉嫌非法集资行为,未依法及时处理或者移送处置非法集资职能部门的;

(三)查处非法集资过程中滥用职权、玩忽职守、徇私舞弊的;

(四)徇私舞弊不向司法机关移交非法集资刑事案件的;

(五)其他通过职务行为或者利用职务影响,支持、帮助、纵容非法集资的。(§ 12)

【附属刑法】

《中华人民共和国反不正当竞争法》(1993年9月2日通过,2019年4月23日修正)

第三十条

监督检查部门的工作人员滥用职权、玩忽职守、徇私舞弊或者泄露调查过程中知悉的商业秘密的,依法给予处分。

第三十一条

违反本法规定,构成犯罪的,依法追究刑事责任。

《中华人民共和国税收征收管理法》(1992年9月4日通过,2015年4月24日第三次修正)

第七十七条

Ⅰ纳税人、扣缴义务人有本法第六十三条、第六十五条、第六十六条、第六十七条、第七十一条规定的行为涉嫌犯罪的,税务机关应当依法移交司法机关追究刑事责任。

Ⅱ税务人员徇私舞弊,对依法应当移交司法机关追究刑事责任的不移交,情节严重的,依法追究刑事责任。

《中华人民共和国行政处罚法》(1996年3月17日通过,2021年1月22日修订)

第八十二条

行政机关对应当依法移交司法机关追究刑事责任的案件不移交,以行政处罚代替刑事处罚,由上级行政机关或者有关机关责令改正,对直接负责的主管人员和其他直接责任人员依法给予处分;情节严重构成犯罪的,依法追究刑事责任。

【指导性案例】

最高人民检察院指导性案例第7号:胡某、郑某徇私舞弊不移交刑事案件案(2012年11月15日发布)

△(**诉讼监督;徇私舞弊不移交刑事案件罪**)诉讼监督,是人民检察院依法履行法律监督的重要内容。实践中,检察机关和办案人员应当坚持办案与监督并重,建立健全行政执法与刑事司法有效衔接的工作机制,善于在办案中发现各种职务犯罪线索;对于行政执法人员徇私舞弊,不移送有关刑事案件构成犯罪的,应当依法追究刑事责任。

第四百零三条　【滥用管理公司、证券职权罪】

国家有关主管部门的国家机关工作人员,徇私舞弊,滥用职权,对不符合法律规定条件的公司设立、登记申请或者股票、债券发行、上市申请,予以批准或者登记,致使公共财产、国家和人民利益遭受重大损失的,处五年以下有期徒刑或者拘役。

上级部门强令登记机关及其工作人员实施前款行为的,对其直接负责的主管人员,依照前款的规定处罚。

【立法理由】

1. **1997年刑法修订前的立法情况**。1979年《刑法》第一百八十七条规定了玩忽职守罪,即"国家工作人员由于玩忽职守,致使公共财产、国家和人民利益遭受重大损失的,处五年以下有期徒刑或者拘役"。

改革开放以来,我国由高度集中的计划经济体制转变为社会主义市场经济体制,作为重要的市场主体,公司的数量逐年增多,一些国有企业改制为公司,民营、外资、合资公司也迅速发展。这些公司的设立为深化改革、发展经济发挥了极为重要的作用。同时,我国的证券市场也从无到有,并迅速发展起来。1990年,上海和深圳证券交易所成立。此后证券市场的上市公司数量、资金规模和投资者数量迅速增长。

在公司和证券市场快速发展的同时，有关法律制度的建设也同步推进。1993年12月，第八届全国人大常委会第五次会议通过了《公司法》，对公司的设立程序、组织机构、股份发行和转让、公司债券的发行、财务会计制度等作了规定。由于当时证券法尚未制定，公司法还对股份有限公司申请其股票上市交易和国务院或者国务院授权证券管理部门的批准程序作了规定。为了保障社会主义市场经济健康发展，保护公司股东和债权人以及广大投资人的利益，公司法对公司设立、登记，公司股票、债券发行都规定了严格的条件。在公司设立中，登记是主管机关工作人员的职责，是对申请公司登记的人提出的公司设立申请是否符合法律规定的条件进行审查，对不符合法定条件的，不得登记为有限责任公司或者股份有限公司。国务院证券监督管理部门及其工作人员，负责公司股票、债券的发行、上市申请的审批和监管工作，对申请人提出的发行股票、公司债券申请或者上市申请，必须严格按照法律规定的条件审查，对不符合条件的申请，不得批准。如果有关部门的工作人员徇私舞弊、滥用职权，使不符合条件的公司得以登记设立，不符合条件的股票、债券得以发行、上市，将会给市场秩序、投资者等公众的权益造成严重损害，具有社会危害性。

为了保障公司法的贯彻实施，保护公司和投资者、债权人的合法权益，维护国家经济秩序的稳定和健康发展，1995年2月28日第八届全国人大常委会第十二次会议通过了《全国人民代表大会常务委员会关于惩治违反公司法的犯罪的决定》。该决定第八条对国家有关主管部门的工作人员有关渎职犯罪作了规定，即"国家有关主管部门的国家工作人员，对不符合法律规定条件的公司设立、登记申请或者股票、债券发行、上市申请，予以批准或者登记，致使公共财产、国家和人民利益遭受重大损失的，依照刑法第一百八十七条的规定处罚。上级部门强令登记机关及其工作人员实施前款行为的，对直接负责的主管人员依照前款规定处罚"。根据这一规定，国家有关主管部门的国家工作人员滥用管理公司、证券职权的罪，依照1979年刑法关于玩忽职守罪的规定处罚。

2. **1997年修订刑法的情况**。1997年修订刑法时，根据司法实践需要和有关方面的意见对上述决定第八条的规定作了修改。一是与刑法分则第九章对渎职罪犯罪主体的修改相一致，将犯罪主体由"国家工作人员"调整为"国家机关工作人员"；二是在罪状中增加了"徇私舞弊，滥用职权"的规定；三是单独明确规定了本罪的刑罚。

【条文说明】

本条是关于滥用管理公司、证券职权罪及其处罚的规定。

本条共分为两款。

第一款是关于滥用管理公司、证券职权罪及其处罚的规定。本罪有以下特征：

1. 构成本罪的主体必须是**国家有关主管部门的国家机关工作人员**。这里规定的"**国家有关主管部门**"，是指根据公司法、证券法和有关法规规定负责对公司设立、申请或者股票、公司债券发行、上市申请的条件是否符合法律规定的条件予以审核、批准或者登记的国家机关，如负责公司设立登记工作的市场监督管理机关，负责证券发行注册的国务院证券监督管理机构等。

2. 行为人必须实施了**对不符合法律规定条件的公司设立、登记申请或者股票、债券发行、上市申请，予以批准或登记，致使公共财产、国家和人民利益遭受重大损失的行为**。对公司设立、股票、债券发行、上市的条件，《公司法》《证券法》等法律法规作了规定。需要说明的是，2019年12月，第十三届全国人大常委会第十五次会议修订了《证券法》，将股票发行核准制改为注册制。《证券法》第二十一条第一款前半段规定："国务院证券监督管理机构或者国务院授权的部门依照法定条件负责证券发行申请的注册。"国务院证券监督管理机构或者国务院授权的部门工作人员在股票发行注册工作中徇私舞弊，滥用职权的，仍然可以构成本条规定的犯罪。

3. 行为人构成本罪主观上只能是**故意**，犯罪行为方式表现为徇私情，对公司设立、登记申请或者股票、债券发行、上市申请不严格依照法律进行审查或者根本不作审查而予以批准，明知申请人不符合条件，为了牟取私利予以批准。**行为人的行为必须是"致使公共财产、国家和人民利益遭受重大损失的"，才能构成犯罪**，这是区分罪与非罪的界限，如果行为人的行为没有造成重大损失，则不能追究刑事责任，而应依照《公司法》《证券法》的规定，对其给予处分。《最高人民检察院关于渎职侵权犯罪案件立案标准的规定》第一部分第十三条对本罪的具体立案标准作了规定。

根据本款规定，构成本罪的，处五年以下有期徒刑或者拘役。

第二款是关于**上级部门强令登记机关及其工作人员实施第一款行为的，对其直接负责的主管人员依照本条第一款的规定处罚**的规定。这里规定的"**上级部门**"是广义的，既包括登记机关即市场监督管理机关、证券监督管理部门内部具有上下级领导关系的人员，也包括上级市场监督管理机关、证券监督管理部门中负有领导责任的人员；既包括上级部门的负责人，也包括在上级部门工作的具体工作人员。**“强令”**，是指行为人明知其命令违反法律，而强迫下级机关及其工作人员执行其命令的行为。

根据本款规定，实施本款规定行为的，依照本条第一款的规定处罚，即对直接负责的主管人员，处五年以下有期徒刑或者拘役。

实践中执行本条规定应当注意，有关主管部门工作人员与实施虚报注册资本、虚假出资、欺诈发行股票、债券的行为人通谋，在履职过程中徇私舞弊，滥用职权，实施本条规定的行为的，应当以**虚报注册资本、虚假出资、欺诈发行股票、债券等犯罪的共犯**定罪处罚。

【司法解释】

《最高人民检察院关于渎职侵权犯罪案件立案标准的规定》（高检发释字〔2006〕2号，自2006年7月26日起施行）

△（**滥用管理公司、证券职权罪；立案标准**）滥用管理公司、证券职权罪是指工商行政管理、证券管理等国家有关主管部门的工作人员徇私舞弊，滥用职权，对不符合法律规定条件的公司设立、登记申请或者股票、债券发行、上市申请予以批准或者登记，致使公共财产、国家和人民利益遭受重大损失的行为，以及上级部门、当地政府强令登记机关及其工作人员实施上述行为的行为。

涉嫌下列情形之一的，应予立案：

1. 造成直接经济损失50万元以上的；

2. 工商管理部门的工作人员对不符合法律规定条件的公司设立、登记申请，违法予以批准、登记，严重扰乱市场秩序的；

3. 金融证券管理机构工作人员对不符合法律规定条件的股票、债券发行、上市申请，违法予以批准，严重损害公众利益，或者严重扰乱金融秩序的；

4. 工商行政管理部门、金融证券管理机构的工作人员对不符合法律规定条件的公司设立、登记申请或者股票、债券发行、上市申请违法予以批准或者登记，致使犯罪行为得逞的；

5. 上级部门、当地政府直接负责的主管人员强令登记机关及其工作人员，对不符合法律规定条件的公司设立、登记申请或者股票、债券发行、上市申请予以批准或者登记，致使公共财产、国家或者人民利益遭受重大损失的；

6. 其他致使公共财产、国家和人民利益遭受重大损失的情形。

《最高人民法院、最高人民检察院关于办理渎职刑事案件适用法律若干问题的解释（一）》（法释〔2012〕18号，自2013年1月9日起施行）

△（**法条竞合**）国家机关工作人员实施滥用职权或者玩忽职守犯罪行为，触犯刑法分则第九章第三百九十八条至第四百一十九条规定的，依照该规定定罪处罚。

国家机关工作人员滥用职权或者玩忽职守，因不具备徇私舞弊等情形，不符合刑法分则第九章第三百九十八条至第四百一十九条的规定，但依法构成第三百九十七条规定的犯罪的，以滥用职权罪或者玩忽职守罪定罪处罚。（§2）

△（**受贿罪；数罪并罚**）国家机关工作人员实施渎职犯罪并收受贿赂，同时构成受贿罪的，除刑法另有规定外，以渎职犯罪和受贿罪数罪并罚。（§3）

△（**与他人共谋；想象竞合犯；数罪并罚**）国家机关工作人员与他人共谋，利用其职务行为帮助他人实施其他犯罪行为，同时构成渎职犯罪和共谋实施的其他犯罪共犯的，依照处罚较重的规定定罪处罚。

国家机关工作人员与他人共谋，既利用其职务行为帮助他人实施其他犯罪，又以非职务行为与他人共同实施该其他犯罪行为，同时构成渎职犯罪和其他犯罪的共犯的，依照数罪并罚的规定定罪处罚。（§4Ⅱ、Ⅲ）

△（**指使、授意、强令其他国家机关工作人员；以“集体研究”形式实施渎职犯罪**）国家机关负责人员违法决定，或者指使、授意、强令其他国家机关工作人员违法履行职务或者不履行职务，构成刑法分则第九章规定的渎职犯罪的，应当依法追究刑事责任。

以“集体研究”形式实施的渎职犯罪，应当依照刑法分则第九章的规定追究国家机关负有责任的人员的刑事责任。对于具体执行人员，应当在综合认定其行为性质、是否提出反对意见、危害结果大小等情节的基础上决定是否追究刑事责任和应当判处的刑罚。（§5）

△（**追诉期限之计算；危害结果**）以危害结果为条件的渎职犯罪的追诉期限，从危害结果发生之日起计算；有数个危害结果的，从最后一个危害结果发生之日起计算。（§6）

△（**依法或者受委托行使国家行政管理职权的公司、企业、事业单位**）依法或者受委托行使国家行政管理职权的公司、企业、事业单位的工作人员，在行使行政管理职权时滥用职权或者玩忽职守，构成犯罪的，应当依照《全国人民代表大会常务委员会关于〈中华人民共和国刑法〉第九章渎

职罪主体适用问题的解释》的规定,适用渎职罪的规定追究刑事责任。(§ 7)

△(**经济损失;无法实现的债权部分;酌定从轻处罚情节**)本解释规定的"经济损失",是指渎职犯罪或者与渎职犯罪相关联的犯罪立案时已经实际造成的财产损失,包括为挽回渎职犯罪所造成损失而支付的各种开支、费用等。立案后至提起公诉前持续发生的经济损失,应一并计入渎职犯罪造成的经济损失。

债务人经法定程序被宣告破产,债务人潜逃、去向不明,或者因行为人的责任超过诉讼时效等,致使债权已经无法实现的,无法实现的债权部分应当认定为渎职犯罪的经济损失。

渎职犯罪或者与渎职犯罪相关联的犯罪立案后,犯罪分子及其亲友自行挽回的经济损失,司法机关或者犯罪分子所在单位及其上级主管部门挽回的经济损失,或者因客观原因减少的经济损失,不予扣减,但可以作为酌定从轻处罚的情节。(§ 8)

【司法解释性文件】

《最高人民检察院关于印发〈人民检察院直接受理立案侦查的渎职侵权重特大案件标准(试行)〉的通知》(高检发〔2001〕13号,2001年8月24日公布)

△(**滥用管理公司、证券职权罪;重特大案件**)

(一)重大案件

1. 造成直接经济损失五十万元以上的;

2. 因违法批准或者登记致使发生刑事犯罪的。

(二)特大案件

1. 造成直接经济损失一百万元以上的;

2. 因违法批准或者登记致使发生重大刑事犯罪的。(§ 11)

【附属刑法】

《中华人民共和国公司法》(1993年12月29日通过,2018年10月26日第四次修正)

第二百零八条

公司登记机关对不符合本法规定条件的登记申请予以登记,或者对符合本法规定条件的登记申请不予登记的,对直接负责的主管人员和其他直接责任人员,依法给予行政处分。

第二百零九条

公司登记机关的上级部门强令公司登记机关对不符合本法规定条件的登记申请予以登记,或者对符合本法规定条件的登记申请不予登记的,或者对违法登记进行包庇的,对直接负责的主管人员和其他直接责任人员依法给予行政处分。

第二百一十五条

违反本法规定,构成犯罪的,依法追究刑事责任。

《中华人民共和国证券投资基金法》(2003年10月28日通过,2015年4月24日修正)

第一百四十六条

证券监督管理机构工作人员玩忽职守、滥用职权、徇私舞弊或者利用职务上的便利索取或者收受他人财物的,依法给予行政处分。

第一百四十九条

违反本法规定,构成犯罪的,依法追究刑事责任。

《中华人民共和国证券法》(1998年12月29日通过,2019年12月28日第二次修订)

第二百一十六条

国务院证券监督管理机构或者国务院授权的部门有下列情形之一的,对直接负责的主管人员和其他直接责任人员,依法给予处分:

(一)对不符合本法规定的发行证券、设立证券公司等申请予以核准、注册、批准的;

(二)违反本法规定采取现场检查、调查取证、查询、冻结或者查封等措施的;

(三)违反本法规定对有关机构和人员采取监督管理措施的;

(四)违反本法规定对有关机构和人员实施行政处罚的;

(五)其他不依法履行职责的行为。

第二百一十七条

国务院证券监督管理机构或者国务院授权的部门的工作人员,不履行本法规定的职责,滥用职权、玩忽职守,利用职务便利牟取不正当利益,或者泄露所知悉的有关单位和个人的商业秘密的,依法追究法律责任。

第二百一十九条

违反本法规定,构成犯罪的,依法追究刑事责任。

《中华人民共和国保险法》(1995年6月30日通过,2015年4月24日第三次修正)

第一百七十八条

保险监督管理机构从事监督管理工作的人员有下列情形之一的,依法给予处分:

(一)违反规定批准机构的设立的;

……

第一百七十九条

违反本法规定,构成犯罪的,依法追究刑事责任。

《中华人民共和国行政许可法》（2003年8月27日通过，2019年4月23日修正）

第七十四条

行政机关实施行政许可，有下列情形之一的，由其上级行政机关或者监察机关责令改正，对直接负责的主管人员和其他直接责任人员依法给予行政处分；构成犯罪的，依法追究刑事责任：

（一）对不符合法定条件的申请人准予行政许可或者超越法定职权作出准予行政许可决定的；

（二）对符合法定条件的申请人不予行政许可或者不在法定期限内作出准予行政许可决定的；

（三）依法应当根据招标、拍卖结果或者考试成绩择优作出准予行政许可决定，未经招标、拍卖或者考试，或者不根据招标、拍卖结果或者考试成绩择优作出准予行政许可决定的。

《中华人民共和国银行业监督管理法》（2003年12月27日通过，2006年10月31日修正）

第四十三条

Ⅰ银行业监督管理机构从事监督管理工作的人员有下列情形之一的，依法给予行政处分；构成犯罪的，依法追究刑事责任：

（一）违反规定审查批准银行业金融机构的设立、变更、终止，以及业务范围和业务范围内的业务品种的；

……

第四百零四条　【徇私舞弊不征、少征税款罪】

税务机关的工作人员徇私舞弊，不征或者少征应征税款，致使国家税收遭受重大损失的，处五年以下有期徒刑或者拘役；造成特别重大损失的，处五年以上有期徒刑。

【立法理由】

税收是国家财政收入的主要来源，也是国家进行宏观经济调控，实现产业政策调整和布局的重要手段。1992年9月第七届全国人大常委会第二十七次会议通过的《税收征收管理法》和相关税收法律对税收征收管理程序、税种、税率、税收减免等都有明确严格的规定。税务机关的工作人员是国家税收法律政策的执行者，在实现国家税收收入，维护税收征管秩序中发挥着重要作用，应当严格按照法律规定征收税款，不得滥征税款加重企业、群众负担，也不得任意减征、免征造成国家损失。1997年刑法修订以前，实践中少数税务工作人员，不依法履行法律赋予的职责，徇私舞弊，任意减免税收，对依法应当征收的税款故意不征收或者不全额征收，**致使国家税收大量流失，严重危害国家税收征管秩序，具有严重的社会危害性，应当依法予以惩治。**

对于税务机关工作人员在征税工作中的徇私舞弊行为，根据1995年修正的《税收征收管理法》第五十四条第一款的规定，税务人员玩忽职守，不征或者少征应征税款，致使国家税收遭受重大损失的，依照刑法第一百八十七条的规定追究刑事责任，即依照1979年刑法关于玩忽职守罪的规定定罪处罚；未构成犯罪的，给予行政处分。**1997年修订刑法**时，为了更加明确地惩治这种渎职犯罪行为，维护国家税收管理制度，在渎职罪一章增加了本条关于徇私舞弊不征、少征税款罪的规定。

【条文说明】

本条是关于徇私舞弊不征、少征税款罪及其处罚的规定。

本条规定的**徇私舞弊不征、少征税款罪**，是指税务机关工作人员利用职权，为徇私情，不征或者少征应当征收的税款，致使国家税收流失，遭受重大损失的行为。本罪具有以下特征：

1. 主体必须是**税务机关的工作人员**。这里规定的"**税务机关**"是指各级税务局、税务分局和税务所。非税务机关人员不能构成本罪。我国的税务机关在2018年以前分为国家税务机关和地方税务机关，根据2018年3月十三届全国人大一次会议批准的国务院机构改革方案，改革国税地税征管体制。将省级和省级以下国税地税机构合并，具体承担所辖区域内各项税收、非税收入征管等职责。国税地税机构合并后，实行以国家税务总局为主与省（区、市）人民政府双重领导的管理体制。《税收征收管理法》第九条第二款、第三款规定："税务机关、税务人员必须秉公执法，忠于职守，清正廉洁，礼貌待人，文明服务，尊重和保护纳税人、扣缴义务人的权利，依法接受监督。税务人员不得索贿受贿、徇私舞弊、玩忽职守、不征或者少征应征税款；不得滥用职权多征税款或者故意刁难纳税人和扣缴义务人。"税务机关工作人员徇私舞弊不征、少征税款的行为违反了上述法定义务。

2. 主观方面必须是**故意**。也就是说,税务机关的工作人员明知自己不征或少征应征税款,会给国家税收造成重大损失,而为了徇私情、私利,不征或少征税款。

3. 客观方面实施了**不征或少征应征税款,并使国家税收遭受重大损失的行为**。**"应征税款"**,是指税务机关根据法律、行政法规规定的税种、税率,应当向纳税人征收的税款。近年来,根据税收法定原则,全国人大及其常委会先后制定或修改了《个人所得税法》《企业所得税法》《车船税法》《车辆购置税法》《耕地占用税法》《船舶吨税法》《环境保护税法》等多部税收法律。对尚未制定法律的一些税种,国务院制定的《增值税暂行条例》《消费税暂行条例》等行政法规作了规定。税务机关工作人员应当根据这些法律、行政法规关于税种、税率等的规定,依法确定应向纳税人征收的税款并及时征收。行为人的行为具体表现为擅自决定税收的停征、减征或者免征,即为徇私情对应当征收税款的不征收、少征收;或者对纳税人欠缴税款的,本应通知银行或其他金融机构从纳税人存款中扣缴而不通知;对应当查封、扣押、拍卖价值与欠税人应纳税款相当的物品而不查封、扣押或拍卖等。

另外,**税务机关的工作人员实施的前述行为,必须是使国家税收遭受重大损失的才能构成犯罪**,这是区分罪与非罪的界限,如果不征或少征应征税款,数额较小,没有使国家的税收遭受重大损失,就不能按本罪处理,而应当追究行为人的行政责任。根据《最高人民检察院关于渎职侵权犯罪案件立案标准的规定》第一部分第十四条的规定,徇私舞弊不征、少征税款,"涉嫌下列情形之一的,**应予立案**:1. 徇私舞弊不征、少征应征税款,致使国家税收损失累计达10万元以上的;2. 上级主管部门工作人员指使税务机关工作人员徇私舞弊不征、少征应征税款,致使国家税收损失累计达10万元以上的;3. 徇私舞弊不征、少征应征税款不满10万元,但具有索取或者收受贿赂或者其他恶劣情节的;4. 其他致使国家税收遭受重大损失的情形"。

根据本条规定,税务机关的工作人员犯本罪的,处五年以下有期徒刑或者拘役;造成特别重大损失的,处五年以上有期徒刑。**"造成特别重大损失"**,是指造成税收流失数额特别巨大,后果特别严重的情形等。

实践中执行本条规定应当注意以下两个方面的问题:

1. 税务机关工作人员在征税工作中严重不负责任,计算税款有误,没有征收或者少征应征税款,致使国家税收遭受重大损失,但没有徇私舞弊情节的,不构成本条规定的犯罪。构成《刑法》第三百九十七条规定的**玩忽职守罪**的,按照该条规定追究其刑事责任。

2. 税务机关工作人员与纳税人相勾结,帮助纳税人逃税,如为其出主意,然后不征或少征其应缴的税款,应按**逃税罪的共犯**追究其刑事责任。①

【司法解释】

《最高人民检察院关于渎职侵权犯罪案件立案标准的规定》(高检发释字〔2006〕2号,自2006年7月26日起施行)

△**(徇私舞弊不征、少征税款罪;立案标准)**徇私舞弊不征、少征税款罪是指税务机关工作人员徇私舞弊,不征、少征应征税款,致使国家税收遭受重大损失的行为。

涉嫌下列情形之一的,应予立案:

1. 徇私舞弊不征、少征应征税款,致使国家税收损失累计达10万元以上的;

2. 上级主管部门工作人员指使税务机关工作人员徇私舞弊不征、少征应征税款,致使国家税收损失累计达10万元以上的;

3. 徇私舞弊不征、少征应征税款不满10万元,但具有索取或者收受贿赂或者其他恶劣情节的;

4. 其他致使国家税收遭受重大损失的情形。

《最高人民法院、最高人民检察院关于办理渎职刑事案件适用法律若干问题的解释(一)》(法释〔2012〕18号,自2013年1月9日起施行)

△**(法条竞合)**国家机关工作人员实施滥用职权或者玩忽职守犯罪行为,触犯刑法分则第九章第三百九十八条至第四百一十九条规定的,依照该规定定罪处罚。

国家机关工作人员滥用职权或者玩忽职守,因不具备徇私舞弊等情形,不符合刑法分则第九

① 我国学者指出,由于本罪的法定最高刑第一档为五年有期徒刑、第二档为十五年有期徒刑,高于逃税罪、抗税罪、逃避追缴欠税罪相应的法定最高刑(第一档为三年有期徒刑、第二档为七年有期徒刑)。故而,对前开勾结行为,应认定为逃税等罪的共犯与本罪的想象竞合,从一重罪(本罪)论处。参见张明楷:《刑法学》(第6版),法律出版社2021年版,第1658页;黎宏:《刑法学各论》(第2版),法律出版社2016年版,第566页。

章第三百九十八条至第四百一十九条的规定,但依法构成第三百九十七条规定的犯罪的,以滥用职权罪或者玩忽职守罪定罪处罚。(§ 2)

△(**受贿罪;数罪并罚**)国家机关工作人员实施渎职犯罪并收受贿赂,同时构成受贿罪的,除刑法另有规定外,以渎职犯罪和受贿罪数罪并罚。(§ 3)

△(**与他人共谋;想象竞合犯;数罪并罚**)国家机关工作人员与他人共谋,利用其职务行为帮助他人实施其他犯罪行为,同时构成渎职犯罪和共谋实施的其他犯罪共犯的,依照处罚较重的规定定罪处罚。

国家机关工作人员与他人共谋,既利用其职务行为帮助他人实施其他犯罪,又以非职务行为与他人共同实施该其他犯罪行为,同时构成渎职犯罪和其他犯罪的共犯的,依照数罪并罚的规定定罪处罚。(§ 4Ⅱ、Ⅲ)

△(**指使、授意、强令其他国家机关工作人员;以"集体研究"形式实施渎职犯罪**)国家机关负责人员违法决定,或者指使、授意、强令其他国家机关工作人员违法履行职务或者不履行职务,构成刑法分则第九章规定的渎职犯罪的,应当依法追究刑事责任。

以"集体研究"形式实施的渎职犯罪,应当依照刑法分则第九章的规定追究国家机关负有责任的人员的刑事责任。对于具体执行人员,应当在综合认定其行为性质、是否提出反对意见、危害结果大小等情节的基础上决定是否追究刑事责任和应当判处的刑罚。(§ 5)

△(**追诉期限之计算;危害结果**)以危害结果为条件的渎职犯罪的追诉期限,从危害结果发生之日起计算;有数个危害结果的,从最后一个危害结果发生之日起计算。(§ 6)

△(**依法或者受委托行使国家行政管理职权的公司、企业、事业单位**)依法或者受委托行使国家行政管理职权的公司、企业、事业单位的工作人员,在行使行政管理职权时滥用职权或者玩忽职守,构成犯罪的,应当依照《全国人民代表大会常务委员会关于〈中华人民共和国刑法〉第九章渎职罪主体适用问题的解释》的规定,适用渎职罪的规定追究刑事责任。(§ 7)

△(**经济损失;无法实现的债权部分;酌定从轻处罚情节**)本解释规定的"经济损失",是指渎职犯罪或者与渎职犯罪相关联的犯罪立案时已经实际造成的财产损失,包括为挽回渎职犯罪所造成损失而支付的各种开支、费用等。立案后至提起公诉前持续发生的经济损失,应一并计入渎职犯罪造成的经济损失。

债务人经法定程序被宣告破产,债务人潜逃、去向不明,或者因行为人的责任超过诉讼时效等,致使债权已经无法实现的,无法实现的债权部分应当认定为渎职犯罪的经济损失。

渎职犯罪或者与渎职犯罪相关联的犯罪立案后,犯罪分子及其亲友自行挽回的经济损失,司法机关或者犯罪分子所在单位及其上级主管部门挽回的经济损失,或者因客观原因减少的经济损失,不予扣减,但可以作为酌定从轻处罚的情节。(§ 8)

【司法解释性文件】

《最高人民检察院关于印发〈人民检察院直接受理立案侦查的渎职侵权重特大案件标准(试行)〉的通知》(高检发〔2001〕13 号,2001 年 8 月 24 日公布)

△(**徇私舞弊不征、少征税款罪;重特大案件**)

(一)重大案件

造成国家税收损失累计达三十万元以上的。

(二)特大案件

造成国家税收损失累计达五十万元以上的。(§ 12)

【附属刑法】

《中华人民共和国税收征收管理法》(1992 年 9 月 4 日通过,2015 年 4 月 24 日第三次修正)

第八十二条

Ⅰ税务人员徇私舞弊或者玩忽职守,不征或者少征应征税款,致使国家税收遭受重大损失,构成犯罪的,依法追究刑事责任;尚不构成犯罪的,依法给予行政处分。

Ⅳ税务人员违反法律、行政法规的规定,故意高估或者低估农业税计税产量,致使多征或者少征税款,侵犯农民合法权益或者损害国家利益,构成犯罪的,依法追究刑事责任;尚不构成犯罪的,依法给予行政处分。

第四百零五条 【徇私舞弊发售发票、抵扣税款、出口退税罪】【违法提供出口退税证罪】

税务机关的工作人员违反法律、行政法规的规定，在办理发售发票、抵扣税款、出口退税工作中，徇私舞弊，致使国家利益遭受重大损失的，处五年以下有期徒刑或者拘役；致使国家利益遭受特别重大损失的，处五年以上有期徒刑。

其他国家机关工作人员违反国家规定，在提供出口货物报关单、出口收汇核销单等出口退税凭证的工作中，徇私舞弊，致使国家利益遭受重大损失的，依照前款的规定处罚。

【立法理由】

1. **1997年刑法修订前的立法情况**。税务机关对发票的管理是一项极为重要的工作。1994年,我国实行了税收体制改革,建立了以增值税为主体的流转税制度,对发票的管理显得尤为重要。其中,增值税的最大特点就是可以凭增值税专用发票票面注明的税额直接抵扣税款。它不仅是商品交易中的一种商事凭证和财会收支、会计核算的法定凭证,而且是增值税的扣税凭证,是记录销货方进项税额的主要依据,是购货方据以抵扣税款的证明。另外,还有几种其他发票也具有抵扣税款的功能,如农、林、牧、水产品收购发票、废旧物品收购发票、运输发票,还有征课消费税的产品出口所开具的发票也可以作为出口退税的凭证。

为配合国家税制改革,保障增值税成功推行,惩治不法分子利用增值税推行之机,利用虚开的增值税发票和其他可以抵扣税款的发票骗取国家税款的违法犯罪活动,全国人大常委会于1995年10月30日通过了《全国人民代表大会常务委员会关于惩治虚开、伪造和非法出售增值税专用发票犯罪的决定》,其中第九条规定了税务机关的工作人员在发售发票、抵扣税款、出口退税工作中玩忽职守的犯罪,即"税务机关的工作人员违反法律、行政法规的规定,在发售发票、抵扣税款、出口退税工作中玩忽职守,致使国家利益遭受重大损失的,处五年以下有期徒刑或者拘役;致使国家利益遭受特别重大损失的,处五年以上有期徒刑"。

2. **1997年修订刑法的情况**。为鼓励企业积极开拓国际市场,出口创汇,我国在改革开放以来实行出口退税制度。出口企业在产品出口后,凭出口的有关发票、凭证向税务机关申请退税。在出口退税流程中,海关出具的出口货物报关单、外汇管理部门出具的出口收汇核销单等凭证具有关键作用,如果有关国家机关的工作人员在出具这些凭证工作中徇私舞弊,就可能造成不应该退还的税款被退还,给国家利益造成损失。1997年修订刑法时,根据司法实践需要和有关方面的意见对上述决定第九条的规定作了补充修改。一是将犯罪行为中的"玩忽职守"修改为"徇私舞弊",二是增加了关于其他国家机关工作人员在提供有关出口退税凭证工作中徇私舞弊的犯罪。

【条文说明】

本条是关于徇私舞弊发售发票、抵扣税款、出口退税罪和违法提供出口退税证罪及其处罚的规定。

本条共分为两款。

第一款是关于**徇私舞弊发售发票、抵扣税款、出口退税罪**及其处罚的规定。该罪主要是指税务机关工作人员违反法律、行政法规的规定,在发售发票、抵扣税款、出口退税的具体工作中,为徇私情,弄虚作假、徇私舞弊,致使国家利益遭受重大损失的行为。

根据本款规定,构成本罪的行为人主观上必须是**故意**,即税务机关工作人员明知自己在发售发票、抵扣税款以及出口退税工作中徇私舞弊的行为会产生危害后果,而故意实施。这种犯罪的动机是各种各样的,有的是为徇亲友私情,有的是为了得到某种利益而亵渎国家赋予的职责等。过失行为不能构成本罪。

本罪的客观方面是实施了**徇私舞弊的行为**,即税务机关的工作人员违反法律、行政法规的规定,在发售发票、抵扣税款、出口退税工作中徇私舞弊,对明知是不符合条件的人仍为其发售发票、抵扣税款、办理出口退税,并致使国家利益遭受重大损失的行为。"发票",是指在购销商品、提供或者接受服务以及从事其他经营活动中,开具、收取的收付款凭证。"**发售发票**",是指税务机关根据已依法办理税务登记的单位或个人提出的领购发票申请,向其发售发票的活动。"**抵扣税款**",是指税务机关对购货方在购进商品时已由供货方收取的增值税款抵扣掉,只征收购货方作为生产者、经营者在销售其产品或商品环节增值部分的税款。"**出口退税**",是指税务机关依法在出口环节向出口商品的生产者或经营单位退还该商品在生产环节、流通环节已征收的增值税和消费税。税务机关工作人员在发售发票、抵扣税款、出口退税工作中的徇私舞弊主要是：对不应发售发票的，予以发售；对不应抵扣或者应少抵扣税款的，擅自抵扣或者多抵扣；利用职权为自己或帮助他人骗取出口退税款；等等。

实践中，应当把税务机关工作人员在发售发票、抵扣税款或出口退税等工作中出现的失误与主观上故意徇私舞弊的行为区别开来。应当注意的是，是否“致使国家利益遭受重大损失”是区分罪与非罪的界限，**只有造成“重大损失”的，才构成犯罪**。根据《最高人民检察院关于渎职侵权犯罪案件立案标准的规定》第一部分第十五条的规定，徇私舞弊发售发票、抵扣税款、出口退税，“涉嫌下列情形之一的，**应予立案**：1. 徇私舞弊，致使国家税收损失累计达 10 万元以上的；2. 徇私舞弊，致使国家税收损失累计不满 10 万元，但发售增值税专用发票 25 份以上或者其他发票 50 份以上或者增值税专用发票与其他发票合计 50 份以上，或者具有索取、收受贿赂或者其他恶劣情节的；3. 其他致使国家利益遭受重大损失的情形”。

根据本款的规定，税务机关的工作人员犯本款之罪的，处五年以下有期徒刑或者拘役；致使国家利益遭受特别重大损失的，处五年以上有期徒刑。“**特别重大损失**”，是指抵扣的税款、出口退税款数额特别巨大、使国家税款流失的数额特别巨大等情况。

第二款是关于其他国家机关工作人员违反国家规定，在提供出口货物报关单、出口收汇核销单等出口退税凭证的工作中，徇私舞弊，致使国家利益遭受重大损失的犯罪及其处罚的规定。本款所称的“**其他国家机关工作人员**”，是指除税务机关工作人员以外，负有对进出口货物检验、出具进出口货物证明的其他国家机关工作人员，如海关工作人员、外汇管理部门工作人员。按照 1997 年修订刑法时出口退税制度的规定，企业申请出口退税除必须提供购进出口货物的增值税专用发票、出口货物销售明细帐外，还必须提供盖有海关验讫章的《出口货物报关单（出口退税联）》和外汇管理部门开具的出口货物收汇单，以备税务机关核对。“**违反国家规定，在提供出口货物报关单、出口收汇核销单等出口退税凭证工作中，徇私舞弊**”，是指海关、外汇管理部门等工作人员，为徇私情私利，违反出口退税制度，对明知没有货物出口或者以少报多、以劣报优的，仍违背事实，弄虚作假，在报关单上加盖海关验讫章或者出具出口收汇核销单。2012 年 6 月，国家外汇管理局、海关总署、国家税务总局联合发布了《关于货物贸易外汇管理制度改革的公告》，自 2012 年 8 月 1 日起在全国实施货物贸易外汇管理制度改革，相应调整出口报关流程，取消出口收汇核销单，企业不再办理出口收汇核销手续。外汇管理部门对企业的贸易外汇管理由现场逐笔核销改变为非现场总量核查。

根据本款规定，**构成本罪必须是致使国家利益遭受重大损失的**，这主要是指退税数额巨大，使国家税款遭受重大损失等情形。根据《最高人民检察院关于渎职侵权犯罪案件立案标准的规定》第一部分第十六条的规定，违法提供出口退税凭证，“涉嫌下列情形之一的，**应予立案**：1. 徇私舞弊，致使国家税收损失累计达 10 万元以上的；2. 徇私舞弊，致使国家税收损失累计不满 10 万元，但具有索取、收受贿赂或者其他恶劣情节的；3. 其他致使国家利益遭受重大损失的情形”。根据本款规定，构成本款规定之罪的，依照前款的规定处罚，即处五年以下有期徒刑或者拘役；致使国家利益遭受特别重大损失的，处五年以上有期徒刑。

实践中执行本条规定应当注意以下几个方面的问题：

1. 本条第一款规定的徇私舞弊发售发票、抵扣税款、出口退税罪是**选择性罪名**，行为人实施了徇私舞弊发售发票、抵扣税款、出口退税中的一种具体犯罪行为的，可按其犯罪行为确定罪行；行为人实施了其中两种或者三种犯罪行为的，也按一罪处理，不实行数罪并罚。

2. 本罪与**徇私舞弊不征、少征税款罪**的区分。《刑法》第四百零四条规定了徇私舞弊不征、少征税款罪，本罪与该罪都是税务机关工作人员在税收工作中的渎职犯罪，主要区别在于徇私舞弊不征、少征税款罪发生在征收税款的工作中，是直接不征、少征了应征税款，而本罪则是发生在与征税、退税相关的发售发票、抵扣税款、出口退税罪等环节，造成了国家税款损失。

3. 本条规定的两种犯罪都要求行为人具有徇私舞弊情节，如果行为人没有徇私舞弊，但在有关工作中严重不负责任，致使国家利益遭受重大损失的，可以依照《刑法》第三百九十七条规定的**玩忽职守罪**追究刑事责任。

【司法解释】

《最高人民检察院关于渎职侵权犯罪案件立案标准的规定》（高检发释字〔2006〕2 号，自 2006 年 7 月 26 起施行）

△（**徇私舞弊发售发票、抵扣税款、出口退税罪；立案标准**）徇私舞弊发售发票、抵扣税款、出口退税罪是指税务机关工作人员违反法律、行政法规的规定，在办理发售发票、抵扣税款、出口退税

工作中徇私舞弊，致使国家利益遭受重大损失的行为。

涉嫌下列情形之一的，应予立案：

1. 徇私舞弊，致使国家税收损失累计达10万元以上的；

2. 徇私舞弊，致使国家税收损失累计不满10万元，但发售增值税专用发票25份以上或者其他发票50份以上或者增值税专用发票与其他发票合计50份以上，或者具有索取、收受贿赂或者其他恶劣情节的；

3. 其他致使国家利益遭受重大损失的情形。

△（**违法提供出口退税凭证罪；立案标准**）违法提供出口退税凭证罪是指海关、外汇管理等国家机关工作人员违反国家规定，在提供出口货物报关单、出口收汇核销单等出口退税凭证的工作中徇私舞弊，致使国家利益遭受重大损失的行为。

涉嫌下列情形之一的，应予立案：

1. 徇私舞弊，致使国家税收损失累计达10万元以上的；

2. 徇私舞弊，致使国家税收损失累计不满10万元，但具有索取、收受贿赂或者其他恶劣情节的；

3. 其他致使国家利益遭受重大损失的情形。

《最高人民法院、最高人民检察院关于办理渎职刑事案件适用法律若干问题的解释（一）》（法释〔2012〕18号，自2013年1月9日起施行）

△（**法条竞合**）国家机关工作人员实施滥用职权或者玩忽职守犯罪行为，触犯刑法分则第九章第三百九十八条至第四百一十九条规定的，依照该规定定罪处罚。

国家机关工作人员滥用职权或者玩忽职守，因不具备徇私舞弊等情形，不符合刑法分则第九章第三百九十八条至第四百一十九条的规定，但依法构成第三百九十七条规定的犯罪的，以滥用职权罪或者玩忽职守罪定罪处罚。（§2）

△（**受贿罪；数罪并罚**）国家机关工作人员实施渎职犯罪并收受贿赂，同时构成受贿罪的，除刑法另有规定外，以渎职犯罪和受贿罪数罪并罚。（§3）

△（**与他人共谋；想象竞合犯；数罪并罚**）国家机关工作人员与他人共谋，利用其职务行为帮助他人实施其他犯罪行为，同时构成渎职犯罪和共谋实施的其他犯罪共犯的，依照处罚较重的规定定罪处罚。

国家机关工作人员与他人共谋，既利用其职务行为帮助他人实施其他犯罪，又以非职务行为与他人共同实施该其他犯罪行为，同时构成渎职犯罪和其他犯罪的共犯的，依照数罪并罚的规定定罪处罚。（§4Ⅱ、Ⅲ）

△（**指使、授意、强令其他国家机关工作人员；以"集体研究"形式实施渎职犯罪**）国家机关负责人员违法决定，或者指使、授意、强令其他国家机关工作人员违法履行职务或者不履行职务，构成刑法分则第九章规定的渎职犯罪的，应当依法追究刑事责任。

以"集体研究"形式实施的渎职犯罪，应当依照刑法分则第九章的规定追究国家机关负有责任的人员的刑事责任。对于具体执行人员，应当在综合认定其行为性质、是否提出反对意见、危害结果大小等情节的基础上决定是否追究刑事责任和应当判处的刑罚。（§5）

△（**追诉期限之计算；危害结果**）以危害结果为条件的渎职犯罪的追诉期限，从危害结果发生之日起计算；有数个危害结果的，从最后一个危害结果发生之日起计算。（§6）

△（**依法或者受委托行使国家行政管理职权的公司、企业、事业单位**）依法或者受委托行使国家行政管理职权的公司、企业、事业单位的工作人员，在行使行政管理职权时滥用职权或者玩忽职守，构成犯罪的，应当依照《全国人民代表大会常务委员会关于〈中华人民共和国刑法〉第九章渎职罪主体适用问题的解释》的规定，适用渎职罪的规定追究刑事责任。（§7）

△（**经济损失；无法实现的债权部分；酌定从轻处罚情节**）本解释规定的"经济损失"，是指渎职犯罪或者与渎职犯罪相关联的犯罪立案时已经实际造成的财产损失，包括为挽回渎职犯罪所造成损失而支付的各种开支、费用等。立案后至提起公诉前持续发生的经济损失，应一并计入渎职犯罪造成的经济损失。

债务人经法定程序被宣告破产，债务人潜逃、去向不明，或者因行为人的责任超过诉讼时效等，致使债权已经无法实现的，无法实现的债权部分应当认定为渎职犯罪的经济损失。

渎职犯罪或者与渎职犯罪相关联的犯罪立案后，犯罪分子及其亲友自行挽回的经济损失，司法机关或者犯罪分子所在单位及其上级主管部门挽回的经济损失，或者因客观原因减少的经济损失，不予扣减，但可以作为酌定从轻处罚的情节。（§8）

【司法解释性文件】

《最高人民检察院关于印发〈人民检察院直接受理立案侦查的渎职侵权重特大案件标准（试行）〉的通知》（高检发〔2001〕13号，2001年8月

24 日公布)

△(**徇私舞弊发售发票、抵扣税款、出口退税罪;重特大案件**)

(一)重大案件

造成国家税收损失累计达三十万元以上的。

(二)特大案件

造成国家税收损失累计达五十万元以上的。(§ 13)

△(**违法提供出口退税凭证罪;重特大案件**)

(一)重大案件

造成国家税收损失累计达三十万元以上的。

(二)特大案件

造成国家税收损失累计达五十万元以上的。(§ 14)

《最高人民法院研究室关于违反经行政法规授权制定的规范一般纳税人资格的文件应否认定为"违反法律、行政法规的规定"问题的答复》(法研〔2012〕59 号,2012 年 5 月 3 日公布)

△(**违反法律、行政法规的规定**)国家税务总局《关于加强新办商贸企业增值税征收管理有关问题的紧急通知》(国税发明电〔2004〕37 号)和《关于加强新办商贸企业增值税征收管理有关问题的补充通知》(国税发明电〔2004〕62 号),是根据 1993 年制定的《中华人民共和国增值税暂行条例》的规定对一般纳税人资格认定的细化,且 2008 年修订后的《中华人民共和国增值税暂行条例》第十三条明确规定:"小规模纳税人以外的纳税人应当向主管税务机关申请资格认定。具体认定办法由国务院主管部门制定。"因此,违反上述两个通知关于一般纳税人资格的认定标准及相关规定,授予不合格单位一般纳税人资格的,相应违反了《中华人民共和国增值税暂行条例》的有关规定,应当认定为刑法第四百零五条第一款规定的"违反法律、行政法规的规定"。

第四百零六条　【国家机关工作人员签订、履行合同失职被骗罪】

国家机关工作人员在签订、履行合同过程中,因严重不负责任被诈骗,致使国家利益遭受重大损失的,处三年以下有期徒刑或者拘役;致使国家利益遭受特别重大损失的,处三年以上七年以下有期徒刑。

【立法理由】

随着改革开放的深入和社会主义市场经济的发展,国家机关作为民事主体与其他市场主体签订、履行合同的情形日益增多,既包括国家机关为本机关的有关事务签订、履行合同,如机关所需办公设备、餐厨食材的采购合同,机关建设工程的设计、施工合同等;也包括国家机关为推动经济社会发展,履行社会管理和公共服务职能签订、履行合同,如公共道路建设、公共设施维修、土地使用权出让等合同。根据有关民事法律的规定,国家机关在签订、履行这些合同时与合同的对方是平等的民事主体,双方都受合同效力的约束,都应该积极地履行合同义务。实践中一些企业和个人利用与国家机关签订合同的机会,使用欺诈手段蒙骗国家机关有关工作人员,谋取不正当利益。一些国家机关工作人员在签订、履行合同工作中,不负责任,疏于职守,**造成国家机关被骗,国有资产流失,公共利益受损等严重后果**,具有社会危害性。

1979 年刑法没有专门规定国家机关工作人员签订、履行合同工作中的渎职犯罪。1997 年刑法修订以前,实践中对国家机关工作人员签订、履行合同失职被骗,造成重大损失的,是按照国家工作人员玩忽职守罪处理的。为更加明确地惩治有关职务犯罪,促进国家工作人员积极勤勉履行职责,**1997 年修订刑法**时,对国有公司、企业、事业单位工作人员在签订、履行合同过程中,因严重不负责任被诈骗,致使国家利益遭受重大损失的行为,在《刑法》第一百六十七条作了规定;对国家机关工作人员有上述行为的,则在渎职罪一章增加了本条规定。

【条文说明】

本条是关于国家机关工作人员签订、履行合同失职被骗罪及其处罚的规定。

根据本条规定,国家机关工作人员签订、履行合同失职被骗罪具有以下几个方面的特征:

1. 犯罪主体是**国家机关工作人员**,具体是各国家机关中负责签订、履行合同的工作人员。

2. 行为人在客观方面实施了**由于严重不负责任而在签订、履行合同过程中被诈骗的行为**。主要表现包括:未向主管单位或有关单位了解对方当事人的合同主体资格、资信情况、履约能力和资源等情况,因而盲目同无资金或无货源的另一方签订购销合同而被诈骗;对供方销售的以次充好不符合质量要求、质次价高的货物,应检查而未检查,擅自同意发货,不坚持按合同验收等,致使被诈骗;对合同对方提供的不符合合同要求的服务疏于监督检查,造成质量问题;被诈骗后,对质次货劣的商品,不及时采取措施,延误索赔期或擅自决定不索赔,造成重大经济损失等。司法实践中,还应当区分由于市场行情剧变、受个人本身水平限制以及出现不可抗力等情况的原因,使国家机关工作人员在签订、履行合同过程中,致使国家利益遭受重大损失与本罪的界限,如果出现上述情况,应当具体情况具体分析,不能简单地以本罪论处。

行为人实施上述行为,必须是"致使国家利益遭受重大损失的"才能构成本罪。根据《最高人民检察院关于渎职侵权犯罪案件立案标准的规定》第一部分第十七条的规定,国家机关工作人员签订、履行合同失职被骗,"涉嫌下列情形之一的,**应予立案**:1. 造成直接经济损失30万元以上,或者直接经济损失不满30万元,但间接经济损失150万元以上的;2. 其他致使国家利益遭受重大损失的情形"。行为人主观上主要是**过失**,即行为人应当预见自己的行为可能发生被诈骗的危害结果,由于主观上马马虎虎、疏忽大意没有预见,或者已经预见而轻信能够避免,严重不负责任,致使造成重大损失。但也有部分是由**间接故意**构成,即行为人明知自己不负责任签订、履行合同的行为会造成被诈骗的危害后果,而放任这种结果的发生。

根据本条规定,国家机关工作人员犯本条之罪的,处三年以下有期徒刑或者拘役;致使国家利益遭受特别重大损失的,处三年以上七年以下有期徒刑。

实践中执行本条规定应当注意以下两个方面的问题:

1. 本条规定的犯罪与**签订、履行合同失职被骗罪**的区别。《刑法》第一百六十七条规定了签订、履行合同失职被骗罪,即"国有公司、企业、事业单位直接负责的主管人员,在签订、履行合同过程中,因严重不负责任被诈骗,致使国家利益遭受重大损失的,处三年以下有期徒刑或者拘役;致使国家利益遭受特别重大损失的,处三年以上七年以下有期徒刑"。本罪与签订、履行合同失职被骗罪在客观方面都表现为在签订、履行合同过程中,因严重不负责任被诈骗,致使国家利益遭受重大损失。主要区别是犯罪主体不同,本罪属于渎职犯罪,主体是国家机关工作人员。签订、履行合同失职被骗罪属于妨害对公司、企业的管理秩序罪,主体是国有公司、企业、事业单位直接负责的主管人员。

2. 本罪的特征是"**失职被骗**"。如果国家机关工作人员与合同对方通谋,甚至收受贿赂,在签订、履行合同过程中徇私舞弊,损害国家利益的,不应当认定为本罪,而是应依照受贿罪、滥用职权罪的规定定罪处罚。

【司法解释】

《最高人民检察院关于渎职侵权犯罪案件立案标准的规定》(高检发释字〔2006〕2号,自2006年7月26日起施行)

△(**国家机关工作人员签订、履行合同失职被骗罪;立案标准**)国家机关工作人员签订、履行合同失职被骗罪是指国家机关工作人员在签订、履行合同过程中,因严重不负责任,不履行或者不认真履行职责被诈骗,致使国家利益遭受重大损失的行为。

涉嫌下列情形之一的,应予立案:

1. 造成直接经济损失30万元以上,或者直接经济损失不满30万元,但间接经济损失150万元以上的;

2. 其他致使国家利益遭受重大损失的情形。

《最高人民法院、最高人民检察院关于办理渎职刑事案件适用法律若干问题的解释(一)》(法释〔2012〕18号,自2013年1月9日起施行)

△(**法条竞合**)国家机关工作人员实施滥用职权或者玩忽职守犯罪行为,触犯刑法分则第九章第三百九十八条至第四百一十九条规定的,依照该规定定罪处罚。

国家机关工作人员滥用职权或者玩忽职守,因不具备徇私舞弊等情形,不符合刑法分则第九章第三百九十八条至第四百一十九条的规定,但依法构成第三百九十七条规定的犯罪的,以滥用职权罪或者玩忽职守罪定罪处罚。(§ 2)

△(**受贿罪;数罪并罚**)国家机关工作人员实施渎职犯罪并收受贿赂,同时构成受贿罪的,除刑法另有规定外,以渎职犯罪和受贿罪数罪并罚。(§ 3)

△(**与他人共谋;想象竞合犯;数罪并罚**)国家机关工作人员与他人共谋,利用其职务行为帮助他人实施其他犯罪行为,同时构成渎职犯罪和共谋实施的其他犯罪共犯的,依照处罚较重的规定定罪处罚。

国家机关工作人员与他人共谋,既利用其职务行为帮助他人实施其他犯罪,又以非职务行为与他人共同实施该其他犯罪行为,同时构成渎职犯罪和其他犯罪的共犯的,依照数罪并罚的规定

定罪处罚。(§ 4Ⅱ、Ⅲ)

△(**指使、授意、强令其他国家机关工作人员;以"集体研究"形式实施渎职犯罪**)国家机关负责人员违法决定,或者指使、授意、强令其他国家机关工作人员违法履行职务或者不履行职务,构成刑法分则第九章规定的渎职犯罪的,应当依法追究刑事责任。

以"集体研究"形式实施的渎职犯罪,应当依照刑法分则第九章的规定追究国家机关负有责任的人员的刑事责任。对于具体执行人员,应当在综合认定其行为性质、是否提出反对意见、危害结果大小等情节的基础上决定是否追究刑事责任和应当判处的刑罚。(§ 5)

△(**追诉期限之计算;危害结果**)以危害结果为条件的渎职犯罪的追诉期限,从危害结果发生之日起计算;有数个危害结果的,从最后一个危害结果发生之日起计算。(§ 6)

△(**依法或者受委托行使国家行政管理职权的公司、企业、事业单位**)依法或者受委托行使国家行政管理职权的公司、企业、事业单位的工作人员,在行使行政管理职权时滥用职权或者玩忽职守,构成犯罪的,应当依照《全国人民代表大会常务委员会关于〈中华人民共和国刑法〉第九章渎职罪主体适用问题的解释》的规定,适用渎职罪的规定追究刑事责任。(§ 7)

△(**经济损失;无法实现的债权部分;酌定从轻处罚情节**)本解释规定的"经济损失",是指渎职犯罪或者与渎职犯罪相关联的犯罪立案时已经实际造成的财产损失,包括为挽回渎职犯罪所造成损失而支付的各种开支、费用等。立案后至提起公诉前持续发生的经济损失,应一并计入渎职犯罪造成的经济损失。

债务人经法定程序被宣告破产,债务人潜逃、去向不明,或者因行为人的责任超过诉讼时效等,致使债权已经无法实现的,无法实现的债权部分应当认定为渎职犯罪的经济损失。

渎职犯罪或者与渎职犯罪相关联的犯罪立案后,犯罪分子及其亲友自行挽回的经济损失,司法机关或者犯罪分子所在单位及其上级主管部门挽回的经济损失,或者因客观原因减少的经济损失,不予扣减,但可以作为酌定从轻处罚的情节。(§ 8)

【司法解释性文件】

《最高人民检察院关于印发〈人民检察院直接受理立案侦查的渎职侵权重特大案件标准(试行)〉的通知》(高检发〔2001〕13号,2001年8月24日公布)

△(**国家机关工作人员签订、履行合同失职被骗罪;重特大案件**)

(一)重大案件

造成直接经济损失一百万元以上的。

(二)特大案件

造成直接经济损失二百万元以上的。(§ 15)

第四百零七条　【违法发放林木采伐许可证罪】

林业主管部门的工作人员违反森林法的规定,超过批准的年采伐限额发放林木采伐许可证或者违反规定滥发林木采伐许可证,情节严重,致使森林遭受严重破坏的,处三年以下有期徒刑或者拘役。

【立法理由】

森林是以木本植物为主体的生物群落,是重要的生物资源和生态安全屏障,对于保护和改善生态环境具有重要作用。森林一方面为经济社会发展和人民生活提供建设用的木材、薪炭等生产生活资料,另一方面又在防风固沙、保持水土、涵养水源、净化空气、调节气候、滋养野生动物等方面发挥着重要的生态作用。**森林的破坏,会导致水旱灾害、生态恶化等严重的后果,危害人类生产生活和经济社会发展**。历史上我国和外国的许多地区都曾因为破坏森林造成了惨痛的教训。对于森林,一方面要发挥其资源作用,合理适当地加以利用,另一方面要根据可持续发展、建设生态文明的需要进行严格的保护。中华人民共和国成立特别是改革开放以来,我国林业建设取得了很大成绩,植树造林事业持续推进,但到2020年我国森林覆盖率也只有23.04%,低于世界平均水平,更应当十分严格地保护森林资源。

我国重视通过法治建设加强对森林资源的保护。1979年2月,第五届全国人大常委会第六次会议原则通过了《森林法(试行)》。1984年9月,第六届全国人大常委会第七次会议正式通过了《森林法》,对森林采伐规定了严格的许可证管理制度。根据1984年《森林法》的有关规定,国家对森林实行限额采伐,鼓励植树造林、封山育林,扩大森林覆盖面积。国家根据用材林的消耗量低于生长量的原则,严格控制森林年采伐量。国家所有的森林和林木以国有林业企业事业单位、农场、厂矿为单位,集体所有的森林和林木、个人所有的林木以县为单位,制定年采伐限额,由省、自治区、直辖市林业主管部门汇总,经同级人民政府审核后,报国务院批准。国家制定统一的年度木材生产计划。年度木材生产计划不得超过批准的年采伐限额。计划管理的范围由国务院规定。**除农村居民采伐自留地和房前屋后个人所有的零星林木外,采伐林木必须申请采伐许可证,按许可证的规定进行采伐。**国有林业企业事业单位、机关、团体、部队、学校和其他国有企业事业单位采伐林木,由所在地县级以上林业主管部门依照有关规定审核发放采伐许可证。铁路、公路的护路林和城镇林木的更新采伐,由有关主管部门依照有关规定审核发放采伐许可证。农村集体经济组织采伐林木,由县级林业主管部门依照有关规定审核发放采伐许可证。农村居民采伐自留山和个人承包集体的林木,由县级林业主管部门或者其委托的乡、镇人民政府依照有关规定审核发放采伐许可证。

根据《森林法》的有关规定,林业主管部门在审核有关个人和单位的申请,发放采伐许可证这项工作中负有重要职责。这就要求林业主管部门的工作人员严格按照法律、行政法规的规定,认真审查申请采伐林木的情况,不得滥用职权,滥发采伐许可证。林业主管部门的工作人员,超过批准的年采伐量发放林木采伐许可证,或者违反规定滥发林木采伐许可证的行为,严重违反国家关于林木采伐的管理制度,造成森林遭受严重破坏的,属于严重的失职渎职行为,具有社会危害性,应当依法追究刑事责任。对此,1984年《森林法》第三十五条规定:"违反本法规定,超过批准的年采伐限额发放林木采伐许可证或者超越职权发放林木采伐许可证的,对直接责任人员给予行政处分;情节严重,致使森林遭受严重破坏的,对直接责任人员依照《刑法》第一百八十七条的规定追究刑事责任。"即依照1979年《刑法》关于国家工作人员玩忽职守罪的规定追究刑事责任。**1997年修订刑法**时,为了更加明确地惩治这种渎职犯罪行为,保护森林资源安全,在渎职罪一章增加了本条关于违法发放林木采伐许可证罪的规定。

【条文说明】

本条是关于违法发放林木采伐许可证罪及其处罚的规定。

根据本条规定,构成本罪的主体是**林业主管部门的工作人员**。"**林业主管部门**",是指县级以上地方人民政府中主管本地区林业工作的机构以及国务院的林业主管部门。根据2018年3月十三届全国人大一次会议批准的国务院机构改革方案,组建国家林业和草原局。将国家林业局的职责,农业部的草原监督管理职责,以及国土资源部、住房和城乡建设部、水利部、农业部、国家海洋局等部门的自然保护区、风景名胜区、自然遗产、地质公园等管理职责整合,组建国家林业和草原局,由自然资源部管理。目前国务院和地方各级人民政府的林业主管部门是各级林业和草原部门。"**超过批准的年采伐限额发放林木采伐许可证**",是指林业主管部门的工作人员利用职权,对符合采伐许可证发放条件的申请人,在年度木材生产计划之外,擅自发放给林木采伐申请人采伐许可证的行为。"**违反规定滥发林木采伐许可证**",是指林业主管部门的工作人员违反森林法以及有关行政法规的规定,利用掌握发放林木采伐许可证的权力,超越自己的权限发放采伐许可证或者对采伐许可证申请的内容不符合法律规定的要求仍然予以批准并发给采伐许可证的行为。

构成本罪必须具备"情节严重"和"致使森林遭受严重破坏"的要件。根据《最高人民法院关于审理破坏森林资源刑事案件具体应用法律若干问题的解释》第十二条的规定,具有下列情形之一的,属于"**情节严重,致使森林遭受严重破坏**":(1)发放林木采伐许可证允许采伐数量累计超过批准的年采伐限额,导致林木被采伐数量在十立方米以上的;(2)滥发林木采伐许可证,导致林木被滥伐二十立方米以上的;(3)滥发林木采伐许可证,导致珍贵树木被滥伐的;(4)批准采伐国家禁止采伐的林木,情节恶劣的;(5)其他情节严重的情形。

根据本条规定,林业主管部门的工作人员犯本条规定之罪的,处三年以下有期徒刑或者拘役。

实践中执行本条规定应当注意,林业主管部门的工作人员收受贿赂,又实施本条规定的犯罪如何处理。林业主管部门的工作人员受人请托,收受贿赂后实施违法发放林木采伐许可证行为的,根据《最高人民法院、最高人民检察院关于办理贪污贿赂刑事案件适用法律若干问题的解释》第十七条的规定,**应当以受贿罪和本条规定的违法发放林木采伐许可证罪数罪并罚。**

【司法解释】

《最高人民法院关于审理破坏森林资源刑事案件具体应用法律若干问题的解释》(法释〔2000〕36号,自2000年12月11日起施行)

△(**情节严重;致使森林遭受严重破坏**)林业主管部门的工作人员违反森林法的规定,超过批准的年采伐限额发放林木采伐许可证或者违反规定滥发林木采伐许可证,具有下列情形之一的,属于刑法第四百零七条规定的“情节严重,致使森林遭受严重破坏”,以违法发放林木采伐许可证罪定罪处罚:

(一)发放林木采伐许可证允许采伐数量累计超过批准的年采伐限额,导致林木被采伐数量在十立方米以上的;

(二)滥发林木采伐许可证,导致林木被滥伐二十立方米以上的;

(三)滥发林木采伐许可证,导致珍贵树木被滥伐的;

(四)批准采伐国家禁止采伐的林木,情节恶劣的;

(五)其他情节严重的情形。(§ 12)

《最高人民检察院关于渎职侵权犯罪案件立案标准的规定》(高检发释字〔2006〕2 号,自 2006 年 7 月 26 日起施行)

△(**违法发放林木采伐许可证罪;立案标准**)违法发放林木采伐许可证罪是指林业主管部门的工作人员违反森林法的规定,超过批准的年采伐限额发放林木采伐许可证或者违反规定滥发林木采伐许可证,情节严重,致使森林遭受严重破坏的行为。

涉嫌下列情形之一的,应予立案:

1. 发放林木采伐许可证允许采伐数量累计超过批准的年采伐限额,导致林木被超限额采伐 10 立方米以上的;

2. 滥发林木采伐许可证,导致林木被滥伐 20 立方米以上,或者导致幼树被滥伐 1000 株以上的;

3. 滥发林木采伐许可证,导致防护林、特种用途林被滥伐 5 立方米以上,或者幼树被滥伐 200 株以上的;

4. 滥发林木采伐许可证,导致珍贵树木或者国家重点保护的其他树木被滥伐的;

5. 滥发林木采伐许可证,导致国家禁止采伐的林木被采伐的;

6. 其他情节严重,致使森林遭受严重破坏的情形。

林业主管部门工作人员之外的国家机关工作人员,违反森林法的规定,滥用职权或者玩忽职守,致使林木被滥伐 40 立方米以上或者幼树被滥伐 2000 株以上,或者致使防护林、特种用途林被滥伐 10 立方米以上或者幼树被滥伐 400 株以上,或者致使珍贵树木被采伐、毁坏 4 立方米或者 4 株以上,或者致使国家重点保护的其他植物被采伐、毁坏后果严重的,或者致使国家严禁采伐的林木被采伐、毁坏情节恶劣的,按照刑法第 397 条的规定以滥用职权罪或者玩忽职守罪追究刑事责任。

《最高人民检察院关于对林业主管部门工作人员在发放林木采伐许可证之外滥用职权、玩忽职守致使森林遭受严重破坏的行为适用法律问题的批复》(高检发释字〔2007〕1 号,自 2007 年 5 月 16 日起施行)

△(**林业主管部门工作人员;致使森林遭受严重破坏**)林业主管部门工作人员违法发放林木采伐许可证,致使森林遭受严重破坏的,依照刑法第四百零七条的规定,以违法发放林木采伐许可证罪追究刑事责任;以其他方式滥用职权或者玩忽职守,致使森林遭受严重破坏的,依照刑法第三百九十七条的规定,以滥用职权罪或者玩忽职守罪追究刑事责任,立案标准依照《最高人民检察院关于渎职侵权犯罪案件立案标准的规定》第一部分渎职犯罪案件第十八条第三款的规定执行。

《最高人民法院、最高人民检察院关于办理渎职刑事案件适用法律若干问题的解释(一)》(法释〔2012〕18 号,自 2013 年 1 月 9 日起施行)

△(**法条竞合**)国家机关工作人员实施滥用职权或者玩忽职守犯罪行为,触犯刑法分则第九章第三百九十八条至第四百一十九条规定的,依照该规定定罪处罚。

国家机关工作人员滥用职权或者玩忽职守,因不具备徇私舞弊等情形,不符合刑法分则第九章第三百九十八条至第四百一十九条的规定,但依法构成第三百九十七条规定的犯罪的,以滥用职权罪或者玩忽职守罪定罪处罚。(§ 2)

△(**受贿罪;数罪并罚**)国家机关工作人员实施渎职犯罪并收受贿赂,同时构成受贿罪的,除刑法另有规定外,以渎职犯罪和受贿罪数罪并罚。(§ 3)

△(**与他人共谋;想象竞合犯;数罪并罚**)国家机关工作人员与他人共谋,利用其职务行为帮助他人实施其他犯罪行为,同时构成渎职犯罪和共谋实施的其他犯罪共犯的,依照处罚较重的规定定罪处罚。

国家机关工作人员与他人共谋,既利用其职务行为帮助他人实施其他犯罪,又以非职务行为与他人共同实施该其他犯罪行为,同时构成渎职犯罪和其他犯罪的共犯的,依照数罪并罚的规定定罪处罚。(§ 4Ⅱ、Ⅲ)

△(指使、授意、强令其他国家机关工作人员;以"集体研究"形式实施渎职犯罪)国家机关负责人员违法决定,或者指使、授意、强令其他国家机关工作人员违法履行职务或者不履行职务,构成刑法分则第九章规定的渎职犯罪的,应当依法追究刑事责任。

以"集体研究"形式实施的渎职犯罪,应当依照刑法分则第九章的规定追究国家机关负有责任的人员的刑事责任。对于具体执行人员,应当在综合认定其行为性质、是否提出反对意见、危害结果大小等情节的基础上决定是否追究刑事责任和应当判处的刑罚。(§5)

△(追诉期限之计算;危害结果)以危害结果为条件的渎职犯罪的追诉期限,从危害结果发生之日起计算;有数个危害结果的,从最后一个危害结果发生之日起计算。(§6)

【司法解释性文件】

《最高人民检察院关于印发〈人民检察院直接受理立案侦查的渎职侵权重特大案件标准(试行)〉的通知》(高检发〔2001〕13号,2001年8月24日公布)

△(违法发放林木采伐许可证罪;重特大案件)

(一)重大案件

1. 发放林木采伐许可证允许采伐数量累计超过批准的年采伐限额,导致林木被采伐数量在二十立方米以上的;

2. 滥发林木采伐许可证,导致林木被滥伐四十立方米以上的;

3. 滥发林木采伐许可证,导致珍贵树木被滥伐二株或者二立方米以上的;

4. 批准采伐国家禁止采伐的林木,情节特别恶劣的。

(二)特大案件

1. 发放林木采伐许可证允许采伐数量累计超过批准的年采伐限额,导致林木被采伐数量超过三十立方米的;

2. 滥发林木采伐许可证,导致林木被滥伐六十立方米以上的;

3. 滥发林木采伐许可证,导致珍贵树木被滥伐五株或者五立方米以上的;

4. 批准采伐国家禁止采伐的林木,造成严重后果的。(§16)

【附属刑法】

《中华人民共和国行政许可法》(2003年8月27日通过,2019年4月23日修正)

第七十四条

行政机关实施行政许可,有下列情形之一的,由其上级行政机关或者监察机关责令改正,对直接负责的主管人员和其他直接责任人员依法给予行政处分;构成犯罪的,依法追究刑事责任:

(一)对不符合法定条件的申请人准予行政许可或者超越法定职权作出准予行政许可决定的;

(二)对符合法定条件的申请人不予行政许可或者不在法定期限内作出准予行政许可决定的;

(三)依法应当根据招标、拍卖结果或者考试成绩择优作出准予行政许可决定,未经招标、拍卖或者考试,或者不根据招标、拍卖结果或者考试成绩择优作出准予行政许可决定的。

【参考案例】

△在核发林木采伐许可证的过程中,虽存在不符合法律规定的行为,但仍在法定权限范围内履行职权,没有违反关于发放对象的范围和发放限额的规定,且与森林遭受严重破坏后果之间不具有刑法上的因果关系的,不构成违法发放林木采伐许可证罪。

构成违法发放林木采伐许可证罪在客观上必须同时具备两个条件:(1)行为人实施了违反《森林法》,超过批准的年采伐限额发放林木采伐许可证,或者违反规定滥发林木采伐许可证的危害行为;(2)情节严重,致使森林遭受严重破坏,包括造成一定数量的林木被采伐或滥伐,或珍贵树木被滥伐,或批准采伐国家禁止采伐的林木等。

根据《森林法》(1998年修正)第三十二条和《森林法实施条例》第三十条的规定,申请发放林木采伐许可证,申请方应提交林权证、林木采伐申请表和林木采伐作业设计表等相关书面材料。本案中,肥东县桥头集镇政府在申办林木采伐许可证时,李明在申请方未提交林权证、申请理由与采伐方式不符且在同一份申请报告上审批不妥的情况下,核发了林木采伐许可证,在此过程中确有不合规范、不合法律手续的违法行为。

但从安徽省目前的状况看,全省林权证的确权发证从2007年4月才启动,时至今日也未完成,目前肥东县境内集体山林均无林权证。本案中,申请方虽然未提交林权证,但根据《安徽省林业厅关于进一步加强和改进森林采伐管理的通知》第三条的规定,李明是可以核发林木采伐许可证的。鉴于此,被告人李明核发林木采伐许可证的行为,虽有不符合法律规范之处,但仍属在其法定职责范围内履行职权,没有违反关于发放对象的范围和发放限额的规定,其行为不属于违反规定滥发林木采伐许可证的情形。

刑法中的因果关系体现了我国刑法的基本原则——罪责自负,它的基本含义是:行为人只能对其危害行为及其造成的危害结果承担刑事责任。认定因果关系应当以行为时客观存在的一切事实为基础,依据一般人的经验进行判断,特别是在"一果多因"的情况下,危害后果的发生,是在行为人实施行为后多个因素的介入下产生的,应当通过考察行为人的行为导致结果发生的可能性大小、介入因素对结果发生的作用大小、介入因素的异常程度等,判断行为人的行为与结果之间是否存在因果关系。

被告人李明核发林木采伐许可证的行为虽具有一定的违法性,但导致龙泉山林场林木被滥伐致森林遭受严重破坏的主要因素是许可证核发后的其他情况:(1)桥头集镇政府在组织实施过程中改变采伐方式;(2)林业站相关人员在组织实施采伐过程中缺乏监管,存在渎职行为,以及超越采伐期限、超强度、超出范围滥伐。故李明的行为与森林遭受严重破坏的后果之间不具有刑法意义上的因果关系。故李明的行为不构成违法发放林木采伐许可证罪。[No. 9-407-1　李明违法发放林木采伐许可证案]

第四百零八条　【环境监管失职罪】

负有环境保护监督管理职责的国家机关工作人员严重不负责任,导致发生重大环境污染事故,致使公私财产遭受重大损失或者造成人身伤亡的严重后果的,处三年以下有期徒刑或者拘役。

【立法理由】

环境,是指影响人类生存和发展的各种天然的和经过人工改造的自然因素的总体,包括大气、水、海洋、土地、矿藏、森林、草原、湿地、野生生物、自然遗迹、人文遗迹、自然保护区、风景名胜区、城市和乡村等。**良好的环境对于保障公众身心健康,满足人民群众的美好生活需要,促进经济社会可持续发展,建设生态文明,具有重要的意义**。新中国成立以来特别是改革开放以来,党和国家高度重视环境保护工作,重视环境保护方面的法律制度建设。1982年《宪法》第二十六条第一款规定:"国家保护和改善生活环境和生态环境,防治污染和其他公害。"1979年9月13日第五届全国人大常委会第十一次会议就原则通过了《环境保护法(试行)》。1989年12月26日第七届全国人大常委会第十一次会议正式通过了《环境保护法》,对环境保护领域的基本法律制度作了规定。1997年以前,全国人大常委会还制定了一些专门领域的环保法律,对有关领域的环境保护法律制度作了规定。如1984年5月11日第六届全国人大常委会第五次会议通过的《水污染防治法》、1987年9月5日第六届全国人大常委会第二十二次会议通过的《大气污染防治法》、1996年10月29日第八届全国人大常委会第二十二次会议通过的《环境噪声污染防治法》等。这些法律都对环境保护行政主管部门和其他有关部门在环保工作中的监督管理职责作了规定。如1989年《环境保护法》第七条规定:"国务院环境保护行政主管部门,对全国环境保护工作实施统一监督管理。县级以上地方人民政府环境保护行政主管部门,对本辖区的环境保护工作实施统一监督管理。国家海洋行政主管部门、港务监督、渔政渔港监督、军队环境保护部门和各级公安、交通、铁道、民航管理部门,依照有关法律的规定对环境污染防治实施监督管理。县级以上人民政府的土地、矿产、林业、农业、水利行政主管部门,依照有关法律的规定对资源的保护实施监督管理。"环境保护行政主管部门在制定标准、环境监测、排污许可、查处环境违法行为方面担负着广泛的职责,行使一系列行政许可、行政收费、行政处罚等职权。

环保监管法律制度能否得到切实的贯彻执行,很大程度上取决于环保监管人员是否恪尽职守、严格执法。环保监管人员不履行或者不正确履行法定职责,甚至放纵污染环境的违法犯罪,以至于发生重大环境污染事故的行为,对人民群众身心健康和生态环境造成严重危害,具有社会危害性,应当依法追究刑事责任。根据1989年《环境保护法》第四十五条的规定,环境保护监督管理人员滥用职权、玩忽职守、徇私舞弊构成犯罪的,依法追究刑事责任。1995年修正后的《大气污染防治法》第四十八条规定:"环境保护监督管理人员滥用职权、玩忽职守的,给予行政处分;构成犯罪的,依法追究刑事责任。"1996年修正后的《水污染防治法》第五十八条规定:"环境保护监督管理人员和其他有关国家工作人员滥用职权、玩忽职守、徇私舞弊的,由其所在单位或者上级主管机关给予行政处分；构成犯罪的，依法追究刑事责任。”根据1979年刑法的规定，环境保护监督管理人员的渎职行为，可以以玩忽职守罪追究刑事责任。**1997年修订刑法**时，对国家机关工作人员的渎职犯罪和其他国家工作人员在渎职方面的犯罪分别作了规定，在本法分则第六章规定了破坏环境资源保护罪一节，对各种破坏环境资源的犯罪作了规定。同时，在渎职罪一章对负有环境保护监管职责的国家机关工作人员监管失职的犯罪行为作了规定。

【条文说明】

本条是关于环境监管失职罪及其处罚的规定。

根据本条规定，构成本罪的主体是**对环境保护负有监督管理职责的国家机关工作人员**，主要包括在国务院环境保护行政主管部门、县级以上地方人民政府环境保护行政主管部门从事环境保护监督管理工作的人员，也包括在国家自然资源、港务监督、渔政渔港监督、军队环境保护部门和各级公安、交通运输等管理部门中，依照有关法律的规定对环境污染防治实施监督管理的人员。根据2018年3月十三届全国人大一次会议批准的国务院机构改革方案，将环境保护部的职责，国家发展和改革委员会的应对气候变化和减排职责，国土资源部的监督防止地下水污染职责，水利部的编制水功能区划、排污口设置管理、流域水环境保护职责，农业部的监督指导农业面源污染治理职责，国家海洋局的海洋环境保护职责，国务院南水北调工程建设委员会办公室的南水北调工程项目区环境保护职责整合，组建生态环境部，作为国务院组成部门。目前国务院和地方各级人民政府的环境保护部门是各级生态环境部门。另外，在县级以上人民政府的自然资源、林业和草原、农业农村、水利行政主管部门中，依照有关法律的规定对资源的保护实施监督管理的人员，也可以构成本罪的主体。

根据本条规定，构成本罪必须是上述人员严重不负责任，不认真履行监督管理职责，以致发生重大环境污染事故，致使公私财产遭受重大损失或者造成人身伤亡的严重后果。“**重大环境污染事故**”，是指造成大气、水源、海洋、土地等环境质量标准严重不符合国家规定标准，造成公私财产重大损失或人身伤亡的严重事件。其中“污染”是指在生产建设或者其他活动中产生的足以危害人体健康的废气、废水、废渣、粉尘、恶臭气体、放射性物质以及噪声、振动、电磁波辐射等。根据本条规定对造成环境污染事故的，必须是“致使公私财产遭受重大损失或者造成人身伤亡的严重后果”才构成犯罪。如果没有造成严重后果，可以由有关部门予以行政处分。应当注意的是，只要具备“使公私财产遭受重大损失”或者“造成人身伤亡”其中任何一个条件即构成本罪。根据《最高人民法院、最高人民检察院关于办理环境污染刑事案件适用法律若干问题的解释》第二条的规定，致使公私财产损失三十万元以上，或者具有下列情形之一的，应当认定为“**致使公私财产遭受重大损失或者造成人身伤亡的严重后果**”：(1)造成生态环境严重损害的；(2)致使乡镇以上集中式饮用水水源取水中断十二小时以上的；(3)致使基本农田、防护林地、特种用途林地五亩以上，其他农用地十亩以上，其他土地二十亩以上基本功能丧失或者遭受永久性破坏的；(4)致使森林或者其他林木死亡五十立方米以上，或者幼树死亡二千五百株以上的；(5)致使疏散、转移群众五千人以上的；(6)致使三十人以上中毒的；(7)致使三人以上轻伤、轻度残疾或者器官组织损伤导致一般功能障碍的；(8)致使一人以上重伤、中度残疾或者器官组织损伤导致严重功能障碍的。根据本条规定，构成本罪的，对行为人处三年以下有期徒刑或者拘役。

实践中执行本条规定应当注意，环保监督管理人员收受贿赂，又实施本条规定的犯罪如何处理。环保监督管理人员受人请托，收受贿赂后实施本条规定的失职行为的，根据《最高人民法院、最高人民检察院关于办理贪污贿赂刑事案件适用法律若干问题的解释》第十七条的规定，**应当以受贿罪和本条规定的环境监管失职罪数罪并罚**。

【司法解释】

《最高人民检察院关于渎职侵权犯罪案件立案标准的规定》(高检发释字〔2006〕2号，自2006年7月26日起施行)

△(**环境监管失职罪；立案标准**)环境监管失职罪是指负有环境保护监督管理职责的国家机关工作人员严重不负责任，不履行或者不认真履行环境保护监管职责导致发生重大环境污染事故，致使公私财产遭受重大损失或者造成人身伤亡的严重后果的行为。

涉嫌下列情形之一的，应予立案：

1. 造成死亡1人以上，或者重伤3人以上，或者重伤2人、轻伤4人以上，或者重伤1人、轻伤7人以上，或者轻伤10人以上的；

2. 导致30人以上严重中毒的；

3. 造成个人财产直接经济损失15万元以上，

或者直接经济损失不满15万元，但间接经济损失75万元以上的；

4. 造成公共财产、法人或者其他组织财产直接经济损失30万元以上，或者直接经济损失不满30万元，但间接经济损失150万元以上的；

5. 虽未达到3、4两项数额标准，但3、4两项合计直接经济损失30万元以上，或者合计直接经济损失不满30万元，但合计间接经济损失150万元以上的；

6. 造成基本农田或者防护林地、特种用途林地10亩以上，或者基本农田以外的耕地50亩以上，或者其他土地70亩以上被严重毁坏的；

7. 造成生活饮用水地表水源和地下水源严重污染的；

8. 其他致使公私财产遭受重大损失或者造成人身伤亡严重后果的情形。

《最高人民法院、最高人民检察院关于办理渎职刑事案件适用法律若干问题的解释（一）》（法释〔2012〕18号，自2013年1月9日起施行）

△（**法条竞合**）国家机关工作人员实施滥用职权或者玩忽职守犯罪行为，触犯刑法分则第九章第三百九十八条至第四百一十九条规定的，依照该规定定罪处罚。

国家机关工作人员滥用职权或者玩忽职守，因不具备徇私舞弊等情形，不符合刑法分则第九章第三百九十八条至第四百一十九条的规定，但依法构成第三百九十七条规定的犯罪的，以滥用职权罪或者玩忽职守罪定罪处罚。（§2）

△（**受贿罪；数罪并罚**）国家机关工作人员实施渎职犯罪并收受贿赂，同时构成受贿罪的，除刑法另有规定外，以渎职犯罪和受贿罪数罪并罚。（§3）

△（**与他人共谋；想象竞合犯；数罪并罚**）国家机关工作人员与他人共谋，利用其职务行为帮助他人实施其他犯罪行为，同时构成渎职犯罪和共谋实施的其他犯罪共犯的，依照处罚较重的规定定罪处罚。

国家机关工作人员与他人共谋，既利用其职务行为帮助他人实施其他犯罪，又以非职务行为与他人共同实施该其他犯罪行为，同时构成渎职犯罪和其他犯罪的共犯的，依照数罪并罚的规定定罪处罚。（§4Ⅱ、Ⅲ）

△（**指使、授意、强令其他国家机关工作人员；以“集体研究”形式实施渎职犯罪**）国家机关负责人员违法决定，或者指使、授意、强令其他国家机关工作人员违法履行职务或者不履行职务，构成刑法分则第九章规定的渎职犯罪的，应当依法追究刑事责任。

以“集体研究”形式实施的渎职犯罪，应当依照刑法分则第九章的规定追究国家机关负有责任的人员的刑事责任。对于具体执行人员，应当在综合认定其行为性质、是否提出反对意见、危害结果大小等情节的基础上决定是否追究刑事责任和应当判处的刑罚。（§5）

△（**追诉期限之计算；危害结果**）以危害结果为条件的渎职犯罪的追诉期限，从危害结果发生之日起计算；有数个危害结果的，从最后一个危害结果发生之日起计算。（§6）

△（**依法或者受委托行使国家行政管理职权的公司、企业、事业单位**）依法或者受委托行使国家行政管理职权的公司、企业、事业单位的工作人员，在行使行政管理职权时滥用职权或者玩忽职守，构成犯罪的，应当依照《全国人民代表大会常务委员会关于〈中华人民共和国刑法〉第九章渎职罪主体适用问题的解释》的规定，适用渎职罪的规定追究刑事责任。（§7）

△（**经济损失；无法实现的债权部分；酌定从轻处罚情节**）本解释规定的“经济损失”，是指渎职犯罪或者与渎职犯罪相关联的犯罪立案时已经实际造成的财产损失，包括为挽回渎职犯罪所造成损失而支付的各种开支、费用等。立案后至提起公诉前持续发生的经济损失，应一并计入渎职犯罪造成的经济损失。

债务人经法定程序被宣告破产，债务人潜逃、去向不明，或者因行为人的责任超过诉讼时效等，致使债权已经无法实现的，无法实现的债权部分应当认定为渎职犯罪的经济损失。

渎职犯罪或者与渎职犯罪相关联的犯罪立案后，犯罪分子及其亲友自行挽回的经济损失，司法机关或者犯罪分子所在单位及其上级主管部门挽回的经济损失，或者因客观原因减少的经济损失，不予扣减，但可以作为酌定从轻处罚的情节。（§8）

《最高人民法院、最高人民检察院关于办理环境污染刑事案件适用法律若干问题的解释》（法释〔2016〕29号，自2017年1月1日起施行）

△（**致使公私财产遭受重大损失或者造成人身伤亡的严重后果**）实施刑法第三百三十九条、第四百零八条规定的行为，致使公私财产损失三十万元以上，或者具有本解释第一条第十项至第十

七项规定情形之一①的，应当认定为“致使公私财产遭受重大损失或者严重危害人体健康”或者“致使公私财产遭受重大损失或者造成人身伤亡的严重后果”。（§ 2）

【司法解释性文件】

《最高人民检察院关于印发〈人民检察院直接受理立案侦查的渎职侵权重特大案件标准（试行）〉的通知》（高检发〔2001〕13号，2001年8月24日公布）

△**（环境监管失职罪；重特大标准）**

（一）重大案件

1. 造成直接经济损失一百万元以上的；

2. 致人死亡二人以上或者重伤五人以上的；

3. 致使一定区域生态环境受到严重危害的。

（二）特大案件

1. 造成直接经济损失三百万元以上的；

2. 致人死亡五人以上或者重伤十人以上的；

3. 致使一定区域生态环境受到严重破坏的。（§ 17）

【附属刑法】

《中华人民共和国环境保护法》（1989年12月26日通过，2014年4月24日修订）

第六十八条

地方各级人民政府、县级以上人民政府环境保护主管部门和其他负有环境保护监督管理职责的部门②有下列行为之一的，对直接负责的主管人员和其他直接责任人员给予记过、记大过或者降级处分；造成严重后果的，给予撤职或者开除处分，其主要负责人应当引咎辞职：

（一）不符合行政许可条件准予行政许可的；

……

（三）依法应当作出责令停业、关闭的决定而未作出的；

（四）对超标排放污染物、采用逃避监管的方式排放污染物、造成环境事故以及不落实生态保护措施造成生态破坏等行为，发现或者接到举报未及时查处的；

（五）违反本法规定，查封、扣押企业事业单位和其他生产经营者的设施、设备的；

（六）篡改、伪造或者指使篡改、伪造监测数据的；

（七）应当依法公开环境信息而未公开的；

……

（九）法律法规规定的其他违法行为。

第六十九条

违反本法规定，构成犯罪的，依法追究刑事责任。

《中华人民共和国大气污染防治法》（1987年9月5日通过，2018年10月26日第二次修正）

第一百二十六条

地方各级人民政府、县级以上人民政府生态环境主管部门和其他负有大气环境保护监督管理

---

① 《最高人民法院、最高人民检察院关于办理环境污染刑事案件适用法律若干问题的解释》（法释〔2016〕29号，自2017年1月1日起施行）

第一条

实施刑法第三百三十八条规定的行为，具有下列情形之一的，应当认定为“严重污染环境”：

……

（十）造成生态环境严重损害的；

（十一）致使乡镇以上集中式饮用水水源取水中断十二小时以上的；

（十二）致使基本农田、防护林地、特种用途林地五亩以上，其他农用地十亩以上，其他土地二十亩以上基本功能丧失或者遭受永久性破坏的；

（十三）致使森林或者其他林木死亡五十立方米以上，或者幼树死亡二千五百株以上的；

（十四）致使疏散、转移群众五千人以上的；

（十五）致使三十人以上中毒的；

（十六）致使三人以上轻伤、轻度残疾或者器官组织损伤导致一般功能障碍的；

（十七）致使一人以上重伤、中度残疾或者器官组织损伤导致严重功能障碍的；

（十八）其他严重污染环境的情形。

② 《中华人民共和国环境保护法》（1989年12月26日通过，2014年4月24日修订）

第十条

Ⅰ国务院环境保护主管部门，对全国环境保护工作实施统一监督管理；县级以上地方人民政府环境保护主管部门，对本行政区域环境保护工作实施统一监督管理。

Ⅱ县级以上人民政府有关部门和军队环境保护部门，依照有关法律的规定对资源保护和污染防治等环境保护工作实施监督管理。

职责的部门及其工作人员①滥用职权、玩忽职守、徇私舞弊、弄虚作假的，依法给予处分。

第一百二十七条

违反本法规定，构成犯罪的，依法追究刑事责任。

《中华人民共和国环境噪声污染防治法》（1996 年 10 月 29 日通过，2018 年 12 月 29 日修正）

第六十二条

环境噪声污染防治监督管理人员滥用职权、玩忽职守、徇私舞弊的，由其所在单位或者上级主管机关给予行政处分；构成犯罪的，依法追究刑事责任。

《中华人民共和国行政许可法》（2003 年 8 月 27 日通过，2019 年 4 月 23 日修正）

第七十七条

行政机关不依法履行监督职责或者监督不力，造成严重后果的，由其上级行政机关或者监察机关责令改正，对直接负责的主管人员和其他直接责任人员依法给予行政处分；构成犯罪的，依法追究刑事责任。

《中华人民共和国海洋环境保护法》（1982 年 8 月 23 日通过，2017 年 11 月 4 日第三次修正）

第九十三条

海洋环境监督管理人员滥用职权、玩忽职守、徇私舞弊，造成海洋环境污染损害的，依法给予行政处分；构成犯罪的，依法追究刑事责任。

《中华人民共和国水污染防治法》（1984 年 5 月 11 日通过，2017 年 6 月 27 日第二次修正）

第八十条

环境保护主管部门或者其他依照本法规定行使监督管理权的部门，不依法作出行政许可或者办理批准文件的，发现违法行为或者接到对违法行为的举报后不予查处的，或者有其他未依照本法规定履行职责的行为的，对直接负责的主管人员和其他直接责任人员依法给予处分。

第一百零一条

违反本法规定，构成犯罪的，依法追究刑事责任。

《中华人民共和国放射性污染防治法》（2003 年 6 月 28 日通过）

第四十八条

放射性污染防治监督管理人员违反法律规定，利用职务上的便利收受他人财物、谋取其他利益，或者玩忽职守，有下列行为之一的，依法给予行政处分；构成犯罪的，依法追究刑事责任：

（一）对不符合法定条件的单位颁发许可证和办理批准文件的；

（二）不依法履行监督管理职责的；

（三）发现违法行为不予查处的。

《中华人民共和国海岛保护法》（2009 年 12 月 26 日通过）

第四十四条

海洋主管部门或者其他对海岛保护负有监督管理职责的部门，发现违法行为或者接到对违法行为的举报后不依法予以查处，或者有其他未依照本法规定履行职责的行为的，由本级人民政府或者上一级人民政府有关主管部门责令改正，对直接负责的主管人员和其他直接责任人员依法给予处分。

第五十五条

Ⅰ违反本法规定，构成犯罪的，依法追究刑事责任。

《中华人民共和国固体废物污染环境防治法》（1995 年 10 月 30 日通过，2020 年 4 月 29 日第二次修订）

第一百零一条

Ⅰ生态环境主管部门或者其他负有固体废物污染环境防治监督管理职责的部门违反本法规定，有下列行为之一，由本级人民政府或者上级人民政府有关部门责令改正，对直接负责的主管人员和其他直接责任人员依法给予处分：

（一）未依法作出行政许可或者办理批准文件的；

（二）对违法行为进行包庇的；

（三）未依法查封、扣押的；

（四）发现违法行为或者接到对违法行为的举报后未予查处的；

（五）有其他滥用职权、玩忽职守、徇私舞弊等违法行为的。

Ⅱ依照本法规定应当作出行政处罚决定而未作出的，上级主管部门可以直接作出行政处罚决定。

---

① 《中华人民共和国大气污染防治法》（1987 年 9 月 5 日通过，2018 年 10 月 26 日第二次修正）

第五条

Ⅰ县级以上人民政府生态环境主管部门对大气污染防治实施统一监督管理。

Ⅱ县级以上人民政府其他有关部门在各自职责范围内对大气污染防治实施监督管理。

第一百二十三条

违反本法规定，构成违反治安管理行为的，由公安机关依法给予治安管理处罚；构成犯罪的，依法追究刑事责任；造成人身、财产损害的，依法承担民事责任。

【指导性案例】

最高人民检察院指导性案例第4号：崔某环境监管失职案（2012年11月15日发布）

△（国有公司、企业和事业单位；实际行使国家行政管理职权；渎职罪主体；环境监管失职罪）实践中，一些国有公司、企业和事业单位经合法授权从事具体的管理市场经济和社会生活的工作，拥有一定管理公共事务和社会事务的职权，这些实际行使国家行政管理职权的公司、企业和事业单位工作人员，符合渎职罪主体要求；对其实施渎职行为构成犯罪的，应当依照《刑法》关于渎职罪的规定追究刑事责任。

第四百零八条之一 【食品药品监管渎职罪】

负有食品药品安全监督管理职责的国家机关工作人员，滥用职权或者玩忽职守，有下列情形之一，造成严重后果或者有其他严重情节的，处五年以下有期徒刑或者拘役；造成特别严重后果或者有其他特别严重情节的，处五年以上十年以下有期徒刑：

（一）瞒报、谎报食品安全事故、药品安全事件的；

（二）对发现的严重食品药品安全违法行为未按规定查处的；

（三）在药品和特殊食品审批审评过程中，对不符合条件的申请准予许可的；

（四）依法应当移交司法机关追究刑事责任不移交的；

（五）有其他滥用职权或者玩忽职守行为的。

徇私舞弊犯前款罪的，从重处罚。

【立法沿革】

《中华人民共和国刑法修正案（八）》（自2011年5月1日起施行）

四十九、在刑法第四百零八条后增加一条，作为第四百零八条之一：

“负有食品安全监督管理职责的国家机关工作人员，滥用职权或者玩忽职守，导致发生重大食品安全事故或者造成其他严重后果的，处五年以下有期徒刑或者拘役；造成特别严重后果的，处五年以上十年以下有期徒刑。

“徇私舞弊犯前款罪的，从重处罚。”

《中华人民共和国刑法修正案（十一）》（自2021年3月1日起施行）

四十五、将刑法第四百零八条之一第一款修改为：

“负有食品药品安全监督管理职责的国家机关工作人员，滥用职权或者玩忽职守，有下列情形之一，造成严重后果或者有其他严重情节的，处五年以下有期徒刑或者拘役；造成特别严重后果或者有其他特别严重情节的，处五年以上十年以下有期徒刑：

“（一）瞒报、谎报食品安全事故、药品安全事件的；

“（二）对发现的严重食品药品安全违法行为未按规定查处的；

“（三）在药品和特殊食品审批审评过程中，对不符合条件的申请准予许可的；

“（四）依法应当移交司法机关追究刑事责任不移交的；

“（五）有其他滥用职权或者玩忽职守行为的。”

【立法理由】

1. 2011年《刑法修正案（八）》的立法情况。1997年《刑法》第三百九十七条对国家机关工作人员滥用职权罪和玩忽职守罪作了一般性规定。负有食品安全监督管理职责的国家机关工作人员滥用职权或者玩忽职守构成犯罪的，可以依照该条的规定定罪处罚。考虑到食品安全关系到人民群众的身体健康和切身利益，当时在食品领域又屡屡发生重大食品安全事故，群众反响强烈，2011年2月25日第十一届全国人大常委会第十九次会议通过的《刑法修正案（八）》，在对《刑法》第一百四十三条生产、销售不符合卫生标准的食品罪和第一百四十四条生产、销售有毒、有害食品罪进行修改完善的同时，专门增加了本条规定，并规定了更重的刑罚。

2. 2020年《刑法修正案（十一）》对本条的修改情况。为了贯彻落实党中央关于食品药品安全

“四个最严”的要求，2015 年 4 月 24 日第十二届全国人大常委会第十四次会议修订了《食品安全法》，2019 年 6 月 29 日第十三届全国人大常委会第十一次会议通过了《疫苗管理法》，2019 年 8 月 26 日第十三届全国人大常委会第十二次会议第二次修订了《药品管理法》，这几部法律强化了食品药品监督管理部门的监管职责，有关部门的国家工作人员在食品的生产、经营，药品和疫苗的研发、生产、经营和使用等环节担负广泛的监管职责，行使一系列行政许可、行政处罚职权。为了贯彻党中央提出的“最严肃的问责”的精神，进一步强化食品药品安全，保护人民群众安全，与食品安全法、药品管理法做好衔接，2020 年 12 月 26 日第十三届全国人大常委会第二十四次会议通过的《刑法修正案（十一）》对本条作了修改：一是在犯罪主体方面，在负有食品安全监督管理职责的国家机关工作人员的基础上，增加负有药品安全监督管理职责的国家机关工作人员；二是在构成犯罪和适用第二档刑罚的条件中增加了情节因素；三是增加规定了五类具体犯罪情形。

【条文说明】

本条是关于食品药品监管渎职罪及其处罚的规定。

本条共分为两款。

第一款是关于食品药品监管渎职的犯罪及其处罚的规定。根据本条规定，构成本罪的主体是**负有食品药品安全监督管理职责的国家机关工作人员**。根据 2018 年 3 月十三届全国人大一次会议批准的国务院机构改革方案，将国家工商行政管理总局的职责，国家质量监督检验检疫总局的职责，国家食品药品监督管理总局的职责，国家发展和改革委员会的价格监督检查与反垄断执法职责，商务部的经营者集中反垄断执法以及国务院反垄断委员会办公室等职责整合，组建国家市场监督管理总局，作为国务院直属机构。同时，组建国家药品监督管理局，由国家市场监督管理总局管理。目前，负责食品药品安全监督管理职责的主要是各级市场监管、药品监管部门的工作人员。构成本罪，上述人员必须有滥用职权或者玩忽职守的行为。[①] 这里所规定的“**滥用职权**”，是指国家机关工作人员超越职权，违法决定、处理其无权决定、处理的事项，或者违反规定处理公务的行为。“**玩忽职守**”，是指国家机关工作人员严重不负责任，不履行或者不认真履行其职责的行为。构成本罪，还必须因为滥用职权或者玩忽职守，造成严重后果或者有其他严重情节。“**造成严重后果**”，包括导致发生重大食品安全事故、重大药品安全事件、疫苗安全事件等，以及其他严重后果。“有其他严重情节”是指虽未造成严重后果，但滥用职权、玩忽职守的情节严重，如滥用职权、玩忽职守的时间长、次数多、涉及面广、社会影响恶劣等。具体情形可由司法机关根据实际情况制定司法解释确定。为了细化食品药品监管渎职的情形，增强可操作性和适用性，《刑法修正案（十一）》在本款分五项增加规定了五种具体的食品药品监管渎职行为：

第（一）项是关于**瞒报、谎报食品安全事故、药品安全事件**的规定。这里规定的“瞒报”是指隐瞒事实不报。“谎报”是指不真实的报告，如对事故、事件的危害后果避重就轻地报告等。“食品安全事故”，根据《食品安全法》第一百五十条的规定，是指“食源性疾病、食品污染等源于食品，对人体健康有危害或者可能有危害的事故”。“药品安全事件”，是指在药品研发、生产、经营、使用中发生的，对人体健康造成或者可能造成危害的事件。

第（二）项是关于**对发现的严重食品药品安全违法行为未按规定查处**的规定。这里规定的“严重食品药品安全违法行为”是指严重违反食品安全法、药品管理法、疫苗管理法及其配套规定的行为。对于这些严重违法行为，有关国家机关工作人员已经发现，但不按照法律法规规定的权限和程序查处的，就可能构成本条规定的犯罪。《食品安全法》第一百四十二条至第一百四十四条、《药品管理法》第一百四十九条规定了有关国家机关工作人员不按规定查处违法行为的行政责任，本项规定是与之衔接的。

第（三）项是关于**在药品和特殊食品审批审评过程中，对不符合条件的申请准予许可的**。这里规定的“药品”，根据《药品管理法》第二条第二款的规定，是指“用于预防、治疗、诊断人的疾病，有目的地调节人的生理机能并规定有适应症或者功能主治、用法和用量的物质，包括中药、化学药和生物制品等”。“特殊食品”，根据《食品安全法》第七十四条的规定，包括保健食品、特殊医学用途配方食品和婴幼儿配方食品等。根据《药品

① 我国学者指出，本罪包括了两种类型，即故意的滥用职权行为及过失的玩忽职守行为，但《最高人民法院、最高人民检察院关于执行〈中华人民共和国刑法〉确定罪名的补充规定（五）》却将这两个类型的行为确定为同一个罪名，值得商榷。参见张明楷：《刑法学》（第 6 版），法律出版社 2021 年版，第 1660 页。

管理法》和《食品安全法》的规定，药品和特殊食品在研制、生产、经营、使用等环节，需要依法向监管部门申请审批审评，监管部门的工作人员应当依照有关法律规定和技术标准进行审批审评。有关国家机关工作人员对明知不符合条件的药品和特殊食品审批审评申请准予许可的，对食品药品安全造成危害，可能构成本条规定的犯罪。

第(四)项是关于**依法应当移交司法机关追究刑事责任不移交**的规定。《刑法》分则第三章第一节规定了一系列食品药品领域的犯罪行为及其处罚。实践中这些犯罪行为往往是由食品药品监管部门在行政执法中发现，再移交公安机关侦查的。食品药品监管机关的工作人员对于行政执法中发现的犯罪线索，应当依法及时移交司法机关追究刑事责任。如果不移交或者降格处理以罚代刑的，可能构成本条规定的犯罪。需要注意把握本项规定的犯罪行为与本条第(二)项规定的犯罪行为的区分。第(二)项规定的行为主要是在行政管理执法中不尽职，该项规定是为了促使有关国家机关工作人员积极查处有关食品药品行政违法行为，防止造成更严重的后果和危害。本项规定的行为则是对已经构成犯罪的案件不依法移交。

第(五)项是关于**有其他滥用职权或者玩忽职守行为**的规定。这里规定的"其他滥用职权或者玩忽职守行为"，是指本款第(一)项至第(四)项规定的行为以外的对食品药品安全造成危害，应当追究刑事责任的滥用职权、玩忽职守行为。具体情形可由司法机关根据实际情况制定司法解释确定。

根据本款规定，构成本条规定的犯罪的，对行为人处五年以下有期徒刑或者拘役；造成特别严重后果或者有其他特别严重情节的，处五年以上十年以下有期徒刑。

第二款是关于徇私舞弊犯第一款罪如何处罚的规定。这里所规定的"**徇私舞弊**"，是指为个人私利或者亲友私情的行为。由于这种行为是从个人利益出发，置国家利益于不顾，主观恶性要比第一款规定的行为严重，因此本款规定，徇私舞弊犯第一款罪的，在第一款规定的法定量刑幅度内从重处罚。

实践中执行本条规定应当注意本条第一款第(四)项规定的犯罪与《刑法》第四百零二条规定的**徇私舞弊不移交刑事案件罪**的区分。构成徇私舞弊不移交刑事案件罪要求行政执法人员有徇私舞弊情节，本条第一款第(四)项没有规定徇私舞弊情节。同时，本条规定的刑罚比第四百零二条规定更重。本条规定是对食品药品监督管理工作人员不移交刑事案件的行为规定了更严格严厉的处罚。

【司法解释】

《最高人民法院、最高人民检察院关于办理渎职刑事案件适用法律若干问题的解释(一)》(法释〔2012〕18号，自2013年1月9日起施行)

△(**法条竞合**)国家机关工作人员实施滥用职权或者玩忽职守犯罪行为，触犯刑法分则第九章第三百九十八条至第四百一十九条规定的，依照该规定定罪处罚。

国家机关工作人员滥用职权或者玩忽职守，因不具备徇私舞弊等情形，不符合刑法分则第九章第三百九十八条至第四百一十九条的规定，但依法构成第三百九十七条规定的犯罪的，以滥用职权罪或者玩忽职守罪定罪处罚。(§2)

△(**受贿罪；数罪并罚**)国家机关工作人员实施渎职犯罪并收受贿赂，同时构成受贿罪的，除刑法另有规定外，以渎职犯罪和受贿罪数罪并罚。(§3)

△(**与他人共谋；想象竞合犯；数罪并罚**)国家机关工作人员与他人共谋，利用其职务行为帮助他人实施其他犯罪行为，同时构成渎职犯罪和共谋实施的其他犯罪共犯的，依照处罚较重的规定定罪处罚。

国家机关工作人员与他人共谋，既利用其职务行为帮助他人实施其他犯罪，又以非职务行为与他人共同实施该其他犯罪行为，同时构成渎职犯罪和其他犯罪的共犯的，依照数罪并罚的规定定罪处罚。(§4Ⅱ、Ⅲ)

△(**指使、授意、强令其他国家机关工作人员；以"集体研究"形式实施渎职犯罪**)国家机关负责人员违法决定，或者指使、授意、强令其他国家机关工作人员违法履行职务或者不履行职务，构成刑法分则第九章规定的渎职犯罪的，应当依法追究刑事责任。

以"集体研究"形式实施的渎职犯罪，应当依照刑法分则第九章的规定追究国家机关负有责任的人员的刑事责任。对于具体执行人员，应当在综合认定其行为性质、是否提出反对意见、危害结果大小等情节的基础上决定是否追究刑事责任和应当判处的刑罚。(§5)

△(**追诉期限之计算；危害结果**)以危害结果为条件的渎职犯罪的追诉期限，从危害结果发生之日起计算；有数个危害结果的，从最后一个危害结果发生之日起计算。(§6)

△(**依法或者受委托行使国家行政管理职权的公司、企业、事业单位**)依法或者受委托行使国

家行政管理职权的公司、企业、事业单位的工作人员，在行使行政管理职权时滥用职权或者玩忽职守，构成犯罪的，应当依照《全国人民代表大会常务委员会关于〈中华人民共和国刑法〉第九章渎职罪主体适用问题的解释》的规定，适用渎职罪的规定追究刑事责任。（§ 7）

△（**致使不符合安全标准的食品、有毒有害食品、假药、劣药等流入社会**）负有监督管理职责的国家机关工作人员滥用职权或者玩忽职守，致使不符合安全标准的食品、有毒有害食品、假药、劣药等流入社会，对人民群众生命、健康造成严重危害后果的，依照渎职罪的规定从严惩处。（§ 9）

《最高人民法院、最高人民检察院关于办理危害食品安全刑事案件适用法律若干问题的解释》（法释〔2021〕24号，自2022年1月1日起施行）

△（**危害食品安全；竞合；共谋**）负有食品安全监督管理职责的国家机关工作人员，滥用职权或者玩忽职守，构成食品监管渎职罪，同时构成徇私舞弊不移交刑事案件罪、商检徇私舞弊罪、动植物检疫徇私舞弊罪、放纵制售伪劣商品犯罪行为罪等其他渎职犯罪的，依照处罚较重的规定定罪处罚。

负有食品安全监督管理职责的国家机关工作人员滥用职权或者玩忽职守，不构成食品监管渎职罪，但构成前款规定的其他渎职犯罪的，依照该其他犯罪定罪处罚。

负有食品安全监督管理职责的国家机关工作人员与他人共谋，利用其职务行为帮助他人实施危害食品安全犯罪行为，同时构成渎职犯罪和危害食品安全犯罪共犯的，依照处罚较重的规定定罪从重处罚。（§ 20）

△（**禁止令；行政处罚**）对实施本解释规定之犯罪的犯罪分子，应当依照刑法规定的条件，严格适用缓刑、免予刑事处罚。对于依法适用缓刑的，可以根据犯罪情况，同时宣告禁止令。

对于被不起诉或者免予刑事处罚的行为人，需要给予行政处罚、政务处分或者其他处分的，依法移送有关主管机关处理。（§ 22）

《最高人民法院、最高人民检察院关于办理危害药品安全刑事案件适用法律若干问题的解释》（高检发释字〔2022〕1号，自2022年3月6日起施行）

△（**药品安全监督管理职责；药品监管渎职罪；商检徇私舞弊罪、商检失职罪等；共谋**）负有药品安全监督管理职责的国家机关工作人员，滥用职权或者玩忽职守，构成药品监管渎职罪，同时构成商检徇私舞弊罪、商检失职罪等其他渎职犯罪的，依照处罚较重的规定定罪处罚。

负有药品安全监督管理职责的国家机关工作人员滥用职权或者玩忽职守，不构成药品监管渎职罪，但构成前款规定的其他渎职犯罪的，依照该其他犯罪定罪处罚。

负有药品安全监督管理职责的国家机关工作人员与他人共谋，利用其职务便利帮助他人实施危害药品安全犯罪行为，同时构成渎职犯罪和危害药品安全犯罪共犯的，依照处罚较重的规定定罪从重处罚。（§ 14）

【附属刑法】

《中华人民共和国行政许可法》（2003年8月27日通过，2019年4月23日修正）

第七十七条

行政机关不依法履行监督职责或者监督不力，造成严重后果的，由其上级行政机关或者监察机关责令改正，对直接负责的主管人员和其他直接责任人员依法给予行政处分；构成犯罪的，依法追究刑事责任。

《中华人民共和国土壤污染防治法》（2018年8月31日通过）

第八十五条

Ⅰ地方各级人民政府、生态环境主管部门或者其他负有土壤污染防治监督管理职责的部门未依照本法规定履行职责的，对直接负责的主管人员和其他直接责任人员依法给予处分。

Ⅱ依照本法规定应当作出行政处罚决定而未作出的，上级主管部门可以直接作出行政处罚决定。

第九十八条

违反本法规定，构成违反治安管理行为的，由公安机关依法给予治安管理处罚；构成犯罪的，依法追究刑事责任。

《中华人民共和国药品管理法》（1984年9月20日通过，2019年8月26日第二次修订）

第一百四十七条

违反本法规定，药品监督管理部门有下列行为之一的，应当撤销相关许可，对直接负责的主管人员和其他直接责任人员依法给予处分：

（一）不符合条件而批准进行药物临床试验；

（二）对不符合条件的药品颁发药品注册证书；

（三）对不符合条件的单位颁发药品生产许可证、药品经营许可证或者医疗机构制剂许可证。

第一百四十八条

违反本法规定，县级以上地方人民政府有下

列行为之一的,对直接负责的主管人员和其他直接责任人员给予记过或者记大过处分;情节严重的,给予降级、撤职或者开除处分:

(一)瞒报、谎报、缓报、漏报药品安全事件;

(二)未及时消除区域性重大药品安全隐患,造成本行政区域内发生特别重大药品安全事件,或者连续发生重大药品安全事件;

(三)履行职责不力,造成严重不良影响或者重大损失。

第一百四十九条

违反本法规定,药品监督管理等部门有下列行为之一的,对直接负责的主管人员和其他直接责任人员给予记过或者记大过处分;情节较重的,给予降级或者撤职处分;情节严重的,给予开除处分:

(一)瞒报、谎报、缓报、漏报药品安全事件;

(二)对发现的药品安全违法行为未及时查处;

(三)未及时发现药品安全系统性风险,或者未及时消除监督管理区域内药品安全隐患,造成严重影响;

(四)其他不履行药品监督管理职责,造成严重不良影响或者重大损失。

第一百五十条

Ⅰ药品监督管理人员滥用职权、徇私舞弊、玩忽职守的,依法给予处分。

Ⅱ查处假药、劣药违法行为有失职、渎职行为的,对药品监督管理部门直接负责的主管人员和其他直接责任人员依法从重给予处分。

第一百一十四条

违反本法规定,构成犯罪的,依法追究刑事责任。

《中华人民共和国食品安全法》(2009年2月28日通过,2021年4月29日第二次修正)

第一百四十二条

违反本法规定,县级以上地方人民政府有下列行为之一的,对直接负责的主管人员和其他直接责任人员给予记大过处分;情节较重的,给予降级或者撤职处分;情节严重的,给予开除处分;造成严重后果的,其主要负责人还应当引咎辞职:

(一)对发生在本行政区域内的食品安全事故,未及时组织协调有关部门开展有效处置,造成不良影响或者损失;

(二)对本行政区域内涉及多环节的区域性食品安全问题,未及时组织整治,造成不良影响或者损失;

(三)隐瞒、谎报、缓报食品安全事故;

(四)本行政区域内发生特别重大食品安全事故,或者连续发生重大食品安全事故。

第一百四十三条

违反本法规定,县级以上地方人民政府有下列行为之一的,对直接负责的主管人员和其他直接责任人员给予警告、记过或者记大过处分;造成严重后果的,给予降级或者撤职处分:

(一)未确定有关部门的食品安全监督管理职责,未建立健全食品安全全程监督管理工作机制和信息共享机制,未落实食品安全监督管理责任制;

(二)未制定本行政区域的食品安全事故应急预案,或者发生食品安全事故后未按规定立即成立事故处置指挥机构、启动应急预案。

第一百四十四条

违反本法规定,县级以上人民政府食品安全监督管理、卫生行政、农业行政等部门有下列行为之一的,对直接负责的主管人员和其他直接责任人员给予记大过处分;情节较重的,给予降级或者撤职处分;情节严重的,给予开除处分;造成严重后果的,其主要负责人还应当引咎辞职:

(一)隐瞒、谎报、缓报食品安全事故;

(二)未按规定查处食品安全事故,或者接到食品安全事故报告未及时处理,造成事故扩大或者蔓延;

(三)经食品安全风险评估得出食品、食品添加剂、食品相关产品不安全结论后,未及时采取相应措施,造成食品安全事故或者不良社会影响;

(四)对不符合条件的申请人准予许可,或者超越法定职权准予许可;

(五)不履行食品安全监督管理职责,导致发生食品安全事故。

第一百四十五条

违反本法规定,县级以上人民政府食品安全监督管理、卫生行政、农业行政等部门有下列行为之一,造成不良后果的,对直接负责的主管人员和其他直接责任人员给予警告、记过或者记大过处分;情节较重的,给予降级或者撤职处分;情节严重的,给予开除处分:

(一)在获知有关食品安全信息后,未按规定向上级主管部门和本级人民政府报告,或者未按规定相互通报;

(二)未按规定公布食品安全信息;

(三)不履行法定职责,对查处食品安全违法行为不配合,或者滥用职权、玩忽职守、徇私舞弊。

第一百四十六条

食品安全监督管理等部门在履行食品安全监督管理职责过程中,违法实施检查、强制等执法措施，给生产经营者造成损失的，应当依法予以赔偿，对直接负责的主管人员和其他直接责任人员依法给予处分。

第一百四十九条

违反本法规定，构成犯罪的，依法追究刑事责任。

【指导性案例】

最高人民检察院指导性案例第 15 号：胡林贵等人生产、销售有毒、有害食品，行贿；骆梅等人销售伪劣产品；朱伟全等人生产、销售伪劣产品；黎达文等人受贿，食品监管渎职案(2014 年 2 月 20 日发布)

△(**食品监管渎职罪；受贿罪；数罪并罚**)负有食品安全监督管理职责的国家机关工作人员，滥用职权，向生产、销售有毒、有害食品的犯罪分子通风报信，帮助逃避处罚的，应当认定为食品监管渎职罪；在渎职过程中受贿的，应当以食品监管渎职罪和受贿罪实行数罪并罚。

最高人民检察院指导性案例第 16 号：赛跃、韩成武受贿、食品监管渎职案(2014 年 2 月 20 日发布)

△(**食品监管渎职罪；受贿罪；数罪并罚**)负有食品安全监督管理职责的国家机关工作人员，滥用职权或玩忽职守，导致发生重大食品安全事故或者造成其他严重后果的，应当认定为食品监管渎职罪。在渎职过程中受贿的，应当以食品监管渎职罪和受贿罪实行数罪并罚。

第四百零九条　【传染病防治失职罪】

从事传染病防治的政府卫生行政部门的工作人员严重不负责任，导致传染病传播或者流行，情节严重的，处三年以下有期徒刑或者拘役。

【立法理由】

传染病防治是关系人民群众生命健康和经济社会稳定发展的大事。新中国成立以来，党和国家高度重视传染病防治工作，取得了历史性成就，一些在历史上广泛流行，造成大量人员死亡的传染病被有效控制甚至消灭。改革开放后，国家重视传染病防治方面的法制建设。为了预防、控制和消除传染病的发生、传播和流行，保障人体健康，1989 年 2 月 21 日第七届全国人大常委会第六次会议通过了《传染病防治法》，规定了传染病防治的基本法律制度。1989 年《传染病防治法》对各级人民政府及卫生行政部门在传染病防治工作中的职责作了规定，该法第四条规定："各级政府领导传染病防治工作，制定传染病防治规划，并组织实施。"第五条第一款规定："各级政府卫生行政部门对传染病防治工作实施统一监督管理。"根据传染病防治法等法律法规的规定，卫生行政部门在制定传染病防治法规制度，对传染病的预防、治疗、监测、控制和疫情管理措施进行监督、检查，对违反传染病防治法律法规的行为给予行政处罚等方面承担着广泛的职责。卫生行政部门的工作人员应当依法履行传染病防治职责，保护人民群众的身体健康。

传染病防治法律制度能否得到切实的贯彻执行，很大程度上取决于卫生行政部门的工作人员是否恪尽职守、严格执法。卫生行政部门的工作人员不履行或者不正确履行法定的传染病防治职责，以至于发生传染病传播或者流行的后果的，**对人民群众身体健康和经济社会发展造成严重危害，具有社会危害性，应当依法追究刑事责任**。根据 1989 年《传染病防治法》第三十九条的规定，从事传染病的医疗保健、卫生防疫、监督管理的人员和政府有关主管人员玩忽职守，造成传染病传播或者流行，构成犯罪的，依照《刑法》第一百八十七条的规定追究刑事责任，即依照 1979 年刑法关于国家工作人员玩忽职守罪的规定追究刑事责任。**1997 年修订刑法**时，根据传染病疫情的危害性较大，涉及范围广的实际情况和惩治这类犯罪的实际需要，在渎职罪一章中对政府卫生主管部门工作人员严重不负责任，导致传染病传播或者流行的犯罪作了规定。

【条文说明】

本条是关于传染病防治失职罪及其处罚的规定。

根据本条规定，构成本罪的主体为**从事传染病防治的政府卫生行政部门的工作人员**，即在各级政府卫生行政部门中对传染病的防治工作负有统一监督管理职责的人员。根据 2018 年 3 月十三届全国人大一次会议批准的国务院机构改革方案，将国家卫生和计划生育委员会、国务院深化医药卫生体制改革领导小组办公室、全国老龄工作委员会办公室的职责，工业和信息化部的牵头《烟草控制框架公约》履约工作职责，国家安全生产监督管理总局的职业安全健康监督管理职责整合，组建国家卫生健康委员会,作为国务院组成部门。目前国务院和地方各级人民政府的卫生行政部门是各级卫生健康部门。根据2004年和2013年两次修改后的传染病防治法的规定,各级政府卫生行政部门对传染病防治工作行使下列监督管理职权:对下级人民政府卫生行政部门履行本法规定的传染病防治职责进行监督检查;对疾病预防控制机构、医疗机构的传染病防治工作进行监督检查;对采供血机构的采供血活动进行监督检查;对用于传染病防治的消毒产品及其生产单位进行监督检查,并对饮用水供水单位从事生产或者供应活动以及涉及饮用水卫生安全的产品进行监督检查;对传染病菌种、毒种和传染病检测样本的采集、保藏、携带、运输、使用进行监督检查;对公共场所和有关单位的卫生条件和传染病预防、控制措施进行监督检查。省级以上人民政府卫生行政部门负责组织对传染病防治重大事项的处理。

根据本条规定,从事传染病防治的政府卫生行政部门的工作人员如果不履行或者不认真履行应尽职责,导致传染病传播或者流行,情节严重的即构成本罪。**"传染病传播或者流行"**,是指在一定范围内出现传染病防治法中规定的甲类、乙类或丙类传染病疫情的发生,其中,甲类、乙类、丙类传染病是指《传染病防治法》第三条规定的传染病种类。此外,构成本罪还必须具备"情节严重"这一要件。所谓**"情节严重"**,是指卫生行政部门的工作人员严重不负责,不履行或不认真履行职责,情节恶劣,以及对出现的疫情进行隐瞒、压制、虚报或者对出现的疫情不及时通报、公布和处理,以致造成严重后果的情形。根据《最高人民法院、最高人民检察院关于办理妨害预防、控制突发传染病疫情等灾害的刑事案件具体应用法律若干问题的解释》第十六条的规定,在国家对突发传染病疫情等灾害采取预防、控制措施后,具有下列情形之一的,属于本条规定的**"情节严重"**:对发生突发传染病疫情等灾害的地区或者突发传染病病人、病原携带者、疑似突发传染病病人,未按照预防、控制突发传染病疫情等灾害工作规范的要求做好防疫、检疫、隔离、防护、救治等工作,或者采取的预防、控制措施不当,造成传染范围扩大或者疫情、灾情加重的;隐瞒、缓报、谎报或者授意、指使、强令他人隐瞒、缓报、谎报疫情、灾情,造成传染范围扩大或者疫情、灾情加重的;拒不执行突发传染病疫情等灾害应急处理指挥机构的决定、命令,造成传染范围扩大或者疫情、灾情加重的;具有其他严重情节的。

2020年2月,为了保障新型冠状病毒肺炎疫情防控工作顺利开展,最高人民法院、最高人民检察院、公安部、司法部联合发布了《关于依法惩治妨害新型冠状病毒感染肺炎疫情防控违法犯罪的意见》。根据该意见第二部分第七条中的规定,卫生行政部门的工作人员严重不负责任,不履行或者不认真履行防治监管职责,导致新型冠状病毒感染肺炎传播或者流行,情节严重的,依照本条的规定,以**传染病防治失职罪**定罪处罚。

根据本条规定,构成本罪的,对行为人处三年以下有期徒刑或者拘役。

【司法解释】

《最高人民法院、最高人民检察院关于办理妨害预防、控制突发传染病疫情等灾害的刑事案件具体应用法律若干问题的解释》(法释〔2003〕8号,自2003年5月15日起施行)

△(**预防、控制突发传染病疫情等灾害;传染病防治失职罪;"情节严重"**)在预防、控制突发传染病疫情等灾害期间,从事传染病防治的政府卫生行政部门的工作人员,或者在受政府卫生行政部门委托代表政府卫生行政部门行使职权的组织中从事公务的人员,或者虽未列入政府卫生行政部门人员编制但在政府卫生行政部门从事公务的人员,在代表政府卫生行政部门行使职权时,严重不负责任,导致传染病传播或者流行,情节严重的,依照刑法第四百零九条的规定,以传染病防治失职罪定罪处罚。

在国家对突发传染病疫情等灾害采取预防、控制措施后,具有下列情形之一的,属于刑法第四百零九条规定的"情节严重":

(一)对发生突发传染病疫情等灾害的地区或者突发传染病病人、病原携带者、疑似突发传染病病人,未按照预防、控制突发传染病疫情等灾害工作规范的要求做好防疫、检疫、隔离、防护、救治等工作,或者采取的预防、控制措施不当,造成传染范围扩大或者疫情、灾情加重的;

(二)隐瞒、缓报、谎报或者授意、指使、强令他人隐瞒、缓报、谎报疫情、灾情,造成传染范围扩大或者疫情、灾情加重的;

(三)拒不执行突发传染病疫情等灾害应急处理指挥机构的决定、命令,造成传染范围扩大或者疫情、灾情加重的;

(四)具有其他严重情节的。(§ 16)

△(**自首、立功等悔罪表现**)人民法院、人民检察院办理有关妨害预防、控制突发传染病疫情等灾害的刑事案件,对于有自首、立功等悔罪表现的,依法从轻、减轻、免除处罚或者依法作出不起诉决定。(§ 17)

△(**突发传染病疫情等灾害**)本解释所称"突

发传染病疫情等灾害”,是指突然发生,造成或者可能造成社会公众健康严重损害的重大传染病疫情、群体性不明原因疾病以及其他严重影响公众健康的灾害。(§ 18)

《最高人民检察院关于渎职侵权犯罪案件立案标准的规定》(高检发释字〔2006〕2 号,自 2006 年 7 月 26 日起施行)

△(**传染病防治失职罪;立案标准**)传染病防治失职罪是指从事传染病防治的政府卫生行政部门的工作人员严重不负责任,不履行或者不认真履行传染病防治监管职责,导致传染病传播或者流行,情节严重的行为。

涉嫌下列情形之一的,应予立案:

1. 导致甲类传染病传播的;
2. 导致乙类、丙类传染病流行的;
3. 因传染病传播或者流行,造成人员重伤或者死亡的;
4. 因传染病传播或者流行,严重影响正常的生产、生活秩序的;
5. 在国家对突发传染病疫情等灾害采取预防、控制措施后,对发生突发传染病疫情等灾害的地区或者突发传染病病人、病原携带者、疑似突发传染病病人,未按照预防、控制突发传染病疫情等灾害工作规范的要求做好防疫、检疫、隔离、防护、救治等工作,或者采取的预防、控制措施不当,造成传染范围扩大或者疫情、灾情加重的;
6. 在国家对突发传染病疫情等灾害采取预防、控制措施后,隐瞒、缓报、谎报或者授意、指使、强令他人隐瞒、缓报、谎报疫情、灾情,造成传染范围扩大或者疫情、灾情加重的;
7. 在国家对突发传染病疫情等灾害采取预防、控制措施后,拒不执行突发传染病疫情等灾害应急处理指挥机构的决定、命令,造成传染范围扩大或者疫情、灾情加重的;
8. 其他情节严重的情形。

《最高人民法院、最高人民检察院关于办理渎职刑事案件适用法律若干问题的解释(一)》(法释〔2012〕18 号,自 2013 年 1 月 9 日起施行)

△(**法条竞合**)国家机关工作人员实施滥用职权或者玩忽职守犯罪行为,触犯刑法分则第九章第三百九十八条至第四百一十九条规定的,依照该规定定罪处罚。

国家机关工作人员滥用职权或者玩忽职守,因不具备徇私舞弊等情形,不符合刑法分则第九章第三百九十八条至第四百一十九条的规定,但依法构成第三百九十七条规定的犯罪的,以滥用职权罪或者玩忽职守罪定罪处罚。(§ 2)

△(**受贿罪;数罪并罚**)国家机关工作人员实施渎职犯罪并收受贿赂,同时构成受贿罪的,除刑法另有规定外,以渎职犯罪和受贿罪数罪并罚。(§ 3)

△(**与他人共谋;想象竞合犯;数罪并罚**)国家机关工作人员与他人共谋,利用其职务行为帮助他人实施其他犯罪行为,同时构成渎职犯罪和共谋实施的其他犯罪共犯的,依照处罚较重的规定定罪处罚。

国家机关工作人员与他人共谋,既利用其职务行为帮助他人实施其他犯罪,又以非职务行为与他人共同实施该其他犯罪行为,同时构成渎职犯罪和其他犯罪的共犯的,依照数罪并罚的规定定罪处罚。(§ 4Ⅱ、Ⅲ)

△(**指使、授意、强令其他国家机关工作人员;以“集体研究”形式实施渎职犯罪**)国家机关负责人员违法决定,或者指使、授意、强令其他国家机关工作人员违法履行职务或者不履行职务,构成刑法分则第九章规定的渎职犯罪的,应当依法追究刑事责任。

以“集体研究”形式实施的渎职犯罪,应当依照刑法分则第九章的规定追究国家机关负有责任的人员的刑事责任。对于具体执行人员,应当在综合认定其行为性质、是否提出反对意见、危害结果大小等情节的基础上决定是否追究刑事责任和应当判处的刑罚。(§ 5)

△(**追诉期限之计算;危害结果**)以危害结果为条件的渎职犯罪的追诉期限,从危害结果发生之日起计算;有数个危害结果的,从最后一个危害结果发生之日起计算。(§ 6)

△(**依法或者受委托行使国家行政管理职权的公司、企业、事业单位**)依法或者受委托行使国家行政管理职权的公司、企业、事业单位的工作人员,在行使行政管理职权时滥用职权或者玩忽职守,构成犯罪的,应当依照《全国人民代表大会常务委员会关于〈中华人民共和国刑法〉第九章渎职罪主体适用问题的解释》的规定,适用渎职罪的规定追究刑事责任。(§ 7)

【司法解释性文件】

《最高人民检察院关于印发〈人民检察院直接受理立案侦查的渎职侵权重特大案件标准(试行)〉的通知》(高检发〔2001〕13 号,2001 年 8 月 24 日公布)

△(**传染病防治失职罪;重特大案件**)

(一)重大案件

1. 导致乙类、丙类传染病流行的;
2. 致人死亡二人以上或者残疾五人以上的。

(二)特大案件

1. 导致甲类传染病传播的;

2. 致人死亡五人以上或者残疾十人以上的。(§ 18)

《最高人民法院、最高人民检察院、公安部、司法部关于依法惩治妨害新型冠状病毒感染肺炎疫情防控违法犯罪的意见》(法发〔2020〕7号,2020年2月6日发布)

△(**肺炎疫情防控;滥用职权罪或者玩忽职守罪;传染病防治失职罪;传染病毒种扩散罪;贪污罪;职务侵占罪;挪用公款罪;挪用资金罪;挪用特定款物罪**)依法严惩疫情防控失职渎职、贪污挪用犯罪。在疫情防控工作中,负有组织、协调、指挥、灾害调查、控制、医疗救治、信息传递、交通运输、物资保障等职责的国家机关工作人员,滥用职权或者玩忽职守,致使公共财产、国家和人民利益遭受重大损失的,依照刑法第三百九十七条的规定,以滥用职权罪或者玩忽职守罪定罪处罚。

卫生行政部门的工作人员严重不负责任,不履行或者不认真履行防治监管职责,导致新型冠状病毒感染肺炎传播或者流行,情节严重的,依照刑法第四百零九条的规定,以传染病防治失职罪定罪处罚。

从事实验、保藏、携带、运输传染病菌种、毒种的人员,违反国务院卫生行政部门的有关规定,造成新型冠状病毒毒种扩散,后果严重的,依照刑法第三百三十一条的规定,以传染病毒种扩散罪定罪处罚。

国家工作人员,受委托管理国有财产的人员,公司、企业或者其他单位的人员,利用职务便利,侵吞、截留或者以其他手段非法占有用于防控新型冠状病毒感染肺炎的款物,或者挪用上述款物归个人使用,符合刑法第三百八十二条、第三百八十三条、第二百七十一条、第三百八十四条、第二百七十二条规定的,以贪污罪、职务侵占罪、挪用公款罪、挪用资金罪定罪处罚。挪用用于防控新型冠状病毒感染肺炎的救灾、优抚、救济等款物,符合刑法第二百七十三条规定的,对直接责任人员,以挪用特定款物罪定罪处罚。(§ 2Ⅶ)

△(**治安管理处罚;从重情节**)依法严惩妨害疫情防控的违法行为。实施上述(一)至(九)规定的行为,不构成犯罪的,由公安机关根据治安管理处罚法有关虚构事实扰乱公共秩序,扰乱单位秩序、公共场所秩序、寻衅滋事,拒不执行紧急状态下的决定、命令,阻碍执行职务,冲闯警戒带、警戒区,殴打他人,故意伤害,侮辱他人,诈骗,在铁路沿线非法挖掘坑穴、采石取沙,盗窃、损毁路面公共设施,损毁铁路设施设备,故意损毁财物、哄抢公私财物等规定,予以治安管理处罚,或者由有关部门予以其他行政处罚。

对于在疫情防控期间实施有关违法犯罪的,要作为从重情节予以考量,依法体现从严的政策要求,有力惩治震慑违法犯罪,维护法律权威,维护社会秩序,维护人民群众生命安全和身体健康。(§ 2Ⅹ)

【附属刑法】

《中华人民共和国传染病防治法》(1989年2月21日通过,2013年6月29日修正)

第六十五条

地方各级人民政府未依照本法的规定履行报告职责,或者隐瞒、谎报、缓报传染病[①]疫情,或者在传染病暴发、流行时,未及时组织救治、采取控制措施的,由上级人民政府责令改正,通报批评;造成传染病传播、流行或者其他严重后果的,对负有责任的主管人员,依法给予行政处分;构成犯罪的,依法追究刑事责任。

第六十六条

县级以上人民政府卫生行政部门违反本法规定,有下列情形之一的,由本级人民政府、上级人民政府卫生行政部门责令改正,通报批评;造成传染病传播、流行或者其他严重后果的,对负有责任

---

① 《中华人民共和国传染病防治法》(1989年2月21日通过,2013年6月29日修正)

第三条

Ⅰ本法规定的传染病分为甲类、乙类和丙类。

Ⅱ甲类传染病是指:鼠疫、霍乱。

Ⅲ乙类传染病是指:传染性非典型肺炎、艾滋病、病毒性肝炎、脊髓灰质炎、人感染高致病性禽流感、麻疹、流行性出血热、狂犬病、流行性乙型脑炎、登革热、炭疽、细菌性和阿米巴性痢疾、肺结核、伤寒和副伤寒、流行性脑脊髓膜炎、百日咳、白喉、新生儿破伤风、猩红热、布鲁氏菌病、淋病、梅毒、钩端螺旋体病、血吸虫病、疟疾。

Ⅳ丙类传染病是指:流行性感冒、流行性腮腺炎、风疹、急性出血性结膜炎、麻风病、流行性和地方性斑疹伤寒、黑热病、包虫病、丝虫病,除霍乱、细菌性和阿米巴性痢疾、伤寒和副伤寒以外的感染性腹泻病。

Ⅴ国务院卫生行政部门根据传染病暴发、流行情况和危害程度,可以决定增加、减少或者调整乙类、丙类传染病病种并予以公布。

的主管人员和其他直接责任人员，依法给予行政处分；构成犯罪的，依法追究刑事责任：

（一）未依法履行传染病疫情通报、报告或者公布职责，或者隐瞒、谎报、缓报传染病疫情的；

（二）发生或者可能发生传染病传播时未及时采取预防、控制措施的；

（三）未依法履行监督检查职责，或者发现违法行为不及时查处的；

（四）未及时调查、处理单位和个人对下级卫生行政部门不履行传染病防治职责的举报的；

（五）违反本法的其他失职、渎职行为。

第六十七条

县级以上人民政府有关部门未依照本法的规定履行传染病防治和保障职责的，由本级人民政府或者上级人民政府有关部门责令改正，通报批评；造成传染病传播、流行或者其他严重后果的，对负有责任的主管人员和其他直接责任人员，依法给予行政处分；构成犯罪的，依法追究刑事责任。

第六十八条

疾病预防控制机构违反本法规定，有下列情形之一的，由县级以上人民政府卫生行政部门责令限期改正，通报批评，给予警告；对负有责任的主管人员和其他直接责任人员，依法给予降级、撤职、开除的处分，并可以依法吊销有关责任人员的执业证书；构成犯罪的，依法追究刑事责任：

（一）未依法履行传染病监测职责的；

（二）未依法履行传染病疫情报告、通报职责，或者隐瞒、谎报、缓报传染病疫情的；

（三）未主动收集传染病疫情信息，或者对传染病疫情信息和疫情报告未及时进行分析、调查、核实的；

（四）发现传染病疫情时，未依据职责及时采取本法规定的措施的；

……

第七十一条

国境卫生检疫机关、动物防疫机构未依法履行传染病疫情通报职责的，由有关部门在各自职责范围内责令改正，通报批评；造成传染病传播、流行或者其他严重后果的，对负有责任的主管人员和其他直接责任人员，依法给予降级、撤职、开除的处分；构成犯罪的，依法追究刑事责任。

第七十四条

违反本法规定，有下列情形之一的，由县级以上地方人民政府卫生行政部门责令改正，通报批评，给予警告，已取得许可证的，可以依法暂扣或者吊销许可证；造成传染病传播、流行以及其他严重后果的，对负有责任的主管人员和其他直接责任人员，依法给予降级、撤职、开除的处分，并可以依法吊销有关责任人员的执业证书；构成犯罪的，依法追究刑事责任：

……

（三）疾病预防控制机构、医疗机构未执行国家有关规定，导致因输入血液、使用血液制品引起经血液传播疾病发生的。

《中华人民共和国国境卫生检疫法》（1986年12月2日通过，2018年4月27日第三次修正）

第二十三条

国境卫生检疫机关工作人员，应当秉公执法，忠于职守，对入境、出境的交通工具和人员，及时进行检疫；违法失职的，给予行政处分，情节严重构成犯罪的，依法追究刑事责任。

第四百一十条　【非法批准征收、征用、占用土地罪】【非法低价出让国有土地使用权罪】

国家机关工作人员徇私舞弊，违反土地管理法规，滥用职权，非法批准征收、征用、占用土地，或者非法低价出让国有土地使用权，情节严重的，处三年以下有期徒刑或者拘役；致使国家或者集体利益遭受特别重大损失的，处三年以上七年以下有期徒刑。

【立法沿革】

《中华人民共和国刑法》（1997年修订，自1997年10月1日起施行）

第四百一十条

国家机关工作人员徇私舞弊，违反土地管理法规，滥用职权，非法批准征用、占用土地，或者非法低价出让国有土地使用权，情节严重的，处三年以下有期徒刑或者拘役；致使国家或者集体利益遭受特别重大损失的，处三年以上七年以下有期徒刑。

《全国人民代表大会常务委员会关于修改部分法律的决定》（自2009年8月27日起施行）

二、对下列法律和法律解释中关于“征用”的规定作出修改

（一）将下列法律和法律解释中的“征用”修改为“征收、征用”

6.《中华人民共和国森林法》第十八条

7.《中华人民共和国军事设施保护法》第十二条

8.《中华人民共和国国防法》第四十八条

9.《中华人民共和国归侨侨眷权益保护法》第十三条

10.《中华人民共和国农村土地承包法》第十六条、第五十九条

11.《中华人民共和国草原法》第三十八条、第三十九条、第六十三条

12.《中华人民共和国刑法》第三百八十一条、第四百一十条

13. 全国人民代表大会常务委员会关于《中华人民共和国刑法》第九十三条第二款的解释

14. 全国人民代表大会常务委员会关于《中华人民共和国刑法》第二百二十八条、第三百四十二条、第四百一十条的解释

【立法解释】

《全国人民代表大会常务委员会关于〈中华人民共和国刑法〉第二百二十八条、第三百四十二条、第四百一十条的解释》[2001年8月31日通过,解释已经被《全国人民代表大会常务委员会关于修改部分法律的决定》(2009年8月27日通过)修改]

△(**违反土地管理法规;非法批准征收、征用、占用土地**)刑法第二百二十八条、第三百四十二条、第四百一十条规定的“违反土地管理法规”,是指违反土地管理法、森林法、草原法等法律以及有关行政法规中关于土地管理的规定。

刑法第四百一十条规定的“非法批准征收、征用、占用土地”,是指非法批准征收、征用、占用耕地、林地等农用地以及其他土地。

【立法理由】

1. **1997年修订刑法的情况**。土地是人类赖以生存和发展的重要物质基础。我国人口众多,人均耕地面积少,土地资源相对缺少。改革开放以来,随着经济发展和城乡建设的加快,我国耕地面积连年下降,人多地少的矛盾日益突出,已经成为制约国民经济发展的重要因素。因此必须十分重视土地资源特别是耕地、林地等农用地的合理利用和保护。1986年6月25日第六届全国人大常委会第十六次会议通过了《土地管理法》,1988年12月29日第七届全国人大常委会第五次会议对该法作了修正,对征用、占用土地,出让国有土地使用权的有关制度规范作了规定。

1997年修订刑法以前,一些地方政府和部门从局部的经济利益出发,有法不依,乱批滥用土地,造成土地资源浪费的情况比较突出。其中有的是因为急于发展地方经济,不能正确处理发展经济与保护土地资源的关系,但也有很多是出于徇私情、谋私利的原因,与开发商,甚至倒卖土地使用权的违法犯罪分子相互勾结。有的行为人在国有土地使用权出让活动中,故意低价出让国有土地,致使大量国有资产流失,严重损害国家利益。对这些行为,应当依法追究刑事责任。

1988年修正的《土地管理法》第四十八条规定:“无权批准征用、使用土地的单位或者个人非法批准占用土地的,超越批准权限非法批准占用土地的,批准文件无效,对非法批准占用土地的单位主管人员或者个人由其所在单位或者上级机关给予行政处分;收受贿赂的,依照《刑法》有关规定追究刑事责任。非法批准占用的土地按照非法占用土地处理。”1997年修订刑法时,为依法惩治国家机关工作人员在征用土地、出让国有土地使用权工作中的渎职犯罪,保护土地资源,在渎职罪一章增加了非法批准征收、征用、占用土地罪、非法低价出让国有土地使用权罪的规定。

2. **2001年全国人大常委会对本条作了法律解释**。2001年8月31日第九届全国人大常委会第二十三次会议通过了《全国人民代表大会常务委员会关于〈中华人民共和国刑法〉第二百二十八条、第三百四十二条、第四百一十条的解释》,对本条中“违反土地管理法规”和“非法批准征用、占用土地”的含义作了解释,针对实践中突出的非法占用林地的情况,明确本条规定的土地包括林地、草地等土地。

3. **2009年《全国人民代表大会常务委员会关于修改部分法律的决定》对本条作了修改**。2004年3月14日第十届全国人大第二次会议通过了《宪法修正案》,对1982年《宪法》进行了第四次修改。这次修改宪法,对有关征用的规定作了两处调整:一是将《宪法》第十条第三款有关“征用”的规定修改为“国家为了公共利益的需要,可以依照法律规定对土地实行征收或者征用并给予补偿”。二是在《宪法》第十三条关于私有财产保护的规定中增加规定,国家为了公共利益的需要,可以依照法律规定对公民的私有财产实行征收或者征用并给予补偿。上述两处修改都区分了“征收”和“征用”两种不同情形,主要是考虑征收是将非国有的财产所有权收归国有,是所有权的改变;征用是由国家临时使用非国有财产,只是财产使用权的改变。

2009年,全国人大常委会进行了一次规模较大的法律清理,对当时有效的法律中存在的明显

不适应、不协调的突出问题,根据不同情况,区分轻重缓急,分类进行处理,使中国特色社会主义法律体系更加科学、统一、和谐,更好地适应社会主义经济建设、政治建设、文化建设、社会建设和生态文明建设的客观需要。2009 年 8 月 27 日第十一届全国人大常委会第十次会议通过了《全国人民代表大会常务委员会关于修改部分法律的决定》,对在此之前制定的十六件法律和法律解释中有关"征用"的规定根据宪法修正案的规定作出相应修改,以与宪法规定相一致。考虑到 1997 年《刑法》第四百一十条和 2001 年《全国人民代表大会常务委员会关于〈中华人民共和国刑法〉第二百二十八条、第三百四十二条、第四百一十条的解释》规定中的"征用",包含了"征收"和"征用"两种情形,该决定将刑法这一条和该法律解释中的"征用"修改为"征收、征用"。

【条文说明】

本条是关于非法批准征收、征用、占用土地罪和非法低价出让国有土地使用权罪及其处罚的规定。

根据本条规定,构成本条规定的犯罪,必须是国家机关工作人员为徇私情,实施了违反土地管理法规,滥用职权,非法批准征收、征用、占用土地,或者非法低价出让国有土地使用权,且情节严重的行为。根据《全国人民代表大会常务委员会关于〈中华人民共和国刑法〉第二百二十八条、第三百四十二条、第四百一十条的解释》的规定,本条规定的"**违反土地管理法规**"是指"违反土地管理法、森林法、草原法等法律以及有关行政法规中关于土地管理的规定"。"**非法批准征收、征用、占用土地**",是指"非法批准征收、征用、占用耕地、林地等农用地以及其他土地"。"**征收、征用土地**",是指国家为进行经济、文化、国防建设以及兴办社会公共事业的需要,而征收集体所有的土地。

《土地管理法》规定,国有土地的使用权可以依法转让,应当依照国务院的有关规定进行。根据本条规定,如果非法低价出让国有土地使用权,情节严重的,即构成犯罪。"非法低价出让国有土地使用权",是指将属于国有的土地使用权以低于其本身的价值非法转让给他人使用的行为。

构成本条规定的犯罪必须是"情节严重"的行为,不构成本罪的行为,可以依法给予处分。根据 2000 年 6 月 19 日发布的《最高人民法院关于审理破坏土地资源刑事案件具体应用法律若干问题的解释》的规定,**非法批准征用、占用土地,情节严重**,是指非法批准征用、占用基本农用地十亩以上的;非法批准征用、占用基本农田以外的耕地三十亩以上的;非法批准征用、占用其他土地五十亩以上的;虽未达到上述数量标准,但非法批准征用、占用土地造成直接损失三十万元以上的;造成耕地大量毁坏等恶劣情节的。非法出让国有土地使用权,情节严重,是指出让国有土地使用权面积在三十亩以上,并且出让价额低于国家规定的最低价额标准的百分之六十的;造成国有土地资产流失价额在三十万元以上的。2005 年 12 月 26 日发布的《最高人民法院关于审理破坏林地资源刑事案件具体应用法律若干问题的解释》对非法批准征用、占用林地,非法低价出让国有林地使用权犯罪定罪量刑的具体标准作了规定。2012 年 11 月 2 日发布的《最高人民法院关于审理破坏草原资源刑事案件应用法律若干问题的解释》对国家机关工作人员徇私舞弊,违反草原法等土地管理法规,非法批准征收、征用、占用草原犯罪的具体定罪量刑标准作了规定。

根据本条规定,对构成本罪的行为人,处三年以下有期徒刑或者拘役;致使国家或者集体利益遭受特别重大损失的,处三年以上七年以下有期徒刑。"**致使国家或者集体利益遭受特别重大损失**"的具体标准,有关司法解释作了规定。

实践中执行本条规定应当注意,国家机关工作人员收受贿赂,又实施本条规定的犯罪如何处理。国家机关工作人员受人请托,收受贿赂后实施非法批准征收、征用、占用土地或者非法低价出让国有土地使用权罪行为的,根据《最高人民法院、最高人民检察院关于办理贪污贿赂刑事案件适用法律若干问题的解释》第十七条的规定,**应当以受贿罪和本条规定的犯罪数罪并罚**。

【司法解释】

《最高人民法院关于审理破坏土地资源刑事案件具体应用法律若干问题的解释》(法释〔2000〕14 号,自 2000 年 6 月 22 日起施行)

△(**情节严重;非法批准征用、占用土地罪**)国家机关工作人员徇私舞弊,违反土地管理法规,滥用职权,非法批准征用、占用土地,具有下列情形之一的,属于非法批准征用、占用土地"情节严重",依照刑法第四百一十条的规定,以非法批准征用、占用土地罪定罪处罚:

(一)非法批准征用、占用基本农田十亩以上的;

(二)非法批准征用、占用基本农田以外的耕地三十亩以上的;

(三)非法批准征用、占用其他土地五十亩以上的;

(四)虽未达到上述数量标准,但非法批准征用、占用土地造成直接经济损失三十万元以上;造成耕地大量毁坏等恶劣情节的。(§4)

△(**致使国家或者集体利益遭受特别重大损失;非法批准征用、占用土地罪**)实施第四条规定的行为,具有下列情形之一的,属于非法批准征用、占用土地"致使国家或者集体利益遭受特别重大损失":

(一)非法批准征用、占用基本农田二十亩以上的;

(二)非法批准征用、占用基本农田以外的耕地六十亩以上的;

(三)非法批准征用、占用其他土地一百亩以上的;

(四)非法批准征用、占用土地,造成基本农田五亩以上,其他耕地十亩以上严重毁坏的;

(五)非法批准征用、占用土地造成直接经济损失五十万元以上等恶劣情节的。(§5)

△(**情节严重;非法低价出让国有土地使用权罪**)国家机关工作人员徇私舞弊,违反土地管理法规,非法低价出让国有土地使用权,具有下列情形之一的,属于"情节严重",依照刑法第四百一十条的规定,以非法低价出让国有土地使用权罪定罪处罚:

(一)出让国有土地使用权面积在三十亩以上,并且出让价额低于国家规定的最低价额标准的百分之六十的;

(二)造成国有土地资产流失价额在三十万元以上的。(§6)

△(**致使国家和集体利益遭受特别重大损失;非法低价出让国有土地使用权罪**)实施第六条规定的行为,具有下列情形之一的,属于非法低价出让国有土地使用权,"致使国家和集体利益遭受特别重大损失":

(一)非法低价出让国有土地使用权面积在六十亩以上,并且出让价额低于国家规定的最低价额标准的百分之四十的;

(二)造成国有土地资产流失价额在五十万元以上的。(§7)

△(**累计计算数量、数额**)多次实施本解释规定的行为依法应当追诉的,或者一年内多次实施本解释规定的行为未经处理的,按照累计的数量、数额处罚。(§9)

《最高人民法院关于审理破坏林地资源刑事案件具体应用法律若干问题的解释》(法释〔2005〕15号,自2005年12月30日起施行)

△(**情节严重;非法批准征用、占用土地罪**)国家机关工作人员徇私舞弊,违反土地管理法规,滥用职权,非法批准征用、占用林地,具有下列情形之一的,属于刑法第四百一十条规定的"情节严重",应当以非法批准征用、占用土地罪判处三年以下有期徒刑或者拘役:

(一)非法批准征用、占用防护林地、特种用途林地数量分别或者合计达到十亩以上;

(二)非法批准征用、占用其他林地数量达到二十亩以上;

(三)非法批准征用、占用林地造成直接经济损失数额达到三十万元以上,或者造成本条第(一)项规定的林地数量分别或者合计达到五亩以上或者本条第(二)项规定的林地数量达到十亩以上毁坏。(§2)

△(**致使国家或者集体利益遭受特别重大损失;非法批准征用、占用土地罪**)实施本解释第二条规定的行为,具有下列情形之一的,属于刑法第四百一十条规定的"致使国家或者集体利益遭受特别重大损失",应当以非法批准征用、占用土地罪判处三年以上七年以下有期徒刑:

(一)非法批准征用、占用防护林地、特种用途林地数量分别或者合计达到二十亩以上;

(二)非法批准征用、占用其他林地数量达到四十亩以上;

(三)非法批准征用、占用林地造成直接经济损失数额达到六十万元以上,或者造成本条第(一)项规定的林地数量分别或者合计达到十亩以上或者本条第(二)项规定的林地数量达到二十亩以上毁坏。(§3)

△(**情节严重;非法低价出让国有土地使用权罪**)国家机关工作人员徇私舞弊,违反土地管理法规,非法低价出让国有林地使用权,具有下列情形之一的,属于刑法第四百一十条规定的"情节严重",应当以非法低价出让国有土地使用权罪判处三年以下有期徒刑或者拘役:

(一)林地数量合计达到三十亩以上,并且出让价额低于国家规定的最低价额标准的百分之六十;

(二)造成国有资产流失价额达到三十万元以上。(§4)

△(**致使国家和集体利益遭受特别重大损失;非法低价出让国有土地使用权罪**)实施本解释第四条规定的行为,造成国有资产流失价额达到六十万元以上的,属于刑法第四百一十条规定的"致使国家和集体利益遭受特别重大损失",应当以非法低价出让国有土地使用权罪判处三年以上七年以下有期徒刑。(§5)

△(**累计计算数量、数额**)多次实施本解释规

定的行为依法应当追诉且未经处理的，应当按照累计的数量、数额处罚。（§ 7）

《最高人民检察院关于渎职侵权犯罪案件立案标准的规定》（高检发释字〔2006〕2号，自2006年7月26日起施行）

△（**非法批准征用、占用土地罪；立案标准**）非法批准征用、占用土地罪是指国家机关工作人员徇私舞弊，违反土地管理法、森林法、草原法等法律以及有关行政法规中关于土地管理的规定，滥用职权，非法批准征用、占用耕地、林地等农用地以及其他土地，情节严重的行为。

涉嫌下列情形之一的，应予立案：

1. 非法批准征用、占用基本农田10亩以上的；

2. 非法批准征用、占用基本农田以外的耕地30亩以上的；

3. 非法批准征用、占用其他土地50亩以上的；

4. 虽未达到上述数量标准，但造成有关单位、个人直接经济损失30万元以上，或者造成耕地大量毁坏或者植被遭到严重破坏的；

5. 非法批准征用、占用土地，影响群众生产、生活，引起纠纷，造成恶劣影响或者其他严重后果的；

6. 非法批准征用、占用防护林地、特种用途林地分别或者合计10亩以上的；

7. 非法批准征用、占用其他林地20亩以上的；

8. 非法批准征用、占用林地造成直接经济损失30万元以上，或者造成防护林地、特种用途林地分别或者合计5亩以上或者其他林地10亩以上毁坏的；

9. 其他情节严重的情形。

△（**非法低价出让国有土地使用权罪；立案标准**）非法低价出让国有土地使用权罪是指国家机关工作人员徇私舞弊，违反土地管理法、森林法、草原法等法律以及有关行政法规中关于土地管理的规定，滥用职权，非法低价出让国有土地使用权，情节严重的行为。

涉嫌下列情形之一的，应予立案：

1. 非法低价出让国有土地30亩以上，并且出让价额低于国家规定的最低价额标准的百分之六十的；

2. 造成国有土地资产流失价额30万元以上的；

3. 非法低价出让国有土地使用权，影响群众生产、生活，引起纠纷，造成恶劣影响或者其他严重后果的；

4. 非法低价出让林地合计30亩以上，并且出让价额低于国家规定的最低价额标准的百分之六十的；

5. 造成国有资产流失30万元以上的；

6. 其他情节严重的情形。

《最高人民法院关于审理破坏草原资源刑事案件应用法律若干问题的解释》（法释〔2012〕15号，自2012年11月22日起施行）

△（**情节严重；致使国家或者集体利益遭受特别重大损失；草原**）国家机关工作人员徇私舞弊，违反草原法等土地管理法规，具有下列情形之一的，应当认定为刑法第四百一十条规定的“情节严重”：

（一）非法批准征收、征用、占用草原四十亩以上的；

（二）非法批准征收、征用、占用草原，造成二十亩以上草原被毁坏的；

（三）非法批准征收、征用、占用草原，造成直接经济损失三十万元以上，或者具有其他恶劣情节的。

具有下列情形之一，应当认定为刑法第四百一十条规定的“致使国家或者集体利益遭受特别重大损失”：

（一）非法批准征收、征用、占用草原八十亩以上的；

（二）非法批准征收、征用、占用草原，造成四十亩以上草原被毁坏的；

（三）非法批准征收、征用、占用草原，造成直接经济损失六十万元以上，或者具有其他特别恶劣情节的。（§ 3）

《最高人民法院、最高人民检察院关于办理渎职刑事案件适用法律若干问题的解释（一）》（法释〔2012〕18号，自2013年1月9日起施行）

△（**法条竞合**）国家机关工作人员实施滥用职权或者玩忽职守犯罪行为，触犯刑法分则第九章第三百九十八条至第四百一十九条规定的，依照该规定定罪处罚。

国家机关工作人员滥用职权或者玩忽职守，因不具备徇私舞弊等情形，不符合刑法分则第九章第三百九十八条至第四百一十九条的规定，但依法构成第三百九十七条规定的犯罪的，以滥用职权罪或者玩忽职守罪定罪处罚。（§ 2）

△（**受贿罪；数罪并罚**）国家机关工作人员实施渎职犯罪并收受贿赂，同时构成受贿罪的，除刑法另有规定外，以渎职犯罪和受贿罪数罪并罚。（§ 3）

△**(与他人共谋;想象竞合犯;数罪并罚)**国家机关工作人员与他人共谋,利用其职务行为帮助他人实施其他犯罪行为,同时构成渎职犯罪和共谋实施的其他犯罪共犯的,依照处罚较重的规定定罪处罚。

国家机关工作人员与他人共谋,既利用其职务行为帮助他人实施其他犯罪,又以非职务行为与他人共同实施该其他犯罪行为,同时构成渎职犯罪和其他犯罪的共犯的,依照数罪并罚的规定定罪处罚。(§ 4Ⅱ、Ⅲ)

△**(指使、授意、强令其他国家机关工作人员;以"集体研究"形式实施渎职犯罪)**国家机关负责人员违法决定,或者指使、授意、强令其他国家机关工作人员违法履行职务或者不履行职务,构成刑法分则第九章规定的渎职犯罪的,应当依法追究刑事责任。

以"集体研究"形式实施的渎职犯罪,应当依照刑法分则第九章的规定追究国家机关负有责任的人员的刑事责任。对于具体执行人员,应当在综合认定其行为性质、是否提出反对意见、危害结果大小等情节的基础上决定是否追究刑事责任和应当判处的刑罚。(§ 5)

△**(追诉期限之计算;危害结果)**以危害结果为条件的渎职犯罪的追诉期限,从危害结果发生之日起计算;有数个危害结果的,从最后一个危害结果发生之日起计算。(§ 6)

△**(依法或者受委托行使国家行政管理职权的公司、企业、事业单位)**依法或者受委托行使国家行政管理职权的公司、企业、事业单位的工作人员,在行使行政管理职权时滥用职权或者玩忽职守,构成犯罪的,应当依照《全国人民代表大会常务委员会关于〈中华人民共和国刑法〉第九章渎职罪主体适用问题的解释》的规定,适用渎职罪的规定追究刑事责任。(§ 7)

【司法解释性文件】

《最高人民检察院关于印发〈人民检察院直接受理立案侦查的渎职侵权重特大案件标准(试行)〉的通知》(高检发〔2001〕13 号,2001 年 8 月 24 日公布)

△**(非法批准征用、占用土地罪;重特大案件)**

(一)重大案件

1. 非法批准征用、占用基本农田二十亩以上的;

2. 非法批准征用、占用基本农田以外的耕地六十亩以上的;

3. 非法批准征用、占用其他土地一百亩以上的;

4. 非法批准征用、占用土地,造成基本农田五亩以上,其中耕地十亩以上严重毁坏的;

5. 非法批准征用、占用土地造成直接经济损失五十万元以上的。

(二)特大案件

1. 非法批准征用、占用基本农田三十亩以上的;

2. 非法批准征用、占用基本农田以外的耕地九十亩以上的;

3. 非法批准征用、占用其他土地一百五十亩以上的;

4. 非法批准征用、占用土地,造成基本农田十亩以上,其他耕地二十亩以上严重毁坏的;

5. 非法批准征用、占用土地造成直接经济损失一百万元以上的。(§ 19)

△**(非法低价出让国有土地使用权罪;重特大案件)**

(一)重大案件

1. 出让国有土地使用权面积在六十亩以上,并且出让价额低于国家规定的最低价额标准的百分之六十的;

2. 造成国有土地资产流失价额在五十万元以上的。

(二)特大案件

1. 出让国有土地使用权面积在九十亩以上,并且出让价额低于国家规定的最低价额标准的百分之四十;

2. 造成国有土地资产流失价额在一百万元以上的。(§ 20)

【附属刑法】

《中华人民共和国农村土地承包法》(2002 年 8 月 29 日通过,2018 年 12 月 29 日第二次修正)

第六十二条

违反土地管理法规,非法征收、征用、占用土地或者贪污、挪用土地征收、征用补偿费用,构成犯罪的,依法追究刑事责任;造成他人损害的,应当承担损害赔偿等责任。

《中华人民共和国土地管理法》(1986 年 6 月 25 日通过,2019 年 8 月 26 日第三次修正)

第七十九条

Ⅰ无权批准征收、使用土地的单位或者个人非法批准占用土地的,超越批准权限非法批准占用土地的,不按照土地利用总体规划确定的用途批准用地的,或者违反法律规定的程序批准占用、征收土地的,其批准文件无效,对非法批准征收、使用土地的直接负责的主管人员和其他直接责任人员,依法给予行政处分;构成犯罪的,依法追究刑事责任。非法批准、使用的土地应当收回,有关当事人拒不归还的,以非法占用土地论处。

Ⅱ非法批准征收、使用土地,对当事人造成损失的,依法应当承担赔偿责任。

《中华人民共和国草原法》(1985年6月18日通过,2021年4月29日第三次修正)

第六十三条

Ⅰ无权批准征收、征用、使用草原的单位或者个人非法批准征收、征用、使用草原的,超越批准权限非法批准征收、征用、使用草原的,或者违反法律规定的程序批准征收、征用、使用草原,构成犯罪的,依法追究刑事责任;尚不够刑事处罚的,依法给予行政处分。非法批准征收、征用、使用草原的文件无效。非法批准征收、征用、使用的草原应当收回,当事人拒不归还的,以非法使用草原论处。

Ⅱ非法批准征收、征用、使用草原,给当事人造成损失的,依法承担赔偿责任。

第四百一十一条　【放纵走私罪】

海关工作人员徇私舞弊,放纵走私,情节严重的,处五年以下有期徒刑或者拘役;情节特别严重的,处五年以上有期徒刑。

【立法理由】

中华人民共和国海关是国家的进出关境监督管理机关。海关依照海关法和其他有关法律、法规,监管进出境的运输工具、货物、行李物品、邮递物品和其他物品,征收关税和其他税、费,查缉走私,并编制海关统计和办理其他海关业务。国家在海关总署设立了专门侦查走私犯罪的公安机构,配备专职缉私警察,负责对其管辖的走私犯罪案件的侦查、拘留、执行逮捕、预审等职责。海关对进出口的货物、物品依法征收的关税,是国家财政收入的重要来源。海关对进出口的货物、物品进行监管查验,征收关税、查缉走私,对于维护国家主权和利益,维护国内市场秩序,促进对外经济贸易和科技文化交往,保障经济社会发展,具有重要意义。1987年1月22日第六届全国人大常委会第十九次会议通过了《海关法》,对海关及其工作人员的职责作了规定。海关工作人员在查缉走私工作中担负着重要职责,应当依法认真履行职责,当好国门卫士。

海关工作人员在海关监管工作中,徇私舞弊,放纵走私的行为,致使海关监管失控,造成国家关税损失,冲击国内市场,损害民族产业发展,危害很大。1997年刑法修订前,走私犯罪曾经一度十分猖獗,其中重要的原因之一,就是一些海关工作人员徇私舞弊,与走私犯罪分子相互勾结,放纵走私。对于海关工作人员放纵走私的行为,根据1982年3月8日第五届全国人大常委会第二十二次会议通过的《全国人民代表大会常务委员会关于严惩严重破坏经济的罪犯的决定》第一条第(四)项的规定,对于走私犯罪人员,有追究责任的国家工作人员不依法处理,或者因受阻挠而不履行法律所规定的追究职责的;对犯罪人员和犯罪事实知情的直接主管人员或者仅有的知情的工作人员不依法报案和不如实作证的,分别比照刑法第一百八十七条、第一百八十八条、第一百九十条所规定的渎职罪处罚,即比照1979年刑法规定的玩忽职守、徇私枉法、私放罪犯的犯罪处罚。1987年《海关法》第五十六条中规定,海关工作人员"徇私舞弊、玩忽职守或者放纵走私的,根据情节轻重,给予行政处分或者依法追究刑事责任"。**1997年修订刑法**时,为了更加明确地依法惩治海关工作人员放纵走私的犯罪行为,在渎职罪一章增加了本条关于放纵走私罪的规定。

【条文说明】

本条是关于放纵走私罪及其处罚的规定。

根据本条规定,构成本罪的主体为海关工作人员。这里的"**海关工作人员**",是指在我国海关机构中从事公务的人员。"**海关机构**"主要是指国务院设立的海关总署以及在对外开放的口岸和海关监管业务集中的地点,设立的依法独立行使职权的海关机构。我国目前主要在以下地点设立海关机构:(1)开放对外贸易的港口;(2)边境火车站、汽车站和主要国际联运火车站;(3)边境地区的陆路和江河上准许货物和人员进出的地点;(4)国际航空站;(5)国际邮件互换局(站);(6)其他对外开放口岸和海关监管业务比较集中的地点;(7)国务院特许或者其他需要设立海关的地点。海关机构按层级分为海关总署,直接由海关总署领导,负责管理一定区域范围内的海关业务的直属海关;由直属海关领导,负责办理具体海关业务的隶属海关。海关总署、直属海关和隶属海关的工作人员,都属于本条规定的“海关工作人员”。

在海关机构中从事公务的工作人员,如果实施了徇私舞弊、放纵走私,情节严重的行为即构成本罪。**“徇私舞弊、放纵走私”**,是指海关工作人员为袒护亲友或其他私情私利,违背法律,对明知是走私行为①而予以放纵,使之不受查究的行为。② 既包括明知是走私货物而私自放行,也包括应当没收走私货物、物品、违法所得而不予没收,应当予以罚款的不予罚款;既包括放纵走私犯罪分子,也包括放纵不构成犯罪的走私行为人。“情节”是否“严重”是区分罪与非罪的界限,**“情节严重”**,是指多次实施徇私舞弊,放纵走私的行为或者由于徇私舞弊,放纵走私的行为,致使公共财产、国家和人民的利益遭受重大损失的情形。根据《最高人民检察院关于渎职侵权犯罪案件立案标准的规定》第一部分第二十三条的规定,放纵走私,“涉嫌下列情形之一的,**应予立案**:1. 放纵走私犯罪的;2. 因放纵走私致使国家应收税额损失累计达10万元以上的;3. 放纵走私行为3起次以上的;4. 放纵走私行为,具有索取或者收受贿赂情节的;5. 其他情节严重的情形”。

根据本条规定,海关工作人员犯本罪的,处五年以下有期徒刑或者拘役;情节特别严重的,处五年以上有期徒刑。

实践中执行本条规定应当注意以下几个方面的问题:

1. 根据《最高人民法院、最高人民检察院、海关总署关于办理走私刑事案件适用法律若干问题的意见》第十六条的规定,“放纵走私行为,一般是消极的不作为。如果海关工作人员与走私分子通谋,在放纵走私过程中以积极的行为配合走私分子逃避海关监管或者在放纵走私之后分得赃款的,应以**共同走私犯罪**追究刑事责任”。

2. 海关工作人员收受贿赂又放纵走私的,根据《最高人民法院、最高人民检察院、海关总署关于办理走私刑事案件适用法律若干问题的意见》第十六条和《最高人民法院、最高人民检察院关于办理贪污贿赂刑事案件适用法律若干问题的解释》第十七条的规定,**应当以受贿罪和本条规定的放纵走私罪数罪并罚**。

3. 海关工作人员在工作中严重不负责任,疏于职守,造成发生走私违法犯罪,但没有徇私舞弊,放纵走私情节的,不构成本条规定的犯罪。构成《刑法》第三百九十七条规定的**玩忽职守罪**的,按照该条规定追究其刑事责任。

【司法解释】

《最高人民检察院关于渎职侵权犯罪案件立案标准的规定》(高检发释字〔2006〕2号,自2006年7月26日起施行)

△**(放纵走私罪;立案标准)**放纵走私罪是指海关工作人员徇私舞弊,放纵走私,情节严重的行为。

涉嫌下列情形之一的,应予立案:

1. 放纵走私犯罪的;

2. 因放纵走私致使国家应收税额损失累计达10万元以上的;

3. 放纵走私行为3起次以上的;

4. 放纵走私行为,具有索取或者收受贿赂情节的;

5. 其他情节严重的情形。

《最高人民法院、最高人民检察院关于办理渎职刑事案件适用法律若干问题的解释(一)》(法释〔2012〕18号,自2013年1月9日起施行)

△**(法条竞合)**国家机关工作人员实施滥用职权或者玩忽职守犯罪行为,触犯刑法分则第九章第三百九十八条至第四百一十九条规定的,依照该规定定罪处罚。

国家机关工作人员滥用职权或者玩忽职守,因不具备徇私舞弊等情形,不符合刑法分则第九章第三百九十八条至第四百一十九条的规定,但依法构成第三百九十七条规定的犯罪的,以滥用职权罪或者玩忽职守罪定罪处罚。(§2)

△**(受贿罪;数罪并罚)**国家机关工作人员实施渎职犯罪并收受贿赂,同时构成受贿罪的,除刑法另有规定外,以渎职犯罪和受贿罪数罪并罚。(§3)

△**(与他人共谋;想象竞合犯;数罪并罚)**国家机关工作人员与他人共谋,利用其职务行为帮助他人实施其他犯罪行为,同时构成渎职犯罪和共谋实施的其他犯罪共犯的,依照处罚较重的规定定罪处罚。

国家机关工作人员与他人共谋,既利用其职

① 所放纵的行为构成走私罪或者一般的走私行为,对本罪的成立,不生任何影响。参见张明楷:《刑法学》(第6版),法律出版社2021年版,第1661页。

② 学说见解指出,“舞弊”与“放纵”走私是同位语,只要能够认定“放纵”,就不需要另外的舞弊行为。参见张明楷:《刑法学》(第6版),法律出版社2021年版,第1661页。

务行为帮助他人实施其他犯罪，又以非职务行为与他人共同实施该其他犯罪行为，同时构成渎职犯罪和其他犯罪的共犯的，依照数罪并罚的规定定罪处罚。（§ 4Ⅱ、Ⅲ）

△（**指使、授意、强令其他国家机关工作人员；以"集体研究"形式实施渎职犯罪**）国家机关负责人员违法决定，或者指使、授意、强令其他国家机关工作人员违法履行职务或者不履行职务，构成刑法分则第九章规定的渎职犯罪的，应当依法追究刑事责任。

以"集体研究"形式实施的渎职犯罪，应当依照刑法分则第九章的规定追究国家机关负有责任的人员的刑事责任。对于具体执行人员，应当在综合认定其行为性质、是否提出反对意见、危害结果大小等情节的基础上决定是否追究刑事责任和应当判处的刑罚。（§ 5）

△（**依法或者受委托行使国家行政管理职权的公司、企业、事业单位**）依法或者受委托行使国家行政管理职权的公司、企业、事业单位的工作人员，在行使行政管理职权时滥用职权或者玩忽职守，构成犯罪的，应当依照《全国人民代表大会常务委员会关于〈中华人民共和国刑法〉第九章渎职罪主体适用问题的解释》的规定，适用渎职罪的规定追究刑事责任。（§ 7）

【**司法解释性文件**】

《最高人民检察院关于印发〈人民检察院直接受理立案侦查的渎职侵权重特大案件标准（试行）〉的通知》（高检发〔2001〕13号，2001年8月24日公布）

△（**放纵走私罪；重特大案件**）

（一）重大案件

造成国家税收损失累计达三十万元以上的。

（二）特大案件

造成国家税收损失累计达五十万元以上的。（§ 21）

《最高人民法院、最高人民检察院、海关总署关于办理走私刑事案件适用法律若干问题的意见》（法〔2002〕139号，2002年7月8日公布）

△（**消极的不作为；通谋；同走私犯罪；受贿罪；数罪并罚**）依照刑法第四百一十一条的规定，负有特定监管义务的海关工作人员徇私舞弊，利用职权，放任、纵容走私犯罪行为，情节严重的，构成放纵走私罪。放纵走私行为，一般是消极的不作为。如果海关工作人员与走私分子通谋，在放纵走私过程中以积极的行为配合走私分子逃避海关监管或者在放纵走私之后分得赃款的，应以共同走私犯罪追究刑事责任。①

海关工作人员收受贿赂又放纵走私的，应以受贿罪和放纵走私罪数罪并罚。（§ 16）

【**附属刑法**】

《中华人民共和国海关法》（1987年1月22日通过，2021年4月29日第六次修正）

第七十二条

海关工作人员必须秉公执法，廉洁自律，忠于职守，文明服务，不得有下列行为：

（一）包庇、纵容走私或者与他人串通进行走私；

……

第九十六条

海关工作人员有本法第七十二条所列行为之一的，依法给予行政处分；有违法所得的，依法没收违法所得；构成犯罪的，依法追究刑事责任。

第四百一十二条　【商检徇私舞弊罪】【商检失职罪】

国家商检部门、商检机构的工作人员徇私舞弊，伪造检验结果的，处五年以下有期徒刑或者拘役；造成严重后果的，处五年以上十年以下有期徒刑。

前款所列人员严重不负责任，对应当检验的物品不检验，或者延误检验出证、错误出证，致使国家利益遭受重大损失的，处三年以下有期徒刑或者拘役。

【**立法理由**】

对进出口商品实行检验，是维护社会公共利益和进出口贸易有关各方的合法权益，促进对外经济贸易关系的顺利发展的需要，也是国际贸易领域的国际惯例。新中国成立以后，就在对外贸易口岸设立了商品检验机构。改革开放以来，随

① 我国学者指出，此种情形属于走私罪的共犯与放纵走私罪的想象竞合，应当从一重罪处罚。参见张明楷：《刑法学》（第6版），法律出版社2021年版，第1662页。

着对外贸易规模的不断扩大,进出口商品检验机构的工作也日益繁重和重要。1989 年 2 月 21 日第七届全国人大常委会第六次会议通过了《进出口商品检验法》,对进出口商品检验的基本法律制度作了规定。根据 1989 年《进出口商品检验法》的规定,国务院设立进出口商品检验部门,主管全国进出口商品检验工作。国家商检部门设在各地的进出口商品检验机构管理所辖地区的进出口商品检验工作。商检机构和国家商检部门、商检机构指定的检验机构,依法对进出口商品实施检验。国家商检部门根据对外贸易发展的需要,制定、调整并公布《商检机构实施检验的进出口商品种类表》。列入种类表的进出口商品和其他法律、行政法规规定须经商检机构检验的进出口商品,必须经过商检机构或者国家商检部门、商检机构指定的检验机构检验。必须经过检验的进口商品未经检验的,不准销售、使用;必须经过检验的出口商品未经检验合格的,不准出口。商检机构实施进出口商品检验的内容,包括商品的质量、规格、数量、重量、包装以及是否符合安全、卫生要求。商品检验工作人员在商品检验工作中担负着重要职责,应当依法履行职责,确保进出口商品符合检验标准。

商品检验工作人员在商检工作中,为徇私情、谋私利,伪造检验结果的,或者严重不负责任,造成重大损失的行为,**使得国家商检制度形同虚设,严重损害国家利益和声誉,损害当事人的合法权益**。根据 1989 年《进出口商品检验法》第二十九条的规定,国家商检部门、商检机构的工作人员和国家商检部门、商检机构指定的检验机构的检验人员,滥用职权、徇私舞弊,伪造检验结果的,或者玩忽职守,延误检验出证,构成犯罪的,依法追究刑事责任。按照 1979 年刑法的规定,上述行为可以玩忽职守罪处理。**1997 年修订刑法**时,为了更加明确地依法惩治商品检验工作人员的渎职犯罪行为,在渎职罪一章增加了本条关于商检徇私舞弊罪和商检失职罪的规定。

【条文说明】

本条是关于商检徇私舞弊罪、商检失职罪及其处罚的规定。

本条共分为两款。

第一款是关于国家商检部门、商检机构的工作人员徇私舞弊,伪造检验结果的犯罪及其处罚的规定。根据本款规定,构成本罪的主体为国家商检部门、商检机构的工作人员。"**国家商检部门、商检机构的工作人员**",是指在国务院设立的进出口商品检验部门从事进出口商品检验工作的人员以及在国家商检部门设在各地的进出口商品检验机构管理所辖地区的进出口商品检验工作的人员。2018 年以前,我国的进出口商品检验工作是由质检部门负责的,根据 2018 年 3 月 17 日十三届全国人大一次会议批准的国务院机构改革方案,将国家质量监督检验检疫总局的出入境检验检疫管理职责和队伍划入海关总署。2019 年国务院修改后的《进出口商品检验法实施条例》第二条规定:"海关总署主管全国进出口商品检验工作。海关总署设在省、自治区、直辖市以及进出口商品的口岸、集散地的出入境检验检疫机构及其分支机构(以下简称出入境检验检疫机构),管理所负责地区的进出口商品检验工作。"目前,负责进出口商品检验的是海关部门。

根据本款规定,商检工作人员如果在工作中为徇亲友私情或者牟取其他私利,实施了对报检的进出口商品伪造与事实不符的检验结果的行为,即构成本罪。"**伪造检验结果**",是指对明知是不合格的商品故意出具检验合格证明;对明知是合格的商品故意出具不合格的检验证明;或者实际上未对商品进行检验,即出具合格或者不合格的检验证明。《最高人民检察院关于渎职侵权犯罪案件立案标准的规定》第一部分第二十四条对商检徇私舞弊罪的具体立案标准作了规定。

根据本款规定,对构成本款规定之罪的行为人,处五年以下有期徒刑或者拘役;造成严重后果的,处五年以上十年以下有期徒刑。"**造成严重后果**",是指因伪造检验结果,致使不合格或残损短缺的进出口商品进出口,造成国家利益遭受严重损失或致使外方向我方索赔,造成严重损失的情形。

第二款是关于商检工作人员由于严重不负责任,对应当检验的物品不检验,或者延误检验出证、错误出证,致使国家利益遭受重大损失的犯罪及其处罚的规定。

这里规定的"**严重不负责任**",是指不履行或者不认真履行应尽职责,情节恶劣的情形。"**应当检验的物品**",是指列入国家商检部门根据对外贸易发展的需要,制定、调整并公布的必须实施检验的进出口商品目录的进出口商品和其他法律、行政法律规定须经商检机构检验的进出口商品。"**延误检验出证**",是指国家商检部门、商检机构的工作人员由于严重不负责任,在对外贸易合同约定的索赔期限内没有检验完毕。"**错误出证**",是指国家商检部门、商检机构的工作人员由于严重不负责任,出具了与被检验商品的客观情况不相符合的检验证明文件。

本款区别于第一款规定的犯罪,主要在于构成本款之罪的行为人主观方面主要是**过失**,而第一款是故意,所以本款规定,必须是“**致使国家利益遭受重大损失**”的才构成犯罪。《最高人民检察院关于渎职侵权犯罪案件立案标准的规定》第一部分第二十五条对商检失职罪的具体立案标准作了规定。

由于主观恶性的不同,本款规定的处刑也轻于第一款,即构成本款规定之罪的,对行为人处三年以下有期徒刑或者拘役。

实践中执行本条规定应当注意,商检人员收受贿赂,又实施本条第一款规定的犯罪如何处理。商检人员受人请托,收受贿赂后实施商检徇私舞弊的行为的,根据《最高人民法院、最高人民检察院关于办理贪污贿赂刑事案件适用法律若干问题的解释》第十七条的规定,**应当以受贿罪和本条第一款规定的商检徇私舞弊罪数罪并罚**。

【司法解释】

《最高人民检察院关于渎职侵权犯罪案件立案标准的规定》(高检发释字〔2006〕2号,自2006年7月26日起施行)

△(**商检徇私舞弊罪;立案标准**)商检徇私舞弊罪是指出入境检验检疫机关、检验检疫机构工作人员徇私舞弊,伪造检验结果的行为。

涉嫌下列情形之一的,应予立案:

1. 采取伪造、变造的手段对报检的商品的单证、印章、标志、封识、质量认证标志等作虚假的证明或者出具不真实的证明结论的;

2. 将送检的合格商品检验为不合格,或者将不合格商品检验为合格的;

3. 对明知是不合格的商品,不检验而出具合格检验结果的;

4. 其他伪造检验结果应予追究刑事责任的情形。

△(**商检失职罪;立案标准**)商检失职罪是指出入境检验检疫机关、检验检疫机构工作人员严重不负责任,对应当检验的物品不检验,或者延误检验出证、错误出证,致使国家利益遭受重大损失的行为。

涉嫌下列情形之一的,应予立案:

1. 致使不合格的食品、药品、医疗器械等商品出入境,严重危害生命健康的;

2. 造成个人财产直接经济损失15万元以上,或者直接经济损失不满15万元,但间接经济损失75万元以上的;

3. 造成公共财产、法人或者其他组织财产直接经济损失30万元以上,或者直接经济损失不满30万元,但间接经济损失150万元以上的;

4. 未经检验,出具合格检验结果,致使国家禁止进口的固体废物、液态废物和气态废物等进入境内的;

5. 不检验或者延误检验出证、错误出证,引起国际经济贸易纠纷,严重影响国家对外经贸关系,或者严重损害国家声誉的;

6. 其他致使国家利益遭受重大损失的情形。

《最高人民法院、最高人民检察院关于办理渎职刑事案件适用法律若干问题的解释(一)》(法释〔2012〕18号,自2013年1月9日起施行)

△(**法条竞合**)国家机关工作人员实施滥用职权或者玩忽职守犯罪行为,触犯刑法分则第九章第三百九十八条至第四百一十九条规定的,依照该规定定罪处罚。

国家机关工作人员滥用职权或者玩忽职守,因不具备徇私舞弊等情形,不符合刑法分则第九章第三百九十八条至第四百一十九条的规定,但依法构成第三百九十七条规定的犯罪的,以滥用职权罪或者玩忽职守罪定罪处罚。(§2)

△(**受贿罪;数罪并罚**)国家机关工作人员实施渎职犯罪并收受贿赂,同时构成受贿罪的,除刑法另有规定外,以渎职犯罪和受贿罪数罪并罚。(§3)

△(**与他人共谋;想象竞合犯;数罪并罚**)国家机关工作人员与他人共谋,利用其职务行为帮助他人实施其他犯罪行为,同时构成渎职犯罪和共谋实施的其他犯罪共犯的,依照处罚较重的规定定罪处罚。

国家机关工作人员与他人共谋,既利用其职务行为帮助他人实施其他犯罪,又以非职务行为与他人共同实施该其他犯罪行为,同时构成渎职犯罪和其他犯罪的共犯的,依照数罪并罚的规定定罪处罚。(§4Ⅱ、Ⅲ)

△(**指使、授意、强令其他国家机关工作人员;以“集体研究”形式实施渎职犯罪**)国家机关负责人员违法决定,或者指使、授意、强令其他国家机关工作人员违法履行职务或者不履行职务,构成刑法分则第九章规定的渎职犯罪的,应当依法追究刑事责任。

以“集体研究”形式实施的渎职犯罪,应当依照刑法分则第九章的规定追究国家机关负有责任的人员的刑事责任。对于具体执行人员,应当在综合认定其行为性质、是否提出反对意见、危害结果大小等情节的基础上决定是否追究刑事责任和应当判处的刑罚。(§5)

△(**依法或者受委托行使国家行政管理职权的公司、企业、事业单位**)依法或者受委托行使国家行政管理职权的公司、企业、事业单位的工作人

员,在行使行政管理职权时滥用职权或者玩忽职守,构成犯罪的,应当依照《全国人民代表大会常务委员会关于〈中华人民共和国刑法〉第九章渎职罪主体适用问题的解释》的规定,适用渎职罪的规定追究刑事责任。(§7)

《最高人民法院、最高人民检察院关于办理危害食品安全刑事案件适用法律若干问题的解释》(法释〔2021〕24号,自2022年1月1日起施行)

△**(危害食品安全;竞合;共谋)**负有食品安全监督管理职责的国家机关工作人员,滥用职权或者玩忽职守,构成食品监管渎职罪,同时构成徇私舞弊不移交刑事案件罪、商检徇私舞弊罪、动植物检疫徇私舞弊罪、放纵制售伪劣商品犯罪行为罪等其他渎职犯罪的,依照处罚较重的规定定罪处罚。

负有食品安全监督管理职责的国家机关工作人员滥用职权或者玩忽职守,不构成食品监管渎职罪,但构成前款规定的其他渎职犯罪的,依照该其他犯罪定罪处罚。

负有食品安全监督管理职责的国家机关工作人员与他人共谋,利用其职务行为帮助他人实施危害食品安全犯罪行为,同时构成渎职犯罪和危害食品安全犯罪共犯的,依照处罚较重的规定定罪从重处罚。(§20)

△**(禁止令;行政处罚)**对实施本解释规定之犯罪的犯罪分子,应当依照刑法规定的条件,严格适用缓刑、免予刑事处罚。对于依法适用缓刑的,可以根据犯罪情况,同时宣告禁止令。

对于被不起诉或者免予刑事处罚的行为人,需要给予行政处罚、政务处分或者其他处分的,依法移送有关主管机关处理。(§22)

《最高人民法院、最高人民检察院关于办理危害药品安全刑事案件适用法律若干问题的解释》(高检发释字〔2022〕1号,自2022年3月6日起施行)

△**(药品安全监督管理职责;药品监管渎职罪;商检徇私舞弊罪、商检失职罪等;共谋)**负有药品安全监督管理职责的国家机关工作人员,滥用职权或者玩忽职守,构成药品监管渎职罪,同时构成商检徇私舞弊罪、商检失职罪等其他渎职犯罪的,依照处罚较重的规定定罪处罚。

负有药品安全监督管理职责的国家机关工作人员滥用职权或者玩忽职守,不构成药品监管渎职罪,但构成前款规定的其他渎职犯罪的,依照该其他犯罪定罪处罚。

负有药品安全监督管理职责的国家机关工作人员与他人共谋,利用其职务便利帮助他人实施危害药品安全犯罪行为,同时构成渎职犯罪和危害药品安全犯罪共犯的,依照处罚较重的规定定罪从重处罚。(§14)

【司法解释性文件】

《最高人民检察院关于印发〈人民检察院直接受理立案侦查的渎职侵权重特大案件标准(试行)〉的通知》(高检发〔2001〕13号,2001年8月24日公布)

△**(商检徇私舞弊罪;重特大案件)**

(一)重大案件

1. 造成直接经济损失五十万元以上的;

2. 徇私舞弊,三次以上伪造检验结果的。

(二)特大案件

1. 造成直接经济损失一百万元以上的;

2. 徇私舞弊,五次以上伪造检验结果的。(§22)

△**(商检失职罪;重特大案件)**

(一)重大案件

1. 造成直接经济损失一百万元以上的;

2. 五次以上不检验或者延误检验出证、错误出证的。

(二)特大案件

1. 造成直接经济损失三百万元以上的;

2. 七次以上不检验或者延误检验出证、错误出证的。(§23)

【附属刑法】

《中华人民共和国进出口商品检验法》(1989年2月21日通过,2021年4月29日第五次修正)

第三十六条

国家商检部门、商检机构的工作人员滥用职权,故意刁难的,徇私舞弊,伪造检验结果的,或者玩忽职守,延误检验出证的,依法给予行政处分;构成犯罪的,依法追究刑事责任。

第四百一十三条　【动植物检疫徇私舞弊罪】【动植物检疫失职罪】

动植物检疫机关的检疫人员徇私舞弊，伪造检疫结果的，处五年以下有期徒刑或者拘役；造成严重后果的，处五年以上十年以下有期徒刑。

前款所列人员严重不负责任，对应当检疫的检疫物不检疫，或者延误检疫出证、错误出证，致使国家利益遭受重大损失的，处三年以下有期徒刑或者拘役。

【立法理由】

对进出境的动植物、动植物产品和其他有关物品实行检疫，是为了保证进出境的动植物符合国家检疫标准，防止动物传染病、寄生虫病和植物危险性病虫害传入、传出国边境，以保护农、林、牧、渔业生产的安全和人体健康，维护国家生物安全。改革开放以来，随着我国对外交往规模的不断扩大，进出境的动植物、动植物产品等物品的数量也不断增加，动植物检疫机关的工作也日益繁重和重要。1991年10月30日第七届全国人大常委会第二十二次会议通过了《进出境动植物检疫法》，对进出境动植物检疫的基本法律制度作了规定。根据1991年《进出境动植物检疫法》的规定，国务院设立动植物检疫机关，统一管理全国进出境动植物检疫工作。国家动植物检疫机关在对外开放的口岸和进出境动植物检疫业务集中的地点设立的口岸动植物检疫机关，依法实施进出境动植物检疫。进出境的动植物、动植物产品和其他检疫物，装载动植物、动植物产品和其他检疫物的装载容器、包装物，以及来自动植物疫区的运输工具，依法实施检疫。1996年12月2日国务院制定了《进出境动植物检疫法实施条例》，对进出境动植物检疫的具体法律制度作了规定。动植物检疫工作人员在进出境动植物检疫工作中担负着重要职责，应当依法履行职责，确保进出口的动植物、动植物产品等检疫物的安全。1991年《进出境动植物检疫法》第九条第一款规定："动植物检疫机关检疫人员必须忠于职守，秉公执法。"

承担动植物检疫职责的人员徇私舞弊，伪造检疫结果，或者严重不负责任，对应当检疫的检疫物不检疫，或者延误检疫出证、错误出证的行为，**有可能导致动植物病虫害跨境流行或传染，严重损害相关行业的生产或者人体健康，危害国内外生物安全，损害国家利益和国家声誉**。根据1991年《进出境动植物检疫法》第四十五条的规定，动植物检疫机关检疫人员滥用职权、徇私舞弊，伪造检疫结果，或者玩忽职守，延误检疫出证，构成犯罪的，依法追究刑事责任。按照1979年刑法的规定，对这种行为可以玩忽职守罪处理。**1997年修订刑法**时，为了更加明确地依法惩治动植物检疫人员的渎职犯罪行为，在渎职罪一章增加了本条关于动植物检疫徇私舞弊罪和动植物检疫失职罪的规定。

【条文说明】

本条是关于动植物检疫徇私舞弊罪、动植物检疫失职罪及其处罚的规定。

本条共分为两款。

第一款是关于动植物检疫徇私舞弊罪及其处罚的规定。**动植物检疫徇私舞弊罪**，是指动植物检疫机关的检疫人员，为徇私情，伪造检疫结果的犯罪。本款的犯罪主体为动植物检疫机关的检疫人员。"**动植物检疫机关的检疫人员**"，是指在国务院设立的动植物检疫机关，从事进出境动植物检疫工作的人员以及国家动植物检疫机关在对外开放的口岸和进出境动植物检疫业务集中的地点设立的口岸动植物检疫机关，具体实施进出境动植物检疫工作的人员。改革开放以来，我国的进出境动植物检疫体制经历了多次改革。2018年以前，我国的进出境动植物检疫工作是由质检部门负责的，根据2018年3月17日十三届全国人大一次会议批准的国务院机构改革方案，将国家质量监督检验检疫总局的出入境检验检疫管理职责和队伍划入海关总署。目前，负责进出境动植物检疫的是海关部门。

根据本款规定，动植物检疫人员如果在工作中徇私舞弊，对报检的动植物、动植物产品和其他检疫物，实施了伪造与事实不符的检疫结果的行为，即构成本罪。"**伪造检疫结果**"，是指明知进出境的动植物、动植物制品和其他检疫对象不合格，仍弄虚作假出具签发检疫合格的单证；明知进出境的动植物、动植物制品和其他检疫对象检疫合格，仍出具、签发检疫不合格的单证；或者实际上未对检疫物进行检疫，即出具合格或者不合格的单证。《最高人民检察院关于渎职侵权犯罪案件立案标准的规定》第一部分第二十六条对动植物检疫徇私舞弊罪的具体立案标准作了规定。

根据本款规定，对构成本款之罪的行为人，处五年以下有期徒刑或者拘役;造成严重后果的,处五年以上十年以下有期徒刑。“**造成严重后果**”,是指因伪造检疫结果的行为,致使带有传染病、寄生虫病和植物危险性病、虫、杂草以及其他有害生物传入、传出国境,造成重大疫情或者遭受重大损失的情形。

第二款是关于**动植物检疫失职罪**及其处罚的规定。本款中所称的“**应当检疫的检疫物**”,是指国家动植物检疫机关职权范围内应当检疫的物品,主要包括:进出境的动物、动物产品、植物种子、种苗及其他繁殖材料、装载动植物、动植物制品和其他检疫物的装载容器、包装物,以及来自动植物疫区的运输工具等。“**延误检疫出证**”,是指对报检的动植物、动植物产品或其他检疫物没有在规定的时间内签发检疫单证,耽误了检疫结论的出示;“**错误出证**”,是指出具的检疫单证与被检疫物品的客观情况不相符合,将不合格的检疫物检疫为合格,或将合格的检疫物检疫为不合格。

本款区别于第一款规定的犯罪主要在于构成本款之罪的行为人主观上主要是**过失**,而第一款是故意,所以构成本款之罪还必须**致使国家利益遭受重大损失**。《最高人民检察院关于渎职侵权犯罪案件立案标准的规定》第一部分第二十七条对动植物检疫失职罪的具体立案标准作了规定。

根据主观恶性的不同,本款规定的处刑要轻于第一款,即构成本款之罪的,处三年以下有期徒刑或者拘役。

实践中执行本条规定应当注意,动植物检疫人员收受贿赂,又实施本条第一款规定的犯罪如何处理。动植物检疫人员受人请托,收受贿赂后实施动植物检疫徇私舞弊的行为的,根据《最高人民法院、最高人民检察院关于办理贪污贿赂刑事案件适用法律若干问题的解释》第十七条的规定,**应当以受贿罪和本条第一款规定的动植物检疫徇私舞弊罪数罪并罚**。

【司法解释】

《最高人民检察院关于渎职侵权犯罪案件立案标准的规定》(高检发释字〔2006〕2号,自2006年7月26日起施行)

△(**动植物检疫徇私舞弊罪;立案标准**)动植物检疫徇私舞弊罪是指出入境检验检疫机关、检验检疫机构工作人员徇私舞弊,伪造检疫结果的行为。

涉嫌下列情形之一的,应予立案:

1. 采取伪造、变造的手段对检疫的单证、印章、标志、封识等作虚假的证明或者出具不真实的结论的;

2. 将送检的合格动植物检疫为不合格,或者将不合格动植物检疫为合格的;

3. 对明知是不合格的动植物,不检疫而出具合格检疫结果的;

4. 其他伪造检疫结果应予追究刑事责任的情形。

△(**动植物检疫失职罪;立案标准**)动植物检疫失职罪是指出入境检验检疫机关、检验检疫机构工作人员严重不负责任,对应当检疫的检疫物不检疫,或者延误检疫出证、错误出证,致使国家利益遭受重大损失的行为。

涉嫌下列情形之一的,应予立案:

1. 导致疫情发生,造成人员重伤或者死亡的;

2. 导致重大疫情发生、传播或者流行的;

3. 造成个人财产直接经济损失15万元以上,或者直接经济损失不满15万元,但间接经济损失75万元以上的;

4. 造成公共财产或者法人、其他组织财产直接经济损失30万元以上,或者直接经济损失不满30万元,但间接经济损失150万元以上的;

5. 不检疫或者延误检疫出证、错误出证,引起国际经济贸易纠纷,严重影响国家对外经贸关系,或者严重损害国家声誉的;

6. 其他致使国家利益遭受重大损失的情形。

《最高人民法院、最高人民检察院关于办理渎职刑事案件适用法律若干问题的解释(一)》(法释〔2012〕18号,自2013年1月9日起施行)

△(**法条竞合**)国家机关工作人员实施滥用职权或者玩忽职守犯罪行为,触犯刑法分则第九章第三百九十八条至第四百一十九条规定的,依照该规定定罪处罚。

国家机关工作人员滥用职权或者玩忽职守,因不具备徇私舞弊等情形,不符合刑法分则第九章第三百九十八条至第四百一十九条的规定,但依法构成第三百九十七条规定的犯罪的,以滥用职权罪或者玩忽职守罪定罪处罚。(§ 2)

△(**受贿罪;数罪并罚**)国家机关工作人员实施渎职犯罪并收受贿赂,同时构成受贿罪的,除刑法另有规定外,以渎职犯罪和受贿罪数罪并罚。(§ 3)

△(**与他人共谋;想象竞合犯;数罪并罚**)国家机关工作人员与他人共谋,利用其职务行为帮助他人实施其他犯罪行为,同时构成渎职犯罪和共谋实施的其他犯罪共犯的,依照处罚较重的规定定罪处罚。

国家机关工作人员与他人共谋,既利用其职

务行为帮助他人实施其他犯罪，又以非职务行为与他人共同实施该其他犯罪行为，同时构成渎职犯罪和其他犯罪的共犯的，依照数罪并罚的规定定罪处罚。（§ 4Ⅱ、Ⅲ）

△（**指使、授意、强令其他国家机关工作人员；以"集体研究"形式实施渎职犯罪**）国家机关负责人员违法决定，或者指使、授意、强令其他国家机关工作人员违法履行职务或者不履行职务，构成刑法分则第九章规定的渎职犯罪的，应当依法追究刑事责任。

以"集体研究"形式实施的渎职犯罪，应当依照刑法分则第九章的规定追究国家机关负有责任的人员的刑事责任。对于具体执行人员，应当在综合认定其行为性质、是否提出反对意见、危害结果大小等情节的基础上决定是否追究刑事责任和应当判处的刑罚。（§ 5）

△（**依法或者受委托行使国家行政管理职权的公司、企业、事业单位**）依法或者受委托行使国家行政管理职权的公司、企业、事业单位的工作人员，在行使行政管理职权时滥用职权或者玩忽职守，构成犯罪的，应当依照《全国人民代表大会常务委员会关于〈中华人民共和国刑法〉第九章渎职罪主体适用问题的解释》的规定，适用渎职罪的规定追究刑事责任。（§ 7）

《最高人民法院、最高人民检察院关于办理危害食品安全刑事案件适用法律若干问题的解释》（法释〔2021〕24号，自2022年1月1日起施行）

△（**危害食品安全；竞合；共谋**）负有食品安全监督管理职责的国家机关工作人员，滥用职权或者玩忽职守，构成食品监管渎职罪，同时构成徇私舞弊不移交刑事案件罪、商检徇私舞弊罪、动植物检疫徇私舞弊罪、放纵制售伪劣商品犯罪行为罪等其他渎职犯罪的，依照处罚较重的规定定罪处罚。

负有食品安全监督管理职责的国家机关工作人员滥用职权或者玩忽职守，不构成食品监管渎职罪，但构成前款规定的其他渎职犯罪的，依照该其他犯罪定罪处罚。

负有食品安全监督管理职责的国家机关工作人员与他人共谋，利用其职务行为帮助他人实施危害食品安全犯罪行为，同时构成渎职犯罪和危害食品安全犯罪共犯的，依照处罚较重的规定定罪从重处罚。（§ 20）

△（**禁止令；行政处罚**）对实施本解释规定之犯罪的犯罪分子，应当依照刑法规定的条件，严格适用缓刑、免予刑事处罚。对于依法适用缓刑的，可以根据犯罪情况，同时宣告禁止令。

对于被不起诉或者免予刑事处罚的行为人，需要给予行政处罚、政务处分或者其他处分的，依法移送有关主管机关处理。（§ 22）

【司法解释性文件】

《最高人民检察院关于印发〈人民检察院直接受理立案侦查的渎职侵权重特大案件标准（试行）〉的通知》（高检发〔2001〕13号，2001年8月24日公布）

△（**动植物检疫徇私舞弊罪；重特大案件**）

（一）重大案件

1. 徇私舞弊，三次以上伪造检疫结果的；

2. 造成直接经济损失五十万元以上的。

（二）特大案件

1. 徇私舞弊，五次以上伪造检疫结果的；

2. 造成直接经济损失一百万元以上的。（§ 24）

△（**动植物检疫失职罪；重特大案件**）

（一）重大案件

1. 造成直接经济损失一百万元以上的；

2. 导致疫情发生，造成人员死亡二人以上的；

3. 五次以上不检疫，或者延误检疫出让、错误出证，严重影响国家对外经贸关系和国家声誉的。

（二）特大案件

1. 造成直接经济损失三百万元以上的；

2. 导致疫情发生，造成人员死亡五人以上的；

3. 七次以上不检疫，或者延误检疫出证、错误出证，严重影响国家对外经贸关系和国家声誉的。（§ 25）

【附属刑法】

《中华人民共和国传染病防治法》（1989年2月21日通过，2013年6月29日修正）

第七十一条

国境卫生检疫机关、动物防疫机构未依法履行传染病疫情通报职责的，由有关部门在各自职责范围内责令改正，通报批评；造成传染病传播、流行或者其他严重后果的，对负有责任的主管人员和其他直接责任人员，依法给予降级、撤职、开除的处分；构成犯罪的，依法追究刑事责任。

《中华人民共和国进出境动植物检疫法》（1991年10月30日通过，2009年8月27日修正）

第四十五条

动植物检疫机关检疫人员滥用职权，徇私舞弊，伪造检疫结果，或者玩忽职守，延误检疫出证，构成犯罪的，依法追究刑事责任；不构成犯罪的，给予行政处分。

《中华人民共和国动物防疫法》(1997年7月3日通过,2021年1月22日第二次修订)

第八十八条

县级以上人民政府农业农村主管部门及其工作人员违反本法规定,有下列行为之一的,由本级人民政府责令改正,通报批评;对直接负责的主管人员和其他直接责任人员依法给予处分:

(一)未及时采取预防、控制、扑灭等措施的;

(二)对不符合条件的颁发动物防疫条件合格证、动物诊疗许可证,或者对符合条件的拒不颁发动物防疫条件合格证、动物诊疗许可证的;

(三)从事与动物防疫有关的经营性活动,或者违法收取费用的;

(四)其他未依照本法规定履行职责的行为。

第八十九条

动物卫生监督机构及其工作人员违反本法规定,有下列行为之一的,由本级人民政府或者农业农村主管部门责令改正,通报批评;对直接负责的主管人员和其他直接责任人员依法给予处分:

(一)对未经检疫或者检疫不合格的动物、动物产品出具检疫证明、加施检疫标志,或者对检疫合格的动物、动物产品拒不出具检疫证明、加施检疫标志的;

(二)对附有检疫证明、检疫标志的动物、动物产品重复检疫的;

(三)从事与动物防疫有关的经营性活动,或者违法收取费用的;

(四)其他未依照本法规定履行职责的行为。

第一百零九条

Ⅰ违反本法规定,造成人畜共患传染病传播、流行的,依法从重给予处分、处罚。

Ⅱ违反本法规定,构成违反治安管理行为的,依法给予治安管理处罚;构成犯罪的,依法追究刑事责任。

Ⅲ违反本法规定,给他人人身、财产造成损害的,依法承担民事责任。

第四百一十四条　【放纵制售伪劣商品犯罪行为罪】
对生产、销售伪劣商品犯罪行为负有追究责任的国家机关工作人员,徇私舞弊,不履行法律规定的追究职责,情节严重的,处五年以下有期徒刑或者拘役。

【立法理由】

1. **1997年刑法修订前的立法情况**。生产、销售伪劣商品的犯罪行为,在改革开放初期一度比较猖獗。一些单位和个人为了谋取不法利益,不顾国家法律规定和产品质量标准,大肆生产、销售伪劣商品。这类行为扰乱了商品生产、销售的正常秩序,给经济社会发展和人民群众生命财产安全带来了严重损害。一些伪劣商品销售到国际市场,严重损害了中国商品的国际声誉和形象。针对当时的市场乱象,国家采取了两个方面的措施进行治理。一是完善有关产品质量行政监管的法律制度。1993年2月22日第七届全国人大常委会第三十次会议通过了《产品质量法》,对生产者、销售者的产品质量责任和义务、国家对产品质量的监督管理、因生产、销售伪劣商品造成的损害赔偿等作了规定。二是完善对严重的生产、销售伪劣商品行为追究刑事责任的法律制度。1993年7月2日第八届全国人大常委会第二次会议通过了《全国人民代表大会常务委员会关于惩治生产、销售伪劣商品犯罪的决定》,在1979年刑法规定的基础上增加规定了生产、销售伪劣商品,生产、销售假药,生产、销售不符合卫生标准的食品等犯罪及其刑事责任。

根据1993年《产品质量法》的规定,国务院产品质量监督管理部门负责全国产品质量监督管理工作。国务院有关部门在各自的职责范围内负责产品质量监督管理工作。国家对产品质量实行以抽查为主要方式的监督检查制度,对可能危及人体健康和人身、财产安全的产品,影响国计民生的重要工业产品以及用户、消费者、有关组织反映有质量问题的产品进行抽查。监督抽查工作由国务院产品质量监督管理部门规划和组织。县级以上地方人民政府管理产品质量监督工作的部门在本行政区域内也可以组织监督抽查。对生产、销售伪劣商品的行政违法行为,产品质量监督管理部门等部门有进行行政处罚的职责。产品质量监督管理部门等工作人员在产品质量执法工作中担负着重要职责,应当依法认真履行职责,切实维护生产、销售的商品质量,保障市场秩序和人民群众安全。

实践中,当时存在一些地方产品质量监督管理部门等部门的工作人员,因为地方保护或其他原因,徇私舞弊、玩忽职守,故意放纵或者不认真履行查禁职责的情形。**这类行为违背了法定职责,助长了生产、销售伪劣商品的违法犯罪,具有**

社会危害性。1993年《产品质量法》第四十七条规定:“从事产品质量监督管理的国家工作人员滥用职权、玩忽职守、徇私舞弊,构成犯罪的,依法追究刑事责任;不构成犯罪的,给予行政处分。”为依法惩治这类渎职犯罪行为,《全国人民代表大会常务委员会关于惩治生产、销售伪劣商品犯罪的决定》第十条第二款规定:“负有追究责任的国家工作人员对有本决定所列犯罪行为的企业事业单位或者个人,不履行法律规定的追究职责的,根据不同情况依照刑法第一百八十七条或者比照刑法第一百八十八条的规定追究刑事责任。”即依照或比照1979年刑法关于玩忽职守罪、徇私枉法罪的规定追究刑事责任。

2. **1997年修订刑法的情况**。1997年修订刑法时,根据司法实践需要和有关方面的意见对上述决定第十条的规定作了修改。一是与《刑法》分则第九章对渎职罪犯罪主体的修改相一致,将犯罪主体由“国家工作人员”调整为“国家机关工作人员”;二是在罪状中增加了“徇私舞弊”的规定;三是单独明确规定了本罪的刑罚。

【条文说明】

本条是关于放纵制售伪劣商品犯罪行为罪及其处罚的规定。

本条规定的“**负有追究责任的国家机关工作人员**”,是指负有查禁生产、销售伪劣商品职责的国家机关工作人员,如市场监督管理人员、司法工作人员等。2018年以前,我国的产品质量监督工作主要是由质检部门负责的。根据2018年3月17日十三届全国人大一次会议批准的国务院机构改革方案,将国家工商行政管理总局的职责,国家质量监督检验检疫总局的职责,国家食品药品监督管理总局的职责,国家发展和改革委员会的价格监督检查与反垄断执法职责,商务部的经营者集中反垄断执法以及国务院反垄断委员会办公室等职责整合,组建国家市场监督管理总局,作为国务院直属机构。2018年修正的《产品质量法》第八条第一款规定,“国务院市场监督管理部门主管全国产品质量监督工作”。目前,负责产品质量监督的主要是市场监督管理部门。

构成本罪的主观方面必须是**故意**,因工作失误或粗心大意没有检查出伪劣商品的,不能适用本条规定。根据本条规定,构成本罪必须具备实施了对有生产、销售伪劣商品犯罪行为的公司、企业、事业单位或者个人,为徇私情而故意不履行法律规定的追究职责的行为。“**不履行法律规定的追究职责**”,是指对法律赋予的应当对有生产、销售伪劣商品犯罪行为的公司、企业、事业单位或者个人进行追究和处罚的职责不予履行。根据本条规定,行为人只有具备“情节严重的”,才能构成犯罪。根据2001年4月9日发布的《最高人民法院、最高人民检察院关于办理生产、销售伪劣商品刑事案件具体应用法律若干问题的解释》第八条的规定,“**情节严重**”是指放纵生产、销售假药或有毒、有害食品犯罪行为的;放纵依法可能判处二年有期徒刑以上刑罚的生产、销售伪劣商品犯罪行为的;对三个以上有生产、销售伪劣商品犯罪行为的单位或个人不履行追究职责的;致使国家和人民利益遭受重大损失或造成恶劣影响等情形。

根据本条规定,对犯本罪的行为人,处五年以下有期徒刑或者拘役。

实践中执行本条规定应当注意,司法工作人员在侦查、检察、审判工作中放纵生产、销售伪劣商品犯罪行为,同时构成本条规定的犯罪和本法第三百九十九条第一款规定的徇私枉法罪的,**应当依照处罚较重的犯罪的规定追究刑事责任**。

【司法解释】

《最高人民法院、最高人民检察院关于办理生产、销售伪劣商品刑事案件具体应用法律若干问题的解释》(法释〔2001〕10号,自2001年4月10日起施行)

△(**情节严重**)国家机关工作人员徇私舞弊,对生产、销售伪劣商品犯罪不履行法律规定的查处职责,具有下列情形之一的,属于刑法第四百一十四条规定的“情节严重”:

(一)放纵生产、销售假药或者有毒、有害食品犯罪行为的;

(二)放纵依法可能判处二年有期徒刑以上刑罚的生产、销售伪劣商品犯罪行为的;

(三)对三个以上有生产、销售伪劣商品犯罪行为的单位或者个人不履行追究职责的;

(四)致使国家和人民利益遭受重大损失或者造成恶劣影响的。(§8)

《最高人民检察院关于渎职侵权犯罪案件立案标准的规定》(高检发释字〔2006〕2号,自2006年7月26日起施行)

△(**放纵制售伪劣商品犯罪行为罪;立案标准**)放纵制售伪劣商品犯罪行为罪是指对生产、销售伪劣商品犯罪行为负有追究责任的国家机关工作人员徇私舞弊,不履行法律规定的追究职责,情节严重的行为。

涉嫌下列情形之一的,应予立案:

1. 放纵生产、销售假药或者有毒、有害食品犯罪行为的;

2. 放纵生产、销售伪劣农药、兽药、化肥、种子犯罪行为的；

3. 放纵依法可能判处 3 年有期徒刑以上刑罚的生产、销售伪劣商品犯罪行为的；

4. 对生产、销售伪劣商品犯罪行为不履行追究职责，致使生产、销售伪劣商品犯罪行为得以继续的；

5. 3 次以上不履行追究职责，或者对 3 个以上有生产、销售伪劣商品犯罪行为的单位或者个人不履行追究职责的；

6. 其他情节严重的情形。

《最高人民法院、最高人民检察院关于办理渎职刑事案件适用法律若干问题的解释(一)》(法释〔2012〕18 号，自 2013 年 1 月 9 日起施行)

△(**法条竞合**)国家机关工作人员实施滥用职权或者玩忽职守犯罪行为，触犯刑法分则第九章第三百九十八条至第四百一十九条规定的，依照该规定定罪处罚。

国家机关工作人员滥用职权或者玩忽职守，因不具备徇私舞弊等情形，不符合刑法分则第九章第三百九十八条至第四百一十九条的规定，但依法构成第三百九十七条规定的犯罪的，以滥用职权罪或者玩忽职守罪定罪处罚。(§ 2)

△(**受贿罪；数罪并罚**)国家机关工作人员实施渎职犯罪并收受贿赂，同时构成受贿罪的，除刑法另有规定外，以渎职犯罪和受贿罪数罪并罚。(§ 3)

△(**与他人共谋；想象竞合犯；数罪并罚**)国家机关工作人员与他人共谋，利用其职务行为帮助他人实施其他犯罪行为，同时构成渎职犯罪和共谋实施的其他犯罪共犯的，依照处罚较重的规定定罪处罚。

国家机关工作人员与他人共谋，既利用其职务行为帮助他人实施其他犯罪，又以非职务行为与他人共同实施该其他犯罪行为，同时构成渎职犯罪和其他犯罪的共犯的，依照数罪并罚的规定定罪处罚。(§ 4 Ⅱ、Ⅲ)

△(**指使、授意、强令其他国家机关工作人员；以"集体研究"形式实施渎职犯罪**)国家机关负责人员违法决定，或者指使、授意、强令其他国家机关工作人员违法履行职务或者不履行职务，构成刑法分则第九章规定的渎职犯罪的，应当依法追究刑事责任。

以"集体研究"形式实施的渎职犯罪，应当依照刑法分则第九章的规定追究国家机关负有责任的人员的刑事责任。对于具体执行人员，应当在综合认定其行为性质、是否提出反对意见、危害结果大小等情节的基础上决定是否追究刑事责任和应当判处的刑罚。(§ 5)

△(**依法或者受委托行使国家行政管理职权的公司、企业、事业单位**)依法或者受委托行使国家行政管理职权的公司、企业、事业单位的工作人员，在行使行政管理职权时滥用职权或者玩忽职守，构成犯罪的，应当依照《全国人民代表大会常务委员会关于〈中华人民共和国刑法〉第九章渎职罪主体适用问题的解释》的规定，适用渎职罪的规定追究刑事责任。(§ 7)

《最高人民法院、最高人民检察院关于办理危害食品安全刑事案件适用法律若干问题的解释》(法释〔2021〕24 号，自 2022 年 1 月 1 日起施行)

△(**危害食品安全；竞合；共谋**)负有食品安全监督管理职责的国家机关工作人员，滥用职权或者玩忽职守，构成食品监管渎职罪，同时构成徇私舞弊不移交刑事案件罪、商检徇私舞弊罪、动植物检疫徇私舞弊罪、放纵制售伪劣商品犯罪行为罪等其他渎职犯罪的，依照处罚较重的规定定罪处罚。

负有食品安全监督管理职责的国家机关工作人员滥用职权或者玩忽职守，不构成食品监管渎职罪，但构成前款规定的其他渎职犯罪的，依照该其他犯罪定罪处罚。

负有食品安全监督管理职责的国家机关工作人员与他人共谋，利用其职务行为帮助他人实施危害食品安全犯罪行为，同时构成渎职犯罪和危害食品安全犯罪共犯的，依照处罚较重的规定定罪从重处罚。(§ 20)

△(**禁止令；行政处罚**)对实施本解释规定之犯罪的犯罪分子，应当依照刑法规定的条件，严格适用缓刑、免予刑事处罚。对于依法适用缓刑的，可以根据犯罪情况，同时宣告禁止令。

对于被不起诉或者免予刑事处罚的行为人，需要给予行政处罚、政务处分或者其他处分的，依法移送有关主管机关处理。(§ 22)

【司法解释性文件】

《最高人民检察院关于印发〈人民检察院直接受理立案侦查的渎职侵权重特大案件标准(试行)〉的通知》(高检发〔2001〕13 号，2001 年 8 月 24 日公布)

△(**放纵制售伪劣商品犯罪行为罪；重特大案件**)

(一)重大案件

1. 放纵生产、销售假药或者有毒、有害食品犯罪行为，情节恶劣或者后果严重的；

2. 放纵依法可能判处五年以上十年以下有期徒刑刑罚的生产、销售伪劣商品犯罪行为的；

3. 五次以上或者对五个以上有生产、销售伪劣商品犯罪行为的单位或者个人不履行追究职责的。

（二）特大案件

1. 放纵生产、销售假药或者有毒、有害食品犯罪行为，造成人员死亡的；

2. 放纵依法可能判处十年以上刑罚的生产、销售伪劣商品犯罪行为的；

3. 七次以上或者对七个以上有生产、销售伪劣商品犯罪行为的单位或者个人不履行追究职责的。（§ 26）

【附属刑法】

《中华人民共和国消费者权益保护法》（1993年10月31日通过，2013年10月25日第二次修正）

第六十一条

国家机关工作人员玩忽职守或者包庇经营者侵害消费者合法权益的行为的，由其所在单位或者上级机关给予行政处分；情节严重，构成犯罪的，依法追究刑事责任。

《中华人民共和国产品质量法》（1993年2月22日通过，2018年12月29日第三次修正）

第六十五条

各级人民政府工作人员和其他国家机关工作人员有下列情形之一的，依法给予行政处分；构成犯罪的，依法追究刑事责任：

（一）包庇、放纵产品生产、销售中违反本法规定行为的；

（二）向从事违反本法规定的生产、销售活动的当事人通风报信，帮助其逃避查处的；

（三）阻挠、干预市场监督管理部门依法对产品生产、销售中违反本法规定的行为进行查处，造成严重后果的。

第四百一十五条 【办理偷越国（边）境人员出入境证件罪】【放行偷越国（边）境人员罪】

负责办理护照、签证以及其他出入境证件的国家机关工作人员，对明知是企图偷越国（边）境的人员，予以办理出入境证件的，或者边防、海关等国家机关工作人员，对明知是偷越国（边）境的人员，予以放行的，处三年以下有期徒刑或者拘役；情节严重的，处三年以上七年以下有期徒刑。

【立法理由】

1. **1997年刑法修订前的立法情况**。国家对国（边）境实行严格管理，对于维护国家主权、安全和社会秩序的稳定，有着重要意义。偷越国（边）境的行为不仅妨害国家国（边）境管理秩序，而且损害国家形象与声誉。偷越（边）边境人员的人身权利也往往得不到保障。为了加强出入境管理，1985年11月22日第六届全国人大常委会第十三次会议通过了《公民出境入境管理法》和《外国人入境出境管理法》，对中国人和外国人出入境证件的办理，边防等机关对出入境证件的查验等职责作了规定。根据这两部法律的规定，外交、公安等部门负责为出入境的中国公民办理护照或者其他旅行证件，为入出境的外国人办理签证。边防检查机关、海关等部门负责对出入国（边）境的人员进行检查。对有持用无效出境证件、持用他人出境证件、持用伪造或者涂改的出境证件等情形的人员，有关部门有权阻止出境，并依法处理。有关部门的工作人员在办理出入境证件、工作中担负着重要职责，应当依法认真履行职责，维护好国（边）境管理秩序。

实践中，当时存在一些有关国家机关的工作人员徇私舞弊，玩忽职守，甚至与偷越国（边）境犯罪团伙相勾结，为偷渡人员办理出入境证件或者非法放行偷渡人员的情形。为惩治这类渎职犯罪行为，1994年3月5日第八届全国人大常委会第六次会议通过的《全国人民代表大会常务委员会关于严惩组织、运送他人偷越国（边）境犯罪的补充规定》第六条第一款规定："负责办理护照、签证以及其他出入境证件的国家工作人员，对明知是企图偷越国（边）境的人员予以办理出入境证件的；边防、海关等国家工作人员，对明知是偷越国（边）境的人员，予以放行的，处三年以下有期徒刑、拘役或者管制；情节严重的，处三年以上十年以下有期徒刑。"

另外，1981年6月10日第五届全国人大常委会第十九次会议通过的《惩治军人违反职责罪暂行条例》第八条规定："边防海防线的值勤人员，徇私舞弊，私放他人偷越国（边）境的，处五年以下有期徒刑或者拘役；情节严重的，处五年以上有期徒刑。战时从重处罚。”

2. **1997年修订刑法的情况**。1997年修订刑法时，根据司法实践需要和有关方面的意见对上述决定第六条第一款的规定作了修改。一是与《刑法》分则第九章对渎职罪犯罪主体的修改相一致，将犯罪主体由“国家工作人员”调整为“国家机关工作人员”；二是调整了法定刑。

【条文说明】

本条是关于办理偷越国（边）境人员出入境证件罪、放行偷越国（边）境人员罪及其处罚的规定。

构成本条规定之罪的主体为**负责办理护照、签证以及其他出入境证件的国家机关工作人员和边防、海关等国家机关工作人员**。其中，“**护照**”，是指一国主管机关发给本国公民出国履行公务、旅行或者在外居留，用以证明其国籍和身份的证件，分为外交护照、公务护照和普通护照。“**签证**”，是指一国国内或驻国外主管机关在外国或本国公民所持的护照或其他旅行证件上签证、盖印，表示准其出入本国国境或者过境的手续。“**其他出入境证件**”，是指除护照签证以外的其他用于出境、入境和过境的证件，包括边防证、海员证、过境证等。**负责办理上述证件的国家机关工作人员**，主要是指在外交部或者外交部委托的地方外事部门、中华人民共和国驻外使馆、领馆和外交部委托的其他驻外机构，公安部出入境管理机构或者公安部授权的地方公安机关从事办理护照、签证以及其他出入境证件工作的人员。“**边防、海关等国家机关工作人员**”，是指在边防、海关等机构从事公务的国家机关工作人员。其中，本条所称“**边防**”即边防机构，是为保卫国家主权、领土完整和安全，防御侵犯和防止人员非法偷越国（边）境，在边境地区为采取防卫措施而设立的机构。根据2018年3月17日十三届全国人大一次会议批准的国务院机构改革方案，将公安部的出入境管理、边防检查职责整合，建立健全签证管理协调机制，组建国家移民管理局，加挂中华人民共和国出入境管理局牌子，由公安部管理。目前履行边防职责的是移民管理部门。“**海关**”，是指根据国家规定，对进出国境的货物、邮递物品、旅客行李、货币、金银、证券和运输工具等进行监督检查、征收关税及其他税费并执行查禁走私任务的国家行政管理机关。

根据本条规定，上述人员如果明知是企图偷越国（边）境的人员，而予以办理出入境证件或者予以放行，即构成犯罪。“**偷越国（边）境**”，是指非经有关主管机关批准，通过不正当手段出入或者穿越国（边）境的行为。“**办理出入境证件**”，是指有关主管机关依照出入境管理规定，经审查合格后，为申请出入境者提供可以放行的有效证件。“**予以放行**”，是指边防、海关等国家机关工作人员经查验申请出入境者的有关有效证件后，准许其出入通过国（边）境的行为。根据本条规定，构成本条规定之罪的人员，主观上必须是**故意**，即明知是企图偷越国（边）境的人员而予以办理出入境证件或明知是采取持伪造、变造的护照、偷渡等手段偷越国（边）境的人员，而故意予以放行。如果行为人不是故意实施上述行为，只是由于疏忽大意或其他非主观原因，则不能构成本罪。

根据本条规定，对构成本条规定之罪的行为人，处三年以下有期徒刑或者拘役；情节严重的，处三年以上七年以下有期徒刑。这里“**情节严重**”，是指多次实施本条规定的犯罪行为，情节恶劣或者造成严重后果的情形。

实践中执行本条规定应当注意，有关部门的工作人员收受贿赂，又实施本条规定的犯罪如何处理。有关部门的工作人员受人请托，收受贿赂后实施办理偷越国（边）境人员出入境证件或者放行偷越国（边）境人员的行为的，根据《最高人民法院、最高人民检察院关于办理贪污贿赂刑事案件适用法律若干问题的解释》第十七条的规定，**应当以受贿罪和本条规定的办理偷越国（边）境人员出入境证件罪或者放行偷越国（边）境人员罪数罪并罚**。

【司法解释】

《最高人民检察院关于渎职侵权犯罪案件立案标准的规定》（高检发释字〔2006〕2号，自2006年7月26日起施行）

△［**办理偷越国（边）境人员出入境证件罪；立案标准**］办理偷越国（边）境人员出入境证件罪是指负责办理护照、签证以及其他出入境证件的国家机关工作人员，对明知是企图偷越国（边）境的人员，予以办理出入境证件的行为。

负责办理护照、签证以及其他出入境证件的国家机关工作人员涉嫌在办理护照、签证以及其他出入境证件的过程中，对明知是企图偷越国（边）境的人员而予以办理出入境证件的，应予立案。

△［**放行偷越国（边）境人员罪；立案标准**］放行偷越国（边）境人员罪是指边防、海关等国家机关工作人员，对明知是偷越国（边）境的人员予以放行的行为。

边防、海关等国家机关工作人员涉嫌在履行

职务过程中,对明知是偷越国(边)境的人员而予以放行的,应予立案。

《最高人民法院、最高人民检察院关于办理渎职刑事案件适用法律若干问题的解释(一)》(法释〔2012〕18号,自2013年1月9日起施行)

△(**法条竞合**)国家机关工作人员实施滥用职权或者玩忽职守犯罪行为,触犯刑法分则第九章第三百九十八条至第四百一十九条规定的,依照该规定定罪处罚。

国家机关工作人员滥用职权或者玩忽职守,因不具备徇私舞弊等情形,不符合刑法分则第九章第三百九十八条至第四百一十九条的规定,但依法构成第三百九十七条规定的犯罪的,以滥用职权罪或者玩忽职守罪定罪处罚。(§ 2)

△(**受贿罪;数罪并罚**)国家机关工作人员实施渎职犯罪并收受贿赂,同时构成受贿罪的,除刑法另有规定外,以渎职犯罪和受贿罪数罪并罚。(§ 3)

△(**与他人共谋;想象竞合犯;数罪并罚**)国家机关工作人员与他人共谋,利用其职务行为帮助他人实施其他犯罪行为,同时构成渎职犯罪和共谋实施的其他犯罪共犯的,依照处罚较重的规定定罪处罚。

国家机关工作人员与他人共谋,既利用其职务行为帮助他人实施其他犯罪,又以非职务行为与他人共同实施该其他犯罪行为,同时构成渎职犯罪和其他犯罪的共犯的,依照数罪并罚的规定定罪处罚。(§ 4Ⅱ、Ⅲ)

△(**指使、授意、强令其他国家机关工作人员;以"集体研究"形式实施渎职犯罪**)国家机关负责人员违法决定,或者指使、授意、强令其他国家机关工作人员违法履行职务或者不履行职务,构成刑法分则第九章规定的渎职犯罪的,应当依法追究刑事责任。

以"集体研究"形式实施的渎职犯罪,应当依照刑法分则第九章的规定追究国家机关负有责任的人员的刑事责任。对于具体执行人员,应当在综合认定其行为性质、是否提出反对意见、危害结果大小等情节的基础上决定是否追究刑事责任和应当判处的刑罚。(§ 5)

△(**依法或者受委托行使国家行政管理职权的公司、企业、事业单位**)依法或者受委托行使国家行政管理职权的公司、企业、事业单位的工作人员,在行使行政管理职权时滥用职权或者玩忽职守,构成犯罪的,应当依照《全国人民代表大会常务委员会关于〈中华人民共和国刑法〉第九章渎职罪主体适用问题的解释》的规定,适用渎职罪的规定追究刑事责任。(§ 7)

【司法解释性文件】

《最高人民检察院关于印发〈人民检察院直接受理立案侦查的渎职侵权重特大案件标准(试行)〉的通知》(高检发〔2001〕13号,2001年8月24日公布)

△[**办理偷越国(边)境人员出入境证件罪;重特大案件**]

(一)重大案件

1. 违法办理三人以上的;

2. 违法办理三次以上的;

3. 违法为刑事犯罪分子办证的。

(二)特大案件

1. 违法办理五人以上的;

2. 违法办理五次以上的;

3. 违法为严重刑事犯罪分子办证的。(§ 27)

△[**放行偷越国(边)境人员罪;重特大案件**]

(一)重大案件

1. 违法放行三人以上的;

2. 违法放行三次以上的;

3. 违法放行刑事犯罪分子的。

(二)特大案件

1. 违法放行五人以上的;

2. 违法放行五次以上的;

3. 违法放行严重刑事犯罪分子的。(§ 28)

【附属刑法】

《中华人民共和国出境入境管理法》(2012年6月30日通过)

第八十五条

履行出境入境管理职责的工作人员,有下列行为之一的,依法给予处分:

(一)违反法律、行政法规,为不符合规定条件的外国人签发签证、外国人停留居留证件等出境入境证件的;

……

第八十八条

违反本法规定,构成犯罪的,依法追究刑事责任。

【参考案例】

△负责入境检查的工作人员利用职务上的便利,为他人假造入境记录而使其得以顺利出境的,应以放行偷越国(边)境人员罪论处。

被告人张东升作为北京出入境检查总站入境检查一队的检查员,负有对出入境人员的证件进行查验核准的职责，却利用职务上的便利，在无人入境的情况下，在他人提供的护照上加盖入境验讫章、伪造入境记录，致使持该护照的偷越国(边)境人员可不受相关规定的限制，较为顺利地出境，实质上是一种滥用职权的放行行为，完全符合《刑法》第四百一十五条规定的放行偷越国(边)境人员罪的构成特征，应以放行偷越国(边)境人员罪定罪处罚。

需要说明的是，被告人张东升的放行行为不是直接针对企图偷越国(边)境的人员本身，而是为提供护照的人[既可能是组织他人偷越国(边)境的人，也可能是运送他人偷越国(边)境的人等]提供的方便，是一种间接放行的行为。此种间接放行的行为只有在没有证据证实行为人与提供护照的人存在共同犯组织他人偷越国(边)境罪或运送他人偷越国(边)境罪的前提下，才能按放行偷越国(边)境人员罪处理，否则，只能按组织他人偷越国(边)境罪或运送他人偷越国(边)境罪的共犯处理。[No. 9-415-2-1　张东升放行偷越国(边)境人员案]

△负责入境检查的工作人员利用职务上的便利，实施了为他人假造入境记录的行为，但他人未实际出境的，应以放行偷越国(边)境人员罪的未遂论处。

放行偷越国(边)境人员罪的犯罪既遂应以被放行的偷越者实际偷越国(边)境为标志。就本案而言，张东升的行为为企图偷越国(边)境者提供了必要的条件，即张东升利用职务上的便利，在他人提供的护照上加盖入境验讫章、伪造入境记录，已经完成了他可能完成的对将来使用护照人的放行行为。张东升放行偷越国(边)境人员案的特殊性在于，护照的使用者必须持护照入境，才算放行偷越国(边)境行为实施终了。而在此前，即张东升在录入第五本护照的入境资料时被查获，行为人未能完成偷越国(边)境行为，因此，张东升放行他人偷越国(边)境的行为没有完成。对于这种已经着手实行犯罪，由于犯罪分子意志以外的原因而未发生犯罪分子所预期的危害后果的情形，根据《刑法》第二十三条第一款的规定，属于犯罪未遂。北京市朝阳区人民法院根据被告人张东升实施犯罪的具体情形和对于社会的危害程度，以放行偷越国(边)境人员罪，判处其有期徒刑一年零六个月，是适当的。[No. 9-415-2-2　张东升放行偷越国(边)境人员案]

第四百一十六条　【不解救被拐卖、绑架妇女、儿童罪】【阻碍解救被拐卖、绑架妇女、儿童罪】

对被拐卖、绑架的妇女、儿童负有解救职责的国家机关工作人员，接到被拐卖、绑架的妇女、儿童及其家属的解救要求或者接到其他人的举报，而对被拐卖、绑架的妇女、儿童不进行解救，造成严重后果的，处五年以下有期徒刑或者拘役。

负有解救职责的国家机关工作人员利用职务阻碍解救的，处二年以上七年以下有期徒刑；情节较轻的，处二年以下有期徒刑或者拘役。

【立法理由】

1. **1997年刑法修订前的立法情况**。改革开放初期，我国一些地区拐卖妇女、儿童的犯罪行为一度比较猖獗。被拐卖的妇女、儿童人身安全和人格尊严丧失，失去亲人的家庭遭遇巨大的痛苦。为了惩治拐卖人口的犯罪行为，1991年9月4日第七届全国人大常委会第二十一次会议通过了《全国人民代表大会常务委员会关于严惩拐卖、绑架妇女、儿童的犯罪分子的决定》。为明确人民政府和有关部门解救被拐卖、绑架的妇女、儿童的职责，惩治解救被拐卖、绑架的妇女、儿童工作中的渎职行为，根据该决定第五条的规定，各级人民政府对被拐卖、绑架的妇女、儿童负有解救职责，解救工作由公安机关会同有关部门负责执行。负有解救职责的国家工作人员接到被拐卖、绑架的妇女、儿童及其家属的解救要求或者接到其他人的举报，而对被拐卖、绑架的妇女、儿童不进行解救，造成严重后果的，依照《刑法》第一百八十七条的规定处罚，即依照1979年刑法关于玩忽职守罪的规定处罚。负有解救职责的国家工作人员利用职务阻碍解救的，处二年以上七年以下有期徒刑；情节较轻的，处二年以下有期徒刑或者拘役。

2. **1997年修订刑法的情况**。1997年修订刑法时，根据司法实践需要和有关方面的意见对上述决定第五条的规定作了修改。一是与《刑法》分则第九章对渎职罪犯罪主体的修改相一致，将犯罪主体由“国家工作人员”调整为“国家机关工作人员”；二是单独明确规定了不解救被拐卖、绑架妇女、儿童罪的刑罚。

【条文说明】

本条是关于不解救被拐卖、绑架妇女、儿童罪和阻碍解救被拐卖、绑架妇女、儿童罪及其处罚的规定。

本条共分为两款。

第一款是关于对被拐卖、绑架的妇女、儿童负有解救职责的国家机关工作人员接到被拐卖、绑架的妇女、儿童及其家属的解救要求或者接到其他人的举报，而对被拐卖、绑架的妇女、儿童不进行解救，造成严重后果的犯罪及其处罚的规定。①

“负有解救职责的国家机关工作人员”，是指各级政府中主管打击拐卖、绑架妇女、儿童及解救被拐卖、绑架的妇女、儿童的工作人员，公安机关工作人员以及其他负有会同公安机关解救被拐卖、绑架的妇女、儿童职责的工作人员。“解救要求”“举报”，既可以是口头的，也可以是书面的。**“不进行解救”**，是指对被害人及其家属或者其他人的解救要求和举报置之不理，不采取任何解救措施，或者推诿、拖延解救工作。**“严重后果”**，主要是指负有解救职责的国家机关工作人员对被拐卖、绑架的妇女、儿童不进行解救，因而造成被害人及其家属重伤、死亡或者引起其他恶性案件发生的情形。根据《最高人民检察院关于渎职侵权犯罪案件立案标准的规定》第一部分第三十一条的规定，不解救被拐卖、绑架妇女、儿童，“涉嫌下列情形之一的，**应予立案**：1. 导致被拐卖、绑架的妇女、儿童或者其家属重伤、死亡或者精神失常的；2. 导致被拐卖、绑架的妇女、儿童被转移、隐匿、转卖，不能及时进行解救的；3. 对被拐卖、绑架的妇女、儿童不进行解救 3 人次以上的；4. 对被拐卖、绑架的妇女、儿童不进行解救，造成恶劣社会影响的；5. 其他造成严重后果的情形”。

根据本款规定，对犯本款之罪的行为人，处五年以下有期徒刑或者拘役。

第二款是关于阻碍解救被拐卖、绑架的妇女、儿童犯罪的规定。本款规定的是负有解救职责的国家机关工作人员，利用职务阻碍解救被拐卖、绑架的妇女、儿童的犯罪。**“利用职务阻碍解救”**，是指负有解救职责的国家机关工作人员，利用职务给解救工作设置障碍，或者利用自己的身份、权力，阻止和干扰解救工作的进行。这种行为严重地破坏了解救工作的正常进行，破坏了国家机关在人民群众心目中的形象，社会危害性较大。根据本款规定，具有“利用职务阻碍解救”行为的，无论是否造成严重后果，都构成犯罪，都要依法追究刑事责任。根据《最高人民检察院关于渎职侵权犯罪案件立案标准的规定》第一部分第三十二条的规定，阻碍解救被拐卖、绑架妇女、儿童，“涉嫌下列情形之一的，**应予立案**：1. 利用职权，禁止、阻止或者妨碍有关部门、人员解救被拐卖、绑架的妇女、儿童的；2. 利用职务上的便利，向拐卖、绑架者或者收买者通风报信，妨碍解救工作正常进行的；3. 其他利用职务阻碍解救被拐卖、绑架的妇女、儿童应予追究刑事责任的情形”。

根据本款规定，对犯本款之罪的行为人，处二年以上七年以下有期徒刑。对情节较轻的，处二年以下有期徒刑或者拘役。

实践中执行本条规定应当注意本条第二款规定的阻碍解救被拐卖、绑架妇女、儿童罪与《刑法》第二百四十二条规定的**聚众阻碍国家机关工作人员解救被收买的妇女、儿童犯罪**的区别。本条第二款和第二百四十二条规定的犯罪都存在阻碍解救被拐卖的妇女、儿童的行为，主要区别在于本条第二款规定的犯罪属于渎职罪，主体是负有解救职责的国家机关工作人员，行为人是利用职务阻碍解救。第二百四十二条规定的犯罪属于侵犯公民人身权利罪，主体是一般主体，阻碍解救的手段是暴力、威胁方法或者聚众。

【司法解释】

《最高人民检察院关于渎职侵权犯罪案件立案标准的规定》（高检发释字〔2006〕2 号，自 2006 年 7 月 26 日起施行）

△（**不解救被拐卖、绑架妇女、儿童罪；立案标准**）不解救被拐卖、绑架妇女、儿童罪是指对被拐卖、绑架的妇女、儿童负有解救职责的公安、司法等国家机关工作人员接到被拐卖、绑架的妇女、儿童及其家属的解救要求或者接到其他人的举报，而对被拐卖、绑架的妇女、儿童不进行解救，造成严重后果的行为。

涉嫌下列情形之一的，应予立案：

1. 导致被拐卖、绑架的妇女、儿童或者其家属重伤、死亡或者精神失常的；

① 我国学者指出，本条中的“绑架”，从立法沿革及被害人仅限于妇女、儿童来看，应指《刑法》第二百四十条第一款第（五）项（即拐卖妇女、儿童的一种情形），而非《刑法》第二百三十九条（绑架罪）。但是，如果负有解救职责的国家机关工作人员，不解救《刑法》第二百三十九条的被害人，则应视行为性质与责任形式，以其他犯罪（如滥用职权罪、玩忽职守罪）论处。另外，本条中的“被拐卖的妇女、儿童”不仅包括被拐卖但还没有出卖的妇女、儿童，还包括拐卖后被他人出卖的妇女、儿童。参见张明楷：《刑法学》（第 6 版），法律出版社 2021 年版，第 1664 页。

2. 导致被拐卖、绑架的妇女、儿童被转移、隐匿、转卖,不能及时进行解救的;

3. 对被拐卖、绑架的妇女、儿童不进行解救 3 人次以上的;

4. 对被拐卖、绑架的妇女、儿童不进行解救,造成恶劣社会影响的;

5. 其他造成严重后果的情形。

△(**阻碍解救被拐卖、绑架妇女、儿童罪;立案标准**)阻碍解救被拐卖、绑架妇女、儿童罪是指对被拐卖、绑架的妇女、儿童负有解救职责的公安、司法等国家机关工作人员利用职务阻碍解救被拐卖、绑架的妇女、儿童的行为。

涉嫌下列情形之一的,应予立案:

1. 利用职权,禁止、阻止或者妨碍有关部门、人员解救被拐卖、绑架的妇女、儿童的;

2. 利用职务上的便利,向拐卖、绑架者或者收买者通风报信,妨碍解救工作正常进行的;

3. 其他利用职务阻碍解救被拐卖、绑架的妇女、儿童应予追究刑事责任的情形。

《最高人民法院、最高人民检察院关于办理渎职刑事案件适用法律若干问题的解释(一)》(法释〔2012〕18 号,自 2013 年 1 月 9 日起施行)

△(**法条竞合**)国家机关工作人员实施滥用职权或者玩忽职守犯罪行为,触犯刑法分则第九章第三百九十八条至第四百一十九条规定的,依照该规定定罪处罚。

国家机关工作人员滥用职权或者玩忽职守,因不具备徇私舞弊等情形,不符合刑法分则第九章第三百九十八条至第四百一十九条的规定,但依法构成第三百九十七条规定的犯罪的,以滥用职权罪或者玩忽职守罪定罪处罚。(§ 2)

△(**受贿罪;数罪并罚**)国家机关工作人员实施渎职犯罪并收受贿赂,同时构成受贿罪的,除刑法另有规定外,以渎职犯罪和受贿罪数罪并罚。(§ 3)

△(**与他人共谋;想象竞合犯;数罪并罚**)国家机关工作人员与他人共谋,利用其职务行为帮助他人实施其他犯罪行为,同时构成渎职犯罪和共谋实施的其他犯罪共犯的,依照处罚较重的规定定罪处罚。

国家机关工作人员与他人共谋,既利用其职务行为帮助他人实施其他犯罪,又以非职务行为与他人共同实施该其他犯罪行为,同时构成渎职犯罪和其他犯罪的共犯的,依照数罪并罚的规定定罪处罚。(§ 4Ⅱ、Ⅲ)

△(**指使、授意、强令其他国家机关工作人员;以"集体研究"形式实施渎职犯罪**)国家机关负责人员违法决定,或者指使、授意、强令其他国家机关工作人员违法履行职务或者不履行职务,构成刑法分则第九章规定的渎职犯罪的,应当依法追究刑事责任。

以"集体研究"形式实施的渎职犯罪,应当依照刑法分则第九章的规定追究国家机关负有责任的人员的刑事责任。对于具体执行人员,应当在综合认定其行为性质、是否提出反对意见、危害结果大小等情节的基础上决定是否追究刑事责任和应当判处的刑罚。(§ 5)

△(**追诉期限之计算;危害结果**)以危害结果为条件的渎职犯罪的追诉期限,从危害结果发生之日起计算;有数个危害结果的,从最后一个危害结果发生之日起计算。(§ 6)

△(**依法或者受委托行使国家行政管理职权的公司、企业、事业单位**)依法或者受委托行使国家行政管理职权的公司、企业、事业单位的工作人员,在行使行政管理职权时滥用职权或者玩忽职守,构成犯罪的,应当依照《全国人民代表大会常务委员会关于〈中华人民共和国刑法〉第九章渎职罪主体适用问题的解释》的规定,适用渎职罪的规定追究刑事责任。(§ 7)

【司法解释性文件】

《最高人民检察院关于印发〈人民检察院直接受理立案侦查的渎职侵权重特大案件标准(试行)〉的通知》(高检发〔2001〕13 号,2001 年 8 月 24 日公布)

△(**不解救被拐卖、绑架妇女、儿童罪;重特大案件**)

(一)重大案件

1. 五次或者对五名以上被拐卖、绑架的妇女、儿童不进行解救的;

2. 因不解救致人死亡的。

(二)特大案件

1. 七次或者对七名以上被拐卖、绑架的妇女、儿童不进行解救的;

2. 因不解救致人死亡三人以上的。(§ 29)

△(**阻碍解救被拐卖、绑架妇女、儿童罪;重特大案件**)

(一)重大案件

1. 三次或者对三名以上被拐卖、绑架的妇女、儿童阻碍解救的;

2. 阻碍解救致人死亡的。

(二)特大案件

1. 五次或者对五名以上被拐卖、绑架的妇女、儿童阻碍解救的;

2. 阻碍解救致人死亡二人以上的。(§ 30)

【附属刑法】

《中华人民共和国妇女权益保障法》(1992年4月3日通过,2018年10月26日第二次修正)

第五十六条

违反本法规定,侵害妇女的合法权益①,其他法律、法规规定行政处罚的,从其规定;造成财产损失或者其他损害的,依法承担民事责任;构成犯罪的,依法追究刑事责任。

第四百一十七条　【帮助犯罪分子逃避处罚罪】

有查禁犯罪活动职责的国家机关工作人员,向犯罪分子通风报信、提供便利,帮助犯罪分子逃避处罚的,处三年以下有期徒刑或者拘役;情节严重的,处三年以上十年以下有期徒刑。

【立法理由】

1. **1997年刑法修订前的立法情况**。改革开放初期,我国一些地区涉及卖淫、嫖娼的违法犯罪行为一度比较猖獗。一些组织卖淫的犯罪集团拉拢、腐蚀公安机关等负有查禁卖淫、嫖娼违法犯罪活动职责的国家工作人员,在采取查禁行动时为他们通风报信,以便逃避打击。为了依法严禁卖淫嫖娼,同时惩治有关国家工作人员的渎职行为,1991年9月1日第七届全国人大常委会第二十一次会议通过了《全国人民代表大会常务委员会关于严禁卖淫嫖娼的决定》,该决定第九条第一款规定:"有查禁卖淫、嫖娼活动职责的国家工作人员,为使违法犯罪分子逃避处罚,向其通风报信、提供便利的,依照刑法第一百八十八条的规定处罚",即依照1979年刑法有关徇私枉法罪的规定处罚。

2. **1997年修订刑法的情况**。1997年修订刑法时,根据司法实践需要和有关方面的意见对上述决定第九条的规定作了修改。一是考虑到国家机关工作人员向犯罪分子通风报信、提供便利,帮助犯罪分子逃避处罚的行为,不是只存在于有查禁卖淫、嫖娼活动职责的国家工作人员,在查禁其他犯罪的工作中也存在这类情形。**这样的渎职行为妨碍了国家机关查处犯罪的活动,损害了国家机关和干部队伍公正廉明的执法形象**,具有社会危害性,应当依法追究刑事责任。同时与《刑法》分则第九章对渎职罪犯罪主体的修改相一致,将本条规定的犯罪主体由"有查禁卖淫、嫖娼活动职责的国家工作人员"调整为"有查禁犯罪活动职责的国家机关工作人员"。二是单独明确规定了刑罚。

【条文说明】

本条是关于帮助犯罪分子逃避处罚罪及其处罚的规定。

本条规定中"**有查禁犯罪活动职责的国家机关工作人员**",是指对犯罪活动负有查禁职责的国家机关工作人员,主要是指有查禁犯罪活动职责的公安机关、国家安全机关、检察机关、审判机关中的工作人员。② 海关、税务、市场监管、生态环境等行政执法机关的人员,因为其负责查禁的行政违法行为情节严重的即可能构成犯罪,也可以成为本条规定的犯罪的主体。"**通风报信**",是指向犯罪分子有意泄露或者直接告知犯罪分子有关部门查禁活动的部署、措施、时间、地点等情况的行为;"**提供便利**",是指为犯罪分子提供隐藏处所、交通工具、通讯设备或其他便利条件,协助其逃避法律追究的行为。这里规定的通风报信、提供便利的行为是一种**故意行为**,即行为人在主观上必须具有使犯罪分子逃避处罚的目的,故意向犯罪分子通风报信、提供便利的,才能适用本条的规定。如果行为人是无意中泄露有关情况,或者是在不知情的情况下,为犯罪分子提供了便利,则不能适用本条的规定。

根据《最高人民检察院关于渎职侵权犯罪案件立案标准的规定》第一部分第三十三条的规定,

---

① 《中华人民共和国妇女权益保障法》(1992年4月3日通过,2018年10月26日第二次修正)
第三十九条
Ⅰ禁止拐卖、绑架妇女;禁止收买被拐卖、绑架的妇女;禁止阻碍解救被拐卖、绑架的妇女。
Ⅱ各级人民政府和公安、民政、劳动和社会保障、卫生等部门按照其职责及时采取措施解救被拐卖、绑架的妇女,做好善后工作,妇女联合会协助和配合做好有关工作。任何人不得歧视被拐卖、绑架的妇女。

② 我国学者指出,本罪的行为主体,并非指一般地、抽象地具备查禁职责的人员,而是就具体犯罪具有查禁职责的人员,但又不要求其对该犯罪具有刑事追诉权限。参见张明楷:《刑法学》(第6版),法律出版社2021年版,第1665页。

有本条规定的行为,"涉嫌下列情形之一的,**应予立案**:(1)向犯罪分子泄漏有关部门查禁犯罪活动的部署、人员、措施、时间、地点等情况的;(2)向犯罪分子提供钱物、交通工具、通讯设备、隐藏处所等便利条件的;(3)向犯罪分子泄漏案情的;(4)帮助、示意犯罪分子隐匿、毁灭、伪造证据,或者串供、翻供的;(5)其他帮助犯罪分子逃避处罚应予追究刑事责任的情形"。

为杜绝在查禁犯罪活动中国家机关工作人员徇私枉法的犯罪活动,本条规定,上述国家机关工作人员为犯罪分子通风报信、提供便利的,处三年以下有期徒刑或者拘役;情节严重的,处三年以上十年以下有期徒刑。"**情节严重**",主要是指由于行为人通风报信、提供便利的行为,使众多的犯罪分子没有受到应有的处罚,或者使罪行较重的犯罪分子逃避刑事追诉,以及造成其他严重后果的等情形。

实践中执行本条规定应当注意以下几个方面的问题:

1. 有查禁犯罪活动职责的国家机关工作人员,事前与犯罪分子通谋,向犯罪分子通风报信、提供便利,帮助犯罪分子逃避处罚的,应当以**其帮助的犯罪分子所犯罪的共同犯罪**论处。

2. 本条规定的犯罪与《刑法》第三百一十条规定的**窝藏、包庇罪**的区别。本条规定的犯罪属于渎职罪,主体是有查禁犯罪活动职责的国家机关工作人员,犯罪行为是利用职务便利帮助犯罪分子逃避处罚。窝藏、包庇罪属于妨害司法罪,主体是一般主体,犯罪行为主要是为犯罪分子提供隐藏处所、财物,帮助其逃匿或者作假证明包庇。

3. 本条规定的犯罪与《刑法》第三百九十九条第一款规定的**徇私枉法罪**的区别。本条规定的犯罪是帮助犯罪分子逃避处罚,即通过通风报信、提供便利,使犯罪分子不被追究刑事责任。徇私枉法罪的犯罪行为是对已经进入刑事诉讼程序的犯罪嫌疑人、被告人,明知其有罪而故意包庇不使其受追诉。

【司法解释】

《最高人民检察院关于渎职侵权犯罪案件立案标准的规定》(高检发释字〔2006〕2号,自2006年7月26日起施行)

△(**帮助犯罪分子逃避处罚罪;立案标准**)帮助犯罪分子逃避处罚罪是指有查禁犯罪活动职责的司法及公安、国家安全、海关、税务等国家机关工作人员,向犯罪分子通风报信、提供便利,帮助犯罪分子逃避处罚的行为。

涉嫌下列情形之一的,应予立案①:

1. 向犯罪分子泄漏有关部门查禁犯罪活动的部署、人员、措施、时间、地点等情况的;

2. 向犯罪分子提供钱物、交通工具、通讯设备、隐藏处所等便利条件的;

3. 向犯罪分子泄漏案情的;

4. 帮助、示意犯罪分子隐匿、毁灭、伪造证据,或者串供、翻供的;

5. 其他帮助犯罪分子逃避处罚应予追究刑事责任的情形。

《最高人民法院、最高人民检察院关于办理渎职刑事案件适用法律若干问题的解释(一)》(法释〔2012〕18号,自2013年1月9日起施行)

△(**法条竞合**)国家机关工作人员实施滥用职权或者玩忽职守犯罪行为,触犯刑法分则第九章第三百九十八条至第四百一十九条规定的,依照该规定定罪处罚。

国家机关工作人员滥用职权或者玩忽职守,因不具备徇私舞弊等情形,不符合刑法分则第九章第三百九十八条至第四百一十九条的规定,但依法构成第三百九十七条规定的犯罪的,以滥用职权罪或者玩忽职守罪定罪处罚。(§2)

△(**受贿罪;数罪并罚**)国家机关工作人员实施渎职犯罪并收受贿赂,同时构成受贿罪的,除刑法另有规定外,以渎职犯罪和受贿罪数罪并罚。(§3)

△(**放纵他人犯罪;帮助他人逃避刑事处罚;与他人共谋;想象竞合犯;数罪并罚**)国家机关工作人员实施渎职行为,放纵他人犯罪或者帮助他人逃避刑事处罚,构成犯罪的,依照渎职罪的规定定罪处罚。

国家机关工作人员与他人共谋,利用其职务行为帮助他人实施其他犯罪行为,同时构成渎职犯罪和共谋实施的其他犯罪共犯的,依照处罚较重的规定定罪处罚。

国家机关工作人员与他人共谋,既利用其职务行为帮助他人实施其他犯罪,又以非职务行为与他人共同实施该其他犯罪行为,同时构成渎职犯罪和其他犯罪的共犯的,依照数罪并罚的规定定罪处罚。(§4)

---

① 我国学者指出,其中的第二种、第四种情形及其他没有利用职务便利的行为,不能认定为本罪,只能认定为妨害司法的犯罪。参见张明楷:《刑法学》(第6版),法律出版社2021年版,第1666页。

△(**指使、授意、强令其他国家机关工作人员;以"集体研究"形式实施渎职犯罪**)国家机关负责人员违法决定,或者指使、授意、强令其他国家机关工作人员违法履行职务或者不履行职务,构成刑法分则第九章规定的渎职犯罪的,应当依法追究刑事责任。

以"集体研究"形式实施的渎职犯罪,应当依照刑法分则第九章的规定追究国家机关负有责任的人员的刑事责任。对于具体执行人员,应当在综合认定其行为性质、是否提出反对意见、危害结果大小等情节的基础上决定是否追究刑事责任和应当判处的刑罚。(§ 5)

△(**依法或者受委托行使国家行政管理职权的公司、企业、事业单位**)依法或者受委托行使国家行政管理职权的公司、企业、事业单位的工作人员,在行使行政管理职权时滥用职权或者玩忽职守,构成犯罪的,应当依照《全国人民代表大会常务委员会关于〈中华人民共和国刑法〉第九章渎职罪主体适用问题的解释》的规定,适用渎职罪的规定追究刑事责任。(§ 7)

《最高人民法院、最高人民检察院关于办理扰乱无线电通讯管理秩序等刑事案件适用法律若干问题的解释》(法释〔2017〕11 号,自 2017 年 7 月 1 日起施行)

△(**查禁扰乱无线电管理秩序犯罪活动职责;帮助犯罪分子逃避处罚罪**)有查禁扰乱无线电管理秩序犯罪活动职责的国家机关工作人员,向犯罪分子通风报信、提供便利,帮助犯罪分子逃避处罚的,应当依照刑法第四百一十七条的规定,以帮助犯罪分子逃避处罚罪追究刑事责任;事先通谋的,以共同犯罪论处。(§ 7Ⅱ)

《最高人民法院、最高人民检察院关于办理破坏野生动物资源刑事案件适用法律若干问题的解释》(法释〔2022〕12 号,自 2022 年 4 月 9 日起施行)

△(**野生动物保护和进出口监督管理职责;滥用职权罪或者玩忽职守罪;帮助犯罪分子逃避处罚罪**)负有野生动物保护和进出口监督管理职责的国家机关工作人员,滥用职权或者玩忽职守,致使公共财产、国家和人民利益遭受重大损失的,应当依照刑法第三百九十七条的规定,以滥用职权罪或者玩忽职守罪追究刑事责任。

负有查禁破坏野生动物资源犯罪活动职责的国家机关工作人员,向犯罪分子通风报信、提供便利,帮助犯罪分子逃避处罚的,应当依照刑法第四百一十七条的规定,以帮助犯罪分子逃避处罚罪追究刑事责任。(§ 10)

【司法解释性文件】

《最高人民法院、最高人民检察院、公安部、国家工商行政管理局关于依法查处盗窃、抢劫机动车案件的规定》(公通字〔1998〕31 号,1998 年 5 月 8 日公布)

△(**盗窃、抢劫的机动车辆;公安人员;机动车牌证**)公安人员对盗窃、抢劫的机动车辆,非法提供机动车牌证或者为其取得机动车牌证提供便利,帮助犯罪分子逃避处罚的,依照《刑法》第四百一十七条规定处罚。(§ 10)

《最高人民检察院关于印发〈人民检察院直接受理立案侦查的渎职侵权重特大案件标准(试行)〉的通知》(高检发〔2001〕13 号,2001 年 8 月 24 日公布)

△(**帮助犯罪分子逃避处罚罪;重特大案件**)

(一)重大案件

1. 三次或者使三名以上犯罪分子逃避处罚的;

2. 帮助重大刑事犯罪分子逃避处罚的。

(二)特大案件

1. 五次或者使五名以上犯罪分子逃避处罚的;

2. 帮助二名以上重大刑事犯罪分子逃避处罚的。(§ 31)

《最高人民法院、最高人民检察院、公安部、农业农村部依法惩治长江流域非法捕捞等违法犯罪的意见》(公通字〔2020〕17 号,2020 年 12 月 17 日发布)

△(**长江流域非法捕捞;帮助犯罪分子逃避处罚罪**)负有查禁破坏水生生物资源犯罪活动职责的国家机关工作人员,向犯罪分子通风报信、提供便利,帮助犯罪分子逃避处罚的,应当依照刑法第四百一十七条的规定,以帮助犯罪分子逃避处罚罪定罪处罚。

【附属刑法】

《中华人民共和国人民警察法》(1995 年 2 月 28 日通过,2012 年 10 月 26 日修正)

第二十二条

人民警察不得有下列行为:

……

(三)弄虚作假,隐瞒案情,包庇、纵容违法犯罪活动;

……

第四十八条

Ⅰ人民警察有本法第二十二条所列行为之一的,应当给予行政处分;构成犯罪的,依法追究刑事责任。

Ⅱ行政处分分为：警告、记过、记大过、降级、撤职、开除。对受行政处分的人民警察，按照国家有关规定，可以降低警衔、取消警衔。

Ⅲ对违反纪律的人民警察，必要时可以对其采取停止执行职务、禁闭的措施。

《中华人民共和国治安管理处罚法》（2005年8月28日通过，2012年10月26日修正）

第一百一十六条

Ⅰ人民警察办理治安案件，有下列行为之一的，依法给予行政处分；构成犯罪的，依法追究刑事责任：

……

（十）在查处违反治安管理活动时，为违法犯罪行为人通风报信的；

……

Ⅱ办理治安案件的公安机关有前款所列行为的，对直接负责的主管人员和其他直接责任人员给予相应的行政处分。

《中华人民共和国禁毒法》（2007年12月29日通过）

第六十条

有下列行为之一，构成犯罪的，依法追究刑事责任；尚不构成犯罪的，依法给予治安管理处罚：

……

（二）在公安机关查处毒品违法犯罪活动时为违法犯罪行为人通风报信的；

（三）阻碍依法进行毒品检查的；

……

【公报案例】

△**（渎职罪主体；烟草专卖局）**根据《全国人民代表大会常务委员会关于〈中华人民共和国刑法〉第九章渎职罪主体适用问题的解释》的规定，在依照法律、法规规定行使国家行政管理职权的组织中从事公务的人员，或者在受国家机关委托代表国家机关行使职权的组织中从事公务的人员，或者虽未列入国家机关人员编制但在国家机关中从事公务的人员，在代表国家机关行使职权时，有渎职行为，构成犯罪的，依照《刑法》关于渎职罪的规定追究刑事责任。烟草专卖局系接受有关国家行政机关的委托，代表有关国家机关依法行使烟草专卖市场稽查和查处违反烟草专卖行为等行政执法权的组织。因此，烟草专卖局的工作人员在代表国家机关行使职权时，有渎职行为，构成犯罪的，应当依照《刑法》关于渎职罪的规定追究刑事责任。［《最高人民法院公报》2009年第6期　黄春海帮助犯罪分子逃避处罚、销售假冒注册商标的商品案］

△**（查禁犯罪活动职责；烟草专卖市场稽查和查处）**根据《刑法》第四百一十七条的规定，帮助犯罪分子逃避处罚罪是指有查禁犯罪活动职责的国家机关工作人员，向犯罪分子通风报信、提供便利，帮助犯罪分子逃避处罚的行为。该条规定的“查禁犯罪活动职责”，不仅是指司法机关依法负有的刑事侦查、检察、审判、刑罚执行等职责，也包括法律赋予相关行政机关的查禁犯罪活动的职责。烟草专卖局接受有关国家行政机关的委托，代表有关国家行政机关依法行使烟草专卖市场稽查和查处违反烟草专卖行为等行政执法权。根据1998年国家烟草专卖局《烟草专卖行政处罚程序规定》第三十九条的规定，发现违反烟草专卖规定的违法行为构成犯罪时，相关工作人员应当依法将案件移送司法机关处理。据此，烟草专卖局及其工作人员具有查禁违反烟草专卖的犯罪活动的职责。烟草专卖局稽查队的工作人员在履职过程中，通风报信，多次将突击检查假烟销售行动的部署安排透露给销售假烟的犯罪分子，致使犯罪分子逃避刑事处罚的，构成帮助犯罪分子逃避处罚罪。［《最高人民法院公报》2009年第6期　黄春海帮助犯罪分子逃避处罚、销售假冒注册商标的商品案］

【参考案例】

△**看守所民警为所看管的犯罪嫌疑人串供提供便利，传递信息，帮助犯罪嫌疑人逃避法律处罚的，应以帮助犯罪分子逃避处罚罪论处。**

帮助犯罪分子逃避处罚罪的主体为有查禁犯罪活动职责的国家机关工作人员，看守所民警可以成为该罪的犯罪主体，构成帮助犯罪分子逃避处罚罪，理由如下：

1. 看守所民警属于国家机关工作人员范畴。依照我国法律、法规的有关规定，国家机关包括司法机关在内，看守所民警属于刑法所包括的司法工作人员之一。

2. 看守所民警具有查禁犯罪活动的职责，所谓查禁犯罪的职责，是指担负查处、禁止犯罪的职责，按法律法规规定，看守所民警具有查禁犯罪的职责：

（1）《人民警察法》第二条明确规定：人民警察的任务是维护国家安全，维护社会治安，保护公民人身安全、人身自由和合法财产，保护公共财产，预防制止和惩治违法犯罪活动。第六条规定，人民警察应依法履行预防、制止和侦查违法犯罪活动、维护社会治安秩序、制止危害社会治安秩序的行为、警卫国家规定的特定人员、守卫重要场所和设施等十四项职责。从以上有关规定可以看出,人民警察是法定的执法主体,查禁违法犯罪活动是他们的法定职责。看守所民警作为人民警察的一个警种,查禁犯罪既是其应享有的权利,也是其应当履行的义务。

(2)《看守所条例》第三十条规定:人犯近亲属给人犯的物品,须经看守人员检查。该条例第三十一条规定:看守所对人犯的来往信件可以检查,发现有碍侦查、起诉、审判的,可以扣留并移送有关机关处理。该条例第三十七条规定:人犯羁押期间重新犯罪的,看守所应及时将情况通知办案机关依法处理。《看守所条例实施办法(试行)》第十七条规定:看守干警应当熟知所分管人犯的基本情况,通过与在押人员谈话、向办案人员了解情况等,随时掌握人犯的思想动态。从以上有关规定可以看出,看守所民警查禁犯罪活动的职责限定在特定场所和特定人群之内,对超出其监管权限的其他犯罪分子,除了法律授权查禁之外,看守所民警并不具有查禁犯罪活动的职责。

3. 赋予看守所民警查禁违法犯罪的职责是与他们特定的工作性质和工作环境分不开的,对此,公安部也作出过多项规定。由于看守所民警特定的工作性质和工作环境决定了他们接触犯罪分子及其家属的机会较多,通过多种渠道了解和掌握犯罪线索也相应较多,如:一些犯罪分子为争取立功和其他目的检举揭发的案件线索,共同犯罪中犯罪分子相互揭发的材料,一些在押犯同外面通信时涉及的案件线索等。这些均为看守所民警查获违法犯罪和协助其他机关查获犯罪分子提供了可能。赋予看守所民警查禁犯罪的职责,其目的就在于利用看守所民警的工作性质和所处工作环境的便利,把看守所建设成为严密羁押在押人员的安全场所,确保刑罚活动和刑事诉讼活动的正常进行。

从一系列有关法律规定可以看出,查禁犯罪职责是法律赋予看守所民警的权力,同时也是看守所民警必须履行的法定义务,看守所民警可以成为帮助犯罪分子逃避处罚罪的主体。[No. 9-417-1　孔凡志帮助犯罪分子逃避处罚案]

△帮助犯罪分子逃避处罚罪所指的犯罪分子,是指触犯刑法而应当受到刑罚处罚的人,包括犯罪嫌疑人、被告人和正在服刑的罪犯。①

《刑法》第六十七条规定:"对于自首的犯罪分子,可以从轻或者减轻处罚。"这里的犯罪分子是指犯罪嫌疑人。《刑法》第六十一条规定:"对于犯罪分子决定刑罚的时候,应当……"这里的犯罪分子是指刑事被告人。《刑法》第七十一条规定:"判决宣告以后,刑罚执行完毕以前,被判刑的犯罪分子又犯罪的,应当对新犯的罪作出判决……"这里的犯罪分子则是指罪犯。因此从《刑法》条文中的犯罪分子来看,其泛指触犯刑法而应当受到刑罚处罚的人,范围包括被指控犯罪的犯罪嫌疑人、刑事被告人和罪犯。

刑事诉讼本身有个过程,如果将犯罪分子机械理解为已经法院判决的人或已被逮捕的人,将会导致检察机关虽发现行为人有帮助犯罪分子逃避处罚的犯罪事实存在,却因该犯罪分子尚未被逮捕或判决而不能对该行为人立案侦查,极易放纵犯罪,贻误打击犯罪时机,这与《刑事诉讼法》第一百零九条关于公安机关或者人民检察院发现犯罪事实或者犯罪嫌疑人,应当按照管辖范围,立案侦查的规定不相符。况且本罪属于行为犯,行为人实施了帮助犯罪分子逃避处罚的行为即构成犯罪既遂,并不要实际发生犯罪分子逃避处罚的后果。如果持逮捕说和判决说,一旦犯罪分子在行为人的帮助下,通过串供、伪造、毁灭证据等行为使犯罪事实无法查清,犯罪分子得以不被追诉、不被逮捕或被宣告无罪,其逃避处罚的目的得逞,反而不能追究帮助者的刑事责任,这岂不荒谬?因此,犯罪分子应包括犯罪嫌疑人、刑事被告人和罪犯。只要行为人对上述人员实施了通风报信、提供便利的渎职行为,即构成本罪。[No. 9-417-2　孔凡志帮助犯罪分子逃避处罚案]

△国家司法工作人员向违反《治安管理处罚法》的违法人员通风报信、提供便利,帮助违法人员逃避处罚的,不构成帮助犯罪分子逃避处罚罪。②

帮助犯罪分子逃避处罚罪,行为人必须明知帮助的对象是涉嫌犯罪的人,帮助一般的违法人员逃避处罚不构成此罪。当帮助方式是通风报信时,行为人必须明知是向涉嫌犯罪的人通风报信,如果明知通风报信的对象未涉嫌犯罪,而只有一般违法行为的,则不应认定行为人为犯罪分

① 我国学者指出,本罪中的"犯罪分子"不限于已经被人民法院判处刑罚的犯罪分子,也包括有证据证明确实实施了犯罪行为的人。参见黎宏:《刑法学各论》(第2版),法律出版社2016年版,第577页;张明楷:《刑法学》(第6版),法律出版社2021年版,第1665页;周光权:《刑法各论》(第4版),中国人民大学出版社2021年版,第584页。

② 我国学者指出,本罪中的"逃避处罚",应当是指刑事处罚,而不包括行政处罚。参见黎宏:《刑法学各论》(第2版),法律出版社2016年版,第577页。

子通风报信。如果行为人已知被通风报信的对象有犯罪嫌疑,而行为人为了使其逃避处罚,即使被通风报信的对象经查不构成犯罪,行为人的通风报信行为也可以构成帮助犯罪分子逃避处罚罪。

潘楠博帮助犯罪分子逃避处罚案中,潘楠博身为负有查禁犯罪活动职责的公安人员,具备本罪的主体资格;在公安机关对马球会俱乐部进行查禁前打电话给李敏华,行为属于通风报信。但是,本罪帮助对象毕竟是犯罪分子,并没有包括违法分子。这与《全国人民代表大会常务委员会关于严禁卖淫嫖娼的决定》(部分失效)第九条规定包括违法分子是有区别的。刑法在修订时取消了“违法”两字,绝非一时疏忽。本罪又系故意犯罪,即行为人必须具有帮助犯罪分子逃避处罚(主要指逃避刑事追诉活动进而逃避刑事处罚)的主观目的。从本案情况看,5 月 21 日的行动是公安机关针对俱乐部有卖淫嫖娼活动而进行的查禁活动,且潘对当天行动是否是针对李敏华,马球会俱乐部是否涉嫌犯罪均不知情。也就是说,潘楠博是在不明知李敏华系犯罪分子或马球会俱乐部存在犯罪活动的前提下,只知俱乐部存在卖淫嫖娼活动而实施了通风报信的行为,该行为的帮助对象以及实施该行为的主观方面,均与本罪的犯罪构成不符。因此,潘楠博利用职务便利,帮助他人逃避处罚的行为不能以帮助犯罪分子逃避处罚罪定罪处罚。[No. 9-417-3　潘楠博帮助犯罪分子逃避处罚案]

第四百一十八条　【招收公务员、学生徇私舞弊罪】

国家机关工作人员在招收公务员、学生工作中徇私舞弊，情节严重的，处三年以下有期徒刑或者拘役。

【立法理由】

公务员,是依法履行公职、纳入国家行政编制、由国家财政负担工资福利的工作人员。公务员是干部队伍的重要组成部分,是社会主义事业的中坚力量,是人民的公仆。通过严格的程序将优秀的人才招录到公务员队伍中,对于建设高素质的公务员队伍,为党和国家事业长期发展提供人才保障,为优秀人才提供职业发展途径,具有重要意义。1993 年 8 月 14 日发布的《国家公务员暂行条例》规定了公务员录用的有关法律制度。根据《国家公务员暂行条例》的有关规定,国家行政机关录用担任主任科员以下非领导职务的国家公务员,采用公开考试、严格考核的办法,按照德才兼备的标准择优录用。中央国家行政机关国家公务员的录用考试,由国务院人事部门负责组织。地方各级国家行政机关国家公务员的录用考试,由省级人民政府人事部门负责组织。报考国家公务员,应当具备国家规定的资格条件。录用国家公务员,应当按照发布招考公告、资格审查、公开考试、考核、审批录用等程序进行。有关部门的工作人员在招收公务员工作中徇私舞弊的行为,**影响了录用的公正性以及党和政府的形象,也给有关国家机关的工作造成隐患**。1993 年《国家公务员暂行条例》第八十六条中规定,对不按编制限额、所需职位要求及规定资格条件进行国家公务员的录用的,由县级以上人民政府或者人事部门宣布无效。国家行政机关按照国家公务员的管理权限,对负有主要或者直接责任的国家公务员,根据情节轻重,给予批评教育或者行政处分。

教育部门和学校在高等学校等招生录取工作中,公平、公正地招收学生,对于维护教育公平和学生合法权益具有重要意义。在招生录取工作中的徇私舞弊行为,**损害了国家招生管理秩序和社会公平,给有关当事人的前途甚至一生带来负面影响,具有很大的社会危害性**。1995 年 3 月 18 日第八届全国人大第三次会议通过了《教育法》,对学校招生的有关法律制度作了规定。该法第七十七条规定:“在招收学生工作中徇私舞弊的,由教育行政部门责令退回招收的人员;对直接负责的主管人员和其他直接责任人员,依法给予行政处分;构成犯罪的,依法追究刑事责任。”**1997 年修订刑法**时,考虑到招收公务员和学生中的徇私舞弊行为的社会危害性,在渎职罪一章增加了本条规定,明确规定了招收公务员、学生徇私舞弊罪。

【条文说明】

本条是关于招收公务员、学生徇私舞弊罪及其处罚的规定。

本条所称的“**招收公务员、学生徇私舞弊罪**”,是指负有招收公务员、学生工作职责的国家机关工作人员,在上述工作中,为徇私情,进行非法录用、徇私舞弊的犯罪。构成本罪的主体为具有招收公务员、学生工作职责的国家机关工作人员，包括国家机关负有招收公务员工作职责的主管人员以及有关负责具体招收工作的组织人事部门的工作人员，教育部门主管和负责招生工作的领导人员以及其他具体工作人员等。本条规定的**“招收公务员”**，包括中央机关及其直属机构招收公务员，也包括地方各级机关招收公务员。本条规定的**“招收学生”**，一般是指高等学校招生，也可以包括高中、中专等学校招生。根据《公务员法》《教育法》以及国务院关于招生工作的有关规定，公务员、学生录用工作必须坚持公开、平等、择优录用的原则，特别是在录用公务员工作中，更应当严格审查、严格把关，按照国家规定的录用程序进行，任何徇私舞弊的行为，都应受到法律的惩处。本条规定的**“徇私舞弊”**，是指在招收公务员、学生工作中，利用职权，弄虚作假，为亲友徇私情，将不合格或不应招收的人员予以招收、录用，或者将应当予以招收、录用的不予招收、录用。根据本条规定，构成本罪的，必须具备“情节严重”这一要件。这里的**“情节严重”**，是指在招收公务员、学生工作中多次徇私舞弊、屡教不改的或者在群众中造成极坏影响，给所在部门的声誉带来严重损害的等情形。根据《最高人民检察院关于渎职侵权犯罪案件立案标准的规定》第一部分第三十四条的规定，招收公务员、学生徇私舞弊，“涉嫌下列情形之一的，**应予立案**：1. 徇私舞弊，利用职务便利，伪造、变造人事、户口档案、考试成绩或者其他影响招收工作的有关资料，或者明知是伪造、变造的上述材料而予以认可的；2. 徇私舞弊，利用职务便利，帮助 5 名以上考生作弊的；3. 徇私舞弊招收不合格的公务员、学生 3 人次以上的；4. 因徇私舞弊招收不合格的公务员、学生，导致被排挤的合格人员或者其近亲属自杀、自残造成重伤、死亡，或者精神失常的；5. 因徇私舞弊招收公务员、学生，导致该项招收工作重新进行的；6. 其他情节严重的情形”。

根据本条规定，对犯本条之罪的行为人，处三年以下有期徒刑或者拘役。

实践中执行本条规定应当注意本条规定的犯罪与冒名顶替犯罪的关系。《刑法修正案（十一）》增加了盗用、冒用他人身份，顶替他人取得的高等学历教育入学资格、公务员录用资格、就业安置待遇的犯罪。负责招收公务员、学生的国家工作人员与冒名顶替他人的人员相勾结，利用职权为其冒名顶替行为提供帮助和便利的，可能同时构成本条规定的招收公务员、学生徇私舞弊罪和**冒名顶替犯罪**。对于这种情形，根据《刑法》第二百八十条之二第三款的规定，**应当依照数罪并罚的规定处罚**。

【司法解释】

《最高人民检察院关于渎职侵权犯罪案件立案标准的规定》（高检发释字〔2006〕2 号，自 2006 年 7 月 26 日起施行）

△（**招收公务员、学生徇私舞弊罪；立案标准**）招收公务员、学生徇私舞弊罪是指国家机关工作人员在招收公务员、省级以上教育行政部门组织招收的学生工作中徇私舞弊，情节严重的行为。

涉嫌下列情形之一的，应予立案：

1. 徇私舞弊，利用职务便利，伪造、变造人事、户口档案、考试成绩或者其他影响招收工作的有关资料，或者明知是伪造、变造的上述材料而予以认可的；

2. 徇私舞弊，利用职务便利，帮助 5 名以上考生作弊的；

3. 徇私舞弊招收不合格的公务员、学生 3 人次以上的；

4. 因徇私舞弊招收不合格的公务员、学生，导致被排挤的合格人员或者其近亲属自杀、自残造成重伤、死亡，或者精神失常的；

5. 因徇私舞弊招收公务员、学生，导致该项招收工作重新进行的；

6. 其他情节严重的情形。

《最高人民法院、最高人民检察院关于办理渎职刑事案件适用法律若干问题的解释（一）》（法释〔2012〕18 号，自 2013 年 1 月 9 日起施行）

△（**法条竞合**）国家机关工作人员实施滥用职权或者玩忽职守犯罪行为，触犯刑法分则第九章第三百九十八条至第四百一十九条规定的，依照该规定定罪处罚。

国家机关工作人员滥用职权或者玩忽职守，因不具备徇私舞弊等情形，不符合刑法分则第九章第三百九十八条至第四百一十九条的规定，但依法构成第三百九十七条规定的犯罪的，以滥用职权罪或者玩忽职守罪定罪处罚。（§ 2）

△（**受贿罪；数罪并罚**）国家机关工作人员实施渎职犯罪并收受贿赂，同时构成受贿罪的，除刑法另有规定外，以渎职犯罪和受贿罪数罪并罚。（§ 3）

△（**与他人共谋；想象竞合犯；数罪并罚**）国家机关工作人员与他人共谋，利用其职务行为帮助他人实施其他犯罪行为，同时构成渎职犯罪和共谋实施的其他犯罪共犯的，依照处罚较重的规定定罪处罚。

国家机关工作人员与他人共谋，既利用其职

务行为帮助他人实施其他犯罪，又以非职务行为与他人共同实施该其他犯罪行为，同时构成渎职犯罪和其他犯罪的共犯的，依照数罪并罚的规定定罪处罚。（§ 4Ⅱ、Ⅲ）

△（**指使、授意、强令其他国家机关工作人员；以“集体研究”形式实施渎职犯罪**）国家机关负责人员违法决定，或者指使、授意、强令其他国家机关工作人员违法履行职务或者不履行职务，构成刑法分则第九章规定的渎职犯罪的，应当依法追究刑事责任。

以“集体研究”形式实施的渎职犯罪，应当依照刑法分则第九章的规定追究国家机关负有责任的人员的刑事责任。对于具体执行人员，应当在综合认定其行为性质、是否提出反对意见、危害结果大小等情节的基础上决定是否追究刑事责任和应当判处的刑罚。（§ 5）

△（**依法或者受委托行使国家行政管理职权的公司、企业、事业单位**）依法或者受委托行使国家行政管理职权的公司、企业、事业单位的工作人员，在行使行政管理职权时滥用职权或者玩忽职守，构成犯罪的，应当依照《全国人民代表大会常务委员会关于〈中华人民共和国刑法〉第九章渎职罪主体适用问题的解释》的规定，适用渎职罪的规定追究刑事责任。（§ 7）

【司法解释性文件】

《最高人民检察院关于印发〈人民检察院直接受理立案侦查的渎职侵权重特大案件标准（试行）〉的通知》（高检发〔2001〕13号，2001年8月24日公布）

△（**招收公务员、学生徇私舞弊罪；重特大案件**）

（一）重大案件

1. 五次以上招收不合格公务员、学生或者一次招收五名以上不合格公务员、学生的；

2. 造成县区范围内招收公务员、学生工作重新进行的；

3. 因招收不合格公务员、学生，导致被排挤的合格人员或者其亲属精神失常的。

（二）特大案件

1. 七次以上招收不合格公务员、学生或者一次招收七名以上不合格公务员、学生的；

2. 造成地市范围内招收公务员、学生工作重新进行的；

3. 因招收不合格公务员、学生，导致被排挤的合格人员或者其亲属自杀的。（§ 32）

【参考案例】

△**户籍管理工作是招生工作的一部分，公安人员属于特指的国家机关中负责招收学生工作的工作人员，符合招收学生徇私舞弊罪的主体要件。**

对招收学生徇私舞弊罪主体的认定不应仅局限于直接负责招收学生工作的国家机关工作人员，根据《最高人民检察院关于渎职侵权犯罪案件立案标准的规定》关于招收公务员、学生徇私舞弊罪犯罪案件第（一）项的规定，徇私舞弊，利用职务便利，伪造、变造人事、户口档案、考试成绩或者其他影响招收工作的有关资料，或者明知是伪造、变造的上述材料而予以认可的，应按招收公务员、学生徇私舞弊罪立案。而户籍管理工作是招生工作的一部分，原审被告人徐建利、张建军既是国家机关工作人员，又属于特指的国家机关中负责招收学生工作的工作人员，符合招收学生徇私舞弊罪的主体要件。根据审理查明的事实，徐建利身为国家机关工作人员，因为老乡请托而徇私情随意行使手中的职权，违反了户籍管理规定，为四名山东高考移民考生办理虚假户籍、取得内蒙古高考资格创造了首要条件，致使四人违法取得在内蒙古的高考资格并参加考试，造成严重社会影响，从犯罪客体及具体行为特征来看，属于徇私舞弊类犯罪，按照“特殊优于一般”的原则，其行为构成招收学生徇私舞弊罪。［No. 9-418-1 徐建利、张建军招收学生徇私舞弊案］

第四百一十九条 【失职造成珍贵文物损毁、流失罪】

国家机关工作人员严重不负责任，造成珍贵文物损毁或者流失，后果严重的，处三年以下有期徒刑或者拘役。

【立法解释】

《全国人民代表大会常务委员会关于〈中华人民共和国刑法〉有关文物的规定适用于具有科学价值的古脊椎动物化石、古人类化石的解释》（2005年12月29日通过）

△（**具有科学价值的古脊椎动物化石、古人类化石**）刑法有关文物的规定，适用于具有科学价值的古脊椎动物化石、古人类化石。

【立法理由】

1. **1997年修订刑法的情况**。文物是历史遗留下的重要文化资源,保护好文物,对于弘扬社会主义核心价值观,维护中华民族的历史传承,具有重要意义。新中国成立以来,党和政府重视对具有历史、艺术和科学价值的文物的保护。1982年11月19日第五届全国人大常委会第二十五次会议通过了《文物保护法》,对文物保护的基本法律制度,有关部门在文物保护工作中的职责作了规定。1991年6月29日第七届全国人大常委会第二十次会议根据实践中出现的新情况,对《文物保护法》有关规定作了修改。根据1991年修正后文物保护法的规定,国家文化行政管理部门主管全国文物工作。地方各级人民政府保护本行政区域内的文物。各省、自治区、直辖市和文物较多的自治州、县、自治县、市可以设立文物保护管理机构,管理本行政区域内的文物工作。文物保护主管部门在核定文物保护单位、历史文化名城,审批涉及文物保护单位的建设工程,审批考古发掘,处罚涉文物违法行为等方面具有广泛的职责。公安、工商行政管理、城乡规划、海关等部门根据有关法律和规定,也承担有关文物保护职责。这些部门的工作人员应当认真履行职责,保护好文物资源。

文物保护主管部门等部门的国家工作人员在文物保护工作中的渎职行为,造成珍贵文物损毁或者流失的严重后果的,具有较大的社会危害性,应当依法追究刑事责任。1991年修正后《文物保护法》第三十一条中规定,国家工作人员玩忽职守,造成珍贵文物损毁或者流失的,依法追究刑事责任。国家工作人员滥用职权,造成珍贵文物损毁的,比照《刑法》第一百八十七条的规定追究刑事责任,即比照1979年刑法关于玩忽职守罪的规定追究刑事责任。1997年修订刑法时,为了更加明确地依法惩治文物保护工作中的渎职犯罪行为,在渎职罪一章增加了本条关于失职造成珍贵文物损毁、流失罪的规定。

2. **2005年全国人大常委会对本条作了法律解释**。2005年12月29日第十届全国人大常委会第十九次会议通过了《全国人民代表大会常务委员会关于〈中华人民共和国刑法〉有关文物的规定适用于具有科学价值的古脊椎动物化石、古人类化石的解释》,针对实践中出现的走私、盗窃、损毁、倒卖、非法转让具有科学价值的古脊椎动物化石、古人类化石的严重违法行为,明确本条关于文物的规定,也适用于具有科学价值的古脊椎动物化石、古人类化石。

【条文说明】

本条是关于失职造成珍贵文物损毁、流失罪及其处罚的规定。

根据本条规定,国家机关工作人员因严重不负责任,造成珍贵文物损毁或者流失,后果严重的,即构成本罪。本条规定的犯罪的主体,是**负有文物保护职责的国家机关工作人员**,包括文物行政部门和其他部门的工作人员。“**严重不负责任**”,是指对自己经手管理、运输、使用的珍贵文物,不认真管理和保管,或者对可能造成珍贵文物损毁或者流失的隐患,不采取措施,情节恶劣的行为。根据《文物保护法》第二条、第三条的规定,本条规定的“**文物**”主要包括:具有历史、艺术、科学价值的古文化遗址、古墓葬、古建筑、石窟寺和石刻、壁画;与重大历史事件、革命运动或者著名人物有关的以及具有重要纪念意义、教育意义或者史料价值的近代现代重要史迹、实物、代表性建筑;历史上各时代珍贵的艺术品、工艺美术品;历史上各时代重要的文献资料以及具有历史、艺术、科学价值的手稿和图书资料等;反映历史上各时代、各民族社会制度、社会生产、社会生活的代表性实物。珍贵文物是指在中华人民共和国境内,具有重要历史、艺术、科学价值的文物,珍贵文物分为一级文物、二级文物、三级文物。另外,根据《全国人民代表大会常务委员会关于〈中华人民共和国刑法〉有关文物的规定适用于具有科学价值的古脊椎动物化石、古人类化石的解释》的规定,刑法有关文物的规定,适用于具有科学价值的古脊椎动物化石、古人类化石。因此,本条规定也适用于国家机关工作人员严重不负责任,造成具有科学价值的古脊椎动物化石和古人类化石损毁或者流失,后果严重的犯罪行为。本条所称“**损毁**”,是指在考古发掘或者管理、保护过程中,造成珍贵文物破坏、损坏,或者毁灭,无法恢复原貌的行为;“**流失**”,是指造成珍贵文物丢失、流传到国外等情形。

根据本条规定,**构成本条规定的犯罪应当具备“后果严重”这一要件**,如果只是造成文物很小的破损,或者失而复得没有造成大的损坏,则不能按照本罪处理。《最高人民法院、最高人民检察院关于办理妨害文物管理等刑事案件适用法律若干问题的解释》第十条规定:“国家机关工作人员严重不负责任,造成珍贵文物损毁或者流失,具有下列情形之一的,应当认定为刑法第四百一十九条规定的‘**后果严重**’:(一)导致二级以上文物或者五件以上三级文物损毁或者流失的;(二)导致全国重点文物保护单位、省级文物保护单位的本体严重损毁或者灭失的；（三）其他后果严重的情形。”

根据本条规定，构成本条规定之罪的，处三年以下有期徒刑或者拘役。

实践中执行本条规定应当注意本条规定的犯罪与《刑法》第三百二十四条第三款规定的**过失损毁文物罪**的区别。本条规定的犯罪与过失损毁文物罪都可能有因过失造成文物损毁的行为，主要区别在于本条规定的犯罪是渎职罪，主体是负有文物保护职责的国家机关工作人员，其过失行为发生在履行职责过程中。过失损毁文物罪属于妨害文物管理罪，主体是一般主体，其过失行为与国家工作人员履行文物保护职责无关。

【司法解释】

《最高人民检察院关于渎职侵权犯罪案件立案标准的规定》（高检发释字〔2006〕2号，自2006年7月26日起施行）

△（**失职造成珍贵文物损毁、流失罪；立案标准**）失职造成珍贵文物损毁、流失罪是指文物行政部门、公安机关、工商行政管理部门、海关、城乡建设规划部门等国家机关工作人员严重不负责任，造成珍贵文物损毁或者流失，后果严重的行为。

涉嫌下列情形之一的，应予立案：

1. 导致国家一、二、三级珍贵文物损毁或者流失的；

2. 导致全国重点文物保护单位或者省、自治区、直辖市级文物保护单位损毁的；

3. 其他后果严重的情形。

《最高人民法院、最高人民检察院关于办理渎职刑事案件适用法律若干问题的解释（一）》（法释〔2012〕18号，自2013年1月9日起施行）

△（**法条竞合**）国家机关工作人员实施滥用职权或者玩忽职守犯罪行为，触犯刑法分则第九章第三百九十八条至第四百一十九条规定的，依照该规定定罪处罚。

国家机关工作人员滥用职权或者玩忽职守，因不具备徇私舞弊等情形，不符合刑法分则第九章第三百九十八条至第四百一十九条的规定，但依法构成第三百九十七条规定的犯罪的，以滥用职权罪或者玩忽职守罪定罪处罚。（§ 2）

△（**受贿罪；数罪并罚**）国家机关工作人员实施渎职犯罪并收受贿赂，同时构成受贿罪的，除刑法另有规定外，以渎职犯罪和受贿罪数罪并罚。（§ 3）

△（**与他人共谋；想象竞合犯；数罪并罚**）国家机关工作人员与他人共谋，利用其职务行为帮助他人实施其他犯罪行为，同时构成渎职犯罪和共谋实施的其他犯罪共犯的，依照处罚较重的规定定罪处罚。

国家机关工作人员与他人共谋，既利用其职务行为帮助他人实施其他犯罪，又以非职务行为与他人共同实施该其他犯罪行为，同时构成渎职犯罪和其他犯罪的共犯的，依照数罪并罚的规定定罪处罚。（§ 4Ⅱ、Ⅲ）

△（**指使、授意、强令其他国家机关工作人员；以“集体研究”形式实施渎职犯罪**）国家机关负责人员违法决定，或者指使、授意、强令其他国家机关工作人员违法履行职务或者不履行职务，构成刑法分则第九章规定的渎职犯罪的，应当依法追究刑事责任。

以“集体研究”形式实施的渎职犯罪，应当依照刑法分则第九章的规定追究国家机关负有责任的人员的刑事责任。对于具体执行人员，应当在综合认定其行为性质、是否提出反对意见、危害结果大小等情节的基础上决定是否追究刑事责任和应当判处的刑罚。（§ 5）

△（**追诉期限之计算；危害结果**）以危害结果为条件的渎职犯罪的追诉期限，从危害结果发生之日起计算；有数个危害结果的，从最后一个危害结果发生之日起计算。（§ 6）

△（**依法或者受委托行使国家行政管理职权的公司、企业、事业单位**）依法或者受委托行使国家行政管理职权的公司、企业、事业单位的工作人员，在行使行政管理职权时滥用职权或者玩忽职守，构成犯罪的，应当依照《全国人民代表大会常务委员会关于〈中华人民共和国刑法〉第九章渎职罪主体适用问题的解释》的规定，适用渎职罪的规定追究刑事责任。（§ 7）

《最高人民法院、最高人民检察院关于办理妨害文物管理等刑事案件适用法律若干问题的解释》（法释〔2015〕23号，自2016年1月1日起施行）

△（**后果严重**）国家机关工作人员严重不负责任，造成珍贵文物损毁或者流失，具有下列情形之一的，应当认定为刑法第四百一十九条规定的“后果严重”：

（一）导致二级以上文物或者五件以上三级文物损毁或者流失的；

（二）导致全国重点文物保护单位、省级文物保护单位的本体严重损毁或者灭失的；

（三）其他后果严重的情形。（§ 10）

△（**不同等级的文物；五件同级文物**）案件涉及不同等级的文物的，按照高级别文物的量刑幅

度量刑;有多件同级文物的,五件同级文物视为一件高一级文物,但是价值明显不相当的除外。(§ 13)

△(**文物价值之认定;根据涉案文物的有效价格证明认定;根据销赃数额认定;结合鉴定意见、报告认定**)依照文物价值定罪量刑的,根据涉案文物的有效价格证明认定文物价值;无有效价格证明,或者根据价格证明认定明显不合理的,根据销赃数额认定,或者结合本解释第十五条规定的鉴定意见、报告认定。(§ 14)

△(**鉴定意见**)在行为人实施有关行为前,文物行政部门已对涉案文物及其等级作出认定的,可以直接对有关案件事实作出认定。

对案件涉及的有关文物鉴定、价值认定等专门性问题难以确定的,由司法鉴定机构出具鉴定意见,或者由国务院文物行政部门指定的机构出具报告。其中,对于文物价值,也可以由有关价格认证机构作出价格认证并出具报告。(§ 15)

【司法解释性文件】

《最高人民检察院关于印发〈人民检察院直接受理立案侦查的渎职侵权重特大案件标准(试行)〉的通知》(高检发〔2001〕13 号,2001 年 8 月 24 日公布)

△(**失职造成珍贵文物损毁、流失罪;重特大案件**)

(一)重大案件

1. 导致国家一级文物损毁或者流失一件以上的;

2. 导致国家二级文物损毁或者流失三件以上的;

3. 导致国家三级文物损毁或者流失五件以上的;

4. 导致省级文物保护单位严重损毁的。

(二)特大案件

1. 导致国家一级文物损毁或者流失三件以上的;

2. 导致国家二级文物损毁或者流失五件以上的;

3. 导致国家三级文物损毁或者流失十件以上的;

4. 导致全国重点文物保护单位严重损毁的。(§ 33)

【附属刑法】

《中华人民共和国文物保护法》(1982 年 11 月 19 日通过,2017 年 11 月 4 日第五次修正)

第七十六条

Ⅰ文物行政部门、文物收藏单位、文物商店、经营文物拍卖的拍卖企业的工作人员,有下列行为之一的,依法给予行政处分,情节严重的,依法开除公职或者吊销其从业资格;构成犯罪的,依法追究刑事责任:

……

(四)因不负责任造成文物保护单位、珍贵文物损毁或者流失的;

……

Ⅱ前款被开除公职或者被吊销从业资格的人员,自被开除公职或者被吊销从业资格之日起十年内不得担任文物管理人员或者从事文物经营活动。

第七十八条

公安机关、工商行政管理部门、海关、城乡建设规划部门和其他国家机关,违反本法规定滥用职权、玩忽职守、徇私舞弊,造成国家保护的珍贵文物损毁或者流失的,对负有责任的主管人员和其他直接责任人员依法给予行政处分;构成犯罪的,依法追究刑事责任。

第十章 军人违反职责罪

第四百二十条 【军人违反职责罪的概念】
军人违反职责，危害国家军事利益，依照法律应当受刑罚处罚的行为，是军人违反职责罪。

【立法理由】

1. **《惩治军人违反职责罪暂行条例》的规定情况**。1981年，全国人大常委会根据惩治军人违反职责罪的实际需要，制定了《惩治军人违反职责罪暂行条例》。该条例第二条规定："中国人民解放军的现役军人，违反军人职责，危害国家军事利益，依照法律应当受刑罚处罚的行为，是军人违反职责罪。但是情节显著轻微、危害不大的，不认为是犯罪，按军纪处理。"

2. **1997年修订刑法的情况**。1997年修订刑法时，经过研究，将军人违反职责的犯罪纳入刑法，作为《刑法》分则的第十章。在将这一规定写入1997年1月10日的刑法修订草案时，对犯罪主体的表述作了简化，即由条例规定的"中国人民解放军的现役军人"修改简化为"军人"，其他内容则沿用了条例的表述。后来考虑到此条规定中的"但书"在《刑法》第十三条犯罪概念的界定中已有规定，没有必要在此作重复性规定，故在1997年2月17日的《刑法修订草案（修改稿）》第四百一十四条中立法机关没有再对上述"但书"作出规定，并最终写入1997年《刑法》第四百二十条中。本条是对军人违反职责犯罪的定性规定，明确了构成军人违反职责犯罪的条件，对认定本章所规定的各个具体的军人违反职责的犯罪都有指导意义。

【条文说明】

本条是关于军人违反职责罪概念的规定。

根据本条规定，构成军人违反职责罪应当具备以下条件：

1. **构成军人违反职责罪的主体主要是军人**。根据《刑法》第四百五十条的规定，军人违反职责罪适用于"中国人民解放军的现役军官、文职干部、士兵及具有军籍的学员和中国人民武装警察部队的现役警官、文职干部、士兵及具有军籍的学员以及文职人员、执行军事任务的预备役人员和其他人员"。

2. **行为人实施了违反军人职责的行为**。这里规定的"**军人职责**"，是指我国宪法、法律、行政法规以及各种军事法规、规章中规定的军人职责。2013年2月26日发布的《最高人民检察院、解放军总政治部军人违反职责罪案件立案标准的规定》第三十四条明确规定："本规定中的'违反职责'，是指违反国家法律、法规、军事法规、军事规章所规定的军人职责，包括军人的共同职责，士兵、军官和首长的一般职责，各类主管人员和其他从事专门工作的军人的专业职责等。"例如，《宪法》第二十九条第一款明确规定，中华人民共和国武装力量的任务是巩固国防，抵抗侵略，保卫祖国，保卫人民的和平劳动，参加国家建设事业，努力为人民服务。《兵役法》第七条第一款规定，现役军人必须遵守军队的条令和条例，忠于职务，随时为保卫祖国而战斗。中国人民解放军的有关条例和各类专门军事法规、规章中对于军人的一般职责，各级指挥人员、主管人员、值班值勤人员及其他专门人员的具体职责等都作了明确的规定。这是所有军人都应当严格遵守和履行的。任何违反军人职责的行为，都要按照军纪处理，情节严重，构成军人违反职责罪的，要依法追究刑事责任。

3. **行为人违反军人职责的行为危害了国家军事利益**。军人违反职责行为必须对国家的军事利益造成了危害，如果没有危害国家军事利益的，也不能构成军人违反职责罪。这里规定的"**国家军事利益**"，主要是指国家在国防建设、武装力量建设以及军事行动等方面的利益。军人违反职责的犯罪对国家军事利益的危害可以表现在许多方面，如危害部队的作战行动，破坏武器装备、军事设施，泄露军事机密等。军人违反职责犯罪对国家军事利益的危害可能是直接的，如直接危害了作战行动，导致作战失败；也有可能是间接危害了国家的军事利益，如自伤身体，使军队战斗人员减少，从而削弱战斗力；在军事行动区残害、掠夺无辜居民，影响军民关系，破坏我军形象等。军人违反职责罪对国家军事利益的危害既包括对国家军事利益已经造成危害后果的情况，也包括可能危害国家军事利益的情况。

4. **依照法律应当受刑罚处罚的行为**。军人违反职责危害国家军事利益的行为表现多样，其危害程度也各有不同。法律对于军人违反职责危害国家军事利益构成犯罪的行为作了具体规定，也规定了不同的标准，有的只要实施了规定的行为就构成犯罪，有的要求行为造成了一定的危害后果才构成犯罪。只有依照刑法或者其他法律的规定，应当受到刑罚处罚的行为，才能构成犯罪。这也是区分军人违反职责罪与一般的违反军队纪律行为的界限。

【司法解释性文件】

《军人违反职责罪案件立案标准的规定》(政检〔2013〕1号，2013年2月26日公布)

△(**违反职责**)本规定中的“违反职责”，是指违反国家法律、法规，军事法规、军事规章所规定的军人职责，包括军人的共同职责，士兵、军官和首长的一般职责，各类主管人员和其他从事专门工作的军人的专业职责等。(§ 34)

第四百二十一条　【战时违抗命令罪】

战时违抗命令，对作战造成危害的，处三年以上十年以下有期徒刑；致使战斗、战役遭受重大损失的，处十年以上有期徒刑、无期徒刑或者死刑。

【立法理由】

1. **《惩治军人违反职责罪暂行条例》的规定情况**。该条例第十七条规定：“在战斗中违抗命令，对作战造成危害的，处三年以上十年以下有期徒刑；致使战斗、战役遭受重大损失的，处十年以上有期徒刑、无期徒刑或者死刑。”

2. **1997年修订刑法的情况**。军人以服从命令为天职，令行禁止是治军的基本之道。军人不服从命令，军队的战斗力无从谈起。战时违抗命令，更会直接危害作战任务的完成，导致战斗、战役的损失。因此，有必要规定本罪。原《惩治军人违反职责罪暂行条例》即有本罪的规定，1997年修订刑法时，对条例的内容作了修改后纳入刑法。

【条文说明】

本条是关于战时违抗命令罪及其处罚的规定。

构成本罪应当同时具备下列条件：

1. **行为人具有在战时违抗命令的行为**。服从命令是军人的天职，军人只有服从命令，听从指挥，才能保证统一行动，保证战斗的胜利。尤其是在战时，违抗命令的行为，往往给作战造成危害。因而本条规定，在战时违抗命令是构成本罪的重要条件。这里规定的“**战时**”，在《刑法》第四百五十一条有具体规定，即“国家宣布进入战争状态、部队受领作战任务或者遭敌突然袭击时。部队执行戒严任务或者处置突发性暴力事件时，以战时论”。2013年2月26日发布的《最高人民检察院、解放军总政治部军人违反职责罪案件立案标准的规定》第三十三条对“战时”也作了相应解释。在《惩治军人违反职责罪暂行条例》第十七条中，对于这一犯罪的时间要件，规定的是“在战斗中”。在1997年刑法修订过程中，考虑到军队及军事行动的特点，普遍感到将此罪限制在“在战斗中”这一时间条件内，限制过严，不利于惩治违抗命令的犯罪，故在将该罪纳入1997年刑法时，对于构成本罪的时间条件，最终没有规定为“在战斗中”，而是修改为“战时”。这里规定的“违抗命令”，是指故意违背上级的命令，不按照命令的具体要求，错误地执行或者拒不执行命令的行为。

2. **这种行为对作战造成了实际的危害**。例如，由于行为人违抗命令的行为，扰乱了作战的部署，给敌人以可乘之机，造成战斗失利，影响了作战顺利进行或作战中重大任务的完成或者给部队造成了较大损失等情况。如果行为人违抗命令的行为没有对作战造成危害，则不能构成本罪，可以根据情况按照其他规定或者违反军纪处理。《惩治军人违反职责罪暂行条例》第十七条中规定的构成本罪要“对作战造成危害”。1997年修订刑法时，立法机关曾考虑删除原写法中“对作战造成危害”的规定，以降低定罪量刑的标准。最终考虑到如果删除这一要件，此罪就由原先的结果犯修改为行为犯，致使成立犯罪的门槛过低，与其严重的法定刑的设置不相适应，立法机关最终仍然保留了《惩治军人违反职责罪暂行条例》中关于该罪“对作战造成危害”的时间要件，由此形成了本条规定。

3. **行为人在主观上是故意**。过失不能构成本罪,如果行为人主观上不是故意违抗,而是由于没有及时接到命令或者由于对命令发生误解而没有正确执行命令的,不能构成本罪。

4. 本条规定中“**致使战斗、战役遭受重大损失**”,是指造成我军人员严重伤亡、物质严重损失,甚至整个战斗、战役失利等严重后果的。

【司法解释性文件】

《军人违反职责罪案件立案标准的规定》(政检〔2013〕1号,2013年2月26日公布)

△(**战时违抗命令罪;立案标准**)战时违抗命令罪是指战时违抗命令,对作战造成危害的行为。

违抗命令,是指主观上出于故意,客观上违背、抗拒首长、上级职权范围内的命令,包括拒绝接受命令、拒不执行命令,或者不按照命令的具体要求行动等。

战时涉嫌下列情形之一的,应予立案:

(一)扰乱作战部署或者贻误战机的;

(二)造成作战任务不能完成或者迟缓完成的;

(三)造成我方人员死亡一人以上,或者重伤二人以上,或者轻伤三人以上的;

(四)造成武器装备、军事设施、军用物资损毁,直接影响作战任务完成的;

(五)对作战造成其他危害的。(§ 1)

△(**以上;不满**)本规定所称“以上”,包括本数;有关犯罪数额“不满”,是指已达到该数额百分之八十以上。(§ 35)

△(**武器装备**)本规定中的“武器装备”,是实施和保障军事行动的武器、武器系统和军事技术器材的统称。(§ 37)

△(**军用物资**)本规定中的“军用物资”,是除武器装备以外专供武装力量使用的各种物资的统称,包括装备器材、军需物资、医疗物资、油料物资、营房物资等。(§ 38)

△(**财物价值和损失之确定;估价**)本规定中财物价值和损失的确定,由部队驻地人民法院、人民检察院和公安机关指定的价格事务机构进行估价。武器装备、军事设施、军用物资的价值和损失,由部队军以上单位的主管部门确定;有条件的,也可以由部队驻地人民法院、人民检察院和公安机关指定的价格事务机构进行估价。(§ 39)

【附属刑法】

《中华人民共和国国防动员法》(2010年2月26日通过)

第七十条

有下列行为之一的,对直接负责的主管人员和其他直接责任人员,依法给予处分:

(一)拒不执行上级下达的国防动员命令的;

……

第七十一条

违反本法规定,构成违反治安管理行为的,依法给予治安管理处罚;构成犯罪的,依法追究刑事责任。

第四百二十二条 【隐瞒、谎报军情罪】【拒传、假传军令罪】

故意隐瞒、谎报军情或者拒传、假传军令,对作战造成危害的,处三年以上十年以下有期徒刑;致使战斗、战役遭受重大损失的,处十年以上有期徒刑、无期徒刑或者死刑。

【立法理由】

(一)立法相关背景及修改情况

1. **1981年《惩治军人违反职责罪暂行条例》的规定情况**。该条例第十八条规定:“故意谎报军情或者假传军令,对作战造成危害的,处三年以上十年以下有期徒刑;致使战斗、战役遭受重大损失的,处十年以上有期徒刑、无期徒刑或者死刑。”

2. **1997年修订刑法的情况**。在刑法修订研拟中,考虑到“拒传”军令的行为同样严重妨害命令的传递,隐瞒军情和谎报军情都会影响领导机关正确决策,危害作战或者其他国防安全利益,故立法工作机关将上述规定纳入1997年刑法中。

(二)立法时争议的主要问题

在立法过程中,有的同志提出,隐瞒、谎报军情的行为只有对作战造成了一定危害后果的,才构成犯罪。行为人虽然隐瞒、谎报了军情,但对作战没有造成危害后果的,不构成犯罪,应以违纪论处。将隐瞒、谎报军情规定为犯罪是因为:首先,隐瞒、谎报军情的行为不论是作为违纪还是犯罪,都是具有社会危害性的。这种社会危害性直接表现为上级领导机关和指挥员可能因行为人隐瞒、谎报军情而作出错误的判断,导致决策失误,最终危害作战,所以对作战造成危害是隐瞒、谎报军情行为的必然结果。只是这种危害的具体表现形式因案而异,有的大,有的小,有的是现实的、具体的，也有的是潜在的、抽象的。不可能存在隐瞒、谎报军情而对作战没有造成危害的情况，否则也就完全没有理由把隐瞒、谎报军情的行为作为违纪行为严令禁止。其次，隐瞒、谎报军情罪属于行为犯而不是结果犯，一旦实施了法律所规定的行为，就是犯罪既遂。如果将对作战造成危害作为区分罪与非罪的标准，势必将本罪作为结果犯，而对故意犯罪的结果犯来说，没有造成法定结果是应以犯罪未遂论处的。只有对过失犯罪，才能以是否造成了法定犯罪结果作为区分罪与非罪的界限。再次，如实向上级报告情况是每一名军人的基本职责，如果以没有对作战造成危害而宽容隐瞒、谎报军情的行为，势必在一定程度上混淆是非界限，承认隐瞒、谎报军情行为的合理性，这对于培养军人如实报告情况、对组织负责的观念是极其不利的。最后，在司法实践中还容易给犯罪分子留下狡辩的口实，放纵隐瞒、谎报军情的犯罪分子。当然，并不是对谎报军情的行为都要定罪处刑。其中确属情节显著轻微危害不大的，或者情节轻微不需要判处刑罚的，也可以依照规定给予军纪处理，不认为是犯罪或者免予刑事处分。本罪没有限定为战时犯罪，因为部队平时的战备工作本身就是一种作战准备活动，隐瞒或者谎报军情都可能导致上级在作战及其准备上决策失误，最终对作战造成危害。

【条文说明】

本条是关于隐瞒、谎报军情罪和拒传、假传军令罪及其处罚的规定。

构成本条规定的犯罪应当同时具备下列条件：

1. **行为人实施了故意隐瞒军情、故意谎报军情、拒传军令或者假传军令的行为**。这里规定的“**军情**”，是指与军事行动有关的我军、友军和敌军的情报，如敌军的位置和数量，敌军的作战动向，敌军火力点的分布情况等。“**隐瞒军情**”，是指行为人对军情加以掩盖，应该向上级报告而不报告的行为。“**谎报军情**”，是指行为人故意报告虚构的、不真实的军情。这里规定的“**拒传军令**”，是指负有传递军令职责的军人，拒不传达军事命令、指示的行为，如拒不传达军队调动的命令等。“**假传军令**”，是指故意传达篡改的军事命令或者故意传达内容虚假的编造的军事命令的行为，如假传进攻命令，编造撤换指挥人员命令。“**军令**”，是指与部队军事活动有关的命令，包括口头的、书面的、利用网络信息等各种方式发布的命令。故意隐瞒、谎报军情或者拒传、假传军令的行为，都可能影响作战的正确决策，对军事行动和作战极为不利，其危害性很大。

2. **这种行为对作战造成了实际危害**。[①] 这里规定的“对作战造成危害”与《刑法》第四百二十一条的“对作战造成危害”的含义是一致的。同时，行为人故意隐瞒、谎报军情或假传军令的行为，还可能造成决策上的失误，这也是对作战造成了危害的一种情形。[②]

3. **行为人在主观上是故意**。如果行为人没有故意隐瞒、谎报军情而是由于认识错误而错报了军情，或者不是故意拒传、假传军令而是误传了军令或是由于不可抗拒的原因无法传达军令的，不能构成本条之罪。

本条规定，故意隐瞒、谎报军情或者拒传、假传军令，对作战造成危害的，处三年以上十年以下有期徒刑；致使战斗、战役遭受重大损失的，处十年以上有期徒刑、无期徒刑或者死刑。这里规定的“**致使战斗、战役遭受重大损失**”的含义与第四百二十一条“致使战斗、战役遭受重大损失”的含义是一致的。

需要注意的是，假传的军令既可以是无中生有凭空编造的，也可以是篡改真实的军令；既可以是行为人自己编造或者篡改的，也可以是行为人明知是别人编造或者篡改后自己仍然予以传递的。

拒传军令和假传军令的行为结合在一起实施时，作为选择性罪名，不进行数罪并罚，只定一个拒传、假传军令罪。

【司法解释性文件】

《军人违反职责罪案件立案标准的规定》（政检〔2013〕1号，2013年2月26日公布）

△（**隐瞒、谎报军情罪；立案标准**）隐瞒、谎报军情罪是指故意隐瞒、谎报军情，对作战造成危害的行为。

涉嫌下列情形之一的，应予立案：

（一）造成首长、上级决策失误的；

（二）造成作战任务不能完成或者迟缓完成的；

---

① 我国学者指出，本罪不要求实际发生此种危害结果。只要足以对作战造成危害，即为已足。参见黎宏：《刑法学各论》（第2版），法律出版社2016年版，第581、582页。

② 我国学者指出，虽然刑法条文未明文要求“战时”，但从“对作战造成危害”用语来看，应认为行为必须发生在战时。参见张明楷：《刑法学》（第6版），法律出版社2021年版，第1668页。

（三）造成我方人员死亡一人以上，或者重伤二人以上，或者轻伤三人以上的；

（四）造成武器装备、军事设施、军用物资损毁，直接影响作战任务完成的；

（五）对作战造成其他危害的。（§ 2）

△（**拒传、假传军令罪；立案标准**）拒传军令罪是指负有传递军令职责的军人，明知是军令而故意拒绝传递或者拖延传递，对作战造成危害的行为。

假传军令罪是指故意伪造、篡改军令，或者明知是伪造、篡改的军令而予以传达或者发布，对作战造成危害的行为。

涉嫌下列情形之一的，应予立案：

（一）造成首长、上级决策失误的；

（二）造成作战任务不能完成或者迟缓完成的；

（三）造成我方人员死亡一人以上，或者重伤二人以上，或者轻伤三人以上的；

（四）造成武器装备、军事设施、军用物资损毁，直接影响作战任务完成的；

（五）对作战造成其他危害的。（§ 3）

△（**以上；不满**）本规定所称“以上”，包括本数；有关犯罪数额“不满”，是指已达到该数额百分之八十以上。（§ 35）

△（**武器装备**）本规定中的“武器装备”，是实施和保障军事行动的武器、武器系统和军事技术器材的统称。（§ 37）

△（**军用物资**）本规定中的“军用物资”，是除武器装备以外专供武装力量使用的各种物资的统称，包括装备器材、军需物资、医疗物资、油料物资、营房物资等。（§ 38）

△（**财物价值和损失之确定；估价**）本规定中财物价值和损失的确定，由部队驻地人民法院、人民检察院和公安机关指定的价格事务机构进行估价。武器装备、军事设施、军用物资的价值和损失，由部队军以上单位的主管部门确定；有条件的，也可以由部队驻地人民法院、人民检察院和公安机关指定的价格事务机构进行估价。（§ 39）

第四百二十三条　【投降罪】

在战场上贪生怕死，自动放下武器投降敌人的，处三年以上十年以下有期徒刑；情节严重的，处十年以上有期徒刑或者无期徒刑。

投降后为敌人效劳的，处十年以上有期徒刑、无期徒刑或者死刑。

【立法理由】

1. **1981年《惩治军人违反职责罪暂行条例》的规定情况**。在战场上英勇战斗，不怕牺牲是军人的光荣职责，也是人民军队的光荣传统和优良作风。因畏惧战斗，贪生怕死主动投降敌人的行为应当予以惩治。《惩治军人违反职责罪暂行条例》第十九条规定：“在战场上贪生怕死，自动放下武器投降敌人的，处三年以上十年以下有期徒刑；情节严重的，处十年以上有期徒刑或者无期徒刑。投降后为敌人效劳的，处十年以上有期徒刑、无期徒刑或者死刑。”

2. **1997年修订刑法的情况**。1997年修订刑法时，将《惩治军人违反职责罪暂行条例》第十九条的规定纳入刑法。

【条文说明】

本条是关于投降罪及其处罚的规定。

本条共分为两款。

第一款是关于投降敌人的犯罪及其处罚的规定。构成本罪应当具备以下条件：

1. **具有在战场上自动放下武器投降敌人的行为**。这里规定的“**自动放下武器投降敌人**”，是指在战场上因贪生怕死、畏惧战斗，能抵抗而放弃抵抗，自行放下武器投降敌人的行为。[①] 军人的职责是保卫国家和人民，在战场上为了履行自己的职责，应当英勇战斗，不怕牺牲。贪生怕死是可耻的，自动放下武器投降敌人，更是违背了军人的根本职责，其危害性极大，是国法和军纪所不容的。将这种行为规定为犯罪，对于加强战场纪律，教育军人认真履行职责，提高我军的战斗力是很有必要的。应注意的是，“投降”是向敌对一方表示屈服的行为。要将自动放下武器投降敌人与被俘区分开来。对不是由于贪生怕死放下武器投降的，不应当追究刑事责任。

① 成立“自动放下武器”的一个重要前提是，行为人当时能够使用武器杀伤敌人而选择不使用武器。参见周光权：《刑法各论》（第4版），中国人民大学出版社2021年版，第629页。

2. **行为人在主观上是出于贪生怕死**。如果行为人投降敌人是出于推翻人民民主专政的政权和社会主义制度的目的，则构成危害国家安全的犯罪。

本款所说的"**情节严重**"，主要是指率部队投降的、策动他人投降的以及胁迫他人投降的情况。

第二款是关于对投降敌人后为敌人效劳的如何处罚的规定。"**投降后为敌人效劳**"的表现形式可能有许多种，如向敌人提供军事秘密，为敌人进行煽动、动摇我军战斗意志，甚至为敌人作战。投降后为敌人效劳，更是背叛祖国和人民的犯罪行为，其性质更为严重，因此本款对此作了单独规定，并加重了处罚。

需要注意的是，正确区分投降敌人和**被敌俘虏**的界限。被敌俘虏是指在战场上被敌人俘获，它和投降敌人是两种性质截然不同的行为。但如果不对战场上错综复杂的情况进行客观分析，也可能混淆了这两种行为。这两种行为的主要区别是：(1)行为人是主动还是被动。投降敌人虽然也是迫于敌人的武装压力，但在形式上是主动的，而被敌俘虏则完全是被迫的；(2)有无条件进行抵抗。投降敌人是有条件进行抵抗而不抵抗，自动放下武器，而被敌俘虏则是不具备使用武器进行抵抗的条件。如因弹药耗尽、武器毁损、严重伤病、极度疲惫等原因，无法使用武器进行抵抗而被敌抓获的；遭到敌人突然袭击，措手不及未能使用武器进行抵抗而被敌人抓获的；非武装人员无法摆脱敌人的追捕而被敌人抓获的等。这些都属于被敌俘虏，而不应认定为投降敌人。即使被俘虏后叛变，积极为敌人效劳的，也不应以投降罪论处，而应适用《刑法》第一百零八条所规定的投敌叛变罪定罪处罚。

投降行为是否完成，并不以敌人是否接受投降为准，只要行为人向敌人明确表达了投降的意思，就是完成了投降的行为。

【司法解释性文件】

《军人违反职责罪案件立案标准的规定》(政检〔2013〕1号，2013年2月26日公布)

△(**投降罪；立案标准**)投降罪是指在战场上贪生怕死，自动放下武器投降敌人的行为。

凡涉嫌投降敌人的，应予立案。(§ 4)

第四百二十四条 【战时临阵脱逃罪】

战时临阵脱逃的，处三年以下有期徒刑；情节严重的，处三年以上十年以下有期徒刑；致使战斗、战役遭受重大损失的，处十年以上有期徒刑、无期徒刑或者死刑。

【立法理由】

1. **1981年《惩治军人违反职责罪暂行条例》的规定情况**。该条例第十六条规定："畏惧战斗，临阵脱逃的，处三年以下有期徒刑；情节严重的，处三年以上十年以下有期徒刑；致使战斗、战役遭受重大损失的，处十年以上有期徒刑、无期徒刑或者死刑。"

2. **1997年修订刑法的情况**。战时临阵脱逃会直接影响作战部署，导致贻误战机或者战斗、战役受损甚至失利。1981年《惩治军人违反职责罪暂行条例》即规定了畏惧战斗，临阵脱逃的犯罪。1997年修订刑法时，考虑到"畏惧"属于人的主观心理活动，比较难以认定，"战时临阵脱逃"足以清楚揭示行为的危害性所在，遂删去了"畏惧战斗"的条件，直接规定"战时临阵脱逃的"为犯罪。

《惩治军人违反职责罪暂行条例》第十六条的临阵脱逃罪原规定为"畏惧战斗"，从而把脱逃限定为逃避参加战斗。从司法实践看，这个限定失之于窄。因为从军事上看，战斗和战役、战争是不同规模的作战活动。一场战争往往包括若干战役，而一次战役又是由若干战斗组成的。战斗仅仅是部队在较短时间和较小空间内进行的较小规模的直接作战行动，难以包括规模更大的战役甚至战争行动，以及各种作战保障行动。所以修订刑法时删去了"畏惧战斗"的限制，而规定为"战时"。在修订研究过程中，不少人认为，"畏惧战斗"属于行为人的主观心理动机，在司法实践中难以认定，而且临阵脱逃的主观动机也不仅限于此，故立法机关删除了"畏惧战斗"的表述，并补充了"战时"的规定，具体规定是："战时临阵脱逃的，处三年以下有期徒刑；情节严重的，处三年以上十年以下有期徒刑；致使战斗、战役遭受重大损失的，处十年以上有期徒刑、无期徒刑或者死刑。"修订草案过程中，曾有意见提出要提高前两档刑罚，后来考虑到实践中临阵脱逃的主观动机可能多种多样，大幅提高法定刑不尽妥当，故保持了原刑罚规定，并最终写入1997年《刑法》第四百二十四条。

【条文说明】

本条是关于战时临阵脱逃罪及其处罚的规定。

构成本罪需要具备以下条件：

1. **必须具有临阵脱逃的行为**。这里规定的"**临阵脱逃**"，是指在战场上或者在临战或战斗状态下，擅自脱离岗位逃避战斗的行为。[①] 军人的职责是保卫国家和人民的安全和利益，为了履行这一职责必须要坚守自己的岗位，尤其是在战斗中更是不能擅离职守，宁可牺牲自己，也要顾全大局。临阵脱逃的行为，主要是由于行为人畏惧战斗、贪生怕死而逃避战斗。不论是逃避一时还是完全逃离，都是违反了军人职责的，都有可能给军事行动造成重大的危害。尤其是现代战争，讲求各兵种、各部门的协同作战，行为人逃离任何一个岗位都可能给战斗和战役造成无法估量的损失。因而对于这种行为，必须追究刑事责任，予以必要的惩罚，以严肃纪律，保证军队的战斗力。

2. **这种脱逃行为必须发生在战时**。这里所称的"战时"，在《刑法》第四百五十一条中有明确的规定，这里不再赘述。

3. 本条规定**三档刑罚**，对于在战时临阵脱逃的，处三年以下有期徒刑；情节严重的，处三年以上十年以下有期徒刑；致使战斗、战役遭受重大损失的，处十年以上有期徒刑、无期徒刑或者死刑。

4. 对"**情节严重**"的理解，一般是指率部队临阵脱逃的，指挥人员或者负有重要职责的人员临阵脱逃的，策动他人临阵脱逃的，在关键时刻临阵脱逃的，造成较为严重的后果等情况。如果行为人临阵脱逃的行为给战斗、战役造成了重大的损失，如导致了重大的人员伤亡或者武器装备的重大损失，甚至导致整个战斗、战役的失败的，按照本条的规定处十年以上有期徒刑、无期徒刑或者死刑。

实践中需要注意以下两个方面的问题：

1. 对面临的**作战任务**应作广义的理解。从作战任务的内容上看，既包括直接实施作战行动的任务，如进攻敌方阵地，坚守我方阵地，与敌机、敌舰交战，遭敌突然袭击被迫应战等；也包括保障作战行动的任务，如运输弹药，抢救伤员，抢修战损的武器装备等。

2. 应当注意的是，如果指挥人员和值班、值勤人员在战时不是由于畏惧战斗临阵脱逃，而是由于其他原因擅自离开自己的岗位的，不构成本罪，而应按照《刑法》第四百二十五条关于**擅离、玩忽军事职守罪**的规定追究刑事责任。

【司法解释性文件】

《军人违反职责罪案件立案标准的规定》（政检〔2013〕1号，2013年2月26日公布）

△（**战时临阵脱逃罪；立案标准**）战时临阵脱逃罪是指在战斗中或者在接受作战任务后，逃离战斗岗位的行为。

凡战时涉嫌临阵脱逃的，应予立案。（§ 5）

第四百二十五条　【擅离、玩忽军事职守罪】

指挥人员和值班、值勤人员擅离职守或者玩忽职守，造成严重后果的，处三年以下有期徒刑或者拘役；造成特别严重后果的，处三年以上七年以下有期徒刑。

战时犯前款罪的，处五年以上有期徒刑。

【立法理由】

1. **1981年《惩治军人违反职责罪暂行条例》的规定情况**。该条例第五条规定："指挥人员和值班、值勤人员擅离职守或者玩忽职守，因而造成严重后果的，处七年以下有期徒刑或者拘役。战时犯前款罪的，处五年以上有期徒刑。"

2. **1997年修订刑法的情况**。在刑法修订研拟中，对本条款的表述有观点建议沿用《惩治军人违反职责罪暂行条例》的写法。对于是否适用"指挥人员"的表述有不同认识，有观点认为有关的"管理"人员虽不属指挥人员，但主管某方面的业务工作，并具有特殊职责和相应的管理职权，如果擅离职守或者玩忽职守，也会造成类似的危害后果，建议将"指挥人员"的表述修改为"在指挥、管理职位上"。也有观点认为，"指挥人员"是概括性的表述，从职责上有时难以相剥离，没有必要一一列明。"指挥人员"是《惩治军人违反职责罪暂行条例》一直使用的表述，在部队中是有特殊职

① 本罪不要求行为人逃离部队。只要行为人逃避参加战斗，即可构成本罪。参见黎宏：《刑法学各论》（第2版），法律出版社2016年版，第582页。

责的人员，使用“在指挥、管理职位上”的表述可能会扩大刑法惩治的对象，也给司法认定增加了一定难度。1997年修订刑法时，最终采用了《惩治军人违反职责罪暂行条例》中“指挥人员”的表述。

【条文说明】

本条是关于擅离、玩忽军事职守罪及其处罚的规定。

本条共分为两款。

第一款是关于指挥人员和值班、值勤人员擅离职守或者玩忽职守的犯罪的规定。构成本款规定之罪必须具备以下条件：

1. **主体必须是指挥人员和值班、值勤人员**。本罪规定了特殊的主体，是考虑到这几类人员负有重要的和特殊的职责，他们擅离职守或者玩忽职守的行为，不仅违反了他们所负有的职责，而且往往造成严重的后果。“**指挥人员**”，是指对部队或部属负有组织、领导、管理职责的军人。专业主管人员在其业务管理范围内，也应属于指挥人员。对部队或者部属的作战、训练及其他各项工作和日常生活负有组织、领导、管理职责的军人，如班长、排长、连长、指导员、营长、教导员、团长、政委、舰长、飞行大队长等。这些人员与被其领导、管理的人员之间，都有行政上的隶属关系。这种隶属关系不仅限于军官和士兵之间的，而且也包括上级军官与下级军官之间的，甚至还包括士兵与士兵之间的。如部队中的班长虽然也是士兵，但他有权指挥本班的其他士兵，所以属于本罪的犯罪主体之一。军队中的专业主管人员虽然和其他军人没有行政隶属关系，不具有全部的指挥职责，但由于其主管某一方面的业务，具有特殊的职责和相应的管理职权，因而在其主管的业务范围内，具有一定的指挥职权，应视其为指挥人员。“**值班人员**”，是指军队各单位、各部门为保持指挥或者职责不间断而设立的，定期轮流负责处理本单位、本部门特定事务的人员。“**值勤人员**”，是指正在担任警卫、巡逻、观察、纠察、押运等勤务工作的人员。

2. **行为人必须实施了擅离职守或者玩忽职守的行为**。这里规定的“**擅离职守**”，是指指挥人员或者值班、值勤人员未经批准，擅自离开自己正在履行职责的指挥岗位或者值班、值勤岗位。“**玩忽职守**”，是指指挥人员或者值班、值勤人员严重不负责任，不履行自己的职责或者不认真履行自己职责的行为。

3. **行为人擅离职守或者玩忽职守的行为必须造成了严重的后果**。这里规定的“**严重后果**”，是指由于行为人擅离职守或者玩忽职守的行为，造成了重大的人员伤亡、物质损失或者严重影响军事行动等后果，如造成武器装备、军事设施、军事物资毁损、丢失、被盗；造成部队重大任务迟缓完成或不能完成等。这是区分罪与非罪的主要界限。

根据本款的规定，对于指挥人员和值班、值勤人员擅离职守或者玩忽职守，造成严重后果的，处三年以下有期徒刑或者拘役；造成特别严重后果的，处三年以上七年以下有期徒刑。1981年《惩治军人违反职责罪暂行条例》即规定了本罪，但法定刑为“处七年以下有期徒刑或者拘役”；战时“处五年以上有期徒刑”。1997年修订刑法时，为了便于操作，体现罪责刑相适应，将非战时犯本罪的法定刑分为两档。对战时犯本罪的，仍为“五年以上有期徒刑”，以体现战时从重的精神。

第二款是关于战时犯本条第一款罪如何处罚的规定。《刑法》第四百五十一条对“战时”的含义有明确规定。指挥人员和值班、值勤人员在战时的擅离职守或者玩忽职守行为，其危害性要比平时大得多，因而根据罪刑相适应原则，本款也规定了较重的刑罚。根据本款规定，**指挥人员和值班、值勤人员在战时擅离职守或者玩忽职守的，处五年以上有期徒刑**。

实践中需要注意的是，指挥人员和值班、值勤人员战时擅离职守的犯罪与军人战时临阵脱逃的犯罪是不同的。前者的主体是特定的，即指挥人员和值班、值勤人员，后者的主体则是一般军人；前者的行为是擅离职守行为，后者的行为则是贪生怕死，畏惧战斗，临阵脱逃行为；前者要求造成了严重的后果，后者则不要求造成后果即可构成犯罪。如果指挥人员和值班、值勤人员在战时不是由于畏惧战斗临阵脱逃，而是由于其他原因擅自离开自己的岗位的，不构成本罪，而应按照《刑法》第四百二十五条关于擅离、玩忽军事职守罪的规定追究刑事责任。

【司法解释性文件】

《军人违反职责罪案件立案标准的规定》（政检〔2013〕1号，2013年2月26日公布）

△（**擅离、玩忽军事职守罪；指挥人员；值班人员；值勤人员；立案标准**）擅离、玩忽军事职守罪是指指挥人员和值班、值勤人员擅自离开正在履行职责的岗位，或者在履行职责的岗位上，严重不负责任，不履行或者不正确履行职责，造成严重后果的行为。

指挥人员，是指对部队或者部属负有组织、领导、管理职责的人员。专业主管人员在其业务管理范围内，视为指挥人员。

值班人员，是指军队各单位、各部门为保持指挥或者履行职责不间断而设立的、负责处理本单位、本部门特定事务的人员。

值勤人员，是指正在担任警卫、巡逻、观察、纠察、押运等勤务，或者作战勤务工作的人员。

涉嫌下列情形之一的，应予立案：

（一）造成重大任务不能完成或者迟缓完成的；

（二）造成死亡一人以上，或者重伤三人以上，或者重伤二人、轻伤四人以上，或者重伤一人、轻伤七人以上，或者轻伤十人以上的；

（三）造成枪支、手榴弹、爆炸装置或者子弹十发、雷管三十枚、导火索或者导爆索三十米、炸药一千克以上丢失、被盗，或者不满规定数量，但后果严重的，或者造成其他重要武器装备、器材丢失、被盗的；

（四）造成武器装备、军事设施、军用物资或者其他财产损毁，直接经济损失三十万元以上，或者直接经济损失、间接经济损失合计一百五十万元以上的；

（五）造成其他严重后果的。（§ 6）

△（**以上；不满**）本规定所称“以上”，包括本数；有关犯罪数额“不满”，是指已达到该数额百分之八十以上。（§ 35）

△（**直接经济损失；间接经济损失**）本规定中的“直接经济损失”，是指与行为有直接因果关系而造成的财产损毁、减少的实际价值；“间接经济损失”，是指由直接经济损失引起和牵连的其他损失，包括失去在正常情况下可能获得的利益和为恢复正常管理活动或者为挽回已经造成的损失所支付的各种费用等。（§ 36）

△（**武器装备**）本规定中的“武器装备”，是实施和保障军事行动的武器、武器系统和军事技术器材的统称。（§ 37）

△（**军用物资**）本规定中的“军用物资”，是除武器装备以外专供武装力量使用的各种物资的统称，包括装备器材、军需物资、医疗物资、油料物资、营房物资等。（§ 38）

△（**财物价值和损失之确定；估价**）本规定中财物价值和损失的确定，由部队驻地人民法院、人民检察院和公安机关指定的价格事务机构进行估价。武器装备、军事设施、军用物资的价值和损失，由部队军以上单位的主管部门确定；有条件的，也可以由部队驻地人民法院、人民检察院和公安机关指定的价格事务机构进行估价。（§ 39）

【附属刑法】

《中华人民共和国国防动员法》（2010年2月26日通过）

第七十条

有下列行为之一的，对直接负责的主管人员和其他直接责任人员，依法给予处分：

……

（二）滥用职权或者玩忽职守，给国防动员工作造成严重损失的；

……

第七十一条

违反本法规定，构成违反治安管理行为的，依法给予治安管理处罚；构成犯罪的，依法追究刑事责任。

《中华人民共和国军事设施保护法》（1990年2月23日通过，2021年6月10日修订）

第六十四条

军人、军队文职人员和军队其他人员有下列行为之一，按照军队有关规定给予处分；构成犯罪的，依法追究刑事责任：

……

（三）擅离职守或者玩忽职守的。

第四百二十六条　【阻碍执行军事职务罪】

以暴力、威胁方法，阻碍指挥人员或者值班、值勤人员执行职务的，处五年以下有期徒刑或者拘役；情节严重的，处五年以上十年以下有期徒刑；情节特别严重的，处十年以上有期徒刑或者无期徒刑。战时从重处罚。

【立法沿革】

《中华人民共和国刑法》（1997年修订，自1997年10月1日起施行）

第四百二十六条

以暴力、威胁方法，阻碍指挥人员或者值班、值勤人员执行职务的，处五年以下有期徒刑或者拘役；情节严重的，处五年以上有期徒刑；致人重伤、死亡的，或者有其他特别严重情节的，处无期徒刑或者死刑。战时从重处罚。

《中华人民共和国刑法修正案(九)》(自2015年11月1日起施行)

五十、将刑法第四百二十六条修改为：

“以暴力、威胁方法,阻碍指挥人员或者值班、值勤人员执行职务的,处五年以下有期徒刑或者拘役;情节严重的,处五年以上十年以下有期徒刑;情节特别严重的,处十年以上有期徒刑或者无期徒刑。战时从重处罚。”

【立法理由】

1. 1981年《惩治军人违反职责罪暂行条例》的规定情况。指挥人员和值班、值勤人员属于负有重要、专门职责的人员,以暴力、威胁手段阻碍指挥人员或者值班、值勤人员执行职务,不仅侵害了他们的人身权利,更重要的是使他们无法正常执行职务,从而危害国家的国防利益和军事利益。军人以暴力、威胁手段阻碍指挥人员执行职务,是严重的违抗军令,拒不服从指挥的行为;以暴力、威胁手段阻碍值班、执勤人员执行职务,则严重违反部队有关条例、条令和各种规章制度,妨碍军事活动的正常进行。1981年《惩治军人违反职责罪暂行条例》规定了该犯罪。该条例第十条规定:“以暴力、威胁方法,阻碍指挥人员或者值班、值勤人员执行职务的,处五年以下有期徒刑或者拘役;情节严重的,处五年以上有期徒刑;情节特别严重的或者致人重伤、死亡的,处无期徒刑或者死刑。战时从重处罚。”

2. 1997年修订刑法的情况。1997年《刑法》第四百二十六条规定:“以暴力、威胁方法,阻碍指挥人员或者值班、值勤人员执行职务的,处五年以下有期徒刑或者拘役;情节严重的,处五年以上有期徒刑;致人重伤、死亡的,或者有其他特别严重情节的,处无期徒刑或者死刑。战时从重处罚。”在修改过程中,为了使“致人重伤、死亡的”情况与“其他特别严重情节”之间的关系更明确,在“致人重伤、死亡的”之后添加了逗号,由此最终形成了1997年《刑法》第四百二十六条的规定。

3. 2015年《刑法修正案(九)》对本条的修改情况。党的十八届三中全会提出,逐步减少适用死刑罪名。中央关于深化司法体制和社会体制改革的任务也要求,完善死刑法律规定,逐步减少适用死刑的罪名。2015年8月29日第十二届全国人大常委会第十六次会议通过的《刑法修正案(九)》,**取消阻碍执行军事职务罪死刑**,主要是考虑到:一是本罪与《刑法》第三百六十八条规定的阻碍军人执行职务罪、阻碍军事行动罪相比没有本质上的区别,而刑罚设置上相差太大,不够平衡。从犯罪对象上看,本罪与阻碍军人执行职务罪没有本质区别,后者侵犯的是军人执行职务的行为;与阻碍军事行动罪相比,本罪侵犯的是指挥、值班、值勤秩序,后者侵犯的是部队的军事行动,略有不同,但性质相近。从刑罚设置上看,阻碍军人执行职务罪的最高法定刑为三年有期徒刑,阻碍军事行动罪的最高法定刑为五年有期徒刑,而本罪的最高法定刑为死刑,差距明显过大。二是本罪与刑法第十章军人违反职责罪中规定的其他许多犯罪相比,未达到罪行极其严重应当适用死刑的程度。刑法第十章规定的许多犯罪都可能直接或间接导致作战失利,本罪的目的是阻碍执行军事职务,并不是积极追求作战失利,造成的后果是指挥人员或值班、值勤人员无法正常履行职责。在健全的军事指挥体系和值班制度下,因阻碍执行职务直接导致作战失利的情形难以出现,即使间接导致作战失利,其罪责也达不到必须适用死刑的程度。此外,阻碍执行军事职务罪,实践中极少适用死刑,取消死刑后,最高可以判处无期徒刑。同时,虽然取消了以暴力方法阻碍执行军事职务的死刑,但刑法中仍保留了故意杀人罪、故意伤害罪的死刑。

【条文说明】

本条是关于阻碍执行军事职务罪及其处罚的规定。

构成本条规定的犯罪应当具备以下条件:

1. 行为人实施了阻碍指挥人员或者值班、值勤人员执行职务的行为。本条中规定的“**阻碍执行职务**”,是指行为人故意以暴力或者威胁的方法阻挠、妨碍指挥人员或者值班、值勤人员依法执行职务的行为。“**执行职务**”应是指挥、值班、执勤人员正在履行特定职责。指挥人员和值班、值勤人员一般都负有重要、专门的职责,保证他们能正常执行职务,对于国防建设、国防安全都是非常重要的。阻碍指挥人员或者值班、值勤人员执行职务,不仅侵害了他们的人身权利,更重要的是使他们无法正常执行职务,对国家的国防利益和军事利益造成危害。

2. 必须是以暴力或者威胁的方法阻碍执行职务。这里规定的“**暴力**”,是指对指挥人员或者值班、值勤人员实施殴打、捆绑等严重人身侵害行为。这里规定的“**威胁**”,是指以将要对指挥人员或者值班、值勤人员的人身、财产等切身利益造成危害的方法,影响、迫使指挥人员或者值班、值勤人员形成精神方面的强制,使其不能也不敢正常执行职务的行为。

根据本条的规定,对于以暴力、威胁方法阻碍指挥人员或者值班、值勤人员执行职务的,处五年以下有期徒刑或者拘役;情节严重的,处五年以上十年以下有期徒刑;情节特别严重的,处十年以上有期徒刑或者无期徒刑。这里规定的“**情节严重**”,是指使用武器阻碍指挥人员或者值班、值勤人员执行职务的,纠集多人阻碍执行职务的以及其阻碍执行职务的行为给军事利益造成重大损失的情况。这里规定的“情节特别严重”,是指阻碍执行职务造成军事利益重大损失的以及聚众使用武器暴力阻碍执行职务的情况。

本条规定对战时犯本罪的,从重处罚。在战时,阻碍指挥人员或者值班、值勤人员执行职务的行为其危害性比平时相对要大,对军事利益造成的危害也相对较大,必须从重处罚。

实践中需要注意的是,如有暴力阻碍执行军事职务,情节特别恶劣,确需判处死刑的,还可以根据案件情况,依照**故意杀人罪**、**故意伤害罪**的规定判处。

【司法解释性文件】

《军人违反职责罪案件立案标准的规定》(政检〔2013〕1号,2013年2月26日公布)

△(**阻碍执行军事职务罪;立案标准**)阻碍执行军事职务罪是指以暴力、威胁方法,阻碍指挥人员或者值班、值勤人员执行职务的行为。

凡涉嫌阻碍执行军事职务的,应予立案。(§ 7)

第四百二十七条　【指使部属违反职责罪】

滥用职权,指使部属进行违反职责的活动,造成严重后果的,处五年以下有期徒刑或者拘役;情节特别严重的,处五年以上十年以下有期徒刑。

【立法理由】

部队首长滥用职权的行为,**直接破坏了部队的正常内部关系,损害了领导的权威,指使部属违反职责的行为,会严重损害部队规章制度的权威和军令的统一**,故应当对指使部属违反职责的行为予以惩治。**1997年修订刑法**时,根据部队管理中存在的问题和从严治军的需要,增加了本罪。

【条文说明】

本条是关于指使部属违反职责罪及其处罚的规定。

构成本条规定之罪应当具备下列条件:

1. 本罪的主体是**特殊主体**,一般是负有一定职责的部队的各级指挥人员。

2. **必须具有滥用职权,指使部属进行违反职责的活动的行为**。这里规定的“**滥用职权,指使部属进行违反职责的活动**”,是指行为人不正当运用职权,超越职权,指使下级实施违反军人职责或者特定岗位职责的行为。部队的各级指挥人员,对于所属部队的作战、训练、行政管理、思想政治工作、后勤和技术保障工作等负有完全的责任。他们应当教育部属遵守国家的法律、行政法规,执行军队的条令、条例和各项规章制度,认真履行军人应尽的职责。部队的各级指挥人员具有相应的职权,其责任也是重大的,他们应当正确地履行自己的职权,任何滥用职权,指使部属进行违反职责的活动的行为,都会破坏部队的管理秩序,危害部队的团结统一和战斗力,必须给予处罚。

3. **滥用职权的行为必须造成了严重的后果**。滥用职权的行为表现为不正当运用职权,指使部属进行各种违反职责的活动,其危害性和后果也是各不相同的,因而对其处罚也不一样。滥用职权的行为是否造成了严重的后果,是区分罪与非罪的重要标准。造成了严重后果的,应当依法追究刑事责任;没有造成严重后果的,应当按照军纪处理。这里规定的“**严重后果**”,是指造成了恶劣影响,影响部队任务完成以及造成人员伤亡或者重大物质损失的情况。

根据本条的规定,滥用职权,指使部属进行违反职责的活动,造成严重后果的,处五年以下有期徒刑或者拘役;情节特别严重的,处五年以上十年以下有期徒刑。这里规定的“**情节特别严重**”,是指滥用职权手段特别恶劣的,影响特别恶劣的,造成人员重大伤亡的以及严重妨害重要军事任务的完成的情况。

需要注意的是,正确处理指使部属违反职责罪与《刑法》第三百九十七条**滥用职权罪**的法条竞合问题。刑法对指使部属违反职责罪和第三百九十七条滥用职权罪的规定存在部分的法条竞合关系,即国家机关工作人员犯滥用职权罪的规定可以包括一部分指使部属违反职责罪。对这种情况,根据刑法理论对法条竞合问题的处理原则,即特别法优先于普通法、法律的特别规定优先于一般规定适用,当军队的各级首长和指挥人员滥用职权,指使部属进行违反职责的活动,造成严重后果时，应优先适用本章的规定，以指使部属违反职责罪论处。

【司法解释性文件】

《军人违反职责罪案件立案标准的规定》（政检〔2013〕1号，2013年2月26日公布）

△（**指使部属违反职责罪；立案标准**）指使部属违反职责罪是指指挥人员滥用职权，指使部属进行违反职责的活动，造成严重后果的行为。

涉嫌下列情形之一的，应予立案：

（一）造成重大任务不能完成或者迟缓完成的；

（二）造成死亡一人以上，或者重伤二人以上，或者重伤一人、轻伤三人以上，或者轻伤五人以上的；

（三）造成武器装备、军事设施、军用物资或者其他财产损毁，直接经济损失二十万元以上，或者直接经济损失、间接经济损失合计一百万元以上的；

（四）造成其他严重后果的。（§ 8）

△（**以上；不满**）本规定所称"以上"，包括本数；有关犯罪数额"不满"，是指已达到该数额百分之八十以上。（§ 35）

△（**直接经济损失；间接经济损失**）本规定中的"直接经济损失"，是指与行为有直接因果关系而造成的财产损毁、减少的实际价值；"间接经济损失"，是指由直接经济损失引起和牵连的其他损失，包括失去在正常情况下可能获得的利益和为恢复正常管理活动或者为挽回已经造成的损失所支付的各种费用等。（§ 36）

△（**武器装备**）本规定中的"武器装备"，是实施和保障军事行动的武器、武器系统和军事技术器材的统称。（§ 37）

△（**军用物资**）本规定中的"军用物资"，是除武器装备以外专供武装力量使用的各种物资的统称，包括装备器材、军需物资、医疗物资、油料物资、营房物资等。（§ 38）

△（**财物价值和损失之确定；估价**）本规定中财物价值和损失的确定，由部队驻地人民法院、人民检察院和公安机关指定的价格事务机构进行估价。武器装备、军事设施、军用物资的价值和损失，由部队军以上单位的主管部门确定；有条件的，也可以由部队驻地人民法院、人民检察院和公安机关指定的价格事务机构进行估价。（§ 39）

第四百二十八条　【违令作战消极罪】

指挥人员违抗命令，临阵畏缩，作战消极，造成严重后果的，处五年以下有期徒刑；致使战斗、战役遭受重大损失或者有其他特别严重情节的，处五年以上有期徒刑。

【立法理由】

临阵畏缩，作战消极的行为，对作战任务的胜利完成会产生严重的影响，为了保证作战的胜利，立法机关在1997年修订刑法时进行了规定。

【条文说明】

本条是关于违令作战消极罪及其处罚的规定。

军人的天职是坚决服从命令，完成上级交给的作战任务，不得违抗命令，临阵畏缩，消极作战。对于严重违反有关军令和条例的行为，直接影响到部队的作战部署和战斗士气，甚至造成战斗、战役失利。

构成本条规定之罪应当具备下列条件：

1. **本条的主体是特殊主体，为军队的指挥人员**。一般的作战人员不能构成作战消极的犯罪。

2. **行为人实施了违抗命令，临阵畏缩，作战消极的行为**。这里规定的"**临阵畏缩、作战消极**"，是指指挥人员在作战中不尽全力，不求进取，畏惧害怕而消极避战、怠战的行为。这种行为必须是违背了上级的命令，如果指挥人员是遵照上级有关命令而没有采取积极的行动，不是作战消极。在作战中，勇敢战斗，不怕牺牲是压倒敌人，完成战斗目的的重要因素，各级指挥人员应当服从命令，英勇战斗，坚决完成任务。借口保存自己而不积极、不坚决消灭敌人，会贻误战机，影响作战的胜利。对这种行为必须给予处罚，情节严重的，要追究指挥人员的刑事责任。

3. **指挥人员消极作战的行为造成了严重后果**。指挥人员消极作战的行为表现是多样的，有的表现为不积极进攻，有的表现为不坚决防御，有的表现为贻误战机等，其行为对作战的危害也不一样，对于造成了严重后果的，应当依法追究刑事责任。这里规定的"**严重后果**"，是指由于指挥人员消极作战的行为而造成贻误战机，没有完成作战任务的，以及妨害了协同作战等情况。

需要注意的是，本罪与《刑法》第四百二十四条规定的**临阵脱逃罪**是不同的:第一,两罪的主体是不同的,本罪的主体只能是指挥人员,一般作战人员不能构成,而临阵脱逃罪的主体是军人;第二,两罪的行为是不同的,本罪是消极作战的行为,而临阵脱逃罪则是临阵逃离自己岗位的行为;第三,本罪要求作战消极的行为必须是造成了严重后果才能构成犯罪,而临阵脱逃罪则是只要行为人具有临阵脱逃的行为即可构成。

根据本条的规定,对于违抗命令,临阵畏缩,作战消极,造成严重后果的指挥人员,处五年以下有期徒刑;致使战斗、战役遭受重大损失或者有其他特别严重情节的,处五年以上有期徒刑。这里规定的"**致使战斗、战役遭受重大损失**",是指由于指挥人员的消极作战行为而导致我军人员重大伤亡、武器装备等严重物质损失,甚至战斗、战役失利等情况。

【司法解释性文件】

《军人违反职责罪案件立案标准的规定》(政检〔2013〕1号,2013年2月26日公布)

△(**违令作战消极罪;立案标准**)违令作战消极罪是指指挥人员违抗命令,临阵畏缩,作战消极,造成严重后果的行为。

违抗命令,临阵畏缩,作战消极,是指在作战中故意违背、抗拒执行首长、上级的命令,面临战斗任务而畏难怕险,怯战怠战,行动消极。

涉嫌下列情形之一的,应予立案:

(一)扰乱作战部署或者贻误战机的;

(二)造成作战任务不能完成或者迟缓完成的;

(三)造成我方人员死亡一人以上,或者重伤二人以上,或者轻伤三人以上的;

(四)造成武器装备、军事设施、军用物资或者其他财产损毁,直接经济损失二十万元以上,或者直接经济损失、间接经济损失合计一百万元以上的;

(五)造成其他严重后果的。(§ 9)

△(**以上;不满**)本规定所称"以上",包括本数;有关犯罪数额"不满",是指已达到该数额百分之八十以上。(§ 35)

△(**直接经济损失;间接经济损失**)本规定中的"直接经济损失",是指与行为有直接因果关系而造成的财产损毁、减少的实际价值;"间接经济损失",是指由直接经济损失引起和牵连的其他损失,包括失去在正常情况下可能获得的利益和为恢复正常管理活动或者为挽回已经造成的损失所支付的各种费用等。(§ 36)

△(**武器装备**)本规定中的"武器装备",是实施和保障军事行动的武器、武器系统和军事技术器材的统称。(§ 37)

△(**军用物资**)本规定中的"军用物资",是除武器装备以外专供武装力量使用的各种物资的统称,包括装备器材、军需物资、医疗物资、油料物资、营房物资等。(§ 38)

△(**财物价值和损失之确定;估价**)本规定中财物价值和损失的确定,由部队驻地人民法院、人民检察院和公安机关指定的价格事务机构进行估价。武器装备、军事设施、军用物资的价值和损失,由部队军以上单位的主管部门确定;有条件的,也可以由部队驻地人民法院、人民检察院和公安机关指定的价格事务机构进行估价。(§ 39)

第四百二十九条　【拒不救援友邻部队罪】

在战场上明知友邻部队处境危急请求救援,能救援而不救援,致使友邻部队遭受重大损失的,对指挥人员,处五年以下有期徒刑。

【立法理由】

我国人民军队是高度集中统一的整体,各部队的利益在根本上是一致的。这种一致性要求各友邻部队在战场要团结协作,相互配合,相互支援。而在战场上明知友邻部队处境危急请求救援,能救援而不救援,致使友邻部队遭受重大损失的行为,违背了我军作战的基本原则应当予以惩治。有鉴于此,**1997年修订刑法**时,增设了这一犯罪。

【条文说明】

本条是关于拒不救援友邻部队罪及其处罚的规定。

人民军队的性质决定了所有部队和人员是一个统一的整体,各部队的利益在根本上是一致的,都是为了保卫国家领土和主权,在战场上都是为了消灭敌人,争取战斗的胜利。各部队在战场上必须团结、协作、相互配合、相互支援,争取胜利。不允许为了保存实力或者其他本位利益的考虑,明知友邻部队处境危急或者接到友邻部队的救援请求而见危不救。**这不仅会使友邻部队遭受损失,而且会影响整个战斗、战役的全局,严重危害军事利益**。我军纪律条令明确规定,见死不救的,给予军纪处分;情节严重,构成犯罪的,依法追究刑事责任。

1. **本条的主体是特殊主体,为在战场上对友邻部队见危不救的指挥人员**。一般的作战人员不能构成拒不救援友邻部队罪的犯罪。

2. **行为人必须具有明知友邻部队处境危急请求救援,能救援而不救援的行为**。这里规定的"**处境危急**",是指友邻部队受到敌人的围困、追击或者阵地将被攻陷等处于危难之中迫切需要救援的紧急情形。这里规定的"**能救援而不救援**",是指根据当时其所处的环境、作战能力和所担负的作战任务,有条件对处境危急的友邻部队进行救援而不予救援的行为。"**友邻部队**"是指由于驻地、配置地域或者执行任务而相邻的部队。既包括有隶属关系的部队,也包括没有隶属关系的部队。① 我军各部队的利益是一致的,都是为了保卫国家领土和主权,在战场上都是为了消灭敌人,争取战斗的胜利,因而在战场上必须团结协作,相互配合,相互支援。在战场上明知友邻部队处境危急或者接到友邻部队的救援请求,为了保存自己或者出于某种本单位的利益,见危而不救援的,不但会给友邻部队造成重大的损失,而且会影响战斗、战役的胜利,严重危害军事利益,对这种见危不救的行为必须依法惩处。如果对于友邻部队处境危急不知情的,不能构成本罪。

3. **这一行为发生在战场上**。

4. **行为必须使友邻部队遭受了重大的损失**。这里规定的"**重大损失**",是指由于见危不救的行为,致使友邻部队遭受重大的人员伤亡、物质损失、阵地失陷、舰船被击沉、飞行器被击落、进攻严重受挫等情况。

【司法解释性文件】

《军人违反职责罪案件立案标准的规定》(政检〔2013〕1号,2013年2月26日公布)

△(**拒不救援友邻部队罪;立案标准**)拒不救援友邻部队罪是指指挥人员在战场上,明知友邻部队面临被敌人包围、追击或者阵地将被攻陷等危急情况请求救援,能救援而不救援,致使友邻部队遭受重大损失的行为。能救援而不救援,是指根据当时自己部队(分队)所处的环境、作战能力及所担负的任务,有条件组织救援却没有组织救援。

涉嫌下列情形之一的,应予立案:

(一)造成战斗失利的;

(二)造成阵地失陷的;

(三)造成突围严重受挫的;

(四)造成我方人员死亡三人以上,或者重伤十人以上,或者轻伤十五人以上的;

(五)造成武器装备、军事设施、军用物资损毁,直接经济损失一百万元以上的;

(六)造成其他重大损失的。(§ 10)

△(**以上;不满**)本规定所称"以上",包括本数;有关犯罪数额"不满",是指已达到该数额百分之八十以上。(§ 35)

△(**直接经济损失;间接经济损失**)本规定中的"直接经济损失",是指与行为有直接因果关系而造成的财产损毁、减少的实际价值;"间接经济损失",是指由直接经济损失引起和牵连的其他损失,包括失去在正常情况下可能获得的利益和为恢复正常管理活动或者为挽回已经造成的损失所支付的各种费用等。(§ 36)

△(**武器装备**)本规定中的"武器装备",是实施和保障军事行动的武器、武器系统和军事技术器材的统称。(§ 37)

△(**军用物资**)本规定中的"军用物资",是除武器装备以外专供武装力量使用的各种物资的统称,包括装备器材、军需物资、医疗物资、油料物资、营房物资等。(§ 38)

△(**财物价值和损失之确定;估价**)本规定中财物价值和损失的确定,由部队驻地人民法院、人民检察院和公安机关指定的价格事务机构进行估价。武器装备、军事设施、军用物资的价值和损失,由部队军以上单位的主管部门确定;有条件的,也可以由部队驻地人民法院、人民检察院和公安机关指定的价格事务机构进行估价。(§ 39)

---

① 我国学者指出,友邻部队仅包括没有隶属关系的部队(分队)。参见张明楷:《刑法学》(第6版),法律出版社2021年版,第1670页;黎宏:《刑法学各论》(第2版),法律出版社2016年版,第583页。

第四百三十条 【军人叛逃罪】

在履行公务期间，擅离岗位，叛逃境外或者在境外叛逃，危害国家军事利益的，处五年以下有期徒刑或者拘役；情节严重的，处五年以上有期徒刑。

驾驶航空器、舰船叛逃的，或者有其他特别严重情节的，处十年以上有期徒刑、无期徒刑或者死刑。

【立法理由】

保卫祖国是军人神圣的职责，叛逃行为背弃了军人的政治使命，背叛国家，直接危害国防安全。因此对这种行为必须依法追究刑事责任。《惩治军人违反职责罪暂行条例》第七条规定了偷越国（边）境外逃罪，即："偷越国（边）境外逃的，处三年以下有期徒刑或者拘役；情节严重的，处三年以上十年以下有期徒刑。战时从重处罚。"虽然偷越国（边）境外逃的行为与军人叛逃罪的某些行为有相似之处，但二者侵犯的客体是明显不同的，且对前者处罚较轻，不能反映军人叛逃的本质特征和危害，故在**1997年修订刑法**时，立法机关删除了《惩治军人违反职责罪暂行条例》中偷越国（边）境外逃的规定，增加规定了本条犯罪。

【条文说明】

本条是关于军人叛逃罪及其处罚的规定。

保卫祖国是军人的神圣职责，叛逃行为不仅违背了军人的职责，同时对国防安全和国家利益也造成了危害，因而对这种行为必须依法追究刑事责任。航空器、舰船是军人的重要武器装备，驾驶航空器、舰船叛逃，给国家的军事利益造成重大危害，因而对这种行为规定了比一般叛逃行为更为严厉的处罚。《惩治军人违反职责罪暂行条例》规定了偷越国（边）境外逃犯罪，1997年修订刑法时，根据打击犯罪的需要，对本条作了规定。

本条共分为两款。

第一款是关于**军人叛逃罪**的规定。构成本罪应当具备下列条件：

1. 行为人必须具有叛逃境外或者在境外叛逃的行为。这里规定的"**叛逃**"，是指以反对社会主义制度、危害祖国和人民利益为目的逃往境外的行为，既包括从境内逃往境外，也包括合法出境而在境外叛逃。叛逃有两种基本形式，一种是**叛逃境外**，即行为人原先在境内，现从境内叛逃到了境外。行为人出境的方法既包括通过合法手续出境，也包括采取偷渡等非法手段出境。叛逃至外国驻华使馆、领馆的，应以叛逃境外论。另一种是**在境外叛逃**，即行为人因履行公务出境后，擅自离队或者与派出单位和有关部门脱离关系，并滞留境外不归而叛逃。如果行为人是因私合法出境后，与派出单位和有关部门脱离关系，并滞留境外不归的，属于出走，不应认定在境外叛逃，但如其在境外有投敌叛变的行为，则可以投敌叛变罪论处。这里所称的"**境外**"，是指在中华人民共和国国境、边境以外的国家和地区，包括外国驻华使、领馆。保卫祖国是军人神圣的职责，叛逃的行为不仅违背了军人的这一职责，同时对国防安全和国家的利益也造成了危害，因而对这种行为必须依法追究刑事责任。

2. 行为人的叛逃行为必须危害了国家的军事利益。这也是区分罪与非罪，本罪与其他犯罪的重要特征。如果行为人前往境外不归或者滞留境外不归，没有危害国家的军事利益，不能构成本罪。

3. 行为人的叛逃行为是发生在履行公务期间的。这也是区分罪与非罪的一个重要界限。如果行为人不是在履行公务期间叛逃的，不能构成本罪。

根据本条规定，对于叛逃境外或者在境外叛逃的，处五年以下有期徒刑或者拘役；情节严重的，处五年以上有期徒刑。这里规定的"**情节严重**"，是指策动他人叛逃的，指挥人员或者负有重要职责的人员叛逃的，携带军事秘密叛逃的或者叛逃后公开发表叛国言论，申请政治避难或进行其他危害国防安全活动等情况。

第二款是关于**驾驶航空器、舰船叛逃的，或者有其他特别严重情节的，如何处罚**的规定。航空器、舰船是军队的重要武器装备，驾驶航空器、舰船叛逃的，往往给国家的军事利益造成重大的危害，对于这种行为必须予以严惩。因而本款对于这种行为规定了比一般叛逃行为更为严厉的处罚。本款规定，对于驾驶航空器、舰船叛逃的，或者有其他特别严重情节的，处十年以上有期徒刑、无期徒刑或者死刑。这里规定的"**情节特别严重**"，是指胁迫他人叛逃的，携带重要武器装备叛逃的，携带大量或者重要的军事机密叛逃的以及叛逃后进行严重危害国家国防利益的活动的情况。

【司法解释性文件】

《军人违反职责罪案件立案标准的规定》（政检〔2013〕1号，2013年2月26日公布）

△**（军人叛逃罪；立案标准）**军人叛逃罪是指军人在履行公务期间，擅离岗位，叛逃境外或者在境外叛逃，危害国家军事利益的行为。

涉嫌下列情形之一的，应予立案：

（一）因反对国家政权和社会主义制度而出逃的；

（二）掌握、携带军事秘密出境后滞留不归的；

（三）申请政治避难的；

（四）公开发表叛国言论的；

（五）投靠境外反动机构或者组织的；

（六）出逃至交战对方区域的；

（七）进行其他危害国家军事利益活动的。（§11）

第四百三十一条　【非法获取军事秘密罪】【为境外窃取、刺探、收买、非法提供军事秘密罪】

以窃取、刺探、收买方法，非法获取军事秘密的，处五年以下有期徒刑；情节严重的，处五年以上十年以下有期徒刑；情节特别严重的，处十年以上有期徒刑。

为境外的机构、组织、人员窃取、刺探、收买、非法提供军事秘密的，处五年以上十年以下有期徒刑；情节严重的，处十年以上有期徒刑、无期徒刑或者死刑。

【立法沿革】

《中华人民共和国刑法》（1997年修订，自1997年10月1日起施行）

第四百三十一条

以窃取、刺探、收买方法，非法获取军事秘密的，处五年以下有期徒刑；情节严重的，处五年以上十年以下有期徒刑；情节特别严重的，处十年以上有期徒刑。

为境外的机构、组织、人员窃取、刺探、收买、非法提供军事秘密的，处十年以上有期徒刑、无期徒刑或者死刑。

《中华人民共和国刑法修正案（十一）》（自2021年3月1日起施行）

四十六、将刑法第四百三十一条第二款修改为：

"为境外的机构、组织、人员窃取、刺探、收买、非法提供军事秘密的，处五年以上十年以下有期徒刑；情节严重的，处十年以上有期徒刑、无期徒刑或者死刑。"

【立法理由】

窃取、刺探、收买军事秘密，为境外机构、组织、人员窃取、刺探、收买、非法提供军事秘密的行为，严重危害国家国防安全和军事利益，应当予以严惩。《刑法》第二百八十二条规定了以窃取、刺探、收买方法非法获取国家秘密罪；第一百一十一条规定了为境外窃取、刺探、收买、非法提供国家秘密情报罪。军事秘密属于国家秘密，但考虑到军人身份特殊，军事秘密直接关系国家国防安全和军事利益，因此本条对军人实施上述行为的犯罪和处罚作了专门规定，并规定了更为严厉的刑罚，以体现军法从严、治军从严的精神。

1. **1997年修订刑法的情况**。《刑法》分则第七章、第十章，是1997年刑法修改时根据军队有关部门建议增设的专章。1979年刑法没有相关规定。为此，受时任全国人大常委会委员长彭真的委托，军队有关部门起草了《惩治军人违反职责罪暂行条例》。启动刑法修改时，为准确打击危害国防利益和侵害军事利益犯罪行为，军队有关部门建议增设"危害国防利益罪"一章，与军职罪条例一并纳入，单设"军人违反职责罪"一章，1997年修订刑法时，采纳了上述建议。

《惩治军人违反职责罪暂行条例》第四条第三款规定了为敌人或者外国人窃取、刺探、提供军事机密罪，但从司法实践看，为我国台湾、香港、澳门地区人员窃取、刺探或者非法提供军事秘密的案件时有发生，这些人不属于外国人，如果他们没有敌特身份，也不能认定为敌人，所以不能适用原条款定罪处罚；同时，用收买方法为敌人或者外国人获取军事秘密的，也不能适用原条款定罪处罚。考虑到《全国人民代表大会常务委员会关于惩治泄露国家秘密犯罪的补充规定》规定了为境外机构、组织和人员窃取、刺探、收买、非法提供国家秘密罪，所以1997年修订刑法时将"为敌人或者外国人窃取、刺探、提供军事机密"修改为"为境外的机构、组织、人员窃取、刺探、收买、非法提供军事秘密"，以便扩大适用范围，加强对军事秘密的保护。

同时根据其他法律的相关规定，对于非境外的以窃取、刺探、收买方法非法获取军事秘密的行为作出规定。《保守国家秘密法》第十一条规定：

“国家秘密及其密级的具体范围，由国家保密行政管理部门分别会同外交、公安、国家安全和其他中央有关机关规定。军事方面的国家秘密及其密级的具体范围，由中央军事委员会规定。国家秘密及其密级的具体范围的规定，应当在有关范围内公布，并根据情况变化及时调整。”第十六条规定：“国家秘密的知悉范围，应当根据工作需要限定在最小范围。国家秘密的知悉范围能够限定到具体人员的，限定到具体人员；不能限定到具体人员的，限定到机关、单位，由机关、单位限定到具体人员。国家秘密的知悉范围以外的人员，因工作需要知悉国家秘密的，应当经过机关、单位负责人批准。”第三十条规定：“机关、单位对外交往与合作中需要提供国家秘密事项，或者任用、聘用的境外人员因工作需要知悉国家秘密的，应当报国务院有关主管部门或者省、自治区、直辖市人民政府有关主管部门批准，并与对方签订保密协议。”

2.**《刑法修正案（十一）》对本条的修改情况**。2020年12月26日，第十三届全国人大常委会第二十四次会议通过的《刑法修正案（十一）》对本条作了修改，主要是对为境外窃取、刺探、收买、非法提供军事秘密罪增加了一档“五年以上十年以下有期徒刑”的刑罚。有的部门提出，原刑法规定只有一个量刑档次，且起刑为十年有期徒刑，实践中情况比较复杂，不同情形差异较大，如果都判处十年以上有期徒刑处罚较重。按照最高人民检察院、解放军总政治部印发的《军人违反职责罪案件立案标准的规定》的规定，凡涉嫌为境外窃取、刺探、收买、非法提供军事秘密的，应予立案。根据这一标准，只要有上述行为之一，哪怕只是一份军事秘密，在没有减轻情节的情况下，起刑就是十年，实践中非法出卖军事秘密的数量、密级和危害性差异较大，有的仅出卖一两份参会名单、一两幅会议照片，有的则出卖几十份机密级、秘密级军事秘密，都在一个量刑档次，罪责刑不相适应的问题较突出。据统计，2010年以来犯该罪的二分之一是战士，其中多数是十八岁左右的年轻战士，多为普通士兵，有的还是炊事员、驾驶员，接触军事秘密的机会很少，多因网络交友不慎，在利诱下一时糊涂。这些人往往主观恶性不大，提供的秘密密级不高、数量较少，危害也不是特别严重，应当以教育挽救为主，处以重刑，难以取得较好的社会效果和法律效果。此外，1997年修订刑法时，网络信息不发达，电脑办公刚刚起步，即时通讯尚未普及，手机还不能作为互联网移动终端使用，与境外人员勾连主要靠电话联系或面对面接头，窃取、传递秘密主要靠相机拍照、人力输送，极少数使用电子邮件传递，实施出卖秘密的犯罪有一定难度，也说明犯罪分子主观恶性大，犯罪意志相对坚决，判处重刑确有必要。而如今在信息化时代，传递、买卖秘密的行为实现更容易，往往一念之间误入歧途，主观恶性比以往较小，对此需要区别对待。立法上体现军法从严、从重的同时，也要充分考虑宽严相济的刑事政策。

【条文说明】

本条是关于非法获取军事秘密罪和为境外窃取、刺探、收买、非法提供军事秘密罪及其处罚的规定。

本条共分为两款。

本条规定的“**军事秘密**”，是指在一定时间内只限于一定范围的人员知悉，不能对外公开并直接关系到国防安全和军事利益的事项。例如，国防和战斗力量建设规划及其实施情况；军事部署，作战和其他重要军事行动的计划及其实施情况；战备演习、军事训练计划及其实施情况；军事情报及其来源，通信、电子对抗和其他特种技术的手段、能力，机要密码及有关资料；武装力量的组织编制，部队的任务、实力、素质、状态等基本情况；部队及特殊单位的番号；武器装备的研制、生产、配备情况和补充、维修能力，特种军事装备的战斗技术性能；军事学术、国防科学技术研究的重要项目、成果及其应用；军事物资的筹措、生产、供应和储备等情况。对于军事秘密的范围和等级，有关法律、法规、条例中有具体的规定。

第一款是关于**非法获取军事秘密的犯罪及其处罚**的规定。根据本款的规定，只要行为人具有非法获取军事秘密的行为，不论是采取秘密窃取，还是刺探、收买方式获取军事秘密的，都可构成本罪。本款规定，对于以窃取、刺探、收买的方法非法获取军事秘密的，处五年以下有期徒刑；情节严重的，处五年以上十年以下有期徒刑；情节特别严重的，处十年以上有期徒刑。这里规定的“**情节特别严重**”，主要是指非法获取了大量的军事秘密的、非法获取了重要的军事秘密的、非法获取军事秘密的手段特别恶劣的等情况。

第二款是关于**为境外的机构、组织、人员窃取、刺探、收买、非法提供军事秘密的犯罪及其处罚**的规定。这里规定的“**非法提供**”，是指军事秘密的持有人，将自己知悉、管理、持有的军事秘密以各种方法，通过各种渠道将军事秘密提供给境外的机构、组织、个人的行为。军事秘密一旦为境外的机构、组织、个人所掌握，对国家的国防安全和军事利益都有很大的危害，因而本款对为境外机构、组织、人员窃取、刺探、收买、非法提供军事秘密的犯罪行为规定了比非法获取军事秘密更为严厉的刑罚。

窃取是指秘密获取，**刺探**是指暗中打听、观察、探知等，**收买**是指以财物交换，这是几种最常见的非法手段。其他一些非法手段，如骗取、敲诈等，从广义上看也属于窃取行为。本罪是单一罪名，所以不能以非法获取军事秘密的具体手段来定罪，如“窃取军事私密罪”“刺探军事秘密罪”和“收买军事秘密罪”。“**非法获取**”是这些具体手段的共同特征，即行为人没有知悉军事秘密的正当理由和合法依据，却采取积极的行为了解军事秘密的内容。

军事秘密是国家秘密中的重要组成部分。在当前西方敌对势力加紧对我国进行颠覆、渗透活动，国际政治、经济、科技、军事竞争日趋激烈的形势下，境外势力每时每刻都企图获取我国军事秘密。加强对军事秘密的保护，严防军事秘密被境外的机构、组织、人员知悉，不仅是确保军事秘密安全的需要，而且事关国防安全。军事秘密一旦被境外的机构、组织、人员知悉，除军事秘密的安全将直接受到威胁外，还将对国防安全造成严重危害。

《保守国家秘密法》第二十一条规定：“国家秘密载体的制作、收发、传递、使用、复制、保存、维修和销毁，应当符合国家保密规定。绝密级国家秘密载体应当在符合国家保密标准的设施、设备中保存，并指定专人管理；未经原定密机关、单位或者上级机关批准，不得复印和摘抄；收发、传递和外出携带，应当指定人员负责，并采取必要的安全措施。”因此，凡违反上述规定，事先未经依法批准而擅自将军事秘密提供给境外的机构、组织、人员的，均属非法提供。

需要注意的是，为境外窃取、刺探、收买、非法提供军事秘密罪在罪与非罪的界限上容易混淆的问题是如何区分**合法提供和非法提供**。对此可从实体上和程序上两个方面来区别。从实体上看，合法提供是行为人履行职责的活动，而非法提供是行为人违背职责的行为。从程序上看，合法提供经过了严格的组织审批手续和法定程序，而非法提供完全是个人擅自所为。

【司法解释性文件】

《军人违反职责罪案件立案标准的规定》（政检〔2013〕1号，2013年2月26日公布）

△（**非法获取军事秘密罪；立案标准**）非法获取军事秘密罪是指违反国家和军队的保密规定，采取窃取、刺探、收买方法，非法获取军事秘密的行为。

军事秘密，是关系国防安全和军事利益，依照规定的权限和程序确定，在一定时间内只限一定范围的人员知悉的事项。内容包括：

（一）国防和武装力量建设规划及其实施情况；

（二）军事部署，作战、训练以及处置突发事件等军事行动中需要控制知悉范围的事项；

（三）军事情报及其来源，军事通信、信息对抗以及其他特种业务的手段、能力，密码以及有关资料；

（四）武装力量的组织编制，部队的任务、实力、状态等情况中需要控制知悉范围的事项，特殊单位以及师级以下部队的番号；

（五）国防动员计划及其实施情况；

（六）武器装备的研制、生产、配备情况和补充、维修能力，特种军事装备的战术技术性能；

（七）军事学术和国防科学技术研究的重要项目、成果及其应用情况中需要控制知悉范围的事项；

（八）军队政治工作中不宜公开的事项；

（九）国防费分配和使用的具体事项，军事物资的筹措、生产、供应和储备等情况中需要控制知悉范围的事项；

（十）军事设施及其保护情况中不宜公开的事项；

（十一）对外军事交流与合作中不宜公开的事项；

（十二）其他需要保密的事项。

凡涉嫌非法获取军事秘密的，应予立案。（§12）

△（**为境外窃取、刺探、收买、非法提供军事秘密罪；立案标准**）为境外窃取、刺探、收买、非法提供军事秘密罪是指违反国家和军队的保密规定，为境外的机构、组织、人员窃取、刺探、收买、非法提供军事秘密的行为。

凡涉嫌为境外窃取、刺探、收买、非法提供军事秘密的，应予立案。（§13）

【附属刑法】

《中华人民共和国军事设施保护法》（1990年2月23日通过，2021年6月10日修订）

第六十三条

有下列行为之一，构成犯罪的，依法追究刑事责任：

……

（四）泄露军事设施秘密，或者为境外的机构、组织、人员窃取、刺探、收买、非法提供军事设施秘密的；

……

第四百三十二条　【故意泄露军事秘密罪】【过失泄露军事秘密罪】

违反保守国家秘密法规，故意或者过失泄露军事秘密，情节严重的，处五年以下有期徒刑或者拘役；情节特别严重的，处五年以上十年以下有期徒刑。

战时犯前款罪的，处五年以上十年以下有期徒刑；情节特别严重的，处十年以上有期徒刑或者无期徒刑。

【立法理由】

1. **1981年《惩治军人违反职责罪暂行条例》的规定情况**。该条例第四条第一、二款规定："违反保守国家军事机密法规，泄露或者遗失国家重要军事机密，情节严重的，处七年以下有期徒刑或者拘役。战时犯前款罪的，处三年以上十年以下有期徒刑；情节特别严重的，处十年以上有期徒刑或者无期徒刑。"

2. **1997年修订刑法的情况**。本条对军人违反保守国家秘密法规，故意或者过失泄露军事秘密规定了更为严厉的刑罚，体现了军法从严、治军从严的精神。在军职罪条例中，原来虽有遗失军事秘密的规定，但主要是指遗失军事秘密的载体，如文件、图纸、照片等，是否包括其他形式的过失泄露军事秘密不够明确。1997年修订刑法时，明确规定了过失泄露军事秘密罪。同时原规定必须遗失重要的军事秘密才能构成遗失军事机密罪，修改刑法时删除了"重要"二字的限制，因为本罪以"情节严重"为构成犯罪的条件，其中包含了泄露重要军事秘密的内容，所以不必再从军事秘密的重要程度加以限制，以便加强对军事秘密的保护。

【条文说明】

本条是关于故意泄露军事秘密罪和过失泄露军事秘密罪及其处罚的规定。

本条共分为两款。

第一款是关于**故意泄露军事秘密罪和过失泄露军事秘密罪及其处罚**的规定。构成本罪应当具备下列条件：①

1. **行为人实施了泄露军事秘密的行为**。泄露包括以口头或者书面等各种形式，使不应知悉的人知悉。这种行为可以表现为作为，即行为人通过口头告知或者书信提供等主动行为泄露；也可以表现为不作为，即行为人没有按照有关保守军事秘密的规定，采取必要的防范措施，以致泄露了军事秘密的行为。行为人泄露军事秘密包括故意泄露和过失泄露两种情况。

2. **行为人必须实施了违反保守国家秘密法律法规的行为**。保守国家秘密，特别是国家军事秘密，关系到国防的安全、战斗的胜败和国家与人民的重大利益。除刑法和其他有关法律作了规定外，国家还颁布了一系列的保守国家军事秘密的法规，每个军人都应严格遵守这些规定，保守国家军事秘密。如果行为人的行为没有违反保守国家军事秘密法规的，当然不能构成本罪。

3. **行为人的泄密行为必须是"情节严重"的才能构成**。这里规定的"**情节严重**"，主要是指行为人泄露大量军事秘密的，泄露重要军事秘密的，泄露的军事秘密对国家军事利益造成重大危害的以及泄密手段极为恶劣的情况。

根据本款的规定，行为人必须同时具备以上条件，才构成泄露军事秘密罪和过失泄露军事秘密罪。对于违反保守国家秘密法规，故意或者过失泄露军事秘密，情节严重的，处五年以下有期徒刑或者拘役；情节特别严重的，处五年以上十年以下有期徒刑。

第二款是关于**战时泄露军事秘密的犯罪及其处罚**的规定。战时泄露军事秘密，对于国家军事利益和国防安全具有严重的危害，因而本款对于战时犯有泄露军事秘密罪行的，规定了较重的刑罚。应当注意的是，战时构成泄露军事秘密罪，也要符合前款规定的条件。根据本款的规定，对于战时犯有泄露军事秘密罪的，处五年以上十年以下有期徒刑；情节特别严重的，处十年以上有期徒刑或者无期徒刑。这里规定的"**情节特别严重**"，主要是指泄露了大量军事秘密的，泄露核心军事秘密以及造成战斗、战役遭受重大损失等严重后果的情况。

【司法解释性文件】

《军人违反职责罪案件立案标准的规定》（政检〔2013〕1号，2013年2月26日公布）

△（**故意泄露军事秘密罪；立案标准**）故意泄露军事秘密罪是指违反国家和军队的保密规定，

① 本罪的行为主体是合法掌握一定军事秘密的军职人员。参见赵秉志、李希慧主编：《刑法各论》（第3版），中国人民大学出版社2016年版，第451页。

故意使军事秘密被不应知悉者知悉或者超出了限定的接触范围,情节严重的行为。

涉嫌下列情形之一的,应予立案:

(一)泄露绝密级或者机密级军事秘密一项(件)以上的;

(二)泄露秘密级军事秘密三项(件)以上的;

(三)向公众散布、传播军事秘密的;

(四)泄露军事秘密造成严重危害后果的;

(五)利用职权指使或者强迫他人泄露军事秘密的;

(六)负有特殊保密义务的人员泄密的;

(七)以牟取私利为目的泄露军事秘密的;

(八)执行重大任务时泄密的;

(九)有其他情节严重行为的。(§ 14)

△**(过失泄露军事秘密罪;立案标准)**过失泄露军事秘密罪是指违反国家和军队的保密规定,过失泄露军事秘密,致使军事秘密被不应知悉者知悉或者超出了限定的接触范围,情节严重的行为。

涉嫌下列情形之一的,应予立案:

(一)泄露绝密级军事秘密一项(件)以上的;

(二)泄露机密级军事秘密三项(件)以上的;

(三)泄露秘密级军事秘密四项(件)以上的;

(四)负有特殊保密义务的人员泄密的;

(五)泄露军事秘密或者遗失军事秘密载体,不按照规定报告,或者不如实提供有关情况,或者未及时采取补救措施的;

(六)有其他情节严重行为的。(§ 15)

△**(以上;不满)**本规定所称"以上",包括本数;有关犯罪数额"不满",是指已达到该数额百分之八十以上。(§ 35)

【附属刑法】

《中华人民共和国国防动员法》(2010年2月26日通过)

第七十条

有下列行为之一的,对直接负责的主管人员和其他直接责任人员,依法给予处分:

……

(四)泄露国防动员秘密的;

……

第七十一条

违反本法规定,构成违反治安管理行为的,依法给予治安管理处罚;构成犯罪的,依法追究刑事责任。

《中华人民共和国军事设施保护法》(1990年2月23日通过,2021年6月10日修订)

第六十三条

有下列行为之一,构成犯罪的,依法追究刑事责任:

……

(四)泄露军事设施秘密,或者为境外的机构、组织、人员窃取、刺探、收买、非法提供军事设施秘密的;

……

第四百三十三条　【战时造谣惑众罪】

战时造谣惑众,动摇军心的,处三年以下有期徒刑;情节严重的,处三年以上十年以下有期徒刑;情节特别严重的,处十年以上有期徒刑或者无期徒刑。

【立法沿革】

《中华人民共和国刑法》(1997年修订,自1997年10月1日起施行)

第四百三十三条

战时造谣惑众,动摇军心的,处三年以下有期徒刑;情节严重的,处三年以上十年以下有期徒刑。

勾结敌人造谣惑众,动摇军心的,处十年以上有期徒刑或者无期徒刑;情节特别严重的,可以判处死刑。

《中华人民共和国刑法修正案(九)》(自2015年11月1日起施行)

五十一、将刑法第四百三十三条修改为:

"战时造谣惑众,动摇军心的,处三年以下有期徒刑;情节严重的,处三年以上十年以下有期徒刑;情节特别严重的,处十年以上有期徒刑或者无期徒刑。"

【立法理由】

1. **1981年《惩治军人违反职责罪暂行条例》的规定情况**。该条例第十四条规定:"战时造谣惑众,动摇军心的,处三年以下有期徒刑;情节严重的,处三年以上十年以下有期徒刑。勾结敌人造谣惑众,动摇军心的,处十年以上有期徒刑或者无期徒刑;情节特别严重的,可以判处死刑。"

2. **1997年修订刑法的情况**。在立法修订研拟中,相关修订草案对此未作任何修改,直接规定在1997年《刑法》第四百三十三条中。

3. **2015年《刑法修正案（九）》对本条作了修改，取消了战时造谣惑众罪的死刑**。主要是考虑到战时造谣惑众罪适用死刑的条件是勾结敌人造谣惑众，而战时勾结敌人造谣惑众，动摇军心的性质是投敌叛变，行为人主观上有投敌变节的故意，客观上实施了为敌效劳的叛变行为，可以《刑法》第一百零八条规定的**投敌叛变罪**论处。此外，取消死刑后，本罪的最高刑罚为无期徒刑，与《刑法》第三百七十八条规定的战时造谣扰乱军心罪最高刑罚为十年有期徒刑相比，仍能够体现军法从严的精神。

【条文说明】

本条是关于战时造谣惑众罪及其处罚的规定。

构成本条规定的犯罪应当具备下列条件：①

1. **行为人实施了造谣惑众、动摇军心的行为**。这里规定的"**造谣惑众**"，是指在战时，行为人捏造事实，制造谎言，并在部队中散布谣言以迷惑他人的行为。这里规定的"**动摇军心**"，是指行为人通过造谣惑众，造成部队情绪恐慌、士气不振、军心涣散、思想不稳定的行为。散布谣言的方式，可以是在公开场合散布，也可以是在私下向多人传播；可以是口头散布，也可以通过文字、图像、计算机网络或其他途径散布。

2. **这种行为必须发生在战时**。何时为"战时"，《刑法》第四百五十一条已有规定。战时造谣惑众、动摇军心的行为，在客观上起着帮助敌人，削弱我军战斗力的作用，影响部队的作战，严重危害军事利益，必须依法惩处。

3. **行为人造谣惑众的行为足以动摇军心或者已造成军心动摇**。对于在部队中发牢骚、讲怪话，甚至也散布了谎言，但没有动摇军心，也不足以动摇军心的，不能构成本罪，应当加以批评制止。

根据本条规定，战时造谣惑众，动摇军心的，处三年以下有期徒刑；情节严重的，处三年以上十年以下有期徒刑；情节特别严重的，处十年以上有期徒刑或者无期徒刑。这里规定的"**情节严重**"，主要是指谣言煽动性大，对作战或者军事行动造成危害的以及在紧急关头或者危急时刻造谣惑众的情况。这里规定的"情节特别严重"，主要是指造谣惑众造成部队军心涣散，部队怯战、厌战或者引起其他严重后果等情况。

需要注意的是，造谣惑众、动摇军心是指行为人自己编造虚假的情况，在部队中散布，煽动怯战、厌战或者恐怖情绪，蛊惑官兵，造成部队情绪恐慌，士气不振，军心涣散。如果是行为人将道听途说的内容不负责任地又向他人散布，不能认定为造谣。**行为人所散布的内容必须是虚假的，而且是与作战有直接关系的**，如夸大敌人的兵力和装备优势，虚构敌方的战绩和对我方不利的战况等。如果行为人所散布的内容确属实情，即使对我军不利，也不宜认定为造谣。

【司法解释性文件】

《军人违反职责罪案件立案标准的规定》（政检〔2013〕1号，2013年2月26日公布）

△（**战时造谣惑众罪；立案标准**）战时造谣惑众罪是指在战时造谣惑众，动摇军心的行为。

造谣惑众，动摇军心，是指故意编造、散布谣言，煽动怯战、厌战或者恐怖情绪，蛊惑官兵，造成或者足以造成部队情绪恐慌、士气不振、军心涣散的行为。

凡战时涉嫌造谣惑众，动摇军心的，应予立案。（§16）

第四百三十四条　【战时自伤罪】

战时自伤身体，逃避军事义务的，处三年以下有期徒刑；情节严重的，处三年以上七年以下有期徒刑。

【立法理由】

1. **1981年《惩治军人违反职责罪暂行条例》的规定情况**。该条例第十三条规定："战时自伤身体，逃避军事义务的，处三年以下有期徒刑；情节严重的，处三年以上七年以下有期徒刑。"作为军人应当随时准备参战，履行保卫祖国的神圣职责，为了逃避军事义务在战时自伤身体的行为，是一种畏惧战斗、贪生怕死的可耻行为，**不仅造成部队**

① 我国学者指出，本罪的行为主体是军职人员，但不限于参加作战的军职人员。参见张明楷：《刑法学》（第6版），法律出版社2021年版，第1670页。

非正常减员，贻误军事任务的完成，削弱部队的战斗力，而且影响部队的士气。1981年《惩治军人违反职责罪暂行条例》规定了本罪。

2. **1997年修订刑法的情况**。1997年修订刑法时，将《惩治军人违反职责罪暂行条例》第十三条的规定直接规定在1997年《刑法》第四百三十四条，未作修改。

【条文说明】

本条是关于战时自伤罪及其处罚的规定。

构成本条规定之罪应当具备下列条件：

1. **行为人具有故意自伤身体的行为**。这里规定的"**自伤**"，是指行为人自己故意伤害身体或者授意他人伤害自己身体的行为。行为人对于自身的伤害必须具有直接的故意，如果行为人是在战斗中或者是在军事行动中，由于过失自伤身体的，不能构成犯罪。但如果行为人为逃避军事义务，有意加重已有的伤害，则应构成本罪。至于自伤的程度和后果，是利用枪击还是其他的方法造成自伤，造成的是重伤还是轻伤，不影响本罪的构成。①

2. **行为人自伤身体是出于逃避军事义务的目的**。这里规定的"军事义务"是一个广义的概念，包括军人根据职责所需要履行的各种军事义务，如巡逻任务，值班、值勤任务，作战任务等。军人自伤身体不是为了逃避军事义务，而是为了骗取某种荣誉或掩盖自己过失的，不能构成本罪。

3. **行为人自伤身体的行为必须是在战时**。作为军人应当随时准备参战，履行保卫祖国的神圣职责，为了逃避军事义务在战时自伤身体的行为，是一种畏惧战斗、贪生怕死的可耻行为，不仅会影响部队的士气、削弱部队的战斗力，而且对于国家的军事利益也有危害。行为人不是在战时自伤身体的，不能构成本罪。何时为战时，《刑法》第四百五十一条已有详细论述。

行为人的行为必须同时具备以上条件的，才能构成本罪。根据本条规定，对于战时自伤身体，逃避军事义务的，处三年以下有期徒刑；情节严重的，处三年以上七年以下有期徒刑。这里规定的"**情节严重**"，是指负有重要职责的人员战时自伤身体的，在紧要关头或危急时刻自伤身体的以及战时自伤身体对军事利益造成严重危害后果的情况。

需要注意的是，自伤身体是指行为人自己有意识地伤害自己的身体，包括直接造成伤害和在已有的伤害基础上加重伤情。行为人人为造成的疾病虽然也对身体有一定的损害，但不属于本条所规定的自伤行为。对自伤的部位、方法和伤害的程度，应从广义上理解，不论是伤害哪一部位，是造成轻伤还是重伤，是利用枪击、刀砍还是其他方法，是行为人自己伤害自己的身体，还是利用他人的故意或者过失行为伤害自己的身体，均属于自伤身体的行为。但从司法实践看，行为人自伤身体，与正常的作战受伤往往存在一些不同的表现，比如，往往选择手足和四肢等非要害部位实施自伤，而且一般是持枪伤害，并谎称是枪支走火致伤，所造成的伤害一般都不严重，不会危及生命安全。因此，判断行为人是否存在自伤行为，要综合各方面的情况和证据作出认定。

【司法解释性文件】

《军人违反职责罪案件立案标准的规定》（政检〔2013〕1号，2013年2月26日公布）

△（**战时自伤罪；立案标准**）战时自伤罪是指在战时为了逃避军事义务，故意伤害自己身体的行为。

逃避军事义务，是指逃避临战准备、作战行动、战场勤务和其他作战保障任务等与作战有关的义务。

凡战时涉嫌自伤致使不能履行军事义务的，应予立案。（§ 17）

第四百三十五条　【逃离部队罪】

违反兵役法规，逃离部队，情节严重的，处三年以下有期徒刑或者拘役。

战时犯前款罪的，处三年以上七年以下有期徒刑。

【立法理由】

1. **1981年《惩治军人违反职责罪暂行条例》的规定情况**。该条例第六条规定："违反兵役法规，逃离部队，情节严重的，处三年以下有期徒刑

① 我国学者指出，自伤不以造成轻伤为前提，但必须达到足以逃避军事义务的程度。参见张明楷：《刑法学》（第6版），法律出版社2021年版，第1670页；黎宏：《刑法学各论》（第2版），法律出版社2016年版，第584页。

或者拘役。战时犯前款罪的，处三年以上七年以下有期徒刑。”1982 年《宪法》第五十五条规定：“保卫祖国、抵抗侵略是中华人民共和国每一个公民的神圣职责。依照法律服兵役和参加民兵组织是中华人民共和国公民的光荣义务。”对于依法服兵役的现役军人，必须严格遵守军纪军规，完成部队交给的光荣任务，不得以任何借口逃离部队，对于违反的，根据兵役法的规定，按照中央军事委员会的规定给予处分，构成犯罪的，依法追究刑事责任。

2. **1997 年修订刑法的情况**。1997 年修订刑法时，将《惩治军人违反职责罪暂行条例》第六条的规定吸收进刑法，作为第四百三十五条。

【条文说明】

本条是关于逃离部队罪及其处罚的规定。

本条共分为两款。

第一款是关于**逃离部队罪及其处罚**的规定。根据本款规定，逃离部队罪是指军人违反兵役法规，逃离部队，情节严重的行为。构成本款规定之罪应当具备下列条件：①

1. **行为人具有违反兵役法规，逃离部队的行为**。这里规定的“**违反兵役法规**”，是指行为人违反兵役法等法律、法规关于公民履行服兵役义务的规定。“**逃离部队**”，是指行为人未经过批准，为了逃避履行兵役义务而擅自离开部队的行为。根据我国《宪法》第五十五条的规定，保卫祖国，抵抗侵略是中华人民共和国每一个公民的神圣职责。依法服兵役是公民的光荣义务。违反兵役法规，逃离部队，情节严重的，要依法追究刑事责任。应当注意的是，行为人主观上要具有逃避服兵役的目的，客观上要具有违反兵役法规，逃离部队的行为，才能构成本罪。如果行为人是由于迷失了方向而脱离了部队，受伤掉队，或者因其他无法克服的原因而没有按期归队的，都不能认为是逃离部队，更不构成犯罪。

2. **行为人逃离部队的行为必须是达到情节严重的程度**。这也是区分罪与非罪的一个重要标准。这里规定的“**情节严重**”，主要是指多次逃离部队、屡教不改的以及组织他人一同逃离部队的情况。实践中，对于行为人确系家庭有困难，或其他特殊原因，确需本人处理而擅自离开部队的，应当说服教育，可以给予必要的纪律处分，而不能一律按犯罪处理。

根据本款的规定，对于违反兵役法规，逃离部队，情节严重的，处三年以下有期徒刑或者拘役。

第二款是关于**战时犯有逃离部队罪的处罚规定**。战时逃离部队的行为相对于平时逃离部队的危害要大，因而本款规定了较之和平时期逃离部队犯罪更重的刑罚，即对于战时犯有逃离部队罪的，处三年以上七年以下有期徒刑。应当注意的是，战时逃离部队罪与**战时临阵脱逃罪**是不同的，战时临阵脱逃罪是行为人在战场上、战斗中或者是在临战状态下，由于畏惧战斗等原因逃离岗位的行为，不论其是否已逃离了部队，只要是为了逃避战斗而逃离了战场和岗位，就构成临阵脱逃罪，应当按照《刑法》第四百二十四条的规定定罪处罚。同时，还应注意区分逃离部队罪与**军人叛逃罪**。这两种犯罪都有离队不归的行为，其主要区别是：前者以逃避服兵役为目的，后者则是以背叛祖国为目的，危害国家军事利益。叛逃必定是逃离部队，因此，应根据重罪吸收轻罪的原则，以军人叛逃罪追究其刑事责任，不再数罪并罚。

【司法解释】

《最高人民法院、最高人民检察院关于对军人非战时逃离部队的行为能否定罪处罚问题的批复》（法释〔2000〕39 号，自 2000 年 12 月 8 日起施行）

△（**非战时逃离部队**）军人违反兵役法规，在非战时逃离部队，情节严重的，应当依照刑法第四百三十五条第一款的规定定罪处罚。

【司法解释性文件】

《军人违反职责罪案件立案标准的规定》（政检〔2013〕1 号，2013 年 2 月 26 日公布）

△（**逃离部队罪；立案标准**）逃离部队罪是指违反兵役法规，逃离部队，情节严重的行为。

违反兵役法规，是指违反国防法、兵役法和军队条令条例以及其他有关兵役方面的法律规定。

逃离部队，是指擅自离开部队或者经批准外出逾期拒不归队。

涉嫌下列情形之一的，应予立案：

（一）逃离部队持续时间达三个月以上或者三次以上或者累计时间达六个月以上的；

（二）担负重要职责的人员逃离部队的；

（三）策动三人以上或者胁迫他人逃离部队的；

（四）在执行重大任务期间逃离部队的；

（五）携带武器装备逃离部队的；

---

① 我国学者指出，本罪的行为主体为现役军人，即依法应征入伍并已经到部队服役，尚未被批准退役、退休、离休的人员。参见赵秉志、李希慧主编：《刑法各论》（第 3 版），中国人民大学出版社 2016 年版，第 448 页。

（六）有其他情节严重行为的。（§ 18）

△（**以上;不满**）本规定所称“以上”，包括本数；有关犯罪数额“不满”，是指已达到该数额百分之八十以上。（§ 35）

△（**武器装备**）本规定中的“武器装备”，是实施和保障军事行动的武器、武器系统和军事技术器材的统称。（§ 37）

【附属刑法】

《中华人民共和国兵役法》（1984 年 5 月 31 日通过，2021 年 8 月 20 日修订）

第五十八条

Ⅰ军人以逃避服兵役为目的，拒绝履行职责或者逃离部队的，按照中央军事委员会的规定给予处分。

Ⅱ军人有前款行为被军队除名、开除军籍或者被依法追究刑事责任的，依照本法第五十七条第二款的规定处罚；其中，被军队除名的，并处以罚款。

第六十二条

违反本法规定，构成犯罪的，依法追究刑事责任。

第四百三十六条　【武器装备肇事罪】

违反武器装备使用规定，情节严重，因而发生责任事故，致人重伤、死亡或者造成其他严重后果的，处三年以下有期徒刑或者拘役；后果特别严重的，处三年以上七年以下有期徒刑。

【立法理由】

1\. **1981 年《惩治军人违反职责罪暂行条例》的规定情况**。违反规定使用武器装备，无论是造成人员伤亡，还是重要武器装备毁损都是对国家军事利益的损害。对严重违反规定，致人重伤、死亡或者造成其他严重后果的责任事故，应当追究刑事责任。1981 年制定的《惩治军人违反职责罪暂行条例》第三条规定：“违反武器装备使用规定，情节严重，因而发生重大责任事故，致人重伤、死亡或者造成其他严重后果的，处三年以下有期徒刑或者拘役；后果特别严重的，处三年以上七年以下有期徒刑。”

2\. **1997 年修订刑法的情况**。《惩治军人违反职责罪暂行条例》第三条规定必须发生“重大责任事故”，1997 年修订刑法时，删除了“重大”二字改为“责任事故”，这是因为“重大责任事故”与致人重伤、死亡的后果在军队有关责任事故等级划分的规定中并不是等同的。根据有关规定，责任事故按其危害程度分为三个等级，即一般事故、严重事故和重大事故。从具体结果看，致人重伤、死亡仅属于一般事故和严重事故，只有伤亡人员达到一定的数量界限才属于重大责任事故。所以这样修改后，使罪状的表述更加准确、协调，避免了本罪的构成要件与有关军事规章之间的矛盾。其他严重后果包括重要武器装备严重毁损，因武器装备肇事引起爆炸、火灾、大面积污染，造成严重财产损失等。

【条文说明】

本条是关于武器装备肇事罪及其处罚的规定。

构成本条规定之罪应当具备下列条件：

1\. **必须具有违反武器装备使用规定的行为并且“情节严重”**。这里规定的“**武器装备**”，主要是指部队用于实施和保障作战行动的武器、武器系统和军事技术器材的统称，如枪、炮、战车、飞机、通信系统。备用的武器装备的重要零件、部件，应视为武器装备。武器装备是军人保卫国家、消灭敌人的工具，军人要爱护武器装备，并严格按照武器装备的使用规定和操作规定执行。违反武器装备使用规定的行为，不仅有可能损害武器装备，也有可能造成其他严重的后果。这里规定的“**情节严重**”，是指违反武器装备使用规定的行为本身情节严重的，如严重违反了武器装备使用程序，或者在使用中严重不负责任。例如，行为人没有使用武器装备的任务，却违反规定擅自动用装备而发生事故的；经常使用武器开玩笑，不听劝阻而发生事故的；故意违反武器装备使用规定的。

2\. **违反武器装备使用规定的行为必须造成了责任事故，导致人员重伤、死亡或者其他严重后果**。这里规定的“**责任事故**”，是指由于行为人违反武器装备使用规定而造成的事故，行为人在主观上是有责任的。如果是由于自然原因造成的事故，或者是由于武器装备本身存在的技术方面的原因而造成的事故，行为人在使用时没有过错的，不是责任事故，也不能追究行为人的刑事责任。这里规定的“**其他严重后果**”，是指由于行为人违反武器装备的使用规定而造成的，除致人重伤、死亡以外的其他严重后果，如造成了主要武器装备的毁损，造成了大量武器装备的毁损或者造成了火灾、爆炸、污染,危害了军事行动的情况。如果行为人违反武器装备使用规定的行为,没有造成严重后果,只是一般的责任事故,则不能构成本罪。

必须同时具备以上条件,才能构成本罪。根据本条规定,对于违反武器装备的使用规定,情节严重,因而发生责任事故,致人重伤、死亡或者造成其他严重后果的,处三年以下有期徒刑或者拘役;后果特别严重的,处三年以上七年以下有期徒刑。这里规定的"**后果特别严重**",是指造成多人重伤、死亡的,造成了重大的火灾、核污染或者使公私财产遭受特别重大损失的以及严重危害军事行动或者军事研究的情况。

【司法解释性文件】

《军人违反职责罪案件立案标准的规定》(政检〔2013〕1号,2013年2月26日公布)

△(**武器装备肇事罪;立案标准**)武器装备肇事罪是指违反武器装备使用规定,情节严重,因而发生责任事故,致人重伤、死亡或者造成其他严重后果的行为。

情节严重,是指故意违反武器装备使用规定,或者在使用过程中严重不负责任。

涉嫌下列情形之一的,应予立案:

(一)影响重大任务完成的;

(二)造成死亡一人以上,或者重伤二人以上,或者轻伤三人以上的;

(三)造成武器装备、军事设施、军用物资或者其他财产损毁,直接经济损失三十万元以上,或者直接经济损失、间接经济损失合计一百五十万元以上的;

(四)严重损害国家和军队声誉,造成恶劣影响的;

(五)造成其他严重后果的。(§ 19)

△(**以上;不满**)本规定所称"以上",包括本数;有关犯罪数额"不满",是指已达到该数额百分之八十以上。(§ 35)

△(**直接经济损失;间接经济损失**)本规定中的"直接经济损失",是指与行为有直接因果关系而造成的财产损毁、减少的实际价值;"间接经济损失",是指由直接经济损失引起和牵连的其他损失,包括失去在正常情况下可能获得的利益和为恢复正常管理活动或者为挽回已经造成的损失所支付的各种费用等。(§ 36)

△(**武器装备**)本规定中的"武器装备",是实施和保障军事行动的武器、武器系统和军事技术器材的统称。(§ 37)

△(**军用物资**)本规定中的"军用物资",是除武器装备以外专供武装力量使用的各种物资的统称,包括装备器材、军需物资、医疗物资、油料物资、营房物资等。(§ 38)

△(**财物价值和损失之确定;估价**)本规定中财物价值和损失的确定,由部队驻地人民法院、人民检察院和公安机关指定的价格事务机构进行估价。武器装备、军事设施、军用物资的价值和损失,由部队军以上单位的主管部门确定;有条件的,也可以由部队驻地人民法院、人民检察院和公安机关指定的价格事务机构进行估价。(§ 39)

第四百三十七条　【擅自改变武器装备编配用途罪】
违反武器装备管理规定,擅自改变武器装备的编配用途,造成严重后果的,处三年以下有期徒刑或者拘役;造成特别严重后果的,处三年以上七年以下有期徒刑。

【立法理由】

部队的武器装备都有规定的编配用途和使用范围,违反有关武器装备管理、使用规定,擅自改变武器装备的编配用途,**不仅造成武器装备的非正常备勤状态,影响部队战斗力,危害国家军事利益**。实践中甚至发生过极个别擅自动用武器装备用于违法犯罪活动的案件,如擅自将军用飞机、舰船用于商业活动等,**不仅严重危害国家军事利益,而且对部队形象和声誉造成负面影响**,应予严惩。因此,1997年修订刑法时增加了这一规定。

1997年修订刑法时,有部门提出,挪用武器装备不仅使武器装备管理失控,而且严重影响正常使用,甚至造成武器装备的毁损、丢失或者其他严重后果。根据《中国人民解放军武器装备管理工作条例》的规定,违反武器装备的性能、编配用途使用武器装备,构成犯罪的,依法追究刑事责任。有鉴于此,刑法应当把挪用武器装备情节严重的行为规定为犯罪。立法机关采纳了这一建议,将罪状表述为"擅自改变武器装备的编配用途",同时要造成严重后果。经过修改,最终形成了**1997年《刑法》**第四百三十七条的规定。

【条文说明】

本条是关于擅自改变武器装备编配用途罪及其处罚的规定。

构成本条规定之罪应当具备下列条件：

1. **行为人必须具有违反武器装备管理规定，擅自改变武器装备编配用途的行为**。这里规定的“**武器装备管理规定**”，是指有关法规中关于武器装备的性能、动用权限、使用范围、编配用途等规定。这里规定的“**擅自改变武器装备的编配用途**”，是指行为人违反武器装备的管理规定，未经批准而自行将编配的武器装备改作其他用途的行为。部队配备武器装备是为了保卫国家和人民的利益，各种武器装备都有其专门的编配用途，应当按照有关法规的规定，按照武器装备的编配用途，正确使用武器装备。擅自改变武器装备的编配用途，不仅会损坏武器装备，而且会造成武器装备管理失控，严重影响其正常使用，甚至造成其他严重后果，危害国家军事利益，如擅自将军用飞机、舰船用于商业活动的。对于造成严重后果的要依法追究刑事责任。如果行为人的行为没有违反武器装备的管理规定，或者是按照规定经过上级机关批准，将武器装备用于非军事用途的，如将飞机、舰船用于抢险救灾，不是擅自改变武器装备的编配用途，当然也不能追究刑事责任。

2. **行为人擅自改变武器装备编配用途的行为必须造成了严重后果的**。这里规定的“**严重后果**”，是指行为人擅自改变武器装备的编配用途造成了主要武器装备的毁损，或者大量武器装备的毁损的，用来进行违法犯罪活动的，造成了人员伤亡或者公私财产重大损失的以及严重影响军事行动的情况。这种行为是否造成了严重的后果，是区分罪与非罪的重要标准。如果行为人擅自改变武器装备编配用途的行为没有造成严重后果的，不构成本罪，应当按照军纪处理。

构成本罪，必须同时具备上述条件。根据本条规定，对于违反武器装备管理规定，擅自改变武器装备的编配用途，造成严重后果的，处三年以下有期徒刑或者拘役；造成特别严重后果的，处三年以上七年以下有期徒刑。这里规定的“**特别严重后果**”，是指造成大量主要武器损毁的以及造成多人伤亡后果的情况。

需要注意的是，擅自改变武器装备的编配用途，使用武器装备去实施其他犯罪的，如使用装备枪支杀人，动用舰艇、军用飞机走私等，如果没有造成上述严重后果的，**一般应将其擅自改变武器装备编配用途的行为作为实施其他犯罪的一个情节从重处罚**。但是在使用武器装备实施其他犯罪过程中，造成重要武器装备严重毁损，人员重伤、死亡及其他严重责任事故的，或者影响部队完成重要任务等严重后果的，**则应实行数罪并罚**。

【司法解释性文件】

《军人违反职责罪案件立案标准的规定》(政检〔2013〕1号，2013年2月26日公布)

△(**擅自改变武器装备编配用途罪；立案标准**)擅自改变武器装备编配用途罪是指违反武器装备管理规定，未经有权机关批准，擅自将编配的武器装备改作其他用途，造成严重后果的行为。

涉嫌下列情形之一的，应予立案：

(一)造成重大任务不能完成或者迟缓完成的；

(二)造成死亡一人以上，或者重伤三人以上，或者重伤二人、轻伤四人以上，或者重伤一人、轻伤七人以上，或者轻伤十人以上的；

(三)造成武器装备、军事设施、军用物资或者其他财产损毁，直接经济损失三十万元以上，或者直接经济损失、间接经济损失合计一百五十万元以上的；

(四)造成其他严重后果的。(§ 20)

△(**以上；不满**)本规定所称“以上”，包括本数；有关犯罪数额“不满”，是指已达到该数额百分之八十以上。(§ 35)

△(**直接经济损失；间接经济损失**)本规定中的“直接经济损失”，是指与行为有直接因果关系而造成的财产损毁、减少的实际价值；“间接经济损失”，是指由直接经济损失引起和牵连的其他损失，包括失去在正常情况下可能获得的利益和为恢复正常管理活动或者为挽回已经造成的损失所支付的各种费用等。(§ 36)

△(**武器装备**)本规定中的“武器装备”，是实施和保障军事行动的武器、武器系统和军事技术器材的统称。(§ 37)

△(**军用物资**)本规定中的“军用物资”，是除武器装备以外专供武装力量使用的各种物资的统称，包括装备器材、军需物资、医疗物资、油料物资、营房物资等。(§ 38)

△(**财物价值和损失之确定；估价**)本规定中财物价值和损失的确定，由部队驻地人民法院、人民检察院和公安机关指定的价格事务机构进行估价。武器装备、军事设施、军用物资的价值和损失，由部队军以上单位的主管部门确定；有条件的，也可以由部队驻地人民法院、人民检察院和公安机关指定的价格事务机构进行估价。(§ 39)

第四百三十八条　【盗窃、抢夺武器装备、军用物资罪】

盗窃、抢夺武器装备或者军用物资的，处五年以下有期徒刑或者拘役；情节严重的，处五年以上十年以下有期徒刑；情节特别严重的，处十年以上有期徒刑、无期徒刑或者死刑。

盗窃、抢夺枪支、弹药、爆炸物的，依照本法第一百二十七条的规定处罚。

【立法理由】

1. **1981年《惩治军人违反职责罪暂行条例》的规定情况**。武器装备、军用物资是国家重要的军事资产，是部队完成军事任务的物质保障。盗窃、抢夺武器装备、军用物资，不仅严重侵犯国家财产权而且直接危害国防利益。军人盗窃、抢夺武器装备、军用物资，更应当从严惩处。1981年《惩治军人违反职责罪暂行条例》第十一条规定："盗窃武器装备或者军用物资的，处五年以下有期徒刑或者拘役；情节严重的，处五年以上十年以下有期徒刑；情节特别严重的，处十年以上有期徒刑或者无期徒刑。战时从重处罚，情节特别严重的，可以判处死刑。"

2. **1997年修订刑法的情况**。在1997年修订刑法过程中，基本沿用了《惩治军人违反职责罪暂行条例》的写法。同时考虑到抢夺军用物资与盗窃军用物资的危害相当，同样需要依法惩处，故在行为方式中增加了"抢夺"。还考虑到《刑法》第一百二十七条已规定了盗窃、抢夺枪支、弹药、爆炸物罪，为了司法实践在适用上更明确，在本条第二款规定，盗窃、抢夺枪支、弹药、爆炸物的，依照本法第一百二十七条的规定处罚。

【条文说明】

本条是关于盗窃、抢夺武器装备、军用物资罪及其处罚的规定。

本条共分为两款。

第一款是关于盗窃、抢夺武器装备、军用物资罪的处罚规定。构成本款规定的盗窃、抢夺武器装备、军用物资罪应当具备以下条件：

1. **行为人必须实施了秘密窃取或者抢夺武器装备或者军用物资的行为**。这里规定的"**武器装备**"的概念与《刑法》第四百三十六条规定的概念基本是一致的，但由于本条第二款对盗窃、抢夺枪支、弹药、爆炸物的刑罚适用专门作了规定，因此本款的"武器装备"不包括"枪支、弹药、爆炸物"。这里规定的"**军用物资**"，根据2013年2月26日最高人民检察院、解放军总政治部印发的《军人违反职责罪案件立案标准的规定》第三十八条的规定，"本规定中的'军用物资'，是除武器装备以外，专供武装力量使用的各种物资的统称，包括装备器材、军需物资、医疗物资、油料物资、营房物资等"，如军用被服、粮秣、药品、油料、建筑材料。军人盗窃、抢夺武器装备或者军用物资的行为，违反了军人的职责，不仅是侵犯了国家的财产权，更重要的是危害了国家的军事利益，因而对这种行为本条作了单独处罚规定，而没有按照一般盗窃、抢夺罪处罚。

2. **行为人具有非法占有的目的**。不论行为人非法占有武器装备或者军用物资是出于经济原因，还是为了报复他人等其他原因，都不影响本罪的构成。

根据本款规定，盗窃、抢夺武器装备或者军用物资的，处五年以下有期徒刑或者拘役；情节严重的，处五年以上十年以下有期徒刑；情节特别严重的，处十年以上有期徒刑、无期徒刑或者死刑。这里规定的"**情节严重**"，是指盗窃、抢夺主要武器装备的，盗窃、抢夺大量武器装备或者军用物资的以及多次盗窃或者抢夺武器装备、军用物资的情况。这里规定的"**情节特别严重**"，是指盗窃、抢夺大量主要武器装备的；盗窃、抢夺武器装备或者军用物资，数量特别巨大的；战时盗窃、抢夺武器装备或者军用物资，严重危害军事利益的情况。

第二款是关于**盗窃、抢夺枪支、弹药、爆炸物罪如何处罚**的规定。枪支、弹药和爆炸物是实践中使用比较普遍的武器装备。在实际生活中，盗窃、抢夺枪支、弹药、爆炸物的情况时有发生，针对这种情况，刑法在危害公共安全罪一章的第一百二十七条对这种犯罪作了规定，并规定了比较重的刑罚。本款明确规定，对于军人盗窃、抢夺枪支、弹药、爆炸物的，应当适用《刑法》第一百二十七条的规定处罚。①

实践中需要注意以下几个方面的问题：

1. 在司法实践中，发生过盗窃、抢夺军马、军驼、军犬、军鸽的案件。鉴于这些**军用动物**是用于实施和保障作战行动的，其作用相当于武器装备，所以应视为武器装备。军用物资是指除武器装备以外，供武装部队使用和消费的被服、粮秣、油料、

① 相同的学说见解，参见张明楷：《刑法学》（第6版），法律出版社2021年版，第1676页。

建材、药品、器材等物资。这些武器装备和军用物资可以是部队正在使用的,也可以是储存备用的,**但不包括已确定退役报废的武器装备、军用物资**,因为退役报废的武器装备、军用物资已不能形成部队的战斗力。**正在生产过程中,尚未交付部队的产品和物资**,不能视为部队的武器装备、军用物资。盗窃、抢夺武器装备、军用物资不受部队隶属关系的限制,即一个部队的人盗窃、抢夺另一个部队的武器装备、军用物资,现役军人盗窃、抢夺预备役部队的武器装备、军用物资,均属盗窃、抢夺部队的武器装备、军用物资。

2. 在司法实践中,**如何区分武器装备和军用物资的界限**,是一个经常遇到的问题,关系到准确地认定罪名。武器装备和军用物资的共同点在于都是供武装部队使用的,共同构成武装部队战斗力的物质基础。其区别主要在自然属性方面,如武器都是具有杀伤性的,除弹药以外,其他武器装备往往都可以重复使用。武器装备一般都是具有特定功能的机械、器具、装置、设备等,操作武器装备往往需要掌握特定的技能等;而军用物资一般不具有杀伤性,多是消耗性的物品、材料和原料等。

3. 在司法实践中,对军人携带配发给个人使用的武器装备逃离部队的,过去一般是作为逃离部队行为的一个严重情节,只定逃离部队罪。这样定罪忽略了军人携带武器装备特别是枪支、弹药、爆炸物逃离部队的严重危害性。配发给军人个人使用的武器装备,所有权属于部队,个人无权据为己有。军人携带配发给个人使用的武器装备逃离部队,不仅逃避服兵役,而且将部队的武器装备带走,侵害了部队对武器装备的所有权,是一种特殊方式的盗窃行为。从盗窃武器装备罪和逃离部队罪的法定刑看,前者可以判处死刑,后者平时最高只能判处三年有期徒刑,两者相差悬殊,对军人携带配发给个人使用的武器逃离部队的行为只定逃离部队罪,显然是重罪轻判。**因此对军人携带配发给个人使用的武器装备逃离部队的**,除了根据其逃离部队的情节决定是否构成逃离部队罪,**还应依照《刑法》第四百三十八条定盗窃武器装备罪**。

【司法解释性文件】

《军人违反职责罪案件立案标准的规定》(政检〔2013〕1号,2013年2月26日公布)

△(**盗窃、抢夺武器装备、军用物资罪;立案标准**)盗窃武器装备罪是指以非法占有为目的,秘密窃取武器装备的行为。

抢夺武器装备罪是指以非法占有为目的,乘人不备,公然夺取武器装备的行为。

凡涉嫌盗窃、抢夺武器装备的,应予立案。

盗窃军用物资罪是指以非法占有为目的,秘密窃取军用物资的行为。

抢夺军用物资罪是指以非法占有为目的,乘人不备,公然夺取军用物资的行为。

凡涉嫌盗窃、抢夺军用物资价值二千元以上,或者不满规定数额,但后果严重的,应予立案。(§ 21)

△(**以上;不满**)本规定所称"以上",包括本数;有关犯罪数额"不满",是指已达到该数额百分之八十以上。(§ 35)

△(**武器装备**)本规定中的"武器装备",是实施和保障军事行动的武器、武器系统和军事技术器材的统称。(§ 37)

△(**军用物资**)本规定中的"军用物资",是除武器装备以外专供武装力量使用的各种物资的统称,包括装备器材、军需物资、医疗物资、油料物资、营房物资等。(§ 38)

△(**财物价值和损失之确定;估价**)本规定中财物价值和损失的确定,由部队驻地人民法院、人民检察院和公安机关指定的价格事务机构进行估价。武器装备、军事设施、军用物资的价值和损失,由部队军以上单位的主管部门确定;有条件的,也可以由部队驻地人民法院、人民检察院和公安机关指定的价格事务机构进行估价。(§ 39)

【附属刑法】

《中华人民共和国军事设施保护法》(1990年2月23日通过,2021年6月10日修订)

第六十三条

有下列行为之一,构成犯罪的,依法追究刑事责任:

……

(三)盗窃、抢夺、抢劫军事设施的装备、物资、器材的;

……

第四百三十九条　【非法出卖、转让武器装备罪】
非法出卖、转让军队武器装备的，处三年以上十年以下有期徒刑；出卖、转让大量武器装备或者有其他特别严重情节的，处十年以上有期徒刑、无期徒刑或者死刑。

【立法理由】

部队的武器装备是国家重要的军事物资，由部队根据国防建设的需要编配，用于军事目的。军人非法出卖、转让军队武器装备，**不仅严重侵犯国家财产权，直接危害国防利益，而且给公共安全带来极大的威胁**，应当予以严惩，1997年修订刑法时，针对这种情况增加了本罪。

1997年修订刑法时，有部门提出，非法出卖、转让武器装备的行为，不仅严重违反了部队武器装备管理制度，而且也严重危害着公共安全。《中国人民解放军武器装备管理工作条例》也规定，未经总参谋部批准，严禁任何单位或者个人擅自馈赠、出售、交换武器装备。触犯刑律，构成犯罪的，依法追究刑事责任。故此，有必要在刑法中将非法出卖、转让武器装备的行为规定为犯罪。立法机关采纳了这一建议，最终形成了**1997年《刑法》**第四百三十九条的规定。

【条文说明】

本条是关于非法出卖、转让武器装备罪及其处罚的规定。

根据本条规定，行为人只要具有非法出卖或者转让军队武器装备行为的，就构成本罪。**非法出卖**，是指行为人未经有权机关的批准而擅自将武器装备卖给他人的行为。**非法转让**，是指行为人未经有权机关的批准而擅自将武器装备赠送他人或者以武器装备换取其他物品的行为。非法出卖、转让武器装备的行为，不仅违反了武器装备管理制度，而且会危害国家的军事利益和公共安全，其社会危害性很大，必须依法追究刑事责任。

根据本条规定，对于非法出卖、转让军队武器装备的，处三年以上十年以下有期徒刑；出卖、转让大量武器装备或者有其他特别严重情节的，处十年以上有期徒刑、无期徒刑或者死刑。这里规定的"**特别严重情节**"，是指非法出卖、转让武器装备进行犯罪活动的，非法出卖、转让给境外的机构、组织、人员的以及非法出卖、转让武器装备造成严重后果的情况。

应当注意的是，**非法出卖、转让武器装备的行为人应当是合法管理或者使用这些武器装备的人员**，如果行为人将盗窃或者抢夺的武器装备出卖、转让的，应当按照《刑法》第四百三十八条规定的盗窃、抢夺武器装备罪与非法买卖枪支、弹药、爆炸物罪数罪并罚。《刑法》第一百二十五条规定了非法买卖枪支、弹药、爆炸物的犯罪，如果是军人出卖部队武器装备的，应适用本条。

实践中需要注意的是，根据有关武器装备管理法规的规定，部队的武器装备由于使用、储存年久，性能下降，型号技术落后，或者因其他原因不宜继续装备部队的，可以作退役或者报废处理。退役、报废的武器装备根据不同情况，分别作储存备用、教学、训练、装备民兵、拆件留用、拨作非军事使用或作为废旧物资等处置。未经批准，严禁任何单位或者个人擅自馈赠、出售、交换武器装备。非法出卖、转让武器装备是指未经有关机关的批准，擅自将武器装备出售给他人、送给他人或者与他人交换其他物品。根据武器装备管理法规的规定，武器装备依其质量状况，分为新品、堪用品、待修品和废品四个等级。非法出卖、转让的武器装备应是部队在编的、正在使用的以及储存备用的武器装备，从武器装备的等级看，**不包括已确定退役报废的武器装备**，因为退役报废的武器装备已不能直接形成部队的战斗力。

【司法解释性文件】

《军人违反职责罪案件立案标准的规定》（政检〔2013〕1号，2013年2月26日公布）

△**（非法出卖、转让武器装备罪；立案标准）**非法出卖、转让武器装备罪是指非法出卖、转让武器装备的行为。

出卖、转让，是指违反武器装备管理规定，未经有权机关批准，擅自用武器装备换取金钱、财物或者其他利益，或者将武器装备馈赠他人的行为。

涉嫌下列情形之一的，应予立案：

（一）非法出卖、转让枪支、手榴弹、爆炸装置的；

（二）非法出卖、转让子弹十发、雷管三十枚、导火索或者导爆索三十米、炸药一千克以上，或者不满规定数量，但后果严重的；

（三）非法出卖、转让武器装备零部件或者维修器材、设备，致使武器装备报废或者直接经济损失三十万元以上的；

（四）非法出卖、转让其他重要武器装备的。（§ 22）

△(**以上;不满**)本规定所称"以上",包括本数;有关犯罪数额"不满",是指已达到该数额百分之八十以上。(§ 35)

△(**直接经济损失;间接经济损失**)本规定中的"直接经济损失",是指与行为有直接因果关系而造成的财产损毁、减少的实际价值;"间接经济损失",是指由直接经济损失引起和牵连的其他损失,包括失去在正常情况下可能获得的利益和为恢复正常管理活动或者为挽回已经造成的损失所支付的各种费用等。(§ 36)

△(**武器装备**)本规定中的"武器装备",是实施和保障军事行动的武器、武器系统和军事技术器材的统称。(§ 37)

△(**财物价值和损失之确定;估价**)本规定中财物价值和损失的确定,由部队驻地人民法院、人民检察院和公安机关指定的价格事务机构进行估价。武器装备、军事设施、军用物资的价值和损失,由部队军以上单位的主管部门确定;有条件的,也可以由部队驻地人民法院、人民检察院和公安机关指定的价格事务机构进行估价。(§ 39)

第四百四十条　【遗弃武器装备罪】

违抗命令,遗弃武器装备的,处五年以下有期徒刑或者拘役;遗弃重要或者大量武器装备的,或者有其他严重情节的,处五年以上有期徒刑。

【立法理由】

武器装备属于国家重要军事资产,是军队完成任务的重要物质保证,应当十分爱护,不容随意遗弃。同时,武器装备是用于军事目的的特殊物资,必须加以妥善保管,**防止流失到社会上,危害公共安全**。特别是战时违抗命令,遗弃武器装备,不仅会削弱我军战斗力,还可能为敌所用。因此,这一行为具有严重的社会危害性。因此,**1997年修订刑法**时,将违抗命令,遗弃武器装备增加规定为犯罪。

【条文说明】

本条是关于遗弃武器装备罪及其处罚的规定。

构成本条规定之罪应当具备下列条件:

1. **行为人具有遗弃武器装备的行为**。这里规定的"**遗弃武器装备**",是指行为人故意抛弃武器装备的行为。[①] 武器装备是军人保卫国家和人民利益所必不可少的,必须加以妥善保管。随意遗弃武器装备,不仅会削弱我军的战斗力,而且可能被敌人所利用,严重危害军事利益。

2. **行为人的遗弃行为是故意实施的**。如果行为人是由于疏忽大意而遗失了武器装备的,不能构成本罪。对遗失武器装备情节严重的,可以依照《刑法》第四百四十一条关于遗失武器装备罪的规定处罚。

3. **行为人遗弃武器装备的行为是违抗命令的**。战场情况复杂,在战场上有时根据作战的需要,按照上级命令遗弃一些武器装备的行为,不构成犯罪,不能按照本条的规定处罚。

根据本条规定,对于违抗命令,遗弃武器装备的,处五年以下有期徒刑或者拘役;遗弃重要或者大量武器装备的,或者有其他严重情节的,处五年以上有期徒刑。

实践中,违抗命令,遗弃武器装备与**战时违抗命令**虽然都具有违抗命令的情节,但战时违抗命令罪只限于战时,且要对作战造成危害;而遗弃武器装备罪中,遗弃武器装备才是构成本罪需要追究刑事责任的依据,违抗命令只是个条件,如果行为人是根据上级的命令、决定遗弃武器装备的,不能构成犯罪。

在具体案件中,如果行为人所采取的遗弃武器装备的方法必然造成武器装备毁坏或者灭失的结果,如飞行员无重大危险而弃机跳伞,或者故意将武器装备投入深海等,则应属于**破坏武器装备**的行为。

【司法解释性文件】

《军人违反职责罪案件立案标准的规定》(政检〔2013〕1号,2013年2月26日公布)

△(**遗弃武器装备罪;立案标准**)遗弃武器装备罪是指负有保管、使用武器装备义务的军人,违抗命令,故意遗弃武器装备的行为。

---

① 我国学者指出,遗弃主要包括两种情形:一是抛弃现有的能够发挥作用的武器装备;二是对于置于不安全场所的武器装备,本应妥善处理却不妥善管理。参见张明楷:《刑法学》(第6版),法律出版社2021年版,第1677页;黎宏:《刑法学各论》(第2版),法律出版社2016年版,第592页;周光权:《刑法各论》(第4版),中国人民大学出版社2021年版,第639页。

涉嫌下列情形之一的，应予立案：

（一）遗弃枪支、手榴弹、爆炸装置的；

（二）遗弃子弹十发、雷管三十枚、导火索或者导爆索三十米、炸药一千克以上，或者不满规定数量，但后果严重的；

（三）遗弃武器装备零部件或者维修器材、设备，致使武器装备报废或者直接经济损失三十万元以上的；

（四）遗弃其他重要武器装备的。（§ 23）

△（**以上；不满**）本规定所称“以上”，包括本数；有关犯罪数额“不满”，是指已达到该数额百分之八十以上。（§ 35）

△（**直接经济损失；间接经济损失**）本规定中的“直接经济损失”，是指与行为有直接因果关系而造成的财产损毁、减少的实际价值；“间接经济损失”，是指由直接经济损失引起和牵连的其他损失，包括失去在正常情况下可能获得的利益和为恢复正常管理活动或者为挽回已经造成的损失所支付的各种费用等。（§ 36）

△（**武器装备**）本规定中的“武器装备”，是实施和保障军事行动的武器、武器系统和军事技术器材的统称。（§ 37）

△（**财物价值和损失之确定；估价**）本规定中财物价值和损失的确定，由部队驻地人民法院、人民检察院和公安机关指定的价格事务机构进行估价。武器装备、军事设施、军用物资的价值和损失，由部队军以上单位的主管部门确定；有条件的，也可以由部队驻地人民法院、人民检察院和公安机关指定的价格事务机构进行估价。（§ 39）

第四百四十一条　【遗失武器装备罪】

遗失武器装备，不及时报告或者有其他严重情节的，处三年以下有期徒刑或者拘役。

【立法理由】

武器装备是用于军事目的的特殊物品，应当加以妥善保管，不慎遗失不仅会给部队造成损失，而且还会危及公共安全。遗失武器装备不及时报告，**可能导致重要线索灭失，贻误查找时机，或者影响有关部门及时采取应对措施**。遗失的武器装备如果不能及时找回，遗失的武器装备流到社会上，还可能落入违法犯罪分子手中，**甚至可能造成严重人身伤亡事故，给人民生命财产安全造成严重危害**。因此，一旦发生武器装备不慎遗失的情况，必须立即向有关部门报告，以便有关部门尽快开展调查，搜集线索，查找下落，必要时及时采取应急和补救措施，防止发生严重后果。为了加强对武器装备的管理，强化官兵对武器装备的责任意识，**1997 年修订刑法**时，根据具体情况增加了这一规定。

【条文说明】

本条是关于遗失武器装备罪及其处罚的规定。

构成本条规定之罪应当具备下列条件：

1. **行为人具有遗失武器装备的行为**。武器装备的理解，应根据 2013 年 2 月 26 日最高人民检察院、解放军总政治部印发的《军人违反职责罪案件立案标准的规定》第三十七条的规定，“**武器装备**”是指实施和保障军事行动的武器、武器系统和军事技术器材的统称。这里规定的“**遗失**”，是指在武器装备的操作使用、维护保养、运送等过程中，行为人因疏忽大意而造成武器装备丢失的行为。对武器装备不注意保管而遗失武器装备的行为，不仅会削弱我军的战斗力，而且会影响公共安全，危害我军的军事利益。

2. **行为人对武器装备的丢失，在主观上是有过失的**。即行为人是因主观上疏忽大意或者轻信不会丢失而没有很好保管武器装备，以致武器装备丢失。如果行为人在主观上是故意丢弃武器装备的，不构成本罪，应按照遗弃武器装备罪的规定处理。如果行为人在武器装备的操作使用、维护保养中尽到了责任，但因为不可抗拒或者不可克服的原因丢失了武器装备的，不是遗失武器装备，也不构成犯罪。

3. **行为人遗失武器装备必须是没有及时报告或者有其他严重情节的，才构成犯罪**。这里规定的“**其他严重情节**”，是指遗失重要武器装备的，遗失武器装备严重影响部队任务完成的，造成了严重的后果的以及编造虚假情况欺骗组织的情况。行为人遗失武器装备是否有严重的情节，是划分罪与非罪，犯罪与违纪的一个重要标准。如果行为人遗失武器装备后及时报告，也没有其他严重情节的，可按照军纪处理。

根据本条规定，对于遗失武器装备，不及时报告或者有其他严重情节的，处三年以下有期徒刑或者拘役。

【司法解释性文件】

《军人违反职责罪案件立案标准的规定》（政检〔2013〕1号，2013年2月26日公布）

△（**遗失武器装备罪；立案标准**）遗失武器装备罪是指遗失武器装备，不及时报告或者有其他严重情节的行为。

其他严重情节，是指遗失武器装备严重影响重大任务完成的；给人民群众生命财产安全造成严重危害的；遗失的武器装备被敌人或者境外的机构、组织和人员或者国内恐怖组织和人员利用，造成严重后果或者恶劣影响的；遗失的武器装备数量多、价值高的；战时遗失的，等等。

凡涉嫌遗失武器装备不及时报告或者有其他严重情节的，应予立案。（§ 24）

△（**武器装备**）本规定中的"武器装备"，是实施和保障军事行动的武器、武器系统和军事技术器材的统称。（§ 37）

△（**财物价值和损失之确定；估价**）本规定中财物价值和损失的确定，由部队驻地人民法院、人民检察院和公安机关指定的价格事务机构进行估价。武器装备、军事设施、军用物资的价值和损失，由部队军以上单位的主管部门确定；有条件的，也可以由部队驻地人民法院、人民检察院和公安机关指定的价格事务机构进行估价。（§ 39）

第四百四十二条　【擅自出卖、转让军队房地产罪】

违反规定，擅自出卖、转让军队房地产，情节严重的，对直接责任人员，处三年以下有期徒刑或者拘役；情节特别严重的，处三年以上十年以下有期徒刑。

【立法理由】

军队房地产是国防设施的重要组成部分，必须统一规划、统一调配，合理使用，加强管理和维修，提高使用效率，以适应军队建设的需要。近年来，随着国家经济发展和城镇化建设的加快，一些地方根据经济发展和新的城市规划、建设的需要，以置换等方式利用军队空余房地产搞房地产开发的情况逐渐增多。根据国家法律和中央军委、军队有关部门的规定，利用军队空余房地产进行开发经营活动，必须在保证战备和部队住用并保守军事秘密的前提下进行。《中国人民解放军房地产管理条例》等法规对部队房地产出卖、转让都有严格的管理规定。但也有单位不遵守国家有关法律和军队有关规定，擅自出卖、转让军队房地产。这种违法行为**不仅侵害了国防资产的所有权，而且影响军队正常的管理、训练和生产、生活，危害国家军事利益，也给军队形象带来了不好的影响**。

1997年修订刑法时，考虑到军队房地产是国防资产的重要组成部分，擅自出卖、转让军队房地产的行为，侵害了国防资产的所有权，应当依法受到刑事追究，在刑法中增加了本条规定。

【条文说明】

本条是关于擅自出卖、转让军队房地产罪及其处罚的规定。

构成本条规定之罪应当具备下列条件：

1. **行为人具有违反规定，擅自出卖、转让军队房地产的行为**。这里规定的"**违反规定**"，是指行为人违反《中国人民解放军内务条令》《中国人民解放军房地产管理条例》等有关军队房地产管理和使用的规定。"**擅自出卖、转让军队房地产**"，是指行为人未经有权机关的批准，违反规定，自行将军队所有的或者由军队管理、使用的土地、房屋及其附属物等出卖、转让的行为。军队房地产是国防资产的重要组成部分，不得擅自变卖、转让。擅自变卖、转让军队房地产的行为，不仅侵害了国防资产的所有权，而且影响军队正常的管理、训练和生产、生活，危害国家军事利益。行为人不论是出于经济目的，还是其他原因擅自出卖、转让军队房地产的，都要给予处罚，情节严重的，要依法追究刑事责任。

2. **擅自出卖、转让军队房地产的行为必须是情节严重的，才构成犯罪**。这里规定的"**情节严重**"，主要是指擅自出卖、转让军队房地产数量大的，出卖、转让重要房地产的，出卖、转让给境外的机构、组织、人员的，因出卖、转让军队房地产造成严重后果的，比如给军队造成严重经济损失，严重影响部队正常训练、工作和生活，对国家军事利益造成严重危害的，事后弄虚作假欺骗上级的以及出卖、转让军事禁区房地产的等情况。是否达到情节严重的程度，是划分罪与非罪的重要界限。《刑法》第二百二十八条规定了非法转让、倒卖土地使用权的犯罪，第四百一十条规定了非法低价出让国有土地使用权的犯罪，军人擅自出卖、转让军队房地产的，适用本条规定。

根据本条规定，对于违反规定，擅自出卖、转让军队房地产,情节严重的,对直接责任人员,处三年以下有期徒刑或者拘役;情节特别严重的,处三年以上十年以下有期徒刑。这里规定的"**情节特别严重**",是指擅自出卖、转让军队房地产数量巨大的,造成巨大经济损失的以及给国家军事利益造成特别严重损害的情况。

【司法解释性文件】

《军人违反职责罪案件立案标准的规定》(政检〔2013〕1号,2013年2月26日公布)

△(**擅自出卖、转让军队房地产罪;立案标准**)擅自出卖、转让军队房地产罪是指违反军队房地产管理和使用规定,未经有权机关批准,擅自出卖、转让军队房地产,情节严重的行为。

军队房地产,是指依法由军队使用管理的土地及其地上地下用于营房保障的建筑物、构筑物、附属设施设备,以及其他附着物。

涉嫌下列情形之一的,应予立案:

(一)擅自出卖、转让军队房地产价值三十万元以上的;

(二)擅自出卖、转让军队房地产给境外的机构、组织、人员的;

(三)擅自出卖、转让军队房地产严重影响部队正常战备、训练、工作、生活和完成军事任务的;

(四)擅自出卖、转让军队房地产给军事设施安全造成严重危害的;

(五)有其他情节严重行为的。(§ 25)

△(**以上;不满**)本规定所称"以上",包括本数;有关犯罪数额"不满",是指已达到该数额百分之八十以上。(§ 35)

△(**财物价值和损失之确定;估价**)本规定中财物价值和损失的确定,由部队驻地人民法院、人民检察院和公安机关指定的价格事务机构进行估价。武器装备、军事设施、军用物资的价值和损失,由部队军以上单位的主管部门确定;有条件的,也可以由部队驻地人民法院、人民检察院和公安机关指定的价格事务机构进行估价。(§ 39)

第四百四十三条　【虐待部属罪】

滥用职权,虐待部属,情节恶劣,致人重伤或者造成其他严重后果的,处五年以下有期徒刑或者拘役;致人死亡的,处五年以上有期徒刑。

【立法理由】

1. **1981年《惩治军人违反职责罪暂行条例》的规定情况**。官兵关系是军队内部关系的基础,中国人民解放军是人民军队,军人不论职位高低,在政治上一律平等。实行官兵一致原则是我军的优良传统,是我军具有强大凝聚力、战斗力,克服各种困难,战胜国内外敌人的重要因素。中国人民解放军军官、文职干部和士兵,必须按照官兵一致的原则,互相尊重、互相爱护、互相帮助,同心协力地完成任务,决不允许任何人对部属进行虐待。**虐待部属违反了我军的宗旨,破坏了官兵关系和军队内部的团结,同时也侵害了部属的人身权利,这不仅会损害官兵关系,而且会削弱部队的战斗力**。对于滥用职权,虐待部属,情节恶劣,致人重伤或造成其他严重后果的,应当追究刑事责任。因此,1981年《惩治军人违反职责罪暂行条例》第九条规定:"滥用职权,虐待、迫害部属,情节恶劣,因而致人重伤或者造成其他严重后果的,处五年以下有期徒刑或者拘役;致人死亡的,处五年以上有期徒刑。"

2. **1997年修订刑法的情况**。在修订刑法过程中,结合《惩治军人违反职责罪暂行条例》第九条的规定,同时考虑到"迫害"一般属于精神上的伤害,实践中难以认定,故删除了"迫害"的表述。

【条文说明】

本条是关于虐待部属罪及其处罚的规定。

1. **行为人虐待的对象是自己的部属**。尊重干部、爱护士兵是我军的优良传统。虐待、打骂、体罚士兵是军阀作风,是我们坚决反对的。虐待部属违反了我军的宗旨,破坏了官兵关系和军队内部的团结,同时也侵害了部属的人身权利。对于滥用职权,虐待部属,情节恶劣,致人重伤或造成其他严重后果的,应当追究其刑事责任。根据本条的规定,行为人必须是在军队中有一定职权的领导或者担负一定职责的人员。这里规定的"**部属**",是指与行为人存在一定隶属关系的下级军人。如果没有利用职权,对没有隶属关系的其他军人进行殴打等行为的,不构成本罪,致人伤亡的,可依照本法关于伤害罪、杀人罪的有关规定处罚。

2. **行为人实施了滥用职权,虐待部属,情节恶劣的行为**。这里规定的"**滥用职权**",是指行为人超越自己的权限或者不正确利用职权，对部属进行虐待的行为。[①] 这里规定的“**虐待部属，情节恶劣**”，是指行为人对部属进行身心上的严重摧残，虐待行为一般表现为采取不人道的生活待遇，打骂、体罚、折磨及施以其他酷刑，对部属体罚、殴打、冻饿、施以酷刑的，强迫从事危险性和侮辱性的工作等方法，摧残、折磨部属。虐待部属的行为，既可以发生在战时，也可以发生在非战时，所以本罪没有限定为战时犯罪，**情节恶劣**包括虐待部属人数众多的、手段方式较为残忍等。在我国军队中，官兵在人身权利上是一致的、平等的，绝不允许任何人对部属进行虐待，这不仅会损害官兵的关系，而且会削弱部队的战斗力。即使部属有错误的行为，也要以批评教育为主，以思想政治工作为主，对于严重的错误，可以按照军纪和法律处理，管理教育方法不能简单生硬，甚至进行体罚虐待。

3. **行为人的虐待行为造成了部属重伤或者其他严重后果**。这是构成本罪的必要条件。这里规定的“**其他严重后果**”，是指行为人虐待部属的行为引发重大暴力事件的，导致部属逃离部队，造成部属不堪忍受虐待而自杀的，在部队、社会造成极坏影响的等情况。如果行为人的虐待行为没有造成严重后果的，可按照军纪处理；造成了严重后果的，要依法追究刑事责任。

根据本条规定，对于滥用职权，虐待部属，情节恶劣，致人重伤或者造成其他严重后果的，处五年以下有期徒刑或者拘役；致人死亡的，处五年以上有期徒刑。

【司法解释性文件】

《军人违反职责罪案件立案标准的规定》（政检〔2013〕1号，2013年2月26日公布）

△（**虐待部属罪；立案标准**）虐待部属罪是指滥用职权，虐待部属，情节恶劣，致人重伤、死亡或者造成其他严重后果的行为。

虐待部属，是指采取殴打、体罚、冻饿或者其他有损身心健康的手段，折磨、摧残部属的行为。

情节恶劣，是指虐待手段残酷的；虐待三人以上的；虐待部属三次以上的；虐待伤病残部属的，等等。

其他严重后果，是指部属不堪忍受虐待而自杀、自残造成重伤或者精神失常的；诱发其他案件、事故的；导致部属一人逃离部队三次以上，或者二人以上逃离部队的；造成恶劣影响的，等等。

凡涉嫌虐待部属，情节恶劣，致人重伤、死亡或者造成其他严重后果的，应予立案。（§ 26）

△（**以上；不满**）本规定所称“以上”，包括本数；有关犯罪数额“不满”，是指已达到该数额百分之八十以上。（§ 35）

第四百四十四条　【遗弃伤病军人罪】

在战场上故意遗弃伤病军人，情节恶劣的，对直接责任人员，处五年以下有期徒刑。

【立法理由】

1. **1981年《惩治军人违反职责罪暂行条例》的规定情况**。在战场上故意遗弃伤病军人情节恶劣的，应当追究刑事责任。1981年《惩治军人违反职责罪暂行条例》第十五条规定：“在战场上故意遗弃伤员，情节恶劣的，对直接责任人员，处三年以下有期徒刑。”

2. **1997年修订刑法的情况**。1997年修订刑法时，考虑到在战场上遗弃患病军人的危害与遗弃伤员的危害相当，同时鉴于这种行为**严重影响部队的士气，损害内部团结，削弱部队战斗力**，应予较重的处罚，立法机关一方面拓展了此罪对象的范围，另一方面也提高了此罪的法定刑。

【条文说明】

本条是关于遗弃伤病军人罪及其处罚的规定。

构成本条规定之罪应当具备下列条件：

1. **行为人具有在战场上故意遗弃伤病军人，情节恶劣的行为**。这里规定的“**故意遗弃**”，是指行为人明知有伤病军人而不予抢救，弃置不顾的行为。遗弃行为必须是发生在战场上，遗弃的对象应是我军因伤病需要给予救护的人员。“**情节恶劣**”，主要是指行为人故意遗弃伤病军人，造成伤病军人死亡、被敌人杀害等严重后果以及遗弃多名伤病军人等。在战场上对有伤病的军人，其他军人都有抢救与保护的责任，这也是我军的光

---

① 只有处于一定的领导岗位，才有可能发生对部属滥用职权，进行虐待的问题。因此，本罪的行为主体是处于领导岗位的军职人员，包括班长和各级军官。参见黎宏：《刑法学各论》（第2版），法律出版社2016年版，第593页。

荣传统。在战场上对伤病的战友遗弃不顾，会削弱我军的战斗力，影响部队的士气，破坏部队团结。当然，战场上的情况是非常复杂的，有时根据当时的条件和环境，无法对伤病军人进行抢救，对这种情况不能追究刑事责任。因而本条只规定对于情节恶劣的遗弃行为，追究刑事责任。

2. **本罪的主体是故意遗弃伤病军人的直接责任人员**。这里规定的"**直接责任人员**"，是指对遗弃的伤病军人有条件救护而故意不予救护的人员，将自己负责救护的伤病军人遗弃的人员以及对故意遗弃伤病军人负有直接责任的指挥人员等。

根据本条规定，对于在战场上故意遗弃伤病军人，情节恶劣的，对直接责任人员，处五年以下有期徒刑。

【司法解释性文件】

《军人违反职责罪案件立案标准的规定》(政检〔2013〕1号，2013年2月26日公布)

△(**遗弃伤病军人罪；立案标准**)遗弃伤病军人罪是指在战场上故意遗弃我方伤病军人，情节恶劣的行为。

涉嫌下列情形之一的，应予立案：

(一)为挟嫌报复而遗弃伤病军人的；

(二)遗弃伤病军人三人以上的；

(三)导致伤病军人死亡、失踪、被俘的；

(四)有其他恶劣情节的。(§ 27)

△(**以上；不满**)本规定所称"以上"，包括本数；有关犯罪数额"不满"，是指已达到该数额百分之八十以上。(§ 35)

第四百四十五条　【战时拒不救治伤病军人罪】

战时在救护治疗职位上，有条件救治而拒不救治危重伤病军人的，处五年以下有期徒刑或者拘役；造成伤病军人重残、死亡或者有其他严重情节的，处五年以上十年以下有期徒刑。

【立法理由】

救死扶伤是每一个医务人员的神圣职责。战时处于医疗救治职位上的军人，对有条件救治的危重伤病军人而拒不救治的，一方面，**严重地违背了医务人员救死扶伤的职责，而且也会直接挫伤部队士气，削弱部队的战斗力**；另一方面，《中国人民解放军医院医疗工作暂行规则》《关于加强军队医疗单位医德医风建设的暂行规定》等军事法规也规定，对拒不救治伤病军人，构成犯罪的，应依法追究刑事责任。为使这些规定落到实处，刑法应当对这种行为予以明文规定。**1997年修订刑法**时，将该行为规定为犯罪。

【条文说明】

本条是关于战时拒不救治伤病军人罪及其处罚的规定。

构成本条规定之罪应当具备下列条件：

1. **行为人有条件救治危重伤病军人而拒不救治的**。这里规定的"**有条件救治而拒不救治**"，是指行为人有医疗条件、技术条件救护、治疗危重伤病军人而以种种理由拒绝救治的。"**危重伤病军人**"，是指伤势、病情严重、危险的军人。如果行为人确实没有条件救治伤病军人的，不是拒不救治，不能构成犯罪。对于有一般伤病的军人拒不救治的，一般不会造成严重的后果，因而不构成犯罪，情节恶劣的，应进行教育批评，也可给予必要的处分。

2. **犯罪主体是在救护治疗职位上，负有救护治疗职责的人员**。这里规定的"**在救护治疗职位上**"，是指正在当班的医务人员或者临时执行救护治疗任务的人员。

3. **本罪在战时才能构成**。在战时，拒不救治危重伤病军人的行为，对部队的士气、战斗力都会有恶劣影响，其危害也比和平时期严重，必须依法追究刑事责任。

根据本条的规定，对于战时在救护治疗职位上，有条件救治而拒不救治危重伤病军人的，处五年以下有期徒刑或者拘役；造成伤病军人重残、死亡或者有其他严重情节的，处五年以上十年以下有期徒刑。这里规定的"**重残**"，是指按规定造成二等以上残疾的。"**严重情节**"，是指为报复而拒不救治的，阻止他人救治的，造成恶劣影响、引起严重事件的情况。

【司法解释性文件】

《军人违反职责罪案件立案标准的规定》(政检〔2013〕1号，2013年2月26日公布)

△(**战时拒不救治伤病军人罪；立案标准**)战时拒不救治伤病军人罪是指战时在救护治疗职位上，有条件救治而拒不救治危重伤病军人的行为。

有条件救治而拒不救治，是指根据伤病军人的伤情或者病情，结合救护人员的技术水平、医疗单位的医疗条件及当时的客观环境等因素，能够给予救治而拒绝抢救、治疗。

凡战时涉嫌拒不救治伤病军人的，应予立案。（§ 28）

第四百四十六条　【战时残害居民、掠夺居民财物罪】

战时在军事行动地区，残害无辜居民或者掠夺无辜居民财物的，处五年以下有期徒刑；情节严重的，处五年以上十年以下有期徒刑；情节特别严重的，处十年以上有期徒刑、无期徒刑或者死刑。

【立法理由】

1. **1981年《惩治军人违反职责罪暂行条例》的规定情况**。中国人民解放军是人民的军队，它的任务是巩固国防，抵抗侵略，保卫祖国，保卫人民的和平劳动，参加国家建设事业，全心全意为人民服务。战时在军事行动地区残害和掠夺无辜居民的行为，**不仅严重侵害居民的人身权利和财产权利，更严重的是违背我军宗旨，破坏我军声誉**。这种行为还是一种违反国际公约的国际犯罪，会给国家、军队形象造成严重不良影响，危害国家利益和军事利益。1981年《惩治军人违反职责罪暂行条例》已有该罪规定，1997年修订刑法时，对上述内容经修改后纳入刑法。1981年《惩治军人违反职责罪暂行条例》第二十条规定："在军事行动地区残害无辜居民的，处七年以下有期徒刑；情节严重的，处七年以上有期徒刑，情节特别严重的，处无期徒刑或者死刑。"

2. **1997年修订刑法的情况**。1997年修订刑法时，有部门提出，残害无辜居民，掠夺无辜居民财物，是发生在战区的行为，《惩治军人违反职责罪暂行条例》规定"在军事行动地区"，其范围过大，甚至包括了平时的训练、演习地区等，建议在原法条中增加规定"战时"这一前提条件。立法机关经过研究和论证，采纳了这一建议。

【条文说明】

本条是关于战时残害居民、掠夺居民财物罪及其处罚的规定。

构成本条规定之罪应当具备下列条件：

1. **行为人必须实施了残害无辜居民或者掠夺无辜居民财物的行为**。这里规定的"**无辜居民**"，是指在战区居住的对我军无敌对行动的居民，包括我方管辖的居民、敌方管辖的居民和属第三方管辖的居民。这里规定的"**残害**"，是指对无辜居民实施伤害、杀害、奸淫等侵犯人身的暴力行为。这里规定的"**掠夺**"，是指行为人用暴力或者以暴力相威胁，抢劫无辜居民财物的行为。[①] 军人的职责是保卫国家、消灭敌人，残害和掠夺无辜居民的行为不仅违反了军人的职责，而且败坏了我军的声誉，应当依法予以严惩。

2. **行为人必须是战时在军事行动地区实施上述行为的，才构成本罪**。军事行动地区即我军作战的区域。[②] 战时在军事行动地区残害和掠夺无辜居民的行为，不仅是侵害了居民的人身权利和财产权利，更重要的是违背我军宗旨，破坏我军声誉，违反了有关国际公约的规定，危害了我军的军事利益，因而本条对这种犯罪作了单独的处罚规定，而没有依照本法伤害、抢劫等犯罪的规定处罚。如果行为人平时在非军事行动区残害无辜居民和掠夺无辜居民财产的，应按照本法有关侵犯公民人身权利和财产权利的犯罪的规定处罚。

根据本条规定，对于战时在军事行动地区，残害无辜居民或者掠夺无辜居民财物的，处五年以下有期徒刑；情节严重的，处五年以上十年以下有期徒刑；情节特别严重的，处十年以上有期徒刑、无期徒刑或者死刑。这里规定的"**情节严重**"，是指多次实施犯罪行为的，残害、掠夺无辜居民多人的，结伙实施犯罪行为的，犯罪手段恶劣的以及造成恶劣影响的情况。"**情节特别严重**"，是指残害掠夺人数众多的，掠夺财物数量特别巨大的以及手段特别残忍的情况。

由于残害不是一种具体的犯罪行为表现，而是一系列违法犯罪行为的集中表现，因此，军人在特定的时间、特定的地点，实施的本条规定的犯

① 需要注意的是，此处的"残害""掠夺"不是一种具体犯罪行为的表现，而是一个集合的犯罪行为概念。参见黎宏：《刑法学各论》(第2版)，法律出版社2016年版，第594页。

② 我国学者指出，军事行动地区既包括我军作战地区，也包括我军宣布的戒严地区。另外，由于受到"战时"的限制，军事行动地区不包括我军平时训练、演习的地区。参见黎宏：《刑法学各论》(第2版)，法律出版社2016年版，第594页。

罪，只适用本条规定，不再适用刑法对其他有关犯罪的规定。行为人在战时实施了残害居民、掠夺居民财物行为的，原则上都应以本罪追究刑事责任。但是战场上的情况错综复杂，残害居民、掠夺居民财物的行为是否都要追究刑事责任，还要根据《刑法》第十三条的规定来全面衡量。对其中情节显著轻微、危害不大的，如偶尔殴打群众、强拿群众少量财物的等，可以不按战时残害居民、掠夺居民财物罪论处的，应当依法予以军纪处分。

本条共规定了**三档量刑幅度**，根据不同的情况和情节作出不同区分，分别是对一般情节、情节严重和情节特别严重的规定。

【司法解释性文件】

《军人违反职责罪案件立案标准的规定》（政检〔2013〕1号，2013年2月26日公布）

△（**战时残害居民、掠夺居民财物罪；立案标准**）战时残害居民罪是指战时在军事行动地区残害无辜居民的行为。

无辜居民，是指对我军无敌对行动的平民。

战时涉嫌下列情形之一的，应予立案：

（一）故意造成无辜居民死亡、重伤或者轻伤三人以上的；

（二）强奸无辜居民的；

（三）故意损毁无辜居民财物价值五千元以上，或者不满规定数额，但手段恶劣、后果严重的。

战时掠夺居民财物罪是指战时在军事行动地区抢劫、抢夺无辜居民财物的行为。

战时涉嫌下列情形之一的，应予立案：

（一）抢劫无辜居民财物的；

（二）抢夺无辜居民财物价值二千元以上，或者不满规定数额，但手段恶劣、后果严重的。（§ 29）

△（**以上；不满**）本规定所称“以上”，包括本数；有关犯罪数额“不满”，是指已达到该数额百分之八十以上。（§ 35）

△（**财物价值和损失之确定；估价**）本规定中财物价值和损失的确定，由部队驻地人民法院、人民检察院和公安机关指定的价格事务机构进行估价。武器装备、军事设施、军用物资的价值和损失，由部队军以上单位的主管部门确定；有条件的，也可以由部队驻地人民法院、人民检察院和公安机关指定的价格事务机构进行估价。（§ 39）

第四百四十七条　【私放俘虏罪】

私放俘虏的，处五年以下有期徒刑；私放重要俘虏、私放俘虏多人或者有其他严重情节的，处五年以上有期徒刑。

【立法理由】

俘虏是在作战中被我方俘获的敌方武装人员及其他为敌方武装部队服务的人员。对于俘获的敌军人员，《中国人民解放军合成军队战场勤务教令》第四章第五节中制定了严格的管理制度，其中第一百四十四条明确规定“不准擅自释放俘虏”。**私放俘虏的行为，破坏了战时俘虏管理的正常秩序，严重违反了军队的战场纪律，不利于消灭敌人和获取敌方的情况，还有可能暴露我军的情况，危害我军的作战行动和军事利益。**鉴于此，1997年修订刑法时，立法机关将私放俘虏的行为明文规定为犯罪。

【条文说明】

本条是关于私放俘虏罪及其处罚的规定。

根据本条规定，行为人只要具有私放俘虏的行为就可构成犯罪。本条所规定的“**私放俘虏**”，是指行为人违反战场纪律，未经批准而擅自将俘虏放走的行为。这种行为既可以是公开进行的，也可以是暗中进行的。私放俘虏的行为，既可以发生在战时，也可以发生在战后。俘虏是在作战中被我方俘获的敌方武装人员及其他为敌方武装部队服务的人员。私放俘虏的行为，严重违反了军队的战场纪律，不利于消灭敌人和获取敌方的情况，还有可能暴露我军的情况，危害我军的作战行动和军事利益，因而这种行为只要一经实施，就要追究行为人的刑事责任。如果出于特殊的需要，根据上级的批准而释放俘虏的，不是私放俘虏，当然不构成本罪。

根据本条规定，对于私放俘虏的，处五年以下有期徒刑；私放重要俘虏、私放俘虏多人或者有其他严重情节的，处五年以上有期徒刑。这里规定的“**重要俘虏**”，是指敌军的中高级军官、掌握重要情况的人员以及为了解敌情而专门抓获的俘虏等。“**其他严重情节**”，是指除私放重要俘虏和私放俘虏多人以外的其他严重情况，如因私放俘虏而严重影响作战任务完成的，暴露我军军事秘密，危害我军军事利益的以及因收受财物、贪图女色而私放俘虏的情况。

【司法解释性文件】

《军人违反职责罪案件立案标准的规定》（政检〔2013〕1号，2013年2月26日公布）

△（**私放俘虏罪；立案标准**）私放俘虏罪是指擅自将俘虏放走的行为。

凡涉嫌私放俘虏的，应予立案。（§ 30）

第四百四十八条　【虐待俘虏罪】
虐待俘虏，情节恶劣的，处三年以下有期徒刑。

【立法理由】

1. **1981年《惩治军人违反职责罪暂行条例》的规定情况**。虐待俘虏的行为，**违反了国际公约和人道主义，败坏我军声誉，不利于瓦解敌军工作的开展**，应当坚决禁止。优待俘虏，给予俘虏以必要的人道主义待遇，是我军一贯坚持的政策，也是符合我国承认的关于战俘待遇的《日内瓦公约》的基本原则的。《惩治军人违反职责罪暂行条例》第二十一条规定："虐待俘虏，情节恶劣的，处三年以下有期徒刑。"

2. **1997年修订刑法的情况**。1997年修订刑法时，对此条未作修改，直接纳入刑法。

【条文说明】

本条是关于虐待俘虏罪及其处罚的规定。

构成本条规定之罪应当具备以下条件：

1. **行为人对俘虏实施了虐待行为**。这里规定的"**虐待俘虏**"，是指违背人道主义，违反关于战俘待遇的《日内瓦公约》和我军的俘虏政策，对被我军俘获后不再反抗的敌方人员，进行肉体上的摧残，或者生活上不给予人道待遇的行为。对于被我方俘虏后，继续进行反抗，甚至行凶逃跑的敌方人员所采取的必要措施，不能认定为虐待俘虏的行为。

2. **必须是情节恶劣的虐待行为才构成本罪**。这里规定的"**情节恶劣**"，是指虐待手段特别残酷的，虐待伤病俘虏的，虐待俘虏造成重伤、死亡等严重后果的情况。

根据本条规定，对于虐待俘虏，情节恶劣的，处三年以下有期徒刑。

【司法解释性文件】

《军人违反职责罪案件立案标准的规定》（政检〔2013〕1号，2013年2月26日公布）

△（**虐待俘虏罪；立案标准**）虐待俘虏罪是指虐待俘虏，情节恶劣的行为。

涉嫌下列情形之一的，应予立案：

（一）指挥人员虐待俘虏的；

（二）虐待俘虏三人以上，或者虐待俘虏三次以上的；

（三）虐待俘虏手段特别残忍的；

（四）虐待伤病俘虏的；

（五）导致俘虏自杀、逃跑等严重后果的；

（六）造成恶劣影响的；

（七）有其他恶劣情节的。（§ 31）

△（**以上；不满**）本规定所称"以上"，包括本数；有关犯罪数额"不满"，是指已达到该数额百分之八十以上。（§ 35）

第四百四十九条　【战时缓刑】
在战时，对被判处三年以下有期徒刑没有现实危险宣告缓刑的犯罪军人，允许其戴罪立功，确有立功表现时，可以撤销原判刑罚，不以犯罪论处。

【立法理由】

本条是针对在战时的特定条件下，为了化消极因素为积极因素，有利于对犯罪军人的教育改造，并尽可能避免非战斗减员而规定的一种对犯罪军人的特殊处理方法。**本条规定主要是考虑到战争这种特殊环境下最能考验人、教育人，给犯罪者在战争中以戴罪立功的机会，有利于对他们进行教育改造**。让没有现实危害的犯罪军人，特别是有一定经验和专业技术的军人，继续留在部队战斗，加强部队的战斗力，有利于调动一切积极因素以争取胜利，对教育改造犯罪军人也有非常积极的意义。《惩治军人违反职责罪暂行条例》第二十二条规定："在战时，对被判处三年以下有期徒刑没有现实危险宣告缓刑的犯罪军人，允许其戴罪立功，确有立功表现时，可以撤销原判刑罚，不以犯罪论处。"**1997 年修订刑法**时沿用了这一规定。

【条文说明】

本条是关于战时缓刑的具体规定。

本条中规定的**没有现实危险的犯罪军人**，是指虽然有犯罪行为，但其不会对军事行动、军事利益以及我军人员构成危害的军人。"**宣告缓刑**"，是指在判刑后，暂不执行，允许其留在战斗岗位或者其他岗位上继续履行军人职责。"**确有立功表现时，可以撤销原判刑罚**"，是指犯罪军人在缓刑期间，确有杀敌立功或者其他突出表现的，可以由原审法院作出撤销原判的决定。

战时对犯罪军人的缓刑与对**一般犯罪的缓刑**不同。本法规定对于被宣告缓刑的一般犯罪分子，如果在缓刑考验期内没有再犯新罪或者没有严重违反法律、行政法规或者国务院、公安部门有关缓刑的监督管理规定的，原判刑罚就不再执行。而本条规定，对于战时被宣告缓刑的犯罪军人，如果确有立功表现的，可以撤销原判刑罚，并且不以犯罪论处。就是说，这个军人不再被认为曾经犯罪。这样规定，主要是考虑到战争这种特殊环境下最能考验人、教育人，给犯罪者在战争中以戴罪立功的机会，有利于对他们进行教育改造，而且会保存有生力量，让没有现实危险的犯罪军人，特别是有一定经验和专业技术的军人，继续留在部队战斗，加强部队的战斗力。实践证明，这一政策对于教育改造犯罪军人发挥了很好的作用，具有非常积极的意义。

第四百五十条　【本章适用的主体范围】

本章适用于中国人民解放军的现役军官、文职干部、士兵及具有军籍的学员和中国人民武装警察部队的现役警官、文职干部、士兵及具有军籍的学员以及文职人员、执行军事任务的预备役人员和其他人员。

【立法沿革】

《中华人民共和国刑法》（1997 年修订，自 1997 年 10 月 1 日起施行）

第四百五十条

本章适用于中国人民解放军的现役军官、文职干部、士兵及具有军籍的学员和中国人民武装警察部队的现役警官、文职干部、士兵及具有军籍的学员以及执行军事任务的预备役人员和其他人员。

《中华人民共和国刑法修正案（十一）》（自 2021 年 3 月 1 日起施行）

四十七、将刑法第四百五十条修改为：

"本章适用于中国人民解放军的现役军官、文职干部、士兵及具有军籍的学员和中国人民武装警察部队的现役警官、文职干部、士兵及具有军籍的学员以及文职人员、执行军事任务的预备役人员和其他人员。"

【立法理由】

（一）立法相关背景及修改情况

本章是关于军人违反职责犯罪的规定，主要适用于现役军人。根据《国防法》第二十二条第一、二款的规定，中华人民共和国的武装力量，由中国人民解放军现役部队和预备役部队、中国人民武装警察部队、民兵组成。所以，本条规定军人违反职责犯罪一章的适用范围不仅限于军人。《惩治军人违反职责罪暂行条例》对适用范围作了规定，**1997 年修订刑法**时将其修改后纳入刑法。

《惩治军人违反职责罪暂行条例》第二十三条规定："现役军人犯本条例以外之罪的，依照《中华人民共和国刑法》有关条款的规定处罚。"第二十五条也规定："军内在编职工犯本条例之罪的，适用本条例。"由《惩治军人违反职责罪暂行条例》第二十三条和第二十五条的规定可知，《惩治军人违反职责罪暂行条例》只能适用于现役军人和军内在编职工。但在实践中，究竟何谓"现役军人"，难以把握其外延，有必要在修订的刑法中对此予以明确。2020 年 12 月 26 日通过的**《刑法修正案（十一）》**对本条作了修改，主要是在本章适用主体范围中增加了文职人员的规定。按照《中国人民解放军文职人员条例》第二条第一款的规定，**文职人员**"是指在军民通用、非直接参与作战且社会化保障不宜承担的军队编制岗位从事管理工作和专业技术工作的非现役人员，是军队人员的组成部分”。十余年前，军队就编有少量文职人员。此次国防和军队改革，全军编制文职人员二十多万，是现役军人总数的近十分之一。文职人员的岗位绝大多数都是改革前现役军人的岗位，有的文职人员就是现役军人转任。文职人员与现役军人都是军队人员的主体，区别只是岗位不同、分工不同。因此，军人违反职责犯罪同样适用于文职人员。

军队文职人员制度大致分为五个阶段：

（1）雏形时期。军队文职人员制度雏形最早始于新中国成立初期。1954 年 12 月中央军委举行扩大会议，把部分行政、物资保障、医疗卫生、文化体育、教学、科研、工程技术等岗位的六万两千名现役干部改为工薪制职员，将编制序列内的三十六种职务改为无军籍职员，办理转业手续，留在原岗位上工作。这是我军历史上第一次使用非现役人员的有益尝试。

（2）文职干部过渡时期。1988 年全军恢复军衔制，中央军委颁布《中国人民解放军文职干部暂行条例》，将科学研究、工程技术、医疗卫生、教学、新闻、出版、文化艺术、体育等单位的部分专业技术干部职务，以及机关、院校、医院等单位的内部服务干部、部分行政事务干部、生活保障干部，编制为文职干部。文职干部保留军籍，工资水平与现役军官相同，但文职干部不授军衔，不予发放服装。

（3）正式建立时期。2005 年 6 月，国务院、中央军委颁布《中国人民解放军文职人员条例》，明确“文职人员，是指按照规定编制聘用到军队工作，履行现役军官（文职干部）同类岗位相应职责的非现役人员”。工作岗位为：教学、科研、工程、卫生、文体、图书、档案等专业技术岗位以及部分管理事务和服务保障等非专业技术岗位。文职人员从地方招聘，不列入军队编制，不穿军装，从事非作战工作。条例的颁布实施，标志着我军文职人员制度的正式建立。

（4）发展时期。2012 年 8 月，中央军委颁布《军队文职人员管理规定》，对文职人员的身份、管理、等级、聘用作出了具体规定。2013 年解放军总政治部下发通知，全军文职人员实行统一招聘考试，进一步完善了文职人员的聘用管理制度机制。

（5）改革完善时期。在深化国防和军队改革的大背景下，2017 年 9 月 27 日，国务院和中央军委公布了新修订的《中国人民解放军文职人员条例》。改革后的军队人员分为军官、军士、义务兵、文职人员四类，按照“老人老办法、新人新政策”，推进文职干部、文职人员、非现役公勤人员、职工制度向统一的文职人员制度并轨，建立与国家公务员和事业单位工作人员制度相衔接、具有比较优势的管理和保障制度机制；建立统一的文职人员制度，把一些军民通用、非直接参与作战的现役人员岗位改由文职人员担任，扩大文职人员编配范围，优化军队人员构成，节约军队人力资源成本，延揽社会优秀人才为军队建设服务，对军队文职人员作出新的定位，同时赋予更高的任务使命。这标志着我军文职人员制度正日益走向完善。

（二）立法时争议的主要问题

在《刑法修正案（十一）（草案）》征求意见过程中，关于**要不要保留“文职干部”，是否要增加“军官、士官、义务兵”**有不同认识。有的意见提出，在深化国防和军队改革的大背景下，党的十八届三中全会通过的《中共中央关于全面深化改革若干重大问题的决定》提出，健全完善文职人员制度，此次改革将现有军队人员分为军官、士官、义务兵和文职人员四类，按照“老人老办法、新人新政策”，推进文职干部、文职人员、非现役公勤人员、职工制度向统一的文职人员制度并轨，建立与国家公务员和事业单位工作人员制度相衔接、具有比较优势的管理和保障制度机制；建立统一的文职人员制度，把一些军民通用、非直接参与作战的现役人员岗位改由文职人员担任，扩大文职人员编配范围，刑法的修改也要与改革方向接轨。将现有军队人员分为军官、士官、义务兵和文职人员四类的改革的方向和精神是明确的，但考虑到目前正处在改革的过渡期，一方面，部队中尚未实际认定军士、义务兵，配套的军士条例、义务兵条例等还在起草阶段，对军士、义务兵的等级设置等一些重要制度问题还在研究论证，条例短期暂不能颁布，刑法不宜超前；另一方面，文职干部都是具有军籍的，未来的改革方向是并轨到文职人员中，目前改革还在进行中，文职干部尚有万余人，按照“老人老办法”的改革精神，文职干部与文职人员在相当长的时期内会同时存在。本条修改主要是明确“文职人员”的法律适用问题，不是明确相关人员的权利义务，如果刑法删去“文职干部”将会造成这些人员可能无法适用刑法第十章的规定，会引发新的问题。

【条文说明】

本条是关于本章适用的主体范围的规定。

根据本条规定，下列人员犯有本章规定之罪的，适用本章的规定处罚：

1. 中国人民解放军现役军官、文职干部、士兵及具有军籍的学员。

2. 中国人民武装警察部队的现役警官、文职

干部、士兵及具有军籍的学员。由于中国人民武装警察部队也是我国国家武装力量的组成部分,实行义务兵与志愿兵相结合的兵役制度,执行中国人民解放军的条令、条例。他们担负一定的军人职责,因而对于违反职责的犯罪,也适用本章的规定。

3. **执行军事任务的预备役人员和其他人员。**由于执行军事任务的预备役人员和其他人员,也担负着与军人相同的保卫国家、人民利益的职责,因而本条规定,对于执行军事任务的预备役人员和其他人员违反职责的犯罪,适用本章的规定。

需要注意的是,关于文职人员的规定,既适用于中国人民解放军,也同时适用于**中国人民武装警察**。根据《中国人民解放军文职人员管理条例》第七十五条的规定,中国人民武装警察部队文职人员,适用本条例。

第四百五十一条　【战时的含义】
本章所称战时,是指国家宣布进入战争状态、部队受领作战任务或者遭敌突然袭击时。
部队执行戒严任务或者处置突发性暴力事件时,以战时论。

【立法理由】

为了更好地执行刑法,**1997 年修订刑法**时对"战时"的概念予以明确。

"战时"是本章规定中出现频率较高的一个术语,由于《惩治军人违反职责罪暂行条例》对此没有作出立法界定,实践中在认定某些犯罪时产生了一定的困惑和认识上的分歧,修订刑法时,立法机关认为有必要对"战时"的概念作出明确。

【条文说明】

本条是关于"战时"的含义的规定。

本条共分为两款。

第一款是关于战时概念的规定。根据本款规定,**战时**是指下列情况:(1)国家宣布进入战争状态的。根据《宪法》第六十七条的规定,全国人民代表大会决定战争问题。在国家遭受武装侵犯或者必须履行国际间共同防止侵略的条约的情况下,全国人大常委会有权宣布进入战争状态。(2)部队受领作战任务的。(3)部队遭敌突然袭击时。

第二款是关于**对于部队执行戒严任务或者处置突发性暴力事件时,以战时论**的规定。部队执行戒严任务或者执行处置突发性暴力事件,是在非战争的和平时期。这里的"**戒严任务**"是指根据《戒严法》第二条的规定,在发生严重危及国家的统一、安全或者社会公共安全的动乱、暴乱或者严重骚乱,不采取非常措施不足以维护社会秩序、保护人民的生命、财产安全的紧急状态时,国家可以决定实施戒严。戒严任务由人民警察、人民武装警察执行;必要时,国务院可以向中央军事委员会提出,由中央军事委员会决定派出中国人民解放军协助执行戒严任务。这里的"**突发性暴力事件**",是指突然发生的,如恐怖事件、重大的打砸抢事件等,已经造成或者可能造成严重社会危害,危及人民生命和财产安全的,需要采取应急处置措施予以应对的事件。根据本条规定,对于部队执行戒严任务或者处置突发性暴力事件时,构成本章规定的军职罪的,以战时论。本章的有些条款作了战时从重处罚的规定。

【司法解释性文件】

《军人违反职责罪案件立案标准的规定》(政检〔2013〕1 号,2013 年 2 月 26 日公布)

△(**战时**)本规定所称"战时",是指国家宣布进入战争状态、部队受领作战任务或者遭敌突然袭击时。部队执行戒严任务或者处置突发性暴力事件时,以战时论。(§ 33)

附　则

第四百五十二条 【本法的施行日期、相关法律的废止与保留】

本法自 1997 年 10 月 1 日起施行。

列于本法附件一的全国人民代表大会常务委员会制定的条例、补充规定和决定，已纳入本法或者已不适用，自本法施行之日起，予以废止。

列于本法附件二的全国人民代表大会常务委员会制定的补充规定和决定予以保留。其中，有关行政处罚和行政措施的规定继续有效；有关刑事责任的规定已纳入本法，自本法施行之日起，适用本法规定。

附件一：

全国人民代表大会常务委员会制定的下列条例、补充规定和决定，已纳入本法或者已不适用，自本法施行之日起，予以废止：

1. 中华人民共和国惩治军人违反职责罪暂行条例
2. 关于严惩严重破坏经济的罪犯的决定
3. 关于严惩严重危害社会治安的犯罪分子的决定
4. 关于惩治走私罪的补充规定
5. 关于惩治贪污罪贿赂罪的补充规定
6. 关于惩治泄露国家秘密犯罪的补充规定
7. 关于惩治捕杀国家重点保护的珍贵、濒危野生动物犯罪的补充规定
8. 关于惩治侮辱中华人民共和国国旗国徽罪的决定
9. 关于惩治盗掘古文化遗址古墓葬犯罪的补充规定
10. 关于惩治劫持航空器犯罪分子的决定
11. 关于惩治假冒注册商标犯罪的补充规定
12. 关于惩治生产、销售伪劣商品犯罪的决定
13. 关于惩治侵犯著作权的犯罪的决定
14. 关于惩治违反公司法的犯罪的决定
15. 关于处理逃跑或者重新犯罪的劳改犯和劳教人员的决定

附件二：

全国人民代表大会常务委员会制定的下列补充规定和决定予以保留，其中，有关行政处罚和行政措施的规定继续有效；有关刑事责任的规定已纳入本法，自本法施行之日起，适用本法规定：

1. 关于禁毒的决定
2. 关于惩治走私、制作、贩卖、传播淫秽物品的犯罪分子的决定
3. 关于严禁卖淫嫖娼的决定
4. 关于严惩拐卖、绑架妇女、儿童的犯罪分子的决定
5. 关于惩治偷税、抗税犯罪的补充规定
6. 关于严惩组织、运送他人偷越国（边）境犯罪的补充规定
7. 关于惩治破坏金融秩序犯罪的决定
8. 关于惩治虚开、伪造和非法出售增值税专用发票犯罪的决定

【立法理由】

1997 年修订刑法时，主要考虑到自 1979 年我国制定第一部刑法以来，针对十几年来我国出现的新情况、新问题及新出现的犯罪行为，为了适应与犯罪斗争的实际需要，全国人民代表大会对刑法陆续制定、修改了补充决定。**1997 年修订刑法主要考虑是制定一部统一的、比较完备的刑法**，因此对这些补充规定、决定以及条例进行研究修改后纳入刑法。但是从法律角度而言，实施新的刑法后，这些补充规定、决定以及条例如何进行处理，必须予以明确的规定，以利于司法实践的需要，防止执行中出现错误和偏差。本条的规定主要解决了**刑法的时间效力以及 1997 年刑法与之前全国人大常委会通过的二十三部单行刑法之间的关系**。

【条文说明】

本条是关于本法生效日期和本法施行前全国人大常委会制定的条例、关于刑法的补充规定和决定在本法施行后的效力的规定。

本条共分为三款。

第一款是关于**刑法生效日期**的规定。根据本款规定，刑法自1997年10月1日起施行。对于生效以后发生的行为，应当依照刑法的规定追究刑事责任。对于生效以前发生的行为，应当依照《刑法》第十二条关于刑法溯及力的规定进行处理。

第二款是关于**列于刑法附件一中的，刑法施行前全国人大常委会制定的条例、关于刑法的补充规定和决定在刑法施行后的效力**的规定。1997年修订刑法时，一个重要的考虑就是要制定一部统一的、比较完备的刑法，将1979年刑法实施十七年来由全国人大常委会作出的有关刑法的条例、补充规定和决定研究修改编入刑法时。列于本法附件一的十五个条例、补充规定和决定的内容基本上都是有关刑事责任方面的规定，这些内容中需要继续适用的都经过研究修改后纳入刑法，其中关于处理逃跑或者重新犯罪的劳改犯和劳教人员的决定经过研究后认为应当不再适用。因此，依照本款规定，列于刑法附件一的全国人大常委会制定的条例、补充规定和决定，已纳入刑法或者已不适用，自刑法施行之日起，予以废止，不再有效。

第三款是**关于列于刑法附件二的刑法施行前全国人大常委会制定的关于刑法的补充规定和决定在本法施行后的效力**的规定。列于刑法附件二的八个补充规定和决定，不仅规定了有关刑事责任的内容，还对一些违法行为规定了行政处罚及行政措施。其中有关刑事责任的内容，经过研究修改后纳入了刑法，刑法生效后，应当依照刑法的规定执行；但有关行政处罚及行政措施的规定在行政执法活动中仍然起着十分重要的作用，应当继续适用。因此，依照本款规定，列于刑法附件二的全国人大常委会制定的补充规定和决定予以保留。其中，有关行政处罚和行政措施的规定继续有效，执法机关仍然要适用这些规定处理违法行为；有关刑事责任的规定已纳入刑法，自刑法施行之日起，不再有效，对于相关的犯罪行为，应当依照刑法的有关规定追究刑事责任。

实践中需要注意以下两个方面的问题：

1. 根据1997年3月25日最高人民法院《认真学习贯彻修订的〈中华人民共和国刑法〉的通知》的规定，修订的刑法实施后，对已明令废止的全国人大常委会有关决定和补充规定，最高人民法院原作出的有关司法解释不再适用。**但是如果修订的刑法有关条文实质内容没有变化的，人民法院在刑事审判工作中，在没有新的司法解释前，可参照执行**。其他与修订的刑法规定相抵触的司法解释，不再适用。

2. 附件二中“全国人民代表大会常务委员会制定的下列补充规定和决定予以保留，其中，有关行政处罚和行政措施的规定继续有效”的规定，**已经有了相当的变化**，具体包括：

(1)《关于禁毒的决定》已被2007年《禁毒法》第七十一条明文废止。

(2)《关于严禁卖淫嫖娼的决定》第四条第二款、第四款已被2019年12月《全国人民代表大会常务委员会关于废止有关收容教育法律规定和制度的决定》明文废止。

(3)《关于惩治偷税、抗税犯罪的补充规定》与《关于严惩组织、运送他人偷越国（边）境犯罪的补充规定》已被2009年6月《全国人民代表大会常务委员会关于废止部分法律的决定》明文废止。其中，《关于惩治偷税、抗税犯罪的补充规定》中有关行政处罚和行政措施的规定已纳入2015年修正的《税收征收管理法》，《关于严惩组织、运送他人偷越国（边）境犯罪的补充规定》中有关行政处罚的规定已纳入2012年修正的《治安管理处罚法》。

(4)《关于惩治走私、制作、贩卖、传播淫秽物品的犯罪分子的决定》《关于严惩拐卖、绑架妇女、儿童的犯罪分子的决定》与《关于严禁卖淫嫖娼的决定》，其中有关行政处罚和行政措施的规定已被2009年8月27日《全国人民代表大会常务委员会关于修改部分法律的决定》修改，原文中的“治安管理处罚条例”均被修改为“治安管理处罚法”。

(5)《关于惩治破坏金融秩序犯罪的决定》与《关于惩治虚开、伪造和非法出售增值税专用发票犯罪的决定》中有关行政处罚和行政措施的规定，继续有效。

案例索引

【最高人民法院指导案例】

【最高人民检察院指导性案例】

【最高人民法院公报案例】

【参考案例】

主题词索引

C

D

E

F

G

H

J

K

L

M

N

P

Q

R

S

T

W

X

Y

Z